略語・記号表

品詞・活用など

- (字義) 一字の漢字の意味
- (接頭) 接頭語
- (接尾) 接尾語
- (名) 名詞
- (代) 代名詞
- (自) 自動詞
- (他) 他動詞
- (補助) 補助動詞
- (形) 形容詞
- (形動) 形容動詞
- (連体) 連体詞
- (副) 副詞
- (接) 接続詞
- (感) 感動詞
- (格助) 格助詞
- (接助) 接続助詞
- (係助) 係助詞
- (副助) 副助詞
- (終助) 終助詞
- (間助) 間投助詞
- (助動) 助動詞
- (連語) 連語
- (五) 口語動詞の五段活用
- (四) 文語動詞の四段活用
- (上一) 上一段活用
- (上二) 上二段活用
- (下一) 下一段活用
- (下二) 下二段活用
- (カ変) カ行変格活用
- (サ変) サ行変格活用
- (ナ変) ナ行変格活用
- (ラ変) ラ行変格活用
- (スル) 「する」をつけてサ行変格活用となる
- (ダ) 口語形容動詞の活用
- (タル/ト) 「と」がついて副詞、「たる」がついて連体詞となる
- (ク) 文語形容詞のク活用
- (シク) 文語形容詞のシク活用
- (タリ) 文語形容動詞の[illegible]
- (ナリ) [illegible]
- 自 [illegible]
- 他 他動詞
- 文 文語
- 可能 可能動詞

百科語など

- 〔文〕 文学
- 〔文法〕 文法
- 〔世〕 世界史
- 〔日〕 日本史
- 〔社〕 一般社会
- 〔経〕 経済
- 〔法〕 法律
- 〔地〕 地理
- 〔数〕 数学
- 〔物〕 物理
- 〔化〕 化学
- 〔天〕 天文・天球
- 〔海〕 海洋
- 〔気〕 気象・大気
- 〔地質〕 地質・地球
- 〔動〕 動物
- [illegible]
- 〔音〕 音楽
- 〔美〕 美術
- 〔映〕 映画
- 〔演〕 演劇
- 〔建〕 建築
- 〔服〕 服装
- 〔工〕 工業
- 〔農〕 農業
- 〔商〕 商業
- 〔宗〕 宗教一般
- 〔仏〕 仏教
- 〔基〕 キリスト教
- 〔哲〕 哲学・倫理
- 〔論〕 論理学
- 〔心〕 心理学
- 〔情報〕 情報・通信
- ※…米語

漢字につけた記号など

- △ 常用漢字表にない漢字
- ◇ 常用漢字表にあるが音・訓が掲げられていない漢字
- × 常用漢字表付表以外のおもなあて字
- 人 人名用漢字（一字漢字での表示）

その他

- (方)…方言
- (枕)…枕詞(まくらことば)
- (古)…古語
- (俗)…俗語
- ＝ 同意の漢字
- ↕ 対義語・対応語
- ↓ 語釈がなく、他の見出しを参照する
- ⇩ 語釈があり、なお、他の見出し・囲み記事・さしえなどを参照する
- (　) 語釈のすべてにかかる対義語・対応語を囲む
- 春 夏 秋 冬 新年 季語

旺文社

国語辞典

第十二版

池田和臣・山本真吾・山口明穂・和田利政 編

編者

中央大学名誉教授　池田和臣
東京女子大学教授　山本真吾
東京大学名誉教授　山口明穂
国学院大学名誉教授　和田利政

装丁デザイン　帆足英里子（ライトパブリシティ）

国語年表

日本語が長い歴史の中でどのように変化をしていったかがわかるよう、領域(「文字・表記」「文体」「文法」「音韻」「語彙」「辞書」「敬語」)ごとの変遷を一覧できる年表とした。

時代ごと・時代内でのトピックスを太字で示し、関連する資料をあわせて掲げた。年代は推定のものも含め、( )内に示した。また、言語事象の理解に役立つように補足の図表も掲載した。

明治以降の主な国字国語政策も示した。

文字・表記

漢字専用の時代

「漢委奴国王」の金印（五七）▼漢字の伝来を示す最古の例

稲荷山古墳出土鉄剣銘（四七一）▼万葉仮名（借音仮名）の古例

万葉仮名が発達。借音、さらに借訓・戯書も生じた（八世紀）

『万葉集』（七五九）▼収録歌は、万葉仮名表記（借音、借訓、戯書）や正訓表記がある

百万塔陀羅尼（七六四）▼現存する世界最古の印刷物

平仮名・片仮名の成立と展開

片仮名の成立（九世紀初）

『東大寺諷誦文稿』（八三〇）▼片仮名交じり文の最古例

平仮名の成立（九世紀）

讃岐国司解有年申文（八六七）▼草仮名の古例

平仮名の公式性の獲得（一〇世紀初）

『古今和歌集』仮名序（九〇五）▼序が平仮名で記される

宮廷女性の手になる王朝仮名文学が隆盛（一〇世紀後半）

『蜻蛉日記』（九七四）▼女性貴族の手になる平仮名で綴られた最初の日記文学

『孔雀経音義』（一〇〇四）▼五十音図の最古例

『金光明最勝王経音義』（一〇七九）▼いろは歌の文献での初見

時代

奈良以前 〜794頃

平安 794頃〜

文体

漢字専用文（純漢文、変体漢文、宣命体、万葉仮名文）の時代

『十七条憲法』（六〇四）▼日本最古の成文法。純漢文

『古事記』（七一二）▼歴史書。変体漢文

『日本書紀』（七二〇）▼歴史書。純漢文（一部の巻は変体漢文）

『出雲国風土記』（七三三）▼地誌。変体漢文

万葉仮名の例

「ゆき（雪）」＝「由企」…借音　「やまと（大和）」＝「夜麻登」…借音
「なつかし」＝「夏樫」…借訓　「やまと（大和）」＝「八間跡」…借訓
「しし（宍）」＝「十六」…戯書　「いづ（出）」＝「山上復有山」…戯書

和文体と漢文訓読体および記録体の対立が生じる

『成実論』（八二八）▼年代明記の最古の訓点資料

『御堂関白記』（九九八）▼変体漢文（記録体）

『枕草子』（一〇〇〇）▼宮廷女性の随筆作品

『源氏物語』（一〇〇二）▼物語文学の最高傑作。和文体の作品の代表

興福寺本『大慈恩寺三蔵法師伝』（一〇七一）▼漢文訓読体の代表

和漢混交現象の萌芽が見られる（一二世紀初）

『今昔物語集』（一一二〇）▼院政期を代表する説話集。和漢混交文の先駆

和文語と漢文訓読語の例

	使役	比況	程度大
和文語	す・さす	やうなり	いと
漢文訓読語	しむ	ごとし	はなはだ

鎌倉 1185頃～　室町 1336頃～　江戸 1603～　明治 1868～

片仮名文の隆盛

『下官集』(一三世紀)▼仮名遣い(定家仮名遣い)に関する記述

文学作品、法語、文書などに片仮名文が広く用いられる(一三世紀)

ローマ字の輸入

ポルトガル語式ローマ字の伝来。イエズス会宣教師らによって使用(一六世紀末)

『サントスの御作業の内抜書』(一五九一)▼キリシタン版。ローマ字本の刊行

『落葉集』(一五九八)▼キリシタン版。半濁音符が使われる

木版印刷の盛行

仮名遣いの研究が盛んになる(一七世紀)

『和字正濫鈔』(一六九五)▼歴史的仮名遣いの基礎

『西洋紀聞』(一七一五)▼外来語を片仮名で記す

オランダ語式ローマ字が見られる(一八世紀後半)

『神字(かんな)日文(ひふみ)伝』(一八一九)▼神代文字の存在を主張

「漢字御廃止之議」(一八六六)▼徳川慶喜に建白

日本式・ヘボン式のローマ字のつづり方が対立・並列する

ドイツ語式、フランス語式、ロシア語式のローマ字は衰退(一九世紀後半)

『和英語林集成』三版(一八八六)▼ヘボン式ローマ字を採用

和漢混交文の完成

『方丈記』(一二一二)▼和漢混交文の小品

『平家物語』(一二四〇)▼軍記物。和漢混交文の完成

話し言葉(口語体)が記される

『太平記』(一三七一)▼軍記物。和漢混交文

『四河入海』(一五三四)▼禅僧の手になる抄物

『天正狂言本』(一五七八)▼現存最古の狂言台本

天草本『平家物語』『伊曽保物語』(一五九二)▼キリシタン版

書簡を中心に候文が広がる

和漢混交文に美文的要素を加味した俳文体が行われる(一八世紀初)

『おくのほそ道』(一七〇二)▼俳文体

国学者の間で平安時代和文に倣った擬古文が好まれる(一九世紀初)

『玉勝間』(一八〇一)▼随筆。擬古文体

洒落(しゃれ)本や滑稽本の刊行。会話に庶民の話し言葉が反映(一九世紀初)

『浮世風呂』(一八〇九)▼滑稽本。近世後期の江戸語資料

言文一致体の成立

旧文体の継承。戯作文体と漢文直訳体が見られる(一九世紀後半)

法令や新聞雑誌に普通文が行われる(一九世紀末)

言文一致運動が盛んになる(一九世紀末～二〇世紀初)

『浮雲』(一八八七)▼言文一致体小説。ダ調

文法	時代	音韻

奈良以前 ～794頃

文法

古代語法の発達

ク語法がさかん(八世紀)

動詞の活用は八種類(四段・上一段・上二段・下二段・カ変・サ変・ナ変・ラ変)で下一段活用はなかった(八世紀)

係り結びの法則が未完成(八世紀)

形容動詞は未発達でタリ活用はなかった(八世紀)

『万葉集』(七五九)▼歌謡の万葉仮名表記を通して種々の文法現象が具体的にわかる

音韻

上代特殊仮名遣いの区別がある

ハ行子音が両唇破裂音「p(パ)」だったか(八世紀)

ラ行・濁音は語頭に用いられなかった(八世紀)

母音連続が避けられた(八世紀)

『古事記』(七一二)▼「キ・ギ・ケ・ゲ・コ・ゴ・ソ・ゾ・ト・ド・ノ・ヒ・ビ・ヘ・ベ・ミ・メ・モ・ヨ・ロ」に甲類と乙類の区別があった

『日本書紀』(七二〇)▼上代特殊仮名遣い「モ」の区別がなくなる

平安 794頃～

文法

古代語法(古典文法)の完成

係り結びの法則が完成(九世紀中)

形容動詞の成立。ナリ活用の語彙増加、漢文訓読体でタリ活用が発達(九世紀中)

下一段活用「蹴る」が成立。古代語動詞の活用九種類がそろう(一一世紀初)

係り結びの法則

意味	係助詞	結びの活用形
強意	ぞ なむ	連体形
疑問・反語	や か	連体形
強意	こそ	已然形

音韻

音便の発生

音便の発生。イ音便・ウ音便・撥(はつ)音便・促音便が見られる(九世紀)

ハ行子音が両唇摩擦音「Φ(ファ)」に変化したか(九世紀)

上代特殊仮名遣いの区別が消滅(九世紀中)

ア行・ヤ行の「エ」の区別が消滅(九五〇)

語中・語尾のハ行子音がワ行に転じる(ハ行転呼音)(一〇世紀)

音便の発生

【イ音便】	聞きて → 聞いて
【ウ音便】	問ひて → 問うて
【撥音便】	進みて → 進んで
【促音便】	立ちて → 立って

古代語法の崩壊と近代語法の萌芽

連体形の終止法が多用される。係り結びの法則の崩壊が進む（一三世紀）
動詞の二段活用の一段化が始まる（一三世紀）

話し言葉で近代語法が発達

二段活用の一段化がさらに進行（一五〜一六世紀）
可能動詞が四段活用を下一段化させる形式として成立（一六世紀）
ラ変の四段化、連体形終止により終止形語尾「り」が「る」となる（一六世紀）

二段活用の一段化

	語幹	未然形	連用形	終止形	連体形	已然形（仮定形）	命令形
起く（上二段）	お	き	き	く	くる	くれ	きよ
				←（連体形終止） くる ←（二段活用の一段化）			
起きる（上一段）	お	き	き	きる	きる	きれ	きろ

近代語法の完成

四段活用・ナ変活用が五段化する（一七世紀）
二段活用の一段化がほぼ定着する（一七世紀中〜一八世紀）
形容動詞の終止形語尾および断定の助動詞として、江戸語で「だ」を用いる（一八世紀初）
打消の助動詞で、上方の「ぬ」、関東の「ない」の対立が生じる（一八世紀初）
推量・意志の助動詞で、推量（ダロウ系）と意志（ウ・ヨウ系）の分離（一八世紀）
『てにをは紐鏡（ひもかがみ）』（一七七一）▼係り結びの法則の体系的把握

鎌倉 1185頃〜　**室町** 1336頃〜　**江戸** 1603〜

音便の発達

ア・ヤ・ワ三行の「イ」と「エ」と「オ」が統合（語頭でも区別が消滅）（一三世紀）
撥音二種「m」と「n」の区別が消滅（一三世紀中）
「クィ」・「クェ」が「キ」・「ケ」と直音化（一三世紀中）
『平家物語』（一二四〇）▼撥音便や促音便を多用

連濁・連声（れんじょう）現象が規則的に生じるようになる

四つ仮名（じ・ぢ・ず・づ）の混乱が進行（一四〜一六世紀）
半濁音（パ行音）が音韻として確立（一六世紀）
『後奈良院御撰何曽（ぎょせんなぞ）』（一五一六）▼語頭のハ行音を両唇音で発音することがわかる
『ドチリナ・キリシタン』（一五九二）▼前期ローマ字本。当時の発音状況が知られる

現代の発音に近づく（音便の日常化）

四つ仮名の区別が消滅（一七世紀）
オ段長音の開合の区別が消滅（一七世紀）
ハ行子音が両唇音から喉音「h（ハ）」に変化（一八世紀初）
『音曲玉淵集（ぎょくえんしゅう）』（一七二七）▼ハ行子音が喉音に変化したことがうかがえる

ハ行子音の変遷

奈良時代まで p（パ） → 室町時代まで Φ（ファ） → 江戸時代以降 h（ハ）

時代	語彙	辞書	敬語
奈良以前 ～794頃	**和語（日本固有語）が中心** 一音節語が多い（八世紀） 漢語は、漢籍、法制、仏典などに限定（八世紀） 『古事記』（七一二）▼神が海水を掻くのを「許袁呂許袁呂（こをろこをろ）」とオノマトペで表現する 『万葉集』（七五九）▼日常語「つる（鶴）」に対して歌語「たづ」を用いる	**中国辞書の輸入** 『玉篇』（五四三）▼中国の漢字字書 『干禄字書』（七七四）▼中国の漢字字体書	**素材敬語の時代** 話し手の主観を基準とした敬語運用（八世紀） 神や天皇が自分自身に対して敬意を表す自敬表現が用いられる（八世紀） 丁寧語は未発達。尊敬語と謙譲語（素材敬語）のみ（八世紀）
平安 794頃～	**和文語と漢文訓読語の対立が生じる** 複合語（多音節語）が徐々に増加（一〇世紀） 色彩語が増加。yellowを表す語「き」が見える。この頃までredもyellowも「あか」が表していた（一〇世紀中） 『源氏物語』（一〇〇二）▼和文語が原則、漢文訓読語の使用は限定的	**漢和辞書とイロハ引き辞書の誕生** 『篆隷万象名義』（八三五）▼『玉篇』に倣った漢字辞書。日本人撰述の現存最古 『新撰字鏡』（八九二）▼現存最古の漢和辞書 『倭名類聚抄』（九三一）▼意義分類体の漢和辞書 『類聚名義抄』（一一〇〇）▼本格的な漢和辞書の成立 『色葉字類抄』（一一四四）▼イロハ引き国語辞書	**対者敬語が成立する** 丁寧語が発生（一〇世紀） 『枕草子』（一〇〇〇）▼相対敬語に関する記述が見られる 身分を基準とした複雑な敬語体系に移行。二方面への敬語の使用が見られる（一一世紀）
鎌倉 1185頃～	**漢語が日常化する** 『平家物語』（一二四〇）▼漢語の使用が語彙の半数を占めるようになる	**辞書の多様化** 『文鳳抄』（一二一五）▼漢詩文作成のための類書 『字鏡集』（一二四五）▼部首引き漢和辞書 『名語記』（一二七五）▼語源辞書 『聚分韻略』（一三〇七）▼漢詩作成のための韻書	**丁寧語が発達する** 丁寧語の交替。「はべり」が衰退し「さぶらふ」が隆盛（一三世紀） 人称代名詞が多様化（一三世紀） 『徒然草』（一三三〇）▼丁寧語「はべり」の擬古文的用法

外来語が見られるようになる

女房詞の発生（一五世紀）

『海人藻芥（あまのもくず）』（一四二〇）▼女房詞の使用例（餅＝かちん、酒＝九献など）あり

ポルトガル語由来の外来語が使われる（一六世紀末）

方言語彙の具体的様相がわかる

オランダ語由来の外来語の使用（一八世紀）

日本各地の方言への関心が高まる（一八世紀後半〜一九世紀）

『東海道中膝栗毛（ひざくりげ）』（一八〇二）▼滑稽本。近世後期の方言資料

『浮世風呂』（一八〇九）▼滑稽本。上方語と江戸語の優劣を論ずる

新漢語が急増する

欧米語の訳語として漢語が増加（一九世紀後半）

英語由来の外来語が増加（一九世紀後半）

キリシタン版辞書の登場

『温故知新書』（一四八四）▼最古の五十音引き国語辞書

黒本本『節用集』（一四八七）▼室町時代を代表するイロハ引き意義分類体の国語辞書

『日葡（にっぽ）辞書』（一六〇三）▼キリシタン版。日本語ポルトガル語対訳辞書

出版によって辞書が庶民層に普及する

『真草二行節用集』（一六一一）▼楷書体と行・草書体を併記する

『物類称呼』（一七七五）▼方言辞書

『和訓栞』（一七七七）▼本格的な五十音引き辞書

『雅言集覧』（一八二六）▼古典文学用語辞書

『俚言（りげん）集覧』（一八二九）▼俗語辞書

『和英語林集成』初版（一八六七）▼日本初の和英辞書

近代的辞書の成立

漢語辞書の需要が高まる（一九世紀後半）

『漢語字類』（一八六九）▼明治維新期の本格的漢語辞書

『和英語林集成』三版（一八八六）▼明治初期の新訳語を大幅に増補

『言海』（一八八九）▼最初の近代的国語辞書

室町 1336頃〜

江戸 1603〜

明治 1868〜

丁寧語に男女差が生じる

社会的な人間関係を基準にして敬語運用がなされる（一五世紀）

丁寧語の交替。「ござる」「おりゃる」「おぢゃる」が使われる（一六世紀）

身分階級の社会的基準により敬語を運用

丁寧語が複雑化。職業、階級、男女差により丁寧語の使い分けが行われる（一七世紀）

接頭語と補助動詞の組み合わせの敬語形式（「お…なる」など）が発達（一八世紀）

身分階級の制度の崩壊とともに敬語の基準が動揺する

品位や敬慕の念を表す言葉としての敬語運用（一九世紀末）

謙譲語を丁寧語化して用いる（一九世紀末）

聞き手めあての使用（二〇世紀）

国字国語政策

明治

一八七二(明治五)年
公用文に歴史的仮名遣いを採用

一九〇〇(明治三十三)年
「小学校令施行」規則▼漢字の制限と仮名字体の統一・棒引き仮名遣いを発表

一九〇五(明治三十八)年
『音韻調査報告書』『音韻分布図』発行(国語調査委員会)
「文法上許容スベキ事項」告示(文部省)

一九〇六(明治三十九)年
『口語法調査報告書』発行(国語調査委員会)

一九一一(明治四十四)年
『口語体書簡文ニ関スル調査報告』刊行(国語調査委員会)

一九一二(明治四十五)年
「漢文教授ニ関スル調査報告」掲載(『官報』八六三〇号)
『疑問仮名遣』刊行(本居清造編・国語調査委員会)▼歴史的仮名遣いの完成

大正

一九一六(大正五)年
『口語法』刊行(国語調査委員会)
ヘボン式ローマ字は、外務省・鉄道省で使用
日本式ローマ字は、中央気象台・陸海軍で使用

昭和

一九四六(昭和二十一)年
「当用漢字表」内閣告示▼一八五〇字
「現代かなづかい」内閣告示(→一九八六年「現代仮名遣い」内閣告示→二〇一〇年一部改正)

一九五一(昭和二十六)年
「人名用漢字別表」内閣告示

一九五二(昭和二十七)年
「公用文作成の要領」内閣通達

一九五四(昭和二十九)年
「これからの敬語」建議(国語審議会)

一九五八(昭和三十三)年
「ローマ字のつづり方」内閣告示

一九五九(昭和三十四)年
『筆順指導の手びき』刊行(文部省)
「送りがなのつけ方」内閣告示(→一九七三年「送り仮名の付け方」内閣告示→二〇一〇年一部改正)

一九六四(昭和三十九)年
『日本語教育のあり方』刊行(文部省調査局)

一九七八(昭和五十三)年
JIS漢字第一水準及び第二水準制定

一九八一(昭和五十六)年
「常用漢字表」内閣告示▼一九四五字

平成

一九九一(平成三)年
『外来語の表記』内閣告示

二〇〇七(平成十九)年
「敬語の指針」答申(文化審議会)▼敬語の五分類(尊敬語・謙譲語Ⅰ・謙譲語Ⅱ・丁寧語・美化語)

二〇一〇(平成二十二)年
改定「常用漢字表」内閣告示▼二一三六字

編者のことば

言葉は、時代によって変化し、その規範も移り変わってゆくのは世のさだめという他ないが、近年、私たちの用いる日本語とその規範はめまぐるしく変化の速度を増し、社会の秩序を保つうえで言語がいかばかりか果たしてきたであろう役割も著しく動揺しているように映る。

世代間格差、ジェンダーギャップにより社会の分断化が進んでいるという。現代のこのような社会状況における人々の心の径庭は容易には埋めがたく、それは言葉の運用にも大きく影響し、相互に意思疎通をはかることに不安を覚えることもしばしばである。これに加えて、ネット社会の到来により国内外から要不要に関わらず常に多くの情報がもたらされ、日々これに迅速に応じることが求められる昨今、いきおい言葉の価値意識も多様化し俄には共有しがたくなってきている。年配者には、かの兼好法師をして「何事も古き世のみぞ慕はしき」と嘆かしめたような、同じ心持ちの方も少なくないのではなかろうか。

言葉の世界は、大海に喩えられることがある。一口に日本語と言っても、世代や性、地域などさまざまな要素によって異なった相があり、さらに立場や場面、状況によっても言葉選びは変わる。その果てしない深淵の世界は、大海原の奥行きになぞらえられるのも然りである。豊饒な言語世界はとうてい一つに収斂し得るものではなく、数多くの言葉のチャンネルのどれを選ぶかを判断するに際し、自らの発する言葉が適切であるかどうかに悩むことや時に自信をなくすこともあるかもしれない。

船舶が大海原を安全に航海するには、灯台がその道標の役割を果たすが、言葉の運用にも、そういった存在が不可欠である。まさに国語辞典は日本語の大海の灯台である。同じ日本語社会の中にあっても規範が一つではなくなり、多様な正しさを認め合うことが可能となった今、言葉の多様性を正確に理解し適切に運用するために、辞書はこれまで以上に手放せない必需品となるに違いない。

今回の改訂は、日本語を取り巻く社会の変化に照応させるべく、新語・時事語を充実させ、利便性を高めることに努めた。語の増補に当たっては、特定の層の視点に偏ることなくバランスよく採録するようにした。若者には、日本の言語文化を踏まえた、伝統的な言葉の運用法を示し、年配者には新語の理解の一助となるように工夫を施した。さらに、身近な事物のルーツや言葉の細かなニュアンスのちがいの解説を増補し、言葉の知識を深められるようにした。口絵には、言葉の領域ごとにその歴史を一覧できるように示し、明治以降の主な国字国語政策も紹介した。いにしえの日本語がどのように変化を遂げ現代に至ったかを通覧することで、自らの立ち位置を歴史的に確認する機会となれば幸いである。

なお、本書の編纂(へんさん)に長く尽力されてきた山口明穂・和田利政両氏は、第十二版の完成を見ることなく亡くなられた。今改訂では山本真吾が編者に加わり、新たに全面的な語釈の見直しを行った。また、執筆・校正等にお骨折りをいただいた左記の方々に心よりお礼を申し上げる次第である。

〔執筆協力者〕 石井 久美子　今井 亨　小田 勝　坂倉 貴子　桜井 宏徳
多比羅 拓　富岡 宏太　長尾 直茂　林 淳子　藤原 慧悟
宮本 淳子　安田 吉人　山中 悠希　吉村 逸正

〔編集協力〕 アリエッタ　玄冬書林　杉山 泰充（ことば舎）　そらみつ企画

〔デザイン〕 中野 大介（D&I）　帆足英里子（ライトパブリシティ）

（敬称略　五十音順）

二〇二三年　初秋

編　者

この辞典のきまりと使い方

〔一〕 見出し語の範囲

この辞典は、国語の学習および日常の言語生活に役立つように作られたものである。見出し項目として掲げたものは、その目的にかなうよう、現代の日本語を中心とし、主要な外来語、百科語、古語、固有名詞(人名・地名・作品名など)、慣用句、ことわざ、故事成語、和歌(百人一首)・著名な短歌・俳句、および一字の漢字(常用漢字・人名用漢字)など、約八五〇〇〇項目である。

〔二〕 見出し語の表示

(1)見出し語は、原則として昭和六十一年内閣告示(平成二十二年改正)の「現代仮名遣い」により、平仮名の太字で示した。ただし、

(ア)外来語は片仮名で示した。

(イ)古語・和歌・俳句は歴史的仮名遣いで示したが、古語・現代語にわたるものは現代仮名遣いで示した。

例 **をうな**【◇女】(古)(「をみな」の音便)おんな。女性。

お-てまえ【◇御手前】テマヘ ［一］(名)①茶の湯の作法。②……［二］(代)(古)対称の人代名詞。おもに武士が同輩に対して用いた語。そなた。

(ウ)一字の漢字(大活字のもの)は、原則として字音を見出しとしたが、音のないものは字訓で掲げた。

例 **しょう**【昇】ショウ㊥ のぼる㊥ ｜ **とうげ**【峠】とうげ㊥

(2)見出し語を構成する要素を「-」で区切り、その構成を明らかにした。ただし、

(ア)複合語・連語などは原則としてその最終の構成に基づいて区切った。

(イ)固有名詞は原則として区切らなかった。

例 **み-や**【宮】

みや-づかえ【宮仕え】

じ-ゆう【自由】

じゆう-しゅぎ【自由主義】

あき-の-ななくさ【秋の七草】

なつめそうせき〔夏目漱石〕

(3)活用語は原則として終止形を掲げ、語幹と語尾の別を「・」で区切って示した。形容動詞は語幹を掲げた。

例 **あそ・ぶ**【遊ぶ】　**おだやか**【穏やか】

(4)和歌・俳句は、第一句めを平仮名で見出しとした。

例 **ひさかたの…** 和歌〔久方の　光のどけき……〕

(5)三字以上の見出し語(漢字一字の字音語の場合は除く)に、他の語が付いてできた複合語は、その見出し語のあとに一括して掲げ、親見出しにあたる部分は「──」で掲げた。これらはそれぞれ行を改めて掲げた。ただし、複合語が多数の場合は、検索の便宜上この形式をとらず、独立見出しとしたものもある。

例 **こう-とう**【高等】…………

──がっこう【─学校】…………

(6)ある見出し語に、他の語句が付いてできた慣用句・ことわざ・格言などは、その見出し語との重複部分に「──」を用い、漢字仮名交じり・太字で示し、漢字にはその読みを示した。冒頭部分が活用語で、見出し語と語形が異なる場合は「──」を用いず、全形を掲げた。複数ある場合は行を改めず追い込みで掲げた。

例 **あい-そ**【愛想】…………

　―が尽っきる …… **―も小想こそも尽っき果はてる** …

　あた・る【当(た)る】…………

　　あたって砕くだけろ …………

検索の便宜上、独立見出しで掲げたものもある。

例 **いわぬ-が-はな**【言わぬが花】

(7)接頭語には見出しの下に、接尾語には上に「-」を付けた。

例 **うち-**【打ち】　**-たち**【◇達】

〔三〕 見出し語の配列

見出し語は、次の順序によって配列した。

(1)五十音順

(2)清音・濁音・半濁音の順

例 **はは**【母】　**はば**【幅】　**ばば**【◇婆】

パパ〈papa〉

(3)直音・促音・拗音おんようの順

例 **て-つき**【手付き】　―　**き-よう**【器用】

てっ-き【鉄器】　　**きょう**【今日】

(4)外来語の長音「ー」は、「ー」の前の仮名の母音に相当するものとみなして配列した。例えば、カードはカアド、チーズはチイズ、プールはプウル、ケーキはケエキ、ホースはホオスなど。

(5)見出し語の仮名が同じ場合は、原則として次の順に配列した。

(ア)①一字の漢字(字義) ②一字の漢字と同じ表記の単語 ③接頭語・接尾語 ④単語 ⑤連語 ⑥和歌・俳句の初句　の順

(イ)単語は、品詞に基づき、その下位区分を含めて次の順とした。

①普通名詞 ②固有名詞 ③代名詞 ④自動詞 ⑤他動詞 ⑥補助動詞 ⑦形容詞 ⑧形容動詞 ⑨連体詞 ⑩副詞 ⑪接続詞 ⑫感動詞 ⑬格助詞 ⑭接続助詞 ⑮係助詞 ⑯副助詞 ⑰終助詞 ⑱間投助詞 ⑲助動詞　の順

(ウ)(ア)(イ)の中でさらに同じときは、①漢字表記のないもの ②漢字表記のあるもの―含まれる漢字数の少ないもの　漢字数が同じ場合は最初の漢字の画数の少ないもの ③片仮名を含むものの順

〔四〕 見出し語の書き表し方

(1)見出し語の漢字表記、および記号・略号としてのローマ字を【 】の中に示した。固有名詞は〔 〕の中に示した。

(2)漢字の字体は、平成二十二年内閣告示「常用漢字表」および平成二十九年改正の「人名用漢字」にあるものはそれに従った。

(3)「常用漢字表」にない漢字および音訓については、【 】の中の漢字に次の記号をつけてその別を示した。ただし、固有名詞、中国語などにはこの記号をはぶいた。あて字・熟字訓を含む複合語は、その区切りを「-」で示した。

△「常用漢字表」にない漢字

◇「常用漢字表」にあるが、見出し語の語形での字音または字訓が掲げられていない漢字

×「常用漢字表」の「付表」に示されているもの以外のおもなあて字・熟字訓

(4)送り仮名は昭和四十八年内閣告示(平成二十二年改正)「送り仮名の付け方」に従った。なお、省略を許容されるものはその仮名を〔 〕に包んで示した。また、本則より多く送ることを許容されるものは語全体を( )に包んで示した。

例 **とら・える**【捕(ら)える・捉える】

うり-あげ【売(り)上げ・売上】

あらわ・す【表す・(表わす)】

おこな・う【行う・(行なう)】

(5)外来語の原語つづりは〈 〉の中に示し、英語を除いて、該当する国語名を示した。

例 **カプセル**〈ドイツ Kapsel〉　**ギョーザ**〈中国 餃子〉

(6)英語のつづりは、米英両式がある場合は、原則として米式とした。また、いわゆる和製英語・和製語にはその表示をした。

例 **ユーモア**〈humor〉
ワン-パターン〈和製英語〉
ピザ-パイ〈和製語〉

[五] 歴史的仮名遣い

(1)見出し語の表記形【 】の下に歴史的仮名遣いを片仮名で示した。

例 **おおき・い**【大きい】オホキイ

(2)見出しが歴史的仮名遣いで表された古語には、現代仮名遣いを平仮名で示した。

例 **すなはち**【◇即ち】すなわち《古》

(3)見出しの仮名遣いと一致する部分は、語構成単位にしたがって省略し、「—」で示した。

例 **けい-こう**【傾向】カウ|—　**ゆふ-づくよ**【夕◇月夜】ゆう|—

[六] 品詞および活用

(1)見出し語には、品詞および活用の型を( )に包み、略語で示した。ただし、名詞だけの場合や、故事・ことわざ・連語はその注記を省略した。

(2)品詞の分類および活用の種類については、基本的には現行の学校教科書の一般的なものに従った。ただし、一部のものについては、さらにくわしく次の形式によった。

(ア)名詞のうち、代名詞は(代)として区別した。

(イ)名詞のうち、サ変動詞および形容動詞の語幹となるものは、品詞名とそれぞれの場合の終止形語尾を併記した。

例 **めい-き**【明記】(名・他スル)
あし-ばや【足早・足速】(名・形動ダ)

(ウ)動詞は、自動詞・他動詞・補助動詞の区別を示した。

(エ)助動詞は、(助動-下一型)のように、活用の型を示した。

(オ)助詞は次の六分類に従い、それぞれ略語で示した。

格助詞・接続助詞・係助詞・副助詞・終助詞・間投助詞

(3)口語の動詞・形容詞・形容動詞・助動詞、および文語の助動詞は、その活用を示した。

(ア)活用は、未然形・連用形・終止形・連体形・仮定形(已然形)・命令形の順に「・」で区切って示した。

(イ)一つの活用段に二つ以上の形がある場合には、一方を( )で包み、活用形のない段には「○」を入れた。

例 **ただし・い**【正しい】(形)カロ・カッ(ク)・イ・イ・ケレ・○

(ウ)名詞とサ変動詞、名詞と形容動詞のように二つ以上の品詞に属するものは、活用を省略した。

(4)文語でタリ活用形容動詞の語幹とされるものは、口語では、「と」を付けて副詞、「たる」を付けて連体詞として用いるのが普通なので、これを(タル)として示した。

例 **どう-どう**【堂堂】ダウダウ(トタル)

[七] 語釈・解説、および用例

(1)古語・俗語・方言・枕詞などは、それぞれ《古》《俗》《方》《枕》など略語を用いて示した。また、百科語は、《文》《経》《仏》などの略語で示した。

(2)語釈・解説は、その語の基本的な意味を明らかにし、また現代語としての意味・用法をできるだけわかりやすく示した。特に、多義語のうち一一〇語には、その語の理解に役だつよう、核となる語義を《**中心義**──…》として示した。

(3)一つの見出し語に二つ以上の意味があるときは、①②③…を用いて分け、さらに細分するときは、㋐㋑㋒…を用いて分けた。また、品詞が異なり意味も異なるときや、動詞で自動詞・他動詞・補助動詞などの別があるときは、[一][二][三]…を用いて分けた。

(4)語釈・解説では、補足的説明、例えば原義、見出し語の漢字の字義に即した説明などを、必要に応じ（　）に包んで加えた。

(5)意味による複数の漢字の使い分けが特にはっきりしている場合は、その意味説明の前に［　］に包んで示した。

例 **あぶら**【油・脂・膏】①［油・膏］……。②［脂］……。③［油・脂］……。

(6)見出し語が口語の動詞・形容詞・形容動詞の場合には、語釈・解説のあとにその語と関係の深い次の語を掲げた。

(ア)見出し語が動詞の場合（複合動詞は除く）

①他動詞に対する自動詞とその活用の型。また、見出し語の文語の語形と活用の型。

例 **つら・ねる**【連ねる・列ねる】（他下一）……自つらな・る（五）文つら・ぬ（下二）……

②可能動詞（五段活用動詞が下一段に活用して可能の意をもつ動詞）

例 **うご・く**【動く】（自五）……他うごか・す（五）可能うご・ける（下一）

(イ)見出し語が形容詞・形容動詞の場合

文語の語形とその活用の型。

例 **うつくし・い**【美しい】（形）……文うつく・し（シク）

しずか【静か】シヅカ（形動ダ）……文（ナリ）

(7)対義語・対応語を↕で示した。①②…で区分された全体の語義に通用する場合は、語釈のあとに《　》に包んで示した。

例 **あつ・い**【暑い】（形）……。↕寒い

か・りる【借りる】（他上一）リ・リ・リル・リル・リレ・リロ（リヨ） ①返す約束で他人の金品を使う。「車を─」…… ②他のものの助けを受ける。「力を─」……《↕貸す》

(8)意味の理解を助けるため、用例を次の要領で示した。

(ア)現代語の用例は現代仮名遣いで示した。古語の用例には原則として出典を示した。古語の用例は歴史的仮名遣いで示した。出典名は、〈源氏〉〈更級〉〈古今〉などのように略称で示した。

(イ)用例中の見出し語にあたる部分は「─」で示した。動詞・形容詞などで、見出し語と語形が異なる場合には、語幹を「─・」で示し、その下に語尾を仮名で書いて示した。

例 **いた・い**【痛い】（形）カロ・カッ（ク）・イ・イ・ケレ・○ ①……。「足が─」②……。「あのエラーは─・かった」

(ウ)語幹・語尾の区別のない動詞や助動詞で、見出し語と用例中の語形が異なる場合は、これを太字で示した。

例 **みる**【見る】ミ・ミ・ミル・ミル・ミレ・ミロ（ミヨ）……[一]（他上一）①……。⑦世話をする。「留守の間子供を**み**てもらう」

ます（助動─特殊型）マセ（マショ）・マシ・マス・マス・マスレ・マシ（マセ） 丁寧の意を表す。「それでは困り─」「会ってください**ませ**んか」

[八] 一字の漢字

(1)「常用漢字表」にある漢字二一三六字と人名用漢字八六三字を見出しとし、その字義を解説した。

(2)**見出し**

漢字の字音を見出しとした。ただし、国字などで字音のないものは字訓を見出しとした。「常用漢字表」に二つ以上の字音を掲げるものは、最初に掲げる字音を見出しとして字義解説を行い、他はそれを参照させた。見出しとした字音が「常用漢字表」に掲げ

られていない漢字には、【 】の中に一般項目と同じ「◇」を、人名用漢字には「人」を付けた。

(3)**字体**

(ア)他の項目より大きい活字で【 】の中に漢字を示した。

(イ)字体は、「常用漢字表」および「人名用漢字」に従った。旧字体や異体字は、やや小さな活字で(ア)の下に示した。

(ウ)許容字体を、〔 〕に包んで(ア)の下に示した。

例 **へい【餅】〔餅〕【餅】** ヘイ㊥・ヒョウ（ヒャウ） もち㊥

(4)**音訓**

(ア)字音を片仮名で、字訓を平仮名で示した。

(イ)①「常用漢字表」に掲げられている音訓は太字で示した。ただし、字訓については送り仮名の部分は細字で示した。また、「常用漢字表」に掲げられていなくても、一般によく使われる音訓はこれを補い、細字で示した。②人名用漢字の音訓は細字で示した。③字音には歴史的仮名遣いを（ ）に包んで添えた。

(5)**学年配当**

「小学校学習指導要領」（平成二十九年文部科学省告示）の「学年別漢字配当表」に従い、小学校六年間で学習する一〇二六字の漢字（「教育漢字」）には、教1～教6で学年の配当を示した。また、「音訓の小・中・高等学校段階別割り振り表」（平成三年文部科学省作成、同二十九年変更）に従い、それぞれの音訓を学習するよう割り振られた学校段階を、㊥（=中学校）、㊫（=高等学校）の記号で示した。ただし、小学校で学習する音訓については記号をはぶいた。

(6)**筆順** 常用漢字にはすべて筆順を示した。

(7)**字義、その他**

(ア)熟語を構成する成分としての字義を掲げ、各字義についての用例を「 」に示した。

(イ)字義解説のあとに、その漢字が特殊な読みの熟語となる場合、難読としてその例を示した。さらに、その漢字が人名として用いられる場合の読み（=名乗り）を実際例にもとづいて人名の下に示した。また、参考には、字体や「同音の漢字による書きかえ」（昭和三十一年国語審議会報告）などの、見出し漢字に関する補足事項を示した。

(ウ)同じ意で使われる漢字を=で示した。

【九】「類語」「表現」「敬語」「語源」「用法」「参考」欄

見出し語の理解をいっそう深め、合わせて表現に役立たせるため、語釈・解説のほかに、次の欄を設けて多角的な解説を施した。

(1)類語 見出し語の、同意語・類義語などを示した。また、(2)の表組みの中に類語の欄を設けたものもある。

(2)表現 見出し語の形容語としてよく用いられる、擬声語・擬態語、形容詞・副詞などの慣用表現、関連することわざなどを示した。

(3)**「敬語」** 見出し語の敬語表現で、日常よく用いられ、対照的に使い分けられる「敬語」を、動詞表現は尊敬語・謙譲語・丁寧語、名詞表現は敬称・謙称に分けて、表組みで示した。

(4)語源 見出し語の語源・語史・語構成などに関する事柄を解説した。特に、四三項目の語源については、特別欄に詳しく記した。

(5)用法 見出し語の日常生活での使い方に関する事柄を解説した。

(6)参考 見出し語の語釈・解説を補足する事柄、類似の言葉・反対の言葉、その他見出し語に関連する事柄を解説した。特に、「常用漢字表付表」に熟字訓が掲げられている語については、そのことを明記した。

(7)**「下に付く語」** 見出し語が下に付く複合語を、解説の最後に「▼「～」が下に付く語」として集めた。

〔十〕「使い分け」「ちがい」「故事」「変遷」「はじまり」

日常よく使われる、まぎらわしい同音同訓異義語一五〇組の使い分けと類義語四七組のちがい、約一六〇の故事、四七の語の意味や形の変遷の解説をそれぞれ枠囲みや特別欄に収めた。

また、事物を中心に約二五〇の項目を選び、（はじまり）をつけてその始まりや現れた経緯など、興味深く読める記事を記した。

〔十一〕和歌・俳句、および俳句の季語

(1)中学校、高等学校の国語教科書や参考書にあらわれる現代短歌・現代俳句の中から、その頻度数を基礎にして約一四〇を選び、採録した。古典関係の和歌は小倉百人一首に限った。

(2)本文に採録した俳句には、句中の季語を注記した。

(3)見出し語が俳句の季語となるものには、語釈・解説のあとに、春夏秋冬新年を付けて季を示した。季に異説のある場合、および見出し語から派生した語の季語は（　）に包んで示した。

〔十二〕口絵・付録

巻頭には、日本語の歴史の中での変遷を領域ごとに一覧できる「国語年表」を掲げた。

巻末の付録には実用的な多くの記事・索引を収めた。「画引き 漢字・難読語一覧」は、読み方の難しいと思われる漢字（常用漢字・人名用漢字は除く）や熟語を選び、その読みを漢字の画数で引けるようにした。「字体について」では、「常用漢字表」に示された「（付）字体についての解説」をもとに、活字体・筆写体に字形の違いがあるものの例を掲げ、簡潔に解説した。「アルファベット略語・略号集」では、日常生活で触れる機会の多いアルファベットの略語および略号をABC順に収めた。

目次

▼**口絵**　国語年表
▼**前付け**
編者のことば……一
この辞典のきまりと使い方……三
特設項目一覧……九
▼**本文**　あ～ん……一～一六五二
▼**付録**
国語表記の基準……一六五四
㈠ 現代仮名遣い　㈡ 送り仮名の付け方
㈢ くぎり符号の用い方　㈣ くり返し符号の用い方
◎ 外来語の表記について　◎ ローマ字のつづり方
国文法要覧……一六六六
1 品詞分類表　2 動詞活用表　3 形容詞活用表
4 形容動詞活用表　5 助動詞活用表　6 助詞一覧表
人名用漢字一覧……一六七六
常用漢字表「付表」……一六八一
字体について……一六八二
季語集……一六八四
手紙の書き方……一六九〇
世界文化史年表……一六九四
数量呼称一覧……一七〇六
和歌・俳句索引……一七〇八
画引き 漢字・難読語一覧……一七一〇
度量衡表……一七二〇
方位・時刻表……一七二一
干支順位表……一七二一
アルファベット略語・略号集……一七四三～一七二二

特設項目一覧

本文中の特設項目の一覧と掲載ページを示した。
(「ちがい」「敬語」では〔 〕内の語が特設項目のある見出し語を表す)

使い分け

あ行

あう〔会う・遭う・遇う・逢う〕……三
あがる〔上がる・騰がる・挙がる・揚がる〕……二八
あく〔空く・明く・開く〕……三〇
あたい〔値・価〕……四二
あたたかい〔温かい・暖かい〕……四二
あつい〔暑い・熱い〕……四四
あてる〔当てる・充てる〕……四七
あと〔後・跡〕……四八
あぶら〔油・脂・膏〕……五三
あらい〔荒い・粗い〕……五九
あらわす〔表す・現す〕……六二
ある〔有る・在る〕……六四
あわせる〔合わせる・併せる〕……六七
いし〔意志・意思〕……八六
いじょう〔異状・異常〕……八八
いたむ〔痛む・傷む〕……九二
いどう〔移動・異同・異動〕……一〇六
うける〔受ける・請ける〕……一三一
うつ〔打つ・討つ・撃つ〕……一四〇
うつす〔写す・映す〕……一四〇
うむ〔生む・産む〕……一四六
おかす〔犯す・侵す・冒す〕……一八九
おくれる〔遅れる・後れる〕……一九四
おこる〔起こる・興る〕……一九五
おさえる〔抑える・押さえる〕……一九五
おさまる〔収まる・納まる〕……一九六
おす〔押す・推す〕……一九九
おどる〔踊る・躍る〕……二〇七
おもて〔表・面〕……二一六
おりる〔下りる・降りる〕……二二〇

か行

かいてい〔改定・改訂〕……二四二
かいとう〔回答・解答〕……二四三
かいほう〔開放・解放〕……二四五
かえす〔返す・帰す〕……二四八
かえりみる〔省みる・顧みる〕……二四九
かえる〔代える・替える・換える〕……二四九
かき〔夏季・夏期〕……二五三
かける〔掛ける・懸ける・賭ける・架ける〕……二六六
かた〔形・型〕……二七七
かたい〔堅い・固い・硬い〕……二七八
かわく〔乾く・渇く〕……三一二
かんしょう〔観賞・鑑賞〕……三三三
きうん〔気運・機運〕……三三九
きかい〔器械・機械〕……三四〇
きく〔利く・効く〕……三四四
きく〔聞く・聴く〕……三四四
きじゅん〔基準・規準〕……三四九
きせい〔既成・既製〕……三五一
きてい〔規定・規程〕……三五六
きてん〔起点・基点〕……三五七
きょうどう〔共同・協同・協働〕……三八六
きる〔切る・伐る・斬る・截る〕……三九八
きわめる〔究める・窮める・極める〕……四〇〇
くら〔倉・蔵・庫〕……四三〇
ぐんしゅう〔群衆・群集〕……四四三
こうい〔好意・厚意〕……四九四
こえる〔越える・超える〕……五二〇
こたえる〔応える・答える〕……五四一

さ行

さいけつ〔採決・裁決〕……五七二
さいご〔最後・最期〕……五七二
さがす〔捜す・探す〕……五八一
さく〔裂く・割く〕……五八四
さくせい〔作成・作製〕……五八五
さげる〔下げる・提げる〕……五八七
さす〔刺す・指す・差す・挿す〕……五九二
じき〔時期・時機〕……六三〇
しこう〔志向・指向〕……六三六
しずまる〔静まる・鎮まる〕……六四三
じつじょう〔実状・実情〕……六五五
じにん〔自任・自認〕……六六二
しぼる〔絞る・搾る〕……六六八
しめる〔絞める・締める〕……六七二
しゅうしゅう〔収拾・収集〕……六九三
しゅうち〔周知・衆知〕……六九六
しゅうりょう〔修了・終了〕……七〇〇
しゅぎょう〔修行・修業〕……七〇一
しゅし〔主旨・趣旨〕……七〇四
じゅしょう〔受章・受賞〕……七〇五
しょうがく〔小額・少額〕……七二六
しょくりょう〔食料・食糧〕……七四八
しんにゅう〔侵入・浸入〕……七八〇
しんろ〔針路・進路〕……七八四
すすめる〔進める・勧める・薦める〕……八〇一
せいいく〔生育・成育〕……八一九
せいさく〔制作・製作〕……八二三
せいさん〔清算・精算〕……八二四
せいちょう〔生長・成長〕……八二八
そう〔沿う・添う〕……八七〇
そくする〔即する・則する〕……八八五

た行

たいしょう〔対称・対象・対照〕……九一三
たいせい〔体制・体勢・態勢〕……九一四
たいひ〔待避・退避〕……九一八
たえる〔耐える・堪える〕……九二三
たずねる〔訪ねる・尋ねる〕……九三三
たたかう〔戦う・闘う〕……九三四
たつ〔断つ・絶つ〕……九三八
たてる〔立てる・建てる〕……九四三
たんきゅう〔探求・探究〕……九五七
ついきゅう〔追及・追求・追究〕……一〇〇三
つかう〔使う・遣う〕……一〇〇七
つく〔付く・就く・着く〕……一〇一二
つくる〔作る・造る〕……一〇一四
つつしむ〔慎む・謹む〕……一〇一七
つとめ〔務め・勤め〕……一〇一九
つとめる〔努める・務める・勤める〕……一〇一九
てきかく〔的確・適確〕……一〇四一
どうし〔同士・同志〕……一〇七七
とうとい〔尊い・貴い〕……一〇八二
とが〔科・咎〕……一〇八九
とくちょう〔特長・特徴〕……一〇九五
とける〔解ける・溶ける〕……一〇九七
ととのえる〔整える・調える〕……一一〇六
とぶ〔飛ぶ・跳ぶ〕……一一〇九
とる〔取る・執る・採る・捕る・撮る〕……一一一九

な行

なおす〔直す・治す〕……一一三九
ながい〔長い・永い〕……一一三九
ならう〔習う・倣う〕……一一四七
のせる〔乗せる・載せる〕……一一九二
のばす〔延ばす・伸ばす〕……一一九四
のぼる〔上る・登る・昇る〕……一一九五

は行　はかる〔測る・量る・計る・図る・謀る・諮る〕……二二二
はじめ〔初め・始め〕……二三三
はなれる〔放れる・離れる〕……二四〇
はやい〔早い・速い〕……二四五
はんめん〔反面・半面〕……二六四
びしょう〔微小・微少〕……二七九
ひょうき〔表記・標記〕……三〇一
ひょうじ〔表示・標示〕……三〇二
ふえる〔増える・殖える〕……三一〇
ふく〔吹く・噴く〕……三三五
ふね〔舟・船〕……三四五
ふよ〔付与・賦与〕……三四八
ふよう〔不用・不要〕……三四八
べつじょう〔別状・別条〕……三七七
ほしょう〔保証・保障〕……四一一
ぼたい〔母体・母胎〕……四一三
ま行　まじる〔交じる・混じる〕……四三七
まるい〔丸い・円い〕……四四八
まわり〔回り・周り〕……四五〇
もと〔元・本・基・下〕……五一三
や行　やせい〔野生・野性〕……五三〇
やわらかい〔柔らかい・軟らかい〕……五四〇
よい〔良い・善い・好い・佳い〕……五五八
ようけん〔用件・要件〕……五六一
ようこう〔要項・要綱〕……五六三
よむ〔読む・詠む〕……五七六
わ行　わかれる〔分かれる・別れる〕……六四一
わく〔沸く・湧く〕……六四二
わざ〔技・業〕……六四三
わずらう〔患う・煩う〕……六四四

ちがい

あ行　あがる・のぼる〔揚がる〕……一八
上げる・やる〔上げる〕……三五
当てる／当たる・ぶつける／ぶつかる〔当てる〕……四七
余る・残る〔余る〕……五六
ある・いる・おる〔有る〕……六四
池・沼・湖〔池〕……八三
ていただく・せ(させ)ていただく〔頂く〕……九一
意味・意義〔意味〕……一一三
…ている・…てある〔居る〕……一一六
うらやましい・ねたましい〔羨ましい〕……一四八
覆う・かぶせる〔覆う〕……一八二
起きる・起こる〔起きる〕……一九一
おと・ね・こえ〔音〕……二〇四
おりる・くだる・さがる・おちる〔降りる〕……二三〇
終わる・終える〔終わる〕……二三三
か行　…が好き・…を好き〔が(格助)〕……二三〇
かおり・におい〔香り〕……二五〇
休戦・停戦〔休戦〕……三七三
許可・認可〔許可〕……三八八
食う・飲む・食べる〔食う〕……四一一
崩れる・壊れる〔崩れる〕……四一九
現在・当時〔現在〕……四七五
公示・告示・公告〔公示〕……五〇三
ごみ・くず〔ごみ〕……五五四
さ行　さける・よける〔避ける〕……五八七
すだく・鳴く〔すだく〕……八〇二
隅・角〔隅〕……八一〇
お(動詞)する・お(動詞)になる〔する〕……八一四
送球・投球〔送球〕……八七二
想像・理想・空想〔想像〕……八七七
た行　た・ている〔た(助動)〕……九〇一
抱く・かかえる〔抱く〕……九二七
近づく・近寄る〔近付く〕……九六八
伝わる・通じる〔伝わる〕……一〇一六
で・に〔で(格助)〕……一〇二九
抵抗・反抗〔抵抗〕……一〇三四
天気・天候・気候〔天気〕……一〇五七
な行　ない・ある〔無い〕……一一二五
投げる・ほうる〔投げる〕……一一三六
など・なども〔など(副助)〕……一二四〇
は行　ぬばかり・んばかり〔ばかり〕……一三二二
人・人間・人類〔人〕……一三八七
人柄・人物・人品〔人柄〕……一三八八
広まる・広がる〔広まる〕……一三〇八
へこむ・くぼむ〔へこむ〕……一三七四
ま行　めしあがる・いただく〔めしあがる〕……一四九五
や行　野菜・果物〔野菜〕……一五二八

故事

あ行　秋の扇……二九
圧巻……四五
石に漱ぎ流れに枕す……八六
石に立つ矢……八六
一字千金……九四
一日作さざれば一日食らわず……九五
一を聞いて十を知る……九三
鷸蚌の争い……一〇四
乙夜の覧……一〇五
衣鉢を伝う……一〇九
韋編三たび絶つ……一一〇
殷鑑遠からず……一一一
牛に対して琴を弾ず……一一三
牛に引かれて善光寺参り……一一三
易簀……一五九
越俎の罪……一六三
遠交近攻……一七〇
猿猴月を取る……一七〇
燕雀安くんぞ鴻鵠の志を知らんや……一七一
小田原評定……二〇二
尾を塗中に曳く……一七五
か行　会稽の恥……二三六
骸骨を乞う……二三七
解語の花……二三七
隗より始めよ……二三三
蝸牛角上の争い……二五五
獲麟……二六三
画工闘牛の尾を誤って牧童に笑わる……二六七
華胥の国に遊ぶ……二七三
臥薪嘗胆……二七三
苛政は虎よりも猛し……二七五
渇すれども盗泉の水を飲まず……二八六
鼎の軽重を問う……二九一
雁の使い……三〇七
画竜点睛……三〇九
汗牛充棟……三一九
韓信の股くぐり……三二四
邯鄲の歩み……三二六
邯鄲の夢……三二六
汗馬の労……三二九
完璧……三三一
管鮑の交わり……三三一
奇貨居くべし……三三九
木に縁りて魚を求む……三三七
杞憂……三六七

牛耳を執る……三七一
朽木は雕るべからず……三七五
居は気を移す……三七六
漁夫の利……三九三
禁断の木の実……四〇五
金を攫む者は人を見ず……四〇〇
愚公山を移す……四一五
草を打って蛇を驚かす……四一五
唇亡びて歯寒し……四二三
挂冠……四四八
鶏口となるも
　牛後となるなかれ……四四九
蛍雪……四五二
兄たり難く弟たり難し……四四五
鶏鳴狗盗……四五五
逆鱗……四五八
月下氷人……四六二
月旦評……四六四
呉越同舟……五一九
呉下の阿蒙……五二三
告朔の餼羊……五二六
五十歩百歩……五三六
古人の糟粕……五三八
壺中の天地……五四二
胡蝶の夢……五四二
鼓腹撃壌……五五一

さ行　塞翁が馬……五七〇
左袒……五九三
沙中の偶語……五九三
三顧……六〇八
三舎を避く……六一〇
三年飛ばず鳴かず……六一四
鹿を指して馬となす……六二七
死屍に鞭打つ……六三八
死生命あり……六四四
死せる孔明
　生ける仲達を走らす……六四二
七歩の才……六五一
士は己を
　知る者の為に死す……六一六
死馬の骨を買う……六六三
四面楚歌……六七二
守株……七〇五
出廬……七〇九
食指が動く……七四七
水魚の交わり……七八六
推敲……七八七
杜撰……七九九
噬臍……八二七
清談……八二八
折檻……八四一
窃鈇の疑い……八四五
先鞭……八六四
糟糠の妻……八七四
宋襄の仁……八七六
曽参人を殺す……八七六

た行　大義親を滅す……九〇七
大行は細謹を顧みず……九〇九
太公望……九〇九
多岐亡羊……九二六
蛇足……九三四
多多ますます弁ず……九三四
断腸……九六二
知音……九六六
池魚の殃……九六九
朝三暮四……九九〇
庭訓……一〇三三
敵は本能寺にあり……一〇四〇
轍鮒の急……一〇四八
天衣無縫……一〇五六
椽大の筆……一〇六一
登竜門……一〇八六
櫝を買いて珠を還す……一〇九一
斗南の一人……一一〇六
図南の翼……一一〇六
虎の威を借る狐……一一二二

な行　泣いて馬謖を斬る……一一三四
南柯の夢……一一五〇
錦を着て夜行くが如し……一一五九
二豎……一一五九
二卵を以って
　干城の将を棄つ……一一七〇
嚢中の錐……一一八九

は行　背水の陣……一二〇六
破鏡……一二一三
白眼視……一二一五
白玉楼中の人となる……一二一五
麦秀の嘆……一二一六
白眉……一二一七
破天荒……一二三五
歯は亡びて舌存す……一一九九
盤根錯節……一二五八
鬚の塵を払う……一二七六
尾生の信……一二八〇
顰みに倣う……一二八一
髀肉の嘆……一二九二
貧者の一灯……一三一〇
風声鶴唳……一三一八
覆水盆に返らず……一三二七
舟に刻みて剣を求む……一三四五
武陵桃源……一三五四
刎頸の交わり……一三六三
焚書坑儒……一三六四
法三章……一三九五
望蜀……一三九七
墨守……一四〇七
洞ヶ峠……一四三〇

ま行　三日天下……一四六五
耳を掩うて鐘を盗む……一四七〇
矛盾……一四八一
面壁九年……一五〇二
孟母三遷の教え……一五〇五
孟母断機の教え……一五〇五
沐猴にして冠す……一五一一

や行　病膏肓に入る……一五三五
行くに径に由らず……一五五二

ら行　洛陽の紙価を高める……一五八四
梁上の君子……一六〇五
遼東の豕……一六〇六
臨池……一六一一
壟断……一六二九
老馬の智……一六三〇

語源

あ行　揚げ足を取る……三三
阿漕……三五
足下を見る……三九
油を売る……五二
いざ鎌倉……八五
いたちごっこ……九一
大童……一八八
傍目八目……一九〇
おしゃか……一九九
十八番……二〇九
お鉢が回ってくる……二一〇
おめがねに適う……二一三
思う壺……二一五
折り紙付き……二一九

か行　金に糸目をつけない……二九二
かまとと……二九八

皮切り……三二一
閑古鳥が鳴く……三三一
管を巻く……四二〇
ぐれる……四三八
下駄を預ける……四六〇
けんもほろろ……四八四
ごますり……五五三
さ行 鯖を読む……五九八
地団太……六五〇
しっぺい返し……六五七
図に乗る……七八四
た行 高を括る……九二三
駄目を押す……九五〇
辻褄が合う……一〇一五
手ぐすね引く……一〇四三
手塩に掛ける……一〇四四
な行 にっちもさっちも……一一六三
二の舞……一一六四
にべもない……一一六五
は行 派手……一二三五
火蓋を切る……一二九五
布石……一三三五
風呂敷……一三五九
ま行 無鉄砲……一四八五
もっけの幸い……一五二一
ら行 ろくでなし……一六三三
呂律が回らない……一六三六

はじまり

あ行 IH調理器……一八
アイスクリーム……二〇
アイスホッケー……二〇
アイロン……二三
赤い羽根……二五
アカデミー賞……二六
赤帽……二七
アスパラガス……四〇
東コート……四〇
アドバルーン……四九
アパート……五一
安全剃刀……七〇
餡パン……七一
胃カメラ……八〇
イコール……八五
インターハイ……一二三
ウイスキー……一二六
ウイルス……一二六
ウスターソース……一三四
宇宙飛行士……一三九
腕時計……一四三
閏秒……一五〇
ウルトラC……一五〇
運動会……一五三
エアロビクス……一五四
映画……一五五
ATS……一五八
駅……一五九
駅伝……一五九
駅弁……一六〇
エスカレーター……一六一
LP盤……一六七
エレベーター……一六七
円タク……一七三
鉛筆……一七四
円本……一七四
横断歩道……一八〇
オールスターゲーム……一八八
オフィスレディー……二二一
オリンピック……二三一
温度計……二三四
か行 ガールスカウト……二三一
海軍……二三六
改札……二三七
海水浴……二三九
海底電信……二四三
回転鮨……二四三
回転レシーブ……二四三
懐炉……二四七
鍵っ子……二五四
学生服……二六〇
角帽……二六二
掛け時計……二六五
ガス灯……二七四
数え年……二七七
カップ麺……二八八
蚊取り線香……二九〇
亀の子束子……三〇一
カメラ……三〇一
カラーテレビ……三〇三
カレーライス……三一〇
過労死……三一一
缶詰……三二七
乾電池……三二八
キオスク……三三九
気球……三四三
技能オリンピック……三五九
QRコード……三六九
救急車……三七〇
休日……三七一
給食……三七二
救世軍……三七二
銀行……四〇三
金属バット……四〇五
グリーン車……四三三
グルタミン酸……四三六
クロスワードパズル……四三九
軍旗……四四二
軽演劇……四四八
携帯電話……四五三
競馬……四五四
刑務所……四五五
競輪……四五五
敬老の日……四五六
ケーブルカー……四五六
血液型……四六二
献血……四七四
顕微鏡……四八三
言文一致……四八三
公園……四九五
校歌……四九六
光化学スモッグ……四九七
航空母艦……四九九
公衆電話……五〇四
高速道路……五〇九
交番……五一四
コーヒー……五二一
コーンフレーク……五二三
国際電話……五二六
国民体育大会……五二八
国立公園……五二九
個人タクシー……五三八
ゴルフ……五五八
コンテナ……五六四
コンパクトディスク……五六五
さ行 座談会……五九三
サッカー……五九四
サマータイム……六〇〇
サミット……六〇〇
三角点……六〇七
ジーンズ……六二四

ジェット機……六二四
ジェットコースター……六二四
JIS（ジス）……六四二
実年……六五七
自転車……六五九
自動販売機……六五九
指紋……六七三
社会鍋……六七五
柔道……六九六
春闘……七一六
蒸気機関車……七二七
少子化……七三一
食堂車……七四七
植物園……七四八
シルバーシート……七六〇
白バイ……七六一
信号……七七〇
人工衛星……七七〇
寝台車……七七七
新体操……七七七
新聞……七八一
人力車……七八三
吹奏楽……七八九
水族館……七八九
炊飯器……七九〇
スーパーマーケット……七九二
スキー……七九五
スケート……七九八
鮨（すし）……七九九
スチュワーデス……八〇三
聖火……八二〇
声帯模写……八二八
製鉄……八二九
セーラー服……八三三
赤十字……八三六
戦車……八五六
速記術……八九〇

た行

ダービー……九〇二
体操競技……九一四
タイプライター……九一八
宝籤（たからくじ）……九二五
タクシー……九二八
ダンスホール……九六〇
団地……九六一
段ボール……九六四
地下鉄……九六八
蓄音機……九七〇
蓄電池……九七一
徴兵……九九四
チョコレート……九九七
DNA（ディーエヌエー）型鑑定……一〇三二
ディーゼルエンジン……一〇三二
定期乗車券……一〇三三
鉄橋……一〇四六
テレビジョン……一〇五四
テレホンカード……一〇五四
天気図……一〇五七
点字ブロック……一〇五九
電子顕微鏡……一〇五九
電灯……一〇六三
電報……一〇六五
電話機……一〇六六
電話帳……一〇六六
謄写版……一〇七七
銅像……一〇八〇
灯台……一〇八〇
動物園……一〇八三
トーキー……一〇八六
特許権……一一〇三
ドッジボール……一一〇三
ドラフト……一一一四
トランジスター……一一一四
トロリーバス……一一二一

な行

内視鏡……一一二六
流し……一一三〇
ナポリタン……一一四三
日曜学校……一一六二
日本アルプス……一一六五
人間ドック……一一七一

は行

パーキングメーター……一二〇〇
パーマネント……一二〇一
バイキング……一二〇四
バスケットボール……一二三四
ぱちんこ……一二三九
パトロールカー……一二三六
パラリンピック……一二四八
バレーボール……一二五二
パン……一二五五
万国博覧会……一二五七
ビール……一二六九
飛行機……一二七六
飛行場……一二七六
日の丸……一二九三
一一九番……一二九七
一一〇番……一二九七
ビヤホール……一二九八
ファッションショー……一三一五
普通選挙……一三三八
ブラックバス……一三五〇
プラネタリウム……一三五一
プロ野球……一三六〇
文庫……一三六三
ペットボトル……一三七七
ボウリング……一四〇三
ボーイスカウト……一四〇三
ホームドア……一四〇五
ホームページ……一四〇五
ボクシング……一四〇七
歩行者天国……一四〇九
ホテル……一四一七
歩道橋……一四一七
本場所……一四二六

ま行

マッチ……一四四三
魔法瓶……一四四六
漫才……一四五二
満年齢……一四五三
民間放送……一四七四
メーデー……一四九三
モノレール……一五一六

や行

野球……一五二四
郵便……一五四八
郵便切手……一五四八
郵便葉書……一五四八
郵便番号……一五四八
ユニットバス……一五五四
ユニバーシアード……一五五四
横綱……一五六九

ら行

ラジオ……一五八四
ラジオ体操……一五八四
レトルト食品……一六二三
レモネード……一六二三
ロータリークラブ……一六三一
ロマンスグレー……一六三六

わ行

YMCA（ワイエムシーエー）……一六三八
YWCA（ワイダブリューシーエー）……一六三八
ワクチン……一六四二
輪ゴム……一六四三
ワンマンカー……一六五一

類語

「類語」欄の掲載された見出し語を分野別・五十音順に示した。

天気・気象・自然

天文・気象

暑さ……四五　雨……五七　風……二七五
雲……四二九　曇り……四三〇　寒さ……六〇〇
月……一〇〇九　晴れ……一三五三　闇……一五三七
夕日……一五四八　雪……一五五〇

自然・地理

海……一四五　海岸……二三五　川岸……三一一
景色……四五九　眺め……一二一三　波……一二四五
波打ち際……一二四五

時間・歳月

秋……二九　朝……三五　遺跡……八九
いつも……一〇五　今……一一一　永遠……一五五
延期……一七〇　思い出……二二五　必ず……二九二
記憶……三三九　去年……三九三　今年……五四六
今夜……五六六　先程……五八三　至急……六三三
先日……八五六　時々……一〇九〇　突然……一一〇三
夏……一二三九　春……一三五一　日頃……一三七七
暇……一二九五　昼……一三〇七　不断……一三三七
冬……一三四八　夕方……一五四三　夜通し……一五七三
夜……一五七七

植物

熟れる……一五〇　咲く……五八四　葉……一一九九
芽ぐむ……一四九四

人生・生活

生命・健康

一生……一〇一　命……一〇九　生まれる……一四五
傷……三五〇　最期……五七三　死……六一七
死ぬ……六六二　成長……八二八　僧……八六九
葬式……八七五　治癒……九八〇　治る……一一二九
病気……一三〇一　身籠もる……一四五八

世代・年齢

赤ん坊……二九　お爺(じい)さん……一九七　お婆(ばあ)さん……二〇九
子供……五四七　少女……七三三　少年……七三八
年齢……一二八六　若い……一六三九

家族・家庭・生活

朝飯……三七　兄……五〇　姉……五〇
妹……一一三　夫……二〇四　弟……二〇五
結婚……四六三　父……九七三　妻……一〇二一
母……一二四一　晩飯……一二六四　引っ越し……一二八四
昼飯……一三〇七　便所……一三八四　用事……一五六二

行事

祝い……一一八　宴(えん)……一六八　会……二二一
式……六三〇　たけなわ……九三〇　旅館……一六〇七

労働・金銭

忙しい……九〇　解雇……二三六　金(かね)……二九二
金持ち……二九三　休憩……三七〇　貧乏……一三二一
休む……一五三〇

人間・人間関係

人間・人物

腕前……一四二　男……二〇五　女……二三五
酒飲み……五八七　自分……六六七　新人……七七四

身体

味……三七　頭……四三　顔……二四九
顔立ち……二五〇　体……三〇五　声……五一九
拳(こぶし)……五五一　死体……六四六　身長……七七七
匂い……一一五四　臭い……一一五四　肌……一二三五
裸……一二三六

感情

愛する……二〇　有り難い……六二　哀れ……六七
安心……六九　憤り……八二　苛立(いらだ)つ……一一四
疑い……一三六　美しい……一四〇　穏やか……二〇二
疎(おろそ)か……二二三　格別……二六三　希望……三六一
気楽……三九四　苦(く)……四〇八　悔しい……四三〇

志……五三三　快い……五三三　寂しい……五九八
幸せ……六二一　疲れる……一〇〇八　つまらない……一〇三三
涙……一二四五　恥……一三一一　恥ずかしい……一三三四
誇り……一四〇九　愉快……一五四九

性格・態度

厚かましい……四五　侮る……五〇　怪しい……五八
あやふや……五八　勇ましい……八五　一生懸命……一〇一
うっかり……一四〇　うるさい……一五〇　横柄……一八一
賢い……二七〇　勝手……二八七　可愛(かわい)い……三一一
静か……六四二　優れる……七九八　せっかち……八四一
そそっかしい……八八九　ぞんざい……八九九　大胆……九一五
だらしない……九五二　強い……一〇二五　丁寧……一〇三六
なおざり……一一二九　情け……一一三七　怠ける……一一四四
念入り……一一八五　のんびり……一一九八　激しい……一二一九
励む……一三一九　恥じらう……一三一三　服従……一三三七
臍(へそ)曲がり……一三七五　真心(まごころ)……一四三五　むごい……一四七九
弱い……一五七八

動作・行為

諦める……三〇　飽きる……三〇　与える……四二
過ち……五八　慌てる……六七　苛(いじ)める……八七
急ぎ……九〇　頂く……九一　祈る……一〇九
受け取る……一三一　失う……一三三　嘘(うそ)……一一五
奪う……一四三　選ぶ……一六六　援助……一七一
行う……一九四　脅す……二〇六　返す……二四八
書く……二五七　考える……三一八　聞く……三四四
食い止める……四一〇　来る……四三五　企てる……四四一
貶(けな)す……四六六　後退……五〇九　拒む……五五〇
媚(こ)びる……五五一　堪(こら)える……五五七　殺す……五五九
転ぶ……五六〇　逆らう……五八一　差し上げる……五八九
さすらう……五九二　しがみつく……六二九　為遂(しと)げる……六六〇
手段……七〇六　出発……七〇九　推薦……七八八
推測……七八九　進む……八〇一　座る……八一五
背負う……八三三　唆(そそのか)す……八八九　企(たく)らみ……九二九
訪ねる……九三三　騙(だま)す……九四九　黙る……九五〇

追加……一〇〇三　連れる……一〇二七　手柄……一〇四〇
殴る……一一三五　成し遂げる……一一三七　除く……一一九三
放蕩(ほうとう)……一四〇〇　方法……一四〇一　褒める……一四二〇
任せる……一四三三　負ける……一四三五　守り……一四四七
目論(もくろ)む……一五〇八　貰(もら)う……一五一八　酔い……一五五八
用意……一五六〇　予測……一五七一

交際・音信

挨拶……一九　会う……三三　謝る……五八
噂(うわさ)……一五一　口喧嘩(くちげんか)……四三三　喧嘩(けんか)……四七二
交際……五〇二　さようなら……六〇一　知らせ……七五六
接待……八四三　送別……八八〇　手紙……一〇三九
無沙汰……一三三一　ラブレター……一五八六　別れ……一六四〇
詫び……一六四六　悪口……一六四九

人間関係

敬う……一四六　親しい……六四八　待遇……九〇八
弟子……一〇四四　手下……一〇四四　友……一一一一
許し……一五五六

物事・事象

状態・状況

明らか……三〇　新しい……四三　危ない……五二
多い……一八二　大きい……一八三　厳か……一九四
詳しい……四四一　逆様……五八〇　大体……九一五
多数……九三三　多様……九五一　小さい……九六六
近い……九六七　直接……九九六　適当……一〇四三
当然……一〇八〇　遠い……一〇八六　長い……一一二九
ばらばら……一三四八　広い……一三〇七　古い……一三五五
負け……一四三五　醜い……一四六八　難しい……一四八二
珍しい……一四九六　容易……一五六〇　乱雑……一五八八

現象

現れる……六二　埋まる……一四四　起こる……一九五
出来上がる……一〇四〇　沸く……一六四三

変遷

あ行　あからさま……二七
あこがれる〔憧れる〕……三五
あさましい〔浅ましい〕……三七
あした〔明日〕……三八
あながち〔強ち〕……四九
あなた〔貴方〕……五〇
あらまし……六一
ありがたい〔有り難い〕……六三
いまいましい〔忌ま忌ましい〕……一二一
うつくしい〔美しい〕……一四〇
おかしい……一八九
おとなしい〔大人しい〕……二〇七
おどろく〔驚く〕……二〇七
おろか〔愚か〕……二三一
か行　かたき〔敵〕……二七九
かたはらいたい〔片腹痛い〕……二八〇
かなしい〔悲しい〕……二九一
かのじょ〔彼女〕……二九四
さ行　すごい〔凄い〕……七九八
すさまじい〔凄まじい〕……七九九
せめて……八四七
ぜんぜん〔全然〕……八五九
そうぞうしい〔騒騒しい〕……八七七
た行　つたない〔拙い〕……一〇一六
つとめて〔努めて〕……一〇一九
つれない……一〇二七
です……一〇四四
とても〔迚も〕……一一〇五
な行　なかなか……一一三一
なさけない〔情けない〕……一一三七
なつかしい〔懐かしい〕……一一三九
なまめかしい〔艶かしい〕……一一四五
におう〔匂う〕……一一五四
ののしる〔罵る〕……一一九四
は行　はかない〔果敢ない〕……一三二一
はしたない〔端ない〕……一三三三
はずかしい〔恥ずかしい〕……一三三四
ふつつか〔不束〕……一三四一
ぼく〔僕〕……一四〇七
ま行　ます……一四三八
まなぶ〔学ぶ〕……一四四五
まもる〔守る〕……一四四七
めざましい〔目覚ましい〕……一四九五
めずらしい〔珍しい〕……一四九六
もったいない〔勿体ない〕……一五一三
や行　やさしい〔優しい〕……一五二八
ら行　らしい……一五八四

敬語

あ行　あう〔会う〕……三三
あに〔兄〕……五〇
あね〔姉〕……五〇
いう〔言う〕……七七
いえ〔家〕……七八
いけん〔意見〕……八四
いもうと〔妹〕……一一三
いる〔居る〕……一一五
おくりもの〔贈り物〕……一九三
おっと〔夫〕……二〇四
おとうと〔弟〕……二〇五
か行　かいしゃ〔会社〕……二三八
きく〔聞く〕……三四四
きもち〔気持ち〕……三六三
きる〔着る〕……三九八
くる〔来る〕……四三五
くれる・やる・もらう〔呉れる〕……四三八
こころざし〔志〕……五三二
さ行　しょくじ〔食事〕……七四七
する〔為る〕……八一三
そふ〔祖父〕……八九四
そぼ〔祖母〕……八九四
た行　たずねる〔訪ねる〕……九三三
たべる〔食べる〕……九四七
ちち〔父〕……九七三
つま〔妻〕……一〇二一
てがみ〔手紙〕……一〇三九
な行　なまえ〔名前〕……一一四三
ねる〔寝る〕……一一八四
は行　はは〔母〕……一三四一
ま行　みせる〔見せる〕……一四六二
みる〔見る〕……一四七三
むすこ〔息子〕……一四八二
むすめ〔娘〕……一四八三
や行　ゆく〔行く〕……一五五二

表現

あ行　あじ〔味〕……三七
あめ〔雨〕……五七
あるく〔歩く〕……六四
いう〔言う〕……七七
いそがしい〔忙しい〕……九〇
いたむ〔痛む〕……九二
いばる〔威張る〕……一一〇
うれる〔売れる〕……一五〇
おこる〔怒る〕……一九五
おそれる〔恐れる〕……二〇一
おどろく〔驚く〕……二〇七
か行　かう〔買う〕……二四七
かおり〔香り〕……二五〇
かくす〔隠す〕……二六〇
かぜ〔風〕……二七五
かつ〔勝つ〕……二八四
かなしむ〔悲しむ〕……二九一
かむ〔噛む〕……三〇一
かんがえる〔考える〕……三一八
きく〔聞く〕……三四四
きる〔切る〕……三九八
くう〔食う〕……四一一
けんか〔喧嘩〕……四七三
さ行　さす〔刺す〕……五九一
さわぐ〔騒ぐ〕……六〇四
しくじる……六三四
しる〔知る〕……七五九
すごす〔過ごす〕……七九九
すすむ〔進む〕……八〇一
すわる〔座る〕……八一五
た行　たえる〔耐える〕……九二二
たおれる〔倒れる〕……九二三
たすける〔助ける〕……九三三
たつ〔立つ〕……九三八
つかれる〔疲れる〕……一〇〇八
でる〔出る〕……一〇五三
な行　ながれる〔流れる〕……一一三三
なく〔泣く〕……一一三四
にげる〔逃げる〕……一一五七
ぬれる〔濡れる〕……一一七六
ねむる〔眠る〕……一一八三
のむ〔飲む〕……一一九六
は行　はたらく〔働く〕……一三二七
はなす〔話す〕……一三三八
ふくらむ〔膨らむ〕……一三三九
ふむ〔踏む〕……一三四七
ふる〔降る〕……一三五五
ふるえる〔震える〕……一三五六
ま行　まつ〔待つ〕……一四四一
みる〔見る〕……一四七三
や行　ゆき〔雪〕……一五五〇
よむ〔読む〕……一五七六
わ行　わらう〔笑う〕……一六四七

あ ア

母音の一つ。五十音図「あ行」の第一音。「あ」は「安」の草体。「ア」は「阿」の偏。

あ【亜】【亞】(人) ア(中) つぐ　一 亓 帀 亜 亜

(字義) ①次ぐ。準じる。二番目。「亜聖・亜流」 ②「亜細亜(アジア)」の略。「欧亜・東亜」 難読 亜弗利加(アフリカ)・亜米利加(アメリカ)・亜刺比亜(アラビア)・亜爾然丁(アルゼンチン)

あ-【亜】(接頭) ①つぎの。次位の。「—熱帯」 ②《化》無機酸(=炭素原子を含まない酸および炭酸)に含まれる酸素原子が少ない意を表す。「—硫酸」

あ【阿】(人) ア・くま おもねる

(字義) ①おか。高い丘陵。「阿丘」 ②くま。まがりかど。「曲阿」 ③のき。むね。「四阿(あずまや)」 ④おもねる。へつらう。「阿世・阿媚(あび)・阿諛(あゆ)」 ⑤親しみをこめて人を呼ぶときに用いる語。「阿兄・阿父」 ⑥「阿弗利加(アフリカ)」の略。「南阿」 ⑦「阿波(あわ)の国」の略。「阿州」 参考 (1)梵語(ぼんご)などの音訳に用いる。「阿吽(あうん)・阿吽(あうん)・阿弥陀(あみだ)」 (2)女性の名の上につける愛称。「オ」と読む。「阿国(おくに)」 難読 阿漕(あこぎ)・阿闍梨(あじゃり)・阿修羅(あしゅら)・阿婆擦(あばず)れ・阿呆(あほう)・阿房(あほう)・阿羅漢(あらかん)・阿亀(おかめ)・阿多福(おたふく)・阿蘭陀(オランダ)

あ【◇我・△吾】(代)《古》自称の人代名詞。わたくし。われ。

あ(感) 驚いたり、急に思いついたり、軽く呼びかけたりするときに発する語。あっ。「—、痛い」「—、そうだ」「—、君ちょっと」

ああ(副) あのように。「—なってはおしまいだ」

—言(い)えばこう言(い)う あれこれと理屈を並べて言いのがれをする。**—でもないこうでもない** あれもだめ、これもだめと、考えがまとまらない。

ああ【△嗚◇呼】(感) ①驚き・悲しみ・喜び・疑問などを感じたときに発する語。「—、よかった」 ②(対等または目下の人に対して)軽い承諾・肯定の意を表すときに発する語。「—、いいよ」

アーカイブ〈archive〉 ①文書・記録などを集めて保管すること。また、その保管場所。アーカイブス。 ②《情報》複数のファイルを圧縮するなどしてまとめること。また、その技術。

アーキテクチャー〈architecture〉 ①建築物。建築様式。また、構造。構成。 ②《情報》コンピューターやソフトウェアなどの基本設計や共通の仕様。

アーク-とう【アーク灯】〈arc〉 二本の炭素棒の電極間の放電によって白熱光を出す電灯。アークライト。弧灯(ことう)。

アーケード〈arcade〉 ①アーチ形の屋根をもつ通路。 ②商店街の通路をおおった屋根。また、その商店街。

ああさつき… 和歌〔ああ皐月 仏蘭西(フランス)の野は 火の色す 君も雛罌粟(コクリコ) われも雛罌粟〕〈与謝野晶子(よさのあきこ)〉ああ五月。フランス郊外の野は一面にひなげしの花が咲き、火の燃えるような色にいろどられている。その中であなたは一輪のひなげしの花。私もまた一輪のひなげしの花。

アース〈earth 地球〉 電気機器と地面との間に銅線などで電路を作ること。また、その装置。電位を大地と等しくして、過大な電流が流れるのを防ぐ。接地。

アーチ〈arch 弓形・弧〉 ①上部を半円形に築いた建造物。橋げた・トンネルなどに見られる。迫(せ)り持ち。 ②歓迎や祝賀のために、スギ・ヒノキなどの青葉でおおい飾った、上部が半円形の門。緑門(りょくもん)。 ③野球で、ホームランのこと。「—をかける」

アーチェリー〈archery〉 西洋式の弓。洋弓(ようきゅう)。また、洋弓で射た矢を標的に当てて得点を争う競技。

アーティスティック〈artistic〉(形動ダ) ダロ・ダッ(デ・ニ)・ダ・ナ・ナラ・○ 芸術的なさま。芸術に関するさま。

—スイミング〈artistic swimming〉 音楽に合わせて水中で種々の演技を見せ、技術と芸術性を競う競技。「シンクロナイズドスイミング」から改称。

アーティスト〈artist〉 ①芸術家。 ②演奏家。歌手。 参考 「アーチスト」ともいう。

アーティチョーク〈artichoke〉《植》キク科の多年草。地中海沿岸原産。夏、紫色の花をつける。つぼみの花托(かたく)は食用。チョウセンアザミ。

アーティフィシャル〈artificial〉(形動ダ) ダロ・ダッ(デ・ニ)・ダ・ナ・ナラ・○ 人工的。技巧的。また、不自然なさま。

アート〈art〉 芸術。美術。「モダンー」

—し【—紙】 なめらかでつやのある厚手の印刷用紙。写真版・原色版などの美術印刷に適する。アートペーパー。

—シアター〈art theater〉《映・演》芸術的・実験的な映画や劇を上映したり上演したりする映画館・小劇場。

—ディレクター〈art director〉 ①映画・テレビ・演劇などの美術監督。 ②広告制作で、デザイン面の責任者。 参考 略してADともいう。

アーバン〈urban〉(他の語に冠して)「都市の」「都会風な」の意を表す。「—ライフ(=都市生活)」

アーベント〈ドイツ Abend 夕方・晩〉 あるテーマのもとに夕方から開かれる音楽会や講演会などの催し。「ベートーベンー」

アーミー〈army〉 軍隊。特に、陸軍。「—ルック」

—ナイフ〈army knife〉 はさみ・缶切りなどを備えた、折りたたみ式の多機能ナイフ。 語源 スイスで、軍隊装備として採用されたことから。

アーム〈arm〉 ①腕。 ②器具などの、腕状にのびた部分。

—チェア〈armchair〉 ひじかけいす。安楽いす。

—ホール〈armhole〉 洋服のそでぐり。また、その寸法。

—レスリング〈arm-wrestling〉 腕相撲。

アーメン〈ヘブライ amen まことに・確かに〉《基》キリスト教で、祈りや賛美歌などの終わりに唱える言葉。

アーモンド〈almond〉《植》バラ科の落葉高木。平たい種子の仁(じん)が甘い種類と苦いのとがあり、それぞれ食用、薬用にする。巴旦杏(はたんきょう)。扁桃(へんとう)。アメンドー。アマンド。「—ケーキ」

アーリア-じん【アーリア人】〈Aryan〉《世》インドヨーロッパ語族系の民族の総称。特に、古く中央アジアで遊牧生活を送り、のちインドやイランに移住した人々をいう。アーリヤ人。

アール〈フランス are〉 メートル法の面積の単位。一アールは一〇〇平方メートル、約三〇・二五坪(つぼ)。記号 a

アールエッチ-いんし【Rh因子】《医》ヒトの血液型因子の一つ。インドのアカゲザルの赤血球中に見いだされた抗原で、その有無によりRhプラス型と、Rhマイナス型とに分かれる。 参考 Rhはアカゲザルの英名 rhesus monkey による。

アール-してい【R指定】〈Rは restricted(制限された)から〉《映》映画の作品について、青少年の鑑賞を規制する基準。映倫による規定では一五歳以上が観覧できる「R15+」、一八歳以上が観覧できる「R18+」などがある。

アール-デコ〈フランス art déco〉《美》(arts décoratifs(装飾美術)の略)一九一〇年代から三〇年代にかけてフランスを中心に流行した、直線と幾何学的模様を多用する装飾様式。

アール-ヌーボー〈フランス art nouveau 新しい芸術〉《美》一九世紀末から二〇世紀初頭にかけてフランスやベルギーなどにおこり、ヨーロッパ全域に広がった工芸・建築・絵画などの新装飾様式。植物をモチーフにした流れるような曲線を特徴とする。

アール-ブイ【ＲＶ】〈recreational vehicle から〉野外のレクリエーションに用いることを目的にした自動車。

あい【哀】 アイ㊥・あわれ㊥・あわれむ㊥・かなしい
（字義）①悲しい。悲しむ。「哀歓・哀願・哀愁・哀傷・哀悼・悲哀」②あわれむ。かわいそうに思う。「哀愍・哀憐」

あい【娃】 人 アイ・うつくしい
（字義）①美しい。②美しい女性。美女。

あい【挨】 アイ㊥・おす
（字義）①おす。押しのける。「挨拶（＝原義は押しのけて進む意。国語では会釈・おじぎ・応対の意に用いる）」②うつ。背をたたく。③せまる。接近する。

あい【愛】 教4 アイ・いつくしむ・かなしい・いとしい・めでる・おしむ・まな
（字義）①㋐いつくしむ。かわいがる。「愛称・愛情・愛撫・恩愛・慈愛・情愛・寵愛・博愛・偏愛」㋑恋しく思う。「愛人・恋愛」㋒好む。心をひかれる。「愛玩・愛唱・愛読・愛用」②たいせつにする。「愛護・愛校心・人類愛・友愛」③惜しむ。「愛惜・割愛」 難読 愛敬・愛蘭・愛し子・愛弟子・愛娘 人名 あ・あいし・あき・いとし・え・ちか・ちかし・とく・とし・なる・ひで・め・めぐみ・めぐむ・やす・よし・よしみ・より

あい【愛】《中心義―自分の大事にしているものが無事であるよう自分を犠牲にしてまでも守ろうとする思い》①かわいがり、いつくしむ心。「子へのー」「神のー」②恋い慕う心。恋愛。「ーの告白」③その価値を認め、たいせつに思う気持ち。また、それに打ち込む心。「学問へのー」

あい【曖】 アイ㊥
（字義）①かげる。ほの暗い。「曖曖」②はっきりしない。「曖昧」

あい-【相】 （接頭）①「たがいに」の意を表す。「ー争う」②「ともに」「いっしょに」の意を表す。「ー乗り」③手紙や改まった挨拶などに用いて、語調を整え、意味を強める。「完成の運びとーなりました」「ーすみません」

あい【◇間】 ①二つのもののあいだやすきま。「山ー」②「間狂言」の略。

あい【藍】 ①《植》タデ科の一年草。秋に穂状の赤い小花をつける。栽培して葉・茎から濃い青色の染料をとる。たであい。②①の葉からとる青い染料。現在は、化学的に合成もする。インディゴ。③→あいいろ

〔藍①〕

あい-あい【△藹△藹】（タル）うちとけたさま。なごやかなさま。「和気ー」 文（形動タリ）

あいあい-がさ【相合〔い〕傘】 恋人どうしなどが二人で一本の傘をさすこと。多く、二人の仲のよさを表す。

アイアン〈iron 鉄〉頭部が金属製のゴルフクラブ。⇩ウッド

あい-いく【愛育】（名・他スル）かわいがってたいせつに育てること。

あいいれ-ない【相◇容れない】 立場や主張などが一致せず、たがいに認め合わない。両立しない。「私の信条とはー」

あい-いろ【藍色】 濃い青色。あい。

あい-いん【合〔い〕印】 帳簿・書類などを他の帳簿・書類などと照合したしるしに押す印。あいじるし。合い判。

あい-いん【愛飲】（名・他スル）常日ごろ好んで飲むこと。「ワインのー家」「日本酒をーする」

あい-うち【相打ち・相撃ち・相討ち】（剣道などで）双方が同時に相手をうつこと。転じて、引き分け。「ーに終わる」

アイ-エス-オー【ＩＳＯ】〈International Organization for Standardization から〉国際標準化機構。各国の工業規格の標準化を目的とする国際機関。また、同機構が決める工業規格。イソ。

アイ-エス-ディー-エヌ【ＩＳＤＮ】〈Integrated Services Digital Network から〉総合デジタルサービス通信網。電話・ファクシミリ・コンピューターなどの各種通信サービスを統合し、一元的にデジタル伝送を行うシステム。

アイ-エス-ビー-エヌ【ＩＳＢＮ】〈International Standard Book Number から〉国際標準図書番号。書籍の流通業務合理化のために、市販される図書に付ける番号。一三桁の数字で、国籍、出版社、書名を表示する。

アイエッチ-ちょうりき【ＩＨ調理器】〈ＩＨは induction heating から〉電磁誘導による加熱を利用した調理器具。電磁調理器。 はじまり 一九七〇年に初めて「ＩＨクッキングヒーター」がアメリカで商品化された。日本では一九七四（昭和四十九）年、ホテルなどで利用される大型のＩＨ調理器が発売された。

アイ-エム-エフ【ＩＭＦ】〈International Monetary Fund から〉《経》国際通貨基金。国際的な為替の安定をはかり、発展途上国などへの融資も行う国際連合の専門機関。一九四四年のブレトン＝ウッズ協定に基づき、翌四五年設立。

アイ-エル-オー【ＩＬＯ】〈International Labour Organization から〉国際労働機関。国際連合の専門機関の一つ。国際的規模での労働条件の改善をめざす。

あいえん-か【愛煙家】 たばこの好きな人。

あいえん-きえん【合縁奇縁・合縁機縁】 男女・夫婦・友人など、人と人との交わりで、たがいの気心が合うのも合わないのも、すべて不思議な縁によるということ。

あい-おい【相生〔い〕】 ①いっしょに生まれ育つこと。②同じ根元から幹が二本伸びること。「ーの松」③→あいおい（相老い）

あい-おい【相老〔い〕】 夫婦がともに長生きすること。 参考 同音の「相生い」の「生い」に「老い」を掛けた語。

アイ-オー-シー【ＩＯＣ】〈International Olympic Committee から〉国際オリンピック委員会。オリンピック大会を主催・統轄する国際機関。

あい-か【哀歌】 悲しい心情をうたった詩歌。悲歌。エレジー。

あい-かぎ【合〔い〕鍵】 その錠に合うように作った別のかぎ。

あい-かた【合方】 ①芝居で、役者のせりふに合わせたり、せりふの間に入れたりする三味線。②長唄で、唄の間にはいる三味線だけの長い間奏。③能で、謡の囃子方。

あい-かた【相方】 ①相手。相手役。②昔、遊里で客の相手となる遊女。 参考 ②は「×敵娼」とも書く。

あい-がも【合△鴨・◇間△鴨】 《動》アオクビアヒルとマガモとの雑種。肉は食用にする。

あい-かわらず【相変〔わ〕らず】（副）以前と変わることなく。今までどおり。「ー元気でいます」 用法 「相も変わらず」は、謙遜やさげすみの意をこめて用いる。

あい-かん【哀感】 もの悲しい感じ。「ーが漂う」「ーをそそる」

あい-かん【哀歓】 悲しみと喜び。「人生のーを味わう」

あい-がん【哀願】グワン（名・自他スル）相手の同情心に訴えて、頼み願うこと。哀訴。「助命を―する」

あい-がん【愛玩】グワン（名・他スル）身辺に置き、たいせつにしてかわいがること。「―動物」「―品」

あい-き【愛機】愛着をもってたいせつに使用している写真機などの機器。また、愛用の飛行機。参考 楽器や器具類は、「愛器」と書く。

あい-ぎ【合〔い〕着・◇間着】アヒ ①春や秋に着る衣服。合い服。②上着と下着との間に着る衣服。中着。

あいき-どう【合気道】アヒキダウ 武道の一つ。古流柔術の大東流を源流とした、当て身・関節技を主とする護身術。合気術。

あい-ぎょう【愛◇敬】ぎやう（古）①動作・態度などが温和で優しく魅力のあること。②慈しみ敬うこと。敬愛。参考 室町時代になると、清音化した「あいきやう」が現れ、やがて「愛嬌」の字も当てられるようになった。

あい-きゃく【相客】アヒ ①訪問先で、たまたま同時にいあわせた客。②旅館で、同じ部屋に泊まりあわせた客。

アイ-キュー【IQ】〈intelligence quotient から〉→ちのうしすう

あい-きょう【愛郷】キヤウ 自分の故郷を愛すること。「―心」

あい-きょう【愛◇敬・愛△嬌】キヤウ・ケウ ①にこやかで親しみやすいかわいらしさ。「―のある娘」「目もとに―がある」②人から好かれようとしてするふるまい。「―を振りまく」③こっけいな感じ、ほほえましい感じを人に与える表情やふるまい。「ご―に一曲」語源「愛敬」が清音化したもの。

あい-きょうげん【◇間狂言】アヒキヤウゲン 一曲の能の中で、狂言方が受け持つ部分。狂言師が曲の主題を物語る。間。

あい-ぎん【愛吟】（名・他スル）好んで詩歌を口ずさむこと。また、その詩歌。

あい-くぎ【合△釘・◇間△釘】アヒ 両端のとがったくぎ。板と板とをつぎ合わせるときに使う。

あい-くち【合〔い〕口】アヒ ①つばのない短刀。鞘の口と柄の口とが直接に合うところからいう。どす。九寸五分。匕首。②物と物とが合うところ。③話や調子がたがいに合うこと。「彼とは―がいい」参考 ①は「×匕首」とも書く。

あい-くるし・い【愛くるしい】（形）カロ・カツ(ク)・イ・イ・ケレ・○ たいそうかわいらしい。「―顔立ち」文 あいくる・し（シク）

あい-けい【愛敬】（名・他スル）心から尊敬し、親しみの気持ちをもつこと。敬愛。「―の念」

あい-けん【愛犬】①かわいがって飼っている犬。②犬をかわいがること。「―家」

あい-こ【相子】アヒ たがいに勝ち負けや損得・優劣のないこと。ひきわけ。「これでお―だ」

あい-こ【愛顧】（名・他スル）商人や芸人などを、目をかけて引き立てること。ひいき。「日ごろのご―にこたえて」用法 多く、「ご愛顧」の形で、ひいきされる側からいう語。

あい-ご【愛護】（名・他スル）かわいがって、たいせつに保護すること。「動物―週間」「目の―デー」

あい-こう【愛好】カウ（名・他スル）その物事を好み親しむこと。「切手―家」「クラシック音楽を―する」

あい-こく【愛国】自分の国を愛すること。「―心」

あい-ことば【合〔い〕言葉】アヒ ①味方どうしが確認し合うために、あらかじめ決めておく合図の言葉。「―は『山』と『川』」②仲間うちの主張や考え方などを短い言葉に表したもの。標語。モットー。「サービス第一を―とする」

あい-ごま【合駒・◇間駒】アヒ 将棋で、王手をかけられたときに、そのきき筋の途中にこまを打つこと。また、そのこま。

アイコン〈icon〉コンピューターで、プログラムやファイルの機能を絵や図柄で画面上に示したもの。

アイ-コンタクト〈eye contact〉視線を合わせることで意図を伝えること。

あい-さい【愛妻】①妻を愛したいせつにすること。「―家」②愛している妻。「―弁当」

あい-さつ【挨拶】（名・自スル）（「挨」はおす、「拶」はせまる意）①人に会ったときや別れるときにかわす社交的な言葉や動作。「初対面の―」「時候の―」②儀式・就任・離任などのとき、敬意・祝意・謝意などを述べること。また、その言葉。「来賓の―」③他人の言動への応対や返事。うけこたえ。「なんの―もない」④（「ごあいさつ」の形で）相手の失礼な言動を皮肉っていう語。あきれた言いよう。「これはご―だね」参考 もと、門下の僧に禅問答をして悟りの程度を確かめることをいった。
類語 礼・会釈・お辞儀・一礼・目礼・黙礼・敬礼・最敬礼・叩頭・握手・答礼

あい-し【哀史】悲しい内容の歴史。また、その物語。

あい-し【哀詩】悲しい心情をうたった詩。

あい-じ【愛児】親がかわいがっている子供。いとしご。

アイ-シー【IC】〈integrated circuit から〉→しゅうせきかいろ

―カード〈IC card〉IC（＝集積回路）のチップを内蔵したカード。磁気カードより多くの情報が記録でき、キャッシュカード・運転免許証などに広く利用される。

アイ-シー-ティー【ICT】〈information and communication technology から〉〘情報〙情報通信技術。コンピューターやインターネットを用いた情報処理や通信技術。

アイ-シー-ビー-エム【ICBM】〈intercontinental ballistic missile から〉大陸間弾道弾。射程距離五五〇〇キロメートル以上の超音速戦略用長距離ミサイル。

アイ-シー-ユー【ICU】〈intensive care unit から〉重症患者や手術直後の患者のための集中治療室。

あい-しゃ【愛車】好んでよく乗っている車。「―の手入れ」

あい-じゃく【愛着】ヂヤク（名・自スル）①〘仏〙欲望にとらわれて人や物に執着すること。また、愛に執着すること。愛執。②→あいちゃく

アイ-シャドー〈eye shadow〉目もとに陰影をつけるためにまぶたに塗る化粧品。

あい-しゅう【哀愁】シウ もの悲しさ。うら悲しい感じ。「―が漂う」「―を帯びた曲」

あい-しゅう【愛執】シフ〘仏〙愛するものに執着すること。愛着。

あい-じゅつ【哀△恤・愛△恤】目下の者や弱い者をいつくしみあわれむこと。

あい-しょ【愛書】①本を読んだり集めたりするのが好きなこと。「―家」②特に好きで繰り返し読んでいる本。愛読書。

あい-しょう【相性・合〔い〕性】アヒシヤウ ①たがいの性質や気持ちなどがうまくかみ合う度合い。人と物にもいう。「―のいい同僚」「この球場と―の悪い投手」②（生年月日を陰陽五行説などにあてはめ）男女の縁が合うかどうかを定めること。

あい-しょう【哀傷】シヤウ（名・他スル）①悲しみに心をいためること。②人の死を悲しみいたむこと。哀悼。

―か【―歌】①人の死を悲しみいたむ歌。また、故人を追慕する歌。哀悼歌。②〘文〙「古今集」以後の勅撰集の部立ての一つ。人の死を悲しみいたんで詠んだもので、「万葉集」の「挽歌」にあたる。

あい-しょう【愛△妾】セフ かわいがっているめかけ。

あい-しょう【愛称】 正式の名前とは別に親しんで呼ぶ名前。ニックネーム。「一で呼ぶ」

あい-しょう【愛唱】 (名・他スル) 好んで歌うこと。「一歌」

あい-しょう【愛誦】 (名・他スル) 詩歌や文章などを好んで口ずさむこと。「藤村の詩を一する」

あい-じょう【哀情】 悲しいと思う心。「一を催す」

あい-じょう【愛情】 ①相手を心からたいせつに思い、いとおしむ心。深く思いやる気持ち。「母親の一」「一をそそぐ」②恋い慕う気持ち。「ほのかな一を抱く」

あい-じょう【愛嬢】 かわいがっている娘。まなむすめ。↕愛息 用法 軽い敬意をこめて他人の娘にいう。

あい-じるし【合〔い〕印】 ①二つのものを合わせるとき、継ぎ目などにつけるしるし。②戦場で、敵方と区別するために兜や馬具などにつけるしるし。③→あいいん(合い印)

あい-じん【愛人】 愛する人。また、情婦・情夫。

アイシング 〈icing〉①菓子の表面に塗る糖衣。卵白に粉砂糖を加えて練り混ぜたもの。②氷などで患部や運動後の筋肉を冷やすこと。

アイス 〈ice〉①氷。②(他の語に冠して)氷で冷やした意を表す。「一ティー」③「アイスクリーム」「アイスキャンデー」の略。

―キャンデー 〈和製英語〉棒状の氷菓子。夏

―クリーム 〈ice cream〉牛乳・卵黄・砂糖・香料などをまぜて凍らせた氷菓子。夏 はじまり 日本では、一八六九(明治二)年、横浜馬車道通りにおいて「あいすくりん」という名称で売り出したのが最初。

―コーヒー 〈iced coffee から〉氷を入れるなどして冷やしたコーヒー。

―ショー 〈ice show〉スケートをはいて氷の上を滑りながら行う演劇・ダンスなどのショー。

―スケート 〈ice skating から〉スケートをはいて氷の上を滑る運動・競技。冬

―ダンス 〈ice dancing から〉社交ダンスの動きを取り入れ、男女のペアがステップを主体に滑るフィギュアスケートの競技種目の一つ。

―ピック 〈ice pick〉氷を細かく砕くための錐。

―ブレイク 〈icebreaker から〉研修会や初対面の人が集まる場などで、緊張をほぐしコミュニケーションを円滑にするための手法。簡単なゲームや本題に入る前の雑談など。

―ボックス 〈icebox〉氷を使って冷やす小型の冷蔵庫。特に、携帯用のもの。

―ホッケー 〈ice hockey〉一チーム六人の競技者がスケートをはいて氷上で行うホッケー。冬 はじまり 一九世紀後半に現在のルールが確立しカナダで流行。一九一五(大正四)年ごろ日本に導入され、一九二三(大正十二)年北海道帝国大学で最初の試合が行われた。

―リンク 〈ice rink〉→スケートリンク

あい・す【愛す】 (他五) →あいする 語源 サ変動詞「あいする」の五段化。

あい-ず【合図】 (名・自スル) あらかじめ決めてある動作などで物事を知らせること。また、その方法。「目で一する」

アイスバーン 〈ドイツ Eisbahn〉道路や山の斜面で、降った雪や雨が凍って氷のようになった状態。また、その場所。

アイスランド 〈Iceland〉北大西洋北極圏付近のアイスランド島を領土とする共和国。首都はレイキャビク。

あい・する【愛する】 (他サ変) ①共に在ることで幸せな気持ちになり、相手にいっそうの幸せを願う思いになる。「孫を一」②恋しく思う。③価値を認めて好む。「孤独を一」④その存在をかけがえのないものとしてたいせつにしたいと思う。「郷土を一心」「国を一」文 あい・す(サ変) 参考 五段にも活用し、特に未然形は「愛さ…」を用いるのがふつう。
類語 寵愛する・鍾愛する・熱愛する・溺愛する・偏愛する・盲愛する・敬愛する・愛でる・いとしがる・愛をそそぐ

あい-せき【相席・合〔い〕席】 (名・自スル) 飲食店などで、他の客と同じテーブルにつくこと。「ご一をお願いします」

あい-せき【哀惜】 (名・他スル) 人の死などを悲しみ惜しむこと。「一の念に堪えない」

あい-せき【愛惜】 (名・他スル) 失うのを惜しんでたいせつにすること。「散りゆく花を一する」

あい-せつ【哀切】 (名・形動ダ) たいそう哀れでもの悲しいこと。また、そのさま。「一な調べ」

あい-せん【相先】 →たがいせん

アイゼン 〈ドイツ Steigeisen から〉登山用具の一つ。氷雪の上を歩行するとき、靴の底にとりつける滑り止めの金具。

〔アイゼン〕

あいぜん-みょうおう【愛染明王】 《仏》密教の神。三つの目と六本の腕をもち、怒りの相と敬愛の心で衆生を救う。愛欲をつかさどる。

あい-そ【哀訴】 (名・自他スル) 同情を求めるようになげき訴えること。哀願。「援助を一する」

あい-そ【愛想】 ①明るくて人当たりのよい態度や物腰。「一のよい店員」②人に寄せる好意。また、もてなし。「何のお一もなくてすみません」③他人の機嫌をとるような態度や言葉。おせじ。「お一を言う」④飲食店の勘定。「お一お願いします」語源「あいそう(愛想)」の転。参考 ③④は多く「お愛想」の形で用いる。④はもと店側の者が言った語。

―が尽きる すっかりいやになる。**―も小想も尽き果てる** →あいそがつきる **―を尽かす** いやになって見限る。

―づかし【―尽かし】 いやになって見限ること。

―わらい【―笑い】 (名・自スル) 相手の機嫌をとるための笑い。おせじ笑い。

あい-そう【愛想】 →あいそ(愛想)

あい-ぞう【愛憎】 相手をいとしく思うことと嫌い恨むこと。愛することと憎むこと。「一の念」

あい-ぞう【愛蔵】 (名・他スル) 愛着を抱きたいせつにしまっておくこと。「父の一の品」

あい-そく【愛息】 かわいがっている息子。むすこ。↕愛嬢 用法 軽い敬意をこめて他人の息子にいう。

アイソトープ 〈isotope〉《化》原子番号が同じで質量数(または原子質量)の異なる核種(原子)。同位体。同位元素。

あい-そん【愛孫】 かわいがっている孫。用法 軽い敬意をこめて他人の孫にいう。

あいだ【間】 ①二つのものにはさまれた部分。「本棚と壁の一」②時間的・空間的な隔たり。間隔。「一をあける」③限られたひと続きの時間・空間。「会社にいる一」「玄関から門までの一」④関係。仲。「両者の一をとりもつ」「二人の一に立って難儀する」⑤ある仲間の範囲内。「若者の一で人気がある」⑥物事の中間。あい。「一をとる」⑦《古》(接続助詞のように用いて)…ので。…ゆえに。「申すべきことさうらふ一、参上致したく」

―がら【―柄】 人と人との間の、特有の結びつき・関係。「師弟の一」「嫁姑の一」

―ぐい【―食い】 (名・自スル) →かんしょく(間食)

あい-たい【相対】アヒ ①当事者だけがさしむかいで事を行うこと。「—で話をする」②対等で事を行うこと。

—ずくヅク 相手と相談の上ですること。納得ずく。

あい-たい・する【相対する】アヒ（自サ変）シ(セ・サ)・シ・スル・スル・スレ・シロ(セヨ) ①向かい合う。「—山々」②たがいに反対の立場に立つ。対立する。「—考え」文あひたい・す(サ変)

あいた-しゅぎ【愛他主義】→りたしゅぎ

あいち〔愛知〕中部地方西南部、太平洋に面する県。県庁所在地は名古屋市。

あい-ちゃく【愛着】（名・自スル）その物事に心がひかれ、離れがたく思うこと。また、その気持ち。愛着(あいじゃく)。「今の仕事に—がある」「—をもつ」

あい-ちょう【哀調】テウ もの悲しい調子。「—を帯びた歌声」

あい-ちょう【愛重】（名・他スル）愛して大事にすること。

あい-ちょう【愛鳥】テウ ①かわいがっている鳥。②野生の鳥を大事にすること。「—週間」

あ-いつ【◦彼◦奴】（代）①他称の人代名詞。あの男。あの女。やつ。軽蔑(けいべつ)または親しみの気持ちを含んで言う。「—はいい男だ」②遠称の指示代名詞。遠くのものをさして乱暴に言う語。あの物。「—を取ってくれ」語源「あやつ」の転。

あい-つ・ぐ【相次ぐ】アヒ（自五）ガ(ゴ)・ギ(イ)・グ・グ・ゲ・ゲ あとからあとから間をおかず続く。「事故が—」「選手が—・いでゴールインする」

あい-づち【相槌・相鎚】アヒ（鍛冶(かじ)などで向かい合って交互に打つ槌(つち)の意から）相手の話に合わせてする応答。

—を打(う)つ 相手の話にうなずいて調子を合わせる。

あい-て【相手】アヒ ①働きかけの対象となる人。「相談—」②物事をともにする人。仲間。相棒。「遊び—」③争いなどで相対する人。競争者。「—にとって(=相手として)不足はない」「—にならない」

—かた【—方】相手のがわ。相手にあたる人。

—しだい【—次第】先方の人物やその出方によってこちらの態度を決めること。

—ど・る【—取る】（他五）ラ(ロ)・リ(ッ)・ル・ル・レ・レ ①争いの相手とする。②訴訟の相手とする。「国を—・って争う」

アイデア〈idea 考え・思想〉あるものを作るもととなる新しい思いつき。着想。アイディア。「それはいい—だ」

—マン〈idea man〉いい考えを次々と出す人。

アイデアリスト〈idealist〉①理想家。理想主義者。②〔哲〕観念論者。唯心(ゆいしん)論者。

アイデアリズム〈idealism〉①理想主義。②〔哲〕観念論。唯心(ゆいしん)論。

アイ-ティー【IT】〈information technology から〉〔情報〕情報技術。⇒アイシーティー

アイ-ディー【ID】〈identification の略〉①身分証明。②その人であると識別するための符号。識別番号。

—カード〈ID card〉身分証明書。

あい-でし【相弟子】アヒ 同じ先生・師匠について、ともに学んだり技術を練磨したりする者どうし。同門。兄弟弟子。

アイテム〈item 箇条・項目〉①細目。品目。特に服飾で、衣服の品目。②コンピューターゲームなどで、プレー中に使われる道具類。

アイデンティティー〈identity〉自分は他者とは異なったこのような人間であるという明確な存在意識。自己同一性。「—の確立」

あい-とう【哀悼】タウ（名・他スル）人の死を悲しみいたむこと。哀傷。哀惜。「—の意を表する」

あい-どく【愛読】（名・他スル）ある本を好んで読むこと。「—書」

アイドリング〈idling〉機械、特に自動車のエンジンを、負荷をかけず低速で空回りさせること。「—禁止」

—ストップ〈和製英語〉排気ガスの削減や燃料の節約のために、停車時に自動車のエンジンを止めること。

アイドル〈idol 偶像〉あこがれの人。特に、多くのファンをもつ芸能人。「—歌手」

あい-なかば・する【相半ばする】アヒ（自サ変）シ(セ・サ)・シ・スル・スル・スレ・シロ(セヨ) 相対する二つのものの数量が半分ずつである。五分五分である。「功罪—」「愛憎—」文あひなかば・す(サ変)

あいなめ【×鮎魚女・×鮎並】〔動〕アイナメ科の海水魚。黄色・赤褐色・紫褐色で、体長約三〇センチメートル。食用。あぶらめ。春

あい-な・る【相成る】アヒ（自五）ラ(ロ)・リ(ッ)・ル・ル・レ・レ 「成る」の改まった言い方。「秋冷の候と—・りました」「今後の出入りは—・らぬ」用法手紙文・あいさつなどで用いる。

あい-にく【◦生憎】（副・形動ダ）期待や目的に添わない事態が生じたことを残念な思いをこめて表す語。「—その日は都合が悪い」「—な天気だ」語源「あやにく」の転。

アイヌ おもに、北海道・サハリン（樺太(からふと)）に住む先住民族。叙事詩「ユーカラ」を伝える。語源アイヌ語で人の意。

あい-の-こ【合いの子・◦間の子】アヒ ①混血児。（さげすみ・あざけりの意を含み、使用は避けたい）②異種の生物の間に生まれたもの。雑種。③どちらともつかない中間のもの。

あい-の-て【合いの手・◦間の手】アヒ ①邦楽で、唄(うた)と唄との間に三味線(しゃみせん)だけで入れる短い間奏。②歌や踊りの調子に合わせて、間に入れる音やかけ声。「はやしことばの—が入る」③（転じて）相手の話や動作の合間にさしはさむ言葉や動作。「すかさず—を入れる」

あい-のり【相乗り】アヒ（名・自スル）①一つの乗り物にいっしょに乗ること。「タクシーの—」②共同して事を行うこと。

あい-ば【愛馬】かわいがっている馬。また、馬をかわいがること。

あい-はん【合(い)判】アヒ ①→あいいん(合い印) ②連帯で責任をもつしるしに押す判。

あい-ばん【相判・合判・◦間判】アヒ ①仕上がり寸法が縦七寸（約二一センチメートル）、横五寸（約一五センチメートル）の紙。ノートなどに用いた。②写真の乾板で、中判と小判の中間の寸法。縦約一三センチメートル、横約一〇センチメートル。

アイ-バンク〈eye bank〉自分の死後、移植を希望する人に角膜を提供することを登録する機関。角膜銀行。眼球銀行。

あい-はん・する【相反する】アヒ（自サ変）シ(セ・サ)・シ・スル・スル・スレ・シロ(セヨ) 互いに対立していて一致しない。「二回の実験で—結果が出た」

アイビー〈ivy〉〔植〕ウコギ科のつる性常緑木本。西洋木蔦(きづた)。

—スタイル〈和製英語〉三つボタンでなで肩の上着、細身のズボンなどを特徴とする服装。アイビールック。参考アイビーリーグの男子学生の間に流行したスタイルによる。

—リーグ〈*ivy league〉（校舎が蔦(つた)でおおわれているところから）米国東部にある私立の名門八大学の総称。

アイ-ピー【IP】〈internet protocol から〉〔情報〕コンピューターネットワークで通信を行うための規約。

—アドレス〈IP adress〉〔情報〕インターネットに接続する機器ごとに割り振られた識別番号。データの宛先の指定や送信元の特定に使われる。

—でんわ【—電話】〔情報〕インターネットを利用して音声データを送受信する電話。

アイピーエス-さいぼう【iPS細胞】サイバウ〈induced pluripotent stem cell から〉〘医〙体細胞に遺伝子を導入して人工的に作り出される細胞。さまざまな細胞への分化が可能。また、その能力を維持したまま増殖できる。人工多能性幹細胞。

あい-びき【合(い)△挽き】アヒ 牛肉と豚肉をまぜた挽ひき肉。「—肉」

あい-びき【△逢(い)引き・△逢引・△媾△曳】アヒ (名・自スル) 愛し合う恋人どうしが人目をしのんで会うこと。密会。「—を重ねる」

あい-びょう【愛猫】ベウ ①かわいがっている猫。②猫をかわいがること。「—家」

あい-ふ【合(い)符】アヒ かつて駅などで、手荷物託送の証あかしとして渡した引き換え券。

あい-ぶ【愛△撫】(名・他スル) なでさすってかわいがること。また、なでさするようにしてかわいがること。「やさしく—する」

あい-ふく【合(い)服・◇間服】アヒ 春や秋に着る衣服。合い着。合い。

あい-ふだ【合(い)札】アヒ ①→わりふ ②品物を預かった証しとして引き換えに渡す札。

あい-べつ【哀別】(名・自スル) 別れを悲しむこと。また、悲しい別れ。「—の情」

あいべつり-く【愛別離苦】〘仏〙八苦の一つ。親・兄弟・妻子など、愛する人と別れなければならない苦しみ。

あい-べや【相部屋】アヒ 旅館・下宿・寮などで、他の人と同じ部屋に泊まること。

あい-ぼ【愛慕】(名・他スル) 愛し慕うこと。「—の情」

あい-ぼう【相棒】アヒ (駕籠かごの棒をいっしょにかつぐ相手の意から)いっしょに物事をする相手。また、仲間。パートナー。

あい-ぼし【相星】アヒ 相撲などで、対戦する両者の勝ち負けの数が同じであること。

アイボリー〈ivory〉①象牙ぞうげ。②象牙色。明るい黄白色。③(「アイボリーペーパー」の略)象牙色をした光沢のある厚い西洋紙。

あい-ま【合間】アヒ 物事のとぎれた短い時間。「仕事の—」

あい-まい【曖昧】(形動ダ) ダロ・ダッ(デ)・ニ・ダ・ナ・ナラ・○ (「曖」も「昧」も暗いの意)はっきりしないさま。あやふやなさま。「—な態度」↔明瞭 文(ナリ)

—もこ【—模△糊】(タル)(ト) 物事がはっきりしないさま。「—とした状態」文(形動タリ)

—や【—屋】表向きは旅館や料理屋などに見せかけて、実際は売春婦を置いた店。あいまいやど。

あい-まって【相△俟って】アヒ たがいに作用し合って。「行楽シーズンと上天気とが—最高の人出となった」

あいみ-たがい【相身互い】アヒミタガヒ (「相身互い身」の略)同じ境遇の者がたがいに同情し助け合うこと。「困ったときは—だ」

あい-みつもり【相見積(も)り】アヒ 費用などを比べて検討するために、複数の業者に提示させる見積もり。あいみつ。

あい-もち【相持ち】アヒ ①たがいに荷物などを持ち合うこと。②費用を平等に負担すること。わりかん。

あい-やく【相役】アヒ 同じ役目。同僚。同役。

あい-やど【相宿】アヒ 同じ宿に泊まり合わせること。同宿。

あい-よう【愛用】(名・他スル) 好んでいつも用いること。「—の万年筆」

あい-よく【愛欲・愛△慾】①性的な欲望。情欲。「—におぼれる」②〘仏〙欲望に愛着または執着する情。

あい-よつ【相四つ】アヒ 相撲で、対戦する両者の得意な差し手が同じであること。↔喧嘩けんか四つ

アイ-ライン〈和製英語〉目をきわだたせるために、まつげのきわに描く線。「—を引く」

あい-らく【哀楽】悲しみと楽しみ。「喜怒—」

あい-らし・い【愛らしい】(形) カロ・カッ(ク)・イ・イ・ケレ・○ かわいらしく、可憐かれんである。「—少女」文あいら・し(シク)

アイリス〈iris〉〘植〙アヤメ科アヤメ属の植物の総称。おもに園芸や生け花用として栽培される。夏

アイルランド〈Ireland〉イギリス、グレートブリテン島の西方にあるアイルランド島の大部分を占める共和国。首都はダブリン。参考「×愛蘭」とも書く。

あい-れん【哀△憐】あわれみ、情けをかけること。「—の情」

あい-れん【愛△憐】かわいがり、情けをかけること。いつくしみ。

あい-ろ【△隘路】アヒ ①狭くて険しい道。②物事を進めていく上でのさまたげ。支障。ネック。「—を打開する」

アイロニー〈irony〉言葉のもつ意味とは反対の内容を裏面に含ませて、非難・冷笑すること。あきれるほどひどい状態を「ごりっぱですね」などと言う類。反語。皮肉。風刺。イロニー。

アイロニカル〈ironical〉(形動ダ) ダロ・ダッ(デ)・ニ・ダ・ナ・ナラ・○ 皮肉なさま。「—な言い方」

アイロン〈iron 鉄〉①衣服のしわをのばしたり、折り目をつけたりするために、熱して用いる金属製の道具。②髪を整えるための小型のこて。はじまり ①で、電気アイロンの国産化は一九一五(大正四)年。炭火アイロンにかわり昭和にはいって普及した。

あい-わ【哀話】哀れな物語。かわいそうな話。悲話。

アインシュタイン〈Albert Einstein〉(一八七九〜一九五五) 理論物理学者。ドイツ生まれのユダヤ人。のちにアメリカに亡命・帰化。一九〇五年特殊相対性理論を発表、一九一六年一般相対性理論を完成。一九二一年ノーベル物理学賞を受賞。平和主義者としても活躍した。

あ・う【会う・遭う・◇遇う・逢う】アフ (自五) ワ(オ)・イ(ッ)・ウ・ウ・エ・エ 〈中心義—同じ場に居合わせることを目で確認する〉①ある場所に集って、人と顔をあわせる。対面する。面会する。「友人と五時に—」「客と—」②ふと出あう。「山中で人に—」③思いがけないできごとに直面する。「ひどい目に—」「幸運に—」他あわ・す(五) あわ・せる(下一) 可能あ・える(下一) 用法上に付く格助詞は、①②は「に」「と」、③は「に」。⇒「使い分け」

類語 対面する・面会する・会見する・邂逅かいこうする・遭遇する・接見する・謁見する・引見する・拝謁する・拝眉はいびする・まみえる・お目見得する・お目文字が叶かなう・目通りが叶う・出合う・出くわす・鉢合わせする

使い分け「会う・遭う・遇う・逢う」

「会う」は「友だちに会う」「見合いの席に立ち会う」など、人と人とが顔をあわせること、あるいは、みんなそろって集まる場合に使われる。

「遭う」は「交通事故に遭う」「海で暴風に遭う」「にわか雨に遭う」など、災難や事件など思いがけないことに偶然出あう場合に使われる。

「遇う」は、ふと思いがけなく出あう意で、「偶然に遇う」「幸運に遇う」などと使われる。

「逢う」は、親しい人とあう意で、「恋人と駅前で逢う」「巡り逢う」などと使われる。

尊敬語	謙譲語	丁寧語
お会いになる 会われる	お目にかかる お会いする	会います

あ・う【合う】アフ（自五）ワ(オ)・イ(ツ)・ウ・ウ・エ・エ 《中心義―二つ以上の別々のものが同じ所でそれぞれ同じ動きをする》①二つ以上のものが集まって一つになる。「二つの川が―」②当てはまる。ぴったりする。「足に―靴」③調和する。「この着物にこの帯が―」④一致する。「意見が―」「呼吸が―」⑤基準のものや正しいものと同じになる。「辻褄が―」「答えが―」⑥労力や元手をかけても損にならない。ひきあう。「採算が―」⑦（動詞の連用形の下に付いて）たがいに同じ動作をする。「語り―」他あわ・す（五）あわ・せる（下一）

アウェー〈away 離れた〉①サッカーなどで、敵地。相手チームの本拠地。また、そこでの試合。「―ゲーム」②〘俗〙敵対的であったり、自分にとって場違いなところ。（↔ホーム）参考「アウェイ」とも書く。

アウター〈outer 外側の〉（「アウターウエア」の略）上着類。コート・ジャケットなど。↔インナー

アウタルキー〈ドイツ Autarkie〉自給自足経済。

アウティング〈outing〉他人の秘密、特に性的指向を暴露すること。

アウト〈out 外〉①テニス・卓球などで、打球が規定の線の外に出ること。↔イン・セーフ ②野球で、打者・走者がその権利を失うこと。↔セーフ ③ゴルフで、前半の九ホール。↔イン ④失敗・失格・不成功などの意を表す。↔セーフ

―コース〈和製英語〉①野球で、打者から遠いほうを通る投球の道筋。②陸上競技などで、外側の走路。（↔インコース）

―コーナー〈和製英語〉野球で、ホームベースの打者から遠いほうの側。外角。アウトサイド。↔インコーナー

―サイダー〈outsider〉①局外者。仲間に加わらない者。↔インサイダー ②既成の枠にとらわれず独自の思想で行動する者。③〘経〙カルテル・業者組合などに加入していない同業者。④〘社〙（「アウトサイダー組合」の略）労働組合法規定の要件を欠く組合。法外組合。

―サイド〈outside〉①外側。外面。外部。②テニス・バレーボールなどで、線の外側。また、線の外側にボールが出ること。③→アウトコーナー（↔インサイド）

―ソーシング〈outsourcing〉企業が業務効率化の一環として、仕事の一部を外部に委託すること。外部委託。

―ドア〈outdoor〉戸外。屋外。「―ライフ」↔インドア

―プット〈output〉（名・他スル）〘情報〙コンピューターから出力装置を使って情報（データ）を取り出すこと。出力。↔インプット

―ライン〈outline〉①外郭線。輪郭。②あらまし。大要。「計画の―を説明する」

―レット〈outlet はけ口・販路〉「アウトレットストア」の略。「―モール」

―レット-ストア〈outlet store〉過剰在庫品などを格安に販売する小売り店。アウトレット。

―ロー〈outlaw〉法律を無視する者。また、法秩序からはみ出た者。無法者。

アウトバーン〈ドイツ Autobahn〉ドイツの自動車専用高速道路。⇒高速道路

アウフヘーベン〈ドイツ Aufheben〉（名・他スル）〘哲〙二つの矛盾・対立する概念を統一し、新たにより高次の概念に調和発展させること。揚棄。止揚。参考ドイツの哲学者ヘーゲルの説いた弁証法の重要概念。

あ-うん【阿吽・阿呍】①吐く息と吸う息。②〘仏〙寺院の山門の両側にある仁王や狛犬などが、一方は口を開き（阿）、一方は口を閉じ（吽）ているさま。語源梵字の表の最初が「ア（開口音）」、最後が「ウン（閉口音）」であることから、密教で、いっさいの現象の初めと終わりの象徴とし、さらに呼吸の出入にたとえた。

―の呼吸 二人以上の者が何かをするときの、たがいの微妙な調子や気持ち。また、それが一致すること。

あえか（形動ナリ）〘古〙いかにも弱々しいさま。はかなげなさま。

あえ・ぐ【喘ぐ】アヘ（自五）ガ(ゴ)・ギ(イ)・グ・グ・ゲ・ゲ ①苦しそうにせわしく息をする。「―・ぎ―・ぎ山に登る」②生活などが困難で、苦しむ。「不況に―」

あえ-ず【敢えず】アヘ（動詞の連用形に付いて）完全にはできない（で）。…しきれない（で）。「取るものも取り―かけつける」「涙せき―（＝こらえきれない）」

あえ-て【敢えて】アヘ（副）①困難や抵抗をおして事を行うさま。しいて。「―危険をおかす」②とりたてて。特に。別に。「―驚くに足りない」用法②はあとに打ち消しの語を伴う。

あえ-な・い【敢え無い】アヘ（形）〇・カッ(ク)・イ・イ・〇・〇 はかない。あっけない。「―最期をとげる」「―・くなる（＝死ぬ）」文あへな・し（ク）用法 連用形・連体形以外は用いない。

あえ-もの【和え物・韲え物】アヘ 野菜・貝・魚などを、みそ・酢・ごまなどでまぜ合わせた料理。

あ・える【和える・韲える】アヘル（他下一）エ・エ・エル・エル・エレ・エロ(エヨ) 野菜・貝・魚などを、みそ・酢・ごまなどでまぜ合わせて調味する。文あ・ふ（下二）

あ-えん【亜鉛】〘化〙金属元素の一つ。青白色で光沢があり、もろい。銅との合金は真鍮（黄銅）で、鉄板に亜鉛をめっきしたものはトタン。元素記号 Zn

―か【―華】クワ〘化〙亜鉛の酸化物で、通常は白色の粉末。皮膚病・やけどなどの治療薬や顔料などに用いる。

あお-【青】アヲ（接頭）「若い」または「未熟な」の意を表す。「―臭い」「―二才」

あお【青】アヲ ①よく晴れた空の色。三原色の一つ。青色。広くは、藍・緑・水色などの系統の色をいう。②血の気を失った頰の色。③（「青毛」の略）馬の、青みを帯びた黒色の毛色。馬一般をさすこともある。④進行の安全を示す信号の色。参考④は緑色のものが多いが、法規上「青」という。

―は藍より出でて藍より青し 弟子が師よりもすぐれることのたとえ。出藍の誉れ。語源青色の染料は「藍」という草からとるが、染料となったものはもとの藍よりも青いことからいう。〈荀子・勧学〉

あお-あお【青青】アヲアヲ（副・自スル）非常に青いさま。一面に青く見えるさま。「―（と）した海」「―（と）茂る草」

あお-あざ【青痣】アヲ 打撲などによる内出血で、皮膚にできる青黒いあざ。

あお-あらし【青嵐】アヲ 青葉の茂るころに吹くやや強い風。青嵐。夏

あおい【葵】アフヒ ①〘植〙アオイ科の植物の俗称。タチアオイ・ゼニアオイ・モミジアオイなど。多くは栽培されて観賞用。夏 ②紋所の名。フタバアオイを図案化した徳川氏の紋。

〔葵①〕

―まつり【―祭】京都の下鴨・上賀茂両神社の祭り。昔は陰暦四月の中の酉の日、現在は五月十五日に行われる。アオイの葉を社前、牛車のすだれ、衣冠などに飾ったのでこの名がある。賀茂祭。北祭。夏 参考古くは、「祭り」といえばこの葵祭をさした。

あお・い【青い】アヲイ（形）カロ・カッ(ク)・イ・イ・ケレ・〇 ①青の色である。広くは、

藍(あい)・緑・水色にもいう。「―空」「―葉」②顔色が悪い。表情に血の気がない。「顔が―」「―・くなる(=心配や恐怖で青ざめる)」③果実が熟していない。「梅の実がまだ―」④人柄・技術・考え方などが未熟である。「まだ考えが―」文 あを・し(ク)

あおいき-といき【青息吐息】アヲイキ― ひどく困り苦しんでつく息。また、そのため息が出るような状態。「不景気で―だ」

あおい-とり〔青い鳥〕アヲイトリ ベルギーの劇作家メーテルリンクの戯曲。一九〇八年初演。チルチルとミチルの兄妹が夢の中で幸福のしるしの青い鳥をたずねて歩く幻想的童話劇。

あお-いろ【青色】アヲ― 晴れた空のような色。青。

―しんこく【―申告】《経》所得税または法人税の申告納税制度の一つ。おもに事業所得について、種々の特典が認められる。語源 青色の用紙によって行うことから。

あお-うなばら【青海原】アヲ― 青々として広い海。

あお-うま【青馬・◇白馬】アヲ― →あをうま

あお-うみがめ【青海亀】アヲ― 《動》ウミガメ科の大形のカメ。熱帯・亜熱帯の海域に分布。正覚坊(しょうがくぼう)。

あお-うめ【青梅】アヲ― まだ熟していない青い梅の実。夏

あお-えんどう【青△豌豆】アヲエンドウ 《植》エンドウの一種。完熟する前のエンドウの実。食用。青豆。グリーンピース。

あお-がい【青貝】アヲガヒ 《動》①ユキノカサガイ科の海産の巻き貝。楕円(だえん)形で殻は淡青色。②オウムガイ・ヤコウガイ・アワビなど、貝殻の内面が青く美しい貝。螺鈿(らでん)の材料に用いる。

あお-がえる【青△蛙】アヲガヘル 《動》①アオガエル科に属するカエルのうち緑色のものの総称。おもに樹上で生活する。モリアオガエルなど。②体色が緑色のカエルの俗称。トノサマガエル・アマガエルなど。夏

あお-かび【青△黴】アヲ― 子嚢(しのう)菌類アオカビ属の総称。胞子は青緑色。もち・パン・ミカンなどの食物に生える。ある種のアオカビは、ペニシリンの製造に用いる。「―のチーズ」夏

あおがれ-びょう【青枯れ病】アヲガレビヤウ おもにナス科の植物をおかす病気。細菌が根から侵入し、数日で青いまま枯れる。

あお-き【青木】アヲ― ①青々とした木。なま木。②《植》ガリア科の常緑低木。春に紫褐色の小花を開く。冬、紅色の実がなる。(青木の花 春・青木の実 冬)

あおぎ-みる【仰ぎ見る】アフギミル (他上一) ミ・ミ・ミル・ミル・ミレ・ミロ(ミヨ) ①顔を上げて、高い所のものを見る。「満天の星を―」②高くすぐれた存在として、尊敬の念をもって接する。「人生の師として―」

あお-ぎり【青△桐・×梧桐】アヲ― 《植》アオイ科の落葉高木。街路樹・庭木に多く樹皮は緑色。葉は大きく掌状。ごとう。夏

あお・ぐ【仰ぐ】アフグ (他五) ガ(ゴ)・ギ(イ)・グ・グ・ゲ・ゲ ①顔を上に向ける。「天を―」②目上の人として見る。尊敬の目で見る。「師と―」③ある地位に敬い迎える。「氏を会長に―」④教えや援助を求める。請う。「指示を―」「寄付を―」⑤上を向いてひと息に飲む。呷(あお)る。「毒を―」可能 あお・げる(下一)

あお・ぐ【◇扇ぐ・△煽ぐ】アフグ (他五) ガ(ゴ)・ギ(イ)・グ・グ・ゲ・ゲ うちわ・おうぎなどで風をおこす。可能 あお・げる(下一)

あお-くさ【青草】アヲ― 青々とした草。夏

あお-くさ・い【青臭い】アヲ― (形) カロ・カッ(ク)・イ・イ・ケレ・○ ①青草のようなにおいがする。②(青年などの言動が)世間知らずで未熟である。「―議論」文 あをくさ・し(ク)

あお-こ【青粉】アヲ― ①食物を青く色づける粉。アオノリの粉など。②湖沼などに繁殖して水を緑色にする微小な淡水藻類。

あおさ【×石蓴】アヲサ 浅い海の岩につく緑藻類アオサ科アオサ属の海藻。食用。冬

あお-ざかな【青魚】アヲ― 背の部分が青みを帯びた魚。アジ・イワシ・サバ・サンマなど。

あお-ざし【青△緡・青差〔し〕】アヲ― 紺色に染めた麻縄を穴明き銭の穴に通し、銭を結び連ねた物。

あお-ざむらい【青侍】アヲザムラヒ →あをざむらひ

あお-ざ・める【青ざめる】アヲ― (自下一) メ・メ・メル・メル・メレ・メロ(メヨ) 恐怖や病気のために、顔色が血の気を失って青白くなる。「―・めた顔」文 あをざ・む(下二)

あお-じ【青地】アヲヂ 布などの地色の青いこと。また、その物。

あお-しお【青潮】アヲシホ 大量に発生したプランクトンが死んで分解されることによって、水面が青色になる現象。魚貝類に害を与える。

あお-じゃしん【青写真】アヲ― ①複写するための写真法の一種。図や文字が青地に白く、または白地に青く出る。設計図などに用いる。青焼き。ブループリント。②(①を設計図に用いることから)物事の予定・計画。未来の構想。「将来の―を描く」

あお-じろ・い【青白い・△蒼白い】アヲ― (形) カロ・カッ(ク)・イ・イ・ケレ・○ ①青みを帯びて白い。「―月の光」②顔が青ざめて血色が悪い。「やせて―顔」文 あをじろ・し(ク)

あお-しんごう【青信号】アヲシンガウ ①交通上の進行可能・安全を知らせる青色または緑色の信号。②(転じて)物事を進行させてよいというしるし。また、その合図。(↔赤信号)

あお-すじ【青筋】アヲスヂ 皮膚の表面に青く浮きだした静脈。

―を立(た)てる (感情が激するとこめかみに静脈が浮いてくることから)かんしゃくを起こす。激しく怒る。「青筋を立てて怒る」

あお-ぞら【青空】アヲ― ①快晴の青い空。青天。蒼天(そうてん)。碧空(へきくう)。②(名詞に冠して)晴天の屋外で行うこと。「―市場」

あお-た【青田】アヲ― 稲が青々としている田。まだ稲の実らない田。夏

―がい【―買い】ガヒ ①米穀商などが、稲の成熟前にその田の収穫を見越して買いつけておくこと。②《俗》企業などが人材確保のため、早くから学生の採用を内定すること。青田刈り。

―がり【―刈り】→あおたがい②

あお-だいしょう【青大将】アヲダイシヤウ 《動》ナミヘビ科に属する日本産のヘビの一種。暗緑色で背に四本の縦線があり、無毒。体長はふつう一～二メートルで、日本最大。夏

あお-だけ【青竹】アヲ― ①幹の青い竹。②「笛」の別称。

あお-だたみ【青畳】アヲ― 新しくて表の青い畳。参考 波のない静かな海面や、青々とした田畑を比喩(ひゆ)的にいうこともある。

あお-だち【青立ち】アヲ― 冷害などのために、収穫期になっても稲が未成熟のままで生えていること。また、その稲。

あお-てんじょう【青天井】アヲテンジヤウ ①(空を天井に見立てて)青空。②《俗》(物の値段や数値が)どこまでも上がり続ける状態。「物価は―だ」

あお-と【青△砥】アヲ― 粘板岩で作る青灰色の砥石(といし)。

あお-どうしん【青道心】アヲダウシン (「青」は未熟の意)僧になったばかりの人。今道心。

あお-な【青菜】アヲ― 青々とした新鮮な菜。

―に塩(しお) (青菜に塩をかけるとしおれるところから)元気をなくして、しょげているさま。

あお-にさい【青二才】アヲ― 年が若く、未熟な男を軽蔑(けいべつ)していう語。また、若者が謙遜(けんそん)していう語。語源「青」は未熟の意。「二才」は若者を卑しめていう語で、生まれてまもない意とも、「新背(にいせ)(=若者の意)」の転ともいう。

あおの・く【◇仰のく】アフノク (自五) カ(コ)・キ(イ)・ク・ク・ケ・ケ 顔を上に向ける。あおむく。「―・いて倒れる」他 あおの・ける(下一)

あおのけ【◇仰のけ】アフノケ →あおむけ

あおの・ける【◇仰のける】アフノケル (他下一) ケ・ケ・ケル・ケル・ケレ・ケロ(ケヨ) 上を向かせる。あおむける。自 あおの・く(五) 文 あふの・く(下二)

あお-のり【青×海苔】— 緑藻類旧アオノリ属の海藻の総称。管状で浅海や河口の岩につく。食用。春

あお-ば【青葉】— 青々とした木の葉。特に、初夏の青々と生い茂っている若葉。「—が目にしみる」夏

あお-ばえ【青△蠅・蒼△蠅】《動》大形で腹の青黒く光っているハエの総称。夏

あお-ば・む【青ばむ】—（自五）青みを帯びる。

あお-ひょう【青票】→せいひょう（青票）

あお-びょうたん【青△瓢△箪】①熟していない青いヒョウタン。秋 ②《俗》やせて顔色の青い人をあざけっていう語。

あお-ぶくれ【青膨れ・青△脹れ】—（名・自スル）顔や皮膚などが青くむくんでいること。

あお-ほん【青本】—《文》（表紙が青に近いもえぎ色であることから）江戸時代の草双紙の一種。女性や子供の間で流行した、歌舞伎・浄瑠璃・軍記物などが題材の絵入り本。

あお-まめ【青豆】—《植》①大豆の一種。実は大粒で緑色。②青エンドウ。グリーンピース。

あお-み【青み】— ①ある物に含まれる青い色合い。また、その程度。「—を帯びる」②吸い物・刺身・焼き魚などに添える緑色の野菜。「—をあしらう」

あお-みずひき【青水引】 半分を白く、他の半分を紺色に染め分けた凶事用の水引。

あお-みどろ【青味泥・×水綿】— 緑藻類ホシミドロ科の緑藻。池や沼などに生育。一列に並んだ円筒状の細胞内にはらせん形の葉緑体がある。分裂または接合でふえる。夏

あお・む【青む】（自五） 青くなる。

あお-む・く【◇仰向く】—（自五） 上を向く。あおのく。「—・いて寝る」↔俯く 他あおむ・ける（下一）

あお-むけ【◇仰向け】— 顔や胸を上に向けた状態。あおのけ。「—に倒れる」

あお-む・ける【◇仰向ける】—（他下一） 上へ向ける。あおのける。自あおむ・く（五）文あふむ・く（下二）

あお-むし【青虫】—《動》チョウやガの幼虫で、長い毛がなく体色が緑色のものの俗称。多く、野菜の葉を食う害虫。秋

あお-もの【青物】— ①野菜類の総称。「—市場」②皮が青みを帯びた魚。アジ・イワシ・サバ・サンマなど。青魚。

あおもり〔青森〕 東北地方の最北の県。県庁所在地は青森市。

あお-やか【青やか】（形動ダ） あざやかな青色をしているさま。「—な大きな海」文（ナリ）

あお-やき【青焼〔き〕】—→あおじゃしん①

あお-やぎ【青◇柳】— ①葉が茂って青々としたヤナギ。春 ②バカガイのむきみ。

あおり【△煽り】 ①あおること。特に、強い風による衝撃。②あるできごとや作用の影響。「不況の—を受ける」

—を食う そばにいて思いがけない災難や影響を受ける。

—うんてん【—運転】 周囲の車を挑発するなどして通行を妨害する危険な運転。

あおり【×障泥・×泥障】 馬具の一つ。鞍からあぶみに垂らして、馬の両わき腹をおおう革または毛皮の泥よけ。

〔障泥〕

あお・る【△呷る】（他五） ひと息に飲む。「酒を—」

あお・る【△煽る】（他五） ①うちわなどで風をおこして、または、風が強く吹いて火勢を強める。「強風に—・られて火が広がる」②風が物を揺り動かす。「風で戸が—・られる」③おだてるなど相手を刺激して、ある行動を取るようにさせる。たきつける。「危機感を—」④物事に勢いをつける。「彼の健脚に—・られて急ぐ」⑤自分の有利になるように株などをむやみに売買して相場を狂わす。「相場を—」⑥あぶみで障泥をけって馬を急がせる。可能あお・れる（下一）

あか-【赤】（接頭）（名詞に付いて）「まったくの」「あきらかな」の意を表す。「—はだか」「—恥」

あか【赤】 ①火や血のような色。三原色の一つ。広くは、緋・朱・だいだい・桃色などをもいう。茶色を含めていうときもある。②赤色と関連のある語。㋐「赤子」の略。㋑小豆。「—のご飯」㋒「赤金」の略。「—の屋根」㋓紅白に分かれたときの赤組。③危険・停止を示す信号の色。「—信号」④《俗》（革命旗が赤色であるところから）共産主義思想。共産主義者。⑤校正の赤字。「ゲラに—を入れる」⑥簿記の赤字。欠損。「決算が—になる」参考②㋒は、「◇銅」とも書く。日本語では太陽の色を通常「赤」で表すが、外国では「白・金」などで表すことが多い。

—の他人 縁もゆかりもない人。全然無関係な人。

あか【△垢】 ①皮膚の表面に、死滅した表皮細胞や汗・あぶら・ほこりなどがまざってつくよごれ。②水あか。また、湯あか。③けがれ。よごれ。「浮き世の—を流す」

あか【△淦】 船底にたまった水。ふなゆ。

あか【△閼△伽】《仏》仏前に供える水。また、それを入れる器。

あか-あか【赤赤】（副） 非常に赤いさま。「火が—（と）燃える」

あか-あか【明明】（副） 非常に明るく輝くさま。「灯が—（と）ともる」

あか・い【赤い】（形） ①赤い色をしている。「—服」②《俗》共産主義思想をもっている。文あか・し（ク）

—はね【—羽根】 毎年十月一日から始まる共同募金に寄付したしるしに渡される、赤く染めた鳥の羽。秋 はじまり シンボルの赤い羽根が街頭募金に登場するのは、一九四八（昭和二十三）年の二回目の募金から。

あか-いえか【赤家蚊】—《動》カ科の昆虫。赤褐色で人家で最もふつうに見られる蚊。人の血を吸い、日本脳炎などの病原体を媒介する。

あかいとり〔赤い鳥〕 児童文学雑誌。一九一八（大正七）年創刊。鈴木三重吉編集。大正中期以後の児童文学の隆盛に大きな功績を残した。一九三六（昭和十一）年廃刊。

あか-いわし【赤△鰯】 ①ぬか漬けにした赤錆色のイワシ。また、それを干したもの。②（①に似ることから）赤くさびた刀。

アカウンタビリティー〈accountability〉 行政機関・企業などが、その活動内容や収支などについての情報を対外的に公開する責任。説明責任。

アカウント〈account〉《情報》コンピューターやコンピューターネットワークなどの利用資格。また、そのための固有の識別符号とパスワード。

あか-えい【赤△鱏】—《動》アカエイ科の海産軟骨魚。体はうちわ状で、背面は暗褐色、腹面は黄色で縁辺部は濃黄色。長い尾の背面に有毒のとげがある。食用。夏

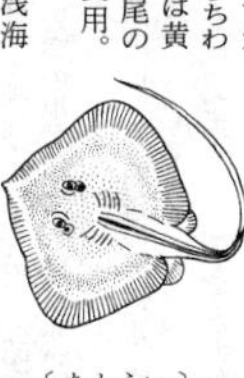

〔あかえい〕

あか-がい【赤貝】—《動》浅海にすむフネガイ科の二枚貝。殻の

表面には放射状の線がある。肉は赤みを帯びる。食用。春

あか-がえる【赤△蛙】ガヘル — 《動》アカガエル科のカエルのうち、背面が赤みがかったものの総称。森林や湿地などにすむ。春

あか-がし【赤△樫】《植》ブナ科の常緑高木。高さは二〇メートルに達し、材は赤色でかたく、建築など用途が広い。

あか-がね【赤金・◇銅】→どう(銅)

あか-がみ【赤紙】①赤色の紙。②《俗》(用紙の色が赤いことから)㋐旧日本軍の召集令状。㋑差し押さえのはり紙。

あ-がき【◇足△掻き】あがくこと。もがくこと。「最後の―」

―が取れない どうにもならない。取るべき手段・方法がない。

あか-ぎっぷ【赤切符】《俗》(一等の白、二等の青に対し、赤色であったところから)鉄道運賃が三段階に分かれていたころの三等乗車券。また、その乗客。

あか-ぎれ【△皸・△皹】寒さで手足の皮膚が乾燥して荒れ、さけた症状。冬

あ-が-く【◇足△掻く】(自五) カ(コ)・キ(イ)・ク・ク・ケ・ケ ①手足を動かしてもがく。「縄をはずそうとして―」②苦境から脱け出そうとして必死に努力する。あくせくする。「営業成績を上げようと―」③馬などが足で地面をける。

あか-げ【赤毛】①赤っぽい毛髪。②犬・馬の毛色で、褐色を帯びた赤色のもの。また、その犬や馬。

あか-ゲット【赤ゲット】(「ゲット」は「ブランケット blanket」の略)①赤色の毛布。②都会見物の田舎者。おのぼりさん。③なれない外国旅行者。語源②は、明治時代、赤色の毛布を羽織って東京見物をする者が多かったことからいう。

あか-ご【赤子・赤◇児】生まれてまもない子。赤ん坊。

―の手を捩じる 抵抗する力のないものを相手にする。きわめて容易にできることのたとえ。赤子の手をひねる。

あかざ【△藜】《植》ヒユ科の一年草。山野に自生。夏に緑黄色の小花を開く。若葉は食用。茎は干して杖とする。夏

あか-ざとう【赤砂糖】ザタウ — 精製していない赤茶色の砂糖。

あか-さび【赤△錆】鉄などの表面に生じる赤茶色のさび。

あかし【◇灯】ともしび。あかり。特に、神仏に供える灯明。

あかし【◇証】証明すること。また、証拠。特に、潔白であることの証明。「愛の―」「無実の―」

―を立てる 潔白であることを証明する。「身の―」

―ぶみ【―文】神仏の前で祈り誓う文。願文。

あか-じ【赤地】ヂ — 布などの地色の赤いこと。また、その物。

あか-じ【赤字】①(帳簿に不足額を赤字で記入することから)支出が収入より多いこと。支出超過。欠損。「―財政」↔黒字 ②(赤色で書き込む場合が多いことから)校正で、誤りなどを訂正した文字。「―を入れる」

―こくさい【―国債】国家が財政赤字を補塡するために発行する国債。特例国債。

アカシア〈acacia〉《植》①マメ科アカシア属の常緑高木の総称。熱帯に数百種ある。②落葉高木のハリエンジュの俗称。①とは属が異なる。ニセアカシア。(アカシアの花 夏)

あか-しお【赤潮】シホ — プランクトンの異常繁殖のために、海水が赤茶色に見える現象。養殖魚などの水産物に害を与える。湖沼でも同じ現象が起こる。苦潮。厄水。春(夏)

あかし-くら-す【明かし暮[ら]す・明し暮す】(自五) サ(ソ)・シ・ス・ス・セ・セ (夜を明かし、日を暮らすことから)月日を送る。

あかし-ちぢみ【明◇石縮】縦に生糸、横によりの強いねり糸を用いた、しわのある絹織物。夏の和服地。語源江戸初期、明石(兵庫県南部)の人が織りはじめたことからこの名がある。

あか-じ-みる【△垢染みる】(自上一) ミ・ミ・ミル・ミル・ミレ・ミロ(ミヨ) あかで汚れる。「―みた袖口」文あかじ・む(上二)

あか-しんごう【赤信号】シンガウ — ①交通上の危険・停止を示す赤色の信号。②(転じて)危険や不足を知らせるしるし。また、その合図。「優勝に―が点る」↔青信号

あか-しんぶん【赤新聞】興味本位の暴露記事などを主とする低俗な新聞。語源一八九二(明治二十五)年創刊の「万朝報」が淡赤色の用紙であったことから。

あか-す【明かす】(他五) サ(ソ)・シ・ス・ス・セ・セ ①隠されていたものやはっきりしないものを表に出す。うちあける。「胸の内を―」「手品の種を―」「秘密を―」②眠らずに夜を過ごして朝を迎える。「まんじりともせず夜を―」③証明する。「身の潔白を―」可能あか・せる(下一) 参考③は、「◇証す」とも書く。

あか-す【飽かす】(他五) サ(ソ)・シ・ス・ス・セ・セ ①あきさせる。「彼の話は人を―・さない」②(「…にあかして」の形で)十分過ぎるほど使う。「金に―・して作った映画」自あ・きる(上一)

あか-ず【飽かず】①あきることなく。じっくり。「―眺める」②《古》満足しないで。物足りなく。語源文語動詞「あく(飽く)」の未然形「あか」+打ち消しの助動詞「ず」

あか-すり【△垢擦り】入浴のとき、あかをこすり落とすこと。また、それに使う布切れ。

あか-せん【赤線】①赤い色の線。②《俗》売春が公認された特殊飲食店が集まっていた地域。赤線地帯。一九五八(昭和三十三)年廃止。語源②は、警察の地図にこの地域が赤い線で示されていたことから。

あがた【◇県】《古》①上古、諸国にあった朝廷の直轄領。②地方官の任国。③田舎。地方。

あか-だし【赤出し】赤みそを使ったみそ汁。参考もと大阪風の料理で、魚肉などを入れたみそ汁。

あか-だな【△閼△伽棚】《仏》仏前に供える水や花などを置く棚。

あか-ちゃ・ける【赤茶ける】(自下一) ケ・ケ・ケル・ケル・ケレ・ケロ(ケヨ) (色があせたり日に焼けたりして)赤みがかった茶色になる。「―・けた髪」

あか-ちゃん【赤ちゃん】「赤ん坊」の親しみをこめた呼び方。

あか-ちょうちん【赤◇提◇灯】チヤウチン — ①赤いちょうちん。②①を店先にさげた大衆酒場。一杯飲み屋。あかぢょうちん。

あか-チン【赤チン】《俗》マーキュロクロムの水溶液。参考「赤いヨードチンキ」の意で用いているが、化学的組成は異なる。

あか-つき【暁】①夜明け。明け方。②将来、ある事柄が実現・成就した、そのとき。「成功の―には」③《古》夜明け前のまだ暗いころ。語源「明か時」の転。

―やみ【―闇】夜明け前、月がなくて暗いこと。また、そのころ。陰暦で、月の入りが早い十四日ごろまでの現象。暁闇。

あがっ-たり【上がったり】商売や事業などがまったくふるわないこと。「不景気で商売が―だ」

あか-つち【赤土】赤褐色の粘土質の土。鉄分を多く含む。腐植質が乏しく、耕作に不適。

アカデミー〈academy〉①学問や芸術の研究・発達を目的とする団体。学士院。翰林院。②権威ある大学・大学院・研究所などの総称。語源古代アテネにプラトンが設立した学園の名、アカデメイアに由来する。

―しょう【―賞】シャウ 《映》アメリカの映画芸術科学アカデミーが毎年一回贈る、映画・映画人賞。各部門の受賞者には、オスカーと呼ばれる彫像が贈られる。はじまり一九二九年に第一回授賞式。日本映画の受賞は一九五一(昭和二十六)年の「羅生門(黒澤明監督)」(名誉賞)が最初。

アカデミズム〈academism〉①学問や芸術において、純粋に真理や美を追求する態度。②伝統的・権威主義的な立場を守ろうとする学風。

アカデミック〈academic〉(形動ダ)(ダロ・ダッ(デ・ニ)・ダ・ナ・ナラ・○) 純粋に学究的・学問的であるさま。学問や芸術において、正統的・伝統的であるさま。権威主義的で古くさい意をこめて使うこともある。「—な学風」

あか-てん【赤点】《俗》落第点。「—をとる」[語源]成績表に赤字で記入することから。

あか-でんしゃ【赤電車】その日の最終電車。終電車。赤電。[語源]行き先を示す標示板に赤い電灯をつけたことから。

あかとくろ〔赤と黒〕フランスの作家スタンダールの小説。一八三〇年刊。下層階級出身の野心家ジュリアン=ソレルの恋愛を通して王政復古下のフランスの社会状況をえぐった作品。

あか-とんぼ【赤×蜻蛉】《動》トンボ科アカネ属のトンボの総称。また、体が赤いトンボの俗称。アキアカネ・ナツアカネなど。[秋]

あかとんぼ…[俳句]〔赤蜻蛉　筑波(つくば)に雲も　なかりけり〕〈正岡子規(まさおかしき)〉晴れ渡った秋の光のなかで、赤蜻蛉が群れて飛んでいる。今日は、かなたの筑波の山には、ひとひらの雲もないことだ。(赤蜻蛉[秋])

あがな・う【◇購う】(アガ ナフ)(他五)(ワ(オ)・イ(ッ)・ウ・ウ・エ・エ) 買い求める。購入する。「古書を—」[可能]あがな・える(下一) [語源]「贖(あがな)う」から出た語。

あがな・う【△贖う】(アガ ナフ)(他五)(ワ(オ)・イ(ッ)・ウ・ウ・エ・エ) 罪やあやまちを償うために金品を出す。償いをする。罪ほろぼしをする。「犯した罪を—」[可能]あがな・える(下一)

あか-なす【赤×茄子】「トマト」の別称。[夏]

あか-ぬけ【△垢抜け】(名・自スル) 都会的で洗練されていること。粋(いき)なこと。「—した着こなし」

あか-ぬ・ける【△垢抜ける】(自下一)(ケ・ケ・ケル・ケル・ケレ・ケロ(ケヨ)) 田舎くささや野暮(やぼ)なところがなくなり、粋(いき)になる。洗練される。

あかね【△茜】①《植》アカネ科の多年生つる草。山野に自生し、初秋に淡黄色の花を開き、黒色の実を結ぶ。根は赤黄色の染料や止血・解熱剤とする。③「茜色(あかねいろ)」の略。[秋] ②①の根からとった染料。③「茜色(あかねいろ)」の略。

〔あかね①〕

—いろ【—色】暗赤色。あかね。「—の空」

—さす《枕》「日」「昼」「紫」「君」「月」などにかかる。

あか-の-まんま【赤の◇飯】①赤飯(せきはん)。②(花が赤飯に似ているところから)「いぬたで」の別称。あかのまま。あかまんま。[秋]

あか-はじ【赤恥】(—ハヂ)(「赤」は接頭語)ひどい恥。あかっぱじ。

あか-はた【赤旗】赤色の旗。㋐危険信号の旗。㋑革命派・共産党・労働者などが掲げる旗。㋒平氏の旗。

あか-はだ【赤肌・赤◇膚】①皮がむけて赤くなった肌。②草木がないために、山の地面が露出していること。③あかはだか。

あか-はだか【赤裸】(「赤」は接頭語)何ひとつ身につけていない姿。すっぱだか。[夏]

あか-ばな【赤鼻】飲酒や病気で赤くなった鼻。ざくろばな。あかはな。

あか-はら【赤腹】《動》①ヒタキ科の小鳥。胸や腹の両わきは赤茶色。[夏]②(生殖期に腹が赤くなることから)魚の「うぐい」の異名。[夏]③「いもり」の俗称。[夏]

あか-びかり【△垢光り】(名・自スル) 衣類の襟(えり)や袖(そで)などが、あかなどで汚れて光ること。

あか-ふだ【赤札】①赤い色の札。②商店などで、特価品や見切り品、売約済みなどを示す札。

あか-ぶどうしゅ【赤△葡△萄酒】(—ブダウシュ) 濃い赤色をしたぶどう酒。濃色種のぶどうを果皮ごとつぶして発酵・熟成させたもの。赤ワイン。⇩白葡萄酒

アガペー〈(ギリシャ) agapē〉《基》罪深い人間に対する神の愛。神の自己犠牲的な愛。⇩エロス「参考」

ア-カペラ〈(イタリア) a cappella 礼拝堂風に〉《音》楽器などの伴奏なしの合唱曲。また、その様式。無伴奏合唱。

あか-ぼう【赤帽】①赤い帽子。②(赤い帽子をかぶっていたことから)駅で、旅客の手荷物を運ぶ職業の人。(はじまり)一八九六(明治二十九)年、山陽鉄道(のちの山陽本線)で導入。

あか-ほん【赤本】①《文》(表紙が赤色であることから)江戸時代の草双紙(くさぞうし)の一種。おとぎ話を題材とし、絵を主とした子供向けのもの。②低級で粗悪な本。

あかま-いし【赤間石】山口県宇部市周辺で産出するあずき色・紫青色の石。硯(すずり)石などに用いる。あかま。

あか-まつ【赤松】《植》マツ科の常緑高木。樹皮は赤褐色。葉は細くてやわらかいので雌松(めまつ)ともいう。根元にマツタケを産する。材は建築・家具・パルプ用。

あか-み【赤み】赤い色合い。また、その程度。「顔に—がさす」

あか-み【赤身】①獣肉や魚肉の赤い部分。また、肉が赤い魚。「マグロの—」↕白身 ②木材の中心の赤い部分。心材。↕白太(しらた)・白身

あか-みそ【赤味△噌】麦のこうじを混ぜて熟成させた赤い色のみそ。味は辛口が多い。仙台みそ・いなかみそなど。

あか-むけ【赤◇剝け】(名・自スル) 皮膚がすりむけて赤くなること。また、その赤くなった部分。

あか-むし【赤虫】《動》①ユスリカ類の幼虫。ボウフラ状の赤い虫。釣りの餌(えさ)にする。アカボウフラ。②「つつがむし」の異称。

あか-め【赤目】①充血した目。②虹彩(こうさい)に色素がなく、血の色が透けて見える目。白ウサギなどに見られる。③あかんべ。

あかめ-がしわ【赤芽△柏】(—ガシハ)《植》トウダイグサ科の落葉高木。材質は軟らかく、床柱や下駄(げた)、箱などに用いる。

あか・める【赤める】(他下一)(メ・メ・メル・メル・メレ・メロ(メヨ)) 赤くする。赤らめる。「恥ずかしさで顔を—」[文]あか・む(下二)

あが・める【◇崇める】(他下一)(メ・メ・メル・メル・メレ・メロ(メヨ)) 尊び敬う。「神を—」[文]あが・む(下二)

あか-もん【赤門】①赤く塗った門。②《俗》(朱塗りの門があるところから)「東京大学」の俗称。

あから-がお【赤ら顔・△赭ら顔】(—ガホ) 赤みを帯びた顔。日に焼けたり、酒を飲んだりしたときの顔にいう。

あから-さま[一](形動ダ)(ダロ・ダッ(デ・ニ)・ダ・ナ・ナラ・○) 包み隠さずありのままに示すさま。露骨なさま。「内情を—に打ち明ける」「—に敵意を示す」[二](形動ナリ)《古》①急に起こるさま。にわか。②一時的である。かりそめ。

【変遷】「にわか・突然・急だ」の意から、「少しの間である・短くあっけない」となる。ついで、「明から様」と書くようになったことから、[一]の意が生じた。

あから・む【赤らむ】(自五)(マ(モ)・ミ(ン)・ム・ム・メ・メ) 赤くなる。赤みがさす。「顔が—」[他]あから・める(下一)

あから・む【明らむ】(自五)(マ(モ)・ミ(ン)・ム・ム・メ・メ) 夜が明けて、空が明るくなる。「東の空が—」

あから・める【赤らめる】(他下一)(メ・メ・メル・メル・メレ・メロ(メヨ)) (顔色を)赤くする。赤める。「顔を—」[自]あから・む(五) [文]あから・む(下二)

あかり【明〔か〕り】①あたりを明るくする、暗い中に認められる光。「—がさす」「月—」②照明用の光。ともしび。「—をつけ

る」

―さき【―先】 光のとどく所。

―しょうじ【―障子(じょう)】《古》→しょうじ(障子)①

―とり【―取り】 外の光をとり入れるための小さな窓。

-あがり【上がり】(接尾)(名詞に付いて) ①以前にその職業や身分であったことを表す。「役人―」 ②ある状態が終わったすぐ後であることを表す。「雨―」「湯―」「病気―」

あがり【上がり】 ①いる位置が今までより高い所に変わること。位置・程度・値段・価値などが高くなること。「階段の―下り」↕下がり ②できあがること。完成。また、できばえ。「一丁―」「染めの―がいい」 ③仕事をきりあげること。「今日は五時で―だ」 ④すごろくで、駒(こま)が最終の区画へはいること。また、その場所。また、トランプやマージャンなどのゲームで、手がそろって勝つこと。 ⑤収入。収益。「店の―」「―が少ない」 ⑥(すし屋などで)「上がり花」の略。

―かまち【―框△】 家の上がり口に渡してある横木。あがりがまち。「―に腰をおろす」

―ぐち【―口】 座敷や階段などへ上がる所。あがりくち。

―さがり【―下がり】(名・自スル) 上がることと下がること。特に、値段や数値などが上がったり下がったりすること。「相場の―が激しい」

―だか【―高】 ①収入・利益の額。 ②収穫高。

―だん【―段】 上にのぼる階段。

―はな【―◇端】 土間から座敷などに上がってすぐの所。あがりばな。

―ばな【―花】 入れたての煎茶(せんちゃ)。また、一般に、茶。でばな。あがり。参考 もと遊里・料理屋などの用語。

―め【―目】 ①目じりがつり上がった目。 ②物価や勢い、腕前などの上がり始めのとき。また、上がるきざし。《↕下がり目》

―もの【―物】 ①他人の食物の敬称。召し上がり物。 ②神仏への供え物。 ③田畑の収穫物。 ④不用となった品。

―ゆ【―湯】 風呂(ふろ)から出るときに体にかけるきれいな湯。陸湯(おかゆ)。かかり湯。「―をかける」

あがり-こ・む【上がり込む】(自五) マ(モ)・ミ(ン)・ム・ム・メ・メ (他人の家などに)遠慮なく上がる。また、上がって座り込む。「よその家に―」

あがり-や【揚〈が〉り屋】 江戸時代、御目見得(おめみえ)以下の武士・僧侶(そうりょ)・医者などの未決囚を入れた牢屋(ろうや)。江戸小伝馬町(現在の東京都中央区内)にあった。

あが・る【上がる・◇騰がる】 ラ(ロ)・リ(ッ)・ル・ル・レ・レ ■一(自五) ①いる位置が今までより高い所に変わる。のぼる。㋐存在の位置が今までより高い所に変わる。「屋根に―」↕下がる・おりる ㋑空中高く見えるようになる。「煙が―」 ㋒水上や水中から陸に移る。「舟から―」「陸(おか)に―・った魚のようにおとなしくなる」 ㋓風呂(ふろ)から出る。「湯から―」 ㋔今までいた所より高い位置にはいる。「座敷に―」「縁側に―」 ㋕体、またはその一部が上方に動く。「手が―・らない」 ㋖収益が手にはいる。「利益が―」 ㋗京都市中で、北へ行く。「四条―」↕下がる ㋘高い所に掲げられる。 ②勢い・価値・資格・程度が高まる。㋐勢いが増す。「気勢が―」 ㋑声が大きく発せられる。「歓声が―」 ㋒金額が多くなる。「家賃が―」↕下がる ㋓きわだつ。「男ぶりが―」 ㋔昇進する。「階級が―」↕下がる ㋕進歩・上達する。「腕前が―」↕下がる ㋖入学する。「学校に―」 ㋗数値が高くなる。「体温が―」↕下がる ③事がなしとげられる。終わりとなる。㋐(動詞の連用形に付いて)事がすむ。「でき―」 ㋑その費用ですむ。「会費が安く―」 ㋒仕事などのきりがつく。「今日は早めに―・ろう」 ㋓すごろくで、そこに到達すれば勝ちとなる最終の区画にはいる。また、トランプやマージャンなどのゲームで、手がそろって勝つ。 ㋔雨などがやむ。「夕立が―・って虹が出た」 ㋕草木が枯れる。魚が死ぬ。 ㋖はたらきを失う。「バッテリーが―」 ④神仏に供えられる。「灯明が―」 ⑤「行く」「訪ねる」の謙譲語。「お見舞いに―・ります」 ⑥のぼせて落ち着きを失う。「人前で―」 ⑦(動詞の連用形に付いて)上方に勢いよく…する。「とび―」「かけ―」 ⑧(動詞の連用形に付いて)すっかり…する。「のぼせ―」 他あ・げる(下一) 可能あが・れる(下一) ■二(他五)「食う」「飲む」の尊敬語。「何を―・りますか」⇩「使い分け」

あが・る【挙がる】(自五) ラ(ロ)・リ(ッ)・ル・ル・レ・レ ①多くの人に知られるようになる。有名になる。「文名が―」 ②体の一部が高くなる。「一斉に手が―」 ③検挙される。つかまる。「犯人が―」 ④それと名指して示される。「候補に―」「リストに―」 他あ・げる(下一) ⇩「使い分け」

あが・る【揚がる】(自五) ラ(ロ)・リ(ッ)・ル・ル・レ・レ ①空中に高くのぼる。「花火が―」 ②水上・水中から陸上に移る。「船荷が―」 ③きわだつ。「風采(ふうさい)が―・らない」 ④声が大きく発せられる。「歓声が―」 ⑤材料が熱した油の中で熱を通されて、天ぷらやフライなどの料理ができる。「からっと―」 他あ・げる(下一) ⇩「使い分け」

使い分け 「上がる・騰がる・挙がる・揚がる」

「**上がる**」は、それまでより高い位置に移る意で、「地位が上がる」「物価が上がる」「飛び上がる」「すごろくで一番に上がる」などと使われる。

「**騰がる**」は、もと馬がはねておどり上がる意で、現在は物価の高くなるときに「値が騰がる」のように使われる。

「**挙がる**」は、持ち上げてよく見えるようになる、すべて出しつくされる意で、「候補者の名前が挙がる」「証拠が挙がる」などと使われる。

「**揚がる**」は、「国旗が揚がる」「天ぷらが揚がる」など、空中高く位置する、浮上する意に用いられる。

ちがい 「あがる」・「のぼる」

「あがる」「のぼる」は、二語とも、低い位置から高い位置に移るのをいう語だが違いがある。「あがる」は、「空に煙があがる」「旗が高くあがる」「頭上に花火があがる」など、その物が高い位置に見えたことを述べる語である。「のぼる」は、「日がのぼる」「坂をのぼる」「山をのぼる」など、物が高い位置に徐々に移動していくのをいう語である。つまり、「あがる」が高い位置にあることをいうのに対し、「のぼる」は、高い位置に向かって移動していくことをいう語であるという違いがある。その違いから、この二語の動詞の前にくる助詞は、「あがる」は「…にあがる」となり、「のぼる」は「…をのぼる」となる。しかし、「階段をあがる」「階段をのぼる」など、同じ場面で使うことがある。「屋根にあがる」「屋根にのぼる」ともいい、二語の違いはほとんどない。「あがる」を使うか、「のぼる」を使うかは、その位置にあることを述べるか、移動する過程を述べるかという、話し手の判断による。

あかる・い【明るい】(形) カロ・カッ(ク)・イ・イ・ケレ・○ 《中心義―そこに何があるか目で見分けるのに十分なだけの光がある。物理的な意味から精神的な意味にも広がった》 ①光が十分さしていて物がよく見えるさま。「電灯が―」「―部屋」 ②色が鮮やかでくすんでいない。「―色の口紅」 ③性格が明朗・快活である。「―性格」 ④(表情などに)心配事がうかがえない。「―顔」 ⑤はれやかで希望がもてる。「―景気の見通し」 ⑥公明正大である。うしろぐらいところがない。「—政治」⑦(おもに「…に明るい」の形で)よく知っている。精通している。「歴史に—」「政界の事情に—」(↔暗い) 文あかる・し(ク)

あかる-み【明るみ】①明るい所。明るいほう。②公開の場。おおやけの場所。表立った所。世間。

—に出る 多くの人々に知られるようになる。世間に広まる。「意外な事実が—」

あかる-む【明るむ】(自五)(マ(モ)・ミ(ン)・ム・ム・メ・メ) 明るくなる。「東の空が—」 語源「あからむ」の転。

あか-ん(方)(おもに関西地方で)うまくいかない。また、それをしてはならない。「何をやっても—」「気を抜いたら—」 語源「埒が明かぬ」を省略した「あかぬ」が変化した語。

あ-かんたい【亜寒帯】《地》気候帯の一つ。寒帯と温帯の中間にある地帯で、北緯四〇〜六〇度付近にある。冷帯。

あかん-べ 下まぶたの裏の赤い部分を指で押し下げて見せ、軽蔑や拒否の意を表す動作。あかめ。あかんべえ。あかんべい。

あかん-ぼう【赤ん坊】①生まれて間もない子供。あかんぼ。②幼稚な人間。世間知らず。

類語 赤子・赤ちゃん・乳飲み子・嬰児・みどりご・幼子・乳児・ねんね・ベビー

あき【秋】四季の一つ。夏が過ぎて気温の低い日が多くなりしのぎやすくなる季節。葉も色づいて山の景色は美しくなる反面、落葉する葉も目立ち、寂しい風情がただよう。実りと収穫の時期でもある。暦の上では立秋(八月七日ごろ)から立冬(十一月七日ごろ)の前日まで。ふつうには九月から十一月。陰暦では七月から九月。和歌では同音から「飽き」にかけて用いる。秋

類語 立秋・初秋・秋口・早秋・新秋・孟秋・清秋・涼秋・処暑・白露・秋分・仲秋・晩秋・暮秋・季秋・寒露・行く秋・出来秋・灯火親しむべき候

—立つ 暦の上で秋になる。立秋を迎える。秋

—の扇 秋になって不要になった扇。男の愛を失った女のたとえ。秋扇。秋 【故事】前漢の成帝の宮女、班婕妤が帝の寵愛を失ったことを嘆いた詩、「秋がくると涼風が夏の炎熱を奪い去り、扇は、たちまち箱の中に捨てられてしまう。まるでわが身のように」による。〈文選・怨歌行〉

—の空 秋の天候の変わりやすさ。転じて、愛情の変わりやすいことのたとえ。「男心と—」 **—の日は釣瓶落とし** (つるべは手をはなすとたちまち井戸に落ちることから)秋の日の暮れるのがはやいことをたとえた語。

あき【空き】①あいている場所。すきま。余地。「倉庫に—がある」「行間の—が広い」②空席。欠員。「役員の—がある」③ひま。用のないとき。「午後には—がある」④中がからのもの。使っていないもの。また、その状態。「—箱」「—家」

あき【飽き・厭き】十分に体験して、いやになること。いやけがさすこと。「—がくる」

あき【安芸】旧国名の一つ。現在の広島県西部。芸州。

あき-あき【飽き飽き・厭き厭き】(名・自スル)すっかり飽きること。うんざりすること。「長いお説教に—する」

あき-あじ【秋味】(北海道・東北地方などで)秋、産卵のために川を上る鮭。また一般に、鮭。

あき-うど【商人】(「あきびと」の音便)→あきんど

あき-おち【秋落ち】①秋の収穫が思ったより少ないこと。②豊作のため、秋に米の値段が下がること。↔秋高

あき-かぜ【秋風】秋に吹く風。秋

—が立つ ①秋の風が吹き始める。②(同音から「秋」を「飽き」にかけて)恋人や夫婦間の愛情がさめる。秋風が吹く。

あきかぜに… 和歌〔秋風に たなびく雲の 絶え間より もれ出づる月の 影のさやけさ〕〈新古今集 左京大夫(藤原)顕輔〉秋風に吹かれてたなびいている雲の切れ間から、もれてさしてくる月の光の、ひときわ冴えて明るいことよ。(小倉百人一首の一つ)

あき-くさ【秋草】秋に花の咲く草。秋

あき-ぐち【秋口】秋の初め。初秋。秋

あき-ご【秋蚕】七月下旬から晩秋にかけて飼う蚕。秋蚕。秋

あき-さく【秋作】《農》秋に栽培、または収穫する作物。特に、稲。秋

あき-ざくら【秋桜】「コスモス」の別称。秋

あき-さめ【秋雨】秋に降る雨。秋

—ぜんせん【—前線】《気》九月中旬から十月中旬にかけて日本の南岸沿いに停滞する前線。長雨・大雨をもたらす。

あき-しょう【飽き性・厭き性】飽きやすい性質。

あき-す【空き巣・明き巣】①鳥のいない巣。②留守の家。③「空き巣狙い」の略。「—にはいられる」

—ねらい【—狙い】留守の家をねらってはいるどろぼう。空き巣。

あきた【秋田】東北地方の西部で日本海に面する県。県庁所在地は秋田市。

—いぬ【—犬】《動》秋田県原産の大形の日本犬。天然記念物。秋田犬。勇猛であるが従順で、番犬に適する。

あき-だか【秋高】不作のため、秋に米の値段が上がること。↔秋落ち

あき-だな【空き店】①人の住んでいない店。空き店。②人の住んでいない家。空き家。

あき-たりな・い【飽き足りない】(形)(カロ・カッ(ク)・イ・イ・ケレ・○) 満足できない。不満足である。飽き足らない。「現状に—」

あき-ち【空き地】使っていない土地。特に、建物の建っていない土地。

あき-つ-かみ【現つ神】(古)この世に姿を現している神。天皇を尊んでいった語。あらひとがみ。

あき-つ-しま【秋津島・秋津洲・蜻蛉島】(古)(古くは「あきづしま」)「日本」の古称。あきつしまね。

あき-っぽ・い【飽きっぽい】(形)(カロ・カッ(ク)・イ・イ・ケレ・○) 飽きやすい。すぐに飽きて長続きしない。「—性格」

あぎ-と【顎門・顎・腮】(古)①あご。②魚のえら。 参考②は「鰓」とも書く。

あきない【商い】一(名・自スル)物の売り買い。商売。「—を始める」二(名)売上高。「—が少ない」

あきな・う【商う】(他五)(ワ(オ)・イ(ッ)・ウ・ウ・エ・エ) 職業として品物を売買する。商売する。「日用雑貨を—」 可能 あきな・える(下一)

あき-なす【秋茄子】秋にとれるナス。秋なすび。秋

—は嫁に食わすな 秋なすはおいしいから、嫁に食わせるな。姑が嫁いびりをすることのたとえ。 参考 秋なすは種子が少なく、それを食べて子供ができないと困るから、あるいは秋なすは体が冷えるから、たいせつな嫁に食わせるなと解釈する説もある。

あきのこう… 俳句〔秋の航 一大紺円盤の中〕〈中村草田男〉澄みきった秋空のもと、島影一つ見えない大海原を船は進む。見わたすかぎり紺一色で、一大円盤を思わせる海である。(秋の航 秋)

あきのたの… 和歌〔秋の田の かりほの庵の とまをあらみ わが衣手は 露にぬれつつ〕〈後撰集 天智天皇〉秋の稲田の番をするための仮小屋で夜を明かしていると、屋根をふいた苫の目があらいので、私の着物のそでは夜露にしっとりとぬれてしまうことだ。(小倉百人一首の一つ)

あき-の-ななくさ【秋の七草】秋に咲く代表的な七種の日本の草花。はぎ・おばな(すすき)・くず・なでしこ・おみなえし・ふじばかま・ききょう(または、あさがお)。秋 ↕春の七草

〔あきのななくさ〕

あき-ばしょ【秋場所】毎年九月に行う大相撲の興行。秋

あき-ばれ【秋晴〔れ〕】秋空がよく澄んで、晴れわたっていること。秋

あき-びより【秋日和】秋らしくすがすがしい天気。秋

あき-ま【空〔き〕間】①すきま。②空いている部屋。空き部屋。空き室。

あき-まき【秋蒔き】秋に種子をまくこと。また、その植物。「―小麦」↕春蒔き

あき-め・く【秋めく】(自五) カ(コ)・キ(イ)・ク・ク・ケ・ケ 秋らしくなる。秋

あき-めくら【明〔き〕盲】①目はあいているが、視力のないこと。また、その人。②読み書きのできない人。文盲。(「めくら」は差別的な語)

あき-や【空〔き〕家・空〔き〕屋】人の住んでいない家。

あキュー-せいでん【阿Q正伝】中国の作家魯迅の小説。一九二一年作。辛亥革命期の中国社会を鋭く描く。

あきゅうど【商人】商売人。商人。語源「あきびと」の音便「あきうど」の転。

あきらか【明らか】(形動ダ) ダロ・ダッ(デ・ニ)・ダ・ナ・ナラ・○ ①疑う余地もなく、だれから見てもはっきりしているさま。「勝敗は―だ」「火を見るよりも―だ」②光が満ちて明るいさま。「月の―な夜」文(ナリ) 類語 明白・明瞭・明々白々・瞭然・歴然・鮮明・はっきり・くっきり・きわやか・ありあり・クリアー

―にする はっきりさせる。わからせる。「法廷で真実を―」

あきらめ【諦め】だめだと認めてやめること。思いきり。断念。

―が付く 思いきることができる。あきらめることができる。

あきら・める【諦める】(他下一) メ・メ・メル・メル・メレ・メロ(メヨ) 見込みがないと知って、途中でやめる。悪い状態をしかたのないものと認めて受け入れる。「進学を―」「身の不運と―」文あきら・む(下二) 類語 断念する・観念する・思い切る・匙を投げる

あきら・める【明らめる】(他下一) メ・メ・メル・メル・メレ・メロ(メヨ) 明らかにする。はっきりさせる。「真相を―」文あきら・む(下二)

あ・きる【飽きる・厭きる】(自上一) キ・キ・キル・キル・キレ・キロ(キヨ) 十分に経験していやになる。いやけがさす。「遊びに―」他あか・す(五) 文あ・く(四) 類語 いやになる・うんざりする・げんなりする・飽き飽きする・倦む・食傷する・鼻につく・耳にたこができる・秋風が立つ

あきれ-かえ・る【呆れ返る】(自五) ラ(ロ)・リ(ッ)・ル・ル・レ・レ 非常にあきれる。あきれはてる。「彼のいい加減さには―」

アキレス〈Achilles〉ホメロスの叙事詩「イリアス」の主人公。トロイ戦争でギリシャ軍の英雄として奮闘中、不死身の肉体の唯一の弱点であった踵の腱を射られて死ぬ。アキレウス。

―けん【―腱】①〔生〕足のふくらはぎの筋肉が踵の骨につくところにある強靭な腱。②強い者がもつ唯一の弱点。ウイークポイント。「ここが彼の―だ」

あきれ-は・てる【呆れ果てる】(自下一) テ・テ・テル・テル・テレ・テロ(テヨ) これ以上ないぐらいにあきれる。あきれかえる。文あきれは・つ(下二)

あき・れる【呆れる・惘れる】(自下一) レ・レ・レル・レル・レレ・レロ(レヨ) ①意外なさまに驚いて呆然とする。あっけにとられる。「―ほどの大食漢」②事態のひどさにあいそをつかす。「―・れてものも言えない」文あき・る(下二)

あきんど【商人】(「あきびと」の音便)商売人。商人・あきゅうど。

あく【悪】教3【惡】アク・オ(ヲ)高 わるい・あし・にくむ

(字義) ①わるい。㋐正しくない。「悪事・悪人・凶悪・極悪・罪悪・邪悪・善悪」↕善 ㋑よくない。「悪質・悪女・悪辣・悪口・悪行・性悪」㋒みにくい。きたない。不快な。「悪臭・悪寒・険悪・醜悪」㋓へたな。下等の。「悪文・悪貨」㋔粗末な。「悪衣・悪食・粗悪」㋕苦しい。「悪戦苦闘」㋖不吉な。いまわしい。「悪夢」②にくむ。いみきらう。「嫌悪・憎悪」③恥じる。「羞悪」難読 悪戯・悪阻・悪巫山戯

あく-【悪】(接頭) ①たちのよくない、好ましくない、望ましくないなどの意を表す。「―趣味」「―天候」②人名などについて、勇猛である、荒々しいなどの意を表す。「―源太」

あく【悪】①わるいこと。道徳や法などの規範に反すること。また、その人。「―に染まる」↕善 ②芝居で、かたき役。「色―(=美男で悪人の役)」

あく【握】アク中 にぎる中

(字義) にぎる。㋐手につかむ。「握手・握力」㋑権力などを一手におさめる。「掌握・把握」

あく【渥】アク あつい

(字義) ①うるおう。美しくつやがある。「渥然」②てあつい。「渥恩」人名 あつ・あつし

あく【灰汁】①灰を浸した水のうわ澄み液。アルカリ性で、洗濯・染色などに用いる。②植物に含まれる苦みや渋みの成分。「―を抜く」③人の性質や文章などの個性的などぎつさ。「―の強い文章」

―が抜ける 性質・容姿・趣味などにくせやあくどさがなくなり、さっぱりと洗練される。

あ・く【空く】(自五) カ(コ)・キ(イ)・ク・ク・ケ・ケ ①そこを占めていたものがなくなり、新たな利用が可能になる。あきができる。「席が―」②からになる。「ウイスキーのボトルが―」③使われない状態になる。ひまになる。「手が―」④欠員が出る。「部長のポストが―」他あ・ける(下一) 参考 ①③④は「明く」とも書く。⇩「使い分け」

あ・く【明く】(自五) カ(コ)・キ(イ)・ク・ク・ケ・ケ ①ふさがっていたものがひらいてよく見える。「小犬の目が―」②ある期間が終わる。「喪が―」「年季が―」⇩「使い分け」

あ・く【開く】(自五) カ(コ)・キ(イ)・ク・ク・ケ・ケ ①閉じていたものがひらく。ふさいでいたものが除かれ、通り抜けができたり、閉ざされていた向こうが見えたりする。「戸が―」②(停止しているものが)活動する。「幕が―(=上演が始まる)」「深夜も―・いている(=営業している)店」(↕閉まる) 他あ・ける(下一) ⇩「使い分け」

あいた口が塞がらない 驚きあきれて何も言えない。

使い分け「空く・明く・開く」
「空く」は、そこを閉ざしていたものがなくなり、あきができる、中がからになる意で、「穴(手・すきま・行間・席)が空く」「課長のポストが空く」「部屋が空く」などと使われる。

「明く」は、ふさがっていたものがひらく、期間が終わる意で、「年季が明く」などと使われる。「開く」は、閉じていたものがひらく意で、「店が開く」「窓(扉・幕・戸)が開く」「開いた口がふさがらない」「開かずの間」などと使われる。

あ・く【飽く・△厭く・△倦く】(自四)《古》①満足する。②(十分になり)いやになる。飽きる。

あく-あらい【×灰汁-洗い】—(名・他スル) 調度品などの汚れを、「あく(灰汁)①」で洗い落とすこと。

アクアラング〈Aqualung〉(aqua はラテン語で「水」、lung は英語で「肺」の意)圧縮空気タンクをつけた水中呼吸装置。浅海の潜水に用いる。スキューバ。(商標名)

シュノーケル
タンク
フィン
ウエットスーツ
マスク

〔アクアラング〕

アクアリウム〈aquarium〉①水族館。②魚などを飼う水槽。

あく-い【悪意】①悪い心。憎む心。悪気。「—をもつ」②意地の悪い見方。悪い意味。「人の話を—に解釈する」③《法》法的に問題となることを知っていること。(道徳的善悪とは関係がない。)「—の占有(=地上権や所有権がないことを知っていたり、その有無を疑ったりしながらする占有)」《↔善意》

あく-いん【悪因】悪い結果を生じる原因。

—あっか【—悪果】《仏》悪い行為が原因となって悪い結果が生じること。↔善因善果

あく-うん【悪運】①めぐり合わせの悪いこと。不運。②悪いことをしてもその報いを受けなくてすむような強い運。「—が強い」

あく-えいきょう【悪影響】— 他に及ぼす悪い影響。「—を及ぼす」

あく-えき【悪疫】たちの悪い流行病。

あく-えん【悪縁】①《仏》悪い結果を生じる因縁。②離れようとしても離れられない関係。腐れ縁。「—を断つ」用法 ②は、多く恋愛関係についていう。

あく-がた【悪形】《演》歌舞伎で、悪人の役。また、それにふんする役者。悪役。敵役。

あくが・る【◦憧る】(自下二)《古》①魂が身から離れてさまよう。うわの空になる。②心がひかれて落ち着かなくなる。思いこがれる。③浮かれ歩く。④離れる。疎遠になる。

あく-かんじょう【悪感情】— 人に対していだく不愉快な気持ち。悪感情。「—をいだく」

あく-ぎゃく【悪逆】人の道にそむいた悪い行い。「—無道」

あく-ぎょう【悪行】— 悪い行い。非行。↔善行

あく-ごう【悪業】—《仏》悪い報いを受けるような行い。特に、前世での悪事。↔善業

あく-さい【悪才】悪事を考えだし、行う才能。「—にたける」

あく-さい【悪妻】夫にとって悪い妻。↔良妻

あく-じ【悪事】①悪い行い。「—を働く」②わざわい。災難。《↔善事》

—千里を走る 悪い行いはすぐ世間に知れわたる。悪事千里を行く。参考 反対のことば—好事門を出でず

あく-じき【悪食】①粗末な食べ物。粗食。②ふつうは人が食べないような物を食べること。いかものぐい。

あく-しつ【悪疾】容易に治らない、たちの悪い病気。悪病。

あく-しつ【悪質】(名・形動ダ)①たちの悪いこと。また、そのさま。「—な犯罪」②品質の悪いこと。また、そのさま。↔良質

アクシデント〈accident〉思いがけない悪いできごと。事故。「—が重なる」

あく-しゅ【悪手】将棋・囲碁などで、形勢を不利にするようなまずい手。↔好手

あく-しゅ【握手】(名・自スル) あいさつや親愛の情、または仲直りを示す行為として、手を握り合うこと。「—を交わす」「長年のライバルが—する」

あく-しゅう【悪臭】— 悪いにおい。いやなにおい。「—を放つ」「鼻をつく—」

あく-しゅう【悪習】— 好ましくない習慣。悪弊。悪風。「—に染まる」

あく-しゅみ【悪趣味】(名・形動ダ)①品の悪い趣味。センスのない好み。②人のいやがることを好んでするさま。

あく-じゅんかん【悪循環】— 悪い結果がまた別の悪い結果を生む要因となってしまい、事態が際限なく悪化すること。「—に陥る」

あく-しょ【悪所】①道などが険しくて危険な所。難所。②悪い遊び場。特に、遊郭。「—通い」

あく-しょ【悪書】内容が低俗で、読者や社会に害を及ぼす本。「—を追放する」↔良書

あく-じょ【悪女】— ①性質のよくない女。毒婦。②容貌の醜い女。醜女。

—の深情け 醜い女性ほど愛情が深いということ。転じて、ありがた迷惑であることのたとえ。

あく-しょう【悪性】— (名・形動ダ) 性質や心根などが悪いこと。特に、素行・身持ちの悪いこと。また、そのさま。参考「あくせい」と読めば別の意になる。

あく-じょうけん【悪条件】— 物事を進めるのにさしさわりとなる不利な条件や事情。「—が重なる」

アクション〈action〉動作。活動。特に、俳優の演技や動作。また、格闘など動きの激しい演技。「—映画」

あく-しん【悪心】悪事をおこそうとする心。他人に害を加えようとする心。参考「おしん」と読めば別の意になる。

あく-すい【悪水】飲むと体に害となる水。また、汚水。

あく-せい【悪声】①悪い声。↔美声 ②悪いうわさ。悪口。「—を放つ」

あく-せい【悪性】たちの悪いこと。「—のはれもの」↔良性 参考「あくしょう」と読めば別の意になる。

—しゅよう【—腫瘍】—《医》腫瘍の中で、周囲の組織を破壊したり転移を起こしたりするもの。癌腫と肉腫に分けられ、一般に癌と呼ばれる。悪性新生物。↔良性腫瘍

あく-せい【悪政】人民に不幸をもたらす悪い政治。↔善政

あく-ぜい【悪税】不当に課せられる税金。

あく-せく【△齷△齪】(副・自スル) 心にゆとりがなく、せかせかと物事を行うさま。「—(と)働く」

アクセサリー〈accessory〉①ブローチ・ネックレスなど、装飾用の小物。②カメラ・自動車などの付属品。「カー—」

アクセシビリティー〈accessibility〉情報やサービス、またある場所への到達のしやすさ。利用しやすいこと。

アクセス〈access〉(名・自スル)①ある目的地へ行くこと。また、交通の便。「—のいい空港」②《情報》インターネットなどのネットワークに接続すること。「—ポイント」③記憶装置や周辺機器に対してデータの書き込みや呼び出しをすること。

—けん【—権】①市民が、行政機関などに情報公開を求める権利。②一般市民が、マスメディアなどを利用して、意見広告や反論を発表する権利。③《情報》ネットワークに接続した

り、そこにあるファイルなどを利用したりする権利。アクセス権限。「データベースへの―を設定する」

アクセル〈accelerator の略〉自動車の、足で踏んで速度を上げる装置。加速機。「―を踏む」

あく‐せん【悪銭】①不正な方法で得た金。あぶく銭(ぜに)。②質の粗悪な貨幣。悪貨。

―身(み)に付かず 不正な方法で得た金は無駄遣いしがちで、すぐになくなってしまう。

あくせん‐くとう【悪戦苦闘】(名・自スル) 死にものぐるいの苦しい戦闘。転じて、困難にうちかとうとする必死の努力。

アクセント〈accent〉①一語中の声の高低または強弱の配置。特に、高く、または強く発音する部分。②文章・演技・服飾・図案などで、全体を引きしめるために特に強調する部分。

あく‐そう【悪相】サウ ①凶悪な人相。②不吉な現象。

あく‐そう【悪僧】①戒律を守らないで悪い行いをする僧。②〔古〕武芸にすぐれた勇猛な僧。荒法師。

あくた【△芥】ごみ。くず。「塵(ちり)―」

あく‐たい【悪態】悪口。憎まれ口。「―をつく」

あくたがわしょう【芥川賞】アクタガハシャウ 芥川龍之介(あくたがわりゅうのすけ)を記念して、一九三五(昭和十)年に菊池寛主宰の文藝(ぶんげい)春秋社が設けた文学賞。毎年二回純文学作品に与えられる。

あくたがわりゅうのすけ【芥川龍之介】アクタガハリユウノスケ (一八九二―一九二七) 小説家。別号、澄江堂(ちょうこうどう)主人・我鬼。東京生まれ。歴史・説話に取材した小説で独自の領域を開拓。新理知派(新現実派)の代表作家として活躍した。睡眠薬自殺。代表作「鼻」「羅生門(らしょうもん)」「地獄変」など。

あく‐だま【悪玉】①悪人。②人に害をもたらすもの。「―コレステロール」(⇔善玉) 語源 江戸時代の草双紙(くさぞうし)で、円の中に「悪」の字を書いて顔とし、悪人を表したことからいう。

あく‐たれ【悪たれ】①ひどいいたずらや乱暴をすること。また、その人。「―小僧」②「悪たれ口」の略。「―をつく」

―を叩(たた)く 人の悪口を言う。悪たれ口をきく。

―ぐち【―口】憎まれ口。悪口。

あく‐た・れる【悪たれる】(自下一) レレ・レル・レル・レレ・レロ(レヨ) 無理を言って反抗する。ひどいいたずらや乱暴をする。

あく‐たろう【悪太郎】タラウ いたずら好きな男の子。悪童。

アクチュアル〈actual〉(形動ダ) ダロ・ダッ(デ・ニ)・ダ・ナ・ナラ・○ 現実に起こっているさま。現在、直面しているさま。「―な問題」

アクティブ〈active〉(形動ダ) ダロ・ダッ(デ・ニ)・ダ・ナ・ナラ・○ 活動的なさま。積極的・能動的なさま。アクチブ。「―な人」⇔パッシブ

―ラーニング〈active learning〉教員による一方向的な講義形式をとらず、学習者の能動的な参加を取り入れた教育・学習法。

アクティベート〈activate〉(名・他スル)〔情報〕ソフトウェアなどのライセンスを認証して、すべての機能を使用可能にすること。

あく‐てん【悪天】悪い天気。悪天候。⇔好天

あく‐てんこう【悪天候】気象状態が悪いこと。悪天。「―をついて出発する」

あくど・い(形) カロ・カッ(ク)・イ・イ・ケレ・○ ①物事のやり方がひどく、たちが悪い。「―商法」②色や味などがしつこい。くどい。「―衣装」文あくど・し(ク)

あく‐とう【悪投】(名・自スル) 野球で、味方の野手が取れないようなボールを投げること。悪送球。

あく‐とう【悪党】タウ 悪人。また、悪人の一団。

あく‐どう【悪童】いたずらっ子。わんぱく。

あく‐どう【悪道】ダウ ①悪い道路。悪路。②悪い行い。酒色にふけること。③〔仏〕現世で悪事を行った者が死後に行くという苦悩の世界。地獄道・餓鬼道(がきどう)・畜生道(ちくしょうどう)など。

あく‐とく【悪徳】道徳に反する悪い行い。「―業者」⇔美徳

あく‐なき【飽く無き】(連体) 満足することのない。意欲のとどまることがない。「―欲望」「―探究心」

あく‐にち【悪日】悪い運勢の日。凶日。忌み日。

あく‐にん【悪人】よくない心をもった人。悪事をはたらく人。悪者。悪党。⇔善人

―しょうき【―正機】シャウキ 〔仏〕悪人を救うのが阿弥陀仏(あみだぶつ)の本願であるから、悪人こそ仏の救いにふさわしい機根をもつという意味。親鸞(しんらん)の浄土真宗の中心となる教え。

あく‐ぬき【×灰汁‐抜き】(名・他スル) 野菜などの苦みや渋みを水につけたりゆでたりして取り去ること。

あく‐ぬけ【×灰汁‐抜け】(名・自スル) ①野菜などの苦みや渋みがとれること。②さっぱりと洗練されること。あかぬけ。

あぐ・ねる【△倦ねる】(自下一) ネ・ネ・ネル・ネル・ネレ・ネロ(ネヨ) 物事をやり遂げることが困難で、処置に困る。もてあます。あぐむ。「考え―」「探し―」用法 多く、動詞の連用形に付いて用いられる。

あく‐ねん【悪念】悪い考え。悪い心。悪意。

あくのはな【悪の華】フランスの詩人ボードレールの詩集。一八五七年刊。詩人の誕生から死に至るまでの魂の遍歴を厳密な構成によって展開。近代詩の知的性格を確立した作品。

あく‐ば【悪罵】(名・他スル) ひどい悪口をいうこと。また、ひどい悪口。「―を浴びせる」

あくび【×欠伸・◇欠】①疲労・退屈・眠気などのため、自然に口が大きく開いて行われる呼吸運動。「―をかみ殺す」②漢字の部首名の一つ。「欲」「歓」などの「欠」の部分。けんづくり。

あく‐ひつ【悪筆】形が変にくずれて読みにくい字を書くこと。また、へたな字。⇔達筆・能筆

あく‐ひょう【悪評】ヒヤウ 悪い評判やうわさ。「―が立つ」⇔好評

あく‐びょう【悪病】ビヤウ たちの悪い病気。悪疾。

あく‐びょうどう【悪平等】ビヤウドウ (名・形動ダ) 実質や内容を無視して、一律に平等に扱うことで、かえって不公平になること。また、そのさま。

あく‐ふう【悪風】悪い風俗・風習。弊風。⇔良風・美風

あく‐ぶん【悪文】わかりにくい文章。へたな文章。⇔名文

あく‐へい【悪弊】悪いならわし。悪習。⇒悪癖(あくへき)「用法」

あく‐へき【悪癖】悪いくせ。用法「悪弊」が社会的なものをさしていうのに対して、「悪癖」は個人的なものに用いる。

あく‐へん【悪変】(名・自スル) 状態が悪いほうへ変わること。

あく‐ほう【悪法】ハフ 人民のためにならない悪い法律。

あく‐ほう【悪報】①悪い知らせ。凶報。②〔仏〕悪事に対する報い。

あく‐ま【悪魔】①人の心を惑わし、神・仏の導きをさえぎって悪にさそう魔物。「―ばらい」②凶悪な人。極悪人(ごくあくにん)。

―しゅぎ【―主義】〔文〕(Diabolism, Satanism の訳語) 一九世紀末の文芸思潮で、退廃・怪異・恐怖などの中に美を見いだそうとするもの。代表作家はポー、ボードレールなど。

あく‐まで【飽く△迄】(副) どこまでも。とことん。徹底的に。「―(も)抵抗する」「―(も)澄んだ青空」

あく‐みょう【悪名】ミヤウ →あくめい

あく‐む【悪夢】①不吉な夢。凶夢。「―にうなされる」②夢の中でしか考えられないような非常に恐ろしいできごとのたとえ。

あぐ・む【△倦む】(自五) マ・ミ(ン)・ム・ム・メ・メ 物事をやり遂げることができず、いやになる。もてあます。あぐねる。「攻め―」「考え―」

用法 多く、動詞の連用形に付いて用いられる。

アクメ〈フランス acmé〉性交時の快感の絶頂。オルガスムス。

あく-めい【悪名】 悪い評判。悪名。「―が高い」↕美名

あく-やく【悪役】 ①〘映・演〙悪人の役。また、その役者。敵役。悪形。②(転じて)人に憎まれる役回り。また、その人。「―を買って出る」

あく-ゆう【悪友】 つきあってためにならない友人。↕良友 用法 一緒に悪さもするほどの親友を反語的にさす場合もある。

あく-よう【悪用】(名・他スル) 本来の用途に反して、悪い目的に使うこと。「技術を―する」↕善用

あ-ぐら【×胡座】 両足を前で組んで楽な姿勢で座ること。語源 もと、腰かけるための椅子・床几の類をさした語。

―をかく ①両足を組んで楽な状態で座る。②反省や努力を怠り、現状に満足していい気になる。「権力の上に―」

あく-らつ【悪辣】(形動ダ) ひどく非常識でたちの悪いさま。あくどいさま。「―な手段」文(ナリ)

―ばな【―鼻】(あぐらをかいた形に似た)横に広がった鼻。

あぐらなべ〔安愚楽鍋〕仮名垣魯文の戯作(滑稽本)。一八七一―一八七二(明治四―五)年刊。牛鍋を囲んで人々が語る話を通して、明治開化期の世相を描く。

あぐり-あみ【揚繰〔り〕網】 巻き網の一種。二隻の舟に一つの網をつけておろし、魚群を囲んで底で網を締めて魚をとる。

あく-りょう【悪霊】 人にたたりをする死人などの霊魂。怨霊。

あく-りょく【握力】 物を握りしめる手の力。「―が強い」

―けい【―計】 握力を測定する器械。

〔握力計〕

アクリル〈ドイツ Acryl〉「アクリル樹脂」、「アクリル繊維」の略。「―板」

―えのぐ【―絵の具】 顔料をアクリル樹脂の溶液でねりあわせた水溶性の絵の具。乾くと耐水性をもつ。

―じゅし【―樹脂】〘化〙合成樹脂の一種。透明で、軽く強靭。耐水・耐油性があり、建築材料などに使う。

―せんい【―繊維】 合成繊維の一種。断熱・防虫にすぐれ、服地や毛布などに使われる。

あくる【明くる】(連体) ある時点からみて、次の。「―年」語源 古語の下二段動詞「明く」の連体形から出た語。

―日 その次の日。翌日。

あく-れい【悪例】 悪い先例。悪い慣例。「―を残す」

アグレッシブ〈aggressive〉(形動ダ) 積極果敢なさま。また、攻撃的なさま。

アグレマン〈フランス agrément 同意・承認〉大使・公使を派遣する際、相手国に前もって求める承認。

あく-ろ【悪路】 路面が整備されていず、通るのに苦労する道。

アクロバット〈acrobat〉軽業や曲芸。また、それをする人。軽業師。「―飛行」参考「軽業・曲芸」は、英語では acrobatics という。

アクロバティック〈acrobatic〉(形動ダ) 軽業や曲芸のようなさま。アクロバチック。「―なプレー」

あけ【◇朱・△緋】 赤い色。朱色。

―に染まる 血で真っ赤になる。血まみれになる。

あけ【明け】 ①夜が明けること。夜明け。「―の明星」↕暮れ ②ある期間が終わること。また、終わった直後。「夜勤―」

あげ【上げ】 ①あげること。「布団の―おろし」↕下げ ②着物の肩や腰などに縫いあげておくひだ。着物の長さを体に合わせるためにつくる。ぬいあげ。「―をおろす」参考「揚げ」とも書く。

あげ【揚げ】 ①油で揚げること。また、その食品。「さつま―」②「油揚げ」の略。

▼「揚げ」が下に付く語
厚― 油― 色― 帯― 掻き― 河岸― 肩― 空― 小― 腰― 五色― 骨― 薩摩― 精進― 総― 生― 荷― 旗― 引き― 丸― 水― 陸―

あげ-あし【揚〔げ〕足・挙〔げ〕足】 ①足をあげること。また、その足。②柔道や相撲などで、宙に浮きあがった足。

―を取る 相手の言葉じりや言いそこないなどをとらえて、なじったりからかったりする。

語源「揚げ足を取る」とは、もと「揚げ足②」を取って倒すことをいう。攻めて技をかけようとした相手の足を利用して倒すことから、転じて、相手の失言や言葉じりをとらえて、なじったりからかったりする意となった。「揚げ足取り」の表現もある。

あげ-あぶら【揚〔げ〕油】 揚げ物に使う油。

あげ-いた【上〔げ〕板・揚〔げ〕板】 床下に物を入れるために、くぎづけにせず、取りはずせるようにした床板。あげぶた。

あげ-えん【揚〔げ〕縁】 不用の際には、つり上げて戸の代わりになるようにつくられた濡れ縁。商店の店先などにおかれる。

あげ-おろし【上げ下ろし】(名・他スル) ①上げることと下ろすこと。上げ下げ。「箸の―にもうるさい」②荷物を積むことと下ろすこと。「船荷の―」参考 ②は「揚げ卸し」とも書く。

あげ-かじ【上〔げ〕△舵】 航空機・潜水艦を上昇させるための、かじのとり方。↕下げ舵

あけ-がた【明け方】 夜が明けるころ。夜明け。↕暮れ方

あけ-がらす【明〔け〕△烏】 夜明けに鳴くカラス。また、その鳴き声。

あげ-く【挙〔げ〕句・揚〔げ〕句】 ①〘文〙連歌・連句で、最後の七・七の句。↕発句 ②転じて、終わり。とどのつまり。「迷った―、決断した」

―の果て 結局。とどのつまり。「―に倒産する」用法 多く、よくない結果について用いる。

あけ-くれ【明け暮れ】 ■一(名) ①朝晩。②毎日。■二(名・自スル) 物事に没頭して日を送ること。「執筆に―する」■三(副) 明けても暮れても。いつも。日夜。「―気をもむ」

あけ-く・れる【明け暮れる】(自下一) ①夜が明け、日が暮れる。月日が過ぎる。②物事に没頭して日を送る。「読書に―」文 あけく・る(下二)

あげ-さげ【上げ下げ】 ■一(名・他スル) ①上げたり下げたりすること。上げ下ろし。「ふとんの―」②ほめたりけなしたりすること。「人を―する」■二(名・自スル) 潮の満ち引き。

あげ-しお【上げ潮】 ①満ちてくる潮。満ち潮。↕下げ潮・引き潮 ②勢いが上り調子になる時期のたとえ。「―に乗る」

あげ-ず【上げず】 間をおかないで。「三日に―通う」

あけ-すけ【明け透け】(形動ダ) 包み隠さないさま。あけっぴろげ。「―な態度」「―に話す」文(ナリ)

あげ-せん【上げ銭・揚げ銭】 ①報酬の金銭。手数料。②芸者・遊女を呼んで遊ぶ代金。揚げ代。

あげ-ぜん【上げ膳】 客などに食事の膳を出すこと。また、膳をとり下げること。

―据え膳(他人が食事の用意や後片付けをしてくれる意から)自分は何もせず、めんどうなことは人にやってもらうこと。

あげ-ぞこ【上げ底・揚げ底】 菓子箱などで、中身を多く見せかけるために、底をわざと高くしてあるもの。

あげ-だい【揚〔げ〕代】 芸者・遊女を呼んで遊ぶ代金。玉代。花代。揚げ銭。

あげ-だし【揚〔げ〕出し】 豆腐やナスなどに片栗粉をま

ぶし油で揚げた料理。「揚げ出し豆腐」をいうことが多い。

あけ-たて【開け◇閉て】(名・他スル) 雨戸・障子・ふすまなどを開けたり閉めたりすること。「ドアの―」

あげ-だま【揚〈げ〉玉】てんぷらを揚げたときに出る、ころものかす。揚げかす。てんかす。

あげ-ちょう【揚げ超】テウ ―《経》(「引き揚げ超過」の略)政府の財政資金の、民間からの受け入れ額が民間への支払い額を上回ること。流通する通貨量が減り、金融引き締めとなる。

あけっ-ぱなし【開けっ放し・明けっ放し】(名・形動ダ) ①あけたままにしておくこと。また、その状態。「窓を―にする」②包み隠しのないさま。あけすけ。「―の性格」

あけっ-ぴろげ【開けっ広げ・明けっ広げ】(名・形動ダ) ①あけはなしておくこと。②隠し隔てのないさま。「―な性格」

あげ-つら・う【◇論う】ツラフ ―(他五) ワ(オ)・イ(ツ)・ウ・ウ・エ・エ 是非・善悪・可否などについて議論する。また、ささいな欠点や短所などを取り上げて言い立てる。「ことさら過失を―」

あけ-て【明けて】(副) 新年になって。「―七歳になる」

あげ-て【挙げて】(副) 残らずすべて。全体で。こぞって。「学校を―歓迎する」

あげ-ど【揚〈げ〉戸】①縦の溝に沿って上下に開閉する戸。②上に押し上げてあける戸。

あげ-なべ【揚〈げ〉鍋】揚げ物用の、底が浅く平たいなべ。

あけ-に【明〈け〉荷】①旅行用のつづらの一種。竹やむしろで作り、角やふちに割り竹をつけたもの。②相撲で、場所入りのときに関取がまわしや化粧まわしなどを入れて持ち込む箱。

あけぬれば… 和歌〔明けぬれば 暮るるものとは 知りながら なほ恨めしき 朝ぼらけかな〕〈後拾遺集 藤原道信 ふじわらのみちのぶ〉夜が明けたのだからやがて日が暮れる、そうすればまたあなたに会えるとわかっていても、やはり別れが恨めしく感じられる夜明け方であることよ。(小倉百人一首の一つ)

あけ-の-かね【明けの鐘】夜明けに寺院で鳴らす鐘。

あけ-のこ・る【明け残る】(自五) ラ(ロ)・リ(ツ)・ル・ル・レ・レ 夜が明けてしまった空に月や星が残っている。

あけ-の-みょうじょう【明けの明星】ミヤウジヤウ ― 夜明けに東の空に輝いて見える金星。↔宵よいの明星

あげは-ちょう【揚羽△蝶】テフ ―《動》①アゲハチョウ科のチョウの総称。②アゲハチョウ科のナミアゲハの通称。はねは黄色で黒いしまがある。幼虫はミカンなどの葉を食う。春(夏)

あけ-はな・す【開け放す・明け放す】(他五) サ(ソ)・シ・ス・ス・セ・セ 戸などを完全にあける。また、あけたままにしておく。あけはなつ。「窓を―・して風を入れる」

あけ-はな・つ【開け放つ・明け放つ】(他五) タ(ト)・チ(ツ)・ツ・ツ・テ・テ →あけはなす

あけ-はな・れる【明け離れる】(自下一) レ・レ・レル・レル・レレ・レロ(レヨ) 夜がすっかり明ける。明け渡る。文あけはな・る(下二)

あけ-はら・う【開け払う・明け払う】ハラフ ―(他五) ワ(オ)・イ(ツ)・ウ・ウ・エ・エ ①戸などをすっかりあける。「雨戸を―」②家や部屋などを立ち退き、人に明け渡す。「アパートを―」

あけ-ばん【明け番】①宿直などの勤めを終えて、退出すること。また、その人。②宿直などの勤めを終えた翌日の休暇。③半夜交替の勤めで、明け方のほうの番。

あけび【×通草・×木通】《植》アケビ科のつる性落葉低木。早春に淡紫色の花を開く。果実は長楕円だえん形で秋に熟し、食べられる。つるでかごなどを作る。秋(あけびの花 春)

あげ-ひばり【揚げ×雲雀】空に高く舞い上がるヒバリ。春

あげ-ぶた【上〈げ〉蓋】→あげいた

あけ-ぼの【△曙】①夜が明け始めるころ。明け方。②(比喩ひゆ的に)物事の始まりのころ。「近代日本の―」

あげ-まき【揚〈げ〉巻・×総角】①昔の子供の髪の結い方。髪を左右に分けて耳の上で輪をつくったもの。②(「揚げ巻結び」の略)ひもの結び方の一つ。輪を左右に出し、中心を石畳(=市松模様)に組んで結ぶ。③《動》ナタマメガイ科の海産二枚貝。有明海に多く産する。食用。春

〔あげまき①〕

〔あげまき②〕

あげ-まく【揚〈げ〉幕】《演》能舞台の橋懸はしがかりや、芝居の花道の出入り口の幕。切り幕。

あけまして-おめでとう【明けまして◇御×目出度う】オメデタウ ― 正月の挨拶あいさつの言葉。年が明けて新年を無事に迎えられたことを祝う気持ちを表す。用法 丁寧に言うときは「ございます」を添える。

あげ-まど【揚〈げ〉窓】下から外へ押し上げるようにしてあける窓。あけた後がひさし状になる。つきあげ窓。

あけ-むつ【明け六つ】昔の時刻名で、明け方の六つ時(=今の午前六時ごろ)。また、そのときに鳴らす鐘の音。↔暮れ六つ

あげ-もの【揚〈げ〉物】油で揚げた食べ物。

あげ-や【揚〈げ〉屋】《古》近世、遊女を呼んで遊ぶ店。

あけ-やらぬ【明けやらぬ】夜がまだ十分に明けきっていない。「いまだ―空」

あけ-ゆ・く【明〈け〉行く】(自五) カ(コ)・キ・ク・ク・ケ・ケ 朝になって、しだいに明るくなる。「―空」

あ・ける【明ける】(自下一) ケ・ケ・ケル・ケル・ケレ・ケロ(ケヨ) ①夜が終わって朝になる。明るくなる。「夜が―」↔暮れる ②時節や歳月の一区切りが終わり新しくなる。「年が―」↔暮れる ③ある期間が終わる。満期となる。「喪が―」「梅雨が―」文あ・く(下二)

あけても暮くれても 毎日のように同じことが続くさま。明け暮れ。年がら年中。「―ゲームばかりしている」

あ・ける【空ける】(他下一) ケ・ケ・ケル・ケル・ケレ・ケロ(ケヨ) ①隔てとなるものなどを取り除いて、ひらいた口や通り道をつくる。「壁に穴を―」「道を―」②空きをつくる。「席を―」「一行―・けて書き始める」③暇にする。仕事の予定をなくす。「体を―・けておく」「時間を―」④留守にする。「家を―」自あ・く(五) 文あ・く(下二) 参考 ①は「開ける」とも書く。

あ・ける【開ける】(他下一) ケ・ケ・ケル・ケル・ケレ・ケロ(ケヨ) 閉じていたものをひらく。「玄関の戸を―」「店を―(=営業を始める)」↔閉める 自あ・く(五) 文あ・く(下二)

あ・げる【上げる・◇騰げる】(他下一) ゲ・ゲ・ゲル・ゲル・ゲレ・ゲロ(ゲヨ) ■(他下一) ①高い所に位置を移す。㋐低い所から高い所へ移す。「棚の上に―」↔下げる・降ろす ㋑空中高く位置させる。「凧たこを―」↔下げる・降ろす ㋒陸上に移す。「荷を―」㋓水中からとり出す。「湯から―」㋔室内に入れる。「客を座敷に―」㋕体の一部を高くする。「手を―」↔下げる・降ろす ㋖収益を得る。「利潤を―」㋗吸い上げる。㋘高所に掲げる。㋙吐く。もどす。「酔って―」②勢い・価値・資格・程度を高める。↔下げる ㋐勢いを増す。盛んにする。「速度を―」㋑声を大きく出す。「悲鳴を―」㋒値段を高くする。「家賃を―」㋓きわだたせる。「男ぶりを―」㋔昇進させる。「課長に―」㋕進歩・上達させる。「腕を―」㋖入学させる。「娘を大学に―」㋗数値を高くする。「温度を―」③事をしとげる。終える。㋐仕事を完了する。また、習い終える。「原稿を―」㋑その費用ですます。「安く―」㋒(動詞の連用形に付

いて)物事を終わりまでしとげる。「仕ー」「書きー」④敬うべきものに、ある行為をする。㋐神仏に供える。「灯明をー」↕下げる・下ろす ㋑「与える」「やる」の謙譲語。「これを君にー」⑤(「申す」「存ずる」「差す」などの連用形に付いて)謙譲表現をつくる。「お喜び申しー・げます」「差しー」自あが・る(五) 文あ・ぐ(下二)
㊁(自下一)海水が満ちてくる。「潮がー・げてくる」文あ・ぐ(下二) ㊂(補動下一)(動詞の連用形+「て」を受けて)「…てやる」意の謙譲表現をつくる。「買ってー」「読んでー」文あ・ぐ(下二) ⇨差し上げる「類語」・呉(く)れる(表)・頂(いただ)く「ちがい」

ちがい 「上げる」・「やる」
「上げる」は相手を敬い、礼を失しないように物を人に渡す意、「やる」は相手への配慮を持たずに物を相手に渡す意の語である。敬語を使うと、通常語で言ったのに比べて丁寧な感じを伴うことが多く、「上げる」は丁寧な言い方の語となり、一方「やる」は乱暴な言い方の語と意識されるようになった。たとえば「孫にお菓子を上げる」「飼い犬に餌を上げる」などは、「孫」「飼い犬」を敬うことになり本来の言い方からすればおかしいが、近年、「上げる」の丁寧語化に伴い、この言い方が多用され、一般化している。

あ・げる【挙げる】(他下一)ゲ・ゲ・ゲル・ゲル・ゲレ・ゲロ(ゲヨ) ①多くの人に知られるようにする。「名をー」②検挙する。「犯人をー」③とり行う。「結婚式をー」④体の一部を高くする。「手をー」⑤示す。列挙する。「理由をー」「例をー」⑥推挙する。「彼を候補者にー」⑦よい結果を得る。「成果をー」「得点をー」⑧子をもうける。「一男二女をー」⑨おこす。戦いを始める。「兵をー」⑩全部を出す。こぞる。「全力をー」「国をー・げて祝う」自あが・る(五) 文あ・ぐ(下二)

あ・げる【揚げる】(他下一)ゲ・ゲ・ゲル・ゲル・ゲレ・ゲロ(ゲヨ) ①空中高く位置させる。高所に掲げる。「国旗をー」②水上・水中から陸上に移す。「船荷をー」③吸い上げる。「ポンプで水をー」④きわだたせる。「男をー」⑤芸者・遊女を呼ぶ。⑥大きな声を出す。「歓声をー」⑦熱した油の中で材料に熱を通して、てんぷらやフライなどの料理をつくる。自あが・る(五) 文あ・ぐ(下二)

あけ-わた・す【明(け)渡す】(他五)サ(ソ)・シ・ス・ス・セ・セ 住んでいた部屋・家・城などから退き、他人に渡す。「住みなれた家をー」

あけ-わた・る【明(け)渡る】(自五)ラ(ロ)・リ(ッ)・ル・ル・レ・レ 夜がすっかり明ける。明け離れる。「ー空」

アゲンスト〈against …に逆らって〉ゴルフなどで、向かい風。逆風。↕フォロー

あ-こ【△吾子】(古)自分の子、または近親の年下の者を親しんで呼ぶ語。わが子。あなた。おまえ。

あご【顎・△腭・△頤】①口を形作る上下の部分。物をかんだり発声したりするのに使う器官。②下唇より下の部分。下あご。おとがい。「ーひげ」「ーを撫(な)でる(=満足げなようす)」

―が落(お)ちる 食べ物が非常においしいことのたとえ。ほおが落ちる。**―が干上(ひあ)がる** 生活の道を失って、食えなくなる。**―で使(つか)う** 横柄(おうへい)な態度で人に命令し仕事をさせる。**―を出(だ)す** ①ひどく疲れる。②自分の手におえなくて弱る。**―を外(はず)す** おかしくて大笑いをする。

あごあし-つき【顎足付き】食事代と交通費を、出かけることを依頼した側が負担すること。

あこう-だい【◦赤◦魚△鯛】アカウ ダヒ 《動》フサカサゴ科の海魚。タイに似て赤く口が大きい。深海に多い。食用。

アコースティック〈acoustic〉(形動ダ)ダロ・ダッ(デ・ニ)・ダ・ナ・ナラ・○ 電気的な装置を用いない、その楽器本来の音であるさま。「ーギター」

アコーディオン〈accordion〉《音》蛇腹(じゃばら)を伸縮させて風を送り、鍵盤(けんばん)やボタンを押して鳴らす楽器。手風琴。風琴。アコーデオン。

―ドア〈accordion door〉アコーディオンの蛇腹(じゃばら)のように、折りたたんで左右に開閉できるようになっている間仕切り。

あこが・れる【憧れる】(自下一)レ・レ・レル・レル・レレ・レロ(レヨ) ある物事や相手に高い価値を認め、その状態になりたい、接したいと強く思う。思いこがれる。心を奪われる。「野球選手にー」「都会にー」文あこが・る あくが・る(下二)

【変遷】古語「あくがる」から変化した語。「あく」は「事・所」の意の名詞、「かる」は「離れる」の意とされる。「魂があるべき所、肉体から離れさまよう」が原義。やがて、「美しいもの、よいものに心がひかれて落ち着かなくなる」意が強くなり、「理想とするものに心を奪われ思いこがれる」の意が生じた。

あ-こぎ【△阿△漕】(形動ダ)ダロ・ダッ(デ・ニ)・ダ・ナ・ナラ・○ 貪欲(どんよく)で無慈悲なさま。「ーなことをする」文(ナリ)

語源 「阿漕」は地名で、「阿漕の浦(三重県津市の海浜)」の略。伊勢(いせ)神宮に奉納する魚をとるための禁漁地であったが、ある漁夫が禁漁をたびたび犯したという伝説や古歌から、たび重なる意、転じて、貪欲でしつこい意が生じたという。

あご-ひげ【顎△鬚】下あごに生えるひげ。

あご-ひも【顎△紐】帽子が飛ばないよう、あごにかけるひも。

あこめ【△袙】(古)①男子が束帯・直衣(のうし)姿のとき、下襲(したがさね)と単(ひとえ)の間に着た衣服。②女性・童女の中着・下着。

あこや-がい【△阿古屋貝】ガヒ 《動》ウグイスガイ科の二枚貝。真珠養殖の母貝に使われる。真珠貝。

あさ【麻】①《植》アサ科で雌雄異株(しゅ)の一年草。高さ一―三メートル。葉はてのひらに似た形に深くさける。夏に薄緑色の小花を開く。茎の皮から繊維をとり、糸・綱・かや・衣服などを作る。麻苧(あさお)。夏 ②麻糸。また、それで織った布。「ーの着物」

―の如(ごと)し (麻糸がもつれるように)ひどく乱れていることの形容。**―の中(なか)の蓬(よもぎ)** (茎の曲がったよもぎも、まっすぐな麻の中で生長すればまっすぐに育つところから)善人と交わっていると、自然に感化されて善人になることのたとえ。

あさ【朝】①夜が明けてからしばらくの間。明るくなってゆくころ。午前四時ごろから午前九時ごろまで。「ーが早い(=早起きである)」↕夕・晩 ②夜明けから正午までの間。午前。

類語 朝方・朝っぱら・朝まだき・早朝・明け方・夜明け・未明・暁(あかつき)・有り明け・曙(あけぼの)・朝ぼらけ・東雲(しののめ)・早暁(そうぎょう)・払暁(ふつぎょう)・黎明(れいめい)・薄明・かわたれ

あざ【字】市町村内の区画の名。大字・小字がある。字(あざな)。

あざ【△痣】(色素の増加や内出血などによって)皮膚の一部にできる赤・紫・青色などの変色箇所。

あさ-あけ【朝明け】朝、空が明るくなること。また、その時分。あさけ。

あさ・い【浅い】(形)カロ・カッ(ク)・イ・イ・ケレ・○ 《中心義―閉ざされた空間を進み、その一番奥や底に到達するまで短い距離しかない》①表面や外側から奥や底までの距離が短い。「ー海」「傷がー」↕深い ②程度や度数が少ない。十分とはなっていない。「入学してから日がー」「経験がー」「知恵がー」③色が薄い。「ー黄色」文あさ・し(ク)

あさ-いち【朝一】その朝最初に行うこと。「ーで電話する」

あさ-いち【朝市】朝開く、野菜や魚などの市。

あさ-いと【麻糸】麻の繊維で作った糸。

あさ-うら【麻裏】①「麻裏草履(あさうら)」の略。②麻の裏地。

―ぞうり【―草履】リザウ 平たく編んだ麻糸を裏一面に縫い

つけたぞうり。

あさ-お【麻苧】ヲ ─ ①麻の糸。②→あさ(麻)①

あさ-おき【朝起き】(名・自スル) 朝早く起きること。早起き。↕朝寝

——は三文の徳(得) →はやおきはさんもんのとく

あさ-がえり【朝帰り】ガヘリ ─ (名・自スル) 外泊して、翌朝自分の家に帰ること。多く、遊びから帰ることにいう。

あさ-がお【朝顔】ガホ ─ ①〘植〙ヒルガオ科の一年草。つるは上から見て左巻き。短日性で夏の早朝、じょうご形の花を開く。園芸品種が多い。観賞用。秋 ②(形が①の花に似ていることから)じょうご形のもの。特に、男性用小便器。

あさ-がけ【朝駆け】(名・自スル) ①朝早く馬を走らせること。②朝早く敵を攻めること。転じて、新聞記者などが、取材のために朝早く不意に相手の家などを訪ねること。↕夜討ち

あさ-がすみ【朝霞】 ━ (名) 朝立つかすみ。春 ━ 《枕》「鹿火屋」「春日」「八重」「ほのか」などにかかる。

あさ-かぜ【朝風】 ①朝吹く風。↕夕風 ②日の出後少しの間、海辺では陸から海へ、山間では山頂から谷へ吹く風。

あさ-がた【朝方】 朝のうち。朝の間。↕夕方

あさ-がれひ【朝餉】ガレイ ─ (古) ①天皇の日常略式の食事。朝食に限らない。②「朝餉の間」の略。

——のま【─の間】(古)清涼殿の西廂にあって、天皇が食事をとる部屋。

あさ-かんむり【麻冠】 漢字の部首名の一つ。「麿」「麾」などの「麻」の部分。

あさ-ぎ【浅黄】 薄い黄色。鳥の子色。

あさ-ぎ【浅葱】 ①(薄いネギの葉の色の意)緑がかった薄いあい色。また、水色。空色。②「浅葱裏」の略。参考「浅黄」とも書く。

——うら【─裏】 ①あさぎ色の裏地。また、その裏地のついた着物。②(あさぎ色の裏地の羽織を着ていたことから)遊里で、江戸勤番の田舎侍を軽蔑していった語。

あさ-ぎり【朝霧】 朝立つ霧。秋 ↕夕霧

あさくさ-がみ【浅草紙】 粗末なすき返し紙。ちり紙用。語源江戸時代、浅草の山谷で作ったことからいう。

あさくさ-のり【浅草海苔】 ①浅海に産する紅紫色の紅藻類ウシケノリ科アマノリ属の海藻。河水の注ぐ海によく生育する。食用。春 ②①で作った干しのり。語源①は、昔、隅田川の河口付近の浅草でとれたのでこの名があるともいう。

あさ-ぐもり【朝曇(り)】 朝のうち、空が曇っていること。夏

あさ-ぐろ・い【浅黒い】(形) カロ・カッ(ク)・イ・イ・ケレ・○ 少し黒い。特に、皮膚が日焼けして薄黒い。「─顔」文あさぐろ・し(ク)

あさ-げ【朝餉】 朝の食事。朝食。朝飯。↕夕餉

あざけ・る【嘲る】(他五) ラ(ロ)・リ(ッ)・ル・ル・レ・レ 見下して悪く言う。また、ばかにして笑う。「人の失敗を─」

あさ-ざけ【朝酒】 朝から酒を飲むこと。また、その酒。

あさ-さむ【朝寒】 朝方の、うすら寒い感じ。あさざむ。秋

あさ-じ【浅茅】チ ─ 丈の低いチガヤ。多く、荒れ地に生える。

——う【─生】フ チガヤが生えているところ。

——が-はら【─が原】 チガヤの生えている野原。

——が-やど【─が宿】 チガヤが生え、荒れ果てた家。

あさ-しお【朝潮】シホ ─ 朝方に満ちてくる潮。↕夕潮

あさ-じめり【朝湿り】(名・自スル) 朝、霧・露などで物がしめっていること。

あさ-せ【浅瀬】 海や川の、底の浅い所。「─を渡る」

あさ-だち【朝立ち】(名・自スル) 朝早く出発すること。早立ち。↕夜立ち

あさ-ぢえ【浅知恵】ヂエ ─ あさはかな知恵。あさはかな考え。

あさぢふの… 和歌〔浅茅生の 小野の篠原 忍ぶれど あまりてなどか 人の恋しき〕〈後撰集 源等〉茅が生い茂る小野の篠原。その「しの」ではないが、じっと忍びこらえてきたのだけれど、今はもうこらえきれずに、どうしてこんなにあなたが恋しいのか。(第一句から第二句までは「忍ぶ」を導く序詞。小倉百人一首の一つ)

あさ-つき【浅葱】〘植〙ヒガンバナ科の多年草。山地に自生するが、栽培もされる。細い筒状の葉と鱗茎は食用。春

あさ-づくよ【朝月夜】(古) ①明け方の月。有明の月。②月の残っている明け方。秋

あさ-づけ【浅漬(け)】 ①野菜を、塩やぬかで短期間漬けたもの。冬 ②→べったらづけ

あさって【明後日】 あすの次の日。明後日。

——を向く 見当はずれの方を向く。明後日の方を向く。

あさっ-ぱら【朝っぱら】(俗)それをするのには早過ぎる朝の時間。朝早く。早朝。語源「朝腹(=朝食前の空腹)」の転。

あさ-つゆ【朝露】 朝、草花などにおりている露。秋 ↕夜露

あさ-で【浅手・浅傷】 軽い傷。軽傷。薄手。↕深手

あざと・い(形) カロ・カッ(ク)・イ・イ・ケレ・○ ①思慮が浅い。②やり方があくどい。小利口である。「─商売」文あざと・し(ク)

あさとり-の【朝鳥の】《枕》「朝立つ」「通ふ」「音泣く」にかかる。「あさどりの」とも。

あざ-な【字】 ①本名のほかにつけた呼び名。別名。またの名。中国の成人男子の間におこり、日本でも文人・学者などがまねた。②→あざ(字)③あだな。ニックネーム。

あさな-あさな【朝な朝な】(副) 毎朝。↕夜な夜な

あざな・う【糾う】アザナフ (他五) ワ(オ)・イ(ッ)・ウ・ウ・エ・エ (縄などを)より合わせる。「禍福は─・える縄のごとし」

あさ-なぎ【朝凪】〘気〙海岸の近くで、朝、夜の陸風が日中の海風にかわるときに一時見られる無風状態。夏 ↕夕凪

あさな-ゆうな【朝な夕な】ユフナ ─ (副) 朝に夕に。朝夕。いつも。「─(に)思い出される人」

あさ-なわ【麻縄】ナハ ─ 麻糸をより合わせて作った縄。

あさ-ね【朝寝】(名・自スル) 朝遅い時間まで寝ていること。「休日に─を楽しむ」春 ↕朝起き

——ぼう【─坊】バウ (名・自スル) 朝起きるべき時間を過ぎてまで寝ていること。また、その人。「宵っ張りの─」

あさ-の-は【麻の葉】 麻の葉を図案化して並べた模様。

〔あさのは〕

あさ-はか【浅はか】(形動ダ) ダロ・ダッ(デ)・ダ・ナ・ニ・○ 考えが浅くて愚かなさま。軽薄であるさま。「─な行為」文(ナリ)

あさ-はん【朝飯】 朝の食事。朝食。朝飯。↕夕飯

あさ-ばん【朝晩】 ━ (名) 朝と晩。朝夕。━ (副) いつも。一日中。「─無事を祈る」

あさ-ひ【朝日・旭】 朝のぼる太陽。また、その光。↕夕日

——かげ【─影】 朝日の光。朝の陽光。↕夕日影

あさ-ぶろ【朝風呂】 →あさゆ

あさ-ぼらけ【朝ぼらけ】 夜明けの空がうす明るくなるころ。夜明け。あけぼの。

あさぼらけ… 和歌〔朝ぼらけ 有り明けの月と 見るまでに 吉野の里に ふれる白雪〕〈古今集 坂上是則〉ほのぼのと夜が明けるころ、見渡すと、有り明けの月がほのかに照らしているのかと見まちがうほどに、吉野の里に降りつもっている白雪であることよ。(小倉百人一首の一つ)

あさぼらけ…【和歌】〈朝ぼらけ 宇治の川霧 絶えだえに あらはれわたる 瀬々の網代木〉〈千載集 権中納言(藤原)定頼〉冬の夜がほのぼのと明けてゆき、宇治川にたちこめている霧がとぎれとぎれになって、その霧の絶え間から、氷魚を取るために川瀬のあちこちに仕掛けてある網代の杙木がしだいに現れてくることだ。(小倉百人一首の一つ)

あさ-まいり【朝参り】マヰリ―(名・自スル)早朝に寺社におまいりすること。

あさ-ま【朝間】朝のうち。朝のあいだ。

あさま・し(形シク)《古》①あさはかだ。②驚くほどだ。意外である。③嘆かわしい。興ざめだ。「物のあはれも知らずなりゆくなむ―・しき」〈徒然草〉【用法】②はよい意にも悪い意にも用いる。

あさまし・い【浅ましい】(形)カロ・カツ(ク)・イ・イ・ケレ・○ ①欲をあらわにするなどなさけない。さもしい。いやしい。「―考えを起こす」②姿・形などがみじめだ。なさけない。「―姿になる」【文】あさま・し(シク)
【変遷】古語「あさまし」は驚きあきれる意の動詞「あさむ」の形容詞形。「意外なことに驚きあきれる」が原義で、よい意にも悪い意にも用いた。現代では古語の「あさはかだ・嘆かわしい」の意を受けつぎ、もっぱら「さもしい・いやしい」という悪い意で用いられる。

あさ-まだき【朝まだき】(「まだき」は「まだそうなっていない」の意)まだ夜の明けきらないころ。早朝。「―、ようやく空も白むころ」【用法】多く、副詞的に用いる。

あざみ【薊】《植》キク科のアザミ属の総称。一般に多年草。葉のふちにとげがある。種類が多く、春から秋に紅紫色まれに白色の花を開く。ノアザミ・フジアザミなど。【春】

あさ-みどり【浅緑】うすい緑色。↔深緑

あざむ・く【欺く】(他五)カ(コ)・キ(イ)・ク・ク・ケ・ケ ①事実でないことを本当だと思いこませる。だます。「人目を―」②(「…をあざむく」の形で)…と間違えさせる。…にまけない。「昼を―ばかりの明るさ」【可能】あざむ・ける(下一)

あさ-めし【朝飯】朝の食事。↔夕飯・晩飯
【類語】朝食・朝餉・朝飯・朝御飯
―まえ【―前】マヘ ■(名)朝食をとる前。■(名・形動ダ)朝食の前でもできるほど、たやすいこと。「そのくらいは―だ」

あさ-もや【朝靄】朝立ちこめるもや。↔夕靄

あざやか【鮮やか】(形動ダ)ダロ・ダッ(デ・ニ)・ダ・ナ・ナラ・○ ①色・形などがきわだって目立つさま。「―な色彩」「―な印象」②腕前などのみごとなさま。「―な手ぎわ」【文】(ナリ)

あさ-やけ【朝焼け】日の出の少し前に東の空が赤く染まること。【夏】↔夕焼け

あさ-ゆ【朝湯】朝入浴すること。朝風呂。「―にはいる」

あさ-ゆう【朝夕】ユフ ■(名)朝と夕。朝晩。■(副)いつも。常に。「―なれ親しむ」

あざらし【海豹】《動》哺乳類アザラシ科に属する海獣の総称。おもに北極や南極地方にすむ。耳介はなく、四肢はひれ状。体長一～二メートルで、六メートルに達するものもある。

あさり【浅蜊】《動》マルスダレガイ科の二枚貝。浅海の砂泥地にすむ。殻に布目状のきざみがある。食用。【春】

あさ・る【漁る】(他五)ラ(ロ)・リ(ッ)・ル・ル・レ・レ ①えさを探し求める。「野良犬がごみを―」②ほしい物を求めて探しまわる。「古本を―」③(動詞の連用形に付いて)探し求めてその動作をあちこちで、またむやみに行う。「買い―」「読み―」【可能】あさ・れる(下一)

アザレア〈azalea〉《植》ツツジ科の常緑または半常緑低木。ツツジの園芸種で、大形の花をつけ、色は紅・桃・白など多種。鉢植えなどの観賞用として栽培される。オランダツツジ。【春】

あさ-れん【朝練】学校のクラブ活動などで、朝、始業の前に行う練習。

あざ-わら・う【嘲笑う】ワラフ―(他五)ワ(オ)・イ(ッ)・ウ・ウ・エ・エ ばかにして笑う。せせら笑う。「人の失敗を―」

あし【足・脚】①安定した姿勢が保てるよう体を支えたり、動かして歩いたりするはたらきをする、動物の胴体から下に対になって伸びている部分。「―が疲れる」②足首から下。「―の裏」③物の下部。特に、支えとなるもの。「いすの―」「飛行機が―を出して着陸する」④歩いたり、走ったりすること。動き。「―が遅い」「―で調べる」⑤行くこと。来ること。「客の―が途絶える」「実家に―が遠のく」⑥道のり。行動範囲。「大阪まで―をのばす」⑦餅などのねばり。腰。「―のない餅」⑧(手元に来たと思うとなくなるなど、よく動くところから。ふつう「おあし」の形で)金銭。お金。⑨(移動のための)交通機関。「―の便が悪い」
―が地に付かない ①気分が高ぶって落ち着かない。②考えや行動がしっかりしていない。**―が付く** 逃げていた人のゆくえがわかる。「宿帳から―」**―が出る** ①予算を超えて赤字になる。②隠していることが現れる。**―が遠のく** 訪問が少なくなる。**―が早い** ①歩くこと、また走ることがはやい。②売れ行きがよい。③食物などが腐りやすい。「なま物は―」【参考】①は多く「速い」と書く。**―が棒になる** 歩き続けるなどして足が疲れてこわばったようになる。**―が乱れる** 団体の中で、統一した行動がとれなくなる。**―の踏み場もない** 室内などに、物が一面に散らかっている。**―を洗う** 好ましくない生活や仕事から離れる。足を抜く。「やくざから―」**―を奪われる** 交通機関が不通で、移動の手段がなくなる。**―を掬う** 相手のすきにつけ入っておとしいれる。**―を出す** 支出が予算を超える。損をする。**―を取られる** ①交通機関がとまって移動できなくなる。②道が悪かったり酔っていたりなどするためにうまく歩けなくなる。「流れに―」「酒に―」**―を伸ばす** ①楽な姿勢でくつろぐ。②ある所に着いたあと、さらに遠くへ行く。**―を引っ張る** 他人の行動のじゃまをする。**―を棒にする** 足が疲れてこわばるほど歩きまわる。**―を向ける** ①ある方向へ向かう。②相手を足の下にするような失礼な態度を示す。「足を向けて寝られない(=恩人などに対する感謝の気持ちを表す言葉)」

あし【葦・蘆・葭】《植》イネ科の多年草。水辺に自生し、高さ二～四メートル。秋、薄紫の小花をつけた穂を出す。茎ですだれを編む。よし。【秋】(青葦【夏】)【参考】「芦」は「蘆」の俗字。

あ・し【悪し】(形シク)《古》①悪い。②醜い。粗末だ。「ある人の子の見ざまなど―・しからぬが」〈徒然草〉③下手である。「不動尊の火焔を―・しく書きけるなり」〈宇治拾遺〉

あじ【味】アヂ ■(名)①飲食物などが舌に触れたときの、うまい、まずい、甘い、辛いなどの感じ。「―が濃い」「―をみる」②体験して知った感じ。「勝利の―をかみしめる」③触れたときに得られる感じが快く、さらに続けたくなるよい趣。おもしろみ。「―のある文章」■(名・形動ダ)気がきいて手ぎわのよいこと。しゃれていること。「―なとりはからい」「縁は異なもの―なもの」
【類語】味わい・風味・旨味・美味・滋味・珍味・甘味・辛味・苦味・渋味・甘口・辛口・薄口・濃い口
【表現】〈味の形容〉よい・悪い・濃い・薄い・淡い・軽い・しつこい・おいしい・うまい・美味な・まずい・甘い・辛い・酸っぱい・渋い・塩辛い・しょっぱい・苦い・えぐい・あっさりした・さっぱりした・こってりした・さらりとした・さわやかな・まろやかな・まったりした・芳醇な・淡泊な・濃厚な
―も素っ気もない なんの風情もない。つまらない。**―を占める** 一度経験してうまくいき、そのうまみが忘れられない。**―をやる** 気のきいたことを手ぎわよくやる。

あじ【鯵】アヂ《動》アジ科の海産魚の総称。ふつうマアジをさす

ことが多い。夏 ⇩真鰺

アジ「アジテーション」の略。「―演説」「―びら」

アジア〈Asia〉六大州の一つ。ヨーロッパとともにユーラシア大陸をつくる。東半球の東半部を占め、北は北極海、東は太平洋、南はインド洋に面し、西はヨーロッパに連なる。参考「×亜細亜」とも書く。

あし-あと【足跡】①歩いたあとに残る足の形。②逃げたゆくえ。あしどり。「―をくらます」③過去の業績。足跡。「偉大な―を残す」

あし-いれ【足入れ】正式な結婚前の試験的な結婚のこと。

あし-うら【足裏・△蹠】足の、地面を踏む側。足の裏。

アジェンダ〈agenda〉①（政治上の）重要な検討課題。また、行動計画。「党の―」②議題。議事日程。

あし-おと【足音】①歩くときに足が床や地面に触れてたてる音。「―を忍ばせる」②（比喩的に）訪れる気配。「春の―」

あしか【×海驢】《動》①哺乳類アシカ科の海獣。おもに太平洋にすむ。全身暗褐色で四肢はひれ状。耳介がある。オットセイに似る。雄は体長二メートル以上。②アシカ科の海獣の総称。アシカ・オットセイ・トドなど。

あしかがっこう〔足利学校〕【日】鎌倉初期に、下野の国足利（現在の栃木県足利市）に創設された学校施設。成立年不詳。一四三九（永享十一）年に関東管領の上杉憲実が再興してから発展し、明治初期まで存続。儒学を中心とし、兵法・医学などを教授。

あしかがたかうじ〔足利尊氏〕（一三〇五 一三五八）室町幕府初代将軍。元弘の変で鎌倉幕府にそむき六波羅を攻略、建武の新政に参加。のち新政府を倒し、一三三六（建武三）年北朝の光明天皇を擁立し、室町幕府を創設した。

あしかがよしまさ〔足利義政〕（一四三六 一四九〇）室町幕府八代将軍。妻は日野富子。奢侈を好み、応仁の乱を招いた。美術を愛し銀閣（慈照寺）を建て、東山文化を育成した。

あしかがよしみつ〔足利義満〕（一三五八 一四〇八）室町幕府三代将軍。一三九二（明徳三）年南北朝合一に成功、一三九四（応永元）年将軍職を義持に譲る。北山に山荘の金閣（鹿苑寺）を造営し、北山殿と呼ばれた。

あし-がかり【足掛〔か〕り】①高い所にのぼるとき、足を掛ける所。足場。②物事をなすにあたってのきっかけ。いとぐち。「―をつかむ」「―を得る」

あし-かけ【足掛け】①足を掛けること。また、足を掛けるもの。②年月日などを数えるとき、初めと終わりの端数をそれぞれ一として数える数え方。「―三年」

あし-かせ【足△枷】①昔、罪人の足にはめて歩行の自由を奪った刑具。「手枷―」②生活や行動の自由を妨げるもの。「子供が―となる」

あし-がた【足形】①歩いたあとに残る足の形。足跡。②靴・足袋を作るための木製の足の型。参考②は多く「足型」と書く。

あし-がため【足固め】（名・自スル）①足をじょうぶにするための訓練。足ならし。②物事の基礎や準備をしっかりすること。「選挙の―」③床下の柱と柱との間にとりつけた横木。

あしからず【◦悪しからず】わるく思わないで。「―ご了承ください」用法相手の意向に添えないことをわびる語。

あし-がらみ【足△搦み】柔道などで、足を相手の足にからませて倒す技。

あし-がる【足軽】ふだんは雑役に従い、戦いのときは歩兵となる武士。江戸時代には武士の最下級とされた。

アしき-しゅうきゅう【ア式蹴球】―（シウキウ）（アソシエーションフットボールの訳語から）サッカー。

あじき-な・い【味気無い】―（アヂキ）（形）（カロ・カツ（ク）・イ・イ・ケレ・○）→あじけない

あし-きり【足切り】《俗》選抜試験などで、本試験前の予備的な試験の結果が基準に達しない者をふるい落とすこと。

あし-くせ【足癖】①歩き方や座り方の癖。「―が悪い」②相撲の足技。「―のある力士」

あし-くび【足首】足の、くるぶしの上の少し細くなった部分。

あし-げ【足蹴】足でけること。転じて、ひどい仕打ちをすること。「人を―にする」

あし-げ【△葦毛】馬の毛色で、白い毛の中に黒・茶などの毛のまじっているもの。白葦毛・赤葦毛などがある。

あし-げい【足芸】手を使わずに足だけで演じる曲芸。あおむけに寝て、足を上方に上げ、傘・樽などを回す技。足技。

あじけ-な・い【味気無い】―（アヂケ）（形）（カロ・カツ（ク）・イ・イ・ケレ・○）おもしろみや、味わいが感じられない。味気ない。「―生活」文あぢけなし（ク）

あし-こし【足腰】運動能力を支える足と腰。「―を鍛える」

あし-ごしらえ【足△拵え】―（ゴシラヘ）（名・自スル）旅立ちに際し、歩きやすいように、履物などのぐあいを整えること。

あじさい【×紫陽花】（アヂサキ）《植》アジサイ科の落葉低木。初夏、青紫色・淡紅色の小花が球状につく。園芸品種が多い。花の色が変わるので「七変化」ともいう。観賞用。夏

あし-ざま【◦悪し様】（形動ダ）（ダロ・ダッ（デ・ニ）・ダ・ナ・ナラ・○）悪意を込めて実際より悪く言うさま。「人を―に言う」↔好様 文（ナリ）

あし-しげく【足◦繁く】（副）同じ場所へ頻繁に出向くさま。「―通う」

アシスタント〈assistant〉助手。補助役。

アシスト〈assist 助ける〉（名・他スル）①人の仕事などを手伝うこと。②サッカー・アイスホッケーなどで、味方の選手に適切なパスを送り、得点を助けること。また、そのプレー。

あし-ずり【足△摺り】（名・自スル）怒りや悲しみのため、じだんだを踏むこと。「―して悔しがる」

あした【◦朝】①あさ。早朝。↔夕べ ②翌朝。明くる朝。

あした【×明日】あす。明日。

【変遷】古くは、「あさ」が夜の明けたあとの昼の部分の始まりを意味したのに対して、「あした」は夕べに始まる夜の時間帯の終わり、すなわち早朝を意味した。そこから、夕べ・夜からみての「翌朝」を意味するようになり、さらに「翌日・明日」の意味を生じた。現代ではもっぱら「翌日・明日」の意味で用いられる。

―ば【―葉】《植》セリ科の多年草。暖地の海岸近くに生える。若葉や茎は食用。語源葉を摘んでも翌日には若葉が出てくるところから。

あし-だ【足駄】雨の日などにはく、歯の高いげた。高げた。

あし-だい【足代】交通費。車代。「―がかかる」

あし-だまり【足△溜〔ま〕り】①途中でしばらく滞在する所。また、行動の根拠地。②足を掛ける所。足掛かり。

あし-ついで【足◦序で】歩きついで。出かけたついで。

あし-つき【足付〔き〕・脚付〔き〕】①器物に脚の付いていること。また、そのもの。「―の膳」②歩き方。足取り。「心もとない―」参考②はふつう「足つき」と書く。

あし-つぎ【足継ぎ】①高さを補うために脚部を継ぎたすこと。また、そのもの。②踏み台。

あじ-つけ【味付け】―（アヂ）（名・他スル）食品などに味をつけること。また、そのつけ具合。「京風の―」「―のり」

あし-で【△葦手】「葦手書き」の略。

―がき【―書き】平安時代、歌などを仮名文字で、葦が水辺に乱れ生えているように絵画的に書いたもの。あしで。

アジテーション〈agitation〉演説などであおり、人々が自分の意図する行動を起こすように仕向けること。扇動。アジ。
アジテーター〈agitator〉扇動する人。
あして-まとい【足手△纏い】―(名・形動ダ)そばにいて仕事や活動のじゃまになるもの。また、そのようなさま。あしてまとい。「来てもらってもかえって―になる」
アジト〈agitating point から〉政治運動などを指導する秘密本部。また、非合法活動家や組織犯罪者などの隠れ家。
あし-どめ【足留め・足止め】(名・他スル)①一時的に外出や通行を止めること。移動できないようにすること。禁足。「―を食う」②薬品を加えて染色のむらを防ぐこと。また、その薬。
あし-どり【足取り】①足の運び方。歩調。「―が軽い」②その人の歩いた道筋。「―を追う」③《経》株式相場の変動。
あし-なえ【△跛・△蹇】―足の不自由なこと。また、その人。
あしなが-ばち【足長蜂】《動》スズメバチ科アシナガバチ属の昆虫の総称。長い後脚を下げて飛ぶ。
あし-なみ【足並〔み〕】①多人数で歩くときの足のそろいぐあい。歩調。「―をそろえて歩く」②多くの人々の考えや行動のそろいぐあい。「野党の―が乱れる」
あし-ならし【足慣らし・足△馴らし】(名・自スル)①軽い運動や歩く練習などをして、足の調子を整えること。足固め。②物事をする下準備。準備行動。「模擬試験で―する」
あし-ば【足場】①足をおく場所や歩くところ。「―が悪い」②建築工事などで、高所での作業の足掛かりにするために丸太や鉄パイプで組み立てたもの。「―を組む」③物事をするときの基礎やよりどころ。「―を失う」④交通の便。「―がいい」
あし-ばや【足早・足速】(名・形動ダ)歩き方がはやいこと。また、そのさま。「―に立ち去る」
あし-はら【△葦原】一面に葦の生えている原。あしわら。
―の-くに【―の国】日本の古い呼び名。葦原の中つ国。葦原の瑞穂の国。
―の-なかつくに【―の中つ国】→あしはらのくに
あし-ばらい【足払い】―柔道で、足で相手の足を横に払って倒す技。「―を掛ける」
あしび【×馬酔木】→あせび
あしび〔馬酔木〕短歌雑誌。正岡子規没後の根岸短歌会の機関誌として、一九〇三(明治三十六)年伊藤左千夫らを中心に創刊。一九〇八(明治四十一)年廃刊。「アララギ」へ継承された。
あしひき-の【足引きの】《枕》「山」「峰」などにかかる。
参考 平安時代以降、「あしびきの」と濁る。
あしびきの… 和歌〔あしびきの 山鳥の尾の しだり尾の ながながし夜を ひとりかも寝む〕〈拾遺集 柿本人麻呂〉山鳥の長く垂れ下がった尾のように長い長い秋の夜を、たった一人で寝なければならないのだろうか。実にわびしいことだなあ。(第一句から第三句までは「ながながし」を導く序詞。小倉百人一首の一つ。万葉集では作者未詳歌)
あし-びょうし【足拍子】―足で地面や床を踏み鳴らしてとる拍子。「―をとる」
あし-ぶえ【△葦笛】葦の葉を丸めて作った笛。葦の葉笛。
あし-ぶみ【足踏み】(名・自スル)①その場を動かないで、歩くように足を交互に上げ下げして地を踏む動作。②物事が同じところにとどまって進行しないこと。停滞。「景気が―状態だ」
アジ-プロ アジテーションとプロパガンダ。扇動と宣伝。
あし-べ【△葦辺】葦の生えている水辺。
あし-へん【足偏】漢字の部首名の一つ。「路」「跡」などの「𧾷」の部分。
あし-まかせ【足任せ】①目的地を定めないで、気ままに歩くこと。「―の旅」②歩けるだけ歩くこと。
あし-まめ【足×忠実】(名・形動ダ)めんどうがらずに出歩くこと。また、そういう人。「―に通う」
あし-まわり【足回り】―①足の周囲。足もと。②自動車などで、車輪とそれを取り付ける部分。また、その機能。
あじ-み【味見】―(名・他スル)味のよしあしや味のつけ具合を知るために、ほんの少し食べたり飲んだりしてみること。
あし-もと【足下・足元・足◇許】①立ったり歩いたりしている、足のあたり。「―が暗い」②身近なところ。身辺。「危険が―に迫る」③足の、下のほう。「―が冷える」④足の運び。歩き方。「―がおぼつかない」⑤置かれている状況。立場。「―をおびやかす」⑥直近。現在。「―の景気」
―から鳥が立つ ①突然意外なことが起こる。②急に思い立って物事を始める。
―に付け込む →あしもとをみる
―に火がつく 危険が自分の身に迫る。
―にも及ばない 相手があまりにも優れていて、比べものにならない。「ぼくなどは彼の―」
―の明るい中 ①日が暮れないうち。「―に帰れ」②状況が不利にならないうち。危険が身に迫らないうち。
―へも寄り付けない →あしもとにもおよばない
―を見る 相手の弱みにつけこむ。相手の弱みを見すかす。
語源 馬と駕籠と舟しか交通手段のない時代、馬方・駕籠かき・船頭は旅人の足の疲れ具合などを見て、法外な料金や条件などを要求することがあった。そこから、「足もとを見る」が「弱みにつけこむ」という意になったという。
あじゃり【△阿△闍◇梨】《仏》①徳が優れ、人を導きその師となることのできる僧。②天台宗・真言宗の僧の職位。あざり。
あし-ゆ【足湯・脚湯】ひざから下を湯に浸すこと。脚湯。
あ-しゅ【亜種】生物分類上の単位で、種の下。
あしゅら【△阿修羅】《仏》①インドの鬼神。常に闘争を好む。修羅。②「阿修羅王」の略。③「阿修羅道」の略。
―おう【―王】《仏》阿修羅の長。修羅王。
―どう【―道】《仏》六道の一つ。阿修羅の住む、常に怒りや争いの絶えない世界。修羅界。修羅道。
あし-よわ【足弱】(名・形動ダ)歩く力が弱いこと。また、そのような人。多く、老人・女性・子供などをさす。
あしらい ①相手に対する接し方や応対のしかた。「人の―がうまい」②調和するように組み合わせること。取り合わせ。配合。「肉料理の―に野菜を添える」
あしら・う(他五)①相手をいいかげんに扱う。「鼻で―」②取り合わせる。配する。「小鳥に花を―・った模様」③もてなす。応対する。「客を―」可能 あしら・える(下一)
アジ・る(他五)扇動する。あおる。可能 アジ・れる(下一) 語源「アジテーション」の略「アジ」を動詞化したもの。
あ-じろ【◇網代】①竹・ヒノキなどを薄く削って、縦横または斜めに編んだもの。垣・びょうぶ・笠などに張る。②冬、川の瀬に竹や木を組み並べて魚をとる仕掛け。冬 ③「網代車」の略。

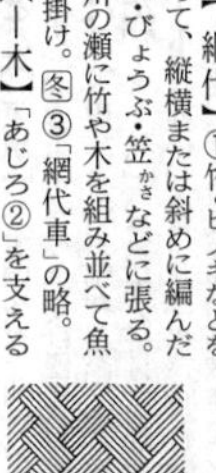

〔あじろ①〕

―ぎ【―木】「あじろ②」を支えるため、水中に打ったくい。冬
―ぐるま【―車】屋形を「あじろ①」で張った牛車。
あじ-わい【味わい】①飲食物の味のぐあい。風味。うまみ。「―のある料理」②趣。おもしろみ。「―のある話」
あじ-わ・う【味わう】(他五)①飲食物を口に入れ、舌で味のよさを感じとる。「―・って食べる」②物事のよさを十分に理解する。玩味する。「詩を―」③実際に経験し、

その思いを知る。「屈辱を―」[可能]あじわ・える(下一)

あし-わざ【足技・足業】①柔道・相撲などで、相手の体に足を掛けて倒す技。「―を掛ける」②→あしげい

アシンメトリー〈asymmetry〉(名・形動ダ)左右非対称であること。「―のデザイン」↔シンメトリー

あす【明日】①今日の次の日。あした。明日(みょうにち)。「―は雨でしょう」②未来。近い将来。「―の野球界を背負う高校球児」

[参考]常用漢字表付表の語。

―は我(わ)が身(み) 他人の身に起こったような不幸が、いつ自分にも起こるかわからないということ。

あすかがわ【飛鳥川】(アスカガハ) 奈良県高市(たかいち)郡に源を発する川。昔は淵(ふち)と瀬が変わりやすく、無常なものにたとえられた。

あすか-じだい【×飛鳥-時代】〔日〕推古朝を中心とした六世紀後半から七世紀前半にかけての時代。飛鳥地方(奈良盆地南部)に都があり、聖徳太子(厩戸王(うまやとのおう))を中心に寺院の建立や仏像彫刻が行われるなど、仏教文化が発達した。

あずかり【預〔か〕り】(アヅカリ) ①頼まれて物の保管や人の世話をすること。「―物」②預かった証拠になる書き付け。預かり証。③勝負の判定がつきにくいとき、勝ち負けを決めないでおくこと。「この勝負は―にする」

あずか・る【◦与る】(アヅカル)(自五)ラ(ロ)・リ(ッ)・ル・ル・レ・レ ①物事に関係する。関与する。かかわる。「私の―・り知らぬことだ」「計画案作成に―」②好意や恩恵などを受ける。「お招きに―」「おほめに―」[可能]あずか・れる(下一)

あずか・る【預かる】(アヅカル)(他五)ラ(ロ)・リ(ッ)・ル・ル・レ・レ ①頼まれてその状態が損なわれないよう保管や世話をする。「お金を―」「甥(おい)を―」②物事を、責任を持って取りしきるよう任せられる。「一家の台所を―」「患者の命を―」③仲裁者の立場にたって争い事を中止させ、決着を延ばす。「けんかを―」④保留して表沙汰(おもてざた)にしないでおく。「辞表を―」[可能]あずか・れる(下一)

あずき【小豆】(アヅキ)〔植〕マメ科の一年草。夏、黄色い花を開き、細長いさやの中に暗赤色の種子を結ぶ。種子は食用。[秋]

[参考]常用漢字表付表の語。

あず・ける【預ける】(アヅケル)(他下一)ケ・ケ・ケル・ケル・ケレ・ケロ(ケヨ) ①その状態が損なわれないよう保管や世話を他人に頼む。「銀行にお金を―」「子供を隣に―」②物事を人に任せる。ゆだねる。「仕事を―」③仲裁を任せる。「勝負を―」④体を人や物にもたせかける。「体(たい)を―・けて寄り倒す」[文]あづ・く(下二)

あすこ【◦彼◦処・◦彼◦所】(代)→あそこ

アスコット-タイ〈ascot tie〉スカーフ風の幅広のネクタイ。アスコット。[語源]イギリスのアスコット競馬場に集まる紳士たちが、このネクタイを用いたことからの名。

あずさ【△梓】(アヅサ) ①〔植〕カバノキ科の落葉高木。昔、この木で弓を作った。よぐそみねばり。(梓の花[春]) ②(昔、梓の材を用いたことから)版木。「―に上(のぼ)す(=上梓(じょうし)する・出版する)」

―ゆみ【―弓】■(名)梓の木で作った弓。■〔枕〕→あづさゆみ

アスター〈aster〉〔植〕キク科のエゾギクやシオンなどの総称。ふつう、エゾギクをさす。[夏]

アステリスク〈asterisk〉印刷で使われる「*」印の符号。星印。注記や参照などを示すのに用いる。アステリ。

アストラカン〈astrakhan〉ロシア南西部、カスピ海に近いアストラハン地方産の子羊の毛皮。毛が渦巻き状に縮れている。また、それに似せて作った織物。帽子やコートなどに用いる。

アストリンゼン〈astringent〉化粧水の一種。肌を引き締める作用をする。アストリンゼント。「―ローション」

あす-なろ【×翌×檜・×羅漢柏】〔植〕ヒノキ科の常緑高木。日本特産。葉はヒノキに似て大きい。山地に自生。材は建築用。庭木にもする。[語源]「あすはヒノキになろう」の意からとも。

アスパラガス〈asparagus〉〔植〕キジカクシ科の多年草。地中の根茎から出る地上茎が食用。アスパラ。まつばうど。[春]

[はじまり]江戸時代にオランダから観賞用として伝わったという。本格的栽培は、一九二〇年代の前半、北海道で開始された。

アスパルテーム〈aspartame〉〔化〕人工甘味料の一つ。砂糖の約二〇〇倍の甘味をもつ。

アスピリン〈ドイ Aspirin〉〔医〕解熱(げねつ)・鎮痛(ちんつう)の薬。アセチルサリチル酸の薬品名。(もと商標名)

アスファルト〈asphalt〉原油を蒸留した際の残留物で、炭化水素を主成分とする固体、または半固体。黒色で脂肪光沢を有する。道路舗装・絶縁・防水などに用いる。

アスペクト〈aspect〉①姿。ありさま。様相。②〔文法〕動詞が表す動作・作用の時間的な局面を表す文法形式。開始・完了・継続・結果など。相。

―ひ【―比】画面や画像など矩形(くけい)のものの縦と横の比。

アスベスト〈オランダ asbest〉→いしわた

あずま【◦東・△吾妻】(アヅマ) ①東国。箱根山から東の地方。②京都から鎌倉・江戸をさしていう名。③「東琴(あずまごと)」の略。

―あそび【◦東遊び】平安時代に行われた歌舞。もと東国地方の民間歌舞。東舞(あずままい)。

―うた【◦東歌】〔文〕「万葉集」巻一四、「古今集」巻二〇にある古代東国の民謡。野趣豊かで素朴。

―えびす【◦東△夷】京都の人が東国の武士をあざけって言った語。

―おとこ【◦東男】(ヲトコ) 東国の男。関東の男。「―に京女」(=男はたくましい関東の男がよく、女は優雅な京の女がよい)

―くだり【◦東下り】京都から東国へ行くこと。

―げた【―下◦駄】台に畳表を付けた女性用のげた。

―コート 女性の和服用長コート。[冬] [はじまり]明治の中ごろ、東京日本橋の白木屋呉服店が創案発売したのが最初。

―ごと【◦東琴】→わごん

あずまかがみ【吾妻鏡・東鑑】(アヅマカガミ) 鎌倉時代の歴史書。鎌倉幕府の家臣が、一一八〇(治承四)年から一二六六(文永三)年までの幕府の事跡を変体漢文・編年体で記す。

あずまじ【東路】(アヅマヂ) ①京都から関東へ行く道筋。東海道・東山道をさす。②東国。

あずま-や【◦東屋・×四阿】(アヅマヤ) 四方の柱だけで壁がなく、屋根を四方にふき下ろした小屋。庭園などに休憩所として設ける。亭(ちん)。[語源]東国風を思わせる、ひなびた家屋の意から。「四阿」の「阿」は、垂木(たるき)の意。

〔あずまや〕

アスリート〈athlete〉運動選手。スポーツ選手。「トップ―」

アスレチックス〈athletics〉スポーツ一般。運動競技。アスレチック。「フィールド―」

あせ【汗】①皮膚の汗腺(かんせん)から出る分泌液。「―をかく」[夏] ②物の表面につく、またはにじみ出る水滴。「コップが―をかく」

―の結晶(けっしょう) 大変な努力によって得た成果。「血と涙と―」

―を流(なが)す ①汗を洗い落とす。②労苦をいとわず働く。

あぜ【◦畔・△畦】①水田の境として土を盛り上げた所。畔(くろ)。②敷居・かもいの溝と溝との間にある仕切り。

アセアン【ASEAN】〈Association of Southeast Asian Nations から〉東南アジア諸国連合。一九六七年にタイ・インドネシア・マレーシア・フィリピン・シンガポールの五か国に

よって結成された地域協力機構で、現在は一〇か国が加盟。

あ-せい【亜聖】（「亜」は次ぐ意）①聖人に次ぐ人。賢人。②（孔子に次ぐ人の意から）孟子または顔回（=中国、春秋時代の学者の名）。

あ-せい【△阿世】 世間におもねりへつらうこと。「曲学―の徒」

あぜ-おり【△畦織（り）】 →うねおり

あせ-くさ・い【汗臭い】（形）カロ・カッ(ク)・イ・イ・ケレ・○ 汗で体や衣服からいやなにおいがする。文あせくさ・し（ク）

あぜくら-づくり【◇校倉造（り）】 断面が三角形の長い木材を横に、井桁状に組み合わせて壁面をつくった建築様式。倉庫として使用。参考 奈良東大寺の正倉院が代表例。

〔あぜくらづくり〕

あせ-じ・みる【汗染みる】（自上一）ミ・ミ・ミル・ミル・ミレ・ミロ(ミヨ) 汗で衣服などが汚れる。「―・みたシャツ」文あせじ・む（上二）

あせ-しらず【汗知らず】 汗を吸い取り肌を乾燥させる粉。天花粉など。夏

アセスメント〈assessment〉評価。査定。⇩環境アセスメント

あせ・する【汗する】（自サ変）シ(セ・サ)・シ・スル・スル・スレ・シロ(セヨ) 汗をかく。多く懸命に働くさまにいう。「額に―・して働く」文あせ・す（サ変）

あせ-だく【汗だく】（名・形動ダ）（「汗だくだく」の略）びっしょり汗をかくこと。また、そのさま。「緊張で―になる」

アセチレン〈acetylene〉【化】炭化水素の一種。カーバイドに水を加えると発生する無色の可燃性気体。石油や天然ガスからも作る。灯火や溶接に利用。合成ゴム・合成樹脂の原料。

アセテート〈acetate〉天然繊維に酢酸を作用させて作った半合成繊維。軽くてしわになりにくい。光沢・感触は絹に似る。

アセトアルデヒド〈acetaldehyde〉【化】刺激臭のある無色の液体。エチレンの酸化によって製する。合成ゴムやプラスチックなどの原料として用いられる。アルコールが肝臓で分解されるときにも生じ、二日酔いの原因となる。エタナール。

あせ-とり【汗取り】 上着に汗が染みないように直接肌につけて着る肌着。夏

アセトン〈acetone〉【化】無色で特有の臭いのある液体。プロピレンを原料にして作る溶剤。医薬品の原料。

あせ-ば・む【汗ばむ】（自五）マ(モ)・ミ(ン)・ム・ム・メ・メ 汗で肌がじっとりする。「―ような陽気」夏

あせび【×馬酔木】【植】ツツジ科の常緑低木。春、白いつぼ形の小花が房状に咲く。有毒。馬酔木。春 参考「馬酔木」と書くのは、馬などが葉を食べると中毒を起こして、酔ったようになることから。

〔あせび〕

あせ-まみれ【汗◇塗れ】（名・形動ダ）→あせみずく

あせ-みず【汗水】 水のように流れ出る汗。
―を流す 一生懸命に働く。汗水流す。汗水垂らす。

あせ-みずく【汗みずく】（名・形動ダ）汗にぐっしょりぬれること。また、そのさま。汗みどろ。汗まみれ。「―で走る」

あぜ-みち【◇畔道・△畦道】 細い道となっている、田のあぜ。

あせ-みどろ【汗みどろ】（名・形動ダ）→あせみずく

あせ-も【汗疹・汗△疣】 汗にかぶれて皮膚にできる、赤い小さな吹き出物。子供に多い。あせぼ。かんしん。「―ができる」夏

あせ・る【焦る】（自五）ラ(ロ)・リ(ッ)・ル・ル・レ・レ ①早くやろうと思いつつそれが成らずに気をもむ。思うようにはかどらずにいらだつ。「気持ちが―」「功を―」②ひどくあわてる。驚いて落ち着きをなくす。「財布を忘れて―」

あ・せる【△褪せる】（自下一）セ・セ・セル・セル・セレ・セロ(セヨ) ①光線が当たったり、時間がたったりして、もともとの色やつやが失われる。さめる。「色―・せた服」②美しさ・情熱・勢いなどが衰える。「色香が―」文あ・す（下二）

アゼルバイジャン〈Azerbaijan〉カスピ海西部に面した共和国。首都はバクー。

アセロラ〈スペイン acerola〉【植】キントラノオ科の木。主産地はカリブ海周辺の地域。サクランボ状の果実はビタミンCに富む。

あ-ぜん【唖然】（タル）思いもよらないことにあきれて、言葉が出ないさま。「あまりのことに―とする」文（形動タリ）

あそこ【◇彼◇処・◇彼◇所】（代）遠称の指示代名詞。①あの所。例の所。「―には近づくな」②あの局面。あのような程度。「―まで怒っているとは思わなかった」参考「あすこ」ともいう。

あそさん【阿蘇山】 熊本県東北部の複式活火山。世界最大級のカルデラをもつ。阿蘇くじゅう国立公園に属する。

アソシエーション〈association〉①ある目的を達成するために組織された団体。協会・組合など。②【心】連想。

あそば・す【遊ばす】 サ(ソ)・シ・ス・ス・セ・セ ■（他五）①遊ぶことをさせる。遊ばせる。「娘を公園で―」②仕事をさせないでおく。使わないでおく。「車を―・しておく」③「する」の尊敬語。なさる。「いかが―・しましたか」自あそ・ぶ（五）■（補動五）（「お＋動詞の連用形」または「ご＋漢語サ変動詞の語幹」に付いて）最高の尊敬の意を表す。「お帰り―・します」「ご覧―・せ」

あそばせ-ことば【遊ばせ言葉】「ごめんあそばせ」など、「あそばす」を多用して特に上品・丁寧に言う、女性の言葉。

あそび【遊び】 ①遊ぶこと。②かけごとや酒色に興じること。「―好き」③仕事がなくて暇でいること。④言動や気持ちのゆとり。余裕。⑤機械の結合部などに設けたゆとり。「ハンドルの―」⑥（古）詩歌・管弦などを楽しむこと。⑦（古）「遊び女」の略。

▼「遊び」が下に付く語
東― 川― 砂― 大尽― 手― 野― 火― 雛― 船― 水― 雪― 夜―

―ごころ【―心】 ①遊びたがる気持ち。遊び半分の気持ち。②ゆとりや洒落っ気のある心。「―のあるデザイン」

―にん【―人】 ①定職をもたずにぶらぶら暮らしている人。②ばくちうち。やくざ。③道楽者。放蕩者。

―め【―女】（古）遊女。うかれめ。

あそび-ほう・ける【遊び△呆ける・遊び△惚ける】（自下一）ケ・ケ・ケル・ケル・ケレ・ケロ(ケヨ) 他の事を忘れて遊びに熱中する。「朝まで―」

あそ・ぶ【遊ぶ】（自五）バ(ボ)・ビ(ン)・ブ・ブ・ベ・ベ ①好きな事をして楽しい気持ちで時を過ごす。「トランプをして―」②仕事や学業を怠ける。「―・んでいて落第する」③酒色にふける。④かけごとをする。⑤仕事につかないで収入もなく暮らす。「毎日を―・んで暮らす」⑥場所や道具などが活用されない状態にある。「機械が―・んでいる」⑦家を離れてよその土地に行く。「パリに―」⑧野球で、打者の打ち気をそらすために故意にボールになる球を投げる。「一球―」⑨（古）詩歌・管弦などを楽しむ。「をかしう―・び、笛吹きたてて」〈枕草子〉他あそば・す（五）可能あそ・べる（下一）

あそん【◇朝◇臣】 古代の姓の一つで、八色の姓の第二位。のち、五位以上の貴族につけた敬称。語源「あそみ」の転。

あだ【△仇】 ①恨みを返すべき相手。敵。「親の―を討つ」②

恨み。遺恨。「―を晴らす」③害を与えること。悪さ。「―をなす」「恩を―で返す」④《古》(古くは「あた」)攻めてくる敵。

あだ【◇徒】 ■一■(名・形動ダ) むだ。無益。「親切が―になる」■二■(形動ナリ)《古》①はかないさま。かりそめなさま。②実のないさま。浮気なさま。③むだなさま。いたずらなさま。

―や疎か →あだおろそか

あだ【△婀△娜】(形動ダ) 美しくなまめかしいさま。色っぽいさま。「―な姿」文(ナリ) 用法 おもに女性に用いる。

アダージョ〈イタリア adagio〉《音》楽曲の速さを示す語。「ゆるやかな速度で」の意。アダジオ。

あたい【値・価】 ①値段。代金。「―が高い」②値打ち。価値。「一見の―がある」③《数》文字や式が表す数量。「xの―を求める」参考 ③は「値」と書く。⇩「使い分け」

―千金 非常に値打ちのあること。参考「◇直千金」とも書く。⇩春宵一刻直千金

> 使い分け「値・価」
> 「値」は、物事の値打ちや数量を表す場合に用いられ、「未知数xの値」「そのもののもつ値」などと使われる。
> 「価」は、金額の意を表すが、「値段」「代金」「価格」などのように他の言葉に置き換えられたり、熟語として使われたりすることが多い。「商品に価(=値段・価格)を付ける」「価(=値段)が高くて買えない」などと使われる。

あたい【◇私】(代)《俗》自称の人代名詞。わたし。語源「あたし」の転。下町や花柳界の女性や子供が使った。

あたい・する【値する・価する】(自サ変) 値打ちがある。相当する。「賞賛に―行為だ」文あたひ・す(サ変) 用法「…に値する」の形で用いられる。

あた・う【◇能う】(自五) できる。なしうる。「感嘆おく―・わず(=感嘆しないではいられない)」用法 古くは打ち消しの語を伴って用いられたが、現在では「あたう限り力を尽くす」のように肯定の形でも用いられる。

あだ-うち【△仇討ち】 →かたきうち②

あた・える【与える】(他下一) ①自分の物を渡して相手の物にする。「ほうびを―」②物事が得られるように、便宜をはかる。「権限を―」「機会を―」③割り当てて何かをさせる。「任務を―」④相手にこうむらせる。「損害を―」⑤相手にある感じ・気持ちなどをもたせる。「不安を―」文あた・ふ(下二) 用法 ①②③は、目下の者に渡すときに使われる。類語(与える相手を敬って)…上げる・差し上げる・呈上する・贈呈する・進上する・進呈する・献上する・献呈する・謹呈する。(目下に与えるときに)…やる・くれてやる・授ける・授与する・取らす・取らせる・遣わす・施す・恵む。(もらった立場から)…恵贈する・恵投する・恵与する

あだ-おろそか【◇徒◇疎か】(形動ダ) 粗末にするさま。いいかげんなさま。あだやおろそか。「この問題は―にできない」文(ナリ) 用法 多く、あとに打ち消しの語を伴う。

あだ-かたき【△仇敵】 この上なく憎い敵。仇敵。

あたかも【△恰も・◇宛も】(副) ①まるで。さながら。「この絵は―写真のようだ」②ちょうど(その時)。「時―戦争のさなか」

あたくし【◇私】(代) 自称の人代名詞。わたくし。語源「わたくし」の転。用法「わたくし」よりくだけた言い方。

あだ-ごと【◇徒事】 意味のないつまらないこと。

あだ-ざくら【◇徒桜】 散りやすい桜の花。はかないもののたとえ。

あたし【◇私】(代)《俗》自称の人代名詞。わたし。語源「わたし」の転。用法「わたし」よりくだけた言い方。

あだし-(接頭)「ほかの」「別の」、また「はかない」「変わりやすい」の意を表す。「―事」「―世」用法 名詞の上につく。

あたじけ-な・い(形) 物惜しみしている。けちくさい。安っぽい。文あたじけな・し(ク)

あだし-ごころ【◇徒し心】 移りやすい心。浮気心。

あだ・する【△仇する・△寇する】(自サ変) 害を及ぼす。災いをなす。「人に―」文あだ・す(サ変)

あたたか【暖か・温か】(形動ダ) ①温度や気温がほどよく高いさま。「―な部屋」春 ②金銭的に豊かであるさま。「懐が―だ」③愛情や思いやりが深いさま。「―な心」文(ナリ)

あたたか・い【温かい】(形) (中心義―気持ちよくそのままそこに居続けたいと思うほどに周囲の温度が適度の高さである) ①物の温度がほどよい高さで気持ちがよい。「―ごはん」②愛情や思いやりに満ちて快い。「―家族」↕冷たい ③金銭が十分にある。「懐が―」↕寒い 文あたたか・し(ク) 参考 ②③は「暖かい」とも書く。⇩「使い分け」

あたたか・い【暖かい】(形) ①気温がほどよい高さで気持ちがよい。「―日」②愛情や思いやりがあって快い。「―配慮」↕冷たい 文あたたか・し(ク) 参考 ②は「温かい」とも書く。⇩「使い分け」

> 使い分け「温かい・暖かい」
> 「温かい」は、「温かい料理」などのように、それに触れて熱すぎない程度の、ほどよい温度である意を表す。また、転じて「心温かい人」のように、人の性質や雰囲気などの和らいでいるさま、穏やかなさまなど、そこにいて快いことをいうときにも使われる。
> 「暖かい」は、気温がほどよい意で、体全体で感じとる、暑すぎないようすを表す語である。太陽などの、熱をもつ物の影響で周囲があたたまっていることに使われる。

あたたま・る【温まる】(自五) ①物の温度がほどよい高さまで上がる。「風呂で―」↕冷める・冷える ②人の情けに感じて心がなごむ。「心―話」③金銭的に豊かになる。「懐が―」他あたた・める(下一) 参考「暖まる」とも書く。

あたたま・る【暖まる】(自五) 気温・室温がほどよい高さまで上がる。「部屋が―」他あたた・める(下一) 参考「温まる」とも書く。

あたた・める【温める】(他下一) ①物の温度をほどよい高さまで上げる。「スープを―」↕冷ます・冷やす ②絶えていた交際を、もとのようにする。「旧交を―」③こっそり自分のものにする。「拾得物を―」④公表するのにふさわしい時まで他人に知らせずにおく。「腹案として―・めておく」自あたたま・る(五) 文あたた・む(下二) 参考「暖める」とも書く。

あたた・める【暖める】(他下一) 室温をほどよい高さまで上げる。「部屋を―」自あたたま・る(五) 文あたた・む(下二) 参考「温める」とも書く。

アタッカー〈attacker〉スポーツなどで、攻撃する人。特に、バレーボールでスパイクを打つ選手。

アタック〈attack〉(名・自他スル) ①スポーツで、攻撃すること。②登山で、難しい山や岩場などに挑むこと。「東の尾根から―する」③難しいことに挑むこと。「難関校に―する」

アタッシェ-ケース〈attaché case〉書類などを入れる、薄い箱型の手提げかばん。アタッシュケース。

アタッチメント〈attachment〉器具や機械の付属装置。

カメラの交換レンズや電気掃除機の付属品など。

あだっぽ・い【△婀△娜っぽい】(形) カロ・カッ(ク)・イ・イ・ケレ・〇 色気があって美しい。なまめかしい。用法 おもに女性に用いる。

あだ-な【◇徒名・△仇名】色恋の評判。浮き名。「—が立つ」

あだ-な【△渾名・綽名】親しみや蔑みの気持ちから、本名とは別にその人の特徴をとらえてつけた名。ニックネーム。

あだ-なさけ【◇徒情け・△仇情け】①その場かぎりの親切。かりそめの情け。②気まぐれな恋。

あだ-なみ【◇徒波・△仇◇浪】いたずらに立ち騒ぐ波。変わりやすい人の心や男女間のもめごとなどにたとえる。

あだ-ばな【◇徒花】咲いても実を結ばない花。むだ花。表面は華やかでも実質の伴わない事柄のたとえにも用いる。

あたふた（副・自スル）あわてふためくさま。「—(と)あとを追う」

アダプター〈adapter〉機械に、サイズや機種の違う部品などをつないだり、機能を増やしたりするために用いる仲介器具。

あた-ぼう《俗》(名・形動)（「当たり前だ、べらぼうめ」をつづめた言い方）当然であること。当たり前だ。「—よ」

あたま【頭】①人・動物の、脳や目・鼻・耳・口のある、首から上・先の部分。また、顔面を除いた、頭髪のはえた部分。「—が痛い」②（精神作用をつかさどる脳のある部分であるので）頭脳、またはそのはたらき。「—がよい」「—の回転が速い」③頭の毛。頭髪。「—を刈る」「—を伸ばす」④（頭が体の上部・先端にあることから）㋐物の上端。てっぺん。「山の—が雲に隠れる」「釘の—」㋑物事のはじめ。「—から間違っている」⑤多くの人が集まって何かをする際の上に立つ人。長。「大勢の—にいる」⑥上前。「—をはねる」⑦あたまかず。人数。

類語 頭・かしら・こうべ・つむり・おつむ・かぶり

—が上がらない 相手に負い目を感じて、対等の立場に立てない。「迷惑をかけた親戚には—」**—が痛い** ①頭痛がする。②心配で悩んでいる。「将来を考えると—」**—が固い** かたくなで、柔軟な考え方ができない。**—が切れる** 頭のはたらきが鋭くて的確な判断ができる。**—隠して尻隠さず** 欠点などの一部を隠しただけで、全部を隠したつもりになっている愚かさをあざける言葉。**—が下がる** 尊敬の念がわく。感心させられる。「皆様の努力には—」**—が低い** 自分を誇らず威張らない。頭が低い。腰が低い。**—に来る** 腹が立つ。頭に血がのぼる。**—の上の蝿も追えぬ** 自分ひとりの始末もできない。**—の黒い鼠** （人をねずみにたとえて）物をごまかしてこっそり盗む人。**—の天辺から足の爪先まで** 体の最上部から最下部まで。何から何まで。**—を抱える** どうしてよいかわからず考えこむ。**—を下げる** ①おじぎをする。②屈服する。**—を悩ます** 考えあぐむ。思いわずらう。「資金の調達に—」**—を撥ねる** 上前を取る。**—を捻る** ①あれこれ工夫をめぐらして考える。②物事に疑問を感じ納得できない。首をひねる。**—を冷やす** 興奮を静めて冷静になる。**—を丸める** 頭髪をそる。また、出家して僧になる。**—を擡げる** ①隠れていた物事が現れてくる。「不安が—」②勢力を伸ばして注目されるようになる。

—うち【—打ち】①《経》相場がそれ以上あがらないこと。②物事が限界に達して、それ以上の進歩や発展の望めない状態。行き詰まり。「給料が—となる」

—かず【—数】何かをするための人数。「—をそろえる」

—かぶ【—株】おもだった人。頭分。首領。

—から（副）①事情を確かめずにいきなり事を行うさま。はじめから。「—しかりつける」②てんで。まるで。「—信用しない」用法 ②はあとに打ち消しの語を伴う。

—きん【—金】分割払いなどの契約時に、代金の一部として払うまとまった金。また、分割払いの最初に払うまとまった金。

—ごし【—越し】①人の頭の上を越して何かをすること。②最初に相談すべき人などをさしおいて、直接相手に働きかけること。「—に折衝する」

—ごなし 相手の言い分も聞かずに、最初から一方的に言い立てること。「—にどなりつける」

—だし【—出し】(名・他スル) 録音・録画したもので、再生したい最初の部分を探し出すこと。

—でっかち（名・形動ダ）①頭がふつう以上に大きいこと。また、その人。②上の部分が不釣り合いに大きかったり多かったりすること。また、そのさま。「—な人員構成」③理論ばかりで、実行が伴わないこと。また、そのような人。「—な議論」

—わり【—割〔り〕】人数に応じて平等に割り当てること。

アダム〈Adam〉（ヘブライ語で、人の意）旧約聖書で、神が創造した最初の人間（男性）。妻のイブとともに、禁断の木の実を食べたためにエデンの園を追放された。⇨禁断の木の実「故事」

あだ-め・く【△婀△娜めく】(自五) カ(コ)・キ(イ)・ク・ク・ケ・ケ 色っぽく見える。なまめかしく見える。

あたら【×可惜】(副) ①もったいないことに。惜しくも。あったら。「—若い命を失う」②（連体詞的に「身」「夜」「物」などに付いて）惜しむべき。もったいない。「—夜」

あたらし・い【新しい】(形) カロ・カッ(ク)・イ・イ・ケレ・〇 ①今までになくて、かつ、できて間もない。「—靴」「—発見」②変更してこれまでのものと違っている。「—住所と電話番号」「—年」③新鮮である。生き生きしている。「—野菜」④現代的・進歩的である。「—感覚」(↔古い) 文 あたら・し(シク)

類語 瑞々しい・新た・新・真っ新・今風・新式・新鮮・最新・斬新・清新・現代的・今日的・画期的・革新的・進歩的

—酒を古い皮袋に盛る 新しい思想・内容を古い形式で表現すること。内容も形式もともに生かされない意に用いる。〈新約聖書マタイ伝〉

あたらしがり-や【新しがり屋】いつも流行を追って、新奇を好む人。

あたらしく… 和歌〔あたらしく 冬きたりけり 鞭のごと 幹ひびき合ひ 竹群はあり〕〈宮柊二〉きびしい冬が今年もついにやってきた。寒気の中に竹が群れ立ち、鞭のようにしなやかに幹をしならせ、響かせ合っている。

-あたり【当〔た〕り】（接尾）その基準や単位に割り当てる意を表す。…につき。「一日—の生産量」

あたり【当〔た〕り】①当たること。命中。的中。②くじなどで当選すること。「一等の大—」③成功すること。評判をとること。「この映画はきっと大—だ」④見当。手掛かり。「犯人の—を付ける」⑤応対のしかた。人ざわり。「—がやわらかい人」⑥舌ざわり。「—がなめらかだ」⑦（名詞の下について）食物・暑さなどが体に害を及ぼすこと。「食—」「暑気—」⑧果物の傷や腐った部分。⑨囲碁で、あと一手で相手の石を取れること。⑩釣りで、魚がえさをつつくこと。「—がくる」⑪野球の打撃。打球の飛びぐあい。「鋭い—」参考 ①⑦は「◇中り」とも書く。

▼「あたり(当たり)」が下に付く語

大— 風— 口— 小— 心— 差し— 暑気— 食— 総— 体— 突き— 手— 毒— 場— 馬鹿— 罰— 日— 人— 不— 紛れ— 目の— 水— 八つ— 湯— 行き—

—きょうげん【—狂言】好評で入りの多い芝居。

—さわり【—障り】他に及ぼす悪い影響。差し障り。

「—のない話をする」

—どし【—年】 ①農作物、特に果実などのよく実る年。「今年は桃の—だ」②よいことが多かった年。

—ばこ【—箱】 すずり箱。参考「する」を忌んでいう語。

—ばち【—鉢】 すり鉢。参考「する」を忌んでいう語。

—まえ【—前】マヘ（名・形動ダ）①そうあって当然なこと。「人間としての行動」②ふつうであること。「ごく—の人」「—なら寝る時間だ」語源「当然」の当て字「当前」を訓読みした語。

—め するめ。参考「する」を忌んでいう語。

—や【—屋】 ①相場・とばくなどで、よくもうける人。②うまく人気を得た店。③野球で、安打を多く打つ人。④《俗》走っている自動車にわざとぶつかって、法外な治療代を強要する人。

—やく【—役】 役者や俳優が演じた役のうち、その人によく合っていて好評を得た役。「勧進帳の弁慶が—となる」

あたり【辺り】 ①付近。近く。「その—にあるだろう」②周囲。「—を気にする」③（名詞の下に付いて）時間・範囲・程度のおよその見当をいう語。「明日—届くでしょう」

—を払はらう 周囲の者を寄せつけないほど堂々としている。

あたりき（形動ダ）ダロ・ダッ（デ・ニ）・ダ・ナ・ナラ・〇《俗》「あたりまえ」を歯切れよくいう語。「—しゃりき」「—な話」

あたり-ちら・す【当〔た〕り散らす】（自五）サ（ソ）・シ・ス・ス・セ・セ 自分に不愉快なことがあるために、関係のない周囲の者にだれかれかまわずつらく当たる。八つ当たりをする。「家族に—」

あた・る【当〔た〕る】 ラ（ロ）・リ（ッ）・ル・ル・レ・レ 一（自五）①動いて行った先で他の物にその影響が出るほどの力で強く接触する。ぶつかる。命中する。「投げた球が塀に—」②悪い影響を受けながら触る。「靴が足に—」③光・熱などを身に受ける。「日の—庭」「たき火に—」④それに従事する。引き受ける。「調停に—」⑤指名される。割り当てられて担当する。「掃除当番が—」⑥つらい仕打ちをする。「弱い者に—」⑦探りを入れる。「あの人に—・ってみる」⑧（調査・確認のため）照らし合わせる。「辞典に—」⑨直面する。「難局に—」⑩相当する。該当する。「一寸は三・〇三センチメートルに—」⑪その方角に位置する。「公園は駅の東に—」⑫ちょうどその日に相当する。「きょうは父の命日に—」⑬ねらいどおりになる。予想どおりになる。「天気予報が—」⑭成功する。好評を得る。「芝居が—」「商売が—」⑮正しく当てはまる。「その非難は—・らない」⑯くじなどで選ばれる。よい結果となる。「一等が—」「懸賞に—」⑰飲食物などが体に障る。中毒する。「フグに—」「暑気に—」⑱果物がいたむ。「リンゴがところどころ—・っている」他あ・てる（下一）二（他五）（「身代をする（=財産を使い果たす）」に通じるのを嫌って）「摺する」「剃する」「擂する」などの忌み言葉。「顔を—」「墨を—」可能あた・れる（下一）参考 一⑬⑰は「◇中る」とも書く。

あたって砕くだけろ うまくいくという確証はないが思い切ってやってみろ。**あたらず障さわらず** どこにも差し支えが起こらないようにするさま。「—の返答をする」**あたらずといえども遠とおからず** 的中してはいないが、それほどはずれてもいない。**あたらない**（「…に（は）当たらない」の形で）必要がない。及ばない。「恐れるに—」**—も八卦はっ当あたらぬも八卦はっ** 占いはそのとおりになるときもあれば、ならないときもある。

アダルト〈adult〉成人。おとな。

—チルドレン〈adult children〉親から虐待や過干渉を受けるなど、問題のある家庭で育ち、大人になっても生きづらさを抱える人。AC

あ-たん【亜炭】〘地質〙炭化度が低く、発熱量の少ない石炭。

アチーブメント-テスト〈achievement test〉学習の到達度を客観的に測定する試験。学力検査。アチーブ。

あち-こち【◇彼◇方△此◇方】 一（代）いろいろの場所や方向をさしていう語。あちらこちら。「街を—歩き回る」二（形動ダ）ダロ・ダッ（デ・ニ）・ダ・ナ・ナラ・〇 反対であるさま。あべこべ。「右と左とが—になる」

あぢさゐに… 俳句〔紫陽花に 秋冷しゅうれいいたる 信濃しなのかな〕〈杉田久女すぎたひさじょ〉最後の花を咲かせているあじさいに、早くも秋の冷気が到来した、高原の信濃の地であるよ。（秋冷 秋）

アチドージス〈ドイツ Azidosis〉〘医〙血液中の酸とアルカリのバランスが崩れて酸性に傾く症状。腎障害で酸の排泄はいせつが妨げられた場合や糖尿病などに伴って起こる。アシドーシス。

あちゃらか《俗》ただ観客が笑えばよいと考えて、ふざけてばかりいる芝居。どたばた喜劇。

アチャラ-づけ【×阿茶羅-漬〔け〕】 季節の野菜や果実を刻み、唐辛子を加えた甘酢に漬けたもの。ポルトガル人が伝えたという。新年 語源「アチャラ」は本来ペルシャ語 achār で、野菜・果物の漬物の意。

あち-ら【◇彼◇方】（代）（「ら」は接尾語）①遠称の指示代名詞。向こうのほう。あっち。相手や自分から遠く隔たった場所・方向・人を指していう。「—の建物はなんですか」「—はどなたですか」②《俗》外国。「—にいたころ」「—風のやりかた」

—立たてれば此方こちらが立たたぬ 両方が満足するようにするのは非常に難しい。両立できない。

あつ【圧】教5**【壓】**アツ おさえる・おす
一 厂 圧 圧 圧
（字義）①力を加えて押さえつける。「圧制・圧迫・圧力・制圧・弾圧・鎮圧・抑圧」②押さえつける力。「気圧・水圧・電圧」③すぐれて他をしのぐ。「圧巻・圧倒」難読 圧へし合う

あつ【圧】 押さえつける力。圧力。「—を加える」

あつ【人斡】アツ・ワツ・カン（クワン） めぐる・めぐらす
（字義）①めぐる。めぐらす。まわす。「斡旋あっせん」②ひしゃくの柄え。③つかさどる。人名 はる・まる

あっ（感）驚いたり感動したりしたときに発する語。あ。

—と言いう間まに 「あっ」と声を出すほどの非常に短い間に。「—姿が見えなくなった」**—と言いわせる** 思わず「あっ」と声を出すほど人を驚かす。また、感心させる。「手品で—」

あつ-あげ【厚揚げ】 豆腐を厚めに切って、軽く油で揚げたもの。生揚げ。厚揚げ豆腐。

あつ-あつ【熱熱】（名・形動ダ）①料理などが非常に熱いこと。また、そのさま。②見るに堪えないほど、たいそう愛し合っているさま。「—の仲」

あつ・い【厚い】（形）カロ・カッ（ク）・イ・イ・ケレ・〇 ①表面と裏面との距離が大きい。「—本」「化粧が—」②人情がこまやかで深い。「—もてなし」「信頼が—」（↔薄い）文あつ・し（ク）参考 ②は「◇篤い」とも書く。

あつ・い【暑い】（形）カロ・カッ（ク）・イ・イ・ケレ・〇（体につらいほど）気温が高い。また、そう感じる。「—夏」↔寒い 文あつ・し（ク）⇩「使い分け」

あつ・い【熱い】（形）カロ・カッ（ク）・イ・イ・ケレ・〇《中心義—とても耐えられないほどに高い温度である》①（触れられないほど）物の温度が高い。「—湯」↔冷たい ②体温が高い。「ひたいが—」③二人の間柄が際立って親密である。愛し方が、目・耳を背けたくなるほどに度を越している。「お—仲」④熱烈だ。心がこもって情が深い。「—声援」文あつ・し（ク）⇩「使い分け」

あつくなる 興奮して頭に血がのぼる。熱中する。

使い分け「暑い・熱い」
「暑い」は、体全体で感じる温度が高過ぎるようすを表し、「今年の夏は異常に暑い」「蒸し暑い」「暑い部屋」「暑がり屋」などと使われる。

「熱い」は、ある物の温度が非常に高いことを表し、「熱い湯にはいる」「鍋(なべ)が熱くて手で持てない」などと使われる。転じて、心がこもっているようすを表し、「熱い視線を注ぐ」「熱い仲の二人」などとも使われる。

あつ・い【◇篤い】(形)カロ・カッ(ク)・イ・イ・ケレ・○ ①人情がこまやかで深い。「友情に—」②病状が重い。「病が—」文あつ・し(ク) 参考 ①は「厚い」とも書く。

あつ-えん【圧延】(名・他スル) 圧力をかけて、金属を棒状や板状に延ばすこと。「—機」「—加工」

あっ-か【悪化】(アククワ)(名・自スル) 悪くなること。「病状が—する」↔好転

あっ-か【悪貨】(アククワ) 品質の悪い貨幣。↔良貨

—は良貨(りょうか)を駆逐(くちく)する 悪貨と良貨が流通する場合、良貨は貯蔵され、悪貨ばかりが流通する。⇩グレシャムの法則

あつかい【扱い】(アツカヒ) ①処理すること。取りさばくこと。「庶務課—の伝票」「けんかの—」②機械・器具などの操作のしかた。「器具の—に注意する」③応対。待遇。「客の—がうまい」④(名詞の下に付いて)そのように待遇すること。「まるで罪人—だ」

あつかう【扱う】(字義)→そう(扱)

あつか・う【扱う】(アツカフ)(他五)ワ(オ)・イ(ッ)・ウ・ウ・エ・エ ①そのものが機能を発揮するように手で動かす。用いる。使用する。操作する。「物を大事に—」②仕事として行う。事を処理する。取りさばく。「事務を—」「電気器具を—店」「けんかを—」③世話をする。「病人を—・い慣れている」④見なす。処遇する。「出席として—」「正会員として—」可能あつか・える(下一)

あつ-かまし・い【厚かましい】(形)カロ・カッ(ク)・イ・イ・ケレ・○ ずうずうしい。遠慮がない。厚顔だ。「—男」文あつかま・し(シク)
類語 ずうずうしい・いけずうずうしい・図太い・ふてぶてしい・馴(な)れ馴れしい・人も無げ・無神経・無遠慮・遠慮会釈もない・臆面もない・神経が太い・心臓に毛が生えている・心臓が強い・面の皮が厚い・鉄面皮・傍若無人・厚顔無恥

あつ-がみ【厚紙】 厚手の紙。ボール紙・板目紙など。↔薄紙

あつ-がり【暑がり】 暑さに対して非常に敏感であること。また、その人。↔寒がり

あつ-かん【熱△燗】 酒の温め加減がふつうより熱いこと。また、その酒。「—で一杯やる」冬

あっ-かん【圧巻】(クワン) 書物や催し物などの中で、最も優れている部分。「再会の場面が—だ」
【故事】「巻」は、昔、中国の官吏(かんり)登用試験(科挙)の答案用紙のことで、最優秀者の答案を合格者全員の答案のいちばん上に載せたのでいう。〈文章弁体〉

あっ-かん【悪感】(アク) 不愉快な感じ。いやな心持ち。

あっ-かん【悪漢】(アク) 悪事をする男。わるもの。

あっ-かんじょう【悪感情】(アクカンジャウ) →あくかんじょう

あっ-き【悪鬼】(アク) 人にたたりや害をする鬼。

あつ-ぎ【厚着】(名・自スル) 衣服を何枚も重ねて着ること。「—をして出かける」冬↔薄着

あつ-くるし・い【暑苦しい・熱苦しい】(形)カロ・カッ(ク)・イ・イ・ケレ・○ 息苦しいほどあつい。また、そう見えるさま。「—・くて眠れない」「—格好」文あつくる・し(シク)

あっ-け【△呆気】 驚きあきれた気持ち。

—に取(と)られる 意外なことにあって驚きあきれる。

—な・い(形)カロ・カッ(ク)・イ・イ・ケレ・○ 予想に反して、簡単で物足りない。張り合いがない。「—結末」文あっけな・し(ク)

あつ-げしょう【厚化粧】(ゲシヤウ)(名・自スル) 口紅やおしろいなどを濃く塗った化粧。↔薄化粧

あっけらかん-と(副・自スル)《俗》少しも気にせず、けろりとしているさま。「しかられても、—している」

あっ-こう【悪口】(アク) わるくち。

—ぞうごん【—雑言】(ザフゴン) いろいろの悪口。「—を吐く」

あつ-さ【暑さ】 暑いこと。また、その程度。暑い気候。「—しのぎの打ち水」夏↔寒さ
類語 薄暑・猛暑・大暑・激暑・厳暑・酷暑・極暑・炎暑・酷熱・極熱・灼熱(しゃくねつ)・残暑・向暑・暑苦しさ・蒸し暑さ

—寒(さむ)さも彼岸(ひがん)まで 春・秋の彼岸を過ぎると、寒さや暑さもそれぞれ衰えて、しのぎやすい気候になるということ。

あっ-さい【圧砕】(名・他スル) 岩石や鉱石などを強く押して砕くこと。「—機」

あっ-さく【圧搾】(名・他スル) ①圧力を加えてしぼること。②物質に圧力を加えて体積を縮め、密度を高めること。

—くうき【—空気】 →あっしゅくくうき

あっ-さつ【圧殺】(名・他スル) ①押しつけて殺すこと。②むりやり他人の言動をおさえつけること。「少数意見を—する」

あづさ-ゆみ【△梓弓】(あずさ)《枕》「張る(春)」「射る(入る)」「引く」「寄る」「音」「もと」「すゑ」「かへる」などにかかる。

あっさり(副・自スル) ①たやすく行うさま。簡単に。「難問を—(と)解く」②淡泊なさま。さっぱり。「—(と)した態度」「—(と)した味」

あつし【×厚子・×厚司】(アイヌ語の attush(=オヒョウ)から) ①オヒョウ(=ニレ科の落葉高木)などの樹皮の繊維で織った織物。アイヌの人はこれで衣服を作った。②厚いじょうぶな綿織物。また、それで作った仕事着・半纏(はんてん)・前掛けなど。冬

あっ-し【圧死】(名・自スル) 押しつぶされて死ぬこと。

あっし【私】(代)《俗》自称の人代名詞。わたし。語源「あたし」の転。用法 おもに、男性の職人・商売人などが使う。

あつ-じ【厚地】(ヂ) 厚みのある布地。↔薄地

あっ-しゅく【圧縮】(名・他スル) ①圧力を加えて気体や物体の容積を小さくすること。②文章などを縮めて短くすること。③《情報》データの内容を変えずに容量を小さくすること。↔解凍

—くうき【—空気】 高圧を加えて圧縮した空気。ブレーキや電車のドアの自動開閉装置などに使う。圧搾(あっさく)空気。

あっ-しょう【圧勝】(名・自スル) 一方的に勝つこと。

あっ・する【圧する】(他サ変)シ(セ・サ)・シ・スル・スル・スレ・シロ(セヨ) ①圧力をかけて押す。おさえつける。②強い力や勢力で相手を屈服させる。圧倒する。「敵を—」「相手を—気迫」文あっ・す(サ変)

あっ-せい【圧制】 権力で人の言動をむりにおさえつけること。

あっ-せい【圧政】 権力で人民をおさえつける政治。

あっ-せん【△斡旋】(名・他スル) ①間にはいって、両者がうまくゆくように取り計らうこと。周旋。「就職を—する」②《法》労働争議解決のための一方法。労働委員会が指名した斡旋員が労使双方の意見を聞き、当事者による自主的解決を促進するための仲立ちをする。⇩仲裁・調停

あったか【◇暖か・◇温か】(形動ダ)ダロ・ダッ(デ・ニ)・ダ・ナ・ナラ・○ 「あたたか」のくだけた言い方。

あったか・い【◇暖かい・◇温かい】(形)カロ・カッ(ク)・イ・イ・ケレ・○ 「あたたかい」のくだけた言い方。

あったま・る【◇暖まる・◇温まる】(自五)ラ(ロ)・リ(ッ)・ル・ル・レ・レ 「あたたまる」のくだけた言い方。

あった・める【◇暖める・◇温める】(他下一)メ・メ・メル・メル・メレ・メロ(メヨ) 「あたためる」のくだけた言い方。

あったら【×可惜】(副) →あたら①

あっ-ち【◇彼◇方】(代) 「あちら」のくだけた言い方。

あづちももやま-じだい【◦安土桃山時代】〘日〙織田信長・豊臣秀吉が政権を握った時代。信長と秀吉のそれぞれの居城にちなむ名称。ふつう一五六八―一六〇〇(永禄十一―慶長五)年をいう。織豊(しょくほう)時代。

あつ-で【厚手】紙・布・陶器などの地の厚いこと。また、厚いもの。「―の生地」↕薄手

あっ-てん【圧点】〘生〙皮膚の表面にあって、圧力を感じる点。指先・舌などに多い。

あっ-とう【圧倒】(タウ) ―(名・他スル) きわだって優れた力で他をしのぐこと。「攻撃力で相手を―する」「威厳に―される」

―てき【―的】(形動ダ) ダロ・ダッ(デ・ニ)・ダ・ナ・ナラ・○ 比較できないほどきわだち優れているさま。段違いなさま。「―な勝利」

アット-ホーム〈at home〉(形動ダ) ダロ・ダッ(デ・ニ)・ダ・ナ・ナラ・○ 自宅にいるように気楽にくつろいださま。家庭的。「―な雰囲気」

アット-マーク〈at mark〉①〘情報〙コンピューターの電子メールのアドレスで、組織名や国名などの前に付ける「@」の記号。②商品などの単価の前に付ける「@」の記号。

アッパーカット〈uppercut〉ボクシングで、相手のあごを下から突き上げて打つこと。アッパー。

あっ-ぱく【圧迫】(名・他スル) ①押さえつけること。「胸が―される」②威圧すること。相手の行動を制約すること。「―を受ける」③おびやかすこと。「教育費が家計を―する」

あっぱっぱ 女性が夏に着る簡単なワンピース。簡単服。夏

あっぱれ【×天晴】(「あはれ」の促音化) 一(形動ダ) ダロ・ダッ(デ・ニ)・ダ・ナ・ナラ・○ 感心するほどみごとなさま。「―な戦いぶり」文(ナリ) 二(感) りっぱなようすをほめたたえるときに発する語。でかした。

アッピール〈appeal〉(名・自他スル)→アピール

アップ〈up〉(名・自他スル) ①上がること。上げること。「給料が―する」↕ダウン ②女性の髪形の一種。うしろの髪を上げてまとめ、首筋を出すもの。③ゴルフのマッチプレーやテニスなどで、相手に勝ち越していること。④「クローズアップ」の略。「―で撮る」⑤〘情報〙「アップロード」の略。「ブログに記事を―する」

―グレード〈upgrade〉(名・他スル) 品質や等級、性能を上げること。「有償バージョンへの―」

―ダウン〈ups and downs から〉①地面の起伏。特に、ゴルフコースやマラソン走路の起伏。②物事の状態や調子の浮き沈み。「成績の―が激しい」

―ツー-デート〈up-to-date〉(形動ダ) ダロ・ダッ(デ・ニ)・ダ・ナ・ナラ・○ 最新式であるさま。現代的。今日的。「―な問題」

―デート〈update〉(名・他スル) 最新のものにすること。特に、コンピューターで、プログラムやデータを最新のものに更新すること。

―ロード〈upload〉(名・他スル)〘情報〙端末機のデータをネットワーク上のサーバーに転送すること。アップ。↕ダウンロード

あっぷ-あっぷ(副・自スル) ①水におぼれかけるさま。②苦境から抜け出せないで苦しむさま。「成績不振で―している」

あっ-ぷく【圧伏・圧服】(名・他スル) 力でおさえつけて従わせること。「威力で―する」

アップライト-ピアノ〈upright piano〉〘音〙弦を垂直に張った、箱型のピアノ。おもに家庭用。竪形(たてがた)ピアノ。⇩グランドピアノ

アップリケ〈フランス appliqué〉刺繡(ししゅう)の一種。布の上に、模様を切り抜いたほかの布を縫いつける手芸。アプリケ。

アップル〈apple〉リンゴ。「―ジュース」

―パイ〈apple pie〉砂糖で甘く煮たリンゴを入れたパイ。

あつ-ぼった・い【厚ぼったい】(形) カロ・カッ(ク)・イ・イ・ケレ・○ 厚みがあって重そうな感じである。「―布地」

あづまやまに… 和歌〔吾妻やまに 雪かがやけば みちのくの 我が母の国に 汽車入りにけり〕〈斎藤茂吉(さいとうもきち)〉なつかしい吾妻山に、朝日に輝く雪が見えるようになったのだから、私の乗った汽車は、いよいよ陸奥(みちのく)の母のいる国にはいったのだ。(吾妻山は福島・山形両県の県境にある。「赤光(しゃっこう)」の「死にたまふ母」一連五九首の中の一つ)

あつまり【集〔ま〕り】①集まること。集まったもの。「会員の―が悪い」②会合。集会。「地域の―」

あつま・る【集〔ま〕る】(自五) ラ(ロ)・リ(ッ)・ル・ル・レ・レ 多くの物や人が一つ所に寄る。群がる。集中する。「都市に人が―」「視線が―」他あつ・める(下一) 可能あつま・れる(下一)

あつ-み【厚み】①厚さの程度。「―のある板」②(人柄や性質、物事の内容などの)深みがあること。「―のある作品」

あつ・める【集める】(他下一) メ・メ・メル・メル・メレ・メロ(メヨ) 多くの物や人を一つ所に寄せる。集中させる。「ごみを―」「寄付を―」「聴衆を―」「同情を―」自あつま・る(五) 文あつ・む(下二)

あつ-もの【△羹】野菜や肉などを煮た熱い汁。吸い物。

―に懲(こ)りて膾(なます)を吹(ふ)く(あつものの熱いのにこりて、冷たいなますまで吹いて冷まそうとする意から)失敗にこりて用心しすぎること。語源「楚辞(そじ)」の九章にある「懲二於羹一者而吹レ齏」(=羹に懲りて齏(あえもの)を吹く)」から出た語。

あつ-やき【厚焼〔き〕】厚めに焼き上げた食品。「―卵」

あつ-ゆ【熱湯】手を入れるなどして熱いと感じる、温度の高い風呂(ふろ)の湯。「―好き」↕温湯(ぬるゆ)

あつ-よう【厚様・厚葉】(ヤウ・エフ) 厚い鳥の子紙。↕薄様

アッラー〈アラビア Allāh 神〉〘宗〙イスラム教徒が帰依する唯一絶対の神。アラー。

あつらえ【△誂え】(アツラヘ) 注文すること。また、注文して作ったもの。「別―」↕出来合い

―むき【―向き】(名・形動ダ) 注文して作らせたかのように希望の条件どおりであるさま。「ヨットレースにはお―の風だ」用法 多く、上に「お」を付けて用いる。

あつら・える【△誂える】(アツラヘル)(他下一) エ・エ・エル・エル・エレ・エロ(エヨ) 注文して希望どおりに作らせる。「洋服を―」文あつら・ふ(下二)

あつ-りょく【圧力】①〘物〙ある面を境にして、二つの物体がたがいにその面に垂直に押し合う力。②相手をおさえつける力。威圧する力。「―をかける」「同調―」

―けい【―計】液体や気体の圧力を測る器械の総称。気圧計・真空計・液体圧力計など。

―だんたい【―団体】政府や政党に強く働きかけて、自己の利益を得たり、政治の方向に影響を与えたりする団体。

―なべ【―鍋】蓋(ふた)で密閉することで、高圧・高温で煮炊きできるようにした鍋。堅い物でも短時間でやわらかく煮ることができる。圧力釜(がま)。

あつ-れき【△軋△轢】(「軋」も「轢」も車輪がきしる意) 仲たがいすること。不和。反目。「―を生じる」

-あて【宛て】(接尾) ①割り当てること。当たり。「一人―三個」②手紙などの送り先・届け先を示す。「父―の手紙」

あて【当て】①物事を行ううえでの見込み。目当て。目標。「―もなくさまよい歩く」「―が外れる」「借金の―がある」②頼りにすること。頼み。期待。「他人の懐(ふところ)を―にする」③保護や補強のためにあてがう物。「肩―」「すね―」

あて【◦貴】(形動ナリ)〘古〙①身分が高く貴いさま。②上品で美しいさま。みやびやかなさま。

あで【◦艶】(名・形動ダ) 際だって人目を引き、美しくふるまうこと。なまめかしいさま。あでやか。「―姿」語源「貴(あて)」の転。

アディショナル-タイム〈additional time〉サッカーで、選手交代やけがの手当てなどで中断された分、追加される試合時間。「ロスタイム」にかわり使用されるようになった呼称。

あて-うま【当て馬】 相手の出方を探ったり、牽制したりするために、仮に表面に立てる者。「―候補」語源 雌馬の発情を調べたり、促したりするためにあてがう雄馬の意からでた語。

あてがい-ぶち【宛◇行扶◇持】アテガヒ― 受けるほうの希望によらず、与えるほうで勝手に決めて与える金品。語源 江戸時代に、主君が下級の武士に与えた扶持米の意からでた語。

あてが・う【宛〔て〕がう】アテガフ（他五）ワ(オ)・イ(ッ)・ウ・ウ・エ・エ ①受ける側の希望によらず、適当に割り当てて与える。「仕事を―」「子供におもちゃを―」②その場所に何かをぴたりとくっつける。当てる。「物差しを―・って測る」可能 あてが・える(下一)

あて-こす・る【当て◇擦る】（他五）ラ(ロ)・リ(ッ)・ル・ル・レ・レ 他にかこつけて、相手の悪口や皮肉を言う。「露骨に―」

あて-ごと【当て事】 当てにして期待する事。

あて-こ・む【当て込む】（他五）マ(モ)・ミ(ン)・ム・ム・メ・メ よい結果になることを期待する。また、期待して行動する。「値上がりを―・んで買いしめる」

あて-さき【宛先】 手紙・荷物などの送り先・届け先。

あて-じ【当て字・宛字】 漢字を本来の意味とは関係なく、その音や訓を借りて書き表すこと。また、その漢字。「アメリカ」を「亜米利加」、「やたら」を「矢鱈」と書く類。借字。

あて-ずいりょう【当て推量】ズイリヤウ― 確かな根拠もなく、勝手に推量すること。臆測。「―でものを言ってはいけない」

あで-すがた【◇艶姿】（女性の）なまめかしく美しい姿。

あて-ずっぽう【当てずっぽう】（名・形動ダ）《俗》確かな根拠もない、いいかげんな判断。でたらめ。「―に答える」

あて-つ・ける【当て付ける】（他下一）ケ・ケ・ケル・ケル・ケレ・ケロ(ケヨ) ①ほかのことにかこつけて、悪口を言う。また、皮肉な態度をとる。あてこする。「立ち読み客に―・けて本を整理する」②恋人どうしの仲のよいことなどを見せつける。文 あてつ・く(下二)

あてっ-こ【当てっこ】（名・自スル）《俗》答えや結果などを予想し合うこと。

あて-ど【当て◇所】 目当て。目的とする所。「―なく歩く」

あて-な【宛名】 手紙・書類などに書く、受取人の氏名。参考 住所を含めていうことがある。

アテナ〈ギリシャ Athēna〉ギリシャ神話で、ゼウスの頭から生まれたといわれ、知恵・戦争・芸術をつかさどる女神。古代都市国家アテナイ(=アテネ)の守護神。ローマ神話のミネルバと同一視される。

あて-にげ【当て逃げ】（名・自スル）自動車や船などがほかのものに衝突して、何も処置せずそのまま逃げること。

あて-ぬの【当て布】 ①補強のために衣服の裏などにあてる布。②アイロンをかけるときなどに、生地の保護のために上にあてる布。

アテネ〈ラテン Athenae〉ギリシャ共和国の首都。アッティカ半島の南東部にあり、古代ギリシャ文明の中心地として知られ、パルテノン神殿をはじめ多くの遺跡がある。アテナイ。

アデノイド〈ドイツ adenoide Vegetation から〉《医》のどの奥の咽頭扁桃がはれる病気。子供に多い。鼻づまり・難聴・記憶力減退・注意力散漫などを起こす。腺様増殖症。

アデノウイルス〈ドイツ Adenovirus〉《医》流行性角結膜炎や肺炎などをおこすウイルスの一種。語源 ヒトのアデノイドの中から最初に発見されたのでこの名がある。

あて-はずれ【当て外れ】ハヅレ― 見込みや期待が外れること。

あて-はま・る【当て△嵌まる】（自五）ラ(ロ)・リ(ッ)・ル・ル・レ・レ ちょうどよく合う。適合する。「条件に―」他 あては・める(下一)

あて-は・める【当て△嵌める】（他下一）メ・メ・メル・メル・メレ・メロ(メヨ) ちょうどよく合うようにする。ある事柄を他の事柄に適用する。「前例に―・めて考える」自 あてはま・る(五) 文 あては・む(下二)

あて-み【当〔て〕身】 柔道で、こぶしやつま先などで相手の急所を突く技。試合や乱取りでは禁止されている。

あて-もの【当て物】 ①クイズなど、ヒントを出して答えを当てさせるもの。なぞ。②必要な箇所に添えてあてがうもの。

あでやか【◇艶やか】（形動ダ）ダロ・ダッ(デ・ニ)・ダ・ナ・ナラ・○ はなやかで美しいさま。特に、女性がなまめかしいさま。文（ナリ）

アデュー〈フランス adieu〉（感）さようなら。ごきげんよう。

あてる【宛てる】（字義）→えん(宛)

あ・てる【当てる】（他下一）テ・テ・テル・テル・テレ・テロ(テヨ)《中心義—離れた所にあるものと、それに向けて動かしたものとを、ねらいどおりに触れさせる》①動いて行く先で、他の物にその影響が出るほどの力で強く接触させる。ぶつける。打ちつける。「バットをボールに―」②密着した状態にする。あてがう。「継ぎを―」「座ぶとんを―」③すきまなく添える。「物差しを―」「額に手を―」④光・風・熱などの作用が及ぶようにする。「日に―」⑤指名する。「出席簿の順に―」⑥当てはめる。「ローマ字に仮名を―」⑦(郵便物を)名指しで送る。「母に―・てた手紙」⑧定めた目標に命中させる。「的に―」⑨推量によって判断して正しい結果を得る。「試験問題を―」⑩成功させる。「一山―」「次の企画は―・てたい」⑪くじなどで、よい結果を得る。⑫→あてられる 自 あた・る(五) 文 あ・つ(下二) 参考 ⑥⑦は「宛てる」、⑧⑨⑩は「◇中てる」とも書く。⇨「使い分け」

あてられる（「当てる」の受け身）①恋人どうしの仲のよいのを見せつけられる。「若い二人に―」②冒される。当たる。「毒気に―」

> **ちがい**「当てる・当たる」・「ぶつける・ぶつかる」
> ねらったとおりにうまく命中させることを「当てる」という。「一等を当てる」「的に当てる」などと使う。「打者に当てる」といえば、それはねらったわけではなくとも、そのことに自らの責めを感じての表現といえる。「当たる」は意図しないことである。「一等に当たる」「的に当たる」「打者に当たる」「弾に当たる」と、いずれも意図せずに生じたという意味になる。「ぶつける」は、「車を壁にぶつける」「柱に机の角をぶつける」など、被害のあることをしてしまったという意味がある。「ぶつかる」は意図も自らへの責めもなく、衝突による被害の意味を含んでいる。「車が壁にぶつかる」も悪い状態を表している。日光には「当たる」のであって「ぶつかる」のではない。「車が渋滞にぶつかる」など、進路を妨げるものに出会い、先に進めなくなったときは「ぶつかる」である。

あ・てる【充てる】（他下一）テ・テ・テル・テル・テレ・テロ(テヨ) 割り当てる。あることのために使う。充当する。自 あた・る(五) 文 あ・つ(下二) ⇨「使い分け」

> **使い分け**「当てる・充てる」
> 「**当てる**」は、「矢を的に当てる」「胸に手を当てる」「ふとんを日に当てる」「当て外れ」など広く一般に、いろいろな場合に使われる。
> 「**充てる**」は、充当する、当てはめる、割り当てる、割り振るなどの意を表す場合に使われ、「保安要員に充てる」「副業の収入を生活費に充てる」などと使われる。

あて-レコ【当てレコ】 映画やテレビなどで、声の吹き替え。語源「当て(=画面の人物の口の動きに当てる意)」と「レコ(=レコーディングの略)」から。「アフレコ」をもじった語。

アテンション〈attention〉注意。注目。「—プリーズ(=場内や機内放送の呼びかけの言葉)」

ア-テンポ〈イタリア a tempo〉〘音〙楽曲の速さを示す語。「元の速度で演奏せよ」の意。

あと【後】 ■一(名) ①自分の背に当たる側。うしろ。後方。背後。「—からついて来る」↕先 ②(ある時より)以後。「三時間—に来る」↕先 ③ある事が終わってのち。「—を片付ける」④人が去ったのち。または死後。「—に残された妻子」⑤子孫。「—が絶える」⑥その次。後任。あとがま。「ぼくの—が君だ」「会長の—がまだ決まらない」⑦残り。「—は来月に支払う」■二(副) これからさらに。もう。「—三日で正月だ」⇩「使い分け」

—がない 退く余地がもうない。絶体絶命である。—の雁が先になる あとから来たものが先のものを追い越してしまい、順序が逆になる。—の祭り (祭りがすんだあとの山車は役に立たないことから)時機をのがして、なんの役にも立たないこと。「今さら後悔しても—だ」—は野となれ山となれ 当面のことさえ無事にすめば、あとはどうなろうとかまわない。投げやりな気持ちをいう。—へ引く 相手に譲歩して自分の主張は取り下げる。「一歩もあとへ引かない」—を引く ①(あるものの飲食を)いつまでも続けたくなる。「—菓子」②終わったはずなのに、いつまでもその影響が残る。「—抗争」

あと【跡・△迹】 ①何かが通った所に残されたしるし。「車輪の—」②事が行われた所に残るしるし。「弾丸の—」「手術の—」③事が行われた場所。物があった場所。「戦いの—」「弥生時代の住居の—」④事の経過した形跡。「進歩の—」⑤筆跡。「水茎の—」⑥家督。「—を継ぐ」参考②は「痕」とも書く。⇩「使い分け」

—白波 (「しらなみ」に「知らない」をかけていう)船の去ったあとに白波だけが残るように、どこへ行ったか行方が知れなくなること。—を追う ①前を行った人を追いかける。②死んだ人を慕って死ぬ。—を暗ます 行方を隠す。—を絶たない 次々と起こって絶えることがない。「交通事故が—」—を絶つ ①すっかりなくなる。②消息を絶つ。—を付ける 人のあとにそっとついて行く。尾行する。「容疑者の—」—を弔う 法事・供養などをして死者の冥福を祈る。後を弔う。—を濁す 後始末をしないで去る。

> 使い分け「後・跡」
> 「後」は、空間上のうしろ、時間上ののちを表し、「故郷を後にする」「後を片付ける」「後から考える」「後の祭り」などと広く使われる。
> 「跡」は、何かが通り過ぎた所に残されたしるしや、何かが行われた場所・形跡の意で、「足の跡」「跡をくらます」「傷の跡」「努力の跡」「古戦場の跡」などと使われる。なお、子孫や後任者を表すときは、「後が絶える」「後を引き継ぐ」などと「後」を使うのがふつうだが、家督を表すときは、「跡目」「跡を継ぐ」などと「跡」を使う。

あど ①〘演〙狂言で、主役であるシテの相手役。⇩仕手 ②(古)受け答え。応答。参考①はふつう、「アド」と書く。

アド〈ad〉(advertisement の略)広告。

あと-あし【後足・後脚】 動物のうしろのほうの足。↕前足

—で砂をかける 去りぎわに人に迷惑をかける。

あと-あじ【後味】 ①食べたあと口の中に残る味。あとくち。②物事の終わったあとに残る感じ。「—の悪い結末」

あと-あと【後後】 ずっとあと。のちのち。「—まで響く」

あと-おい【後追い・跡追い】 (名・他スル) ①前を行く人をあとから追いかけること。②先に行われた行為や企画をまねること。「—商品」

あと-おし【後押し】 (名・他スル) ①うしろから押すこと。また、その人。②力添えをすること。援助。「財界の—」

アド-オン〈add-on〉〘情報〙コンピューターのソフトウェアに後から新しい機能を追加するプログラム。アドイン。

あと-がき【後書〔き〕】 文書・著述などのあとに記す添え書き。↕端書き・前書き

あと-かた【跡形】 あとに残った形やしるし。形跡。痕跡。「—もない」

あと-かたづけ【後片付け・跡片付け】 物事をし終えたあとの場所・器物などを整理すること。後始末。「会場の—」

あと-がま【後釜】 (俗)前任者が退いたあとの地位。また、その地位につく人。後任。「—に座る」

あと-きん【後金】 ①払い残りの代金。残金。②品物を受け取ったあとで代金を支払うこと。また、その代金。↕前金

あと-くされ【後腐れ】 事のすんだあとまで、めんどうなことが残ること。あとぐされ。「—のないように手を打っておく」

あと-くち【後口】 ①申し込みなどで、あとの順番のもの。↕先口 ②→あとあじ①

あと-げつ【後月】 先月。前月。「—の繰り越し」

あどけ-な・い (形) 子供らしく無邪気でかわいらしい。「—寝顔」文あどけな・し(ク)

あと-さき【後先】 ①前とうしろ。前後。②順序。「話が—になる(=話の前後が入れかわる)」③前の事柄の経過と、その結果として起こること。「—を考えずに行動する」

あと-さく【後作】 〘農〙おもな作物を収穫したあと、次の作付けまでの間に、その耕地に栽培するほかの農作物。裏作。

あと-ざん【後産】 出産後、胎盤などが出ること。後産。

あと-しき【跡式・跡敷・跡◇職】 家督・財産を相続すること。また、その人。跡目。

あと-じさり【後◇退り】 (名・自スル) →あとずさり

あと-しまつ【後始末】 物事の終わったあと、その処理やその場の整理をすること。後片付け。「倒産の—をする」

あと-ずさり【後◇退り】 (名・自スル) 前を向いたままうしろへ退くこと。あとすさり。あとじさり。「こわがって—する」

あと-ぜめ【後攻め】 →こうこう(後攻)

あと-だし【後出し】 (名・他スル) 本来出すべきときに出さず、あとから出すこと。「—じゃんけん」

あと-ち【跡地】 建物・施設などが撤去されたあとの土地。「ビルの—を利用する」

あと-つぎ【跡継ぎ】 ①家督を継ぐこと。また、その人。跡取り。②前任者や師匠のあとを継ぐこと。また、その人。後継者。

あと-づけ【後付〔け〕】 ①書籍の本文の後に付ける、後記・索引・付録・奥付などの総称。↕前付け ②あとからつけ加えること。「—の理由」

あと-づ・ける【跡付ける】 (他下一) 過去にさかのぼって、変化のあとを確かめる。

あと-とり【跡取り】 →あとつぎ①

アトニー〈ドイツ Atonie〉〘医〙体の筋組織が緩んだ状態。無緊張症。「胃—」

あと-のり【後乗り】 ①行列の抑えとして最後尾を騎馬で行くこと。また、その人。↕先乗り ②後陣となって城に乗り入れること。③ワンマンバスで、後方の乗降口を乗り口にすること。

アドバイザー〈adviser〉助言者。相談相手。顧問。

アドバイス〈advice〉(名・自他スル) 助言すること。忠告すること。また、その言葉。「ーを受ける」

あと-ばら【後腹】①出産後の腹痛。②事のすんだあとに起こる苦痛・障害。③後妻の生んだ子。

あと-ばらい【後払〔い〕】(名・他スル) 代金・料金などをあとで支払うこと。↔先払い・前払い

アド-バルーン〈和製英語〉広告をつりさげてあげる気球。参考 英語では advertising balloon という。はじまり 広告用の気球は日本人の考案といわれ、一九一三(大正二)年、東京日本橋で化粧品の広告を載せてあげたのが最初という。

ーを揚げる 世間の反響や相手の反応をみるために、少しだけ事を起こしたり情報を流したりする。観測気球をあげる。

アドバンス〈advance〉前払い金。前渡し金。

アドバンテージ〈advantage 有利〉①テニス・卓球で、ジュースのあと、先に得点すること。②ラグビー・サッカーなどで、反則行為があっても、それを罰しないほうが相手側に有利な状況になると審判が認め、そのままプレーを続行させること。

アトピー〈atopy〉〘医〙①先天的過敏性。刺激に対して過敏に反応する体質。アレルギー性疾患にかかりやすい。②「アトピー性皮膚炎」の略。アトピー体質の人に起こる湿疹。

あと-ひき【後引き】 次々に飲食物を欲しがること。特に酒を欲しがること。「ー上戸」

アドベンチャー〈adventure〉冒険。アドベンチュア。

あと-ぼう【後棒】 駕籠などのうしろのほうを担ぐ人。「ーを担ぐ(=首謀者の手助けとして参加する)」↔先棒

アド-ホック〈ラテン ad hoc〉臨時的・その場限りであるさま。特定の目的・問題のためだけのさま。「ー委員会」

あと-まわし【後回し】 先にすべき物事を、順序を変えてあとのほうに回すこと。「自分の用をーにする」

アトミズム〈atomism〉〘哲〙いっさいの事物は、分割不可能なきわめて小さな原子から成り立つという説。原子論。

アトミック〈atomic〉原子力の。「ーエージ」

アドミラル〈admiral〉海軍大将。提督。

アトム〈atom〉〘物〙原子。参考 もとはギリシャ語で、「それ以上分割し得ないもの」の意。

あと-め【跡目】①継ぐべき家督。また、それを継ぐ人。跡取り。「ー相続」②仕事を受け継ぐ者。後継者。

アトモスフィア〈atmosphere〉雰囲気。周囲の気分。アトモスフェア。

あと-もどり【後戻り】(名・自スル) ①来たほうへ引き返すこと。②状態がそれまでより悪くなること。「景気がーする」

あと-やく【後厄】 厄年の次の年。↔前厄

あと-やま【後山】 鉱山の坑道の先端で採掘する人を助け、採掘された石炭や鉱石を搬出する人。↔先山

アトラクション〈attraction〉①客寄せとして、主要な催しに添える出し物。余興。②遊園地などの遊戯施設。

アトラクティブ〈attractive〉(形動ダ) 人をひきつける魅力のあるさま。魅力的。

アトラス ①〈ギリシャ Atlās〉ギリシャ神話の巨人神。②〈atlas〉(①の像を地図本の見返しに描いたことから)世界地図帳。

アト-ランダム〈at random〉(形動ダ) 無作為に行うさま。手当たりしだい。「ーに選び出す」

アトリエ〈フランス atelier〉画家・彫刻家などの仕事部屋。

アド-リブ〈ad lib〉台本にない思いつきのせりふや演技。また、譜面にない即興の演奏。「ーを入れる」

アドルム〈ドイツ Adorm〉〘医〙催眠剤の一種。「エチルヘキサビタールカルシウム」の商標名。

アドレス〈address〉①宛名。住所。②〘情報〙コンピューターで、メモリーの位置を識別する文字列。また、電子メールの宛先。

アドレナリン〈ドイツ Adrenalin〉〘生〙副腎髄質から出るホルモン。心拍数や血圧を上げる作用がある。

あな【穴】①くぼんだ所。くぼみ。「道端のー」②裏まで突き抜けている空間。「障子にーをあける」「ボタンのー」③欠点。弱点。「あのチームは三遊間がーだ」④損失。欠損。「帳簿にーをあける」⑤欠けて不完全なこと。空いた地位。「役員にーが空いた」⑥隠れ場所。⑦獣が隠れ住む場所。「熊のー」⑧競馬などで、番狂わせの勝負。「大ー」⑨一般に知られていない、利益になる事柄や場所。「法律のー」参考 ②は「孔」とも書く。

ーがあったら入りたい 恥ずかしくて身を隠してしまいたい。**ーのあくほど見る** じっと見つめる。「相手の顔をー」

ーをあける ①会計上の欠損を出す。②欠員や手順の狂いなどによって、物事の進行に空白をつくる。「連載にー」

アナ ①「アナーキズム」「アナーキスト」の略。②「アナウンサー」の略。

あな(感)〘古〙ああ。あら。「かぐや姫は『ーうれし』と喜びてゐたり」〈竹取〉

アナーキー〈anarchy〉(名・形動ダ) ①政府の機能が失われて社会秩序が混乱している状態。無政府状態。②秩序や権威にとらわれないさま。

アナーキスト〈anarchist〉無政府主義者。

アナーキズム〈anarchism〉無政府主義。

あな-うま【穴馬】 競馬で、有力馬ではないが、番狂わせで勝つ可能性がある馬。ダークホース。「ー買い」

あな-うめ【穴埋め】(名・自他スル) ①くぼんだ所を埋めること。②欠損・損失や欠員を補うこと。「失敗のーをする」③空白や欠けている所を補うこと。「ー問題」

アナウンサー〈announcer〉ラジオやテレビ放送で、ニュースを読んだり司会・実況放送などを担当したりする人。アナ。

アナウンス〈announce〉(名・他スル) 放送によってニュースや案内を告げること。「場内ー」参考 英語では、announce は動詞として用い、announcement を名詞として用いる。また、放送に限らず、広く「発表・告知する(こと)」の意味で用いる。

あな-かがり【穴縢〔り〕】 ボタンやひもを通す穴のふちがほつれないように、糸でからげ縫って補強すること。

あな-かしこ(「あな」は感動詞。「かしこ」は形容詞「かしこし」の語幹。非常におそれ多いの意で)女性が手紙の最後に添えて敬意を表す挨拶の言葉。

あながち【強ち】一(形動ナリ)〘古〙①むりやりなさま。②一途であるさま。③度を越しているさま。「ーにたけ高き心地ぞする」〈源氏〉二(副) 必ずしも。「ーうそだとも言えない」【変遷】「あな」は「おのれ(己)」の意で、「己れ勝ちに」が語源とされる。「他人の迷惑をかえりみず、したいようにする」が原義で、二の意味で用いられた。のちに打ち消しの語を伴い、「必ずしも・いちがいには」の意で用いられるようになった。現代語ではもっぱら、打ち消しの語を伴った一の意味で用いられる。

あな-かんむり【穴冠】 漢字の部首名の一つ。「突」「空」などの「穴」の部分。

あな-ぐま【穴熊】〘動〙①イタチ科の哺乳動物。タヌキに似ている。森林に穴を掘ってすみ、夜、出歩く。むじな。まみ。冬 ②将棋で、自陣の隅の王将を金将・銀将で守り固めること。

あな-ぐら【穴蔵・窖】①地中に穴を掘って物をたくわえる所。②〘俗〙地下室。

アナグラム〈anagram〉ある語句のつづりの順序を変えて、別の意味の語句をつくること。また、その遊び。「canoe（カヌー）」が「ocean（海）」になるなど。

アナクロ「アナクロニズム」の略。

アナクロニズム〈anachronism〉その時代の流れに逆行していること。時代錯誤。アナクロ。

あな-ご【穴子】〘動〙アナゴ科の海魚の総称。代表的なマアナゴは近海の砂底にすむ。形はウナギに似る。食用。夏

あな-じ【穴△痔】ヂ —→じろう（痔瘻）

あな-じゃくし【穴△杓子】小さな穴のたくさんあいた調理用のお玉じゃくし。汁から実だけをすくい出すのに用いる。

あなた【◦彼◦方】（代）遠称の指示代名詞。①向こうのほう。彼方（かなた）。「山の—」②ずっと以前。

あなた【×貴方】（代）対称の人代名詞。①同輩以下の人を改まった感じでいう語。②女性が親しい間柄の相手を呼ぶ語。特に、夫婦で妻が夫を呼ぶ語。参考 男性には「×貴男」、女性には「×貴女」とも書く。

〔変遷〕古語では、「あなた」「そなた」はどちらも対称（=話しかける相手をさす）の人代名詞。遠くの方向や時をさす指示代名詞の転用であった。より遠くの人（=目上の人）をさす「あなた」は高い敬意を表した。現代語では「あなた」のみが残り、相手に礼を失さない語として使われる。ただし、親しい相手を呼ぶのに名（first name）を使う傾向が増え、それとともに「あなた」は相手との間に距離を置く（親しさのこもらない）意をも含むようになった。

—まかせ【—任せ】①他人に頼り、その人の言うなりにすること。成り行きにまかせること。「万事を—にする」②〘仏〙浄土真宗で、阿弥陀仏（あみだぶつ）の誓願にまかせること。他力本願。

あなど・る【侮る】（他五）ラ(ロ)・リ(ッ)・ル・ル・レ・レ 相手の力を軽く見る。ばかにする。「彼の力は—りがたい」可能 あなど・れる（下一）
類語 軽蔑（けいべつ）する・侮蔑（ぶべつ）する・軽侮する・愚弄（ぐろう）する・蔑（なみ）する・軽んじる・軽視する・見くびる・見下す・見下げる・蔑（さげす）む・なめる・甘く見る・ばかにする

あな-ば【穴場】①釣り・遊びなどで、あまり人に知られていないよい場所。②〘俗〙競馬場・競輪場の、馬券・車券の売り場。

アナフィラキシー〈ドイ Anaphylaxie〉〘医〙食物の摂取や薬品・虫刺されなどによって引き起こされる、急性の激しいアレルギー反応。「—ショック」

あな-ふさぎ【穴塞ぎ】欠損や借金を補うこと。穴埋め。

あな-ぼこ【穴ぼこ】〘俗〙くぼんでいる所。穴。くぼみ。

アナリスト〈analyst〉社会の諸事象について分析する専門家。「軍事—」「証券—（=企業や業界の動向を分析して株式投資の評価をする証券会社の社員）」

アナログ〈analog〉■一（名）ある量や情報・信号を、デジタルではなく物理的に連続する量で表す方式。「—時計（=文字盤の上を回る針で時刻を表す時計）」↔デジタル ■二（名・形動ダ）〘俗〙コンピューターなどの技術にうといこと。「—人間」

アナロジー〈analogy〉類推。

あに【兄】①年上の男のきょうだい。また、姉の夫。（↔弟）②義兄。配偶者の、年上の男のきょうだい。
類語 兄貴・舎兄・愚兄・家兄・兄上・令兄・賢兄・尊兄・お兄（にい）様・兄さん・あんちゃん・実兄・義兄・長兄・次兄

敬称（相手側）	謙称（自分側）
お兄様　（御）兄上（様）　（御）令兄（様）　賢兄　尊兄	家兄　愚兄　舎兄

あに【△豈】（副）〘古〙①決して。なんら。「—哀（かな）しくもあらず」②どうして。なんで。「一坏（ひとつき）（=一杯）の濁れる酒に—まさめやも」〈万葉〉用法 ①はあとに打ち消しの語を伴う。②はあとに反語表現を伴う。

—図（はか）らんや（「どうして予測できただろうか」の意から）意外なことに。

あにい【兄い】〘俗〙①兄。兄貴。②おもに東京とその周辺の地域で、意気のいい若い男性を呼ぶ語。

あに-うえ【兄上】ウヘ 兄の敬称。

あに-き【兄貴】①兄の敬称。また、兄を親しんでいう語。②（若者や職人、やくざ仲間などで）年長・先輩の男性。

アニサキス〈ラテ Anisakis〉〘動〙アニサキス科の寄生虫の総称。幼虫が寄生したサバやイカなどの魚介類の生食により食中毒を引き起こす。

あに-さん【兄さん】兄や先輩の男性を親しみ敬っていう語。

あに-でし【兄弟子】自分より先に同じ師についた人。同門の先輩。↔弟弟子（おとうとでし）

アニバーサリー〈anniversary〉記念日。記念祭。

アニマティズム〈animatism〉〘哲〙宗教の原初形態の一つ。自然界のすべての事物に生命があるとみる考え。

アニマル〈animal〉①動物。獣。「—ライツ（=動物が人間からひどい扱いを受けずに生きる権利）」②欲望や本能のままに行動する人を軽蔑（けいべつ）していう語。「エコノミック—」

アニミズム〈animism〉〘哲〙（anima はラテン語で、霊・息の意）自然界のすべての事物や現象には霊魂が存在するとする原始的宗教信仰。

アニメ「アニメーション」の略。「テレビ—」

アニメーション〈animation〉動作などに少しずつ変化をつけた絵や人形を一こまずつ撮影し、連続して映すことで動いて見えるようにしたもの。動画。アニメ。

あに-よめ【兄嫁・△嫂】兄の妻。

あね【姉】①年上の女のきょうだい。また、兄の妻。（↔妹）②義姉。配偶者の、年上の女のきょうだい。
類語 姉貴・姉上・令姉・お姉（ねえ）様・姉さん・おねえちゃん・実姉・義姉・長姉・次姉

敬称（相手側）	謙称（自分側）
お姉様　（御）姉上（様）　（御）令姉（様）	愚姉

あね-うえ【姉上】ウヘ 姉の敬称。

あねえ【姉え】〘俗〙①姉。姉貴。②若い女性を呼ぶ語。用法 おもに男性が、乱暴な調子で呼びかける語。

あね-き【姉貴】①姉の敬称。また、姉を親しんでいう語。②（若者や親しい仲間などの間で）年長・年輩の女性。

あね-ご【姉御】①姉の敬称。②（やくざ仲間で）親分・兄貴分の妻妾（さいしょう）。また、女親分。参考 ②は「△姐御」とも書く。

あね-さん【姉さん】①姉や若い女性を親しみ敬っていう語。②→あねご②

—かぶり【—◦被り】女性が家事などをするときのぬぐいのかぶり方。広げたてぬぐいの中央を額に当て、両端をうしろに回して一方の端を頭の上にのせて挟むもの。姉（ねえ）さんかぶり。

〔姉さんかぶり〕

—にょうぼう【—女房】ニョウバウ 夫より年上の妻。姉女房。

アネックス〈annex〉本館に付属する建物。離れ。別館。

あ-ねったい【亜熱帯】〘地〙気候帯の一つ。熱帯と温帯の中間にある地帯で、緯度にして二〇度から三〇度の間にある。

アネモネ〈anemone〉《植》キンポウゲ科の多年草。園芸植物。高さ二〇～三〇センチメートル。春、白・紫・紅色などの花を開く。観賞用。[春]

〔アネモネ〕

あ-の【◇彼の】 ■一(連体) ①話し手・聞き手から離れている物事・人をさし示す語。「—建物」 ②自分も相手も了解していることをさす語。「—話はどうなった」 ③ずっと以前のことをさす語。「—ころはよく勉強した」 ■二(感) 相手への呼びかけ、話のつなぎなどに使う語。「—、ちょっとお伺いしますが」 [参考]「あのう」とのばすことが多い。

[参考]文語では「あ」が代名詞、「の」が格助詞。

あのくたら-さんみゃく-さんぼだい【△阿△耨多羅三△藐三△菩◇提】《仏》仏がすべての諸法の理に通達した最上の知恵。仏の悟り。無上正等正覚(むじょうしょうとうしょうがく)。

あ-の-よ【◇彼の世】 死後に行くという世。めいど。来世。↔此(こ)の世

アノラック〈anorak〉(おもに登山・スキーなどで用いる)フード付きの防寒・防風用の上着。[冬]

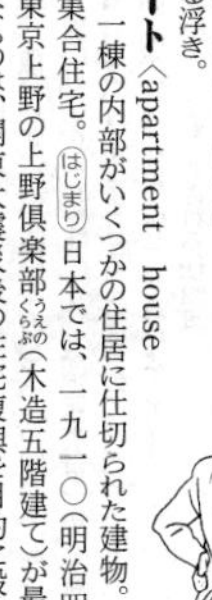

〔アノラック〕

あ-ば【×浮子・◇網端】 漁網を浮かせる浮き。

アパート〈apartment house から〉一棟の内部がいくつかの住居に仕切られた建物。共同住宅。集合住宅。[はじまり]日本では、一九一〇(明治四十三)年、東京上野の上野倶楽部(うえのくらぶ)(木造五階建て)が最初。本格的なものは、関東大震災後の住宅復興を目的に設立された財団法人同潤会が建設した各アパートが最初期。

アバウト〈about およそ〉(名・形動ダ)《俗》おおざっぱなこと。また、そのさま。おおまかなさま。「—な性格」

あば・く【暴く・◇発く】(他五) カ(コ)・キ(イ)・ク・ク・ケ・ケ ①土を掘り返し、埋められた物を取り出す。「墓を—」 ②他人の秘密などを公表する。暴露する。「不正を—」 [可能]あば・ける(下一)

アパシー〈apathy〉①無関心。特に政治に無関心なこと。「政治的—」 ②無感動、無気力な状態。

あば-ずれ【△阿婆擦れ】 人ずれしていて厚かましいこと。また、そういう女性。すれっからし。

あばた【×痘痕】 天然痘の治ったあとに残る、顔の皮膚のくぼみ。また、それに似たもの。

—も靨(えくぼ)（好きな人が見れば、あばたもえくぼのように見えることから）好意をもつと、欠点までが美点に見えること。

アバター〈avatar 化身(けしん)〉コンピューターネットワーク上で、自分の分身として使うキャラクター。

あはぢしま… [和歌]〔淡路島 かよふ千鳥の なく声に いくよねざめぬ 須磨(すま)の関守〕〈金葉集 源兼昌(みなもとのかねまさ)〉この須磨の浦と、海を隔てた淡路島とを、行き交う千鳥のもの悲しい鳴き声で、幾夜目を覚ましたことか、須磨の関の番人は。(小倉百人一首の一つ)

アパッチ〈Apache〉アメリカ合衆国南西部に居住するアメリカ先住民の一部族。

あば-よ(感)《俗》「さようなら」のくだけた言い方。

あばら【△肋】「あばらぼね」の略。

—ぼね【—骨】 胸にあって内臓を保護する骨。肋骨(ろっこつ)。

あばら-や【◇荒家・◇荒屋】 ①荒れ果てた粗末な家。②自分の家の謙称。拙宅。「—によくおいでくださいました」

アパルトヘイト〈アフリカーンス apartheid 分離・隔離〉南アフリカ共和国で行われていた有色人種に対する隔離政策。

アパルトマン〈フランス appartement〉アパート。

あはれ(名・形動ナリ・感)《古》→あわれ

あばれ-がわ【暴れ川】 ガハ すぐに氾濫(はんらん)しやすい川。

あはれこの… [俳句]〔あはれ子の 夜寒(よさむ)の床の 引けば寄る〕〈中村汀女(なかむらていじょ)〉急に寒さを感じる晩秋のある夜、並べ敷いた子供の眠っている布団を見ると、いかにも小さく寒そうで、思わず自分のほうに引き寄せると、それは意外なほど頼りなく軽く引き寄せられたことだ。(夜寒 [秋])

あはれとも… [和歌]〔あはれとも いふべき人は おもほえで 身のいたづらに なりぬべきかな〕〈拾遺集 藤原伊尹(ふじわらのこれただ)(謙徳公)〉たとえ私が死んでも、かわいそうとでも言ってくださりそうな人がいるとも思えぬまま、私はつれないあなたに恋いこがれて、むなしく死んでしまいそうです。(小倉百人一首の一つ)

あば・れる【暴れる】(自下一) レ・レ・レル・レル・レレ・レロ(レヨ) ①乱暴な行いをする。「酒を飲んで—」 ②思う存分に力をふるう。「グラウンドいっぱいに—・れ回る」 [文]あば・る(下二)

アパレル〈apparel〉衣服。衣料品。「—産業」

あばれん-ぼう【暴れん坊】 バウ ①なにかにつけ乱暴なふるまいをする人。②目立って行動的な人。「政界きっての—」

アバン-ギャルド〈フランス avant-garde 前衛〉第一次世界大戦後のヨーロッパにおこった、革新的な芸術運動。抽象主義・超現実主義など。前衛派。

アバン-ゲール〈フランス avant-guerre 戦前〉戦前派。第一次世界大戦以前の芸術思潮である、自然主義・写実主義・印象派などをさしたが、第二次世界大戦後の日本では、戦前の思想や生活態度をもつ人々を呼んだ。↔アプレゲール

アバンチュール〈フランス aventure〉①冒険。②(転じて)スリルを伴った恋愛行為。

アピール〈appeal〉(名・自他スル) ①世論に訴えること。また、その言葉。「反戦の—」 ②スポーツで、審判に抗議すること。③人の心をひきつけること。また、その魅力。「若者に—する広告」「セックス—(=性的魅力)」 [参考]「アッピール」ともいう。

あび-きょうかん【△阿鼻叫喚】 ケウクワン ①《仏》阿鼻地獄に落ちた者が、絶え間ない苦しみを受けて泣き叫ぶさま。②ひどくむごたらしい状態のたとえ。「—のちまたと化す」 [参考]本来は「阿鼻地獄」と「叫喚地獄」の意。

あ-ひさん【亜△砒酸】《化》白色・無臭の毒薬。無水亜砒酸。三酸化二ヒ素。

あび-じごく【△阿鼻地獄】 チゴク 《仏》極悪罪を犯した者が、剣樹・刀山・鑊湯(かくとう)(=釜の中の湯)などの苦しみを受ける、八大地獄の中で最も苦しいという地獄。無間地獄(むけんじごく)。

あびせ-たおし【浴びせ倒し】 タフシ 相撲の決まり手の一つ。相手にのしかかるようにして倒す技。

あび・せる【浴びせる】(他下一) セ・セ・セル・セル・セレ・セロ(セヨ) ①水などを注ぎかける。「頭から冷水を—」 ②連続してぶつける。また、打撃を与える。「弾丸を—」「一太刀(ひとたち)—」 ③相手に集中的に非難・質問などの言葉をかける。「罵声(ばせい)を—」 [文]あび・す(下二)

[参考]古形は「あむす」または「あぶす」。

あひみての… [和歌]〔あひ見ての のちの心に くらぶれば 昔はものを 思はざりけり〕〈拾遺集 中納言(藤原)敦忠(ちゅうなごんあつただ)〉今こうしてあなたに会って契りを結んだのちの、この恋しくせつない気持ちにくらべると、以前ひそかに恋い慕っていたころの思いは、もの思いのうちにもはいらないものであった。(小倉百人一首の一つ)

あひる【×家鴨】《動》カモ科の鳥。マガモを家禽(かきん)として飼い慣らし改良したもの。翼が小さく飛ぶことができない。

あ・びる【浴びる】(他上一) ビ・ビ・ビル・ビル・ビレ・ビロ(ビヨ) ①湯や水などの液体

を、自分の体に上方から受ける。「頭から水を―」「酒を―ように飲む」②日光・月光・光線を身に受ける。「朝日を―」③たくさん身に受ける。「砂ぼこりを―」「賞賛の声を―」[文]あ・ぶ(上二)

あ-ふ【阿付・阿附】(名・自スル) きげんをとり、おべっかを使うこと。「―迎合」

あ・ふ【敢ふ】《古》■一(自下二) 耐える。がまんする。■二(補動下二)(動詞の連用形に付いて)完全に…しおおせる。終わりまで…しおおせる。「物も着―・へずいだき持ち」〈徒然草〉[用法]■二は、あとに打ち消しの語を伴って用いられることが多い。

あぶ【虻】《動》ハエ目(双翅目)アブ科の昆虫の総称。ハエより大きい。吸血性をもつものは、雌が人畜の血を吸い、雄は花の蜜などを吸う。[春]

―蜂取らず 両方得ようとして、結局どちらも得られないこと。[参考]類似のことば―二兎を追う者は一兎をも得ず

アフィリエイト〈affiliate〉自分のウェブサイトなどに広告主の商品の宣伝を掲載し、それによって派生した売り上げの一部が報酬として還元される仕組み。

アフォリズム〈aphorism〉深い内容・思想を簡潔に言い表した文句。警句。格言。箴言。

アフガニスタン〈Afghanistan〉(「アフガニスタン・イスラム共和国」の略)アジアの南西部にある国。首都はカブール。

あぶく【泡】→あわ(泡)①

―ぜに【―銭】 苦労しないで、または不正な方法で得た金銭。悪銭。

あふことの…[和歌]〔逢ふことの 絶えてしなくは なかなかに 人をも身をも 恨みざらまし〕〈拾遺集 中納言(藤原)朝忠〉もしも逢瀬をもつことがまったくなかったら、かえってあなたのつれなさを恨むことも、わが身のつたなさを嘆くこともなかっただろうに。(たまに逢瀬がもてるから、かえって苦しさが増すのです。)(小倉百人一首の一つ)

アブサン〈フランス absinthe〉ニガヨモギなどで香りをつけたリキュールの一種。アルコール分の強い緑色の洋酒。アブサント。

アブストラクト〈abstract〉■一(名・形動ダ) 抽象。また、抽象的。■二(名)①抽象芸術。②要旨。摘要。抄録。

アフター-ケア〈aftercare〉①回復期の患者の健康を保護・管理すること。また、その施設。②→アフターサービス

アフター-サービス〈和製英語〉商品の販売後、修理や手入れなどの面倒をみて、客に奉仕すること。アフターケア。

アフター-ファイブ〈after five〉①会社の終業する、午後五時以後の自由な時間。②夜会用の礼服。

アフタヌーン〈afternoon〉①午後。「―ティー」②「アフタヌーンドレス」の略。

―ドレス〈afternoon dress〉女性が昼間の外出やパーティーなどに着る礼服。アフタヌーン。

あぶつに【阿仏尼】(?〜一二八三) 鎌倉中期の歌人。藤原為家の側室。冷泉家の祖、為相の母。夫の死後出家。和歌は「続古今集」などに見える。歌論書「夜の鶴」、紀行文「十六夜日記」など。

アプトしき-てつどう【アプト式鉄道】 急斜面を運転するのに用いる、車両下の歯車と軌道上の歯止めとをかみ合わせるしかけの鉄道。[参考]スイス人アプト(Abt)の発明による。日本では、大井川鐵道井川線で唯一用いられている。

あぶな・い【危ない】(形)カロ・カッ(ク)・イ・イ・ケレ・○ ①危害を受けそうな状況である。危険だ。「道路で遊ぶのは―」②衰え滅びる寸前の状態である。「会社が―」③悪い状態になりそうである。「あしたの天気は―」④不確かで、信用できない。「うまい話ほど―」⑤もう少しで悪い状態になる、ぎりぎりのところである。「―ところで間に合った」[文]あぶな・し(ク)

[類語]危なっかしい・危うい・際疾い・危急・危険・危殆・剣呑・物騒

―橋を渡る 危険な手段をとる。

あぶなく【危なく】(副)→あやうく

あぶなげ-な・い【危なげない】(形)カロ・カッ(ク)・イ・イ・ケレ・○ 不安に感じさせるところがない。「―勝ち方」[文]あぶなげな・し(ク)

あぶなっかし・い【危なっかしい】(形)カロ・カッ(ク)・イ・イ・ケレ・○《俗》不安定・不確実でいかにも危なく見える。「―手つき」

アブノーマル〈abnormal〉(形動ダ)ダロ・ダッ(デ・ニ)・ダ・ナ・ナラ・○ 異常なさま。病的。変態的。↔ノーマル

あ-ぶみ【鐙】(「足踏み」の意から)馬のくらの両わきに垂らして、乗る者が足をのせる馬具。

あぶら【油・脂・膏】①[油・膏]植物・動物・鉱物からとれる、水に溶けにくく燃えやすい液体。燃料・食用・薬用など用途が広い。②[脂]常温では固体で、加熱すると①の性質を示すもの。③[油・脂](比喩的に)活動の原動力。活気。特に、酒をいう。「―が切れて元気が出ない」⇩「使い分け」

―が乗る ①魚などの脂肪が増して味がよくなる。②仕事などの調子が出てはかどる。「画家として脂が乗った時期の作品」

―に水 調和しないもののたとえ。水と油。

―を売る むだ話などをして仕事を怠ける。

[語源]江戸時代、油の行商人は、行灯などに使う油を量り売りするとき、油をこぼさないようにゆっくりとたらした。その間、客と長々と世間話をしたことから、用事の途中に怠けて時間を費やす意で用いられるようになった。

―を絞る 過失などをきびしく責める。**―を注ぐ** 物事の勢いをいっそう激しくする。感情をあおる。「けんかに―やじ」

> [使い分け]「油・脂・膏」
> 「油」は、常温で液状のあぶらの意で、「てんぷら油」「火に油を注ぐ」などと使われる。
> 「脂」は、語源的には肉の間に挟まった固体状のあぶらの意で、「ぶた肉の脂」「脂が乗った実業家」「脂ぎった顔」などと使われる。
> 「膏」は、白い肉、また、肉のあぶらの意を表す。

あぶら-あげ【油揚〔げ〕】 薄く切った豆腐を油で揚げたもの。あぶらげ。あげ。

あぶら-あし【脂足】 脂肪分の多い汗が多く出る性質の足。

あぶら-あせ【脂汗】 苦しいときなどににじみ出る、べたつくような汗。「―を流す」

あぶら-え【油絵】《美》油絵の具で描いた洋風の絵。

あぶら-えのぐ【油絵の具】 鉱物性の顔料を油で練った絵の具。

あぶら-かす【油粕・油糟】 大豆や菜種などの、油を搾り取った残りかす。肥料や飼料として用いる。

あぶら-がみ【油紙】 桐油などを塗った防水用の紙。桐油紙。油紙。

―に火の付いたよう 早口でよくしゃべるさまのたとえ。

あぶら-ぎ・る【脂ぎる】(自五)ラ(ロ)・リ(ッ)・ル・ル・レ・レ 脂肪分が表面に浮いてぎらぎらする。「―・った顔」

あぶら-ぐすり【脂薬・膏薬】 薬物をあぶらで練り合わせたもの。患部にぬったり、布などにぬりつけたものを貼ったりして用いる。こうやく。

あぶら-け【油気・脂気】 あぶらを含んでいるさま。あぶらっけ。「―のない髪」「―の多い食べ物」

あぶら-げ【油◦揚】→あぶらあげ

あぶら-さし【油差し】機械などに油を注入する道具。

あぶら-じ・みる【油染みる】(自上一) ミ・ミ・ミル・ミル・ミレ・ミロ(ミヨ) 油や体の脂肪が染み付いて汚れる。「―・みた襟」文あぶらじ・む(四)

あぶら-しょう【脂性】シヤウ 皮膚からの脂肪の分泌が多く、肌があぶらぎっている体質。↔荒れ性

あぶら-ぜみ【油△蟬】〘動〙セミ科の昆虫。体は黒褐色、はねは赤褐色で不透明。夏、各地でふつうに見られる。夏

あぶら-っこ・い【脂っこい・油っこい】(形) カロ・カッ(ク)・イ・イ・ケレ・○ ①あぶらけが強い。「―食べ物」②性質がしつこい。「―気質」

あぶら-で【脂手】脂肪分の多い汗が多く出る性質の手。あぶらて。

あぶら-でり【油照り】夏、薄曇りで風がなく、じりじりと蒸し暑い天気。夏

あぶら-な【油菜】〘植〙アブラナ科の越年草。四月ごろ黄色の十字形の花を開く。若葉は食用、花は観賞用。種子から菜種油を採る。菜種。菜の花。春(冬)

あぶら-み【脂身】食肉の、脂肪の多い白い部分。

あぶら-むし【油虫】①→ありまき ②→ごきぶり

アプリ〘情報〙「アプリケーションプログラム」の略。特に、スマートフォンやタブレット端末で用いるソフトウェア。「辞書―」

ア-プリオリ〈ラテン a priori〉〘哲〙先験的。先天的。経験の媒介を必要としない真理、あるいは人間の性質や能力などで、生まれる前から備わっているものをいう。↔アポステリオリ

アフリカ〈Africa〉六大州の一つ。東はインド洋、西は大西洋に面し、北は地中海をへだててヨーロッパに相対する。熱帯気候地域や乾燥気候地域が広く、密林・砂漠が多い。大部分はヨーロッパ諸国の属領であったが、現在はほとんどが独立国となっている。参考「×阿弗利加」とも書く。

アプリケ〈フランス appliqué〉→アップリケ

アプリケーション〈application 適用・応用〉「アプリケーションプログラム」の略。

―プログラム〈application program〉〘情報〙文書作成・表計算など、特定の仕事を処理するために作成されたプログラム。アプリケーションソフトウェア。アプリ。

アプリコット〈apricot〉杏。

あぶり-だし【△炙り出し・△焙り出し】紙を火にあぶって、書かれている字や絵を浮かびあがらせる遊び。また、その紙。みょうばん水やミカンの汁などで書いて作る。

あぶり-だ・す【△炙り出す・△焙り出す】(他五) サ(ソ)・シ・ス・ス・セ・セ ①紙を火にあぶって、書かれている字や絵を浮かびあがらせる。②隠れている事実や実態などを明らかにする。「真実を―」

あぶ・る【△炙る・△焙る】(他五) ラ(ロ)・リ(ッ)・ル・ル・レ・レ ①火に当てて軽く焼く。「するめを―」②火にかざしてあたためる。「手を―」可能あぶ・れる(下一)

アプレ-ゲール〈フランス après-guerre 戦後〉戦後派。もと、第一次世界大戦後のフランスを中心としておこった文学・芸術上の新しい風潮をさしたが、第二次世界大戦後の日本では、従来の思想・道徳・習慣にとらわれないで行動する傾向、またその傾向の人々をいう。アプレ。↔アバンゲール

アフ-レコ〈和製英語 after-recording から〉映画やテレビなどで、画面を撮影したあとで声や音を録音すること。音入れ。

あふれ-で・る【△溢れ出る】(自下一) デ・デ・デル・デル・デレ・デロ(デヨ) いっぱいになって外にこぼれ出る。「湯が浴槽から―」

あぶれ-もの【あぶれ者】仕事にありつけなかった者。

あふ・れる【△溢れる】(自下一) レ・レ・レル・レル・レレ・レロ(レヨ) その場にいっぱいになって外にこぼれ出る。こぼれるほどいっぱいに満ちる。おもに液体に使うが、固体や抽象的な事物にも使う。「涙が―」「街に人が―」「希望に―」「店に―商品」文あふ・る(下二)

あぶ・れる(自下一) レ・レ・レル・レル・レレ・レロ(レヨ) ①所定の人数からはみ出て仕事にありつけないでいる。「職に―」②狩りや釣りで、獲物がとれずにいる。文あぶ・る(下二) 語源「あふれる」の転。

アプローチ〈approach〉■一(名・自スル) ①対象に接近すること。「いろんな角度から―する」②ゴルフで、ボールをグリーンのまわりからホールへ寄せるように打つこと。■二(名) ①研究法。②門から建物や庭園などに通じる道。「―を広くとる」③陸上競技やスキーのジャンプで、スタートから踏み切りまでの間。

アフロディテ〈ギリシャ Aphroditē〉ギリシャ神話で、恋愛と美と豊穣の女神。ローマ神話のビーナスにあたる。

アフロ-ヘア〈Afro hair〉(「アフロ」はアフリカ人の意のラテン語)パーマをかけて縮らせ、丸くふくらみをもたせた髪形。

あべかわ-もち【◦安◦倍川餅】アベカハ もちを焼いて湯に浸し、黄な粉・砂糖をまぶしたもの。あべかわ。語源静岡県の安倍川あたりの名物であったことから。

あべ-こべ(名・形動ダ)〘俗〙順序・位置・関係が逆であること。また、そのさま。さかさま。「あと先の順序が―だ」

アベック〈フランス avec …とともに〉①男女の二人連れ。②二人で一組のもの。「―優勝」「―ホームラン」

アヘッド〈ahead 先んじて〉野球などで、相手チームより得点をリードしていること。「一点の―」↔ビハインド

アベニュー〈avenue〉大通り。並木道。街路。

あべ-まき【△棈】〘植〙ブナ科の落葉高木。雌雄異株。五月ごろ黄褐色の花を開く。樹皮はコルクの代用、材は薪炭用。

アベ-マリア〈ラテン Ave Maria マリアに幸あれ〉①〘基〙聖母マリアにささげる祈りの言葉。②〘音〙聖母マリアへの賛歌。

アペリティフ〈フランス apéritif〉食前酒。

アベレージ〈average〉①平均。標準。②野球で、打率。

あ-へん【△阿片・△鴉片】麻薬の一つで、熟していないケシの実の乳液を干して作った褐色の粉末。モルヒネを主成分とし、アルカロイドを含み催眠性をもつ。中毒作用を起こしやすい。

―くつ【―窟】あへんを吸わせる秘密の場所。

―せんそう【―戦争】センサウ 〘世〙清の、あへん禁輸措置にイギリスが抗議して起こした侵略戦争(一八四〇―一八四二年)。清が敗れ、不平等な内容を含む南京条約を結ぶ。

アペンディックス〈appendix〉付録。補遺。

アポ「アポイントメント」の略。「―をとる」

アポイントメント〈appointment〉面会・会合などの約束。アポイント。アポ。

あ-ほう【×阿呆・×阿房】ハウ (名・形動ダ) 愚かなさま。また、その人。人をののしる場合にも使う。あほ。

―どり【×信天翁・×阿呆-鳥】〘動〙アホウドリ科の大形の海鳥。翼と尾は黒く、ほかは白色。翼を広げると二メートルになる。絶滅の危機に瀕したが、伊豆諸島の鳥島などで回復がはかられている。国際保護鳥・特別天然記念物。語源地上での動きが鈍いことからの名。

〔あほうどり〕

アボカド〈avocado〉〘植〙クスノキ科の常緑高木。中米原産。果実は緑褐色で食用。脂肪が多く、「森のバター」と呼ばれる。わになし。参考「アボガド」は誤り。

あほ-くさ・い【×阿呆-臭い】(形) カロ・カッ(ク)・イ・イ・ケレ・○〘俗〙ばかげている。ばからしい。あほうくさい。

ア-ポステリオリ〈ラテン a posteriori〉〘哲〙後天的。経験の媒介によって得られる真理、あるいは人間の性質や能力など

で、経験によって得られるものをさしていう。↔アプリオリ

アポストロフィ〈apostrophe〉英文で、省略や所有格を表す符号。can't や boy's などの「,」。

あほだら-きょう【×阿呆陀羅-経】(キヤウ) 読経をまねて、時事を風刺したこっけいな俗謡。

アポトーシス〈apoptosis〉〘医〙生物の細胞が、不要になったときなどに自らを死に導く現象。プログラムされた細胞死。

あほ-らし・い【×阿呆らしい】(形)(カロ・カッ(ク)・イ・イ・ケレ・○)《俗》ばかげている。ばからしい。

アポロ〈Apollo〉ギリシャ神話の神。太陽神。アポロン。

―がた【―型】文化や芸術が知的・形式的・静的で秩序性のあることをいう。ドイツの哲学者ニーチェが「悲劇の誕生」で説いた文化の類型。アポロン型。↔ディオニソス型

アホロートル〈axolotl〉〘動〙メキシコ産のメキシコサンショウウオが幼形のまま変態を完了しないで成熟したもの。一生を通じ外鰓(さいがい)(=両生類や肺魚の幼生のもつ頭部から体外へ突出した羽状の鰓(えら))をもつ。俗称ウーパールーパー。

あま-【雨】(接頭)「あめ」の意を表す。「―具」「―戸」

あま【天】《古》空。天(あめ)。

あま【尼】①仏門にはいった女性。比丘尼(びくに)。尼僧。②キリスト教の修道女。③《俗》女性をののしっていう語。尼っ子。

あ-ま【亜麻】〘植〙アマ科の一年草。夏、白色または青紫色の小花を開く。種子から亜麻仁油(あまにゆ)を採る。

あま【×海人・△蜑】《古》漁業に従事する者。漁師。漁民。

あま【海女・海士】海に潜って貝や海藻などをとる仕事をする人。春 参考「海女」「海士」は、常用漢字表付表の語。女性の場合は「海女」、男性の場合は「海士」と書く。

アマ「アマチュア」の略。↔プロ

あま-あい【雨◇間】(アヒ) 雨の降りやんでいる間。雨間(あまま)。

あま-あがり【雨上〔が〕り】→あめあがり

あま-あし【雨足・雨脚】①(雨が地上に線のように降るようすを足にたとえて)雨の降り方。「―が激しい」②雨の、降り過ぎてゆくようす。「―が速い」参考「あめあし」ともいう。

あま・い【甘い】(形)(カロ・カッ(ク)・イ・イ・ケレ・○)①砂糖やみつなど糖分の味がある。「―菓子」↔辛い ②塩気・辛みが薄い。「―みそ汁」↔辛い ③快い感覚にさせるさまである。甘美で心身ともにとろける感じである。「―花の香り」「―声でささやく」「―マスク」④間違いや努力不足などを許して情けをかけるさま。てぬるい。厳しくない。「点数の―先生」↔辛い ⑤適切な判断ができず相手の言いなりになりやすい。しっかりしていない。安易だ。「考えが―」「そんな話に乗るほど―・くないよ」⑥はたらきが鈍い。ゆるい。「ねじが―・くなる」「ブレーキが―」「切れ味が―」⑦相場がやや下がり気味である。文あま・し(ク)

―汁(しる)を吸(す)う 自分は苦労せずに、他人の働きで利益を得る。**あまく見(み)る** みくびる。軽視してばかにする。「敵を―」

あま-いろ【亜麻色】亜麻を紡いだ糸のような、黄色がかった薄茶色。

あま-えび【甘×海老】〘動〙ホッコクアカエビの通称。体長約一二センチメートルで、全身が赤い。おもに生食用。

あま・える【甘える】(自下一)(エ・エ・エル・エル・エレ・エロ(エヨ))①人の好意や愛情を期待してなれなれしくする。また、物などをねだる。「祖父母に―」②遠慮なく人の好意や親切を受ける。「ご厚意に―」他あまやか・す(五) 文あま・ゆ(下二)

あまえん-ぼう【甘えん坊】(バウ) よく甘える子供。また、他人に甘える傾向の強い人。甘ったれ。甘えんぼ。

あま-おおい【雨覆い】(オホヒ) ①雨が当たらないようにかぶせておくもの。雨よけ。②太刀のさやの峰のほうを覆う金具。

あま-おち【雨落ち】①軒先の真下で、雨垂れの落ちる場所。②劇場で、舞台ぎわの土間。かぶりつき。

あま-がえる【雨△蛙】(ガヘル) 〘動〙アマガエル科の小形のカエル。指先に吸盤があって草むらや樹上に生活。体色はふつう緑だが、周囲の色によって変色する。夏 語源 雨の降る前に鳴くのでこの名がある。

あま-か・ける【天△翔る】(自五)(ラ(ロ)・リ(ッ)・ル・ル・レ・レ) 大空を飛ぶ。主として神や人の霊魂についていう。あまかける。

あま-がさ【雨傘】雨降りのときにさす傘。

あま-ガッパ【雨×合羽】雨降りのときに着るカッパ。

あま-から【甘辛】甘い味と辛い味。特に、砂糖としょうゆで味付けしたもの。「―だんご」

あま-から・い【甘辛い】(形)(カロ・カッ(ク)・イ・イ・ケレ・○) 甘味と辛味のまじり合った味である。「―・く煮る」文あまから・し(ク)

あま-かわ【甘皮】(カハ) ①木・果実などの内側の薄い皮。↔粗皮(あらかわ) ②爪(つめ)のねもとの薄く柔らかい皮。

あま-ぎ【雨着】衣服が雨にぬれないように上に着る衣服。

あま-ぐ【雨具】雨よけの道具や衣類。傘・レインコートなど。

あま-くだり【天下り・天◇降り】(名・自スル) ①(神や天人が)天上界から人間界へ降りてくること。②(官庁・上役からの)強制的なおしつけ・命令。「―の計画案」③退職した高級官僚が、官庁と関係のある外郭団体や民間企業などに優遇された条件で再就職すること。「―人事」

あま-くち【甘口】①(みそ・しょうゆ・酒などの)口当たりの甘いもの。↔辛口 ②甘いものを好むこと。また、その人。↔辛口 ③口先だけのいいかげんな甘い言葉。甘言(かんげん)。④てぬるいこと。

あま-ぐも【天雲】《古》天にある雲。

―の《枕》「はるか」「ゆく」「たゆたふ」「わかる」などにかかる。

あま-ぐも【雨雲】雨気を含んだ雲。雨を降らせる雲。

あま-ぐもり【雨曇〔り〕】雨が今にも降りそうな曇り方。

あま-ぐり【甘△栗】熱した小石の中で蒸し焼きにし、甘味を加えたクリの実。

あま-け【雨気】雨が降りそうな気配。雨模様。

あま-ごい【雨乞い】(ゴヒ) (名・自スル) ひでり続きのとき、雨が降るように神仏に祈ること。「―の神事」夏

あま-さかる【天◇離る】《枕》「鄙(ひな)」「向かふ」にかかる。「あまざかる」とも。

あま-ざけ【甘酒】米のかゆと米こうじを混ぜ合わせてつくる甘い飲み物。また、酒かすを水で溶いて甘みをつけた飲み物。夏

あま-ざらし【雨△曝し】雨にぬれるままにしておくこと。

あま-じお【甘塩】(ジホ) 塩味の薄いこと。薄塩。また、魚肉などに薄く塩をふること。

あま-じたく【雨支度・雨仕度】雨に備えての用意。

あま-しょく【甘食】甘みのある、円錐形(えんすいけい)の菓子パン。

あま・す【余す】(他五)(サ(ソ)・シ・ス・ス・セ・セ) 余るようにする。残す。「―ところあと三日」自あま・る(五) 可能あま・せる(下一)

―ところなく 残らず。すっかり。「―話す」

あま-ず【甘酢】みりん、または砂糖を混ぜて甘くした酢。

あま-ずっぱ・い【甘酸っぱい】(形)(カロ・カッ(ク)・イ・イ・ケレ・○) ①甘くてすっぱい味である。「―味」②ここちよさと切なさとが入りまじった気分である。「―思い出」

あま-そぎ【尼◇削ぎ】《古》頭髪を肩のところで切りそろえた少女の髪形。

〔あまそぎ〕

あま-ぞら【雨空】①雨が降りそうな曇り空。②雨天。

あま-た【◇数多】(名・副) 数多

く。たくさん。「ーの名所」

あま-だい【甘△鯛】ダヒ|《動》アマダイ科の海産魚の総称。タイより長く平たい。タイとは別種。食用。冬

あま-だれ【雨垂れ】軒などからしたたり落ちる雨のしずく。雨滴(うてき)。あまだり。

ー石(いし)を穿(うが)つ（雨垂れも長い間には石に穴をあけてしまうことから）小さな力でも根気よく続ければ、必ず成就することのたとえ。点滴(てんてき)石を穿つ。

あま-ちゃ【甘茶】①《植》アジサイ科の落葉低木。ヤマアジサイの変種。夏、淡青色の花を開き、のち赤く変わる。茎・葉はアジサイに似ている。②①またはアマチャヅル（＝ウリ科の多年草）の葉を干して煎じた飲料。四月八日の灌仏会(かんぶつえ)に、甘露になぞらえて釈迦(しゃか)の像にかける。春

あま-ちゃん【甘ちゃん】《俗》世間の厳しさを理解しておらず、考え・見通しの甘い人。

アマチュア〈amateur〉職業としてではなく、趣味や余技としてたずさわっている人。素人。愛好家。アマ。「ー無線」↔プロフェッショナル

あま-ちょろ・い【甘ちょろい】（形）カロ・カッ(ク)・イ・イ・ケレ・○ →あまっちょろい

あま-つ【天つ】（連体）《古》天の。天にある。参考「つ」は「の」の意を表す古い格助詞。

ーかぜ【ー風】《古》空を吹く風。

ーひつぎ【ー日◇嗣〔ぎ〕】《古》皇位継承。天皇の位。

ーをとめ【ー乙女・ー◇少女】《古》①天女(てんにょ)。天人。②五節(ごせち)の舞姫。

あまつかぜ…和歌〔天つ風 雲のかよひぢ 吹きとぢよ をとめの姿 しばしとどめむ〕〈古今集 良岑宗貞(よしみねのむねさだ)（僧正遍昭(そうじょうへんじょう)）〉大空を吹く風よ、雲を吹き寄せて天女が帰ろうとする雲間の道を閉じて、通れなくしておくれ。この舞が終わっても、あの美しい天女の姿を今しばらくこの地上にとどめて眺めていようと思うから。（宮中で行われる豊明節会(とよのあかりのせちえ)の五節(ごせち)の舞姫を天女にみたてたもの。小倉百人一首の一つ）

あまっ-こ【尼っ子】《俗》女性をののしっていう語。

あまつ-さえ【◇剰え】サヘ|（副）その上に。おまけに。そればかりか。「山で道に迷い、ー日も暮れてきた」語源「あまりさえ」の促音便「あまっさえ」の転。

あまっ-たる・い【甘ったるい】（形）カロ・カッ(ク)・イ・イ・ケレ・○ ①味がいやになるほど甘い。「ー菓子」②しまりがなく、だらけている。「ー考え」③相手にひどく甘える感じである。「ー言葉」

あまっ-た・れる【甘ったれる】（自下一）レレ・レレ・レル・レル・レレ・レロ(レヨ)《俗》ひどく甘える。「ー・れた声」

あまっ-ちょろ・い【甘っちょろい】（形）カロ・カッ(ク)・イ・イ・ケレ・○《俗》厳しさが足りない。考えが未熟で安易である。「ー意見」

あま-つぶ【雨粒】雨のしずく。あめつぶ。

あま-でら【尼寺】①尼の住む寺。②女子の修道院。

あま-ど【雨戸】家で、戸締まりのためや風雨・寒さを防ぐために、ガラス戸・障子(しょうじ)の外側に設けられた戸。

あま-どい【雨△樋】ドヒ|屋根の雨水を導いて地面に流すとい。

あま-とう【甘党】タウ|酒よりも甘いものを好む人。↔辛党(からとう)

あま-なつ【甘夏】《植》酸味を少なくし甘味を増した、夏ミカンの改良品種。甘夏蜜柑(あまなつみかん)。

あま-なっとう【甘納豆】糖蜜で煮たアズキ・ササゲなどの豆類に白砂糖をまぶした菓子。

あま-に【甘煮】味を甘く煮ること。甘く煮たもの。

あまに-ゆ【亜麻仁油】アマの種子からしぼった黄褐色の乾性油。塗料・印刷インク・ワニスなどの原料。食用にもする。

あまねく【◇普く・◇遍く】（副）及ばぬところなく。広い範囲に。くまなく。「ー知れ渡る」

あま-の-いわと【天の岩戸】イハト|古代の伝承で、高天(たかま)が原にあったとされる岩屋の戸。この岩屋に高天が原を支配する女神、天照大神(あまてらすおおみかみ)が籠(こ)もり戸を閉ざしたため、世界は闇になったという神話がある。天の岩屋戸。天(あめ)の岩戸。

あま-の-がわ【天の川・天の河】ガハ|晴れた夜空に長く白い川のように見える星の群れ。銀河。秋

あま-の-じゃく【天の邪◇鬼】①何事にけても人の言動に逆らう人。つむじ曲がり。②《仏》四天王・仁王(におう)の像などが足下に踏み付けている小鬼。

あま-の-はごろも【天の羽衣】天人の着る薄く軽い衣。これを着ると、空を飛ぶことができるという。

あま-の-はら【天の原】《古》①大空。②天上界。高天(たかま)が原。

あまのはら…和歌〔天の原 ふりさけ見れば 春日(かすが)なる 三笠(みかさ)の山に 出(い)でし月かも〕〈古今集 安倍仲麻呂(あべのなかまろ)〉この唐の地にあって、大空をはるかに仰ぎ見るとちょうど月がのぼってきた。あれは日本にいたころ、故郷の春日にある三笠の山に出たのと同じ月なのだなあ。（小倉百人一首の一つ）

あま-のり【甘×海苔】紅藻類ウシケノリ科アマノリ属の海藻。種類が多く、代表的なものはアサクサノリ。春

あま-ぼし【甘干し】①渋を抜くために皮をむいて干した柿。秋②保存料の塩を少なくした、魚の生干し。

あま-ま【雨間】雨の降りやんでいる間。あまあい。

あま-み【甘み・甘味】①甘さの程度。「ーが強い」②甘い味。甘い味のもの。甘味(かんみ)。《↔辛み》参考「み」は接尾語。「味」と書くのは当て字。

あま-みず【雨水】ミヅ|雨として降ってくる水。また、雨が降ってたまった水。雨水(うすい)。「ーをためる」

あま-みそ【甘味◇噌】塩気の薄いみそ。

あま-もよい【雨◇催い】モヨヒ|雨の降りそうな空模様。雨催(あめもよ)い。

あま-もよう【雨模様】モヤウ|雨が降りそうな空のようす。雨模様(あめもよう)。

あま-もり【雨漏り】（名・自スル）雨水が屋根や天井から漏ること。

あまやか・す【甘やかす】（他五）サ(ソ)・シ・ス・ス・セ・セ 甘えさせる。十分なしつけをせず、わがままにさせておく。「ー・されて育った子供」自あま・える（下一）

あま-やどり【雨宿り】（名・自スル）軒下・木陰などにとどまって雨がやむのを待つこと。

あま-やみ【雨◇止み】①雨がしばらく降りやむこと。②雨がやむのを待つこと。雨宿り。

あま-よ【雨夜】雨の降っている夜。

あま-よけ【雨◇避け】一（名）雨を防ぐ覆い。雨覆(あまおお)い。二（名・自スル）→あまやどり

-あまり【余り】（接尾）（数詞に付いて）それより少し多いことを表す。「一〇〇〇円ーの買い物」

あまり【余り】一（名）①使い終わって残ったもの。残り。「服地のー」②《数》割り算で、割り切れないで残った数。③（「…のあまり」の形で）度をこした事柄の結果を示す。「うれしさのー大声を出す」二（副）①（あとに打ち消しの語を伴って）それほど。たいして。あんまり。「ーうれしくない」②非常に。あんまり。「ー忙しいのも困る」三（形動ダ）ダロ・ダッ(デ・ニ)・ダ・ナ・ナラ・○ 度をこしてひどいさま。あんまり。「ーに人をばかにした話だ」「ーの暑さに裸になる」

ー有(あ)る …するのに十分である。…してもまだ余裕がある。

「補って—」 —と言えば　あまりにも。度をこえてひどいさまにいう。「—あまりの仕打ち」

アマリリス〈amaryllis〉〔植〕ヒガンバナ科の多年草。初夏、ユリに似た大輪の花を開く。観賞用球根植物。夏

あま・る【余る】（自五）ラ(ロ)・リ(ッ)・ル・ル・レ・レ ①必要な数量をこえて残る。「料理が—」②〔数〕割り算で、割り切れずに残りがでる。③処理の能力の限度をこしている。「手に—仕事」「思案に—・って相談する」④分に過ぎる。「身に—光栄」他あま・す（五）

ちがい「余る」・「残る」
「余る」は必要を満たすのに使ったあと、なおまだあること（余分が出たこと）をいい、「残る」は事を終えたあと、なくならずまだあることをいう。「身に余る光栄」は「光栄」が「身」以上にあることをいい、これを「身に残る光栄」とはいわない。「会費が余る」は会の支払いをすべて済ませてまだ余分があることをいう。これを「支払いが余る」といっては分かりにくい。「支払いが残る」というのは、所持金が支払いに不足する、計算が済まないなど何らかの事情で支払いを済ませていないことである。「会費が残る」は、「会費が余る」と同様に、支払いを済ませてまだ残金があることをいう。

アマルガム〈amalgam〉①水銀と他の金属との合金。銀・すず・水銀の合金はかつてむし歯の詰め物に使われた。②（転じて）性質の異なるものが融合・混合したもの。「聖と俗の—」

あまん・じる【甘んじる】（自上一）ジ・ジ・ジル・ジル・ジレ・ジロ(ジヨ) 与えられたものに満足して、またはしかたがないと思って受け入れる。「清貧に—」語源サ変動詞「あまんずる」の上一段化。

あまん・ずる【甘んずる】（自サ変）ジ(ゼ)・ジ・ズル・ズル・ズレ・ジロ(ゼヨ) →あまんじる 文あまん・ず（サ変）

あみ【網】①糸・ひも・針金などを格子状に粗く編んだもの。また、それで作った、鳥・魚・虫などを捕らえたり物を焼いたりするための道具。②人や物を捕らえたり規制したりするために張りめぐらしたもののたとえ。「法の—をくぐる」

—呑舟の魚を漏らす（網目が粗いために、舟を呑み込むほど大きな魚まで逃がしてしまうことから）法律が大ざっぱで大罪人が刑罰を逃れることのたとえ。〈史記〉参考反対のことば—天網恢々疎にして漏らさず。**—を張る** 犯人などを捕らえる手はずを整えて待ち構える。

あみ【×醤蝦】〔動〕甲殻類アミ科の節足動物の一群の総称。形はエビに似て小さい。食用、または漁業用のえさにする。

アミ〈フランス ami（男）・amie（女）〉（異性の）友人。愛人。

あみ-あげ【編〔み〕上げ】「あみあげぐつ」の略。

—ぐつ【—靴】足の甲にあたるところをひもで×形に締めて履く深い靴。編み上げ。

アミーバ〈amoeba〉→アメーバ

あみ-うち【網打ち】①投網を打って魚をとること。また、その人。②相撲で、相手の差し手を両手で抱え、うしろにひねって倒す技。

あみ-がさ【編〔み〕笠】菅・わら・藺などで編んだ、頭にかぶるかさ。夏

〔あみがさ〕

あみ-がしら【△罔頭】漢字の部首名の一つ。「罪」「羅」などの「罒」、「罕」の「⺳」の部分。

あみ-き【編み機】編み物を編む機械。

あみ-こ【網子】網元の下で実際に網漁業に従事する人。↔網元

あみ-じゃくし【網△杓子】すくう部分が金網でできた調理用のしゃくし。汁の実や揚げかすなどをすくい取るのに用いる。

あみ-すき【網◇結き】網を編んで作ること。また、それを業とする人。

あみだ【△阿△弥△陀】①〔仏〕西方の極楽浄土にいるという教主。阿弥陀仏。阿弥陀如来。弥陀。無量光仏。②「あみだかぶり」の略。③「あみだくじ」の略。参考「阿弥陀」は梵語。

—かぶり【—◇被り】（阿弥陀仏が光背を背負った形から）帽子をうしろに傾けてかぶること。

—くじ【—△籤】（阿弥陀仏の光背のように、放射状に線を引いたことから）人数分引いた線の一端に金額を書いて隠し、各自が引き当てた金額を出し合ってともに飲食などをするくじ。現在は、縦線を人数分引き、それに横線を加え、各自がそれをたどっていって、隠された当たりやはずれを引くくじ。

—さんぞん【—三尊】〔仏〕阿弥陀仏と、その左右の脇士の観世音菩薩・勢至菩薩の三体。弥陀三尊。

—にょらい【—如来】→あみだ①

—ぶつ【—仏】→あみだ①

あみ-だ・す【編〔み〕出す】（他五）サ(ソ)・シ・ス・ス・セ・セ ①編み始める。②編んで形などを表す。③工夫して新しい物事を考え出す。「新しい技術を—」

あみ-だな【網棚】電車・バスなどで、乗客が手荷物を載せるために座席の上に網などを張って設けた棚。

あみ-てん【網点】印刷で、画像を表現する、網目状に並んだ小さな点。点の大小や粗密で画像の濃淡を表す。

あみ-ど【網戸】風は通して虫を防ぐように網を張った戸。夏

あみ-ど【編〔み〕戸】竹やへぎ板などで編んだ戸。

アミノ-さん【アミノ酸】〈amino〉〔化〕たんぱく質が加水分解してできる化合物。

あみ-の-め【網の目】①網の、糸と糸とのすきま。網目。②細かく張りめぐらしたもののたとえ。「法の—をくぐる」

あみ-ばり【編〔み〕針】網を作るのに使う針。あみすきばり。

あみ-はん【網版】（「網目写真版」の略）印刷で、写真のような濃淡のある原図を複製する印刷用凸版の一種。網目版。

あみ-ぼう【編〔み〕棒】編み物をするのに使う棒。編み針。

あみ-め【網目】網の、糸と糸とのすきま。網の目。

あみ-め【編〔み〕目】①編み物で、糸と糸とを編み合わせた目。②糸や竹などで編んだものにできるすきま。「—が粗い」

あみ-もと【網元】漁船や魚網を持ち、漁師を雇って漁業をする人。漁師の親方。網主。↔網子

あみ-もの【編〔み〕物】毛糸・糸などを編んで衣類や装飾品などを作ること。また、作ったもの。

あみ-やき【網焼〔き〕】金網にのせて食物を焼くこと。また、そうして焼いた料理。

アミューズメント〈amusement〉娯楽。楽しみ。「—パーク」

アミラーゼ〈amylase〉〔化〕唾液などに含まれる消化酵素。デンプンやグリコーゲンを加水分解して麦芽糖などにする。ジアスターゼ。

あ・む【編む】（他五）マ(モ)・ミ(ン)・ム・ム・メ・メ ①糸・竹・針金・髪の毛など細長いものをたがい違いに組み合わせる。「マフラーを—」②記事を集めて本を作る。編集する。「全集を—」可能あ・める（下一）

アムネスティ-インターナショナル〈Amnesty International〉政治権力による人権侵害を防ぐために、一九六一年に設立された民間の国際的人権擁護組織。本部はロン

ドン。参考 amnesty は「恩赦」の意。

あめ【天】《古》天。空。「―が下」

あめ【雨】①大気中の水蒸気が高所で冷気のため凝結し、水滴となって地上に落ちてくるもの。「―が降る」「―になる」「―がやむ」②雨の降る天候。雨天。「今日は―だ」③雨のように多量に降り注ぐもの。「弾丸の―」

類語

降り方	大量の雨	大雨・豪雨・暴雨・暴風雨・急雨
	小量の雨	小雨・霧雨・小糠雨・糠雨・煙雨・細雨・微雨・涙雨
	長時間	長雨・霖雨・淫雨・陰雨・地雨・宿雨
	短時間	俄雨・通り雨・狐の嫁入り・村雨・驟雨
季節	春	春雨・春時雨・春霖・菜種梅雨
	夏	五月雨・梅雨・卯の花くたし・白雨・雷雨・涼雨・虎が雨・喜雨・雹
	秋	秋雨・秋霖・秋黴雨・秋時雨
	冬	時雨・村時雨・冷雨・氷雨・霰・霙
その他		慈雨・瑞雨・山雨・朝雨・暮雨・夜雨

表現〈雨の降り方の形容〉篠突く・土砂降りの・横なぐりの・滝のような・バケツの水をぶちまけたような・たたきつけるような・太鼓をたたくような・糸のような・糠のような・車軸を流すような・馬の背を分ける・利久鼠の

―が降ろうと槍が降ろうと どんな困難があっても。是が非でも。参考 同じ意で「火が降っても槍が降っても」という。

―塊を破らず 降る雨が土のかたまりを崩さない。世の中がよく治まっているようす。**―降って地固まる** もめごとが起こったあと、かえって前よりも事態が安定するたとえ。

あめ【飴】イモ・米などのデンプンを麦芽で糖化させた粘り気のある食品。また、砂糖などを煮つめ固めたキャンディーなど。

―と鞭 相手をおだてて機嫌を取る一方で、厳しく管理して勉強や仕事などに打ち込ませること。語源 ドイツ帝国の宰相ビスマルクの政策を評した言葉から。**―をなめさせる** ①うまいことを言って相手をおだてる。②勝負事などで、わざと負けて喜ばせる。参考「あめをしゃぶらせる」「あめをねぶらせる」ともいう。

あめ-あがり【雨上〔が〕り】 雨のやんだあと。雨上がり。

あめ-あし【雨足・雨脚】 →あまあし

あめ-あられ【雨霰】 ①雨やあられ。②弾丸・矢などが激しく飛んでくることのたとえ。「弾丸が―と飛び交う」

あめい-せんそう【蛙鳴蟬噪】 ①(蛙や蟬がやかましく鳴くことから)騒がしいこと。②つまらない議論を盛んにすること。

あめ-いろ【飴色】 水あめのような透き通った暗黄色。

あめ-うし【飴牛・黄牛】 あめ色の牛。

アメーバ〈amoeba〉池や沼などにいる微細な単細胞生物の一群の総称。体は不定形で、分裂によって増殖する。アミーバ。

―せきり【―赤痢】《医》赤痢アメーバの感染によって起こる病気。粘血便の下痢がみられる。熱帯・亜熱帯に多い。

あめ-おとこ【雨男】 (冗談めかして)その人が現れたり、何かをしようとしたりすると雨が降るといわれる男性。↔雨女

あめ-おんな【雨女】 (冗談めかして)その人が現れたり、何かをしようとしたりすると雨が降るといわれる女性。↔雨男

あめ-が-した【天が下】 ①日本の国土。②この世。天下。

あめ-かぜ【雨風】 雨と風。風を伴った雨。「―が激しくなる」

あめ-がち【雨勝ち】 (名・形動ダ) 雨の降る日が多いこと。また、一日のうち雨の降っている時が多いこと。

あめ-かんむり【雨冠】 漢字の部首名の一つ。「雲」「雪」などの「⻗」の部分。雨冠。

あめ-ざいく【飴細工】 ①あめでいろいろな形を作り出したもの。②見かけはりっぱでも、実質の伴わないもの。

アメシスト〈amethyst〉《地質》紫水晶。アメジスト。

アメダス【AMeDAS】〈Automated Meteorological Data Acquisition System から〉気象庁の地域気象観測システム。全国約一三〇〇の観測地点に設置された気象計から集めたデータをコンピューター処理し各地に配信する。

あめ-だま【飴玉】 玉状のあめ。

あめ-つち【天。地】 ①天と地。天地。②天地の神。

あめつちに… 和歌〔あめつちに われひとりゐて たつごときこのさびしさを きみはほほゑむ〕〈会津八一〉はてしない天地の間に自分ひとりだけがいてここに立っているようなさびしさを抱いている私を見つめ、み仏はお顔にほほえみを浮かべておられる。(法隆寺夢殿の救世観音を詠んだ歌)

あめ-つぶ【雨粒】 →あまつぶ

あめ-つゆ【雨露】 雨と露。雨露。「―をしのぐ」

あめ-に【飴煮】 魚などを水あめや砂糖などで甘辛く煮ること。また、そのように煮たもの。あめだき。

アメニティー〈amenity〉①生活環境、職場環境などの快適さ。②(「アメニティーグッズ」の略)ホテルの客室に備えてある石けん・歯ブラシなどの小物。

あめのむらくもの-つるぎ【天叢雲剣】 三種の神器の一つ。熱田神宮の神体。素戔嗚尊が八岐大蛇の尾から得たという剣。草薙剣。⇩三種の神器

アメ-フト →アメリカンフットボール

あめ-ふり【雨降り】 雨が降ること。雨の降っている間。雨天。

あめ-もよい【雨。催い】 →あまもよい

あめ-もよう【雨模様】 →あまもよう

アメリカ〈America〉①南北アメリカ大陸・西インド諸島の総称。②「アメリカ合衆国」の略。語源 一五世紀のイタリアからの航海者アメリゴ・ベスプッチの名にちなむ。参考「亜米利加」とも書く。

―がっしゅうこく【―合衆国】 北アメリカ大陸の中央部およびハワイ・アラスカを含む、五〇州とコロンビア特別区(首都)からなる連邦共和国。米国。首都はワシントンDC。

―しろひとり【―白火取り】《動》ヒトリガ科の昆虫。北アメリカ原産で一九四五年ごろ日本に侵入。幼虫は淡黄色で黒いすじと斑点があり、桜などの葉を食い荒らす害虫。

アメリカナイズ〈Americanize〉(名・自他スル) アメリカ化すること。アメリカ風になること。「―された生活」

アメリカニズム〈Americanism〉①アメリカ風。アメリカ人気質。②アメリカ英語。

アメリカン〈American〉①アメリカ人(の)。アメリカ風。②「アメリカンコーヒー」の略。

―インディアン〈American Indian〉→ネイティブアメリカン

―コーヒー〈和製英語〉浅く煎った豆でいれた薄いコーヒー。アメリカン。参考 英語では mild coffee という。

―ドリーム〈American dream〉民主主義・自由・平等などのアメリカ建国以来の理想・夢。また、アメリカでは、才能や努力しだいでだれもが成功できるとする考え方。

―フットボール〈American football〉一チーム一一人からなる、フットボールの一種。防具を着けた選手が紡錘形の球を手や足で扱い、相手の陣地にもちこんで得点を競う競

技。アメフト。アメラグ。米式蹴球(しゅうきゅう)。

あめんぼ【×水黽・×水馬】〔動〕アメンボ科の昆虫の総称。背は黒く、腹は銀白色。中脚と後脚が長く、池・沼・川などの水面を動く。水あめに似たにおいがする。あめんぼう。かわぐも。夏

あや【◦文・△綾】①模様。色合い。②斜めに交わった線模様。③言葉や文の修飾。巧みな言い回し。「言葉の―」④物事の入り組んだ仕組み。物事の筋道。「勝負の―を説く」

あや【△綾】①いろいろな模様を織り出した美しい絹織物。②斜めの模様の織物。あや織り。

あや-いと【△綾糸】①あやとりをする糸。②機(はた)のたて糸をまとめる糸。

あやう・い【危うい】(形)カロ・カッ(ク)・イ・イ・ケレ・○ アヤフイ ①災難や危険が身に迫っている状態である。危ない。「命が―」②あてにならない。おぼつかない。「成功は―」

あやうく【危うく】アヤフク (副)①やっとのことで。かろうじて。「―間に合った」②もう少しで。「―乗り遅れるところだった」文あやふ・し(ク)

あや-おり【△綾織〔り〕】①→あや(綾)② ②綾(あや)を織ること。また、その人。

あやかし ①船が難破するときに、海上に出るという怪物。②不思議なこと。③能楽で、男の亡霊・怨霊(おんりょう)などに用いる面。

あやかり-もの【◦肖り者】自分もそうなってみたいと思うほどの幸せ者。果報者。

あやか・る【◦肖る】(自五)ラ(ロ)・リ(ッ)・ル・ル・レ・レ 自分が望んでいる状態にある人と同様の幸福を得る。「あなたの強運に―・りたい」可能あやか・れる(下一)

あや・し【怪し・◦奇し・◦異し】(形シク)(古)①不思議だ。変わっている。②疑わしい。③けしからぬ。よくないことだ。

あや・し【△賤し】(形シク)(古)①粗末だ。②身分が低い。

あやし・い【怪しい】(形)カロ・カッ(ク)・イ・イ・ケレ・○ ①実体がわからず気味が悪い。ようすが変だ。「―人影」「―音がする」②疑わしい。信用できない。「あの人の言うことは―」③秘密の恋愛関係があるらしい。「あの二人は―」④いかがわしい。「―商売の店」⑤よくない状態になりそうだ。「雲行きが―」⑥神秘的である。「―魅力」参考⑥は「妖しい」とも書く。文あや・し(シク)
類語 いかがわしい・訝(いぶか)しい・疑わしい・おかしい・くさい・胡散(うさん)くさい・怪異・怪奇・奇怪・奇妙・不可解・不可思議・不思議・不審・胡乱(うろん)

あやし・む【怪しむ】(他五)マ(モ)・ミ(ン)・ム・ム・メ・メ あやしいと思う。不審に思う。「人に―・まれる」「―に足りない(=ごく当然なことだ)」

あや・す(他五)サ(ソ)・シ・ス・セ・セ 赤ん坊などの機嫌をとる。なだめる。「泣いている子を―」可能あや・せる(下一)

あ-やつ【◦彼◦奴】(代)他称の人代名詞。第三者をののしって言う語。あいつ。あの野郎。あん畜生。

あやつり-にんぎょう【操り人形】ニンギヤウ ①人形芝居に使う人形。手で直接操る手遣い人形と、糸でつって操る糸操り人形とがある。あやつり。②(比喩(ひゆ)的に)他人の意志や言葉のままに行動する人。

あやつ・る【操る】(他五)ラ(ロ)・リ(ッ)・ル・ル・レ・レ ①手や糸で人形などを動かす。②陰から指図して思いどおりに働かせる。「手下を―」③上手に扱う。巧みに操作する。「新しい機械を―」「三か国語を自由自在に―」可能あやつ・れる(下一)

あや-とり【△綾取り】糸の輪を両手の手首や指に掛け、いろいろな形を作って取り合う遊び。

あや-ど・る【△綾取る】(他五)ラ(ロ)・リ(ッ)・ル・ル・レ・レ ①たすきなどを十文字に結ぶ。②(文章などを)美しく飾る。「野を―草花」

あや-な・す【△綾なす・◦彩なす】(自他五)サ(ソ)・シ・ス・ス・セ・セ ①美しい模様を作る。いろどりを添える。「人と自然が―ドラマ」②うまく取り扱う。あやつる。「人を―」

あや-にく(形動ナリ)(古)①意地が悪いさま。ひどいさま。②間が悪いさま。あいにく。

あや-にしき【△綾錦】①綾(あや)と錦(にしき)。「金・銀・珊瑚(さんご)・―」②衣服・紅葉などの目の覚めるような美しさを形容する語。

あやぶ・む【危ぶむ】(他五)マ(モ)・ミ(ン)・ム・ム・メ・メ よくない結果になるのではないかと心配する。「実現が―・まれる」

あや-ふや(形動ダ)ダロ・ダッ(デ・ニ)・ダ・ナ・ナラ・○ 物事のはっきりしないさま。あいまいなさま。「―な返事」文(ナリ)
類語 不確か・曖昧(あいまい)・薄弱・不得要領(ふとくようりょう)・ぼんやり・うやむや・いい加減

あやまち【過ち】物事のやりそこない。間違い。失敗。過失。
類語 誤り・しくじり・失策・失態・粗相・落ち度・ミス

あやま・つ【過つ】(他五)タ(ト)・チ(ッ)・ツ・ツ・テ・テ ①やりそこなう。間違える。「―・たず的中する」②気づかずに過失や罪を犯す。「―・って人にけがをさせる」

あやまちては則(すなわ)ち改(あらた)むるに憚(はばか)ること勿(なか)れ 過ちを犯したときは、改めることをためらってはならない。〈論語〉

あやまり【誤り・△謬り】誤ること。間違い。「―を正す」

あやま・る【誤る・△謬る】ラ(ロ)・リ(ッ)・ル・ル・レ・レ 一(自五) 事実や道理からはずれる。間違う。「君の認識は―・っている」二(他五)①物事をやりそこなう。「操作を―」②間違える。「計算を―」③過ちをさせる。間違った方向へ導く。「身を―」

あやま・る【謝る】(他五)ラ(ロ)・リ(ッ)・ル・ル・レ・レ ①悪いと思ってわびる。謝罪する。「手をついて―」②閉口して断る。降参する。可能あやま・れる(下一)
類語 謝罪する・陳謝する・深謝する・詫(わ)びる・詫び入る・謝する・平謝りする・直(ひた)謝りする・謝意を表す

あや-め【◦文目】①模様。色合い。②物事の筋道や区別。
―も分(わ)かぬ 物の区別もつかない。

あやめ【×菖蒲】①「しょうぶ①」の古名。②〔植〕アヤメ科の多年草。山野に自生。葉は濃い緑色で初夏に紫または白色の花を開く。観賞用。夏 参考②によく似た花に「かきつばた」「はなしょうぶ」「いちはつ」などがある。

〔菖蒲②〕

―の-せっく【―の節句】五月五日の節句。端午(たんご)の節句。夏 ⇩五節句

あや・める【危める・◦殺める】(他下一)メ・メ・メル・メル・メレ・メロ(メヨ) 危害を加える。特に、殺す。「人を―」文あや・む(下二)

あゆ【△鮎・×香魚・×年魚】〔動〕アユ科の淡水魚。稚魚は海で育つ。背は青黒く、腹は白色。食用。夏 参考肉に芳香があることから「香魚」、寿命がふつう一年であることから「年魚」とも書く。

あ-ゆ【△阿△諛】(名・自スル) 人の機嫌をとること。媚(こ)びへつらうこと。おべっか。「―追従(ついしょう)」

あゆ-ずし【△鮎△鮨】①塩や酢に漬けたアユの腹に飯を詰めて作ったすし。②酢に漬けたアユを飯の上にのせたすし。夏

あゆみ【歩み】①歩くこと。歩行。「―を止める」②足並み。歩調。「―をそろえる」③物事の進み方。推移。変遷。経過。「戦後の日本の―」

―あい【―合い】アヒ →あゆみより

―いた【―板】①人が歩くために物の上にかけ渡した板。②船から船へ、または、船から陸へ渡す板。

―より【―寄り】たがいに譲り合って意見や主張を近づけあうこと。折れ合い。歩み合い。

あゆみ-よ・る【歩み寄る】(自五)ラ(ロ)・リ(ッ)・ル・ル・レ・レ ①歩いて近寄

る。②意見や主張の一致しない者が事態の解決のためにたがいに譲り合う。「労使が—・り、争議が解決した」

あゆ・む【歩む】(自五)(マ(モ)・ミ(ン)・ム・ム・メ・メ) ①歩く。②歳月を過ごす。「母が—・んだ人生」③物事が進行・進展する。「改革に—・み出す」可能 あゆ・める(下一)

あら-【荒】(接頭)①「荒れた」の意を表す。「—野」②「荒々しい」「乱暴な」などの意を表す。「—武者」「—療治」

あら-【粗】(接頭)①「おおざっぱな」「未完成の」の意を表す。「—塗り」②「自然のまま」の意を表す。「—金(がね)」「—塩」

あら【粗】①よいところを取ったあとのくず。特に、魚を調理したあとに残る頭や骨・内臓。②(人の)欠点。短所。「—探し」

あら-【新】(接頭)①「新しい」の意を表す。「—手」「—仏」②「まだ使用していない」の意を表す。「—湯」

あら【△鯇】《動》スズキ科の海産硬骨魚。口が大きく、えらに鋭いとげがある。食用。おきすずき。冬

あら(感)(多く女性が)驚いたり感動したりしたときに発する語。「—、そうかしら」「—、うれしい」

アラー〈アラビア Allāh〉→アッラー

アラート〈alert〉警報。警戒態勢。「熱中症警戒—」

アラーム〈alarm〉①警報。警報器。②目覚まし時計。

あら-あら【粗粗】(副)ざっと。だいたい。あらかた。

あらあら-かしこ(意を尽くさない書き方で、恐縮である意)女性が手紙の末尾に添える語。あらあらかしく。

あらあら-し・い【荒荒しい】(形)(カロ・カッ(ク)・イ・イ・ケレ・○) ①非常に乱暴である。荒っぽい。「—ふるまい」②勢いが強く激しい。「—呼吸」文 あらあら・し(シク)

あらい【洗い】(アラヒ) ①洗うこと。洗濯。②刺身の一種。コイ・タイ・スズキなどの魚肉を切って冷水でさらし、縮ませたもの。夏

—がみ【—髪】洗いたての髪。特に、洗ったままで結わないでいる女性の髪。夏

—こ【—粉】顔・髪または食器などを洗うのに用いる粉。

—ざらい【—△浚い】(ザラヒ)(副)何から何まで。すっかり。残らず全部。「—告白する」

—ざらし【—△晒し】何度も洗って、衣服などの色があせていること。また、そうなったもの。「—のジーンズ」

—ぜき【—△堰】川の水が常時その上を越えて流れるように作った堰。下流の水量を調節する目的で作る。

—だし【—出し】①れんが壁の表面を塗らずに素地を出しておくこと。②壁やたたきの表面が乾かないうちに水洗いして、細石を浮き出させたもの。③杉板をこすり洗って木目を浮き出させたもの。④隠れている事柄を調べ出すこと。「容疑者の—」

—ば【—場】①洗濯をする所。②(飲食店・料理屋などの)食器類を洗う所。③浴室で体を洗う所。

—はり【—張り】(名・他スル)ほどいた着物を洗って糊(のり)づけし、板張りや伸子(しんし)張りにして広げ乾かすこと。

—もの【—物】衣類や食器など、洗うべき物。また、それを洗うこと。「—がたまる」「—をする」

あら・い【荒い】(形)(カロ・カッ(ク)・イ・イ・ケレ・○) ①勢いが強く激しい。「波が—」②精神・言動が穏やかでない。乱暴である。「気が—」「言葉が—」③節度がない。無茶である。「金づかいが—」文 あら・し(ク) ⇒「使い分け」

あら・い【粗い】(形)(カロ・カッ(ク)・イ・イ・ケレ・○) ①細かい点まで行き届かず、仕上がりが悪い。精密でない。雑である。「細工が—」「仕事が—」↔細かい ②なめらかでない。ざらざらしている。「—手ざわり」③まばらだ。すきまがある。「—竹垣」④一つ一つが大きくて細かくない。「粒が—」↔細かい 文 あら・し(ク) ⇒「使い分け」

> 使い分け 「荒い・粗い」
> 「荒い」は、乱暴なさまや勢いが激しくすさまじいさまを表し、「波が荒い」「気性が荒い」「荒い鼻息」などと使われる。
> 「粗い」は、作る過程で細部への配慮が欠けて出来が悪く、粒などがふぞろいなさま、織物や編み物の目などが細かくないさまを表し、「コーヒー豆を粗く挽(ひ)く」「縫い目が粗い」などと使われる。しかし、「荒壁・粗壁」「荒削り・粗削り」のように、ともに用いられる場合もある。

あらい-あ・げる【洗い上げる】(アラヒ)(他下一)(ゲ・ゲ・ゲル・ゲル・ゲレ・ゲロ(ゲヨ)) ①洗い終わる。②十分に洗う。③身元などをすっかり調べ上げる。文 あらひあ・ぐ(下二)

アライアンス〈alliance〉同盟。連携。特に、企業の提携、協力関係をいう。「—を組む」

あらい-ぐま【洗[い]熊・△浣[い]熊】(アラヒ)《動》アライグマ科の食肉獣。おもに北アメリカに分布。タヌキに似る。食物を洗って食う習性をもつといわれる。

あら-いそ【荒△磯】波が荒く、岩・石の多い海岸。荒磯(ありそ)。

あらい-だ・す【洗い出す】(アラヒ)(他五)(サ(ソ)・シ・ス・ス・セ・セ) よく調べて検討し、隠れていた事柄を明らかにする。「問題点を—」

あらい-た・てる【洗い立てる】(アラヒ)(他下一)(テ・テ・テル・テル・テレ・テロ(テヨ)) ①何度も念入りに洗う。②人の悪事や欠点などをあばきたてる。「旧悪を—」文 あらひた・つ(下二)

あらい-なお・す【洗い直す】(アラヒナホス)(他五)(サ(ソ)・シ・ス・ス・セ・セ) ①一度洗ったものを、再度洗う。②一度調べ上げた事柄について、改めて検討し直す。「容疑者のアリバイを—」

あらい-なが・す【洗い流す】(アラヒ)(他五)(サ(ソ)・シ・ス・ス・セ・セ) ①汚れを、水などで洗って落とす。「壁の汚れを—」②心の中にあるわだかまりをすっかり消し去る。「嫌な思い出を—」

あらいはくせき(新井白石)(アラヰハクセキ)(一六五七〜一七二五)江戸中期の朱子学者・政治家。江戸(東京都)生まれ。木下順庵(じゅんあん)の門下。六代家宣(いえのぶ)・七代家継(いえつぐ)の各将軍の下で侍講・政治顧問として活躍。著書「西洋紀聞」「折たく柴(しば)の記」など。

あら・う【洗う】(アラフ)(他五)(ワ(オ)・イ(ッ)・ウ・ウ・エ・エ) ①水・薬品などで汚れを落とす。「顔を—」「野菜についた泥を—」②水や波が水辺のものに寄せたり返したりする。「波が岸を—」③隠れている事柄がないようよく調べる。「身元を—」可能 あら・える(下一)

あらわれる けがれが除かれ、清浄ですがすがしい感じになる。「心が—思い」

あら-うま【荒馬】気性の荒い馬。あばれ馬。

あら-うみ【荒海】波の荒い海。

あら-えびす【荒△夷】①荒々しい者。野蛮人。②《古》昔、京都の人が東国の武士をさしていった語。

あら-おり【粗織[り]】粗末な糸で目を粗く織ること。また、目を粗く織ったもの。

あらが・う【◇抗う】(アラガフ)(自五)(ワ(オ)・イ(ッ)・ウ・ウ・エ・エ) さからう。反抗する。抵抗する。「権力に—」可能 あらが・える(下一)

あらかじめ【◇予め】(副)事の起こる前から。前もって。かねがね。「—準備する」

あら-かせぎ【荒稼ぎ】(名・自他スル)手段を選ばずに、また一時に多くの金をもうけること。「株で—する」

あら-かた【粗方】(名・副)だいたい。おおよそ。「—終わる」

あら-がね【粗金】掘り出したままの、精錬していない金属。

あら-かべ【荒壁・粗壁】下塗りをしただけの壁。

ア-ラ-カルト〈フランス à la carte 献立表によって〉メニューから好みによって注文する料理。一品料理。

あら-かわ【粗皮】(カハ) ①樹木や穀粒(こくりゅう)の表の皮。↔甘皮

（あまかわ）②動物からはいだままで、まだなめしていない皮。

あらかん【△阿羅漢】〔仏〕小乗仏教の修行者の最高の地位。すべての煩悩(ぼんのう)を断ち、悟りを開いた人。羅漢(らかん)。

あら-き【荒木・粗木】切り出したままで、加工していない木。

あらき-だ【新◇墾田】〔古〕新しく開墾した田。新田。

あらきだもりたけ〔荒木田守武〕（一四七三―一五四九）室町後期の連歌師・俳人。伊勢(いせ)神宮の神官。山崎宗鑑(そうかん)とともに連歌からの俳諧(はいかい)の独立をめざした。句集「守武千句」など。

あら-ぎも【荒肝】肝っ玉。度胸。**―を拉(ひし)ぐ** ひどく驚き恐れさせる。荒肝を抜く。

あら-ぎょう【荒行】ギャウ 僧や山伏などが行う、激しく苦しい修行。寒中に滝に打たれたり水を浴びたりなどする。

あら-くれ【荒くれ】荒々しく乱暴なこと。また、その人。**―もの**【―者】なにかと乱暴をはたらく者。荒々しい者。

あら-けずり【粗削り・荒削り】ケヅリ 一（名・他スル）木などを細かい仕上げの前にざっと削ること。また、削ったもの。二（名・形動ダ）おおまかで、十分にねりみがかれていないこと。また、そのさま。「―な技(わざ)」

あら・げる【荒げる】（他下一）ゲ・ゲ・ゲル・ゲル・ゲレ・ゲロ(ゲヨ)「あららげる」の変化した語。「声を―」

あら-ごと【荒事】〔演〕歌舞伎(かぶき)で、勇士・鬼神などが主役の芝居。また、その勇猛なしぐさ。「―師」⇩和事(わごと)・実事(じつごと)

あら-ごなし【荒ごなし・粗ごなし】（名・他スル）①細かい仕事の前にざっとした処理をすること。②物を粉にする際、前もって粗く砕くこと。

あら-ごも【粗△菰】粗く編んだむしろ。あらこも。

あら-さがし【粗捜し・粗探し】（名・自他スル）ことさらに他人の欠点や過失をさがし出すこと。「人の―をする」

あらざらむ…〔和歌〕〔あらざらむ この世のほかの 思ひ出に 今ひとたびの 逢(あ)ふこともがな〕〈後拾遺集 和泉式部(いずみしきぶ)〉私は病床にあり、長くもない命でしょうが、あの世への思い出にもう一度あなたにお逢(あ)いしたいものです。（小倉百人一首の一つ）

あらし【嵐】（字義）→らん（嵐）

あらし【嵐】①暴風雨。②激しく吹く風。暴風。③激しく揺れ動き、乱れることのたとえ。「不況の―」**―の前(まえ)の静(しず)けさ**（嵐の少し前、あたりが一時静まることから）重大なことが起こる直前の不気味な静けさ。

あら-しごと【荒仕事】①力のいる仕事。力仕事。②強盗・殺人など乱暴な悪事。

あらしふく…〔和歌〕〔嵐ふく 三室(みむろ)の山の もみぢ葉は 竜田(たつた)の川の 錦(にしき)なりけり〕〈後拾遺集 能因法師(のういんほうし)〉山から吹きおろす強い風が散らす三室山のもみじ葉は、ふもとを流れる竜田川に散り流れて、川面(かわも)一面を錦のように彩っていることだ。（小倉百人一首の一つ）

あら-じょたい【新所帯・新◇世帯】→しんじょたい

あら・す【荒〔ら〕す】（他五）サ(ソ)・シ・ス・ス・セ・セ ①荒れた状態にする。「寝不足は肌を―」②いため傷つける。損傷を与える。「犬が庭を―」③他の支配する領域・権益にはいり込み、物を奪ったり破壊したりなどする。「縄張りを―」「留守の家を―」〔自〕あ・れる（下一）〔可能〕あら・せる（下一）

あら-ず【◇非ず】そうではない。違う。「さに―」「無きにしも―」〔語源〕文語ラ変動詞「あり」の未然形「あら」＋打ち消しの助動詞「ず」

アラスカ〈Alaska〉北アメリカ大陸の北西端にある大半島。アメリカ合衆国の一州。

あら-すじ【粗筋】スヂ 小説・演劇・話などの、だいたいの筋。あらまし。概略。梗概(こうがい)。「前号までの―」

あらず-もがな【有らずもがな】ないほうがよい。なくもがな。「―の説明」〔参考〕「もがな」は、願望を表す文語の終助詞。

あらせいとう【×紫羅欄花】〔植〕アブラナ科の多年草。晩春に紫・桃・赤・白などの十字形の花を房状につける。観賞用。ストック。〔季〕春

あらそい【争い】アラソヒ 争うこと。けんか。紛争。「―が絶えない」

あらそ・う【争う】アラソフ（自他五）ワ(オ)・イ(ッ)・ウ・ウ・エ・エ ①主張や考えの違う相手と、たがいに自分のものを通そうと、言い合ったりたたき合ったりする。いさかいをする。けんかをする。「法廷で―」②競争して勝とうとする。得ようとして他と競争する。「主導権を―」「先を―」「首席を―った友」〔可能〕あらそ・える（下一）

あらそえない はっきりしていて、打ち消したり、隠したりすることができない。争われない。「血は―」**あらそわれない** →あらそえない

あらた【新た】（形動ダ）ダロ・ダッ(デ・ニ)・ダ・ナ・ナラ・○ ①新しいさま。「―な展開」②改めて始めるさま。「人生の―な門出(かどで)」〔文〕（ナリ）

あらたか（形動ダ）ダロ・ダッ(デ・ニ)・ダ・ナ・ナラ・○ 神仏の霊験や薬のききめなどが著しいさま。「霊験―な神」〔文〕（ナリ）

あら-だ・つ【荒立つ】（自五）タ(ト)・チ(ッ)・ツ・ツ・テ・テ ①荒々しくなる。荒れ始める。「波が―」②物事がもつれてめんどうになる。もめごとが表面化する。「事が―」〔他〕あらだ・てる（下一）

あら-だ・てる【荒立てる】（他下一）テ・テ・テル・テル・テレ・テロ(テヨ) ①荒くする。「声を―」②物事をもつれさせる。もめごとを表面化させる。「事を―」〔自〕あらだ・つ（五）〔文〕あらだ・つ（下二）

あらたえ-の【荒◇妙の】アラタヘ〔枕〕「藤(ふじ)」にかかる。

あら-たま【粗玉・△璞】掘り出したままで、みがいていない玉。

あらたま-の【新玉の】〔枕〕「年」「月」「日」「春」にかかる。

あらたま・る【改まる】（自五）ラ(ロ)・リ(ッ)・ル・ル・レ・レ ①新しくなる。古いものが新しいものにかわる。「年が―」②新しいよいものとなる。改善される。「社風が―」③態度や言葉が相手に失礼でないものとなる。格式ばる。「―った挨拶(あいさつ)」④→あらたまる（革まる）〔他〕あらた・める（下一）

あらたま・る【◇革まる】（自五）ラ(ロ)・リ(ッ)・ル・ル・レ・レ 病気が急に重くなる。危篤になる。「容体(ようだい)が―」

あらため【改め】①呼び名などを変えること。②（他の語に付いて）取り調べること。「宗門―」

あらため-て【改めて】（副）①別の機会に。「そのことは次回―検討しよう」②事新しく。「―持ち出す」

あらた・める【改める】（他下一）メ・メ・メル・メル・メレ・メロ(メヨ) ①それまであったものを廃し、新しくする。古いものを新しいものにする。「会則を一部―」②新しいよいものに変える。改善する。「悪弊を―」「行いを―」③ことさら格式ばった態度をとる。「威儀を―」④調べ確かめる。検査する。「乗車券を―」「偽札(にせさつ)かどうかを―」〔自〕あらたま・る（五）〔文〕あらた・む（下二）〔参考〕④は「◇検める」とも書く。

あら-づくり【粗造り】ざっと造ってあること。おおざっぱに造ってあるもの。「―の壁」

あら-っぽ・い【荒っぽい】（形）カロ・カッ(ク)・イ・イ・ケレ・○ ①荒々しい。乱暴な感じだ。「―しぐさ」②おおまかだ。粗雑だ。「計算が―」〔参考〕②は「粗っぽい」とも書く。

あら-て【新手】①まだ戦いに参加していない元気な兵、または選手。「―をくり出す」②新しく仲間にはいった人。新顔。↔古手(ふるて) ③新しい手段・方法。「―の商売」↔古手(ふるて)

あら-と【粗△砥】刃物のおおよその形を整えたり、刃こぼれをとったりするのに用いる、きめの粗い砥石(といし)。↔真砥(まと)

あら-なみ【荒波】①激しくうねる波。荒い波。「―が寄せる」

②つらく厳しい事態をたとえていう語。「世の—にもまれる」

あら-なわ【荒縄】 わらで作った太い縄。

あら-に【粗煮】 魚のあらを煮付けた料理。

あら-ぬ【有らぬ】(連体) ①別の。違った。「—方向」②実際にはない。意外な。思いもよらない。「—うわさ」語源 文語ラ変動詞「あり」の未然形「あら」に、打ち消しの助動詞「ず」の連体形「ぬ」が付いて一語化したもの。

あら-ぬの【粗布】 織り目の粗い、粗末な布。

あら-ぬり【粗塗り】(名・他スル) 壁などを塗装する際の、最初の下塗り。↔上塗り

あら-ねつ【粗熱】 料理で、加熱調理をした直後の食品の熱。「—を取る」

あら-の【荒野・曠野】 さびしく荒れ果てた野。荒れ野。

あら-ばこそ あるどころではない。まったくない。「あっと言う間も—」用法 多く、「…もあらばこそ」の形で用いられる。

アラビア〈Arabia〉西アジアにある世界最大級の半島。

—ゴム アラビアゴムノキの幹からとった樹脂。のり・インク・医薬品などの製造に使う。

—すうじ【—数字】 0から9までの数字。算用数字。インドで考案され、アラビア人がヨーロッパに伝えた。

—もじ【—文字】 アラビア語・ペルシャ語などの文字。表音文字で、二八の子音を表す文字からなる。母音は文字の上下に符号をつけて示す。右から左に横書きする。

アラビアン-ナイト〈Arabian Nights〉アラビア、その他西アジアの寓話・伝説を集めた民話集。九世紀ごろアラビア語での原型が成立。大臣の娘シェヘラザードが、王におもしろい話を千一夜にわたって語り続けるという構成。千一夜物語。千夜一夜物語。

あら-びき【粗碾き・粗挽き】 穀物・コーヒー豆・肉などを、粒が粗く残る程度にくだきつぶすこと。また、そのもの。

あらひと-がみ【現人神】 この世に人の姿で現れる神。もと、天皇のことをいった。現つ神。

アラブ〈Arab〉①アラブ人。アラビア語を母語とする民族。②アラブ諸国の総称。③アラビア原産の馬。

アラブしゅちょうこくれんぽう【アラブ首長国連邦】〈United Arab Emirates〉アラビア半島東部のペルシャ湾に面する七首長国の連邦国。首都はアブダビ。略号 UAE

アラベスク〈フランス arabesque〉①アラビア風の装飾模様。唐草模様や幾何学的文様など。②〔音〕アラビア風の装飾的で華やかな器楽曲。

〔アラベスク①〕

あら-ほうし【荒法師】 荒々しく乱暴な僧。また、荒行をする僧。

あら-ぼとけ【新仏】 死後初めての盆にまつられる死者の霊。新精霊。

あら-ぼん【新盆】 →にいぼん

あら-まき【荒巻(き)】 ①(もと荒縄で巻いたところから)はらわたを除き腹に塩を詰めた、甘塩の鮭。②魚を竹の皮・わらなどで巻いたもの。冬 参考 ①はふつう「新巻き」と書く。

あら-まさめ【粗柾目・粗正目】 木のまさ目が粗いもの。粗まさ。↔糸柾目

あらまし 一(名) 事態の大筋。概略。「事件の—を話す」二(副) おおよそ。あらかた。「仕事は—終わった」
変遷 古語「あらましごと」の「ごと」が省略されたものという。「あらましごと」は「将来こうあったらいいと願っていること・将来の計画」の意、「あらまし」は「予定・願い」の意で用いられた。計画・予定は細部までその通りに実現することが少ないことから、一・二の意が生じた。

あらまし-ごと【あらまし事】〔古〕こうあってほしいと思われること。また、予定。計画。期待。

あら-まほ-し〔古〕一(連語) そうありたい。あってほしい。二(形シク) 望ましい。好ましい。「家居のつきづきしく—しきこそ(=住居が住人に似つかわしく、望ましい状態にあるのは)」〈徒然草〉語源 一はラ変動詞「あり」の未然形「あら」+希望の助動詞「まほし」。二は一が熟合して一語化したもの。

アラミド-せんい【アラミド繊維】〈aramid〉〔化〕ナイロンの一種。強度・耐熱性に富み、防弾チョッキや航空機の部品に用いられる。

あら-むしゃ【荒武者】 荒々しく勇猛な武士。転じて、猛々しく粗暴にみえる人。

あら-むしろ【粗筵】 編み目の粗いむしろ。

あら-め【荒布】 浅海の岩につく褐藻類コンブ科の海藻。食用・肥料用。また、ヨードの原料などにする。春

ア-ラ-モード〈フランス à la mode 流行の〉最新流行。現代風。また、そういう型。

あら-もの【荒物】 おもに台所などで使う家庭用具の総称。おけ・ざる・ほうきなどの類。

あら-ゆ【新湯】 →さらゆ

あら-ゆる(連体) すべての。ある限りの。「—手段を試みる」
語源 文語ラ変動詞「あり」の未然形「あら」に、上代の自発・可能の助動詞「ゆ」の連体形「ゆる」が付いて一語化したもの。

あらら-か【荒らか】(形動ダ) 声・物音・行動などが荒々しいさま。文(ナリ)

あららぎ【蘭】 ①「のびる」の古称。②「いちい」の別名。

アララギ 短歌雑誌。正岡子規没後、一九〇八(明治四十一)年伊藤左千夫が中心となり「阿羅々木」として創刊。斎藤茂吉・島木赤彦・土屋文明らが相次いで編集を担当した。一九九七(平成九)年廃刊。

あらら・げる【荒らげる】(他下一) 荒々しくする。乱暴にする。「声を—」文 あらら・ぐ(下二)

あら-り【粗利】「粗利益」の略。

あら-りえき【粗利益】 経費を算入しないで、売上高から売上原価(仕入れ価格)を差し引いただけの金額。粗利。

あら-りょうじ【荒療治】(名・他スル) ①手荒に治療すること。②手荒な処置や思い切った改革をすること。「組織の改革には少々—が必要だ」

あられ【霰】 ①空中の水蒸気が氷結して降るもの。冬 ②さいの目に切ったもちを、いって味をつけた菓子。あられもち。③干した米をいったもの。④料理で、材料をさいの目に切ったもの。

あられ-も-な-い(形) あるべきでない。その場にふさわしくないようすである。用法「あられもない姿」などと、多く女性の、行儀悪くだらしない態度やふるまいに対して使う。語源「あられぬ(ラ変動詞「あり」の未然形+可能の助動詞「る」の未然形+打ち消しの助動詞「ず」の連体形)」の「ぬ」を「ない」に置き換え、強意の係助詞「も」を入れて形容詞化した語。

あらわ【露・顕】(形動ダ) ①隠すところのないさま。丸出しのさま。「肌も—に」②露骨なさま。「感情を—にする」③公然となるさま。「事が—になる」文(ナリ)

あら-わざ【荒技】 柔道・相撲・武道などで、思い切った大技。力任せの激しい技。「—で仕止める」「豪快な—」

あら-わざ【荒業】 力仕事。荒仕事。

あらわ・す【表す・(表わす)】(他五) ①思想・感情などを人にわかるようにはっきり出して示す。表現する。

「喜びを顔に—」「誠意を態度に—」②物事の内容を具体的な形にして示す。「グラフに—」自あらわ・れる(下一) 可能あらわ・せる(下一) ⇩「使い分け」

あらわ・す【現す・(現わす)】アラハス (他五) サ(ソ)・シ・ス・ス・セ・セ ①隠れていたものを、外から見える状態にする。出現させる。「雲間から富士山が姿を—・した」②発揮する。「頭角を—」自あらわ・れる(下一) 可能あらわ・せる(下一) ⇩「使い分け」

> 使い分け「表す・現す」
> 「**表す**」は、心の中にあることを言葉・表情・行動、あるいは絵画・音楽などの手段によって示す場合に、「言葉に表す」「顔色に表す」「喜びの気持ちを詩で表す」などと使われる。また、ある事物を象徴する、代表するという場合にも、「赤信号は危険を表す」「名は体を表す」などと使われる。
> 「**現す**」は、「太陽が地平線から姿を現す」「正体を現す」「努力の積み重ねが成果を現した」などのように、今まで隠れていたものを見えるようにする場合に使われる。

あらわ・す【著す・(著わす)】アラハス (他五) サ(ソ)・シ・ス・ス・セ・セ 書物を書いて世に出す。著作する。「推理小説を—」可能あらわ・せる(下一)

あらわ・す【◦顕す・(◦顕わす)】アラハス (他五) サ(ソ)・シ・ス・ス・セ・セ はっきりと表面に出す。善行などを世間に知らせる。「徳を—」自あらわ・れる(下一) 可能あらわ・せる(下一)

あらわれ【現れ・(現われ)・表れ・(表われ)】アラハレ 形として現れ出ること。また、そのもの。「努力の—」

あらわ・れる【表れる・(表われる)】アラハレル (自下一) レ・レ・レル・レル・レレ・レロ(レヨ) (心情などが)感知される状態で表面に出る。「決意が声明に—・れている」他あらわ・す(五) 文あらは・る(下二)

あらわ・れる【現れる・(現われる)】アラハレル (自下一) レ・レ・レル・レル・レレ・レロ(レヨ) ①隠れていたものが、はっきり見えるように姿を見せる。目につくようになる。「雲間から太陽が—」②今までなかったものが出現する。「救世主が—」「彗星せいすいのごとく—」他あらわ・す(五) 文あらは・る(下二)

類語 出現する・顕現する・現出する・出来しゅったいする・露呈する・現前する・再現する・出る・立ち現れる・浮かぶ・浮かび上がる・浮き出る・表立つ・デビューする

あらわ・れる【◦顕れる・(◦顕われる)】アラハレル (自下一) レ・レ・レル・レル・レレ・レロ(レヨ) 他あらわ・す(五) 文あらは・る(下二) 人に知られる。露見する。発覚する。「悪事が—」

あらん-かぎり【有らん限り】(名・副) あるだけ。残らず。全部。「—の力」参考「ん」は、文語助動詞「む」の連体形。

あり【△蟻】〘動〙アリ科の昆虫の総称。土中・朽ち木中に巣をつくり、一匹の女王アリを中心に社会生活を営む。夏

—の穴あなから堤つつみも崩くずれる わずかな油断や不注意が大事を招くことのたとえ。〈韓非子〉 **—の這はい出でる隙すきもない** わずかなすきもないほど警固が厳しいことのたとえ。

あ・り【有り・在り】(自ラ変)〘古〙ある。存在する。

アリア〈イタリア aria〉〘音〙オペラなどの中で美しい旋律で歌われる、器楽伴奏つきの独唱曲。詠唱。

あり-あけ【有〔り〕明け・有明】 ①陰暦十六日以後、月が空にあるまま夜が明けること。また、そのころの月。秋 ②夜明け。③「有り明け行灯あんどん」の略。

—あんどん【—行◦灯】 一晩中、朝までともしておく行灯。有り明け。

—の-つき【—の月】 夜が明けて、なお空に残る月。秋

ありあけの… 和歌〔有り明けの つれなくみえし 別れより 暁あかつきばかり うきものはなし〕〈古今集 壬生忠岑みぶのただみね〉夜が明けてもそ知らぬ顔で空にかかっている有り明けの月のように、私にいかにもそっけなかったあなたとのあの朝の別れ以来、暁ほどつらいものはありません。(小倉百人一首の一つ)

あり-あま・る【有り余る】(自五) ラ(ロ)・リ(ッ)・ル・ル・レ・レ 十分過ぎるほどある。「お金が—・っている」「力が—」

あり-あり(副) ①はっきりと外に現れているさま。「困惑のようすが—(と)見える」②目の前に見ているようにはっきりと感じられるさま。まざまざと。「その時の光景が—と目に浮かぶ」

あり-あわせ【有り合〔わ〕せ・有合せ】アハセ たまたまその場にあること。また、そのもの。「—の材料でつくる」

あり-あわ・せる【有り合〔わ〕せる・在り合〔わ〕せる】アハセル (自下一) セ・セ・セル・セル・セレ・セロ(セヨ) ①ちょうどその場にある。②たまたまその場に居合わせる。文ありあは・す(下二)

アリーナ〈arena〉(ローマ時代の円形闘技場の意)観客席に囲まれた形式の競技場・劇場。「—席(=本来の観客席とは別に競技場内に増設した客席)」

ありう-べき【有り得べき】(連体) ありそうな。あると考えられる。「—事態にそなえる」語源 文語動詞「有り得う」の終止形に、当然・適当の文語助動詞「べし」の連体形「べき」が付いて一語化したもの。

あり-うる【有り得る】 あってもふしぎではない。ある可能性がある。「失敗も—」↔有り得えない 文あり・う(下二) 参考 文語動詞「有り得う」の連体形が終止形としても用いられるようになり、そのまま変則的に残ったもの。

ありえ-ない【有り得ない】 あるはずがない。あるとは考えられない。「犯人が彼であるということは—」↔有り得うる

あり-か【在り◦処】 物のあるところ。人のいるところ。あり場所。所在。居場所。「宝の—を見つける」

あり-かた【在り方】 物事の、当然そうあるべきだという状態。「政治の—を問う」

あり-がた・い【有〔り〕難い】(形) カロ・カッ(ク)・イ・イ・ケレ・○ ①感謝の気持ちを表す語。かたじけない。「彼の厚意が—」②(教えなどが)尊い。もったいない。「—説教」文ありがた・し(ク)

類語 恐れ多い・かたじけない・心苦しい・申し訳ない・もったいない・幸甚・願ってもない・足を向けて寝られない

【変遷】もとは「有る」ことが「難かたい」、つまり「めったにない」の意。りっぱですぐれたさま、尊くもったいないさまを表すことから、そのことをもたらした神仏の加護や人の厚意に感謝する気持ちを表す用法が生じ、江戸時代の元禄げんろく期以降に感謝の意で用いられるようになった。現代語では多く①の感謝の意で用いる。

ありがた-なみだ【有〔り〕難涙】 尊くもったいないと感激して流す涙。ありがたく感じて流す涙。

ありがた-めいわく【有〔り〕難迷惑】(名・形動ダ) 人の好意や親切が、受ける人にとってはかえって迷惑に感じられること。また、そのさま。「招待されるのは—だ」

あり-がち【有りがち】(形動ダ) ダロ・ダッ(デ・ニ)・ダ・ナ・ナラ・○ 世間によくあるさま。ありうる状態。「若い人に—なまちがい」文(ナリ)

あり-がとう【有〔り〕難う】ガタウ (感) 感謝・お礼の気持ちを表す語。用法 同輩・目下の人にいう。丁寧な言い方では「有り難うございます」を用いる。語源 形容詞「ありがたい」の連用形「ありがたく」がウ音便化し、語幹にまで発音の変化を及ぼしたもの。

あり-がね【有り金】 手もとにある現金。手持ちの金。「—をはたいて買う」

あり-き【有りき・在りき】 ①あった。存在した。「はじめに言葉—」②結論や条件などが先に決まっていること。「スケジ

ユールーの案」語源文語動詞「あり」の連用形に文語の過去の助動詞「き」が付いたもの。

あり-きたり【在り来り】（名・形動ダ）ありふれていて珍しくないこと。また、そのさま。「―の話題」

あり-ぎれ【有り切れ・有り◦布】①ありあわせのきれ。②売れ残って、はんぱになったきれ。

あり・く【◦歩く】（自四）《古》歩く。動きまわる。

あり-くい【△蟻食〔い〕】クヒ《動》アリクイ科の哺乳動物の総称。大きなつめをもち口先はとがり、歯がなく細く長い舌でアリ・シロアリなどを捕食する。中南米の森林にすむ。

あり-げ【有りげ】（形動ダ）ダロ・ダッ(デ・ニ)・ダ・ナ・ナラ・○ ありそうなさま。あるらしいさま。「いわく―」「自信―なようす」文（ナリ）

あり-さま【有〔り〕様】物事のようす。状態。「世の中の―」

あり-し【有りし・在りし】（連体）①過ぎ去った。以前の。②生前の。「―父の思い出」語源文語ラ変動詞「あり」の連用形に、文語助動詞「き」の連体形「し」が付いて一語化したもの。

——日　①過ぎ去った日。②生前。「母の―をしのぶ」——世　①過ぎ去った昔。②生きていたころ。

あり-じごく【△蟻地獄】チゴク ①《動》ウスバカゲロウの幼虫。かわいた砂地などにすりばち形の穴を作って隠れ、落ちこんだアリなどの体液を吸う。夏 ②①の作る穴。「―に陥る（＝逃れがたい困難な状況にあることのたとえ）」

〔ありじごく①〕

ありしま たけお〔有島武郎〕アリシマタケヲ（一八七八〜一九二三）小説家。東京生まれ。「白樺」同人。リアリズムに基づく力作「或る女」を発表。のちに社会主義に傾斜。心中。作品「生れ出づる悩み」など。

アリストクラシー〈aristocracy〉①貴族。貴族階級。②貴族政治。貴族制。

アリストテレス〈Aristotelēs〉（前三八四〜前三二二）古代ギリシャの哲学者。プラトンの弟子で、中世スコラ哲学につながる諸学問の基礎を作った。著書「形而上学」「ニコマコス倫理学」など。

ありそ【◦荒△磯】→あらいそ

あり-だか【有り高】金品の、現在ある総量。現在高。

ありた-やき【有田焼】佐賀県の有田地方で、江戸初期から焼かれた磁器。参考伊万里港から積み出したので、伊万里焼ともいう。

あり-づか【△蟻塚】アリが巣を作るときに、地中から運び出した土が積み上げられてできる柱状・円錐状の山。また、土や枯れ葉を積み上げて作ったアリの巣。蟻の塔。夏

あり-つ・く【在り付く】（自五）カ(コ)・キ(イ)・ク・ク・ケ・ケ 仕事・食物など、求めていたものをやっと手に入れる。「めしに―」

ありっ-たけ【有りっ丈】ある限り。すべて。あるだけ全部。「―の力をふりしぼる」

あり-てい【有り体】（名・形動ダ）ありのまま。偽りのないさま。「―に言えば」

あり-と-あらゆる【有りとあらゆる】（連体）（「あらゆる」を強めた語）ある限りの。いっさいの。「この世の―財宝」

あり-なし【有り無し】あることとないこと。あるかないかということ。有無。「経験の―は問わない」

あり-の-とう【△蟻の塔】タフ →ありづか

あり-の-まま【有りの△儘】あるとおり。事実のまま。実際のまま。「―の自分」「―に話す」

あり-の-み【有りの実】梨の実のこと。参考梨が「無し」に通じるのを忌みさけていう語。⇩忌み詞

アリバイ〈alibi〉（もとラテン語で「他の所に」の意）犯罪の発生時にその現場にはいなかったということの証明。現場不在証明。「―がある」「―がくずれる」

あり-ふ・れる【有り触れる】（自下一）レ・レ・レル・レル・レレ・レロ(レヨ) どこにでもある。珍しくない。「―・れた話」文ありふ・る（下二）用法多く「ありふれた」「ありふれている」の形で用いられる。

あり-まき【×蚜虫・△蟻巻】《動》アブラムシ科の昆虫の総称。植物の若い芽や葉の液を吸って害を与える。アブラムシ。夏 語源尻から排出する甘露にアリが集まるので、この名がある。

あり-ます「ある」「（…で）ある」の丁寧語。語源ラ行五段動詞「ある」の連用形「あり」＋丁寧の助動詞「ます」

ありまやま… 和歌〔有馬山 猪名の笹原 風吹けば いでそよ人を 忘れやはする〕〈後拾遺集 大弐三位（藤原賢子）〉さあ、そのことですよ。そのように心変わりを不安に思っているのは私のほうです。私があなたを忘れたりするものですか。（第三句までは「そよ」を導く序詞。「疎遠になった男から、あなたの心変わりが不安だと言ってきたのでよんだ」の意の詞書がある。小倉百人一首の一つ）

あ-りゅう【亜流】リウ 第一流の人のまねだけに終わり、独創性に欠けること。また、そういう人。エピゴーネン。

あ-りゅうさん【亜硫酸】リウサン《化》二酸化硫黄の水溶液中に存在する弱酸。還元性をもち漂白作用がある。

——ガス →にさんかいおう

あり-よう【有り様】ヤウ ①ありのまま。実情。「―を言えば」②理想的なあり方。「政治の―を述べる」③あるべきわけ。あるはず。「そんなうまいもうけ口などーがない」用法③は、あとに打ち消しの語を伴う。

ありわらのなりひら〔在原業平〕アリハラノナリヒラ（八二五〜八八〇）平安初期の歌人。六歌仙・三十六歌仙の一人。父は阿保親王。在五中将・在中将と称された。色好みの典型として奔放な恋愛生活が伝説化され、「伊勢物語」の主人公と混同される。家集「業平集」。

あり-んす「あります」の変化した語。江戸時代、遊女が用いた言葉。

あ・る【在る】（自五）ラ(ロ)・リ(ッ)・ル・ル・レ・レ ①存在する。「世間によくある話」②場所・地位をしめている。特定の状況におかれている。「皇居は東京に―」「課長の職に―」「劣悪な環境に―」③生存する。「この世に―人々」文あ・り（ラ変）⇩「使い分け」

あ・る【有る】ラ(ロ)・リ(ッ)・ル・ル・レ・レ《中心義—そこから動き出さず当分はそのままその場所に存在する》㊀（自五）①動かず、そこに存在する。（事物・植物などにいい、人・動物には、ふつうは「いる」を使う。）「机の上に本が―」「証拠が―」↔無い ②所持・所有している。「住む家が―」↔無い ③起こる。行われる。「二度―ことは三度―」「今日音楽会が―」↔無い ④…による。「成否は彼の腕に―」⑤他の動詞の代わりに使う。㋐（引用の「と」を受けて）書いてある。「手紙には…と―・った」㋑時間がたつ。「やや―・ってまた書き出した」㊁（補動五）①（動詞の連用形＋「て」を受けて）存続状態を表す。「戸が開けて―」②（助動詞「だ」の連用形「で」に付いて「である」の形で）断定を表す。「私は高校生で―」③（形容詞・形容動詞の連用形に付いて）その状態であることを表す。「美しく―・りません」「穏やかで―・りたい」文あ・り（ラ変）用法㊁③は、間に助詞「は・も・こそ」などをはさみ、あとに逆接・打ち消しの語がくる場合が多い。「美しくはあるが、優雅でない」参考㊀①でその存在を係累としていう場合は、人でも「ある」を用いる。「兄弟がある」。㊁は仮名書き。㊁①で自動詞の場合は多く「ている」を使う。「戸が開いている」⇩

「使い分け」⇩居ぃる「ちがい」・無い「ちがい」

使い分け「有る・在る」
どちらも、物事が存在する意を表す点では同じであるが、「有る」は、もとは手に持っている意で、今は「机の上に本が有る」「池の中に島が有る」「住む家が有る」「音楽会が有る」「確証が有る」などと、物事がある状態を保っている意として広く使われる。ただし、「書いてある」などの補助動詞をはじめ、抽象的な物事に関しては、「距離がある」「情けがある」「試験がある」「故郷から電話がある」などと、仮名で書くのがふつうである。
「在る」は、そのものの存在を特に意識したり、とり立てて言ったりするときに用いられ、「東大寺は奈良に在る」「その島は池のほぼ中央に在る」「この世に在るすべての人々」などと使われる。

ちがい「ある」・「いる」・「おる」
「家がある」「人がいる」「家におる」のように、どれも存在を表す語として用いられる。「人・動物」には「いる」を使い、「ある」は「物」にと区別されるようにもみえるが、「渋滞の先頭にバスがいる」「ホームにはまだ終電がいた」のように、「物」の存在に「いる」を使うこともある。これを「ホームには終電があった」とすると、「終電」が置いてあるような感じになる。逆に、「昔、昔、おじいさんとおばあさんがありました」のように、「人」に「ある」を使うこともある。「人・動物」には「いる」、他には「ある」という区別は厳密ではない。
もともと、「ある」は「あり」の転、「いる」は「ゐる」の転。「あり」は人を含めて広く存在を表し、「ゐる」は「動きを止めてじっとする」意を表した。こうした意味の違いから、動く物と意識してその存在をいう場合に「いる」を使い、ただ存在することだけをいう場合に「ある」を使うという使い分けがあるとわかる。さらに、「いる」は次の瞬間にはその物が動くことを意識し、「ある」は動くことを意識しない。従って「いる」には具体的な情景を意識する意があり、「ある」は事柄を説明的に述べる場合の語と考えられる。「おる」は「午後は家におります」「犬がおります」のように使われ、「いる」と通じるとみえるが、「をり」の転とされる。「をり」は「ゐる・あり」の複合と考えられ、「動きを止めてしばらくじっとしている」の意になる。「をり」には蔑視べっの意味が込められており、訳すとすれば「居ぃやがる」とする説もあるが、動かずじっとしているなどは、身分の高い人はしないからであり、「蔑視」は語の本来の意味ではないと解される。「おる」を尊敬に使うべきではないとする説もあるが、現代語で、尊敬の用法として「先生はおられますか」のように使うことは間違いではない。

ある【△或】(連体) 事物を限定せず、漠然とさす語。「―所」 語源 文語ラ変動詞「あり」の連体形からできた語。

あるい-は【△或いは】 ㊀(接) ①または。もしくは。「黒―青のインクで書く」 ②(「あるいは…、あるいは…」の形で)…とか、…とか。「―山へ、―海へと出かける」 ㊁(副) もしかすると。ひょっとしたら。「―中止になるかもしれない」 語源「或ある」に助詞「い」「は」が付いてできた語。「い」は上代の助詞。 参考 歴史的仮名遣いを「あるひは」とするのは誤り。

あるおんな〔或る女〕アルヲンナ 有島武郎おたけの長編小説。一九一九(大正八)年刊。近代的自由を求めて奔放に生きる女性早月葉子さつきようこの悲劇的な一生を描く。

アルカイック〈フランス archaïque〉(形動ダ) ダロ・ダッ(デ・ニ)・ダ・ナ・ナラ・○ 素朴で古風なさま。古拙なさま。特に、初期ギリシャ美術に特有の様式についていう。「―スマイル(=古代ギリシャの彫刻に見られる微笑を浮かべたような表情)」

ある-かぎり【有る限り】(名・副) あるだけ全部。残らず。「―の力をふりしぼる」

あるか-なきか【有るか無きか】 ①存在するかしないか。「過失の―は断定できない」 ②あるのかないのかわからないほど、かすかで目立たないさま。「―のわずかな誤差」

ある-か-なし【有るか無し】 あるのかないのか、わからないほどわずか。「―の金をまきあげられた」

ある-が-まま【有るが△儘】 あるとおり。ありのまま。「日常風景を―に描く」

アルカリ〈alkali〉〘化〙水によく溶ける塩基性物質の総称。酸を中和して塩えんを生じる。水溶液はアルカリ性反応を示す。水酸化ナトリウム・水酸化カリウムなどのアルカリ金属・アルカリ土類金属の水酸化物。塩基。↕酸

―せい【―性】〘化〙アルカリの性質。また、ある物質がアルカリの性質を示すこと。↕酸性

―せい-しょくひん【―性食品】 ナトリウム・カリウム・カルシウム・マグネシウムなどの金属元素を多く含む食品。野菜・果物・牛乳など。↕酸性食品

―せい-はんのう【―性反応】―ハンオウ〘化〙アルカリの性質を示す反応。赤色リトマス試験紙を青色に変え、フェノールフタレインを加えると赤色に変わる化学反応。↕酸性反応

―でんち【―電池】 電解液に水酸化カリウムなどのアルカリ溶液を用いた電池。

アルカロイド〈alkaloid〉〘化〙植物中に存在する、窒素を含む複雑な構造の塩基性化合物。医薬として多く使われるが、続けて使うと中毒になる。モルヒネ・ニコチン・カフェインなど。

アルキメデス〈Archimēdēs〉(前二八七?―前二一二?) 古代ギリシャの数学者・物理学者。アルキメデスの原理や「てこ」の原理を発見。

―の-げんり【―の原理】〘物〙流体(=液体および気体)中の物体は、その物体が排除している流体の重さだけ浮力を受ける、という原理。⇩浮力

ある・く【歩く】(自五) カ(コ)・キ(イ)・ク・ク・ケ・ケ ①地を足で踏みしめて進む。徒歩で行く。②野球で、打者が四死球により一塁に進む。「敬遠で―・かされる」 ③(動詞の連用形や助詞「て」に付いて)…してまわる。「食べ―のが趣味」 可能 ある・ける(下一)
表現〈擬声・擬態語〉すたすた・てくてく・すたこら・せかせか・とっとと・とことこ・ちょこまか・ちょこちょこ・よちよち・ひょこひょこ・のしのし・えっちらおっちら・とぼとぼ・のそのそ・ぶらぶら・よろよろ・よたよた・ふらふら・しゃなりしゃなり
〈慣用表現〉小走りに・大股おおまたに・大手を振って・足をひきずって・足を棒にして・颯爽さっそうと・蹌踉そうろうと

アルコール〈オランダ alcohol〉①〘化〙炭化水素の水素原子をヒドロキシ基で置きかえた化合物の総称。②〘化〙特に、エタノール(エチルアルコール)。酒類に含まれ人を酔わせる成分。酒精。③〘俗〙酒。

―いそんしょう【―依存症】―イソンシャウ〘医〙慢性のアルコール中毒。長期にわたる習慣的な飲酒が原因で、強迫的にアルコールの摂取を繰り返す状態。

―ちゅうどく【―中毒】〘医〙多量の飲酒に起因する、アルコールによる急性および慢性の中毒。慢性の場合はアルコール依存症ともいう。アル中。

あること-ないこと【有る事無い事】 本当のことと うそのこと。本当のことにうそがまじっていること。「―を言いふらす」

アルゴリズム〈algorithm〉①与えられた問題を解く一連の手段・手続き。②〘情報〙プログラム言語で書かれた演算手続きを指示する規則。

アルゴン〈argon〉〘化〙貴ガス元素の一つ。無色無臭で他の物質と化合しない。蛍光灯などに封入する。元素記号 Ar

あるじ【◦主】①家や店の主人。「一家の―」②持ち主。

アルジェリア〈Algeria〉アフリカの北西部、地中海に面する民主人民共和国。首都はアルジェ。

アルゼンチン〈Argentine〉南アメリカの南東部にある共和国。首都はブエノスアイレス。語源ラテン語アルゲントゥム(argentum「銀」の意)から。スペイン人が銀を求めて渡来してきたことに由来するという。

アルチザン〈フランス artisan〉①職人。②職人的芸術家。

アル-ちゅう【アル中】「アルコール中毒」の略。

アルツハイマー-びょう【アルツハイマー病】―ビャウ 〘医〙(老人性)認知症。脳の神経線維に生じる異常によるもの。比較的若年でも始まる。語源ドイツの病理学者アルツハイマー(Alzheimer)が報告したことからいう。

アルデンテ〈イタリア al dente〉歯ごたえの残るパスタのゆで加減。

アルト〈イタリア alto〉〘音〙①女声の最も低い音域。また、その音域の歌手。コントラルト。②中音域を受け持つ管楽器。

あるとき-ばらい【有る時払い】―バラヒ 期限を決めないで、金のあるときに払うこと。「―の催促なし」

ある-は【◦或は】〘古〙㊀(連語)ある者は。ある人は。ある時は。㊁(接)あるいは。または。もしくは。

アルバイター〈ドイツ Arbeiter 労働者〉「アルバイト㊁」をする人。「フリー―」

アルバイト〈ドイツ Arbeit 労働〉㊀(名)研究の成果。業績。㊁(名・自スル)学業や本職以外にする仕事。また、それをする人。バイト。

アルパカ〈alpaca〉①〘動〙ラクダ科の哺乳(ほにゅう)動物。ラマに似る。南アメリカのアンデス地方で家畜として飼われる。②①の毛から作った毛糸・織物。

アルバトロス〈albatross〉①アホウドリ。②ゴルフで、そのホールを基準打数(パー)より三打少ない打数で終えること。ダブルイーグル。

アルバニア〈Albania〉バルカン半島南西部の共和国。首都はティラナ。

アルバム〈album〉①写真帳。記念帳。「卒業―」②いくつかの曲を収録したレコードやCD。

アルピニスト〈alpinist〉(「アルプス登山家」の意から)登山家。

アルファ〈alpha〉①ギリシャ文字の第一字。大文字は「Α」、小文字は「α」。②物事の最初。「―からオメガまで(=全部)」↔オメガ ③ある未知数。「定期昇給プラス―」④野球で、後攻のチームが最終回の攻撃をしないで、または攻撃中に、勝利が決まったとき、勝者の得点につける符号。現在はXで表す。「四―対三」⑤走り高跳び・棒高跳びなどで、さらに跳躍の資格があるのに中止した場合につけるAの符号。「二メートル―」

―せん【α線】〘物〙放射性物質から出る放射線の一種。ヘリウムの原子核の流れ。α(アルファ)、β(ベータ)、γ(ガンマ)の三種の放射線のうち最も吸収されやすく、電離作用が強い。

―は【α波】〘医〙脳波の一つ。八ヘルツ以上一三ヘルツ未満のもの。目を閉じた安静時に多く現れる。⇩脳波

―まい【α米】米に含まれるβ(ベータ)デンプンを消化されやすいα(アルファ)デンプンになるよう加熱加工した米。アルファ化米。

アルファベット〈alphabet〉(もとギリシャ文字の最初の二字α(アルファ)とβ(ベータ)を合わせて呼んだ語)ギリシャ文字を基にしてできた表音文字の一体系。ラテン文字(ローマ字)の全体。ふつうABC…など一定の順に並ぶ二六字のローマ字母(表)をいう。

アルファルファ〈alfalfa〉〘植〙マメ科の多年草でヨーロッパ原産の牧草。夏に小さい蝶(ちょう)に似た花を多数つける。芽の出たばかりのものは食用とする。むらさきうまごやし。

アルプス〈Alps〉①イタリア・フランス・スイス・ドイツ・オーストリアにわたる大山脈。モンブラン、マッターホルンなどの高峰がそびえる。アルプス山脈。②「日本アルプス」のこと。

アルブミン〈albumin〉〘生〙単純たんぱく質(=加水分解によってアミノ酸を生じるもの)の一群。動植物の細胞や体液に広く存在し、生体の水分調節に重要な役割を果たす。

アルヘイ-とう【×有平-糖】―タウ (「有平」はポルトガル語のalfeloaのなまりで、砂糖菓子の意)砂糖にあめを加えて煮つめ、棒状に作った菓子。

ある-べき【有るべき】(連体)そうあるはずの。当然そうでなければならない。また、当然存在するはずの。「学生の―姿」語源文語ラ変動詞「あり」の連体形「ある」に、当然・適当の文語助動詞「べし」の連体形「べき」が付いて一語化したもの。

アルペジオ〈イタリア arpeggio〉〘音〙和音を構成する各音を、低音または高音から順番に演奏すること。アルペッジョ。

アルペン〈ドイツ Alpen〉①アルプス。②(「アルペン種目」の略)スキーで、滑降・回転・大回転・スーパー大回転の四種目およびその複合競技の総称。

―シュトック〈ドイツ Alpenstock〉先端にとび口の形の金具の付いた登山用のつえ。

アルマイト〈和製英語〉アルミニウムの表面を酸化させて膜をつくり、腐食を防ぐようにしたもの。(もと商標名)

ある-まじき(連体)あってはならない。不都合な。「学生として―行為」語源文語ラ変動詞「あり」の連体形「ある」に、打ち消しの当然・適当の文語助動詞「まじ」の連体形「まじき」が付いて一語化したもの。

アルマジロ〈スペイン armadillo〉〘動〙アルマジロ科の哺乳(ほにゅう)動物の総称。背中はかたい甲で包まれ、危険にあうと体を丸めて防ぐものもある。北米南部・中南米に分布。

アルミ①「アルミニウム」の略。「―缶」②(「アルミ青銅」の略)銅にアルミニウムを加えた合金。装飾品などに使う。アルミ金。

―サッシ〈aluminium sash から〉アルミニウム製の窓・戸などの枠。アルミサッシュ。

―ホイル〈aluminium foil から〉アルミニウムを薄く平らに延ばしたもの。食品の包装などに用いる。アルミ箔(はく)。

アルミナ〈alumina〉「酸化アルミニウム」の通称。アルミニウムの原料。耐火剤・研磨剤・吸着剤などに用いる。

アルミニウム〈aluminium〉〘化〙金属元素の一つ。銀白色で軽く、展性・延性に富み、酸化しにくい。家庭用品のほか軽合金の原料に使う。アルミ。元素記号 Al

アルメニア〈Armenia〉黒海とカスピ海の間の内陸にある共和国。首都はエレバン。

あれ【荒れ】①平穏でないこと。正常でなくなること。荒れること。「生活の―」「肌の―」②天候や海などが穏やかでないこと。

あれ【◦彼】㊀(代)遠称の指示代名詞。自分からも相手からも遠いものをさし示す語。①人をさし示す。あの人間。「―はよく働く男だ」②事物をさし示す。あのもの。「―は何だろう」③場所をさし示す。あそこ。あの場所。「―に見えますが大仏殿です」④過ぎた時をそれとさし示さずにいう。あの時。「―からもう五年たつ」⑤話し手が心に描きつつ、その名が思い出せなかったりうまく言い表せなかったりするもの。「ここで言うのも―だが」㊁

（感）驚いたり、不思議に思ったり、意外なことに気づいたりしたときに発する語。「ー、そうとは知らなかった」用法□一①は、多く、目下の者や軽蔑している者をさすときに用いる。

あ-れい【亜鈴・△唖鈴】柄の両端に球形の重りをつけた、筋肉を鍛錬する体操器具。二つで一組。ダンベル。「鉄ー」

あれ-かし【有れかし】願望する事柄の成就を望む気持ちを表す。あってほしいものだ。「かくーと祈る」語源文語ラ変動詞「あり」の命令形「あれ」に、念を押し意味を強める終助詞「かし」の付いたもの。

アレクサンドロスだいおう【アレクサンドロス大王】〈Alexandros〉（前三五六〜前三二三）アレクサンドロス三世の通称。マケドニア王。ギリシャ・ペルシャを征服し、インドにも遠征したが、三二歳で急死。ギリシャ文化を広め、ヘレニズム文化の基礎を築いた。参考英語名はアレクサンダー。

あれ-くる・う【荒れ狂う】（自五）ワ(オ)・イ(ッ)・ウ・ウ・エ・エ ①気が狂ったようにあばれる。②波や風がひどく荒れる。「ー海」

アレグレット〈イタリア allegretto〉【音】楽曲の速さを示す語。「やや速く」の意。

アレグロ〈イタリア allegro〉【音】楽曲の速さを示す語。「速く」の意。

アレゴリー〈allegory〉たとえを使って抽象的な事柄を表現すること。また、そのような文芸形式。たとえ話。寓意。

あれ-これ【◇彼◇是】（名・副）あれやこれや。いろいろ。「ー買い集める」「ー(と)指図する」

あれ-しき【◇彼式】たかがあれぐらい。あの程度。（程度が低く軽いことをさす）「ーのことで負けるものか」

あれ-しょう【荒れ性】ーシャウ 脂肪分が少ないため、皮膚が乾いてかさかさになる体質。↔脂性

あれ-ち【荒れ地】①耕作に適さない土地。②利用されていないために荒れている土地。

あれ-の【荒れ野】荒れた野原。荒野。

あれ-はだ【荒れ肌】脂肪分が少なくてかさかさしている肌。

あれ-は・てる【荒〔れ〕果てる】（自下一）テ・テ・テル・テル・テレ・テロ(テヨ) すっかり荒れてしまう。「ー・てた風景」文あれは・つ（下二）

あれ-ほど【◇彼程】（副）あのように。あんなに。「ー注意したのに」

あれ-もよう【荒れ模様】ーモヤウ ①天気が荒れてきそうなようす。「ーの空」②機嫌が悪そうな、また、悪くなりそうなようす。③平穏にいきそうにないようす。「今年の株主総会はーだ」

あれや-これや【◇彼や◇是や】あれこれ。いろいろ。

あれよ-あれよ（感）どうしていいかわからず、驚きあきれているさまを表す語。「ーという間に負けてしまった」

あ・れる【荒れる】（自下一）レ・レ・レル・レル・レレ・レロ(レヨ) ①勢いが荒々しくなり、周囲の物にその影響を与える。風雨や波の動きがはげしくなる。「海がー」②手入れがゆき届かず、性質・機能がそこなわれる。「田畑がー」「ー・れた家」③皮膚がうるおいをなくしてかさかさになる。「肌がー」④生活や態度・気持ちなどに秩序やゆとりがなくなる。すさむ。「彼の生活はー・れている」⑤乱暴なふるまいをする。「酔ってー」⑥進行状態や物事の展開が乱れる。「会議がー」他あら・す（五）文あ・る（下二）

アレルギー〈ドイツ Allergie〉①【医】生体がある種の物質に対して異常な反応を起こす性質。「ー性疾患」②ある事物や状況などを過敏に警戒し、拒絶反応を示すこと。「英語ー」

アレルゲン〈ドイツ Allergen〉アレルギー反応を起こさせる物質。薬物・食物・花粉など。

アレンジ〈arrange〉（名・他スル）①うまく配置・配列すること。②手はずを整えること。手配。「日程をーする」③構成しなおすこと。特に、編曲すること。「クラシックをジャズにーする」

あろう-こと-か【有ろう事か】アラウー（「あってよいことか」の意から）とんでもないことに。「ー、動物園からライオンが逃げた」

アロエ〈ラテン aloe〉【植】ツルボラン科の多肉植物。南アフリカ原産で薬用・観賞用。蘆薈。俗に「医者いらず」と呼ばれる。

アロハ〈ハワイ aloha〉■一（感）「こんにちは」「さようなら」などの意で広く用いられる、ハワイのあいさつ語。■二（名）（「アロハシャツ」の略）大柄模様の半袖の開襟シャツ。一九三〇年代以降、ハワイから普及。夏

アロマ〈aroma〉香り。芳香。「ーオイル」

ーセラピー〈aromatherapy〉花や香草の香りにより健康や美容の増進をはかる療法。芳香療法。アロマテラピー。

あわ【泡・△沫】①液体が気体を包んでできた玉。あぶく。②口のはしに吹き出るつばの小さな玉。

ーを食う 驚きあわてる。「事故の知らせにあわを食ってかけつける」

ーを吹かせる 相手を驚きあわてさせる。

あわ【△粟】アハ【植】イネ科の一年草。五穀の一つ。九月ごろ穂状の花を開く。種子は黄色の小粒で食用。秋

あわ〔安房〕アハ 旧国名の一つ。現在の千葉県南部。房州。

あわ〔阿波〕アハ 旧国名の一つ。現在の徳島県。阿州。

ーおどり【ー踊り】ーヲドリ 阿波発祥の盆踊り。三味線・太鼓・鉦などのはやしにのって、連と呼ばれる集団が踊りながら町中を練り歩く。

アワー〈hour〉時間。時間帯。「ラッシュー」

あわい【◇間】アハヒ あいだ。すきま。「現実と異界のー」

あわ・い【淡い】アハイ（形）カロ・カッ(ク)・イ・イ・ケレ・○ ①（色・味などが）薄い。あっさりしている。「ーピンク」②かすかである。わずかである。はかない。「ー望みをかける」「ー恋心を抱く」文あは・し（ク）

あわ-うみ【淡海】アハー（淡水の海の意）淡水湖。湖。

あわさ・る【合わさる】アハサル（自五）ラ(ロ)・リ(ッ)・ル・ル・レ・レ 二つのものがぴったりくっつく。一緒になる。他あわ・す（五）あわ・せる（下一）

あわじ〔淡路〕アハヂ 旧国名の一つ。現在の淡路島。兵庫県に属する。淡州。

ーしま〔ー島〕瀬戸内海東部にある島。

あわ・す【淡す・△醂す】アハス（他五）サ(ソ)・シ・ス・ス・セ・セ 柿の渋を抜く。さわす。

あわ・す【合わす】アハス（他五）サ(ソ)・シ・ス・ス・セ・セ →あわせる（合わせる）

あわせ【△袷】アハセ 裏地をつけた着物。夏↔単

ーばおり【ー羽織】裏地をつけた羽織。

あわせ【合〔わ〕せ】アハセ ①二つ以上のものをくっつけること。②二つのものを比べて優劣をつけること。「歌ー」

▼「合わせ」が下に付く語

有りー 後ろー 歌ー 打ちー 埋めー 絵ー 音ー 貝ー 顔ー 家族ー 嚙みー 句ー 食いー 草ー 組みー 繰りー 毛抜きー 香ー 語呂ー 下打ちー 背中ー 炊きー 抱きー 付けー 詰めー 手ー 問いー 隣ー 取りー 鶏ー 鉢ー 撥ー 花ー 腹ー 引きー 間にー 回りー 向かいー 巡りー 申しー 持ちー 盛りー 矢ー 夢ー 読みー

ーかがみ【ー鏡】自分のうしろ姿を見るために、うしろから別の鏡をかざして前の鏡に映し合わせること。

ーガラス 二枚のガラスで高分子フィルムをはさんで接着した、割れても飛び散らない安全ガラス。

ーず【ー酢】酢を基本にして砂糖・酒・醬油・塩などの調味料を合わせたもの。甘酢、三杯酢など。

ーど【ー△砥】①かみそりなどの、仕上げの研ぎに用いる砥石。②砥石の面をなめらかにするための、粘板岩の小片。

ーわざ【ー技】①柔道で技ありを二度とること。合わせて

一本となる。②相撲などで二つの技を同時にかけること。

あわせ-て【合わせて・併せて】 ①合計して。「―一万円」②それとともに。同時に。「壮途を祝し、―健康を祈る」

あわせ-も・つ【併せ持つ・合〔わ〕せ持つ】(他五) いくつかの異なった性質・特徴などを同時に兼ね備えている。「両親の長所を―」

あわ・せる【会わせる・遭わせる】(他下一) ①対面させる。引き合わせる。「恋人を両親に―」②あるできごとに直面させる。「ひどい目に―」自あ・う(五) 文あは・す(下二)

あわ・せる【合わせる】(他下一) ①二つ以上のものを一つにする。すきまなく接するようにする。「くちびるを―」②調子をそろえて一致させる。「歩調を―」「皆で力を―」③合奏する。「琴と尺八を―」④混ぜる。調合する。「酢に醤油を―」「薬を―」⑤照合して正しいかどうか確かめる。「答えを―」⑥基準となるものに一致させる。「予算に―」「時計を―」⑦互いに調和・適合するようにする。「スーツに―・せてネクタイを選ぶ」自あ・う(五) あわさ・る(五) 文あは・す(下二) ⇩「使い分け」

―顔がない 面目なくて、その人に会えない。「親に―」

あわ・せる【併せる】(他下一) 二つ以上の物をまとめて一つの物にする。併合する。⇩「使い分け」

> 使い分け 「合わせる・併せる」
> 「**合わせる**」は、「あうようにさせる」で、二つのものを一致させる、ちょうど同じにそろえる、一つに重ねる、物と物とをつりあうようにするなどの意。「手を合わせて拝む」「時計の針を正しい時刻に合わせる」「調子を合わせる」「体に合わせて洋服を仕立てる」などと使われる。
> 「**併せる**」は、ある物を取りこみ、つけ加えて一緒にする、一つの物にする意で、「二つの会社を併せる」「両者の特長を併せて考える」「併せて健康を祈る」などと使われる。

あわただし・い【慌ただしい】(形) ①急いでいて落ち着かない。せわしい。「年の暮れは―」②世情が不安定で、状況の変化が激しい。「―政局」文あわただ・し(シク)

あわ-だ・つ【泡立つ】(自五) 泡が生じる。「洗剤が―」他あわだ・てる(下一)

あわ-だ・つ【粟立つ】(自五) 寒さや恐ろしさのために、皮膚の毛穴が粟粒のようになる。鳥肌が立つ。

あわ-だ・てる【泡立てる】(他下一) たくさん泡が出るようにする。「卵白を―」自あわだ・つ(五)

あわ-つぶ【粟粒】 ①アワの実の小さい粒。②きわめて小さいもののたとえ。「―ほどのできもの」

あわて-ふため・く【慌てふためく】(自五) あわてて取り乱す。うろたえ騒ぐ。「―・いて逃げる」

あわて-もの【慌て者】 そそっかしい人。また、気の早い人。

あわ・てる【慌てる・周章てる】(自下一) ①予想外の場面に出会い落ち着きを失う。「秘密を知られて―」②驚いて急ぐ。「―・てて出勤する」文あわ・つ(下二)

類語うろたえる・まごつく・取り乱す・狼狽する・動転する・周章狼狽する・動じる・面くらう・泡を食う・慌てふためく

あわび【鮑・鰒】《動》ミミガイ科に属する巻き貝のうち、大形種の総称。単一の殻は耳形で、内面は青みが濃くて美しい。肉は食用、殻は螺鈿細工用・ボタン用。夏

―の片思い (アワビの殻が二枚貝の殻の片方だけに見えることから)男女間の片思いのたとえ。磯のあわびの片思い。

あわ-もり【泡盛】 沖縄特産の焼酎。外国産の砕米などからつくる。夏

あわ-や 一(副) あぶなく。あやうく。もう少しで。「―大惨事になるところだった」二(感)《古》驚いたとき、または事の起ころうとするときに発する声。

あわ-ゆき【泡雪】 ①泡のように軽くて消えやすい雪。春 ②(「泡雪羹」の略)泡立てた卵白に砂糖と香料を加え、寒天で固めて作った菓子。

あわ-ゆき【淡雪】 薄く降り積もった雪。とけやすい雪。春

あわよく-ば (副) うまくゆけば。「―連勝も可能だ」

あわれ【哀れ】 一(名) ①かわいそうだと思う気持ち。「―をもよおす」②しみじみとした思い。情趣。「旅の―」③悲しい思い。悲哀。「人の世の―を知る」二(形動ダ) ①かわいそうなさま。ふびんなさま。「親を失った―な子」②みじめなさま。「事業に失敗して―な姿になる」文(ナリ) 三(形動ナリ)《古》①しみじみと感動するさま。「かくてもあられけるよと、―に見るほどに」〈徒然草〉②しみじみと情趣が深い。「野分のまたの日こそ、いみじう―にをかしけれ」〈枕草子〉③おもしろい。美しい。「夕暮れの静かなるに、空の気色いと―に」〈源氏〉④気の毒だ。「命婦は(天皇が)まだ大殿籠らせ給はざりけるを―に見奉る」〈源氏〉⑤かわいい。なつかしい。「親の心には、―に覚ゆるままに書き集めたり」〈十六夜〉⑥悲しい。いたましい。「わがものの悲しき折なれば、いみじく―なりと聞く」〈更級〉⑦やさしい。「―なりつる心の程なむ忘れむ世あるまじき」〈更級〉⑧りっぱだ。「御子も、いと―なる句をつくり給へるを」〈源氏〉 四(感)《古》ものに感動して発する声。ああ。まったく。ほんとうに。「―いと寒しや」〈源氏〉 参考「あはれ」は「ああ、はれ」という感動のことばのつまったものといわれる。平安時代を中心とした古典文学の主要な美的理念で、深いしみじみとした感動・調和美・優美・哀感的な美を意味し、またそれらが複合して構成されたものをも表す。はじめ純粋な感動として生まれ、しだいに複雑な内容を帯びるようになった。また、「をかし」とほぼ同じ意に用いられたが、「あはれ」のほうが情的でやや深く、「をかし」のほうが知的でやや明るい。この違いが後世「悲哀」と「可笑(こっけいの意)」に分かれるもとになった。

類語悲哀・哀愁・哀傷・哀感・憂愁

―っぽ・い【―っぽい】(形) ふびんだという感じを起こさせる状態である。「―声で訴える」

あわれ・む【哀れむ・憐れむ】(他五) かわいそうだと思う。同情する。「同病相―」

あを-うま【青馬・白馬】《古》①青毛(=つやのある青みがかった黒い毛色)の馬。②葦毛の馬。また、白馬。参考古代における「あを」は、広く黒と白の中間色をさした。

―の-せちゑ【―の節会】《古》宮廷の年中行事の一つ。平安時代、陰暦正月七日に天皇が紫宸殿で左右の馬寮から引き出した白馬を見たあと、宴を開く儀式。新年

あを-ざむらひ【青侍】《古》①(青色の袍を着たことから)公卿の家に仕えた六位の侍。②身分の低い侍。

あをに-よし【青丹よし】《枕》「奈良」「国内」にかかる。

あん【安】 教3 アン やすい

丶 宀 宊 安 安

(字義) ①やすらか。↕危 ㋐無事である。危険がない。「安全・安否・治安・保安」㋑心配がない。「安心・安堵・不安」②やすんじる。㋐落ち着く。静まる。「安静・安息」㋑たのしむ。「慰安」③やすい。㋐値段が安い。「安価」㋑手軽な。「安易・安直」難読安芸・安宅・安土・安房・安居・安穏

・安本丹 人名 あ・さだ・しず・しずか・やすし・やすら

あん【行】(字義)→こう(行)

あん【杏】(字義)→きょう(杏)

あん【按】 アン おさえる (字義)①おさえる。㋐手で押さえる。㋑なでる。「按摩」②調べる。「按察」③考える。「按配・按分」

あん【晏】 アン・エン おそい (字義)①晴れる。②あざやか。うつくしい。③やすらか。「晏如・静晏」④時刻がおそい。「晏起・晏眠」 人名 おそ・さだ・はる・やす・やすし

あん【案】 教4 アン

(字義)①つくえ。「案下・几案」②考える。「案出・勘案・考案・思案」③考え。「懸案・提案・妙案・名案」④計画。「法案・立案」⑤原稿。下書き。「草案・文案」 難読 案山子

あん【案】①考え。意見。「―を出す」「―を述べる」②計画。「―を立てる」「―を練る」③予想。「―に相違する」

あん【庵】 アン いお・いおり (字義)いおり。㋐僧尼・隠者などが住む家。また、茶室などの小さな家。「庵室・草庵・僧庵」㋑大寺院に付属する小さな僧房。

-あん【庵】(接尾)文人・茶人などの名前や、住居・料理屋などの名前に添える。「芭蕉―」「松月―」

あん【暗】 教3 アン くらい

(字義)①くらい。㋐光がない。闇。「暗黒・暗室・暗中模索・明暗・幽暗」↔明 ㋑黒い。黒ずむ。「暗灰色・暗紅」㋒知恵の足りない。おろか。「暗愚・暗君」㋓はっきりしない。心がふさぐ。「暗然・暗澹」②隠れて見えない。人に知られない。㋐ひそかに。「暗殺・暗躍」㋑それとなく。「暗示」㋒偶然に。「暗合」㋓知らず知らず。「暗暗裏」㋔水中の。地下の。「暗渠・暗礁」③そらんじる。そらでおぼえる。「暗記・暗算・暗誦」④だまる。「暗黙」

あん【鞍】 人 アン くら (字義)①くら。牛や馬の背につけて、人や物をのせる道具。「鞍上」②くらの形をしたもの。「鞍馬・鞍部」

あん【闇】 ◇ アン やみ㊥・くらい

(字義)①とじる。門をとじる。②くらい。㋐光がささない。「暁闇・幽闇」㋑月が出ない。くらやみ。「闇夜」㋒知恵がない。おろか。「闇愚」③いおり。喪に服するのにこもる家。「諒闇」 難読 闇雲

あん【餡】①アズキなどの豆類を煮てつぶし、砂糖を加えたもの。あんこ。②饅頭や餅などに包み入れる、調理した挽き肉や野菜。③片栗粉やくず粉を水でとき、沸騰したすまし汁の中へ流してとろりとさせたもの。くずあん。「―かけ」④外側とは別の材料を使った中身。あんこ。「クッションの―」

あん-あん【暗暗】①暗いこと。②ひそかなこと。

―り【―裏・―裡】 人の気づかないうち。ひそか。「―に計画する」「―に事をはこぶ」

あん-い【安易】(形動ダ) ダロ・ダッ(デ・ニ)・ダ・ナ・ナラ・○ ①たやすいさま。努力しないでも簡単にできるさま。「―な方法を選ぶ」②のんきなさま。いいかげんなさま。「―な気持ちから失敗する」 文(ナリ)

あん-いつ【安逸・安佚】(名・形動ダ)何もせず気楽に楽しむこと。ぶらぶらすごすこと。また、そのさま。「―をむさぼる」

あん-うつ【暗鬱】(名・形動ダ)暗く気が沈むこと。うっとうしいこと。また、そのさま。「―な天気」

あん-うん【暗雲】①今にも雨の降りそうな暗い雲。黒雲。②前途に不穏なことが迫っていることのたとえ。「将来に―が漂う」

あん-えい【暗影・暗翳】①暗いかげ。②不吉や不安の気配。「一抹の―を投じる」

あん-おん【安穏】(名・形動ダ)→あんのん

あん-か【行火】(炭火などを入れて)手足を温める小型の暖房器具。「電気―」 冬 参考「あん」は唐音。

あん-か【安価】(名・形動ダ)①値段が安いこと。また、そのさま。安値。廉価。「―な品」↔高価 ②いいかげんなこと。安っぽいこと。また、そのさま。「―な同情」

あん-か【案下】(「案」は机の意)手紙の宛名のわきに書いて敬意を表す語。脇付の一種。机下。

あん-が【安臥】(名・自スル)体を休めるように、楽な姿勢で横になること。安らかに寝ること。

アンカー〈anchor〉①錨。②リレー競技で、最終走者。また、最終泳者。③「アンカーパーソン」「アンカーマン」の略。

―パーソン〈anchorperson〉①テレビのニュース番組などで、中心となるキャスター。②雑誌などで、取材記事を最終的にまとめる人。

―マン〈anchorman〉→アンカーパーソン

あん-がい【案外】(副・形動ダ)思いのほか。予想外。意外。「―手ごわい敵」「―な結果に終わる」

あん-かけ【餡掛け】 くず粉や片栗粉でとろみをつけたあんをかけた料理。「―どうふ」

アンガジュマン〈フランス engagement 拘束・契約〉文人・芸術家などが社会運動に参加すること。アンガージュマン。

アンカット〈uncut〉雑誌・書籍などの小口(=へり)を裁断していないこと。フランスとじ。

あん-かん【安閑】(タル)①のんびりと気楽なさま。②危急の場合などに、何もしないでのんびりしているさま。「―としている場合ではない」 文(形動タリ)

あん-き【安危】 安全なことと危ないこと。安全か危険かということ。「国の―にかかわる問題」

あん-き【安気】(名・形動ダ)気楽なこと。心配ないこと。また、そのさま。「―に暮らす」

あん-き【暗記・諳記】(名・他スル)書いたものを見なくても言えるように、そらで覚えること。そらんじること。「丸―」「―力」

あん-きも【鮟肝】 アンコウの肝臓。酒のさかななどにする。

あん-ぎゃ【行脚】(名・自スル)①『仏』僧が諸国をめぐって修行すること。「―の僧」②各地をめぐり歩くこと。「史跡―」 参考「あんぎゃ」は唐音。

あん-きょ【暗渠】 地下に作ったりふたをかぶせたりした水路。「川を―にする」↔開渠

あん-ぐ【暗愚】(名・形動ダ)道理にくらく、愚かなこと。また、そのような者。「―な殿様」

あん-ぐう【行宮】 昔、天皇の旅行のときに設けられた仮の御所。行在所。 参考「あん」は唐音。

アングラ〈underground の略〉①反商業主義の実験的・前衛的な芸術。「―演劇」②非合法であること。「―経済」

あんぐり(副・自スル)口を大きくあけているさま。また、口が開いたように大きく裂けているさま。「あきれて口を―(と)あける」

アングル〈angle 角・角度〉①撮影するときのカメラの角度。②視点。物の見方。

アンクル-サム〈Uncle Sam〉アメリカ合衆国の政府または国民のあだ名。また、典型的なアメリカ人。 参考 U.S.(United States 合衆国)をもじったものといわれる。

アンクレット〈anklet〉①足首に巻く輪形の飾り。②足首までの短い靴下。

アングロ-サクソン〈Anglo-Saxon〉五世紀中ごろ以

降、ドイツ北西部からイギリスに移動し、現在のイギリス国民の根幹となったゲルマン民族の一部。

あん-くん【暗君】 愚かな君主。暗主。↔明君

アンケート 〈フランス enquête〉ある問題について一定の質問をして、多くの人々から回答を求める調査。「ーをとる」

あん-けん【案件】 ①問題になっている事柄。「重要なー」②訴訟事件。

あんけん-さつ【暗剣殺】 九星方位のうち最も凶の方位。これを犯すと、主人は召使に、親は子に討たれるといわれた。

あん-こ 〘方〙(伊豆大島などで)娘。語源「あねこ」の転。

あん-こ 相撲で、太って腹の出ている力士。あんこ形。↔ソップ 語源 体形が「鮟鱇(=魚の名)」に似ていることから。

あん-こ【△餡こ】 ①→あん(餡)① ②→あん(餡)④

あん-ご【安◇居】 〘仏〙僧が陰暦四月十六日から三か月間、室内にこもって修行すること。夏安居。夏

あん-こう【△鮟△鱇】 〘動〙深海底にすむアンコウ科の硬骨魚の総称。大きな頭部は平たく、口が大きい。食用。冬

あん-ごう【暗号】 通信の内容がもれないように、当事者だけがわかるように取り決めて用いる記号。「ーを解読する」

ーしさん【ー資産】 〘経〙インターネット上で通貨としてやりとりされ、法定通貨と相互に交換可能な財産的価値。仮想通貨。

あん-ごう【暗合】 (名・自スル)偶然に一致すること。

あんこうの… 俳句〔鮟鱇の 骨まで凍てて ぶち切らる〕〈加藤楸邨〉寒々とした魚屋の店先で、骨の髄まで凍りついた鮟鱇が、いま包丁でぶち切られた。(鮟鱇・凍つ 冬)

アンコール 〈フランス encore もう一度〉(名・自スル)①音楽会などで、拍手やかけ声で退場後の出演者に再出演を求めること。また、それに応じて行う演奏。「ーに応える」②再上演。再放送。参考 ①はフランス語ではビス(bis)を用いる。

あん-こく【暗黒・◇闇黒】 (名・形動ダ)①まっくら。くらやみ。②文明がおくれていること。道義や秩序が乱れていることなどのたとえ。

ーがい【ー街】 犯罪などが多発する街。「ーの顔役」

ーじだい【ー時代】 ①圧政や戦争などで社会が混乱した時代。②文化の衰えた時代。特に、西洋史で中世をいう。

ーめん【ー面】 物事や社会の暗く悲惨な面。

アンゴラ 〈Angola〉アフリカの南西部にある共和国。首都はルアンダ。

アンゴラ-うさぎ【アンゴラ△兎】 〘動〙飼いうさぎの一品種。毛は白色で長くて柔らかく、織物にする。語源 原産地トルコのアンゴラ(Angora 現在のアンカラ)の地名にちなむ。

あんころ-もち【△餡ころ餅】 〘俗〙あんでくるんだ餅。

あん-ざ【安座・安△坐】 (名・自スル)落ち着いて座ること。楽な姿勢で座ること。あぐらをかくこと。

アンサー 〈answer〉答え。応答。解答。

あんざい-しょ【行在所】 →あんぐう

あん-さつ【暗殺】 (名・他スル)おもに政治上の主義や思想の対立から、要人をひそかにねらって殺すこと。「政敵をーする」

あん-ざん【安産】 (名・他スル)無事に子を産むこと。軽いお産。「ーを祈願する」↔難産

あん-ざん【暗算】 (名・他スル)紙に書いたり、そろばんや計算機を使ったりしないで、頭の中で計算すること。

あんざん-がん【安山岩】 〘地質〙火山岩の一種。黒みの強い灰色で、黒または白の斑点がある。火山岩中、最も分布が広い。敷石・石垣・墓石などに用いる。富士岩ともいう。

アンサンブル 〈フランス ensemble〉①〘音〙㋐合唱。合奏。㋑小人数の合唱・合奏団。②〘服〙婦人服で、上着とワンピースなど組み合わせて着るように共布で作ったひとそろい。

あん-し【暗視】 暗い場所でもよく見えること。「ーカメラ」

あん-じ【暗示】 ㊀(名・他スル)それとなく示して知らせること。「将来をーするできごと」↔明示 ㊁(名)〘心〙人の心にそれとなくある観念をうえつけるような刺激。「ーにかかる」

アンジェラス 〈ラテン Angelus〉〘基〙聖母マリアのキリスト受胎告知を記念し、感謝する祈り。また、その時刻を告げる鐘。お告げの祈り。お告げの鐘。アンゼルス。

あんし-じゅつ【安死術】 →あんらくし

あんし-しょく【暗紫色】 黒ずんだ紫色。

あん-しつ【△庵室】 僧や尼の住まい。いおり。参考 古くは「あんじつ」「あんじち」といった。

あん-しつ【暗室】 外からの光線がはいらないようにした部屋。化学実験や写真の現像などに用いる。

アンシャン-レジーム 〈フランス ancien régime〉〘世〙旧制度。旧体制。特に、フランス革命前の絶対王政を支えた社会体制。

あん-しゅ【△按手】 〘基〙手を人の頭の上において行う祝福の祈り。

あん-しゅ【△庵主】 ①庵室の主人。②僧庵の主人。特に、尼僧をいう。③茶室の主人。参考 古くは「あんじゅ」とも。

あん-しゅ【暗主】 愚かな君主。暗君。↔明主

あん-じゅう【安住】 (名・自スル)①安心して住むこと。「ーの地を見つける」②それ以上を望まず、その境遇や段階で満足すること。「現在の生活にーする」

あん-しゅつ【案出】 (名・他スル)工夫して考え出すこと。「新しい方法をーする」

あん-じょ【△晏如】 (タル)安らかで落ち着いているさま。「日々ーたり」文(形動タリ)

あん-しょう【暗唱・△諳△誦】 (名・他スル)記憶した文章などを、そらで口に出して言うこと。「詩をーする」

あん-しょう【暗証】 ①本人であることを証明するために、あらかじめ登録する秘密の数字や文字。預金を引き出す際などに用いる。「ー番号」②〘仏〙教理を研究せず、座禅などの修行に没頭すること。

あん-しょう【暗礁】 水面下に隠れていて、航行の障害となる岩。

ーに乗り上げる 障害に出あい、事が進展しなくなる。

あん-じょう【△鞍上】 馬のくらの上。

ー人なく鞍下馬なし 馬と乗り手とが一体となって見える巧みな乗りこなしのこと。

あんじょう (副)(方)(関西地方で)上手に。うまい具合に。語源「味よく」のウ音便「味よう」の転。

あん-しょく【暗色】 暗い感じの色。↔明色

あん-じる【△按じる】 (他上一)ジ・ジ・ジル・ジル・ジレ・ジロ(ジヨ) ①考えをめぐらす。②押さえる。さする。なでる。語源 サ変動詞「あんずる」の上一段化。

あん-じる【案じる】 (他上一)ジ・ジ・ジル・ジル・ジレ・ジロ(ジヨ) ①考える。工夫する。「一計をー」②心配する。「子どもの身をー」語源 サ変動詞「あんずる」の上一段化。

あん-しん【安心】 (名・形動ダ・自スル)不安や心配がなく、心が安らかなこと。また、その状態。「両親をーさせる」「ー感」類語 安堵・休心・放念・放心・一安心・安らぐ・ほっとする・胸をなでおろす・胸のつかえがおりる

ーりつめい【ー立命】 天命を悟って、生死利害を超越

し、安らかな心をもつこと。安心立命・あんじんりゅうめい。なること。阿弥陀仏の救いを信じ、極楽往生を願う心。

あん-じん【安心】《仏》信仰によって心を定め、不動の境地になること。阿弥陀仏の救いを信じ、極楽往生を願う心。

―りゅうめい【―立命】→あんしんりつめい

あん-ず【△杏子・△杏】《植》バラ科の落葉小高木。早春に淡紅色・白色の花を開く。果実は生食やジャム用。種子は杏仁として咳どめ薬となる。アプリコット。夏（杏の花 春）

あん・ずる【△按ずる】（他サ変）ジ(ゼ)・ジ・ズル・ズル・ズレ・ジロ(ゼヨ) →あんじる（按じる）文あん・ず（サ変）

あん・ずる【案ずる】（他サ変）ジ(ゼ)・ジ・ズル・ズル・ズレ・ジロ(ゼヨ) →あんじる（案じる）文あん・ず（サ変）

―より産むが易し 前もって心配していたよりも、実際にやってみると案外やさしいことのたとえ。

あんずる-に【案ずるに・△按ずるに】あれこれ考えてみるに。「―昨今の世相は…」用法 やや文語的な言い回しで、多く冒頭に置いて、自分の考えを述べようとするときに用いる。

あん-せい【安静】（名・形動ダ）療養のため、体を休めて静かにしていること。また、そのさま。「絶対―」

あんせい-の-たいごく【安政の大獄】《日》一八五八（安政五）年から翌年にかけて、江戸幕府の大老井伊直弼の行った、尊王攘夷派に対する大弾圧。公卿・大名を罰し、吉田松陰らの志士を投獄・処刑した。

あん-せん【暗線】《物》光波の連続スペクトル中に現れる、特定の物質の吸収による黒線。吸収スペクトル。↔輝線

あん-ぜん【安全】（名・形動ダ）危なくないこと。また、そのさま。無事。「身の―をはかる」「―な場所」「―性」↔危険

―かみそり【―×剃刀】皮膚を傷つけないでそれるように工夫した西洋かみそり。はじまり 替刃式のものは、アメリカ人ジレットが考案、一九〇〇年代初頭に商品化したのが最初。

―き【―器】電気回路にとりつける装置。規定以上の電流が流れると自動的に回路を切断し、危険を防止する。

―けん【―圏】①危険のない領域。②それを達成することが確実視される範囲。「合格の―」

―ちたい【―地帯】①危険のない地域。②路面電車などに乗降する客の安全を守るため、路上に設けられた場所。

―とう【―灯】炭坑内で使う、坑内のガスに引火しないように作られた、金網張りの手さげランプ。

―パイ【―△牌】①麻雀で、捨てても他の人に上がられる危険のないパイ。安パイ。②《俗》（転じて）なんの害もなく扱いやすい人や選択肢。安パイ。

―ピン 針先を、金具でおおうようにした長円形のとめ針。

―ベルト →シートベルト

―べん【―弁】①ボイラーなどの安全装置の一種。内部が規定圧力以上になったとき、余分の気体・液体を出す調節器具。②前もって危険な状態になることを防ぐもののたとえ。

―ほしょう【―保障】外部からの侵略や攻撃に対して、国家・国民の安全を守ること。「―上の政策」

―ほしょう-じょうやく【―保障条約】二か国以上の国家間で結ぶ安全保障に関する条約。「日米―」

あん-ぜん【暗然・△黯然】（ト_タル）悲しみで心のふさぐさま。「―とした面持ち」文（形動タリ）

あん-そく【安息】（名・自スル）安らかに休むこと。「魂の―」

―こう【―香】①《植》エゴノキ科の落葉高木。東南アジア原産。②①の樹液を固めた樹脂。香料・薬用とする。

―び【―日】《宗》仕事を休み宗教的儀式を行う日。ユダヤ教では金曜日の日没から土曜日の日没まで。キリスト教では一般に日曜日。安息日・あんそくにち・あんそくじつ。

アンソロジー〈anthology〉詩歌・文芸作品などの選集。名詩選。詞華集。

あんた（代）対称の人代名詞。対等または目下の人に呼びかける語。語源「あなた」の転。

あん-だ【安打】（名・自スル）野球で、打者が相手のエラーや野選によらず出塁できる打球。ヒット。「三打数一―」

アンダー〈under〉①（他の外来語の上に付いて）「下」または「低い」の意を表す。②写真で、露出が不足し画像の淡いこと。

―ウエア〈underwear〉洋服の下に着る衣類。下着。

―グラウンド〈underground〉→アングラ

―シャツ〈undershirt〉下着として着るシャツ。肌着。

―スロー〈underhand throw から〉野球で、腕を下からふり上げてボールを投げる投げ方。下手投げ。アンダーハンド。↔オーバースロー

―バー〈underbar〉下線符号。メールアドレスやファイル名などの文字列で、単語を区切る際にスペースのかわりに「abc_def」のように利用される。アンダースコア。

―ライン〈underline〉横書きの文章で、特に注意すべき字句などの下に引く線。下線。

あん-たい【安泰】（名・形動ダ）安全で無事なこと。安らかなこと。また、そのさま。「家の―をはかる」

アンタッチャブル〈untouchable 触れられない〉①インドで、かつて最下層の身分におかれた人々。不可触民。②（買収に応じないことから）アメリカ連邦捜査局（FBI）の局員。

あん-たん【暗△澹】（ト_タル）①暗くて恐ろしいさま。②先の見通しが立たず希望のもてないさま。「―たる前途」文（形動タリ）

アンダンテ〈イタリア andante〉《音》楽曲の速さを示す語。「ゆるやかに」の意。

アンチ-〈anti-〉（接頭）（名詞に付いて）「反」「反対」の意を表す。「―ファシズム」

あん-ち【安置】（名・他スル）場所を決めてたいせつに据えて置くこと。特に、神仏の像を据えて祭ること。「仏像を―する」

アンチ-エージング〈anti-aging〉老化を防止すること。加齢に伴う衰えを予防する医療や美容などでいう。

アンチック〈フランス antique〉■一（名）①平仮名・片仮名の活字の書体の一つ。肉太の活字。ゴシックに比べて丸みがある。（この辞典の仮名見出しの書体。）②→アンティーク㊀ ■二（形動ダ）ダロ・ダッ(デ・ニ)・ダ・ナ・ナラ・〇 →アンティーク㊁

アンチテーゼ〈ドイツ Antithese〉①《哲》弁証法の基本的な用語。初めに立てられた命題（定立）に対して、それを否定するような内容の命題をいう。反定立。反立。↔テーゼ ②ある主張に対抗して提出された主張。

アンチノミー〈ドイツ Antinomie〉→にりつはいはん

アンチモニー〈antimony〉→アンチモン

アンチモン〈ドイツ Antimon〉《化》金属元素の一つ。青みを帯びた銀白色で、光沢がありもろい。活字の合金や半導体などに用いる。アンチモニー。元素記号 Sb

あん-ちゃく【安着】（名・自スル）無事に着くこと。

あん-ちゃん【◇兄ちゃん】《俗》①自分の兄を呼ぶ語。②若い男を呼ぶ語。特に、不良じみた若い男をいう。「町の―」

あん-ちゅう【暗中・◇闇中】暗がりの中。闇の中。

―ひやく【―飛躍】（名・自スル）人に知られないように、ひそかに画策・奔走すること。暗躍。

―もさく【―模索・―△摸索】（名・他スル）（くらやみの中を手さぐりで探す意から）手がかりや見込みのないまま、いろいろなことをやってみること。「打開策を―する」

あん-ちょく【安直】（名・形動ダ）①金があまりかからないこ

と。また、そのさま。②手間をかけず簡単に行うさま。手軽。いいかげん。「―なやり方」

あん‐ちょこ《俗》教科書にそって書かれた安易な解説書。虎の巻。語源「安直(あんちょく)」の転。

アンチョビ〈anchovy〉《動》ペルー沖や地中海などでとれるカタクチイワシ科の小魚。また、その塩漬けや油漬けの食品。

アン‐ツー‐カー〈フランス en-tout-cas すべての場合に〉水はけのよい赤褐色の人工土。また、その土を敷いた競技場。

あん‐てい【安定】(名・自スル)①激しい変化がなく、落ち着いた状態であること。「物価が―する」「不―」②《物・化》物体・物質に変化を与えたとき、元の状態に戻ろうとすること。

―きょうこう【―恐慌】《経》インフレーションを収めるための通貨収縮に伴って起こる一時的な経済的混乱。

アンティーク〈フランス antique〉㊀(名)骨董品。古美術品。㊁(形動ダ)(ダロ・ダッ(デ・ニ)・ダ・ナ・ナラ・○)古風なさま。参考「アンチック」ともいう。

アンティグア・バーブーダ〈Antigua and Barbuda〉西インド諸島中のアンティグア島、バーブーダ島、レドンダ島からなる立憲君主国。首都はセントジョンズ。

アンテナ〈antenna〉①電波を発信・受信するための金属の棒や線または板。空中線。「パラボラ―」②(転じて)情報を知る手段となるもの。「政界に―を張りめぐらす」

―ショップ〈antenna shop〉企業や地方自治体が、商品を紹介したり消費動向を探ったりするために開設する店舗。パイロットショップ。

アンデパンダン〈フランス Indépendants 独立派〉《美》①フランスの独立美術家協会。一八八四年以降、官展に対抗して無審査の美術展を開催。②無審査の自由な美術展覧会。

アンデルセン〈Hans Christian Andersen〉(一八〇五―一八七五)デンマークの詩人・童話作家。小説「即興詩人」「絵のない絵本」、童話「マッチ売りの少女」「人魚姫」「みにくいアヒルの子」など。

あん‐てん【暗転】(名・自スル)①《演》幕をおろさずに舞台を一時暗くして場面を変えること。②(転じて)状況などが思わしくない方向に転じること。「事態が―する」

あん‐ど【安堵】(名・自スル)(「堵」は垣の意。垣の中に安んじて暮らすこと)①安心すること。「―の胸をなでおろす」②《日》鎌倉・室町時代に、将軍や領主が武家や寺社に対して土地の所有を承認したこと。「本領―」

あん‐とう【暗闘】㊀(名・自スル)ひそかに裏面で争うこと。「党首の地位をめぐる―」㊁(名)歌舞伎の、だんまり。

あんどうひろしげ【安藤広重】(一七九七―一八五八)江戸後期の浮世絵師。歌川広重とも。江戸(東京都)生まれ。写実的で情趣あふれる風景版画を描き、浮世絵の新生面を開いた。代表作「東海道五十三次」。

アントニム〈antonym〉対義語。反意語。↔シノニム

アンドラ〈Andorra〉フランスとスペインとの国境、ピレネー山脈の中にある公国。首都はアンドララベリャ。

アントレ〈フランス entrée〉西洋料理のフルコースで、前菜、または魚料理の次に出される中心となる肉料理。

アンドロイド〈android〉SFなどに登場する、外見を人間そっくりに似せてつくられたロボット。人造人間。

アンドロメダ〈Andromeda〉①ギリシャ神話の中の王女。英雄ペルセウスの妻。②《天》北天の星座の一つ。アンドロメダ座。晩秋から初冬の夕方、東の空に見える。

あん‐どん【行灯】木や竹などのわくに紙をはり、中に油皿を置いて火をともす照明具。参考「あんどん」は唐音。

〔あんどん〕

あん‐な(形動ダ)(ダロ・ダッ(デ・ニ)・ダ・(ナ)・ナラ・○)あのような。あれほどの。「―ことになるなんて」「―にひどい人はいない」用法連体形の「あんなな」は、接続助詞「のに」「ので」に連なるときに使われ、体言に連なるときは、語幹がそのまま連体形の役目を果たす。「こんな」「そんな」「どんな」も同様。文章や改まった会話では、多く「あのような」が用いられる。

あん‐ない【案内】㊀(名・他スル)①人を導いてそこへ連れて行くこと。「名所を―する」②内容・事情などを知らせること。また、その知らせ。「営業―」「―状」③取り次ぐこと。「玄関で―を請う」㊁(名)内容・事情をよく知っていること。「御―のことと存じますが」「不―」

アンナ‐カレーニナ〈Anna Karenina〉ロシアの作家トルストイの長編小説。一八七五―一八七七年刊。主人公アンナの生き方を通して、ロシアの貴族社会を批判的に描く。

あん‐に【暗に】(副)それとなく。ひそかに。「―非難する」

アンニュイ〈フランス ennui〉退屈。倦怠。ものうい感じ。

あんにん‐どうふ【杏仁豆腐】杏仁(=アンズの種子)をすりつぶして寒天で固めシロップをかけた、中国料理の菓子。きょうにんどうふ。参考「あん」は唐音。

あん‐ねい【安寧】(名・形動ダ)世の中が穏やかなこと。

あん‐の‐じょう【案の定】(副)思ったとおり。予想どおり。「―ここにいた」

あん‐のん【安穏】(名・形動ダ)(「あんおん」の連声)変わったこともなく穏やかなこと。平穏。「―に暮らす」

あん‐ば【鞍馬】体操用具の一つで、革を張った馬の背形の台に二つの取っ手と脚を付けたもの。また、それを使用する男子の体操競技の種目。語源古く鞍を置いた乗馬のことを鞍馬といい、その形に見立てていう語。

〔あんば〕

あん‐ばい【按排・按配】(名・他スル)ほどよく配置したり処理したりすること。「仕事を―する」

あん‐ばい【塩梅】①(昔、塩と梅酢とで味つけしたことから)料理の味のよしあし。味かげん。②体の調子。「―がいい」③ほどあい。つごう。「いい―に雨があがった」参考「按排」「按配」と書くこともある。

アンパイア〈umpire〉競技の審判員。特に、定められた位置で競技の判定をする人。おもに野球についていう。

あん‐ばこ【暗箱】組み立て式写真機の胴体で、蛇腹などに囲まれた箱形の部分。

アンバサダー〈ambassador〉①大使。使節。②企業などからの依頼で広報活動を行う人。「ブランド―」

アンバランス〈unbalance〉(名・形動ダ)釣り合いがとれていないこと。また、そのさま。不均衡。「―な服装」参考名詞の「アンバランス」は、英語ではimbalanceということが多く、unbalanceは動詞として用いることが多い。

あん‐パン【餡パン】あんが中にはいっているパン。はじまり一八七四(明治七)年、東京銀座の木村屋が考案し売り出したのが最初。翌年、明治天皇に献上されたという。

あん‐ぴ【安否】①無事かどうかということ。「―を気遣う」②(転じて)日常生活のようす。消息。近況。「―を問う」

アンビシャス〈ambitious〉(形動ダ)(ダロ・ダッ(デ・ニ)・ダ・ナ・ナラ・○)大きな志をもっているさま。野心的。「ボーイズビー―」

アンビション〈ambition〉野心。大望。功名心。

アンビバレンス〈ambivalence〉一つの物事に対して、相反する感情を同時にもつこと。両面価値。双価性。

アンビバレント〈ambivalent〉(形動ダ)ダロ・ダッ(デ・ニ)・ダ・ナ・ナラ・○ 一つの物事に対して、相反する感情をもつさま。

あん-ぶ【暗部】①暗い部分。②隠れた醜い部分。「政界の―」③心の深層部分。「意識の―」

あん-ぶ【△鞍部】山の尾根の少し低くなった所。コル。

あん-ぷ【暗譜・△諳譜】(名・他スル)楽譜を暗記すること。

アンプ(「アンプリファイアー」の略)トランジスターや真空管などを使って電気信号を増幅する装置。増幅器(ぞうふくき)。

アンフェア〈unfair〉(形動ダ)ダロ・ダッ(デ・ニ)・ダ・ナ・ナラ・○ 不公平なさま。公正を欠くさま。「―な審判」

あん-ぷく【△按腹】(名・自スル)あんまで、腹をもんだりさすったりすること。

アンプラグド〈unplugged プラグを接続しない〉〔音〕電子装置を用いない楽器を使用した演奏。

アンプリファイアー〈amplifier〉→アンプ

アンプル〈フランス ampoule〉注射液などの薬液を密封した、小型のガラス容器。

あん-ぶん【案分・△按分】(名・他スル)基準になる数量に応じた割合で物を分けること。「人数で―する」

―ひれい【―比例】→ひれいはいぶん

あん-ぶん【案文】下書きの文章。「―を練る」

アンペア〈ampere〉〔物〕国際単位系の電流の単位。一秒間に一クーロンの電荷が流れるときの電流の強さが一アンペア。記号A

アンペラ〈ポルトガル amparo の転か〉①〔植〕カヤツリグサ科の多年草。茎は円柱状で葉が退化している。アンペラ藺(い)。②①の茎で編んだむしろ。

あん-ぽ【安保】「日米安全保障条約」の略。

あん-ぽう【△罨法】(パフ)― 炎症や充血を除くため、患部を温めたり冷やしたりする治療法。湿布。「冷―」

あんぽんたん【×安本丹】(名・形動ダ)〔俗〕まぬけ。あほう。

あん-ま【△按摩】(名・他スル)体をもんだりたたいたりして、血行をよくし、筋肉をほぐす療法。また、それを業とする人。

あん-まく【暗幕】外からの光をさえぎって部屋を暗くするために引く黒い幕。

あんまり ■一(形動ダ)ダロ・ダッ(デ・ニ)・ダ・ナ・ナラ・○ 度を過ぎてひどいさま。「それは―な仕打ちだ」■二(副)①(あとに打ち消しの語を伴って)それほど。たいして。「―気がすすまない」②度が過ぎているさま。非常に。「―食べるとおなかを壊すよ」語源「余(あま)り」の転。

あん-まん【△餡△饅】あずきあん入りの中華まんじゅう。

あん-みつ【△餡蜜】みつまめの上にあんをのせた食べ物。

あん-みん【安眠】(名・自スル)ぐっすり、よく眠ること。「―妨害」

あん-めん【暗面】①暗い面。②醜悪な面。暗黒面。

あん-もく【暗黙】自分の考えを外面に表さないこと。黙っていること。「―の了解」

アンモナイト〈ammonite〉〔動・地質〕頭足類の化石動物。中生代の示準化石とされる。現在のオウム貝に似ている。アンモン貝。菊石(きくいし)。

〔アンモナイト〕

アンモニア〈ammonia〉〔化〕窒素と水素の化合物。刺激臭のある無色の気体。水によくとけ、アルカリ性を示す。硫安・硝酸・炭酸ナトリウム・医薬などの製造や冷却器の冷媒に用いる。

―すい【―水】〔化〕アンモニアの水溶液。弱アルカリ性で刺激臭を伴う。試薬・医薬用。

アンモニウム-イオン〈ammonium ion〉〔化〕窒素一原子と水素四原子とからなるプラス一価のイオン。一般に、アンモニウム塩やアンモニアの水溶液中に存在する。

あん-や【暗夜・△闇夜】暗い夜。闇夜(やみよ)。

―の礫(つぶて) 不意に加えられる攻撃。不意打ち。

あん-やく【暗躍】(名・自スル)人に知られないようにひそかに活動すること。暗中飛躍。「政治の舞台裏で―する」

あんやこうろ【暗夜行路】(アンヤカウロ) 志賀直哉(なおや)の長編小説。一九二一(大正十)年―一九三七(昭和十二)年発表。自伝的色彩が濃く、苦悩する主人公時任(ときとう)謙作が最後に自然と一体化して心の平安を得るまでを描く。

あん-ゆ【暗喩】→いんゆ(隠喩)⇔明喩(めいゆ)・直喩(ちょくゆ)

あんよ〔俗〕(幼児語)■一(名)足。■二(名・自スル)歩くこと。

あん-らく【安楽】(名・形動ダ)心身が安らかなこと。また、そのさま。「老後を―に暮らす」

―いす【―椅子】休息用の、大型のひじかけいす。

―し【―死】助かる見込みのない患者を、本人の希望により、できるだけ楽な方法で人為的に死なせること。安死術。ユータナジー。オイタナジー。⇒尊厳死

―じょうど【―浄土】(ジャウド)〔仏〕極楽浄土。

アンラッキー〈unlucky〉(名・形動ダ)運の悪いこと。また、そのさま。⇔ラッキー

あん-りゅう【暗流】(リウ)①表面に現れない水流。②外部に現れない動き。特に、不穏な動きをいう。「財界の―」

あん-るい【暗涙】人知れず流すなみだ。「―にむせぶ」

い　イ

母音の一つ。五十音図「あ行」「や行」の第二音。「い」は「以」の草体。「イ」は「伊」の偏。

い【已】(人)イ・すでに・やむ・のみ

(字義)①すでに。もはや。「已往・已業・已然形」②(ある一定の時や所など)から。…より。＝以。「已降・已上」③やむ。やめる。おわる。④のみ。だけ。ばかり。

い【以】(教4)イ もって　丨 レ レ 以 以

(字義)①…から。…より。㋐時間を示す。「以後・以前・以来」㋑範囲を示す。「以下・以外・以上・以内・以北」②…でもって。…を用いて。「以心伝心」③もちいる。つかう。人名 これ・さね・しげ・とも・のり・もち・ゆき・より

い【伊】(人)イ これ

(字義)①これ。この。②かれ。かの。「伊人(かのひと)」③これ。ただ。発語の言葉。「伊(これ)年(と)暮春」④「伊賀の国」の略。「伊州」⑤「伊太利(イタリア)」の略。「日独伊」難読 伊豆(いず)・伊曽保(イソップ)・伊呂波(いろは)・伊達(だて) 人名 いさ・ただ・よし

い【夷】(人)イ えびす

(字義)①えびす。東方の異民族。㋐未開の民族。野蛮人。「夷人・夷狄(いてき)」㋑外国。「攘夷(じょうい)・東夷」②たいらげる。みな殺しにする。「夷滅・焼夷」

い【夷】未開の民族。野蛮人。また、外国または外国人をさげすんでいう語。えびす。

―を以(もっ)て夷(い)を制(せい)す 外国の力を利用して敵対関係にある他の国をおさえる。〈後漢書〉

い【衣】(教4)イ・エ ころも㊥・きぬ　丶 亠 ナ ナ 衣 衣

(字義)①きもの。きぬ。「衣桁(いこう)・衣装・衣服・着衣・白衣(はくい)・

弊衣」②けさ。僧服。「衣鉢・僧衣・法衣」難読衣紋・衣笠・衣被・衣衣・衣擦れ・衣更え・衣魚

い【位】 教4 イ(ヰ) くらい

(字義) ①くらい。㋐官職・身分などの順序・等級。「位階・下位・順位・上位・地位・品位」㋑天子の地位。「皇位・在位・即位」㋒ところ。「位置」㋓方向。「方位」②人に対する敬称。「各位」③先祖の霊が宿る木製の札。「位牌・霊位」人名 くら・たか・たかし・ただ・ただし・つら・なり・のり・ひこ・ひら・み

-い【位】 ヰ (接尾) ①階級・位階を示す。「従三ー」②等級・程度を示す。③数のけた。くらいどり。「百ーの数」

い【医】 教3 【醫】 イ

(字義) ①病気をなおす。「医学・医術・医療」②病気をなおす人。「校医・獣医・名医」人名 おさむ

い【医】 ①病気をなおすこと。また、その技術。「ーは仁術」②病気をなおす人。「開業ー」「外科ー」

い【囲】 教5 【圍】 イ(ヰ) かこむ・かこう

(字義) ①かこむ。とりまく。「囲碁・囲繞・包囲」②まわり。めぐり。「胸囲・四囲・周囲」③かぎる。「範囲」難読 囲炉裏 人名 もり

い【依】 イ㊥・エ㊬ よる

(字義) ①よる。㋐もたれる。よりかかる。「依存・憑依」㋑たよる。たのむ。「依頼・帰依」②もとのまま。「依然」難読 依怙贔屓・依代 人名 よ・より

い【委】 教3 イ(ヰ) ゆだねる・まかせる・くわしい

(字義) ①ゆだねる。他人にまかせる。「委員・委嘱・委任」②「委員会」の略。「中執委・中労委」③くわしい。「委曲・委細」④すてる。ほうっておく。「委棄」⑤たくわえ。官にたくわえておく米。「委積」人名 くつ・つく・とも・もろ・より

い【易】 (字義) →えき(易)

い【易】 たやすいこと。やさしいこと。「ーより難に進む」↕難

い【威】 イ(ヰ)㊥ おどす

(字義) ①いかめしい。つよい。「威儀・威厳・威容」②人を従わせる勢い。権力。「威光・威勢・威力・権威・示威・猛威」③おどす。おそれさせる。「威圧・威嚇・威丈高・脅威」人名 あきら・たか・たけ・たけし・たける・つよ・つよし・とし・なり・のぶ・のり

い【威】 ヰ 人を恐れさせ従わせる力。「ーありて猛からず(=威厳はあるが荒々しくない)」「ーを振るう」「虎の一を借る狐」

い【為】 【人 爲】 イ(ヰ)㊥ ため・なす

(字義) ①する。なす。行う。「行為・人為」②役に立つ。「無為・有為」③因縁によって生じたいっさいの無常な現象。「有為転変」④つくる。「作為」⑤まねする。よそおう。⑥おさめる。「為政」難読 為替・為果せる・為着せ・為止す・為所・為難い・為悪い・為体・為人 人名 さだ・しげ・す・すけ・た・なり・のぶ・ふさ・まなぶ・ゆき・よし・より

い【畏】 イ(ヰ)㊥ おそれる㊥・かしこまる

(字義) ①おそれる。おびえる。「畏懼・畏縮・畏怖」②心服する。「畏敬・畏友」③かしこまる。おそれつつしむ。「畏慎」

い【胃】 教6 イ(ヰ)

(字義) →次項。「胃液・胃炎・胃潰瘍・胃腸・胃袋」

い【胃】 ヰ 食道と腸との間にある袋状の消化器官。胃袋。

い【唯】 ヰ (字義) →ゆい(唯)

い【尉】 イ(ヰ)㊥・ウツ じょう

(字義) ①官名。㋐刑罰・盗難など警察の事をつかさどる官。「校尉・廷尉・都尉」㋑自衛隊・旧陸海軍の「佐」に次ぐ階級。「尉官・一尉・少尉・大尉」②(「じょう」と読んで)㋐大宝令による衛門府・兵衛府・検非違使庁の三等官。「左衛門尉」㋑能楽の翁。また、その面。「尉と姥」③ひのし(火熨斗)。④おさえる。⑤なぐさめる。＝慰。⑥(「ウツ」と読んで)人の姓。「尉繚子」人名 やす

い【惟】 【人】 イ(ヰ)・ユイ これ・おもう

(字義) ①おもう。よく考える。「思惟」②これ。＝維。③はい。承諾の返事の声。＝唯。「惟惟」④ただ。＝唯。「惟一」難読 惟神 人名 ただ・たもつ・のぶ・のり・よし

い【異】 教6 イ こと

(字義) ①ことなる。㋐ちがう。同じでない。「異議・異口同音・異性・大同小異・特異」↕同 ㋑変な。ふつうでない。「異常・異変・天変地異」㋒すぐれた。「異才・異彩・異色」↕凡 ㋓めずらしい。「異本・奇異」㋔よその。ほかの。「異郷・異人」㋕正統でない。「異端」②むほん。反逆。「異心」③あやしい。ふしぎな。「異形・怪異」人名 より

い【異】 (名・形動ダ) ①ちがうこと。ことなること。「ーを唱える」②あやしいこと。ふしぎなこと。「縁はーなもの味なもの」

ーを立てる 人とことなった説、あるいは反対の意見を出す。

い【移】 教5 イ うつる・うつす

(字義) ①うつる。㋐ほかへ行く。動く。「移住・移宅・移転・移動・転移」㋑変わる。「推移・変移」②うつす。動かす。変える。「移植・移籍・移入」難読 移徙 人名 のぶ・よき・より

い【萎】 イ(ヰ)㊥ なえる㊥

(字義) なえる。㋐しおれる。かれる。「枯萎」㋑やむ。おとろえる。「萎縮」

い【偉】 イ(ヰ)㊥ えらい㊥

(字義) ①えらい。すぐれている。「偉業・偉人・偉大・英偉」②大きくてりっぱな。「偉丈夫・偉容・雄偉」人名 いさむ・たけ

い【椅】 イ㊥

(字義) いす。腰かけ。「椅子」

い【彙】 イ(ヰ)㊥

(字義) ①はりねずみ。＝蝟。②たぐい。同じ種類。「語彙・品彙」③あつめる。あつまる。「彙編・彙報」

い【意】 教3 イ

(字義) ①こころ。㋐心の動き。気持ち。「意識・決意・失意・誠意・善意」㋑考え。思惑。「意見・意志・故意・任意・不如意・本意・留意」②気だて。気性。「意気・意地」③くふう。計画。「意匠・意図」④内容。わけ。「意味・大意・文意」難読 意気地 人名 おき・のり・よし

い【意】 ①思っていること。気持ち。「ーのままに行動する」②意味。内容。「語句のー」③意志。「知情ー」

—に介する 気にする。気にとめる。「批判など—ようすもない」 —に適う 気に入る。満足する。 —に染まない その気にならない。気に入らない。 —に満たない 気に入らない。 —の儘 思いどおり。思いのまま。 —を汲む 人の考えを察する。 —を決する 決心する。覚悟を決める。 —を体する ある人の考えを理解して、それに従って行動する。 —を尽くす 思っていることを十分に言い表す。 —を強くする 自分の考え・意見が支持されて、自信をもつ。 —を迎える 人の気に入るようにする。 —を用いる 気をつかう。気配りをする。

い【葦】イ(ヰ) あし・よし ノ 艹 芇 苷 葦 — (字義) ①《植》あし。よし。イネ科の多年草。沼沢に自生。茎で屋根をふき、すだれを作る。②小さな舟にたとえる。「一葦」 人名 あし

い【違】イ(ヰ)㊥ ちがう㊥・ちがえる㊥ ノ 土 吉 韋 違 (字義) ①ちがう。たがう。㋐ことなる。＝異。「違例・差違・相違」㋑食いちがう。一致しない。「違算・違和感」②そむく。従わない。「違憲・違旨・違勅・違背・違反・違変・違約」③よこしま。正しくない。「非違」④あやまち。「違失」 人名 なが・ゆき

い【維】イ(ヰ)・ユイ㊥ 幺 糸 紒 紨 維 (字義) ①つなぐ。むすぶ。ささえる。「維持」②つな。大綱。大本。「皇維・国維」③すじ。細長いもの。「繊維」④これ。＝惟。「維新」⑤ただ。＝唯。 難読 維納・維摩 人名 これ・しげ・すけ・すみ・ただ・たもつ・つな・ふさ・まさ・ゆき

い【慰】イ(ヰ)㊥ なぐさめる㊥・なぐさむ㊥ 尸 尉 尉 尉 慰 (字義) ①なぐさめる。㋐心を安らかにさせる。「慰安・慰霊」㋑いたわる。「慰問・慰労・弔慰」㋒わびる。「慰謝・慰藉」②もてあそぶ。「手慰み」 人名 のり・やす・やすし

い【遺】教6 イ(ヰ)・ユイ㊥ わすれる・のこす 口 中 虫 貴 貴 遺 (字義) ①わすれる。なくす。「遺失・遺物」②すてる。見すてる。「遺棄」③のこす。のこる。㋐死後に残す。「遺言・遺産・遺伝・遺風」㋑心に残る。「遺憾・遺恨」④ぬけておちているもの。「遺漏・拾遺・補遺」⑤おくる。与える。「贈遺」 人名 おく

い【緯】イ(ヰ)㊥ 糸 紅 結 結 緯 緯 (字義) ①織物のよこ糸。↔経 ②よこ。左右・東西の方向。赤道に平行に地球の表面に引いた線。「緯線・緯度・南緯・北緯」↔経 ③すじみち。いきさつ。「経緯」 難読 緯・緯糸 人名 つかね

い【謂】イ(ヰ) いう・いい (字義) ①いう。述べる。②いえらく。いうことには。③いい。㋐わけ。理由。㋑となえ。④おもう。考える。⑤おもえらく。考えることには。 難読 所謂

い-(接頭)《古》(動詞に付いて)語調をととのえ、または意味を強める。「—隠るまで」〈万葉〉

い【井】ヰ いど。古くはわき水や流水から水を汲くみとる所。

—の中の蛙大海を知らず 自分だけの狭い世界や考えにとらわれて、他に広い世界のあることを知らないたとえ。

い【亥】ヰ ①十二支の第一二。いのしし。②昔の時刻の名。今の午後一〇時ごろ、およびその前後約二時間。③方角の名。ほぼ北北西。

い【胆】胆嚢。きも。「熊の—」

い【帷】ヰ 垂れ幕。垂れぎぬ。とばり。

い【猪】ヰ →ゐ

い【寝・睡】《古》寝ること。眠り。

—も寝られず 眠ることもできない。安眠できない。

い【藺】ヰ《植》イグサ科の多年草。湿地に自生。茎は畳表・はなむしろ、髄は灯心用。藺草。とうしんそう。夏

い(終助)肯定・疑問・命令などの文末に付けて、念を押す気持ちを表す。「だれだ—、泣いているのは」「元気か—」「気をつけろ—」 語源 終助詞「よ」の転。「や」の転とも。 用法 主として男性が同輩もしくはそれ以下の人を相手に使う。「ね」よりくだけた言い方。動詞(上一段・下一段・サ変)・形容動詞・助動詞「た」「だ」、助詞「か」「な」「わ」などに付く。

い-あい【遺愛】ヰ— 故人が生前愛用していた物。「—の品」

い-あい【居合〔い〕】ヰアヒ 剣法の一種。座ったまますばやく刀を抜いて相手に切りつけるわざ。居合い抜き。

—ぬき【—抜き】①→いあい(居合い)②長い刀をすばやく抜いてみせる芸。

い-あく【帷幄】ヰ— ①垂れ幕(＝帷)と引き幕(＝幄)。②(陣中に幕をめぐらしたところから)作戦計画を立てる所。本営。本陣。「—の臣(＝参謀)」

い-あつ【威圧】ヰ— (名・他スル)威力や威光などで相手をおさえつけること。「—的な態度」「武力で—する」

い-アトニー【胃アトニー】ヰ— 《医》胃の筋肉の緊張力が弱くなり、蠕動運動がにぶる病気。

い-あわ・せる【居合〔わ〕せる】ヰアハセル (自下一) セ・セ・セル・セル・セレ・セロ(セヨ) ちょうどその場にいる。「現場に—」 文 ゐあは・す(下二)

い-あん【慰安】ヰ— (名・他スル)なぐさめて安らかな気持ちにさせること。労をねぎらい気ばらしをさせること。「—旅行」

いい【飯】イヒ 米を炊いたり蒸したりしたもの。めし。ごはん。

いい【謂】イヒ わけ。…という意味。「民主主義の—は、ここにある」 用法 「…の謂」の形で使われることが多い。

い・い【良い・好い・善い】(形) イ・イ・イ 「よい」のくだけた言い方。「品が—」「—人」「混雑を—ことに会に遅れる」 用法 終止形と連体形が使われ、他の活用形は「よかろう」「よかった」「よくない」など「よい」を用いる。「いくない」という言い方は好ましくない。⇩良い

—子になる 自分だけが人によく思われるようにふるまう。 —面の皮 とんだ恥さらし。割の悪い目にあったとき、自嘲的に発する語。

い-い【易易】(タル) ごく簡単なさま。たやすいさま。「そんなことは—たる事だ」 文(形動タリ)

い-い【唯唯】ヰヰ (タル) 逆らわず、人の言うままに従うさま。「—諾諾」「—として従う」 文(形動タリ)

いい-あい【言〔い〕合い】イヒアヒ 言い争い。口論。「—になる」

いい-あ・う【言〔い〕合う】イヒアフ (他五) ワ(オ)・イ(ッ)・ウ・ウ・エ・エ ①おたがいに言いたいことを言う。「冗談を—」「口ぐちに—」②言い争う。口げんかをする。「たがいに口ぎたなく—」

いい-あ・てる【言〔い〕当てる】イヒ— (他下一) テ・テ・テル・テル・テレ・テロ(テヨ) おしはかって正しい答えを言う。「年齢を—」 文 いひあ・つ(下二)

いい-あやま・る【言〔い〕誤る】イヒ— (他五) ラ(ロ)・リ(ッ)・ル・ル・レ・レ 言おうと思っていたのとは別の言葉を言う。言いそこなう。「台詞を—」

いい-あらそい【言〔い〕争い】イヒアラソヒ 口げんか。口論。

いい-あらそ・う【言〔い〕争う】イヒアラソフ (他五) ワ(オ)・イ(ッ)・ウ・ウ・エ・エ 口論する。言い合う。口げんかをする。「友達と—」

いい-あらわ・す【言〔い〕表す・〔言〔い〕表わす〕】イヒアラハス (他五) サ(ソ)・シ・ス・ス・セ・セ 思っていることを口に出して言う。言葉で表現する。「気持ちを上手に—」

いい-あわ・せる【言い合〔わ〕せる・言合せる】イヒアハセル (他下一) セ・セ・セル・セル・セレ・セロ(セヨ) 前もって話し合っておく。申し合わせる。

「—・せた時刻に集まる」文いひあは・す(下二)

いいえ(感) 相手の問いの内容を打ち消す意味を表す、丁寧な受け答えの語。↕はい(感)・ええ

イーエス-さいぼう【ＥＳ細胞】〈embryonic stem cell から〉〘医〙受精して間もない胚を培養して得られる細胞株。万能細胞の一つ。胚性幹細胞。

いい-お・く【言〔い〕置く】(他五) 立ち去る前に話しておく。言い残す。「旅行中の連絡先を—」

いい-おく・る【言〔い〕送る】(他五) ①手紙や使いを出して伝える。言いやる。「帰国するよう手紙で—」②次から次に言い伝える。申し送る。「関係者に—」

いいおそうぎ〔飯尾宗祇〕(一四二一〜一五〇二) 室町後期の連歌師。心敬に学び連歌を広め、連歌の大成者と称される。連歌論書「吾妻問答」、連歌集「新撰菟玖波集」など。

いい-おと・す【言い落〔と〕す・言落す】(他五) 一部を言い忘れる。言いもらす。「肝心なことを—」

いい-がい【言い×甲斐】言うだけのねうち。「—がない」

いい-かえ【言〔い〕換え・言〔い〕替え】同じ内容を別の言葉で言い表すこと。また、その言葉。「—がきかない」

いい-かえ・す【言〔い〕返す】■一(他五) 繰り返して言う。「何度も—」■二(自五) 相手の言ったことに反論する。口答えする。「負けずに—」

いい-か・える【言〔い〕換える・言〔い〕替える】(他下一) ①同じ事柄を他の言葉で言い表す。「やさしい言葉に—」②前とちがうことを言う。文いひか・ふ(下二)

いい-かお【◇好い顔】①機嫌のいい顔つき。好意的なようす。「突然の訪問には—をしない」②顔がきくこと。また、その人。「彼はこの界隈の—だ」

いい-がかり【言い掛〔か〕り・言掛り】①根拠もない事柄をむりに言いたてて相手にからむこと。また、その事柄。難癖。「—をつける」②あることを言い出したなりゆき。「—上、あとに引けない」

いい-か・ける【言〔い〕掛ける】(他下一) ①言い始める。途中まで言う。「—・けてやめる」②(和歌などで)一つの語に二つの意味を持たせて用いる。かけことばを用いる。「寄るに夜を—」文いひか・く(下二)

いい-かげん【◇好い加減】■一(連語) ほどよい度合い。適度。「風呂のお湯は—だ」■二(形動ダ) ①ほどほどであるさま。「ふざけるのも—にしろ」②細かい点への気配りがなく無責任であるさま。おおざっぱ。杜撰。おざなり。「—な仕事」■三(副) かなり。だいぶ。「—くたびれた」

いい-かた【言い方】言葉づかい。表現のしかた。言い回し。「ものには—がある」

いい-かた・める【言〔い〕固める】(他下一) 固い口約束をする。文いひかた・む(下二)

いい-か・ねる【言〔い〕兼ねる】(他下一) 気兼ねして言えない。さしつかえがあって言いにくい。「この場では—」文いひか・ぬ(下二)

いい-かぶ・せる【言〔い〕◇被せる】(他下一) 言い立てて罪や責任を他人に負わせる。文いひかぶ・す(下二)

いい-かわ・す【言い交〔わ〕す・言交す】(他五) ①言葉をやりとりする。②言葉をかわして約束する。特に、結婚の約束をする。「将来を—・した仲」

い-いき【異域】外国。異境。「—の鬼となる(=外国で死ぬ)」

いい-き【◇好い気】(形動ダ) 自分のすることに満足しうぬぼれているさま。自分だけ得意になっているさま。「—になる(=うぬぼれて調子にのる)」「—なものだ」文(ナリ)

いい-きか・せる【言〔い〕聞かせる】(他下一) 相手を納得させるように話す。教えさとす。「子供にわけを—」文いひきか・す(下二)

いい-きみ【◇好い気味】(名・形動ダ) 気持ちのいいこと。また、そのさま。胸のすくさま。「あいつが試合に負けて—だ」用法憎らしく思っている人の失敗や不幸などをあざけるときの言葉。

いい-き・る【言〔い〕切る】(他五) ①きっぱりと言う。断言する。「自信をもって—」②言い終える。

いい-ぐさ【言い◇種・言い草】①言った事柄。ものの言い方。「その—はなんだ」②言いわけ。口実。③常に言う言葉。くちぐせ。「母の—」④話の種。かたりぐさ。

いい-くさ・す【言〔い〕◇腐す】(他五) 悪く言う。けなす。「陰で—」

いい-くら・す【言い暮〔ら〕す】(他五) そのことばかりを言って日を送る。「故郷のことばかりを—」

イーグル〈eagle〉①ワシ。②ゴルフで、そのホールを基準打数(パー)より二打少ない打数で終えること。

いい-くる・める【言い◇包める】(他下一) 言葉巧みに相手をごまかす。口先でまるめこむ。「黒を白と—」

いい-け・す【言〔い〕消す】(他五) ①他人の発言をうちけす。②前言をとりけす。

いい-こな・す【言いこなす】(他五) だれにでもわかるような言葉で表現する。言葉巧みに言い表す。

いい-こ・める【言〔い〕込める・言〔い〕◇籠める】(他下一) 議論して、相手に自分の主張を認めさせる。やりこめる。「討論の末に—」文いひこ・む(下二)

いい-さ・す【言〔い〕◇止す】(他五) 言いかけてやめる。話を途中でやめる。「—・して立つ」

いい-ざま【言い様】言い方。特に、不快な言い方についていう。「その—はなんだ」

イーシー【ＥＣ】〈European Community から〉〘経〙欧州共同体。一九六七年に発足し、加盟国間の経済統合を推進した組織。欧州連合(ＥＵ)に発展した。⇩ＥＵ

イージー〈easy〉(形動ダ) ①たやすいさま。簡単なさま。②安易なさま。いいかげんなさま。「—な生き方」

—オーダー〈和製英語〉洋服の仕立て方の一つ。あらかじめ型を決めておき、細部だけを客の寸法に合わせて仕立てる方法。参考 easy と order(=注文)とを合わせた語。

—ゴーイング〈easygoing〉(名・形動ダ) 安易なやり方。特別な努力をしないさま。

—ペイメント〈easy payment〉分割払い。

—リスニング〈easy listening〉気軽に楽しめる、聴き心地のよい軽音楽。

イージス-かん【イージス艦】〈Aegis〉強力なレーダーと対空ミサイルを備え、同時多数攻撃に対処しうる防空システムを搭載した艦艇。エイジス艦。参考「イージス」はギリシャ神話でゼウスが娘アテナに与えた盾。

いい-しぶ・る【言〔い〕渋る】(他五) 言うのをためらう。いやがってなかなか言わない。「わけを—」

いい-じょう【言い条】①言い分。②(「…とは言い条」の形で)…とは言うものの。「視察とは—、実は観光だ」

いい-しれ-ぬ【言い知れぬ】どう言ってよいかわからない。うまく言い表せない。「—不安に襲われる」

いい-す・ぎる【言〔い〕過ぎる】(他上一)

度をこして言う。「調子にのって—」文いひす・ぐ(上二)

イースター〈Easter〉〔基〕キリストの復活を記念する祝祭。春分後の最初の満月の次の日曜日に行う。復活祭。春

いい-す・てる【言〔い〕捨てる】イヒ（他下一）テ・テ・テル・テル・テレ・テロ(テヨ) 言うだけ言って、あとの反応や返答をかえりみない。吐き捨てるように言う。「—・てて席を立つ」文いひす・つ(下二)

イースト〈yeast〉酵母。酵母菌。

イーゼル〈easel〉カンバスや画板を立てかける台。画架。

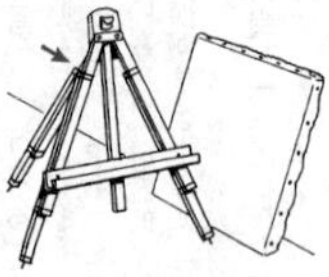

〔イーゼル〕

いい-せん【◇好い線】十分ではないが、満足できる水準。「彼の絵は素人にしては—を行っている」

いい-そこな・う【言い損〔な〕う・言損う】イヒソコナフ（他五）ワ(オ)・イ(ッ)・ウ・ウ・エ・エ ①言いまちがえる。失言する。「名前を—」②言うべきことを言わないでしまう。言いそびれる。「用件を—」

いい-そび・れる【言いそびれる】イヒ（他下一）レ・レ・レル・レル・レレ・レロ(レヨ) 言おうとしながら言い出す機会を逃す。「本当の理由を—」文いひそび・る(下二)

いい-だくだく【唯唯諾諾】ヰヰ（トタル）他人の言いなりになるさま。「—とつき従う」文(形動タリ)

いい-だこ【◇飯△蛸】イヒ 〔動〕マダコ科の軟体動物。小形で、腹の中に飯粒状の卵を持つことからこの名がある。食用。春

いいだし-っぺ【言〔い〕出しっ△屁】イヒダシ〔俗〕（臭いと言い出した人が実はおならをした本人である意から）言い出した人。また、提案者がまずそれをするはめになること。

いい-た・す【言〔い〕足す】イヒ（他五）サ(ソ)・シ・ス・ス・セ・セ 言葉の足りないところを言って補う。「あとから—」

いい-だ・す【言〔い〕出す】イヒ（他五）サ(ソ)・シ・ス・ス・セ・セ ①言い始める。話をもちだす。「だれともなく—」②口に出して言う。言葉で表現する。「一度—・したら、あとに引かない」

いい-た・てる【言〔い〕立てる】イヒ（他下一）テ・テ・テル・テル・テレ・テロ(テヨ) ①とりたてて言う。一つ一つ並べ挙げて言う。「人の欠点を—」②言い張る。強く主張する。「反対だと—」文いひた・つ(下二)

いい-ちがい【言〔い〕違い】イヒチガヒ 言いあやまること。また、その言葉。言いそこない。言いまちがい。

いい-ちら・す【言〔い〕散〔ら〕す・言散す】イヒ（他五）サ(ソ)・シ・ス・ス・セ・セ ①言いふらす。吹聴する。「ありもしないことを—」②勝手気ままに言う。「無責任に—」

いい-つか・る【言〔い〕付かる】イヒ（他五）ラ(ロ)・リ(ッ)・ル・ル・レ・レ 言いつけられる。命じられる。「たいせつな用件を父から—」

いい-つ・ぐ【言〔い〕継ぐ】イヒ（他五）ガ(ゴ)・ギ(イ)・グ・グ・ゲ・ゲ ①語り伝える。言い伝える。「長く—・がれてきた話」②伝言する。言葉でとりつぐ。③言葉を続ける。

いい-つく・す【言い尽〔く〕す・言尽す】イヒ（他五）サ(ソ)・シ・ス・ス・セ・セ 残らず言う。十分に言い表す。「すべては—・せない」↕言い残す

いい-つくろ・う【言〔い〕繕う】イヒツクロフ（他五）ワ(オ)・イ(ッ)・ウ・ウ・エ・エ あやまちなどを言葉でうまくごまかす。「その場を—」

いい-つけ【言〔い〕付け】イヒ 命令。「—を守る」

いい-つ・ける【言〔い〕付ける】イヒ（他下一）ケ・ケ・ケル・ケル・ケレ・ケロ(ケヨ) ①命じる。「留守番を—」②告げ口をする。「先生に—」③言い慣れる。「—・けないお追従を言う」文いひつ・く(下二)

いい-つたえ【言〔い〕伝え】イヒツタヘ 昔から語り継がれてきた話。伝説。「土地の—によれば」

いい-つた・える【言〔い〕伝える】イヒツタヘル（他下一）エ・エ・エル・エル・エレ・エロ(エヨ) ①後世まで語り伝える。「親から子に—」②言葉をとりつぐ。伝言する。③話を広める。文いひつた・ふ(下二)

いい-つの・る【言〔い〕募る】イヒ（他五）ラ(ロ)・リ(ッ)・ル・ル・レ・レ ますます激しく言う。「たがいに悪口を—」

イー-ティー-シー【ＥＴＣ】〈electronic toll collection system から〉有料道路の自動料金収受システム。車内の機器と料金所との無線通信を用いて、自動的に通行料金の精算を行う。

イート-イン〈和製英語〉ファストフード店や食料品店などで、買った食べ物を店内で食べること。「—スペース」↕テークアウト

いいとこ-どり【◇好い◇所取り】〔俗〕複数のものから、それぞれのよい部分だけを選びとること。「和食と洋食の—」

いい-とし【◇好い年】①世の中のことがわかり、正しい判断のできる年ごろ。「—をしてみっともない」②相当の年齢。「あの人も—になった」③幸福な、よい新年。用法①は、その年齢にふさわしくない言動を軽蔑する気持ちで使う。

いい-なお・す【言〔い〕直す】イヒナホス（他五）サ(ソ)・シ・ス・ス・セ・セ ①前に言ったことを訂正する。言い改める。「前言の誤りを—」②直前に言ったことを別の言葉でもう一度言う。「わかりやすく—」

いいなおすけ〔井伊直弼〕ヰイナホスケ（一八一五—一八六〇）江戸末期の大老。彦根藩主。諸外国との条約に勅許を得ずに調印、反対派を安政の大獄で弾圧したため、桜田門外で暗殺された。

いい-なか【◇好い仲】〔俗〕たがいに愛しあう二人のあいだがら。好いたどうし。「—になる」

いい-な・す【言〔い〕△做す】イヒ（他五）サ(ソ)・シ・ス・ス・セ・セ ①そうでないことをそれらしく言う。「うそをまことと—」②とりなして言う。

いい-なずけ【×許婚・×許嫁】イヒナヅケ（「言い名付け」の意）①結婚の約束をした相手。婚約者。フィアンセ。②幼いときから双方の親が婚約を結んでおくこと。また、その当人どうし。「二人の仲をうまく—」

いい-ならわし【言〔い〕習わし・言〔い〕◇慣わし】イヒナラハシ 昔から言い伝えてきた事柄や言葉。「昔からの—を守る」

いい-ならわ・す【言〔い〕習わす・言〔い〕◇慣わす】イヒナラハス（他五）サ(ソ)・シ・ス・ス・セ・セ 世間で、慣習としてそのように言う。口ぐせのように言う。「古くから—・してきた言葉」

いい-なり【言いなり】イヒ（名・形動ダ）相手の言うとおりに行動すること。言うがまま。言うなり。「—放題」「人の—になる」

いい-ぬけ【言〔い〕抜け】イヒ うまく言いわけをして追及・非難などから逃れること。また、その言いわけの言葉。言いのがれ。

いい-ね【言い値】イヒ 売り手の言うままの値段。「—で買う」↕付け値

いい-のがれ【言〔い〕逃れ】イヒ 言いわけによる責任のがれ。また、その言いわけの言葉。言いぬけ。「—は許さない」

いい-のが・れる【言〔い〕逃れる】イヒ（他下一）レ・レ・レル・レル・レレ・レロ(レヨ) 言いわけをして責任のがれをする。「巧みにその場を—」文いひのが・る(下二)

いい-のこ・す【言〔い〕残す】イヒ（他五）サ(ソ)・シ・ス・ス・セ・セ ①言うべきことの一部分を言わないでしまう。「—・したことを付け足す」↕言い尽くす ②去りぎわにあとの事を言い置く。「死に臨んで—ことはない」

いい-はな・つ【言〔い〕放つ】イヒ（他五）タ(ト)・チ(ッ)・ツ・ツ・テ・テ きっぱりと言う。言い切る。断言する。「聴衆の前で—」

いい-はや・す【言〔い〕△囃す】イヒ（他五）サ(ソ)・シ・ス・ス・セ・セ 盛んに言う。言いふらす。また、言いたててひやかす。「二人の仲を—」

いい-は・る【言〔い〕張る】イヒ（他五）ラ(ロ)・リ(ッ)・ル・ル・レ・レ あくまでも主張する。自分の意見を押しとおす。「覚えがないと—」

イーピー-ばん【ＥＰ盤】〈extended playing record

から〉一分間に四五回転するレコード盤。ＥＰ

いい-ひと【◇好い人】①人柄のいい人。善良な人。「彼はとてもーだ」②恋人。愛人。「ーができる」

いい-ひらき【言〔い〕開き】⼀ 誤解を解くために事情や理由を説明すること。弁明・弁解すること。「ーが立たない」

いい-ふく・める【言〔い〕含める】⼀（他下一） よくわかるように言ってきかせる。事情を説明して納得させる。「事情をー・めて帰す」文いひふく・む（下二）

いい-ふら・す【言〔い〕触らす】⼀（他五） 悪口やよくないうわさなどを多くの人に言ってまわる。言い広める。吹聴する。「ありもしないことをー」

いい-ふる・す【言〔い〕古す・言〔い〕◇旧す】⼀（他五） 昔から多くの人がくり返し言ってきて新鮮さを欠く。「ー・された文句」

いい-ぶん【言い分】⼀ 言いたい事柄。主張したい事柄。特に、不平や不満。文句。「双方のーを聞く」

イーブン〈even〉①スポーツ競技などで、得点が同じであること。②「イーブンパー」の略。ゴルフで、基準打数（パー）でボールをホールに入れること。

いい-まか・す【言〔い〕負かす】⼀（他五） 議論して自分の言い分に相手を従わせる。「完膚なきまでにー」

いい-まぎら・す【言〔い〕紛らす】⼀（他五） 都合の悪い話などのときに、話題をそらしてその場をごまかす。「ー・してその場をすます」

いい-まく・る【言〔い〕△捲る】⼀（他五） 相手に話すすきを与えず盛んに言い立てる。まくし立てる。「一方的にー・られる」

いい-まる・める【言〔い〕丸める】⼀（他下一） 巧みに話して相手をごまかす。言いくるめる。

いい-まわし【言〔い〕回し・言〔い〕△廻し】⼀ 言い表し方。表現のしかた。「巧みなー」

いい-め【◇好い目】（自分に好都合なさいころの目の意から）幸運。よい思い。「ーが出る（＝幸運に出あう）」「ーを見る（＝よい思いをする）」

イー-メール【Ｅメール】〈electronic mail から〉→でんしメール

いい-もら・す【言い漏らす】⼀（他五） ①うっかりして言うべきことの一部を言い忘れる。「大事なことをー」②うっかり秘密を話してしまう。

いい-や・る【言〔い〕◇遣る】⼀（他五） 先方へ手紙や使者を出して伝える。「書面で用向きをー」

イー-ユー【ＥＵ】〈European Union から〉欧州連合。加盟国の経済的・政治的統合を目的として、欧州共同体（ＥＣ）を基礎に一九九三年設立された。現在二七か国が加盟。

いい-よう【言い様】⼀ 言い表し方。言葉づかい。口調。「ものもーだ」「何ともーがない」

いい-よど・む【言〔い〕△淀む】⼀（他五） 言おうとしてためらう。言葉が出てこなくて、つかえる。「一瞬ー」

いい-よ・る【言〔い〕寄る】⼀（自五） ①求愛する。口説く。「しつこくー」②言葉をかけながら近づく。

いい-わけ【言い訳】⼀（名・自スル） 自分の言動を正当化するために、事情を説明すること。弁解。「ーをするな」

いい-わたし【言〔い〕渡し】⼀ ①告げること。宣告。②〘法〙判決を口頭で申しわたすこと。

いい-わた・す【言〔い〕渡す】⼀（他五） 命令や決定などを目下の者に口頭で告げる。宣告する。「判決をー」

い-いん【医院】⼀ 医者が病人を診察・治療する診療所。病院より小規模の個人経営のものをいう。参考 法律上は、ベッド数一九床までを診療所、二〇床以上あるものを病院という。

い-いん【委員】⼀ 団体などで、その構成員の中から選ばれて特定の任務に従事する人。「執行ー」「学級ー」

―かい【―会】 委員で構成される機関・組織。また、そこで行われる会議。「予算ー」

い・う【言う・△云う・△謂う】《中心義―心に思っている内容を言葉にして口から出す》⊟（他五）①（心に思うことを）言葉で表す。しゃべる。語る。述べる。おもに音声にして口でいうことを表すが、書き表すことに使うこともある。「黙っていずにはっきりー・いなさい」「彼のー事はむずかしい」「著者がこの本でー・おうとしたのは」②（「…を…という」の形で）呼ぶ。名づける。「あのような人物を天才とー」③効果を示す。「金が物をー世の中」⊟（自五）①音をたてる。鳴る。「家がぎしぎしー」②㋐（多く助詞「と」に付いて体言を伴い）その名がある。「花子とー少女」㋑（前後に同一の体言を伴って）…はすべて。「動物とー動物は」可能 い・える（下一） 参考 ⊟①以外は、ふつう仮名書きにする。

いい得て妙 （たとえなどが）実にうまく表現されているさま。

―に事欠いて （その場に不適切な言い方や話題を非難する気持ちで）ほかに言い方があるはずなのに。わざわざ言わなくてもよいだろうに。 **―は易く行うは難し** 口で言うのは簡単だが、実行するのは難しい。 **―までもない** わかりきったことで言う必要もない。 **―を俟たない** いまさら言うまでもない。もちろんだ。言を俟たない。「彼が正しいことはー」

表現

〔類語〕	〔～する〕	〔慣用〕	〔ことわざ〕
▼うそぶく・打ち明ける・おっしゃる・語る・口走る・ささやく・しゃべる・つぶやく・ぬかす・のたまう・述べる・吐き出す・吐く・話す・ほざく・申す・漏らす	▼確言・言及・言明・口外・広言・高言・豪語・大言・大言壮語・断言・独白・発言・耳打ち・明言	▼（～言う）ああ言えばこう・異口同音に・おっかぶせるように・嚙みつくように・口がすっぱくなるほど・四の五の・吐き捨てるように ▼大ぶろしきを広げる・軽口をたたく・嚙んで含める・口が過ぎる・口が減らない・口にする・口に出す・口に任せる・口を滑らす・口を割る・歯に衣着せぬ・むだ口をたたく ▼あっと言わせる・言いえて妙・言うに言われぬ・言うまでもない・曰く言い難し・有無を言わせず・えも言われぬ ▼〈擬声・擬態語〉がみがみ・きんきん・くだくだ・くどくど・ごにょごにょ・しんみり・ずけずけ・ずばずば・たらたら・つけつけ・つべこべ・ぬけぬけと・はきはき・ぴしゃっと・ひそひそ・ふがふが・ぶつくさ・ぶつぶつ・べちゃくちゃ・ぺちゃくちゃ・べらべら・ぺらぺら・ぼそっと・ぼそぼそ・ぽんぽん・むにゃむにゃ・もぐもぐ	▼言うは易く行うは難し・言わぬが花・思うこと言わねば腹ふくる・顧みて他を言う・口は禍の門・口も八丁手も八丁・死人に口なし・目は口ほどにものを言う・来年のことを言うと鬼が笑う

尊敬語	謙譲語	丁寧語
おっしゃる 仰せになる 仰せられる 言われる	申しあげる 申す お耳に入れる	言います 申す 申します

いう-なれ-ば【言うなれば】イフ ― 言ってみれば。いわば。

いえ【家】イヘ ①人の住む建物。うち。人家。「隣に―が建つ」②自分の家。自宅。わがや。「―へ帰る」③家庭。「―を持つ」「―のなかが円満だ」④家系。「―を継ぐ」⑤一派の流儀を先祖代々守り伝えてきた、芸術・芸能などの家筋。家元。「―の芸」⑥民法の旧規定で、世帯主とその親族でできている集団。

敬称(相手側)	謙称(自分側)
御家(おいえ) お宅(たく) 貴家(きか)	宅 拙宅(せったく) 小宅
貴宅 高堂 尊堂	弊宅(へいたく) 陋宅(ろうたく) 陋屋(ろうおく)
(御)尊家(そんか) (御)尊宅	寓居(ぐうきょ)

い-えい【遺詠】ヰ ― ①死ぬ間際に詠んだ詩歌。辞世。②故人の未発表の詩歌。

い-えい【遺影】ヰ ― 故人の写真や肖像画。

いえ-がまえ【家構え】イヘガマヘ 家の造り方。外から見た家のようす。「凝った造りの―」

いえ-がら【家柄】イヘ ― ①家の位。家の格式。②家の格式が高いこと。名家。名門。「―の出」

い-えき【胃液】ヰ ― 【生】胃から分泌される消化液。塩酸のほかペプシンなど各種酵素が含まれ、ふつう無色透明で強い酸性。

いえ-じ【家路】イヘヂ 家に帰る道。帰り道。帰路。「―につく」

イエス〈yes〉■一(名)肯定。賛成。「―かノーか決断する」■二(感)肯定・承諾を表す語。はい。そうです。(↔ノー)

―マン〈yes-man〉自分の考えをもたず、他人の言うことを「はい、はい」と何でも聞き、その言いなりになる人。

イエス〈ラテ Jesus〉→キリスト

いえ-すじ【家筋】イヘスヂ 家の血統。家系。

イエズス-かい【イエズス会】クワイ ― 【基】一五三四年に創立されたカトリック男子修道会。厳格な統制のもと、特に東洋への伝道に努め、日本にも同会士ザビエルが渡来した。ジェスイット派。耶蘇(ヤソ)会。

いえ-だに【家×壁蝨・家△蜱】イヘ ― 【動】オオサシダニ科のダニ。体長は最大一ミリメートル。淡黄色で楕円(だえん)形。ネズミや人に寄生し、時には血を吸い、感染症のなかだちもする。

いえ-つき【家付き】イヘ ― ①もとからその家にいること。また、その人。「―の娘」②建物が付属していること。「―の土地」

―むすめ【―娘】生家にいて婿(むこ)をとる娘。

いえ-づくり【家作り・家造り】イヘ ― ①家を建てること。②家の造り方。家の構造。家構え。

いえ-づと【家△苞】イヘ ― →いへづと

いえ-で【家出】イヘ ― (名・自スル)①ひそかに家庭からぬけ出して帰らないこと。「―人」②(古)僧になること。出家(しゅっけ)。

いえ-ども【△雖も】イヘ ― (格助詞「と」を受けて「…といえども」の形で)…といっても。たとえ…でも。「子供と―、これぐらいは知っている」[語源]文語動詞「言ふ」の已然形「言へ」＋接続助詞「ども」。漢文の「雖」の訓読から。

いえ-なみ【家並(み)】イヘ ― ①家のならび。家並(やなみ)。「古い―が続く」②家々ごと。軒なみ。

いえ-ぬし【家主】イヘ ― ①貸家の持ち主。家主(やぬし)。②一家の主人。あるじ。

いえ-の-こ【家の子】イヘ ― 家来。特に、武家社会で主家と血縁関係にある家臣。「―郎等(ろうどう)」

いえ-ばえ【家△蠅】イヘバヘ 【動】イエバエ科の昆虫。人家に見られる灰黒色のハエで、成虫は細菌を伝播(でんぱ)する。[夏]

いえ-ばと【家△鳩】イヘ ― 【動】ハト科の鳥。原種はカワラバト。社寺や公園に多い。土鳩(どばと)。

いえ-びと【家人】イヘ ― 一家の人。家族。

イエメン〈Yemen〉アラビア半島南西端にある共和国。首都はサヌア。

いえ-もち【家持(ち)】イヘ ― ①自分の家屋をもっていること。また、その人。②一家の主人として家庭をもっている人。世帯持ち。所帯持ち。③家計のやりくり。

いえ-もと【家元】イヘ ― 芸道などで、その流派の正統を伝え、統率する家。また、その当主。宗家(そうけ)。「―制度」

いえ-やしき【家屋敷】イヘ ― 家屋とその敷地。

い・える【癒える】(自下一) エ・エ・エル・エル・エレ・エロ(エヨ) ①病気や傷が治る。「病が―」②苦しみや悲しみが消えてなくなる。「心の傷が―」[他]いや・す(五) [文]い・ゆ(下二)

イエロー〈yellow〉黄色。黄。[参考]英語での太陽の色。

―カード〈yellow card〉①サッカーなどで、スポーツマンシップに反する行為や危険な反則を行った選手に対し、主審が警告のために示す黄色いカード。②国際予防接種証明書の通称。渡航者が感染症の予防接種を受けたことを証明するもの。表紙が黄色いことからいう。

―ペーパー〈yellow paper〉個人のスキャンダルなど興味本位の記事を売りとする低俗な新聞。

い-えん【以遠】エン ― (基準になる地点を含めて)そこより遠いこと。「京都―」

―けん【―権】航空協定を結んだ相手国内の空港を経由して、さらに別の国へ乗り入れる権利。

い-えん【胃炎】ヰ ― 【医】胃の粘膜が炎症をおこす病気の総称。胃カタル。「慢性―」

い-おう【以往】ワウ ― (基準となる時期を含めて)それからあと。以降。以後。「明治―」

い-おう【硫黄】ワウ ― 【化】非金属元素の一つ。黄色でもろい結晶。青い炎を出して燃え二酸化硫黄(=亜硫酸ガス)になる。マッチ・ゴムの製造、医薬品などに用いられる。ゆおう。元素記号S [参考]常用漢字表付表の語。

―か【―華】クワ 【化】硫黄の蒸気を急激に冷却して得られる粉末状の硫黄。昇華硫黄。

い-おと・す【射落(と)す】(他五) サ(ソ)・シ・ス・ス・セ・セ ①矢を射当てて飛んでいるものを落とす。「鳥を―」②ねらったものを手に入れる。「会長の座を―」

イオニア-しき【イオニア式】【建】古代ギリシャ建築の一様式。古代ギリシャの植民地イオニア(Ionia)からおこったもの。柱の頭部の両側に渦巻き形の装飾がある。

イオマンテ(アイヌ語)→くままつり

いおり【△庵・△廬】イホ ― (僧や世を捨てた人などが住む)草木でつくった粗末な家。草庵(そうあん)。

―かんばん【―看板】歌舞伎(かぶき)で、俳優の名前と家紋を書いて、劇場の外に掲げる看板。上部が庵形になっている。

〔いおり看板〕

イオン〈ion〉【化】電気をおびた原子または原子団。陽イオンと陰イオンがある。

―こうかんじゅし【―交換樹脂】カウクワンジユシ 【化】溶液中の陽・陰イオンと自己の陽・陰イオンを交換する性質をもつ多孔質の合成樹脂。純水製造・化学分析・硬水軟化用。

い-おんびん【イ音便】【文法】音便の一つ。「すきがき(透垣)→すいがい」「脱ぎて→脱いで」「まして→まいて」などのように、「き」「ぎ」「し」などの音節の子音が脱落して「い」に変わるもの。⇒音便(表)

い-か【以下】①(基準になるものを含めて)数量や程度がそれより下であること。または、劣ること。「二〇歳―の者」↔以上 ②

それよりあとに述べること。それよりあとの部分。「ー省略」↔以上 ③(その人を代表または先頭として)それに続くこと。「船長ー乗組員一同」参考「一八歳以下」「一八歳以上」には、一八歳も含まれるが、「一八歳未満」には、一八歳は含まれない。しかし、程度を表す「君の体力は平均以下だ」などという場合には、平均とされる数値は含まれない。

い-か【医科】(クワ) 医学に関する学科。内科・眼科などの総称。

い-か【医家】 医者。また、その家。

い-か【易化】(クワ) (名・他スル) わかりやすくすること。簡単にすること。↔難化

いか【×烏賊】〘動〙頭足類十腕形目の軟体動物の総称。スルメイカ・ホタルイカなど種類が多い。円筒状で腕は一〇本。外敵にあうと墨を吐き出して逃げる。食用。夏

い-か【異化】(クワ)〘動・植〙代謝において、化学的に複雑な物質を分解して、生活に必要なエネルギーを得る過程。呼吸はその代表的なもの。↔同化

いが【△毬】 クリなどの実を包む、とげの密生した外皮。いがいが。

いが【伊賀】 旧国名の一つ。現在の三重県北西部。伊州。

い-かい【位階】(ヰ) 栄典の一種。国家に功績のあった故人に与えられる位。一位から八位まで、その各々に正と従がある。

い-かい【遺戒・遺△誡】(ヰ) 故人の残したいましめ。遺戒(ゆいかい)。「社長のーを守る」

い-がい【以外】(グワイ) ①…の範囲の外。また、範囲外のもの。↔以内 ②…よりほか。そのほか。「それーの方法を考える」

い-がい【△貽貝】(ガヒ)〘動〙イガイ科の海産の二枚貝。殻はくさび形。肉は食用。近縁種にムラサキイガイ(ムール貝)がある。

い-がい【意外】(グワイ) (名・形動ダ) 思いのほかであるさま。思いがけない状態。予想外。「ーな結末」「ーに難しい問題」

い-がい【遺骸】(ヰ) なきがら。遺体。「ーを棺(ひつぎ)におさめる」

いが-いが ㊀(名)→いが(毬) ㊁(副・自スル) とげだっていて刺激を感じるさま。また、いがらっぽいさま。「のどがーする」

い-がいちょう【居開帳】(ヰ)(ガイチヤウ)〘仏〙寺院の本尊などを、よそに出さずその寺で公開すること。↔出開帳(でがいちょう)

い-かいよう【胃潰瘍】(ヰ)(クワイヤウ)〘医〙胃の粘膜がただれたりくずれたりする病気。胃痛や胸やけなどを起こす。

い-かえ・す【射返す】(カヘス) (他五) サ(ソ)・シ・ス・ス・セ・セ ①矢を射て、敵を退かせる。②敵の射てきた矢を取って敵を射る。③敵が射るのに応じてこちらからも射る。④光を反射する。

いか-が【×如何】(副・形動ダ) ①相手の気持ちや意見をたずねる語。どう。どんなふう。どんなぐあい。「ごきげんーですか」②相手に呼びかけ、すすめる語。どう。「もう一ぱいーですか」③疑いや、あまり賛成できないという気持ちを表す。「その案はーなものか」④(古)反語の意を表す。どうして…しようか、…しない。
用法 ①②③は、あとに疑問の助詞「か」を伴うことが多い。

いかがわし・い【×如何わしい】(イカガハシイ) (形) カロ・カッ(ク)・イ・イ・ケレ・〇 ①うさんくさくて疑わしい。信用できない。「ー記事」「ー人物」②道徳上、風紀上よくない。「ー場所」文いかがは・し(シク)

い-かく【威嚇】(ヰ) (名・他スル) 暴力や武力などでおどすこと。おどかし。「ー射撃」「ナイフでーする」

い-がく【医学】 人体についての研究や、病気の治療・予防についての研究をする学問。「ー部」「臨床ー」

い-がく【異学】(異端の学の意)江戸時代、幕府が正学としていた朱子学以外の儒学。「寛政ーの禁」

い-かくちょう【胃拡張】(ヰ)(クワクチヤウ)〘医〙胃が異常に広がり、その運動機能が低下する病気。

いが-ぐり【△毬△栗】 ①いがに包まれたままのクリの実。秋 ②(「いがぐり頭」の略)頭髪を短く丸刈りにした頭。坊主(ぼうず)頭。

い-かけ【鋳掛け】 金物のこわれた所に、はんだなどを溶かしこんで修理すること。「ー屋」

いか-さま【×如何-様】 ㊀(名・形動ダ) いかにも本当らしく似せたもの。また、そのさま。いんちき。「ーとばく」㊁(副・感) なるほど。いかにも。そのとおり。「ー、君の言うとおりだ」

ーし【ー師】 人をだまして利を得る人。詐欺師。ぺてん師。

いが-しゅう【△伊賀衆】 江戸幕府に仕え、忍びの術を用いた伊賀の郷士。伊賀者(いがもの)。

いか・す (自五) サ(ソ)・シ・ス・ス・セ・セ (俗)格好がよくて人の心をひきつける。しゃれている。「ースタイル」

いか・す【生かす・◇活かす】(他五) サ(ソ)・シ・ス・ス・セ・セ ①生き長らえさせる。殺さずにおく。↔殺す ②能力を十分に発揮させる。「持ち味をー」③効果的に使う。活用する。「古いきれをー・して洋服を作る」↔殺す 自い・きる(上一) 可能いか・せる(下一)

い-かすい【胃下垂】(ヰ)〘医〙胃が正常の位置より下がった状態になる病気。

いかずち【◇雷】(イカヅチ) かみなり。夏

いか-すみ【×烏賊-墨】 イカが体内にたくわえている黒い液体。外敵に襲われたときに吐き出して逃げる。セピア色の顔料に使用。食用にもする。いかのすみ。

い-かぞく【遺家族】(ヰ) 主人の死後に残された家族。

いかだ【△筏】 何本もの丸太や竹をつなぎ合わせて、水に浮かべるもの。木材の運搬のほか、舟の代用にもする。「ー流し」

ーし【ー師】 いかだを操ることを職業とする人。

い-がた【鋳型】 鋳物をつくるため、溶かした金属を流しこむ型。砂や金属を材料とする。

ーに嵌(は)める 規格にはめこむ。特に、規則ばった教育などによって、画一化された人間を作ることをいう。

い-カタル【胃カタル】(ヰ) →いえん(胃炎)

い-かつ【威喝】(ヰ) (名・他スル) 大声でおどすこと。

いかつ・い【◇厳つい】(形) カロ・カッ(ク)・イ・イ・ケレ・〇 いかめしい。ごつごつして頑丈(がんじょう)である。「ー顔」「ー肩」

いか-で【×如何で】(副)(古) ①疑問・反語を表す。どうして。どういうわけで。②願望を表す。なんとかして。「ーこのかぐや姫を得てしがな(＝手に入れたいものだ)」〈竹取〉

いか-な【×如何な】 ㊀(連体) どのような。どんな。「ー金持ちでも病には勝てない」㊁(副) どうしても。いっかな。用法 ㊁は、あとに「…でも」という形をとることが多い。

いかなご【×玉筋魚】〘動〙イカナゴ科の海産硬骨魚。体は細長く、背部は青く腹部は銀白色。幼魚は煮干しやつくだ煮にする。こうなご。かますご。春

いか-なる【×如何なる】(連体) どのような。どんな。「たとえー事情があろうとも」

いか-に【×如何に】 ㊀(副) ①どのように。どんなふうに。「ー生きるか」「ーすべきか」「この結末やー」②どんなに。どれほど。「ー努力しても追いつかない」③(古)なぜ。どうして。「ーかくは急ぐぞ」〈徒然草〉㊁(感)(古)(呼びかけに用いて)もしもし。おい。「ー佐々木殿、高名せうど不覚し給(たま)ふな」〈平家〉

ーも (副) ①どう見ても。きわめて。「ー惜しい」「ーひどい」②同意を表す。なるほど。たしかに。「ーそのとおり」

いか-のぼり【×紙鳶・△凧】(方)(関西で)凧(たこ)。春

いか-ばかり【×如何◇許り】(副) どれくらい。いかほど。「両親の悲しみはーか」

いか-ほど【×如何-程】(副) (数量・値段や程度などが)どれほど。どれくらい。どんなに。「お代はーでしょうか」「ー勧めても聞き入れない」

いがみ-あ・う【△啀み合う】(アフ) (自五) ワ(オ)・イ(ッ)・ウ・ウ・エ・エ ①敵対

心をむき出しにしてたがいに争う。「親子が―」②獣がたがいにかみつこうとする。

いが・む【△啀む】(自五) ①かみつくようにどなりたてる。②獣が歯をむき出して、ほえたてたりかみつこうとしたりする。

いかめし・い【◇厳めしい】(形) 威圧感を与えるような威厳がある。おもおもしい。「―門構え」文いかめ・し(シク)

い-カメラ【胃カメラ】 胃の内壁を観察するために、口や鼻から胃の中に入れて撮影する超小型カメラ。ガストロカメラ。はじまり 一九世紀末、欧米で考案されたが、実用には至らなかった。一九五〇(昭和二十五)年、外科医の宇治達郎らが「ガストロカメラ」を開発。昭和三十年代に本格的に実用化された。

いか-もの【×如何-物】 まがいもの。いかがわしいもの。

―ぐい【―食い】 ふつうの人が食べないような物を好んで食べること。また、その人。悪食。

いか-よう【×如何-様】(形動ダ) どんなふう。どんなさま。どのよう。「―にも処理できる」文(ナリ)

いから・す【怒らす】(他五) ①おこらせる。②言葉や態度をかどかどしくする。いかめしくする。そびやかす。「目を―」「肩を―」自いか・る(五) 用法「いからせる」と下一段活用としても使う。

いがらっぽ・い(形) のどにざらざらした不快感のあるさま。えがらっぽい。「煙でのどが―」

いかり【△錨・△碇】 船をとめておくために綱や鎖をつけて水中に沈める鉄製のおもり。アンカー。「―を下ろす」

―づな【―綱】 錨につける綱。

いかり【怒り】 怒ること。立腹。「―がこみあげる」

―心頭に発する 激しく怒る。激怒する。**―を買う** 相手を怒らせる。

―がた【―肩】 かどばった肩。↔撫で肩

いかる【×斑鳩】〘動〙アトリ科の鳥。スズメより大きく、体は灰色で頭・尾・翼は濃紺色、くちばしは太くて黄色。夏(秋)

いか・る【怒る】(自五) ①不満・不快から相手を許せずその感情をあらわにする。腹を立てる。おこる。いきどおる。「烈火のごとく―」②荒れる。「波が―・り狂う」③いかめしい感じを周囲に与える。かどばる。「肩が―」他いから・す(五)

いか・る【生かる・◇活かる】(自五) (花が)いけられる。いけてある。「秋草が見事に―・っている」

いか・れる(自下一)〘俗〙(「行く」の受け身形から) ①相手の思うとおりにされる。してやられる。「またも―・れてしまった」②こわれて役に立たなくなる。「この時計は―・れたらしい」③まともではなくなる。「―・れた格好」④心を奪われる。「彼女に―」

いか-ん【×如何・×奈何】(「いかに」の音便) ━(名) どのようであるか。事の次第。ようす。「理由の―によらず」━(副) どのように。どうであるか。「結果は―」

―せん どうしようにも。残念ながら。「―力不足だ」**―とも し難い** どうすることもできない。「力の差があって―」

い-かん【衣冠】 ①衣服と冠。②昔、貴人の束帯に次ぐ正装。冠をかぶり袍をつけ、指貫をはいた略式礼服。

〔衣冠②〕

い-かん【尉官】 もと軍人の階級で、大尉・中尉・少尉の総称。また、自衛官の一尉・二尉・三尉の総称。

い-かん【移管】(名・他スル) 管理・管轄を他へ移すこと。「業務の一部を民間に―する」

い-かん【異観】 ほかと変わった珍しい光景。珍しいながめ。「―を呈する」

い-かん【偉観】 堂々としたながめ。すばらしい光景。壮観。

い-かん【遺憾】(名・形動ダ) 思いどおりにいかず残念なこと。また、そのさま。気の毒。「―ながらお断りする」「万―なきを期されたい(=決して手ぬかりがないように注意してほしい)」

―なく 申し分なく。十分に。「実力を―発揮する」**―の意を表する** 残念に思う気持ちを述べる。用法自分の行為についてわびる場合にも、相手の行為を非難する場合にも用いる。

―せんばん【―千万】 このうえもなく残念なこと。

いか-ん ①思いどおりに運ばない。できない。「仕事がうまく―」②いけない。だめだ。「廊下を走っては―」語源五段動詞「行く」の未然形に打ち消しの助動詞「ぬ」の付いた「いかぬ」の転。

い-がん【依願】 本人の願い出によること。「―退職」

―めんかん【―免官】 本人の願い出で官職を免じられること。依願免職。

い-がん【胃△癌】〘医〙胃に生じるがん。

いかん-そく【維管束】〘植〙シダ植物と種子植物の根・茎・葉にある組織。師部と木部から成り、師部の師管は葉で作った養分の通路、木部の道管は水や無機塩類の通路。

いき【或】(人) イキ(ヰキ)・ワク・コク ある・あるいは (字義) ①さかい。地域。②あるいは。ことによると。もしかすると。③ある。あるもの。あるひと。不定のものをさす語。「或問」④有る。人名 もち

いき【域】 教6 イキ(ヰキ)

(字義) ①さかい。土地のくぎり。「区域・地域」②国。地方。「異域・西域・封域・領域」③くぎられた範囲。境界の内側。「芸域・職域・神域・声域・聖域」人名 くに・むら

いき【域】 ある特定の範囲。段階。「名人の―に達する」

いき【息】 ①口や鼻から呼吸すること。また、その空気。呼吸。「―をする」②共同で事をする人たちの間の調子。「―が合う」

―が掛かる (有力者の)後援を受けるなどのつながりがある。**―が切れる** ①呼吸が苦しくなる。②物事を長く続けられなくなる。③死ぬ。息が絶える。**―が詰まる** ①呼吸ができなくなる。②緊張や重苦しい雰囲気などにより、息苦しいような感じになる。窮屈な思いをする。**―が長い** 長期間続いている。**―の緒** ①いき。呼吸。②いのち。**―の下** 今にも息の絶え入りそうな、弱々しい臨終の状態。**―の根** 生命。いのち。「―をとめる(=殺す)」**―を入れる** ひと休みする。**―を凝らす** 呼吸をおさえるようにして注意を集中する。「息を凝らしてなりゆきを見守る」**―を殺す** 呼吸をおさえてじっとしている。「息を殺してようすをうかがう」**―を吐く** ①おさえていた息を吐き出し、大きく呼吸する。②(緊張などから解放されて)ほっとする。ひと休みする。「―暇もない」**―を呑む** はっと驚いて思わず息をとめる。**―を弾ませる** (興奮や緊張、激しい運動などから)荒い息づかいをする。**―を引き取る** 死ぬ。**―を吹き返す** ①生き返る。「人工呼吸で―」②たちなおる。よみがえる。「寂れた商店街が―」

いき【粋】(名・形動ダ) ①態度や身なりが洗練されていて色気があること。また、そのさま。「―なこしらえ」「―な姿」②人情の機微に通じていること。また、そのさま。特に、花柳界の事情に通じているさま。「―なはからい」(↔野暮) 語源「意気」の転。参考「いき」は江戸後期に町人が理想とした生活と美の理念で、江戸前期の「粋」に通じるが、「すい」がたくましく豪華であるのに対し、「いき」はひかえめで繊細なふるまい・色気をいう。

いき【△閾】 ①敷居。②〘心〙刺激を感じるか感じないかの境界点。識閾。

いき【生き】 ①生きていること。「—死にの境目」②いきいきしていること。鮮度。「—がいい魚」③囲碁で、一群の石に目が二つ以上あって相手に取られない状態であること。④校正で、一度消した字を復活させるように指定する語。参考 ②は「◇活き」とも書く。④はふつう「イキ」と書く。

いき【行き・◇往き】 →ゆき(行き)

い-き【位記】 ヰ— 位階を授けるときに、その旨(むね)を書いて与える文書。

い-き【委棄】 ヰ—(名・他スル)〔法〕土地などの所有権を放棄して、他人の自由にまかせること。「相続権を—する」

い-き【意気】 気だて。心持ち。特に、積極的に何かに向かってゆこうとする心の動き。いきごみ。気概。「—天を衝(つ)く」

い-き【遺棄】 ヰ—(名・他スル)置き去りにすること。捨てておくこと。「死体—」

いき【壱岐】 旧国名の一つ。日本海上の島で、現在の長崎県の一部。壱州(いっしゅう)。

い-ぎ【威儀】 ヰ— 重々しくいかめしい容姿やふるまい。また、作法にかなった身のこなし。「—を正す」

い-ぎ【異義】 違った意味。「同音—」↔同義

い-ぎ【異議】 ①他と違う意見や考え。特に、反対や不服の意見。異論。「—なし」「—を唱える」②〔法〕違法または不当な処分に対し、不服や反対の意思を表すこと。「—を申し立てる」

い-ぎ【意義】 ①その言葉の表す内容。意味。「本来の—」②事柄の重要さ。価値。「有—」「—がある」⇩意味「ちがい」

いき-あ・う【行〔き〕合う・行〔き〕△逢う】 アフ—(自五)ワ(オ)・イ(ツ)・ウ・エ・エ →ゆきあう

いきあたり-ばったり【行き当〔た〕りばったり】(名・形動ダ)→ゆきあたりばったり

いき-いき【生き生き・◇活き◇活き】(副・自スル)活気にみちて勢いのよいさま。元気ではつらつとしているさま。「—(と)した声」

いき-いそ・ぐ【生き急ぐ】(自五)ガ(ゴ)・ギ(イ)・グ・グ・ゲ・ゲ 限りある人生で早く事を成しとげようとするかのように、忙しく生きる。

いき-うつし【生〔き〕写し】 容姿や動作などがある人に非常によく似ていること。「お母さんの若いころに—だ」用法 ふつう、血縁関係にある者どうしについていう。

いきうまのめを-ぬく【生き馬の目を抜く】(生きた馬の目を抜くほど)すばやく相手のすきにつけこんで、利をかせぐことのたとえ。「—世の中」

いき-うめ【生〔き〕埋め】 生きたまま地中に埋めること。また、埋まること。「土砂くずれで—になる」

いき-え【生き餌】 —ヱ 動物のえさや釣りのときのえさにする、生きた虫や小動物。「—を与える」

いきおい【勢い】 イキホヒ ■(名)①物事の動きが強まるに伴って出てくる、速さや強さなどの力。「風の—が強まる」②他を圧倒するさかんな力。勢力。「破竹の—」③はずみの力。なりゆき。「酔った—で言う」■(副)なりゆきで。必然的に。「多くの手を経るので、—値が高くなる」

いきおい-こ・む【勢い込む】 イキホヒ—(自五)マ(モ)・ミ(ン)・ム・ム・メ・メ 気負ってふるいたつ。意気込む。「—・んで話し出す」

いきおい-づ・く【勢い付く】 イキホヒ—(自五)カ(コ)・キ(イ)・ク・ク・ケ・ケ あるきっかけで勢いがよくなる。活気づく。「三連勝で—」

いき-がい【域外】 ヰキグワイ その区域の外。範囲の外。↔域内

いき-がい【生き×甲斐】 —ガヒ 生きている価値。転じて、生きていくはりあい。「研究に—を感じる」

いき-か・う【行〔き〕交う】 —カフ(自五)ワ(オ)・イ(ツ)・ウ・ウ・エ・エ →ゆきかう

いき-かえり【行き帰り】 —カヘリ →ゆきかえり

いき-かえ・る【生〔き〕返る】 —カヘル(自五)ラ(ロ)・リ(ッ)・ル・ル・レ・レ ①死んだものが生命をとりもどす。よみがえる。「奇跡的に—」②生気をとりもどす。よみがえる。「雨で草木が—」

いき-がかり【行き掛〔か〕り・行掛り】 →ゆきがかり

いき-がけ【行〔き〕掛け】 →ゆきがけ

いき-かた【生き方】 ①人生に処する態度。「理想の—を求める」②生活のしかた。「地道な—」

いき-かた【行き方】 →ゆきかた

いきかはり… 俳句〔生きかはり 死にかはりして 打つ田かな〕〈村上鬼城(むらかみきじょう)〉鍬(くわ)をふりあげて黙々と田を打っている男がいる。男の父も祖父も毎年毎年この田を打ち続けていた。農民は生まれかわり死にかわりして先祖伝来の同じ田を打っているのだ。(打つ田 春)

いき-がみ【生き神】 ①人の姿をして、この世に現れた神。②教祖や高徳の人をたたえていう。「—様」

いき-が・る【粋がる】(自五)ラ(ロ)・リ(ッ)・ル・ル・レ・レ 自分一人で粋(いき)だと思って得意になっている。いかにも粋らしくふるまう。

いき-き【行き来・◇往き来】(名・自スル)→ゆきき

いき-ぎも【生き肝・生き△胆】 生きた動物からとったきも。—**を抜(ぬ)く** びっくり仰天させる。どぎもをぬく。

いき-ぎれ【息切れ】(名・自スル)①呼吸が乱れてあえぐこと。②途中で気力が続かなくなること。「完成目前で—する」

いき-ぐるし・い【息苦しい】(形)カロ・カッ(ク)・イ・イ・ケレ・○ ①呼吸がしづらくて苦しい。「鼻がつまって—」②胸がおさえつけられたように重苦しい。「—雰囲気」文いきぐる・し(シク)

いき-けんこう【意気軒△昂】 —ケンカウ(タルト)意気込みが盛んなさま。威勢のよいさま。「老いても—としている」↔意気消沈・意気阻喪 文(形動タリ)

いき-ごと【粋事】 粋(いき)なこと。特に、情愛に関する事柄。

いき-ごみ【意気込み】 ある物事を進んでしようとするときのはりきった気持ち。意気組み。「仕事に対する—が違う」

いき-ご・む【意気込む】(自五)マ(モ)・ミ(ン)・ム・ム・メ・メ ある物事をしようとはりきる。ふるいたつ。「—・んで出かける」

いき-さき【行き先】 →ゆきさき

いき-さつ【×経緯】 ある事態に至るまでの事情。事のこみいったなりゆき。経過。経緯(けいい)。「事件の—」「過去の—」

いき-ざま【生き様】 生きてきたありさま。特に、その人独自の生き方。生きよう。「愚直なまでの—を貫く」

いき-じ【意気地】 —ヂ 他とはりあってでも自分の信念を通そうとする心。意地。意気地(いくじ)。「男の—」「—を立てる」

いき-じごく【生き地獄】 —ヂゴク 生きながら経験する、地獄のように悲惨な状態や苦しみ。「倒産という—を味わう」

いき-しな【行きしな】 行く途中。ゆきがけ。ゆきしな。「—に立ち寄る」↔帰りしな

いき-しに【生き死に】 生きることと死ぬこと。生きるか死ぬかということ。生死(せいし・しょうじ)。「—にかかわる事態」

いき-じびき【生き字引】 知識が豊かで何事もよく知っている人。「会社の—」

いき-しょうちん【意気消沈・意気△銷沈】 —セウチン(名・自スル)意気込みがくじけ、すっかり元気をなくすこと。しょげること。意気阻喪。「不合格で—する」↔意気軒昂(いきけんこう)

いき-しょうてん【意気衝天】 意気込みが天をつくほどに盛んなこと。「—の勢い」

いき-すぎ【行〔き〕過ぎ】 →ゆきすぎ

いき-す・ぎる【行〔き〕過ぎる】(自上一)ギ・ギ・ギル・ギル・ギレ・ギロ(ギヨ) →ゆきすぎる 文いきす・ぐ(上二)

いき-すじ【粋筋】 —スヂ ①花柳界などの粋(いき)な方面。「—の女

性」②情事に関する事柄。
いきせき-き・る【息◇急き切る】(自五) ラ(ロ)・リ(ッ)・ル・ル・レ・レ 非常に急いで、激しい息づかいをする。「—・って駆けつける」
いき-そそう【意気阻喪・意気△沮喪】—ソサウ (名・自スル) 意気込みがくじけ、勢いがなくなること。意気消沈。↕意気軒昂
いき-たい【生き体】相撲で、攻められて倒れそうに見えるが、まだ立ち直る見込みのある体勢。↕死に体
いき-だおれ【行〔き〕倒れ】—ダフレ →ゆきだおれ
い-ぎたな・い【◇寝△穢い】(形) カロ・カッ(ク)・イ・イ・ケレ・○ ①なかなか起きない。寝坊である。「—・くいつまでも寝ている」②寝姿がだらしない。文いぎたな・し(ク)
いき-ち【△閾値】—ヰキ ①反応や変化を起こさせるために必要な、エネルギーの最小値。しきいち。②生体で、刺激を感じさせる最小の値。しきいち。
いき-ち【生き血】生きている動物や人間の血。なまち。—を絞る 他人が苦労して得たものを、情け容赦なく自分のものにしてしまう。生き血を吸う。
いき-ちがい【行〔き〕違い】—チガヒ →ゆきちがい
いき-づえ【息△杖】—ヅヱ 荷物をかつぐ人などが肩をやすめるとき、担になったものを支えるのに用いる杖。
いき-づかい【息遣い】—ヅカヒ 息のしかた・調子。「—が荒い」
いき-つぎ【息継ぎ】(名・自スル) ①歌唱や吹奏、または水泳などの途中で息を吸うこと。②仕事の途中に少し休むこと。
いき-つ・く【行〔き〕着く】(自五) カ(コ)・キ(イ)・ク・ク・ケ・ケ →ゆきつく
いき-づ・く【息◇衝く】(自五) カ(コ)・キ(イ)・ク・ク・ケ・ケ ①呼吸する。また、生きている。「伝統の—街」②苦しそうに息をする。あえぐ。
いき-つけ【行きつけ】→ゆきつけ
いき-づま・る【行き詰〔ま〕る・行詰る】(自五) ラ(ロ)・リ(ッ)・ル・ル・レ・レ →ゆきづまる
いき-づま・る【息詰〔ま〕る】(自五) ラ(ロ)・リ(ッ)・ル・ル・レ・レ 非常に緊張して、息ができなくなるような感じがする。「—熱戦」
いき-とうごう【意気投合】—トウガフ (名・自スル) たがいの気持ちや考えがぴったりと合うこと。「たちまち—する」
いきどおり【憤り】イキドホリ 憤ること。いかり。「—を感じる」
類語 憤怒・激怒・憤慨・憤懣・鬱憤・憤激・余憤・私憤・悲憤・義憤・公憤・悲憤慷慨・切歯扼腕
いきどお・る【憤る】イキドホル (自五) ラ(ロ)・リ(ッ)・ル・ル・レ・レ (不正や矛盾などに対して)ひどく腹を立てる。憤慨する。「政治の腐敗に—」
可能 いきどお・れる(下一)
いきどおろし・い【憤ろしい】イキドホロシイ (形) カロ・カッ(ク)・イ・イ・ケレ・○ 腹立たしい。嘆かわしい。文いきどほろ・し(シク)
いき-どころ【行き所】→ゆきどころ
いきとし-いける-もの【生きとし生けるもの】(「と」も「し」も強めの助詞)この世に生きるすべてのもの。
いき-とど・く【行〔き〕届く】(自五) カ(コ)・キ(イ)・ク・ク・ケ・ケ →ゆきとどく
いき-どまり【行き止〔ま〕り・行止り】→ゆきどまり
いき-ない【域内】—ヰキ その区域のなか。範囲のなか。↕域外
いき-ながら・える【生き長らえる・生き永らえる・生き◇存える】—ナガラヘル (自下一) エ・エ・エル・エル・エレ・エロ(エヨ) 生きのびる。長く生き続ける。「戦火の中を—」文いきながら・ふ(下二)
いき-なや・む【行〔き〕悩む】(自五) マ(モ)・ミ(ン)・ム・ム・メ・メ →ゆきなやむ
いき-なり(副)(「行き成り」の意)突然。急に。「—怒りだす」
いき-ぬき【息抜き】■一(名・自スル) 少しの間くつろぐこと。ひと休みすること。「仕事の—」■二(名) 換気用の窓や穴。
いき-ぬ・く【生〔き〕抜く】(自五) カ(コ)・キ(イ)・ク・ク・ケ・ケ 苦しみなどに耐えて、どこまでも生きとおす。「貧しさの中で—」
いき-のこり【生〔き〕残り】他が死んだり滅んだりしたあとも生き残ること。また、その人。「—をかけた戦い」
いき-のこ・る【生〔き〕残る】(自五) ラ(ロ)・リ(ッ)・ル・ル・レ・レ 他が死んだり滅んだりしたあとも、生き続ける。「数人が—」
いき-の・びる【生〔き〕延びる】(自上一) ビ・ビ・ビル・ビル・ビレ・ビロ(ビヨ) 死ぬはずのところを生き残る。「戦火の中を—」文いきの・ぶ(上二)
いき-ば【行き場】→ゆきば
いき-はじ【生き恥】—ハヂ 生きていることで受ける恥。「—をさらす(=生き長らえて恥をかく)」↕死に恥
いき-ば・る【息張る】(自五) ラ(ロ)・リ(ッ)・ル・ル・レ・レ 息をつめ腹に力を入れる。いきむ。
いき-ぼとけ【生き仏】(生きている仏の意)仏のように慈悲深く、徳の高い人。また、高徳の僧。
いき-ま・く【息巻く】(自五) カ(コ)・キ(イ)・ク・ク・ケ・ケ ①息を荒くして怒る。いきりたつ。「絶対に許さぬと—」②威勢よくまくしたてる。
いき-み【生き身】生きている体。生身。↕死に身
いき・む【息む】(自五) マ(モ)・ミ(ン)・ム・ム・メ・メ 息をつめ腹に力を入れる。いきばる。「ぐっと—」可能 いき・める(下一)
いき-もの【生き物】①生命のあるもの。生物。特に、動物。②生命があるかのように動き、変化するもの。「言葉は—だ」
いき-やすめ【息休め】(名・自スル) 疲れをいやすために、ちょっと休むこと。息抜き。息継ぎ。
い-きょ【依拠】(名・自スル) よりどころとすること。また、そのよりどころ。「先例に—する」
い-きょう【異教】—ケウ 自分の信仰と異なる宗教。特に、キリスト教から見て、他の宗教。「—徒」
い-きょう【異郷】—キヤウ 自分の郷里でないよその地。他郷。他国。外国。「—の鬼となる(=他郷または外国で死ぬ)」↕故郷
い-きょう【異境】—キヤウ 他国。外国。「—に暮らす」
い-ぎょう【医業】—ゲフ 医療にたずさわる職業。医者の仕事。
い-ぎょう【異形】—ギヤウ ふつうと違った、怪しい姿。「—の者」
い-ぎょう【偉業】ヰゲフ 偉大な仕事や業績。「—を成す」
い-ぎょう【遺業】ヰゲフ 死んだ人が残した事業。「—を継ぐ」
いぎょう-どう【易行道】イギヤウダウ 《仏》阿弥陀仏の願力に頼り、ひたすら念仏を唱えて極楽往生する道。↕難行道
いき-ようよう【意気揚揚】—ヤウヤウ (トタル) 得意でほこらしげなさま。「—とひきあげる」文(形動タリ)
い-きょく【医局】病院で、医務をとり扱う所。また、医師が詰めている部屋。
い-きょく【委曲】—ヰ 詳細なこと。また、くわしい事情。「—を尽くす(=細部までくわしく述べる)」
いきょく-どうこう【異曲同工】→どうこういきょく
イギリス〈ポルトガル Inglez〉ヨーロッパ大陸の北西海上に位置し、グレートブリテン島とアイルランド島北部とからなる立憲君主国。正式名称はグレートブリテン及び北アイルランド連合王国。首都はロンドン。英国。参考「×英吉利」とも書く。
いきり-た・つ【◇熱り立つ】(自五) タ(ト)・チ(ッ)・ツ・ツ・テ・テ 怒って興奮する。いきまく。「審判の判定に—」
いき-りょう【生き霊】—リヤウ たたりをするといわれる、生きている人の怨みの念。いきすだま。生霊。↕死霊
い・きる【生きる・◇活きる】(自上一) キ・キ・キル・キル・キレ・キロ(キヨ) ①命を保つ。生存する。心臓など体内の諸器官が動いている。「一○○歳まで—」↕死ぬ ②生計を立てる。生活する。「—ための仕事」③(一つの物事に打ちこんで)意義を見つけて暮らす。「芸術に—」④生き生きする。生気がある。「この絵の人物の目は—・

きている」↕死ぬ ⑤効果がある。「その一語が—・きている」↕死ぬ ⑥影響力をもつ。「建国の精神は—・きている」⑦囲碁で、一群の石が二つ以上の目をもって自分の地になる。↕死ぬ ⑧野球で、走者がアウトにならずに塁にいる。↕死ぬ ⑨(「…を生きる」の形で)そのような人生を送る。「偽りのない人生を—」他 いか・す(五) 文 い・く(四・上二)

いきた空がない 恐ろしさのあまり、生きている気がしない。

いきれ【熱れ・熅れ】 むんむんするような熱気。「人—」「草—」

いき-わかれ【生〔き〕別れ】 親子・兄弟・夫婦などが、生きながら別れ、長い間会えずにいること。生別。「—の親子」

いき-わた・る【行〔き〕渡る】(自五) ラ(ロ)・リ(ッ)・ル・ル・レ・レ →ゆきわたる

いく【育】 教3 イク そだつ・そだてる・はぐくむ
(字義) ①うむ。うまれる。②そだてる。㋐はぐくむ。養う。「育児・育成・愛育・飼育・養育」㋑養いみちびく。しつける。「教育・訓育・体育」③そだつ。成長する。生長する。「成育・発育」
人名 すけ・なり・なる・やす

いく【郁】 人 イク
(字義) ①香り高いさま。かぐわしい。「馥郁」②文化の盛んなさま。「郁郁・郁文」
難読 郁子 人名 あや・か・かおる・くに・たかし・ふみ

いく-【幾】(接頭) ①不定の数・量を表す。どれほどの。「あれから—日」②数量が多い、程度がはなはだしいことを表す。「—久しい」

い-く【畏懼】(名・他スル) おそれかしこまること。

い・く【行く・往く】(自五) カ(コ)・キ(ッ)・ク・ク・ケ・ケ →ゆく(行く)

い・く【逝く】(自五) カ(コ)・キ(ッ)・ク・ク・ケ・ケ →ゆく(逝く)

イグアナ 〈iguana〉《動》イグアナ科の爬虫類の総称。大型のトカゲで、中米から南米にかけてすむグリーンイグアナや、ガラパゴス諸島のウミイグアナなど。おもに植物を食べる。

い-ぐい【居食い】(名・自スル) 働かないで、持っている財産で暮らすこと。徒食。座食。

いく-え【幾重】 たくさん、または、いくつか重なっていること。また、その重なり。
—にも くりかえし。ひたすら。「—おわび申し上げます」

いく-えい【育英】 才能をもつ青少年を教育すること。特に、学資などを援助すること。「—資金」語源 孟子の「天下の英才を得て之を教育するは三の楽しみなり」から出た語。

いく-きゅう【育休】「育児休業」の略。

いくさ【戦・軍】 ①たたかい。戦争。②軍隊。軍勢。
—の庭 戦場。戦いの園。

い-ぐさ【藺草】 →い(藺) 夏

いく-じ【育児】 乳幼児を育てること。「家事と—の分担」
—きゅうぎょう【—休業】 労働者が育児のために一定期間仕事を休むこと。法律に基づき、男女の労働者に認められる。育児休暇。育休。

いく-じ【意気地】 自分の考えをとおそうとする気力。意地。語源「いきじ(意気地)」の転。参考 常用漢字表付表の語。
—なし【—無し】 意気地のないこと。また、その人。

いく-しゅ【育種】 家畜や農作物の品種を改良して、すぐれたものを育成すること。

いく-せい【育成】(名・他スル) りっぱに育て上げること。「人材の—」「後継者を—する」

いく-た【幾多】(名・副) 数量の多いこと。多数。「—の試練を経る」

いく-たび【幾度】(名・副) ①何度。いくど。②たびたび。

いくたびも… 俳句〔いくたびも 雪の深さを たづねけり〕〈正岡子規〉雪が降りしきっている。庭の雪景色を自分で見にゆくことのできない寝たきりの私は、何度も何度も家人に雪の積もりぐあいをたずねたことだ。(雪 冬)

いく-たり【幾人】 いくにん。何人。

い-ぐち【兎唇・欠唇】 →みつくち

いく-つ【幾つ】 どれほどの数。何個。何歳。「—ありますか」「年はお—」

いく-ど【幾度】 どのくらいの回数。何度。何回。いくたび。「—となく訪れる」

いく-どうおん【異口同音】 みんなが口をそろえて同じことを言うこと。多くの人の意見が一致すること。「—に答える」

いく-とせ【幾年】 何年。いくねん。「あれからはや—」

いく-にち【幾日】 ①どれくらいの日数。何日。「—過ぎたか」②暦の上の、どの日。「七月の—か」

イグニッション-キー 〈ignition key〉自動車のエンジンに点火するためのかぎ。エンジンキー。

いく-ばく【幾・何・幾許】(名・副) どのくらい。どれほど。少しばかり。「余命—もない」「—かの金を与える」
—もなく ほどなく。やがて。「—もどる」

い-くび【猪首・猪頸】 ①イノシシのように短くて太いくび。②《古》かぶとを後方にずらしてかぶること。

いく-ひさしく【幾久しく】(副) いつまでも変わらずに。行く末ながく。「—おしあわせに」用法 挨拶の言葉や手紙文などに用いられる。

いく-ぶん【幾分】 ■一(名) いくつかの部分に分けること。また、その一部分。「収入の—かをあてる」■二(副) いくらか。少し。「雨は—小降りになった」

いくやまかは… 和歌〔幾山河 越えさりゆかば 寂しさの はてなむ国ぞ けふも旅ゆく〕〈若山牧水〉いったいいくつ山や川を越えて行ったならば、このさびしさのすっかりなくなる国に行きつくのだろうか。そんな国を求め、こうして今日も私は旅を続ける。(中国地方を旅行したときの歌)

いく-ら【幾・等】 ■一(名) ①不定・不明な金額・時間・分量などを表す。「値段は—ですか」②(「いくらも」の形で、あとに打ち消しの語を伴って)たいして。ほとんど。「こんな例は—もない」■二(副)(あとに「ても」「でも」などを伴って)程度のはなはだしいことにいう。どんなに。どれほど。「—注意してもききめがない」「—何でもひどすぎる」
—か ■一(名) 少しの数量。多少。いくぶん。「—の金は残っている」■二(副) 少し。多少。いくぶんか。「—英会話ができる」

イクラ 〈ロシア ikra 魚卵〉サケ・マスの卵をほぐして塩漬けにした食品。ほぐさないままのものを筋子という。

い-くん【異訓】 一つの漢字の、ある訓に対するその他の訓。

い-くん【偉勲】 大きなてがら。すぐれた功績。「—を立てる」

い-くん【遺訓】 故人が残した教え。「—を守る」

いけ-(接頭)《俗》憎しみをこめて、卑しめののしる意を表す。「—ずうずうしい」「—しゃあしゃあ」「—好かない」

いけ【池】 ①陸地のくぼみに水をたたえた所。湖や沼より小さなものや人工的につくったもの。②すずりの水をためる部分。うみ。

ちがい「池」・「沼」・「湖」
「池」「沼」「湖」は、いずれも水のたまった所であり、ふつう、感覚的に、小さい「池」、大きい「湖」、泥深い感じの「沼」と、それぞれ区別されるが、地学的には、人の手が加えられたものを「池」といい、他は、葦・真菰などが生育できない深度(五メートル以上)をもつ「湖」、水深が五メートル以下で水草が水面いたる所に生えている「沼」、水深が一メートル内外で一面に水草が生えている「沼沢」、海岸にあり砂州で海と隔てられている「潟湖(かたこ)」のように区別する。

い-けい【畏敬】ヰ―(名・他スル) おそれ敬うこと。「―の念」

い-けいれん【胃△痙△攣】ヰ―〔医〕胃が発作的にはげしく痛む症状。さしこみ。癪(しゃく)。

いけ-うお【生け魚・◇活け魚】ウヲ― 食用のために生け簀(す)などに生かしている魚。「―料理」

いけ-がき【生け垣】 樹木を植え並べてつくった垣根。

いけ-しゃあしゃあ(副)《俗》しゃくにさわるほど厚かましく平然としているさま。「失敗しても―としている」

いけ-す【生け△簀】 魚などを養殖したり、一時的に生かしておいたりする所。「養殖用の―」

いけ-ず(名・形動ダ)《方》(関西地方などで) 意地の悪いこと。また、その人。「―な人」

いけ-ずうずうし・い【いけ×図図しい】ヅウヅウシイ―(形) カロ・カッ(ク)・イ・イ・ケレ・〇《俗》相手に迷惑がかかるのを気にもかけず勝手にふるまうさま。しゃくにさわるほど厚かましい。「―やつ」

いけ-すかな・い【いけ好かない】(形) カロ・カッ(ク)・イ・イ・ケレ・〇《俗》感じが悪くてきらいだ。いやらしくて気に入らない。「―やつだ」

いけ-ぞんざい(形動ダ) ダロ・ダッ(デ・ニ)・ダ・ナ・ナラ・〇《俗》非常になげやりでいいかげんなさま。丁寧さを欠くさま。

い-げた【井桁】ヰ― ①木で「井」の字形に組んだ井戸のふち。②「井」の字の形・模様。

〔いげた②〕

いけ-づくり【生(け)作り・◇活(け)作り】 生きている魚などの身をそいでさしみにし、もとの姿のようにととのえ並べて出すもの。いきづくり。「鯛(たい)の―」

いけ-どり【生(け)捕り】 人や動物を生きたまま捕らえること。また、捕らえられた人や動物。「クマを―にする」

いけ-ど・る【生(け)捕る】(他五) ラ(ロ)・リ(ッ)・ル・ル・レ・レ 人や動物を生きたまま捕らえる。「ヒョウを―」

いけ-な・い(形) カロ・カッ(ク)・イ・イ・ケレ・〇 (「行ける」の打ち消しから) ①よくない。「体調が―」「意地を張ったのが―・かった」②困る。たいへんである。「足が冷えて―」③悪い。「―子」④酒が飲めない。↕行ける ⑤(「ては」「では」に付いて)禁止を表す。…してはならない。だめだ。「学校を休んでは―」⑥(「なくては」「なければ」に付いて)義務や責任がある意を表す。「すぐに答えなければ―」⑦回復の見込みがない。助かる望みがない。「手当ての甲斐(かい)なく―・くなった」

いけ-にえ【生(け)△贄・×犠牲】ニヘ― ①人や動物を生きたまま神に供えること。また、そのもの。「羊を―にする」②ある目的のために犠牲(ぎせい)になること。「組織のために―にされる」

いけのたいが【池大雅】(一七三) 江戸中期の南画家。京都生まれ。柳沢淇園(きえん)や祇園(ぎおん)南海に学ぶ。蕪村(ぶそん)とともに日本風文人画の大成者。代表作「十便帖(じゅうべんじょう)」。いけたいが。

いけ-ばな【生(け)花・◇活(け)花】 草木の枝・葉・花をととのえて花器にさすこと。さしたもの。また、その技術。華道。

いけ-メン《俗》容姿がすぐれた男性。語源「いけてる(＝かっこいい)」の略に、men あるいは「面」の付いたものという。

い・ける【行ける】(自下一) ケ・ケ・ケル・ケル・ケレ・〇 ①行くことができる。「歩いて―」②することができる。上手にできる。「彼はゴルフも―」③酒がかなり飲める。「―口」↕いけない ④かなりのものだ。「この料理はなかなか―」参考 ②③④は仮名書きにする。

い・ける【生ける・◇活ける】(他下一) ケ・ケ・ケル・ケル・ケレ・ケロ(ケヨ) 草木の花・枝・葉を、水をたくわえた花器にととのえてさす。「花を―」文い・く(下二)

い・ける【◇埋ける】(他下一) ケ・ケ・ケル・ケル・ケレ・ケロ(ケヨ) ①炭火を長持ちさせるため灰にうずめる。「火を―」②(保存のために)土の中にうめる。「ゴボウを―」文い・く(下二)

いけ-る【生ける】(連体) 生きている。生命がある。「―屍(しかばね)(＝精神的には死んだも同然の人)」語源 文語動詞「いく(生く)」の已然形「いけ」＋完了の助動詞「り」の連体形「る」

い-けん【異見】 他と違った考え。異論。「―を述べる」

い-けん【意見】 ■一(名) 心に思うところ。考え。■二(名・自スル) 自分の考えを言って、いさめること。「子供に―する」

敬称(相手側)	謙称(自分側)
御意見　御高見　御高説	愚意　愚見　卑見　管見
貴意	私見　愚考

い-けん【違憲】ヰ― 憲法に違反すること。↕合憲

―りっぽう-しんさけん【―立法審査権】リッパフ― 〔法〕すべての法律や役所の処分などが憲法に違反するかどうかを審査する裁判所の権限。最高裁判所が終審裁判所となる。法令審査権。

い-けん【遺賢】ヰ― すぐれた才能をもちながら、官職に登用されず民間にいる人。「野(や)に―なし」

い-げん【威厳】ヰ― 相手をおそれさせるような、いかめしさ。「―がある」「―を保つ」

い-げん【遺言】ヰ― →ゆいごん

いげん-びょう【医原病】ビャウ―〔医〕投薬・注射・手術などの医療行為が原因で新たに引き起こされる病気。医原性疾患。

い-ご【以後】 ①(基準の時を含めて)それからあと。以降。「明治―の文化」↕以前 ②これからさき。今後。「―注意します」

い-ご【囲碁】ヰ― 碁。また、碁をうつこと。

いこい【憩(い)】イコヒ ゆったりとくつろぐこと。休息。「―のひととき」「―の場」

い-こう【以降】カウ― (基準の時を含めて)それからあと。以後。「午後五時―に来てください」

い-こう【衣◇桁】カウ― 着物などをかけるための和風家具。細い木材を組み合わせ、部屋のすみなどに立てられるようになっている。衣紋(えもん)掛け。

〔衣桁〕

い-こう【威光】ヰクワウ 自然に人を従わせるような、おかしがたい威厳。「親の―をかさに着る」

い-こう【移行】カウ―(名・自スル) (制度や管轄などが)他の状態に移り行くこと。「―措置」「新制度に―する」

い-こう【移項】カウ―(名・他スル)〔数〕等式・不等式の一方の辺にある項を符号を変えて他方の辺に移すこと。

い-こう【偉功】ヰ― 大きなてがら。すぐれてりっぱな業績。

い-こう【偉効】ヰカウ すぐれた効果・効能。

い-こう【意向】カウ― そのことにどう対処するかという考え。おもわく。「先方の―に添う」「立候補の―を固める」

い-こう【遺功】ヰ― 死後に残るりっぱなてがら。

い-こう【遺構】ヰ― 昔の建造物の構造や様式を知る手がかりとなる残存物。「古代都市の―」

い-こう【遺稿】ヰカウ 未発表のまま死後に残された原稿。

いこ・う【憩う】イコフ(自五) ワ(オ)・イ(ッ)・ウ・ウ・エ・エ ゆったりとくつろぐ。休息する。「公園で―」可能 いこ・える(下一)

イコール〈equal〉①等しいこと。②〘数〙数式で、左右の数値が等しいことを表す記号「＝」。等号。はじまり 一五五七年、イギリス人ロバート＝レコードが自著の中で、二本の平行線にヒントを得て用いたのが最初。

い-こく【異国】よその国。外国。

―じょうちょ【―情緒】異国的な風物が作り出す雰囲気。また、それに接したときに起こる感じ。異国情調。エキゾチシズム。「―の漂う街」

―てき【―的】(形動ダ) 外国のような感じがするさま。エキゾチック。「―な文様」

い-ごこち【居心地】― ある場所や特定の地位などにいて感じる気分。「―がいい」

いこ-じ【依△怙地・意固地】―(名・形動ダ) どこまでも自分の主張を通そうとする態度。片意地。えこじ。「―になる」

い-こつ【遺骨】― ①死者の骨。火葬のあとに残った骨。②戦場に残された、戦死者の骨。

いごっそう〘方〙(高知県で)気骨があること。頑固者。

い-こぼ・れる【居△溢れる】―(自下一) その場に人があふれるほどいる。文ゐこぼ・る(下二)

い-こ・む【鋳込む】(他五) 金属を溶かして鋳型の中に流し入れる。「型に銅を―」

い-こん【遺恨】― 忘れられないうらみ。「―を晴らす」

イコン〈ドイ Ikon 肖像〉〘基〙ギリシャ正教会などで礼拝の対象とする、キリストや聖母、聖人などの画像。聖画像。

い-ごん【遺言】―〘法〙「ゆいごん」の法律用語。

いさ(副)〘古〙さあ、どうであろうか。「人はー心もしらず」〈古今〉用法 あとに打ち消しの語を伴う。

いざ(感) ①人を誘うときや、事を始めようとするときに発する語。さあ。「―行かん」「―さらば」②いよいよ。さて改めて。「―という時」「―となれば」

―鎌倉(鎌倉幕府に大事が起こった、さあ、鎌倉へ駆けつけよう、の意から)一大事が起こって自分が行動を起こさなければならない場合に言う語。

語源 謡曲「鉢木」に、僧侶に身をやつして諸国を行脚していた北条時頼が、貧乏暮らしをしている佐野源左衛門常世の家に宿を求めた際、常世が、こんな身であっても「鎌倉に大事あらば、…一番に馳せ参じ」と語るくだりがあり、これに由来するという。

―知らず …はどうか知らないが。…はともかく。「人のことはー私は反対だ」「子供ならー社会人として恥ずかしい」参考「いさ(＝さあ、どうであろうか)知らず」の「いさ」を感動詞「いざ」と混同したもの。

い-さい【委細】― こまかく詳しい事情。詳細。「―面談の上」「―承知」

―構わず 事情がどうあっても。「―実行する」

い-さい【異彩】(ふつうとは違ったいろどりの意から)きわだったようす。

―を放つ きわだってすぐれている。他と異なってりっぱに見える。「多くの作品の中でもひときわ―」

い-さい【偉才・異才】―・― 非常にすぐれた才能。また、それをもった人。

い-ざい【偉材・異材】―・― 非常にすぐれた人物。人材。

い-ざい【遺財】― 死者の残した財産。遺産。

い-ざいそく【居催促】― その場に座りこんでしつこく催促すること。

いさお【◇功・◇勲】てがら。功績。いさおし。「―を立てる」

いさおし【◇功・◇勲】→いさお

いさかい【△諍い】言い争い。けんか。「―を起こす」

い-ざかや【居酒屋】― 安く酒を飲ませる大衆的な店。

いさき【×伊佐木】〘動〙イサキ科の海魚。成魚は暗灰色で体長四〇センチメートルぐらい。食用。いさぎ。夏

いさぎよ・い【潔い】(形) ①清らかで、汚れがない。すがすがしい。潔白である。「―生き方」②卑怯なところがなくりっぱである。思いきりがよい。「―・く罪を認める」文いさぎよ・し(ク)

いさぎよしと-しない【潔しとしない】あることを恥ずべきこと、卑怯なことと考え、自らに許さない。「許しを請うことを―」

い-さく【遺作】― ①未発表のまま死後に残された作品。「―展」②生前最後の作品。

いさ-ご【◇砂・◇沙・◇砂子】〘古〙すな。小さな石。

いざ-こざ 小さな争いごと。もめごと。ごたごた。「―を起こす」

いささ-(接頭)〘古〙「ほんの小さな」「わずかな」「ささやかな」の意を表す。「―むら竹」「―川」

いささ-か【△聊か・△些か】(副) 量や程度がわずかであるさま。少し。「―疲れた」「疑わしい点は―もない」

いさ-な【勇◇魚・◇鯨】〘古〙「くじら」の古名。冬

いざな・う【◇誘う】(他五) 勧めて連れ出す。さそう。「観劇に―」「夢の世界に―・われる」

いさまし・い【勇ましい】(形) ①危険や困難をおそれず、それに向かっていく強い気持ちがある。「―・く戦う」②元気よく活発だ。心をふるいたたせるようである。「―行進曲」文いさま・し(シク)

類語 雄々しい・逞しい・凜々しい・凜々しい・勇敢・勇壮・勇猛・猛勇・剛気・剛勇・壮快・壮烈・凜々

いさみ-あし【勇み足】①相撲で、相手を土俵ぎわに追いつめながら、勢い余って先に土俵の外に足を出して負けになること。②(比喩的に)調子にのりすぎて失敗すること。「―の発言」

いさみ-た・つ【勇み立つ】(自五) 気持ちをふるい立たせて張り切る。「さあ決戦だと―」

いさみ-はだ【勇み肌】威勢がよく、強い者をくじき、弱い者を助ける気風。また、その人。競い肌。

いさ・む【勇む】(自五) 心がふるいたつ。はりきって勢い込む。勇気が起こる。「―・んで出発する」

いさ・める【△諫める】(他下一)(おもに目上の人に対して)欠点を指摘して改めるように言う。忠告する。諫言する。「主君を―」文いさ・む(下二)

いざよい【×十六夜】陰暦十六日。また、その夜の月。秋

語源 ためらう意の文語動詞「いさよふ」の連用形からできた語。満月の翌晩は、やや月の出が遅くなることからいう。

いざよいにっき【十六夜日記】鎌倉中期の紀行文。阿仏尼の作。一二八〇(弘安三)年ごろ成立。遺産相続をめぐる訴訟のため作者が鎌倉に下ったときの紀行日記。

いざよ・う(自五) 進もうとして進まずに、ためらう。たゆたう。「―月」

いさり【◇漁り】(古くは「いざり」)魚や貝をとること。漁。

―び【―火】夜、魚をさそうために漁船でたく火。

い-ざり【△躄】― ①いざること。②足が不自由で立てない人。(差別的な意がある)

い-ざ・る【△躄る】―(自五) ①座ったままひざやしりを地につけて進む。「部屋の隅へ―」②物が、置かれた場所からずれ動く。

い-さん【胃散】― 胃病に用いる粉薬。

い-さん【胃酸】―〘生〙胃液に含まれる酸。おもに塩酸。

―かた-しょう【―過多症】《医》胃液中の塩酸量が多過ぎて起こる病気。胃痛・胸やけなどの症状がある。

い-さん【違算】（名・自スル）①計算ちがい。②見込みちがい。見当ちがい。

い-さん【遺産】①死後に残された財産。「―相続」②前代から残された業績。「文化―」

いし【石】①岩石のかけらで、砂より大きいかたまり。②岩石・鉱物の総称。「山から―を切り出す」③鉱物を加工したもの。宝石、ライターの発火合金、碁石など。④じゃんけんで、にぎりこぶしをいう語。ぐう。↔紙・はさみ ⑤人体にできる結石。「腎臓に―ができる」⑥かたいもの・冷たいもの・無情なもの・頑固なもの・粗悪なもの・つまらないものなどのたとえ。「―頭」

―が流れて木の葉が沈む 物事が道理と逆になることのたとえ。参考 類似のことば―西から日が出る。**―に齧りついても** どんな苦労をしても。何がなんでも。「―やり通す」**―に漱ぎ流れに枕す** 自分のまちがいをむりに押し通す。負けおしみの強いことのたとえ。漱石枕流。【故事】晋の孫楚が「石に枕し流れに漱ぐ」を「石に漱ぎ流れに枕す」と言い誤って、「石に漱ぐ」とは歯をみがくため、「流れに枕す」とは耳を洗うためだと、こじつけたことからいう。〈晋書〉

―に立つ矢 一念をこめて事に当たればどんな難事でも成しとげられることのたとえ。【故事】漢の武将、李広が猟に出かけ、草原の石を虎と見誤って必死に射たところ、その矢が石に突き立ったことからいう。〈史記〉

―に枕し流れに漱ぐ 俗世間を離れ山野に隠れ住んで自由な生活を楽しむ。**―の上にも三年**（石のように冷たいものでも三年すわっていればあたたまるとの意から）根気強くしんぼうすれば最後には報われることのたとえ。

い-し【医師】 病人などの診察・治療を職業とする人。医者。

い-し【意志】①何かをなしとげようとする積極的な心のはたらき。「―薄弱」②《哲》行為の原動力。⇒「使い分け」

い-し【意思】 何かをしたいと思う考え。心持ち。「―表示」⇒「使い分け」

> 使い分け「意志・意思」
> 「持っている気持ち、考え」を意味する点では同じであるが、「意志」のほうには積極的な意欲といった意味合いが強く、「意志の強い人」「意志薄弱」などと使われる。「意思」のほうは「本人の意思を尊重する」のように単に考えや思いといった意味合いが強い。特に法律用語としては「意思表示」「承諾の意思ありと認める」のように「意思」を用いる。

い-し【遺子】 親の死後に残された子。遺児。

い-し【遺址】 昔、建物などのあったあと。遺跡。

い-し【遺志】 死んだ人が生前果たそうと思っていたこころざし。「父の―を継ぐ」

い-し【頤使・頤指】（名・他スル）（「頤」はあごの意）人をあごで使うこと。いばって人を使うこと。

い-し【縊死】（名・自スル）首をくくって死ぬこと。

い-じ【意地】①自分が思ったことをどこまでも押し通そうとする強い意志。「―を通す」「―を張る」「―になる」②気だて。心根。「―が悪い」③物欲や食欲などの欲。「―がきたない」

い-じ【意字】 漢字など、一字一字が音とともに意味を表す文字。表意文字。義字。↔音字

い-じ【維持】（名・他スル）同じ状態を保ち続けること。もちこたえること。「現状を―する」「―費」

い-じ【遺児】 親の死後に残された子。わすれがたみ。遺子。

いし-あたま【石頭】①石のようにかたい頭。②ものわかりが悪く、融通のきかないこと。また、その人。

いじ-いじ（副・自スル）いじけて、はっきりした態度や行動がとれないでいるさま。「何も言わず―している」

いし-うす【石臼】 石でつくったうす。

いし-がき【石垣】 石や岩を積み重ねてつくった垣。「城の―」

―いちご【―苺】 日当たりのよい石垣の間に苗を植え、石の反射熱を利用して促成栽培するイチゴ。

いしがけに…【和歌】〔石崖に 子ども七人 腰かけて 河豚を釣り居り 夕焼け小焼け〕〈北原白秋〉海岸の石崖に子ども七人が並んで腰かけて河豚を釣っている。空は夕焼けに染まってまっかに輝いている。（神奈川県三浦半島の三崎の海辺でよんだ歌）

いし-がみ【石神】 民間信仰で、奇石・霊石などを神としてまつったもの。

いし-がめ【石亀】《動》淡水にすむイシガメ科のカメの総称。日本特産。カエル・小魚などを捕食。甲は茶褐色から暗褐色、腹面は黒色。甲長は約一五―一八センチメートル。幼体はゼニガメ（銭亀）と呼ばれ、愛玩用。

いしかり-なべ【石狩鍋】 鮭をぶつ切りにして、野菜や豆腐とともに味噌などで味つけして煮た鍋料理。北海道石狩地方の郷土料理。図

いし-がれい【石鰈】《動》カレイ科の海産硬骨魚。体長約四〇センチメートル。沿岸の砂泥底に棲息し、体色は茶褐色。食用。

いしかわ【石川】 中部地方北部、日本海に面する県。県庁所在地は金沢市。

いしかわたくぼく【石川啄木】（一八八六～一九一二）明治時代の詩人・歌人。岩手県生まれ。明星派の詩人として出発、のち小説・短歌も作った。短歌は生活に即した歌風で三行書きの新形式を用いた。歌集「一握の砂」「悲しき玩具」など。

い-しき【居敷】①尻。②座席。

―あて【―当て】 着物の尻にあたる部分の裏に補強のためにつける布。尻当て。

い-しき【違式】 決まった形式・手続きと違っていること。

い-しき【意識】 ㊀（名）①自分のしていることがはっきりわかる心の状態やそのはたらき。「―を失う」「無―」②社会や自分の状況・問題をはっきり知っていること。「罪の―に苦しむ」③《仏》目・耳などが色・声などを別々に認識するのに対し、その対象をまとめてとらえる心のはたらき。㊁（名・他スル）対象についてはっきりと気づいたり、気にとめたりすること。「カメラを―する」

―てき【―的】（形動ダ）ダロ・ダッ（デ）・ニ・ダ・ナ・ナラ・〇 自分で自分のしていることがよくわかっているさま。わざとするさま。「―に避ける」

いじ-きたな・い【意地汚い】（形）カロ・カッ（ク）・イ・イ・ケレ・〇 飲食物や金品などを欲ばるさま。がつがつしている。文いぢきたな・し（ク）

いし-く【石工】 石材を刻んで細工する職人。石屋。

いし-ぐみ【石組（み）】 自然石をほどよく組み合わせて配置する日本庭園の造園技法の一つ。岩組み。石立て。

いじく・る【弄くる】（他五）ラ（ロ）・リ（ッ）・ル・ル・レ・レ（俗）→いじる

いし-くれ【石塊】 石のかけら。石ころ。小石。

いし-けり【石蹴り】 子供の遊びの一つ。地面に書いたいくつかの区画の中に、平らな小石を片足跳びで蹴りながら順に入れて行き、早く上がりの区画に着いた者を勝ちとする。

いじ・ける（自下一）ケ・ケ・ケル・ケル・ケレ・ケロ（ケヨ）①自信をなくしたりひねくれたりして、積極的に行動できないでいる。「―・けた態度」②寒さや恐怖から、ちぢこまって元気がなくなる。「寒さに体が―」

いし-けん【石拳】 じゃんけん。

い-じげん【異次元】 ①(SFなどで)現実の三次元の世界と異なる世界。「―空間」②物事のとらえ方の程度や規模が通常とはかけはなれていること。「―の金融緩和」

いし-こ【石粉】 ①陶磁器の原料に使う長石の粉。②建築材料に使う石灰岩の粉。

いしこ-づめ【石子詰〔め〕】(「石子」は小石の意)中世、罪人を生きたまま穴に入れ、小石を詰めて埋め殺した刑罰。

いし-ころ【石◇塊】 小石。石くれ。

いし-ずえ【礎】―(「石据え」の意)①建物の柱の下の土台石。礎石。②物事のもとになるたいせつなものや人。「国の―となる」

いじ-ずく【意地ずく】 意地を張り通そうとすること。

いし-ずり【石△摺〔り〕】 ①石碑の文字などを、油墨などで紙にすりとったもの。拓本。②①のような方法で作る書画。

いし-だい【石△鯛】―《動》イシダイ科の海産硬骨魚。青みをおびた灰色で体長は約五〇センチメートル。北海道以南の沿岸に分布。若魚はシマダイともいう。食用。夏

いし-たたき【石△叩き・石△敲き】「せきれい」の別称。秋

いし-だたみ【石畳・△甃】 ①平たい石がしきつめてある所。②市松模様。

いしだばいがん〔石田梅岩〕(一六八五～一七四四)江戸中期の経済思想家。石門心学の創始者。性善説に基づく平易な講説によって庶民を教化した。著書「都鄙問答」「斉家論」など。

いし-だん【石段】 石でつくった階段。

い-しつ【異質】(名・形動ダ)性質が違うこと。また、そのさま。また、違った性質。「―な文化」「―な材料」↔同質

い-しつ【遺失】―(名・他スル)金品を、置き忘れたり落としたりして失うこと。

―ぶつ【―物】 忘れ物。落とし物。

いし-づき【石突〔き〕】 ①やり・なぎなたや、つえ・傘などの柄の端の、地面を突く部分。また、そこを包む金具。②刀のさやの末端。また、そこを包む金具。こじり。③きのこの根元の硬い部分。

いじっ-ぱり【意地っ張り】―(名・形動ダ)自分の考えや意見をかたくなに押し通そうとするさま。また、その人。

いじ-どうくん【異字同訓】 異なる漢字で、訓が同じであるもの。「町・街」「作る・造る・創る」の類。同訓異字。

いし-どうろう【石灯籠】 石でつくったとうろう。

〔石灯籠〕

いし-ばい【石灰】―↓せっかい(石灰)

いし-ばし【石橋】 石でつくった橋。石の橋。

―を叩いて渡る 非常に用心深く物事を行うたとえ。

いし-びや【石火矢・石火△箭】 ①火薬の力で石、のちには鉄・鉛などの弾丸を発射した兵器。②大砲の古名。

い-し-ひょうじ【意思表示】―(名・自スル)①自分の考えを表明すること。「賛成の―をする」②《法》一定の法律上の効果を発生させるために、人がその意思を外部に表す行為の総称。契約の申し込み・取り消し、遺言など。

いし-ぶみ【石文・◇碑】 事跡や業績を記念するため、石に文章を刻んで建てたもの。石碑。

いしべ-きんきち【石◇部金吉】 非常にきまじめで頭がかたく、融通のきかない人。参考 かたいものの代表である石と金を使って、人の名のようにした語。

いし-へん【石偏】 漢字の部首名の一つ。「砂」「破」などの「石」の部分。

いし-ぼとけ【石仏】 ①石を刻んでつくった仏像。石仏。②感情を表さず物事に動じない人。また、いつも黙っている人。

いじまし・い(形)《俗》けちけちしていて哀れっぽい。みみっちい。けちくさい。「―考え」

いし-むろ【石室】 ①石を積み重ねてつくった小屋。②↓いわや②

いじめ【◇苛め・◇虐め】 弱い立場の者を、暴力やいやがらせによって肉体的・精神的に苦しめること。「学校での―が深刻化する」

―っこ【―っ子】 弱い者や小さい子をいじめてばかりいる子。

いじ・める【◇苛める・◇虐める】(他下一)弱い者を意識的に苦しめたり困らせたりする。「小さい子を―な」類語 いびる・さいなむ・責めさいなむ・虐げる・虐待する・迫害する

いし-もち【石持・×石首魚】《動》ニベ科の海産硬骨魚。体長約四〇センチメートルで銀色を帯びた淡白色。大きな耳石をもつのが名の由来。かまぼこの原料とする。ぐち。夏

いし-や【石屋】 石材を切り出したり、それを加工して販売したりする人。また、その職業。石工。

い-しゃ【医者】 病人やけが人の診察・治療を職業とする人。医師。「―にかかる」

―の不養生 他人には健康に注意するよう説く医者が、自分は案外健康に注意しないこと。人には理屈を言うが、自分では実行しないことのたとえ。参考 類似のことば―坊主の不信心・儒者の不身持ち・紺屋の白ばかま

い-しゃ【慰△藉・慰謝】―(名・他スル)なぐさめいたわること。参考「藉」はいたわる意。「慰謝」は代用字。

―りょう【―料】 生命・身体・自由・名誉などが侵害された場合、その精神的損害をつぐなうために支払われる賠償金。

いし-やき【石焼〔き〕】 ①焼き物で、石質に焼き上げたもの。②魚・豆腐・クリ・イモなどを熱した石で焼く料理。

―いも【―芋】 よく焼けた小石の中で焼いたサツマイモ。冬

い-じゃく【胃弱】― 慢性的に胃の消化力が弱る症状。

いし-やま【石山】 ①石の多い山。②石材を切り出す山。

いしやま〔石山〕 歌枕の一つ。滋賀県大津市にある地名。月の名所として有名。石山寺がある。

い-しゅ【異種】 種類が違っていること。また、違った種類のもの。「―交配」↔同種

い-しゅ【意趣】 ①恨み。恨む気持ち。「―を晴らす」②心の向かうところ。考え。「―卓逸」

―がえし【―返し】(名・自スル)恨みをいだいてしかえしをすること。意趣晴らし。

―ばらし【―晴〔ら〕し】(名・自スル)↓いしゅがえし

い-しゅう【異臭】― 平常はにおわないいやなにおい。「―を放つ」

い-しゅう【△蝟集】(名・自スル)多くのものが一か所にむらがり集まること。語源「蝟」はハリネズミの意で、その毛がたくさん集まっていることに基づく。

イシュー〈issue〉①問題点。論点。課題。「―を特定する」②刊行物。(定期刊行物の)号。「スペシャル―(=特集号)」

い-じゅう【移住】―(名・自スル)よその土地や国に移り住むこと。「ブラジルに―する」

い-しゅく【畏縮】―(名・自スル)おそれいって小さくなること。「師の前に出て―する」

い-しゅく【萎縮】―(名・自スル)しなびて縮むこと。また、元気がなくなり縮こまること。「気持ちが―する」

いーしゅつ【移出】(名・他スル) 外へ移し出すこと。特に、国内のほかの県や地方などへ貨物を送り出すこと。「米の―」↔移入 参考 外国への場合は「輸出」を使う。

いーじゅつ【医術】病気・傷を治すための技術。

いしーゆみ【石弓・弩】①石を発射する昔の兵器。②城壁や崖(がけ)の上に石をつなぎとめておき、敵に向けて落とすしかけ。

いーしょ【医書】医学・医術について書いた書物。医学書。

いーしょ【異書】①→いほん ②仙術などのことを書いた秘密の書物。

いーしょ【遺書】ヰ ①死後のために書き残した手紙や文書。書き置き。遺言状(ゆいごんじょう)。「―を残す」②後世に残した著述。遺著。

いーしょう【衣装・衣裳】シャウ ①きもの。衣服。「―持ち」②演劇・舞踊などで、出演者が使う衣服。「―合わせ」

―かた【―方】演劇や舞踊などで、俳優の衣装の調達・保管・整理などをする係の人。

いーしょう【異称】別の呼び名。異名(いみょう)。別名。別称。

いーしょう【意匠】シャウ ①くふうをめぐらすこと。趣向。「―を凝(こ)らす」②物品に美しい感じを与える形・模様・色彩などの装飾の考案。デザイン。

―とうろく【―登録】新しく考え出された「意匠②」を特許庁の意匠原簿に登録すること。

いーじょう【以上】ジャウ ①(基準になるものを含めて)数量や程度がそれより上であること。または、まさること。「三人―」「予想―」↔以下 ②そこまでに述べたこと。「―のとおり…」↔以下 ③手紙・箇条書き・目録など文書の最後に書いて、「終わり」の意を表す。④(活用語の連体形に付き、接続助詞のように用いて)…からには。「約束した―必ず守る」⇩以下「参考」

いーじょう【囲繞】ヰゼウ (名・他スル)→いにょう(囲繞)

いーじょう【委譲】ヰジャウ (名・他スル) (権限などを)他にまかせてゆずること。「権限を―する」

いーじょう【異状】ジャウ ふつうとは違う状態。異常な状態。「心電図に―が出る」⇩「使い分け」

いーじょう【異常】ジャウ (名・形動ダ) ふつうとは違うこと。また、そのさま。アブノーマル。「―な暑さ」↔正常 ⇩「使い分け」

―きしょう【―気象】キシャウ 〔気〕気温や降水量などが、過去三〇年以上にわたって観測されたことがないほど著しい偏りを示す気象の状態。

> 使い分け 「異状・異常」
> 「異状」は、異常な状態の意。正常な状態と異なる何か特別な状態、それも特に安心できないような状態を表す。「異状を呈する」「異状を発見する」などと使われる。
> 「異常」は、正常の対で、ふつうとは異なる物事一般を表す。「異常な性格」「異常渇水」などと使われる。文法的な性質も異なり、「異常」には「ちょっと異常だ」「異常な状態」「異常に緊張する」など形容動詞としての用い方があるが、「異状」は名詞としてのみ用いられる。

いーじょう【移乗】(名・自スル) 他の乗り物に乗り移ること。

いーじょうふ【偉丈夫】ヰヂャウ 体格の堂々とした、りっぱな男子。偉丈夫(いじょうぶ)。「見上げるような―」

いーしょく【衣食】①衣服と食物。「―にも事欠くありさま」②生活。生計。暮らし。「―のために働く」

―足(た)りて礼節(れいせつ)を知(し)る 生活が安定してはじめて道徳心が生じ礼儀を知るようになる。衣食足りて栄辱(えいじょく)を知る。参考 類似のことば―倉廩(そうりん)実(み)ちて礼節を知る

―じゅう【―住】ヂュウ ①衣服と食物と住居。生きていく上で必要な条件。②生活。

いーしょく【委嘱】ヰ (名・他スル) 特定の仕事を部外の人にまかせ頼むこと。「役所の―を受ける」

いーしょく【異色】①他とは違う色。②同類の他のものとくらべて特色があること。「―の人物」「―の存在」

いーしょく【移植】(名・他スル) ①植物を移し植えること。「苗の―」②〔医〕体の組織または臓器を一度切りはなし、体の他の場所または他人の体に移しかえること。「心臓―」

いーしょく【居職】ヰ 自宅にいて仕事をする職業。↔出職(でしょく)

いしょくーどうげん【医食同源】病気の治療もふだんの食事も、健康の維持という点で、その本質は同じだということ。

いじらしーい(形) カロ・カッ(ク)・イ・イ・ケレ・○ 幼い者や弱い者などが、力が足りないながらも精一杯に頑張るさまが、いたいたしく、かわいそうだ。けなげで可憐(かれん)だ。文 いぢら・し(シク)

いじ・る【弄る】イヂ (他五) ラ(ロ)・リ(ッ)・ル・ル・レ・レ ①指でさわってもてあそぶ。「話しながら髪を―」②本格的にではなく、なぐさみ事として行う。趣味として手先で扱う。「盆栽を―」③確かな方針や目的もなく変える。部分的に手を加える。「会社の機構を―」可能 いじ・れる(下一)

いしーわた【石綿】蛇紋石(じゃもんせき)・角閃石(かくせんせき)などが繊維状に変化した鉱物。防火・保温材などに用いたが、有害性が指摘され、現在は使用禁止。石綿(せきめん)。アスベスト。

いじーわる【意地悪】イヂ (名・形動ダ) わざといやがらせをしたりして、人につらく当たること。また、その人。「―な人」

いーしん【威信】ヰ 人に示す威厳と人から寄せられる信頼。威光と信望。「―にかかわる」

いーしん【異心】謀反(むほん)の心。ふたごころ。「―を抱(いだ)く」

いーしん【維新】ヰ ①すべてが改まり新しくなること。②「明治維新」の略。

いーしん【遺臣】ヰ 主君の死後、または主家の滅亡後に生き残った家来。「旧幕府の―」

いーじん【異人】①外国人。特に、西洋人。「―さん」「―館」②別な人。「同名―」

いーじん【偉人】ヰ りっぱな仕事をした人。偉大な人。「―伝」

いしんーでんしん【以心伝心】①〔仏〕禅宗で、言葉や文字によらず心から心へ悟った内容を伝えること。②黙っていてもたがいに気持ちが通じ合うこと。「―の間柄」

いーす【椅子】①こしかける道具。こしかけ。②地位。ポスト。「大臣の―をねらう」

いず【伊豆】イツ 旧国名の一つ。現在の伊豆半島(静岡県)と伊豆諸島(東京都)。豆州(ずしゅう)。

いーすう【異数】(名・形動ダ) めったに例がないこと。異例。「―の昇進」

いすか【鶍・交喙】〔動〕アトリ科の小鳥。雄(おす)は赤褐色で、雌(めす)は暗緑黄色。くちばしは上下湾曲して交差している。冬、日本に渡ってくる。秋

―の嘴(はし) (鶍(いすか)の嘴(くちばし)が上下食い違っているところから)物事が食い違って思うようにならないことのたとえ。

〔いすか〕

いーすくま・る【居竦まる】ヰ (自五) ラ(ロ)・リ(ッ)・ル・ル・レ・レ 恐ろしさなどのために、座ったままその場から動けなくなる。いすくむ。

いーすく・む【居竦む】ヰ (自五) マ(モ)・ミ(ン)・ム・ム・メ・メ →いすくまる

いーすく・める【射竦める】(他下一) メ・メ・メル・メル・メレ・メロ(メヨ) ①矢を射て敵を恐れちぢみあがらせる。②にらみつけて相手をその場から動けなくさせる。「鋭い視線に―・められる」文 いすく・む(下二)

いずくん-ぞ【◇安んぞ・△焉んぞ】―（副）→いづくんぞ

いず-こ【◇何◇処】―（代）どこ。どっち。「―も同じ」

-イスト〈-ist〉（接尾）…主義者。「エゴ―」

いずのおどりこ〔伊豆の踊子〕川端康成の小説。一九二六（大正十五）年作。一高生時代の伊豆旅行で道連れになった踊り子への思慕を、叙情的な筆致で描いた作。

イスパニア〈España〉→スペイン

い-ずまい【居住〔ま〕い】― 座っている姿勢。「―を正す」

いず-み【泉】―（「出水」の意）①地中から自然に水のわき出る場所。また、その水。夏 ②物事の生じてくるもと。源泉。「知恵の―」「話の―」

―どの【―殿】平安時代、泉のわくところに建てた邸宅。

いずみ〔和泉〕旧国名の一つ。現在の大阪府南部。泉州。

いずみきょうか〔泉鏡花〕（一八七三―一九三九）小説家。石川県生まれ。尾崎紅葉に師事。巧みな文章による浪漫的傾向と怪奇幻想的な独自の境地を開いた。代表作「照葉狂言」「高野聖」「婦系図」「歌行灯」など。

いずみしきぶ〔和泉式部〕（生没年未詳）平安中期の歌人。和泉守橘道貞に嫁して小式部を生む。のち藤原保昌と再婚。情熱的な恋愛歌人として有名。敦道親王との恋が「和泉式部日記」に記されている。歌は「拾遺集」以下の勅撰集に多い。家集「和泉式部集」。

いずみしきぶにっき〔和泉式部日記〕平安中期の日記。和泉式部の作（異説もある）。冷泉院の皇子敦道親王との恋愛を、贈答歌を中心に物語風に描く。

いずみ-ねつ【泉熱】―《医》発疹と発熱をともなう、猩紅熱に似た予後良好の感染症。語源 一九二九（昭和四）年、泉仙助が最初に報告したことからの名。

-イズム〈-ism〉（接尾）…主義。…説。「ヒロ―」

イズム〈ism〉（接尾語のイズムから転じて）主義。説。考え方。

いずも〔出雲〕旧国名の一つ。現在の島根県東部。雲州。

―の-かみ【―の神】①出雲大社の祭神。大国主命。②男女間などの縁を結ぶ神。

いずものおくに〔出雲阿国〕（生没年未詳）阿国歌舞伎の創始者。歌舞伎芝居の祖。出雲大社の巫女と称し、一六〇三（慶長八）年、京都で歌舞伎踊りを始めた。

イスラエル〈Israel〉①《世》古代ヘブライ王国の南北分裂にともない北に建設された王国。（前九三二―前七二二）②西アジアの地中海東岸にある国。首都はエルサレム（ただし国際的には未承認）。

イスラム-きょう【イスラム教】―〈アラビア Islām〉《宗》七世紀前半にムハンマドが興した一神教。コーランを聖典とし、神（アッラー）への絶対帰依を教義とする。回教。フイフイ教。マホメット教。イスラム。参考「イスラム」は、アラビア語で「すべてをゆだねる」の意。

イスラムていこく〔イスラム帝国〕《世》イスラム教徒の帝国。ムハンマドの後継者によるカリフ制の時代のうち、特に教徒間の平等が実現されたアッバース朝をさす。

いず-れ【◇何れ・△孰れ】― ■一（代）どれ。どちら。どこ。「紅白―が勝つか」「―劣らぬ（＝どちらもすぐれた）怪力自慢」■二（副）①どういうなりゆきになるにしても。どっちみち。いずれにせよ。「悪いことは―わかるものだ」②いつとははっきり言えないが、近いうちに。「―伺います」

―菖蒲か杜若（アヤメとカキツバタがよく似ていて見分けが難しいところから）どちらもすぐれていて優劣がつけがたいこと。いずれが菖蒲杜若。 **―ともなく** どこへということもなく。「―立ち去る」

い-すわ・る【居座る・居△坐る・居据わる】―（自五）ラ(ロ)・リ(ッ)・ル・ル・レ・レ ①座りこんだまま動かないでいる。動かないでそのままいる。「玄関に―」「梅雨前線が―」②退くべき者が引き続きその地位にとどまる。「大臣の地位に―」

いせ〔伊勢〕旧国名の一つ。現在の三重県の大部分。勢州。

い-せい【以西】（基準の地点を含めて）それより西。↔以東

い-せい【威勢】―①人をおそれ従わせる勢い。「敵の―に圧倒される」②元気。勢い。「―がいい」

い-せい【異姓】違う姓。異なった名字。他姓。↔同姓

い-せい【異性】①男女・雌雄の性の違うこと。②男性から女性、女性から男性をさす言葉。「―を意識する」③性質の違うこと。また、性質の違うもの。《↔同性》

い-せい【遺制】― 今なお残っている昔の制度。「封建的―」

い-せい【遺精】―（名・自スル）性行為によらず精液が射出される現象。

いせい-しゃ【為政者】― 政治を行う者。「時の―」

いせ-えび【△伊◇勢×海老・△伊◇勢△蝦】《動》イセエビ科の甲殻類。体長は三〇センチメートル以上にもなり、長い触角をもつ。暗褐色で、煮ると赤くなる。肉は美味。正月や慶事の飾りにもする。かまくらえび。新年

い-せき【移籍】（名・自他スル）戸籍や、属している団体などの籍を他に移すこと。「他球団に―する」

い-せき【遺跡・遺△蹟】― 歴史上の建物・事件などのあった跡。住居跡・古墳・貝塚など、古代の人間の生活の跡。類語 古跡・古址・旧跡・旧址・史跡・遺構・遺址

いせじんぐう〔伊勢神宮〕三重県伊勢市の皇大神宮（内宮）と豊受大神宮（外宮）の総称。お伊勢さま。

い-せつ【移設】（名・他スル）建物や設備をほかの場所に移すこと。「店舗を―する」

い-せつ【異説】すでに出されている説や一般の通説・定説とは違う説。「―を唱える」

いせ-まいり【△伊◇勢参り】― 伊勢神宮に参拝すること。

いせものがたり〔伊勢物語〕平安前期の歌物語。作者未詳。一二五段。在原業平を思わせる男の恋愛・友情・主従愛などの話を中心に、一代記風に構成した作品。

い・せる（他下一）セ・セ・セル・セル・セレ・セロ(セヨ)《服》長短二枚の布を縫い合わせるとき、長いほうを縫いちぢめて丸みやふくらみを出す。

い-せん【緯線】―《地》（「緯」はよこ糸の意）地球上の位置を表すため赤道に平行に想定した線。緯度線。↔経線

い-ぜん【以前】①（基準の時を含めて）それより前。「五時―に帰った」↔以後 ②昔。もと。かつて。「―はにぎやかだった」③ある段階に達していないこと。「常識―の事柄」

い-ぜん【依然】（副・タルト）もとのとおりで変わっていないさま。あいかわらず。「交通渋滞は―として改まらない」「旧態―」

いぜん-けい【△已然形】《文法》文語の活用形の一つ。既に現実となった内容を表す。あとに助詞「ど」「ども」を伴い逆接の確定条件を、「ば」を伴って順接の確定条件を表す。また、係助詞「こそ」の結びとなって文を終止させる。

いそ【△磯】①海・湖の水ぎわで、石・岩などの多い所。②琴・琵琶などの胴の側面。

―の鮑の片思い →あわびのかたおもい

い-そ【◇五◇十】《古》ごじゅう。また、数の多いこと。

イソ【ISO】→アイエスオー

いそ-いそ（副・自スル）喜びいさんでするさま。心の浮きたつさま。「―（と）出かける」

い-そう【位相】― ①《物》周期運動において、一つの周期中

のある特定の局面。また、その位置・運動を示す変数。②〘数〙集合について、極限や連続の概念を定義できるようにする構造。トポロジー。③言語学で、地域・職業・階級・男女・年齢などの相違による言葉の違い。

い-そう【異相】サウ ─ ふつうの人とは違っている人相や姿。

い-そう【移送】（名・他スル）移し送ること。「囚人を―する」

い-ぞう【遺贈】ヰ ─（名・他スル）〘法〙遺言によって財産を無償で他人に与えること。「土地を市に―する」

いそう-がい【意想外】イサウグワイ（名・形動ダ）思いもよらないこと。また、そのさま。意外。予想外。「―なできごと」

い-そうろう【居候】ヰサウラフ（名・自スル）他人の家に無償で同居し食べさせてもらうこと。また、その人。食客。

―三杯目にはそっと出し 居候は世話になっているてまえ、すべてに遠慮がちであるということ。

いそがし・い【忙しい】（形）カロ・カッ(ク)・イ・イ・ケレ・○ ①時間が少ないのにするべき事が多くてくつろぐひまがない。多忙である。「仕事が―」②落ち着かない。せわしい。「―・く歩き回る」文いそが・し(シク)

類語 せわしい・せわしない・気ぜわしい・慌ただしい・てんてこ舞い・多忙・繁忙・繁多・繁用・多用・多端・からだがいくつあっても足りない・手が離せない・応接に暇がない・席の暖まる暇もない

表現〈慣用表現〉猫の手も借りたいほど・目が回るほど・盆と正月がいっしょにきたように

いそが・す【急がす】（他五）サ(ソ)・シ・ス・ス・セ・セ 物事を早くするようにせきたてる。急がせる。「納品を―」自いそ・ぐ(五)

いそが・せる【急がせる】（他下一）セ・セ・セル・セル・セレ・セロ(セヨ) →いそがす

いそぎ【急ぎ】いそぐこと。「―の仕事」

類語 急・至急・緊急・火急・早急・特急・焦眉の急

―あし【―足】 急いで歩くこと。また、その足どり。

いそ-ぎんちゃく【磯巾着】〘動〙刺胞動物イソギンチャク目に属する海産動物の総称。岩などに付着し、骨がなく、体は円筒状。菊の花びらのような触手を広げてえさを捕食し、刺激にあうと巾着をしぼった形に体が収縮する。いしぼたん。春

いそ・ぐ【急ぐ】（自他五）ガ(ゴ)・ギ(イ)・グ・グ・ゲ・ゲ ①物事を早く終えようとする。「仕事を―」②早く行き着こうとする。「家路を―」「先を―」③あせる。「心が―」④〘古〙仕度する。可能いそ・げる(下一)

いそがば回れ 危険な近道よりも、遠くても安全な本道を行ったほうがかえって早く目的地に着く。着実な方法をとるほうが結局は目標に早く到達するというたとえ。

い-ぞく【遺族】ヰ ─ ある人の死後に残された家族。「―年金」

いそくさ・い【磯臭い】（形）カロ・カッ(ク)・イ・イ・ケレ・○ 魚介や海藻などのにおいがまじった海岸特有のにおいがする。文いそくさ・し(ク)

いそ-じ【五十路】ヂ ─ ①五〇。②五〇歳。

いそし・む【勤しむ】（自五）マ(モ)・ミ(ン)・ム・ム・メ・メ つとめはげむ。精を出す。「勉学に―」可能いそし・める(下一)

いそ-ちどり【磯千鳥】 いそべにいる千鳥。浜千鳥。冬

イソップものがたり〔イソップ物語〕紀元前三世紀ごろに成立した、ギリシャの寓話集。寓話作者イソップ(アイソポス)の作とされ、動物を主人公とし、その言動に託して処世訓を説く。寓話文学の先駆。⇩伊曽保物語

いそ-づり【磯釣〔り〕】 海岸の岩場などで釣りをすること。↕沖釣り

イソニコチンさん-ヒドラジド【イソニコチン酸ヒドラジド】〈isonicotinic acid hydrazide〉〘医〙結核治療剤。ヒドラジド。イソニアジド。アイナー(ＩＮＡＨ)。

いそのかみ【石の上】〘枕〙地名「布留」および同音の「古る」「降る」などにかかる。

イソフラボン〈isoflavone〉〘化〙大豆などマメ科の植物に多く含まれる有機化合物。体内で女性ホルモンのエストロゲンに似た作用を示すとされる。

いそ-べ【磯辺】 ①いそのほとり。②海苔を用いた料理や菓子に付ける語。磯辺巻き・磯辺餅・磯辺揚げなど。

いそほものがたり〔伊曽保物語〕①「イソップ物語」の翻訳。七〇話。一五九三(文禄二)年天草学林刊。キリシタン版の一種で、ローマ字つづりで口語体。②江戸時代、①とは別に刊行された、「イソップ物語」を文語体に訳した仮名草子。

いそ-やけ【磯焼け】 海岸近くの海水が大量の降雨などで低温・低塩分となり、藻類が枯れ生物が被害を受ける現象。

い-そん【依存】（名・自スル）他に頼って存在していること。いぞん。「石油は中東の産油国に―している」「―心が強い」

―しょう【―症】シヤウ 〘医〙特定の事物や行為に依存し、それがなくてはいられなくなる状態。「アルコール―」「ゲーム―」

い-ぞん【異存】 ある考えとは違った考え。また、反対の意見。異議。不服。「趣旨に―はない」

いた【板】 ①材木を薄く平たく切ったもの。②金属・ガラス・石などを薄く平たくしたもの。「―ガラス」③「板前」の略。「―さん」④「まないた」の略。⑤(「板付きかまぼこ」の略)すり身を板に盛って蒸したかまぼこ。⑥舞台。「―にのせる(=上演する)」

―に付く (役者が経験を積んで、芸が舞台にうまく調和する意から)仕事・態度・服装などがその人にしっくり調和する。「白衣姿が板に付いてきた」

い-たい【異体】 ①姿形や物事がふつうと違って奇妙なこと。異体。②「異体字」の略。③別の体。「雌雄―」↕同体

―じ【―字】 同じ音、同じ意味をもつが、標準とされる字体以外の漢字。「島」に対する「嶋」、「昼」の旧字「晝」など。異体文字。

―どうしん【―同心】 体は別々でも心は一つであること。夫婦などの仲がよいことにいう。一心同体。

い-たい【遺体】ヰ ─ 死んだ人の体。なきがら。遺骸。「―安置所」参考「遺体」は、人格を主とした丁寧な言い方。「死体」は、肉体を主とした言い方。

いた・い【痛い】（形）カロ・カッ(ク)・イ・イ・ケレ・○ ①病気やけが、または外部からの強い力が加わるなどその部分に避けたい刺激がある。苦痛である。「足が―」②好ましくないことが起こり、その後の精神的負担が大きい。「あのエラーは―・かった」「―目を見る」③弱点を突かれたりして閉口する。「―所を突く」文いた・し(ク)

いたくも痒くもない なんの痛手も感じない。なんの影響も受けない。「あんな悪口は―」

いたくもない腹を探られる (腹痛でもないのに、痛いところはここかあそこかと探られる意から)自分にやましいところがないのに疑いをかけられる。

い-だい【偉大】ヰ ─（形動ダ）ダロ・ダッ(デ・ニ)・ダ・ナ・ナラ・○ すぐれてりっぱなさま。大きくてりっぱなさま。「―な人物」文(ナリ)

いたいいたい-びょう【イタイイタイ病】ビヤウ ─ 〘医〙公害病の一つ。骨がもろくなって骨折しやすくなり、全身が激しく痛む。カドミウムによる慢性中毒が原因とされている。

いたい-け【幼気】（形動ダ）ダロ・ダッ(デ・ニ)・ダ・ナ・ナラ・○ ①幼くて、かわいらしいさま。「―な子」②幼くていたいたしく、いじらしいさま。「―な遺児」文(ナリ)

いたいたし・い【痛痛しい・傷傷しい】（形）カロ・カッ(ク)・イ・イ・ケレ・○ ひどくかわいそうで、見る者の心が痛むようなさまである。「やせ細って―姿」文いたいた・し(シク)

いたうら-ぞうり【板裏草履】ザウリ ─ 裏に割った板をつけたぞうり。板草履。板付き草履。

いた‐えん【板縁】 板を張った縁側。

いたがきたいすけ〔板垣退助〕（一八三七〜一九一九）政治家。土佐藩（高知県）出身。明治維新に活躍。民撰議院設立建白書を提出し自由民権運動を推進。一八八一（明治十四）年自由党創設。九八年大隈重信と最初の政党内閣を組織。

いた‐がね【板金】 薄くのばした金属の板。板金。

いた‐かべ【板壁】 表面に木の板を張った壁。「—の部屋」

いた‐がみ【板紙】 厚くて堅い丈夫な紙の総称。ボール紙。

いた‐ガラス【板ガラス】 板状の薄い平らなガラス。

いた‐が・る【痛がる】（自五）ラ(ロ)・リ(ッ)・ル・ル・レ・レ 痛みがあるのを訴える。いかにも痛そうなようすをする。「ひどく—」

い‐たく【依託】（名・他スル）①すべてをまかせてやってもらうこと。「政府の—学生」②もたせかけること。「—射撃（＝銃を何かにもたせかけて行う射撃）」参考 ②は「依△托」とも書く。

い‐たく【委託】（名・他スル）①まかせ頼むこと。ゆだねること。「—販売」「業務を—する」②《法》法律行為や事務を他人に依頼すること。

い‐たく【遺沢】 死後まで残っている恩恵。「故人の—」

いたく【痛く・◇甚く】（副）はなはだしく。たいそう。非常に。「—悲しむ」語源 文語形容詞「いたし」の連用形からできた語。

いだ・く【抱く・◇懐く】（他五）カ(コ)・キ(イ)・ク・ク・ケ・ケ ①腕でかかえ持つ。抱く。「胸に—」「大自然の懐に—・かれる」②心の中に感情・考えなどをもつ。「悪意を—」可能 いだ・ける（下一）

いたけ‐だか【居丈高】（形動ダ）ダロ・ダッ(デ・ニ)・ダ・ナ・ナラ・○（「いたけ」は座っているときの背の高さの意）人を威圧するような態度にでるさま。いきり立つさま。「—なもの言い」文（ナリ）

いたこ（おもに東北地方で）神降ろしや口寄せをする巫女。

いた‐ご【板子】 和船の底に敷く板。
—一枚下は地獄 船乗りの仕事が非常に危険であることのたとえ。

いた・し【痛し・◇甚し】（形ク）《古》①苦痛だ。②痛みを感じる。③いたわしい。いとしい。④すばらしい。⑤はなはだしい。

いたし‐かた【致し方】（「しかた」のやや改まった言い方）うまくする方法。致し様。「—ない（＝やむをえない）」

いたし‐かゆし【痛し△痒し】（かくと痛いし、かかなければかゆいの意から）どちらをとっても支障をきたすことになり、迷うさま。よい面も悪い面もあって困る状態。「勉強熱心も—だ」

いた‐じき【板敷〔き〕】 板を敷いた所。板の間。板畳。

いだし‐ぎぬ【◇出だし◇衣】《古》①直衣・狩衣の下から下着のすそを少し出して着ること。行幸などの晴れのときの服装。②牛車の簾の下から、乗っている女房や童が衣の袖口や裳の褄などを出すこと。また、その出した衣。

いたし‐よう【致し様】 →いたしかた

いた・す【致す】 サ(ソ)・シ・ス・ス・セ・セ ■一（自五）「する」の丁寧語。「いい香りが—・します」■二（他五）①「する」の謙譲語。「私が—・します」「失礼—・しました」②届くようにする。至らせる。「思いを故郷に—」③（「力を致す」の形で）尽くす。「国の民主化に力を—」④ある結果を引き起こす。もたらす。「不徳の—ところ」「失敗は私の怠慢の—ところ」■三（補動五）（お＋動詞の連用形、または、ご＋漢語サ変動詞の語幹に付けて）謙譲の意を表す。「お願い—・します」「ご遠慮—・します」可能 いた・せる（下一）
用法 ■一■二①は、多く「いたします」のように「ます」を付けて用いる。■二④は、多くよくない結果をいう場合に用いる。

いだ・す【◇出だす】（他四）《古》出だす。「帳のうちよりも—・さず」〈竹取〉

いたずき【◇労き】 →いたづき

いたずら【×悪戯】（名・形動ダ・自スル）①ふざけて、人が困るような悪さをすること。悪ふざけ。「—な子供」②自分の行為をたいしたものでないと、謙遜して言う言葉。「ちょっと—をして、こんな曲を作ってみました」③みだらな行為をすること。「女の子に—する」

いたずら【◇徒】（形動ナリ）→いたづら
—に（副）むだに。無益に。「—日を送る」

いた‐ぞうり【板草履】 →いたうらぞうり

いただき【頂】 いちばん高い所。頂上。てっぺん。「山の—」

いただき【頂き・◇戴き】《俗》苦労なく手に入れること。特に、勝負事で、勝ちが自分のものになること。「この試合は—だ」
—もの【—物】（「もらい物」の丁寧な言い方）人から物をもらうこと。また、もらった物。「—の菓子」

いただき‐ます【◇戴きます】（感）食事を始めるときに言う挨拶・感謝の言葉。

いただ・く【頂く・◇戴く】 カ(コ)・キ(イ)・ク・ク・ケ・ケ ■一（他五）①頭にのせる。頭上に大事に持つ。「雪を—峰」「星を—・いて帰る（＝日没後に帰る）」「頭に霜を—（＝頭髪が白くなる年齢になる）」②上の者としてむかえる。敬い仕える。「盟主に—」「先生を会長に—」③「もらう」の謙譲語。頂戴する。「おみやげを—」④「食べる」「飲む」の謙譲語。転じて、丁寧語でも用いる。「お食事を—」可能 いただ・ける（下一）■二（補動五）①（動詞の連用形＋「て」を受けて）「…してもらう」意の謙譲を表す。「書いて—」②（お＋動詞の連用形、または、ご＋漢語サ変動詞の語幹に付けて）恩恵を受ける意の謙譲を表す。「お客様にご利用—」用法 ■一④の丁寧語は、「いただきます」のように「ます」を付けて用いる。自分または自分に近い人の動作に使う。相手または第三者の動作には「召す」「召し上がる」を使う。⇩召し上がる「ちがい」
類語 賜る・頂戴する・拝受する・拝領する・（御）恵投（恵贈・恵与）にあずかる・申し受ける

> **ちがい「ていただく」・「せ（させ）ていただく」**
> 「聞いていただく」は、相手を敬いながら、相手が「聞く」ことを表し、「聞く」相手より自分を低めた謙譲の言い方である。「聞かせていただく」「見させていただく」の「聞く」「見る」は、自分の動作であるが、使役の「せる・させる」を使うことで、「聞く」「見る」という自分の動作は、相手の指示によってなったことになり、それに「いただく」を付けることで相手をきわめて高めた言い方になっている。しかし、この言い方はあまりに自分を卑下し過ぎるとして、「お聞きします」などの言い方をよいとする意見もある。

いただ・ける【頂ける・◇戴ける】（自下一）ケ・ケ・ケル・ケル・ケレ・○ ①いただくことができる。②（多く「頂けない」の形で）質や内容などがよいと感じられ、評価できる。「そのアイデアは—・けない」

いた‐だたみ【板畳】 ①板を芯にしてつくった畳。床の間などに用いる。②板を畳の代わりに敷いた所。板敷き。

いたたまれ‐ない【居た◇堪れない】 その場にじっとしていられない。がまんできない。いたたまらない。「気の毒で—」

いたち【△鼬】《動》イタチ科の食肉動物。体は赤褐色で細長く、夜間行動し、ネズミや小鳥などを捕らえて食う。敵に追いつめられると肛門付近の腺から悪臭を放って逃げる。冬
—の最後っ屁（鼬が悪臭を放って身を守ることから）せっぱつまったときにとる最後の手段のたとえ。**—の道**（鼬は道をさえぎられると、その道を二度と通らないということから）人との往来・交際などが途絶えることのたとえ。鼬の道切り。
—ごっこ ①二人がたがいの手の甲をつねりあって順に手を重ねてゆく子供の遊び。②両方が同じことを繰り返すばかりで決

着がつかないこと。

語源「いたちごっこ」とは江戸時代後期に流行したとされる子供の遊びである。「いたちごっこ、ねずみごっこ」と唱えながら、同じ動作を繰り返す。この遊びから、同じことを無益に繰り返す、または繰り返される意になったという。

いた-ちょう【板長】チャウ ―（「板前の長」の意）調理場で板前をまとめる責任者。

いた-チョコ【板チョコ】板状のチョコレート。

いた-つき【板付き】①板の間ま。板敷き。②〘演〙（「板」は舞台の床の意）幕が開いたり、回り舞台が回ってきたりしたとき、俳優がすでに舞台に出ていること。また、その俳優。

いたづき【▽労き】いたづき〘古〙（古くは「いたつき」）①苦労。骨折り。②病気。

いたっ-て【至って】（副）きわめて。たいそう。「―元気だ」

いたづら【▽徒】いたづら（形動ナリ）〘古〙①役に立たない。むだである。②むなしい。③何もない。④することがない。ひまである。

いた-で【痛手・傷手】①重い傷。深手。「―を負う」②物質的・精神的に受けた大きな打撃。「心に―を受ける」

いだ-てん【▵韋駄天】ヰダ ― ①〘仏〙仏法の守護神。非常に足が速いといわれる。②（転じて）足の速いこと。また、その人。

――ばしり【―走り】非常に速く走ること。

いた-ど【板戸】板を張った戸。雨戸などをいう。

いた-どこ【板床】①板張りの床の間ま。②板畳の芯しん。

いたどり【×虎杖】〘植〙タデ科の多年草。山野に自生。葉は卵形で先がとがる。雌雄異株しゅ。夏、白または紅の小花を開く。若芽は食用、根は薬用。春（いたどりの花 夏）

いた-の-ま【板の間】床ゆかに木の板を張った部屋。板敷き。

――かせぎ【―稼ぎ】銭湯などの脱衣場で、他人の衣類や金銭を盗むこと。また、その人。板場稼ぎ。

いた-ば【板場】①料理屋でまないたを置く所。調理場。②料理人。おもに関西でいう。板前いた。「―の修業」

いた-ばさみ【板挟み】（板と板との間にはさまって動けなくなる意から）対立している両方の間に立って、どちらに味方することもできず、迷い悩むこと。「義理と人情との―になる」

いた-ばり【板張り】①板を張ること。また、板を張った場所。「―の床」②洗濯した布に糊のりをつけて板に張り、しわをのばして乾かすこと。

いた-び【板碑】〘仏〙死者の追善のために建てる、石造りで頭部が三角状の平板な卒塔婆そとば。

いた-びさし【板▵庇・板▵廂】板を並べてつくったひさし。

いた-ぶき【板▵葺〔き〕】板で屋根をふくこと。また、その屋根。

いたぶ・る（他五）ラ(ロ)・リ(ッ)・ル・ル・レ・レ（「いたく（=ひどく）振る」の意から）①いじめる。虐待する。②おどして金品などをせびりとる。ゆする。可能いたぶ・れる（下一）

いた-べい【板塀】板を張ってつくった塀。

いた-ま【板間】板敷きの部屋。板の間ま。

いた-まえ【板前】マヘ ― 日本料理の料理人。板場いた。いた。

いたまし・い【痛ましい・傷ましい】（形）カロ・カッ(ク)・イ・イ・ケレ・○ 痛々しくて見ていられない感じだ。かわいそうである。気の毒で心が痛むさま。「―事故」文いたま・し（シク）

いたみ【痛み】①病気や傷などのために肉体に感じる苦痛。「腰に―を感じる」②悲しみ。悩み。「胸の―」

――わけ【―分け】①柔道・相撲などで、試合中、一方が負傷したために引き分けとなること。②（転じて）けんかや議論で、たがいに損害を受けたまま決着をつけずに終わること。

いたみ【傷み】①食べ物が腐ること。「この魚は―が早い」②物が損なわれること。損傷。「建物の―がひどい」

いたみ-い・る【痛み入る】（自五）ラ(ロ)・リ(ッ)・ル・ル・レ・レ 相手の親切などに恐縮する。恐れ入る。「ご丁寧なご挨拶あいさつ、―・ります」

いた・む【痛む】（自五）マ(モ)・ミ(ン)・ム・ム・メ・メ ①病気やけがなどのために、肉体に苦痛を感じる。痛い状態である。「足の傷が―」②心に苦しみや悲しみを感じる。「胸が―」「心が―」他いた・める（下一）⇒「使い分け」

表現〈擬声・擬態語〉がんがん・ずきずき・ずきんずきん・しくしく・ちくちく・ちりちり・きりきり・ひりひり〈慣用表現〉頭が割れるように・針で刺されるように・刃物で切られたように・痺しびれるように・胸がしめつけられるように・胸がはりさけるように・身が切り刻まれるように・焼けるように

いた・む【傷む】（自五）マ(モ)・ミ(ン)・ム・ム・メ・メ ①物が損なわれる。傷がつく。破損する。故障する。②食物が腐る。「みかんが―」他いた・める（下一）⇒「使い分け」

使い分け「痛む・傷む」
「痛む」は、肉体的な痛さや、精神的な苦しみ・悲しみを表し、「足が痛む」「のどが痛む」「心が痛む」などと使われる。
「傷む」は、食物が腐ったり、器物・建物が破損したり傷がついたりすることなど、事物が完全な状態でなくなるように変化することを表し、「野菜が傷む」「大雪で樋といが傷む」などのように使われる。

いた・む【悼む】（他五）マ(モ)・ミ(ン)・ム・ム・メ・メ 人の死を悲しみ嘆く。「亡き友を―」

いた-め【板目】①板と板との合わせ目。②板の木目もくめが、まっすぐでなく、波形・山形などをしているもの。↔柾目まさめ

――がみ【―紙】半紙や美濃紙みのがみを何枚もはり重ねて、板のように厚くした和紙。和本の表紙などに用いる。

いため-がわ【▵撓め革】ガハ ― 火であぶったり、にかわを溶いた水につけたりしたのち、槌つちでたたいてかたくした牛の革。鎧よろいの札さねなどに用いる。

イタ-めし【イタ飯】〘俗〙（「イタ」は「イタリア」の略）イタリア料理。「―屋」

いため-つ・ける【痛め付ける】（他下一）ケ・ケ・ケル・ケル・ケレ・ケロ(ケヨ) 肉体的、または精神的に苦痛を与える。痛い目にあわせる。「敵を―」文いためつ・く（下二）

いた・める【▵炒める・▵煠める】（他下一）メ・メ・メル・メル・メレ・メロ(メヨ) 食物を、油をひいたフライパンや鍋などの上でまぜながら火を通す。「野菜を―」文いた・む（下二）

いた・める【痛める】（他下一）メ・メ・メル・メル・メレ・メロ(メヨ) ①何かをして肉体的な痛みを起こす。「手を―」「腹を―・めた子（=自分が生んだ子）」②体の器官の機能をそこねる。「肝臓を―」③精神的に苦しめる。「心を―」④損害をもたらす。「ふところを―」自いた・む（五）文いた・む（下二）

いた・める【傷める】（他下一）メ・メ・メル・メル・メレ・メロ(メヨ) 物に傷をつけたり、機能を悪くしたりする。「服を―」自いた・む（五）文いた・む（下二）

いた・める【▵撓める】（他下一）メ・メ・メル・メル・メレ・メロ(メヨ) 牛皮をにかわを溶いた水につけ、槌つちなどで打ちかためる。文いた・む（下二）

いた-や【板屋】板でふいた屋根。板屋根。また、その家。

いたり【至り】①きわまり。きわみ。極致。「笑止の―」②結果。せい。「若気の―」

イタリア〈ポルトガル Italia〉南ヨーロッパのイタリア半島と付近の島とからなる共和国。首都はローマ。イタリー。参考「×伊太利」とも書く。

イタリアン〈Italian〉①イタリア人(の)。イタリア風。②イタリア料理。

イタリック〈italic〉欧文活字の書体の一種。「*italic*」のようにやや右に傾いた書体。斜字体。イタリック体。

いた・る【至る・◇到る】(自五) ラ(ロ)・リ(ッ)・ル・ル・レ・レ ①ある場所に行き着く。とどく。到達する。「京都を経て大阪にー」②ある時刻になる。「五時から八時にー間」「現代にー」③やってくる。到来する。「好機ー」④ある状態・段階になる。達する。「事ここにー」⑤及ぶ。「商圏は全国にー」⑥(「…に至っては」の形で)いくつかの例のあとに特に極端な事柄を示す言い方。「彼の話にー・ってはとても信じられない」⑦心づかいなどが、ゆきとどく。「ー・らない点はお許しください」[可能]いた・れる(下一)

いたらぬ ゆきとどかない。未熟である。「ー者ですが」**ー所** 行く所すべて。どこもかしこも。「ーに火の手があがる」**いたれり尽くせり** 何もかもよくゆきとどいている。「ーのもてなし」[語源]「いたる」(文語)の已然形「いたれ」＋完了の助動詞「り」＋「つくす」(文語)の已然形「つくせ」＋完了の助動詞「り」

いた-わさ【板×山葵】(「いた」は板付きかまぼこの意。「いたわさび」の略)薄切りのかまぼこに、おろしわさびを添えた料理。

いたわし・い【◇労しい】 イタハ シイ (形) カロ・カッ(ク)・イ・イ・ケレ・○ かわいそうだ。気の毒だ。ふびんだ。[文]いたは・し(シク)

いたわり【◇労り】 イタ ハリ ①親切に世話すること。「老人へのー」②慰めること。ねぎらい。「ーの言葉をかける」

いたわ・る【◇労る】 イタ ハル (他五) ラ(ロ)・リ(ッ)・ル・ル・レ・レ ①老人や弱い立場の人などを親切に世話する。いとう。「病人をー」「体をー」②苦労をねぎらう。慰める。「部下をー」[可能]いたわ・れる(下一)

い-たん【異端】 正統と考えられている思想・信仰・学説などからはずれていること。また、その説。「ーの説」「ー児」↔正統

ーし【ー視】(名・他スル) 異端とみなすこと。

ーしゃ【ー者】 ①正統でない教養や学説を信じる人。②伝統や権威に反抗する人。アウトサイダー。

いち【一】[教1] イチ・イツ ひと・ひとつ・ひい ―― (字義) ①ひとつ。㋐数のはじめ。「一番・一枚」㋑同じ。等しい。「一様・均一」㋒もっぱら。「一意・専一」㋓ひとかどの。「一人前・一理」㋔全体。「一円・一帯」㋕まじりけのない。「純一」②はじめ。㋐物事のはじめ。「一位・第一」㋑最上のもの。「一流・随一」③ひとつにする。㋐合わせる。「一致・統一」㋑等しくする。「一律」④ひとたび。㋐一度。「一期一会・一敗」㋑もし。「万一」㋒あるいは。「一進一退」⑤すべて。「一式・一掃」⑥ある。「一夜・一説」⑦わずか。「一抹・一瞬」[難読]一見・一途・一瞥・一昨日・一昨年・一向・一昨昨日・一昨昨年・一寸・一日・一入・一年・一廉・一種・一齣・一行・一齣・一人・一枚・一節・一切り・一人 [人名]おさむ・おみ・かず・かつ・きよ・くに・すすむ・のぶ・はじめ・はる・ひで・ひとし・まこと・まさし・もと

いち-【一】(接頭) ①多くの中でひとつの。ひとりの。「ー市民としての立場」「ー案」②ある。「夏のー日」③ひとまとまりの全体。「ー族」「ー座」

いち【一】 ①自然数の最小の数。ひとつ。「ーたす二」②物事のはじめ。「ーから始める」③最もすぐれたもの。首位。「東洋ーの建物」④順序の最初。「ーに努力、二に才能」[参考]「壱」を大字として用いる。

ーか八か 運を天にまかせて思い切って行うこと。「ーやってみる」**ーから十まで** 最初から最後まで。何から何まで。「ー教わる」**ーも二もなく** あれこれ言わずに。いやおうなく。すぐに。「ー承諾する」

ーを聞いて十を知る 物事の一端を聞いてその全体を悟る。非常に賢くて理解が早い。【故事】孔子が弟子の子貢に「おまえと顔回とはどちらがすぐれているか」と尋ねたとき、子貢は直ちに「回(＝顔回)は一を聞いて十を知る。賜(＝子貢の名)は一を聞いて二を知る」と答えたことからいう。〈論語〉

いち【壱】【壹】 イチ㊥・イツ ひとつ ―― 一 十 士 志 壱 壱 (字義) ①ひとつ。金銭証書・書類などで、書き換えやまちがいを防ぐため、「一」に代えて用いる大字。「壱阡弐百参拾壱円」②「壱岐の国」の略。「壱州」[人名]かず・さね・はじめ・もろ

いち-【◇逸】(接頭)「いちばん」「すぐれた」の意を表す。「ー早く」「ー物」

いち【市】 ①一定の日や一定の場所に人々が集まって品物の売買や交換をすること。また、その場所。「朝ー」「朝顔ー」「毎月三日にーが立つ」②多くの人が集まる場所。まち。

ーをなす 多くの人が集まってくる。「門前ー」

い-ち【位地】 ヰ― くらい。地位。

い-ち【位置】 ヰ― (名・自スル) ①人や物・事柄が存在する場所。また、その場所を占めること。「机のーを決める」「街の中心にーする広場」②人の地位。立場。「彼は微妙なーにいる」

いちあくのすな【一握の砂】 石川啄木の歌集。一九一〇(明治四十三)年刊。独創的な三行書きの新形式で、率直に生活感情を表現し、生活派短歌の先駆となった。

いち-い【一位】 ―ヰ ①第一の位。首位。②一のけたの数。

いちい【一位・×水松】 イチ ヰ・イチ イ 〔植〕イチイ科の常緑高木。葉は細長くとがり、赤い実(仮種皮)は甘く食用。種子は有毒。材は器具や鉛筆用。雌雄異株。あららぎ。おんこ。(いちいの実[秋]) [語源]昔、この木で笏を作ったことから位階の一位にちなんで名づけられたという。

いち-い【一意】(副) 一心になるさま。そのこと一つに心をそそぐさま。「ー研究に励む」

ーせんしん【ー専心】(副) 目標一つに心を向け、他を顧みず努力するさま。ひたすら。

いちいたい-すい【一衣帯水】(「衣帯」は帯の意)一本の帯のように狭い川または海。また、それを隔てて近接していること。「ーの地」

いち-いち【一一】(名・副) ひとつひとつ。残らず。みな。「ーの説明は省略する」「ー文句を言うな」

いち-いん【一因】 一つの原因。「失敗のーは彼にある」

いち-いん【一員】 ―ヰン 仲間・集団を構成する一人。「会のー」

いち-いん【一院】 ―ヰン ①一つの寺。②一つの議院。

ーせい【ー制】 単一の議院で構成される議会制度。

いち-う【一宇】 ①一軒の家・建物。②屋根を同じくすること。

いち-エネルギー【位置エネルギー】 ヰチ― 〔物〕物体がもつエネルギーで、存在する位置によってその大きさが決まるエネルギー。ポテンシャルエネルギー。

いち-えん【一円】 ―ヱン その地域一帯。「関東ー」

いち-おう【一応・一往】 ―オウ・―ワウ (副) ①完全とはいかないまでも、ひとわたり。ひととおり。「ー目を通す」②とりあえず。ひとまず。「ー相談する」③一度。一回。[参考]本来は一度行く意で「一往」と書くが、現在は「一応」のほうが一般的。

いち-おし【一推し・一押し】《俗》第一に推薦すること。「店長ーの商品」

いちがい-に【一概に】(副) 一様に。おしなべて。「彼だけが悪いとはー言えない」[用法]多く、あとに打ち消しの語を伴う。

いち-がつ【一月】 ―グワツ 一年の最初の月。正月。睦月。[冬]

いち-がん【一丸】 ひとかたまり。「全員―となって闘う」

いち-がん【一眼】 ①一つの目。一方の目。②片目。独眼。隻眼。

―レフ (「レフ」は「レフレックスカメラ」の略)撮影レンズが、ファインダー用のレンズを兼ねているカメラ。

いち-ぎ【一義】 ①一つの道理。一理。「君の言うことにも―ある」②一つの意味。「一語―」③根本の意義。

―てき【―的】(形動ダ) ①意味・解釈が一つだけであるさま。②最も重要な意味をもつさま。「―な問題」

いち-ぎ【一議】 ①ただ一回の相談や議論。②異論。異議。

―に及ばず 議論をするまでもない。「―引き受ける」

い-ちく【移築】(名・他スル) 建物を解体して、その材料で他の場所に前と同じように建てること。「古い民家を―する」

いち-ぐう【一隅】 片すみ。一方のすみ。「敷地の―」

いち-ぐん【一軍】 ①一つの軍勢。②全部の軍勢。全軍。③プロ野球などで、公式試合に出場する資格をもつ選手で構成されたチーム。「―にあがる」↔二軍

いち-ぐん【一群】 一つの群れ。一群れ。一団。「―の鳥」

いち-げい【一芸】 一つの技能・芸能。「―に秀でる」

いち-げき【一撃】(名・他スル) ひとうち。また、一回の攻撃。「―を加える」「―のもとに倒す」

いち-げん【一元】 ①物事の根元が一つであること。「―的」↔多元 ②一つの年号。「一世―」③《数》(「元」は未知数の個数を示す)未知数が一つであること。「―二次方程式」

―か【―化】(名・他スル) 複雑化した組織、多面化した行動などを一つにまとめること。「窓口の―をはかる」

―ほうていしき【―方程式】《数》一個の未知数を含む方程式。

―ろん【―論】《哲》ただ一つの原理によって宇宙全体、あるいは事柄を説明しようとする説。⇩二元論・多元論

いち-げん【一見】 初めて会うこと。初対面。特に、旅館や料理屋などで、客として初めて店に来ること。「―の客」

いち-げん【一言】 一つの言葉。ひとこと。一言。

―以てこれを蔽う ただ一言で全体の意味をまとめて言い表す。〈論語〉

―いっこう【―一行】 一つの言葉と一つの行い。

―こじ【―居士】 何事にも自分の意見をひとこと言わなければ気のすまない人。一言居士。

いちげん-きん【一弦琴・一絃琴】《音》長さが一メートルぐらいの胴に弦を一本だけ張った琴。須磨琴。板琴。

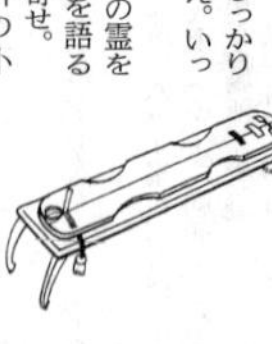

〔いちげんきん〕

いち-けんしき【一見識】 しっかりしたひとかどの考え。相当の考え。いっけんしき。「―を持っている」

いち-こ【市子】 神や死者などの霊を自分にのりうつらせ、その意中を語る職業の女性。梓巫女。口寄せ。

いちご【苺・莓】《植》バラ科の小低木、または多年草。キイチゴ・ヘビイチゴなどの総称。ふつうオランダイチゴをさす。実は赤くて甘く、食用。夏

いち-ご【一期】 生まれてから死ぬまで。一生涯。一生。

―いちえ【―一会】 一生に一回限りのこと。生涯にただ一度会うこと。参考茶道で、どの茶の会でも一生にただ一度だと考えて、常に客に誠を尽くすべきだとする考えによる。

―まつだい【―末代】 この世は一生、未来は末代まで。永遠に。

いち-ごう【一合】 ①(「合」は、容積の単位)一升の一〇分の一。②(「合」は、面積の単位)一坪の一〇分の一。③山のふもとから頂上までの道のりの一〇分の一。「―目」④剣道などで、刀と刀とを一度打ち合わせること。

いち-ごう【一毫】 (一本の細い毛の意から)ほんのわずか。寸毫。「―のすきもない」「―のくるいもない」

いち-こじん【一個人】 社会や団体における公の役や資格などを離れた、一人の人間。一私人。いっこじん。「校長としてではなく―としての意見」

いち-ころ【一ころ】(形動ダ)《俗》(一撃でころりと倒れるの意)簡単に負けるさま。「―でやられる」

いち-ごん【一言】(名・自スル) ひとこと。短い言葉。一言。「一言一句」「―のもとに拒絶する」

―もない ひとことも言い訳できない。弁解の余地がない。

―こじ【―居士】→いちげんこじ

―はんく【―半句】 ほんのわずかの言葉。片言隻句。「―もおろそかにしない」用法多く、あとに打ち消しの語を伴う。

いち-ざ【一座】 ━(名) ①その席にいる全体の人。満座の人。「―を見渡す」②興行をする団体。「旅芝居の―」③説法・講演などの、一回。一席。④仏像などの一基。━(名・自スル)同じ場所に居ること。同座。同席。

いち-じ【一次】 ①一回目。最初。「―試験」②《数》代数式で、二乗以上の項を含まないこと。「―方程式」

―かんすう【―関数・―函数】《数》変数 x の一次式で表される関数で、$y=ax+b(a \neq 0)$ となる。そのグラフは直線で、a は傾きを、b は y 軸上の切片を与える。

―さんぎょう【―産業】→だいいちじさんぎょう

―さんぴん【―産品】 まだ加工されていない、とれたままの形の生産物。農産物・水産物・鉱産物など。

いち-じ【一事】 一つの物事。一つの事件。

―が万事 一事を見れば他もすべて同様だと推察できるということ。「―このありさまだ」

―ふさいり【―不再理】《法》刑事訴訟で、一度確定判決がなされた事件に関しては再度とりあげないという原則。

いち-じ【一時】 ①過去のある時。その時。当時。「―はどうなることかと思った」②少しの間。暫時。「―預かり」③その場限り。当座。「―の間に合わせ」参考天気予報の「一時雨」とは、雨が続けて降る時間が予報時間帯の四分の一未満の場合をいう。また、「時々雨」とは、雨が断続的に降り、その合計が予報時間帯の二分の一未満の場合をいう。

―きん【―金】 慰労などの意味で一回限り支給される金。

―しのぎ【―凌ぎ】 その場だけ一時的に切り抜けること。「―の言い訳」

―てき【―的】(形動ダ) しばらくの間だけであるさま。長続きしないさま。「―な流行」

―に(副) いちどきに。同時に。「申し込みが―殺到する」

―のがれ【―逃れ】 その場だけをつくろって苦境をのがれること。「―の策」

―ばらい【―払[い]】 いちどきに全額を支払うこと。

いちじ-いっく【一字一句】 一つの文字と一つの語句。わずかな言葉。「―もおろそかにしない」

いちじく【無花果・映日果】《植》クワ科の落葉小高木。地中海沿岸原産。果実は卵形で、実の中に花が咲く。食用。唐柿。秋

いちじ-せんきん【一字千金】 (一字に千金の価値がある意から)非常にすぐれた文章や文字のこと。【故事】秦の呂不韋が「呂氏春秋」を著したとき、

有能の士を集めるため、この書物を咸陽(＝都名)の城門に並べてその上に千金を懸け、「一字でも添削できる者にはこの金を与えよう」と記したことからいう。〈史記〉

いち-じだい【一時代】 ある物事に関連して、他の時代と区別される歴史的な期間。「作曲家として一を築く」

いち-しちにち【一七日】→しょなのか

いち-じつ【一日】 ①月の最初の日。ついたち。②いちにち。「一の計」③ある日。「春の一、山行の折」

一作さざれば一日食らわず 一日仕事を休んだ日には食事をとらない。働くことのたいせつさをいう。【故事】唐の懐海禅師は高齢ながら労をいとわず働いたので、ほかの僧が作業用具を隠して休息させようとしたが、禅師はそれを捜し続け、一日食事をとらなかったことからいう。〈伝灯録〉

一の長 (少し年上である意から)経験や技能が他より少しすぐれていること。「仕事ぶりに一がある」

一さんしゅう【一三秋】 (「三秋」は三年で、多年の意)非常に待ち遠しく思うこと。一日千秋。一日三秋。

一せんしゅう【一千秋】 (「千秋」は千年の意)一日が千年のように非常に長く思われること。非常に待ち遠しいこと。一日三秋。一日千秋。「一の思いで待つ」

いち-じゅ【一樹】 一本の立ち木。

一の陰一河の流れも他生(多生)の縁 見知らぬ人どうしが雨を避けて同じ木陰に宿ったり、同じ川の水をくんで飲んだりするのも、みな前世からの因縁であるということ。

いちじゅう-いっさい【一汁一菜】 汁もおかずもそれぞれ一種類の食事。転じて、質素な食事。

いちじゅく【×無花果】→いちじく

いち-じゅん【一旬】 十日間。旬日。「一の後」

いち-じゅん【一巡】(名・自スル) ひと回りすること。ひと巡り。「打者一の猛攻撃」

いち-じょ【一助】 少しの助け。補い。「生活費の一とする」

いち-じょう【一条】 ①細長いもののひとすじ。「一の光」②箇条書きなどの一つの条項。③ある事件などのなりゆき。一件。

いち-じょう【一定】→いちぢゃう

いち-じょう【一場】 ①その場限りであること。わずかの間。「一の夢」②話などのひとまとまり。一席。「一のあいさつ」

いち-じるし・い【著しい】(形)カロ・カッ(ク)・イ・イ・ケレ・○ はっきりそれと分かる状態である。目立つ。程度がはなはだしい。顕著である。「成長が一」文いちじる・し(シク)

いち-じん【一陣】 ①第一の陣。先陣。②風や雨がひとしきり吹きつけたり、降ったりすること。「一の風」

いち-じんぶつ【一人物】 見識のある、相当の人物。ひとかどの人物。「一と目される」

いち-ず【一途】(名・形動ダ) ひたむきなこと。また、そのさま。ひたすら。ひとすじ。「一に思い込む」

いち-せいめん【一生面】 新しく開いた方面。新しい工夫や方法。新機軸。一生面。「一を切り開く」

いちぜん-めし【一膳飯】 ①食器に盛りきりにした飯。②葬儀のとき、死者に供える飯。

一や【一屋】 どんぶりに盛りきりにした飯を出す簡易食堂。

いち-ぞく【一族】 同じ血統・家系のもの。一門。同族。

いち-ぞん【一存】 自分一人だけの考え。「一では決めかねる」

いち-だい-【一大】(接頭)「一つの大きな」「一つの重大な」の意を表す。「一事業」「一決心」

いち-だい【一代】 ①天皇や君主の在位期間。②その人が家や事業の世帯主・事業主である間。「一で財を築く」③人の一生涯。「一の名誉」④ある一つの時代。その時代。「一の名優」

一き【一記】 ある人の一生のことを記したもの。伝記。

いち-だいじ【一大事】 重大な事件。たいへんなできごと。

いち-だん【一団】 ひとかたまり。一群。「一となって歩く」

いち-だん【一段】 ■一(名) ①階段・段階などの一つの段。②文章などのひと区切り。一節。「冒頭の一」■二(副) (「いちだんと」の形で)ひときわ。いっそう。「一と引き立つ」

いち-だんらく【一段落】 ■一(名) 一つの段落。■二(名・自スル) 物事にひと区切りがつくこと。「仕事が一する」

いち-ぢゃう【一定】《古》■一(名・形動ナリ) しっかりと定まること。確実なこと。■二(副) 確かに。必ず。きっと。

いち-づけ【位置付け】 全体や他との関連において、それが占める位置の評価を判定すること。「一を明確にする」

いち-づ・ける【位置付ける】(他下一) ケ・ケ・ケル・ケル・ケレ・ケロ(ケヨ) そのものが置かれるべき位置を定める。そのものにふさわしい評価を与える。「その分野の第一人者と一」

いち-てんき【一転機】 一つの重大な変わりめ。いってんき。「一を迎える」

いち-ど【一度】 一回。ひとたび。いっぺん。

一ならず 一度だけでなく、何度も。「一そこを訪れる」

一に(副) 同時に。いっせいに。「一全員が押しかける」

いち-どう【一同】 その場にいるすべての人。みんな。「社員一」

いち-どう【一堂】 ①一つの堂。ある堂。②同じ建物。同じ場所。「一に会する(＝大勢が一つの場所に集まる)」

いち-どう【一道】 ①一本の道路。②ひとすじ。「一の光明」③一つの芸の道。一芸。「一に秀でる」

いちどき-に【一時に】(副) 同時に。いっぺんに。「客が一殺到する」

いち-どく【一読】(名・他スル) 一回読むこと。ひととおり目を通すこと。「一に値する小説」

いち-とんざ【一頓挫】(名・自スル) 物事や計画が中途で一時とどこおること。「出店計画に一を来す」

いち-なん【一難】 一つの危険。一つの困難。

一去ってまた一難 災難が次々におそってくること。

いち-に【一二】 ①一つ二つ。わずか。「心あたりが一ある」②一位と二位。

一を争う 首位を争う。一位になるか、二位になるかを競う。高いレベルで優劣を競う意。「学年で一成績」

いち-にち【一日】 ①午前零時から午後十二時までの二四時間。一昼夜。「予定を一ずらす」②朝から晩まで。「一遊んで暮らす」③月の第一日。ついたち。④ある日。一日。「とある一」⑤ほんの短い期間のたとえ。「ローマは一にして成らず」

一いちぜん【一一善】 一日に一つはよい行いをすること。

一せんしゅう【一千秋】→いちじつせんしゅう

一ましに【一増しに】(副) 一日たつごとに程度の進むさま。日増しに。「医学は一発展する」

いち-にょ【一如】《仏》真理の根本はただ一つであるということ。一つであって別物ではないこと。「物心一」

いち-にん【一人】 ①一人の人。②《古》「右大臣」の別称。

一まえ【一前】 ①一人に分ける分量。一人分。「寿司一」②成人であること。また、大人としての能力や資格を持つこと。「言うことだけは一だ」③その道で一人立ちできる技術を持っていること。「一の職人」

いち-にん【一任】(名・他スル) すべてをまかせること。「議長に決定を一する」

いち-にんしょう【一人称】→じしょう(自称)二

いち-ねん【一年】①一月一日から十二月三十一日までの間。②ある日を基準として、一二か月の長さ。「あれから一たった」③紀元・年号などの最初の年。第一年。④一学年。一年生。「一三組」⑤ある年。一年(ひととせ)。「一東北周遊の折」

—の計は元旦にあり その年の計画は元旦に立てておくべきである。物事ははじめがたいせつであるというたとえ。

—き【—忌】→いっしゅうき

—せい-そうほん【—生草本】(サウホン) 《植》種子から芽が出て一年以内に、生長し、花を開き、種子を作って枯れる植物。イネ・アサガオなど。一年生植物。一年草。

—そう【—草】(サウ) 《植》「一年生草本」の略。

いち-ねん【一念】①一つのことを深く思いこむこと。また、その心。「思う一岩をも通す」②《仏》仏を信じて念仏を一度唱えること。

—おうじょう【—往生】(ワウジャウ) 《仏》一心に仏を信じる、または一度念仏を唱えることで極楽に生まれ変わること。

—ほっき【—発起】(名・自スル) ①思い立って、あることを成しとげようと決心すること。「—して英会話を学ぶ」②《仏》仏道にはいろうと決心すること。

いち-のう【一能】一つの技能・芸能・才能。「一芸一」

いち-の-かみ【一の上】(古)「左大臣」の別称。

いち-の-ぜん【一の膳】正式の日本料理の膳立てで、最初に出される膳。本膳。⇩二の膳・三の膳

いち-の-とり【一の△酉】十一月の最初の酉の日。また、その日に立つ酉の市。初酉。[冬] ⇩酉の市

いち-の-ひと【一の人】(古)「摂政」「関白」の別称。

いち-の-みや【一の宮】①第一皇子。②神社の社格の一種。その国で最も重視された神社。「上総一」

いち-ば【市場】①多数の商人が毎日または定期的に集まって一定の商品の売買をする所。市。「青果一」②日用品・食料品などを一か所に集めて売る所。マーケット。⇩市場(しじょう)

いち-ばい【一倍】㊀(名)①ある数量に一をかけること。基準となるものと同じ数量。②倍。二倍。「人一がんばる」㊁(副)いっそう。いちだんと多く。「一の努力を要する」

いち-はつ【×一八・×鳶尾】《植》アヤメ科の多年草。中国原産の栽培植物。葉はアヤメより広い剣状で、五月ごろ紫または白色の花を開く。観賞用。根・茎は薬用。[夏]

いちはつの… [和歌]〔いちはつの 花咲きいでて わが目には ことしばかりの 春行かんとす〕〈正岡子規〉イチハツの花が咲き出してもう春もゆき過ぎようとしている。病の重い私があのイチハツの花を見ることができるのは、今年かぎりだろう。そんな春が、今終わろうとしている。

いちばつ-ひゃっかい【一罰百戒】(ヒャクカイ) 罪を犯した一人を罰することで、多くの人の戒めとすること。

いち-はやく【◦逸早く】(副)真っ先に。す早く。「一駆けつける」[語源]文語形容詞「いちはやし」の連用形から。

いち-ばん【一番】㊀(名)①順番・順位が最初であること。第一。「一の成績」「一列車」②碁・将棋・相撲などの一勝負。「結びの一」③謡曲などの一曲。㊁(副)①最も。この上なく。「一月になって一寒い日」②ためしに。「一やってみるか」

—どり【—◦鶏】夜明け前に、最初に鳴くニワトリ。

—のり【—乗り】(名・自スル)敵陣に最初に攻め込むこと。転じて、ある場所に最初に着くこと。また、その人。

—ぼし【—星】夕方、最初に輝いて見える星。

—やり【—△槍】真っ先に敵陣に槍を突き入れること。転じて、最初に手柄をたてること。また、その人。

いちひめ-にたろう【一姫二太郎】(ニタラウ) 子をもつには、最初は女子で、次は男子の順がいいということ。[参考]女子のほうが育てやすいことをいうが、子の数は女子一人、男子二人がいいの意に誤用されることもある。

いちびょう-そくさい【一病息災】(イチビャウ) (一般に「無病息災」と言うのをもじって)一つ持病があるとそれをいたわり、無理をしないので、かえって長生きするということ。

いち-ぶ【一分】①(「分」は、長さの単位)一寸の一〇分の一。約三・〇三ミリメートル。②全体の一〇分の一。「一咲き」③一割の一〇分の一。一パーセント。「打率三割一」④わずか。少し。「一のすきもない」

—いちりん【—一厘】ほんのわずか。「一の狂いもない」

いち-ぶ【一部】①全体の中のある部分。一部分。「一の人の意見」↔全部 ②書籍や新聞のひとそろい。また、一冊。

—しじゅう【—始終】始めから終わりまで。全部。「事の一を話す」

いちふじ-にたか-さんなすび【一富士二△鷹三×茄子】初夢に見ると縁起がよいものを並べた文句。

いち-ぶつ【◦逸物】→いちもつ(逸物)

いち-ぶぶん【一部分】全体の一部に当たる部分。わずかの部分。一部。↔大部分

いち-ぶん【一分】一身の面目。「一が立たない」

いち-べつ【一別】いったん別れること。別れ。

—以来 別れてからこのかた。一別来。「一の挨拶」

いち-べつ【一△瞥】(名・他スル)ちらっと見ること。「一をくれる」

いち-ぼう【一望】(バウ) (名・他スル)広い景色などをひと目で見渡すこと。また、見渡すかぎり。「一におさめる」

—せんり【—千里】ひと目で千里も見渡されるほど、見晴らしがよいこと。「一の大平原」

いちぼく-いっそう【一木一草】(イッサウ) 一本の木、一本の草。きわめてわずかなもののたとえ。「一に至るまでいつくしむ」

いちぼく-づくり【一木造り】《美》仏像などを彫刻するとき、本体を一本の木材から彫り出すこと。また、その作品。

いち-まい【一枚】①紙・板など薄いものを数えるときの一つ。「千円札一」②田の一区画。「一の田」③ある仕事や役をこなす一人。「彼が一加わる」④(「一枚上」などの形で)序列や能力などの一段階。「役者が一上手だ」

—嚙む ある物事に何らかの役割をになう。

—いわ【—岩】(イハ) ①一枚の板のような大きな岩。②組織で、各人の考えが一つで結束が固いこと。「一の団結を誇る」

—かんばん【—看板】①芝居の外題やおもな役者の名を大きく書いた飾り看板。転じて、一座の代表的な役者。②団体などの中心人物。③人を引きつける唯一の魅力。④一着しかない衣服。一張羅。

いち-まつ【一抹】①絵の具などのひとなすり。ひとはけ。②ほんの少し。ほんのわずか。「一の不安」

いちまつ-もよう【市松模様】(モヤウ) 黒と白の四角形を交互に並べた碁盤じまの模様。石畳。[語源]江戸中期、歌舞伎役者の佐野川市松がこの模様の衣装を用いたところから出た語。

〔市松模様〕

いち-み【一味】㊀(名)①一種類の味。「一唐がらし」②独特の味わいや趣。「一の感傷」㊁(名・自スル)同じ目的(多く悪事)を持った仲間に加わること。また、その仲間。「悪党一」

いち-みゃく【一脈】一連のつながりがあること。ひと続き。ひとすじ。

—相(あい)通(つう)ずる 何かしら共通するものがある。「両者に—ところがある」

いち-みん【一眠】(名・自スル) 蚕(かいこ)が第一回の脱皮をするまでの間の、眠ったような状態。初眠。

いち-め【市女】市であきないをする女性。

—がさ【—△笠】平安時代から江戸時代にかけて、女性が用いた笠。菅(すげ)などで、中央部を高くふちの張った形に編んで漆(うるし)を塗ったもの。夏 語源もと、「市女(いちめ)」が用いたところから出た語。平安中期以降、上流の女性も用いた。

〔いちめがさ〕

いち-めい【一名】①一人。「当選者—」②ほかの名。別名。異名。「彼岸花、—曼珠沙華(まんじゅしゃげ)」

いち-めい【一命】①たった一つの命。生命。「—をとりとめる」②一つの命令。「—が下る」

いち-めん【一面】①一方の面。一方の側。ある側面。片面。「—の真理」②ある場所の全体。「空—」③新聞の第一ページ。「—を飾るニュース」④鏡・琴などを数えるときの一つ。

—てき【—的】(形動ダ)(ダロ・ダッ(デ・ニ)・ダ・ナ・ナラ・○) 観察や意見などが、ある一方の面だけにかたよっているさま。「—な見方」

いち-めんしき【一面識】一度顔を合わせた程度の知り合いであること。「彼とは—もない」

いちもう-さく【一毛作】《農》同じ耕地に一年間に一回だけ作物の作付けをすること。単作。⇒二毛作・三毛作・多毛作

いちもう-だじん【一網打尽】(イチマウ—)(網を打ち一度にすべての魚をとりつくす意から)犯人などを一度に全員捕らえること。

いち-もく【一目】■(名)①一つの目。片目。②碁盤のひと目。また、碁の一石。「—半」③一つの項目。■(名・他スル)一度ちょっと見ること。一見。「—してわかる」

—置(お)く 自分よりすぐれた人に敬意を払い、遠慮する。「誰もが—人物」語源囲碁で、弱いほうが一目(=一石)先に置くことから出た語。

—さん【—散】(多く下に「に」を伴って)わき目もふらずに走るさま。「—に逃げる」

—りょうぜん【—瞭然】(—レウゼン)(名・形動ダ)ひと目見ただけではっきりわかること。また、そのさま。「二者の優劣は—だ」

いち-もつ【一物】①一つの品物。②心にある一つのたくらみ。「胸に—」③(金銭や男根などを暗に指して)例のもの。あれ。

いち-もつ【°逸物】すぐれているものや人物。逸物(いちぶつ)。

いち-もん【一文】①江戸時代の硬貨で、穴あき銭一枚。一貫の一〇〇〇分の一。②(転じて)わずかの金。「無—」

—おしみ【—惜しみ】(—ヲシミ)わずかの金銭をも惜しむこと。また、その人。「—の百知らず(=目先のわずかな出費を惜しんで、あとで大損をすること)」

—なし【—無し】わずかのお金もないこと。また、その人。文無し。無一文。「いつも—だ」

いち-もん【一門】①同じ家系の、あるいは同姓の一族。一家族。「平家—」②同じ宗旨の者。同門。③同じ師匠に学んだ人々。「—の弟子」

いちもん-いっとう【一問一答】(—イッタフ)(名・自スル)一つの問いに対して一つの答えをすること。また、それを繰り返すこと。「記者と—する」

いち-もんじ【一文字】①一つの字。②「一」という字の形のように横にまっすぐなこと。「口を—に結ぶ」③わき目もふらずにまっすぐに突き進むこと。「敵陣に—に駆けいる」④書画の掛け物で、書画の上下に細くつける装飾的な布。

いち-や【一夜】①日暮れから夜が明けるまで。一晩。一夜(ひとよ)。「—明けると」②ある夜。ある晩。一夜(ひとよ)。「夏の—」

—ざけ【—酒】一晩で醸造した酒。甘酒など。一夜酒(ひとよざけ)。

—づくり【—造り・—作り】①一晩のうちに作ること。また、そのもの。②間に合わせに急造すること。また、そのもの。

—づけ【—漬(け)】①一晩だけ漬けた漬物。早漬け。即席漬け。②さしせまったわずかな時間で準備をすること。「—の試験勉強」

いちゃ-いちゃ(副・自スル)好き合う二人がたがいの体に触れるなどして、仲よくふざけ合うさま。

いち-やく【一躍】(名・自スル)①一度跳躍すること。ひととび。②(多く、副詞的に用いて)一足飛びに進歩・出世すること。「—有名になる」

いちゃ-つ・く(自五)(カ(コ)・キ(イ)・ク・ク・ケ・ケ) 好き合う二人が体を触れ合うなどして、仲よくふざけ合う。いちゃいちゃする。

いちゃもん《俗》事態をことさらわずらわしくするような言いがかり。難くせ。文句。「—をつける」

いち-ゆう【一△揖】(—イフ)(名・自スル)ちょっとおじぎをすること。軽く会釈(えしゃく)をすること。「—して通り過ぎる」

い-ちゅう【移駐】(名・自スル)軍隊などが他の土地に移ってとどまること。

い-ちゅう【意中】心のうち。また、心の中に思っていること。「—を漏らす」

—の人(ひと) 心に思っている人。ひそかに恋しく思っている人。

い-ちょ【遺著】(—チョ)著者の死後に出版された書物。

いち-よう【一葉】(—エフ)①一枚の草木の葉。一葉(ひとは)。②紙・写真などの薄いものの、一枚。ひとひら。「—の写真」③小舟の一そう。「—の扁舟(へんしゅう)」

—落(お)ちて天下(てんか)の秋(あき)を知(し)る わずかなことから将来を予知することのたとえ。参考他の木より早く落葉するという桐(きり)の葉が一枚落ちるのを見て、秋の来たことを知る意。〈淮南子〉

いち-よう【一様】(—ヤウ)(名・形動ダ)行動・状態などが同じであるさま。また、ありふれているさま。「皆—に扱う」「尋常—の人物ではない」↔多様 文(ナリ)

い-ちょう【イ調】(—テウ)《音》イの音を主音とする調子・音階。

い-ちょう【医長】(—チャウ)病院で、各科の首席の医師。

い-ちょう【胃腸】(—チャウ)胃と腸。また、消化器。「—障害」

い-ちょう【異朝】(—テウ)外国。また、外国の朝廷。↔本朝

い-ちょう【移△牒】(—テフ)(名・自スル)管轄の違う他の官庁へ文書で通知すること。また、その通知。

い-ちょう【移調】(—テウ)(名・他スル)《音》ある楽曲をそのままの形で他の調の音域に移すこと。「ハ長調をニ長調に—する」

いちょう【×銀杏・×公孫樹】(イチヤウ)《植》イチョウ科の落葉高木。中国原産。葉はおうぎ形で、秋に黄葉する。雌雄異株(しゅ)。種子はぎんなんと呼ばれ、食用。材は器具用。語源中国で葉の形が似ていることから名づけられた「鴨脚(チイアヤオ)」の転。「銀杏」の字を当てるのは、実の形状から。「公孫樹」の字を当てるのは、公(祖父)が種子をまけば孫の代にその実が得られる意に由来する。

—がえし【—返し】(—ガヘシ)日本髪の一種。束ねた髪を二つに分けて輪をつくり、まげとしたもの。

〔いちょうがえし〕

いちよう-らいふく【一陽来復】(イチヤウ—)①冬が去り、春が来ること。新年が来ること。②悪いこと

が続いたあとに、ようやくよい方向に向かうこと。「―のきざしが見える」参考もと、陰が去り陽に復する意で、陰暦十一月、または冬至の称。

いち-よく【一翼】①一つのつばさ。②ある仕事の中での一つの役割。一つの持ち場。「―を担う」

い-ちょく【違勅】―（名・自スル）天子の命令にそむくこと。

いち-らん【一覧】━（名・他スル）ひととおり目を通すこと。「書類を―する」━（名）「一覧表」の略。

―ひょう【―表】いろいろな事項がひと目でわかるように作られた表。一覧。リスト。「成績の―」

いちらん-せい【一卵性】一つの受精卵から分かれて生じたもの。⇔二卵性

―そうせいじ【―双生児】一個の受精卵から生じた双生児。遺伝因子が同じため、同性で外見・性質などが似ている。⇔二卵性双生児

いち-り【一利】一つの利益。「百害あって―なし」

―いちがい【―一害】利点もあるが、害もあること。一得一失。

いち-り【一里】（「里」は、距離の単位）三六町。約三・九三キロメートル。

―づか【―塚】①江戸時代、街道の一里ごとに土を高く盛り、松や榎を植えて里程の目じるしとした塚。②（比喩的に）ある物事を達成してゆく過程の一つの段階。

いち-り【一理】ひととおりの道理。一応の理由。「どちらの言い分にも―ある」

いち-りつ【一律】（名・形動ダ）①同じ調子で変化のないこと。「千編―」②物事を一様に扱うこと。同じぐあい。「―一〇パーセントの値上げ」

いち-りつ【市立】（俗）→しりつ（市立）参考同音の「私立（しりつ）」との混同を避けるための表現。

いち-りゅう【一流】―①その集団・社会での第一等の地位。第一級。「―の作家」②技能・学問・武芸などの一つの流派・流儀。一派。「―をなす」③独特な流儀。「彼―のやり方」④一つの血統。一族。「源氏の―」

いちりゅう-まんばい【一粒万倍】―少しの資本で、大きな利益を得ること。また、少しのものでも粗末にしてはいけない、といういましめ。

いちりょう-じつ【一両日】―一日か二日。一、二日。「―中に伺います」

いち-りん【一輪】①咲いている一つの花。「梅―」②一つの車輪。「―車」③澄んだ丸い月。明月。満月。「―の名月」

―ざし【―挿し】一、二輪の花をさす小さな花瓶。

―しゃ【―車】①車輪が一個だけついた荷物運搬用の手押し車。猫車。②車輪が一つの自転車。

―そう【―草】〘植〙キンポウゲ科の多年草。山地に自生し、春、茎にやや大きめの白い花を一つ開く。春

いち-る【一縷】（ひとすじの細い糸の意から）今にも絶えそうなわずかなつながり。かすか。「―の望みをかける」

いち-るい【一塁】①野球で、走者が最初に踏む塁。ファーストベース。ファースト。②「一塁手」の略。

―しゅ【―手】野球で、一塁を守る内野手。ファースト。

いち-るい【一類】①同じ種類や仲間。②同族。一族。

いち-れい【一礼】（名・自スル）一度礼をすること。また、軽くおじぎをすること。「―して退出する」

いち-れい【一例】一つの例。一つのたとえ。「―を挙げる」

いち-れつ【一列】①ひと並び。「―に並ぶ」②一番目の列。最初の列。③同じ仲間。同列。「―一体」

いち-れん【一連】①関係のあるひとつながり。「―の事件」②洋紙の量の単位で全紙一〇〇〇枚。③数珠や干した魚など、ひとつながりになったもの。

いち-れん【一聯】①詩の一節。②律詩で、詩中の一対の句。

いちれん-たくしょう【一蓮托生】―悪い結果になろうともその人と行動・運命をともにすること。語源仏教で、死後、極楽で同じ蓮華の上に生まれることからいう。参考「一蓮託生」とも書く。

いち-ろ【一路】━（名）ひとすじの道。「真実―」━（副）①目的地へ直行するさま。「―東京へ向かう」②ひとすじに。ひたすら。「―邁進する」

いち-ろう【一浪】―（名・自スル）（「一年浪人」の略）上級学校の入学試験に合格できず、一年間次の受験にそなえて過ごすこと。

いち-ろく【一六】①博打や双六で、二つのさいころを振って、一と六の目が出ること。②毎月一と六のつく日。江戸時代には稽古日・寄り合い日・休日などにされた。⇒休日

―ぎんこう【―銀行】（俗）質屋。語源一と六との和「七」が、「質」と同音であることからいう。

―しょうぶ【―勝負】①さいころを使う勝負ごと。博打。②運を天にまかせていちかばちかやってみること。

いつ【一】（字義）→いち（一）

いつ【乙】（字義）→おつ（乙）

いつ【逸】【逸】イツ㊥・イチ はやる・それる

（字義）①逃げる。逃がす。「逸散・後逸」②世間から身をかくす。「逸民・隠逸」③世に知られない。「逸話」④失われた。なくなる。＝佚。「逸書・散逸」⑤それる。はずれる。「逸脱」⑥気楽な。「安逸」⑦すぐれる。ぬきんでる。「逸材・秀逸」難読逸早く・逸物・逸れ弾・逸り気 人名い・すぐる・すむ・とし・のぶ・はつ・はや・まさ・やす

いつ【溢】イツ あふれる ―（字義）①あふれる。こぼれる。「溢出・溢水・脳溢血」②度をこす。「溢美・溢利」③みちる。いっぱいになる。「横溢・充溢」人名みつ・みつし・みつる

いつ【五】いつつ。ご。「ひい、ふう、みい、よう、―、むう、なな」

いつ【何時】（代）①はっきりしていない時を表す語。どの時。「―出発しますか」②何時と限らず広く時間を表す。「―になく（＝ふだんと違い）元気がない」

―とはなく いつあったか知らないうちに。いつのまにか。いつとはなしに。「―忘れ去る」

い-づ【出づ】イヅ（古）━（自下二）①出る。現れる。「二十日の夜の月―でにけり」〈土佐〉②出発する。③のがれる。━（他下二）①出す。②口に出して言う。

い-つう【胃痛】―胃の痛み。「―に苦しむ」

いつ-か【五日】①五日間。②月の五番目の日。

いつ-か【何時か】（副）①いつのまにか。知らないうちに。「―夜になっていた」②（過去に用いて）どの時であったか。以前。「―お会いしましたね」③（未来に用いて）いずれ。そのうちに。「また―会いましょう」

―しら（副）いつのまにか。知らないうちに。「―秋も過ぎた」

いっ-か【一価】〘化〙原子価が一であること。

―かんすう【―関数・―函数】〘数〙xの関数$y=f(x)$においてxの値を決めると、それに応じてyの値がただ一つ定まる関数。

いっ-か【一家】①一つの家。一軒。「―を構える」②一家

族。家族全体。「―の柱」「―団欒」③一人の親分をもつ博打うちなどの団体。「次郎長―」④学問・技芸などの独立した一流派。一派。「―を立てる」

―を成す ①家庭を持つ。②学問・技芸などで、ひとかどの権威となる。

―げん【―言】①独特の主張・考え。②ひとかどの見識のある意見。「―をもつ」語源「一家を成した者の言」の意から。

いっ-か【一過】(名・自スル) さっと通り過ぎること。「台風―」

―せい【―性】①病気の症状が一時的に現れて消えること。「―の発熱」②ある現象が一時的であること。「―のブーム」

いっ-かい【一介】とるにたらない一人。つまらない一個。「―の勤め人」用法「一介の」の形で、連体修飾語として用いられる。自己の存在を謙遜して言う場合が多い。

いっ-かい【一回】①一度。ひとたび。「―も経験していない」②ひと回り。③小説などの、一章または一段。④野球などで、最初の回。「―表」

―き【―忌】→いっしゅうき
―せい【―性】一回しか起こらず、再現できない物事の性質。「芸術の―」

いっ-かい【一階】建物の、地上で一番下の部分。

いっ-かい【一塊】一つのかたまり。「―の土くれ」

いっ-かく【一角】①一つのすみ。片隅。また、一部分。「都会の―」「氷山の―」②一つの角。「三角形の―」③一本の角。④《動》イッカク科の海産哺乳動物で、クジラの仲間。北極海にすむ。イルカに似るが、雄には長さ二・五メートルほどの角状の牙がある。一角獣。ウニコール。

―じゅう【―獣】①ヨーロッパの伝説上の動物。馬に似た形をし、額に一本の角がある。ユニコーン。②→いっかく(一角)④③→きりん(麒麟)②
いっ-かく【一画】①漢字を形づくっている、ひと続きで書かれる線。「一点―をおろそかにしない」②土地などのひと区切り。一区画。「別荘地の―」

いっ-かく【一郭・一廓】ひと囲いの地域。また、同種のものが集まっている、ひとまとまりの区域。「―をなす」

いっかく-せんきん【一攫千金】(「一攫」はひとつかみの意)一度に大きな利益を得ること。「―を夢みる」参考「一獲千金」とも書く。


いっ-かつ【一括】(名・他スル) 多くのものを一つにまとめること。ひとくくり。ひとまとめ。「議案は―して採決する」

いっ-かつ【一喝】(名・他スル) 大きな声でひと声しかりつけること。「大声で―される」

いっ-かど【一。廉・一角】ひときわすぐれていること。ひとかど。「―の人物」

いっか-な ㊀(連体) どんな。「―人も」㊁(副) どうしても。どうあろうとも。どうあっても。「―聞き入れない」語源「いかな」を促音化して強めた語。用法㊁は、あとに打ち消しの語を伴う。

いっ-かん【一巻】①巻物・書物・映画フィルムなどの、一つ。②何巻かある中の、第一の巻。

―の終わり 物事の結末がつくこと。また、死ぬこと。「これであいつも―だ」語源活動写真(映画)の弁士が、上映の終わりにこう言ったことからいう。

いっ-かん【一貫】㊀(名) ①(「貫」は、尺貫法の重さの単位)三・七五キログラム。②(「貫」は、昔の貨幣の単位)一〇〇〇文。ただし、近世では九六〇文。㊁(名・自他スル) やり方や方針などがひとすじに貫かれていること。また、それらを貫き通すこと。「終始―」「―して反対の立場を保つ」「―性」

―さぎょう【―作業】原料から製品にする工程を、同じ工場などで一定の方針により連続的に処理していくこと。

いっ-かん【一管】笛・筆など、管状のもの一本。

いっ-かん【一環】①全体としてつながりをもつものの一部分。「教育の―としてのクラブ活動」②鎖などの、輪の一つ。

いっかん-ばり【一閑張り】漆器の一種。器物に紙を重ねて張り固め、漆を塗ったもの。茶道具に多い。語源創始者である、江戸初期の飛来一閑にちなみ、この名がある。

いっ-き【一気】ひといき。「―飲み」

―かせい【―呵成】ひといきに物事を仕上げてしまうこと。「―に書き上げる」「―に仕上げる」

―に(副) 休まないで一度に。ひといきに。「―しゃべる」

いっ-き【一季】①一つの季節。②江戸時代、奉公人の勤める一年間の契約期間。春から翌年の春までを一季とする。

いっ-き【一基】灯籠・墓石など、据えておくものの一つ。

いっ-き【一揆】(「一致団結」の意)中世・近世に農民・信徒などが領主・代官など支配者の圧政に対して集団で起こした闘争。「百姓―」「土―」

いっ-き【一簣】一つのもっこ。また、もっこ一杯分の土。「九仞の功を―に虧く(=それまで積み上げてきた努力が、最後のわずかな油断で台無しになること)」

いっ-き【一騎】馬に乗った一人の兵。

―うち【―打〔ち〕・―討〔ち〕】(名・自スル) 敵味方一騎ずつで戦うこと。一対一で勝負すること。

―とうせん【―当千】一人で千人の敵を相手にするほどの強さがあること。一人当千。「―のつわもの」

いっ-き【逸機】(名・自スル) よい機会をのがすこと。

いっき-いちゆう【一喜一憂】(名・自スル) 次々に起こる一連の事態の変化に、そのつど喜んだり悲観したりすること。「試合の経過に―する」

いっ-きく【一掬】(「掬」は両手ですくう意) ①両手で水などをひとすくいすること。また、そのすくったもの。②わずかな量。

―の涙 悲しくて、両手にいっぱい満ちるほどの涙。現在は一般に、少しの涙の意に用いる。「―をそそぐ」

いつき-の-みこ【。斎の×皇女】《古》天皇即位時に伊勢神宮や賀茂神社に奉仕した未婚の内親王または女王。

いっ-きゃく【一脚】①一本のあし。②机・いすなどの一つ。

いっ-きゅう【一級】①第一位の等級。「―品」②武術・囲碁・将棋や書道・珠算など検定のあるもので、段位の下の最上位の等級。「珠算の―をとる」③一つの階級。

―かせん【―河川】国土保全上または国民経済上特に重要であると政令で定めた水系で、国土交通大臣がその名称および区間を指定した河川。

いっ-きゅう【逸球】(名・自スル) 野球で、捕手または野手が球を捕りそこなうこと。パスボール。

いっ-きょ【一挙】一つの動作。一回の行動。

―いちどう【―一動】一つ一つの動作・ふるまい。一挙手一投足。「―に注意する」

―に(副) ひといきに。いっぺんに。「―攻め滅ぼす」

―りょうとく【―両得】一つのことをして、同時に二つの利益を得ること。一石二鳥。

いっ-きょう【一興】ちょっとおもしろいこと。一風変わっていておもしろいこと。「それも―だ」

いっ-きょう【一驚】(名・自スル) びっくりすること。驚き。「―を喫する(=ひどくびっくりする)」

いっ-きょく【一局】①将棋・囲碁などの一勝負。一つの対局。「将棋を―さす」②将棋盤・碁盤などの一つ。

いっきょく-しゅうちゅう【一極集中】— (名・自スル) 政治・経済・文化の中心的な施設や機能が一つの地域に集まること。「東京への—」

いっきょしゅ-いっとうそく【一挙手一投足】①一つ一つの動作・ふるまい。一挙一動。「—を見つめる」②手足をちょっと動かすこと。転じて、わずかな労力。「—の労を惜しむ」

い-つ・く【居着く・居付く】— (自五) ①そこにいつづける。落ち着く。住みつく。住みなれる。「のら猫が—・いてしまう」②住んでよそへ行かなくなる。「社員が—・かない会社」

いっ-く【一句】①一つの俳句。「—ひねる」②和歌・詩などのひと区切り。③ひとこと。「一言—も聞きもらさない」

いつくしみ【慈しみ】恵み。慈愛。「仏の—」

いつくし・む【慈しむ】(他五) 愛し、たいせつにする。かわいがる。「わが子を—」[可能]いつくし・める(下一)

いづくん-ぞ【◦安んぞ・△焉んぞ】— (副)《古》どうして…ようか(…ない)。「—知らん(=どうして知っているだろうか、いや知るはずがない)」[語源]「いづくにぞ」の音便。漢文の訓読によってできた語。[用法]あとに推量の語を伴い、反語の意を導く。

いっ-け【一家】→いっか(一家)

いっ-けい【一系】同一の血統。続いている血筋。「万世—」

いっ-けい【一計】一つのはかりごとや計画。「—を案じる」

いっ-けつ【一決】(名・自スル) 議論や相談などの結論が一つに決まること。「衆議—」

いっ-けつ【△溢血】(名・自スル)《医》体の組織内や皮膚面などに起こる小さな出血。「脳—」

いっ-けん【一犬】一匹の犬。

—虚に吠ゆれば万犬実を伝う (一匹の犬がほえだすと、他の多くの犬もつられてほえだすように)一人がうそを言うと、大勢の人がそれを真実として言い広めることのたとえ。

いっ-けん【一件】①一つの事柄。一つの事件。「—落着」②例のこと。あの件。「先の—」

いっ-けん【一見】■(名・他スル) ちょっと見ること。また、一度見ること。「—して安物とわかる」「百聞は—に如かず」■(副) ちょっと見たところ。「—学者風の人」

いっけん-や【一軒屋・一軒家】①周囲の家から離れて一軒だけ建っている家。「野中の—」②一戸建ての家。

いっ-こ【一己】自分一人。自分だけ。「私—の考え」

いっ-こ【一戸】一軒の家。一世帯。

—だて【—建〔て〕】集合住宅に対して、一戸単位で独立して建っている家。戸建て。

いっ-こ【一個・一◦箇】数えられるものの一つ。また、ひとり。「—のリンゴ」「—の人間」

いっ-こ【一顧】(名・他スル) ちょっと振り返って見ること。ちょっと注意してみること。「—だにしない」「—も与えない」

いづ-こ【◦何◦処】— (代)《古》どこ。どっち。「春や—に」

いっ-こう【一考】— (名・他スル) 一度考えてみること。「—を要する」「ご—願います」

いっ-こう【一行】— ①同行する人たち。道連れ。「使節団—」②一つの行為。「一言—を慎む」

いっ-こう【一更】— →しょこう(初更)

いっ-こう【一向】— (副) ①まるで。まるっきり。少しも。「—(に)動かない」②まったく。「何が起こっても—(に)平気だ」[用法]①は、あとに打ち消しの語を伴う。

いっこう-いっき【一向一△揆】—《日》室町・戦国時代に一向宗(=浄土真宗)の僧や門徒の農民が起こした一揆。

いっこう-しゅう【一向宗】— →じょうどしんしゅう

いっ-こく【一刻】■(名) ①わずかの時間。「—を争う」②昔の時間の単位で、一時の四分の一。今の約三〇分。■(形動ダ) かたくなで融通のきかないさま。「—な老人」[文](ナリ) [参考]■は「一国」とも書く。

—せんきん【—千金】わずかな時間が大きな価値をもっていること。たいせつな時や楽しい時が過ぎやすいのを惜しんでいう。[語源]「春宵一刻直千金」〈蘇軾〉から出た語。

—もの【—者】かたくなに自分の考えを守り、人の言うことに従わない者。[参考]「一国者」とも書く。

いっ-こく【一国】①一つの国。②国じゅう。全国。

—一城の主 ①一つの国、または一つの城を所有している主君。②他から支配・干渉されないで、自立している人。

いっ-こじん【一個人】→いちこじん

いっ-こん【一献】①一杯の酒。②杯を一つさすこと。転じて、酒を一緒に飲むこと。「—さしあげる」「—かたむける」

いっさ【一茶】→こばやしいっさ

いっ-さい【一切】■(名) あるものすべて。全部。「—を打ち明ける」■(副) 全然。まったく。「事情は—知らない」[用法]■は、あとに打ち消しの語を伴う。

—がっさい【—合切・—合財】(名・副) 何もかも。すっかり。「財産の—を失う」[参考]「いっさい」を強めた言い方。

—きょう【—経】— →だいぞうきょう

—しゅじょう【—衆生】《仏》この世の、すべての生きもの。生きとし生けるもの。一切有情。

いっ-さい【一再】一、二度。一、二回。「—にとどまらない」

—ならず 一度や二度でなく何度も。「—注意を受ける」

いつ-ざい【逸材】すぐれた才能。また、それをもった人。「隠れた—」「門下の—」

いっ-さく-【一昨】(接頭)(日・月・年などに付いて)中一つ隔てて前であることを表す。前の前の。「—日」「—年」「—夜」

いっ-さく【一策】一つのはかりごと。一計。「窮余の—」

いっさく-さく-【一昨昨】(接頭)(日・月・年などに付いて)「一昨」よりも一つ前であることを表す。「—日」「—年」

いっさく-じつ【一昨日】昨日の前の日。おととい。

いっさく-ねん【一昨年】昨年の前の年。おととし。

いっ-さつ【一札】一通の書付。証書などの一通。

—入れる 証書などを書いて相手に渡して確約を示す。

いっさつ-たしょう【一殺多生】— →いっせつたしょう

いっ-さん【一△盞】(「盞」は杯の意)一杯の酒。「—を傾ける」

いっ-さん【一△粲】(「粲」は白い歯を出して笑うさま)一度笑うこと。ひと笑い。一笑。「—を博す(=自作の詩文などが人に読まれることを謙遜していう語)」

いっさんか-たんそ【一酸化炭素】—《化》炭素や可燃物が不完全燃焼するときに生じる、無色・無臭で猛毒の気体。吸入すると血液中のヘモグロビンと結合し、その酸素運搬作用を妨げる。

—ちゅうどく【—中毒】《医》一酸化炭素の多量の吸入によって起こる中毒。頭痛・めまい・失神などの症状を起こす。

いっさん-に【一散に・逸散に】(副) わきめもふらないで走るさま。また、ちりぢりに逃げるさま。一目散に。「—逃げる」

いっ-し【一子】①一人の子供。②囲碁で、一つの石。

—そうでん【—相伝】— 学問・技芸などの奥義を、自分の子ただ一人だけに伝えて他にもらさないこと。「—の秘技」

いっ-し【一矢】一本の矢。「—を放つ」

—を報いる 相手の攻撃や非難に対して、わずかであっても反撃・反論をする。「ようやく—」

いっ-し【一死】①野球で、一つのアウト。ワンダウン。ワンアウト。「一二、三塁」②一度死ぬこと。一命を捨てること。

いっ-し【一糸】一本の糸。転じて、ほんのわずかなこと。
―乱(みだ)れず 少しも乱れないで整っているさま。「―行動する」
―(も)まとわず 何も身につけていない。真っ裸である。

いっ-し【一指】一本のゆび。「―も触れさせない」

いっ-し【逸史】正史に書きもらされた歴史上の事実。

いつ-じ【逸事】世に知られていない興味ある事実。「―の多い人」

いつ-し-か【×何時しか】(副) いつのまにか。知らないうちに。早くも。「―日も暮れた」

いつしかに… 和歌〔いつしかに 春のなごりと なりにけり こんぶ干し場の たんぽぽの花〕〈北原白秋(きたはらはくしゅう)〉いつのまにかもう春の終わりになっていたのだなあ。夏のこんぶ干しの季節になり、干し場の片すみには、黄色いたんぽぽの花が咲き残っている。(神奈川県三浦半島の三崎の海辺で詠んだ歌)

いっ-しき【一式】(関連するものの)ひとそろい。全部。「家具―」

いっ-しつ【一失】一つの失敗・損失。「一得―」

いっ-しつ【一室】①一つの部屋。②同じ部屋。③ある部屋。

いっしつ-りえき【逸失利益】〘法〙不法行為または債務不履行がなければ、被害者または債権者が当然得ることができたと考えられる利益。

いっし-どうじん【一視同仁】すべての人を平等に取り扱い、同じように愛すること。「―の心」

いっし-はんせん【一紙半銭】(「紙一枚と、銭(ぜに)半文(はんもん)」の意から)わずかなもののたとえ。「―も施さない」

いっしゃ-せんり【一△瀉千里】(「瀉」はそそぐ意。川の水がひとたび流れ始めるとたちまち千里も走るという意から)①物事がすみやかにはかどること。「―に書き上げる」②文章や弁舌によどみがないこと。「―に事が運ぶ」

いっ-しゅ【一首】和歌や漢詩の一つ。「和歌を―詠む」

いっ-しゅ【一種】■一(名)①一つの種類。「熱帯植物の―」②同類とみてもよいこと。ある種。「彼は―の天才だ」■二(副)どことなく他と異なるさま。ちょっと。「―独特な雰囲気」

いっ-しゅう【一周】(シウ) (名・自スル) ひとまわりすること。一巡。「世界―」
―き【―忌】〘仏〙その人の死んだ翌年の同月同日の忌日。また、その日に行う法要。一回忌。一年忌。
―ねん【―年】満一年。まる一年。「開業―」

いっ-しゅう【一週】(シウ) 日曜日から土曜日までの七日間。一週間。また、ある日から七日間。

いっ-しゅう【一蹴】(シウ) (名・他スル) ①まったく問題とせずに相手を負かすこと。「対戦チームを―する」②まったくとり合わずにはねつけること。「要求を―する」

いっ-しゅく【一宿】(名・自スル) 一晩泊まること。一泊。
―いっぱん【―一飯】一晩泊めてもらい、一食をふるまわれること。「―の恩義」

いっ-しゅつ【逸出】(名・自スル) ①のがれ出ること。ぬけ出ること。②ずばぬけてすぐれていること。「―の才」

いっ-しゅん【一瞬】(「瞬」はまたたきの意) 非常にわずかな間。あっという間。瞬間。「―の出来事」「衝突の―」
―かん【―間】非常にわずかな時間。

いっ-しょ【一所】①ひとところ。一か所。②同じ所。
―けんめい【―懸命】(副・形動ダ) (封建時代に、一か所の領地を武士が命にかけて守り、生活の頼みとしたことから) 命がけで物事に打ち込むさま。参考 江戸中期から「一生(いっしょう)懸命」と書く例が見え、現在に及ぶ。⇩一生懸命
―ふじゅう【―不住】(ヂフ) 修行・行脚(あんぎゃ)のために決まった住居を持たないこと。一か所に定住しないこと。

いっ-しょ【一書】①一通の手紙。②一冊の書物。③ある書物。異本のうちの一つ。一本。「―に言う」

いっ-しょ【一緒】■一(名)①ひとまとめにすること。「全部―に入れる」②同じであること。同一。「君と―の意見だ」③ともに同じ行動をすること。「―に出かける」④同時。「―に注文する」■二(名・自スル) 連れ立つこと。「ご―(=お供)します」
―になる 結婚する。「初恋の人と―」
―くた(名・形動ダ)〘俗〙何もかもごちゃまぜにすること。また、そのさま。まぜこぜ。「あれもこれも―にする」

いっ-しょ【逸書・△佚書】全部または大部分が失われて、内容がほとんど伝わらない書物。

いっ-しょう【一升】(「升」は、容積の単位) 一合の一〇倍。約一・八リットル。「―瓶」

いっ-しょう【一生】(シャウ) 生まれてから死ぬまで。生きている間。また、一つの命。「恵まれた―を送る」「九死に―を得る」
類語 生涯・一生涯・終生
―けんめい【―懸命】(副・形動ダ) 全力をあげて物事に打ち込むさま。「―練習する」⇩一所(いっしょ)懸命
類語 懸命・一心・一心不乱・真剣・夢中・必死・死に物狂い
―もの【―物】一生使い続けることのできる品物。

いっ-しょう【一将】(シャウ) ①一人の将軍・大将。②ある将軍・大将。
―功(こう)なりて万骨(ばんこつ)枯(か)る 一人の将軍が名を揚げたのは多くの兵士が命をすてた結果である。上に立つ者の功績だけが認められ、下で働いた者の犠牲が忘れられがちなのを嘆いていう。

いっ-しょう【一笑】(セウ) (名・自他スル) ①ちょっと笑うこと。「破顔―」②一つの笑いぐさ。
―に付(ふ)する 笑って問題にしない。一笑に付す。
―を買(か)う 笑いものになる。おかしな言動をして笑われる。

いっ-しょうがい【一生涯】(シャウガイ) その人が生き続けている間。一生。「―忘れられない体験」

いっしょう-さんたん【一唱三嘆・一△倡三△歎】(イッシヤウ) (名・自スル) 一たび詩文を読んで、三たび感嘆すること。すぐれた詩文をほめる言葉。一読三嘆。「―に値する」

いっ-しょく【一色】①一つの色。「白―の雪景色」②全体が一つの傾向になっていること。「歓迎ムード―」

いっしょく-そくはつ【一触即発】事態が切迫して、ささいなきっかけで大事の起こりそうなこと。「―の危機」

いっ-しん【一心】①複数の人が心を一つに合わせること。②心を一つに集中すること。専心。「―に見入る」
―どうたい【―同体】二人以上の人の気持ちが同じで、一つにまとまること。「―の夫婦」
―ふらん【―不乱】(名・形動ダ) 一つのことに心を集中し他のことで心が乱れないこと。また、そのさま。「―に勉強する」

いっ-しん【一身】①自分一人の体。自分。「責任を―に引き受ける」②全身。「光を―に浴びる」
―じょう【―上】(ジャウ) 自分の身の上、境遇に関すること。「―の都合により退職する」

いっ-しん【一新】(名・自他スル) まったく新しくなること。また、そうすること。「面目を―する」

いっ-しん【一審】→だいいっしん

いっしん-いったい【一進一退】(名・自スル) 進んだり退いたりすること。また、よくなったり悪くなったりすること。「―の攻防」「―の病状」

いっしん-きょう【一神教】ケウ〔宗〕ただ一つの神を信仰する宗教。ユダヤ教・キリスト教・イスラム教など。↔多神教

いっ-しんとう【一親等】〔法〕本人または配偶者から数えて一世をへだてている者。本人の父母・子および子の配偶者、また、配偶者の父母。一等親。⇩親等・親族（表）

いっ-すい【一炊】一度飯をたくこと。**—の夢** →かんたんのゆめ（邯鄲の夢）

いっ-すい【一睡】（名・自スル）ひと眠り。ちょっと眠ること。「昨夜は—もできなかった」

いっ-すい【溢水】（名・自他スル）水があふれること。また、水をあふれさせること。

いっ・する【逸する】シ(セ・サ)・シ・スル・スル・スレ・シロ(セヨ) ㊀（自サ変）①ある規準からはずれる。はなれる。それる。「常軌を—」②なくなる。「多くの書物が—」㊁（他サ変）①はなす。のがす。「好機を—」②手に入れたものを失う。「名声を—」文いっ・す（サ変）

いっ-すん【一寸】①（「寸」は、長さの単位）一尺の一〇分の一。約三・〇三センチメートル。②小さいこと。また、短い距離や時間。「—のばし」「—きざみに進む」

—先は闇 将来のことはまったく予知できないということ。**—の光陰軽んずべからず** たとえわずかな時間でもむだに過ごしてはいけない。参考 朱熹の詩「偶成」の一節。**—の虫にも五分の魂** どんなに小さく弱いものにもそれ相応の意地があるということ。

—のがれ【—逃れ】その場だけとりつくろって逃れようとすること。その場逃れ。一時逃れ。

いっすんぼうし〔一寸法師〕イツスンボフシ 御伽草子。室町時代に成立。身長が一寸（約三センチメートル）の男子の出世説話。また、その主人公。

いっ-せ【一世】①生まれてから死ぬまで。一生。「今生—の約束」②〔仏〕三世（＝過去・現在・未来）のうちの一つ。特に、現世。

—いちだい【—一代】①一生のうちで、一度だけであること。「—の大仕事」②能や歌舞伎で、引退を前にした役者が、仕納めとして得意の芸を演じること。

いっ-せい【一世】①生まれてから死ぬまで。一生。一代。②当時。当代。「—の名優」③ある人が国を治めている間。④同じ血統・同じ名の最初の皇帝・国王・教皇を呼ぶ称。「ナポレオン—」⑤戸主・移民などの最初の代の人。「日系—」

—を風靡する ある時代に広く知れわたり流行する。

—いちげん【—一元】天皇一代に一つの元号を用いること。一八六八（明治元）年に制定された。

いっ-せい【一斉】そろって行うこと。同時。「—点検」

—に（副）そろって同時に。「—拍手する」

いっ-せいめん【一生面】→いちせいめん

いっ-せき【一夕】①ひと夜。「一朝—」②ある晩。「春の—」

いっ-せき【一石】一つの石。

—を投じる（水面に石を投げると波紋が広がるように）平穏であったところに新たに問題を投げかける。波紋を起こす。

—にちょう【—二鳥】テウ（一つの石で二羽の鳥を落とす意から）一つの行為から二つの利益を得ること。一挙両得。

いっ-せき【一席】①演説や講談、宴会などの一回。「—弁じる」②第一位。「懸賞小説の—にはいる」

—ぶつ 人前で、自らの持論や主張を得意になって演説したり話したりする。また、それをひやかし半分にいう言い方。**—設ける** もてなしのための宴席を準備する。また、それに招く。

いっ-せき【一隻】①船一そう。②一対のもののうちの片方。

—がん【—眼】①片方の目。隻眼。②物事の本質を見抜くことのできるすぐれた観察力や見識。「—を備えた人」

いっ-せつ【一節】①文章・楽曲のひと区切り。「冒頭の—」②プロ野球などの、試合日程のひと区切り。

いっ-せつ【一説】一つの説。また、ある説。別の説。異説。「—によると」

いっせつ-たしょう【一殺多生】タシヤウ〔仏〕一人を殺して多くの命を助けること。一殺多生。

いっ-せつな【一刹那】非常に短い時間。一瞬。

いっ-せん【一閃】（名・自スル）電光・刀などがきらりと光ること。また、そのひらめき。「白刃—」

いっ-せん【一戦】（名・自スル）ひといくさ。ひと勝負。「—を交える」

いっ-せん【一線】①一本の線。②はっきりした区切り。けじめ。「仕事と私生活に—を引く」③最前線。また、活動の場。第一線。「—を退く」

—を画する 境をはっきりさせる。はっきり区別する。**—を越える** 限度を越えた行為をする。踏みとどまるべき領域から外れる。

いっそ（副）むしろ。かえって。思い切って。いっそのこと。「—一からやり直したほうが早い」

いっ-そう【一双】サウ びょうぶなど、二つで一組になっているもの。一対。「—のびょうぶ」

いっ-そう【一掃】サウ（名・他スル）残らず払いのけること。「夏物—セール」「疑惑を—する」

いっ-そう【逸走】（名・自スル）（コースなどから）それて走ること。また、走って逃げること。

いっ-そう【一層】㊀（名）重なったものの一つ。ひとかさね。一段。㊁（副）前よりも程度が増すさま。さらに。ますます。「雨が—激しくなった」

いっ-そく【一束】たばねたもの一つ。ひとたば。「薪—」

いっ-そく【一足】靴・靴下・げた・足袋などのはきもの一組。

—とび【—飛び・—跳び】（名・自スル）①両足をそろえて跳ぶこと。②一定の順序をふまないで一気にとびこえること。「—に出世する」

いっ-そく【逸足】①足のきわめて速いこと。②すぐれた人材。「門下の—」

いつ-ぞ-や【何時ぞや】（副）いつだったか。先日。「—は失礼しました」

いっ-たい【一体】㊀（名）①一つの体。一つにまとまって分けられないもの。「人馬—となる」「三位—」②仏像・彫像などの一つ。③一つの様式・体裁。「書の—」㊁（副）①（多く、「いったいに」の形で）㋐一般に。概して。「今年は—に暑い」㋑もともと。本来。「—に静かな人だった」②強い疑問の意を表す語。ぜんたい。「—それはほんとうか」

—ぜんたい【—全体】（副）「いったい（一体）㊁②」を強めた言い方。「—これはどうしたことだ」

いっ-たい【一帯】①そのあたり一面。そのあたりの範囲全部。一円。「付近—」②ひとすじ。ひとつづき。「—の山並み」

いつ-だつ【逸脱】（名・自他スル）本筋や一定の規範からそれること。「—した行動」

いっ-たん【一端】①一方のはし。かたはし。「綱の—を引く」②一部分。「任務の—を担う」

いっ-たん【一旦】（副）（「旦」は朝の意）①ひとたび。「—緩急あれば（＝ひとたび大事が起こったときには）」②一応。ひとまず。「—帰宅する」

いっ-ち【一致】（名・自スル）①一つになること。同じになること。「満場—」②ぴったり合うこと。「指紋が—する」「不—」

いっち-はんかい【一知半解】知識が不十分でよく理解していないこと。なまかじり。「―のやから」

いっ-ちゃく【一着】[一]（名）①競走などで、第一位。②洋服の数え方で、一つ・一そろい。「―の背広」③碁などで、盤面に石を一つ打つこと。一手。「痛恨の―」④最初の着手。[二]（名・他スル）衣服を着ること。着用。「袴(はかま)を―に及ぶ」

いっ-ちゅう【一籌】チウ（「籌」は、勝負事の得点をかぞえるのに使う棒）一つの勝負・はかりごと。

―を輸(ゆ)する（「輸する」は負けるの意）やや劣る。ひけをとる。

いっちゅう-ぶし【一中節】浄瑠璃(じょうるり)節の一派。江戸中期、京都の都太夫(みやこだゆう)一中の始めたもの。

いっ-ちゅうや【一昼夜】チウヤ まる一日。二四時間。

いっ-ちょう【一丁】チャウ [一]（名）①料理などの一人前。「天丼(てんどん)―」「―あがり」②豆腐・こんにゃくなどの一つ。③ひと勝負。ひと仕事。一番。[二]（副）《俗》勝負事や仕事を始めるときに言う言葉。それでは。「―やってみよう」

―まえ【―前】マヘ 一人前。いっちょまえ。「―の口をきく」

いっ-ちょう【一丁・一挺】チャウ 墨・刃物・ろうそく・銃・やり・駕籠(かご)などの一つ。「―の拳銃」

いっ-ちょう【一朝】テウ [一]（名）①ある朝。②わずかな時間。「―にして滅ぶ」[二]（副）ひとたび。いったん。「―事あれば」

―いっせき【―一夕】わずかな時日。「教育は―にはできない」用法 あとに否定の表現を伴うことが多い。

いっちょう-いったん【一長一短】イッチャウ 長所があると同時に短所もあること。「どの案にも―がある」

いっちょう-ら【一張羅】イッチャウ ①ただ一枚ある上等の着物。とっておきの晴れ着。②ただ一枚しか持っていない着物。

いっ-ちょくせん【一直線】一本の直線。転じて、ひとすじ。まっすぐ。「―の道」「勉強―」「―に突き進む」

いつ-つ【五つ】①一つの五倍。ご。五個。五歳。②昔の時刻の名。今の午前または午後の八時ごろ。五つ時。

―もん【―紋】着物や羽織の背中・両そで・両胸に一つずつ計五個の家紋があるもの。正式の礼服に使う。五所紋(いっところもん)。

い-づつ【井筒】ヰ ①井戸の地上の部分に、木や石で作った囲い。井戸側。②紋所の名。①を図案化したもの。

いっ-つい【一対】二つで一組になっているもの。「好―」「―の屏風(びょうぶ)」

いっ-つう【一通】一つの文書・手紙など。「―の手紙」

い-つづけ【居続け】ヰ（名・自スル）自分の家に帰らず、よそに泊まり続けること。同じ所に引き続いて居ること。

いっ-て【一手】①碁や将棋で、石やこまを一回打ったり動かしたりすること。②自分一人ですること。独占して扱うこと。「―に引き受ける」「―販売」③ただ一つの手段・方法。「押しの―」

いっ-てい【一定】[一]（名・自他スル）一つに決まっていて変わらないこと。また、一つに決めること。「速度を―にする」[二]（名）ある程度。それなり。「―の評価を受ける」

いってい-じ【一丁字】一個の文字。「目に―もない（＝文字が読めない）」参考「丁」は「个(か)（＝箇）」を誤ったもの。

いっ-てき【一滴】一つのしずく。ひとしずく。

いっ-てき【一擲】（名・他スル）思い切って一度に全部投げ捨てること。「乾坤(けんこん)―」

いって-きます【行って来ます】（感）出かけるときの挨拶(あいさつ)の言葉。用法 より丁寧に言うときは「行って参ります」となる。

いっ-てつ【一徹】（名・形動ダ）ひとすじに思いこんで強情に押し通すこと。かたくななこと。また、そのさま。「老いの―」

いって-らっしゃい【行ってらっしゃい】（感）外出する人に言う挨拶(あいさつ)の言葉。語源「行っていらっしゃい」の転。

いっ-てん【一天】①空一面。空全体。「―にわかにかき曇る」②天下。全世界。「―四海(しかい)（＝全世界）」

―ばんじょう【―万乗】天下を統轄(とうかつ)する天子の地位。天子。天皇。「―の君」

いっ-てん【一点】①一つの点。一つのこと。「―一画（＝漢字の一つの点、一つの画）もおろそかにしない」「その―が気がかりだ」②少しのこと。わずかのこと。「―の非もない」「―の曇りもない」③物品・点数の一つ。「絵画―」④得点の一つ。「―差で勝つ」⑤昔の時刻で、一時(いっとき)を四分した最初の時刻。

―ばり【―張り】それ一つだけを押し通すこと。「知らないの―」語源 賭博(とばく)で一つ所にばかり張ることから。

いっ-てん【一転】（名・自他スル）①ひとまわりすること。一回転。②状況がいっぺんに変わること。また、変えること。「心機―」「形勢が―する」

いってんき【一転機】→いちてんき

いっ-と【一途】ひとすじの道。また、ひとすじの方向。「増加の―をたどる」

いっ-とう【一刀】タウ ①一本の刀。②刀のひときり。一太刀(ひとたち)。「―のもとに切り捨てる」

―ぼり【―彫り】一本の小刀やのみだけを用いて仕上げる、簡単で素朴な彫刻法。また、その彫刻物。

―りょうだん【―両断】リャウダン ①一太刀(ひとたち)で物を二つに断ち切ること。②すみやかに決断し鮮やかに処理すること。

いっ-とう【一灯】一つの灯火。一つの明かり。「貧者の―」

いっ-とう【一等】[一]（名）①第一。また、最上の等級。「―賞」「―品」②一つの段階、等級。「罪―を減ずる」[二]（副）いちばん。最も。「―美しい花」

―こく【―国】国際上、最も勢力のある諸国の俗称。

―せい【―星】《天》最も明るく見える恒星。シリウスやカノープスなど。⇩光度②

―ち【―地】その地域で最も高価な土地。また、ある用途に最も適した土地。

―へい【―兵】もと、陸軍で兵の階級の一つ。上等兵の下で二等兵の上の位。

いっ-とう【一統】[一]（名・他スル）一つにまとめること。統一。「天下を―する」[二]（名）一同。みなみな。「御―様」

いっ-とう【一頭】①牛馬など、けもの一つ。②頭一つ。

―地(ち)を抜(ぬ)く ほかのものより一段と抜きんでる。参考「一頭」は頭一つ分の高さの意。「地」は漢文の助字で意味はない。

いっ-とうしん【一等親】→いっしんとう

いっ-とき【一時】[一]（名・副）わずかの間。しばらく。「―休む」[二]（名）①同時。「―に始まる」②ある一時期。「―ほどの勢いはない」③昔の時間区分で、今の二時間。一時(ひととき)。

―のがれ【―逃れ】→いっすんのがれ

いっとく-いっしつ【一得一失】利益もあるが、その一方で損失もあること。一利一害。

いつ-なんどき【何時-何時】（副）（「いつ」を強めた言い方）いったい、いつ。「―大地震が起こるかわからない」

いつ-に【一に】（副）①ひとえに。まったく。「好成績は―各人の努力による」②一つには。別の言い方では。

いっ-ぱ【一波】①一つの波。②ひと騒ぎ。一つの事件。③次々と起こる物事の一回目。「感染症流行の第―」

いっ-ぱ【一派】①宗教・学芸・武術などの、もとの系統から分かれた一つの流れ。「踊りで―を立てる」②一つの仲間。一味。

-いっぱい【一杯】（接尾）「ぎりぎり」「ありったけ」の意を表す。「精―」「来年―」

いっ-ぱい【一杯】[一]（名）①（さかずき・茶碗(ちゃわん)など）一つの

容器にはいる量。「コップ―の水」②酒を少し飲むこと。「―やる」③升一そう。④イカ・タコなどの一ぴき。二(副・形動ダ)①その場からあふれるほどに満ちているさま。たくさん。「人が―集まる」②限度であるさま。ぎりぎり。「制限時間が―になる」

―食くわ**す** まんまと人をだます。

―きげん【―機嫌】 酒に酔って、いい気持ちの状態。

いっ-ぱい【一敗】(名・自スル)一度負けること。「四勝―」

―地ち**に塗**まみ**れる** 再び立ち上がることができないほどの負け方をする。完敗する。

いっ-ぱく【一白】 ①馬の足の下端に白いまだらのあること。②陰陽道(おんようどう)で、九星(きゅうせい)の一つ。水星。本位は北。⇒九星

いっ-ぱく【一泊】(名・自スル)一晩泊まること。

いっ-ぱし【一端】(名・副・形動ダ)一人前。また、一人前のようにふるまうさま。「―の口をきく」「―の職人をきどる」「―理屈を言う」参考 多く、まだ一人前でないのにという意で用いる。

いっ-ぱつ【一発】 ①弾丸などの一つ。②銃・花火などを、一回放つこと。③野球で、チャンスでのヒット。特に、ホームラン。「ここで―ほしい」④《俗》何かを始めるときに言う言葉。ひとつ。「―やってみよう」

―や【―屋】 ①大きな当たりばかりをねらう人。②野球で、いつもホームランをねらう打者。③一時期だけ成功して活躍した人。「―の歌手」

いっ-ぱつ【一髪】 ①髪の毛ひとすじ。②ごくわずかなさま。「間(かん)―」「危機―」

いっ-ぱん【一半】 なかば。半分。また、一部分。「こちらにも―の責任はある」

いっ-ぱん【一班】 ①ある組織の一つの班。②第一番の班。

いっ-ぱん【一般】 一(名)①全体に広く認められ、いきわたっていること。「―の傾向」②ふつう。「―の人」(↔特殊) 二(形動ダ)ダロ・ダッ(デ・ニ)・ダ・ナ・ナラ・○ 同一であるさま。同様。一様。「遅れたという点では、君も僕と―だ」文(ナリ)

―か【―化】クヮ(名・自他スル)①広く通用するようになること。「インターネット利用の―」②個別のものから、広く通用する法則・概念を引き出すこと。「自己の経験の過度な―」

―かいけい【―会計】クヮイケイ 国家および地方公共団体の通常の活動にともなう基本的な会計。↔特別会計

―がいねん【―概念】〔論〕いろいろの個体に共通する要素を抽出してとらえた認識内容。たとえば、「山」という一般概念は、富士山にも谷川岳にも通用する。普遍概念。

―しょく【―職】 ①国家および地方公務員の特別職以外の一般公職。↔特別職 ②企業のコース別人事制度で、日常的な一般業務にあたる職。原則として昇進に限度がある。↔総合職

―じん【―人】 ①特別な地位・身分をもたないふつうの人。②関係者でない人。

―てき【―的】(形動ダ)ダロ・ダッ(デ・ニ)・ダ・ナ・ナラ・○ 特別ではなく、広く全体に通用するさま。「―な方法」

―ろん【―論】 個々の特殊性を無視して、全体を概括的に一様に論じる議論・理論。

いっ-ぱん【一斑】(豹(ひょう)の毛皮の斑(まだら)の一つの意から)全体のうちの一部分。「感想の―を述べる」

―をもって全豹ぜんぴょう**をトす**ぼく 物事の一部分を見て全体を推しはかる。一斑を見て全豹を知る。

いっ-ぱん【一飯】 ①一回の食事。「一宿―」②一わんの飯。

いっ-ぴ【一臂】 ①片ひじ。片腕。②少しの助力。

―の力ちから**を仮**か**す** わずかな助力をする。

いっ-ぴき【一匹・一疋】 ①けもの・魚・虫などの一つ。②一人前の人間一人。「男―」③絹布二反。④昔、銭(ぜに)一〇文または二五文。

―おおかみ【―狼】オホカミ(群れから離れて一匹でいる狼の意から)集団の力に頼らずに、自分の主義・主張に従って単独で行動する人。

いっ-ぴつ【一筆】 ①墨つぎをしないでひとふでで書くこと。「―画」②同一人の筆跡。③簡単に書くこと。また、その文。「―したためる」④書状・証文などの一通。⑤土地の一区画。

―けいじょう【―啓上】ケイジャウ 男子の手紙の書き出しに使う語。簡単に申し上げますの意。

―せん【―箋】 短い文章を書き送るための、短冊形の小型の便箋。

いっ-ぴょう【一瓢】―ベウ(酒のはいっている)ひょうたん一つ。

イッヒ-ロマン〈ドイ Ich-Roman〉〔文〕作中の人物が、一人称で自分の生活や体験を語る、自伝的告白形式の小説。

いっ-ぴん【一品】 ①一つの品。ひとしな。「もう―注文する」②最上の品。最もすぐれたもの。逸品。絶品。「天下―」

―りょうり【―料理】―レウ ①客が献立表から一品ずつ選んで注文する料理。アラカルト。②一皿だけの手軽な料理。

いっ-ぴん【逸品】 すぐれた品物・作品。絶品。「天下の―」

いっぴん-いっしょう【一顰一笑】―イッセウ ①顔をしかめたり笑ったりすること。②顔色。機嫌。「―をうかがう」

いっ-ぷ【一夫】 ①一人の夫。②一人の男。

―いっぷ【―一婦】 一人の夫と一人の妻による婚姻の形態。一夫一妻。「―制」

―たさい【―多妻】 一人の夫が二人以上の女性を妻とする婚姻の形態。

いっ-ぷう【一風】 ①どことなく他と異なる趣。「―変わった人」②独特の流儀、特色。「―をなす俳人」用法 ①は、副詞的に用いる。

いっ-ぷく【一服】(名・自スル)①(茶やたばこをのんだりして)ひと休みすること。②茶・たばこのひとのみ。③一回分の粉薬。

―盛も**る** 殺すために毒薬を飲ませる。

いっ-ぷく【一幅】 表装した書や絵の一つ。「―の絵画」

い-つぶ・す【鋳潰す】(他五)サ(ソ)・シ・ス・ス・セ・セ 金属製品を溶かして地金(じがね)にする。

いつ-ぶん【逸文・佚文】 失われて、今は残っていない文章。また、一部分だけが今に伝わる文章。「風土記―」

いつ-ぶん【逸聞】 世間にあまり知られていない珍しい話。

いっ-ぺいそつ【一兵卒】 ①一人の下級兵士。②肩書もなく低い地位の人。下働きをする人。「―として働く」

いっ-ぺん【一片】 ①ひと切れ。ひとひら。一枚。「―の花びら」「―の紙切れ」②少し。わずか。「―の良心もない」

いっ-ぺん【一辺】 ①《数》図形などの一つの辺。「三角形の―」②一方。片側。

―とう【―倒】タウ 一方にだけ心を傾けること。「和食―」参考 第二次世界大戦後、中国からはいった語。

いっ-ぺん【一変】(名・自他スル)がらりと変わること。または、変えること。「事態が―する」「態度を―する」「生活を―させる」

いっ-ぺん【一遍】 ①一回。一度。②もっぱらそれだけであること。「まじめ―」参考 ②は、「一偏」とも書く。

―に(副)いちどきに。同時に。「問題が―解決する」

いっ-ぽ【一歩】 ①ひとあし。転じて、わずかなことのたとえ。「列から―前に出る」「―も譲らない」②ある一つの段階。「成功の―手前」「勝利に―近づく」

いつ-ぼう【鷸蚌】―バウ(「いっぽう」とも)しぎと、はまぐり。

―の争あらそ**い** 両者が争っているとき、そのすきに、第三者に乗じ

られて共倒れになりやすいという戒め。【故事】しぎとはまぐりとが争っているうちに、両方とも漁師に捕らえられたという話から出た語。〈戦国策〉⇩漁夫の利「故事」

いっ-ぽう【一方】 ■一(名) ①一つの方面。②片方。「―を選ぶ」③もっぱらその方向にかたよること。「仕事がたまる―だ」■二(接) 別の面から言えば。他方。「―、こういう見方もある」

―つうこう【―通行】 ①道路の定められた区間で、自動車などを一定の方向にだけ通行させる措置。一通。②会話や働きかけが片方からだけ行われること。

―てき【―的】(形動ダ) ①一方ばかりにかたよっているさま。「―な試合」②相手のことは考えないで、自分のことだけを考えるさま。「―な主張」

いっ-ぽう【一報】(名・他スル) ①簡単に知らせること。「ご―ください」②最初の知らせ。第一報。「―がはいる」

いっ-ぽん【一本】 ①書物一冊。また、ある本。異本。「―に曰く」②草木一株。③糸・ひも・木・棒など細長いものを数えるときの一つ。手紙・電話などにもいう。「電話―寄こさない」④徳利一本分の酒。「―つける」⑤剣道・柔道で、技が決まること。また、相手をやりこめること。「―勝負」「―取られた」⑥一人前の芸者。「―になる」↔半玉 ⑦それだけ。専一。「数学―にしぼって勉強する」

―か【―化】(名・他スル) いくつかに分散しているものを一つにまとめること。「交渉の窓口を―する」

―がち【―勝ち】 柔道や剣道で、「一本⑤」を取って勝利すること。

―ぎ【―気】(名・形動ダ) 性格が純粋でひたむきなこと。また、そのさま。「―な人」

―じめ【―締め】 手締めの一つ。掛け声に続いて、三、三、三、一の拍子で手を打つ。参考 最近では、一度だけ手を打つ「一丁締め」と混同されつつある。

―しょうぶ【―勝負】 柔道・剣道などで一本取ることで勝敗を決める試合。転じて、一回限りの勝負。「―に強い」

―だち【―立ち】(名・自スル)(仕事や生活などを)自分一人の力でやってゆくこと。独立。「修業を終えて―する」

―ぢょうし【―調子】(名・形動ダ) 調子が同じで変化のないこと。また、そのさま。単調。一本調子。

―づり【―釣り】 ①手釣りや竿釣りで、一本の釣り糸と釣り針で一尾ずつ釣りあげる漁法。「カツオの―」②(転じて) 個別に説得したり勧誘したりして人を引き抜くこと。

―ばし【―橋】 丸太一本を渡しただけの橋。丸木橋。

―やり【―槍】(名・形動ダ)(槍一突きで勝負を決めることから)ただ一つの方法で押し通すこと。「まじめ―の人」

いっ-ぽん【一品】 ①親王の位の第一位。②〘仏〙経典中の一章。

いつ-みん【逸民】 俗世間をのがれて気楽に暮らす人。「太平の―」

いつ-も【何時も】 ■一(副) どんな時でも。「あの店は―開いている」■二(名) ふだん。通常。「―のとおり」「―の服」

類語 常に・常々・常時・常在・常住・始終・しょっちゅう・年中・絶えず

いつ-や【乙夜】〘古〙→にこう(二更)

―の覧 天子が書物を読むこと。乙覧。【故事】唐の文宗が臣下に「天子は昼間から甲夜(=午後八時ごろ)まで政務に多忙で、乙夜(=午後十時ごろ)になってから読書をするようでなければ君主とはいえない」と語ったことからいう。〈杜陽雑編〉

いつ-らく【逸楽・佚楽】 気ままに楽しむこと。

いつ-わ【逸話】 ある人物や物事についての、世間にあまり知られていない興味深い話。エピソード。「知られざる―」

いつわり【偽り・詐り】 真実でないこと。うそ。

―ごと【―言】 いつわりの言葉。つくりごと。うそ。

いつわ・る【偽る・詐る】(他五) ①真実をまげて言ったりしたりする。うそを言う。「原因を―」「身分を―」②だます。あざむく。「人を―」可能 いつわ・れる(下一)

い-て【射手】 弓を射る人。また、弓の達人。

いで(感)〘古〙①(人を誘うのに用いて)さあ。いざ。②(自分自身を促すのに用いて)どれ。さあ。③(感慨を表すのに用いて)いやもう。いやまあ。④(軽く打ち消すのに用いて)さあ。いや。

イデア〈ギリシャ idea〉〘哲〙(一般には「観念」「理念」の意)事物の本質。感覚をこえた、理性のみが知りうる永遠の実在。プラトン哲学の中心概念。イデー。アイデア。

いであけみ〔井手曙覧〕→たちばなあけみ

イディオム〈idiom〉慣用句。慣用語。熟語。

イデー〈ドイツ Idee〉→イデア

イデオロギー〈ドイツ Ideologie〉①〘哲〙観念形態。②政治や社会生活の様式を決定し、人間の行動を律する根本となる考え方・思想体系。主義。政治的主張。思想傾向。

い-てき【夷狄】 ①野蛮人。未開人。②外国人。参考 昔、中国で、「夷」は東方の蛮族、「狄」は北方の蛮族をいった。

いで-たち【出で立ち】 ①身じたく。装い。「ものものしい―」②出かけること。旅立ち。出立。

いで-た・つ【出で立つ】(自四)〘古〙①出て立ちどまる。②旅立つ。③身じたくする。④宮仕えに出る。⑤出世する。

いて-つ・く【凍て付く】(自五) こおりつく。「―いた道路」「―ような寒さ」冬

いても-たっても-いられない【居ても立っても居られない】 不安や待ち遠しさのために、じっとしていられない。「結果がわかるまで―」

いで-ゆ【出で湯】 温泉。「―の里」

い・てる【凍てる】(自下一) こおる。冬 文い・つ(下二)

い-てん【移転】(名・自他スル) ①場所・住所を移すこと。また、移ること。引っ越し。「―届」「会社を―する」②権利が他に移ること。また、移すこと。「―登記」

い-でん【遺伝】(名・自スル)〘動・植〙親のもっている形態や性質が、遺伝子によってその子孫に伝わること。「隔世―」

―し【―子】〘動・植〙細胞の染色体中に一定の順序に配列されて、形態や性質を遺伝する物質。本体はDNA(デオキシリボ核酸)。

―しくみかえ【―子組(み)換え】〘動・植〙ある生物のDNA(デオキシリボ核酸)断片を異種の生物のDNA分子に組み込ませること。「―食品」「―作物」

―しこうがく【―子工学】 人為的な操作を加えた遺伝子を有効に利用して、有用物質の生産などの技術を研究・開発する学問。

―しちりょう【―子治療】〘医〙遺伝子に異常がある患者の細胞に、外部から正常な遺伝子を組み入れて治療する方法。遺伝子療法。

いと【糸】 ①繊維をよりあわせて細長く引きのばしたもの。織物・縫い物などに用いる。「―を紡ぐ」②細長い線状のもの。「蜘蛛の―」③つなぐものをたとえていう。「記憶の―をたぐる」④琴・三味線などの弦。また、琴・三味線。「―に乗せて歌う」⑤釣り糸。「―を垂れる(=釣りをする)」

―の切れた凧 制御不能で、どこへ行くのか、何をするのかわからない者のたとえ。

―を引く ①(あやつり人形を糸で

動かすように)陰で人をあやつる。「背後で—者がいる」②(糸状に続くように)あとまで長く続いて絶えない。③ねばって糸を張ったようになる。「納豆が—」

い-と【意図】(名・他スル)こうしよう、こうしたいと考えること。また、そう考えている事柄。おもわく。「—した結果にならない」「相手の—を推測する」

いと(副)《古》①非常に。ほんとうに。「雪の—たかう降りたるを」〈枕草子〉②たいして。あまり。「—やんごとなき際にはあらぬが」〈源氏〉用法 ②は、あとに打ち消しの語を伴う。

い-ど【井戸】— 地面を掘り、地下水をくみ上げる設備。

い-ど【異土】①異国。外国。②異郷。

い-ど【緯度】—〔地〕地球上の位置を表す座標。一地点と地球の中心とを結んだ線が赤道面となす角度。赤道を零度として北を北緯、南を南緯といい、両極が九〇度。↕経度

旧グリニッジ天文台　北極　北緯　緯度　経度　西経　東経　赤道　南緯　経線0°　南極　緯線0°

〔緯度〕

いと-いり【糸入り】(「糸」は絹糸の意)木綿糸に絹糸をまぜて織った織物。「—つむぎ」

い-とう【以東】(基準の地点を含めて)それより東。↕以西

いと・う【厭う】(他五)①いやだと思って避ける。いやがる。「世を—」「労を—・わない」②いたわる。大事にする。「寒さの折から、お体をお—・いください」

い-どう【移動】(名・自他スル)位置・場所が変わること。また、位置・場所を変えること。「人口—」⇩「使い分け」

—せい-こうきあつ【—性高気圧】—〔気〕西から東へ比較的速い速度で移動する高気圧。日本で、春や秋によく現れ、その圏内は晴れることが多い。

い-どう【異同】異なる点。違い。差異。⇩「使い分け」

い-どう【異動】(名・自他スル)職務・地位・住所などが変わること。また、変えること。⇩「使い分け」

> 使い分け「移動・異同・異動」
> 「移動」は、ある位置・場所から動いて別の位置・場所に変わること、また、動かして位置・場所を変えることを表し、「車を移動させる」「移動図書館」などと使われる。
> 「異同」は、異なっている点、二つまたはそれ以上の事物を比較して違っている点を表し、「異同一覧表」「両者に異同はない」などと使われる。
> 「異動」は、ある人の地位・勤務・住所などが変わることで、新任や退任などの人事の動きを表し、「人事異動」「連絡先に異動が生じる」などと使われる。

いとう-さちお〔伊藤左千夫〕(一八六四〜一九一三)明治時代の歌人・小説家。千葉県生まれ。正岡子規門下。万葉調・写生を基調とした歌風。子規没後「馬酔木」「アララギ」で「叫び」の説を主張。「左千夫歌集」、小説「野菊の墓」など。

いとう-ひろぶみ〔伊藤博文〕(一八四一〜一九〇九)明治時代の政治家。周防(山口県)生まれ。明治維新の功労者。一八八五(明治十八)年初代の内閣総理大臣になった。大日本帝国憲法を起草し、議会開設に尽力。立憲政友会を結成して総裁となり、また初代の韓国統監となったが、独立運動家安重根に暗殺された。

いとおし・い(形)①かわいそうだ。気の毒だ。②とてもかわいらしい。「愛娘が—」文いとほ・し(シク)

いとおし・む(他五)①かわいそうに思う。②かわいらしく思う。「娘を—」③惜しんでたいせつに思う。「行く春を—」「我が身を—」

いと-おどし【糸△縅】— 鎧の縅の一種。絹の組み糸で札をつづりあわせたもの。

いと-おり【糸織〔り〕】よった絹糸で織った織物。

いど-がえ【井戸替え】井戸の水をすっかり汲みあげて中の掃除をすること。いどさらえ。夏

いと-きり【糸切り】①→いとぞこ ②糸を切ること。

—ば【—歯】(糸を切るのに使うことから)人間の犬歯。

い-とく【威徳】— 犯しがたい威厳と人に尊敬されるような徳。

い-とく【遺徳】— 人が死後に残した人徳。「—をしのぶ」

いと-くず【糸△屑】— 糸のくず。役に立たない糸。

いと-ぐち【糸口・◇緒】①巻いてある糸の先端。②始まり。手がかり。きっかけ。端緒。「事件解決の—をつかむ」

いと-くり【糸繰り】(名・自スル)①繭や綿から糸を巻きとること。また、その人。「—車」②→いとわく

いと-ぐるま【糸車】繭や綿から糸をとったり、またはより合わせたりするための車。糸より車。糸くり車。

いとけ-な・い【◇幼い・◇稚い】(形)幼い。あどけない。いわけない。「—子供」文いとけな・し(ク)

いと-こ【×従兄弟・×従姉妹】父母の兄弟姉妹の子供。また、その子供どうしの関係。「彼は私の—にあたる」参考 性別や自分より年長か年少かの違いにより、「従兄」「従弟」「従姉」「従妹」と書き分けることもある。

—に【—煮】小豆・ごぼう・大根などを煮えにくいものから順に追い入れて煮た料理。語源「追い追い(甥甥)煮る」の洒落からという。

い-どころ【居所】— いる所。居場所。また、住所。いどこ。「—を知らせる」「虫の—が悪い(=機嫌が悪い)」

いと-ごんにゃく【糸△蒟△蒻】糸のように細長く切るなどしたこんにゃく。参考 さらに細いものを「しらたき」という。

いと-ざくら【糸桜】「枝垂れ桜」の別称。春

いと-さばき【糸△捌き】①糸の扱い方。②琴・三味線などの弦楽器の演奏の手さばき。「見事な—」

いとし・い【◇愛しい】(形)①かわいい。恋しい。「—人」②かわいそうである。ふびんだ。文いと・し(シク)

いとし-ご【◇愛し子】かわいがっている子。大事な子。

いと-しば【糸芝】〔植〕イネ科の多年草。シバに似ているが葉・茎は細く糸状をなし、芝生に使われる。高麗芝。

いと-じり【糸尻】→いとぞこ

いと-すぎ【糸杉】〔植〕ヒノキ科の常緑高木。枝は細く糸状で垂れ下がる。庭園などに植える。サイプレス。

いと-ぞこ【糸底】(ろくろから糸で切り取ることから)陶磁器の底の部分。糸切り。糸じり。

いと-たけ【糸竹】①和楽器の総称。②音楽。管弦。「—の道」参考「糸」は琴・三味線・琵琶などの弦楽器、「竹」は笙・笛などの管楽器。

いと-づくり【糸作り】イカや魚の肉を糸のように細く切って作った刺身・酢の物。

いと-てき【意図的】(形動ダ)何かの目的や考えがあってそうするさま。「—に情報をもらす」

いとど【×竈馬】《古》「かまどうま(虫の名)」の異称。秋

いと-ど(副)《古》(「いといと」の転)①ますます。いっそう。②そうでなくてさえ。ただでさえ。

いと-とんぼ【糸×蜻蛉】〘動〙イトトンボ科の昆虫の総称。小形で細く、羽を背上で合わせてとまる。トウスミトンボ。夏

いとなみ【営み】 いとなむこと。行為。仕事。「日々の―」

いとな・む【営む】(他五) マ(モ)・ミ(ン)・ム・ム・メ・メ ①仕事としてそれを行う。経営する。「出版業を―」「書店を―」②計画を立てて物事をする。「法事を―」「生活を―」③建物などを造り整える。「邸宅を―」 語源「暇無(いとな)し」の語幹に接尾語「む」がついて動詞化した語とされる。可能 いとな・める(下一)

いと-のこ【糸△鋸】 板の中ほどを切り抜いたり曲線状に切ったりするのに用いる、刃が糸のように細いのこぎり。

いど-ばた【井戸端】 ヰド― 井戸のそば。また、そのまわり。

―かいぎ【―会議】 ギクワイ (もと共同で使う井戸のまわりなどで、洗濯などをしながら世間話をしたことから)おもに女性が集まってする世間話やおしゃべり。

いと-はん【◇嬢はん】《方》(関西で)お嬢さん。いとさん。

いど-べい【井戸塀】 ヰド― 政治家が、政治活動で財産を使い果たし、あとに井戸と塀しか残らないこと。

いと-へん【糸偏】 ①漢字の部首名の一つ。「結」「綿」などの「糸」の部分。②繊維産業の俗称。「―景気」

いと-ま【◇暇・△遑】 ①用事のないこと。ひま。「応接に―もない」②休暇。「―を願う」③職をやめること。また、やめさせること。「―を取る」「―を出す」④離縁。「妻に―を出す」⑤別れ。辞去。「―を告げる」「お―します」

―ごい【―乞い】 ゴヒ (名・自スル) ①別れを告げること。②休暇がほしいと申し出ること。また、やめたいと申し出ること。

いと-まき【糸巻〔き〕】 ①糸を巻くこと。また、糸を巻きつける道具。②女性の髪形の一種。髪をくしに巻きつけたもの。③三味線(しゃみせん)など弦楽器の頭部にあって、弦をしめあげて音の高さを調節するねじ。

いと-まさめ【糸△柾目・糸正目】 木のまさ目が糸のように細くて密なもの。糸まさ。↔粗柾目(あらまさめ)

いと-みみず【糸×蚯蚓】〘動〙イトミミズ科の環形動物。どぶなどの泥中に群棲(ぐんせい)する、赤く糸のように細いミミズ。あかご。

いど・む【挑む】 マ(モ)・ミ(ン)・ム・ム・メ・メ ■一(他五) ①争いをしかける。「戦いを―」②言い寄る。恋をしかける。■二(自五) 積極的に難関に立ち向かう。「冬山に―」可能 いど・める(下一)

いと-め【糸目】 ①細い糸。糸筋。②つり合いをとるために、凧(たこ)の表面につける糸。「金に―をつけない(=制限を加えないで、惜しげもなく金をつかう)」③器物に細く刻みつけた筋。④〘動〙ゴカイ科の環形動物。浅海の泥中などにすみ、体は扁平(へんぺい)で細長く約二〇センチメートル。釣りのえさにする。

い-と・める【射止める】(他下一) メ・メ・メル・メル・メレ・メロ(メヨ) ①矢や弾丸を射あてて倒す。「獲物を一発で―」②うまく自分のものにする。「相手の心を―」「賞金を―」文 いと・む(下二)

いと-も(副) まったく。非常に。「―簡単な問題」

いと-やなぎ【糸柳】「枝垂(しだ)れ柳」の別称。春

いと-ゆう【糸遊】 ―ゆう (古)陽炎(かげろう)。春

いと-より【糸△縒り・糸△撚り】 ①糸によりをかけること。②「糸より車」の略。③「糸より鯛(だい)」の略。

―ぐるま【―車】→いとぐるま

―だい【―△鯛】 ―ダヒ〘動〙イトヨリダイ科の海産硬骨魚。体長は約四〇センチメートル。黄赤色で、尾びれの上端が糸状にのびている。食用。いとより。

いと-わく【糸枠】 つむいだ糸を巻きつけるわく。糸繰り。

いとわし・い【△厭わしい】 イトハ シイ (形) カロ・カッ(ク)・イ・イ・ケレ・○ いやである。好まない。わずらわしい。「顔を見るのも―」文 いとは・し(シク)

いな【否】 ■一(名) 不同意。不承知。「賛成か―か」■二(感) 否定・拒絶などの意を表す語。いや。いや、そうではない。「国内で、―世界でもめずらしい現象」

―や ①承諾か不承諾か。諾否。②不承知。異議。「―は言わせない」③(「…やいなや」の形で) ㋐…とすぐに。「話を聞くや―走り出す」㋑どうであろうか。…かどうか。「勝算ありや―」

いな【△鯔】〘動〙ボラの若魚の呼称。秋

い-な【異な】(連体) 変な。不思議な。「縁は―もの味なもの」

い-ない【以内】 ①(基準になるものを含んで)ある数量の範囲内。「五日―に仕上げる」②ある境界の範囲内。↔以外

いなおり-ごうとう【居直り強盗】 ヰナホリガウタウ こそどろなどが家人に気付かれて、急に強盗に変わること。また、その強盗。

い-なお・る【居直る】 ヰナホル (自五) ラ(ロ)・リ(ッ)・ル・ル・レ・レ ①座り直して姿勢を正す。いずまいを正す。②追いつめられて窮した者が、急に威圧的な態度に変わる。「押し売りが―」

い-なか【田舎】 ヰ― ①都会から離れた所。地方。「―の出」②田野の多い所。③地方にある生まれ故郷。郷里。ふるさと。「―へ帰る」参考 常用漢字表付表の語。

―しばい【―芝居】 ―シバヰ 地方の小都市や村などで演じられる芝居。また、へたな芝居。

―じるこ【―汁粉】 つぶしあんの汁粉。

―ま【―間】〘建〙かね尺六尺(約一・八二メートル)を一間(いっけん)とした建築での寸法。おもに関東以北にみられる。⇩京間

―みそ【―味△噌】 麦こうじで作った味噌(みそ)。麦味噌。

―もの【―者】 ①いなかの人。いなか育ちの人。②粗野な人をあざけっていう語。③自分をへりくだっていう語。

―や【―家】 ①いなかの家。また、いなかふうの家。②粗末な家。

いなかきょうし【田舎教師】 ヰナカケウシ 田山花袋(たやまかたい)の小説。一九〇九(明治四十二)年刊。貧困と挫折のなかで早世した代用教員を描いた、自然主義文学の代表作の一つ。

いな-かけ【稲掛〔け〕】 刈り取った稲を小束にして、穂先を下向きに掛けてかわかすための木組み。稲掛(いねか)け。はさ。はぜ。稲木(いなぎ)。秋

いな-かぶ【稲株】 稲を刈り取ったあとの株。

い-ながら【居△乍ら】 ヰ― (副) 座ったままで。動かないで。「―にして世界情勢を知る」

い-なが・れる【居流れる】 ヰ― (自下一) レ・レ・レル・レル・レレ・レロ(レヨ) 上位から下位へ順序よく並んで座る。居並ぶ。文 ゐなが・る(下二)

いな-き【稲◇置】 ①古代、諸国の土地・人民を管理した地方官。②天武朝に制定された八色(やくさ)の姓(かばね)の最下位。

いな-ご【稲子・△蝗】〘動〙バッタ科イナゴ属の昆虫の総称。体は緑色で、羽は淡褐色。稲の害虫。食用にもなる。秋

いな-さ 南東の風。たつみの風。特に、台風の時期の強風。夏

いな-さく【稲作】 ①稲を植えて育てること。米作。②稲の実りぐあい。「今年の―は順調だ」

いな・す【◇往なす・◇去なす】(他五) サ(ソ)・シ・ス・ス・セ・セ ①行かせる。去らせる。②相撲で、向かってきた相手の体勢を、すばやく身をかわして崩す。③相手の攻撃や追及を軽くかわす。「抗議を軽く―」可能 いな・せる(下一)

いな-ずま【稲妻】 ―ヅマ 雷雨のときなどに、空中での放電によって起こる光。稲光(いなびかり)。「―が走る」秋

―がた【―形】 稲妻をかたどったジグザグ模様。

いな-せ【△鯔背】(名・形動ダ) いきで、威勢がよく若々しいこと。また、そのさま。「―なはっぴ姿」語源 江戸時代、魚河岸(うおがし)の若者が「いなせ銀杏(いちょう)」というまげを結ったことからという。

いなだ〘動〙ブリの若魚。体長四〇センチメートルぐらいのもの。夏 参考 おもに関東での呼び名。関西では「はまち」という。

いな-だ【稲田】 稲の植えてある田。秋

いな-づま【稲妻】「いなずま」と書くのが本則。→いなずま

い-な-な・く【△嘶く】(自五) 馬が声高く鳴く。

いなば【因幡】 旧国名の一つ。現在の鳥取県東部。因州。

いな-びかり【稲光】 →いなずま

いな-ほ【稲穂】 稲の穂。秋

いな・む【否む・◇辞む】(他五) ①断る。拒否する。「証言をー」②否定する。可能いな・める(下一)

いなめない ①打ち消すことができない。否定できない。「ー事実」②断れない。「頼みをー間柄」

いな-むら【稲△叢】 刈り取った稲を積み重ねたもの。秋

い-なら・ぶ【居並ぶ】(自五) 何人もの人が並んで座る。「会社の重役がー」

いなり【稲◇荷】 ①五穀をつかさどる神。また、その神をまつる赤い鳥居のある社。「ー大明神」②(①の使いであるとの俗信から)キツネ。③(キツネの好物とされることから)油揚げ。④「いなりずし」の略。

――ずし【ー△鮨】 甘辛く味つけした袋状の油揚げの中に酢飯を詰めたもの。おいなりさん。いなり。

い-なん【以南】(基準の地点を含めて)それより南。↔以北

イニシアチブ〈initiative〉①人に先だって何かを提案したり行動したりして、全体をリードすること。主導権。「交渉のーをにぎる」②国民が直接、立法に関する提案ができる制度。

――を取る 主導権を握り全体をリードする。「会議のー」

いにし-え【◇古】(「往にし方へ」の意)遠く過ぎ去った時。昔。過去。「ーの栄華の跡」「ー風(=昔の風習・様式)」

イニシエーション〈initiation〉特定の社会集団の一員となるために行う儀式。成人式や元服の類。加入儀礼。

いにしへの… 和歌〔いにしへの 奈良の都の 八重桜 けふ九重に 匂ひぬるかな〕〈詞花集 伊勢大輔〉昔、栄えた奈良の都の八重桜が、今日この平安京の九重(=宮中)で、色あざやかに咲いたことよ。(献上された奈良の八重桜をよんだ旨、詞書に見える。小倉百人一首の一つ)

イニシャル〈initial〉ローマ字または欧文で書いた姓名などの最初の文字。頭文字。イニシアル。

い-にゅう【移入】(名・他スル) ①移し入れること。「感情ー」②国内の他所から貨物を入れること。↔移出 参考 ②は、外国からの場合は「輸入」を使う。

い-にょう【囲△繞】(名・他スル) まわりをとりかこむこと。囲繞。

い-にょう【遺尿】(名・自スル)〔医〕眠っている間などに、無意識に小便をもらすこと。「ー症」

い-にん【委任】(名・他スル) ①ゆだね任せること。②〔法〕一方(委任者)が他方(受任者)に法律行為をなすことを委託し、受任者がこれを承諾して成立する民法上の契約。

――じょう【ー状】〔法〕「委任②」を証明する書状。

――とうち【ー統治】〔社〕第一次世界大戦後、敗戦国の支配から離れた植民地と領土に対し、特定の国が国際連盟の委任を受けて行った統治形式。国際連合の信託統治の前身。

イニング〈inning〉野球・クリケットなどで、両チームが攻撃と守備を一度ずつ行う間。回。インニング。「ラストー」

いぬ-【犬】(接頭) ①(植物名などの上に付けて)一見似ているが実は違うの意を表す。「ーたで」「ーつげ」②人をいやしめ、軽んじていう語。「ー侍」③むだの意を表す。「ー死に」

いぬ【犬】 ①〔動〕イヌ科の肉食動物。最も古い家畜でよく人になれ、品種が多い。嗅覚・聴覚が鋭い。愛玩用・番用・狩猟用など。②まわし者。スパイ。権力の手先。

――と猿 仲の悪い者どうしのたとえ。犬猿の仲。**――の遠吠え** おくびょうな者が、陰で虚勢を張ること。**――も歩けば棒に当たる** ①何か物事をしようとする者は災難にあうことも多いたとえ。②出歩いていて思わぬ幸運にであうことのたとえ。**――も食わない** まったく相手にされないことのたとえ。「夫婦げんかはー」

いぬ【△戌】 ①十二支の第一一。②昔の時刻の名。今の午後八時ごろ、およびその前後約二時間。③方角の名。ほぼ西北西。

い・ぬ【◇往ぬ・◇去ぬ】(自ナ変)(古) ①行ってしまう。去る。「この人を具してー・にけり」〈徒然草〉②過ぎ去る。経る。③死ぬ。「妹がー・ぬれば」〈万葉〉

い・ぬ【◇寝ぬ】(自下二)(古)寝る。眠る。

いぬ-い【△戌△亥・◇乾】 方角の名。北西。

イヌイット〈Inuit〉アラスカ、カナダ北部、グリーンランド南岸などに住むモンゴル系の先住民族。特に、「エスキモー」のカナダでの呼称。⇩エスキモー

いぬ-おうもの【犬追物】 鎌倉時代に起こった、竹垣で囲んだ馬場に犬を放し、騎馬の武士が犬を傷つけない蟇目(=木製の矢じり)の矢で射た武術。

いぬ-かき【犬△搔き】 犬が泳ぐときのように、顔を上げ、両手で水をかき、両足で水をけって進む泳ぎ方。

い-ぬき【居抜き】 建物を、内部の家具・設備・備品などはそのままにして売ったり貸したりすること。

い-ぬ・く【射抜く・射◇貫く】(他五) 矢を射て、また、弾丸を撃って、ねらった物をつらぬく。射通す。「的をー」

いぬ-ぐい【犬食い】 食卓の上に食器を置いたまま、顔を近づけて物を食べること。無作法とされる。

いぬ-くぎ【犬△釘】 鉄道のレールを固定するためにまくら木に打ち込む大きなくぎ。語源 頭部が犬の頭に似ることから。

いぬ-くぐり【犬◇潜り】 犬の出入り用に、塀・垣根などの下方にあけてある穴。

いぬ-ころ【犬ころ】(「ころ」は接尾語)犬。特に、子犬。いぬっころ。

いぬ-ざむらい【犬侍】 役に立たない、ひきょうな侍。そのような侍をののしっていう語。腰抜け侍。

いぬ-じに【犬死〔に〕】(名・自スル) むだ死に。徒死。

いぬ-たで【犬△蓼】〔植〕タデ科の一年草。山野に自生。夏から秋に、茎の先端に紅の細かい花を穂状につける。あかまんま。

いぬ-ちくしょう【犬畜生】 犬などのけだものの類。不道徳な人をののしるときにいう語。「ーにも劣る」

いぬつくばしゅう〔犬筑波集・犬菟玖波集〕 室町後期の俳諧集。「新撰犬筑波集」とも。山崎宗鑑編。一五三九(天文八)年ごろ成立。俳諧の独立へ道を開いた書。

いぬ-ばしり【犬走り】 ①築地や城郭の垣などと、その外側の溝や堀との間の狭い空き地。②建物の外壁の周囲の部分をコンクリートや砂利敷きにした所。

いぬ-はりこ【犬張り子】 犬の立ち姿にかたどった張り子の置き物。子供の魔よけとした。

いね【稲】〔植〕イネ科の一年草。五穀の一つ。水稲と陸稲(おかぼ)がある。夏から秋にかけ、穂が出て小形の花を開き、実を結ぶ。脱穀して米にする。うるちともちの別がある。秋

いね-かり【稲刈り】 実った稲を刈り取ること。刈り入れ。秋

いね-こき【稲◇扱き】(名・自スル) 刈り取った稲の穂からもみをこき取ること。また、その道具。秋

い-ねむり【居眠り】(名・自スル) 座ったまま眠ること。何

かをしている途中に、おもわず寝てしまうこと。「―運転」

い-の-いちばん【いの一番】（「い」は「いろは」順の一番目であることから）第一番。真っ先。最初。「―にかけつける」

い-のう【異能】ふつうの人に見られない特別な才能。

いのうただたか〔伊能忠敬〕（一七四五-一八一八）江戸後期の測量家。西洋暦法や測量術を学び、幕命で全国各地を測量。没後、最初の実測日本地図「大日本沿海輿地全図」が完成。

い-の-こ【亥の子】―①陰暦十月の亥の日。「亥の子の祝い」といって、昔、この日の亥の刻に万病を除くまじないとして餅を食べた。冬 ②（「亥の子餅」の略）①に食べる餅。

い-の-こ【猪の子・豕】―①イノシシ。また、イノシシの子。②ブタ。

―へん【豕偏】漢字の部首名の一つ。「豝」「豜」などの「豕」の部分。

いのこずち【×牛膝】〘植〙ヒユ科の多年草。やぶなどに自生し、茎は四角で節が太い。実はとげ状の三片の苞で動物の毛や人の衣服につく。根は薬用。秋

い-のこ・る【居残る】―（自五）①他の人が帰ったあとも残る。「教室に―」②勤務時間後まで残る。残業する。

い-の-しし【猪】―〘動〙イノシシ科の哺乳動物。ブタの原種。山野にすみ、毛は黒褐色。鋭いきばがある。首は短い。雑食性で農作物を荒らすこともある。肉は食用で、山鯨やぼたんなどと称される。野猪。秋（冬）

―むしゃ【―武者】向こうみずに敵に突進する武士。転じて、無鉄砲な人。

イノシン-さん【イノシン酸】〈inosine〉〘化〙核酸の一種。魚肉・獣肉などに含まれる。イノシン酸ナトリウムはかつお節などのうまみの主成分で、うま味調味料の原料。

イノセント〈innocent〉（形動ダ）①罪のないさま。潔白なさま。②無邪気なさま。天真爛漫。

いのち【命】①生物が生存する力。「―を助ける」「―を拾う」②生きている期間。生涯。寿命。「―短し」「―長ければ恥多し」〈徒然草〉③活動を支える根源。最も大事なもの。「投手は肩が―だ」

類語 生命・生・身命・人命・露命・一命・命脈・寿命・天寿・天命・長命・短命・薄命・余命・息の根・玉の緒

―あっての物種 生きていればこそ何事もできるのだ。何よりも命がたいせつだ。**―から二番目** 命についで、たいせつなこと。**―の親** 命を助けてくれた恩人。**―の洗濯** 日ごろの憂さや苦労を忘れて、思いきり息ぬきや気ばらしをすること。**―の綱** 生命をつなぐ最もたいせつなもの。**―を落とす** 戦争や事故などで思いがけず死ぬ。**―を懸ける** 命を捨ててもよい覚悟で一生懸命にする。**―を削る** 寿命を縮めるくらい過重な仕事、または苦労や心配をする。**―を投げ出す** 死を覚悟して一生懸命事にあたる。

―がけ【―懸け】（名・形動ダ）命を捨てる覚悟で事にあたること。必死ですること。また、そのさま。「―の任務」

―からがら【―辛辛】（副）（「からがら」は、「やっとのことで」の意）あぶない場面を命だけは助かって。かろうじて。「―逃げ帰る」

―げ【―毛】筆の穂先の最も長いたいせつな毛。語源 書くのに最もたいせつな毛の意から。

―ごい【―乞い】（名・自スル）①殺さないでくれと頼むこと。②長生きできるようにと神仏に祈ること。

―しらず【―知らず】（名・形動ダ）死ぬことをも恐れず無鉄砲なこと。また、その人。「―の荒くれ者」

―づな【―綱】①高所・海中など危険な場所で仕事をするとき、身を守るためにつける綱。②（比喩的に）生きるためになくてはならないとして頼りとするもの。「―の資金を断たれる」

―とり【―取り】①死因となるもの。②とりかえしのつかない大失敗の原因になる事柄。「小さなミスも―となる」

―びろい【―拾い】（名・自スル）あぶなく死にそうになった命が助かること。

―みょうが【―冥加】（名・形動ダ）死ぬはずだった命が（神仏のおかげで）助かること。「―な人だ」

いのちなき… 和歌〔いのちなき 砂のかなしさよ さらさらと 握れば指の あひだより落つ〕〈石川啄木〉命のない砂のなんと頼りなくかなしいことよ。握ると、さらさらと指の間からこぼれ落ちていく。

い-の-ふ【胃の腑】―胃。胃袋。

イノベーション〈innovation〉技術革新。新機軸。

いのり【祈り・禱り】祈ること。神仏に願うこと。祈願。「―を捧げる」

いの・る【祈る・禱る】（他五）①神仏に願う。②心から望む。「ご多幸を―」可能 いの・れる（下一）

類語 念じる・祈念する・祈願する・念願する・黙禱する・祈禱する・祈誓する

い-はい【位牌】―死者の戒名を記した木の札。

―を汚す 祖先の名誉を傷つける。

い-はい【違背】―（名・自スル）規則や約束などにそむくこと。「規律に―する」

い-はい【遺灰】遺体を火葬にしたあとに残る灰。

い-はく【医博】（「医学博士」の略）医学の博士号をもっている人。

い-はく【威迫】―（名・他スル）人をおどして従わせようとすること。脅迫。

い-ばく【帷幕】―（「帷」は垂れ幕、「幕」は引き幕の意）陣営。本陣。作戦などの重要な機密を相談する所。

い-ばしょ【居場所】―居る所。居所。「―がない」

いば-しんえん【意馬心猿】―〘仏〙（馬や猿が騒ぐのが抑えがたいように）煩悩や妄念で心が惑い、抑えがたいさま。

い-はつ【衣鉢】〘仏〙①師僧から弟子に伝える袈裟と鉄鉢。②師から門弟に伝える奥義。衣鉢。「―を継ぐ」

―を伝う 師から弟子にその奥義を伝える。【故事】禅宗の始祖達磨大師が、仏法を伝えた証拠として、門弟に法衣と鉄鉢を授けたことから出た語。〈伝灯録〉

い-はつ【遺髪】―故人の形見の頭髪。

いは-ばし・る【石走る】―㊀（自四）〘古〙水が岩の上を激しく走り流れる。㊁〘枕〙「滝」「たるみ」などにかかる。

いは・ふ【斎ふ】（他四）〘古〙①心身を清めて神に祈る。忌み慎む。②神としてあがめ祭る。③たいせつにする。

いばら【茨】（字義）→し（茨）

いばら【茨・荊・棘】①とげのある低木の総称。バラ・カラタチなど。うばら。（茨の花 夏）②植物のとげ。はり。

―の道（いばらの生えている道の意から）苦難の多い人生などのたとえ。「―を歩む」

いばらき〔茨城〕関東地方北東部にある県。県庁所在地は水戸市。

いはらさいかく〔井原西鶴〕（一六四二-一六九三）江戸前期の俳人・浮世草子作者。大坂の人。初め談林俳諧の俳人として活躍。「好色一代男」を発表後、浮世草子作家として自在な筆致と冷徹な写実的態度で人間生活の種々相を描いた。「好色一代女」「日本永代蔵」「世間胸算用」など。

いばり【尿】小便。ゆばり。ばり。しと。

い-ば・る【威張る】（自五）ラ(ロ)・リ(ッ)・ル・ル・レ・レ 他人に向かってことさら偉そうに、また、強そうにふるまう。威勢を張る。えばる。「相手かまわずー・り散らす」可能いばれる（下一）

表現

〔類語〕	▼えらがる・えらぶる・驕(おご)り高ぶる・増長する・付け上がる・のさばる・ふんぞりかえる
〔慣用〕	▼顎(あご)で使う・上手(うわて)に出る・大きな顔をする・大手を振って歩く・嵩(かさ)にかかる・笠(かさ)に着る・肩で風を切る・肩をいからす・虚勢を張る・尻に敷く・頭(ず)が高い・大尽風を吹かす・にらみをきかせる・幅を利かせる・目八分(めはちぶ)に見る・我が物顔をする ▼内弁慶・お山の大将・亭主関白・夜郎自大
〔ことわざ〕	▼驕る平家は久しからず・驕れる者久しからず・虎(とら)の威を借る狐(きつね)・鳥無き里の蝙蝠(こうもり)

い-はん【違反】（名・自スル）法律・規則・約束などにそむくこと。「スピードーを犯す」「憲法ー」

い-はん【違犯】（名・自スル）法律にそむき、罪を犯すこと。いぼん。

い-び【萎△靡】（名・自スル）なえ、しおれること。弱くなり、衰えること。「ー沈滞する」

いびき【△鼾】睡眠中、呼吸に伴って口・鼻から生じる音。「高ー」「ーをかく」

い-ひつ【遺筆】故人が生前に書いておいた未発表の文章。

いびつ【△歪】（名・形動ダ）ゆがんでいること。また、そのさま。「ーな容器」「ーな性格」

い-ひょう【意表】思いのほか。予想外。「人のーをつく」「ー外」

い-ひょう【遺票】選挙で、故人のあとを継ぐ形で立候補した候補者に集まる票。「父のーを受け継ぐ」

い-びょう【胃病】胃に起こる病気の総称。

いびり-だ・す【いびり出す】（他五）サ(ソ)・シ・ス・ス・セ・セ いじめて、いたたまれないようにして追い出す。「嫁をー」

いび・る（他五）ラ(ロ)・リ(ッ)・ル・ル・レ・レ 弱い立場の者をいじめて苦しめる。意地悪をする。「新人をー」可能いび・れる（下一）

い-ひん【遺品】①死んだ人があとに残した品物。形見。「亡父のー」②忘れ物。遺失品。

い-ふ【畏怖】（名・他スル）おそれおののくこと。「ーの念を抱く」

い-ふ【異父】母は同じで父の違うこと。「ー兄弟」

い-ぶ【威武】権威と武力。たけだけしく勇ましいこと。武威。「ーを誇る」

い-ぶ【慰△撫】（名・他スル）人の心を慰めて穏やかにすること。やさしくいたわること。「人民をーする」

イブ〈eve〉祭りなどの前の晩。特に、クリスマスの前の晩。

イブ〈Eve〉（ヘブライ語で、命の意から）旧約聖書で、神が創造した最初の人間（女性）。夫のアダムとともに禁断の木(こ)の実を食べたためにエデンの園を追放された。エバ。⇨禁断(きんだん)の木(こ)の実(み)「故事」

い-ふう【威風】威厳のあるさま。「ー堂々と行進する」

い-ふう【異風】ふつうと異なったようすや風俗・風習。

い-ふう【遺風】後世に残されたならわし。または、教え。

いぶかし・い【△訝しい】（形）カロ・カッ(ク)・イ・イ・ケレ・○ 疑わしい。怪しい。不審だ。「ー態度をとる」文いぶか・し（シク）

いふ-かひ-な・し【言ふ×甲斐なし】(いうかい)（古）①言うだけの効果がない。どうしようもない。②つまらない。とるにたりない。卑しい。③たわいない。④ふがいない。みっともない。

いぶか・る【△訝る】（他五）ラ(ロ)・リ(ッ)・ル・ル・レ・レ 疑わしく思う。不審に思う。怪しむ。「ーふうもなく承知する」

い-ぶき【息吹】①息を吹くこと。息づかい。呼吸。②活気を感じさせるような雰囲気やきざし。生気。「春のー」参考常用漢字表付表の語。

い-ふく【衣服】身にまとうもの。着物。「ーを身につける」

い-ふく【威服・威伏】（名・他スル）権威をふるって従わせること。服従させること。

い-ふく【異腹】父は同じで母の違うこと。腹違い。↕同腹

い-ぶくろ【胃袋】（胃が袋状であることから）胃。

いぶし【△燻し】①いぶすこと。②硫黄(いおう)などをいぶして金属器などに煤色(すすいろ)をつけること。③蚊いぶし。蚊やり火。

ーぎん【ー銀】硫黄(いおう)を燃やした煙でくすませた銀。また、その色。「ーの(=地味だが渋い味わいのある)演技」

いぶ・す【△燻す】（他五）サ(ソ)・シ・ス・ス・セ・セ ①物を燃やして、炎は立てずに煙を出させる。けぶらせる。「松葉をー」②硫黄(いおう)などを燃やした煙で金属製品に煤色(すすいろ)をつける。③蚊やりをたく。自いぶ・る（五）可能いぶ・せる（下一）

いぶせ・し（形ク）（古）①うっとうしい。心が晴れない。②はっきりしない。気にかかる。③きたない。むさ苦しい。不快だ。

イプセン〈Henrik Ibsen〉（一八二八〜一九〇六）ノルウェーの劇作家。近代劇の確立者。リアリズムの立場で、社会問題を扱う戯曲を書いた。作品は「人形の家」「民衆の敵」など。

い-ぶつ【異物】①ふつうとは違うもの。②〔医〕体外からはいったり体内に発生したりしたもので、周囲の体組織となじまないもの。飲みこんだガラス片や結石など。

い-ぶつ【遺物】①形見。遺品。②前の時代から残っているもの。「前世紀のー」③忘れ物。落とし物。遺失物。

イブニング〈evening〉①夕方。晩。②「イブニングドレス」の略。

ードレス〈evening dress〉〔服〕夜会・晩餐(ばんさん)会などに着る、胸や背を広くあけた裾(すそ)の長い女性の礼服。夜会服。

いぶ・る【△燻る】（自五）ラ(ロ)・リ(ッ)・ル・ル・レ・レ よく燃えないで煙だけが出る。くすぶる。けむる。「薪(まき)がー・っている」他いぶ・す（五）

い-ぶん【異文】①ふつうと違った文章。また、その文面。②異本にみられる、他の本とは違った文章。

い-ぶん【異聞】珍しい話。変わったうわさ。「近世ー集」

い-ぶん【遺文】①故人が生前に書き残した未発表の文章。「ー集」②現在まで残っている古い時代の文献。「平安ー」

い-ぶんか【異文化】(ブンクワ) 暮らし方や宗教などの文化が、自分の属するものとは異なる文化。「ー間の相互理解」

い-ぶんし【異分子】一つの集団の中で、他の多くの仲間と性質・思想などが違っているもの。「ーがまじる」

い-へき【胃壁】〔生〕胃の内面を形づくる壁。粘膜・筋肉・漿膜(しょうまく)からなる。

いへ-づと【家△苞】(いえ)（古）自分の家へのみやげもの。

いへ-ゐ【家居】(いいえ)（名・自サ変）（古）家を定めて住むこと。また、その住まい。家。

い-へん【△韋編】書物。本。参考古代中国の書物は竹簡(ちくかん)に文字を書き、韋(=なめし皮)のひもでこれをとじた。

ー三(み)たび絶(た)つ 同じ書物を繰り返して熟読、または愛読することのたとえ。韋編三絶(さんぜつ)。【故事】孔子が晩年、易(えき)の書物を好んで何度も読み返したために、そのとじひもが三度も切れたということに基づく。〈史記〉

い-へん【異変】①変わること。変化。「病状にーはない」②ふつうとは異なったできごと。「暖冬ー」

イベント〈event〉①できごと。事件。②行事。催しもの。「記念―」③試合。競技の種目。エベント。「メーン―」

い-ほ【◦五◦百】(古)五百。また、数の多いこと。「―年」

いぼ【△疣】①角質層の増殖などにより、皮膚の表面にできる小さな隆起物。②物の表面にある小さな突起。「キュウリの―」

い-ぼ【異母】父は同じで母の違うこと。腹違い。異腹。「―兄弟」↔同母

いぼ-いぼ【△疣△疣】たくさんのいぼ状の突起。また、いぼ。

い-ほう【異邦】よその国。外国。異国。

―じん【―人】①外国人。②ユダヤ人からみて、ユダヤ教徒以外の人。特に、キリスト教徒。

い-ほう【違法】法律に反すること。「―行為」「―性」↔合法・適法

い-ほう【彙報】(「彙」は集める意)種類別に集めた報告。

い-ほう【威望】威光と人望。

い-ほく【以北】(基準の地点を含めて)それより北。↔以南

い-ぼく【遺墨】故人が生前に書き残した書画。「―展」

いぼ-じ【△疣△痔】「痔核」の俗称。

いぼ-だい【△疣△鯛】〖動〗イボダイ科の海水魚。淡灰青色で、体長は約二〇センチメートル。食用。えぼだい。

いぼた-の-き【×水蠟樹・×疣取の木】〖植〗モクセイ科の落葉低木。山野に自生し、初夏に白い小花が密集して咲く。樹皮にイボタロウムシが寄生する。

いぼたろう-むし【×水蠟樹△蠟虫】〖動〗カタカイガラムシ科の昆虫。イボタノキ・トネリコなどの枝に寄生する雄の幼虫から分泌される蠟(=いぼたろう)は、つや出しや医薬品などに用いる。いぼたろうかたかいがらむし。夏

い-ほん【異本】元来同じ書物だが、伝写などによって、ふつう行われている本文とは字句や組成の違った部分のあるもの。異書。「―と校合する」

いま【今】㊀(名)①過去と未来との間の一瞬間。この瞬間。現在の時点。「逃げるなら―だ」②現代。「―も通用している」「―小町」↔昔 ㊁(副)①すぐに。じきに。「―行きます」②今よりほんの少し前。「―着いたばかりだ」③前にあったことに加えて、この時に。さらに。そのうえに。「―一度言ってごらん」

類語 現在・ただ今・現今・今日・今日・現時・現下・目下・当今・当世・当節・今頃・今時分

―少し もう少し。あとちょっと。「―のしんぼうが必要だ」

―でこそ 今でこそであるが。「―大企業だが、元は小さな町工場だった」用法 現在とくらべ、以前はそうでなかったことを強調する。

―泣いた鳥がもう笑う 今泣いているかと思うと、すぐあとには機嫌を直して笑うこと。おもに子供の感情の変わりやすいことにいう。

―は昔 今からみるともう昔のことだ。むかしむかし。(昔話・説話の冒頭などに使うきまり文句。)

―一つ ①これまでに加えて一つ。「―下さい」②さらにもう少し。「―もの足りない」

い-ま【居間】家の中で、家族がふだん集まる部屋。

いま-いち【今一】〈俗〉もう少し。いまひとつ。「―新鮮味に欠ける」用法 予想・願望・期待した状態がほぼ満たされているが、わずかに不満が残るような場合に用いられる。

いまいまし・い【忌ま忌ましい】(形)カロ・カッ(ク)・イ・イ・ケレ・◯ くやしくて腹立たしい。しゃくだ。「―やつだ」文いまいま・し(シク)

変遷 古語「いまいまし」は、動詞「忌む」に対応する形容詞。「いむ」は「不吉なものから遠ざかり身をつつしむこと」で、「いまいまし」は「不吉だ・はばかられる・縁起が悪い」などの意であった。そこからさらに、不吉なものに対する「くやしい・気に入らない・しゃくだ」という心情を表すようになった。

いまかがみ【今鏡】平安末期の歴史物語。作者未詳。一一七〇(嘉応二)年成立か。「大鏡」にならい後一条天皇から高倉天皇までの一三代一四六年間を紀伝体で記す。四鏡の第二。

いま-がた【今方】少し前。今し方。

いまがわ-やき【今川焼〔き〕】水で溶いた小麦粉を平たい円形の焼き型に流しこみ、中にあんを入れて焼いた菓子。たいこやき。語源 江戸神田今川橋の近くの店で売り出されたことからという。

いまこむと…和歌〔今来むと 言ひしばかりに 長月の 有り明けの月を 待ち出でつるかな〕〈古今集 素性法師〉あの人が今すぐ行くよと言ってきたばかりに、それを頼みにこの長い九月の夜を、有り明けの月が出るまで待ち明かしてしまったことだ。(小倉百人一首の一つ)

いま-ごろ【今頃】①「今」とそれほどに離れていない時刻・季節。今時分。「―の季節が最高だ」②遅すぎる、時期を外れているという気持ちを表す語。「―どこへ行く」「―言っても遅い」

いま-さら【今更】(副)①今では時機を逸しており、やっても無駄だという意を表す。今となっては。「―言ってみてもはじまらない」②今新たに何かをするさま。あらためて。「―説明するまでもない」「彼の強さには―ながら驚かされる」

いまさら-め・く【今更めく】(自五)カ(コ)・キ(イ)・ク・ク・ケ・ケ (「めく」は接尾語)今となっては時機を逸して遅すぎる感じがする。「あえて―・いたことを言うと」

いまし【△汝】(代)(古)対称の人代名詞。おまえ。あなた。

いまし-がた【今し方】(「し」は強めの副助詞)ほんの少し前。たった今。「―帰ったばかりだ」

イマジネーション〈imagination〉想像。想像力。「―をはたらかせる」

いま-じぶん【今時分】いまごろ。「去年の―」

いましめ【戒め・誡め・◦警め】①教えさとすこと。訓戒。「師の―を守る」②禁止。禁制。③こらしめ。懲戒。「―のために立たせておく」④警戒。警固。⑤しばること。また、しばった縄。「―を解く」参考 ⑤は「◦縛め」とも書く。

いまし・める【戒める・誡める・◦警める】(他下一)メ・メ・メル・メル・メレ・メロ(メヨ) ①悪いことや失敗をしないようにさとす。「深酒を―」「いたずらを―」②しばる。「盗人を縄で―」③抑制する。また、禁止する。「はやる心を―」④防備を固める。用心する。「戸口を厳重に―」⑤罰する。文いまし・む(下二) 参考 ②は「◦縛める」とも書く。語源「忌ましむ(=忌み遠ざける)」が原義とも。

いま-しも【今しも】(副)(「しも」は強めの意を表す副助詞)ちょうど今。たった今。「―飛び立つ気配」

いま・す【◦在す・◦座す】(古)㊀(自四)「あり」「居る」「行く」「来く」の尊敬語。いらっしゃる。おいでになる。「地ならば大君―・す」〈万葉〉用法 活用は中古の中ごろまで四段活用。その後サ変に転じた。㊁(他下二)(㊀の他動詞形)いらっしゃるようにさせる。おいでいただく。「他国に君を―・せて」〈万葉〉

いま-だ【◦未だ】(副)今になっても、まだ。「原因は―はっきりしない」「山頂は―冬の装いである」用法 多く、あとに打ち消しの語を伴う。

―かつて【―◦曽て・―△嘗て】(副)今までにただの一度も。これまでに一度も。「彼のあんな悲しそうな顔は―見たことがない」用法 あとに打ち消しの語を伴う。

―に(副)今になってもまだ。「あの時の事は―覚えている」

いまだ・し【◦未だし】(形シク)(古)まだその時期ではない。未熟だ。まだし。「―・しき学者の」〈玉勝間〉

いまち-の-つき【居待ちの月】キマチ—（「居待ち」は、座って待つ意）陰暦十八日の月。居待ち月。秋 ⇩立ち待ちの月・寝待ちの月

いま-でき【今出来】最近になってできたもの。伝統の技術的裏付けがない、粗悪なもの。「—の品とは思えない」

いま-どうしん【今道心】ダウシン—《仏》（「道心」は、仏門にはいった人の意）仏門にはいりたての人。青道心。新発意。

いま-どき【今時】①このごろ。現今。当世。「—の若い者」②今のような時間。今時分。「—行っても間に合わない」

いま-に【今に】（副）①今になってもなお。いまだに。「—忘れられないできごと」②今からあまり時がたたないうちに。やがて。そのうちに。「—わかる」「—見ていろ」

—して（副）今になって。「—思う」

—も（副）すぐにも。「—降り出しそうな空模様」

いまはただ… 和歌〔今はただ 思ひ絶えなむ とばかりを 人づてならで いふよしもがな〕〈後拾遺集 左京大夫（藤原）道雅〉今となってはただ、「あなたへの思いも切れてしまいます」というひとことだけでも、人を介してでなく直接告げるすべがあったらなあと思います。（作者が伊勢の前斎宮との間をさかれたときの歌。小倉百人一首の一つ）

いま-ふう【今風】（名・形動ダ）現代の新しいあり方・傾向にかなっているさま。当世風。現代風。「—のやり方」

いま-まゐり【今参り】まいり—《古》新しく仕えること。また、その人。新参。

いま-めかし・い【今めかしい】（形）カロ・カッ(ク)・イ・イ・ケレ・○ 当世風だ。現代風だ。文いまめか・し（シク）

いま-もって【今◦以て】（副）いまだに。今になっても。「事件の真相は—わからない」

いま-や【今や】（副）①今こそ。「—決断のときだ」②今では（もう）。「—流行遅れとなった」③今にも。まさに。「—絶滅の危機にある生物」

—遅しと まだかまだかと待ち望むさま。「—待ちかまえる」

いま-よう【今様】ヤウ—①現代風。今はやり。「—の若者」②（「今様歌」の略）平安中期から中世にかけて流行した、七五調の四句からなる歌謡。

いま-わ【今◦際】ハ—死ぬ時。臨終。最期。

—の際 臨終の時。死に際。「—に言い残す」

いまわし・い【忌まわしい】イマハシイ（形）カロ・カッ(ク)・イ・イ・ケレ・○ ①不吉だ。縁起が悪い。「—予言」②いやだ。不快で疎ましい。「—事件」「この身の不自由を—・く思う」文いまは・し（シク）

いみ【忌み】①忌むこと。②物忌み。③喪中。忌。

い-み【意味】（名・他スル）①それぞれの言葉・行為などの表す内容。意義。「単語の—」②その表現や行為に込められた意図。また、その理由・動機。「沈黙は反対を—する」「—もなく怒り出す」③価値。「—のある研究」「無—」

> **ちがい**「意味」・「意義」
>
> 「意味ある行動」といえば、その善し悪しは問わず、それによって何らかの影響をもたらすような行動であり、「無意味な行動」といえば、ただ本人がしただけでだれからも注目されないような行動である。「意義ある行動」といえば、それによって社会の進歩に役立つなど、よい影響を他にもたらすような行動である。言葉に関しても「意味（語意）」「意義（語義）」が使われる。この場合、使われた語の表す内容が「語の意味（語意）」で、使われた文脈を離れてもその語の表す内容を「語の意義（語義）」と区別できる。

いみ-あい【意味合い】アヒ—（他との関連も含めた）そのことの持つ意味。わけ。事情。子細。「多少—が違う」

いみ-あけ【忌み明け】一定期間の喪が終わって、以前の生活状態に戻ること。忌明け。忌み明き。

いみ-きら・う【忌み嫌う】キラフ—（他五）ワ(オ)・イ(ッ)・ウ・ウ・エ・エ 不吉に思えて避ける。「汚れを—」「蛇蝎（＝へびとさそり）のごとく—」

いみ-ことば【忌み◦詞・忌み言葉】①不吉な意味に通じることから使うのを避ける言葉。婚礼の際の「去る」「切る」「帰る」など。②不吉とされる言葉のかわりに使う言葉。参考古くは斎宮の忌み詞があり、仏を「中子」、経を「染紙」、塔を「あららぎ」などといった。また商家で「する」を忌んで、「すり鉢」を「当たり鉢」、「するめ」を「当たりめ」といったり、「梨の実」を「ありの実」といったりする類。

いみ・じ（形シク）《古》①はなはだしい。②すぐれている。すばらしい。③とんでもない。ひどい。恐ろしい。

いみじく-も（副）まことにうまく。適切に。「酒を百薬の長とは—言ったものだ」

いみ-しん【意味深】（形動ダ）ダロ・ダッ(デ・ニ)・ダ・ナ・ナラ・○《俗》「意味深長」の略。「—な発言」

いみ-しんちょう【意味深長】シンチヤウ—（形動ダ）ダロ・ダッ(デ・ニ)・ダ・ナ・ナラ・○ ①意味が深くて含蓄のあるさま。②言外に他の意味を含んでいるさま。「—な言い方」

いみ-づ・ける【意味付ける】（他下一）ケ・ケ・ケル・ケル・ケレ・ケロ(ケヨ) あることに意味や価値を持たせる。

イミテーション〈imitation〉①まね。模倣。②本物に似せて作ったもの。模造品。偽物。「—のダイヤ」

いみ-な【△諱】（「忌み名」の意）①死んだ人の生前の名。②死後に尊んでおくる称号。諡。③貴人の実名に対する敬称。

いみ-び【忌み日・◦斎日】①災いがあるとして忌み避ける日。②汚れを避けて忌み慎む日。③死者の命日。忌日。

いみ-べ【忌◦部・◦斎◦部】古代、大和朝廷の神事・祭祀をつかさどった氏族。いんべ。

い-みょう【異名】ミヤウ—①またの名。別名。②あだ名。「水泳がうまく、かっぱの—をとる」参考「いめい」とも読む。

い-みん【移民】（名・自スル）労働を目的として他国に移住すること。また、その人。「集団—」

い-む【医務】医療に関する事務。医者としての仕事。「—室」

い・む【◦斎む】（自四）《古》①汚れを避け、心身を清めて慎む。②仏の戒めを受ける。

い・む【忌む】（他五）マ(モ)・ミ(ン)・ム・ム・メ・メ ①不吉・不浄として避ける。「肉食を—」②憎み遠ざける。きらう。「不正を—」

いむけ-の-そで【射向けの袖】《古》鎧の左のそで。

い-めい【依命】（官庁用語）命令によること。「—通達」

い-めい【異名】→いみょう

い-めい【違命】ヰ—（名・自スル）命令に背くこと。

い-めい【遺命】ヰ—死に際して残した命令。

イメージ〈image〉（名・他スル）①心の中で思い浮かべたり想像したりする、ものの姿や情景。心象。また、心の中に思い描くこと。「—が浮かぶ」「未来の自分を—する」②人や物事から受ける印象。「マイナスの—」「企業—」

—アップ〈和製英語〉（名・自他スル）他に与える印象・評価がよくなること。また、よくすること。↕イメージダウン

—キャラクター〈和製英語〉企業・商品・催し物などの認知度やイメージを向上させるため、その広告に起用される人物。

—ダウン〈和製英語〉（名・自スル）他に与える印象・評価が悪くなること。「—を恐れる」↕イメージアップ

—チェンジ〈和製英語〉（名・自スル）外観などを変えるこ

とで、まったく異なった印象を与えること。イメチェン。

─トレーニング〈image training〉スポーツで、最高の状態の動きを思い描きながら実戦に備える練習法。

いも【芋】（字義）→う（芋）

いも【芋・△薯・△藷】①植物の根や地下茎がデンプンなどの養分をたくわえ膨らんだもの。サツマイモ・ジャガイモなどの総称。[秋] ②程度が低いことや、やぼったいことをあざけっていう語。

─の煮えたも御存じない 世間の事情に疎いことをばかにしていう言葉。**─を洗うよう** 多人数が狭い所にひしめくたとえ。芋の子を洗うよう。「─な混雑」

いも【◦妹】《古》①男性から、妻・恋人・姉妹などを親しんで呼ぶ語。↔兄 ②女性どうしが相手を親しんで呼ぶ語。

いも【×痘痕】顔面の、疱瘡のあと。あばた。いもがさ。

いも-うと【妹】（「妹人」の音便。「妹」は男性が妻や恋人など親しい女性を呼んだ語）①親を同じくする年下の女のきょうだい。↔姉 ②義妹。配偶者の、年下の女のきょうだい。また、弟の妻。↔姉 ③《古》男性が姉妹を呼ぶ語。↔兄人

[類語] 愚妹・令妹・妹御・実妹・義妹

敬称（相手側）	謙称（自分側）
お妹様　（お）妹御 （御）令妹（様）	愚妹

─ご【─御】他人の妹の敬称。

いも-がしら【芋頭】サトイモの球茎で、まわりに子芋をつけている、一番大きな塊。親芋。[新年]

いも-がゆ【芋△粥】①ヤマノイモを薄く切って甘葛の汁をまぜて煮たかゆ。[冬] ②サツマイモなどを加えて煮たかゆ。[冬]

いも-がら【芋◦幹】サトイモの茎を日に干したもの。ずいき。食用。[秋]

いも-ざし【芋刺し】（芋を串で突き刺すように）人を槍で刺し殺すこと。くし刺し。田楽刺し。

いも-せ【◦妹背】《古》①親しい関係にある男女。夫婦。「─のちぎりを結ぶ」②兄妹。姉弟。

い-もたれ【胃△凭れ】─ 食べたものが胃でなかなか消化されず、不快に感じること。また、その症状。「─がする」

いもち-びょう【×稲熱-病】─《農》イネの病気。葉・茎・穂などが菌におかされ、小さな斑点ができて変色し、種子ができなくなる。低温多雨の年に多く発生。稲熱病。

いもづる-しき【芋△蔓式】（一本の芋づるをたぐると次々に芋が出てくるように）一つの事柄をきっかけに、関連した他の多くの事柄が次々にわかってくること。「─に犯人を検挙した」

いもに-かい【芋煮会】─ おもに東北地方で行われる、サトイモや肉・野菜などを野外で煮て食べる集まり。

い-もの【鋳物】鉄・青銅・アルミニウムなどの金属を溶かし鋳型に流し込んで造った器物。「─師」↔打ち物

いも-の-こ【芋の子】①親芋に付く小さな芋。②サトイモ。

いものつゆ…[俳句]〔芋の露　連山影を　正しうす〕〈飯田蛇笏〉目の前の里芋畑にびっしりと露の置いた朝、晴れあがった秋空の遠くに、まるでみずからの姿勢を正すかのように、くっきりと連なる山々が姿を見せている。（芋の露　[秋]）

いものはに…[和歌]〔芋の葉に　こぼるる玉の　こぼれこぼれ　子芋は白く　凝りつつあらむ〕〈長塚節〉里芋の葉にたまった露の玉が秋の風に吹かれてあちらにこぼれこちらにこぼれして土に染み入り、地中では白い子芋が寄り集まって育っているのだろう。

いも-ばん【芋版】サツマイモなどを輪切りにし、切り口に図案や文字を彫り付けた版。墨や絵の具を塗って紙・布に押す。

いも-むし【芋虫】チョウ・ガの幼虫で毛のないものの総称。[秋]

いも-めいげつ【芋名月】陰暦八月十五日の月。中秋の名月。[秋] [語源]芋を供えることからいう。⇨栗名月・豆名月

い-もり【井守・×蠑螈】─《動》①イモリ科の両生類でアカハライモリ（ニホンイモリ）の通称。池・沼・小川・水田・井戸などにすみ、形はトカゲに似る。足は短く腹面は赤色で、黒いまだらがある。あかはら。[夏] ②イモリ科に属する種の総称。

〔いもり〕

い-もん【慰問】─（名・他スル）病人・被災者などを慰め見舞うこと。「─団」

いや【嫌・厭】（形動ダ）ダロ・ダッ（デ）・ニ・ダ・ナ・ナラ・○ 好まないさま。欲しないさま。嫌いだ。「顔を見るのも─だ」「─な天気」

─というほど ①もうたくさんだというほど。飽きるまで。「─食べさせる」②ひどく。「頭を─柱にぶつける」

いや【◦弥】（副）《古》①いよいよ。ますます。②最も。非常に。

いや【◦否】■一（感）①言われたことへの不同意を表す語。いいえ。いえ。「─、行きません」「─、やめておきます」②驚いたり感動したりしたときに口をついて出る語。「─すごいのなんの」■二（接）前に述べた内容を形の上で打ち消して、範囲や程度の点でそれ以上であることを表す。それどころか。「学校の、─日本の栄誉だ」

─が応でも →いやでもおうでも **─でも応でも** 不承知であろうと承知であろうと、それにはかかわらず。是が非でも。いやが応でも。「─連れて行く」**─も応もない** 不承知も承知もない。ぜひとも。「いやも応もなく引っぱって行った」

いや-いや【嫌嫌・◦厭◦厭】■一（名）幼児などがいやがって頭を横に振ること。■二（副）いやだと思いながら。「─参加する」

いや-いや【◦否◦否】（感）（「いや」を強めて）いえいえ。決して。「─、そんなつもりはない」

いや-おう【◦否応】不承知か承知か。「─を言わせない」

─なしに むりやりに。有無を言わせず。「─連れ去る」

いやがうえ-にも【◦弥が上にも】─ なおその上に。さらにますます。「人気は─高まった」「胸は─高鳴る」

いやがら-せ【嫌がらせ・◦厭がらせ】人のいやがることをわざと言ったりしたりすること。また、その言行。「─をする」

いや-が・る【嫌がる・◦厭がる】（他五）ラ（ロ）・リ（ッ）・ル・ル・レ・レ いやだというそぶりをする。嫌う。「相席を─」

いや-き【嫌気・◦厭気】①→いやけ ②《経》株の相場が思うとおりに動かないため、人気が落ちること。

い-やく【医薬】①病気の治療・予防に用いる薬。薬品。「─品」②医術と薬剤。

─ぶがいひん【─部外品】 医薬品に準じる、人体に及ぼす作用の弱い薬品。育毛剤・歯磨きなど。

─ぶんぎょう【─分業】 診察・処方は医師が、調剤は薬剤師がそれぞれ専門に担当する制度。

い-やく【違約】─（名・自スル）約束に背くこと。契約違反。

─きん【─金】取り引きなどの約束に反した場合の損害賠償として、相手に支払うことを前もって決めた金銭。

い-やく【意訳】（名・他スル）原文の一字一句にこだわらず、全体の意味に重点をおいて訳すこと。↔直訳

いや-け【嫌気・◦厭気】いやだと思う気持ち。嫌気。「─が差す」

いや-さか【◦弥栄】■一（名）今までよりも栄えること。「─を祈る」■二（感）繁栄を祈る言葉。ばんざい。

いやし【癒［や］し】病気や傷を治すこと。また、心の悩みをや

わらげること。「ーの音楽」

いやし・い【卑しい・△賤しい】(形) カロ・カッ(ク)・イ・イ・ケレ・○ ①趣味・品性が劣っている。下品である。「ー根性」②身分や地位が低い。③みすぼらしい。貧乏くさい。「ーみなり」④欲望があからさまでみっともない。意地きたない。「食べ物にー」文いや・し(シク)

いやしく-も【△苟も】(副) ①かりそめにも。仮にも。「ー人に疑われるようなことはするな」②(「いやしくもしない」「いやしくもせず」の形で)おろそかに。いいかげんに。「一点一画ーせず」

いやし・む【卑しむ・△賤しむ】(他五) マ(モ)・ミ(ン)・ム・ム・メ・メ →いやしめる

いやし・める【卑しめる・△賤しめる】(他下一) メ・メ・メル・メル・メレ・メロ(メヨ) いやしい者として見下げる。さげすむ。文いやし・む(下二)

いやしん-ぼう【卑しん坊】―バウ (名・形動ダ) 食べ物に意地きたないさま。また、その人。食いしんぼう。

いや・す【癒(や)す】(他五) サ(ソ)・シ・ス・ス・セ・セ 病気や傷を治す。悲しみや苦しみをやわらげる。「疲れをー」自い・える(下一) 可能いや・せる(下一)

いや-でも【◦否でも】(副) ①不承知でも。どうしても。否でも応でも。「ー行かせる」②そうしたくなくても。そうするつもりがなくても。「ー目につく」

いや-に(副) ふつうと違って状態・程度のはなはだしいさま。非常に。妙に。「ー浮かれている」「ーもったいぶる」

いや-はや(感) いや、まったく。「ー、あきれた人だ」用法意外な事実に、驚いたりあきれたり困ったりしたときに使う。

イヤホン〈earphone〉電気信号を音声に変換する小型の器具。耳にあてたり差し込んだりして用いる。イアホン。イヤフォン。

いや-まさ・る【◦弥増さる】(自五) ラ(ロ)・リ(ッ)・ル・ル・レ・レ いよいよふえる。ますます盛んになる。「思いがー」「不安はー」

いや-まし-に【◦弥増しに】(副) いっそう。ますます。

いや-ま・す【◦弥増す】(自五) サ(ソ)・シ・ス・ス・セ・セ いっそう増す。

いや-み【嫌味・△厭味】(名・形動ダ) 相手にわざと不快感を与えるさま。また、その言動。皮肉。あてこすり。「ーを言う」

いやみ-たらし・い【嫌みたらしい】(形) カロ・カッ(ク)・イ・イ・ケレ・○ いかにもいやみなようすだ。いやみったらしい。

いやらし・い【嫌らしい・△厭らしい】(形) カロ・カッ(ク)・イ・イ・ケレ・○ ①不愉快だ。感じが悪い。不調和で気持ちが悪い。「ねちねちしたーやつ」②みだらで下品だ。「ー目つき」文いやら・し(シク)

イヤリング〈earring〉耳飾り。耳輪。イアリング。

い-ゆう【畏友】―イウ ①尊敬している友人。②友人の敬称。

いよ【伊予】旧国名の一つ。現在の愛媛県。予州。

いよ-いよ【△愈】(副) ①今までよりもいっそう。ますます。「雨がー激しくなる」②ますます確定的になるさま。確かに。「ーそれに相違ない」③とうとう。ついにその時がやってくるさま。「ー明日が本番だ」④さし迫った状態になるさま。「ーという時」

い-よう【威容】―ヰ― 威厳のあるりっぱな姿。いかめしい姿。

い-よう【移用】(名・他スル)〘法〙国の予算において、各部局間、または各部局内各項目の間で経費を融通すること。

い-よう【偉容】―ヰ― すぐれてりっぱな姿。「ーを誇る建物」

い-よう【異様】―ヤウ (形動ダ) ダロ・ダッ(デ・ニ)・ダ・ナ・ナラ・○ ふつうとは変わっていて変だと感じるさま。「一種ーな気配がする」「ーな風体(ふうてい)」文(ナリ)

い-よく【意欲】積極的に何かをしようという気持ち。「創作ーがわく」「ーをなくす」「ー的に取り組む」

いよ-す【伊予△簾】(「いよすだれ」の略)伊予(愛媛県)で産する篠竹(しのだけ)で作ったすだれ。夏

イヨマンテ(アイヌ語) →くままつり

いよ-よ【△愈】(副)〘古〙(「いよいよ」の転)いよいよ。ますます。

い-らい【以来】①その時から今まで。引き続きずっと。「昨年ー便りがない」②今後。こののち。

い-らい【依頼】(名・他スル) 人に物事を願い頼むこと。「調査をーする」「講演をーする」

―しん【―心】人に頼る気持ち。「ーの強い人」

いら-いら【◦苛◦苛】(名・副・自スル) ①思いどおりにならず気がせいて落ち着かないさま。「ーが高じる」②皮膚などがちくちくと刺激を受けて不快なさま。「のどがーする」

いらか【△甍】屋根がわら。また、かわらでふいた屋根。「ーの波」「ーを並べる(=建物が立ち並ぶ)」

イラク〈Iraq〉西アジアにある共和国。首都はバグダッド。

いら-くさ【◦刺草・×蕁麻】〘植〙イラクサ科の多年草。茎・葉にとげがあり、中に蟻酸(ぎさん)を含むので触れると痛い。秋、穂状の花をつける。茎の繊維は糸・織物の原料。いたいたぐさ。

いら-ざる【要らざる】(連体) 不要な。よけいな。要らぬ。「ー心配をするな」

イラスト「イラストレーション」の略。「ー入りの説明」

―マップ〈和製英語〉観光案内などのための絵地図。

イラストレーション〈illustration〉広告や書物に使われる説明図や挿し絵など。イラスト。

イラストレーター〈illustrator〉イラストレーションを描くことを職業とする人。挿し絵画家。

いら-せ-ら・れる(自下一) レ・レ・レル・レル・レレ・レロ(レヨ) 「居る」「ある」「行く」「来る」の尊敬語。「いらっしゃる」の原形で、より高い敬意を表す。「ご健勝でー」文いらせら・る(下二) ⇩いらっしゃる「語源」

いら-だたし・い【◦苛立たしい】(形) カロ・カッ(ク)・イ・イ・ケレ・○ あせっていらだつ感じである。「ー気持ち」文いらだた・し(シク)

いら-だち【◦苛立ち】いらだつこと。「ーを隠せない」

いら-だ・つ【◦苛立つ】(自五) タ(ト)・チ(ッ)・ツ・ツ・テ・テ 思いどおりにならず心が落ち着かなくなる。「わけもなくー」他いらだ・てる(下一)

類語焦慮する・焦燥する・いらつく・いらいらする・じれる・むしゃくしゃする・業(ごう)を煮やす

いら-だ・てる【◦苛立てる】(他下一) テ・テ・テル・テル・テレ・テロ(テヨ) 心を落ち着かなくさせる。いらいらさせる。「神経をー」自いらだ・つ(五) 文いらだ・つ(下二)

いら-つ・く【◦苛つく】(自五) カ(コ)・キ(イ)・ク・ク・ケ・ケ いらいらする。いらだつ。「神経がー」

いら-つ-こ【◦郎子】〘古〙男子を親しんでいう語。↔郎女(いらつめ)

いらっ-しゃい 一(動詞「いらっしゃる」の命令形)おいでなさい。「遊びにー」二(感)(「いらっしゃいませ」の略)歓迎や歓待の意を表す言葉。ようこそ。よくおいでくださいました。

いらっ-しゃ・る(自五) ラ・リ(イ・ッ)・ル・ル・レ・イ 一「居る」「行く」「来る」などの意の尊敬語。「先生がー」「あちらへはいつー・いますか」二(補動五)①(動詞の連用形+「て(で)」を受けて)前の動詞の表す意の尊敬を表す。「先生が説明してー」②(「お」+形容詞の連用形+「て」、「お」+形容動詞の連用形、または、名詞+断定の助動詞「だ」の連用形「で」などを受けて)尊敬の意を表す。「お美しくてー」「お元気でー」「お金持ちでー」可能いらっしゃ・れる(下一) 語源ラ行四段動詞「入(い)る」の未然形「いら」+尊敬の助動詞「す」の未然形「せ」+尊敬の助動詞「らる」の「いらせらる」が変化してできた語。用法命令形および助動詞「ます」を付けるときの連用形は「いらっしゃい」となる。「た」や「て」が続く場合、「いら(っ)し(た・て)」の形にもなる。

いら-つ-め【◦郎女】〘古〙女子を親しんでいう語。↔郎子(いらつこ)

いら-な・し(形ク)〘古〙①きわだってはなはだしい。おおげさで仰々しい。②強い。鋭い。③荒々しい。

いら-ぬ【要らぬ】(連体) よけいな。その必要のない。要らざる。「—お世話だ」

いら・ふ【◦答ふ・◦応ふ】(自下二)《古》答える。

イラン〈Iran〉(「イラン・イスラム共和国」の略)西アジアの、ペルシャ湾に臨む高原の国。旧称ペルシャ。首都はテヘラン。語源 中央アジアから移住定着したアーリア人(Aryan)の名から。

いり【入り】①外から内にはいること。また、その数・量。「楽屋—」「観客の—はまずまずだ」②太陽・月が没すること。「日の—」↔出で ③費用。「—がかさむ」④上がり。収入。「—が多い」↔出で ⑤ある時期にはいる初めの日。彼岸・土用などの最初の日。「寒の—」⑥その物がはいっていること。「肉—のスープ」

いり-あい【入会・入合】アヒ【法】一定地域の住民が特定の山林・原野などから家畜飼料・燃料などを共同で採取・利用して利益を得ること。「—地」「—権」

いり-あい【入相】アヒ ①夕暮れ。②「入相の鐘」の略。

—の-かね【—の鐘】夕暮れに寺でつく鐘。晩鐘。入相。

いり-うみ【入(り)海】陸地にはいりこんだ海。内海。

いり-え【入(り)江】海・湖が陸地にはいりこんだところ。

いりおもて-やまねこ【◦西表山猫】《動》ネコ科の哺乳動物。ネコ科の中で最も原始的なものの一つで、夜行性。沖縄の西表島だけに生息する。絶滅寸前といわれ、特別天然記念物。

〔いりおもてやまねこ〕

いり-がた【入(り)方】太陽・月などが沈もうとするころ。

いり-かわり【入(り)代(わ)り・入り替(わ)り】カハリ →いれかわり

いり-かわ・る【入り代(わ)る・入り替(わ)る】カハル (自五) ラ(ロ)・リ(ッ)・ル・ル・レ・レ →いれかわる

いり-ぐち【入(り)口】①中にはいる所。はいり口。↔出口 ②(比喩的に)物事の最初の段階。端緒。「研究の—」参考「いりくち」ともいう。

いり-く・む【入(り)組む】(自五) マ(モ)・ミ(ン)・ム・ム・メ・メ 構造や状況が複雑になる。込み入る。「—・んだ事件」「—・んだ迷路」

いり-こ【×海参・×熬海鼠】ナマコの腸を取り除き、ゆでて干したもの。中国料理に用いる。ほしこ。

いり-こ【煎り粉・△炒り粉】いった米の粉。菓子の材料。

いり-こ【△熬り子】小さなイワシの煮干し。だしをとるのに用いる。

いり-こ・む【入(り)込む】(自五) マ(モ)・ミ(ン)・ム・ム・メ・メ ①むりにはいり込む。押し分けてはいる。②構造や状況が複雑になる。込み入る。「—・んだ事情」

イリジウム〈iridium〉《化》白金族元素の一つ。銀白色でかたく、酸に強い。合金にして電極などに用いる。元素記号 Ir

いり-しお【入(り)潮】シホ ①引き潮。干潮。↔出潮 ②差し潮。満ち潮。

いり-たまご【煎り卵・△炒り卵】しょうゆ・砂糖などで味をつけた溶き卵をいりつけた料理。

いり-ちが・う【入り違う】チガフ (自五) ワ(オ)・イ(ッ)・ウ・ウ・エ・エ →いれちがう

いり-つ・ける【煎り付ける・△炒り付ける】(他下一) ケ・ケ・ケル・ケル・ケレ・ケロ(ケヨ) 水分がなくなるまで火でいる。文いりつ・く(下二)

いり-どうふ【煎り豆腐・△炒り豆腐】豆腐の水気を取り、味付けをしていりつけた料理。

いりはま-けん【入(り)浜権】ある地域の海岸を、所有はしないが、漁業・観光などに利用できる権利。

いり-ひ【入(り)日】夕方、西に沈む太陽。夕日。落日。

いり-びた・る【入(り)浸る】(自五) ラ(ロ)・リ(ッ)・ル・ル・レ・レ ①(本来いるべき場所を留守にして)ある特定の場所に通いつめたりずっと居続けたりする。「友達の家に—」②長い間水につかっている。

いり-ふね【入(り)船】港にはいってくる船。↔出船

いり-まじ・る【入(り)交じる・入(り)混じる・入(り)◦雑じる】(自五) ラ(ロ)・リ(ッ)・ル・ル・レ・レ いろいろの物事がいっしょになる。多くのものがまじり合う。「新旧—」「期待と不安とが—」

いり-まめ【煎り豆・△炒り豆】いった豆。特に、いった大豆。

いり-みだ・れる【入(り)乱れる】(自下一) レ・レ・レル・レル・レレ・レロ(レヨ) 多くのものがまじり合ってもつれる。「敵、味方—・れて戦う」「情報が—」文いりみだ・る(下二)

いり-むぎ【△炒り麦】大麦をいって粉にしたもの。麦こがし。夏

いり-むこ【入(り)婿】他家にはいり、その家の娘の婿となること。また、その人。婿養子。入夫。

いり-め【入(り)目】何かをするのに必要な費用。

いり-めし【△炒り飯】油でいためた飯。焼き飯。チャーハン。

いり-もや【入◦母屋】《建》屋根の形式の一つ。上部は切り妻にし、下部は寄せ棟のように四方へ傾斜させたもの。「—造り」

〔いりもや〕

い-りゅう【慰留】リウ (名・他スル) なだめて思いとどまらせること。「辞任を—する」

い-りゅう【遺留】リウ (名・他スル) ①死んだあとに残すこと。②置き忘れること。「—品」

—ぶん【—分】《法》遺産のうち、相続人のために法律上必ず一定割合残しておかなければならない部分。

イリュージョン〈illusion〉幻影。幻想。幻覚。錯覚。

いり-よう【入(り)用】■(名・形動ダ) 目的があって必要とすること。また、そのさま。「—の品」■(名) 必要な費用。

い-りょう【衣料】レウ ①着るもの。衣類。②衣服の材料。

い-りょう【衣糧】リャウ 衣服と食糧。着るものと食べるもの。

い-りょう【医療】レウ 医術・医薬で病気やけがを治療すること。「—費」「—機関」

—かご【—過誤】ゴクヮ 誤った診断・治療など、医療従事者の過失によって患者に傷害や死亡などの損害を与えること。医療事故。医療ミス。

い-りょく【威力】ヰ 他を圧倒する強い力。「—を発揮する」

い-りょく【意力】意志の力。精神力。

い・る【入る】(自五) ラ(ロ)・リ(ッ)・ル・ル・レ・レ ①外から内に存在の位置を変える。はいる。「飛んで火に—夏の虫」②ある環境に身を置いて、その一員となる。「政界に—」③物のかげに移り、見えなくなる。「日が西の山に—」④ある状態になる。「老境に—」「微に—・り細を穿つ」「悟りの境地に—」「悦に—(=悦ぶ)」⑤一つのことに注ぎこむ。「念の—・った話」⑥実が熟する。「実が—」⑦物の間に新たにできる。「ひびが—」⑧(動詞の連用形の下に付いて)動作・状態がすっかりそうなる意を表す。「消え—」「泣き—」「恐れ—」「痛み—」他い・れる(下一) 参考 慣用的な言い方を除いては「はいる」を使うのがふつう。

いる【居る】ヰル (自上一) イ・イ・イル・イル・イレ・イロ(イヨ) ■《中心義—どこかから動いてきて、しばらくすればどこかに行くと思わせるものがそこに存在する》①動いて行く過程で、ある時間ある場所に存在する。「本人の—前では言うな」②その地位にある。「社長の

ポストにー」③滞在する。居住する。「冬休みは九州にいます」④生息する。「この池にはナマズがー」㊁(補動上一)(動詞の連用形＋「て」を受けて)①動作・状態が継続していることを表す。現に…している。「雨が降ってー」②動作・状態の結果の存続を表す。…のままでいる。「戸があいてー」参考 古語では、「(人が)すわる」「(鳥が)とまる」「(雲が)かかる」など、動くものがある時間動きを止めてじっとする意。㊁②は自身の動きを表す動詞のあとに使い、他がもたらした動きを表す動詞の場合は「てある」を使う。「戸が開けてある」。また、話し言葉で「ている」が「てる」となるなど、「てる」で一語の助動詞のようにも使われる。「立ってる人」⇩ある「ちがい」・た(助動)「ちがい」

尊敬語	謙譲語	丁寧語
いらっしゃる おいでになる	○	います おります

ちがい 「…ている」・「…てある」
①「窓が開いている」、②「窓が開けてある」、③「窓を開けてある」、④「彼が窓を開けている」のような異なる使い分けをする。①は、窓が開けてあるのに気づくこと、②は、開けられた窓がそのままになっていること、③は、だれかが窓を開けてそのままであること、④は、今、窓を開ける最中であることをいう。これ以外でも、「砂糖が切らしてある」「砂糖が切れている」のような使い分けも、「切らす」はだれかの動きであるので、「砂糖が」となれば「…てある」となり、「砂糖が切れる」であれば「…ている」となるということになる。「切らす」は、本来、「切れて」いてはいけないの意味がこめられている。

い・る【要る】(自五)ラ(ロ)・リ(ッ)・ル・ル・レ・レ 必要である。費用がかかる。「金がー」参考「入る」とも書く。

いる【射る】(他上一)イ・イ・イル・イル・イレ・イロ(イヨ) ①矢を放つ。「弓をー」②的に当てる。③(光などが)強く当たる。「ーような視線」

い・る【煎る・炒る・熬る】(他五)ラ(ロ)・リ(ッ)・ル・ル・レ・レ 食品を火にかけて、動かしながら水気のなくなるまで熱する。また、なべなどに入れて火であぶる。「豆をー」可能 い・れる(下一)

いる【鋳る】(他上一)イ・イ・イル・イル・イレ・イロ(イヨ) 金属を溶かして鋳型(いがた)に入れて器物をつくる。鋳造(ちゅうぞう)する。「茶釜(ちゃがま)をー」

い-るい【衣類】 身にまとうもの。着物類。衣服。

い-るい【異類】 ①種類の違うもの。②〖仏〗人間以外のもの。鳥獣や化け物など。

いるか【×海豚】〖動〗ハクジラ類の哺乳(ほにゅう)動物のうち、小形のものの総称。魚に似た形で、体長は一～四メートルほど。海洋性。淡水にすむ種もある。クジラとの区別は明確でない。冬

いる-さ【入るさ】《古》(月などの)はいる時。はいり際。

い-るす【居留守】―ヰ― 家に居ながら留守をよそおうこと。「ーを使う」

イルミネーション〈illumination〉電灯やネオンによる建物・船・街路樹などの飾り。電飾。

いれ-あ・げる【入れ揚げる】(自下一)ゲ・ゲ・ゲル・ゲル・ゲレ・ゲロ(ゲヨ) 好きな人のためや遊びごとなどに多額の金銭をつぎこむ。「競馬にー」文いれあ・ぐ(下二)

いれ-あは・す【入れ合〔は〕す】―あわす―(他下二)《古》埋め合わせる。

い-れい【威令】―ヰ― 威力のある命令。「全土にーが行われる」

い-れい【異例】 前例のないこと。「ーの出世」

い-れい【違例】―ヰ― ①いつもの例と違うこと。②病気。不例。

い-れい【慰霊】―ヰ― 死者の霊を慰めること。「ー祭」

いれ-かえ【入〔れ〕替え・入〔れ〕換え】―カヘ― 中のものを出して、別のものを入れること。中身の取り替え。「観客のー」

いれ-か・える【入〔れ〕替える・入〔れ〕換える】―カヘル―(他下一)エ・エ・エル・エル・エレ・エロ(エヨ) ①はいっていた物を出して、別の物を入れる。「箱の中身をー」「心をー」「首脳陣をー」②これまであった場所から出して、別の場所に入れる。「大きいバッグにー」自いれかわ・る(五) 文いれか・ふ(下二)

いれ-がみ【入〔れ〕髪】→いれげ

いれ-かわり【入れ代〔わ〕り・入れ替〔わ〕り】―カハリ― 交代すること。入りかわり。「店のーが激しい」

―立(た)ち代(か)わり 人の出はいりや交代の頻繁なさま。「ー客が来る」

いれ-かわ・る【入れ代〔わ〕る・入れ替〔わ〕る】―カハル―(自五)ラ(ロ)・リ(ッ)・ル・ル・レ・レ 他のものと交代する。入りかわる。「順序がー」「メンバーがー」他いれか・える(下一)

イレギュラー〈irregular〉㊀(名・形動ダ) 不規則。変則。↕レギュラー ㊁(名・自スル)「イレギュラーバウンド」の略。

―バウンド〈和製英語〉球技で、地上の一点で球が予想外の方向に跳ねること。イレギュラー。

いれ-ぐい【入れ食い】―グヒ― 釣りで、釣り針を下ろすとすぐに魚が食いついて次々に釣れること。

いれ-げ【入〔れ〕毛】 おもに日本髪を結うとき、形を整えるために別に入れる毛。添え毛。入れ髪。かもじ。

いれ-こ【入〔れ〕子・入〔れ〕。籠】 ①同じ形の箱などを大きさの順にいくつも重ねて組み入れるように作ったもの。「ー細工」②実子の死んだあと、他人の子を養子に迎えること。また、その子。参考 ②は、「入れ子」と書く。

いれ-こみ【入〔れ〕込み】 ①入れ込むこと。②多くの人を区別なくいっしょに入れること。また、その場所。いれごみ。

いれ-こ・む【入〔れ〕込む】マ(モ)・ミ(ン)・ム・ム・メ・メ ㊀(他五)押し込んで入れる。㊁(自五)①一つのことに夢中になる。熱中する。「研究にー」②馬がはやり立つ。勇み立つ。

いれ-ずみ【入〔れ〕墨・×文身・×刺青】(名・自スル)①皮膚に針や小刀で傷をつけて墨や朱などを入れ、文字・絵・模様を描くこと。また、そうしたもの。彫り物。刺青(しせい)。「ーを入れる」②江戸時代の刑罰の一つ。額や腕に墨汁を刺し入れて、前科のしるしとしたもの。

いれ-ぢえ【入れ知恵】―ヂエ―(名・自スル) 他人に知恵、特に悪知恵をつけること。また、その知恵。

いれ-ちがい【入れ違い】―チガヒ― ①一方がはいると他方が出ていて、いっしょにならないこと。「ーに出かける」②入れる順序や場所が間違っていること。③たがいちがいになること。「男女ーに並ぶ」参考「いれちがえ」ともいう。

いれ-ちが・う【入れ違う】―チガフ― ワ(オ)・イ(ッ)・ウ・ウ・エ・エ ㊀(自五)①たがいちがいにはいりこむ。②一方がはいり、同時に他方が出る。行き違いになる。㊁(他五) 順序や場所などを間違って入れる。

いれ-ちがえ【入れ違え】―チガヘ― →いれちがい 参考「いりちがう」ともいう。

いれ-ば【入〔れ〕歯】 ①抜けた歯のあとに人造の歯を入れること。また、その歯。義歯。「総ー」②げたの歯を入れかえること。

いれ-ふだ【入れ札】 ①請負(うけおい)・売買などで、各競争者が見積もりの金額などを書く札。また、入札(にゅうさつ)。②投票。

いれ-ふで【入〔れ〕筆】(名・自スル) あとから書き足すこと。加筆。

イレブン〈eleven〉①一一。②(一一人で構成されることから)サッカー、アメリカンフットボールのチーム。また、その選手。

いれ-ぼくろ【入〔れ〕×黒子】 書いたり、はりつけたりした化

粧としてのほくろ。つけぼくろ。

いれ-め【入れ目】→ぎがん

いれ-もの【入〔れ〕物】物を入れる器。容器。

い・れる【入れる・◦容れる】(他下一) レ・レ・レル・レル・レレ・レロ(レヨ) ①存在の場所を外の場所から内の場所に変える。中に移動させる。「洗濯物を部屋に―」「病院に―」「ボールをピッチに―」②物の間や箱などの内側に移し、外から見えなくする。「金をふところに―」「両手をポケットに―」③仲間に加える。範囲に含める。「チームに―」「勘定(かんじょう)に―」④(他人の主張や意見などを)聞き入れる。「忠告を―」⑤包容する。聞いて許す。「人の失敗を―だけの度量がない」⑥投票する。「一票を―」⑦できあがりがよくなるよう手を加える。「力を―」「気を―」「身を―(=熱心にする)」「肩を―(=後援する)」⑧茶葉などのはいった容器に湯を注いで飲めるようにする。「紅茶を―」⑨すきまを満たすように置く。はめる。はめ込む。「差し歯を―」「挿し絵を―」⑩差しはさむ。「くちばしを―(=横あいからとやかく言う)」「茶々を―(=ひやかす)」⑪修正する。「文章に手を―」「朱を―」⑫金品を納める。支払う。「得意先へ品物を―」⑬資料・記事などを収めたり送ったりする。「データを―」「記事を―」⑭物の内部でそのものの機能をはたらかせる。「冷房を―」自い・る(五) 文い・る(下二) 参考④⑤は「◦容れる」、⑧は「◦淹れる」とも書く。

いろ【色】①光線のうち、吸収されないで反射される波長が、人の網膜に一種の感覚としてとらえられたもの。赤・青・黄など、さまざまな色彩。「花の―」「―の白い肌」②(おもに表情に表れた)人の心理。ようす。「失望の―が濃い」「―に出る」「―を変えて迫る」③もののおもむき。風情(ふぜい)。「晩秋の―」④種類。「十人十―」⑤調子。響き。「音(ね)―」⑥情事。恋愛。「英雄―を好む」「―を売る」⑦恋人。情人。⑧化粧。参考 色彩は波長のほか、色相・彩度・明度などの差異によって生じる。

―の白(しろ)いは七難(しちなん)隠(かく)す 肌の色の白いのは、顔かたちの欠点も隠してしまい、美しく見せる。**―を失(うしな)う** 驚きや恐れから、顔色が青ざめる。**―を正(ただ)す** 改まった(まじめな)顔つきになる。きちんとした態度になる。**―を付(つ)ける** おあいそ程度の物や金をつけ加えたり、値引いたりする。**―をなす** 不快を感じたり憤慨したりして、顔色を変える。

いろ-あい【色合〔い〕】アヒ ①色の調子、または具合。「シックな―」②性格・思想傾向などの具合。「排他的な―の集団」

いろ-あげ【色揚げ】(名・他スル)《服》色のあせた布・糸などを染め直すこと。また、染め物の仕上がり具合。

いろ-あ・せる【色◦褪せる】(自下一) セ・セ・セル・セル・セレ・セロ(セヨ) ①色がさめる。色つやがなくなる。「―・せた写真」②かつての魅力・価値などがなくなる。「―・せない思い出」文いろあ・す(下二)

いろ-いと【色糸】色を染めた糸。

いろ-いろ【色色】一(名・形動ダ) 多くの種類。種類の多いこと。さまざまなこと。また、そのさま。「虫の―」「―な意味にとれる」二(副) さまざまに。種類を多く。「―(と)とりそろえる」

い-ろう【胃◦瘻】口から飲食物を摂取できない患者の胃に直接栄養を送りこむため、腹部の外側から管を通すためのパイプ。

い-ろう【慰労】ラウ(名・他スル) 苦労をねぎらうこと。慰めいたわること。「部下を―する」「―会」

い-ろう【遺漏】ヰ― もれ・落ちのあること。手抜かり。「万(ばん)―なきを期する」

いろ-え〔古〕母を同じくする兄。

いろ-え【色絵】ヱ ①色を塗った絵。彩色画。②うわぐすりをかけて焼いた陶磁器に施す上絵。また、その方法。赤絵。

いろ-えんぴつ【色鉛筆】芯(しん)が顔料で着色された鉛筆。

いろ-おち【色落ち】(名・自スル) 衣服や布地などの色が消えたり薄くなったりすること。「シャツが―する」

いろ-おとこ【色男】ヲトコ ①好男子。美男。「―金と力はなかりけり」②情夫。いろ。

いろ-おんな【色女】ヲンナ ①色気のある美女。②情婦。愛人。いろ。

いろ-か【色香】①色とにおい。②美しくあでやかな容色。「―に迷う」

いろ-がみ【色紙】①色を染めた紙。②折り紙。

いろ-がら【色柄】種々の色を染め出した、布地などの模様。

いろ-がわり【色変〔わ〕り】ガハリ (名・自スル) ①色が変わること。また、その物。変色。②模様・形などが同じで色だけが違うこと。また、その物。色違い。「―の品」

いろ-きちがい【色気違い】キチガヒ 常軌を逸して好色であること。また、その人。色情狂。

いろ-ぐろ【色黒】(名・形動ダ) 人の肌の色の黒いこと。また、そのさま。↔色白

いろ-け【色気】①色合い。②性的な関心。「―がつく」③人を引きつける性的魅力。「―のある女」④趣。風情(ふぜい)。愛想。「―のない返事」⑤女っ気。「―のない職場」⑥物事に対する関心や野心。「事業に―を持っている」「―を出す」

―づ・く【―付く】(自五) カ(コ)・キ(イ)・ク・ク・ケ・ケ ①性的な関心を持ちはじめる。性にめざめる。②花や果物などが色づく。

いろ-けし【色消し】(名・形動ダ) ①物の色つやを消すこと。②おもしろみや風情(ふぜい)をなくすこと。興味をそぐこと。やぼなこと。無粋(ぶすい)。③レンズの色収差(しゅうさ)をなくすこと。「―レンズ」

いろ-こい【色恋】コヒ 色情・恋愛。「―沙汰(ざた)」

いろ-こ・い【色濃い】(形) カロ・カッ(ク)・イ・イ・ケレ・○ ある傾向やようすが強く現れている。「中世の面影を―・く残す街並み」

いろ-ごと【色事】①恋愛に関すること。情事。②《演》芝居で、男女間のなまめかしいしぐさ。ぬれごと。

―し【―師】①芝居で色事を演じるのを得意とする役者。②情事にたけた男。女たらし。

いろ-ごのみ【色好み】色恋を好むこと。また、その人。

いろ-ざと【色里】→いろまち

いろ-じかけ【色仕掛け】容色の美しさや相手の色情を利用して、誘惑したりだましたりすること。「―で迫る」

いろ-しゅうさ【色収差】シウサ《物》レンズを通して物体の像を結ばせるとき、光の屈折率が色によって異なるため、像の輪郭(りんかく)がにじんだり赤や紫に色づいて見えたりすること。

いろ-じろ【色白】(名・形動ダ) 人の肌の色の白いこと。また、そのさま。「―の美人」↔色黒

いろ-ずり【色刷り】(名・他スル) 黒だけでなく、各種の色を使って印刷すること。また、その印刷物。カラー印刷。

いろ-せ〔古〕母を同じくする兄または弟。

いろ-ちがい【色違い】チガヒ 形や模様などが同じで色だけが違うこと。また、そのもの。色変わり。「―の服」

いろ-づ・く【色付く】(自五) カ(コ)・キ(イ)・ク・ク・ケ・ケ ①植物の葉や実などに美しい色がつく。「かえでの葉が―」②色気がでてくる。

いろ-づけ【色付け】(名・自他スル) 色を染めつけたり、塗ったりすること。着色。彩色。

いろ-っぽ・い【色っぽい】(形) カロ・カッ(ク)・イ・イ・ケレ・○ 人を引きつける性的魅力がある。なまめかしい。「―目」

いろ-つや【色艶】①顔の色や皮膚のつや。「―がよい」②おもしろみ。愛想。「―をつけて話す」

いろ-と〔古〕母を同じくする弟または妹。いろど。↔いろね

いろ-どめ【色止め】色が落ちたりあせたりしないように処理す

ること。「—加工」

いろ-どり【彩り】 ①色をつけること。彩色。②色の配合。配色。「—もあざやかな着物」③おもしろみや華やかさ。「会に—を添える」

いろ-ど・る【彩る】(他五)ラ(ロ)・リ(ッ)・ル・レ・レ ①色をつける。彩色する。着色する。「湖面を—山の紅葉」②化粧する。「—った役者の顔」③飾る。装飾する。「花で食卓を—」「伝説に—られた人物」可能 いろど・れる(下一)

いろ-なおし【色直し】—ナホシ (名・自スル) ①(多く「お色直し」の形で)結婚式のあとや披露宴で、新郎・新婦が式服を脱いで別の衣服に改めること。②布地などの染め直し。

いろ-ぬき【色抜き】 ①染め替えなどのとき、布の色を取り去り生地の色にすること。②酒宴などで、女っ気のないこと。

イロニー〈ドイ Ironie〉→アイロニー

いろ-ね(古)母を同じくする兄または姉。↔いろと

いろ-は【×伊呂波・×以呂波】 ①いろは歌の最初の三字で、「いろは歌」四七字の総称。②(「いろは」は手習いの始めに習うことから)物事の初歩。基本。「料理の—も知らない」

—うた【—歌】 平仮名四七字を一度ずつ用いた手習い歌。「色は匂へど散りぬるを我が世誰ぞ常ならむ有為の奥山今日越えて浅き夢見じ酔ひもせず」という今様形式の歌。

—がるた【—×加留多】 いろは四七字および「京」の字を文頭においたことわざを一枚ごとに書いた文字札と、その意味を絵解きした絵札との合計九六枚を一組としたかるた。新年

いろ-まち【色町】 花柳街。遊里。遊郭。色里。

いろ-み【色味】 色の濃淡などの具合。色合い。色調。

いろ-むら【色◦斑】 全体が同色であるはずの織物や色紙などの色に濃淡があること。「—が出る」

いろ-め【色目】 ①色合い。色調。「いい—の生地」②相手に対して気のあるような目つき。流し目。秋波。「—を使う」

いろ-めがね【色眼鏡】 ①色ガラスで作っためがね。サングラスなど。②偏見や先入観をもってものを見ること。かたよった見方。「—で人を見る」

いろめき-た・つ【色めき立つ】(自五)タ(ト)・チ(ッ)・ツ・テ・テ 急に緊張し、動揺したり活気づいたりする。「事件の一報に—」

いろ-め・く【色めく】(自五)カ(コ)・キ(イ)・ク・ケ・ケ ①時節になって美しい色がつく。はなやかになる。②好色そうに見える。なまめかしくなる。③緊張したり活気づいたり、また驚いて動揺したりするようすが表れる。「株価の高騰に—」

いろ-も(古)母を同じくする妹。

いろ-もの【色物】 ①衣服や織物で、白・黒以外の色のあるもの。②寄席演芸で、中心とならないものの称。講談・落語・浄瑠璃に対する曲芸・音曲・奇術の類。

いろ-もよう【色模様】—モヤウ ①布地などの、色鮮やかな染め模様。②歌舞伎や人形浄瑠璃で、恋愛や情事に関する演技。また、その場面。

いろ-やけ【色焼け】(名・自スル) ①顔や体が日に焼けて、こげ茶色になること。日焼け。②衣服などが長く日に当たったり、古くなったりして変色すること。「—した表紙」

いろ-よい【色◦好い】(連体) 好ましい。都合のよい。期待どおりの。「—返事」

いろり【囲炉裏】ヰロリ 部屋の床を四角に切り抜いて作った、暖房または炊事用の火を燃やす所。炉。「—端」「—を切る」冬

いろ-わけ【色分け】(名・他スル) ①違った色をつけて区別すること。「項目を分野別に—する」②種類によって区別すること。分類。「賛成派と反対派に—される」

い-ろん【異論】 他の人と違う論。異議。また、人と反対の意見。「—のあろうはずがない」「—を唱える」

いろん-な【色んな】(連体) いろいろな。さまざまな。「—人に会う」語源「いろいろな」の転。

いわ【岩・△巌・△磐】イハ 大きな石。岩石。いわお。

い-わ【違和】—ヰ ①体の調和・調子がくずれること。②調和がとれず、しっくりこないこと。

いわい【祝〔い〕】イハヒ ①祝うこと。「誕生—」②祝って贈る金品。「—の品」③祝って言う言葉。「—を述べる」

類語 祝福・慶賀・慶祝・祝賀・奉祝・祝着・祝・賀・ことほぎ・寿・年賀・賀正・謹賀・前祝い・内祝い・快気祝い・おめでた

—うた【—歌】 めでたい席などで歌う、祝意をあらわす歌。

—ごと【—事】 喜び祝うべき事柄。慶事。

—ざけ【—酒】 めでたいことを祝って飲む酒。

—ばし【—箸】 祝儀慶事用のはし。柳などを材料に、全体は太くて長く、両端を丸く細く作ったもの。太ばし。

—び【—日】 喜び祝うべき日。祝日。

いわ・う【祝う】(他五)ワ(オ)・イ(ッ)・ウ・エ・エ ①めでたいことがあったことを喜ぶ。祝福する。「合格を—」「還暦を—」②祝いの品を贈る。「知人の栄転に鯛を—」③幸運であるように祈る。「門出を—」「前途を—」可能 いわ・える(下一)

いわ-お【△巌】イハホ 大きな岩石。特に、地表に突出した岩。

い-わかん【違和感】—ヰワ どこか変でしっくりしない感じ。ちぐはぐな感じ。「—を覚える」

いわ-き【岩木】イハ— ①岩と木。②感情をもたない非情のもののたとえ。木石。

いわき【磐城】イハキ 旧国名の一つ。現在の福島県東部と宮城県南部。磐州。

いわく【△曰く】イハク ①言うことには。言うよう。「子(=孔子)—」②はっきり言えない事情。わけ。いわれ。「—ありげ」語源 文語動詞「言ふ」のク語法から。

—言い難し 事情が複雑で、簡単には説明できない。言葉では表現しにくい。〈孟子〉

—いんねん【—因縁】 深く込み入ったわけ。さまざまな事情。「何やら—のありそうな話だ」

—つき【—付き】 ①複雑な事情や特別なわけがあること。また、そのもの。「—の品」②よくない経歴があること。「—の人」

いわくら-ともみ【岩倉具視】イハクラトモミ(一八二五〜一八八三) 幕末・明治初期の政治家。京都生まれ。公武合体に尽くし、尊王倒幕の策を推進。維新後、明治憲法の制定を準備した。

いわけ-な・い【◦稚い】イハケ— (形)カロ・カツ(ク)・イ・イ・ケレ・○ 幼い。子供っぽい。あどけない。「—子」文 いはけな・し(ク)

いわし【人鰯】いわし (字義)→次項①。「片口鰯」参考「鰯」は国字。

いわし【△鰯】 ①〔動〕イワシ類の硬骨魚の総称。ふつう、マイワシをさす。背は青緑色、腹は青白色。産卵期には近海に集まる。食用・油用・肥料用。秋 ②切れない刀。鈍刀。「赤—」

—の頭も信心から 鰯の頭のようにつまらないものでも信心するとありがたく見えるというたとえ。

—ぐも【—雲】「巻積雲」の俗称。鱗雲。秋

いわしぐも… 俳句〔鰯雲 人に告ぐべき ことならず〕〈加藤楸邨〉秋の空一面にいわし雲(=巻積雲)が広がっている。一人その空の下を歩みながら、胸中をだれかに打ち明けたい思いにかられたが、いやこれは人に言うべきことではないと再び胸の中におさめる。(鰯雲 秋)

いわ-しみず【岩清水・◦石清水】イハシミヅ 岩の間からわき出る冷たい水。夏

いわしろ【岩代】 イハ シロ 旧国名の一つ。現在の福島県の中央部と西部。

いわず-かたらず【言わず語らず】 イハズ あらたまって言葉では言わずに。暗黙のうちに。「―のうちに了解する」

いわず-もがな【言わずもがな】 イハズ ①言わないほうがよい。言わないでおいてほしい。「―のことを言う」②言うまでもない。「英語は―、ドイツ語も話せる」参考「もがな」は願望を表す文語の終助詞。

いわ-せる【言わせる】 イハセル (他下一) セ・セ・セル・セル・セレ・セロ(セヨ) (「言う」の使役形)言うようにしむける。言うがままにする。言わす。「ぎゃふんと―・せてやる」「言いたいやつには―・せておくさ」「彼に―と(=彼の言うところによると)」文いは・す(下二)

いわた-おび【岩田帯】 イハタ 妊婦が胎児の保護のために妊娠五か月ごろから腹に巻く帯。安産を祈って戌(いぬ)の日に巻き始める風習がある。腹帯。

いわ-だたみ【岩畳】 イハ 平たい岩が連なって広がっている所。

いわ-つつじ【岩×躑躅】 イハ〘植〙ツツジ科の落葉小低木。本州中部以北の高山に広く分布。高さは五―一五センチメートルで、晩春から初夏にかけて淡紅白色の花をつける。春

いわ-つばめ【岩△燕】 イハ〘動〙ツバメ科の渡り鳥。ツバメよりやや小形で腰と脚が白く、尾は短い。崖(がけ)などに巣を作る。春

いわて【岩手】 イハテ 東北地方北東部にある、太平洋に面する県。県庁所在地は盛岡(もりおか)市。

いわ-でも【言わでも】 イハ (「で」は「…ないで」の意の文語の接続助詞)言わないでもよい。言わなくとも。「―のことをいう」

いわ-と【岩戸】 イハ 岩穴の入り口の戸。岩の戸。「天(あま)の―」

―かぐら【―神楽】 ①高天原(たかまがはら)を支配する女神、天照大神(あまてらすおおみかみ)が岩戸に隠れたとき、神々が奏したという音楽にちなむ神楽。②歌舞伎(かぶき)の囃子(はやし)の一つ。太鼓を主とし、立ち回り場面などに用いる。

いわ-な【岩◇魚】 イハ〘動〙山間の清流にすむサケ科の淡水魚。形はマスに似て細長く、全体に黄褐色で背面は藍緑(あいみどり)色。体の側面に小さな斑点(はんてん)がある。食用。きりくち。夏

いわぬ-が-はな【言わぬが花】 イハヌ あえてはっきり言わないほうが、値打ちや味わいがあってよいということ。

いわ-ね【岩根】 イハ ①大きな岩。②岩の根元。

いわの-ほうめい【岩野泡鳴】 イハノハウメイ (一八七三―一九二〇) 詩人・小説家・評論家。兵庫県生まれ。小説「耽溺(たんでき)」を発表して自然主義の代表的作家の一人となり、一元描写論などを主張。

いわ-ば【岩場】 イハ 山などの、岩の多い場所。岩登りをする場所をさす場合が多い。また、海岸の岩の多い場所にもいう。

いわ-ば【言わば・謂わば】 イハ (副)言ってみれば。たとえてみれば。「そこは―地上の楽園だ」参考「言う」の未然形「言わ」に接続助詞「ば」の付いたものから。

いわ-はだ【岩肌・岩◇膚】 イハ 岩の表面。

いわ-はな【岩鼻】 イハ 突き出た大きな岩の先端。いわばな。

いわ-ひば【岩△檜葉・×巻柏】 イハ〘植〙イワヒバ科のシダ植物。山地の岩の上に自生する常緑の多年草。葉は小さくうろこ状で、ヒノキの葉に似ている。盆栽用。いわまつ。夏

いわ-ぶろ【岩風呂】 イハ 岩のくぼみに作られた風呂。また、岩石を組んで湯船とした風呂。

いわみ【石見】 イハミ 旧国名の一つ。現在の島根県西部。石州。

いわ-むろ【岩室】 イハ →いわや②

いわ-や【岩屋・◇窟】 イハ ①岩にできているほら穴。②①を利用して、または岩に穴を掘って住居としたもの。石室。岩室(いわむろ)。

いわ-やま【岩山】 イハ 岩の多い山。岩でできた山。

いわ-ゆる【×所謂】 イハ (連体)世間でよく言われる。俗に言うところの。「これが―棚からぼたもちだ」語源 文語動詞「言ふ」の未然形「言は」に、上代の受け身の助動詞「ゆ」の連体形「ゆる」が付いて一語化したもの。

いわ-れ【△謂れ】 イハ ①理由。わけ。「―のない嫌疑を受ける」②由緒。由来。「古寺の―を語る」

―いんねん【―因縁】 物事の起こったもと。理由。

いわんかた-なし【言わん方無し】 イハンカタ なんとも言いようがない。たとえようがない。「景色の美しさ―」

いわんとする-こと【言わんとする事】 イハントスル 言おうとすること。言いたいこと。「彼の―がよくわからない」

いわん-や【◇況んや】 イハン (副)まして。なおさら。「大人にも難しい、―子供においてをや(=子供にはなおさら難しい)」用法 文末を「…をや」で結ぶ。漢文の「況…乎」の訓読に基づく。

いん【允】 人 イン まこと・ゆるす (字義)①まこと。まことに。「允恭」②ゆるす。「允可・允許」③じょう。昔の官制で寮の三等官。「小允・大允」人名 あえ・すけ・ただ・ただし・ちか・まさ・みつ・よし

いん【引】 教2 イン ひく・ひける (字義)ひく。㋐ひっぱる。ひきよせる。「引力・牽引(けんいん)・強引」㋑のばす。ひろげる。「引伸・延引」㋒連れてゆく。「引率・引致・拘引(こういん)」㋓みちびく。「引導・誘引」㋔ひき受ける。責任を負う。「引責・承引」㋕他の事例をもってくる。「引用・引例・援引」㋖しりぞく。「引退」人名 のぶ・ひさ

いん【印】 教4 イン しるし (字義)①はん。「印鑑・印判・印籠(いんろう)・検印・調印・捺印(なついん)・封印・拇印(ぼいん)」②しるしをつける。あとをつける。「印象・烙印(らくいん)」③刷る。「印刷・影印・排印」④→次項②。「印相・施無畏印(せむいいん)」⑤「印度(インド)」の略。「中印・駐印大使」人名 あき・おき・おし・かね・しる

いん【印】 ①はん。印章。認め。②〘仏〙手・指を種々の形に組み、仏・菩薩(ぼさつ)の悟りの内容を表すもの。印相。「―を結ぶ」

いん【因】 教5 イン よる⊜・ちなみ (字義)①もと。事の起こり。「因果(いんが)・因子・原因・勝因・病因・要因」↔果 ②ちなむ。由来。「因縁(いんねん)」③よる。したがう。もとづく。「因習・因襲」④「因幡(いなば)の国」の略。「因州」⑤ちなみに。それに関連して。その上。人名 なみ・ゆかり・よし・より

いん【咽】 イン⊕・エツ・エン のど・のむ・むせぶ (字義)①のど。転じて、物事の急所。「咽喉・咽頭」②のむ。のみこむ。「咽下(えんか)」③むせぶ。のどにつかえる。「嗚咽(おえつ)」

いん【姻】 イン⊕ (字義)①よめいり。縁組。「婚姻」②みうち。結婚によってできた親類。「姻戚(いんせき)・姻族」

いん【胤】 人 イン たね (字義)①つぐ。子孫が父祖のあとを受け継ぐ。②血すじ。血統。血すじを受け継いだ子孫。「後胤・皇胤・落胤」人名 かず・つぎ・つぐ・つづき・み

いん【音】 (字義)→おん(音)

いん【員】 教3 イン(ヰン) (字義)①人や物の数。「員外・員数・欠員・人員・全員・定員・満員」②係の人。役に当たる人。所属する人。「委員・会員・議員・教員・事務員・社員・職員・団員・役員」人名 かず・さだ

いん【院】 教3 イン(ヰン)
(字義) ①大きな建物。また、その組織。㋐官庁。役所。「学士院・衆議院」㋑寺。「寺院・修道院・僧院」㋒学校。「学院・書院」㋓診療所。「医院・入院・病院」②上皇・法皇・女院(にょういん)の御所。「院政」

-いん【院】(ヰン) (接尾) ①寺・学校・官庁などの名称に付ける語。「寂光―」「人事―」②上皇・法皇・女院(にょういん)の尊称。「後白河―」「一の―」③戒名(かいみょう)に付ける号。院号。「無量―」

いん【寅】 人 イン とら
(字義) とら。十二支の第三。時刻では午前四時ごろ、方位では東北東。「甲寅・庚寅(こういん)」 人名 つとむ・つら・とも・のぶ・ふさ

いん【淫】 イン㊥ みだら㊥・みだれる・ひたす
(字義) ①ひたす。うるおす。「浸淫」②ふける。度をこす。「淫酒」③なが雨。「淫雨」④みだら。みだれる。㋐性的にだらしのないこと。「淫欲・淫乱」㋑道にはずれること。「邪淫」

いん【陰】 イン㊥・オン かげ㊥・かげる㊥
(字義) ①かげ。㋐日のあたらない所。日かげ。「陰影・陰翳(いんえい)」㋑物におおわれている所。「樹陰」㋒山の北側。川の南側。「山陰」↔陽 ②ひそかに。人知れず。「陰徳・陰謀」↔陽 ③くもる。かげる。「陰雲・陰晴」④暗い。「陰気・陰険」⑤時間。「光陰・寸陰」⑥易(えき)で、陽に対して、消極的・受動的な原理・性質をいう。柔・静・女・地・月・北・夜・冬など。「陰陽(いんよう・おんよう・おんみょう)」↔陽 ⑦電気・磁気の陰極。マイナス。「陰電気」↔陽 ⑧男女の生殖器。「陰部」 難読 陰嚢(いんのう・ふぐり)

いん【陰】 ①人目につかないところ。「―に陽に(=かげになり日なたになり。常に)」②消極的な性質を持つさま。(↔陽)
―に籠(こ)もる 不平・不満などの気持ちを外に出さず、内部にひそませている。また、陰気なようすである。「陰にこもった声」

いん【飲】 教3 イン・オン のむ
(字義) ①のむ。㋐液体をのどから腹へ入れる。「飲食(いんしょく・おんじき)・飲用」㋑酒をのむ。「飲酒(いんしゅ・おんじゅ)・牛飲・鯨飲・痛飲」②のみもの。「飲料」

いん【蔭】 人 イン かげ
(字義) ①草木のかげ。日かげ。「樹蔭・緑蔭」②おかげ。たすけ。「蔭位・恩蔭」

いん【隠】【隱】 イン㊥・オン かくす㊥・かくれる㊥
(字義) ①かくす。㋐おおいかくす。「隠蔽(いんぺい)」㋑しまう。「隠匿(いんとく)」㋒秘密にする。かくまう。「隠語・隠謀・隠密(おんみつ)」↔顕 ②かくれる。㋐あらわれない。「隠顕」㋑世をのがれる。世事にかかわらない。また、その人。「隠居・隠棲(いんせい)・隠遁(いんとん)」③こらえる。「隠忍」④あわれむ。悲しむ。「惻隠(そくいん)」⑤かすかに。「隠見・隠微」⑥「隠岐(おき)の国」の略。「隠州」

いん【韻】 イン(ヰン)㊥
(字義) ①ひびき。音の出た後に聞こえるひびき。「松韻・余韻」②漢字音で、初めの子音を除いた音。その音によって二〇六または一〇六に類別したもの。「韻字」③詩文で、同類の音を一定の位置でくり返すこと。「韻律・押韻(おういん)」④詩歌。「韻文」⑤おもむき。風流。「韻士・韻事・韻致・神韻・風韻」⑥風趣。 人名 おと

いん【韻】(ヰン) ①漢字音で、最初の子音を除いた残りの部分。韻母。②詩文で、同一または類似の音を一定の位置にくり返しおくこと。また、その音。行・句の初めにおかれるものを「頭韻」、末におかれるものを「脚韻」という。
―を踏(ふ)む 詩文を作るとき、句末など特定の部分に同じ韻の文字を置く。韻を押す。押韻(おういん)する。

いん【殷】(世) 中国で実在を確認できる最古の王朝。「商」と自称。伝説では、湯王(とうおう)が夏(か)王朝を倒して建国。紀元前一一世紀ごろ、紂王(ちゅうおう)のとき周の武王に滅ぼされた。

イン〈in 内〉①テニス・卓球などで、打球が規定の線の内側にはいること。②ゴルフで、後半の九ホール。(↔アウト)

いん-イオン【陰イオン】(化) 負の電気を帯びた原子または原子団。アニオン。↔陽イオン

いん-いつ【隠逸】 俗世を逃れて隠れ住むこと。隠遁(いんとん)。

いん-いん【殷殷】(タル) 鐘・雷・銃砲・車などの音がとどろくさま。「―たる砲声」文(形動タリ)

いん-いん【陰陰】(タル) ①薄暗いさま。曇ったさま。「―たる空」②もの寂しく陰気なさま。「―と響く鐘の音」文(形動タリ)
―めつめつ【―滅滅】(タル) 雰囲気や調子が暗く沈んでいて、気がめいるさま。「―とした音楽」文(形動タリ)

いん-う【淫雨】 長い間降り続く雨。長雨。

いん-う【陰雨】 陰気にしとしと降り続く雨。長雨。

いん-うつ【陰鬱】(形動ダ) ダロ・ダッ(テ)・ニ・ダ・ナ・ナラ・〇 空もようや気分が晴れ晴れしないさま。うっとうしいさま。「―な気分」文(ナリ)

いん-えい【印影】 紙などに押した印章のあと。

いん-えい【陰影・陰翳】 ①光の当たらない部分。陰。②微妙な変化や深みのある趣。「―に富んだ文章」

いん-えん【因縁】 →いんねん

いんおう-ごぞく【印欧語族】 →インドヨーロッパごぞく

いん-か【引火】(クワ)(名・自スル) 火が他のものに移って燃え出すこと。他の炎や熱によって火がつくこと。「ガソリンに―する」
―てん【―点】(化) 可燃性の液体や気体が、近づけられた炎や熱などによって瞬間的に燃え出す最低温度。

いん-か【允可】(名・他スル) 聞き入れて許すこと。許可。

いん-か【印可】(名・他スル) ①(仏) 弟子(でし)が修行の結果悟りを得たことを師の僧が証明すること。②武芸で、奥義をきわめた弟子に師が与える免許。また、それを与えること。

いん-か【陰火】(クワ) 夜間、幽霊や妖怪(ようかい)が出るときに燃えるといわれる火の玉。鬼火。きつね火。

インカ〈Inca〉(世) 南米ペルーのクスコを中心にアンデス山中に文明を形成した部族。一五―一六世紀に帝国を建設した。巨大な石造建築を残す。一五三三年、スペイン人ピサロによって征服された。

いん-が【印画】(グワ) 現像したフィルムの画像を感光紙上に焼き付けて写真に仕上げたもの。
―し【―紙】 写真を焼き付けるときに使う感光紙。

いん-が【因果】(グワ) 一(名) ①原因と結果。「事件の―関係を明らかにする」②(仏) すべての現象は原因と結果の法則に支配されるということ。前世または以前に行った行為から受ける報い。「―が巡る」 二(形動ダ) ダロ・ダッ(テ)・ニ・ダ・ナ・ナラ・〇 不幸な宿命のもとにあるさま。不運なさま。あわれなさま。「―な話だ」文(ナリ)
―を含(ふく)める 理由を話してやむをえないと納得させる。しかたがないとあきらめさせる。「因果を含めて別れさせる」
―おうほう【―応報】(仏) 人の行いの善悪に応じて、必ずその報いが現れること。悪い報いに使われることが多い。
―りつ【―律】(哲) 原因となるべき状態には、必ず結果となるべき状態が伴うという自然の法則。すべてのことは原因と結果の必然的関係によって存在するとする原理。

いん-が【陰画】(グワ) 現像したフィルムに現れた画像。明暗・白黒が実物と反対になっている。ネガティブ。ネガ。↔陽画

いん-がい【員外】(グヮイ) 定員に含まれないこと。員数外。

いん-がい【院外】(グヮイ) ①院と名の付く施設・機関の外部。②衆議院・参議院の外部。(↔院内)

―だん【―団】国会議員以外の政党員の集団。

いんか-しょくぶつ【隠花植物】(インクヮ)〘植〙古く、花の有無で植物を大別し、花をつけず胞子で繁殖する植物を呼んだ語。胞子植物。↔顕花植物

インカム〈income〉収入。所得。「ダブル―」

インカム〈intercom から〉複数人で同時に双方向の通話が可能な通信システム。また、それに用いるヘッドホンとマイクが一体化した機器。インターカム。

いん-かん【印鑑】①前もって市区町村長や取引先に届け出ておく特定の印(＝実印)の印影。「―登録」②印。はんこ。

―しょうめい【―証明】市区町村長が、あらかじめ届け出てある印鑑と照合して、印影の真正を証明すること。また、その文書。

いん-かん【殷鑑】戒めとしなければならない前例。参考「殷」は、古代中国の王朝の名。「鑑」は鏡で、手本の意。

―遠(とお)からず 失敗の戒めとなる前例は、身近にある。〔故事〕殷の暴君、紂王(ちゅうおう)が戒めとすべき手本は遠い昔に求めるまでもなく、すぐ前代の夏(か)の桀王(けつおう)が悪政によって滅びたことにあったということに基づく。〈詩経〉

インキ〈オランダ inkt〉→インク

いん-き【陰気】(形動ダ)(ダロ・ダッ(デ・ニ)・ダ・ナ・ナラ・〇) 気分・雰囲気などが暗く、晴れ晴れしないさま。「―な性格」↔陽気 文(ナリ)

―くさ・い【―臭い】(形)(カロ・カッ(ク)・イ・イ・ケレ・〇) いかにも陰気なようすである。「―部屋」

いん-ぎ【院議】(ヰン) 衆議院・参議院の会議。また、その決議。

いん-きゃく【韻脚】(ヰン) ①漢詩で、句の終わりに使う同じ韻の文字。脚韻。②欧米の詩の韻律。

いん-きょ【允許】(名・他スル) 許すこと。許可。

いん-きょ【隠居】(名・自スル) 勤めや事業をやめたり家督を譲ったりして、のんびり暮らすこと。また、その人。一般に老人をさしてもいう。「―の身」「ご―さん」

いん-ぎょう【印形】(ギャウ) 印。印章。はんこ。「―を彫る」

いん-きょく【陰極】〘物〙電圧が加えられた相対する二極のうち電位の低い側の極。負(マイナス)の電極。↔陽極

―かん【―管】(クヮン)〘物〙陰極線を放出させるのに使う真空管。ガイスラー管・ブラウン管など。陰極線管。

―せん【―線】〘物〙真空管内での放電によって、陰極から陽極に向かって走る高速度の電子の流れ。

いん-ぎん【慇懃】■(名・形動ダ) 物腰の丁寧なさま。礼儀正しいこと。「―にあいさつする」■(名) ①親しい交わり。よしみ。「―を重ねる」②男女の情交。「―を通じる」

―ぶれい【―無礼】(名・形動ダ) 表面は丁寧に見せかけて、内心は尊大で相手を見下すこと。また、そのさま。

いんきん-たむし【陰金田虫】〘医〙陰部やしりの部分にできるかゆみを伴う皮膚病。「頑癬(がんせん)」の俗称。

インク〈ink〉筆記・印刷に使う色のついた液体。インキ。

―ジェット〈ink jet〉微量のインクを吹きつけて印刷する、プリンターの一方式。

―スタンド〈inkstand〉卓上に置く、インクを入れておくつぼにペン立てなどの付いた文房具。

インクライン〈incline〉傾斜面にレールを敷き、動力で台車を動かして船舶や荷物などを載せて運ぶ装置。

イングランド〈England〉①イギリス。英国。②イギリスのグレートブリテン島の中南部地方。北はスコットランド、西はウェールズに接する。語源「(アングル半島から来た)アングル人の地」の意の古英語 Engla land から。参考「×英蘭」とも書く。

イングリッシュ〈English〉①英国(の)。英国人(の)。②英語。

―ホルン〈English horn〉〘音〙オーボエと同種の、音色の穏やかな木管楽器。オーボエより大型で音域は五度低い。

いん-くんし【隠君子】①俗世を避けて隠れ住む学徳のすぐれた人。②「菊」の別称。秋

いん-けい【陰茎】〘生〙男性の生殖器の一部。海綿体で細長く、中に尿道が通じる。男根。ペニス。

いん-けん【引見】(名・他スル) 身分や地位の高い人が目下の者を呼び寄せて会うこと。引接。「使者を―する」

いん-けん【隠見】(名・自スル) 隠れたり見えたりすること。

いん-けん【陰険】(形動ダ)(ダロ・ダッ(デ・ニ)・ダ・ナ・ナラ・〇) ①うわべはよく見せかけて、内心は腹黒く悪意をもっているさま。「やり口が―だ」②陰気で意地が悪そうなさま。「―な目つき」文(ナリ)

いんげん-まめ【隠元豆】〘植〙マメ科のつる性一年草。夏に白または淡紅色の蝶(ちょう)形の花を開く。種子は白・茶褐色・黒色で食用。隠元。秋 語源 明(みん)の禅僧で黄檗宗(おうばくしゅう)の開祖、隠元が日本に伝えたといわれることから。

いんこ【鸚哥】〘動〙オウム目インコ科の鳥の総称。種類が多く、大きさはカラスからスズメぐらいまで。色鮮やかで美しい。熱帯・亜熱帯産。飼い鳥とされ、言葉や物音をまねるものもある。

いん-ご【隠語】特定の社会や仲間内だけに通用する、特別の意味をもった語。隠し言葉。参考 やくざ仲間で使う、たたむ(殺す)・どや(宿屋)・ぱくり(かっぱらい)、寺院の人が用いる、般若湯(はんにゃとう)(酒)、やみ屋仲間が使う、だふ(切符・入場券)など。

いん-ご【韻語】(ヰン) ①おもに漢詩文で韻を踏んだ語。②韻を踏んだ文章・詩・賦の類。韻文。

いん-こう【印行】(カウ)(名・他スル) 印刷して発行すること。

いん-こう【咽喉】①のど。咽頭(いんとう)と喉頭(こうとう)。「耳鼻―科」②必ず通らなければならない交通の要所。要路。「―を扼(やく)する(＝重要な場所を押さえる)」

いん-こう【淫行】(カウ) みだらな行い。「―にふける」

いん-ごう【因業】(ゴフ) ■(名)〘仏〙結果を起こさせる原因となる行為。多くは、不幸の原因となる悪い行いをいう。■(名・形動ダ) 頑固で思いやりのないさま。「―おやじ」「―な仕打ち」

いん-ごう【院号】(ヰンガウ) ①院の名前。上皇や天皇の母后(ぼこう)などに与えられる。後白河院・建礼門院など。②戒名に付ける「院」のついた号。

イン-コース〈和製英語〉①野球で、打者に近いほうを通る投球の道筋。②陸上競技などで、内側の走路。(↔アウトコース)

イン-コーナー〈和製英語〉野球で、ホームベースの打者に近いほうの側。内角。インサイド。↔アウトコーナー

イン-ゴール〈in-goal〉ラグビーで、ゴールラインの外側にある長方形の区域。攻撃側がボールをつけるとトライとなる。

いん-こく【印刻】(名・他スル) 印材に印を彫ること。

いん-こく【陰刻】文字や絵を地よりもくぼませて印を彫ること。また、その印。↔陽刻

いん-ざい【印材】印鑑をつくる材料。木・石・角(つの)など。

インサイダー〈insider〉①その組織の内部の人。部内者。↔アウトサイダー ②事情通。

―とりひき【―取引】〘経〙会社役員・株主・証券会社の関係者などが、職務上知り得た内部情報を利用して行う有価証券の取り引き。金融商品取引法によって規制されている。

インサイド〈inside〉①内側。内面。内部。②テニス・バレーボールなどで、線の内側。また、線の内側にボールがはいるこ

と。③→インコーナー（↔アウトサイド）

―ワーク〈和製英語〉野球などのスポーツで、競技を有効に進める頭脳のはたらき。頭脳作戦。「―にたけた選手」

いん-さつ【印刷】（名・他スル）版面にインクを付けて文字・絵などを紙・布などに刷り出すこと。プリント。「オフセット―」

イン-ザ-ホール〈in the hole〉野球で、投手または打者にとってボールカウントが不利になった状態。「ピッチャー―」

いん-さん【陰惨】（名・形動ダ）むごたらしく目をそむけたくなること。また、そのさま。「―を極める」「―な事件」

いん-し【因子】ある結果を生じるもととなる一つ一つの要素。要因。ファクター。「遺伝―」

いん-し【印紙】手数料・税金などを納めたことを証明するために、証書にはる政府発行の証票。多く、収入印紙をいう。

いん-し【淫△祠】いかがわしい神をまつったほこら。

いん-し【隠士】俗世間を避けてひっそりと生活する人。隠者。

いん-じ【印字】（名・他スル）タイプライターやプリンターなどの機械で、文字・符号を打ち出すこと。また、その文字や符号。

―き【―機】タイプライターやプリンターなど、機械的な方法で文字・符号を印字する機器。

いん-じ【印璽】天皇の印（御璽ぎょじ）と日本国の印（国璽こくじ）の総称。

いん-じ【韻字】ヰン【文】①漢詩文で、韻を踏むために句の終わりに置く字。②連歌・俳諧はいかいで、句の結びに置く字や言葉。

いん-じ【韻事】ヰン 詩歌を詠んだり書画をかいたりする、風流なあそび。「風流―」

インジゴ〈indigo〉→インディゴ

いん-しつ【陰湿】（名・形動ダ）暗くて湿った感じのあること。陰気であること。また、そのさま。「―な風土」「―な気性」

いん-じゃ【隠者】俗世間を避けて山奥などにひっそりと隠れ住む人。隠士。隠遁者いんとんしゃ。「―文学」

いん-しゅ【飲酒】（名・自スル）酒を飲むこと。「―運転」

いん-じゅ【印△綬】官職・位階の印とそれを下げる組みひも。昔、中国で官吏に任命されると天子から授けられた。

―を帯おびる 官職に就く。―を解とく 官職を辞する。

いん-じゅ【院主】ヰン 寺院のあるじである僧。住職。院主いんしゅ。

いん-しゅう【因習・因襲】シフ 古くからの習わし。多く、悪い習慣やしきたりについていう。「―にとらわれる」「―を打ち破る」

―てき【―的】（形動ダ）ダロ・ダッ(デ)・ニ・ダ・ナ・ナラ・〇 古くからの悪い習わしにとらわれて新しい考え方を受け付けないさま。「―な考え」

インシュリン〈insulin〉→インスリン

いん-じゅん【因循】（名・形動ダ）①古い慣習にとらわれて改めようとしないこと。また、そのさま。②思い切りが悪く、ぐずぐずしていること。また、そのさま。

―こそく【―△姑息】（名・形動ダ）古い慣習にとらわれ、その場しのぎで過ごそうとすること。また、そのさま。「―なやり方」

いん-しょう【引証】（名・他スル）引用して証拠だてること。例を引いて証明すること。「―を要する事項」

いん-しょう【印章】シヤウ 印。はんこ。

いん-しょう【印象】シヤウ 見たり聞いたり、また接したりしたときに心に刻まれて残る感じ。「第一―」「強く―づける」

―しゅぎ【―主義】【美】事物を写実するのではなく、自然や事物から受けた感覚的印象をそのまま表現しようとする芸術上の考え方。一九世紀後半、フランスの画壇からおこった。

―てき【―的】（形動ダ）ダロ・ダッ(デ)・ニ・ダ・ナ・ナラ・〇 特にきわだった印象を与えるさま。「―な場面」

―は【―派】【美】印象主義の芸術家。また、その流派。

―ひひょう【―批評】ヒヤウ 芸術の理解・評価における客観的基準は存在しないとして、作品から受けた主観的印象と直感とに基準をおく批評。

いん-しょく【飲食】（名・自スル）飲むことと食べること。「館内―禁止」「にぎやかに―する」

―てん【―店】調理した食物を店内で飲食させる店。

いん-しん【音信】→おんしん

いん-しん【△殷△賑】（名・形動ダ）非常ににぎやかで、活気にあふれて盛んなこと。また、そのさま。「―を極める」

いん-すう【因数】【数】一つの積を作っている個々の数または式。たとえば、整式 $ab=A$ のとき、a と b は A の因数という。

―ぶんかい【―分解】（名・他スル）【数】与えられた整数または式をその因数の積として表すこと。たとえば、整式 a^2-b^2 を因数分解すれば $(a-b)(a+b)$ となる。

いん-ずう【員数】ヰン ある組織体の成立に必要な人や物の数。いんず。「―外」「―合わせ」「―が足りない」

インスタント〈instant〉すぐにできること。即席。「―食品」

インストール〈install〉（名・他スル）【情報】ソフトウェアをコンピューターに組み込んで使えるようにすること。

インストラクター〈instructor〉指導員。特に、実務的な技術などを教育・訓練する人をいう。

インストルメンタル〈instrumental〉【音】軽音楽で、歌唱のない楽器だけによる演奏。また、その楽曲。インストゥルメンタル。インスト。

インスパイア〈inspire〉（名・他スル）ある考えや感情を人の心に抱かせること。また、考えや創作に刺激・影響をあたえること。インスパイヤー。「名画に―されたデザイン」

インスピレーション〈inspiration〉突然頭の中にひらめく考えや判断。思いもよらない着想。霊感。「―がわく」

インスリン〈insulin〉【生】膵臓すいぞうのランゲルハンス島から分泌されるホルモン。グリコーゲン合成を促進し、肝臓からのブドウ糖放出を抑制して、血糖値を低下させる。糖尿病の治療に使う。インシュリン。

いん・する【淫する】（自サ変）シ(セ)・シ・スル・スレ・セヨ 度が過ぎる。ふける。おぼれる。「酒色に―」文いん・す(サ変)

いん・する【印する】（他サ変）シ(セ)・シ・スル・スレ・セヨ（印判を押す意から）あとを残す。しるしを付ける。「各地に足跡そくせきを―」文いん・す(サ変)

いん-せい【院政】ヰン ①天皇に代わって、上皇または法皇がその御所で政治を行うこと。一〇八六(応徳三)年白河上皇が創始。②(転じて)引退したあとも実権を有して物事をとりしきること。「会長が―をしく」

いん-せい【△殷盛】（名・形動ダ）非常に繁盛すること。また、そのさま。「―を極める」

いん-せい【陰性】㊀（名・形動ダ）陰気で消極的な性質。㊁（名）【医】病原体や病毒が存在するという反応がないこと。（↔陽性）

いん-せい【陰晴】曇りと晴れ。「―定めなし」

いん-せい【隠△栖・隠△棲】（名・自スル）俗世間との交わりを避けて静かに暮らすこと。「―の地」

いん-ぜい【印税】発行物の定価・発行部数などに応じて、発行者が著作権の使用料として著作権者に支払う金銭。

いん-せき【引責】（名・自スル）責任を引き受けること。「―辞任」

いん-せき【姻戚】結婚によってできた親類。姻族。「彼とは―関係にある」

いん-せき【△隕石】ヰン【天】流星が大気中で燃え尽きないで

地球上に落ちたもの。

いん‐せつ【引接】(名・他スル) 身分・地位の高い人が目下の者を呼んで会うこと。引見。

いん‐せん【院線】― 鉄道院(一九〇八―一九二〇年)が管理運営した国有鉄道の路線。

いん‐ぜん【院宣】― 上皇・法皇の命令を伝える公文書。

いん‐ぜん【隠然】(タル) 表立ってはいないが、実質的な力や重みを持っているさま。「―たる勢力」↔顕然 文(形動タリ)

インセンティブ〈incentive〉①意欲を引き出すための刺激。②企業が販売促進のために社員や販売店などに支給する報奨金。

いん‐そう【印相】― ①はんこに現れている吉凶の相。材質・形・色・字形によって判定する。印相。②→いん(印)②

いん‐ぞく【姻族】結婚によってできた親類。姻戚。

いん‐そつ【引率】(名・他スル) 引き連れること。「―者」「生徒を―する」

インター〈inter〉①「インターナショナル二①」の略。②「インターチェンジ」の略。「厚木―」③(語頭に付いて)「中」「間」「相互」の意を表す語。「―ハイ」「―ホン」

―カレッジ〈intercollegiate の略〉大学間の対抗競技。インカレ。

―セプト〈intercept〉(名・他スル) バスケットボールやサッカーなどで、相手のパスの途中でボールを横取りすること。

―チェンジ〈interchange 交換・交替〉高速自動車道路と他の一般道路をつなぐ出入り口。インター。IC

―ナショナル 一(形動ダ)〈international〉国際間の。国際的。万国の。二(名)〈International〉①〔世〕社会主義運動の国際組織。インター。②一八七一年、フランスで作られた革命歌。もとソ連の国歌。

―ネット〈internet〉〔情報〕世界中のコンピューターを結んで情報のやり取りをするネットワークシステム。ネット。

―ハイ〈和製英語〉全国の高等学校対抗の競技会。全国高等学校総合体育大会。高校総体。語源「ハイ」は high school の略。はじまり第一回大会は一九六三(昭和三十八)年、新潟県ほか一三県で開催。

―バル〈interval〉①間隔。間。「長い―を取る」②休憩時間。③〔音〕音程。

―フェア〈interfere 邪魔する〉競技者が競技中に相手のプレーを妨害すること。

―フェース〈interface 境界面〉〔情報〕異なるシステムを仲介する回路や装置。また、キーボードなど、人間がコンピューターを円滑に操作するための装置やソフトウェア。

―フェロン〈interferon〉〔生〕ウイルス抑制因子。ウイルスが侵入したときに細胞が作り出す、ウイルスの増殖を抑えるたんぱく質。抗ウイルス薬・抗がん剤として用いられる。

―ポール〈Interpol(International Criminal Police Organization から)〉国際刑事警察機構。国際犯罪の防止を目的に、情報交換、捜査協力をするための組織。本部はフランスのリヨン。ICPO

―ホン〈interphone〉屋内または建物の内と外とで用いる簡単な有線通話装置。

インターン〈intern〉①医師、美容師・理容師などをめざす人が国家試験の受験資格を得るために行った実習。また、その実習生。現在は廃止。②「インターンシップ」の略。

―シップ〈internship〉学生が、在学中に企業などで就業体験をすること。また、その制度。インターン。

いん‐たい【引退】(名・自スル) 職や地位をしりぞくこと。現役からしりぞくこと。「―試合」「―相撲」「現役を―する」

いん‐たい【隠退】(名・自スル) 社会的活動から身を引いて静かに暮らすこと。

いん‐たいぞう【隠退蔵】―(名・他スル) 不正に入手した品物などを隠して、使わずにしまっておくこと。「―物資」

いん‐たく【隠宅】①隠居した人の住宅。隠居所。②世を避けて住む家。隠れ家。

インダストリアル‐エンジニアリング〈industrial engineering〉効率的生産のための人間・資材・設備の最適利用を科学的に達成する技法。経営工学。生産工学。IE

インダストリアル‐デザイン〈industrial design〉機能と美的要素の調和をはかる工業製品のデザイン。工業デザイン。ID

インタビュー〈interview〉(名・自スル) 新聞・雑誌・放送の記者などが、取材のために特定の人を訪問し面会すること。また、その記事や放送。インタヴュー。「―に応じる」

インタラクティブ〈interactive〉相互に作用すること。特に、情報処理や通信などの際に双方向で情報をやり取りできる状態を指す。

インタレスト〈interest〉①興味。関心。②利害関係。③利子。④利益。「ナショナル―(=国益)」

インタロゲーション‐マーク〈interrogation mark〉疑問符。クエスチョンマーク。「?」

いん‐ち【引致】(名・他スル)〔法〕逮捕状・勾引状などを出して、被疑者・被告人などを強制的に警察・検察庁・裁判所などに連行すること。「―して取り調べる」

いん‐ち【印池】印肉を入れる容器。肉池。

インチ〈inch〉ヤードポンド法の長さの単位。一インチは一フィートの一二分の一で、約二・五四センチメートル。参考「吋」とも書く。

いんちき(名・自スル・形動ダ) ①勝負ごとやとばくで、不正を行うこと。いかさま。②ごまかしたり不正をしたりすること。本物でないこと。「―商法」

いん‐ちょう【院長】― 病院・学院など、院と名の付く施設・機関の長。

インディア‐ペーパー〈India paper〉薄くてじょうぶな西洋紙。辞書・聖書などに用いる。インディアンペーパー。

インディアン〈Indian〉(コロンブスが、到達地をインドの一部と誤認したことから)アメリカ大陸の先住民族。参考現在では、ふつう「ネイティブアメリカン」という。

インディーズ〈indies〉独自に映画や音楽CDを制作する小規模なプロダクションや会社。また、その作品。語源 independent(独立した)から生じた語。

インディオ〈スペ Indio〉中米・南米の先住民族。

インディゴ〈indigo〉藍色の染料。もと植物の藍から採ったが、現在は化学合成される。インド藍。インジゴ。洋藍。

インディペンデント〈independent〉①独立・自立していること。②業界内で支配的な大手の会社から、独立して事業を行うこと。「―映画」

いん‐てつ【隕鉄】― 主成分が鉄・ニッケルである隕石。

インデックス〈index〉①見出し。索引。②指数。指標。

インテリ(「インテリゲンチア」の略) 知識階級。また、知識人。

インテリア〈interior〉室内装飾。「―デザイン」

インテリゲンチア〈ロシ intelligentsiya〉知的労働に従事する社会層。知識階級。インテリ。インテリゲンチャ。

インテリジェンス〈intelligence〉①知性。理解力。②情報。諜報。

インテリジェント〈intelligent〉(名・形動ダ) ①知的なさま。②情報処理機能のあるさま。

―ビル〈intelligent building から〉高度な情報通信システムやビル管理機能などの設備を備えた高層建造物。

インテル 活版印刷の組み版で、活字の行間をあけるために挟む薄い板。語源 interline(本の行間に書き込む意)の転。

いん-でん【印伝】(インドから伝来の意)「印伝革(がわ)」の略。

―がわ【―革】ガハ ヒツジまたはシカのなめしがわ。染色・彩色して袋物の材料にする。

いん-でんき【陰電気】《物》毛皮で樹脂をこすったときに樹脂に生じる電気。また、それと同じ性質をもつ電気。マイナスの電気。負電気。↕陽電気

いん-でんし【陰電子】《物》陰電気を帯びた電子。↕陽電子 参考 ふつう、単に「電子」という。

インド〈India〉①インド半島の大半を占める共和国。首都はニューデリー。②アジア南部の大半島。インド・バングラデシュ・パキスタンに分かれる。インド半島。参考「印度」とも書く。

―ゲルマン-ごぞく【―ゲルマン語族】→インドヨーロッパごぞく

―めん【―綿】 インド産の綿花の総称。印綿。

―よう【―洋】ヤウ アジア・アフリカ・オーストラリア・南極大陸に囲まれた海洋。世界の全海洋面積の約二〇パーセントを占める。

―ヨーロッパ-ごぞく【―ヨーロッパ語族】 インドからヨーロッパの大部分にわたって分布する諸言語の総称。英語・フランス語・ロシア語・スペイン語・ギリシャ語・ラテン語・ヒンディー語などがこれに属する。インドゲルマン語族。印欧語族。

インドア〈indoor〉屋内。室内。「―スポーツ」↕アウトドア

いん-とう【咽頭】《生》鼻腔(びこう)・口腔(こうこう)の後下部から食道の上端に続くじょうご状の部分。のど。「―炎」

いん-とう【淫蕩】タウ (名・形動ダ) 酒色におぼれて生活が乱れること。享楽にふけること。また、そのさま。「―な生活」

いん-どう【引導】ダウ 《仏》①仏道に導くこと。②死者が成仏できるように、僧が経や法語を唱えること。

―を渡(わた)す ①経文や法語を唱えて死者を成仏させる。②最終的な宣告をする。「見込みがないと―」

いん-とく【陰徳】 世間に知られないりっぱな行い。人知れずなされたよい行い。「―を積む」↕陽徳

―あれば陽報(ようほう)あり 人知れずよい行いをすれば、必ずよい報いが現れる。

いん-とく【隠匿】(名・他スル) ことさらに隠すこと。かくまうこと。「―物資」「犯人を―する」

インドシナ〈Indochina〉東南アジアに突出する半島部。狭義では、旧フランス領のベトナム・ラオス・カンボジアをいい、広義にはタイ・ミャンマーを含めていう。

イントネーション〈intonation〉話すときの声の上がり下がり。抑揚。語調。

インドネシア〈Indonesia〉東南アジアの、多くの島からなる共和国。旧オランダ領東インド。一九四五年独立を宣言。首都はジャカルタ。語源 ギリシャ語に由来するとされ、「インドの島々」の意。

イントラネット〈intranet〉《情報》インターネット技術を利用し、企業内部のコンピューター端末などをつなぎ合わせ、情報を交換できるようにしたネットワークシステム。

イントロダクション〈introduction〉①序論。序説。②入門。③《音》序奏。導入部。イントロ。

いん-とん【隠遁】(名・自スル) 俗世間を逃れてひっそりと隠れ暮らすこと。「―者」「―生活」「草庵(そうあん)を結び―する」

インナー〈inner 内部の〉(「インナーウエア」の略)下着。肌着。また、上着の内側に着る服。↕アウター

いん-ない【院内】ヰン ①院と名の付く施設・機関の内部。②衆議院・参議院の内部。「―交渉団体」↕院外

―かんせん【―感染】《医》病院内部で、患者や職員が病気に感染すること。

いん-にく【印肉】 印を押すときに使う、綿・もぐさなどに朱や黒の顔料を染み込ませたもの。にく。

いん-にょう【廴繞】ネウ 漢字の部首名の一つ。「延」「建」などの「廴」の部分。えんにょう。

いん-にん【隠忍】(名・自スル) 心の思いを表面に出さないでこらえること。「―して時機を待つ」

―じちょう【―自重】(名・自スル) がまんして軽々しい行動をしないこと。「時節到来まで―する」

インニング〈inning〉→イニング

いん-ねん【因縁】(「いんえん」の連声(れんじょう)) ①《仏》㋐結果をもたらす因と縁。またはその関係。因は、結果を生じる内的な直接原因、縁は、それを外から助ける間接原因。㋑定められた運命。「前世からの―」㋒宿命的に結ばれた関係。「彼とは浅からぬ―がある」②由来。来歴。「いわれ―を語る」③言いがかり。「―をつける」

いん-のう【陰嚢】ナウ 睾丸(こうがん)を包む皮膚の袋。ふぐり。

インバーター〈inverter〉直流電力を交流電力に変える変換装置。逆変換器。

いん-ばい【淫売】(名・自スル) 女性が報酬を受けて肉体を提供すること。売春。売淫(ばいいん)。また、それを職業とする女性。

インバウンド〈inbound〉外国からの旅行。また、その旅行客。訪日外国人観光客。「―需要」

インパクト〈impact〉①衝突。衝撃。強い影響力や印象。「―を与える」②バットやラケットでボールをたたく瞬間。

インバネス〈inverness〉男子の、ケープの付いた袖(そで)なし外套(がいとう)。和装用コートとして用いられた。とんび。二重回し。冬

いん-ばん【印判】 判。はんこ。↕書き判

いん-び【淫靡】(名・形動ダ) 節度がなく風紀などが乱れて、みだらなこと。また、そのさま。「―な雰囲気」

いん-び【隠微】(名・形動ダ) かすかで、表面からは容易にわからないこと。また、そのさま。「―な事情がある」

いん-ぴ【隠避】(名・他スル)《法》かくまう以外の方法で、犯人の発見・逮捕を妨げること。逃走資金の援助など。

いん-ぶ【陰部】 体外に現れている生殖器。人目から隠す部分。

いん-ぷ【印譜】 さまざまな名家の印影を集めて配列してある本。中国宋(そう)の時代以後盛んに行われた。

いん-ぷ【淫婦】 多くの男と交わる女。多情で浮気な女。

インフェリオリティー-コンプレックス〈inferiority complex〉劣等感。単に「コンプレックス」とも。

インフォーマル〈informal〉(形動ダ)ダロ・ダッ(デ・ニ)・ダ・ナ・ナラ・○ 形式ばらないさま。非公式のさま。略式。「―な服装」↕フォーマル

インフォームド-コンセント〈informed consent〉《医》治療の前に、医師が患者に病状・治療方針などについて説明をし、患者が納得・同意すること。

インフォメーション〈information〉①情報。報道。知らせ。②案内所。受付。インフォーメーション。

インプット〈input〉(名・他スル)《情報》コンピューターに、入力装置を使って情報(データ)を送りこむこと。入力。「データを―する」↕アウトプット

インフラ「インフラストラクチャー」の略。「―の整備」
インフラストラクチャー〈infrastructure 下部構造〉生活や産業の基盤を形成する施設、設備。交通・運輸網や上下水道、電力施設などの産業基盤および学校・病院・公園など。インフラ。
インプラント〈implant〉〔医〕機能が欠損した器官のかわりに体内に埋め込まれる器具。特に、顎(あご)の骨に埋め込む人工歯根(しこん)をいう。
インフルエンザ〈influenza〉〔医〕高熱を発し、頭痛などを起こす急性の呼吸器系感染症。インフルエンザウイルスによって起こる。流行性感冒。流感。
インフルエンサー〈influencer〉大きな影響力をもつ人。特に、インターネット上の情報発信により人々の消費行動に影響を及ぼす人。
インフレ「インフレーション」の略。↔デフレ
イン-プレー〈in play〉球技で、試合が進行中である状態。
インフレーション〈inflation〉〔経〕物価水準が継続的に上昇し、貨幣価値が下がる現象。紙幣乱発による紙幣インフレ、活発な需要による需要インフレ、生産コスト上昇によるコストインフレなどに分類される。インフレ。↔デフレーション
インプレッション〈impression〉印象。感銘。
いん-ぶん【韻文】―キン 韻を踏んだ文。韻律のある文章。また、詩歌。↔散文
いん-べ【忌部・斎部】→いみべ
いん-ぺい【隠蔽】(名・他スル)おおい隠すこと。「真相の―」
インベーダー〈invader〉侵略者。侵入者。特に、SFで地球外の星からの侵入者。
インペリアリズム〈imperialism〉帝国主義。
インボイス〈invoice〉①貿易などで、貨物の明細を書いた送り状。②品目ごとの税率などを記した請求書。適格請求書。
いん-ぼう【陰謀】ひそかに企てる悪い計画。「―を巡らす」
インポート〈import〉■(名)輸入。■(名・他スル)〔情報〕別のソフトウェアで使用可能な形式にデータを変換して取り込むこと。(↔エクスポート)
インポテンツ〈ドイツ Impotenz〉〔医〕男性の性交不能症。陰萎(いんい)。インポ。
いん-ぽん【院本】―キン 浄瑠璃(じょうるり)の全編が一冊にまとまっている台本。浄瑠璃本。丸本(まるほん)。

いん-ぽん【淫奔】(名・形動ダ)性的にみだらなこと。また、そのさま。多情。
いん-めつ【隠滅・湮滅・堙滅】(名・自他スル)跡形もなくなること。また、なくしてしまうこと。「証拠の―を図る」
いん-めん【印面】印の、文字を彫ってある面。
いん-めん【印綿・印棉】「インド綿」の略。
いん-も【恁麼・什麼】〔仏〕禅宗で、どのよう・いかよう・このようなどの意を表す語。
いん-もう【陰毛】陰部に生える毛。恥毛。
いん-もつ【音物】①好意を示すための贈り物。進物。②わいろ。参考「いんぶつ」ともいう。
いん-もん【陰門】〔生〕女性の生殖器の外陰部。
いん-ゆ【引喩】古人の言葉や故事などを引いて自分の言いたいことを表現する修辞法。「―法」
いん-ゆ【因由】(名・自スル)事の起こり。原因。因由(いんゆう)。
いん-ゆ【隠喩】修辞法の一種。「…のようだ」などの比喩(ひゆ)であることを示す言葉を用いず、「時は金なり」などとたとえだけを言う修辞法。暗喩(あんゆ)。メタファー。↔直喩(ちょくゆ)・明喩(めいゆ)
いん-よう【引用】(名・他スル)他人の文章や話の中に引いて用いること。「―文」
いん-よう【陰陽】―ヤウ ①易学で、万物のもととなる、相反する性質の二種の気。月と日、女と男など。陰と陽。陰陽(おんよう・おんみょう)。②〔物〕陰極と陽極。電気の負と正。マイナスとプラス。
―ごぎょう-せつ【―五行説】―ゴギヤウ 古代中国に起源をもつ学理。いっさいの万物は陰陽二気の相互作用によって生じるとし、五行(木・火・土・金(ごん)・水)の消長によって自然の変異や人事の吉凶などを説明するもの。
いん-よう【飲用】(名・他スル)飲むのに用いること。「―水」
いん-よく【淫欲・淫慾】性的な欲望。情欲。色欲。
いん-らく【淫楽】みだらな楽しみ。情欲による楽しみ。
いん-らん【淫乱】(名・形動ダ)情欲におぼれること。みだらな行いにふけること。また、そのさま。「―な人」
いん-りつ【韻律】―キン 韻文の音楽的な調子。リズム。
いん-りょう【飲料】―レウ 飲み物。「清涼―」
―すい【―水】人間が飲み水として用いる水。飲み水。
いん-りょく【引力】〔物〕二つの物体がたがいに引き合う力。電磁気や分子間にはたらく力についてもいう。「万有―」↔斥力
いん-れい【引例】(名・他スル)証拠として例を引くこと。また、その例。
インレー〈inlay 象眼〉〔医〕虫歯で欠けた部分に合金や樹脂、セラミックなどを詰めること。また、そのような虫歯治療法。
いん-れき【陰暦】①「太陰暦」の略。↔陽暦 ②「太陰太陽暦」の略。
いん-ろう【印籠】印や印肉、のちには薬などを入れて腰に下げた三段または五段重ねの小さな箱。
〔いんろう〕
いん-わい【淫猥】(名・形動ダ)ことさらに性欲をそそるようなみだらなこと。また、そのさま。卑猥(ひわい)。

う ウ

母音の一つ。五十音図「あ行」と「わ行」の第三音。「う」は「宇」の草体。「ウ」は「宇」の冠。

う【右】 教1 ウ・ユウ(イウ) みぎ
(字義)①みぎ。みぎがわ。みぎて。「右岸・右腕」↔左 ②そば。かたわら。「右筆(ゆうひつ)・座右(ざゆう)」③たっとぶ。「右武(ゆうぶ)・右文(ゆうぶん)」④保守派・国粋派。また、その思想傾向。「右傾・右翼・極右」↔左 難読 右近(うこん)・右手(めて) 人名 あき・あきら・すけ

う【宇】 教6 ウ
(字義)①のき。ひさし。「宇下・一宇・堂宇」②いえ。「屋宇・殿宇」③天。そら。上下四方にひろがる空間。「宇宙」↔宙 ④世界。天下。「宇内(うだい)・御宇(ぎょう)」⑤人の器量。品性。「気宇」

う【有】(字義)→ゆう(有)
人名 うじ・うま・お・たか・たかし・のき

う【羽】 教2 ウ㊥ は・はね
(字義)①はね。㋐鳥のはね。つばさ。「羽毛・羽翼・翠羽(すいう)」㋑虫のはね。「羽化・蟬羽(せんう)」②五音(ごいん)(宮・商・角・徴(ち)・羽)の一つ。③「出羽(でわ)の国」の略。「羽後・羽州・羽前・奥羽」 難読 羽交(はがい)・羽撃(はばた)く・羽二重(はぶたえ)・羽目(はめ)

う【芋】 ウ いも㊥
(字義)いも。「芋頭(いもがしら)・芋魁(うかい)・里芋(さといも)・山芋(やまいも)」 難読 芋

幹(がら)・芋茎(ずいき)・芋苗(ずいき)

う【佑】(字義)→ゆう(佑)

う【迂】ウ―(字義)①遠回りする。まわりくどい。「迂遠・迂回」②にぶい。うとい。「迂闊(うかつ)」③まがる。くねる。「迂曲」

う【雨】教1 ウ あめ・あま ― 一 丆 冂 币 雨 雨
(字義)①あめ。「雨滴・雨量」②あめふり。「雨季・雨天・降雨・慈雨・驟雨(しゅうう)・梅雨(ばいう・つゆ)・風雨・雷雨」↔晴 難読 雨間(あいま)・雨雨(あまあま)・雨催(あまもよい) 人名 ふる

う【烏】ウ からす ―(字義)①からす。「烏合・寒烏・群烏」②黒い。黒色。「烏羽玉(うばたま・ぬばたま)・烏鷺(うろ)」難読 烏賊(いか)・烏兎(うと)・烏有(うゆう)・烏帽子(えぼし)・烏滸(おこ)

う【卯】①十二支の第四。うさぎ。②昔の時刻の名。今の午前六時ごろ、およびその前後約二時間。③方角の名。東。

う【兎・兔】「うさぎ」の古い言い方。

う【鵜】〘動〙川・湖・海岸などにすむウ科の水鳥の総称。全身黒色で大形。くちばしはたてに平たくて長い。魚類を捕食。鵜飼(うかい)に使うのは海鵜(うみう)。夏

〔鵜〕

―**の真似**(まね)**をする烏**(からす)(烏が、姿の似ている鵜のまねをして魚を捕ろうとして水におぼれる意から)自分の才能や力量をかえりみないで人まねをして失敗するもののたとえ。―**の目**(め)**鷹**(たか)**の目**(め)(鵜や鷹が獲物をねらうときの鋭い目つきから)人が熱心に物をさがし出そうとするさま。また、そのときの鋭い目つき。「―で人のあら探しをする」

う【得】(他下二)〘古〙①手に入れる。自分のものにする。②さとる。理解する。③会得する。④(動詞の連用形の下に付いて、可能の意を表す)…することができる。…できる。

う(助動-特殊型)○・○・ウ・(ウ)・○・○ ①話し手または書き手の意志の意を表す。「山に登ろー」②勧誘の意を表す。「さあ行こー」③事態の推量の意を表す。「苦しいだろーが、もう少しの辛抱だ」語源 文語の推量の助動詞「む」から変化したもの。用法 五段活用の動詞・形容詞・形容動詞・五段活用型の助動詞・形容詞型の助動詞(ない・たい)・形容動詞型の助動詞(だ・ようだ・そうだ)・特殊活用型の助動詞(た・ます・です)の未然形に付く。推量を表す場合、話し言葉ではふつう「であろう」「だろう」「でしょう」の形になる。

ヴ 外来語の「V」の音に対応する片仮名表記。(この辞書では「ヴァ」「ヴィ」「ヴ」「ヴェ」「ヴォ」は「バ」「ビ」「ブ」「ベ」「ボ」で表記している)

ヴァ →バ

うい-【初】ウヒ(接頭)(名詞に付いて)「初めての」「最初の」の意を表す。「―孫」

う-い【有為】ヰ―〘仏〙因(結果をもたらす直接原因)と縁(間接原因)の集合によって生滅するいっさいの無常な現象。「―転変」↔無為

―**の奥山**(おくやま) 無常の世の中を、越えがたい深山にたとえた語。

う・い【憂い】(形)カロ・カッ(ク)・イ・イ・ケレ・○ 心が重苦しくてやりきれない。気分が晴れなくてつらい。「旅は―もの、つらいもの」文 う・し(ク)

うい【愛い】(連体)けなげな。感心な。愛すべき。「―やつ」用法 目下の者をほめるときに用いた古い言い方。

ヴィ →ビ

ウイーク〈week〉週。一週。週間。「ゴールデンー」

―**エンド**〈weekend〉週末。

―**デー**〈weekday〉日曜以外の日。平日。週日。参考 土曜を除くこともある。

ウイーク-ポイント〈weak point〉弱点。「―を攻める」

ウイークリー〈weekly〉①週に一回発行される新聞・雑誌などの刊行物。②「毎週の」「週ごとの」の意を表す。「―ニュース」

―**マンション**〈和製英語〉週単位で賃貸されるマンション。多く家具などが備え付けられている。(商標名)

ウィーン〈ドイツ Wien〉オーストリア共和国の首都。ドナウ川にのぞむ古都で、学術・交通の要地。音楽の都として名高い。

ういうい-し・い【初初しい】ウヒウヒ―(形)カロ・カッ(ク)・イ・イ・ケレ・○ 世渡りになれていないで、純粋で新鮮な感じである。純心で若々しい。「―花嫁」「新入生の―姿」文 うひうひ・し(シク)

う-いき【雨域】ヰキ― 雨の降る、あるいは降っている地域。

うい-きょう【茴香】キヤウ―〘植〙セリ科の多年草。南ヨーロッパ原産。独特の香りがあり、夏、五弁の黄色い小花が群がり咲く。香味料・薬に用いる。フェンネル。

ウィザード〈wizard〉①魔法使い。魔術師。②〘情報〙画面の指示に従い順番に操作することでソフトウェアのインストールや設定などを簡単に行えるようにする機能。

うい-ざん【初産】ウヒ― 初めて子供を産むこと。初産(はつざん・しょさん)。

うい-じん【初陣】ウヒヂン 初めて戦場に出ること。比喩(ひゆ)的に、初めて試合・競技に出ること。「―をかざる」

ウイスキー〈whisky〉大麦・ライ麦などを発酵させて造った蒸留酒。代表的な洋酒で、アルコール分が強い。語源「命の水」の意のケルト語から。はじまり 日本には、一八七一(明治四)年に輸入され、本格的な国産品は一九二九(昭和四)年に誕生、販売された。

うい-た【浮いた】 軽薄な。恋愛に関する。「―話」

ウイット〈wit〉即座に気のきいたことを言ったりしたりできる才知。機知。機転。頓知(とんち)。「―に富んだ人」

うい-てんぺん【有為転変】ウヰ― 世の中のすべてのものが常に変化してやまず、無常であること。「―は世の常」

ウイドー〈widow〉夫と死別した女性。未亡人。

ウイナー〈winner〉勝利者。勝者。

ウイニング〈winning〉勝ちを得ること。勝つ決め手となること。「―ラン」

―**ショット**〈和製英語〉テニスなどで、勝負を決める一打。また、野球で、投手が打者を打ち取る決め手となる球。決め球。

―**ボール**〈和製英語〉球技で、その捕球などで試合が終わり勝利が決まったときのボール。勝利球。

うい-まご【初孫】ウヒ― 初めて生まれた孫。初孫(はつまご)。

うい-まなび【初学び】ウヒ― ①その事を初めて学ぶこと。また、その人。初学。初心。②学問が未熟なこと。初歩の学問。

ウイメンズ〈women's〉女性用。ウィメンズ。↔メンズ

ウイルス〈ラテン virus〉①〘医〙電子顕微鏡でなければ見えないほど小さな病原体の一つ。インフルエンザ・エイズ・肝炎などの感染症を引き起こす。濾過(ろか)性病原体。ビールス。②→コンピューターウイルス はじまり ①は、一八九二年、ロシアの生物学者イワノフスキーがタバコモザイク病(=タバコの葉に発生する病気)を研究した際、細菌濾過器を通しても感染性を失わない病原体の存在が示され、これがウイルス発見の原点といわれる。

うい-ろう【外郎】ラウ― ①(「外郎餅(もち)」の略)米の粉に水・砂糖を加えて蒸した菓子。名古屋・山口などの名産。②(「外郎薬(ういろうぐすり)」の略)江戸時代、小田原名産の痰(たん)の薬。

ウインカー〈winker〉自動車の点滅式方向指示灯。

ウインク〈wink〉(名・自スル)片目をつぶって合図すること。

また、その合図。

ウイング〈wing〉①つばさ。②サッカーのフォワードやラグビーのバックスなどで、左右両はしの位置。また、その位置につく選手。③舞台の脇(わき)。そで。④建築物で、主要部から左右に延びた部分。「国際空港の南―」

ウインター〈winter〉冬。ウィンター。「―シーズン」

―スポーツ〈winter sports〉冬季に行われる運動競技。スキー・スケート・アイスホッケーなど。

ウインチ〈winch〉巻き胴を回転させ、重い物をワイヤーロープなどでつり上げる機械。巻き上げ機。

〔ウインチ〕

ウインドー〈window〉①窓。②陳列窓。ショーウインドー。「―ショッピング」③《情報》コンピューターの表示画面上で、情報を表示するために分割された領域。

ウインドサーフィン〈windsurfing〉サーフボードにマストと帆が一体化したものを取り付け、風力で水面を走るスポーツ。ボードセーリング。ウインドセーリング。

ウインドブレーカー〈windbreaker〉防寒・防風のために着るスポーツ用のジャンパー。(もと、商標名)

ウインドヤッケ〈ドイ Windjacke〉スキーや登山などで着る、フード付きの風よけの上着。ヤッケ。アノラック。図

ウインナー〈ドイ Wiener〉①(他の語の上に付けて)ウィーン風の。「―ワルツ」②「ウインナーソーセージ」の略。

―コーヒー〈Vienna coffee〉砂糖を加え、泡(あわ)だてた生クリームを浮かせたコーヒー。ウィーンが本場。

―ソーセージ〈Vienna sausage〉挽(ひ)き肉をヒツジやヤギの腸に詰めた細長いソーセージ。ウインナー。

ウースターソース〈Worcester sauce〉→ウスターソース

ウーステッド〈worsted〉長い羊毛に縒(よ)りをかけた糸で織った毛織物。おもに背広地用。

ウーマン〈woman〉女性。婦人。「キャリア―」

―リブ〈Women's Liberation の略〉女性解放運動。性別による差別をなくし、社会の意識の変革を目指す運動。一九六〇年代後半にアメリカで始まり各国に広まった。

ウーリーナイロン〈woolly nylon〉毛織物風のナイロン。ナイロンの繊維を羊毛のような感触にしたもの。(商標名)

ウール〈wool〉①羊毛。②毛織物。「―のセーター」

ウーロン‐ちゃ〈中国 烏龍‐茶〉中国産の茶の一種。紅茶と緑茶の中間で、茶の葉を半発酵させたもの。

‐うえ【上】ウヘ(接尾)(親族を表す語に付けて)目上の人に対する敬意を表す。「父―」「姉―」

うえ【上】ウヘ①位置の高い所。「山の―」「屋根の―」↔下②おもて。表面。「湖の―に映る月」「紙の―」↔下③程度・数量・価値・地位・年齢などの高い、また、多いこと。「いちばん―の姉」「―の学校へ行く」「―には―がある」↔下④天皇・将軍・主君など高貴な人。「―様」⑤それに関すること。「身の―話」「仕事の―の話」⑥付け加わる意を表す。…に加えて。「元気な―に気が若い」⑦それがあって、あとがあることを表す。…してから。…からには。「見た―で買う」「この―はあきらめよう」⑧紙などを人の前に置いたとき、その人から遠いほう。「―から五番目の行」↔下⑨順序が先にあるほう。「―に述べたとおり」↔下

―を下(した)へ 大いに混乱し秩序の乱れるさま。「―の大騒ぎ」

うえ【飢え・餓え】ウヱ①うえること。空腹。飢餓(きが)。「―をしのぐ」「―を満たす」②望みが満たされない状態。「心の―」

ヴェ→べ

ウエア〈wear〉身にまとうものの総称。衣服。ウェア。「スポーツ―」

ウエー〈way〉①道。道路。「ドライブ―」②方法。手段。また、用途。「ツー―コート」参考「ウエイ」「ウェイ」とも書く。

ウエーター〈waiter〉レストラン・喫茶店などの男性の給仕人。ウエイター。↔ウエートレス

ウエート〈weight〉①重さ。重量。体重。「―オーバー」②重点。重要さ。参考「ウエイト」とも書く。

―を置(お)く あることを重要なものとして扱う。重点を置く。

―トレーニング〈weight training〉バーベル・ダンベルなどの器具を利用して筋肉に負荷をかけ、筋力をつける鍛錬。

―リフティング〈weight lifting〉→じゅうりょうあげ

ウエートレス〈waitress〉レストラン・喫茶店などの女性の給仕人。ウエイトレス。↔ウエーター

ウエーブ〈wave 波〉■一(名)①電波。音波。「マイクロ―」②競技場で、多くの観客が立ち上がったり座ったりを少しずつずらして行い、観客席に波のようなうねりをおこすもの。■二(名・自スル)髪の毛が波形にうねっていること。「―のかかった髪」

うえ‐き【植木】ウヱ庭や鉢などに植えてある木。「―市」

―ばち【―鉢】 植木や草花などを植える容器。

うえ‐こみ【植〔え〕込み・植込】ウヱ①庭園などで、樹木を多く植えこんだ所。②ある物を他の物の中にはめこむこと。

うえ‐さま【上様】ウヘ①高貴な人の尊称。②領収書などに相手の名前の代わりに書く語。上様(じょうさま)。

うえ‐した【上下】ウヘ①上と下。上下(じょうげ)。②上と下が逆になること。さかさま。「荷物が―になる」

うえ‐じに【飢〔え〕死に・餓〔え〕死に】ウヱ(名・自スル)食う物がなくなり、飢えて死ぬこと。餓死(がし)。

うえじまおにつら【上島鬼貫】ウヘジマオニツラ(一六六一～一七三八)江戸中期の俳人。上島は「かみじま」とも。摂津(せっつ)(兵庫県)生まれ。「誠(まこと)のほかに俳諧(はいかい)なし」と悟り、姿や言葉にとらわれない素直で平明な句を詠んだ。俳論書「独言(ひとりごと)」など。

ウエスタン〈Western〉①西部劇。②アメリカ中西部の開拓者の間に生まれた軽音楽。「―ミュージック」

ウエスト〈waist〉胴のくびれた部分。また、衣服の胴回り。

―ポーチ〈waist pouch〉腰に巻き付けるベルトが付いた、小物を入れる小型のバッグ。

ウエスト‐ボール〈和製英語〉野球で、投手が相手の盗塁・バントなどを防ぐため、バットが届かないように打者から遠いところへ投げる球。参考英語では waste pitch という。

うえだあきなり【上田秋成】ウヘダアキナリ(一七三四～一八〇九)江戸中期の国学者・歌人・読本(よみほん)作者。大坂生まれ。博学で文才に富み、怪異小説の傑作「雨月物語」の作者として有名。作品はほかに小説「春雨(はるさめ)物語」、歌文集「藤簍冊子(つづらぶみ)」など。

うえだびん【上田敏】ウヘダビン(一八七四～一九一六)英文学者・詩人。東京生まれ。京都大学教授。訳詩集「海潮音(かいちょうおん)」は、フランスの近代象徴詩を流麗に訳出して、詩壇に大きな影響を与えた。

うえ‐つ‐かた【上つ方】ウヘ(「つ」は「の」の意の古い格助詞)身分の高い人たち。上流階級。うえつがた。

うえ‐つけ【植〔え〕付け】ウヱ(名・他スル)①植物の苗などを植え付けること。定植。「球根の―」②田植え。

うえ‐つ・ける【植〔え〕付ける】ウヱ(他下一)ケ・ケ・ケル・ケル・ケレ・ケロ(ケヨ)①植物の苗などを本式に植えて根づかせる。「水田に苗を―」②(比喩(ひゆ)的に)印象・思想・心構え・理念などを人の心に刻みつける。「不信感を―・けられる」文うゑつ・く(下二)

ウエット〈wet〉(名・形動ダ)①湿ったりぬれたりしているさま。②情にほだされやすく感傷的なさま。(↔ドライ)参考②は、

英語では sentimental や tender-hearted などという。

―スーツ〈wet suit〉ゴムや合成繊維で作った保温効果のある潜水服。

ウエディング〈wedding〉結婚。結婚式。

―ケーキ〈wedding cake〉結婚披露宴のとき新郎新婦がナイフを入れる、飾りを施したケーキ。

―ドレス〈wedding dress〉〘服〙洋式の花嫁衣装。

―マーチ〈wedding march〉結婚行進曲。

ウエハース〈wafers〉洋菓子の一種。小麦粉・鶏卵・砂糖などを材料として薄く焼いた軽い菓子。

ウェブ〈Web〉(World Wide Web の略)〘情報〙インターネット上の情報を検索し表示させるシステム。WWW。「―ページ」

―サイト〈Web site〉→サイト②

うえ-ぼうそう【植え△疱△瘡】ウヱバウサウ 種痘。

う・える【飢える・◇餓える】ウヱル (自下一) エ・エ・エル・エル・エレ・エロ(エヨ) ①食う物が足りず腹が減り苦しむ。ひどく空腹である。②欲する物がずっと得られないで強く求める。「愛情に―」文う・う(下二)

う・える【植える】ウヱル (他下一) エ・エ・エル・エル・エレ・エロ(エヨ) ①植物を育てるためにその根や種子を土の中に入れる。「球根を―」②あいた所やぬけた所にはめこむ。うめこむ。「活字を―」③細菌やウイルスなどを増やすために培養する物質に入れる。「菌を―」④(比喩ゆ的に)思想・印象・理念などを頭脳・心に定着させる。自うわ・る(五) 文う・う(下二)

ウエルカム〈welcome〉歓迎。歓迎の挨拶あいさつの言葉。「―ドリンク」

ウエルター-きゅう【ウエルター級】キフ 〈welter〉ボクシングの体重別階級の一つ。プロでは一四〇―一四七ポンド(六三・五―六六・六八キログラム)。

ウエル-ダン〈well-done〉ステーキの焼き方で、中に赤みが残らなくなるまでよく焼いたもの。⇩ミディアム・レア

う-えん【有縁】①〘仏〙仏や菩薩ぼさつに教えを受ける縁のあること。②血のつながりなど、何らかの関係のあること。(↔無縁)

う-えん【△迂遠】ヱン (形動ダ) ダロ・ダッ(デ・ニ)・ダ・ナ・ナラ・○ まわりくどいさま。また、実際の役に立たないさま。「―な方法」文(ナリ)

うお【魚】ウヲ 魚類。さかな。

―と水みず 切っても切れない密接な関係。親密な間柄のたとえ。水魚の交わり。

ヴォ→ボ

うお-いちば【魚市場】ウヲ― 生鮮魚介類を競り売りなどで業者が取り引きする市場。

うおう-さおう【右往左往】ウワウサワウ (名・自スル) うろたえてあっちへ行きこっちへ行きすること。「出口がわからず―する」

ウオーキング〈walking〉(健康のために)歩くこと。

ウオークイン-クローゼット〈walk-in closet〉人が立ったまま入ることのできる、衣類の収納部屋。

ウオーター〈water〉水。「ミネラル―」

―クローゼット〈water closet〉(水洗)便所。W.C.

―シュート〈water chute〉急斜面のすべり台に乗せたボートで、水上にすべり降りる遊戯施設。

―フロント〈waterfront〉海・川・湖などに面した地区。特に都市部の水辺地区。「―開発」

―ポロ〈water polo〉→すいきゅう

ウオーミング-アップ〈warming-up〉(名・自スル) 本格的な運動をする前の準備運動や軽い練習。ウオームアップ。↔クールダウン

ウオーム-アップ〈warmup〉(名・自スル) →ウオーミングアップ

ウォール-がい【ウォール街】〈Wall Street〉ニューヨーク市南端にある金融街。国際金融市場の中心。

うお-がし【魚河岸】ウヲ― ①魚市場のある河岸。また、一般に魚市場。②東京の築地つきじにあった中央卸売り市場の通称。

うおごころあれば-みずごころ(あり)【魚心あれば水心(あり)】ウヲゴコロアレバミヅゴコロ(アリ) 相手の気持ち次第で、こちらもそれにこたえようとする気持ちを持つものだ。参考「魚心」「水心」は、「魚、心あれば、水、心あり」から誤って一語に用いたもの。

ウオツカ〈ロシア vodka〉ロシア特産のアルコール分の強い蒸留酒。ライ麦・トウモロコシなどから製する。ウオッカ。ウオトカ。

ウオッシャブル〈washable〉洗濯できること。衣類などが家庭の洗濯機で洗えること。

ウオッチ〈watch〉携帯用の時計。懐中時計・腕時計など。

ウオッチング〈watching〉見守ること。観察。「バード―」

うお-の-め【魚の目】ウヲ― 足の裏やてのひらなどの表皮の角質層の一部がかたくなって真皮内にはいったもの。押すと痛む。

うお-へん【魚偏】ウヲ― 漢字の部首名の一つ。「鮮」「鯨」などの「魚」の部分。

ウォルナット〈walnut〉①くるみ。くるみの実。②くるみ材。堅く木目が美しい。家具・建築用。ウォールナット。

ウォン 大韓民国・朝鮮民主主義人民共和国の貨幣の単位。

う-おんびん【ウ音便】〘文法〙音便の一つ。「よく→よう」「思ひて→思うて」「頼みたる→頼うだ(る)」などのように、「く」「ぐ」「ひ」「び」「み」などが「う」に変わるもの。⇩音便(表)

う-か【羽化】クワ― (名・自スル) ①〘動〙昆虫のさなぎが脱皮して成虫になること。②→うかとうせん

う-かい【△迂回】クワイ― (名・自スル) 遠まわりすること。その道を避けてまわり道をすること。「―路」「工事のため―する」

う-かい【△鵜飼〔い〕】カヒ― 鵜を飼いならして、鮎あゆなどの川魚をとらせる漁法。また、それを職業とする人。鵜匠うじょう。夏

うがい【△嗽】ウガヒ (名・自スル) 口やのどを清めるために、水や薬液などを口にふくんですすぎ、吐き出すこと。「―ぐすり」

うか-うか (副・自スル) たしかな目的や考えもなくぼんやりと時を過ごすさま。また、心がゆるんで不注意なさま。「―(と)してはいられない」「―(と)だまされる」

うかがい【伺〔い〕】ウカガヒ ①「聞くこと」や「訪れること」の謙譲語。「ご機嫌―」②神仏にお告げを請うこと。③目上の人に指示をあおぐこと。「進退―」

―を立たてる ①神仏に祈ってお告げを請う。②目上の人の意向を聞き、指示を求める。「課長に―」

うかがい-し・る【△窺い知る】ウカガヒ― (他五) ラ(ロ)・リ(ッ)・ル・ル・レ・レ 周囲の状況からだいたいを知る。推察する。「私の―所ではない」

うかが・う【伺う】ウカガフ (他五) ワ(オ)・イ(ッ)・ウ・ウ・エ・エ ①「聞く」「尋ねる」の謙譲語。「お話を―」②「行く」「訪ねる」の謙譲語。「お宅に―・います」③神仏に祈願してお告げを請う意の謙譲語。「神意を―」可能うかが・える(下一)

うかが・う【△窺う】ウカガフ (他五) ワ(オ)・イ(ッ)・ウ・ウ・エ・エ ①相手に気づかれぬようにようすを見る。「顔色を―」②ようすを見ながら機会などを待ちうける。「機を―」③ようすを見て察する。「努力の跡が―・われる」可能うかが・える(下一)

うかさ・れる【浮かされる】(自下一) レ・レ・レル・レル・レレ・レロ(レヨ) ①高熱などで正気でなくなる。「熱に―」②心を奪われてそのことに夢中になる。「もうけ話に―」文うかさ・る(下二)

うか・す【浮かす】(他五) サ(ソ)・シ・ス・ス・セ・セ →うかせる

うか・せる【浮かせる】(他下一) セ・セ・セル・セル・セレ・セロ(セヨ) ①浮くようにする。浮かばせる。「池にボートを―」↔沈める ②やりくりして余りが出るようにする。「旅費を―」自う・く(五) 文うか・す(下二)

うがち【穿〔ち〕】人情の機微をたくみに言いあらわすこと。

―すぎ【―過ぎ】物事の裏面を考えすぎて、かえって真相や本質から遠ざかること。

う-かつ【迂闊】―(名・形動ダ) 注意を怠り物事を見過ごすさま。注意の足りないさま。「―にもそれに気づかなかった」

うが・つ【穿つ】(他五) ①穴をあける。「点滴石を―」②一般には気づかない人間の本性・人情の機微・物事の真相などを的確にとらえる。「―・った見方をする」③はかまや履物をはく。「弊履を―」可能 うが・てる(下一)

うか-と(副) 気づかずに。うっかりと。「―見過ごす」

うか-とうせん【羽化登仙】―(中国古来の神仙思想で)人間に羽が生え、仙人になって空を飛ぶこと。転じて、酒に酔ったときの快い心もち。

うかぬ-かお【浮かぬ顔】― 心配ごとなどで沈んだ顔つき。

うかば・れる【浮かばれる】(自下一) ①死者の霊が慰められて安らかになる。成仏する。「これで犠牲者も―」②(多く、あとに打ち消しの語を伴って)面目が保たれる。苦労などが報われる。「一言の感謝もないのでは―・れない」語源 五段動詞「うかぶ」の未然形＋可能の助動詞「れる」

うかび-あが・る【浮〔か〕び上がる】(自五) ①水中から水面に、また地上から空中に上がってくる。②苦しい状態であったものがよくなる。「最下位から―」③隠れていたものが明らかになる。知られるようになる。「犯人像が―」

うか・ぶ【浮〔か〕ぶ】(自五) ①物が底から離れ水面または水中に存在する。また、水中を水面方向に移る。浮く。「船が―」↔沈む ②物が空中に存在する。また、地面を離れ上方に移る。「空に雲が―」③意識に現れる。イメージが描かれる。「よい考えが頭に―」「情景が目に―」④表面・外面に現れる。「微笑が―」「捜査線上に怪しい男が―」⑤恵まれない境遇から抜け出る。⑥→うかばれる 他 うか・べる(下一)

―瀬 よくない境遇や苦しい気持ちから抜け出る機会。運が開ける機会。「身を捨ててこそ―もあれ」

うか・べる【浮〔か〕べる】(他下一) ①水中・水面・空中に位置させる。「おもちゃの船を池に―」↔沈める ②イメージを描く。意識にのぼらせる。「心に母の面影を―」③外面に現す。「目に涙を―」自 うか・ぶ(五) 文 うか・ぶ(下二)

うから【×親族】みうち。一族。「―やから(＝同族。親族)」

うかりける… 和歌〔憂かりける 人を初瀬の 山おろしよ はげしかれとは 祈らぬものを〕〈千載集 源俊頼朝臣〉いつまでもつれないあの人に私の思いが届くようにと初瀬の観音に祈りはしたが、初瀬の山から吹きおろすはげしい山風よ、あの人のつれなさがおまえのようにいっそう激しくなれとは祈りはしなかったものを。(小倉百人一首の一つ)

うか・る【受かる】(自五) 試験などに合格する。「志望校に―」

うかれ-だ・す【浮〔か〕れ出す】(自五) 心が浮き立ち調子づく。「笛や太鼓の音に―」

うかれ-ちょうし【浮〔か〕れ調子】― 心が浮き立つような陽気な調子。

うかれ-・でる【浮〔か〕れ出る】(自下一) 心が落ち着かず外に出る。「花の便りに―」文 うかれい・づ(下二)

うかれ-め【浮〔か〕れ女】あそびめ。遊女。

うか・れる【浮〔か〕れる】(自下一) うきうきした心になる。陽気にはしゃぐ。「喜びに―」文 うか・る(下二)

う-がん【右岸】川の下流に向かって右側の岸。↔左岸

ウガンダ〈Uganda〉アフリカの中央部にある共和国。首都はカンパラ。

う-かんむり【ウ冠】漢字の部首名の一つ。「完」「定」などの「宀」の部分。

うき【浮き】①釣り糸につけ、水面に浮かべて魚の食いつきを知るための釣り具。浮子。②魚網につけ、その位置を知るために水面に浮かせるガラス球や樽など。浮標。③水流の方向と速度をはかるために水面に浮かべるもの。④「浮き袋」の略。

う-き【雨季・雨期】一年中で特に雨の多い季節・時期。日本では、ほぼ梅雨期がこれにあたる。「―にはいる」↔乾季

うき-あが・る【浮〔き〕上がる】(自五) ①水底や水中から水面に上がってくる。「魚が―」②接していた面や土台などからはなれて上がる。「気球が―」「柱が―」③一般の傾向からはなれる。周囲の者と遊離する。「仲間から―」④苦境・不運などから抜け出る。「下積みから―」⑤輪郭がはっきり現れる。「血管が―」

うき-あし【浮〔き〕足】①(相撲などで)つま先だけが地面につき、かかとが上がっていること。②足が地についていない落ちつかない状態。今にも逃げだそうとするようす。逃げ腰。

―だ・つ【―立つ】(自五) 逃げ腰になる。落ち着きがなくなってそわそわする。「敵の急襲に―」

うき-いし【浮〔き〕石】→かるいし

うき-うお【浮〔き〕魚】―〘動〙常に海面近くを泳いでいる魚類。イワシ・サバなど。表層魚。

うき-うき【浮き浮き】(副・自スル) 楽しさやうれしさで、心がはずんでいるさま。「―(と)旅行に出かける」

うき-え【浮〔き〕絵】― 透視画法をとり入れて、実景が浮き出て見えるように描いた浮世絵の一種。

うき-おり【浮〔き〕織り・浮織】糸を浮かせて模様を地の上に織り出すこと。また、その織物。

うき-がし【浮〔き〕貸し】(名・他スル) 金融機関などで、職員が正式な手続きをとらず、金を不正に貸し出すこと。

うき-かわたけ【浮〔き〕河竹】― 浮き沈みして境遇の定まらないつらい身の上。参考「浮き」と「憂き」とをかける。

うき-ぎ【浮〔き〕木】①水に浮かぶ木片。②いかだ。小舟。

―の亀 →もうきのふぼく

うき-くさ【浮〔き〕草】①〘植〙サトイモ科の多年草。茎と葉の区別がなく、平たい卵形の葉状体で水田や池の水面にただよい、中央から数本の細い根を水中にたらす。夏 ②水面に浮かび生える草の総称。③生活が不安定で、一つの場所に落ち着かないさまのたとえ。

―かぎょう【―稼業】― 転々として一つの場所に落ち着くことのできない職業。また、その生活。

うき-ぐも【浮〔き〕雲】①空に浮かんでただよい流れる雲。②はかなく定まらないことのたとえ。

うきぐも〔浮雲〕二葉亭四迷の小説。一八八七―一八八九(明治二十―二十二)年発表。近代知識人の苦悩と明治文明のゆがみを描く。言文一致体による写実小説の先駆。

うき-ごし【浮〔き〕腰】①腰のすわりの落ち着かないこと。また、その腰つき。②(動揺したりして)態度が落ち着かないこと。③柔道で、浮いた相手の腰に自分の腰を入れて投げるわざ。

うき-さんばし【浮〔き〕桟橋】川や海に箱船を浮かべてつなぎ、水の増減や干満に従って上下するようにした桟橋。

うき-しずみ【浮き沈み】―(名・自スル) ①浮いたり沈んだりすること。「波間に―する船」②物事が盛んになったり衰えたりすること。浮沈。「―のはげしい業界」

うき-しま【浮〔き〕島】①湖沼に水草が密生して島のように見えるもの。②水面に浮かんだように見える島。

うき-す【浮〔き〕州・浮〔き〕洲】川・湖沼などの水面に、

浮いているように土砂のあらわれた所。

うき-す【浮〔き〕巣】水面に作られるかいつぶりの巣。夏

うき-だ・す【浮〔き〕出す】(自五) サ(ソ)・シ・ス・ス・セ・セ ①表面に浮き出てくる。「油が—」②模様・文字などが、地や背景から抜け出したようにくっきり見える。「白地に花模様が—」

うき-た・つ【浮〔き〕立つ】(自五) タ(ト)・チ(ツ)・ツ・ツ・テ・テ ①心が楽しくうきうきする。陽気になる。「祭りで心が—」②まわりのものと区別されてよく目立つ。「梅の花のほの白さが—」

うき・でる【浮〔き〕出る】(自下一) デ・デ・デル・デル・デレ・デロ(デヨ) ①表面に浮かび出る。「額に汗が—」②模様・文字などが、地や背景から抜け出たようにくっきり見える。「染めで地紋が—」文 うきい・づ(下二)

うき-とうだい【浮〔き〕灯台】帆柱の上に航路標識用の灯火を掲げ、灯台の代わりとした定置船。灯船。灯明船。

うき-ドック【浮きドック】大きな箱型で、海上で収容した船をその場で修理・改装するためのドック。

うき-な【浮〔き〕名】(「憂き名(=悪いうわさ)」から)恋愛・情事の評判。艶聞。「—を流す」「—が立つ」

うき-に【浮〔き〕荷】難破をさけるために捨てられたり、また、波にさらわれたりして海上をただよっている船の積み荷。

うき-ね【浮〔き〕寝】(名・自スル) ①(水鳥が水に浮かんだまま寝る意から)船中に寝ること。②安眠できないこと。仮寝。「旅の—」③《古》かりそめの男女の関係。

うき-はし【浮〔き〕橋】→ふなばし

うき-ぶくろ【浮〔き〕袋】①水に浮くために身につける、ゴムやビニールなどでできた、中に空気を満たして使う道具。夏 ②魚の体内にあって浮き沈みを調節する袋状の器官。うおのふえ。

うき-ふし【憂き節】つらく悲しいこと。

うき-ふね【浮〔き〕舟】水上に浮いている舟。

うき-ぼり【浮〔き〕彫り・浮彫】①像や模様が浮き出るように彫ること。また、その作品。レリーフ。②物事の姿や状態をはっきりわかるように際立たせること。「問題点を—にする」

うき-み【浮〔き〕身】水泳で、全身の力を抜き、あおむけになって静かに水面に浮く泳ぎ方。

うき-み【憂き身】つらく苦労の多い身の上。

—を窶す 苦労が多くやつれるほど悩む。転じて、体がやせるほど熱中する。「おしゃれに—」

うき-め【憂き目】つらく悲しい経験。「倒産の—を見る」

うき-よ【浮〔き〕世】①はかない世。つらく苦しい世の中。②現世。この世。世間。「—の義理」参考 本来は「憂き世」。のちに漢語「浮世」の意味が加わって「浮き世」となった。

—の風 思うままにならないこの世の風潮。**—の塵** この世のわずらわしい雑事のたとえ。俗塵。**—の情け** この世の人間どうしの情愛。**—の波** 人生の浮き沈み。

—え【浮世絵】《美》江戸時代の風俗画。肉筆と版画があり、版画は特に名高い。喜多川歌麿・安藤広重・葛飾北斎らが有名。

—ぞうし【浮世草子】《文》江戸時代、おもに上方で行われた風俗小説。元禄時代が全盛期で、当時の町人の生活・風俗を描いた。おもな作者は井原西鶴など。

—ばなれ【—離れ】(名・自スル) 世の中の動きや常識に無関心なこと。わずらわしい俗世間から超然としていること。

う-きょう【右京】平城京・平安京で、その中央を南北に貫く朱雀大路を境として東西に二分した西の地域。内裏から見て右手にある。西の京。↔左京

う-きょく【紆曲・迂曲】(名・自スル) ①曲がりくねっていること。「—して流れる川」②遠まわり。「—した言い方」

うきよどこ〔浮世床〕江戸後期の滑稽本。式亭三馬作の一・二編は一八一三—一八一四(文化十—十一)年刊。滝亭鯉丈作の三編は一八二三(文政六)年刊。庶民の集まる髪結床での会話が描かれる。

うきよぶろ〔浮世風呂〕江戸後期の滑稽本。式亭三馬作。一八〇九—一八一三(文化六—十)年刊。銭湯を舞台に、庶民生活の種々相をユーモアを交えて写実的に描く。

うき-わ【浮〔き〕輪】輪形に作った浮き袋。子供の遊泳や水難救助に用いる。

う・く【浮く】(自五) カ(コ)・キ(イ)・ク・ク・ケ・ケ ①浮かぶ。水面に出る。また、地面を離れ空中に移る。「水面に木の葉が—」「体が宙に—」↔沈む ②支えているもの、一体となっているものから離れかけて、不安定な状態になる。「奥歯が—・いて痛む」③それまで内部にあった物事が外面に現れる。「額に汗が—」④周囲の者と遊離した状態になる。「仲間から—」⑤陽気になる。うきうきする。「—・かぬ顔」↔沈む ⑥浮ついた言動をする。「—・いた噂」⑦やりくりして余りが出る。「旅費が—」⑧球技で、制球が乱れて球が高めに進む。「終盤にきて投球が—」他 うか・す(五) うか・せる(下一) 可能 う・ける(下一)

う-ぐ【迂愚】(名・形動ダ) 世事をよく知らず愚かなさま。

うぐい【鯎・石斑魚】《動》コイ科の淡水魚。食用。ハヤ・イダ・アカハラともいう。

うぐいす【鶯】①《動》ウグイス科の小鳥。体は小形で背は緑褐色、腹は灰白色。鳴き声が美しく古来詩歌に詠まれ、異名が多い。春告げ鳥。春 ②「うぐいす色」の略。③美声または声の美しい女性のたとえ。

—いろ【—色】鶯の背のような緑がかった褐色。鶯茶。

—じょう【—嬢】(声の美しさを鶯にたとえて)野球場・劇場などで場内放送をする女性。

—ちゃ【—茶】→うぐいすいろ

—ばり【—張り】廊下などの床ばりで、踏むと鶯の鳴き声に似た音を出すしくみ。京都の知恩院のものが有名。

—まめ【—豆】アオエンドウを甘くやわらかく煮たもの。

—もち【—餅】もちや求肥であんを包み、青きなこをまぶした和菓子。色と形を鶯に似せる。春

ウクライナ〈Ukraine〉ヨーロッパ東部、黒海北岸に位置する共和国。首都はキーウ。

ウクレレ〈ukulele〉《音》ギターに似た小形の四弦楽器。ハワイアンに用いる。

うけ【筌】川魚をとる道具。細く割った竹で円筒形に編み、はいった魚が出られないよう入り口に返しをつけたもの。うえ。

〔筌〕

うけ【受け・請け】①物を受け取ること。受け取るもの。「郵便—」②支えるもの。「軸—」③引き受けること。「孫—」④世間の受け取り方。評判。人望。「—がいい」⑤受け身に立つこと。防御すること。守り。「—に回る」⑥「請け人」の略。

う-け【有卦】陰陽道で、生まれ年の干支により定められた、七年間幸運が続くという縁起のよい年まわり。

—に入る よい運にめぐりあう。

うけ-あい【請〔け〕合い】①責任をもって引き受けること。「安—」②確かだと保証すること。「合格すること—だ」

うけ-あ・う【請〔け〕合う】(他五) ワ(オ)・イ(ッ)・ウ・ウ・エ・エ ①責任をもって引き受ける。「納期を—」②保証する。「品質を—」

う-けい【右傾】(名・自スル) ①右のほうに傾くこと。②思想が保守的・国粋主義的な傾向をもつこと。右翼化。《↔左傾》

うけ-いれ【受〔け〕入れ】①受け入れること。迎え入れるこ

と。「ー態勢を整える」「ー側」②会計帳簿で、収入。

うけ-い・れる【受〔け〕入れる・受〔け〕◇容れる】（他下一）①出されたものを受け取って収める。②承諾する。聞き入れる。「要求をー」③引き取って面倒をみる。「難民をー」文うけい・る（下二）

うけ-うり【受〔け〕売り】（名・他スル）（もと、製造元や問屋から買った商品を小売りする意）他人の学説や意見をそのまま自説のように述べること。「他人の説をーする」

うけ-おい【請負】— 頼まれて引き受けること。特に、期限・報酬などを決めて、建築・土木工事などを引き受けること。

—ぎょう【—業】 請負契約によって建築・土木工事などを行う職業。「建築ー」

—し【—師】 建築・土木工事などの請負を職業とする人。

—にん【—人】 仕事を請け負い、完成する義務を負う人。

うけ-お・う【請〔け〕負う】—（他五）その仕事の期限・報酬などを決め、それを引き受ける。「新築工事をー」

うけ-ぐち【受〔け〕口】 ①物品の受け入れ口。②下あごが上あごよりも出ている口。うけくち。

うけ-ごし【受〔け〕腰】 ①物を受け止めるときの腰つき・姿勢。②（物事に対する）受け身の態度。消極的な姿勢。

うけ-こたえ【受〔け〕答え】—（名・自スル）相手の話しかけや問いに答えること。応答。「巧みにーをする」

うけ-ざら【受〔け〕皿】 ①しずくや汁などが垂れるのを受け止める皿。②ある人や物事を引き受ける態勢。「苦情のー」

うけ-しょ【請〔け〕書】 承知したということを記した文書。

うけ-だ・す【請〔け〕出す】（他五）①質に入れたものなどを、代価を払って引き取る。「質草をー」②前借金を払って遊女・芸者などの勤めをやめさせる。身請けする。

うけ-だち【受〔け〕太刀】 ①切りつけてくる刀を受け止める太刀さばき。②守り防ぐ立場になること。受け身。守勢。「鋭い反撃にーとなる」

うけ-たまわ・る【承る】—（他五）①「聞く」の謙譲語。うかがう。拝聴する。「ご意見をー」「ーところによると…」②「受ける」「承知する」の謙譲語。「ご用命をー」「委細ー・りました」

うけ-つ・ぐ【受〔け〕継ぐ】（他五）前の人の残した物事や仕事などを引き継ぐ。継承する。「親の気質をー」

うけ-つけ【受付】 ①来客をとりつぐ場所。また、その係の人。②申し込みや願書などを受理すること。「ー期間」

うけ-つ・ける【受〔け〕付ける】（他下一）①申し込みを受けて、それに応じた取り扱いをする。「願書をー」②人の頼みなどを聞き入れる。「他人の忠告をー・けない」③飲食物などを吸収する。「水以外ー・けない」文うけつ・く（下二）

うげつものがたり【雨月物語】 江戸中期の読本。上田秋成作。一七七六（安永五）年刊。中国や日本の古典に取材した怪異物語九編から成る。初期読本の代表作。

うけて-た・つ【受けて立つ】 相手の挑戦・攻撃・非難などに対して、堂々と応じる。

うけ-と・める【受〔け〕止める】（他下一）①自分にむかってくるものをとらえ、その勢いを止める。「ボールをー」「攻撃をー」②物事の意味を認識し、それと取り組む。そらさずに対応する。「事態を深刻にー」文うけと・む（下二）

うけ-とり【受〔け〕取り・受取】 ①受け取ること。②受け取ったしるしの書付。領収書。レシート。

—にん【受取人】 郵便物や書類・荷物などの送られる相手となる人。「ー不明で返送される」↔差出人

うけ-と・る【受〔け〕取る】（他五）①物を手で受けて取る。また、手もとにおさめる。「バトンをー」「手紙をー」「金品をー」②解釈する。理解する。「冗談をまともにー」

類語 もらう・引き取る・受ける・受け入れる・おさめる・受領する・入手する・落手する・領収する・査収する・受納する・受理する・落掌する・嘉納する・笑納する・いただく・頂戴する・拝受する・手に入れる

うけ-なが・す【受〔け〕流す】（他五）①非難や攻撃などをまともに受けとめず、適当にあしらう。「反論を軽くー」②切りこんできた太刀を受けて軽くかわす。

うけ-にん【請〔け〕人】 引き受ける人。保証人。請け。

うけ-ばこ【受〔け〕箱】 新聞・郵便物や牛乳などを受け取るために、門や戸口などに取り付けてある箱。

うけ-はらい【受〔け〕払い】— 金銭などを受け取ることと支払うこと。

うけ-はん【請〔け〕判】 保証の証拠として押すはんこ。

うけ-み【受〔け〕身】 ①自分から積極的に出ないで、他の働きかけを受ける立場。②柔道で、投げられたり倒されたりしたときに衝撃をやわらげるように倒れる方法。「ーをとる」③《文法》他から動作を受ける意を表す文法形式。何らかの被害・迷惑を伴うことが多い。助動詞「れる・られる」（口語）、「る・らる」（文語）を付けて表す。受動態。参考 ③は、英語などでは、他動詞の目的語を主語にし、be 動詞に過去分詞を付けて表すが、日本語では、「子供に泣かれる」「鳥に逃げられる」など自動詞・他動詞の区別なく受け身になる。また、「本を贈られる」「足を踏まれる」「運動を止められる」など、目的語をそのままにした受け身もある。

うけ-も・つ【受〔け〕持つ】（他五）自分の責任範囲としてその仕事を引き受ける。担当する。担任する。「二年生をー」

うけ-もど・す【請〔け〕戻す】（他五）抵当や質に入れておいた品物などを、金を払って取り返す。請け出す。

う・ける【受ける】《中心義—自分に向かって進んで来るものを正面で相対し、自分の手中に収める》━（他下一）①自分に向けて出されたものを自分の力で処理する。受け取る。引き取って収める。得る。「荷物をー」「賞をー」「許しをー」「杯をー」②自分に向かって動いてくるものを自分の所で止める。「球をー」③自分に向けてなされたことに応じる。「質問をー」「試験をー」「人の言葉を真にー」④天から授かる。「この世に生をー」⑤ある期間続いてきたものを自分のやるべきこととして引き受け、なくならないよう支える。受け継ぐ。「先代の跡をー」⑥こうむる。他からの作用が及ぶ。「損害をー」「恩恵をー」━（自下一）人気や好評を得る。「彼の演説は聴衆にー・けた」文う・く（下二）参考 一④は「◇享ける」、⑤は「◇承ける」とも書く。⇩「使い分け」

う・ける【請ける】（他下一）①代金を払って引き取る。②仕事を引き受ける。請け負う。文う・く（下二）⇩「使い分け」

> 使い分け「受ける・請ける」
> 「**受ける**」は、「ボールを受ける」「相談を受ける」「迫害を受ける」「手術を受ける」「影響を受ける」などと、他からの働きかけを身に引き取る意で広く使われる。
> 「**請ける**」は、「工事を請ける」「質草を請け出す」などと、仕事を引き受ける、代金を払って引き取る意のときに限って使われる。

うけ-わたし【受〔け〕渡し】（名・他スル）①品物などを受け取ることと渡すこと。②代金と引きかえに品物を渡すこと。

う-げん【右舷】 船尾から船首に向かって右側のふなばた。↕左舷

う-ご【雨後】 雨の降ったあと。雨上がり。
―の筍 （雨の降ったあとに、たけのこが続々と生えることから）似たような物事が次々に現れ出ることのたとえ。

うご【羽後】 旧国名の一つ。一八六八（明治元）年に南北に二分された出羽の国の北部。現在の秋田県と山形県の北部。

う-ごう【烏合】 烏の群れのように規律も統一もなく集まること。
―の衆 秩序も統一もなく集まった人々。

うごか・す【動かす】（他五）サ(ソ)・シ・ス・セ・セ ①動くようにする。位置・状態・考え方・感じ方など、静止していたものを変えたり揺すったりする。「つくえを―」「歴史を―」「心を―話」「水の力が大きな石を―・した」②機能を発揮させる。「モーターを―」③影響を与えて行動させる。活動させる。「政治家を―・して、工事を中断させる」④運用する。「資金を―」自 うご・く（五） 可能 うごか・せる（下一）

うこぎ【×五加・×五加木】〘植〙ウコギ科の落葉低木。幹に鋭いとげがあり、葉は手のひらに似た形の複葉。雌雄異株。若葉は食用。根皮は漢方で強壮薬とする。春

うごき【動き】 ①動くこと。運動。活動。「体の―が鈍い」②状況の移り変わり。変化。「世界の―」
―が取れない ①場所がせまくて、動こうにも動くことができない。②行きづまった状態で、思うように行動できない。

うご・く【動く】（自五）カ(コ)・キ(イ)・ク・ク・ケ・ケ 《中心義―時間の経過とともに、その位置・ようすなどが変化する》①時間の経過に伴い、位置・状態・考え方・感じ方などが変わったり揺れたりする。「世の中が激しく―」「心が―」「―・かぬ証拠」②機械が機能する。「エレベーターが―」③活動する。ある目的のために行動をする。「警察が―」④運用される。「裏金が―」他 うごか・す（五） 可能 うご・ける（下一）

うこ-さべん【右顧左△眄】（名・自スル）（「眄」は流し目で見る意）周囲の状況などを気にして、態度の決定を迷いためらうこと。左顧右眄。「―して決断できない」

うご-めか・す【△蠢かす】（他五）サ(ソ)・シ・ス・セ・セ むくむくと細かく動かす。ひくひくとさせる。「鼻を―」自 うごめ・く（五）

うご-め・く【△蠢く】（自五）カ(コ)・キ(イ)・ク・ク・ケ・ケ むくむくと動く。かすかに動きつづける。蠢く。「毛虫が―」他 うごめか・す（五）

う-こん【右◦近】（「右近衛府」の略）近衛府の一つで、宮中の警備などに当たった役所。大内裏の西方にあった。↕左近
―の-たちばな【―の△橘】 紫宸殿の南階段の下の西側に植えられた橘。夏 ↕左近の桜

う-こん【◦鬱金】 ①〘植〙ショウガ科の多年草。根茎は止血剤・健胃剤・黄色染料とする。きぞめぐさ。秋 ②（「うこん色」の略）①の根で染めた色。あざやかで濃い黄色。

う-さ【憂さ】 気持ちの晴れないこと。めいること。「―を晴らす」

うざ・い（形）カロ・カッ(ク)・イ・イ・ケレ・○〘俗〙うっとうしくて不快だ。扱いにくくわずらわしい。語源「うざったい」の転。

うさぎ【△兎・△兎】〘動〙ウサギ科の哺乳動物の総称。耳は長く尾は短い。うしろ足は前足よりも長い。上くちびるは縦に裂けている。肉・毛・毛皮を利用。冬 参考「兎」は「兎」の俗字。
―うま【―馬】（耳の長いことから）「ろば」の俗称。
―とび【―跳び】 両手をうしろに回して組み、両膝を曲げて腰を落としたまま、跳躍しながら前進する運動。

うざった・い（形）カロ・カッ(ク)・イ・イ・ケレ・○〘俗〙うっとうしくて不快だ。こまごまとしていてわずらわしい。「―ことを言う」

うさ-ばらし【憂さ晴〔ら〕し】（名・自スル）苦しさ・つらさや不愉快な気分を、何かでまぎらわすこと。気晴らし。

う-さん【△胡散】（名・形動ダ）ようすや態度があやしいこと。
―くさ・い【―臭い】（形）カロ・カッ(ク)・イ・イ・ケレ・○ ようすや態度が不審でなんとなくあやしい。「―男」「―話」文 うさんくさ・し（ク）

うし【△丑】 ①十二支の第二。②昔の時刻の名。今の午前二時ごろ、およびその前後約二時間。③方角の名。ほぼ北北東。

うし【牛】〘動〙ウシ科の哺乳動物。体形が大きく、ひづめが二つに分かれ、頭に二本の角をもつ。草食で反芻する。有用な家畜で力が強く、乳用・役用・肉用など品種数が多い。
―に対して琴を弾ず 愚か者にいくら高尚な道理を説いても理解されないことのたとえ。【故事】魯の国の公明儀が牛に向かって琴の名曲を弾いたとき、牛は知らぬ顔をして草を食っていたが、乳を飲む子牛の声や蚊の声には尾を振って耳を動かしたという話による。〈祖庭事苑〉
―に引かれて善光寺参り 自分の考えでなく他のものに誘われて、偶然よいほうに導かれることのたとえ。【故事】信州（長野県）の善光寺付近に住む不信心の老婆が布をさらしていたところ、隣家の牛がこの布を角に引っかけて善光寺に駆けこんだので、老婆は牛を追って来て、はじめてここが霊場であることを知って後生を願ったという伝説による。
―の歩み 進みのおそいことのたとえ。**―の涎** 細く長く続くことのたとえ。「商いは―」**―は牛連れ馬は馬連れ** 同類のものどうしが相伴うことのたとえ。**―を馬に乗り換える**（歩みのおそい牛を足の速い馬に乗り換えることから）都合のよいほうへ切りかえることのたとえ。

うし【×大人】 江戸時代、すぐれた学者・師匠などの敬称。おもに国学者が用いた。先生。「県居の―（=賀茂真淵）」

う-し【△齲歯】〘医〙むしば。参考 もとの読みは「くし」。「うし」は慣用読み。

う・し【憂し】（形ク）《古》①つらい。心苦しい。②気がすすまない。気にくわない。③つれない。無情だ。④うらめしい。⑤（動詞の連用形に付いて）…するのがいやだ。…するのがつらい。

-うじ【氏】（接尾）人の姓に付ける敬称。参考 現代では「し」と読むのが一般的。

うじ【氏】 ①共同の祖先をもつ諸家族で構成された社会的集団。氏族。②家系をあらわす名。姓。名字。③家柄。
―より育ち 人間形成には家柄よりも教育や環境などがたいせつであるということ。

うじ【△蛆】 ハエ・ハチなどの幼虫。うじむし。「―がわく」夏

うじ-うじ（副・自スル）はっきりしないで、ぐずぐずするさま。「―（と）考えていてもしかたがない」

うしお【◦潮】 ①海水の干満。潮。「―の遠鳴り」②海水。③「潮汁」の略。④「潮煮」の略。
―じる【―汁】 塩味の魚介のすまし汁。うしお。潮煮。
―に【―煮】→うしおじる

うし-おい【牛追〔い〕】 牛に荷物をつけて追って歩かせること。また、その人。牛方。

うし-かい【牛飼〔い〕】 牛を飼い、使う人。牛方。

うし-がえる【牛△蛙】〘動〙アカガエル科のカエル。北米原産。体長約二〇センチメートルで雄の鳴き声が牛に似る。食用蛙。

うし-かた【牛方】 牛で荷物を運ぶ人。牛飼い。牛追い。

うじ-がみ【氏神】 ①その地域で守護神としてまつる神。鎮守の神。産土神。「土地の―」②一族の祖先としてまつる神。「源氏の―」

うし-ぐるま【牛車】 ①牛に引かせる荷車。牛車。②→

ぎっしゃ

うじ-こ【氏子】ウヂ その土地の氏神を共同でまつる人々。

うし-ころし【牛殺し】〘植〙バラ科の落葉低木。材は牛の鼻木や鎌の柄などにする。牛の鼻木。かまつか。

うじしゅういものがたり〔宇治拾遺物語〕ウヂシフヰモノガタリ 鎌倉初期の説話集。編者未詳。一九七話から成り、仏教説話が多いが民話的説話・滑稽(こっけい)談も収録。

うじ-すじょう【氏素性・氏素姓】ウヂスジヤウ 家柄や経歴。

うし-とら【△丑△寅・△艮】十二支で表した方角の名。北東。陰陽道(おんようどう)などで鬼門(きもん)とされる。

うしな・う【失う】ウシナフ (他五) ワ(オ)・イ(ッ)・ウ・ウ・エ・エ ①それまで持っていたものをなくす。「財産を—」「信用を—」②手段・方向がわからなくなる。「回復の術(すべ)を—」「道を—」③たいせつな人に死なれる。「事故で兄を—」④手に入れそこなう。取り逃がす。「チャンスを—」

類語 紛失する・忘失する・亡失する・喪失する・消失する・遺失する・滅失する・散逸する・逸する・なくす・なくする・なくなす

うじ-の-かみ【氏の上】ウヂ 氏族の長たる人。氏の長者。

うしのとき-まいり【△丑の時参り】マヰリ 丑の刻(=午前二時ごろ)に人知れず神社に参り他人をのろうこと。丑の刻参り。参考 相手をかたどった人形を神木などにくぎで打ちつけて祈ると、七日目の満願の日にその人が死ぬと信じられた。

うし-の-ひ【△丑の日】十二支の丑に当たる日。特に、夏の土用の丑の日をさす場合が多い。参考 夏の土用の丑の日には夏ばてを防ぐために、ウナギを食べる習慣がある。

うじ-びと【氏人】ウヂ 上代、氏族制度で氏を構成する人。

うし-へん【牛偏】漢字の部首名の一つ。「物」「牧」などの「牛」の部分。

うし-みつ【△丑三つ・△丑満】①丑の刻を四分した第三の時刻。今の午前二時から二時半ごろ。「草木も眠る—時」②真夜中。

うじ-むし【△蛆虫】①→うじ(蛆) ②人をののしって言う言葉。「—ども」

うじゃ-うじゃ (副・自スル)〘俗〙①小さな虫などがたくさん集まってうごめいているさま。「虫が—(と)いる」②長い時間しつこく言うさま。「—(と)文句ばかり言うな」

う-しょう【△鵜匠】シヤウ →うじょう(鵜匠)

う-じょう【羽状】ジヤウ 羽のような形。

う-じょう【有情】ジヤウ ①〘仏〙感情や意識をもついっさいの生物。↔非情 ②愛憎など、人間的な感情を理解できること。

う-じょう【△鵜匠】ジヤウ 鵜飼いで鵜を操る人。うしょう。夏

うしろ【後ろ】①背の向いているほう。物の正面と反対の側。背後。あと。「—から人が来る」「—をふりかえる」「書棚の—に隠れる」↔前 ②うしろ姿。③何かの陰にかくれて見えないところ。物の陰。「—で糸を引く」④物事のあとのほう。「行列の—」「—に索引をつける」↔前

うしろ-あし【後ろ足・後ろ脚】四本足の動物の、尾に近いほうの足。後足(あとあし)。↔前足

—を見(み)せる ①負けて逃げる。「敵に—」②弱みを見せる。

うしろ-あわせ【後ろ合〔わ〕せ】アハセ ①うしろとうしろを向け合うこと。背中合わせ。②あべこべ。反対。

うしろ-おし【後ろ押し】あとおし。後援。

うしろ-かげ【後ろ影】うしろ姿。「肩を落とした—」

うしろ-がみ【後ろ髪】頭のうしろのほうの髪。

—を引(ひ)かれる 未練があって先へ進めない。心残りがする。「—思いで出発する」

うしろ-きず【後ろ傷・後ろ△疵】逃げるときに背後に受けた傷。↔向こう傷

うしろ-ぐら・い【後ろ暗い】(形) カロ・カッ(ク)・イ・イ・ケレ・○ 内心やましい点があって気がとがめる。うしろめたい。文うしろぐら・し(ク)

うしろ-すがた【後ろ姿】うしろから見た人の姿。うしろ影。

うしろ-だて【後ろ盾・後ろ△楯】①陰にいて助けたり力になってやったりすること。また、その人。「強力な—がある」②背後を防ぐための盾。

うしろ-で【後ろ手】①両手を背中にまわすこと。「—に縛られる」②うしろのほう。背面。

うしろ-はちまき【後ろ鉢巻〔き〕】頭のうしろで結んだ鉢巻き。↔向こう鉢巻き

うしろ-まえ【後ろ前】マヘ うしろと前が反対になること。まえうしろ。「シャツを—に着る」

うしろ-み【後ろ見】(名・他スル) うしろだてになって、世話をしたり、助けたりすること。また、そうする人。後見(こうけん)。

うしろ-み【後ろ身】「うしろ身ごろ」の略。

うしろ-みごろ【後ろ身頃・後ろ△裑】〘服〙衣服の身ごろで、背の部分。うしろ身。↔前身頃(まえみごろ)

うしろ-むき【後ろ向き】①背中を向けていること。うしろのほうを向いていること。②消極的な態度をとり、発展や進歩などに逆行すること。「—の意見」〘↔前向き〙

うしろ-めた・い【後ろめたい】(形) カロ・カッ(ク)・イ・イ・ケレ・○ 心にやましい所があって気がとがめる。うしろぐらい。「見て見ぬふりをしたことが—」文うしろめた・し(ク)

うしろ-めた・し【後ろめたし】(形ク)〘古〙①気がかりである。不安である。↔後ろ安(やす)し ②気が許せない。

うしろ-やす・し【後ろ安し】(形ク)〘古〙あとのことに心配がない。頼もしい。安心できる。↔後ろめたし

うしろ-ゆび【後ろ指】(「うしろ指をさす」の形で)人をうしろから指して非難する。陰で悪口を言う。「—をさされる」

う-しん【有心】〘古〙①思慮・分別のあること。②情趣がゆたかであるさま。③〘文〙中世の和歌・連歌の用語。もとは「心有り」の意で、美的感受性のあることをいう。藤原定家(ていか)が、父俊成(しゅんぜい)の言い始めた「幽玄(=余情の美)」を発展させ、余情としての妖艶(ようえん)美を重視する「有心」を唱え、「幽玄」とともに重要な美的理念となった。④〘文〙(「有心連歌」の略)滑稽(こっけい)を主とした無心連歌(むしんれんが)に対して、和歌的な情趣をたたえた優雅な連歌。↔無心 ⑤〘文〙卑俗を主とした狂歌を無心というのに対して、伝統的な優雅な和歌。↔無心

—たい【—体】〘文〙藤原定家(ていか)の唱えた和歌十体の一つ。幽玄体をさらに深めたもので、情趣が深く、余情としての妖艶(ようえん)美を重んじたもの。有心体(うしんてい)。↔無心体(むしんたい)

—れんが【—連歌】→うしん④ ↔無心連歌

う-しんしつ【右心室】〘生〙心臓の下半分の二室のうち、右側の部分。肺動脈に通じる。⇒心臓(さしえ)

う-しんぼう【右心房】シンバウ 〘生〙心臓の上半分の二室のうち、右側の部分。体内をめぐった血液は上・下大静脈より右心房へはいり、右心室に通じている。⇒心臓(さしえ)

うす-【薄】(接頭)(形容詞「薄い」の語幹)①「厚さ・色・味などが薄い」の意を表す。「—板」「—茶色」「—化粧」「—味」②「程度が少ない」の意を表す。「—暗い」③「なんとなく」「どことなく」の意を表す。「—気味悪い」「—よごれる」

-うす【薄】(接尾)(形容詞「薄い」の語幹)「程度が少ない」「あまり…がない」の意を表す。「望み—」「手—」

うす【臼】①穀物を粉にひく道具。ひきうす。②もちや穀物をつくのに使う道具。つきうす。

う・す【◦失す】(自下二)〘古〙①消える。なくなる。②死ぬ。

うず【渦】ウヅ ①らせん状に巻きこんでゆく水や空気の強い流れ。「水の流れがーを巻く」②①のような形や模様。③なかなか抜け出られない、混乱した状態。「人のー」「興奮のー」

うず【×髻華】《古》上代、植物の花や枝、また造花を冠や髪にさして飾りとしたもの。中古には、「かざし」といった。

うすーあかり【薄明〔か〕り】①ほのかな光。「ーがさす」②日の出前や日没後の空がかすかに明るいこと。

うすーあきない【薄商い】アキナヒ 取引で、出来高が非常に少ないこと。薄取引。↔大商い

うすーあじ【薄味】アヂ 料理で、あっさりとした味付け。

うーすい【雨水】①あまみず。②二十四気の一つ。陽暦二月十九日ごろ。春

うす・い【薄い】(形)カロ・カッ(ク)・イ・イ・ケレ・○ ①表面と裏面との距離が小さい。「ー板」↔厚い ②色・味などが弱い。淡い。「ー色」↔濃い ③中身の濃度・密度・程度などが低い。「身寄りがー(=縁者が少ない)」「頭の毛がー」↔濃い ④利益・効果・可能性などが少ない。「利がー」⑤感情・気持ちの入れ方がとぼしい。「関心がー」↔厚い・濃い 文うす・し(ク)

うすーうす【薄薄】(副) ぼんやりとではあるが、いくらかわかっているさま。かすかに。おぼろげに。「ー気づいていた」

うずーうず(副・自スル) 何かがしたくてじっとしていられないさま。「遊びに行きたくてー(と)する」

うすーがみ【薄紙】薄い紙。↔厚紙
ーを剝はぐよう 病状が少しずつよくなっていくさま。

うすーかわ【薄皮】カハ ①薄い皮。②物の表面をおおう薄い膜。

うすーぎ【薄着】(名・自スル) 寒いときでも衣服を何枚も重ねて着ないこと。「伊達だてのー」↔厚着

うすーぎたな・い【薄汚い】(形)カロ・カッ(ク)・イ・イ・ケレ・○ なんとなくきたない。「ー格好」「ー心」「ーやり方」文うすぎたな・し(ク)

うすーぎぬ【薄◇衣】地の薄い着物。うすごろも。

うすーぎぬ【薄絹】薄い地の絹織物。

うすーきみわる・い【薄気味悪い】(形)カロ・カッ(ク)・イ・イ・ケレ・○ なんとなく気味が悪くこわい。「ー目付き」文うすきみわる・し(ク)

うすーぎり【薄切り】食材を薄く切ること。また、薄く切ったもの。「レモンをーにする」

うず・く【△疼く】ウヅク (自五)カ(コ)・キ(イ)・ク・ク・ケ・ケ ①傷などがずきずき痛む。「虫歯がー」②心が痛いように感じる。「良心がー」

うすーくち【薄口】色・味・厚さなどの薄いこと。また、薄くつくってあるもの。「ー醤油しょうゆ」「ーの茶碗ちゃわん」⇩濃い口

うずくま・る【△蹲る】ウヅクマル (自五)ラ(ロ)・リ(ッ)・ル・ル・レ・レ ①体を丸くしてしゃがむ。「道端にー」②獣が前足を曲げてすわる。可能うずくま・れる(下一) 参考室町以降「うづくまる」と表記された。

うすーぐも【薄雲】薄くたなびいている雲。

うすーぐもり【薄曇〔り〕】空一面に薄い雲がかかっていること。また、そのような天気。

うすーぐら・い【薄暗い】(形)カロ・カッ(ク)・イ・イ・ケレ・○ ぼんやりと暗い。ほのぐらい。「まだーうちに出かける」文うすぐら・し(ク)

うすーげしょう【薄化粧】ゲシヤウ (名・自スル) ①目立たない程度にあっさりとする化粧。「湯上がりのー」↔厚化粧 ②山などに雪がうっすら積もること。

うすーごおり【薄氷】ゴホリ 薄く張った氷。うすらひ。春 冬

うすーじ【薄地】ヂ 布地などの薄いもの。うすで。↔厚地

うすーじお【薄塩】ジホ 塩かげんの薄いこと。甘塩。

うずーしお【渦潮】ウヅシホ 渦を巻いて流れる海水。「鳴門なるとのー」

うすーずみ【薄墨】墨の色の薄いもの。「ーをはいたような眉」

ウスターーソース〈Worcester sauce〉西洋料理の調味料の一つ。野菜や香辛料を原料とする、黒みがかった食卓用のソース。イギリスのウースターシャー州で作り始められた。ウースターソース。はじまり日本には文明開化とともに伝来。一八八五(明治十八)年に国産化され、本格的製造は明治二十年代後半から。

うずーたか・い【◇堆い】ウヅ (形)カロ・カッ(ク)・イ・イ・ケレ・○ 盛り上がって高い。「ーく積まれた本」文うずたか・し(ク)

うすーちゃ【薄茶】①抹茶まっちゃのうち、古木でない茶の木から製したもの。薄めにして泡立つように点たてる。お薄。②薄い茶色。(↔濃い茶)

うすっ-ぺら(形動ダ)ダロ・ダッ(デ・ニ)・ダ・ナ・ナラ・○ ①見るからに薄くて貧弱なさま。②内容がなく深みのないさま。浅薄。「ーな人間」

うすーで【薄手】①紙・布・陶器などの地の薄いこと。また、薄いもの。「ーの生地」↔厚手 ②内容がとぼしく安っぽいこと。③軽い傷。浅手あさで。↔深手

うすーにく【薄肉】①(「薄肉彫り」の略)彫刻で、模様などをほんの少し版面に浮き上がらせたもの。②薄い肉色。

うすーにび【薄◇鈍】薄いねずみ色。「ーの喪服」

うすーのろ【薄◇鈍】(名・形動ダ) ぼんやりしていてどことなく動作や反応のにぶいこと。また、そういう人。

うすーば【臼歯】→きゅうし(臼歯)

うすーば【薄刃】①刃物の刃の薄いこと。また、その刃物。②刃の薄い包丁。薄刃包丁。

うすーばか【薄×馬鹿】ぼんやりしていてなんとなくおろかに見えること。また、そういう人。

うすばーかげろう【薄羽×蜉蝣】カゲロフ《動》ウスバカゲロウ科の昆虫。トンボに似ているが、トンボと異なり完全変態をして成虫になる。幼虫はアリジゴクと呼ばれる。夏

うすーび【薄日】弱い日ざし。「ーがさす」「ーがもれる」

うすひねの… 和歌〔碓氷嶺の 南おもてと なりにけり くだりつつ思ふ 春のふかきを〕〈北原白秋はくしゅう〉碓氷峠を越え、南の傾斜面に出た。山道を下りながら、さきほど登ってきた北側とは違い、春の深まりをつくづく思うことだ。(碓氷嶺は群馬県と長野県とにまたがる山)

ウズベキスタン〈Uzbekistan〉中央アジア南部の、アラル海の一部を含む共和国。首都はタシケント。

うすーべに【薄紅】①薄いべに色。②薄くつけた口べにやほおべに。

うすーべり【薄◇縁】畳表に、布のへりをつけた敷物。

うずーまき【渦巻〔き〕】ウヅ ①うずを巻いて流れる水や空気の動き。うず。②うずを巻いている形や模様。

うずーま・く【渦巻く】ウヅ (自五)カ(コ)・キ(イ)・ク・ク・ケ・ケ ①水などがらせん状にまわる。②激しく入り乱れる。「ー人々」「不安がー」

うすーま・る【薄まる】(自五)ラ(ロ)・リ(ッ)・ル・ル・レ・レ 色・味などの濃度が薄くなる。「匂においがー」他うす・める(下一)

うずま・る【◇埋まる】ウヅマル (自五)ラ(ロ)・リ(ッ)・ル・ル・レ・レ ①物におおわれ、外から見えなくなる。うまる。「民家が土砂にー」②場所がすきまなくいっぱいになる。うまる。「球場が観衆でー」「書斎が書物でー」他うず・める(下一)

うずみーひ【◇埋み△樋】ウヅミ 土中にうずめて水を通す樋とい。⇩懸樋かけひ

うずみーび【◇埋み火】ウヅミ 灰の中にうずめた炭火。冬

うすーめ【薄目】一(名・形動ダ)(「め」は接尾語)やや薄い程度。「ーに味をつける」二(名) 少しあけた目。「ーをあける」

うす・める【薄める】(他下一)メ・メ・メル・メル・メレ・メロ(メヨ) 色・味などの濃度を薄くする。「水でー」自うすま・る(五) 文うす・む(下二)

うず・める【◇埋める】ウヅ (他下一)メ・メ・メル・メル・メレ・メロ(メヨ) ①土などの中に入れて、外から見えなくする。うめる。「炭火を灰の中にー」

「異国に骨を―」②そこを物でいっぱいにする。「街路を花で―」自うずま・る(五) 文うづ・む(下二)

うす-もの【薄物】紗や絽など、薄く織った織物。また、それで作った夏用の着物。夏

うす-もよう【薄模様】― 薄紫に染めた模様。

うず・もれる【◇埋もれる】(自下一) ①他の物にすっかりおおわれて見えなくなっている。うもれる。「雪に―」②価値や存在などが世に知られないでいる。うもれる。「―・れた人材」文うづも・る(下二)

うす-ゆき【薄雪】少し降り積もった雪。

うす-よう【薄様・薄葉】―・― ①薄くすいた鳥の子紙。↔厚様 ②上方を濃く、下方をだんだんに薄くした染め方。

うす-よご・れる【薄汚れる】(自下一) なんとなく汚ない感じになる。「―・れたカーテン」文うすよご・る(下二)

うすら-【薄ら】(接頭) ①「厚さが少ない」の意を表す。「―氷」②「程度が少ない」の意を表す。「―明かり」「―笑い」③なんとなくそう感じられる状態を表す。「―寒い」

うずら【△鶉】①〘動〙キジ科の鳥。背は赤褐色で、白・黒のまだらがあり、尾は短い。肉・卵は食用。秋 ②江戸時代、歌舞伎の劇場で、上下二段になった桟敷の下の段。下桟敷。

〔うずら①〕

―まめ【―豆】〘植〙マメ科の一年草。インゲンマメの一種。種子は淡褐色で、暗赤色の斑紋がある。煮豆用。秋

うすら・ぐ【薄らぐ】(自五) ①薄くなってゆく。「霧が―」②物事の度合いが少なくなる。弱まる。「悲しみが―」

うずらごろも【鶉衣】江戸後期の俳文集。四編。横井也有作。一七八七(天明七)―一八二三(文政六)年刊。豊かな機知と軽妙な筆致による特異な俳文。

うすら-さむ・い【薄ら寒い】(形) なんとなく寒い。少し寒い。うそ寒い。「―朝」文うすらさむ・し(ク)

うすら-ひ【薄ら氷】薄く張った氷。薄ら氷。春(冬)

うすら-わらい【薄ら笑い】― →うすわらい

うす・れる【薄れる】(自下一) しだいに薄くなる。しだいに減ってゆく。「色が―」「意識が―」文うす・る(下二)

うす-わらい【薄笑い】― (名・自スル) 相手を軽蔑したように、かすかに笑うこと。薄ら笑い。「―を浮かべる」

う-せい【雨声】雨の降る音。あまおと。

う-せい【△迂生】(代)(「迂」はにぶいの意)自称の人代名詞。自分の謙称。わたくし。用法 男性が手紙文に使う。

う-せつ【右折】(名・自スル) 向きを右へ変えてさらに進むこと。右へ曲がること。「交差点を―する」↔左折

うせ-もの【◇失せ物】なくした品物。紛失物。

う・せる【◇失せる】(自下一) ①なくなる。見えなくなる。「血の気が―」②「行く」「去る」などの動作をいやしめる言い方。「とっとと―・せろ」文う・す(下二)

うぜん【羽前】旧国名の一つ。一八六八(明治元)年に南北に二分された出羽の国の南部。現在の山形県の大部分。

うそ-(接頭)「なんとなく」「少し」の意を表す。「―寒い」「―恥ずかしい」語源「薄」の転。

うそ【△嘘】①事実でないこと。また、人をあざむくために言う、事実に反したこと。「―をつく」②正しくないこと。誤り。「―字」③不適当なこと。「そうしなくては―だ」

類語 虚偽・虚言・偽り・空言・ほら・つくりごと・でたらめ・でまかせ・嘘っぱち・デマ

―から出た実 うそのつもりで言ったことが偶然事実になること。**―で固める** 全部うそばかりで話を作り上げる。**―も方便** 手段として、時にはうそをつかなければならないこともある意。**―を吐け**(「うそをつくならついてみろ、お見通しだぞ」の意)相手のうそをとがめ非難する言葉。うそを言え。

うそ【△獺】「かわうそ」の別名。

うそ【△鷽】〘動〙アトリ科の小鳥。頭・翼・尾は濃紺色、背は青灰色。雄のくび・のどはバラ色。フィーフィーと口笛のような鳴き方をする。春

うそ-いつわり【△嘘偽り】― 同じ意の語を重ねて、「嘘①」の意を強めた語。「天地神明にかけて―は申しません」

うそ-うそ(副) 落ち着かないようすで、歩き回ったり見回したりするさま。「―(と)歩き回る」

うぞう-むぞう【有象無象】(「象」は物のかたちの意) ①〘仏〙世の中の有形無形のすべての物。万物。森羅万象。②種々雑多なとるに足りない人や物。「―の集まり」

う-そく【右側】みぎがわ。「―通行」↔左側

うそ-さむ【うそ寒】①なんとなく感じる寒さ。②秋になってなんとなくおぼえる寒さ。秋

うそ-さむ・い【うそ寒い】(形) なんとなく寒い。うすら寒い。「―晩秋の夕方」文うそさむ・し(ク)

うそ-じ【△嘘字】正しくない字。誤字。

うそ-つき【△嘘◇吐き】うそを言うこと。また、いつもうそを言う人。「―は泥棒の始まり」

うそっ-ぱち【△嘘っぱち】〘俗〙「嘘①」を強めた語。

うそ-の-かわ【△嘘の皮】―〘俗〙まったくのうそ。まっかなうそ。「―をはぐ(=相手のうそを完全に見破る)」

うそ-はっけん-き【△嘘発見器】→ポリグラフ

うそ-はっぴゃく【△嘘八百】(「八百」は数の多い意)たくさんのうそ。何から何までうそばかりであること。「―を並べる」

うそぶ・く【△嘯く】■(自五) ①とぼけて知らん顔をする。「知らないと―」②大きなことを言う。豪語する。「おれは日本一だと―」③うなる。ほえる。④〘古〙口をつぼめて息を吹く。■(他四)〘古〙詩歌を口ずさむ。可能 うそぶ・ける(下一)

うた【唄】(字義)→ばい(唄)

うた【歌・唄】①言葉にふしをつけてうたうもの。歌詞のある音楽すべてについていう。②[歌]和歌。短歌。「―を詠む」参考 ①で、三味線に合わせてうたうものは「唄」と書く。

うた-あわせ【歌合(わ)せ・歌合】― 歌人を左右二組に分け、その詠んだ歌を一首ずつ組み合わせて優劣を決め、勝負を争う遊び。参考 記録が現存する最古のものは、八八五(仁和元)年ごろ行われた「在民部卿家歌合」。

うたい【謡】 能楽の歌詞。また、それをうたうこと。謡曲。

―もの【―物】詞章にふしをつけてうたうものの総称。催馬楽・今様・宴曲・長唄・小唄など。↔語り物

う-だい【宇内】天下。世界。「―広しといえども」

うたい-あ・げる【歌い上げる】― (他下一) ①対象から受けた純粋な感動を、詩歌などに表現する。「情感豊かに―・げた詩」②そのものの特長や効能を、やや誇張して言い立てる。「新製品の性能のよさを―」③声を張り上げて歌う。④最後まで全部歌う。「全曲―」文うたひあ・ぐ(下二) 参考 ②は「△謳い上げる」とも書く。

う-だいじん【右大臣】律令制で、太政官の長官。太政大臣・左大臣につぐ官。右府。

うたい-て【歌い手】― ①歌をうたう人。また、それを職業とする人。歌手。②歌を上手にうたう人。

うたい-め【歌い女】― 歌や踊りで興をそえる女性。芸妓。芸者。

うたい-もんく【△謳い文句】ウタヒ ― 特長や効能などを強調して、宣伝する言葉。キャッチフレーズ。

うた・う【歌う・謡う・◇唄う】ウタフ (他五) ワ(オ)・イ(ッ)・ウ・ウ・エ・エ ①作られたふしに合わせて声を出す。「歌を―」②[歌]和歌や詩に作る。「人生を―・った詩」可能うた・える(下一) 用法 ①は、鳥がさえずることを比喩ひゆ的にいうこともある。語源「うたあう」からとも「うちあう」からとも。

うた・う【△謳う】ウタフ (他五) ワ(オ)・イ(ッ)・ウ・ウ・エ・エ ①主義主張・特長・効能などをはっきりわかるように述べる。「条文に―」②ほめたたえる。もてはやす。謳歌おうかする。「至宝と―・われる名器」可能うた・える(下一)

うだ-うだ (副) どうでもいいことを長々としたり言ったりするさま。「つまらんことを―言うな」「いつまでも―するな」

うた-うたい【歌。唄い】ウタヒ ― 歌をうたう人。歌手。

うたがい【疑い】ウタガヒ ①怪しく思うこと。不審に思うこと。「―を抱く」②そうではないだろうかと思うこと。「肺炎の―がある」

類語 疑問・疑惑・疑念・疑心・疑義・懐疑・猜疑さいぎ・容疑

―ぶか・い【―深い】(形) カロ・カッ(ク)・イ・イ・ケレ・○ 何事もすぐには信用せず、疑う気持ちが強いさま。うたぐりぶかい。「―性格」文うたがひぶか・し(ク)

うたかい-はじめ【歌会始〔め〕】ウタクワイ ― 宮中で行われる新年最初の和歌の会。天皇・皇后・皇族の和歌や一般から募った優秀作などが披露ひろうされる。歌御会うたごかい始め。お歌会始め。新年

うたが・う【疑う】ウタガフ (他五) ワ(オ)・イ(ッ)・ウ・ウ・エ・エ ①述べられた内容は事実と違うのではないかと思う。不審に思う。「―余地がない」②はっきりそうとはいえないが、そうではないかと思う。怪しむ。「彼が犯人かと―」③事が成る可能性は少ないのではないかと思う。あやぶむ。「実験の成功を―」可能うたが・える(下一)

うた-がき【歌垣】上代、春秋に男女が集まり、豊作を前祝いして歌の掛け合いをしたり、踊ったりして遊んだ行事。参考 一種の、求婚の行事でもあり、東国では嬥歌かがいといった。

うた-かた【×泡沫】①水に浮かぶあわ。②水のあわのように消えやすくはかないもののたとえ。「―の恋」

うた-がら【歌柄】和歌の品格。

うた-がるた【歌×加留多】小倉おぐら百人一首の和歌を一首ごとに書いた読み札と、下の句だけを書いた取り札とからなるかるた。また、それを使ってする遊び。新年

うたがわし・い【疑わしい】ウタガハシイ (形) カロ・カッ(ク)・イ・イ・ケレ・○ ①ほんとうかどうか疑いたくなるさま。「真偽のほどは―」②不確実でおぼつかない。「合格は―」③怪しい。不審だ。「―挙動」文うたがは・し(シク)

うた-ぎれ【歌切〔れ〕】歌集などから古人の筆跡を鑑賞のために切り取り、掛け物などにしたもの。古筆切れ。

うた-ぐち【歌口】①和歌の詠みぶり。②笛・尺八など管楽器の、唇をあてて息を吹き入れる部分。

うた-くず【歌△屑】クヅ ― へたな和歌。

うたぐり-ぶか・い【◇疑り深い】(形) カロ・カッ(ク)・イ・イ・ケレ・○ 《俗》うたがいぶかい。「―目つき」

うたぐ・る【◇疑る】(他五) ラ(ロ)・リ(ッ)・ル・ル・レ・レ 《俗》うたがう。

うたげ【◇宴】酒盛り。宴会。酒宴。「花見の―」

うた-ごえ【歌声】ゴヱ ― 歌をうたう声。「―がひびく」

うたごかい-はじめ【歌御会始〔め〕】ウタゴクワイ ― →うたかいはじめ

うた-ごころ【歌心】①和歌の意味。②和歌を詠んだり、味わったりする感覚。歌の心得。「―のある人」

うた-ざいもん【歌祭文】江戸時代に盛んだった俗曲の一つ。山伏が神仏の霊験を語った宗教上の祭文が芸能化したもので、世間の出来事などをおもしろおかしく歌った。祭文節さいもんぶし。

うた-ざわ【歌沢・△哥沢】ザハ ― (「歌沢節」の略)江戸末期に歌沢大和大掾うたざわやまとのだいじょうが始めた、端唄はうたを技巧的に洗練させた三味線しゃみせん音楽。渋みのあるゆったりとした音曲。

うたせ-ゆ【打たせ湯】湯を滝のように落とし、それを体にあててマッサージ効果を得る入浴法。また、その設備。

うたた【。転た】(副) いよいよ。ますます。「―今昔の感にたえない」

―ね【―寝】(名・自スル) 眠るつもりはないのについうつらうつら眠ること。「こたつで―する」

うだつ【△梲】①梁はりの上に立て、棟木むなぎをのせる短い柱。②民家で、建物の両端にはり出すように設けた防火壁に小屋根をつけた部分。うだち。

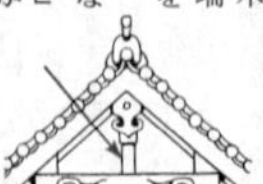

〔うだつ①〕

―が上あがらない 富や地位に恵まれない。よい境遇になれない。「何年勤めても―」

語源 建築で、棟上げすることを「梲(①)が上がる」といったからとも、「梲②」は金持ちでないと造れなかったからともいう。

うたて (副)《古》①ますます。いっそう。ひどく。②ふつうでなく。怪しく。不気味に。③いとわしく。不快に。情けなく。

うた-ねんぶつ【歌念仏】江戸初期の門付かどづけ芸の一種。念仏のようなふしをつけて歌や物語をうたった。

うた-びと【歌人】①和歌を巧みに詠む人。また、広く詩人。②歌うたい。特に、上代の雅楽寮うたりょうの歌い手。

うた-ひめ【歌姫】歌を巧みにうたう女性。女性歌手の美称。

うた-まくら【歌枕】①古来和歌に詠まれた諸国の名所。②和歌に詠まれる枕詞まくらことば・名所・歌題などを集めた書物。

うたまろ〔歌麿〕→きたがわうたまろ

うた-ものがたり【歌物語】《文》平安時代の、和歌を中心に構成された短編の物語。また、それを集めたもの。「伊勢いせ物語」「大和やまと物語」など。

うた-よみ【歌詠み】和歌を作る人。歌人。「当世の―」

うたよみにあたうるしょ〔歌よみに与ふる書〕正岡子規まさおかしきの歌論。一八九八(明治三十一)年発表。「古今集」およびその流れに立つ明星派を排して「万葉集」「金槐きんかい和歌集」を賞揚し、写生主義に基づく短歌の革新を提唱した。

うた-りょう【×雅楽-寮】レウ ― 律令りつりょう制で、歌舞をつかさどった役所の名。雅楽寮ががくりょう。

うだ・る【△茹だる】(自五) ラ(ロ)・リ(ッ)・ル・ル・レ・レ ①→ゆだる ②暑さで体がだるくなる。「―ような暑さ」

うたれ-づよ・い【打たれ強い】(形) カロ・カッ(ク)・イ・イ・ケレ・○ 攻撃されたり、逆境に置かれたりしてもそれに耐える強さがある。

うたわ・れる【△謳われる】ウタハレル (他下一) レ・レ・レル・レル・レレ・レロ(レヨ) ①よい名がついてほめたたえられる。よい評判を得る。「不世出の名人と―」「名声を―」②主義主張・特長・効能などが明確に述べられている。「恒久平和が―・れている」語源 五段動詞「うたう」の未然形「うたわ」+受け身の助動詞「れる」

う-たん【右端】右の端はし。↕左端さたん

うち-【打ち】(接頭)(動詞に付いて) ①音調を整え、意味を強める。「―続く天災」②突然の短時間の動作である意を表す。すこし。ちょっと。「―見る」「―聞く」「―出る」

うち【内】①物の内部。一定の範囲内。なか。「門の―」「日本の―でいちばん高い山」↕外 ②自分の家。家庭。「―に帰る」↕外・余所よそ ③表に出さない心の中。内心。「―に秘める」④それが続いているあいだ。「明るい―に帰る」⑤その数量を超えな

い範囲。以内。限度内。「一両日の—に行きます」⑥自分の属するところ。「—の学校」↕余所(よそ)・外 ⑦自分の夫または妻。「—によく言っておく」⑧《古》内裏(だいり)。宮中。⑨《古》天皇。参考 ①③④⑤は「◇中」とも、②は「◇家」とも書く。

うち-あげ【打(ち)上げ】①空中に打ち上げること。「人工衛星の—に成功する」②興行や仕事などを終えること。また、その慰労会。「ライブの—」③「打ち上げ花火」の略。

—はなび【—花火】筒にこめて高く打ち上げる花火。

うちあけ-ばなし【打(ち)明け話】秘密や悩みなどを隠さずに語る話。「興味深い—」

うち-あ・ける【打(ち)明ける】(他下一) ケ・ケ・ケル・ケル・ケレ・ケロ(ケヨ) 秘密や悩みなどを隠さずに話す。「悩みを—」文うちあ・く(下二)

うち-あ・げる【打(ち)上げる】ゲ・ゲ・ゲル・ゲル・ゲレ・ゲロ(ゲヨ) 一(他下一) ①打って高く上げる。②波が寄せて物を陸に運び上げる。「海岸に—・げられた船」③興行や仕事などを終える。二(自下一) 波が寄せて陸地へ上がる。「花火を—」文うちあ・ぐ(下二)

うち-あわせ【打ち合(わ)せ・打合せ】アハセ (名・他スル) 前もってしておく相談。「—会」「挙式の—をする」

うち-あわ・せる【打ち合(わ)せる・打合せる】アハセル (他下一) セ・セ・セル・セル・セレ・セロ(セヨ) ①前もって相談する。「今後の手順を—」②物をたがいに打ちつける。「石と石とを—」文うちあは・す(下二) 語源 雅楽の演奏で、管楽器や弦楽器など、楽器の調子を合わせるために、笏拍子(しゃくびょうし)や打ち物で拍子をとることから。

うち-いり【討(ち)入り・討入】敵陣や城内などに攻めこむこと。「赤穂(あこう)浪士の—」

うち-い・る【討(ち)入る】(自五) ラ(ロ)・リ(ッ)・ル・ル・レ・レ 敵陣や城内などに攻め入る。攻めこむ。「夜陰に乗じて—」

うち-いわい【内祝(い)】イハヒ ①内輪の親しい者だけでする祝い事。②結婚・誕生・床上げなど、自分の家の祝い事の記念として贈り物をすること。また、その品物。

うち-うち【内内】外に目立たないようにすること。内内(ないない)。内輪(うちわ)。「—の相談」

うち-うみ【内海】①島や岬に囲まれた海。入り海。内海(ないかい)。↕外海(そとうみ) ②みずうみ。

うち-おと・す【打(ち)落(と)す・打落す】(他五) サ(ソ)・シ・ス・ス・セ・セ ①たたき落とす。②切って落とす。「敵の首を—」③鉄砲などで撃って落とす。参考 ③は、「撃ち落とす」とも書く。

うち-おとり【内劣り】(名・自スル) 外見はりっぱだが内容の劣っていること。

うち-かえ・す【打(ち)返す】カヘス サ(ソ)・シ・ス・ス・セ・セ 一(他五) ①打って相手に返す。「ボールを—」②打たれた仕返しに相手を打つ。③田畑をすき返す。耕す。「田を—」④古綿をたたいて再生する。打ち直す。二(自五) 引いた波が再び寄せてくる。「—波」

うち-かくし【内隠し】洋服の内側のポケット。内ポケット。

うち-かけ【打(ち)掛け】①平安時代、武官が用いた朝廷の式服。②近世、武家の女性の礼服の一つ。今は花嫁衣装に用いる。③囲碁で、対局を一時中断すること。参考 ①②は、「△裲△襠」とも書く。

〔うちかけ②〕

うち-がけ【内掛け】相撲で、組み合った姿勢から自分の足を相手の足の内側にかけて倒す技。↕外掛け

うち-かさな・る【打(ち)重なる】(自五) ラ(ロ)・リ(ッ)・ル・ル・レ・レ 物や事柄が重なる。「落花が—」「—不幸」

うち-がし【内貸し】(名・他スル) 賃金・報酬の一部を前金で払うこと。↕内借り

うち-かた【打(ち)方】①鼓(つづみ)・囲碁・球などを打つ方法。②鉄砲を撃つこと。「—始め」参考 ②は、「撃ち方」とも書く。

うち-か・つ【打(ち)勝つ】(自五) タ(ト)・チ(ッ)・ツ・ツ・テ・テ ①「勝つ」を強めた言い方。相手を負かす。「強敵に—」②野球などで、打ち合って勝つ。③困難や不幸などに耐えて、それを乗りこえる。克服する。「逆境に—」参考 ③は、「打ち◇克つ」とも書く。

うち-かぶと【内△兜・内△冑】①かぶとの内側。②内情。隠しておきたい弱み。「—を見透かす(=内部の事情を見抜く)」

うち-がま【内釜】①浴槽の一部に湯をわかす釜を組みこむ構造の風呂。↕外釜 ②炊飯器で米を入れる容器。

うち-がり【内借り】(名・他スル) 賃金・報酬の一部を前金で受け取ること。内借(ないしゃく)。↕内貸し

うち-がわ【内側】ガハ 物の内部。内面。↕外側

うち-き【△袿】①平安時代の貴婦人が唐衣(からぎぬ)の下に着た衣服。②昔、男子が直衣(のうし)や狩衣(かりぎぬ)の下に着た衣服。参考「うちぎ」ともいう。

〔袿①〕

うち-き【内気】(名・形動ダ) 控えめでおとなしい性質。ひっこみがちで気の弱い性質。また、そのさま。「—で口数が少ない」

うち-ぎき【打(ち)聞き】①ふと耳にした言葉や話。②聞いたままを記しておくこと。また、その記録。聞き書き。

うち-きず【打(ち)傷】物に打ちつけたり、打たれたりしてできた傷。打撲傷(だぼくしょう)。打ち身。

うち-ぎぬ【打(ち)◇衣】平安時代以降の女性の正装で、表着(うわぎ)の下に着た衣服。砧(きぬた)で打ってつやを出した。

うち-きり【打(ち)切り】途中で終わりにすること。

うち-き・る【打(ち)切る】(他五) ラ(ロ)・リ(ッ)・ル・ル・レ・レ ①途中でやめて終わりにする。「支援を—」②勢いよく切る。たち切る。

うち-きん【内金】売買または取り引き上で前払いする、代金の一部。「—を入れる」

うち-くだ・く【打(ち)砕く】(他五) カ(コ)・キ(イ)・ク・ク・ケ・ケ ①強く打って砕く。「壁を—」②完全にこわす。「野望を—」③(多く「うちくだいて」の形で)説明などをわかりやすいようにやさしくする。かみくだく。「—・いて話す」

うち-くび【打(ち)首】罪人の首を切る刑罰。斬罪(ざんざい)。

うち-けし【打(ち)消し・打消】①打ち消すこと。否定すること。②〔文法〕動作や状態を否定する意を表す言い方。否定。助動詞「ない」「ぬ」(口語)、「ず」(文語)を付けて表す。

うち-け・す【打(ち)消す】(他五) サ(ソ)・シ・ス・ス・セ・セ そうではないと言う。否定する。「悪いうわさを—」

うち-ゲバ【内ゲバ】組織内、また同傾向のグループ間におこる暴力をともなう闘争。参考「ゲバ」は、ドイツ語のゲバルト(Gewalt 暴力)の略。

うち-げんかん【内玄関】ゲンクワン 家人などが日常出入りする玄関。内玄関(ないげんかん)。↕表玄関

うち-こ【打(ち)粉】①刀の手入れをするときに、刀身にふる砥(と)の粉(こ)。②汗とり粉。汗しらず。③そば・うどん・もちなどをのばすときに、粘りつかないようにまぶす粉。

うち-こ・む【打(ち)込む】マ(モ)・ミ(ン)・ム・ム・メ・メ 一(他五) ①たたいたり、打ったりして中へ入れる。「くぎを—」②相手に打ちかかる。「無心に—一刀」③野球・テニスなどで、ボールを打つ練習を十分にする。④コンクリートを流し込む。⑤囲碁で、敵陣内に石を打つ。二(自五) ある事に熱中する。「仕事に—」

うち-ごろ【打ち頃】野球などで、打つのにちょうどよい程度であること。「—の球」

うち-ころ・す【打(ち)殺す】(他五) サ(ソ)・シ・ス・ス・セ・セ ①「殺す」を

強めた言い方。ぶっ殺す。②なぐって殺す。たたき殺す。③鉄砲などで撃って殺す。[参考]③は、「撃ち殺す」とも書く。

うち‐こわ・す【打〔ち〕壊す・打〔ち〕◦毀す】コハス（他五）サ(ソ)・シ・ス・ス・セ・セ たたきこわす。ぶちこわす。「古い考えを―」

うち‐ざた【内沙汰】公開されない争い・訴訟。内輪の処理。⇔表沙汰おもてざた・公沙汰おおやけざた

うち‐しお・れる【打〔ち〕◦萎れる】シヲレル（自下一）レ・レ・レル・レル・レレ・レロ(レヨ) すっかりしょげる。しょんぼりする。[文]うちしを・る(下二)

うち‐しき【打敷】①器などの下に敷く、布や紙の類。特に、仏壇・仏具などの敷物。②菓子器に敷く白紙。

うち‐しず・む【打〔ち〕沈む】シヅム（自五）マ(モ)・ミ(ン)・ム・ム・メ・メ 「沈む」を強めた言い方。すっかり元気がなくなる。「悲しみに―」

うち‐じに【討〔ち〕死に・討死】（名・自スル）戦場で敵と戦って死ぬこと。

うち‐すう【内数】全体の合計数に含まれる、ある条件にあてはまるものの数。「かっこ内は推薦入学者の数で―」⇔外数そとすう

うち‐す・える【打〔ち〕据える】スヱル（他下一）エ・エ・エル・エル・エレ・エロ(エヨ) 立てなくなるほど強くたたく。「竹刀しないで―」[文]うちす・う(下二)

うち‐す・ぎる【打〔ち〕過ぎる】ギ・ギ・ギル・ギル・ギレ・ギロ(ギヨ) ■一（他上一）度を超えた程度・回数で打つ。「杭くいを深く―・ぎた」■二（自上一）①時が過ぎる。「十余年の歳月が―・ぎた」②ある場所を通り過ぎる。「峠を―・ぎ、里へと下る」[文]うちす・ぐ(上二)

うち‐す・てる【打〔ち〕捨てる】（他下一）テ・テ・テル・テル・テレ・テロ(テヨ) ①「捨てる」を強めた言い方。思いきりよく捨てる。「世俗を―・てて出家する」②構うことなくいつまでも放置しておく。見捨てる。「空き地に―・てられた自転車」[文]うちす・つ(下二)

うち‐ぜい【内税】表示されている価格に消費税が含まれていること。また、その税額表示方式。⇔外税そとぜい

うち‐そろ・う【打〔ち〕◦揃う】ソロフ（自五）ワ(オ)・イ(ッ)・ウ・ウ・エ・エ 「揃う」を強めた言い方。全員もれなくそろう。「―・って出掛ける」

うち‐たお・す【打〔ち〕倒す】タフス（他五）サ(ソ)・シ・ス・ス・セ・セ ①なぐって相手を倒す。②「倒す」を強めた言い方。完全に負かす。「無失点で―」③銃などを撃って相手を倒す。[参考]③は、「撃ち倒す」とも書く。

うち‐だか【内高】江戸時代、武家の実際の石高。⇔表高

うち‐だし【打〔ち〕出し】①打ち出すこと。②金属板などを裏から打って表に模様を浮き出させること。また、その模様。③芝居や相撲で、その日の興行の終わり。太鼓を打つのでいう。

うち‐だ・す【打〔ち〕出す】（他五）サ(ソ)・シ・ス・ス・セ・セ ①打って物を出す。②主張や方針などをはっきりと示す。「新機軸を―」③打ち始める。「太鼓を―」④金属板などを裏から打って模様を浮き上がらせる。「銅板に花紋を―」⑤プリンターなどで文字を印刷する。

うち‐た・てる【打〔ち〕立てる・打〔ち〕◦樹てる・打〔ち〕建てる】（他下一）テ・テ・テル・テル・テレ・テロ(テヨ) 物事を新たにしっかりと作り上げる。確立する。「新国家を―」[文]うちた・つ(下二)

うち‐ちがい【打〔ち〕違い】チガヒ ①まちがって打つこと。また、そのもの。②十字に交差すること。また、その形。

うち‐つけ（形動ナリ）《古》突然なさま。だしぬけなさま。また、ぶしつけなさま。

うち‐つ・ける【打〔ち〕付ける】（他下一）ケ・ケ・ケル・ケル・ケレ・ケロ(ケヨ) ①打って離れなくする。くぎなどで固定する。「塀に看板を―」②強くぶつける。「頭を壁に―」[文]うちつ・く(下二)

うち‐つづ・く【打〔ち〕続く】（自五）カ(コ)・キ(イ)・ク・ク・ケ・ケ ずっと続く。ひき続く。「―戦乱」

うち‐つど・う【打〔ち〕集う】ツドフ（自五）ワ(オ)・イ(ッ)・ウ・ウ・エ・エ 大勢の者が一堂に寄り集まる。「兄弟一同―・って父の還暦を祝う」

うちっ‐ぱなし【打ちっ放し】①ゴルフなどで、球を打ったままにすること。また、そのような練習場。②建築で、コンクリート表面を型枠かたわくを外した状態のままで仕上げとすること。うちはなし。

うち‐づら【内面】家族や内輪の人に見せる顔つきや態度。「―が悪い」⇔外面そとづら

うち‐つ・れる【打〔ち〕連れる】（自下一）レ・レ・レル・レル・レレ・レロ(レヨ) 一緒に行く。連れ立つ。「―・れて渡る雁がん」[文]うちつ・る(下二)

うち‐でし【内弟子】師匠の家に住みこんで、家事の手伝いなどをしながら、芸を習う弟子。「―をとる」

うちで‐の‐こづち【打出の小◦槌】望みを唱えながら振ればなんでも思いのままに得られるという、想像上の小さなつち。

うち‐と【内◦外】①うちとそと。表向きと奥向き。②仏教と儒教。③伊勢いせ神宮の内宮ないくうと外宮げくう。④国の内と外。

うち‐と・ける【打〔ち〕解ける】（自下一）ケ・ケ・ケル・ケル・ケレ・ケロ(ケヨ) 心の隔てがなくなって親しくなる。「―・けて話す」[文]うちと・く(下二)

うち‐どころ【打〔ち〕所】①物などに打ちつけた体の部分。「―が悪い」②（欠点として）指摘する部分。「非の―がない」

うち‐どめ【打〔ち〕止め・打〔ち〕留め】①終わり。特に、興行の終わり。②「ぱちんこ②」で、客がその器械の一定量の玉を出しつくし、店が器械の使用を止めること。

うち‐と・める【打〔ち〕止める・打〔ち〕留める】（他下一）メ・メ・メル・メル・メレ・メロ(メヨ) 打ちつけて固定させる。[文]うちと・む(下二)

うち‐と・める【討〔ち〕止める・打〔ち〕止める】（他下一）メ・メ・メル・メル・メレ・メロ(メヨ) 刀や槍やりなどで殺す。[文]うちと・む(下二)

うち‐と・める【撃〔ち〕止める・打〔ち〕止める】（他下一）メ・メ・メル・メル・メレ・メロ(メヨ) 鉄砲などで撃って殺す。[文]うちと・む(下二)

うち‐と・る【討〔ち〕取る・打〔ち〕取る・撃〔ち〕取る】（他五）ラ(ロ)・リ(ッ)・ル・ル・レ・レ ①敵を武器で殺す。しとめる。攻め滅ぼす。「敵将を―」②勝負で、相手を負かす。「内野フライに―」

うち‐に【打〔ち〕荷】船に難破の恐れがあるとき、重量を軽くするために積み荷の一部を海に投げ捨てること。投げ荷。

うち‐にわ【内庭】ニハ 一軒の家で、建物に囲まれた庭。中庭。

うち‐ぬき【打〔ち〕抜き】①穴をあけてつらぬくこと。②板金・厚紙などに型をあてて抜きとること。また、その道具。

うち‐ぬ・く【打〔ち〕抜く・打〔ち〕◦貫く】（他五）カ(コ)・キ(イ)・ク・ク・ケ・ケ ①打って穴をあける。つらぬき通す。②板金・厚紙などに型をあててその形に穴をあける。「プレスで鉄板を―」③仕切りを取り払ってひと続きにする。ぶちぬく。「二間を―・いた宴会場」④最後までやり通す。「ストを―」⑤鉄砲などを撃って穴をあける。「的を―」[参考]⑤は、「撃ち抜く」とも書く。

うち‐の‐ひと【内の人・◦家の人】①家の人。家族。②妻が他人と話すときに自分の夫をさして言う語。

うち‐のめ・す【打ちのめす】（他五）サ(ソ)・シ・ス・ス・セ・セ ①起き上がれなくなるほど激しくなぐる。「相手を―」②再起できないほど大打撃を与える。「失恋に―・される」

うち‐の‐もの【内の者・◦家の者】①家族。身内。②家につかえる人。使用人。

うち‐のり【内◦法】管や容器の内側の寸法。⇔外法そとのり

うち‐はた・す【討ち果たす・討果す・打ち果〔た〕す・打果す】（他五）サ(ソ)・シ・ス・ス・セ・セ 完全に殺す。殺して目的を遂げる。「積年の仇あだを―」

うち‐はなし【打〔ち〕放し】→うちっぱなし

うち‐ばらい【内払〔い〕】バラヒ 内金を支払うこと。内渡し。

うち‐はら・う【打〔ち〕払う】ハラフ（他五）ワ(オ)・イ(ッ)・ウ・ウ・エ・エ ①払

い落とす。「服のほこりを―」②追い散らす。「雑念を―」

うち-はら・う【撃〔ち〕払う・打〔ち〕払う】ハラフ（他五）ワ(オ)・イ(ッ)・ウ・ウ・エ・エ 銃などを撃って追い払う。「鉄砲で―」

うちひしが-れる【打ち◇拉がれる】意欲や気力をくじかれる。「悲しみに―」語源 五段動詞「うちひしぐ」の未然形＋受け身の助動詞「れる」

うち-ひも【打〔ち〕△紐】二本以上の糸を組み合わせて作ったひも。組みひも。帯留めや羽織のひもなどに用いる。打ち緒。

うち-ぶ【打〔ち〕歩】→プレミアム②

うち-ぶところ【内懐】①和服のえりを合わせて着たときの、肌に近いほうのふところ。②内情。内心。「―を見透かされる」

うち-ぶろ【内風呂】①屋内に作ってある風呂。②家にある家庭用の風呂。内湯。《↕外風呂》

うち-べり【内減り・内◇耗り】穀物を臼などでついたとき、もとの量に比べて減ること。また、その減る量。

うち-べんけい【内弁慶】（名・形動ダ）家の中ではいばっているが、外ではいくじがないこと。また、そういう人。陰弁慶。

うち-ぼり【内堀・内△濠・内△壕】二重にめぐらしてあるほりのうち、内側のほり。また、城の内部にあるほり。↕外堀

うち-まか・す【打〔ち〕負かす】（他五）サ(ソ)・シ・ス・ス・セ・セ ①打って相手を負かす。②「負かす」を強めた言い方。完全に負かす。

うち-まく【内幕】①戦陣で、外側の幕の内側に張った幕。②外から見えない内部の事情。内幕。「―をあばく」

うち-ま・ける【打〔ち〕負ける】（自下一）ケ・ケ・ケル・ケル・ケレ・ケロ(ケヨ) 球技などで、打ち合って負ける。文うちま・く（下二）

うち-まご【内孫】自分のあとどりの夫婦に生まれた孫。内孫。↕外孫

うち-また【内股】①→うちもも ②足先を内に向けて歩く歩き方。↕外股 ③柔道で、相手の内ももに足をかけて倒す技。

―ごうやく【―△膏薬】ガウヤク 一定の主張や意見がなく、都合によってあちらこちらにつき従うこと。また、そういう人。二股膏薬。語源 内股にはった膏薬が両ももにつくことから。

うち-まめ【打〔ち〕豆】水に浸してふやかした大豆をつちで打ちつぶしたもの。汁などに入れて食べる。

うち-まわり【内回り・内△廻り】マハリ 内側の経路に沿って回ること。また、その路線。「環状線の―電車」↕外回り

うち-み【打〔ち〕見】短時間に見たようす。一見。

うち-み【打〔ち〕身】体を強く打って受けた皮下組織の傷。打撲傷。

うち-みず【打〔ち〕水】ミヅ（名・自スル）ほこりをしずめ、涼をとるために庭や道に水をまくこと。また、その水。夏

うち-み・る【打〔ち〕見る】（他上一）ミ・ミ・ミル・ミル・ミレ・ミロ(ミヨ) 短時間に見る。ふと目を向ける。

うち-むき【内向き】①内側に向いていること。↕外向き ②自分や自分の属する集団にだけ目を向けていること。「―の性格」↕外向き ③身内・内輪に関すること。私事。「―の用事」

うちむらかんぞう【内村鑑三】ウチムラカンザウ（一八六一～一九三〇）宗教思想家・評論家。江戸（東京都）生まれ。札幌農学校在学中にキリスト教に入信。一高在職中に、不敬事件で退職。無教会主義を主唱。著書「基督信徒の慰め」「求安録」など。

うち-もの【打〔ち〕物】①打って鍛えた物。特に、刀・長刀・槍などの類。↕鋳物 ②型に打ち込んで作った干菓子。落雁の類。③打ち鳴らす楽器。鉦・鼓など。

うち-もも【内◇股】ふとももの内側。内股。

うち-やぶ・る【打〔ち〕破る・撃〔ち〕破る】（他五）ラ(ロ)・リ(ッ)・ル・ル・レ・レ ①「破る」を強めた言い方。完全に破る。打破する。「因習を―」②戦って敵を負かす。撃破する。「強敵を―」

うち-ゆ【内湯】①温泉場の旅館などで、屋内に作った浴場。↕外湯 ②→うちぶろ②

う-ちゅう【宇宙】チウ ①《天》すべての天体とそれをとりまくすべての空間。特に、地球の大気圏外の空間。「―的規模で考える」「―遊泳（＝宇宙船外に出て宇宙空間で活動すること）」②一定の秩序をもつ統一体としての世界。「小―」

―じん【―人】①地球以外の天体に生息するとされる知的生命体。異星人。②（比喩的に）常識に外れていて意思疎通のできない人。

―じん【―△塵】ヂン《天》宇宙空間に浮遊する無数の微小な固体粒子の総称。

―ステーション 宇宙での活動の根拠地となる大型の人工衛星。宇宙基地。

―せん【―船】人間を乗せて宇宙を航行する飛行体。

―せん【―線】《物》たえず宇宙から地球にふりそそいでいる高エネルギーの放射線の総称。

―そくど【―速度】《物》物体を、地球や他の天体の引力をふりきって運動させるために要する速度。参考 地球のまわりを回るのに要する第一宇宙速度（秒速約七・九キロメートル）、地球の引力をふりきるのに要する第二宇宙速度（秒速約一一・二キロメートル）、太陽の引力をふりきるのに要する第三宇宙速度（秒速約一六・七キロメートル）がある。

―ひこうし【―飛行士】ヒカウシ 宇宙船の乗組員。はじまり 世界で最初の宇宙飛行士は、一九六一年ボストーク一号で地球を一周したソ連のガガーリン。

―ロケット 大気圏外に宇宙船や人工衛星などを送り出すためのロケット。

う-ちゅう【雨中】雨の降る中。また、そのとき。「―の行軍」

うちょう-てん【有頂天】ウチヤウ― 一（名）《仏》三界（欲界・色界・無色界）中の最上位にある天。二（名・形動ダ）（一にのぼりつめる意から）喜びで夢中になって、我を忘れること。また、そのさま。「ほめられて―になる」

うち-よ・せる【打〔ち〕寄せる】セ・セ・セル・セル・セレ・セロ(セヨ) 一（自下一）波が海岸に寄せてくる。押し寄せる。「敵軍が―」二（他下一）波が海岸に物を運ぶ。「浜辺に―・せられた流木」文うちよ・す（下二）

うち-わ【内輪】①家族や親しい者だけで外部の人を交えないこと。「―の会合」②内密。内々。また、内部の事情。「―の話」③ひかえ目であること。「―に見積もる」④足先を内側に向ける歩き方。内また。↕外輪

―ばなし【―話】身内や仲間内など親しい者どうしの私的な話。また、外部に知られたくない内々の話。

―もめ【―△揉め】一家・仲間・味方どうしの争い。

うち-わ【×団扇】ハ―（打ち羽の意）①竹などの骨に紙や布などを張り、あおいで風を起こす道具。夏 ②「軍配うちわ」の略。

―だいこ【―太鼓】日蓮宗で用いる、一枚の革を丸く張って柄をつけた太鼓。

うち-わく【内枠】①内側の枠。↕外枠 ②定められた範囲内。

うち-わけ【内訳】金銭や物品の総高の内容を項目別に分けたもの。明細。「請求額の―」

うち-わた【打〔ち〕綿】①繰り綿（＝精製していない綿）を綿弓（＝弓形をした竹に鯨のひげなどの弦をはった用具）で打って、細かな柔らかい繊維にしたもの。②古綿を打ち直したもの。

うち-わたし【内渡し】（名・他スル）内金を渡すこと。

うつ【鬱】ウツ中 ふさがる・ふさぐ

（字義）①草木がこんもりと茂るさま。「鬱蒼」②ふさがる。ふ

さぐ。㋐とどこおる。つまる。「鬱血」㋑心がふさぐ。気持ちがはれない。「憂鬱」③果樹の名。にわうめ。④香草の名。「鬱金」

う・つ【打つ】(他五) タ(ト)・チ(ツ)・ツ・ツ・テ・テ 《中心義―何かを動かしてねらった対象に当て、その対象に衝撃を与える》①物に強くあてる。㋐たたく。ぶつける。「平手で頬を―」「転んで頭を―」㋑たたき込む。「釘を―」㋒たたいて鳴らす。「鐘を―」「手を―・って大喜びする」㋓たたいて飛ばす。「球を―」②ある作業・動作をする。行為に移す。行う。㋐鍛えてつくる。「刀を―」㋑田畑を耕す。「田を―」㋒投げ広げる。「投網を―」㋓まく。「庭に水を―」㋔縄・綱などでしばる。「罪人に縄を―」㋕注射する。「ワクチンを―」㋖キーをたたいて文字を入力する。電報などを出す。「メールを―」㋗興行する。「芝居を―」㋘実行する。実施する。「ストを―」㋙囲碁などをする。また、将棋の手駒を盤上に置く。「王の頭に金を―」㋚思いきって事をする。「ばくちを―」㋛うどん・そばをこねて作る。「そばを―」㋜ある動作をする。「寝返りを―」③感動させる。「心を―」④手付金などを払う。「手金を―」⑤処置する。くわだてる。「―手がない」⑥しるしをつける。「番号を―」⑦殺す。⑧射撃する。⑨攻める。攻め滅ぼす。可能 う・てる(下一) 参考 ⑦は「討つ」、⑧は「撃つ」、⑨は「討つ」「撃つ」とも書く。⇩「使い分け」

うって一丸となる すべての人が、ある目的のためにひとまとまりになる。**うてば響く** 刺激や働きかけにすぐに反応する。

う・つ【討つ・打つ】(他五) タ(ト)・チ(ツ)・ツ・ツ・テ・テ ①敵を刀剣などで殺す。「かたきを―」②攻める。攻め滅ぼす。「敵を―」可能 う・てる(下一) 参考 ②は「撃つ」とも書く。⇩「使い分け」

う・つ【撃つ・打つ】(他五) タ(ト)・チ(ツ)・ツ・ツ・テ・テ ①射撃する。「鉄砲を―」②攻める。攻め滅ぼす。可能 う・てる(下一) 参考 ②は「討つ」とも書く。⇩「使い分け」

> 使い分け **「打つ・討つ・撃つ」**
> 「**打つ**」は、本来「たたく」意だが広く一般的に使われる。
> 「**討つ**」は、「相手の罪を言いたてて、こらしめる」の意で、「大将を討ち取る」「義士の討ち入り」「討ち死に」などのように使われる。
> 「**撃つ**」は、「手や物によって強くうつ」意で、「銃を撃つ」「敵機を撃ち落とす」「野鳥を撃つ」などのように使われる。

うつ-うつ【鬱鬱】(タル・タトル) ①気がふさぐさま。「―と日を過ごす」②草木の茂ったさま。「―と茂る木々」文(形動タリ)

うつ-お【◦空】―中がからになっていること。岩屋や木のほらなど。空洞。うつろ。うつほ。うつぼ。

うっ-かり(副・自スル) 不注意で気づかないさま。「―者」「―して財布を忘れる」

類語 迂闊・不用意・不注意・うかうか・うかと

うつ-ぎ【◦空木・△卯木】〔植〕アジサイ科の落葉低木。晩春、白い花が咲く。茎が中空なのでこの名がある。うのはな。夏

う-づき【△卯月】 陰暦の四月。夏

うつく・し【◦愛し】(形シク)《古》かわいい。愛らしい。

うつくし・い【美しい】(形) カロ・カッ(ク)・イ・イ・ケレ・○ ①形・色・音などが快く感じられ、人をひきつけるさま。きれいだ。「―花」「―音色」「―・く飾る」②精神的・倫理的に人の心をうつさま。「―話」「―思い出」文 うつく・し(シク)

類語 美々しい・麗しい・見目麗しい・見目好い・きれい・艶やか・煌びやか・美妙・美麗・優美・妖美・艶麗・華麗・秀麗・端麗・典麗・流麗

【変遷】古語「うつくし」は、肉親に対する愛情が原義で、小さいものの美やそれに対する愛情を意味した。そこから「りっぱだ・みごとだ・きれいだ」の意が派生し、近世には、「さっぱりしている」の意も派生した。現代語では「きれいだ」の意味で使うことが多いが、「うつくしい」のほうが「きれい」よりやや改まった語感がある。

うつくし・む【◦愛しむ・◦慈しむ】(他四)《古》愛する。かわいがる。

うっ-くつ【鬱屈】(名・自スル) 気持ちがふさぐこと。

うつ-け【◦空け】(中がからになっている意から)ぼんやりしていること。また、そういう人。愚か者。「―者」

うっ-けつ【鬱血】(名・自スル) 体の一部の組織・器官に静脈血がたまった状態。参考 動脈血の場合は「充血」という。

うっ-けつ【鬱結】(名・自スル) 気分が晴れ晴れしないこと。

うつし【写し】①控えとして文書などを写しとること。また、写しとったもの。「証明書の―をとる」②書画などの模作。

―え【―絵】 ①書き写した絵。写生画。②(古い言い方で)幻灯。影絵。参考 ②は、「映し絵」とも書く。

うつし-だ・す【写し出す】(他五) サ(ソ)・シ・ス・ス・セ・セ 現実の事象や頭の中の事柄を、文章や絵などで表現する。「世相を―・したニュース」

うつし-だ・す【映し出す】(他五) サ(ソ)・シ・ス・ス・セ・セ 物の形をスクリーンや鏡などに現す。「ディスプレーに画像を―」

うつし-と・る【写し取る】(他五) ラ(ロ)・リ(ッ)・ル・ル・レ・レ ①あるものをまねてそっくりに作る。模写する。模倣する。「名画を―」②原文のとおりに書き写す。「記念碑の文章を―」③写真に収める。

うつし-み【◦現し身】《古》この世に生きている身。⇩現人

うつし-よ【◦現し世】《古》この世。現世。

うつ・す【写す】(他五) サ(ソ)・シ・ス・ス・セ・セ ①もとのものに似せて絵・字・文章などをかく。模写する。また、転写する。「黒板の字を―」②見たり聞いたりしたことを絵・文章などに表す。描写する。「風景を―・した絵」③写真をとる。撮影する。自 うつ・る(五) 可能 うつ・せる(下一) ⇩「使い分け」

うつ・す【映す】(他五) サ(ソ)・シ・ス・ス・セ・セ ①鏡・水面・障子などに姿・形が現れるようにする。投影する。②映像を画面に表す。映写する。「スライドを―」自 うつ・る(五) 可能 うつ・せる(下一) ⇩「使い分け」

> 使い分け **「写す・映す」**
> 「**写す**」は、姿を別にとどめる、うつしとる、ある物事を絵・文章で描写する意を表し、「書類を写す」「写真を写す」「風景を文章に写す」などと使われる。
> 「**映す**」は、光がある物の形や姿を他の物の表面に現す意を表し、「鏡に姿を映す」「スクリーンに映す」「木々を映した湖面」などと使われる。

うつ・す【移す】(他五) サ(ソ)・シ・ス・ス・セ・セ ①事物を動かして他の所に置く。移動させる。「料理を皿に―」「都を江戸に―」②関心や視線を別のものに向ける。「視点を―」③次の段階に進ませる。「計画を実行に―」④人の地位・役割をそれまでと異なるものにする。「投手を外野に―」「営業に―」⑤時が経過する。時間がたつ。「時を―・さず実行する」⑥病気を感染させる。「風邪を―・される」自 うつ・る(五) 可能 うつ・せる(下一) 参考 ①④は「◦遷す」とも書く。

うっすら【◦薄ら】(副) ごく薄く。かすかに。ほのかに。「―(と)涙を浮かべる」「雪が―(と)積もる」

うっ・する【鬱する】(自サ変) シ(セ・サ)・シ・スル・スル・スレ・シロ(セヨ) 気持ちがふさぐ。心が晴れずにいる。「気が―」文 うっ・す(サ変)

うっ-せき【鬱積】(名・自スル) 不平・不満などが、はけ口がな

くて心の中に積もりたまること。「不満が—する」

うつ-せみ【◦空△蟬】《古》蟬の抜け殻。また、蟬。夏 ⇩現人

うつせみ【◦現◦人】《古》①現実に生きている身。「—は数なき身なり」〈万葉〉②この世。参考「現身」や「空蟬」と書くのは後世のあて字。語源「現し臣」（「おみ」は人の意）がつづまって「うつそみ」となり、さらに「うつせみ」になったという。

—の《枕》→うつせみの(現人の)

—の《枕》「人」「世」「身」「命」「仮」などにかかる。

うつ-ぜん【鬱然】(ト・タル) ①草木の生い茂るさま。「—たる木々」②物事の盛んなさま。「—たる影響力」③心が晴れ晴れしないさま。「—として楽しまない」文(形動タリ)

うっ-そう【鬱△蒼】(ト・タル) 光を通さぬほど樹木が生い茂っているさま。「—とした森」文(形動タリ)

うつそみ【◦現◦人】《古》→うつせみ(現人)

うったえ【訴え】訴えること。訴訟。「原告の—を退ける」

うった・える【訴える】(他下一) エ・エ・エル・エル・エレ・エロ(エヨ) ①さばきを求める。裁判所に申し立てる。告訴する。「警察に—」②苦しみ・不満・窮状などを分かってもらおうとして言う。「痛みを—」③解決のためにある手段を用いる。「武力に—」④感情や感覚に働きかける。「視覚に—」文うった・ふ(下二)

うっちゃら-か・す(他五) サ(ソ)・シ・ス・ス・セ・セ 《俗》すべきことに手をつけず、そのままほうっておく。ほったらかす。「仕事を—」

うっちゃり ①相撲で、寄ってきた相手を土俵ぎわで体をひねって土俵外に投げ出すわざ。②どたん場で形勢を逆転させること。

—を食う どたん場で相手に形勢を逆転される。

うっちゃ・る(他五) ラ(ロ)・リ(ッ)・ル・ル・レ・レ ①投げ捨てる。「ごみを—」②そのままほうっておく。「仕事を—・っておく」③相撲で、うっちゃりで投げる。④どたん場で形勢を逆転する。「交渉の最後で—・られる」可能うっちゃ・れる(下一) 語源「打ち遣る」の転。

うつつ【◦現】①この世に存在すること。現実。「夢か—か」②正気。本心。「—に返る」③(「夢うつつ」から誤って生じた意)夢か現実かわからないような状態。夢心地。

—を抜かす 心を奪われて夢中になる。「遊びに—」

うつ-て【打つ手】なすべき手段。施すべき方法。「—がない」

うっ-て【討っ手】賊・敵・罪人などを追って討つ人。「—をさしむける」

うって-かわ・る【打って変〔わ〕る】(自五) ラ(ロ)・リ(ッ)・ル・ル・レ・レ 態度・表情などが)突然がらりと変わる。一変する。「昨日までと—・った厳しい態度」

うって-つけ【打って付け】ぴったり合うこと。あつらえむきなこと。「ロケに—の場所」

うって・でる【打って出る】(自下一) デ・デ・デル・デル・デレ・デロ(デヨ) ①勢いよく攻撃に出る。②自ら進んで出る。「選挙に—」

ウッド〈wood〉①木。木材。「—デッキ」②頭部が木製のゴルフクラブ。現在は金属製のものが多い。⇩アイアン

うっとうし・い【鬱陶しい】(形) カロ・カッ(ク)・イ・イ・ケレ・○ ①心が晴れない。気持ちがふさぐ。「—気分」②天気が悪くて重苦しい。「—雨」③じゃまになって煩わしい。「髪がのびて—」文うっとう・し(シク)

うっとり(副・自スル) 心を奪われて、いい心持ちで我を忘れるさま。「美しい絵を—(と)して見る」

うつ-ばり【△梁】はり。棟を支える横木。

—の塵を動かす 歌や音楽のうまいことのたとえ。梁塵を動かす。

うつ-びょう【鬱病】《医》憂鬱な気分、思考の抑制、意欲の低下などがみられる気分障害。身体症状(不眠・食欲低下など)を呈することも多い。抑鬱症。

うつ-ぶ・す【△俯す】(自五) サ(ソ)・シ・ス・ス・セ・セ 体の前面を下にして伏す。腹ばいになる。「—・して寝る」他うつぶ・せる(下一)

うつ-ぶせ【△俯せ】①体の前面を下にして伏すこと。腹ばい。「—に寝る」②物の上を下にして置くこと。「バケツを—にする」

うつ-ぶ・せる【△俯せる】セ・セ・セル・セル・セレ・セロ(セヨ) 一(自下一) 体の前面を下にして伏す。うつぶす。「地面に—」二(他下一) ①顔を下に向ける。②器などを逆さにする。文うつぶ・す(下二)

うっ-ぷん【鬱憤】心の内に積もった不平・不満や怒り。「—を晴らす」

うつ-ほ【◦空】《古》→うつお

うつ-ぼ【◦空】《古》→うつお

うつ-ぼ【△靫・◦空穂】矢を入れて腰・背に着ける道具。

〔靫〕

うつぼ【△鱓】《動》ウツボ科の海産硬骨魚の総称。ウナギに似る。体長は約六〇—八〇センチメートル。大きなものは一メートルを超える。大きな口と鋭く強い歯があり、性質は荒い。肉は食用。

うつぼ-かずら【△靫◦葛・△靫△蔓・×猪籠草】《植》ウツボカズラ科の食虫植物。熱帯産の多年生つる植物。葉は互生し、先端は長くのびて円筒形の捕虫嚢となり、液を出して落ち込んだ虫を消化する。観賞用。

〔うつぼかずら〕

うつ-ぼつ【鬱勃】(ト・タル) 意気が盛んにわき起こるさま。「—たる勇気」文(形動タリ)

うつほものがたり〔うつほ物語・宇津保物語〕平安中期の、日本最古の長編物語。作者未詳。一〇世紀後半に成立。琴の名手藤原仲忠と左大臣の娘貴宮をめぐる宮廷・貴族生活の諸相を描く。うつぼものがたり。

うつ-む・く【△俯く】(自五) カ(コ)・キ(イ)・ク・ク・ケ・ケ 下を向く。顔を伏せる。「恥ずかしそうに—」↕仰向く 他うつむ・ける(下一)

うつ-む・ける【△俯ける】(他下一) ケ・ケ・ケル・ケル・ケレ・ケロ(ケヨ) ①頭を下へ向ける。「顔を—」②物の上部を下向きにする。「バケツを—・けて置く」自うつむ・く(五) 文うつむ・く(下二)

うつら-うつら(副・自スル) 眠気や発熱などで意識のぼんやりしているさま。半ば眠った状態であるさま。うとうと。「熱が出て—している」

うつり【映り】①物の形や像、また光や影の映ること。また、その映りぐあい。「テレビの—が悪い」②色の取り合わせ。色の配合。「—のいいネクタイ」参考①は、「写り」とも書く。

うつり【移り】①移ること。移動。変遷。②→おうつり③《文》連歌や蕉門俳諧で、前句の余韻が後句にひきつがれたり、両句が呼応したりする付け方。

—が【—香】他の物に移り、染みて残った香り。残り香。

—かわり【—変〔わ〕り】物事がしだいに変わること。変遷。「季節の—」

—ぎ【—気】(名・形動ダ) 気の変わりやすいさま。浮気。

—ばし【—箸】食事のとき、おかずを食べた箸で、飯を食べずにすぐほかのおかずに箸をつけること。無作法とされる。

うつり-かわ・る【移り変〔わ〕る】(自五) ラ(ロ)・リ(ッ)・ル・ル・レ・レ 物事が時とともに変わっていく。変遷する。「街のようすが—」

うつ・る【写る】(自五) ラ(ロ)・リ(ッ)・ル・ル・レ・レ ①像として現れる。写真に形が現れる。「細部まできれいに—・った写真」②透けて見える。「裏ページの文字が—」他うつ・す(五)

うつ・る【映る】(自五) ①鏡・水面・障子などに物の姿や影が現れる。「水面に一月」②色の配合がよい。似合う。「この着物にはこの帯がよく一」「あなたにはこの色がよく一」③映像として出る。「テレビに一」他うつ・す(五)

うつ・る【移る】(自五)《中心義—それまであった所から別の所に存在の位置を変える》①事物の位置が他の場所に動く。「役所が駅前に一」②関心や視線が他の場所に動く。「役所が駅前に一」「新チームに一」②関心や視線が別のものに向く。「視点が一」「情が一」③次の段階に進む。「実行に一・ろう」「季節が一」④時が経過する。時間がたつ。「日が一」⑤色や香りが他のものにしみつく。「においが服に一」⑥病気が感染する。「風邪が一」他うつ・す(五) 可能うつ・れる(下一) 参考 ①は「◇遷る」とも書く。

うつ-ろ【◇空ろ・◇虚ろ】 一(名) 中がからであること。また、その所。がらんどう。二(形動ダ) ぼんやりしているさま。心が空虚なさま。「一なまなざし」文(ナリ)

うつろ・ふ【移ろふ】(自四)《古》(「うつらふ」の転) ①場所が変わる。移動する。「山里などに一・ひて」〈徒然〉②色や状態が変わる。色があせる。衰える。③花や葉などが散る。④時が過ぎて行く。⑤心変わりする。

うつわ【器】 ①入れ物。容器。「一に料理を盛る」②人物や才能などの大きさ。器量。「指導者としての一」

うで【腕】 ①肩から手首までの部分。「一を組む」②腕前。手腕。力量。技量。「いい一の持ち主」「一を磨く」③腕力。力。「一に任せてねじふせる」④腕木。横木。「いすの一」

—が上がる ①技量・腕前などが上達する。②酒類を以前より多く飲めるようになる。**—が立つ** すぐれた能力や技量があり、仕事もよくできる。**—が鳴る** 得意とする能力や技量を発揮したくてうずうずする。**—に覚えがある** 能力や技量に自信がある。**—に磨きをかける** 能力や技量を高めるために訓練する。**—に縒りをかける** 持っている能力や技量を十分に発揮して事に当たる。「腕によりをかけて作った料理」**—を上げる** 技量・腕前を進歩させる。上達する。**—を拱く・—を拱く** 何もしないで傍観している。手をこまぬく。**—を摩る** 自分の能力や技量を発揮する機会を待っている。腕を撫す。**—を振るう** 得意とする能力や技量を発揮する。

う-てき【雨滴】 あまだれ。雨のしずく。

うで-ぎ【腕木】 物を支えるために、柱状の物に取り付けた、横につき出した木。「電信柱の一」

うで-きき【腕利き】 腕前のすぐれていること。また、その人。うでっこき。手腕家。「一の刑事」

うで-くび【腕首】 腕とてのひらのつながるところ。手首。

うで-ぐみ【腕組み】(名・自スル) 両腕を胸の前で組むこと。

うで-くらべ【腕比べ・腕◇競べ】(名・自スル) 腕力や技量を比べあうこと。

うで-こき【腕◇扱き】 →うでっこき

うで-じまん【腕自慢】 自分の力量や腕力などに自信があって、得意に思うこと。また、そういう人。

うで-ずく【腕ずく】 腕力で解決しようとすること。力ずく。「一で奪い返す」

うで-ずもう【腕相撲】 向かい合った二人が台や床にひじを立てて手を握り合い、相手の腕を押し倒す遊び。

うで-ぞろい【腕△揃い】 腕力や手腕のすぐれた人がそろっていること。

うで-だて【腕立て】(名・自スル) 腕力にたよって人と争うこと。

うでたて-ふせ【腕立て伏せ】 両手と両足のつま先を地面につけて体をまっすぐに支え、腕の屈伸をする運動。うでたて。

うで-たまご【△茹で卵・△茹で玉子】 →ゆでたまご

うで-だめし【腕試し】(名・自スル) 身についた腕力や手腕を試すこと。力試し。

うで-づく【腕づく】 「うでずく」と書くのが本則。→うでずく

うでっ-こき【腕っ◇扱き】 腕前のすぐれていること。また、その人。うでこき。「一の職人」

うでっ-ぷし【腕っ節】 ①腕の関節。また、腕。②腕力。うでぶし。「一が強い」

うで-どけい【腕時計】 手首にはめて携帯する小型の時計。 はじまり 国産腕時計は、一九一三(大正二)年、精工舎で製造されたのが最初。

うてな【◇台】 ①見晴らしのよい高い建物。「玉の一」②物をのせる台。「蓮の一」③植物の萼。「花の一」

うで-ぬき【腕◇貫】 ①腕輪。②腕をおおい包む布。腕カバー。

うで-ぶし【腕節】 →うでっぷし

うで-まえ【腕前】 身につけた技能。また、その程度。「一を上げる」

類語 手並み・腕・力量・技量・技能・手腕・敏腕・辣腕・スキル

うで-まくら【腕枕】 横になるときなどに、腕を曲げて枕のかわりにすること。「一で昼寝をする」

うで-まくり【腕△捲〔く〕り】(名・自スル) ①そでを口をまくって腕を出すこと。②気負い込んだようすのたとえ。

う・でる【△茹でる】(他下一) →ゆでる

うで-わ【腕輪】 飾りとして腕にはめる輪。ブレスレット。

う-てん【雨天】 雨の降る天気。雨降り。「一中止」↔晴天

—じゅんえん【一順延】 予定の日が雨の場合は翌日へ、翌日も雨ならばその次の日へと日程を一日ずつ延ばすこと。

う-と【△烏△兎】 ①太陽と月。②歳月。「一匆々」 語源 太陽には烏が、月には兎が住むという中国の伝説から。

うど【×独活】《植》ウコギ科の多年草。春に芽を出し、夏のころ小形の黄白色の花を開く。若い茎は食用。春(うどの花 夏)

—の大木 (ウドの茎は大きく育つがやわらかくて用途がないことから)体が大きいばかりで役に立たない人のたとえ。

うと・い【疎い】(形) ①交際が深くない。親しくない。疎遠である。②その物事についてよく知らない。事情に通じていない。「世事に一」文うと・し(ク)

う-とう【右党】 ①保守党。右翼の政党。②酒が飲めなくて甘い物の好きな人。甘党。(↔左党)

うとう【×善知鳥】《動》ウミスズメ科の海鳥。北海道・本州北部にすむ。ハトほどの大きさで、腹部が白く、ほかは黒褐色。

うと-うと(副・自スル) 眠気を催して浅く眠るさま。「ひなたで一(と)する」

うとうと-し・い【疎疎しい】(形) 親しくない。冷淡だ。よそよそしい。「一態度」文うとうと・し(シク)

う-とく【有徳】(名・形動ダ) ①徳や人望などのあること。また、そのさま。有徳。「一の僧」②《古》財産があること。

うと-そうそう【△烏△兎△匆△匆】 月日のたつのが早いさま。

うとまし・い【疎ましい】(形) 気に添わなくていやである。いとわしい。「親切も時には一」文うとま・し(シク) 語源 動詞「うとむ」に対応する形容詞。

うと・む【疎む】(他五) きらって遠ざける。いやだと思う。うとんじる。「仲間に一・まれる」

う-どん【△饂△飩】(「うんどん」の転)小麦粉に水を加えてこねてのばし、細長く切った食品。「一を打つ」

—こ【一粉】 小麦粉。

うどん-げ【◇優曇華】 ①《仏》三〇〇〇年に一度花を開くという想像上の木。きわめてまれなことのたとえに用いられる。②

クサカゲロウの卵。卵は白い糸のような柄(え)の先に付き、それらがいくつも集まっているさまは花のように見える。夏

うとん・じる【疎んじる】(他上一)ジ・ジ・ジル・ジル・ジレ・ジロ(ジヨ) よそよそしくする。冷淡にあしらう。「よそ者として―・じられる」語源 サ変動詞「うとんずる」の上一段化。

うとん・ずる【疎んずる】(他サ変)ジ(ゼ)・ジ・ズル・ズル・ズレ・ジロ(ゼヨ) →うとんじる 文 うとん・ず(サ変) 語源 五段動詞「うとむ」の連用形にサ変動詞「す」の付いた「うとみす」の転。

うなが・す【促す】(他五)サ(ソ)・シ・ス・ス・セ・セ ①早くするように急がす。「返事を―」②そうするように勧める。「注意を―」

うなぎ【鰻】〘動〙ウナギ科の細長い魚。深海で産卵し、幼魚は海で育つが、成魚は川や湖沼にすむ。広く養殖され、かば焼きなどにして食べる。栄養価が高く、暑さで体力の衰える土用の丑(うし)の日に食すとよいとされる。夏

―の寝床(ねどこ) 間口が狭く奥行きのある細長い家のたとえ。

―のぼり【―登り・―上り】気温・物価・評価・地位などが急速に上がること。「―に物価が上がる」

うなさ・れる【魘される】(自下一)レ・レ・レル・レル・レレ・レロ(レヨ) 恐ろしい夢などを見て苦しそうにうなる。「悪夢に―」文 うなさ・る(下二)

うな-じ【項】首のうしろの部分。襟首。「白い―」

うな-じ【海路】(チ)― 海上の航路。船路。海路(うみじ)・海路(かいろ)。

うな-じゅう【鰻重】(チユウ)― 重箱の上の箱にウナギのかば焼きを、下の箱に飯を詰めたもの。重箱の飯の上に直接かば焼きをのせたものもいう。

うな-ず・く【頷く・首肯く】(ヅク)―(自五)カ(コ)・キ(イ)・ク・ク・ケ・ケ 納得・承知・賛成などの意を表すために首をたてに振る。「軽く―」可能 うなず・ける(下一)

うな-ず・ける【頷ける】(ヅケル)―(自下一)ケ・ケ・ケル・ケル・ケレ・○ 納得できる。承知できる。「十分に―」語源「うなずく」の可能動詞。

うな-だ・れる【項垂れる】(自下一)レ・レ・レル・レル・レレ・レロ(レヨ) 落胆・悲しみ・恥ずかしさなどから、首を前に垂れる。「しかられて―」文 うなだ・る(下二)

うな-づ・く【頷く】(自五)カ(コ)・キ(イ)・ク・ク・ケ・ケ 「うなずく」と書くのが本則。→うなずく

ウナ-でん【ウナ電】至急電報。普通電報より先に送信・配達された電報。一九七六(昭和五十一)年廃止。語源 英語で至急の意を表す urgent の略 ur の英文モールス符号が和文の「ウナ」に当たることから出た語。

うな-どん【鰻丼】(「うなぎどんぶり」の略)どんぶりに盛った飯の上にウナギのかば焼きをのせた食べ物。

うな-ばら【海原】広々とした海。「青―」参考 常用漢字表付表の語。

うなり【唸り】①うなること。また、その声や音。②凧(たこ)に付けて風にうならせるもの。③〘物〙振動数が少し違う二音が重なるとき、干渉のため音が強くなったり弱くなったりする現象。

うな・る【唸る】(自五)ラ(ロ)・リ(ッ)・ル・ル・レ・レ ①苦しそうな声を出す。うめく。「苦しさに―」②獣などが低い声を発する。「犬が―」③低く鈍い音が響く。「モーターが―」④のどをしぼって歌う。「義太夫(ぎだゆう)を―」⑤感嘆する。「名演奏に思わず―」⑥物や力があり余る。「腕が―」「金が―ほどある」可能 うな・れる(下一)

うに【海胆・海栗】①〘動〙ウニ綱に属する棘皮(きょくひ)動物の総称。海底の岩間などにすみ、殻は球状で表面に多数の長いとげがあり、栗(くり)のいがに似る。ムラサキウニ・アカウニ・バフンウニなどの卵巣は食用。春 ②食用とする①の卵巣。また、それを塩漬けにした食品。参考 ②は、ふつう「雲丹」と書く。

うぬ【汝】(代)対称の人代名詞。おまえ。きさま。用法 相手をののしるときに用いる。

うぬ-ぼれ【自惚れ・己惚れ】自分の力を過信し、得意になること。また、その気持ち。「―が強い」

うぬ-ぼ・れる【自惚れる・己惚れる】(自下一)レ・レ・レル・レル・レレ・レロ(レヨ) 自分の能力を過信し自分をすぐれていると思う。「一流だと―」文 うぬぼ・る(下二)

うね【畝】(字義)→ほ(畝)

うね【畝・畦】作物を植え付けるために、一定の幅で土を筋状に盛り上げたもの。また、その形に似ているもの。「畑の―作り」

うね-うね(副・自スル)高く低く、また、曲がりくねって長く続いているさま。「―(と)続く山道」

うね-おり【畝織〔り〕】布地の表裏に高低のある織物。畦織(あぜおり)。

うね-め【采女】昔、天皇の食事に奉仕した後宮の女官。

うねり ①うねること。「感情の―」②〘海〙台風・低気圧などによって起こる、高くうねる大波。土用波はその一種。

うね・る(自五)ラ(ロ)・リ(ッ)・ル・ル・レ・レ 大きくゆるやかに曲がりくねったり、上がり下がりしたりして続く。「波が―」「山道が―」

う-のう【右脳】(ナウ)―〘生〙大脳の右半分。直感的で図形や音楽などの全体把握にすぐれているとされる。↔左脳

う-の-け【兎の毛】ウサギの毛。ごく微細なことのたとえ。

―で突(つ)いたほど ごく小さいことのたとえ。ほんの少し。「―の隙(すき)もない」

う-の-はな【卯の花】①ウツギの白い花。また、ウツギの別名。夏 ②豆腐のしぼりかす。から。おから。きらず。

―くたし【―腐し】(卯の花を腐らせる意から)梅雨のはやい時期に降り続く雨。五月雨(さみだれ)。うのはなくだし。夏

―ぐもり【―曇〔り〕】陰暦四月ごろの曇った空。夏

う-のみ【鵜呑み】(鵜(う)が魚を丸のみすることから)①食物をかまないでそのままのみこむこと。丸のみ。②物事を十分に考えもせず、そのまま受け入れること。「宣伝を―にする」

う-は【右派】右翼の党派。保守的傾向の派。↔左派

うば【姥】①年とった女性。老婆。②能楽で用いる老女の面。

うば【乳母】母親に代わって子供に乳を飲ませて育てる女性。参考 常用漢字表付表の語。

うばい【優婆夷】〘仏〙(梵語(ぼんご)の音訳)在家の女性仏教信者。↔優婆塞(うばそく)

うば・う【奪う】(ウバフ)(他五)ワ(オ)・イ(ッ)・ウ・ウ・エ・エ ①相手の持っているものなどを、その意志に反してむりやりに取り上げる。「金を力ずくで―」「自由を―」②取り除く。取り去る。「熱を―」③注意や心を引き付ける。「心を―」可能 うば・える(下一)

類語 略奪する・奪取する・強奪する・収奪する・さらう・取り上げる・ふんだくる・巻き上げる・分捕(ぶんど)る

うは-うは(副・形動ダ)〘俗〙喜びや笑いが抑えきれず、うきうきした気分でいるさま。「売り上げが伸びて―だ」

うば-ぐるま【乳母車】乳幼児を乗せる手押しの四輪車。ベビーカー。「―を押す」

うば-ざくら【姥桜】①葉の出るより先に花が開く桜の通称。ヒガンザクラ・ウバヒガンなど。春 ②盛りが過ぎても、なおなまめかしさが残っている女性。

うばすてやま【姨捨山】→おばすてやま

うばそく【優婆塞】〘仏〙(梵語(ぼんご)の音訳)在家の男性仏教信者。↔優婆夷(うばい)

うばたま-の【烏羽玉の】〘枕〙「黒」「夜」「やみ」「夢」などにかかる。「ぬばたまの」「むばたまの」とも。

う-はつ【有髪】僧などが髪をそらないでいること。「―の僧」

うばら【茨】→いばら①

う-ひょう【雨氷】セ氏零度以下に冷やされた雨滴が植物や

岩石などに付いて、そのまま凍ったもの。冬

う-ふ【右府】「右大臣」の別称。↔左府

うぶ【◇初・×初心】(名・形動ダ) 世間慣れしていないで、純情なさま。特に、男女の情に通じていないさま。「—な学生」

うぶ-ぎ【産着・産◇衣】 生まれたばかりの子に着せる着物。

うぶ-げ【産毛】 ①生まれたときから生えている毛。②人間の頬やうなじなどに生えている細く柔らかい毛。

うぶ-ごえ【産声】 生まれたときに初めて出す声。
—を上げる ①赤ん坊が生まれる。②事が新しく起こる。始まる。「新会社が—」

うぶすな【産◇土】 ①その人の生まれた土地。生地。「—の神」②「産土神」の略。
—がみ【—神】 生まれた土地の守護神。鎮守の神。

うふふ (感) 思わず出る低い笑い声や、軽く笑う声を表す語。

うぶ-や【産屋】 ①出産をする部屋。産室。②上代、出産のために新築した家。

うぶ-ゆ【産湯】 生まれた子を初めて入浴させること。また、その湯。「—を使わせる」

うべ【◇宜】(副)(古) なるほど。いかにも。ほんとうに。むべ。

うべな・う【◇諾う】(他五) 承諾する。同意する。「要請を—」可能うべな・える(下一)

う-へん【右辺】《数》等式や不等式で、等号や不等号の右側にある式や数。↔左辺

うま【◇午】 ①十二支の第七。②昔の時刻の名。今の正午、およびその前後約二時間。③方角の名。南。参考「午前」「午後」などの語はこれによってできた。

うま【馬】 ①《動》ウマ科の哺乳動物。体は大きく、たてがみのある首を持つ。力が強く、よく走る。乗用・耕作・運搬などに用いる。肉は食用。②踏み台。脚立。③将棋で、成り角(竜馬)のこと。④木馬。⑤「付け馬」の略。
—が合う 気が合う。「彼とは—」**—には乗ってみよ人には添うてみよ** 何事も実際に体験して確かめよ。**—の耳に念仏** いくら意見や忠告を言っても効果のないこと。参考 類似のことば—馬耳東風。**—を牛に乗り換える** (足の速い馬を遅い牛に乗り換えることから)よいものを捨て、劣ったものにかえることのたとえ。

うま・い【◇旨い・◇甘い】(形) ①味がよい。おいしい。「サンマの—季節」②じょうずである。てぎわがよい。「歌が—」「説明が—」③自分に都合がよい。「—話にだまされる」(↔まずい) 文うま・し(ク) 参考 ①は「×美味い」、②は「×上手い」「◇巧い」とも書く。
—汁を吸う 苦労しないで利益を得る。

うま-いかだ【馬△筏】 騎馬で川を渡るとき、何頭もの馬を横に並べて流れを緩和して渡る方法。

うま-いち【馬市】 馬の売り買いをする市。秋

うま-うま(副) まんまと。巧みに。「—(と)だまされる」

うま-おい【馬追い】 ①客や荷物を馬にのせて行くこと。また、その人。馬子。②放牧場で馬をさくの中に追い込むこと。また、その人。③《動》(「馬追虫」の略) キリギリス科の昆虫。緑色で小形。「すいっちょん」と鳴く。すいっちょ。秋

うまおひの… 和歌〔馬追虫の ひげのそよろに 来る秋は まなこをとぢて 想ひ見るべし〕〈長塚節〉馬追虫の長いひげがそよろとそよぐように、ひっそりと訪れてくる秋の気配は、じっと目を閉じて感じ取るのがふさわしい。

うま-がえし【馬返し】 道がけわしくて、馬ではそこから先へ行けない所。駒返し。参考 多くは地名として残る。

うま-かた【馬方】 馬で人や荷物を運ぶのを職業とする人。馬子。

うま-ごやし【馬肥やし・×苜蓿】《植》マメ科の越年草。春、小さい黄色の花を開く。葉は三枚の小葉からなる複葉。牧草に適し、肥料用としてもすぐれている。春

うま-さけ【◇味酒・◇旨酒】 一(名) 味のいい酒。美酒。「勝利の—に酔いしれる」二(枕)「三輪」「三室」にかかる。

うま・し【◇美し】(形ク・形シク)(古) すばらしい。りっぱだ。「—国ぞあきづ島大和の国は」〈万葉〉

うま-じるし【馬印・馬◇標】 昔、戦場で大将の馬のそばに立てて、目印としたもの。

うまず-め【×不生女・×石女】 妊娠せず子を生めない女性を軽んじていう語。(差別的な意がある)

〔馬印〕

うま-つぎ【馬継ぎ】(古)→うまや(駅)

うま-づら【馬面】 ①馬の顔のように長い顔。②《動》(「うまづらはぎ」の略) カワハギ科の海水魚。体は長楕円形。食用。

うま-とび【馬跳び・馬飛び】 前かがみになった者の背を勢いをつけて跳び越えたり、背に跳び乗ったりする遊び。

うま-に【◇旨煮】 魚・肉・野菜をしょうゆ・砂糖などで甘く濃い味に煮しめた料理。

うま-の-あし【馬の足・馬の脚】 ①芝居で、作りものの馬の中にはいって足になる役者。また、その役。②(①が端役であることから)下級の役者。へたな役者。

うま-の-せ【馬の背】 馬の背中のように、山の両側が急斜面になった尾根。また、そこに作られた道。
—を分ける 馬の背を境にして降る降らないが分かれるくらいに、夕立などが限られた地域に降るさまをいう。

うま-の-はなむけ【△餞】(古) ①送別の宴。②旅立つ人に金品などを贈ること。また、その金品など。餞別。はなむけ。語源「馬の鼻向け」の意で、旅立つ人を送るとき、馬の鼻を目的地のほうへ向けて安全を祈ったことから。

うま-の-ほね【馬の骨】 素姓のわからない人をののしっていう語。「どこの—だかわからない男」

うま-のり【馬乗り】 ①馬に乗るように人や物にまたがること。「押し倒して—になる」②馬に乗ること。また、その人。

うま-ひと【◇貴人】(古) 身分の高い人。徳の高い人。貴人。

うま-ぶね【馬◇槽】 ①まぐさを入れる桶。飼い葉桶。②大きな桶。

うま-へん【馬偏】 漢字の部首名の一つ。「駆」「験」などの「馬」の部分。

うま-まわり【馬回り・馬◇廻り】 昔、戦場で、主君や大将の乗っている馬の周囲を守った騎馬の侍。また、その一団。

うま-み【◇旨み・◇旨味】 ①食物のおいしい味。また、その程度。「素材の—を引き出す」②昆布・しいたけ・鰹節などに含まれるグルタミン酸・イノシン酸などの成分によって生じる味。③芸などのおもしろさ、巧みさ。④利益やもうけ。「—のある取引き」参考「み」は接尾語。「味」と書くのは当て字。
—ちょうみりょう【—調味料】 昆布や鰹節・しいたけなどのうまみ成分を、糖みつやデンプンを発酵させるなどして工業的に生成した調味料。化学調味料。

うま-や【馬屋・△厩】 馬を飼っておく小屋。馬小屋。

うま-や【◇駅】 街道筋で、旅人のために、馬や人足などを備えておいた所。宿場。馬継ぎ。

うま・る【埋まる】(自五) ①穴・くぼんだ所・すきまなどに物が詰まってふさがる。物におおわれて、外から見えなくなる。②その場がいっぱいになる。「聴衆で会場が—」③足りないものや損失などが補われる。「赤字が—」他う・める(下一)

類語 埋没する・うずまる・うずもれる・うもれる

うまれ【生(ま)れ】①生まれること。出生。誕生。「五月―」②生まれた土地。生地。「―は九州」③生まれた環境や家柄。素姓。「農家の―」④生まれついた性質。「気の弱い―」

―も付かぬ 生まれつきではない。先天的でない。

―こきょう【―故郷】生まれた土地。ふるさと。

―ぞこない【―損(な)い】人並みでないこと。できそこない。用法 多く、人をののしる場合に用いられる。

―つき【―付き】(名・副) 生まれた時からもっている性質や容姿。天性。生来。「―器用だ」

―ながら【―乍ら】(副) 生まれた時から。生まれ付き。「―のお調子者」

うまれ-あわ・せる【生まれ合(わ)せる・生れ合せる】(自下一) セ・セ・セル・セル・セレ・セロ(セヨ) ちょうどその時に生まれる。同じ時代に生まれる。「いい時代に―」文 うまれあは・す(下二)

うまれ-お・ちる【生(ま)れ落ちる】(自上一) チ・チ・チル・チル・チレ・チロ(チヨ) この世に生まれ出る。他 うみおと・す(五) 文 うまれお・つ(上二)

うまれ-かわ・る【生まれ変(わ)る・生れ変る】(自五) ラ(ロ)・リ(ッ)・ル・ル・レ・レ ①死後、他のものになって再びこの世に生まれる。②性質や人柄が別人のようによくなる。また、建物や組織などが新しく変わる。「―・ってまじめになる」

うまれ-も・つ【生(ま)れ持つ】(他五) タ(ト)・チ(ッ)・ツ・ツ・テ・テ 生まれた時から身に備わっている。「―・った才能」

うま・れる【生(ま)れる・産(ま)れる】(自下一) レ・レ・レル・レル・レレ・レロ(レヨ) ①子や卵が母の胎内から出る。また、卵がかえる。「弟が―」「北海道に―」②[生]物事やある状態が新たにできる。「新記録が―」「疑惑が―」他 う・む(五) 文 うま・る(下二)

類語

人	誕生する・出生する・出来る・生まれ落ちる・呱呱の声を上げる・産声を上げる・母親の腹を痛める
聖人	生誕する・降誕する
哺乳類	誕生する・出来る
卵生のもの	誕生する・出来る・孵る
害となるもの	発生する・湧く
組織	誕生する・出来る・結成される・呱呱の声を上げる・産声を上げる

うみ【海】①地球の表面上の、陸地以外でひとつづきになっている、水をたたえた部分。地球の表面積の約七割を占める。魚類・貝類をはじめ、人が食用にする多くの生物が棲息し、海水は多量の塩分を含む。↕陸・おか ②みずうみ。③広い範囲に広がったもの。「火の―」④すずりの、水をためる所。↕陸 参考 ②は「◇湖」とも書く。類語 海洋・大洋・大海・海原・青海原・大海原・碧海・滄海・内海・入り江・灘・外海・公海・荒海・わたつみ

―に千年山に千年 →うみせんやません **―の物とも山の物ともつかない** それがどういう性質のものか、また、この先どうなっていくのかわからないことのたとえ。

うみ【膿】はれものや傷などの化膿したところから出る、どろどろとした不透明な液。のう。参考「うみを出す」で、弊害となるものを思い切って処理するたとえにも使われる。

うみ【生み・産み】うむこと。うんだこと。「―の母」

うみ-うし【海牛】《動》後鰓類の軟体動物の総称。巻き貝の近縁だが殻は退化。多くはナメクジのような形で、頭部に二本の触角がある。きれいな色彩のものが多い。雌雄同体。

うみ-おと・す【生み落(と)す・産み落(と)す】(他五) サ(ソ)・シ・ス・ス・セ・セ 生む。出産する。「卵を―」自 うまれお・ちる(上一)

うみ-かぜ【海風】海上を吹く風。また、海から吹いてくる風。海風。

うみ-がめ【海亀】《動》海産のカメ類の総称。大形で、足はひれ状で泳ぐのに適している。アオウミガメ・タイマイなど。夏

うみ-ぎわ【海際】海辺。海のほとり。

うみこひし… 和歌〔海恋し 潮の遠鳴り かぞへつつ 少女となりし 父母の家〕〈与謝野晶子〉ああ、ふるさとの海が恋しい。遠くから聞こえてくる海鳴りに耳を澄まし、いつのまにか数えている―そんな日々を送って少女となった、あのなつかしい父母の家よ。(第三句を「かぞへては」とした本もある)

うみ-さち【海幸】(古)海でとれる獲物。海の幸。↕山幸

うみ-じ【海路】海上の航路。船路。海路・かいろ。

うみせん-やません【海千山千】(海に千年、山に千年すんだ蛇は竜になるという言い伝えから)いろいろな経験を積んでずる賢くしたたかなこと。また、その人。海千川千。

うみ-だ・す【生み出す・産み出す】(他五) サ(ソ)・シ・ス・ス・セ・セ ①子や卵を生む。②新しく作り出す。「新製品を―」

うみ-づき【産み月】子供が生まれる予定の月。臨月。

うみ-つ・ける【産み付ける・生み付ける】(他下一) ケ・ケ・ケル・ケル・ケレ・ケロ(ケヨ) ①魚や虫などが卵を物に付着させて生む。「魚が藻に卵を―」②ある性質を与えて生む。文 うみつ・く(下二)

うみ-つばめ【海燕】《動》ウミツバメ科の海鳥の総称。尾がツバメに似ていて、足には水かきがある。

うみ-づら【海面】海の表面。海面。

うみ-どり【海鳥】→かいちょう(海鳥)

うみ-なり【海鳴り】《海》波のうねりが海岸に突き当たって砕けるときに空気を巻き込んで発する、遠雷のような音。

うみ-ねこ【海猫】《動》カモメ科の海鳥。鳴き声はネコに似る。背や翼は青灰色で、他は白色。夏

うみ-の-おや【生みの親・産みの親】①その人を産んだ親。実の親。②ある物事を最初につくり出した人。「自動車の―」(↕育ての親)

―より育ての親 産んでくれただけの実の親よりも、育ててくれた養い親の恩のほうが大きく、ありがたい。

うみ-の-くるしみ【生みの苦しみ・産みの苦しみ】①出産の苦しみ。②物をつくり出したり、物事を始めたりするときの苦労。「会社創立で―を味わう」

うみ-の-こ【生みの子・産みの子】自分の生んだ子。

うみ-の-さち【海の幸】海でとれる魚介や海藻など。海幸。↕山の幸

うみ-の-ひ【海の日】国民の祝日の一つ。当初七月二十日、のちに七月の第三月曜日に変更された。海の恵みに感謝し、海洋国である日本の繁栄を願う日。一九九六(平成八)年から施行。参考 一八七六(明治九)年、明治天皇を乗せた灯台巡視船明治丸が七月二十日に横浜港に帰還したのにちなむ。

うみ-びらき【海開き】(名・自スル) 海水浴場で、その年の営業を始め、海水浴などを公式に許すこと。また、その日。夏

うみ-べ【海辺】海のほとり。海の近く。海岸。↕山辺

うみ-へび【海蛇】《動》①海中にすむヘビ類の総称。小魚を捕食。毒をもつ。②ウミヘビ科の細長い硬骨魚類の総称。

うみ-ぼうず【海坊主】①「あおうみがめ」の別名。②海に現れ、航海に不吉なことを起こすとされる、坊主頭のばけもの。

うみ-ほおずき【海酸漿】海産の巻き貝の卵嚢。ほおずきのように吹き鳴らして遊ぶ。夏

うみ-ほたる【海蛍】《動》甲殻類ウミホタル科の節足動物。

海産。体は約三ミリメートル。刺激によって発光物質を分泌し、青色の光を放つ。太平洋沿岸に分布。

うみ-やま【海山】 ①海と山。②恩などが海のように深く、また、山のように高いことのたとえ。「—の恩」

う-む【有無】 ①有るか無いか。あるなし。ありなし。「家族の—を問う」②承知と不承知。

—相(あい)通(つう)ずる あるものとないものとが補いあってうまくいく。

—を言(い)わせず いやおうなしに。むりやりに。「—連れ出す」

う・む【△倦む】(自五)(マ(モ)・ミ(ン)・ム・ム・メ・メ) 物事に飽きる。いやになる。「—まずたゆまず(飽きたり怠けたりすることなく)努力する」

う・む【◦熟む】(自五)(マ(モ)・ミ(ン)・ム・ム・メ・メ) 果実などが、よく熟する。

う・む【△膿む】(自五)(マ(モ)・ミ(ン)・ム・ム・メ・メ) 化膿(かのう)する。うみをもつ。「傷口が—」

う・む【生む・産む】(他五)(マ(モ)・ミ(ン)・ム・ム・メ・メ) ①母胎が、胎児や卵を体外に出す。㋐分娩(ぶんべん)する。㋑産卵する。②つくりだす。生じる。「傑作を—」「誤解を—」 自 うま・れる(下一) 可能 う・める(下一) ⇒「使い分け」

> **使い分け 「生む・産む」**
> 「生む」は、出産する意のほかに、今までになかったものを新しく世に送り出す意で、「新記録を生む」「好結果を生む」「利益を生む」などと使われる。
> 「産む」は、特に母胎から子供や卵を排出する意を表すときに、「産院で子供を産む」「卵を産む」などと使われる。

う・む【◦績む】(他五)(マ(モ)・ミ(ン)・ム・ム・メ・メ) 麻・苧(からむし)などの繊維を細長く裂き、より合わせて糸をつくる。「麻を—」

ウムラウト〈ドイツ Umlaut〉ドイツ語などで、母音 a・o・u の音が、後続の i または e の影響を受けて変化すること。また、その変化した音や ä・ö・ü のように示す記号「¨」のこともいう。変母音。

うめ【梅】〔植〕バラ科の落葉小高木。中国原産。春先、紅や白などの香り高い花を開く。実は食用。春(梅の実 夏)

—に鶯(うぐいす) 取り合わせがよく、美しく調和するもののたとえ。

うめ-あわせ【埋め合〔わ〕せ・埋合せ】アハセ —(名・他スル) 損失や不足を補うこと。償い。補い。

うめ-あわ・せる【埋め合〔わ〕せる・埋合せる】アハセル —(他下一)(セ・セ・セル・セル・セレ・セロ(セヨ)) 損失や不足を他のもので補う。償う。「赤字をへそくりで—」 文 うめあは・す(下二)

うめ-が-え【梅が◦枝】《古》梅の枝。

うめ-が-か【梅が香】《古》梅の花の香り。春

うめき【△呻き】 苦しそうにうなること。「—がもれる」

—ごえ【—声】ゴエ 苦しそうにうなる声。「—をあげる」

うめ-き【埋〔め〕木】(名・自スル) 木材のすきまなどに木片を詰めること。また、その木片。

—ざいく【—細工】 →よせぎざいく

うめ・く【△呻く】(自五)(カ(コ)・キ(イ)・ク・ク・ケ・ケ) ①苦痛などのためにうなる。「激痛に—」②苦心して詩歌をつくる。苦吟する。

うめ-くさ【埋〔め〕草】(城攻めのとき、堀を埋めるのに用いた草の意から)雑誌などの紙面の余白を埋めるための短い記事。

うめ-こ・む【埋〔め〕込む】(他五)(マ(モ)・ミ(ン)・ム・ム・メ・メ) 物の全部または一部を別の物の中に入れて収める。「壁にスピーカーを—」

うめ-しゅ【梅酒】 梅の実を氷砂糖といっしょに焼酎(しょうちゅう)などに漬けて造った酒。「—を漬ける」夏

うめ-ず【梅酢】 梅の実を塩漬けにしたときにしみ出る汁。

うめ-たて【埋〔め〕立て】 埋め立てること。「—地」

うめ-た・てる【埋〔め〕立てる】(他下一)(テ・テ・テル・テル・テレ・テロ(テヨ)) 海・川・池・沼などを土で埋めて陸地にする。文 うめた・つ(下二)

うめ-づけ【梅漬〔け〕】 ①梅の実を塩または焼酎(しょうちゅう)に漬けたもの。②大根や生姜(しょうが)などを梅酢に漬けたもの。

うめ-びしお【梅△醤】ビシホ — 梅干しを煮てその肉をすりつぶし、砂糖を加えて練りあげた食品。

うめ-ぼし【梅干〔し〕】 梅の実を塩漬けにして、日に干した食品。赤紫蘇(あかじそ)とともに漬けることも多い。夏

—ばばあ【—◦婆】(梅干しのようにしわの多いことから)年取った女性をののしっていう言葉。

うめ-み【梅見】 梅の花を観賞すること。観梅。春

うめ-もどき【梅◦擬き】〔植〕モチノキ科の落葉低木。雌雄異株(しゅ)。果実は球形で、晩秋に赤く熟し、葉が落ちても長く残る。観賞用。秋

〔うめもどき〕

う・める【埋める】(他下一)(メ・メ・メル・メル・メレ・メロ(メヨ)) ①《中心義—途中にすきまができたことで起こった欠陥を、そこに何かを入れることでなくす》①穴・くぼんだ所・すきまなどに物を詰めてふさぐ。地中や穴などに物を入れ、上をおおって見えなくする。「池を—」「壺(つぼ)を地中に—」②人や物でその場所をいっぱいにする。うずめる。「祭壇を花で—」③欠けているもの・不足しているもの・損失などを補う。「赤字を—」「欠員を—」④水を加えて湯をぬるくする。「風呂(ふろ)を—」 自 うま・る(五) 文 う・む(下二)

う-もう【羽毛】 ①鳥類の体に生える羽根とふわふわした毛の総称。「—布団」②《古》鳥の羽と獣の毛。

うもれ-ぎ【埋〔も〕れ木】 ①長い年月、土中にうずもれて炭化し、かたくなった木。良質のものは細工物用。「—細工」②世に顧みられない人。また、その境遇。「—の生涯」

—に花(はな)が咲(さ)く 不運だった人に幸運がめぐってくる。

うも・れる【埋〔も〕れる】(自下一)(レ・レ・レル・レル・レレ・レロ(レヨ)) ①他のものにおおわれて見えなくなる。「雪に—」②世の中に知られないでいる。「—れた人材」

うやうや-し・い【恭しい】(形)(カロ・カッ(ク)・イ・イ・ケレ・○) 敬いつつしむさま。丁重であるさま。「—く一礼する」 文 うやうや・し(シク)

うやま・う【敬う】ウヤマフ (他五)(ワ(オ)・イ(ッ)・ウ・ウ・エ・エ) 相手を尊んで礼を尽くす。「師を—」 可能 うやま・える(下一)

類語 敬する・尊敬する・畏敬(いけい)する・崇敬する・敬愛する・崇拝する・尊崇する・景仰する・尊(とうと)ぶ・尊(たっと)ぶ・崇(あが)める・仰ぐ

うや-むや【有△耶無△耶】(名・形動ダ)(「有るか無いか」の意から)物事がはっきりしないままであるさま。あいまい。「話を—にする」

う-ゆう【△烏有】イウ —(「烏(いづ)くんぞ有らんや」の意)何もないこと。

—に帰(き)す (火事などで)何もかもなくなる。

うよ-うよ(副・自スル) 多くの小さな生物が集まりうごめいているさま。うじゃうじゃ。「魚が—いる」

うよ-きょくせつ【△紆余曲折】(名・自スル) ①道が曲がりくねっていること。②事情がこみいっていろいろに変化すること。複雑な経過をたどること。「事件は—を経て解決した」

う-よく【右翼】 ①右のつばさ。②隊列・座席など左右に広がっているものの右側。③保守主義・国粋主義の思想傾向。また、その団体や人。④野球で、本塁から見て外野の右側。また、そこを守る人。右翼手。ライト。(↔左翼) 語源 ③は、フランス革命後、フランス議会で、議長席から見て右側に保守主義者が席を占めたことからいう。

う-よく【羽翼】 ①鳥のつばさ。②助けとなる人。補佐。

うら【浦】(字義)→ほ(浦)

うら【浦】①海・湖の陸地に入り込んだ所。入り江。②海辺。

うら-(接頭)(形容詞に付いて)「なんとなく」の意を表す。「—寂しい」語源 古語の名詞「心(うら)」の意味から。

うら【裏】①表面の反対側。背面。裏面。「紙の—」「扉の—」↕表 ②家屋や敷地のうしろの部分。「—の畑」↕表 ③衣服の内側に付ける布。裏地。④普通と反対のこと。逆。うらはら。⑤(隠されている)内部の事情。内幕。「うまい話には—がある」⑥人目につかない場所や事柄。「—で糸を引く(=陰で操る)」「舞台—」↕表 ⑦正式でないこと。「—芸」「—作」↕表 ⑧裏付け。証拠。⑨野球で、各回のあとから攻撃する番。「九回—の攻撃」↕表 ⑩〔論〕「AならばBである」に対して「AでなければBでない」という形の命題。

—には裏(うら)がある 内部の事情が複雑で非常に込み入っている。**—の裏(うら)を行(い)く** こちらの計画を相手が予想して出し抜こうとするのを、さらにこちらが出し抜く。**—を返(かえ)す** ①初めて遊んだ遊女を再び呼んで遊ぶ。②逆の立場から物事を見る。「勝ち気だが裏を返せば努力家だ」**—をかく** 相手の計略を見抜き、予想外の行動に出て相手を出し抜く。**—を取(と)る** 証言や供述などが事実かどうか確認する。

うら-あみ【裏編み】〔服〕棒針編みの基本編みの一つ。メリヤス編みの裏と同じ編み目になる。↕表編み

うら-いた【裏板】 物の裏面に張った板。「額縁の—」

うら-うち【裏打〔ち〕】(名・他スル)①布や紙などの裏面に別の布や紙を付けて補強すること。「傷んだ書を—する」②物事を別の面から補強すること。裏づけ。「仮説を—する」

うら-うら(副)日の光が明るくのどかなさま。うららかなさま。「—とした春の一日」

うらうらと… 和歌〔うらうらと 照れる光に けぶりあひて 咲きしづもれる 山ざくら花〕〈若山牧水(わかやまぼくすい)〉うららかに照っている春の日ざし、その日ざしの中でこれもまた煙のように谷あいにそそぐ春の日ざし、その日ざしの中でこれもまた煙のように、静まりかえって満開の花を咲かせている山桜の花よ。(伊豆湯ケ島の峡谷での歌)

うら-えり【裏襟・裏△衿】 衣服の襟の裏側に付ける別布。

うら-おもて【裏表】①物の裏と表。「紙の—」②裏と表とが逆になっていること。裏返し。「セーターを—に着る」③表向きの言動と内実とが違うこと。かげひなた。「—のない人」④表面と内情。「—に通じた人」

うら-かいどう【裏街道】(カイダウ) ①正式な街道以外の通り道。間道。②(人生を道にたとえて)うしろ暗い生き方。

うら-がえ・す【裏返す】(ガヘス)(他五)(サ(ソ)・シ・ス・ス・セ・セ)①表と裏を逆にする。ひっくり返す。「封筒を—・して見る」②物の見方や立場を逆にする。「—・して言えば」自うらがえ・る(五)

うら-がえ・る【裏返る】(ガヘル)(自五)(ラ(ロ)・リ(ッ)・ル・ル・レ・レ)①表と裏が逆になる。ひっくり返る。「木の葉が—」「声が—(=不自然にかん高くなる)」②敵方につく。裏切る。他うらがえ・す(五)

うら-がき【裏書〔き〕】(名・自他スル)①文書の裏に、表に記載された事柄について証明・保証する旨を書くこと。また、その書いたもの。②〔商〕手形や小切手を他人に譲り渡すとき、所持人がその旨を裏面に書き、署名・捺印(なついん)すること。③確実であると証明すること。「事実を—する証拠」

うら-かぜ【浦風】 海辺を吹く風。「須磨(すま)の—」

うら-かた【裏方】①芝居で、舞台裏や楽屋などで仕事をする人。道具係・照明係など。↕表方 ②表立たないところで、実質的な働きをする人。③貴人の妻。特に、本願寺門主の妻。

うら-がなし・い【うら悲しい】(形)(カロ・カッ(ク)・イ・イ・ケレ・○)(「うら」は接頭語)なんとなく悲しい。「—虫の声」文うらがな・し(シク)

うら-がね【裏。曲】 曲尺(かねじゃく)の裏に付けてある目盛り。表の目盛りの$\sqrt{2}$(約一・四一四)倍。裏尺。

うら-がね【裏金】①取り引きで、有利に事を運ぶために、ひそかにやりとりする金銭。②会計帳簿に記載せず、不正にたくわえた金銭。③雪駄(せった)や靴の裏に打ちつける鉄片。

うら-がみ【裏紙】①印刷などがされた用紙の裏の、なにも書かれていない面。また、その紙。「—の再利用」②裏側にはってある紙。「テープの—をはがす」

うら-が・れる【◇末枯れる】(自下一)(レ・レ・レル・レル・レレ・レロ(レヨ))草木の葉先や枝先が枯れる。「木々が—」文うらが・る(下二)

うら-がわ【裏側】(ガハ)①物の裏のほう。ふだん目にする表とは反対の面。「歯の—」②物事の表面に現れない部分。表面からは見えない事実や事情など。「事件の—を取材する」

うら-き【◇末木】 樹木の先。こずえ。↕本木(もとき)

うら-きど【裏木戸】①裏口の木戸。②芝居小屋の裏口。

うら-きもん【裏鬼門】 鬼門の正反対の方角。南西(坤(ひつじさる))の方角。鬼門と同じく不吉とされる。⇩鬼門

うら-ぎり【裏切〔り〕】 うらぎること。味方に背くこと。

うら-ぎ・る【裏切る】(他五)(ラ(ロ)・リ(ッ)・ル・ル・レ・レ)①味方に背いて敵方につく。「仲間を—」②人の信頼や予期に反した結果をもたらす。「期待を—・らない力作」

うら-ぐち【裏口】①建物の裏にある出入り口。勝手口。↕表口 ②正規でなくこっそり行うやり方。「—入学」

うら-げい【裏芸】 専門の芸以外に身に付けている芸。隠し芸。「—を披露する」↕表芸

うら-こうさく【裏工作】 うまく事を運ぶために、前もってひそかに働きかけをしておくこと。裏面工作。

うら-ごえ【裏声】(ゴヱ) ふつうでは出ない高音域を、声帯をすぼめて発声する声。ファルセット。「—で歌う」↕地声

うら-ごし【裏△漉し】(名・他スル)円形の枠の底に細かい目の網や布を張った調理道具。また、それで食品をこすこと。

うら-さく【裏作】〔農〕おもな作物を収穫した耕地で、翌年その作物を作るまで他の作物を栽培すること。また、その作物。後作(あとさく)。「稲の—に野菜や麦を作る」↕表作

うら-ざと【浦里】 海の近くの村。漁村。

うら-さびし・い【うら寂しい】(形)(カロ・カッ(ク)・イ・イ・ケレ・○)(「うら」は接頭語)なんとなく寂しい。「—田舎町」文うらさび・し(シク)

うら-じ【裏地】(ヂ) 衣服などの裏に付ける布。

うらしま-たろう【浦島太郎】(タラウ) ①伝説上の主人公の名。助けた亀(かめ)に導かれて行った竜宮で乙姫(おとひめ)の歓待を受け三年を過ごすが、故郷に帰ると地上では三百年が過ぎており、禁を破って土産の玉手箱を開けたとたんに老人に変わったという。②(転じて)長い間留守にしたあとに戻って来た人。多く、そこがすっかり変わっていて途方に暮れている人をいう。

うら-じゃく【裏尺】→うらがね(裏曲)

うら-じょうめん【裏正面】(ジヤウメン)→むこうじょうめん

うら-じろ【裏白】①裏の白いこと。②〔植〕ウラジロ科の常緑シダ植物。暖地に群生し、葉は羽状で裏が白い。正月のしめ飾りにつける。諸向(もろむき)。山草(やまくさ)。しだ。新年

うら-せど【裏背戸】 裏の戸口。背戸。

うら-だな【裏◇店】 裏通りや路地などにある家。

うら-づけ【裏付け】 別の面から証明すること。また、その確かな証拠。「なんの—もない理論」語源 中世、割符(さいふ)(=為替(かわせ)手形)の裏に支払人が支払い期日を書いたことからいう。

うら-づ・ける【裏付ける】(他下一)(ケ・ケ・ケル・ケル・ケレ・ケロ(ケヨ))違った方面から物事の確かなことを証明する。証拠だてる。「統計資料で—」「犯行を—証言」文うらづ・く(下二)

うら-づたい【浦伝い】海辺に沿って行くこと。

うら-て【裏手】裏のほう。うしろのほう。「舞台の―」

うら-どおり【裏通り】大通りまたは表通りの裏手にある狭い通り。裏道。↕表通り

うら-どし【裏年】その果実の実りがよくない年。↕生り年

うら-とりひき【裏取引】正規でなくこっそり行う取引。

うらない【占い・△卜】人の運勢や物事の吉凶などを占うこと。また、それを職業とする人。

―し【―師】占いを職業とする人。易者。

うらな・う【占う】(他五)(ワ(オ)・イ(ッ)・ウ・ウ・エ・エ)将来の運勢・吉凶・成り行きなどを、自然や物に現れたきざしによって予測する。「稲の豊凶を―行事」「景気の動向を―」 可能 うらな・える(下一)

うら-ながや【裏長屋】裏通りや路地などに面した長屋。

うら-なみ【浦波】海辺に寄せる波。「志賀の―」

うら-なり【◦末・生り・◦末成り】①ウリ類でつるの先のほうに時期遅れの実がなること。また、その実。色や味が劣る。「―びょうたん」↕本生り ②顔色が青白くて健康そうでない人を、あざけっていう語。

ウラニウム〈uranium〉→ウラン

うら-にほん【裏日本】本州のうち、中央の山脈を境として日本海に面した地方。明治以後、近代化の進んだ太平洋側に対していった語。↕表日本 参考 現在は「日本海側」という。

うら-にわ【裏庭】敷地内で、建物の裏側にある庭。

うら-ば【◦末葉】草木の、茎や枝の先の葉。

うら-はずかし・い【うら恥ずかしい】(形)(カロ・カッ(ク)・イ・イ・ケレ・○)(「うら」は接頭語)なんとなく恥ずかしい。「―年ごろ」文 うらはづか・し(シク)

うら-ばなし【裏話】一般には知られていない隠れた事情に関する話。「外交交渉の―」

うら-はら【裏腹】(名・形動ダ)正反対なこと。また、そのさま。あべこべ。「言うこととすることが―だ」「理想とは―な現実」

うら-ばんぐみ【裏番組】ある番組に対して、同じ時間帯に放送される他の放送局の番組。

うら-びと【浦人】海辺に住み、漁業を営んでいる人。漁民。

うら-ぶ・れる(自下一)(レ・レ・レル・レル・レレ・レロ(レヨ))落ちぶれてみじめなようすになる。「―・れた姿」文 うらぶ・る(下二)

うらべのかねよし〔卜部兼好〕(一二八三?―一三五二?)鎌倉末期・南北朝時代の歌人・随筆作者。京都の神官の家に生まれ出家して兼好と称した。二条派の和歌四天王の一人。吉田兼好。兼好法師。随筆「徒然草」、家集「兼好法師家集」。

うらぼん【△盂△蘭盆】《仏》(梵語の音訳)七月十五日(または八月十五日)に祖先の霊を供養する行事。ふつう、この前後数日をいう。盆。精霊会。盂蘭盆会。秋

―え【―会】→うらぼん

うら-まち【裏町】裏通りにある町。

うらみ【恨み・◦怨み】恨むこと。また、その心。「―を買う」

―骨髄に徹す 人への恨みが骨身にしみるほど深い。**―を飲む** 恨みの心を表面に出さないで心中に秘める。**―を晴らす** 仕返しをして恨んでいた気持ちをすっきりさせる。

―がまし・い(形)(カロ・カッ(ク)・イ・イ・ケレ・○)いかにも恨めしそうなさまである。「―目つき」文 うらみがま・し(シク)

―ごと【―言】恨んで言う言葉。「―を並べる」

―っこ《俗》たがいに恨みあうこと。「―なし」

―つらみ【―◦辛み】いろいろの恨み。「―の数々」参考「つらみ」は、「うらみ」と語調を合わせて添えた語。

うらみ【◦憾み】残念に思うこと。不満に思う点。欠点。「努力不足の―がある」

うら-み【浦◦回】《古》海岸の曲折し入りくんだ所。浦曲。

うら-みち【裏道】①裏口に通じる道。②本道でない抜け道。③正しくないやり方。まともでない生活の手段。「人生の―」

うらみわび… 和歌〔恨みわび ほさぬ袖だに あるものを 恋にくちなむ 名こそ惜しけれ〕〈後拾遺集 相模〉つれない人を恨み悲しんで、流す涙で乾くひまもない袖が朽ちてしまうのでさえたえられないのに、この恋のために浮き名を立てられ、私の名が朽ちてしまうことはもっとたえられない。(小倉百人一首の一つ)

うら・む【恨む・◦怨む】(他五)(マ(モ)・ミ(ン)・ム・ム・メ・メ)自分に向けての人のやり方や態度に対して、不平・不満を抱いたり、仕返しをしたいと思ったりする。「冷淡さを―」「人に―・まれる覚えはない」可能 うら・める(下一)文 うら・む(上二・四)

うら・む【◦憾む】(他五)(マ(モ)・ミ(ン)・ム・ム・メ・メ)思いどおりにならなくて残念に思う。「あの一言が―・まれる」文 うら・む(上二・四)

―らくは 残念なことには。惜しいことには。「―仕上がり具合がもう一つだ」語源 文語動詞「うらむ」のク語法+係助詞「は」

うら-め【裏目】(さいころで振って出た目の反対側の目の意で)予想や期待と反対の結果。「強気が―に出る」

うらめし・い【恨めしい・◦怨めしい】(形)(カロ・カッ(ク)・イ・イ・ケレ・○)①恨みに思われる。「私をだました人が―」②思いどおりにならなくて残念に思われる。「降り続く雨が―」文 うらめ・し(シク)

うら-もん【裏門】屋敷・敷地の裏にある門。↕表門・正門

うら-もん【裏紋】正式の紋所の代わりに用いる紋。替え紋。↕表紋・定紋

うら-やま【裏山】①家の裏のほうにある山。②山の、日当たりの悪いほうの側面。

うら-やまし・い【羨ましい】(形)(カロ・カッ(ク)・イ・イ・ケレ・○)自分よりすぐれた人や幸せな人を見て、自分もそうありたいと思う気持ちだ。「彼女の自由な生活が―」文 うらやま・し(シク)語源「やましい」は動詞「病む」に対応する形容詞。

> **ちがい**「うらやましい」・「ねたましい」
> 自分より優った状況にある人を見ていいなあと思う気持ちに基づいて生じた心のさまを表す語である。「うらやましい」は、相手のよい状況に自分も近づきたいと思って、心が動揺しているさまをいう。「ねたましい」は、相手を少しでも悪い状況に引きずり下ろしたいと思う心のさまをいう。

うら-や・む【羨む】(他五)(マ(モ)・ミ(ン)・ム・ム・メ・メ)他人と比較して自分もそうありたいと思う。「人も―仲」語源「心病む」の意から。

うら-ら【◦麗ら】(形動ダ)(ダロ・ダッ(デ・ニ)・ダ・ナ・ナラ・○)→うららか

うららか【◦麗らか】(形動ダ)(ダロ・ダッ(デ・ニ)・ダ・ナ・ナラ・○)①太陽が明るくのどかに照っているさま。「―な春の日」春 ②気分が明るく晴れ晴れとしているさま。「―な気分」文(ナリ)

ウラルアルタイ-ごぞく【ウラルアルタイ語族】〈Ural-Altaic〉アジア北部からヨーロッパの一部にわたる語族の総称。膠着語であることを特徴とする。かつてウラル諸語(フィンランド語・ハンガリー語・エストニア語など)とアルタイ諸語(トルコ語・モンゴル語・ツングース語・満州語など)とが同系の言語であるとして用いられた名称。

うら-わ【浦◦曲】《古》→うらみ(浦回)

うら-わか・い【うら若い】(形)(カロ・カッ(ク)・イ・イ・ケレ・○)(「うら」は接頭語)いかにも若々しい。ごく若い。「―乙女」文 うらわか・し(ク)用法 おもに女性についていう。

うら-わざ【裏技】表だっては知られていない技法。「ゲーム攻略の―」

ウラン〈ドイツ Uran〉〘化〙金属元素の一つ。銀白色で放射性の強い同位体をもち、原子爆弾・核燃料の原料となる。ウラニウム。元素記号U

うらん-かな【売らん△哉】「必ず売ろう」の意。商魂がたくましいようすをいう。「―の姿勢がみえみえだ」

うり【△瓜】〘植〙ウリ科の植物の総称。また、その果実。古くは、マクワウリをさしたという。[夏]

―の蔓に茄子はならぬ 平凡な親からは非凡な子は生まれない。[参考]類似のことば―蛙の子は蛙。反対のことば―鳶が鷹を生む。 **――二つ** ウリを縦に二つに割ったように、顔つきなどがよく似ていること。「―の兄弟」

うり【売り】①売ること。「土地を―に出す」↕買い ②〘経〙相場の値下がりを予想して売ること。↕買い ③人や商品などの長所や利点。セールスポイント。「軽さが―のカメラ」

うり-あげ【売(り)上げ・売上】ある期間の、品物を売って得た金銭の総額。売上金。「―が伸びる」「―が落ちる」

うり-いえ【売(り)家】イヘ― 売りに出ている家。売り家や。

うり-いそ・ぐ【売(り)急ぐ】(他五) ガ(ゴ)・ギ(イ)・グ・グ・ゲ・ゲ 価格の下がるのを見越したり、金が急に必要になったりして売るのを急ぐ。

うり-おしみ【売(り)惜しみ】ヲシミ― (名・他スル) (値上がりなどを見越して)売るのを差し控えること。

うり-オペレーション【売りオペレーション】〘経〙金融引き締めを目的とした公開市場操作。金融市場の資金が過剰なとき、中央銀行が債券や手形を売って市中銀行の通貨を回収する操作。売りオペ。↕買いオペレーション

うり-かい【売り買い】カヒ― (名・他スル) 売ったり買ったりすること。売買。取り引き。「株の―で財をなす」

うり-かけ【売(り)掛け】代金あと払いの約束で物を売ること。掛け売り。また、その代金。売掛金。↕買い掛け

うり-かた【売(り)方】①売る方法。②売り手。《↕買い方》

うり-き【売(り)気】売ろうとする気持ち。特に相場で、売ろうとする傾向。「―に傾く」↕買い気

うり-き・る【売(り)切る】(他五) ラ(ロ)・リ(ッ)・ル・ル・レ・レ 商品を全部売ってしまう。売り尽くす。「在庫を―」[自]うりき・れる(下一)

うり-きれ【売(り)切れ】全部売れて、商品のない状態。

うり-き・れる【売(り)切れる】(自下一) レ・レ・レル・レル・レレ・レロ(レヨ) すっかり売れてなくなる。全部売れてしまう。「入場券が―」[他]うりき・る(五) [文]うりき・る(下二)

うり-ぐい【売(り)食い】グヒ― (名・自スル) 所有している家財などを少しずつ売って、その代金で生活すること。「―生活」

うり-くち【売(り)口】商品を売る相手。販路。

うり-こ【売(り)子】商品を売ることを仕事とする人。販売員。店員。「デパートの―」

うり-ごえ【売(り)声】ゴヱ― 行商人などが品物を売るために、周囲へ呼び掛ける声。

うり-ことば【売(り)言葉】相手を怒らせ、けんかのきっかけとなるような言葉。↕買い言葉

―に買い言葉 相手の暴言に対して、同じ調子の暴言で返すこと。「―でけんかになる」

うり-こ・む【売(り)込む】(他五) マ(モ)・ミ(ン)・ム・ム・メ・メ ①うまく勧めて品物を買わせる。「新製品を―」②広く知られるように積極的に働きかける。「名前を―」③利益を見込んで情報を提供する。「特ダネを―」④評判をとる。「味で―・んだ店」

うりざね-がお【△瓜◇実顔・△瓜◇核顔】ガホ― (ウリの種に似て)色白・中高で、面長な顔。美人の形容とされる。

うり-さば・く【売(り)△捌く】(他五) カ(コ)・キ(イ)・ク・ク・ケ・ケ 商品をうまく売りこなす。広く販売する。「輸入品を―」「大量に―」

うり-だか【売(り)高】売った商品の数量。また、売り上げの金額。売上高。

うり-だし【売(り)出し】①売り始めること。「新製品の―」②ある期間、特に宣伝したり値を引いたりして売ること。「歳末大―」③評判の高まりつつあること。「今―中の歌手」

うり-だ・す【売(り)出す】サ(ソ)・シ・ス・ス・セ・セ [一](他五) ①売り始める。「年賀はがきを―」②大いに売る。「安くして―」[二](自五) 名前や存在を広く知らせるようにする。「新進作家として―」

うり-たた・く【売(り)△叩く】(他五) カ(コ)・キ(イ)・ク・ク・ケ・ケ 〘経〙相場を下落させるために安値で売る。「株を―」

うり-たて【売(り)立て】所蔵品やまとまった量の商品などを一度に売り払うこと。「美術品の―がある」

うり-だめ【売(り)△溜め】(名・他スル) 売上金をためておくこと。また、その金。

うり-つ・ける【売(り)付ける】(他下一) ケ・ケ・ケル・ケル・ケレ・ケロ(ケヨ) むりに押しつけて買わせる。「高値で―」[文]うりつ・く(下二)

うり-つなぎ【売(り)△繋ぎ】〘経〙持ち株の値下がりが予想されるとき、信用取引を利用して現物株を保有したままカラ売りすること。

うり-て【売(り)手】物を売るほうの人。売り主。↕買い手

――しじょう【―市場】ヂヤウシ 〘商・経〙需要が供給より多いため、買い手より売り手が有利な市場。↕買い手市場

うり-とば・す【売(り)飛ばす】(他五) サ(ソ)・シ・ス・ス・セ・セ 惜しげもなく売り払う。「宝石を二束三文で―」

うり-どめ【売(り)止め】売ることを一時やめること。

うり-にげ【売(り)逃げ】→うりぬけ

うり-ぬけ【売(り)抜け】〘経〙株式や商品の取り引きで、相場が値下がりする前に売ってしまうこと。売り逃げ。

うり-ぬし【売(り)主】品物を売る人。売り手。↕買い主

うり-ね【売(り)値】品物を売り渡す値段。売価。↕買い値

うり-ば【売(り)場】①商品を売る場所。「紳士靴―」②売るのにちょうどよい時期。売り時。「一両日が―だ」

うり-はら・う【売(り)払う】ハラフ― (他五) ワ(オ)・イ(ッ)・ウ・ウ・エ・エ 全部売ってしまう。「美術品を―」

うり-ぼう【△瓜坊】バウ― (体の形と背の縦縞がマクワウリに似ていることから)イノシシの子の俗称。うりんぼう。[秋]

うり-もの【売(り)物】①売るための品物。商品。「傷をつけたら―にならない」②人や店などが一番の自慢とするもの。「勝負強さが―の選手」

うり-もみ【△瓜△揉み】薄く刻んで塩もみしたシロウリやキュウリに、三杯酢をかけた食べ物。[夏]

うり-もんく【売り文句】商品や企画を売り込むために、その特色や長所を効果的に表現した言葉。

うり-や【売(り)家】売りに出ている家。売り家いえ。

う-りょう【雨量】リヤウ― 雨の降った分量。⇩降水量

――けい【―計】降水量をはかる器械。

〔雨量計〕

うり-わた・す【売(り)渡す】(他五) サ(ソ)・シ・ス・ス・セ・セ ①品物を売って相手に渡す。「家屋敷を―」②仲間や味方を裏切って敵方に渡す。「同志を敵側に―」

うる【△粳】米・アワ・キビなどで、炊いたときにねばりけの少ない品種。うるち。↕糯もち

う・る【売る】(他五) ラ(ロ)・リ(ッ)・ル・ル・レ・レ ①代金と引きかえに品物や所有の権利を渡す。「商品を―」↕買う ②名前や存在を広く知られるようにする。「顔を―」③自分の利益のために味方を裏切

る。「国を―」④押しつける。また、仕掛ける。「恩を―」「けんかを―」可能う・れる(下一)

うる【得る】(他下二)「える(得る)」の文語的な言い方。本来の終止形は「う」。⇩得る

うるう【△閏】ウルフ 暦で、平年より日数・月数の多いこと。暦と天体の運行のずれを調整するもの。太陽暦では四年に一度、二月を二九日とし、太陰暦では一九年に七度などの割合で、ある月を二度繰り返し、一年を一三か月とする。

―どし【―年】うるう日・うるう月をおく年。現行暦では西暦年数が四で割り切れる年。ただし、一〇〇で割り切れて四〇〇で割り切れない年は平年。閏年。↕平年

―びょう【―秒】ベウ 原子時計による時刻と地球の自転に準拠した世界時との誤差を調整するために加えたり削ったりする秒。はじまり 一回目の調整は、一九七二(昭和四十七)年六月三十日(日本時間では七月一日)に実施。

うる-うる(副・自スル)《俗》目が涙でうるんでいるさま。「感動で―(と)する」

うるおい【潤い】ウルホヒ ①適度な湿りけ。「のどに―を与える」②もうけ。利潤。生計などの足し。③精神生活のゆとり。情趣。情味。「―のある生活」

うるお・う【潤う】ウルホフ(自五) ①適度に湿りけを帯びる。「雨で草木が―」②利益や恵みを受ける。豊かになる。ゆとりができる。「生活が―」「懐が―」他うるお・す(五)

うるお・す【潤す】ウルホス(他五) ①適度に湿りけを与える。「のどを―」②利益や恵みを与える。豊かにする。「町を―」自うるお・う(五) 可能うるお・せる(下一)

うるか【×鱁鮧・×潤香】アユのはらわたや卵を塩漬けにした食品。秋

ウルグアイ〈Uruguay〉南アメリカ大西洋岸にある共和国。正式名称はウルグアイ東方共和国。首都はモンテビデオ。

うる-ごめ【△粳米】→うるち

うるさ・い【×五月蠅い・◇煩い】(形) ①音や声が不快になるほど大きい。やかましい。「機械の音が―」②しつこくまとわりついていとわしい。「髪の毛が―」③煩わしい。めんどうである。「―手続き」④小さなことにまで口を出してきて不快だ。口やかましい。「礼儀に―」⑤その方面に詳しくてあれこれ言いたがり、やっかいである。「料理に―男」文うるさ・し(ク)

類語 姦しい・かまびすしい・けたたましい・騒がしい・もの騒がしい・騒々しい・やかましい・口やかましい

うるさ-がた【◇煩さ型】何事についても口出しをし、よく文句を言いたがる性質。また、その人。「町内の―」

うるし【漆】①〘植〙ウルシ科の落葉高木。中国原産。雌雄異株。秋に紅葉する。さわるとかぶれることがある。(漆の花 夏)②①の樹液から作った塗料。

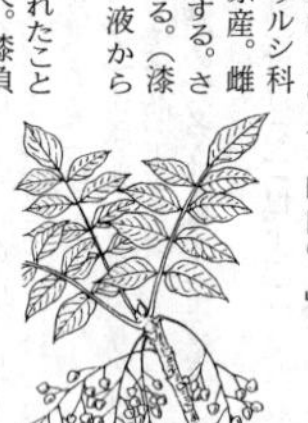

〔うるし①〕

―かぶれ 漆に触れたことが原因で起こる皮膚炎。漆負け。

―ぬり【―塗り】漆を器物に塗ること。また、その器物。

―まけ【―負け】(名・自スル)→うるしかぶれ

うるち【△粳】粘りけの少ないふつうの米。粳米。秋 ↕糯米

ウルトラ-〈ultra〉(接頭)「極端な…」「超…」の意を表す。

ウルトラ-シー【ウルトラC】〈和製英語〉①かつての体操競技で、最高難度Cを超える高度な技。②(転じて)超人的な離れ技。はじまり 一九六四(昭和三十九)年の東京オリンピックに関する報道で、当時の最高難度Cを超える技に対して使われたのが最初。

うる・む【潤む】(自五) ①水気を帯びてくもったようになる。涙がにじむ。「目を―・ませる」②涙声になる。「声が―」

うるめ-いわし【潤目△鰯】〘動〙イワシの一種。干物用。冬

うるわし・い【麗しい】ウルハシイ(形) ①整っていて美しい。「見目―」②晴れ晴れとして快い。「ごきげん―」③心があたたまる。愛すべきである。「―光景」文うるは・し(シク)

うれ【◇末】《古》木の幹や草の茎の末端。「木の―」

うれ-あし【売れ足】商品の売れぐあい。「―が速い」

うれい【憂い・愁い】ウレヒ ①心配。不安。「後顧の―を残す」②悲しみで心が晴れないこと。憂愁。「―を帯びた顔」語源「うれえ」の転。参考 ふつう①は「憂い」、②は「愁い」と書く。

うれえ【憂え・愁え】ウレヘ →うれい

うれ・える【憂える・愁える】ウレヘル(他下一) 悪い結果になりはしないかと心配する。よくない状態を嘆き悲しむ。「人類の前途を―」「友の死を―」文うれ・ふ(下二)

うれ-くち【売れ口】品物の売れてゆく先。販路。さばけ口。

うれし・い【△嬉しい】(形) 望ましい状態になり、楽しく喜ばしい。「―知らせ」↕悲しい 文うれ・し(シク)

「―が見つかる」用法 俗に結婚相手や就職先の意にも使う。

うれし-がらせ【△嬉しがらせ】相手をうれしく思わせるような態度や言葉。「―を言う」

うれし-なき【△嬉し泣き】(名・自スル) うれしさのあまり泣くこと。「無事の報に―する」

うれし-なみだ【△嬉し涙】うれしさのあまり流す涙。「―にくれる」

うれ-すじ【売れ筋】スヂ 商品の中でよく売れる分野や系統。売れ行きのよい商品。売れ線。「―の品」

うれ-せん【売れ線】→うれすじ

うれ-だか【売れ高】売れた商品の数量。また、その金額。

うれ-だ・す【売れ出す】(自五) ①品物が売れ始める。②名声や評判が高まり始める。「賞を受けて―・した作家」

ウレタン〈ドイツ Urethan〉〘化〙合成樹脂の一種。弾力性に富み、塗料など用途は広い。ポリウレタン。ウレタン樹脂。

うれっ-こ【売れっ子】人気があり、もてはやされている人。「―歌手」参考 もと、芸者や娼妓にいった。

うれ-のこり【売れ残り】①売れないで残った品物。「―の品」②《俗》婚期におくれて独身でいる人。

うれ-のこ・る【売れ残る】(自五) ①品物が売れないであとに残る。②《俗》婚期におくれて独身でいる。

うれ・ふ【憂ふ・愁ふ】(他下二)《古》①嘆き訴える。嘆願する。②嘆き悲しむ。心配する。

うれ-ゆき【売〔れ〕行き】品物が売れていくこと。また、そのぐあい。さばけ方。「―不振」「―がいい」

う・れる【売れる】(自下一) ①売ることができる。「高く―」②品物の買い手が付く。「女性に―商品」③名前や存在がよく知られる。有名になる。「顔が―」④人気があってもてはやされる。「今一番―・れているタレント」文う・る(下二)

表現〈擬声・擬態語〉どんどん・じゃんじゃん・ばかすか〈慣用表現〉とぶように・羽が生えたように

う・れる【熟れる】(自下一) 果実が十分に実る。実が入る。熟す。「柿が―」文う・る(下二)

類語 成熟する・黄熟する・豊熟する・完熟する・爛熟する・熟す・熟む

うれわし・い【憂わしい】ウレハシイ(形) 嘆かわしい。

心配である。憂えるべきさまである。文うれは・し(シク)

うろ【◇空・◇虚・◇洞】中がからになっている所。うつろ。空洞。

う-ろ【有◇漏】〘仏〙(「漏」は煩悩(ぼんのう)・迷いの意)煩悩をもっていること。また、その人。俗人。↔無漏(むろ)

う-ろ【△迂路】遠回りの道。回り道。「—をたどる」

う-ろ【雨露】①雨と露。「—をしのぐ」②大きな恵み。

—の恩(おん) 万物をうるおす雨と露のような大きな恵み。

う-ろ【△烏△鷺】①カラスとサギ。②黒と白。③(カラスとサギを黒石・白石に見立てて)囲碁の異名。「—の争い(=囲碁)」

うろ-うろ(副・自スル) あてもなく、またはどうしたらよいかわからず、その辺りを歩き回るさま。「—(と)歩き回る」

うろ-おぼえ【うろ覚え】あやふやな記憶。「—の歌」

うろくづ【△鱗】(うろくず)〘古〙①うろこ。②魚。魚類。

うろこ【△鱗】魚類や爬虫類(はちゅうるい)などの体をおおって保護する薄い角質片。こけら。「魚の—を落とす」

—ぐも【—雲】「巻積雲(けんせきうん)」の異称。鰯雲(いわしぐも)。秋 語源 うろこ形に連なるところからこの名がある。

うろた・える【×狼狽える】(ウロタヘル)(自下一) エ・エ・エル・エル・エレ・エロ(エヨ) どうしてよいかわからず、あわてふためく。まごつく。「不意をつかれて—」文うろた・ふ(下二)

うろ-ちょろ(副・自スル) あちこちを落ちつきなく動き回るさま。「子供が—(と)して危ない」

うろ-つ・く(自五) カ(コ)・キ(イ)・ク・ク・ケ・ケ どこに行くともなくその辺を歩き回る。「街を—」「近所を—怪しい男」

うろ-ぬ・く【◇疎抜く】(他五) カ(コ)・キ(イ)・ク・ク・ケ・ケ たくさんあるものの一部を間をおいて抜きとる。間引く。おろぬく。「大根を—」

う-ろん【△胡◇乱】(名・形動ダ) 怪しいこと。うさんくさいさま。「—な男」「—な噂(うわさ)が流れる」参考「うろん」は唐音。

うわ-【上】(ウハ)(接頭) ①位置が上方・表面である意を表す。「—唇」「—包み」②価値・程度が高い意を表す。「—役」③屋内で使うものである意を表す。「—ばき」④表面的である意を表す。「—っ調子」⑤さらに付け加える意を表す。「—乗せ」

うわ-あご【上顎】(ウハ) 上のほうのあご。上顎(じょうがく)。↔下顎(したあご)

うわ-え【上絵】(ウハヱ) ①布を白く染め抜いた所に、ほかの色で描いた紋や模様。②うわぐすりをかけて焼いた陶磁器の上に描く絵や模様。

うわ-えり【上襟・上◇領】(ウハ) 襟の上に掛ける襟。掛け襟。

うわ-おおい【上覆い】(ウハオホヒ) ①物の上をおおう布・むしろ・紙など。カバー。②上っ張り。

うわ-おき【上置き】(ウハ) ①たんす・机などの上に置く小型の箱や戸棚。②餅(もち)・飯などの上にのせる副食物。③体裁をつくろうために、上位に据えおく著名人。旅芝居の立役者など。

うわ-がき【上書き】(ウハ)(名・他スル) ①手紙・書物・箱などの表面に宛名などの文字を書くこと。また、その文字。表書き。②〘情報〙もとのデータの上に新しいデータを書き込み、置きかえること。「—保存」

うわ-がけ【上掛け】(ウハ) ①上に着るもの。上っ張り。②炬燵布団(こたつぶとん)の上に掛ける布。③いちばん上に掛ける布団。掛け布団。

うわ-がみ【上紙】(ウハ) ①物の表面を包む紙。②表紙。カバー。

うわ-かわ【上皮】(ウハカハ) ①表面の皮。②物を包んでいるおおい。

うわ-がわ【上側】(ウハガハ) ①上のほうになっている側。表面。うわっかわ。②上辺(うわべ)。

うわ-き【浮気】(ウハ)(名・自スル・形動ダ) ①他の物事に心が移りやすいこと。移り気。「—な性分」②次々と他の人に心を引かれやすいこと。多情。③配偶者など特定の相手以外の人と情を通じること。「夫の—」参考 常用漢字表付表の語。

うわ-ぎ【上着】(ウハ) ①一番外側に着る衣服。↔下着 ②上下別々の衣服で、上半身に着る服。「スーツの—を脱ぐ」参考①は「◇表着」とも書く。

うわ-ぐすり【上薬・△釉薬・△釉】(ウハ) 素焼きの陶磁器の表面にかけて焼き、つやを出すガラス質の物質。釉薬(ゆうやく)。つや薬。

うわ-くちびる【上唇】(ウハ) 上のほうのくちびる。↔下唇

うわ-ぐつ【上靴】(ウハ) 屋内ではく靴。うわばき。

うわ-ごと【△譫言・△囈◇語】(ウハ) 高熱などで正気を失ったとき無意識に口走る言葉。「—を繰り返す」

うわさ【△噂】(ウハサ) ①世間で言いふらされている確かでない話。「—が立つ」②その場にいない人についてあれこれと話すこと。また、その話。「友人の—をする」

類語 風評・風説・風聞・評判・世評・下馬評・好評・悪評・不評・沙汰(さた)・取り沙汰・風の便り・流言(りゅうげん・るげん)・流説(りゅうせつ・るせつ)

—をすれば影(かげ)がさす ある人のうわさをしていると、そこへ当人が思いがけなくやって来るものだ。うわさをすれば影。

うわ-ざや【上△鞘】(ウハ)〘経〙①ある銘柄の相場が、同一業種の他の銘柄の相場より高いこと。②ある地域の、ある銘柄の相場が、他の取引所の相場より高いこと。

うわ-しき【上敷(き)】(ウハ) 物の上に敷くもの。特に、床(ゆか)や畳の上に敷くもの。薄縁(うすべり)などの類。うわじき。

うわ-すべり【上滑り】(ウハ) 一(名・自スル) 表面がすべること。「—する紙質」二(名・形動ダ) うわべだけしか理解しないで本質にいたらないこと。また、そのさま。「—の批評」

うわ-ずみ【上澄み】(ウハ) 液体中の混合物が沈んで、液体の上層にできる澄んだ部分。「—液」

うわ-ず・る【上擦る】(ウハ)(自五) ラ(ロ)・リ(ッ)・ル・ル・レ・レ ①考えや行動が浮ついた調子になる。「—・った気分」②落ち着きを失い声の調子がかん高くなる。「動揺して声が—」

うわ-ぜい【上背】(ウハ) 背たけ。身長。「—がある(=背が高い)」

うわ-ぞうり【上草履】(ウハザウリ) 屋内ではくぞうり。

うわ-ちょうし【上調子】(ウハテウシ) 一(名・形動ダ) 言動に落ち着きのないこと。慎重さがなく、軽々しいさま。うわっちょうし。「—な議論」二(名) →うわぢょうし

うわ-ぢょうし【上調子】(ウハデウシ)〘音〙三味線(しゃみせん)の高低合奏で、本調子に対して、高音で奏する三味線。また、その弾き手。うわちょうし。

うわ-つ・く【浮つく・上付く】(ウハ)(自五) カ(コ)・キ(イ)・ク・ク・ケ・ケ 心がふわふわして、落ち着きや慎重さがなくなる。「—・いた態度」参考「浮つく」は、常用漢字表付表の語。

うわっ-ちょうし【上っ調子】(ウハッテウシ)(名・形動ダ) →うわちょうし一

うわ-づつみ【上包み】(ウハ) 物の表面を包むもの。包装。

うわっ-つら【上っ面】(ウハッ) ①物の表面。上面(うわつら)。②本質には遠い、物事の外面。うわべ。みせかけ。「—だけを見る」

うわっ-ぱり【上っ張り】(ウハッ) 汚れを防ぐために、また仕事がしやすいように、衣服の上に着るもの。

うわ-づみ【上積み】(ウハ)(名・他スル) ①積み荷の上にさらに荷を積むこと。また、その荷。上荷(うわに)。↔下積み ②金額や数量などをさらに加算すること。「予算の—額」

うわ-て【上手】(ウハ) ①上部。上のほう。また、風上(かざかみ)や川上。↔下手(したて・しもて) ②他よりすぐれていること。また、その人。「彼のほうが一枚—だ」↔下手(したて) ③相手に対して高圧的な態度をとること。「—に出る」↔下手(したて) ④相撲で、相手の腕の外側からまわしをつかむこと。また、その手。「—を取る」↔下手(したて)

—なげ【—投げ】①相撲で、「上手④」から相手のまわしをつかんで投げ倒す技。②→オーバースロー《↔下手(した)投げ》

うわ-なり【×後妻】先妻のあとにめとった妻。後妻。

うわ-に【上荷】①車・馬・船に積む荷物。②→うわづみ①

うわ-ぬり【上塗り】(名・他スル) ①壁や漆器などの仕上げ塗り。「壁の―をする」↔下塗り・粗塗り ②あることの上にさらに同じようなことを重ねること。「恥の―」

うわ-ね【上値】〘経〙今までの相場よりも高い値段。高値。「―を張る」↔下値

うわ-のせ【上乗せ】(名・他スル) すでに示されている金額や数量などにさらに付け加えること。「二〇〇〇円の―があった」

うわ-の-そら【上の空】他のことに心が奪われて、その事に注意が向かないこと。放心。「講義を―で聞いている」

うわ-のり【上乗り】(名・自スル) 船や車で荷物を運ぶとき、積み荷とともに乗ってその管理をすること。また、その人。

うわ-ば【上葉】草木の枝や幹の上のほうの葉。↔下葉

うわ-ば【上歯】上の歯茎に生えている歯。↔下歯

うわ-ばき【上履〔き〕】屋内で使う履物。↔下履き

うわ-ばみ【×蟒蛇・△蟒】①大きなヘビの俗称。大蛇。おろち。②(大蛇はよく物を飲み込むことから)大酒飲みのこと。

うわ-ばり【上張り・上貼り】ふすまや壁などの仕上げに紙や布をはること。また、その紙や布。↔下張り

うわ-べ【上辺】表面。外観。みかけ。「―を飾る」

うわ-まえ【上前】①人に渡すべき代金や品物の一部。「―をはねる(=代金や品物の一部をかすめ取る)」②着物の前を合わせたとき表に出る部分。↔下前 語源 ①は「上米(=仲介者が取る手数料)」の転。

うわ-まわ・る【上回る】(自五) 数量や程度がある基準を超える。「予想を―利益」↔下回る

うわ-むき【上向き】①上を向いていること。「―に置く」↔下向き ②うわべ。外見。③調子や勢いのよくなること。「体調が―になる」↔下向き ④相場や物価が上がる傾向にあること。↔下向き

うわ-む・く【上向く】(自五) ①上を向く。②物事の調子や勢いがよくなる。「成績が―」③相場や物価が上がり始める。「株価が―」

うわ-め【上目】①顔はそのままにして目だけを上のほうに向けること。また、その目つき。「―をつかう」↔下目 ②数量が超過していること。③上包みや容器ごと重さを量ること。

―づかい【―遣い】顔をやや下に向け、目だけを上に向けて見ること。「―に人を見る」

うわ-もの【上物】(不動産売買などで)土地の上にある建物・立木などをいう。「―有り」

うわ-や【上屋・上家】①駅や波止場などで旅客や貨物の雨よけに設けた、柱と屋根だけの簡単な建物。②建築中の建物の上に設けた仮の屋根。③港や税関で貨物を一時格納する倉庫。

うわ-やく【上役】職場での地位が自分より上の人。上司。↔下役

うわ・る【植わる】(自五) 植えられる。植えてある。「桜の木が―・った堤」他う・える(下一)

う-わん【右腕】右のうで。特に野球で、右手投げの投手。↔左腕

うん【云】(字義) いう。㋐しかじか。かくかく。言葉を省略するときに用いる。「云云・云爾」㋑…というわけだ。文末にあって上の文を結ぶ語。「云爾」

うん【運】教3 ウン はこぶ
(字義) ①はこぶ。移す。「運送・運賃・運搬・海運・陸運」②めぐる。まわす。「運行・運転」③用いる。はたらかす。「運営・運用」④動く。動かす。「運航・運動」⑤めぐりあわせ。さだめ。「運勢・運命・幸運・天運・不運・命運」難読 運否天賦 人名 かず・みち・もろ・やす・ゆき

うん【運】人の力ではどうにもならないめぐりあわせ。なりゆき。「―がよい」「―が向く」「―を天に任せる」

―の尽つき 運がよくてこれまでなんとか逃れて来たのが、どうしても逃れられなくなった状態。命運が尽きた状態。

うん【雲】教2 ウン くも
(字義) ①くも。「雲海・巻雲・層雲・白雲」②くものような状態。㋐多いさま。「雲集」㋑高いさま。「雲車」㋒ただよう。とどまらない。「雲水・行雲流水」㋓あとかたもないさま。「雲散霧消」③「出雲の国」の略。「雲州」難読 雲丹・雲母・雲雀・雲脂・雲呑

うん(感) 肯定・承諾などを表す返事の言葉。「はい」よりもぞんざいな表現。「―、いいよ」

うん-い【△云為】言うこととすること。言行。

うん-えい【運営】(名・他スル) 組織・機構などを動かして機能させること。「会の―」「会社を―する」

うん-えん【雲煙・雲△烟】①雲と煙。雲とかすみ。②あざやかな墨跡。みごとな山水画やりっぱな書。

―かがん【―過眼】眼前を過ぎる雲煙を見るときのように、物事を深く心にとどめないこと。物事に執着しないこと。

うん-おう【△蘊奥】→うんのう

うん-か【雲△霞】雲とかすみ。転じて、人が非常に多く集まっているようすのたとえ。「―のごとく押し寄せる」

うんか【×浮塵子】〘動〙ウンカ科の昆虫の総称。形はセミに似る。体長は五ミリメートル前後のものが多い。時に大群をなして飛ぶ。稲などの害虫。秋

〔浮塵子〕

うん-が【運河】水上交通・灌漑・排水などの目的でつくった人工水路。参考 ふつうは船舶航行用の水路をさす。

うん-かい【雲海】飛行機や山の上などの高所から見おろしたとき、海のように一面に広がって見える雲。雲の海。夏

うん-き【◇温気】①あたたかさ。熱気。②むし暑いこと。

うん-き【運気】①自然現象に人の運命をあてて判断すること。「―を見る」②運。運勢。「―がよい」「―は根気」

うん-き【雲気】雲や霧の動くようす。「―ただならず」参考 昔、天文家や兵法家が天候や吉凶を判断する材料とした。

うん-きゅう【運休】(名・自スル) 交通機関が運転・運航を休むこと。「事故で電車が―する」

うん-きゅう【雲級】〘気〙雲を形状や高さによって分類したもの。巻雲・巻積雲・巻層雲・高積雲・高層雲・乱層雲・層積雲・層雲・積雲・積乱雲の一〇種に分ける。十種雲形。

うんけい〔運慶〕(?～一二二三) 鎌倉初期の仏像彫刻家。写実的な新様式の彫刻を創出した。代表作に東大寺南大門の仁王像(快慶と合作)、興福寺北円堂の諸仏など。

うん-げん【△繧△繝・△暈△繝】①同系統の色の濃淡を段階的に染め出して立体感を出す彩色法。②(「繧繝錦」の略)赤・紫など種々の色を用いて縦すじに織り、その間に花形・菱形などの模様を織り出した錦。「―縁」

うんこ「大便」の幼児語。うんち。

うん-こう【運行】(名・自スル) 一定の道筋を進行・運転していくこと。「列車の―」用法 天体・交通機関に用いる。

うん-こう【運航】 カウ (名・自スル) 船や航空機がきめられた航路を進むこと。「瀬戸内海を—する船」

うん-こん-どん【運根鈍】 成功するための三つの秘訣(ひけつ)。幸運と根気と愚直。運鈍根。

うん-ざ【運座】 集まった人が同じ題、または各人それぞれの題で俳句を詠み、すぐれた句を互選する会。「—に出る」

うんさい-おり【雲斎織】 地を粗く目を斜めに織った厚い綿布。足袋の底などに用いる。参考 美作(みまさか)の人、雲斎が始めたという。

うんざり (副・形動ダ・自スル) 同じことが続いて、飽きていやになるさま。「—(と)した表情」「もう見るのも—だ」

うん-さん【雲散】 (名・自スル) 雲が風で散るように、ちりぢりになったり消え去ったりすること。↔雲集

—むしょう【—霧消】 ムセウ (名・自スル) 雲が散り霧が消えるように、跡形もなく消えてしまうこと。雲消霧散。

うん-ざん【運算】 (名・他スル)《数》一定の法則に従って計算し、答えを出すこと。演算。

うん-し【運指】《音》楽器を演奏するときの指の運び方。「—法」

うん-しゅう【雲集】 シフ (名・自スル) 雲のように群がり集まること。「—霧散(=多くのものが集まり散ること)」↔雲散

うんしゅう-みかん【◇温州◇蜜△柑】 ウンシウ 《植》日本で、最も代表的なミカンの品種。大きくて外皮が薄く、種子はなく酸味が少ない。

うん-じょう【運上】 ジヤウ 江戸時代、各種の業者に一定の率で課した雑税。運上金。

うん-じょう【雲上】 ジヤウ ①雲の上。②宮中。禁中。

—びと【—人】 →てんじょうびと

うん-じょう【△醞△醸】 ヂヤウ (名・自他スル) ①酒を造ること。醸造。②心の中に、しだいにある感情が形づくられること。

うん-しん【運針】 裁縫で、針の運び方。縫い方。「—縫い(=ぐし縫い)」

うん-ず【△倦ず】 (自他サ変)《古》うんざりする。いやになる。

うん-すい【雲水】 ①雲と水。②修行のため諸国をめぐる僧。行脚僧(あんぎゃそう)。おもに禅僧をいう。

うん-せい【運勢】 その人がもっている将来の運。「—を占う」

うん-そう【運送】 (名・他スル) 荷物を、依頼された目的地まで運び送ること。「—業」「—費」「資材を—する」

うん-そう【運△漕】 サウ (名・他スル) 船で荷物を運ぶこと。

うん-だめし【運試し】 運のよしあしを試すこと。「—に宝くじを買う」

うんち →うんこ

うん-ちく【△蘊蓄】 (「蘊」は積む、「蓄」はたくわえる意) 長年積み蓄えた、学問や技芸の深い知識。「—を傾ける(=自分の知識のかぎりを発揮する)」

うん-ちん【運賃】 人や貨物を運ぶときの料金。「—表」

うん-てい【雲△梯】 (もと、城攻めに用いた長いはしごの意) 運動遊具の一つ。水平、または太鼓橋形に架けた、はしご状の鉄棒。ぶら下がって渡る。

うん-でい【雲泥】 天にある雲と地にある泥。転じて、物事の隔たりがはなはだしいことのたとえ。「—の開きがある」

—の差(さ) (天と地ほどの) 非常に大きな差。〈白楽天・傷友〉

うん-てん【運転】 (名・自他スル) ①機械や乗り物を動かすこと。また、動くこと。「車を—する」②資金などをやりくりして活用すること。「資金をうまく—する」

—し【—士】 電車・自動車などの運転を仕事とする人。

—しきん【—資金】《経》原材料の購入、人件費の支払いなど、企業が経営を続けていくために必要な短期的・流動的な資金。回転資金。↔設備資金

—しゅ【—手】 電車・自動車などを運転する人。

うん-と (副)《俗》程度・分量・数などがはなはだしく多いさま。たくさん。「—重い石」「金が—ある」「—甘やかす」

うん-どう【運動】 (名・自スル) ①《物》物体あるいは一定の点が時間とともに空間的位置を変えること。「—する物体」②体を鍛え、健康を保つために体を動かすこと。スポーツ。「—不足」③ある目的のために力を尽くすこと。「選挙—」

—いん【—員】 ヰン ある目的を達成するために奔走する人。特に、選挙の際に候補者のために選挙運動をする人。

—か【—家】 ①運動競技の選手。また、運動の愛好者。スポーツマン。②政治運動・市民運動などの社会活動に積極的にかかわっている人。活動家。

—かい【—会】 クワイ 多くの人が集まって各種の運動競技や遊戯をする会。秋 はじまり 日本では、一八七四(明治七)年、東京築地(つきじ)の海軍兵学寮で行われた「競闘遊戯会(athletic sport の訳語)」が最初。

—じょう【—場】 ヂヤウ 運動や遊戯などをするための広場。

—しんけい【—神経】 ①《生》脳などの中枢から筋肉や内臓などに刺激を伝え、運動を起こさせる神経。↔知覚神経 ②運動を巧みにこなす能力。「—がよい人」

—ひ【—費】 ある目的を達成するための活動に要する費用。

うんとも-すんとも (副) 働きかけに対し、一言の反応もないさま。ひとことも。「—言わない」用法 あとに否定表現を伴う。

うん-どん-こん【運鈍根】 →うんこんどん

うん-ぬん【△云△云】 ウン (「うんうん」の連声(れんじょう)) ㊀(名) あとの文句を省くときに使う語。しかじか。「経過—については後述します」㊁(名・他スル) とやかく言うこと。「結果を—する」

うん-のう【△蘊奥】 アウ (「うんおう」の連声(れんじょう)) 学問・技芸などの奥深いところ。奥義(おうぎ)。「武芸の—をきわめる」

うん-ぱん【運搬】 (名・他スル) 荷物などを運ぶこと。「建築資材を—する」

うん-ぴつ【運筆】 筆の運び。筆づかい。

うん-ぴょう【雲表】 ベウ 雲の上。雲の外。

うんぷ-てんぷ【運◇否天賦】 (人の運・不運は天の力によって決まるの意で) 運を天にまかせること。「あとは—だ」

うん-ぽ【雲母】 →うんも

うん-まかせ【運任せ】 事の成り行きを運にまかせること。

うん-む【雲霧】 ①雲と霧。「—にとざされる」②もやもやしてはっきりしないことのたとえ。「心中の—を払う」

うん-めい【運命】 ①人の意志ではどうにもならない、幸・不幸の巡り合わせ。宿命。「何事も—とあきらめる」「—的な出会い」②将来の成り行き。「—をかける」

—きょうどうたい【—共同体】 どんな運命もともにすることを誓い合った人々。また、運命をともにする人々が所属する集団や組織。

—ろん【—論】《哲》自然界・人間界のできごとはすべてあらかじめ決定されていて、人の意志や努力でこれを変えることはできないという考え方。宿命論。宿命観。「—者」

うん-も【雲◇母】《地質》珪酸塩(けいさんえん)鉱物。多く花崗(かこう)岩中に含まれる六角板状の結晶で、薄くはがれ、光沢をもつ。熱・電気の絶縁体に利用する。雲母(うんぼ)・きら。

うん-ゆ【運輸】 旅客や貨物を運び送ること。おもに、鉄道・自動車・船舶・航空機によって行う。

—しょう【—省】 シヤウ 運輸関係の事務を扱った中央行政官庁。二〇〇一(平成十三)年「国土交通省」に移行。

うん-よう【運用】(名・他スル) そのものの機能をうまく使って用いること。「法律の―」「資金を―する」

うんりゅう-がた【雲竜型】 横綱土俵入りの型の一つ。四股(しこ)のあとのせり上がりで左手を脇につけ右手を横に伸ばす。↔不知火(しらぬい)型

うん-りょう【雲量】リャウ 〔気〕天空をおおう雲の割合。雲がまったくない〇から全天をおおう一〇まで、一一段階で示す。

え ェ

母音の一つ。五十音図「あ行」と「や行」の第四音。「え」は「衣」の草体。「エ」は「江」の旁(つくり)。

え【会】ヱ (字義)→かい(会)

え【回】ヱ (字義)→かい(回)

え【依】(字義)→い(依)

え【恵】ヱ (字義)→けい(恵)

え【彗】ヱ (字義)→すい(彗)

え【絵】ヱ (字義)→かい(絵)

え【絵・°画】ヱ ①物の形・姿・印象などを、点・線や色で面の上に直接描き表したもの。絵画。②テレビや映画の画像。

―に描(か)いた餅(もち) (食べられないことから)実際の役に立たないもののたとえ。画餅(がべい)。**―に描(か)いたよう** ①絵のように美しくみごとなさま。「―な風景」②典型的なさま。「生真面目を―な人」**―になる** ①それを描くとみごとな絵になりそうだ。②姿や形がその場にぴったりと合っている。「彼はどんなしぐさをしても―」

え【°衛】ヱ (字義)→えい(衛)

-え【重】へ (接尾)重なりの数を表す。重ね。「二(ふた)―まぶた」

え【江】 海や湖が陸地にはいり込んだ所。入り江。

え【柄】 手で持ちやすいように器物に取り付けた棒状の部分。「ひしゃくの―」

―のない所(とこ)に柄(え)をすげる むりに理屈をこじつける。

え【餌】ヱ 生き物に与える食物。えさ。「まき―」「鶏に―をやる」

え(副)(古)とても…でき(ない)。「瀬田の橋毀(こぼ)れて―行きやらず」〈更級〉用法 下に打ち消しの語・反語を伴う。

え(感)驚いたり聞き返したりするときに発する語。えっ。「―、すごいね」「―、何ですって」

え(終助)①(文末に用いて)念を押したり確かめたりする意を表す。「これか―」②(名詞に付いて)呼びかける相手を示す。「ご新造さん―」

エア〈air〉①空気。エアー。「―不足のタイヤ」「―クッション」②(接頭語的に用いて)航空の意を表す。「―ライン」

エア-カーテン〈air curtain〉建物の出入り口の上部から空気を下に向かって吹きつけ、その空気の流れで内と外を仕切る装置。外気や外部からの塵(ちり)をさえぎる。エアドア。

エア-ガン〈air gun〉空気銃。エアライフル。

エアクラフト〈aircraft〉航空機。飛行機・飛行船など。

エア-クリーナー〈air cleaner〉空気浄化装置。空気清浄器。

エア-コン「エアコンディショナー」「エアコンディショニング」の略。

エア-コンディショナー〈air conditioner〉空気調節機。室内の空気の温度・湿度を自動的に調節する。エアコン。

エア-コンディショニング〈air conditioning〉室内の空気の温度・湿度・換気などを自動的に調節すること。空気調節。空調。エアコン。

エア-コンプレッサー〈air compressor〉空気圧縮機。

エア-ステーション〈air station〉税関設備のない飛行場。

エア-ゾール〈aerosol〉①缶(かん)などの容器から、液体や粉末の内容物を霧状に吹き出させる、スプレー式の薬剤・殺虫剤。②→エアロゾル

エア-ターミナル〈air terminal〉飛行機の旅客が、搭乗手続きや待ち合わせなどをする空港内の施設。

エア-ドーム〈air dome〉内部の気圧を外気より少し高めにして、ガラス繊維膜の屋根をドーム状にふくらませた建築物。全天候型の野球場や大型室内競技場などに使用する。

エアバス〈airbus〉短・中距離用の大型ジェット旅客機。

エア-バッグ〈air bag〉自動車の衝突事故の際、瞬時にふくらんで飛び出し、運転者や同乗者を衝撃から守る空気袋。

エア-ブレーキ〈air brake〉圧縮空気の圧力を利用した、列車・自動車などのブレーキ。空気制動機。

エアポート〈airport〉空港。税関設備のある飛行場。

エア-ポケット〈air pocket〉①局地的な下降気流などのために、飛行機が揚力を失って急降下する空域。②急に現れる空白の部分や状態。「都会の―」

エアメール〈airmail〉航空郵便。

エアライン〈airline〉①定期航空路。航空路線。②定期路線をもっている航空会社。

エアログラム〈aerogram〉外国向け封緘(ふうかん)航空郵便。便箋(びんせん)と封筒兼用の用紙を折りたたんで用いる。航空書簡。

エアロゾル〈aerosol〉気体中に液体や固体の微粒子がちらばってただよっている状態。エアゾール。エーロゾル。

エアロビクス〈aerobics〉有酸素運動。特に、音楽に合わせてダンスをしながら行うものをいう。エアロビ。はじまり 一九六〇年代後半、アメリカの生理学者ケネス=クーパーが提唱。日本では一九八一(昭和五十六)年、氏の来日とともに流行した。

え-あわせ【絵合〔わ〕せ】ヱアハセ 物合わせの一つ。左右の組に分かれて絵や、絵に和歌を添えたものを出しあい、判者に優劣を判定させて競う遊び。参考 おもに平安時代に行われた。

えい【永】 教5 エイ・ヨウ(ヤウ) ながい・とこしえ
(字義)①ながい。㋐時間が長い。「永住・永続」㋑距離が長い。②とこしえ。無限。「永遠(えいえん・とわ)・永久(えいきゅう・とこしえ・とわ)・永眠」難読 永劫(えいごう) 人名 え・つね・と・とお・とおし・のぶ・のり・はるか・ひさ・ひさし・ひら

えい【曳】(人) エイ ひく
(字義)ひく。ひっぱる。ひきずる。「曳航・曳兵・揺曳(ようえい)」人名 とお・のぶ

えい【泳】 教3 エイ およぐ
(字義)およぐ。水中や水面を進む。「泳法・遠泳・競泳・水泳・遊泳・力泳」

えい【英】 教4 エイ・ヨウ(ヤウ) はなぶさ・ひいでる
(字義)①ひいでる。すぐれる。すぐれた人物。「英才・英断・英敏・英雄・俊英」②うるわしい。美しい。「英華」③はなぶさ。④花。開いて実のならない花。「落英」⑤「英吉利(イギリス)」の略。「英語・英国」難読 英桃(ゆすらうめ) 人名 あき・あきら・あや・え・お・すぐる・たけし・つね・てる・とし・はじめ・はな・ひで・ひら・ふさ・み・みつ・よし

えい【映】 教6 エイ・ヨウ(ヤウ) うつる・うつす・はえる(中)
(字義)①うつる。うつす。㋐反射する。「反映」㋑像をうつしだ

す。「映画・映像・上映」②はえる。照りかがやく。色があざやかに見える。「映発・夕映え」難読 映日果 人名 あき・あきら・てる・みつ

えい【栄】 教4【榮】人 エイ さかえる・はえ高・はえる高
（字義）①さかえる。㋐草木がおい茂る。↕枯 ㋑盛んになる。盛んにする。「栄養・清栄・繁栄」↕枯 ㋒名声があがる。高い地位にのぼる。「栄達・栄転」②さかえ。㋐ほまれ。名声。「栄華・栄冠・栄光・光栄」㋑おごり。贅沢。「栄耀・虚栄」難読 栄螺 人名 さかえ・しげ・しげる・たか・てる・なが・はる・ひさし・ひで・ひろ・まさ・よし

えい【栄】 ほまれ。名誉。さかえ。「表彰の―」

えい【営】 教5【營】 エイ いとなむ
（字義）①いとなむ。㋐作る。こしらえる。「営繕・設営・造営」㋑行う。仕事をする。「営業・経営・公営・自営」㋒はかる。計画する。「営利・営林」②軍隊が泊まる。陣をはる。「野営・露営」③とりで。陣地。「陣営・兵営」人名 よし・もと

えい【瑛】 人 エイ
（字義）①玉の光。②水晶などの透明な玉。「玉瑛」人名 あき・あきら・てる・ひで・よう

えい【詠】 エイ中 よむ高・うたう
（字義）①うたう。㋐声を長くひいて詩歌をうたう。「吟詠・朗詠」㋑詩歌を作る。和歌をよむ。「詠歌・詠懐・詠史」②うた。詩歌。「詠草・題詠・諷詠」③感動して声を出す。「詠嘆」人名 うた・え・かぬ・かね・なが

えい【影】 エイ中・ヨウ（ヤウ） かげ中
（字義）①かげ。物体が光をさえぎるとできる黒い形。「陰影・形影」②ひかり。「月影」③姿。かたち。「孤影・船影」④絵や写真にうつされた像。「影印・影像・近影・撮影」

えい【鋭】 エイ中 するどい中
（字義）①するどい。㋐とがって細い。「鋭角・鋭鋒・尖鋭」↕鈍 ㋑刃物がよく切れる。「鋭利」↕鈍 ㋒強い。勢いがよい。「鋭気・気鋭・新鋭」②強い兵士。「精鋭」③はやい。すばやい。「鋭敏」↕鈍 ④心を集中する。「鋭意」人名 えつ・さとき・さとし・とき・とし・はや・よし

えい【叡】 人 エイ
（字義）①かしこい。あきらか。事理に深く通じている。「叡智・叡敏」②天子の言動などにつける尊敬語。「叡聞・叡覧・叡慮」人名 あきら・さとし・さとる・ただ・とおる・とし・まさ・よし

えい【衛】 教5【衞】人 エイ（ヱイ）・エ（ヱ） まもる
（字義）①まもる。ふせぐ。「衛生・護衛・防衛」②まもり。まもる人。「衛兵・守衛・門衛」参考「衞」は俗字。人名 きよ・ひろ・まさる・まもり・もり・やす・よし

えい【嬰】〘音〙本来の音より半音高いこと。シャープ。↕変

えい【纓】〘服〙①あごの下で結ぶ冠の結びひも。②冠の部分の名称。もとは巾子（＝冠の頂上後部にある髻を入れる所）の根もとをしめたひものあまりを背に垂らしたもの。のち、両端に骨を入れ薄絹を張ってうしろに垂らした。⇩冠（さしえ）

えい【鱏】 エヒ〘動〙海産の軟骨魚エイ目の総称。多く、ひし形で平たく尾は細長い。夏

えい（感）力を入れたり、意を決したりするときの掛け声。「―とかつぎ上げる」「―、ままよ」

えい-い【栄位】 ヰ ― 名誉ある地位。「―につく」

えい-い【営為】 ヰ ― いとなむこと。いとなみ。行為。仕事。

えい-い【鋭意】（副）心を集中して努力するさま。一生懸命に。「―努力する」「―審議をすすめる」

えい-いん【影印】 古写本などを写真にとり、これを製版・印刷すること。「―本」

えい-えい【営営】（トタル）長い期間にわたって、せっせと励むさま。「―と働く人々」「―たる努力」文（形動タリ）

えい-えん【永遠】 エン ―（名・形動ダ）時の長く果てしないこと。時間的に無限に続くこと。また、そのさま。「―の美」
類語 永久・恒久・長久・悠久・永世・永代・千代・千古・万世・久遠・悠遠・遼遠・永劫・無窮・尽未来際・常しえ・常しなえ

えい-か【英貨】 クワ ― イギリスの貨幣。ポンド・ペニーなど。

えい-か【詠歌】 ①和歌を詠むこと。また、詠んだ和歌。②→ごえいか

えい-が【映画】 グワ ― 連続撮影したフィルムを連続的にスクリーンに映し出し、動く映像として見せるもの。キネマ。シネマ。ムービー。「―館」「―俳優」はじまり 一八九〇年ごろ、エジソンが考案したキネトスコープ（のぞき穴から動く写真を見る器械）が映画の前身とされる。日本には、一八九六（明治二十九）年に輸入・公開された。

えい-が【栄華】 グワ ― 権力・地位・財力を得て、はなやかな生活を送ること。「―を極める」
―の夢 はかない夢のように栄華の長続きしないこと。

えい-かいわ【英会話】 クワイワ ― 英語で会話すること。「―を学ぶ」「―教室」

えい-かく【鋭角】〘数〙直角より小さい角。↕鈍角
―さんかくけい【―三角形】〘数〙三つの内角がすべて鋭角である三角形。↕鈍角三角形
―てき【―的】（形動ダ）ダロ・ダッ（デ・ニ）・ダ・ナ・ナラ・○ 鋭くとがっているさま。「―なデザイン」

えい-がく【英学】 ①英語・英文学。また、広くイギリスに関する学問。②（蘭学などに対して）英語による学問。

えいがものがたり【栄花物語・栄華物語】 エイグワモノガタリ 平安後期の歴史物語。別名「世継」「世継物語」。作者・成立年代未詳。一部は赤染衛門作とも。藤原道長の栄華を中心に宇多天皇から堀河天皇までの一五代約二〇〇年間を編年体で記す。

えい-かん【栄冠】 クワン ―（輝かしい勝利・成功に対して与えられる名誉の冠の意から）勝利・成功などのたとえ。栄誉。「優勝の―に輝く」「―を勝ちとる」

えい-き【英気】 すぐれた気性・才気。何かをしようとする気力。「―を養う（＝能力が十分に発揮できるよう、休養をとる）」

えい-き【鋭気】 鋭い気性。鋭く強い気勢。「―をくじく」

えい-きごう【嬰記号】 キガウ ― →シャープ㊁ ↕変記号

えい-きゅう【永久】 キウ ―（名・形動ダ）時間的に限りなく続くこと。また、そのさま。永遠。永久。「―保存」「―不変」
―し【―歯】〘生〙乳歯の抜けたあとに生える歯。人間では一番奥の親知らず（第三大臼歯）を入れて上下で三二本。↕乳歯 参考 第一―第三大臼歯は初めから永久歯として生える。
―じしゃく【―磁石】〘物〙かなりの量の磁気量をいつまでも安定して保持している磁石。
―とうど【―凍土】 複数年にわたって地中温度がセ氏零度以下で凍結した状態が続いている土地。

えい-きょ【盈虚】 ①月が満ちたり欠けたりすること。②（比喩的に）栄えることと衰えること。

えい-きょう【影響】キャウ（名・自スル）あるものの働きや作用が、他に働きを及ぼして変化や反応を引き起こすこと。また、その変化や反応。「—を与える」「—を受ける」「—力」

えい-ぎょう【営業】ゲフ（名・自他スル）①利益を得ることを目的に事業を行うこと。「深夜—」「—日」②会社などで、商品の販売を専門に行う仕事。またその部門。「—部」

えい-きょく【△郢曲】〘音〙神楽（かぐら）・催馬楽（さいばら）・風俗歌・朗詠（ろうえい）・今様（いまよう）など、中古・中世の歌曲類の総称。参考本来は、中国の楚（そ）の都、郢（えい）の俗曲をさす。

えい-ぎん【詠吟】（名・他スル）詩や歌を声に出してうたうこと。また、その詩歌。吟詠。

えい-ぐ【影供】神仏・故人などの絵像に、供え物をしてまつること。また、その供え物。「御（み）—」

えい-くん【英君】才知に富むすぐれた君主。

えい-けつ【永△訣】（名・自スル）永久の別れ。特に、死別すること。永別。「—の日」

えい-けつ【英傑】才知のすぐれた大人物。英雄。

えい-こ【栄枯】（草木の茂ることと枯れることの意から）栄えたり衰えたりすること。

—せいすい【—盛衰】人・国・家などが栄えたり衰えたりすること。「—は世の習い」

えい-ご【英語】イギリス・アメリカ・カナダ・オーストラリアなどで公用語とされる言語。現在、世界の言語中最も広く用いられている。「—教育」参考アメリカで使われている英語を特に米語・アメリカ英語という場合がある。

えい-ご【△穎悟】（名・形動ダ）悟りがはやく鋭いこと。また、そのさま。「資性—」

えい-こう【△曳航】カウ（名・他スル）船が、他の船を引っ張って航行すること。「—船」「ボートを—する」

えい-こう【栄光】クワウ ①輝かしいほまれ。光栄。名誉。「—の座」「勝利の—」「—に包まれる」②幸いを表す光。瑞光（ずいこう）。

えい-ごう【永△劫】ゴフ 非常に長い年月。永久。「未来—」参考「劫（こう）」は仏教語で、きわめて長い時間の単位。

えいこう-だん【△曳光弾】エイクワウ 弾道がわかるように、光を出しながら飛ぶようにつくった弾丸。

えい-こく【英国】（「英」は「英吉利（イギリス）」の略）イギリスの別称。

えい-こん【英魂】すぐれた功績をあげた人の魂。特に、戦死者を敬いその魂をいう語。英霊。

えい-さい【英才・△穎才】すぐれた才能や知能。また、その持ち主。秀才。俊才。「—教育」

えい-さくぶん【英作文】英語で文を書くこと。和文を英文に訳すこと。また、英語で書いた作文。英作。

えいざん【叡山】「比叡山（ひえいざん）」の略称。

えい-し【英姿】堂々としたりっぱな姿。「—を仰ぐ」

えい-し【英詩】①英語で書かれた詩。②英国の詩。

えい-し【英資】すぐれた、生まれつきの資質。

えい-し【詠史】歴史上の人物や事件を詩歌に詠（よ）むこと。また、その詩歌。

えい-じ【衛視】エイ 国会で警護や監視にあたる職員。

えい-じ【英字】英語を書き表すための文字。「—新聞」

えい-じ【△嬰児】生まれて間もない子供。赤ん坊。みどりご。

エイジ〈age〉→エージ

えい-じつ【永日】昼の長い春の日。「—遅々」春

えいじ-はっぽう【永字八法】ハッパフ 書法で「永」の一字に含まれる八とおりの筆づかい。すべての漢字の筆づかいの基本。

側（そく）　勒（ろく）　啄（たく）　策（さく）　磔（たく）　掠（りゃく）　努（ど）　趯（てき）

〔えいじはっぽう〕

えい-しゃ【泳者】泳ぐ人。特に、競泳の選手。「第一—」

えい-しゃ【映写】（名・他スル）映画やスライドなどをスクリーンに映し出すこと。「—機」

えい-しゃ【営舎】兵士などの居住する建物。兵舎。

えい-しゃく【栄爵】①高くて栄誉ある貴族の位。②貴族の位で、五位の別称。

えい-しゅ【英主】すぐれた君主。英明な君主。

えい-じゅ【衛△戍】エイ 軍隊が戦略上重要な場所に長くとどまること。駐留。

えい-じゅう【永住】ヂユウ（名・自スル）一定の場所にいつまでも住むこと。その土地に死ぬまで住むこと。「—の地」「—権」

えい-しゅん【英俊】資質が特にすぐれている人。俊英。

えい-しょ【英書】①英語で書かれた書物。②英国の書物。

えい-しょう【詠唱】シャウ ■一（名・他スル）詩歌を、節をつけて歌うこと。■二（名）→アリア

えい-しょく【栄職】名誉ある地位や役職。

えい-じょく【栄辱】栄誉と恥辱。ほまれとはずかしめ。

えい・じる【映じる】（自上一）ジ・ジ・ジル・ジル・ジレ・ジロ（ジヨ）①光や物の影などがうつる。また、光をうけて映える。「湖面に—逆さ富士」②目にうつる。印象を与える。「米国科学者の目に—・じた日本の科学」語源サ変動詞「えいずる」の上一段化。

えい・じる【詠じる】（他上一）ジ・ジ・ジル・ジル・ジレ・ジロ（ジヨ）①詩歌をつくる。②詩歌を声高く歌う。語源サ変動詞「えいずる」の上一段化。

えい-しん【栄進】（名・自スル）より高い地位や役職に進むこと。「重役に—する」

えい-しん【詠進】（名・他スル）詩歌を詠（よ）んで、宮中や神社などに献上・奉納すること。「—歌」

エイズ【A I D S】〈acquired immunodeficiency syndrome から〉〘医〙後天性免疫不全症候群。HIV（ヒト免疫不全ウイルス）感染により免疫細胞が破壊されて免疫機能が低下する病気。

えい・ずる【映ずる】（自サ変）ジ（ゼ）・ジ・ズル・ズル・ズレ・ジロ（ゼヨ）→えいじる（映じる）文えい・ず（サ変）

えい・ずる【詠ずる】（他サ変）ジ（ゼ）・ジ・ズル・ズル・ズレ・ジロ（ゼヨ）→えいじる（詠じる）文えい・ず（サ変）

えい-せい【永世】限りなく長い年月。永久。永代。

—ちゅうりつこく【—中立国】〘法〙条約によって、永久に他の諸国間の戦争に参加せず、また自らも戦争をしない義務を負うかわりに、諸国家によってその独立と領土の保全を保障されている国家。参考スイスとオーストリアがその例。

えい-せい【永逝】（名・自スル）死ぬこと。永眠。

えい-せい【衛生】エイ 清潔を保って健康に注意し、病気の予防・治療に努めること。「不—」「保健—」

—かんりしゃ【—管理者】クワンリシヤ〘保〙労働安全衛生法で定められた、職場・事業場の衛生を管理・担当する人。

—てき【—的】（形動ダ）ダロ・ダッ（デ・ニ）・ダ・ナ・ナラ・○ 清潔なさま。

えい-せい【衛星】エイ ①〘天〙惑星の周囲を公転する天体。地球に対する月など。②中心とするものをとりまいて、密接な関係にあるもの。「—都市」③「人工衛星」の略。「—放送」

—こく【—国】強国の周辺にあり、その支配や多大な影響を受けている独立国。

—せん【—船】人間が乗ることのできる人工衛星。

—ちゅうけい【—中継】テレビ電波などを通信衛星や放送衛星を介して中継すること。

―とし【―都市】大都市の周辺にあり、大都市と密接な関係をもち、その機能の一部を分担している中小都市。

―ほうそう【―放送】ハウソウ 放送衛星や通信衛星が、地上局から受けた放送電波を増幅して受信者に送信し、放送を行うシステム。

えい-せん【△曳船】船を引いていくこと。また、そのための船。引き船。タグボート。

えい-ぜん【営繕】(名・他スル)(主として公共の)建物を造ったり修繕したりすること。「―課」

えい-そう【詠草】サウ― 和歌・俳句などの草稿。

えい-そう【営倉】サウ― 旧軍隊で、兵営内にあって、罪を犯した兵をとじこめた建物。また、そこにとじこめる罰。「重―」

えい-そう【営巣】サウ― 動物が巣をつくること。「―地」

えい-ぞう【映像】ザウ― ①光線によって映し出される物体の像。②頭の中に浮かんだ物の姿やありさま。イメージ。③映画のスクリーンやテレビの画面に映し出される画像。「鮮明な―」

えい-ぞう【営造】ザウ―(名・他スル) 大きな建物や施設などを造ること。

―ぶつ【―物】①建築物。②〔法〕国または公共団体が社会の利益のために造った公の施設。国公立学校・道路など。

えい-ぞう【影像】ザウ― 絵画や彫刻に表した人物や神仏の姿。

えい-ぞく【永続】(名・自スル) ある状態が長く続くこと。長続き。「事業の―をはかる」「―性」

えい-たい【永代】長い年月。永久。永世。「―供養」

えい-たつ【栄達】(名・自スル) 高い地位に進むこと。出世。

えい-だつ【△穎脱】(名・自スル)(袋の中にある錐の先が外まで突き出る意から)才能が群を抜いてすぐれていること。「―の才」

えい-たん【詠嘆・詠△歎】(名・自スル) 物事に深く感動すること。また、感動を声や言葉に出すこと。「―の声をもらす」

えい-だん【英断】すぐれた判断に基づき、思い切りよく事を決めること。すぐれた決断。「一大―」「総理の―を仰ぐ」

えい-だん【営団】(「経営財団」の略)第二次世界大戦中に住宅や道路など、公共の事業を行うためにつくられた財団。参考 戦後多くは公団と改称し、二〇〇四(平成十六)年にはすべて廃止された。

えい-ち【英知・△叡△智・△叡知】深くすぐれた知恵。高い知性。「―を結集する」

エイチ【H】→エッチ㊀

えい-てい【営庭】兵営内の広場。

えい-てん【栄典】①めでたい式典。②国家に対する功労者の名誉をたたえて国から与えられる勲章や褒章など。「―制度」

えい-てん【栄転】(名・自スル) 転任して今までよりも上の地位に就くこと。「本社の部長に―する」↔左遷

エイト〈eight 八〉①八。八つ。②八人こぎの競漕用ボート。また、そのこぎ手。およびそのボートによる競技。③ラグビーで、八人でスクラムを組むこと。また、その八人。

えい-トン【英トン】イギリスにおけるヤードポンド法の質量の単位。一トンは二二四〇ポンド(約一〇一六キログラム)。ロングトン。記号 t ⇩トン

えい-ねん【永年】ながい年月。ながねん。「―勤続者」

えい-のう【営農】(名・自スル) 農業をいとなむこと。「―家」

えい-はつ【英発】(名・自スル) 才知が外に表れること。

えい-はつ【映発】(名・自スル) 光や色がよく映りあうこと。

えい-びん【鋭敏】(名・形動ダ) ①物事の理解や判断がすばやく鋭いこと。また、そのさま。「―な頭脳」②感覚が鋭いこと。敏感。「―な神経」

えい-ぶん【英文】①英語で書かれた文章。「―和訳」②(「英文学」の略)英国の文学。広く、英語で書かれた文学にもいう。また、それを研究する学問。③(「英文学科」の略)大学などで、英文学を研究する学科。英文科。

えい-へい【衛兵】エイ― 警備・監視を任務とする兵。番兵。

えい-べつ【永別】(名・自スル) 二度と会うことのできない別れ。ながの別れ。特に、死別をいう。永訣。「―の悲しみ」

えい-ほう【泳法】ハフ― 泳ぎ方。泳ぎの型。「潜水―」

えい-ほう【鋭△鋒】①鋭いほこ先。②鋭くて厳しい攻撃。特に、言論による鋭い攻撃。「相手の―をかわす」

えい-まい【英△邁】(名・形動ダ) 才知の非常にすぐれていること。また、そのさま。英明。「―な君主」

えい-みん【永眠】(名・自スル)(永久に眠る意から)死ぬこと。永逝。「―の地」

えい-めい【英名】すぐれた評判。名声。「―がとどろく」

えい-めい【英明】(名・形動ダ) すぐれて賢いこと。また、そのさま。英邁。「―な国王」

えい-やく【英訳】(名・他スル) 他の言語を英語に翻訳すること。また、翻訳したもの。「―本」

えい-ゆう【英雄】才知・武勇にひいでて、偉大な事業を成しとげる人。ヒーロー。「国民的―」「―色を好む(=英雄は情事を好む傾向がある)」

えい-よ【栄誉】すぐれていると世に認められ、ほめたたえられること。りっぱな名誉。「優勝の―に輝く」

―れい【―礼】(軍隊などが)国家の賓客として、他国の元首などを迎えるときに行う儀礼。

えい-よう【栄養・営養】ヤウ―〔保〕生物が生命を維持し成長するために必要な成分をとり入れること。また、その成分。

―か【―価】〔保〕食物がもっている栄養的な価値。食物に含まれる栄養素の質・量。「―が高い」

―し【―士】〔保〕都道府県知事の免許を受け、食生活の栄養指導や管理などをする人。参考 国家試験に合格し、厚生労働大臣の免許を受けたものを「管理栄養士」という。

―しっちょう【―失調】シッテウ〔医〕食物の摂取量や栄養素の不足により、体の機能が低下し健康をそこなうこと。

―そ【―素】〔保〕人体に必要な食物中の主成分。たんぱく質・脂肪・炭水化物・ビタミン・無機塩類(ミネラル)など。

えい-よう【栄△耀】エウ― 世に栄えて人目に際立つこと。ぜいたくな生活をすること。えよう。「―栄華をきわめる」

えい-らん【△叡覧】天皇が見ること。天覧。「―の栄」

えい-り【営利】利益を得ようとはかること。金もうけ。「―会社」「―事業」

えい-り【鋭利】(名・形動ダ) ①刃などが鋭くよく切れること。また、そのさま。「―な刃物」②頭脳のはたらきが鋭いこと。また、そのさま。「―な頭脳」

え-いり【絵入り】エ― 書籍・新聞・雑誌などにさし絵がはいっていること。また、そのもの。

エイリアン〈alien 外国人〉宇宙人。異星人。

えい-りょ【△叡慮】天皇の考え。「―を煩わす」

えい-りん【映倫】(「映画倫理機構」の略)日本で上映・製作される映画を、業界が自主的に審査・規制する機関。⇩R指定

えい-りん【営林】森林を保護・管理すること。「―事業」

えい-れい【英霊】死者の霊の美称。特に、戦死者にいう。英魂。「―をまつる」

えい-わ【英和】①「英和辞典」の略。②英語と日本語。

―じてん【―辞典】英語の単語・熟語などに対し、日本

語で訳や説明をつけた辞典。英和。

ええ（感）①肯定・承諾を表す返事の言葉。はい。「―、きっと行きます」↕いいえ ②次の言葉がすぐ出なかったり、ためらったりしたときに発する言葉。「―と、なんだっけ」

エー-アイ【ＡＩ】〈artificial intelligence から〉〘情報〙学習・推論・判断といった人間と同様の知能のはたらきを備えたコンピューターシステム。人工知能。

エー-イー-ディー【ＡＥＤ】〈automated external defibrillator から〉〘医〙心室細動(=心室の筋肉がふるえて血液が送れない状態)が生じたとき、電気ショックを与えて心臓の働きを回復させる医療機器。公共の場に設置してあり、機器の指示に従って簡単に操作できる。自動体外式除細動器。

エー-エム【a.m.】〈ラテン ante meridiem から〉午前。↕p.m.

エー-エム-ほうそう【ＡＭ放送】ハウソウ〈ＡＭは amplitude modulation から〉電波の振幅の大小を信号の強弱に対応させる振幅変調方式によるラジオ放送。⇩ＦＭ放送

エー-オー-にゅうし【ＡＯ入試】ニフシ〈ＡＯは admissions office から〉専門の入学事務局が、受験生の自己推薦書、面接、小論文などを総合的に評価して、選考を行う入学試験。参考 大学・短期大学では二〇二一(令和三)年度から「総合型選抜」と改称。

エーカー〈acre〉ヤードポンド法の面積の単位。一エーカーは約四〇四七平方メートル。記号 ac

エー-クラス【Ａクラス】〈A class から〉第一級。一流。A級。「―にランクされる」

エージ〈age〉時代。また、年齢。エイジ。「ティーン―」

エージェンシー〈agency〉代理店。代理業。周旋業。

エージェント〈agent〉代理人。代理店。仲介業者。

エース〈ace〉①第一人者。集団・組織の中で最高の働きをする者。「―アタッカー」「我が事業部の若き―」②野球で、チームの主戦投手。「―が登板する」③トランプの「１」の札。「スペードの―」④↓サービスエース

エー-ディー【ＡＤ】①〈assistant director から〉放送番組の演出助手。アシスタントディレクター。②〈art director から〉↓アートディレクター ③〈automatic depositor から〉現金自動預金機。

エー-ディー【A.D.】〈ラテン Anno Domini から〉西暦紀元。↕B.C.

エー-ティー-エス【ＡＴＳ】〈automatic train stop から〉停止信号によって、列車を自動的に停止させる装置。自動列車停止装置。はじまり 日本では、一九六六(昭和四十一)年に国鉄(現ＪＲ)の全路線で設置が終わった。

エー-ディー-エス-エル【ＡＤＳＬ】〈asymmetric digital subscriber line から〉電話線にデジタル信号をのせ、高速データ通信を行う方式。非対称デジタル加入者回線。

エー-ティー-エム【ＡＴＭ】〈automated teller machine から〉現金自動預け入れ支払い機。

エー-ティー-シー【ＡＴＣ】〈automatic train control から〉信号によって、列車の速度を自動的に調節する装置。自動列車制御装置。

エーテル〈オランダ ether〉①〘化〙アルコールに濃硫酸を加え加熱蒸留して作る液体。無色で、揮発性が強い。麻酔薬や、油脂類の溶剤に使う。エチルエーテル。ジエチルエーテル。②〘物〙もと、宇宙にあって光や電磁波を伝えると仮想されていた物質。相対性理論によってこの考えは否定された。

エーデルワイス〈ドイツ Edelweiss〉〘植〙キク科の多年草。アルプスなどの高山に自生。全体が白い綿毛でおおわれ、夏に白色の花を数個つける。スイスの国花。西洋薄雪草。夏

-エード〈ade〉(接尾) 果汁に砂糖などの甘味料を加え、水で薄めたものであることを表す。「オレンジ―」

エートス〈ギリシャ ēthos〉↓エトス

エー-ばん【Ａ判】本・紙の仕上がり寸法の日本の標準規格の一系列。Ａ０判は一一八九ミリメートル×八四一ミリメートルの大きさで、半切ごとにＡ１、Ａ２…Ａ10と呼ぶ。⇩Ｂ判

エー-ビー-シー【ＡＢＣ】①英語の字母の最初の三字。また、アルファベット。「―順」②物事の初歩。入門。いろは。「テニスを―から教わる」

―へいき【―兵器】原子(atomic)・生物(biological)・化学(chemical)兵器の総称。

エー-ブイ【ＡＶ】①〈audio-visual から〉視聴覚。「―機器」②〈和製英語 adult video の頭文字から〉成人向けのビデオソフト。アダルトビデオ。

エープリル-フール〈April fool〉他人に実害を与えないうそを四月一日にならついてもいいという、西洋に始まった風習。四月ばか。万愚節(ばんぐせつ)。春

エーペック【ＡＰＥＣ】〈Asia-Pacific Economic Cooperation から〉アジア太平洋経済協力(会議)。アジア太平洋地域の経済発展のため、域内の貿易・投資の自由化などを目標に一九八九年創設。

エール〈ale〉ビールの一種。常温で短期に発酵させて作る。

エール〈米 yell〉競技などで、応援の叫び声。声援。「―の交換」「―を送る」

エール〈Eire〉「アイルランド」の旧称。

え-がお【笑顔】ガホ わらい顔。うれしそうなにこにこ顔。参考 常用漢字表付表の語。

え-かき【絵描き】ヱ― 絵をかくことを職業とする人。画家。

えが・く【描く・◇画く】ヱガク（他五）カ(コ)・キ(イ)・ク・ク・ケ・ケ ①絵にかき表す。②文章などに表す。描写する。「人間心理を―」③…の形になる。…の形にする。「弧を―・いて飛ぶ」④姿や情景を思い浮かべる。「その場の情景を心に―」可能 えが・ける(下一)

え-がた・い【得難い】（形）カロ・カッ(ク)・イ・イ・ケレ・○ 手に入れにくい。貴重だ。「―品」「―人」「―体験」文 えがた・し(ク)

え-がら【絵柄】ヱ― 工芸品などの、模様や図案。

えがら-っぽ・いヱガラ―（形）カロ・カッ(ク)・イ・イ・ケレ・○ あくが強く、のどがいらいら刺激される感じである。いがらっぽい。「のどが―」

えき【亦】人 エキ・ヤク また ―（字義）また。…もまた。

えき【役】（字義）↓やく(役)

えき【役】①昔、人民に課した労役。夫役(ぶやく)。②戦争。戦役。「前九年の―」「西南の―」

えき【易】 教5 エキ・イ・やさしい やすい・かえる・かわる
丨 ㄇ 日 日 月 易 易
（字義）①やすい。㋐やさしい。「平易・容易」↕難 ㋑手軽な。「安易・簡易」②かえる。㋐あらためる。変化させる。「改易」㋑取りかえる。「交易・貿易」③かわる。変化する。「易世・不易・変易」④占い。「易者・易断」⑤驚いてしりぞく。「辟易(へきえき)」
難読 易簀(えきさく) 人名 おさ・かね・やす・やすし

えき【易】①占いの一つ。算木(さんぎ)と筮竹(ぜいちく)を用いて吉凶を占う。「―をたてる」②「易経(えききょう)」の略。

えき【疫】 エキ中・ヤク高
亠 广 疒 疒 疨 疫
（字義）流行病。はやりやまい。「疫病(えきびょう・えやみ・やくびょう)・疫痢・悪疫・防疫・免疫」

えき【益】 教5 エキ・ヤク高 ます・ますます

（字義）①ます。ふえる。加わる。＝増。「増益」②ためになる。役に立つ。ききめがある。「益虫・益鳥・無益・有益」③もうけ。得。「純益・損益・利益」↔損 難読 益荒男・益体 人名 あり・すすむ・のり・まさ・まさる・まし・また・み・みつ・やす・よし

えき【液】 教5 エキ

（字義）しる。水状の流動体。「液状・液体・胃液・血液・水溶液・唾液・粘液」

えき【液】 水状のもの。液体。「アルカリ性の―」

えき【駅】 教3 **【驛】** エキ うまや

（字義）①うまや。宿場。昔、街道の要所で旅人を泊め、馬・かご・人夫などを用意した所。「宿駅」②つぎうま。はやうま。宿場ごとに用意して、旅人の用に応じる馬・人・車。「駅馬・駅夫」③停車場。「駅員・駅長・始発駅」

えき【駅】 ①鉄道で、電車・列車が発着し、旅客や荷物を扱う施設。停車場。②《古》宿駅。うまや。宿場。はじまり ①は、一八七二（明治五）年五月、品川・横浜（現在の桜木町）間で鉄道が仮開業し、同年九月に新橋・横浜間で本格開業した。品川・横浜の二駅が日本最初の鉄道駅。

えき-いん【駅員】 ヰン 鉄道職員のうち、駅の仕事をする人。

えき-うり【駅売り】 駅の構内で物を売ること。また、その人。「―の新聞」

えき-おん【液温】 液体の温度。

えき-か【液化】 クワ （名・自他スル）《物》気体が冷却または圧縮により液体に変わること。また、液体に変えること。凝縮。固体が溶けて液体になる場合にも使うことがある。「―天然ガス」

えき-か【△腋△窩】 クワ わきの下のくぼんだところ。

えき-が【△腋芽】 《植》葉のつけ根にある芽。

えき-がく【易学】 易を研究する学問。

えき-がく【疫学】 《医》集団を対象として、感染症をはじめとする病気の原因や広がり方、その予防などを研究する学問。

えき-ぎゅう【役牛】 ギウ 《農》農耕や運搬などの仕事に使う牛。

えききょう【易経】 エキキヤウ 中国、周代の経書。「周易」「易」とも。五経の一つ。宇宙万物の生成変化を陰陽二元の原理に基づいて説明。中国の哲学思想のもとになった。

えき-きん【益金】 《経》利益金。もうけた金。↔損金

えき-ざい【液剤】 液状の薬剤。

エキサイティング 〈exciting〉（形動ダ）ダロ・ダッ（デ・ニ）・ダ・ナ・ナラ・〇 見ている人を興奮させたり、はらはらさせたりするさま。「―な試合」

エキサイト 〈excite〉（名・自スル）興奮すること。

えき-さく【易△簀】 学徳のある人や貴人の死を敬っていう語。簀を易う。

【故事】孔子の弟子の曽子が死の間際に、今まで病床に敷いていた簀（＝竹で編んだ敷物。すのこ）が魯の大夫季孫からもらった大夫用の品なので、自分は大夫でないから身分不相応だといって易えさせたことからいう。〈礼記〉

エキシビション 〈exhibition〉①展示。展覧。②展覧会。展示会。③「エキシビションゲーム」の略。参考「エキジビション」ともいう。

―ゲーム 〈exhibition game〉勝敗を決めず、技術・ルール・選手などを紹介するための公開競技。模範試合。

えき-しゃ【易者】 易で占うことを職業とする人。占い師。八卦見。「大道―」

えき-しゃ【駅舎】 駅の建物。「無人の―」

えき-しゅ【駅手】 鉄道の駅で貨物の積みおろしなどの雑務をする人。現在は、駅務掛などという。参考「駅夫」の改称。

えき-じゅう【液汁】 ジフ 草木・果実などから出る汁やつゆ。

えき-しょう【液晶】 シヤウ 《化》液体と結晶との中間的な状態にある物質。電圧や温度の変化によって分子の配列を変え、光の透過に変化を起こさせる。電卓やコンピューターなどの表示装置に利用される。液状結晶。「―テレビ」

えき-じょう【液状】 ジヤウ 液体の状態。液体のような状態。

―か-げんしょう【―化現象】 クワゲンシヤウ 《地質》地震の震動で軟弱な地盤に含まれる水が遊離し、地盤が砂まじりの液体のようになって流動する現象。流砂現象。

エキス 〈オランダ extract（＝抽出物）から〉①食物や薬の有効成分を取り出し濃縮したもの。「梅肉―」②物事のいちばんたいせつな部分。精髄。

エキストラ 〈extra〉①演劇・映画などで、臨時に雇う端役の出演者。②規定外のもの。臨時のもの。番外。「―ベッド」

エキスパート 〈expert〉その道に熟練した人。専門家。「法律の―」

エキスパンダー 〈expander〉筋肉をきたえるための運動器具。両手や手と足などでばねの両端を引っぱって広げる。

エキスポ【EXPO】 〈exposition から〉→エクスポ

えき・する【益する】 （自他サ変）シ（セ）・サ・シ・スル・スル・スレ・シロ（セヨ）利益を与える。ためになる。役に立つ。文えき・す（サ変）

えき・する【役する】 （他サ変）①人民を公用に使う。②使役する。使う。文えき・す（サ変）

えきせい-かくめい【易姓革命】 （天子の姓を易え命を革める意）古代中国の政治思想。天子は天命を受けてこの世を治めるのだから、天子に徳がないならば、代わって他の徳のある者が天子の位につくのは天の意志だとするもの。

エキセントリック 〈eccentric〉（形動ダ）ダロ・ダッ（デ・ニ）・ダ・ナ・ナラ・〇 極度に風変わりなさま。常識を超えたさま。「―な性格」

エキゾチシズム 〈exoticism〉異国情緒。異国趣味。外国風な感じ。エキゾチズム。「―豊かな街」

エキゾチック 〈exotic〉（形動ダ）ダロ・ダッ（デ・ニ）・ダ・ナ・ナラ・〇 異国的であるさま。異国情緒豊かなさま。「―な顔立ち」

えき-たい【液体】 《物》物質の状態の一つ。一定の体積をもつが、一定の形のない流動性のもの。水・油など。熱すれば気体に、冷やせば固体になる。⇩気体・固体

―くうき【―空気】 《化》空気を冷却圧縮して液化したもの。酸素と窒素の生産や低温実験に使う。

―さんそ【―酸素】 《化》圧力を加えて液体にした酸素。ロケット燃料・溶接・酸素吸入などに使う。

えき-ちく【役畜】 《農》農耕や運搬などの労役に使う家畜。

えき-ちゅう【益虫】 害虫を食べたり、花粉を媒介したりするなど、人間の生活に有益な昆虫。カイコ・ミツバチなど。↔害虫

えき-ちょう【益鳥】 テウ 害虫を捕らえて食べるなど、人間の生活に有益な野鳥。ツバメなど。↔害鳥

えき-ちょう【駅長】 チヤウ ①鉄道の駅の長。②昔の駅（＝宿場）の長。うまやのおさ。

えき-てい【駅逓】 ①宿場から宿場へ荷物などを送ること。駅伝。②「郵便」の旧称。

えき-でん【駅伝】 ①（「駅伝競走」の略）道路をいくつかの区間に分けて行う長距離リレー競走。②律令制における、駅と伝馬の制度。街道にそって宿駅を置き、そこに馬を備えて交通・通信の手段とした。はじまり ①は、一九一七（大正六）年、読売新聞が奠都五十年を記念し開催、京都・東京間

を走ったのが最初。東京・箱根間の大学駅伝は一九二〇（大正九）年から。

えき-とう【駅頭】 駅の前。駅の付近。「―で友人を送る」

えき-どめ【駅留め・駅止め】 鉄道便の荷物が、その宛先の近くの駅に止めおかれること。また、その制度。

えき-なか【駅中】 〘俗〙駅の構内にある商業施設。参考 多く「駅ナカ」と書く。

え-ぎぬ【絵絹】 ヱ― 日本画をかくのに用いる平織りの生絹（すずし）。

えき-ば【役馬】 〘農〙農耕や荷物の運搬などの力仕事に使う馬。

えき-ばしゃ【駅馬車】 欧米で鉄道出現以前に、主要都市間を結んで、定期的に旅客・貨物などを輸送した馬車。

えき-ひ【液肥】 〘農〙化学肥料を水に溶いたものなど、液状の肥料。水肥（みずごえ）。「―を施す」

えき-びょう【疫病】 ビヤウ― 悪性の流行病。感染症。「―が蔓延（まんえん）する」

えき-ビル【駅ビル】 駅舎をその一部に収め、他をデパート・商店街・ホール・食堂などに用いるビル。

えき-ふ【駅夫】 「駅手」の旧称。

えき-べん【駅弁】 （「駅売り弁当」の略）鉄道の駅の構内や車内で売っている弁当。はじまり 販売は明治十年代からという。最初の販売駅は、一八八五（明治十八）年の宇都宮（うつのみや）、一八七七（同十）年の大阪梅田、神戸などの諸説がある。

えき-まえ【駅前】 マヘ― 駅の出入り口の前あたり。「―商店街」

えき-む【役務】 義務として課せられた肉体労働。「―賠償（＝金銭によらず労務などの提供で支払う賠償）」

えきめん-けい【液面計】 〘化〙容器内の液面の高さを示す計器。

えき-ゆう【益友】 イウ― 交わってためになる友。語源「論語」の「益者三友（＝交際をしてためになる正直な人・誠のある人・知識のある人）」による語。

えき-り【疫痢】 〘医〙赤痢菌による幼児の急性感染症。高熱・嘔吐（おうと）・けいれん・昏睡（こんすい）を起こす。夏

えき-れい【疫△癘】 疫病の意の文語的表現。

えき-れい【駅鈴】 律令（りつりょう）制で、公用の使者が旅行するときに、駅で人や馬の使用を認める公の印として下付された鈴。

えき-ろ【駅路】 宿駅の設備のある道路。街道。うまやじ。

エクアドル 〈Ecuador〉南アメリカ北西部の太平洋岸、赤道直下に位置する共和国。首都はキト。語源 スペイン語で「赤道」の意。

えぐ-い【△蘞い】 エグイ（形）カロ・カッ(ク)・イ・イ・ケレ・○ ①あくが強くて、のどをいらいら刺激するような感じがする。「のどが―」②〘俗〙どぎつい感じを与える。ひどい。「―やり方」文 えぐ・し(ク)

エクササイズ 〈exercise〉①練習問題。②運動。体操。

エクスキューズ 〈excuse〉弁解。言い訳。

エクスクラメーション-マーク 〈exclamation mark〉感嘆を表す符号。感嘆符。「！」

エクスタシー 〈ecstasy〉快感が最高に達して興奮し我を忘れた状態になること。恍惚（こうこつ）。忘我の境。

エクスプレス 〈express〉急行列車・急行バス。急行便。

エクスポ【ＥＸＰＯ】 〈exposition から〉万国博覧会。博覧会。展覧会。見本市。エキスポ。

エクスポート 〈export〉■一（名）輸出。輸出品。■二（名・他スル）〘情報〙データを別のソフトウェアで使用可能な形式に変換して書き出すこと。（↔インポート）

エグゼクティブ 〈executive〉①上級管理職。②上級。

エクセレント 〈excellent〉（形動ダ）ダロ・ダッ(デ・ニ)・ダ・ナ・ラ・○ 人よりもすぐれているさま。優秀であるさま。

え-くぼ【△靨・笑△窪】 エ― 笑うと頰（ほお）にできる小さなくぼみ。「あばたも―」

エクラン 〈フランス écran〉①映写幕。スクリーン。②映画。

えぐり-だ・す【△抉り出す】 エグリ―（他五）サ(ソ)・シ・ス・ス・セ・セ ①えぐって取り出す。②隠された事実や物事の核心を見つけ出して明らかにする。「現代社会の暗部を―」

エクリチュール 〈フランス écriture〉①書くこと。②書かれたもの。文字。言語表現。③書き方。文体。

えぐ・る【△抉る・△刳る】 エグル（他五）ラ(ロ)・リ(ッ)・ル・ル・レ・レ ①刃物などを差し込んでくりぬく。「リンゴの芯を―」②人の心に苦痛や衝動を与える。「胸を―悲しみ」③内部に隠れていて、ふだん見逃されているものを鋭く指摘する。「問題の核心を―」可能 えぐ・れる（下一）

エクレア 〈フランス éclair〉細長いシュークリームの表面にチョコレートをぬった洋菓子。エクレール。

え-げ【会下】 ヱ―〘仏〙禅宗などで、師のもとに集まって修行する僧。また、修行する場所。えか。

えげつ-な・い （形）カロ・カッ(ク)・イ・イ・ケレ・○ 手段などが、露骨でいやらしい。厚かましくてあくどい。「やり方が―」

え-こ【依△怙】 気に入っているものだけをひいきにすること。えこひいき。「―の沙汰（さた）」

エコ 〈eco〉（「エコロジー」の略）自然環境に配慮していること。「―カー」「―ツーリズム（＝環境の保全に配慮しながら、自然や地域の文化などの魅力にふれる観光のあり方）」

エゴ 〈ラテン ego〉①自我。自己。②「エゴイズム」の略。「―をむき出しにする」

エゴイスティック 〈egoistic〉（形動ダ）ダロ・ダッ(デ・ニ)・ダ・ナ・ラ・○ 自分勝手なさま。利己的。利己主義的。「―な考え」「―な願望」

エゴイスト 〈egoist〉自分勝手で、何でも自己中心に考える人。利己主義者。

エゴイズム 〈egoism〉自分の利益だけを追求し、他人や集団の利害をかえりみない考え方。利己主義。エゴ。

え-こう【回向・△廻向】 ヱカウ（名・自他スル）〘仏〙①自分が積んだ功徳（くどく）を他に回し向けること。また、それによって極楽に往生すること。②経を読むなどして死者の供養をすること。

エコー 〈echo〉①山びこ。こだま。②音響装置によって作られる反響・残響。「―をかける」

―けんさ【―検査】 〘医〙生体内に超音波を発射し、その反射波（エコー）を利用して脳・臓器などを検査する方法。超音波検査。

―チェンバー 〈echo chamber 反響室〉似た考えをもつ人どうしが集まりやすいＳＮＳなどの場で、意見を発信すると同様の意見が返ってくることを、閉じた小部屋で音が反響する現象にたとえたもの。

エコ-カー 〈eco-car〉二酸化炭素や窒素酸化物の排出量が少ないなど、環境に配慮した自動車。

え-ごころ【絵心】 ヱ― ①絵をかいたり、絵のよさを理解したりする能力。「―がある」②絵をかこうとする気持ち。「―がわく」

え-こ-じ【依△怙地】 ヂ（名・形動ダ）→いこじ

え-ことば【絵言葉・絵△詞】 ヱ― ①絵や絵巻物の説明文。絵巻の詞書（ことばがき）。②詞書のついた絵巻。「伴大納言―」

エコノミー 〈economy〉①経済。②節約。「―プラン」

―クラス 〈economy class〉旅客機の、普通料金の席。

―クラス-しょうこうぐん【―クラス症候群】 シヤウコウグン〘医〙飛行機などの狭い座席に長時間同じ姿勢で座り続けることで起こる、血栓症などの症状の総称。語源 エコノ

ミークラスの搭乗客に多く発症したことからいう。

エコノミスト〈economist〉経済研究者。経済学者。

エコノミック-アニマル〈economic animal〉(経済上の利益だけを追求する動物の意から)国際社会で、経済第一主義に立って活動する日本人を批判的に評していった言葉。

エコ-バッグ〈和製英語〉買い物の際に、買った商品を入れるために持参する手提げ袋やバッグ。マイバッグ。

えこ-ひいき【依▵怙▵贔▵屓】(名・他スル)気に入っているものにだけ親切にしたり便宜をはかったりすること。えこ。

え-ごま【▵荏▵胡麻】〘植〙シソ科の一年草。山野に自生し、栽培もする。種子から油紙などに塗る油(荏えの油)をとる。

エコ-マーク〈eco-mark〉日本環境協会によって環境保全を考慮していると認定された商品に付けられるマーク。

え-ごよみ【絵暦】ヱ — ①歳徳神としとくじんや干支えとなどの絵を入れた暦。②文字を読めない人のために絵だけで表した暦。

エコロジー〈ecology〉①生態学。②人間と自然環境との関係を研究する学問。転じて、環境保護活動。

エコロジカル〈ecological〉(形動ダ)ダロ・ダッ(デ・ニ)・ダ・ナ・ナラ・〇 ①生態学にかかわるさま。②自然環境保護にかかわるさま。自然環境への配慮があるさま。「—な天然素材」

えさ【餌】エサ ①飼育する動物に与える食物。また、動物を捕らえるために用いる食物。え。「—をやる」「—をまく」②人を誘い込むために用いる金品や利益。「—をちらつかせる」「—で釣る」③〘俗〙人間の食べ物。「やっと—にありつく」

え-さがし【絵捜し・絵探し】ヱ — 絵の中に隠してかいた文字や形などをあてること。また、そのようにしくんだ絵。

え-し【絵師】ヱ — ①絵かき。画家。②昔、宮中や幕府で絵画のことをつかさどった職。

え-し【▵壊死】ヱ — (名・自スル)〘医〙体の組織や細胞の一部がこわれ、死んでしまうこと。また、その状態。「患部が—する」

え-じ【▵衛士】ヱ — 〘日〙律令りつりょう制における宮門警備の兵士。諸国の軍団の兵士から一年交替で選ばれた。

エシカル〈ethical 倫理的〉(形動ダ)ダロ・ダッ(デ・ニ)・ダ・ナ・ナラ・〇 地球環境や社会問題に配慮しているさま。「—消費」

え-しき【会式】ヱ — 〘仏〙①法会ほうえの儀式。②→おえしき

え-じき【餌食】ヱ — ①動物のえさとして食われる生き物。②他人の欲望や利益の犠牲になるもの。「悪人の—になる」

エジソン〈Thomas Alva Edison〉(一八四七〜一九三一)アメリカの発明家。電信機・電話機・蓄音機・白熱電灯などを発明・改良。特許は一〇〇〇余種におよび、発明王と呼ばれた。

エジプト〈Egypt〉(「エジプト・アラブ共和国」の略)アフリカ北東部にある共和国。首都はカイロ。ナイル川流域は古代文明の発祥地で、ピラミッドをはじめ遺跡が多い。参考「×埃及」とも書く。

え-しゃく【会釈】ヱ — 一(名・自スル)軽く頭を下げて礼をすること。「—して通る」二(名)思いやり。「遠慮—もない」

えしゃ-じょうり【会者定離】エシャ ヂャウリ 〘仏〙会う者はいつかは別れる運命にあるということ。この世の無常を説いた言葉。

エシャロット〈フランス échalote〉①〘植〙ヒガンバナ科の多年草。小形のタマネギに似る。鱗茎りんけいを薬味とする。シャロット。②土寄せして軟らかく栽培したラッキョウを若採りしたもの。エシャレット。

え-しん【回心・▵廻心】ヱ — (名・自スル)〘仏〙心を改めて、仏道に帰依きえすること。

エス【S】①〈small の頭文字〉「エスサイズ」の略。②〈sister の頭文字〉〘俗〙女学生間の同性愛。また、その相手。③〈sadist の頭文字〉サディスト。↔M

え-ず【絵図】エヅ ①絵。②家屋・土地・庭園などの平面図。絵図面。③絵地図。「江戸—」

エス-アイ【SI】〈フランス Système International d'Unités から〉→こくさいたんいけい

エス-イー【SE】〈systems engineer から〉→システムエンジニア

エス-エス-ティー【SST】〈supersonic transport から〉音速よりも速い旅客機。超音速旅客機。

エス-エヌ-エス【SNS】〈social networking service から〉〘情報〙インターネット上で、登録した会員どうしが情報を投稿・共有して交流する場を提供するサービス。ソーシャルネットワーキングサービス。

エス-エフ【SF】〈science fiction から〉科学的空想を駆使して描く小説。空想科学小説。「—作家」

エス-エフ-エックス【SFX】〈special effects から〉映画などで用いる特殊撮影技術。

エス-エム【SM】〈sadomasochism から〉サディズムとマゾヒズム。

エス-エム-エス【SMS】〈short message service から〉〘情報〙携帯電話どうしで短い文章を送受信するサービス。

エス-エル【SL】〈steam locomotive から〉蒸気機関車。

エス-オー-エス【SOS】①船などが遭難したときに救助を求める無電信号。遭難信号。②助けを求めること。

え-すがた【絵姿】ヱ — 絵にかいた人の姿。肖像。絵像。

エスカルゴ〈フランス escargot〉〘動〙食用のカタツムリ。

エスカレーション〈escalation〉段階的に物事が拡大したり、激しくなったりすること。

エスカレーター〈*escalator〉①自動的に、人や荷物を上下の階に運ぶ階段状の装置。②(比喩ひゆ的に)上級学校へ入学試験なしに自動的に進学できるしくみ。はじまり①は、アメリカのオーチス社が商品化。日本では、一九一四(大正三)年、東京日本橋の百貨店三越に設置されたのが最初。

エスカレート〈escalate〉(名・自スル)段階的に物事が拡大したり、激しくなったりすること。「紛争がますます—する」

エスキス〈フランス esquisse〉下絵。また、スケッチ。

エスキモー〈Eskimo〉北極海沿岸の北アメリカ・グリーンランドを中心に住むモンゴル系の先住民族。「—犬」参考カナダでは自称の「イヌイット(=人間の意)」を用いる。

エス-きょく【S極】〈S は south から〉磁石の磁極のうち、南を指すほうの極。↔N極

エスケープ〈escape〉(名・自スル)①逃げること。②〘俗〙学生が授業途中の教室から抜け出して授業をサボること。

エスコート〈escort〉(名・他スル)護衛すること。主として男性が女性につきそうことをいう。「彼女を—する」

エス-サイズ【Sサイズ】〈small size から〉衣服などの大きさで標準より小さいもの。S判。⇨Mサイズ・Lサイズ

エスタブリッシュメント〈establishment〉既成の秩序・体制。権力機構。支配階級。

エステ ①「エステティック」の略。②(「エステティックサロン」の略)全身美容を行う美容院。「—に通う」

エス-ディー-ジーズ【SDGs】〈Sustainable Development Goals から〉持続可能な開発目標。貧困・飢餓対策や不平等の解消、環境・資源の保全など国際社会が達成すべき一七の項目を掲げる。二〇一五年国連サミットで採択。

エステティック〈フランス esthétique〉美顔・美肌術や痩身法などによる全身美容。エステ。「—サロン」

エステル〈ester〉〖化〗酸とアルコールから生じる、水に溶けず芳香をもつ化合物。溶剤・食品の香料などに用いる。

エストニア〈Estonia〉バルト海に面した共和国。バルト三国の一つ。一九九一年ソ連から独立。首都はタリン。

エスニック〈ethnic〉(名・形動ダ)民族的であること。また、そのさま。「—アート」「—料理」

エス-は【S波】〈secondary wave(第二の波)から〉〖地質〗地震のときに、波の進行方向に対して直角の方向に振動する横波。P波のあとに到達する。⇩P波

エスパー〈和製英語〉(「ESP(=超能力)」を持つ人の意)超能力を持つ人。超能力者。

エス-ピー【SP】①〈security police から〉要人を警護する私服の警察官。②→エスピーばん

—ばん【—盤】〈standard playing record から〉一分間に七八回転するレコード盤。SP

エスプリ〈フランス esprit〉①心。精神。また、精髄。「フランス文学の—」②才気。機知。「—に富む話」

エスプレッソ〈イタリア espresso〉深く煎ったコーヒー豆を挽いて蒸気を通して一気にいれた濃いコーヒー。また、その器具。

エスペラント〈Esperanto 希望する人〉一八八七年、ポーランド人ザメンホフが万国共通語として創案した人工語。

え-ずめん【絵図面】家屋・土地・庭園などを絵画的に示した平面図。「城の—」

エス-ユー-ブイ【SUV】〈sport utility vehicle から〉乗用車の一種。アウトドアスポーツなどに適した機能・装備を持つ多目的車。

エスワティニ〈Eswatini〉アフリカ南東部にある王国。二〇一八年、スワジランドから国名変更した。首都はムババーネ。

えせ-【×似非・×似而非】(接頭)(名詞に付けて)「似ているが本物ではない」「まやかしの」の意を表す。「—紳士」「—聖」

え-そ【◦壊△疽】〖医〗壊死した組織が腐敗したり黒変したりしたもの。脱疽。

えぞ【×蝦夷】①古代、奥羽地方や北海道に住んでいた種族。蝦夷。夷。東夷。②北海道の古名。蝦夷地。

え-ぞう【絵像】絵にかいた人の姿。肖像。絵姿。

え-ぞうし【絵草紙・絵双紙】①江戸時代、事件などを絵入りで説明し、一、二枚の紙に印刷したもの。かわら版。②江戸時代に流行した、絵を主体とした通俗的な読み物。赤本・青本・黄表紙などの草双紙の別名。③錦絵。

えぞ-ぎく【×蝦夷-菊】〖植〗キク科の一年草。夏から秋に、紫・薄紅・白などの大形の頭状花を開く。アスター。夏

えぞ-まつ【×蝦夷-松】〖植〗マツ科の常緑高木。唐檜の原種。北海道など寒地に自生。材は建築・器具・パルプ用。

え-そらごと【絵空事】(画家が想像を加え実際より誇張して描くことから)現実にはあり得ないこと。「その計画は—だ」

えた 江戸時代、士農工商の下におかれた最下層の身分の人々。また、その人々の子孫を不当に差別して用いた蔑称。一八七一(明治四)年、法制上は平民とされたが、今なお社会的な差別や偏見が残っている。

えだ【枝】①草木の茎や幹から分かれて生長した部分。②ものの本題や本筋から分かれ出たもの。

え-たい【得体】ほんとうの姿。正体。「—が知れない」

えだ-うち【枝打ち】(名・他スル)木の発育などのために木の下枝・枯れ枝を切り落とすこと。枝おろし。「杉の—」冬

えだ-げ【枝毛】毛髪の先端が木の枝のように裂けているもの。

えだ-ずみ【枝炭】ツツジ、または、クヌギの小枝を焼いてつくった炭。茶道で用いる。冬

えだ-にく【枝肉】牛や豚などの、血液・頭・内臓・皮・四肢の先端・尾などを取り除いた骨付きの肉。

エタノール〈ドイツ Äthanol〉エチルアルコール。アルコール。

えだ-は【枝葉】①枝と葉。②物事のたいせつでないさまいな部分。末節。「話が—にわたる」

えだ-ばん【枝番】(「枝番号」の略)分類番号をさらに細かく分けるときに付ける番号。「15-2」の「2」の類。

えだ-ぶり【枝振り】木全体を見たときの、枝ののびぐあいやかっこう。「—のよい松」

えだ-まめ【枝豆】枝ごともぎ取った未熟な青い大豆。さやのまま塩ゆでにして食べる。秋(夏)

えだ-みち【枝道】①本道から分かれた細い道。②物事の本筋からはずれたところ。「話が—にそれる」

え-たり【得たり】(感)(「たり」は文語助動詞)思いどおりになったときに発する語。うまくいった。「—とばかりほくそえむ」

—賢し 望みどおりになったときの表現。しめた。**—や応** 心得て受けとめるとき、また、うまくいったときに発する語。

—がお【—顔】得意げな顔つき。したり顔。

えだ-わかれ【枝分〔か〕れ】(名・自スル)①木の枝が分かれること。②本来一本であったものが、ある所から何本にも分かれること。「いくつもの流派に—する」

エタン〈ethane〉〖化〗天然ガスや石炭ガス中に含まれている無色・無臭の可燃性気体。引火性・爆発性がある。

エチオピア〈Ethiopia〉アフリカ東北部にある連邦民主共和国。首都はアディスアベバ。

エチケット〈フランス étiquette〉日常生活の中や社交上での心配りや作法。「登山者の—」「—に反したふるまい」

えちご【越後】旧国名の一つ。現在の佐渡を除いた新潟県。越州。

—じし【—△獅子】越後(新潟県)の旧月潟村にはじまった獅子舞。少年が獅子頭をかぶり、逆立ちなどの芸をしながら、金銭を請い歩いた。角兵衛獅子。新年

えちぜん【越前】旧国名の一つ。現在の福井県東部。越州。

エチュード〈フランス étude〉①〖音〗練習曲。また、練習曲風に書いた演奏曲。②〖文〗習作。試論。③〖美〗習作。試作。

エチルアルコール〈ドイツ Äthylalkohol〉→アルコール②

エチレン〈ethylene〉〖化〗エタノールと濃硫酸とを熱すると生じる無色可燃性の気体。合成繊維・合成樹脂などのほか、多くの化学製品の基礎原料となる。

えつ【悦】エツ㊥ よろこぶ

(字義)①よろこぶ。よろこび。「喜悦・法悦」②たのしむ。たのしみ。「悦楽・愉悦」人名 いち・え・ちから・と・とし・のぶ・よし

えつ【悦】気に入って、また満足して喜ぶこと。

—に入る 物事がうまくいって、心の中でひそかに喜ぶ。

えつ【越】エツ(ヱツ)㊥・オチ(ヲチ)・オツ(ヲツ) こす㊥・こえる㊥

(字義)①こえる。こす。㋐渡る。踏みこえる。「越境」㋑経る。経過する。「越年」㋒分にすぎる。度をすごす。「越権・激越・僭越」㋓すぐれる。ぬきんでる。「卓越・超越・優越」②「越の国」の略。「越後・越前・越州・越中」③「越南」の略。「中越国境」難読 越天楽・越度・越訴 人名 お・こえ・こし

えつ【越】エツ〖世〗中国の国名。周代に浙江地方に建国。呉と争い、王勾践は紀元前四七三年、呉王夫差を破って覇

者の一人となった。紀元前三三四年、楚に敗れてのち滅亡。

えつ【謁】【謁】 エツ㊥ 言 訂 訶 謁 謁 謁
(字義) ①名刺。②まみえる。身分の高い人に面会する。「謁見・拝謁」

えつ【謁】 高貴な人に会うこと。おめみえ。「ーを賜る」

えつ【閲】 エツ㊥ けみする 丨 門 門 門 閲 閲 閲
(字義) ①けみする。しらべる。㋐一つ一つしらべる。「閲兵・検閲・校閲・披閲」㋑書物をみる。「閲読・閲覧」②経る。経過する。「閲歴」

えつ【閲】 書類などを調べ見ること。「ーを請う」

えっ-きょう【越境】 エッキャウ (名・自スル) 国境や境界線を越えること。「ー入学」

エッグ〈egg〉卵。鶏卵。「ハムー」

え-づ・く【餌付く】 エ (自五) カ(コ)・キ(イ)・ク・ク・ケ・ケ 鳥や動物がなれて人の与えるえさを食べるようになる。「野生の猿がー」

エックス【X・x】 ①《数》未知数を表す符号。②未知の事柄。

ーきゃく【ー脚】 直立して膝を合わせたとき、膝から下が外側に曲がりX字形になっている脚。↔O脚

ーせん【ー線】《物》(「未知の線」の意) 一八九五年、ドイツのレントゲンが発見した放射線。波長がごく短い電磁波で、透過力が強く、医療などに利用される。レントゲン線。

ーデー〈和製英語〉多くの人が関心を寄せる重大な事が起こるとされる、近い将来のある日。また、計画を実行する日。

え-つけ【絵付け】 エ (名・自スル) 陶磁器の表面に絵や模様を描くこと。

え-づけ【餌付け】 エ 野生の動物を、人の与えるえさを食べるまでにならすこと。「ーに成功する」

えっ-けん【越権】 エッ まかせられた権限以上のことをすること。越権。「ー行為」

えっ-けん【謁見】 (名・自スル) 身分の高い人に面会すること。「国王にーする」

エッジ〈edge〉①端。へり。ふち。②スキー板の滑走面の端の金属板。③スケート靴の氷面にふれる金属部分。

えっ・する【謁する】 (自サ変) シ(セ・サ)・シ・スル・スル・スレ・セヨ 身分の高い人に会う。お目にかかる。「将軍にー」文えっ・す(サ変)

えっ・する【閲する】 シ(セ・サ)・シ・スル・スル・スレ・セヨ ㊀(他サ変) 書類などの内容に目を通す。検閲する。けみする。㊁(自サ変) 年月がたつ。経る。けみする。「その後三年をーして」文えっ・す(サ変)

エッセイ〈essay〉①《文》構成や表現の形式の自由な散文。随筆。随想。②試論。小論文。参考「エッセー」とも書く。

エッセイスト〈essayist〉エッセイを書く人。随筆家。

エッセンシャル〈essential〉(形動ダ) ダロ・ダッ(デ・ニ)・ダ・ナ・ナラ・〇 本質的なさま。必須なさま。「ーオイル(=精油)」

ーワーカー〈essential worker〉医療・流通など社会生活の維持に必要不可欠な仕事に従事する人。キーワーカー。

エッセンス〈essence〉①物事の本質。精髄。②植物からとり出した香りの成分。食品・香料などに使う。「バニラー」

えっそ-の-つみ【越俎の罪】 エッソ 自分の職分を越えて他人の権限内に立ち入る罪。越権の罪。
【故事】祭りのとき供物の肉をのせる台(=俎)は神主の所管で、肉は料理人が取り扱う。仮に、料理人がうまく調理できない場合でも、神主が自分の職分を越えて料理人の仕事に立ち入るものではないという話による。〈荘子〉

エッチ【H】 ㊀(名)〈hard の頭文字〉鉛筆の芯の硬さを示す符号。Hの数が多くなるほど、芯は硬くなる。エイチ。↔B ㊁(名・自スル・形動ダ)《俗》〈hentai(変態)の頭文字〉性的にいやらしいことを露骨に言ったり、したりすること。また、そういう人。また、性行為。セックス。「ーな話」「ーな人」

エッチ-アイ-ブイ【HIV】〈human immunodeficiency virus から〉《医》ヒト免疫不全ウイルス。エイズの原因となるウイルス。

エッチ-ティー-エム-エル【HTML】〈hypertext markup language から〉《情報》ウェブ上に情報を表現するための言語。文字だけでなく音声や画像も組み込みが可能。

エッチ-ビー【HB】〈hard black から〉鉛筆の芯で、標準的な硬さであることを示す記号。

えっ-ちゅう【越中】 エッチュウ ①旧国名の一つ。現在の富山県。越州。②「越中褌」の略。

ーふんどし【ー褌】 長さ一メートル、幅三六センチメートルぐらいの布にひもをつけたT字形のふんどし。越中。

えっちら-おっちら (副) 物を背負ったり坂道を上ったりするとき、大儀そうにゆっくり歩くさま。「ー(と)山道を登る」

エッチング〈etching〉版画の一種。ろう引きの銅板に彫刻し、酸で腐食させてつくる。また、その印刷物。腐食銅版画。

えっ-とう【越冬】 エッ (名・自スル) 冬を越すこと。「ー資金」

えつ-どく【閲読】 (名・他スル) 調べながら注意深く読むこと。

えつ-ねん【越年】 エッ (名・自スル) 年を越して新しい年を迎えること。越年。「ー資金」

ーせい-しょくぶつ【ー生植物】《植》種子が秋に発芽して越冬し、次の年の春に開花結実して枯れる一年生草本植物。ナズナ・ハハコグサなど。越年草。

えっ-ぷく【悦服】 (名・自スル) 心の底から喜んで従うこと。

えっ-ぺい【閲兵】 (名・他スル) 整列・行進する兵士を元首・司令官などが検閲すること。「ー式」

え-つぼ【笑壺】 エ にこにこと満足そうに笑うこと。

ーに入る 思いどおりになって満足する。

えつ-らく【悦楽】 喜び楽しむこと。「深いーにひたる」

えつ-らん【閲覧】 (名・他スル) 書籍・書類などを調べながら見たり読んだりすること。「ー室」「図書をーする」

えつ-れき【閲歴】 ある人の経験してきた事柄。経歴。履歴。

え-て【得手】 ①得意とするわざ。「ー不得手」②わがまま。「ー勝手」③猿のこと。えてこう。参考③は猿が「去る」に通じるのを忌み避けていう語。

ーに帆を揚げる 好機に得意なことをいい調子で行う。得手に帆をかける。得手に帆。

え-て【得て】 (副) ややもすれば。とかく。得てして。

エディター〈editor〉①編集者。②《情報》文字データなどを編集するためのソフトウエア。テキストエディター。

エディプス-コンプレックス〈Oedipus complex〉《心》男の子が無意識のうちに同性である父親にそむき、母親を慕う傾向。↔エレクトラコンプレックス

えて-かって【得手勝手】 (名・形動ダ) 自分だけに都合のよいように行動すること。また、そのさま。わがまま。自分勝手。

えて-して【得てして】 (副) ある傾向になりがちであるさまを示す語。ややもすると。とかく。「過信するとー失敗しがちだ」

エデン〈ヘブライ Eden 歓喜〉「旧約聖書」の創世記で、人間の始祖アダムとイブが住んだという楽園。エデンの園。

えてん-らく【越天楽】 エテンラク《音》雅楽の曲名。舞を伴わない管弦の曲。唐から伝来した。その旋律に今様歌をあてて盛んに歌われ、のち、箏曲や能にも取り入れられた。

え-と【干支】 (「兄」と「弟」の意) ①五行を兄と弟に

分けた十干と十二支とを組み合わせた甲子・乙丑・丙寅などの六〇組をいう。年月日などにあてはめて用いる。干支。②十二支。

え-ど【穢土】エ―〘仏〙けがれている国土。現実の世の中。娑婆。現世。「厭離―」↕浄土

えど〔江戸〕「東京」の旧称。今の皇居の地に居館のあった江戸氏にちなんだ名。一六〇三（慶長八）年、徳川家康が幕府を開いて政治・経済の中心となった。一八六八（慶応四）年、東京と改称。

―の敵を長崎で討つ 意外なところ、または筋違いのことで仕返しをすることのたとえ。

えど-おもて【江戸表】 地方から江戸を指していった語。

えど-がろう【江戸家老】ガラウ― 江戸時代、江戸の藩邸に勤務していた諸大名の家老。↕国家老

え-とき【絵解き】エ―（名・他スル）①絵の意味を説明すること。また、その言葉。②絵で説明を補うこと。③なぞを解くこと。

え-とく【会得】エ―（名・他スル）理解して、すっかり自分のものとすること。「奥義を―する」

えど-じだい【江戸時代】〘日〙徳川家康が一六〇三（慶長八）年江戸に幕府を開いて以後、一八六七（慶応三）年徳川慶喜の大政奉還までの時代。後期封建時代にあたる。徳川時代。参考 一六〇〇（慶長五）年の関ケ原の戦いでの家康の勝利を始まりとする説もある。

エトス〈ギリシャ ēthos〉〘哲〙人間の持続的な心の特質。ふつう社会的・民族的な慣習・風俗をいい、また、芸術作品に流れる道徳的気質の意にも用いる。エートス。↕パトス

エトセトラ〈ラテン et cetera, etc.〉…など。等。その他。

えどっ-こ【江戸っ子】 江戸で生まれ育った人。東京で生まれ育った人にもいう。「生粋の―」「ちゃきちゃきの―」

えど-づま【江戸褄】 和服で、前身頃から衽にかけて斜めに模様を染め出したもの。語源 江戸幕府の大奥の女中から始まったことからという。

えど-づめ【江戸詰〔め〕】 江戸時代、参勤交代により、大名とその家臣が江戸の藩邸に勤務したこと。↕国詰め

えど-ばくふ【江戸幕府】〘日〙一六〇三（慶長八）年、徳川家康によって江戸に開かれた中央政治機関。一八六七（慶応三）年まで、一五代二六五年間続いた。徳川幕府。

えど-まえ【江戸前】マヘ― ①（江戸の前の海（＝東京湾）の意から）江戸の海でとれた新鮮な魚。②江戸風。「―ずし」

えど-むらさき【江戸紫】 あい色がかった紫色。語源 近世、江戸で染めはじめたことからいう。⇩古代紫

エトランゼ〈フランス étranger〉①外国人。異邦人。②見知らぬ他人。旅人。参考「エトランジェ」ともいう。

え-ど・る【絵取る】エ―（自他五）ラ(ロ)・リ(ッ)・ル・ル・レ・レ ①彩色する。いろどる。②書いた字や絵をなぞって書く。「手本を―」

え-な【胞衣】〘生〙胎児を包んでいる膜や胎盤などの総称。

エナジー〈energy〉→エネルギー

エナメル〈enamel〉①金属や陶器に塗るガラス質のうわぐすり。琺瑯。②ワニスに顔料を加えた、光沢のある塗料。エナメルペイント。③②を塗ってつやを出した革。「―の靴」

えに-し【縁】 人と人との結びつき。男女間の縁。「深い―の糸」「ふしぎな―で結ばれる」語源「縁」の「ん」を「に」と表記した「えに」に副助詞「し」の付いた語。

エニシダ〈スペイン hiniesta〉〘植〙マメ科の落葉低木。ヨーロッパ原産。初夏、濃緑色の枝に黄色い蝶の形をした花をつける。観賞用。夏 参考「金雀児・金雀枝」とも当てる。

え-にっき【絵日記】エ― その日の主なできごとを絵で描き、文章を添えた日記。また、絵で描く日記。

エヌ-エイチ-ケー【NHK】〈Nippon Hoso Kyokai から〉日本放送協会。日本の公共放送を行う事業体。

エヌ-きょく【N極】〈Nは north から〉磁石の磁極のうち、北を指すほうの極。↕S極

エヌ-ジー【NG】〈no good から〉①〘映〙撮影で失敗があって撮り直しをすること。また、その失敗したフィルム。「―を出す」②〘俗〙よくないこと。だめなこと。「その種の発言は―だ」

エヌ-ジー-オー【NGO】〈non-governmental organization から〉非政府組織。平和・人権問題や発展途上国への援助などの国際的な活動を行う、民間協力組織。

エヌ-ピー-オー【NPO】〈nonprofit organization から〉民間非営利組織。事業収益を目的とせず、政府や企業から独立して公益活動に取り組む団体の総称。

エネルギー〈ドイツ Energie〉①〘物〙物体が仕事をなしうる能力。また、その量。単位はジュール。②仕事や活動をするのに必要な力。元気。精力。「試合で―を使い果たす」③動力を生み出す資源。石油・石炭・原子力など。「省―」

エネルギッシュ〈ドイツ energisch〉（形動ダ）ダロ・ダッ(デ・ニ)・ダ・ナ・ナラ・〇 活力が満ちあふれているさま。精力的。「―に活躍する」

え-の-あぶら【荏の油】 エゴマの実からとった油。油紙・リノリウム・ペイントなどの原料になる。

え-の-き【榎】〘植〙アサ科の落葉高木。高さは約一〇―二〇メートル。昔は一里塚に植えられた。四、五月ごろ淡黄色の小花を多数つける。（榎の花 夏）

―たけ【―茸】 担子菌類タマバリタケ科のきのこ。秋から春にかけて、広葉樹の切り株などに生じる。かさは黄褐色で粘りがある。栽培品は淡黄白色で細い。食用。えのきだけ。

え-の-ぐ【絵の具】エ― 絵に色をつけるのに使う材料。特に、水などで溶いて使うものをいう。顔料。

えのもときかく〔榎本其角〕（一六六一―一七〇七）江戸前期の俳人。のち宝井氏。江戸（東京都）生まれ。蕉門十哲の一人。江戸俳壇で活躍。句集「五元集」、選集「虚栗」など。

え-ば【絵羽】エ― ①「絵羽羽織」の略。②「絵羽模様」の略。

エバ〈ラテン Eva〉→イブ(Eve)

え-はがき【絵葉書】エ― 裏面に写真や絵のある葉書。

え-はつ【衣鉢】→いはつ（衣鉢）

えば-はおり【絵羽羽織】エバ― 絵羽模様のついた女性用の羽織。外出・訪問用。絵羽。

えば-もよう【絵羽模様】エバモヤウ 〘服〙和服で、縫い目をまたいで一つの柄をなす模様。女性の訪問着や羽織に用いる。絵羽。

えび【海老・蝦】〘動〙節足動物甲殻類でエビ類の総称。かたい殻におおわれ一〇本のあしと四本の触角をもつ。淡水または海水産で種類が多く、食用になるものも多い。

―で鯛を釣る 少ない元手で多くの利益を得るたとえ。

え-ひがさ【絵日傘】エ― 絵模様のある日傘。夏

えび-がに【海老蟹・蝦蟹】「ざりがに」の別称。

エピキュリアン〈epicurean〉享楽主義者。快楽主義者。語源 もとは、エピクロス学派の哲学者の意。ギリシャの哲学者エピクロスが精神的な喜びに楽しみを見いだすことを説いたことからいう。

エピグラム〈epigram〉機知に富んだ短い風刺詩。警句。

エピゴーネン〈ドイツ Epigonen〉他の人の思想や芸術・学問をまねするばかりで独創性のない人。模倣者。追随者。亜流。

えび-じょう【海老錠・蝦錠】ヂャウ― 門のかんぬきなどにおろす、エビのように半円形に曲がった大きな錠。

えびす【夷・戎】①→えぞ① ②都から遠く離れた未開地の

人。③荒々しい人。また、荒々しい武士。語源「えみし」の転。

えびす【×恵比須・×恵比寿・△夷】七福神の一。大黒天とともに商売繁盛・福の神とされる。⇨七福神(さしえ)

―がお【―顔】(ガホ) (えびすのような)にこにこした顔つき。

―こう【―講】(カウ) 商家でえびすを祭って繁栄を祈る行事。陰暦の十月二十日などに行う。冬 秋

エピソード〈episode〉①話の本筋に関係なく途中にはさむ小話。挿話(そうわ)。②人物や物事に関するおもしろい小話。逸話。「意外なー」③〔音〕楽曲の主題と主題の間の挿入部分。

えび-たい【×海老△鯛・△蝦△鯛】(タヒ) ―「えびで鯛(たい)を釣る」の略。

えび-ちゃ【×海老-茶・×葡萄-茶】(「えび」はヤマブドウの意)黒みがかった赤茶色。「―の袴(はかま)」

エピック〈epic〉〔文〕叙事詩。英雄詩。↔リリック

えび-づる【×蘡薁・×葡萄△蔓】〔植〕山野に自生するブドウ科のつる性低木。葉はハート形、裏面は淡褐色で綿毛がある。花は薄い黄緑色。果実は黒く熟し、食用。えびかずら。秋

エビデンス〈evidence〉証拠。科学的な根拠。「―を示す」「治療効果に関する―」

えび-ね【×海老-根・△蝦根】〔植〕ラン科の多年草。山林や竹やぶに自生し、春に紫褐色で中央が白または淡紅色の花を一〇個ほどつける。根茎は節が多く、その形がエビに似る。

えひめ〔愛媛〕四国北西部の県。県庁所在地は松山市。

えびら【△箙】矢を入れて背に負う武具。「―を負う」

〔えびら〕

エピローグ〈epilogue〉①演劇で最後に劇中人物が観客に向かって述べる言葉。また、詩や小説などの終わりの部分。終章。②物事の終わり。物事の結末。(↔プロローグ)

え-ふ【絵符・会符】(ヱ) ―①江戸時代、武家や公家などの荷物を輸送する際に、その荷であることを示した名札。②荷札。

え-ふ【◇衛府】(ヱ) ―①古代、宮中の警備を担当した六つの役所。左右の近衛(この)府・衛門府・兵衛(ひょうえ)府の総称。②①に属する武人。衛府司(えふづかさ)。

エフ-エー【FA】→フリーエージェント

エフ-エー-オー【FAO】〈Food and Agriculture Organization から〉国連食糧農業機関。農産物の生産・流通の改善等を通じて、世界の食糧問題の解決をめざす。国連の専門機関の一つ。

エフェクト〈effect〉効果。特に、放送や演劇・映画などでの音響効果。「サウンドー」

エフ-エックス【FX】〈foreign exchange から〉(「FX取引」の略)証拠金を担保として証券会社などに預け、外国通貨の売買を行う取引。外国為替(かわせ)証拠金取引。

エフェドリン〈ephedrine〉〔化〕麻黄(まおう)に含まれるアルカロイド。喘息(ぜんそく)の治療薬。また、覚醒剤の原料にもなる。

エフ-エフ【FF】〈front engine front drive から〉自動車で、車体前部のエンジンの動力が前輪に伝わる方式。前輪駆動。

エフエム-ほうそう【FM放送】(―ハウソウ)〈FM は frequency modulation から〉信号の強弱に応じて電波の周波数を変化させる、周波数変調方式によるラジオ放送。雑音が少なく高音質なので音楽放送に適する。⇨AM放送

え-ふで【絵筆】(ヱ) ―絵をかくのに使う筆。画筆(がひつ)。「―をとる」

エフ-ビー-アイ【FBI】〈Federal Bureau of Investigation から〉連邦捜査局。アメリカ合衆国司法省の一局。州を超えて連邦全体の捜査に当たる。

え-ぶみ【絵踏み】(ヱ) ―→ふみえ①

エプロン〈apron〉①西洋風の前掛け。②空港で、貨物の積みおろしや旅客の乗降などのために、飛行機が停留する場所。③「エプロンステージ」の略。

―ステージ〈apron stage〉劇場の舞台で、観客席の中まで突き出している部分。前舞台。エプロン。

エベレスト〈Everest〉ヒマラヤ山脈中にある、世界の最高峰。海抜八八四八メートル。参考チベット語名はチョモランマ、ネパール語名はサガルマータ。

えへん(感)せきばらいの声。また、いばったり得意がったりするときに、せきばらいをまねて出す声。えっへん。

え-ほう【恵方・◇吉方】(ヱハウ・ハウ) ―その年の干支(えと)により決められた縁起のよい方角。歳徳神(としとくじん)のいる方角。新年

―まいり【―参り】(マヰリ) 正月に恵方にあたる神社・寺院に参拝し、その年の幸運を祈ること。新年

―まき【―巻〔き〕】節分の日に、その年の恵方を向いて丸かじりすると縁起が良いとされる太巻き寿司。丸かぶり寿司。

え-ぼし【△烏◇帽子】昔、成人した男子が用いた被(かぶ)り物の一種。布や紙で作られ、種々の形がある。一五世紀以降は儀礼用となり、現在は神官などが用いる。

風折(かざおり)烏帽子　侍(さむらい)烏帽子　立(たて)烏帽子

〔えぼし〕

えぼ-だい【えぼ△鯛】(ダヒ) ―→いぼだい

エポック〈epoch〉新時代。新段階。

―メーキング〈epoch-making〉(形動ダ)(ダロ・ダッ(デ・ニ)・ダ・ナ・ラ・○) 新時代を開くほど画期的なさま。「―な発見」

エボナイト〈ebonite〉生ゴムに硫黄を加え熱して作った黒い物質。電気の絶縁材料・万年筆の軸などに使用。

エホバ〈Jehovah〉→ヤハウェ

エボラ-しゅっけつねつ【エボラ出血熱】〈Ebola〉〔医〕エボラウイルスによる感染症。高熱と出血を引き起こし、致死率が高い。一九七六年、ザイール(現コンゴ民主共和国)のエボラ川周辺で発生し、その後もアフリカ各地で流行をくり返している。

え-ほん【絵本】(ヱ) ―①絵を主とした子供向けの本。②さし絵を主とした江戸時代の通俗的な読み物。絵草紙。

え-ま【絵馬】(ヱ) ―祈願または祈願成就のお礼のために神社や寺に奉納する絵入りの額。参考馬の代わりに馬の絵を奉納したのが始まり。

〔えま〕

エマージェンシー〈emergency〉非常事態。緊急事態。「―コール」

え-まき【絵巻】(ヱ) ―〔美〕「絵巻物」の略。

―もの【―物】〔美〕物語や社寺の縁起などを絵で表し、言葉を添えて巻物としたもの。絵巻。絵詞(えことば)。

えみ【笑み】(ヱミ) 笑うこと。ほほえみ。「満面に―を浮かべる」

えみし【×蝦夷】「えぞ①」の古称。

えみ-わ・れる【笑み割れる】(ヱミ) ―(自下一)(レ・レ・レル・レレ・レロ(レヨ)) 栗

栗のいがや果実などが熟して自然に割れる。文ゑみわ・る(下二)

エム【M】 ①〈medium の頭文字〉「エムサイズ」の略。②〈man の頭文字〉「男性」を表す略号。↕W ③〈magnitude から〉地震の規模「マグニチュード」を表す記号。④〈masochist の頭文字〉マゾヒスト。↕S

え・む【笑む】ヱム(自五) ①にっこりする。②(比喩的に)つぼみがほころぶ。栗のいがや果実が熟して裂ける。

エム-アール-アイ【MRI】〈magnetic resonance imaging から〉〖医〗人体の水素原子核に電磁波をあてて共鳴現象を起こさせ、放出されるエネルギーをコンピューターによって画像化し断層像をつくる診断法。磁気共鳴画像法。

エム-アール-エー【MRA】〈magnetic resonance angiography から〉〖医〗MRI(磁気共鳴画像法)を利用して血液の流れを画像化する方法。磁気共鳴血管造影。

エム-オー【MO】〈magneto-optical disk から〉レーザー光を磁性体にあてて、データの書き込みや読み出しを行う記憶媒体。光磁気ディスク。

エムケーエス-たんい【MKS単位】—タンヰ〈MKSは meter, kilogram, second から〉長さにメートル、重さにキログラム、時間に秒を基礎単位として用いる単位の体系。MKS単位系。⇩CGS単位

エム-サイズ【Mサイズ】〈medium size から〉衣服などの大きさで標準の大きさのもの。M判。⇩Sサイズ・Lサイズ

エム-シー【MC】〈master of ceremonies から〉①司会者。②コンサートで曲と曲との間に入れるおしゃべり。

エム-ディー【MD】〈Mini Disc から〉→ミニディスク

エム-ピー【MP】〈Military Police から〉アメリカ陸軍の憲兵。

エム-ブイ-ピー【MVP】〈most valuable player から〉プロ野球などのチームスポーツで、最優秀選手。また、その選手に与えられる賞。

エメラルド〈emerald〉〖地質〗緑色の宝石。緑柱石のうち、透明で美しいもの。翠玉。翠緑玉。「—グリーン」

え-も-いわれぬ【えも言われぬ】—イハレヌ 言葉では言い表せない(ほどに良い)。えもいえぬ。「—美しさ」

エモーション〈emotion〉感情。情緒。情動。

え-もじ【絵文字】ヱ— ①文字のない時代に意志の伝達・記録などのために描かれた絵。古代象形文字の源となった。ピクトグラフ。②文字や言葉のかわりに用いる単純化した絵。

え-もの【得物】 得意とする武器。また単に、武器。

え-もの【獲物】 ①漁や狩猟でとったもの。また、これからとろうとするもの。「—をねらう」②戦利品。ぶんどり品。

え-ものがたり【絵物語】ヱ— 絵入りの物語。

え-もん【◦衣紋】 ①着物のえりの、胸で合わせたところ。「抜き—」②衣服や装束の作法にかなった着方。「—を繕う」

—かけ【—掛け】 ①和服を掛けてつるしておくための、短い棒。また、ハンガーの別称。②衣桁。

—だけ【—竹】 竹でできたえもん掛け。夏

え-もん【◦衛門】ヱ— 〖日〗「衛門府」の略。

—ふ【—府】〖日〗六衛府の一つで、宮中諸門の警備などをつかさどった左右二つの役所。衛門。

え-やみ【◦疫病・△瘧】〖古〗①悪性の流行病。疫病。②今のマラリアに似た病気。おこり。わらわやみ。

え-よう【◦栄△耀】エウ— 「えいよう(栄耀)」の転。

えら【△鰓】 ①水生動物の呼吸器官。脊椎動物では、魚類と両生類の幼生とにある。酸素を取り入れ、二酸化炭素などを排出する。②〖俗〗人の下あごの左右の部分。「—の張った顔」

エラー〈error〉誤り。過失。失敗。失策。「—がらみの失点」

えら・い【偉い・◦豪い】(形) ①人柄や行為が立派である。尊敬に値することをして、多くの人にほめられるほどすぐれている。「親孝行で—子」②地位や身分が高い。「—人の視察がある」③程度がはなはだしい。ひどい。「—・く冷える」「—目にあう」文えら・し(ク) 参考 ③はふつう、仮名書き。③の意のときは、「えらいほめるね」「えらい降ってきた」「えらい速い」のように連体形を連用修飾語に使うことがある。

えら・ぶ【選ぶ・◦択ぶ・△撰ぶ】(他五) ①[選・択]多くの中から意にかなうものを取り出す。「よい品を—」「議長を—」②[撰]適切な材料をとり集めて書物を作る。「歌集を—」可能えら・べる(下一)

類語 選択する・選抜する・選出する・精選する・厳選する・選ょる・選える

—所がない 同じであって区別できない。変わった点がない。「これでは子供の芝居と—」用法 多く「…と選ぶところがない」の形で、非難の意をこめて用いる。

えら-ぶつ【偉物・◦豪物】 えらい人物。手腕のある人。「彼はなかなかの—だ」

えら-ぶ・る【偉ぶる・◦豪ぶる】(自五) えらそうにする。えらがる。いばる。「いやに—やつだ」

えら・む【選む・◦択む】(他四)〖古〗→えらぶ

えり【△魞】 漁具の一種。川や湖などに、竹で編んだ簀を迷路状に仕掛け、いったんそこにはいった魚は出られないようにしてとらえるもの。(魞挿す 春)

〔魞〕

えり【襟・△衿】 ①衣服の、首のまわりの部分。また、その部分につけるきれ。②首のうしろの部分。えりくび。うなじ。

—を正す 服装をととのえ、姿勢を正してあらたまる。また、気持ちをひきしめる。「襟を正して批判にこたえる」

エリア〈area〉区域。地域。地帯。「サービス—」

えり-あか【襟△垢】 えりについたあか。えりのよごれ。

えり-あし【襟足】 えりくびのあたりの、髪のはえぎわ。

エリート〈フランス élite〉社会や集団で指導的地位を受け持つ、選ばれた少数の者。選良。「—意識」

エリカ〈ラテン erica〉〖植〗ツツジ科の常緑低木。南アフリカ・地中海沿岸などの荒野に自生する。葉は針形でふつう輪生。花は淡紅色・白色などで円錐状。春 ⇩ヒース

えり-かざり【襟飾り】 洋服のえりもとにつける飾り。ネクタイ・ブローチなど。

えり-がみ【襟髪・襟上】 首のうしろあたりの髪。また、首の後部。えりくび。「—をつかんで倒す」

えり-ぎらい【◦選り嫌い】—ギラヒ(名・自スル) えりごのみ。

えり-くび【襟首】 首の後部。くびすじ。「—をおさえる」

えり-ぐり【襟△刳(り)】〖服〗洋服などで、首回りにそってえりをくりあけた線。ネックライン。「—をつめる」

えり-ごのみ【◦選り好み】(名・自スル) 好きなものだけを選びとること。えりぎらい。すききらい。よりごのみ。「—が激しい」

えり-しょう【襟章】—シヤウ 制服などのえりにつける記章。

えり-すぐ・る【◦選りすぐる】(他五) よいものの中から、さらによいものを選び出す。よりすぐる。「精鋭を—」

エリトリア〈Eritrea〉アフリカ東北部の紅海に面した国。首都はアスマラ。

えり-ぬき【◦選り抜き】 多くの中から特によいものを選び出すこと。また、そのものや人。よりぬき。「—の選手」

えり‐ぬ・く【◇選り抜く】（他五）カ(コ)・キ(イ)・ク・ク・ケ・ケ 多くの中から特によいものを選び出す。よりぬく。「適した人材を―」

えり‐まき【襟巻〔き〕】 防寒や装飾用に首に巻くもの。マフラー。冬

えり‐もと【襟元】 衣服のえりのあたり。「―をかき合わせる」

えり‐わ・ける【◇選り分ける】（他下一）ケ・ケ・ケル・ケル・ケレ・ケロ(ケヨ) 多くの中から、目的や基準に応じて選び分ける。選別する。よりわける。「よい品と悪い品とを―」文えりわ・く（下二）

エリンギ〈ラテン eryngii〉ヒラタケ科のきのこ。肉厚で歯ごたえがよく、食用にする。

エル【L】〈large の頭文字〉「エルサイズ」の略。

え・る【◇彫る】エル（他五）ラ(ロ)・リ(ッ)・ル・ル・レ・レ ほる。きざむ。

える【得る】（他下一）エ・エ・エル・エル・エレ・エロ(エヨ) ①（物質的にも精神的にも）自分のものにする。獲得する。「利益を―」「要領をえない」「事無きを―」「志を―」②好ましくないことを身に負う。「病を―」③（動詞の連用形に付いて）…することができる。「同情を禁じえない」「知りえた内容」文う（下二）用法 ③は多く、「なしうる」「言いうる」など「うる」の形を使う。

え・る【◇選る】（他五）ラ(ロ)・リ(ッ)・ル・ル・レ・レ えらぶ。よる。「一級品を―」

える【獲る】（他下一）エ・エ・エル・エル・エレ・エロ(エヨ) 狩りや漁などで獲物をとらえる。文う（下二）

エル‐イー‐ディー【ＬＥＤ】〈light-emitting diode から〉→はっこうダイオード

エル‐エス‐アイ【ＬＳＩ】〈large-scale integrated circuit から〉大規模集積回路。ＩＣ（＝集積回路）をより高密度にしたもの。

エル‐エス‐ディー【ＬＳＤ】〈lysergic acid diethylamide から〉リゼルグ酸ジエチルアミド。幻覚剤の一種。

エル‐エヌ‐ジー【ＬＮＧ】〈liquefied natural gas から〉《化》液化天然ガス。メタンを主成分とする天然ガスを冷却して液体にしたもの。輸送が容易。

エル‐エル【ＬＬ】①〈language laboratory から〉視聴覚機器を備えた語学学習設備。ラボ。②（「エルエルサイズ」の略）「エルサイズ」よりもさらに大きいサイズ。ＬＬ判。

エルグ〈erg〉《物》仕事およびエネルギーの単位。一ダインの力が物体にはたらいて一センチメートル動かすときの仕事量が一エルグで、一ジュールの一〇〇〇万分の一。記号 erg ⇩ジュール

エル‐サイズ【Ｌサイズ】〈large size から〉衣服などの大きさで標準より大きいもの。Ｌ判。⇩Ｓサイズ・Ｍサイズ

エルサルバドル〈El Salvador〉中央アメリカの太平洋岸にある共和国。首都はサンサルバドル。語源スペイン語で「救世主」の意。

エル‐ジー‐ビー‐ティー【ＬＧＢＴ】〈lesbian, gay, bisexual, transgender から〉レズビアン、ゲイ、バイセクシャル、トランスジェンダーの総称。また、性的少数者の総称。

エル‐ディー【ＬＤ】①〈laser disc から〉「レーザーディスク」の略。②〈learning disability から〉学習障害。知的発達の遅れは見られないものの、学習に必要な基礎能力のうち、特定の能力に著しい困難を示す状態。

エル‐ディー‐ケー【ＬＤＫ】〈living, dining, kitchen から〉居間・食堂・台所の三つの機能を兼ねた部屋。「３―」

エル‐ニーニョ〈スペイン El Niño 幼子イエス〉《気》数年おきに南米のペルーとエクアドル沖の海域水温が異常に上昇する現象。世界各地に異常気象をもたらす。⇩ラニーニャ

エルピー‐ガス【ＬＰガス】〈liquefied petroleum gas から〉《化》液化石油ガス。プロパン・プロピレン・ブタンなどが主成分。工業用・家庭用燃料などとして使用。ＬＰＧ

エルピー‐ばん【ＬＰ盤】〈long-playing record から〉一分間に三三回と三分の一回転するレコード盤。ＬＰ はじまり 一九四八年、米国コロムビアが商品化。日本では一九五一（昭和二十六）年に日本コロムビアが発売したのが最初。

エルム〈elm〉《植》ニレ科の樹木の総称。⇩楡(にれ)

エレガント〈elegant〉（形動ダ）ダロ・ダッ(デ・ニ)・ダ・ナ・ナラ・○ 気品のあるさま。上品で優雅なさま。「―な服装」

エレキ ①（「エレキテル〈オランダ electriciteit〉」の略）電気。②「エレキギター」の略。

―ギター〈electric guitar から〉《音》アンプで増幅した音をスピーカーから出すようにしたギター。エレキ。

エレクトーン 日本で開発された電子オルガンの商標名。

エレクトラ‐コンプレックス〈Electra complex〉《心》女の子が無意識のうちに同性である母親にそむき、父親を慕う傾向。↕エディプスコンプレックス

エレクトロニクス〈electronics〉《物》電子工学。半導体や磁性体など、エレクトロン（＝電子）の運動による現象を研究する学問。また、その応用。

エレクトロン〈electron〉①→でんし ②《化》マグネシウムを主成分とする軽合金。航空機や自動車の部品に使用。

エレジー〈elegy〉悲しい心情をうたった歌。哀歌。悲歌。

エレベーター〈米 elevator〉電力などを用いて人や貨物を上下垂直に運ぶ箱形の装置。昇降機。はじまり 日本の近代的エレベーターは、一八九〇（明治二十三）年、東京浅草の凌雲閣(りょううんかく)に電動式が設置されたのが最初。

エレメント〈element〉①《化》元素。②要素。成分。

エロ（名・形動ダ）①「エロチシズム」の略。②「エロチック」の略。

エロキューション〈elocution〉①舞台上の発声法。②雄弁術。言いまわし。話術。「巧みな―」

エロ‐グロ（「エロチック」と「グロテスク」の略）色情的で猟奇的なこと。「―映画」「―ナンセンス」

エロス〈ギリシャ Erōs〉①ギリシャ神話の愛の神。アフロディテの子。金の翼をつけて飛ぶいたずらな少年。ローマ神話ではキューピッド。②愛。性愛。③《心》生に向かう本能・衝動。⇩タナトス 参考 キリスト教における自己犠牲的・人格的な愛を意味する「アガペー」に対して、「エロス」は肉体的な愛を意味した。一方、プラトンの哲学では、真善美にあこがれる純粋・精神的な愛をいう。

エロチシズム〈eroticism〉愛欲に関すること。また、芸術作品で、性愛に関することを強調する傾向。エロティシズム。

エロチック〈erotic〉（形動ダ）ダロ・ダッ(デ・ニ)・ダ・ナ・ナラ・○ 情欲をそそるさま。扇情的。好色的。エロティック。「―なシーン」

えん【円】教1【人圓】エン(ヱン) まるい・まどか　丨 冂 円 円

（字義）①まるい。まる。輪形。「円形・円周・円盤・楕円(だえん)・半円・方円」↕方 ②かどがない。なめらか。「円滑・円転」③欠けた所がない。充実した。「円熟・円満」④あたり。一帯。「関東一円」⑤貨幣の単位。「円貨・円高(えんだか)・金円」難読 円居(まどい) 人名 かず・つぶら・のぶ・まど・みつ・めぐる・ら

えん【円】エン ①まるい形。まるい輪。「―を描く」②《数》一平面上で中心から一定の距離にある点の軌跡。また、それで囲まれた平面。③日本の貨幣の基本単位。日本の貨幣そのものをさす場合もある。「―高」参考 円・銭・厘の呼称は、一八七一（明治四）年に公布された「新貨条例」によって定められた。

えん【人奄】エン おおう

（字義）①おおう。「奄有」②ふさがる。息がたえだえになる。「気息奄奄(きそくえんえん)」③たちまち。にわかに。「奄忽(えんこつ)」④いこう。「奄息」人名 ひさ

えん【◇宛】 エン(ヱン) あてる㊥
(字義) ①まがる。まげる。「宛曲・宛転」②中がくぼむ。または、中央が隆起する。「宛丘」③あたかも。ちょうど。「宛然」④あて。㋐わりあて。㋑名あて。⑤ずつ。

えん【延】 教6 エン のびる・のべる・のばす
(字義) のびる。のばす。㋐長くなる。広がる。およぶ。「延延・延長・蔓延」㋑遅れる。長びく。「延期・延滞・延着・順延・遅延」 難読 延縄 人名 え・すけ・すすむ・ただし・なが・のぶ

えん【沿】 教6 エン そう
(字義) ①そう。水流や道路などによりそう。「沿岸・沿線」②習慣や前例などに従う。「沿革・沿襲」

えん【炎】 エン㊥ ほのお㊥
(字義) ①ほのお。ほむら。もえあがる火。＝焰。「火炎・光炎」②もえあがる。「炎焼・炎上」③もえあがるもの。「陽炎」④熱気の強いさま。あつい。「炎暑・炎天」⑤発熱・はれ・痛みなどを起こす症状。「炎症・肺炎」

-えん【炎】 (接尾)「炎症」の略。「口内―」「咽頭―」

えん【人苑】 エン(ヱン)・オン(ヲン) その
(字義) ①その。草木を植えた庭。「御苑・禁苑・廃苑」②囲いを設け、鳥獣を飼う所。「鹿苑」③物事の集まる所。文学者・芸術家の仲間・社会。「芸苑・文苑」 人名 しげる

えん【◇垣】 エン(ヱン) かき㊥
(字義) ①かき。㋐かきね。「垣牆」㋑城壁。②役所。③星の名。 難読 垣間見る

えん【怨】 エン(ヱン)㊢・オン(ヲン)㊥ うらむ・うらみ
(字義) ①うらむ。㋐うらめしく思う。「怨恨・怨念」㋑かたきと思う。「怨讎」②うらみ。かたき。「私怨・積怨」

えん【◇俺】 エン おれ㊥・われ
(字義) われ。おれ。男性の自称の俗語。自分。

えん【宴】 エン うたげ㊥
(字義) ①うたげ。さかもり。「宴会・宴席・饗宴・酒宴・祝宴」②楽しむ。「宴遊」

えん【宴】 人が集まって酒を飲むなどして楽しむこと。また、その会。「―を開く」「―を張る」
類語 宴会・宴席・祝宴・盛宴・小宴・酒宴・うたげ・酒盛り

えん【人堰】 エン せき
(字義) ①せき。水流をせきとめるために築いた堤防。「堰堤」②せく。堤防を築いて水流をせきとめる。「堰塞」

えん【媛】 教4 エン(ヱン)㊥ ひめ
(字義) ①美しい。たおやか。②たおやめ。美女。「媛女・才媛」③侍女。宮女。こしもと。「宮媛・賢媛・妃媛」④ひめ。身分の高い女性の名に添える敬称。「弟橘媛」

えん【援】 エン(ヱン)㊥ たすける
(字義) ①ひく。ひきよせる。「援引・援用」②たすける。力を貸す。救う。「援護・援助・応援・救援・後援・声援」 人名 すけ

えん【人淵】 エン(ヱン) ふち
(字義) ①ふち。水を深くたたえた所。「深淵・霊淵」②物の多く集まる所。「淵藪・淵叢」③ふかい。「淵博」 参考「渊」「渕」は俗字。

えん【人焰】 エン ほのお
(字義) ほのお。燃えあがる火。燃えあがる。＝炎。「焰焰・焰上・火焰・水素焰」 参考「炎」が書き換え字。

えん【園】 教2【人薗】 エン(ヱン)・オン(ヲン) その㊥
(字義) その。㋐草木・花・野菜・果樹などを植えた畑。周囲に垣根のある土地。「園芸・園丁・果樹園・菜園・植物園・田園」㋑にわ。「公園・庭園・名園」㋒ある目的で区切られた地域。「学園・動物園」 難読 園生

-えん【園】 エン (接尾) ①公園・遊園地・植物園・庭園など、人が集まって楽しむ場所に付ける。「後楽―」「百花―」②幼児を保護・教育する施設に付ける。「幼稚―」「保育―」

えん【塩】 教4【鹽】 エン しお
(字義) ①しお。「塩田・塩分・岩塩・食塩」②しおづけにする。「塩蔵」 難読 塩梅・塩汁

えん【塩】 〔化〕酸の水素原子を金属原子、またはほかの陽性の原子団で置きかえた化合物。塩類。

えん【煙】 エン㊥ けむる㊥・けむり㊥・けむい㊥
(字義) ①けむり。火が燃えるときに立ちのぼる気体。「煙突・煙幕・黒煙・硝煙・炊煙」②かすみ。もや。「煙雨・煙雲・雲煙・水煙」③すす。「煤煙・油煙」④たばこ。「喫煙・禁煙・節煙」 参考「烟」は同字。 難読 煙管・煙草

えん【猿】 エン(ヱン)㊥ さる㊥
(字義) さる。「猿猴・猿臂・野猿・老猿・意馬心猿」 参考「猨」は同字。 難読 猿麻桛・猿楽 人名 まし

えん【遠】 教2 エン(ヱン)・オン(ヲン)㊢ とおい
(字義) ①とおい。㋐距離が長い。「遠国・遠征・遠方・遼遠」↔近 ㋑時間が長い。「遠慮・永遠・久遠・悠遠」↔近 ㋒まわりどおい。「迂遠」㋓うとい。親しくない。「疎遠」↔近 ㋔おくぶかい。「深遠・幽遠」②ゆきわたっている。広い。あまねし。「遠大・広遠・宏遠」③けだかい。「高遠」④とおざける。「遠島・遠流・敬遠」↔近 ⑤「遠江の国」の略。「遠州」 難読 遠近 人名 お・とおし・ひろし・わ

えん【鉛】 エン㊥ なまり㊥
(字義) ①なまり。金属元素の一つ。灰白色で柔らかく、火に溶けやすい。「鉛管・鉛筆・亜鉛・黒鉛」②おしろい。なまりを酸化して作った顔料。「鉛白・鉛粉」

えん【演】 教5 エン のべる
(字義) ①のべる。㋐説く。「演説・演壇・講演」㋑おし広める。「演繹」②演劇・演奏などを行う。「演技・演芸・公演・出演・上演・独演」③ならう。「演習」④計算を行う。「演算」 難読 演し物

えん【人鳶】 エン とび
(字義) とび。とんび。「紙鳶・風鳶・鳶飛魚躍」 難読 鳶尾

えん【縁】【人緣】 エン㊥ ふち㊥・よる・えにし
(字義) ①ふち。へり。「縁辺・外縁」②よる。㋐ちなむ。もとづく。「由縁」㋑たよる。関係がある。「縁故・縁語・無縁」③えにし。つながり。ゆかり。婚姻や肉親の関係。「縁組・縁者・内縁・

復縁・離縁・良縁」④→次項①。「縁起・縁日・因縁・機縁・宿縁」人名 まさ・むね・やす

えん【縁】①《仏》物事の起こる直接的・内的原因を因というのに対し、間接的・外的原因をいう。また広く、物事の原因。運命などによるめぐりあわせ。「前世の―」「不思議な―」②物事との関係・つながり。「―もゆかりもない」「金とは―がない」③人と人との結びつき。親子・夫婦関係。男女関係。「―を切る」「親子の―」④縁側。「―に出る」

―なき衆生は度し難し 仏縁のない者は、仏の大慈悲をもってしても救いがたい。転じて、人の言葉を聞き入れようとしない人は、救いようがない。**―は異なもの味なもの** 人の縁、特に夫婦の縁というものはどこでどう結びつくか、不思議でおもしろいものである。縁は異なもの。

えん【燕】エン つばめ ― (字義) つばめ。つばくろ。「燕雀・燕尾服・飛燕」難読 燕子花

えん【燕】《世》中国の国名。①戦国時代の七雄の一つで、今の河北・東北地区南部・朝鮮半島北部を領有。紀元前二二二年、秦の始皇帝に滅ぼされた。②五胡十六国の一つ。晋末の四世紀から五世紀初めにかけて鮮卑族が建てた前燕・後燕・西燕・南燕と漢族が建てた北燕のこと。

えん【艶】【艷】エン高・つや中 あでやか・なまめかしい ― (字義) ①なまめかしい。はなやかで美しい。「艶美・艶麗・豊艶」②つやっぽい。色気がある。「妖艶」③男女間の情事。「艶書・艶聞」難読 艶姿 人名 おお・もろ・よし

えん【艶】■(名・形動ダ) あでやかで美しいこと。なまめかしいこと。また、そのさま。「―な姿」■(名)《文》歌論用語。鎌倉初期に確立された和歌の美的理念。深みがあり、優美ではなやかさを含んだ感覚的な美しさをいう。のち連歌や能楽、さらに俳諧などでも重んじられた。

えん【冤】エン ぬれぎぬ。無実の罪。「―をそそぐ」

えん-いん【延引】(名・自スル) 予定より遅れること。延引。「返済が―する」

えん-いん【援引】エン ― (名・他スル) 自説の裏付けとして、他人の説や事例を引用すること。「専門家の意見を―する」

えん-いん【遠因】エン ― 遠い原因。間接の原因。「事件の―となる」↔近因

えん-う【煙雨】 煙ったように降る細かい雨。きりさめ。

えん-えい【遠泳】エン ― (名・自スル) 海などで、長距離を泳ぐこと。「―大会」夏

えん-えき【演繹】(名・他スル) ①一つのことから他のことへおし広めて述べること。②《論》前提から、論理的な推論を重ねて必然的に結論をひき出すこと。一般的な原理から、論理に従って個別の事実を導くこと。↔帰納

―ほう【―法】ハフ 演繹によって進める論法。↔帰納法

えん-えん【奄奄】(ト・タル) 息が絶え絶えなさま。「気息―」文(形動タリ)

えん-えん【延延】(ト・タル) 物事の長く続くさま。「会議が―と続く」「―数キロにわたる桜並木」文(形動タリ)

えん-えん【炎炎・焰焰】(ト・タル) さかんに燃えあがるさま。「―たる火炎の中」文(形動タリ)

えん-えん【蜿蜒】エン ― (ト・タル) ①竜や蛇がうねり行くさま。②うねうねと続くさま。「参拝客が―と続く」文(形動タリ)

―ちょうだ【―長蛇】チヤウダ うねうねと長く続くさま。「―の列」

えん-お【厭悪】ヲ ― (名・他スル) 嫌い憎むこと。嫌がること。

えん-おう【鴛鴦】エンアウ おしどり。冬 参考「鴛」は雄、「鴦」は雌のおしどり。夫婦仲のよいことのたとえに用いる。

―の契り (おしどりが常に雌雄いっしょにいることから)仲むつまじい夫婦の関係。おしのちぎり。「―を結ぶ」

えん-おん【延音】→えんげん(延言)

えん-か【円価】エン ― 《経》円の貨幣価値。国際間の円為替相場。

えん-か【円貨】エンクワ 《経》円単位の貨幣。日本の貨幣。

えん-か【塩化】クワ ― (名・自スル)《化》塩素と他の元素とが化合すること。

―ナトリウム《化》塩素とナトリウムの化合物で、無色の結晶。調味料、炭酸ソーダなどの原料となる。食塩。塩。

―ビニル《化》①無色の気体。エチレンに塩素を作用させて作る。②(「塩化ビニル樹脂」の略)①を重合させた合成樹脂。塩ビ。

―ぶつ【―物】《化》塩素と他の元素または基との化合物。

えん-か【煙火】クワ ― ①炊事の煙。炊煙。「―中の人(=俗世間の人)」②のろし。烽火。③花火。

えん-か【煙霞】 ①煙と霞。もやと霞。②ぼうっとかすんで見える景色。「―の癖(=深く自然を愛する習性)」

えん-か【演歌・艶歌】①〔演歌〕明治十年代から自由民権運動の壮士たちが演説がわりに歌った歌。②①の政治色がうすれ、明治末期から昭和初期にかけて演歌師によって街頭で歌われた流行歌。③日本的な心情・情緒を歌う歌謡曲。多くこぶしをきかせた唱法で歌う。「―歌手」

―し【―師】 街頭でバイオリンなどを弾きながら「演歌②」を歌い、歌の本を売り歩いた者。

えん-か【縁家】 ①婚姻による親類。姻族。②縁故のある家。

えん-か【嚥下】(名・他スル) 飲み下すこと。嚥下。

えん-かい【沿海】 ①海に沿った土地。②陸地に沿った海。

えん-かい【宴会】クワイ ― 飲み食いしながら楽しむ集まり。酒盛り。うたげ。「―を開く」「―の余興」

―ぎょぎょう【―漁業】ギヨゲフ →えんがんぎょぎょう

えん-かい【遠海】エン ― 陸地から遠く離れた海。遠洋。↔近海

―ぎょ【―魚】 遠海にすんでいる魚。マグロ・カツオなど。

えん-かい【縁海】 大陸に沿い、島や半島に半ば囲まれた海。日本海など。

えん-がい【円蓋】エン ― 半球形の天井や屋根。ドーム。

えん-がい【掩蓋】 ①物にかぶせるおおい。②敵弾を防ぐために塹壕などの上をおおう、木材や石材の屋根。

えん-がい【塩害】 海水や潮風の塩分が農作物・建物・送電線などに与える被害。「―対策」

えん-がい【煙害】 鉱山・工場の煙や火山の噴煙などによって人畜・農作物などが受ける害。また、タバコの煙による害。

えん-かく【沿革】 物事の移り変わり。変遷。「会社の―」参考「沿」は自然の変化、「革」は人為的に意図した変化の意。

えん-かく【遠隔】エン ― 遠く離れていること。「―の地」

―そうさ【―操作】サウサ 離れた場所にある物体や機器を制御・操作すること。リモートコントロール。遠隔制御。

えんがちょ (感)《俗》子供が、不潔な物に触れた子をはやしていう語。

えん-かつ【円滑】エンクワツ (名・形動ダ) 物事がとどこおりなく行われること。また、そのさま。「事を―に運ぶ」

えん-がわ【縁側】ガハ ― ①日本家屋で、座敷の外側に設けた細長い板敷き。縁。②カレイ・ヒラメなどの魚のひれの基部にある肉や骨。

えん-かわせ【円為替】エンカハセ 《経》国際間の決済に使われる、日本の円貨で表示された為替手形。

えん-かん【円環】 まるい輪。また、まるくつながった形。「―構造」

えん-かん【鉛管】 鉛製の管。水道管やガス管に使う。

えん-がん【沿岸】 ①川・海・湖に沿った陸地。「琵琶湖―の町」②川・海・湖の岸に近い部分。「―警備」

―ぎょぎょう【―漁業】 海岸から近い海域で行われる漁業。沿海漁業。近海漁業。

えん-がん【遠眼】 →えんし

えんかん-ぎょ【塩乾魚】 塩漬けにして干した魚。

えん-き【延期】（名・他スル）予定の日時・期限を延ばすこと。「無期―」「試験を―する」

類語 順延・延長・日延べ・先送り

えん-き【遠忌】 →おんき

えん-き【塩基】〘化〙酸を中和して塩を作る物質。大部分は金属の水酸化物。水に溶けるものをアルカリという。

えん-ぎ【演技】（名・自スル）①俳優や体操競技の選手などが観客の前で技を演じてみせること。また、その技。「―派俳優」「模範―」②本心や正体を隠してうわべだけやってみせること。また、そのしぐさ。「あの涙は―だ」

えん-ぎ【演義】 史実を脚色しておもしろく書いた中国の通俗歴史小説。演義小説。「三国志―」

えん-ぎ【縁起】 ①よいことまたは悪いことが起こりそうな前ぶれ。吉凶の前兆。験。「―が悪い」②物事の起源。社寺・宝物などの由来。また、それを記したもの。「信貴山―」③〘仏〙すべての事物は、因縁によって生じるということ。

―でもない 不吉だ。とんでもない。**―を担ぐ** 縁起のよい・悪いを気にする。**―を祝う** よいことがあるように祈る。

―だな【―棚】 芸人や客商売の家で、商売繁盛を祈るために設けた神仏混交の神棚。

―なおし【―直し】 悪い縁起がよくなるように祝い直すこと。「―に一杯飲む」

―もの【―物】 ①よい縁起を招くとされる祝い物。門松・しめ飾りなど。また、神社・寺などで参拝者に頒布する破魔矢・だるま・招き猫・熊手など。②「縁起②」を書いた書物。

えん-きょく【婉曲】（名・形動ダ）それとはっきりと言わず遠回しに表現すること。また、そのさま。「―に断る」

えん-きょり【遠距離】 そこに到達するまでの土地の隔たりが大きいこと。遠い道のり。「―通勤」「―輸送」「―恋愛（＝遠く離れた土地に住む者どうしの恋愛）」↔近距離

えん-きり【縁切り】（名・自スル）夫婦・親子・兄弟・師弟などの関係を断ち切って、かかわりのない間柄になること。

―でら【―寺】 →かけこみでら①

えん-きん【遠近】 遠いことと近いこと。遠い所と近い所。

―ほう【―法】〘美〙絵画で、遠近の距離感を実際に見えるとおりに描き出す技法。パースペクティブ。

えん-ぐみ【縁組】（名・自スル）夫婦・養子などの関係を結ぶこと。「養子―」「両家の―をとり持つ」

えん-グラフ【円グラフ】 円を半径によって分割し、そのおうぎ形の面積で全体に対する割合を示したグラフ。

えん-ぐん【援軍】 応援の軍勢。援兵。転じて、味方として力になる仲間。「―をさしむける」

えん-げ【嚥下】（名・他スル）「嚥下」に同じ。「―障害」

えん-けい【円形】 まるい形。「―劇場」

えん-けい【遠景】 ①遠くの景色。②絵や写真などの画面で、遠方にある景色。バック。「―に山を配する」（↔近景）

えん-げい【園芸】 ①草花・野菜・果樹などを栽培して楽しむこと。②造園技術の総称。

えん-げい【演芸】 観客の前で、大衆的な演劇・音楽・舞踊・落語・漫才などを演じること。また、その芸。「―場」「―会」

エンゲージ〈engage〉婚約すること。

―リング〈engagement ring から〉婚約のしるしに、おもに男性から女性に贈る指輪。婚約指輪。

えん-げき【演劇】 脚本に従い、演出者の指揮のもとに俳優が舞台の上で演技をして表現する芸術。芝居。劇。

えん-げつ【偃月】 弓形をしている月。弓張り月。弦月。「―刀（＝なぎなたに似た、中国古代の三日月形の刀）」

エンゲル-けいすう【エンゲル係数】〘経〙家計の支出に占める飲食費の比率。一般に所得が高いほど係数は低くなる。ドイツの統計学者エンゲル（Engel）が法則を発見した。

えん-げん【延言】 江戸時代の国学者の用語。「語る→語らふ」「言ふ→言はく」などの関係を、音を引きのばした言い方として説明したもの。延音。

えん-げん【怨言】 うらみをこめた言葉。うらみごと。

えん-げん【淵源】 物事の起こり。根本。本源。おおもと。「―をさぐる」

えんこ（名・自スル）①（幼児語）尻をついて足を投げ出してすわること。②〘俗〙自動車などが故障のため動かなくなること。

えん-こ【円弧】〘数〙円周の一部分。弧。

えん-こ【塩湖】 塩分が水一リットル中に〇・五グラム以上含まれる湖。死海・カスピ海など。鹹湖。↔淡湖

えん-こ【縁故】 ①血縁や姻戚などによるつながり。「―者」②人と人とのつながり。手づる。コネ。「―採用」「―を頼る」

えん-ご【援護】（名・他スル）①生活などに困っている人を助けること。「―の手をさしのべる」②敵の攻撃から味方をかばい守ること。「―射撃」参考 ②は「掩護」とも書く。

えん-ご【縁語】〘文〙修辞法の一つ。一首の和歌や文の中に、意味の上で関連のある語を二つ以上用いて表現効果をあげる技巧。また、その一連の語。たとえば、「玉の緒よ絶えなば絶えねながらへば忍ぶることの弱りもぞする」〈新古今〉では、「絶え」「ながらへ」「弱り」が「緒」の縁語。

えん-こう【円光】 ①円形の光。月や日の光。②〘仏〙仏・菩薩の頭のまわりから出る光。後光。

えん-こう【猿猴】 猿類の総称。

―月を取る 自分の身分や能力を知らずに、できないことをしようとして失敗すること。また、欲のために命を落とすことのたとえ。【故事】昔、インドのハラナ国にすむ五〇〇匹の手長猿が、樹下の井戸の水面に映る月を見て樹の枝に登り、たがいに手と尾をつないで井戸にはいって月を取ろうとしたが、その重みで枝が折れてみなおぼれ死んだという仏教説話による。〈僧祇律〉

えんこう-きんこう【遠交近攻】 遠国と親交を結んでおいて、近国を攻略する外交政策。【故事】もと魏の臣であった范雎が、秦王に、「秦から遠くて利害関係の少ない斉や楚とは同盟し、近隣の韓・魏・趙などを背後から攻めるのがよい」とすすめた。秦はこの策によって当時の六国を滅ぼしたということに基づく。〈史記〉

えんこう-るい【円口類】 →むがくるい

えん-ごく【遠国】 ①遠く離れた国。②都から遠く離れた地方。（↔近国）参考「おんごく」ともいう。

えん-こん【怨恨】 うらむこと。うらみ。「―による犯行」

えん-さ【怨嗟】（名・自スル）うらんで、嘆き悲しむこと。「―の的になる」「―の声」

えん-ざ【円座・円坐】 ㊀（名・自スル）多くの人が円形に座ること。車座。㊁（名）わら・菅・藺などで渦巻き状にまるく編んだ敷物。わろうだ。夏

えん-ざい【△冤罪】 無実の罪。ぬれぎぬ。「—をはらす」

エンサイクロペディア〈encyclopedia〉百科事典。百科全書。

えん-さき【縁先】 縁側の外側の端。縁ばな。「—で涼む」

えん-さだめ【縁定め】 縁組をとり決めること。

えん-さん【塩酸】《化》塩化水素の水溶液。酸性が強く、金属を溶かして塩化物を作る。工業用・薬用など用途は広い。

えん-ざん【遠山】 遠くの山。遠くに見える山。「—の眉（=青く細い眉。美人の眉のたとえ）」

えん-ざん【鉛△槧】 文筆に携わること。詩文を書くこと。語源 昔、中国で槧（=木の札）に鉛粉で文字を書いたことから。

えん-ざん【演算】（名・他スル）《数》計算すること。運算。

えん-し【遠視】《医》近距離にある物体の像が、網膜の後方で結ぶために、近くの物が見えにくいこと。凸レンズで矯正する。遠視眼。遠眼。↔近視

えん-じ【△衍字】（「衍」はあまる意）語句の中に誤ってはいった、そこにあるべきでない文字。

えん-じ【園児】 幼稚園や保育園などに通う子供。

えん-じ【△臙脂】 ①（「臙脂色」の略）黒みがかった濃い赤色。②紅。

えんじつ-てん【遠日点】《天》太陽を中心とする軌道の上を公転する惑星・彗星などが、太陽から最も遠ざかる位置。↕近日点

エンジェル〈angel〉天使。天使のような人。エンゼル。

エンジニア〈engineer〉機械・電気・土木関係などの技術者。技師。

エンジニアリング〈engineering〉工学。工学技術。

えん-じゃ【縁者】 縁つづきの者。親戚。親類。「親類—」

えん-じゃく【△燕△雀】 ①ツバメやスズメ。また、そのような小鳥。②小人物のたとえ。（↕鴻鵠）

—安くんぞ鴻鵠の志を知らんや 小人物には大人物の遠大な志はわからない。【故事】秦を滅ぼすきっかけを作った陳渉が、まだ若くて日雇いのころ、仲間に向かって「もし、富貴の身になってもたがいに忘れまいぞ」と言ったとき、人々があざわらったので陳渉が嘆いて言い放った言葉。〈史記〉

えん-しゃっかん【円借款】《経》発展途上国などへの資金の貸し付けを円建てで行い、日本からの輸入代金などにあてさせる国家間の信用供与。⇩円建て②

えん-しゅ【園主】 幼稚園・動物園・農園・庭園など、園と呼ばれる所の持ち主や経営者。

えんじゅ【△槐】《植》マメ科の落葉高木。夏、黄白色で蝶形の花を開く。秋、さやにはいった実を結ぶ。街路や庭園に植える。材は建築・器具用、花・実は漢方薬にする。夏

えん-しゅう【円周】《数》円のまわり。円を作る曲線。

—りつ【—率】《数》直径に対する円周の長さの割合。記号πで表され、約三・一四一六。

えん-しゅう【演習】（名・他スル）①実際の状況と同じようにして行う訓練。「予行—」②大学で、出席学生が順に個々の研究内容を話し、それに基づき討議する実習中心の授業形態。ゼミナール。ゼミ。「古典の—」

えんしゅう【遠州】「遠江の国」の異称。

えん-じゅく【円熟】（名・自スル）人柄・知識・技術などが十分に発達して深みをまし、豊かな内容をもつようになること。「—した境地」「—した芸」

えん-しゅつ【演出】（名・他スル）①映画や演劇などで、脚本に基づいて俳優の演技や舞台装置・効果などを監督・指導して、作品にまとめあげること。「—家」②集会や催しなどで、その内容や進行を工夫し、全体をまとめること。「開会式の—」

えん-しょ【炎暑】 真夏の、焼けつくようなきびしい暑さ。酷暑。「—の候」夏

えん-しょ【艶書】 恋文。ラブレター。艶文。

えん-じょ【援助】（名・他スル）困っている国や人などを助けること。「技術—」「経済—」「資金を—する」類語 助勢・加勢・救援・助力・支援・後援・後見・力添え・肩入れ・助太刀・尻押し・後押し・バックアップ

エンジョイ〈enjoy〉（名・他スル）楽しむこと。享楽すること。「青春を—する」

えん-しょう【炎症】 細菌や薬品などによって、体の一部に発熱・はれ・痛み・機能障害などを起こす症状。「のどの—」

えん-しょう【延焼】（名・自スル）火事が火元から他に燃え広がること。「—をくい止める」

えん-しょう【遠称】《文法》指示代名詞の区分の一つ。話し手・聞き手の双方から離れている事物・場所・方角などを指すもの。「あれ」「あそこ」「あちら」など。↕近称・中称 ⇩こそあど（表）

えん-しょう【煙硝】 ①煙の出る火薬。②硝石。

えん-しょう【艶笑】 色っぽい話や描写の中に、ユーモアやおかしみがあること。「—文学」「—小咄」

えん-じょう【炎上】（名・自スル）①炎が上がること。特に、大きい建造物が燃え上がること。「城が—する」②《俗》インターネットのブログやSNSなどで、記事に対する非難や中傷の書き込みが大量に押し寄せること。

えん-しょく【怨色】 うらんでいる顔つき。

えんしょく-はんのう【炎色反応】《化》金属の化合物が炎の中でその元素特有の色を示す反応。ナトリウムは黄、カリウムは赤紫、銅は青緑など。

えん・じる【演じる】（他上一）①劇や映画で役をつとめる。演技する。「主役を—」②目立つことをする。しでかす。「失態を—」参考 サ変動詞「えんずる」の上一段化。

えん-しん【延伸】（名・自他スル）続いているものの長さをのばすこと。また、のびること。「地下鉄の—計画」

えん-しん【遠心】 中心から遠ざかること。↕求心

—ぶんりき【—分離機】 遠心力を利用して、固体と液体、または比重の異なる液体を分離する機械。

—りょく【—力】《物》物体が円運動をするとき、回転の中心から遠ざかる向きにはたらく力。↕向心力

えん-じん【円陣】 ①円形の陣立て。②何人かの人が円形に並ぶこと。「—を組む」

えん-じん【猿人】 約七〇〇万—一五〇万年前に生存したと考えられる原始的な化石人類の総称。形質からみて人類と類人猿の中間型。アウストラロピテクスなど。

えん-じん【煙△塵】 ①煙とちり。②煙に混じっているちりやす。③戦場において、兵馬によって舞い上がるちり。

エンジン〈engine〉燃料を燃やして発生する燃焼ガスのエネルギーを、物を動かす機械エネルギーに変える装置。原動機。発動機。機関。「ガソリン—」「—トラブル」

—が掛かる 物事がうまく進みはじめる。調子が出る。

—ブレーキ〈和製英語〉走行中の自動車で、アクセルを離した際に生じる制動作用。エンジン自体の回転抵抗によって駆動輪の回転を抑えるもので、長い下り道などで用いる。参考 英語では engine braking という。

えん-すい【円△錐】《数》円の平面外の一定点と、円周上の各点を結ぶすべての直線によって作られる曲面とその円とが囲む立体。底が円形で、先のとがった立体。

―きょくせん【―曲線】〘数〙円錐を、頂点を通らない平面で切ってできる切り口の曲線。円・楕円(だえん)・放物線・双曲線のいずれかになる。二次曲線。

―だい【―台】〘数〙円錐を、底面に平行な平面で切り、頂点を含むほうの部分を取り去った立体。

えん-すい【塩水】塩分を含む水。しおみず。「―湖」

―せん【―選】〘農〙種子の比重によって稲や麦を選別する方法。塩水に入れ、浮いたものを除き沈んだものを種もみとする。

えん-ずい【延髄】〘生〙脳幹の一部。脳の最下部で脊髄(せきずい)に続く部分。脳の命令の伝達路にあたり、呼吸中枢・血管運動中枢などがある。

エン-スト（名・自スル）（「エンジンストップ」の略）エンジンが故障などで急に止まること。参考 英語では stalling という。

えん・ずる【怨ずる】エンズル（他サ変）ジ(ゼ)・ジ・ズル・ズル・ズレ・ジロ(ゼヨ) うらむ。うらみごとを言う。「日ごろの疎遠を―」文えん・ず（サ変）

えん・ずる【演ずる】（他サ変）ジ(ゼ)・ジ・ズル・ズル・ズレ・ジロ(ゼヨ) →えんじる 文えん・ず（サ変）

えん-せい【延性】〘物〙物体が弾性の限界を超えても破壊されず引きのばされる性質。金・銀・白金などはこの性質が大。参考 針金がのびて細い針金になる場合が延性で、金属板がのび広がって薄い板になる場合は展性という。

えん-せい【遠征】エン（名・自スル）①遠方へ征伐に行くこと。②試合・登山・探検などのため、遠方へ行くこと。「海外―」

えん-せい【厭世】生きることの価値を見いだせず、生きる希望を失ってこの世がいやになること。「―詩人」↔楽天

―か【―家】この世には生きる価値がないとし、何かにつけて物事を悲観的に考える人。ペシミスト。↔楽天家

―かん【―観】クヮン →えんせいしゅぎ①

―しゅぎ【―主義】①〘哲〙この世の中には不幸と不合理ばかり多く、生きる価値がないとする悲観的な考え方。厭世観。ペシミズム。②物事の悪い面ばかり見たり、物事を悪い方にばかり考えたりする心の持ち方。(↔楽天主義)

―てき【―的】（形動ダ）ダロ・ダッ(デ・ニ)・ダ・ダナ・ナラ・○ 苦しみ・不幸・不合理ばかりが多いこの世に生きることを嫌だと思うさま。悲観的。ペシミスチック。↔楽天的

えん-せき【宴席】酒盛りの席。宴会の場所。「―に連なる」

えん-せき【遠戚】エン 遠い血筋の親戚。遠類。

えん-せき【縁石】道路の縁(ふち)や車道と歩道との境目に一列に置く石。

えん-せき【縁戚】縁続きの人。身内。親類。婚姻などの縁組による親戚をいうことが多い。「両家は―関係にある」

えん-せきがいせん【遠赤外線】エンセキグワイセン〘物〙赤外線のうち波長の長い、二五マイクロメートルから一ミリメートル程度の電磁波。物質に吸収されやすく、効率よくエネルギーに転化される。調理器具やヒーターなどに利用。

えん-ぜつ【演説】（名・自スル）多くの人の前で自分の意見や主張を述べること。「街頭―」「―をぶつ」語源 福沢諭吉が「スピーチ」の訳語にあてて以後広まった。用法 主として、政治的に聴衆の行動を促す意図がある場合に用いる。

エンゼル〈angel〉→エンジェル

―フィッシュ〈angelfish〉〘動〙淡水産の熱帯魚。南米原産。長いひれがあり、銀白色で黒のしまがある。観賞魚。

えん-せん【沿線】鉄道線路や幹線道路に沿った所・地帯。「私鉄―」

えん-せん【厭戦】戦争するのがいやになること。戦争をきらうこと。「―気分」↔好戦

えん-ぜん【宛然】エン(タル) そのとおりであるさま。あたかも。さながら。「―組上(そじょう)の魚のごとし」文（形動タリ）

えん-ぜん【婉然】エン(タル)（女性が）しとやかで美しいさま。「―たる美女」文（形動タリ）

えん-ぜん【嫣然・艶然】(タル)（美人が）あでやかににっこりと笑うさま。「―とほほえむ」文（形動タリ）

えん-そ【偃鼠】もぐら。もぐらもち。

―河(かわ)に飲(の)むも腹(はら)に満(み)つるに過(す)ぎず もぐらが川の水を飲んでも腹一杯より多くは飲めない。人はおのおのその分に応じて満足するべきであるといったとえ。〈荘子〉

えん-そ【遠祖】エン 遠い祖先。参考 高祖・曽祖(そうそ)より前の祖先をさす。

えん-そ【塩素】〘化〙非金属元素の一つ。黄緑色で刺激臭をもつ有毒な気体。酸化力が強く漂白・殺菌用。元素記号 Cl

えん-そう【淵藪・淵叢】エン（「淵」は魚が、「藪」「叢」は鳥や獣が集まる所の意）物事の寄り集まる所。特に、学芸活動の中心地。「東西文化の―」

えん-そう【演奏】（名・他スル）音楽をかなでること。「ピアノの―会」

えん-ぞう【塩蔵】ザウ（名・他スル）魚・肉や野菜などを塩に漬けて保存すること。

えん-そうば【円相場】エンサウバ〘経〙外国為替(かわせ)相場で、外貨に対する円貨の交換比率。

えん-そく【堰塞】水の流れをせきとめること。「―湖(=山崩れ・火山活動などで川がせきとめられてできた湖)」

えん-そく【遠足】エン 運動・見学・楽しみのために遠くへ出かけること。特に、幼稚園・学校での日帰りの課外活動。春

エンターテイナー〈entertainer〉芸能人。人を楽しませる人。エンターテーナー。

エンターテイメント〈entertainment〉娯楽。演芸。エンターテーメント。エンターテインメント。

えん-たい【延滞】（名・自スル）支払い・納入などが、決められた日より遅れること。「―利子」「―金」

えん-だい【遠大】エン（名・形動ダ）考えや計画などが先々まで見通してあり、その規模が大きいこと。「―な計画」

えん-だい【演台】演説や講演などをする人の前に置く台。

えん-だい【演題】演説や講演などの題目。話の題。

えん-だい【縁台】板や竹で作った細長い腰掛け。商店の店先に置いたり庭に出したりして涼み台などにする。「―将棋」

えん-だか【円高】エン〘経〙為替(かわせ)相場で、外国の通貨に対比して日本の円の価値が高くなること。「―差益」↔円安

えん-たく【円卓】エン まるいテーブル。

―かいぎ【―会議】クヮイギ 席順を決めず、まるいテーブルを囲んで自由に討議する会議。参考 国際会議に多い。

えん-タク【円タク】エン（「一円タクシー」の略）昭和初期、一円均一の料金で大都市の市内を走ったタクシー。はじまり 一九二四(大正十三)年に、大阪市内で始まった。

エンタシス〈entasis〉〘建〙円柱の中ほどにつけられたわずかなふくらみ。古代ギリシャ・ローマおよびルネサンス期の建築に見られる。参考 日本でも、法隆寺など、飛鳥(あすか)時代の建築に見られる。

〔エンタシス〕

えん-だて【円建て】〘経〙①外国為替(かわせ)相場で、外国通貨の一定額に対し、円貨の相当額を決める方式。②輸出入契約や資金の貸借などで、円による通貨表示をすること。

えんたろう-ばしゃ【円太郎馬車】エンタラウ 明治時代、運賃を取って人を乗せた乗り合い馬車。がたばしゃ。語源 御者

のラッパのまねをよくしたという落語家橘家円太郎の名前から出た語。

えん-だん【演壇】演説や講演などをする人が立つ壇。

えん-だん【縁談】縁組の相談。特に、結婚話。「―がまとまる」

えんち-てん【遠地点】―《天》月や人工衛星がその軌道上で、地球から最も遠ざかる位置。↕近地点

えん-ちゃく【延着】(名・自スル) 予定の期日や時刻より遅れて着くこと。「電車が―する」↕早着

えん-ちゅう【円柱】― ①まるい柱。②《数》平行する二つの合同な円と、その二つの円周上のすべての点を平行に結ぶ直線がつくる曲面とで囲まれる立体。円筒。円壔。

えん-ちょう【円頂】①まるい形のいただき。「―丘」②髪をそりおとした頭。坊主頭。また、僧。

―こくい【―黒衣】(髪をそりおとした頭と、墨染めの衣の意から)僧の姿。また、僧。

えん-ちょう【延長】― [一](名・自他スル) 物事の長さや期間などを先にのばすこと。また、先にのびること。「会期の―」「―コード」↕短縮 [二](名) ①物の長さなどを一続きにしたときの全体の長さ。「―五〇〇キロの路線」②一見異なっていても本質的には一続きであること。「社宅住まいでは、職場の―だ」

―せん【―戦】決められた回数や時間内で勝負がつかず、さらに回や時間をのばして行う試合。「―にもつれこむ」

―せん【―線】①《数》線分の一端を先に延ばした半直線。②ある物事が一続きに進んだもの。「遊びの―上にある学び」

えん-ちょう【園長】動物園や幼稚園など、園とつく所の長。

えん-ちょく【鉛直】(名・形動ダ)《物》地球の重力の方向。すなわち、糸におもりをつけて下げたときの糸の方向。水平面に垂直な方向。また、その方向に向いていること。「―面」

―せん【―線】《物》重力の方向を示す直線。水平面と垂直をなす直線。

えん-づ・く【縁付く】(自五) 嫁(婿)に行く。とつぐ。「隣町に―」[他]えんづ・ける(下一)

えん-づ・ける【縁付ける】(他下一) 嫁(婿)にやる。とつがせる。「娘を―」[自]えんづ・く(五) [文]えんづ・く(下二)

えん-つづき【縁続き】血縁や婚姻によって関係がつながっていること。親類。「―の間柄」「彼とは―に当たる」

えん-てい【炎帝】①火をつかさどる神。②夏をつかさどる神。太陽。[夏]

えん-てい【△堰堤】川や谷の水、あるいは土砂をせき止めるために造った堤防。ダム。「―を築く」

えん-てい【園丁】― 公園や庭園の世話・手入れをする職業。また、その人。庭師。

エンディング〈ending〉終わり。結末。終結。特に、物語や映画の最後の部分。「―テーマ」↕オープニング

えん-てん【円転】― なめらかにすらすらと回転すること。

―かつだつ【―滑脱】(名・形動ダ) 言動が自在で物事をすらすらと進めるさま。人との応対などがなめらかでかどが立たないさま。「―な人」

えん-てん【炎天】焼けつくように暑い真夏の空。また、暑く照りつける日ざし。「―の下の熱戦」[夏]

―か【―下】暑く照りつける日ざしのもと。「―の作業」

えん-てん【◇宛転】―(トタル) ①ゆるやかな曲線をえがいて曲がるさま。②眉が美しい線をえがいているさま。顔だちの美しいさま。「―たる蛾眉(=美人の眉)」③話などが自在によどみなく進むさま。[文](形動タリ)

えん-でん【塩田】海水を蒸発させて塩をとるために海辺に作られた砂地。しおはま。

えんてんの… [俳句]〔炎天の 遠き帆やわが こころの帆〕〈山口誓子〉真夏、炎天の海に一そうの帆掛け船が浮かんでいる。遠くに、小さく見える白帆は、まるでさびしい自分の心そのもののようで、孤独に、なつかしく見える。(炎天 [夏])

エンド〈end〉①終わり。「ウイーク―」②端。「グリップ―」

―ユーザー〈end user〉①流通経路の末端の利用者。消費者。②《情報》コンピューターの端末利用者。

―ライン〈end line〉テニス・バレーボールなどの、長方形のコートの短いほうの区画線。↕サイドライン

―レス〈endless〉(形動ダ) 果てしなく続くさま。終わりがないさま。「音楽が―で流れる」

―ロール〈和製英語〉映画・テレビ番組などの最後に流れる、出演者・スタッフなどの名前を示す字幕。

えん-とう【円筒】― ①まるい筒。②→えんちゅう②

えん-とう【円△壔】→えんちゅう②

えん-とう【遠投】―(名・他スル) ボールなどを遠くへ投げること。「―競技」「外野から本塁まで―する」

えん-とう【遠島】①江戸時代、罪人を離れ島へ追放した刑罰。島流し。②陸地から遠く離れた島。

えん-どう【沿道】― 道路に沿った所。みちばた。沿路。

えん-どう【△筵道】―(「筵」はむしろの意) 身分の高い人が通行するときなど、その通路に敷いたむしろ。

えん-どう【◇羨道】―→せんどう(羨道)

えん-どう【△豌豆】―《植》マメ科の一・二年草。関東以西では越年草として栽培される。多くはつる性。葉は羽状複葉で、先端は巻きひげになる。春、白または紫の蝶形の花を開く。若いさやと種子は食用。[夏](えんどうの花 [春])

えん-どお・い【縁遠い】―(形) ①結婚の相手がなかなか見つからない。「―娘」②縁があまりない。関係が薄い。「われわれには―話だ」[文]えんどほ・し(ク)

えん-どく【煙毒】工場や精錬所などから出る煙の中に含まれている有害物。

えん-どく【鉛毒】①鉛に含まれている毒。②鉛による中毒。

えん-と-して【◇宛として】―(副) さながら。あたかも。

えん-とつ【煙突】①煙を外に出すための長い筒。通風の役目もして燃焼を助ける。けむりだし。②《俗》タクシーが空車の表示を立てたまま客を乗せて、料金をごまかすこと。

エントランス〈entrance〉入り口。玄関。「―ホール」

エントリー〈entry〉(名・自スル) 競技会などへの参加を申し込むこと。また、参加登録名簿。「―ナンバー」

―シート〈和製英語〉企業の採用試験を受ける際、就職希望者が提出する応募用紙。ES

―モデル〈entry model〉低価格で基本的性能を備えた初心者向けの製品。

エントロピー〈entropy〉《物》熱力学で、物質の状態を表す量の一つ。無秩序の度合いを表す尺度でもあり、無秩序のものほどエントロピーは大きい。

えん-ない【園内】― 遊園地・動物園など、園とつく所の中。

えん-にち【縁日】(「有縁の日」「結縁の日」の意) 神仏に何かの縁があって、祭りや供養が行われる日。[参考]この日に参詣すると御利益があるとされ、露店が立ち並んでにぎわう。

えん-にょう【延△繞】―→いんにょう

えん-ねつ【炎熱】①燃えるような夏の暑さ。炎暑。[夏] ②ほのおの熱さ。「―地獄」

えん-ねん【延年】 ①寿命をのばすこと。長生きすること。延寿。「―祈願」②「延年舞」の略。

―まい【―舞】 平安末期から室町期にかけて、寺で僧侶・稚児などによって行われた演劇的な舞。延年の舞。

えん-のう【延納】（名・他スル）金銭・物品などを期限が過ぎてから納めること。「会費を―する」

えん-の-した【縁の下】 縁側の下。ゆかした。

―の力持ち（縁の下のような）人に見えないところで、苦労や努力をすること。また、そのような人。

えん-ぱ【煙波・烟波】 広い川・湖・海などで、もやがかかった水面。また、遠くまでかすんで見える水面。「―縹渺」

えん-ばく【燕麦】〘植〙イネ科の一年草。麦の一種。飼料のほか、オートミールやみその原料にする。オート麦。まからすむぎ。

えん-ぱつ【延発】（名・自スル）決まった期日・時刻より遅れて出発すること。「悪天候のため―する」

エンパワーメント〈empowerment〉①力をつけること。能力を発揮できるようにすること。「途上国の人々の―」②権限を与えること。「現場への―」参考「エンパワメント」ともいう。

えん-ばん【円盤】 ①まるく平たい板状のもの。「空飛ぶ―」②円盤投げに使う、中心と周囲は金属で胴体は木製のまるい盤。③レコード盤。ディスク。音盤。

―なげ【―投げ】 陸上競技で、投擲種目の一つ。直径二・五メートルのサークル内から体を回転させながら「円盤②」を投げ、その到達距離を競うもの。

えん-ばん【鉛版】 印刷で、紙型に鉛・すず・アンチモンの合金を流しこんで作る印刷版。ステロタイプ。

えん-ビ【塩ビ】→えんかビニル②

えん-び【艶美】（名・形動ダ）あでやかで美しいこと。また、そのさま。「―な姿」

えん-ぴ【円匙】（旧陸軍で）土掘り用の小型のシャベル。「背嚢と―」参考「匙」の音は「し」。「ぴ」は誤読から。

えん-ぴ【猿臂】（猿の前足のように）長い腕。「―を伸ばす（＝腕をぐっと長く伸ばす）」

えん-ぴつ【鉛筆】 細長い木の軸の中に、黒鉛の粉末と粘土で固めた芯を入れた筆記用具。「―を削る」はじまり 江戸時代の初め、外国から幕府に献上されたのが最初という。一八七三（明治六）年、ウィーン万博に派遣された伝習生によって製造技術が伝えられ、一八八七（明治二十）年、真崎仁六によって工業化された。

えんび-ふく【燕尾服】 洋装の男子の夜用正式礼服。上衣の背は長く、ツバメの尾のように先が二つに割れる。上下とも黒の共布が原則で、白の蝶ネクタイをつける。

〔えんびふく〕

えん-ぶ【円舞】 ①大ぜいで輪になって踊るダンス。輪舞。②男女一組でまるく回りながら踊る社交ダンス。ワルツやポルカなど。

―きょく【―曲】〘音〙三拍子の優雅な舞踏曲。ワルツ。

えん-ぶ【演武】 ①武芸を練習すること。②武芸を演じて見せること。「―場」

えん-ぶ【演舞】（名・自スル）①舞の練習をすること。②舞を舞って観客に見せること。「―場」

えん-ぷ【怨府】（「府」は倉の意）多くの人のうらみの集中するところ。「衆人の―となる」

えん-ぷく【艶福】 男性が多くの女性に愛されること。

―か【―家】 何人もの女性から愛される男。女にもてる男。

エンブレム〈emblem〉記章。特に、ブレザーの胸につける紋章や自動車のボンネットに付けるマークなど。

えん-ぶん【衍文】（「衍」はあまる意）文章の中に誤って入った、そこにあるべきでない文句。

えん-ぶん【塩分】 ある物の中に含まれている塩の量。しおけ。

えん-ぶん【艶聞】 恋愛や情事に関するうわさ。色っぽいうわさ。「―を流す」

えん-ぷん【円墳】 古墳の一形式。土を丸くもりあげた墓。

えん-ぺい【掩蔽】（名・他スル）①おおい隠すこと。「―地（＝敵からの展望を妨げる物が多くある土地）」②〘天〙月が天球上を運行中、他の恒星や惑星をおおい隠す現象。星食。

えん-ぺい【援兵】 応援の兵。加勢。援軍。「―を送る」

えんぺら イカの胴体にある三角形のひれ。

えん-ぺん【縁辺】 ①まわり。周辺。「―諸国」②縁組による親族。また、縁故のある人や家。

えん-ぼう【遠望】（名・他スル）遠くを見渡すこと。遠見。「―がきく」「四方を―する」

えん-ぼう【遠謀】 遠い先のことまで考えたはかりごと。「深慮―」「―をめぐらす」

えん-ぽう【遠方】 遠くのほう。遠い所。

エンボス〈emboss〉布・紙・皮革などに型を押しつけて表面に凹凸の模様や文字をつけること。「―加工」

えん-ぽん【円本】 昭和初期に出版された、一冊一円均一の全集・叢書本。はじまり 一九二六（大正十五）年に改造社が「現代日本文学全集」を刊行したのが最初。

えんま【閻魔】〘仏〙死者の生前の罪悪を審判し、罰するという地獄の王。閻魔大王。「―顔（＝恐ろしい顔）」「―堂」

―こおろぎ【―蟋蟀】〘動〙コオロギ科の昆虫。体長三センチメートル程度。日本全土に分布。色は光沢のある黒褐色。雄は晩夏から秋にかけて美しい声で鳴く。秋

―ちょう【―帳】 ①〘仏〙閻魔が死者の生前の罪状を記すという帳面。②〘俗〙教師が生徒の成績や行動などを書きとめておき、評価の参考にする手帳。教務手帳。

えん-まく【煙幕】 味方の行動を敵に隠すために広げる煙。

―を張る 真意や本当の目的を知られないように、いいかげんな言動をしてうまくごまかす。

えん-まん【円満】（名・形動ダ）①満ち足りていてもめごとのないこと。また、そのさま。「―解決」「―な家庭」②人柄がとげとげしくなく穏やかなこと。また、そのさま。「―な性格」

えん-む【煙霧】 ①煙と霧。②〘気〙乾燥した細かい塵が浮遊して大気が濁り、視界の悪くなった状態。スモッグ。

えん-むすび【縁結び】 人と人との縁を結ぶこと。結婚させること。縁組。「―の神（＝縁を結ぶ神。出雲の神）」

えん-めい【延命】 寿命を延ばすこと。延命。「―息災」

えん-もく【演目】 上演される演劇・芸能などの題目。

えん-や【艶冶】（名・形動ダ）（女性の）美しくなまめかしいこと。また、そのさま。「―な容姿」

えんや-こら（感）大勢で力仕事をするときのかけ声。

えん-やす【円安】〘経〙為替相場で、外国の通貨に対比して日本の円の価値が下落すること。↔円高

えんゆう-かい【園遊会】 庭園など屋外を会場として多くの客を招き、飲食したり余興や談笑を楽しんだりする会。

えん-よう【援用】（名・他スル）自説を確かにするために、他の文献・事例などを引き合いに出すこと。「判例の―」

えん-よう【遠洋】 陸地から遠く離れている海。遠海。「―漁業」「―航路」↔近海

えん-よう【艶容】 なまめかしい表情。あでやかな姿。艶姿。

えん-らい【遠来】 遠方からやって来ること。「―の客」

えん-らい【遠雷】エン 遠くで鳴る雷(かみなり)。夏

えん-り【△厭離】(おんり)〔仏〕けがれたこの世をいとい離れること。厭離

—えど【—△穢土】エド〔仏〕この世をけがれたものとしていとい離れること。厭離穢土(おんりえど)。↔欣求浄土(ごんぐじょうど)

えんりゃくじ〔延暦寺〕比叡(ひえい)山にある天台宗の総本山。七八八(延暦七)年最澄(さいちょう)が建立(こんりゅう)。叡山。

えん-りょ【遠慮】エン 一(名・自他スル)言葉や行動を控えめにすること。また、申し出を辞退すること。やめること。「—がちな性格」「ご—いたします」「喫煙はご—ください」二(名)①遠い将来のことについて考えをめぐらすこと。「深謀—」②江戸時代、武士・僧に対し、門を閉じて昼間の外出を禁じた謹慎刑。

—会釈(えしゃく)もない 他人に対する心づかいがなく、思いどおりにふるまう。「遠慮会釈もなく批判する」

—ぶか・い【—深い】(形)カロ・カッ(ク)・イ・イ・ケレ・○ 言葉や行動が控えめである。「—人」文えんりょぶか・し(ク)

えん-るい【塩類】→えん(塩)

—せん【—泉】塩類を多量に含む温泉。塩泉。

えん-るい【遠類】エン →えんせき(遠戚)

えん-るい【縁類】婚姻や血筋によるつながり。親類。縁者。

えん-れい【艶麗】(名・形動ダ)(女性の)なまめかしく美しいこと。また、そのさま。優美なさま。「—なほほえみ」

えん-ろ【沿路】→えんどう(沿道)

えん-ろ【遠路】エン 遠い道のり。「—はるばる来訪する」

お オ

母音の一つ。五十音図「あ行」の第五音。「お」は「於」の草体。「オ」は「於」の草体の偏。

お【汚】オ(ヲ)中・けがす高・けがれる高・けがらわしい高・よごす中・よごれる中・きたない中

、 ⺀ 氵 汀 汚

(字義)①けがす。㋐よごす。きたなくする。「汚染・汚損」㋑不正を行う。「汚職」②けがれる。よごれる。「汚濁(おだく・おじょく)」③けがれ。㋐よごれ。「汚点」㋑はじ。不名誉。「汚辱(おじょく)・汚名」④きたない。よごれた。「汚水」難読 汚穢(おわい・おあい)

お【和】ヲ(字義)→わ(和)

お【於】人 オ(ヲ)・ヨ ああ・おいて (字義)①ああ。嘆息の声。感嘆の語。=鳴。「於乎(ああ)・於戯(ああ)」②発語の助字。接頭語。「於越(おえつ)(=越の国)」③助字。㋐に。より。動作の時間・対象を示す。㋑を。動作の目的を示す。㋒に。より。動作の起点や原因を表す。㋓より。よりも。比較を表す。㋔おいて。場所・時間などを示す。㋕おける。対比の関係を示す。

お【悪】ヲ(字義)→あく(悪)

お-【小】ヲ(接頭)①「小さい」の意を表す。「—川」②「少し」の意を表す。「—暗い」「—止(や)みなく降る雨」③語調をやさしくととのえる語。「—田」

お-【◦御】(接頭)①事物を表す語に付けて、そのものを所有したり、特にかかわりがあったりする人を敬う意を表す。「—手紙をいただく」「—口の悪い」「お優しい—人柄」②ある状態を表す語に付けて、その状態にある人への尊敬の意を表す。「—美しくていらっしゃる」「一人では—寂しいでしょう」「—暑うございます」③ある動きを表す語に付けて、その動きをする人を敬う意を表す。「きっと多くの人を—招きなのでしょう」「特急券を—買い求めのうえ」④(「お＋動詞の連用形＋する」の形で)謙譲の意を表す。「—教えする」「—呼ばれしたことはない」「—引き受けします」⑤(「お＋動詞の連用形＋になる」の形で)尊敬の意を表す。「—出(い)でになった」⑥(「お＋動詞の連用形＋です」の形で)尊敬の意を表すとともに、それが今の事であることを表す。「お連れ様が—着きです」「今、—出掛けです」⑦日常生活に使われる語に付けて、言葉づかいを丁寧にする。「—風呂にはいる」「—茶碗(ちゃわん)」「—水」「—弁当」⑧目下の者に対して、命令の意をやわらげる。「遠慮なく—食べ」「しっかり勉強を—し」「—帰り」「—座り」⑨他人の状態を表す語に「さん」「さま」などを付けて、ねぎらいや謝意などを表す。「—疲れ様」「—待ち遠様」⑩女性の呼称の前に付けて、親愛の意を添える。「—宮」「—菊さん」参考④は、「する」ではなく、「申す」「致す」などを使うことがある。⑦は、「おタバコ」「おジュース」「おコーヒー」などになると、度を過ごしており、嫌われることが多い。⑧は、あとに「なさい」を付けるとより丁寧になる。「遠慮なく—食べなさい」語源「おほみ」の音便「おほん」が「おん」、さらに「お」に転じた語。用法「おん」はより改まった表現に使う。漢語には、おもに「ご」を使う。

お【尾】ヲ ①動物のしりから細長く伸びた部分。しっぽ。「—頭(かしら)付き」②物の後部からしっぽのように細長く伸びているもの。「彗星(すいせい)の—」③山の裾野(すその)の細くのびた所。④終わり。末(すえ)。

—を塗中(とちゅう)に曳(ひ)く 高い地位に就いて窮屈な思いをするよりも貧しくとも自由に暮らすほうがよいというたとえ。【故事】荘子(そうじ)が楚王(そおう)から仕官を求められたとき、「楚国では占いに用いて殺した亀(かめ)はたいせつに廟(びょう)に祭られるそうですが、亀としては尾を泥(どろ)(=塗)の中に引きずってでも、自由に生きることを望むでしょう」と答えたという話による。〈荘子〉

—を引(ひ)く 物事があとあとまで影響を及ぼす。「事件が—」

お【◦男】ヲ ①おとこ。男性。②一対の物のうち大きく勢いの強い方。「—滝」「—波」(↔女(め))

お【◦麻・△苧】ヲ アサ・カラムシの繊維をつむいで糸にしたもの。

お【雄・△牡】ヲ ①動植物のおす。「—牛」↔雌(め) ②【雄】(他の語について)「勇ましい」「男らしい」の意を表す。「—たけび」

お【緒】ヲ ①糸やひもなど、細長いものの総称。「勝ってかぶとの—を締めよ」「へその—」②履物の鼻緒。「下駄(げた)の—」③楽器や弓に張る糸。弦。「琴の—」④命。「玉の—」

お-あい【汚△穢】ヲ →おわい

お-あいそ【◦御愛想】(「愛想(あいそ)」の丁寧語)①他人の機嫌をとるような言葉や行動。おせじ。「—を言う」②おもてなし。「なんの—もいたしませんで」③飲食店などの勘定。「—をしてください」参考③は、もと請求する店側が使った言葉。

お-あいにく-さま【◦御◦生憎様】(感・形動ダ)相手の期待に応じられないときの、断りの言葉。また、相手の期待の実現しないことに同情するさま。お気の毒さま。「—、品切れでございます」用法皮肉で使う場合もある。

お-あし【◦御足】お金。金銭。銭(ぜに)。語源まるで足が生えているように世に流通することからという。

オアシス〈oasis〉①砂漠の中で、水がわき出ている緑地。②人に精神的なやすらぎを与える場。憩いの場所。「都会の—」

お-あずけ【◦御預け】アヅケ ①飼い犬などの前に食物を置き、許可を出すまで食べさせないこと。②約束だけで実行がのばされていること。「—を食う」③江戸時代、大名・旗本などが、罪によって他の諸大名などに預けられたこと。また、その人。

おい【△笈】オヒ 修験者(しゅげんじゃ)や行脚僧(あんぎゃそう)などが仏具・衣服などを入れて背に負う脚の付いた箱。笈(きゅう)。「—を負う(=遊学する)」

おい【△甥】ヲヒ 兄弟・姉妹の息子。↔姪(めい)

〔笈〕

おい【老い】 ①年をとること。年をとって衰えること。「―の坂」「―を感じさせない」②年をとった人。老人。「―も若きも」

―の一徹 自分の考えを押し通そうとする、老人の頑固な性質。**―の繰り言** 老人がぐちっぽく同じことをくどくど言うこと。**―の僻耳** 年をとって耳が遠くなり、聞き違いの多いこと。また、ひがんで悪い意味に聞き取ること。

おい（感）親しい者や目下の者に呼びかける語。「―、君」

おい-あ・げる【追〔い〕上げる】（他下一）ゲ・ゲ・ゲル・ゲル・ゲレ・ゲロ(ゲヨ) ①あとから追いかけて相手との差をしだいに縮める。「アンカーが猛烈に―」②背後から追いながら高い所へ行かせる。「牛を小高い丘に―」文おいあ・ぐ(下二)

おい-うち【追〔い〕討ち・追〔い〕撃ち】 ①負けて逃げる敵をさらに追いかけてうつこと。追撃。追討。②困った状態におちいった相手に、さらに打撃を与えること。「―をかける」

お-いえ【御家】 ①主君・主人の家。「―の一大事」②他人の家の敬称。「―の事情」

―げい【―芸】 ①その家に代々伝わる独特の芸。②その人が得意とする芸や技。十八番。おはこ。「彼の―は手品だ」

―さま【―様】 江戸時代、上方で、中流以上の商家の主婦の敬称。

―そうどう【―騒動】 ①江戸時代、大名家で起こった家督相続などの争い。②会社や団体などのうちわもめ。

―りゅう【―流】 ①尊円法親王の書法を伝える書道の一派。また、その書体。江戸時代の公文書はこれに限られた。②三条西実隆に始まる香道の一派。

おい-おい【追〔い〕追〔い〕】（副）だんだん。しだいに。「病気が―(に)よくなる」「―(と)わかってくる」

おい-おい ㊀（感）親しい者や目下の者に呼びかける語。「―、そう急ぐな」㊁（副）激しく泣くさま。また、その声。「大声で―(と)泣く」

おい-おと・す【追い落〔と〕す・追落す】（他五）サ(ソ)・シ・ス・ス・セ・セ ①下位にある者が上位にある者の地位を奪う。「部長を―」②追いかけて高い所から低い所へ落とす。「谷へ―」③敵の兵を追い払って城を攻め取る。

おい-かえ・す【追〔い〕返す】（他五）サ(ソ)・シ・ス・ス・セ・セ 来たものを追いたてて、もとの場所へかえらせる。「使いの者を―」

おい-か・ける【追〔い〕掛ける】（他下一）ケ・ケ・ケル・ケル・ケレ・ケロ(ケヨ) ①先に行くものを、あとから追う。追いつこうとして急ぐ。「犯人を―」②ある事に続いて何かが起こる。「電話のあと、―・けて手紙が来た」文おひか・く(下二) 参考「おっかける」ともいう。

おい-かぜ【追〔い〕風】 進もうとする方向に、後方から吹いてくる風。順風。追い風。「―に乗る」↔向かい風

おい-かんむり【老冠】 漢字の部首名の一つ。「老」「考」などの「耂」の部分。

おい-き【老い木】 年を経て衰えた木。老木。老樹。↔若木

―に花 いったん衰えたものが再び勢いを盛り返すたとえ。参考 類似のことば―枯れ木に花

おい-きり【追〔い〕切〔り〕】 競馬で、レースの数日前に、馬の速さや状態をみるために行う調教。「―タイム」

おい-ごえ【追い肥】 →ついひ

おい-こし【追〔い〕越し】 追い越すこと。特に、車両が車線を変えて先行車の前に出ること。「―禁止」⇩追い抜き

おい-こ・す【追〔い〕越す】（他五）サ(ソ)・シ・ス・ス・セ・セ ①あとから追いつき、さらに前に出る。追い抜く。「前の車を―」②劣っていたものが追いつき、さらに相手よりもまさる。「父の背丈を―」

おい-こみ【追〔い〕込み】 ①物事の最終段階。また、そのときにいっそうの努力をすること。「受験もいよいよ―にはいった」②追いたてて中に入れること。「―漁」③劇場・飲食店などで、特定の席を設けず客を入れられるだけ入れる所。④印刷の組み版で、行やページを変えずに続けて文字を組み込むこと。

おい-こ・む【老い込む】（自五）マ(モ)・ミ(ン)・ム・ム・メ・メ 年をとって心身が衰える。年寄りくさくなる。ふけこむ。「まだ―には早い」

おい-こ・む【追〔い〕込む】（他五）マ(モ)・ミ(ン)・ム・ム・メ・メ ①動物などを追いたて、中に入れる。「さくの中へ―」②相手を苦しい立場に立たせる。「窮地に―」③最終段階になっていっそう努力する。「年内にできるよう―」④印刷の組み版で、行やページを変えずに、前に続けて文字を組み込む。「改行せずに―」

おい-さき【生い先】 成長していく将来。行く末。「―が楽しみな子」

おい-さき【老い先】 年老いてから先の生涯。老後。余生。「―が短い」語源「生い先」からの転義。

おい-さらば・える【老いさらばえる】（自下一）エ・エ・エル・エル・エレ・エロ(エヨ) 年をとってみじめな姿になる。「すっかり―」文おいさらば・ふ(四)

おいし・い【×美味しい】（形）カロ・カッ(ク)・イ・イ・ケレ・○ ①味がよい。うまい。「―食事」↔まずい ②《俗》都合がよい。得になる。「―話」語源 文語形容詞「美し」に接頭語「お」の付いた語。

おい-しげ・る【生い茂る】（自五）ラ(ロ)・リ(ッ)・ル・ル・レ・レ 草木の葉や枝がのびてすきまがないほどになる。「雑草が―」

おい-しょう【追〔い〕証】《経》相場で、信用取引などを行う担保となる保証金が不足したときに預け入れなくてはならない追加保証金。

おい-すが・る【追〔い〕△縋る】（自五）ラ(ロ)・リ(ッ)・ル・ル・レ・レ あとから追いついてしがみつく。「―手を振りほどく」

オイスター〈oyster〉《動》牡蠣。

―ソース〈oyster sauce〉牡蠣の煮汁を濃縮してつくる調味料。中国料理で用いる。牡蠣油。

おい-ずる【△笈△摺】 巡礼が着物の上に着る袖無しの単の羽織。笈で着物の背がすれるのを防ぐために着るという。語源「おいずり」のなまり。

おい-せん【追〔い〕銭】 一度払ったうえに、さらによけいに払う金。「盗人に―(＝損をしたうえにまた損を重ねること)」

おい-そだ・つ【生い育つ】（自五）タ(ト)・チ(ッ)・ツ・ツ・テ・テ 育って大きくなる。成長する。「海辺で―・った少年期」

おい-それ-と（副）（「おい」と呼ばれて、すぐに「それ」と答える意から）慎重に考えずに。簡単に。軽々しく。「―は引き受けられない」用法 多く、あとに打ち消しの語を伴う。

お-いた（幼児語）（「いた」は「いたずら」の略）いたずら。

おい-だき【追〔い〕炊き・追〔い〕△焚〔き〕】 ①初めに炊いた飯では足りず、急いで追加して炊くこと。また、その飯。②冷めてしまった風呂の湯などを、もう一度温め直すこと。参考 ①には「追い炊き」を、②には「追い焚き」を当てる。

おい-だ・す【追〔い〕出す】（他五）サ(ソ)・シ・ス・ス・セ・セ ①追い立てて外へ出す。追い払う。「家から―」②仲間や集団からしめ出す。「連盟から―」

おい-たち【生い立ち】 ①成長するまでの過程。経歴。育ち。「―を語る」②成長すること。「子供の―を見守る」

おい-たて【追〔い〕立て】 今いる所や住んでいる家から立ちのかせること。「―を食う」

おい-た・てる【追〔い〕立てる】（他下一）テ・テ・テル・テル・テレ・テロ(テヨ) ①(多く受け身の形で)せかす。せきたてる。「仕事に―・てられる」②追い出してほかに行かせる。「牛を小屋から―」③借家人をむりに立ちのかせる。文おひた・つ(下二)

おい-ちら・す【追〔い〕散らす】（他五）サ(ソ)・シ・ス・ス・セ・セ 集

まっているものを追い立てて散らばらせる。「やじうまを―」

おい-つか・う【追〔い〕使う】オヒツカフ（他五）ワ(オ)・イ(ッ)・ウ・ウ・エ・エ 休む暇も与えずにこき使う。「使用人を―」

おい-つ・く【追〔い〕付く・追〔い〕着く】オヒ（自五）カ(コ)・キ(イ)・ク・ク・ケ・ケ ①追いかけて行って、先を行く者の所に行き着く。「先頭の人に―」②先行する目標に達する。「世界記録に―」

おい-つ・める【追〔い〕詰める】オヒ（他下一）メ・メ・メル・メル・メレ・メロ(メヨ) 逃げ場がなくなる所まで追い込む。「袋小路に―」「どこまでも―」文おひつ・む（下二）

おい-て【追い手】オヒ →おって（追っ手）

おい-て【追〔い〕◇風】オヒ（「て」は風の意の古語）おいかぜ。「―に帆をあげる（=機会に恵まれて物事が快調に進む）」

おい-て【△於いて】（「…において」の形で）①物事の行われる場所や時間を示す。…にて。…で。「東京に―開催」②関係のある範囲を示す。…に関して。…について。「文学に―業績を残す」「売上高に―一番だ」語源「置きて」のイ音便が漢文の「於」などの訓読に用いられて固定した語。

おい-て【△措いて】（「おきて」の音便。「…をおいて」の形で）…を除いて。…以外に。…をさしおいて。「彼を―適任者はいない」用法 あとに打ち消しの語を伴う。

お-いで【お◇出で】①「行くこと」「来ること」「いること」の尊敬語。「どちらへ―ですか」「―をお待ちいたします」「お宅に―でしょうか」②子供などに「来ること」「行くこと」「いること」を言いつける語。「ここまで―」「早く学校へ―」「おとなしくして―」

―おいで【―お◇出で】「こっちへおいで」という意味で、幼児などを呼び寄せるときの手招き。「―をする」

おいてき-ぼり【置いてきぼり】いっしょにいた者を置き去りにすること。見捨てて行くこと。おいてけぼり。「―を食う」

お-いなり-さん【◇御稲◇荷さん】①「稲荷(いなり)①」を敬っていう語。②「いなりずし」を丁寧にいう語。「昼食は―にしよう」

おい-ぬき【追〔い〕抜き】オヒ 追い抜くこと。特に、車両が車線を変えずに先行車よりも前に出ること。⇩追い越し

おい-ぬ・く【追〔い〕抜く】オヒ（他五）カ(コ)・キ(イ)・ク・ク・ケ・ケ ①前を行くものにあとから追いついてさらに先に出る。追い越す。「後続車に―・かれる」②劣っていたものが目標とするものに追いついてさらにまさる。追い越す。「ライバルを―」

おい-はぎ【追〔い〕剝ぎ】オヒ 通行人をおどして衣類や金品を奪うこと。また、それをする者。「―に身ぐるみ剝(は)がれる」

おい-はご【追〔い〕羽子】オヒ →おいばね

おい-ばね【追〔い〕羽根】オヒ 一つの羽根を羽子板でたがいに突き合って遊ぶ正月の遊戯。羽根つき。追い羽子(はご)。新年

おい-ばら【追〔い〕腹】オヒ 昔、家臣が主君の死のあとを追って切腹したこと。「―を切る」

おい-ばらい【追〔い〕払い・追払】オヒバラヒ 一度支払ったのちにさらに追加して支払うこと。追加払い。

おい-はら・う【追〔い〕払う】オヒハラフ（他五）ワ(オ)・イ(ッ)・ウ・ウ・エ・エ そこにいては邪魔なものなどを追い立てて去らせる。おっぱらう。「ハエを―」「邪念を―」

おい-ぼれ【老〔い〕△耄れ】年をとって心身のはたらきが衰えること。また、その人。老人が自分を卑下したり、また、老人をあざけったりしていう語。

おい-ぼ・れる【老〔い〕△耄れる】（自下一）レ・レ・レル・レル・レレ・レロ(レヨ) 年をとって心身のはたらきが衰える。文おいぼ・る（下二）

おい-まく・る【追〔い〕△捲る】オヒ（他五）ラ(ロ)・リ(ッ)・ル・ル・レ・レ ①どこまでも激しく追いかける。また、激しく追い払う。②（受け身の形で）激しくせきたてる。「仕事に―・られる」

おい-まつ【老い松】年月を経た松。老松(ろうしょう)。↕若松

おい-まわ・す【追〔い〕回す・追〔い〕△廻す】オヒマハス（他五）サ(ソ)・シ・ス・ス・セ・セ ①逃げ回るものをあちこち追いかける。「記者に―・される」②休む間もなく働かせる。「仕事に―・される」

おい-め【負い目】オヒ 恩を受けたり、迷惑をかけたりした人に対して感じる心の負担。「生涯の―となる」

おい-もと・める【追い求める】オヒ（他下一）メ・メ・メル・メル・メレ・メロ(メヨ) あれこれ努力して望むものを求め続ける。「理想を―」文おひもと・む（下二）

おい-や・る【追〔い〕◇遣る】オヒ（他五）ラ(ロ)・リ(ッ)・ル・ル・レ・レ ①追い立てて他へ行かせる。「隅(すみ)に―」②その人の意志に反した立場に身を置かざるをえないようにさせる。「辞職に―」

おい-ら【◇俺◇等・◇己◇等】（代）《俗》自称の人代名詞。おれ。おら。用法 ふつう、男性が使う。

おいらか（形動ナリ）《古》穏やかなさま。素直でおっとりしているさま。

おいら・く【老いらく】年をとること。老年。「―の恋」語源 文語動詞「おゆ（老ゆ）」のク語法「おゆらく」の転。

おいらん【×花魁】①上位の遊女。太夫(たゆう)。②遊女。女郎。語源 妹女郎が姉女郎を「おいらの」と呼んだことからという。

―そう【―草】サウ《植》ハナシノブ科の多年草。葉は細長く、夏、白・紅紫色の花を開く。くさきょうちくとう。夏

―どうちゅう【―道中】ダウチユウ おいらんがきれいに着飾って置き屋から揚げ屋まで行列で行くこと。

オイル〈oil〉①油。「オリーブ―」②石油。「―ショック」③潤滑油。「エンジン―」④油絵。油絵の具。

―クロース〈oilcloth〉木綿・ネルなどの厚手の布に植物性の油を塗って防水したもの。テーブル掛けなどに用いる。

―シルク〈oil silk〉絹に油や樹脂などを塗って防水したもの。レインコートなどに用いる。

―タンカー〈oil tanker〉→タンカー

―フェンス〈oil fence〉海上に流出した油の拡散を防止するために、水面に設ける囲い。「―を張る」参考 英語では oil barrier や oil containment boom などということが多い。

―ボール〈oil ball〉海洋に排出または投棄された油の、揮発物が蒸発したあとの残留物のかたまり。廃油ボール。

―やき【―焼〔き〕】鉄板やなべに油を引き、肉や野菜を焼きながら食べる料理。

お・いる【老いる】（自上一）イ・イ・イル・イル・イレ・イロ(イヨ) 年をとる。また、年をとって心身が衰える。「―・いてますます盛ん」文お・ゆ（上二）

おいては子(こ)に従(したが)え 年をとったら、何事も子供に任せて、それに従うのがよい。

おい-わけ【追分】オヒ ①道が左右に分かれる所。街道の分岐点。②「追分節」の略。

―ぶし【―節】民謡の一つ。信濃(しなの)追分（現在の長野県北佐久郡軽井沢町）の宿場で歌われた、哀調を帯びた馬子唄(まごうた)に始まる。追分。

おう【王】教1 オウ(ワウ) きみ

（字義）①きみ。おおきみ。君主。「王位・王者・国王・女王・大王」②みこ。皇族の男子。「王家・親王」③最もすぐれているもの。「打撃王」人名 たか・み・わ・わか

おう【王】ワウ ①君主。国の統治者。②ア皇族の男子で親王(しんのう)の宣下(せんげ)のない人。「以仁(もちひと)―」イ現在は、天皇より三世以下の皇族の男子。③最もすぐれているもの。実力が第一位の者。「百獣の―」「発明―」④将棋の駒(こま)の一つ。「王将」の略。

おう【凹】オウ(アフ) 中 くぼむ・へこむ

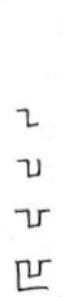

（字義）くぼむ。くぼみ。周囲よりも低く落ちこんでいるさま。「凹凸・凹版」↕凸 難読 凸凹（でこぼこ）

おう【央】 教3 オウ（アウ） なか
（字義）まんなか。「中央」 人名 あきら・お・ちか・てる・ひさ・ひさし・ひろ・ひろし

おう【応】 教5【人應】オウ こたえる
（字義）①こたえる。㋐返事をする。「応諾・応答」㋑相手になる。「応対」㋒呼びかけにこたえる。「応募・反応」㋓その場の状況に従って行動する。「応急・順応・対応・適応」②ふさわしい。つりあいのとれた。「応分・相応」③むくい。「因果応報」④しるし。ききめ。「応験」 人名 かず・たか・のぶ・のり・まさ・よし

おう【応】 承知すること。「いやもーもない」

おう【往】 教5 オウ（ワウ） ゆく
（字義）①ゆく。いく。㋐前にすすむ。「往診・往復・往来・来往」↕来 ㋑死ぬ。「往生（おうじょう）」②むかし。かつて。「往時・往年・既往・古往」③のち。将来。「以往」 人名 なり・ひさ・もち・ゆき・よし

おう【押】 オウ（アフ）高 おす中・おさえる中
（字義）①おす。おさえる。㋐判をおす。「押印・押捺（おうなつ）・花押（かおう）」㋑とりしまる。さしおさえる。「押収・押領」②詩の韻をふむ。「押韻」 難読 押（お）し競（くら）

おう【旺】 オウ（ワウ）中 さかん
（字義）さかん。光の美しく輝くさま。「旺盛」 人名 あきら

おう【欧】【歐】 オウ 中
（字義）①吐く。もどす。＝嘔。「欧吐」②「欧羅巴（ヨーロッパ）」の略。「欧州・欧米・渡欧・北欧」 人名 お・よう

おう【殴】【毆】 オウ 高 なぐる 中・うつ
（字義）うつ。なぐる。強くたたく。「殴殺・殴打」

おう【皇】 ワウ （字義）→こう（皇）

おう【桜】 教5【人櫻】オウ（アウ）高 さくら
（字義）さくら。バラ科の落葉高木。「桜花・観桜・葉桜（はざくら）・彼岸桜（ひがんざくら）・八重桜（やえざくら）・山桜」 難読 桜桃（さくらんぼ）

おう【翁】 オウ（ヲウ）中 おきな
（字義）おきな。年老いた男。「翁媼（おうおう）・岳翁・野翁・老翁」 難読 信天翁（あほうどり）・玄翁（げんのう） 人名 おい・とし・ひと

－おう【翁】 ヲウ（接尾）男性の老人の姓や名に付ける敬称。「沙ー（さおう）（＝シェークスピア）」「蕉ー（しょうおう）（＝松尾芭蕉（まつおばしょう））」 用法 年長者に対して、代名詞のようにも使う。「翁の偉業」

おう【凰】 人 オウ（ワウ）・コウ（クワウ） おおとり
（字義）おおとり。中国で、天下太平の世に現れるという想像上の霊鳥。雄を鳳（ほう）、雌を凰（おう）という。「鳳凰（ほうおう）」

おう【黄】 ワウ （字義）→こう（黄）

おう【奥】【人奧】オウ（アウ）高 おく中
（字義）①家の西南のすみ。おくまった室。寝室。②おく深い所。「蘊奥（うんのう）・深奥」③おく深く知りがたいこと。かすか。「奥義（おうぎ・おくぎ）・淵奥（えんおう）」④「陸奥（むつ）の国」の略。「奥羽・奥州」 難読 奥津城（おくつき） 人名 うち・おき・すみ・ふか・ふかし・むら

おう【横】 教3【人橫】オウ（ワウ） よこ
（字義）①よこ。東西または左右の方向。「縦横」↕縦 ②よこたわる。よこたえる。「横臥（おうが）・横笛（おうてき・ようじょう・よこぶえ）」③よこぎる。「横絶・横断」④ほしいまま。わがまま。「横柄（おうへい）・横暴・専横」⑤よこしま。道理に反する。「横道・横民」

おう【鴨】 人 オウ（アフ） かも
（字義）かも。まがも。カモ科の水鳥のうち、中小形のものの総称。（原義では野鴨、またあひるの意） 難読 鴨脚樹（いちょう）・鴨嘴（かものはし） 人名 まさ

おう【襖】 人 オウ（アウ） ふすま
（字義）①ふすま。唐紙。②武家の礼服。「素襖（すおう）」③あお。昔の衣服。㋐両わきのあいた武官の礼服。㋑裏のある狩衣（かりぎぬ）。④袷（あわせ）。

おう【鷗】 人 オウ かもめ
（字義）かもめ。カモメ科の海鳥。「白鷗」

おう【媼】 アウ 年老いた女。媼（おうな）。「翁ー」

お・う【負う】 オフ ワ(オ)・イ(ツ・ウ)・ウ・ウ・エ・エ ㊀（他五）①背中にのせて落とさぬままに支える。背負う。しょう。「赤ん坊をー」②引き受ける。身に受ける。「責任をー」「重傷をー」㊁（自五）①おかげをこうむる。利益を受ける。「先人の研究にーところが多い」②相当する。「名に（し）ー（＝その名にふさわしい）」 可能 お・える（下一）

おうた子（こ）に教（おし）えられて浅瀬（あさせ）を渡（わた）る （川を渡るとき、背負った子供に浅い所を教えられることがあるように）自分より若い者や未熟な者から教えられることがあるものである。

お・う【追う・◇逐う】 オフ ワ(オ)・イ(ツ・ウ)・ウ・ウ・エ・エ （他五）①先に行くものや目標としているものなどのいる所まで行き着こうと急ぐ。追いかける。追跡する。「泥棒をー」②手に入れようと努力する。追求する。「理想をー」③あとに従う。物事の順序に従う。「先例をー」「順をーって話す」④ある場所や地位から退ける。どかせる。「社長の地位をーわれる」⑤駆り立てて先へ進ませる。「牛をー」⑥（受け身の形で）次々とせきたてられて暇がない。「仕事にーわれる」 可能 お・える（下一）

おう－あ【欧亜】 ヨーロッパとアジア。

おう－い【王位】 ワウ キ 国王の位。「ーを継承する」

おう－いつ【横△溢】 ワウ（名・自スル）①液体があふれること。②あふれるばかりに盛んなこと。「元気ー」「若さがーする」

おう－いん【押印】 アフ（名・自スル）はんを押すこと。捺印（なついん）。

おう－いん【押韻】 アフ キン（名・自スル）〔文〕韻を踏むこと。詩歌で一定の箇所に同一または類似の音を繰り返して置くこと。

おうう【奥羽】 アウ ウ 陸奥（むつ）（青森・岩手・宮城・福島県）と出羽（山形・秋田県）の総称。東北地方。

おう－えん【応援】 エン（名・他スル）①力を添えて助けること。加勢。「ーに駆けつける」②運動競技などで、声を出したり拍手をしたりして味方の選手を励ますこと。「旗を振ってーする」

－か【－歌】 運動競技などで、味方の選手を励ますために歌う歌。

－だん【－団】 運動競技などで、ある選手やチームを応援する人々の集まり。

おう－おう【往往】 ワウ ワウ（副）そうなりがちであるさま。しばしば。「ーにしてあることだ」 用法 多く「往往にして」の形で用いる。

おう－おう【△怏△怏】 アウ アウ（ト・タル）心に不平不満があって楽しめないさま。「ーとして楽しまない」 文（形動タリ）

おう－か【王化】 ワウ クワ 君主の徳によって世の中がよくなること。

おう－か【応化】 クワ（名・自スル）人や動植物の性質などが、時代や環境の変化に応じて変わること。適応。

おう－か【欧化】 クワ（名・自他スル）ヨーロッパ風にすること。また、そうなること。西欧化。西洋化。「ー主義」「ー思想」

おう－か【桜花】 アウ クワ 桜（さくら）の花。「ー爛漫（らんまん）」 春

おう‐か【△謳歌】(名・他スル)(もと、君主の徳をほめたたえる歌の意)①声をそろえてほめたたえること。賞賛。②幸せな状況を十分に楽しみ、その喜びを表すこと。「青春を―する」

おう‐が【△枉△駕】(名・自スル)(駕(=乗り物)を枉げ、回り道をしてわざわざ訪ねて来る意から)相手の「来訪」の尊敬語。おいでになること。御来駕。「―の栄に浴する」

おう‐が【横△臥】(名・自スル)体を横にして寝ること。

おう‐かくまく【横隔膜】〘生〙哺乳類の胸腔と腹腔との間にある筋肉の膜。呼吸作用を助ける。

おう‐かん【王冠】①王のかぶる冠。②勝利者のかぶる冠。③びんの口を閉める金属のふた。

おう‐かん【往還】①行き帰り。往来。「車馬の―が激しい」②通り道。街道。「脇―」

おうぎ【扇】手に持って動かし、あおいで風を起こす折りたたみ式の道具。竹などの骨に紙や布を張りつけたもの。儀式や舞踊などにも用いる。扇子。末広。「舞―」「―の要」夏

―がた【―形】扇を開いたような形。扇形。

おう‐ぎ【奥義】学術・芸能・武術などの最も大事な事柄。その道の真髄。極意。奥義。「仏法の―」「―をきわめる」

おうぎし【王羲之】(三〇七〜三六五)中国、東晋の書家。王右軍とも。楷書・行書・草書の三体を初めて芸術的に完成し、書聖と称される。作品「蘭亭序」「楽毅論」など。

おう‐きゅう【王宮】国王の住んでいる宮殿。

おう‐きゅう【応急】急場をしのぐだけのことをすること。急場の間にあわせ。「―処置」

おう‐ぎょく【黄玉】〘地質〙花崗岩地帯に産する斜方晶系の鉱物。青・黄・無色などで光沢がある。黄色いものを宝石に用い、研磨材としても利用。黄玉。トパーズ。

おう‐け【王家】国王の一族。また、その家系。

おう‐けん【王権】国王の権力。

―しんじゅせつ【―神授説】王の権力は神から授けられた絶対的なものであるとする説。帝王神権説。

おう‐こ【往古】遠く過ぎ去った昔。大昔。往昔。

おう‐ご【応護・◇擁護】(名・他スル)〘仏〙衆生の祈りに応じて、仏・菩薩がこれをまもること。

おう‐こう【王侯】国王とその諸侯。「―貴族」

おう‐こう【往航】船や飛行機の目的地への運航。↔復航

おう‐こう【横行】(名・自スル)①悪事などが世の中で盛んに行われること。「―闊歩」②勝手気ままに歩きまわること。

おう‐こく【王国】①王が在位する国。②ある分野で勢力をもって栄えている国・地域・集団のたとえ。「水泳―」

おう‐ごん【黄金】①金。こがね。「―の杯」②金銭。貨幣。③非常に価値のあるもののたとえ。「―の左腕」

―じだい【―時代】①古代ギリシャで、人類の歴史を金・銀・銅・鉄の四期に分けたものの第一。平和と幸福に満ちたとされる。②ある人や国・文化などの、最も盛んな時期。

―しゅうかん【―週間】→ゴールデンウイーク

―ぶんかつ【―分割】〘数〙一つの線分を、約一対一・六一八の比に分けること。長方形の縦と横の長さをこの比率にすると、外形上最も安定的で美しい形になるという。

―りつ【―律】〘基〙(golden rule の訳語)新約聖書、マタイ福音書の一節「すべて人にせられんと思うことは、人にもまたそのごとくせよ」をさす。

おう‐さ【王佐】国王を助けること。国王の補佐。「―の臣」

おう‐ざ【王座】①国王の座席。また、国王の地位。王位。「―に就く」②第一の地位。「ヘビー級の―を奪回する」

おう‐さつ【応札】(名・自スル)入札に応募・参加すること。

おう‐さつ【殴殺】(名・他スル)なぐり殺すこと。

おう‐さつ【△鏖殺】(名・他スル)皆殺しにすること。

おう‐さま【王様】①「王」の敬称。②(比喩的に)強い立場にある人。また、最高のもの。「果物の―」

おう‐し【王師】①国王の軍隊。②国王の先生。

おう‐し【横死】(名・自スル)思いがけない災難で死ぬこと。不慮の死。非業の死。「―を遂げる」「旅先で―する」

おう‐じ【王子】①王・王族の息子。②もと、皇族の男子で親王宣下のないもの。(↔王女)

おう‐じ【王事】①国王のする事業。②王室に関する事柄。

おう‐じ【往事】過ぎ去った事。昔のできごと。「―茫々」

おう‐じ【往時】過ぎ去った時。昔。「―をしのぶ」↔近時

おう‐じ【皇子】天皇の息子。親王。御子。↔皇女・皇女

おう‐しつ【王室】国王の一族。王家。「英国―」

おう‐じつ【往日】過ぎ去った日。昔日。「―の繁栄」

おう‐しゃ【往者】(「者」は助辞)過ぎ去ったこと。昔。

おう‐じゃ【王者】①国王である人。②徳をもって天下を治める君主。↔覇者 ③そのことに関して最もすぐれて力のあるもの。「リングの―」参考「おうしゃ」ともいう。

おう‐じゃく【△尫弱】(名・形動ダ)(「尫」は体が弱い意)体が弱いこと。また、そのさま。「―な体」

おう‐じゅ【応需】要求に応じること。「入院―」

おう‐しゅう【応酬】(名・自スル)①負けずにやり返すこと。「やじの―」②意見をやりとりすること。「議論の―」

おう‐しゅう【押収】(名・他スル)〘法〙裁判所または検察官・司法警察職員などが、証拠物または没収すべき物を占有・確保すること。「証拠の品を―する」

おう‐しゅう【欧州】ヨーロッパ州。

―れんごう【―連合】→イーユー

おう‐しゅう【奥州】「陸奥の国」の異称。

―かいどう【―街道】五街道の一つ。一般には、江戸日本橋から千住を経て陸奥(青森県)の三厩に至る街道をさすが、狭義には、日光街道との分岐点である宇都宮から白河までをいう。

おう‐じゅく【黄熟】(名・自スル)草木の実、稲・麦などの穂が熟して黄色になること。黄熟。「稲が―する」

おうじゅ‐ほうしょう【黄△綬褒章】業務に精励し、人々の模範となる人に国が与える褒章。綬(リボン)は黄色。

おう‐じょ【王女】①王・王族の娘。②もと、皇族の女子で内親王宣下のないもの。(↔王子)

おう‐じょ【皇女】天皇の娘。内親王。皇女。↔皇子

おう‐しょう【王将】将棋の駒の一つ。攻められて取られると負けになる、最も地位の高い駒。王。⇒玉将

おう‐しょう【応召】(名・自スル)①呼び出しに応じること。②もと、在郷軍人が召集されて軍隊にはいること。「―兵」

おう‐しょう【△鞅掌】(名・自スル)(「鞅」は担う、「掌」は捧げる意)休む暇もないほど忙しく働くこと。「公務に―する」「御―の段お喜び申し上げます」

おう‐じょう【王城】①国王の居城。王宮。②都。

おう‐じょう【凹状】中央が周囲より低くくぼんでいること。また、そのさま。↔凸状

おう‐じょう【往生】(名・自スル)①〘仏〙死後、極楽浄土に生まれ変わること。「極楽―」②死ぬこと。「大―」③あきらめて抵抗をやめること。「いい加減に―したらどうだ」④困り果てること。閉口。「子供がうるさくて―した」

—ぎわ【—際】ギハ ①死に際。②追いつめられて、あきらめる以外になくなった時。また、その時の態度。「—が悪い」

おうしょく【黄色】ワウ きいろ。黄色(こうしょく)。

—じんしゅ【—人種】→モンゴロイド

おう・じる【応じる】(自上一) ジ・ジ・ジル・ジレ・ジロ(ジヨ) ①外からの働きかけに対して、こたえる行動をする。「挑戦に—」「注文に—」②物事の状態・変化に見合うようにする。「収入に—・じた生活」 語源 サ変動詞「おうずる」の上一段化。

おうしん【往信】ワウ 返事を求めて出す手紙・通信。↔返信

おうしん【往診】ワウ (名・他スル) 医師が患者の家に出掛けて行き、診察や治療をすること。↔宅診

おうす【お薄】「薄茶」の丁寧語。「—をいただく」

おうすい【王水】ワウ 〘化〙濃塩酸と濃硝酸とを三対一の体積比で混ぜ合わせた液。金や白金をも溶かすことができる。

おうずい【黄水】ワウ 胃から吐きもどす黄色の液。黄水(きみず)。

おう・ずる【応ずる】(自サ変) ジ(ゼ)・ジ・ズル・ズル・ズレ・ジロ(ゼヨ) →おうじる 文 おう・ず(サ変)

おうせ【△逢瀬】アフ たがいに会う機会。特に、恋人どうしがひそかに会う機会。「—を重ねる」

おうせい【王制】ワウ 国王が主権を持つ政治体制。君主制。

おうせい【王政】ワウ 天皇・国王が中心となって行う政治。また、その政体。

—ふっこ【—復古】コフク 〘日・世〙武家政治・共和政治などを廃し、昔の君主政体に戻ること。日本では明治維新。

おうせい【旺盛】ワウ (名・形動ダ) 気力・精力・意欲などが非常に盛んなこと。また、そのさま。「食欲—」「—な向学心」

おうせき【往昔】ワウ 過ぎ去った昔。いにしえ。往古。

おうせつ【応接】(名・自スル) 人に面会して相手をすること。「—室」「—に追われる」

—に暇(いとま)がない 来客が次から次に来たり、物事が次々に起こって非常に忙しい。

おうせん【応戦】(名・自スル) 敵の攻撃に応じて戦うこと。「ふみとどまって—する」

おうせん【横線】ワウ 横に引いた線。横線(よこせん)。↔縦線(じゅうせん)

—こぎって【—小切手】〘商〙表面の隅の余白に二本の平行線を引いた小切手。事故防止のため、銀行の口座を通して支払われるもの。線引き小切手。

おうそ【応訴】(名・自スル) 〘法〙民事訴訟で、相手の訴訟に応じて被告として争うこと。「—して争う」

おうそう【押送】アフ (名・他スル) 〘法〙受刑者・刑事被告人・被疑者を、監視しながら他の場所へ移すこと。護送。

おうぞく【王族】ワウ 国王の一族。

おうた【△御歌】他人の歌の敬称。特に、天皇や皇族のつくった歌。

—かい【—会】クワイ 宮中で行われる歌会。「—始め」

—どころ【—所】もと、宮内省に属し、御製(ぎょせい)・御歌または御歌会などに関する事務をつかさどった所。一九四六(昭和二十一)年廃止。

おうだ【殴打】(名・他スル) なぐること。「頭を—する」

おうたい【応対】(名・自スル) 相手の話を聞き、受け答えをすること。「係員の—」「手際よく—する」

おうたい【横隊】ワウ 横列に並んだ隊形。「二列—」↔縦隊

おうだい【王代】ワウ 王朝時代。

—もの【—物】王朝時代に題材を取った浄瑠璃(じょうるり)や歌舞伎(かぶき)。

おうたい-ホルモン【黄体ホルモン】ワウタイ 〘生〙卵巣の黄体から分泌されるホルモン。妊娠中、子宮の発育・成長をつかさどり、同時に排卵を起こさせないように働く。プロゲステロン。

おうだく【応諾】(名・自スル) 人の頼みや申し入れを引き受けること。承諾。「—の意志を示す」「快く—する」

おうだつ【横奪】ワウ (名・他スル) むりに奪うこと。横取り。

おうだん【黄△疸】ワウ 〘医〙血液内に胆汁色素(ビリルビン)が増えたために、体の皮膚や粘膜などが黄色くなる症状。

おうだん【横断】ワウ (名・他スル) ①横または東西の方向に断ち切ること。「—面」↔縦断 ②道路・川などを横切ること。③横または東西に通り抜けること。「大陸—鉄道」↔縦断

—ほどう【—歩道】ダウ 車道を横断する歩行者の安全を守るために設けられた道路区域。 はじまり 日本では、一九二〇(大正九)年、東京で路面電車の線路を横切るために設置された「電車路線横断線」が最初。

—まく【—幕】標語や主張などを書いた横長の幕。建物の壁などに掲げたり、デモ行進で横に並んで持って歩いたりする。

おうち【△楝】アフチ →せんだん(栴檀)①

おうちゃく【横着】ワウ (名・形動ダ・自スル) ずうずうしく、やるべきことをやらないでいること。また、そのさま。「—者(もの)」

おうちょう【王朝】ワウテウ ①(「朝」は朝廷の意)国王・天皇が自ら政務を執る所。②同じ王家に属する帝王の系列。また、その支配する時期。「ブルボン—」③「王朝時代」の略。「—文学」

—じだい【—時代】〘日〙天皇が政治を行った時代。大化改新から平安末期まで。特に、平安時代のことをいう。

おうつり【△御移り】贈り物がはいっていた容器や風呂敷(ふろしき)などを返す際、その中に入れて渡すささやかな礼の品。お返し。

おうて【王手】ワウ ①将棋で、直接王将を攻める手。②あと一歩で勝利が得られるという局面。「優勝へ—がかかる」

おうて【追手】(「おひて」の音便) →おおて②③

おうてっこう【黄鉄鉱】ワウテツクワウ 〘地質〙淡黄色で光沢のある鉱物。成分は硫化鉄。硫酸などの製造原料。

おうてん【横転】ワウ (名・自スル) ①横倒しにころぶこと。「自動車が—する」②左右に回転すること。③水平飛行中の飛行機が、胴体を軸として、左または右に一回転する操縦技法。

おうと【△嘔吐】(名・他スル) 胃の中の食物や胃液を吐くこと。もどすこと。「—を催す(=極度の不快感を示す表現)」

おうど【王土】ワウ 国王の統治する土地。

おうど【黄土】ワウ ①酸化鉄の粉末。粘土に混ぜて、黄色の顔料などにする。オークル。②→こうど(黄土)①

—いろ【—色】黄色みを帯びた茶色。

おうとう【応答】タフ (名・自スル) 質問や呼びかけに対して答えること。「質疑—」「—がない」

おうとう【桜桃】アウタウ 〘植〙バラ科の落葉高木。セイヨウミザクラの別名。また、その果実。春、白い花が咲く。「さくらんぼ」とも呼ばれる球形の果実は食用。品種が多い。夏

おうどう【王道】ワウダウ ①国王の行うべき道。また、最も正統な道・方法。「純文学の—を行く作品」②儒家が理想とした政治思想で、仁徳に基づいて民を治める政治の方法。「—楽土(=王道によって治められる理想的な土地)」↔覇道 ③(royal road の訳語)楽な道。安易な方法。「学問に—無し」

おうどう【黄道】ワウダウ →こうどう(黄道)①

おうどう【黄銅】ワウ →しんちゅう(真鍮)

おうどう【横道】ワウダウ 一(名) 正しい道にはずれたこと。邪道。横道(よこみち)。二(名・形動ダ) 正しくないと知りながら行うこと。また、そのさま。「—者(もの)」

おうとつ【凹凸】アフ ①表面がへこんだり出っぱったりしていること。凸凹(でこぼこ)。たかひく。「—の多い道路」②均等でないこと。

おうな【△嫗・△媼・×老女】年とった女性。老女(ろうじょ)。↔翁(おきな)

おう-なつ【押捺】(名・他スル) 印判を押すこと。押印。捺印。「指紋の―」

おうにん-の-らん【応仁の乱】【日】一四六七(応仁元)年から一四七七(文明九)年まで、京都を中心に起こった戦乱。足利将軍家の跡継ぎ争いと、斯波・畠山両管領家の家督争いとがからんで、天下を二分する大規模な戦いとなった。乱後、室町幕府の権威は衰え戦国時代にはいる。

おうねつ-びょう【黄熱病】〔医〕アフリカ西部・中南米にみられるウイルス性の熱帯性感染症。蚊が媒介して感染する。高熱・嘔吐のほか黄疸症状がある。黄熱。

おう-ねん【往年】過ぎ去った昔。「―の名選手」

おう-のう【懊悩】(名・自スル) 悩みもだえること。

おう-は【横波】→よこなみ② ↔縦波

おう-ばい【黄梅】〔植〕モクセイ科の落葉低木。中国原産。早春に黄色い花を咲かせる。春

おうばく-しゅう【黄檗宗】〔仏〕日本の三禅宗の一つ。一六五四(承応三)年、中国明の僧隠元が宇治に黄檗山万福寺を建立して広めた。

おう-はん【凹版】印刷の版の様式の一つ。インクがついて印刷される面が版材面よりくぼんでいる印刷版。彫刻凹版・グラビア版など。紙幣・旅券などの印刷に使われる。⇩凸版・平版

おうばん-ぶるまい【椀飯振〔る〕舞い・椀飯振舞】(「椀飯」は椀に盛った飯の意) ①盛大なもてなし。人に気前よく金品や食事をふるまうこと。②江戸時代、正月に一家の主人が親類などを招いて酒食を供してもてなしたこと。新年 参考 当て字で「大盤振る舞い」と書くこともある。

おう-ひ【王妃】①国王の妻。②皇族で王の称号を持つ者の配偶者。

おう-ひ【奥秘】奥深いたいせつな意義。奥義。

おう-ふう【欧風】ヨーロッパ風。洋風。「―建築」

おう-ふく【往復】■(名・自スル) ①行って帰ること。行きと帰り。「―二時間の道のり」↔片道 ②手紙などのやりとり。「―書簡」■(名)「往復切符」の略。

―きっぷ【―切符】同一区間を往復できる乗車切符。

―はがき【―葉書】往信用と返信用とを一続きにした郵便葉書。

おう-ぶん【応分】身分や能力にふさわしいこと。分相応。「―の寄付」↔過分

おう-ぶん【欧文】ヨーロッパ諸国で使われる文字。特に、ローマ字。また、それによって書かれた文章。↔和文・邦文

―みゃく【―脈】〔文〕欧文を直訳したような表現の文脈。

おう-へい【横柄・押柄】(名・形動ダ) えらそうな態度をして、無礼なさま。「―な口をきく」「―に構えている」 類語 尊大・高慢・不遜・傲慢・傲然・傲岸・驕慢・暴慢・高姿勢・高飛車

おう-へん【応変】不意のできごとに対して適切な処置をとること。「臨機―」

おう-べい【欧米】ヨーロッパとアメリカ。「―諸国」

おう-ぼ【応募】(名・自スル) 募集に応じること。「―作品」

おう-ほう【王法】①王の守るべき道。②国王が国を治めるために出す法令。⇩おうぼう(王法)

おう-ほう【応報】〔仏〕善悪の行為に応じて受ける吉凶禍福のむくい。果報。「因果―」

おう-ほう【往訪】(名・自スル) 訪れること。人を訪ねて行くこと。「―の折に持参いたします」↔来訪

おう-ぼう【王法】〔仏〕(仏教の立場から)国王の施す国家統治の法令・政治をいう語。↔仏法 ⇩おうほう(王法)

おう-ぼう【横暴】(名・形動ダ) 権力や勢力などを背景にわがままを押し通すこと。また、そのさま。「―なやり方」

おう-ま【黄麻】〔植〕アオイ科の一年草。インド原産。日本でも栽培する。茎の繊維はジュートと呼び、ズック・南京袋・敷物などの材料にする。黄麻。綱麻。

おうま-が-とき【逢魔が時】夕方の薄暗くなった時分。たそがれどき。語源「大禍時」の転。

おうみ【近江】旧国名の一つ。現在の滋賀県。江州。

―はっけい【―八景】琵琶湖南西岸付近の八か所のすぐれた景色。比良の暮雪・矢橋の帰帆・石山の秋月・瀬田の夕照・三井の晩鐘・堅田の落雁・粟津の晴嵐・唐崎の夜雨。

おう-む【鸚鵡】〔動〕オウム科の鳥の総称。熱帯と南半球の温帯に分布。飼い鳥とされ、上のくちばしは太くて先が内側に曲がり、人の言葉をまねるものもある。

―がえし【―返し】①人から言いかけられた言葉をそっくりそのまま言い返すこと。②即座に返事をすること。

―びょう【―病】〔医〕オウム・カナリヤ・ハトなど、鳥類のウイルスが人に感染し、気管支肺炎を起こす感染症。

おう-めん【凹面】中央がなだらかにくぼんで低くなっている面。↔凸面

―きょう【―鏡】〔物〕凹形の反射面を持った鏡。反射望遠鏡・集光器などに用いる。↔凸面鏡 ⇩球面鏡

おうもん-きん【横紋筋】〔生〕筋繊維に横じまのある筋肉。脊椎動物の骨格筋と心筋がこれに属する。骨格筋は意志によって動かすことのできる随意筋。↔平滑筋

おう-よう【応用】(名・他スル) 習得した原理・知識・技術などを実際的な事柄にあてはめて活用すること。「―力」

―かがく【―化学】化学技術の、産業や生活への応用を研究する学問。工業化学・農芸化学・食品化学など。

―もんだい【―問題】すでに学習した知識を応用して解かせる問題。

おう-よう【鷹揚】(形動ダ)(ダロ・ダッ(デ・ニ)・ダ・ナ・ラ・〇) ゆったりとしていて小事にこだわらないさま。大様。「―に構える」文(ナリ) 語源 鷹がゆうゆうと飛揚するさまから出た語。⇩大様

おう-よう【汪洋】(タル) 海や川などの水面の広々したさま。「―たる大河」文(形動タリ)

おう-らい【往来】■(名・自スル) 行ったり来たりすること。ゆきき。「車の―が激しい」■(名) ①道路。通り。「―で遊ぶ」②音信。交際。「―が絶える」③「往来物」の略。

―どめ【―止〔め〕】人や車などの通行を止めること。

―もの【―物】〔文〕実生活に必要な事柄を書き記した、通俗・初歩の教育を目的とした書物。「庭訓往来」など。参考 平安時代末期に書簡文の模範文例集として始まり、江戸時代には寺子屋で日常知識を教える教科書となった。

おう-りつ【王立】国王または王族の設立・管理するもの。

おう-りょう【押領】(名・他スル) ①強い力でむりに奪うこと。「荘園の―」②兵卒を監督・統率すること。「―使(=平安時代、諸国の凶徒を鎮圧した令外官の一つ)」

おう-りょう【横領】(名・他スル) 他人や公共の金銭・物品を不法に自分のものとすること。「公金―」

おう-りん【黄燐】〔化〕リンの同素体の一つ。淡黄色で半透明のろう状の固体で悪臭があり、きわめて有毒。空気中に放置すると自然発火する。水に沈めて保存する。白燐。

おう-れつ【横列】横に並んだ列。↔縦列

おう-レンズ【凹レンズ】〔物〕中央部が薄く、縁になるにしたがって厚くなるレンズ。光を発散させるはたらきがある。近

視用の眼鏡や光学器械などに使う。↕凸レンズ

おう-ろ【往路】 行きの道。↕復路

オウン-ゴール 〈own goal〉サッカーなどで、誤って自陣のゴールにボールを入れて、相手に与えた点。自殺点。

お-えしき【◇御会式】〘仏〙日蓮宗で、毎年十月十三日に行う日蓮上人の忌日の法会。お命講。秋

お-えつ【△嗚◇咽】（名・自スル）（「咽」はむせぶ意）息を詰まらせるように泣くこと。むせび泣くこと。「—がもれる」

お-えらがた【お偉方】 身分や地位の高い人々。「町の—」用法 少しからかったり、皮肉の気持ちを込めたりして言う。

お・える【終える】（他下一）《中心義—これ以上続ける必要がないとしてそこでやめる》全部すませる。終わるようにする。しとげる。はたす。「日程を—」「大学を—（=卒業する）」↕始める 自おわ・る（五）文を・ふ（下二）参考「◇了える」「◇卒える」と書く場合もある。⇩終わる「ちがい」

おお-【大】（接頭）①「大きい」「広い」「量が多い」の意を表す。「—男」「—岩」「—空」「—人数」②「程度・規模がはなはだしい」の意を表す。「—あわて」「—騒ぎ」「—風」③「だいたい」の意を表す。「—づかみ」④「一番の」「代表的な」「重要な」の意を表す。「—一番」「—立て者」⑤「序列・年齢などが上の」の意を表す。「—旦那」⑥「極限の」の意を表す。「—君」「—江戸」「—詰め」「—みそか」⑦尊敬または賛美の意を表す。「—君」「—江戸」

おお（感）①感動したり驚いたりしたときに発する語。「—、寒い」②思い出したときに発する語。「—、そうだ」③応答や承諾の意を表すときに発する語。「—、行こうぜ」

おお-あきない【大商い】 ①商い額の大きな売買。また、手広くする商売。↕小商い ②取引で、出来高が非常に大きいこと。↕薄商い

おお-あざ【大字】 市町村内の行政区画で、小字を含む比較的広い地域。↕小字

おお-あし【大足】 ①並はずれて大きな足。②広い歩幅。

おお-あじ【大味】（名・形動ダ）①食べ物の味に微妙な風味の乏しいこと。「—な料理」↕小味 ②おおざっぱで、こまやかな趣の乏しいこと。また、そのさま。「—な芸」「—な試合」

おお-あせ【大汗】 ひどく出る汗。大量の汗。「—をかく（=失敗をして、大変に恥ずかしい思いをする）」

おお-あたり【大当〔た〕り】（名・自スル）①非常にうまく的中すること。②商売や興行が大成功すること。「—を取る」

おお-あな【大穴】 ①大きな穴。②大きな欠損。「—をあける」③競馬や競輪などで、ほとんどの人が予想しなかったものが勝つこと。また、それによる高配当。「—を当てる」

おお-あま【大甘】（形動ダ）《俗》①ひどく甘やかすさま。厳しさがなくてぬるいさま。「子に—な親」「—な処分」②楽観的すぎるさま。「—な見通し」

おお-あめ【大雨】 激しく大量に降る雨。↕小雨

おお-あり【大有り】（名・形動ダ）「あること」を強めた言い方。もちろんあること。大いにあること。「可能性は—だ」

おお-あれ【大荒れ】（名・形動ダ）①ひどく荒れること。ひどく暴れること。また、そのさま。「—に荒れる総会」②天候が悪く風雨が非常に激しいこと。「海や山は—だ」③スポーツや相場などで、予想もしない結果が続出すること。「—の初日」

おおい【覆い・◇被い】 物にかぶせておおうもの。カバー。

おお・い【多い】（形）数量がたくさんである。いっぱいある。「量が—」「失敗が—」↕少ない 文おほ・し（ク）
類語 おびただしい・数えきれない・いっぱい・うんと・しこたま・たっぷり・たんと・たんまり・どっさり・ふんだんに・山ほど・わんさ・ぎょうさん・たくさん・盛りだくさん・多々・多大・多量・大量・幾多・数多・数々・無数・莫大・膨大・無尽蔵・枚挙にいとまがない

オー-イー-シー-ディー【ＯＥＣＤ】〈Organization for Economic Cooperation and Development から〉経済協力開発機構。加盟国の協力による経済の安定成長、貿易の拡大、発展途上国援助の促進と調整を目的に、欧州経済協力機構（ＯＥＥＣ）を改組し一九六一年発足。

おお-いき【大息】 大きくつく息。深い息。「—をつく」

おお-いそぎ【大急ぎ】（名・形動ダ）ひどく急ぐこと。また、そのさま。「—で仕上げる」

おおいた〔大分〕 九州北東部の県。県庁所在地は大分市。

オー-いちごなな【Ｏ１５７】〘医〙病原性大腸菌の一つ。ベロ毒素により、はげしい腹痛・下痢を引き起こす。腸管出血性大腸菌。語源 一五七番目に発見されたＯ抗原をもつ大腸菌であることに由来する。

おお-いちばん【大一番】 相撲などで、優勝の行方を左右するような大事な取組。「優勝のかかった—」

おお-いちょう【大×銀杏】 ①大きなイチョウの木。②武家の髪形で、髷の先をイチョウの葉の形に大きく広げた結い方。相撲で十両以上の力士が結う。

おおい-なる【大いなる】（連体）（「おおきなる」の音便）①大きな。たいへんな。「—損失」②偉大な。「—業績」

おおい-に【大いに】（副）（「おおきに」の音便）程度のはなはだしいさま。非常に。はなはだ。「—貢献する」「—飲もう」

おお-いり【大入り】 興行場などで、客がたくさんはいること。「—満員」↕不入り

—ぶくろ【—袋】 興行場などで、客がたくさん入場したときに、祝いの金を入れて従業員や関係者に配る袋。「—が出る」

おお・う【覆う・◇被う・◇蔽う】（他五）①物を隠したり保護したりするために、上に薄く広がりのあるものをのせる。「シートで—」「目を—惨状」②一面に広がりすっぽり包み込む。「雨雲が空を—」③包み隠す。「失敗を—」可能 おお・える（下一）

> ちがい「覆う」・「かぶせる」
> どちらも何かの上にそれより大きいものを載せ、中のものを保護したり、見えなくしたりすることを表す。「屋根をビニールシートで覆う／屋根にビニールシートをかぶせる」
> 「覆う」は物体の面に着目し、その面全体に何か薄く広がりのあるものを載せることを表す（「表面を油膜で覆う」「苔が道を覆う」「手で顔を覆う」）のに対して、「かぶせる」は物を立体として捉え、そのものを囲うことによって保護される空間を作り出す意に傾く。「はさみの先にカバーをかぶせる」「果物に虫よけの袋をかぶせる」

おお-うち【大内】 内裏。皇居。御所。大内山。

—びな【—△雛】 内裏雛。

—やま【—山】 皇居。御所。

おお-うつし【大写し】（名・他スル）映画やテレビなどで、被写体の一部分を画面に大きく写すこと。クローズアップ。

おお-うなばら【大海原】「海」の美称。広々とした海。

オー-エー【ＯＡ】 →オフィスオートメーション

おおえけんざぶろう〔大江健三郎〕（一九三五～二〇二三）小説家。愛媛県生まれ。戦後民主主義者の立場から時代への危機意識に根差した救済と再生の文学を創作。一九九四（平成六）年、ノーベル文学賞受賞。代表作「飼育」「個人的な体験」「万延元年のフットボール」など。

オー-エス【ＯＳ】→オペレーティングシステム

オー-エス〈フランス ho hisse〉(感) 綱引きのときの掛け声。

オー-エッチ-ピー【ＯＨＰ】「オーバーヘッドプロジェクター」の略。

おお-えど【大江戸】— 「江戸」の美称。「—八百八町」

オー-エル【ＯＬ】〈和製英語〉女性の事務員。オフィスレディー。語源 office lady の頭文字から。

おおおか-さばき【大岡裁き】— 公平にして適切、なおかつ人情味のある裁判や判決。語源 江戸中期の町奉行、大岡越前守忠相の裁判が、人情味にあふれ、公正であったと言い伝えられていることによる言葉。

おお-おく【大奥】— 江戸城内で、将軍の夫人や側室たちの住んでいた所。将軍以外は男子禁制であった。

おお-おじ【大伯父・大叔父】— 両親のおじ。祖父母の兄弟。

おお-おとこ【大男】— 体つきの大きい男性。「雲をつくばかりの—」↔小男

—総身に知恵が回りかね 体ばかり大きくて愚鈍な男をあざけっていう言葉。

おお-おば【大伯母・大叔母】— 両親のおば。祖父母の姉妹。

おお-おみ【大◦臣】— 〔日〕大化改新前、臣の姓から選ばれ、大和政権の政治に参与した最高官。平群・巨勢・葛城・蘇我氏など。⇩姓

おお-おんな【大女】— 体つきの大きい女性。↔小女

おお-がい【△頁】— 漢字の部首名の一つ。「項」「頭」などの「頁」の部分。

おおかがみ【大鏡】— 平安後期の歴史物語。別名「世継物語」。作者・成立年代未詳。藤原道長の栄華を中心に文徳天皇から後一条天皇まで一四代一七六年間を、二人の老人の対話形式で批判を交え紀伝体で記す。四鏡の第一。

おお-がかり【大掛(か)り】— (名・形動ダ) 規模が大きく、多くの費用や人手がかかること。また、そのさま。大仕掛け。「—な装置」「—な行事」

おお-かぜ【大風】— 激しく吹く風。強い風。

おお-かた【大方】— ■(名) ①だいたい。大部分。「財産の—を失う」②世間一般の人。多くの人。「—の予想を上まわる」■(副) ①おおよそ。だいたい。「—できあがる」②多分。おそらく。「—間違いなかろう」

おお-がた【大形】— 形の大きいこと。また、そのもの。「—の魚」↔小形

おお-がた【大型】— 同類のものの中で型や規模が大きいこと。また、そのもの。「—冷蔵庫」「—新人」「—台風」↔小型

—かぶ【—株】〔経〕資本金の大きい会社の株。

オーガナイザー〈organizer〉①催し物の主催者。また、その世話役や幹事。②→けいせいたい

オーガニック〈organic 有機の〉(名・形動ダ) 農作物が有機栽培によるものであること。「—フード」

おおかみ【△狼】— ①〔動〕イヌ科の哺乳動物。山野にすみ、人畜を害する一方、信仰の対象ともされた。日本にはニホンオオカミがいたが、絶滅した。冬 ②うわべは優しく親切そうであるが、実は凶悪で、すきを見て相手を襲うもの。「送り—」

—しょうねん【—少年】①狼に育てられた少年。②嘘を繰り返す人。何度も嘘をついて信用されなくなった人。語源 ②は、「イソップ物語」の、何度も「狼が来た」と嘘をつき、本当に狼が出たとき誰からも信用されなかった少年の話から。

おお-がら【大柄】— (名・形動ダ) ①体格がふつうより大きいこと。また、そのさま。「—な男」②模様や縞がふつうより大きいこと。また、そのさま。「—のゆかた地」(↔小柄)

おおかれ-すくなかれ【多かれ少なかれ】— 多い少ないの差はあるにしても。どっちみち。「—皆秘密を持っている」

おお-かわ【大革・大◦鼓】— →おおつづみ

オーガンジー〈organdie〉薄く半透明で張りのある、平織の綿・絹織物。夏の婦人服などに用いる。オーガンディー。

おお-かんばん【大看板】— ①大きな看板。②寄席や芝居で、一座の中心となる芸人。また、一流の芸人。語源 ②は、寄席の看板などに、特に大きく名を書いたことから。

おおき・い【大きい】— (形) 〔カロ・カッ(ク)・イ・イ・ケレ・○〕(**中心義—形・量・程度などある基準とする範囲を超えて広がっている**) ①全体の型・長さや事柄の度合いが、比べたものより、あるいは自分の考えているよりも多い。㋐面積・体積・長さが多い。「アメリカは日本より—」「—荷物」「背丈が—」㋑程度などがはなはだしい。「被害が—」㋒年齢が上である。大人だ。「僕は君より三つ—」㋓規模や範囲が広い。「騒ぎが—・くなる」㋔単位が大である。「—お金しか持っていない」②度量が広い。「人物が—」③偉ぶっている。おおげさである。「態度が—」「構えが—」「—ことを言う」④重大である。「—問題」(↔小さい)

類語 でかい・大振り・巨大・極大・壮大・特大・最大・至大・長大・膨大・雄大

おおきど【大木戸】— 江戸時代、都市の出入り口に設けた関所。大城戸。

おおき-な【大きな】— (連体) 大きい。「—家」「—声をたてる」「—影響を与える」↔小さな 参考「体の大きな子」のように、上の言葉を受けるはたらきのあるところから、連体形だけが使われる形容動詞とする説もある。

—お世話 いらぬお節介。他人のしてくれる世話を拒む意を表す。

—顔をする いばった顔つきをする。

おおき-に【大きに】— ■(副) たいそう。おおいに。まったく。「—お世話(=余計なお世話)」■(感)〈方〉(関西で「大きにありがとう」の略)ありがとう。「毎度—」

おお-きみ【大君・大◦王・◦王】— ①天皇の尊称。②皇族・諸王の尊称。

オー-きゃく【Ｏ脚】直立して両足をそろえたとき、両膝がぴったりくっつかないでＯ字形に外側に曲がっている脚。↔Ｘ脚

おお-ぎょう【大仰・大形】— (名・形動ダ) おおげさでわざとらしいこと。また、そのさま。仰山。「—な台詞」

おお-ぎり【大切り】— ①大きく切り分けること。また、その切り分けたもの。②〔演〕芝居・寄席などで、一日の最後に演じるもの。③物事の終わり。参考 ②は「大喜利」とも書く。

おおく【多く】— ■(名) 数・量の多いこと。たくさん。「—を語らない」■(副) おおかた。たいがい。「台風は—秋に来る」

オーク〈oak〉カシ・ナラなどの木。また、その木材。

おお-ぐい【大食い】— 食べ物をたくさん食べること。また、その人。大食漢。「やせの—」

オークション〈auction〉競売。せり売り。「名画の—」

おお-くち【大口】— (「大口袴」の略)昔、束帯のとき、表袴の下にはいた袴。紅の絹でつくり裾口は大きく広い。

おお-ぐち【大口】— ①口を大きく開くこと。大きい口。「—をあけて笑う」②えらそうな言葉。大言壮語。③売買や取り引きの金額が多いこと。「—の注文」↔小口

—を叩く おおげさなことを言う。えらそうな口をきく。

おおくぼとしみち【大久保利通】(一八三〇〜一八七八) 明治初期の政治家。薩摩藩(鹿児島県)出身。版籍奉還・廃藩置県を断行。征韓論に反対し、また地租改正・殖産興業政

策を遂行したが、不平士族に暗殺された。

おおくま-しげのぶ〔大隈重信〕(一八三八〜一九二二) 明治・大正期の政治家。佐賀藩(佐賀県)出身。一八八二(明治十五)年立憲改進党を結成。一八九八(明治三十一)年には首相となり、最初の政党内閣を組織。のち一九一四(大正三)年に再び内閣を組織して第一次世界大戦への参戦を決定した。東京専門学校(早稲田大学の前身)を創立。

おおくら-しょう【大蔵省】①「財務省」の旧称。②〘日〙律令制による役所の名。八省の一つ。太政官に属し諸国からの租税・出納・会計などを取り扱った。⇩八省

オー-ケー【ＯＫ】■(感)「承知した」「それでよい」の意で発する語。オッケー。オーライ。「ー、わかった」■(名・自スル) 同意。許可。「上司のーをとる」語源 all correct を誤った oll korrect からともいう。

おお-げさ【大△袈△裟】(形動ダ) 実際よりも誇張したさま。おおぎょう。「ーなことを言うな」「ーに痛がる」

オーケストラ〈orchestra〉〘音〙管弦楽。また、それを合奏する楽団。管弦楽団。オケ。

おお-ごえ【大声】大きな声。「ーを出す」↕小声

おお-ごしょ【大御所】①親王・将軍などの隠居所。転じて、その人の敬称。②その社会の第一人者として大きな影響力をもつ人。「財界のー」「画壇のー」

おお-ごと【大事】重大な事柄。大事件。「ーになる」

おおさか〔大阪〕近畿地方中央部の府。府庁所在地は大阪市。参考 古くは「難波」と称され、室町時代には「小坂」「大坂」とも書いたが、明治初期に「大阪」で統一。

ーの食い倒れ 大阪の人は食べ物に金をかけすぎて財産をなくしてしまうということ。「京の着倒れ」に対していう。

ーずし【ー△鮨・ー×寿司】関西風の押しずし・箱ずし・太巻きずしなどの総称。

おお-ざけ【大酒】多量の酒。大酒。「ーをくらう」

ーのみ【ー飲み】多量の酒を飲む人。大酒家。酒豪。

おお-さじ【大△匙】①大きめの匙。②料理用の計量スプーンの一つ。容量は、ふつう一五ミリリットル。↕小匙

おお-ざっぱ【大雑把】(形動ダ) ①細かい点への注意が欠けていて雑なさま。「ーな人間」②全体をざっととらえるさま。おおづかみ。「ーに見積もる」「ーに言う」

おお-ざと【△邑・△阝】漢字の部首名の一つ。「部」「郎」などの「阝」の部分。

おお-さわぎ【大騒ぎ】(名・自スル) ひどく騒ぐこと。また、大きな騒動。「上を下へのー」「不意の知らせにーする」

おお-じ【大路】幅の広い道。大通り。本通り。↕小路

おお-し・い【雄雄しい】(形) 危険や困難に勇ましく立ち向かうさま。男らしい。「ー姿」「強敵にー・く立ち向かう」↕女女しい 文をを・し(シク)

オー-ジー【ＯＧ】〈和製英語〉卒業・退職をした女性の先輩。↕オービー 語源 old girl の頭文字から。

おお-しお【大潮】潮の干満の差が最大のとき。満月と新月の直後に起こる。↕小潮

おお-じかけ【大仕掛〔け〕】(名・形動ダ) 仕組み・仕掛け・規模の大きいこと。また、そのさま。大掛かり。「ーな設備」

おおしこうちのみつね〔凡河内躬恒〕(生没年未詳) 平安前期の歌人。三十六歌仙の一人。紀貫之と並び称された。「古今集」撰者の一人。即興の叙景歌に長じ、情味に富む歌風。家集「躬恒集」。

おお-じだい【大時代】■(名)〘演〙(「大時代狂言」の略)歌舞伎で、時代狂言の中でも特に古い王朝時代のことを扱った狂言。■(名・形動ダ) 非常に古めかしいこと。時代遅れでおおげさなこと。また、そのさま。「ーな言葉づかい」

おおしま-つむぎ【大島△紬】鹿児島県奄美大島特産のかすり織りのつむぎ。大島。

おお-すじ【大筋】物事のだいたいの筋みち。あらまし。「話のーは理解した」

オーストラリア〈Australia〉①六大州の一つ。太平洋西南部にあり、東は太平洋、西はインド洋に面する。六大陸中最小の大陸。②「オーストラリア連邦」の通称。語源 ラテン語の「南の大陸」から。古くから未知の大陸として、ヨーロッパでその存在が伝えられていたという。参考「×濠太剌利」とも書く。

ーれんぽう〔ー連邦〕オーストラリア大陸およびタスマニア島からなる英連邦加盟の立憲君主国。首都はキャンベラ。豪州。

オーストリア〈Austria〉ヨーロッパ中央部にある共和国。首都はウィーン。語源 昔のドイツ語に由来し、「東の国」の意。参考「×墺太利」とも書く。

おおすみ〔大隅〕旧国名の一つ。現在の鹿児島県の東部。隅州。

おお-ずもう【大相撲】①日本相撲協会の主催する、協会所属力士による相撲興行。②力が拮抗してなかなか勝負のつかない相撲の取組。「水入りのー」

おおせ【仰せ】①目上の人の言いつけ。ご命令。「ーのとおりにいたします」②お言葉。「ーごもっともに存じます」語源 動詞「仰す」の連用形から。

おお-ぜい【大勢】多くの人。多人数。「ーの客」↕小勢

おお-ぜき【大関】力士の階級の一つ。横綱の下で、関脇の上。三役の最上位。また、その地位の力士。⇩横綱

おおせ-つか・る【仰せ付かる】(他五) 「言い付かる」の謙譲語。ご命令を受ける。「大役をー」

おおせ-つ・ける【仰せ付ける】(他下一) 「言い付ける」の尊敬語。お言い付けになる。「なんなりと私にー・けください」文おほせつ・く(下二)

おおせ-ら・れる【仰せられる】(他下一) 「言う」の尊敬語。おっしゃる。文おほせら・る(下二)

おお・せる【◦果せる・◦遂せる】(他下一) (動詞の連用形に付いて)なしとげる。すっかり…する。「やりー」「逃げー」文おほ・す(下二)

おお-そうじ【大掃除】(名・他スル) 日ごろの掃除では行き届かない所まで念入りに行う大がかりな掃除。春

オーソドックス〈orthodox〉(名・形動ダ) 一般に正統と認められていること。また、そのさま。「ーな方法」「ーな服装」

おお-ぞら【大空】広大な空。「ーに羽ばたく」

オーソライズ〈authorize〉(名・自他スル) 正当と認めること。権威づけること。

オーソリティー〈authority〉その分野の権威。大家。

おお-ぞん【大損】(名・自スル) 大きな損失をこうむること。「株でーする」

オーダー〈order〉■(名・他スル) 注文。命令。「イージーー」■(名) ①順序。②野球で、打順。「ーを組む」

ーストップ〈和製英語〉レストランなどで、その日の注文の受付を打ち切ること。「午後十時でーです」

ーメード〈和製英語〉注文で作ること。また、その製品。↕レディーメード 参考 英語では made-to-order という。

おお-だい【大台】①株式・商品相場で、おもに一〇〇円単位で設けた段階。②金額・数量の大きな境目を表す、桁や範囲。「当市の人口は一〇〇万のーに乗った」

おお-だいこ【大太鼓】(オホ) ―〘音〙①雅楽で用いる大型の太鼓。大太鼓(だだいこ)。②歌舞伎や郷土芸能で用いる大型の太鼓。③洋楽で用いる大型の太鼓。バスドラム。(↔小太鼓)

おお-だすかり【大助かり】(オホ) ―(名・形動ダ) たいへん助かること。また、そのさま。「君が手伝ってくれればーだ」

おお-たちまわり【大立〔ち〕回り】(オホタチマハリ) ①演劇で、激しい立ち回り。②激しいけんか。はでな格闘。「ーを演じる」

おお-だてもの【大立〔て〕者】(オホ) ―①一座のうちで最もすぐれた俳優。②その社会で大きな影響力のある人物。「財界のー」

おお-だな【大△店】(オホ) ― 商品取引の規模が大きい商店。

おおたなんぽ【大田南畝】(オホタナンポ) (一七四九〜一八二三) 江戸後期の狂歌師・戯作(げさく)者。別号、蜀山人(しょくさんじん)・四方赤良(よものあから)。江戸(東京都)生まれ。天明調狂歌の中心として活躍した。狂歌集「万載(まんざい)狂歌集」など。

おお-だんな【大旦那・大△檀那】(オホ) ―①商家などで、主人の父親、または舅(しゅうと)にあたる人の敬称。↔若旦那 ②寺の檀家(だんか)で、布施(ふせ)をたくさん出す人。

おおつ-え【大津絵】(オホツヱ) ①江戸時代、近江(おうみ)(滋賀(しが)県)の大津で売り出した走り書きの絵。もとは仏画であったが戯画に転じた。②俗謡の節の一種。①の画題に節付けしたものから起こった。幕末から明治のころに流行。大津絵節。

おお-づかみ【大△摑み】(オホ) ―(名・形動ダ) ①手にいっぱい握ること。また、そのさま。「菓子をーに取る」②物事の大体をとらえること。全体をさっと理解すること。「ーなとらえ方」

おお-つごもり【大△晦・大×晦日】(オホ) ― おおみそか。一年の最終日。图

おお-づつ【大筒】(オホ) ―①酒などを入れる大きな竹の筒。②昔の言い方で、大砲のこと。

おお-つづみ【大鼓】(オホ) ―〘音〙能楽などの囃子(はやし)に用いる大形の鼓。左の膝(ひざ)の上で横にして右手の指先で打って演奏する。大革(おおかわ)。大胴(おおどう)。↔小鼓

おお-づな【大綱】(オホ) ―①太い綱。②物事の根本。大綱(たいこう)。

おおっ-ぴら【大っぴら】(オホッ) ―(形動ダ) ダロ・ダッ(デ・ニ)・ダナ・ナラ・〇 (「おおびら」の促音化) 隠された所がなく、あからさまになっているさま。人目をはばからないさま。公然。「事件がーになる」

おお-つぶ【大粒】(オホ) ―(名・形動ダ) 粒の大きいこと。また、そのさま。また、大きい粒。「ーの雨」「ーの涙」↔小粒

おお-づめ【大詰〔め〕】(オホ) ―①演劇で最後の幕。また、その場面。②物事の終わりの局面。終局。「交渉もーを迎える」

おお-て【大手】(オホ) ―①同業の中で経営規模の特に大きい会社。「ーの企業」②城の正門。また、敵を表門や正面から攻める部隊。追手(おうて)。↔搦手(からめて) ③「大手筋」の略。

―すじ【―筋】(スヂ) ①取引所で、多額の売買をして相場を変え得る人や会社。仕手。②大規模な会社。大手(おおて)。

おお-で【大手】(オホ) ― 肩から手指の先まで。「ーを広げる」

―を振(ふ)る あたりに遠慮することもなく、堂々とふるまうさま。「大手を振って帰る」

オー-ディー-エー【ODA】〈official development assistance から〉政府開発援助。発展途上国の経済開発や生活の向上を目的に先進国の政府が行う経済援助。

オーディエンス〈audience〉①聴衆。観客。②テレビの視聴者やラジオの聴取者。

オーディオ〈audio〉①音声。音響。↔ビデオ ②ステレオなどの音響再生装置。「ーマニア」

オーディション〈audition〉①舞台公演・放送番組などの出演者を選考するために行う実技審査。②新しい放送番組の発表前に、関係者が見たり聞いたりして検討すること。

おお-でき【大出来】(オホ) ―(名・形動ダ) 予想以上のできばえであること。また、そのさま。上出来。「初出場で五位ならーだ」

オー-デ-コロン〈フラ eau de Cologne ケルンの水〉肌に付ける、アルコールに香料を加えた軽い香りの香水。語源 ドイツのケルン(フランス語でコローニュ)でつくられたことからいう。

オート〈auto〉①〈automobile から〉自動車。②(他の語の上に付いて)「自動の」「自動車の」の意を表す。「ーロック」

―キャンプ〈和製英語〉自動車で移動し、その車やテントで寝泊まりしながらキャンプをすること。

―さんりん【―三輪】 三輪の貨物用自動車。

―ジャイロ〈autogiro〉通常のプロペラを付けつつ、垂直に上昇・下降できるよう上方に回転翼を備えた飛行機。

―バイ〈和製英語〉ガソリンエンジンなどの原動機によって走る二輪車。単車。参考 和製英語 auto bicycle の略。英語では motorbike または motorcycle という。

―フォーカス〈autofocus〉カメラのレンズのピントを自動的に合わせる方式。

―リバース〈auto-reverse〉テープレコーダーで、テープが終わると自動的に逆転して裏面の再生・録音を行う機能。

―レース〈auto race〉オートバイや自動車の競走。特に、ギャンブルの対象として行われるオートバイレース。参考 オートバイの場合は、英語では motorcycle race という。

―ロック〈和製英語〉扉を閉じると自動的に鍵がかかる錠。

おお-ど【大戸】(オホ) ―(商店などの)家の表口にある大きな戸。

おお-どう【大胴】(オホ) ― →おおつづみ

おお-どうぐ【大道具】(オホダウグ) 〘演〙舞台の場景を形作る装飾のうち、俳優が動かすことのない大がかりな道具をいう。建物・樹木・岩石・書き割りなど。↔小道具

おお-どおり【大通り】(オホドホリ) 町中の幅の広い道。本通り。

おおどか(オホドカ) (形動ダ) ダロ・ダッ(デ・ニ)・ダ・ナ・ナラ・〇 おっとりして物事にこせこせしないさま。おおよう。「ーな性質」文(ナリ)

オートクチュール〈フラ haute couture〉高級衣装店。特に、パリの高級衣装店協会の加盟店。また、そこで作られる高級注文服。

おお-どころ【大所】(オホ) ―①大きな構えの家。財産家。②その分野で勢力をもつ人。大家(たいか)。参考「おおどこ」ともいう。

オー-ド-トワレ〈フラ eau de toilette〉香りが薄く、持続性の弱い香水。

おお-との【大殿】(オホ) ―①宮殿の敬称。特に、寝殿、正殿。②大臣の敬称。おとど。③貴人の当主の父の敬称。または、貴人の継嗣(けいし)に対して、当主の敬称。

オードブル〈フラ hors-d'œuvre〉西洋料理で、主菜の前に出る軽い料理。前菜。参考 フルコースでは、スープの前に出る。

オートマ「オートマチック」の略。

オートマチック〈automatic〉㊀(形動ダ) ダロ・ダッ(デ・ニ)・ダ・ナ・ナラ・〇 自動式であるさま。自動的。「この装置はーだ」㊁(名) ①自動拳銃。また、自動小銃。②〈automatic transmission から〉自動車の自動変速装置。AT ↔マニュアル

オートミール〈oatmeal〉燕麦(えんばく)をひき割りにした食品。また、それを水や牛乳でかゆ状に煮た食品。

オートメーション〈automation〉機械が自動的に作業を行うこと。自動制御。自動化。

おおとものさかのうえのいらつめ【大伴坂上郎女】(オホトモノサカノウヘノイラツメ) (生没年未詳) 奈良時代の歌人。旅人(たびと)の異母妹で家持(やかもち)の叔母(おば)。娘の坂上大嬢(いらつめ)は家持の妻。万葉後期の代表的な歌人で、歌風は才気に富み技巧的。

おおとものたびと【大伴旅人】(オホトモノタビト) (六六五〜七三一) 奈良時代

の歌人。家持の父。漢学に通じ、特に老荘思想の影響を受けた。多く人事を題材にし、中でも「讃酒歌」は有名。

おおとものやかもち〔大伴家持〕(七一八?～七八五) 奈良時代の歌人。旅人の子。三十六歌仙の一人。「万葉集」の大部分は、彼によって編集されたといわれる。万葉後期を代表する歌人で、繊細・優美な歌風は古今調の先駆をなす。

おお-とり【大鳥】①大形の鳥。ツル・コウノトリなど。②中国で、想像上の鳥。鵬。参考「鳳」「鴻」とも書く。

オーナー〈owner〉所有者。持ち主。「別荘のー」「球団ー」

―ドライバー〈owner-driver〉自家用車を所有し、自分で運転する人。

おお-なた【大鉈】大きな鉈。

―を振るう 思い切って全体を整理したり縮小したりする。「予算案にー」

オーナメント〈ornament〉飾り。装飾品。「クリスマスー」

おお-にゅうどう【大入道】①背が高く体の大きい坊主頭の化け物。②坊主頭の大男。

おお-にんずう【大人数】人数が多いこと。多人数。おおにんず。↔小人数

おお-ね【大根】①「だいこん」の古称。②物事のおおもと。根本。

おおのやすまろ〔太安万侶〕(?～七二三) 奈良時代の文人。元明天皇の命により稗田阿礼の誦習した帝紀・旧辞を筆録し、「古事記」を撰進。また、「日本書紀」の編纂にもあたったとされる。

おお-ば【大葉】薬味などに用いる、青じその葉。

オーバー〈over〉㊀(名)①「オーバーコート」の略。②(他の外来語に付いて)「…の上に」「…をこえて」「重ねて」「過度に」などの意を表す。「ーフェンス」「ーブッキング」㊁(名・自他スル)ある範囲を超えること。超すこと。「予算ー」㊂(形動ダ)(ダロ・ダッ(デ)・ニ・ダ・ナ・ラ・○) おおげさであるさま。「ーな表現」「ーアクション」

オーバーオール〈overall〉①上着とズボンの続いた作業服。つなぎ。②胸当て付きのゆったりとしたズボン。

オーバーコート〈overcoat〉外套。オーバー。

オーバーシューズ〈overshoes〉雨などのとき、靴の上にはく防水性の素材でできたカバー。

オーバースロー〈overhand throw から〉野球で、ボールを投げるとき、腕が肩の上から大きく弧を描いて投げる投げ方。上手投げ。オーバーハンド。↔アンダースロー

オーバータイム〈overtime〉①球技などで、規定の時間や回数を超えること。②時間外労働。超過勤務。

オーバードクター〈和製英語〉大学院の博士課程を修了した後、定職に就かないでいる状態。また、その人。

オーバーネット〈over the net から〉(名・自スル)テニス・バレーボールなどの球技で、手やラケットがネットを越えて相手側コートにある球にさわる反則。

オーバーハンド〈overhand〉①野球で、上手投げ。オーバースロー。②テニスで、上から球を打ち下ろすような打法。

オーバーヒート〈overheat〉(名・自スル)①エンジンなどが過熱すること。②状態や傾向が過度に強まること。

オーバーペース〈和製英語〉速度などが適切な程度を超えること。「ーに気をつけて走る」

オーバーヘッド-プロジェクター〈overhead projector〉透明なシートに書いた文字・図表などをスクリーンに拡大して映し出す装置。講演や講義などで利用される。OHP

オーバーホール〈overhaul〉(名・他スル)機械やエンジンなどを分解して、点検整備すること。

オーバーラップ〈overlap〉(名・自他スル)①重なり合うこと。特に、現実のできごとと記憶にあるできごとが意識の中で重なり合うこと。②映画・テレビで、ある画面に別の画面を重ねて写すこと。二重写し。③サッカーで、ボールを持っている選手をその後ろにいた味方の選手が追い越していくこと。

オーバーラン〈(米) overrun〉(名・自スル)①止まるべき所で止まらず走り過ぎること。「旅客機が滑走路をーする」②野球で、走者が止まるべき塁を走り越すこと。

オーバーローン〈overloan〉〖経〗銀行が預金額を上回る貸し出しを行っている状態。貸し出し超過。

オーバーワーク〈overwork〉働き過ぎ。過重労働。

おお-ばけ【大化け】(名・自スル)期待されていなかったものが、思いがけないほどよくなること。「ーした選手」

おおばこ【×車前草】〖植〗オオバコ科の多年草。原野や道端に自生。夏、白い穂状の小花を開く。葉は食用・薬用、種子は薬用。おんばこ。蛙葉。秋(車前草の花 夏)

おお-はば【大幅】㊀(名)①ふつうより広い幅。②布地で幅の広いもの。和服地では並幅(約三六センチメートル)の二倍のもの、洋服地ではダブル幅(約一四〇センチメートル)のものをいう。広幅。↔小幅・並幅 ㊁(形動ダ)(ダロ・ダッ(デ)・ニ・ダ・ナ・ラ・○) 数量・価格・規模などの変動の範囲・開きが大きいさま。「ーに値上がりする」↔小幅 文(ナリ)

おお-はらえ【大祓】罪やけがれをはらい清める神事。平安時代以来六月・十二月のみそかに行い、大嘗祭などのときにも臨時に行われた。おおはらい。夏 冬

おお-ばん【大判】①紙・本・布などの判の大きいもの。②安土桃山時代のころから江戸時代の末まで発行された大型で楕円形の金貨。額面は一〇両。「慶長ー」(↔小判)

おお-ばん【大番】①「大番役」の略。②「大番組」の略。

―ぐみ【―組】〖日〗江戸幕府の職名の一つ。江戸城および大坂城・二条城を交替で警護した武士。

―やく【―役】〖日〗平安・鎌倉時代に諸国から交替で皇居・幕府などを守護した武士。また、その役目。

おおばん-ぶるまい【大盤振〔る〕舞い・大盤振舞】人に気前よく金品や食事をふるまうこと。参考本来は「椀飯振る舞い」と書く。「大盤」は当て字。

オービー【OB】①〈old boy から〉卒業・退職をした先輩。「ー会」「ー訪問」↔オージー ②〈out of bounds から〉ゴルフで、プレー区域の外側。また、そこにボールを打ち出すこと。

おお-びけ【大引け】〖経〗取引所でその日の立ち会い(売買取引)が終わること。また、そのときの相場。↔寄り付き

オービス〈Orbis〉「速度違反自動取締装置」の通称。速度を超過して走行する車両を自動で撮影して記録する装置。

おお-びら【大びら】(形動ダ)(ダロ・ダッ(デ)・ニ・ダ・ナ・ラ・○) →おおっぴら

おお-ひろま【大広間】①多人数を収容できる大きな部屋・座敷。②江戸城内の大名の詰所の一つ。

おお-ふう【大風】(形動ダ)(ダロ・ダッ(デ)・ニ・ダ・ナ・ラ・○) 相手を見下すさま。横柄なさま。「ーな口をきく」文(ナリ)

おおぶく-ちゃ【大服茶・大福茶】元旦に若水でたてたお茶。梅干し・黒豆・山椒・昆布などを入れてたて、一年の邪気をはらうという。大服。福茶。新年

おお-ぶたい【大舞台】①大きくりっぱな舞台。②俳優のりっぱですぐれた演技。③腕前を見せる晴れの場所。活躍の場。

オープニング〈opening〉開始すること。幕開け。「ーナンバー(=演奏会などで最初に演奏される曲)」↔エンディング

おお-ぶね【大船】大きな船。

―に乗ったよう 頼みになるものにまかせきって、安心してい

るさま。「彼にまかせておけば一なものだ」

おお‐ぶり【大振り】オホ ㊀(名・形動ダ)他のものより、形やかさが大きめであること。また、そのさま。「一の茶碗(ちゃわん)」㊁(名・他スル)バットなどを大きく振ること。《↔小振り》参考 ㊀は、「大×風」とも書く。

おお‐ぶり【大降り】オホ 雨や雪が激しく降ること。↔小降り

おお‐ぶろしき【大風呂敷】オホ ①大きなふろしき。②現実ばなれしたおおげさな計画や話。

―を広(ひろ)げる ほらを吹く。誇大なことを言う。

オーブン〈oven〉中に入れた食品を、熱した空気で蒸し焼きにする箱形の調理器具。天火(てんぴ)。

―トースター〈和製英語〉オーブンとトースターの機能を備えた調理器具。

―レンジ〈和製英語〉オーブンと電子レンジの機能を備えた調理器具。

オープン〈open〉㊀(形動ダ)ダロ・ダッ(デ・ニ)・ダ・ナラ・〇 ①開かれているさま。覆いや隔てのないさま。「一キッチン」②つつみ隠すところがないさま。「一な組織」③規制などがなく開放されているさま。「一な市場」㊁(名・自他スル)営業を始めること。開業。開店。「駅前にホテルが一する」㊂(名)「オープンゲーム」の略。

―カー〈open car〉①屋根のない自動車。②屋根がほろ式の自動車。参考 ②は、英語では convertible という。

―かかく【一価格】メーカーが希望小売価格を設けず、小売店が独自にその価格を設定する方式。また、その価格。

―キャンパス〈和製英語〉大学などが入学希望者に対して学校を公開して行う、説明会や学内見学会。

―ゲーム〈open game〉①だれでも参加できる試合。公開競技。オープン。②公式試合以外の試合。オープン戦。参考 ②は、英語では exhibition game などという。

―コース〈open course〉陸上競技などで、各選手の走るべきコースの分けられていない走路。↔セパレートコース

―サンド〈open sandwich から〉厚めのパンの上にハム・肉・野菜などの具をのせた食品。

―シャツ〈open shirt〉開襟(かいきん)シャツ。

―ショップ〈open shop〉〘社〙従業員の労働組合への加入は任意であり、組合員でなくなっても労働条件に影響しない制度。⇩クローズドショップ・ユニオンショップ

―スタンス〈open stance〉野球やゴルフなどで、打球方向側の足をもう一方の足よりもうしろに引き、体を開いた形で構える姿勢。↔クローズドスタンス

―スペース〈open space〉①建物の建っていない場所や空間。②サッカーで、相手選手がいない区域。

―セット〈和製英語〉映画・テレビの撮影用に、屋外に設けられた市街地などの装置。参考 英語では outdoor set という。

―せん【一戦】→オープンゲーム②

―ハウス〈open house〉①販売するための見本用・紹介用として公開された住宅。②自宅を開放して行うパーティー。

―リール〈open reel〉大型の糸巻き状のリールに巻き付けただけでカセットに入れてない磁気テープ。

おお‐べや【大部屋】オホ ①旅館・病院などで、大勢がはいれる大きな部屋。「一から個室に移る」②劇場や撮影所で、専用の控え室を持てない俳優が雑居する広い部屋。また、その俳優。

オーベルジュ〈フランス auberge〉宿泊施設付きの高級レストラン。

オーボエ〈イタリア oboe〉〘音〙二枚のリード(=簧(した))を持つ木管楽器の一つ。長さは約七〇センチメートル。リードを唇にはさみ縦に吹く。オーボー。

おお‐まか【大まか】オホマカ (形動ダ)ダロ・ダッ(デ・ニ)・ダ・ナラ・〇 細かい点にこだわらないさま。おおざっぱ。「一な説明」文(ナリ)

〔オーボエ〕

おお‐まじめ【大真面目】オホ (名・形動ダ)非常にまじめなこと。また、そのさま。「一な顔」用法 当人だけが真剣になるさまをからかって言う場合もある。

おお‐また【大股】オホ 両足を大きく開くこと。また、歩幅が広いこと。「一で歩く」↔小股

おお‐まわり【大回り・大△廻り】オホマハリ (名・自スル)①道などを大きく遠回りすること。迂回(うかい)。「一して帰る」②大きな弧を描いて回ること。↔小回り

おお‐まんどころ【大×政所】オホ (「大北の政所」の略)摂政・関白の母の敬称。特に、豊臣秀吉(とよとみひでよし)の母をいう。

おおみ‐【大×御】オホミ (接頭)神や天皇に関する事物に冠して尊敬の意を表す。「一神」「一歌」参考 神・天皇に関する事物に対する、高い敬意を表す接頭語「み」に「おお(大)」を添え、さらにいっそうの尊敬を表したもの。

おお‐みえ【大見得】オホ 〘演〙俳優が、感情の最も高まったときに、一瞬静止して特に目立つ表情や演技をすること。

―を切(き)る ①演劇などで俳優が「大見得」のしぐさをする。②自信のほどをことさらにおおげさな態度で示す。

おおみ‐こと【大×御言】オホミ 天皇のお言葉。詔勅(しょうちょく)。

おお‐みず【大水】オホミヅ 台風や大雨などで増水した川や湖の水が大量にあふれ出ること。洪水。「一になる」「一が出る」

おお‐みそか【大△晦日】オホ 一年の最終日。十二月三十一日。大晦(おおつごもり)。冬 参考「みそか」は「三十日」のこと。

おおみ‐たから【大×御宝】オホミ (「天皇の宝」の意から)国民。人民。

おお‐みだし【大見出し】オホ 新聞・雑誌などで、大きな文字で目立つように示した標題。↔小見出し

おお‐みや【大宮】オホ ①皇居または神社の敬称。②㋐太皇太后・皇太后の敬称。㋑若宮に対する母宮の敬称。

おおみ‐よ【大×御代】オホミ 天皇の治世の尊称。

―びと【一人】宮中に仕える人。公家(くげ)。殿上人(てんじょうびと)。

オーム〈ドイツ Ohm〉〘物〙国際単位系の電気抵抗の単位。導線の両端に一ボルトの電圧をかけて一アンペアの電流が流れるとき、その導線の抵抗は一オーム。記号Ω

おお‐むかし【大昔】オホ 今よりはるか前。太古。

おお‐むぎ【大麦】オホ 〘植〙イネ科の一年草または越年草。種子は食用のほか、ビール・みそ・しょうゆ・あめなどの原料。茎のわらは細工用。夏

おお‐むこう【大向〔こ〕う】オホムカウ ①(劇場で、舞台正面二階の向こう桟敷(さじき)のうしろにあったことから)芝居の立ち見席。一幕見(ひとまくみ)の席。「一から声が掛かる」②見物の大衆。

―を唸(うな)らせる ①大向こうの観客を感嘆させる。②大衆の人気を得る。

おお‐むね【×概ね】オホ ㊀(名)だいたいの趣旨。あらまし。概略。「計画の一を説明する」㊁(副)だいたい。あらかた。おおよそ。「経過は一良好だ」

おお‐むらさき【大紫】オホ ①〘動〙タテハチョウ科に属する大形のチョウ。雄は紫色の羽が美しい。日本の国蝶。春 夏 ②〘植〙ツツジ科の常緑低木。春、紫紅色の花をつける。春

おお‐むらじ【大×連】オホ 〘日〙大化改新前、大和(やまと)政権の政治に参与した最高官。連(むらじ)の姓(かばね)を持つ氏(うじ)のうち、大伴(おおとも)氏・物部(もののべ)氏など有力者が任命された。⇩姓(かばね)

おお‐め【大目】オホ ①大ざっぱに見積もること。②二〇〇匁(もんめ)を一斤(きん)とする重さの単位。

—に見る 不正や誤りなどをあまりとがめずに寛大に扱う。

おお-め【多目】—(名・形動ダ) 少し多いくらいの分量や程度。「塩を—に入れる」↔少な目

おお-めだま【大目玉】— ①目玉の大きいこと。また、その目。②ひどくしかること。「—を食う(=ひどくしかられる)」

おお-めつけ【大目付】—〘日〙江戸幕府の職名。老中の配下にあって、諸大名の監察に当たった。

おお-もじ【大文字】— 欧文で、字体の大形のもの。小文字a・b・cに対するA・B・C。英語などでは、文頭や固有名詞の語頭などに用いる。キャピタル。↔小文字

おお-もて【大持て】— 人気があって非常にもてること。

おお-もと【大本】— 一番のもと。物事の根本。「—を正す」

おお-もの【大物】— ①同類のものの中で大きなもの。「—を釣り上げる」②その分野で実力や勢力を持ち、重要な地位にある人。「財界の—」③度量の大きな人。大人物。「彼はなかなかの—だ」(↔小物)

—ぐい【—食い】 スポーツや勝負の世界で、自分より実力や地位がはるか上の者をよく負かす人。「—の力士」

おお-もり【大盛り】— 食べ物などを入れ物いっぱいに盛り上げること。ふつうより盛りの多いこと。また、その食べ物。

おお-もん【大門】— ①城や大きな屋敷などの表門。正門。②遊里の入り口の門。特に、新吉原のものが有名。

おお-や【大家・大屋】— 貸家の持ち主。家主。↔店子

おおや-いし【大◇谷石】—〘地質〙火山灰などが堆積し固まってできた、淡青緑色のやわらかい岩石。加工しやすく石垣・土台石などに用いる。栃木県宇都宮市大谷町付近に産する。

おお-やかず【大矢数】— ①江戸時代、陰暦四、五月に京都の三十三間堂などで、一昼夜矢を射続けた通し矢の競技。[夏]②→やかずはいかい

おお-やけ【公】— ①国家。政府。官庁。②個人でなく社会全体に関すること。公共。公的。「—の施設」↔私 ③広く知れわたること。公然。表ざた。「事件が—になる」④〘古〙㋐天皇。天皇家。㋑朝廷。

—にする 公表する。一般の人々に発表する。

—ごと【—事】 ①公共に関すること。私事ではない、表立ったこと。↔私事 ②宮中の儀式・節会。

—ざた【—沙汰】 ①争いなどの解決を政府・裁判所・警察などにゆだねること。裁判沙汰。↔内沙汰 ②隠していたことが世間一般に知れわたること。表沙汰。「—になる」

おお-やしま【大八△洲】—「日本」の古称。

おお-ゆき【大雪】— 激しく大量に降る雪。たくさん積もった雪。[冬]↔小雪

おお-よう【大様】 [一](形動ダ) ゆったりとしていて小事にこだわらないさま。おおかた。たいてい。鷹揚。「—にかまえる」[文](ナリ) [二](副)〘古〙だいたい。おおかた。たいてい。[参考]「鷹揚」とは元来別語であるが、近世混同して用いられた。

おお-よそ【大◇凡】— [一](名・副) おおかた。あらまし。概略。だいたい。「—の事は知っている」「—二か月はかかる」[二](副) たいてい。総じて。おしなべて。およそ。「世間は—薄情だ」

オーラ〈aura〉人や物が発する霊気。霊妙な雰囲気。

オーライ〈all right から〉(感) よろしい。オーケー。

おおらか(形動ダ) ゆったりとして細かいことを気にしないさま。「—な性格」[文](ナリ)

オーラミン〈auramine〉〘化〙黄色の塩基性の染料。紙・木材・皮革などの着色に使う。

オーラル〈oral〉(他の語に付いて)「口の」「口頭の」の意を表す。「—コミュニケーション」

オール〈all〉(他の語に付いて)「すべて(の)」「全部(の)」「全…」の意を表す。「—ジャパン」

—イン-ワン〈all-in-one〉①いくつかのものや機能が一つにまとまっていること。②〘服〙上下がひと続きになっている服。

—ウエーブ〈all wave receiver から〉全波受信機。長波・中波・短波のすべての電波を受信できるラジオ受信機。

—オア-ナッシング〈all or nothing〉すべてか無か。すべてを取るかすべてを捨てるかで、その中間のないこと。

—スター-キャスト〈all-star cast〉名優の総出演。

—スター-ゲーム〈all-star game〉プロスポーツで、ファン投票などで選手を選抜して行う試合。[はじまり]プロ野球では、一九三三年アメリカの大リーグで行われたのが最初。日本では一九五一(昭和二十六)年からセ・パ両リーグ間で開催。

—ナイト〈all night〉夜通し行うこと。終夜。

—バック〈和製英語〉伸びた髪を分けずに全部うしろへなでつける髪形。

—ラウンド〈all-round〉(形動ダ) どんな分野でもこなせるさま。万能であるさま。「—プレーヤー」

オール〈oar〉ボートをこぐ櫂。

オールディーズ〈oldies〉昔流行したポピュラー音楽や映画。

オールド〈old〉「年とった」、また「昔の」「古い」の意を表す。

—タイマー〈old-timer〉時代おくれの人や物。

—ファッション〈old-fashioned から〉流行おくれ。

—ボーイ〈old boy〉→オービー①

—ミス〈和製英語〉婚期を過ぎた独身女性。老嬢。[参考]英語では old maid という。

オールマイティー〈almighty〉[一](名・形動ダ) 何事も見事にできること。また、そのさま。万能。[二](名) トランプで最も強い札。ふつう、スペードのエース。切り札。

オーロラ ①〈aurora〉〘気〙北極または南極に近い空に現れる、放電による発光現象。弧状・放射状・帯状・幕状などをなし、赤・緑・白などの色を呈する。極光。②〈Aurora〉ローマ神話で、暁の女神。アウロラ。

おお-わく【大枠】— おおよその枠組み。だいたいの構想。「計画の—を決める」

おお-わざ【大技・大業】— 柔道・相撲などで、大きく豪快な技。「—がきまる」↔小技

おお-わざもの【大業物】— 非常に切れ味のよい刀剣。

おお-わらい【大笑い】 [一](名・自スル) 大声で笑うこと。[二](名・形動ダ) ひどく笑われるような愚劣なこと。また、そのさま。大変な物笑いの種。「こんな失敗をするとは—だ」

おお-わらわ【大◇童】(名・形動ダ) なりふり構わず一生懸命奮闘すること。また、そのさま。「式の準備に—だ」

[語源]「童」は子供のこと。また、おかっぱ頭の子供の髪形も「わらわ(わらわ髪)」と言った。「大童」は、戦場で武士が奮闘してかぶとが脱げ、ざんばら髪になった姿を、「わらわ」に見立てて言ったもの。転じて、力の限り頑張ること、懸命に働くようすの意になったという。

おか【岡】(字義)→こう(岡)

おか【丘・岡】 土地の小高い所。山よりも低く傾斜のゆるやかなもの。丘陵。

おか【◇陸】 ①地表で水におおわれていない所。陸地。「—に上がった河童(=得意分野から離れ、力が発揮できないさまのたとえ)」↔海 ②硯の墨をする所。↔海 ③浴場の流し場。

お-かあ-さん【◇御母さん】「母」の敬称。↔お父さん

[参考]江戸時代には中流以上の子女が用いた。一般には明治末期の国定教科書に使われて広まった。

おかいこ-ぐるみ【御蚕ぐるみ】― 絹の着物ばかり着ていること。ぜいたくな生活の形容。「―で育てられた子」

お-かえし【御返し】―（名・自スル）①他からもらった金品に対して、お礼をすること。また、その品物。返礼。②仕返し。報復。「けんかの―」③店の者が客にもどす釣り銭。お釣り。

お-かえり【御帰り】― ㊀「帰ること」の尊敬語。「先生の―を待つ」㊁（感）「お帰りなさい」の略。

――なさい（感）外出から戻ってきた人を迎える挨拶の言葉。おかえり。

お-かか かつおぶし。[語源]女房詞から出た語。

お-かか【御母】《古・方》母親または他人の妻を親しんで呼ぶ語。「―さま」

お-かかえ【御抱え】― 個人的に専従の人を雇っていること。また、その雇われている人。「社長―の運転手」

お-かがみ【御鏡】「鏡餅」の丁寧語。[新年]

お-かき【御欠】「かきもち」の丁寧語。

おが-くず【大鋸屑】― 材木をのこぎりで切るときに出る粉状のくず。[語源]「おが」は「おおが（＝大きなのこぎり）」の転。

お-かぐら【御神楽】①「神楽」の丁寧語。②平家の家に二階を建て増すこと。また、その二階。③灰神楽。

おかくらてんしん〔岡倉天心〕（一八六二〜一九一三）明治美術界の先覚者。思想家。横浜生まれ。本名、覚三。東京美術学校・日本美術院を創設。日本の美術や東洋文化の海外への紹介に尽力した。英文の著書「東洋の理想」「茶の本」など。

お-かくれ【御隠れ】身分の高い人が死ぬこと。「―になる」

お-かげ【御陰・御蔭】①人から受けた力添えや、その恩恵。また、ある物事や行為の結果。「―で助かった」「あいつの―でしかられた」②神仏の助け。加護。

――さま【―様】「おかげ」の丁寧語。相手の厚意や世話に対して、感謝の気持ちを述べる語。「―で十周年を迎えます」

――まいり【―参り】― 江戸時代に、数次にわたり流行した伊勢神宮への集団参拝。[春]

お-かざり【御飾り】①正月のしめ飾りや松飾り。[新年]②神棚・仏壇の飾りつけや供物。③鏡餅。[新年]④名目だけで実質のないもののたとえ。「彼は―の社長にすぎない」

おがさわら-りゅう【小笠原流】― ①室町時代、小笠原長秀が定めた武家作法の一流派。転じて、かた苦しい礼儀作法。②源頼朝の臣、小笠原長清に始まる弓術・馬術の一流派。

おか・し ―（形シク）→をかし

おかし・い ―（形）①滑稽だ。笑いたくなる。「しぐさが―」②納得できない点があるさま。けげんに思われるさま。変だ。妙だ。異常だ。「その話はどうも―」「車の調子が―」「挙動が―」[文]をか・し（シク）[語源]古語の動詞「招く」の形容詞形で、「招き寄せたい」の意の「をかし」から。一説に「烏滸」からとも。[参考]①は「可笑しい」とも書く。

【変遷】古くは、客観的・理知的に観察する態度が根本にあり、「趣がある・興趣がある」などの意であった。そこから、「滑稽を感じておもしろい」の意で使うようになった。さらに、笑い出したくなるほどふつうとちがうの意から、②のような意が派生した。

おかし-がた・い【犯し難い】―（形）傷つけたり汚したりできない。気安く扱えない。「―気品」[文]をかしがた・し（ク）

おかし-な ―（連体）おかしい。「―話」[参考]「態度のおかしな人」のように、上の言葉を受けるはたらきのあるところから、連体形だけが使われる形容動詞とする説もある。

おか-じょうき【陸蒸気】―「汽車」の昔の俗称。[語源]明治初期に蒸気船と区別するためにできた語。

お-かしら-つき【尾頭付〔き〕】― 尾も頭も付いたままの魚。[参考]ふつう、祝い事に使う鯛を焼いた料理をいう。

おか・す【犯す】―（他五）①道徳・法律などに反する行為をする。罰せられることやまちがったことを行う。「罪を―」②神聖さ、面目などを傷つける。冒瀆する。「―・し難い威厳」③力ずくで性的暴行をする。強姦する。[可能]おか・せる（下一）[参考]②は「冒す」とも書く。⇩「使い分け」

おか・す【侵す】―（他五）①他国の領土・他家の内部など、その了解を得ずに立ち入ってはならない所にはいり込む。侵略する。「国境を―」②他人の権利を損なう行為をする。侵害する。「人権を―」③体などに害を与え、損なう。むしばむ。「中枢神経を―」[可能]おか・せる（下一）[参考]①②は「犯す」、③は「冒す」とも書く。⇩「使い分け」

おか・す【冒す】―（他五）①（ある目的のために）じゃまになるものを乗り越えていく。押しきる。「嵐を―・して出発する」②病気や感情などが人にとりつく。「肺が―・される」「享楽的な思想に―・される」③作物や器物に害を与える。「霜に―・された葉」「強い酸が金属を―」④神聖なものや強い権威をもつものをけがす。冒瀆する。「神威を―」⑤他人の氏名を名乗る。[可能]おか・せる（下一）[参考]②③は「侵す」、④は「犯す」とも書く。⇩「使い分け」

> [使い分け]「犯す・侵す・冒す」
> 「**犯す**」は、法律・規則・道徳などのきまりを破る意で、「法（過ち・校則・ミス）を犯す」などと使われる。
> 「**侵す**」は、不法に、または無断ではいり込む意で、「領土を侵す」「信教の自由を侵す」「他人の権利（所有権・プライバシー）を侵す」などと使われる。
> 「**冒す**」は、困難などを押し切ってあえて行う、また、病気や感情などがとりつく、神聖なものをけがす意で、「危険を冒す」「病魔に冒される」などと使われる。

お-かず【御数・御菜】飯の御菜。副食物。[語源]品を数々取り合わせる意で、女房詞から出た語。

お-かた【御方】①他人をさす敬称。お人。「あの―」②《古》㋐貴人の妻または子女の敬称。㋑他人の妻の敬称。奥様。

おがたこうりん〔尾形光琳〕（一六五八〜一七一六）江戸中期の画家。京都生まれ。本阿弥光悦・俵屋宗達に私淑し、斬新・豪華な装飾的画法を完成し、琳派と称された。代表作「燕子花図屏風」など。

お-かっぱ【御河童】女子の髪形の一種。前髪は額のあたりで、うしろ髪は耳もとから襟足あたりで切りそろえる。

おかっ-ぴき【岡っ引〔き〕】― 江戸時代、同心の下働きとして賊を捕らえる役に当たった人。目明かし。御用聞き。

おか-づり【陸釣〔り〕】― ①岸で魚を釣ること。↔沖釣り ②《俗》女性を誘惑すること。[語源]そばで手引きする意の「傍引」の転。

おかど-ちがい【御門違い】―（訪問先を間違える意から）見当違い。見当はずれ。「私のせいにするのは―だ」

お-かね【御金】「かね（＝金銭）」の丁寧語。「―を払う」

おか-ばしょ【岡場所】― 江戸で、官許の吉原以外の遊郭の称。深川・品川・新宿など。

お-かぶ【御株】得意の技や芸。また、独特の癖。

――を奪う ある人の得意とする技や芸などを、別の人がうまくやってのける。「ひとのー」

おか-ぼ【陸稲】ヲカ ―《農》畑地に栽培する稲。陸稲（りくとう）。秋

おか-ぼれ【傍惚れ・岡惚れ】ヲカ ―（名・自スル）①相手の心に関係なく一方的に好きになること。片思い。②決まった相手のいる人に恋すること。横恋慕（よこれんぼ）。

お-かま【御釜】①「釜」の丁寧語。②《俗》尻（しり）。③《俗》（②から転じて）男色をする者。④火山の噴火口。

―を起（お）こす（「釜」は一戸の家の意）身代を築く。財産をつくる。

お-かまい【御構い】カマヒ ―①相手に対するもてなし。周囲に対する気づかい。「どうぞーなく」「人の迷惑もーなしに」②江戸時代の刑罰の一つ。追放の刑。用法 ①は、下に打ち消しの語を伴って使われる。

お-かみ【御上】①天皇。朝廷。②政府。官庁。役所。③他人の妻。特に、商人の妻。④料理屋や旅館などの女主人。参考 ④は「×女将」と書くことが多い。

おがみ-うち【拝み打ち】ヲガミ ―拝むような形で刀の柄（つか）を両手でにぎり、頭上に高く構え、切りおろすこと。拝み切り。

おがみ-たお・す【拝み倒す】ヲガミタフス（他五）サ(ソ)・シ・ス・ス・セ・セ 拝むようにして頼み込み、むりに承知させる。「こうなったらーしかない」

おが・む【拝む】ヲガム（他五）マ(モ)・ミ(ン)・ム・ム・メ・メ ①左右のてのひらを合わせて神仏などに信心の意を示す。「日の出をー」②体をかがめておじぎする。また、懇願する。嘆願する。「ーんで許しをこう」③「見る」の謙譲語。拝見する。拝観する。拝顔する。「お顔をー」可能 おが・める（下一）

おか-め【傍目・岡目】ヲカ ―第三者の立場で見ること。かたわらで見ていること。よそめ。

―はちもく【―八目】傍観者のほうが当事者よりも物事のよしあしや真相を正確に判断できること。

語源 囲碁を打っている当事者より、わきで見ている者のほうが局面を冷静に見ているので、八目（八手）先までわかるという意。また、「目（もく）」は「地（じ）」を数える語で「手」を数える語ではないことから、わきで見ている者は対局者に比べて八目分の得をする手がわかる意ともいわれる。

お-かめ【御亀・阿亀】①丸顔で、額・ほおが高く、鼻の低い女の面。また、そのような顔の女。おたふく。②（「おかめそば・うどん」の略）かまぼこ・しいたけ・ゆばなどが種物（たねもの）の、そば・うどん。用法 ①は不器量な女をあざけって言うときの言葉。

おか-もち【岡持(ち)】ヲカ ―料理を入れて運ぶ、取っ手・ふたの付いた浅いおけや箱。飲食店の出前などで使う。

おか-やき【傍焼き・岡焼き】ヲカ ―（名・自スル）自分には関係のない他の男女の仲のよさを、はたからねたむこと。

おかやま〔岡山〕ヲカヤマ 中国地方東部の瀬戸内海に面する県。県庁所在地は岡山市。

おか-ゆ【陸湯】ヲカ ―→あがりゆ

お-から【御殻・×雪花菜】豆腐をつくるときにできる、大豆をしぼったかす。食用や飼料にする。卯（う）の花。雪花菜（きらず）。

お-がら【麻幹・苧殻】ヲ ―麻の皮をはいだ茎。盂蘭盆（うらぼん）の迎え火・送り火をたくのに用いる。「ーをたく」秋

オカリナ〈イタリア ocarina〉《音》陶土または粘土などで作った、鳩（はと）形の小笛。

〔オカリナ〕

オカルト〈occult 神秘的な〉心霊術・テレパシー・占星術などの神秘的な力や方法による超自然的な現象。「ー映画」

お-かわ【御厠】カハ ―（「おかわや」の略）便器。おまる。

お-がわ【小川】ヲガハ 幅の狭い小さな川。

お-かわり【御代(わ)り】カハリ ―（名・他スル）同じものを重ねて飲食すること。また、そのもの。「ごはんをーする」

お-かん【悪寒】ヲ ―発熱の際などの、ぞくぞくとした寒気（さむけ）。

お-かんむり【御冠】（名・形動ダ）怒って機嫌の悪いこと。また、そのさま。「ひどくーだ」語源「冠を曲げる」からという。

-おき【置き】（接尾）（数量を表す語に付けて）その数量分ずつ、間を隔てることを表す。「一日ー」「三行ー」「一メートルー」

おき【沖】海や湖の、岸から遠く離れた水域。「ーに出る」

おき【燠・熾】①赤くおこった炭火。燠火（おきび）。「ーをいける」②薪（まき）などが燃え終わって炎が出なくなり、炭火となったもの。

おき〔隠岐〕旧国名の一つ。現在の島根県の一部。後鳥羽（ごとば）上皇・後醍醐（ごだいご）天皇の流された島。隠岐島（おきのしま）。隠州（いんしゅう）。

おぎ【荻】ヲギ《植》イネ科の多年草。水辺・湿地に自生し、秋、ススキより大きい銀白色の穂を出す。秋

おき-あい【沖合】アヒ ―沖のほう。「ーをゆく船」

おきあがり-こぼし【起き上(が)り小法師】底に重りを付け、倒しても起き上がるようにした人形。不倒翁。

おき-あが・る【起き上がる】（自五）ラ(ロ)・リ(ッ)・ル・ル・レ・レ 寝ていた体を起こす。「寝床からー」

おき-あみ【沖×醤蝦】《動》甲殻類オキアミ目に属する海産動物の総称。形はエビに似て体長数センチメートル。プランクトンとして魚やヒゲクジラなどの主要な餌となる。

おき-いし【置(き)石】（名・自スル）①石を置くこと。また、その石。②趣を添えるため、庭などに置く石。③軒下に置く石。④囲碁で、弱いほうの人があらかじめ二か所以上の星に碁石を置くこと。また、その石。

おきうと エゴノリ（＝海藻の一種）を煮て溶かしたものを固めた寒天状の食品。博多の名産。おきゅうと。おきうど。

おき-か・える【置(き)換える・置(き)替える】カヘル ―（他下一）エ・エ・エル・エル・エレ・エロ(エヨ) ①物を他の場所に移す。「机を窓際にー」②ある物とある物とを取りかえて置く。「方程式の *a* を *b* にー」自 おきかわ・る（五）文 おきか・ふ（下二）

おき-がかり【沖繫り・沖掛(か)り】船が沖合に停泊すること。

おき-かき【燠掻き】①炭火をかきたてる道具。火かき。②炭火を運ぶ鉄製の道具。十能（じゅうのう）。

おき-がけ【起き掛け】朝、起きてすぐの時。起き抜け。

おき-がさ【置(き)傘】不意の雨に備えて勤務先や学校などにいつも置いておく傘。また、店などで客に貸し出す傘。

おき-ぐすり【置(き)薬】家庭に置いておく常備薬。特に、販売員が各家庭に薬を置いていき、あとで使用した分の代金を受領し、また薬を補充するしくみの家庭薬。

おき-ご【置(き)碁】囲碁で、弱いほうの人が初めから二か所以上の星に碁石を置いて打つこと。

おき-ごたつ【置(き)炬燵】床に置いて使う、持ち運びのできるこたつ。冬 ⇔掘りごたつ・切りごたつ

おき-ざり【置(き)去り】その場に残して行ってしまうこと。置いてきぼり。置き捨て。「仲間をーにする」

おき-じ【置(き)字】①漢文を読み下すときに読まない助字。焉（えん）・矣（い）・乎（こ）・兮（けい）・也（や）の類。②手紙文に用いる副詞・接続詞。凡（およ）そ・抑（そもそも）・将又（はたまた）・又の類。

オキシダント〈oxidant〉《化》強酸化性物質の総称。ふつう、光化学スモッグの原因となる大気中のオゾンなどをさす。濃度によって目を刺激したり呼吸を困難にしたりする。

オキシドール〈oxydol〉《化》過酸化水素の約三パーセントの水溶液。無色透明で、殺菌・消毒・脱色・漂白用。

オキシフル〈和製英語〉「オキシドール」の日本での商標名。

おき-す・える【置〔き〕据える】スエル(他下一)エ・エ・エル・エレ・エロ(エヨ) 物を一定の位置に動かないように置く。文おきす・う(下二)

おき・つ【掟つ】(他下二)《古》①取り決める。計画を立てる。②指図する。命令する。③取り計らう。管理する。

おき-つ-かぜ【沖つ風】《古》(「つ」は格助詞)沖を吹く風。

おき-つち【置〔き〕土】(名・自スル)①低地などの地面に土を重ねて置くこと。②土質改良のために、悪い土の上に良質の土を置くこと。また、その土。

おき-つ-なみ【沖つ波】㊀(名)《古》(「つ」は格助詞)沖に立つ波。㊁《枕》「頻(し)く」「競(きほ)ふ」「撓(とを)む」「高し」などにかかる。

おきつ-も-の【沖つ藻の】《枕》「なばり」「なびく」にかかる。参考「おきつも」は沖に生えている藻の意。

おき-づり【沖釣〔り〕】船で沖に出て魚を釣ること。↔磯釣(いそづ)り・陸釣(おかづ)り

おきて【掟】①ある社会や集団で守らなければいけないきまり。さだめ。「仲間の—に従う」「—やぶり」②法律。「国の—」語源動詞「掟(おき)つ」の連用形から。

おき-てがみ【置〔き〕手紙】相手が不在のときなどに、用件を書いて置いて行くこと。また、その手紙。書き置き。

おき-どけい【置〔き〕時計】棚・机などに置いて使う時計。

おき-どこ【置〔き〕床】床の間の代用に壁ぎわに花瓶などを置けるようにした、移動できる台。

おき-どころ【置〔き〕所】①物を置く所。置き場所。②物を置いた場所。③落ち着ける場所・手段。「身の—がない」

おきな【翁】①年とった男性。↔媼(おうな) ②「男の老人」の敬称。③「男の老人」の謙称。④能楽に用いられる老人の面。翁面(おきなめん)。⇒能面(さしえ)⑤能楽の一つ。翁の面を付けて舞う。

—ぐさ【—草】《植》①キンポウゲ科の多年草。山野に自生する。春、紅紫色の花を付け、散ったあと、めしべが伸びて銀白色の髪のようになる。春②「菊」の雅名。③「松」の雅名。

おぎ-ない【補い】オギナヒ 補うこと。補充。埋め合わせ。

おぎな・う【補う】オギナフ(他五)ワ(オ)・イ(ッ)・ウ・ウ・エ・エ あるものを加えて不足を満たす。欠けたところを補充する。「説明の言葉を—」「損失を—」可能 おぎな・える(下一)

おき-なかし【沖仲仕】積み荷を運ぶ小舟(=はしけ)を使って、港湾に停泊する船から荷物の揚げおろしをした労働者。

おきなわ【沖縄】オキナハ 日本列島の最南端にある県。県庁所在地は那覇(なは)市。

お-きにいり【お気に入り】特にかわいがられている人、または好みに合っている物。「先生の—」「—の品」

おき-ぬけ【起き抜け】寝床から起き出たばかりのこと。また、その時。起き掛け。起きしな。

お-きのどく-さま【御気の毒様】(名・形動ダ)①「きのどく」の丁寧語。「うまくいかなかったとは—です」②相手の期待に応じられないときなどの、断りの語。おあいにくさま。用法②は、軽いひやかしの気持ちや皮肉で言うことが多い。

おき-ば【置〔き〕場】物などを置く場所。置き所。「資材—」

おき-び【熾火・燠火】→おき(燠)

おき-びき【置〔き〕引き】(名・自スル)置いてある他人の荷物を、持ち主のふりをして盗み去ること。また、その人。「空港で—にあう」

おき-ふし【起き伏し】㊀(名・自スル)①起きることと寝ること。②(転じて)毎日の生活。㊁(副)寝ても覚めても。いつも。たえず。「—故郷の母を案じる」

お-きまり【お決〔ま〕り】いつもそうなると決まっていること。「—のコースをたどる」「—の文句」

おき-みやげ【置〔き〕土産】①去るときに残して行く品物や事柄。「前任者の—」「台風の—」②死後に残してゆくもの。

おき-もの【置物】①床の間などに置く飾り物。②形式的にその地位にいるだけで、実際には役に立たない人。

おき-や【置〔き〕屋】芸妓(げいぎ)を抱えておく家。茶屋・料理屋などの求めに応じて芸妓を派遣することを業とする。

おぎゃあ(感)赤ん坊の泣き声を表す語。

おきやいま…【俳句】〔隠岐やいま 木(こ)の芽をかこむ 怒濤(どとう)かな〕〈加藤楸邨(かとうしゅうそん)〉後鳥羽院(ごとばいん)の流されたこの隠岐の島は、今いっせいに木の芽が芽吹いて、日本海の厳しい荒波が島を巡って打ち寄せている。(木の芽 春。後鳥羽院御火葬塚での句)

お-きゃん【御侠】(名・形動ダ)明朗活発に過ぎて慎みのない娘。また、そのさま。おてんば。参考「侠(きゃん)」は唐音。

お-ぎょう【御形】ギャウ →ごぎょう(御形)

お・きる【起きる】(自上一)キ・キ・キル・キル・キレ・キロ(キヨ) ①横になっていたものが立ち上がる。②目を覚ます。目を覚まして、寝床から出る。③眠らないでいる。「父が帰って来るまで—きている」④発生する。起こる。「事件が—」他おこ・す(五)文お・く(上二)

> **ちがい「起きる」・「起こる」**
> 「事件が起きる」「事件が起こる」と同じ使い方をする。しかし、「五時に起きる」とはいうが、この場合は「起こる」とはいわない。もともと、「起きる」は自らそれをするときに、「起こる」は何かが発生するときにと使い分けていたようである。そののちしだいに使用の混乱が生じ、最初の例のような同じ使い方がされるようになった。ただし、「事件を起こす」「五時に起こす」の場合はどちらも「起こす」である。「起こす」は元来、そうするように働きかけることをいうから、「五時に起こす」のような言い方がされるのである。

お・きる【熾きる・燠きる】(自上一)キ・キ・キル・キル・キレ・キロ(キヨ) 炭火の勢いが盛んになる。熾(おこ)る。「炭火が—」他おこ・す(五)

おき-わす・れる【置〔き〕忘れる】(他下一)レ・レ・レル・レル・レレ・レロ(レヨ) ①物を置いたまま持ってくるのを忘れる。「傘を電車の中に—」②物を置いた場所を忘れる。文おきわす・る(下二)

おく【屋】教3 オク(ヲク) や　㇆ 尸 层 层 层 屋

(字義)①いえ。住居。建物。「屋外・屋内・家屋・社屋・陋屋(ろうおく)」②やね。「屋上」③屋根の形をしたおおい。「屋形(やかた)」人名いえ

おく【億】教4 オク　亻 亻 亻 亻 億 億

(字義)①万の一万倍。数のきわめて多いこと。「億万・巨億」②数のきわめて多いこと。②おしはかる。推測する。=臆・憶。「億測」難読 億劫(おっくう) 人名お・はかる・やす

おく【憶】オク㊥ おもう・おぼえる　忄 忄 忄 忄 憶 憶

(字義)①おもう。思い出す。「追憶」②覚える。「記憶」③おしはかる。=臆・億。「憶測」

おく【臆】オク㊥　月 月 月 月 臆 臆

(字義)①むね(胸)。心の中。考え。「胸臆」②おしはかる。推量する。=億・憶。「臆測・臆断」③おじける。気おくれする。「臆病・臆面」

おく【奥】①内部へ深くはいった所。「山の—」②家の中で入り

口から内に深くはいった(家族がいつもいる)所。「客を—へ通す」「—の間」「—座敷」③表面に表れない所。心の底。「胸の—」④秘密。とっておきのもの。「—の手」⑤もと、身分の高い人の妻。夫人。⑥(「奥様」「奥さん」の形で)他人の妻の敬称。

お・く【置く】 [一](自五) カ(コ)・キ(イ)・ク・ク・ケ・ケ (露・霜などが)地面や物の上に位置する。降りる。「霜が—・いた冬の朝」[二](他五) ①人・物をある所に位置させる。据える。「机を—」「家族を東京に—・いて大阪に赴任する」②雇う。「板前を—」「お手伝いさんを—」③人を同居させる。「下宿人を—」④設置する。「支店を—」⑤ある状況のもとに位置させる。「勢力下に—」「念頭に—」「質に—(=質に預ける)」⑥間を隔てる。「二日—・いて出かける」「距離を—」⑦放置する。そのままにする。「ただでは—・かない」「言わずに—」⑧持っていた物を手から離して何かの上に移す。「筆を—」⑨(玉を置く意から)そろばんを使う。⑩模様や箔を付け施す。「金箔を—」⑪(動詞の連用形＋「て」を受けて)㋐前もってする。「宿題をして—」「考えて—」㋑そのままの状態を続ける。「窓を開けて—」可能 お・ける(下一) 参考 ⑧の「筆を置く」の「置く」は「擱く」とも書く。

お・く【措く】(他五) カ(コ)・キ(イ)・ク・ク・ケ・ケ ①やめる。中止する。「感嘆—あたわず(=いくら感嘆しても感嘆しすぎることはない)」②除く。「君を—・いて適任者はいない」可能 お・ける(下一)

お・く【擱く】(他五) カ(コ)・キ(イ)・ク・ク・ケ・ケ (「筆を擱く」の形で)文章を書き終える。また、途中でやめる。可能 お・ける(下一)

おく-か【屋下】 屋根の下。

—に屋を架す →おくじょうおくをかす

おく-がい【屋外】 建物の外。戸外。↔屋内

おく-がき【奥書】 ①写本などの末尾の、本の来歴や書写の年月日などをしるしたもの。②官庁の書類などで、記載事実が正しいことを証明するために末尾に書く文。

おく-がた【奥方】 他人の妻の敬称。夫人。令室。令閨。

おく-ぎ【奥義】 →おうぎ(奥義)

おく-ざしき【奥座敷】 ①家の奥のほうにある座敷。↔表座敷 ②《俗》(比喩的に)都市の近郊に位置している閑静な保養地・観光地など。「箱根は東京の—といわれる」

おく-さま【奥様】 ①他人の妻の敬称。②主人の妻に対する敬称。③女主人に対する敬称。

おく-さん【奥さん】 他人の妻の敬称。参考「奥様」よりも、気楽な相手に用いる。

お-ぐし【御髪】 「頭髪」の敬称。御髪。

おく-しゃ【屋舎】 家屋。建物。

おく-じょう【屋上】 ①屋根の上。②ビルなどの最上階の屋根の部分を平らにして、人が出られるようにした所。

—屋を架す (屋根の上にさらに屋根を架ける意から)無駄なことをするたとえ。屋下に屋を架す。

おく-じょちゅう【奥女中】 江戸時代、将軍や諸大名に仕え、奥向きの用を務めた女性。御殿女中。

おく・する【臆する】(自サ変) シ(セ)・シ・スル・スル・スレ・セヨ 気おくれする。おじける。おどおどする。「人に—色もない」文 おく・す(サ変)

おく-せつ【臆説・憶説】 事実によらず、推測や仮定に基づいて示す意見。「部外者の—に過ぎない」

おく-そく【臆測・憶測】(名・他スル) 確かな根拠もなく、勝手に推量すること。当て推量。「—でものを言う」

おく-そこ【奥底】 ①物事の、奥深い所。②心の奥。本心。「心の—を漏らす」

オクターブ〈フランス octave〉①《物》ある振動数の音に対して、その二倍の振動数をもつ音。第八度音。②《音》音階の一回り。ある音から完全八度隔たっている音。また、その両音の隔たり。八度音程。③(転じて)声の調子にたとえていう。「—が上がる(=声の調子が高くなる)」

おく-だん【臆断・憶断】(名・他スル) 確かな根拠もなく、勝手に判断すること。また、その判断。「軽々に—する」

オクタン-か【オクタン価】《化》ガソリンの、ノッキング(異常爆発)を起こしにくい性質の程度を表す指数。高いほど良質。参考 オクタン(octane)は炭化水素の一種。

おく-ち【奥地】 都市や海岸から遠く離れた内陸部の地域。

おく-ちょう【億兆】 ①限りなく多い数。②人民。万民。

お-くちよごし【御口汚し】 「くちよごし」の丁寧語。

おく-つ-き【奥津城】(奥の城の意から)墓。墓所。参考 神道では、「墓」と言わずにこの語を用いる。

おく-づけ【奥付】 書物の巻末にある編著者名・発行者名・発行年月日などを印刷した部分。または、そのページ。

おく-て【奥手・晩生・晩稲】 ①《農》遅く実る稲。また、その品種。秋 ↔早稲 ②《農》開花や果実・野菜の成熟がふつうより遅いもの。↔早生 ③(転じて)成熟の遅いこと。また、遅い人。「あの子は—だ」↔早生 参考 ①は多く「晩稲」、②③は「晩生」と書く。生育の早いものから「わせ・なかて・おくて」という。

おく-でん【奥伝】 師匠からその道の奥義を伝授されること。奥許し。「—を授かる」

おく-ない【屋内】 建物の中。室内。「—競技場」↔屋外

お-くに【御国】 ①「国」の敬称。「—のため」②他人の郷里・出身地の敬称。「—はどちらですか」③「地方」「田舎」の丁寧語。「—なまり」「—自慢」④江戸時代、大名の領地の敬称。

—ことば【—言葉】 その人の郷里の言葉。また、その地方だけで使われている言葉。方言。

—ぶり【—振り・—風】 「くにぶり①」の丁寧な言い方。

おくに-かぶき【阿国歌舞伎】 江戸時代初期、出雲大社の巫女と称する阿国が創始した舞踊劇。のちの歌舞伎芝居の起源とされる。

おく-の-いん【奥の院】 ①神社や寺の本殿・本堂の後方にあって、神霊や本尊・祖師などの霊像を安置してある堂。②(比喩的に)奥まった所にあって、容易に出入りできない所。

おく-の-て【奥の手】 ①それまで隠していた最も有効な手段。とっておきの手段。「—を出す」②技芸の奥義。秘術。

おくのほそみち〔おくのほそ道〕 江戸前期の俳諧紀行文。松尾芭蕉作。一七〇二(元禄十五)年刊。一六八九(元禄二)年に江戸をたち、奥州・北陸を経て大垣に至る五か月あまりの道中記で、格調の高い句と文から成る作品。

おく-ば【奥歯】 口の奥のほうにある歯。臼歯。↔前歯

—に物が挟まったよう 思ったことをはっきり言わないで、何かを隠しているさま。「—な言い方をする」

おくび【噯・噯気】 胃の中のガスが口外に出るもの。げっぷ。

—にも出さない 考えていることを隠して、決して口に出さない。それらしいそぶりも見せない。

おく-びょう【臆病】(名・形動ダ) ささいなことにも必要以上にこわがるさま。また、そういう性質。「—者」

おくびょう-かぜ【臆病風】 おくびょうな気持ち。

—に吹かれる 急におくびょうな気持ちが起こる。おじけづく。

おく-ふか・い【奥深い】(形) カロ・カッ(ク)・イ・イ・ケレ・○ ①表または入り口から中のほうへ遠くまで続いているさま。奥行きがある。「—森」②意味が深い。深遠な意味がある。「—芸術」文 おくふか・し(ク) 参考「おくぶかい」ともいう。

おく-ま・る【奥まる】(自五) ラ(ロ)・リ(ッ)・ル・ル・レ・レ 奥深くなる。奥のほうにある。「—・った部屋」用法 ふつう「奥まった」の形で用いる。

おく-まん【億万】 非常に数量の多いこと。「—長者」

おくみ【△衽・△袵】《服》和服の前襟から裾まで縫いつける、細長い半幅の布。

おく-むき【奥向き】 ①（玄関などに対して）家の奥のほう。②家事その他家庭内に関すること。また、その仕事。

おく-めん【臆面】 気おくれしたようす。また、その顔つき。

—もなく 遠慮したようすもなく平然と。ずうずうしく。

おく-やま【奥山】 人里から離れた奥深い所にある山。深山。

—の《枕》「真木」「深き」「立つ木」にかかる。

おくやまに… 和歌〔奥山に 紅葉ふみわけ 鳴く鹿の 声聞くときぞ 秋は悲しき〕〈古今集 よみ人しらず〉奥深い山の中で、散り敷いた紅葉を踏み分けて鳴く鹿の声を聞くときこそ、秋の悲しさはきわまるものだ。（小倉百人一首の一つ。百人一首では作者は猿丸大夫とされている）

おく-ゆかし・い【奥床しい】（形）カロ・カッ(ク)・イ・イ・ケレ・○ 深い考えや行き届いた心づかいが感じられて、心がひかれる。また、つつしみ深く気品があって心がひかれる。「—人柄」文おくゆか・し(シク)

おく-ゆき【奥行〔き〕】 ①（家屋・地所などの）表から奥までの距離。「—のある店」↔間口 ②知識・経験・考え方・人柄などの奥深さ。「—を感じさせる人」

おく-ゆるし【奥許し】 →おくでん

お-くら【◇御蔵・◇御倉】《俗》（蔵にしまいこむ意から）使わずにしまっておくこと。発表や公開をとりやめること。「—になる」

—いり【—入り】（名・自スル）演劇や映画の発表や公開がとりやめになること。また、計画が実行されなくなること。「新作映画が—する」

オクラ〈okra〉《植》アオイ科の一年草。高さ一メートルほどで、夏に大きな黄色の花が咲く。若い実を食用とする。秋

お-ぐら【小倉】 ①「小倉餡」の略。②「小倉汁粉」の略。

—あん【—△餡】 蜜煮にした小豆粒をまぜたあん。

—じるこ【—汁粉】 おぐらあんで作った汁粉。

お-ぐら・い【小暗い】（形）カロ・カッ(ク)・イ・イ・ケレ・○ 少し暗い。薄暗い。こぐらい。「木の茂った—庭」文をぐら・し(ク)

おぐらしきし【小倉色紙】 京都の小倉山荘で藤原定家が小倉百人一首を一首ずつ書いたという色紙。

おくら・す【遅らす】（他五）サ(ソ)・シ・ス・ス・セ・セ →おくらせる

おくら・せる【遅らせる】（他下一）セ・セ・セル・セル・セレ・セロ(セヨ) 遅れるようにする。遅らす。「スタートを—」「時間を—」

おぐらひゃくにんいっしゅ【小倉百人一首】 天智天皇から順徳天皇までの歌人一〇〇人の和歌を一首ずつ選んだもの。藤原定家が京都の小倉山荘で選んだという。（一説に宇都宮頼綱が）後世の文学に強い影響を与え、また歌がるたとして普及している。

おくり【送り】 ①送り届けること。「—先」②見送ること。見送り。↔迎え ③次へ移すこと。「順—」④管轄を移すこと。「検察庁—」⑤葬送。「野辺の—」⑥活字を組むとき、後や前の行に活字を移すこと。⑦「送り仮名」の略。⑧「送り状」の略。

—おおかみ【—△狼】 親切そうに人（特に若い女性）を送っていって、途中で乱暴しようとする男。語源山中などで、人のあとをつけて危害を加える狼の意から。

—がな【—仮名】 ①漢字の読み方を明らかにするために、漢字のあとに付ける仮名。「細い」の「い」、「細かい」の「かい」などをさす。送り。②漢文訓読のとき、漢字の右下に小さく添える片仮名。「登ル山ニ」の「ル」「ニ」など。捨て仮名。

—じ【—字】 →おどりじ

—じょう【—状】 ①荷送り人が荷物に付けて送る証書。運送状。②荷送り人から荷受け人に送る明細書。商品名・数量・品質・単価などを記載。仕切書。

—だし【—出し】 ①送り出すこと。②相撲で、相手の背中を押して土俵の外に出す技。

—ぬし【—主】 先方へお金や荷物を送った人。

—バント 野球で、走者を進塁させるために行うバント。

—び【—火】《仏》盂蘭盆の最終日の夜、祖先の霊を冥土へ送るために門前でたく火。秋 ↔迎え火

—ぼん【—盆】《仏》盂蘭盆の最終日。盂蘭盆に家に帰っていた祖先の霊を冥土に送り出す日とされる。秋 ↔迎え盆

—むかえ【—迎え】（名・他スル）人が行くのを送ったり、来るのを迎えに行ったりすること。送迎。

おくり-かえ・す【送り返す】（他五）サ(ソ)・シ・ス・ス・セ・セ ①送られてきたものを送り主へ送って戻す。返送する。「不良品を—」②もとの所に送る。「密入国者を本国に—」

おくり-こ・む【送り込む】（他五）マ(モ)・ミ(ン)・ム・ム・メ・メ 人や物を送って目的の場所に差し向ける。人材を派遣する。「救援隊を—」「子会社に重役を—」

おくり-だ・す【送り出す】（他五）サ(ソ)・シ・ス・ス・セ・セ ①出て行く人を外まで送る。「客を—」②社会や活動の場へ出す。「卒業生を—」③相撲で、相手の背中を押して土俵の外に出す。

おくり-つ・ける【送り付ける】（他下一）ケ・ケ・ケル・ケル・ケレ・ケロ(ケヨ) 先方の意思に関係なく送り届ける。文おくりつ・く(下二)

おくり-とど・ける【送り届ける】（他下一）ケ・ケ・ケル・ケル・ケレ・ケロ(ケヨ) ①送って先方に届くようにする。「品物を—」②無事、目的地に着くように同行する。「家まで—」文おくりとど・く(下二)

おくり-な【贈り名・△諡】 生前の徳をほめたたえて死後に贈る称号。徳川光圀を義公、空海を弘法大師という類。諡号。

おくり-もの【贈〔り〕物】 人に贈る品物。プレゼント。

敬称（相手側）	謙称（自分側）
（御）芳志　御厚意　佳品	寸志　粗品
佳肴	粗肴　粗菓　粗酒

おく・る【送る】（他五）ラ(ロ)・リ(ッ)・ル・ル・レ・レ ①人や物を目的の所に移し届くようにする。「荷物を—」②去る人につきそって、ある所まで行く。「客を駅まで—」↔迎える ③去って行く人と名残惜しい気持ちで別れる。「卒業生を—」④順に次の人・場所に移す。「問題用紙をうしろへ—」⑤月日を過ごす。「幸せな一生を—」⑥葬送する。⑦送り仮名を付ける。可能おく・れる(下一)

おく・る【贈る】（他五）ラ(ロ)・リ(ッ)・ル・ル・レ・レ ①祝福や感謝などの思いをこめて人に金品を与える。「入学祝いに腕時計を—」②官位・称号を与える。「正五位勲五等を—」可能おく・れる(下一)

お-くるみ【◇御◇包み】 赤ん坊を抱くとき、防寒などのために衣服の上からくるむもの。

おくれ【遅れ・後れ】 ①おくれること。「列車に—が出る」「仕事の—」②劣ること。負けること。

—を取る 人に先を越される。相手に負ける。「一歩—」

—げ【後れ毛】（おくれて生えた毛の意）女性の髪で、結い上げられず襟足や耳の横に垂れ下がる毛。おくれがみ。

—ばせ【—△馳せ】 ①人よりおくれて駆けつけること。「—にやってくる」②時機におくれること。「—ながら礼を言う」

おく・れる【遅れる・後れる】（自下一）レ・レ・レル・レル・レレ・レロ(レヨ) ①他のものが先に行き、後方の位置になる。「—・れてついて行く」②定刻よりあとになる。遅延する。③他のものより進みが遅く、劣る。「技術が—・れている」↔進む ④進み方が他よりあとになる。とり

残される。「流行に—」⑤時計の示す時刻が正しい時刻よりもあとになる。↔進む ⑥人に先に死なれる。死におくれる。「子に—」⑦気おくれする。文おく・る(下二) ⇩「使い分け」

使い分け「遅れる・後れる」
「遅れる」は、一定の時刻・時期に間に合わない、一定の時刻・時期よりあとになる意で、「電車が遅れる」「集会に遅れる」「完成が遅れる」「今年は春の来るのが遅れる」などと使われる。
「後れる」は、他のものよりあとになる、他のもののあとから行く意で、「十分後れて出発する」「時計が後れる」などと使われる。また、「後れる」は「先立つ」の対で、比喩(ひゆ)的に「流行に後れる」「子に後れる」などとも使われる。

おけ【△桶】ヲケ 細長い板を縦に円筒形に並べ合わせ、底を付けて、たがで締めた容器。水や食物などを入れるのに使う。

オケ「オーケストラ」の略。「アマチュア—」

お-けつ【悪血】ヲ— 病毒の混じった血。黒血(くろち)。あくち。わるち。

おけら【△朮】ヲケラ〔植〕キク科の多年草。山野に自生する。葉は互生し、秋に白色または淡紅色の花を開く。若芽は食用、根は干して健胃剤にする。朮(うけら)。(おけらの花 秋)

お-けら【×螻蛄】①→けら(螻蛄) ②(俗)一文(いちもん)なし。

お-ける【△於ける】(「…における」の形で) ①(場所・時を示して)…での。…の場合の。…の中の。「家庭に—教育」②…に関しての。…に対する。「人生に—美の意味」語源 文語動詞「おく(置く)」の已然形「おけ」+文語助動詞「り」の連体形「る」

おこ【×烏滸・×尾籠・◇痴】ヲコ (名・形動ダ) 愚かなこと。ばかげていること。また、その人。「—の沙汰」⇩尾籠(びろう)

おこえ-がかり【◇御声掛〔か〕り】オコエ— 有力者や勢力のある人の特別な意向・口添え・紹介。「社長の—で要職につく」

おこ-がまし・い【×烏滸がましい】ヲコ— (形) カロ・カッ(ク)・イ・イ・ケレ・○ 出過ぎていて生意気だ。身の程知らずだ。「自分でいうのも—が」文をこがま・し(シク)

お-こげ【◇御焦げ】釜(かま)の底に焦げ付いた飯。

おこし【×粔籹】もち米や粟(あわ)などを蒸し、乾かして炒(い)ったものに、砂糖と水あめを加えて固めた菓子。

お-こし【◇御腰】①「腰」の敬称。②→こしまき①

おこし【起〔こ〕し】(名詞の下に付いて)静止・停滞していたものに、刺激を与えて、動きを生じさせること。「村—」

お-こし【◇御越し】「行くこと」「来ること」の尊敬語。おいで。「どちらへ—ですか」「あなたの—をお待ちしていました」

おこ・す【起〔こ〕す】(他五) サ(ソ)・シ・ス・ス・セ・セ ①倒れたものや横になっているものを立てる。「体を—」②眠りから覚めさせる。「朝の七時に—」「寝た子を—」③新しく物事を始める。立ち上げる。「会社を—」④発生させる。㋐ある物事や現象などを新たに生じさせる。「クーデターを—」「ブームを—」「電気を—」㋑ある感情を心に生じさせる。体にある状態を生じる。「好奇心を—」「腹痛を—」「かんしゃくを—」⑤表面をおおっているものをどけて隠れていたものを明らかにする。掘り返す。掘りおこす。「畑を—」⑥伏せてあるものをめくって、その反対の面が見えるようにする。ひっくり返す。「花札を—」⑦文字化して読めるようにする。「伏せ字を—」「テープを—」⑧文書を新たに書き出す。「伝票を—」自おき・る(上一) おこ・る(五) 可能おこ・せる(下一) 参考③は、「興す」とも書く。

おこ・す【興す】(他五) サ(ソ)・シ・ス・ス・セ・セ ①勢いをつける。盛んにする。「国を—」②新しく始める。「事業を—」自おこ・る(五) 可能おこ・せる(下一) 参考②は、「起こす」とも書く。

おこ・す【△熾す・△燠す】(他五) サ(ソ)・シ・ス・ス・セ・セ 炭火などの火勢を盛んにする。また、炭などに火をつける。「火を—」自おこ・る(五) おき・る(上一) 可能おこ・せる(下一)

おこぜ【×鰧・×虎魚】ヲコゼ〔動〕近海魚であるオコゼ類の総称。一般には、食用となるオニオコゼをいう。夏(冬)

おごそか【厳か】(形動ダ) ダロ・ダッ(デ・ニ)・ダ・ナ・ナラ・○ 威厳があり、重々しいさま。「—な態度」「—な式典」文(ナリ) 類語 厳粛・荘重・荘厳・深厳・森厳・厳然

おこそ-ずきん【◇御◇高祖頭巾】オコソヅキン 目のほかは全部隠れる、防寒用などに使った女性のかぶりもの。冬 語源「御高祖(=日蓮上人(にちれんしょうにん))」の像のずきんに似ていることからともいう。

〔おこそずきん〕

おこたり【怠り】なすべきことをしないこと。また、油断。不注意。

おこた・る【怠る】■(他五) ラ(ロ)・リ(ッ)・ル・ル・レ・レ なすべきことをしないでいる。いいかげんにする。なまける。「練習を—」「注意を—」■(自四)(古)病気が快方に向かう。可能おこた・れる(下一)

お-こと【◇御事】(代)(古)対称の人代名詞。相手を親しんで呼ぶ語。あなた。おんみ。そなた。

おこと-てん【△乎古△止点】ヲコト— →をことてん

おこない【行い・(行ない)】オコナヒ ①物事をすること。行為。「考えを—で示す」②品行。身持ち。「—の悪い人」③〔仏〕修行。勤行(ごんぎょう)。

おこない-すま・す【行い澄〔ま〕す・(行ない澄〔ま〕す)】オコナヒ— (自五) サ(ソ)・シ・ス・ス・セ・セ ①〔仏〕一心に仏道を修行する。「—・した僧」②神妙にふるまう。とりすます。

おこな・う【行う・(行なう)】オコナフ (他五) ワ(オ)・イ(ッ)・ウ・ウ・エ・エ ①慣例や決まったルールや順序に従って物事をする。処理する。「運動会を—」②〔仏〕仏道を修行する。可能おこな・える(下一) 類語 実行する・実践する・実施する・履行する・挙行する・施行する・遂行する・励行する・執行する・決行する・断行する・強行する・代行する・試行する・予行する

おこなわ・れる【行われる・(行なわれる)】オコナハレル (自下一) レ・レ・レル・レル・レレ・レロ(レヨ) (「行う」の受け身の形から)世間に広く行き渡る。流行する。「世に—習わし」文おこなは・る(下二)

おこのみ-やき【◇御好み焼〔き〕】水で溶いた小麦粉に肉や野菜などを入れ、鉄板の上で焼いて食べる料理。

おご-のり【×海髪海苔・×於胡海苔】紅藻類オゴノリ科の糸状の海藻。煮ると緑色になる。刺身のつまや寒天の原料などにする。うご。おご。春

お-こぼれ【◇御◇零れ】①たくさんあるものの中から分かち与えられた、ごくわずかな恩恵や利益。余り。「—にあずかる」②こぼれ落ちたもの。選に漏れたもの。また、その人。「—を拾う」

おごめ・く【△蠢く】(自五) カ(コ)・キ(イ)・ク・ク・ケ・ケ →うごめく

お-こも【◇御◇薦】(こもかぶりの意から)こじき。

お-こもり【◇御籠〔も〕り】(名・自スル) 神仏に祈願するため、一定期間神社や寺にこもること。参籠(さんろう)。

おこり【△瘧】ヲコリ 一定の間隔をおいて高熱を発する病気。マラリア性の熱病。間歇熱(かんけつねつ)の一種。

おこり【起〔こ〕り】①物事の起源。始まり。「漢字の—」②原因。起こったわけ。「事の—」「けんかの—」

おごり【△奢り】①ぜいたく。「—をきわめた生活」②他人の分も払ってごちそうすること。「今日は上役の—だ」

おごり【△驕り・◇傲り】人を見下げてわがまま勝手にいばるこ

と。思い上がり。慢心。「心に—がある」

おこり-じょうご【怒り上戸】ジャウゴ 酒に酔うと怒りっぽくなるたち。また、その人。⇩泣き上戸・笑い上戸

おこり-っぽ・い【怒りっぽい】(形) カロ・カッ(ク)・イ・イ・ケレ・○ ささいなことにも腹を立てやすい性質である。「—性格」

おこ・る【怒る】 ラ(ロ)・リ(ッ)・ル・ル・レ・レ ■一(自五) 不満や不快の気持ちを抑えられず相手を責める思いをあらわす。腹を立てる。いかる。■二(他五) 強い言い方で相手の非を責める。しかる。「先生に—・られる」 可能 おこ・れる(下一)

表現

〔類語〕	▼怒る・憤る・息巻く・激する・膨れる・むくれる
〔～する〕	▼赫怒・逆上・激高・激怒・激憤・憤慨・憤激・憤怒・立腹・切歯扼腕・悲憤慷慨
〔慣用〕	▼(～怒る)青筋を立てて・頭から湯気を立てて・髪の毛を逆立てて・体を震わせて・声を震わせて・拳を震わせて・歯をむいて・火のように・まっ赤になって・烈火のごとく・赫然と・憤然と ▼頭に来る・頭に血が上る・色をなす・癇癪玉が破裂する・癇癪を起こす・逆鱗に触れる・血相を変える・声を荒らげる・地団太を踏む・怒髪天を衝く・腸が煮えくり返る・腹を立てる・ふくれっ面をする・頰を膨らます・満面朱を注ぐ・向かっ腹を立てる・目くじらを立てる・目の色を変える・目を三角にする・目をつり上げる・目をむく・八つ当たりする・柳眉を逆立てる ▼〈擬声・擬態語〉かあっと(なる)・かちんと(くる)・かっか(する)・かっと(なる)・かりかり(する)・かんかんに(なる)・こちんと(くる)・ぶすっと(する)・ぷりぷり(する)・ぷんぷん(する)・むかっと(くる)・むかむか(する)・むっと(する)
〔ことわざ〕	▼怒り心頭に発する・堪忍袋の緒が切れる・短気は損気・仏の顔も三度

おこ・る【起〔こ〕る】(自五) ラ(ロ)・リ(ッ)・ル・ル・レ・レ 事が新たに生じる。発生する。始まる。起きる。「事件が—」「デフレから—問題」「持病が—」 他 おこ・す(五) ⇩「使い分け」 ⇩起きる「ちがい」 類語 起きる・発生する・出来する・勃発する・突発する・偶発する・続発する・多発する・頻発する・再発する・再燃する・沸き上がる・持ち上がる・ぶり返す・降ってわく

おこ・る【興る】(自五) ラ(ロ)・リ(ッ)・ル・ル・レ・レ ①弱い力で進んでいたことが力を得て目立つようになる。盛んになる。奮い立つ。「国が—」 ②新しく生じる。新たに始まる。「新しい学問が—」 他 おこ・す(五) ⇩「使い分け」

> 使い分け 「起こる・興る」
> 「起こる」は、横に伏していたものが立ち上がるというのがもとの意。転じて、「地震が起こる」「腰痛が起こる」など、物事や状態が新たに生じることを表す意で使われる。
> 「興る」は、物事が盛んになる意を表し、「新しい産業が興る」「新しい国が興る」などと使われる。

おこ・る【熾る・熾る】(自五) ラ(ロ)・リ(ッ)・ル・ル・レ・レ 炭火の勢いが盛んになる。炭に火が移る。「火がかっかと—」 他 おこ・す(五)

おご・る【奢る】 ラ(ロ)・リ(ッ)・ル・ル・レ・レ ■一(自他五) 身分以上にぜいたくをする。よい物を得るために惜しみなく金を使う。「口が—(=味覚がぜいたくになる)」「—・った生活」 ■二(他五) 人にごちそうする。「負けた者が食事を—」 可能 おご・れる(下一)

おご・る【驕る・傲る】(自五) ラ(ロ)・リ(ッ)・ル・ル・レ・レ 権力・財産・能力・才能などをたのみにして、人を見下げてわがままにふるまう。「—・った態度をとる」「—・り高ぶる」

おごれる者久しからず 栄華を極め勝手なふるまいをする者は、いつまでもその地位や状態にいることはできない。 参考 類似のことば—おごる平家は久しからず

お-こわ【御強】コハ 強飯。特に、赤飯。「栗—」

おさ【長】ヲサ 集団を統率し治める人。頭。長。「村の—」

おさ【筬】ヲサ 機織り機の付属品で、長方形の枠の中に金属または竹製の薄片をくしの歯のように並べたもの。たて糸の位置を整え、よこ糸を織り込むのに用いる。

お-ざ【御座】 ①「座」の丁寧語。②〘仏〙浄土真宗で、法話を聞く信者の集まり。

—が醒める 座が白ける。一座の興味が薄れる。

お-さい【御菜】「菜」の丁寧語。おかず。副食物。

おさえ【抑え】オサヘ ①勢いをおさえつける力。従わせる力。「感情の—が利かない」 ②行列の最後。しんがり。しめくくり。 ③反撃をくい止めること。また、その役の人。「—の投手」

—が利く 部下や仲間を統率・指揮・監督する力がある。

おさえ【押〔さ〕え】オサヘ ①押さえること。押さえるもの。おもし。 ②確かめること。念を押すこと。「最後の—ができていなかった」

—どころ【—所】 ①押さえるのに適した箇所。 ②把握しておくべきたいせつなところ。要点。「学習の—」

おさえ-こ・む【押〔さ〕え込む】オサヘ (他五) マ(モ)・ミ(ン)・ム・ム・メ・メ ①相手を押さえ付けて立ち上がれなくさせる。 ②物事が表面化しないように、種々の手段で沈静させる。「インフレを—」

おさえ-つ・ける【抑え付ける】オサヘ (他下一) ケ・ケ・ケル・ケル・ケレ・ケロ(ケヨ) 権力などによって相手の自由な活動を封じる。「反対派を—」「親が子を—」 文 おさへつ・く(下二)

おさえ-つ・ける【押〔さ〕え付ける】オサヘ (他下一) ケ・ケ・ケル・ケル・ケレ・ケロ(ケヨ) 動かないようにしっかりと押さえる。 文 おさへつ・く(下二)

おさ・える【抑える】オサヘル (他下一) エ・エ・エル・エル・エレ・エロ(エヨ) ①勢いがつくのをとどめる。また、適度な範囲にとどめる。「景気の過熱を—」「甘みを—」「音量を—」 ②力で相手の動きをしずめる。自由な活動を封じる。「反乱を—」「反撃を—」「他人の意見を—」 ③感情が表に出るのをとどめる。「怒りを—」 文 おさ・ふ(下二) ⇩「使い分け」

おさ・える【押〔さ〕える】オサヘル (他下一) エ・エ・エル・エル・エレ・エロ(エヨ) ①上から力を加えるなどして動かないようにする。「石で—」「—・えて放さない」 ②手などを押しあてておおう。「耳を—」「傷口を—」 ③他の人が好きにできないように確保する。「証拠を—」 ④重要なところをとらえる。「要点を—」 文 おさ・ふ(下二) ⇩「使い分け」

> 使い分け 「抑える・押さえる」
> 「抑える」は、盛り上がってくるものを止めようとする意、間接的に力を加えようとする意で、「値上がりを抑える」「事態の悪化を抑える」「苦笑を抑える」などと使われる。
> 「押さえる」は、相手を動かさないように、相手の力に応じてこちらの力を入れることがもとの意で、力を加える意、自分の意のままになるように確保する意を表す。「手で押さえる」「口を押さえる」「会場を押さえる」「財産を押さえる」「弱点を押さえる」などと使われる。

おさ-おさ ヲサヲサ (副) ほとんど。おおかた。まったく。「準備—怠りなし」 用法 あとに打ち消しの語を伴う。

お-さがり【御下がり】 ①神仏に供えたあと、下げられたもの。 ②客などに出したごちそうの残り。 ③目上や年上の人から下

げ渡された使い古しの衣服・物品。お古。「兄の—」④正月三が日に降る雨や雪。新年 参考 ④は「御◇降り」とも書く。

お‐さき【◇御先】①「先」の丁寧語。「どうぞ—に」「—に失礼します」②これから先。将来。前途。

—真っ暗 将来の見通しがまったくつかないこと。

おざきこうよう【尾崎紅葉】(一八六七〜一九〇三) 明治時代の小説家。江戸(東京都)生まれ。硯友社を興し、「我楽多文庫」を発行。写実主義的な手法と美文で人気を博した。代表作「多情多恨」「金色夜叉」など。

お‐さきぼう【◇御先棒】①「先棒」の丁寧語。②人の手足となって働くこと。また、その人。

—を担ぐ 軽々しく人の手先となって働く。

お‐さげ【◇御下げ】①少女の髪形の一つ。髪を編んで肩のあたりに垂らしたもの。お下げ髪。②女帯の結び方の一つ。掛けと垂れとを同じ長さにして結び、両端を垂れ下げたもの。

お‐ざしき【◇御座敷】①「座敷」の丁寧語。②芸者・芸人が客に呼ばれる宴席。

—が掛かる ①芸者・芸人などが、宴席に呼ばれる。口が掛かる。②酒宴などに招かれる。誘いが掛かる。

お‐さだまり【◇御定まり】いつも決まって同じであること。お決まり。「—の手柄話」

お‐さつ【◇御札】「札」の丁寧語。「—を数える」

お‐さと【◇御里】①「里」の丁寧語。嫁や婿の実家。「—帰り」②素性。以前の身分。経歴。

—が知れる その人の言動で育ちや素性がわかる。

おさな・い【幼い】(形)(カロ・カッ(ク)・イ・イ・ケレ・○) ①年齢が少ない。年がゆかない。幼児の年齢である。「—子」②考えが未熟で一人前の判断力がない。幼稚である。「言うことが—」文をさな・し(ク)

おさないかおる【小山内薫】(一八八一〜一九二八) 劇作家・演出家・小説家。広島県生まれ。市川左団次と自由劇場を、土方与志と築地小劇場を設立し、新劇運動の基礎を固めた。戯曲「息子」、小説「大川端」など。

おさな‐がお【幼顔】幼いときの顔つき。

おさな‐ご【幼子・幼◇児】年のゆかない子供。幼児。

おさな‐ごころ【幼心】まだ判断力のない、子供の心。子供心。「—にも悲しかった」

おさな‐ともだち【幼友達】幼いときの友達。幼いときからの友達。竹馬の友。

おさな‐なじみ【幼△馴染(み)】幼いときに親しかった人。また、その間柄。「夫とは—だ」

お‐ざ‐なり【◇御座成(り)】(名・形動ダ) その場かぎりの間に合わせ。いいかげんなさま。「—を言う」「—な返事」

おさまり【収まり・納まり】①物事がある状態に落ち着くこと。「—がつく」②周りと調和して安定すること。「家具の—がよくない」③領収。収納。「会費の—がよい」参考 ふつう①は「収まり」、③は「納まり」と書く。

おさまり【治まり】混乱した状態がもとにもどること。しずまること。参考「収まり」とも書く。

おさま・る【収まる・納まる】(自五)(ラ(ロ)・リ(ッ)・ル・ル・レ・レ) ①物の中や決まったところにきちんとはいる。「道具が中に—」「もとの鞘に—(=もとどおりの状態にもどって落ち着く)」②金や物などが受取人に渡される。納入される。「国庫に—」「注文の品が—」③動いていたものが落ち着いた状態になる。「混乱が—」「腹の虫が—・らない」④その任について落ち着く。「会長の地位に—」他おさ・める(下一) 参考 ②④は、ふつう「納まる」と書く。③は「治まる」とも書く。⇒「使い分け」

使い分け「収まる・納まる」
「収まる」は、物の中にきちんとはいる意で「棚に収まる」、もとどおりの安定した状態になる意で「騒乱が収まる」などと使われる。
「納まる」は、物をきちんと中にしまう、かたづける意で「国庫に納まる」「品物が納まった」、ある地位や境遇に落ち着く意で「理事長に納まる」などと使われる。

おさま・る【治まる】(自五)(ラ(ロ)・リ(ッ)・ル・ル・レ・レ) ①世の中の乱れがしずまり、安心して暮らせるようになる。「世の中が—」②混乱がなくなり静かになる。「風が—」③心が静まる。「気持ちが—」④痛み、苦しみなどがなくなる。「歯の痛みが—」他おさ・める(下一) 参考 ②は「収まる」とも書く。

おさま・る【修まる】(自五)(ラ(ロ)・リ(ッ)・ル・ル・レ・レ) 行いがよくなる。「身持ちが—」他おさ・める(下一)

お‐さむ・い【お寒い】(形)(カロ・カッ(ク)・イ・イ・ケレ・○) ①「寒い」の丁寧語。「—・うございます」②期待や理想とはかけはなれて内容が貧弱なさま。お粗末である。「—国会討論」「—芸を披露する」

おさめ【納め・収め】終わりにすること。しまい。最後。「御用—」「飲み—」「見—」

おさめ‐もの【納め物】①神社・仏閣へ奉納するもの。②租税。税金。③期限までに納入する品物。

おさ・める【収める・納める】(他下一)(メ・メ・メル・メル・メレ・メロ(メヨ)) ①物の中や決まった範囲にきちんと入れる。しまう。「金庫に—」「予算内に—」「恋人をカメラに—(=写す)」②受け取って自分のものにする。受け入れる。「粗品ですがお—・めください」③金や品物を受け取るべき人に渡す。払い込む。納入する。「税金を—」「注文の品を—」④よい結果を得る。もたらす。「成果を—」「好成績を—」⑤それをもって終わりとする。「会を—」⑥安定した状態にする。「丸く—」自おさま・る(五) 文をさ・む(下二) 参考 ふつう③は「納める」、④は「収める」と書く。

おさ・める【治める】(他下一)(メ・メ・メル・メル・メレ・メロ(メヨ)) ①乱れた物事をしずめ、落ち着かせる。「争いを—」②世の中を平穏な状態に保つ。支配する。よい政治を行う。「国を—」③(古)病気を治す。治療する。「病を—」自おさま・る(五) 文をさ・む(下二)

おさ・める【修める】(他下一)(メ・メ・メル・メル・メレ・メロ(メヨ)) ①学問・技芸などを身につける。「学業を—」②行いを正しくする。「身を—」自おさま・る(五) 文をさ・む(下二)

お‐さらい【◇御△浚い】(名・他スル)(「浚い」の丁寧語) ①繰り返し練習すること。復習。「授業の—」②芸事などで、習った芸を発表すること。また、その会。温習。「—会」

お‐さらば 一(感)「さらば」の丁寧語。さようなら。二(名・自スル) 別れること。「この世に—する(=死ぬ)」

お‐さん【◇御産】子供を生むこと。出産。

お‐さんじ【◇御三時】午後三時ごろに食べる間食。おやつ。

おさん‐どん ①台所仕事をする下女。②台所仕事。

おし‐【押し】(接頭)(動詞に付けて) ①意味を強める。「—隠す」「—包む」②「強引に…する」意を表す。「—とどめる」

おし【△唖】言葉が話せないこと。また、その人。(差別的な意がある)

おし【押し・◇圧し】①継続的に長い時間押さえつけること。また、そのもの。おもし。「漬物の—」②自分の考えなどを強引に通そうとすること。また、その力。「—がきく」「—が強い」「—の一手」③相撲で、相手と組まずに手を体にあてがい押す技。

▼「押し」が下に付く語
後—　後ろ—　空—　ごり—　塩—　下—　尻—　駄目—　手—　寝—　箔—　直—　無理—　目白—

おーじ【伯父】 父母の兄。または父母の姉の夫。↕伯母

[参考]常用漢字表付表の語。

おーじ【叔父】 父母の弟。または父母の妹の夫。↕叔母

[参考]常用漢字表付表の語。

おしあいーへしあい【押〔し〕合い◇圧し合い】（名・自スル）多くの人がこみ合った中で押し合うこと。また、そのために混雑すること。「見物人がーする」

おしーあ・う【押〔し〕合う】（自五）たがいに押す。「ー・わずにご乗車ください」

おしーあ・ける【押〔し〕開ける】（他下一）押してひらく。力を入れて無理に開ける。[文]おしあ・く（下二）

おしーあ・げる【押〔し〕上げる】（他下一）①押して上にあげる。「荷を棚にー」②全体の勢いで、人や物事を高い地位や状態へ動かす。「物価をー」[文]おしあ・ぐ（下二）

おしーあ・てる【押〔し〕当てる】（他下一）押し付けるようにしておおう。ぴたりとくっつける。「窓ガラスに額をー」[文]おしあ・つ（下二）

おし・い【惜しい】（形）①高い価値を感じていて手放せない。心がひかれて捨て難い。「命がー」「ー人を失う」「別れがー」「待つ間もー」②あと少しのところで思いが果たせず残念だ。「ーところで幕になった」「ー・くも敗れた」③能力が十分に発揮できておらず残念である。もったいない。「田舎で埋もれさせておくにはー男だ」[文]を・し（シク）

おじいーさん【◇御△爺さん】 老年の男性を敬い親しんで呼ぶ語。↕お婆さん

[類語]翁・翁・老翁・老爺・爺・好好爺・狸爺・頑固爺

おーじいーさん【◇御×祖父さん】 「祖父」の敬称。または、「祖父」を親しんで呼ぶ語。↕お祖母さん

おしーいただ・く【押〔し〕頂く・押〔し〕◇戴く】（他五）①物を目の高さより上にささげて謹んで持つ。また、そのようにして感謝の気持ちで受ける。「辞令をー」「杯をー」②敬意をもって長として迎える。「名誉総裁にー」

おしーい・る【押〔し〕入る】（自五）無理にはいりこむ。「強盗がー」

おしーいれ【押〔し〕入れ・押入】 日本間に付いている物入れ。ふすまや戸で部屋と仕切り、夜具や道具などを入れる。

おしーうつ・る【推し移る】（自五）（時勢・年月などが）自然に移り変わる。推移する。

おしーうり【押〔し〕売り・押売】（名・他スル）①相手が買いたくないものを無理に売りつけること。また、その人。②相手の気持ちを考えずに、無理に物事を押しつけること。「親切のー」

おしえ【教え】 ①教えること。また、その内容。「ーを仰ぐ」②言い聞かせて論すこと。教訓。③宗教の教義。「仏のー」

ーご【ー子】 自分が教えている生徒、または教えた人。

ーのーにわ【ーの庭】 学校。学びの庭。

おしーえ【押〔し〕絵】 人物・花鳥などの形を厚紙で作り、綿を入れて色とりどりの布で包み、板などに張り付けたもの。羽子板などに用いる。

おしえーこ・む【教え込む】（他五）相手が完全に理解し身につけるまで徹底して教える。「猿に曲芸をー」

おし・える【教える】（他下一）①学問や技能などが身につくように導く。「英語をー」②相手の知らないことを知らせる。「近道をー」③道理や新しい考え方などを知らせて、よりよい判断ができるようにする。論す。「人の道をー」[文]をし・ふ（下二）

おーしおき【◇御仕置〔き〕】（名・他スル）（「しおき」の丁寧語）①悪いことをした子供を、こらしめのために罰を加えてしかること。②江戸時代の刑罰。

おしーかえ・す【押〔し〕返す】（他五）相手が押してくるのを、逆にこちらから押して元の位置にもどす。

おしーかく・す【押〔し〕隠す】（他五）「隠す」を強めた語。ひた隠しにする。「けがをー・して出場する」

おしかけーにょうぼう【押〔し〕掛け女房】 男性のもとに押しかけて、無理やり妻になった女性。

おしーか・ける【押〔し〕掛ける】（自下一）①大勢が勢いよく近づきせまる。押し寄せる。「陳情にー」②招かれないのに強引に行く。「友達の家にー」[文]おしか・く（下二）

おしーがみ【押〔し〕紙】 疑問や注意事項などを書いて、書籍や書類のその箇所に張り付ける紙片。押紙。付箋。

おしーがり【押〔し〕借り】 無理に金品を借りること。

おしーが・る【惜しがる】（他五）惜しそうなようすをする。「ー・ってだれにも貸さない」

おーしき【◇折敷】 食台の一種。へぎ板を折り曲げて四方に縁取りをした角盆。供え物などを盛るのに用いる。

おじーき【伯父貴・叔父貴】 「おじ」の敬称。また、第三者に対して自分のおじを親しんでいう語。

おーじぎ【◇御辞儀】（名・自スル）（「辞儀」の丁寧語）頭を下げ腰を曲げて礼をすること。「深々とーをする」

おーしきせ【◇御仕着せ】（「仕着せ」の丁寧語）①経営者が従業員に季節に応じて衣服を与えること。また、その衣服。②目上の人や組織から一方的に与えられたもの。「ーの規則」

おじぎーそう【×含羞ー草】 《植》マメ科の一年草。ブラジル原産で、本来は多年草。夏、淡紅色の小花を開く。葉はさわられるなど刺激を受けるととじて垂れる。眠り草。[夏]

おしーきり【押〔し〕切り】 わら・まぐさなどを刻む道具。飼い葉切り。

おしーき・る【押〔し〕切る】（他五）①押し付けて切る。「束ねたわらをー」②困難や反対などを退けて自分の考えを通してしまう。「親の反対をー」

おしーくら【押し◇競】（「おしくらべ」の略）子供がひとかたまりになって、たがいに押し合う遊び。おしっくら。おしくらまんじゅう。

ーまんじゅう【ー△饅◇頭】 →おしくら

おしーげ【惜しげ】（名・形動ダ）（「げ」は接尾語）惜しがること。また、そのさま。惜しそうなさま。「ーもなく物を捨てる」

おじーけ【◇怖じ気】 こわがる気持ち。恐怖心。怖気。

ーをふるう 恐ろしさに体がふるえる。

ーだ・つ【ー立つ】（自五）→おじけづく

ーづ・く【ー付く】（自五）恐怖心が起こる。恐ろしさのためにひるむ。おじけだつ。「変な物音にー」

おじ・ける【◇怖じける】（自下一）恐ろしいと思ってしりごみする。「暗闇にー」[文]おぢ・く（下二）

おしーこみ【押〔し〕込み】 ①押し入れ。②強盗。押し入り。

おしーこ・む【押〔し〕込む】 [一]（自五）①無理にはいり込む。②強盗にはいる。[二]（他五）無理に詰め込む。

おしーこ・める【押〔し〕込める】（他下一）①無理にいれる。無理に詰め込む。「バッグに本をー」②人をある場所に閉じ込める。「人質を車内にー」[文]おしこ・む（下二）

おしーころ・す【押〔し〕殺す・◇圧し殺す】（他五）①押しつぶして殺す。②感情や声などを無理に抑えてこらえる。「笑いをー」「泣き声をー」

おじーさん【小◇父さん】 年輩の男性を親しんで呼ぶ語。↕小母さん

おしーずし【押〔し〕△鮨】 箱にすし飯を詰め、その上に魚など

の種物たねを置いて押しぶたなどで押し、適当な大きさに切ったすし。大阪ずし。箱ずし。夏

おし-すす・める【押〔し〕進める】(他下一)メ・メ・メル・メル・メレ・メロ(メヨ) 押して前へ進める。前進させる。「猫車を―」文おしすす・む(下二)

おし-すす・める【推し進める】(他下一)メ・メ・メル・メル・メレ・メロ(メヨ) 積極的に進める。推進する。「計画を―」文おしすす・む(下二)

おし-ずもう【押〔し〕相撲】ズマウ・ズマフ 組み合わないで、相手を押しの技で攻める相撲。

おし-せま・る【押〔し〕迫る】(自五)ラ(ロ)・リ(ッ)・ル・ル・レ・レ 間近に迫ってくる。「期日が―」「暮れも―」

おし-ぞめ【△捺〔し〕染め・△捺染】→なっせん

おし-たお・す【押〔し〕倒す】タフス(他五)サ(ソ)・シ・ス・ス・セ・セ 手や体で人や物を押して倒す。

お-したじ【◇御下地】シタヂ 醤油しょうゆ。語源煮物や吸い物の味付けの下地にすることからいう。

おし-だし【押〔し〕出し】①押して外へ出すこと。②相撲で、まわしに手を掛けずに相手の体を押して土俵の外に出す技。③野球で、満塁のとき、打者が四球または死球で出塁し、三塁走者の生還で点がはいること。「―の一点」④人前に出たときの姿・態度が人に与える印象。風采ふうさい。「―のりっぱな人」

おし-だ・す【押〔し〕出す】サ(ソ)・シ・ス・ス・セ・セ ■(他五)①押して外へ出す。「土俵の外へ―」②積極的に示す。「主張を前面に―」■(自五)多人数で出掛けて行く。繰り出す。

おし-た・てる【押〔し〕立てる】(他下一)テ・テ・テル・テル・テレ・テロ(テヨ) ①「立てる」を強めていう語。勢いよく立てる。「旗を―・てて行進する」②「押す」を強めていう語。盛んに押す。押しまくる。「土俵際まで―」③前面に出す。また、人を代表として立てる。「団長に―」文おした・つ(下二)

おし-だま・る【押〔し〕黙る】(自五)ラ(ロ)・リ(ッ)・ル・ル・レ・レ 何もしゃべらず沈黙を続ける。「何を聞いても―・っている」

お-しちや【◇御七夜】子供が生まれて七日目の夜。また、その夜の祝い。参考ふつうはこのときに名前をつける。

おし-つけ【押〔し〕付け】押し付けること。強いて責任を引き受けさせること。「規則の―」

―がまし・い(形)カロ・カッ(ク)・○・イ・イ・ケレ・○ 相手の気持ちを無視して、無理じいするさま。「―態度」文おしつけがま・し(シク)

おし-つ・ける【押〔し〕付ける】(他下一)ケ・ケ・ケル・ケル・ケレ・ケロ(ケヨ) ①押してくっつける。「壁に耳を―」②無理に引き受けさせる。無理に受け入れさせる。「責任を―」文おしつ・く(下二)

おしっこ(名・自スル)(幼児語)小便。

おし-つつ・む【押〔し〕包む】(他五)マ(モ)・ミ(ン)・ム・ム・メ・メ ①「包む」を強めていう語。②強いて秘密にする。押し隠す。

おし-つま・る【押し詰〔ま〕る・押詰る】(自五)ラ(ロ)・リ(ッ)・ル・ル・レ・レ ①期限や事態が差し迫る。切迫する。「状況が―」②年の暮れに近くなる。「今年も―・った」

おし-つ・める【押〔し〕詰める】(他下一)メ・メ・メル・メル・メレ・メロ(メヨ) ①押して中に詰め込む。②(文章などを)縮める。要約する。「―・めて言えば」③押していって動きが取れないようにする。「土壇場に―」文おしつ・む(下二)

おし-て【押して】(副)強いて。無理に。「―お願いします」

おし-とお・す【押〔し〕通す】トホス(自他五)サ(ソ)・シ・ス・ス・セ・セ ①無理に通す。②困難にあっても自分の意見を変えずに貫く。また、そのように行動し続ける。「自分の意見を―」

おし-とど・める【押〔し〕◇止める】(他下一)メ・メ・メル・メル・メレ・メロ(メヨ) 行動しようとするのを強いてやめさせる。文おしとど・む(下二)

おし-どり【×鴛鴦】ヲシ ①〔動〕カモ科の水鳥。雌は灰褐色、雄は頭上に冠毛があり、羽が美しい。雌雄しゆうが常に一緒にいるといわれる。冬②仲むつまじい夫婦のたとえ。「―夫婦」

おし-なべて【押〔し〕◇並べて】(副)すべて一様に。総じて。概して。だいたい。「試験は―よくできた」

おし-の・ける【押〔し〕◇退ける】(他下一)ケ・ケ・ケル・ケル・ケレ・ケロ(ケヨ) ①押してどける。「前の人を―・けてバスに乗る」②他人を無理に退ける。「人を―・けて昇進する」文おしの・く(下二)

お-しのび【◇御忍び】社会的地位のある人などが身分を隠して、または非公式に外出すること。「―の旅行」

おし-ば【押〔し〕葉】植物を紙の間に挟んで乾かしたもの。標本やしおりなどにする。花の場合は「押し花」ともいう。腊葉さくよう。

おし-はか・る【推し量る・推し測る】(他五)ラ(ロ)・リ(ッ)・ル・ル・レ・レ あることから他の事柄の見当をつける。推量する。推測する。「相手の気持ちを―」

おし-ばな【押〔し〕花】→おしば

おし-ひし・ぐ【押〔し〕◇拉ぐ】(他五)ガ(ゴ)・ギ(イ)・グ・グ・ゲ・ゲ ①無理に押し付けてつぶす。②押さえ付けて勢いを弱める。

おし-ひろ・げる【押〔し〕広げる】(他下一)ゲ・ゲ・ゲル・ゲル・ゲレ・ゲロ(ゲヨ) ①押し伸ばして広げる。「丸めた新聞紙を―」②物事の及ぶ範囲を広くする。「勢力範囲を―」文おしひろ・ぐ(下二)

おし-ひろ・める【押〔し〕広める】(他下一)メ・メ・メル・メル・メレ・メロ(メヨ) ①広くゆき渡らせる。普及させる。「自説を―」②範囲を広げる。「―・めて考える」文おしひろ・む(下二)

おし-ピン【押〔し〕ピン】〔方〕(西日本で)画鋲がびょう。

おし-ぶち【押〔し〕縁】天井や屋根の板などを押さえるために打ちつける、細長い竹または木。

お-しべ【雄△蕊】ヲ 〔植〕種子植物の雄性生殖器官。花の中にあって雌蕊めしべを囲み、先端に花粉を付ける。花粉のはいった葯やくとそれを支える花糸かしからなる。雄蕊ゆうずい。↔雌蕊めしべ

おし-ボタン【押〔し〕ボタン】指で押して装置を操作するボタン。呼び鈴やエレベーターのボタンなど。

お-しぼり【◇御絞り】手や顔をふくための、湯や水で湿してしぼったタオル・手ぬぐい。

お-しまい【◇御仕舞〔い〕】シマヒ(「しまい」の丁寧語)①終わり。②物事がだめになること。「ああなっては―だね」

おし-まく・る【押〔し〕△捲る】(他五)ラ(ロ)・リ(ッ)・ル・ル・レ・レ ①徹底的に押す。押しに押す。②初めから終わりまで相手を圧倒する。「数の力で―」

おしみ-な・い【惜しみ無い】ヲシミ(形)カロ・カッ(ク)・○・イ・イ・ケレ・○ 出すのを嫌がらないで、出せるだけ出すさま。「大金を―・く使う」「―拍手を送る」用法連用形・連体形以外では用いられない。

おし・む【惜しむ】ヲシム(他五)マ(モ)・ミ(ン)・ム・ム・メ・メ ①離れて行くことを残念に思う。「別れを―」「行く春を―」②使ったり出したりすることを嫌がる。「金を―」「骨を―(=努力するのを嫌がる)」「協力を―・まない」③たいせつにする。「名を―」「寸暇を―」

―らくは 惜しいことには。残念なことには。

おし-むぎ【押〔し〕麦】精白して蒸した大麦・はだか麦を押して平たくし、乾燥させたもの。つぶし麦。

お-しめ【×襁褓】赤ん坊や病人などの股またを覆って大小便を受ける布や紙。おむつ。襁褓むつき。「―を当てる」

おし-め【押〔し〕目】〔経〕上がり続けていた株などの相場が一時的に下がること。「―買い」「―待ち」

お-じめ【緒締め】ヲ 袋などの口に付いているひもを通してしめるための、穴のある玉。玉・石・角・金属・練り物などでつくる。

お-しめり【◇御湿り】適度に降る雨。語源女房詞にょうぼうことばから出た語。かわいた地面をほどよくぬらす意。

おし-もど・す【押〔し〕戻す】(他五)サ(ソ)・シ・ス・ス・セ・セ 押して、も

との方向・位置へ移す。「スクラムを組んで―」

おし-もんどう【押(し)問答】(名・自スル) たがいに言い張って譲らないこと。「手続きのことで係員と―する」

おじや 野菜や魚介類などを混ぜて、味噌・しょうゆ・塩などで味付けしたかゆ。雑炊。語源 女房詞から出た語。

おしゃか【御釈迦】《俗》製品を作り損なうこと。また、その製品。不良品。また、使いものにならなくなったもの。「―を出す」「車が―になる」
語源 金属溶接で強い火力のせいで失敗したとき、「火が強かった」を「四月八日(しがつよか)った」としゃれて、その日が釈迦の誕生日であることから、また、鋳物職人が地蔵を鋳るのに誤って釈迦を鋳たことからともいい、諸説ある。

―さま【―様】「しゃか」の尊称。「―でも気がつくまい(=だれも気がつかないだろう)」

おしゃく【御酌】㊀(名・自スル)「酌」の丁寧語。㊁(名) ①酌をする女性。酌婦。②半玉。舞妓。

おしゃぶり 赤ん坊に持たせてしゃぶらせるおもちゃ。

おしゃべり【御喋り】㊀(名・自スル) 取りとめのない雑談を交わすこと。また、その雑談。㊁(名・形動ダ) 口数が多く、言う必要のないことまで言うこと。また、そういう人。「―な人」

おしゃま(名・形動ダ) 女の子が、幼いのにませていること。また、そういう女の子。「―な子」

おし-や・る【押(し)遣る】(他五) ①押して向こうへ移す。「隅に―」②気持ちや考えを退ける。「雑念を―」

おしゃれ【御洒落】(名・形動ダ・自スル) ①服装・化粧などに気をつかって飾ること。また、その人。「―な人」②洗練されて気がきいているさま。「―な店」

おじゃん《俗》計画していたことがだめになること。「遠足が雨で―になる」語源 火事の鎮火を知らせる半鐘の音からという。

おしゅう【汚臭】 不快になるくさいにおい。悪臭。

おじゅう【御重】「重箱」の丁寧語。「―に詰める」

おしょう【和尚】 修行を積んだ高僧の敬称。転じて、寺の住職。また、一般に、僧のこと。参考「お」は「和」の唐音。宗派によって「かしょう」「わじょう」ということもある。

おじょう-さま【御嬢様】 ①主家や他人の娘の敬称。②世の中の苦労を知らずに、たいせつに育てられた女性。おじょうさん。「―育ち」

おじょう-さん【御嬢さん】「おじょうさま」のややくだけた言い方。他人の娘や若い女性の敬称。

おじょうず【御上手】(名・形動ダ) ①「上手」の尊敬語・丁寧語。「テニスが―ですね」②お世辞。お世辞がうまいこと。また、そのさま。「―を言う」

おしょく【汚職】 公職にある人が、その地位や職務を利用して賄賂を取るなどの不正を行うこと。「―事件」参考「瀆職」の言いかえ語。

おしょく【御職】 江戸時代、同じ職にある者の中で頭に立つ人。特に遊郭で、その置き屋の最上位の遊女をさす。

おじょく【汚辱】 はずかしめ。恥辱。「―を受ける」

おじょく【汚濁】《仏》よごれにごること。⇒汚濁

おし-よ・せる【押(し)寄せる】㊀(自下一) 多くのものが、激しい勢いで迫ってくる。または迫っていく。「集団で―」「波が―」「孤独感が―・せて来た」㊁(他下一) 押して、ある側に寄せる。「机を隅に―」文 おしよ・す(下二)

お・じる【怖じる】(自上一) こわがる。びくびくする。「―・じないで受け答えする」文 お・づ(上二)

おしろい【白粉】(「お白い」の意) 顔などに塗り、色を白く見せるための化粧品。粉白粉・練り白粉・水白粉などがある。

―した【―下】 おしろいの付きをよくするために付ける、クリームや化粧水。化粧下。

―ばな【―花】《植》オシロイバナ科の多年草。夏から秋に、紅・白・黄などの花を付ける。種子の胚乳はおしろいのように白い。夕化粧。秋

―やけ【―焼け】(名・自スル) 俳優や芸者などが、おしろいを長い間用いたために皮膚が茶色になること。

オシログラフ〈oscillograph〉振動や音波などの電気信号の時間的変化の波形を、表示したり記録したりする装置。

オシロスコープ〈oscilloscope〉電気信号の時間的変化を、波形映像として観察する装置。

おし-わ・ける【押(し)分ける】(他下一) 立ちふさがるものを前後や左右に強引に押して分ける。かきわける。「群衆を―・けて進む」文 おしわ・く(下二)

おし-わり【押(し)割り・押割】 ①押して割ること。②(「押し割り麦」の略)大麦を押して割ったもの。

お-しん【悪心】《医》胸がむかむかして、吐き気をもよおすこと。参考「あくしん」と読めば別の意になる。

おじん《俗》若者が年上の男性を年寄りくさいとからかって呼ぶ語。↔おばん 語源「おじさん」の転。

おしんこ【御新香】 野菜の漬物。しんこ。

おす【雄・牡】 動物で、精巣をもち精子をつくる能力をもつもの。↔雌

お・す【押す・圧す】(他五) ①物に触れたまま、力を加えてその物を向こう側へ動かそうとする。「車を―」「扉を―」↔引く ②櫓を使って舟を進める。「櫓を―」③圧力を加える。押さえ付ける。「重石で―」④判子を上から当てて、彫られた形を紙などに写す。「判を―」「スタンプを―」⑤反対・困難を冒して強行する。「病を―・して出席する」⑥間違いがないように確かめる。「念を―」「だめを―」⑦圧倒する。他をしのぐ。「相手の勢いに―・される」⑧張り付ける。「箔を―」⑨漢詩などで、決められた句末に同じ音韻を置く。「韻を―」可能 お・せる(下一) 参考 ④は「捺す」とも書く。⇒「使い分け」

おしも押されもせぬ りっぱな実力を持ち、確たる地位にある。「―人物」

―な押すな 人が大勢押し掛けて混雑するさま。「―の大盛況」

お・す【推す】(他五) ①よいと考えて他の人にすすめる。推薦する。推挙する。「会長に―」②あることを根拠として他のことについて考える。推測する。「種々の事情から―・して考える」可能 お・せる(下一) ⇒「使い分け」

おして知るべし(ふつう下に「だ」「です」を付けて) 容易に推察できる。考えれば自明のことだ。「答えは―だ」

> 使い分け「押す・推す」
> 「押す」は、「力でおしやる」「上からおさえ付ける」「無理に行う」などの意で、「ボタンを押す」「押し付けがましい」などと使われる。
> 「推す」は、「すすめる」「おしはかる」意で、「役員に推す」「推して知るべし」などと使われる。

おす(感) 出会ったときの挨拶の言葉。おもに若い男性が使う。おっす。参考「押忍」と書くのは当て字。

お-すい【汚水】 よごれた水。きたない水。「―処理場」

おず-おず【怖ず怖ず】(副・自スル) こわがって、ためらいながらするさま。恐る恐る。「―(と)した目つき」「―(と)来る」語源 文語の上二段動詞「怖づ」の終止形を重ねた語。

オスカー〈Oscar〉アカデミー賞の受賞者に贈られる金色の小

型立像のニックネーム。また、アカデミー賞の別名。

お-すそわけ【◦御裾分け】(名・他スル) もらいものの一部を人に分け与えること。また、その物。お福分け。「—にあずかる」

オストメイト〈ostomate〉ストーマ(=人工肛門(こうもん)または人工膀胱(ぼうこう))を付けている人。「—対応トイレ」

お-すべらかし【◦御×垂髪】女性の下げ髪。前髪を左右に張り出させ、もとどりをうしろに長く下げる。すべらかし。

〔おすべらかし〕

お-すまし【◦御澄まし】㊀(名・自スル) 取り澄ますこと。気取ること。また、その人。㊁(名)「澄まし汁」の女性語。参考 ㊁は「お×清汁」とも書く。

お-すみつき【◦御墨付(き)】①権威者が与える保証。「—をもらう」②《日》戦国・江戸時代に、幕府や大名が臣下に与えた、花押を押した保証・確認の文書。

オセアニア〈Oceania〉六大州の一つ。オーストラリア大陸、ニュージーランド、メラネシア・ミクロネシア・ポリネシアの島々の総称。大洋州。

お-せいぼ【◦御歳暮】→せいぼ(歳暮)①

おせ-おせ【押せ押せ】①意気さかんに相手を圧倒すること。「—ムード」②あることの遅れが次々と他のものへ影響を与えて、全体が遅れがちになること。「仕事が—になる」

お-せじ【◦御世辞】「世辞」の丁寧語。相手を喜ばせるための過度なほめ言葉。「—を言う」「—をつかう」

お-せち【◦御節】正月・五節句などに作る料理。おせち料理。

お-せっかい【◦御節介】(名・形動ダ) 余計な世話をやくこと。また、その人。「—をやく」「—な行為」

オセロ〈Othello〉表裏が黒白に塗り分けられた円形の駒を二人が交互に盤上に置き、相手の駒を挟んで自分の色に反転させ、最終的な駒の数を争うゲーム。リバーシ。(商標名)

お-せわ-さま【◦御世話様】自分にしてくれた世話・尽力に対して、感謝の意を表していう語。「先日は—でした」

お-せん【汚染】—ヲ(名・自他スル) 空気・水・食物などが有害物質や細菌などでよごれること。また、よごすこと。「大気—」

お-ぜんだて【◦御膳立て】(名・他スル) ①食膳をとりそろえること。②あることを、いつでも始められるように準備すること。また、その準備。「会談の—が調う」

お-そ【悪阻】—ヲ →つわり

おそ・い【遅い】(形) カロ・カツ(ク)・イ・イ・ケレ・◯ ①基準となる時間よりあとである。時間がかなりたっている。「暗くなるのが—」「帰りが—」「—からもう寝よう」↔早い ②間に合わない。時期に遅れている。「後悔してももう—」「今から来ても—」③あることを行うのにふつうよりも時間がかかる。速度がのろい。「足が—」「頭の回転が—」↔速い 文おそ・し(ク)

おそきに失(しっ)する 遅過ぎて間に合わない。時機に遅れて役に立たない。

おそい-かか・る【襲(い)掛(か)る】オソヒ—(自五) ラ(ロ)・リ(ッ)・ル・ル・レ・レ 相手に危害を加えようとして突然むかっていく。

おそ・う【襲う】オソフ(他五) ワ(オ)・イ(ッ)・ウ・ウ・エ・エ ①殺害・略奪などを目的に力ずくで攻める。「城を—」②激しい勢いで不意に押し寄せる。「山火事が麓(ふもと)の村を—った」「眠気に—われる」③突然に人の家に押しかける。「記者に寝込みを—われる」④嫌な感情が浮かぶ。「不安に—われる」⑤地位・家系などを受け継ぐ。「家元を—」可能 おそ・える(下一)

お-そうそう-さま【◦御草草様】—サウサウ— もてなしたあと、相手の礼に対して謙遜(けんそん)していう言葉。お粗末さま。「—でした」

おそ-うまれ【遅生(ま)れ】四月二日から十二月三十一日までに生まれたこと。また、その人。↔早生まれ 参考 同年の四月一日までに生まれた人より小学校入学が一年遅くなる。

おそかりし-ゆらのすけ【遅かりし由◦良△之助】遅過ぎて用をなさない、あるいは、間に合わなかった場合にいう言葉。語源 歌舞伎(かぶき)の「仮名手本忠臣蔵」で、大星由良之助が主君の切腹の場に駆けつけるのが遅れたことからいう。

おそかれ-はやかれ【遅かれ早かれ】遅いにしろ早いにしろ、いつかは。いずれそのうちには。「—わかることだ」

お-ぞく【汚俗】—ヲ けがれた風俗。よくない習慣。悪習。

おそく-(と)も【遅く(と)も】(副) どんなに遅くなっても。もし遅れたとしても。遅くても。「—七時までには帰る」

おぞ-け【◦怖気】おじけ。「—をふるう」

おそ-ざき【遅咲き】【植】同種類の花より遅れて咲くこと。また、その品種。↔早咲き 参考 実力や才能を発揮するのに人よりも時間のかかった人物についてもいう。「—の選手」

お-そしさま【◦御祖師様】【仏】①「祖師」の尊称。②(日蓮(にちれん)宗で)「日蓮」の尊称。

おそ-じも【遅霜】晩春に降りる霜。晩霜(ばんそう)。↔早霜(はやじも)

おそ-ぢえ【遅知恵】—ヂエ ①子供の知恵の発達が遅いこと。②その場では浮かばず、あとになってから出てくる知恵。あと知恵。

おそ-で【遅出】(名・自スル) 遅く出勤すること。また、遅番。↔早出

お-そなえ【◦御供え】—ソナヘ ①神仏に供えること。また、その物。②(「御供え餅(もち)」の略)神仏に供えるもち。鏡餅(かがみもち)。

お-そば【◦御◦側】①「そば」の敬称。②主君のそば近く仕える者。近侍。近習(きんじゅ)。近臣。

—づき【—付き】主君のそばに仕える役。また、その人。

おそ-ば【遅場】【農】稲の生育の遅い場所・地域。↔早場

おそ-ばん【遅番】交替制勤務で、遅く出勤する番。↔早番

おそ-まき【遅蒔き】①時節に遅れて種をまくこと。また、その品種。②時機に遅れて事を始めること。「—ながら参加する」用法 ②はあとに「ながら(も)」などの逆接の表現を伴う。

おぞまし・い【△悍ましい】(形) カロ・カッ(ク)・イ・イ・ケレ・◯ ぞっとするほど不快で嫌な感じがするさま。「—光景」文おぞま・し(シク)

お-ぞまし・い【◦鈍ましい】(形) カロ・カッ(ク)・イ・イ・ケレ・◯ ばからしい。愚かしい。文おぞま・し(シク)

お-そまつ【◦御粗末】(名・形動ダ) 質が悪いさま。内容が不十分であるさま。皮肉や軽蔑(けいべつ)、謙遜(けんそん)や自嘲(じちょう)などの気持ちを込めていう語。「我ながら—な作品だ」「—様」⇒粗末

おそらく【恐らく】(副) おおかた。たぶん。「—雨が降るだろう」「—彼は不満なのだ」語源 文語動詞「恐る」のク語法。用法 ふつう、あとに推量の語を伴うが、略されることもある。

おそる-おそる【恐る恐る】(副) ひどくこわがりながら。こわごわ。おずおず。「—つり橋を渡る」

おそる-べき【恐るべき】(連体) ①ひどく恐ろしい。「—事態」②非常な。はなはだしい。「—速さ」「—才能」

おそれ【虞】(字義)→ぐ(虞)

おそれ【恐れ】①こわがること。おそれること。恐怖。「敵に—をなす」②悪いことが起こりそうだという心配。懸念。「再発の—がある」参考 ②は「虞」とも書く。

—乍(なが)**ら** 失礼ですが。恐縮ですが。「—申し上げます」

おそれ-い・る【恐れ入る・畏れ入る】(自五) ラ(ロ)・リ(ッ)・ル・ル・レ・レ ①相手の厚意、または自分の過失や至らなさについて、恐縮する。もったいないと思う。「わざわざのお運びで—ります」②感服する。また、降参する。「勝負ありです。—りました」③あきれる。「彼のあつかましさには—ったよ」用法 ①は、多く「恐れ入

りますの形で、感謝・陳謝などに際しての挨拶の言葉として用いる。

おそれ-おお・い【恐れ多い・畏れ多い】(形) カロ・カツ(ク)・イ・イ・ケレ・○ ①身分の高い人に対して、失礼にあたりそうで申し訳ない。「―お言葉を賜る」②とてもありがたくてもったいない。「―ことですが…」文おそれおほ・し(ク)

おそ・れる【恐れる・畏れる】(他下一) レ・レ・レル・レル・レレ・レロ(レヨ) ①自分よりも強い力で危害を受けるのではないかと不安な思いになる。こわがる。「蛇を―」②悪い結果になるのではないかと心配する。懸念する。「失敗を―」③敬いかしこまる。畏敬する。「神をも―・れぬふるまい」文おそ・る(下二) 参考 ②は「虞れる」「懼れる」とも書く。③は多く「畏れる」と書く。

表現

〔類語〕	▼臆する・おじけだつ・おじけづく・おじける・おぞけだつ・恐ろしがる・おののく・おびえる・こわがる・すくむ・縮み上がる・びくつく・ひるむ・震え上がる・慄然とする
〔~する〕	▼畏怖・恐懼・恐怖・尻込み・戦慄・物怖じ
〔慣用〕	▼(~恐れる)髪が逆立つほど・声も出ないほど・背筋が凍るほど・血も凍るほど・蛇に見込まれた蛙のように ▼生きた心地もしない・色を失う・臆病風に吹かれる・おじけをふるう・おぞけをふるう・恐れをなす・肝を冷やす・小心翼々とする・戦々恐々とする・総毛立つ・血の気を失う・鳥肌が立つ・歯の根が合わない・身が縮む・身の毛がよだつ ▼〈擬声・擬態語〉おどおど(する)・がたがた(する)・ぎくりと(する)・きょときょと(する)・ぞっと(する・なる)・どきどき(する)・びくびく(する)・ひやっと(する)・ひやひや(する)・わなわな(する)
〔ことわざ〕	▼疑心暗鬼を生ず・地震雷火事親父・泣く子も黙る・なめくじに塩・風声鶴唳

お-そろい【御揃い】(ソロヒ) ①二人以上の人が連れ立っていることをいう尊敬語。「―でお出かけですか」②衣服の色柄や持ち物が同じであることを丁寧にいう語。「―の服」

おそろし・い【恐ろしい】(形) カロ・カツ(ク)・イ・イ・ケレ・○ ①危険などを感じて不安である。こわい。「―光景」「―顔つき」②驚くほどに程度がはなはだしい。「―大雪」「―・く速い」「―ほどの才覚」「末―」文おそろ・し(シク)

おそわ・る【教わる】(ヲソハル)(他五) ラ(ロ)・リ(ッ)・ル・ル・レ・レ 教えを受ける。教えてもらう。教えられる。「先生に―」

おそわ・れる【魘われる】(オソハレル)(自下一) レ・レ・レル・レル・レレ・レロ(レヨ) 恐ろしい夢を見てうなされる。「悪夢に―」文おそは・る(下二)

お-そん【汚損】(ヲ) (名・自他スル) よごれ傷つくこと。よごしたり傷つけたりすること。また、そのよごれや傷。「器物を―する」

オゾン〈ozone〉《化》酸素の同素体で、特有の臭気をもつ気体。酸化作用がある。防腐・殺菌・漂白用。分子式 O_3

―そう【―層】《気》地上一〇～五〇キロメートルの成層圏にある、オゾンを多く含む層。生物に有害な太陽からの紫外線を吸収する。

―ホール〈ozone hole〉《気》地上から上昇したフロンガスなどによって、特に南極上空のオゾン層内のオゾンが破壊され、穴があいたようになる現象。また、その部分。

おだ《俗》(「おだを上げる」の形で)得意げに勝手なことを言うこと。気炎を上げること。

おたあ-さま【おたあ様】宮中・宮家などでの「母」の敬称。↔おもう様 語源 寝殿造りの「対の屋」に住むお方の意という。

お-だい【御代】「代金」の丁寧語。「―は済んでいます」

お-たいこ【御太鼓】(「おたいこむすび」の略)女性の帯の結び方の一種。太鼓の胴のようにまるく膨らませて結ぶ。

〔おたいこ〕

お-だいもく【御題目】①《仏》「題目」の丁寧語。日蓮宗で唱える「南無妙法蓮華経」の七字。②口先で唱えるだけで実行できそうにない主張。「―を並べる」

お-たいら-に【御平らに】(タヒラ)(副) 足をくずして楽に座るようにと客にすすめるときの言葉。「どうぞ―」

おた-おた(副・自スル) 思いがけない出来事にどうしてよいかわからず、うろたえるさま。「急病人を前にして―(と)する」

お-たか・い【御高い】(形) カロ・カツ(ク)・イ・イ・ケレ・○ えらぶるさま。もったいぶるさま。気位が高いさま。「なんて―女だ」

おたかくとまる 人を見下した態度をとる。つんと澄ます。

お-たがい-さま【御互(い)様】(タガヒ) たがいに同じような立場・関係にあることを相手に伝える言葉。「困るのは―だ」

お-たから【御宝】①非常にたいせつなもの。秘蔵品。②お金。③よその子供をほめていう語。④一月二日の夜に枕の下に入れて寝るとよい初夢を見るという、紙に刷った宝船の絵。

お-だき【雄滝・男滝】(ヲ) 一対の滝のうち、水の勢いが激しく、大きいほうの滝。夏 ↔雌滝

お-たく【御宅】㊀(名) ①他人の家の敬称。②相手の家族、勤め先などの敬称。③《俗》趣味など、ある物事にひたすら熱中している人をいう語。「ゲーム―」㊁(代) 対称の人代名詞。あなた。用法 ㊁は同等の相手に軽い敬意を払って使う。参考 ㊀③は、多く「オタク」と書く。

お-だく【汚濁】(ヲ) (名・自スル) よごれにごること。「水質―」参考 仏教語では「おじょく」と読む。

お-だけ【雄竹】(ヲ) 真竹。また、大きくなる竹の俗称。

お-たけび【雄叫び】(ヲ) 勇ましい叫び声。「―を上げる」

おたずね-もの【御尋ね者】(オタヅネ) 行方を捜査中の犯罪容疑者。

お-たち【御立ち】①「出発すること」の敬称。「今夜―ですか」②(料理屋などで)「客が帰ること」の敬称。お帰り。

おたち-だい【御立ち台】謁見やあいさつをする身分の高い人や、インタビューを受ける人が上がって立つ台。

お-たっし【御達し】①官庁や目上の者から出される通達・命令。②江戸幕府から関係者にのみ出された通達・文書。

おだて【煽て】おだてること。そそのかすこと。「―に乗る」

おだ・てる【煽てる】(他下一) テ・テ・テル・テル・テレ・テロ(テヨ) 盛んにほめて相手を得意にさせる。ほめてあおりたてる。「―・てられてその気になる」文おだ・つ(下二)

お-たな【御店】商家に勤める人や出入りする商人・職人が、その商家を敬って呼ぶ語。

―もの【―者】商家の使用人。番頭・手代など。

おだのぶなが〔織田信長〕(一五三四～一五八二) 戦国・安土桃山時代の武将。尾張(愛知県)の武将、織田信秀の嫡男。今川義元を桶狭間に破って名をあげ、ついで足利義昭を奉じて上京。一五七六(天正四)年安土城を築いて近畿地方を平定、さらに天下統一を目指したが、明智光秀の謀反にあい京都本能寺において自刃した(本能寺の変)。

お-たびしょ【御旅所】神社の祭礼のとき、みこしを本宮から移して一時安置する所。

お-たふく【阿多福】→おかめ(御亀)①

―かぜ【―風邪・―風】「流行性耳下腺炎(じかせんえん)」の俗称。語源 両側の耳の下がはれ、おたふくの顔のようになることから。

―まめ【―豆】大粒のソラマメ。また、それを甘く煮たもの。

お‐だぶつ【◦御△陀仏】(俗) ①(「南無阿弥陀仏(なむあみだぶつ)」と唱えて往生することから)死ぬこと。②物事がだめになること。

お‐たま【◦御玉】①「おたまじゃくし①」の略。②「鶏卵」の女性語。

―じゃくし【―△杓子】①汁をすくう柄の付いた丸いしゃくし。②〔動〕カエルの幼生。春 ③(俗)楽譜の音符記号。「♪」など。

お‐だまき【△苧◦環】ヲ― ①紡(つむ)いだ麻糸を中が空洞になるように巻いて、玉のようにしたもの。②〔植〕キンポウゲ科の多年草。初夏、紫または白色の花を下向きに付ける。春(夏)

お‐たまや【◦御霊屋】先祖や身分の高い人の霊をまつった所。廟(びょう)。廟所。廟堂。霊廟。御霊屋(みたまや)。

おため‐ごかし【◦御◦為ごかし】(名・形動ダ) 表面は人のためにするように見せかけて、実際は自分の利益をはかること。

おだやか【穏やか】(形動ダ) ダロ・ダッ(デ・ニ)・ダ・ナ・ナラ・○ ①何事もなく静かに時が経(た)っているさま。平穏であるさま。「―な海」②心がゆったりして落ち着いているさま。態度が物静かで丁寧なさま。「―に話す」③穏当であるさま。「―でない発言」文(ナリ)
類語 温和・温順・柔和・穏健・穏便・温厚・物柔らか・物静か・平穏・安穏(あんのん)・安らか

おだわら‐ぢょうちん【小田原◦提◦灯】ヲダハラヂャウチン 伸び縮みさせることのできる、筒のように細長いちょうちん。

〔小田原提灯〕

おだわら‐ひょうじょう【小田原評定】ヲダハラヒャウヂャウ いつまでたっても結論が出ない会議などのたとえ。
故事 豊臣秀吉(とよとみひでよし)が小田原城の北条氏を包囲したとき、城内では城主・重臣らの和議か抗戦かの評定がまとまらず、むなしく日時を過ごしたことをいう。

おたんこなす(俗)人をののしる語。まぬけ。おたんちん。

おたんちん(俗)→おたんこなす

おち【落ち】①あるべきものが漏れること。特に、手抜かり・落ち度。「どうも当方に―があったようです」②汚れなど、付いていたものがとれること。「―のよい石鹸(せっけん)」③物事の行き着くところ。あまり好ましくない結末。「笑われるのが―だ」④悪い状態になってよその地に移ること。「都―」⑤落語などの話を結ぶしゃれ。下げ。「―がつく」

おち‐あい【落〔ち〕合い】アヒ 落ち合うこと。また、その場所。

おちあい‐なおぶみ【落合直文】オチアヒナホブミ (一八六一～一九〇三)国文学者・歌人。号は萩之家(はぎのや)。宮城県生まれ。一八八八(明治二十一)年に長編叙事詩「孝女白菊の歌」を発表。あさ香(か)社を結成して短歌革新を唱えた。歌文集「萩之家遺稿」など。

おち‐あ・う【落〔ち〕合う】アフ (自五) ワ(オ)・イ(ッ)・ウ・ウ・エ・エ ①あらかじめ約束しておいた場所で出会って一緒になる。「駅で―」②二つ以上の川が合流する。

おち‐あゆ【落〔ち〕△鮎】秋に、産卵のために川を下るアユ。くだり鮎(あゆ)。秋

おちい・る【陥る】(自五) ラ(ロ)・リ(ッ)・ル・ル・レ・レ ①計略にかかる。「敵のわなに―」②落ちてその中にはいる。落ち込む。「穴に―」③攻め落とされる。陥落する。「城が―」④よくない状態にはまり込む。「危篤に―」「自己嫌悪に―」他おとしい・れる(下一)

おち‐うお【落〔ち〕魚】ウヲ ①産卵のために川を下る魚。②冬に川の水温が低くなるため、深い川へ移る魚。③死んだ魚。

おち‐うど【落◦人】(「おちびと」の音便)戦いなどに負けて逃げて行く者。おちゅうど。「平家の―」「―伝説」

おち‐えん【落〔ち〕縁】座敷よりも一段低くなっている縁側。

おち‐おち【落ち落ち】(副)落ち着いて。心安らかに。「夜も―眠れない」用法 あとに打ち消しの語を伴う。

おち‐かた【◦遠方】ヲチ― 遠く隔たった所。遠方(えんぽう)。

おち‐ぐち【落〔ち〕口】流水が落下し始める所。「滝の―」

おち‐くぼ・む【落〔ち〕△窪む】(自五) マ(モ)・ミ(ン)・ム・ム・メ・メ まわりより深く落ち込む。深くへこむ。「目が―」

おちくぼものがたり【落窪物語】平安中期の物語。作者・成立年代未詳。継母(ままはは)に冷遇され、落窪の君と呼ばれていた姫君が左近少将に救われて結婚し、最後はみな幸せになるまでを写実的に描く。

おち‐こち【◦遠◦近】ヲチ― 遠い所と近い所。あちらこちら。

おち‐こぼれ【落〔ち〕◦零れ】①落ちて散らばったもの。②残り物。おこぼれ。特に、収穫時の作業中にこぼれ落ちた穀物。③(俗)学校の授業についていけない児童・生徒。

おち‐こ・む【落〔ち〕込む】(自五) マ(モ)・ミ(ン)・ム・ム・メ・メ ①落ちてはまる。「池に―」②へこむ。深くくぼむ。「地面が―」③よくない状態になる。「景気が―」④気分が沈む。「恋人にふられて―」

おち‐しお【落〔ち〕潮】シホ ―→ひきしお

おち‐つき【落〔ち〕着き】①気持ちや態度などが他に動じない状態で安定していること。「―がない」「―を取りもどす」②物の安定。座りぐあい。「―の悪い花瓶」

おちつき‐はら・う【落〔ち〕着き払う】ハラフ (自五) ワ(オ)・イ(ッ)・ウ・ウ・エ・エ 少しもあわてず、ゆったりかまえる。「―・った態度」

おち‐つ・く【落〔ち〕着く】(自五) カ(コ)・キ(イ)・ク・ク・ケ・ケ ①いる場所が定まらず転々としていたものが一か所に定まって居つく。「故郷に―」②定まらなかった職業が定まり生活が安定する。「教師に―」③気持ちがゆれず考えを集中することができるようになる。「―・いて話す」④悪い状態がおさまる。「痛みが―」「国情が―」⑤よい結論に到達して、乱れていた事が解決する。「妥当な結果に―」⑥余分な事に気をつかわず楽な気分でいられる。「この家にいると―」⑦けばけばしくなく地味である。「―・いた色」他おちつ・ける(下一) 可能 おちつ・ける(下一)

おち‐つ・ける【落〔ち〕着ける】ケ・ケ・ケル・ケル・ケレ・ケロ(ケヨ) 一(他下一) 落ち着かせる。気持ちを静める。「気を―・けて読んでください」自おちつ・く(五) 文おちつ・く(下二) 二(自下一) 落ち着くことができる。「―雰囲気」

おち‐ど【落〔ち〕度・◦越度】ヲチ―・オチ― 過失。手抜かり。あやまち。失敗。「当方に―がある」「自分の―を素直に認める」

おち‐の・びる【落〔ち〕延びる】(自上一) ビ・ビ・ビル・ビル・ビレ・ビロ(ビヨ) 遠くへ無事に逃げおおせる。「城をあとに―」文おちの・ぶ(上二)

おち‐ば【落〔ち〕葉】①枯れて枝から落ちた木の葉。落葉(らくよう)。冬 ②(「落ち葉色」の略)黄色がかった茶色。

おち‐ぶ・れる【落ちぶれる・×落魄れる・×零落れる】(自下一) レ・レ・レル・レル・レレ・レロ(レヨ) 貧乏になったり、地位が下がったりして、みじめな状態になる。零落(れいらく)する。文おちぶ・る(下二)

おち‐ぼ【落〔ち〕穂】刈り取ったあとの田畑に落ちている、稲や麦などの穂。「―拾い」秋

おち‐むしゃ【落〔ち〕武者】戦に負けて逃げてゆく武士。

おち‐め【落〔ち〕目】それまでの勢いが衰えていくこと。盛りを過ぎて下り坂になること。「人気が―になる」「―の役者」

お‐ちゃ【◦御茶】①「茶」の丁寧語。②仕事の合間にする少しの休憩。一服(いっぷく)。③紅茶・コーヒーなどを飲むこと。「―に誘う」④茶の湯。茶道。「―の稽古(けいこ)」
―にする 仕事の途中で一休みする。**―を濁(にご)す** いいかげんにその場をごまかす。**―を挽(ひ)く** 遊女や芸者などが、客がな

くて暇でいる。[語源]遊女が、客がなくて暇なときに葉茶を臼で ひいて抹茶をつくる仕事をしていたからという。

―うけ【―請け】「茶請け」の丁寧語。お茶菓子。

―の‐こ【―の子】①「茶の子」の丁寧語。お茶うけ。お茶菓子。②(①が腹にたまらないことから)物事がたやすくできること。朝飯前。「―さいさい」

―ひき【―◇挽き】遊女・芸者が客がなくて暇なこと。また、その状態の遊女・芸者。おちゃっぴき。

おちゃっぴい(名・形動ダ)女の子がおしゃべりでませていること。また、そのような女の子。

お‐ちゃめ【◇御×茶目】(名・形動ダ)→ちゃめ

おちゃら‐か・す(他五)サ(ソ)・シ・ス・ス・セ・セ 相手をばかにしてまじめな応対をせず、からかう。ちゃかす。「人の話を―」

おぢゃ・る(自四)《古》①「居る」「行く」「来る」の尊敬語。いらっしゃる。おいでになる。②「あり」の丁寧語。あります。ございます。[語源]「お出である」「お出である」の転。多く、室町時代末期に用いられた。

おちゅうど【落◇人】→おちうど

おち‐ゆ・く【落(ち)行く】(自五)カ(コ)・キ(イ)・ク・ク・ケ・ケ ①逃げて行く。「―先」②ある状態・結論に帰着する。③落ちぶれていく。

お‐ちょう【雄△蝶】テフ ①雄のチョウ。②婚礼のとき、銚子や提子に付ける雄のチョウの形をした折り紙。(↔雌蝶)

―めちょう【―雌△蝶】テフ ①雌雄のチョウ。②婚礼のとき、銚子や提子に付ける、紙で折った雌雄のチョウ。③②の付いた銚子で新郎新婦に酒をつぐ役の男の子と女の子。

おちょうし‐もの【◇御調子者】オテウシ ①いいかげんに調子を合わせるだけの人。②調子にのって軽はずみなことをする人。

おちょく・る(他五)ラ(ロ)・リ(ッ)・ル・ル・レ・レ (もと関西方言)からかう。ばかにした態度でふざける。「人を―」

お‐ちょこ【◇御△猪◇口】「ちょこ」の丁寧語。

―になる さしていた傘が風にあおられて、骨が反転し、柄とは逆方向に開く。

おちょぼ‐ぐち【◇御ちょぼ口】小さくてかわいらしい口。また、小さくつぼめた口。御壺口。

お・ちる【落ちる】(自上一)チ・チ・チル・チル・チレ・チロ(チヨ)《中心義―人や物が、支えを失って、上から下に一気に移動する》①支えがなくなり一気に下に移る。落下する。「木から―」「雨が―・ちてきた」「涙が―」②太陽・月が没する。「日が―・ちた」③位置・程度が下がる。劣った状態になる。「成績が―」「スピードが―」「味が―」④付着していたものが離れ、なくなる。「汚れが―」「ぜい肉が―」⑤そこにあるはずのものが、欠ける。「この字は点が―・ちている」「名簿から名前が―」⑥試験に失敗する。落第する。落選する。「入学試験に―」「選挙に―」⑦選択からもれる。⑧最終的な所属や結果が決まる。「人の手に―」「入札はA社に―・ちた」⑨ある状態にはまる。「恋に―」「わなに―」⑩眠りにはいる。また、気を失う。「眠りに―」「絞め技で―」⑪わかる。納得する。「腑に―・ちない」⑫敵に攻略される。「城が―」⑬相手の思いどおりになる。意に従う。「いくら口説いても―・ちない」⑭本音をはく。追い詰められて自白する。「問うに―・ちず、語るに―」⑮逃げる。「都を―」[他]おと・す(五)[文]お・つ(上二)⇩おりる「ちがい」

おつ【乙】オツ㊥・イツ おと・きのと (字義)①十干の第二。きのと。「乙亥・乙夜」②二番目。甲の次。「乙種」[難読]乙姫・乙女・乙矢・乙甲・乙張 [人名]おと・き・つぎ・と・とどむ

おつ【乙】㊀(名)①物事の第二位。甲の次。「甲―付けがたい」②おもに法律で、名前の代わりに用いる語。「甲と―」③《音》邦楽で、甲より一段低い音。「―の調子」㊁(形動ダ)ダロ・ダッ(デ・ニ)・ダ・ナ・ナラ・○ ①(㊀③の「しぶい低音」の意から)しゃれているさま。気がきいているさま。「―な味」「―な文句」②ふつうと変わっているさま。妙。「―に澄ます」[文](ナリ)

おっ‐(接頭)《俗》(「押し」の音便)動詞に付けて意味を強める。「―かぶせる」「―ぽりだす」

おっ‐かあ【おっ◇母】《俗》母。親しみをこめて呼ぶ語。↔おっ父

おっ‐かけ【追っ掛け】(「おいかけ」の音便)①追いかけること。②(副詞的に用いて)引き続いてすること。「―連絡する」③《俗》芸能人などの行く先々へ追いかけて行く熱烈なファン。

おっ‐か・ける【追っ掛ける】(他下一)ケ・ケ・ケル・ケル・ケレ・ケロ(ケヨ)《俗》「おいかける」の音便。

おっかな・い(形)カロ・カッ(ク)・イ・イ・ケレ・○《俗》こわい。おそろしい。「―人」

おっかな‐びっくり(副)《俗》おそるおそる。こわごわ。

おっ‐かぶ・せる【押っ◇被せる】(他下一)セ・セ・セル・セル・セレ・セロ(セヨ)(「おしかぶせる」の音便)①「かぶせる」を強めた言い方。②責任などを人に押しつける。「責任を人に―」③頭から押さえつけるような、高圧的な態度をとる。「―ように命じる」

おつかれ‐さま【◇御疲れ様】(感)仕事が終わった人や、仕事に打ち込んでいる人にかけるねぎらいの言葉。「―でした」

お‐つき【◇御付き】身分の高い人につき従い、その世話をする人。「―の者」

お‐つぎ【◇御次】①「次」「次の人」の敬称。②将軍や大名の家で、主人の居室の次の間。また、そこに控えている召使。

おっ‐くう【億△劫】オクコフ(名・形動ダ)めんどうくさく感じること。気乗りがしないこと。また、そのさま。「今から行くのは―だ」[語源]仏教語「億劫(＝非常に長い時間)」から。

お‐つくり【◇御作り】①「化粧」の女性語。②刺身。[語源]②は、女房詞から出た語。

お‐つけ【◇御付け・御◇汁】(本膳で飯に並べて付ける意の女房詞から)食事のおつゆ。特に、みそ汁。おみおつけ。

お‐つげ【◇御告げ】神仏がその心や意思を人間に告げ知らせること。また、その言葉。託宣。「神の―」

オッケー【OK】→オーケー

おっ‐けん【◇越権】ヲツ →えっけん(越権)

おっ‐けん【臆見】オク 勝手な推測に基づく意見・考え。

おっこ・ちる(自上一)チ・チ・チル・チル・チレ・チロ(チヨ)《俗》落ちる。「机から本が―」[他]おっこと・す(五)

おっこと・す(他五)サ(ソ)・シ・ス・ス・セ・セ《俗》落とす。「棚から皿を―・した」[自]おっこ・ちる(上一)

おっ‐さん《俗》中年の男性を親しんで、また、やや乱暴に呼ぶ言い方。[語源]「おじさん」の転。

おっしゃ・る【◇仰る】(他五)ラ(ロ)・リ(ッ)・ル・ル・レ・レ 「言う」の尊敬語。[用法]「―・い」「―・います」のように、命令形と「ます」が付く連用形の活用語尾は「い」となる例が多い。[語源]「おおせある」の転。

オッズ〈odds〉競馬・競輪などで、レース前に発表する概算配当率。賭け金に対する倍率で示される。

おっ‐そ【◇越訴】ヲツ 昔の訴訟で、正規に訴え出る順序を経ないで、直接上級官庁に訴え出ること。

おっ‐た・てる【押っ立てる】(他下一)テ・テ・テル・テル・テレ・テロ(テヨ)「立てる」を強めた言い方。[自]おった・つ(五)[文]おった・つ(下二)

おっ‐たま・げる【押っ◇魂◇消る】(自下一)ゲ・ゲ・ゲル・ゲル・ゲレ・ゲロ(ゲヨ)《俗》「たまげる」を強めた言い方。ひどく驚く。「寝耳に水で―」

おっちょこ‐ちょい(名・形動ダ)ダロ・ダッ(デ・ニ)・ダ・ナ・ナラ・○《俗》そそっかしくて考えの浅いこと。軽薄なこと。また、そういう人。「彼は本当に―だ」

おっつ‐かっつ(形動ダ)程度・時間などにほと

ん差がないさま。「実力は―だ」「母と―に父も外出した」

おっ-つ・く【追っ付く・追っ着く】(自五) カ(コ)・キ(イ)・ク・ク・ケ・ケ 〈俗〉「おいつく」の音便。

おっ-つけ【追っ付け】(副) 程なく。やがて。「―来るだろう」

おっ-つ・ける【押っ付ける】(他下一) ケ・ケ・ケル・ケル・ケレ・ケロ(ケヨ) ①「おしつける」の音便。②相撲で、相手の差し手を下から押さえつけてまわしを取らせないようにする。文おっつ・く(下二)

おっ-て【追〔っ〕手】(「おいて」の音便)逃げる者を追いかける人。「―をかける」

おっ-て【追って】(副) ①まもなく。のちほど。あとから。「―連絡します」②付け加えて。なお。用法②は、手紙などで、本文のあとに書き加える文の初めに使う。

―がき【―書〔き〕】手紙の終わりに、本文にもれた事柄を書き添えること。また、その文。添え書き。追伸。二伸。P.S.

おっと【夫】(「男人」の音便)夫婦のうちの男性のほう。妻の配偶者。↔妻

類語(妻から夫に)…あなた。(他人に自分の夫を言うとき)…〔ふつうの言葉で〕夫・宅・宿・主人・旦那・亭主・あるじ・連れ合い・うちの人・ハズ、〔荒っぽく〕宿六・旦つく。(他人が言うとき)…御主人・御亭主・旦那様。(妻との関係から)…亡夫・先夫・前夫

敬称(相手側)	謙称(自分側)
御夫君(様)	主人　宅
御主人(様)　旦那様	うち(の人)

おっと(感) 急に気づいたときや驚いたときに発する語。「―、危ない」

おっ-とう【おっ◦父】〈俗〉父。親しみをこめて呼ぶ語。↔おっ母

おっとせい【×膃肭臍】(動)アシカ科の哺乳動物。北太平洋にすむ。体は流線形、背は暗褐色、四肢はひれ状をなす。

お-つとめ【◦御勤め】(名・自スル) ①「勤め」の丁寧語。②僧が仏前でお経を読むこと。③いやいやする義務を皮肉っていう言葉。④商人が客に奉仕して商品の値引きなどをすること。

―ひん【―品】特別に安く売る商品。御奉仕品。

おっとり(副・自スル) 人柄や態度が穏やかでゆったりと落ち着いたさま。おおようなさま。「―(と)した性格」「―(と)構える」

おっとり-がたな【押っ取り刀】(急なとき、刀を腰に差すひまもなく手に持って急ぐさまから)急な用事で、取るものも取りあえず駆けつけるさま。「―で駆けつける」

おつ-にょう【乙◦繞】(ネウ) 漢字の部首名の一つ。「乞」「乳」などの「乙」「乚」などの部分。

おっ-ぱい(幼児語)乳。乳房。

おっ-ぱら・う【追っ払う】(パラフ)(他五) ワ(オ)・イ(ッ)・ウ・ウ・エ・エ 〈俗〉「おいはらう」の音便。「押し売りを―」

おっ-ぽ【尾っぽ】(ヲッ)〈俗〉動物などの尾。しっぽ。

お-つぼね【◦御◦局】①宮中で局(個室)を与えられた女官の敬称。②江戸時代、大奥で局を与えられた奥女中の敬称。③〈俗〉勤続が長く、職場を取り仕切っている女性をからかっていう語。御局様。

おっ-ぽりだ・す【押っ◦放り出す】(他五) サ(ソ)・シ・ス・ス・セ・セ 〈俗〉「ほうりだす」を強めた言い方。

おつむ(幼児語。「おつむり」の略)頭。「―てんてん(=幼児が自分の頭を軽くたたく動作をいう語)」

お-つもり【◦御積〔も〕り】酒席で、最後の一杯の酒。また、酒席の終わりをいう。「これで―にしましょう」

お-つゆ【◦御◦汁】「つゆ」の丁寧語。

お-つり【◦御釣〔り〕】「釣り銭」の丁寧語。「―がない」

―がくる 十分過ぎて余るほどのさまをいう。「失敗を埋めあわせて、なお―ほどの快挙」

お-てあげ【◦御手上げ】(降参のしるしに手を上げることから)どうにも解決のてだてがなく、困りきること。「―の状態」

お-てあらい【◦御手洗〔い〕】(テアラヒ)「手洗い㊀②」の丁寧語。

お-でい【汚泥】(ヲ) きたない泥。

お-でき【◦御出来】「できもの」の丁寧語。「顔に―ができる」

お-でこ〈俗〉①額。「―が広い」②額の高く出ていること。また、その人。

お-てしょ【◦御手◦塩】浅く小さな皿。手塩皿。御手塩。用法おもに女性が用いる。

お-てだま【◦御手玉】①小さい布袋に小豆などを入れて投げ上げては手で受ける遊び。また、そのおもちゃ。②野球で、ボールをうまくさばけずに一、二度はじいてしまうこと。

お-てつき【◦御手付き】①歌がるた・いろはがるたなどを取るとき、違った札に手を付けること。②〈俗〉主人が身辺の用をさせている女性などと関係すること。また、その女性。お手付け。

おてつだい-さん【◦御手伝いさん】(テツダヒ) 雇われて、その家の家事を手伝う女性。家政婦。

おて-の-もの【◦御手の物】なれていて、たやすくできること。得意技。「料理なら―だ」

お-てまえ【◦御手前】(テマヘ) ㊀(名) ①茶の湯の作法。②腕前。技量。お手並み。「―拝見」㊁(代)〈古〉対称の人代名詞。おもに武士が同輩に対して用いた語。そなた。参考㊀は、「◦御◦点前」とも書く。

お-でまし【◦御出◦座し】「出かけること」「来ること」「出席すること」などの尊敬語。「先生に―をいただく」

お-てもと【◦御手元・◦御手◦許】①「てもと」の敬称。②料理屋などで、客に出す「箸」の丁寧語。

お-てもり【◦御手盛〔り〕】(自分で食物を盛ることから)自分に都合のよいように事を取り計らうこと。「議員の―予算」

おて-やわらかに【◦御手柔らかに】(ヤハラカニ) 加減して、手荒く扱わないようにするさま。「―願います」用法試合・勝負などに際して挨拶の言葉として用いられる。

おてら-さま【◦御寺様】「住職」「僧」の敬称。

お-てん【汚点】(ヲ) ①よごれ。しみ。②不名誉な事柄。傷。「履歴に―を残す」

お-でん【◦御田】①こんにゃく・はんぺん・大根などを、しょうゆなどで味付けしただし汁で煮込んだ料理。冬 ②木の芽田楽。

語源①は「田楽」の女房詞から。

お-てんき【◦御天気】①「天気」の丁寧語。②晴天。「―なら出かける」③人の機嫌のよしあし。「―をうかがう」

―や【―屋】機嫌の変わりやすい人。おてんきもの。

おてんと-さま【◦御天◦道様】太陽。おひさま。おてんとうさま。「―をまともに見られない」「―と米の飯はついてまわる」

お-てんば【×御転婆】(名・形動ダ) 少女・娘が、周囲を冷や冷やさせるほどに活発に行動すること。また、その人。おきゃん。

おと【音】①物が動いたり、触れ合ったりしたときに発生し、それが空気を伝わって人の耳に聞こえる響き。「足―」「―を立てる」②うわさ。評判。③〈古〉便り。おとさた。

―に聞く ①評判に聞く。人づてに聞く。②有名である。

ちがい「おと」・「ね」・「こえ」
「音」は耳を通して感じ取られる刺激のことであり、そのうち、動物が発声器官から発するものが「声」である。また、

「うるさい音(おと)」「快い音(ね)」と使うように、「音」の中でも愛でる対象になるときは、「ね」ともいう。物の「音」は「鳴る」であり、「人」以外の動物の場合は「鳴く」である。鐘は「鳴り」、犬や猫は「鳴く」。「人」の場合は、「言う」「話す」「叫ぶ」「泣く」などと使い分けて、「鳴く」に当たるような一語の動詞はない。虫の場合は、羽やその他の体の振動などによって出る「音」であるが、「蟬の声」「鈴虫の鳴き声」のようにいうので、獣の鳴き声に準じた扱いをしていることになる。また、「虫の音(ね)」ともいうように、秋の野の虫を愛でる感覚とも結びついている。

おと-あわせ【音合(わ)せ】アハセ (名・自スル) ①多人数での合奏・重奏・合唱などで、各自の楽器や声の高低などを前もって調整すること。②放送・演劇などで流す音楽(ＢＧＭなど)をあらかじめ本番どおりにテストすること。

おと-いれ【音入れ】(名・自スル) ①映画やテレビなどで、画像に合わせて、あとから音声を録音すること。また、その作業。アフレコ。②録音すること。レコーディング。

お-とう-さん【◇御父さん】「父」の敬称。↕お母さん

おと-うと【弟】(「弟人」の音便) ①年下の男のきょうだい。②義弟。配偶者の、年下の男のきょうだい。また、妹の夫。《↕兄》

類語 舎弟・愚弟・令弟・賢弟・直弟・末弟・実弟・義弟

敬称(相手側)	謙称(自分側)
おん弟様　(御)令弟(様)　御舎弟(様)　賢弟	舎弟　愚弟

―でし【―弟子】同じ師のもとにあとから入門した弟子。同門の後輩。↕兄弟子

―ぶん【―分】弟のように扱われる関係の人。

お-とおし【◇御通し】トホシ 料理屋などで、客の注文した料理ができる前に出す簡単な酒の肴。つきだし。

おど-おど(副・自スル) こわがったり不安がったり自信がなかったりして、落ち着かないさま。「人前で―(と)する」

おとがい【△頤】オトガヒ 下あご。

―が落ちる 食物のおいしいことのたとえ。ほっぺたが落ちる。

―を叩く よくしゃべることをののしって言う。**―を解く** あごのはずれるほど口を開けて大笑いする。

おどかし【脅かし・◇嚇かし・◇威かし】おどかすこと。おどし。

おどか・す【脅かす・◇嚇かす・◇威かす】(他五) サ(ソ)・シ・ス・ス・セ・セ ①相手を従わせようとして、こわい思いをさせる。おどす。恐れさせる。②びっくりさせる。驚かす。可能おどか・せる(下一)

お-とぎ【◇御△伽】①貴人のそばについて話し相手をすること。また、その人。②寝室で相手をすること。また、その人。侍妾。③「おとぎばなし」の略。「―の国」

―ぞうし【―草子】ザウシ 〔文〕室町時代に広く流布された平易な絵入りの短編物語の総称。空想的・教訓的・童話的なものが多く、江戸時代には、渋川版「御伽文庫」として二三編が刊行された。「鉢かづき」「一寸法師」「酒顚童子」など。

―ばなし【―話・―△噺】①子供に聞かせる神秘的・空想的な昔話。童話。②(比喩的に)現実離れした話。

お-とくい【◇御得意】①自信があり手慣れて上手なこと。「―先」

おど・ける【◇戯ける】(自下一) ケ・ケ・ケル・ケル・ケレ・ケロ(ケヨ) わざとこっけいなことを言ったり、したりする。「―・けたしぐさ」

おとこ【男】ヲトコ ①人間の性別で、精子をつくる器官をもつほう。㋐男性。男子。㋑成人した男子。一人前の男子。「―になる」②男性的な特徴・気質をそなえた状態のもの。雄々しい感じのもの。「―気」「―坂」③男としての体面や面目。「―がすたる」「―を上げる」④男としての顔だち。男ぶり。⑤愛人である男性。「―ができる」⑥召使である男子。下男。《↕女》参考①は、誰かを指していうときは「男性」というほうが丁寧に聞こえる。

―が立つ 男としての名誉・体面が保たれる。**―は度胸女は愛嬌** 男女それぞれにとって重要とされた性質をいった語。

類語

幼い時期	少年・男児・男子・男の子・坊主・坊や・坊ちゃん・ボーイ
若い時期	青年・男子・男の子・男児・男性・野郎・小僧っ子・兄さん・あんちゃん・ボーイ
成人	男性・男子・男児・紳士・丈夫・野郎・おとこ・おのこ・男一匹・殿方・おじさん・おじん・おっさん・おやじ・ジェントルマン
老人	老夫・老爺・老翁・じじい・おじいさん

おと-ご【◇乙子】《古》末に生まれた子。末っ子。季子。

おとこ-いっぴき【男一匹】ヲトコ りっぱな一人前の男であることを強めていう語。

おとこ-おや【男親】ヲトコ 父親。父。↕女親

おとこ-おんな【男女】ヲトコヲンナ 女性のような男性、また、男性のような女性をいった語。

おとこ-ぎ【男気】ヲトコ 犠牲を払ってでも人のために尽くそうとする気性。義俠心。俠気。「―を出す」

おとこ-ぐるい【男狂い】ヲトコグルヒ 女が、男との情事におぼれること。↕女狂い

おとこ-け【男気】ヲトコ 男性がいる気配。男性がいることで生まれる雰囲気・感じ。男っ気。「―のない家」↕女気

おとこ-ごころ【男心】ヲトコ ①男性特有の気持ち・心理。「―をそそる」②男性の浮気な心。「―と秋の空」《↕女心》

おとこ-ざか【男坂】ヲトコ 神社・寺の参道などで、二つある坂のうち、急なほうの坂。↕女坂

おとこ-ざかり【男盛り】ヲトコ 男性として心身ともに充実した時期。男性の働き盛り。↕女盛り

おとこ-しゅう【男衆】ヲトコ ①男の人たち。「町の―が総出でみこしを担ぐ」②下働きの男。男衆。《↕女子衆》

おとこ-じょたい【男所帯】ヲトコ 男性だけで暮らしていること。また、その家庭。↕女所帯

おとこ-ずき【男好き】ヲトコ ①女性の顔や姿・気性が男性の好みに合うこと。「―のする顔」②女性が男性との情事を好むこと。また、そういう女性。《↕女好き》

おとこ-だて【男×伊達】ヲトコ 男としての面目を重んじ、義のために一身をかけること。また、その人。俠客。遊俠。

おとこっ-け【男っ気】ヲトコッ →おとこけ ↕女っ気

おとこっ-ぷり【男っ振り】ヲトコッ →おとこぶり ↕女っぷり

おとこ-で【男手】ヲトコ ①男性の働き手。また、その働き。「―が足りない」②男性の筆跡。③漢字。男文字。《↕女手》

おとこ-なき【男泣き】ヲトコ (名・自スル) (めったに泣かないはずの)男性が、感情を抑えきれずに泣くこと。「―に泣く」

おとこ-の-こ【男の子】ヲトコ ①男の子供。②若い男性。《↕女の子》

おとこ-ばら【男腹】ヲトコ 男の子ばかりを産む女性。↕女腹

おとこ-ひでり【男△旱】ヲトコ 男性の数が少ないために、女性が相手の男性を求めるのに不自由する状態。↕女旱

おとこ-ぶり【男振り】— ①男性としての容貌・風采。男っぷり。↔女振り ②男としての面目。「—を上げる」

おとこ-まえ【男前】— ①男性としての顔だち。②男として、魅力的な顔だち。「なかなかの—だ」

おとこ-まさり【男勝り】— (名・形動ダ) 女性で、男性以上に気性がしっかりしていること。

おとこ-みょうり【男冥利】 男性に生まれた幸せ。男冥加。「—に尽きる(=男として最高の幸せだ)」

おとこ-むき【男向き】— 男性の使用や好みに適していること。また、その品。「—のデザイン」↔女向き

おとこ-むすび【男結び】— ひもの結び方の一つ。右端を左の下に回して返した輪に、左の端を通す。↔女結び

〔おんなむすび〕

〔おとこむすび〕

おとこ-めかけ【男△妾】— 女性に生計を頼り、養ってもらっている情夫。

おとこ-もじ【男文字】— ①男性の筆跡。②(昔、男性が主として用いたことから)漢字。《↔女文字》

おとこ-もち【男持ち】— 男性が持つのにふさわしく作られたもの。「—のカバン」↔女持ち

おとこ-もの【男物】— 男性用に作られた品物。↔女物

おとこ-やく【男役】— 演劇などで、女性が男性の役をすること。また、その女性。

おとこ-やもめ【男△鰥】— 妻と離別または死別して、あるいはずっと独身で、ひとり暮らしをしている男性。「—に蛆がわく(=男のひとり暮らしは不潔になりがちである)」↔女寡

おとこ-らし・い【男らしい】— (形) 性質・姿・態度などに、男性の特徴とされた強さ・いさぎよさなどが感じられるさま。「—・くあきらめる」↔女らしい 文をとこら・し(シク)

おと-さた【音沙汰】(「音」も「沙汰」も便りの意) 消息。便り。連絡。「この二、三年なんの—もない」

おとし【落[と]し】①落とすこと。②鳥獣を捕らえる仕掛け。わな。③木製火鉢の灰を入れる銅やブリキ製の箱。④戸が開かないように戸の桟から敷居の穴に差し込む木片。⑤話のおち。

—あな【—穴】①上に乗ると落ち込む仕掛けで、敵や獣を捕らえる穴。②人を陥れる悪い計略。陥穽。「うまい話にはどこかにきっと—がある」③見逃しやすく失敗しやすいところ。

—がみ【—紙】便所で使う紙。ちり紙。

—ご【—子】①→おとしだね ②ある物事に付随して生じた、思いもよらない事柄。「戦争の—」

—ざし【—差し】腰刀をきちんと差さず、こじり(=末端)を下げて差すこと。刀の無造作な差し方。

—だね【—△胤】(身分の高い人が)妻でない女性に生ませた子。落胤。落とし子。

—どころ【—所】話し合いなどの決着をつけるのに適当な場面・程度。「議論の—を探る」

—ばなし【—話・—△噺】→らくご(落語)

—ぶた【—蓋】①なべや容器の中にすっぽり落とし込み、材料に直接のせるふた。「—をしてよく煮る」②箱の前面に付けて、縦の溝に沿って上げ下げするしくみのふた。

—ぶみ【—文】①昔、時事や人物についての公然とは言えないうわさなどを書いて、わざと道路に落としておく匿名の文書。落書。②《動》オトシブミ科の甲虫。体長約一センチメートル。クヌギなどの木の葉を小さく巻いた中に産卵して地面に落とす。それが巻物の手紙に似ているのでこの名がある。夏

—まえ【—前】《俗》けんかやもめごとの後始末をつけること。また、そのための条件・処置。「—をつける」

—もの【—物】気づかずに落とした物。遺失物。

おどし【△縅】よろいの札(=小さな革の板)を糸または革ひもでつづり合わせること。また、そのもの。「緋—」

おどし【脅し・◇嚇し・◇威し】①おどすこと。「—をきかす」②田畑を荒らす鳥獣をおどして追い払うもの。案山子など。

おとし-い・れる【陥れる・落[と]し入れる】(他下一) ①人をだまして窮地に追い込む。「人を不幸に—」②城などを攻め落とす。「都を—」③中へ落として入れる。自おちい・る(五) 文おとしい・る(下二)

おとし-こ・む【落[と]し込む】(他五) ①落として中に入れる。②(考えなどを)具体的な形にまとめる。「取材内容を脚本に—」

お-としだま【◇御年玉】(「年玉」は「年の賜物」の意)子供や使用人などに与える新年のお祝いの金品。新年

おどし-つ・ける【脅し付ける・◇嚇し付ける・◇威し付ける】(他下一) ひどくおどす。ひどく威嚇する。「—・けて追い返す」文おどしつ・く(下二)

おとし・める【△貶める】(他下一) 劣ったものとして扱う。見下げる。さげすむ。「人を—ような態度をとる」文おとし・む(下二)

おと・す【落[と]す】(他五)《中心義—上方にあった物が、支えをなくして下まで一気に位置が移る。だれかの不注意からそうなったという意を含む》①支えをなくして高い所から低い所へ一気に移らせる。落下させる。「柿の実を—」②位置・程度を下げる。「二軍に—」「肩を—(=落胆する)」「スピードを—」「話を—(=話を下品にする)」③視線・光・影などをものの上にそそぐ。「視線を—」④付いているものを取り去る。「しみを—」⑤手でつかみそこない下にこぼす。つかみ損ねる。「球を—」⑥取りそこなう。「第一セットを—」「単位を—」⑦持っていたものが気付かぬうちに身から離れる。失う。なくす。「財布を—」「命を—」⑧あとに残す。「観光客が—金」⑨そこに入れるべきものを、うっかりして入れないでおく。もらす。「名簿から名前を—」「言い—」⑩落第させる。選にはいらないようにする。「試験で—」⑪攻め取る。「城を—」⑫気絶させる。「締め技で—」⑬強く迫って相手を従わせる。追い詰めて自白させる。⑭落札する。「入札で—」⑮こっそり逃がす。「義経を奥州へ—」⑯落語などの最後に話のしめくくりをつける。⑰殺す。「鶏を—」⑱その機能・役割を停止する。「電源を—」「火を—(=消す)」自お・ちる(上一) 可能おと・せる(下一)

おど・す【脅す・◇嚇す・◇威す】(他五) 従わせようとしてこわがらせる。「拳銃で—」可能おど・せる(下一)

類語 威嚇する・脅迫する・恫喝する・威喝する・恐喝する・脅かす・脅かす

おとずれ【訪れ】①たずねて来ること。やって来ること。「春の—」②便り。消息。音信。「—が絶える」

おとず・れる【訪れる】一(自下一) ある季節や状態がやって来る。「春が—」「好機が—」二(他下一) 人のもとをたずねる。訪問する。「友人宅を—」文おとづ・る(下二)

おと-つ-い【×一昨日】— →おととい

おとづ・れる【訪れる】(自下一)「おとずれる」と書くのが本則。→おとずれる

おとど【×大臣】《古》「大臣」「公卿」の敬称。

おと-と-い【×一昨日】— 昨日の前の日。一昨日。おとつい。

—お出で 相手をののしって追いはらうときに言う言葉。おととい来やがれ。

おと-とし【×一昨年】〔ヲト―〕昨年の前の年。一昨年(いっさくねん)。

おとな【大人】㊀(名)一人前に成長した人。また、成人。「―になる」↔子供 ㊁(形動ダ)〔ダロ・ダッ(デ・ニ)・ダ・ナ・ラ・○〕①思慮・分別のあるさま。「若いわりには―だ」↔子供 ②子供などが、聞き分けがよくておとなしいさま。「―にしている」文(ナリ) 参考 常用漢字表付表の語。

おと-な・う【◇訪う】〔ヲト―ナフ〕(自五)〔ワ(オ)・イ(ツ)・ウ・ウ・エ・エ〕「おとずれる」「訪問する」の文語的表現。可能 おとな・える(下一)

おとなげ-な・い【大人気ない】(形)〔カロ・カッ(ク)・イ・イ・ケレ・○〕大人にしては考えや行動が幼い。大人らしい思慮・分別がない。「―ふるまい」文 おとなげな・し(ク)

おと-なし【音無し】音がしないこと。「―の構え(=相手の働きかけに反応を示さないこと)」

おとなし・い【大人しい】(形)〔カロ・カッ(ク)・イ・イ・ケレ・○〕①騒がず静かにしているさま。性質が穏やかで従順なさま。「―子」「―・く黙っている」「―犬」②派手でなく落ち着いているさま。「―色の服」文 おとな・し(シク)

【変遷】「おとな」の形容詞化。古語の「おとなし」は、「大人らしさを感じさせるようす」の意。「おとな」とは思慮分別があり、理性的で落ち着いているもののこと。この大人らしさの中の一つの状態から、現代語の「静かでやかましくない」の意になった。

おとなし-やか【大人しやか】(形動ダ)〔ダロ・ダッ(デ・ニ)・ダ・ナ・ラ・○〕落ち着いて穏やかなさま。「―な女性」文(ナリ)

おとな・びる【大人びる】(自上一)〔ビ・ビ・ビル・ビル・ビレ・ビロ(ビヨ)〕〔「びる」は接尾語〕大人らしくなる。「―・びた表情」文 おとな・ぶ(上二)

おとな・ぶる【大人ぶる】(自五)〔ラ(ロ)・リ(ツ)・ル・ル・レ・レ〕〔「ぶる」は接尾語〕いかにも大人のようなようすをする。「―・った態度」

おとにきく…和歌〔音にきく 高師(たかし)の浜の あだ波は かけじや袖(そで)の 濡(ぬ)れもこそすれ〕〈金葉集 祐子内親王家紀伊(ゆうしないしんのうけのきい)〉うわさに聞いている高師の浜のあだ波(=むなしく寄せては返す波)のように、評判の高い浮気なあなたのことは心にかけますまい。当てにならないお言葉を信じて結局裏切られて、嘆きの涙で袖をぬらすようなことになっては困りますもの。(小倉百人一首の一つ)

おと-ひめ【◇乙姫】竜宮(りゅうぐう)に住むという美しい姫。

おと-め【乙女・◇少女】〔オト―・ヲト―〕①年の若い娘。少女。②未婚の娘。処女。参考「乙女」は、常用漢字表付表の語。

――ご【―子】おとめ。少女。

お-とも【◇御供】(名・自スル)①目上の人などにつき従って行くこと。また、その人。②料理屋などで、客が帰るときに呼ぶ車。

おと-や【◇乙矢】二本の矢のうち二番めに射る矢。↔甲矢(はや)

おどら・す【踊らす】〔ヲドラス〕(他五)〔サ(ソ)・シ・ス・ス・セ・セ〕①踊りをさせる。②人を自分の意のままに操り、行動させる。「黒幕に―・される」

おどら・す【躍らす】〔ヲドラス〕(他五)〔サ(ソ)・シ・ス・ス・セ・セ〕①(「身を躍らす」の形で)高い所から思いきって飛びおりる。「絶壁から身を―」②(「胸(心)を躍らす」の形で)期待や喜びでわくわくする。

おとり【△囮】〔ヲトリ〕(招鳥(おきどり)の意から)①他の鳥獣を誘い寄せ、捕らえるために使う鳥獣。「―を使って生け捕る」「―籠(おとりかご)」秋 ②人を誘い寄せるために使う物や人。「―捜査」

おどり【踊り】〔ヲドリ〕①踊ること。音楽などのリズムに合わせて体を動かすこと。舞踊。「―を踊る」②(俳諧(はいかい)で)盆踊り。秋 参考「舞」は旋回を主として上体を動かし、「踊り」は跳躍を主として活発に体を動かすものと区別することもある。

――こ【―子】①踊りを踊る少女。②踊りを職業とする女性。ダンサー。「レビューの―」③→ひよめき

――こ-そう【―子草】〔―サウ〕(植)シソ科の多年草。やぶなどに自生する。茎は四角、葉は卵形で対生。四月ごろ白色または淡紅色でくちびる形の花を開く。夏

――じ【―字】同じ字を重ねて用いるとき、あとの字の代わりに書く符号。「々」「ゝ」「〱」など。繰り返し符号。送り字。

――ねんぶつ【―念仏】→くうやねんぶつ

――ば【―場】①踊りを踊る場所。②階段の途中にある、足を休めるための少し広くて平らな場所。

おどり【躍り】〔ヲドリ〕①はね上がること。②「躍り食い」の略。

――ぐい【―食い】〔―グヒ〕小魚やエビなどを生きたまま食べること。また、その料理。

おどり-あが・る【躍り上がる】〔ヲドリ―〕(自五)〔ラ(ロ)・リ(ツ)・ル・ル・レ・レ〕①喜びや驚きなどのためにとびはねる。はね上がる。「―・って喜ぶ」②勢いよく物の上にとび上がる。「舞台上に―」

おどり-かか・る【躍り懸(か)る・躍り掛かる】〔ヲドリ―〕(自五)〔ラ(ロ)・リ(ツ)・ル・ル・レ・レ〕勢いよくとびかかる。「賊に―」

おどり-くる・う【踊り狂う】〔ヲドリクルフ〕(自五)〔ワ(オ)・イ(ツ)・ウ・ウ・エ・エ〕夢中になって激しく踊りまわる。

おどり-こ・む【躍り込む】〔ヲドリ―〕(自五)〔マ(モ)・ミ(ン)・ム・ム・メ・メ〕勢いよく中へとびこむ。「敵陣の真っただ中に―」

お-とり-さま【◇御△酉様】→とりのいち

おどり-で・る【躍り出る】〔ヲドリデル〕(自下一)〔デ・デ・デル・デル・デレ・デロ(デヨ)〕①急に、勢いをつけてとび出す。「レース終盤で先頭に―」②にわかに目立つ存在になり、注目される地位につく。「文壇に―」

おと・る【劣る】(自五)〔ラ(ロ)・リ(ツ)・ル・ル・レ・レ〕(価値・能力・数量などが)他と比較して低い(少ない)状態にある。引けを取る。「戦力が―」「兄に―・らず足が速い」↔勝る

おど・る【踊る】〔ヲドル〕(自五)〔ラ(ロ)・リ(ツ)・ル・ル・レ・レ〕①音楽に合わせてリズムに合った動作をする。②そそのかされて人の言うままに行動する。「デマに―・らされる」可能 おど・れる(下一) ⇒「使い分け」

おど・る【躍る】〔ヲドル〕(自五)〔ラ(ロ)・リ(ツ)・ル・ル・レ・レ〕①上方へ飛ぶ力で体を空中に浮かす。とび上がる。はね上がる。「銀鱗(ぎんりん)が―」②激しく揺れ動く。「悪路で積み荷が―」「字が―」③胸がわくわくする。どきどきする。「心が―」⇒「使い分け」

使い分け「踊る・躍る」

「踊る」は、音楽や歌、リズムに合わせて手足や体を動かしたり、ある動作や表現をしたりする意で、「リズムに乗って踊る」「ダンスを踊る」などと使われる。転じて、人に操られて行動する意で、「人気に踊らされる」などと使われる。

「躍る」は、勢いよくとび上がる意で、「魚が躍る」「身を躍らせてプールに飛び込む」などと使われ、また「心が躍る」「胸が躍る」など、喜び・驚き・期待・緊張などで、胸がわくわくする場合にも使われる。

おどろ【△棘】(名・形動ダ)①草木が乱れて茂っていること。また、その所。②髪などがもつれ乱れていること。また、そのさま。

おとろえ【衰え】〔オトロヘ〕おとろえること。衰弱。「―を見せる」

おとろ・える【衰える】〔オトロヘル〕(自下一)〔エ・エ・エル・エル・エレ・エロ(エヨ)〕勢い・力などが弱くなる。「体力が―」↔栄える 文 おとろ・ふ(下二)

おどろおどろ-し・い(形)〔カロ・カッ(ク)・イ・イ・ケレ・○〕いかにも気味が悪く恐ろしい。「―形相」文 おどろおどろ・し(シク)

おどろか・す【驚かす】(他五)〔サ(ソ)・シ・ス・ス・セ・セ〕①びっくりさせる。おどろくようにする。「耳目を―」②(古)眠りをさます。起こす。③(古)気づかせる。自 おどろ・く(五) 可能 おどろか・せる(下一)

おどろき【驚き】おどろくこと。びっくりすること。「―の声」

おどろき-い・る【驚き入る】(自五)〔ラ(ロ)・リ(ツ)・ル・ル・レ・レ〕ひどくおどろく。ひどくびっくりする。「まことに―・ったしだいだ」

おどろ・く【驚く・△愕く】(自五)〔カ(コ)・キ(イ)・ク・ク・ケ・ケ〕①思いも寄らな

いことに心が動揺する。びっくりする。②《古》目がさめる。③《古》気がつく。他おどろか・す(五) 可能おどろ・ける(下一)

【変遷】古語の「おどろく」は、今までに感じなかったことをとっさに思いつく心の動きをいい、「突然気がつく・びっくりする・目がさめる」の意で用いられた。その中の「びっくりする」が、現代語の意味として残った。

表現

〔類語〕	▼唖然とする・愕然とする・たまげる ▼(〜する)一驚・喫驚・驚愕・仰天・驚倒・震駭・動転・瞠目・びっくり
〔慣用〕	▼(〜驚く)あっと・頭から水を浴びたように・息が止まるほど・飛び上がるほど ▼呆気にとられる・泡を食う・息をのむ・意表を衝かれる・色を失う・肝を潰す・腰を抜かす・舌を巻く・尻毛を抜かれる・度肝を抜かれる・度を失う・耳を疑う・目が点になる・目玉が飛び出る・目の色を変える・目を疑う・目を白黒させる・目をぱちくりさせる・目を丸くする・目を見張る ▼〈擬声・擬態語〉ぎょっと(する)・どきっと(する)・どきんと(する)・はっと(する・なる)・びくっと(する)
〔ことわざ〕	▼驚き桃の木山椒の木・驚天動地・青天の霹靂・寝耳に水・鳩が豆鉄砲を食ったよう

おない-どし【同い年】 同じ年齢。語源「おなじとし」の転。

お-なか【◇御中・◇御◇腹】 腹。語源もと女房詞。

お-なが【尾長】ヲ— ①尾の長いこと。②《動》カラス科の鳥。尾は青色で長く、全長の半分以上を占める。低い山や林に群れですみ、冬は人家の近くに集まる。夏

—ざる【—猿】《動》オナガザル科のサルの一群の総称。小形で尾が長い。アフリカ・アジアに分布。

—どり【—◇鶏】《動》日本固有のニワトリの一品種。雄鶏の尾は三—八メートルあまりにもなる。高知県原産。愛玩・観賞用。特別天然記念物。長尾鶏・ちょうびけい。

お-ながれ【◇御流れ】 ①酒席で、目上の人が飲みほした杯を受けて、差してもらう酒。「—をちょうだいする」②目上の人から不用になった品をもらうこと。また、その品物。お下がり。③計画していたことが中止になること。「会合が—になる」

お-なぐさみ【◇御慰み】 お楽しみ。座興。「うまくいったら—」用法たわむれや皮肉・からかいの気持ちをこめていう。

おな-ご【◇女子】ヲナ— ①女の子供。②女性。女の人。③下働きの女性。

—しゅう【—衆】 ①女の人たち。②下働きの女性。女衆。(↔男衆)

おなじ【同じ】 ■(形動ダ) ダロ・ダッ(デ・ニ)・ダ・(ナ)・ナラ・○ ①別のものではなくそのものである。「—人にふたたび声をかけられる」②比べる物事の間に差がない。等しい。いっしょである。一つである。同一。「右に—」「これはあれと—だ」文(ナリ) 用法連体形の語尾「な」は助詞の「のに」「ので」に連なるときに使われ、体言に連なるときは、語幹がそのまま連体形の役目を果たす。■(副)(あとに「…なら」を伴って)どうせ。どっちみち。「—やるなら楽しくやろう」参考「おんなじ」ともいう。

—穴の狢 別のように見えても同類である。多く悪党についていう。**—釜の飯を食う** 仲間としてともに暮らす。

おなじ・い【同じい】(形) カロ・カッ(ク)・イ・イ・ケレ・○ 同じである。文おな・じ(シク) 用法体言に続く場合は「同じ」を用いることが多い。

おなじく【同じく】(接) 同様に。ならびに。「編集部員A、—B」語源文語形容詞「同じ」の連用形「同じく」から。

—は(副) どうせ同じことならば。いっそのこと。むしろ。

おなじく-する【同じくする】(「…を同じくする」の形で)同じにする。同列にする。おなじゅうする。「志を—仲間」

お-なじみ【◇御◇馴染(み)】「なじみ」の丁寧語。よく知っていて親しいこと。また、その人。「—さん」「—の音楽」

オナニー〈ドイ Onanie〉手淫。自慰。

お-なべ【◇御鍋】 ①「なべ」の丁寧語。②下女。下働きの女性。語源②は、江戸時代、小説の中などで下女の名に仕事に関係のある「なべ」を多く使ったことからいう。

お-なみ【◇男波・◇男◇浪】ヲ— 高低のある波のうちで、高いほうの波。↔女波

おなみだ-ちょうだい【◇御涙頂戴】—チャウダイ 映画や演劇などで、観客の涙をそそるように作ること。また、その作品。

お-なら《俗》屁。語源「なら」は「鳴らす」の転。

お-なり【◇御成り】 皇族・将軍など、高貴の人の外出または到着の意の尊敬語。「上様の—」「—道」

お-なんど【◇御納戸】 ①「なんど」の丁寧語。②「おなんど色」の略。③「おなんど役」の略。

—いろ【—色】 ねずみ色を帯びた藍色。「—の帯」

—やく【—役】 近世、将軍や諸大名の衣服・道具類の出し入れを管理した役。また、その役人。

おに【鬼】 ①人の姿をし、角・牙をはやした想像上の怪物。もののけ。③死者の霊。②たたりをする恐ろしい怪力をもち人を捕らえて食うとされる。④残酷で思いやりのない人。血も涙もない人。「渡る世間に—はない」「心を—にする」⑤ある事に精魂を傾けている人。「仕事の—」⑥鬼ごっこなどで、人をつかまえる役の人。⑦(接頭語的に名詞に付いて)㋐強くてこわい。「—将軍」㋑同じ種類の中で、大形の。「—百合」

—が出るか蛇が出るか 次にどんな恐ろしい事態が起こるか予想がつかないことをいう。**—が笑う** 将来を予測する愚かさをあざけっていう語。「来年のことを言うと—」**—に金棒** ただでさえ強い上に、さらに強さが増すことのたとえ。**—の居ぬ間の洗濯** 気兼ねする人のいない間に思う存分息抜きをすることのたとえ。**—の霍乱** ふだん健康で丈夫な人が病気になること。**—の首を取ったよう** すばらしい手柄を立てたように有頂天になるさま。**—の念仏** 無慈悲な者が、見かけだけ情け深いようにふるまうこと。鬼の空念仏。**—の目にも涙** 冷酷な人でも、時には情に感じて慈悲心を起こすことのあるたとえ。**—も十八番茶も出花** どんな娘でも、年ごろになると女らしさが出てきれいに見えることのたとえ。

おに-あざみ【鬼△薊】《植》キク科の多年草でアザミの一種。山野に自生。夏から秋に紅紫色の頭状花をつける。秋

オニオン〈onion〉《植》玉ねぎ。「—スープ」

おに-が-しま【鬼が島】 鬼が住んでいるという想像上の島。

おに-がみ【鬼神】 荒々しく恐ろしい神。鬼神。

おに-がわら【鬼瓦】—ガハラ 屋根の棟の両端に置く大きなかわら。多くは鬼の面をかたどり、魔よけとした。

お-にぎり【◇御握り】「握り飯」の丁寧語。おむすび。

おに-ご【鬼子】 ①親に似ない子。鬼っ子。②生まれたときから歯が生えている子。

おに-ごっこ【鬼ごっこ】 子供の遊びの一つ。鬼になった者が他の者を追い回し、つかまえら

〔おにがわら〕

れた者が次の鬼になる。

おに‐ば【鬼歯】 外を向いて牙のように見える八重歯。

おに‐ばば【鬼◦婆】 ①むごくて情け知らずの老婆。②老婆の姿をした鬼。参考「おにばあ」ともいう。

おに‐び【鬼火】 ①夜、湿地や墓地などで燃える青い火。きつね火。燐火。人魂。②出棺のときに門前でたく火。

おに‐もつ【◦御荷物】 ①「荷物」の尊敬語・丁寧語。②人の負担になるもの。やっかいもの。「チームの―になる」

おに‐やらい【鬼◦遣らい・×追儺】 ―→ついな

おに‐やんま【鬼×蜻蜓・×馬大頭】《動》オニヤンマ科の昆虫。各地にすむ日本最大のトンボ。雌は体長一一センチメートルに達する。体は黒色で黄色のしまがある。羽は透明。秋

おに‐ゆり【鬼×百合】《植》ユリ科の多年草。夏、濃い朱赤色で黒の斑のある花を開く。鱗茎は白く、食用。夏

お‐ぬし【◦御主】(代)対称の人代名詞。おまえ。そなた。用法 同輩以下の人に用いる。

お‐ね【尾根】 山頂と山頂とをつなぐ峰続きの線。稜線。また、谷と谷とを隔てて突き出た部分。「―伝い」

お‐ねじ【雄×螺子・雄×捻子】 円い棒の周囲にらせん状の溝をつけ、雌ねじのくぼみにはめ込むようにしたねじ。↔雌ねじ

お‐ねしょ(名・自スル)(幼児語)寝小便。夜尿。

お‐ねば【◦御粘】 ①水を多くしてたいた飯から取った粘液状の汁。煮抜き。②飯の煮えるとき、ふたから外にふきこぼれる汁。

お‐ねむ【お眠】(幼児語)眠いこと。また、眠ること。

おの【斧】 刃のあるくさび形の鉄に柄を付けた道具。木を割ったり伐ったりする。大形のものをまさかりと呼ぶ。よき。

おのえ‐さいしゅう【尾上柴舟】(一八七六～一九五七)歌人・書家。岡山県生まれ。あさ香社に参加。叙景歌運動を進め、車前草社を結成。歌集「静夜」「永日」など。

おの‐おの【各】(名・副)めいめい。それぞれ。各自。「―がもっている力を出しなさい」参考「各々」とも書く。

おの‐がじし【◦己がじし】(副)(古)それぞれ。めいめい。

お‐の‐こ【◦男の子】 ①男性。男子。②男の子。(↔女の子)

おの‐ずから【◦自ずから】(副)ひとりでに。自然に。おのずと。「書には―人柄が出る」

おの‐ずと【◦自ずと】(副)自然に。おのずから。

おの‐づくり【△斧△旁】 漢字の部首名の一つ。「斧」「断」などの「斤」「斤」の部分。

おののいもこ【小野妹子】(生没年未詳)推古朝の官人。最初の遣隋使として、六〇七年、「日出づる処の天子…」に始まる国書を中国の煬帝に呈し、翌年帰国。

おのの・く【◦戦く・◦慄く】(自五)寒さ・恐怖などで体が震える。わななく。「恐れ―」

おののこまち【小野小町】(生没年未詳)平安前期の歌人。六歌仙の一人。絶世の美人といわれ、歌才にも富み、歌風は繊細優艶で、恋の歌が多い。家集「小町集」。

おののみちかぜ【小野道風】(八九四～九六六)平安中期の書家。「とうふう」とも。和様の書の基礎を築いた。藤原佐理・藤原行成とともに三蹟と称される。真跡に「屛風土代」など。

お‐のぼり‐さん【◦御上りさん】《俗》都会にやって来た田舎の人をからかっていう言葉。

オノマトペ〈フランス onomatopée〉擬声語および擬態語。

おのれ【己】 ㊀(名)その人・その物自体。自分自身。㊁(代)①自称の人代名詞。われ。わたくし。②対称の人代名詞。おまえ。きさま。㊂(感)怒ったときや悔しいときに発する言葉。

―を虚しゅうする 自己本位な考えや私情を捨てて、こだわりのない心になる。

お‐は【尾羽】 鳥の尾と羽。

―打ち枯らす 身分や勢力のある人が落ちぶれてみすぼらしい姿になる。

お‐ば【伯母】 父母の姉。または父母の兄の妻。↔伯父 参考 常用漢字表付表の語。

お‐ば【叔母】 父母の妹。または父母の弟の妻。↔叔父 参考 常用漢字表付表の語。

お‐ばあ‐さん【◦御◦婆さん】 老年の女性を敬い親しんで呼ぶ語。↔お爺さん 類語 媼・老媼・老女・老婆・婆・狸婆・鬼婆

お‐ばあ‐さん【◦御×祖母さん】「祖母」の敬称。または、「祖母」を親しんで呼ぶ語。↔お祖父さん

オパール〈opal〉《地質》石英と同質の半透明または不透明の鉱石。色は乳白色・オレンジ色・緑・青などで、光沢をもち、良質のものは宝石として装飾品に使われる。蛋白石。

お‐はぎ【◦御△萩】 もち米にうるち米を混ぜてたいた飯を軽くついて丸め、餡・きな粉・ごまなどをまぶしたもの。はぎのもち。ぼたもち。

お‐はぐろ【◦御歯黒・×鉄漿】 歯を黒く染めること。鉄漿。また、それに使う液。歯黒め。鉄漿。参考 古くから上流階級の女性が行い、一時公卿など男子も行ったが、江戸時代には既婚の女性だけがするようになった。

―とんぼ【―×蜻蛉】《動》「ハグロトンボ」の別名。カワトンボ科の昆虫。羽が黒く、胴は細く緑色(雌は黒)。かねつけとんぼ。夏

お‐ばけ【◦御化け】 ①化け物。妖怪。「―が出る」②形がふつうより大きいものや異常なものなどをいう語。「―きのこ」

おはこ【×十八番】 ①得意の芸。また、得意とするもの。②(転じて)その人のよくする動作や口にする言葉。

語源「おはこ(十八番)」は「じゅうはちばん」ともいう。江戸末期、歌舞伎の七代目市川団十郎が、得意とする市川家の「歌舞伎十八番」の台本を箱に入れてたいせつに保存していたことに由来するという。「歌舞伎十八番」を「おはこ」と呼ぶだけでなく、しだいに得意な演目を「おはこ」と言うようになり、今では得意なもの全般をさして用いられる。

お‐はこび【◦御運び】(「足を運ぶ」意から)「来ること」「行くこと」の尊敬語。「雨中の―ありがとうございます」

お‐ば‐さん【小◦母さん】 年輩の女性を親しんで呼ぶ語。↔小父さん

お‐はじき【◦御◦弾き】 平たいガラス玉・小石・貝殻などをまき、指先ではじいて当ててとりあう遊び。また、それに使うもの。

おはしま・す【×御座します】(古)㊀(自四)「あり」「居る」「行く」「来」の尊敬語。いらっしゃる。おいでになる。「朱雀院の、奈良に―・したりける時に」〈古今集〉㊁(補動四)(用言・助動詞の連用形の下に付いて)尊敬の意を表す。「うへ(=主上)も聞こし召して興ぜさせ―・しつ」〈枕草子〉用法 中古、同義の「おはす」よりも敬意が高い。

お‐はしょり【◦御端折り】 ①女性の和服で、背たけに比べて長い着物を腰の所でひもでしめて着丈を合わせること。また、その部分。②着物のすそをはしょること。語源「おはしおり」の転。

おは・す【×御座す・◦在す】(古)㊀(自サ変)「あり」「居る」「行く」「来」の尊敬語。いらっしゃる。おいでになる。「くらもちの皇子―・したり」〈竹取〉㊁(補動サ変)(用言・助動詞の連用形の下に付いて)尊敬の意を表す。「ほの聞き―」用法 中古、同義の「おはします」よりも敬意が低い。

おばすてやま【姨捨山】(ヲバステヤマ) 長野盆地(善光寺平)の南部にある冠着山の別名。古くから田毎の月(＝水田の一つ一つに映る月)とよばれる観月の名所。養母であるおばをこの山に捨てた男が、折からの明月に自分の行為を反省し、翌朝、連れもどしたという伝説がある。うばすてやま。

お-はち【◇御鉢】①飯びつ。おひつ。②火山の火口。おかま。

―が回ってくる 順番が回ってくる。

語源 人数の多い食事のときにようやく自分に「おはち(＝飯櫃)」が回ってくることから、順番が回ってくるという意で用いられる。本来はうれしいことだが、現在ではいやな順番が回ってくる意味あいでも多く用いられる。

―めぐり【―巡り】火山の火口壁にそって一周すること。

お-はつ【◇御初】「初め」「初物」「初対面」「おろしたて」などの意の丁寧語。「―を食べる」「―にお目にかかります」

お-ばな【尾花】(ヲ) ススキの花穂。また、ススキ。秋の七草の一つ。「枯れ―」秋 ⇒秋の七草(さしえ)

お-ばな【雄花】(ヲ) 〔植〕雄蕊だけあって、雌蕊のない花。雄性花。マツ・クリ・キュウリなどがもつ。↔雌花 ⇒単性花

お-はなばたけ【◇御花畑・◇御花△畠】①「花畑」の丁寧語。②高山や北国で、夏、高山植物がいっせいに咲く所。夏

お-はよう【◇御早う】(ハヤウ) (感) (「おはやく」の音便) 朝、人に会ったときの挨拶の言葉。用法 丁寧に言うときは、「ございます」を添える。

お-はらい【◇御払い】(ハラヒ) ①不用の物を売って処分すること。また、不用の物。「―物(＝廃品回収業者などに売り払う品物)」②代金を支払う意の丁寧語。お支払い。

―ばこ【―箱】①雇い人などを解雇すること。「―になる」②不用になった物を捨てること。語源 もとは「御祓い箱」で、御祓いの札を入れておく箱。新年には旧年の札を捨てて新しいものととりかえたので、それに「払い」を言いかけたもの。

お-はらい【◇御△祓い】(ハラヒ) ①罪・けがれをはらい清める神事。特に、毎年六月・十二月の末日に神社で行う大祓の神事。②神社で出す厄よけのお札。

おはら-め【◇大原女】京都郊外の大原の里から市中へ、花や薪などを頭にのせて売りに来た女性。大原女。

お-はり【◇御針】①「針仕事」の丁寧語。「―を習う」②雇われて針仕事をする女性。お針子。

おばん (ヲバン)《俗》若者が年上の女性を年寄りくさい者とからかって呼ぶ語。↔おじん 語源「おばさん」の転。

お-ばんざい【◇御番菜・◇御飯菜】《方》(おもに京都で)ふだんのおかず。庶民的な和風の総菜。

おび【帯】①和服を着たとき、胴に巻いて結ぶ細長い布。「―を解く」②→おびがみ① ③①の形をしたもの。「―封」

―に短し襷に長し 中途半端なことのたとえ。

おび-あげ【帯揚げ】女性の締めた帯が崩れないようにするために用いる布。しょい上げ。

お-ひい-さま【◇御◇姫様】高貴な人の娘の敬称。語源「おひめさま」の転。

おび-いわい【帯祝(い)】(イハヒ) 妊娠五か月目の戌の日に、安産を祈って妊婦が岩田帯をするときの祝い。

おび・える【◇脅える・△怯える】(自下一)(エ・エ・エル・エル・エレ・エロ(エヨ)) 怖がる。びくびくする。「悪夢に―」「不安に―」他 おびやか・す(五) 文 おび・ゆ(下二)

おび-がね【帯金】①帯状に物に巻き付けた金具。「樽の―」②刀のさやにつけた、腰に結ぶためのひもを通す環。

おび-がみ【帯紙】①宣伝文・短評などを書いて、本の表紙や外箱にかける細長い紙。帯。②帯封に使う細長い紙。

おび-かわ【帯革・帯皮】(カハ) ①革でつくった帯。かわおび。バンド。ベルト。②機械に動力を伝えるためのベルト。調べ革。

おび-がわ【帯側】(ガハ) 女性のしめる帯の表側に使う厚い布。

お-ひきずり【◇御引(き)△摺り】①着物のすそが長く、歩くときにあとに引きずること。また、その着物。②→ひきずり②

おびき-だ・す【◇誘き出す】(他五)(サ(ソ)・シ・ス・ス・セ・セ) だまして外へさそい出す。「言葉巧みに―」

おびき-よ・せる【◇誘き寄せる】(他下一)(セ・セ・セル・セル・セレ・セロ(セヨ)) だまして近くにさそいよせる。「敵を―」文 おびきよ・す(下二)

おび-ぎわ【帯際】(ギハ) 帯の結びぎわ。

おび・く【◇誘く】(他五)(カ(コ)・キ(イ)・ク・ク・ケ・ケ) だましてさそう。用法「おびき出す」のように連用形が他の動詞と複合して用いられる。

おび-グラフ【帯グラフ】全体量を帯状の長方形で示し、それを分割した面積で、全体に対する割合を示したグラフ。

お-ひ-さま【◇御日様】太陽。おてんとさま。語源 太陽に対する敬愛の気持ちから出た語。

お-ひざもと【◇御膝元・◇御膝下】①貴人などのいる所。また、そのそば。②天皇や将軍などの住む、政権の中心地。「将軍の―」③(転じて)権力などの直接及ぶ所。本拠地。

おび-ざん【帯桟】板戸の中ほどに、横に付けた幅のある桟。

おび-じ【帯地】(ヂ) 帯にする布地。

おび-じめ【帯締め】女性が、結んだ帯をおさえるために帯の上に締めるひも。

おびしろ-はだか【帯代裸】女性の、着物に細帯を締めただけのだらしない姿。細帯姿。

おび-しん【帯芯】帯の形を保つため、中に入れる堅い布。

お-ひたし【◇御浸し】青菜をゆでて、しょうゆ・かつおぶしなどをかけた副食。浸し物。「ほうれん草の―」

おびただし・い【△夥しい】(形)(カロ・カツ(ク)・イ・イ・ケレ・○) ①数や量が非常に多い。「―人数」②程度がはなはだしい。「憎たらしいこと―」文 おびただ・し(シク)

お-ひつ【◇御△櫃】「飯櫃」の丁寧語。お鉢。

おび-どめ【帯留(め)】女性が、帯がくずれないように帯の上に締める平打ちのひもで、特に両端を金具で留めるようにしたもの。また、そのひもに通して帯の正面に付ける装飾具。

おひと-よし【◇御人◇好し】(名・形動ダ) 気がよくて人に利用されやすいこと。また、そのような人。「根っからの―」

おび-ドラマ【帯ドラマ】テレビ・ラジオで、毎日、または毎週同じ曜日の、同時刻に放送される連続劇。

お-びな【男△雛】(ヲ) 内裏雛のうち、天皇にかたどられたほうの人形。↔女雛

お-ひな-さま【◇御△雛様】「ひな人形」の丁寧語。

オピニオン〈opinion〉意見。見解。世論。

―リーダー〈opinion leader〉ある社会や集団で、理論面において指導的役割を担っている人。世論の指導者。

お-ひねり【◇御△捻り】お金を紙に包んでひねったもの。賽銭として神仏に供えたり、人に祝儀として与えたりする。

おび-のこ【帯△鋸】〔工〕(「おびのこぎり」の略) 長い帯状の鋸歯を輪にして動力で回転させ、木材や金属を切るのこぎり。

おび-ばんぐみ【帯番組】テレビ・ラジオで、毎日、または毎週同じ曜日の、同時刻に放送される番組。

おび-ふう【帯封】新聞・雑誌などを郵送するとき、中ほどを宛名を書いた細長い紙で帯状に巻くこと。また、その紙。

お-ひや【◇御冷や】①冷たい飲み水。②冷たくなった御飯。冷や飯。語源 ①は女房詞「お冷やし」の略。

おびやか・す【◇脅かす】(他五)(サ(ソ)・シ・ス・ス・セ・セ) ①攻撃や危害を加えるようすを示して怖がらせる。おどして恐れさせる。「敵を背

後から―」②安定した状態などを危うくする。「平和を―」自 おびえる(下一) 可能 おびやか・せる(下一)

お-ひゃくど【◦御百度】「お百度参り」の略。

―を踏む ①神仏にお百度参りをする。「病気の快癒を願って―」②同じ人・所を何度も訪問して頼み込む。

―まいり【―参り】 マヰリ ①神社・寺の境内の一定の所と神前・仏前の間を百回往復して、そのたびに願い事がかなうように祈ること。②頼み事などを聞き入れてもらうため、同じ人・所を何度も訪問すること。

おひょう【◦大△鮃】 オヒヤウ 《動》カレイ科の魚。北太平洋でとれ、体長は約二―三メートルで体重は二五〇キログラムを超える。食用とし、肝臓からは肝油をとる。

お-ひら【◦御平】 平らな形で底が浅く、ふたの付いた塗り物のお椀。語源「平椀」の女房詞から出た語。

お-ひらき【◦御開き】 宴会などの終わり。閉会。「―にする」語源「終わり」の忌み詞として使われた語。

お-ひる【◦御昼】 ①「ひる」の丁寧語。②「ひるめし」「ひるめしどき」の丁寧語。「早めに―をとる」

お・びる【帯びる】(他上一) ビ・ビ・ビル・ビル・ビレ・ビロ(ビヨ) ①腰にさげる。身につける。「刀を―」②ある色・ようす・気配などを少し含む。「青みを―」③受け持つ。引き受ける。「使命を―」文 お・ぶ(上二)

お-ひれ【尾△鰭】 ヲ― 魚の尾とひれ。

―が付く 誇張される。**―を付ける** 誇張する。「話に―」

お-びれ【尾△鰭】 ヲ― 魚類の体の後端にあるひれ。

お-ひろい【◦御拾い】 ―ヒロヒ 「歩くこと」の敬称。

お-ひろめ【◦御×披露目】(「お広め」の意)①結婚や襲名などの披露をすること。「三代目襲名の―」②芸者などが初めてその土地に出ること。また、そのときの挨拶。

オフ〈off〉①電気や機械などにスイッチがはいっていないこと。「エアコンを―にする」↔オン ②値引きをしたり、何かを取り除いたりすること。「五〇パーセント―」「糖質―」③「シーズンオフ」の略。④「オフタイム」の略。↔オン

オファー〈offer〉申し出。申し入れ。提案。特に、商取引で取引条件を示した売手の申し出。

オフィシャル〈official〉(形動ダ) ダロ・ダッ(デ・ニ)・ダ・ナ・ナラ・〇 公式のものであるさま。公認の。公的。「―レコード(=公認記録)」

オフィス〈office〉事務所。会社。役所。

―アワー〈office hours〉勤務時間。営業時間。

―オートメーション〈office automation〉コンピューターを中心にした事務・情報処理の自動化。OA

―ガール〈和製英語〉女性事務員。オフィスレディー。OG

―レディー〈和製英語〉会社や役所で働く女性事務員。OL はじまり 一九六三(昭和三十八)年、ビジネスガールに代わる語として、週刊誌の公募から生まれた語。

おぶう(幼児語)①湯・茶。②ふろ。

おぶ・う【負ぶう】 オフ (他五) ワ(オ)・イ(ッ)・ウ・ウ・エ・エ 背負う。「赤ん坊を―」自 おぶさ・る(五) 可能 おぶ・える(下一)

オフェンス〈offense〉スポーツで、攻撃。また、攻撃する側。↔ディフェンス

お-ふくろ【◦御袋】 母親を親しんでいう語。「―の味」↔親父 用法 多く、男性が他人に対して自分の母を呼ぶのに使う。

お-ふく-わけ【◦御福分け】(名・他スル)もらい物の一部をよそに分けて与えること。おすそ分け。

オブザーバー〈observer〉会議などで、発言権はあるが議決権のない人。また、傍聴だけを許されている人。

オフサイド〈offside〉サッカー、ホッケー、ラグビーなどの反則の一つ。プレーをしてはいけない位置にいてプレーをすること。

おぶさ・る【負ぶさる】(自五) ラ(ロ)・リ(ッ)・ル・ル・レ・レ ①人に背負われる。「母に―・った子」②他人の力に頼る。「旅行の費用は親に―」他 おぶ・う(五) 可能 おぶさ・れる(下一)

オフ-シーズン〈off-season〉物事が盛んに行われる時期以外の期間。シーズンオフ。「―の観光地」

オブジェ〈フランス objet 物体・対象〉《美》現代芸術で、幻想的・象徴的な美の効果を出すために用いられる、日用品や自然物などのさまざまな物体。また、それを使った作品。

オブジェクト〈object〉①対象。客体。②英文法で、目的語。文型を示すとき「O」と略すことが多い。

オフショア〈offshore〉①サーフィンで、陸から海に向かって吹く風。②(他の語に付いて)自国の外で。海外での。「―開発(=ソフトウェアなどの開発を海外に委託すること)」

オプション〈option〉①任意選択。②標準仕様でなく、客が任意に選択して取り付けることができる部品や装置。③《経》ある物について、一定期間内に、あらかじめ定めた価格で売買できる権利。また、その権利の取り引き。オプション取引。

オブストラクション〈obstruction〉①障害。妨げ。②野球で、走塁妨害。③サッカー、ラグビーなどの反則の一つ。相手の行動を妨害すること。

オフセット〈offset〉(「オフセット印刷」の略)平版印刷の一種。金属板などにつくられた原版を、いったんゴムローラー面に転写してから印刷する方法。

お-ふだ【◦御札】 神社・寺で出す守り札。護符。お守り。

オフ-タイム〈和製英語〉勤務時間外。余暇。オフ。↔オンタイム

オプチミスト〈optimist〉楽観論者。楽天家。オプティミスト。↔ペシミスト

オプチミズム〈optimism〉楽天主義。楽観論。オプティミズム。↔ペシミズム

お-ぶつ【汚物】 ヲ― きたない物。よごれた物。糞尿など。

お-ふでさき【◦御筆先】《宗》(天理教などで)神のお告げを教祖が書きしるしたという文書。また、そのお告げ。

オフ-ピーク〈off-peak〉ピークの時間帯をはずれていること。「―通勤」

オフ-ホワイト〈off-white〉少し黄や灰色がかった白色。

オブラート〈ドイツ Oblate〉デンプンなどで作った薄く透明な膜。体に害がなく、飲みにくい粉薬などを包むのに用いる。

―に包っむ 直接的な表現を避けて遠回しにぼかして言う。

オフ-ライン〈off-line〉《情報》コンピューターがネットワークに接続していない状態。また、端末装置が中央のコンピューターと接続していない状態。↔オンライン

オフ-リミット〈off-limits〉立ち入り禁止。

お-ふる【◦御古】 他人がすでに使い古したもの。特に、衣服などにいう。「姉の―のセーター」

お-ふれ【◦御触れ】 役所から一般の人々に出す命令・通達。

―がき【◦御触書】 江戸時代、幕府・大名などが庶民に公布した公文書。

オフ-レコ〈off the record から〉記録にとどめないこと。公表しないこと。「この話は―にしてほしい」

オフ-ロード〈off-road〉道路として整備されていない場所。また、舗装されていない道。「―車」

オペ ①「オペレーション」の略。②「オペレーター」の略。

お-べっか《俗》目上の人などの機嫌をとること。また、その言葉。「―を使う」

オペック【OPEC】〈Organization of the Petroleum Exporting Countries から〉石油輸出国機構。一九六〇年、主要産油国が国際石油資本に対抗して石油価格の引き上げや生産調整などを目標に設立。

オペラ〈opera〉【音】歌劇。

―グラス〈opera glasses〉観劇用の小型双眼鏡。

―コミック〈(フランス)opéra comique〉対話の台詞(せりふ)を交えたフランスの歌劇。

―ハウス〈opera house〉歌劇場。

オベリスク〈obelisk〉古代エジプトの記念碑で、神殿の前に一対ずつ建てた、先のとがった巨大な方形の石柱。方尖柱(ほうせんちゅう)。

〔オベリスク〕

オペレーション〈operation〉①機械の運転。操作。②【経】市場操作。オペ。③軍事作戦。④【医】手術。オペ。

オペレーションズ-リサーチ〈operations research〉合理的な企業経営を行うための数量的・科学的な調査・研究。OR

オペレーター〈operator〉①機械を操作・運転する人。コンピューターの操作者や電話交換手・無線通信士など。②オーナー(=船主)に対して、船を運航する海運業者。運航業者。

オペレーティング-システム〈operating system〉【情報】コンピューターのハードウェアとアプリケーションソフトウェアの間にあってコンピューター全体を運用・制御する基本ソフトウェア。入出力の管理・作業順序の調整・実行状況の監視・記憶領域の割り当て・データの保存管理などを行う。OS

オペレッタ〈(イタリア)operetta〉【音】娯楽要素の強い喜劇的な小歌劇。軽歌劇。

お-べんちゃら《俗》口先だけのお世辞。「―を言う」

おぼえ【覚え】①記憶すること。また、思い当たること。「―が悪い」「身に―がない」②自信。「腕に―がある」③評判。「世の―」④信任。寵愛(ちょうあい)。「―がめでたい」⑤→おぼえがき①

―がき【覚〔え〕書き・覚書】①忘れないように書いておくもの。備忘録。メモ。おぼえ。②条約に付帯し、意見の伝達や補足などに用いる略式・非公式の外交文書。

おぼえ-こ・む【覚え込む】(他五)(マ(モ)・ミ(ン)・ム・ム・メ・メ) 知識や技能などを完全に記憶したり身につけたりする。「体でこつを―」

おぼえ-ず【覚えず】(副) 知らず知らず。思わず。いつしか。「―涙が出た」

おほえやま…【和歌】〔大江山 生野(いくの)の道の 遠ければ まだふみもみず あまの橋立(はしだて)〕〈金葉集 小式部内侍(こしきぶのないし)〉母(=和泉式部(いずみしきぶ))のいる丹後の国は、大江山を越え、生野を通って行く道が遠いので、私はまだあの名勝の天(あま)の橋立を踏んでみたこともなく、母からの文(ふみ)(=手紙)も見ておりません。(あなたの歌はお母さんに代作を頼んだものだろうと言われたことに反発して詠んだ歌。小倉百人一首の一つ)

おぼ・える【覚える】(他下一)(エ・エ・エル・エル・エレ・エロ(エヨ)) ①忘れずに心にとどめる。記憶する。「そのことは―・えていない」②学ぶ。会得(えとく)する。「仕事を―」「こつを―」③感じる。意識する。「興味を―」「悲しみを―」【文】おぼ・ゆ(下二)【参考】①は「◇憶える」とも書く。

オホーツク-かい【オホーツク海】〈Okhotsk〉北海道・千島列島・カムチャツカ半島・サハリン(樺太(からふと))で囲まれた海域。

おほけなく…【和歌】〔おほけなく うき世の民(たみ)に おほふかな わが立つ杣(そま)に 墨染(すみぞ)めの袖(そで)〕〈千載集 法印(大僧正)慈円(じえん)〉身の程をわきまえないことではあるが、私はこのたび比叡(ひえい)山延暦寺(えんりゃくじ)にはいり、憂(う)き世の民を墨染めの法衣の袖でおおい、仏法に導くこととなった。(「わが立つ杣」は伝教大師(=最澄)の歌に見える語で、延暦寺をさす。小倉百人一首の一つ)

おほけ-な・し(おおけ)(形ク)(古) ①身分不相応である。身のほどをわきまえない。②恐れ多い。もったいない。

おぼこ ①まだ世慣れないこと。また、その人。うぶ。「―娘」②まだ男性と性的関係をもたないこと。また、その女性。生娘(きむすめ)。

おぼし・い【◇思しい】(形)(カロ・カッ(ク)・イ・イ・ケレ・○) それらしく見受けられる。それと推定される。「社長と―人」【文】おぼ・し(シク)【用法】文語形容詞「おぼし」の連体形「おぼしき」の形も多く用いられる。

おぼし-めし【◇思〔し〕召し】①「考え」「気持ち」の敬称。「神様の―」②報酬・寄付などの額を相手の好意に任せること。「―だけで結構です」③《俗》人を恋い慕う気持ち。

おぼし-め・す【◇思〔し〕召す】(他五)(サ(ソ)・シ・ス・ス・セ・セ) 「思う」の尊敬語。お思いになる。「私を哀れと―・して」

おほ・す【◇生す】(おお)(他四)(古) ①植物などを生長させる。生やす。②髪などを生やす。のばす。③養う。育てる。

おほ・す【仰す】(おお)(他下二)(古) ①命じる。言い付ける。②「言ふ」の尊敬語。おっしゃる。【用法】中古には、主として「おほせらる」の形で②の意に用いられ、高い敬意を表した。

おほ・す【負ほす・◇課す】(おお)(他下二)(古) ①背負わせる。②罪を着せる。③名付ける。④労役・租税などを課す。

おぼ・す【◇思す】(他四)(古) 「思ふ」の尊敬語。お思いになる。【語源】「おもほす」の転。

オポチュニスト〈opportunist〉ご都合主義者。便宜主義者。日和見(ひより)み主義者。

オポチュニズム〈opportunism〉ご都合主義。便宜主義。日和見(ひより)み主義。

おぼつか-な・い【覚◇束ない】(形)(カロ・カッ(ク)・イ・イ・ケレ・○) ①うまくいくかどうか疑わしい。「合格はとても―」②確かでなくて不安だ。心もとない。「足もとが―」「―記憶」【文】おぼつかな・し(ク)

おほてらの…【和歌】〔おほてらの まろきはしらの つきかげを つちにふみつつ ものをこそおもへ〕〈会津八一(あいづやいち)〉月の光に唐招提寺(とうしょうだいじ)の列柱が土にそれぞれ影を置いている。その影を踏みながら、私はもの思いにふけることだ。

おほほ(感) 口をすぼめて笑う声を表す語。

おぼ-め・く(自四)(古) ①はっきりせず迷う。よくわからずまごつく。②いぶかしく思う。おぼつかなく思う。③そらとぼける。

おぼ・ゆ【覚ゆ】(古)【一】(自下二) ①思われる。思い出される。②似る。【二】(他下二) ①思い出す。②記憶する。心にとどめる。③思い出して語る。【語源】「おもほゆ」の転。

おぼれ-じに【溺れ死に】水におぼれて死ぬこと。水死。

おぼれ-だに【溺れ谷】【地質】陸上の谷の部分に地盤の沈下や海面の上昇によって海水が浸入してできた湾。

おぼ・れる【溺れる】(自下一)(レ・レ・レル・レル・レレ・レロ(レヨ)) ①水の中に沈んで息ができず死にそうになる。水中に沈んで死ぬ。「川で―・れかける」②あることに夢中になって正常な判断を失う。それ以外のことはどうでもよくなる。「酒に―」【文】おぼ・る(下二)

―者(もの)は藁(わら)をも摑(つか)む 危急のときには、助かろうとして、頼りになるとは思えないものにも頼ろうとする。

おぼろ【△朧】【一】(形動ダ)(ダロ・ダッ(デ・ニ)・ダ・ナ・ナラ・○) はっきりしないさま。ぼんやりかすむさま。「―な月」【春】【文】(ナリ)【二】(名)→そぼろ②

―げ【―気】【一】(形動ダ)(ダロ・ダッ(デ・ニ)・ダ・ナ・ナラ・○) はっきりしないさま。ぼんやりかすんださま。「―な記憶」【二】(形動ナリ)(古)(近世中期以前は「おぼろけ」)①(多く打ち消しの語を伴って)ふつうの程度。②(「おぼろけならず」の意)なみひとおりでないさま。

―こんぶ【―昆布】酢で湿らせたこんぶを、薄く帯状に削った食品。おぼろこぶ。

―づき【―月】(春の夜の)ぼんやりとかすんだ月。春

―づきよ【―月夜】おぼろ月の出ている夜。おぼろ夜。春

―よ【―夜】おぼろ月の出ている夜。おぼろ月夜。春

おほん-【◇御】(接頭)《古》(「大御(おおみ)」の音便)名詞に付けて尊敬の意を添える。「―時(=御代(みよ))」

お-ぼん【◇御盆】「盆」の丁寧語。

オマージュ〈フラ hommage〉ある人物や芸術作品などにささげる尊敬・敬意・賛辞。「今は亡き映画監督への―」

オマール-えび【オマール×海老】〈フラ homard〉→ロブスター

オマーン〈Oman〉アラビア半島の南東部、ペルシャ湾の入り口に位置する君主国。首都はマスカット。

お-まいり【◇御参り】マヰリ (名・自スル) 神仏を拝みに行くこと。参詣(さんけい)。「お寺に―する」

お-まえ【◇御前】マヘ ㊀(名) 神仏や貴人の前を敬っていう語。御前(みまえ)。㊁(代) 対称の人代名詞。おもに男性が、同輩または目下の人にいう。「おれと―の仲」

お-まけ【◇御負け】(名・他スル) ①商品の値引きをしたり景品を付けたりすること。また、その値引きした金額や景品。「五〇円の―」「―付きの菓子」②あるものに余分に加えること。また、そのもの。「―の話」

―に (接) その上に。「風は強いし、―雨まで降り出した」

お-まじり【◇御交じり・◇御混じり】ごく少量の飯粒がまじった重湯(おもゆ)。乳幼児・病人用。

お-まちかね【◇御待ち兼ね】今か今かと待っていること。また、その対象。「―の品が届いた」

お-まちどおさま【◇御待ち遠様】マチドホ (感) 人を待たせたときにわびる挨拶(あいさつ)の言葉。「どうも―でした」

お-まつ【雄松】ヲ「黒松」の異名。↔雌松(めまつ)

お-まつり【◇御祭〔り〕】「祭り」の尊敬語・丁寧語。

―さわぎ【―騒ぎ】①祭礼の時のにぎやかな騒ぎ。②大勢でにぎやかに騒ぎたてること。

お-まもり【◇御守り】災難よけに身に付けるもの。特に、神社・寺などの守り札。

お-まる【◇御×虎子】病人や小児などが用いる、持ち運びのできる便器。

お-まわり【◇御巡り】マハリ 《俗》警官。巡査。

―さん 警官、巡査を親しんで呼ぶ語。参考「お巡りさん」は、常用漢字表付表の語。

おみ-【◇大・◇御・◇御◇御】(接頭) 尊敬または丁寧の意を添える。「―足」「―くじ」

おみ【臣】《日》大和(やまと)政権の姓(かばね)の一つ。中央の豪族に与えられ、有力者は大臣(おおおみ)として大連(おおむらじ)とともに国政に参画した。

おみ-おつけ【◇御味御付け】「みそ汁」の丁寧語。

お-みき【◇御神酒】①神前に供える酒。②酒の俗称。参考「お神酒」は、常用漢字表付表の語。

―どくり【―徳利】(「おみきどっくり」とも)①神前に供える一対の徳利。②(転じて)同じような姿をした一対の人や物。また、いつも一緒にいる仲の良い二人。

おみ-くじ【◇御御◇籤・◇御◇神◇籤】神社や寺に参詣(さんけい)して、吉凶を占うために引くくじ。「―を引く」

お-みこし【◇御×神輿】「神輿(みこし)」の敬称。夏

―を上げる ようやく立ち上がる。物事にやっと取り掛かる。

お-みず-とり【◇御水取り】オミヅ 奈良東大寺の二月堂の修二会(しゅにえ)の行事の一つ。三月十二日の深夜、二月堂前の井戸(若狭井(わかさい))から香水(こうずい)をくみ、本堂に運ぶ儀式。水取り。春

お-みそれ【◇御見◇逸れ】(名・他スル) ①出会って、それと気づかないこと。また、だれだか思い出せないこと。「つい―いたしました」②相手の能力がすぐれているのに改めて気づき、ほめるときの言葉。「見事なお手並み、―いたしました」

オミット〈omit〉(名・他スル) 除外すること。省略すること。

おみな【◇女】ヲミナ 女性の美称。

おみなえし【×女郎花】ヲミナヘシ 《植》スイカズラ科の多年草。秋の七草の一つ。山野に自生する。秋に、黄色の小花を多数傘(かさ)状に付ける。おみなめし。秋 ⇒秋の七草(さしえ)

お-みや【◇御宮】「宮(=神社)」の尊敬語・丁寧語。

お-むすび【◇御結び】「結び」の丁寧語。握り飯。おにぎり。

お-むつ【◇御×襁×褓】「襁褓(むつき)」の丁寧語。おしめ。

オムニバス〈omnibus〉映画・演劇などで、複数の独立した短編を一つのテーマなどでまとめた作品。

オム-ライス〈和製語〉チキンライスを薄い卵焼きで包んだ日本独特の料理。語源オムレツとライスとの合成語。

オムレツ〈フラ omelette〉ときほぐした卵に塩・こしょうで味を付け、紡錘(ぼうすい)形に焼いた料理。ひき肉や玉ねぎなどの具を加えたり包んだりすることもある。

お-め【◇御目】「目」の敬称。

―が高い 相手の鑑識力がすぐれていることを敬っていう語。**―に掛かる**「人に会う」意の謙譲語。お会いする。**―に掛ける**「人に見せる」意の謙譲語。お見せする。**―に留まる** 目上の人などに注視される。または、認められる。「社長の―」

お-めい【汚名】ヲ 悪い評判。不名誉。「―をそそぐ」

おめ-おめ (副) はずかしめられても、平気でいるさま。恥知らずなさま。のめのめ。「このまま―(と)引き下がれない」「―(と)よくも顔を出せたものだ」

オメガ〈omega〉①ギリシャ文字の最後の字。大文字は「Ω」、小文字は「ω」。②物事の終わり。最後。「アルファから―まで(=最初から最後まで)」↔アルファ

お-めかし (名・自スル) 化粧したり着飾ったりすること。おしゃれ。「精一杯―する」

お-めがね【◇御眼鏡】①「眼鏡」の丁寧語。②「鑑識」「めきき」などの意の尊敬語。

―に適う 目上の人などに気に入られる。認められる。

語源「眼鏡」には、ものを見分ける眼力、鑑識眼の意があり、「おめがねに適(かな)う」は目上の人の鑑識眼にかなうという意で用いられる。もともと「眼鏡」は「目のさしがね(物差し)」、つまり物事を正確に把握することからきているという。

おめ-く【◇喚く】ヲメク (自五) わめく。叫ぶ。

お-めざ ①目が覚めることを表す幼児語。おめざまし。②子供が目を覚ましたときに与える菓子の類。「―をやると泣きやむ」

お-めし【◇御召〔し〕】①「呼ぶこと」「着ること」「乗ること」「招くこと」などの敬称。「―列車(=天皇や皇族が乗る特別列車)」②「お召し物」の略。③(「お召縮緬(ちりめん)」の略)練り糸を用いて表面に皺(しぼ)を寄せた絹織物。

―かえ【―替え】カヘ (名・自スル)「着替えること」の敬称。また、そのための衣服。

―もの【―物】「着物」「衣服」の敬称。

おめず-おくせず【◇怖めず臆せず】(副) 少しも気後れしないで。少しも恐れないで。「自分の考えを―発表する」

お-めだま【◇御目玉】おしかり。お小言。「―を食う」

お-めでた【◇御×目出度・◇御×芽出度】結婚・妊娠・出産などの祝い事。「来春―の予定」

お-めでた-い【◇御×目出度い・◇御×芽出度い】(形)

カロ・カッ(ク)・イ・イ・ケレ・○ ①「めでたい」の丁寧語。②《俗》(反語的に)お人よしである。間が抜けたところがある。「―人だ」

お-めでとう【◇御×目出度う・◇御×芽出度う】 メデタウ (感)祝いの挨拶の言葉。「明けまして―」 用法 丁寧に言うときは「ございます」「存じます」を添える。

お-めみえ【◇御目見得】(名・自スル) ①貴人や目上の人にお目にかかること。お目通り。②俳優などが初めて演技を見せること。また、新しいものが初めて人の前に現れること。「新製品が―する」③《日》江戸時代、将軍に直接会うこと。また、会うことのできる身分。「―以上(=旗本)」「―以下(=御家人)」

お-めもじ【◇御目文字】(名・自スル) お目にかかること。「―がかなう」 語源 もと女房詞。

おも【面】 ①顔。顔つき。「―差し」「―長」「―持ち」②平らなものの表面。表。「水の―」

おも【主】(形動ダ) ダロ・ダッ(デ・ニ)・ダ・ナ・ナラ・○ たくさんある中で中心になる、または重要なさま。主要なさま。「―な議題」 文(ナリ)

おもい【思い】 オモヒ ①思うこと。考えること。「―を巡らす」②願い。望み。「―を達する」③予想。推量。想像。「受賞するとは―のほかであった」④感じ。気持ち。特別な感慨をもった経験。「目のさめるような―をする」「つらい―をする」⑤回想。追想。「昔に―をはせる」「―にふける」⑥憂い。心配。「―に沈む」⑦恨み。執念。「―が残る」⑧恋心。慕情。「―を寄せる」⑨(体言の下に付いて)特にたいせつにする気持ち。「親―」

―内にあれば色外に現る 心の中で何か思っていると、必ず顔色や態度に現れる。〈礼記〉 **―半ばに過ぐ** 考えてみると思い当たることが多い。だいたい考えていたとおりである。〈易経〉 **―も掛けない** 思ってもみない。思いもよらない。**―も寄らない** 予想外のことである。**―を致す** そのことについて、改めて考えたり、思いめぐらしたりする。**―を懸ける** ①恋い慕う。②心配させる。**―を晴らす** ①恨みや憂さを除く。②望みを遂げる。

おも・い【重い】(形) カロ・カッ(ク)・イ・イ・ケレ・○ 《中心義―持ち上げたり運んだり支えたりする時の力の負担が極めて大きい》①処理するのに大きな力がいる。目方が大きい。重量がある。重たい。また、重量感がある。「荷物が―」「―球の投手」↔軽い ②思いどおりに動かない。動きが鈍い。「―足どり」「口が―(=無口だ)」↔軽い ③それがうまく行くかどうかが、全体に与える影響が大きい。責任が大きい。重要だ。「―任務」↔軽い ④悪い程度がはなはだしい。ひどい。「―病気」「―罪を犯す」↔軽い ⑤処理すべき事が気にかかり心が晴れ晴れしない。負担に感じる。「気が―」↔軽い ⑥地位・身分が高い。↔軽い ⑦競馬で、地面がぬれるなどして走りにくい。「―馬場」 文おも・し(ク)

おもい-あが・る【思い上がる】 オモヒ (自五) ラ(ロ)・リ(ッ)・ル・ル・レ・レ 実際よりも自分を偉いと思う。うぬぼれる。「―・った態度」

おもい-あた・る【思い当(た)る】 オモヒ (自五) ラ(ロ)・リ(ッ)・ル・ル・レ・レ 自分の経験や記憶から、なるほどと気がつく。「―ふしがある」

おもい-あま・る【思い余る】 オモヒ (自五) ラ(ロ)・リ(ッ)・ル・ル・レ・レ あれこれ考えてもよい考えが見つからず、どうしてよいかわからなくなる。「―・って相談する」

おもい-あわ・せる【思い合(わ)せる】 オモヒアハセル (他下一) セ・セ・セル・セル・セレ・セロ(セヨ) あれとこれとを比べて考える。考え合わせる。「当時を―と今昔の感が深い」 文おもひあは・す(下二)

おもい-いた・る【思い至る】 オモヒ (自五) ラ(ロ)・リ(ッ)・ル・ル・レ・レ あることに、考えが及ぶ。気がつく。「努力のたいせつさに―」

おもい-いれ【思い入れ】 オモヒ ①深く心にかけること。「―の深い品」②演劇で、俳優が心中を無言のうちに身ぶりや表情で表すこと。③(転じて)芝居がかった身ぶりや表情。

おもい-うか・べる【思い浮(か)べる】 オモヒ (他下一) ベ・ベ・ベル・ベル・ベレ・ベロ(ベヨ) 姿や形を思い出して心の中にえがく。「彼女の笑顔を―」 文おもひうか・ぶ(下二)

おもい-えが・く【思い描く】 オモヒエガク (他五) カ(コ)・キ(イ)・ク・ク・ケ・ケ まだ経験していないことを想像して、その情景を思い浮かべる。「新婚生活を―」

おもい-おこ・す【思い起(こ)す】 オモヒ (他五) サ(ソ)・シ・ス・ス・セ・セ 心の中に呼び起こす。想起する。「―・せばひと昔も前のことだ」

おもい-おもい【思い思い】 オモヒオモヒ (副) めいめい自分で思うまま。てんでに。「好きな物を―(に)選ぶ」

おもい-かえ・す【思い返す】 オモヒカヘス (他五) サ(ソ)・シ・ス・ス・セ・セ ①過去のことを思い出し再び考える。「事の次第を―」②決意を変える。思い直す。「これではだめだと―・して努力する」

おもい-がけな・い【思い掛けない】 オモヒ (形) カロ・カッ(ク)・イ・イ・ケレ・○ 予期しない。意外である。「―できごと」 文おもひがけな・し(ク)

おもい-きった【思い切った】 オモヒキッ (連体) ふつうではできないほど大胆な。覚悟を決めた。「―行動に出る」

おもい-きって【思い切って】 オモヒキッ (副) ためらう心を断ち切って。決心して。「―プールに飛び込む」

おもい-きや【思いきや】 オモヒ (「思ったか、いや思いもしなかった」の意から)…と思ったところが実際はそうではなくて。意外にも。「一難去ったと―また一難」 語源 文語動詞「思ふ」の連用形「思ひ」+過去の文語助動詞「き」の終止形+反語の文語係助詞「や」

おもい-きり【思い切り】 オモヒ 一(名) あきらめ。断念。「―が悪い」二(副) 思う存分。満足のいくまで十分に。思いっきり。「―遊ぶ」

おもい-き・る【思い切る】 オモヒ ラ(ロ)・リ(ッ)・ル・ル・レ・レ 一(他五) きっぱりあきらめる。断念する。「将来の夢を―」二(自五) 決心する。覚悟を決める。「―・って打ち明ける」

おもい-こ・む【思い込む】 オモヒ (自他五) マ(モ)・ミ(ン)・ム・ム・メ・メ ①すっかり信じきる。それにちがいないと思う。「うわさを本当だと―」②深く心に思う。かたく決心する。「―・んだら命がけ」

おもい-さだ・める【思い定める】 オモヒ (他下一) メ・メ・メル・メル・メレ・メロ(メヨ) 心に固く決める。決心する。「天職と―・めた仕事」 文おもひさだ・む(下二)

おもい-し・る【思い知る】 オモヒ (他五) ラ(ロ)・リ(ッ)・ル・ル・レ・レ はっきりとさとる。いやというほどわかる。「自分の無力を―」

おもい-すごし【思い過(ご)し】 オモヒ 余計なことまで考えすぎること。「それは君の―だ」

おもい-すご・す【思い過(ご)す】 オモヒ (他五) サ(ソ)・シ・ス・ス・セ・セ 必要以上に考えすぎる。余計なことまで考えて心配する。

おもいだし-わらい【思い出し笑い】 オモヒダシワラヒ 以前にあったことを思い出して、一人で笑うこと。

おもい-だ・す【思い出す】 オモヒ (他五) サ(ソ)・シ・ス・ス・セ・セ 忘れていたことを心によみがえらせる。過去を再び思う。「用事を―」

おもい-た・つ【思い立つ】 オモヒ (他五) タ(ト)・チ(ッ)・ツ・ツ・テ・テ あることをしようという考えを新たに起こす。「急に―・って旅に出る」

―日が吉日 何かをしようと思い立ったら、すぐその日からやり始めるのがよい。思い立ったが吉日。

おもい-ちがい【思い違い】 オモヒチガヒ (名・自スル) 実際と違うことを事実と思いこむこと。勘違い。「単なる―でした」

おもい-つき【思い付き】 オモヒ ふと心に浮かんだ考え。着想。「―にすぎない」「いい―だ」

おもい-つ・く【思い付く】 オモヒ (他五) カ(コ)・キ(イ)・ク・ク・ケ・ケ ①考えが心にふと浮かぶ。「―ままに話す」②忘れていたことを急に思い出す。「急に用事を―」

おもい-つ・める【思い詰める】―(オモヒ) (他下一) (メ・メ・メル・メル・メレ・メロ(メヨ)) いちずに思いこんで悩む。「そんなに―な」 文おもひつ・む(下二)

おもい-で【思い出】―(オモヒ) ①過去に経験し深く心に残っていることを思い浮かべること。また、その事柄。「―に残る人々」 ②過去を思い出すよすがとなるもの。「―の品」 類語 追憶・回想・回顧・懐旧・追想・追懐・記念

おもい-とどま・る【思い◇止まる】―(オモヒ) (他五) (ラ(ロ)・リ(ッ)・ル・ル・レ・レ) 考えた結果、しようと思っていたことをやめる。断念する。「辞職を―」

おもい-なお・す【思い直す】―(オモヒナホス) (他五) (サ(ソ)・シ・ス・ス・セ・セ) 一度決めた考えを改める。もう一度考え直す。「―・してやってみる」

おもい-なし【思い△做し】―(オモヒ) 確かな根拠もなく自分で推測してそう思い決めること。

―か 気のせいか。そう思うせいか。「―やつれて見える」

おもい-な・す【思い△做す】―(オモヒ) (他五) (サ(ソ)・シ・ス・ス・セ・セ) こういうことと心の中で決める。そうと考える。

おもい-のこ・す【思い残す】―(オモヒ) (他五) (サ(ソ)・シ・ス・ス・セ・セ) 満足できないまま終わったという気持ちをあとに残す。「―ことはない」

おもい-の-たけ【思いの丈】―(オモヒ) (多く、恋い慕う相手に対して)思うことのすべて。思いの限り。「―を打ち明ける」

おもい-の-ほか【思いの外】―(オモヒ) (副) 予想に反して。案外。意外に。思いがけず。「―便利だ」

おもい-の-まま【思いの△儘】―(オモヒ) (副) 思う存分。自分の思うとおり。思いどおり。「―(に)腕をふるう」

おもい-びと【思い人】―(オモヒ) 恋しく思う人。恋人。愛人。

おもい-まよ・う【思い迷う】―(オモヒマヨフ) (自五) (ワ(オ)・イ(ッ)・ウ・ウ・エ・エ) 心が迷って決まらないでいる。心が定まらない。「将来の進路に―」

おもい-みだ・れる【思い乱れる】―(オモヒ) (自下一) (レ・レ・レル・レル・レレ・レロ(レヨ)) あれこれ思い悩んで心が乱れる。「心が千々に―」 文おもひみだ・る(下二)

おもい-・みる【思い見る・△惟る】―(オモヒ) (他上一) (ミ・ミ・ミル・ミル・ミレ・ミロ(ミヨ)) いろいろと考えてみる。おもんみる。

おもい-めぐら・す【思い巡らす】―(オモヒ) (他五) (サ(ソ)・シ・ス・ス・セ・セ) 過去のことやこれからのことをいろいろと考える。「行く末を―」

おもい-もう・ける【思い設ける】―(オモヒマウケル) (他下一) (ケ・ケ・ケル・ケル・ケレ・ケロ(ケヨ)) 前もって考えに入れておく。予期して準備する。文おもひまう・く(下二)

おもい-もの【思い者】―(オモヒ) (多く、男性からみて)思いを寄せている相手。恋人。愛人。また、めかけ。

おもい-やり【思い◇遣り】―(オモヒ) 人の身になって考え、心を配り、いたわること。また、その気持ち。「―がない」「―のある人」

おもい-や・る【思い◇遣る】―(オモヒ) (他五) (ラ(ロ)・リ(ッ)・ル・ル・レ・レ) ①時間的・空間的に離れた物事に考えを及ぼす。(はるか)先・昔・かなたまで考える。「先が―・られる(＝将来が心配される)」 ②相手の立場になって考える。同情する。いたわる。「相手を―心」

おもい-わずら・う【思い煩う】―(オモヒワヅラフ) (自五) (ワ(オ)・イ(ッ)・ウ・ウ・エ・エ) いろいろ考えて苦しみ悩む。「病気の身を―」

おも・う【思う・◇想う】(オモフ) (他五) (ワ(オ)・イ(ッ)・ウ・ウ・エ・エ) 《中心義―目の前にない物事が今どうなっているか、これから先どうなるかなど、そのようすを頭の中に描く》 ①ある物事について考えをもつ。判断する。「―・ったことを言う」 ②現状をもとに、これから先のようすをおしはかる。推量する。想像する。「彼は来ないと―」 ③ある感情をいだく。感じる。「うれしく―」 ④心にかけて気づかう。心配する。不安がる。「老父の病状を―」 ⑤回想する。「昔を―」 ⑥こうなったらよい、こうなって欲しいと未来の事について思い描く。望む。願う。「―ようにでき上がった」 ⑦決心する。決意する。「必ずやろうと―」 ⑧かわいがる。いつくしむ。「子を―親心」 ⑨慕う。「故郷を―」 ⑩好意をいだく。愛する。恋する。「私の―人」「真剣に―・っている」 ⑪(「…と思うと」「…かと思うと」などの形で)…するとすぐ。「今いたと―・ったら、もう姿が見えない」 可能おも・える(下一)

―に任せない 自分の望むとおりに事が運ばない。 **―念力岩をも通す** 真剣に心をこめれば、どんな困難なこともできる。 参考 類似のことば―精神一到何事か成らざらん

―さま【―様】(副) 満足ゆくまで。思う存分。「―遊ぶ」

―ぞんぶん【―存分】(副) 思いどおり十分に。思い切り。とことん。「―(に)力をふるう」

―つぼ【―△壺】意図したとおり。「それでは相手の―だ」 語源「壺」とは博打でさいころを入れて振る道具のこと。自分の賭けた目が当たったという意から、期待や予測どおりの結果になったときに、「思う壺にはまる」などと使う。

―まま【―△儘】(副) 思うとおり。「―(に)ふるまう」

おもう-さま【おもう様】宮中・宮家で「父」の敬称。↕おたあ様 語源 寝殿造りの「母屋」に住むお方、の意から出た語。

おもえ-らく【思えらく】―(オモヘ) →おもへらく

おも・える【思える】(オモヘル) (自下一) (エ・エ・エル・エル・エレ・○) 思うことができる。自然とそう思う。そう感じられる。「自分のことのように―」

おもおも-し・い【重重しい】(形) (カロ・カッ(ク)・イ・イ・ケレ・○) 威厳があってどっしりしている。堂々としてりっぱである。「―口調」「―足取り」↕軽軽しい 文おもおも・し(シク)

おも-がい【面△繋】(「おもがき」の音便)馬具の一つ。馬の頭の上からくつわにかける組みひも。

おも-かげ【面影・△俤】①そのものを思い出させる顔つきやようす。「目元に父の―がある」 ②記憶に残っている姿やようす。「昔日の―がない」 参考「俤」は国字。

おも-かじ【面△舵】―(カヂ) ①船首を右へ向けるときのかじの取り方。「―いっぱい」 ②船の右舷。《↕取り舵》

おも-がわり【面変〔わ〕り】―(ガハリ) (名・自スル) 年をとったり病気にかかったりなどして、顔つきが変わること。

おもき【重き】重要であること。重み。 語源 文語形容詞「重し」の連体形の名詞化。

―を置く 重要に思う。重視する。「福祉問題に―」 **―をなす** 人に重んじられる。だいじなもの、価値あるものとしてたいせつにされる。「財界で―」

おも-くるし・い【重苦しい】(形) (カロ・カッ(ク)・イ・イ・ケレ・○) おさえつけられるようで苦しい。「胸が―」「―雰囲気」 文おもくる・し(シク)

おも-さ【重さ】①重いこと。また、その程度。目方。重量。 ②重要さ。「責任の―を痛感する」 ③《物》物体に作用する重力の大きさ。質量×重力加速度に等しい。

おも-ざし【面差し】顔のようす。顔つき。「祖母に似た―」

おもし【重し・重◇石】①物をおさえるために置くもの。特に、漬物の上にのせる石。 ②人をおさえる威力。また、その威力を持つ人。「世の―となる」 ③はかりに用いるおもり。

おも-しろ・い【面白い】(形) (カロ・カッ(ク)・イ・イ・ケレ・○) ①満足できる内容であり心ひかれる。愉快だ。楽しい。「あの人は―」 ②発展が期待でき興味深い。「なかなか―意見だ」 ③笑い出したくなる。おかしい。こっけいだ。 ④好ましい。「どうも結果が―・くない」 文おもしろ・し(ク) 語源「面」は目前の情景で、それが明るくひらける意から。 用法 ④は、多くあとに打ち消しの語を伴う。

おもしろ-おかし・い【面白おかしい】―(ヲカシイ) (形) (カロ・カッ(ク)・イ・イ・ケレ・○) ①こっけいで興味をそそるさま。「―・く話す」 ②愉快で楽しい気分である。「―・く暮らす」 文おもしろをか・し(シク)

おもしろ-が・る【面白がる】(自五) (ラ(ロ)・リ(ッ)・ル・ル・レ・レ) おもしろい

と思う。いかにもおもしろいというようすをする。「子供が―」

おもしろ-ずく【面白ずく】ヅク おもしろさにまかせて、いい気になってすること。興味本位。「―で人をからかう」

おもしろ-はんぶん【面白半分】(名・形動ダ) 興味本位の、半ばふざけた気持ちですること。「―で応募する」

おもしろ-み【面白み】 おもしろいこと。興味の感じられること。味があり心ひかれること。「―のない人」

おも-た・い【重たい】(形) カロ・カッ(ク)・イ・イ・ケレ・○ ①重量が多い。重い。また、そういう感じである。「―荷物」「まぶたが―」②気分が晴れ晴れしない。「頭が―」文おもた・し(ク)

おも-だか【×沢瀉】〘植〙オモダカ科の多年草。池や沼・水田に生え、夏、長い花茎を出し、白色の単性花を開く。変種のクワイは食用。はなぐわい。夏

〔おもだか〕

お-もたせ【◦御持たせ】(「おもたせ物」の略)客が持って来た「手みやげ」の敬称。「―で恐縮ですが…」用法 持って来た当人にそれを勧めるときに使う。

おも-だち【面立ち】 顔のつくり。おもざし。「整った―」

おも-だ・つ【主立つ・重立つ】(自五) タ(ト)・チ(ツ)・ツ・ツ・テ・テ 集団の中で主となる。中心となる。「―・った人」

おもちゃ【×玩具】①子供が持って遊ぶ道具。がんぐ。「―箱をひっくり返したよう(=乱雑なさまの形容)」②なぐさみにもてあそばれる物や人。「―にする」語源「おもちあそび」の転。

おもて【表】①二面あるものの、おもだった側。外側や上側の面。「コインの裏―」↔裏 ②家屋や敷地のまえの部分。正面。「―玄関」「―座敷」「―の門」↔裏 ③おもに人に見られる側。人目につくところ。「―舞台」「―芸」↔裏 ④家屋や門の外。「―で遊ぼう」⑤外部に示している公的なこと。表向き。「―の理由」↔裏 ⑥野球で、各回の先に攻撃する番。「九回の―」↔裏 ⇩「使い分け」

―を飾(かざ)る 内容をなおざりにして、表面だけをとりつくろう。

おもて【面】①顔。「感情を―に出す」「―を上げる」②能楽などの、めん。能面。仮面。「―をつける」③平らなものの表面。外面。「池の―」④〘古〙面目。体面。⇩「使い分け」

―も振(ふ)らず わきめもふらず。一心不乱に。熱心に。**―を冒(おか)す** 相手のきげんをそこなうこともはばからずにいさめる。

> 使い分け「表・面」
> 「表」は、相対する二つの面のうち、前方・外側・正面・公式など、その物事の見えているほうや代表的な方面を表し、「本の表」「表に出る」「表の部屋」などと使われる。
> 「面」は、人の顔など、外からしか見ることのできない面としての、あるものの一番上側や外側を表し、「面を上げる」「水の面」などと使われる。

おもて-がえ【表替え・表換え】ガヘ 畳表を新しいものにとりかえること。

おもて-あみ【表編み】〘服〙棒針編みの基本編みの一つ。メリヤス編みの表と同じ編み目になる。↔裏編み

おも-で【重手・重◦傷】重い傷。ふかで。重傷(じゅうしょう)。

おもて-がき【表書き】(名・自他スル) 手紙・書物などの表面に宛名などを書くこと。また、書いた文字。上書(うわが)き。

おもて-かた【表方】劇場で、おもに観客に関する仕事をする人。支配人、事務系統の人、案内係など。↔裏方(うらかた)

おもて-がまえ【表構え】ガマヘ 家の正面から見たかまえ。家の表のつくり方。「りっぱな―の家」

おもて-かんばん【表看板】①劇場の正面に掲げる、上演内容や出演者名などを記した看板。②世間に示す得意のもの。また、表面だけの名目。「鳥料理を―にする店」

おもて-ぐち【表口】①建物の正面にある出入り口。↔裏口 ②本道となる登山口。③→まぐち①

おもて-げい【表芸】①当然、正式に習得していなければならない技芸。②その人の専門・得意としている技芸。↔裏芸

おもて-げんかん【表玄関】ゲンクワン ①家の正面にある正式な玄関。客用の玄関。↔内玄関 ②国や大都市の主要な空港・港・駅などのたとえ。「日本の空の―である成田空港」

おもて-さく【表作】〘農〙同一の土地で一年間に二種類の農作物を栽培する場合、主になるほうの作物。↔裏作

おもて-ざしき【表座敷】家の表のほうにある座敷。客間とすることが多い。↔奥座敷

おもて-ざた【表沙汰】①世間に知れわたること。おおやけざた。表向き。「内密にしていたことが―になる」②訴訟(そしょう)。裁判ざた。↔内沙汰(うちざた)

おもて-だか【表高】江戸時代、武家の表向きの石高(こくだか)。↔内高

おもて-だ・つ【表立つ】(自五) タ(ト)・チ(ツ)・ツ・ツ・テ・テ 事が表面化する。公然と世間に知られる。他おもてだ・てる(下一)

おもてだって 公然と。正式に。「―は言えないこと」

おもて-どおり【表通り】ドホリ 市街地の主要な所を通っている、大きな道路。↔裏通り

おもて-にほん【表日本】本州のうち、太平洋に面した地方。↔裏日本 参考 現在では、ふつう「太平洋側」という。

おもて-ぶたい【表舞台】公式に認められた立場で、活動したり演技したりする場所。「晴れて政治の―に立つ」

おもて-むき【表向き】①表面上のこと。うわべ。「―の理由」②公然と知られわたること。表ざた。「事が―になる」③政府・役所。また、そこで扱う事柄。特に、訴訟。

おもて-もん【表門】建物の表口にある門。正門。↔裏門

おもて-もん【表紋】家の正式の紋所。定紋(じょうもん)。↔裏紋

お-もと【◦御◦許】㊀(名)①貴人の御座所。また、おそば。②女性の手紙で、宛名に書き添える語。③〘古〙中古、女房の名前や職名に添えた敬称。「式部の―」㊁(代)〘古〙対称の人代名詞。あなた。用法 ㊁は多く女性に対して使う。

おもと【×万年青】〘植〙キジカクシ科の常緑多年草。葉は根から叢生(そうせい)し厚くて細長い。夏に緑黄色の小花を穂状に開く。果実は赤い。観賞用。(おもとの実 秋)

おも-なが【面長】(名・形動ダ) 顔が長めであること。

おも-な・し【面無し】(形ク)〘古〙①恥ずかしい。面目ない。②あつかましい。ずうずうしい。

おも-に【重荷】①重い荷物。②重い負担。「―に感じる」**―を下(お)ろす** 責任を果たしたり心配事がなくなったりしてほっとする。

おも-に【主に】(副) その中で大きな割合をしめることを表す。主として。「参加者は―若者だ」「休みは―読書をして過ごす」

おもね・る【◦阿る】(自五) ラ(ロ)・リ(ツ)・ル・ル・レ・レ きげんを取って相手に気に入られようとする。へつらう。こびる。「権力者に―」

お-もの【◦御物】〘古〙①貴人の飲食物の敬称。特に、天皇の御食事。②(「おかず」に対して)ごはん。③→ぎょぶつ

おも-ばば【重馬場】競馬で、雨や雪が降ってかなり水分を含み、走りにくくなった馬場。

おも-はゆ・い【面映ゆい】(形) カロ・カッ(ク)・イ・イ・ケレ・○ (顔をあわせるのがまぶしい意から)照れくさい。はずかしい。きまりが悪い。「ほめら

れて―」文おもはゆ・し(ク)

おもひわび… 和歌〔思ひ侘び　さても命は　あるものを　憂きに堪へぬは　涙なりけり〕〈千載集　道因法師〉この恋の苦しみにつらい思いをしつつ、それでもこうして命はあるのに、つらさに堪えられないのは、あとからあとからあふれ出てとまらない涙だったのだ。(小倉百人一首の一つ)

おもへ-らく【思へらく】―《古》考えていることには。思うことには。語源文語動詞「おもふ」に助動詞「り」の付いた「おもへり」のク語法。

おもほ・ゆ【思ほゆ】(自下二)《古》(「おもはゆ」の転)思われる。「瓜食めば子ども―」〈万葉〉

おも-み【重み】①重さの程度。重い感じ。↔軽み ②重要さ。「一票の―」③重々しい貫禄をそなえていること。「政治家らしい―がつく」「伝統の―」

おもむき【趣】①しみじみとした味わい。風情。おもしろみ。「―のある景色」②自然にそう感じられるようす。感じ。「異国の―がある町」③伝えようとする内容。趣旨。「お話の―がよくわかりません」④…であるとのこと。由。「承れば御病気の―、ご案じ申し上げております」

おもむ・く【赴く・趣く】(自五)①…の方向に向かって進む。向かって行く。「大阪に―」②もとの状態が変化して、ある状態に向かう。「病気が快方に―」「勢いの―ところ」語源「面向く」の意から。「そむく」の対。

おもむろ-に【徐に】(副)ゆっくりと動作を起こすさま。「―口を開く」

おも-もち【面持ち】顔つき。表情。「いぶかしげな―」

おも-や【母屋・母家】①家の中央に位置している、建物のおもな部分。もや。「ひさしを貸して―を取られる」②物置・離れなどに対して、住居に用いるおもな建物。③本家。本店。参考「母屋」「母家」は、常用漢字表付表の語。

おも-やつれ【面窶れ】(名・自スル)病気や気苦労などのために、顔が生気なくやせ衰えて見えること。「長患いで―する」

おも-ゆ【重湯】水を多くして米を煮た、のり状の上澄み液。乳児や消化力の落ちた病人の食事用。

おもり【重り・錘】重量を増すためにつけ加えるもの。釣り針を沈めるための鉛のかたまりやはかりの分銅など。

お-もり【御守り】幼児や手のかかる人のめんどうをみること。また、その人。「孫の―をする」

おも・る【重る】(自五)①病状が悪くなる。②重量が多くなる。

おもろ・い(形)《方》(関西地方で)おもしろい。「―話やないか」

おも-わ【面輪】顔。顔つき。「やさしい―」

おもわく【思わく・思惑】①ある意図をもった、その人なりの考え。思うところ。見込み。「―がはずれる」②その人に対する世間の評判。「世間の―を気にする」③《経》相場で、値の変動を予想すること。語源文語動詞「思ふ」のク語法から。「惑」は当て字。

―**がい【―買い】**《経》相場の値上がりを見越して買っておくこと。見越し買い。

―**ちがい【―違い】**予想がはずれること。見込み違い。

おもわし・い【思わしい】(形)好ましく思われる。思いどおりで望ましい。「結果が―・くない」文おもは・し(シク) 用法多く、あとに打ち消しの語を伴う。

おもわ-ず【思わず】(副)そうするつもりがないのに無意識に。つい。うっかり。「―口をすべらせる」「―知らず」

おも-わすれ【面忘れ】(名・自スル)人の顔を見忘れること。

おもわせ-ぶり【思わせ振り】(名・形動ダ)それとなくさとらせるような言動をすること。また、相手に期待をもたせるような意味ありげなふるまいをすること。「―な言い方をする」

おもん・じる【重んじる】(他上一)価値あるものとしてたいせつにする。たっとぶ。敬う。「伝統を―」↔軽んじる 語源サ変動詞「おもんずる」の上一段化。

おもん・ずる【重んずる】(他サ変)→おもんじる 文おもん・ず(サ変)

おもん-ぱかり【慮り】(「思いはかり」の音便)配慮。思慮。考え。「―に欠ける行動」

おもん-ぱか・る【慮る】(他五)(「思いはかる」の音便)よくよく考える。人の立場・周囲の事情・将来のことなどをよく考え、心を配る。深く思案する。「相手の立場を―」

おもん・みる【惟みる】(他上一)(「思いみる」の音便)よくよく考えてみる。思いめぐらす。「つらつら―に」

おや【親】①父と母。生物の、子・卵を生んだもの。「―の欲目(=親が子を実際以上によく見てしまうこと)」↔子 ②養父母。「育ての―」↔子 ③祖先。「―代々」④物のはじめ。元祖。⑤物を生じふやすもと。「―芋」⑥中心となるおもだったもの。「―会社」↔子 ⑦小さいものに対して、大きいもの。「―指」⑧ゲームなどで、札を配るなど進行の中心となる人。↔子 ⑨無尽などの発起人。参考③は「祖」とも書く。

―**の心子知らず** 子を思う親の深い愛情がわからず、子はわがまま勝手なふるまいをする。―**の脛を齧る** 自力で生活できず、親の援助を受けて生活する。―**の光は七光** 親の威光・声望が大きいと、その子はあらゆる面でその恩恵に浴することができるということ。親の七光。―**はなくとも子は育つ** 親がいなくなっても、子供はなんとか育っていくものである。世の中のことは心配せずともどうにかなるというたとえ。

おや(感)意外なことや不審なことに出あったときに発する語。

おや-いも【親芋】サトイモの地下茎で、まわりに多くの子イモをつけているかたまり。いもがしら。秋

おや-おもい【親思い】親をたいせつに思って気づかうこと。また、その人。「―の子」

おや-がいしゃ【親会社】ある会社に対して、資本などの関係で、その支配権を持つ会社。↔子会社

おや-がかり【親掛[か]り】子が経済的に独立できず、親の世話を受けていること。また、その子。「―の身」

おや-かた【親方】①職人などの頭。また、弟子・部下の世話や指導にあたる人。②相撲で、現役を引退後、年寄株を持ち、後進を指導する人。

―**ひのまる【―日の丸】**(「日の丸」を国家の象徴とみて)国家が後ろ盾になっている組織や団体。官公庁や公営企業などにみられる、倒産の心配はないという気楽な考え方や放漫な経営姿勢などを皮肉っていう。

おや-かぶ【親株】①《植》根を分けて苗木をとる元株。②《経》増資で発行された新株に対する元の株。旧株。(↔子株)

おや-がわり【親代[わ]り】親の代わりになって世話や養育をすること。また、その人。「兄が―になって育てる」

おや-き【親木】つぎ木をするとき、つぎ穂をとる木。おやぎ。

お-やき【御焼き】小麦粉などをねり、野菜などで作った餡を包んで平たく焼いたもの。長野県の郷土料理。

おやく-ごめん【御役御免】①それまでの役職をやめさせられること。また、その役から解放されること。②(転じて)古くなったり壊れたりしたものを処分すること。「この洗濯機も―だ」

おやくしょ-しごと【御役所仕事】形式的で能率の悪い官庁の仕事ぶりを皮肉っていう言葉。

おや-こ【親子】 ①親と子。また、その関係にたとえられるもの。「—の愛情」「—電球」②「親子どんぶり」の略。

—でんわ【—電話】 一本の電話回線に数台の電話機がつけられ、どれからも外部と通話ができるようにした装置。

—どんぶり【—丼】 鶏肉を煮て鶏卵でとじ、どんぶりの飯にかけた食べ物。語源 鶏肉と鶏卵が親子であることからいう。

おや-ご【親御】 他人の親の敬称。「—さんによろしく」

おや-こうこう【親孝行】カウカウ — (名・自スル・形動ダ) 親をたいせつにして、よく仕えること。また、その人。↔親不孝

おや-ごころ【親心】 ①親が子を思うやさしい心。②親が子に示すような、目下の者に対する思いやりの心。

おや-じ【親◇父・親◇仁・親△爺】ヂ — ①父親を親しんでいう語。「うちの—」↔お袋 ②年輩の男。「隣の—」③店の主人や職場の長を親しんでいう語。用法 おもに男性が用いる。

おや-じ【親字】 漢和辞典で、見出しとなっている一字の漢字。親文字。

おや-しお【親潮】シホ — 〔海〕カムチャツカ半島・千島列島の東海岸沿いを南下する寒流。プランクトンが多く、魚類がよく育つ。透明度は低い。千島海流。⇩黒潮

おや-しらず【親知らず・親×不知】 ①実の親の顔を知らないこと。②一番遅く生える四本の奥歯、第三大臼歯の俗称。知歯。知恵歯。③(通行する際親子がたがいをかえりみる余裕もないほど)切りたった崖の迫る危険な海岸。特に、新潟県西端の、古来北陸道の難所である海岸一帯。親知らず子知らず。

お-やす・い【お安い】(形) カロ・カッ(ク)・イ・イ・ケレ・○ 易しい。わけない。簡単だ。「—ご用だ」参考 多く、人からものを頼まれたときにいう。

おやすくない 二人の親密な間柄をからかっていう言葉。

お-やすみ【◇御休み】 ■一(名) ①「休み」の丁寧語。②「寝ること」の尊敬語。■二(感) 寝るときや夜遅く別れるときの挨拶のことば。用法 ■二は、丁寧に言うときは「なさい」を添える。

おや-だま【親玉】 ①《俗》中心となる人。親分。頭。②数珠の中心となる大きな玉。

お-やつ【◇御八つ】 間食。お三時。語源 昔、昼の八つ時(=今の午後二時ごろ)に食べたことからいう。

おや-なし【親無し】 親がいないこと。また、その子。みなしご。

おや-ばか【親×馬鹿】 親が子供かわいさのあまり、はたから見るとおろかにみえる言動をとること。また、その親。

おや-ばしら【親柱】 ①階段・欄干などの端にある太い柱。②一家を支えている人。大黒柱。あるじ。

おや-ばなれ【親離れ】(名・自スル) 子供が成長して、親を頼らなくなること。↔子離れ

おや-ふこう【親不孝】フカウ — (名・自スル・形動ダ) 親に心配をかけたり悲しみを与えたりすること。また、その人。↔親孝行

おや-ぶね【親船】 複数の小船を従え、それに物資を補給したり、その漁獲物を受け入れたりする大きな船。本船。母船。

—に乗ったよう 安心だ、心丈夫だという状態の形容。「大船に乗ったよう」

おや-ぶん【親分】 ①頭として頼りにする人。侠客などの頭。「—肌(=面倒見がよく頼りとなる気質)」②かりに親と決めて頼りにする人。(↔子分)

おや-ぼね【親骨】 扇の両端の太い骨。

おやま【×女形】ヲヤマ・オヤマ 〔演〕①歌舞伎で、女役をする男の役者。女形。②あやつり人形で女役の人形。おやま人形。

おや-まさり【親勝り】(名・形動ダ) 子の才能や器量などが親よりすぐれていること。また、そのさま。「—の器量」

おやま-の-たいしょう【◇御山の大将】タイシヤウ — ①小集団の中で一番えらいと得意になっていばっている人。「彼はしょせんーだ」②子供の遊びの一つ。低い盛り土の上に争って登り、あとからくる子をつき落とすなどして頂上に立つことを競う。

お-やみ【小◇止み】ヲ — 雨や雪などが、少しの間やむこと。「—なく降る雨」

おや-もじ【親文字】 ①欧文の大文字。②→おやじ(親字) ③活字の字母。母型。

おや-もと【親元・親◇許】 親の住んでいるところ。親里。里。「—に帰る」「—を離れる」

おや-ゆずり【親譲り】ユヅリ — 親からそのまま受け継ぐこと。また、そのもの。「—の財産」「—の激しい気性」

おや-ゆび【親指】 手や足の、いちばん太い指。拇指。足の場合は第一指ともいう。

およが・す【泳がす】(他五) サ(ソ)・シ・ス・ス・セ・セ ①泳ぐようにさせる。泳がせる。②ひそかに監視しながら、表面上は自由に行動させておく。泳がせる。「容疑者を—・しておく」自およ・ぐ(五)

およ・ぐ【泳ぐ】(自五) ガ(ゴ)・ギ(イ)・グ・グ・ゲ・ゲ ①手足を動かして水中・水面を進む。②魚などが体やひれなどを動かして水中を進む。③行動や動作が泳いだような状態である。㋐人ごみの中をかき分けて進む。「人波の中を—」㋑前のめりになってよろめく。「つまずいて体が—」④うまく世渡りする。「たくみに業界を—」他およが・す(五) 可能およ・げる(下一)

およず・く(自下二)《古》(「およすぐ」「およずく」とも) ①大人になる。成長する。②大人びる。ませる。③老成する。

およそ【◇凡そ】 ■一(名・副) ほぼ。だいたいのところ。約。「—三〇人が来た」■二(副) ①一般に。総じて。「—人間というものは」②まったく。全然。「—考えられない事故だ」用法 ■二②は、あとに打ち消しの語を伴う。

およばず-ながら【及ばず△乍ら】(副) 不十分ではあるが。行き届かないが。「—力になりましょう」用法 人を手助けするときに謙遜していう語。

お-よばれ【◇御呼ばれ】(名・自スル) ごちそうなどに招待されること。「—にあずかる」

お-よび【◇御呼び】「呼ぶこと」の尊敬語。お召し。「社長が—です」「—がかかる」

—でない 招いていない。必要としていない。

および【及び】(接) (体言・準体言を列挙するときに用いて)前後の物事が並列の関係であることを示す。ならびに。そして。「住所—氏名を記入する」

およびごし【及び腰】 ①腰を引いて手を前方に伸ばした不安定な姿勢。「—になる」②自信がなく不安をもって事に臨む態度。「—で応対する」

お-よびたて【◇御呼〔び〕立て】(名・他スル) 人を呼び寄せることの謙称。「—してすみません」

およびも-つかない【及びもつかない】 どう競ってもとてもかなわない。「私など彼には—」

およ・ぶ【及ぶ】(自五) バ(ボ)・ビ(ン)・ブ・ブ・ベ・ベ 《中心義—基準として考えた物事と同じ段階にまで達する》①ある時・所・状態・数値などが甚しい段階に達する。㋐事がそれまで続く。至る。「仕事が夜にまで—」㋑ゆきわたる。「被害が全県に—」㋒状態がそこまで立ち至る。「一万人に—行楽客」㋓結果としてある行為をする。とうとうそうなる。「口論の末暴力行為に—」②㋐匹敵する。「力では私の—ところではない」㋑取り返しがつく。「いまさら言っても—・ばぬこと」㋒思いがかなう。なしとげられる。「—・ばぬ恋」③(動詞の連用形の下に付いて)その動作を強調する。「聞き—(=すでに聞いて知っている)」他およぼ・す(五) 用法②㋑は、あとに打ち消しの語を伴う。

およばない ①かなわない。対抗するだけの力がない。「英語力ではとても彼に—」「足もとにも—」②(「に」または「には」を受けて)…の必要がない。「礼を言うには—」

およぼ・す【及ぼす】(他五) 及ぶようにする。ゆきわたらせる。「影響を—」自およ・ぶ(五) 可能およぼ・せる(下一)

お-よ・る【◦御◦寝る】(自四)《古》「寝ぬ」の尊敬語。おやすみになる。語源 名詞「御夜」を動詞化した語。参考「およるなる」「およんなる」「御寝なる」などともいう。

おら【◦己】(代)《俗》自称の人代名詞。おれ。おいら。

おらがはる〔おらが春〕小林一茶の句文集。一八一九(文政二)年成立。晩年に得た女児への愛情とその死に対する悲嘆を中心とする、一茶の円熟味を示す作品。

オラクル〈oracle〉神のお告げ。神託。

オラトリオ〈イタリア oratorio〉《音》宗教音楽の一種。聖書などから題材をとった宗教的な音楽劇。聖譚曲。

オラン-ウータン〈orang-utan(マレー語で「森の人」の意)〉《動》スマトラ・カリマンタン島の森にすむ霊長目(サル目)の類人猿。全身褐色の長毛におおわれ、手は長く直立しても地につく。森林伐採や捕獲により絶滅が危惧される。猩猩。

オランダ〈ポルトガル Olanda〉西ヨーロッパの北海に面する立憲君主国。首都はアムステルダム。語源 西部にあるホラント地方の名から。自国の呼称はネーデルラントで、原義は「低地」。参考「×和蘭・×阿蘭陀」とも書く。

おり【折】 ①折ること。また、折ったもの。「二つ—にする」②折り箱。また、それに詰めたもの。「菓子—」③機会。場合。時。「—を見て」「上京の—には」④時節。季節。「猛暑の—」⑤製本で、全紙一枚に印刷したものを一六ページや三二ページに折りたたんだもの。参考 ③④は「折」と書く。

-おり【折(り)】(接尾)①折り重ねたものを数える語。「半紙二—」②物を詰めた折り箱を数える語。「菓子一—」

—悪しく 時機悪く。あいにく。「—雨が降り始めた」**—に触れ(て)** 機会あるごとに。「—言い聞かせる」**—もあろうに** ほかにもっとよいときがあるだろうに。都合の悪いときに。「—客が来る」**—も折** ちょうどそのとき。「—雨が降ってきた」

—よく 都合よく。「—医者が居合わせた」

おり【△澱】 液体の下のほうに沈んだかす。「瓶の底の—」

おり【△檻】 猛獣や罪人などを閉じ込めておく、周囲を堅固に囲った箱や部屋。「—に入れる」

お-り【汚吏】 不正や汚職をする役人。

おり-あい【折(り)合い】 ①人と人との関係。仲。「嫁との—が悪い」②たがいに譲り合って協調すること。妥協すること。「両者の—をつける」

おり-あ・う【折(り)合う】(自五) たがいに譲り合って意見のくい違いを解く。折れ合う。妥協する。「値段が—」「条件が—・わない」

おり-いって【折(り)入って】(副) 人に心からものを頼むときやたいせつな相談に乗ってもらうときに用いる言葉。特別に。ぜひとも。「—頼みがある」「—相談したいことがあります」

オリーブ〈olive〉《植》モクセイ科の常緑小高木。地中海地方の原産とされ暖地に生育。六月ごろ淡黄色の芳香ある小花を開く。果実は食用で、塩漬けにしたり油をとったりする。材は細工物に用いる。樹木は平和のシンボルとされている。(オリーブの花夏・オリーブの実秋)

〔オリーブ〕

—いろ【—色】 黄色がかった暗緑色。

—オイル〈olive oil〉オリーブの果実からとる油。不乾性油。上質の植物油で、石鹼の原料や食用・薬用・化粧用にする。オリーブ油。

おり-えぼし【折(り)△烏◦帽子】 頂の部分を折り伏せたえぼし。

おり-えり【折(り)襟】 洋服で、外側へ折り返るように仕立てた襟。↕詰め襟

オリエンタリズム〈Orientalism〉①オリエント(=中近東や北アフリカ、広義にはアジア全域を含む)に対するヨーロッパ人の異国趣味。東方趣味。特に、一九世紀のロマン派の画家たちが東方に題材を求めた芸術思潮。②東洋、特に中東地域についての学術研究。東洋学。

オリエンタル〈oriental〉(形動ダ) 東洋の。東洋的。東洋らしい。「—な色彩」

オリエンテーション〈orientation 方向付け〉新しい環境に人を適応させるための教育・指導。特に、新入生や新入社員に対して行う説明会。

オリエンテーリング〈orienteering〉地図とコンパスを頼りに山野に設定された指定地点を発見・経由して、ゴールに到達するまでの時間を競うスポーツ。

オリエント〈Orient〉①地中海の東方、南東方、およびアフリカの東北部を含めた地方。メソポタミアとエジプトを中心として世界最古の文明が発生した。②ヨーロッパから見た東方。東洋。特に、東アジア諸国。

おり-おり【折折】 一(名) その時その時。「四季—の情趣がある」二(副) ときどき。ときおり。「—外出する」

オリオン-ざ【オリオン座】《天》冬、南の空に見える星座。中央部に三つ星がある。参考「オリオン(Orion)」はギリシャ神話に出てくる猟師の名。

おり-かえし【折(り)返し】 一(名) ①物を折って二重にすること。また、その部分。「ズボンの—」②来た方向に引き返すこと。また、その地点。「マラソンの—地点」③詩歌の終わりの部分のくり返し。リフレイン。二(副) 受けた用件に間をおかず応じるさま。すぐに。ただちに。「—返事が来る」

おり-かえ・す【折(り)返す】 一(他五) 折って二重にする。「襟を—」二(自五) ①来た方向に引き返す。「終点から—」②間をおかずに応じる。「すぐに—・します」

おり-かさな・る【折(り)重なる】(自五) 多くの人や物が次から次へと重なり合う。「乗客が—・って倒れる」他おりかさ・ねる(下一)

おり-かさ・ねる【折(り)重ねる】(他下一) 折って、上へ重ねる。「洗濯物を—」自おりかさな・る(五) 文をりかさ・ぬ(下二)

おり-がし【折(り)菓子】 折り箱に詰めた菓子。

おり-かばん【折(り)△鞄】 二つ折りになるかばん。

おり-がみ【折(り)紙】 ①正方形の色紙。また、それをいろいろな形に折って遊ぶこと。また、折ったもの。②紙を折りたたんだもの。特に、奉書紙や鳥の子紙を横に二つに折ったもの。贈り物の目録などに用いる。③書画・器物・刀剣などの鑑定書。④(③から転じて)確かであるとの保証。「本物だと—を付ける」

—つき【—付き】 ①鑑定書のついているもの。「—の刀剣」②定評があること。確かであると保証できるもの。「—の商品」

語源「折り紙」とは、和紙を横に二つ折りにした紙をいう。贈り物の目録・鑑定書などに用いた。転じて鑑定書そのものをもいい、鑑定書を付けてその価値・由来・品質などを保証することを「折り紙を付ける」「折り紙付き」というようになった。

おり-から【折から】 一 (連語) …の時節だから。「厳寒の―ご自愛ください」語源 名詞「折」＋格助詞「から」 二 (名・副) ちょうどその時。「―の突風にあおられる」「―雨が降り出した」参考 一は、「折△柄」と書かれることもある。

おり-く【折〔り〕句】 〘文〙和歌や俳諧で、各句の初めに物の名五文字(俳諧では三文字)を一字ずつ詠みこんだもの。たとえば「かきつばた」を詠みこんで、「**か**らころも**き**つつなれにし**つ**ましあれば**は**るばる来ぬる**た**びをしぞ思ふ」〈古今〉とする類。

おりくちしのぶ〔折口信夫〕 (一八八七〜一九五三) 国文学者・歌人。筆名釈迢空。大阪生まれ。文学研究に民俗学的方法をとり入れた。歌は古語を自在に駆使し、近代的感受性を加味した独自の歌風。研究書「古代研究」、歌集「海やまのあひだ」「春のことぶれ」、詩集「古代感愛集」など。

オリゴ-とう【オリゴ糖】 〈oligosaccharide〉単糖が二個から一〇個程度結合した糖類。少糖類。蔗糖や麦芽糖など。

おり-こみ【折〔り〕込み・折込】 新聞・雑誌などに、ちらしを折ってはさみ入れること。また、そのちらし。「―広告」

おりこみ-ずみ【織〔り〕込み済み】 結果を予想して、前もって考えに入れておくこと。「多少の損失は―だ」

おり-こ・む【折〔り〕込む】 (他五) ①内側に折る。中のほうへ折り曲げる。「布の端を中に―」②他の物を中にはさみ入れて折る。「ちらしを新聞に―」

おり-こ・む【織〔り〕込む】 (他五) ①模様を出すために織物の中に異なる種類や色の糸を織りまぜる。②(比喩的に)一つの物事の中に他の物事を組み入れる。「具体例を―・んで話す」

オリジナリティー 〈originality〉独創。独創性。創意。

オリジナル 〈original〉 一 (名) (複製・模造・脚色・編曲などされたものに対して)原型。原作。原図。原本。創作。 二 (形動ダ) 独創的なさま。目新しいさま。「―な企画」

おり-しも【折しも】 (副) ちょうどその時。おりもおり。「―雨が降り出す」

オリジン 〈origin〉起源。根源。出所。

おり-すけ【折助】 江戸時代、武家の雑用をした下男。

―こんじょう【―根性】 骨惜しみをしてなまけようとするずるい根性。かげひなたのある雇い人根性。

おり-たたみ【折〔り〕畳み】 折り重ねて小さくすること。また、折り重ねて小さくしたもの。「―式の傘」

おり-たた・む【折〔り〕畳む】 (他五) 紙・布・道具などでかさばるものを折り重ねて小さくする。「ふろしきを―」

おりたちて… 和歌 〔おりたちて 今朝の寒さを おどろきぬ 露しとしとと 柿の落葉深く〕〈伊藤左千夫〉庭におり立って今朝の寒さをあらためて感じたことだ。しっとりと露に濡れた柿の落ち葉が、ふかぶかと庭を埋めている。

おり-た・つ【下り立つ・降り立つ】 (自五) 低い所におりて行って立つ。「庭に―」「プラットホームに―」

おり-づめ【折詰】 食品を折り箱に詰めること。また、そのもの。「―のすし」

おり-づる【折〔り〕鶴】 紙を折って、ツルの形にしたもの。

おり-ど【折〔り〕戸】 ちょうつがいでとめて、中央から折りたためるようにした戸。仏壇や講堂の入り口などに使われる。

おり-な・す【織〔り〕成す】 (他五) ①種類や色の異なる糸で織って模様などをつくる。「錦を―」②(比喩的に)いろいろな要素を組み合わせて変化に富むものをつくる。「人々が―人間模様」

おり-ばこ【折〔り〕箱】 薄板やボール紙などを折り曲げてつくった箱。おり。「―に詰める」

おり-ひめ【織〔り〕姫】 ①織女星。たなばた姫。秋 ②機を織る女性の美称。

おり-ふし【折節】 一 (名) ①その時その時。「四季―の景観」②時節。季節。「―のあいさつ」 二 (副) ①ちょうどその時。「―雷が鳴り出した」②ときどき。たまに。「―訪れる所」

おりべ-やき【織◇部焼】 桃山時代、美濃(=現在の岐阜県南部)で産した陶器。古田織部の指導により創始。意匠の斬新さや釉薬が特色。織部。

おり-ほん【折〔り〕本】 横に長くつぎあわせた紙を折りたたんでつくったとじ目のない本。習字の手本や経本などに多い。

おり-ま・げる【折〔り〕曲げる】 (他下一) 折って曲げる。自 おれまが・る(五) 文 をりま・ぐ(下二)

おり-ま・ぜる【織〔り〕交ぜる】 (他下一) ①色々な糸や模様を交ぜて織る。②ある物事の中に別の要素を組み入れる。「自身の体験を―・ぜて話す」文 おりま・ず(下二)

おり-め【折〔り〕目】 ①折ったときにできる境目の線。すじめ。「ズボンに―をつける」②物事のきまりやけじめ。また、行儀作法。「―正しい人」

おり-め【織〔り〕目】 織物の糸と糸との間隔。

おり-もと【織元】 織物の製造元。機屋。「西陣の―」

おり-もの【織物】 糸を織ってつくった布。

おり-もの【下り物】 子宮から出る粘液。こしけ。

おり-やま【折〔り〕山】 紙や布を折ったときに外側にできる折り目。

おりゃ・る 《古》 一 (自四) ①「行く」「来く」の尊敬語。いらっしゃる。「こちらへ―・れ」②「あり」「居ゐる」の尊敬語・丁寧語。おありになる。おられる。 二 (補動四) (助詞「て」「で」に付いて)丁寧の意を表す。…(て)います。…(で)ございます。「たのもしいことで―」語源「お入いりある」の転。室町末期に用いられた。

お・りる【下りる】 (自上一) ①物が人の操作で下のほうに移動する。「幕が―」↕上がる ②公的機関や上位者などから許可・指示・金品などが出る。「建築許可が―」「助成金が―」③錠がかけられる。「錠が―」④体外へ出る。「回虫が―」他 おろ・す(五) 文 お・る(上二) ⇩「使い分け」

お・りる【降りる】 (自上一) ①その意志をもって、高い所から低い所に移る。「階段を―」↕上がる・上る ②乗り物から外へ出たり離れたりする。「電車から―」「馬を―」↕乗る ③途中で仲間から抜ける。参加している権利をみずから捨てる。「仕事を―」④地位を退く。「理事長の座を―」⑤霜や露などが地上に生じる。「畑一面に霜が―」他 おろ・す(五) 文 お・る(上二) ⇩「使い分け」

使い分け 「下りる・降りる」
「下りる」は、一般に物が上から下へ移動する場合に用いられ、「エレベーターが下りる」「錠が下りる」「認可が下りる」などと使われる。
「降りる」は、人が意志的に高い所から低い所へ移動する場合や乗り物に関して用いられ、「屋根から降りる」「会長の座を降りる」「車から降りる」などと使われる。また、露・霜についても「降りる」が使われる。

ちがい 「おりる」・「くだる」・「さがる」・「おちる」
どの語も、位置が上方から下方に移動する意味を表し、「あがる」「のぼる」などと対比的な意の語である。「坂をおりる」「坂をくだる」とは言うが、「坂をさがる」とは言わないように、前者が自分からする動作であるのに対し、後者はしようと思ってする内容ではない。「二位にさがる」「成績がさがる」も自分がそうしようとしてしたことではない。また、「川をくだる」とは言うが、「川をおりる」とは普通は言わず、「電車をおりる」とは言うが、「電車をくだる」とは言わない。上方にあったものが下方に位置を移すのが「おりる」であり、移って行くのが「くだる」である。これに対し、「落ちる」は支えを失い、急速に位置が下がる意味である。「最下位に落ちる」は、下がった位置が低いことを強調した言い方である。

オリンピア〈Olympia〉①古代ギリシャ、ペロポネソス半島の聖地。②①で四年ごとに行われたゼウス神の大祭。その余興として開かれた競技会が現在のオリンピックの起源。

オリンピアード〈Olympiad〉①古代ギリシャにおける年代の単位。オリンピアの一祭礼から次の祭礼までの四か年を一オリンピアードという。②→オリンピック②

オリンピック〈Olympic〉①古代ギリシャ人がオリンピアのゼウス神殿前庭で行った大競技会。古代オリンピック。②フランス人クーベルタンの提唱により、一八九六年、第一回をアテネで開催し、以後四年ごとに行っている国際スポーツ競技大会。一九二四年以降、冬季大会も開催。近代オリンピック。オリンピアード。五輪。はじまり 日本人の参加は、一九一二(明治四十五)年の第五回ストックホルム大会が最初。三島弥彦(やひこ)・金栗四三(かなくりしそう)の二選手。金メダルは第九回アムステルダム大会の織田幹雄・鶴田義行の二選手が最初。

お・る【◇居る】(ヲル) ラ(ロ)・リ(ッ)・ル・ル・レ・レ《中心義―動いているものが動きを止め、ある時間そこに存在する》■一(自五)「居(い)る」の改まった言い方。「その時刻は家に―・ります」■二(補動五)(動詞の連用形＋「て」を受けて)…ている。「存じて―・ります」可能 お・れる(下一) 文 を・り(ラ変) 用法「おります」は「います」より改まった言い方で、自分や自分方の者について使う。「ます」を伴わない場合は、ぞんざい、尊大の意を含む。「わかって―」⇩有る「ちがい」

お・る【折る】(ヲル)(他五) ラ(ロ)・リ(ッ)・ル・ル・レ・レ ①曲げて重なるようにする。「屏風(びょうぶ)を―」②曲げたり力を加えたりして二つに切り離したりくだいたりする。「枝を―」「骨を―(=苦労する、努力する)」③紙をたたんで物の形を作る。「折り紙でツルを―」④(体を)曲げる。「腰を―」「指を―」⑤勢いなどがくじけて途中でやめる。「我(が)を―」自 お・れる(下一) 可能 お・れる(下一)

お・る【織る】(他五) ラ(ロ)・リ(ッ)・ル・ル・レ・レ ①糸を機(はた)にかけ、たて糸とよこ糸を組み合わせて、布を作る。「機を―」②藁(わら)や藺(い)などを組み合わせて、むしろ・ござなどを作る。可能 お・れる(下一)

オルガスムス〈ドイツ Orgasmus〉性交時における快感の最高潮。オルガズム。オーガズム。

オルガナイザー〈organizer〉①→オルグ ②→けいせいたい

オルガニズム〈organism〉①有機体。生物。有機的組織体。②組織。機構。

オルガン〈ポルトガル orgão〉〘音〙鍵盤(けんばん)楽器の一種。足の力や動力で風を送って音を出す。風琴(ふうきん)。

オルグ(名・他スル)(「オルガナイザー」の略)大衆や労働者の中にはいって、政党や労働組合を組織したり、その組織を拡大・強化したりする人。また、その活動をすること。

オルゴール〈オランダ orgel〉ぜんまい仕掛けで、自動的に音楽をかなでる装置。自鳴琴(じめいきん)。

おれ【俺】(字義)→えん(俺)

おれ【俺】(代)自称の人代名詞。男性が同輩や目下の者に対し自分をさしていう。「―とお前の仲」

おれ-あ・う【折れ合う】(ヲレアフ)(自五) ワ(オ)・イ(ッ)・ウ・ウ・エ・エ →おりあう

お-れい【◇御礼】感謝の意を表すこと。また、その言葉や品物。「―を述べる」「心ばかりの―の品」

―ぼうこう【―奉公】(名・自スル)奉公人が約束の期限を終えても、お礼の意味で、しばらくとどまって奉公すること。

―まいり【―参り】(マキリ)①神仏にかけた願いがかなったお礼にお参りすること。②《俗》刑期を終えて釈放された者などが、自分の悪事を告発・証言した者などに対し、仕返しをすること。

オレガノ〈oregano〉シソ科の多年草。芳香のある葉は香辛料としてイタリア料理などに用いる。ハナハッカ。

お-れきれき【◇御歴歴】「れきれき(一)」の敬称。身分や地位の高い人たち。「―が居並ぶ」

おれ-くぎ【折れ△釘】(ヲレ)①折れて使えなくなったくぎ。②頭部を折り曲げたくぎ。物をかけるのに使う。

おれせん-グラフ【折れ線グラフ】(ヲレセン) 座標上の数量を示す点を線で結び、その変化を示したグラフ。

お・れる【折れる】(ヲレル)(自下一) レ・レ・レル・レル・レレ・レロ(レヨ) ①曲がって二つに重なる。「ページの端が―」②曲がって二つに離れる。「台風で枝が―」「骨が―(=苦労する)」③曲がって行く。「道が左に―」④くじける。「気が―」⑤相手にゆずって従う。譲歩する。「こちらから―・れて話がまとまる」他 お・る(五) 文 を・る(下二)

オレンジ〈orange〉①〘植〙ミカン科に属するバレンシアオレンジやネーブルなどの総称。果実は食用。(オレンジの花 夏)「―ジュース」②ミカン類の総称。③(「オレンジ色」の略)赤みがかった黄色。だいだい色。

―エード〈orangeade〉オレンジの果汁に砂糖と水を加えた飲みもの。

おろ-おろ(副・自スル)驚き・悲しみなどのために、とまどいうろたえるさま。「―声」「突然の事態に―(と)する」

おろか【愚か】(形動ダ) ダロ・ダッ(デ・ニ)・ダ・ナ・ナラ・○ 知恵や思慮の足りないさま。頭のはたらきのにぶいさま。「―な行為」文(ナリ) 【変遷】認知・認識が不十分なさまが原義。古くは、「おろそか・なおざり・並一通り・人間関係が疎遠・未熟だ・劣っている・頭のはたらきがにぶい」などを意味した。やがて、「おろそか・なおざり・並一通り」の意味は、おもに「おろそか」が担うようになった。現代語では、「頭のはたらきのにぶいさま」の意で用いられる。⇩おろか(疎か)(二)

―もの【―者】ばかもの。愚者。気のきかぬ者。

おろか【◇疎か】■一(副)(「…はおろか」の形で)…はいうまでもなく。…はもちろん。「財布は―、身ぐるみはがされた」■二(形動ナリ)〘古〙①おろそかなさま。いいかげんなさま。「二つの矢、師の前にて一つを―にせんと思はんや」〈徒然草〉②不十分なさま。それでは言い尽くせないさま。「すべて、いふも―なり」〈枕草子〉

おろか-し・い【愚かしい】(形) カロ・カッ(ク)・イ・イ・ケレ・○ おろかである。ばかげている。「―行動」文 おろか・し(シク)

おろし【卸】(字義)→しゃ(卸)

おろし【卸】問屋が小売店に商品を売ること。「―値」

―うり【―売(り)】問屋が生産者や輸入業者から大量に商品を買い入れて、おもに小売商に売り渡すこと。↔小売り

おろし【△颪】山から吹きおろす強い風。「高嶺(たかね)―」「比叡(ひえい)―」参考「颪」は国字。

おろし【下ろし】①高い所から低い所へ移すこと。「積み―」「雪―」②大根やワサビなどをおろし金(がね)ですって細かくすること。また、そのもの。「大根―」「もみじ―」③「おろしがね」の略。④新しい品物を使い始めること。「仕立て―の洋服」参考 ②③は「卸し」とも書く。

—あえ【—◇和え】アヘ 魚介類や野菜などを大根おろしであえた料理。「ナメコの—」
—がね【—金】大根などをすって細かくするための器具。
—だいこん【—大根】→だいこんおろし①
—たて【—立て】使い始めたばかりの新品。「—のスーツ」
おろす【卸す】(字義)→しゃ(卸)
おろ・す【卸す】(他五) サ(ソ)・シ・ス・ス・セ・セ 問屋が商品を小売商に売る。卸売りをする。製造元から直接小売商に売り渡す場合にも使う。可能おろ・せる(下一)
おろ・す【下ろす】サ(ソ)・シ・ス・ス・セ・セ 一(他五) ①下方に伸ばす。「根を—」②高い所にかかげたものを取りはずす。「額を—」「表札を—」「看板を—(=商売をやめる)」③下方に動かす。「錠を—」「シャッターを—」④神仏に供えた物をさげる。「供物を—」↔上げる ⑤もとあった所から離しおとす。㋐切り取る。「枝を—」㋑剃りおとす。「髪を—」㋒体内に宿る生命体を体外に出す。「寄生虫を薬で—」㋓堕胎する。「子を—」㋔魚や肉をいくつかに切り離す。「魚を三枚に—」㋕大根・ワサビなどをすって細かくする。「大根を—」⑥新しい品を使い始める。「新しい服を—」⑦引き出す。「預金を—」自おり・る(上一) 可能おろ・せる(下一) 二(自五)高い所から下の方に風が吹く。「筑波山から—風」参考 一⑤㋕は「卸す」とも書く。
おろ・す【降ろす】(他五) サ(ソ)・シ・ス・ス・セ・セ ①高い所から低い所へ移す。さげる。「棚から荷物を—」「あげた手を—」↔上げる ②陸にあった物を水面に浮かべる。「ボートを—」③乗り物から乗客や積み荷を外へ出す。「駅前で—・してもらう」↔乗せる ④地位を下げる。退かせる。「彼を担当から—」⑤神霊などを地上界によぶ。「神を—」自おり・る(上一) 可能おろ・せる(下一)
おろそか【◇疎か】(形動ダ) ダロ・ダッ(デ・ニ)・ダ・ナ・ナラ・○ 事をいい加減にしてしまうさま。「手入れが—だ」「学問を—にする」文(ナリ)
類語 なおざり・ゆるがせ・投げやり・いい加減・手抜き・尻抜け・ぞんざい・粗略・粗雑・粗放・粗笨・等閑・大雑把・中途半端
おろ-ち【×大蛇】ヲロ 大きなヘビ。大蛇。「八岐の—」
おろ-ぬ・く【◇疎抜く】(他五) カ(コ)・キ(イ)・ク・ク・ケ・ケ 多くある中から適当な間をあけて抜き取る。間引く。うろぬく。「大根を—」
お-わい【汚△穢】ヲ ①よごれ、けがれていること。また、そのもの。②大小便。糞尿。参考「おあい」ともいう。
おわ・す【×御座す・◇在す】オハ・ス →おはす
お-わらい【◇御笑い】ワラヒ ①落語や漫才など観客を笑わせる芸。「—を一席」「—タレント」②人に笑われるようなばかばかしいできごと。「—種(=もの笑いのたね)」
おわり【終[わ]り】ヲハリ ①物事がそれ以上続かない状態になること。最後。「—よければすべてよし」↔始め ②人の一生の終わる時。末期。
—を全うする 物事を最後まできちんとやり遂げる。
—はつもの【—初物】野菜・くだもので、時節の終わりに実り、初物と同じように珍重されるもの。
おわり【尾張】ヲハリ 旧国名の一つ。現在の愛知県北西部で、名古屋を中心とする地域。尾州。
おわ・る【終[わ]る】ヲハル (自五) ラ(ロ)・リ(ッ)・ル・ル・レ・レ ①物事の決着がついてそれ以上続かなくなる。しまいになる。↔始まる ②(「…に終わる」「…で終わる」の形で)そういう結果になる。結局…となる。「失敗に—」「夢で—」③命がはてる。死ぬ。「数奇な人生も—・った」④(他動詞的に用いて)終える。「報告を—」↔始める ⑤(動詞の連用形の下に付いて)…て(で)しまう。…しおわる。「食べ—」「読み—」他おえ・る(下一) 可能おわ・れる(下一)

> **ちがい**「終わる」・「終える」
> 「終わる」は「…が終わる」、「終える」は「…を終える」と使い分けられ、前者を自動詞、後者を他動詞として区別することが多い。しかし、「終わる」の語は、常に「…が終わる」となるわけではなく、たとえば会議終了をいう場合、「会議が終わる」以外に「会議を終わる」という使われ方もする。「終わる」「終える」の二語は、前者はしている事が済む、後者はしている事を済ませるの意味である。従って、「会議を終わる」は、議題がすべて終了して会議として続けることもなくなったのでやめる、「会議を終える」は、会議はやめようという意思のもとにやめるといった違いが考えられるが、現在は区別が意識されずに使われることが多い。

おん【怨】ヲン (字義)→えん(怨)
おん【音】教1 オン・イン中 おと・ね
(字義)①おと。物のひびきの総称。「音響・音速・騒音・低音」②ねいろ。調子。「音質・音色・哀音」③歌曲。音楽。「音頭・音符・知音」④声。「音声・促音・濁音・撥音・音吐朗朗・異口同音」⑤漢字の字音。「音訓・漢音・呉音・宋音・唐音」↔訓 ⑥知らせ。おとずれ。「音沙汰・音信・福音」人名 お・と
おん【音】①耳に聞こえるひびき。おと。②言葉として発するおと。言語音。③昔の中国の発音に基づいた、国語化した漢字の発音。字音。「—で読む」↔訓 ⇨漢音・呉音・唐音
おん【恩】教6 オン
(字義)①めぐむ。めぐみ。「恩恵・恩典・厚恩・大恩・報恩」②いつくしむ。いつくしみ。「恩愛・恩寵・師恩・謝恩」
人名 お・おき・めぐみ・めぐむ
おん【恩】人から受けたありがたい情け・めぐみ。「親の—」
—に着せる 恵みを与えた相手にことさらありがたく思わせようとする。**—に着る** 受けた恩恵をありがたく思う。**—を仇で返す** 人から恩恵を受けたのに、かえってその人に害を与える。**—を売る** わざと親切にして人に恩を感じさせる。
おん【温】教3【人溫】オン(ヲン)・あたたか・あたたかい・あたたまる・あたためる
(字義)①あたたかい。「温泉・温暖」↔冷 ②あたためる。「温室・温床」↔冷 ③あたたかさの度合い。温度。「気温・高温・体温」④おだやか。やさしい。「温厚・温情・温和」⑤たずねる。復習する。「温故・温習」⑥大事にする。「温存」難読 温気・温州・温突・温灰 人名 あつ・あつし・ただす・のどか・のぶ・まさ・ゆたか・よし
おん【遠】ヲン (字義)→えん(遠)
おん【◇隠】(字義)→いん(隠)
おん【穏】【穩】オン(ヲン)中 おだやか中
(字義)おだやか。やすらか。「穏便・穏和・安穏・平穏」人名 しず・とし・やす・やすき
おん-【御】(接頭)体言に付けて尊敬・丁寧の意を表す。「—礼申し上げます」参考「お」より敬意が高い。⇩お(御)
オン〈on〉一(名)①電気や機械などにスイッチが入れてあること。作動中であること。「スイッチを—にする」↔オフ ②「オンタイム②」の略。↔オフ 二(名・自スル)ゴルフで、打球がグリーンに乗ること。「ワン—する」
おん-あい【恩愛】①いつくしみ。めぐみ。情け。②親子・夫婦の深い情愛。「—のきずな」参考「おんない」ともいう。

おん-あんぽう【温△罨法】ヲンアンパフ 湯などにひたした布で患部をあたためる治療法。↔冷罨法れいあんぽう

おん-い【恩威】ヰ 人に与える恩恵と人を従わせる威光。

おん-いき【音域】ヰキ 《音》楽器や人の声などで、出せる音の最高から最低までの範囲。「この楽器の―は広い」

おん-いん【音韻】ヰン ①漢字の音(=語頭の子音)と韻(=頭子音以外の音)。②一つ一つの具体的な音声に対して、言語体系を形作るものとして抽象される音。

オン-エア〈on the air から〉番組が放送中であること。

おん-が【温雅】ヲン(名・形動ダ) おだやかで気品があること。また、そのさま。「―な人柄」

おん-かい【音階】《音》音楽で用いられる音を一定の音程で高低の順に従って並べたもの。「長―」

おん-がえし【恩返し】ガヘシ(名・自スル) 受けた恩に報いること。「親に―する」

おん-がく【音楽】音の強弱・高低・長短・音色などを組み合わせて人間の感情などを表現する芸術。器楽と声楽とがある。

おん-かん【音感】音に対する感覚。音の高低・音色やリズムなどを聞き分ける感覚・能力。「絶対―」「―がよい」「―がある」

おん-がん【温顔】ヲン あたたかみのある、やさしくおだやかな顔。「恩師の―に接する」

おん-き【遠忌】ヲン《仏》①宗祖しゅうそなどの五十年忌以後、五〇年ごとに行われる法会ほうえ。②一般に、十三回忌以上の遠い年忌。参考 宗派によっては「えんき」ともいう。

おん-ぎ【音義】漢字の字音と字義。また、それらを説明した辞書ふうの注解書。「大般若経だいはんにゃきょう―」

おん-ぎ【恩義・恩△誼】報いるべき義理のある恩。「―がある」

おんきせ-がまし・い【恩着せがましい】(形) カロ・カッ(ク)・イ・イ・ケレ・○ (「がましい」は接尾語)相手に恩恵を与えたことを、いかにもありがたがらせようとするさま。「―ことを言う」

おん-きゅう【恩給】キフ 旧法で、ある年数以上勤めて退職した公務員や旧軍人またはその遺族に対し、国家が支給する年金や一時金。現在は共済組合年金・厚生年金に移行。

おん-きゅう【温△灸】ヲンキウ 筒形の器にもぐさを入れて火をつけ、患部を間接的に加熱して治療する方法。

おん-きょう【音響】キヤウ 耳にひびく音。音のひびき。

―こうか【―効果】カウクワ ①演劇・映画・放送などで使われる、擬音などの演出効果。また、そのしかけ。SE ②演奏会場・劇場などでの、音の反響・吸収のぐあい。

―そくしん【―測深】《海》音波を海底に向けて発射し、その反響の所要時間から海の深さを測定すること。「―機」

おん-ぎょく【音曲】《音》近世に発生・発展した、日本の楽曲や歌曲。特に、琴・三味線しゃみせんなどに合わせてうたう俗曲。

―ばなし【―話・―△咄】三味線しゃみせん・鳴り物(=太鼓など)のはいる落語。

オングストローム〈angstrom〉《物》長さの単位。一〇〇〇万分の一ミリメートル。光の波長や原子の大きさなどを表すのに用いる。記号Å 語源 スウェーデンの物理学者オングストロームの名から。

おん-くん【音訓】漢字の音と訓。たとえば「川」の音は「せん」、訓は「かわ」。

おん-けい【恩恵】幸福や利益と結びつくめぐみ。「自然の―に浴する」「人に―を施す」

おんけつ-どうぶつ【温血動物】ヲンケツ →こうおんどうぶつ ↔冷血動物

おん-けん【穏健】ヲン(名・形動ダ) 考え方や言動などがおだやかでしっかりしていること。また、そのさま。「―な思想」

おん-げん【音源】①音の出どころ。音を出す物または装置。②CDなどの、音楽を録音した媒体。

おん-こ【恩顧】目上の人が目下の人に情けをかけてひきたてること。ひいき。「―を受ける」「―に報いる」

おん-こう【温厚】ヲン(名・形動ダ) おだやかで情け深いこと。また、そのさま。「―な人柄」

―とくじつ【―篤実】(名・形動ダ) 人柄がおだやかで情け深く、誠実なこと。また、そのさま。

おんこ-ちしん【温故知新】ヲンコ 昔のことを研究して新しい知識や道理を得ること。参考「故ふるきを温たずねて、新しきを知る」と読むが、一説には「故ふるきを温あたためて、新しきを知る」とも読む。〈論語〉

おん-さ【音△叉】《物》U字形の鋼鉄棒に柄をつけた道具。軽く打って一定の振動数の音を発生させ、音の実験や楽器の調律などに使用する。

〔おんさ〕

オン-ザ-ロック〈on the rocks〉グラスの中に氷のかたまりを入れ、上からウイスキーなどを注いだ飲み物。ロック。

おん-し【恩師】教えを受けた先生。特に、恩義のある先生。

おん-し【恩賜】天皇・君主からいただくこと。また、そのもの。「―賞」「―公園」

おん-じ【音字】意味をもたず音おんだけを表す文字。平仮名・片仮名・ローマ字など。音標おんぴょう文字。表音文字。↔意字

おん-じき【◦飲食】《古》(「おんじき」は呉音)飲みものと食いもの。飲むことと食うこと。いんしょく。

おん-しつ【音質】音・声の性質や特徴。音のよしあし。

おん-しつ【温室】ヲン 植物栽培などのため、内部の温度を外気より高く保つようにしたガラスやビニール張りの建物。図

―こうか【―効果】カウクワ 大気中の二酸化炭素などが、太陽光線を通す一方、地表が放出する熱線を吸収し、温室のガラスのようなはたらきをして地表の気温を上げる現象。「―ガス」

―そだち【―育ち】たいせつに育てられ、苦労知らずでいること。また、そのような人。「―の娘」

おん-しゃ【恩赦】《法》司法権で決められた刑罰を、行政権によって消滅・軽減すること。内閣が決定し天皇が認証する。

おん-しゃ【御社】相手の会社の敬称。貴社。

おん-しゃく【恩借】(名・他スル) 人の厚意で品物や金銭を借りること。また、その金品。

おん-じゃく【温石】ヲン ①焼いた石などを布にくるんでふところに入れ、体をあたためるもの。図 ②(①はぼろに包んで用いるところから)粗末な衣服を着た人をあざけっていう語。

おん-じゅ【◦飲酒】《仏》五悪の一つ。酒を飲むこと。

おん-しゅう【怨△讐】ヲンシウ うらみ。あだ。怨讐えんしゅう。

おん-しゅう【恩△讐】シウ 恩とあだ。情けとうらみ。

おん-しゅう【温習】ヲンシフ(名・他スル) 邦楽・邦舞などを繰り返し習うこと。おさらい。「―会(=練習の成果を発表する会)」

おん-じゅう【温柔】ヲンジウ(名・形動ダ) ①おだやかで素直なこと。また、そのさま。温和柔順。「―な人」②あたたかでやわらかいこと。また、そのさま。

おん-じゅん【温順】ヲン(名・形動ダ) ①性質などがおとなしく素直なこと。また、そのさま。「―な人柄」②気候がおだやかで過ごしやすいこと。また、そのさま。「―な気候」

おん-しょう【恩賞】シヤウ てがらのあった者をほめて、領地・地位・金品などを与えること。また、そのもの。

おん-しょう【温床】ヲンシヤウ ①人工的に温度を高めて促成栽

培する苗床。フレーム。图②(比喩的に)よくない物事や風潮の発生しやすい場所や環境。「悪の―」

おん-じょう【恩情】(目下の者に対する)いつくしみの心。情け深い心。「師の―」

おん-じょう【温情】あたたかく思いやり深い心。「―を受ける」「―をほどこす」

おんじょうじ【園城寺】滋賀県大津市にある天台宗寺門派の総本山。八五九(貞観元)年、円珍が延暦寺別院として中興した。俗に三井寺という。

おん-しょく【音色】→ねいろ

おん-しょく【温色】①あたたかい感じを与える色。赤・黄・緑とそれらの間色。暖色。②おだやかな顔色。

おん-しらず【恩知らず】(名・形動ダ)恩を受けても感謝せず、報いようとしないこと。また、そのような人。

おん-しん【音信】電話や手紙などによる知らせ。たより。音信。「―不通」

おん-じん【恩人】大事なときに情けをかけてくれた人。いつくしみ世話してくれた人。「命の―」

オンス〈ounce〉①ヤードポンド法の重さの単位。ポンドの一六分の一。約二八・三五グラム。記号 oz ②ヤードポンド法の容積の単位。ガロンの一六〇分の一。約二八・四一ミリリットル。

おん-すい【温水】あたたかい水。「―プール」↔冷水

おんすう-りつ【音数律】ある一定の音節の数によって作られる詩歌などの韻律。五七調・七五調など。

おん-せい【音声】①人間が舌や声帯をはたらかせて出す音。人の声。②放送・映画などの音。

―きごう【―記号】言語の音声を音声学的に表す記号。発音記号。音標文字。

―げんご【―言語】(文字言語に対して)音声によって伝達される言語。話しことば。口頭語。

―たじゅうほうそう【―多重放送】複数の音声信号を同時に送る方式の放送。ステレオ放送・二か国語放送などに使われる。

おん-せつ【音節】音声の単位で、単語をできるだけ細かに区切って発音するときの一つ一つの音。シラブル。参考日本語では原則として一つの母音か、一つの子音と一つの母音とからなり、仮名一字で書き表す。ただ、キャ・チュなどの拗音は二字でも一音節。⇩単音①

―もじ【―文字】一字で一音節を表す文字。日本語の仮名はその例。⇩単音文字

おん-せん【温泉】①【地質】地下水が地熱のため熱せられてわき出るもの。日本ではセ氏二五度以上の温度があるか、一定の鉱物質を含むものをいう。いでゆ。「―がわく」②①を利用した入浴施設のある土地。また、その施設。温泉場。

おん-そ【音素】言語学で音韻上の最小単位。

おんぞうえ-く【怨憎会苦】【仏】八苦の一つ。うらみ憎むものと会わなければならない苦しみ。

おんぞう-こ【温蔵庫】調理ずみの食物をそのままあたたかい状態で保存するための器具。

おん-ぞうし【御曹司・御曹子】(「曹司」は部屋の意)①名門の家の子息。令息。②(古)公卿の正統の血をひく子息で部屋住みの者。また、源氏の嫡流の子息。

おん-そく【音速】音の伝わる速さ。空気中の音速は、セ氏零度で一気圧のとき毎秒約三三一・五メートルで、温度が一度上がるごとに毎秒約〇・六メートルずつ増す。

おん-ぞん【温存】(名・他スル)①使わないで大事に保存しておくこと。「決勝戦に備えて体力を―する」②よくない状態を改めずにそのままにしておくこと。「派閥を―する」

おん-たい【御大】(俗)(「御大将」の略)仲間の長などを、親しみをこめていう言葉。「ここは―の出番ですね」

おん-たい【温帯】【地】気候帯の一つ。寒帯と熱帯の間の地帯。三〇度から五〇度の緯度帯を中心に広がっている。⇩寒帯・熱帯

―ていきあつ【―低気圧】【気】中高緯度で発生する低気圧。寒暖の気団が接するところで生じ、前線をともなう。

オン-タイム〈on time〉①時間どおりであること。定刻。②勤務時間内。オン。↔オフタイム 参考②は、英語では on duty などという。

おん-たく【恩沢】神仏・主君などの恵み。情け。「―を施す」

おんたけ【御嶽・御岳】長野・岐阜の県境にある火山。頂上に御嶽神社があり、古来霊峰として知られる。

おん-だん【温暖】(名・形動ダ)気候がおだやかで暖かいこと。また、そのさま。「―な気候」↔寒冷

―ぜんせん【―前線】【気】冷たい気団の上に暖かい気団がはい上がるときに発生する前線。これが近づくと雨が降り、通過すると気温が上がる。↔寒冷前線

おん-ち【音痴】①音の感覚がにぶく歌を正しい音程で歌えないこと。また、その人。俗に、歌のへたな人。音聾。②ある種のことに、感覚がにぶいこと。また、その人。「方向―」「運動―」

おん-ち【御地】相手の住んでいる土地の敬称。貴地。

おん-ちゅう【御中】郵便物の宛先が団体・会社などの場合、宛先の下につける敬称。「A社人事部―」参考団体・会社に所属する個人宛ての場合は、「様」がふつう。

おん-ちょう【音調】①音の高低。②音楽の曲節。ふし。③言葉のアクセントやイントネーション。④詩歌の韻律。

おん-ちょう【恩寵】神仏・主君などのめぐみ。いつくしみ。

おん-つう【音通】①五十音図の同行または同列(=同段)の音と音とが転換しあう現象。「ありく」が「あるく」に、「のく」が「どく」になる類。②漢字で、同音の文字を共通の意に用いること。「修」と「脩」など。

オン-デマンド〈on demand 要求に応じて〉利用者からの注文・要請がきた時に、それに応じたものを供給・配信すること。「―出版」「―形式」

おん-てい【音程】【音】二つの音の高低の差。「―が狂う」

おん-てき【怨敵】うらみのある敵。かたき。「―退散」

おん-てん【恩典】情けあるとりはからい。「―に浴する」

おん-てん【温点】【生】皮膚の表面に点在する、体温以上の温度を感じる所。↔冷点

おん-と【音吐】声の出し方。また、声。

―ろうろう【―朗朗】(ト・タル)声量が豊かで明朗なさま。文(形動タリ)

おん-ど【音頭】①多人数で歌うとき、先に歌って調子をとること。②大勢の人が歌につれて踊ること。また、その踊りや歌。「河内―」③多人数で何かをするとき、先に立って唱えたり行動したりして、皆を導くこと。「A氏の―で乾杯をする」語源雅楽用語の「音頭(=合奏の首席奏者)」の転。

―を取る ①合唱するとき、先に歌って調子をとる。②多人数で何かをするとき、先に立って皆を導く。首唱者となる。

―とり【―取り】①「音頭①」をとること。また、その人。②先に立って事をすること。また、その人。

おん-ど【温度】熱さや冷たさの度合い。「―が高い」

―けい【―計】温度を測る器具・装置。はじまり原点はガリレイにあるとされ、一六世紀の末ごろ、温度変化を目視できる装置を製作。その後、一八世紀にファーレンハイトやセルシウス

により目盛りによる水銀温度計が開発・実用化された。

―さ【―差】①温度の違い。②ある物事についての熱意や関心の度合いの差。「住民の意識に―がある」

おん-とう【温湯】ヲンタウ あたたかい湯。

おん-とう【穏当】ヲンタウ（名・形動ダ）おだやかで無理がないこと。また、そのさま。「―を欠く」「―な考え」「不―」文（ナリ）

おん-とく【恩徳】厚いめぐみ。深い情け。「―を報ずる」

おん-どく【音読】（名・他スル）①漢字を字音で読むこと。音読み。↔訓読 ②声を出して読むこと。↔黙読

おん-どり【◦雄鳥】ヲン― おすの鳥。特に、おすのニワトリ。↔雌鳥(めんどり)

オンドル〈朝鮮 温突〉暖房装置の一つ。床下に煙道を作り、煙を通して床下の板状の石を熱して部屋を暖めるもの。朝鮮半島・中国東北部で用いられる。冬

おんな【女】ヲンナ ①人間の性別で、子を生む器官をもつほう。㋐女性。女子。㋑成人した女子。一人前の女性。「―になる」②女性的な特徴・気質をそなえた状態のもの。「―坂」③女性としての容姿や器量。「いい―」④愛人である女性。情婦。妾(めかけ)。⑤召使である女子。下女。《↔男》参考①は、誰かを指していうときは「女性」というほうが丁寧に聞こえる。

―三人(さんにん)寄(よ)れば姦(かしま)しい 女が三人も集まると話がはずみ、非常にやかましい。語源「姦」の字の構成からいった語。

類語

幼い時期	女児・幼女・童女・少女・女の子・娘・嬢ちゃん・お嬢さん・おねえちゃん・ガール
若い時期	女子・女の子・女性・女人・婦女・淑女・娘・おなご・おとめ・ねえさん・おねえさん・ガール・レディー
成人	女性・婦人・女人・婦女・淑女・女丈夫・おんな・おなご・おばさん・おばん・ウーマン・レディー
老人	老女・老婆・おばあさん

おん-ない【恩◦愛】（「おんあい」の連声(れんじょう)）→おんあい

おんな-おや【女親】ヲンナ― 母親。母。↔男親

おんな-がた【女形】ヲンナ― →おやま

おんな-ぐせ【女癖】ヲンナ― 女性をすぐ誘惑する、男性の性癖。「―が悪い」

おんな-ぐるい【女狂い】ヲンナグルヒ 男が女に夢中になり、情事にふけること。↔男狂い

おんな-け【女気】ヲンナ― 女性がいる気配。女性がいることで生まれる雰囲気・感じ。女っ気。↔男気(おとこけ)

おんな-ごころ【女心】ヲンナ― ①女性特有の気持ち・心理。②女性の変わりやすい心。「―と秋の空（＝変わりやすいもののたとえ。もとは「男心と秋の空」）」《↔男心》

おんな-ごろし【女殺し】ヲンナ― 女性の心を迷わせ夢中にさせる魅力的な男性。

おんな-ざか【女坂】ヲンナ― 神社・寺の参道などで、二つある坂のうち、なだらかなほうの坂。↔男坂

おんな-ざかり【女盛り】ヲンナ― 女性として心身ともに充実した時期。女性の最も美しい年ごろ。↔男盛り

おんなじ【◦同じ】（形動ダ・副）→おなじ

おんな-じょたい【女所帯】ヲンナ― 女性だけで一家を構成し暮らしていること。また、その家庭。↔男所帯

おんな-ずき【女好き】ヲンナ― ①男性の顔や姿・気性が女性の好みに合うこと。「―のする顔」②男性が女性との情事を好むこと。また、そういう男性。《↔男好き》

おんな-だてら-に【女だてらに】ヲンナ―（副）女性に似つかわしくないことをするさま。女性に似合わず。

おんな-たらし【女△誑し】ヲンナ― 数多くの女性をたくみに誘惑して、次々ともてあそぶこと。また、そういう男性。

おんなっ-け【女っ気】ヲンナッ― →おんなけ ↔男っ気

おんなっ-ぷり【女っ振り】ヲンナッ― →おんなぶり ↔男っぷり

おんな-で【女手】ヲンナ― ①女性の働き手。また、その働き。「―一つで子供を育てる」「―が足りない」②女性の筆跡。「―で書かれた手紙」③平仮名。女文字。《↔男手》

おんなのいっしょう【女の一生】ヲンナノイツシヤウ フランスの作家モーパッサンの小説。一八八三年刊。地方貴族の家に生まれた娘ジャンヌが、幻滅と悲哀のうちに老いる過程を描いた、自然主義文学の代表作。

おんな-の-こ【女の子】ヲンナ― ①女の子供。↔男の子 ②若い女性。↔男の子 ③酌婦や芸妓(げいぎ)などをいう。

おんな-ばら【女腹】ヲンナ― 女の子ばかりを産む女性。↔男腹

おんな-ひでり【女△旱】ヲンナ― 女性の数が少ないために男性が相手となる女性を求めるのに不自由する状態。↔男旱(おとこひでり)

おんな-ぶり【女振り】ヲンナ― 女性としての容貌(ようぼう)・風采(ふうさい)。女っぷり。「―がいい」↔男振り

おんな-へん【女偏】ヲンナ― 漢字の部首名の一つ。「好」「妙」などの「女」の部分。

おんな-むき【女向き】ヲンナ― 女性の使用や好みに適していること。また、その品。「―の柄」↔男向き

おんな-むすび【女結び】ヲンナ― ひもの結び方の一つ。男結びの結び方が右から始めるのに対し、左から始めるもの。↔男結び ⇩男結び（さしえ）

おんな-もじ【女文字】ヲンナ― ①女性の筆跡。②（昔、女性が主として用いたことから）平仮名。《↔男文字》

おんな-もち【女持ち】ヲンナ― 女性が持つのにふさわしく作られたもの。「―の時計」↔男持ち

おんな-もの【女物】ヲンナ― 女性用に作られた品物。「―の傘」↔男物

おんな-やもめ【女◦寡】ヲンナ― 夫と離別または死別して、あるいはずっと独身で、ひとり暮らしをしている女性。「―に花が咲く」↔男鰥(おとこやもめ)

おんなら-し・い【女らしい】ヲンナ―（形）カロ・カッ(ク)・イ・イ・ケレ・○ 性質・姿・態度などに、女性の特徴とされたこまやかさ・柔らかさなどが感じられるさま。「―しぐさ」↔男らしい 文をんなら・し（シク）

おん-ねつ【温熱】ヲン― あたたかさを感じさせる熱。「―療法」

おん-ねん【怨念】ヲン― 深くうらみに思う心。「―を晴らす」

おん-の-じ【御の字】《俗》（「御」の字を付けたいほどのものの意から）十分で、ありがたいこと。「それだけできれば―だ」

おん-ば【◦乳◦母】うば。語源「おうば」の転。

―ひがさ【―日傘】（乳母(うば)をつけたり、日傘をさしかけたりする意から）子供をたいせつに育てること。過保護な育て方をいう。おんばひからかさ。「―で育てられる」

おん-ぱ【音波】《物》発音体の振動により空気その他の媒質に生じる波動。これが鼓膜を刺激すると音の感覚を生じる。

オン-パレード〈on parade〉①俳優などの勢ぞろい。総出演。②（比喩(ひゆ)的に）物事が多く並ぶこと。「値上げの―」

おん-ばん【音盤】レコード盤。

おん-びき【音引き】①辞書、特に漢和辞典で、漢字・語を音(おん)で引くこと。また、そのように作られたもの。「―索引」↔画引き ②長音符「ー」の俗称。

おんぴょう-もじ【音標文字】オンペウ― ①意味とは無関係に音(おん)だけを表す文字。ローマ字・平仮名・片仮名など。音字。表音文字。②→おんせいきごう

おん-びん【音便】〘文法〙発音の便宜上、単語の一部の音節が起こす発音の変化。狭義には動詞・形容詞の活用語尾にみられるものをいう。イ音便・ウ音便・撥音便・促音便がある。

イ音便	書きて→書いて　脱ぎて→脱いで
ウ音便	問ひて→問うて　うつくしく→うつくしう
撥音便	読みて→読んで　止みて→止んで
促音便	走りて→走って　立ちて→立って

おん-びん【穏便】ヲン（形動ダ）ダロ・ダッ(デ・ニ)・ダ・ナ・ナラ・○ おだやかで、かどがたたないように扱うさま。「―に取り計らう」文（ナリ）

おんぶ（名・自他スル）〘俗〙①（幼児語から）背負うこと。②他人に頼ること。特に、払うべき費用を人に払わせること。「飲み代を先輩に―する」語源「おぶう」の転。

―に抱っこ（おんぶしてやればだっこもとねだる意から）他人の好意に甘えて何もかも頼ろうとすること。

おん-ぷ【音符】①〘音〙楽譜の符号で、形や位置によって音の高低・長短を表すもの。四分音符（♩）、八分音符（♪）など。②漢字や仮名につけて発音を示す補助記号。濁音符（゛）、半濁音符（゜）、促音符（っ）、長音符（ー）、反復音符（々、ゝ、〳〵）など。③漢字の組み立てで音を表す部分。「江」や「紅」の「工」など。

おん-ぷ【音譜】楽譜。

おん-ぷう【温風】ヲン ①（暖房器具などから出る）気持ちよく感じる程度にあたためられた風。②あたたかみを感じる春風。

おんぶ-きごう【音部記号】キガウ〘音〙五線譜の左端にして、音の高さの基礎を定める記号。高音部記号（ト音記号𝄞）・中音部記号（ハ音記号𝄡）・低音部記号（ヘ音記号𝄢）の三種がある。

オンブズマン〈スウェーデン ombudsman 代理人〉行政監察委員。政治的に独立し、行政に対する市民の苦情の調査や改善勧告などを行う。オンブズパーソン。「―制度」

おん-ぼう【◦隠坊・◦隠亡】バウ もと、火葬・埋葬・墓守を職業とする人を、不当に差別して呼んだ語。

おん-ぼろ（名・形動ダ）〘俗〙使い古されて非常にいたんでいること。また、そのもの。「―バス」「―を着る」

おん-み【御身】㊀（名）相手の体の敬称。おからだ。「―ごたいせつに」㊁（代）対称の人代名詞。あなた。敬意を含む。

おん-みつ【◦隠密】㊀（名・形動ダ）ひそかに事をなすこと。また、そのさま。「―に事を運ぶ」㊁（名）中世末から近世、諜報活動の役にあたった下級武士。忍びの者。間者。

おんみょう-じ【◦陰◦陽師】オンミヤウ →おんようじ

おんみょう-どう【◦陰◦陽道】オンミヤウダウ →おんようどう

おん-めい【音名】〘音〙楽音に与えられた固有の名称。音の絶対的な高さを表す。日本では「ハ・ニ・ホ・ヘ・ト・イ・ロ」の七つ。⇩階名

おん-めい【恩命】主君からのありがたいおおせ。

おん-めん【恩免】情けによって罪を許されること。

おん-もと【御◦許】（敬意をこめて）その人のいる所。その人に近い所。用法「御許に」「御許へ」の形で、おもに女性が手紙の脇付けに用いる。

オン-モン〈朝鮮 諺文〉「ハングル」の旧称。

おん-やく【音訳】（名・他スル）①漢字の音を借りて外国語の発音を書き表すこと。「インド」を「印度」と書く類。音写。②視覚障害者のために、文字を音声にすること。音声訳。

おん-やさい【温野菜】ヲン ゆでたり蒸したりして、熱を加えた野菜。↔生野菜

おん-よう【音容】声と顔つき。その人のようす。

おん-よう【◦陰◦陽】ヤウ ①→いんよう（陰陽）① ②「陰陽道」の略。参考「おんみょう」とも読む。

―じ【―師】宮中の陰陽寮に属して、占い・地相などをつかさどった官職。後世は民間で占いや加持祈禱を行う者をさした。陰陽師。

―どう【―道】ダウ 古代中国の陰陽五行説に基づき、吉凶を定め、天文・暦・占いなどを研究する学問。陰陽道。

おん-よう【温容】ヲン おだやかでやさしい顔つき・ようす。温顔。「師の―に接する」

おん-よく【温浴】ヲン（名・自スル）湯にはいること。「―療法」

おん-よみ【音読み】（名・他スル）→おんどく① ↔訓読み

オンライン ①〈online〉〘情報〙コンピューターがネットワークに接続している状態。また、端末装置が中央のコンピューターと接続している状態。「―ゲーム」↔オフライン ②〈on the line から〉テニスなどの球技で、ボールが区画線上に落ちて有効となること。

おん-り【△厭離】→えんり

―えど【―△穢土】エド →えんりえど

オンリー〈only〉ただそれだけ。もっぱらそれだけ。「仕事―」

おん-りつ【音律】〘音〙音の調子や高さ。

おん-りょう【音量】リヤウ 音の大きさ。ボリューム。

おん-りょう【怨霊】ヲンリヤウ うらみをいだいて死んだ人の霊魂。

おん-りょう【温良】ヲンリヤウ（形動ダ）ダロ・ダッ(デ・ニ)・ダ・ナ・ナラ・○ 人柄などがおだやかで素直なさま。「―な性質」文（ナリ）

おん-る【遠流】ヲン 律令制で、流罪の中で最も重いもの。佐渡・隠岐など京都から遠い土地に流した。

おん-ろう【音△聾】→おんち①

おん-わ【温和】ヲン（形動ダ）ダロ・ダッ(デ・ニ)・ダ・ナ・ナラ・○ ①性質がやさしくおとなしいさま。「―な人柄」②暑さ・寒さがきびしくなく気候のおだやかなさま。「―な気候」文（ナリ）

おん-わ【穏和】ヲン（形動ダ）ダロ・ダッ(デ・ニ)・ダ・ナ・ナラ・○ おとなしくおだやかなさま。「―な表現」文（ナリ）

か　カ

五十音図「か行」の第一音。「か」は「加」の草体。「カ」は「加」の偏。

か【下】教1 カ・ゲ・した・しも・もと㊥・さげる・さがる・くだる・くだす・くださる・おろす・おりる

（字義）①した。㋐低い方。下方。ふもと。「下流・下段・階下」↔上 ㋑敬称に用いる。「貴下・殿下・陛下」㋒身分や地位の低い者。「臣下・配下・部下・目下・門下」㋓いやしい者。「下衆・下賤」㋔劣る。「下品」↔上 ②しも。あと。のち。「下記・下略」③くだる。おりる。くだす。おろす。㋐下方に向かう。さがる。さげる。「下山・下車・落下」↔上 ㋑目上から目下に働きかける。「下命・下問」㋒中央から地方や民間にさがる。「下向・下野」㋓手をくだす。「下手人」④退ける。「却下」⑤へりくだる。「卑下」難読 下戸・下司・下種・下品・下襲・下総・下野・下部・下手 人名 し・じ・しず

-か【下】（接尾）①…のした。「水面―」「意識―」②…のもと。…の状態の中。「炎天―」「支配―」

か【化】教3 カ（クヮ）・ケ㊥ ばける・ばかす

（字義）①かわる。かえる。㋐形や性質がかわる。「化石・悪化・

帰化・激化・純化・進化・退化・変化」㋑心をかえる。人を善に導く。「感化・教化」㋒異なる物質が結合して新しい物質を作る。「化合・化成」②天地自然が万物を生じ育てる。「化育・造化・万化」③ばかす。ばける。「化生・化粧・化身・変化」④「化学」の略。「化繊」人名 のり

-か【化】 クワ （接尾）そのような状態になる、または変える意を表す。「映画ー」「民主ー」「悪ー」「液ー」

か【火】 教1 カ(クワ) ひ・ほ高

（字義）①ひ。㋐ほのお。物が燃えて光と熱を発する現象。「火炎・火山・行火・聖火・発火・噴火」㋑あかり。ともしび。「漁火・灯火」㋒火事。「火災・失火・大火・鎮火・放火」②やく。もやす。「火葬」③火薬を用いる武器。「火器・火砲」④はげしい感情。「情火」⑤事がさしせまる。「火急」⑥五行の一つ。⑦七曜の一つ。「火曜」または「火曜日」の略。難読 火燵・火点し頃・火熨斗・火保ち・火箭・火口・火筒・火照り・火屋・火傷

か【加】 教4 カ くわえる・くわわる

（字義）①くわえる。くわわる。たす。ふやす。「加速・増加・追加・添加・付加」②仲間にはいる。「加担・加入・加盟・参加」③およぼす。ほどこす。「加害者・加護・加工」④足し算。「加算・加法・加減乗除」⑤「加賀の国」の略。「加州」⑥「加奈陀」の略。「日加会談」⑦「カリフォルニア」の略。「加州」難読 加答児・加農・加比丹・加里・加留多 人名 ます・また

か【可】 教5 カ よい・べし

（字義）①よい。よろしい。「適可」②よしとする。賛成する。「可決・可否」③ゆるす。ききいれる。「許可・認可」④できる。なしうる。「可能・可及的・可燃性・可逆反応」難読 可惜・可笑しい・可也・可成・可愛い・可哀相 人名 あり・とき・よく・よし・より

か【可】 ①よいこと。また、よいと評価すること。②できること。「分割払いもー」③成績の判定で、優・良に次ぐ段階。

ーもなく不可もなし 特によくもなく、また悪くもない。

か【禾】 人 カ(クワ) のぎ

（字義）①のぎ。イネ科植物の穂の先にある毛。②いね。あわやきびなどイネ科の植物の総称。③穀物類の総称。④わら。穀類の茎。人名 いね・ひいず・ひで

か【仮】 教5 **【假】** カ・ケ中 かり

（字義）①かり。かりの。まにあわせ。「仮設・仮眠・仮名」②いつわり。にせ。「仮装・仮病」③かりに。たとえば。「仮説・仮定」④かりる。ゆるす。「仮借」難読 仮字・仮庵・仮令・仮漆

か【瓜】 人 カ(クワ) うり

（字義）うり。ウリ科の果実の総称。難読 瓜実顔

か【何】 教2 カ中 なに・なん・いずれ

（字義）①なに。なんの。②どれほど。「幾何」難読 何処・何時・何奴・何方・何故・何卒

か【伽】 人 カ・キャ・ガ とぎ

（字義）①梵語のカ・キャ・ガの音を表すのに用いる。「伽陀・伽藍・伽羅・閼伽・頻伽（鳥の名）」②とぎ。㋐退屈をなぐさめること。「御伽話」㋑看病すること。看病する人。

か【花】 教1 カ(クワ)・ケ はな

（字義）①はな。＝華。「花壇・桜花・開花・造花」②はなやかな物・美しい物のたとえ。「花形・花燭・花柳界・詞花・名花」難読 花魁・花崗岩・花梨・花車・花筐・花鰹・花簪・花菖蒲・花薄・花弁 人名 き・はる

か【価】 教5 **【價】** 人 カ あたい高

（字義）①あたい。㋐ねだん。「価格・原価・高価・時価・定価・特価・物価・廉価」㋑ねうち。「価値・真価・評価」②〘化〙原子価・イオン価などを示す指数。

か【佳】 カ中 よい

（字義）よい。＝嘉。㋐すぐれている。「佳境・佳作・佳話」㋑美しい。「佳景・佳人・佳麗」㋒めでたい。「佳日・佳節」㋓うまい。「佳肴」人名 けい・てる・よし

か【果】 教4 カ(クワ) はたす・はてる・はて

（字義）①くだもの。木の実。＝菓。「果実・青果」②思いきってする。「果敢・果断」③はたして。思ったとおり。「果然」④はて。おわり。できばえ。「結果・効果」⑤むくい。「因果応報」↕因 難読 果敢ない 人名 あきら・たか・まさる・みのる

か【河】 教5 カ かわ

（字義）①かわ。大きなかわ。「河川・河畔・運河・大河・氷河」②天の川。「河漢・銀河・天河」③中国の黄河。「河南・河北・江河」④「河内の国」の略。「河州」難読 河岸・河童・河原・河骨・河豚

か【茄】 人 カ

（字義）①はす（蓮）。はちす。＝荷。②なす（茄子）。なすび。ナス科の野菜。

か【苛】 カ中 からい

（字義）①せめる。とがめる。しかる。「苛責」②からい。きびしい。むごい。「苛酷・苛政・苛税・苛烈」③こまかい。わずらわしい。「苛礼」難読 苛め・苛苛・苛斂誅求

か【珂】 人 カ

（字義）①宝石の一種。玉の次に美しい石とされる。白瑪瑙。②貝の一種。くつわ貝。

か【珈】 人 カ

（字義）①女性の髪飾り。簪の一種。②「珈琲」にあてる。

か【科】 教2 カ(クワ) しな・とが

（字義）①しな。すじ。区分・等級。「科学・科目・学科・教科・外科・歯科・文科・本科・予科・理科」②とが。つみ。「科料・罪科・重科・前科」③きまり。おきて。「金科玉条」④昔の中国の官吏登用試験。「科挙・科第」難読 科白・科人

か【科】 クワ 〘動・植〙生物分類上の一段階。目の下で属の上。

か【架】 カ中 かける中・かかる中

（字義）①たな（棚）。物をのせる台。「架上・銃架・十字架・書架・担架」②着物かけ。「衣架」③かける。かけわたす。「架橋・架設・架線・高架」人名 みつ

か【迦】 人 カ・ケ

（字義）梵語の音訳に用いる。「釈迦・迦陵頻伽」

か【◦個】 （字義）→こ（個）

か【夏】 教2 カ・ゲ中 なつ

（字義）なつ。四季の一つ。立夏から立秋の前日まで。六・七・八月。陰暦で四・五・六月。「夏日・季夏・初夏・盛夏」難読

夏安居・夏至・夏越

か【夏】〔世〕①中国の伝説上の王朝。禹が建て、桀王の時に殷の湯王に滅ぼされたという。②五胡十六国の一つ。匈奴が四〇七年に陝西・甘粛地方に建国。四三一年に北魏に滅ぼされた。③中国北西の辺境にチベット系のタングート族が建てた国の名。通称西夏。（一〇三八〜一二二七）

か【家】 教2 カ・ケ いえ・や・うち
（字義）①いえ。㋐すまい。「家屋・家具・人家・民家・隣家」㋑家族。家庭。「家長・家督・一家」㋒一族。一門。家柄。「家門・家来・分家・本家・名家・良家」②学問の流派。「儒家・道家・諸子百家」③一つの道に通じた人。「専門家・大家」難読 家鴨・家苞・家人 人名 え・お・やか

-か【家】（接尾）人。㋐それを職業にする人。「小説—」「政治—」㋑そのことをよくする人。「読書—」「努力—」「策略—」

か【荷】 教3 カ に 中
（字義）①に。にもつ。「荷重・重荷・出荷・入荷・初荷」②になう。かつぐ。「荷担・負荷」③はす（蓮）。はちす。「荷珠・荷葉」人名 もち

-か【荷】（接尾）かつぐ荷物の数を表す。「樽一—」

か【華】 カ(クワ)中・ケ高 はな 中
（字義）①はな。＝花。「華道・香華・国華・蓮華・優曇華」②はなやか。りっぱ。「華美・華麗・華厳・豪華・精華」③さかえる。「栄華・繁華」④おしろい。「鉛華」⑤中国の自称。「華僑・華北・中華」難読 華奢・華鬘 人名 は・はる・よし

か【華】クワ 表面がはなやかなこと。「—を去り実につく」

か【蚊】（字義）→ぶん（蚊）

か【蚊】〔動〕ハエ目（双翅目）カ科の昆虫の総称。口は針状で、雌は人畜を刺してその血を吸う。雄は草木の液を吸う。日本脳炎やマラリアの病原体を媒介するものもある。幼虫は、ボウフラ。夏
—の鳴くような声 蚊の羽音のようにかすかで小さな声。

か【菓】 カ(クワ)中
（字義）①くだもの。木の実。「水菓子」＝果。②間食用の食べ物。「菓子・製菓・茶菓」

か【袈】人（字義）→け（袈）

か【貨】 教4 カ(クワ)
（字義）①たから。㋐かね。金銭。「貨幣・金貨・硬貨・通貨」㋑金銀米穀などの価値ある物。「貨財・奇貨・財貨」②商品。品物。「貨物・雑貨・百貨」人名 たか

か【鹿】（字義）→ろく（鹿）

か【渦】 カ(クワ)高 うず 中
（字義）①うず。うずまき。転じて、もめごと。「渦中・渦紋」②うずをまく。「渦旋」

か【過】 教5 カ(クワ)・すぎる・すごす あやまつ高・あやまち高
（字義）①すぎる。㋐とおる。「過客・通過・濾過」㋑進行する。「過程・過渡・経過」㋒度をこえる。はなはだしい。「過激・過信・過度・過労・超過」㋓時がたつ。「過去・過日」②あやまち。㋐まちがい。失敗。「過誤・過失・大過」㋑つみ。とが。「過料・罪過」

か-【過】クワ（接頭）〔化〕化合物の名に付けて、その成分の割合が特に多いことを表す。「—酸化水素」

か【嘩】人 カ(クワ) かまびすしい
（字義）かまびすしい。やかましい。騒がしい。「喧嘩」

か【嫁】 カ高 よめ中・とつぐ中
（字義）①とつぐ。よめにゆく。「嫁期・降嫁・婚嫁」②おしつける。罪や責任を他になすりつける。「転嫁」

か【暇】 カ中 ひま中・いとま
（字義）①ひま。「閑暇・寸暇」②ゆっくりする。「暇逸」③やすみ。仕事のないこと。「休暇・賜暇」

か【禍】【禍】人 カ(クワ)中 わざわい
（字義）わざわい。ふしあわせ。災難。「禍根・禍福・災禍・舌禍・筆禍」↔福 難読 禍言・禍事・禍禍しい

か【禍】クワ わざわい。災厄。「コロナ—」

か【靴】 カ(クワ)高 くつ中
（字義）革のくつ。「長靴」

か【嘉】人 カ よい・よみする
（字義）①よい。＝佳。㋐よろしい。りっぱな。「嘉言」㋑めでたい。「嘉慶・嘉節」㋒うまい。「嘉肴」②よみする。ほめる。「嘉賞」人名 あきら・このむ・たか・ただし・ひろ・まこと・よし・よしみ・よみし・よみす

か【寡】 カ(クワ)中 すくない
（字義）①すくない。「寡言・寡少・寡聞・寡黙・衆寡・多寡」↔多・衆 ②やもめ。夫をなくした女。また、妻をなくした男。「寡婦・寡夫・鰥寡」③謙遜していう語。徳の少ない意。「寡妻・寡人」難読 寡男

か【寡】クワ 少ないこと。「—よく衆を制す」

か【樺】人 カ(クワ) かば
（字義）①かば。かんば。かばのき。カバノキ科の落葉高木。樹皮の白いものを白樺という。②かばいろ。赤みを帯びた黄色の名。難読 樺太

か【榎】人 カ えのき
（字義）えのき。アサ科の落葉高木。人名 え・えだ・かど

か【歌】 教2 カ うた・うたう
（字義）①うたう。ふしをつけてうたう。「歌劇・歌舞・謳歌」②うた。ふしをつけてうたう韻文。「歌謡・凱歌・校歌・国歌・詩歌」③和歌。「歌仙・歌壇・歌道・短歌」難読 歌留多

か【箇】 カ中・コ
（字義）一つ一つ。「箇所・箇条・箇箇・箇数」

-か【箇】（接尾）物を数えるときに添える語。「六—年」参考 数詞に続く場合、「ケ」「ヶ」「カ」「ヵ」と書くこともある。

か【稼】 カ高 かせぐ中
（字義）①うえる。穀物を植える。「稼穡」②かせぐ。働いて収入を得る。「稼業・稼動」人名 け・たか・たね

か【蝦】人 カ えび
（字義）①がま。ひきがえる。「蝦蟇」②えび。エビ科の節足動物。「蝦蛄」難読 蝦夷

か【課】 教4 カ(クワ)
（字義）①わりあて。㋐きめられた仕事。「課題・課目・日課」㋑税金のわりあて。「課税・賦課」㋒事務分担の区分。「課長・総務課」②こころみる。試験する。「考課」

か【課】クヮ ①役所や会社などで、事務分担の区分。局・部と係の間。②教科書などの学習事項の一まとまり。

か【◇鍋】カ(クヮ) なべ㊥
(字義)なべ。煮炊きに用いる器。

か【霞】人 カ かすみ
(字義)①朝やけ。夕やけ。また、美しい色彩。「霞光・霞彩」②かすみ。かすむ。「花霞」

か-(接頭)(おもに形容詞に付いて)語調を整え、意味を強める語。「ー細い」「ー弱い」

-か【日】(接尾)(数詞に付いて)①日数を表す語。「あと五ー」②月の何番目の日かを表す語。「三月三ー」

か【香】よいにおい。香り。「梅のーが漂う」

か【◇彼】(代)①遠称の指示代名詞。その人・物が、話し手・聞き手からともに遠い所にあることを示す。あれ。かれ。「ーの木の道のたくみの」〈徒然草〉②「何」と対応して、漠然とした事柄をさす語。「何やーや」用法①は多く、格助詞「の」を伴う。現代語ではおもに文語的表現で用いる。

か 一(終助)①疑問を表す。「この小鳥はどこから来たのだろうー」②相手に質問する。「君はだれですー」「どう思うー」③相手に問い返す。「これー、これは杜若(かきつばた)だ」④反語を表す。「私がどうしてそれを知ろうー」「そんなことできるー」⑤自分の判断を示し、同意を求める。「三つだぞ、いいー」「夏は暑いじゃないですー」⑥意向を問う意を表す。「二階へ行こうー」「一緒に行くー」⑦(「…ないか」の形で)相手の意向を問い、そうなって欲しいの思いを表す。「帰らないー」「結婚しないー」⑧軽い驚き・失望・詠嘆を表す。「もうできたー」「また雨ー」「やっぱりだめー」用法体言・副詞・助詞など種々の語に付く。活用語には、動詞・形容詞・助動詞の連体形(形容詞型活用の語には連用形にも)、形容動詞の語幹に付く。二(副助)①(多くは疑問の語に添えて)不確実の意を表す。「いつー行きたい」②事物の並列の意を表す。列挙した事物の一つを選択する意がこもる。「好きーきらいーはっきりしない」参考接続は一を参照。②の場合を並立助詞とする説もある。三(係助)《古》疑問・反語を表す。「何事ーありけん」〈徒然草〉用法文中に使われる場合、それを受ける結びの活用語は連体形。

が【牙】ガ高・ゲ㊥ きば㊥
(字義)①きば。歯。動物の前歯と奥歯との間にある、特に大きく成長した歯。「歯牙・象牙(ぞうげ)」②身を守り助けるもののたとえ。「爪牙(そうが)」③天子や大将の旗じるし。「牙旗」④本営。「牙営」

が【瓦】ガ(グヮ)高 かわら㊥
(字義)①かわら。「煉瓦(れんが)」②価値のないもののたとえ。「瓦石・瓦礫(がれき)」③壊れやすいもののたとえ。「瓦解」④重さの単位。グラム。「五瓦」難読瓦斯(ガス)・瓦落(がら)

が【我】教6 ガ㊥ われ・わ㊥
(字義)①われ。自分。自己。「自我・忘我・無我」②わがまま。自分勝手。「我流」③〔仏〕自分に執着すること。「我執・大我・無我」

が【我】自分本位の考えや意志。我意。「ーを通す」「ーが強い」 **ーを折(お)る** 自分の意志・意見を曲げて他人の意見や指示に従う。**ーを張(は)る** 自分の考えを押し通す。意地を張り通す。

が【画】教2【畫】ガ(グヮ)・カク(クヮク) エ(ヱ)・えがく・かぎる
(字義)①かぎる。くぎる。さかい。くぎり。「画然・画地・区画」②はかる。考えをめぐらす。くわだて。はかりごと。「画策・企画・計画」③漢字の点や線。また、点や線をかぞえる語。「画数・字画・総画」④えがく。絵をかく。「画家・画餅(がべい)・画竜点睛(がりょうてんせい)・図画」⑤え。「画集・画帖(がじょう)・画廊・絵画・書画・水彩画・壁画・漫画・名画・洋画」参考①②③は「カク」と読み、絵に関する場合は「ガ」と読む。①の意のときは「劃」の書き換え字として用いる。

が【芽】教4 めガ
(字義)①め。草木のめばえ。「麦芽(ばくが)・発芽」②はじまり。物事のおこり。「萌芽(ほうが)」人名めい・よし

が【臥】人 ガ(グヮ) ふす
(字義)ふす。ねる。やすむ。「臥床・横臥・仰臥・病臥・臥薪嘗胆(がしんしょうたん)・行住坐臥」難読臥所(ふしど)

が【俄】人 ガ にわか
(字義)①にわか。たちまち。不意に。「俄然(がぜん)」②かたむく。ななめになる。③「俄羅斯(オロシャ)」の略。ロシアの古名。「俄国」

が【峨】人 ガ
(字義)①けわしい。山の高くけわしいさま。「峨峨・嵯峨(さが)」②高い。高くする。

が【賀】教4 ガ よろこぶ
(字義)①よろこぶ。祝う。「賀正・賀状・謹賀・参賀・祝賀・年賀」②「加賀の国」の略。「賀州」

が【賀】長寿を祝うこと。「七〇のー」「喜の字のー(=喜寿)」

六一歳 還暦(かんれき)	八〇歳 傘寿(さんじゅ)	九九歳 白寿(はくじゅ)
六一歳 華甲(かこう)	八一歳 半寿(はんじゅ)	一〇〇歳 上寿(じょうじゅ)
七〇歳 古稀(こき)	八八歳 米寿(べいじゅ)	一〇〇歳 百寿(ひゃくじゅ)
七七歳 喜寿(きじゅ)	九〇歳 卒寿(そつじゅ)	(すべて数え年)

が【雅】ガ㊥ みやびやか
(字義)①みやびやか。風流。上品。「雅懐・雅号・雅俗・典雅・風雅・優雅」↔俗 ②正しい。正統の。「雅歌・雅楽」③広い。おおらか。「雅量」④相手や相手の詩文などに対する尊敬語。「雅鑑・雅兄」難読雅楽寮(うたりょう) 人名かつ・げ・たか・ただ・ただし・つね・なり・のり・ひとし・まさ・まさし・もと

が【餓】ガ㊥ うえる
(字義)うえる。うえ。食べ物がなくて苦しむ。「餓鬼・餓死・飢餓」

が【駕】人 ガ・カ
(字義)①のりもの。車馬。「駕籠(かご)・車駕・来駕」②しのぐ。のりこえる。「凌駕(りょうが)」

が【△駕】のりもの。かご。「ーを枉(ま)げる(=貴人がわざわざ来訪する。転じて、「来訪する」の尊敬語)」

が【△蛾】〔動〕チョウ目(鱗翅(りんし)目)で、チョウ以外の昆虫。非常に種類が多い。触角は糸状か羽状で、多くは夜間に活動する。幼虫はケムシ・イモムシなどで、害虫となるものが多い。夏

が 一(格助)(**中心義—それがもとになって、あとに述べることが生じる意を示す**)主語を示す。あとに述べる事態は何がもとになって起こるか、事態の由来を表す。「春ー来た」「正直なのー一番だ」「行きたければ行くーよい」「私ー手術をした病院」「水ー飲みたい」「手紙ー欲しい」「字ー読める」「砂糖ー切れる」用法体言・準体言(=用言・助動詞の連体形、助詞「の」など)に付く。「花が咲く」「花は咲く」の違いは、前者がある具体的な事態を述べ、後者は一般的な内容を説明したという点にある。「が」と「は」については、「が」は新情報(未知)、「は」は旧情報(既知)をそれぞれ表すとする説もある。参考前出の「水が飲みた

い」以下三例のような、欲望・好悪・可能を表す「が」の示す語を対象語とよぶ説もある。また、この場合、現代では「が」ではなく、「を」を使うことがあり、「を」の使用が時代とともに徐々に多くなりつつある。また、「われらが母校」のような連体格の「が」は文語的な用法。■二(接助) ①逆接を表す。「つらいー、がまんしよう」②事実を述べて、前置きとする。「富士山を見たいのだー、今日は見えるだろうか」③前のことに並列して続ける。「字もうまいー、文章もうまい」用法 用言・助動詞の終止形に付く。■三(終助) 文末にあって人をののしる意を表す。「あのなまけ者めー」用法 体言に付く。

> **ちがい**「…が好き」・「…を好き」
> 古くは、「好き」「嫌い」のような希望・好悪・能力など心情を表す語では、「…を好き」という使い方はせず、「…が好き」と「が」を使うのが通常であった(ただし、「欲しい」は江戸時代にも「…が欲しい」だけでなく「…を欲しい」とも言った)。「を」を使わず、「彼は彼女が好き」と言ったときなど、「好き」と思っているのはどちらか分からないことがある。「私があの人を好き」と言えば、その曖昧(あいまい)さを除くことができる。「…を好き」のような言い方は現在多く見られ、この傾向は「好き」「嫌い」以外でも、「欲しい」「恋しい」など、心情の対象のある語に及んでいる。日本語で「…が好き(嫌い)」のような言い方がされていたのは、「が」によって対象を示したからではなく、その心情が何に由来するかを表そうとしたからと考えられ、現代において、「…が…を(心情)」のように移っているのは、何が何に対してその心情を抱いているかを示すようになってきたからと考えられる。

カー〈car〉自動車。特に、乗用車。「マイー」「ーステレオ」

カーキ-いろ【カーキ色】 茶色がかった黄色。枯れ草色。参考「カーキ(khaki)」は、ヒンディー語で土ぼこりの意。

カーゴ-パンツ〈cargo pants〉両ももの脇に大きなポケットがついたズボン。語源 貨物船(cargo ship)の乗務員が着用していたことから。

かあ-さん【母さん】「お母さん」よりややくだけた言い方で、母を呼ぶのに使う語。↕父さん 参考 常用漢字表付表の語。

カースト〈caste〉〘世〙インドにおける世襲の身分制度。紀元前七世紀ごろに成立した、バラモン(司祭・僧侶(そうりょ))・クシャトリヤ(王侯・士族)・バイシャ(庶民。のち、おもに商人)・シュードラ(隷属民。のち、農民・牧畜民)の四身分を基本として形成され、さらに細分化される。

ガーゼ〈(ドイツ) Gaze〉粗く織った柔らかくて薄い綿布。医療や乳児の肌着などに使う。「ーのマスク」「ーの肌着」

カーソル〈cursor〉①〘情報〙コンピューターなどのディスプレー上で、入力する文字の位置を示す印。②計算尺についている四角い透明な板。左右に動かして、目盛りを合わせたり読んだりするのに使う。

ガーター〈garter〉靴下どめ。

—くんしょう【—勲章】(クンシャウ)〈the Garter〉イギリスの最高の勲章。

ガーター〈gutter〉→ガター

カー-チェイス〈car chase〉自動車どうしの追跡。また、数台の自動車がたがいに抜いたり抜かれたりする行為。

か-あつ【加圧】(名・自他スル) 圧力が加わること。また、圧力を加えること。「ー装置」↕減圧

カーディガン〈cardigan〉〘服〙毛糸などで編んだ前開きのセーター。カーデガン。「ーをはおる」冬

ガーデニング〈gardening〉庭・ベランダなどで、植物を植え育てること。園芸。庭造り。

カーテン〈curtain〉①光線や温度の調節、また防音や間仕切(まじき)り・装飾などの目的で窓や室内などにつるす布。幕。②(比喩(ひゆ)的に)あるものをさえぎって隠すもの。「鉄のー」「秘密のー」

—ウォール〈curtain wall〉〘建〙建造物の外壁をアルミ、ステンレス板など軽い壁材でおおう建築方式。

—コール〈curtain call〉(演劇・音楽会などの)終演直後、観客・聴衆が拍手喝采(かっさい)して、いったん退場した出演者を舞台や幕の前に再び呼び出すこと。

ガーデン〈garden〉庭。庭園。「ーパーティー(=園遊会)」

カート〈cart〉①荷物運搬用の手押し車。「商品をーに積む」②人を乗せて走る小型の車。「ゴルフ場の電動ー」

カード〈card〉①四角く小形に切った厚紙や札(ふだ)。「単語ー」②トランプ・かるたの札。「ーをきる」③試合の組み合わせ。「好ー」④「キャッシュカード」「クレジットカード」などの略。

ガード〈guard〉■一(名・他スル) ①警備したり、護衛したりすること。また、その人。「ボディーー」②ボクシング・フェンシングなどで、防御すること。また、その構え。「ーが甘い」■二(名) ①バスケットボールで、後衛。②アメリカンフットボールで、スクラムを組んだとき、センターの両側に位置する選手。

—マン〈和製英語〉人物の警護や、建造物などの警備をする人。警備員。護衛。参考 英語では guard という。

—レール〈guardrail〉道路わきや反対車線との間に設けられた事故防止のための鉄さく。

ガード〈girder bridge から〉道路の上に架けた鉄道橋。陸橋。また、市街地の鉄道の高架橋。「ー下の店」

カートリッジ〈cartridge〉器具や機械の本体にさし込んだり取り付けたりして用いる、交換部品。万年筆の軸にはめ込む交換インク容器やレコードプレーヤーの針を付ける部分など。「プリンターのインクー」

ガードル〈girdle〉女性の下着の一種。腹部から腰部にかけての体型を整えるために着ける。

カートン〈carton 厚紙〉①ろう引きの厚紙で作った箱。②二〇本入りのたばこの箱を一〇個入れた箱。

ガーナ〈Ghana〉アフリカ西部、ギニア湾岸の共和国。かつての黄金海岸。首都はアクラ。

カー-ナビ「カーナビゲーション」の略。

カー-ナビゲーション〈car navigation system から〉走行中の自動車の現在位置や進行方向を、人工衛星などを利用して画面や音声で運転者に知らせる装置。カーナビ。

カーニバル〈carnival〉①(カトリックで)謝肉祭。春 ②仮装行列やパレードなど、祭りのようににぎやかな催し。

カーネーション〈carnation〉〘植〙ナデシコ科の多年草。葉は線形で、夏、紅・白などの花を開く。品種が多い。五月の第二日曜日の母の日に赤い花を贈る慣習がある。夏

ガーネット〈garnet〉〘地質〙珪酸塩(けいさんえん)鉱物。深紅色の宝石で柘榴(ざくろ)石とも呼ばれる。一月の誕生石。

カーバイド〈carbide〉〘化〙「炭化カルシウム」の工業的呼称。生石灰とコークスを電気炉で熱してつくる。水と反応してアセチレンを発生。肥料(石灰窒素)の原料などに利用。

カービン-じゅう【カービン銃】〈carbine〉近距離での戦闘に用いる自動小銃。

カーフ〈calf〉子牛のなめし革。カーフスキン。

カーブ〈curve〉(名・自スル) ①曲がること。曲がった所。曲線。「ーを切る(=曲がる)」「道がーしている」②野球で、投手の投球が打者の近くで、投手の利き腕と逆の方向に曲がりながら

落ちること。また、その投球。

カーフェリー〈car ferry〉旅客や貨物とともに自動車を運ぶ大型連絡船。

カーペット〈carpet〉（室内の）敷物。じゅうたん。[冬]

ガーベラ〈gerbera〉〘植〙キク科の多年草。南アフリカ原産。葉は根元から生え、タンポポを大きくしたような形で、初夏に茎の頂に真紅・白・黄などの花をつける。[夏]

カーポート〈carport〉柱に屋根がついただけの簡易車庫。

カーボベルデ〈ポルトガル Cabo Verde〉アフリカ大陸の西、大西洋上にある共和国。首都はプライア。[語源]アフリカ大陸西端のセネガル領ベルデ岬の沖にあることから。原義は「緑の岬」。

カーボン〈carbon〉①「カーボン紙」の略。②〘化〙炭素。③電極用の炭素線・炭素棒など。

―し【―紙】複写に使う紙。ろう・油・紺青などを混ぜて雁皮紙の表面に塗ったもの。重ねた紙の間に挟んで書くと、下の紙にも字が写る。カーボンペーパー。カーボン。炭酸紙。

―ニュートラル〈carbon neutral〉温室効果ガスの排出量を、植林などによる二酸化炭素の吸収量と相殺して、実質的な排出量をゼロにすること。

―ファイバー〈carbon fiber〉→たんそせんい

カーラー〈curler〉毛髪をカールするための円筒形の用具。

カーリー・ヘア〈curly hair〉全体をカールさせた髪形。

ガーリック〈garlic〉にんにく。

カーリング〈curling〉氷上スポーツの一つ。四人ずつ二組に分かれ、ハンドルの付いた円盤状の石（ストーン）を滑らせ、ハウスと呼ばれる円の中心に近づけて得点を争う競技。

カール〈curl〉（名・自他スル）髪の毛が巻いていること。巻き毛。また、そのようにくせをつけること。「髪を―する」

カール〈ドイツ Kar〉氷河の浸食によってできたU字形のくぼ地。圏谷。日本アルプスや北海道の山地などに見られる。

ガール〈girl〉女の子。少女。娘。↔ボーイ

―スカウト〈Girl Scouts〉少女の心身の鍛錬と社会奉仕を目的とする団体。↔ボーイスカウト [はじまり]一九一〇年、イギリスのベーデン＝パウエルによって創始された。日本では、一九二〇（大正九）年「日本女子補導団」の名で、東京の香蘭女学校に結成されたのが最初。

―フレンド〈girlfriend〉女友達。特に、男性からみた若い女性の友達。↔ボーイフレンド

かい【介】 カイ㊥ たすける

（字義）①たすける。たすけ。「介護・介錯・介抱」②はさまる。間にはいる。仲立ちする。「介在・介入・紹介・仲介・媒介」③よる。たよる。「介恃」④ひとり。「一介」⑤よろい。よろいを着ける。「介冑」⑥こうら。かいがら。「介虫・魚介」[人名]あき・かたし・すけ・たすく・ゆき・よし

かい【会】[教2]**【會】** カイ（クワイ）・エ（ヱ）高・あう

（字義）①あう。であう。「会見・会談・再会・面会」②あつまる。あつめる。「会商・会葬・来会」③あつまり。よりあい。集団。「会式・会員・会合・開会・学会・社会・集会・法会」④とき。おり。「機会」⑤さとる。理解する。「会得・会意」⑥かぞえる。「会計」⑦たまたま。ちょうど。⑧かならず。きっと。⑨（「エ」と読んで）「絵」と通じる。「図会」[人名]あい・かず・はる・もち

‐かい【会】クワイ（接尾）ある目的をもつ人のあつまり。「同窓―」

かい【会】クワイ ①人が集まって行う行事。「―を催す」「―を開く」②ある目的をもつ人が集まって組織した団体。「緑を守る―」

[類語]会合・集会・宴会・集まり・集い・寄り合い・常会・例会

かい【回】[教2] カイ（クワイ）・エ（ヱ）高 まわる・まわす・めぐる

（字義）①まわす。まわる。「回転・回覧・迂回・転回」②めぐる。めぐらす。「回遊・周回・旋回」③かえる。もどる。もどす。「回収・回送・挽回」④さける。「回避」[難読]回向・回心・回回教

‐かい【回】クワイ（接尾）度数や順序を数える語。「三―」「次―」

かい【回】クワイ あることが繰り返し行われる場合の一つのまとまり。度数。「―を重ねる」

かい【灰】[教6] カイ（クワイ）㊥ はい

（字義）①はい。もえがら。「灰塵・灰土・石灰」②生気を失ったもののたとえ。「灰心・死灰」③やきつくす。ほろぼす。「灰滅」[難読]灰汁・灰均し・灰篩

かい【快】[教5] カイ（クワイ）・ケ こころよい

（字義）①こころよい。㋐気持ちがよい。たのしい。「快挙・快晴・快適・快楽・痛快・明快・愉快」㋑よろこばしい。「快事・快報」㋒病気がなおる。「快気・全快」②はやい。「快走・快速」③切れ味がするどい。「快刀」[人名]とし・はや・はれ・やす・よし

かい【快】クワイ 気持ちよいこと。愉快なこと。「―をむさぼる」

かい【戒】 カイ㊥ いましめる㊥

（字義）①いましめる。㋐用心する。警備する。「警戒・厳戒」㋑つつしむ。「戒慎・自戒」㋒さとす。注意する。「訓戒」②→次項。「戒律・授戒」

かい【戒】いましめ。特に仏教上のいましめ。「―を守る」

かい【改】[教4] カイ あらためる・あらたまる

（字義）①あらためる。㋐新しくする。変える。「改革・改新・改善・更改・変改」㋑しらべる。検査する。「改札」②あらためて。さらに。「改葬」③あらたまる。「改元・改暦」[人名]あら

かい【芥】[人] カイ・ケ からし・あくた

（字義）①からし。からしなの実を粉末にした香辛料。「芥子」②小さい。細かい。「芥蔕」③あくた。ごみ。「塵芥」[難読]芥子

かい【貝】カヒ（字義）→ばい（貝）[人名]しな

かい【貝】カヒ 〘動〙①貝殻をもつ軟体動物の総称。二枚貝・巻き貝など。②軟体動物の体をおおう石灰質の外皮。貝殻。

かい【◇届】[教6]**【屆】** カイ とどける・とどく

（字義）①いたる。およぶ。②きわまる。きわまり。③とどける。とどく。④とどけ。「出生届」[人名]あつ・ゆき

かい【怪】 カイ（クワイ）㊥・ケ あやしい㊥・あやしむ㊥

（字義）①あやしい。㋐不思議な。疑わしい。「怪物・怪訝・奇怪」㋑なみはずれた。「怪傑・怪力」㋒めずらしい。「怪石・怪味」②あやしいもの。ばけもの。「怪談・妖怪」[難読]怪我

かい【怪】クワイ あやしいこと。不思議なこと。「密室事件の―」

かい【拐】 カイ㊥ かどわかす

（字義）①かたる。だましとる。「拐騙」②かどわかす。人をだまして連れ出す。「拐帯・誘拐」

かい【廻】[人] カイ（クワイ）・エ（ヱ） めぐる・まわる

（字義）①めぐる。めぐらす。まわる。まわす。「廻転・廻覧」②もどる。もどす。かえる。かえす。「廻船・廻送」③さける。「廻避」[参考]「回」が書きかえ字。

かい【悔】【悔】(人) カイ(クワイ)㊥・ケ くいる㊥・くやむ㊥・くやしい㊥
(字義) ①くいる。くやむ。㋐自分のあやまちに気づき残念に思う。「悔悟・悔悛・後悔・懺悔」㋑くやしく思う。「悔恨」㋒死者を弔う。「悔状・悔文」②くい。残念な思い。

かい【恢】(人) カイ(クワイ) ひろい・ひろめる
(字義) ①ひろい。大きい。「恢廓」②ひろめる。ひらく。盛大にする。「恢弘」③かえす。かえる。「恢復」 人名 ひろ

かい【海】教2 **【海】**(人) カイ うみ
(字義) ①うみ。「海岸・海洋・外海・航海・領海」↔陸 ②物の多く集まる所。「芸海・言海」③広く大きいさま。「海容・樹海」 難読 海豹・海驢・海人・海参・海豚・海胆・海老・海髪・海苔・海月・海鼠腸・海象・海鼠・海苔・海星・海鞘・海松・海蘊・海神 人名 あま・か・ひろ・み

かい【界】教3 カイ さかい
(字義) ①さかい。㋐くぎり。かぎり。「境界・限界」㋑あたり。区域。「界域・界隈」②限られた範囲の中。「学界・業界・下界・政界・世界」③→次項

-かい【界】(接尾) ある範囲の社会。「芸能―」「法曹―」

かい【皆】 カイ㊥ みな㊥
(字義) みな。すべて。ことごとく。のこらず。「皆勤・皆既食・皆無・悉皆」 人名 とも・み・みち

かい【掛】◇ カイ(クワイ)・ケ・カ(クワ) かける㊥・かかる㊥・かかり㊥
(字義) ①かける。かかる。㋐ひっかける。つりさげる。㋑気にする。心にかける。「掛心」②着手する。始める。③かかり。仕事の受け持ち。＝係

かい【晦】(人) カイ(クワイ) みそか・くらい
(字義) ①みそか。つごもり。月の最終日。「大晦日」②暗い。はっきりしない。「晦渋」③くらます。姿をかくす。「韜晦」

かい【械】教4 カイ かせ
(字義) ①かせ。罪人の手足にはめ自由を奪うための刑具。「足械・手械」②かせをはめる。いましめる。「械繫」③からくり。しかけ。「機械」

かい【堺】(人) カイ さかい
(字義) さかい。土地のくぎり。＝界

かい【絵】教2 **【繪】** カイ(クワイ) エ(ヱ)
(字義) ①(多く「エ」と読む)え。「絵本・絵画・油絵・浮世絵・影絵」②えがく。いろどる。「彩絵」

かい【街】(字義) →がい(街)

かい【開】教3 カイ・ひらく ひらける・あく・あける
(字義) ①ひらく。ひらける。㋐あく。あける。「開襟・開門・打開・展開」㋑花が咲く。「満開」㋒土地をきりひらく。「開墾・開拓」㋓文化が進む。「開化」㋔数学で、根(答え)を求める。「開平」②はじめる。はじまる。「開始」③とおる。とおす。「開通」④さとる。さとらせる。「開悟」⑤のべる。「開陳」 難読 開眼 人名 か・さとる・し・のぶ・はる

かい【階】教3 カイ きざはし
(字義) ①きざはし。堂にのぼる段。「階前・階段」②はしご。「階梯」③建物の層。「上階・地階」④しな。官位などの等級。「階級・位階」 人名 しな・とも・はし・より

-かい【階】(接尾) 建物の層を数える語。「三―建ての家」

かい【塊】 カイ(クワイ)㊥ かたまり㊥
(字義) ①つちくれ。土のかたまり。「土塊」②大地。「大塊」③かたまり。「塊状・石塊・団塊」 難読 塊打

かい【楷】 カイ㊥
(字義) ①木の名。ウルシ科の落葉高木。子貢が孔子の墓に植えたと伝えられる。②のり。てほん。「楷式」③書体の一つ。字画をくずさずに書くもの。「楷書」

かい【解】教5 カイ・ゲ㊥・とく とかす・とける・ほどく
(字義) ①とく。とける。㋐ちる。ちらす。「解散・解体・分解」㋑きりはなす。きりさく。「解剖」㋒ほどく。ときほぐす。ゆるめる。「解除・解放・和解」㋓なくす。とりさる。「解毒・解熱」㋔ときあかす。説明する。「解説・解題・解明」㋕やめさせる。免じる。「解雇・解任・解由状」㋖いいわけをする。申し開きをする。「弁解」②さとる。物事の筋道がわかる。「解脱・曲解・理解・了解」 人名 さとる・つかさ・とき・ひろ

かい【解】 ①ときあかすこと。解答。答え。②〔数〕方程式を満足する未知数の値。根。「―を求めよ」

かい【魁】(人) カイ(クワイ) かしら・さきがけ
(字義) ①かしら。首領。「魁帥・首魁」②大きい。すぐれる。「魁偉・魁傑・魁士」③さきがけ。第一。「魁甲」 人名 いさお・いさむ

かい【潰】 カイ(クワイ)㊥ つぶす㊥・つぶれる㊥・ついえる・ついやす
(字義) ①ついえる。ついやす。㋐やぶれる。くずれる。やぶる。くずす。＝壊。「決潰」㋑にげる。ちりぢりになる。「潰走」㋒つぶれる。つぶす。②ただれる。「潰瘍」

かい【壊】【壞】(人) カイ(クワイ)㊥・エ(ヱ) こわす㊥・こわれる㊥
(字義) ①こわす。こわれる。やぶれる。やぶる。「壊滅・壊血病・決壊・破壊・不壊・崩壊」②病む。なやむ。いたむ。 難読 壊死・壊疽

かい【懐】【懷】(人) カイ(クワイ)㊥・エ(ヱ)・ふところ㊥・なつかしい㊥ なつかしむ㊥・なつく㊥・なつける㊥・いだく・おもう
(字義) ①おもう。おもい。「懐疑・懐想・述懐・本懐」②なつかしむ。「懐古・追懐」③なつける。「懐柔」④いだく。ふところにする。「懐剣・抱懐」⑤身ごもる。「懐胎・懐妊」 人名 かぬ・かね・きたす・たか・ちか・つね・もち・やす

かい【諧】 カイ㊥ やわらぐ・かなう・ととのう
(字義) ①やわらぐ。やわらげる。「和諧」②かなう。あう。調和する。「諧協」③ととのう。ととのえる。「諧調」④おどける。たわむれる。「諧謔・俳諧」

かい【檜】(人) **【桧】**(人) カイ(クワイ) ひのき
(字義) ひのき。ヒノキ科の常緑高木。良質の建築用材となる。 難読 檜皮

かい【蟹】(人) カイ かに
(字義) かに。節足動物・甲殻類に属する動物の一種。「蟹行」

かい-【掻い】（接頭）（「かき」の音便）動詞に添えて語勢を強める語。「―くぐる」「―つまむ」

かい【峡】カヒ 山と山との間の狭い所。山峡。

かい【櫂】 手に持って水をかいて船を動かす道具。握る部分は棒状で先は平たい。オール。

かい【買い】カヒ ①買うこと。「安物―」②《経》相場の値上がりを予想して買うこと。「―にまわる」(↔売り)

か-い【下位】ヰ 低い地位や順位。下のくらい。↔上位

か-い【下意】 一般の人々の考え。民意。「―上達」↔上意

かい【甲斐・効】カヒ 何かをしたことの結果としてあらわれる効き目・報い。効果。張り合い。「努力した―がない」

かい【甲斐】カヒ 旧国名の一つ。現在の山梨県。甲州。

かい【隗】クワイ（生没年未詳）郭隗の名。中国の戦国時代の政治家。燕の昭王に仕えた。

―より始めよ ①遠大な事業を興すには、まず手近なことから始めよ。②何事もまず言い出した者から着手せよ。【故事】中国の戦国時代、燕の昭王が天下の賢者を招く方策を郭隗に問うたところ、郭隗は「まず私のようなつまらない者から優遇せよ。そうすれば私よりも有能な人材が参集するであろう」と答えたことからいう。〈戦国策〉⇩死馬の骨を買う

かい（終助）①親しみの気持ちでたずねるときに添える。「もう聞いた―」②強く否定する意を表す。「そんなこと知る―」

がい【刈】ガイ かる㊥

（字義）①かる。草をかる。とりのぞく。②断つ。切る。③かま（鎌）。

がい【外】㊈2 ガイ（グワイ）・ゲ㊥ そと・ほか・はずす・はずれる

（字義）①そと。ほか。㋐一定の範囲のそと。「外界・外部・意外・県外・国外・心外」↔内 ㋑うわべ。表面。「外観・外見・内柔外剛」㋒別の。よその。「外域・外国」㋓妻の身内。「外戚・外孫」②はずす。㋐とりのぞく。「除外」㋑うとんじる。とおざける。「疎外」③正式でない。「外史・外伝」難読 外郎・外陣・外題・外典・外連・外方・外面・外様・外国・外山 人名 そ・と・との・ひろ

がい【亥】ガイ い

（字義）い。いのしし。十二支の最後。時刻では今の午後一〇時ごろ、方位では北北西。「乙亥」人名 いの

がい【劾】ガイ㊥ きわめる

（字義）①罪を取り調べる。追及する。「劾状」②罪を告発する。「劾奏・弾劾」

がい【害】㊈4 ガイ そこなう

（字義）①そこなう。きずつける。「害悪・害意・加害・危害・殺害・自害・傷害・損害・迫害」②わざわい。災難。「公害・災害・霜害・被害・風水害・冷害」③さまたげる。「阻害・妨害」④攻めるのが困難な所。「要害」

がい【害】 損失。悪い影響。「―を及ぼす」

がい【崖】ガイ㊥ がけ㊥

（字義）がけ。きりたった所。「崖頭・崖壁・懸崖・断崖」

がい【涯】ガイ㊥ はて

（字義）①きし。みぎわ。川岸。「水涯」②はて。かぎり。行きつくところ。「境涯・生涯・天涯」

がい【凱】ガイ・カイ

（字義）①かちどき。戦いに勝ったときにあげる鬨の声。勝ちいくさを祝う歌や音楽。「凱歌・凱楽・奏凱」②勝ちいくさ。戦勝。「凱還・凱旋」③やわらぐ。たのしむ。「凱悌」④南風。「凱風」人名 かつ・かつみ・たのし・ちか・つね・とき・まさ・よし

がい【街】㊈4 ガイ・カイ㊥ まち

（字義）①大通り。四方に通じる道。「街道・街頭・街路」②まち。ちまた。「街巷・市街」

がい【慨】【慨】ガイ㊥ なげく

（字義）①なげく。なげき。「慨嘆・感慨」②いきどおる。いきどおり。「慨然・慷慨・憤慨」

がい【蓋】ガイ㊥ ふた㊥・おおう

（字義）①おおう。おおいかぶせる。「蓋世」②おおい。ふた。「天蓋・無蓋車」③けだし。思うに。おそらく。「蓋然性」

がい【該】ガイ㊥ かねる

（字義）①かねる。そなわる。「該通・該博」②あたる。あてはまる。「該当」③その。この。物を指定する言葉。「該案・当該」人名 かい・かた・かぬ・かね・もり

がい【概】【概】ガイ㊥ おおむね

（字義）①おおむね。だいたい。あらまし。「概観・概況・概数・概念・概略・一概・梗概・大概」②まとめる。すべる。「概括」③ようす。おもむき。「気概・勝概」④みさお。「節概」⑤なげく。かなしむ。＝慨。「概然」人名 むね

がい【概】 ようす。おもむき。「敵を呑むの―あり」

がい【骸】ガイ㊥ むくろ

（字義）①ほね。骨格。「骸骨」②むくろ。なきがら。死体。「遺骸・死骸」③からだ。身体。「形骸」

がい【鎧】ガイ・カイ よろい

（字義）よろい。戦場で身につけて敵の武器から身を守る武具。「鎧甲・鎧冑・鎧袖一触」

が-い【我意】 自分の考えを押し通そうとする気持ち。我が。「―を通す」

が-い【画意】グワ 画中に示された意味。絵の主題。

が-い【賀意】 祝う気持ち。祝意。「新年の―を表する」

ガイ〈guy〉男。やつ。「ナイス―」

かい-あお・る【買い煽る】カヒアフル（他五）ラ(ロ)・リ(ッ)・ル・ル・レ・レ《経》商品や株式の相場をつり上げるために、盛んに買い続ける。

かい-あく【改悪】（名・他スル）変えたことによって以前より悪くなること。「法の―」↔改善

がい-あく【害悪】 害となる悪いこと。「社会に―を流す」

かい-あ・げる【買い上げる】カヒ（他下一）ゲ・ゲ・ゲル・ゲル・ゲレ・ゲロ(ゲヨ) 上位の立場にある者が下位の者から買う。官公庁が民間から物を買い取る。「米を―」文 かひあ・ぐ（下二）

かい-あさ・る【買い漁る】カヒ（他五）ラ(ロ)・リ(ッ)・ル・ル・レ・レ あちこち探し回ってむやみに買い集める。手当たりしだいに買う。

がい-あつ【外圧】グワイ 外部から加えられる圧力。特に、外国からの圧力。「―に屈する」↔内圧

ガイアナ〈Guyana〉南アメリカの北部、大西洋に面した共和国。首都はジョージタウン。

かい-あわせ【貝合〔わ〕せ】カヒアハセ ①左右に分かれて珍しい貝を出し合い、その優劣を競った遊び。②内側に絵や歌を書いた三六〇個の蛤の貝殻を右の地貝と左の出し貝とに分け、

地貝をふせ並べて、一つずつ出し貝を出し、それと合う地貝を多く選んだ人を勝ちとする遊び。貝おおい。

かい-い【介意】(名・他スル) 気にかけること。心配すること。

かい-い【会意】クワイ ― 漢字の六書(りくしょ)の一つ。複数の漢字を組み合わせ、もとの字の意味をいかして新しい字形と意味をつくる構成方法。「木」と「木」を合わせて「林」とするなど。「―文字」

かい-い【怪異】クワイ ― 一(名・形動ダ) 不思議であやしいこと。また、そのさま。「超自然の―」二(名) 化け物。変化(へんげ)。

かい-い【魁偉】クワイ (名・形動ダ) 顔がいかめしく、体が大きくてたくましいこと。また、そのさま。「容貌(ようぼう)―」

かい・い【痒い】(形) カロ・カッ(ク)・イ・イ・ケレ・○ 「かゆい」のくだけた言い方。

がい-い【害意】相手に危害を加えようとする気持ち。害心。

かい-いき【海域】ヰキ ある範囲内の海。「日本の―」

かい-いぬ【飼〔い〕犬】カヒ 人家で飼っている犬。

―に手(て)を噛(か)まれる ふだんかわいがって目をかけていた者に裏切られ、ひどい目にあうことのたとえ。

かい-い・れる【買〔い〕入れる】カヒ (他下一) レ・レ・レル・レル・レレ・レロ(レヨ) 代金を支払って品物を手に入れる。文 かひい・る(下二)

かい-いん【会員】クワヰン 会に加入している人々。会の構成員。

かい-いん【改印】(名・自スル)(銀行などに)届け出てある印鑑を別の印鑑に変えること。「―届」

かい-いん【海員】ヰン 船長を除く船の乗組員の総称。船員。

かい-いん【開院】ヰン (名・自他スル) ①病院など、院と名の付く所を開けて業務を始めること。(初めて業務を開始することにも、当日の業務を開始することにもいう。) ②国会が始まることの旧称。(↔閉院)

がい-いん【外因】グワイ その物事自体ではなく、外部にある原因。↔内因

かい-う・ける【買〔い〕受ける】カヒ (他下一) ケ・ケ・ケル・ケル・ケレ・ケロ(ケヨ) 代金を払って、物品などを引き取る。文 かひう・く(下二)

かい-うん【海運】船による海上の運送。「―業」↔空運・陸運

かい-うん【開運】運が開けていくこと。幸運に向かうこと。

かい-えき【改易】(名・他スル)(改めかえるの意から)江戸時代、武士の身分から除いて、領地・家屋敷を取り上げた刑。

かい-えん【海淵】エン 【海・地質】海底の特に深くくぼんだ所。海溝の中で、特に深い所。

かい-えん【開園】エン (名・自他スル) 動物園・幼稚園など、園と名の付く所を開けて人を入れること。(初めて業務を開始することにも、当日の業務を開始することにもいう。) ↔閉園

かい-えん【開演】(名・自他スル) 演劇・音楽・講演などの上演が始まること。また、始めること。開幕。「―時間」↔終演

がい-えん【外延】グワイ 【論】それぞれの概念が適用される事物の範囲。たとえば、芸術家という概念の外延は、詩人・小説家・音楽家・画家・彫刻家・俳優など。デノテーション。↔内包

がい-えん【外苑】グワイエン 御所・神社などに所属し、その外まわりにある広い庭園。「明治神宮―」↔内苑(ないえん)

かいおう-せい【海王星】カイワウ 【天】太陽系の惑星の一つ。太陽系の内側から八番目に位置する。約一六五年で太陽を一周する。

かい-おき【買〔い〕置き】カヒ (名・他スル) 必要なときのために、買って蓄えておくこと。また、その物。ストック。

かい-オペレーション【買いオペレーション】カヒ 【経】金融緩和を目的とした公開市場操作。金融市場に資金が不足しているとき、中央銀行が市場から債券や手形を買い上げて通貨を供給する操作。買いオペ。↔売りオペレーション

かい-おん【快音】クワイ 気持ちのよい音。特に野球で、ヒットやホームランを打ったときの爽快(そうかい)な打撃音。

かい-おんせつ【開音節】母音または二重母音で終わる音節。日本語の音節のほとんどは開音節である。↔閉音節

かい-か【怪火】クワイ ①原因不明の火事。不審火(ふしんび)。②不思議な火。あやしい火。鬼火や火の玉など。

かい-か【階下】①階段の下。②二階建て以上の建物で、上の階から見て下に当たる階。(↔階上)

かい-か【開化】クワ (名・自スル) 知識・文化が開け進歩すること。「文明―」

かい-か【開花】クワ (名・自スル) ①花が咲くこと。「桜が―する」②(比喩(ひゆ)的に)物事が盛んになること。成果が現れること。「画家としての才能が―する」

かい-か【開架】図書館で、閲覧者が書棚から自由に本を取り出して利用できる方式。接架。↔閉架

かい-が【絵画】クワイグワ 物の形・姿・印象を線や色によって紙・布その他平らな面の上に描き表したもの。絵。画。「西洋―」

がい-か【外貨】グワイクワ ①外国の貨幣。また、外国から得られた収入。「―準備高(=外国への支払いに備えて政府や中央銀行の保有する外貨資産)」↔邦貨 ②外国からの輸入品。

がい-か【凱歌】勝利を祝う歌。「―を奏する」

―を上(あ)げる 勝って歓声をあげる。試合や戦いに勝つ。

ガイガー-けいすうかん【ガイガー計数管】ケイスウクワン 【物】放射性元素や宇宙線の粒子などを検出・測定する装置。ガイガーミュラー計数管。ガイガーカウンター。語源 ドイツの物理学者ガイガー(Geiger)とミュラー(Müller)が考案したことから。

かい-かい【開会】クワイ (名・自他スル) ①会議・集会などを始めること。また、始まること。「議長が―を宣する」「―式」②国会・地方議会の会期が始まること。また、始めること。(↔閉会)

かい-がい【海外】グワイ 海を隔てた外国。「―旅行」

がい-かい【外海】グワイ ①陸地に囲まれておらず、遠く広がっている海域。湾の外側の海。外海(そとうみ)。「瀬戸内海と―との潮位の差」↔内海 ②陸地から遠い海。遠海。

がい-かい【外界】グワイ ①いっさいの外物。自分をとりまく外の世界。環境。「―から遮断される」②【哲】心の作用とは無関係に独立して存在する物体の世界。↔内界

がい-がい【皚皚】(タル) 雪・霜などであたりが一面に白いさま。「白(はく)―たる雪の広野」文(形動タリ)

かいがい-し・い【甲斐甲斐しい】カヒガヒ (形) カロ・カッ(ク)・イ・イ・ケレ・○ 労を惜しまず、きびきびしているさま。まめまめしい。「―・く働く」文 かひがひ・し(シク)

かい-かく【改革】(名・他スル) 制度や組織・機構などを、改め変えること。「機構―」「行政―」

がい-かく【外角】グワイ ①野球で、打者から見てホームプレート上の遠い側。アウトサイド。アウトコーナー。②【数】多角形の一辺とこれに隣り合う辺の延長とのなす角。(↔内角)

がい-かく【外客】グワイ →がいきゃく

がい-かく【外郭・外廓】グワイクワク ①(「郭」は曲輪(くるわ)(=城の囲い)の意)外囲い。↔内郭 ②物事の輪郭。大枠。

―だんたい【―団体】官庁や政党などの組織の外にあって、その組織の事業や活動を代行・援助する団体。

かい-かけ【買〔い〕掛け】カヒ 代金あと払いの約束で物を買うこと。掛け買い。また、その代金。「―金」↔売り掛け

かい-かた【買〔い〕方】カヒ ①買う方法。②買い手。(↔売り方)

かい-かつ【快活】クワイクワツ (名・形動ダ) はきはきして元気のよいさま。明るく生き生きしているさま。「明朗―」

かい-かつ【開豁】クワツ (形動ダ) ダロ・ダッ(デ・ニ)・ダ・ナ・ナラ・○ ①(地形で

前方が開けていて見晴らしのよいさま。②度量が大きくこせこせしていないさま。「―な人柄」文(ナリ)

がい-かつ【概括】― (名・他スル) 内容のあらましや要点を一つにまとめること。「全体を―する」

かい-かぶ・る【買〔い〕◇被る】― (他五) 人物や能力などを実質以上に高く評価する。「部下を―・り過ぎる」

かい-がら【貝殻】― (身に対して)貝の外側の殻。

―ついほう【―追放】 古代ギリシャで行われた「オストラシズム(=陶片追放)」の誤訳。⇩陶片追放

―ぼね【―骨】「肩甲骨」の俗称。

―むし【―虫】〘動〙カイガラムシ科の昆虫の総称。分泌物が貝殻状になる。多くは果樹などに寄生する害虫だが、分泌物からろうなどを採る有用種もある。

かい-かん【会館】 集会・催しなどに用いるために建てた建物。「市民―」

かい-かん【快感】― こころよい感じ。「―に浸る」

かい-かん【怪漢】― ふるまいのあやしい男。

かい-かん【海関】― 海港に設けた関門。特に中国で、清朝が外国貿易に対して設けた税関。

かい-かん【開巻】― 書物を開くこと。また、書物の書き出し。書物の最初の部分。

かい-かん【開館】― (名・自他スル) 図書館・映画館など、館と名の付く所を開けて業務を始めること。(初めて業務を開始することにも、当日の業務を開始することにもいう。)↔閉館

かい-がん【海岸】 陸地が海と接している所。類語 海辺・海浜・磯・浜・ビーチ

―せん【―線】 ①海と陸との境界の線。また、海岸に沿った地域。②海岸に沿っている鉄道線路。

かい-がん【開眼】 (名・自他スル) 目が見えるようになること。また、見えるようにすること。参考「かいげん」の俗な言い方として使われる場合があるが、本来は別語。

がい-かん【外患】 外国または外部から圧力や攻撃などをかけられる心配。「内憂―」↔内患・内憂

がい-かん【外観】 外側から見たようす。見かけ。外見。「―は豪壮な建物」

がい-かん【概観】― (名・他スル) 物事の全体をざっと見渡すこと。また、だいたいのようす。「世界の政治を―する」

かい-き【回忌】―〘仏〙人の死後、毎年めぐってくる祥月命日。また、その回数を示す語。年忌。周忌。参考 三回忌以降は、死んだ年を含めて数える。一・三・七・一三・一七・二三・二七・三三・五〇などの各回忌に供養を行う。

かい-き【回帰】― (名・自スル) ひとめぐりして元へ戻ること。「永劫―(=永遠に同じことを繰り返すこと)」

―せい【―性】〘動〙渡りや回遊をする動物が、元の生息地に戻って来る習性。

―せん【―線】〘地〙太陽が地球上の赤道から遠ざかる南北の限界線で、南緯および北緯二三度二七分を通る緯線。「北―」「南―」

―ねつ【―熱】〘医〙急性の感染症の一種。病原体はスピロヘータで、シラミ・ダニなどが媒介する。高熱や悪寒などが起こったりおさまったりを繰り返す。再帰熱。

かい-き【会規】― 会の規則。会則。

かい-き【会期】― ①会議・集会などの行われる期間。また、その時期。②〘法〙議会の開会から閉会までの期間。「―を延長する」参考 通常国会の会期は一五〇日間。

かい-き【快気】― (名・自スル) 病気が治ること。「―祝い」

かい-き【怪奇】― (名・形動ダ) あやしく不思議なこと。また、そのさま。奇怪。「複雑―」「―小説」

かい-き【買〔い〕気】― 買おうとする気持ち。特に相場で、買い手側の人気。↔売り気

かい-き【開基】 (名・自他スル) ①寺院・宗派などを創立すること。また、その僧。開山。開祖。②物事のもとを開くこと。

かい-ぎ【会議】― (名・自スル) 関係者が集まって相談・議論・決定すること。また、その集まりや機関。「―に諮る」

かい-ぎ【回議】― (名・他スル) 担当者が議案を作成し、関係者に順々に回して相談したり承認を得たりすること。

かい-ぎ【懐疑】― (名・他スル) 疑いをもつこと。「―心」

―しゅぎ【―主義】 物事の存在や価値を信じないで、常に疑問をいだく考え方。

―ろん【―論】 人間の認識はすべて主観的・相対的なものであるから、普遍的・客観的な真理を確実にとらえることは、人間にとって不可能であるとする考え方。参考 古代ギリシャの哲学者ピュロン、近世フランスの思想家モンテーニュらが代表的。

がい-き【外気】― 戸外の空気。「―に触れる」

かい-きえん【怪気炎】― あまりにも調子がよくて、真実であるかどうか疑わしいような意気込み。「酔って―をあげる」

かいき-しょく【皆既食・皆既△蝕】〘天〙月で太陽の全部がおおい隠されて見えなくなる皆既日食、および月の全面が地球のかげになる皆既月食の総称。↔部分食 ⇩日食・月食(さしえ)

かい-きゃく【開脚】 (名・自スル) 両足を前後または左右に大きく開くこと。

かい-ぎゃく【諧△謔】 おどけた話や言葉。気の利いた冗談。しゃれ。ユーモア。「―を弄する」

がい-きゃく【外客】― 外国から来た客。外客。

かい-きゅう【階級】― ①地位・身分などの高さの順位や段階。「二―特進する」②社会的地位・利害などを同じくする集団。「上流―」「労働者―」

―いしき【―意識】 一定の階級に属している者が、その地位や使命に関して共通にもつ社会的自覚。

―とうそう【―闘争】 支配階級と被支配階級との政治・経済上の権力をめぐる争い。

かい-きゅう【懐旧】 昔をなつかしく思い出すこと。懐古。「―の念」

かい-きょ【快挙】― 胸のすくようなすばらしい行い。「―を成し遂げる」

かい-きょ【開△渠】 (「渠」はみぞの意) ①上部にふたのない水路。↔暗渠 ②鉄道・軌道の下を横切っている、おおいのない水路または道路。

かい-きょう【回教】― (中国で回紇民族に信徒が多く、回回教と称したことから)「イスラム教」の別名。

かい-きょう【海峡】―〘地質〙陸地に挟まれて幅の狭まった海。

かい-きょう【懐郷】 故郷をなつかしく思うこと。「―の念」

―びょう【―病】 →ホームシック

かい-ぎょう【改行】― (名・自スル) 文章などの区切りで、行を変えること。ふつう一字下げで始める。

かい-ぎょう【開業】― (名・自他スル) ①新たに営業を始めること。店開き。↔閉業 ②店を開いて営業していること。

―い【―医】 個人で医業を経営し、診療に当たっている医師。町医者。

がい-きょう【概況】― だいたいのようす。「天気―」

かい-ぎょう-そう【楷行草】― →しんぎょうそう①

かい-きょく【開局】（名・自スル）郵便局・放送局など、局と名の付く所が初めて業務を始めること。「―三〇周年」

がい-きょく【外局】グヮイ― 各省または内閣府に直属するが、独立官庁のような性質をもつ国の機関。庁と委員会の二種がある。財務省における国税庁、内閣府における公正取引委員会など。↕内局

かい-き・る【買（い）切る】カヒ―（他五）ラ(ロ)・リ(ッ)・ル・ル・レ・レ ①品物・チケット・席の権利などを全部買う。「桟敷を―」②小売店が、売れ残っても返品しない約束で品物を問屋などから買う。

かい-きん【皆勤】（名・自スル）一定の期間、休日以外は一日も休まずに出席・出勤すること。「―賞」

かい-きん【開襟】①折り襟にして襟元を開くこと。また、その開いた襟。②「開襟シャツ」の略。

―シャツ ネクタイを付けずに着る、襟元を開いたシャツ。夏

かい-きん【解禁】（名・他スル）①法令や規則で禁止していたことを解除すること。「アユ釣りの―」②非公開だったものを公開すること。「ついに情報―だ」

がい-きん【外勤】グヮイ―（名・自スル）会社などで、外に出かけて集金・販売・交渉などの仕事をすること。また、その人。外務。↕内勤

か-いく【化育】クヮ―（名・他スル）天地自然が万物を生じ育てること。

かい-く【海区】 海上に設けた区画。

がい-く【街区】 市街地の番地整理のために小さく分けた一区画。街路に囲まれた区画。ブロック。

がい-く【街衢】 家や商店などが立ち並ぶ土地。まち。ちまた。

かい-ぐい【買（い）食い】カヒグヒ（名・他スル）（おもに子供が）菓子などを自分で買って食べること。

かい-くぐ・る【掻い潜る】（自五）ラ(ロ)・リ(ッ)・ル・ル・レ・レ（「かい」は接頭語）①狭いすきまを巧みに通り抜ける。「鉄条網を―」②危険なところをうまく通り抜ける。「監視の目を―」

かい-く・る【掻い繰る】（他五）ラ(ロ)・リ(ッ)・ル・ル・レ・レ（「かい」は接頭語）綱などを、両手で交互にたぐり寄せる。かいぐる。

かい-くれ【掻い暮れ】（副）（下に打ち消しの語を伴って）まったく。まるで。かいもく。「―分からない」

かい-くん【回訓】クヮイ―（名・自他スル）大使・領事など在外の公務員の問い合わせに対し、本国政府から回答としての訓令（＝訓示・命令）を出すこと。また、その訓令。↕請訓

かい-ぐん【海軍】 海上の戦闘・防衛をおもな任務とする軍隊・軍備。はじまり 海軍という語が日本で使われ始めたのは幕末期で、一八五五（安政二）年「長崎海軍伝習所」設立のころかという。⇩陸軍・空軍

かい-けい【会計】クヮイ― ①金銭・物品の出入りの計算や、その管理をすること。また、その事務をする人。「―監査」②代金の支払い。勘定。「―を済ます」

―ねんど【―年度】〘経〙会計上の便宜によって区分され る、一定期間。日本の官公庁や多くの企業では四月一日から翌年三月三十一日まで。

かい-けい【塊茎】クヮイ―〘植〙デンプンなどの養分を蓄えて塊状になった地下茎。ジャガイモ・キクイモなどに見られる。

がい-けい【外形】グヮイ― 外から見た形。表に現れている形。

―ひょうじゅん-かぜい【―標準課税】ヘウジュンクヮゼイ 法人事業税について、資本金や売上、従業員数など客観的な指標に基づいて課税すること。

がい-けい【外径】グヮイ― 管や円筒などの外側の直径。↕内径

がい-けい【概形】 だいたいの形。おおよその形。

かいけい-の-はじ【会稽の恥】クヮイケイノハヂ 敗戦の恥。転じて、忘れることのできない屈辱。⇩臥薪嘗胆

【故事】中国の春秋時代、越王勾践が呉王夫差と会稽山で戦って敗れ、自分は臣下となり妻は召使に差し出すと申し出て一命を取り留めた屈辱をいう。〈十八史略〉

―を雪ぐ 一度負けた相手を破り、敗戦の屈辱を晴らす。

かい-けつ【怪傑】クヮイ― 優れた能力や不思議な力をもつ人物。

かい-けつ【解決】（名・自他スル）問題・事件などに決着をつけること。また、問題・事件などがかたづくこと。「未―」

かいけつ-びょう【壊血病】クヮイケツビヤウ〘医〙ビタミンCの欠乏によって起こる病気。疲れやすく出血・貧血などの症状を伴う。

かい-けん【会見】クヮイ―（名・自スル）（公式に）人に会うこと。「記者―」

かい-けん【改憲】（名・自スル）憲法を改めること。「―論争」

かい-けん【懐剣】クヮイ― ふところに入れて持つ護身用の短刀。

かい-げん【改元】（名・自他スル）（「元」は「元号」のこと）年号を改めること。また、年号が改まること。改号。

かい-げん【戒厳】 警戒を厳しくすること。

―れい【―令】 戦争など非常の際、治安維持のため行政権・司法権の全部または一部を軍部にゆだねることを布告する命令。日本では一九四七（昭和二十二）年に廃止された。

かい-げん【開眼】（名・自スル）①〘仏〙新しく仏像・仏画を作ったとき、最後に眼を入れて仏の霊を迎え入れること。また、その儀式。入眼。「―供養」②（仏道の真理をさとる意から）学問・技芸の真髄を会得すること。「芸に―する」

がい-けん【外見】グヮイ― 外部から見たようす。うわべ。みかけ。外観。体裁。「中身は―ほど悪くはない」

かいこ【蚕】カヒコ〘動〙カイコガの幼虫。クワの葉を食べ、四回の脱皮後、繭をつくる。この繭から生糸をとる。春

かい-こ【回顧】クヮイ―（名・他スル）（自分が体験したり関係したりした）過去のできごとをいろいろ思い返すこと。「―録」

かい-こ【解雇】（名・他スル）雇い主が、雇っていた者を一方的にやめさせること。くびにすること。「一時―」↕雇用

類語 馘首・罷免・免職・解職・解任・首・首切り

かい-こ【懐古】クヮイ―（名・自スル）昔のこと、または昔の情緒や風俗などを思いなつかしむこと。懐旧。「―談」「―趣味」

かい-ご【介護】（名・他スル）病人や高齢者、障害がある人などの日常生活の世話をすること。「自宅―」「―施設」参考「看護」はおもに治療や療養を助けることをいい、「介護」は日常生活全般の世話をすることをいう。

―しえん-せんもんいん【―支援専門員】シエンセンモンヰン →ケアマネージャー

―ふくし-し【―福祉士】 日常生活に支障のある高齢者や障害者などの介護、および介護に関する助言・指導を行う専門家。国家資格を要する。ケアワーカー。

―ほけん【―保険】 介護を必要とする状態になった者に、介護サービスなどの給付を行う社会保険制度。四〇歳以上の者を被保険者とする。

かい-ご【改悟】（名・自他スル）自分の今までの悪い行いを悟り改めること。心を入れかえること。改悛。

かい-ご【悔悟】クヮイ―（名・自他スル）今までのあやまちを悟り、悔いること。「―の涙」「罪を―する」

がい-ご【外語】グヮイ― ①外国語。②外国語学校・外国語大学の略称。

かい-こう【回航・廻航】クヮイカウ（名・自他スル）①各地をめぐって航海すること。②ある特定の所へ船をさしむけること。

かい-こう【改稿】カウ―（名・自他スル）原稿を書き改めること。

また、その書き改めた原稿。「大幅に—する」

かい-こう【海港】 海岸にある港。↔河港

かい-こう【海溝】〔海・地質〕海底の深く細長くくぼんだ所。水深が六〇〇〇メートル以上のものが多い。日本海溝・マリアナ海溝などがある。

かい-こう【開口】 ①口を開いてものを言い始めること。②光や空気を通すために設けた口。「—部」

かい-こう【開校】(名・自他スル)学校を新設して授業を始めること。また、始まること。「—記念日」↔閉校

—いちばん【—一番】(副)口を開くやいなや。話を始めるとすぐに。「—お説教が始まった」

かい-こう【開港】(名・自スル)①外国との貿易・通商のために港や空港を開放すること。②新たにつくった空港・港が営業を始めること。

—じょう【—場】 外国との通商・貿易をするための港。

かい-こう【開講】(名・自他スル)講義や講習会などを始めること。また、始まること。↔閉講

かい-こう【邂逅】(名・自スル)思いがけなく出会うこと。めぐりあい。「—の喜び」

かい-ごう【会合】(名・自スル)相談・討議などをするために人が寄り集まること。また、その集まり。

がい-こう【外交】 ①外国との交際・交渉。「—政策」②銀行・会社・商店などで、外に出かけて交渉・勧誘・販売などをすること。また、それをする人。「保険の—」

—いん【—員】 銀行・会社・商店などで、外を回って交渉・勧誘・販売などを仕事とする人。外交。

—か【—家】 交際の上手な人。社交家。

—かん【—官】〔法〕外務大臣の監督下で外国に派遣されたり駐在したりして、外交事務をとる公務員。

—じれい【—辞令】 外交・社交上の儀礼的な応対の言葉。相手に好感を与える口先だけのお世辞。社交辞令。「—にすぎない」

—だん【—団】〔法〕一国に駐在する各国外交使節の団体。

がい-こう【外光】 戸外の太陽光線。

がい-こう【外向】 関心が主として自分の外部に向かうこと。積極的・社交的な性格の傾向。「—的な人」↔内向

—がた【—型】 積極的・社交的な性格の類型。↔内向型

がい-こう【外寇】 国外から敵が攻めこんで来ること。また、その軍勢。

がい-こう【外港】 ①船が入港前に一時停泊するところ。また、港湾の防波堤の外側の水域。②大都市に近接して交通・輸送の門戸の役割を果たす港。

がい-こう【外項】〔数〕比例式 $a:b=c:d$ において a と d のこと。↔内項

がいこう-せん【外航船】 外国航路を往来する船。

かい-こく【回国・廻国】(名・自スル)①諸国をめぐり歩くこと。「—修行」②「回国巡礼」の略。

—じゅんれい【—巡礼】 巡礼となって、諸国の札所をめぐり歩くこと。また、その人。

かい-こく【戒告・誡告】(名・他スル)①いましめ注意すること。②〔法〕一定期間内に行政上の義務を果たすよう通知すること。③〔法〕公務員などに対する懲戒処分の一つ。将来再び同じあやまちをしないよう本人に直接申し渡すこと。「—処分」

かい-こく【海国】 四方を海に囲まれている国。島国。

かい-こく【開国】(名・自スル)①独立国家をつくること。建国。②外国との往来・通商を始めること。↔鎖国

がい-こく【外国】 自国以外の国。よその国。他国。

—かわせ【—為替】〔商〕国際間の決済を正貨(金)によらずに為替手形で行う方法。また、その為替手形。外為。

—ご【—語】(自国語に対して)外国の言葉。外語。

—さい【—債】〔経〕本国以外の外国で募集する公債や社債。外国から借りる金のために発行する証券。原則として、元利とも外国貨幣で支払われる。外債。↔内国債

—じん【—人】 よその国の人。国籍が外国にある人。

がい-こつ【骸骨】 骨だけになった死骸。

—を乞う 辞職を願い出る。【故事】漢・楚の争覇戦の際、楚の項羽が漢の謀略によって片腕と頼む将軍范増の行動を疑ったとき、范増が怒って「(主君に一身をささげてきた)私の残骸をいただきたい」と辞職を願い出たことからいう。〈史記〉

かい-ことば【買(い)言葉】 相手の浴びせた悪口・あざけりなどに対して同じ調子で言い返す言葉。「売り言葉に—」↔売り言葉

かいご-の-はな【解語の花】 人の言葉を解する花、ものを言う花の意で、美人のたとえ。【故事】唐の玄宗皇帝が寵愛する楊貴妃と、宮中の太液の池に咲いたみごとな蓮の花を賞しながら、侍臣たちに貴妃を指して「どの花も、この解語の花には及ばない」と語ったことからいう。〈開元天宝遺事〉

かい-こ・む【買(い)込む】(他五)(将来の需要・値上がりを見越して)多量に買い入れる。

かい-こ・む【掻い込む】(他五)(「かきこむ」の音便)①わきの下に抱え込む。「槍を小わきに—」②(かき集めて)すくい入れる。「水を—」

かい-ごろし【飼(い)殺し】 ①家畜を、役に立たなくなっても死ぬまで飼っておくこと。②(転じて)働けなくなった使用人などを一生雇っておくこと。また、当人の才能が発揮できる仕事につかせずにずっと雇っておくこと。「—同然の身の上」

かい-こん【悔恨】 してしまったあやまちをくやむこと。後悔して残念に思うこと。「—の情にかられる」

かい-こん【開梱】(名・他スル)梱包を開くこと。

かい-こん【開墾】(名・他スル)あらたに山林や原野を耕して田畑にすること。開拓。「荒野を—する」

かい-こん【塊根】〔植〕デンプンなどの養分をたくわえて塊状になった根。サツマイモ・ダリアなどに見られる。

かい-さい【快哉】(快なる哉の意)愉快でこの上もなく気持ちのよいこと。用法 多く「快哉を叫ぶ(=この上もなく痛快だと思う)」の形で用いられる。

かい-さい【皆済】(名・他スル)(金品の返済・納入などを)すっかりすませること。完済。

かい-さい【開催】(名・他スル)会合や催し物を行うこと。

かい-ざい【介在】(名・自スル)人や事物など二つのものの間に何かが挟まって存在すること。「複雑な事情が—している」

がい-さい【外債】〔経〕「外国債」の略。↔内債

がい-ざい【外在】(名・自スル)その物の外部に原因や観点・問題点などが存在すること。↔内在

—ひひょう【—批評】 芸術作品を一つの社会現象とみて、社会的立場から批評する方法。

かい-さく【快作】 気持ちよいほどすばらしい作品。

かい-さく【改作】(名・他スル)作品を作り変えること。また、その作品。「過去に発表した作品を—する」

かい-さく【開削・開鑿】(名・他スル)山林や原野などを切り開いて、道路・運河・トンネルなどを通すこと。

かい-さつ【改札】(名・自スル)①駅の出入り口で、切符や

定期券の検査・回収を行うこと。「自動―機」②「改札口」の略。(はじまり)自動改札機の本格的導入は、一九六七(昭和四十二)年、京阪神急行電鉄(現在の阪急電鉄)の北千里駅が最初。

―ぐち【―口】 駅で、改札を行う出入り口。改札。

かい-さん【海産】 海でとれること。また、その物。↕陸産

―ぶつ【―物】 魚貝・海藻類など、海でとれる物。また、その加工製品。「―問屋」

かい-さん【開山】 ①〘仏〙寺院や宗派を創始すること。また、その人。開基。開祖。②ある物事の創始者。参考「かいざん」ともいう。

かい-さん【解散】(名・自他スル) ①(集会・団体行事などがすんで)集まっていた人が別れ散ること。散会。「現地―」↕集合 ②〘法〙衆議院や地方公共団体の議会で、任期満了前に全議員の資格を解くこと。「―権」③会社・団体などが組織を解いて活動をやめること。「劇団を―する」

かい-ざん【改竄】(名・他スル)(「竄」は改めかえる意)自分に都合よく文書の字句を書きかえること。「日付を―する」

がい-さん【概算】(名・他スル) おおよその計算をすること。また、その計算。「―要求」

かい-し【怪死】―(名・自スル) 原因不明の死に方をすること。「―をとげる」

かい-し【海市】「蜃気楼」の古い言い方。春

かい-し【開始】(名・自他スル) 物事が始まること。また、始めること。「試合―」「試験を―する」↕終了

かい-し【懐紙】― ①たたんでふところに入れておく和紙。特に、茶道で、菓子をのせたり茶わんをふいたりするのに用いる。懐紙。②和歌・連歌などを正式に書き記す用紙。

かい-じ【快事】― 胸のすくようなすばらしいできごと。

かい-じ【怪事】― あやしいできごと。不思議なこと。

かい-じ【海事】 海上に関する事柄。「国際―機関」

かい-じ【開示】(名・他スル) 外部に対し内容を明らかにして示すこと。また、教えさとすこと。開示。「情報の―」

がい-し【外史】―(官撰の史書に対して)民間人によって書かれた歴史・史書。野史。↕正史

がい-し【外紙】― 外国の新聞。外字紙。

がい-し【外資】― 国内事業に投資される外国からの資本。外国資本。「―導入」「―系企業」

がい-し【碍子】 電線を電柱などに固定するために用いる絶縁器具。陶磁器や合成樹脂などで作られる。

〔碍子〕

がい-じ【外字】― ①外国の文字。特に、西欧諸国の文字。②一定の規準に含まれない文字。特に、常用漢字表の表外字や、JISの文字コード体系外の文字。

―し【―紙】 外国語、特に西欧語で書かれた新聞。「―登録」

がい-じ【外耳】―〘生〙聴覚器の外部。音を鼓膜に伝える部分。耳殻と外耳道からなる。⇩内耳・中耳

―どう【―道】〘生〙耳の穴の入り口から鼓膜までの部分。⇩耳(さしえ)

がい-じ【外事】― ①よそのこと。外部に関する事柄。↕内事 ②外国・外国人に関する事柄。「―係」

がい-して【概して】(副) おおざっぱに言って。だいたい。おおむね。「成績は―良好です」

かい-しめ【買〔い〕占め】―(値上がり・品薄を見込んで)全部または必要以上に大量に買い集めること。

かい-し・める【買〔い〕占める】―(他下一) 全部または必要以上に大量に買い集める。買い切る。「株を―」文かひし・む(下二)

かい-しゃ【会社】― 営利事業を共同目的とする社団法人。株式会社・合資会社・合名会社・合同会社がある。

敬称(相手側)	謙称(自分側)
貴会社　貴社　御社	小社　弊社

―こうせいほう【―更生法】〘法〙経営状態が窮地に陥ったものの、再建の可能性がある株式会社の事業の維持・更生を図ることを目的として制定された法律。

かい-しゃ【膾炙】―(名・自スル)(「膾」はなます、「炙」はあぶり肉の意。膾や炙が人々に広く賞味されるように)広く人々に知れわたること。「人口に―する」

がい-しゃ【外車】― 外国製の自動車。

がい-しゃ【害者】〘俗〙(「被害者」の略)殺人事件などの被害者をさす、警察関係者の隠語。

かい-しゃく【介錯】(名・他スル) ①そばに付いていて世話をすること。付き添い。②切腹する人に付き添ってその首をはねること。また、その役目の人。「―人」

かい-しゃく【解釈】(名・他スル) 物事や言葉の意味を判断し理解すること。また、それをわかりやすく説明すること。「―が異なる」「好意的に―する」

かい-しゅ【魁首】― ある集団の長。頭。首魁。

がい-じゅ【外需】―〘経〙海外で生じる需要。↕内需

かい-しゅう【回収】(名・他スル) 配った物や散らばった物などを集めもどすこと。「廃品―」「資金を―する」

かい-しゅう【会衆】― 会合に寄り集まった人々。

かい-しゅう【改宗】(名・自スル) 今まで信仰していた宗教・宗派を捨てて、他の宗教・宗派を信仰すること。宗旨変え。

かい-しゅう【改修】―(名・他スル) 道路や建築物の一部などを作り直してよりよいものとすること。「橋の―工事」

かい-じゅう【怪獣】 ①得体の知れない不思議な獣。②恐竜などからヒントを得て、映画・テレビ・漫画などで創作された架空の動物。「―映画」

かい-じゅう【海獣】―〘動〙海中にすむ哺乳動物の総称。クジラ・オットセイ・アザラシなど。

かい-じゅう【晦渋】(名・形動ダ)(「晦」はくらい意)言葉や文章の意味が、難しくてわかりにくいこと。「―な文章」

かい-じゅう【懐柔】(名・他スル) うまくまるめこんで自分の思いどおりに相手を従わせること。抱き込むこと。「―策」

がい-しゅう【外周】 ①(円形の物体や建物の)外側のまわり。また、その長さ。②二重に取り巻いた線などの外側の部分。また、その長さ。

がいしゅう-いっしょく【鎧袖一触】―(鎧の袖でちょっと触れる程度の力で敵をうち負かす意で)簡単に相手を負かすこと。

がい-しゅうだん【外集団】〘社〙(out-group の訳語)自分と規範・価値・習慣などの共通性のない集団。

がいじゅう-ないごう【外柔内剛】 外見はやさしそうに見えるが、内面は強くしっかりしていること。内剛外柔。↕内柔外剛

がい-しゅつ【外出】―(名・自スル) 家や職場などからどこかへ出かけること。他出。外出。「夜間―禁止」

がい-しゅっけつ【外出血】―〘医〙血液が体外に流れ

出ること。↕内出血

かい-しゅん【回春】―①春が再びめぐってくること。新年になること。②病気が治ること。快癒。③若返ること。

かい-しゅん【改△悛・悔△悛】―・―（名・自スル）（「悛」は過ちを改める意）今までの悪かったことを悔い改め、心を入れかえること。改心。改悟。「―の情が著しい」

かい-しゅん【買春】―（名・自スル）相手に金銭などの報酬を与えて、性的行為をすること。ばいしゅん。参考「買春」を同音の「売春」と区別するために用いる語。

かい-しょ【会所】―①人の寄り集まるところ。「碁―」②江戸時代の金銭・物品の取引所。また、町役人の事務所。

かい-しょ【開所】（名・自他スル）研究所・事務所など、「所」と名の付くところを新設して業務を始めること。↕閉所

かい-しょ【楷書】漢字の書体の一つ。字画をくずさない書き方。隷書から転化したもの。真書。正書。⇩書体（さしえ）

かい-じょ【介助】（名・他スル）病人・身体障害者・高齢者などの身の回りの手助けをすること。介添え。

―けん【―犬】身体が不自由な人の日常生活を助けるように訓練された犬。身体障害者補助犬の一つ。

かい-じょ【解除】―（名・他スル）①特別に定めた禁止や制限・処置を解いて、元の状態にもどすこと。「スト―」「武装―」「警報を―する」②〔法〕一度成立した契約などを取りやめて、最初から契約がなかったのと同じ状態にすること。

かい-しょう【会商】（名・自スル）（「商」は相談する意）集まって相談すること。多く、外交についていう。「日英―」

かい-しょう【回章・△廻章】→かいじょう（回状）

かい-しょう【改称】（名・自他スル）呼び名を改めること。また、その新しい名。「社名を―する」

かい-しょう【快勝】―（名・自スル）相手を圧倒して、気持ちよく勝つこと。「大差で―する」

かい-しょう【海相】「海軍大臣」の略称。

かい-しょう【海△嘯】―満潮時に海水が壁状の高波となって狭い河口を逆流する現象。また、その高波。

かい-しょう【解消】―（名・自他スル）それまであった状態・取り決め・関係などが消えてなくなること。また、消滅させること。「婚約の―」「ストレスを―する」

かい-しょう【×甲斐―性】積極的な気力・才覚にあふれた頼りになる気性。多く、経済的能力についていう。かいしょ。

―なし【―無し】気力・才覚に乏しく頼りにならないこと。また、そのような人。かいしょなし。

かい-じょう【回状・△廻状】順に回して用件を知らせる文書。回文。回章。

かい-じょう【会場】会議や催しなどを開く場所。

かい-じょう【海上】―海の上。海面。「―輸送」↕陸上

―けん【―権】〔法〕軍事・通商・航海などで一定の海域を支配する権力。制海権。

―じえいたい【―自衛隊】自衛隊の一つ。防衛省に属し、主として海上における防衛の任務に当たる。

―ほあんちょう【―保安庁】国土交通省の外局の一つ。海上における治安維持・救難や海上交通の安全確保、水路の測量・保持などをつかさどる機関。

かい-じょう【階上】―①階段の上。②二階建て以上の建物で、下の階から見て上に当たる階。（↕階下）

かい-じょう【開城】―（名・自スル）降服して城を敵に明け渡すこと。「江戸―」

かい-じょう【階乗】〔数〕自然数 n に対して1、2、3、…、n のすべてを掛け合わせた数を n の階乗といい、$n!$ と書く。特に $0!=1$ と定義。参考 4の階乗は $4!=4\times3\times2\times1=24$

かい-じょう【開場】―（名・自スル）会場・劇場を開いて人々を入場させること。「六時―、七時開演」↕閉場

かい-じょう【塊状】かたまりになった形。

かい-じょう【解錠・開錠】（名・自他スル）鍵のかかっている錠をあけること。↕施錠

がい-しょう【外相】「外務大臣」の略称。

がい-しょう【外商】①（デパート・商店などで）店内でなく客の所に直接出向いて販売すること。外売。「―部」②外国の商人・商社。

がい-しょう【外傷】〔医〕外からの作用によって体に受けた傷。「―を負う」

がい-しょう【街商】―→ろてんしょう

がい-しょう【街△娼】―街頭で客を引く売春婦。

がい-じょう【外情】①外部の事情。↕内情 ②外国の事情。

がい-じょう【街上】―町中の路上。

かい-しょく【灰色】―はいいろ。「銀―」

かい-しょく【会食】―（名・自スル）集まって食事を共にすること。「会議を兼ねて―する」

かい-しょく【海食・海△蝕】（名・自スル）〔地質〕波・潮流・海流などが海岸の陸地をしだいに削り取ってゆくこと。

かい-しょく【解職】（名・他スル）職をやめさせること。免職。

がい-しょく【外食】―（名・自スル）家庭でなく、飲食店などで食事をすること。また、その食事。「―産業」

かい-しん【会心】―心にかない、満足すること。「―の作」

―の笑み自分の思うとおりになって、満足の気持ちから思わずにっこり笑うこと。「―を浮かべる」

かい-しん【回心】―（名・自スル）〔基〕これまでの不信の態度を悔い改めて正しい神の信仰に心を向けること。

かい-しん【回診】―（名・自他スル）病院で、医師が病室をまわって患者を診察すること。「院長の―」

かい-しん【戒心】（名・自スル）油断しないこと。用心すること。「―を要する」

かい-しん【改心】（名・自スル）悪かったと悟って心を入れかえること。改悛。「―して仕事にはげむ」

かい-しん【改新】（名・自他スル）古い制度や方法を改めて新しくすること。「大化の―」

かい-じん【灰△燼】―灰と燃え残り。

―に帰する火事で、何もかも焼けてしまう。灰燼と化す。

かい-じん【海神】海の神。わたつみ。海神。

がい-しん【外心】―〔数〕三角形の三辺の垂直二等分線の交点。三角形の外接円の中心。↕内心

がい-しん【外信】―外国から送られてくる通信。「―部」

がい-しん【害心】他人に害を加えようとする心。害意。「―をいだく」

がい-じん【外人】―外国の人。外国人。参考差別的とされ、ふつうは「外国人」を用いる。

がい-じん【外陣】―神社・寺の本殿や本堂で、内陣の外側にあり、一般の人が参拝する所。外陣。↕内陣

がい-じん【△凱陣】―（名・自スル）戦いに勝って自分の陣営に引き揚げること。凱旋。

かい-ず【海図】―〔地質・海〕海の深浅、潮流の方向、海底の状況などを示した地図。海洋調査・航海などに用いる。

かい-すい【海水】海の水。塩分を含んでいる。

―ぎ【―着】海水浴や水泳のときに着る衣服。水着。夏

―よく【―浴】避暑などの目的で海辺で海水をあびたり、

海で泳いだりすること。夏 はじまり「海水浴」は松本順（初代陸軍軍医総監）の訳語かという。海水浴場は、一八八一（明治十四）年愛知県大野海岸、一八八五（明治十八）年神奈川県大磯(おおいそ)に開設されたのが初期のものという。

かい‐すう【回数】クヮイ― 物事が何回起こるかの数。物事を何回行うかの数。「―を数える」

―けん【―券】乗車券・入場券・飲食券・通行券などで、何回分かをひとつづりにしたもの。多く、割引の特典がある。

がい‐すう【概数】おおよその数。端数を省いた数。

ガイスト〈ドイ Geist〉精神。霊。

かい・する【会する】クヮイスル（自サ変）シ(セ・サ)・シ・スル・スル・スレ・シロ(セヨ) ①人々が同じ所に寄り集まる。「一堂に―」②出あう。「二つの川の―所」③面会する。会う。文くゎい・す（サ変）

かい・する【介する】（他サ変）シ(セ・サ)・シ・スル・スル・スレ・シロ(セヨ) ①間におく。さしはさむ。仲立ちとする。「人を―・して頼む」②心にかける。気にする。「意に―・しない」文かい・す（サ変）

かい・する【解する】（他サ変）シ(セ・サ)・シ・スル・スル・スレ・シロ(セヨ) 物事や言葉の意味をとらえる。理解する。「アラビア文字を―」「芸術を―」「風流を―」文かい・す（サ変）

がい・する【害する】（他サ変）シ(セ・サ)・シ・スル・スル・スレ・シロ(セヨ) ①悪い影響を与える。損なう。「心証を―」「健康を―」②じゃまをする。さまたげる。「進歩を―」③殺す。殺害する。「主君を―」文がい・す（サ変）

がい‐すん【外寸】箱などを、その厚みを含めた外側で測った寸法。外法(そとのり)。↔内寸

かい‐せい【回生】クヮイ―（名・自スル）（死にかけていたものが）生きかえること。生気を取りもどすこと。「起死―」

かい‐せい【改正】（名・他スル）（法律・規則・規約などを）適正なものに改めること。「時刻表の―」「規約を―する」

かい‐せい【改姓】（名・自スル）姓を変えること。また、その変えた姓。「―届」

かい‐せい【快晴】クヮイ―〘気〙よく晴れた天気。気象学では、その日の平均雲量が〇～一の天気。

かい‐せい【諧声】①よく調和する声。②→けいせい（形声）

がい‐せい【外姓】グヮイ― 母方の姓。

がい‐せい【外征】グヮイ―（名・自スル）外国に出兵して戦うこと。「―軍」

がい‐せい【慨世】世のありさまを憂えて嘆くこと。

がい‐せい【蓋世】その時代を圧倒するほど気力があり、元気盛んなこと。「―の才」「抜山(ばつざん)―(=非常に強い力と勇気)」

かい‐せき【会席】クヮイ― ①寄り合いの席。②連歌・俳諧(はいかい)を興行する席・座敷。③「会席料理」の略。

―りょうり【―料理】レウリ 元来は本膳(ほんぜん)料理を略式にした料理。現在は酒宴での上等な料理。会席。

かい‐せき【解析】㊀（名・他スル）物事をこまかく解きわけ、組織的・論理的に研究すること。「データを―する」㊁（名）〘数〙（「解析学」の略）微分積分学・微分方程式論・関数論など極限の概念を使って研究する学問。

―きかがく【―幾何学】〘数〙点の座標を利用して、図形に関することを方程式で表し、主として代数的手段で図形の性質を研究する幾何学の一部門。座標幾何学。

かい‐せき【懐石】クヮイ― 茶の湯で、茶を出す前に食べる簡単な料理。参考「懐石」とは、本来、禅僧が腹をあたためるためにふところに抱いた温石(おんじゃく)で、その温石と同じように腹をあたため空腹をしのぐ程度の料理という意。

がい‐せき【外戚】グヮイ― 母方の親類。↔内戚(ないせき)

かい‐せつ【回折】クヮイ―（名・自スル）〘物〙光や音などの波動が障害物にあたったとき、その背後にも回りこんで伝わる現象。

かい‐せつ【開設】（名・他スル）新たな施設や設備をつくること。また、その使用を始めること。「児童館が―される」

かい‐せつ【解説】（名・他スル）物事をわかりやすく説明すること。また、その説明。「野球―」「―書」

がい‐せつ【外接・外切】グヮイ―（名・自スル）〘数〙①二つの円が一点で接し、かつたがいに他の外側にあること。②多角形の各辺がすべて一つの円または他の多角形の各頂点に接していること。③一つの円が多角形のすべての頂点を通ること。（↔内接）

がい‐せつ【剴切】（名・形動ダ）ぴたりとあてはまること。非常に適切なこと。また、そのさま。「―なたとえ」

がい‐せつ【概説】（名・他スル）物事の全体についてのだいたいの説明をすること。また、その説明。概論。「世界史―」↔詳説

カイゼル‐ひげ【カイゼル髭】左右の端をぴんとはねあげた口ひげ。語源カイゼル（Kaiser）はドイツ皇帝の称号で、特にウィルヘルム二世の生やしていたひげの形からいう。

かい‐せん【回旋・廻旋】クヮイ―（名・自他スル）くるくる回ること。また、回すこと。旋回。「―橋(=橋全体を水平に回転させるしくみの可動橋)」

―きょく【―曲】→ロンド（rondo）

―とう【―塔】タフ 柱から下がった数本の鉄のつり輪にぶら下がって回る遊戯器械。

かい‐せん【回船・廻船】クヮイ― 旅客や貨物を運送する沿岸航路の船。特に江戸時代、地方と江戸・大坂、江戸と大坂を結ぶ定期的な貨物運送機関として発達した。「―問屋」

かい‐せん【会戦】クヮイ―（名・自スル）敵・味方双方の大軍が出合って戦うこと。また、その戦闘。「奉天―」

かい‐せん【回線】クヮイ― 電信・電話など、通信手段として用いられる回路。無線による伝送路も含む。「電話―の故障」

かい‐せん【改選】（名・他スル）選挙で選出されている役員や議員などの任期が終わり、改めて次期の者を選挙すること。

かい‐せん【海戦】海上での戦争。「日本海―」

かい‐せん【海鮮】新鮮な魚・貝などの海産物。「―市場」

かい‐せん【界線】①二つの地域の境界の線。②投影図で、平面と立面との境界をなす線。

かい‐せん【疥癬】〘医〙疥癬虫(=ダニの一種)の寄生によって起こる、ひどくかゆい皮膚病。皮癬(ひぜん)。

かい‐せん【開栓】（名・他スル）①びんなどの栓を抜くこと。②ガス管や水道管の元栓を開けるなどして使えるようにすること。

かい‐せん【開戦】（名・自スル）戦争を始めること。↔終戦

かい‐ぜん【改善】（名・他スル）悪い点を改めてよくすること。「生活の―」「待遇―」↔改悪

かい‐ぜん【階前】（階段の前の意から）庭先。

がい‐せん【外線】グヮイ― ①外側の線。②屋外の電線。③会社や官庁などで、外部に通じる電話。（↔内線）

がい‐せん【街宣】（「街頭宣伝」の略）街頭で主義・主張などの宣伝を行うこと。「―車」

がい‐せん【凱旋】（名・自スル）（戦勝の音楽をかなでながら帰る意から）戦いに勝って帰ること。凱陣(がいじん)。「―将軍」

―もん【―門】凱旋を記念し、または凱旋する軍隊の歓迎のために建てた門。

がい‐ぜん【慨然】（タル）①いきどおり、なげくさま。「―として語る」②心のふるいたつさま。「―たる意気」文（形動タリ）

がい‐ぜん【蓋然】ある程度確かであること。

―せい【―性】あることが起こる確実性の度合い。知識・判断などの確かさの程度。公算。プロバビリティー。「―が高い」

かい‐そ【改組】（名・他スル）団体などの組織を改めること。

かい-そ【開祖】①〘仏〙宗派・寺院の創立者。開山。祖師。「真言宗の―」②学問・芸術などで、一派を開いた人。

かい-そう【回送・△廻送】クワイ―(名・他スル)①送られてきた郵便物などを他の場所へ送ること。「手紙を転居先へ―する」②自動車や電車などを、空車のまま目的地へ走らせること。

―しゃ【―車】車庫やもと来た所へ向かうため、客を乗せずに走らせる電車や自動車。

かい-そう【会葬】クワイサウ(名・自スル)葬式に参列すること。

かい-そう【回想】クワイサウ(名・他スル)自分の経験した過去のことを思いめぐらすこと。「―にふける」「―録」

かい-そう【回△漕・△廻△漕】クワイサウ(名・他スル)船で旅客や貨物を運送すること。「―業」「―問屋」

かい-そう【快走】クワイ―(名・自スル)気持ちよく速く走ること。「ヨットが海上を―する」

かい-そう【改葬】―サウ(名・他スル)一度葬った遺体や遺骨を、他の場所へ葬りなおすこと。

かい-そう【改装】―サウ(名・他スル)設備や外観などのよそおいを変えること。模様がえ。「店内を―する」

かい-そう【海草】―サウ①海中に生える藻類や草の総称。特に植物学では、被子植物をさす。②→かいそう(海藻)

かい-そう【海送】(名・他スル)船などで海上を輸送すること。↔陸送

かい-そう【海藻】―サウ海産で、肉眼で見える大きさの緑藻・褐藻・紅藻類の総称。食用にするものも多い。アオノリ・コンブ・テングサなど。

かい-そう【階層】①建物の上下の階の重なり。「数十の―のある建築物」②社会を構成する人々を職業・地位・財産その他によって分けた場合のそれぞれの集合体。「所得の高い―」③幾重にも層をなすものの重なり。

かい-そう【壊走・潰走】クワイ―(名・自スル)戦いに負けてばらばらになって逃げること。敗走。

かい-ぞう【改造】―ザウ(名・他スル)つくり直すこと。「内閣―」

かい-ぞう【解像】―ザウ―テレビや光学器械などが、与えられた情報をもとに画面に像を描き出して再現すること。

―ど【―度】ディスプレーの画像や印刷される図像の鮮明さの度合い。「―が高い」

―りょく【―力】写真や映像で、対象物の細部を鮮明に再現する能力。

がい-そう【外装】グワイサウ①品物の外側の包装。②建物・車両などの外側の体裁・設備。「―工事」↔内装

がい-そう【外層】グワイ―外側の層。外側の重なり。

がい-そう【△咳△嗽】―せきをすること。せき。しわぶき。

かい-ぞえ【介添〔え〕】―ソヘ(名・自スル)つきそって世話をすること。また、その人。「―役」

かい-そく【会則】クワイ―会の規則。会規。

かい-そく【快足】クワイ―足の速いこと。速い足。「―をとばす」

かい-そく【快速】クワイ―①気持ちのよいほど速いこと。②〔「快速列車」「快速電車」の略〕鉄道で、停車駅を少なくし、目的地に早く着くもの。

かい-ぞく【海賊】船を利用して他の船や沿岸地を襲い、金銭や品物などを奪う盗賊。「―船」

―ばん【―版】書物・音楽CD・ソフトウエアなどを、著作権者に無断で複製したもの。参考 CD・DVDなどの場合は「海賊盤」とも書く。

がい-そく【概則】だいたいの規則。おおまかなきまり。

がい-ぞく【外族】グワイ―母方の親族。

がい-そふ【外祖父】グワイ―母方の祖父。母の父。

がい-そぼ【外祖母】グワイ―母方の祖母。母の母。

かい-ぞめ【買〔い〕初め】カヒ―新年になって初めて物を買うこと。初買い。本来は、一月二日のものをいう。新年

かい-そん【海損】〘法〙海上の事故によって生じた船舶や積み荷の損害。

かい-ぞん【買〔い〕損】カヒ―買って損になること。↔買い得

がい-そん【外孫】グワイ―→そとまご↔内孫(うちまご・ないそん)

がい-そん【街村】街道に沿って両側に細長く並んだ集落。宿場町や門前町はその代表的な例。

かい-だ【快打】クワイ―(名・自他スル)野球で、胸のすくようなすばらしい安打。クリーンヒット。

がい-だ【△咳唾】①せきとつば。また、せきばらい。②目上の人の言葉を敬っていう語。

―おのずから珠(たま)を成(な)す(せきやつばのように、ちょっと口から出る言葉も自然に珠玉のような名句になるという意で)詩文の才能のすぐれていることのたとえ。

かい-たい【拐帯】(名・他スル)他人から預かった金銭・物品を持ち逃げすること。「公金―」

かい-たい【解体】■一(名・自他スル)一つにまとまったものや組織をばらばらにすること。また、ばらばらになること。「―修理」「財閥―」■二(名・他スル)①解剖(かいぼう)。「―新書」②死んだ生物の体を加工・利用するために切りわけること。「マグロを―する」

かい-たい【懐胎】クワイ―(名・自スル)胎内に子供を宿すこと。みごもること。妊娠。懐妊。「処女―」

かい-だい【改題】(名・他スル)書物や劇・映画などの題名を変えること。「旧作を―する」

かい-だい【海内】①四海の内。国中。②天下。「―無双」

かい-だい【開題】(名・他スル)①〘仏〙仏教の経典の題目を解釈し、そのあらましを提示すること。②→かいだい(解題)

かい-だい【解題】(名・他スル)書物・作品の成立・著者・年代・体裁・内容などを解説すること。また、その解説。開題。

かいたいしんしょ【解体新書】日本最初の西洋医学書の翻訳。訳者は前野良沢(りょうたく)・杉田玄白(げんぱく)・中川淳庵(じゅんあん)ら。一七七四(安永三)年刊。原書はドイツ人クルムスの著「解剖図譜」のオランダ語訳書「ターヘル-アナトミア」。

かい-たく【開拓】(名・他スル)①荒地や山林を切り開いて田畑や道路などをつくること。開墾。「西部―」②新しい分野・領域などを切り開くこと。「未―の領域」「市場を―する」

かい-だく【快諾】クワイ―(名・他スル)(申し出などを)気持ちよく承知すること。「―を得る」「委員就任を―する」

かい-だし【買〔い〕出し】カヒ―市場・問屋・商店・生産地などに出向いて品物を買うこと。

かい-だ・す【△掻い出す】(他五)サ(ソ)・シ・ス・セ・セ〔「掻き出す」の音便〕水などを、中から外へくみ出す。「船底の水を―」

かい-たた・く【買〔い〕△叩く】カヒ(他五)カ(コ)・キ(イ)・ク・ケ・ケ できるだけ値切って、安い値段で買う。「在庫を―」

かい-たて【買〔い〕立て】カヒ―①買って間もないこと。買ったばかりであること。また、そのもの。「―の車」②むやみに買うこと。

かい-だめ【買〔い〕△溜め】カヒ―(名・他スル)(値上がりや品不足を見越して)品物を当座の必要以上に買っておくこと。

がい-ため【外。為】グワイ―〘商〙「外国為替(かわせ)」の俗称。「―法(ほう)」〔「外国為替及び外国貿易法」の俗称〕

かい-だん【会談】クワイ―(名・自スル)(要人などが公式に)会って話し合うこと。また、その話し合い。「首脳―」

かい-だん【快談】クワイ―■一(名)愉快な談話。気持ちのよい話し合い。■二(名・自スル)楽しく話し合うこと。話がはずむこと。

かい-だん【戒壇】〘仏〙僧に戒律を授ける儀式を行うために築

いた石や土の壇。

―いん【―院】ヰン〔仏〕戒壇のある建物。東大寺や延暦寺(えんりゃくじ)のものが有名。

かい-だん【怪談】クヮイ 化け物や幽霊などの出てくる、あやしく気味の悪い話。「四谷―」「―じみた話」

―もの【―物】〔文〕小説・浄瑠璃(じょうるり)・講談・落語などで、怪談を主題にするものの総称。

かい-だん【階段】①高さの違う場所へ行くための段になった通路。②上級に進む過程。「権力の―を上りつめる」

かい-だん【解団】(名・自他スル) 団体を解散すること。「―式」↔結団

がい-たん【慨嘆・慨△歎】(名・自他スル) 社会のありさまなどを、憂えて嘆くこと。嘆きいきどおること。「―にたえない」

がい-たん【骸炭】コークス。

かい-だんし【快男子】クヮイ 小事にこだわらず、人に痛快さを感じさせる行動や気構えをもった男性。好漢。快男児(かいだんじ)。

ガイダンス〈guidance〉①学校教育で、生活・学習・就職・進学などについて、児童・生徒・学生の個性や能力が十分に発揮できるように行う助言・指導。②入学時に行われるその学校の事情などの説明。また、その説明会。

がい-ち【外地】グヮイ ①第二次世界大戦終結まで、日本固有の領土の外にあった日本の領地。朝鮮・台湾・サハリン(樺太(からふと))南部など。②外国の土地。(↔内地)

かい-ちく【改築】(名・他スル) 建造物の一部または全部を建てかえること。「自宅を―する」

かい-ちゅう【回虫・△蛔虫】クヮイ〔動〕線虫類カイチュウ科に属する寄生虫の総称。一五―四〇センチメートルほどで、淡黄色または淡紅色。野菜などに付着した卵が人や家畜の口からはいって幼虫となり、体内をめぐって小腸で成熟する。

かい-ちゅう【改鋳】チウ(名・他スル) もとのものを熔(と)かして鋳造しなおすこと。鋳(い)なおし。「貨幣の―」

かい-ちゅう【海中】海面下。海の中。「―に没する」

―こうえん【―公園】ヱン 海中・海岸の自然や景観の保護などのために海面に設けた公園。現在は、海域公園という。

かい-ちゅう【懐中】クヮイ(名・他スル) ふところやポケットの中。また、ふところやポケットに入れて持っていること。「―がとぼしい(=少ししかお金の持ち合わせがない)」

―じるこ【―汁粉】さらしあんを最中(もなか)の皮で包んだ食べ物。熱湯でとくと汁粉になる。語源 携帯できるところからいう。

―でんとう【―電灯】携帯用の小型電灯。

―どけい【―時計】ふところやポケットに入れて持ち運ぶ、小型の時計。袖(そで)時計。袂(たもと)時計。

―もの【―物】ふところやポケットに入れて持ち歩く物。特に、さいふや紙入れなど。

がい-ちゅう【外注】グヮイ(名・他スル) 会社や工場などで、仕事の一部を外部に注文してまかなうこと。

がい-ちゅう【害虫】人・家畜・作物などに害を与える虫の総称。ダニ・アブラムシ・ウンカ・イナゴなど。「―駆除」↔益虫

かい-ちょう【会長】チャウ ①会を統率し、代表する者。「生徒会―」②会社で、社長の上に位置する最高位の職。社長を引退した人などが就く名誉職の場合もある。

かい-ちょう【回腸】クヮイチャウ〔生〕小腸の一部。空腸の続きで大腸に接続するまでの部分。

かい-ちょう【快調】クヮイテウ(名・形動ダ) すばらしく調子のいいこと。また、そのさま。物事が思うように進むさま。「―なペース」

かい-ちょう【海鳥】テウ 海辺や島などにすむ鳥。魚類などをえさとする。カモメ・ウミネコなど。海鳥(うみどり)。

かい-ちょう【開帳】チャウ(名・他スル) ①寺院で、厨子(ずし)の扉を開いて、ふだんは見せない仏像や祖師像を信者や一般の人に公開すること。開扉(かいひ)。春 ②とばくの座を開くこと。参考 ②は、法律では「開張」と書く。

かい-ちょう【階調】テウ →グラデーション

かい-ちょう【諧調】テウ 文章・色彩・音楽などで、調和のとれている調子。ハーモニー。「色の―を保つ」

がい-ちょう【害鳥】テウ 農作物を荒らすなど、人間の生活や産業に害となる鳥。↔益鳥

かいちょうおん【海潮音】カイテウオン 上田敏(びん)の訳詩集。一九〇五(明治三十八)年刊。フランスの高踏派・象徴派の作品を中心に、五七編を収録。日本の象徴詩の起点。

かい-ちょく【戒△飭】(名・自他スル) 人に注意を与えて行いをつつしませること。また、自らいましめてつつしむこと。「―処分」

かい-ちん【開陳】(名・他スル)(「陳」は述べる意) 人の前で意見を述べること。「自論を―する」

かい-つう【開通】(名・自他スル) 道路・鉄道・トンネル・電話などの設備が完成して通じるようになること。「新線が―する」

かい-づか【貝塚】カヒ 先史時代の人類が捨てた貝の殻などが堆積(たいせき)してできた遺跡。石器・土器などがまじって発見される。

かい-づくし【貝尽〈く〉し】カヒ ①いろいろな貝を描き集めた絵模様。②いろいろな貝殻を集めて遊ぶこと。貝ぞろえ。

かい-つけ【買〈い〉付け】カヒ ①いつも買って慣れていること。「―の店」②(産地・生産者から)品物を多量に買い入れること。

かい-つ・ける【買〈い〉付ける】カヒ(他下一) ケ・ケ・ケル・ケル・ケレ・ケロ(ケヨ) ①買いなれる。②品物を多量に買い入れる。「外国から小麦を―」文かひつ・く(下二)

かいつぶり【△鳰・△鸊△鷉】〔動〕カイツブリ科の水鳥。背面は灰褐色、腹面はやや白い。沼や池にすみ、水中にもぐって小動物を捕食する。水草などを集めて浮き巣を作る。かいつむり。にお。冬

〔かいつぶり〕

かい-つま・む【△掻い△摘む】(他五) マ(モ)・ミ(ン)・ム・ム・メ・メ (「かい」は接頭語) 要点を取り出してまとめる。要約する。「―・んで話す」

かい-て【買〈い〉手】カヒ 物を買うほうの人。買い主。↔売り手

―しじょう【―市場】ヂャウ〔商・経〕供給に対して需要が少ないために買い手に有利な市場。↔売り手市場

―すじ【―筋】スヂ 買うほうの人。買い方。買い手。

かい-てい【改定】(名・他スル) 従来のきまりなどを改めて定めなおすこと。⇩「使い分け」

かい-てい【改訂】(名・他スル) 書物などの、誤りを正したり不足を補うなどして、内容をよりよく改めること。⇩「使い分け」

使い分け 「改定・改訂」

「改定」は、旧来のものを改めて、新しく定める意で、「定価を改定する」「利率の改定」「給与改定」など広く一般的に使われる。

「改訂」は、書物や文章の内容を正しく改めなおす意で、「教科書を部分的に改訂する」「辞書の改訂」「改訂第二版」などと書物や文章にかぎって使われる。

かい-てい【海底】海の底。「―トンネル」

―かざん【―火山】クヮザン〔地質〕火山活動によって海底に生じた山。海中火山。

―でんしん【―電信】 海底に設けた電線によって海をへだてた地点との間に交信される電信。(はじまり)日本では一八七一(明治四)年、デンマークの電信会社により、長崎―上海、長崎―ウラジオストク間にケーブルが敷設され開始。

かい-てい【開廷】(名・自他スル) 法廷を開き、裁判を始めること。↕閉廷

かい-てい【階梯】 ①階段。②物事を学ぶ順序。特に、初歩の段階。③学問・芸術の入門書。手引き書。

かい-てき【快適】(名・形動ダ) 心と体によく合っていて気持ちのよいこと。また、そのさま。「―な生活」

がい-てき【外敵】 外部の敵。外国から攻撃してくる敵。

がい-てき【外的】(形動ダ) ①それ自身ではなく、その外に関するさま。物事の外部にかかわるさま。外部的。「―条件」「―規範」②(精神面に対して)肉体や物質に関するさま。「―欲求」《↕内的》

かい-てん【回天・廻天】 世の中のありさまをがらりと変えること。また、衰えた時勢や国勢をもり返すこと。「―の事業」

かい-てん【回転・廻転】(名・自スル) ①ぐるぐる回ること。「車輪が―する」②《物》物体が一つの軸や点を中心に円運動をすること。③頭脳のはたらき。「頭の―が速い」④仕入れた商品をさばいた売り上げで次の商品を仕入れるまでの一巡。「商品の―をよくする」⑤飲食店などで、客の入れかわり。「客の―が悪い」⑥「回転競技」の略。

―きょうぎ【―競技】 スキーのアルペン種目の一つ。旗門を設けた急斜面を滑り、速さを競う。スラローム。

―し【―子】 発電機・モーター・タービンなど、回転機能をもつ機械の回転する部分。ローター。

―しきん【―資金】 事業を続けていくために支出されては回収され、回収されては支出される運営資金。運転資金。

―じく【―軸】《物》物体の回転の中心になる軸。

―ずし【―鮨・―寿司】 小皿に盛ったすしを客席の前のコンベヤーにのせて順次回し、その中から客が好みのものを取る形式のすし屋。また、そのすし。(はじまり)大阪の元禄寿司が開発、一九五八(昭和三十三)年に一号店を開店したのが最初。

―たい【―体】《数》平面図形が、その平面内の直線を軸として一回転してできる立体。

―まど【―窓】 窓枠の中央に縦または横の軸を設け、その軸を中心に回転させて開け閉めする窓。

―めん【―面】《数》ある平面曲線を、その平面上の一直線を軸として回転させたときにできる曲面。円錐面・円柱面・球面など。回転曲面。

―もくば【―木馬】 →メリーゴーラウンド

―レシーブ バレーボールで、体を回転させながらサーブやスパイクされたボールを受けること。(はじまり)一九六一(昭和三十六)年、日紡貝塚女子チームの大松博文監督が発案し、翌年、同監督率いる全日本女子チームが世界選手権で披露したのが最初。

かい-てん【開店】(名・自他スル) ①新しく店を開いて商売を始めること。店開き。「駅前に二号店を―する」②店を開けて、その日の営業を始めること。《↕閉店》

―きゅうぎょう【―休業】 店を開いていても客が来なくて、休業しているのと同じ状態であること。名目だけで、実質的な活動を伴わない状態にもいう。

かい-でん【皆伝】 芸道・武道などで、師匠から奥義をすべて伝えられること。また、その資格。「免許―」

がい-でん【外伝】 本伝には載せていない付随的な逸話などを集めた伝記・歴史。「義士―」

がい-でん【外電】(「外国電報」の略)外国からの電報・電信。特に、外国の通信社からのニュース。

ガイド〈guide〉㊀(名・他スル) 案内すること。また、案内人。㊁(名) 手引き。案内書。「受験―」「バス―」

―ブック〈guidebook〉①手引き書。②旅行案内書。

―ライン〈guideline〉将来の政策などの指針。指導方針の大まかな基準。「物価上昇率の―」

かい-とう【回答】(名・自スル) 質問や要求に対して答えること。また、その答え。⇩「使い分け」

かい-とう【解答】(名・自スル) 試験などで、問題を解いて答えること。また、その答え。⇩「使い分け」

> **使い分け「回答・解答」**
> 「回答」は、質問・相談事や、請求・要求などに対して、意見を述べたり、諾否の意を伝えたりすること、またそれを表明したものの意で、「アンケートに回答する」「組合要求に対して回答する」「政府の回答」などと使われる。
> 「解答」は、学力・知識の有無や程度を判定する目的で試験・検定などに出された問題・質問を、説明したり解いて答えたりすること、また、その答えや説明の意で、「試験問題の解答」「模範解答」「クイズの解答者」などと使われる。

かい-とう【会頭】 会の代表者。会長。「商工会議所―」

かい-とう【快刀】 よく切れる刀。切れあじのよい刀。

―乱麻を断つ(よく切れる刀でもつれた麻を切るように)こみいった物事を、手際よくあざやかに処理することのたとえ。

かい-とう【快投】(名・自スル) 野球で、投手が気持ちのよいほどみごとに投球すること。

かい-とう【怪盗】 正体のわからない、神出鬼没の盗賊。

かい-とう【解党】(名・他スル) 政党・党派などを解散すること。↕結党

かい-とう【解凍】(名・他スル) ①凍ったものをとかしてもとの状態に戻すこと。「自然―」↕冷凍 ②《情報》圧縮して容量を小さくしたデータを、もとの状態に戻すこと。↕圧縮

かい-とう【解糖】《生》動物組織内で行われる、ブドウ糖が乳酸にまで分解される過程。

かい-どう【会同】(名・自スル) 人々が会議などの目的のために寄り集まること。会合。

かい-どう【会堂】 ①集会のための建物。「公―」②《基》教会。礼拝堂。

かい-どう【海棠】《植》バラ科の落葉小高木。春に淡紅色の花が咲く。観賞用。[春]

かい-どう【怪童】 人並みはずれて力の強い子供。

かい-どう【海道】 ①海沿いの道路。②「東海道」の略。

かい-どう【街道】 ①人や車の通行の多い広い通り。大通り。「―筋」②主要地を結ぶ幹線道路。「五―」

がい-とう【外灯】 家の外に取りつけた電灯。

がい-とう【外套】 防寒・防雨のために服の上に着る衣服。オーバーコート。「―を羽織る」[冬]

がい-とう【街灯】 道路を照らすために道ばたに設けた電灯。

がい-とう【街頭】 まちの通り。路上。まちかど。「―演説」

―ぼきん【―募金】 困っている人を助けるなどの目的で、人通りの多い場所で通行人から寄付をつのること。

がい-とう【該当】(名・自スル) その資格・条件・事例などに、あてはまること。「―者」

かいどうき〔海道記〕 紀行文。作者未詳。一二二三

(貞応二)年ごろ成立か。京都白河の隠士が、京をたって東海道を鎌倉へ下り、再び帰洛するまでを優麗な駢儷体で記す。

かい-どく【会読】―クワイ(名・他スル) 何人かが集まって読書し、その内容について意見を述べ合うこと。「―会」

かい-どく【回読】―クワイ(名・他スル) 何人かで書物などを順々に回して読むこと。回し読み。

かい-どく【解読】(名・他スル) わかりにくい文章・文字や暗号などを読み解くこと。「古代文字の―」

かい-どく【買〔い〕得】―カヒ 質や量の割に値段が安くて、買って得になること。「本日のお―品」↔買い損

がい-どく【害毒】 人の体や精神をそこなったり、悪い影響を与えたりするもの。「社会に―を流す」

かい-どり【飼〔い〕鳥】―カヒ 家庭で飼い養う鳥。↔野鳥

かい-と・る【買〔い〕取る】―カヒ(他五) ラ(ロ)・リ(ッ)・ル・ル・レ・レ 買って自分のものとする。「古書を―」

かいな【◇腕】カヒナ うで。「―捻り(=相撲の技の一つ)」

かい-な・い【×甲斐-無い】―カヒ(形) カロ・カッ(ク)・イ・イ・ケレ・○ ①効果がない。むだだ。②いくじがない。はりあいがない。文かひな・し(ク)

かい-なで【△掻い△撫で】(「掻き撫で」の音便)物事のうわべをとらえているだけで、深くは知らないこと。「―の学問」

かい-なら・す【飼〔い〕慣らす・飼〔い〕△馴らす】―カヒ(他五) サ(ソ)・シ・ス・ス・セ・セ ①動物を飼ってしつけ、人になつかせる。②人をうまく扱って自分の言いなりになるようにする。「子分を―」

かい-なん【海難】 航海中に海上で起こる災難。「―救助」

かい-なんぷう【海軟風】〔気〕昼間、海岸地方で海から陸に向かって吹く微風。海風。↔陸軟風

かい-にゅう【介入】―ニフ(名・自スル) 直接には関係のない者が強引にかかわること。立ち入ること。「大国の武力―」「政府が市場に―する」

かい-にん【解任】(名・他スル) 任務や職務をやめさせること。解職。免職。「取締役を―する」

かい-にん【懐妊】―クワイ(名・自スル) 子をはらむこと。みごもること。妊娠。懐胎。「御―を祝う」

かい-ぬし【買〔い〕主】―カヒ 物を買う人。買い手。↔売り主

かい-ぬし【飼〔い〕主】―カヒ その動物を飼っている人。

かい-ね【買〔い〕値】―カヒ ①品物を買い取るときの値段。↔売り値 ②品物を仕入れたときの値段。元値。「―を割る」

かい-ねこ【飼〔い〕猫】―カヒ 人家で飼っている猫。

がい-ねん【概念】(概括された観念の意) ①〔論〕事物の本質をとらえる思考形式。個々に共通する性質を抜き出して得られた普遍的な表象。言語によって表され、内包(意味内容)と外延(適用範囲)とからなる。②あるものに対する大まかな理解・イメージ。「既成―」語源 英語・フランス語のconcept(コンセプト)の訳語としてつくられた語。

―ず【―図】―ヅ 事物の構造や物事の関係などをわかりやすくなるように簡略化して描いた図。

―てき【―的】(形動ダ) ダロ・ダッ(デ・ニ)・ダ・ナ・ナラ・○ 個々の事物の特殊性を見ずに全体に共通の要素だけを取り出して、概括的にとらえるさま。「―な理解」「対象の―把握」用法 抽象的・大ざっぱで、現実性がないという、悪い意味に使う場合が多い。

かい-のう【皆納】―ナフ(名・他スル) 租税など、納めるべき金を残らず納めること。完納。「会費を―する」

かい-は【会派】―クワイ 政党や団体内で、同じ考えをもつ人々が結成した派閥。「院内―」

かい-ば【海馬】(sea horse の訳語) ①「セイウチ」の別称。②「たつのおとしご」の別称。③〔生〕大脳の側面に位置し、古皮質に属する部位。情動や記憶・自律神経に関与する。

かい-ば【飼〔い〕葉】―カヒ 牛や馬のえさにする干し草やわらなど。まぐさ。「―おけ」

かい-はい【改廃】(名・他スル) 改めることとやめること。法律や制度などを改正したり廃止したりすること。「法規の―」

がい-ばい【外売】―グワイ ↓がいしょう(外商)①

がい-はく【外泊】―グワイ(名・自スル) よその家に泊まること。決まった宿所以外の所に泊まること。「無断―」

がい-はく【該博】(名・形動ダ) 学問や知識の範囲が広いこと。広く物事に通じているさま。「―な知識」

かいはく-しょく【灰白色】―クワイハク 灰色がかった白色。

かい-ばしら【貝柱】―カヒ ①二枚貝の貝殻をつなぎ、閉じさせる筋肉。肉柱。②ホタテガイなどの①を加工した食品。

かい-はつ【開発】(名・他スル) ①山野を切り開いたり天然資源の活用をはかったりして、生活や産業に役立てること。「油田を―する」「未―」②新しい物を作り上げて実用化すること。「新製品の―」③問答などによって自発的に学習させ、理解へ導く教育方法。「知能の―」

―とじょうこく【―途上国】―トジャウコク 経済が発展の途上にあり、国民一人当たりの所得水準が低い国。発展途上国。↔先進国

かい-ばつ【海抜】〔地〕平均海水面を基準に測った土地の高さ。標高。参考 日本では、東京湾の平均潮位を基準にする。

がい-はつ【外発】―グワイ(名・自スル) 外部からの力によって、やむなく行動を起こしたり、ある状態にいたったりすること。「―的な経済発展」↔内発

かいばらえきけん【貝原益軒】カヒバラエキケン(一六三〇〜一七一四) 江戸前期の儒学者・博物学者。別号損軒。筑前(福岡県)生まれ。朱子学のほか、医学・民俗・地理・教育などの分野で多くの書を著した。著書に「慎思録」「養生訓」「大和本草」など。

かい-はん【改版】(名・他スル) 出版物の内容を改め、新しく版を組み直して出版すること。また、その出版物。

かい-はん【開板】(名・他スル) 木版本を出版すること。

かい-はん【解版】(名・他スル) 印刷後、活字で組んだ組版をばらばらにすること。

がいはん-ぼし【外反△拇△趾】―グワイハン〔医〕(「拇趾」は足の親指の意)足の親指が、第二指のほうへ屈曲している状態。

かい-ひ【会費】―クワイ ①会の運営・維持のために会員が出し合う費用。②会に出席する人が負担する費用。「忘年会の―」

かい-ひ【回避】―クワイ(名・他スル) 悪い結果になることをおそれて、物事を避けようとすること。「責任を―する」

かい-ひ【開扉】(名・他スル) ①とびらを開くこと。②↓かいちょう(開帳)①

がい-ひ【外皮】―グワイ ①外側を包む皮。↔内皮 ②生物の体表をおおう皮膚や果実などの外側の皮。

かい-びゃく【開△闢】 天地の開けはじめ。創世。「―以来」

かい-ひょう【海△豹】―ヘウ「あざらし」の別称。

かい-ひょう【開票】―ヘウ(名・自他スル) 投票箱を開いて、投票の結果を数え調べること。「―速報」「即日―する」

かい-ひょう【解氷】(名・自スル) 春になって海や湖などの氷が解けること。春 ↔結氷

がい-ひょう【概評】―ヒヤウ(名・他スル) 全体について大まかに批評すること。また、その批評。

かい-ひん【海浜】 海べ。浜べ。海のそばの土地。「―公園」

―しょくぶつ【―植物】〔植〕海浜に生える、乾燥や塩分に強い植物。ハマヒルガオ・ハマボウフウなど。

がい-ひん【外賓】―グワイ 外国から来た客。

かい‐ふ【回付・△廻附】クヮイ―（名・他スル）①書類などを正式に送り渡すこと。回送して渡すこと。「書類を―する」②〘法〙衆参両議院の一方で議決し、他院に送付した議案が修正された場合、その修正案をもとの議院に送り返すこと。

がい‐ぶ【外部】グヮイ―①物の外側の部分。②その組織に属していないこと。また、その人。「機密を―にもらす」（↔内部）

かい‐ふう【海風】①海上を吹く風。海風(うみかぜ)。②→かいなんぷう↔陸風(りくふう)

かい‐ふう【開封】㊀（名・他スル）手紙などの封を開くこと。「手紙を―する」㊁（名）封筒の一部をあけて、内部が見えるようにした郵便物。開き封。「―で送る」

かいふうそう【懐風藻】クヮイフウサウ 日本最古の漢詩集。編者未詳。七五一（天平勝宝三）年成立。天智(てんじ)天皇の時代から奈良時代までの六四人の漢詩一二〇編を収録。詩形はおもに五言詩であり、中国六朝(りくちょう)詩・初唐詩の影響がみられる。

かい‐ふく【回復・△恢復】クヮイ―（名・自他スル）①失われたり悪くなったりした状態がもとどおりになること。また、もとへもどすこと。「景気の―」「失地―」②病気などが治って健康な状態にもどること。本復。「病気が―する」参考②は「快復」とも書く。

かい‐ふく【開腹】（名・他スル）〘医〙手術のために腹部を切り開くこと。「―手術」

か‐いぶし【蚊△燻し】蚊を追いはらうために香料・おがくずなどをいぶすこと。また、いぶす物や煙。かやり。かやり火。夏

かい‐ぶつ【怪物】クヮイ―①正体不明の生き物や化け物。②才能や力量などが人並みはずれてすぐれている人物。また、ある分野で大きな力をもつ得体の知れない人物。「財界の―」

がい‐ぶつ【外物】グヮイ―①他のもの。外界のもの。②〘哲〙心にふれるすべての対象。客観的世界の中に存在するもの。

かい‐ぶん【回文・△廻文】クヮイ―①複数の人に順々に回して用件を知らせる文書。回章。回状。②上から読んでも下から読んでも同じ言葉になる文句。「たけやぶやけた」の類。

かい‐ぶん【灰分】クヮイ―①物が燃え切ったあとに残るかす。灰。②栄養学で、食品中に含まれる鉱物質。ミネラル。

かい‐ぶん【怪聞】クヮイ―変なうわさ。「―が乱れ飛ぶ」

がい‐ぶん【外分】グヮイ（名・他スル）〘数〙線分の延長上の一点によって、線分を一定の比に分けること。↔内分

がい‐ぶん【外聞】グヮイ―①外部の者に知られること。世間のうわさになること。「―をはばかる」②自分についての世間の評判。世間体。体裁(ていさい)。「―が悪い」「恥も―もない」

かい‐ぶんしょ【怪文書】クヮイ―機密の暴露や他人への中傷を中身とした、出所不明の文書。「―が出回る」

がい‐ぶんぴつ【外分泌】グヮイ―〘生〙体内のいろいろな腺(せん)が、導管を通じて汗・つばなどの分泌物を体外や消化管内に送り出すこと。外分泌(がいぶんぴ)。↔内分泌

かい‐へい【海兵】①海軍の下士官や兵士。水兵。②（「海軍兵学校」の略）もと、海軍兵科士官を養成した学校。

―たい【―隊】海軍で、上陸作戦などの地上戦闘をおもな任務とする部隊。

かい‐へい【皆兵】全国民が兵役に服する義務をもつこと。

かい‐へい【開平】（名・他スル）〘数〙ある数や代数式の平方根を求めること。また、その計算方法。

かい‐へい【開閉】（名・自他スル）開くことと閉じること。あけたり、しめたりすること。あけたて。「ドアの―」

―き【―器】→スイッチ㊀①

がい‐へき【外壁】グヮイ―外側の壁。壁の外側の面。↔内壁

かい‐へん【改変】（名・他スル）内容を改めて、もとと違ったものにすること。変改。「制度の―」

かい‐へん【貝偏】カヒ―漢字の部首名の一つ。「財」「貯」などの「貝」の部分。参考古く貝を貨幣として用いたことから、貝偏の文字は貨幣・財宝に関する意を表す。

かい‐へん【改編】（名・他スル）一度編集・編成したものを改めて、違ったものにすること。「教科書の―」「組織を―する」

かい‐へん【海辺】海のほとり。海辺(うみべ)。海浜。

かい‐べん【快弁】クヮイ―よどみなく巧みな話しぶり。さわやかな弁舌。「―をふるう」

かい‐べん【快便】クヮイ―気持ちよく大便が出ること。

がい‐へん【外編・外△篇】グヮイ―書物、特に漢籍の主要部である内編以外の、つけたしの部分。↔内編

かい‐ほう【介抱】ハウ―（名・他スル）病人やけが人などの世話をすること。「病人を―する」

かい‐ほう【会報】クヮイ―会に関することを主として会員に知らせるために発行する雑誌や印刷物。「同窓会―」

かい‐ほう【回報・△廻報】クヮイ―（名・他スル）①順々に回して読む文章。回覧状。回章。②返事の書状。

かい‐ほう【快方】クヮイハウ 病気やけがの状態がよくなっていくこと。「―に向かう」

かい‐ほう【快報】クヮイ―よい知らせ。吉報。朗報。

かい‐ほう【海△堡】海上に築いた砲台。

かい‐ほう【開法・開方】ハフ・ハウ〘数〙ある数や式から累乗根を求める計算法。

かい‐ほう【開放】ハウ（名・他スル）①戸や窓などをあけはなすこと。「―厳禁」②制限を設けず自由に出入りしたり利用したりできるようにすること。「市場―」（↔閉鎖）⇒「使い分け」

―てき【―的】（形動ダ）ダロ・ダッ（デ・ニ）・ダ・ナ・ナラ・○ 隠しだてのないさま。また、さえぎるもののないさま。「―な気分になる」↔閉鎖的

かい‐ほう【解放】ハウ（名・他スル）拘束や束縛を解いて自由にすること。「人質を―する」「奴隷―」⇒「使い分け」

使い分け「開放・解放」

「開放」は、戸や窓をあけたままにしておく、また、制限を設けないで出入りを自由にする意で、「校庭開放」「施設を市民に開放する」「開放的な性格」などと使われる。

「解放」は、政治・社会に関する因襲的な束縛から解き放して自由にする意で、「農地解放」「女性解放運動」「責任から解放される」「解放感に浸る」などと使われる。

かい‐ほう【懐抱】クヮイハウ（名・他スル）①ふところに抱くこと。②考えや計画などを心にもつこと。また、その考えや計画。

かい‐ぼう【海防】バウ―海からの攻撃に対する防備。「―計画」

かい‐ぼう【解剖】（名・他スル）①〘医〙生物の体内を調べるために体を切り開くこと。解体。「―学」「変死体を―する」②物事を細かく分析して研究すること。「人間の心理を―する」

がい‐ほう【外報】グヮイ―外国からの通信・報告。「―部」

がい‐ぼう【外貌】グヮイバウ ①顔かたち。目鼻だち。「よく似た―」②外から見たようす。外見。みかけ。外観。「―を飾る」

かい‐ぼり【△搔い掘り】（名・他スル）（「搔き掘り」の音便）①池や沼などの水をくみ出して、中の魚をとること。②井戸の水をくみ出して、中の砂などをさらうこと。

がい‐まい【外米】グヮイ―外国産の米。輸入米。

かい‐まき【△搔（い）巻き・△搔巻】（「搔き巻き」の音便）掛け布団の一種。綿の薄くはいった袖(そで)付きの夜着(よぎ)。冬

かい‐まく【開幕】（名・自他スル）①幕があいて、演劇や演奏などが始まること。また、始めること。開演。「―のベル」②物事が始まること。また、始めること。「プロ野球の―」（↔閉幕）

かいま・みる【◦垣間見る】(他上一) ①物のすきまから中をのぞいて見る。ちらっと見る。「庭木の間から家の中を—」②物事の一面・一端を知る。「実力の一端を—」

かい-みょう【戒名】《仏》①受戒した信者に与えられる名。法名。②僧侶が死者につける名。法名。↕俗名 参考 浄土真宗では法名、日蓮宗では法号という。

かい-みん【快眠】(名・自スル) 気持ちよく眠ること。また、その眠り。「快食—」

かい-む【皆無】(名・形動ダ) 全然ないこと。また、そのさま。絶無。「優勝の可能性は—に等しい」

がい-む【外務】①外国との交渉・通商など、外交に関する行政事務。↕内務 ②会社の外での勤め。外勤。「—員」

—しょう【—省】中央行政官庁の一つ。外交政策・条約など対外行政事務をあつかう。外務大臣を長とする。

かい-めい【改名】(名・自他スル) それまでとは別の名前に改めること。また、その名前。

かい-めい【△晦冥】まっくらになること。暗闇。「天地—」

かい-めい【階名】《音》(音の絶対的な高さを表す音名に対して)各音階の主音を規準にして、ある音の相対的な位置を表す名称。西洋音階の「ド・レ・ミ・ファ・ソ・ラ・シ」など。⇩音名

かい-めい【開明】(名・自スル) 人々の知識がひらけ、文化が進歩すること。「—思想」

かい-めい【解明】(名・他スル) 不明な点をときあかして、はっきりさせること。「原因を—する」

かい-めつ【壊滅・潰滅】(名・自スル) ひどくこわれてなくなること。くずれてほろびること。「—状態におちいる」

かい-めん【海面】海の表面。海上。「—を漂う」

かい-めん【界面】《化》たがいに混じりあわない二つの物質の境界面。

—かっせいざい【—活性剤】《化》界面に作用して、その性質を変化させる物質。水と油を混合しやすくするなどの働きがあり、洗剤・乳化剤などに利用される。表面活性剤。

かい-めん【海綿】①「海綿動物」の略。②海綿動物の、細かい穴のあいた綿状の骨格。弾力があり、水分をよく吸収する。化粧・医療・事務などに用いる。スポンジ。

—どうぶつ【—動物】《動》水中の岩などに付着している原始的な動物。呼吸・消化・感覚などの器官がない。ほとんどが海産。体表に無数の小さい穴があり、水中の食物を取りこむ。

がい-めん【外面】①物の外側の面。表面。②外から見えるようす。外見。うわべ。みかけ。「—を飾る」(↕内面)

—てき【—的】(形動ダ) 物事の外側だけをとらえるさま。うわべだけにかかわるさま。「—な見方」↕内面的

かい-もく【皆目】(副) ぜんぜん。まったく。まるきり。「—見当がつかない」用法 多く、下に打ち消しの語を伴う。

かい-もど・す【買〔い〕戻す】(他五) いったん売り渡した物を買いとって、再び自分の物とする。「株を—」

かい-もの【買〔い〕物】■一■(名・自スル) 物を買うこと。また、買った物。「—上手」■二■(名) 買って得をする物。「これは—だった」

—じゃくしゃ【—弱者】近くに店がないなどの理由で、日常の買い物をすることが困難な者。買い物難民。

かい-もん【開門】(名・自スル) 門をひらくこと。↕閉門

がい-や【外野】①野球で、内野の後方の地帯。↕内野 ②「外野手」の略。↕内野 ③(「外野席」の略)野球場で、①に面して設けられた観覧席。↕内野 ④《俗》その事に直接関係のない、まわりの人々。「—は余計な口を出すな」

—しゅ【—手】野球で、外野を守る選手。左翼手・中堅手・右翼手の総称。外野。↕内野手

かい-やく【改訳】(名・他スル) 訳してあるものを改めて翻訳しなおすこと。また、改めて翻訳しなおしたもの。

かい-やく【解約】(名・他スル) 約束・契約を取り消すこと。キャンセル。「—金」「保険を—する」

かい-や・る【△掻い◦遣る】(他五) (「掻き遣る」の音便)手で払う。手で払いのける。押しやる。

かい-ゆ【快癒】(名・自スル) 病気やけががすっかり治ること。本復。全治。全快。

かい-ゆう【会友】①同じ会に属する友人。②会員以外で会に深い関係のある人に与える称号や資格。また、その人。

かい-ゆう【回遊・△廻遊】(名・自スル) ①方々を回って楽しむこと。「—切符」②魚が季節的に群れをなして移動すること。「—魚」参考 ②は本来は「回△游・△廻△游」と書いた。

がい-ゆう【外遊】(名・自スル) ①外国へ旅行すること。②外国に留学すること。

がい-ゆう【外憂】外部や外国からの圧力・攻撃などの脅威に対する心配。外患。↕内憂・内患

かい-よう【海洋】広い海。大海。大洋。「—資源」

—しんそうすい【—深層水】《海》水深二〇〇メートルより深い層にある海水。清浄で栄養素・ミネラルに富む。

—せいきこう【—性気候】《気》大洋の影響を強く受けている気候。内陸に比べ、季節・昼夜による気温の変化が小さく、一般に湿度が高く雨量が多い。↕大陸性気候

かい-よう【海容】海のように広い心で、人のあやまちや無礼を許し受け入れること。容赦。寛恕。「ご—ください」

かい-よう【潰瘍】《医》皮膚や粘膜などの組織がただれてくずれ、内部までそこなわれること。「胃—」

がい-よう【外用】(名・他スル)《医》薬を、皮膚や粘膜に塗ったりはったりすること。↕内用

—やく【—薬】皮膚や粘膜に直接つける薬。↕内用薬

がい-よう【外洋】陸から遠く離れた広い海。外海。

がい-よう【概要】大体の内容。大すじ。「計画の—」

かい-らい【△傀△儡】①あやつり人形。傀儡。②自分の意志ではなく、人に意のままにあやつられて動く者。「—政権」

—し【—師】①江戸時代、あやつり人形を歌にあわせて舞わせて見せた大道芸人。人形遣い。くぐつ回し。くぐつ師。新年 ②かげで人をあやつり思いのままに動かす者。黒幕。

がい-らい【外来】①外部または外国から来ること。「—文化」②《医》(「外来患者」の略)通院して診察を受ける患者。「救急—」

—ご【—語】もと外国語であったものがとり入れられて国語と同じように使われている語。ガラス・パン・キセルなど。

—しゅ【—種】もともとその地には生息せず、他の地域から持ち込まれて定着した生物種。アメリカザリガニ・アライグマ・シロツメクサなど。↕在来種

かい-らく【快楽】気持ちがよく楽しいこと。特に、欲望が満たされたときの心地よい楽しみ。「—をむさぼる」参考 仏教では「けらく」と読む。

—しゅぎ【—主義】快楽を追求することが人生の最大の目的であり、道徳はそのための手段であるとする考え方。「—者」

かい-らん【回覧・△廻覧】(名・他スル) 書籍・雑誌や書類などを順に回して見ること。「—板」

かい-らん【解△纜】(名・自スル) (纜を解く意)船が出帆すること。船出。

かい-らん【壊乱】(名・自他スル) 秩序・風俗などが乱

れ、ひどい状態になること。また、乱すこと。「風俗―」

かい‐り【△乖離】 クヮイ (名・自スル)（「乖」はそむく意）そむきはなれること。「人心の―」「理想と現実との―」

―がいねん【―概念】 二つの概念にまったく共通点がなく、同一の概念に含められない関係。「人間」と「三角形」など。

かい‐り【海里・△浬】 海上の距離の単位。一海里は一八五二メートル。参考「カイリ」とも書く。

かい‐り【海△狸】「ビーバー」の別称。

かい‐りき【怪力】 クヮイ 人なみはずれた強い力。「―無双」

かい‐りく【海陸】 海と陸。海上と陸上。「―両用」

かい‐りつ【介立】(名・自スル) ①二つのものの間にはさまっていること。②自分一人の力で事を行うこと。独り立ち。

かい‐りつ【戒律】 僧の守るべき規律。また、一般に、宗教上のおきて。「きびしい―を守る」

がい‐りゃく【概略】 あらまし。だいたい。大要。概要。「計画の―を話す」「状況は―次のとおりだ」

かい‐りゅう【海流】 リウ 《海》海洋でたえず一定の方向に動いている海水の流れ。寒流と暖流とがある。「千島―」

かい‐りゅう【開立】 リフ (名・他スル)《数》ある数の立方根を求めること。また、その計算法。開立(かいりつ)。

かい‐りょう【改良】 リヤウ (名・他スル) 悪い所や不備な点を改めてよくすること。「品種―」「―を加える」

―しゅぎ【―主義】《社》資本主義の枠内での漸進的な改革により、社会や労働者の地位を改善していこうという考え。

がい‐りょく【外力】 グヮイ 外部から加わる力。

がい‐りん【外輪】 グヮイ ①外側の輪。特に、車がカーブを曲がるときの外側の車輪。↔内輪 ②車輪の外側に取り付けた鉄製の輪。

―ざん【―山】《地質》複式火山で、火口丘の外側を取り囲む、輪状の噴火口の壁。↔内輪山

―せん【―船】 推進力を得るための大きな輪を、船体の両横または船尾に外から見える形で備えた船。外車船。

かい‐れい【回礼】 クヮイ (名・自スル) お礼を述べるために方々をまわること。特に、年賀のあいさつまわり。新年

かい‐れい【海△嶺】《地質》海底にある山脈状の高まり。高さ三〇〇〇～四〇〇〇メートルで急斜面をもつ。海底山脈。

かい‐れき【改暦】 ■一(名・他スル) 暦法を改めること。新しい暦を採用すること。■二(名) 改まった年。新年。

かい‐ろ【回路】 クヮイ 《物》電流が循環する通路。サーキット。

かい‐ろ【海路】 海上の、船の通る道。また、海上を船で行くこと。船路(ふなじ)。「待てば―の日和(ひより)あり」↔空路・陸路

かい‐ろ【懐炉】 クヮイ ふところなど、衣服の内側に入れて体を暖める道具。「使い捨て―」冬 はじまり 焼いた石を布に包み懐中に入れる温石(おんじゃく)が起源という。現在の使い捨て式懐炉は、一九七八(昭和五十三)年ごろから普及。

がい‐ろ【街路】 町のなかの道路。

―じゅ【―樹】 市街の美観・保健・保安などのために街路に沿って植えてある木。イチョウ・プラタナスなどが使われる。

かい‐ろう【回廊・△廻廊】 クヮイラウ 建物や中庭などのまわりを取り囲むように造られた、長く折れ曲がった廊下。

かい‐ろう【△偕老】 ラウ（「偕」は共にの意）共に年をとること。夫婦が年をとるまで仲よく連れ添うこと。

―どうけつ【―同穴】 ①(生きては共に老い、死んでは同じ墓穴に葬られる意から)いつまでも夫婦の仲がむつまじく契りの固いこと。「―の契りを結ぶ」②《動》海綿動物カイロウドウケツ科の動物の総称。体は円筒形のかご状で、多く中に雌雄一対のドウケツエビがすむ。

かい‐ろく【回△禄】 クヮイ ①(もと中国で)火の神。②火事。火災。「―の災い(=火災にあうこと)」

カイロプラクティック〈chiropractic〉指圧などで脊椎(せきつい)のゆがみを矯正して病気を治す療法。脊椎矯正指圧療法。カイロプラクチック。参考 カイロはギリシャ語で「手」の意。

がい‐ろん【概論】(名・他スル) 全体の内容のあらましを述べること。また、そうした論説。概説。「文学―」↔詳論

かい‐わ【会話】 クヮイ (名・自スル) 二人またはそれ以上の人がたがいに話すこと。また、その話。「―がはずむ」「―文」

かい‐わい【界△隈】 ①そのあたりの地域。近辺。「銀座―」②《俗》ある分野・業界。また、それに関心のある人たち。「天文学―」

かい‐われ【貝割(れ)・△穎割(れ)】 カヒ ダイコン・カブなどの種子から発芽したばかりの二葉。かいわり。「―大根」

かい‐わん【怪腕】 クヮイ 並外れた腕力・腕前。「―をふるう」

か‐いん【下院】 ヰン 二院制度の議会で、直接公選による議員で構成される議院。↔上院

か‐いん【禍因】 クヮ 災いを引き起こす原因。禍根。

カイン〈Cain〉旧約聖書に記される、アダムとイブの子。神が弟アベルの供物のほうを喜んだことをねたみ、弟を殺した。

か・う【△支う】 カフ (他五) ワ(オ)・イ(ッ)・ウ・ウ・エ・エ ①つっかい棒などをあてがってささえる。②鍵(かぎ)をかける。「錠を―」可能 か・える(下一)

か・う【買う】 カフ (他五) ワ(オ)・イ(ッ)・ウ・ウ・エ・エ ①代金を払って、品物や所有の権利を得る。購(あがな)う。↔売る ②進んで引き受ける。「仲裁役を―って出る」③自分の行為がもとになって、よくない結果を身に招く。「恨みを―」④高く評価する。「彼の技量を―」⑤金を払って芸者などを招いて遊ぶ。可能 か・える(下一) 参考 関西以西の方言では、連用形は「こうた」「こうて」となる。

表現
〔類語〕▼購(あがな)う・仕入れる・求める
〔～する〕▼購入・購買・買収・奮発 ▼買い物・ショッピング
〔慣用〕▼(～買う)怒りを・一笑を・怨(うら)みを・歓心を・喧嘩(けんか)を・失笑を・反感を・一役・顰蹙(ひんしゅく)を・不興を
〔ことわざ〕▼売り言葉に買い言葉・奇貨居(お)くべし・死馬の骨を買う・千金を買う市(いち)あれど一文字(いちもんじ)を買う店なし(=文字は自分で学ぶしかない)・安物買いの銭失い

か・う【飼う】 カフ (他五) ワ(オ)・イ(ッ)・ウ・ウ・エ・エ 餌を与えて動物を養い育てる。動物に餌や水をやる。「犬を―」可能 か・える(下一)

カウチ〈couch〉長いす。寝いす。

かう‐ぶり【△冠】(古) ①かんむり。②位階。③五位に叙せられること。叙爵(じょしゃく)。④元服して初めて冠(かんむり)を着けること。

カウボーイ〈※cowboy〉アメリカ西部などの牧場で、牛の世話を職業とする男。牛飼い。牧童。

か‐うん【家運】 一家の経済的・社会的運命。「―隆盛」

ガウン〈gown〉①室内で着る、ゆるやかに仕立てた上着。②牧師・裁判官などが正装として着る長い上着。

カウンセラー〈counselor〉学校・職場や医療施設などで個人的な悩みについて相談に応じ、助言・指導をする人。

カウンセリング〈counseling〉《心》悩みをもつ者に対して、臨床心理学などの立場から指導・助言を与えること。

カウンター〈counter〉①計算器。計数器。「ガイガー―」②(銀行・ホテルなどで)客との応対や会計に使う、横長の台。勘定台。③(飲食店などで)客席と調理場を仕切る細長いテー

ブル。④ボクシングで、相手が打ってきた瞬間に、その勢いを利用して逆に攻撃すること。「—パンチ」⑤「カウンターアタック」の略。参考④⑤は「逆の」「反対の」の意。

—アタック〈counterattack〉①反撃。逆襲。②スポーツで、守備から一転して攻撃に移ること。

—カルチャー〈counterculture〉社会の主流で支配的な文化に対抗するもう一つの文化。対抗文化。

—テナー〈countertenor〉〘音〙ほぼ女声のアルトの音域に相当する男声の音域。また、その音域の歌手。

カウント〈count〉**一**(名・他スル)①数えること。計算。「入場者を—する」「得点を—する」②野球で、ストライクとボールの数を数えること。また、その数。「ボール—」③ボクシングなどで、ノックダウンした際にレフェリーが秒を数えること。「—をとる」**二**〘物〙(名)ガイガー計数管で測定した放射線粒子の数。

—アウト〈count out〉ボクシングで、選手がダウンした場合、レフェリーが一〇秒数えてノックアウトを宣告すること。

—ダウン〈countdown〉(名・自スル)ある時点までの残りの時間を数の大きい方から小さい方へ数えること。特に、秒読みをいう。「新年までの—」

かえ【代え・替え・換え】カヘ ①とりかえること。②かわり。予備。「—の下着」③交換の割合。「一個五〇〇円—で売る」

かえ-うた【替〔え〕歌】カヘ— ある歌の節に、別の歌詞をあてはめた歌。↔本歌

か-えき【課役】クワ— ①仕事を割り当てること。また、その仕事。②〘日〙律令制下の課(調)と役(庸・雑徭)。また、租税一般。課役。

かえ-ぎ【替〔え〕着】カヘ— 着がえの着物。着がえ。

カエサル〈Gaius Julius Caesar〉(前一〇〇?—前四四)古代ローマの軍人・政治家。紀元前六〇年、第一回三頭政治を開く。ガリアに遠征し、ポンペイウスを倒し独裁官となったが、ブルータスらに暗殺された。著に「ガリア戦記」など。参考英語名はシーザー。

かえし【返し】カヘシ ①返すこと。②返答。返事。「とっさの—」③「返し歌」の略。④返礼。返報。「お祝いの—」⑤繰り返すこと。⑥つり銭。「一〇〇円のお—」⑦表と裏、上と下を逆にすること。「手首の—」⑧地震・津波・大風などが、一度やんでまた起こること。「揺り—」⑨釣り針の先端部の内側に逆向きに付いている突起。あご。⑩→はんせつ(反切)⑪しょう油にみりんや砂糖を加えて寝かせた調味料。出汁でわってそばつゆなどに用いる。参考⑦は「◇反し」とも書く。

▼「返し」が下に付く語
(かえし)お— 折り— 切り— 繰り— 蹴— 仕— 照り— 取り— 引き— 巻き— 見— 揺り— (がえし)意趣— 銀杏— 馬— 裏— 鸚鵡— 恩— 龕灯— 車— 香典— 竹篦— 忍び— 漉き— でんぐり— どんでん— 礼—

—うた【—歌】①贈られた歌に対する返事の歌。返歌。②長歌のあとに詠み添える短歌。反歌。

—ぬい【—縫い】ヌヒ 裁縫で、じょうぶに縫うために一針ごとに針をあとへもどして縫う縫い方。返し針。

かえ・す【◇反す】カヘス(他五) サ(ソ)・シ・ス・ス・セ・セ ①裏と表とを逆にする。うらがえす。ひっくりかえす。「てのひらを—」「袂を—」②上と下とを逆にする。ひっくりかえす。「花瓶を—・して水を流す」③たがやす。掘りおこす。「畑の土を—」自かえ・る(五)可能かえ・せる(下一)⇩返す「参考」

かえ・す【返す】カヘス サ(ソ)・シ・ス・ス・セ・セ **一**(他五)①もとの状態にもどす。「話を白紙に—(=何もなかった最初の状態にもどす)」②物をもとの場所・持ち主にもどす。「棚に本を—」「借金を—」③相手からの働きかけに対し、こちらからもそれに応じて働きかけをする。「恩をあだで—」「杯を—」「六点取られ、五点—・した」④裏と表、上と下を逆にする。ひっくりかえす。裏返す。「軍配を—」「袖を—」⑤たがやす。土などを掘りおこす。「田を—」⑥返歌をする。「歌を—」⑦(動詞の連用形の下に付いて)㋐相手から受けたのと同じ行為を、相手に対して行う。「言い—」「なぐり—」㋑繰り返してする。反復する。「思い—」「読み—」自かえ・る(五)可能かえ・せる(下一)**二**(自五)もといた方に行く。「寄せては—波」参考**一**④⑤⑦は「◇反す」とも書く。⇩「使い分け」
類語 戻す・返却する・返戻する・返済する・返上する・返還する・返付する

—がえす【—返す】ガヘス(副)①どう考えてみても。なんとしても。「—(も)残念だ」②何度も。再三再四。「—頼む」

かえ・す【帰す】カヘス(他五) サ(ソ)・シ・ス・ス・セ・セ 人をもといた所にもどす。帰らせる。「満塁の走者を—」自かえ・る(五)可能かえ・せる(下一)参考「◇還す」とも書く。⇩「使い分け」

> 使い分け「返す・帰す」
> 「返す」は、もとの持ち主やもとの状態にもどす意で、「借りた書物を返す」「恩をあだで返す」などと使われる。
> 「帰す」は、ある所へ来ていた人をもとの所へもどす意で、「国に帰す」「親元に帰す」などと使われる。ただし、「乗ってきた車を空車で帰す」「出向社員を返す」など、物と人が反対に使われることもある。

かえ・す【△孵す】カヘス(他五) サ(ソ)・シ・ス・ス・セ・セ 卵をひな・幼虫・稚魚にする。孵化させる。自かえ・る(五)可能かえ・せる(下一)

かえ-ズボン【替〔え〕ズボン】カヘ— ①上着と対でない別のズボン。②上着と対になった、はきかえ用の予備のズボン。

かえ-だま【替〔え〕玉】カヘ— ①本物のように見せかけた代用のもの。本人の身代わりの人。「—受験」②〘俗〙ラーメン店などで、麺だけをおかわりすること。また、その麺。

かえ-ち【替〔え〕地】カヘ— (名・自スル)①土地を取り替えること。また、その土地。②代わりに与える土地。代替地。

かえっ-て【◇却って】カヘッ— (副)予期に反して。逆に。「親切心でしたことが—あだになる」

かえで【△楓】カヘデ 〘植〙ムクロジ科カエデ属の落葉高木の総称。葉はてのひらに似た形で対生。秋に紅葉・黄葉する。変種が多く、観賞用。材は細工用。一般に「もみじ」といわれる。秋(かえでの花春)語源 葉の形を見立てていった「蛙手」の転。

かえ-で【替〔え〕手】カヘ— 〘音〙三味線や琴などの合奏で、基本の旋律(=本手)に対して調和するように作られた旋律。また、その演奏者。かえて。↔本手

かえ-な【替〔え〕名】カヘ— ①本名とは別に使う名。変名。異称。②芝居で、役者が演じる役の名。

かえ-ば【替〔え〕刃】カヘ— 安全かみそりやカッターなどの、取り替えて使う刃。

かえり【返り】カヘリ ①返ること。②返事。返歌。③返り点。

—うち【—討ち】かたきを討とうとして、逆に自分が討たれること。「—にあう」

—ざき【—咲き】①咲く季節を過ぎた花が再び咲くこと。多くは、春咲いた花が、初冬のころに再び咲くことをいう。狂い咲き。二度咲き。「—の桜」冬②失ったもとの地位・名声を取りもどすこと。カムバック。「—を果たす」

—しょにち【—初日】演劇などで、一時中止していた興行を再び開演した最初の日。

—ち【—血】刃物で切りつけたときに、自分にはね返ってく

る相手の血。「―を浴びる」

―**ちゅう**【―忠】主君を裏切り、その主君に敵対する新しい主君に忠義をつくすこと。

―**てん**【―点】漢文訓読のとき、漢字の左下につけて、下から上へ返って読むことを示す符号。「レ、一・二・三、上・中・下、甲・乙・丙、天・地・人」など。

かえり【帰り】①帰ること。「―が遅い」②帰るとき。帰り道。「―は車にする」↕行き

―**がけ**【―掛け】帰ろうとするとき。また、帰る途中。帰りしな。「―に寄ってくる」↕行き掛け

―**ぐるま**【―車】タクシーなどで、客を送った帰りの空車。

―**じたく**【―支度】(名・自スル) 帰るための用意。

―**しな** 帰るとき。また、帰る途中。帰りがけ。↕行きしな

―**しんざん**【―新参】一度やめた者が再びもとの職場で働くこと。また、その人。

―**ばな**【―花】返り咲きの花。狂い花。㊀冬

―**みち**【―道・―◇路】家に帰る道。帰途。帰路。

かえり-ざ・く【返り咲く】(自五) ①咲く季節が過ぎたのに、また花が咲く。㊀冬 ②再びもとの地位・名声などを取りもどす。「政界に―」「チャンピオンに―」

かえり・みる【省みる】(他上一) 自分の行いをふり返り、その善悪を考えてみる。反省する。⇩「使い分け」

かえり・みる【顧みる】(他上一) ①ふり返ってうしろを見る。②過ぎ去ったことを思う。回想する。「少年時代を―」③気にかける。心配する。「忙しくて他を―ゆとりがない」「わが身の危険を―・みない」⇩「使い分け」

かえりみて他を言う 答えにくいことや問題をそらすために、左右を見まわし本筋とは別のことを言う。話をはぐらかす。

> 使い分け 「省みる・顧みる」
> 「**省みる**」は、自分の心や言動をふり返りその是非・善悪を考えてみる意で、「わが身を省みる」「省みて恥じるところがない」などと使われる。
> 「**顧みる**」は、ふり返ってうしろを見る、心にかけて見る意で、「来た道を顧みる」「家族を顧みる」などと使われる。

かえる【△蛙】《動》両生類の無尾目動物の総称。川・水田・沼などにすみ、うしろあしは前あしよりも長大で、よくはねる。幼生はオタマジャクシ。かわず。㊀春

―**の子は蛙** ①凡人の子はやはり凡人であることのたとえ。②何事も子は親に似るものである。参考 類似のことば―瓜の蔓に茄子はならぬ。反対の意味のことば―鳶が鷹を生む。

―**の面に水** (蛙の顔に水をかけても平気なように)どんな扱いをうけても平気でいるさま。蛙の面に小便。

―**およぎ**【―泳ぎ】平泳ぎ。

―**とび**【―飛び】「馬跳び」のこと。かわずとび。

―**また**【―股・△蟇股】和風の建築で、外部から見える梁の上に置いて、支えと飾りを兼ねた受け木。語源 蛙が股を広げたような形であるところからいう。

〔かえるまた〕

かえ・る【◇反る】(自五) ①表と裏とが逆になる。うらがえる。「袖が―」②上と下とが逆になる。ひっくりかえる。「ボートが―」他かえ・す(五) 可能かえ・れる(下一) ⇩返る「参考」

かえ・る【返る】(自五) ①もとの状態にもどる。「世の乱れがもとに―」「我に―」②物がもとの場所・持ち主に行く。もどる。「忘れ物が―」③こちらの働きかけに対して、相手が応じる。「返事が―」④もとへもどって再び始まる。「年が―」⑤表と裏、上と下が逆になる。ひっくりかえる。「軍配が―」「裾が―」⑥(動詞の連用形の下に付いて)すっかり…する。「あきれ―」「静まり―」他かえ・す(五) 可能かえ・れる(下一) 参考 ⑤⑥は「◇反る」とも書く。

かえ・る【帰る】(自五) ①もといた所や自分の本拠とする所にもどる。「実家に―」「満塁の走者が―」②来ていた人が去る。「客が―」他かえ・す(五) 可能かえ・れる(下一) 参考「◇還る」とも書く。

かえらぬ旅 死んであの世へ行くこと。「―に立つ」

かえらぬ人となる 「死ぬ」の婉曲表現。

かえ・る【△孵る】(自五) 卵がひな・幼虫・稚魚になる。孵化する。「ひなが―」他かえ・す(五)

か・える【代える・替える・換える】(他下一) ①ある物を別の物と取りかえる。交換する。「手形を現金にかえる。」「畳を―」「担当者を―」②これまであったものを除き、そこに新しいものを置く。入れ―」③別なもので仮にその役目をさせる。「書面に―・えて口頭で通知する」「命に―・えても(=命をなくしても)守る」自かわ・る(五) 文か・ふ(下二) ⇩「使い分け」

> 使い分け 「代える・替える・換える」
> 「**代える**」は、他のものにあるものと同じ役割をさせる意で、「書面をもって挨拶に代える」「命には代えられない」などと使われる。
> 「**替える**」は、別の新しいものにかえる意で、「投手を替える」「かみそりの刃を替える」のように使われる。
> 「**換える**」は、物と物とを取りかえる意で、「宝石を金に換える」「バスを乗り換える」「名義を書き換える」などと使われる。

か・える【変える】(他下一) ①(状態や方法などを)前と違ったものにする。変化させる。「髪形を―」「列車のダイヤを―」「方針を―」②場所を移動させる。移す。「机の位置を―」自かわ・る(五) 文か・ふ(下二)

か-えん【火炎・火△焰】大きなほのお。「―放射器」

―**こうはい**【―光背】燃えさかる炎をかたどった、仏像の背後にある飾り。不動明王などについている。

―**だいこ**【―太鼓】雅楽などに用いる大太鼓。周囲に炎をかたどった飾りがある。

―**びん**【―瓶】ガラス瓶にガソリンなどを詰め、投げつけると発火するようにつくった武器。

が-えん【賀宴】祝いの酒盛り。祝いの宴会。祝宴。

がえん・じる【◇肯んじる】(他上一) 肯定する。承知する。「いかなる要求も―・じない」語源 サ変動詞「がえんずる」の上一段化。

がえん・ずる【◇肯んずる】(他サ変) →がえんじる 文がへん・ず(サ変)

かお【顔】①頭部のうち、まゆ・目・鼻・口などのある方の側。「―を大きく写す」「―写真」②顔立ち。容貌。「目鼻だちの整った―」③心中の思いが表れた顔のようす。顔色。顔つき。表情。「うれしそうな―」「浮かぬ―をする」④物の表面。おもて。「月の―」⑤代表するもの。「社長は会社の―だ」⑥その席に連なるはずの人々。顔ぶれ。「―がそろった」⑦面目。体面。「合わせる―がない」⑧態度。「大きな―をする」⑨人によく知られていること。信用のあること。「業界では―だ」⑩(名詞や動詞の連用形などの下に付いて)…のようす。「自慢―」「泣き―」参考 ⑩は「がお」と濁音になる。

類語 面・顔面・丸顔・面長・細面・瓜実顔・素顔・真顔・笑い顔・笑顔・恵比寿顔・知らぬ(ん)顔・素知らぬ顔・何食わぬ顔・涼しい顔・得意顔・手柄顔・したり顔・心得顔・所得顔・得たり顔・訳知り顔・子細顔・我が物顔・浮かぬ顔・思案顔・苦い顔・泣き顔・赤ら顔・寝顔・泣き面・膨れっ面・顰めっ面・渋面・仏頂面・吠え面・温顔・童顔・幼顔・紅顔・尊顔

―が売れる 広く世間に知られる。有名になる。**―が利く** 権力や信用があり、周囲に無理がきく。**―が揃う** 集まるべき人が皆集まる。**―が立つ** 名誉が保たれる。面目が立つ。**―が広い** 交際範囲が広く、知り合いが多い。世間に広く名を知られている。**―から火が出る** 恥ずかしくて顔が真っ赤になる。**―に出る** 感情や気持ちが表情に現れる。**―に泥を塗る** 面目を失わせる。恥をかかせる。**―に紅葉を散らす** (若い女性などが)恥ずかしがって、または怒りで顔を赤くする。**―を合わせる** ①会う。対面する。②対戦する。**―を貸す** 頼まれて人に会ったり人前に出たりする。**―を出す** 集まりなどに出席する。**―を立てる** その人の名誉が保たれるようにする。面目が立つようにする。**―を繋ぐ** 会うなどして、知り合いとしての関係を保つようにしておく。**―を潰す** (世話になった)人の面目を失わせる。**―を直す** 化粧くずれを整える。

かお-あわせ【顔合〔わ〕せ】カホアハセ (名・自スル) ①集まって会うこと。特に、共同の仕事のための初会合。「役員の―」②映画・演劇などで、俳優が共演すること。「二大スターの初―」③試合や相撲で、対戦相手との組み合わせ。対戦。「強豪どうしの―」

かお-いろ【顔色】カホ― ①顔の色つや。血色。②心持ちが表れた顔のようす。表情。顔色。「人の―をうかがう」

か-おう【花押・華押】クワアフ 古文書などで、署名の下に記した自筆の判。多く、名前の文字をくずして図案化したもの。署名に代えたり、印判にして押したりもした。

かお-かたち【顔形・顔◦貌】カホ― 顔つき。容貌。

か-おく【家屋】カヲク 人の住む建物。家。「木造―」

カオス〈ギリシャ khaos〉(ギリシャ神話で、天地創造以前の秩序のない状態)混沌。混乱。↔コスモス

かお-ぞろい【顔△揃い】カホソロヒ ①列席すべき人がそろうこと。②知名の人、顔役などがそろうこと。

かお-だし【顔出し】カホ― (名・自スル) ①あいさつのために人を訪問すること。「得意先に―する」②会合などに出席すること。

かお-だち【顔立ち】カホ― 顔の形。顔のつくり。「上品な―」

類語 顔形・目鼻立ち・面差し・面立ち・面持ち・容貌・顔貌・容色・面相・美貌・温容

かお-つき【顔付き】カホ― 顔のようす。特に、感情や性格の表れた顔のようす。表情。「穏やかな―」「―が変わる」

かお-つなぎ【顔△繋ぎ】カホ― (名・自スル) ①人を訪問したり会合に出席したりして、知り合いの関係を保っておくこと。「―に会食する」②知らない人どうしを引き合わせること。「二人の―をする」

かお-なじみ【顔△馴染〔み〕】カホ― 何度も会って、よく顔を見知っていること。また、その人。「―の客」

かお-パス【顔パス】カホ― (俗) 地位や知名度を利用して、切符や入場券なしに自由に出入りすること。「―がきく」

かお-ぶれ【顔触れ】カホ― ①会合や事業などに参加する人々。陣容。メンバー。「豪華な―」②→かおみせ②

かお-まけ【顔負け】カホ― (名・自スル) 相手の力量やずうずうしい態度に圧倒されて、気おくれすること。「おとな―の名演技」

かお-みしり【顔見知り】カホ― 会ったことがあって、たがいに相手の顔を知っていること。また、そういう間柄の人。「―になる」

かお-みせ【顔見世】カホ― ①人々に顔を初めて見せること。②歌舞伎で、一座の役者が総出演して顔を見せる芝居。顔見世興行。顔触れ。図 参考 ②はふつう「顔見世」と書く。

かお-むけ【顔向け】カホ― 他人と顔を合わせること。「―ができない(=面目なくて人に会えない)」

かお-もじ【顔文字】カホ― 文字・記号を組み合わせて顔の表情を表したもの。(^_^)や:-)など。フェイスマーク。

かお-やく【顔役】カホ― その土地や仲間の中で名を知られ、支配力や影響力がある人。実力者。ボス。「町の―」

かお-よごし【顔汚し】カホ― 他人の面目・体面をけがすこと。また、そのような行為をする人。面汚し。「一家の―だ」

かお-よせ【顔寄せ】カホ― (名・自スル) ①寄り集まること。会合。②芝居などで名題・配役などが決まったとき、その関係者が初めて集まること。

かおり【香り・薫り・△馨り】カヲリ よいにおい。「茶の―」

表現 よい・高い・甘い・かぐわしい・薫然たる・馥郁たる・芬芬たる・芳醇な

> **ちがい** 「かおり」・「におい」
> どちらの語も嗅覚に関する語で、「よいかおりがする」「よいにおいがする」のように使うときは同じ意味である。しかし、「嫌なにおい」という使い方はするが、「嫌なかおり」とは言わないように「かおり」は、よい意味に使う。もともと「におい」は、「黄葉のにほひは繁し」〈万葉〉のように美しさが映えているさまを表し、嗅覚以外の、色彩の意味にも使われていた。それが嗅覚に限られるようになり、悪い意味も含むようになった。なお「におい」は漢字表記が「匂い・臭い」とあり、悪い意味のときは、多く「臭い」が使われる。

かお・る【香る・薫る・△馨る】カヲル (自五) ラ(ロ)・リ(ッ)・ル・ル・レ・レ ①よいにおいがする。「梅が―」②よい雰囲気がただよう。「風―五月」

か-おん【△訛音】クワ― なまった発音。なまり。訛音。

かか【◦母】(幼児語)はは。かあさん。「―さま」↔父

か-か【△呵△呵】(副) 大声をあげて笑うさま。「―大笑」

かが【加賀】旧国名の一つ。現在の石川県南部。加州。

が-か【画架】グワ― →イーゼル

が-か【画家】グワ― 絵をかくことを職業とする人。絵かき。

が-か【雅歌】①風雅な歌。格式の高い歌。②旧約聖書の中の一編。恋愛を歌う歌を集めたもの。

が-が【△峨△峨】(タル) 山や岩などの険しくそびえ立つさま。「―たる山並み」文(形動タリ)

かかあ【△嚊・△嬶】(俗) 妻を乱暴に、または親しんで呼ぶ語。主として庶民層で使われる。「うちの―」

―でんか【―天下】(俗) 家庭内で、夫よりも妻の発言権や決定権が大きいこと。↔亭主関白

か-かい【加階】位階が進むこと。加叙。

か-かい【歌会】クワイ 持ち寄ったりその場で詠んだりした自作の和歌を、たがいに発表し批評する会。歌会。

か-がい【加害】他人に危害や損害を与えること。↔被害

―しゃ【―者】他人に危害や損害を与えた者。↔被害者

か-がい【花街】クワ― いろまち。遊郭。花柳。花街。

か-がい【禍害】クワ― 災難。わざわい。

か-がい【課外】クワグワイ 学校で、規定の学習課程や授業時間以外のもの。「―授業」「―活動」

かがい【×嬥歌】カガヒ →うたがき

が-かい【瓦解】グワ― (名・自スル)(屋根瓦の一部が落ちると、その勢いで残りの瓦もくずれ落ちるように)一部がくずれることによって組織の全体がくずれていくこと。「封建制度の―」

が-かい【画会】グワクワイ ①画家が自作の絵を売るために開く展示会。②集まって絵をかき、たがいに批評しあう会。

が-かい【雅懐】―クワイ みやびやかな心。風流をたのしむ心。

-かかえ【抱え】カカヘ (接尾) 両手でかかえるほどの大きさ、または量を表す。「一―もある木を切る」

かかえ【抱え】カカヘ ①(多く「お抱え」の形で)雇って使うこと。また、その人。「お―の運転手」②年季を決めて雇っておく芸者。↕自前

かかえ-こ・む【抱え込む】カカヘ― (他五) マ(モ)・ミ(ン)・ム・ム・メ・メ ①だいて中へ入れる。「車内に―」②両腕で囲むようにして持つ。また、わきの下にはさんで持つ。「頭を―」「荷物をこわきに―」③負担になるものなどを引き受ける。しょいこむ。「難題を―」④独占して他人に触れさせない。「研究資料を―・んで発表しない」

かか・える【抱える】カカヘル (他下一) エ・エ・エル・エル・エレ・エロ(エヨ) ①両腕で囲むようにして持つ。だく。「小犬を―」「荷物を―」②わきの下にはさんで持つ。「かばんを小わきに―」③負担になるものを自分の身に引き受ける。「三人の子を―・えて働く」「煩わしい仕事を―」「持病を―」④雇って使う。「料理人を―」文かか・ふ(下二) ⇩抱く「ちがい」

カカオ〈スペイン cacao〉《植》アオイ科の常緑高木。熱帯アメリカ原産。葉は長く先がとがる。白い花が直接幹に束状につく。種子はココアやチョコレートの原料。カカオの木。

か-かく【価格】物の価値を金額で表したもの。値段。あたい。

か-かく【華客】―クワ 商家などで、お得意の客。ひいき。

か-かく【家格】家の格式。家柄。

か-かく【過客】クワ― ①行き来する人。旅人。「月日は百代の―にして」〈おくのほそ道〉②たずねて来た人。来客。

か-がく【歌格】①和歌の規則。②和歌の風格。歌のすがた。

か-がく【下学】手近なところから学ぶこと。「―上達(=身近なところから学んでしだいに深い学問に達すること)」

か-がく【下顎】下あご。↕上顎

か-がく【化学】クワ― 自然科学の一部門で、物質の性質や構造、物質間に起こる変化・作用(反応)などを研究する学問。参考「科学」とまぎらわしいので「ばけがく」ということもある。

―きごう【―記号】ガウ 《化》物質を化学的に表す符号。主として元素記号をさす。酸素の「O」、水素の「H」など。

―こうぎょう【―工業】コウゲフ 《工》生産工程の主要部に化学反応を利用する工業。無機化学工業(金属の製錬・ガラスなど)と有機化学工業(ガス・油脂・プラスチック・合成繊維など)に分かれる。

―しき【―式】《化》元素記号を組み合わせて物質の組成や分子を表す式。塩化ナトリウムをNaClで表すなど。

―せんい【―繊維】センキ 化学的に合成してつくった人造繊維。レーヨン・ナイロンなど。化繊。

―ちょうみりょう【―調味料】テウミレウ →うまみちょうみりょう

―はんのう【―反応】ハンオウ 《化》物質が自身または他の物質に作用し、まったく別の物質が生じること。また、その過程。

―ひりょう【―肥料】ヒレウ 《農》化学薬品または無機化合物を原料として、工業的に生産される肥料。人造肥料。

―へいき【―兵器】化学反応を利用する兵器。毒ガス・焼夷弾など。

―へんか【―変化】ヘンクワ (名・自スル)《化》物質を構成する原子間の結合に組み換えが起こり、新しい物質を生むこと。⇩物理変化

―りょうほう【―療法】レウハフ 《医》抗生物質や薬品などを使って、病原体の増殖をおさえ病気を治療する方法。特に、抗がん剤治療をいう。⇩物理療法

か-がく【価額】物の値打ちや価格に相当する金額。

か-がく【科学】クワ― ①ある対象を一定の目的・方法のもとに研究し、その結果を体系的に組み立てた学問。一般法則を見つけたり、またその応用を考えたりする。②(狭義で)自然科学。

―てき【―的】(形動ダ) ダロ・ダッ(デ・ニ)・ダ・ナ・ナラ・○ ①物事を実証的・合理的・体系的に考えるさま。②自然科学を利用するさま。

―てき-しゃかいしゅぎ【―的社会主義】―シャクワイシユギ 《社》史的唯物論に基づいた社会主義。マルクスおよびエンゲルスが唱えた。資本主義下の階級的不平等を、社会科学的分析と、これに基づく労働運動によって解決しようとする考え方。↕空想的社会主義

か-がく【家学】その家に代々伝わる専門的な学問。

か-がく【歌学】和歌に関する学問。和歌の心得・修辞・作法などを研究する。院政期・中世に特に盛んであった。

が-かく【画角】グワ― カメラで、レンズが写し込める範囲の角度。

が-がく【雅楽】日本で、宮廷を中心に行われてきた音楽。神楽・催馬楽など日本の古楽と、唐楽・高麗楽など伝来した音楽との総称。

かか・げる【掲げる】(他下一) ゲ・ゲ・ゲル・ゲル・ゲレ・ゲロ(ゲヨ) ①人目につくような高い所に上げる。手に持って高く上げる。「国旗を―」「プラカードを―」②主義・方針を広く一般に示す。「スローガンを―」③新聞・雑誌・書物などに書き示す。掲載する。「誌上に統計表を―」文かか・ぐ(下二) 語源「掻き上げる」の転。

かかし【×案山子】①田畑の作物を荒らす鳥獣を防ぐために立てる人形。かがし。秋 ②見かけだおしで役に立たない人。

かか・す【欠かす】(他五) サ(ソ)・シ・ス・ス・セ・セ ①一部分がない状態にする。続けて行うべきことを途中でおこたる。「一日も―・さず出席する」②(その人・こと・ものを)なしですませる。「生活に―ことのできないうるおい」可能かか・せる(下一)

かかずら・う【◇拘らう】カカヅラフ (自五) ワ(オ)・イ(ッ)・ウ・ウ・エ・エ ①かかわり合う。関係する。かかずりあう。「騒ぎに―」②とらわれこだわる。拘泥する。「小事に―」

か-がすり【蚊△絣・蚊×飛白】蚊が群がって飛んでいるように見える、きわめて細かい模様を染めたかすり。

かかずり-あ・う【◇拘り合う】カカヅリアフ (自五) ワ(オ)・イ(ッ)・ウ・ウ・エ・エ →かかずらう①

かか-たいしょう【△呵△呵大笑】―タイセウ (名・自スル) 大声をあげて笑うこと。

かかと【△踵】①足の裏の後部。きびす。かがと。②履物の後部。または、履物の裏の後部。「靴の―をつぶす」

かがのちよ【加賀千代】(一七〇三〜一七七五)江戸中期の俳人。加賀(石川県)生まれ。千代女・千代尼とも。号は素園。才気と女性的情趣に富む句風。句集「千代尼句集」「松の声」など。

かがま・る【◇屈まる】(自五) ラ(ロ)・リ(ッ)・ル・ル・レ・レ ①腰が曲がって、体が前方に傾き、低くなる。②うずくまる。しゃがむ。「痛みでその場に―」他かが・める(下一)

かがみ【鏡】①光の反射を利用して顔や姿を映して見る道具。②酒樽のふた。「―をぬく」

―いし【―石】①表面がなめらかで光沢があり、物の影がよく映るような石。鏡岩。②手水鉢の前に置く石。

―いた【―板】①戸や天井にはめこむ表面のなめらかな大きな板。②《演》能舞台の正面の、老松を描いた羽目板。

―びらき【―開き】(「開き」は「割り」の忌み詞)①正

月十一日(古くは二十日)に、神仏に供えた鏡餅(かがみもち)を下げて割り、雑煮や汁粉にして食べる行事。鏡割り。新年 ②祝い事などに酒樽(さかだる)のふたを開くこと。汲(く)みわけた酒で乾杯する。鏡抜き。

―もじ【―文字】鏡に映ったような左右が反転した文字。

―もち【―餅】神仏に供える丸く平たいもち。大小の二つを重ねて、正月の床の間などに飾る。おかがみ。お供え。新年 語源 昔の鏡の形をしていることからいう。

―もの【―物】《文》書名に「鏡」のつく歴史物語の総称。「大鏡」「今鏡」「水鏡」「増鏡」など。

―わり【―割〔り〕】→かがみびらき①

かがみ【◇鑑・△鑒】手本。模範。「人の―となる」

かが・む【◇屈む】(自五) マ(モ)・ミ(ン)・ム・ム・メ・メ ①腰や足など体の一部が曲がる。②腰や足を曲げてうずくまる。しゃがむ。「―・んでのぞく」他かが・める(下一) 可能かが・める(下一)

かが・める【◇屈める】(他下一) メ・メ・メル・メル・メレ・メロ(メヨ) 腰や足を折り曲げる。自かがま・る(五) かが・む(五) 文かが・む(下二)

かがやかし・い【輝かしい・△耀かしい】(形) カロ・カッ(ク)・イ・イ・ケレ・○ ①まばゆい。きらきら光っている。②すばらしくりっぱである。はなやかだ。希望などがあって明るい。「―成果をおさめる」「―未来」文かがやか・し(シク)

かがやか・す【輝かす・△耀かす】(他五) サ(ソ)・シ・ス・ス・セ・セ ①きらきらと光らせる。②明るくいきいきした表情を浮かべる。「希望に目を―」③威光・威力などを世に広く示す。「名を国中に―」自かがや・く(五)

かがや・く【輝く・△耀く】(自五) カ(コ)・キ(イ)・ク・ク・ケ・ケ ①周囲を明るくする光を発する。「朝日が―」②功績が認められて名誉ある存在になる。「ノーベル賞に―」③明るく活気にあふれる。「―未来」他かがやか・す(五) 参考 室町時代までは「かかやく」と清音。

かがやける… 和歌〔かがやける ひとすぢの道 遥(はる)けくて かうかうと風は 吹きゆきにけり〕〈斎藤茂吉(さいとうもきち)〉夕日に輝く一本道が遠くはるかに続いていて、そこを白く光る風が吹き過ぎていくことだ。

かがよ・ふ【△耀ふ】(かがよう) (自四)《古》小さな動きを受けて光がゆれる。「沖に―波」

かかり【掛】(字義) →かい(掛)

かかり【掛〔か〕り】①かかること。「エンジンの―が悪い」②ひっかかること。特に、魚が釣り針に食いついたり、ひっかかったりすること。③必要な費用。経費。「―が大きい」④囲碁(いご)で、隅に打った相手の石を攻めること。

―きり【―切り】他の事はしないで、一つのことだけに関係・従事していること。かかりっきり。「子供に―になる」

―つけ【―付け】いつもきまった医師・病院の診察・治療を受けていること。「―の医者と相談する」

―ゆ【―湯】①あがり湯。陸湯(おかゆ)。②かけ湯。

かかり【係〔り〕】①割り当てられた仕事を受け持つこと。また、その人。受け持ち。「受付―」②官庁・会社などの部署区分の一つ。課の下。③《文法》文を終える活用語に特定の結びを要求する語句。また、その係助詞。↔結び ⇨係り結び 参考 ①②は「係」と書く。また、鉄道関係や官庁では「掛」とも書く。

―いん【係員】(キン) ある仕事を受け持つ人。担当者。

―かん【係官】(クワン) ある仕事を受け持つ公務員。

―じょし【―助詞】→けいじょし

―ちょう【係長】(チャウ) 係員の長。官庁・会社などでは、ふつう課長の下の役職。

―むすび【―結び】《文法》文語文で、文中の係助詞を伴った語句が、述語に一定の活用形で文を結ぶよう働きかける関係。「ぞ」「なむ」「や」「か」のときは連体形、「こそ」のときは已然(いぜん)形で結ぶ。

かがり【△縢り】①糸などでからげて縫い合わせること。②製本するとき、折った刷り本を糸で綴(と)じること。

-がかり(接尾) ①ある事に似かよっている意。「芝居―の語り口」②(人数・時間などを表す語に付けて)仕事をするのにそれだけの数量を必要とする意。「五人―でする」「四日―の仕事」③その世話になっている意。「親―」④ついでにする意。「通り―に立ち寄る」

かかり-あ・う【掛〔か〕り合う】(アフ) (自五) ワ(オ)・イ(ッ)・ウ・ウ・エ・エ ①関係する。かかわる。「事件に―」②巻き添えをくう。

かがり-び【△篝火】夜の警護・照明、また漁をするためなどにたく火。かがり。「―をたく」

かかる【掛かる】(字義) →かい(掛)

かか・る【掛かる・懸かる】(自五) ラ(ロ)・リ(ッ)・ル・ル・レ・レ 《中心義―たがいに支えあったり、動きをとどめたりなどの関係ができる》①他のものを支えとしてそこに物の端がとめられる。㋐下に垂れる。ぶら下がる。「床の間(ま)に―・っている軸物」㋑高い所にとどまる。「月が中天に―」㋒(もと、自在鉤(じざいかぎ)などにつるされたところから)加熱のために火の上に置かれる。「コンロにはやかんが―・っている」㋓姿勢を保つ支えとする。「木の幹に―・ったはしご」②心や目にとどまる。「気に―」「お目に―(=「会う」の謙遜(けんそん)した言い方)」③舟が停泊する。「港に舟が―・っている」④頼る。㋐他者をあてにして成り立つ。依存する。「一家の生計は父親に―」㋑世話になる。「医者に―」⑤賞として出される。「賞金が―」⑥その作用をこうむる。「詐欺に―」「麻酔が―」「人手に―(=殺される)」「嫌疑が―」「保険が―」⑦ふりかかる。「水しぶきが―」⑧その要素が加わる。「紫に赤みが―」「鼻に―・った声」⑨程度が増し加わる。「みがきが―」⑩道具・機械などがはたらく。「ブレーキが―」「音楽が―」「アイロンの―・ったシャツ」「鍵(かぎ)の―箱」⑪言葉がかけられる。誘われる。「口が―」「お座敷が―」⑫必要とする。入用である。「費用が―」「手が―仕事」⑬課せられる。「税金が―」⑭おおうように広がる。かぶさる。「霞(かすみ)が―」「カバーが―」⑮細長いものが、他のもののまわりに巻きつけられる。「ひもの―・った荷物」⑯とりあげられる。上演される。「裁判に―」「処女作が舞台に―」⑰そこに作用が向かう。特に強い態度で立ち向かう。「さあ―・ってこい」「相手に食って―」⑱手をつける。はじめる。「勉強に―」「次の仕事に―」⑲(動詞の連用形の下に付いて)㋐もう少しで…しようとする。「おぼれ―」㋑ちょうど…する。「車が通り―」㋒動作や作用がその方向に及ぶ。「攻め―」「とり―」他か・ける(下一) 可能かか・れる(下一) 参考 ⑲は、ふつう仮名書きにする。

かか・る【係る】(自五) ラ(ロ)・リ(ッ)・ル・ル・レ・レ ①(強く)かかわる。(決定的に)関係する。「生死に―病気」②携わる。その事に関係する。「事故の処理に―」③(…によって)扱われる。「彼に―・ってはかなわない」④ある語句の文法的なはたらきが他の語句に及ぶ。「この副詞はこの動詞に―」可能かか・れる(下一)

かか・る【△罹る】(自五) ラ(ロ)・リ(ッ)・ル・ル・レ・レ 病気になる。「肺炎に―」

かか・る【架かる】(自五) ラ(ロ)・リ(ッ)・ル・ル・レ・レ 離れた二点間に物が渡される。「空に虹が―」他か・ける(下一)

かかる【△斯かる】(連体) このような。こういう。「―重大な時期に」語源「かくある」の転。

かが・る【△縢る】(他五) ラ(ロ)・リ(ッ)・ル・ル・レ・レ ほつれないように糸などでからげて縫う。まつる。「ボタン穴を―」可能かが・れる(下一)

-がか・る(接尾)(名詞に付いて)…に似かよう、…のようである、その性質をおびる、の意を表す。「芝居―」「青み―・った赤」

かがわ〔香川〕(カガハ) 四国北東部の県。県庁所在地は高松市。

かがわかげき【香川景樹】カガハカゲキ（一七六八—一八四三）江戸後期の歌人。号は桂園。鳥取生まれ。桂園派の祖。歌風は平易・流麗。家集「桂園一枝」、歌論書「新学異見」など。

かかわら-ず【◇拘らず】カカハラ—（助詞「に」「にも」の下に付いて）①関係なしに。「合否に—報告する」②…ではあるが、それでもなお。…であるのに。「猛練習したにも—、失敗した」

かかわり【関わり・◇係わり】カカハリ つながり。関係。「私とはなんの—もない」「—をもつ」

かかわり-あ・う【関わり合う・◇係わり合う】カカハリアフ（自五）ワ(オ)・イ(ッ)・ウ・ウ・エ・エ 他人やある物事となんらかの関係をもつ。かかりあう。「もめごとには—・いたくない」

かかわ・る【関わる・◇係わる・◇拘る】カカハル（自五）ラ(ロ)・リ(ッ)・ル・ル・レ・レ ①関係する。携わる。「新会社の設立に—」「難事業に—・っている」②影響が及ぶ。「生命に—問題」③［拘］かかずらう。こだわる。「噂話にー・っている暇はない」可能かかわ・れる（下一）

か-かん【加冠】クワ—クワン（名・自スル）①昔、男子が元服して初めて冠をつけること。②元服する人に冠をかぶらせる役。

か-かん【花冠】クワクワン《植》一つの花がもつ花びら全体。

か-かん【河漢】天の川。銀河。秋

—の言（「天の川」が遠い空に果てしなく続いていることから）とりとめもない言葉。

か-かん【果敢】クワ—（形動ダ）ダロ・ダッ(デ・ニ)・ダ・ナ・ナラ・○ 思い切りがよく勇敢なさま。決断力に富むさま。「勇猛—」「—な攻撃」文（ナリ）

か-がん【河岸】かわの岸。かわぎし。「—段丘」

がが-んぼ【×大蚊】《動》ガガンボ科の昆虫の総称。カと同じハエ目（双翅目）だが、より大形で血は吸わない。かとんぼ。夏

かき-【△掻き】（接頭）動詞に付いて、意味や語勢を強める。「—曇る」「—消す」

かき【垣】（字義）→えん（垣）

かき【垣・△牆】ある区域と他とを仕切るための囲い。垣根。「—を作る（＝他人との間に隔てをつくる）」（垣繕う 春）

かき【柿】（字義）→し（柿）

かき【柿】《植》カキノキ科の落葉高木。山地に自生。栽培もされる。葉は楕円形で互生。初夏につぼ状の淡黄色の花を開く。果実は黄赤色で食用、材は家具用。秋（かきの花 夏）

か-き【下記】下またはあとに書き記してあること。また、その文句。「—のとおり行う」↔上記

か-き【火気】クワ— ①火の気。「—厳禁」②火の勢い。火力。

か-き【火器】クワ— ①火を入れる器具。火ばちなど。②火薬を用いて弾丸を発射する銃砲。「自動—」

か-き【花△卉】クワ—（「卉」は草の総称）①花の咲く草。草花。②観賞のために栽培する草花。「—園芸」

か-き【花期】クワ— ①花の咲いている期間。②花の咲く時期。

か-き【花器】クワ— 花を生ける器。花生け。花入れ。

かき【×牡蠣】《動》イタボガキ科の二枚貝の総称。海中の岩などに付着する。肉は食用で、栄養価が高く各地で養殖される。冬

か-き【夏季】夏の季節。⇩「使い分け」

か-き【夏期】夏の期間。⇩「使い分け」

> **使い分け「夏季・夏期」**
>
> 「夏季」は、一年を春夏秋冬に区分けした場合の夏の意で、「夏季賞与」「夏季水泳大会」などと使われる。
>
> 「夏期」は、一定の尺度のもとにとり決めたひとまとまりの月日のうちの夏に当たる部分、すなわち夏の期間の意で、「夏期休暇」「夏期講習」などと使われる。また、新聞では「春・夏・秋・冬」のつく言葉には、「夏期講習」などを除き「夏季国体」のように「季」を使うことに統一している。

かぎ【△鉤】①物にひっかけて引いたりとめたりするための、先の曲がった金属の道具。また、先の曲がったもの。②鉄製の①に木の長柄を付けた武器。③「鉤の手」の略。④→かぎかっこ

かぎ【鍵】①錠の穴に差し入れて、錠を開閉する金具。キー。「—をかける」②錠前。錠。「—をとりつける」③物事の解決に役立つ重要な事柄。手がかり。「事件の—を握る」

が-き【餓鬼】①《仏》生前の罪のため餓鬼道に落ち、飢えと渇きに苦しむ亡者。②《仏》「餓鬼道」の略。③子供をののしって言う語。「—大将」「なまいきな—だ」

かき-あげ【△掻〔き〕揚げ】てんぷらの一種。桜えび・貝柱や細かく切った野菜などをころもでつなぎ、油で揚げたもの。

かき-あ・げる【書〔き〕上げる】（他下一）ゲ・ゲ・ゲル・ゲル・ゲレ・ゲロ(ゲヨ) ①すっかり書き終える。「論文を—」②一つ一つ書き並べて示す。「要求項目を—」自かきあが・る（五）文かきあ・ぐ（下二）

かき-あ・げる【△掻〔き〕上げる・△掻〔き〕揚げる】（他下一）ゲ・ゲ・ゲル・ゲル・ゲレ・ゲロ(ゲヨ) ①上へ引き上げる。「髪を—」②灯心を出す。かきたてる。文かきあ・ぐ（下二）

かき-あつ・める【△掻〔き〕集める】（他下一）メ・メ・メル・メル・メレ・メロ(メヨ) ①かき寄せて集める。「落ち葉を—」②方々から少しずつ集めて必要な数量をととのえる。「資金を—」文かきあつ・む（下二）

かぎ-あ・てる【嗅〔ぎ〕当てる】（他下一）テ・テ・テル・テル・テレ・テロ(テヨ) ①においをかいで物の所在や正体をつきとめる。「箱の中身を—」②探り当てる。「隠れ家を—」文かぎあ・つ（下二）

かぎ-あな【鍵穴】錠にある、かぎを差し入れるための穴。

かき-あらわ・す【書〔き〕表す・（書〔き〕表わす）】アラハス（他五）サ(ソ)・シ・ス・ス・セ・セ 思想や感情、または、状態や事情などを文字や図に書いて示す。書いて表現する。「文章に—」

かき-あらわ・す【書〔き〕著す・（書〔き〕著わす）】アラハス（他五）サ(ソ)・シ・ス・ス・セ・セ 著述する。書物を書いて世に出す。

かき-あわ・せる【△掻き合〔わ〕せる・△掻合せる】アハセル（他下一）セ・セ・セル・セル・セレ・セロ(セヨ) ①手で寄せて合わせる。「襟元を—」②箏・琴・琵琶などを合奏する。文かきあは・す（下二）

かき-いれ【書〔き〕入れ】①書き入れること。記入。書き込み。「—のある教科書」②「書き入れ時」の略。

—どき【—時】（帳簿への記入が多い時期の意から）最も商売が忙しく利益の多いとき。もうけどき。「年末年始が—だ」

かき-い・れる【書〔き〕入れる】（他下一）レ・レ・レル・レル・レレ・レロ(レヨ) すでに書かれているものの間や余白などに、語句や文を書く。記入する。書き込む。「空欄に—」文かきい・る（下二）

かき-いろ【柿色】①柿の実の色。赤黄色。②柿の渋に似た色。赤茶色。柿渋色。

かき-おき【書〔き〕置き・書置】（名・自他スル）①用件などを書き残しておくこと。また、その文章。置き手紙。「—をして外出する」②遺言状。遺書。

かき-おこ・す【書き起〔こ〕す・書起す】（他五）サ(ソ)・シ・ス・ス・セ・セ ①書き出す。書き始める。「構想も新たに—」②日本画で、下絵の線を絵の具ではっきりと書き直す。

かき-おと・す【書き落〔と〕す・書落す】（他五）サ(ソ)・シ・ス・ス・セ・セ 書くべき事を誤って抜かす。書きもらす。「大事なことを—」

かき-おろし【書〔き〕下ろし】小説・脚本・論文などを新たに書くこと。また、その作品。特に新聞・雑誌などに発表・連載せず、直接単行本として発行したり、上演したりする作品。

かき-おろ・す【書〔き〕下ろす】（他五）サ(ソ)・シ・ス・ス・セ・セ 小説・脚本・論文などを新たに書く。「評論を—」

かき-かえ【書〔き〕換え・書換・書〔き〕替え・書替】カヘ—

〈証書などの内容を〉書き改めること。「免許証の—」

かき-か・える【書〔き〕換える・書〔き〕替える】カヘル (他下一) エ・エ・エル・エル・エレ・エロ(エヨ) ①書き改める。書き直す。「遺書を—」「日本記録を—（=更新する）」②証書などの記載内容を変更する。「免許証を—」文かきか・ふ(下二)

かき-かた【書〔き〕方】①文章を書く方法。書式。②筆の運び方。運筆。③旧制小学校の教科の一つ。書写。習字。

かぎ-かっこ【△鉤括弧】クワツコ 書き言葉の区切り符号の一つで、「　」『　』などの記号。会話・引用文・書名や重要語句などであることを示す。かっこ。かぎ。

かき-き・える【△掻〔き〕消える】(自下一) エ・エ・エル・エル・エレ・エロ(エヨ) (「かき」は接頭語)今まであったものが、ふいにあとかたもなく消える。「姿が闇やみに—」他かきけ・す(五) 文かきき・ゆ(下二)

かき-き・る【△掻〔き〕切る】(他五) ラ(ロ)・リ(ッ)・ル・ル・レ・レ 刃物の先を立てるようにして一気に切る。「腹を—」

かきくだし-ぶん【書〔き〕下し文】漢文を日本語の語順に従って仮名交じりの表記にした文。読み下し文。書き下し。

かき-くだ・す【書〔き〕下す】(他五) サ(ソ)・シ・ス・ス・セ・セ ①上から順に下の方へ書く。②筆にまかせて思いのままに書く。「一気に—」③漢文を日本語の語順に従って仮名交じりの文に書き改める。

かき-くど・く【△掻〔き〕口説く】(他五) カ(コ)・キ(イ)・ク・ク・ケ・ケ (「かき」は接頭語)しつこく繰り返して説得や懇願をする。

かきくへば…　俳句〔柿食へば　鐘かねが鳴るなり　法隆寺ほうりゅうじ〕〈正岡子規まさおかしき〉法隆寺門前の茶店に休んで、大和やまと名物の御所柿ごしょがきを食っていると、折から、鐘が鳴りひびいてきた。いかにも古都の秋が感じられることだ。(柿 秋)

かき-くも・る【△掻〔き〕曇る】(自五) ラ(ロ)・リ(ッ)・ル・ル・レ・レ (「かき」は接頭語)急にすっかり曇る。「一天にわかに—」

かき-くら・す【△掻〔き〕暗す】(他四)《古》(「かき」は接頭語) ①雲などが急に出て空を暗くする。②悲しみにくれる。心を暗くする。

かき-け・す【△掻〔き〕消す】(他五) サ(ソ)・シ・ス・ス・セ・セ (「かき」は接頭語)今まであったものをすっかり消す。「—ように見えなくなる」「話し声を—騒音」自かきき・える(下一)

かき-ごおり【欠〔き〕氷】ゴホリ ①氷を細かく削って蜜みつやシロップなどをかけたもの。氷水こおりみず。夏 ②氷を小さく割り砕いたもの。ぶっかき。かちわり。夏

かき-ことば【書〔き〕言葉】文章を書くときに用いる言葉。会話ではあまり用いられず、主として論文・文学作品・手紙などを書くときに用いられる言葉。文章語。文字言語。↔話し言葉

かき-こみ【書〔き〕込み】本やノートなどの余白や行間に書き入れること。また、その文字や文章。「びっしりと—のある本」

かき-こ・む【書〔き〕込む】(他五) マ(モ)・ミ(ン)・ム・ム・メ・メ ①本や書類の所定の欄や余白などに書き入れる。記入する。「予定表に—」②《情報》データを記憶装置に入れる。

かき-こ・む【△掻〔き〕込む】(他五) マ(モ)・ミ(ン)・ム・ム・メ・メ ①手元へかき寄せる。②飯などを急いで食べる。かっこむ。「お茶漬けを—」

かぎ-ざき【△鉤裂き】くぎなどにひっかけて衣服などをかぎ形に裂くこと。また、その裂け目。「ズボンに—を作る」

かき-しぶ【柿渋】渋柿しぶがきの果実からしぼりとった汁。防水・防腐剤として木・麻・紙などに塗る。渋。

かぎ-じゅうじ【△鉤十字】ジフジ (ドイツ Hakenkreuz の訳語)ナチスが党章とした「卍」の形。ハーケンクロイツ。

かき-しる・す【書〔き〕記す】(他五) サ(ソ)・シ・ス・ス・セ・セ 書いて記録する。しるす。「事のいきさつを—」

かき-すて【△掻〔き〕捨て】恥をかいても気にかけず平気なこと。「旅の恥は—」

かき-す・てる【書〔き〕捨てる】(他下一) テ・テ・テル・テル・テレ・テロ(テヨ) ①書いたままでほうっておく。「—・てられた原稿」②無造作に書く。気ままに書く。文かきす・つ(下二)

かき-そ・える【書〔き〕添える】ソヘル (他下一) エ・エ・エル・エル・エレ・エロ(エヨ) すでに書いてある文章や作品などに、言葉などを添えて書く。書き加える。「絵に俳句を—」文かきそ・ふ(下二)

かき-ぞめ【書〔き〕初め】(名・自スル) 新年に、その年初めて筆で文字を書く行事。ふつう正月二日に行う。試筆。新年

かき-そんじ【書〔き〕損じ】書きあやまること。また、書きあやまったもの。「—の原稿」

がき-だいしょう【餓鬼大将】ダイシヤウ わんぱくな子供の仲間のうちで、いちばんいばって皆を率いている子。

かき-だし【書〔き〕出し】①文章の書き始めの部分。冒頭。②代金請求の勘定書き。請求書。③芝居番付の最初に名を記される俳優。人気と実力のある若手が選ばれる。

かき-だ・す【書〔き〕出す】(他五) サ(ソ)・シ・ス・ス・セ・セ ①書き始める。「小説を—」②必要事項などを抜き出して書く。また、それを人目につく所に掲げる。「要点を—」

かき-だ・す【△掻〔き〕出す】(他五) サ(ソ)・シ・ス・ス・セ・セ 爪・指・道具などで掻かくようにして物を外へ出す。「灰を—」

かぎ-だ・す【嗅〔ぎ〕出す】(他五) サ(ソ)・シ・ス・ス・セ・セ ①においをかいで物の所在などを見つけ出す。「警察犬が犯人の遺留品を—」②秘密などを探り出す。かぎつける。「秘密を—」

かき-た・てる【書〔き〕立てる】(他下一) テ・テ・テル・テル・テレ・テロ(テヨ) ①一つ一つ書き並べる。「注意事項をいちいち—」②取り立てて目立つように書く。「新聞に—・てられる」文かきた・つ(下二)

かき-た・てる【△掻〔き〕立てる】(他下一) テ・テ・テル・テル・テレ・テロ(テヨ) ①言葉や刺激によって、その気持ちを強く起こさせる。「闘争心を—」「旅心を—」②勢いよくかきまぜる。「卵を—」③琴などを強く弾く。④灯心を引き出して明るくしたり、炭火などをかき出して火勢を強くしたりする。「灯心を—」文かきた・つ(下二)

かぎ-たばこ【嗅〔ぎ〕×煙草】鼻の穴のあたりにすりつけて香りを味わう粉のたばこ。

かき-たま【△掻〔き〕◇卵・△掻〔き〕玉】(とろみをつけた)熱いすまし汁に、卵をといて流し入れた吸い物。かきたま汁。

かき-ちら・す【書〔き〕散らす】(他五) サ(ソ)・シ・ス・ス・セ・セ ①筆にまかせてむやみに書く。「思いつきを—」②あちこちに書く。

かき-つけ【書付】①要件などを書きしるした紙片や文書。メモ。②証文。また、勘定書き。

かき-つ・ける【書〔き〕付ける・書〔き〕◇附ける】(他下一) ケ・ケ・ケル・ケル・ケレ・ケロ(ケヨ) ①書きしるす。書きとめる。「用件を—」②書き慣れる。「—・けているペン」文かきつ・く(下二)

かぎ-つ・ける【嗅〔ぎ〕付ける・嗅〔ぎ〕◇附ける】(他下一) ケ・ケ・ケル・ケル・ケレ・ケロ(ケヨ) ①においをかいで物を探り当てる。②それと気づいて探り当てる。「秘密を—」文かぎつ・く(下二)

かぎっ-こ【鍵っ子】《俗》親が勤めなどに出ていて不在のため、学校から帰ったときに家にはいれるよう、家の鍵を持ち歩いている子。はじまり 一九六三(昭和三十八)年ごろ流行語となる。

かきつばた【×杜若・×燕子花】《植》アヤメ科の多年草。湿地に自生。また、池などに栽培。葉は剣状。初夏、濃紫色または白色の大形の花が咲く。夏

〔かきつばた〕

かぎ-づめ【△鉤爪】哺乳類・鳥類・爬虫類はちゅうるいなどに見られる、下向きに鉤形に曲がった鋭い爪。

かき-つら・ねる【書〔き〕連ねる】(他下一) ネ・ネ・ネル・ネル・ネレ・ネロ(ネヨ) 長々と書く。いくつも書き並べる。「胸の内を—」「発起人の名を

ー」文かきつら・ぬ(下二)

かき-て【書〔き〕手】①書く人。書いた人。「記事のーを探す」②文章・書画に巧みな人。「当代一流のー」

がき-どう【餓鬼道】〔仏〕六道の一つ。福徳のない欲深な人が死後行くという、常に飢えと渇きに悩まされる世界。

かき-とめ【書留】(「書留郵便」の略)郵便物を確実に送り届けるために、発信人・受信人などを帳簿に書きとめ、受付から配達までの取り扱いを明確にするもの。「現金ー」「簡易ー」

かき-と・める【書〔き〕留める】(他下一) 忘れないように書いて残す。「手帳にー」文かきと・む(下二)

かき-とり【書〔き〕取り・書取】①書き写すこと。また、その文書。②読みあげられたり、仮名で示されたりした語句や文章などを正しく書くこと。「漢字のー問題」

かき-と・る【書〔き〕取る】(他五) 耳で聞いた事柄、また語句や文章を書いて写しとる。「講演の要旨をー」

かき-なお・す【書〔き〕直す】(他五) もう一度あらたに書く。訂正して書き改める。書きかえる。「原稿をー」

かき-なが・す【書〔き〕流す】(他五) 筆にまかせて無造作に書く。「ざっとー」

かき-なぐ・る【書〔き〕殴る】(他五) 勢いよく乱暴に書く。殴り書きする。「ー・ったような原稿」

かき-なら・す【△掻〔き〕鳴らす】(他五) (琴やギターなどの)弦楽器を弾いて鳴らす。「ギターをー」

かぎ-なり【△鉤◇状】 鉤のように先が直角に曲がった形。「ーに曲がる」

かき-ぬき【書〔き〕抜き】(名・他スル) ①要点や重要箇所などを抜き出して書くこと。また、そのもの。抜き書き。②演劇で、俳優一人一人のせりふを台本から抜き出してまとめたもの。

かき-ぬ・く【書〔き〕抜く】(他五) 一部分または要点を抜き出して書く。抜き書きする。「重要語をー」

かき-ね【垣根】①→かき(垣) ②(比喩的に)他との間を隔てるもの。「たがいのーをとりはらう」

かき-のこ・す【書〔き〕残す】(他五) ①書いてあとに残す。「戦争体験をー」②書くべきことの一部を書かないまま終わる。書きもらす。書き落とす。

かき-のし【書〔き〕×熨斗】 贈り物で、のし紙を付けるかわりに、略式で「のし」と包み紙などに書くこと。また、そのしるし。

かぎ-の-て【△鉤の手】 鉤の形のように直角に曲がっていること。また、鉤形のものや所。

かきのもと-しゅう【柿の本衆】〔文〕鎌倉時代、和歌的で優雅な趣の連歌を作った人たち。有心衆。↕栗の本衆

かきのもとのひとまろ〔柿本人麻呂〕(生没年未詳) 万葉歌人。三十六歌仙の一人。天武・持統・文武の朝廷に仕えた。歌風は雄大で力強く、序詞・枕詞などを駆使し、長歌にもすぐれた。山部赤人と並んで歌聖と仰がれる。

かぎ-ばな【△鉤鼻】 鼻柱が鉤のように曲がっていて、先のとがった鼻。わし鼻。

かぎ-ばり【△鉤針】 ①先が鉤形に曲がってとがった針。②先端が鉤形をした編み物用の針。↕棒針

かき-はん【書〔き〕判】 文章のあとに自筆で書く署名。筆で書く判。↕印判 ⇩花押

かき-ぶり【書〔き〕振り】 ①書くときの態度。書くさま。②書風。書体。筆跡。③文章のおもむき。文体。

かき-ま・ぜる【△掻〔き〕混ぜる】(他下一) ①かき回してまぜる。②物事を混乱させる。文かきま・ず(下二)

かき-まわ・す【△掻〔き〕回す】(他五) ①手や棒などを回して、中の物を動かす。「鍋の中をー」②中の物を乱雑な状態にする。「引き出しの中をー」③あれこれ働きかけて秩序を混乱させる。「クラスの中をー」

かき-みだ・す【△掻〔き〕乱す】(他五) ①あちこちかき回して乱雑にする。「髪をー」②混乱を起こさせる。「心をー」

かき-むし・る【△掻〔き〕△毟る】(他五) むしるようにひっかく。また、むやみに掻く。「髪の毛をー」

かき-めし【×牡蠣-飯】 牡蠣をたきこんだ、味付け飯。冬

かき-もち【欠餅】 ①正月の鏡餅をくだいて小さくしたもの。②もちを薄く切って干したものを、焼いたり油で揚げたりした菓子。おかき。語源 ①は、刃物で切ることを不吉として避け、手で欠き割るところからいう。

かき-もの【書〔き〕物】 ①まとまった文章を書くこと。②書いたもの。文書。記録。「ーにして配る」

かき-もみじ【柿紅葉】 柿の葉が紅葉すること。秋

かき-もら・す【書き漏らす】(他五) 書き入れるのを忘れる。書き落とす。「重要なことをー」

かき-もん【書〔き〕紋】 ①筆で書いた着物の紋。⇩染め紋・縫い紋 ②筆で書いた衣類の模様。書き模様。

か-ぎゃく【加虐】 他人に苦痛や屈辱を与えること。いじめること。「ー趣味」↕被虐

か-ぎゃく【可逆】 ①再びもとの状態に戻りうること。「不ー」②化学反応が逆に進みうること。「ー変化」

―はんのう【ー反応】〔化〕物質AとBとが反応してCとDとができる場合、同時に、CとDとが反応してAとBとができるという逆方向への反応が起こるような化学反応。

か-ぎゃく【苛虐】(名・形動ダ) いじめ苦しめること。また、そのさま。「ー性」

かきゃく-せん【貨客船】 貨物と旅客を同時に運ぶ施設を備えた船。

か-きゅう【下級】 等級・程度などが低いこと。下の等級。「ー生」「ー裁判所」↕上級

か-きゅう【火急】(名・形動ダ) 差し迫っていて急いでやらなければならないさま。切迫していること。大至急。「ーの用事」

か-ぎゅう【△蝸牛】 カタツムリ。夏

―かくじょうのあらそい【ー角上の争い】 ごく小さなつまらない争いごと。また、小さな世界で争うことのたとえ。蝸角の争い。【故事】蝸牛の左の角に触氏、右の角に蛮氏という小国があって、領土争いで数万の戦死者を出したという、荘子の寓話による。見方によっては、人間の戦争も蝸牛の角上の争いに過ぎないという思想に基づく言葉。〈荘子〉

かきゅう-てき【可及的】(副) できるだけ。なるべく。「ー速やかに実行する」

か-きょ【科挙】 昔、中国で行われた官吏の採用試験。隋・唐のころから清朝末まで一三〇〇余年間存続した。

か-きょ【家居】 一(名・自スル) ①自宅に引きこもっていること。②官職などにつかず、家にいること。二(名)住まい。住居。

か-きょ【寡居】(名・自スル) 夫または妻を失った人が一人で暮らすこと。やもめぐらし。

か-きょう【佳境】 ①興趣を感じる所。味わいの深い部分。「話がーにはいる」②景色のよい場所。

か-きょう【架橋】(名・自スル) 橋をかけ渡すこと。また、かけ渡した橋。「ー工事」

か-きょう【家郷】 ふるさと。郷里。故郷。「ーを思う」

か-きょう【華△僑】(「華」は中国、「僑」は他に身を寄せる意)外国に定住している中国人。華商。

かーきょう【歌境】キャウ ①歌に詠まれている歌人の境地。「円熟した―」②歌を詠むときの心境。

かーぎょう【家業】ゲフ ①家の職業。生業。「―に専念する」②家代々の職業。「―を継ぐ」

かーぎょう【稼業】ゲフ 生活費を得るための仕事。「浮き草―」

かーぎょう【課業】クヮゲフ 割り当てられた業務や学科。

がーきょう【画境】グヮキャウ ①絵画に表現された画家の境地。「新しい―を開く」②絵をかくときの心境。

がぎょうーびおん【ガ行鼻音】ガギャウ ―→びだくおん

かぎょうーへんかくかつよう【カ行変格活用】カギャウヘンカククヮツヨウ 〔文法〕動詞の活用の一つ。口語で「こ・き・くる・くる・くれ・こい」、文語で「こ・き・く・くる・くれ・こ(こよ)」と活用するもの。口語は「くる(来る)」、文語は「く(来)」の、それぞれ一語。カ変。

かーきょく【歌曲】①歌。歌の節。②〔音〕クラシック音楽で、声楽曲。多く、独唱曲をさす。リート。

かきーよ・せる【△搔(き)寄せる】(他下一) セ・セ・セル・セル・セレ・セロ(セヨ) ①手などで搔かくようにして、ものを引き寄せる。②散らばっているものを一か所に寄せ集める。「落ち葉を―」文かきよ・す(下二)

かぎり【限り】①限界。限度。はて。「―もなく広い砂漠」②終わり。最後。「今日を―と戦う」③最上のきわみ。「うれしい―だ」④限界いっぱい。ありったけ。「力の―を尽くす」「声を―に叫ぶ」⑤(名詞の下に付けて)それが限度であることを表す。「やり直しは二回―認める」「その場―」⑥範囲内。以内。「非常の際にはその―ではない」⑦…の間は。…以上は。「生きている―努力する」「出場する―勝ちたい」

―ある道みち 冥途めいどへの道。死への道。**―ある世**よ いつかは死ななければならない、死期のあるこの世。現世。

かぎりーな・い【限り無い】(形) カロ・カッ(ク)・イ・イ・ケレ・○ ①どこまでも続いている。果てしない。きりがない。無限である。「―・く広がる大平原」②この上ない。「―喜び」文かぎりな・し(ク)

かぎりなき位くらい (人として最高の)天子の位。**かぎりなき人**ひと この上もなく尊い人。

かぎ・る【限る】ラ(ロ)・リ(ッ)・ル・ル・レ・レ 一(他五) ①数量・限界・条件などを定めてその範囲を越えるものを打ち切る。それと限定する。「期間を―」「―・られた予算」②境を定める。しきる。「白線で範囲を―」二(自五) ①(「…に」の形を受けて)他に及ぶものがない。最上だ。「接待係は彼に―」「疲れたときは寝るに―」②それだけを特にとりたてる。「今日に―・って忙しい」「若者に―・らず」③(打ち消しを伴った全体で)そうとは決まっていない。「必ず合格するとは―・らない」可能かぎ・れる(下一)

かぎろひ【×陽炎・×火光】かぎろい (古) ①明け方の光。曙光しょこう。「ひむがしの野に―の立つ見えて」〈万葉〉②陽炎かげろう。春

―の (枕)「春」「心燃ゆ」にかかる。

かきーわ・ける【書(き)分ける】(他下一) ケ・ケ・ケル・ケル・ケレ・ケロ(ケヨ) 区別して書く。「巧みに性格の違いを―」文かきわ・く(下二)

かきーわ・ける【△搔(き)分ける】(他下一) ケ・ケ・ケル・ケル・ケレ・ケロ(ケヨ) 手で左右に押し開く。「人込みを―」文かきわ・く(下二)

かきーわり【書(き)割り】〔演〕大道具の一つ。舞台の背景として、風景・建物・座敷などを描いたもの。

かーきん【家△禽】肉や卵を得るために、または愛玩あいがん用に人家で飼う鳥類。ニワトリ・アヒルなど。↔野禽やきん

かーきん【△瑕△瑾】(「瑕」はきず、「瑾」は美しい玉の意) ①家名・評判などについたきず。恥辱。「一族の―」②欠点。短所。参考本来は、きずの意の「△釁きん」の字を書いた。

かーきん【課金】クヮ ― (名・他スル) 使用料などの料金を課すること。また、その金。

かく【各】教4 カク おのおの高 ノ ク 夂 夂 各 各
(字義)おのおの。㋐めいめい。「各位・各自」㋑それぞれ。ひとつひとつ。「各界・各種・各国」人名まさ

かくー【各】(接頭) おのおの。めいめい。「―社―様の扱い」

かく【角】教2 カク かど・つの・すみ ノ ク 户 角 角 角
(字義)①つの。「角笛つのぶえ・一角獣・触角」②あげまき。小児の髪の結い方の一つ。「角髪つのがみ・総角あげまき」③かど。かどのあるもの。「角材・角帽」④すみ。「口角」⑤直線または面がまじわってできる図形。「角度・鋭角・直角」⑥くらべる。きそう。「角逐・角力かくりょく」⑦五音ごいん(宮・商・角・徴ち・羽)の一つ。⑧「角力すもう」の略。「角界・角通」難読角髪みずら 人名ふさ・み

かく【角】①将棋の駒こまの「角行かくぎょう」の略。「―を交換する」②四角いもの。「―に切る」③〔数〕平面上の一点から出る二つの半直線で作られる図形。また、その開きの度合い。角度。

かく【画】クヮク (字義)→が(画)

かく【拡】教6【擴】カク(クヮク) ひろげる 一 扌 扌 扩 扩 拡
(字義)ひろげる。ひろくする。ひろがる。「拡大・拡張・軍拡」人名ころ・ひろ・ひろし・ひろむ

かく【客】(字義)→きゃく(客)

かく【革】教6 カク かわ中・あらたまる 一 廾 廿 芇 苩 革
(字義)①かわ。なめしがわ。「牛革・皮革」②かわで作った武具。「金革」③あらためる。あらたまる。「革命・改革・変革」

かく【格】教5 カク・コウ(カウ)高・キャク いたる 木 朩 杪 枚 格 格
(字義)①いたる。きわめる。「格物致知」②ただす。ただしい。「格心」③のり。おきて。きまり。法則。「格言・格式・規格・合格・別格」④地位・身分。分限。「格調・価格・資格・人格・性格・風格」⑤線を方形に組み合わせたもの。「格子こうし」⑥→次項②。「主格・所有格・目的格」⑦うつ。手でうつ。「格殺・格闘」⑧そむく。こばむ。「扞格かんかく」難読格天井ごうてんじょう 人名きわめ・ただ・ただし・ただす・つとむ・のり・まさ

かく【格】①値打ち・地位などの順位。「―が違う」「―が下がる」②〔文法〕名詞・代名詞などが、文中で、他の語に対しての関係。「主―」「目的―」

かく【核】教4 カク さね中 木 木 朩 杧 杉 核
(字義)①さね。たね。果実の中心のかたくなったもの。「有核」②物事の重要点。中心。「核心・中核」③→次項② ④→次項③

かく【核】①物事の中心になるもの。「メンバーの―になる人」②〔生〕生物の細胞の中にある球状の構造物。核膜に包まれ、遺伝情報を含む。細胞核。③「原子核」の略。「核融合」④「核兵器」の略。「―廃絶」「―の傘」

かく【殻】【殼】カク から中 士 吉 壳 壳 殻 殻
(字義)①から。㋐かたい外皮。「甲殻・卵殻」㋑ぬけがら。「蟬殻せみがら」②物の表面のかたいおおい。「地殻」

かく【郭】カク(クヮク)中 くるわ 亠 古 亨 享 享 郭
(字義)①くるわ。㋐都・城・とりでなどの外囲い。「城郭」㋑いろまち。「遊郭」②かこい。物の外まわり。「輪郭」③大きい。「郭大」(=廓) 人名ひろ

かく【覚】教4【覺】カク おぼえる・さます・さめる・さとる ⺍ ⺍ 𰀄 営 覚

(字義) ①おぼえる。㋐知る。「知覚」㋑感じる。「感覚・錯覚・視覚」㋒記憶する。②さとる。道理を知る。「覚悟・自覚」③目がさめる。「覚醒(かくせい)」④あらわれる。「発覚」⑤さとり。さとりを開いた人。「正覚(しょうがく)・先覚」難読 覚束(おぼつか)ない 人名 あき・あきら・さだ・さと・さとし・ただ・ただし・よし

かく【人 塙】 カク・コウ(カウ) かたい・はなわ (字義) ①かたい。土が固い。②たかい。土地が高い。③石の多い土地。④はなわ。山のさしでた所。

かく【較】 カク㊥・コウ(カウ) くらべる (字義) ①くらべる。「比較」②きそう。あらそう。「猟較」③(「コウ」と読んで)あきらか。いちじるしい。「較然・較著」④(「コウ」と読んで)ほぼ。あらまし。「較略・大較」人名 あつ・とお・なお

かく【隔】 カク㊥ へだてる㊥・へだたる㊥ (字義) ①へだてる。さえぎる。「隔年・隔離」②へだたる。はなれる。「隔世・隔絶」③へだたり。へだて。「間隔・懸隔」

かく【人 摑】 カク(クヮク) つかむ (字義) ①つかむ。物をにぎる。②うつ。てのひらで打つ。

かく【閣】 教6 カク (字義) ①たかどの。高い建物。「閣下・金閣・天守閣・楼閣」②かけはし。「閣道」③役所。④「内閣」の略称。「閣議・閣僚・組閣・入閣」⑤おく。やめる。=擱。「閣筆」人名 はる

かく【確】 教5 カク たしか・たしかめる (字義) ①たしか。たしかに。間違いがないこと。「確実・確答・確率・正確・的確・明確」②かたい。しっかりした。「確信・確定・堅確」人名 あきら・かた・かたし・たい

かく【確】(トタル) たしかであるさま。「ーたる証拠」文(形動タリ)

かく【獲】 カク(クヮク)㊥ える㊥ (字義) える。㋐いけどる。狩りで鳥獣をとらえる。「漁獲・捕獲」㋑手にいれる。成果を得る。「獲得」

かく【嚇】 カク㊥ おどす (字義) ①いかる。しかる。「嚇怒・叱嚇(しっかく)」②おどす。「威嚇・脅嚇(きょうかく)」

かく【穫】 カク(クヮク)㊥ とる・かる (字義) かる。かりとる。とりいれる。「刈穫(がいかく)・収穫」人名 え・おさむ・みのる

かく【◇鶴】 カク つる㊥ (字義) ①つる。たず。ツル科の大形の鳥。「鶴鳴・白鶴」②白いもののたとえ。「鶴髪・鶴林」③つるの首のように長いもの。「鶴首」④左右に翼を張った陣形。「鶴翼」⑤長寿のたとえ。「鶴寿」難読 鶴嘴(つるはし) 人名 か・ず・たず・つ

か-く【佳句】 ①美しい表現の文句。名句。②よい俳句。

か・く【欠く】(他五) カ(コ)・キ(イ)・ク・ク・ケ・ケ ①堅い物の一部をこわす。「茶碗(ちゃわん)のふちをー」②あるべきもの、必要なものを備えていない。「理性をー」「義理をー」「必要ーべからざるもの」自 か・ける(下一) 可能 か・ける(下一)

か・く【△舁く】(他五) カ(コ)・キ(イ)・ク・ク・ケ・ケ 二人以上で肩にかつぐ。になう。「駕籠(かご)をー」可能 か・ける(下一)

か・く【書く】(他五) カ(コ)・キ(イ)・ク・ク・ケ・ケ ①文字や符号などを、物の表面にしるす。「きれいな字をー」②絵や図として示す。えがく。「絵をー」③文章にあらわす。著作する。「手紙をー」「小説をー」可能 か・ける(下一) 参考 ②は「描(か)く」とも書く。語源 物の表面に傷をつける「搔(か)く」から転じたものとも。

類語 記(しる)す・認(したた)める・記(き)する・筆記する・執筆する・筆録する・明記する・記述する・記入する・付記する・補記する・追記する・列記する・併記する

か・く【△搔く】(他五) カ(コ)・キ(イ)・ク・ク・ケ・ケ ①爪・指や道具の先をたててこする。ひっかく。「かゆいところをー」②刀で切り取る。「寝首をー」③けずる。「かつおぶしをー」④(熊手(くまで)などで)寄せ集める。かき寄せる。かき集める。「落ち葉をー」⑤手などで押しのける。「水をー・いて泳ぐ」⑥棒状のもので、こするようにしてまぜる。「からしをー」⑦ある状態を外にあらわす。「汗をー」「いびきをー」「べそをー」⑧弦をはじいて楽器を鳴らす。つまびく。「ー・き鳴らす」⑨身に受ける。「恥をー」⑩田をすき返す。耕す。「田をー」可能 か・ける(下一)

かく【△斯く】(副) こう。このように。かように。「ーなる上は」

か-ぐ【下愚】 非常に愚かなこと。また、そういう人。↔上知

か-ぐ【家具】 家の中に備えて日常生活に使う道具。調度。たんす・机・いすなど。「ーをそろえる」

か・ぐ【嗅ぐ】(他五) ガ(ゴ)・ギ(イ)・グ・グ・ゲ・ゲ ①においを鼻で感じとる。「香をー」②隠れた物事をさぐる。「他人の私生活をー・いでまわる」可能 か・げる(下一)

がく【学】 教1 **【學】** ガク まなぶ (字義) ①まなぶ。ものを習う。学問する。「学習・学問・苦学・勉学」②→次項②。「学識・医学・工学・語学・哲学・法学」③まなびや。学校。「学園・学窓・在学・大学・入学」④教育。「学政・教学」⑤学問をする人。「学界・後学・先学・篤学」人名 あきら・さと・さとる・さね・たか・のり・ひさ・みち

がく【学】 ①学問。「ーに志す」②組織化された知識の体系。知識や教養。「政治ー」「ーのある人」

がく【岳】【嶽】 ガク㊥ たけ㊥ (字義) ①たけ。高く大きな山。「山岳・富岳」②妻の父母の呼称。「岳翁(がくおう)・岳父・岳母」人名 おか・たか・たかし・たかね

がく【楽】 教2 **【人 樂】** ガク・ラク・ゴウ(ガウ) たのしい・たのしむ (字義) ①楽器をひく。かなでる。音楽。「楽団・楽譜・雅楽・管弦楽・器楽・声楽・舞楽」②(「ラク」と読んで)たのしい。こころよい。たのしむ。たのしみ。「楽園・快楽・歓楽・享楽・苦楽・行楽・娯楽」③(「ラク」と読んで)たやすい。「易易楽楽」④(「ラク」と読んで)「千秋楽」の略。⑤(「ゴウ」と読んで)このむ。こいねがう。愛する。難読 楽府(がふ)・楽車(だんじり) 人名 たか・もと・よし・ら

がく【楽】 音楽。「ーを奏(かな)でる」「ーの音(ね)」

がく【額】 教5 ガク ひたい・ぬか (字義) ①ひたい。ぬか。「前額」②たか。一定の分量。「額面・金額・全額・多額」③書画をかいたり収めたりして、掲げておくもの。「額縁・篆額(てんがく)・扁額(へんがく)」

がく【額】 ①金銭の数値。金高。「見積もりー」②寺社の名などを書いて門の上などに掲げるもの。③書画・賞状などを入れ、壁などにかけておくもの。「ーに入れて飾る」

がく【顎】 ガク㊥ あご㊥ (字義) ①あご。あぎと。「顎関節」②歯ぐき。

がく【△萼】 〘植〙花の外側にあって、花びらを支えている部分。

かく-あげ【格上げ】（名・他スル）資格・等級・地位などをそれまでよりも高くすること。「DをAに一する」↕格下げ

かく-い【各位】ヰ 多くの人々に対し、そのめいめいを敬っていう語。みなさまがた。「お客様一」「関係者一」参考「各位様」「各位殿」とはしない。

かく-い【隔意】 うちとけない心。隔心。「一なく話し合う」

がく-い【学位】ヰ 大学・大学院で一定の学術を修めた者に対し、審査の結果与えられる称号。学士・修士・博士など。

かく-いつ【画一・△劃一】クワク すべてを一様に統一すること。また、一様であること。「一化」「土地の区画を一にする」

——てき【一的】（形動ダ）ダロ・ダッ(デ・ニ)・ダ・ナ・ナラ・○ すべてが一様に統一されているさま。個性や特色のないさま。「一な教育」

かくい-どり【蚊食い鳥】カクヒ 「こうもり」の別名。夏

かく-いん【各員】ヰン 集団に所属する一人一人。おのおの。

かく-いん【客員】ヰン →きゃくいん（客員）

かく-いん【閣員】ヰン →かくりょう

がく-いん【学院】ヰン 「学校」の別称。用法 多く、私立学校や各種学校などの名称に使われる。

がく-いん【楽員】ヰン 楽団を構成する演奏者。楽団員。

か-くう【架空】 ①空中にかけ渡すこと。「一索道（＝空中ケーブル）」②根拠や事実がなく想像で作り出すこと。また、そのもの。「一の人物」↕実在

か-ぐう【仮△寓】（名・自スル）仮に住むこと。また、その住まい。かりずまい。寓居(ぐうきょ)。「友人宅の離れに一する」

かく-えき【各駅】 ①それぞれの駅。②「各駅停車」の略。

——ていしゃ【一停車】 終点までのすべての駅にとまる列車。各駅。各停。

がく-えん【学園】ヱン 「学校」の別称。「一都市」参考 多く私立で、下級から上級までのいくつかの学校からなる組織をいう。

——さい【一祭】 学生が主体となって催す学校行事。クラブ活動の発表や模擬店の出店などが行われる。学祭。

かく-おち【角落ち】 将棋で、技量の上級者が角行を置かないという条件で対局すること。

かく-おび【角帯】 二つ折りにして仕立てた、かたくて幅の狭い男性用の帯。

がく-おん【楽音】〘音・物〙楽器の発する音や声音。狭義には、一定の規則正しい振動を持続し、音の高さが物理的に判定できる音。↕騒音

かく-か【核果】クワ 〘植〙外果皮は薄く、中果皮は多肉、内果皮は種子を保護するためにかたい核をもつ果実。ウメやモモの果実など。石果(せっか)。核果(かっか)。

かく-かい【各界】 政界・学界など職業・専門分野で分けたときの、それぞれの社会。各界(かっかい)。「一の意見をきく」

かく-かい【角界】（「角」は角力(すもう)の意）相撲の社会。相撲界。角界(かっかい)。

かく-がい【格外】グワイ 基準や規格にはずれていること。また、そのもの。規格外。「一の品」

かく-がい【閣外】グワイ 内閣の外部。入閣していない立場をさす。「一に去る」↕閣内

がく-がい【学外】グワイ 学校、特に大学の外。↕学内

かく-かく【△斯く△斯く】（副）内容などを具体的ではなく、省略して言うのに用いる語。こうこう。「一しかじか」

がく-がく（副・自スル）①固定されていた物がゆるんで動きやすくなっているさま。「入れ歯が一（と）する」②（恐怖や疲れなどで）体の一部が小きざみに震えるさま。「ひざが一する」

がく-がく【△諤△諤】（トタル）遠慮せずに正しいと思うことを述べるさま。「侃侃(かんかん)一」文（形動タリ）

かくかくさんぼうし-じょうやく【核拡散防止条約】カククワクサンバウシデウヤク 核兵器保有国の増加を防ぐため、非保有国の核兵器製造および取得の禁止などを定めた条約。一九七〇（昭和四十五）年発効。日本は一九七六（昭和五十一）年に批准。核不拡散条約。NPT

かく-かぞく【核家族】 夫婦、あるいは夫婦（のどちらか）とその未婚の子供からなる家族。「一化」

かく-がた【角形】 四角な形。方形。「一封筒」

かく-がり【角刈〔り〕】（男性の）頭髪の刈り方の一つ。全体を短く、上部を平らに刈り、四角ばって見えるようにしたもの。

かく-ぎ【格技・△挌技】 一対一で組み合ってたたかう競技。柔道・剣道・相撲・レスリングなど。格闘技。

かく-ぎ【閣議】 内閣がその機能を果たすために、内閣総理大臣が主宰して行う国務大臣の会議。「定例一」

かく-ぎょう【角行】ギヤウ 将棋の駒(こま)の一つ。角。角行(かっこう)。

がく-ぎょう【学業】ゲフ 学校での勉強や授業。「一に励む」

かく-きょり【角距離】〘天〙二点間の距離を、観測点から、その二点に至る二直線の作る角の大きさによって示したもの。

かく-ぐう【客△寓】 ①客となって身を寄せること。また、その家。②旅先での仮住まい。

がく-げい【学芸】 学問と芸術。また、文学・芸術・科学などを含めて広く学問・文化をいう。「一の振興」「新聞の一欄」

——いん【一員】ヰン 博物館などに勤務して、資料の収集・調査・研究・解説などに従事する専門の職員。また、その資格。

——かい【一会】クワイ 学校で、児童・生徒が学業の成果を劇や音楽などの形で発表する会。

がく-げき【楽劇】〘音・演〙劇の形式によって舞台で上演される音楽作品。ドイツのワグナーによって創始された。

かく-げつ【客月】 先月。前月。

かく-げつ【隔月】 ひと月おき。「一刊行」

かく-げん【格言】 人生の機微や真理を簡潔に表現した、教訓や戒めとなる言葉。古人の残した言葉が多い。金言。

かく-げん【確言】（名・自他スル）はっきりと断定的に言い切ること。また、その言葉。「一を避ける」

かく-ご【客語】 →きゃくご

かく-ご【覚悟】（名・自他スル）①予測される好ましくない事態に対して、心構えをすること。「危険は一の上だ」「死を一する」②〘仏〙迷いを去り、真理を悟ること。

かく-さ【格差】 価格・資格・所得・等級などの差。「賃金一」

かく-さ【較差】 二つ以上のものを比較したときの相互の差。「気温の一」参考 もとの読みは「こうさ」。「かくさ」は慣用読み。

かく-ざ【△擱座・△擱△坐】（名・自スル）（「擱」は止まる、いすわるの意）①船が浅瀬・暗礁(あんしょう)などに乗り上げること。座礁(ざしょう)。②戦車・車両などが破壊されて動けなくなること。

かく-さい【客歳】 去年。昨年。客年(かくねん)。

かく-ざい【角材】 切り口の四角な木材。「杉の一」

がく-さい【学才】 学問についての才能。「一のある人」

がく-さい【学債】（「学校債券」の略）学校法人が財政援助を求めて任意に発行する債券。学校債。

がく-さい【学際】（interdisciplinary の訳語）複数の学問分野にまたがること。「一的研究（＝一つの主題をめぐって、専門分野の異なる学者がそれぞれの立場から参加して行う研究）」

かく-さく【画策】クワク（名・自他スル）実現を目指してはかりごとをめぐらすこと。策略を立てること。たくらむこと。「陰でいろいろ一する」用法 多く、悪い意味に使う。

かく-さげ【格下げ】（名・他スル）資格・等級・地位などをそれまでよりも低くすること。↕格上げ

かく-ざとう【角砂糖】 ザタウ― 小さな立方体に固めた白砂糖。

かく-さん【拡散】 クワク― (名・自スル) ①広がり散ること。②《化》濃度の異なる二種類以上の液体や気体を混合したとき、時間がたつと全体が均一な濃度になる現象。「―現象」

かく-さん【核酸】 《生》塩基・糖・燐酸(りんさん)が多数結合した高分子有機化合物。生物体にとって重要な物質で、たんぱく質の合成に必要なリボ核酸(RNA)と、遺伝に関係するデオキシリボ核酸(DNA)とに大別される。

がく-さん【学参】 (「学習参考書」の略)児童・生徒の学習を補助・促進するための書籍。参考書。「―売り場」

かくし【隠し】 ①隠すこと。「―財産」「―カメラ」②衣服についている小さな袋状の物入れ。ポケット。

―あじ【―味】 アヂ 主となる味を引き立てるために、調味料をほんの少し加えること。また、その調味料。甘い汁粉に加える塩など。

―げい【―芸】 ひそかに身につけて宴会などで座興として披露する芸。

―ご【―子】 (正妻以外に産ませた)世間に隠している子。

―ごと【―事】 人に秘密にしている事柄。秘め事。「親に―をする」

―ことば【―言葉】 →いんご(隠語)

―だて【―立て】 (名・自スル) かたくなに包み隠そうとすること。「何か―しているな」

―どころ【―所】 ①物を隠しておく場所。②陰部。

―ぬい【―縫い】 ヌヒ 縫い目を表に出さない縫い方。

かく-し【各紙】 それぞれの新聞。「夕刊―」

かく-し【各誌】 それぞれの雑誌。

かく-し【客死】 (名・自スル) →きゃくし

かく-じ【各自】 おのおの。めいめい。各人。「―が判断する」

かぐ-し【家具師】 家具の製造または販売をする人。

がく-し【学士】 大学の学部卒業者に与えられる学位。また、その人。「経済―」

―いん【―院】 ヰン (「日本学士院」の略)すぐれた学術上の業績をもつ学者を会員として優遇するための栄誉機関。

がく-し【学資】 学業を修めるために要する費用。「―保険」

がく-し【楽士・楽師】 ①(劇場やサーカスなどで)音楽の演奏をする人。楽手。②宮内庁式部職楽部の職員。奏楽に従事する。参考②は、「楽師」と書く。

がく-じ【学事】 学問・学校に関する事柄・事務。「―報告」

かくし-がまえ【匸構え】 ガマヘ― 漢字の部首名の一つ。「匿」「匽」などの「匸」の部分。参考常用漢字の字体では、「区」「匹」などのように匚構(はこがまえ)と同じ形となる。

かく-しき【格式】 身分・家柄などに基づく作法やきまり。また、それらの表す身分や家柄。「―が高い」

―ば・る【―張る】 (自五) ラ(ロ)・リ(ッ)・ル・ル・レ・レ やたらに格式を重んじて堅苦しくふるまう。「―・ったあいさつ」

がく-しき【学識】 学問と識見。また、学問から得た識見。

―けいけんしゃ【―経験者】 学識の深さや社会的見識において高い評価を受けている、経験豊かな人。

かくじだい-てき【画時代的・劃時代的】 クワクジダイ― (形動ダ) ダロ・ダッ(デ)・ニ・ダ・ナ・ナラ・○ →かっきてき

かく-しつ【角質】 つの・つめ・髪の毛などを形成する硬たんぱく質の一種。ケラチン。「―層(=皮膚の外層部)」

かく-しつ【革質】 植物の表皮などの、革のように堅い性質。

かく-しつ【確執】 (名・自スル) たがいに自分の意見を主張してゆずらないこと。また、そこから起こる不和や争い。確執(かくしゅう)。「親子の―」「―が生じる」

かく-じつ【隔日】 一日おき。「―勤務」

かく-じつ【確実】 (形動ダ) ダロ・ダッ(デ)・ニ・ダ・ナ・ナラ・○ 確かで間違いのないさま。「―な情報」「当選―」「不―」文(ナリ)

かく-じっけん【核実験】 核分裂や核融合に関する実験。多く、原子爆弾・水素爆弾など核兵器の実験についていう。

かく-して【斯くして】 (接) このようにして。こうして。「―二〇世紀は終わった」語源副詞「かく」+接続助詞「して」

かく-しゃ【客舎】 旅行先での宿。旅館。客舎(きゃくしゃ)。

がく-しゃ【学舎】 校舎。学校。まなびや。

がく-しゃ【学者】 ①学問の研究に従事する人。②学問にすぐれた人。学識のある人。「彼はなかなかの―だ」

がく-しょう【学生】 しやう― (古) ①大学寮(=律令(りつりょう)制で、中央の官吏養成機関)や各地方の国学で学ぶ者。②《仏》諸大寺において、学問修行を専門とする僧。学侶(がくりょ)。

かく-しゃく【赫灼】 (ト)(タル) 光り輝くさま。文(形動タリ)

かく-しゃく【矍鑠】 クワク (ト)(タル) 年をとっても元気でじょうぶなさま。「―たる老人」文(形動タリ)

かく-しゅ【各種】 いろいろな種類。さまざま。

―がっこう【―学校】 ガクカウ 学校教育法第一条で定められた学校以外で、学校教育に類する教育を行う施設のうち、専修学校の基準に達しないもの。料理・美容・看護などの学校や進学予備校など。⇒専修学校

かく-しゅ【馘首】 クワク (名・他スル) (首を切る意から)雇い主が使用人をやめさせること。解雇。首切り。

かく-しゅ【鶴首】 (名・自他スル) (鶴のように首を長くする意)待ちわびること。「吉報を―して待つ」

かく-じゅ【鶴寿】 (鶴は千年生きるといわれることから)長命。長生き。長寿。

がく-しゅ【楽手】 →がくし(楽士)①

かく-しゅう【客愁】 シウ― 旅先で感じるさびしい思い。旅愁。

かく-しゅう【隔週】 シウ― 一週間おき。「―刊行の雑誌」

かく-じゅう【拡充】 クワク― (名・他スル) 組織や設備などの規模を広げて、充実させること。「組織の―を図る」

がく-しゅう【学修】 シウ― (名・他スル) 一定の学問や技術を学んで身につけること。修学。

がく-しゅう【学習】 シフ― (名・他スル) ①(学校などで)学問や技術の基礎的知識を学び習うこと。「外国語を―する」②経験によって対応や適応の方法を習得していくこと。

―かんじ【―漢字】 →きょういくかんじ

―しどう-ようりょう【―指導要領】 シダウエウリヤウ 小・中・高等学校、特別支援学校について、文部科学省がその学習目標・教科内容・指導方法などの基準を示したもの。

がく-じゅつ【学術】 学問と芸術。また、専門的な学問。

―かいぎ【―会議】 クワイギ (「日本学術会議」の略)国内の学術研究を促進したり、外国の学界との連絡にあたったりする、政府の学術諮問(しもん)機関。一九四九(昭和二十四)年設立。

―ようご【―用語】 学術研究上の専門語。術語。テクニカルターム。

かく-しょ【各所】 あちこち。いたるところ。

かく-しょう【確証】 確実な証拠。明証。「―をつかむ」

がく-しょう【学匠】 シヤウ― ①すぐれた学者。学識のある人。②《仏》仏道を修めて、師匠の資格のある僧。

がく-しょう【楽匠】 シヤウ― すぐれた音楽家。大音楽家。

がく-しょう【楽章】 シヤウ― 《音》交響曲・協奏曲・ソナタなどの楽曲を構成するひとつひとつの曲章。「第一―」

がく-しょく【学食】 (「学生食堂」の略)学校の中に設けられた、おもに学生が利用するための食堂。

がく-しょく【学殖】身につけた学問の素養。「—豊かな人」

かく-じょし【格助詞】〔文法〕助詞の分類の一つ。体言、またはそれに準ずる語に付いて、同じ文中の、あとにくる語（多く動詞・形容詞・形容動詞）との関係を示す助詞。「の・が・を・に・と・へ・より・から・にて・で」など。

かく-しん【客心】旅などで故郷を離れている者の心。旅情。

かく-しん【革新】（名・他スル）旧来の組織・制度・慣習などを改めて新しくすること。「—的」「技術—」↔保守

かく-しん【核心】物事の中心となるたいせつな部分。「—を突く」「—に迫る」

かく-しん【隔心】うちとけず、へだてのある心。隔意。

かく-しん【確信】（名・他スル）確かであると、堅く信じること。また、その信念。「—をもって言う」「成功を—する」

—はん【—犯】道徳的・宗教的・政治的な信念に基づき、自らの正当性を信じてなされる犯罪。また、その犯人。思想犯・政治犯など。参考俗に、悪いことだとわかっていながら行う行為についても用いられる。

かく-じん【各人】それぞれの人。めいめい。各自。一人一人。「—各様（＝やり方などが一人一人異なること）」

がく-じん【岳人】登山を愛好する人。登山家。

がく-じん【楽人】音楽を演奏する人。特に、雅楽を奏する人。伶人。楽人。

かく-す【画す・劃す】クワ（他五）サ(ソ)・シ・ス・ス・セ・セ →かくする

かく-す【隠す】（他五）サ(ソ)・シ・ス・ス・セ・セ ①人に見つからないような場所に置く。「財宝を—」②知られまいとする。秘密にする。「本心を—」自かく・れる（下一）可能かく・せる（下一）

〔類語〕	▼覆う・匿う・秘する・潜める・秘める・伏せる ▼（～する）隠蔽・隠匿・掩蔽・蔵匿・秘匿・隠し立て 表現
〔慣用〕	▼（～隠す）跡を・陰に・爪を・名を ▼仮面をかぶる・ベールに包む ▼何を隠そう
〔ことわざ〕	▼頭隠して尻隠さず・色の白いは七難隠す・隠すより現る（＝物事は隠そうとするとかえって人に知られてしまう）・臭いものにふたをする・能ある鷹は爪を隠す

かく-すい【角錐】〔数〕多角形（底面）と、その各辺を底辺とし、多角形の平面外にある一点を共通の頂点とする三角形とが囲む立体。

かく-すう【画数】クワク 漢字を形づくっている線や点の数。

かく-する【画する・劃する】クワク（他サ変）セ(サ)・シ・スル・スル・スレ・セヨ ①（線を引く意から）期間や範囲などをはっきりと区切る。「時代を—」「一線を—」②計画する。企てる。「事業を—」文くわく・す（サ変）参考五段活用としても使われる。

かく-せい【郭清・廓清】クワク（名・他スル）つもりつもった不正や、害となっていた物をすっかりとり除くこと。粛清。

かく-せい【覚醒】（名・自スル）①目がさめること。目をさますこと。②迷いからさめたり過ちに気づいたりすること。

—ざい【—剤】〔医〕中枢神経を興奮させて、一時的に眠気や疲労感を抑制する作用のある薬物。ヒロポンなど。常用すると中毒を起こす。

かく-せい【隔世】時代や世代が隔たっていること。「—の感」時代がすっかり移り変わったという感慨。

—いでん【—遺伝】デン 祖先のもつある形質が、一世代ないし数世代を隔ててその子孫に再び現れる遺伝現象。

がく-せい【学生】学業を修める者。特に、大学に在学する者。大学生。参考ふつう小学生は児童・学童、中学生・高校生は生徒という。

—うんどう【—運動】学生が主体となって組織的に行う、政治的・社会的な改革活動。

—ふく【—服】学生・生徒が着る制服。特に、男子学生用の黒色で詰め襟の制服。はじまり一八七九（明治十二）年、学習院で詰め襟の制服が採用されたのが最初。一八八六（明治十九）年、陸軍の軍服をもとに帝国大学が黒色、詰め襟で金ボタンの制服を採用したことにより全国的に普及したという。

がく-せい【学制】学校・教育に関する制度。

がく-せい【楽聖】非常にすぐれた音楽家。「—ベートーベン」

かくせい-き【拡声器】クワクセイ 音声を大きくして遠くまで聞こえるようにする器械。ラウドスピーカー。

がく-せき【学籍】学生・生徒・児童として在学していることを示す籍。「—簿（＝「指導要録」の旧称）」

かく-せつ【確説】疑う余地のない確かな説。

かく-ぜつ【隔絶】（名・自スル）他からかけ離れていて関係が絶たれていること。「文明から—された孤島」

がく-せつ【学説】学問上の論説。「新しい—を発表する」

がく-せつ【楽節】〔音〕楽章の単位。ふつう、四小節または八小節からなり、一つのまとまった楽想を表現する。

かく-ぜん【画然・劃然】クワク（ト・タル）区別のはっきりしているさま。「—とした違いがある」文（形動タリ）

かく-ぜん【廓然】クワク（ト・タル）心が広くて、からりとしたさま。「—とした心境」文（形動タリ）

かく-ぜん【赫然】（ト・タル）①かっと怒るさま。「—として色を変じる」②輝くさま。文（形動タリ）

かく-ぜん【確然】（ト・タル）はっきりと確かなさま。「—たる事実」文（形動タリ）

がく-ぜん【愕然】（ト・タル）ひどく驚くさま。「その知らせに—とする」「—たる思い」文（形動タリ）

がく-そう【学窓】サウ（学びの窓の意から）学校。学舎。

がく-そう【学僧】①学問にすぐれた僧。②修学中の僧。

がく-そう【楽想】サウ〔音〕楽曲の構想。「—を練る」

がく-そく【学則】その学校で決められた規則。「—の改正」

かく-そくど【角速度】〔物〕物体が一つの軸のまわりを回転するときの、回転の角度変化の速さを表す割合。

かく-そで【角袖】①男物の和服の四角い袖。また、四角い袖のついた男物の外套。②和服。③（「角袖巡査」の略）明治時代の、制服を着ないで和服を着た刑事巡査。私服刑事。

かく-たい【客体】→きゃくたい

かく-だい【拡大】クワク（名・自他スル）広がり大きくなること。また、広げて大きくすること。「被害が—する」「不—」↔縮小

—かいしゃく【—解釈】（名・他スル）法律や言葉がもつ意味や内容の範囲を広げて解釈すること。「条文を—する」

—きんこう【—均衡】キンカウ〔経〕一国の経済全体が、その規模を拡大させながら均衡を保つこと。

がく-たい【楽隊】器楽を合奏する人々の一団。音楽隊。

かく-たる【確たる】（連体）しっかりとした。根拠の確かな。間違いのない。「—証拠がある」

かく-たん【喀痰】たんを吐くこと。また、吐き出すたん。

かく-だん【格段】（名・形動ダ）程度の差が非常に大きいこと。また、そのさま。「—の差がある」「—に進歩する」

がく-だん【楽団】音楽を演奏する団体。「交響—」

がく-だん【楽壇】音楽家の社会。音楽界。

かく-だんとう【核弾頭】ミサイルなどの先端に取りつける、

原子爆弾や水素爆弾などの核爆発を起こす装置。

かく-ち【各地】 それぞれの土地・地方。「日本―」

かく-ち【隔地】 隔たった地方。遠く離れた所。

かく-ちく【角逐】（名・自スル）（「角」は競う、「逐」は追いはらう意）たがいに競争すること。せりあい。「主導権をめぐる―」

かく-ちゅう【角柱】 ①四角な柱。角柱。②《数》一直線に平行な、三つ以上のたがいに交わる平面と、この直線に交わる二つの平行な平面でかこまれた立体。角壔。

かく-ちょう【拡張】（名・他スル）範囲・規模・勢力などを広げて大きくすること。「道路を―する」「―機能」

―し【―子】《情報》コンピューターで、ファイルの種類を示すために、ファイル名の最後につける文字列。多く、ピリオドに続けて英数字三―四文字で表す。テキストファイルであることを示す「txt」など。

かく-ちょう【格調】 詩歌・文章・美術・音楽など、芸術作品のもっている品格や風格。「―の高い文章」

がく-ちょう【学長】 大学の長。

がく-ちょう【楽長】 楽隊・楽団などの指揮者・代表者。

がく-ちょう【楽調】《音》音楽の調子。

かく-つう【角通】（「角」は角力の意）相撲に関して詳しいこと。また、その人。相撲通。

かく-づけ【格付け】（名・他スル）①《経》商品取引所で、標準品と比較して、ある商品の品質に応じて価格等級をつけること。「―表」②能力・価値・資格などに応じて分類し、段階や等級を決めること。「トップランクに―される」

かく-て【斯くて】（接）このようにして。こうして。「―二人は結ばれた」

かく-てい【各停】「各駅停車」の略。

かく-てい【画定・劃定】（名・他スル）区切りをはっきりとつけて範囲を定めること。「境界を―する」

かく-てい【確定】（名・自他スル）はっきりと決定すること。「優勝が―的となる」「当選が―する」「不―」

―しんこく【―申告】 納税義務者が、自分でその年度の所得について税額を算出し、税務署に申告すること。

カクテキ〈朝鮮語〉さいの目に切って漬けた大根のキムチ。カクテギ。カクトウギ。

カクテル〈cocktail〉①数種の洋酒に果汁や香料などを混ぜ合わせた飲み物。②数種のものを混ぜ合わせたもの。「―光線」

―ドレス〈cocktail dress〉カクテルパーティーなどで着る、女性用の夜会服。

―パーティー〈cocktail party〉「カクテル①」に軽食を添えた立食形式のパーティー。

がく-てん【楽典】《音》楽譜の書き方や音の高低・速度などについての約束や規則。また、それをしるした書物。

かく-ど【角度】 ①《数》角の大きさ。角の度数。単位は度・分・秒・ラジアンなど。②ものの見方の方向。観点。「―を変えて考える」 参考 ①は、直角の九〇分の一を一度とする。

かく-ど【客土】 ①→きゃくど②旅先の地。他郷。

かく-ど【確度】 確かさの度合い。「―の高い情報」

かく-ど【嚇怒・赫怒】（名・自スル）激しく怒ること。激怒。

がく-と【学徒】 ①学生と生徒。「―動員（＝第二次世界大戦中、労働力不足を補うために学生・生徒を工場などで働かせたこと）」②学問の研究をしている者。学者。「新進―」

がく-と【学都】 学校を中心とした都市。学園都市。

かく-とう【角灯】 ガラス張りの小さな四角い箱に入れた、手提げ用の灯火。ランタン。

かく-とう【角壔】 →かくちゅう②

かく-とう【客冬】 去年の冬。昨冬。

かく-とう【格闘・挌闘】（名・自スル）①組み合ってたたかうこと。取っ組み合い。組み討ち。「賊と―する」②（比喩的に）困難な物事に一生懸命に取り組むこと。「難問と―する」

―ぎ【―技】 →かくぎ（格技）

かく-とう【確答】（名・自スル）明確な返事をすること。はっきりした答え。「―を避ける」

がく-どう【学童】 ①小学校で学ぶ児童。小学生。②「学童保育」の略。

―ほいく【―保育】 共働きなどで保護者が家にいない小学生を、放課後の一定時間保育すること。学童。

かく-とく【獲得】（名・他スル）（苦心・努力して）物品・権利などを手に入れること。「予算の―」「一位を―する」

―けいしつ【―形質】 生物が環境や訓練など外界の影響によって後天的に得た形態・性質。後天形質。

がく-とく【学徳】 学問と徳行。「―を兼ね備えた人物」

かくと-した【確とした】 確かな。間違いのない。確たる。「―証拠」

かくとだに… 和歌〔かくとだに えやはいぶきの さしも草 さしもしらじな もゆる思ひを〕〈後拾遺集 藤原実方〉こんなに思いこがれているのだ、ということすら私は言えないでいます。だからあなたは知らないでしょうね、あのもぐさのように燃える私の思いを。（「いぶきのさしも草」は「さしも」を導く序詞。小倉百人一首の一つ）

かく-ない【閣内】 内閣の内部。総理大臣・各国務大臣で構成される内閣の範囲内。「―に入る」↔閣外

がく-ない【学内】 学校、特に大学のなか。「―紙」↔学外

かく-にん【確認】（名・他スル）はっきりと認めること。確かめること。「本人の―をとる」「安全を―する」「未―」

かく-ねん【客年】 去年。昨年。客歳。

かく-ねん【隔年】 一年おき。「―開催の行事」

がく-ねん【学年】 ①学校で定めた一か年の修学期間。②入学年度・修学期間などによって区別された児童・生徒の集団。

かく-ねんりょう【核燃料】 ウラン・プルトニウムなど、原子炉で核分裂を起こし、高いエネルギーを放出する物質。

かく-のう【格納】（名・他スル）きちんとしまい入れること。「車両を―する」

―こ【―庫】 飛行機などを入れておく建物。

かく-の-かさ【核の傘】 核兵器を保有する同盟国の核抑止力によって、核を持たない国の安全が守られている状態。

かく-は【各派】 それぞれの流派・党派。

がく-は【学派】 学問上の流派。「ストア―」

かく-ばくはつ【核爆発】《物》核分裂や核融合によって起こる爆発。

がく-ばつ【学閥】 同じ学校の出身者や同じ学派の人によって作られる派閥。

かく-ば・る【角張る】（自五）①丸みがなく、四角である。角張る。「―・った顔」②堅苦しく形式ばる。四角ばる。「―・ったあいさつ」

かく-はん【各般】 いろいろ。さまざま。諸般。「―の情勢」

かく-はん【攪拌】（名・他スル）かきまぜること。「溶液を―する」 参考 もとの読みは「こうはん」。「かくはん」は慣用読み。

かく-はんのう【核反応】《物》原子核に陽子や中性子などの粒子が衝突して別の種類の原子核に変わること。原子核反応。

がく-ひ【学費】 勉学するのに要する費用。授業料など。

かく-びき【画引き】 辞書で、漢字の画数によって字を

引くこと。また、そのように作られたもの。「―索引」↕音引き

かく-ひつ【△擱筆】(名・自他スル) 筆を置いて、文章を書くのをやめること。書き終えること。↕起筆

がく-ふ【岳父】妻の父。しゅうと。

がく-ふ【学府】学問をする所。学校。「最高―(=大学)」

がく-ふ【楽譜】楽曲を一定の記号で書き表したもの。譜。

がく-ぶ【学部】大学で、専攻の学問によって大きく分けたそれぞれの構成単位。法学部・医学部・理学部など。

がく-ふう【学風】①学問上の傾向。②学校の気風。校風。

かくふかくさん-じょうやく【核不拡散条約】カクフクワクサンデウヤク →かくかくさんぼうしじょうやく

かく-ふく【拡幅】―クワク (名・他スル) 道路などの幅を広げること。「―工事」

かく-ぶそう【核武装】―ブサウ (名・自スル) 原子爆弾・水素爆弾などの核兵器を装備し、配置すること。

がく-ぶち【額縁】①書画などをはめて飾るための枠。額。②窓・出入り口などのまわりにはめる飾りの木。

かくぶつ-ちち【格物致知】(儒教の経典「大学」の中の語) ①(朱子学では「格」は「いたる」の意で)物の道理をきわめて、自己の知識を高めること。②(陽明学では「格」は「ただす」の意で)自己の心をただして、先天的な良知をみがくこと。

かく-ぶん【確聞】(名・他スル) 確かな情報として聞くこと。はっきりと聞くこと。「―したところによると」

かく-ぶんれつ【核分裂】①〘動・植〙細胞分裂の際に細胞内部の核が分裂すること。②〘物〙ウランなどの重い原子核が、中性子を吸収して二つに分裂する現象。その際、膨大なエネルギーが放出される。原子核分裂。↕核融合

かく-へいき【核兵器】核分裂や核融合の際に生じるエネルギーを利用した兵器。原子爆弾・水素爆弾など。

かくべえ-じし【角◇兵◇衛△獅子】―カクベヱ →えちごじし 参考 角兵衛は獅子頭(ししがしら)を作った名工の名という。

かく-へき【隔壁】物を隔てる壁。仕切り。

かく-べつ【格別】(名・副・形動ダ) ①状態や扱いがふつうとはなはだしく違うこと。特別。とりわけ。「―変わったこともない」「―のご愛顧を賜る」②例外であること。ともかく。「熱でもあるなら―だが、元気なら出席すべきだ」

類語 特別・非常・大変・卓越・抜群・卓抜・屈指・指折り・出色・粒選(え)り・選(え)り抜き・とりわけ・ことに・とても・とっても・甚だ

かく-ほ【確保】(名・他スル) しっかり手もとに持っていること。しっかりと自分のものとすること。「人材の―」「席を―する」

かく-ほう【確報】確かな知らせ。確実な情報。「―がはいる」

かく-ぼう【角帽】①上部が角形の帽子。多く、大学の制帽。②(転じて)大学生。はじまり 一八八四(明治十七)年ごろ、東京大学の学生有志の間で制帽着用の要求があり、学生自身がその型を立案して着用したのが最初という。

がく-ほう【学報】①学術報告。また、それを載せた雑誌。②大学が、学内のニュースなどを知らせるために出す印刷物。

がく-ぼう【学帽】学生・生徒のかぶる制帽。学生帽。

がく-ぼく【学僕】先生の家や塾などで雑用をしながら、その生徒として学び習う人。

かくま・う【◇匿う】カクマフ (他五) ワ(オ)・イ(ッ)・ウ・ウ・エ・エ 追われている人などをひそかに隠しておく。「犯人を―」可能 かくま・える(下一)

かく-まき【角巻〔き〕】北国の女性などが用いる防寒具の一つで、大形で四角な毛布の肩掛け。冬

かく-まく【角膜】〘生〙眼球のいちばん外側の前面にある無色透明な膜。「―移植」⇩眼球(さしえ)

かく-まく【核膜】〘生〙細胞の核をおおっている薄い膜。

がく-む【学務】学校や教育に関する事務。「―課」

かく-めい【革命】(天命が革(あらた)まる意から) ①支配者階級から、それまでの被支配者階級が国家権力を奪い、政治形態や社会組織を根本的に変更すること。「フランス―」⇩クーデター ②それまでの制度や考え方を根本的に改めるような変革。「産業―」「―的な大発明」

がく-めい【学名】①生物のそれぞれの種につけられた学問上の世界共通の呼び名。ラテン語またはラテン語化した言葉で表す。②学問上の名声。

がく-めん【額面】①書画の額。掛け額。②〘経〙(「額面金額」の略)公債・手形・貨幣などの有価証券の表面に記載された金額。③言葉・物事の表す表面上の意味。「彼の言葉を―どおりに受け取るな」

―われ【―割れ】〘経〙(公債・社債・株券など)有価証券の表面に記された金額より、市場価格のほうが安くなること。

かく-も【△斯くも】(副) これほどにも。こんなにも。「自然とは―美しいものか」

がく-もん【学問】一(名・自スル) 学び習うこと。また、そうして得た知識。「耳―」「―のある人」二(名) 法則化・体系化された知識を組み立てて専門的に研究する諸科学の総称。学術。

がくもんのすすめ〔学問のすゝめ〕福沢諭吉の論文集。一八七二―一八七六(明治五―九)年刊行。実用の学問の必要性を強調した明治初期最大の啓蒙(けいもう)書。

がく-や【楽屋】①劇場などで舞台の裏側にあり、出演者が準備や休息をする部屋。「―入り」②物の内幕。裏面。「―話」

―うら【―裏】①楽屋の中。②一般の人には知られていない内部の事情。内情。「政界の―を暴露する」

―おち【―落ち】①寄席(よせ)・芝居などで、出演者や楽屋仲間だけにわかり、観客にはわからないことを言うこと。②(転じて)関係者にはわかるが、それ以外の人にはわからないこと。

―すずめ【―△雀】①「楽屋①」に出入りして、演劇界の実情に通じている人。②ある社会の内情に通じている人。

―ばなし【―話】(楽屋の中での話の意から)内輪の話。

かく-やく【確約】(名・他スル) 必ず守ると約束すること。また、その約束。「―をとる」「―できない」

かく-やす【格安】(名・形動ダ) 同様の他のものと比べて値段が格段に安いこと。物の値打ちの割に値段が安いこと。また、そのさま。「―な品」

がく-ゆう【学友】―イウ ①学問上の友人。②同じ学校でともに学ぶ友達。校友。

かく-ゆうごう【核融合】―ユウガフ 〘物〙複数の軽い原子核が融合して一つの重い原子核に変わる現象。その際、膨大なエネルギーが放出される。水素爆弾はこれを応用する。↕核分裂

かく-よう【各様】―ヤウ おのおのがそれぞれに異なっているありさまであること。「各人―」

がくよう-ひん【学用品】(おもに児童・生徒の)学習に必要な品物。ノート・筆記用具など。

か-ぐら【神楽】神前で神を祭るために奏する、日本古来の舞楽。宮中に伝わる御神楽(みかぐら)と諸神社で行う民間の神楽がある。冬 参考 常用漢字表付表の語。

かく-らん【△霍乱】―クワク 激しい吐き気や下痢(げり)をともなう、夏に多い病気の古称。「鬼の―」夏

かく-らん【△攪乱】(名・他スル) かき乱して混乱をひきおこすこと。「―戦法」「敵の後方を―する」参考 もとの読みは「こうらん」。「かくらん」は慣用読み。

がく-らん【学らん】〘俗〙詰め襟の男子学生服。特に、丈を長くした上着と、幅を広くしたズボンとを組み合わせたもの。

かく-り【隔離】(名・自他スル) ①他から隔て離すこと。隔たること。「世間から一された生活」 ②感染症患者などを一般の人たちから隔て、一定の場所に離しておくこと。「一病棟」

がく-り【学理】学問上の原理・理論。「一的見地」

かく-りつ【格率】〔哲〕行為の規則。論理の原則。また、それを簡潔に言い表したもの。準則。

かく-りつ【確立】(名・自他スル) 物事の基礎・制度・理論などを、しっかりと打ち立てること。また、しっかりと打ち立てられること。「自我の一」「不動の地位を一する」

かく-りつ【確率】〔数〕ある事象の起こり得る可能性を数値で表したもの。確かさの度合い。「降水一」「一が高い」

かく-りょう【閣僚】レウ 内閣を構成する各国務大臣。閣員。参考ふつう、総理大臣を除いていう。

がく-りょう【学寮】レウ ①学校の寄宿舎。②寺院で学僧の修学する所。

かく-りょく【核力】〔物〕原子核の素粒子間にはたらく力。原子核の強固な結合はこの力による。

がく-りょく【学力】学習して身についた知識や知的能力。「基礎一」「一の向上をめざす」

かく-りん【獲△麟】クワク ①絶筆。②物事の終わり。③(誤用されて)孔子の死。転じて、臨終。

【故事】孔子が魯の歴史書「春秋」に、「哀公十四年、西方に狩猟をして麟を獲た」と書いて筆を絶ち死去したことから。なお、「麟」は、麒麟。中国の想像上の神獣で、聖人が世に出るときに現れるといわれた。〈春秋〉

かく-りん【△鶴林】釈迦が入滅した沙羅双樹の林。転じて、釈迦の死。鶴の林。語源釈迦の死を悲しんで、沙羅双樹が鶴の羽のように白く変わって枯死したということから。

かくれ【隠れ】隠れること。

—もない 世間によく知られている。有名である。「一事実」

—が【一家】人目を避けて隠れ住む家や場所。

—キリシタン〔日〕江戸時代、幕府の禁止令の下で、ひそかにキリスト教信仰を守り続けた人。参考「キリシタン」は「×切支丹・×吉利支丹」とも書く。

—ざと【一里】世間から離れて隠れ住む村里。

—みの【一△蓑】①着ると体が隠れて見えなくなるという、想像上の蓑。②(比喩的に)本心・本音・悪事などを隠すための表向きの手段や口実。「慈善家の名を一にする」

がく-れい【学齢】①義務教育を受ける年齢。満六歳から満一五歳まで。②小学校に入学する年齢。「一に達する」

がく-れき【学歴】その人の学業に関する経歴。「一社会」

かく・れる【隠れる】(自下一) レ・レ・レル・レル・レレ・レロ(レヨ) ①物にさえぎられて見えなくなる。「月が雲に一」 ②人目につかないようにする。ひそむ。「物陰に一」「人込みに一」 ③世間をのがれて山などに住む。「山里に一・れ住む」 ④多くの人に知られずにいる。「一・れた人材を探す」 ⑤(「お隠れになる」の形で)身分の高い人が死ぬ。他かく・す(五) 文かく・る(下二)

かくれん-ぼう【隠れん坊】バウ 一人が鬼になって、隠れた他の者をさがし出す、子供の遊び。かくれんぼ。

か-ぐろ・い【か黒い】(形) カロ・カッ(ク)・イ・イ・ケレ・○ (「か」は接頭語)まっ黒い。黒々している。「一髪」文かぐろ・し(ク)

かく-ろう【客△臘】ラフ (「臘」は十二月の意)去年の十二月。旧臘。

かく-ろう【閣老】ラウ 江戸時代、老中の別称。

かく-ろん【各論】全体を構成するそれぞれの項目についての議論や論説。「総論賛成一反対」↔総論

か-ぐわし・い【◇芳しい・◇香しい・△馨しい】グハシイ (形) カロ・カッ(ク)・イ・イ・ケレ・○ (「香細し」の意) ①品のよい香りがする。香り高い。「一バラの花」 ②美しい。「一乙女」文かぐは・し(シク)

がく-わり【学割】〔俗〕(「学生割引」の略)学生・生徒に対して、運賃や劇場の入場料などを割り引くこと。「一がきく」

か-くん【家君】一家の長。また、自分の父。

か-くん【家訓】その家に代々伝わる教えや戒め。家憲。家訓。

か-くん【寡君】クワ (寡徳の君(=徳の少ない君主)の意から)他国の人に対して、自分の主君をへりくだっていう言い方。

がくん-と(副) 突然、強い衝撃や動揺を受けるさま。「電車が一とまる」

-かけ【掛け】(接尾) (動詞の連用形に付いて)その動作の途中であることを表す。「書き一の手紙」「咲き一の花」⇩掛け

かけ【掛け】①物を掛けるもの。「洋服一」 ②「掛け売り」「掛け買い」の略。「この品は一にしておく」 ③「掛けそば」「掛けうどん」の略。④「掛け金」の略。「頼母子講の一」 ⑤帯の締め始めるほうの端。

かけ【欠け】①欠けること。「月の満ち一」 ②かけら。一片。「瀬戸物の一」「にんにく一一」

かけ【賭け】①金品を出し合い、勝った者がそれを取る約束でする勝負事。賭け事。「一に勝つ」 ②(比喩的に)結果を運命にまかせて思いきってすること。「一か八かの一に出る」

かげ【陰・△蔭・△翳】①光の当たらない所。「木の一」 ②物に隠れて直接見えない所。「島一」「建物の一」 ③人目につかない所。「一で悪口を言う」 ④(「おかげ」の形で)他者からの恩恵。「あなたのお一で助かった」

—で糸を引く(人形つかいが陰で糸を操って人形を動かすことから)自分は表に出ないで他人を指図し、動かす。**—になり日向になり** あるときは人目につかないところで、またあるときは表立って、なにかと心を配るさま。「一世話をする」

かげ【影】《中心義—光に照らされた物の映し出す形》 ①物体が光をさえぎることによって現れる黒い形。「障子に人の一が映る」 ②鏡や水面に映るそのものの姿や形。「湖面に映る山の一」 ③目に映る姿や形。「見る一もない」 ④目の前にいない人の、想像される姿。おもかげ。「亡き父母の一」 ⑤日・月・灯火などの光。「星一」「日の一がさす」 ⑥不安な気持ちを抱かせる兆候。「不況の一がしのびよる」

—が薄い ①なんとなく元気がない。②その人の存在が目立たない。**—が差す** ①不安・不吉、病気などの兆候が現れる。②人影などが現れる。「うわさをすれば一」 **—の形に添うよう** いつも離れずに連れ添うさま。**—も形もない** まったく見えない。あとかたもない。**—を落とす** ①光がさす。「月が一」 ②光を受けたものが、その影を他のものの上に映す。③好ましくない影響を与える。「不況が生活に暗い一」 **—を潜める** 今まであった姿や形、現象や気配がなくなる。「派閥抗争も影を潜めた」

か-げ【鹿毛】馬の毛色の名。大部分が鹿の毛色のように茶褐色で、たてがみ・尾・足の下の部分が黒いもの。

-がけ【掛け】(接尾) ①その割合であることを表す。割。「定価の八一で買う」 ②(動詞の連用形に付いて)その動作の途中であることを表す。ついで。「行き一に立ち寄る」 ③身につけた状態であることを表す。「ゆかた一で出かける」「たすき一で仕事をする」 ④倍数を表す。「二つ一」 ⑤その人数まで座ることができる意を表す。「五人一の椅子」

がけ【崖・△厓】山や岸などの、険しくそびえ立っている所。

かけ-あい【掛(け)合い】アヒ ①たがいに掛けること。「水の一」 ②要求を示して交渉すること。談判。「弁償の一に行く」

③演芸で、二人以上の者がかわるがわる話したり歌ったりすること。「—漫才」

かけ-あ・う【掛〔け〕合う】アフ ワ(オ)・イ(ツ)・ウ・ウ・エ・エ 一(他五) たがいに相手に掛ける。「言葉を—」 二(自五) 要求に応じてくれるよう話し合いをもちかける。談判する。交渉する。「先方と—」

かけ-あし【駆〔け〕足・△駈〔け〕足】①速足より速く、軽く走ること。「—で行く」②(比喩(ひゆ)的に)物事を急いで行ったり、物事があわただしく過ぎたりすること。「冬が—でやってくる」③馬術で、馬を最も速く走らせること。ギャロップ。

かけ-あわ・せる【掛け合〔わ〕せる・掛合せる】アハセル (他下一) セ・セ・セル・セル・セレ・セロ(セヨ) ①掛け算をする。②動植物を交配する。「馬とロバとを—」③印刷などで、二色以上の色を重ねて別の色を出す。「黄色と青色を—」文かけあは・す(下二)

か-けい【火刑】クワ— 火あぶりの刑罰。

か-けい【花茎】クワ— 〘植〙根から直接伸びて枝や葉をつけず、頂に花だけをつける茎。タンポポ・スイセンなどに見られる。

か-けい【河系】河川の系統。川の本流と支流との総称。

か-けい【佳景】よい景色。すばらしいながめ。

か-けい【家兄】他人に対して自分の兄をいう語。舎兄。

か-けい【家系】家の系統。家柄。血統。「—図」

か-けい【家計】収入と支出から見た一家の暮らし向き。一家の経済。生計。「—を支える」

—ぼ【—簿】一家の収入・支出を記録する帳簿。

かけ-い【懸△樋・△筧】ヒ— →かけひ

が-けい【雅兄】男性の友人の敬称。用法 男性の手紙文などに使う。

かけ-うどん【掛〔け〕△饂△飩】どんぶりに入れ、熱い汁だけをかけたうどん。うどんかけ。かけ。

かけ-うり【掛〔け〕売り・掛売】(名・他スル) あとで代金を受け取る約束で品物を売ること。貸し売り。かけ。↔掛け買い

かげ-え【影絵・影◇画】エ— 手や紙などで人や動物をかたどったものに光をあて、その影を障子などに映して見せる遊び。

かけ-えり【掛〔け〕襟・掛〔け〕△衿】和服・布団などの襟が汚れないようにその部分にかける布。上襟(うわえり)。

かけ-おち【駆〔け〕落ち・△駈〔け〕落ち】(名・自スル) 結婚を許されない恋人どうしがよその土地へ逃げること。

かけ-がい【掛〔け〕買い・掛買】ガヒ— (名・他スル) あとで代金を支払う約束で品物を買うこと。かけ。↔掛け売り

かけ-がえ【掛〔け〕替え】ガヘ— 必要なときのために備えておく代わりになるもの。かわり。「—のない(=とてもたいせつな)命」

かけ-がね【掛〔け〕金】戸や箱が開かないように付ける金具。

かけ-がみ【懸〔け〕紙・掛〔け〕紙】贈り物の上包みに用いる紙。多く、のし・水引(みずひき)などが印刷されている。

か-げき【過激】クワ— (名・形動ダ) 度をこして激しいさま。激し過ぎるさま。「—な運動」「—な思想」

—は【—派】現状の急激な変化を求める思想をもつ党派。多く、先鋭的な革命思想についていう。

か-げき【歌劇】〘音〙歌唱を中心に管弦楽と舞踊を加えた舞台劇。オペラ。

かけ-きん【掛〔け〕金】①毎日・毎月など、一定の期間ごとに一定の金額を積み立てる金。「保険の—」②掛け売りまたは掛け買いで、受け取る、あるいは支払う品物の代金。

かげ-ぐち【陰口】本人のいない所で言う悪口。「—をたたく」

かけ-くらべ【駆〔け〕比べ・△駈〔け〕◇競べ】(名・自スル) 走って速さを競うこと。かけっこ。かけっくら。徒競走。

かけ-ご【懸〔け〕子・掛〔け〕子】他の箱のふちにかけて、中にはまるようにつくった箱。

かけ-ごい【掛〔け〕乞い】ゴヒ— →かけとり

かけ-ごえ【掛〔け〕声】ゴヱ— ①人に呼びかける声。②拍子をとるとき、または気勢を添えるときに発する声。特に、観劇・競技などでひいきの者にかける声。「—ばかりではかどらない」

かけ-ごと【賭〔け〕事】→かけ(賭け)①

かけ-ことば【掛〔け〕◇詞・懸〔け〕◇詞】〘文〙修辞法の一つ。同音を利用して、文脈上二つの意味をもたせるもの。「秋の野に人まつ虫の声すなり」の「まつ」に「人待つ」と「松虫」の両方の意味をもたせる類。

かけ-こみ【駆〔け〕込み・△駈〔け〕込み】①走って中にはいること。「—乗車」②期限の切れる間際に急いで事を行うこと。「—申請」「—需要」③「駆け込み訴え」の略。

—うったえ【—訴え】ウッタヘ 江戸時代、町人などが町役人などを経ずに奉行所や領主に直訴(じきそ)すること。

—でら【—寺】①江戸時代、夫と離別するために妻が逃げこんだ尼寺。縁切り寺。足掛け三年そこにとどまると、夫が反対しても離婚が認められた。鎌倉の東慶寺(とうけいじ)など。②(転じて)困ったときに相談に乗ってくれるところ。

かけ-こ・む【駆〔け〕込む・△駈〔け〕込む】(自五) マ(モ)・ミ(ン)・ム・ム・メ・メ 走って中にはいる。「始業時刻ぎりぎりに教室に—」

かけ-こも・る【掛〔け〕籠〔も〕る】(自五) ラ(ロ)・リ(ッ)・ル・ル・レ・レ 中にはいって内側からかぎをかけて出入りを絶つ。閉じこもる。

かけ-ざん【掛〔け〕算】〘数〙二つ以上の数を掛け合わせて積を求める演算。乗法。↔割り算

かけ-じ【掛〔け〕字】床の間などに掛ける、おもに文字を書いた掛け物。掛け軸。

かけ-じ【懸〔け〕路】ヂ— ①がけの側面に、木材で棚のように造ってかけた道。桟道(さんどう)。②石が多く険しい山路。

かけ-じく【掛〔け〕軸】ヂク— 装飾や鑑賞のために床の間などに掛ける、軸物に表装された和漢の書や絵。掛け字。

かけ-す【懸巣】〘動〙カラス科の中形の鳥。本州以南の亜種は背面はぶどう色、頭上には黒白の羽がまじっている。山林にすみ、他の鳥の鳴き声などをまねる。かしどり。秋

かけ-ず【掛〔け〕図】ヅ— 壁などに掛けて見るように表装した地図や図表。「黒板に—を掲げる」

かけ-すて【掛〔け〕捨て】①契約期間内の補償だけで、配当金もなく掛け金も戻らない保険。②保険などで、掛け金の支払いを期限前に途中でやめること。参考「かけずて」ともいう。

かけずり-まわ・る【駆けずり回る・△駈けずり回る】カケヅリマハル (自五) ラ(ロ)・リ(ッ)・ル・ル・レ・レ あちこち走りまわる。また、物事に奔走する。「金策に—」

かげ-ぜん【陰膳】長く家を離れている人の無事を祈って、留守宅の者が食事ごとに供える食膳。「—を据える」

かけ-そば【掛〔け〕×蕎麦】どんぶりに入れ、熱い汁だけをかけたそば。そばかけ。かけ。

かけ-だおれ【掛〔け〕倒れ】ダフレ— ①売掛金が取り立てられず、損失となること。②費用ばかりかかって利益のないこと。③掛け金を掛けただけで見返りがなく損をすること。

かけ-だし【駆〔け〕出し・△駈〔け〕出し】その仕事を始めてまだ日の浅いこと。また、その人。初心者。新米。「—の記者」

かけ-だ・す【駆〔け〕出す・△駈〔け〕出す】(自五) サ(ソ)・シ・ス・ス・セ・セ ①走り始める。「急に—」②外へ走り出る。「庭に—」

かげ-ち【陰地】日陰になっている土地。

かけ-ちが・う【掛〔け〕違う】チガフ— ワ(オ)・イ(ッ)・ウ・ウ・エ・エ 一(自五) ①行きちがいになる。②考えや意見などがくいちがう。「意見が—」 二(他五) まちがってかける。「ボタンを—」

かけ-ぢゃや【掛〔け〕茶屋】行楽地や道端で、よしずなどを

さしかけ、腰掛けをおいた簡単な茶店。腰掛け茶屋。

か-けつ【可決】(名・他スル) 会議で、提出された議案をよいと認めて決めること。「予算案を一する」↔否決

かけ-づくり【懸(け)造り】山やがけなどの斜面にもたせかけて建物を造ること。また、そうして造った建物。かけつくり。

かけつけ-さんばい【駆(け)付け三杯】宴会などに遅れて来た者に、酒をたて続けに三杯飲ませること。

かけ-つ・ける【駆(け)付ける・△駈(け)付ける】(自下一)ケ・ケ・ケル・ケル・ケレ・ケロ(ケヨ) 走って、または急いでその場にやって来る。「急を聞いて一」文かけつ・く(下二)

かけ-っこ【駆けっこ・△駈けっこ】(名・自スル) 走って速さを競うこと。かけくらべ。かけっくら。

がけっ-ぷち【崖っ縁】①崖のへり。②(①に追いつめられたような)危機に直面した状態。「一に立たされる」

かけ-て ①(「…から…に(へ)かけて」の形で)ある地域や時間から別の地域や時間にわたってずっと。「九州から東北に一雨が降る」「春から夏に一開催される」②(「…にかけては」の形で)関しては。「勝負事に一は彼の右に出る者はいない」語源「掛ける」の連用形「かけ」+助詞「て」

かげ-どうろう【影灯籠】→そうまとう

かけ-どけい【掛(け)時計】壁や柱などに掛けておく時計。はじまり 一八七五(明治八)年、東京麻布の金元社により、輸入品のボンボン時計(掛け時計)をモデルに製作されたのが最初。

かけ-とり【掛(け)取り】掛け売りの代金を取り立てに回ること。また、その人。掛け乞(ご)い。冬

かけ-ながし【掛(け)流し】流れ出るままにすること。特に、温泉で源泉の湯を循環させずに使い捨てること。「源泉一」

かげ-ながら【陰△乍ら】(副) 人知れず。表立たないようにして。ひそかに。「ご成功を一お祈りいたします」

かけ-ぬ・ける【駆(け)抜ける・△駈(け)抜ける】(自下一)ケ・ケ・ケル・ケル・ケレ・ケロ(ケヨ) 走って通り過ぎる。速い速度で通り抜ける。「森の中を一」「時代を一・けた天才詩人」文かけぬ・く(下二)

かけ-ね【掛(け)値】①実際より高くつけた値段。「一を言う」②物事を大げさに言うこと。誇張。「一なしに感心した」

かけ-はぎ【掛(け)◇接ぎ】衣服の破れ目などを、継ぎ目がわからないように縫い合わせること。

かけ-はし【掛(け)橋・懸(け)橋・架(け)橋】①仮にかけ渡した橋。仮橋。②険しいがけに板などで棚のように設けた道。桟道(さんどう)。③橋渡し。なかだち。「両国の一となる」

かけ-はな・れる【掛(け)離れる】(自下一)レ・レ・レル・レル・レレ・レロ(レヨ) 「あまりにも遠く離れる。大きな隔たりや違いがある。隔絶する。「あまりにも現実と一」「意見が一」文かけはな・る(下二)

かけ-ひ【懸△樋・△筧】竹や木などを管にして地上にかけ渡し、水を通す樋(とい)。かけい。⇩埋(うず)み樋(ひ)

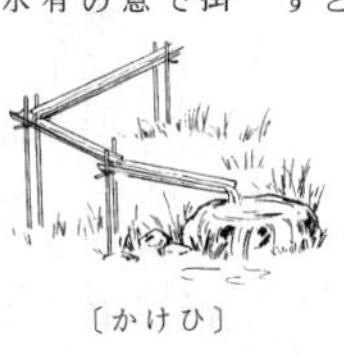
〔かけひ〕

かけ-ひき【駆(け)引き・掛(け)引き】(名・自スル)(戦場で敵の出方に応じて兵を進退させる意から)取り引きや交渉などで、相手の出方に応じて態度をかえ、自分に有利になるように事を進めること。「水面下の一」

かげ-ひなた【陰日◇向】①日の当たらない所と当たる所。②人のいるときといないときとで言葉や態度に違いがあること。「一なく働く」③(「陰日向になる」の形で)裏方に回ったり、あるいは表に出たりして人を援助する。「一になって助ける」

かけ-ぶとん【掛(け)布団・掛(け)△蒲団】寝るときに体の上に掛けるふとん。「一をかける」↔敷き布団

かげ-ふみ【影踏み】子供の遊びの一種。鬼役や自分以外の人に影を踏まれないように逃げ回る遊び。影踏み鬼。

かげ-べんけい【陰弁慶】→うちべんけい

かげ-ぼうし【影法師】ボフシ 光が当たって物や地面に映った人の影。

かげ-ぼし【陰干し・陰◇乾し】(名・他スル) 直接日光にあてないで日陰でかわかすこと。素干(すぼ)し。「薬草を一する」↔日干し

かげ-ま【陰間】①男色(なんしょく)を売る少年。男娼(だんしょう)。②江戸時代、歌舞伎(かぶき)でまだ舞台に出ない少年の役者。

かけ-まく-も【懸けまくも】《古》言葉に出して言うのも。「一かしこし(=おそれ多い)」語源下二段動詞「かく」の未然形「かけ」+助動詞「む」のク語法「まく」+係助詞「も」

かげ-まつり【陰祭(り)】一年おきに本祭り(例祭)を行う場合、本祭りのない年に行う簡素な祭り。↔本祭り

かけ-まわ・る【駆(け)回る・△駈(け)回る】マハル(自五)ラ(ロ)・リ(ッ)・ル・ル・レ・レ ①走り回る。走ってあちこちに移る。「野原を一」②奔走して尽力する。「金策に一」

かげ-むしゃ【影武者】①敵をだますため、大将などと同じ服装をさせた身代わりの武士。②かげで指図をする人。黒幕。

かけ-め【欠け目】①欠けて不完全な部分。②不足した目方。③囲碁で、目(=自分の石で囲んだ空所)のように見えるが、実際は目になっていないもの。

かけ-め【掛(け)目】①はかりにかけてはかった重量。量目(りょうめ)。②繭の価格を表す係数。一般に、生糸(きいと)一キログラムの生産に要する原料繭の価格をいう。③編み物で、糸をかけて編み目を増やす方法。

かけ-めぐ・る【駆(け)巡る・△駈(け)巡る】(自五)ラ(ロ)・リ(ッ)・ル・ル・レ・レ 走ってあちこちをめぐる。かけまわる。ぐるぐる走り回る。「山野を一」「いろいろな思いが頭を一」

かけ-もち【掛(け)持ち】(名・他スル) 二つ以上の職務や役割を一人で同時に受け持つこと。「二校の講師を一する」

かけ-もの【掛(け)物】床の間などに掛けるために、表装して掛け軸に仕立てた和漢の書や絵。軸物。

かけ-もの【賭(け)物】勝負事にかける金や品物。

かけ-や【掛(け)矢】くいなどを打ち込むときに用いる、大型の木づち。

かけ-ゆ【掛(け)湯】湯ぶねに入る前に体に湯をかけること。また、その湯。「一をする」

かけ-よ・る【駆(け)寄る・△駈(け)寄る】(自五)ラ(ロ)・リ(ッ)・ル・ル・レ・レ 走って近寄る。「一・ってあいさつする」

かけ-ら【欠けら・×欠片】①全体から欠け落ちた一部分。断片。「ガラスの一」②ほんのわずかなもの。「良心の一もない」

かげり【陰り・△翳り】①雲に遮られたり太陽が傾いたりして日光や月光が少し暗くなること。②暗い感じのあること。「表情に一がある」③よくない傾向や徴候。「景気に一が見え始める」

かけ・る【△翔る】(自五)ラ(ロ)・リ(ッ)・ル・ル・レ・レ (鳥などが)空高く飛ぶ。「大空を一鳥」可能かけ・れる(下一)

か・ける【欠ける】(自下一)ケ・ケ・ケル・ケル・ケレ・ケロ(ケヨ) ①ひとそろいであるものの一部分がなくなる。「全集の一冊が一・けている」②堅い物の一部分が壊れて取れてしまう。「茶碗(ちゃわん)が一」③あるべきもの、必要なものが不足する。「常識に一」④月の形が細くなる。「月が一」↔満ちる 他か・く(五) 文か・く(下二)

か・ける【駆ける・△駈ける】(自下一)ケ・ケ・ケル・ケル・ケレ・ケロ(ケヨ) ①速く走る。人や獣が足を動かして速く進む。「全力で一」②馬で走る。「馬の背にまたがり野を一」文か・く(下二)

かける【掛ける】(字義)→かい(掛)

か・ける【掛ける・懸ける】(他下一) ケ・ケ・ケル・ケル・ケレ・ケロ(ケヨ) ①ある物を支えとして、そこに物の端をとめる。㋐上から下につるす。ぶら下げる。「窓にカーテンをー」㋑人目に立つよう高く掲げる。「帆をー・けて走る舟」㋒据える。「火の上に鍋(なべ)をー」㋓一か所を、支えとなるものに付けて立てる。立てかける。もたせかける。「屋根にはしごをー」②はずれて動かないように組み合わせる。「かぎをー」「ボタンをー」③曲がった物やとがった物で、他の物を捕らえる。「鎌(かま)をー(=他人の本心を知ろうとして誘いの言動をする)」「歯牙(しが)にもー・けない(=問題にしない)」④同音であることを利用して一つの語句に二つの意味をもたせる。「おそれ入谷(いりや)の鬼子母神(きしぼじん)は、恐れ入るに地名の入谷をー・けてある」⑤注意・意識をとどめる。「気にー(=心配する)」「目にー(=かわいがる)」「お目にー(=お見せする)」⑥それを引き合いに出して関係づける。「神にー・けて誓う」⑦(さおばかりの鉤(かぎ)にかけて重さをはかったことから)重さを量る。転じて、評価する。「秤(はかり)にー」「てんびんにー(=二つの物事の利害得失をはかる)」⑧ある作用・効果のもとに置く。「麻酔にー」「わなにー(=おとしいれる)」⑨人に精神的な作用・影響を及ぼす。「心配をー」⑩他のものに託す。ゆだねる。「医者にー」「会議にー」⑪手を下して処分する。「手にー(=殺す)」「手塩にー(=よくめんどうをみて育てる)」⑫金を払って約束する。契約をする。「保険をー」⑬細長い物などを他の物のまわりに巻き付ける。しばる。「縄をー」⑭道具・機械などを作用させる。「レコードをー」「ミシンをー」⑮相手と回線をつなぎ話をかわす。「電話をー」⑯言葉を送って話をしむける。「声をー」⑰相手に行為をしむける。「思いをー(=恋い慕う)」「誘いをー」⑱上演する。「舞台にー」⑲手入れをする。「磨きをー」⑳言う。しゃべる。「口にー」㉑上からおおうように置く。かぶせる。「苗床にビニールをー」「ふとんをー」㉒注ぐ。ふりかける。「植木に水をー」「フライにソースをー」㉓掛け算をする。「二に五をー」↔割る ㉔使う。費やす。「着物に金をー」「時間をー」㉕増し加える。「輪をー(=いっそうはなはだしくする)」㉖掛け値をする。「売値に一割ー・けておく」㉗課する。「税金をー」㉘交配する。「白豌豆(えんどう)に赤豌豆をー」㉙及ぼす。㋐(「…から…にかけて」の形で)ある所・時から他の所・時までずっと。「九州から四国にー・けて大雨が降った」㋑(「…にかけては」の形で)…に関しては。「泳ぎにー・けては自信がある」㉚(動詞の連用形の下に付いて)㋐その動作を始める。「勉強をしー・けた時、友達が来た」㋑途中までする。「仕事をやりー・けたまま外出する」㋒しそうになる。「倒れー・けている電柱」自かか・る(五) 文か・く(下二) ⇩「使い分け」

か・ける【懸ける・賭ける】(他下一) ケ・ケ・ケル・ケル・ケレ・ケロ(ケヨ) ①失敗したときはそれを犠牲にする覚悟で事にあたる。「命をー」「青春をー」「社運をー」②勝負に勝ったほうがもらう約束で金品を出し合って争う。「ゲームに金をー」自かか・る(五) 文か・く(下二) ⇩「使い分け」

か・ける【架ける】(他下一) ケ・ケ・ケル・ケル・ケレ・ケロ(ケヨ) くぼみをまたぐように一方から他方に物を差し渡す。「橋をー」自かか・る(五) 文か・く(下二) ⇩「使い分け」

> 使い分け 「掛ける・懸ける・賭ける・架ける」
>
> 「**掛ける**」は、「柱に時計を掛ける」「椅子(いす)に腰を掛ける」「はかりに掛ける」などと、あるものをあるところに支えとめるように置く意を表すほか、ある物事に作用や影響を及ぼす意で、「迷惑を掛ける」「保険を掛ける」「暗示に掛ける」「お湯を掛ける」「二に五を掛ける」などと、広く使われる。
>
> 「**懸ける**」は特に、「賞金を懸ける」「勝負を懸ける」「命を懸ける」などと、重要なものを犠牲にする覚悟で事にあたる意で使われ、勝者が金品をもらうことにして勝負を争う意では、「大金を賭(か)ける」などと多く「**賭ける**」が使われる。
>
> 「**架ける**」は、「橋を架ける」「電線を架ける」などと、特に空中・空間にものをさしわたす意のときに使われる。

かげ・る【陰る・翳る】(自五) ラ(ロ)・リ(ッ)・ル・ル・レ・レ ①日光や月光が雲に遮られて薄らぐ。曇る。「日の光がー」②日が西に傾く。「冬は早く日がー」③表情が暗くなる。「表情がー」④よくない傾向になる。「景気がー」

かげろう【陽炎】(カゲロフ) 春、直射日光で熱せられた空気が地面から炎のようにゆらめいて立ちのぼる現象。遊糸(ゆうし)。糸遊(いとゆう)。春

かげろう【蜉蝣】(カゲロフ) ①「とんぼ」の古名。②《動》カゲロウ目(蜉蝣目)の昆虫の総称。成虫は、ふつう体長一五ミリメートル内で透明な羽をもつ。成虫の寿命が数時間から二、三日と短いことから、短命ではかないものにたとえる。蜉蝣(ふゆう)。秋

かげろうにっき【蜻蛉日記】(カゲロフニッキ) 平安中期の日記。作者は藤原道綱(みちつな)の母。夫兼家(かねいえ)との結婚生活の苦悩を、的確な心理描写と写実的な筆致でつづる。女流日記の先駆。

かげろ・ふ(かげろう)(自四)《古》①光がさえぎられて陰になる。陰る。②光がほのめく。ひらめく。③(姿などが)ちらちら見える。

かけ-わた・す【掛〔け〕渡す・架〔け〕渡す】(他五) サ(ソ)・シ・ス・ス・セ・セ こちら側から向こう側に届くように渡す。「橋をー」

か-けん【家憲】その家の守るべき生活方針。家訓。庭訓(ていきん)。

-かげん【加減】(接尾)(名詞や動詞の連用形に付いて)ぐあい。程度。そういう傾向や感じであること。「ほろ酔いー」

▼「加減」が下に付く語
好(い)いー 俯(うつむ)きー 匙(さじ)ー 塩ー 手ー 火ー 服ー 水ー 湯ー

か-げん【加減】㊀(名・他スル)①加えることと減らすこと。②ほどよく調節すること。また、その程度。「スピードをーする」「風呂のーをみる」㊁(名)①足し算と引き算。②体のぐあい。「おーはいかがですか」③影響。「陽気のーで風邪(かぜ)をひいた」

ーじょうじょ【ー乗除】(ジョウヂョ) 加法・減法・乗法・除法の四則。足し算・引き算・掛け算・割り算。

か-げん【下弦】陰暦二十二、二十三日ごろの月。満月から次の新月になるまでの中間ごろの月で、沈むとき弓の弦(つる)を下向きにしたような形に見える。下弦の月。秋 ↔上弦

か-げん【下限】①下のほうの限界。「価格がーを割る」②時代の、新しいほうの限界。(↔上限)

か-げん【嘉言】戒めとなるよい言葉。「ー善行」

か-げん【寡言】(クワ)(名・形動ダ) 口数の少ないこと。寡黙。「ー実行」↔多言

が-けん【我見】①自分だけの狭い考えや意見。私見。②↓がしゅう(我執)②

が-げん【雅言】①上品で正しい言葉。雅語。↔俚言(りげん) ②平安時代の和歌や文章に使われた、みやびやかな言葉。雅語。

か-こ【水夫】《古》船乗り。船頭。

か-こ【過去】(クワ) ①過ぎ去った時。昔。「ーを振り返る」↔現在・未来 ②(人に知られたくない)前歴。「暗いー」「ーを清算する」③《仏》前世。過去世。↔現在・未来 ④《文法》過ぎ去った時に起こった事を述べる形式。↔現在・未来 参考 日本語では過去の事柄を表すときには「見た」のように動詞に助動詞「た」を付ける。英語など西欧語では動詞の過去形を使うことが多い。助動詞によるのは話し手の主観で過去の事態をとらえるからであり、動詞によるのはすでにあった事実として述べるからである。

かご【籠】竹・つる・針金などを編んで作った入れもの。

—の鳥(とり)（かごの中で飼われている鳥の意から）自由を奪われた状態にあること。また、その人。特に、遊女のこと。

か-ご【加護】（名・他スル）神仏が助け守ること。「仏の—」

か-ご【華語】クワ 中国の言葉。中国語。

か-ご【△訛語】クワ 発音上、標準語と違いのある言葉。なまりのある言葉。訛言(かげん)。

か-ご【過誤】クワ あやまり。あやまち。過失。「—を犯す」

か-ご【歌語】主として和歌を詠むときに用いられる言葉。「鶴(つる)」を「たづ」、「蛙(かえる)」を「かはづ」と表現する類。

か-ご【△駕・籠】人を箱形のものに乗せて、上に差しわたした棒を前後からかついで運んだ昔の乗り物。「—を昇(か)く」

〔駕籠〕

が-ご【雅語】→がげん

かこい【囲い】カコヒ ①囲うこと。また、囲うもの。垣根や塀など。「雪—」「板で—を作る」②（広間の一部を屏風(びょうぶ)などで仕切って茶席としたことから）茶室。③野菜などを季節の過ぎたあとまで貯蔵すること。

—ぶね【—船】浜へ引き上げ、屋根をかけたりして当分使用しない船。

—もの【—者】別宅などに住まわせておく女性。めかけ。

かこい-こ・む【囲い込む】カコヒ（他五）マ(モ)・ミ(ン)・ム・ム・メ・メ ①周りを囲って中に取りこむ。②（人材や資源などを）外部に出ないように確保する。「客を—」

か-こう【下降】カウ（名・自スル）下のほうに下がること。下ること。「成績が—線をたどる」「機体が—する」↔上昇

か-こう【火口】クワ ①火山の噴火口。溶岩や火山灰などの噴出口。②かまのたき口。

—きゅう【—丘】キウ《地質》噴火口の中に生じた火山。

—げん【—原】《地質》複式火山で、外輪山と火口丘との間の平地。

—こ【—湖】《地質》噴火口のあとに水がたまってできた湖。

か-こう【加工】（名・他スル）材料・原料や他の製品・半製品に手を加えて、新しい製品を作ること。「—品」

—ぼうえき【—貿易】原料または半製品を輸入して加工した製品を、外国へ輸出する貿易。

か-こう【仮構】（名・他スル）実際にはないことを、仮にあることとしてこしらえること。虚構。フィクション。「—の世界」

か-こう【花梗】クワカウ →かへい（花柄）

か-こう【河口】川が海または湖に流れこむところ。川口。

か-こう【佳△肴・嘉△肴】カウ おいしい料理。また、うまい酒の肴(さかな)。「珍味—」

か-こう【河港】カウ 河口または川岸にある港。↔海港

か-こう【華甲】クワカフ（「甲」は甲子(きのえね)の略で、歳(とし)の意）数え年六一歳の称。還暦。参考「華」の字は六つの十と一に分解できることからいう。⇒賀

か-こう【歌稿】カウ 短歌の原稿・下書き。詠草(えいそう)。

かこ・う【囲う】カコフ（他五）ワ(オ)・イ(ッ)・ウ・ウ・エ・エ ①まわりを何かでとりまく。囲む。「周囲を柵(さく)で—」「マッチの火を手で—」②かくまう。「罪人を—」③妻以外の女性を別宅などに住まわせる。④たくわえておく。「野菜を—」可能 かこ・える（下一）

か-ごう【化合】クワガフ（名・自スル）《化》二種類以上の物質が結合して、まったく別の物質となる化学変化。

—ぶつ【—物】《化》化合によって生じた物質。↔混合物

が-こう【画工】グワ 絵かき。画家。

—闘牛(とうぎゅう)の尾(お)を誤(あやま)って牧童(ぼくどう)に笑(わら)わる 画家も実物を見て描かないと思わぬ失敗をする。実際を知る人からは、たとえ相手が無学でも素直に教えを受けるがよいという戒め。【故事】画家の描いた闘牛の絵を見た牧場の男が大笑いして、「闘牛はたがいに力を角にこめて、尾は股(また)の間に入れるのに、この牛は尾を振り上げて闘っている。これは大間違いだ」と言ったことからいう。〈蘇軾(そしょく)・書戴嵩画牛(さいすうのがぎゅうにしょす)〉

が-こう【画稿】グワカウ 絵の下書き。

が-ごう【雅号】ガウ 作家・学者・書家・画家などが、本名以外に付ける風流な名。号。筆名。ペンネーム。

か-こう-がん【花△崗岩】クワカウ《地質》深成岩の一つ。カリ長石・石英・雲母(うんも)を主成分とする酸性の岩石。白っぽい灰色で、黒い斑点(はんてん)がある。建築・墓碑・土木用。御影石(みかげいし)。

かご-かき【△駕◇籠・昇(き)】駕籠(かご)をかつぐ人。かごや。

かこ-かんりょう【過去完了】クワコクワンレウ《文法》西洋文法の時制の一。動作・状態が過去のある時点まで続いていたこと、またその時点で終わったことを表す言い方。

か-こきゅう【過呼吸】クワコキフ《医》身体的要因や精神的要因によって、呼吸が異常に激しくなること。血液中の二酸化炭素濃度が急に低下し、呼吸困難などの症状を起こす。

か-こく【河谷】《地質》川が両側を削ってできた広い谷。

か-こく【苛酷】（形動ダ）ダロ・ダッ(デ)・ニ・ダ・ナ・ナラ・○ 度をこして厳しいさま。無慈悲で容赦のないさま。「—に扱う」文（ナリ）

か-こく【過酷】クワ（形動ダ）ダロ・ダッ(デ)・ニ・ダ・ナ・ナラ・○ ひどく厳しいさま。厳し過ぎるさま。「—な労働条件」文（ナリ）

かごしま【鹿児島】九州地方南部の県。県庁所在地は鹿児島市。

かこち-がお【◇託ち顔】ガホ《古》悲しみに沈んだ顔。恨みがましいさま。嘆きに満ちた表情。

かこ-ちょう【過去帳】クワコチヤウ《仏》寺院で、死者の法名・俗名・死亡年月日などを記載して保存しておく帳簿。鬼籍。鬼簿。点鬼簿。

かこ・つ【◇託つ】（他五）タ(ト)・チ(ッ)・ツ・ツ・テ・テ 自分の境遇などに、ぐちを言う。恨みに思う。嘆く。「不遇を—」「無聊(ぶりょう)を—」

かこつ・ける【◇託ける】（他下一）ケ・ケ・ケル・ケル・ケレ・ケロ(ケヨ) 直接関係のない他の事柄を口実にする。その物事のせいにする。ことよせる。「仕事に—けて誘いを断る」文 かこつ・く（下二）

か-ごと【◇託言】《古》①ほかのことにかこつけて言う言葉。口実。②ぐち。恨み言。

かご-ぬけ【籠抜け・籠◇脱け】（名・自スル）①かごの中から抜けて出る曲芸。②（「籠抜(かごぬ)け詐欺(さぎ)」の略）その建物の関係者のような顔をして、入り口などで金や品物を受け取り、ひそかに裏口から抜け出て姿をくらます詐欺。

かご-まくら【籠枕】籐(とう)や竹で編んだ夏用の枕。夏

かこみ【囲み】①囲むこと。特に、攻める目的で取り巻くこと。包囲。「—を破る」「—を解く」②（「囲み記事」の略）新聞・雑誌などの、枠で囲んだ記事・読み物。コラム。

かご-みみ【籠耳】（かごに水を入れても、すぐもれるように）聞いたことをすぐ忘れること。また、そのような人。

かこ・む【囲む】（他五）マ(モ)・ミ(ン)・ム・ム・メ・メ ①物や人がまわりをすきまなく埋める。とりまく。「敵陣を—」「山に—まれた町」「答えを丸で—」②（盤・卓などを囲むことから）囲碁・将棋・マージャンなどをする。「一局—・もう」可能 かこ・める（下一）

かご-め【籠目】①かごの編み目。また、そのような模様。②子供の遊びの一種。目かくししてしゃがむ鬼のまわりを、囲んだ者が歌をうたいながら回り、歌い終わったときに鬼の真うしろの者がだれかをあてるもの。かごめかごめ。

か-こん【禍根】クワ 災いの起こるもと。禍因。「—を残す」

か-ごん【過言】クワ 実際以上に大げさな言葉。言いすぎ。「世

界一大きいと言ってもーではない」

かさ【△笠】 ①頭にかぶって雨・雪・日光などを防ぐもの。「ーをかぶる」②①の形をしたもの。「ー雲」「電灯のー」③頼みにするもの、守りかばうもののたとえ。 **―に着る** 権力や勢力のあるのをいいことにしていばる。 **―の台が飛ぶ** (「笠の台」は、笠をかぶる台で首の意)①打ち首になる。②免職になる。

かさ【傘】 ①雨・雪・日光などを防ぐために、頭上に広げてさしかざすもの。雨傘・日傘など。「ーをさす」②被害の及ぶのをおおうようにして防ぐもののたとえ。「核のー」

かさ【△嵩】 物の大きさ。体積。容積。分量。「水ー」「ーが張る」 **―にかかる** ①優勢であることに乗じてさらに攻める。「かさにかかって攻め立てる」②威圧的な態度をとる。

かさ【△暈】 太陽・月の周囲に現れる輪のような光。「月のー」

かさ【△瘡】 ①皮膚のできものの総称。②「梅毒」の俗称。

がさ 《俗》(「捜す」の語幹「さが」を逆さにした隠語)警察による家宅捜索。「ーが入る」

かさ-あげ【△嵩上げ】(名・他スル) ①堤防などを、今までよりも高くすること。「ー工事」②(比喩的に)金額や物の量をさらに増やすこと。「予算のー」

かざ-あし【風足・風脚】 風の吹く速さ。風速。

かざ-あな【風穴】 ①風の出入りするすきま。②通風のためにあけた穴。通風口。③山腹などにある奥深い穴。風穴。 **―を開ける** ①槍や銃弾で胴体に穴をあける。②古い体質の組織や閉塞した状況などに新風を吹き込む。

か-さい【火災】 ― 火事。火の災い。「ー報知機」 **―ほけん【―保険】** 火災による損害を補うための保険。

か-さい【花菜】 ― 花の部分を食用とする野菜。ブロッコリー・カリフラワーなど。⇩葉菜・根菜・果菜

か-さい【果菜】 ― 果実を食用とする野菜。ナス・トマト・スイカなど。⇩葉菜・根菜・花菜

か-さい【家裁】 「家庭裁判所」の略。

か-ざい【家財】 ①家にある道具類。家具。②一家の財産。

か-ざい【歌材】 和歌の素材。

が-さい【画才】 ― 絵をかく才能。

が-ざい【画材】 ― ①絵になる素材。絵として描く対象。②絵を描くのに用いる材料・道具。絵の具・カンバス・筆など。

かさい-りゅう【火砕流】 《地質》火口から噴出した岩石・火山灰とガスとの混合物が斜面を高速で流れ下る現象。

がさ-いれ【がさ入れ】(名・他スル)《俗》家宅捜索をすること。警察の隠語。⇩がさ

かざおり-えぼし【風折△烏◇帽子】 ― (風で吹き折られた形の烏帽子の意)頂を横に折り曲げたえぼし。⇩烏帽子(さしえ)

かざ-おれ【風折れ】 ― 樹木などが風に吹き折られること。「柳にーなし」

かさ-かさ ㊀(副・自スル) 乾いたものが触れ合う音を表す語。「落ち葉がー(と)音をたてる」㊁(形動ダ・副・自スル) 乾いてうるおいのないさま。「ーに荒れた手」「ー(と)した皮膚」

がさ-がさ ㊀(副・自スル) ①乾いたものが触れ合う音を表す語。「かさかさ」よりやや騒がしい音にいう。「やぶの中をー(と)動く」②落ち着きがなく、粗野なさま。「ーした人」㊁(形動ダ・副・自スル) うるおいがなく、ざらざらしているさま。かたくあらいさま。「手のひらがーになる」「松のー(と)した幹」

かざ-かみ【風上】 風の吹いてくる方向。↕風下 **―に(も)置けない** 性質や行動の卑劣な者を憎みののしっていう語。「武士のー」[語源] くさいものが風上にあるとがまんができないということからいう。

かさ-ぎ【△笠木】 鳥居や門などの上に渡す横木。冠木。

かざ-きり【風切り】 ①船上に立てて風向きを見る旗。風見。②鳥の両翼の後端の長い羽毛。風切り羽。

か-さく【仮作】(名・他スル) ①仮に作ること。また、そのもの。②実際にはないことを仮に作り上げること。虚構。フィクション。

か-さく【佳作】 ①優れた作品。②入賞作品に次いで優れた作品。「選外ー」

か-さく【家作】 ①人に貸すために作った家。貸家。「ー持ち」②家を作ること。また、その家。

か-さく【寡作】 ― (名・形動ダ) 作家・芸術家などが少ししか作品を作らないこと。また、そのさま。「ーな作家」↕多作

かさ-ぐも【△笠雲】 笠をかぶったように山の頂にかかる雲。

かざ-ぐるま【風車】 ①→ふうしゃ ②羽根車に柄をつけ、風を受けて回るようにしたおもちゃ。[春]

かざ-け【風邪気】 風邪をひいた感じ。風邪気。[冬]

かざ-ごえ【風邪声】 ― 風邪をひいたときの、しわがれたり鼻が詰まったりしている声。風邪声。「ーになる」[冬]

かさ-こそ(副) 乾いた軽いものが触れ合うかすかな音を表す語。「枯れ葉がー(と)音をたてる」

がさ-ごそ(副) 乾いたものが触れ合う音、また、そのような音を立てて何かをするさまを表す語。「鞄の中をー(と)探す」

かささぎ【△鵲】《動》カラス科の鳥。カラスに似るが、やや小形で、肩から胸腹部にかけて白く、尾は黒くて長い。中国・朝鮮半島に多く生息し、日本では北九州にすむ。天然記念物。[秋] **―の橋** ①陰暦七月七日の夜、牽牛星と織女星とが会うとき、かささぎが羽を並べて天の川に架けるという想像上の橋。[秋] ②《古》(宮中を天上にたとえて)宮中の階段。

かささぎの… [和歌]〔かささぎの わたせる橋に 置く霜の 白きをみれば 夜ぞ更けにける〕〈新古今集 中納言(大伴)家持〉かささぎが翼を連ねて架けると言われる天の川の橋が白々と見えるのは、霜が降りたのにちがいない。もう夜も更けたのだなあ。(小倉百人一首の一つ)

かざ-しも【風下】 風の吹いていく先の方向。↕風上

かざし【×挿頭】《古》髪や冠にさした花や造花。

かざ・す【△翳す】(他五) ①手に持って高く掲げる。「小旗をー」「刀をー」②物の上をおおうように手などを差しかける。「ストーブに手をー」③光などを遮るように目の上に何かを差しかける。「小手をー」[可能]かざ・せる(下一)

かざ・す【×挿頭す】(他五) 花などを髪や冠にさす。

かさ-だか【△嵩高】(形動ダ) ①容積・分量などの大きいさま。かさばっているさま。「ーな荷物」②人を見下して横柄なさま。「ーな物言い」[文](ナリ)

がさつ(形動ダ) 言語・動作が粗野で、落ち着きがなく荒っぽいさま。「ー者」「ーな人」[文](ナリ)

かさ-つ・く(自五) 乾いてうるおいがなくなる。かさかさする。「肌がー」

がさ-つ・く(自五) ①がさがさと音がする。②がさがさして態度や状態が落ち着かないでいる。「教室がー」

かざ-とおし【風通し】 ― →かぜとおし

かさな・る【重なる】(自五) ①物の上にさらに同じような物が載る。「落ち葉がー」②事の上にまた事が加わる。「不幸がー」「卒業式が誕生日とー」[他]かさ・ねる(下一)

-かさね【重ね】(接尾) 着物・重箱など、重ねたものを数える語。「夜具一ー」「二ー」

かさね【重ね・◇襲】 ①重ねること。また、重ねたもの。②平安

時代、礼服の袍(ほう)の下に重ねて着た衣服。下襲(したがさね)。③上着と下着とがそろった衣服。④衣服を重ねて着ること。重ね着。

―がさね【重ね重ね】(副) 何度も繰り返すさま。たびたび。じゅうじゅう。くれぐれも。「―おわびいたします」

―ぎ【重ね着】(名・他スル) (防寒などのために)衣服を何枚も重ねて着ること。また、その衣服。[冬]

―ことば【重ね◦詞】 意味を強めるために同じ言葉を重ねて用いるもの。「進みに進む」「はやりにはやる(=勇みたつ)」など。

―もち【重ね餅】 ①大小の餅を二つ重ねたもの。②相撲などで、両者組み合ったまま、折り重なって倒れること。

かさね-て【重ねて】(副) 同じことを繰り返すさま。再び。「―おたずねしますが」

かさ・ねる【重ねる】(他下一) ネ・ネ・ネル・ネル・ネレ・ネロ(ネヨ) ①物の上にさらに同じような物を載せたり加えたりする。「布団を―」②事の上にさらに事を加える。同じ事を繰り返す。「得点を―」「無理を―」「盗みを―」[自]かさな・る(五) [文]かさ・ぬ(下二)

かさ-のり【傘×海苔】 カサノリ科の緑藻類。暖海のサンゴ礁などに産する。単細胞で遺伝の研究材料などに使われる。

かざ-ばな【風花】 ①初冬の風が吹き起こるころ、小雨や小雪がちらつくこと。②晴れた日に、降雪地などから風に吹かれた雪が飛来すること。また、その雪。[冬] [参考]「かざはな」ともいう。

かさ-ば・る【◦嵩張る】(自五) ラ(ロ)・リ(ッ)・ル・ル・レ・レ 容積が大きくて場所をとる。かさむ。「荷物が―」

カザフスタン〈Kazakhstan〉中央アジア北部にある共和国。首都はアスタナ。

かさ-ぶた【◦瘡蓋・◦痂】 できものや傷などから出る分泌物が乾いてできる固い皮。「―ができる」

かざ-まち【風待ち】(名・自スル) 出航しようとする帆船が、港などで順風を待つこと。風待(かざま)ち。「―港」

かざ-まど【風窓】 ①風を通すための窓。②家の床下に設けた、通風のための穴。

かざみ【◦汗◦衫】 平安時代中期以後、内裏(だいり)に奉仕する童女が用いた上着。もとは汗取り用の短い下着であった。

かざ-み【風見】 屋上や船などに取り付けて、風の吹く方向を知る道具。風向計。風切り。

―どり【―◦鶏】 ①ニワトリをかたどった風見。②時流や周囲の形勢をうかがってすぐに態度を変える人のたとえ。

かさ・む【◦嵩む】(自五) マ(モ)・ミ(ン)・ム・ム・メ・メ 数量や容積・分量が増える。また、大きくなる。かさばる。「経費が―」「荷が―」

かざ-むき【風向き】 ①風の吹いて来る方向。風位(ふうい)。「―が変わる」②物事の形勢。なりゆき。また、気分。機嫌(きげん)。「―が悪い」[参考]「かぜむき」ともいう。

かざ-よけ【風◦除け】 風を防ぐこと。また、防ぐもの。風除(よ)け。[冬]

かざり【飾り】 ①飾ること。また、その物。装飾。「店の―」②「松飾り」「注連(しめ)飾り」の略。「お―」[新年] ③(実質のない表面だけの美しさということから)偽り。虚飾。「―のない人」④(古)髪の毛。頭髪。

▼「飾り」が下に付く語
襟― 御(お)― 髪― 首― 注連(しめ)― 段― 床― 蓬莱(ほうらい)― 松― 耳― 輪―

―うす【飾〔り〕臼】 農家で正月、臼(うす)の上にしめなわを張り、鏡餅(かがみもち)を供えること。[新年]

―うま【飾〔り〕馬】 正月に、初荷を引く馬や農家の飼い馬に美しい馬具をつけて飾り立てること。また、その馬。[新年]

―うり【飾〔り〕売り】 歳末に、正月の飾りを売る人。[冬]

―えび【飾〔り〕×海老】 正月の飾りに用いる伊勢(いせ)えび。[新年]

―おさめ【飾〔り〕納め】 正月の飾りを取りはずすこと。[新年]

―け【飾〔り〕気】 実際よりもよく見せようとして表面を飾ろうとする気持ち。かざりっけ。「―のない人」

―しょく【飾〔り〕職・◦錺職】 金属の装飾品の細工をする職業。また、その職人。飾り屋。

―つけ【飾〔り〕付け】 飾りになるものを取り付けたり、美しく配置したりすること。また、そのもの。「店の―」

―まど【飾〔り〕窓】 商品を陳列する窓。ショーウインドー。

―もの【飾〔り〕物】 ①装飾品。②祭礼や祝い事の際の飾り。③見かけだけで実用に適さない物や人。「―の会長」

かざり-た・てる【飾〔り〕立てる】(他下一) テ・テ・テル・テル・テレ・テロ(テヨ) ことさら目立つように飾る。また、けばけばしく飾る。「宝石で―」[文]かざりた・つ(下二)

かざり-つ・ける【飾〔り〕付ける】(他下一) ケ・ケ・ケル・ケル・ケレ・ケロ(ケヨ) 飾りになるものを取り付けたり、美しく配置したりする。「祝賀会場を―」[文]かざりつ・く(下二)

かざ・る【飾る】(他五) ラ(ロ)・リ(ッ)・ル・ル・レ・レ ①工夫して美しく、またはりっぱに見えるようにする。美しさやりっぱさを加える。「部屋を―」「紙面を―」「故郷に錦を―」②つくろって実際よりよいように見せかける。「うわべを―」③効果的に見せるように置き並べる。「店頭に商品を―」[可能]かざ・れる(下一)

か-さん【加算】 [一](名・他スル) ある数や量を加えて計算すること。「元金に利子を―する」[二](名) 足し算。↔減算

か-さん【加◦餐】(名・自スル) (食を加える意から)よく栄養をとって養生すること。「時節柄御―ください」[用法]相手の健康を願って、手紙文などに使う。

か-さん【家産】 一家の財産。身代(しんだい)。「―を傾ける」

か-ざん【火山】 クワ― [地質]地下深くにあるマグマが地表に噴き出し、積もってできた山。「―が噴火する」

―がん【―岩】 [地質]火成岩の一種。地下のマグマが地表近くで急に冷え固まってできたもの。安山岩・玄武岩など。

―たい【―帯】 [地質]火山が分布する帯状の広い地域。環太平洋火山帯・地中海火山帯など。火山脈。

―ばい【―灰】 バヒ [地質]火山から空中に噴出した溶岩が、細かく灰のように砕けたもの。

が-さん【画賛・画◦讃】 グワ― 絵に書き添える文句や文章。讃。

かさんか-すいそ【過酸化水素】 クワサンクワ― [化]酸素と水素の化合物で無色透明の液体。酸化作用が強い。水溶液(ふつう約三パーセント)は漂白・消毒・防腐用。⇒オキシドール

かし【樫】 人 かし ―(字義)→次項。[参考]「樫」は国字。

かし【◦樫・◦橿】 [植]ブナ科の常緑高木の総称。暖地に自生する。果実はどんぐり。材はかたくて強く、船舶(せんぱく)・家具などの用材とする。(かしの花[春]・かしの実[秋])

かし【貸し】 ①貸すこと。また、貸した金や品物。②施した恩恵。「彼に―がある」③[商]「貸し方」の略。(↔借り)

か-し【下士】 ①身分の低い武士。②「下士官」の略。

か-し【下肢】 足。脚部。また、動物のうしろ足。↔上肢

か-し【下賜】(名・他スル) 天皇など、身分の高い人がくださること。「御―品」↔献上

か-し【可視】 肉眼で見えること。目に見えること。「―光線」「―化」

か-し【仮死】 意識不明で、呼吸も止まり、死んでいるように見える状態。「―状態で生まれる」

かーし【河岸】 ①人や荷物を舟からあげおろしする、川の岸。②川岸にたつ市場。特に、魚市場。魚河岸(うおがし)。③物事をする場所。特に、飲食・遊びをする所。「ーを変えて飲み直す」参考 常用漢字表付表の語。

かーし【佳詞】 よい言葉。よい文句・歌。

かーし【華氏】クワ 〔物〕(「華氏温度」の略)一気圧における水の凝固点を三二度、沸点を二一二度として、その間を一八〇等分した温度目盛り。カ氏。記号F 語源 考案者であるドイツのファーレンハイトの中国語表記「華倫海」から。⇩セ氏

かーし【菓子】クワ 食事以外に食べる、おやつなど間食用の嗜好品(しこうひん)。「生(なま)ー」「洋ー」

かーし【瑕疵】 ①きず。欠点。「一点のーもない」②〔法〕何らかの欠陥・欠点があること。

かーし【嫁資】 嫁入り仕度。また、そのときの費用。

かーし【歌詞】 声楽曲・歌謡曲などの歌の文句。

かし(終助)念を押す意を表す。「さぞー」「事あれーと待ちかまえる」用法「これ見よがし」など、動詞の命令形に濁音化した「がし」を付けた形でも用いる。⇩がし(接尾)

かじ【梶・楫・舵】カヂ ①船尾に付けて船の進む方向を定める装置。「面(おも)ー」「取りー」②櫂(かい)や櫓(ろ)など、水をかいて舟を進める道具。「ーの音」③航空機の飛ぶ方向や昇降を調節する装置。④「梶棒」の略。参考「梶」はカジノキの意で、舟のかじに転用。「楫」は舟を進める櫂、「舵」は船尾に付けるかじの意。

ーを切(き)る ①かじを操って船の進行方向を変える。②方針を大きく転換する。**ーを取(と)る** ①かじを操って船を一定の方向に進める。②方向を誤らないようにうまく物事を導く。

かーじ【火事】クワ 建造物・家財・山林・船などが焼けること。火災。「ーを出す」「対岸のー」冬

かーじ【加持】ヂ 病気・災難などを除くために神仏の守りと助けとを祈ること。「ー祈禱(きとう)」

かーじ【華字】クワ 中国の文字。「ー紙」

かーじ【家事】 ①家の中の雑多な用事。家政。「ー手伝い」②家庭内の事情。

かじ【鍛冶】カヂ 金属を熱し、打ち鍛えて種々の器械・器具を作ること。また、その人。「刀ー」語源「金打(かなう)ち」の転。参考 常用漢字表付表の語。

-がし(接尾)あてつけがましくそうせよといわんばかりの意を表す。「これ見よー」「聞こえよー」語源 終助詞「かし」の濁音化したもの。用法 動詞の命令形に付く。

がーし【賀詞】(新年の)祝いの言葉。祝辞。「ー交換会」

がーし【餓死】(名・自スル)飢(う)えて死ぬこと。飢え死に。

かしーあげ【河岸揚げ】 船積みした荷物を河岸に揚げること。荷揚げ。水揚げ。陸揚げ。

かじいもとじろう【梶井基次郎】カヂキモトジラウ (一九〇一〜三二)小説家。大阪生まれ。新鮮な感受性と的確な表現力を高く評価されたが、若くして病没。「檸檬(れもん)」「城のある町にて」など。

かしーうり【貸(し)売り】(名・他スル)→かけうり

ガジェット〈gadget〉道具。小物。特に、目新しい小型の電子機器。

かじーお【楫緒・梶緒】カヂヲ 櫓(ろ)や櫂(かい)を船に取り付ける綱。

かしーおり【菓子折(り)】クワシヲリ (贈答用の)菓子を入れる折り箱。また、菓子のはいった折り箱。

かじか【鰍】〔動〕カジカ科の淡水魚。清流の砂礫(されき)の底にすむ。形はハゼに似て体長約一五センチメートル。食用。ごり。秋

かーじか【河鹿】〔動〕アオガエル科のカエルの一種。山間の清流にすむ。体は灰褐色で、暗褐色の斑紋(はんもん)がある。雄は美声で鳴く。河鹿蛙(かじかがえる)。夏

かしーかた【貸(し)方】 ①物や金を貸すほうの人。貸し手。②貸す方法。③〔商〕複式簿記で、資産の減少、負債・資本の増加、収益の発生などを記入する部分。帳簿の右側の記入欄。貸し。(↔借り方)

かしかまし・し【囂し】(形シク)(古)やかましい。うるさい。

かじか・む【悴む】(自五)マ(モ)・ミ(ン)・ム・ム・メ・メ 手足の指がこごえて思うように動かなくなる。かじける。「指先がー」冬

かしーかり【貸し借り】(名・他スル)貸すことと借りること。貸借(たいしゃく)。「ーなしにする」

かーしかん【下士官】シクワン 軍隊で、士官・准士官(じゅんしかん)の下で兵の上にあたる階級の総称。下士。

かじき【梶木・旗魚】カヂ 〔動〕マカジキ科・メカジキ科に属する海産の硬骨魚の総称。大きいものは体長が四メートルにもなる。上あごが剣状に突き出ている。食用。かじきまぐろ。冬

かしーきり【貸(し)切り・貸切】 貸し切ること。また、貸し切ったもの。「ーバス」

かしーき・る【貸(し)切る】(他五)ラ(ロ)・リ(ッ)・ル・ル・レ・レ ①(場所・乗り物などを)一定の期間、特定の人・団体だけに使わせる。「劇場をー」②全部貸す。「手持ちの金をー」(↔借り切る)

かしーきん【貸(し)金】 貸した金銭。

かしーきんこ【貸(し)金庫】 銀行などの金庫室内に設置した、客が各自使用料を払って利用する保管箱。

かしく(「かしこ」の転)→かしこ

かし・ぐ【傾ぐ】(自五)ガ(ゴ)・ギ(イ)・グ・グ・ゲ・ゲ かたむく。「土台がー」他 かし・げる(下一)

かし・ぐ【炊ぐ】(他五)ガ(ゴ)・ギ(イ)・グ・グ・ゲ・ゲ めしなどをたく。炊事をする。「米をー」可能 かし・げる(下一)

かーじく【花軸】クワヂク 〔植〕枝分かれして花柄(かへい)(=花を支える柄(え)の部分)を出す中央の茎。

かし・げる【傾げる】(他下一)ゲ・ゲ・ゲル・ゲル・ゲレ・ゲロ(ゲヨ) かたむける。斜めにする。「首をー」自 かし・ぐ(五)文 かし・ぐ(下二)

かしこ(「かしこし」の語幹で、おそれつつしむ意)女性が手紙の終わりに結びのあいさつとして書く語。かしく。「あらあらー」

かしこ【彼処】(代)遠称の指示代名詞。比較的遠い場所をさす語。あそこ。「どこもー」

かしこ・い【賢い】(形)カロ・カッ(ク)・イ・イ・ケレ・〇 ①頭脳のはたらきがよい。利口である。「ー子供」②(反語的に用いて)抜け目がない。「ーく立ちまわる」文 かしこ・し(ク)

類語 賢(さか)しい・聡(さと)い・鋭い・才走る・賢明・英明・聡明(そうめい)・英邁(えいまい)・利口・利発・怜悧(れいり)・頭が切れる・機転が利く・目から鼻へ抜ける

かしーこうせん【可視光線】クワウセン 〔物〕光として目に感じる電磁波。肉眼で見ることができる光線。可視光。

かしこく・も【畏くも】(副)もったいなくも。おそれおおくも。「ー殿下よりお言葉を賜る」

かしーこし【貸(し)越し】 一定の限度以上に貸すこと。特に、銀行が預金高以上に貸すこと。↔借り越し

かしこ・し【賢し・畏し・恐し】(形ク)(古)①おそれおおい。ありがたい。尊い。②恐ろしい。③才能がある。かしこい。④すぐれている。⑤(連用形を副詞的に用いて)はなはだしく。

かしこーだて【賢立て】(名・自スル)利口ぶること。

かしこーどころ【賢所】 ①宮中三殿の一つ。八咫鏡(やたのかがみ)を模した神鏡をまつる神殿。内侍所(ないしどころ)。②「八咫鏡」の別称。

かしこま・る【畏まる】(自五)ラ(ロ)・リ(ッ)・ル・ル・レ・レ ①恐れ入って、慎んだ態度や姿勢になる。「ーって話を聞く」②礼にかなった座り方で座る。「ーらずに、どうぞお楽に」③(「かしこまりました」の形で)承知する意の謙譲表現。「はい、ーりました」

かしこ・む【◦畏む】(自四)《古》①恐ろしいと思う。おそれおおいと思う。②謹んでうけたまわる。

かし-さ・げる【貸〔し〕下げる】(他下一) ゲ・ゲ・ゲル・ゲル・ゲレ・ゲロ(ゲヨ) 政府・官公庁から民間に貸し与える。文かしさ・ぐ(下二)

かし-ざしき【貸〔し〕座敷】①→かしせき ②女郎屋。遊女屋。

かし-しつ【貸〔し〕室】部屋代を取って人に貸す部屋。

かし-しぶり【貸〔し〕渋り】《経》金融機関が、条件を厳しくするなどして、融資をなかなか行わないこと。

カシス〈フランス cassis〉《植》スグリ科の落葉低木。果実は黒色で酸味が強く、ジャムやリキュールに加工する。黒すぐり。

かしず・く【△傅く】カシヅク(自五) カ(コ)・キ(イ)・ク・ク・ケ・ケ ①人に仕えて世話をする。「老母に―」②《古》たいせつに育てる。後見する。

かし-せき【貸〔し〕席】料金を取って、会合などに使わせる座敷。貸し座敷。

かし-だおれ【貸〔し〕倒れ】―ダフレ 貸付金や売掛金などの貸した金が取り戻せなくなること。「―になる」

かし-だし【貸〔し〕出し】貸し出すこと。「図書の―」

かし-だ・す【貸〔し〕出す】(他五) サ(ソ)・シ・ス・ス・セ・セ ①貸して持ち出させる。「図書館の本を―」②金銭や物を他に貸すために支出する。「資金を―」《↔借り入れる》

かし-ち【貸〔し〕地】地代を取って使わせる土地。

かし-ちん【貸〔し〕賃】物を貸した代償として受け取る料金。↔借り賃

か-しつ【加湿】(名・自スル)乾燥を防ぐために、蒸気などで空気中の水分を増やすこと。「―器」

か-しつ【家室】①家。住居。家庭。②妻。

か-しつ【過失】―クワ ①不注意によるあやまち。しくじり。「ちょっとした―を非難する」②《法》不注意のためにある行為の結果を予見しなかったこと。「―傷害罪」↔故意

―**ちし-ざい**【―致死罪】不注意のために人を死なせた罪。「―に問われる」

か-じつ【花実】―クワ ①植物の花と実み。②外観と実質。「―を選んで式をあげる」

か-じつ【佳日・△嘉日】縁起のよい日。めでたい日。吉日。

か-じつ【果実】―クワ ①植物の実み。子房または子房以外の花の部分が肥大したもの。くだもの。②《法》元物ぶつ(=もとになるもの)から生じる収益。穀物などの天然果実や、貸家の家賃・利子などの法定果実がある。

―**しゅ**【―酒】①果汁を発酵させて造った酒。ぶどう酒など。②焼酎などに果実を漬けて造った酒。梅酒など。

か-じつ【過日】―クワ このあいだ。先日。「―お目にかかった折」

が-しつ【画室】―グワ 絵を描くための部屋。アトリエ。

が-しつ【画質】―グワ (写真や映像で)画像の鮮やかさや色合いなどの総合的な品質・状態。「―がよい」

かしず・く【△傅く】(自五) カ(コ)・キ(イ)・ク・ク・ケ・ケ 「かしずく」と書くのが本則。→かしずく

かし-つけ【貸〔し〕付け】利子や期限などを決めて、金銭・物品などを貸すこと。ローン。「―金」

―**しんたく**【貸付信託】《商》信託銀行が証券を売り出し、集まった資金を企業に長期間貸し付け、それを運用して得た利益を証券所有者に分配するしくみ。

かし-つ・ける【貸〔し〕付ける】(他下一) ケ・ケ・ケル・ケル・ケレ・ケロ(ケヨ) 利子や期限または料金などを決めて、金銭・物品などを貸す。「資金を―」文かしつ・く(下二)

かし-て【貸〔し〕手】金品を貸す人。貸し主。↔借り手

かし-どり【△樫鳥】→かけす

かじ-とり【△舵取り・△楫取り】カヂ― ①船のかじを操縦して進む方向を決めること。また、その人。②(比喩ひゆ的に)物事がうまく進行するように導くこと。また、その人。「巧みな―」

かし-ぬし【貸〔し〕主】金品を貸す人。貸し手。↔借り主

カジノ〈イタリア casino〉音楽・ダンスなどを楽しむ娯楽施設を備えた賭博とばく場。

かじ-ば【火事場】クワジ― 火事が起きている現場。「―の馬鹿力」

―**どろぼう**【―泥棒】①火事の騒ぎにつけこんで盗みをする者。②混乱につけこんで不正に利益を得る者。

かし-はがし【貸〔し〕剝がし】金融機関が、融資を打ち切ったり減額したりして、強引に資金を回収すること。

かし-パン【菓子パン】クワシ― 甘い味を付けたり、クリーム・ジャム・あんなどを入れたりして焼いたパン。

かし-ビル【貸〔し〕ビル】事務所・店舗用などに、家賃をとり全部または一部を区切って貸すビル。

かじ-ぼう【△梶棒】カヂ― 人力車・荷車などの前の部分に長く突き出してとりつけた、車を引っぱるための柄え。梶かじ。

かし-ほん【貸〔し〕本】料金を取って貸す書籍や雑誌。「―屋」

かし-ま【貸〔し〕間】部屋代を取って人に貸す部屋。

かじ-まくら【△梶枕・△楫枕】カヂ― 船の中で寝ること。また、船旅。なみまくら。

かしまし・い【△囂しい・△姦しい】(形) カロ・カッ(ク)・イ・イ・ケレ・○ やかましい。騒々しい。「女三人寄れば―」文かしま・し(シク)

かしま-だち【鹿島立ち】旅に出ること。出立しゅったつ。門出。語源昔、防人さきもりが旅に出る前に、鹿島神宮に無事を祈ったことからとも、また天孫降臨以前に鹿島・香取かとりの二神が日本を平定した吉例によるともいう。

かし-みせ【貸〔し〕店】家賃をとって貸す店。貸し店舗。

かじ-みまい【火事見舞〔い〕】クワジミマヒ 火災や近火にあった家を見舞うこと。また、その見舞いの品。冬

カシミヤ〈cashmere〉インド北西部、カシミール地方産のカシミヤヤギの毛から製した糸で織った高級毛織物。カシミア。

かじ-め【△搗◦布】カヂ― コンブ科の褐藻類。アラメに似ているが革質で食用にならない。焼いてヨードをとる。春

かし-もと【貸〔し〕元】①金を貸す人。金主きんしゅ。②ばくち打ちの親分。胴元。

かし-や【貸〔し〕家】家賃を取って貸す家。貸し家いえ。↔借り家

か-しゃ【火車】―クワ 《仏》生前悪事を働いた亡者を乗せて地獄に運ぶという、火の燃えさかる車。火の車。

か-しゃ【仮◦借】漢字の六書りくしょの一つ。ある語を表す適当な漢字のないとき、意味内容とは関係なしに同音の漢字を借りて用いること。たとえば、「来(來)」は小麦をかたどった字(象形)だが、「らい」の音を借りて「くる」意に転用する類。仮借かしゃく。

か-しゃ【華△奢】―クワ (名・形動ダ)はなやかにおごること。ぜいたく。また、そのさま。派手に飾るさま。

か-しゃ【貨車】―クワ 鉄道で貨物を運送する車両。↔客車

かじ-や【鍛冶屋】カヂ― ①鍛冶を職業とする家。また、その人。②一端がL字状に曲がり、釘くぎを挟む割れ目のついた鉄製の大工道具。釘を抜くのに用いる。

か-じゃ【◦冠者】―クワ ①(狂言で)大名の若い家来。または、召使。「太郎―」②→かんじゃ(冠者)

か-しゃく【仮借】㊀(名・他スル)①借りること。②許して見逃すこと。容赦ようしゃ。「―なく罰する」㊁(名)→かしゃ(仮借)

か-しゃく【△呵◦責】きびしくとがめ責めること。責めさいなむ

こと。「良心の―にたえられない」

か-しゅ【火手】― 蒸気機関車で、汽缶の火をたく人。かまたき。火夫。

か-しゅ【火酒】― 火をつけると燃えるほどアルコール分の多い蒸留酒。焼酎・ウイスキー・ブランデー・ウオツカなど。

か-しゅ【歌手】 歌を歌うことを職業とする人。歌い手。

か-じゅ【果樹】― くだものがなる木。「―園」

が-しゅ【画趣】― 絵のようなおもむき。絵になりそうな風景。

が-しゅ【雅趣】 風雅なおもむき。上品な趣味。雅致。

が-じゅ【賀寿】 長寿を祝うこと。⇩賀

カジュアル〈casual〉(形動ダ) 略式の。気軽な。ふだんの。「―ウエア(=ふだん着)」「―な服装」

か-しゅう【家集】― 個人の歌集。私家集。家の集。

か-しゅう【歌集】― ①和歌を集めた本。和歌集。②歌曲・民謡・歌謡曲などの歌を集めた本。「青春―」

か-じゅう【加重】― (名・自他スル) 重さや負担などがさらに増すこと。重さを加えること。「仕事が―される」↕軽減

―へいきん【―平均】〘数〙各項の数値にその重要度に比例した係数を掛けてから平均すること。重みつき平均。

か-じゅう【佳△什】― (「什」は詩編の意)すぐれた詩歌。佳作。「歌集中の―」

か-じゅう【果汁】 果実をしぼった汁。ジュース。

か-じゅう【家△什】― 家の道具。家具。調度。

か-じゅう【荷重】― 構造物の全体または一部に加わる外力。また、構造物がたえられる限界の重さ。「―制限」

か-じゅう【過重】 (名・形動ダ) 重すぎること。精神的・肉体的な負担が大きすぎること。また、そのさま。「―労働」

が-しゅう【我執】― ①我を張りとおすこと。また、自分中心の狭い考え。「―にとらわれる」②〘仏〙不変の自我が存在すると誤って思い込み、それにとらわれること。我見。「―を去る」

が-しゅう【画集】 絵を集めて本にしたもの。画帖。

カシュー-ナッツ〈cashew nut〉〘植〙ウルシ科の常緑小高木カシューの木の実。勾玉状で脂肪に富み、食用。

か-じゅく【家塾】 個人が開いている塾。私塾。

がじゅ-まる【×榕樹】〘植〙クワ科の常緑高木。熱帯・亜熱帯地方に産する。幹や枝から多数の気根を下ろし、うっそうと茂るので防風林に利用される。観葉植物。材は細工用。がじまる。

が-しゅん【賀春】 新年を祝うこと。賀正。参考 年賀状に書く語で、「新春おめでとう」の意。「春」は新春・新年の意。

が-じゅん【雅△馴】(形動ダ) 言葉づかいや筆づかいが、正しく上品であるさま。「―な文章」

か-しょ【家書】 ①自家からの手紙。家信。②自家の蔵書。

―万金に抵る 旅先で受け取る家族からの手紙は、万金に値するほどうれしいものだ。参考 杜甫の「春望」の一節。

か-しょ【箇所・◇個所】 そのものある特定の場所。限られた特定の部分。また、その場所や部分の数を示す語。「訂正―」「危険な―」「四国八十八―」

か-しょ【歌書】 和歌に関する書物。和歌集や歌学書など。

か-じょ【加叙】 位階が加わり昇ること。加階。

か-じょ【加除】― (名・他スル) 加えることと除くこと。

か-じょ【花序】〘植〙花軸につく花の配列の状態。花軸の下方の花から開いていく無限花序とその逆の有限花序に分ける。

か-じょ【歌序】〘文〙①歌集の序。②和歌の序。詞書。

か-しょう【火傷】 (名・自スル) やけど。「―事故」

か-しょう【仮称】 (名・他スル) 仮の名称。仮に名づけること。

か-しょう【仮象】― 〘哲〙自分にそう見えるだけで、存在していない姿や形。主観的な幻影。仮の姿。仮の形。

か-しょう【◇和尚・◇和上】 おしょう。天台宗での呼称。

か-しょう【河床】― 川底の地盤。川床。

か-しょう【華商】 他国に住む中国人の商人。華僑。

か-しょう【過小】 (名・形動ダ) 小さすぎること。また、そのさま。「―に見積もる」↕過大

―ひょうか【―評価】 (名・他スル) 価値や能力を実質以下に見積もること。「相手の力を―する」↕過大評価

か-しょう【過少】 (名・形動ダ) 少なすぎること。また、そのさま。「準備金が―だ」↕過多

か-しょう【過賞】 (名・他スル) ほめすぎること。ほめすぎ。

か-しょう【寡少】 (名・形動ダ) 非常に少ないこと。また、そのさま。「―な人員」

か-しょう【歌唱】― (名・他スル) 歌を歌うこと。「―力」

か-じょう【下情】― 民衆の実情。下々のようす。「―に通じる」

か-じょう【科条】 法律。法令。また、その条目。

か-じょう【家常】― 毎日ふつうに行われていること。

―さはん【―茶飯】(家庭のいつもの食事の意から)ごくありふれたこと。日常茶飯。

か-じょう【家醸】― 手造りの酒。家で造った酒。

か-じょう【渦状】 渦巻きのような形。「―星雲」

か-じょう【過剰】― (名・形動ダ) あり過ぎること。また、そのさま。ありあまるさま。「自意識―」「―な負担をかける」

か-じょう【箇条・◇個条】― いくつかに分けたときの一つ一つの事柄。条項。項目。「三―」

―がき【―書(き)】 事柄を一つ一つの条項に分けて書き並べること。また、書き並べたもの。「質問を―にする」

が-しょう【画匠】 絵かき。画家。

が-しょう【△臥床】 ━(名) 寝床。━(名・自スル)(病気で)床について寝ること。

が-しょう【画商】 絵画の売買を職業にする人。

が-しょう【賀正】― 新年を祝うこと。賀春。賀正。参考 年賀状に書く語で、「お正月おめでとう」の意。

が-しょう【雅称】 風流な呼び方や名前。隅田川を「墨水」というなど。

が-じょう【牙城】― ①城中で大将のいる所。城の本丸。特に、強敵の根拠地。「敵軍の―に迫る」②(比喩的に)ある組織・団体・勢力の中心部。「保守派の―」

が-じょう【画△帖】 ①絵を集め、とじ合わせて本にしたもの。画集。②画用紙をとじた帳面。画帳。スケッチブック。

が-じょう【賀状】― ①年賀状。新年 ②祝いの手紙。

か-しょく【火食】― (名・他スル) 食べ物を煮たり焼いたりして食べること。

か-しょく【仮植】(名・他スル)〘農〙苗や植木を定まった場所に植えるまで、仮に植えること。仮植え。↕定植

か-しょく【華飾】― 派手に飾り立てること。

か-しょく【家職】 ①その家に代々伝わる職業。家業。②(旧華族や富豪の家で)家の事務・会計などを処理する人。家令。

か-しょく【貨殖】― 財産を増やすこと。利殖。

か-しょく【過食】― (名・自他スル) 食べすぎること。

―しょう【―症】〘医〙摂食障害の一つ。異常に食欲が亢進し多量の食物を摂取する症状。多食症。

か-しょく【稼△穡】 穀物の植え付けととり入れ。農作。

かしょく-の-てん【華△燭の典】― (「華燭」は、はなやかなともしびの意)「結婚式」の美称。婚礼。

かしょ-の-くに【華△胥の国】― (「華胥」は、架空の国の名)平和な理想郷。

―に遊ぶ いい気持ちで昼寝をする。【故事】古代中国の黄帝は、昼寝をした時に、人々が自然に従って生き、身分に上下なく、物欲などにも悩まされることがない華胥氏の国に遊ぶ夢を見た。黄帝はこの理想郷の夢から悟り、善政を行ったという説話による。〈列子〉

かしょぶん-しょとく【可処分所得】〘経〙所得のうち、税金・社会保険料などを除いた、個人が自由に使える部分。

かしら【頭】①あたま。「―を右に向ける」「―を振る」②いちばん上やいちばん初めであること。「九歳を―に三人の子がいる」③髪の毛。④集団を統率するもの。首領。長。特に、(大工・左官など)職人の親方。頭領。「とびの―」⑤刀の柄の先に付ける金具。柄頭。⑥人形浄瑠璃の人形の首。⑦能楽の道具の一つ。毛で作り、頭にかぶるもの。

―に霜を置く 白髪になる。**―を下ろす** 髪を切って仏門にはいる。出家する。

―じ【―字】①文や詩歌などの最初の字。②→かしらもじ

―だ・つ【―立つ】(自五) 人々の上に立つ。長となる。「―・った人」

―ぶん【―分】親分。首領。

―もじ【―文字】①欧文で、文の初めや固有名詞の初めなどに用いる大文字。頭字。キャピタル。②欧文で、姓名の最初の大文字。頭字。イニシャル。

か-しら(終助)①こうと決められず迷う意を表す。相手に問うと、疑問の意になる。「何を買おう―」「こんなに幸せでいいの―」「もうできた―」②(「…ないかしら」の形で)希望や婉曲な依頼を表す。「早く来ない―」「席を譲ってくれない―」語源「か知らぬ」→「かしらん」→「かしら」と転じた語。用法多く、女性が会話で用いる。

-がしら【頭】(接尾)①…したとたん。「出合い―」②第一位の人。「出世―」③物の上部。入り口。「目―」「波―」

かじり-つ・く【△齧り付く】(自五) ①かみつく。「肉に―」②決して離れまいとしがみつく。「机に―」

かし-りょう【貸(し)料】― 物を貸して取る料金。貸し賃。

かじ・る【△齧る】(他五) ①固いものを少しずつ歯でかみ取る。「りんごを―」「親のすねを―(=親の援助を受ける)」②物事の一部分だけを知ったり、学んだりする。「フランス語をちょっと―・ったことがある」可能かじ・れる(下一)

かしわ【△柏・△槲・△檞】〘植〙ブナ科の落葉高木。山地に自生する。樹皮にはタンニンが含まれ、染色やなめし皮用に、材は建材や薪炭用に、葉は古来、食物を包むのに使う。

―もち【―餅】①柏の葉で包んだ、あん入りのもち菓子。五月五日の節句用に作る。夏②〘俗〙一枚の布団を二つに折って、その中に寝ること。

かしわ【×黄鶏】①羽毛が茶褐色の鶏。②鶏の肉。

かしわ-で【△柏手・◇拍手】― 神を拝むとき、両方のてのひらを打ち合わせて鳴らすこと。「―を打つ」

か-しん【花心・花芯】―〘植〙花の中心。雄蕊・雌蕊の総称。花蕊。

か-しん【花信】― 花が咲いたという知らせ。花便り。

か-しん【河心】河幅の中ほど。河の中心。

か-しん【佳△辰・嘉△辰】めでたい行事のある日。吉日。

か-しん【家臣】(武士の)家に仕える臣下。家来。家人。

か-しん【家信】自分の家からの手紙。家書。「―に接する」

か-しん【過信】―(名・他スル) 価値や力量を実際よりも高くみて、信頼や信用をしすぎること。「自分の才能を―する」

か-じん【佳人】美しい女性。美人。

―はくめい【―薄命】美人は、とかく早死にしたり不幸になったりするものだ。美人薄命。

か-じん【家人】家の者。家族。「―に相談して決める」

か-じん【華人】― 中国人。また、海外に移住した中国系の人。

か-じん【寡人】―(徳の寡ない人の意)「王侯」の謙称。

か-じん【歌人】和歌をつくる人。歌詠み。

が-じん【画人】― 絵かき。画家。

がしん-しょうたん【△臥薪△嘗胆】 かたきを討つために、また、目的を達するために苦労し努力するたとえ。【故事】中国の春秋時代、呉王夫差は父の仇の越王勾践を討つためにいつも薪の上に寝起きして志を励まし、ついに会稽山で勾践を破った。その後、敗れた勾践はこの恥をすすぐために、苦い胆をなめては敗戦の恨みを忘れないようにして、ついに報復したという話による。〈十八史略〉⇩会稽の恥

かす【△滓】①液体などの底にたまるもの。おり。②よいところを取った残りの、不用のもの。③つまらないもの。「人間の―」

かす【△糟・△粕】①酒を漉したあとに残るもの。酒かす。「―漬け」②液体を搾り取ったあとに残るもの。「油―」

か・す【化す】(自他五) →かする(化する)

か・す【嫁す】(自他五) →かする(嫁する)

か・す【仮す】(他五) ①かりに与える。②許す。

か・す【科す】(他五) →かする(科する)

か・す【架す】(他五) →かする(架する)

か・す【貸す】(他五) ①所有権は渡さずに金品を他人に使わせる。「本を―」「金を―」②助力する。「手を―」「耳を―(=言い分を聞いてやる)」(↔借りる) 可能か・せる(下一)

か・す【課す】(他五) →かする(課する)

かず【数】①同類と考えられる集まりの中で、物事の多少や順序を示すもの。数。「―を数える」「―知れぬ(=数えきれない)犠牲者」②多いこと。いろいろ。「―ある中の一つ」③取り立てて数えられること。また、数えられるもの。「物の―にもはいらない」

―ならぬ 取るに足りない。物の数でない。「―身」用法謙遜して用いる。**―をこなす** 多数のものをとりさばく。または、処理する。多くの体験を積む。「短時間で―」

か-ず【下図】― 下に示した図。↔上図

ガス〈オランダ gas〉①気体。「炭酸―」②燃料用の気体。石炭ガス・天然ガスなど。「―を引く」③毒ガス。「―マスク」④海上や山に発生する濃霧。「―がかかる」秋⑤ガソリン。「―欠」⑥〘俗〙おなら。へ。⑦「ガス糸」の略。⑧「ガス織り」の略。参考「×瓦斯」とも当てる。

が・す【賀す】(他五) →がする

か-すい【下垂】(名・自スル) たれさがること。「胃―」

―たい【―体】〘生〙大脳の下面にある内分泌器官。大きさは小指頭大。前葉・中葉・後葉の三部分よりなる。生殖・発育などに関与するホルモンを分泌する。脳下垂体。

か-すい【仮睡】(名・自スル) 軽く眠ること。仮眠。仮寝。

か-すい【花穂】― 稲・カンナなど、穂の形に群がって咲く花。

か-すい【河水】川の水。

か-ずい【花△蕊】―〘植〙花の雄蕊と雌蕊の総称。

ガス-いと【ガス糸】糸の表面に出ている細毛を、ガスの炎で焼いて光沢を出した木綿糸。

かすい-ぶんかい【加水分解】(名・自スル)〘化〙塩類や有機化合物が水と反応し、分解して他の化合物を生じること。

ガス-おり【ガス織(り)】ガス糸で織った織物。

かすか【◇幽か・◇微か】(形動ダ) あるかないかはっきり認めにくいさま。ほのかなありさま。「煙が―に見える」「―な鐘の音」「―な望み」文(ナリ)

かすがい【鎹】カスガヒ ①材木などの合わせ目をつなぎとめる、両端の曲がった大きなくぎ。「豆腐に—(=手ごたえや効きめがないことのたとえ)」②二つの間をつなぎとめるもの。「子は—(=子供は夫婦の仲をつなぎとめるものだ)」③戸締まりに使う金具。掛け金。参考「鎹」は国字。

〔かすがい①〕

かす-かす(副・形動ダ)①食物などに水分が少ないさま。「—のりんご」②すれすれのさま。どうにかこうにか。「—で間に合う」文(ナリ)

かず-かず【数数】(名・副)多数。たくさん。また、数や種類が多いさま。いろいろ。「—の賞品」「—のご好意に感謝する」

かすが-づくり【春日-造〔り〕】《建》神社建築様式の一つ。切り妻造りの社殿の正面にひさしを付け、棟に千木と鰹木を付けたもの。奈良の春日大社本殿に代表される。

〔かすがづくり〕

かず・く【被く】カヅク ■(他五)カ(コ)・キ(イ)・ク・ク・ケ・ケ 頭にのせる。かぶる。■(他四・他下二)《古》→かづく

ガス-けつ【ガス欠】《俗》自動車などの燃料のガソリンがなくなること。

かず・ける【被ける】カヅケル(他下一)ケ・ケ・ケル・ケル・ケレ・ケロ(ケヨ) ①責任などを負わせる。「罪を人に—」②かこつける。ことよせる。「病気に—・けて断る」③かぶらせる。「ずきんを—」文かづ・く(下二)

かずさ〔上総〕カヅサ 旧国名の一つ。現在の千葉県中部。総州。

かす-じる【粕汁・糟汁】酒の粕を溶き入れた汁。冬

カスタード〈custard〉牛乳・鶏卵に砂糖や香料などを加えたもの。また、それに小麦粉を加えて煮詰めたクリーム状の食品。

—プリン〈custard pudding から〉カスタードを型に入れて蒸し焼きにし、柔らかく固めた洋菓子。プリン。プディング。

ガス-タービン〈gas turbine〉高温・高圧のガスを羽根車に吹きつけて回転動力を得る熱機関。

カスタネット〈castanet〉《音》二枚貝の形をした打楽器。堅い木などで作られたものを打ち合わせ、リズムをとる。

カスタマー〈customer〉顧客。得意先。「—センター」

カスタマイズ〈customize〉(名・他スル)利用者の好みや必要に合わせて、既製品の一部を作り変えたり設定を変更したりすること。「バイクを—する」「ホーム画面の—」

カスタム〈custom〉①習慣。慣習。②あつらえ。注文。「—メード」③税関。関税。

ガス-タンク〈gas tank〉ガスをためておき、必要に応じて供給するための円筒形または球形の装置。

ガス-ちゅうどく【ガス中毒】一酸化炭素や二酸化硫黄などのような有毒ガスの吸入によって起こる中毒。

かす-づけ【粕漬〔け〕・糟漬〔け〕】魚の切り身や野菜などを酒粕やみりん粕に漬けること。また、その食品。

カステラ〈ポルトガル Castella〉洋菓子の一種。小麦粉に鶏卵・砂糖などをまぜて、スポンジ状に天火で焼いたもの。語源 現在のスペインにあった王国カスティーリャでつくられたことからという。

ガス-とう【ガス灯】燃料用のガスを燃やして光を得る灯火。はじまり 日本での本格的なガス灯は、一八七一(明治四)年、大阪の造幣寮が、金銀の溶解に用いていたガスを転用し構内や近隣の街路に点火したのが最初。翌年、横浜瓦斯会社が、ガス事業として横浜の大江橋・馬車道・本町通りに点火。

かす-とり【粕取り・糟取り】①酒の粕でつくった焼酎。粕取り焼酎。②米や芋で急造した粗悪な密造酒。「—雑誌(=かすとりは三合も飲めば酔いつぶれることから、三号で廃刊になるような質の悪い雑誌)」

かず-とり【数取り】①数を数える道具。また、数を数える人。「—器」②数を多く取ることを競う遊び。

ガストロカメラ〈gastrocamera〉胃カメラ。

ガス-ぬき【ガス抜き】(名・自スル)①炭坑などで、ガス爆発を予防するためにガスを外に排出すること。②《俗》不満やストレスが噴出しないように発散させること。「—のための人事」

かず-の-こ【数の子】(「鯑の子」の意)ニシンの卵巣を乾燥または塩漬けにした食品。子孫繁栄に通じるめでたい物として、正月や祝い事の料理に用いる。新年

ガスパチョ〈スペイン gazpacho〉スペイン料理の一種。トマトなどの野菜をすりつぶし、ニンニク・オリーブ油などを加えて作る冷たいスープ。

ガス-マスク〈gas mask〉毒ガスや煙から呼吸器や目を守るために、顔面を覆うマスク。防毒面。

かすみ【霞】①空中に細かい水滴やちりが集まって浮遊し、空や遠方がぼんやりと見える現象。また、その浮遊しているもの。「—がかかる」春 ②はっきり物が見えないこと。「目に—がかかる」③「かすみあみ」の略。秋 参考 ①で、春のものを「霞」、秋のものを「霧」と区別することがある。②は「翳み」とも書く。

—を食う (仙人はかすみを食べて生きるといわれることから)俗世間を超越したような生き方をする。また、収入もなく食うや食わずの生活をする。

—あみ【—網】ごく細い糸でつくった網。空中に高く張って野鳥を捕らえるのに用いる。現在は使用禁止。秋

—そう【—草】サウ《植》ナデシコ科の一年草または多年草。春から初夏にかすみをかけたように多数の白い小花を開く。切り花として多く用いる。

—め【翳み目】目がかすんで、はっきり物が見えない状態。

かすみがせき〔霞が関〕東京都千代田区の地名。日本の政治の中心をなす行政・司法機関が集中している官庁街。

かす・む【霞む】(自五)マ(モ)・ミ(ン)・ム・ム・メ・メ ①かすみがかかる。また、そのために全体がぼうっと不明瞭に見える。「山々が—・んで見える」春 ②物がぼやけてはっきり見えなくなる。「目が—」③他に圧倒されて、その存在が目立たなくなる。「彼の前に自分の存在が—」参考 ②は「翳む」とも書く。

かすめ-と・る【掠め取る】(他五)ラ(ロ)・リ(ッ)・ル・ル・レ・レ すきをみて盗み取る。だまして奪い取る。「財布を—」「保険金を—」

かす・める【掠める】(他下一)メ・メ・メル・メル・メレ・メロ(メヨ) ①目立たないようにすばやく取る。かすめ取る。「弟のおやつを—」②注意をそらし、目をごまかす。「親の目を—」③もう少しで触れるほどの近くをすばやく通る。「弾丸が頭を—」④意識などに一瞬浮かんで消える。「不安が脳裏を—」文かす・む(下二)

かず-もの【数物】①数の多いもの。特に、大量に作られた安価な品。下級品。②一定の数で一そろいになっているもの。「—の皿」③限られた数しかないもの。

かずら【葛】カヅラ つる草の総称。

かずら【鬘】カヅラ ①つる草などの髪飾り。②→かつら(鬘)

—もの【—物】《演》美しい女性を主人公とし、かつらを付けて演じる能楽。三番目物。女物。

かすり【絣・飛白】(十文字や井桁など)小さくかすったような模様をところどころに置いた織物。また、その模様。

かすり【掠り・擦り】①ちょっとさわること。「バットに—も

しない」②上前をはねること。ぴんはね。「—をとる」③毛筆で、筆跡のところどころがかすれていること。

—きず【—傷】①皮膚に物がかすってできた軽い傷。「身に—一つ負わない」②軽い損害・被害。

かす・る【△掠る・◇擦る】(他五) ①通過する際にかすかに触れる。軽く触れる。「ボールが頭を—」②かすめて奪い取る。上前をはねる。「上前を—」自かす・れる(下一)

か・する【化する】━(自サ変) ①形や性質が変わる。変化して他のものになる。「町が廃墟と—」②導かれてよいほうに変わる。感化されて変わる。「善人に—」━(他サ変) ①ものの形や性質を変える。変化させる。②感化する。教え導いて変わらせる。「人を—」文くわ・す(サ変)

か・する【嫁する】━(自サ変)よめに行く。とつぐ。「娘が—」━(他サ変) ①よめに行かせる。とつがせる。②(責任などを)他になすりつける。「人に罪を—」文か・す(サ変)

か・する【科する】(他サ変) 法律に違反した者に刑罰をおわせる。「罰金を—」文くわ・す(サ変)

か・する【架する】(他サ変) (橋などを)空中に高く架けわたす。「屋上屋を—」文か・す(サ変)

か・する【課する】(他サ変) 仕事・責任・税などを負わせる。また、命じてさせる。「税を—」文くゎ・す(サ変)

ガス・る(自五)《俗》山などで霧がかかる。語源「ガス」を動詞化した語。

が・する【賀する】(他サ変) 祝う。祝う気持ちを言葉で表す。ことほぐ。「新年を—」文が・す(サ変)

かす・れる【△掠れる・◇擦れる】(自下一) ①墨やインクが十分に付かず、書かれたものの一部が切れ切れに薄く見える。「字が—」②声がしわがれる。「声が—」他かす・る(五) 文かす・る(下二)

ガス-レンジ〈gas range〉ガスを燃料とする加熱調理器。

かせ【△枷】①罪人の首や手足にはめて自由を奪う刑具。桎梏。②行動の自由を束縛するもの。「子が—となる」

かせ【△桛・△綛】①錘で紡いだ糸を掛けて巻く道具。②(「桛糸」の略)①から外した糸。③一定の長さをもつ枠に、一定の長さの糸を巻いたもの。また、それを数える語。参考「桛」「綛」は国字。

かぜ【風】①《気》地球の表面に沿う空気の流動。風向と風速でその運動の状態を表す。「—が吹く」②いかにもそれらしいようす・態度・そぶり。「役人—を吹かせる」③人に対して世間の取る態度。「浮き世の—は冷たい」④→かぜ(風邪)

類語

吹き方	強	疾風・陣風・突風・強風・烈風・狂風・大風・暴風・嵐・深山颪・颶風・小夜嵐・旋風
吹き方	弱	微風・軟風・清風・辻風
季節	春	春風・東風・春一番・春嵐
季節	夏	青嵐・南風・緑風・薫風・涼風・白南風
季節	秋	秋風・台風・金風・野分・西風
季節	冬	冷風・木枯らし・寒風・空っ風・北風
その他		竜巻・朝風・夕風・夜風・川風・浜風・海風・陸風・順風・逆風・追い風・向かい風・山背・温風・熱風

表現〈風の吹き方の形容〉吹き渡る・一陣の・肌を刺す・頬をなでる・体に突き刺さる・骨を刺す・身を切る・葉をそよがす・枝を震わせる・雲を吹きちぎる・蕭蕭たる

—薫る 初夏の若葉の上を渡って風がさわやかに吹く。夏

—が吹けば桶屋が儲かる 何かが起こると、その影響がめぐりめぐって、意外な結果が引き起こされるということのたとえ。**—に櫛り雨に沐う**(風で髪をとき、雨で髪を洗う意)風雨にさらされながら苦労を重ねるさま。櫛風沐雨。

—の神 ①風をつかさどる神。風神。②風邪をはやらせるという疫病神の一種。**—の子** 寒い風にも負けない元気な子供。**—の便り** どこからともなく伝わってくる話。うわさ。風聞。「近況を—に聞く」**—の吹き回し** そのときのなりゆき。物事のはずみ。「どうした—か」**—光る** 春の明るい日差しの中を風が吹き渡るさま。春 **—を切る** 勢いよく進むさま。「肩で—」**—を食らう**(悪事などが露見して)あわてて逃げるさま。

かぜ【風邪】 寒けがして、頭痛や鼻水・せき・発熱などを伴う呼吸器系の病気の総称。感冒。風邪。冬 参考「風」と同語源。常用漢字表付表の語。

がせ《俗》にせもの。でたらめ。うそ。「—ねた」語源「騒がせ」からという。

かぜ-あたり【風当〔た〕り】①風が吹き当たること。また、その強さ。②外部からの非難や攻撃。「世間の—が強い」

か-せい【化生】—(名・自スル) ①形を変えて生まれ出ること。②生物の組織や細胞が、別の形状や機能のものに変化すること。

か-せい【化成】—(名・自他スル) ①成長を遂げること。また、遂げさせること。②《化》化合して別の物質になること。また、別の物質にすること。「—肥料」

か-せい【火星】—《天》太陽系の内側から四番目にある惑星。地球の公転軌道の外側を回る赤みがかった星。

か-せい【火勢】— 火の燃える勢い。「—が強まる」

か-せい【加勢】(名・自スル) 助力すること。また、その人。「—を頼む」

か-せい【仮性】《医》病因は異なるが、症状や性質がその病気に似ていること。↔真性

—きんし【—近視】《医》長時間読書や目を使う仕事をしたときなどに、一時的に近視と同様な視力障害がみられること。

か-せい【◇和声】—→わせい(和声)

か-せい【河清】 いつも濁っている中国の黄河の流れが澄んで清くなること。望んでも実現しないことのたとえ。

—を俟つ いくら待っても実現しないことのたとえ。「百年—」

か-せい【苛性】《化》皮膚やその他の動物組織に強く作用し、腐食させる性質。

—カリ →すいさんかカリウム

—ソーダ →すいさんかナトリウム

か-せい【苛政】(人民を苦しめる)厳しい政治。むごい政治。

—は虎よりも猛し 人民を苦しめる苛酷な政治は、人食い虎よりも恐ろしい。【故事】孔子が泰山のふもとで、家族たちを虎に食い殺されて泣く一人の婦人に出会って、「なぜこんな恐ろしい土地を離れないのか」と聞くと、婦人は「ここには苛酷な政治がないからです」と答えたという。〈礼記〉

か-せい【家政】 家事をきりもりすること。また、その方法。

—ふ【—婦】 雇われて家事に当たる職業の女性。

か-せい【歌聖】 きわめて優れた歌人。歌の聖。歌仙。「—柿本人麻呂」

か-ぜい【苛税】 重い税金。重税。

か-ぜい【寡勢】— わずかな軍勢。無勢。

か-ぜい【課税】—(名・自スル) 税金を割り当てること。また、その税金。「累進—」

が-せい【画聖】— 非常に優れた画家。

が-せい【賀正】→がしょう(賀正)

かせい-がん【火成岩】〔地質〕マグマが冷え固まってできた岩石。火山岩・深成岩・半深成岩がある。

カゼイン〈ドイツ Kasein〉〔化〕牛乳などに含まれるタンパク質。酸を加えると凝固・沈殿する。チーズ・接着剤・乳化剤などの原料。

か-せき【化石】①地質時代の動植物の死骸やその跡が、水成岩などの岩石中に残ったもの。②(比喩的に)進歩・発展・変化がなく元のまま残っている古いものや制度。

—ねんりょう【—燃料】石炭・石油・天然ガスなど、大昔の生物の死骸が地中で変成してできた燃料の総称。

かせぎ【稼ぎ】①稼ぐこと。「—に出る」②稼いで得た収入。「—高」「—がいい」

が-せき【瓦石】①かわらと石。②価値のないもの。

かぜ-ぎみ【風邪気味】(名・形動ダ) 風邪をひいたような症状があるさま。かぜごこち。風邪気・風邪。「—で休む」

かせ・ぐ【稼ぐ】㊁(他五) 何かを得て有利になるようにする。「時間を—(=時間を引きのばす)」「点数を—」可能かせ・げる(下一) ㊀(自五) 働いて収入を得る。「夫婦で—」

—に追い付く貧乏なし 精を出して働けばいつかは貧乏から脱して、余裕のある生活ができる。

かぜ-くさ【風草】〔植〕イネ科の多年草。高さは約五〇センチメートルにもなり、紫色の穂を付ける雑草。風知り草。風知草。夏

かぜ-ぐすり【風邪薬】風邪の治療薬。風邪薬。冬

かぜ-け【風邪気】→かざけ

かぜ-ごこち【風邪心地】→かぜぎみ

かぜそよぐ… 和歌〔風そよぐ ならの小川の 夕暮れは みそぎぞ夏の しるしなりける〕〈新勅撰集 従二位(藤原)家隆〉風がそよそよと楢の葉をそよがせているならの小川(=京都市上賀茂神社を流れる川)の夕暮れは、涼しくてすっかり秋の気配なのだが、川辺では六月祓えが行われていてそれがまだ夏である証拠なのであった。(六月祓えは夏の終わりの行事。小倉百人一首の一つ)

かぜたちぬ〔風立ちぬ〕堀辰雄の小説。一九三六—一九三八(昭和十一—十三)年作。高原の療養所で暮らす婚約者どうしの、死に直面した生の至福を清純典雅に描く。

か-せつ【仮設】(名・他スル) ①必要な期間だけ臨時に設けること。「—住宅」②実際にはないことを想像によって作り出すこと。③→かてい(仮定)②

か-せつ【仮説】自然科学などで、ある事実や現象を合理的に体系づけて説明するために、仮に立てた理論。「—を立てる」

か-せつ【佳節】めでたい日。祝日。

か-せつ【架設】(名・他スル) (電線・ケーブルや橋などを)かけわたして設備すること。「歩道橋を—する」

カセット〈cassette〉録音・録画テープ、写真フィルムなどを一定の小さな容器におさめ、操作を簡単にしたもの。「—デッキ(=カセットテープを用いて録音・再生を行う装置)」

かぜ-とおし【風通し】①風が吹き抜けること。通風。風通し。②組織内の情報や意思の通じぐあい。「社内の—」

かぜとともにさりぬ〔風と共に去りぬ〕アメリカの作家マーガレット=ミッチェルの長編小説。一九三六年刊。南北戦争を背景に、南部の野性的な女性スカーレット=オハラの波乱に富む愛の遍歴を描く。

がせ-ねた でたらめの情報。「—をつかまされる」参考「ねた」は「種」の倒語。

かぜ-ひき【風邪引き】風邪をひくこと。また、その人。

かぜ-まち【風待ち】(名・自スル) →かざまち

かぜ-むき【風向き】→かざむき

ガゼル〈gazelle〉〔動〕ウシ科のガゼル属などに属する哺乳動物の総称。シカに似た姿で、アフリカ・アジアの乾燥地帯に群れをなして生息する。

かぜをいたみ… 和歌〔風をいたみ 岩うつ波の おのれのみ 砕けてものを 思ふころかな〕〈詞花集 源重之〉風が激しいので、岩に波が当たって自ら砕け散るように、片思いの私も自分だけが千々に心を砕いて思い悩むこのごろであることよ。(小倉百人一首の一つ)

か-せん【下線】横書きの文章で、注意すべき語句などの下に目印として引く線。アンダーライン。「—部を訳せ」

か-せん【火箭】①(武器や信号に用いた)火をつけて射る矢。火矢。②艦船の信号用の火具。

か-せん【化繊】「化学繊維」の略。

か-せん【河川】大きい川と小さい川の総称。かわ。「一級—」

—しき【—敷】(川原や堤防など)河川法により、その河川の一部として定められている河岸の敷地。かせんじき。

か-せん【河船】川を航行するのに用いる船。川船。

か-せん【架線】(名・自他スル) 送電線・電話線などを空中にかけわたすこと。また、かけわたした線。「—工事」

か-せん【寡占】ある商品の生産や販売の大部分を少数の企業が占めること。「—化」「—価格」

か-せん【歌仙】①和歌に優れた人。「六—」②〔文〕(三十六歌仙にちなみ)連歌・俳諧の一形式で三六句からなるもの。

か-ぜん【果然】(副) 思ったとおり。はたして。案の定。

が-ぜん【瓦全】(瓦のようなつまらないものが保存される意から)何もしないでただ身の安全を守ること。↔玉砕

が-ぜん【俄然】(副) にわかに。急に。突然。「—勢いづく」

がせん-し【画仙紙・画箋紙】白色大判の書画用の和紙。もと中国産のものを日本で模して製造。参考「雅仙紙」とも書く。

か-そ【過疎】非常にまばらなこと。特に、ある地域で人口が極度に少ないこと。「—化」「—の村」↔過密

が-そ【画素】画像を構成する最小の単位。ピクセル。

か-そう【下層】①上下にいくつにも重なっているものの下のほう。②社会の下のほうの階層。下層階級。「—社会」(↔上層)

か-そう【火葬】(名・他スル) 死体を焼いてその骨を葬ること。茶毘。「—場」「—に付す」

か-そう【仮葬】(名・他スル) 仮に葬ること。また、その葬儀。↔本葬

か-そう【仮装】(名・自スル) ①仮にある人や動物などの姿をよそおうこと。仮の扮装。「—行列」②仮に装備して別のものにすること。「商船に—した巡洋艦」

か-そう【仮想】(名・他スル) 仮に想定すること。

—げんじつ【—現実】→バーチャルリアリティー

—つうか【—通貨】→あんごうしさん

—てきこく【—敵国】国防上、仮に敵国と想定する国。

か-そう【家相】(住人の運勢にかかわるとされる)家の位置・方角・構造などのあり方。「—を見る」

か-ぞう【加増】(名・他スル) 加え増すこと。増加。特に、領地・禄高を増加すること。

か-ぞう【架蔵】(名・他スル) 書物などを、棚に所蔵すること。「—の本」

か-ぞう【家蔵】(名・他スル) 自分の家に所蔵すること。また、そのもの。「—の品」

が-ぞう【画像】①絵にかいた肖像。②テレビやコンピュー

ターの画面上の映像・写真。

かぞえ【数え】 カゾヘ ①数えること。②「数え年」の略。↕満

—うた【—歌】「一つとや…二つとや…」などと数の順を追って歌う歌。童歌や民謡に多い。

—どし【—年】 生まれた年を一歳として、元旦を迎えるごとに一歳ずつ加えて数える年齢。数え。↕満年齢 (はじまり) 一九五〇(昭和二十五)年一月一日施行の「年齢のとなえ方に関する法律」により、法律的には年齢は満年齢によって言い表す。

—び【—日】 その年の残る日数を指折り数えること。また、その残り少ない日。冬

かぞえ-あ・げる【数え上げる】 カゾヘ—（他下一）ゲ・ゲ・ゲル・ゲル・ゲレ・ゲロ(ゲヨ) 当てはまるものを一つ一つ取りあげて数える。列挙する。「特長を—」文かぞへあ・ぐ(下二)

かぞえ-た・てる【数え立てる】 カゾヘ—（他下一）テ・テ・テル・テル・テレ・テロ(テヨ)（よくないことを）一つ一つ数え取りたてて言う。「欠点を—」文かぞへた・つ(下二)

かぞ・える【数える】 カゾヘル（他下一）エ・エ・エル・エル・エレ・エロ(エヨ) ①いくつであるかを調べる。数を勘定する。「指を折って—」「金を—」「参加者は—ほど(=わずか)だった」②一つ一つ順に挙げる。列挙する。並べ立てる。「理由を—」③その範囲のものとしてとらえる。「奇跡に—・えられる事柄」文かぞ・ふ(下二)

か-そく【加速】（名・自他スル）速度が加わること。スピードを上げること。「徐々に—する」↕減速

—ど【—度】 ①《物》単位時間における速度の変化の割合。②速さがしだいに増していくこと。「—がつく」

—ど-てき【—度的】（形動ダ）ダロ・ダッ(デ・ニ)・ダ・ナ・ナラ・〇 物事の変化の程度がどんどん速くなっていくさま。「感染者が—に増加する」

か-そく【仮足】 アメーバなどの、原形質の流動によって形成される。偽足。擬足。原形質の一時的な突起。

か-ぞく【家族】 夫婦・親子・兄弟など、血縁・婚姻関係で構成された人々の集まり。「五人—」「—ぐるみの付き合い」

—あわせ【—合〔わ〕せ】 セアハ かるたの一種。一〇家族分の札五〇枚を配り、家族の数を多くそろえた者を勝ちとする。

—けいかく【—計画】 ケイクワク 家庭の事情に応じた出産間隔や産児数の計画。

—せいど【—制度】 社会制度によって規定される家族の形態。狭義には、戸主が家族を統率し、長男のみが財産を相続するとした、かつての日本の家父長制度。

—そう【—葬】 サウ 家族など近親者だけで行う葬式。

か-ぞく【華族】 —クワ 明治時代の華族令による身分の一つ。公・侯・伯・子・男の五爵位。一九四七(昭和二十二)年廃止。

が-ぞく【雅俗】 ①(風雅と卑俗の意で)みやびやかなことと、ひなびたこと。上品と下品。②雅語と俗語。「—折衷の文体」

かそけ・し【°幽けし】（形ク）《古》(音・光・色などが)かすかである。淡い。

かそ-せい【可塑性】《物》固体に圧力を加え、その弾性限界をこえて変形を与えたとき、圧力を取り去ってもひずみがそのまま残る性質。粘土などにみられる。塑性。

カソリック〈Catholic〉→カトリック

ガソリン〈gasoline〉原油を蒸留するとき、セ氏二〇〇度以下で得られる無色・有臭の揮発性の液体。自動車・航空機などの燃料や溶剤・塗料用などに使われる。

—カー〈gasoline car〉ガソリンを燃料とする鉄道車両。ガソリン動車。気動車。

—スタンド〈和製英語〉道路沿いにあって、自動車に直接ガソリンを給油・販売する所。給油所。スタンド。参考 英語では gas station(米)、petrol station(英)という。

かた【潟】（字義）→せき(潟)

かた【潟】 ①砂丘・砂州などで外海から遮られてできた湖沼。潟湖。ラグーン。②遠浅の海岸で、満潮のときは隠れ、干潮になると現れるところ。潮干潟。干潟。③湾・浦や入り江などの称。

かた-【片】（接頭）①二つそろって一対となるものの一方を指す意を表す。「—手」②「不十分な」の意を表す。「—言」③「わずかな」の意を表す。「—時も忘れない」④「中心からはずれて一方にかたよっている」の意を表す。「—田舎」「—意地」

かた【片】 ①二つのうちの一つ。一方。「—や関東人、—や関西人」②物事の始末。処理。「—がつく」「—をつける」

-かた【方】（接尾）①二つあるものの一方。「父—の親類」②（体言、動詞の連用形に付いて）㋐手段。方法。「勉強のやり—」「聞き—がまずい」㋑それをすること。「調査—を依頼する」㋒それをする人。係。「今日は買い—にまわる」「賄い—」③（人名に付けて）その家に身を寄せている意を表す。…のところ。「田中様—」④人数を数える尊敬表現。「おふた—」

かた【方】 ①方角。方向。向き。「南の—、故郷を思う」②指し示す人を敬意をこめていう。「この—」「女の—」③《古》時。頃ころ。時分。「来し—行く末」

かた【形】 ①そのものとしてあるべきかたち。②跡形。跡。「足の—が付く」③決まりきった形式。「—にとらわれない表現」④抵当。担保。「土地を—に金を借りる」⇩「使い分け」

—の如く 形式・慣例に従って事を行うさま。決まりどおりに。「—式を行う」

かた【型】 ①規範になる形。手本。伝統的な形式。「柔道の—」②決まりきった形式。ひながた。③同形のものをつくり出すもととなる、金属や土・紙でつくられたもの。鋳型・型紙など。④特徴をよく示している形態。典型。タイプ。⇩「使い分け」

—に嵌まる ①一定の規格にはまって、個性に欠ける。「型にはまった挨拶」②職業などによる特定の型が身に付く。

> **使い分け「形・型」**
>
> 「形」は、かたどられて物にあらわれた姿、また、物のかたちのようすの意で、「手形」「花形」「屋形船」「跡形もなく」などと使われる。
>
> 「型」は、物をつくりあげるときのもとになるかたち、一定の形式、また特徴を示す形式の意で、「鋳型」「型紙」「ひな型」「血液型」「大型」「新型」「型破り」などと使われる。ただし、実際にはその使い分けのはっきりしないものもある。

かた【肩】 ①腕と体をつなぐ関節の上部。獣では前脚の付け根の上部、鳥では翼の上部。「—を寄せる」「—がこる」「—の力を抜く」②衣服などの①に当たる部分。「背広の—」③物の上部のかど。「カードの右—」④山の頂上の少し脇や、道路の端で、①に似た所。「路—」⑤球などを投げる力。「—がいい」

—で息をする 息苦しそうに肩を上下に動かして呼吸する。

—で風を切る いばって歩く。威勢がいいたとえにもいう。

—に掛かる 責任が負いかぶさる。「一家の生計が—」 **—の荷が下りる** 負担がなくなり、ほっとする。重い責任から解放される。 **—を怒らす** 肩を高く張って威勢を示す。 **—を入れる** 力を入れて後援する。 **—を落とす** 気落ちして、肩が下がった姿になる。落胆する。 **—を貸す** ①疲れた者、傷ついた者などを肩につかまらせて支える。②援助をする。 **—をすくめる** 両肩を上げて身をちぢめるようにする。困惑やどうしようもない気持ちを表す。 **—を並べる** ①並んで立つ。並んで歩く。②対等の地位に立つ。 **—を持つ** 争いをしている一方の

味方をする。ひいきする。

か-た【過多】―クワ（名・形動ダ）多すぎること。また、そのさま。「胃酸―」↕過少

か-た【△夥多】―クワ（名・形動ダ）非常に多いこと。おびただしいこと。また、そのさま。

-がた【方】（接尾）①複数の人を示す敬称。「あなた―」②仲間・所属を表す。「敵―」③だいたいの程度・分量を表す。ほど。「五割―」④およその時間を表す。ころ。「夜明け―」

-がた【形】（接尾）そういうかたちである意を表す。「渦巻き―」

-がた【型】（接尾）その特徴をもつさま。タイプ。「努力―の人」

がた《俗》古くなったり、年を取ったりして、機械や体などの調子が悪くなること。「―がくる」「―がいく」

ガター〈gutter 溝〉ボウリングで、レーンの両側にある溝。また、投げたボールがそこに落ちてしまうこと。ガーター。

かた-あげ【肩上げ・肩揚げ】（名・他スル）子供の着物の裄(ゆき)を、ほどよい長さになるように肩のところで縫い上げること。

かた-あし【片足】一方の足。「―で立つ」

―を突っ込(こ)む あることに少しだけ関わる。ある状況に入りかける。「学生運動に―」「棺桶(かんおけ)に―」

かた-あて【肩当て】①物を担ぐとき、肩をいためないようにあてる布など。②衣服の肩の部分の形を整えたり補強したりするために、裏に付ける布。③寝るときに、肩をおおう防寒用の布。

カタール〈Qatar〉アラビア半島中東部の国。首都はドーハ。

か-たい【下△腿】ひざから足首までの部分。すね。↕上腿(じょうたい)

か-たい【過怠】―クワ ①怠慢によるあやまち。おこたり。②あやまちの償いにする物事。「―金」

か-たい【歌体】①音数から見た和歌の形態。短歌・長歌・旋頭歌(せどうか)など。②歌の体裁・風姿。

かた・い【堅い・固い・硬い】（形）カロ・カッ(ク)・イ・イ・ケレ・○《中心義―打つなどの強い力が加えられても、それまでと変化しないだけの丈夫さがある》①力を加えても、そのものの形や状態が変化しにくい。「―石」↕やわらかい ②力がこめられていて形がくずれない。「洗濯物を―・く絞る」「結び目が―」③緊張してぎこちない。表情などがこわばるさま。「本番で―・くなる」④間違いがないように十分に心づかいするさま。厳しい。厳重だ。「―・く言いつける」「あの人の仕事なら―」⑤動揺しない。堅固である。「志が―」⑥そうなることは間違いない。確かである。「優勝は―」⑦まじめである。堅実である。「―人だから間違いはない」⑧頑固である。融通がきかない。「頭の―親父(おやじ)」↕やわらかい ⑨堅苦しい。「―話はこれまでにして」↕やわらかい 文かた・し(ク) ⇩「使い分け」

> 使い分け「堅い・固い・硬い」
> 「**堅い**」は、充実してかたい意で、「堅い材木」「堅焼きのせんべい」などと使われる。また、比喩(ひゆ)的に「口が堅い」「堅い商売」なども使われる。
> 「**固い**」は、外から侵されたり動かされたりしない意で、「地盤が固い」「固く結ぶ」などと使われ、比喩的に「頭が固い」「固い団結」「財布のひもが固い」なども使われる。
> 「**硬い**」は、材質が密でかたい意で、「硬い球」「硬い鉛筆」「硬い毛髪」などと使われる。また、比喩的に「硬い文章」「表情が硬い」なども使われる。

かた・い【難い】（形）カロ・カッ(ク)・イ・イ・ケレ・○ むずかしい。「想像に―・くない」↕易(やす)い 文かた・し(ク)

か-だい【仮題】（正式に決まるまで）仮につけた題名。

か-だい【架台】①足場として作った台。②橋・鉄道などを支える台。

か-だい【過大】―クワ（名・形動ダ）大きすぎること。また、そのさま。「―な期待」↕過小

―ひょうか【―評価】―ヒャウカ（名・他スル）価値や能力を実質以上に見積もること。「成果を―する」↕過小評価

か-だい【課題】―クワ ①与えられた題目や問題。「夏休みの―」②解決しなくてはならない問題。「政治上の―」

-がた・い【難い】（接尾）（動詞の連用形に付いて）「むずかしい」の意を表す。…しにくい。「得―人材」「信じ―事実」「どちらも捨て―」「離れ―思い」文がた・し(ク)

がたい《俗》体の大きさ。図体(ずうたい)。体格。「―がいい」

が-だい【画題】―グワ ①絵画の題名。②絵の題材。絵のテーマ。

かた-いき【片息・肩息】非常に苦しげな呼吸。絶え絶えで弱々しい息。「―をつく」

かた-いじ【片意地】―イヂ（名・形動ダ）頑固に自分の考えを押し通すこと。また、そのさま。「―を張る」

かた-いっぽう【片一方】―イッパウ 二つのうちの一方。片方。

かた-いと【片糸】より合わせる前の糸。

―の《枕》「よる」「くる」「あふ」にかかる。

かた-いなか【片田舎】―ヰナカ 都会から遠く離れた村里。

かた-いれ【肩入れ】（名・自スル）ひいきにして、力を貸すこと。肩をもつこと。「身内に―する」

かた-うた【片歌】古代歌謡にみられる和歌の一形式。五・七・七の三句からなる。旋頭歌(せどうか)の半分にあたる。

かた-うで【片腕】①片方の腕。②最も信頼ができて助けとなる人・部下。腹心。「社長の―となって働く」

かた-うど【方人】―かと《古》①歌合わせなどで二組に分けた一方の人。②味方をする人。仲間。語源「かたびと」の転。

かた-うらみ【片恨み】（名・他スル）相手を、一方的に恨むこと。

かた-え【片。方】―へ かたわら。そば。「机の―に立つ」

かた-えくぼ【片△靨】―エクボ 片方のほおだけにできるえくぼ。

かた-おか【片丘・片岡】―ヲカ ①ちょっとした丘。②一方が切りたち、他の一方がすそを引いている丘。

かた-おち【型落ち】最新のものが出たために古い型式となった製品。「―モデル」

がた-おち【がた落ち】（名・自スル）（生産量・値段・人気などが）急に大きく下がること。「売り上げが―になる」

かた-おもい【片思い】―オモヒ 相手はなんとも思わないのに、一方的に恋い慕うこと。片恋。「磯(いそ)の鮑(あわび)の―」

かた-おや【片親】①両親のうち、一方しかいないこと。また、その親。↕二親(ふたおや) ②両親のうち、父または母のいずれか一方。

かた-がき【肩書〔き〕】①（名刺などで）氏名の右上などに書かれた地位・身分・職業など。②社会的な地位や身分。

かた-かけ【肩掛〔け〕】主として女性が外出のときに肩に掛ける防寒用、または装飾用の布。ショール。冬

かた-かげ【片陰】①ちょっとした物の陰。物陰。②日陰。特に夏の午後、家並みや樹木などの片側にできる日陰。夏

かた-かた【片方】二つのうちの一方。片一方。

かた-かた（副・自スル）かたいものが触れ合ってたてる軽い音を表す語。「キーボードを―(と)たたく」

-かたがた【△旁】（接尾）…のついでに。…を兼ねて。…がてら。「御礼―御返事まで」

かた-がた【△旁】（接・副）ついでに。かつ。一方では。「読書を好み、―音楽も愛好する」

かた-がた【方方】㊀（名）「人々」の敬称。「御来場の―」㊁（代）あなたがた。㊂（副）あれこれ。いろいろと。

がた-がた ■(副・自スル) ①かたくてやや大きくて重いものが触れ合ってたてる音の形容。また、そのさま。「風で雨戸が―する」 ②恐れや寒さで体が激しく震えるさま。「寒くて―する」 ③《俗》うるさく不平や文句を言うさま。「―言うな」 ■(形動ダ)(ダロ・ダッ(デ・ニ)・ダ・ナ・ナラ・○) 組み立てが緩んだり秩序が乱れたりして、こわれかかっているさま。「―の車」「組織が―になる」

かた-かな【片仮名】(「片」は完全でないの意)仮名の一種。外来語や動植物名の表記などに用いられる。⇩平仮名 参考 平安時代、漢字の字画の一部(万葉仮名)を用いて、主として漢文の書物に音や訓を書き込む仮名として発達した。一九〇〇(明治三十三)年の「小学校令施行規則」によって現行の字体に統一された。⇩仮名(かな)

かた-がみ【型紙】 ①洋裁や手芸で、作ろうとするものの形に切り抜いた紙。②型染めに用いる模様を彫り抜いた厚紙。

かた-がわ【片側】(ガハ) 物の一方の側。「―通行」↔両側

―まち【―町】 道の片側だけ家の並んでいる町。片町(かたまち)。

かた-がわり【肩代〔わ〕り】(ガハリ) (名・自スル) 他人の借金や負担などを代わって引き受けること。「借金を―する」 語源 駕籠(かご)を担ぐ者が交替する意からいう。

かたき【敵】 ①深い恨みがある相手。あだ。「―を討つ」「目の―にする」 ②競争相手。てき。「商売―(がたき)」「碁―(がたき)」 参考 ①は、「△仇」とも書く。②は、多く接尾語的に用いられる。

【変遷】「かた」は「片」、「き」は「人・男」とされる。古くは、対(つい)であるものの一方の人の意味であったが、勝負事の相手の意にも使われるようになり、「競争相手・敵対するもの」の意が生じた。現代語では、①の恨みの対象の意で使うことが多い。

―うち【―討ち】(名・自スル) ①相手に仕返しをすること。②主君や肉親などを殺された者が、その相手を殺して恨みを晴らすこと。あだうち。

―やく【―役】 ①芝居で悪人にふんする役。また、その役者。悪役。②他人から憎まれることをあえて行う立場や役目。また、その人。憎まれ役。「―を買って出る」

かた-ぎ【×気質】 同じ環境・身分・職業・年齢などの人に共通する特有の気風・気性。「職人―」「昔―の祖父」

かた-ぎ【形木】 ①布や紙に染めつけるための模様を彫りぬいた板。②版木(はんぎ)。

かた-ぎ【堅木】 木質の堅い材木。

かた-ぎ【堅気】(名・形動ダ) ①まじめで堅実であるさま。また、そのような性質。②(やくざなどに対して)まともで地道な職業についていること。また、その人。「―になる」

かた-ぎぬ【肩◦衣】 ①上代、庶民の着た衣で、袖(そで)がなく肩と胴だけをおおう上着。②室町時代以降、武士の礼服。素襖(すおう)の袖を略したもの。裃(かみしも)の上衣のこと。

か-たく【火宅】(クワ) 《仏》煩悩・苦しみ・不安に満ちたこの世を火災で燃えつつある家にたとえた語。現世。娑婆(しゃば)。

か-たく【仮託】(名・自スル) 他の物事にかこつけること。「自分の考えを作中人物に―して表現する」

か-たく【花△托】(クワ) 《植》花柄(かへい)の先端の、花をつけるところ。花床(かしょう)。

か-たく【家宅】 家やしき。すまい。「―侵入罪」

―そうさく【―捜索】(サウサク) (名・他スル) 《法》裁判所や検察官・警察官などが職権によって人の住居に入り、刑事事件の被疑者・被告人あるいは証拠物件をさがし求めること。

かた-くずれ【型崩れ・形崩れ】(クヅレ) (名・自スル) 衣服や靴などの本来の形が変形し、見苦しくなること。

かた-くち【片口】 一方にだけ注(つ)ぎ口のある鉢や銚子(ちょうし)。

―いわし【―△鰯】 《動》カタクチイワシ科の海魚。体長約一五センチメートル。上あごが下あごより長い。目刺し・しらすぼし・ごまめ・煮ぼしなどにする。秋

かた-ぐち【肩口】 肩の、腕の付け根に近い部分。肩先。

かたくな【◦頑な】(形動ダ)(ダロ・ダッ(デ・ニ)・ダ・ナ・ナラ・○) 意地をはって自分の意見や態度を変えないさま。「―に口を閉ざす」 文(ナリ)

かた-くり【片△栗】 ①《植》ユリ科の多年草。山地に生え、葉は卵形で早春に紅紫色の花を開く。地下の鱗茎(りんけい)からデンプン(かたくり粉)をとる。春 ②「かたくり粉」の略。

―こ【―粉】 カタクリの根からとった白色デンプン。料理・製菓の材料とする。現在は、多くジャガイモのデンプンで代用。

かた-くるし・い【堅苦しい】(形)(カロ・カッ(ク)・イ・イ・ケレ・○) 厳格すぎて窮屈である。うちとけず儀式ばっている。「―あいさつ」 文かたくる・し(シク)

かた-ぐるま【肩車】 ①人を両肩にまたがらせてかつぎ上げること。かたうま。②柔道で、相手を肩にのせて投げるわざ。

かた・げる【◦担げる】(他下一)(ゲ・ゲ・ゲル・ゲル・ゲレ・ゲロ(ゲヨ)) 肩にのせてになう。かつぐ。「荷物を―」 文かた・ぐ(下二)

かた・げる【◦傾げる】(他下一)(ゲ・ゲ・ゲル・ゲル・ゲレ・ゲロ(ゲヨ)) かたむける。かしげる。「小首を―」 文かた・ぐ(下二)

かた-こい【片恋】(コヒ) →かたおもい

かた-こと【片言】 ①言葉のはし。片言(へんげん)。②幼児や外国人の、不完全でたどたどしい言葉・話し方。「―の日本語」

がた-ごと(副・自スル) かたくて重いものが、ゆれたりぶつかったりして音をたてるさま。また、その音。「電車が―(と)走る」

かた-こり【肩凝り】 肩の筋肉が張って固くなること。

かた-さき【肩先】 肩の、腕の付け根に近い部分。肩口。

かた-ざと【片里】 都会から遠く離れた村里。片田舎(かたいなか)。

かた-しき【型式】 航空機・自動車・機械などで、構造・設備・外形などによって分類される独自の型。モデル。型式(けいしき)。

かた-し・く【片敷く】(他四)《古》自分の衣の片袖(かたそで)だけを敷いて、さびしく一人寝をする。

かたじけな・い【△忝い・◦辱い】(形)(カロ・カッ(ク)・イ・イ・ケレ・○) ①恐れ多い。もったいない。②感謝にたえない。ありがたい。「御厚情まことに―・く」 文かたじけな・し(ク)

かた-しろ【形代】 ①神を祭る際、神霊のかわりに置くもの。②みそぎや祓(はら)えのとき、人の体をなでて災いを移し、身がわりとして川に流す白紙の人形(ひとがた)。夏 ③身がわり。

かた-じん【堅人】 まじめで物堅い人。堅物(かたぶつ)。堅蔵(かたぞう)。

かた・す【片す】(他五)(サ(ソ)・シ・ス・ス・セ・セ) (東北・関東地方で)かたづける。整理する。「机の上を―」

かた-ず【固唾】(ヅ) 息をこらすときに口中にたまる唾(つば)。 参考 常用漢字表付表の語。

―を吞(の)む 事のなりゆきを緊張して見守るさまをいう。

かた-すかし【肩透〔か〕し】 ①相撲で、四つに組んだ手を急にぬき、相手の力をそらして倒すわざ。②勢いこんだ相手の勢いをそらして、意気ごみを失わせること。「―を食う」

カタストロフィー〈catastrophe〉 劇や小説などの大詰め。終局。特に、悲劇的な結末をいう。破局。カタストロフ。

かた-すみ【片隅】 一方のすみ。中央から離れた目立たない所。「部屋の―」「大都会の―」

かた-ずみ【堅炭】 カシ・ナラ・クリなどで作った、堅くて火力の強い木炭。白炭(しろずみ)。冬

かた-ぞう【堅蔵】(ザウ) 《俗》(人名になぞらえた言い方)りちぎ者。堅物(かたぶつ)。堅人(かたじん)。

かた-たがへ【方◦違〔へ〕】(たがえ) 《古》陰陽道(おんようどう)の説によって平安時代以降行われた風習。外出する際、目的地の方角に天一神(なかがみ)が位置している場合、その方角を避けて、前夜、別の

方角に一泊してから、改めて目的地に行くこと。

かた-たたき【肩△叩き】①肩こりをほぐすために、適度の力で肩をたたくこと。また、その道具。②(相手の肩を軽くたたいて)退職を勧奨すること。「―にあう」

かた-だより【片便り】出した手紙の返事が来ないこと。

かたち【形】①見たり触れたりして知られる、色を除いた物体のようす。格好。輪郭。「丸い―の物体」「影も―もない」②(内容や実質などに対して、表面的な)すがた。形式。体裁。「―だけ整える」③顔だち。④態度。姿勢。「―を改める」⑤まとまり整った状態・あり方。「仕事に―をつける」「望ましい―で和解する」参考 ③は「◇容」「◇貌」とも書く。

―づく・る【―作る】(他五) ラ(ロ)・リ(ッ)・ル・ル・レ・レ まとまった一つの形につくりあげる。形成する。「学問の基礎を―」

―ばかり【―◇許り】体裁だけで、たいした中身でないこと。人に贈るものを謙遜していう。かたばかり。「―のお礼」

かた-ちんば【片△跛】(名・形動ダ) 対であるべきものがふぞろいであること。また、そのさま。(「ちんば」は差別的な語)

か-たつ【下達】(名・他スル) 上の者の意思・命令を下の者に通じさせること。「上意―」↕上達

かた-づ【固唾】「かたず」と書くのが本則。→かたず

かた-つき【肩付〔き〕】肩のあたりのようす。肩のかっこう。

かた-づ・く【片付く】(自五) カ(コ)・キ(イ)・ク・ク・ケ・ケ ①物があるべき場所に納まり、整った状態になる。整頓される。「部屋が―」②決着する。解決する。終わる。治まる。「争議が―」「仕事が―」③娘が嫁に行く。他 かたづ・ける(下一)

がた-つ・く(自五) カ(コ)・キ(イ)・ク・ク・ケ・ケ ①がたがたと音がする。「風で雨戸が―」②組織などの調和がくずれて不安定になる。「社内が―」③寒さや恐ろしさなどで体がふるえる。「足が―」④機械や建物などの調子が悪くなる。がたがくる。「車が―」

かた-つけ【型付け・型◇附け】型染めで模様をつけること。また、その職人。

かた-づ・ける【片付ける】(他下一) ケ・ケ・ケル・ケル・ケレ・ケロ(ケヨ) ①物をあるべき場所に納め、整った状態にする。整頓する。「部屋を―」②物事の決着をつける。処理する。「事件を―」③《俗》邪魔者を除く。殺す。④娘を他家に嫁入りさせる。自 かたづ・く(五) 文 かたづ・く(下二)

がたっ-と(副) ①物が急に落ちたり傾いたりするさま。また、その音。「扉が―はずれる」②(成績・能力・値打ちなどが)急に下がるさま。「球威が―落ちる」

かたっ-ぱし【片っ端】(「かたはし」の促音化) 一方の端。かたはし。「問題を―から(=手当たりしだいに)解く」

かた-つむり【×蝸牛】《動》腹足類の軟体動物のうち、陸生巻き貝の総称。頭部に二対の触角をそなえ、その長いほうに明暗を感じる目がある。うずまき状の殻をもち、雌雄同体。でんでんむし。まいまい。まいまいつぶり。蝸牛。夏

かた-て【片手】①一方の手。「―で持ち上げる」↕両手 ②一方。「舞台の―」③片手間。「―仕事」④《俗》(五本の指から)五〇〇〇円、五万円など五のつく金額をいう語。

―おけ【―△桶】片側だけに取っ手のついているおけ。

―わざ【―業】①片方の手でするわざ。②片手間にする仕事。内職。

かた-ておち【片手落ち】(名・形動ダ) 全体への心くばりに欠け、処置や配慮が不十分・不公平であること。

かた-てま【片手間】本職の合間。また、その合間にする他のこと。「―ではできない仕事」

かた-でり【片照り・◇偏照り】晴天ばかりが続くこと。↕片降り

かた-どおり【型通り】(名・形動ダ) 決まった方式のとおりであること。また、そのさま。「―の挨拶」

かた-とき【片時】ちょっとの間。「―も忘れられない人」

かた-ど・る【◇象る】(他五) ラ(ロ)・リ(ッ)・ル・ル・レ・レ 物の形を写しとる。似せる。「熊を―・った彫刻」可能 かたど・れる(下一)

かたな【刀】(片刃の刃物の意から)刀剣類の総称。特に、武士が脇差しと対にして腰につけた大刀。

―折れ矢尽きる 立ち向かう方法や手段が残っておらず、もはやどうすることもできない。弓折れ矢尽きる。**―の錆**(血がついて刀がさびることから)刀で切られること。また、切り殺すこと。「―になる」「―にする」

―かじ【―鍛冶】鉄をきたえて刀を作る職業の人。刀工。刀匠。

―がり【―狩〔り〕】《日》一揆の防止や兵農分離の目的で、武士以外の者から武器を没収すること。一五八八(天正十六)年豊臣秀吉が発した刀狩令が有名。

-がたな・い(接尾)(古い言い方で、動詞の連用形に付いて)…するのがむずかしい。…しにくい。「忘れ―」文 がたな・し(ク)

かた-ながれ【片流れ】屋根の傾斜が棟から軒まで一方だけについているもの。また、その屋根をもつ建物。↕両流れ

かた-なし【形無し】(名・形動ダ)(本来の姿や形がそこなわれる意から)面目が失われてみじめなこと。さんざんなありさまとなること。また、そのさま。「力自慢も―だ」

かた-ならし【肩慣らし】(名・自スル) ①野球で、投手などがボールを軽く投げて肩の調子を整えること。②本格的に取り組む前に、下準備として軽くやってみること。

かた-なり【片◇生り】《古》成育が不十分なこと。未熟。

かた-に【片荷】天秤棒でかついだ荷の片方。半分の荷。

―が下りる ①責任の半ばをまぬかれる。また、それを果たす。②心配事などが半減する。

かた-ぬぎ【肩脱ぎ】(名・自スル) 着物の上半身の部分を脱いで肩を出すこと。はだぬぎ。

かた-ねり【固練り・固△煉り】水分を少量にしてかたくねること。また、そのようにしてねったもの。「―のおしろい」

かた-は【片刃】刃物で、片側にだけ刃のついていること。また、その刃物。かたば。「―のかみそり」↕諸刃・両刃

かた-はい【片肺】①片方の肺。②双発飛行機で、片方のエンジンしか動かないこと。「―飛行」

かた-ばかり【形◇許り】→かたちばかり

かた-はし【片端】①一方の端。かたっぱし。②わずかな部分。

かた-はだ【片肌・片◇膚】上半身の片方の肌。↕諸肌

―(を)脱ぐ ①着物の片方の袖を脱いで肌を出す。②(働く際、①のようにすることから)加勢をする。手を貸す。

かた-はば【肩幅】①人の肩のはしからはしまでの長さ。②《服》和裁で、背縫いから袖つけまでの長さ。洋裁で、襟ぐりから肩先までの長さ。

かたばみ【×酢漿草】《植》カタバミ科の多年草。道ばたや庭に生え、茎は地をはう。小葉は三枚ずつ一本の柄につく。春から秋に黄色の花を開く。果実が成熟するとはじけて種子を飛ばす。すいものぐさ。夏

〔かたばみ〕

かたはら-いた・い【片腹痛い】(形) カロ・カッ(ク)・イ・イ・ケレ・〇 (身のほどをわきまえない相手のふるまいが)おかしくて見ていられない。笑止千万である。文 かたはらいた・し(ク)

【変遷】古語「傍痛し」の原義は、「そばで見ていて心が痛む・い

たたまれない」の意。やがて、「笑止だ・こっけいだ・にがにがしい」の意が生じ、「傍ら」を「片腹」と解し、「片腹痛し」の字が当てられるようになった。現代語ではもっぱらこの意味で、相手を嘲笑するときに用いる。

かたはらに… 和歌〔かたはらに 秋ぐさの花 かたるらく ほろびしものは なつかしきかな〕〈若山牧水〉信州小諸の城跡をたずねて、一人草の上に腰をおろしていると、かたわらに咲く秋草の花がそっと私に話しかけることには、「ほろびてしまったものはなつかしいことですね」。

カタパルト〈catapult 石弓〉艦船上から圧縮空気・火薬などの力により、飛行機を飛び立たせる装置。

かた-ばん【型番】 製品の機種・型を示す記号や番号。

かた-パン【堅パン】 かたく焼いたパン。特に、乾パン。

かた-ひざ【片膝】 片方のひざ。「―を立てて座る」

かた-びさし【片△庇】 ①片流れのひさし。②粗末なさしかけ屋根。

かた-ひじ【肩肘】 肩とひじ。

―(を)張る 堅苦しい態度をとる。また、気負う。

がた-ぴし(副・自スル) ①たてつけの悪いさま。「戸が―する」②組織などが円滑に機能しないさま。

かた-ひも【肩△紐】 かばんや下着などの、肩にかけるためのひも。ストラップ。

かた-びら【×帷子】 ①生糸・麻などで仕立てたひとえもの。②ひとえものの総称。夏 ③→きょうかたびら

カタピラ〈caterpillar〉→キャタピラ

かた-びん【片△鬢】 頭の左右、どちらか片方の側面の髪。

かた-ぶ・く【◇傾く】(自五) →かたむく

かた-ふたがり【方◇塞がり】《古》陰陽道で、天一神がいる方角へ行くと災いがあるとして、行くのをはばかること。また、その時。かたふさがり。⇩方違へ

かた-ぶつ【堅物】 きまじめで、融通のきかない人。

かた-ぶとり【堅太り・固太り】(名・自スル) 太っていながら肉がしまっていること。また、その人。「―の人」

かた-ぶとん【肩布団・肩△蒲団】 寝るとき、肩が冷えないように肩をつつむ、小さくて細長いふとん。冬

かた-ぶり【片降り・◇偏降り】 雨の日ばかりが続くこと。↕片照り

かた-へん【方偏】 漢字の部首名の一つ。「施」「旅」などの「方」の部分。ほうへん。

かた-へん【片偏】 漢字の部首名の一つ。「版」「牒」などの「片」の部分。

かた-ほ【◇偏・片◇秀】(名・形動ナリ)《古》物事が不十分なさま。不完全。未熟。↕真秀

かた-ほ【片帆】 ①帆の一方。②横風を受けて進めるように、一方に傾けて張った帆。↕真帆

かた-ほう【片方】 二つのうちの一方。片一方。かたっぽう。かたっぽ。「手袋の―をなくす」↕両方

かた-ぼう【片棒】 駕籠の棒をかつぐ二人のうちの一人。

―を担ぐ ある仕事の一部を受け持つ。協力する。「犯罪の―」用法 悪事についていうことが多い。

かた-ぼうえき【片貿易】 輸入または輸出のうち、どちらか一方にかたよった貿易。

かた-ほとり【片◇辺】 ①中心地から遠く離れた、へんぴな場所。片田舎。僻地。②ある場所の片すみ。

かた-まえ【片前】 洋服で、前合わせが浅く、ボタンが一列のもの。シングル。↕両前

かた-まち【片町】 →かたがわまち

かたまり【固まり・塊】 ①かたまること。かたまったもの。「雪の―」②一つ所に集まっているもの。集団。「人の―が動く」③ある性質・傾向などが極端に強くなったもの。「欲の―」参考「固」は外よりかためてかたい、「塊」は土くれ、土のかたまりの意。

かたま・る【固まる】(自五) ①液状のものややわらかいものなどが、固形状やかたい状態になる。「セメントが―」②一つ所に寄って集まる。寄り合う。「人が大勢―・っている」③確定する。安定する。「方針が―」「基礎が―」④他を顧みず、一つのものにのめりこむ。凝り固まる。「信仰に―」⑤《俗》対応に困って動けなくなる。また、コンピューターなどが動かなくなる。フリーズする。他かた・める(下一)

かたみ【△筐】 目のこまかい竹かご。「花―」

かた-み【片身】 ①体の半分。特に、魚の背骨を境とする片方。半身。「―を刺身にする」②着物の身ごろの片方。

かた-み【形見】 ①死んだ人や別れた人の残した品。「母の―の着物」②過去の思い出となるもの。記念。「青春の―」

―わけ【―分け】 死んだ人の遺愛の品や衣服などを親族・友人などに分け与えること。

かた-み【肩身】 ①肩と身。②他人に対する面目。体面。

―が狭い 世間に対して面目ない。ひけめを感じる。**―が広い** 世間に対して自分の存在を誇らしく思う。

かたみ-がわり【◇互替〔わ〕り】 たがいにかわるがわるすること。交互。

かた-みち【片道】 行きか帰りかの、どちらか一方。「―切符」↕往復

かたみ-に【◇互に】(副)《古》たがいに。

かた-むき【傾き】 ①傾くこと。傾いている度合い。傾斜。②ある方向に進もうとするようす。傾向。「孤独を好む―がある」

かた-む・く【傾く】(自五)(古くは「かたぶく」) ①水平または垂直な状態にある物が、何らかの影響で斜めになる。「大波を受け船が―」「地震で家が―」②(考え・気持ち・状況などが)それまでとは異なる方向へ動いていく。「意見が反対に―」③日・月が西の空の低い位置に移る。「夕日が西に―」④勢いが衰える。「家運が―」他かたむ・ける(下一)

かた-む・ける【傾ける】(他下一) ①傾くようにする。斜めにする。「首を―」②そのほうへ集中させる。「耳を―」「全力を―」③衰えさせる。力を弱くする。「社運を―」④酒の類を飲む。「一献―」自かたむ・く(五) 文かたむ・く(下二)

かた-むすび【片結び】 紐や帯の結び方。一方はまっすぐのままにし、輪を作るように他方をからめて結ぶもの。

かため【固め】 ①かためること。②かたい約束。誓い。「―の杯」③かたく守ること。そなえ。警備。防備。

―わざ【―技】 柔道で、おさえこみわざ・しめわざ・関節わざの総称。

かた-め【片目】 ①一方の目。「―が明く(=負け続けていた力士が一勝する)」↕両目 ②片方の目が見えないこと。独眼。

かた-め【固目】(名・形動ダ) やや固い程度。「―のご飯」

かた・める【固める】(他下一) ①液状のものややわらかいものを、固形状やかたい状態にする。「ゼラチンで―」「土を踏んで―」②一つの所に寄せ集める。寄せ合う。「本は一か所に―・めておく」「休暇を―・めてとる」③確定させる。安定させる。「身を―(=まじめになる。結婚する)」「基礎を―」④守りを厳重にする。「門を―」自かたま・る(五) 文かた・む(下二)

かた-めん【片面】(両面あるものの)一方の面。↕両面

かた-や【片や】(対になるもののうち)一方は。「―元気で若々しく、―すっかり老け込んでいる」参考 相撲で、次の取り組みで

土俵に上がる力士を行司が呼ぶときに用いた。

かた-やぶり【型破り】(名・形動ダ) 従来のやり方や一定の型からはずれているさま。「—な手法」「—な行動」

かた-やまざと【片山里】 へんぴな山里。片田舎の山里。

かた-よ・せる【片寄せる】(他下一) セ・セ・セル・セル・セレ・セロ(セヨ) 一方に寄せる。「荷物を—」 自かたよ・る(五) 文かたよ・す(下二)

かた-よ・る【偏る・片寄る】(自五) ラ(ロ)・リ(ッ)・ル・ル・レ・レ ①中心や基準からずれて一方へ寄る。「針路が北へ—」 ②一方へ集まり全体の均衡が欠ける。「人口が大都市に—」「栄養が—」 ③特定の物事を重視して不公平または不均衡な状態になる。「党利に—」「判定が—」 他かたよ・せる(下一)

かたらい【語らい】 カタラヒ 親しく話し合うこと。「親子の—」

かたら・う【語らう】 カタラフ (他五) ワ(オ)・イ(ッ)・ウ・ウ・エ・エ ①うちとけて親しく話し合う。「親子で—」 ②事情を説明して仲間にひきいれる。誘う。「友を—・って旅に出る」 可能かたら・える(下一)

かたり【語り】 ①語ること。話。②能楽または狂言で、ふしをつけず、言葉だけで一場の物語をすること。また、その文句。

▼「語り」が下に付く語

(がたり)素— 出— 問わず— 弾き— 昔— 物— 夢— 世—

—ぐさ【—◇種・—草】 話のたね。話題。「世の—となる」

—くち【—口】 話をする人の口調。「しんみりした—」

—て【—手】 ①語る人。話し手。②劇やドラマなどで、筋や場面について解説する人。ナレーター。

—べ【語(り)◇部】 ①古代、朝廷に仕えて、古い言い伝えや伝説を語り伝えることを職業とした氏族。②ある事柄を語り伝える人。「戦争体験の—となる」

—もの【—物】 物語・読み物などにふしをつけ、楽器に合わせて語るもの。平曲・浄瑠璃・浪曲など。↔謡物

かたり【△騙り】 うまいことを言って金や品物をだまし取ること。また、その人。「ゆすり—」「—をはたらく」

かたり-あ・う【語り合う】 アフ (他五) ワ(オ)・イ(ッ)・ウ・ウ・エ・エ たがいに語る。「夜更けまで—」

かたり-あか・す【語り明(か)す】(他五) サ(ソ)・シ・ス・ス・セ・セ 一晩じゅう話をしあって夜を明かす。「将来の夢について—」

かたり-つ・ぐ【語り継ぐ】(他五) ガ(ゴ)・ギ(イ)・グ・グ・ゲ・ゲ ある事柄を順々に次の世代へと語って伝える。「民話を—」

かたり-つた・える【語り伝える】 ツタヘル (他下一) エ・エ・エル・エル・エレ・エロ(エヨ) ある事柄を世間の人や後世の人に話して伝える。「—・えられた昔話」 文かたりつた・ふ(下二)

カタル〈ドイツ Katarrh〉〔医〕鼻腔・咽喉・食道・胃腸などの内部をおおう粘膜の滲出性炎症。「腸—」 参考「×加答児」と書くこともある。

かた・る【語る】(他五) ラ(ロ)・リ(ッ)・ル・ル・レ・レ ①物事を順序だてて話して相手に伝える。「事件のいきさつを—」 ②(浪曲・浄瑠璃などを)ふしをつけて朗読する。「平家物語を—」 ③ある意味・事柄・真実などを自然と表す。おのずと示す。「深いしわが苦労を—・っている」 可能かた・れる(下一)

—に落ちる 「問うに落ちず語るに落ちる」の略。

かた・る【△騙る】(他五) ラ(ロ)・リ(ッ)・ル・ル・レ・レ ①うまいことを言って金や品物をだましとる。②利を得るために身分や氏名を偽る。「他人の名を—」

カタルシス〈ギリシャ katharsis〉①悲劇などを見ることで、心にたまった重苦しい感情を晴らして心を軽快にすること。浄化。②〔心〕抑圧された精神的苦悩を、言葉や行為として表出することで消失させようとする精神療法。参考元来は「浄化・排出」の意。アリストテレスが「詩学」で用いた。

カタログ〈catalogue〉商品目録。営業案内書。「通販—」「—ショッピング」 参考「×型録」と書くこともある。

かた-わ【片◇端・片輪】 ハ・ワ (名・形動ダ) 体の一部に障害があって不自由なこと。また、その人をいう差別的な語。

かた-わき【片脇】(「脇」を強調した語) わきのほう。かたわら。

かた-わく【型枠】 コンクリートなどを流し込んで成形するための枠。

かたわら【傍ら】 カタハラ ①そば。わき。「—に辞書をおく」 ②(副詞的に用いて)…と同時に。一方では。「勉強の—ラジオを聞く」

—に人無きが如し 周囲の人に気をつかわず、わがままにふるまうこと。傍若無人。

かた-われ【片割れ】 ①器などのこわれた一片。そろってひとまとまりである物の一部。②仲間の一人。「盗賊の—」

—づき【—月】 半円形に欠けた月。半月。弓張り月。

か-たん【下端】 下のほうのはし。↔上端

か-たん【荷担・加担】(名・自スル)(荷物をになう意から)仲間として加わり、力を貸して助けること。「悪事に—する」

か-だん【花壇】 クワ 庭や公園などで、区切って土を盛り草花を植えてある場所。秋

か-だん【果断】 クワ (名・形動ダ) 決断力があり思いきって物事を行うこと。また、そのさま。「—な処置」

か-だん【歌壇】 歌人の社会。また、その仲間。

が-だん【画壇】 グワ 画家の社会。また、その仲間。

カタン-いと【カタン糸】 ミシン用のもめん糸。よりをかけて、漂白・のりづけなどの加工をしたもの。語源カタンは cotton (=綿)の転。

がたん-と(副) ①堅くて重い物がぶつかる音を表す語。「扉が—閉まる」 ②(成績・能力・値打ちなどが)急にひどく下がるさま。「売り上げが—減る」

かち【◇徒・×徒歩】《古》①乗り物に乗らないで歩くこと。徒歩。②江戸時代、徒歩で主君の供や行列の先導をつとめた侍。徒士侍。かちのもの。参考②は「×徒士」とも書く。

かち【◇褐】 深いあい色。かちいろ。褐。(音が「勝ち」に通じるので武具を染めるのに用いた。)

かち【勝ち】 勝つこと。「—に乗じる」「—を譲る」↔負け

—に乗る 勝って調子づく。勝ちに乗じる。

か-ち【価値】 ①ある事物の、役に立つ、重要であると認められる特質。また、その程度。ねうち。「一見の—がある」「無—」 ②〔経〕財貨がもつねうち。財貨の本質的有用性である使用価値と、他の財貨との相対関係における交換価値とに分かれる。③〔哲〕人間の好悪の対象となる性質。また、個人的好悪を離れて客観的に承認されるもの。真・善・美など。

-がち【勝ち】(接尾)(体言・動詞の連用形に付いて)…がしばしばある。…が多い。…の傾向が強い。「病気—」「曇り—」

がち(名・形動ダ)《俗》本気・本当であること。「—の勝負」「—で怖い話」 語源相撲で真剣勝負を意味する「がちんこ」から。

が-ち【雅致】 風流なおもむき。雅趣。「—に富む」

かち-あ・う【△搗(ち)合う】 アフ (自五) ワ(オ)・イ(ッ)・ウ・ウ・エ・エ ①ぶつかり合う。出あう。「頭と頭が—」 ②二つ以上の物事が重なる。「日曜と祝日が—」

かち-いくさ【勝(ち)戦・勝(ち)◇軍】 戦いに勝つこと。また、その戦い。戦勝。↔負け戦

かち・える【勝(ち)得る・△贏(ち)得る】(他下一) エ・エ・エル・エル・エレ・エロ(エヨ) 努力した結果、自分のものとする。「名声を—」「信頼を—」 文かち・う(下二)

かち-かち ■一(副) 堅いものがぶつかって立てる音や、歯車の動く音を表す語。■二(形動ダ) ダロ・ダッ(デ・ニ)・ダ・ナ・ナラ・○ ①堅いさま。「粘土が

—に固まる」②緊張で体がこわばっているさま。「初出場で—になる」③頑固で融通がきかないさま。「—の石頭」文(ナリ)

がち-がち 一(副)堅いものが幾度もぶつかりあう音を表す語。(「かちかち」より重い感じ。)「歯が—いう」二(形動ダ)ダロ・ダッ(デ・ニ)・ダ・ナ・ナラ・○ ①きわめて堅いさま。「—に凍る」②凝り固まってゆとりのないさま。「—の点取り虫」文(ナリ)

かち-かん【価値観】クワン ①価値判断の基準となる考え。「彼とは—が違う」②〔哲〕人々の意識の根底にあって、個人または民族の行動を律し定める要因となるもの。

かち-き【勝〔ち〕気】(名・形動ダ)他人に負けまいとする気の強いさま。また、その気性。負けん気。「—な性格」

か-ちく【家畜】人間が生活に役立てるために、家や農園で飼う動物。牛・馬・豚・鶏など。

かち-ぐみ【勝〔ち〕組】競争社会で勝った者。ある社会・分野で成功して地位や財産を得た者。↔負け組

かち-ぐり【△搗△栗・勝△栗】干して臼でつき、殻と渋皮をとったクリの実。「勝ち」に通じるので出陣や祝勝に用いる。

かち-こ・す【勝〔ち〕越す】(自五)サ(ソ)・シ・ス・ス・セ・セ ①勝ちの数が負けの数より多くなる。↔負け越す ②得点が相手より多くなる。「適時打で一点—」

かちっ-と(副・自スル)①堅くて小さな物が打ち当たる音を表す語。「—音がして錠が外れる」②ゆるみがなくしっかりとしているさま。ひきしまっているさま。かっちり。「—した服装」

かちっ-ぱなし【勝ちっ放し】ずっと勝ち続けること。連勝。「—の力士」

かち-てん【勝ち点】リーグ戦のスポーツ競技で、順位を決めるために勝敗や点差などによって与えられる点数。

かち-どき【勝△鬨】戦いに勝ったときに、いっせいにあげる喜びの声。凱歌(がいか)。ときの声。「—をあげる」

かち-と・る【勝〔ち〕取る】(他五)ラ(ロ)・リ(ッ)・ル・ル・レ・レ 努力によって手に入れる。「栄冠を—」

かち-なのり【勝〔ち〕名乗り】相撲で、行司が勝った力士の方に軍配を上げ、四股名(しこな)を呼びあげること。「—をあげる」

かち-にげ【勝〔ち〕逃げ】(名・自スル)試合・勝負に勝った者がそれ以上の勝負を避けて、その場から立ち去ること。

かち-ぬき【勝〔ち〕抜き】負けるか優勝するまで、次々に相手を替えて勝負すること。「—戦」

かち-ぬ・く【勝〔ち〕抜く】(自五)カ(コ)・キ(イ)・ク・ク・ケ・ケ ①次々と相手を負かす。勝ち進む。「予選を—」②最後まで戦い抜いて勝つ。「企業間競争を—」

かち-はだし【◇徒△跣】はだしで歩くこと。

かち-はんだん【価値判断】ある事物について、よい・悪い、あるいはそのねうちなどを決めること。「—が甘い」

かち-ほこ・る【勝〔ち〕誇る】(自五)ラ(ロ)・リ(ッ)・ル・ル・レ・レ 勝って得意になる。勝って意気があがる。「—・って引き上げる」

かち-ぼし【勝〔ち〕星】相撲の星取り表で、勝者の名の上につける白い丸。また、勝負事での勝ち。白星。「—をあげる」↔負け星

かち-まけ【勝ち負け】勝つことと負けること。勝敗。

かち-み【勝〔ち〕味】→かちめ

かち-め【勝〔ち〕目】勝つ見込み。勝ち味。「—がない」

がちゃ-がちゃ 一(副・自スル)重く堅いものが騒がしくぶつかりあう音を表す語。「鍵(かぎ)の束を—させる」二(形動ダ)ダロ・ダッ(デ・ニ)・ダ・ナ・ナラ・○ 入り乱れているさま。「かばんの中が—になる」三(名)(鳴き声から)「くつわむし」の異名。秋

か-ちゃく【家嫡】家のあとをつぐ者。嫡子。

か-ちゅう【火中】クワ ①火の中。②火の中に入れて焼くこと。

—の栗(くり)を拾(ひろ)う 他人の利益のために危険をおかす。また、非常な危険をおかすことのたとえ。語源猿が猫をおだてて火中の栗を拾わせたというラ＝フォンテーヌの寓話から。

か-ちゅう【家中】①家の中。②家の者全員。③昔、大名の家来の総称。藩中。

か-ちゅう【華△冑】クワチウ (「冑」は血筋の意)名門。貴族。

か-ちゅう【渦中】クワ うずの中。転じて、もめごとやもつれた事件の混乱のただ中。「—の人」

カチューシャ〈Katyusha〉ヘアバンドの一種。弾力性のある細長い金属やプラスチックの板を丸く曲げたもの。語源大正時代に上演されたトルストイ原作の劇「復活」で、主人公カチューシャがつけたことから。

か-ちょう【花鳥】クワテウ (鑑賞して風流を楽しむものとしての)花と鳥。「—画(＝花や鳥を画題とする中国・日本の絵画の称)」

—ふうえい【—△諷詠】〔文〕高浜虚子の提唱した俳句理念。俳句は四季の移り変わりによる自然や人事などの現象を客観的にうたうべきだという理念。

—ふうげつ【—風月】①自然界の美しい景物。②風流。風雅な遊び。「—をこととする」

か-ちょう【家長】チヤウ 一家のあるじ。(民法旧規定で)戸主。

か-ちょう【蚊帳】チヤウ かや。夏

か-ちょう【課長】クワチヤウ 会社・官庁などで、一つの課の長。

が-ちょう【画帳】グワチヤウ 絵をかくための帳面。画帖(がじょう)。スケッチブック。

が-ちょう【△鵞鳥】テウ 〔動〕カモ科の鳥。ガンを改良してつくった家禽(かきん)。肉・卵は食用。

かちょう-きん【課徴金】クワチヨウ ①租税のほかに、国が国民から徴収する金銭。手数料・特許料・罰金・科料などの類。②違法のカルテルなど、法律に違反した事業者から行政措置として国が徴収する金銭。

かち-わたり【◇徒渡り】(名・自スル)徒歩で川を渡ること。徒渉(としょう)。

かち-わり【△搗ち割り】(おもに関西で)口にはいるほどの大きさに砕いた氷。ぶっかき氷。夏

かち-わ・る【△搗ち割る】(他五)ラ・(ロ)・リ(ッ)・ル・ル・レ・レ 「割る」の俗語的表現。ぶち割る。たたき割る。「頭を—ぞ」

かちん(副)堅い物が、ぶつかったり割れたりして出る鋭い音。

—と来(く)る 他人の言動が、強く気にさわりいらだつ。

—かちん(形動ダ)ダロ・ダッ(デ・ニ)・ダ・ナ・ナラ・○ 「かちかち二」を強調した語。「—に凍った湖面」

—こ 映画で、撮影開始の合図にカメラの前で打ち鳴らす、小さな黒板の付いた拍子木。黒板に場面番号などを記し、カチンと音を入れて、フィルム編集作業の目安とする。

がちんこ 相撲で、真剣勝負。また、一般に本気の勝負。

かつ【括】カツ(クワツ) くくる 中

(字義)くくる。㋐たばねる。むすぶ。しばる。㋑まとめる。しめくくる。「括弧・概括・総括・統括」

一 十 才 扌 扌 扌 括

かつ【活】教2 カツ(クワツ) いきる

(字義)①いきる。㋐生存する。活動している。生命を保っている。「活火山・活魚・活躍・快活・死活・復活」㋑くらす。くらし。「活計・生活」②いかす。すくう。役立てる。「活殺・活用」

丶 冫 氵 汁 汗 活

難読活(い)け作り・活(い)け花 人名いく

かつ【活】クワツ ①いきること。いかすこと。「死中に—を求める」②気絶した人の息を吹き返らせる術。転じて、元気づけること。

—を入(い)れる ①気絶した人の急所をついて息を吹き返させ

る。②活力を失った人や物事に刺激を与えて元気をつける。

かつ【喝】【喝】 カツ㊥ しかる
(字義)①しかる。大声でおどす。「喝破・一喝・恐喝・大喝・恫喝」②大声をあげる。「喝采」

かつ【喝】(感)《仏》禅宗で、修行者の迷いや誤りをしかるときなどに出すはげましの大声。座禅のときに多く用いる。

かつ【渇】【渴】(人) カツ㊤ かわく㊥
(字義)①かわく。㋐のどがかわく。「飢渇」㋑水がかれる。「渇水・枯渇・涸渇」②むさぼる。熱望する。「渇仰・渇望」

かつ【渇】 のどのかわき。また、強い欲望。「ーをいやす」「ーを覚える」

かつ【割】 教6 カツ㊥ わる・わり・われる・さく㊥
(字義)①わる。わりあてる。「割拠・分割」②さく。切る。「割愛・割腹・裁割・断割」③料理する。「割烹」④わり。一〇分の一。難読 割賦 人名 さき

かつ【筈】(人) カツ(クヮツ) やはず・はず
(字義)①やはず。矢の端のつるを受けるところ。②ゆはず。弓の両端のつるをかけるところ。③はず。当然そうなるべきこと。道理。

かつ【葛】 カツ㊥・カチ くず㊤・かずら
(字義)①くず。山野に自生するマメ科の多年草。「葛根湯」②くずぬの。「葛衣」③かずら。つる草の総称。④つづら。つづらふじなどのつる草の総称。参考「葛」は俗字。難読 葛籠・葛折・葛藤 人名 かず・かつら・かど・さち・つら・ふじ

かつ【滑】 カツ(クヮツ)㊥・コツ㊥ すべる㊥・なめらか㊥
(字義)①なめらか。㋐すべすべしている。なめらかにすべる。「滑降・滑走・滑沢」㋑とどこおることなく事が運ぶ。「滑脱・円滑・潤滑」②「コツ」と読んで)みだす。また、よどみなく言葉がでること。「滑稽」難読 滑子

かつ【褐】【褐】 カツ㊥・カチ
(字義)①ぬのこ。あらい布の衣服。「褐衣・釈褐・粗褐」②黒みがかった茶色。「褐色・褐炭」

かつ【轄】 カツ㊥
(字義)①くさび。車軸の先に差しこみ車輪をとめるくさび。「車轄」②とりしまる。とりまとめる。「管轄・所轄・統轄」人名 あきら・ひろ・ゆき

カツ「カツレツ」の略。「ーカレー」「豚ー」

か・つ【勝つ・克つ】(自五) タ(ト)・チ(ツ)・ツ・ツ・テ・テ ①【勝】(戦争や競争や試合で)相手に優る成績・力・策などを示して倒す。相手を破る。「試合にー」「裁判にー」↔負ける ②【勝】ある点で相手にまさる。「技術の面では他社にーっている」↔負ける ③【勝】そういう傾向が強い。「塩分のーった味」④【勝】負担が重すぎる。「荷がー」⑤【克】心に浮かぶ感情や欲求を努力して抑える。「誘惑にー」「己にー」↔負ける 可能 か・てる(下一)

表現

類語	▼下す・屠る・負かす・勝る・破る
〔〜する〕	▼圧勝・一蹴・快勝・凱旋・完勝・常勝・勝利・辛勝・制勝・制覇・先勝・全勝・大勝・優勝・楽勝・連勝・連戦連勝・連覇 ▼大勝ち・逆転勝ち・作戦勝ち・粘り勝ち・判定勝ち・一人勝ち
〔慣用〕	▼凱歌を上げる・鎧袖一触にする・勝ち星をあげる・軍配が上がる・駒を進める・白星をあげる・総嘗めにする・星を拾う
〔ことわざ〕	▼勝って兜の緒を締めよ・勝つも負けるも時の運・勝てば官軍・碁で負けたら将棋で勝て・柔よく剛を制す・相撲に勝って勝負に負ける・泣く子と地頭には勝てぬ・逃げるが勝ち・負けるが勝ち・理に勝って非に落ちる

かって兜の緒を締めよ 戦いに勝っても、また物事に成功しても油断せず、心をひきしめよ。**かてば官軍** 戦いや争いに勝てば、たとえ道理に反する行いをしていても、勝ったほうが正しいと認められるということ。勝てば官軍負ければ賊軍。参考 明治維新のときにできた言葉。

かつ【且つ】(字義)→しょ(且)

かつ【且つ】 一(副)①二つの事柄が並行して行われるさま。一方で。「ー飲みー歌う」②(古)すぐに。二(接)また。その上に。さらに。「必要ー十分な条件」

かっ【合】(字義)→ごう(合)

がつ【月】 グヮツ (字義)→げつ

がっ【合】(字義)→ごう(合)

かつ-あい【割愛】(名・他スル)惜しいと思いながら、やむをえず手ばなしたり省略したりすること。「説明を一部ーする」

かつ-あげ【喝上げ】(名・他スル)《俗》相手を脅して金品を奪い取ること。恐喝。

かつ・える【餓える・飢える】(自下一) エ・エ・エル・エル・エレ・エロ(エヨ) ①ひどく腹が減る。うえる。②非常に欠乏を感じる。ひどくほしがる。「愛情にー」文 かつ・う(下二)

かつお【鰹・堅魚・松魚】 カツヲ 《動》サバ科の海産硬骨魚。背中は青黒く、腹は銀白色に青黒いしまがある。回遊魚で、日本近海へは黒潮にのって初夏のころにやってくる。一本釣りが有名。食用。夏 語源「堅魚」の転。

ーぎ【一木】(形がかつお節に似ることから)神社・宮殿などの棟木の上に横に並べた装飾の木。⇒千木(さしえ)

ーぶし【一節】 カツオの身を煮て乾燥させたもの。削って食べたり、だしを取ったりするのに用いる。かつぶし。

かっ-か【閣下】 カク (高殿の下の意から)高位高官の人に対する敬称。特に、勅任官・将官以上の人に用いた敬称。代名詞としても用いる。

かっ-か(副・自スル)①火が盛んにおこるさま。「炭火がーとおこる」②体が熱であつくなるさま。また、怒りなどで興奮するさま。「つまらないことでー(と)するな」

がっ-か【学科】 ガククヮ ①学問の科目。大学などで、専攻別による分科。「英文ー」②学校で教わる科目。「好きなー」

がっ-か【学課】 ガククヮ 学校教育における、学習すべき課程。

がっ-かい【学会】 ガククヮイ 同じ分野の学者などで組織された、学術上の研究団体。また、その会合。

かっ-かい【各界】 カク →かくかい(各界)

かっ-かい【角界】 カク →かくかい(角界)

がっ-かい【学界】 ガク 学問の社会。学者の社会。

がっ-かい【楽界】 ガク 音楽家の社会。音楽界。楽壇。

かつかいしゅう【勝海舟】 カツカイシウ (一八二三一八九九)幕末・明治時代の政治家。海舟は号。通称麟太郎。江戸(東京都)生まれ。西洋兵学を修め、幕政改革に寄与。江戸の無血開城に尽力。のち明治政府の参議・海軍卿・枢密顧問官を歴任。

かっ-かく【赫赫・赫赫】 カク(タル) ①非常に明るく光り輝くさま。「ーたる陽光」②だれの目にも明らかなほど功名・業績のすぐれて

輝かしいさま。「—たる名望」文(形動タリ)

かっ‐かざん【活火山】クヮックヮザン《地質》現在活動している火山。また、約一万年以内に噴火した証拠のある火山。

かっか‐そうよう【隔靴△掻△痒】カククヮサウヤウ(くつの上から足のかゆい所をかく意から)物事の本質に触れず、もどかしいこと。はがゆいこと。「—の感がある」

かつ‐かつ(副) 限度ぎりぎりであるさま。やっとのことで。どうにかこうにか。「—の生活」「時間—(に)間に合う」

かつ‐がつ【且つ且つ】(副)《古》①不満足ながら。かろうじて。やっと。②さし当たって。とりあえず。③早くも。今からもう。

がっ‐かつ【学活】ガククヮツ(「学級活動」の略)小・中学校での学習活動の一つ。学級単位で、学校生活をよくしたり生徒個人の問題を解決したりするための話し合いや活動を行う。

がつ‐がつ(副・自スル) ①非常に空腹で、食物をむさぼり食うさま。「—(と)食う」②貪欲(どんよく)なさま。「金銭に—する」

がっかり(副・自スル) 自分の思いどおりにならなかったり、望みを失ったりして、気を落とすさま。「合格できずに—する」

かっ‐かん【客観】カククヮン →きゃっかん

かつ‐がん【活眼】クヮッ— 物事の真相や道理をするどく見抜く眼力や見識。「—を開く」

がっ‐かん【学監】ガク— 校務をとり、学生の監督をする役。また、その人。

かっ‐き【画期・△劃期】クヮク— 時代に区切りをつけること。新時代を開くこと。「音楽史に—をなす作品」

—てき【—的】(形動ダ) ダロ・ダッ(デ・ニ)・ダ・ナ・ナラ・○ 新時代・新分野を開くほど斬新(ざんしん)ですぐれているさま。画時代的。エポックメーキング。「—な発明」

かっ‐き【客気】カク— 一時だけの勇気。はやりぎ。血気。

かっ‐き【活気】クヮッ— いきいきとした気分。勢いのある雰囲気。「—のある声」「店に—が満ちる」

—づ・く【—付く】(自五) カ(コ)・キ(イ)・ク・ク・ケ・ケ 活気が出てくる。いきいきとした気分や状態になる。元気が出る。「街が—」

かづき【◇被◇衣】かずき《古》昔、貴婦人が外出するとき、顔を隠すために頭からかぶったひとえの着物。きぬかづき。

〔かづき〕

がっ‐き【学期】ガク— 一学年間をいくつかにわけた一期間。

がっ‐き【楽器】ガク— 音楽を演奏するために用いる器具。弦楽器・管楽器・打楽器・鍵盤(けんばん)楽器などの別がある。

かつぎ‐こ・む【担ぎ込む】(他五) マ(モ)・ミ(ン)・ム・ム・メ・メ 人や物をかついで運び入れる。「けがをして病院に—・まれる」

かつぎ‐だ・す【担ぎ出す】(他五) サ(ソ)・シ・ス・ス・セ・セ ①物や人をかついで外へ運び出す。「負傷者を—」②おだてたり頼んだりして、ある人に代表や責任者になってもらう。「委員長に—」

かつぎ‐や【担ぎ屋】①縁起を気にする人。②人をだましておもしろがる者。③食品などを産地からかついで来て行商する人。

かっ‐きゅう【割球】キウ—《生》動物の受精卵で、発生時の分裂(=卵割(らんかつ))によって生じる未分化の細胞。

がっ‐きゅう【学究】ガクキウ ひたすら学問・研究に専念すること。また、その人。学者。「—の徒」「—肌」

がっ‐きゅう【学級】ガクキフ 学校で、授業のために児童・生徒を一定の人数にまとめたもの。クラス。組。「—崩壊(=児童・生徒の私語や勝手な行動によって授業が成り立たない状態)」

—へいさ【—閉鎖】感染症などの流行を受けて、一定期間、学校の一部または全部の授業を休みにすること。

かっ‐きょ【割拠】(名・自スル) いくつかの勢力がそれぞれの場所を本拠として勢力を張り合うこと。「群雄—」

かつ‐ぎょ【活魚】クヮッ— 生きている魚。「—料理」

かっ‐きょう【活況】クヮッキヤウ (特に経済界で)景気がよく、いきいきとした状況。盛況。好況。「市場が—を呈する」

がっ‐きょく【楽曲】ガク— 音楽の曲の総称。声楽曲・器楽曲・管弦楽曲など。

かっきり(副) ①他との区別がはっきりしているさま。「—(と)境界線をひく」②時間や数量などに端数がないさま。ちょうど。きっかり。「—九時に始まる」

かっ‐きん【△恪勤】カク— (名・自スル) まじめに勤めること。勤勉。恪勤(かくごん)。「精励—の人」

かつ・ぐ【担ぐ】(他五) ガ(ゴ)・ギ(イ)・グ・グ・ゲ・ゲ ①肩にのせ支える。「神輿(みこし)を—」②上に立つ人としておしたてる。「総裁に—」③(からかい気味に)だます。「まんまと—・がれた」④(「御幣(ごへい)を担ぐ」から)迷信などを気にする。「縁起を—」可能かつ・げる(下一)

かづ・く【◇被く】かずく《古》■一(他四) ①頭からかぶる。②(賞としてたまわった衣類などを)肩にかける。■二(他下二) ①かぶらせる。②賞として衣類などを与える。③(責任などを)しょいこむ。

がっ‐く【学区】ガク— 公立学校の就学または通学区域。教育委員会が設定する。

かっ‐くう【滑空】クヮッ— (名・自スル) 動力を使わず、風や上昇気流などに乗って空を飛ぶこと。空中滑走。「大空を—する」

—き【—機】 発動機もプロペラもない航空機。グライダー。

がっくり(副・自スル) ①力がぬけて急に折れ曲がるさま。「—(と)ひざをつく」②はりつめた気持ちが急にゆるんで元気がなくなるさま。失望・落胆するさま。「悲報を聞いて—(と)する」

かっ‐け【◇脚気】カク—《医》ビタミンB_1の欠乏のため、手や足がしびれたりむくんだりする病気。夏

かっ‐けい【活計】クヮッ— 生活してゆくこと。また、そのための手段や方法。暮らしむき。家計。生計。「—に苦しむ」

がっ‐けい【学兄】ガク— 学問上の同輩・友人・後輩に対する敬称。用法 手紙の文中で、または脇付(わきづけ)として用いる。

かつ‐げき【活劇】クヮッ— ①格闘場面の多い映画や演劇。②映画や演劇に見られるような、はでなけんかや動き。「—を演じる」

かっ‐けつ【△喀血】カク— (名・自スル)《医》肺・気管支などから出た血を吐き出すこと。⇩吐血(とけつ)

かっ‐こ【各個】カク— おのおの。めいめい。それぞれ。「—撃破」

かっ‐こ【括弧】クヮッ— (名・他スル) 文章や数式などをかこむ( )・〔 〕・【 】・〘 〙・「 」などの記号。また、その記号をつけること。数式・会話・引用・補足・説明・注記・言い換えなどのほか、特に取り立てて示すときなどに使う。「—でくくる」

—つき【—付き】 その言葉どおりのものか疑問もあるが仮にそう呼んでおくならば、という意を表す。「—の正義」語源 文章の書き手が、自分の言葉でなく、「人がそう呼ぶところの」「いわゆる」の意で、その語にかぎかっこを付けて用いることから。

かっ‐こ【△羯鼓・△鞨鼓】①雅楽に使う太鼓の一種。台に載せ、ばちを両手に持って両面を打つ。②能で、胸にさげ、両側からばちでたたく小鼓(こつづみ)。また、それを胸につけて打ちながら舞うおどり。

〔羯鼓①〕

かっ‐こ【確固・確△乎】カク— (トタル) 意見や立場がしっかりして堅固なさま。「—とした方針をたてる」「—たる信念」文(形動タリ)

かっこ‐い・い【かっこ◇良い】(形) イ○・○・イ・○・○ (「かっこ」は「格好」の転)姿や形、様子などの見た目がよい。すぐれていて人目をひきつけるさまである。「—人」「—デザイン」↔かっこ悪い

-かっこう【格好・△恰好】(カクカウ)―(接尾)(およその年齢を表す数に付けて)…ぐらいの意を表す。「五〇―の男」

かっ-こう【格好・△恰好】(カクカウ・カクカウ)―■一(名)①姿。形。身なり。「変わった―の車」「地味な―をする」②見た目に、整った状態。体裁。「―がつかない」「不―」■二(形動ダ)(ダロ・ダッ(デ・ニ)・ダ・ナ・ナラ・〇)ころあいであるさま。てごろ。相応。「―な贈り物」文(ナリ)

―が付っく 体裁が整う。人に見せても恥ずかしくない状態になる。**―を付っける** ①体裁を整える。②いいところを見せようとする。かっこつける。

かっ-こう【各校】(カクカウ) それぞれの学校。各学校。

かっ-こう【角行】(カクカウ)→かくぎょう

かっ-こう【郭公】(クワク)―〔動〕カッコウ科の鳥。五月ごろに南方より渡来し、巣を作らず、モズ・ホオジロなどの巣に産卵して育てさせる。「かっこう」と鳴く。閑古鳥(かんこどり)。呼子鳥(よぶこどり)。夏

かっ-こう【滑降】(クワッカウ)(名・自スル)①スキーなどで斜面をすべりおりること。「急斜面を―する」②(「滑降競技」の略)スキーのアルペン種目の一つ。急斜面をすべりおり、速さを競うもの。

かつ-ごう【渇仰】(ガウ)―(名・他スル)①〔仏〕仏道を深く信仰すること。②人の徳を深く慕うこと。「故人の徳を―する」

がっ-こう【学校】(ガクカウ) 教育・学習に必要な設備をもち、体系的な課程のもとに、教師が学生・生徒・児童を継続的に教育する機関。

―ほうじん【―法人】(ハフジン)〔法〕私立学校を設置・運営する主体として設立された法人。

かっ-こく【各国】(カク)― それぞれの国。「世界―」

がっ-こつ【顎骨】(ガク)―〔生〕あごの骨。あごぼね。えら骨。

かっ-こ・む【△搔っ込む】(他五)(マ(モ)・ミ(ン)・ム・ム・メ・メ)(「かきこむ」の音便)→かきこむ(搔き込む)②

かっこ-わる・い【かっこ悪い】(形)(カロ・カッ(ク)・イ・イ・ケレ・〇)(「かっこ」は「格好」の転)姿や形、様子などの見た目が悪い。体裁が悪く、見苦しい感じだ。↕かっこいい

かっこん-とう【葛根湯】(タウ)― 風邪薬などに用いられる漢方薬。葛根(くずね)を主材として、麻黄・ショウガ・桂皮などから成る。

かっ-さい【喝采】(名・自スル) 手をたたいたり声を上げたりして、ほめそやすこと。「拍手―」「―を博する」

かつ-ざい【滑剤】(クワッ)― 機械の回転部のすべりをよくするために用いる油・滑石など。潤滑剤。

がっさい-ぶくろ【合切袋】 こまごまとした持ち物いっさいを入れる袋。口をひもでくくる。信玄袋の類。

がっ-さく【合作】(名・自他スル) 一つの物や作品を共同して作ること。また、作った物や作品。「日仏―映画」

かっ-さつ【活殺】(クワッ)― 生かすことと殺すこと。

―じざい【―自在】 生かすのも殺すのも思いのままであること。相手を自分の思いどおりに操ること。生殺与奪(せいさつよだつ)。

かっ-さば・く【△搔っ△捌く】(他五)(カ(コ)・キ(イ)・ク・ク・ケ・ケ)(「かきさばく」の音便)切り裂く。かき切る。「腹を―」

かっ-さら・う【△搔っ△攫う】(サラフ)―(他五)(ワ(オ)・イ(ッ)・ウ・ウ・エ・エ)(「かきさらう」の音便)すきを見てすばやく奪い取る。「めぼしいものを―・って逃げる」

がっ-さん【合算】(名・他スル) 合わせて計算すること。合計。

かつ-じ【活字】(クワッ)― ①活版印刷用の金属製の字型。また、それで印刷した文字。「―を組む」②本・雑誌などの印刷物。「―離れ」

かつしかほくさい〔葛飾北斎〕(一七六〇～一八四九) 江戸後期の浮世絵師。江戸(東京都)生まれ。各種の画法を研究して個性の強い画風を確立。風景版画の「富嶽(ふがく)三十六景」が有名。

かつしかや… 俳句〔葛飾や 桃の籬(まがき)も 水田べり〕〈水原秋桜子(みずはらしゅうおうし)〉ああ、葛飾の地よ。水田がさまざまなものを映し出している。今を盛りに花咲く桃の垣根も田の水に映って二重に連なって見える。(桃の花 春)

かっ-しゃ【活写】(クワッ)―(名・他スル) いきいきと写し出すこと。「複雑な心理を―した小説」

かっ-しゃ【滑車】(クワッ)―〔物〕まわりにみぞのある車に綱をかけて回転させ、動力を伝え、力の方向や大きさを変える装置。

かっ-しゃかい【活社会】(クワッシヤクワイ) 実際の社会。実社会。

ガッシュ〈フランス gouache〉濃厚で不透明な水彩絵の具。また、それを用いた絵や画法。グワッシュ。

がっしゅう-こく【合衆国】 ①二つ以上の州や独立国家が共通の主権のもとに結合して成立する単一の国家。連邦。連合国家。②「アメリカ合衆国」の略。

がっ-しゅく【合宿】(名・自スル) 大勢が一定の期間同じ宿舎に泊まり、活動・訓練・研究などをすること。「クラブの―」

かっ-しょう【滑△翔】(クワッシヤウ)(名・自スル) ①鳥がはばたきをしないで、空をすべるように飛ぶこと。②グライダーが上昇気流にささえられてすべるように飛行すること。

かつ-じょう【割譲】(ジヤウ)―(名・他スル) 国が、領土の一部を他国に譲り与えること。「敗戦国が領土を―する」

がっ-しょう【合従】(「従」は縦で、南北の意)中国の戦国時代に、南北の六つの弱小国(燕(えん)・趙(ちょう)・韓(かん)・魏(ぎ)・楚(そ)・斉(せい))が同盟して、強国の秦(しん)に当たろうとした同盟政策。参考 蘇秦(そしん)が説いたとされる。⇩連衡(れんこう)

―れんこう【―連衡】(レンカウ)(「連衡」は秦(しん)の張儀(ちょうぎ)の説で、秦が前項の六国と個別に同盟を結ぼうとした外交政策)合従と連衡。転じて、勢力を伸ばすために、派閥や国家どうしで連合したり、離反したりする政策。

がっ-しょう【合唱】(シヤウ)―(名・他スル) ①〔音〕大勢の人が、各声部に分かれて一つの曲を同時に歌うこと。コーラス。「混声―」②みんなで声を合わせて歌うこと。斉唱。(↕独唱)

がっ-しょう【合掌】(シヤウ)― ■一(名・自スル) 両方の手のひらをそろえ合わせて拝むこと。「墓前で―する」■二(名)〔建〕屋根の構造で、木材を山形に交差して組み合わせたもの。「―造り」

かっ-しょく【褐色】 黒みをおびた茶色。「―の肌」

がっ-しり(副・自スル) 体格や物などのつくりがしっかりしていて、安定しているさま。がっちり。「―(と)した体」

かつじん-が【活人画】(クワッジングワ) 扮装(ふんそう)した人が背景の前で動かずにポーズをとり、絵のように見せるもの。参考 集会などの余興として明治中期から大正期にかけて流行した。

かつじん-けん【活人剣】(クワッジン)― 人を生かすために役立つ剣。殺傷することを目的とした剣も、使い方によっては人を生かすものにもなること。

かっ-すい【渇水】(名・自スル) ひでりで水がかれること。

かっ-・する【渇する】(自サ変)(シ(セ)・シ・スル・スル・スレ・シロ(セヨ)) ①のどがかわく。②水がかれる。「池の水が―」③欠乏を感じてひどく欲しがる。「親の愛に―」文かっ・す(サ変)

かっすれども盗泉(とうせん)の水(みず)を飲(の)まず どんな困苦の中でも不正はしないたとえ。【故事】孔子が盗泉という名の泉を通りかかったとき、のどがかわいていたが、盗泉(=盗んできた泉)という名を嫌ってその水を飲まなかったという話による。〈淮南子(えなんじ)〉

がっ-・する【合する】(シ(セ)・シ・スル・スル・スレ・シロ(セヨ)) ■一(自サ変) あう。いっしょになる。一つになる。「二つの流れが―」■二(他サ変) あわせる。いっしょにする。一つにする。「上・下を―・して一巻にまとめる」文がっ・す(サ変)

かっ-せい【活性】(クワッ)―〔化〕物質が化学反応を起こしやすい状態にあること。

―か【―化】クワ（名・自他スル）停滞している社会や組織に刺激を与え、その機能を活発にすること。「職場の―を図る」

―さんそ【―酸素】〘化〙通常よりも著しく化学反応を起こしやすい酸素。体の中で殺菌作用にかかわったりする一方で、細胞の老化や病気などをひき起こすとされる。

―たん【―炭】〘化〙強い吸着性をもつようにつくった炭素質の物質。脱臭・脱色・下痢どめなどに用いる。活性炭素。

かっ-せき【滑石】クワッ―〘地質〙マグネシウムの含水珪酸塩鉱物。ろうのようにやわらかく、色は白色、または淡緑色。化粧品の材料・電気絶縁材・陶磁器・滑剤などに使う。タルク。

かつ-ぜつ【滑舌】クワッ―（アナウンサーや俳優などが）なめらかにはっきり発音するときの舌や口の動き。「―が悪い」

かっ-せん【合戦】（名・自スル）敵・味方が出合って戦うこと。軍隊と軍隊とが戦うこと。また、その戦い。「関ケ原の―場」

かっ-せん【活栓】クワッ―管などを開閉する栓。水などの流出量を調節する装置。コック。

かっ-せん【割線】〘数〙円周または曲線と二点以上で交差する直線。

かつ-ぜん【戛然】（トタル）かたい物が触れ合ってするどい音がするさま。「―と響く」文（形動タリ）

かつ-ぜん【豁然】クワッ―（トタル）①視界がにわかに開けるさま。②迷いや疑いが急に解けるさま。「―として悟る」文（形動タリ）

かっ-そう【滑走】クワッ―（名・自スル）地上・水上・氷上・雪上などをすべるように、また、すべって前に進むこと。

―ろ【―路】飛行機が離着陸するときに滑走する、飛行場内に設けられた直線状の道。

がっ-そう【合奏】（名・他スル）〘音〙二つ以上の楽器によって、一つの曲をいっしょに演奏すること。↔独奏

がっ-そう【合葬】サウ―（名・他スル）一つの墓に二人以上を埋葬すること。

かっそう-るい【褐藻類】カッサウ―藻類の一つ。おもに海産で褐色のものの総称。コンブ・ワカメ・ヒジキなど。

かっ-そく【活塞】クワッ―→ピストン

カッター〈cutter〉①物を切るもの。刃物。「―ナイフ」②一本マストの小型の帆船。③八または一二梃ちょうのオールでこぐ、後尾が方形のボート。大型船に積みこまれる。

―シャツ〈和製英語〉前開きで、襟とカフスが縫いつけられたシャツ。ワイシャツ。（もと商標名）

―シューズ〈和製英語〉かかとが低く、底の平らな婦人靴。

かったい【癩】キ―古く、ハンセン病をいった語。癩らい。

がっ-たい【合体】（名・自他スル）二つ以上のものが一つになること。また、一つにすること。「組織が―する」

かっ-たつ【闊達・豁達】クワッ―（形動ダ）ダロ・ダッ(デ・ニ)・ダ・ナ・ナラ・〇 心が広く、のびのびしているさま。「自由―」文（ナリ）

かつ-だつ【滑脱】クワッ―（名・形動ダ）なめらかで、自由自在に変化するさま。「円転―」

かったる・い（形）カロ・カッ(ク)・イ・イ・ケレ・〇《俗》①疲れて体を動かすのがつらい。だるい。②まわりくどくてもどかしい。「あいつの話は―」

かっ-たん【褐炭】〘地質〙品質の悪い黒褐色の石炭。

かつ-だんそう【活断層】クワッ―〘地質〙最新の地質時代である新生代第四紀に活動したことがあり、将来も活動し地震を引き起こす可能性のある断層。

がっ-ち【合致】（名・自スル）一致すること。ぴったり合うこと。「目的に―する」

かっ-ちゃく【活着】クワッ―（名・自スル）〘農〙さし木や移植をした植物の根がついて生長すること。

かっ-ちゅう【甲冑】チウ―よろいとかぶと。

かっちり（副・自スル）①ぴったりとすきまなく合うさま。「―（と）鍵かぎがかかる」②ひきしまっているさま。「―（と）した文章」

がっちり（副・自スル）①よく組み合わさってすきまのないさま。がっしり。「―（と）腕を組む」②つくりがしっかりしていて頑丈なさま。がっしり。「―（と）した体格」③金銭に関して抜け目がないさま。「―屋」④確実に物事を行うさま。「―（と）守る」

ガッツ〈guts〉物事を行う際の気力。根性。「―のある選手」

―ポーズ〈和製英語〉会心のプレーや物事がうまくいった直後などに、こぶしをつくって喜びを示す動作。

がっ-つ・く（自五）カ(コ)・キ(イ)・ク・ク・ケ・ケ《俗》むさぼるように食う。また、むやみに欲求を満たそうとする。「そんなに―な」

がっつり（副）《俗》しっかり。思いきり。十分に。「―食べる」

かつて【曽て・嘗て】（副）①以前。昔。あるとき。「―彼と会ったことがある」②今まで一度も。「―ない大惨事」用法 ②はあとに打ち消しの語を伴う。また、①②とも現在では「かって」とも発音されるが、正しくは「かつて」。

かっ-て【勝手】㊀（名）①台所。「お―」②暮らし向き。生計。「―が苦しい」③ようす。事情。「―がわからない」「―が違う」④何かをする時のぐあいのよしあし。便利さ。「使い―」「―の悪い部屋」㊁（名・形動ダ）相手の迷惑もかまわず自分の都合だけで行動すること。また、そのさま。「―な人」語源 ㊀①は、「糧かて」の古形「かりて」の転とも。

類語 思いのまま・気まま・気随きずい・自分勝手・得て勝手・手前勝手・好き勝手・身勝手

―きまま【―気儘】（名・形動ダ）他人にかまわず、自分のやりたいように行動すること。また、そのさま。「―にふるまう」

―ぐち【―口】台所から屋外に通じる出入り口。

―しだい【―次第】（名・形動ダ）自分の思いどおりにすること。また、そのさま。勝手気まま。「―にふるまう」

―むき【―向き】①台所に関係すること。台所の方面。②暮らし向き。家計の状態。生計。勝手元。「―がよくない」

―もと【―元・―許】→かってむき②

カッティング〈cutting 切ること〉①フィルムや録音テープなどの不要な部分を切り離して編集すること。②洋裁における裁断。③テニス・卓球などで、球をカットすること。④髪の毛を切ること。また、その技術。⇩カット

かって-でる【買って出る】（他下一）デ・デ・デル・デル・デレ・デロ(デヨ) 自分からすすんで引き受ける。「案内役を―」

がっ-てん【合点】（名・自スル）①承知すること。納得すること。また、同意すること。合点がてん。「―がいかない」「―だ」②《古》和歌や連歌などを批評して、よいものにしるしの点（へ）をつけること。また、その点。③《古》同意したしるしに、回状の自分の名の肩に、点やかぎ印などをつけること。

カット〈cut〉㊀（名・他スル）①切ること。②全体の一部を削ること。削除。「賃金―」③テニス・卓球などで、球を切るように打って逆回転を与えること。④球技で、相手のパスを途中で奪うこと。⑤髪を切って形を整えること。また、その形。「ショート―」⑥〘服〙布地を裁つこと。裁断。㊁（名）①印刷物に入れる小さなさし絵。②映画などの一場面。ショット。「―割り」

―アンド-ペースト〈cut and paste〉〘情報〙コンピューターで、テキストの一部などを切り取って、別の場所へ貼り付けること。

―グラス〈cut glass〉切り込み細工をしたガラス。また、その器。切り子ガラス。

―ソー〈cut and sewn から〉〘服〙ニット生地を裁断して縫製した服。織物より伸縮性がある。

かっ-と（副・自スル）①怒りで急に興奮したり、のぼせ上がった

りするさま。「思わず―なる」②目・口などを急に大きく開くさま。「―両眼を開く」③光が急に明るくなるさま。また、火の勢いが盛んになるさま。「―照りつける」

ガット【GATT】〈General Agreement on Tariffs and Trade から〉関税および貿易に関する一般協定。自由かつ差別のない国際貿易を目的とする。一九九五年、世界貿易機関(WTO)へ発展解消した。

ガット〈gut〉ラケットの網、バイオリン・ギターの弦などに使う細い糸。多く、羊・豚などの腸(gut)を材料にする。腸線。

かっ-とう【葛藤】(名・自スル)(葛かずらと藤ふじがもつれあうことから)①心の中に相反する欲求や感情が起こって、迷い悩むこと。「心の―」②対人関係などのもつれ。もめごと。

かつ-どう【活動】クワツ ■(名・自スル)盛んに動くこと。活発に働くこと。「火山が―する」■(名)「活動写真」の略。

―か【―家】社会運動などに積極的に関わっている人。運動家。「人権―」

―しゃしん【―写真】(motion picture, moving picture の訳語)「映画」の旧称。明治・大正時代に多く使われた。

―てき【―的】(形動ダ) ダロ・ダッ(デ・ニ)・ダ・ナ・ナラ・○ いきいきと積極的に行動するさま。また、それに適したさま。「―な服装」

かっ-とば・す【かっ飛ばす】(他五) サ(ソ)・シ・ス・ス・セ・セ ①勢いよくはじきとばす。「ホームランを―」②乗り物のスピードを出して速く走らせる。「自転車を―」

カツ-どん【カツ丼】とんカツを玉ねぎなどと甘辛く煮て卵でとじたものをどんぶり飯の上にかけた食べ物。

かつ-は【且つは】(副)〈古〉一方では。一つには。同時に。用法「かつは…かつは…」の形式で用いられることが多い。

かっぱ【◦河◦童】①人の姿に似た想像上の動物。頭上に水をたくわえた皿をのせ、とがったくちばしをもち、甲羅を背負っているという。水陸両方で活動する。かわたろう。②泳ぎのうまい人。③(①の好物とされることから)キュウリ。また、キュウリをしんにしたのり巻き。「―巻き」

―の川流かわながれ 達人も、ときには失敗することもあるというたとえ。参考 類似のことば―猿も木から落ちる・弘法も筆の誤り。

―の屁へ 実に容易で、たわいもないことのたとえ。屁の河童。

かっ-ぱ【喝破】(名・自他スル)(大声でしかりつける意から)誤りを説き破り道理を言いきること。「事の本質を―する」

カッパ【×合羽】〈ポルト capa〉①雨天用のマント。雨あまガッパ。②荷物などをおおう防水性の桐油紙とうゆがみ。

かっ-ぱつ【活発・活◬潑】クワッ(名・形動ダ) いきいきとしていて勢いのよいこと。また、そのさま。「―に議論する」「不―」

かっぱ-と(副)動作が急で激しいさま。急に起き上がったり倒れたりするさまをいう。がばと。

かっ-ぱらい【◬掻っ払い】カッパラヒ すきをねらってすばやく他人の金品や店の品物を盗み去ること。また、その人。

かっ-ぱら・う【◬掻っ払う】カッパラフ(他五) ワ(オ)・イ(ッ)・ウ・ウ・エ・エ すきをねらってすばやく他人の金品や店の品物を盗み去る。

かっ-ぱん【活版】クワッ 活字を組み合わせて作った印刷版。また、それによって印刷する方式。活字版。「―印刷」

がっ-ぴ【月日】グワッ(日付としての)月と日。「生年―」

かっ-ぴつ【渇筆】かすれた筆づかい。また、そのような水墨画の技法。かすりふで。

がっ-ぴょう【合評】ガフ ビヤウ(名・他スル)何人かの人が一緒に、同じ作品や問題を批評すること。また、その批評。「―会」

かっ-ぷ【割賦】代金を何回かに分けて支払うこと。年賦・月賦などの総称。分割払い。割賦わっぷ。「―販売」

カップ〈cup〉①取っ手のついた洋風の茶碗ちゃわん。「コーヒー―」②円筒状の容器。「―ラーメン」③目盛りのついた、量をはかるための容器。「計量―」④賞杯。「優勝―」⑤ブラジャーの、乳房をおおう椀型わんがたの部分。⑥ゴルフで、ボールを打ち込む穴。ホール。

―めん【―麺】容器(カップ)詰めの即席麺。湯を注いで食べる。はじまり 日清にっしん食品の創業者安藤百福ももふくが開発。一九七一(昭和四十六)年、「カップヌードル」の発売を開始。

かっ-ぷく【◬恰幅】肉付きなど、体全体の格好。からだつき。「―のいい紳士」

かっ-ぷく【割腹】(名・自スル)腹を切ること。切腹。

かつ-ぶし【◬鰹節】→かつおぶし

かつ-ぶつ【活仏】クワツ ①いきぼとけ。②チベット仏教で、仏の化身。また、仏の化身とされる高僧。

がっぷり(副)相撲などで、しっかりと組み合うさま。「―(と)四つに組む」

カップリング〈coupling〉①二つのものを組み合わせること。②動力を一方の軸から他方の軸へ伝える装置。

カップル〈couple〉一組。一対いっつい。特に、一組の夫婦・恋人どうし。ふたりづれ。「似合いの―」

がっ-ぺい【合併】ガフ(名・自他スル)組織など二つ以上のものが一つに合わさること。また、合わせること。併合。「町村―」

―しょう【―症】シヤウ〖医〗ある疾患に伴って生じた他の病症。余病。「―を起こす」

がっ-ぺき【合壁】ガフ 壁一つへだてた隣家。「近所―」

かつ-べん【活弁・活◬辯】クワツ 活動写真の弁士。無声映画で、上映中説明をしたりせりふを代弁したりする役の人。

がつ-へん【◬歹偏】漢字の部首名の一つ。「死」「残」などの「歹」の部分。かばねへん。

かっ-ぽ【◬闊歩】クワツ(名・自スル)①大またに堂々と歩くこと。「街頭を―する」②いばって歩くこと。また、いばって気ままに行動すること。「政界を―する」

かつ-ぼう【渇望】バウ(名・他スル)のどがかわいて水を求めるように、切実に願い望むこと。熱望。切望。「自由を―する」

かっ-ぽう【割◬烹】バウ(「割」はさく、「烹」は煮るの意)①食物の調理。②日本料理の店。

―ぎ【―着】家事や料理をするときに着るうわっぱり。袖そでのある前掛け。

がっ-ぽう【合邦】ガフ バウ(名・他スル)二つ以上の国家を合わせて一つの国にすること。また、その国。

がっぽ-がっぽ(副)〈俗〉金銭が次々とたくさん手に入ったり出ていったりするさま。「印税が―(と)入る」

がっぽり(副)〈俗〉金銭などを、一度にたくさん手に入れたり、失ったりするさま。「株で―(と)もうけた」

がっ-ぽん【合本】ガフ(名・他スル)二冊以上の本・雑誌などをとじ合わせて一冊に製本すること。また、その本。合冊。合本ごうほん。

かつ-また【且つ又】(接)その上また。おまけに。

かつ-もく【◬刮目】クワツ(名・自スル)(「刮」はこする意)十分注意してよく見ること。「―に値あたいする」

かつ-やく【活躍】クワツ(名・自スル)目立つ働きをして成果をあげること。めざましい活動をすること。「第一線で―する」

かつやく-きん【括約筋】クワツヤク〖生〗管状・環状の器官を取り巻き、その開閉を行う筋肉。瞳孔どうこう・肛門こうもんなどにある。

かつゆ-ほう【活喩法】クワツユハフ →ぎじんほう

かつ-よう【活用】クワツ(名・自他スル)①そのものの能力や性質を生かして用いること。うまく利用すること。「余暇の―」②〖文法〗用法によって動詞・形容詞・形容動詞、および助動詞の語形が変化すること。文の終わりにくるか、あとに他のどんな語が続くかなどによって、語尾が変化すること。また、その体系。「動詞の—」「自立語で—する語」

—けい【—形】〔文法〕動詞・形容詞・形容動詞・助動詞の語形変化の形。未然形・連用形・終止形・連体形・仮定形（文語は已然形）・命令形の六種。

—ご【—語】〔文法〕活用する語。動詞・形容詞・形容動詞、および助動詞の総称。

—ごび【—語尾】〔文法〕動詞・形容詞・形容動詞の語尾。活用の際に形が変わる部分。語尾。↔語幹 参考「来る」「見る」など一部の動詞は、語幹と語尾の区別がつけられない。

かつよう-じゅ【闊葉樹】クワツエフ「広葉樹」の旧称。

かつら【桂】①〔植〕カツラ科の落葉高木。雌雄異株。日本特産。葉はハート形。早春に紅の小花をつける。材は家具・建築用。②中国の伝説で、月にあるという想像上の木。

—むき【—剝き】大根やキュウリなどを輪切りにしたものを、外側から中心へ向かって巻き紙状に薄く長くむくこと。

かつら【鬘】毛髪などでいろいろの髪の型を作り、頭にかぶったり添えたりするもの。かずら。「—をかぶる」

かつ-らく【滑落】クワツ（名・自スル）登山で、尾根道などで足場が崩れたりして高い所からすべり落ちること。「—事故」

かつらりきゅう【桂離宮】江戸時代初期、京都下桂（現在の京都市西京区）に建てられた八条宮智仁親王の別荘。一八八三（明治十六）年以後離宮となった。簡素な書院建築と池や茶室を配した回遊式庭園の美しさで知られる。

かつ-りょく【活力】クワツ 活動のもとになる力。エネルギー。「—がよみがえる」

かつ-れい【割礼】多く、男子の性器の一部を切除または切開する宗教儀礼的習俗。

カツレツ〈cutlet 肉の薄切り〉牛・豚・鶏などの肉に小麦粉・卵をつけ、パン粉をまぶして油で揚げた料理。カツ。「ビーフ—」

かつ-ろ【活路】クワツ ①進退きわまった状態を切り開いて生きる方法。「—を見いだす」②生活手段。

かて【糅】①米飯などをたくとき、量を増やすために加えるもの。「粟を米の—とする」②「かてめし」の略。

かて【糧】①生きていくための食糧。「日々の—」②精神を豊かにし、活力を養うために必要なもの。活動の源。「心の—」参考 もとは旅行などに携帯した食糧のこと。

か-てい【仮定】（名・他スル）①事実かどうかにかかわりなく、考えを進める上で仮にそうであると定めること。「この話が事実だと—しよう」②〔数・論〕推理の出発点となる条件。仮設。

—けい【—形】〔文法〕口語の活用形の一つ。接続助詞「ば」を付けて、仮定条件を表す。「見れば」「正しければ」の「見れ」「正しけれ」の類。

か-てい【家庭】一つの家に生活する家族の集まり。また、その場所。夫婦・親子などで構成される。「—生活」

—か【—科】クワ 小学校・中学校・高等学校の教科の一つ（中学校は技術・家庭科）。家庭生活に必要な知識・技術・態度を学習させる。

—きょうし【—教師】ケウシ 家庭に招かれて、その家の子供の学習を個人的に指導する人。「—につく」

—さいばんしょ【—裁判所】〔法〕家庭に関する事件の審判・調停や、少年保護事件の審判などを行う下級裁判所。将来を展望した解決を図ることを理念とする。家裁。

—しょうせつ【—小説】セウセツ〔文〕家庭向きの通俗的な内容の小説。多く、家族間の愛情や道徳を題材とする。徳冨蘆花の「不如帰」など、明治三十年代に流行した。

—そうぎ【—争議】サウギ 家庭内のもめごと。

—てき【—的】（形動ダ）ダロ・ダッ(デ)・ニ・ダ・ナ・ナラ・○ ①自分の家にいるようなくつろいだ雰囲気であるさま。アットホーム。「—な店」②家庭生活を大事にする傾向のあるさま。「—な人と結婚する」

か-てい【過程】クワ 物事の進行する途中の段階。経過の道すじ。プロセス。「製造—」「成長の—」

か-てい【課程】クワ ある期間に割り当てて修得させる仕事や学科の範囲。「教育—」「修士の—を修了する」

カテーテル〈オラ katheter〉〔医〕体腔・膀胱などにたまった体液や尿を排出させたり、薬剤を注入したりするのに用いる管状の器具。

カテキン〈catechin〉〔化〕緑茶などに含まれる、タンニンの一種。抗酸化作用・抗菌作用がある。

カテゴライズ〈categorize〉（名・他スル）分類すること。あるカテゴリーに入れること。「歴史小説に—される」

カテゴリー〈ドイ Kategorie〉→はんちゅう（範疇）

かてて-くわえて【糅てて加えて】クハヘテ その上に。さらに。「財布をなくし、—泥棒にはいられた」用法 多く、よくないことが重なる場合に用いる。

カテドラル〈フラ cathédrale〉カトリック教会の司教区で、司教の座席が設けられている教会堂。大聖堂。カセドラル。

かて-めし【糅飯】雑穀や野菜などを混ぜてたいた飯。かて。

がてら（接助）一つの動作をするついでに他の動作を兼ねる意を表す。…を兼ねて。…のついでに。「散歩—図書館に立ち寄る」用法 動詞の連用形や体言を受ける。

か-てん【加点】（名・自スル）点数を加えること。「—方式の評価」

か-でん【瓜田】クワ うり畑。

—に履を納れず（うり畑でくつをはき直すと、うり泥棒と思われるところから）人から疑われるような行為はしないほうがよいというたとえ。参考 類似のことば—李下に冠を正さず

か-でん【家伝】古くからその家に代々伝わること。また、そのもの。相伝。「—の妙薬」

か-でん【家電】家庭用の電気器具。「—製品」「生活—」

か-でん【荷電】〔物〕物体が電気をおびていること。

—りゅうし【—粒子】シフ〔物〕帯電した原子や陽子。

か-でん【訛伝】クワ（名・自スル）まちがって言い伝えること。また、その言い伝え。誤伝。

が-てん【合点】（名・自スル）（「がってん」の転）承知すること。納得すること。「ひとり—」

—が行く 納得できる。よく理解できる。「合点がいかない」

がでん-いんすい【我田引水】（自分の田に水を引く意から）自分に有利なように強引に取り計らうこと。

かでんしょ【花伝書】クワデンショ →ふうしかでん

カデンツァ〈イタ cadenza〉〔音〕協奏曲やアリアなどで、独奏者や独唱者の技巧を示すために楽曲の終わりに挿入される無伴奏の装飾的楽節。カデンツ。

か-と【過渡】クワ 新しい状態に移りゆくこと。また、その途中。「—期」「—的な状態」

かど【角】①物の端のとがっている部分。「机の—」②物のすみ。③道の折れ曲がった所。「—の花屋」④人の心を突きさすような言動や性質。「—のある言い方」⇩隅「ちがい」

—が立つ 人間関係がとげとげしくなって穏やかでなくなる。

—が取れる とげとげしさがなくなって、人柄が円満になる。

かど【門】①家の外がまえの出入り口。門。「ちょっとお—先までお伺いします」②家。家族。一族。「笑う—には福来る」

かど【廉】数えあげられる事項・理由。「窃盗の—で逮捕する」

かど【鰊】〔方〕（東北地方で）ニシン。春

か-ど【過度】(クワ) —(名・形動ダ) 適当な程度をこしていること。また、そのさま。「―に緊張する」

かと-いって【かと言って】(接続詞的に用いて)そうだからといって。そうかといって。「おもしろくはないが、―つまらなくもない」用法 前に述べた事柄を認めたうえで、それと反対または付加的な事柄を打ち消す場合に用いる。

か-とう【下等】(名・形動ダ) ①等級が低いこと。また、そのさま。「―動物」↔高等 ②状態や品質・品性などが劣ること。また、そのさま。「―の品」《↔上等》

か-とう【果糖】(クワタウ)《化》果実や蜂蜜(はちみつ)などにブドウ糖とともに含まれる糖分。白色粉末で水・アルコールに溶け甘味が強い。

か-とう【過当】(クワタウ)(名・形動ダ) 適度をこえていること。また、そのさま。「―競争」「―な請求」

か-どう【可動】 動かせること。動くしかけになっていること。「―橋(=船舶が通行できるように橋桁(はしげた)を回転・開閉させられる橋)」「―式」

か-どう【華道・花道】(クワダウ) 草木の枝・葉・花を整えて花器にさし、その美しさを表現する技術・作法。いけばな。

か-どう【渦動】(クワ) — 流れるものの中でうずまき状に動くこと。

か-どう【歌道】(ダウ) — 和歌を作る技術・作法。和歌の道。

か-どう【稼働・稼動】(名・自他スル) ①かせぎ働くこと。「―日数」「―人口」 ②機械を動かすこと。また、機械が使える状態にあること。「―台数」「―率」「機械を―する」

が-どう【画道】(グワダウ) 絵画を描く技術・作法。絵の道。

かとう-せいじ【寡頭政治】(クワトウセイヂ) 少数の権力者が国家を支配する独裁的な政治。

ガトー〈(フランス) gâteau〉菓子。洋菓子。ケーキ。「―ショコラ」

かどかど-し・い【角角しい】(形)(カロ・カッ(ク)・イ・イ・ケレ・○) ①かどが多い。②人格がとげとげしく円満でない。文かどかど・し(シク)

かど-がまえ【門構え】(ガマヘ) — →もんがまえ

かと-き【過渡期】(クワト) — ある状態から新しい状態、また未成熟から成熟へと移り変わる途中の時期。「戦後文学の―」

か-とく【家督】 ①家を継ぐ子。あとつぎ。あととり。②家の跡目。家名・家業・財産など。「―を継ぐ」③戸主の地位。また民法の旧規定では、その身分に伴う権利と義務。

―そうぞく【―相続】(サウゾク) (民法の旧規定で)戸主が死亡するなどした場合、一人の相続人がその戸主としての権利義務を継ぐ制度。現在は廃止。

かど-ぐち【門口】 門または家の出入り口。また、その付近。

かど-だ・つ【角立つ】(自五)(タ(ト)・チ(ツ)・ツ・ツ・テ・テ) ①かどがあって、なめらかでない。「―った岩山」②人の感情を刺激したりして穏やかでなくなる。かどが立つ。「話が―」他かどだ・てる(下一)

かど-だ・てる【角立てる】(他下一)(テ・テ・テル・テル・テレ・テロ(テヨ)) ことを荒々しくする。荒だてる。「話を―」自かどだ・つ(五) 文かどだ・つ(下二)

かど-ち【角地】 道が交わる角に面する土地。「東南の―」

かど-ちがい【門違い】(チガヒ) — →おかどちがい

かど-づけ【門付け】 人家の門口で歌や踊りなどの芸をし、金品をもらって歩くこと。また、それをする人。

かど-で【門出・×首途】 ①旅行・出陣などのため、自分の家を出発すること。旅立ち。出立(しゅったつ)。「晴れの―」②(比喩(ひゆ)的に)新しい生活を始めること。「人生の―」

かど-なみ【門並[み]】 ①家ごと。軒並み。毎戸。②家のならび具合。家続き。家並み。

かど-ば・る【角張る】(自五)(ラ(ロ)・リ(ッ)・ル・ル・レ・レ) ①かどが出て、平らかでない。かくばる。②態度・言動などがぎこちない。四角ばる。

かど-ばん【角番】 囲碁・将棋などの何回戦かの勝負で、あと一敗すれば負けが決まるという一戦。また、相撲で、負け越すと地位転落が決まる場合にもいう。「―に追いこまれる」

―に立(た)つ どたんばに追いこまれる。

かど-び【門火】 ①《仏》盂蘭盆(うらぼん)の時にたく、迎え火と送り火。秋 ②葬儀の棺や婚礼の輿(こし)を送るために門前でたく火。

かど-べや【角部屋】 マンションなどの集合住宅で、各階の端や廊下の屈折部にある住戸。「日当たりのよい―」

かど-まつ【門松】 新年を祝って、門前に立てて飾る松。松飾り。「―を立てる」新年

カドミウム〈cadmium〉《化》亜鉛に似た銀白色の金属元素。めっき・合金などに利用。化合物は有毒。元素記号 Cd

かど-みせ【角店】 道路の曲がり角にある店。

かど-やしき【角屋敷】 道の曲がり角にあって、二面が道に面した邸宅。

カドリール〈quadrille〉二組または四組の男女が方形になって踊るダンス。また、その曲。一八―一九世紀に、フランスを中心に流行した。カドリーユ。

かとり-せんこう【蚊取[り]線香】(センカウ) — 蚊よけにいぶす線香。おもに除虫菊を原料にして作る。蚊遣(かや)り。夏 はじまり 一八九〇(明治二十三)年、大日本除虫菊株式会社の創業者上山英一郎が、除虫菊の粉末を線香状にしたものを開発。明治三十五年には、現在のような渦巻き型を発売。

カトリック〈(オランダ) Katholiek〉《基》(ギリシャ語の「普遍的な」の意から)ローマ教皇を首長とするキリスト教の一派。また、その信徒。ローマカトリック教会。天主公教会。公教会。旧教。カソリック。↔プロテスタント

カトレア〈cattleya〉《植》①ラン科カトレア属の多年草。園芸種として知られる。中南米原産で、紫や黄色の花をつける。冬 ②カトレア属の多年草の総称。

かどわか・す【×勾引かす・◇勾かす・◇拐かす】(カドハカス)(他五)(サ(ソ)・シ・ス・ス・セ・セ) おもに女性・子供をだまして、またはむりやりに連れ去る。誘拐する。「女を―」可能かどわか・せる(下一)

か-とん【火△遁】(クワ) — 火を利用して身を隠す幻術(げんじゅつ)・忍術。

か-とんぼ【蚊×蜻蛉】 ①→ががんぼ ②《俗》やせて背の高い人をあざけっていう語。

か-な【仮名・仮◇字】 漢字から生まれた、日本独特の一字一音節の表音文字。ふつうは平仮名と片仮名をいう。語源「かりな(仮名)」の転じた「かんな」の「ん」の無表記から生じた語。本字(ほんじ)である漢字を真名(まな)と呼び、平仮名・片仮名などを仮名(かりな)といった。参考「仮名」は、常用漢字表付表の語。

か-な ①不確かなものを感じ、はたしてそれでよいか考える、あるいは人に問いかける語。「これでいい―」「一〇〇点取れた―」②(「ないかな」の形で)軽い気持ちで探し求める意や、願望を表す語。「いい店ない―」「早く来ない―」語源 疑問または反語の終助詞「か」＋感動・詠嘆を表す終助詞「な」

かな【△哉】(終助)《古》感動・詠嘆の意を表す。…だなあ。「山中(やまなか)におぼつかなくも呼子鳥(よぶこどり)―」〈古今〉参考 体言および活用語の連体形に付く。「かな」は平安時代以後の語。奈良時代には「かも」が用いられた。

がな《古》■一(終助) 願望の意を表す。…がほしい。…したいものだ。「よからう敵(かたき)―(=よい敵がほしい)」〈平家〉用法 体言・助詞「も」「を」に付く。平安時代には多く「もがな」の形で使われた。■二(副助) ①例をあげてほのめかす意を表す。…でも。…のようなものでも。「つれ―(=連れでも)ほしいと」〈狂・餅酒〉②不定のままでおく意を表す。…はて。…か。「何を―形見に嫗(おう)に取らせむ」〈今昔〉用法 ②は疑問の語を伴って用いる。

かな-あみ【金網】 針金を編んで作った網。

か-ない【家内】①家の中。②家族。「―安全」③自分の妻。「―は留守です」

―こうぎょう【―工業】自宅で家族やわずかな使用人だけで営まれる簡単な工業。

かな・う【◇適う・△叶う】(自五) ①求められた内容を満たす。あてはまる。うまく合う。「理に―」「時宜に―」②思いどおりになる。望みが実現する。「念願が―」「―・わぬ恋」③力が及ぶ。匹敵する。「彼に―者はいない」[他]かな・える(下一) [参考]ふつう①は「◇適う」、②は「△叶う」、③は「◇敵う」と書く。

かなわない やりきれない。がまんできない。「寒くて―」 **かなわぬ時の神頼み** (ふだんは信仰心がないのに)思いどおりにならない困難にあったときだけ、神を頼みにすること。[参考]類似のことば―苦しい時の神頼み

かなえ【鬲】漢字の部首名の一つ。「融」「鬻」などの「鬲」の部分。

かな-え【△鼎】―①古代中国で使われた三本足の青銅製の器。食物を煮るのに用いた。②(中国の夏の禹王が九鼎(=全国九つの州から集めた銅で鋳た鼎)を作り、宝としたことから)帝位・権威の象徴。

〔鼎①〕

―の軽重を問う 君主の力量を疑って、これを滅ぼし天下を取ろうとする。転じて、その人の権威・実力を疑い軽視する。【故事】古代中国で周王朝のころ、楚の荘王が周に行き、「(周王室の象徴である)鼎の軽重(=おもさ)はどれほどか」とたずねた。これは鼎の譲渡(=君主の譲位)をねらう無礼なふるまいであったことからいう。〈左伝〉

かな・える【◇適える・△叶える】(他下一) ①適合させる。みたす。「条件を―」②思いどおりにさせる。聞きとどける。「希望を―」[自]かな・う(五) [文]かな・ふ(下二)

かながきろぶん〔仮名垣魯文〕(一八二九〜一八九四)幕末・明治前期の戯作者。江戸(東京都)生まれ。文明開化期の世相風俗を風刺をきかせ軽妙に描いた。著「西洋道中膝栗毛」「安愚楽鍋」など。

かな-がしら【金頭】《動》ホウボウ科の海産硬骨魚。体は赤色でホウボウに似るがやや小形。日本近海の海底にすむ。食用。

かな-がた【金型】金属製の型。鋳造やプレス加工、プラスチック成形に使われる。

かな-かな【△蜩】→ひぐらし(蜩) [秋]

かながわ〔神奈川〕関東地方南西部の県。県庁所在地は横浜市。

かなきり-ごえ【金切〔り〕声】―金属を切るときに出る音のようなかん高く鋭い声。女性の叫び声など。「―をあげる」

カナキン【×金巾】〈ポルトガル canequim〉かたくよった綿糸で織った、目の細かい薄い織物。カネキン。

かな-ぐ【金具】器具にとりつける金属製の付属品。かなもの。

かな-くぎ【金△釘】①金属製のくぎ。②「金釘流」の略。

―りゅう【―流】(くぎを並べたような)ぎくしゃくして下手な書き文字を、一つの流派にみたててあざけっていう語。

かな-くさ・い【金臭い】(形) 金属のにおいや味がする。「―水」[文]かなくさ・し(ク)

かな-ぐし【金串】魚・肉などを焼くときに使う金属製のくし。

かな-くず【金△屑】―金属を加工するときに出る削りくず。

かな-くそ【金△屎】①鉄のさび。また、鉄をきたえるときにはがれ落ちるくず。②鉱石をとかしたときにできるかす。鉱滓。

かな-ぐつ【◇鉄△沓】馬のひづめの裏に打ちつける半輪形の鉄。馬蹄。蹄鉄。

かな-ぐつわ【金△轡】①金属製のくつわ。②口止めなどのために贈るわいろ。「―をはめる」

かなぐり-す・てる【かなぐり捨てる】(他下一) ①荒々しくとって捨てる。脱ぎ捨てる。「上着を―」②思い切って捨てる。「地位も体面も―」[文]かなぐりす・つ(下二)

かな-け【金気】①水中にとけて含まれている鉄分。また、その味。「この水には―がある」②新しい鉄製のなべ・かまなどで湯をわかすときに浮かび出る赤黒い物。[参考]「かねけ」ともいう。

かなざわぶんこ〔金沢文庫〕鎌倉時代中期、武蔵の国金沢(現在の横浜市金沢区)に北条実時が建てた図書館。和漢の書籍を数多く所蔵する。かねさわぶんこ。

かな・し【◇愛し・悲し・◇哀し】(形シク)《古》①身にしみていとしい。かわいい。②心がいたむ。いたましい。③(連用形の用法で)㋐見事に。㋑残念にも。

かなし・い【悲しい・◇哀しい】(形) 心が痛み、泣きたい思いである。「親に死なれて―」「―メロディー」↔嬉しい [文]かな・し(シク)

【変遷】古語「かなし」は、深くしみじみとした感興をあらわす語で、「かわいい・いとしい」の意でも、「心がいたむ・悲しい」の意でも用いられた。やがて、「見事だ・くやしい・貧乏でつらい」の意が生じた。現代語では、もっぱら「嬉しい」に対する「泣きたい思いでつらい」の意で用いられる。

かな-しき【金敷・◇鉄敷】金属を打ちきたえるのに使う鉄製の作業台。かなとこ。

〔かなしき〕

かなしきがんぐ〔悲しき玩具〕石川啄木の歌集。「一握の砂」に続く第二歌集。死後の一九一二(明治四十五)年刊。最晩年の作品一九四首と歌論二編を収録。歌風は窮迫した生活を反映し、一段と現実的になっている。

かな-しばり【金縛り】①動けないようにくさりなどで強く縛りつけること。また、不思議な力で身動きができなくなること。「―にあう」②《俗》金銭の力で、人の自由を束縛すること。

かな-しぶ【◇鉄渋・金渋】鉄のさびが水に混じったもの。

かなしみ【悲しみ・◇哀しみ】悲しむこと。悲しい気持ち。悲哀。悲嘆。「―にくれる」「―をこらえる」↔喜び

かなし・む【悲しむ・◇哀しむ】(他五) ①心が痛む。嘆く。「友の死を―」↔喜ぶ ②あわれに思う。いとおしむ。[参考]「悲」は、心がしおれていたむ意で、「喜」の対。「哀」はあわれに思う意で、「楽」の対。

かな-ぞうし【仮名草子】―《文》江戸初期の通俗小説の総称。仮名で書かれた教訓的・娯楽的な作品。「御伽草子」のあとを受け、「浮世草子」の先駆となった。

[表現]身も世もなく・愴然と

かなた【◇彼◇方】(代) 遠称の指示代名詞。遠くのほう。むこうのほう。あなた。「空の―」

カナダ〈Canada〉北アメリカ大陸北部にある国。首都はオタワ。

かな-だらい【金△盥】―金属製のたらい・洗面器。

かな-づかい【仮名遣〔い〕】―仮名を用いて国語を書き表すときの、仮名の使い方。また、そのきまり。[参考]現代仮名遣い(新仮名遣い)・歴史的仮名遣い(旧仮名遣い)がある。

かな-づち【金△槌・◇鉄△鎚】①頭部が鉄製のつち。くぎなどを打つのに用いる。②(①は水中に沈むことから)まったく泳げないこと。また、その人。

―の川流れ (かなづちは頭部が沈むことから)人に頭があが

らないことや出世の見込みがないことのたとえ。

―あたま【―頭】 ①かたい頭。石頭。②融通がきかず、がんこなこと。また、そのような人。石頭。

カナッペ 〈フランス canapé〉 西洋料理の一種。薄切りのパンの小片やクラッカーの上に、チーズ・肉・魚・卵などをのせたもの。オードブル（前菜）にする。カナペ。

かな-つぼ【金壺】 金属製のつぼ。

―まなこ【―眼】 落ちくぼんで丸い目。

かな-つんぼ【金聾】 まったく耳の聞こえないこと。また、そのような人をいう差別的な語。

かな-てこ【鉄梃・金梃】 鉄製のてこ。

かな-でほん【仮名手本】 いろは歌を平仮名で書いた習字の手本。

かなでほんちゅうしんぐら【仮名手本忠臣蔵】 竹田出雲・三好松洛・並木千柳（宗輔）合作の浄瑠璃。一七四八（寛延元）年初演。赤穂浪士の仇討ち事件を中世に移して脚色したもの。通称「忠臣蔵」。

かな・でる【奏でる】（他下一）デ・デ・デル・デル・デレ・デロ（デヨ） 楽器を演奏する。「ギターを―」 文かな・づ（下二）

かな-とこ【鉄床・鉄砧】 →かなしき

かな-ばさみ【金鋏】 ①金属を切るためのはさみ。②焼けた鉄や炭など熱い物をはさむ金属製の道具。金箸。

かな-ひばし【金火箸】 金属製の火ばし。

かな-ぶつ【金仏】 ①金属製の仏像。②少しも感情に動かされない人。気持ちの冷たい人。「木仏―石仏」

かな-ぶん【金蚉】《動》コガネムシ科の昆虫。体は偏平。銅褐色や青銅色でつやがある。七・八月に現れブンブンと羽音を立てて飛ぶ。かなぶんぶん。夏

かな-へび【金蛇・蛇舅母】《動》爬虫類カナヘビ科のトカゲの総称。草むらにすむニホンカナヘビは日本固有の動物。

かな-べら【金篦】 ①金属製のへら。②鏝。

かな-ぼう【金棒・鉄棒】 ①鉄製の棒。武器として用いられた。「鬼に―」②昔、夜警などが地面をつき鳴らして歩いた、頭部に鉄の輪のついた棒。③器械体操の用具の一種。鉄棒。

―ひき【―引き】（夜警が「金棒②」をつき鳴らしながら歩いたことから）うわさなどをおおげさに言いふらして歩く人。

カナマイシン 〈kanamycin〉《医》抗生物質の一種。結核菌・赤痢菌などに効果がある。

かな-まじり【仮名交〔じ〕り】 漢字と仮名をまぜて書くこと。また、その文章。「漢文を―文に書き下す」

かなめ【要】 ①扇の各骨の端に穴をあけ、一つにまとめてはめこむくぎ。また、そのまとめの部分。②最もたいせつな所・事柄・人物。「肝心―の所」「チームの―となる」③「かなめもち」の略。

―いし【―石】 ①《建》アーチ状の建造物の頂上部分で構造を支える石。キーストーン。②物事の支えとなるもの。「チームの―」

―がき【―垣】 カナメモチを植えた生け垣。

―もち【―黐】《植》バラ科の常緑小高木。若葉は赤色。五、六月ごろ白色の小花を開く。生け垣用。そばのき。夏

かな-もの【金物】 ①金属製の日常器具の総称。「―店」②器具にとりつける金属製の付属品。金具。

かな-やま【金山】 鉱山。

かならず【必ず】（副）例外なく確実なさま。きっと。まちがいなく。「約束は―守る」

類語 必然・必須・不可避・必定・必至・絶対

―しも（副）すべて…とは限らない。必ず…であるというわけではない。「―彼だけが悪いのではない」 用法 あとに打ち消しの語を伴って部分否定を表す。

―や（副）きっと。まちがいなく。「努力すれば―成功するだろう」 用法 あとに推量の語を伴う。

か-なり【可成・可也】（副・形動ダ）十分とまではいかないが、ふつうの程度以上であるさま。相当。「―おもしろい」

カナリア 〈スペイン canaria〉《動》アトリ科の小鳥。カナリア諸島原産。スズメよりやや小さく、体色はふつう黄色。鳴き声・姿ともに美しい。カナリヤ。参考「金糸雀」とも書く。

がな・る（自五）ラ(ロ)・リ(ッ)・ル・ル・レ・レ《俗》がんがん大声で言う。どなる。

かな-わ【金輪・鉄輪】 ①金属製の輪。②→ごとく②

か-なん【火難】 クワ― 火災。火による災難。「―の相」

か-なん【禍難】 クワ― わざわい。災難。

かに【蟹】《動》節足動物・甲殻類のうち、腹部が短く、脚が頭胸部の下面に折れ曲がってついている動物の総称。海底・海浜・清流などにすむ。頭胸部はかたい甲羅でおおわれている。五対の脚のうち、第一脚ははさみ状で、えさの捕食などに用いる。種類が多く、食用になるものも多い。夏

―は甲羅に似せて穴を掘る 人はそれぞれの身分や能力に相応した考えや行いをするものだというたとえ。

かに-かくに（副）《古》あれこれと。いろいろと。

か-にく【果肉】 クワ― 果実の、種と皮の間の柔らかい部分。

かに-こうせん【蟹工船】 捕ったカニをすぐに缶詰に加工する設備をもった、北洋カニ漁業の母船。冬

かにこうせん【蟹工船】 小林多喜二の小説。一九二九（昭和四）年発表。蟹工船で酷使される労働者たちが団結して闘争し、敗北するまでを描く。プロレタリア文学の代表作。

かに-ばば【蟹屎】 生まれた赤ん坊が初めてする黒くねばねばした大便。胎便。かにくそ。

カニバリズム 〈cannibalism〉 人の肉を食うこと。また、その風習。

がに-また【蟹股】 両脚のひざの部分が外側に開く形に曲がっていること。また、その人。O脚。

かに-もじ【蟹文字】（カニが横に進むことから）横文字。

か-にゅう【加入】 ニフ（名・自スル）団体・組織などに加わること。「組合に―する」「保険に―する」↔脱退

カヌー 〈canoe〉 ①丸木舟。櫂で操る小舟。②①に似た競漕用のボート。また、それを使った競技。カヌー競技。

かね【金】 ①金属の総称。特に、鉄。「―のたわし」②貨幣。金銭。「―もうけ」

類語 おかね・銭・お足・金銭・金子・お宝・現金・貨幣・マネー・キャッシュ・まる・小銭・大金・大枚・千金・現生・小金・めくされ金・はした金・涙金・煙草銭・ばら銭・あぶく銭・悪銭

―が唸る あり余るほど金銭をたくさん持っていることのたとえ。**―に飽かす** たくさんある金銭を惜しまずに使う。

―に糸目をつけない 惜しみなく金銭を使う。

語源「糸目」とは凧の糸目のことで、凧の上がり具合・つり合いを調節するためにつける糸のこと。「糸目をつける」で、物事をするのに適度な制限を加えるという意味になり、打ち消しの形で用いられる。現在は多く「金に糸目をつけない」と使うが、昔は「酒に糸目をつけない」など「金」以外でも用いられた。

―になる もうかる。収入になる。**―に目がくらむ** 金銭ほしさに思慮・分別を失う。**―の切れ目が縁の切れ目** 金があるうちは親しい仲としてたいせつにされても、金がなくなれば関係が切れてしまうこと。**―のなる木** いくら使ってもなくならない財源。**―の草鞋で探す**（鉄製の草鞋ははき続けてもすりきれないことから）根気よく探し求め歩くことのたとえ。金の

草鞋で尋ねる。―**は天下(てんか)の回(まわ)りもの** 金銭は世間を渡り回るものだから、いつかは自分の所へも回ってくるということ。―**を食(く)う** やたらとお金がかかる。―**を寝(ね)かす** 金をうまく運用しないで、ただためておく。

かね【△矩】 ①→かねじゃく ②直角。また、直線。

かね【△鉦】 上向きに置いたり、手で持ったりして撞木(しゅもく)でたたき鳴らす金属製の仏具。打楽器として用いることもある。

かね【鐘】 つりがね。また、その音。「―をつく」「除夜の―」

―**や太鼓(たいこ)で捜(さが)す** 大騒ぎしてあちこち捜し回る。

かね【×鉄漿】 歯を黒くそめるのに用いる液体。⇩御歯黒(おはぐろ)

かね-あい【兼〔ね〕合い】〔アヒ〕 釣り合いをうまく保つこと。「しかることとほめることの―がむずかしい」

かね-いれ【金入れ】 携行用の金銭を入れるもの。さいふ。

かね-うけ【金請け】 近世、借金の保証人をいう語。

かね-うり【金売り】 昔、砂金などを売買した商人。

かね-かし【金貸〔し〕】 金を貸して利息をとる商売。また、その人。

かね-がね【◇予◇予】（副）以前から。前々から。かねて。「お名前は―うかがっております」

かねくい-むし【金食い虫】〔カネクヒ〕 費用ばかりかかってあまり効果のみえないものを虫にたとえていう語。

かね-くよう【鐘供養】〔クヤウ〕 新しく鋳造した鐘のつきぞめ供養の行事。多くは女性がつきぞめを行う。㊮春

かね-ぐら【金蔵・金◇庫】 ①金銭や宝物を納めておく蔵。②《俗》金銭上の援助者。かねづる。

かね-ぐり【金繰り】 資金のやりくり。「―がつかない」

かね-ごと【◇予言】《古》前もって言っておく言葉。約束の言葉。「昔せし我が―の悲しきは」〈後撰集〉

かね-ざし【△矩差し】 →かねじゃく①

かね-じゃく【◇曲尺・△矩尺】 ①大工などの使う、直角に曲がった金属製のものさし。かねざし。まがりがね。かね。②①と同じ目盛りのものさし。また、それによる長さの測り方。鯨尺(くじらじゃく)の八寸(約三〇・三センチメートル)を一尺とする。かね。⇩鯨尺

かね-ずく【金ずく】〔ヅク〕 金銭の力だけを頼って事をかたづけること。金銭ずく。「―でかたをつける」

かね-そな・える【兼〔ね〕備える】〔ソナヘル〕（他下一）〔エ・エ・エル・エル・エレ・エロ(エヨ)〕二つ以上の性質や要素を同時に備える。「人気と実力を―」㊮文かねそな・ふ(下二)

かね-だか【金高】 金額。金高(きんだか)。

かね-たたき【△鉦△叩き】 ①鉦(かね)を打ち鳴らすこと。また、その人。②鉦を鳴らすための棒。撞木(しゅもく)。③鉦をたたいて経文などを唱え、物を乞い歩くこじき。④《動》カネタタキ科の昆虫。コオロギに似る。雄は秋に鉦をたたくようにチンチンと鳴く。㊮秋

か-ねつ【火熱】〔クワ〕 火の熱。火の熱さ。

か-ねつ【加熱】（名・他スル）熱を加えること。「―処理」

か-ねつ【過熱】〔クワ〕（名・自スル）①熱くなりすぎること。②状態や傾向が必要以上に激しくなること。「応援が―気味だ」③《物》液体が沸騰点以上に加熱され、かつ沸騰しない状態。

かね-づかい【金遣い】〔ヅカヒ〕 金銭のつかい方。「―が荒い」

かね-づまり【金詰〔ま〕り】 金銭のやりくりができなくなり、資金が不足すること。「不景気で―になる」

かね-づる【金△蔓】 金銭を得るあてとなるもの。また、金銭を出してくれる人。「―をつかむ」

かね-て【◇予て】（副）①前もって。あらかじめ。「―(から)存じております」②以前から。かねがね。「―伝えたとおり」㊮用法「かねての望みどおり」のように、「の」を伴って連体修飾語にもなる。

かね-ばこ【金箱】 ①現金を納めておく箱。金庫。②→ドルばこ②

かね-ばなれ【金離れ】 金銭の使いぶり。「―がいい」

かね-ふき【金吹き】 鉱石から金銀などを分離して、貨幣を鋳造すること。また、その人。

かね-へん【金偏】 漢字の部首名の一つ。「鉄」「銅」などの「釒」の部分。㊮参考 金偏の文字は金属に関することを表す。

かね-まわり【金回り】〔マハリ〕 ①金銭の流通。金融。「年末の―」②財政状態。ふところぐあい。「―がいい」

かね-め【金目】 金銭に換算した値打ち。また、金銭的な値打ちの高いもの。「―の物は何もない」

かね-もうけ【金△儲け】〔マウケ〕（名・自スル）金銭をもうけること。「―がうまい」

かね-もち【金持〔ち〕】 金銭や財産をたくさん持っていること。また、その人。

㊮類語 富豪・長者・百万長者・億万長者・大尽・分限・物持ち・財産家・資産家・金満家・素封家(そほうか)

―**喧嘩(けんか)せず** 金持ちはけんかをすると損になることを承知しているので、人と争わない。

かね-もと【金元】 資本金を出す人。出資者。金主(きんしゅ)。

か・ねる【兼ねる】（他下一）〔ネ・ネ・ネル・ネル・ネレ・ネロ(ネヨ)〕①一つのもので二つ以上のはたらきや役目をする。「書斎と客間を―」②本来の任務のほかに別の任務にもつく。兼任する。「首相が外相を―」③(動詞の連用形の下に付いて)…(しようとしても)できない。…しにくい。「承知し―」「見るに見―」㊮文か・ぬ(下二)

かねない（動詞の連用形の下に付いて）…しそうだ。…するかもしれない。「うそを言い―」「彼ならやり―」㊮用法 多く、好ましくない結果が予想される場合に用いる。

か-ねん【可燃】 燃えること。燃えやすいこと。↔不燃

―**せい【―性】** 燃えやすい性質。↔不燃性

―**ぶつ【―物】** 燃えやすい物。↔不燃物

か-ねんど【過年度】〔クワ〕 過ぎ去った年度。過去の会計年度。

か-の【◇彼の】（連体）あの。例の。「―有名な人物」㊮参考 文語では代名詞「か」と格助詞「の」に分ける。

が-の-いわい【賀の祝〔い〕】〔イハヒ〕 長寿の祝賀。⇩賀

か-のう【化△膿】〔クワ〕（名・自スル）細菌によって炎症をおこし、膿(うみ)をもつこと。膿(う)むこと。「傷口が―する」

か-のう【可能】 ㊀（名・形動ダ）できること。ありうること。また、そのさま。「実現―」「不―」㊁（名）《文法》口語の助動詞「れる・られる」、文語の助動詞「る・らる」「べし」などが表す意味の一つ。…することができるの意を表す。

―**せい【―性】** ①その状態になりうる見込み。「合格の―」②何かをなしうる潜在的な能力・素質。「無限の―を秘める」

―**どうし【―動詞】**《文法》動作・作用を表すとともに可能の意味をあわせもった動詞。五段活用の動詞を下一段に活用させたもの。命令形はない。「書ける」「歌える」「読める」など。㊮参考「来れる」や「着れる」「投げれる」など、五段以外の活用の動詞にも広がりつつある。⇩らぬきことば

か-のう【△嘉納】〔ナフ〕（名・他スル）高位の者が、進言や献上物などを喜んで受け入れること。

が-のう【画△嚢】〔グワナウ〕 写生用具を入れる袋。おもに洋画家が使う。転じて、絵をかくもととなる題材。㊮語源「詩嚢」に類推してできた語。

かのう-えいとく【狩野永徳】（一五四三―一五九〇）安土桃山時代の画家。京都生まれ。織田信長・豊臣秀吉に仕え、装飾的で豪壮な障壁画を制作。狩野派を確立した。代表作「洛中洛外図屏風(らくちゅうらくがいずびょうぶ)」など。

が-の-うた【賀の歌】《文》「古今集」以下勅撰(ちょくせん)集におけ

る和歌の部立ての一つ。人の幸福・長寿などを祈り祝う歌。

かのう-は【狩野派】〖美〗日本画の一流派。室町中期から明治まで、日本画壇の中心となった。狩野正信を祖とし、その子元信、元信の孫の永徳をはじめ、山楽(安土桃山時代)・探幽(江戸初期)など多くの大家が輩出した。

かのうほうがい【狩野芳崖】カノウハウガイ (一八二八～一八八八) 幕末・明治前期の日本画家。長州(山口県)生まれ。フェノロサ(アメリカの哲学者・美術研究家)、岡倉天心らに認められ、近代日本画の創始に尽くした。代表作「悲母観音」。

か-の-え【庚】(「金の兄」の意)十干の第七。⇩十干

か-の-こ【鹿の子】①鹿の子。夏 ②「かのこしぼり」の略。③「かのこまだら」の略。④「かのこもち」の略。参考「か」は「しか」の古名。

―しぼり【―絞り】絞り染めの一種。布を糸で小さく縛って染色し、白い斑点を染め出したもの。

―まだら【―斑】鹿の毛のように、全体が茶褐色で白い斑点が散っているもの。「―に雪が残る」

―もち【―餅】あんで包んだもちや求肥などのまわりに、甘く煮た小豆・いんげん豆などを付けた餅菓子。

か-の-じょ【彼女】ヂョ 一(代)他称の人代名詞。話し手と聞き手以外の女性をさす語。あの女性。その女性。↔彼 二(名)(俗)恋人である女性。「―ができる」↔彼・彼氏

変遷「彼女」という漢字表記は、西欧語の人代名詞の翻訳語として江戸末期に生まれ、「かのおんな」「あのおんな」と読まれた。また、明治初期には女性をさす人代名詞「女」があり、これに「あの」を意味する「かの」を冠して用いた。一語の人代名詞「かのじょ」は、明治後半から大正にかけて広まった。二の意味は、昭和になってから生じた。

か-の-と【辛】(「金の弟」の意)十干の第八。⇩十干

かのときに… 和歌〔かの時に 言ひそびれたる 大切の言葉は今も 胸にのこれど〕〈石川啄木〉あの時にあなたに言いそびれたたいせつな言葉(=愛の告白)は、今も私の胸に残っているのだけれども…。

カノン〈canon〉①〖基〗教理。教会法。聖典。②〖音〗楽曲の形式の一つ。輪唱曲。追復曲。キャノン。

カノン〈オラ kanon〉口径にくらべて砲身が長い遠距離射撃用の大砲。カノン砲。キャノン。参考「×加農」とも書く。

か-は(係助)(古)①疑問の意を表す。…か。…だろうか。「はちす葉の濁りにしまぬ心もて何―露を玉とあざむく(=どうして露を玉と見せかけて人をあざむくのか)」〈古今〉②反語の意を表す。…だろうか、いや…でない。「命は人を待つもの―」〈徒然草〉

語源疑問または反語の係助詞「か」+強意の係助詞「は」

かば【蒲】→がま(蒲)

かば【樺】①〖植〗カバノキ科の落葉高木・低木の総称。特に、シラカバをいう。(かばの花 春) ②「かばいろ」の略。

か-ば【河馬】〖動〗カバ科の哺乳動物。アフリカの川や湖に群棲する。昼は水中で目・鼻・耳だけを出して眠り、夜、地上で草を食べる。口が大きく胴は肥大し、四肢は短い。

カバー〈cover〉一(名)①保護などのため、物の表面をおおうもの。おおい。「ふとんの―」②書物の表紙の上に掛けるもの。「本の―」二(名・他スル)①損害や不足を補うこと。「能力不足を努力で―する」②野球などで、味方の守備を助けること。③全体をおおったり、全体に及んだりすること。「全国を―する販売網」④過去に発表された楽曲を別の歌手や演奏家が再び演奏・録音すること。また、その曲。「―アルバム」参考一②は、英語では dust cover や dust jacket といい、単に cover といった場合は表紙をさす。

―ガール〈cover girl〉雑誌の表紙などのモデルとなる女性。

―グラス〈cover glass〉顕微鏡の、スライドグラスの上に載せた標本をおおう薄い四角のガラス板。

か-はい【加配】(名・他スル)配給制で、決まった量以上に特別に加えて配給すること。「―米」

かばい-だて【×庇い立て】カバヒ(名・他スル)ことさらにかばうこと。「本人のためにも―はするな」

かば-いろ【蒲色・樺色】(ガマの穂のような色で)赤みを帯びた黄色。

かば・う【×庇う】カバフ(他五)いたわって、他からの攻撃や非難から守る。「わが子を―」可能かば・える(下一)

がば-がば 一(副)①水などがはげしく揺れ動いたり流れ込んだりするさま。また、その音。「安酒を―飲む」②金などがどんどん入ってくるさま。「―稼ぐ」二(形動ダ)衣服や靴などが大きすぎて締まりがないさま。ぶかぶか。だぶだぶ。「―な服」

か-ばかり(副)(古)①これほどに。②これだけ。語源代名詞「か」+副助詞「ばかり」

か-はく【下×膊】腕の、ひじから手首までの部分。前膊。↔上膊

か-はく【仮泊】(名・自スル)船が一時的に停泊すること。

か-はく【科白】クワ 俳優のしぐさとせりふ。特に、せりふ。

が-はく【画伯】グワ ①秀でた画家。②画家の敬称。

か-ばしら【蚊柱】夕方などに、たくさんの蚊が一か所に集まって飛び、柱のように見える状態。「―が立つ」夏

か-ばつ【科罰】クワ 懲罰を科すること。処罰。

カバディ〈ヒンデ kabaddi〉インド発祥のスポーツ。攻撃側と守備側に分かれ、攻撃側の一人が「カバディ、カバディ」と連呼しながら相手陣内で相手にタッチし自陣に戻れば得点になる。

がば-と(副)動作が突然で激しいさま。多く、急に起き上がったり、急に倒れ伏したりするさま。がばっと。「―起き上がる」

ガバナンス〈governance〉統制。統治。管理。「コーポレート―(=企業統治)」

かばね【×姓】〖日〗大和政権における各氏族の身分秩序を示す称号。臣・連・公(君)・造・直・首など。

かばね【×屍・×尸】死体。なきがら。しかばね。「水漬く―」

かは-ほり【×蝙蝠】カハ(古)①こうもり。夏 ②(「蝙蝠扇」の略)数本の骨に紙をはった扇。

かば-やき【×蒲焼(き)】ウナギ・ハモ・アナゴなどをさいて骨を取り、たれを付けてくし焼きにした料理。語源もとウナギを縦にくし刺しにして丸焼きにした形・色が、蒲の穂に似ているところからという。

か-ばらい【過払い】クワバラヒ(名・他スル)代金・料金・給料などを払い過ぎること。払い過ぎ。

か-ばり【蚊針・蚊×鉤】羽毛などで蚊に似せて作ったものを付けた釣り針。アユ・ヤマメなどの川魚を釣るのに用いる。

か-はん【河畔】川のほとり。川岸。川端。

か-はん【過半】クワ 半分より多いこと。おおかた。

―すう【―数】全体の半数より多い数。「―に達する」

か-はん【過般】クワ さきごろ。この間。先般。「―の情勢変化により」↔今般

かばん【×鞄】革・ズックなどで作り、物を入れて持ち歩く用具。語源中国語「夾板」の転か。「鞄」はなめし革の意。

―もち【―持ち】①主人・上役のかばんを持って供をし、雑用をすること。また、その人。②上役にへつらって、いつもそのあとを追う者をさげすんでいう語。

か-ばん【下番】(名・自スル)軍隊などで、一定時間の勤務を

終えて居住の場所にもどること。↔上番

が-ばん【画板】 グワ ①絵をかくとき、画用紙をのせる台にする板。または、厚いボール紙。②油絵をかきつける板。

か-はんしん【下半身】 体の、腰から下の部分。下半身(しもはんしん)。「―を鍛える」↔上半身

かひ【匙】 かい (古)さじ。しゃくし。

か-ひ【下婢】 召使の女性。

か-ひ【可否】 ①物事のよしあし。「―を論じる」②賛成と反対。賛否。「―を決める」③できるかできないか。「出席の―」

か-ひ【果皮】 クワ〔植〕①果実の種子を包む部分全部。内果皮・中果皮(=桃・柿などの食べる部分)・外果皮(=表面をおおっている皮)の三つに区別される。②果実の表面をおおう皮。

か-ひ【歌碑】 和歌や歌詞を刻みつけた記念碑。「啄木の―」

かび【黴】 体が菌糸からなる菌類の総称。生物体や有機物の表面に寄生する。糸状菌。夏

―が生える ①物の表面にかびが生じる。②古くさくなる。時代遅れになる。

か-び【華美】 クワ (名・形動ダ) はなやかで美しいさま。また、派手でぜいたくなさま。「―を極める」「―な服装」

が-び【蛾眉】 ①(蛾の触角のような)三日月形の美しいまゆ。美人のまゆの形容。②(転じて)美人。

かび-くさ・い【黴臭い】 (形) カロ・カッ(ク)・イ・イ・ケレ・○ ①かびのにおいがする。「―布団」②古くさい。時代遅れである。古めかしい。「―考え方」文かびくさ・し(ク)

カピタン 〈ポルトガル capitão 仲間の長〉①江戸時代の、長崎出島のオランダ商館長。②江戸時代、日本に来た外国船の船長。参考「×加比丹・×甲必丹」とも書く。

か-ひつ【加筆】 (名・自他スル) 文章や絵画などに書き足したり、手を入れて直したりすること。「―訂正」「原稿に―する」

が-ひつ【画筆】 グワ 絵をかくときに用いる筆。絵筆。

カピバラ 〈capybara〉〔動〕テンジクネズミ科の哺乳(ほにゅう)動物。南米東部の水辺の森林に生息。体はかたい毛で覆われ、足には水かきをもち、巧みに泳ぐ。草食性。

が-ひょう【賀表】 ヘウ 祝いの気持ちを表して差し上げる文章。

が-びょう【画鋲】 グワビャウ 紙などを壁や板にとめるための鋲。

か-び・る【黴びる】 (自上一) ビ・ビ・ビル・ビル・ビレ・ビロ(ビヨ) かびが生える。「もちが―」文か・ぶ(上二)

か-ひん【佳品】 よい品。よい作品。

か-ひん【佳賓】 よい客。珍しい客。

か-びん【花瓶】 クワ (陶磁器・ガラス・金属製の)花をいける壺形(つぼがた)または筒形(つつがた)の器。

か-びん【過敏】 クワ (名・形動ダ) 感受性が強すぎること。感じ方がふつうより鋭いこと。また、そのさま。「神経―」

―しょう【―症】 シャウ〔医〕一般にはなんでもない特定の刺激に対してきわめて鋭敏に反応し、一定の症状を示す病気。

か-ふ【下付】 (名・他スル) 政府・役所などが、金品・書類などをその人に渡し与えること。「証明書を―する」

か-ふ【火夫】 クワ 「火手(かしゅ)」の旧称。

か-ふ【花譜】 クワ いろいろな花の絵を開花順、種類などに分類して載せた本。

か-ふ【家父】 自分の父。他に対しての改まった言い方。

か-ふ【家扶】 もと、皇族・華族の家で、事務・会計をつかさどった人。家令の次の位。

か-ふ【寡夫】 クワ 妻と死別して再婚しないでいる男性。男やもめ。やもお。↔寡婦

か-ふ【寡婦】 クワ 夫と死別して再婚しないでいる女性。未亡人。やもめ。後家(ごけ)。↔寡夫

かぶ【株】 (字義)→しゅ(株)

-かぶ【株】 (接尾)①(数詞について)㋐根の付いた植物を数える語。「二―の菊」㋑株券の数に添える語。「一万―を売る」②それに相当する地位を表す。「親分―」

かぶ【株】 ①草木を切り倒したあとに地面に残る幹や根の部分。切り株。②何本にも分かれて出ている植物のもとの根。「―を分ける」③〔医〕培養によって維持される同一系統の微生物やウイルス。「変異―」④〔商〕「株式」または「株券」の略。⑤江戸時代に、金で売買できた役目や資格。「名主(なぬし)の―」⑥金で売買するある特権にあずかる権利、または身分。「相撲の年寄(としより)―」⑦(「おかぶ」の形で)得意とする技や芸。

―が上(あ)がる ①株価が高くなる。②評判がよくなる。評価が高まる。

かぶ【蕪】 〔植〕アブラナ科の越年草。葉は長楕円(ちょうだえん)形。根はふつう白色、多肉で、形は偏平(へんぺい)・球形・円錐(えんすい)形などがある。春に黄色の花を開く。食用。かぶら。冬

か-ぶ【下部】 下の部分。下のほう。「―組織」↔上部

か-ぶ【歌舞】 (名・自スル) 歌(うた)と舞(まい)。また、歌ったり舞ったりすること。「―音曲(おんぎょく)」

が-ふ【画布】 グワ 油絵をかくための布。カンバス。

が-ふ【画譜】 グワ 絵画を類別して集めた本。

が-ふ【楽府】 漢詩の種類の一つ。もと漢の武帝が設けた音楽をつかさどる役所の名。のちそこで作られた歌謡の名、および唐代以後それにならって作られた古詩の一体をいう。

か-ふう【下風】 ①風下(かざしも)。②他の者の支配下にあること。人より劣った地位。「―に立つ(=人におくれをとる)」

か-ふう【家風】 その家特有の気風・習慣。「―に合わない」

か-ふう【歌風】 和歌の詠み方の特徴。和歌の作風。

が-ふう【画風】 グワ 絵のかき方の特徴。絵の作風。

カフェ 〈フランス café〉①コーヒー。②喫茶店。③大正から昭和初期、女給が接待した西洋風の酒場。カフェー。カフエー。

―オ-レ 〈フランス café au lait〉ミルク入りのコーヒー。コーヒーとミルクをほぼ半々の割合にしたもの。

―テラス 〈和製語〉喫茶店で、歩道や庭など戸外に張り出してテーブルを並べた所。また、そういう造りの喫茶店。

―ラテ 〈イタリア caffè latte〉温めた牛乳を入れたエスプレッソ・コーヒー。カフェラッテ。

カフェイン 〈caffeine〉〔化〕コーヒー・紅茶などに含まれるアルカロイドの一種。興奮・利尿などの作用がある。

カフェテリア 〈cafeteria〉客が自分で好みの料理を選んで取り、食卓に運んで食べる方式の食堂。

かぶ-か【株価】 〔商〕証券取引所で売買される株式の相場。

がぶ-がぶ 一(副) 水・酒などを勢いよく続けて飲むさま。「水を―(と)飲む」二(形動ダ) ダロ・ダッ(デ・ニ)・ダ・ナ・ナラ・○ 胃に液体がたまっているさま。「茶を飲みすぎて腹が―になる」

かぶ-き【冠木】 ①鳥居・門などの上部にあって、二本の柱を貫く横木。②「かぶきもん」の略。

―もん【―門】 二本の門柱の上部に冠木(かぶき)をわたした門。

〔かぶきもん〕

かぶき【歌舞伎】 出雲(いずも)の阿国(おくに)の踊りに始まるといわれ、江戸時代に発達・完成した、日本固有の民衆演劇。歌舞伎劇。歌舞伎芝居。

―じゅうはちばん【―十八番】 ジフハチバン 市川団十郎の家に伝わる歌舞伎の当たり狂言一八種。不破(ふわ)・鳴神(なるかみ)・暫

・不動・嫐・象引・勧進帳・助六・外郎売・矢の根・押戻・景清・関羽・七つ面・毛抜・解脱・蛇柳・鎌髭。

かーふきゅう【過不及】 多すぎたり足りなかったりすること。過不足。「ーなし(=ちょうどよい)」

かーふく【下腹】 腹の下の部分。下腹。「ー部」

かーふく【禍福】 わざわいとさいわい。幸不幸。

ーは糾える縄の如し 人間の幸不幸はより合わされた縄のように、たがいに表裏をなして変転するものだ。吉凶は糾える縄の如し。

がーふく【画幅】 絵画の軸物。

かぶーけん【株券】〘商〙株式会社の株主(出資者)であることを表す有価証券。株。

かぶーこうぞう【下部構造】 〘哲〙唯物史観の術語で、政治・法制・宗教・芸術などの上部構造を規定する、土台となる社会の経済的構造をいう。↔上部構造

かぶさ・る【被さる】(自五) ①上からおおうように重なる。「髪が目にー」②負担になる。責任がかかる。「大きな負担がー」他かぶ・せる(下一)

かぶーしき【株式】〘商〙①株式会社における株主の地位。株主権。②株式会社の資本を構成する単位。③株主であることを示す有価証券。株券。

ーがいしゃ【ー会社】〘商〙株式を発行して資本を集め、経営を行う会社。会社の意思決定機関として株主総会がある。取締役ならびに取締役会が経営に当たり、これを監査役が監視する。

カフス〈cuffs〉ワイシャツ・婦人服のそで口。また、その折り返しの部分。

ーボタン〈和製語〉カフスに付ける装飾ボタン。参考英語ではcuff linksという。

かぶせーあみ【被せ網】船上、あるいは岸から水面に投げかけ、魚類におおいかぶせてとる網。投網など。

かぶせーぶた【被せ蓋】箱などで、身をすっぽりおおい隠すように作ったふた。

かぶ・せる【被せる】(他下一) ①その下をおおうように上にのせる。全体を隠すように上から包む。「袋をー」②上から注ぎかける。「水をー」「土をー」③すでにある音や色に別の音や色を重ね加える。「波の音に汽笛をー」④間を置かずに次の言葉を言う。「ーせて言う」⑤罪・責任などを負わせる。「罪をー」自かぶさ・る(五) 文かぶ・す(下二) ⇩覆う「ちがい」

カプセル〈ドイ Kapsel〉①粉薬などを中に入れて飲みやすくする、ゼラチン製の小さな円筒形の容器。②外気を遮断し密閉した容器。「タイムー」

ーホテル〈和製語〉カプセル状の狭い個室を並べた簡易宿泊施設。

かーふそく【過不足】 多過ぎることと足りないこと。過不及。「ーなく用意する」

かぶーだち【株立ち】一本の株から分かれて伸びた草木。

カプチーノ〈イタリア cappuccino〉泡立てた牛乳を浮かべ、シナモンを添えたエスプレッソ・コーヒー。

かふちょうーせい【家父長制】 父系の家長がその家長権に基づいて、構成員を統率・支配する家族形態。

かぶと【甲・兜・冑】昔、合戦のときに頭部を守るためにかぶった鉄または革製の武具。

鉢
くわ形
〔かぶと〕

ーを脱ぐ 降参する。シャッポを脱ぐ。

ーに【ー煮】粗煮の一種。鯛などの魚の頭を形のまま煮たもの。形をかぶとに見立てる。

ーのーお【ーの緒】 かぶとをあごに締め付けるひも。「勝ってーを締めよ(=戦いに勝っても油断しないで自重せよ)」

ーむし【甲虫・兜虫】〘動〙コガネムシ科の大形の昆虫。体は黒褐色で、雄は頭の先に角がある。さいかちむし。夏

かぶとちょう【兜町】 ①東京都中央区の地名。日本橋兜町。東京証券取引所のある場所。②東京証券取引所の通称。

かぶーぬし【株主】〘商〙株式会社の出資者であり株式を所有する者。「ー総会」

がぶーのみ【がぶ飲み】(名・他スル) 水や酒などを、勢いよく続けてたくさん飲むこと。がぶがぶ飲むこと。「ビールをーする」

かぶーま【株間】(植え付けた植物の)株と株との間。

かぶら【蕪・蕪菁】→かぶ(蕪)

かぶら【鏑】①矢の先に付ける道具。木や鹿の角などで蕪の根の形に作り、中は空洞で表面に数個の穴があいており、飛ぶときに高い音を立てる。②「かぶら矢」の略。

ーや【ー矢】矢の先に鏑を付けたもの。開戦の合図や儀式などに用いた。鳴りかぶら。

〔かぶらや〕

かぶり【頭】あたま。かしら。

ーを振る 頭を左右に振ることから、不承知・否定の意を表す。

がぶり(副) 口を大きく開いて、一気に食いついたり、飲み込んだりするさま。「ー(と)食いつく」「ー(と)飲む」

カプリチオ〈イタリア capriccio 気まぐれ〉→きょうそうきょく(狂想曲)

かぶりーつき 劇場の舞台際の土間。また、最前列の客席。語源舞台にかぶりつくようにして見る場所の意から。

かぶりーつ・く(自五) 口を大きく開けて勢いよくかみつく。「スイカにー」

かぶりーもの【被り物・冠り物】頭にかぶる物の総称。帽子・笠・頭巾など。「ーを取る」

かぶ・る【被る】一(他五) ①頭の上にのせる。「帽子をー」②液体や粉末などを頭の上から浴びる。「波をー」「灰をー」③自分の関与しないことで、負担・責任・罪などよくないことを身に受ける。こうむる。負う。「他人の罪をー」可能かぶ・れる(下一) 二(自五) ①写真で、露光過度のために画面がぼやける。「フィルムがー」②(俗)重なる。重複する。「スケジュールがー」「イメージがー」

がぶ・る(自五) ①相撲で、四つに組んだ相手の体を揺すりながら寄り進むこと。②荒波によって船が揺れる。

かぶれ ①漆・薬品などに触れて起こる皮膚炎。②影響を強く受けて夢中になること。また、その人。「フランスー」

かぶ・れる(自下一) ①漆・薬品などの刺激で、皮膚が赤くはれてかゆくなる。「湿布薬でー」②影響を強く受けて夢中になる。「過激思想にー」文かぶ・る(下二) 用法②は批判的な気持ちを含んで用いる。参考「気触れる」とも書く。

かぶろ【禿】(古) ①昔の髪形の一つ。おかっぱのように短く切りそろえた髪。②遊女に仕える少女。参考「かむろ」ともいう。

かぶーわけ【株分け】(名・他スル) 植物の根を親株から分けて移植すること。「菊のー」

かーふん【花粉】〘植〙種子植物の雄蕊の葯の中にできる雄性の配偶体。直接、または虫や風などによって運ばれ、雌蕊の柱頭に付いて受精を行う。

—しょう【—症】シャウ 〔医〕花粉との接触・吸入によって粘膜が刺激されて起こるアレルギー性疾患。原因として春先のスギ・ヒノキ、夏から秋にかけてのブタクサ・ヨモギなどの花粉が知られる。くしゃみ・鼻水・目のかゆみなどの症状が見られる。

—じょうほう【—情報】ジャウホウ 〔気〕花粉症の原因といわれる花粉の、飛散量の予測や測定結果を知らせる生活情報。

か-ぶん【過分】クワ (名・形動ダ) 分に過ぎるさま。身分不相応なさま。「—のおほめをいただく」↔応分

か-ぶん【寡聞】クワ 自分の知識や見聞の狭いこと。「—にして存じません」用法 へりくだっていう表現の中で用いられる。

が-ぶん【雅文】優雅な文章。主として平安時代の仮名文。または、のちにそれをまねた文章。擬古文。

か-ぶんすう【仮分数】〔数〕分子と分母が等しいか、分子が分母より大きい分数。⇒真分数・帯分数

かべ【壁】①建物の外部と内部、または建物内部の部屋などを仕切るもの。②障害や困難な事態。「企画が—にぶつかる」③登山で、直立した岩壁。

—に耳みみあり どこでだれが聞いているかわからないこと。秘密などが他にもれやすいことのたとえ。「—、障子に目あり」

か-へい【花柄】クワ 〔植〕茎から分かれ出て、一つ一つの花を直接支えている柄え。花梗かこう。

か-へい【貨幣】クワ 商品交換のなかだちとなり、物の価値の尺度、支払いの手段として社会に流通するもの。硬貨と紙幣がある。金かね。

—かち【—価値】〔経〕その貨幣で、どれだけの品物が買えるかという値打ち。物価水準に反比例する。「—が上がる」

—けいざい【—経済】〔経〕(自給自足・物々交換などの自然経済に対して)貨幣をなかだちにして商品を交換する経済。

か-へい【寡兵】クワ (敵に比べ)小人数の軍隊。少ない兵力。

が-べい【画餅】グワ (絵にかいたもちは食べられないことから)実際に役立たない物事のたとえ。がへい。

—に帰きす 物事が計画や話だけで、実際には行われずに終わる。むだに終わる。「事業の拡大計画は画餅に帰した」

かべ-がき【壁書き】①法令・おきてなどを大勢の人に示すために書いて壁にはったもの。転じて、法令。②壁に書いた文字。

かべ-かけ【壁掛け】壁面に掛けて飾りにするもの。

かべ-がみ【壁紙】①装飾や補強のために室内の壁にはりつける厚めの紙。和紙・洋紙・布地・ビニールなどを用いる。②コンピューターなどで、画面の背景として表示させる画像。

かべ-したじ【壁下地】シタヂ 壁土を塗りつける骨組みとなるもので、細い竹または木などを縦横に細かく編んだもの。かべしろ。

かべ-しろ【壁代】①→かべしたじ ②〔古〕寝殿造りの母屋もやと廂ひさしとの境に、簾すだれの内側に接して垂らした帳とばり。

かべ-しんぶん【壁新聞】ニュースや主張などを新聞の体裁に編集し、多数の人に見せるために職場・街頭・学校などの壁面や掲示板にはりつけたもの。

かべ-そしょう【壁訴訟】①聞いてくれる相手もいないのに一人で不平をつぶやくこと。②遠まわしにあてこすること。

かべ-つち【壁土】壁を塗るのに用いる粘土質の土。

かへり-ごと【返り言・返り事】かえり 〔古〕(古くは「かへりこと」)使者の報告。返事。返礼。かへさ。

かへる-さ【帰るさ】かえる 〔古〕帰る時。帰り道。

か-へん【カ変】「カ行変格活用」の略。

か-へん【火片】クワ 火の粉。

か-へん【可変】(他の状態に)変えることができること。また、変わることができること。↔不変

—しほん【—資本】〔経〕商品の生産過程で、労働力の購入にあてられる資本。労働力は、生産過程において、それ自身の価値を超える剰余価値を産むことからいう。↔不変資本

—ちくでんき【—蓄電器】→バリコン

か-へん【花片】クワ 一つ一つの花びら。

か-べん【花弁・花瓣】クワ 〔植〕花びら。

か-ほ【花圃】クワ 花畑。花園。秋

か-ほう【下方】ハウ 下のほう。↔上方

か-ほう【火砲】クワハウ 大砲・高射砲など、口径の大きい火器。

か-ほう【加法】ハフ 〔数〕足し算。寄せ算。↔減法

か-ほう【加俸】本俸以外に支給される特別な俸給。

か-ほう【苛法】ハフ 厳しすぎる法令・おきて。

か-ほう【果報】クワ 一(名)〔仏〕前世での行いによって受ける現世での報い。二(名・形動ダ)しあわせ。幸運。「—者」

—は寝ねて待まて 幸運は人の力ではどうにもならないものだから、あせらずに時機が来るのを待つしかない。

か-ほう【家宝】その家に代々伝わる宝。家の宝。

か-ほう【家法】ハフ ①一家のおきて。②家伝の秘法。

か-ほう【過褒】クワ ほめすぎること。過賞。

が-ほう【画法】グワハフ 絵の描き方。

が-ほう【芽胞】ハウ →ほうし(胞子)

が-ほう【画報】グワ 写真や絵をおもに編集した雑誌・刊行物。

か-ほうわ【過飽和】クワハウワ 〔化〕①溶液中に、溶解度(飽和度)以上の物質が溶解していること。②空気中に、蒸気が飽和度以上に存在すること。

か-ぼく【花木】クワ 花を観賞するための木。花樹。

か-ぼく【家僕】下男。しもべ。

か-ほご【過保護】クワ (名・形動ダ) 子供などを必要以上に大事にして育てること。また、そのように育てられること。「—な親」

かぼす 〔植〕ミカン科の常緑小高木。ユズに似た柑橘かんきつ類。果実は酸味が強く調味に用いる。大分県特産。秋

か-ぼそ・い【か細い】(形) カロ・カッ(ク)・イ・イ・ケレ・○ (「か」は接頭語)細くて弱々しい。「—声で話す」文かぼそ・し(ク)

カボチャ【×南瓜】〔植〕ウリ科のつる性一年草。夏に黄色の花を開く。果実は食用。原産地はアメリカ大陸の赤道付近。とうなす。秋 語源 カンボジア産のものが伝来したためこの名がある。

カポック〈kapok〉→パンヤ

ガボット〈フランス gavotte〉〔音〕フランスの古い舞踏曲。また、その舞踏。四分の四、あるいは二分の二拍子に作られる。

か-ほど【斯程】(名・副) これほど。これくらい。「—の喜びはない」「—のことでは動じない」

ガボン〈Gabon〉アフリカ大陸の中西部、ギニア湾に面する共和国。首都はリーブルビル。

かほん-か【禾本科】クワホン 〔植〕「イネ科」の旧称。

かま【釜】(字義)→ふ(釜)

かま【鎌】(字義)→れん(鎌)

かま【釜】飯を炊いたり湯をわかしたりするのに用いる金属製の器。円形でなべよりも底が深く、ふつうは周りにつばがある。

かま【鎌】草・柴しばなどを刈るのに用いる農具。三日月形の内側に刃があり、木の柄を付けたもの。「—で草を刈る」

—を掛かける 相手に本当のことを言わせるため、相手が話に乗ってくるように巧みに問いかける。「それとなく—」

かま 魚の鰓えらの下の胸鰭むなびれの付いている部分。大きな魚では、脂肪がのり、美味。「ブリの—焼き」

かま【缶・罐】汽缶きかん。ボイラー。「—をたく」

かま【窯】高温で物を焼いたり溶かしたりする装置。木炭・陶磁器・ガラスなどを製するのに用いる。土・耐火れんがなどで作る。

かま【竈】→かまど①

がま【△蒲・×香蒲】〘植〙ガマ科の多年草。水辺に生え、夏に、はじめ緑褐色、後に赤褐色になるろうそく形の花穂をつける。花粉は薬用、葉は干してむしろなどを作る。かば。夏

がま【×蝦蟇】→ひきがえる

かま‐いたち【鎌△鼬】物に触れたり打ちつけたりしたわけでもないのに、皮膚が鎌で切ったように裂ける現象。つむじ風が吹くとき、飛ばされた小石や砂によって起こるといわれる。鎌風。冬 語源 昔はイタチのしわざと信じられたのでこの名がある。

かまい‐て【構い手】カマヒテ — 相手になり、世話をやいてくれる人。

かま・う【構う】カマフ ワ(オ)・イ(ッ)・ウ・ウ・エ・エ 一(自五)①どうなるか気になる。気にする。こだわる。「費用がかかってもー・わない」「なりふりー・わず働く」②気をつかって相手になる。かかわる。世話をやく。「私にー・わないでください」二(他五)①相手にする。気に掛ける。「子供をー暇もない」②からかう。相手にしてふざける。「犬をー」用法 一①は、多く打ち消しの形で用いる。

かまえ【構え】カマヘ ①造り方。構造。「家のー」②準備。用意。「敵を迎え撃つー」③身構え。姿勢。「上段のー」④漢字を構成する部分の一つ。くにがまえ(囗)・もんがまえ(門)など。

かまえ‐て【構えて】カマヘテ —(副)→かまへて

かま・える【構える】カマヘル (他下一) エ・エ・エル・エル・エレ・エロ(エヨ) ①形を整えて据える。「りっぱな門をー」②家・店などを持つ。「一家をー」「店をー」③相手や物事に対して、用意をしてある姿勢や態度をとる。「事をー」「のんびりー」「上段にー」「カメラをー」④つくりごとをする。「言をー(=いつわる)」文かま・ふ(下二)

かま‐きり【×蟷×螂】〘動〙カマキリ目の昆虫の総称。草むらにすむ。細長い胸部の先端に三角形で平たい頭部をもつ。前肢は強大でかま状をなし、虫を捕食する。蟷螂。秋

がま‐ぐち【×蝦×蟇‐口】(開いた形がガマの口に似ているところから)口金の付いた小銭入れ。

かま‐くび【鎌首】かまのように曲がった首。主として蛇が攻撃のためにもたげた首をいう。「ーをもたげる」

かま‐くら 小正月に行う秋田県中部(横手地方が有名)の子供の行事。雪を積み上げ中をくり抜いた雪室を作って、その中に祭壇を設け、食べ物を持ち寄って食べたり鳥追いの歌を歌ったりする。また、その雪室。新年

かまくら〔鎌倉〕神奈川県の相模湾東北岸の市。鎌倉時代の政治の中心地で、鎌倉五山をはじめ史跡に富む。

―じだい【―時代】〘日〙源頼朝が鎌倉幕府を開いた一一八五(文治元)年から、北条氏が滅びる一三三三(元弘三)年までの間。公家と武家が対立し、武家が初めて実権をにぎった。室町時代とともに前期封建社会にあたる。

―ばくふ【―幕府】〘日〙一一八五(文治元)年源頼朝によって鎌倉に開かれた中央政治機関。初めて武家が実権をにぎった。一三三三(元弘三)年まで、約一五〇年間続いた。

―ぼり【―彫】漆工芸の一種。木彫りの上に直接黒漆を塗り、その上に朱や青などの色漆を塗って仕上げたもの。鎌倉時代に宋から伝えられたという。

かま・ける(自下一) ケ・ケ・ケル・ケル・ケレ・ケロ(ケヨ) 一つのことだけに心をとらわれる。「遊びにー・けて約束を忘れる」文かま・く(下二)

‐がまし・い(接尾)いかにも…のようすである。「押し付けー」「恩着せー」「晴れー」「わざとー」用法 名詞・副詞、動詞の連用形などに付き、形容詞を作る。

かま‐しき【釜敷(き)】かま・鉄びんなどを置くときに、その下に敷くもの。わら・竹・籐蔓などで作る。

かま‐す【×叺】わらむしろの袋。穀物・石炭・塩などを入れた。参考「蒲簀」の意。昔は、蒲の葉を編んで作った。

かます【△魳・×梭魚】〘動〙カマス科の硬骨魚類の総称。近海魚。細長く、口先が長く突き出ている。食用。

かま・す【△嚙ます】(他五) サ(ソ)・シ・ス・ス・セ・セ ①すきまに物を差し込んで動かないようにする。かみ合うようにする。「猿ぐつわをー」「タイヤの下に角材をー」②相手がくじけるように力や言葉などで衝撃を与える。「一発ー」「はったりをー」

かませ‐いぬ【△嚙ませ犬】格闘技などで、主役を引き立たせるために対戦する弱い相手。参考 もとは闘犬の用語から。

かま・せる【△嚙ませる】(他下一) セ・セ・セル・セル・セレ・セロ(セヨ) →かます(嚙ます)

かま‐たき【△缶△焚き・△罐△焚き】蒸気を発生させるかまをたくこと。また、その人。ボイラーマン。

かまち【△框】①床の間やゆかの板の端を隠すために渡す化粧横木。「上がりー」「床ー」②戸・障子などの枠。

かま‐ど【△竈】①なべ・かまをかけて煮炊きする設備。へっつい。かま。②独立して生計を立てる一家。世帯。「ーを別にする」

―うま【―馬】〘動〙カマドウマ科の昆虫。かまどの裏などの暗い所に多くいるところからの名。体長約二センチメートル、暗褐色で羽がなく、よく飛び跳ねる。触角は糸状で長い。秋

かま‐とと【△蒲△魚】〘俗〙知っているのに知らないふりをして、上品ぶったり、純情らしくふるまったりすること。また、その人。語源「かまとと」は、上方の遊里で使われ始めた語とされる。「かまぼこ」を「これはとと(魚)か」と世間の常識を知らないふりをして尋ねるようすから生まれた。転じて、知っているくせに知らないふりをして、うぶらしくふるまうようすを言い、「かまととぶる」などと使う。おもに女性に対して用いられる。

かま‐どめ【鎌止め】山野で草木を刈るのを禁じること。

かまびすし・い【△囂しい】(形) カロ・カッ(ク)・イ・イ・ケレ・○ 騒がしい。やかましい。「ー蟬の声」文かまびす・し(シク)

かま‐へ‐て【構へて】かまえ —(副)(古)①必ず。きっと。②用意して。心して。③決して。「ーあるまじきこと」〈毎月抄〉

かま‐ぼこ【△蒲△鉾】①(もと、その形が蒲の穂に似ていたところから)白身の魚肉をすりつぶして練り上げ、蒸したり、焼いたりした食品。②宝石のはいっていない中高の指輪。

かま‐めし【釜飯】魚介類・鶏肉・野菜などをまぜて味付けし小釜で炊いた飯。小釜のまま食膳に出す。

かま‐もと【窯元】陶磁器を製造する所。また、そこの主人。

かま‐ゆで【釜△茹で】①釜でゆでること。また、そのゆでた物。②大罪を犯した人を釜で煮殺す昔の刑罰。釜煎り。

かまわ‐ない【構わない】カマハ — さしつかえない。問題ない。気にしない。「何をしようとー」語源 動詞「かまう」の未然形「かまわ」+打ち消しの助動詞「ない」

が‐まん【我慢】(名・他スル)①こらえ忍ぶこと。辛抱。「泣きたいのをーする」②〘仏〙自分を偉く思い、他を軽蔑すること。慢心。うぬぼれ。③〘古〙我を押し通すこと。

―づよ・い【―強い】(形) カロ・カッ(ク)・イ・イ・ケレ・○ 忍耐力がある。辛抱強い。「ー子だ」文がまんづよ・し(ク)

カマンベール〈フランス camembert〉ナチュラルチーズの一種。白かびを生やして熟成させる。軟らかく、独特の香りと味がある。語源 フランス北西部のカマンベール村で作られたことから。

かみ【上】①うえ。高い所。↔下 ②上・中・下など、いくつかに分けたものの初めの部分。「ーの句」↔下 ③位の高い人。天子。主君。主人。「ーご一人(=天皇)」↔下 ④政府。役所。「おーのお触れ」⑤川上。上流。「ーから流れてくる」↔下 ⑥昔。「そのーのできごと」⑦京都またはそれに近い所。「ー方」⑧上座。上席。「ーに座る」↔下 ⑨(台所に対して)客間・座敷など。⑩(「かみさん」の形で)㋐商家や職人などの妻。㋑自分の妻または他人の妻を親しい気持ちでいう語。「うち

の—さん」⑪（「おかみ」「おかみさん」の形で）料理屋・宿屋などの女主人。参考 ⑪の「おかみ」は「×女将」と書くことが多い。

かみ【神】 ①《宗》人知を超えて、すぐれた能力をもつ不思議な存在として、宗教的な信仰の対象となるもの。「—に祈る」②神話時代にその国を治めていた超人間的な存在。③神社にまつられた霊。神霊。④《基》全知全能で宇宙を創造し支配する唯一絶対の主宰者とされる存在。上帝。天帝。

—ならぬ身(み) 能力に限りのある人間の身。転じて、凡人の身。「—では知るよしもない」 **—の国(くに)** ①神が開き、神が守護している国。②《基》天国。パラダイス。 **—も仏(ほとけ)もない** （災難や苦しみから救ってくれるはずの神も仏もいない意から）世間が薄情・無慈悲であることを嘆く言葉。

かみ【紙】 ①植物性繊維を水中でほぐし、膜状に漉(す)いて乾燥させたもの。印刷したり、書画をかいたり、物を包んだりなどする。②じゃんけんで指を全部開いて出すもの。ぱあ。↔石・はさみ

かみ【髪】 ①頭にはえる毛。②①を結った形。「日本—(にほんがみ)」 **—を下(お)ろす** 頭髪をそって僧または尼(あま)になる。

か-み【加味】（名・他スル）①味を付け加えること。②あるものに他のものがもつ要素を加えること。「平素の成績を—する」

かみ【×長官】《日》律令(りつりょう)制における四等官の最高位。「かみ」は長官で、役所により「頭」「督」「守」などの字をあてる。

かみ-あ・う【△嚙〔み〕合う】—アフ（自五）ワ(オ)・イ(ッ)・ウ・ウ・エ・エ ①歯やきばでたがいにかみ付く。②上下の歯や、歯車と歯車などがぴったり合う。「歯車が—」③二つ以上の物事がしっくり合って、うまく事が進む。「議論が—・わない」他かみあわ・せる（下一）

かみ-あげ【髪上げ】 ①髪を結い上げること。②昔、女子が大人になって、下げ髪を上げて結ったこと。女子の成人式。

かみ-あぶら【髪油】 髪の色つやをよくし、髪形を整えるために付ける油。

かみ-あわせ【△嚙〔み〕合〔わ〕せ】—アハセ ①かんで上下の歯を合わせたときに触れる部分。また、その具合。「入れ歯の—が悪い」②歯車などがたがいにかみ合う具合。

かみ-あわ・せる【△嚙み合〔わ〕せる・△嚙合せる】—アハセル（他下一）セ・セ・セル・セル・セレ・セロ(セヨ) ①上下の歯を合わせてかむ。②けんかをさせる。争わせる。「軍鶏(しゃも)を—」③歯車などの歯と歯をたがいにぴったり合わせる。④二つ以上の物事をくい違わないようにぴったり合わせる。自かみあ・う（五）文かみあは・す（下二）

かみいちだん-かつよう【上一段活用】—クワツヨウ《文法》動詞の活用の一つ。語尾が五十音図のイ段にだけ活用するもの。「起きる」「恥じる」「落ちる」など。文語では「着る」「見る」「似る」「用ゐる」などの十数語。

かみ-いれ【紙入れ】 ①紙幣を入れて持ち歩く入れ物。札(さつ)入れ。②鼻紙・楊枝(ようじ)などを入れて持ち歩く入れ物。

かみ-おしろい【紙×白粉】 練りおしろいを紙に塗って乾かしたもの。携帯用。

かみ-おろし【神降ろし】 ①祭りの初めに、神霊を呼び降ろすこと。②巫女(みこ)が神のお告げを受けるため、祈って神霊をわが身に乗り移らせること。降霊。

かみ-がかり【神懸〔か〕り・神△憑り】 ①神霊が人の体に乗り移ったと思われる状態。また、その人。②科学や実証を無視して、超自然的なことや理屈に合わないことを信じ行うこと。

かみ-がき【神垣】 神社の周囲の垣。玉垣。みずがき。

かみ-かくし【神隠し】 子供などが突然行方不明になること。かみがくし。「—にあう」参考 昔は天狗(てんぐ)や山の神のしわざと考えられたことからいう。

かみ-かけて【神掛けて】（副）神に誓って。きっと。決して。「—約束は守ります」「—うそは申しません」

かみ-かざり【髪飾り】 ①髪を美しく飾る用具。櫛(くし)・笄(こうがい)・簪(かんざし)など。②髪を結い、簪などで美しく飾ること。

かみ-がしら【△髟】 漢字の部首名の一つ。「髪」「鬚(ひげ)」などの「髟」の部分。髪冠。

かみ-かぜ【神風】 ①神の威力によって起こるという風。特に、元寇(げんこう)（一二七四年と一二八一年）のときの、敵軍に大打撃を与えた暴風雨をいう。②太平洋戦争末期の日本海軍の特別攻撃隊の名称。神風(しんぷう)特別攻撃隊。③（②の意から転じて）無謀で命知らずなこと。「—タクシー（=運転の荒いタクシー）」

—の 《枕》「伊勢(いせ)」にかかる。

かみ-がた【上方】（明治時代以前、皇居が京都にあったことから）京都・大阪およびその近辺の称。京阪地方。関西地方。

—ぜいろく【—△贅六】 江戸の人が上方の人をののしって言う言葉。上方才六(ざいろく)。

かみ-がた【髪形・髪型】 結った髪の形・ようす。調髪した形。ヘアスタイル。

かみ-かたち【髪形・髪◇容】 ①髪の結い方。髪を結ったようす。②髪形(かみがた)と容貌(ようぼう)。

がみ-がみ（副）口やかましくしかりつけたり文句を言ったりするさま。「—（と）小言を言う」

かみ-かんむり【髪冠】 →かみがしら

かみ-き【上期】 会計年度などで、一年を二期に分けたうちの、前のほうの半期。上半期。「—の売上予測」↔下期(しもき)

かみ-きり【紙切り】 ①おもに紙を切るのに用いる小刀。②紙をいろいろな形に切り抜く遊び・演芸。

かみきり-むし【髪切り虫・×天牛】《動》カミキリムシ科の昆虫の総称。体は円筒形でかたく触角が長い。幼虫はテッポウムシといい樹木に穴をあけてすむ。大あごは鋭く樹皮をかじる。夏

かみ-き・る【△嚙〔み〕切る】（他五）ラ(ロ)・リ(ッ)・ル・ル・レ・レ 歯でかんで切る。食い切る。「縄を—」

かみ-きれ【紙切れ】 紙の切れ端。紙片。

かみ-くず【紙△屑】—クヅ 不用となって捨てられる紙切れ。

かみ-くせ【髪癖】 毛髪のちぢれなど、生来の髪のもつ性質。

かみ-くだ・く【△嚙〔み〕砕く】（他五）カ(コ)・キ(イ)・ク・ク・ケ・ケ ①歯でかんで細かくする。②わかりやすく説明する。「—・いて教える」

かみ-こ【紙子・紙◇衣】 紙製の質素な衣服。厚めの和紙に柿渋(かきしぶ)を塗り、乾かしてもみやわらげ、夜露にさらして作る。冬

かみ-こな・す【△嚙みこなす】（他五）サ(ソ)・シ・ス・ス・セ・セ ①食べ物をかみくだいて消化する。②十分に理解して自分のものにする。

かみ-ころ・す【△嚙〔み〕殺す】（他五）サ(ソ)・シ・ス・ス・セ・セ ①かみついて殺す。②歯をくいしばって、あくびや笑いなどが出るのをこらえる。「あくびを—」

かみ-ざ【上座】（会などで）上位の人の座る席。上席。上座(じょうざ)。「—に座る」↔下座(しもざ)

かみ-ざいく【紙細工】 紙で細工すること。また、そのもの。

かみ-さ・びる【神さびる】（自上一）ビ・ビ・ビル・ビル・ビレ・ビロ(ビヨ) 古色を帯びてこうごうしく見える。かんさびる。「—・びた社(やしろ)」文かみさ・ぶ（上二）

かみ-さま【上様】 もと身分の高い人の妻の敬称。のち、武士の妻の敬称。奥方。内室。

かみ-さま【神様】 ①神の敬称。②人間業とは思えないすぐれた技術を持つ人。「野球の—」

かみ-さ・る【神去る】（自四）《古》（身分の高い人が）お亡くなりになる。崩ずる。かむさる。

かみ-さん【上さん】 ①商人・職人などの妻。②（一般に）親しい間で自分や他人の妻をいう語。細君。「うちの—」「隣の—」

かみ-しばい【紙芝居】—シバヰ 物語の場面を何枚かの絵に描

き、物語りながら順にめぐって子供に見せるもの。

かみじまおにつら【上島鬼貫】→うえじまおにつら

かみ-し・める【噛(み)締める】(他下一) メ・メ・メル・メル・メレ・メロ(メヨ) ①力を入れてかむ。「くちびるを—」②よく味わう。深い意味がわかるまで考える。「師の教えを—」文かみし・む(下二)

かみ-しも【裃】江戸時代の武士の礼服。同色の肩衣(かたぎぬ)と袴(はかま)の組み合わせ。「—を着る(=形式的で堅苦しい態度をとる)」「—を脱ぐ(=くつろぐ。打ちとける)」

〔裃〕

かみ-しも【上下】うえとした。上下(じょう)。上下(うげ)。また、上位の人々と下位の人々。

かみ-じょちゅう【上女中】ヂョチュウ 主人のそばで奥向きの用をつとめる女中。奥女中。↔下女中(しもじょちゅう)

かみ-しんじん【神信心】神を信仰すること。

かみ-すき【紙漉き】紙、特に和紙をすいて作ること。また、その職人。冬

かみ-そり【×剃刀】①髪やひげをそるのに使う、薄くて鋭い刃物。「—を当てる」②(よく切れる意から)才知にすぐれ、判断もすばやく鋭いことのたとえ。「—のような頭脳」

—の刃(は)を渡(わた)る 非常に危険な行動をすることのたとえ。

—まけ【—負け】(名・自スル) かみそりでそった刺激で、肌がかぶれること。

かみ-だな【神棚】家の中の、神を祭っておく棚。

かみ-だのみ【神頼み】神に祈って助けを請うこと。「苦しいときの—」

かみ-たばこ【噛(み)×煙草】かんで香気を味わうたばこ。たばこの葉に香味を加えて押し固めたもの。

か-みつ【過密】クワ (名・形動ダ) こみ過ぎていること。特に、人口・産業などがある地域に急激、かつ過度に集中した状態。「—ダイヤ」「—都市」↔過疎(かそ)

かみ-つ・く【噛(み)付く】(自五) カ(コ)・キ(イ)・ク・ク・ケ・ケ ①歯や牙(きば)で食いつく。②(比喩(ひゆ)的に)食ってかかる。「審判に—」

かみ-づつみ【紙包み】紙で包んであること。また、そのもの。

かみ-つぶ・す【噛(み)潰す】(他五) サ(ソ)・シ・ス・ス・セ・セ かんでつぶす。「苦虫を—・したような顔」

かみ-つぶて【紙礫】紙を固く丸めて投げつけるもの。

カミツレ〈オラ kamille〉〔植〕薬用に使用する北ヨーロッパ原産のキク科の一年草または越年草。夏に、中心が黄色の白色の花を開く。乾燥させた花を発汗剤、解熱剤などとし、またハーブティーとして飲用する。カモミール。参考もとの読みの「カミルレ」に漢字で「加密列」などと当てたのを読み誤ったもの。

かみ-て【上手】①上(かみ)のほう。上流。「川の—」②〔演〕見物席から見て、舞台の右側。(↔下手(しもて))

かみ-テープ【紙テープ】紙で作ったテープ。

かみ-でっぽう【紙鉄砲】デッパウ 竹筒の両端に濡(ぬ)らして丸めた紙の玉を詰め、一方から棒で突いて打ち出すおもちゃ。

かみ-どこ【髪床】→かみゆいどこ

かみな-づき【神無月】→かんなづき

かみ-なり【雷】①大気中に生じる放電現象。また、そのときの大音響。夏②雲の上にいて、①を起こすという神。雷神。

—が落(お)ちる ①落雷する。②大声でしかられる。

—おやじ【—親父】ヂオヤ 何かにつけてすぐ大声でどなりつけるおやじ。

かみにだん-かつよう【上二段活用】クワツヨウ〔文法〕文語動詞の活用の一つ。語尾が五十音図のイ段・ウ段の二段にわたってそれに「る」「れ」「よ」が付いて活用するもの。「起く」「恥づ」「報ゆ」など。参考上二段活用の語の多くは、口語では上一段活用となる。

かみ-ねんど【紙粘土】紙を細かく切って煮たものに粘着剤を加え、粘土状にしたもの。工作の材料にする。

かみ-の-く【上の句】短歌で、初めの五・七・五の三句。↔下(しも)の句

かみ-の-け【髪の毛】頭にはえる毛。頭髪。髪。

かみ-ばさみ【紙挟み】書類・用紙などを挟んでおく用具。

かみ-ばな【紙花】①紙で作った造花。特に、葬儀に使うもの。②遊里などで、客が祝儀として渡した紙。あとで現金に換えるしるしとしたもの。参考②は、「紙×纏頭」とも書く。

かみ-ばり【紙張り】紙で張りつけること。また、紙で張りつけたもの。

かみ-はんき【上半期】会計年度などで、一年を二期に分けたうちの前のほうの半期。上期。↔下半期

かみ-ひとえ【紙一重】ヒトヘ 一枚の紙の厚さほどの、ごくわずかな違いや隔たり。「—の差で勝つ」

かみ-びな【紙雛】紙を折って作った簡単なひな人形。子供の安全・無病息災を祈ったもの。紙雛(ひいな)。春

かみ-ぶくろ【紙袋】紙で作った袋。紙袋(かんぶくろ)。

かみ-ぶすま【紙衾】〔古〕外側を紙でおおい、中にわらを入れた布団。冬

かみ-ふぶき【紙吹雪】紙を小さく切って、吹雪のようにまき散らし、祝福や歓迎の気持ちを表すもの。「祝いの—が舞う」

かみ-まいり【神参り】マヰリ (名・自スル) 神社に参拝すること。神もうで。

かみ-まき【紙巻(き)】(「紙巻きたばこ」の略) 刻んだたばこの葉を紙で巻いたもの。シガレット。

かみ-もうで【神詣で】マウデ (名・自スル)→かみまいり

かみ-やしき【上屋敷】江戸時代、大名など地位の高い武士が常の住居とした屋敷。↔下屋敷

かみ-やすり【紙鑢】→サンドペーパー

かみ-ゆい【髪結(い)】ユヒ 髪を結うこと。また、それを職業とする人。「—の亭主(=妻の収入で養われている夫)」

—どこ【—床】江戸時代、男のひげ・月代(さかやき)をそり、髷(まげ)を結うのを業とした家。髪床。

かみ-よ【神代】日本の国土を神々が治めていたと伝えられる神話の時代。神代(じんだい)。「—の昔」

かみ-より【紙縒り】→こより

かみ-わ・ける【噛(み)分ける】(他下一) ケ・ケ・ケル・ケル・ケレ・ケロ(ケヨ) ①よくかんで味の違いを見分ける。よく味わう。②経験を生かしよく理解する。「酸いも甘いも—」文かみわ・く(下二)

かみ-わざ【神業】神でなければできないような超人的な行為や技術。「彼の手術の腕はまさに—だ」

か-みん【仮眠】(名・自スル) わずかな時間だけ眠ること。仮睡(かすい)。仮寝(かりね)。「—を取る」

か-みん【夏眠】(名・自スル)〔動〕熱帯・亜熱帯地方などで、生物が高温・乾燥の季節に活動を停止して眠ったような状態で過ごすこと。肺魚(はいぎょ)類やカタツムリなどに見られる。⇩冬眠

カミング-アウト〈coming out〉(名・他スル) 世間に言いにくい自分の立場を公表すること。同性愛者であることなどの社会的少数派に属することを公言すること。カムアウト。

カム〈cam〉回転軸に取り付けて、回転運動を直線運動・往復運動など他の運動に変える装置。

か・む【擤む】(他五) マ(モ)・ミ(ン)・ム・ム・メ・メ 鼻汁を鼻から吹き出して紙などでふき取る。「鼻を—」可能か・める(下一)

か・む【△嚙む・△咬む・△嚼む】 マ(モ)・ミ(ン)・ム・ム・メ・メ 一(他五) ①歯で食べ物をよくこなれるように砕く。「よく―んで食べる」②物に歯や牙(きば)を立てる。「犬に―まれる」「唇を―んでじっと耐える」「臍(ほぞ)を―(=後悔する)」③勢いよくぶつかる。「波が岩を―」二(自五) ①二つ以上の物事がぴったり合う。かみ合う。「歯車が―」②(仕事や事件などに)関係する。加わる。「彼も一枚―んでいる」可能か・める(下一)
表現〈擬声・擬態語〉がぶりと・がぶっと・がりがり・かりかり・こりこり・ぼりぼり・ぽりぽり・ばりばり・ぱりぱり・ぐちゃぐちゃ・くちゃくちゃ・にちゃにちゃ

かんで含(ふく)める (食べ物を一度よくかんでから子供などに与えるの意から)よく理解できるように、わかりやすく言って聞かせる。

ガム〈gum〉「チューインガム」の略。

が-むし【牙虫】《動》①ガムシ科の昆虫の総称。②①の一種。体は卵形で黒色のつやがある。池や沼にすみ、水草などを食う。

がむしゃ-ら【×我武者羅】(名・形動ダ) 目的に向かって無我夢中になって事を行うこと。また、そのさま。「―に勉強する」

ガム-シロップ〈gum syrup〉砂糖を水で溶き煮つめた液体の甘味料。「アイスコーヒーに―を入れる」語源アラビアゴムを用いて砂糖液に粘性を持たせたことから。

カムチャツカはんとう〔カムチャツカ半島〕カムチャツカハンタウ〈Kamchatka〉ロシア連邦のシベリア北東部から南に突出し、ベーリング海とオホーツク海を分ける半島。カムチャッカ半島。

ガム-テープ〈和製英語〉幅が広くて粘着力の強い、紙または布製の丈夫なテープ。梱包(こんぽう)や缶に封をするときなどに用いる。

かむ-ながら【◇神ながら】カン (副)《古》→かんながら

カムバック〈comeback〉(名・自スル) もどって来ること。元の立場や地位に返り咲くこと。復帰。「芸能界に―する」

カムフラージュ〈フラ camouflage〉(名・他スル) ①配色・草木などを用いてまわりの物とまぎれさせて敵の目をくらますこと。迷彩と偽装がある。②見せかけによって、本当のことを相手にさとられないようにすること。参考「カモフラージュ」ともいう。

かむり【◇冠】①→かんむり ②俳諧(はいかい)で、句の初めの五文字。

―づけ【―付け】 雑俳の一つ。題として出された初句の五文字(かむり)に中七字・下五字を付けるもの。笠付(かさづ)け。

かむろ【△禿】「かぶろ」の転。

かめ【◇瓶・△甕】①水・酒などを入れる、口が広く底の深い陶磁器。②つぼ形の、花をいける器。花瓶。③酒を杯に注ぐ器。とっくり。瓶子(へいし)。

かめ【亀】①《動》カメ目の爬虫(はちゅう)類の総称。多くは熱帯・亜熱帯にすむ。胴部は箱状のかたい甲でおおわれ、頭・四肢・尾をその中に引き入れることができるものが多い。長寿で縁起のよい動物とされる。「鶴(つる)は千年―は万年」②「大酒飲み」の俗称。

か-めい【下命】(名・他スル) ①命令を下すこと。また、その命令。「ご―を賜る」②(「ご」を付けて)仕事・商品などの注文。

か-めい【加盟】(名・自スル) 団体・組織・連盟などに一員として加わること。「国連に―する」↔脱退

か-めい【家名】 一家の由緒ある名称。「―を汚す」

か-めい【仮名】 本名を伏せておきたいときに付ける仮の名。

が-めい【雅名】 ①詩歌の中などで用いられる風雅な呼び名。松を十八公(じゅうはちこう)と言うなど。②雅号。

カメオ〈cameo〉①装身具の一種。めのう・大理石・貝殻などに浮かし彫りを施したもの。特に、イタリア製品が有名。②映画などで、著名人が端役で出演すること。「―出演」

がめつ・い(形) カロ・カッ(ク)・イ・イ・ケレ・○《俗》(関西の一部の方言から)強欲で抜け目がなく押しが強い。「―商法」「―男」

かめにさす… 和歌〔瓶にさす 藤(ふじ)の花ぶさ みじかければ たたみの上に とどかざりけり〕〈正岡子規(まさおかしき)〉あお向けに寝て見ていると、机の上の花瓶に挿した藤は今を盛りの美しさだが、花房が短いので、畳の上に届きそうでいて、届かないでいる。(病中の作。藤の花の一連十首中の第一首)

かめ-の-こ【亀の子】 亀の子供。また、亀。夏

―たわし【―◇束子】タハシ 形が亀の甲に似ているたわし。束ねたシュロの繊維を短く切りそろえて作る。はじまり一九〇七(明治四十)年、東京の西尾正左衛門が考案したのが最初。水に浮かぶ亀にヒントを得て命名。(商標名)

かめ-の-こう【亀の甲】カフ ①亀の体をおおう角質の甲羅。②六角形の連続模様。亀甲(きっこう)。

―より年(とし)の功(劫)(こう) (「甲」と「功」のごろを合わせたもの)長年の経験は尊いというたとえ。

かめ-ぶし【亀節】 小形のカツオを三枚に下ろして各片身を一本のかつおぶしとしたもの。↔本節(ほんぶし)

かめ-むし【亀虫・×椿象】《動》カメムシ科の昆虫の総称。多く、体は六角形に近く亀の甲の形に似る。触れると悪臭を放つ。へっぴりむし。くさがめ。へこきむし。

カメラ〈camera〉①写真機。②映画やテレビの撮影機。キャメラ。はじまり①は、一八三九年フランスで、ダゲールが考案し、ジルーが商品化した「ジルー・ダゲレオタイプ」が世界初の市販カメラとされる。

―アングル〈camera angle〉カメラで撮影するときの、被写体に対するカメラの角度や位置。また、その構図。

―マン〈cameraman〉①写真撮影を仕事とする人。写真家。フォトグラファー。②映画やテレビの撮影技師。

―ワーク〈camerawork〉撮影技術。カメラの扱い方。

カメリア〈ラテン Camellia〉《植》ツバキ。また、ツバキ科ツバキ属の植物の総称。

が・める(他下一) メ・メ・メル・メル・メレ・メロ(メヨ)《俗》①かすめ取る。「店の品を―」②勝負事で欲張って大勝ちをしようとする。

カメルーン〈フラ Cameroun〉アフリカ大陸の中西部、ギニア湾に面する共和国。首都はヤウンデ。

カメレオン〈chameleon〉《動》カメレオン科の爬虫(はちゅう)類の総称。広い意味でのトカゲの仲間。アフリカ大陸とマダガスカル島などにすむ。尾が長く、体色は周囲に合わせて変化し、目を左右別々に動かし使い分ける。長く伸びる舌で虫を捕食する。

〔カメレオン〕

か-めん【下面】 下側の面。↔上面

か-めん【仮面】 ①人間・動物・妖怪(ようかい)などの顔の形に作った面。マスク。②正体や本心、真実を隠すみせかけのもの。「―夫婦」

―を被(かぶ)る 本心を包み隠して、表面では別のものに見せかける。**―を脱(ぬ)ぐ** 隠していた正体を現す。「紳士の―」

が-めん【画面】グワ ①描かれた絵の表面。「―いっぱい富士山を描く」②映画・テレビ・コンピューターなどで、映し出された像。また、像を映す面。③フィルムに焼き付けた像。

かも【△鴨】 ①《動》カモ科の中形および小形の水鳥の総称。多くは、秋に北から日本に渡来し、春に帰る冬鳥。肉は美味。猟鳥。冬 ②勝負事などで、楽に勝てる相手。だましやすい人。利用しやすい相手。「いい―にされる」

―が葱(ねぎ)をしょって来(く)る (鴨鍋(かもなべ)の材料がそろって好都合だの意から)利用しやすいお人好(ひとよ)しが、さらに利益の種を持ってあらわれる。かもねぎ。

か-も 一(古)(終助) ①詠嘆の意を表す。…だなあ。「三笠(みかさ)

の山にいでし月—」〈古今〉②疑問の意を表す。…か。「楫の音するは海人少女—」〈万葉〉③反語の意を表す。…だろうか、いや…でない。「過ぎにし恋い乱れ来む—」〈万葉〉参考奈良時代の語。平安時代以後はおもに「かな」が用いられた。㊁《古》(係助)疑問の意を表す。…だろうか。「長々し夜をひとり—寝む」〈拾遺〉㊂(「かもしれない」の形で)そうなる可能性があるという気持ちを表す。「いつか会える—しれない」語源係助詞「か」に係助詞「も」の付いたもの。参考話し言葉では文末で言い切る場合もある。「間に合わないかも」

が-も(終助)《古》(係助詞「も」に付き、「もがも」の形で)願望の意を表す。…であればなあ。「鳥にも—や(=鳥であったらなあ)」〈万葉〉参考平安時代以後は、おもに「がな」が用いられた。

かも-い【鴨居】— 戸や障子・ふすまなどをはめ込むための溝を付け、出入り口などの上部に渡した横木。↕敷居

が-もう【鵞毛】鵞鳥の羽毛。非常に軽いものや白いものにたとえる。

か-もく【科目】— ①小区分した個々の項目。「勘定—」②教科の区分。「選択—」「試験—」

か-もく【寡黙】—(名・形動ダ)口数が少ないこと。また、そのさま。「—な人」

か-もく【課目】— ①割り当てられた項目。「課税—」②課せられた学科。「不得意—」

か-もじ【髢】(髪の意の女房詞「髪文字」から)女性が、自分の髪に付け加えて結う毛。入れ毛。添え髪。

かも-しか【羚羊】《動》①ウシ科の哺乳動物。日本特産で山地にすむ。特別天然記念物。ヤギに似ていて、雌雄ともに枝のない短い角がある。ニホンカモシカ。图②アフリカやアジアにすむ「羚羊」の俗称。脚が細く優美な姿をしており、しなやかな足、俊足のたとえに用いられる。「—のような足」

かもし-だ・す【醸し出す】(他五) ある雰囲気や気分などを自然に作り出す。「なごやかな雰囲気を—」

かも-しれ-ない【かも知れない】断定はできないが、そうなる可能性があるという気持ちを表す。「明日は晴れる—」

かも・す【醸す】(他五) ①発酵させて酒・しょうゆなどを造る。醸造する。「酒を—」②ある事態・雰囲気などを作り出す。「物議を—」可能かも・せる(下一)

か-もつ【貨物】— ①貨車・トラック・船などで運送する品物・荷物。②(「貨物列車」の略)①を運送するための列車。

—じどうしゃ【—自動車】貨物の運送を目的とする自動車。トラック。

—せん【—船】貨物の運送を目的とする船。↕客船

かも-なんばん【鴨南蛮】鴨の肉とネギを入れたうどん、または、そば。鴨南。

かものちょうめい〔鴨長明〕(一一五五?～一二一六)鎌倉初期の歌人・随筆家。和歌所寄人になったが、のち出家して京都南郊の日野山に住み、随筆「方丈記」を書いた。家集「鴨長明集」、説話集「発心集」、歌論書「無名抄」など。

かも-の-はし【鴨嘴】《動》単孔目(カモノハシ目)カモノハシ科の原始的な哺乳動物。オーストラリア南東部とタスマニア島にすむ。体長は四〇～五〇センチメートルぐらい。毛は茶褐色で歯がなく、水かきと鴨に似たくちばしをもつ。卵生であるが、子は乳で育つ。

〔かものはし〕

かものまぶち〔賀茂真淵〕(一六九七～一七六九)江戸中期の国学者・歌人。号は県居。遠江(静岡県)生まれ。荷田春満に学び、古道の復活を唱えた。門人に本居宣長・塙保己一・加藤千蔭など。歌集「賀茂翁家集」、研究書「万葉考」「冠辞考」など。

カモフラージュ〈フランス camouflage〉→カムフラージュ

かも-まつり【賀茂祭】→あおいまつり

カモミール〈chamomile〉→カミツレ

かもめ【鷗】《動》①カモメ科の海鳥。沿岸地域に群れをなしてすむ。魚類を捕食。白色の体と青灰色の長い翼を持ち、冬季、シベリア方面から日本各地に渡来する。②カモメ科またはカモメ亜科の鳥の総称。

かも・る【鴨る】(他五)《俗》勝負事などで、楽に勝てる相手を負かし、金や品物などを得る。可能かも・れる(下一)語源「鴨②」の意から、名詞「鴨」を動詞化した語。

か-もん【下問】(名・他スル)(貴人が)目下の者に問い尋ねること。また、その質問。「御—を受ける」

か-もん【家門】①一家または一族の全体。一家一門。「—の誉れ」②家柄。

か-もん【家紋】その家の紋所。各家の決められたしるし。

か-もん【渦紋】— うずまきの模様。

かや【茅・萱】チガヤ・ススキ・スゲなどの総称。屋根をふくのに使う。「—を刈る」秋

かや【榧】《植》イチイ科の常緑高木。高さは約二〇メートルに達する。葉は線形で先がとがる。雌雄異株。花は四月ごろ開花。種子は油の原料。材は碁盤などに使う。(かやの実秋)

か-や【蚊帳・蚊屋】麻・木綿などで網状に作り、夏、蚊を防ぐためにつって寝床をおおうもの。夏参考「蚊帳」は、常用漢字表付表の語。

—の外 その物事に関与したり情報を共有したりできない、仲間はずれの状態。「—に置かれる」

がや-がや(副・自スル)多くの人がやかましく話しているさま。「教室の中が—(と)している」

か-やく【火薬】— 衝撃や摩擦、熱などによって急激な化学変化を起こし、爆発する物質。「—庫」

か-やく【加薬】①(漢方薬で)主となる薬に、補助の薬を加えること。また、その薬。②薬味。③(関西で)五目飯・うどん・そばなどに入れる肉・野菜などの具。「—ごはん」

か-やつ【彼奴】(代)他称の人代名詞。人をののしって言う語。あいつ。きゃつ。

カヤック〈kayak〉①エスキモーの使う、木の枠にアザラシの皮を張った小舟。櫂でこぎ進む。カヤーク。②カヌー競技の一つ。また、それに使う①に似た舟。

かやつり-ぐさ【蚊帳吊草】《植》カヤツリグサ科の一年草の総称。茎は断面が三角形で、初夏に黄褐色の小さい穂を密生して付ける。夏

かや-ぶき【茅葺〔き〕】茅で屋根をふくこと。また、その屋根。

か-やり【蚊遣り】①蚊を追いはらうために、物をいぶして煙をくゆらせること。蚊いぶし。「—火」夏②→かとりせんこう

かゆ【粥】水の量を多くして米を柔らかく煮たもの。「—をたく」参考昔は「汁がゆ」といい、現在の飯を「堅がゆ」といった。

かゆ・い【痒い】(形) 皮膚がむずむずして、掻きたい感じである。「背中が—」文かゆ・し(ク)

—所に手が届く(他人の世話などをする場合に)細かな点までよく気がついて行き届く。

が-ゆう【雅遊】— 風流な遊び。詩歌・書画・音楽の会など。

かゆ-ばら【粥腹】かゆを食べただけで力のはいらない腹。

が-よ【駕輿】人が担いで運ぶ乗り物。輿。

かよい【通い】①かようこと。行き来すること。また、ある所

に何度も行くこと。「医者ー」②住居から職場に毎日勤めに行くこと。通勤。「ーの家政婦」↔住み込み ③「通い帳」の略。

ーじ【ー路】 往来する道。行き来する道すじ。

ーちょう【ー帳】 ①掛け買いの月日・品名・金額などを記入する帳面。②貯金などの通帳。

か-よう【火曜】 曜日の一つ。月曜日の翌日。火曜日。

か-よう【可溶】《化》液体(ふつうは水)に溶けること。「ー性」

か-よう【加養】ー(名・自スル)養生をすること。

か-よう【歌謡】 節をつけて歌う歌の総称。昔の語り物・謡物をはじめ、民謡・童謡・俗謡など。「記紀ー」

ーきょく【ー曲】 日本的な情感をもりこみ、広く大衆に歌われることを目的とした通俗的な歌曲。流行歌。

かよ・う【通う】(自五) ワ(オ)・イ(ッ)・ウ・ウ・エ・エ ①ある場所へ定期的に、または何度も行く。行き来する。往来する。「学校へー」「船がー」②道が通じている。「京都へー道」③気持ちが一方から他方へ伝わる。通じる。「心がー」④流れ通る。「電流がー」「血がー(=思いやりがある)」⑤共通する。似る。似通う。「面影が父にー」他かよわ・す(五) 可能かよ・える(下一)

か-よう【斯様】ー(形動ダ) ダロ・ダッ(デ・ニ)・ダ・ナ・ナラ・○ このよう。「ーなわけで」「ーに考えます」文(ナリ)

がよう-し【画用紙】ー 絵を描くためのやや厚く白い紙。

か-よく【寡欲・寡△慾】ー(名・形動ダ) 欲が少ないこと。また、そのさま。少欲。「ーな人」↔多欲

が-よく【我欲・我△慾】 自分のためだけの利益を考える心。

か-よわ・い【か弱い】(形) カロ・カッ(ク)・イ・イ・ケレ・○ (「か」は接頭語)いかにも弱々しい。「ー命を救う」文かよわ・し(ク)

かよわ・す【通わす】(他五) サ(ソ)・シ・ス・ス・セ・セ 通うようにする。通わせる。「心をー」自かよ・う(五)

から-【空・虚】(接頭)(名詞について)①身に何も持たないことを表す。「ー手」②見せかけだけで実質のないことを表す。「ー威張り」「ー梅雨」「ー念仏を唱える」

から【空・◇虚】 中に何もない状態。空っぽ。「ーの財布」

から【唐】(古)①中国の古称。②(名詞の上に付けて)中国、または外国から渡来したことを示す語。「ー綾」

から【殻】 ①動物や草木の実などの外側をおおって内部を保護している固い部分。「卵のー」「エビのー」②(比喩的に)自分を外界から隔て保護するもの。「ーに閉じこもる」③中身を取り去ったあとに残る外側の部分・容器。「弁当のー」④抜け殻。「セミのー」「もぬけのー」⑤豆腐を作ったあとの、かす。おから。

ーを破る 古いしきたりや慣習、考え方などを打ち破る。

から(副)まったく。まるで。からきし。「ーいくじがない」用法 あとに打ち消しの語を伴う。

から 一(格助)《中心義ー事を行うときに、そこが時間的・空間的な出発点となる》①それを契機に事が行われることをいう。一般に時間的・空間的な起点を表す。「東京ー出発する」「頂上ー湖が見える」「四時ー会議だ」「古くーの友人」②経由する場所を示す。…を通って。「木の間ー光がさし込む」③原料・材料・構成要素を示す。「ビールは麦ー造る」④事の起こったきっかけ・原因を示す。「疲労ー病気になる」⑤判断の根拠を表す。「君の話ー答えがわかった」⑥受け身の相手を示す。「先生ー指名される」⑦位置・時間・勘定などの基準を示す。「今ー五年前の話」「一万ーの人出だ」⑧(古)…するとすぐに。「惜しむー恋しきものを」〈古今〉 用法 体言・準体言(用言・助動詞の連体形＋「の」など)・接続助詞「て」などに付く。参考 買い物の支払いの際に、売り手が「一万円からお預かりします」というのは、「一万円をお預かりします」と「一万円から代金をいただきます」とが混ざった、いわゆる商店用語。二(接助)①原因・理由を表す。「雨が降りそうだー遠足はとりやめる」「悲しいー泣くのだ」②(「に」を伴って)「…しただけで」の意を表す。「見るーに強そうな体」用法 用言・助動詞の終止形に付く。参考 二①は、「ので」に比べて主観的な意をもつといわれる。また、「からといって」「からとて」などの形で、打ち消しの語と呼応し、逆接の条件となるものがある。「地震が起こったからといって、あわてるな」

-がら【柄】(接尾)(名詞に付いて)それ特有の性質や状態などを表す。「場所ーをわきまえる」「時節ー」

がら【柄】 ①体つき。体格。「ーが大きい」②布地などの模様。「派手なー」「花ー」③その人の性質や品位。また、立場・分際。「ーの悪い男」「ーにもないことを言う」

がら ①鶏の、肉を取ったあとの骨。②質の悪いコークス。

がら【×瓦落】《経》相場の暴落。「ー落ち」

カラー〈collar〉《服》洋服・ワイシャツのえり。取り外せるものと、身ごろに縫いつけたものがある。

カラー〈color〉①色。色彩。②白黒に対して、色がついていること。「ーフィルム」↔モノクローム ③絵の具。染料。「ヘアー」④特色。持ち味。「チームー」

ーコーディネーター〈color coordinator〉色彩や配色について助言をする専門家。

ーコーン〈和製英語〉道路や工事現場などに置いて標識とする円錐形の器具。パイロン。(商標名)

ーチャート〈color chart〉色見本帳。

ーテレビ〈color television から〉映像を自然の色で映し出すテレビ。はじまり 日本での本放送の開始は、一九六〇(昭和三十五)年九月から。

ーフィルム〈color film〉被写体を自然の色で写す写真のフィルム。

がら-あき【がら空き・がら明き】(名・形動ダ)①その場所を占めている人や物が少なく、ほとんど空っぽであるさま。「ーの客席」②無防備なさま。「ゴール前がーだ」

から-あげ【空揚げ】(名・他スル)肉や魚を、衣をつけずに、または小麦粉やかたくり粉を薄くまぶして揚げること。また、その料理。「鶏のー」参考「唐揚げ」とも書く。

から-あし【空足】 階段の高さや段数を見あやまって踏みそこなうこと。「ーを踏む」

から-あや【唐△綾】 中国から渡来した浮織りのあや。

カラーリング〈coloring〉①髪などを着色すること。「ヘアー剤」②色の選択や取り合わせ。配色。

から・い【辛い】(形) カロ・カッ(ク)・イ・イ・ケレ・○ ①舌をぴりぴりと刺すような味である。「とてもーカレーライス」②塩味が強い。塩辛い。しょっぱい。「みそ汁がー」↔甘い ③厳しい。「採点がー」↔甘い ④甘みが少ない。「ー酒」↔甘い 文から・し(ク) 参考 ②は、「△鹹い」とも書く。

からいせんりゅう【柄井川柳】(一七一八〜一七九〇) 江戸中期の前句付けの点者。江戸(東京都)生まれ。その選句が川柳と呼ばれるに至った。川柳集「誹風柳多留」。

から-いばり【空威張り】ー(名・自スル)実力のない者がうわべだけ威張ること。虚勢を張ること。

から-いも【唐芋・唐△藷】「さつまいも」の別称。

から-いり【◇乾煎り】(名・他スル)食物を水や油を加えずに煎ること。また、その煎ったもの。

から-うす【唐臼・△碓】 地面に埋めて、横木にのせたきねの柄を足で踏んでつくうす。ふみうす。

から-うす【殻臼】 上下二つのうすをすり合わせてもみがらをすり落とすうす。すりうす。

から-うた【唐歌】 漢詩。↔大和歌

から-うり【空売り】(名・他スル)〘経〙株式の信用取引で、実際に株を持たない者が、証券業者から株を借りて売ること。値下がり時に買い戻して利益を得ようとするもの。

から-オケ【空オケ】(「オケ」はオーケストラの略)歌謡曲などの伴奏だけを録音したテープや、その再生装置。また、それに合わせて歌うこと。「―ボックス」参考 多く「カラオケ」と書く。

から-おし【空押し】(名・他スル)布や革などに型を押し付けて、凹凸によって模様や文字を表すこと。また、そのもの。

から-おり【唐織】①中国から渡来した織物。金襴・緞子・繻子・錦など。②能装束の一つ。優雅な女性の上衣。

から-か・う(他五)ワ(オ)・イ(ッ)・ウ・ウ・エ・エ 冗談を言ったり困らせたりして、相手のいやがるようすをおもしろがる。揶揄する。「軽い気持ちで―」可能 からか・える(下一) 参考「×揶揄う」とも書く。

から-かさ【◇傘・唐傘】細い割竹の骨に紙を張り、油をひいた、柄のある雨傘。

から-かぜ【空風・◇乾風】→からっかぜ

から-かね【唐金・×青銅】銅と錫の合金。青銅。

から-かぶ【空株】〘経〙空売り・空買いなどで損益計算をするだけで、実際には受け渡しをしない株。空株。↔実株

から-かみ【唐紙】①中国から渡来した、美しい色模様のある紙。また、それをまねて色模様をすり出した装飾用の紙。②(「唐紙障子」の略)①を張ったふすま障子。ふすま。

から-から 一(副)①かたい物や乾いた物が触れ合って立てる音。「矢車が―(と)回る」②大きく口をあけて大声で笑うさま。「―(と)笑う」二(形動ダ)ダロ・ダッ(デ・ニ)・ダ・ナ・ナラ・○ ①水分がなくなって乾き切っているさま。「のどが―に渇く」②空っぽなさま。「財布が―だ」文(ナリ)

から-がら【辛辛】(副)かろうじて。やっとのことで。「命―逃げ帰る」用法 多く、「命からがら」の形で用いる。

がら-がら 一(副・自スル)①かたい物などが触れ合って出る大きな音。「―(と)戸が開く」②かたい物が一度に崩れるさま。また、そのときの音。「―(と)石垣が崩れる」③性格や言動が粗野でがさつなさま。「―した人」二(形動ダ)ダロ・ダッ(デ・ニ)・ダ・ナ・ナラ・○ ①中に人や物がほとんどはいっていないさま。非常にすいているさま。「始発電車は―だった」②声がかすれたさま。「応援で声が―になる」三(名)振ると音の出る赤ん坊のおもちゃ。

―へび【―蛇】〘動〙クサリヘビ科の毒蛇の総称。南北両アメリカに分布。二メートル近くになるものもある。危険が近づくと尾にある脱皮殻を振り独特の音を立てる。響尾蛇。

から-き【唐木】紫檀・白檀・黒檀など、熱帯産の木材の総称。唐木。

から-きし(副)まるで。まったく。からっきし。「―意気地がない」用法 あとに打ち消しや否定的な意の語を伴う。

から-ぎぬ【唐◇衣】平安時代の女性の礼服で、錦・綾などで作り表着の上に着た丈の短い衣服。からきぬ。

〔からぎぬ〕

か-らく【◇和楽】クヮ― ↓わらく

から-くさ【唐草】「唐草模様」の略。

―もよう【―模様】モヤウ 織物・染め物などで、つる草のからみ合うようすを図案化した模様。

〔からくさもよう〕

から-くじ【空◇籤】くじびきで、何も当たらないくじ。

がら-くた 値打ちのない、または役に立たない雑多な品物や道具。

がらくたぶんこ【我楽多文庫】硯友社の機関誌。一八八五(明治十八)年創刊、一八八九(明治二十二)年廃刊。近代日本最初の文芸雑誌。

から-くち【辛口】①(みそ・しょうゆ・酒などの)塩気・辛みの強いもの。↔甘口 ②辛い味のものを好むこと。また、その人。↔甘口 ③酒の好きな人。辛党。④(転じて)手厳しいこと。手加減しないこと。「―の批評」

から-くも【辛くも】(副)あぶないところで。かろうじて。「―全敗をまぬかれた」語源 文語形容詞「からし」の連用形「からく」+係助詞「も」

から-くり【◇絡繰り】①人形や道具などを、糸やぜんまいなどの動力を使って動かすこと。「―人形」「―芝居」②複雑なしかけ。しくみ。「のぞき―」③工夫をこらしてしくんだこと。計略。「―を見破る」参考 ①②は「×機関」とも書く。

から-ぐるま【空車】荷物・乗客を乗せていない車。空車。

から-くれない【唐紅・◇韓紅】クレナヰ 濃い紅色。深紅。

から-げいき【空景気】うわべだけ景気よく見えること。また、見せること。「―をつける」

から・げる【◇絡げる・◇紮げる】(他下一)ゲ・ゲ・ゲル・ゲル・ゲレ・ゲロ(ゲヨ) ①縛る。縛って束ねる。「古新聞をひもで―」②着物のすそなどをまくり上げて帯などに挟む。「すそを―」文から・ぐ(下二)

から-げんき【空元気】うわべだけの元気。見せかけの元気。

から-こ【唐子】①中国風の服装・髪形をした子供。唐子人形。②①の姿をした人形。③「からこまげ」の略。

―まげ【―◇髷】昔の、子供の髪形。束ねた髪を分けて、二つの輪を作る。唐輪。

から-ごころ【◇漢心・◇漢◇意】漢籍を読んで中国の考え方や思想に心酔した心。↔大和心

から-ころも【唐衣】一(名)①中国風に仕立てた衣服。そでは大きく、すそは長い。②珍しくて美しい衣服をほめていう語。二(枕)「着る」「そで」「すそ」「ひも」「かへす」「はる」「たつ」など、衣服に関する語にかかる。

カラザ〈ラテ chalaza〉卵の黄身の両端に付いている乳白色のひも状のもの。黄身の位置を固定させる働きをする。

から-ざお【殻竿・◇連◇枷】ザヲ 豆類・穀類などを打ってその実やもみを取る、さおの先に回転する棒を付けた農具。

から-ざけ【◇乾◇鮭】はらわたをとって陰干しにした鮭。冬

から-さわぎ【空騒ぎ】(名・自スル)なんでもないことをおおげさに騒ぎ立てること。むだに騒ぐこと。「―に終わる」

からし【辛子・◇芥子】辛子菜の種子を粉にしたもの。黄色で辛い。練って香辛料とし、薬用にもする。

―でい【―泥】辛子の粉末を湯・水でといたもの。湿布に用いる。

―な【―菜】〘植〙アブラナ科の栽培一年草または越年草。春、黄色の小花を開く。葉は辛味があり、漬物にする。種子は黄色で、粉末にして香辛料にする。春

から-じし【唐◇獅子】①ライオン。(日本で猪・鹿を「しし」というのに対し、「外国のしし」の意)②獅子を美術的に装飾化したもの。絵画や彫刻に多い。

〔からじし②〕

から-して ①物事の一点をあげて、そこから判断される結論を全体に及ぼす意を表す。…をはじめとして。「服装―だらしない」②根拠を強めて示す。…から見て。…から考えて。「この状況―解決は

容易ではない」語源格助詞「から」＋接続助詞「して」

からす【烏・鴉】〔動〕カラス科またはカラス属とその近縁の属の鳥の総称。全身黒色の種が多い。多くは人里近くに群れをなしてすみ、雑食性。鳴き声は不吉の前兆として嫌われる。ハシブトガラス・ハシボソガラスなど。

―に反哺(はんぽ)の孝(こう)あり カラスの子が親に養育の恩を返すため、成長したのちえさを運んできて親を養うということ。親孝行のたとえ。**―の足跡(あしあと)** 中年を過ぎて、目尻(めじり)にできる小じわ。**―の行水(ぎょうずい)** 入浴時間の短いことのたとえ。**―の雌雄(しゆう)** 似ていて区別しにくいことのたとえ。**―の濡(ぬ)れ羽(ば)色(いろ)** まっ黒でつやつやした髪の形容。**―を鷺(さぎ)** (黒を白というように)道理に合わないことを強引に押し通すこと。

―うり【―△瓜】〔植〕ウリ科のつる性多年草。山野に生え、夏に白い五弁花を開く。果実は卵大で、熟すと赤くなる。根や果実は薬用にする。秋

―がい【―貝】(ガヒ)〔動〕淡水の泥中にすむイシガイ科の大形の二枚貝。殻は二〇センチメートルに達するものもあり楕円(だえん)形で薄く、黒褐色。内面は青白色で光沢があり、細工用。春

―がね【―金】(翌朝、カラスが鳴くころに返済する意)貸した翌日返させる高利の金。

―ぐち【―口】鋼鉄でカラスのくちばし状に造った製図用具。インクを含ませて線を引くのに用いる。

―てんぐ【―天△狗】想像上の怪物。カラスのくちばしのような口つきをして、黒い羽をもつてんぐ。

―むぎ【―麦】〔植〕①イネ科の越年草。初夏、二―三の小花からなる小穂を多く付ける。「燕麦(えんばく)」の野生種。ちゃひきぐさ。夏 ②「えんばく(燕麦)」の別名。

から・す【枯らす】(他五)(サ(ソ)・シ・ス・ス・セ・セ) 草木を枯れさせる。「花を―」自か・れる(下一)

から・す【△涸らす】(他五)(サ(ソ)・シ・ス・ス・セ・セ) 干して水気をなくする。水をくみ干す。「井戸を―」自か・れる(下一)

から・す【嗄らす】(他五)(サ(ソ)・シ・ス・ス・セ・セ) くり返し大声を出して声をしわがれさせる。「声を―して応援する」自か・れる(下一)

ガラス〈オランダ glas〉石英・石灰石・炭酸ナトリウムなどを高温で溶かし冷却して作った物質。透明でかたいがもろい。参考「×硝子」とも書く。

―の天井(てんじょう) (glass ceiling の訳語)女性や社会的少数派の人が、職場や社会で昇進を阻まれる目に見えない障壁をたとえていった語。

―しょうじ【―障子】(シャウ) 紙の代わりに板ガラスをはめこんだ室内の仕切り戸。

―せんい【―繊維】(キセン) 溶かしたガラスを細く繊維状にしたもの。絶縁・断熱・防音材など用途が広い。グラスファイバー。

―ばり【―張り】①採光や見通しをよくするために、ガラスを張ってあること。また、そのもの。「―の部屋」②内部がよく見えること。また、秘密や隠し事がないこと。「―の政治」

―ペン〈和製語〉ペン先がガラスでできた筆記用具。インクを含ませて筆記具としたり、謄写版の原紙に文字を書くのに用いたりする。語源オランダ語 glas と英語 pen との合成語。

から-すき【唐△鋤・△犂】牛馬に引かせて田畑を耕す農具。柄(え)が曲がっていて刃が広いすき。

がら-すき【がら。空き】(名・形動ダ) がらがらにすいているさま。がらあき。「―の映画館」

から-すね【空△臑】むき出しのすね。

から-すみ【×鱲子】ボラ・サワラなどの卵巣を塩漬けにして干し固めた食品。秋 語源 唐墨(からすみ)(=中国製の墨)に形が似ていることから。

から-せいもん【空誓文】偽りの誓文。うその誓い文。

から-せき【空△咳】①わざとするせき。せきばらい。②たんの出ないせき。参考「からぜき」ともいう。②は「。乾△咳」とも書く。

から-せじ【空世辞】心のこもらない口先だけのほめことば。

からだ【体・△軀・×身体】①人間・動物の頭から足の先までの全肉体。「―を動かす」②①のうちの胴の部分。「―に腕を巻きつける」③人の体の調子や健康状態。「―に気をつける」④行動する主体としてのその人自身。「―で覚える」

類語 身体・人体・肉体・体軀(たいく)・図体(ずうたい)・がたい・ボディー・生身・長身・長軀(ちょうく)・短軀(たんく)・巨体・巨軀(きょく)・痩身・痩軀(そうく)・五体・肢体

―が空(あ)く すべき用事がなくなって暇になる。「休みでも体が空かない」**―を粉(こ)にする** 苦労をいとわず働く。身を粉にする。**―を壊(こわ)す** 健康を損ねる。**―を張(は)る** 一身をなげうって行動する。

―つき【―付き】外から見た、体の格好。

から-だき【空△焚き】(名・他スル) 浴槽ややかんなどに水がはいっていない状態で、たいたり火にかけたりすること。

から-たけ【。幹竹・唐竹】マダケ・ハチクの別称。

―わり【―割り】竹を割るように縦にまっすぐ勢いよく切ること。多く、刀で人を切るときのたとえにいう。

から-たち【×枳殻・×枸橘】〔植〕ミカン科の落葉低木。中国原産。茎にとげがある。葉は三枚の小葉から成る複葉。春に白い五弁花を開き、秋に黄色い実がなる。生け垣などに栽培される。枳殻(きこく)。(からたちの花 春・からたちの実 秋)

から-たちばな【唐△橘】〔植〕サクラソウ科の常緑小低木。夏、白い小花を開く。赤くて丸い実がなる。たちばな。

から-ちゃ【空茶】茶菓子を添えないで茶だけを出すこと。

から-っ-かぜ【空っ風・。乾っ風】雨雪を伴わずに強く吹く乾いた風。特に関東地方の、冬期の寒風をいう。空風(からかぜ)。冬

から-っ-きし(副)→からきし

から-っ-けつ【空っ穴】(俗)中身がまったくないこと。特に、金が財布に入っていないこと。無一文。空穴(からけつ)。

カラット〈carat, karat〉①〔化〕合金中に含まれる金の割合を示す単位。純金は二四カラット。記号 K, kt ②宝石の重さの単位。一カラットは二〇〇ミリグラム。記号 K, car, ct

から-っ-と(副・自スル)→からりと

がら-っ-ぱち(名・形動ダ)(俗)言動が粗野で落ち着きのないこと。また、そのような人。

から-っ-ぽ【空っぽ】(名・形動ダ) 中に何もはいっていないこと。空(から)。「―の箱」

から-つゆ【空梅雨】梅雨の季節に雨がほとんど降らないこと。照り梅雨。夏

から-づり【空釣(り)】釣り針にえさを付けないで、引っ掛けて魚を釣ること。また、その漁法。

から-て【空手】①手ぶら。素手(すで)。②沖縄で発達した、武具によらず素手で戦う武術。参考②は、「唐手」とも書く。

から-てがた【空手形】①〔商・経〕資金の融通を受けるために、商取引がないにもかかわらず作成された手形。信用性が薄い。⇒融通手形 ②実行されない約束。「―に終わる」

から-でっぽう【空鉄砲】(デッパウ) ①弾丸をこめないで鉄砲を撃つこと。空筒(からづつ)。②ほら。うそ。「―を撃つ(=ほらを吹く)」

から-とう【辛党】(タウ) 酒好きの人。酒飲み。⇔甘党

から-とりひき【空取引】〔経〕相場で、実物の受け渡しをせずに、相場の上がり下がりで損得の計算をして決済する取り引き。空取引(くうとりひき)。

から-にしき【唐錦】中国から渡来したにしき。

からにーは（接助）上に述べた事柄が理由となって、当然次の心情・判断などが導かれることを表す。…以上は。「言ったー実行する」

からーねんぶつ【空念仏】①心のこもらない口先だけの念仏。②行動の伴わない口先だけの主張。「ーに終わる」

ガラパゴス〈Galápagos〉①→ガラパゴスしょとう ②国際的な標準とは異なり、国内で独自の進化・発展を遂げた状態をたとえていう語。「日本家電のー化」

ーしょとう【ー諸島】ショタウ〈Galápagos〉東太平洋上の赤道直下にあるエクアドル領の火山群島。独自の進化を遂げた固有の動植物が多く生息する。ダーウィンが調査を行い、進化論の着想を得たことで知られる。コロン諸島。

からーはふ【唐破風】左右両端が反り上がった曲線状の破風。神社・寺院の屋根などの装飾に用いる。

からーびつ【唐△櫃・韓△櫃】四本または六本の脚の付いた中国風のひつ。衣類・調度品などを入れる。

〔からびつ〕

カラビナ〈ドイ Karabiner〉登山用具の一つ。金属性の環ゎで一部が開閉でき、ザイルを通してハーケンなどの岩場の支点とつないだりするのに用いる。

から・びる【◦乾びる】（自上一）ビ・ビ・ビル・ビレ・ビロ(ビヨ) ①水気がなくなる。乾く。②（草木などが）しおれる。③枯れた趣になる。文から・ぶ（上二）

からーぶき【◦乾拭き】（名・他スル）つやを出すために、乾いた布でふきこすること。「家具をーする」

からーぶり【空振り】（名・他スル）①野球・テニスなどで、振ったバットやラケットにボールが当たらないこと。また、振ったこぶしが目標に当たらないこと。②そのためにした行動が、目的や目標から外れてむだになること。「作戦はーに終わった」

カラフル〈colorful〉（形動ダ）ダロ・ダッ(デ)・ニ・ダ・ナ・ナラ・◯ 色彩が豊かなさま。多彩ではなやかなさま。「ーな水着」

からーへた【空下手】（名・形動ダ）この上もなくへたなこと。まったくへたなこと。また、そのさま。からっぺた。

がらーぼう【がら紡】ーバウ 落綿らくめん（紡績のときに出るくず綿）や糸くずなどをよって太い糸を作る紡績法。また、それで織った織物。参考「がら」は機械のたてる音から。

からーぼり【空堀】水のない堀。「城跡のー」

カラマーゾフのきょうだい【カラマーゾフの兄弟】カラマーゾフノキャウダイ ロシアの作家ドストエフスキー最後の長編小説。一八七九―八〇年刊。カラマーゾフ家の三兄弟とその父親殺しの事件を中心に、神の存在や人間性の本質などを追究する。

からま・す【絡ます】（他五）サ(ソ)・シ・ス・ス・セ・セ ①巻き付かせる。からむようにする。「糸をー」「あんをー」②ある物事に他の物事を関連づける。「政策に人事をー」自から・む（五）からま・る（五）

からーまつ【唐松・×落葉松】〔植〕マツ科の落葉高木。葉は針状で柔らかく、不規則に群がり生える。単性花で、卵形の果実を付ける。木材は建築・土木用材。

からま・せる【絡ませる】（他下一）セ・セ・セル・セレ・セロ(セヨ) →からます

からま・る【絡まる】（自五）ラ(ロ)・リ(ッ)・ル・ル・レ・レ ①自然に巻き付く。まつわり付く。「糸がー」②複雑に関係し合っている。「金のー話」他からま・す（五）から・める（下一）

からーまわり【空回り】ーマハリ（名・自スル）①車輪や機械などが、むだに回転すること。空転。②理論や行動が同じところを回っていて発展や効果のないこと。「議論がーしている」

からみ【絡み】①からむこと。②関係のあること。「予算とのー」③歌舞伎かぶきで、主役を引き立てる端役はやく。

からーみ【辛み・辛味】①辛さの程度。②辛い味。辛い味のもの。（↔甘み）参考「み」は接尾語。「味」と書くのは当て字。

からーみ【空身】体だけで荷物を持っていないこと。また、自分一人で同行者のないこと。「ーの気軽さ」

ーがらみ【△搦み】（接尾）①だいたいの数量を表す。…見当。…内外。…前後。「五〇ーの男」「千円ーの品」②密接な関係があることを表す。「選挙ーの汚職事件」③ひっくるめていっしょに、の意を表す。ぐるみ。「袋ー買う」

からみ-あ・う【絡み合う】ーアフ（自五）ワ(オ)・イ(ッ)・ウ・ウ・エ・エ ①たがいにからむ。②いくつかの物事が入り組む。「問題が複雑にー」

からみ-つ・く【絡み付く】（自五）カ(コ)・キ(イ)・ク・ク・ケ・ケ ①離れないようにしっかり巻き付く。まとい付く。「足に海草がー」②難癖をつけてしつこくまつわり付く。「酔った男がー」

から・む【絡む】（自五）マ(モ)・ミ(ン)・ム・ム・メ・メ ①巻き付く。からまる。「つたがー」「痰たんがー」②密接に関係する。「金がー」「複雑な事情がー」③難癖をつけて相手を困らせる。「酔って隣の人にー」他からま・す（五）

からーむし【△苧・×苧麻】〔植〕イラクサ科の多年草。原野に自生、また栽培もする。夏、淡緑色の単性花を開く。茎の皮から繊維をとり布を織る。苧むし。真麻まお。苧麻ちょま。夏

からーむし【空蒸し】（名・他スル）（調味料や水などを使わないで）材料の水分だけで蒸すこと。また、その料理。

から-め・く【唐めく】（自四）（古）①中国風である。②ふつうと違って異国風な感じがする。

からめ-て【△搦〔め〕手】①城の裏門。また、城の裏門を攻める軍勢。↔大手おおて ②相手の予想もしていないところや弱点。「ーから説得する」③人を捕らえる人。捕り手。

からめ-と・る【△搦〔め〕捕る】（他五）ラ(ロ)・リ(ッ)・ル・ル・レ・レ 捕らえて縛る。

カラメル〈フランス caramel〉①砂糖などの糖類をセ氏二〇〇度前後に熱したときにできる褐色であめ状の物質。食品や飲料の着色や風味づけに用いる。②→キャラメル①

から・める【絡める】（他下一）メ・メ・メル・メレ・メロ(メヨ) ①まわりに付ける。巻き付かせる。「砂糖をー」「腕をー」②関係づける。「人事をーめた機構改変」自からま・る（五）文から・む（下二）

から・める【△搦める】（他下一）メ・メ・メル・メレ・メロ(メヨ) しばる。捕縛する。文から・む（下二）

がらーもの【柄物】布地や衣服などで、模様がついているもの。「ーのブラウス」

から-やくそく【空約束】守る気のない、いいかげんな約束。また、約束して守らないこと。そらやくそく。

がら-ゆき【柄行】模様。がら。「派手なーの着物」

からーよう【唐様】ーヤウ ①中国風。↔和様 ②中国風の書体。江戸時代中期に流行した明みんの書風をまねた漢字の書体。③行書・草書以外の書体。楷書かいしょ・篆書てんしょ・隷書れいしょなど。④鎌倉時代に中国から伝わった禅寺の建築様式。

からり-と（副・自スル）①明るく晴れ渡ったさま。「ー晴れる」②物がよく乾いているさま。「天ぷらがー揚がる」③性格が明朗でこだわらないさま。「ーした性格」

がらり-と（副）①一度に力強く戸などを引き開ける音。また、そのさまを表す語。②急にすっかり変わるさま。「態度がー変わる」③物が崩れるさま。

からーわ【唐輪】→からこまげ

かーらん【禍乱】クワー 世の乱れや騒動。

カラン〈オランダ kraan〉水道の蛇口。

がらん【△伽藍】〔仏〕寺の（大きな）建物。「七堂ー」

がらん-と（副・自スル）広い中に人や物が少ないさま。「ーし

たホール」

がらん-どう (名・形動ダ) 中に何もないこと。空っぽ。空洞。

かり【仮】 ①しばらくそれと決めること。一時の間に合わせ。かりそめ。「ー免許」②本当のものでないこと。いつわり。「ーの名前」

ーの宿ゃど ①一時の住まい。仮住まい。②旅宿。③無常なこの世。はかない現世。**ーの世**ょ 〘仏〙永遠の来世に対し、必ず終わりの来るこの世。はかない現世。

かり【△雁】 →がん(雁)[秋]

ーの使っかい 手紙。消息。雁書がんしょ。雁の便り。【故事】漢の使節蘇武そぶが匈奴きょうどに抑留されたとき、匈奴は偽って蘇武がすでに死亡したと漢に告げたが、漢は一計を案じ「天子の射落とした雁の足に蘇武の手紙が結んであり、それで彼の生存を知った」と主張したので、匈奴はついに蘇武の帰国を許したことから。〈漢書〉

かり【狩〔り〕】 ①鳥獣を追って捕らえること。狩猟。[冬]②魚介・きのこなどをとったり、蛍・桜・紅葉もみじなどを観賞したりすること。「潮干ー」「まつたけー」「紅葉ー」③不都合なものを捜し当ててつかまえること。「山ー」「刀ー」[参考]②③は名詞に付いて「がり」と連濁する。

かり【借り】 ①借りること。また、借りた金品。②報いるべき恩や恨み。「彼にはーがある」③〘商〙「借り方」の略。(↔貸し)

カリ〈オランダ kali〉〘化〙①「カリウム」の略。「ー肥料」②カリウム塩。「青酸ー」[参考]「×加里」とも書く。

がり 〘俗〙鮨すしに添えて出す甘酢漬けの薄切りのショウガ。[語源]がりがりとかむところからいう。

が-り【我利】 自分だけの利益。私利。「ー我欲」

かり-あげ【刈〔り〕上げ】 (名・他スル) ①髪などを下の方から上の方に刈っていくこと。また、その髪形。②刈り終わること。

かり-あげ【借〔り〕上げ】 (名・他スル) ①政府が民間から、あるいは目上の者が目下の者から金品を借りること。②江戸時代、諸藩が財政困難のため、家臣から俸禄ほうろくを借りる形で減俸したこと。

かり-あ・げる【刈〔り〕上げる】 (他下一) ゲ・ゲ・ゲル・ゲル・ゲレ・ゲロ(ゲヨ) ①髪などを下から上へ刈る。②刈り終わる。[文]かりあ・ぐ(下二)

かり-あ・げる【借〔り〕上げる】 (他下一) ゲ・ゲ・ゲル・ゲル・ゲレ・ゲロ(ゲヨ) 政府が民間から、あるいは目上の者が目下の者から金品を借りる。「土地をー」[文]かりあ・ぐ(下二)

かり-あつ・める【駆り集める】 (他下一) メ・メ・メル・メル・メレ・メロ(メヨ) 方々から急いで寄せ集める。「人員をー」[文]かりあつ・む(下二)

かり-いお【仮△庵】イホ 仮に作った粗末な住まい。仮庵かりほ。

かり-いれ【刈〔り〕入れ】 実った稲・麦などを刈って取り入れること。収穫。「ー時」

かり-い・れる【刈〔り〕入れる】 (他下一) レ・レ・レル・レル・レレ・レロ(レヨ) 稲・麦などを刈って取り入れる。収穫する。[文]かりい・る(下二)

かり-い・れる【借〔り〕入れる】 (他下一) レ・レ・レル・レル・レレ・レロ(レヨ) 借りて自分の用にあてる。[文]かりい・る(下二) ↔貸し出す

かり-う・ける【借〔り〕受ける】 (他下一) ケ・ケ・ケル・ケル・ケレ・ケロ(ケヨ) 借りて自分のもとにおく。「土地をー」[文]かりう・く(下二)

かり-うど【狩◦人】 →かりゅうど[冬]

カリウム〈ドイツ Kalium〉〘化〙金属元素の一つ。銀白色でもろく、酸化しやすい。水に入れると燃える。ガラス・カリせっけん・肥料などの成分。カリ。ポタシウム。元素記号K

カリエス〈ドイツ Karies〉〘医〙骨がしだいに破壊されてゆく慢性の病気。主として結核菌による。骨瘍こつよう。「脊椎せきついー」

かり-おや【仮親】 ①仮に親となる人。もと、身売りまたは奉公などをするときの名義上の親をいった。②養い親。養父母。

かり-か・える【借〔り〕換える】カヘル (他下一) エ・エ・エル・エル・エレ・エロ(エヨ) 借りているものを返して、新たに借りる。「低利のローンにー」[文]かりか・ふ(下二)

かり-かし【借り貸し】 (名・他スル) 借りと貸し。貸し借り。

かり-かた【借〔り〕方】 ①物や金を借りるほうの人。借り手。②借りる方法。③〘商〙複式簿記で、資産の増加、負債・資本の減少、費用の発生などを記入する部分。帳簿の左側の記入欄。(↔貸し方)

カリカチュア〈caricature〉人や物の特徴を誇張しておかしく描いた絵。風刺画。戯画。カリカチュール。

かり-かつよう【カリ活用】クワツヨウ 〘文法〙文語形容詞の活用の一つ。ク活用・シク活用の連用形語尾「(し)く」+動詞「あり」の約で、「(し)から・(し)かり・〈(し)かり〉・(し)かる・〈(し)かれ〉・(し)かれ」と活用する。主として助動詞を接続させるために発達したもので、〈 〉内の「(し)かり」「(し)かれ」以外は形容詞の活用に組み入れられて補助活用とも呼ばれる。

かり-が-ね【△雁が音・△雁金】 ①雁がんの鳴き声。②雁かり。雁がん。[秋]

かり-かぶ【刈〔り〕株】 稲・麦などを刈ったあとの切り株。

がり-がり 一(副) ①固いものをかじったり引っかいたりするときの音を表す語。「氷をー(と)かじる」②ひたすらある物事を行うさま。「ー(と)勉強する」二(形動ダ) ダロ・ダッ(デ・ニ)・ダ・ナ・ナラ・◯ ①非常にやせているさま。②ひたすら自分だけの利益を追い求めるさま。[参考]一②、二②は「我利我利」とあてることもある。

ーもうじゃ【我利我利亡者】マウジャ 欲深で自分の利益だけを追い求める人をののしっていう語。

かりかりと… [俳句]〔かりかりと 蟷螂とうろう蜂はちの 顔を食はむ〕〈山口誓子やまぐちせいし〉晴れた秋の一日、大きなかまきりが一匹の蜂を捕らえた。見ているとかりかりと音を立てながら顔から食べ始めた。(蟷螂[秋]。「虫界変」中の一句)

かり-ぎ【借〔り〕着】 (名・自他スル) 他人や貸し衣装屋から衣服を借りて着ること。また、その借りた衣服。

かり-ぎぬ【狩◦衣】 〘服〙昔、貴族が狩猟や旅行のときに着た着物。のち公家くげ・武家の平常服となり、江戸時代には礼服に用いた。

〔かりぎぬ〕

カリキュラム〈curriculum〉学習段階に応じて系統だてて編成した教育計画。教育課程。「ーを組む」

かり-き・る【借〔り〕切る】 (他五) ラ(ロ)・リ(ッ)・ル・ル・レ・レ ①(場所・座席などを)一定の期間、専用に借りる。「バス二台をー」②残らず借りる。「融資限度額までー」(↔貸し切る)

かり-くら【狩〔り〕◦座】 狩りをする場所。狩猟地。[冬]

カリグラフィー〈calligraphy〉文字を美しく書く技術。特に、西洋や中東のものをいう。

かり-こし【借〔り〕越し】 貸し高または一定の限度より多く借りること。また、その借りた金額。↔貸し越し

かり-こみ【狩〔り〕込み】 (名・他スル) (けもの・犯人などを)急に襲って、多数を一度に捕らえること。

かり-こ・む【刈〔り〕込む】 (他五) マ(モ)・ミ(ン)・ム・ム・メ・メ ①草木や頭髪などを刈って手入れをする。②穀物を刈り取って貯蔵する。③余分な部分を削って全体を整える。「文章をー」

かり-しゃくほう【仮釈放】シャクハウ (名・他スル) 〘法〙懲役刑・禁固刑の受刑者を、改心していると認められた場合に、条件付きで仮に釈放すること。

かり-しゅつごく【仮出獄】 〘法〙「仮釈放」の旧称。

かり-しょぶん【仮処分】 (名・他スル) 〘法〙民事保全法

上、権利関係において、訴訟の解決、または強制執行が可能となるまで裁判所が行う、権利保全のための暫定的な処分。

カリスマ〈ギリシャ Charisma〉大衆を指導し、心服させる超人的な資質や能力。また、それをもつ人。「―的支配」参考ドイツの社会科学者マックス＝ウェーバーの用語。原語は「神から与えられた能力」の意。近年、俗に「カリスマ投資家」などと使う。

かり-ずまい【仮住〔ま〕い】ズマヒ（名・自スル）ある短い期間、一時的に住むこと。また、その家。仮寓かぐう。

かり-そめ【仮初め】①一時的なこと。その場限り。「―の命」「―の恋」②ふとしたこと。ちょっとしたこと。「―の病」③軽々しいこと。おろそか。「―にする」

――にも（副）①いやしくも。仮にも。「―大学生ではないか」②少しでも。決して。「―死のうなどと思ってはいけない」用法②は、あとに打ち消し・禁止の意の語を伴う。

かり-たお・す【借〔り〕倒す】タフス（他五）サ(ソ)・シ・ス・ス・セ・セ 借りたまま返さずにそのままにする。踏み倒す。「借金を―」

かり-だ・す【借〔り〕出す】（他五）サ(ソ)・シ・ス・ス・セ・セ 物を借りて外に持ち出す。「本を―」

かり-だ・す【駆り出す・狩〔り〕出す】（他五）サ(ソ)・シ・ス・ス・セ・セ ①せきたてて引っ張り出す。「選挙に―・される」②（獲物などを）追いたてて出す。

かり-た・てる【駆り立てる】（他下一）テ・テ・テル・テル・テレ・テロ(テヨ) ①（獲物などを）追いたてる。②人をせきたてて行かせる。また、そうしないではいられない気持ちにする。「戦場に―」「衝動に―・てられる」文かりた・つ（下二）参考①は、「狩り立てる」とも書く。

かり-ちん【借〔り〕賃】借りたものに対して支払う料金。↕貸し賃

かりっ-と（副・自スル）①固いものを軽くかみ割るときの音を表す語。「木の実を―かじる」②水分や油分が抜けて、かむと歯切れのいいさま。かりかり。「トーストを―焼く」

かり-て【借〔り〕手】金品を借りるほうの人。借り主。↕貸し手

かり-とじ【仮△綴〔じ〕】トヂ 間に合わせに簡単に製本すること。また、そのようにとじた本。

かり-と・る【刈〔り〕取る】（他五）ラ(ロ)・リ(ッ)・ル・ル・レ・レ ①（稲や麦などを）刈って取る。収穫する。②取り除く。「悪の根を―」

かり-な【仮名】①仮に付けた呼び名。仮名かめい。②仮名かな。

かり-に【仮に】（副）①間に合わせに。一時的に。②（下の仮定の語と対応して）もしも。たとえ。「―合格したとしても」

――も（副）①どんなことがあっても。決して。「―やけを起こしてはいけない」②いやしくも。実質はともかく。かりそめにも。「―経営者だろう」用法①は、あとに打ち消し・禁止の語を伴う。

かり-ぬい【仮縫い】ヌヒ（名・他スル）〔服〕①間に合わせに縫うこと。②洋服などを、本仕立ての前に仮に縫うこと。また、それを体に合わせて直すこと。下縫い。

かり-ぬし【借〔り〕主】金品を借りるほうの人。借り手。↕貸し主

かり-ね【仮寝】（名・自スル）①仮眠。うたた寝。②旅寝。

かり-ば【狩〔り〕場】狩りをする場所。狩猟地。かりくら。冬

ガリバーりょこうき〔ガリバー旅行記〕ガリバーリヨカウキ イギリスの作家スウィフトの風刺小説。一七二六年刊行。船医ガリバーの難破漂流記に仮託し、当時のイギリスの社会・政治などを痛烈な皮肉や風刺で鋭く攻撃している。

かり-ばかま【狩△袴】〔服〕狩衣かりぎぬの下に着用するはかま。

カリパス〈calipers〉コンパス状の二本の足の両端で長さを測定する計測器。物差しでは測りにくい球・円筒・穴の外径や内径などを測るのに使う。キャリパス。

かり-ばらい【仮払い】バラヒ（名・他スル）金額が確定する前に、とりあえず概算の額を支払うこと。「―金」「旅費を―する」

がり-ばん【がり版】（「がり」は鉄筆で原紙を切る音から）謄写版。がり。

カリ-ひりょう【カリ肥料】ヒレウ〔農〕カリウムを多く含んだ肥料。肥料の三要素の一つで、植物の根の生育を助ける。硫酸カリ・塩化カリ・草木灰など。⇩窒素肥料・燐酸りんさん肥料

カリフ〈calif, caliph〉（ムハンマドの後継者の意から）イスラム教全体の最高権威者。一三世紀に廃絶。ハリファ。

カリプソ〈calypso〉〔音〕西インド諸島トリニダード島で生まれた音楽。四分の二拍子の軽快なリズムを持つ。

カリフラワー〈cauliflower〉〔植〕アブラナ科の越年草。茎の頂に白色のつぼみをつけ、これを食用とする。キャベツの一変種。花椰菜はなやさい。花キャベツ。

がり-べん【がり勉】〔俗〕他のことには目もくれず勉強だけに熱中すること。また、そのような人をあざけっていう。

かり-ほ【仮△庵】お（古）→かりいお

かり-ほ【刈〔り〕穂】刈り取った稲の穂。

かり-また【△雁股】先端がふたまたに開き、内側に刃の付いた矢じり。また、それを付けた矢。

かり-みや【仮宮】①仮の御殿。②天皇の行幸のときの仮の御所。行在所あんざいしょ。③みこしを一時安置する所。御旅所おたびしょ。

かり-めん【仮免】「仮免許」の略。

かり-めんきょ【仮免許】一定の課程を終えた者に、本免許取得までの間、暫定的に与えられる免許。特に、運転免許についていう。仮免。

かり-もの【借〔り〕物】他人から借りた物。「―の傘」

かり-や【借〔り〕家】家賃を払って借りる家。借家しゃくや。↕貸し家

か-りゃく【下略】→げりゃく

か-りゅう【下流】リウ ①川の流れの、河口に近い方。川下かわしも。②社会的地位や経済力の低い階級。下層。（↕上流）

か-りゅう【花柳】クワリウ（「花街柳巷かがいりゅうこう」の略）芸者や遊女。また、芸者町や遊郭。

――かい【―界】芸者・遊女の社会。遊郭。色町。

――びょう【―病】ビヤウ 性病。

か-りゅう【△顆粒】クワリフ ①小さなつぶ。「―状の薬」②〔医〕トラコーマにかかったとき目の結膜に生じる水泡状の小さなつぶ。

が-りゅう【我流】リウ 自分勝手な流儀。自己流。

かりゅうど【狩◇人】カリウド 鳥や獣をとるのを職業とする人。猟師。狩人かりうど。冬 語源「かりびと」の転。

か-りょう【下僚】レウ 地位の低い役人。また、地位の低い人。

か-りょう【加療】レウ（名・自スル）病気や傷の治療をすること。「早期の―を要する」「―中」

か-りょう【科料】クワレウ〔法〕軽微な犯罪への財産刑。罰金より軽い刑罰で、額は、一〇〇〇円以上一万円未満。参考「過料」と区別するため「とがりょう」という場合がある。

か-りょう【過料】クワレウ〔法〕刑罰ではない金銭罰。行政上または民法・商法上の義務違反についての制裁（秩序罰）、行政上の義務を強制する手段（執行罰）、懲戒罰などがある。参考「科料」と区別するため「あやまちりょう」という場合がある。

か-りょう【過量】クワリヤウ 多すぎる分量。

か-りょう【佳良】リヤウ（形動ダ）ダロ・ダッ(デ・ニ)・ダ・ナ・ナラ・○ かなりすぐれているさま。かなりよいさま。文（ナリ）

が-りょう【△臥◇竜】グワ 民間にいて世に知られない大人物。語源 昔中国で、蜀しょくの諸葛孔明しょかつこうめいを、臥ふしている竜にたとえた故事からいう。

が-りょう【雅量】リャウ― 広くおおらかな心。大度(たいど)。

がりょう-てんせい【画竜点睛】グワリョウ―（「睛」はひとみの意）物事を完成するために大事な最後の仕上げ。【故事】昔、梁(りょう)の張僧繇(ちょうそうよう)という絵の名人が金陵の安楽寺の壁に竜を描いてそのひとみを描き入れると、たちまち雷電が壁を破り竜は雲に乗って天に昇ったという話による。〈水衡記〉

―を欠(か)く 全体的にはよくできているのに、大事な一点が不十分である。

かりょうびん【迦陵頻】雅楽の曲名の一つ。壱越(いちこつ)調。背に鳥の翼をつけた四人または二人の小児が舞う。

―が【―伽】〔仏〕極楽浄土にいるという想像上の鳥。美女の顔をもち、美しい声で鳴く。

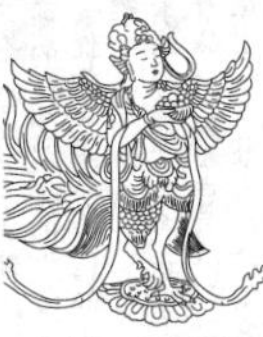
〔かりょうびんが〕

か-りょく【火力】クワ― ①火の勢い。火の強さ。「―が強い」②火器の威力。銃砲の力。

―はつでん【―発電】石炭・重油・天然ガスなどの火力で発生させた蒸気の圧力で発電機を運転し電力をおこす方式。

か・りる【借りる】（他上一）リ・リ・リル・リレ・リロ(リヨ) ①返す約束で他人の金品を使う。「車を―」「部屋を―」②他のものの助けを受ける。「力を―」「知恵を―」（↔貸す）参考 四段動詞「かる」の上一段化。

ガリレイ〈Galileo Galilei〉（一五六四―一六四二）ルネサンス末期のイタリアの天文学者・物理学者。「落体の法則」や「振り子の等時性」を発見。また望遠鏡による天体の研究で地動説を証拠づけたが、宗教裁判で地動説の放棄を命じられた。著書に「新科学対話」など。

か-りん【花梨】クワ―〔植〕バラ科の落葉小高木。中国原産。晩春、淡紅色の花を開く。実は楕円(だえん)形で黄色、酒に漬けるなどして食用・薬用にする。きぼけ。秋（かりんの花 春）

かりんさん-せっかい【過燐酸石灰】クワリンサンセキクワイ〔化〕燐鉱石(りんこうせき)に硫酸を作用させてつくる燐酸肥料。燐酸二水素カルシウムと硫酸カルシウムとの混合物。⇒燐酸(りんさん)肥料

かりん-とう【花林糖】クワリンタウ 小麦粉に砂糖を加えてねり、油で揚げ、さらに黒砂糖や糖蜜などをまぶした菓子。

か・る【離る】（自下二）〔古〕①（空間的に）遠のく。離れる。②（時間的に）間があく。絶える。③（精神的に）うとくなる。

かる【刈る】（字義）→がい（刈）

か・る【刈る】（他五）ラ(ロ)・リ(ッ)・ル・ル・レ・レ 密生している草木の枝・葉や、伸びた髪の毛を切りそろえて短くする。また、根もとから切る。「稲を―」「芝生を―」「頭を―」可能 か・れる（下一）

か・る【狩る】（他五）ラ(ロ)・リ(ッ)・ル・ル・レ・レ ①鳥獣を追って捕らえる。狩猟する。狩りをする。「鹿を―」②山にはいって花や草木を探し求める。「桜を―」可能 か・れる（下一）

か・る【駆る】（他五）ラ(ロ)・リ(ッ)・ル・ル・レ・レ ①追い立てる。「羊を―」②走らせる。「馬を―」③むりにさせる。④（受け身の形で）ある気持ちにさせられる。「衝動に―・られる」可能 か・れる（下一）

-が・る（接尾）（感情や状態を表す語に付いて）①…と思う。…と感じる。「さびし―」「欲し―」②…のようすをする。…ぶる。「強―」「粋(いき)―」参考 名詞、形容詞・形容動詞の語幹に付いて五段活用動詞をつくる。

かる・い【軽い】（形）カロ・カッ(ク)・イ・イ・ケレ・○（**中心義―持ち上げたり運んだり支えたりするときの力の負担が小さい**）①重量が少ない。少ない力で持ったり動かしたりできる。「大きいわりには―」↔重い ②少ない力で動くことができる。軽快である。「身が―」↔重い ③楽に処理できる。量が少ない。「―食事」↔重い ④たいしたことのない程度である。「―病気」「―刑」↔重い ⑤重要でない。「人に―・く見られる」↔重い ⑥気楽である。「―気持ち」↔重い ⑦十分に考えない言動をする。軽率である。「口が―」↔重い ⑧地位・身分が低い。「身分が―」↔重い ⑨たやすい。簡単だ。「試験を―・くパスする」文 かる・し（ク）

かる-いし【軽石】軽くて水に浮く石。溶岩が急に冷えて中のガスが逃げてできた穴の多い石。あかおとしなどに使う。浮き石。

かる-がも【軽鴨】〔動〕カモ科の水鳥。黒褐色で、くちばしの先が黄色い。日本各地で繁殖する。夏鴨。

かる-かや【刈萱】〔植〕イネ科の多年草。山野に自生。葉は細長く白い筋がある。秋に褐色の花穂を出す。めがるかや。秋

かる-がる【軽軽】（副）いかにも軽そうに。たやすそうに。「大きな石を―（と）持ち上げる」「―（と）やってのける」

かるがるし・い【軽軽しい】（形）カロ・カッ(ク)・イ・イ・ケレ・○ 十分に考えない言動をする。軽はずみである。軽率である。「重大な任務を―・く引き受けるな」↔重重しい 文 かるがる・し（シク）

カルキ〈オランダ kalk〉①石灰。②「クロールカルキ」の略。さらし粉。「―臭い水」

かる-くち【軽口】①軽い調子の滑稽(こっけい)な話。おどけ。「―をたたく」②うまい洒落(しゃれ)。秀句。地口(じぐち)。③軽率になんでもしゃべること。また、そういう人。

―ばなし【―話】軽妙・滑稽(こっけい)な話しぶりで、終わりを秀句や洒落(しゃれ)で結ぶ小話。

かる-こ【軽子】軽籠(かるこ)などで物を運ぶのを仕事とする人。

かる-こ【軽籠】土や石などを運ぶ道具で、縄を網目に編んで四隅に綱をつけ、棒にかけて担うもの。もっこ。

カルサン【軽衫】〈ポルトガル calção〉〔服〕はかまの一種で、上部をゆるく下部を狭く、もも引きのように仕立てたもの。もんぺ。

カルシウム〈calcium〉〔化〕金属元素の一つ。銀白色で酸化しやすい。大理石や石灰岩、骨の組織中などに含まれる。元素記号 Ca

カルスト〈ドイツ Karst〉〔地質〕石灰岩地域が浸食されてできた凹凸の激しい地形。日本では山口県の秋吉台が有名。

かるた【加留多・歌留多・骨牌】〈ポルトガル carta〉遊び・ばくちに使う、絵や文字の書かれた長方形の小さい厚紙の札。また、それを使った遊び。「いろはがるた」「歌がるた」など。新年

カルチベーター〈cultivator〉〔農〕農地を耕す機械。耕耘(こううん)機。耕作機。カルチ。

カルチャー〈culture〉文化。教養。カルチュア。

―ショック〈culture shock〉異質の文化に触れたときに受ける精神的な衝撃。異文化衝突。

―センター〈和製英語〉おもに社会人向けの教養講座。また、それを提供する所。

カルテ〈ドイツ Karte〉〔医〕患者ごとの診療記録簿。診療録。

カルテット〈イタリア quartetto〉〔音〕①四重奏。四重唱。また、その演奏曲。②四重奏団または四重唱団。参考「クワルテット」「クアルテット」ともいう。

カルデラ〈caldera〉〔地質〕火山の噴火作用によって生じた円形に近い大形のくぼ地。爆発カルデラ・陥没カルデラなど。日本では阿蘇山(あそさん)のものが有名。語源 スペイン語で、釜(かま)の意。

―こ【―湖】〔地質〕カルデラの中に水がたまってできた湖。日本では田沢湖・十和田湖(とわだこ)などが有名。

カルテル〈ドイツ Kartell〉〔商・経〕企業の独占の一形態。同一業種の企業がそれぞれ独立性を保ちながら生産量・販売地域・価格などを協定し、市場支配力を強め、独占的な高利潤を得ようとするもの。企業連合。⇒コンツェルン・トラスト

カルト〈cult〉①小規模の狂信的な宗教集団。②ある特定の

人々の熱狂的な支持があること。「―ムービー」

かる-はずみ【軽はずみ】 ハヅミ ―(名・形動ダ) 深く考えないで、ものを言ったり行ったりするさま。軽率。「―な行動」

カルパッチョ 〈イタリア carpaccio〉 生の肉や魚介類を薄切りにし、オリーブ油や香辛料をかけたイタリア料理。

カルバン 〈Jean Calvin〉 (一五〇九〜一五六四) フランスの宗教改革指導者。厳格な聖書主義、神の絶対的権威を主張した。神の教えに従っての営利と蓄財を肯定した教えは、資本主義の発達に影響を与えた。主著「キリスト教綱要」。

カルビ 〈朝鮮語〉 焼き肉料理などに用いる牛・豚のばら肉。

カルボナーラ 〈イタリア carbonara 炭焼き人〉 ベーコン・卵・チーズ・黒こしょうなどで作ったソースであえたスパゲッティ。語源 黒こしょうが炭の粒のように見えるのが名前の由来。

カルマ 〈梵語 karma〉 業。

かる-み【軽み】 (「み」は接尾語) ①軽く感じる度合い。↔重み ②《文》芭蕉の俳諧理念の一つ。日常的な題材を詠み、しかもさらりとした感じが出ている趣をいう。かろみ。

カルメ-やき【カルメ焼〔き〕】 →カルメラ

カルメラ 〈ポルトガル・スペイン caramelo〉 赤ざらめを煮つめて泡立たせ、重曹を加えふくらませて固めた菓子。カルメ焼き。

カルメン 〈Carmen〉 ①フランスの作家メリメの小説。一八四五年刊。スペインを舞台に、野性的なジプシー女性カルメンと純情な若者ドン＝ホセとの恋を描く作品。②①をもとにビゼーが作曲した歌劇。一八七五年初演。

かる-やき【軽焼〔き〕】 もち米の粉に砂糖を加え、蒸して乾燥させてからふくれるように焼いたせんべい。軽焼きせんべい。

かる-わざ【軽業】 ①綱渡り・空中ブランコなど、危険なことを身軽に行って見せる芸。曲芸。②危険の多い計画や事業。

―し【―師】 ①軽業を演じる芸人。曲芸師。②危険の多い事業をする人。

かれ【彼】 一(代) ①他称の人代名詞。話し手と聞き手以外の男性をさす語。あの男。↔彼女 ②《古》遠称の指示代名詞。あれ。③《古》他称の人代名詞。あの人。二(名)《俗》恋人である男性。彼氏。↔彼女

かれ【故】 (接)《古》それで。それゆえに。だから。

-がれ【枯れ】 (接尾) ①草や木が枯れること。「冬―」「立ち―」②ものがなくなってしまうこと。「資金―」「品―」

がれ 登山用語で、山の斜面がくずれて、岩石がごろごろしている所。「―場」

かれい【鰈】 カレ ヒ 《動》カレイ科の海産硬骨魚の総称。海底の砂地にすみ、体は平たい。多く、目は二つとも体の右側にある。イシガレイ・オヒョウなど。

か-れい【加齢】 ①新年または誕生日を迎えて一歳年をとること。加年。②年老いて衰えていくこと。

―しゅう【―臭】 シウ 中高年者に特有の体臭。皮脂に含まれるノネナールという物質が原因とされる。

か-れい【佳例・嘉例】 めでたい先例。よいとされている慣習。

か-れい【佳麗】 (名・形動ダ) 美しくて品がいいさま。

か-れい【家令】 ①明治時代以後、宮家や華族の家務・会計を管理し、家扶以下の使用人を監督した人。②平安時代、親王・内親王・公卿などの家の事務をとった職。

か-れい【家例】 代々伝わっているその家のしきたり。

か-れい【華麗】 クワ ―(名・形動ダ) はなやかで美しいこと。また、そのさま。「―な舞台衣装」「―な動き」

かれいちご… 俳句 〔彼一語 我一語 秋深みかも〕〈高浜虚子〉 彼がひとこと言う。それに対して私がひとこと答える。あたりは静まりかえっている。また彼がひとこと言う。私がひとこと答える。再び静寂なときが流れる。相通ずる心を感じながら秋の深まりをしみじみとかみしめることだ。(秋深し 秋)

カレー 〈curry〉 ①鬱金・黒こしょう・とうがらしなどを配合して作る、黄色の粉末香辛料。カレー粉。②→カレーライス

―ライス 〈curry and rice から〉 肉や野菜をカレー粉とともに煮こみ、飯にかけた料理。ライスカレー。カレー。はじまり 日本には、西洋料理として明治初年には伝わっていたという。軍や学生寮、西洋料理店の食事として導入され、明治末年以降のカレー粉の国産化を経て、一般にも普及していった。

ガレージ 〈garage〉 自動車の車庫。

―セール 〈garage sale〉 家庭の不用品を自宅の車庫などで売ること。

かれ-おばな【枯〔れ〕尾花】 ヲバナ ― 穂が枯れたすすき。枯れすすき。冬

かれ-き【枯〔れ〕木】 枯れた木。また、葉を落とした木。冬

―に花 一度衰えたものが再び栄えることのたとえ。参考 類似のことば―老い木に花。**―も山の賑わい** つまらないものでも、何もないよりはましであるということのたとえ。

が-れき【瓦礫】 グワ ― ①かわらと小石。崩壊した建物の残骸。②値打ちのないもののたとえ。「―の山」

かれ-くさ【枯〔れ〕草】 ①枯れた草。冬 ②牛や馬などの飼料とする干し草。まぐさ。

かれ-これ【彼此れ】 一(副) ①とやかく。あれこれ。「―言う」②おおよそ。やがて。「―三時になる」二(代) あれとこれ。

かれ-さんすい【枯〔れ〕山水】 水を用いず、石組みや砂によって山水を表現する庭園様式。枯れ山水。

かれ-し【彼氏】 《俗》一(代) 他称の人代名詞。彼。あの人。二(名) 恋人である男性。彼。↔彼女 参考 昭和初期の造語。

か-れつ【苛烈】 (名・形動ダ) きびしく激しいこと。また、そのさま。「戦いは―をきわめた」

カレッジ 〈college〉 ①単科大学。②専門学校。

―リング 〈college ring〉 大学や短期大学などの校章を刻みこんだ指輪。

かれ-の【枯〔れ〕野】 草や木の枯れ果てた野原。冬

かれ-は【枯〔れ〕葉】 枯れた木の葉。冬

―が【―蛾】 《動》カレハガ科のガの総称。体・羽ともに暗い赤褐色で、枯れ葉のように見える。

かれ-ば・む【枯ればむ】 (自五) マ(モ)・ミ(ン)・ム・ム・メ・メ 枯れかかる。枯れはじめる。「草木の―候」

かれ-ら【彼等】 (代) 他称の人代名詞。「彼」の複数。あの人たち。

か・れる【枯れる】 (自下一) レ・レ・レル・レル・レレ・レロ(レヨ) ①草木の命が終わる。「木が―」冬 ②(体の)みずみずしさが失せる。(体の)能力や機能を失い、本来のはたらきができなくなる。「やせても―・れても一国一城の主だ」③長い修練によってなまなましさやむだな感じがとれ、人柄や芸に深みや渋みが出てくる。「―・れた字」「人間が―・れてくる」他から・す(五) 文か・る(下二)

か・れる【涸れる】 (自下一) レ・レ・レル・レル・レレ・レロ(レヨ) ①池・川・湖・田などの水がかわいてなくなる。干上がる。「井戸水が―」「涙が―」②才能・感覚・思考力や必要とされるものなどが、尽きる。「乱作で才能が―」「資金が―」他から・す(五) 文か・る(下二)

か・れる【嗄れる】 (自下一) レ・レ・レル・レル・レレ・レロ(レヨ) 声がかすれて出なくなる。「どなりすぎて声が―」他から・す(五) 文か・る(下二)

か-れん【可憐】 (名・形動ダ) いじらしいこと。かわいらしいこと。また、そのさま。「―な花」

か-れん【苛斂】 税金などをきびしく取り立てること。

―ちゅうきゅう【―誅求】 チユウ キウ 税金などを、きびしく

責めて取り立てること。「―をきわめる」

カレンダー〈calendar〉暦。七曜表。

カレント-トピックス〈current topics〉時事問題。今日の話題。

か-ろ【火炉】― ①火熱で暖をとるもの。いろり・ひばち・ストーブなど。②ボイラーの燃料を燃やす所。

か-ろう【家老】―〘日〙中世から近世にかけて、大名のもとで家中の武士を統率した最高位の職。また、その者。年寄。

か-ろう【過労】働き過ぎて心や体が疲れること。

―し【―死】働き過ぎが原因となった勤労者の急死。はじまり 医学用語ではなく、一九八〇年代初めに労災問題から使われ出し、一九八八(昭和六十三)年ごろ一般化した。

が-ろう【画廊】絵画など美術品を陳列する所。また、画商の店。ギャラリー。

かろう-じて【辛うじて】―(副)(「からくして」の音便)ようやくのことで。やっと。なんとか。「―完成までこぎつけた」

か-ろく【家△禄】①江戸時代、武士の家に代々与えられた俸禄。②明治初年、華族・士族の家格に与えられた俸禄。

かろし・める【軽しめる】(他下一) 軽んじる。あなどる。見さげる。文かろし・む(下二)

カロテン〈carotene〉ニンジン・カボチャなどに含まれる黄赤色の色素。動物の体内でビタミンAに変わる。カロチン。

かろ-とうせん【夏炉冬扇】(夏のいろりと冬の扇の意から)時季はずれで役に立たないもののたとえ。冬扇夏炉。

かろやか【軽やか】(形動ダ) いかにも軽そうなさま。軽快。かるやか。「―な身のこなし」文(ナリ)

かろらか【軽らか】(形動ナリ)《古》①いかにも軽そうなさま。②手軽だ。③軽々しいさま。軽率だ。④身分が低いさま。

カロリー〈calorie〉①〘物・化〙熱量の単位。純水一グラムをセ氏一四・五度から一五・五度に高めるのに要する熱量。現在はジュールを用いる。一カロリーは約四・一八六ジュール。記号 cal ②〘保〙食物または栄養素を消化・吸収したとき生じる熱量の単位。栄養学では、①の一〇〇〇倍のキロカロリーを大カロリー Cal と表すこともある。

か-ろん【歌論】和歌に関する評論・理論。

が-ろん【画論】― 絵画に関する評論・理論。

ガロン〈gallon〉ヤードポンド法の液体容積の単位。イギリスでは約四・五四六リットル。アメリカ・日本では約三・七八五リットル。記号 gal

かろん・じる【軽んじる】(他上一) ①あなどる。見さげる。②大事に思わない。惜しまない。「命を―」(↕重んじる)語源 サ変動詞「かろんずる」の上一段化。

かろん・ずる【軽んずる】(他サ変) ↓かろんじる 文かろん・ず(サ変)

かわ【川・河】水が地表のくぼんだ所へ集まって流れくだる水路。「―を下る」参考「河」はもと黄河の称。転じて、大きな川に用いることもあるが、大小に関係なく「川」と書くのが一般的。

―の字(「川」の字形から)両親が子を中にして寝るようすをいう言葉。「―に寝る」

かわ【皮】①動植物の外面をおおう組織。表皮。②物の外側をおおい包むもの。「まんじゅうの―」③毛皮。④(比喩的に)本心・本性など内面をおおい隠しているもの。「化けの―がはがれる(=本性が現れる)」「欲の―がつっぱる(=非常に欲が深い)」

かわ【革】動物の皮をなめしたもの。なめしがわ。

かわ【側】①一方。②まわり。そば。

か-わ【佳話】心温まるよい話。美談。

か-わ【歌話】和歌についての話。歌談。

がわ【側】①一方。一面。「右―」②対立するものの一方。「攻撃―」③かたわら。はた。「当人より―がうるさい」④まわりを包んでいるもの。「金―の時計」

かわ-あかり【川明〔か〕り】― 日が暮れたあと、川の水面がほのかに明るく見えること。

かわ-あそび【川遊び】―(名・自スル) 川で遊ぶこと。特に、川に舟を浮かべて遊ぶこと。

かわい・い【可◇愛い】(形) ①いとしくて大切に思われる。「―わが子」②小さくて愛らしい。「―人形」「―子犬」③愛らしくて心がひきつけられる。「―声」「―仕草」文かはゆ・し(ク) 語源「かわゆい」の転。

類語 可愛らしい・愛らしい・愛くるしい・愛しい・あどけない・いたいけ・目の中に入れても痛くない

―子には旅をさせよ わが子がかわいければ、親の手もとで甘やかして育てるよりも、社会に出して苦労させたほうがよい。

かわい-が・る【可◇愛がる】―(他五) ①愛らしく思ってたいせつにする。「子猫を―」②(反語的に用いて)弱い者をいためつける。しごく。「新入りを―」可能かわいが・れる(下一) 語源「かわゆがる」の転。

かわい-げ【可◇愛げ】― かわいいと感じさせるところ。かわいらしさ。「―がない」

かわい-そう【可◇哀相・可◇哀想】(形動ダ) あわれで気の毒なさま。ふびんなさま。「―な人」文(ナリ)

かわい-らし・い【可◇愛らしい】―(形) 小さくて愛らしい。見るからにかわいい。「―子」文かはいら・し(シク)

かわ-うお【川魚】川にすむ魚。かわざかな。淡水魚。

かわ-うそ【川△獺・△獺】―〘動〙イタチ科カワウソ亜科の哺乳動物の総称。水辺にすみ、背面は濃い暗褐色、腹面は淡褐色。足にみずかきがあり、泳いで魚などを捕食する。日本に生息したニホンカワウソは、一九七九(昭和五十四)年以後生存が確認されず、絶滅した。かわおそ。

かわ-おと【川音】― 川の水の流れる音。

かわ-おび【革帯・皮帯】― 革で作った帯。ベルト。バンド。

かわか・す【乾かす】(他五) 熱や風などにあて、湿気や水気をとる。自かわ・く(五) 可能かわか・せる(下一)

かわ-かみ【川上】― 川の流れの水源に近いほう。川の流れてくるほう。上流。↕川下

かわ-がり【川狩〔り〕】― 川で魚を捕ること。夏

かわき【乾き】水分がなくなること。また、その程度。「洗濯物の―が悪い」

―もの【―物】酒の肴のうち、ピーナッツ・するめ・スナック菓子などの乾いた食品の総称。

かわき【渇き】①のどがかわくこと。「―をいやす」②(比喩的に)欲しいものが得られず満たされないこと。「心の―」

かわ-ぎし【川岸】― 川の水ぎわの土地。川のほとり。

類語 岸・岸辺・川端・河岸・河畔

かわ-きり【皮切り】― ①物事のしはじめ。手はじめ。「東京を―に全国各地で演奏会を開く」②最初にすえる灸。

語源 灸をすえるとき、最初の灸が、皮を切られるほど痛いので、それを「皮切りの灸」といい、転じて物事の手はじめを「皮切り」というようになった。「皮切りの一灸」のことわざは、何ごとも最初は苦しいことのたとえ。

かわ-ぎり【川霧】― 川にたちこめる霧。秋

かわ・く【乾く】(自五) ①水分・湿気がなくなる。「―・いた空気」②(比喩的に)ものの感じ方やその表し方が感傷的でない。「―・いた感性」他かわか・す(五) ⇩「使い分け」

かわ・く【渇く】(自五) ①のどにうるおいがなくなり、水分が欲しくなる。「口が―」②(比喩的に)心が満たされずいらだつ。心のうるおいを強く求める。「愛に―」他かわか・す(五) ⇩「使い分け」

> 使い分け「乾く・渇く」
> 「乾く」は、「室内の空気が乾く」「洗濯物が乾く」「乾いた土砂」などと、しめり気がなくなる意に広く使われ、「乾いた声」などと比喩的にも使われる。
> 「渇く」は、特に体が水分を求める意で「のどが渇く」などと使われ、また比喩的に、心が満たされない意で「親の愛に渇いた子供」などと使われる。

かわ-ぐ【革具・皮具】― 動物の革で作った道具。

かわ-くだり【川下り】― 景観を楽しみながら、舟で川を下ること。

かわ-ぐち【川口・河口】― 川が海や湖に注ぐ所。河口。川尻。

かわ-ぐつ【革靴・皮靴】― 動物の革で作った靴。

かわ-ご【皮籠】― ①皮で張ったかご。②紙で張ったつづら。

かわ-ごい【革鯉】―〘動〙コイの養殖品種ドイツゴイの一種。鱗が少なく、皮膚がなめし革のようなのでこの名がある。

かわ-ごし【川越し】―(名・自スル) ①川を歩いて渡ること。②川をへだてていること。③昔、橋のない所で、人を背負って川を渡らせること。また、それを職業とした人。「―人足」

かわ-ごろも【皮衣・裘】― 毛皮でつくった衣服。冬

かわ-ざんよう【皮算用】― まだ手にはいるかどうかわからないうちからあてにして計算に入れること。「捕らぬ狸の―」

かわ-しも【川下】― 川の流れの河口に近いほう。川の流れくだるほう。下流。↔川上

かわ-ジャン【革ジャン】― 革製のジャンパー。

かわ-じり【川尻】― ①川の流れていく先のほう。川下。②川が海や湖に注ぐ所。川口。

かわ・す【躱す】(他五) ①ぶつかってきそうになるものをとっさに避ける。体を動かして当たらないようにする。「身を―」②自分に向けてなされたことをそらしてのがれる。「追及を―」可能かわ・せる(下一)

かわ・す【交わす】(他五) ①やりとりする。交換する。「便りを―」②交える。交差させる。「枝を―」「情を―(=恋人どうしが関係をもつ)」③(動詞の連用形の下に付いて)たがいに…し合う。「言い―」「酌み―」可能かわ・せる(下一)

かわず【蛙】①「かえる」の別名。春 ②「かじか(河鹿)」の別名。

かわ-すじ【川筋】①川の流れる道筋。②川の流れに沿った土地。「―の町」

かわ-せ【川瀬】― 川の、底の浅くて流れの速い所。

かわせ【為替】〘商〙離れた場所にいる者との金銭の決済を、現金を送らず手形・小切手・証書などの信用手段によって処理する方法。また、その業務および手形・小切手の類。参考 常用漢字表付表の語。

―かんり【―管理】〘経〙国際収支の均衡と外国為替相場の安定維持をはかるため、国家が外国為替取引を規制・管理すること。

―そうば【―相場】〘商〙(「外国為替相場」の略)外国為替手形の売買価格。自国の通貨と外国の通貨との交換比率。為替レート。

―てがた【―手形】〘商〙振出人すなわち手形の発行者が、満期日において一定の金額を受取人に支払うことを、第三者である支払人に依頼する証券。

―レート→かわせそうば

かわ-せがき【川施餓鬼】―〘仏〙水死した人の冥福を祈って営む供養。川べりまたは船上で行う。秋

かわ-せみ【川蟬・翡翠】―〘動〙①カワセミ科の小鳥。水辺にすみ、背面は美しい青色、腹面は赤褐色。ひすい。夏 ②カワセミ科の鳥の総称。

かわ-ぞい【川沿い】 川に沿った場所。「―の道」

かわ-ぞこ【川底】― 川の底。

かわ-たけ【川竹・河竹】― ①川のほとりに生える竹。②「まだけ」の別名。③「川竹の流れの身」の略。

―の流れの身 浮き沈みを定めない遊女の身の上。

かわたけもくあみ〔河竹黙阿弥〕(一八一六―一八九三) 幕末・明治の歌舞伎狂言作者。江戸(東京都)生まれ。歌舞伎の大成者で、生世話を得意とした。代表作「三人吉三廓初買」「青砥稿花紅彩画(白浪五人男)」など。

かわ-だち【川立ち】― 川の近くに生まれ育って泳ぎになれていること。また、泳ぎの上手な人。「―は川で果てる(=得意な技術や芸がかえって身を滅ぼすことのたとえ)」

か-わ-たれ ― 明け方または夕方の薄暗い時分。多くは明け方をいう。かわたれどき。語源 薄暗くて「彼は誰か」とたずねる意からできた語。⇩黄昏

かわ-たろう【河太郎・川太郎】「河童」の異称。

かわち〔河内〕 旧国名の一つ。現在の大阪府東部。河州。

かわ-ちどり【川千鳥】― 川辺にいる千鳥。冬

かわ-づら【川面】― ①川の表面。川面。②川のほとり。

かわ-と【革砥】― かみそりなどの刃物をとぐのに使う革。

かわ-どこ【川床】― 川底の地盤。河床。

かわ-とじ【革綴〔じ〕】 ①書物の表紙を革で作ったもの。②革ひもを用いて物を綴じること。

かわ-どめ【川止め】―(名・他スル) 江戸時代、増水のため川を渡るのを禁止したこと。夏

かわ-なか【川中】― 川の中ほど。

かわ-ながれ【川流れ】―(名・自スル) ①川の水に流されること。「河童の―」②川でおぼれ死ぬこと。また、その人。

かわ-はぎ【皮剝〔ぎ〕】― ①動物の皮をはぐこと。また、動物の皮をはいでなめし革を作る人。②〘動〙カワハギ科の近海魚。体は平たい。皮は厚く、はいでから調理する。食用。夏

かわ-ばた【川端】― 川のふち。川のほとり。川辺。

かわばたやすなり〔川端康成〕(一八九九―一九七二) 小説家。大阪市生まれ。一九二四(大正十三)年横光利一らと新感覚派運動を起こし、「伊豆の踊子」などで特異な叙情的作家として認められた。一九六八(昭和四十三)年ノーベル文学賞受賞。自殺。作品「雪国」「千羽鶴」「山の音」「古都」など。

かわ-ばり【革張り・皮張り】― 革で物の外側を張ること。また、張ったもの。「―のソファー」

かわひがしへきごとう〔河東碧梧桐〕(一八七三―一九三七) 俳人。愛媛県生まれ。正岡子規の門人。新傾向俳句を唱え、自由律に進んだ。句集「碧梧桐句集」、紀行文「三千里」など。

かわ-びらき【川開き】― 川の納涼始めを祝う年中行事。安全を祈り、花火をあげたりする。夏

かわ-ぶち【川縁】― 川のふち。川ばた。川辺。かわっぷち。

かわ-ぶね【川船・川舟】― 川の上り下りに用いられる船。

かわ-べ【川辺】― 川のほとり。川ばた。かわべり。

かわ-べり【川縁】― 川のへり。川ばた。川辺。

かわ-へん【革偏】― 漢字の部首名の一つ。「靴」「鞍」などの

「韋」の部分。つくりかわ。

かわ-ほね【河骨】→こうほね

かわ-むかい【川向〔か〕い】川をへだてた向こう岸。対岸。川向こう。「―の家」

かわ-むき【皮◇剝〔き〕】皮をむくこと。また、その道具。

かわ-むこう【川向〔こ〕う】→かわむかい

かわ-も【川◇面】川の水面。川面。

かわ-や【△廁・△厠】便所。語源 川の上にかけわたして作った川屋からとも、家のそばに作った側屋からともいう。

かわ-やなぎ【川柳】①川辺に生える柳。特に、ネコヤナギのこと。②番茶の上等のもの。参考 ①は「×水楊」「×楊柳」とも書く。

かわ-よど【川△淀】川の水がよどんでいる所。

かわら【瓦】粘土を一定の形に固めてかまで焼いたもの。おもに屋根をふくのに使う。

―せんべい【―煎餅】小麦粉・卵・砂糖を原料とし、屋根がわらの形に焼いたせんべい。

―ばん【―版】粘土に文字や絵をほり、かわらのように焼いたものを原版とした印刷物。江戸時代、事件の速報に用いた。

―ぶき【―△葺〔き〕】かわらで屋根をふくこと。また、その屋根。

かわら【川原・河原】川べりの、砂や石の多い、水が流れていない所。語源「かわはら」の転。参考「川原」「河原」は、常用漢字表付表の語。

―こじき【―◇乞食】江戸時代、歌舞伎の役者をさげすんでいった語。かわらもの。語源 京都の四条河原で歌舞伎を興行したところからいう。

―もの【―者】①中世、河原などに住み、雑役・諸芸能などを業とした人々をさげすんでいった語。②→かわらこじき

かわら-け【×土器】(「瓦笥」(=食器に用いた土器)」の意)素焼きの陶器。特に、素焼きのさかずき。

かわり【代〔わ〕り・替〔わ〕り】①ほかの物で間に合わせること。また、そのもの。「ガラスの―に紙をはっておく」②身代わり。代理。「父の―として出席する」③つぐない。ひきかえ。代償。「助けてやる―に命令に従え」④(上に「お」を付けて)一度飲食したのと同じ物を、重ねて飲食すること。「ごはんのお―」

▼「代わり」「替わり」が下に付く語
(かわり)入り代わり 入れ代わり 入れ代わり立ち代わり お代わり 二の替わり (がわり)親代わり 肩代わり 代替わり 手替わり 年度替わり 日替わり 身代わり

―きょうげん【替〔わ〕り狂言】《演》歌舞伎で、これまで上演していた狂言にかわって演じられる他の狂言。

―ばえ【代〔わ〕り映え】(名・自スル)他のものと代わったために今までより一段とよくなること。「―のしない顔ぶれ」用法 多く、打ち消しの形を伴って用いる。

―ばんこ【代〔わ〕り番こ】たがいに交代ですること。交互。「―に休憩する」

―め【―目】物事が次のものと入れ替わる時。「任期の―」

かわり【変〔わ〕り】①状態が以前と変わること。変化。「お―ありませんか」②いくつかの物の間の違い。差異。相違。「本物と一見―はない」③ふつうと違うこと。異状。

▼「変わり」が下に付く語
(かわり)移り― 生まれ― (がわり)色― 面― 気― 声― 心― 様― 種― 早― 腹― 風―

―だね【―種】①ふつうとは変わった種類。変種。②特別な経歴の人や異色の人。「文壇の―」

―み【―身】①状況の変化に応じて、それまでの考えや態度を変えること。「―が早い」②とっさに体の位置を変えること。

―め【―目】①物事が、ある一つの状態から他の状態へ移り変わるとき。「季節の―」②変わっているところ。違い目。

―もの【―者】性質や行動などがふつうの人とは異なっている人。変人。奇人。

かわり-は・てる【変〔わ〕り果てる】(自下一)以前とはまったく別の悪い性質・状態になる。「―・てた姿」文 かはりは・つ(下二)

かわ・る【代〔わ〕る・替〔わ〕る・換〔わ〕る】(自五)他のものがなくなったあとにはいる。代理をする。入れかわる。交替する。「父に―・って出席する」「―・って運転する」「世代が―」他 か・える(下一) 可能 かわ・れる(下一)

かわ・る【変〔わ〕る】(自五)①状態や性質や位置などがそれまでと違うようになる。変化する。「クラスが―」②(多く「変わった」「変わっている」の形で)ふつうと違う。異なる。「―・った風習」「彼は―・っている」他 か・える(下一) 可能 かわ・れる(下一)

かわる-がわる【代〔わ〕る代〔わ〕る】(副)たがいに代わり合って。交互に。かわりばんこに。「―意見を述べる」

かん【干】教6 カン ほす・ひる中

一 二 干

(字義)①おかす。そむく。逆らう。「干犯」②もとめる。無理にとる。「干禄」③あずかる。かかわる。「干渉・干与」④ふせぐ。まもる。「干城」⑤たて。矢から身を守る武器。「干戈」⑥ほす。かわかす。ひる。かわく。「干害・干潮」⑦えと。「十干」⑧不定数をいう語。「若干」⑨てすり。「欄干」難読 干支・干魚・干し鰯 人名 たく・もと

かん【刊】教5 カン きざむ

一 二 于 刊 刊

(字義)①けずる。「刊誤」②きざむ。「刊刻」③書物を出版する。「刊行・既刊・休刊・月刊・週刊・新刊・創刊・増刊・廃刊・発刊」

かん【刊】書物を刊行すること。出版すること。「旺文社―」

かん【甘】カン中・あまい中 あまえる中・あまやかす中

一 十 廿 廿 甘

(字義)①あまい。うまい。味がよい。「甘味・甘露・辛甘」②このましい。満足する。「甘受・甘美」③気持ちがよい。快い。「甘言・甘心」難読 甘蔗・甘藷・甘藍 人名 よし

かん【甲】(字義)→こう(甲)

かん【甲】《音》邦楽で、調子の高い音。また、それで歌う部分。

かん【汗】カン中 あせ中

丶 丷 氵 氵 汗

(字義)①あせ。あせをかく。あせが出る。「汗顔・汗腺・発汗」②中国の北方民族の首長の呼び名。「可汗・成吉思汗」難読 汗疣・汗疹・汗衫

かん【缶】【罐】カン(クワン)中

丿 𠂉 午 缶 缶

(字義)かん。㋐ブリキ製の容器。「缶詰」㋑かま。ボイラー。「汽缶」㋒金属製の湯わかし。「薬缶」参考 缶は、本来は音が「フ・フウ」、訓が「ほとぎ(=素焼きの容器)」で、罐とは別字。

かん【缶】〈オランダ kan〉①金属、特にブリキ製の容器。「ドラム―」②「缶詰」の略。「鮭―」参考「缶」は kan の音訳字。

かん【完】教4 カン(クワン) まったし

丶 丷 宀 宀 完

(字義)①まったし。欠けたところがない。「完全・完備・完璧・未完」②まっとうする。なしとげる。しあげる。「完結・完了・完遂・補完」人名 おさむ・さだ・たもつ・なる・ひろ・ひろし・まさ・また・み

つ・ゆたか

かん【完】クヮン 終わり。完結。「第一部ー」

かん【肝】カン㊥ きも㊥ (字義) ①きも。肝臓。「肝油」②こころ。まごころ。「肝胆・肝銘・心肝」③かなめ。たいせつなところ。「肝腎(かんじん)・肝要」 難読 肝煎(きもいり)・肝魂(きもだま)・肝っ魂(きもったま)

かん【侃】人 カン つよい (字義) ①強く正しい。剛直。「侃諤(かんがく)・侃直・侃侃諤諤」②やわらぐ。 人名 あき・あきら・すなお・ただ・ただし・つよ・つよし・なお・なおし・なおじ・やす

かん【函】人 カン はこ (字義) ①はこ。「潜函」②郵便ポスト。「投函」③「函館(はこだて)」の略。「青函トンネル」

かん【官】教4 カン(クヮン) つかさ (字義) ①つかさ。役人。「官吏・官僚・長官・武官・文官」②おおやけ。国家の機関。政府。「官庁・官邸」③やくめ。「官位・官職・高官・事務官・大官・免官」④耳・目・舌・鼻などのはたらき。「官能・器官・五官」 人名 おさ・きみ・これ・たか・のり・ひろ

かん【官】クヮン 役人の地位。また、役人。「ーに就く」「ーを辞す」

かん【冠】カン(クヮン)㊥ かんむり㊥ (字義) ①かんむり。「冠位・衣冠・王冠・月桂冠(げっけいかん)」②かんむりをかぶる。元服する。「冠婚・弱冠」③第一。最もすぐれている。「冠絶・冠族」 難読 冠者(かじゃ・かんじゃ)・冠木門(かぶきもん) 人名 たかし

かん【冠】クヮン 一(名) かんむり。「ーをいただく」 二(タル) 最もすぐれているさま。「学界にーたる業績」 文(形動タリ)

かん【巻】教6**【卷】**人 カン(クヮン)・ケン まく・まき (字義) ①書物。まきもの。「巻頭・別巻」②(「ケン」と読んで)まく。とりまく。＝捲。「巻舌・席巻」③(「ケン」と読んで)まがる。「巻曲」 難読 巻柏(いわひば)・巻子本(かんすぼん)・巻帙(かんちつ)・巻繊汁(けんちんじる)

-かん【巻】クヮン (接尾) 書物・フィルム・テープなどのまいたものを数える語。「上ー」「第二ー」

かん【巻】クヮン 巻物。また、書物。本。「ーを追う(＝書物を読み進めていく)」「ーを措(お)く能(あた)わず(＝おもしろくて最後まで一気に読んでしまう)」

かん【柑】人 カン (字義) みかんの類。「柑橘類(かんきつるい)・柑子(こうじ)・金柑・蜜柑(みかん)」

かん【看】教6 カン みる (字義) ①みる。㋐見わたす。よく見る。「看取・看破」㋑見守る。「看護・看病」㋒見はる。「看守」②読む。「看経(かんきん)」 難読 看取(みと)る 人名 あきら・み・みつ

かん【竿】人 カン さお (字義) ①さお。たけざお。「竿頭(かんとう)」②ふだ。竹のふだ。竹簡。「竿牘(かんとく)」

かん【栞】人 カン しおり (字義) ①しおり。山や林の中などで、木に傷をつけたり、枝を折ったりして、道しるべとしたもの。②しおる。木の枝を折って目印にする。③ほる。きる。出版する。＝刊。④しおり。㋐読みかけの書物の中にはさんで目印にするもの。㋑案内。手引き。

かん【莞】人 カン(クヮン) (字義) ①草の名。ふとい(太藺)。カヤツリグサ科の多年草。②藺(い)で織ったむしろ。「莞席」③にっこり笑うさま。「莞爾(かんじ)・莞然」

かん【陥】【陷】人 カン㊥ おちいる㊥・おとしいれる高 (字義) ①おちいる。㋐おちこむ。「陥入・陥没」㋑くずれる。攻め落とされる。「陥落・失陥」②おとしいれる。人をだます。「陥穽(かんせい)」③あやまち。④不足する。欠点。「欠陥」

かん【乾】カン㊥・ケン かわく㊥・かわかす㊥・ほす・いぬい (字義) ①かわく。かわかす。「乾燥・乾杯」②(「ケン」と読んで)易(えき)の八卦(はっけ)の一つ。また、六十四卦の一つ。「乾坤(けんこん)」③そら。天。「乾道」④天子。「乾徳(けんとく)」⑤いぬい。北西の方角。 難読 乾風(からかぜ)・乾咳(からぜき)・乾っ風(からっかぜ)・乾拭(からぶ)き・乾魚(ひうお)・乾菓子(ひがし)・乾葉(ひば)・乾飯(ほしいい)・乾鰯(ほしか) 人名 きみ・すすむ・たか・たけし・つとむ・ふ

かん【勘】カン㊥ かんがえる (字義) ①かんがえる。つき合わせて調べる。「勘案・勘考・校勘」②罪を問いただす。「勘問・勅勘(ちょっかん)」 人名 さだ・さだむ・のり

かん【勘】 事に対して、直感的に感じとったり判断したりする心のはたらき。第六感。「ーがいい」「ーをはたらかせる」

かん【患】カン(クヮン)㊥・ゲン わずらう高・うれえる (字義) ①うれえる。わずらう。思いなやむ。「患苦・憂患」②わずらい。㋐なやみ。心配。災難。「患害・患難・外患・苦患(くげん)・水患・内患」㋑病気。「患者・患部・疾患・重患・大患」

かん【菅】人 カン・ケン すげ (字義) すげ。カヤツリグサ科の多年草の総称。 人名 すが

かん【貫】カン(クヮン)㊥ つらぬく㊥ (字義) ①つらぬく。つきとおす。やりとおす。「貫通・貫徹・一貫・突貫」②ならわし。「旧貫」 人名 あき・いずる・つら・づら・とおる・ぬき・みち・やす

かん【貫】クヮン ①尺貫法の重さの単位。一〇〇〇匁(もんめ)。一貫は三・七五キログラム。貫目。②貨幣の単位。一貫は一〇〇〇文(もん)。近世では九六〇文を一貫とした。③鎌倉時代以後、武家の知行高(ちぎょうだか)の換算に用いた単位。④にぎりずしを数える語。「マグロ一ー」

かん【寒】教3 カン さむい (字義) ①さむい。さむさ。「寒気・寒夜・厳寒・極寒」↔暑 ②さむざむとした。さびしい。「寒山・寒村」③こごえる。ひえる。「飢寒(きかん)」④ひやりとする。ぞっとする。「寒心」⑤まずしい。「寒苦・貧寒」⑥小寒と大寒。「寒行(かんぎょう)・寒中」

かん【寒】 二十四気のうち、小寒から大寒の終わりまでのほぼ三〇日の間。「ーの入り」「ーの明け」 冬

かん【喚】カン(クヮン)㊥ よぶ (字義) よぶ。㋐さけぶ。大声をあげる。「喚呼・喚声・叫喚」㋑声をかけて呼びよせる。「喚問・召喚・招喚」㋒注意をうながす。「喚起」

かん【堪】カン高・タン たえる㊥・こらえる (字義) ①たえる。しのぶ。がまんする。「堪忍」②すぐれる。「堪能(かんのう・たんのう)」 人名 さむ・たい・たえ・たゆ・ひで・ふゆ

かん【換】カン(クヮン)㊥ かえる㊥・かわる㊥ (字義) かえる。かわる。㋐とりかえる。「換算・交換・兌換(だかん)・換骨奪胎」㋑変更する。あらためる。「転換・変換」 人名 やす

かん【敢】カン㊥ あえて

(字義) あえて。あえてする。おしきってする。思い切って行う。「敢行・敢然・敢闘・果敢・勇敢」人名 いさみ・いさむ・すすむ

かん【棺】 カン(クヮン)中 ひつぎ

(字義) ひつぎ。かんおけ。「出棺・石棺・入棺・納棺」

かん【棺】 ンクヮ 死者をおさめる箱。ひつぎ。棺桶。

かん【款】 カン(クヮン)中

(字義) ①まこと。まごころ。よしみ。「款誠」②親しくつきあう。手あつくもてなす。「款待・交款」③刻む。金石などに刻んだ字。「款識・落款」④規約。条文。証書などの箇条書き。「借款・定款・約款」参考「欵」は俗字。人名 すけ・ただ・まさ・ゆく・よし

かん【款】 ンクヮ ①親しくつきあうこと。「—を通じる」②予算などの科目の分類(部・款・項・目・節)の一つ。「—項目」

かん【間】 教2 カン・ケン あいだ・ま

(字義) ①あいだ。すきま。両者のなか。へだたり。「間隔・間隙・空間・山間・時間・世間」②ひま。＝閑。「間暇・間居」③しずかに。＝閑。「間寂・間静」④ひそかに。しのびやかに。おもてむきでない。「間行・間道」⑤うかがう。ねらう。スパイ。「間者・間諜」⑥(「ケン」と読んで)尺貫法の長さの単位。六尺。約一・八メートル。「五間」⑦(「ケン」と読んで)日本建築で、柱と柱の間。難読 間鴨・間着・間釘・間駒・間の手・間判・間服・間夫 人名 ちか・はざま

かん【間】 ①あいだ。すきま。「指呼の—」「—髪を容れず(＝少しの間もおかずに。すぐに)」②あることと別のこととのあいだの時間。「その—を利用して行う」

かん【閑】 カン中 しずか

(字義) ①しきり。門からの出入りをふせぐ木。②しずか。しずかに。「閑寂・閑静」③ひま。何もしないでいる。「閑居・閑散・閑職・安閑・農閑・有閑」↔忙 ④なおざりにする。「閑却・等閑」難読 長閑・閑人 人名 しず・のり・もり・やす・より

かん【閑】 する事がなくてひまなこと。「忙中の—」

かん【勧】【勸】 カン(クヮン)中 すすめる中

(字義) すすめる。はげます。教えみちびく。「勧学・勧誘・教勧・奨勧・勧善懲悪」難読 勧請 人名 すすむ・ゆき

かん【寛】【寬】 (人) カン(クヮン)中 ひろい

(字義) ①ひろい。ゆとりがある。気持ちが大きい。「寛大・寛容」②ゆるやか。ゆるす。「寛恕」人名 お・おき・ちか・とお・とみ・とも・とら・のぶ・のり・ひと・ひろ・ひろし・むね・もと・ゆたか・よし

かん【幹】 教5 カン みき

(字義) ①みき。樹木のみき。「幹枝」②もと。物事の主要部分。「幹線・幹部・根幹・主幹」③からだ。手足に対する胴。「軀幹・骨幹」④わざ。才能。「才幹」難読 幹竹 人名 え・えだ・から・き・くる・たかし・たる・つね・つよし・とし・とも・まさ・み・もと・もとき・よし・よみ・より

かん【感】 教3 カン

(字義) ①感じる。心がうごく。感動する。「感激・感触・感性・所感・直感」②知覚する。「感覚・敏感」③染まる。かかる。「感染」難読 感応

かん【感】 感じること。また、感動。「—きわまる」「隔世の—」

かん【漢】 教3【漢】(人) カン

(字義) ①天の川。「銀漢・天漢」②おとこ。「好漢・熱血漢」③中国本土。中国本土にすむ民族。「漢字・漢文・漢民族」難読 漢心・漢意 人名 かみ・くに・なら

かん【漢】 〔世〕中国の王朝名。①㋐前漢(西漢)。始祖は劉邦(高祖)。首都は長安。(前二〇二—八) ㋑後漢(東漢)。始祖は劉秀(光武帝)。首都は洛陽。(二五—二二〇) ②三国の一つ。蜀漢(蜀)。始祖は劉備。首都は成都。(二二一—二六三) ③五胡十六国の一つ。㋐氐族が建設。成漢。(三〇四—三四七) ㋑匈奴族が三〇四年建国、三一八年に分裂、翌年前趙として復活、三二九年滅亡。④五代十国の一つ。㋐南漢。(九一七—九七一) ㋑後漢。(九四七—九五〇) ㋒後漢が復興した北漢。(九五一—九七九)

かん【慣】 教5 カン(クヮン) なれる・ならす

(字義) ①なれる。親しみなれる。「慣習・慣性・慣用」②ならわし。しきたり。従来のまま行われる。「慣行・慣例・習慣」

かん【管】 教4 カン(クヮン) くだ

(字義) ①くだ。細長いつつ。「管状・気管・鉄管・毛細管」②ふえ。「管楽・管弦楽」③ふでの軸。「彩管」④つかさどる。支配する。「管轄・管理・管領・主管・所管・保管」⑤視野のせまいこと。おもに謙遜していう語。「管窺・管見」人名 うち・すげ

-かん【管】 ンクヮ (接尾) 笛やくだ状のものを数える語。「笛三—」

かん【関】 教4【關】カン(クヮン) せき・かかわる

(字義) ①せき。関所。出入り口。「関門・関守・玄関・難関」②からくり。しかけ。「関節・機関」③かかわる。あずかる。「関係・相関」④十両以上の力士名につける敬称。「関取・関脇」人名 とおる・み・もり

かん【歓】【歡】 カン(クヮン)中 よろこぶ

(字義) ①よろこぶ。よろこび。たのしみ。「歓喜・歓迎」②よしみ。したしみ。「交歓」人名 よし

かん【歓】 ンクヮ よろこび。たのしみ。「—をつくす」

かん【監】 カン中・ケン みる

(字義) ①みる。上から見おろす。調べる。とりしまる。「監視・監督」②牢獄。「監獄・監守」③てほん。かがみ。いましめ。「監戒」④見張りの役人。「舎監・総監」人名 あき・あきら・かね・ただ・てる・み

かん【緩】 カン(クヮン)中 ゆるい中・ゆるやか中・ゆるむ中・ゆるめる中

(字義) ①ゆるい。ゆったりしている。ゆっくり。のろい。「緩急・緩行・緩慢」②ゆるむ。ゆるめる。「緩和・弛緩」人名 のぶ・ひろ・ふさ・やす

かん【憾】 カン中 うらみ

(字義) うらむ。心残りに思う。「憾悔・憾恨・遺憾」

かん【還】 カン(クヮン)中・ゲン かえる・めぐる

(字義) かえる。もとにもどる。めぐりもどる。「還元・還暦・還俗・往還・帰還・生還・送還・返還」

かん【館】 教3 カン(クヮン) やかた・たち・たて

(字義)①やかた。やしき。「館邸・本館・洋館」②やど。やどや。「旅館」③役所・学校などの建物。「館長・公館・公民館・大使館・図書館・博物館」④大きな建物。大きな商店。「映画館・会館・写真館・商館」

かん【環】 カン(クヮン)㊥ わ・めぐる
(字義)①わ。たまき。「環状・金環・指環(ゆびわ)」②めぐる。めぐらす。㋐かこむ。とりまく。「環境・環視」㋑まわる。「循環」人名 たま・たまき

かん【簡】 教6 カン・ケン ふだ・えらぶ
(字義)①ふだ。竹のふだ。「竹簡・木簡」②(昔、竹のふだに文字を記したことから)書物。手紙。「簡策・簡冊・手簡・書簡」③手軽な。たやすい。「簡易・簡素・簡単」人名 あきら・ひろ・ふみ・やすし

かん【簡】 手軽なこと。簡単なこと。「―にして要を得た(=簡潔で要領を得た)説明」

かん【観】 教4【觀】 カン(クヮン) みる
(字義)①みる。㋐のぞむ。ながめる。「観劇・観覧・傍観」㋑念を入れてよくみる。「観察・観測・参観」㋒かんがみる。考える。物の道理・本質をさとる。「観得・観念・達観」②しめす。人に見せる。「観艦・観兵」③みかた。見る立場。考えかた。「観点・客観・主観・人生観・悲観」④ありさま。外見。「奇観・壮観・美観」難読 観音(かんのん) 人名 あき・しめす・まろ・み

かん【観】 クヮ ありさま。外見。「別人の―がある」

かん【韓】 カン㊥
(字義)①いげた。井戸のふちのかこい。②→次項。「三韓・日韓」人名 から

かん【韓】〔世〕①中国の戦国時代の七雄の一つ。晋(しん)を魏(ぎ)・趙(ちょう)とともに三分して独立した国で、のち秦(しん)に滅ぼされた。(前四〇三―前二三〇)②朝鮮半島南部の古称。三韓(馬韓・辰韓(しんかん)・弁韓)の地。一八九七年、李氏(りし)朝鮮の高宗の時、国号を大韓帝国と改めた。現在は大韓民国。韓国。「日―首脳会談」

かん【艦】 カン㊥ ふね
(字義)いくさぶね。戦闘に用いる船。「艦船・艦隊・旗艦・駆逐艦・軍艦・巡洋艦・戦艦」

かん【鑑】 カン㊥ かんがみる高・かがみ
(字義)①かがみ。㋐姿を映して見る道具。「鏡鑑・明鑑」㋑いましめ。てほん。「殷鑑(いんかん)・亀鑑(きかん)」②事物を系統的に示した書物。「図鑑・年鑑」③見定める。見わける。「鑑識・鑑賞・鑑定・鑑別」人名 あき・あきら・かた・かね・しげ・のり・み・みる

かん【△奸】 心がねじけていること。わるがしこいこと。また、心がねじけてわるがしこい人。「君側(くんそく)の―」

かん【△燗】 酒を徳利などの器に入れ、ほどよくあたためること。また、そのあたたまりかげん。「―をつける」「熱(あつ)―」

かん【△癇】 ①感情が激しく、すぐかっとする気質。おこりやすい性質。「―が高ぶる」「―の強い子」②〔医〕ひきつけなどを起こす病気。参考 ②は「△疳」とも書く。
―に障(さわ)る 他人の言動などが気に入らなくていらだつ。**―の虫(むし)** 人間の体内にいて癇を起こす原因と考えられた虫。

かん【△鐶】 クヮン ①金属製の輪。「蚊帳(かや)の―」②輪の形をした引き手。「たんすの―」

がん【丸】 教2 ガン(グヮン) まる・まるい・まるめる
(字義)①まるい。小さくまるいもの。まるめたもの。「丸薬・一丸」②たま。「弾丸・砲丸」人名 まろ

-がん【丸】 グヮン (接尾)丸薬の名に付ける語。

がん【元】 グヮン (字義)→げん(元)

がん【含】 ガン㊥ ふくむ㊥・ふくめる㊥
(字義)ふくむ。㋐口に入れる。「含哺(がんぽ)・含味」㋑つつむ。内につつみ持つ。「含蓄・含有・内含・包含」㋒たたえる。「含笑・含羞・含情」難読 含羞草(おじぎそう・ねむりぐさ)・含羞(はにか)む 人名 もち

がん【岸】 教3 ガン きし
(字義)きし。みぎわ。がけ。「岸頭・岸壁・沿岸・海岸・湖岸・対岸」

がん【岩】 教2 ガン いわ
(字義)いわ。大きな石。=巌。「岩窟(がんくつ)・岩石・奇岩・巨岩・水成岩」参考「岩」はもと「巌」の俗字。難読 岩代(いわしろ)・岩魚(いわな) 人名 いわお・かた・せき・たか

がん【玩】 ガン(グヮン)㊥ もてあそぶ
(字義)もてあそぶ。㋐大事にする。珍重する。「玩具(がんぐ・おもちゃ)・愛玩」㋑なぐさみものにする。「玩弄(がんろう)」㋒めでる。「賞玩」㋓味わう。「玩味」参考「翫」と同じに用いる。

がん【眼】 教5 ガン・ゲン高 まなこ㊥・め
(字義)①まなこ。目。「眼下・眼光・近眼・検眼・千里眼・双眼鏡・点眼・肉眼・老眼」②目のようについている穴。「銃眼」③物事をみぬく能力。「眼識・眼力・観察眼・具眼・心眼」④物事のかなめ。中心。「眼目・主眼」難読 眼間(まなかい)・眼差(まなざ)し・眼鏡(めがね)

がん【眼】 め。「―をつける(=言いがかりをつけるようににらむ)」

がん【雁】 人 ガン (字義)→次項

がん【△雁】〔動〕カモ科の水鳥のうち大形のものの総称。晩秋、北から日本に来て翌春北に帰る。朝や夕方に行動し、V字形の隊列飛行をする習性がある。かり。かりがね。秋

がん【頑】 ガン(グヮン)㊥ かたくな
(字義)①かたくな。㋐ゆうずうがきかない。「頑固・頑迷」㋑おろか。頭のはたらきがにぶい。「頑愚・頑鈍」②強くて丈夫である。「頑健・頑丈」

がん【顔】 教2 ガン かお
(字義)①かお。㋐頭部の前面。「顔面・洗顔・竜顔」㋑かおつき。かおいろ。「顔色・顔容・温顔・厚顔・童顔」②いろどり。色彩。「顔料」

がん【願】 教4 ガン(グヮン) ねがう
(字義)①ねがう。のぞむ。ねがい。「願書・願望・哀願・懇願・志願・請願・悲願」②神仏にいのりねがうこと。「願文・祈願・満願」

がん【願】 グヮン ねがい。神仏にいのりねがうこと。
―を掛(か)ける ねがいがかなうように神仏に祈る。祈願する。

がん【巌】 人【巖】人 ガン・ゲン いわお
(字義)①いわお。大きないわ。=岩。「巌窟(がんくつ)・巌石・山巌・重巌」②けわしい。「巌阻(がんそ)」人名 いわ・お・みち・みね・よし

がん【△癌】①〘医〙悪性腫瘍の総称。病理組織学的には表皮・粘膜・腺などの上皮組織にできる悪性のできもの。がん腫。「胃―」②組織や機構において、最大の障害となっているもの。根強いさまたげ。「彼は組織の―だ」

がん【△龕】〘仏〙①岩壁を掘りあけて仏像などを安置した所。また、仏像を安置する厨子。②死体を入れる箱。ひつぎ。

ガン〈gun〉①銃。鉄砲。ピストル。「マシン―」「モデル―」②小銃形の器具。「スプレー―」「スピード―」

かん-あく【△姦悪・△奸悪】(名・形動ダ) 心がねじけまがって悪いさま。よこしまなさま。また、そういう人。「―な男」

かん-あけ【寒明け】寒の時季が終わり、立春になること。春

がん-あつ【眼圧】眼球を満たす房水と硝子体の圧力。眼内圧。「―検査」

かんあつ-し【感圧紙】ボールペンなどで筆圧を強くして書くことによって、複写できるように加工してある紙。ノーカーボン紙。

かん-あん【勘案】(名・他スル) いろいろな事情などを考え合わせること。「事情を―する」

かん-い【官位】①官職と位階。②官職の等級。

かん-い【冠位】冠の色で表した位階。

―じゅうにかい【―十二階】〘日〙六〇三(推古天皇十一)年に聖徳太子(厩戸王)が制定した冠位制。徳・仁・礼・信・義・智をそれぞれ大小に分けて十二階とし、冠・服ともに紫・青・赤・黄・白・黒の色で区別した。

かん-い【敢為】― (名・形動ダ) 物事を思いきって行うこと。また、そのさま。敢行。「―の気性」

かん-い【簡易】(名・形動ダ) 手軽で簡単なさま。たやすいさま。「―食堂」

―かきとめ【―書留】(「簡易書留郵便」の略)受付局・配達局で記録作業を行い、中間でのそれを省略する書留郵便。

―さいばんしょ【―裁判所】〘法〙裁判所法で決められた最下級の裁判所。比較的軽い民事・刑事事件を扱う。

―ほけん【―保険】(「簡易生命保険」の略)民営化以前に郵便局で扱っていた、契約手続きの簡単な生命保険。

がん-い【含意】(名・他スル) ①ある表現の中に、暗に別の意味を込めること。また、その込められた意味。②〘論〙命題相互の関係の一つ。命題A・Bがあって、Aが真であるとき必ずBも真である場合、AはBを含意するという。内含。

がん-い【願意】― ①望み願う内容。②願う心。

かん-いっぱつ【間一髪】(髪の毛一本の幅のすきまの意から)事態が非常に差し迫っていること。「―で助かる」

かん-いん【官印】― ①官庁・公務員が職務上使う印。↕私印 ②昔の、太政官の印。

かん-いん【官員】官吏。役人。参考明治時代の用語。

かん-いん【△姦淫】(名・自他スル) 不道徳な性的関係を結ぶこと。道徳に反した情事。

かん-う【甘雨】草木をうるおし生長を助ける雨。

かん-うん【△旱雲】ひでりの空の雲。夏

かん-うん【寒雲】冬空の寒々とした雲。冬

かんうん-やかく【閑雲野△鶴】(のどかに空に浮かんでいる雲と野原に遊ぶ鶴の意から)なんの束縛も受けず、悠々と暮らす境遇のたとえ。

かん-えい【官営】― 政府が経営すること。国営。↕民営

かん-えつ【簡閲】(名・他スル) 数え調べること。「―点呼」

かん-えつ【観閲】― (名・他スル) 軍隊などで、高官が隊の状況などを検閲すること。「―式」

かん-えん【肝炎】〘医〙肝臓の炎症性疾患。ウイルス感染によって生じる急性肝炎・アルコール性肝炎・薬剤性肝炎など。

がん-えん【岩塩】〘地質〙粒状あるいは立方体の結晶となった、塩素とナトリウムの化合物で、岩石の間に層をなしているもの。食用・工業用。山塩。

かん-おう【感応】(名・自スル) →かんのう(感応)

かん-おう【観桜】桜の花を観賞すること。花見。春

かん-おけ【棺△桶】棺として使うおけ。遺体を入れる木箱。ひつぎ。

―に片足を突っ込む 老いて死期が近いことのたとえ。

かん-おん【漢音】漢字音の一つ。奈良時代以降に中国北方の長安付近の音が伝えられたもの。「行」を「こう(かう)」、「金」を「きん」、「生」を「せい」と発音する類。⇩呉音・唐音・字音(表)

かん-おん【感恩】受けた恩に感謝すること。

かん-か【干△戈】― (「干」と「戈」の意) ①武器。②いくさ。戦争。

―を交える 戦う。戦争する。

かん-か【看過】― (名・他スル) 見のがすこと。見過ごすこと。大目に見ること。「―できない過ち」

かん-か【患家】― 患者の家。用法医師の立場からいう語。

かん-か【換価】― 価値を金額に見積もること。値踏み。

かん-か【閑暇・間暇】ひま。てすき。ひまのあること。

かん-か【感化】― (名・他スル) 相手に影響を与え、考えや行いを変えさせること。「友人に―される」

―いん【―院】「教護院(現在は児童自立支援施設)」の旧称。

かん-か【管下】― 官庁や機関の権限が及ぶ範囲。管轄下。

かん-か【△瞰下】(名・自スル) 高い位置から見おろすこと。

かん-か【△轗△軻・△坎△坷】好機にめぐまれず志を得られないこと。世間に認められないこと。困窮すること。「―不遇」

かん-か【△鰥寡】妻を失った男と、夫を失った女。「―孤独(=よるべのない身)」

かん-が【官△衙】― 官庁。役所。

かん-が【閑雅】(名・形動ダ) ①しとやかで上品なさま。風流。「―の士」②静かで趣のあるさま。「―の地」

がん-か【眼下】見おろした所。「―に見える景色」

がん-か【眼科】― 〘医〙目の病気を扱う、医学の一分科。

がん-か【眼△窩】― 〘生〙眼球がはいっている頭骨の穴。

かん-かい【官界】― 役人の社会。「―に入る」

かん-かい【勧戒】― (名・他スル) 〘仏〙善をすすめ悪を戒めること。

かん-かい【勧戒】― (名・他スル) 〘仏〙善をすすめ悪を戒めること。

かん-かい【寛解・緩解】― (名・自スル) 〘医〙病気の症状が軽減またはほぼ消失すること。

かん-かい【感懐】― 心に感じ思うこと。「―を述べる」

かん-かい【環海】― 四方を海に囲まれていること。また、その海。

かん-がい【干害・△旱害】〘農〙ひでりによる農作物などの被害。

かん-がい【寒害】〘農〙季節はずれの寒さによる農作物などの被害。冷害。

かん-がい【感慨】物事を身にしみて感じること。深く心に感じ思いにひたること。「―にふける」「―もひとしおであった」

―ぶか・い【―深い】(形) 身にしみて深く感じられる。「―式典」

―むりょう【―無量】(名・形動ダ) この上なくしみじみと感じること。また、そのさま。感無量。

かん-がい【管外】官庁や機関の権限が及ぶ区域の外。管轄外。↕管内

かん-がい【△灌△漑】(クワン)—（名・他スル）農作物を作るために、田畑に必要な水を人工的に引いて土地をうるおすこと。

がん-かい【眼界】①目で見ることのできる範囲。見渡すところ。視界。②考えの及ぶ範囲。「—にはいらない」

かんがえ【考え】(カンガヘ) ①頭の中で考えること。思考。「—が足りない」②考えた内容。㋐意見。見解。「—がまとまる」㋑判断。予測。「—があまい」㋒心づもり。意図。「君をだます—はない」㋓覚悟。「こちらにも—がある」㋔思いつき。「いい—が浮かぶ」㋕想像。「—も及ばない」

—ごと【—事】①あれこれ考えること。また、考えている事柄。「—をする」②心配事。「何か—でもあるのか」

—もの【—物】よく考えてみる必要がある事柄。「彼にまかせるのは—だ」

かんがえ-こ・む【考え込む】(カンガヘ)—（自五）(マ(モ)・ミ(ン)・ム・ム・メ・メ) 一つのことを深く考える。考え悩む。「どうしたものかと—」

かんがえ-だ・す【考え出す】(カンガヘ)—（他五）(サ(ソ)・シ・ス・ス・セ・セ) ①新しい工夫などを考案する。②考え始める。

かんがえ-つ・く【考え付く】(カンガヘ)—（他五）(カ(コ)・キ(イ)・ク・ク・ケ・ケ) 考えが浮かぶ。思いつく。「妙案を—」

かんがえ-なお・す【考え直す】(カンガヘナホス)（他五）(サ(ソ)・シ・ス・ス・セ・セ) ①あらためて考える。もう一度よく考える。再考する。「社会のあり方を—」②考えを変える。「—・して行くことにした」

かんが・える【考える】(カンガヘル)（他下一）(エ・エ・エル・エル・エレ・エロ(エヨ)) ①（事態の探求や解決のために、知的に）よい結論を求めて思いめぐらす。「数学の問題を—」②判断する。「こちらが正しいと—」③しようと思う。覚悟する。「転職を—」④考案する。「奇抜な方法を—」⑤想像する。「成功したときのことを—」⑥気をつかう。心配する。「将来のことを—・えて貯金する」文かんが・ふ（下二）

類語 思考する・思索する・思案する・考慮する・熟慮する・苦慮する・顧慮する・思慮する・熟考する・黙考する・一考する・再考する・愚考する・長考する・慮(おもんばか)る

表現〈擬声・擬態語〉じっくり・つらつら・とことん
〈慣用表現〉頭を抱えて・頭を絞って・頭をひねって・頭を冷やして・首をかしげて・小首をかしげて・首をひねって・胸に手を当てて・胸に手を置いて

かん-かく【△扞格】（「扞」は拒む、「格」ははばむ意）意見の違いから反発しあって、一致しないこと。たがいに相いれないこと。

かん-かく【看客】見物人。観客。また、読者。

かん-かく【間隔】①物と物との間の距離。へだたり。「机の—をつめる」②事と事との間の時間。「一〇分—で運行する」

かん-かく【感覚】①目・鼻・耳・舌・皮膚などの感覚器官（五官）が外部の刺激を感じとるはたらき。また、その刺激によって生じる意識。「指先の—がなくなる」②物事のようす・変化・価値などを感じとる精神のはたらき。また、直接的な物事のとらえ方・感じ方。センス。「現代的な—の持ち主」「金銭—」

かん-かく【観客】(クワン)—→かんきゃく（観客）

かん-がく【官学】(クワン)—①官立（国立）の学校。↔私学 ②時の政府に正しいと認められた学問。江戸時代の朱子学など。

かん-がく【勧学】(クワン)—学問をすすめ励ますこと。奨学。

かん-がく【漢学】中国やその学術、漢文についての学問。特に、儒学。↔洋学・国学

かん-がく【△侃△諤】→かんかんがくがく

がん-かけ【願掛け】(グワン)—（名・自スル）神仏に誓いを立てて願いがかなうように祈ること。願立て。がんがけ。

がん-がさ【△雁△瘡】（雁が来るころに発症し、帰るころに治るところからいう）痒疹・痒疹性湿疹の俗称。がんそう。秋

かんか-じ【簡化字】(カンクワ)—→かんたいじ

かん-かつ【寛△闊】(クワンクワツ)（名・形動ダ）①ゆったりしているさま。度量が広く寛大なさま。②気質やふるまいが派手なさま。

かん-かつ【管轄】(クワン)—（名・他スル）官庁や機関などが権限で支配すること。また、その支配の及ぶ範囲。「—が違う」

かん-がっき【管楽器】(クワンガクキ)〘音〙管で作り、口で吹いて管内の空気を振動させて音を出す吹奏楽器。笛・トランペットなど。木管楽器と金管楽器に分けられる。⇩打楽器・弦楽器

かんが・みる【鑑みる・△鑒みる】（自他上一）(ミ・ミ・ミル・ミル・ミレ・ミロ(ミヨ)) 手本や先例に照らして考える。また、他と比べて考える。「過去の歴史に—・みて」「現下の情勢を—・み」

カンガルー〈kangaroo〉〘動〙カンガルー科の哺乳動物の総称。有袋類。オーストラリアなどに分布。あと足と尾が長大。草食。胎児は早く生まれるため雌の腹部にある袋で育てる。

かん-かん【看貫】(クワン)—①品物の量目をはかって重さを定めること。②台秤。

かん-かん【漢△奸】中国で、敵に通じる者。売国奴。

かん-かん【感官】(クワン)—外界からの刺激を受ける器官と、これを神経系に伝え知覚させる器官。感覚器官。

カンカン〈フランス cancan〉女性が長いスカートのすそをまくり、足をけり上げて速いテンポで踊るショーダンス。フレンチカンカン。

かんかん 一（副）①金属など、かたいものがぶつかりあって出る高い音を表す語。「教会の鐘が—（と）鳴る」②日光が強く照りつけるさま。「日が—（と）照りつける」③火が勢いよくおこるさま。「炭火が—（に）おこっている」二（形動ダ）(ダロ・ダッ(デ・ニ)・ダ・ナ・ナラ・○) 人が激しく怒るさま。「—になって怒る」三（名）「かんかんぼう」の略。

—ぼう【—帽】麦わらをかたく編んで作った、頂が平らな夏の男性用の帽子。夏

かん-かん【閑閑】(トタル) のどかなさま。心静かに落ち着いたさま。「悠々—たる暮らし」文（形動タリ）

かん-がん【汗顔】非常に恥ずかしくて顔から汗が出ること。きわめて恥ずかしいこと。「—の至り」

かん-がん【△宦官】(クワングワン) 昔、東洋諸国（特に中国）で、後宮につかえた、去勢された男の役人。

がん-がん（副・自スル）①金属などがぶつかりあって大きく鳴りひびく音やそのさまを表す語。「半鐘を—（と）鳴らす」②勢いが盛んで激しいさま。「ストーブを—（と）たく」「厳しいことを—言われる」③頭がひどく痛むさま。「頭が—する」

かんかん-がくがく【△侃△侃△諤△諤】（名・トタル）正しいと思うことを強く主張して言を曲げないこと。また、遠慮しないで議論すること。侃諤。「—の議論」

かんかん-しき【観艦式】(クワンカン)—元首などが自国の海軍を観閲する儀式。

かん-き【官紀】(クワン)—官吏が服務上守らなければならない規律。

かん-き【勘気】主君や父親などから悪事や失敗をとがめられること。また、そのとがめ。「—をこうむる」「—に触れる」

かん-き【乾季・乾期】ある地域で一年のうち特に雨の少ない季節・時期。↔雨季

かん-き【寒気】寒さ。冷たい空気。「—がゆるむ」冬↔暑気

かん-き【換気】(クワン)—（名・他スル）屋内・室内・車内などの、よごれた空気を新鮮な空気と入れかえること。「—が悪い」

—せん【—扇】モーターで羽根を回転させ、室内の空気を外気と入れかえる器具。

かん-き【喚起】(クワン)—（名・他スル）意識されずにいることを呼び起こすこと。「注意を—する」

かん-き【歓喜】(クワン)—（名・自スル）心の底から喜ぶこと。大きな喜び。参考 仏教では、「かんぎ」とも読む。

がん-ぎ【△雁木】（雁の列のように、ぎざぎざしている意から）

①桟橋の階段。②雪国で、雪よけに民家の軒のひさしを長く張り出して、その下を通路としたもの。[冬] ③木をひくための大形ののこぎり。

かん-ぎく【寒菊】〘植〙菊の一品種。冬に小形の黄色い花を開く。冬菊。[冬]

かん-ぎく【観菊】― 菊の花を観賞すること。菊見。[秋]

かん-きだん【寒気団】〘気〙発生地よりも暖かい地方に移動した大気のかたまり。「シベリアー」

かんきつ-るい【柑△橘類】〘植〙ミカン科のミカン亜科に属する果樹の総称。ミカン・ダイダイ・レモンなど。

かんぎ-てん【歓喜天】―〘仏〙仏法の守護神の一。象頭人身で、単身像と夫婦双身像がある。夫婦和合・子宝・財宝の功徳があるとされる。歓喜自在天。聖天。

かん-きゃく【閑却】(名・他スル) 重大なことでないとしてうち捨てておくこと。なおざりにしておくこと。「ーできない大問題」

かん-きゃく【観客】― 映画・演劇・スポーツなどの見物人。観客(かんかく)。

かん-きゅう【官給】― 政府から金銭・物品を関係者に支給すること。また、そのもの。「ー品」

かん-きゅう【感泣】―(名・自スル) 感激のあまり涙を流すこと。深く感動してうれし泣きすること。

かん-きゅう【緩急】 ①おそいこととはやいこと。ゆるいこときびしいこと。「ー自在」「ーをつける」②(「緩」には意味がなく)急なこと。差し迫ったこと。危急の場合。「いったんーあれば」

かん-きゅう【緩球】 野球で、投手の投げる速度のゆるい球。スローボール。↔速球

がん-きゅう【眼球】―〘生〙脊椎動物の視覚器の主要部分。眼窩中の球形器官で、後方は視神経につらなる。

強膜(しろ目)　網膜　虹彩(茶目)　まつ毛　角膜(くろ目)　まぶた　水晶体　視神経　硝子体

〔がんきゅう〕

かんぎゅう-じゅうとう【汗牛充棟】― 蔵書の数が非常に多いことのたとえ。また、多くの書籍。【故事】車に積んで運ぶと牛が汗をかき、家の中に積み上げると棟木まで届くということから出た語。〈柳宗元、陸文通先生墓表〉

かん-きょ【官許】―(名・他スル) 政府が許可すること。また、その許可。「ーを得る」

かん-きょ【閑居・間居】[一](名) 静かな住まい。[二](名・自スル) ①することがなく、暇なこと。「小人ーして不善をなす」②世間のわずらわしい苦労からはなれて心静かに暮らすこと。

かん-ぎょ【干魚・乾魚】 干した魚。干物。干し魚。

かん-ぎょ【還御】―(名・自スル) 天皇・皇后などが出かけた先から帰ること。還幸。

かん-きょう【感興】 興味を感じること。おもしろがること。また、その興味。おもしろみ。「ーを誘う」「ーがそがれる」

かん-きょう【環境】 人間その他の生物を取り巻き、それと何らかの関係を持ち、影響を与えると考えられる外界。「ー破壊」「家庭ー」「ーに左右される」

ーアセスメント 各種の開発や工事が環境に及ぼす影響を事前に調査し、評価すること。環境影響評価。

ーしょう【ー省】 中央行政官庁の一つ。自然環境の保護や整備、公害防止など、環境保全行政の事務を扱う。二〇〇一(平成十三)年、環境庁を改組して発足。

ーホルモン 自然環境中に放出された化学物質のうち、生体が取り込むとホルモンと似た作用を示すもの。内分泌攪乱化学物質。ダイオキシン・DDT・PCBなど。

かん-きょう【艦橋】―→ブリッジ②

かん-ぎょう【官業】― 政府が経営する事業。↔民業

かん-ぎょう【寒行】―〘仏〙寒中に寒さを耐え忍んで行う修行。[冬]

かん-ぎょう【勧業】― 産業を奨励すること。

かん-ぎょう【観経】― 経文を読むこと。看経。

がん-きょう【眼鏡】― めがね。

がん-きょう【頑強】(形動ダ) ①意志が強く、なかなか屈しないさま。「ーに否定する」②体ががっちりしていて丈夫なさま。「ーな肉体」[文](ナリ)

がん-ぎょう【願行】―〘仏〙誓いをたて願をかけ、修行すること。誓願と修行。

かん-きょく【寒極】 南北各半球で最も低温の地点。[参考]南は南極大陸のボストーク基地、北はシベリアのオイミャコン。

かん-きり【缶切り】― かんづめの蓋を切り開く道具。

かん-きん【官金】― 政府・官庁の所有する金銭。

かん-きん【看◦経】(名・自スル)〘仏〙①経文を黙読すること。②読経すること。[参考]「経」は唐音。

かん-きん【△桿菌】〘医〙細長い棒状の細菌。結核菌・チフス菌・ジフテリア菌など。

かん-きん【換金】―(名・他スル) 物品を売って金銭に換えること。また、小切手や手形などを現金に換えること。↔換物

かん-きん【監禁】(名・他スル) 行動の自由を束縛して一定の場所に閉じこめること。「ー状態におかれる」

かん-ぎん【閑吟】(名・他スル) 静かに詩歌を口ずさむこと。

かん-ぎん【感吟】[一](名・他スル) 感嘆して詩歌を口ずさむこと。[二](名) すぐれた詩歌。

がん-きん【元金】―→もときん↔利子・利息

かんぎんしゅう【閑吟集】 室町後期の歌謡集。編者未詳。一五一八(永正十五)年成立。民間の小歌など三一一首を収録。恋愛歌が多く、自由な庶民感情にあふれる。

かん-く【甘苦】 ①あまいことにがいこと。②楽しみと苦しみ。苦楽。「ーをともにする」③苦しみに甘んじること。

かん-く【寒九】 寒にはいって九日目。[冬] **ーの雨** 寒九の日に降る雨。豊年のきざしという。[冬] **ーの水** 寒九の日にくんだ水。薬として特効があるという。[冬]

かん-く【寒苦】 寒さによる苦しみ。

かん-く【管区】― 官庁や機関が管轄する区域。

かん-く【△艱苦】 つらいことと苦しいこと。困難に出会って苦労すること。艱難辛苦。「ーを忍ぶ」

がん-ぐ【玩具】― おもちゃ。「ー店」

がん-ぐ【頑愚】―(名・形動ダ) がんこで愚かなさま。

がん-くつ【岩窟】 岩にできている洞穴。岩屋。岩穴。

がん-くび【△雁首】 ①(形が雁の首に似ていることから)キセルの頭。⇩キセル(さしえ) ②キセルの頭のような形の土管。③〘俗〙人の首や頭を乱暴にいう語。「ーそろえて待っていろ」

かん-ぐ・る【勘繰る】(他五) あれこれ気をまわして邪推する。「二人の仲をー」[可能]かんぐ・れる(下一)

かん-ぐん【官軍】― 朝廷方の軍。政府方の軍。「勝てばー(=勝った者が結局は正義とされる)」↔賊軍

かん-げ【勧化】―(名・他スル)〘仏〙①仏道をすすめること。勧進。②寺院・仏像の建立・修理のために寄付を募ること。

かん-けい【△奸計・△姦計】 悪だくみ。「ーをめぐらす」

かん-けい【関係】―[一](名・自スル) ①あるものと他のものとが何らかの意味でかかわりを持つこと。また、そのかかわり。「事

件に―する」「無―」②情交を結ぶこと。「―を持つ」㊁(名)①人と人との間柄。「伯父(おじ)と姪(めい)の―」②〈接尾語的にややぼかして〉その方面。「宣伝―の仕事」

―づ・ける【―付ける】(他下一) ケケ・ケル・ケレ・ケロ(ケヨ) いくつかのものの間に、ある関係を見つける。結びつけて考える。「時代相と―・けた文学観」文 くわんけいづ・く(下二)

かん-けい【還啓】 クヮン (名・自スル) 三后・皇太子などが、出かけた先から皇居や御所に帰ること。

かん-けい【簡勁】(名・形動ダ) 言葉や文章が簡潔で力強いこと。また、そのさま。「―な筆致」

かん-げい【歓迎】 クヮン (名・他スル) 喜んで迎えること。好意をもって受け入れること。「―会」↔歓送

かん-げいこ【寒稽古】 心身をきたえるため、寒中の早朝などに行う武道・芸道などのけいこ。冬

かんけい-どうぶつ【環形動物】 クヮンケイ 〔動〕無脊椎(むせきつい)動物の一門。体は細長く、多くの体節からなる。ミミズ・ヒル・ゴカイなど。

かん-げき【間隙】 ①物と物とのあいだ。すきま。ひま。すき。「―を埋める」「―をつく」②仲たがい。不和。「―を生じる」

―を縫(ぬ)う 時間的・空間的・心理的なすきまをすりぬけていく。また、そのすきまをとらえて事をなす。

かん-げき【感激】(名・自スル) 他人のすぐれた行動やすばらしい物事を見聞きして、強く心が動かされること。「心から―する」

かん-げき【観劇】 クヮン (名・自他スル) 演劇を見ること。芝居見物。「―会」

かん-げざい【緩下剤】 クヮン 〔医〕穏やかに作用する下剤。

かん-けつ【完結】 クヮン (名・自スル) 続いていた作業や続き物の作品などが、全部終わること。「連載が―する」

かん-けつ【間欠・間歇】 一定の時間をおいて、物事が起こったりやんだりすること。「―的に頭痛がする」

―せん【―泉】 一定の時間をおいて噴き出す温泉。

―ねつ【―熱】〔医〕一定の時間・日をおいてくり返す発熱。マラリア・回帰熱などにみられる。

かん-けつ【簡潔】(名・形動ダ) 簡単でよくまとまっていること。また、そのさま。「―に話す」「―な内容」

かん-げつ【寒月】 冷え冷えとしてさえた、冬の月。冬

かん-げつ【閑月】 農事の暇な月。

かん-げつ【観月】 クヮン 月を観賞すること。月見。「―会」秋

かん-けん【官権】 クヮン 政府の権力。官庁などの権限。

かん-けん【官憲】 クヮン ①役所。官庁。②役人。官吏。特に、警察官。「―の弾圧」③政府・官庁の規則。

かん-けん【乾繭】 保存するため乾燥して蛹(さなぎ)を殺したまゆ。

かん-けん【管見】 クヮン (管(くだ)を通して見る意) 狭い見聞や識見。自分の見解・見識を謙遜(けんそん)していう語。「―を述べれば」

かん-げん【甘言】 相手の心を引きつけるためのうまい言葉。甘辞。「―にのせられる」「―を弄(ろう)する」

かん-げん【換言】 クヮン (名・他スル) 別の言葉で言い換えること。「―すれば」

かん-げん【寛厳】 クヮン 寛大なことと厳格なこと。

かん-げん【管弦・管絃】 クヮン ①管楽器と弦楽器。②音楽を奏すること。また、その音楽。「詩歌―」

―がく【―楽】〔音〕管楽器・弦楽器・打楽器による大規模な合奏。また、その曲。オーケストラ。

かん-げん【還元】 クヮン (名・自他スル) ①もとの形・状態・性質にもどること。また、もどすこと。「利益を―する」②〔化〕酸化物から酸素が取り去られたり、金属化合物から金属元素が遊離する変化。一般的に、化合物から酸素・塩素のような電気的陰性の元素を除くか、または水素を加えること。↔酸化

かん-げん【諫言】(名・他スル) 目上の人の欠点や過失を指摘し、いさめること。また、その言葉。「主君に―する」

がん-けん【眼瞼】〔生〕眼球を上下からおおう部分。まぶた。

がん-けん【頑健】 グヮン (名・形動ダ) 体ががっちりしていて非常に丈夫なこと。また、そのさま。「―な肉体」

かん-こ【歓呼】 クヮン (名・自スル) 喜びのあまり声をあげること。

かん-こ【鹹湖】 ↓えんこ(塩湖) ↔淡湖(たんこ)

かん-ご【看護】(名・他スル) けが人や病人の手当てや世話をすること。「―を受ける」「―にあたる」⇒介護

―し【―士】 男性看護師の旧称。

―し【―師】 所定の資格を持ち、医師の診療の補助および傷病者の看護を職業とする者。「看護婦」と「看護士」とを統一していう名称。

―ふ【―婦】 女性看護師の旧称。

かん-ご【款語】 クヮン うちとけて話しあうこと。

かん-ご【閑語】 ①静かに話すこと。②むだ話。

かん-ご【漢語】 ①中国から伝来して日本語となった語。また、広く日本語で、漢字の字音で読む語。字音語。②中国語。

かん-ご【監護】(名・他スル) 監督し保護すること。

がん-こ【頑固】 グヮン (名・形動ダ) ①自分の考えを変えようとせず、あくまで意地を張り通すこと。また、そのさま。「―一徹」②悪い状態がしつこく続いて、よくならないさま。「―な風邪」

かん-こう【刊行】 カウ (名・他スル) 書物などを印刷して世に出すこと。出版。発行。「文学全集を―する」「定期―物」

かん-こう【完工】 クヮン (名・自スル) 工事が完了すること。竣工(しゅんこう)。「新社屋がようやく―した」↔起工

かん-こう【勘考】 カウ (名・他スル) じっくりと考えること。

かん-こう【勘校】 カウ (名・他スル) 文書・写本などを、照らし合わせて誤りを正すこと。また、書物を校訂すること。

かん-こう【敢行】 カウ (名・他スル) 困難を押し切り、思いきって行うこと。「作戦を―する」

かん-こう【款項】 クヮンカウ 款と項。箇条に区分する法律や会計などの項目の名称。参考「項」は「款」を細別したもの。

かん-こう【感光】 クヮウ (名・自スル) 物質が光の作用を受けて化学変化を起こすこと。「フィルムが―する」

―し【―紙】 写真などの焼き付けに使う紙。印画紙。

―ど【―度】 感光材料が光に感じる度合いを示す数値。

かん-こう【寛厚】 クヮン (名・形動ダ) 気持ちが寛大で温厚なこと。また、そのさま。「―な人柄」

かん-こう【勧降】 クヮンカウ 降伏をすすめること。「―使」

かん-こう【箝口】(名・自他スル) 口をふさいでものを言わないこと。また、人にものを言わせないこと。発言を封じること。参考 もとの読みは「けんこう」。「かんこう」は慣用読み。

―れい【―令】 ある事柄について他人に話すことを禁じる命令。「―を敷く」

かん-こう【慣行】 クヮンカウ 社会的なならわしとして行われること。また、いつも行われている事柄。「―に従う」

かん-こう【緘口】(名・自スル) 口を閉じて何も言わないこと。

かん-こう【緩行】 クヮンカウ (名・自スル) ゆっくり進むこと。特に、列車が各駅に停車しつつ進行すること。鈍行。「―線」

かん-こう【還幸】 クヮンカウ (名・自スル) 天皇が行幸先から皇居に帰ること。還御(かんぎょ)。

かん-こう【観光】 クヮンクヮウ (名・他スル) よその土地の風光・風俗などを見物して楽しむこと。「―客」「―地」「―バス」

―しげん【―資源】 名所旧跡や美しい風景など、観光客

を集め、それによって収入を得られるものを資源にたとえた語。

―ちょう【―庁】観光産業とその振興に関する事務を担当する国土交通省の外局。二〇〇八(平成二十)年設置。

―とし【―都市】観光資源に富む都市。

かんこう〔菅公〕「菅原道真」の敬称。

かん-ごう【勘合】―(名・他スル)①考え合わせること。調べ合わせること。②〔日〕室町時代、日本からの貿易船に対して、明の政府が正式の貿易船であるしるしとして出した割り符。勘合符。「―貿易」

―ふ【―符】→かんごう②

がん-こう【眼孔】①眼球のあるあな。②見識の範囲。

がん-こう【眼光】―①目の光。目のかがやき。「鋭い―」②見抜く力。洞察力。

―紙背に徹す（紙の裏まで見とおすほど）読解力が鋭く深いことのたとえ。

―けいけい【―炯炯】眼が輝き、鋭く光るさま。

がん-こう【雁行】―(名・自スル)雁が空を飛ぶときの行列。また、雁の行列のようにななめに並んで行くこと。

がんこう-しゅてい【眼高手低】―批評することだけが上手で、実際に作るのは下手なこと。

かんこう-しょ【官公署】―官署と公署。官公庁。

かんこう-ちょう【官公庁】―中央官庁と地方公共団体の役所。

かんこう-ば【勧工場】―明治後期から大正時代にかけて、一つの建物の中で各種の商店が商品を陳列し即売した所。現在のデパートのようなもの。勧商場。

かん-こうへん【肝硬変】―〔医〕肝細胞の破壊と、結合組織の増殖によって、肝臓が硬化・縮小する病気。肝臓機能が著しく低下する。

かんこう-り【官公吏】―官吏と公吏。国家公務員と地方公務員。役人。

かんこう-ろう【官公労】―もと「日本官公庁労働組合協議会」の略称。一九五八(昭和三十三)年解散。現在は民間の労働組合に対する、官公庁の労働組合の総称。

かん-ごえ【甲声】―かん高い声。ひときわ高く鋭く響く声。

かん-ごえ【寒声】―寒中に経を読んだり歌を歌ったりして声をきたえること。また、その声。冬

かん-ごえ【寒肥】寒中にほどこす肥料。寒ごやし。冬

かん-こく【勧告】―(名・他スル)ある行動や措置をとるように説きすすめること。「辞職を―する」「人事院―」

かんこく〔韓国〕→だいかんみんこく

かん-ごく【監獄】被疑者や被告人、自由刑の受刑者や死刑囚を拘禁する施設の総称。刑務所や拘置所など。法律上は、刑事施設という。

かん-こつ【顴骨】―→きょうこつ(頬骨) 参考 もとの読みは「けんこつ」。「かんこつ」は慣用読み。

かんこつ-だったい【換骨奪胎】―(名・他スル)（骨をとりかえ、胎をとって使う意）他人の詩文の着想・形式などを踏襲しつつ、自分独特のものに作りかえること。

かんこ-どり【閑古鳥】「かっこう(郭公)」の別名。夏

―が鳴く　人気がなくさびれているさま。また、商売がはやらないことのたとえ。「閑古鳥が鳴いている店」

語源「かんこどり」とはカッコウのことで「かっこうどり」の転じたものかといわれる。古来寂しいものとされるカッコウの鳴き声を、客が訪れず商売がはやらない寂しいようすに見立てて言う。

かん-ごり【寒垢離】寒中に冷水を浴び心身を清めて神仏に祈ること。冬

かん-こん-そう-さい【冠婚葬祭】―元服・婚礼・葬式および祖先の祭りの四大礼。慶弔の儀式。

かん-さ【監査】(名・他スル)会計などを監督し検査すること。

―やく【―役】株式会社などにおいて、会計や業務の執行を監査する機関および役員。

かん-さ【鑑査】(名・他スル)芸術品などをよく調べてそのものの良否・優劣などを判断すること。鑑定。「作品を―する」

かん-さい【完済】―(名・他スル)債務を全部返すこと。

かん-さい【漢才】漢学の知識があり、詩文を巧みに作る才能。漢才・漢才。「和魂―」参考 古くは「かんざい」。

かん-さい【艦載】軍艦にのせること。「―機」

かんさい〔関西〕京都・大阪を中心とした地方。↔関東

かん-ざい【寒剤】〔物・化〕低温を得るための混合物。たとえば氷と食塩を三対一の割合で混ぜると零下二一度に達する。

かん-ざい【管財】―財産・財務を管理すること。「―人(=破産者などの財産を管理する人)」

かん-さいぼう【幹細胞】―〔生〕自分と同じ細胞に分裂する自己複製の能力と、様々な細胞に分化する能力とを併せ持つ細胞。ES細胞やiPS細胞など。

かん-さく【間作】(名・他スル)〔農〕①作物を作っているうねの間に他の作物を作ること。また、その作物。②次の作物を植えつけるまでに、短期間に収穫できる他の作物を栽培すること。また、その作物。間作。

がん-さく【贋作】(名・他スル)（すぐれた作品をまねて）にせものを作ること。また、そのにせもの。偽作。↔真作

かん-ざけ【燗酒】燗をしたあたたかい酒。冬 ↔冷や酒

かん-ざし【簪】（「かみさし」の音便）①女性の頭髪にさす飾り。②冠が落ちないようにとめておくもの。⇩冠(さしえ)

かん-さつ【監察】(名・他スル)行政や経営などの業務について、調査し取り締まること。「―官」

―い【―医】死因の明らかでない死体の検案・解剖を行う医師。

かん-さつ【簡札】①昔、文字をしるした、木や竹のふだ。②かきもの。手紙。参考「簡」は竹のふだ、「札」は木のふだの意。

かん-さつ【観察】―(名・他スル)事物のありのままを詳しく見ること。注意深く見ること。「―日記」「自然―」

―がん【―眼】物事をよく観察できる能力。

かん-さつ【鑑札】ある種の営業や行為に対して、役所などが発行する許可証。また、それを記した札。「犬の―」

がん-さつ【贋札】にせさつ。偽造紙幣。

かん-ざまし【燗冷まし】燗をした日本酒の冷えたもの。

かん-ざらし【寒晒し】①食品や布などを、寒中に戸外の空気にさらすこと。②（「寒晒し粉」の略）寒中に、もち米を水にさらしてから、陰干しにしたものをひいた粉。白玉粉。冬

かん-さん【甘酸】①甘いこととすっぱいこと。②楽しみと苦しみ。苦楽。「人生の―をなめる」

かん-さん【閑散】(名・形動ダ)ひまなこと。また、静かでひっそりしているさま。「日曜日の学校は―としている」用法「と」をつけて副詞的にも使う。

かん-さん【換算】―(名・他スル)ある単位の数量を他の単位に計算しておきかえること。かんざん。「円をドルに―する」

がん-ざん【元三】―①(年・月・日の三つの元の意)元日。新年 ②元日から三日間。三が日。新年 参考「がんさん」ともいう。

かん-し【干支】十干と十二支を組み合わせたもの。干支。

かん-し【官私】―おおやけとわたくし。政府と民間。

かん-し【看視】(名・他スル)注意して見守ること。「―人」

かん-し【冠詞】クワン 〘文法〙西洋語の品詞の一つ。名詞の前に置いて、特定のものか、不特定のものかなどを区別する語。定冠詞・不定冠詞などの別があり、言語によっては名詞の性・数・格などによって語形を変える。英語のthe, aなど。

かん-し【△鉗子】〘医〙手術などに使う、物をはさむ器具。

かん-し【漢詩】中国の詩。また、中国風の詩。ふつう一句五言(四言もある)または七言で、平仄(ひょうそく)・脚韻などの構成法があり、絶句・律・排律・古詩などの種類がある。唐歌(からうた)。

かん-し【監視】(名・他スル) 警戒して見張ること。また、その人。「一員」

かん-し【△諫止】(名・他スル) いさめて思いとどまらせること。

かん-し【△諫死】(名・自スル) 死んで、または死ぬ覚悟で主君や目上の者をいさめること。

かん-し【環視】クワン (名・他スル) 多くの人が周りを囲んで見ていること。多人数が注目していること。「衆人一の中」

かん-し【△瞰視】(名・他スル) 高所から見おろすこと。

かんじ【感じ】①五官への刺激による感覚。「ぬるぬるした一」②何かに接したときに心に浮かぶ思いや感情。「一がいい」「話を聞いた一」③その物事らしいようすや雰囲気。「春の一を出す」

かん-じ【甘辞】口先だけの巧みな言葉。甘言。

かん-じ【完治】クワンヂ (名・自スル) →かんち(完治)

かん-じ【漢字】中国で作られた表意文字。一字が一語を表すため「表語文字」ともいう。また、それをまねて日本で作った文字。真名(まな)。本字。

かん-じ【幹事】①団体などの事務を主となって受け持つこと。また、その人。②会などの世話役。「同窓会の一」

―ちょう【一長】チャウ 政党などの団体で、組織運営の中心になる役目の人。

かん-じ【監事】①団体の庶務を担当する役。また、その人。②〘法〙法人の財産状況や理事の業務執行を監督する役。また、その人。会社では監査役と呼ぶ。

かん-じ【△莞△爾】クワン (タル)(ト) にっこり笑うさま。ほほえむさま。「一と笑う」文(形動タリ)

ガンジー〈Gandhi〉→ガンディー

かんじ-い・る【感じ入る】(自五) ラ(ロ)・リ(ッ)・ル・ル・レ・レ 深く感じる。心から感激する。「相手の熱意に一」

がんじ-がらめ【△雁字△搦め】①縄やひもなどを縦横に巻きつけること。「一にしばる」②多くの束縛を受けて動きがとれないこと。「規則で一になる」

かん-しき【乾式】液体や溶剤を使わない方式。↔湿式

かん-しき【鑑識】(名・他スル) ①価値や真贋(しんがん)などを見分けること。また、その力。「一眼」②犯罪捜査で、指紋・筆跡・血痕(けっこん)などを科学的方法で調べること。また、それを行う部署。

かんじき【△樏】深い雪の中を歩くとき、足が埋まらないように、はきものの底につけるもの。蔓(つる)などを輪にして作る。冬

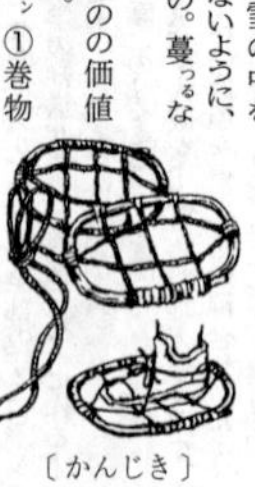

〔かんじき〕

がん-しき【眼識】ものの価値を見分ける力。鑑識眼。

かん-じく【巻軸】クワンヂク ①巻物の終わりの軸に近い部分。②巻物(まきもの)。③巻中のすぐれた句や詩歌。

かん-しつ【乾湿】空気などのかわきとしめり。乾燥と湿気。

―けい【一計】〘物〙空気の湿度を計るための器具。二本の温度計を用い、一方の球部を湿った布で包み、両者の温度差から湿度を求める。乾湿球湿度計。

かん-しつ【乾漆】①漆(うるし)の液のかわいたかたまり。②奈良時代に唐から伝来した、麻布を漆で塗り固める漆工(しっこう)技術。

―ぞう【一像】ザウ 「乾漆②」で作った仏像。木または粘土で原型を作り、乾漆を盛りあげて作る。

がん-しつ【眼疾】目の病気。眼病。

がん-じつ【元日】グワン 一年の最初の日。一月一日。国民の祝日の一つ。新年

かん-じつげつ【閑日月】①暇な月日。暇な時。「一を送る」②気分がゆったりしていること。心にゆとりのあること。

かん-しゃ【甘△蔗】→さとうきび

かん-しゃ【官舎】クワン 公務員の居住用住宅。公務員住宅。

かん-しゃ【感謝】(名・自他スル) 自分が受けた厚意や親切を、ありがたく感じること。また、その気持ちを表して礼を言うこと。「一の意を表す」「ご厚意に一します」「一の念」

かん-じゃ【冠者】クワン ①昔、元服して冠(かんむり)をつけた少年。②昔、六位で官位のない人。③若者。④召使の若者。従者。参考「かじゃ」ともいう。

かん-じゃ【患者】クワン 病気やけがで医師の手当てをうける人。「入院一」

かん-じゃ【間者】ひそかに敵方にはいり込み、そのようすを探る者。まわしもの。間諜(かんちょう)。スパイ。

かん-しゃく【官爵】クワン 官職と爵位。

かん-しゃく【△癇△癪】気みじかで、少しのことにも激怒しやすい性質。また、その怒り。「一を起こす」

―だま【一玉】①癇癪(かんしゃく)。「とうとう一が破裂した」②子供のおもちゃで、火薬と金剛砂(こんごうしゃ)とを紙に包んだ小さな玉。地面にたたきつけると破裂して、大きな音をたてる。

―もち【一持ち】少しのことにも激怒しやすい性質の人。

かん-じゃく【閑寂】(名・形動ダ) ひっそりしてさびしいこと。また、そのさま。「一なおもむき」

かんじ-やす・い【感じ◇易い】(形) カロ・カッ(ク)・イ・イ・ケレ・○ わずかなことにも心が動かされやすい。「一年ごろ」文かんじやす・し(ク)

かん-しゅ【看守】刑務所などで、囚人の監視や所内の警備にあたる職員。刑務官。

かん-しゅ【看取】(名・他スル) 見てとること。見ぬくこと。

かん-しゅ【巻首】クワン 巻物や書物の初めの部分。巻頭。↔巻尾

かん-しゅ【監守】監督し保護すること。また、その人。

かん-しゅ【艦首】軍艦のへさき。↔艦尾

かん-じゅ【甘受】(名・他スル) 与えられた物事を、やむをえないものとして受け入れること。「苦言を一する」

かん-じゅ【官需】クワン 政府の需要。また、その物資。↔民需

かん-じゅ【貫首・貫主・管主】クワン 〘仏〙①天台宗で最高の僧職。座主(ざす)。②各宗総本山や諸大寺の住職。貫長。

かん-じゅ【感受】(名・他スル) ①ものを感じ取ること。②〘心〙感覚神経のはたらきで、外界からの刺激を受け入れること。

―せい【一性】外界から受ける刺激や印象によって心に感動をよびさますことのできる性質や能力。「一に富む」「一が強い」

がん-しゅ【△癌腫】→がん(癌)

がん-しゅ【願主】グワン 神仏に願をかける人。ねがいぬし。

かん-しゅう【官臭】クワンシウ 役人にみられる、形式的・高圧的な態度や傾向。

かん-しゅう【慣習】クワンシフ 古くから伝えられひきつがれている、ある社会一般に通じるならわしやしきたり。「一に従う」

―ほう【一法】ハフ 〘法〙社会の慣習のうち、人々が法律と同視するようになったもの。一種の不文法で、商法や国際法で重要な位置を占める。

かん-しゅう【監修】シウ (名・他スル) 書物などの著述・編集

を責任をもって監督すること。「—者」

かん-しゅう【観衆】— 多くの見物人。見る人々。

がん-しゅう【含羞】— はじらうこと。はにかみ。

かん-じゅく【完熟】—（名・自スル）果実や種子が完全に熟すこと。「—トマト」

かん-じゅく【慣熟】—（名・自スル）物事になれて、上手になること。「仕事に—する」

かん-しょ【甘▵蔗】→さとうきび 参考 もとの読みは「かんしゃ」。「かんしょ」は慣用読み。

かん-しょ【甘▵藷・甘▵薯】→さつまいも 秋

かん-しょ【官署】— 国の役所。官庁。

かん-しょ【寒暑】寒さと暑さ。「—の差がはげしい」

かん-しょ【漢書】漢文で書かれた書物。中国の書物。漢籍。↔和書・国書

かん-じょ【官女】宮中に仕える女性。女官。官女(かんにょ)。

かん-じょ【寛▵恕】—（名・他スル）①あやまちなどをとがめないで許すこと。「—を請う」②心が広くて思いやりの深いこと。

かん-じょ【緩徐】—（名・形動ダ）ゆるやかでゆったりとしていること。また、そのさま。「—楽章」「—な調べ」

かんじょ【漢書】中国、後漢の歴史書。班固(はんこ)著。一世紀末成立。前漢一代、約二三〇年の史実を記す。前漢書。

がん-しょ【▵雁書】手紙。たより。⇨雁(かり)の使い「故事」

がん-しょ【願書】— ①許可を受けるために提出する書類。「入学—」②神仏への願い事を書いた書面。願文(がんもん)。

かん-しょう【干渉】—（名・他スル）①当事者ではないのに立ち入って、自分の意思に従わせようとすること。②《法》一国が、他国の内政や外交方針に、強く注文をつけること。「内政—」③《物》二つ以上の同じ種類の波が同一点でぶつかり合ったときに、たがいに強めあったり弱めあったりする現象。

かん-しょう【▵奸商・▵姦商】— 不正な手段を用いて不当なもうけ方をする商人。悪徳商人。

かん-しょう【完勝】—（名・自スル）試合・競技などで、あぶなげなく勝つこと。圧倒的な勝利。↔完敗

かん-しょう【冠省】— 手紙で、時候のあいさつなど前文をはぶくこと。また、そのとき手紙の冒頭に書く語。

かん-しょう【勧奨】—（名・他スル）すすめはげますこと。積極的にすすめること。「退職を—する」

かん-しょう【勧賞】—（名・他スル）功労のあった人などをほめはげますこと。勧賞(けんじょう)。

かん-しょう【感傷】— 物事に感じて悲しがったり、さびしがったりすること。心が感じやすいこと。「—にひたる」

—しゅぎ【—主義】（sentimentalism の訳語）①感傷にかたむきやすいこと。②人間の宿命的な孤独・悲哀感を基調とする文学・美術・音楽などの傾向。

—てき【—的】（形動ダ）ダロ・ダッ(デ・ニ)・ダ・ナ・ナラ・〇 悲哀の感情に動かされやすいさま。センチメンタル。「—になる」

かん-しょう【感賞】—（名・他スル）①感心してほめること。②褒美(ほうび)を与えること。また、その褒美。

かん-しょう【管掌】—（名・他スル）仕事を管轄し、つかさどること。事務を監督し、取り扱うこと。「経理を—する」

かん-しょう【緩衝】—（名・他スル）ものの間にあって衝突や不和を和らげること。また、和らげるもの。「—材」

—こく【—国】《社》二つ以上の対立する国家の間に位置して、それらの勢力の直接の衝突を和らげる役割をする国。

—ちたい【—地帯】《社》対立する国家や勢力の衝突を緩和するため、その間に設けた中立地帯。

かん-しょう【▵癇性・▵疳性】—（名・形動ダ）①感情が激しやすいこと。怒りやすい性質。癇持(かんも)ち。②少しのことでも気になること。非常に潔癖なさま。また、そういう性質。

かん-しょう【環▵礁】—《地質》輪の形をしているさんご礁。

かん-しょう【簡▵捷】—（名・形動ダ）手軽ですばやいさま。

かん-しょう【観象】—（名・自スル）気象を観測すること。

かん-しょう【観照】—（名・他スル）①主観を交えず、対象のありのままを客観的にながめ、その本質を見極めること。「自然—」②《美》芸術作品の美を直観的にとらえ味わうこと。

かん-しょう【観賞】—（名・他スル）見てほめること。見て楽しむこと。「熱帯魚を—する」⇨「使い分け」

かん-しょう【鑑賞】—（名・他スル）芸術作品などに接して、その芸術的価値を理解し味わうこと。「名画を—する」⇨「使い分け」

—ひひょう【—批評】鑑賞を主とした、芸術作品に対する批評。

> 使い分け「観賞・鑑賞」
> 「観賞」は、景色や草花など、美しいものをながめて楽しむ意で、「バラを観賞する」「庭園を観賞する」「ツツジの観賞会」などと使われる。
> 「鑑賞」は、芸術作品などをよく味わって楽しむ意で、「絵画を鑑賞する」「名曲鑑賞ガイド」などと使われる。

かん-じょう【干城】—（「干(たて)（楯）」と「城」の意から）国を守る武士・軍人。「国家の—」

かん-じょう【冠状】— かんむりのような形。

—どうみゃく【—動脈】《生》心臓の壁に冠状に分布して、心筋に養分を送る動脈。冠動脈。

かん-じょう【勘定】—（名・他スル）①金高や数を数えること。「お金を—する」②代金を払うこと。また、その代金。「酒場の—を済ませる」③見積もること。前もって考慮すること。計算。「損得—」「風を—に入れて走る」④いろいろと事情を考え合わせたうえでの結論。「いずれにしても私が得をする—だ」⑤《商》簿記で、資産・負債・資本などに生じた増減を明確にするためにつくられる計算上の区分。「—科目」

▼「勘定」が下に付く語
損益— 丼(どんぶり)— 負債— 懐— 兵隊— 前— 目の子—

—合(あ)って銭(ぜに)に足(た)らず（計算にまちがいはないが、現金が不足しているの意から）理論と現実とが一致しないことのたとえ。

—ずく（名・形動ダ）損得だけを基準にして行動すること。また、そのさま。打算的に行動するさま。「—で事にあたる」

—だか・い【—高い】（形）カロ・カッ(ク)・イ・イ・ケレ・〇 損得ばかり考えて金銭に細かい。打算的である。文かんぢゃうだか・し(ク)

—ぶぎょう【—奉行】《日》江戸幕府の職名。老中のもとで、財務および幕府領の訴訟をつかさどった。

かん-じょう【感状】— 戦功をほめて上官が与える賞状。

かん-じょう【感情】— 人や物に接して起こる喜怒哀楽や快・不快などの心の状態。気持ち。心持ち。「—の起伏がはげしい」「—を害する(=いやな気分にさせる。いやな気分になる)」

—いにゅう【—移入】《心・美》芸術作品や自然などの対象と自分の感情を一体化しようとする意識のはたらき。

—か【—家】感情に動かされやすい人。また、感情をあらわにしやすい人。

—てき【—的】（形動ダ）ダロ・ダッ(デ・ニ)・ダ・ナ・ナラ・〇 理性を忘れ、感情の変化をすぐ行動にあらわしがちなさま。↔理性的

—ろん【—論】理性的でなく、感情にかられた主観的な議論。

かん-じょう【勧◦請】(名・他スル) ①神仏の出現やお告げを願うこと。②神仏の分霊を移し祭ること。
かん-じょう【管状】くだのような形。
―か【―花】〔植〕花弁が合着して筒状をなす小花。ヤグルマギクなど。筒状花。
かん-じょう【環状】輪のような形。
―せん【―線】環状になっている道路や、鉄道・バス路線。
かん-じょう【灌頂】①〔仏〕密教で伝法・授戒のとき、または修行者が一定の地位にのぼるとき、頭に香水(こうずい)を注ぐ儀式。②邦楽や和歌などで、極意や秘法を授けること。
がん-しょう【翫賞】(名・他スル) 芸術作品などを賞美し味わうこと。鑑賞。
がん-しょう【岩礁】海中に隠れている大きな岩。暗礁。
がん-しょう【岩漿】→マグマ
がん-じょう【頑丈】(名・形動ダ) がっしりしていて非常に丈夫なこと。また、そのさま。「―な建物」「―な体」
かん-しょく【完食】(名・他スル) 用意された食べ物を残さずすべて食べること。
かん-しょく【官職】公務員としての職務・地位。
かん-しょく【寒色】見た目に寒い感じのする色。青系統の色。↔暖色
かん-しょく【間色】原色を混ぜ合わせてできる色。中間色。
かん-しょく【間食】(名・自スル) 食事と食事との間に物を食べること。また、その食べ物。あいだぐい。おやつ。
かん-しょく【閑職】仕事が少なくあまり重要でない職務。ひまな職務。「―にまわされる」↔激職
かん-しょく【感触】①手ざわり。肌ざわり。「さらっとした―」②雰囲気として感じとれること。「合意に達する―を得た」
がん-しょく【顔色】かおいろ。かおつき。「さすがの名人も―だ」
―無(な)し ①完全に圧倒されるさま。「―を失う」②おそれや驚きのため、顔が青ざめるさま。
かん・じる【感じる】(自他上一) ①物に触れて感覚を生じる。刺激を受けて反応を示す。「寒さを―」「痛みを―」②気持ちをいだく。心に思う。「何かおかしいと―」「責任を―」③感心する。感動する。「その熱意に―・じて許可した」
語源 サ変動詞「かんずる」の上一段化。
かん・じる【観じる】(他上一) ①思いめぐらして真理を悟る。「人生の無常を―」②悟ってあきらめる。観念する。「世を夢と―」 語源 サ変動詞「かんずる」の上一段化。
かん-しん【甘心】(名・自スル) ①それでいいと心に思うこと。②満足すること。快く思うこと。
かん-しん【汗疹】→あせも
かん-しん【奸臣・姦臣】腹黒い家来。邪悪な家臣。
かん-しん【寒心】(名・自スル) 恐ろしくてぞっとすること。非常に心配すること。「―に堪えない(=心配でたまらない)」
かん-しん【感心】■(名・自スル) ①りっぱ・見事さに心を動かされること。「頑張る姿に―する」「―しない(=良いと思わない)やり方」②(逆説的に)驚きあきれること。「彼の図太さには―するよ」■(形動ダ) りっぱで、ほめるべきであるさま。「―な子供だ」文(ナリ)
かん-しん【関心】ひかれて心にかけること。興味をもつこと。注意を払うこと。「環境問題に―をもつ」「―が高まる」「―が薄い」「―を示す」「無―」
―じ【―事】関心を持っている事柄。「目下最大の―」
かん-しん【歓心】うれしく思う気持ち。喜ぶ心。
―を買(か)う 気に入られようと機嫌をとる。
かんしん【韓信】(?~前一九六) 前漢の武将。高祖の功臣。
―の股(また)くぐり 大志をいだく者は小さい恥を耐え忍んで人と争わないというたとえ。【故事】韓信は若いころ町のごろつきの股をくぐらされるという屈辱を受けたが、それをよく忍び、のちに天下統一のために大いに活躍した。〈史記〉
かん-じん【閑人】ひまで用のない人。ひまじん。
かん-じん【漢人】①漢民族の人。②中国人。
かん-じん【寛仁】(名・形動ダ) 心が広くて情け深いこと。また、そのさま。「―大度(たいど)(=心が広く思いやりがあり、度量の大きいこと)」
かん-じん【勧進】(名・他スル)〔仏〕①人々に仏道をすすめて善に向かわせること。②寺院・仏像の建立(こんりゅう)・修理などのために寄付を募ること。勧化(かんげ)。
―ちょう【―帳】「勧進②」の趣意をしるした帳面。
―もと【―元】何か事を発起し、その世話をする人。特に、相撲や芝居などの興行主。
かん-じん【肝心・肝腎】(名・形動ダ) (肝臓と心臓、または肝臓と腎臓。ともにだいじな臓器であることから)この上なくたいせつなこと。また、そのさま。「はじめが―だ」
―かなめ【―要】(名・形動ダ) 最も重要なこと。また、そのさま。「―の本人が来ない」
がんじん【鑑真】(六八八~七六三) 唐の僧で日本の律宗の祖。失明しつつ六度目の航海で七五三(天平勝宝五)年来日。東大寺に戒壇を設置、聖武上皇以下に授戒。唐招提寺を創建。
かんしん-せい【完新世】〔地質〕地質時代の区分の一つ。新生代第四紀の後期の時代。約一万年前から現在に及ぶ。沖積世。
かん-す【鑵子】①青銅・真鍮(しんちゅう)などで作った湯わかしの器具。②茶釜(ちゃがま)。
かん-すい【完遂】(名・他スル) 終わりまでやりとげること。「使命を―する」
かん-すい【冠水】(名・自スル) 大雨や洪水で、田畑や作物、道路などが水びたしになること。「稲が―する」
かん-すい【寒水】①冷たい水。②寒の季節の水。
かん-すい【鹹水】塩分を含んでいる水。海水。↔淡水
―ぎょ【―魚】〔動〕海水にすむ魚類。↔淡水魚
かん-すい【灌水】(名・自スル) 作物などに水をそそぎかけること。「畑に―する」
がんすい-たんそ【含水炭素】「炭水化物」の旧称。
かん-すう【巻数】①一連の書籍の冊数。②巻物の数。③巻き取った映画フィルムや、録音・録画のテープの本数。
かん-すう【関数・函数】〔数〕二変数 x・y の間に、ある関係があって、x の値に対応して y の値が定まるとき、y を x の関数という。
かん-すうじ【漢数字】数を表すのに用いられる漢字。一・二・三・十・百・千・万・億・兆など。
かんす-ぼん【巻子本】〔文〕紙を横に長く継ぎあわせて軸を付け、巻いておさめるようにした書物。
かん・する【姦する】■(他サ変) 女性を犯す。■(自サ変) 姦通する。文かん・す(サ変)
かん・する【関する】(自サ変) ある物事にかかわる。関係する。「公害に―研究」文くわん・す(サ変)
かん・する【冠する】■(他サ変) ①冠(かんむり)をかぶせる。②(ある言葉・称号などを)上につける。「名誉市民の名を―」■(自サ変) 元服する。文くわん・す(サ変)
かん・する【緘する】(他サ変) ①口を閉じる。また、発言させない。②封をする。文かん・す(サ変)
かん・ずる【感ずる】(自他サ変) →かんじる

（感じる）文かん・ず（サ変）

かん・ずる【観ずる】（他サ変）→かんじる（観じる）文くゎん・ず（サ変）

かんぜ【観世】「観世流」の略。

―より【―縒り】 和紙を細長く切って、かたくひものようによったもの。かみより。こより。かんじんより。

―りゅう【―流】 能楽の流派の一つ。観阿弥（＝観世清次）を祖とする一派。

かん-せい【完成】（名・自他スル）完全にできあがること。また、つくりあげること。「未―」

かん-せい【官制】 国家の行政機関の設置・名称・組織・権限などに関する規定。参考 旧制は勅令によったが、現在は「国家行政組織法」などの法律で規定している。

かん-せい【官製】 政府が製造していること。また、そのもの。「―はがき」↕私製

かん-せい【陥穽】 ①（「穽」は、けものなどをいけどる落とし穴の意）落とし穴。②人をおとしいれる計略。「―にはまる」

かん-せい【乾性】 空気中で乾きやすい性質。また、水分の含有量の少ない性質。↕湿性

―ゆ【―油】〘化〙空気中におくと、酸素と反応して固まる植物性の油。ペンキ・印刷インクなどの溶剤に使う。桐油・亜麻仁油など。↕不乾性油

かん-せい【喚声】 驚いたり興奮したりして出す叫び声。

かん-せい【喊声】 士気を上げるため大勢が一度にあげる叫び声。ときの声。「―をあげる」

かん-せい【閑静】（名・形動ダ）人や車の往来が少なく、ひっそりともの静かなこと。また、そのさま。「―な住宅街」

かん-せい【感性】 ①〘哲〙外界の刺激に応じて、なんらかの印象を直観的に感受する能力。②深く心に感じ取る能力。感受性。「すぐれた―の持ち主」

かん-せい【慣性】〘物〙物体が外から力を受けないかぎり、現在の状態を続けるという性質。惰性。「―の法則」

かん-せい【管制】（名・他スル）①非常時などに、国家が自由な活動やある事物の使用を強制的に管理・制限すること。「灯火―」②航空機の発着・飛行などを管理・規制すること。

―とう【―塔】 空港で、航空機に離着陸に関する指示を与える、高所に置かれた施設。コントロールタワー。

かん-せい【歓声】 喜びのあまり叫ぶ声。「―があがる」

かん-せい【監製】（名・他スル）監督して製造させること。

かん-せい【鼾声】 いびきの音。いびき。「雷のごとき―」

かん-ぜい【関税】〘経〙輸出または輸入する貨物に課する税。参考 現在、輸出税のない日本では輸入税をさす。

―じしゅけん【―自主権】〘法〙国家が関税率の設定や変更を自主的に定めることのできる権限。

がん-せい【眼睛】 ①ひとみ。くろめ。②まなこ。目だま。

がんせい-ひろう【眼精疲労】〘医〙長時間目を使うことで疲れを感じ、頭痛・肩こり・吐き気などをおこす状態。

かんぜおん【観世音】〘仏〙「観世音菩薩」の略。

―ぼさつ【―菩薩】〘仏〙阿弥陀仏の左の脇士で、慈悲の権化とされる菩薩。観音。

かん-せき【漢籍】 漢文で書かれた中国の書物。漢書。

がん-せき【岩石】〘地質〙地殻の一部を構成する鉱物の集合体。成因によって火成岩・堆積岩・変成岩に分ける。

かん-せつ【官設】 政府が設立したもの。官立。↕私設

かん-せつ【冠雪】 雪が降り積もって、野山がおおわれること。また、そのように積もった雪。「富士山の初―」

かん-せつ【間接】 ①間に人や物をへだてて対すること。「―照明」②遠回しであること。（↕直接）

―ぜい【―税】〘経〙実際の税負担が、納税義務者でなく消費者などに転嫁される租税。消費税・酒税など。↕直接税

―せんきょ【―選挙】〘社〙有権者の選んだ選挙人（＝選挙委員）が代表者を選挙する制度。アメリカの大統領選挙はこれにあたる。複選挙。↕直接選挙

―てき【―的】（形動ダ）ダロ・ダッ（デ・ニ）・ダ・ナ・ナラ・○ 間に物をへだてて対しているさま。また、遠回しであるさま。「―な表現」↕直接的

―わほう【―話法】 話し手が、他人の発言の内容を、話し手の立場からの表現に言い直して伝える形式。「彼はすぐ来ると言った」「医者からよく運動するように言われた」など。↕直接話法

かん-せつ【関節】〘生〙骨と骨との連結部。そこを軸に、つながれた部分をたがいに動かせるようにしている箇所。

―えん【―炎】〘医〙関節の炎症の総称。

―わざ【―技】 柔道などで、相手の関節を攻めるわざ。

かん-ぜつ【冠絶】（名・自スル）ひときわすぐれていること。「世界に―する偉業」

がんぜ-な・い【頑是無い】（形）カロ・カッ（ク）・イ・イ・ケレ・○ 幼くて、物事の善悪・是非の判断がつかない。ききわけがない。「―子供」文ぐゎんぜな・し（ク）

かん-ぜみ【寒蟬】 秋に鳴くセミ。蜩など。寒蟬。秋

かん-せん【汗腺】〘生〙哺乳類の皮膚の中にあって汗を分泌する管状の腺。体温調節作用もある。

かん-せん【官撰】（名・他スル）政府で編集・選定すること。また、その書物。

かん-せん【官選】（名・他スル）政府が選ぶこと。また、選んだもの。国選。「―弁護人（＝国選弁護人の旧称）」↕民選・公選

かん-せん【感染】（名・自スル）①病原体が体内に侵入すること。病気がうつること。「―経路」②ある物事に影響・感化されること。「悪に―する」

―しょう【―症】〘医〙ウイルス・細菌・寄生虫などの感染によって生じる病気。非伝染性の破傷風・肺炎・虫垂炎なども含めていう。

かん-せん【幹線】 鉄道・道路・電信などの、主要地点を結ぶ中心となる線。本線。「―道路」↕支線

かん-せん【観戦】（名・他スル）戦い・試合などを見ること。「ワールドシリーズ―記」

かん-せん【艦船】 軍艦と船舶の総称。

かん-ぜん【完全】（名・形動ダ）条件が満たされていて欠点や不足がないこと。また、そのさま。「―を期する」「不―」

―こよう【―雇用・―雇傭】〘経〙労働の意志と能力をもつすべての人間が就業し、失業者のいない状態。

―じあい【―試合】 野球で、一人の投手が完投し、相手チームに得点・安打・四球・死球を与えず、一人の走者も出塁させずに勝った試合。パーフェクトゲーム。

―しつぎょうしゃ【―失業者】〘経〙就業可能でその意欲があり、求職活動を行っているにもかかわらず、就業の機会を得られない者。

―むけつ【―無欠】（名・形動ダ）完全でまったく欠点や不足のないこと。また、そのさま。完璧。

かん-ぜん【間然】（名・自スル）（「間」は「すきま」の意）とやかく言う余地があること。非難すべき欠点のあること。

―する所がない 一点の非のうちどころもない。

かん-ぜん【敢然】（タル）危険や困難を恐れず思いきって行動するさま。「―と敵に立ち向かう」文（形動タリ）

がん-せん【頑癬】グワン ―〔医〕陰部や股にできる湿疹。いんきんたむし。

がん-ぜん【眼前】目の前。まのあたり。目前。「―の光景」

かんぜん-ちょうあく【勧善懲悪】クワンゼン ―善をすすめ、悪をこらしめること。参考 儒教思想に基づく考え。江戸末期に文学理念として重視された。曲亭(滝沢)馬琴の読本「南総里見八犬伝」は、この理念を基調とした作品として名高い。

かん-そ【簡素】(名・形動ダ) 余分なものがなくつつましいこと。また、そのさま。「制度の―化」「―な儀式」

がん-そ【元祖】グワン ①ある物事を最初に始めた人。創始者。始祖。②一家系の最初の人。先祖。

かん-そう【完走】クワン ―(名・自スル) 最後まで走りぬくこと。

かん-そう【乾草】サウ ―かわかした草。ほしくさ。

かん-そう【乾燥】サウ ―(名・自他スル) 湿気や水分がなくなり、かわくこと。また、かわかすこと。「―機」

かん-そう【間奏】〔音〕曲の途中に入れて、伴奏楽器だけで演奏する部分。また、その演奏。

―きょく【―曲】〔音〕楽章の間に挿入したり、歌劇などの幕間に演奏したりする短い楽曲。

かん-そう【感想】サウ ―あることに対して心に感じた思い。所感。「―を述べる」「―文」

かん-そう【歓送】クワン ―(名・他スル) よろこび励まして人の出発を見送ること。「―会」↔歓迎

かん-そう【還送】クワン ―(名・他スル) 送りかえすこと。送還。

かん-そう【観相】クワンサウ ―(名・他スル) 人相や手相をみて、性格・運勢などを判断すること。

かん-そう【観想】クワンサウ ―(名・自他スル) ①〔仏〕心を統一し、想をこらして対象を心に浮かべること。②〔哲〕真理・実在を他の目的のためではなく、それ自体のために静かに眺めること。

かん-ぞう【甘草】ザウ ―①〔植〕マメ科の多年草。中国に自生。夏、薄紫色で蝶形の花を開く。根は漢方薬・甘味料に使われる。あまくさ。夏 ②①の根を乾燥させたもの。

かん-ぞう【肝臓】ザウ ―〔生〕腹腔の右上部、横隔膜の下にある臓器。胆汁の生成、炭水化物の貯蔵とその代謝の調節、有害物質の解毒など多くの機能をもつ。

―ジストマ〔動・医〕扁形動物に属する一センチメートルほどの寄生虫。淡水貝、淡水魚を経て人体などの肝臓に寄生し、胆管炎・黄疸などの症状を引き起こす。肝吸虫。

かん-ぞう【萱草】クワンザウ 〔植〕ススキノキ科ワスレグサ属の植物の総称。原野などに広く自生。夏、ユリに似た黄や橙色の花が開く。ノカンゾウ・ヤブカンゾウ・ニッコウキスゲなど。夏

がん-そう【含嗽・含漱】(名・自スル) 口をすすぐこと。うがい。「―剤」

がん-そう【雁瘡】サウ ―→がんがさ

がん-ぞう【贋造】ザウ ―(名・他スル) 本物に似せて造ること。また、その偽物。偽造。「―紙幣」

かん-そく【観測】クワン ―(名・他スル) ①天体・気象など、自然現象の変化を観察し測定すること。「気象―」②ある事物を観察して、そのなりゆきを推測すること。「希望的―」

―ききゅう【―気球】キウ ①高空の大気の状態を観測するために上げる気球。②世論、または相手側の意見や反応などをみるため故意に流す情報。バロンデッセ。

かん-ぞく【奸賊・姦賊】憎むべきわるもの。心のよこしまな大悪人。

かん-そん【寒村】貧しくさびれた村。さびしい村。

かんそん-みんぴ【官尊民卑】クワンソン ―政府や役人を尊び、民間や民衆を低く見ること。

カンタータ〈イタリア cantata〉〔音〕独唱部・二重唱部・合唱部および器楽伴奏からなる、多楽章声楽曲。交声曲。

カンタービレ〈イタリア cantabile〉〔音〕楽曲の発想記号の一つ。「歌うように」の意。

ガンダーラ〈梵語 Gandhāra〉〔世〕パキスタン北西部ペシャワルを中心とする地域の古名。紀元前一世紀中ごろから紀元二世紀にかけて、ヘレニズム文化と仏教美術の融合したガンダーラ美術が栄え、その仏像彫刻は中国・日本にも影響を与えた。

かん-たい【冠帯】クワン ―冠と帯。また、衣冠束帯の礼装。

かん-たい【寒帯】〔地〕気候帯の一つ。北緯・南緯それぞれ六六度三三分から両極までの高緯度地方。気候上では最暖月の平均気温がセ氏一〇度未満の地帯。⇩温帯・熱帯

かん-たい【歓待・款待】クワン ―(名・他スル) 喜んでもてなすこと。手厚いもてなし。「客を―する」

かん-たい【緩怠】クワン ―一(名・形動ダ) ①気がゆるみおこたること。また、そのさま。「―なく事にあたる」②失礼。不作法。二(名) 過失。手ぬかり。「―至極」「―をわびる」

かん-たい【艦隊】二隻以上の軍艦で編制する海上部隊。

かん-だい【寛大】クワン ―(名・形動ダ) 他人にきびしくなく、思いやりがあること。心が広く大きいさま。「―な処置」

がん-たい【眼帯】疾患のある目を保護するためにあてるもの。

かんたい-じ【簡体字】中国の文字改革によって簡略化された字体の漢字。習→习、業→业など。簡化字。⇩繁体字

かん-だか・い【甲高い・疳高い】(形) カロ・カツ(ク)・イ・イ・ケレ・○ 声や音の調子が高く鋭い。「―悲鳴」文かんだか・し(ク)

かん-たく【干拓】(名・他スル) 遠浅の海や湖沼に堤防・水門を設けて排水し、新たに陸地や農地をつくること。「―地」

かんだち-め【上達部】昔、朝廷に仕えた太政大臣・左右大臣・大中納言・参議および三位以上の高官。ただし参議は四位でもこの中にはいる。公卿。上達部。

がん-だて【願立て】グワン ―(名・自スル) 神仏に誓いをたてて願い事をすること。願かけ。立願。

カンタベリー-ものがたり【カンタベリー物語】イギリスの詩人チョーサーの物語詩。一四世紀末に執筆。カンタベリー寺院に詣でる巡礼者たちの語るさまざまな物語を集成。

かん-たまご【寒卵】鶏が寒中に産んだ卵。滋養に富むといわれる。冬

かん-たる【冠たる】クワン ―(連体)(多く「…に冠たる」の形で)最もすぐれた。「世界に―福祉国家」

がん-だれ【雁垂[れ]】漢字の部首名の一つ。「原」「厚」などの「厂」の部分。

かん-たん【肝胆】①肝臓と胆嚢。②心。心中。心の底。

―相照らす たがいに心の底まで打ち明けて深くつきあう。

―を砕く 心を尽くす。たいへん苦心する。

かん-たん【邯鄲】①〔動〕コオロギ科の昆虫。体は細長く淡い黄緑色。雄は美しい声で鳴く。秋 ②中国の古い都市名。

―の歩み 自分の本分を忘れてむやみに人まねをすると、どちらも失ってしまうことのたとえ。〔故事〕昔、燕の村の青年が趙の都の邯鄲に行き、都会風の歩き方を習ったが身につかず、自分のもとの歩き方まで忘れてしまい、腹ばいになって帰国したという話による。〈荘子〉

―の夢 人の世の栄枯盛衰は夢のようにはかないことのたとえ。邯鄲の枕。盧生の夢。一炊の夢。黄粱一炊の夢。〔故事〕唐の盧生という青年が邯鄲の町の茶店で仙人の呂翁から枕を借りて眠り、五十余年の栄華を極めた人生を体験するが、気付くとそれは炊きかけの粟がまだ煮えあ

がらない片時の夢であったという話による。〈枕中記〉

かん-たん【感嘆・感△歎】(名・自スル) 感心してほめること。

―し【―詞】→かんどうし

―ふ【―符】文の終わりにつけて感動・驚き・強調などの意を表す「!」の符号。エクスクラメーションマーク。

かん-たん【簡単】(名・形動ダ) ①こみいっていないさま。単純でわかりやすいさま。「―な問題」「―な操作」↔複雑 ②時間・手数のかからないさま。「夕食は―にすませよう」

―ふく【―服】簡単に仕立てた女性用の夏のワンピース。あっぱっぱ。

かん-だん【間断】切れめ。絶え間。「雨が―なく降り続く」

かん-だん【寒暖】寒さと暖かさ。「昼夜の―の差」

―けい【―計】気温を測定する器具。温度計。

かん-だん【閑談】(名・自スル) ①静かに語ること。「―数刻」②当面の問題から離れたむだ話。閑話。

かん-だん【歓談・款談】クワン (名・自スル) うちとけて楽しく話すこと。また、その話。「しばらくご―ください」

がん-たん【元旦】グワン (「旦」は朝の意) 一月一日の朝。また、一月一日。元日。[新年]

かん-ち【△奸知・△奸智】悪知恵。狡智(こうち)。「―にたける」

かん-ち【完治】クワン (名・自スル) 病気やけがなどが完全に治ること。完治(かんじ)。「病気が―する」

かん-ち【官地】クワン 政府の所有地。官有地。国有地。

かん-ち【官治】クワン 国が国の機関で直接行政を行うこと。

かん-ち【寒地】寒冷な土地。↔暖地

かん-ち【換地】クワン (名・自スル) 土地を交換すること。また、かわりの土地。かえ地。

かん-ち【閑地】①静かな土地。②利用されずにあいている土地。③ひまな地位。職務のない身分。

かん-ち【感知】(名・他スル) 感じ取って知ること。気づくこと。「地震の揺れを―する」

かん-ち【関知】クワン (名・自スル) かかわりを持ち、事情などを知ること。あずかり知ること。「一切―しない」

かん-ちがい【勘違い】チガヒ (名・自スル) まちがって思いこむこと。考え違い。思い違い。「運を実力と―する」

かん-ちく【寒竹】〘植〙竹の一種。高さ二―三メートルで表皮は紫色を帯びた緑色。庭木や生け垣用として栽培。紫竹(しちく)。

がん-ちく【含蓄】言葉や文章の内容が豊かで含みをもつこと。意味が深くあじわいのあること。「―のある文章」

かん-ちつ【巻△帙】クワン 書籍の巻と帙(ちつ)。転じて、書籍。

かん-ちゅう【寒中】①暦のうえで、小寒から大寒が終わるまでの間。寒のうち。[冬] ②冬の寒さのきびしい期間。[冬] ↔暑中

かん-ちゅう【閑中】ひまな間。用事のない時。

がん-ちゅう【眼中】①目の中。②視界。③関心や意識の範囲内。「―にない(=まったく問題にしない)」

かん-ちょう【干潮】テウ 潮がひいて海面が最も低くなった状態。引き潮。↔満潮

かん-ちょう【完調】クワンテウ 体などの調子が完全であること。

かん-ちょう【官庁】クワンチヤウ ①国家の政務を取り扱う機関。官署。②役所。

かん-ちょう【△浣腸・△灌腸】クワンチヤウ (名・他スル) 〘医〙便通をうながしたり栄養を補給したりするため、肛門(こうもん)から薬液を直腸・大腸に注入すること。

かん-ちょう【貫長・貫頂】クワンチヤウ →かんじゅ(貫首)②

かん-ちょう【間△諜】テフ 敵のようすをひそかにさぐり、味方に知らせる者。間者。スパイ。

かん-ちょう【勧懲】クワン 「勧善懲悪(かんぜんちょうあく)」の略。

かん-ちょう【管長】クワンチヤウ 〘宗〙仏教・神道で、一宗派の行政を管理する長。

かん-ちょう【館長】クワンチヤウ 図書館・公民館など、館と名のつく施設の管理責任者。

かん-ちょう【△灌頂】クワンチヤウ →かんじょう(灌頂)

かん-ちょう【艦長】チヤウ 軍艦の乗組員の長。

がん-ちょう【元朝】グワンテウ 元日の朝。元旦(がんたん)。[新年]

かん-つう【△姦通】(名・自スル) ①男女間の道徳に反した性交。②夫婦のいずれかが配偶者以外の異性と肉体関係を結ぶこと。不義。

かん-つう【貫通】クワン (名・自スル) 貫き通ること。反対側へ抜け通ること。「―銃創」「トンネルが―する」

カンツォーネ〈イタリア canzone〉〘音〙イタリアの民謡風歌曲。

かん-づ・く【感付く・勘付く】(自五) カ(コ)・キ(イ)・ク・ク・ケ・ケ 直感的に気がつく。気配などでそれと知る。「たくらみに―」

かん-つばき【寒△椿】①寒中に咲くツバキ。[冬] ②〘植〙ツバキ科の常緑低木。十一月から一月にかけて紅色の花を開く。

かん-づめ【缶詰】クワン ①食品を缶に密封し、加熱・殺菌して保存できるようにしたもの。②一つの事にかかりきりになれるよう、人をある場所に閉じこめること。また、予期せぬ所に閉じこめられること。「作家をホテルに―にする」[はじまり]①は、日本では、一八七一(明治四)年に松田雅典(まさのり)が、フランス人の指導の下、長崎でイワシの油漬け缶を作ったのが最初。

かん-てい【官邸】クワン 大臣・長官などが公務を行うための住宅として、国が提供する邸宅。「首相―」↔私邸

かん-てい【△戡定】(名・他スル) (「戡」は戦いに勝つ意) 武力で争乱を平定すること。「内乱を―する」

かん-てい【艦艇】(「艦」は大きな船、「艇」は小さな船の意) 大小各種の軍艦の総称。

かん-てい【鑑定】(名・他スル) 物のよしあし・真偽・価値などをみきわめること。目利き。「精神―」「宝石を―する」

がん-てい【眼底】眼球の内側の底面。目のそこ。「―出血」

―けんさ【―検査】検眼鏡を用いて眼底を検査すること。眼病のほか高血圧・動脈硬化などの診断にも用いられる。

ガンディー〈Mohandas Karamchand Gandhi〉(一八六九―一九四八) インド民族運動の指導者。ロンドン大学で法律を学び、帰国後、非暴力・不服従主義による反英運動を展開。インド独立に尽力したが、狂信的ヒンドゥー教徒に暗殺された。大聖を意味する「マハトマ」と呼ばれる。ガンジー。

かんてい-りゅう【勘亭流】リウ 歌舞伎(かぶき)の番付・看板などを書くときに用いる丸みを帯びた筆太(ふとで)の書体。[語源]江戸中村座のために書家の岡崎屋勘六(号、勘亭)が始めたという。

歌舞伎十八番

〔勘亭流〕

かん-てき〘方〙京阪地方で、「七厘(しちりん)」のこと。

かん-てつ【貫徹】クワン (名・他スル) 自分の考えや行動を貫き通すこと。やり通すこと。「初志―」「要求を―する」

カンテラ〈オランダ kandelaar〉携帯用の石油ランプ。ブリキなど金属製の容器に石油を入れ、糸の芯を用いたもの。

カンデラ〈candela〉〘物〙国際単位系における光度の基本単位。記号 cd

かん-てん【干天・△旱天】ひでり続きの空。[夏]

―の慈雨(じう) (ひでりに降る恵みの雨の意から) 待ち望んでいたものや、苦難の時にさしのべられる救いの手にたとえる。

かん-てん【官展】クワン 政府の機関が主催する展覧会。

かん-てん【寒天】①冬のさむざむとした空。[冬] ②テングサを煮てその汁を凍らせ、乾かしたもの。水で戻したのち煮溶かして

固め、ゼリー状になったものもいう。

かん‐てん【寒点】→れいてん(冷点)

かん‐てん【観点】クヮン 物事を観察したり考察したりする場合の立場。見地。「客観的なーに立ってものを見る」

かん‐でん【乾田】排水がよく、灌漑(かんがい)しないときには田の面が乾燥し、畑としても使える水田。↔湿田

かん‐でん【感電】(名・自スル)電流が体に伝わって衝撃を受けること。「ー死」

かんてん‐きち【歓天喜地】クヮンテン(天地に対し歓喜する意から)非常な喜びを表すこと。

かん‐でんち【乾電池】電解液を糊状(のりじょう)にしたり、紙などに吸収させたりして携帯や取り扱いを便利にした電池。マンガン電池・アルカリ電池・水銀電池などがある。(はじまり)一八八〇年代後半の同じころ、ドイツのガスナー、デンマークのヘレセン、日本の屋井先蔵(やいさきぞう)らがそれぞれ独自にマンガン電池を開発。

かんてん‐ぼうき【観天望気】クヮンテンバウキ 風や雲の動き、太陽や月の見え方などを観察し、経験的に天気を予想すること。

かん‐と【官途】クヮン 官吏としての職務・地位。「ーに就く」

カント〈Immanuel Kant〉(一七二四～一八〇四)ドイツの哲学者。批判主義の立場から、理性そのものの権能・領域・限界を明らかにしようと努め、近代市民の倫理を内面から確立した。著書「純粋理性批判」「実践理性批判」「判断力批判」など。

かん‐ど【漢土】昔、他国から呼んだ中国の称。唐土(もろこし)。

かん‐ど【感度】刺激に対して感じる度合い・程度。「ー良好」

かん‐とう【完投】クヮン(名・自スル)野球で、一人の投手が一試合を投げきること。「ー勝利」

かん‐とう【官等】クヮン 官職の等級。

かん‐とう【巻頭】クヮン ①巻物や書物の初めの部分。巻首。「ーを飾る言葉」↔巻末 ②物事の初め。

―げん【―言】書物や雑誌の初めに載せる言葉や文章。

かん‐とう【竿頭】さおの先。「百尺ー一歩を進む」

かん‐とう【寒灯】①寒々とした冬の灯火。(冬) ②さびしく光るともしび。

かん‐とう【敢闘】(名・自スル)勇敢に戦うこと。「ー精神」

かん‐とう【関頭】クヮン 重大なわかれめ。「生死のーに立つ」

かんとう【関東】クヮントウ ①「関東地方」の略。↔関西 ②古く、逢坂(おうさか)の関から東方の諸国の総称。後世、箱根の関以東の八か国。関八州。③鎌倉幕府。④江戸幕府。

―だいしんさい【―大震災】一九二三(大正十二)年九月一日、東京・横浜を中心に関東地方を襲った地震。また、それに伴う火災などの災害。震源地は相模湾(さがみわん)。

―だき【―炊き】(関西地方で)おでん。関東煮(に)。(冬)

―ちほう【―地方】チハウ 東京都と茨城・栃木・群馬・埼玉・千葉・神奈川の六県からなる地域の総称。

―に【―煮】→かんとうだき

かん‐どう【勘当】ダウ(名・他スル)親・師が品行の悪い子や弟子(でし)との縁を切り追放すること。「放蕩(ほうとう)息子をーする」

かん‐どう【間道】ダウ 抜け道。わき道。↔本道

かん‐どう【感動】(名・自スル)深く物事に感じて心を動かされること。「ーを覚える」「無ー」

―し【―詞】〔文法〕品詞の一つ。自立語で活用がなく、主語や修飾語となることがなく、感動・呼びかけ・応答などを表す語。間投詞。感嘆詞。「ああ」「おい」「はい」など。

―ぶん【―文】〔文法〕文の種類の一つ。感動の気持ちを表す文。感嘆文。「ああ、よかったなあ」「まあ、すてきね」など。

がん‐とう【岸頭】岸のほとり。岸の上。

がん‐とう【岩頭】岩の突端。岩の上。

がん‐どう【龕灯】①仏壇のともしび。灯明(とうみょう)。②「がんどうちょうちん」の略。

―がえし【―返し】ガヘシ 芝居で、回り舞台を用いないで、大道具をうしろに倒し、底になっていた面を垂直に立てて背景を変えるしかけ。どんでん返し。(参考)「強盗返し」とも書く。

―ぢょうちん【―提灯】ヂャウチン ブリキ板や銅板を釣鐘形に作り、中にろうそくを立てて、それが自由に回転し前方だけを照らすようにした照明具。がんどう。(参考)「強盗提灯」とも書く。

〔がんどう提灯〕

かんとう‐し【間投詞】→かんどうし

かんとう‐じょし【間投助詞】〔文法〕助詞の分類の一つ。文の途中や文末に用いて、語調を整えたり感動を添えたりする助詞。口語の「ね」「ねえ」「さ」、文語の「や」「よ」「を」など。

かん‐どうみゃく【冠動脈】クヮン →かんじょうどうみゃく

かん‐とく【感得】(名・他スル)道理や真理を感じ取って会得すること。「自然の摂理をーする」

かん‐とく【監督】(名・他スル)上に立って、全体の指揮・取り締まり・管理などにあたること。また、その人・機関。「映画ー」

かん‐どころ【勘所】①三味線(しゃみせん)・琴などで、特定の音を出すために指先で弦を押さえる位置。②物事をするうえで、はずしてはならないたいせつな点。急所。「ーを押さえる」

がんと‐して【頑として】グヮント(副)かたくなに自説を主張して、人の言葉を聞き入れないさま。「ー承諾しない」

カントリー〈country〉①田舎。田園。郊外。「ースタイル」「クロスー」②国。国家。③「カントリーミュージック」の略。

―クラブ〈country club〉郊外にある、ゴルフ場やテニスコートなどをそなえた施設。

―ミュージック〈country music〉〔音〕アメリカ南部・西部の白人系の民謡に起源をもつポピュラー音楽。カントリー。

かんな【鉋】材木の表面をけずってなめらかにするための道具。「ーをかける」

カンナ〈canna〉〔植〕カンナ科の多年草。葉は大形で楕円(だえん)形。品種が多く、夏から秋に紅・黄色などの花を開く。(秋)

かん‐ない【管内】クヮン 官庁や機関の権限が及ぶ区域の内。管轄下。↔管外

かん‐ながら【神ながら・×随神・×惟神】(副)〔古〕(「かむながら」の転)①神でおありになるままに。②神のみ心のままに。

―の道(みち) 日本古来の神道。

かんな‐づき【神無月】カムナ 陰暦の十月。かみなづき。かみなしづき。(冬)(参考)俗説に、日本全国の神々が、この月に出雲(いずも)大社に集まるためにそれぞれの地を留守にするので、この称があるという。あるいは、「な」は「の」の意で「神の月」の意からとも。

かん‐なべ【燗鍋】酒の燗(かん)をするなべ。多くは銅製。

かんなめ‐さい【神嘗祭】カンナメ 天皇がその年の新穀を伊勢(いせ)神宮に奉る祭り。十月十七日に行われる。かんなめのまつり。(秋)

かん‐なん【艱難】(「艱」も「難」もつらい・苦しいの意)困難にあい苦しみ悩むこと。つらいこと。難儀。

―汝(なんじ)を玉(たま)にす 人は多くの困難や苦労を経験することによって、りっぱな人物になる。

―しんく【―辛苦】困難にあって苦しみ悩むこと。

かん‐にゅう【貫入】クヮンニフ 一(名・自他スル)つらぬいて入れること。また、つらぬいてはいること。二(名)陶磁器の表面の細か

いひび。貫乳。㊂(名・自スル)〘地質〙マグマが地殻内で岩石の割れ目や地層にはいって、岩石として凝結すること。

かん-にゅう【△嵌入】 ─(名・自他スル) あいた穴の中にはめこむこと。また、中にはまりこむこと。

かん-にょ【官女】 ─ →かんじょ(官女)

かん-にょう【△凵△繞】 ─ 漢字の部首名の一つ。「凶」「画」などの「凵」の部分。うけばこ。

かん-にん【官人】 ─ ①役人。官吏。②律令制時代、諸省の主典以上の者の総称。

かん-にん【堪忍】(名・自スル) ①怒りをこらえ、他人を許すこと。勘弁。「─ならない」②がまんすること。

─ぶくろ【─袋】 怒りをこらえる度量を袋にたとえた言葉。

─の緒が切れる 堪忍できる限度をこえることのたとえ。

がん-にん【願人】 ─ ①願書などをもって願い出た人。②神仏に願をかけた人。祈願者。③「願人坊主」の略。

─ぼうず【─坊主】 江戸時代、人家の門前に立って銭をこい、人にかわって祈願や水垢離などをしたこじき僧。

カンニング〈cunning ずるい〉(名・自他スル) 試験のときに他人の答案や隠し持ったメモを見るなどの、不正行為をすること。参考 英語では cheating という。

かん-ぬき【△閂】 ─ ①閉めた門や戸を外から開けられないように横に渡す棒。②相撲で、相手のもろざしの両腕をかかえ、しぼりあげて攻めるわざ。語源「貫の木」の転。

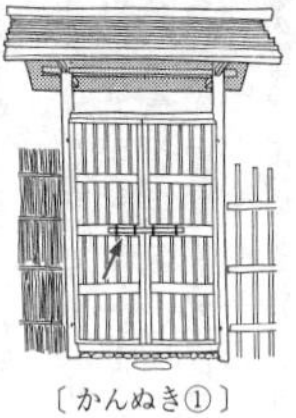

〔かんぬき①〕

かん-ぬし【神主】 神社に仕えて神を祭る人。神官。また、その長。

かん-ねい【△奸△佞・△姦△佞】(名・形動ダ) 心がねじけてずる賢く、人にこびへつらうさま。また、その人。「─邪知」

かん-ねつ【寒熱】 ①寒さと暑さ。②悪寒と熱気。

─おうらい【─往来】 病気のために、寒気をおぼえたり熱が出たりすること。漢方でいう。

かん-ねん【観念】 ─ ㊀(名・自他スル)〘仏〙精神を集中して真理・仏身を思い考えること。㊁(名・自スル) あきらめること。覚悟。「もはや逃げられないと─する」㊂(名) ①〘哲〙思考や感覚など、心のはたらきの内容。↔実在 ②ある物事についての考え・意識。「時間の─がない」

─しょうせつ【─小説】〘文〙作者の持つ観念(思想)をはっきりとわかるように作品化した小説。特に、明治中期に流行した、悲劇的状況や社会の暗黒面を描いた小説のこと。泉鏡花の「夜行巡査」、川上眉山の「書記官」など。

─てき【─的】(形動ダ) 現実のものや事柄をはなれて、頭の中で抽象的・空想的に考えるさま。

─ろん【─論】 ①〘哲〙㋐実在の世界は、それを認識することによってはじめて実在となるという説。↔実在論 ㋑物質や自然ではなく、精神や意識が世界を形づくる根源であると考える立場。↔唯物論 ②現実をふまえずに頭の中だけでつくりあげた考え。「─にすぎない」

がん-ねん【元年】 ─ ①年号の改まった最初の年。「令和─」②天子が即位した最初の年。「文武天皇の─」③画期的な物事の始まった最初の年。「インターネット─」

かん-ねんぶつ【寒念仏】〘仏〙寒中の夜に、鉦をたたき念仏を唱えながら巡行し、寺に詣でること。かんねぶつ。冬

かん-の-いり【寒の入り】 寒の季節にはいること。また、その日。小寒。一月の五、六日ごろ。冬

かん-のう【完納】(名・他スル) 決められた金額や物品を残らず納めること。全納。皆納。「商品を─する」

かん-のう【官能】 ─ ①動物の諸器官のはたらき。特に、感覚器官のはたらき。②性的刺激を受けいれるはたらき。

─てき【─的】(形動ダ) 性的感覚を刺激するさま。肉感的。「─な描写」

かん-のう【堪能】(名・形動ダ) その道に通じて巧みなさま。また、その人。「語学に─な人」↔不堪 参考「たんのう」は慣用読み。

かん-のう【間脳】 ─〘生〙大脳半球と中脳との間にある脳の一部。自律神経系の中枢があり、体温や血圧の調節を行う。

かん-のう【感応】 ─(名・自スル)(「かんおう」の連声) ①心が物事に感じて反応すること。②〘宗〙信仰する心が神仏に通じて、そのしるしがあらわれること。③→ゆうどう②

かん-の-き【△閂・貫の木】 ─ →かんぬき

かん-の-もどり【寒の戻り】 春に入り暖かくなってから、一時的に寒さがぶり返すこと。春

かん-のん【観音】 ─ →かんぜおんぼさつ

─ぎょう【─経】〘仏〙法華経第八巻第二十五品「普門品」の通称。観世音菩薩の功徳を説く。

─びらき【─開き】 中央から左右に開くしくみの扉。また、その開き方。両開き。語源 観世音菩薩の像をおさめた厨子の扉のつくりからいう語。

─りき【─力】〘仏〙観世音菩薩の功徳の力。

かん-ば【汗馬】 ①馬を走らせて汗をかかせること。②駿馬。

─の労 ①戦場での手柄。戦功。②物事をまとめるために駆けずり回る苦労。故事 天下を統一した漢の高祖が武器や食糧の調達で働いた蕭何を厚く賞したとき、将軍たちが「われらは戦場を命がけで奔走したが、蕭何には汗馬の労がない。ただ筆と帳簿の仕事にすぎない」と反対したことによる。〈史記〉

かん-ば【△悍馬・△駻馬】 荒々しい性質の馬。あばれ馬。

かん-ぱ【看破】(名・他スル) 隠されていた事実などを、見破ること。「真相を─する」

かん-ぱ【寒波】〘気〙冬、寒冷な大気が移動してきて、気温が急に下がる現象。「─襲来」冬

カンパ〈ロシア kampaniya の略〉(名・自スル) 大衆によびかけて資金を募ること。また、それに応じて金を出すこと。

かん-ばい【完売】 ─(名・他スル) 売るべく準備した品を残さず売りつくすこと。「即日─」

かん-ばい【寒梅】 寒中に咲く梅。冬

かん-ばい【観梅】 ─ 梅の花を観賞すること。梅見。春

かん-ぱい【完敗】 ─(名・自スル) 試合・競技などで、いいところがなく負けること。「優勝候補に─する」↔完勝

かん-ぱい【乾杯】(名・自スル) たがいに杯を上げ、祝福の気持ちをこめて酒を飲みほすこと。また、その時の掛け声。「─の音頭をとる」

かん-ぱい【感△佩】(名・自スル)(「佩」は心にとめる意) 深く感謝して忘れないこと。「ご厚情─の至りに存じます」

かん-ぱく【関白】 ─ ①〘日〙(「関り白す」の意) 天皇を助けて政務を総括する令外官。八八七(仁和三)年藤原基経にはじまる。②権力の強いもののたとえ。「亭主─」

かんばし・い【芳しい】(形) ①においがよい。香りが高い。「茶の─香り」②(多く、下に打ち消しの語を伴って) りっぱである。結構である。「─成績を残していない」文かんば・し(シク) 参考 ①は「◦香しい」「△馨しい」とも書く。語源「かぐわしい」の転。

かんばしくない 思わしくない。不調である。「結果が─」

かん-ばし・る【甲走る】(自五) 声が高く細く鋭くひびく。「―・った声で叫ぶ」

カンバス〈canvas〉①油絵を描くための、麻や木綿製の画布。②あらく織った麻布。ズック。参考「キャンバス」ともいう。

かん-ばせ【顔】顔つき。顔かたち。「花の―(=花のように美しい顔)」語源「かおばせ」の転。

かん-ぱち【間八】〘動〙アジ科の海産硬骨魚。ブリに似るが、体高が高い。東北地方以南に分布する。食用。夏 語源 八の字形の暗色斑紋が前額部にあるので、この名がある。

かん-ばつ【旱魃】(「魃」は、日照りの神の意)長い間雨が降らず、農作物の生育に必要な水がかれてしまうこと。日照り。夏 参考「干魃」とも書く。

かん-ばつ【間伐】(名・他スル) 森林や果樹園で、木の生育を助けるために、一部の木を切ってまばらにすること。すかしぎり。

かん-ばつ【簡抜】(名・他スル) 選んでぬきだすこと。

かん-ぱつ【渙発】(名・他スル) 詔勅を広く天下に発布すること。「大詔―」

かん-ぱつ【煥発】(火の燃え出るように)すぐれた面が外面に輝きあらわれること。「才気―」

かんはっしゅう【関八州】(「関東八州」の略)箱根から東の八か国。相模・武蔵・安房・上総・下総・常陸・上野・下野の国をいう。

かんはつをいれず【間髪を容れず】(毛一本ほどのすきまもつくらない意)ほとんど間をおかずに。すぐに。「―言い返す」

カンパニー〈company〉会社。商会。商社。コンパニー。

かんばら ありあけ【蒲原有明】(一八七六―一九五二) 詩人。東京生まれ。近代象徴詩の代表作家で、詩風は幽愁・瞑想的。詩集「草わかば」「独絃哀歌」「春鳥集」「有明集」など。

がん-ば・る【頑張る】(自五) ①困難に屈せず、やりとげようと努力する。「徹夜で―」②ゆずらず自説を主張する。「ひとり、反対を叫んで―」可能 がんば・れる(下一)

かん-ばん【看板】①店名・商品名・興行の出し物などを宣伝や案内のために書いて、人目につく所に掲げる板。②人の関心をひいたり評判をとったりするのに有効なもの。「―番組」③表向きの名目。見せかけ。「慈善を―にする」「―に偽りなし」④店の名前。また、店の信用。「―に傷がつく」⑤(看板をしまいこむことから)その日の営業を終わりにすること。「もう―です」

――を下ろす ①その日の営業を終える。②廃業する。店をたたむ。③掲げていた主義・主張・方針などを取り下げる。

――だおれ【―倒れ】見かけはりっぱだが内容の伴わないこと。また、そういうもの。見かけ倒し。

――むすめ【―娘】店先にいて、客をひきつけるきれいな娘。

かん-ばん【燗番】料理屋などで、酒の燗をする役の人。

かん-ぱん【干犯】(名・他スル) 干渉して他の権利を犯すこと。「統帥権の―」

かん-ぱん【甲板】船の上部の、木や鉄板をはった広く平らな床。デッキ。参考 船舶用語では、多く「こうはん」という。

かん-ぱん【官版・官板】政府が出版すること。また、そのもの。↔私版

かん-ぱん【乾板】写真の感光板の一つ。ガラスなどの透明な板に感光乳剤をぬって乾かしたもの。⇩湿板

かん-パン【乾パン】保存・携帯に適するように、水気を少なくして堅く焼いてある、ビスケットに似た小さいパン。

がん-ばん【岩盤】〘地質〙地中の岩石層。岩石地盤。

かん-び【甘美】(名・形動ダ) ①うっとりするほどに、快いこと。また、そのさま。「―な音楽」②甘さがほどよくて味がよいこと。また、そのさま。「―な味わい」

かん-び【完備】(名・自他スル) 完全に備わっていること。また、完全に備えること。「冷暖房―」↔不備

かん-び【巻尾】巻物や書物の最後の部分。巻末。↔巻首

かん-び【艦尾】軍艦の最後尾。↔艦首

かん-ぴ【官費】政府が出す費用。「―留学」↔私費

かんぴ【韓非】(前?―前二三三?) 中国、戦国時代末期の思想家。韓非子は尊称。権力主義的な法治主義を唱える法家の思想を大成した。「韓非子」二〇巻はその論述・思想をまとめたもの。

がん-ぴ【雁皮】①〘植〙ジンチョウゲ科の落葉低木。暖かな山地に自生。葉は卵形で互生。夏、多数の黄色い小花を開く。樹皮の繊維は上質の和紙の原料となる。②「がんぴ紙」の略。

〔がんぴ①〕

――し【―紙】ガンピの樹皮の繊維でつくった和紙。薄くて丈夫で透明度が高い。

ガンビア〈Gambia〉アフリカ大陸の西岸にある共和国。首都はバンジュール。

かんぴし【韓非子】→かんぴ(韓非)

かん-びょう【看病】(名・他スル) 病人の世話をすること。「徹夜で―する」

かん-ぴょう【干瓢・乾瓢】ユウガオの果肉を、ひも状に薄く細長くむいて干した食品。水でもどして使う。「―巻き」

がん-びょう【眼病】目の病気。眼疾。

かんぴょう-き【間氷期】〘地質〙氷河時代で、氷期と氷期との間の比較的温暖な時期。↔氷期

かん-ぶ【官武】①貴族と武家。②文官と武官。

かん-ぶ【患部】病気や傷のある部分。「―に湿布する」

かん-ぶ【幹部】会社・団体などの中心になるおもな人。首脳部。「―候補生」

かん-ぷ【完膚】傷のない完全な皮膚。

――無きまでに 徹底的に。「―やられる」

かん-ぷ【官府】①朝廷。政府。②役所。官庁。

かん-ぷ【姦夫】夫のある女性と関係をもった男。まおとこ。

かん-ぷ【姦婦】夫のある身で他の男性と関係をもった女。

かん-ぷ【悍婦】性質の荒い女。気性の激しい女性。

かん-ぷ【乾布】かわいた布。

――まさつ【―摩擦】皮膚を鍛えて健康を増進するため、乾いた布を使って、体全体をよくこすること。

かん-ぷ【還付】(名・他スル)(一時的に所有・領有したものを)本来の持ち主へもどすこと。「―金」

カンファレンス〈conference〉会議。協議会。コンファレンス。

カンフー〈中国 功夫〉中国の拳法。空手に似る。クンフー。

かん-ぷう【完封】(名・他スル) ①完全に相手の活動を封じ込めること。②野球で、投手が完投して最後まで相手チームに点を与えないこと。シャットアウト。「―勝ち」

かん-ぷう【寒風】冬のさむい風。「―にさらされる」冬

かん-ぷう【観楓】もみじを観賞すること。もみじがり。秋

かん-ぷく【官服】警察官・裁判官・自衛官などの公務員に、政府から支給される服。公務員の制服。↔私服

かん-ぷく【感服】(名・自スル) 深く感心して敬服すること。「―の至り」「みごとな手並みに―する」

がん-ぷく【眼福】美しいものや貴重なものを見ることができた幸福。「―にあずかる」「―を得る」

かん-ぶくろ【紙袋】〘俗〙(「かみぶくろ」の音便)紙製の袋。

かん‐ふぜん【肝不全】〘医〙肝臓のはたらきが著しく低下した状態。黄疸・腹水・意識障害・昏睡などをひき起こす。

かん‐ぶつ【△奸物・△姦物】悪知恵にたけた邪悪な人。

かん‐ぶつ【官物】政府の所有物。官有物。↔私物

かん‐ぶつ【乾物】乾燥させた食品。干ししいたけ・かつおぶし・こんぶ・かんぴょうなどの類。「―屋」

かん‐ぶつ【換物】(名・自スル) ①お金を品物にかえること。↔換金 ②お金を貴金属などにかえて財産を保持すること。

かん‐ぶつ【△灌仏】〘仏〙①仏像に香水(=仏に供える水)を注ぎかけること。また、その仏像。②「灌仏会」の略。

―え【―会】〘仏〙釈迦誕生の四月八日に、その誕生仏に甘茶を注ぎかける行事。仏生会。降誕会。花祭り。灌仏。春

がん‐ぶつ【△贋物】にせもの。まがいもの。「―をつかまされる」

かん‐ぶな【寒△鮒】寒中にとれるフナ。美味とされる。冬

かん‐ぶり【寒△鰤】寒中にとれるブリ。脂が乗って美味。冬

カンフル〈オランダ kamfer〉精製した樟脳液。かつて強心剤として用いられた。カンフル剤。

―ちゅうしゃ【―注射】①〘医〙重病人の心臓のはたらきを高めるために用いたカンフルの注射。②(比喩的に)勢いの衰えた物事をたちまちよみがえらせる、効果的な措置。カンフル剤。「この会社には―が必要だ」

かん‐ぶん【漢文】①中国(特に漢・唐宋代)の文章・文学。また、それを日本の語法で読んだ文。②日本で①にならって書かれた漢字だけの文章。(↔和文)

―くんどく【―訓読】漢文を日本語の文法に従った語順に変えて読み下すこと。

―ちょう【―調】漢文を訓読した文章の調子。また、その文章。簡潔で力強い特徴がある。

かん‐ぷん【感奮】(名・自スル) 感動して奮いたつこと。「―興起する」

カンペ (「カンニングペーパー」の略)テレビの収録時などで、カメラに映らないように出演者に指示を記して伝えるスケッチブックなどの小道具。

かん‐ぺい【観兵】(司令官・元首などが)兵を整列または行進させて、これを検閲すること。「―式」

かん‐ぺき【完璧】(名・形動ダ) (「璧」は、環状の宝玉。きずのない玉の意から)少しの欠点もなく完全なこと。また、そのさま。完全無欠。「―を期する」「―な仕事」

〘故事〙強国秦の昭王は趙の国の秘宝「和氏の璧」の入手を図り、一五の城との交換を求めた。趙の使者、藺相如は命がけで璧を持参したが昭王は約束を無視したため、藺相如は璧を取り戻して無事に帰国したのでいう。〈史記〉

かん‐ぺき【△癇癖】怒りっぽい性質。「―が強い」

がん‐ぺき【岸壁】①けわしくきりたった岸。②港や川岸の、船を横付けさせるための石やコンクリートづくりの波止場。

がん‐ぺき【岩壁】岩が壁のようにきりたった所。

かん‐べつ【鑑別】(名・他スル) 鑑定し、見分けること。「雌雄を―する」「―所(=少年鑑別所)」

かん‐べに【寒紅】寒中に作った最上のべに。特に、寒中の丑の日に買うものを丑紅といい、子供の疱瘡などにきくとされた。冬

かん‐べん【勘弁】(名・他スル) (「勘」は考える、「弁」はわきまえる意)他人の罪やあやまちなどを許すこと。容赦。「―ならない」

かん‐べん【簡便】(名・形動ダ) 手軽で便利なこと。

かん‐ぺん【官辺】政府・役所に関係すること。「―筋」

かん‐ぼう【官房】行政機関の内局の一つ。内閣・各省や都道府県庁などで、長官に直属して機密事項・人事・文書・会計などの事務をとる機関。「内閣―」「大臣―」

かん‐ぼう【感冒】→かぜ(風邪)

かん‐ぼう【監房】刑務所・拘置所などで受刑者・被告人などを入れておく部屋。参考 現在、法律では「居室」という。

かん‐ぼう【観望】(名・他スル) ①景色をながめ見わたすこと。「―台」②形勢をうかがうこと。情勢をうかがうこと。

かん‐ぽう【官報】法令・予算・人事などを、国民に知らせるために政府が刊行する日刊の機関紙。

かん‐ぽう【漢方】古く中国から伝わり日本で発達した伝統的医術。「―医」↔和方

―やく【―薬】漢方で使う医薬。おもに草の根や葉、木の皮などを原料にして調合する。漢薬。

かん‐ぽう【観法】〘仏〙自分の心の中に宿る仏法の真理を観察すること。また、真理を感じ念ずる法。観法。

かん‐ぽう【艦砲】軍艦に装備した大砲。「―射撃」

がん‐ぼう【顔貌】かおかたち。かおつきや姿。

がん‐ぼう【願望】(名・他スル) 願いのぞむこと。また、その願い。願望。「長年の―がかなう」

かんぽう‐の‐まじわり【管△鮑の交わり】利害得失をこえた親密な友達づきあいのたとえ。

〘故事〙春秋時代、斉の管仲と鮑叔牙は若いころから無二の親友で、ことに鮑叔牙はいつも管仲の計画と行動のすべてを信じ、どんなひどい境遇になってもこれを善意に解釈して生涯変わらぬ友情をもち続けたのでいう。〈史記〉

かん‐ぼく【△翰墨】(「翰」は筆の意) ①筆と墨。②書画をかくこと。詩文を作ること。また、広く、文学に関すること。

かん‐ぼく【△灌木】〘植〙「低木」の旧称。↔喬木

カンボジア〈Cambodia〉インドシナ半島南部にある立憲君主国。首都はプノンペン。

かん‐ぼつ【陥没】(名・自スル) (地面などが)周囲より落ちこむこと。「頭蓋骨―」「道路が―する」

がん‐ほどき【願△解き】(名・自スル) 神仏にかけた願がかなったとき、その報告を兼ねてお礼参りをすること。

かん‐ぽん【刊本】刊行された本。印刷された本。

かん‐ぽん【完本】二冊以上で組みになっている本の、全部そろっているもの。丸本。↔端本・欠本・零本

がん‐ぽん【元本】①元金。もとで。「―保証」②〘法〙利益・収入を生み出すもととなる財産。貸家・株券・著作権など。

かん‐まいり【寒参り】寒中の約三〇日間、信心や祈願のため毎夜神仏に参ること。また、その人。寒もうで。冬

ガンマ‐せん【γ線】〈gamma〉〘物〙ラジウムなどから出る放射線の一。波長のごく短い電磁波。透過力が強い。

かん‐まつ【巻末】書籍や巻物の終わりの部分。巻尾。↔巻頭

かん‐まん【干満】潮のみちひ。干潮と満潮。「潮の―」

かん‐まん【緩慢】(名・形動ダ) ①動きなどがゆっくりしていてのろいこと。また、そのさま。「動作が―だ」②処置などが手ぬるいこと。また、そのさま。「―な対応」

かん‐み【甘味】甘い味。また、菓子などの甘い食品。

―どころ【―処】あんみつやだんごなど、主として和菓子を出す飲食店。あまみどころ。

―りょう【―料】食品に甘い味をつけるために用いる調味料。砂糖・水あめなど。「合成―」

かん‐み【△鹹味】塩からい味。また、塩からい食品。

がん‐み【含味】(名・他スル) ①口の中に含んでよく味わうこと。②→がんみ(玩味)②

がん-み【玩味・翫味】グワン (名・他スル) ①食物をかみわけてよく味わうこと。②意味をよく考えて内容を味わうこと。含味。「熟読―する」
かん-みん【官民】クワン 政府と民間。役人と人民。「―一体」
かん-む【官務】クワン 官庁の事務。役所の仕事。役人の職務。
かんむてんのう【桓武天皇】クワンムテンワウ (七三七〜八〇六) 奈良末期・平安初期の第五〇代天皇。光仁天皇の第一皇子。七八一(天応元)年即位。長岡京・平安京への二度の遷都を行う。
かんむり【冠】①かぶりものの総称。②衣冠束帯のときのかぶりもの。③漢字の構成部分の一つ。漢字の上部にかぶせるもの。「草」の「艹(=草かんむり)」、「筆」の「⺮(=竹かんむり)」などの部分。④催し物・大会・施設などに、スポンサーの企業名や商品名を添えること。「―大会」
―を曲げる 不機嫌になる。⇒おかんむり
―づけ【―付け】→かむりづけ
かん-むりょう【感無量】ムリヤウ (名・形動ダ) →かんがいむりょう

簪 額 巾子 磯 海 纓
〔かんむり②〕

かん-め【貫目】クワン ①目方。重量。②尺貫法の重さの単位。一貫目は約三・七五キログラム。貫。③貫禄。
かん-めい【官名】クワン 官職の名称。
かん-めい【官命】クワン 政府からの命令。
かん-めい【感銘・肝銘】(名・自スル) 忘れられないほど深い感動を受けること。「―を受ける」
かん-めい【簡明】(名・形動ダ) 簡単ではっきりとしていること。また、そのさま。簡単明瞭。「―に説明する」
がん-めい【頑迷・頑冥】グワン (名・形動ダ) 頑固で物事の道理のわからないこと。また、そのさま。「―な父」
―ころう【―固陋】(名・形動ダ) 頑固で考え方に柔軟さを欠き、古い習慣や考えに執着すること。また、そのさま。
―ふれい【―不霊】(名・形動ダ) 頑固で無知なこと。また、そのさま。
かん-めん【乾麺】干しためん類。そうめん・干しうどんなど。
がん-めん【顔面】顔の表面。「―蒼白」
がん-もう【願望】グワンマウ (名・他スル) →がんぼう(願望)
かん-もく【緘黙】(名・自スル) 口をつぐんで話さないこと。

がん-もく【眼目】物事の大事な所。要点。主眼。「話の―」
かん-もじ【閑文字】なんの役にも立たない字句や文章。無益な言葉。閑文字。「―をもてあそぶ」
かん-もち【寒餅】寒中についた餅。图
がん-もどき【雁擬き】油揚げの一種。くずしたとうふに、野菜・糸こんぶなどを加えて平たくまるめて油で揚げた食品。飛竜頭。がんも。語源 雁の肉に似せた味の意。
かん-もん【喚問】クワン (名・他スル) (公的な場所に)人を呼び出して問いただすこと。「証人―」
かん-もん【関門】クワン ①関所。また、関所の門。②(比喩的に)通り抜けるのがむずかしい所。また、必ず通らなければならない所。「大人になるための―」
がん-もん【願文】グワン 神仏への願いを書きつけた文。願書。
かん-やく【完訳】クワン (名・他スル) どこも抜かさず全文を翻訳すること。また、その文章。全訳。↔抄訳
かん-やく【漢訳】(名・他スル) 外国語や日本語の文章を漢文に訳すこと。また、その文章。「―仏典」
かん-やく【漢薬】漢方医学で用いるくすり。漢方薬。
かん-やく【監訳】(名・他スル) 翻訳を監督すること。
かん-やく【簡約】(名・他スル・形動ダ) 要点をおさえて簡単にまとめること。手短なこと。また、そのさま。「内容を―する」
がん-やく【丸薬】グワン ねって小さくまるめた薬。
かん-ゆ【肝油】タラやサメなどの魚類の肝臓からとった脂肪。ビタミンA・Dを多く含み、夜盲症・くる病の薬に用いる。
かん-ゆ【換喩】クワン 修辞法の一種。あるものを表現するのに、それと関係の深いもので言い表す方法。「ホワイトハウス」でアメリカ合衆国政府を表すなどが、これにあたる。メトニミー。
かん-ゆう【官有】クワンイウ 政府の所有。国有。「―地」↔民有
かん-ゆう【勧誘】クワンイウ (名・他スル) すすめさそうこと。「保険の―を受ける」「新入生を野球部に―する」
がん-ゆう【含有】イウ (名・他スル) 成分・内容として、中に含んでいること。「―量」
かん-よ【関与・干与】クワン・カン (名・自スル) (「与」はあずかる意) たずさわること。かかわること。「政治に―する」
かん-よう【肝要】エウ (名・形動ダ) きわめてたいせつなこと。また、そのさま。「注意が―だ」
かん-よう【涵養】ヤウ (名・他スル) 徐々に養成すること。水が自然にしみ込むように、養いはぐくむこと。「情操を―する」

かん-よう【寛容】クワン (名・形動ダ) 心が広くて、よく人の言動を受け入れること。人のあやまちをとがめだてせず許すこと。また、そのさま。「―の精神」「―な態度」
かん-よう【慣用】クワン (名・他スル) 使い慣れること。習慣として一般に使われること。「―化される」「―的用法」
―おん【―音】正式な漢字の字音(漢音・呉音・唐音)とは別に、日本で一般に通用している字音。「消耗」の「耗」を「もう」、「攪拌」の「攪」を「かく」と読む類。
―く【―句】二つ以上の単語が結びつき、全体として特定の意味を表す言い方。「油を売る」「道草を食う」「鼻が高い」など。イディオム。慣用語。
―ご【―語】①→かんようく ②特定の社会や場面で通用している言葉。通用語。「おあいそ」「スタンバイ」などの類。
かんよう-しょくぶつ【観葉植物】クワンエフ 葉の色や形の美しさを観賞の対象とする植物。多くは、熱帯原産。
がん-らい【元来】グワン (副) もともと。初めから。本来。「―気が弱い」
がんらい-こう【雁来紅】→はげいとう
かんらいや… 俳句〔寒雷や びりりびりりと 真夜の玻璃〕〈加藤楸邨〉何か重苦しい気分に沈んでいたある冬の夜、突然、雷鳴がとどろき、真夜中の窓ガラスがびりりびりりと鳴った。私は一種爽快な解放感を覚えた。(寒雷 图)
かん-らく【陥落】(名・自スル) ①穴などに落ち込むこと。②地面などが落ち込むこと。「地盤の―」③攻め落とされること。「首都が―する」④熱意に負けて承知すること。口説き落とされること。「とうとう彼も―した」⑤成績・順位などが下がること。「首位―」
かん-らく【乾酪】→チーズ
かん-らく【歓楽】クワン 喜び楽しむこと。「―にふける」
―がい【―街】映画館や飲食店などが集まる盛り場。
かん-らん【甘藍】→キャベツ
かん-らん【橄欖】①〔植〕カンラン科の常緑高木。インドシナ原産で、白色の花を開き、楕円形の実を結び食用。種子からとれる油は食用・薬用。②〔誤訳されて〕オリーブ。「―油」
かん-らん【観覧】クワン (名・他スル) 芝居・展示品・風景などを、見物すること。見物。「―席」
―しゃ【―車】水車形の巨大な輪に人を乗せる箱(ゴンドラ)をつるし、輪をゆっくり回転させて、高所からの展望を楽しま

せる遊戯施設。

かん-り【官吏】 ①役所で公務に従事する人。役人。②「国家公務員」の旧称。

かん-り【冠履】 ①かんむりとくつ。②上位と下位。

―てんとう【―転倒】 上下の順序が逆になること。

かん-り【管理】（名・他スル）①保管・運用などをとりしきること。よい状態を保つようにとりさばくこと。「品質―」「財産を―する」②事務処理や経営をとりしきること。全体をとりしまること。「―部門」

―しょく【―職】 部長・課長・校長など、職場で責任をもって事務を取り締まり、監督する職種。また、その人。

―にん【―人】 管理をまかされている人。「アパートの―」

かん-り【監理】（名・他スル）監督し取り締まること。

がん-り【元利】 元金と利息。「―合計」

がん-りき【眼力】 物事の善悪・正邪などを見分ける力。物事を見通す力。眼力。「鋭い―」

がん-りき【願力】 ①願望を貫こうとする精神力。念力。②《仏》衆生を救おうとする阿弥陀仏の本願の力。

かん-りつ【官立】 政府によって設立・運営されること。また、その施設。「国立」の旧称。↔私立

かん-りゃく【簡略】（名・形動ダ）細かい点をはぶいて簡単にしてあること。また、そのさま。「説明を―にする」

かん-りゅう【乾留・乾△溜】（名・他スル）《化》空気を遮断して固体有機物を強く熱し、熱分解によってできた揮発分や残留物を回収すること。木材を乾留すると炭が得られる。

かん-りゅう【貫流】（名・自スル）川などが貫いて流れること。「川が市内を―する」

かん-りゅう【寒流】《海》水温が、周辺の海水よりも低い海流。ふつう、高緯度地方から低緯度地方へ流れる。カリフォルニア海流・千島海流（親潮）など。↔暖流

かん-りゅう【幹流】 川の本流。主流。

かん-りゅう【還流・環流】（名・自スル）①流れがもとのほうへもどること。②［環流］大気や海水の、大規模な流れ。

かん-りょう【完了】 ■一（名・自他スル）すっかり終わること。すっかり終えること。「準備―」■二（名）《文法》動作・作用がその時点で終了していること、また、その結果が存続していることなどを表す形式。助動詞「た」（口語）、「つ・ぬ・たり・り」（文語）などを付けて表す。

かん-りょう【官僚】 役人。官吏。特に、行政の中心となる上級の役人。「高級―」

―しゅぎ【―主義】 官僚一般にみられる、特有の考え方や行動様式。柔軟性の欠如や形式重視、権威主義・秘密主義・独善主義などの傾向を批判的にいう語。

―せいじ【―政治】 少数の特権的な高級官僚が実質上の国家権力を握って行う政治形態。

―てき【―的】（形動ダ）ダロ・ダッ（デ・ニ）・ダ・ナ・ナラ・○（官僚にありがちな）権威や規則を振り回して融通のきかないさま。

かん-りょう【感量】 計器が反応する最低の量。

かん-りょう【管領】 ①取り締まること。支配すること。また、その人。②自分の物にすること。

がん-りょう【含量】 中に含んでいる量。含有量。

がん-りょう【顔料】 ①《化》物の着色に用いる、水や油に溶けない不透明な物質。塗料などの原料。②絵の具。

がん-りょく【眼力】 →がんりき（眼力）

かん-りん【官林】 国家・政府所有の森林。国有林。

かん-りん【寒林】 冬枯れで葉の落ち尽くした林。冬

かん-りん【△翰林】 ①文書の集まっている所。②学者や芸術家たちの仲間。③「翰林院」の略。

―いん【―院】 ①昔、中国で学者に詔勅などの文章を作らせた役所。②「アカデミー」の訳語。

かん-るい【感涙】 感激して流す涙。「―にむせぶ」

かん-れい【寒冷】（名・形動ダ）冷えて寒いこと。また、そのさま。「―地」冬 ↔温暖

―しゃ【―△紗】 目の粗い、ごく薄くてかたい麻布または綿布。蚊帳・防虫網などに用いる。

―ぜんせん【―前線】《気》暖かい気団の下に、冷たい気団がもぐりこむときに発生する前線。にわか雨・雷雨や突風を伴い、気温を急に下げる。↔温暖前線

かん-れい【慣例】 ならわし。しきたり。慣習。「―に従う」

かん-れい【管◇領】《日》室町幕府の職名。将軍を補佐し、幕政を総括する職。足利一族の細川・斯波・畠山三氏から任ぜられ、この三氏を三管領という。

かん-れき【還暦】（満六〇年で、生まれた年の干支に還ることから）数え年六一歳のこと。本卦がえり。⇩賀

かん-れつ【寒烈】（名・形動ダ）寒さの激しいこと。また、そのさま。「―な風土」

かん-れん【関連・関△聯】（名・自スル）つながりのあること。関係。連関。「事件に―する事柄」

かん-ろ【甘露】 ①昔、中国の伝説で、仁政が行われるしるしに天が降らすという甘い露。②甘くて非常においしいこと。

―すい【―水】 砂糖をとかして煮てからさました水。

―に【―煮】 小魚などを水あめ・砂糖・みりん・しょうゆなどで、甘辛く煮つめた食品。

かん-ろ【寒露】 ①二十四気の一つ。陰暦九月の節で、陽暦では十月八日ごろ。秋 ②晩秋から初冬にかけておりる露。

がん-ろう【玩弄】（名・他スル）もてあそぶこと。なぶりものにすること。「―物」

かん-ろく【貫△禄】 身に備わった威厳や風格。重み。「―がつく」「―がある」

がん-ろう【頑△陋】 がんこで卑劣なこと。「―な人物」

かん-わ【官話】 中国、清代の標準語。「北京―」

かん-わ【閑話】 ①静かな話。②むだ話。

―きゅうだい【―休題】 それはさておき。さて。用法 わき道にそれた話を本筋にもどすとき、文の初めに用いる語。

かん-わ【漢和】 漢語と日本語。中国と日本。和漢。

―じてん【―字典・―辞典】 漢字・漢語の日本語としての読みや意味を日本語でしるした辞典。

かん-わ【緩和】（名・自他スル）きびしさ、激しさの程度をゆるめること。また、ゆるやかになること。「規制の―」

き キ

五十音図「か行」の第二音。「き」は「幾」の草体。「キ」は「幾」の草体の下略。

き【己】（字義）→こ（己）

き【生】（字義）→せい（生）

き-【生】（接頭）①新鮮・純粋の意を表す。「―真面目」②もとのままである、精製していないなどの意を表す。「―醤油」

き【生】 まじりけのないこと。純粋。「―のまま」「―で飲む」

き【企】 キ㊥ くわだてる㊥・たくらむ

ノ 人 个 个 仐 企

（字義）①つまだつ。待ちのぞむ。「企及・企望」②くわだてる。くわだて。「企画・企業・企図」人名 もと

き【伎】 キ㊥・ギ わざ

（字義）①わざ。うでまえ。＝技。「伎能」②わざおぎ。俳優。芸人。「伎楽・歌舞伎」

き【危】 教6 キ・あぶない・あやうい㊥・あやぶむ㊥

（字義）①あやうい。あぶない。「危機・危険・安危」↔安 ②あやぶむ。不安に思う。「危惧・危怖」③わざわい。災難。「危害」④たかい。「危峰・危欄」

き【机】 教6 キ㊥ つくえ

（字義）つくえ。物をのせたり、書物を読んだりする台。「机案・机下・机上論・案机・浄机」

き【気】 教1 【氣】人 キ・ケ

（字義）①き。㋐気体。空気。大気。水蒸気。「気圧・気温・蒸気」㋑風雨・寒暑など天地間の自然現象。「気候・気象・寒気・暑気」㋒におい。「香気」②物体の、目に見えない作用。「磁気・電気」③いき。呼吸。「気管・気息・酒気」④心のはたらき。「気鋭・気分・気力・意気・根気・短気・覇気・病気・勇気」⑤生まれつき。「気質・気性」⑥おもむき。目に見えないけはい。「気運・雰囲気」⑦宇宙の根本の理に基づく物質的要素。「理気」⑧陰暦で、一年を二四分した一期間。「節気・二十四気」 難読 気質・気触れる・気障・気っ風・気褄 人名 おき・のぼる

き【気】 ①風雨・寒暑など気候に関する自然現象。「秋の一がみなぎる」②空気・大気・水蒸気などの気体。「海の一を吸う」③いき。呼吸。「一がつまりそうだ」④気分。精神状態。「一を静める」「一が重い」⑤心の性質。気性。気質。「一が短い」「一が強い」「一がいい人」⑥心配。心づかい。「時間を一にする」「一をつかう」⑦何かをしようという心持ち。意図。積極的な気持ち。「浩然の一」「やる一」⑧物事や異性などにひかれる心。関心。「一をとられる」「一のない仕草」⑨物事を認識する心の働き。意識。「一を失う」⑩けはい。雰囲気。「殺伐の一が満ちる」⑪物のにおいや味。「一の抜けたビール」

―が合う 気持ちが通じあう。考え・性格などが、たがいに一致する。**―がある** ①関心がある。「その事に一」②恋い慕う気持ちがある。「彼女に一」**―が多い** 関心の対象が次々と変わる。移り気である。浮気である。**―が置けない** 気をつかったり遠慮したりする必要がなく、親しみやすい。「一間柄」**―が重い** ①よくないことが予想されて気分が晴れない。②気乗りがしない。おっくうだ。**―が利く** ①注意がゆきとどく。心が機敏にはたらく。②しゃれている。センスがいい。「気が利いた服」**―が気でない** 心配で、落ち着いていられない。**―が差す** 自分のしたことがなんとなく気になってうしろめたい。**―が知れない** 気持ちや考えが理解できない。「並んでまで買う人の一」**―が済む** 気がかりがなくなって、せいせいする。満足する。**―が急く** あせって心が落ち着かない。**―が立つ** 感情が高ぶって、心がいらいらする。**―が散る** 他のことが気になって集中できない。**―が付く** ①そのことに考えが及ぶ。気づく。②注意がゆきとどく。③正気になる。意識をとりもどす。**―が遠くなる** 意識がぼんやりする。**―が咎める** 心にやましく思う。**―が長い** あせらず、のんびりしている。ゆっくり構えている。**―が早い** 当分先と思われる事柄に意識や注意を向けたり、そのための行動をしたりする。**―が張る** 緊張して、くつろげない気持ちである。**―が引ける** うしろめたい感じがして気おくれする。遠慮される。**―が触れる** 精神状態がおかしくなる。気が狂う。**―が紛れる** 他のことに気持ちが向いて、ふさいだ気分や緊張を忘れる。**―が回る** あれこれとよく気がつく。**―が短い** ①怒りっぽい。②せっかちである。**―が滅入る** ゆううつな気分になる。**―が揉める** 心配事があって落ち着かない。**―が若い** 年齢のわりに気持ちが若々しい。**―に入る** 好きになる。好感をもつ。**―に掛かる** あることが心から離れなくなる。心配である。**―に食わない** 自分の気持ちに合わない。いやだ。**―に障る** 不快に感じる。**―にする** 心配する。気がかりに思う。**―になる** 気に掛かる。心配になる。「人の目が一」**―に病む** 心配して悩む。くよくよする。**―のせい** 実際には起きていないことを自分だけがそのように感じること。「一か家が揺れているようだ」**―は心** 額や量は少しだが、真心の一端を表しているということ。（贈り物などをするときに使う語。）**―を入れる** 熱心にとりくむ。「気を入れて練習する」**―を失う** 意識を失う。気絶する。**―を落とす** 失望する。がっかりする。**―を変える** 心をもちなおす。気分を転換する。**―を兼ねる** 遠慮する。気がねする。**―を配る** 細かいところまで注意する。「けが人が出ないように一」**―を付ける** 十分に注意する。**―を取り直す** 失意の状態から気分を一新して元気を奮い立たせる。**―を呑まれる** 相手の勢いに圧倒されて自分の力が出せなくなる。**―を吐く** 威勢のよいところを示す。「万丈の一」**―を晴らす** ふさいでいた気持ちをはらいのける。うさばらしをする。**―を張る** すきがないように心をひきしめる。**―を引く** それとなく相手の気持ちを探る。誘いをかけて相手の関心をそそる。**―を回す** 余計なところにまで心をはたらかせる。**―を持たせる** 思わせぶりな言動をして、相手に期待を持たせる。**―を揉む** 心配してやきもきする。**―を許す** 相手を信用して警戒心を解く。ゆだんする。**―を楽にする** 緊張を解いてゆったりした心にする。**―を悪くする** 感情を害する。不愉快な気持ちになる。

き【◇肌】 キ はだ㊥

（字義）はだ。はだえ。皮膚。「肌膚」 難読 肌理

き【岐】 教4 キ・ギ わかれる

（字義）わかれる。ふたまた。えだみち。「岐道・岐路・多岐・分岐」 人名 また・みき・みち

き【希】 教4 キ・ケ ねがう・まれ

（字義）①ねがう。のぞむ。こいねがう。「希求・希望」②まれ。めったにない。「希覯・希少・希代・希有・古希」③うすい。「希薄」 参考 ②③は「稀」の書き換え字。 難読 希臘・希う 人名 すけ・のぞみ・のり

き【忌】 キ㊥ いむ㊥・いまわしい㊥

（字義）①いむ。はばかる。さける。「忌憚・忌避・禁忌・嫌忌・憎忌」②いみ。ものいみ。人の死後一定期間喪に服すること。「忌中・忌服・服忌」③死者の命日。「忌日・周忌・年忌」

き【汽】 教2 キ

（字義）ゆげ。水蒸気。「汽車・汽船・汽笛」

き【其】 人 キ その

（字義）①その。それ。人や物をさす代名詞。②それ。詠嘆・強調などを表す助字。 難読 其奴・其処・其所・其方・其方 人名 その・とき・もと

き【奇】 キ㊥ めずらしい

(字義) ①めずらしい。㋐ふしぎな。変な。「奇縁・奇遇・奇習・奇人・奇妙・怪奇・珍奇」㋑すぐれた。「奇才」②思いがけない。不意をつく。「奇襲・奇抜」③二で割りきれない整数。「奇数」↕偶 難読 奇しし・奇天烈 人名 あや・くし・くす・すく・よし・より

き【奇】 ①めずらしいこと。ふしぎなこと。「ーを好む」②奇数。↕偶

ーを衒う ふつうと違っていることを売りものにする。わざと変わったようすをして人の注意を引く。「奇を衒った服装」

き【季】 教4 キ すえ

(字義) ①すえ。㋐すえっこ。兄弟の中で最年少のもの。「季子・季父」㋑おわり。「季世」㋒春夏秋冬のそれぞれのおわりの月。「季夏・季冬」↕仲・孟 ②わかい。おさない。「季女」③とき。㋐春夏秋冬のそれぞれの期間。「季節・四季」㋑時節。「雨季・乾季」④一年を単位とする期間。「半季」⑤→次項。人名 とき・とし・のり・ひで・みのる

き【季】《文》俳句によみこむ季節の景物。新年・春・夏・秋・冬に区分される。季題。季語。「この句にはーがない」

き【祁】 人 キ

(字義) ①中国山西省にあった地名。「祁県」②おおいに。盛んに。「祁寒」

き【祈】【祈】 人 キ中 いのる中

(字義) いのる。いのり。㋐神仏に願って幸いをもとめる。「祈願・祈禱」㋑ねがう。もとめる。「祈求」人名 もとむ

き【紀】 教5 キ しるす

(字義) ①しるす。記録する。「紀行・紀伝」②はじまり。もとい。「紀元」③のり。すじみち。「紀律・風紀」④帝王の事跡をしるしたもの。「本紀」⑤(十二支のひとまわりの意から)一二年間。ひいては、とし。年代。「紀年・皇紀・西紀」⑥地質時代を区分する単位。「白亜紀」⑦「日本書紀」の略。「記紀」⑧「紀伊の国」の略。「紀州」人名 あき・おさ・おさむ・かず・かなめ・こと・すみ・ただ・ただし・つぐ・つな・とし・のり・はじめ・もと・よし

き【軌】 キ中 わだち

(字義) ①わだち。車輪の通ったあと。「軌跡・軌道・狭軌・広軌」②みちすじ。のり。きまり。模範。「軌制・軌範・常軌・不軌」人名 のり

き【軌】 ①車の通った跡。わだち。②みち。法則。

ーを一にする (軌(=わだち)を同じくする意から)やり方が同じである。

き【姫】 ◇ キ ひめ中

(字義) ひめ。㋐身分の高い女性。後宮の女性。貴人の娘。「寵姫」㋑女子の美称。「歌姫・美姫」

き【帰】【歸】 教2 キ かえる・かえす

(字義) ①かえる。かえす。もとにもどる。本来の場所にもどる。「帰省・帰巣・帰宅・帰途・回帰・復帰」②したがう。身をよせる。なつく。服従する。「帰順・帰属」③死ぬ。「帰寂」④とつぐ。よめいりする。「帰嫁」人名 もと

き【既】【旣】 キ中 すでに中

(字義) ①すでに。もはや。物事がすんでしまったこと。「既往・既刊・既決・既婚・既成」②つきる。つくす。「皆既食」

き【記】 教2 キ しるす

(字義) ①しるす。㋐書きとめる。「記帳・記録・明記」㋑心におぼえる。心にとどめる。「記憶・暗記」②書きしるしたもの。「手記・伝記・日記」③「古事記」の略。「記紀」④→次項。人名 とし・なり・のり・ふさ・ふみ・よし

き【記】 事実をありのままに書いた文章。「思い出のー」

き【起】 教3 キ おきる・おこる・おこす

(字義) ①おきる。おきあがる。立つ。「起床・起立」②おこる。おこす。㋐高くもちあがる。「起重機・起伏・突起・勃起」㋑はじめる。活動を開始する。あらわれる。「起訴・起動・再起・蜂起・発起」㋒ふるいたつ。「決起・奮起」㋓挙げ用いる。「起用」㋔いかす。よみがえらせる。「起死回生」③おこり。はじめ。「起因・起源・起点・縁起」難読 起ち居振る舞い 人名 あき・おき・かず・たつ・ゆき

き【飢】 キ中 うえる中

(字義) ①うえる。食物がなく腹がへる。うえ。「飢餓・飢渇」②穀物が実らない。「飢饉」

き【鬼】 キ中 おに中

(字義) ①おに。㋐祖先の霊。死者の魂。「鬼神・鬼籍・餓鬼」㋑ばけもの。もののけ。「鬼畜・百鬼」㋒人に害を加える悪神。「鬼門・悪鬼」②目に見えない恐ろしいもの。「鬼気・鬼胎」③人間わざをこえたすぐれたもののたとえ。「鬼工・鬼才」④勇猛なもののたとえ。「鬼武者」難読 鬼灯

き【基】 教5 キ もと中・もとい高

(字義) ①もと。もとい。㋐建物の土台。「基石・基礎・門基」㋑根本。よりどころ。「基準・基盤・基本・開基」②もとづく。もとする。「基因」難読 基督 人名 たか・ただし・のり・はじむ・はじめ・ほん・もとし

ーき【基】(接尾)(土台の意から)墓石や灯籠など、据えておくものを数える語。「石塔一ー」「二ーのエンジン」

き【基】《化》化学反応の際、分解せずに一団となって化学変化をする原子団。ヒドロキシ基・スルホ基の類。

き【埼】 ◇ 教4 キ さい・さき

(字義) さき。みさき。また、山の突端。

き【寄】 教5 キ よる・よせる

(字義) ①よる。㋐たよる。すがる。身をよせる。「寄寓・寄宿・寄生」㋑たちよる。より道をする。「寄港・寄航」②たのむ。物をあずける。「寄言・寄託」③おくる。物をおくる。「寄稿・寄進・寄贈」難読 寄居虫・寄生木・寄越す・寄席・寄人 人名 より

き【崎】 ◇ 教4 キ さき

(字義) ①けわしい。「崎嶇」②さき。みさき。海に突き出た陸地。

き【規】 教5 キ のり

(字義) ①コンパス。ぶんまわし。「規矩」②のり。きまり。手本。「規則・規範・規約・規律・法規」③ただす。いましめる。「規正」人名 さだ・ただ・ただし・ただす・ちか・なり・み・もと

き【亀】【龜】 キ中 かめ中

(字義) ①かめ。爬虫類の一種。「亀甲・神亀」②うらないに用いた亀の甲。「亀卜」人名 あま・すすむ・たか・ながし・ひさ・ひさし

き【喜】 教5 キ よろこぶ
(字義) ①よろこぶ。よろこび。「喜悦・歓喜・欣喜・随喜・喜怒哀楽」②よい。めでたい。＝禧。「喜事」人名 このむ・たのし・のぶ・はる・ひさ・ゆき・よし

き【幾】 キ 中 いく 中
(字義) ①いくつ。いくら。数量を問う語。また、不定数をさす語。「幾何」②ちかい。＝近。③ほとんど。おおかた。「幾死」④きざし。前兆。「幾運・幾微」⑤こいねがう。切望する。「庶幾」難読 幾人・幾年・幾何・幾許 人名 おき・ちか・ちかし・のり・ふさ

き【揮】 教6 キ ふるう
(字義) ①ふるう。㋐ふりまわす。「指揮」㋑ふるいおこす。外にあらわす。「発揮」㋒書画をかく。「揮毫」②まきちらす。「揮発」

き【期】 教3 キ・ゴ 高
(字義) ①ひとまわり。「期月・期年」②とき。限定された日時。「一期・学期・最期・周期・青年期・定期・任期・末期・末期」③かぎる。日時をきめる。「期限・期日」④ちぎる。約束する。「期盟・期約」⑤まつ。まちうける。「期待・所期・予期」人名 さね・とき・とし・のり・よし

き【棋】 キ 中
(字義) ①将棋のこま。碁石。「棋局・棋子」②将棋をさす。碁をうつ。「棋士・棋譜・将棋」

き【稀】 人 キ・ケ まれ
(字義) ①まれ。すくない。めったにない。「稀覯・稀少・稀有・古稀」②うすい。「稀塩酸・稀薄」参考「希」が書き換え字。

き【葵】 人 キ あおい
(字義) ①あおい。アオイ科の越年草。②ひまわり。「向日葵」人名 きし・まもる

き【貴】 教6 キ・たっとい 中・とうとい 中 たっとぶ 中・とうとぶ 中
(字義) とうとい。たっとい。㋐値段が高い。「騰貴」㋑たいせつである。「貴重」㋒身分が高い。「貴族・高貴・尊貴」難読 貴方・貴男・貴女 人名 あつ・あて・たか・たかし・たけ・むち・よし

き-【貴】 (接頭) 相手に関する語に付けて尊敬の意を表す。「―兄」「―校」「―殿」「―社」

き【暉】 人 キ・ひかり かがやく
(字義) ①ひかり。日の光。「暉潤・光暉・夕暉・落暉」②ひかる。かがやく。あきらか。＝輝。「暉映・暉暉」人名 あき・あきら・てる・ひかる

き【棄】 キ 中 すてる
(字義) すてる。㋐なげすてる。すてさる。「棄権・遺棄・廃棄・破棄・放棄」㋑しりぞける。とりあげない。「棄却」難読 自棄

き【毀】 キ 中 こぼつ・やぶる・そしる
(字義) ①こぼつ。やぶる。やぶれる。㋐こわす。破壊する。「毀壊・毀棄」㋑そこなう。きずつける。「毀傷・毀損」②やせる。おとろえる。「毀瘠」③そしる。けなす。悪口を言う。＝譏。「毀言・毀謗・毀誉褒貶」

き【旗】 教4 キ はた
(字義) はた。㋐はたじるし。はたの総称。「旗手・旗章・国旗」㋑軍の大将がたてるはた。「旗下・旗艦」難読 旗魚・旗幟 人名 たか

き【箕】 人 キ み
(字義) ①み。穀物に混じっているごみやもみがらをよりわける道具。②ちりとり。「箕帚」③両足を投げ出してすわる。「箕踞」④星座の名。二十八宿の一つ。「箕宿」人名 みる

き【綺】 人 キ あや
(字義) ①あやぎぬ。美しい模様を織り出した絹織物。「綺羅・錦綺」②あや。㋐色。つや。「綺樹」㋑模様。「綺藻」③美しい。はなやか。「綺雲・綺麗」④たくみな。言葉を美しく飾った。「綺談・狂言綺語」

き【器】 教4 【器】 人 キ うつわ 中
(字義) うつわ。㋐いれもの。「食器・茶器・陶器・容器」㋑道具。「器械・器具・器物・火器・楽器・武器・兵器」㋒はたらき。才能。「器用・才器・凡器」㋓度量。人物。「器量・大器晩成」人名 かた

き【嬉】 人 キ たのしむ
(字義) ①たのしむ。よろこぶ。うれしい。「嬉楽・娯嬉」②あそぶ。たわむれる。「嬉戯・嬉遊・水嬉」③よろこび笑う。「嬉嬉」人名 よし

き【槻】 人 キ つき
(字義) つき。ニレ科の落葉高木。けやきの別名。

き【毅】 人 キ つよい
(字義) つよい。意志が強く物事に屈しない。決断力がある。「毅然・英毅・剛毅」人名 かた・こわし・さだ・さだむ・しのぶ・たか・たかし・たけ・たけき・たけし・つよ・つよき・つよし・とし・のり・はたす・み・よし

き【熙】 人 キ やわらぐ
(字義) ①ひかる。かがやく。「光熙」②ひろい。ひろまる。ひろめる。③おこる(興)。さかん。④やわらぐ。「熙春」⑤よろこぶ。よろこび。＝喜。「熙笑」⑥たわむれる。＝嬉。「熙熙」⑦さいわい。＝禧。「熙事」人名 おき・さと・てる・のり・ひかる・ひろ・ひろし・ひろむ・よし

き【畿】 キ 中
(字義) ①都から五百里(中国周代の一里は、約四〇〇メートル)以内の天子の直轄地。「畿内・王畿・帝畿」②みやこ。「近畿・京畿」③さかい。人名 ちか

き【輝】 キ 中 かがやく 中
(字義) かがやく。かがやき。かがやかしい。「輝映・輝石・輝線・光輝・発輝」人名 あき・あきら・たかし・てる・ひかり・ひかる

き【機】 教4 キ はた 中
(字義) ①はた。はたおり。「機業・織機・孟母断機」②からくり。しかけ。「機械・機関・電算機」③おり。しおどき。きざし。「機運・機会・契機・時機・待機・動機」④はたらき。作用。「機転・機能」⑤かなめ。物事の重要な部分。「機軸・機密・軍機・枢機」⑥ひそか。秘密。「機微」難読 機関 人名 のり

-き【機】 (接尾) 航空機を数える語。「五―編隊」

き【機】 ①最もよい時。しおどき。「―を見る」「―に臨み変に応ずる」②「航空機」の略。「―から降り立つ」「旅客―」
―が熟す 物事をするのに条件や状態が整う。**―に乗じる** 機会をうまくとらえて行動する。**―を見るに敏** 物事をするのによい機会をすばやく見つけ出すさま。

き【窺】 人 キ うかがう
(字義) うかがう。㋐こっそり見る。のぞき見る。「窺見」㋑ねらう。時機を待つ。「窺測」

き【徽】人 キ しるし ―（字義）①しるし。旗じるし。「徽幟(きし)・徽章」②よい。うつくしい。「徽音・徽言」③きゃはん。すねに巻きつける細長い布。④なわ。よりあわせた大綱。「徽索」人名 よい

き【磯】人 キ いそ ―（字義）いそ。海の波うちぎわで岩石の多い所。「荒磯(あらいそ・ありそ)・石磯」難読 磯馴(そなれ)松

き【騎】キ㊥ のる （字義）①のる。馬にのる。「騎射・騎馬」②馬にのった兵士。「騎将・騎兵・単騎・万騎」人名 のり

-き【騎】（接尾）馬にのった人を数える語。「一―」「数―」

き【麒】人 キ ―（字義）「麒麟(きりん)」は、㋐キリン科の哺乳(ほにゅう)動物。㋑古代中国の想像上の神獣。㋒すぐれた人のたとえ。「麒麟児(きりんじ)」

き【木・◇樹】①冬でも枯れない堅い幹や茎を地上に持っている植物の総称。立ち木。樹木。「大きな―」「金のなる―」②木材。材木。「―で作る」「―の舟」③拍子木。「―がはいる」参考 ③は「△柝」とも書く。

―から落(お)ちた猿(さる) 頼るところを失ったもののたとえ。**―で鼻(はな)を括(くく)る** 冷ややかな応対をする。**―に竹(たけ)を接(つ)ぐ** （性質の違うものを接ぎ合わせる意から）物事の前後の調和がとれないたとえ。

―に縁(よ)りて魚(うお)を求(もと)む 手段を誤ると目的が達せられないことのたとえ。【故事】中国の戦国時代、武力を用いて覇者(はしゃ)になりたい斉(せい)の宣王に、孟子(もうし)が「そうしたお考えは、あたかも木によじ登って水中の魚を捕らえようとなさるのと同じです」と、その見当違いを戒めたことからいう。〈孟子〉

―の端(はし) 取るに足りないもの。こっぱ。**―を見(み)て森(もり)を見(み)ず** 物事の細部にとらわれて、全体を見失うことのたとえ。

き【△柝】→き(木)③

き【△癸】十干の第一〇。みずのと。

き【黄】→きいろ

き【△揆】やりかた。方法。「―を一(いつ)にする」

き（助動-特殊型）(せ)・○・き・し・しか・○〈古〉①今を基準に、過去にあったことを述べる。過去のことであって、多くは今はなくなったという思いが伴う。以前に…た。…た。「香具山は畝火(うねび)ををしと耳梨(みみなし)と相争ひ**き**」〈万葉〉「高天原(たかまがはら)より天降(あまくだ)りまし**し**天皇」〈宣命〉「浜名の橋、下り**し**時は」〈更級〉②動作・状態がすんで、あとにその結果が存続していることを表す。…ている。…てある。…た。「わが園の咲き**し**桜を見わたせば」〈為忠集〉用法 活用語の連用形に付く。ただし、カ変・サ変には特殊な付き方をする。カ変は、「きし」「きしか」「こし」「こしか」となり、サ変は、「しき」「せし」「せしか」となる。終止形「き」はカ変には付かない。⇩けり(助動)「参考」

ぎ【◇岐】（字義）→き(岐)

ぎ【技】教5 ギ わざ㊥ （字義）わざ。㋐うでまえ。はたらき。＝伎。「技術・技能・特技」㋑てわざ。「技芸・技巧・演技」人名 あや

ぎ【宜】ギ㊥ よろしい （字義）①よろしい。㋐時にあっている。「時宜・便宜」㋑ただしい。すじみちにかなっている。㋒ほどよい。「適宜」②むべ。むべなり。もっともである。人名 き・すみ・たか・なり・のぶ・のり・のる・まさ・やす・よし・よろし

ぎ【祇】人 ギ・キ・シ ただ・まさに ―（字義）①地の神。「山祇・神祇・天神地祇」②やすらか。安んじる。③大きい。④助字。㋐まさに。㋑ただ。わずかに。人名 けさ・つみ・のり・もと

ぎ【偽】【人僞】ギ㊥ いつわる㊥・にせ㊥ （字義）①いつわる。いつわり。㋐あざむく。ごまかす。「偽造・虚偽」㋑にせ。本物でないもの。「偽贋(ぎがん)・偽称・偽朝・偽名」②人のしわざ。人が作為を加えること。

ぎ【欺】ギ㊥ あざむく㊥ （字義）あざむく。だます。いつわる。「欺瞞(ぎまん)・詐欺(さぎ)」

ぎ【義】教5 ギ （字義）①人として当然なすべき正しい道。「義務・義理・信義・仁義・正義・大義・道義」②他人や公共のためにつくすこと。「義侠(ぎきょう)・義人・義憤」③わけ。意味。「義疏(ぎそ・ぎしょ)・意義・字義」④親族の関係を結んだ間柄。「義父・義兄弟」⑤仮(かり)のもの。本物の代用となるもの。「義歯・義手」人名 いさ・とも・のり・よし

ぎ【義】儒教にいう五常の一つ。人として行うべき正しい道。物事の道理にかなっていること。

―を見(み)てせざるは勇(ゆう)無(な)きなり 人として行うべき正しい道であると知りながら実行しないのは、勇気がないからである。〈論語〉

ぎ【疑】教6 ギ うたがう （字義）うたがう。うたがわしい。あやしむ。うたがい。「疑義・疑問・疑惑・嫌疑・質疑・容疑」

ぎ【儀】ギ㊥ のり （字義）①正しい行い。礼にかなったふるまい。「儀式・儀礼・威儀・婚儀」②のり。手本。法則。「儀法・律儀(りちぎ)」③事柄。「公儀・祝儀・大儀・余儀」④器械。装置。「天球儀・六分儀」人名 きたる・たかし・ただ・ただし・よし

-ぎ【儀】（接尾）（人を示す名詞に付けて）…に関すること。…は。「私―、一身上の都合により」用法 おもに届け書や形式ばった案内状などに使う。

ぎ【儀】①儀式。「婚礼の―」②こと。わけ。事柄。「お願いの―がございます」

ぎ【戯】【人戲】ギ㊥・ゲ たわむれる㊥ （字義）①たわむれる。㋐おもしろくあそぶ。「球戯・児戯・遊戯」㋑ふざける。もてあそぶ。「戯画・戯書・戯作(げさく・ぎさく)」②しばい。演技。「戯曲・演戯」難読 戯(ざ)れ歌(うた)・戯(ざ)れ言(ごと)・戯(たわ)れ事(ごと)・戯言(たわごと)

ぎ【誼】人 ギ よしみ ―（字義）①よしみ。親しみ。「交誼・厚誼・情誼・仁誼」②よい。正しい。正しい道。＝義。人名 こと・み・よし

ぎ【擬】ギ㊥ なぞらえる （字義）①なぞらえる。㋐まねる。にせる。「擬造・模擬」㋑あてはめる。たとえる。「擬人法」㋒くらべる。ならべる。「比擬」②まぎらわしい。「擬似」難読 擬宝珠(ぎぼうしゅ・ぎぼし・ぎぼうし)・擬(まが)い物(もの)・擬(もど)き

ぎ【犠】【犧】ギ㊥ いけにえ （字義）いけにえ。神を祭るときに供える動物。「犠牲(ぎせい)」難読 犠牲(いけにえ)

ぎ【議】教4 ギ はかる

(字義) ①はかる。㋐相談する。評定する。「議案・議会・会議・閣議・協議・衆議・審議・評議」㋑思いめぐらす。「思議・不可思議」㋒論じあう。話しあう。「議論・討議・論議」②意見。言説。「異議・建議」[人名]かた・のり

ぎ【議】 相談。評定。「重役会の―を経る」

ぎ〔魏〕〘世〙中国の国名。①戦国時代の七雄の一つ。韓・趙とともに晋を三分して建国。(前四〇三 前二二五) ②三国時代、曹丕の建てた国。(二二〇 二六五) ③東晋のとき、鮮卑族の建てた国。北魏。四三九年に華北を統一して江南の宋と対立し、南北朝時代を現出。のち東魏・西魏に分裂。(三八六 五三四)

ギア〈gear〉①歯車。自動車などの伝動装置。ギヤ。「―をローに入れる」「トップ―」②道具。「キャンプ―」

き-あい【気合〔い〕】アヒ ①精神を集中して事に当たる意気込み。また、それを引き出すための掛け声。「―がはいる」「―負け」②共に事を行うときの呼吸。息。「たがいの―が合う」
―を入れる ①事に当たるときに、精神を集中して力を込める。②精神がたるんでいるなどとして体罰を加える。**―を掛ける** 自分や相手を励ますために鋭く声をかける。

ぎ-あく【偽悪】 わざと悪人のように見せかけること。「―家」↔偽善 [語源]「偽善」の対義語としてつくられた語。

き-あけ【忌明け】↓いみあけ

き-あしげ【黄葦毛】 馬の毛色の名。葦毛の黄色を帯びたもの。

き-あつ【気圧】〘気〙①大気の圧力。「高―」②①の単位。セ氏零度のとき、高さ七六〇ミリメートルの水銀柱の底面への圧力を一気圧とする。一気圧は一〇一三・二五ヘクトパスカル。
―けい【―計】〘物〙気圧をはかる器械。晴雨計。バロメーター。「水銀―」
―の-たに【―の谷】〘気〙天気図で、高気圧に挟まれ、低気圧の中心から細長くのびた気圧の低いところ。トラフ。
―はいち【―配置】〘気〙天気図上に表した気圧の分布状態。西高東低型(冬型)・南高北低型(夏型)など。

き-あわ・せる【来合〔わ〕せる】アハセル (自下一) セ・セ・セル・セル・セレ・セロ(セヨ) たまたま同じ場所に来て出会う。「―・せた友人と帰る」[文]きあは・す(下二)

き-あん【起案】(名・他スル) 正式な文書や計画のもとになる案文を作ること。起草。「会の規則を―する」

ぎ-あん【議案】 会議で討論・決議するために出す原案。

き-い【忌諱】(名・他スル)↓きき(忌諱)

き-い【奇異】(名・形動ダ) ふつうと変わっていて妙なこと。また、そのさま。不思議なさま。「―な感じを与える」

き-い【貴意】 相手の意見の敬称。お考え。ご意向。「―を得たい」[用法] 多く、手紙文に用いられる。

きい〔紀伊〕 旧国名の一つ。現在の和歌山県と三重県の一部。古くは木国。紀州。

キー〈key〉①鍵。「―ホルダー」②解決の手がかり。「事件解決の―」③重要なもの。中心となるもの。「―フレーズ」「―局」④ピアノやコンピューターなどの、指で押す所。鍵やボタン。⑤〘音〙ハ調やト調などの、調。

キーウィ〈kiwi〉↓キウイ

キー-ステーション〈key station〉放送網の中心となって、加盟放送局に番組を送り出す放送局。キー局。

きいた-ふう【利いた風】(名・形動ダ) 知ったかぶりをして生意気なこと。また、そのさま。「―なことを言うな」

き-いちご【木苺】〘植〙バラ科キイチゴ属の植物の総称。モミジイチゴ・ベニバナイチゴ・ラズベリーなど。[夏](きいちごの花[春])

き-いつ【帰一】(名・自スル) いくつかに分かれているものが、最後は一つになること。「一つの原因に―する」

き-いっぽん【生一本】□一(名) 純粋で混じりけのないこと。「灘の―」□二(形動ダ) ダロ・ダッ(デ・ニ)・ダ・ナ・ナラ・○ 性格がまっすぐで、ひたむきに物事にうちこんでいくさま。[文](ナリ)

き-いと【生糸】 蚕の繭からとったままで、練っていない絹糸。

キー-ノート〈keynote〉①〘音〙一つの調べ・音階の中心となる主音。②芸術・思想などで中心となる考え。基調。「―スピーチ(=基調演説)」

キー-パー〈keeper〉「ゴールキーパー」の略。

キー-パーソン〈key person〉重要人物。物事の決定・進行に重要な役割を担う人。[参考]性差別を避けて「キーマン」を言いかえた語。

キー-パンチャー〈keypuncher〉キーを打って、コンピューターに入力する仕事をする人。パンチャー。

キープ〈keep〉(名・他スル) ①確保すること。取っておくこと。「席を―する」「ボトル―」②ある状態を保つこと。「好調を―する」③サッカー・ホッケー・バスケットボールなどで、相手側にボールを渡さずにプレーすること。

キー-ポイント〈和製英語〉問題や事態を解決するための重要な点。中心点。要点。[参考]英語では point という。

キー-ボード〈keyboard〉①タイプライターやコンピューターなどの、キーを配列した盤。②ピアノ・オルガンなどの鍵盤。③鍵盤楽器。特に、電子鍵盤楽器。

キー-ホルダー〈和製英語〉鍵をまとめて束ねておく用具。

キー-マン〈keyman〉↓キーパーソン

キール〈keel〉↓りゅうこつ①

き-いろ【黄色】 菜の花のような色。三原色の一つ。黄。

きいろ・い【黄色い】(形) カロ・カツ(ク)・イ・イ・ケレ・○ ①黄色をしている。「くちばしが―(=未熟である)」②(女性・子供などの)声がかん高い。「―声援」

キー-ワード〈keyword〉①文の意味や問題を解くきっかけになる語句。また、文章の中の重要な語句。②〘情報〙ある内容を検索する際に、手がかりとして使用する語。検索キーワード。

き-いん【気韻】キン 芸術などに現れる気品のある趣。「―生動(=書画などで、気品が生き生きと感じられること)」

き-いん【起因】(名・自スル) 物事の起こる原因となること。また、その原因。「たばこの不始末に―する火事」

き-いん【棋院】キン 囲碁の専門家の団体。また、その事務所。

ぎ-いん【偽印】 偽造された印章。にせの印。

ぎ-いん【議員】キン 国会や地方議会など合議制の機関を構成し、議決に参加できる人。「国会―」
―りっぽう【―立法】リッパフ 国会で議員の発議・提案によって法律を作ること。また、その法律。

ぎ-いん【議院】キン 国政を審議する所。国会。日本では衆議院と参議院とがある。

ぎ-いんせい【偽陰性】〘医〙本来は陽性であるのに、誤って陰性の反応が出てしまうこと。↕偽陽性

き-う【気宇】 心の広さ。「―壮大」

き-う【喜雨】 ひでりの続いているときに降る雨。[夏]

キウイ〈kiwi〉①〘動〙キウイ科の鳥の総称。ニュージーランド特産。体長約五〇センチメートル。羽毛は暗褐色で、翼は退化し飛ぶことができないが活発に走る。森に住み、夜行性。奇異鳥。②〘植〙マタタビ科のつる性落葉樹。中国原産。雌雄異株。花は白色。果実は褐色の卵形で短毛があり、鳥のキウイに似ることから命名。果肉は緑色で食用。キウイフルーツ。[参考]「キーウィ」ともいう。

き-うけ【気受け】 他人がその人に接して受ける感じ。世間の

評判。受け。「ーがいい」

き-うつ【気鬱】(名・形動ダ) 気分がふさいで、はればれしないこと。また、そのさま。憂鬱。

き-うつり【気移り】(名・自スル) 関心や注意が一つところに集中しないで他のものに移り動くこと。「ーしやすい」

き-うら【木裏】 板の、樹木の中心に近いほうの面。↕木表

き-うん【気運】 情勢が一定の方向に向かっていきそうな傾向。時勢。「政界浄化のーが盛り上がる」⇩「使い分け」

き-うん【機運】 時のめぐり合わせ。時機。⇩「使い分け」

> 使い分け 「気運・機運」
> 「気運」は、時代のなりゆき、すなわち、社会が一定の方向に動いていこうとする勢いや傾向の意で、「反対運動の気運が高まる」「気運は人事刷新へと動き出す」などと使われる。
> 「機運」は、物事を行うのにちょうどよい状態、すなわち、時のめぐり合わせ、よい時機、チャンスの意で、「機運が熟する」「機運にめぐまれる」などと使われる。

き-え【帰依】(名・自スル) 神仏を信じその教えに従うこと。「仏道にーする」

き-えい【気鋭】(名・形動ダ) 意気盛んなこと。「新進ー」

き-えい【帰営】(名・自スル) 外出先から兵営に帰ること。

き-えい【機影】 飛んでいる航空機の姿。また、その影。

きえ-い・る【消え入る】(自五) ①しだいに弱くなっていき、なくなる。「ーような声」「ーような思い」②息が絶える。死ぬ。③気を失う。「魂もー・らんばかりに驚く」

きえ-う・せる【消え。失せる】(自下一) 消えてなくなる。いなくなる。「とっととー・せろ」文きえう・す(下二)

きえ-がた【消え方】《古》いまにも消えそうな時。

きえ-ぎえ【消え消え】(副) いまにも消えそうなさま。「ーに残る雪」

き-えつ【喜悦】(名・自スル) 喜び。喜ぶこと。「ー満面」

きえ-のこ・る【消え残る】(自五) 全部消えないで一部分が残る。「春になっても雪がー」

きえ-は・てる【消え果てる】(自下一) すっかり消えてしまう。なくなる。文きえは・つ(下二)

き・える【消える】(自下一) 《中心義—それまでそこにあったものが存在しなくなる》①火が出なくなり、物が燃えなくなる。光を発しなくなる。「火がー」「電灯がー」②あったものがなくなる。見えなくなる。「金庫の中の金がー・えた」「足音がー」「においがー」「痛みがー」「恨みがー」③死ぬ。「露とー(=はかなく一生を終える)」他け・す(五) 文き・ゆ(下二)

き-えん【気炎・気焰】 燃えるような気持ちの勢い。気勢。

ーを上げる 威勢のよいことを言う。意気盛んに議論する。気炎を吐く。「酔ってー」**ーを吐く** →きえんをあげる

ーばんじょう【ー万丈】(「万丈」はきわめて高い意)盛んに気炎を上げること。意気盛んなこと。

き-えん【奇縁】 思いもよらない不思議なめぐり合わせ。不思議な因縁。「合縁ー」

き-えん【機縁】 ①《仏》仏の教えを受けることのできる縁。②何かが起こるきっかけ。「これを出家のーにする」

ぎ-えん【義捐】 慈善や災害の救済などのために金品を寄付すること。「ー金」参考「義援」とも書く。

き-えんさん【希塩酸・稀塩酸】《化》水で薄めた塩酸。

き-おい【気負い】 自分こそはと強く勢いづく気持ち。意気込み。「ーが見られる」

きおい-た・つ【気負い立つ・競い立つ】(自五) 勇み立つ。たいそう意気込む。「負けまいとー」

きおい-はだ【。競い肌】 強者をくじき、弱者を助けようとする気風。また、その人。勇み肌。

き-おう【既往】 済んでしまったこと。過去。

ーしょう【ー症】 以前かかったことのある病気。

き-お・う【気負う】(自五) 勇み立つ。自分こそはと張りきる。ひどく力む。「ー・ったところがない」

き-おく【記憶】(名・他スル) ①経験したことを忘れず、心にとどめておくこと。また、その内容。「ーにない」「ー力」②《心》前に受けた印象を再生させる作用。③《情報》コンピューターで、データを保存しておくこと。「外部ー装置」「ー容量」

類語 銘記・暗記・心覚え・物覚え・見覚え・聞き覚え

ーそうしつ【ー喪失】 記憶障害の一種で、ある期間の記憶を失ってしまうこと。健忘症。

ーばいたい【ー媒体】《情報》コンピューターなどで、データを記憶・保存するのに用いる物体。記録媒体。磁気ディスク、フラッシュメモリーなど。

き-おくれ【気後れ】(名・自スル) 気持ちがひるむこと。雰囲気などに圧倒されてしりごみすること。「会場の熱気にーする」

キオスク〈kiosk〉 駅や街頭で、新聞や花などを売る売店。日本ではJRの駅構内の売店をいう。語源 トルコ語の「亭」の意から。はじまり「キヨスク」は、一九七三(昭和四十八)年から鉄道弘済会の売店の愛称として用いられた。現在、JR東日本では「キオスク」「キヨスク」としている。

き-おち【気落ち】(名・自スル) 張りつめていた心が一度に弱ること。失望して力を落とすこと。落胆。「落選してーする」

き-おも【気重】(名・形動ダ) ①気分が沈んで晴れないこと。「結果を考えるとーになる」②《経》相場に活気がないこと。

き-おもて【木表】 板の、樹皮に近いほうの面。↕木裏

き-おん【気温】 大気の温度。ふつう地上一・五メートルの直射日光の当たらない場所で計る。「ーが低い」

き-おん【基音】 ①《物》物体の振動で音が発生する場合、振動数の最も少ない基本振動で発生する音。基本音。原音。②《音》和音の一番低い音。根音。

ぎ-おん【祇。園】 ①「祇園精舎」の略。②京都の八坂神社。また、その付近の花街。

ーしょうじゃ【ー精舎】《仏》昔、インドの須達長者が釈迦のために建てた修行道場。

ーまつり【ー祭】 京都の八坂神社の祭礼。もとは陰暦六月七日から十四日まで、現在は七月十七日から二十四日まで行われる。十七日の山鉾の巡行が有名。祇園会。夏

ぎ-おん【擬音】 演劇・映画・放送などで、実際の音に似せて人工的に作り出す音。「ー効果」

ーご【ー語】 →ぎせいご

き-か【机下・几下】(相手の机の下に差し出す意)手紙で、宛名の左下に書いて相手に敬意を表す語。脇付の一つ。

き-か【気化】(名・自スル)《化》液体や固体が気体になること。参考 液体の表面から気化することを蒸発、内部からの気化を沸騰、固体表面からの気化を昇華という。

き-か【季夏】(「季」は末の意) ①夏の末。晩夏。②陰暦で、夏(四・五・六月)の終わりの六月。夏

き-か【奇貨】 ①珍しい財貨。②思わぬ利益が得られそうな見込みのある品物や機会。

ー居くべし(「居」は、たくわえる意)珍しい品物は買いこんでおいて、高値のつく機会を待つがよい。転じて、好機は逃さずうまく利用すべきだ。【故事】秦の王子子楚が趙の人質

となっていたとき、豪商の呂不韋(りょふい)が「奇貨居(お)くべし」として子楚を援助し、のちに子楚が秦の荘襄王(そうじょうおう)(=始皇帝の父)になると呂不韋は宰相にとりたてられたことからいう。〈史記〉

き-か【奇禍】クヮ 思いがけない災難。「—にあう」

き-か【帰化】クヮ (名・自スル) ①他国の国籍を得て、その国の国民となること。「日本に—する」②〘動・植〙何らかの人為的原因で原産地から運ばれた動植物が、その土地の環境になれて野生化し繁殖すること。「—植物」

き-か【幾何】「幾何学」の略。

き-か【貴家】(手紙などで)相手の家の敬称。お宅。また、相手を敬っていう。「—ますますご繁栄の段」

き-か【△麾下】(「麾」はさしずの旗の意)その人の指揮に従う人。部下。「家康—の部将」

き-か【貴下】(代)対称の人代名詞。主として男性が、手紙で用いる同輩に対する敬称。「—のご発展をお祈りします」

き-が【帰△臥】グヮ (名・自スル) 官職をやめ、故郷に帰って俗事を離れ、静かに生活すること。

き-が【起△臥】グヮ (名・自スル) 起きることと寝ること。転じて、日常の暮らし。おきふし。「—をともにする」

き-が【飢餓・△饑餓】食べ物の欠乏で飢えること。飢え。

ぎ-が【戯画】グヮ たわむれに描いた絵。こっけいな絵。「鳥獣—」

ギガ〈ギリシャ giga 巨人〉単位の前に付けて、その一〇億倍であることを表す語。記号G「—バイト」「—ヘルツ」

き-かい【気塊】クヮイ 同じような性質の大気のかたまり。気団。

き-かい【奇怪】クヮイ (名・形動ダ) ①どうにも不思議で不気味なこと。理解や説明がしにくいさま。「—な事件」②不都合でけしからぬこと。参考 強調して「きっかい」ともいう。

—せんばん【—千万】(名・形動ダ) 非常に不思議であやしいこと。また、非常にけしからぬこと。きっかいせんばん。

き-かい【棋界】囲碁・将棋を専門とする人々の世界。

き-かい【器械】①道具。器物。「医療—」②簡単な構造の機械。⇩「使い分け」

—たいそう【—体操】タイサウ 鉄棒・平行棒・鞍馬(あんば)・平均台・とび箱などを使用して行う体操。↔徒手体操

き-かい【機械】①動力によって動き、役立つ仕事を行う装置。「—工学」②工具・機械器具などをひっくるめて大ざっぱにいう言い方。③からくり。しかけ。⇩「使い分け」

—か【—化】クヮ (名・自他スル) 人間や家畜がしていた作業を機械にさせるようにすること。「農業の—」

—てき【—的】(形動ダ) ダロ・ダッ(デ・ニ)・ダ・ナ・ナラ・○ ①意志を働かせず機械のように、決まった動作をくり返すさま。「—な作業」②いつも決まったやり方で親しみを感じさせないさま。「—に処理する」

—ぶんめい【—文明】生産の機械化をもとにつくりだされた近代社会の生活の姿。

> 使い分け「器械・機械」
> 「器械」は、顕微鏡・望遠鏡や手動式の測定器・計量器など、道具、または簡単で小さな機械の意で、「測定器械」「光学器械」「器械体操」などと使われる。
> 「機械」は、飛行機・起重機・コンピューターなど、規模が大きくて、それ自身が可動的であり、動力・伝導・作業の三機構をそなえているものの意。「工作機械」「精密機械」「機械化」などと使われる。ただし、厳密には区別しきれない場合もある。

き-かい【機会】クヮイ あることをするのに都合のよいとき。チャンス。「絶好の—」「—をのがす」

—きんとう【—均等】権利や待遇について、平等で差別のないこと。「教育の—」「男女雇用—法」

き-がい【危害】生命・身体に及ぶ危険や損害。「—を加える」

き-がい【気概】困難などにくじけない強い気持ち。「—を示す」

ぎ-かい【議会】クヮイ ①選挙で選ばれた議員が、人々の意思を代表して活動し、立法・議決をする合議制の機関。②国会。

—せいじ【—政治】セイヂ 〘社〙議会で決定された基本政策によって行われる政治形態。また、議会の信任する内閣が政治を行う制度。

き-がえ【着替え】ガヘ それまで着ていた衣服を脱いで別の衣服を着ること。また、そのための衣服。「—を用意する」

き-か・える【着替える】カヘル (自他下一) エ・エ・エル・エル・エレ・エロ(エヨ) 着ている衣服をぬいで、別の衣服を着る。きがえる。「ふだん着に—」文きか・ふ(下二)

きか-がく【幾何学】〘数〙図形や空間に関する性質を研究する数学の一部門。ユークリッド幾何学・非ユークリッド幾何学・解析幾何学・位相幾何学など。

—もよう【—模様】ヤウ 円・正方形・三角形などの図形を(規則的に)組み合わせた模様。幾何学的模様。

き-がかり【気掛〔か〕り】(名・形動ダ) どうであるのか、また、どうなるのか気にかかること。心配。「年老いた両親が—だ」

きか-き【気化器】キクヮ →キャブレター

きか-きゅうすう【幾何級数】キフスウ →とうひきゅうすう

き-かく【企画・企△劃】クヮク (名・他スル) 計画を立てること。また、その計画。くわだて。もくろみ。「イベントを—する」

き-かく【規格】製品や生産物の形・寸法・品質などについて定めた標準。「—に合わない」「—品」「—外」

き-かく【棋客】囲碁や将棋をする人。棋士。棋客(ききゃく)。

き-がく【器楽】〘音〙楽器を使って演奏する音楽。↔声楽

—きょく【—曲】〘音〙楽器での独奏・合奏のための曲。

ぎ-かく【擬革】なめし革に似せてつくったもの。レザークロス。

ぎ-がく【◇伎楽】インド・チベット地方で生まれ、百済(くだら)(朝鮮)を経て推古朝に伝来した上代の音楽劇。音楽に合わせ、仮面をかぶり無言所作を演じた。呉楽(くれがく)。くれのうたまい。

き-がけ【来掛け】来る途中。来しな。↔行(ゆ)き掛け

き-かげき【喜歌劇】〘音〙喜劇的な要素をもつ歌劇。特に、オペレッタ。

き-かざ・る【着飾る】(他五) ラ(ロ)・リ(ッ)・ル・ル・レ・レ 美しい衣服を着て身を飾る。盛装する。「—・って出かける」

きか-しょくぶつ【帰化植物】キクヮ 〘植〙外来の植物で、その国の気候風土に適し、在来の植物と同じように自生するようになったもの。日本でのアタクサ・マツヨイグサ・シロツメクサなど。

きか-じん【帰化人】キクヮ これまでとは別の新しい国籍を得て、その国の国民となった人。

きか・す【利かす】(他五) サ(ソ)・シ・ス・ス・セ・セ →きかせる(利かせる)

きか・す【聞かす】(他五) サ(ソ)・シ・ス・ス・セ・セ →きかせる(聞かせる)

き-ガス【貴ガス・希ガス・△稀ガス】〘化〙大気中に微量含まれ、ほとんど化学反応をしない気体元素。ヘリウム・アルゴンなど。

きか・せる【利かせる】(他下一) セ・セ・セル・セル・セレ・セロ(セヨ) ①機能やききめを発揮するようにする。「シャツに糊(のり)を—」「顔を—」②働かせる。「機転を—」自き・く(五) 文きか・す(下二)

きか・せる【聞かせる】(他下一) セ・セ・セル・セル・セレ・セロ(セヨ) ①聞くことができるようにする。「ジャズを—店」②わからせる。「よく話して—」③聞くだけの値打ちを感じさせる。「—歌」文きか・す(下二)

き-がた【木型】鋳物(いもの)や靴などを作るのに使う木製の型。

き-かつ【飢渇】(名・自スル) 飲食物が欠乏すること。飢えとか

わき。けかつ。

きかぬ-き【利かぬ気】→きかんき

き-がね【気兼ね】(名・自スル) 他人のおもわくに気をつかって遠慮すること。「まわりに―する」

きか-ねつ【気化熱】キクワ― 〔化〕液体が気体になるときに必要とする熱量。蒸発熱。

きか-へいきん【幾何平均】→そうじょうへいきん ↕算術平均

き-がまえ【気構え】ガマヘ― ①事に臨み、気を引き締めて待ちかまえること。心構え。「必勝の―で臨む」②漢字の部首名の一つ。「気」「氛ふん」などの「气」の部分。

き-がみ【生紙】のりを加えないですいた和紙。生漉きずき紙。

き-がる【気軽】(形動ダ) ダロ・ダッ(デ・ニ)・ダ・ナ・ナラ・○ 堅苦しさやこだわりのないさま。きさくなさま。「―に声をかける」「―ないでたち」文(ナリ)

き-がる・い【気軽い】(形) カロ・カッ(ク)・イ・イ・ケレ・○ こだわらずにあっさりしたさま。「―く引き受けてくれた」文きがる・し(ク)

き-がわり【気変(わ)り】ガハリ― (名・自スル) 気持ちが変わること。心変わり。「先方の―が心配だ」

き-かん【気管】クワン― 〔生〕脊椎せきつい動物で、のどから肺にいたる円柱状の管。呼吸の際の空気の通路。

―し【―支】〔生〕気管の下端の部分で、分かれて左右の肺に通じる管。「―炎」

き-かん【汽缶・汽罐】クワン― →ボイラー②

き-かん【季刊】雑誌などを、一年に春・夏・秋・冬の四回、定期的に発行すること。また、その刊行物。クォータリー。「―誌」

き-かん【季感】俳句の季節感。季節の感覚。

き-かん【奇観】クワン― 珍しい眺め。すばらしい景色。

き-かん【既刊】すでに刊行されていること。また、その刊行物。「―の雑誌」↕未刊

き-かん【飢寒・饑寒】空腹と寒さ。飢えこごえること。

き-かん【帰還】クワン― (名・自スル) 遠方や戦地などから帰ること。「無言の―(=遺体となって帰ること)」「未―」

き-かん【帰館】クワン― (名・自スル) やかたに帰ること。また、自宅に帰ることを冗談めかして言う。「そろそろ亭主がご―だ」

き-かん【帰艦】(名・自スル) 軍艦の乗組員や航空母艦から飛び立った飛行機が、その艦に帰ること。

き-かん【基幹】組織や体系の中心となるもの。おおもと。

―さんぎょう【―産業】ゲフ その国の産業の基礎となる重要な産業。工業国では、鉄鋼・石油・電力・機械工業など。

き-かん【亀鑑】見習うべき手本。模範。「教育者の―だ」参考「亀」は吉凶を占うもの、「鑑」はかがみの意。

き-かん【期間】ある一定の時期の間。「有効―」

き-かん【貴簡・貴翰】相手の手紙の敬称。お手紙。貴書。

き-かん【旗艦】艦隊の中で、司令長官または司令官が乗っている軍艦。マストにその官階を示す旗を掲げる。

き-かん【器官】クワン 〔生〕生物体を構成する一部分で、いくつかの組織が集まって一定の形と働きを営むもの。動物では目・胃・心臓・脳など、植物では根・茎・葉などがある。

き-かん【機関】クワン― ①ある目的を達成するために作られた団体や組織。「報道―」「交通―」「金融―」②〔工〕動力を起こすしかけ。火力・水力・電力などのエネルギーを機械エネルギーに変える装置。エンジン。「蒸気―」

―こ【―庫】機関車を保管する建物。

―し【―士】汽車・汽船などの機関を整備・運転する人。

―し【―紙・―誌】政党・組合・学会などの団体が、その活動の報告・宣伝・連絡などを行うために発行する新聞や雑誌。用法 新聞は「紙」、雑誌は「誌」を用いる。

―しゃ【―車】鉄道で、客車・貨車などを引っ張って動かす動力をもつ車両。「ディーゼル―」「電気―」「蒸気―」

―じゅう【―銃】引き金を引いている間、弾丸が自動的に連続して発射される銃。マシンガン。

―とうし【―投資】〔経〕保険会社・銀行などの金融機関、その他法人が行う株式投資。

き-かん【貴官】クワン (代) 対称の人代名詞。役人や軍人である相手に対する敬称。

き-がん【奇岩・奇巌】風変わりで珍しい形の岩。「―怪石」

き-がん【祈願】グワン― (名・他スル) 神仏に願い事をして祈ること。「合格―」「安産―」

き-がん【帰雁】春になって、北国に帰って行く雁がん。春

き-がん【輝岩】〔地質〕火成岩の一種。主成分は輝石で、少量の長石を含む。色は暗緑色。

ぎ-かん【技官】クワン 国家公務員の中で特別の学術・技芸に関する仕事を担当する人。「法務―」「医系―」

ぎ-がん【義眼】病気や事故などにより眼球を摘出したあとに入れる人工の眼球。

きかん-き【利かん気】(名・形動ダ) 気が強く人に負けるのが嫌いな性質。勝ち気。「―の子供」語源「利かぬ気」の転。

きかん-ぼう【利かん坊】バウ― (名・形動ダ) 負けず嫌いでわんぱくな子供。きかんぼ。語源「利かぬ坊」の転。

きき【利き・効き】①㋐働き。「ブレーキの―がいい」㋑力・技術のすぐれていること。「―腕」「目―」②力やききめがあらわれること。「―の早い薬」用法 ①㋑は名詞と結び付けて用いる。

き-き【危機】あぶない時や状態。「―に直面する」「―を脱する」

き-き【忌諱】(名・他スル) いみ嫌うこと。おそれ避けること。「―に触れる(=目上の人を怒らせる)」参考「きい」は慣用読み。

き-き【鬼気】ぞっとするほどぶきみな気配。「―迫る形相ぎょうそう」

き-き【記紀】「古事記」と「日本書紀」。「―歌謡」

き-き【既記】前に書きしるしたこと。

き-き【機器・器機】機械・器械・器具の総称。「教育―」

き-き【嬉嬉・嬉々】(タル) 楽しげに遊ぶさま。満足してうれしそうなさま。「―としてたわむれる」文(形動タリ)

き-ぎ【木木】多くの木。いろいろの木。「―の緑」

き-ぎ【嬉戯】(名・自スル) 楽しく遊びたわむれること。

き-ぎ【機宜】あることをするのにちょうどよい時機。「―を失う」

ぎ-き【義気】正義を守ろうとする心。義侠心ぎきょうしん。

ぎ-き【義旗】正義の戦いのために掲げる旗じるし。「―を翻ひるがえす(=正義の戦いを始める)」

ぎ-ぎ【疑義】意味がはっきりせず、疑わしいこと。疑問に思われること。疑問点。「―をはさむ」

ぎ-ぎ【巍巍・巍々】(タル) 高く大きいさま。「―たる山」文(形動タリ)

きき-あし【利(き)足】よく力がはいり、うまく動かせるほうの足。

きき-あわ・せる【聞き合(わ)せる・聞合せる】アハセル― (他下一) セ・セ・セル・セル・セレ・セロ(セヨ) ①あちこちから聞いたことを比べて考える。「あれこれ―せて決める」文ききあは・す(下二) ②確かめるために聞く。問い合わせる。「都合を―」

きき-いっぱつ【危機一髪】(危険が髪の毛一本ほどのところまで迫る意)あぶないせとぎわ。「―のところで救われる」

きき-い・る【聞(き)入る】(自五) ラ(ロ)・リ(ッ)・ル・ル・レ・レ 心ひかれて聞く。注意を集中して聞く。「演奏に―」「話に―」

きき-い・れる【聞(き)入れる】(他下一) レ・レ・レル・レル・レレ・レロ(レヨ) 相手の頼みや要求などを聞いて承諾する。「要求を―」文ききい・る(下二)

きき-うで【利〔き〕腕】よく力がはいり、うまく使えるほうの腕。利き手。「―を押さえる」

きき-お・く【聞〔き〕置く】(他五)カ(コ)・キ(イ)・ク・ク・ケ・ケ（返事や考えを表明せず）相手の要求や意見を聞くだけにしておく。

きき-おさめ【聞〔き〕納め】ヲサメ それが最後に聞く機会で、もう二度と聞けないこと。「あの高座が―となる」

きき-おと・す【聞き落〔と〕す・聞落す】(他五)サ(ソ)・シ・ス・ス・セ・セ 聞くべき内容の一部をうっかり聞かないでしまう。聞きもらす。「肝心な点を―」

きき-おぼえ【聞〔き〕覚え】①前に聞いて覚えていること。「―のある声」②耳で聞いて覚えること。耳学問。

きき-およ・ぶ【聞〔き〕及ぶ】(他五)バ(ボ)・ビ(ン)・ブ・ブ・ベ・ベ 人から聞いて知る。以前から聞いている。「すでにお―びでしょうが」

きき-かいかい【奇奇怪怪】クヰクヮイ (名・形動ダ) 非常に不思議なこと。「―な事件」参考「奇怪」の強調表現。

きき-かえ・す【聞〔き〕返す】カヘス (他五)サ(ソ)・シ・ス・ス・セ・セ ①相手から聞いたことをもう一度尋ねる。聞きなおす。「同じことを何度も―」②相手の言ったことに対し、こちらから質問する。「それは本当かと―」③もう一度くり返して聞く。「録音したものを―」

きき-がき【聞〔き〕書き】(名・他スル) 人から聞いたことを書きとること。また、その書いたもの。「講演の―」

きき-かじ・る【聞〔き〕△齧る】(他五)ラ(ロ)・リ(ッ)・ル・ル・レ・レ 物事の一部分やうわべだけを聞いて部分的・表面的な知識を持つ。「―った話」

きき-かた【聞〔き〕方】①聞く方法や態度。「―が悪い」②聞くほうの人。聞き手。「―に回る」

きき-かん【危機感】あぶない事態にあるという感じ。また、このままではあぶない事態になるという感じ。「―を抱く」

きき-ぐるし・い【聞〔き〕苦しい】(形)カロ・カッ(ク)・イ・イ・ケレ・○ ①内容が聞くにたえなくて不愉快だ。「―中傷」「お―点はおわびします」②聞きとりにくい。聞きづらい。文ききぐる・し(シク)

きき-ごたえ【聞〔き〕応え】ゴタヘ 聞くだけの値打ち。「―のある話」

きき-ごと【聞〔き〕事】聞いておく価値のある事柄。

きき-こみ【聞〔き〕込み・聞込】情報を他から聞き知ること。特に、刑事などが事件調査の手掛かりなどを得るために、あちこち聞いてまわること。「―捜査」

きき-こ・む【聞〔き〕込む】(他五)マ(モ)・ミ(ン)・ム・ム・メ・メ 情報を他から聞いて知る。「耳よりな話を―」

きき-ざけ【利〔き〕酒・聞〔き〕酒】酒を少し口に含んでその品質のよしあしを鑑定すること。また、そのための酒。

きき-じょうず【聞〔き〕上手】ジヤウズ (名・形動ダ) 相手が話しやすいようにうまく受け答えして、相手に十分に話させること。また、その人。「―な人」↔聞き下手

きぎす【×雉子】《古》きじ。きぎし。季春

きき-すご・す【聞き過〔ご〕す・聞過す】(他五)サ(ソ)・シ・ス・ス・セ・セ 聞いても、その話の内容を気にとめない。聞き流す。「―ことのできない話」

きき-ずて【聞〔き〕捨て】（噂うわさやよくない話を）聞いても、気にかけずにそのまま無視すること。
―ならない 話を聞いて、そのままにしておけない。「―言葉」

きき-す・てる【聞〔き〕捨てる】(他下一)テ・テ・テル・テル・テレ・テロ(テヨ) 聞いても心にとめないで無視する。文ききす・つ(下二)

きき-すま・す【聞き澄〔ま〕す・聞澄す】(他五)サ(ソ)・シ・ス・ス・セ・セ 心を集中してよく聞く。耳をすましてよく聞く。

きき-そこな・う【聞き損〔な〕う・聞損う】ソコナフ (他五)ワ(オ)・イ(ッ)・ウ・ウ・エ・エ ①聞く機会をのがす。聞きもらす。「正午のニュースを―」②まちがえて聞く。聞きあやまる。「趣旨を―」

きき-だ・す【聞〔き〕出す】(他五)サ(ソ)・シ・ス・ス・セ・セ 知りたい情報を聞いてひき出す。聞いて秘密をさぐり出す。「裏の事情を―」

きき-ただ・す【聞〔き〕◦質す・聞〔き〕△糺す】(他五)サ(ソ)・シ・ス・ス・セ・セ よくわからないことなどを聞いて確かめる。「真意を―」

きき-ちがい【聞〔き〕違い】チガヒ 内容をまちがえて聞くこと。聞きあやまり。聞きちがえ。誤聞。「その話は君の―だろう」

きき-つ・ぐ【聞〔き〕継ぐ】(他五)ガ(ゴ)・ギ(イ)・グ・グ・ゲ・ゲ ①人から人へと伝え聞く。聞いて伝える。②続けて聞く。

きき-つ・ける【聞〔き〕付ける】(他下一)ケ・ケ・ケル・ケル・ケレ・ケロ(ケヨ) ①ふだんから聞き慣れる。「いつも―けている曲」②声や音に気づく。「犬が足音を―けてほえる」③知られていない情報を耳にする。また、伝え聞いて知る。「秘密を―」文ききつ・く(下二)

きき-づたえ【聞〔き〕伝え】ヅタヘ 人から伝え聞くこと。また、伝え聞いた話。ききつたえ。

きき-つた・える【聞〔き〕伝える】ツタヘル (他下一)エ・エ・エル・エル・エレ・エロ(エヨ) 人から伝え聞く。ききづたえる。文ききつた・ふ(下二)

きき-づら・い【聞〔き〕◦辛い】(形)カロ・カッ(ク)・イ・イ・ケレ・○ ①聞き取りにくい。「電話の声が―」②聞くにたえない。「―噂うわさを耳にする」③質問しにくい。「私からは―」文ききづら・し(ク)

きき-て【利〔き〕手】→ききうで

きき-て【聞〔き〕手】人の話や音楽などを聞くほうの人。また、聞き上手な人。「なかなかの―だ」↔話し手

きき-とが・める【聞〔き〕咎める】(他下一)メ・メ・メル・メル・メレ・メロ(メヨ) 人の話を聞いて、不審だと思う。また、その疑問や誤りを問いただしたり非難したりする。「失言を―」文ききとが・む(下二)

きき-どころ【利〔き〕所】①ききめのある所。「お灸きゅうの―」②肝心な所。急所。要所。「―を押さえる」

きき-どころ【聞〔き〕所】人の話・講演・演奏などで聞く値打ちのあるところ。注意して聞くべき部分。

きき-とど・ける【聞〔き〕届ける】(他下一)ケ・ケ・ケル・ケル・ケレ・ケロ(ケヨ) 要求や願いを聞いて承諾する。「願いを―」文ききとど・く(下二)

きき-とり【聞〔き〕取り】①事情などがわかるように詳しく話を聞くこと。「―調査」②（特に外国語を）聞いて理解すること。リスニング。

きき-と・る【聞〔き〕取る】(他五)ラ(ロ)・リ(ッ)・ル・ル・レ・レ ①注意深く聞いてとらえる。聞いて理解する。「声が小さくて―りにくい」②事情などがわかるように聞く。「責任者から事情を―」

きき-なお・す【聞〔き〕直す】ナホス (他五)サ(ソ)・シ・ス・ス・セ・セ 聞いたことをもう一度聞く。聞き返す。「電話番号を―」

きき-なが・す【聞〔き〕流す】(他五)サ(ソ)・シ・ス・ス・セ・セ 聞いても心にとめないでおく。聞き過ごす。「いつもの愚痴と―」

きき-な・す【聞〔き〕△做す】(他五)サ(ソ)・シ・ス・ス・セ・セ 聞いて、そうと理解する。そのように聞く。

きき-な・れる【聞〔き〕慣れる・聞〔き〕△馴れる】(他下一)レ・レ・レル・レル・レレ・レロ(レヨ) 何度も聞いて耳に慣れている。「―れない病名」文ききな・る(下二)

きき-にく・い【聞〔き〕◦難い・聞〔き〕◦悪い】(形)カロ・カッ(ク)・イ・イ・ケレ・○ ①よく聞きとれない。「小声なので―」②質問するのがためらわれる。「本人には―話」③聞いて不愉快だ。文ききにく・し(ク)

き-ぎぬ【生絹】生糸で織った絹織物。↔練り絹

きき-はず・す【聞〔き〕外す】ハヅス (他五)サ(ソ)・シ・ス・ス・セ・セ ①聞く機会を逃がす。聞きそこなう。②終わりまで聞かないでやめる。

きき-ふる・す【聞〔き〕古す】(他五)サ(ソ)・シ・ス・ス・セ・セ 何度も聞い

て珍しくなくなる。「―した話」用法 多く、「聞きふるした」の形で連体修飾語として用いられる。

きき-べた【聞〔き〕下手】(名・形動ダ) 会話の受け答えが下手で、相手から話を引き出したり、楽しく話をさせたりすることができないこと。また、その人。「―な人」↔聞き上手

きき-ほ・れる【聞〔き〕△惚れる】(自下一) レ・レ・レル・レル・レレ・レロ(レヨ) 心を奪われて聞き入る。聞いてうっとりとする。「美声に―」文ききほ・る(下二)

きき-みみ【聞〔き〕耳】①関心のある話や小さい音などを注意して聞くこと。②《古》人聞き。外聞。

―を立(た)てる よく聞こうとして耳をすます。

きき-みょうみょう【奇奇妙妙】メウメウ (名・形動ダ) 非常に不思議なこと。また、そのさま。参考「奇妙」の強調表現。

きき-め【効〔き〕目・利〔き〕目】行動のねらいや物品の特性から期待されるよい結果。効果。効能。「この薬は―が早い」

きき-もの【聞〔き〕物】聞くだけの値打ちのあるもの。

きき-もら・す【聞〔き〕漏らす】(他五) サ(ソ)・シ・ス・ス・セ・セ 聞くべき内容の一部を聞かないでしまう。聞き落とす。「一言も―・さないよう耳を傾ける」

きき-やく【聞〔き〕役】会話で、もっぱら人の話を聞く側の人。聞き手。「―にまわる」

き-きゃく【棋客】→きかく(棋客)

き-きゃく【棄却】(名・他スル) ①《法》訴えを受けた裁判所が、その訴訟内容に理由がないとして退け無効とすること。「控訴(こうそ)―」②捨てて取り上げないこと。「提案を―する」

き-きゅう【企及】キフ (名・自スル) 努力して追いつくこと。肩を並べること。「我々の―しうるところではない」

き-きゅう【危急】キフ 危険や災難が目前に迫っていること。

―そんぼう【―存亡】バウ 危難が迫って、生き残るか滅びるかの重大なせとぎわ。生きるか死ぬかのさかい。「―の秋(とき)」

き-きゅう【気球】キウ 水素・ヘリウムなどの空気より軽い気体や熱した空気を吹きこんで、空中にあげる球形の袋。宣伝・観測・飛行などに用いる。軽気球。「熱―」はじまり 一七八三年、フランスのモンゴルフィエ兄弟が紙と布で製した袋に熱した空気を入れて飛ばす気球を発明、世界初の有人飛行に成功。

き-きゅう【希求・△冀求】キウ (名・他スル) 切実に願い求めること。「平和を―する」

き-きゅう【帰休】キウ (名・自スル) 家に帰って休息すること。「一時―(=勤労者が企業の都合で一定期間仕事を休むこと)」

き-きょ【起居】(名・自スル) ①(立つことと座ることから)立ち居振る舞い。②(転じて)ふだんの生活。「―をともにする」

き-きょ【△欷△歔】(名・自スル) すすり泣くこと。むせび泣き。歔欷(ききょ)。

ぎ-きょ【義挙】正義のために起こす行動。また、その計画。

きき-よ・い【聞〔き〕◇好い】(形) カロ・カッ(ク)・イ・イ・ケレ・○ ①音声がはっきりしていて聞き取りやすい。「―音の高さ」②聞いて気持ちがよい。「ほめ言葉は―ものだ」文ききよ・し(ク)

きき-よう【聞〔き〕様】ヤウ ①尋ねる言葉づかいや態度。聞き方。「ものには―がある」②理解のしかた。「―によっては」

き-きょう【気胸】《医》肺以外の胸腔(きょうこう)に空気がはいった状態。肺は空気に圧迫され収縮する。

き-きょう【奇矯】ケウ (名・形動ダ) 言動がふつうと違って風変わりなこと。また、そのさま。「―な言葉」「―なふるまい」

き-きょう【帰京】キャウ (名・自スル) 都に帰ること。現代ではおもに東京に帰ること。「明日―します」

き-きょう【帰郷】キャウ (名・自スル) 故郷に帰ること。帰省。

き-きょう【△桔◦梗】キャウ 《植》キキョウ科の多年草。山野に自生。秋に紫色または白色の鐘形(しょうけい)で先が五つに裂けた花を開く。根は薬用。秋の七草の一つ。秋 ⇒秋の七草(さしえ)

き-ぎょう【企業】ゲフ 《商・経》物資の生産や販売、サービスの提供などを継続的・計画的に行う経済主体で、その経営活動によって収益をあげることを目的としている組織。参考 私企業・公企業、営利企業・社会的企業、大企業・中小企業などに分類される。

―ごうどう【―合同】ガフドウ →トラスト

―ねんきん【―年金】民間企業が運営する私的年金。掛け金は企業と従業員とが分担する。厚生年金基金など。

―れんごう【―連合】レンガフ →カルテル

き-ぎょう【起業】ゲフ (名・自スル) 新しく事業を始めること。

―か【―家】新事業を始めたり、会社を設立したりする人。

き-ぎょう【機業】ゲフ 織物を織る事業。「―家」

ぎ-きょう【義△侠】ケフ 正義を重んじ、弱い者を助けること。おとこぎ。おとこだて。任侠(にんきょう)。「―心」

ぎ-きょうだい【義兄弟】キャウダイ ①血縁のない義理の兄弟。配偶者の兄弟。姉や妹の夫。②たがいの生き方に感じあい、兄弟の約束をした人どうし。「―のちぎりを結ぶ」

き-きょく【危局】危険のさしせまった場面・なりゆき。

ぎ-きょく【戯曲】《文》演劇の脚本・台本。また、その形式で書かれた文芸作品。ドラマ。

ききょ-らい【帰去来】官職をやめて故郷に帰るため、その地を去ること。また、そう願う気持ち。語源 中国の詩人、陶淵明(とうえんめい)の「帰去来辞」による。文中の有名な語句「帰去来兮」は「かえりなん、いざ」と訓読する。「来」は語勢を強める助辞。

きき-わけ【聞〔き〕分け】話を聞いて納得し、従うこと。「―のいい子」「―がない」用法 おもに子供に対して用いる。

きき-わ・ける【聞〔き〕分ける】(他下一) ケ・ケ・ケル・ケル・ケレ・ケロ(ケヨ) ①音や言葉などを聞いて、その違いを区別する。「虫の声を―」②話を聞いて理解する。また、納得して従う。「親の言うことを―」文ききわ・く(下二)

きき-わす・れる【聞〔き〕忘れる】(他下一) レ・レ・レル・レル・レレ・レロ(レヨ) ①聞くべきだったことを尋ねないままにしてしまう。「連絡先を―」②前に聞いたことが記憶になくなる。文ききわす・る(下二)

き-きん【飢△饉・△饑△饉】①農作物の不作で食糧が欠乏すること。②生活に必要なものが極端に不足すること。「水―」

き-きん【基金】①事業の経済的基礎になる金。②事業や将来の目的のために手をつけずにおく積立金や準備金。ファンド。

ぎ-きん【義金】慈善・災害の救済・助け合いなどのために寄付する金銭。義捐(ぎえん)金。

き-きんぞく【貴金属】《化》空気中・水中でさびず、薬品などで化学作用を受けることが少ない金属。産出量が少なく、高価。金・銀・白金など。↔卑金属

きく【掬】人 キク すくう (字義) ①すくう。両手ですくいあげる。「掬水」②気持ちをくみとる。

きく【菊】キク㊥ 一 艹 芍 芍 菊

(字義) きく。キク科の多年草。「菊花・黄菊・残菊・除虫菊・白菊・野菊」人名 あき・ひ

きく【菊】①《植》キク科の多年草。品種が多く、秋に赤・黄・白などの花が咲く。中国から渡来したとされ、古くから日本を代表する花の一つで、旧暦九月九日の重陽(ちょうよう)の節句には菊の宴が行われた。秋(菊若葉 春) ②菊花をかたどった一六弁の(皇室の)紋章。

きく【鞠】人 キク まり (字義) ①まり。けまり。=毬。「鞠域・蹴鞠(しゅうきく・けまり)」②やしなう。養育する。「鞠育・鞠

養」③おさない。「鞠子・鞠稚」④ただす。とりしらべる。「鞠按・鞠訊・鞠断・鞠問」⑤つげる。＝告。「鞠旅・鞠凶」⑥かがむ。おそれつつしむ。「鞠躬」人名つぐ・みつ

き-く【危△懼】(名・他スル)→きぐ(危惧)

き-く【起句】詩や文の最初の句。特に漢詩で、絶句の第一句。⇩起承転結

き-く【規△矩】(「規」はコンパス、「矩」は物差しの意)規準となるもの。きまり。手本。「—準縄(＝物事の手本)」

き・く【利く】(自五) カ(コ)・キ(イ)・ク・ク・ケ・ケ ㊀(自五)①試みたことの、よい影響がある。ききめがある。作用があらわれる。「わさびが—・いている」「糊の—・いたワイシャツ」②よく動き働く。「気が—」③そうすることが可能である。「保存が—」「小回りが—」④通用する。ものを言う。「顔が—」他きか・せる(下一) ㊁(他五)(「口を利く」の形で)①ものを言う。「あれ以来口も—・かない」②人に話して間をとりもつ。「頼まれて口を—」⇩「使い分け」

き・く【効く】(自五) カ(コ)・キ(イ)・ク・ク・ケ・ケ 効果があらわれる。ききめがある。「宣伝が—・いてよく売れる」⇩「使い分け」

> 使い分け「利く・効く」
> 「利く」は、思いどおりに働かすことができる意で、「左手が利く」「鼻が利く」「機転が利く」「むりが利く」「洗濯が利く」「見晴らしが利く」などと使われる。
> 「効く」は、ききめがあらわれる意で、「薬が効く」「わいろが効く」などと使われる。ただし、「利」と「効」の区別は微妙であり、実際にはともに仮名書きで用いられることが多い。

き・く【聞く・聴く】(他五) カ(コ)・キ(イ)・ク・ク・ケ・ケ 《中心義—それまで存在を知らなかった物事を音や声で知る》①音や声を耳に感じる。「物音を—」②注意して人の言葉を聞きとる。「先生の指示を—」③尋ねる。問う。「道を—」④相手の言うことを聞き入れる。「友人の忠告を—」「訴えを—」⑤味・香りのよしあしを調べる。「香を—」自きこ・える(下一) 可能き・ける(下一) 参考③は「△訊く」、⑤は「利く」とも書く。⇩「使い分け」

類語 聞こえる・聴聞する・聴取する・傾聴する・謹聴する・静聴する・盗聴する・拝聴する・傍聴する・耳慣れる・承る・伺う・立ち聞きする・盗み聞きする・又聞きする・耳を傾ける・耳にする・耳を貸す・耳を澄ます・小耳にはさむ

表現〈慣用表現〉上の空で・風の便りに・根問い葉問い・根掘り葉掘り・耳の穴をほじって・耳をそばだてて・枕をそばだてて

きいて極楽見て地獄 話に聞くのと実際見るのとでは大きな違いがあることのたとえ。**ききしに勝る** 前もって聞いて予想していた以上の程度である。「—ひどさだ」**—は一時の恥聞かぬは末代の恥** 知らないことを聞くのは、そのとき恥ずかしい思いをするだけですむが、聞かずに知らないで過ごせば、一生恥ずかしい思いをしなければならない。**—耳を持たない** 相手の言うことを聞こうともしない。

尊敬語	謙譲語	丁寧語
お聞きになる 聞かれる 耳になさる	承る 伺う 拝聴する	聞きます 耳に(いた)します

> 使い分け「聞く・聴く」
> 「聞く」は、しぜんに耳に聞こえてくる音声を耳に感じる意で、「物音を聞いた」「叫び声を聞いた」「うわさを聞く」などと使われる。
> 「聴く」は、意志をもって念入りに聞く意で、「音楽を聴く」「市民の声を聴く」などと使われる。

き-ぐ【危惧】(名・他スル) 物事がうまくいかないのではないかと心配しおそれること。危懼。「—の念を抱く」

き-ぐ【器具】うつわ。道具。構造の簡単な器械。

き-ぐ【機具】機械・器具類の総称。「農—」参考「器具」よりも大きな物、構造の複雑な物をさすことが多い。

ぎ-く【疑△懼】(名・他スル) 結果を疑って心配すること。

きく-いただき【菊◇戴】《動》キクイタダキ科の小鳥。体長は約一〇センチメートルで、日本で最も小形の鳥の一つ。雄の頭頂に黄橙色の菊の花びらをのせたような羽毛がある。秋

きくい-むし【木食(い)虫】 キクヒ— 《動》①キクイムシ科の甲虫の総称。樹木の皮下や材部を食害する。夏 ②甲殻類のキクイムシ科の節足動物。体長三ミリメートルほどで海中の木造船などを食害する。

きく-いも【菊芋】《植》キク科の多年草。北アメリカ原産。秋に黄色い花を開く。サトイモに似た根茎は食用。秋

き-ぐう【奇遇】思いがけなく出会うこと。「一別以来の—」

き-ぐう【寄△寓】(名・自スル) 他人の家にしばらく住んで世話になること。「親類の家に—する」

き-くぎ【木△釘】建具・家具などに用いる、木製のくぎ。

きく-ざけ【菊酒】重陽の節句(陰暦九月九日)に、長寿を祈って飲む、菊の花を浮かせた酒。

ぎく-しゃく(副・自スル) 物事の進みぐあいや動作・関係などがなめらかでなくぎこちないさま。「夫婦の間が—する」

きく-じん【△麴△塵】 —ヂン ①淡い黄に青みを帯びた色。天皇の袍の色なので禁色とされた。山鳩色。②(「麴塵の袍」の略)昔、天皇の着た①の色の束帯の上衣。

き-くず【木△屑】 —クヅ 木材を切ったり削ったりして出たくず。

きく-すい【菊水】紋所の名。流水に菊の花が半ば浮かんでいる模様。楠木家の紋として有名。

き-くず・す【着崩す】 —クヅス (他五) サ(ソ)・シ・ス・ス・セ・セ 決まった型をわざと崩して着る。「制服を—」

き-ぐすり【生薬】→しょうやく(生薬)

きく・する【△掬する】(他サ変) シ(セ・サ)・シ・スル・スル・スレ・セヨ ①水などを両手ですくう。②事情などをくみとって推察する。「真情を—」文きく・す(サ変)

き-くずれ【着崩れ】 —クヅレ (名・自スル) 着て動くうちに衣服がしだいにゆるみ乱れてくること。「—しない和服の着付け」

き-ぐち【木口】①材木の性質や品質。「—が粗末な家」②木材を横切りにした切り口。木口。③手提げなどの口につけた、木製の取っ手。

きくち-かん【菊池寛】 キクチクワン (一八八八〜一九四八) 劇作家・小説家。香川県生まれ。初め「屋上の狂人」「父帰る」などの戯曲を発表、のち小説に転じ「忠直卿行状記」「恩讐の彼方に」などを書いて、作家としての地位を確立。一九二三(大正十二)年雑誌「文藝春秋」を創刊。芥川賞・直木賞を制定。

き-ぐつ【木靴】木をくりぬいて作った靴。

きく-づき【菊月】(菊の花の月の意で)陰暦の九月。秋

きく-な【菊菜】「春菊」の別名。春

きく-ならく【聞くならく】(漢文の訓読から出た語で、副詞的に用いられて)聞くところによると。聞いたことには。語源「聞く」＋文語助動詞「なり」のク語法

きく-にんぎょう【菊人形】 —ニンギヤウ 菊の花や葉を取り合わせて衣装として飾りつけた人形。秋

きく-の-せっく【菊の節句】五節句の一つ。陰暦九月九日の祝い日。重陽の節句。秋

き-くばり【気配り】(名・自スル) 細かい所まで行き届くように、いろいろと心づかいすること。配慮。「こまやかなー」

き-くばん【菊判】①印刷用紙の旧規格寸法の名称。縦九三・九センチメートル、横六三・六センチメートル。②書物の判型の名称。縦二二センチメートル、横一五センチメートル。A5判より少し大きい。語源 ①は、初めて輸入されたときに菊花の商標があったことからいう。

きく-はんさい【菊半△截】書物の判型の名称。「菊判②」の半分の大きさ。A6判より少し大きい。菊半。参考「きくはんせつ」の慣用読み。

き-ぐみ【木組み】木造建築で、材木に切り込みを入れて組み合わせること。「ーの家」

きく-み【菊見】菊の花をながめて楽しむこと。観菊。秋

きく-びより【菊日和】菊が咲くころの秋のよい天気。秋

き-ぐみ【気組み】いきごみ。心構え。「ーが足りない」

き-ぐらい【気位】(グラヰ) 自分の品位を保とうとする心の持ち方。「ーが高い」

き-くらげ【×木耳】担子菌類キクラゲ科のきのこ。クワ・ブナなどの枯れ木に群生し、形は耳状。干して食用とする。夏

ぎくり-と(副・自スル) 不意のできごとに、一瞬驚き恐れるさま。ぎくっと。「弱点をつかれてーする」

き-ぐるみ【着◦包み】動物やキャラクターなどを演じる人が、全身を覆って着用する衣装。ぬいぐるみ。

き-ぐろう【気苦労】(グラウ) 周囲へのこまやかな気配りによる精神的な疲労や苦労。心労。「ーが絶えない」

き-くん【貴君】(代) 対称の人代名詞。同輩またはそれ以下の人に対する敬称。用法 男性どうしが、おもに手紙で使う。「きみ」よりいくらか丁寧な語。

ぎ-くん【戯訓】上代の文献、特に「万葉集」の用字法の一つで、知的遊戯的な書き表し方。また、その読み。「十六」と書いて「獅子(しし)」、「山上復有山」と書いて「出(いづ)」と読む類。戯書。

ぎ-ぐん【義軍】正義のために起こす戦い。また、その軍勢。

き-けい【奇形・△畸形・△畸型】①動植物の異常な、または不完全な形状。②変わった姿。珍しい形。

き-けい【奇計】戦略上、ふつうでは思いもつかない巧みな計略。奇策。「ーを用いて敵を破る」

き-けい【奇警】(名・形動ダ) 考え・行動などが並はずれていて、奇抜であること。また、そのさま。「ーな言を吐く」

き-けい【△詭計】人をだますはかりごと。詭策(きさく)。「ーに陥る」

き-けい【貴兄】(代) 対称の人代名詞。同輩またはやや年上の男性に対する敬称。あなた。用法 男性どうしが、おもに手紙で使う。「貴君」より丁寧な語。かなり年の離れた、目上の人には使わない。

ぎ-けい【偽計・欺計】他人をあざむくための計画。

ぎ-けい【義兄】①義理の兄。配偶者の兄、姉の夫など。②兄弟の約束を結び、兄となった人。(↔実兄)

ぎ-げい【◦伎芸】歌舞・音曲などの芸。芸能。

ぎ-げい【技芸】美術・工芸の作品を制作する技術。

ぎけいき【義経記】室町前期の軍記物語。作者未詳。源義経(みなもとのよしつね)の生涯を英雄伝説的に描く。「判官(ほうがん)物」の源流をなし、後代文学への影響が大きい。義経記(よしつねき)。

き-げき【喜劇】①滑稽(こっけい)み・風刺を交えて、おもしろくストーリーを展開しながら、人生の真実を描く劇。コメディー。「どたばたー」②実生活での滑稽なできごと。(↔悲劇)

き-けつ【既決】(名・自スル) ①すでに決まったこと。「ー事項」②〔法〕裁判の判決がすでに確定していること。(↔未決)

ーしゅう【ー囚】(シウ) 〔法〕すでに有罪が確定し、刑の執行を受けている者。↔未決囚

き-けつ【帰結】(名・自スル) いろいろな考え・議論・行動・勢いなどが最後に落ち着くこと。ゆきついた所。「順当なーだ」

き-けつ【起結】①物事の起こりと結末。始めと終わり。②漢詩などの起句と結句。

ぎ-けつ【議決】(名・他スル) 議会・会議などで決定すること。また、決定された事柄。「ー機関」「ー権」「予算案をーする」

きけ-もの【利け者】すぐれたはたらきをする人。そのはたらきで幅をきかせている人。「彼はこの会社のーだ」

き-けん【危険】(名・形動ダ) ①あぶないこと。また、あぶないさま。「ーを冒す」「近づくのはーだ」②あぶない状態になるおそれがあること。また、そのさま。「滑落のーがある」(↔安全)

ーしんごう【ー信号】(シンガウ) ①電信・旗・灯火などによって、危険を知らせる合図。②(比喩(ひゆ)的に) 健康や経済などが、悪い状態になるしるし。「寒気がしたらーと思え」

き-けん【気圏】→たいきけん

き-けん【貴顕】身分が高く、名声のあること。また、その人。

き-けん【棄権】(名・他スル) 本来保有する権利を捨てること。特に、投票権・議決権・出場権などを行使しないこと。

き-げん【紀元】歴史上の年数を数える基準となる年。参考 現在世界的に使用されている紀元は、西暦紀元といい、キリストが誕生したとされる年を元年とする。

ーせつ【ー節】もと、四大節の一つ。神武(じんむ)天皇が即位したとされる日(二月十一日)を祝って定めた祝日。一九四八(昭和二十三)年廃止。春 ⇨建国記念の日

ーぜん【ー前】キリストが誕生したとされる西暦紀元元年以前。B.C.「ー一、二世紀ごろ」

き-げん【起源・起原】物事の起こり。事の始まり。

き-げん【期限】前もって決められた時期。「無ー」「ー切れ」

き-げん【機嫌】㊀(名) ①心の状態。人の快・不快の精神状態。気分。「ーが悪い」「不ー」②人の安否やようす。「ごーを伺う」「ごーいかがですか」㊁(名・形動ダ) (多く上に「ご」を付けて) 快い精神状態。いい気分。「今日はごーだよ」

ー気褄(きづま)を取(と)る →きげんをとる 参考「機嫌を取る」の「取る」と「褄(つま)を取る」の「取る」をかけ、重ねて口調を整えた語。

ーを取(と)る 人の気にいるようにする。「赤ちゃんのー」

ーかい【ー買い】(カヒ) ①人に対する好き嫌いの感情の変わりやすいこと。また、その人。②相手の機嫌・顔色をうかがうこと。また、その人。

ぎ-げん【戯言】ふざけて言う言葉。冗談。

き-こ【旗鼓】軍旗と、合図に打つ太鼓。転じて、軍隊。

ーの間(かん)に相見(あいまみ)える 戦場で敵味方として会う。

き-こ【騎虎】虎(とら)に乗ること。

ーの勢(いきお)い (虎に乗って走る者が途中で降りられないように) 物事に勢いがついて、途中でやめられなくなること。

き-ご【季語】〔文〕俳句・連歌(れんが)などで、季節を表すため、句によみこむように定められた語。季題。「ー集」

き-ご【△綺語】①巧みに美しく飾って表現した言葉。「狂言ー」②〔仏〕十悪の一つ。真実にそむいて巧みに飾った言葉。参考 古くは「きぎょ(「ぎょ」は漢音)」ともいう。

ぎ-こ【擬古】昔の型や風習などをまねること。「ー文」

き-こう【気孔】〔植〕植物の葉や茎の表皮にある細胞間の小さいあな。光合成・呼吸などに使う気体や水蒸気が出入りする。

き-こう【気功】中国古来の健康法。姿勢の矯正や呼吸法などにより心身を鍛えていく。気功法。

き-こう【気候】一定の地域の特有な気象・天気の状態。気温・降水量・湿度などを長期間観測して、その変化を平均して

見た天気の状態。「寒冷な―」⇩天気「ちがい」

―たい【―帯】〘気〙地球上の気候を、緯度や平均気温で分類した地域。熱帯・亜熱帯・温帯・亜寒帯・寒帯など。

き-こう【希△覯・稀△覯】めったに見られないこと。非常に珍しいこと。

―ぼん【―本】数が少なく、なかなか見られない本。希書。

き-こう【奇功】思いもよらない功績・手柄。

き-こう【奇行】カウ ふつうの人はしない、とっぴで変わった行動。

き-こう【奇効】カウ 思いもよらないききめ・効果。「―を奏する」

き-こう【季候】その季節らしい天気。時候。「―が不順だ」

き-こう【紀行】カウ 旅での見聞・感想などを書いたもの。旅行記。「―文」「アフリカ―」

き-こう【起工】(名・自スル) 工事を始めること。着工。「―式」↔竣工・完工

き-こう【帰校】カウ (名・自スル) 出先から学校に帰ること。

き-こう【帰航】カウ (名・自スル) 船・航空機の帰りの航海・航空。また、帰りの航路につくこと。復航。「―の途につく」

き-こう【帰港】カウ (名・自スル) 船が、出発した港に帰ること。

き-こう【起稿】カウ (名・自他スル) 原稿を書き始めること。↔脱稿

き-こう【寄港・寄航】カウ (名・自スル) 船や航空機が途中の港・空港に立ち寄ること。「ニューヨークに―する」

き-こう【寄稿】カウ (名・自他スル) 新聞・雑誌などにのせるため、依頼された原稿を書いて送ること。また、その原稿。

き-こう【貴校】カウ 相手の学校を敬っていう語。御校。

き-こう【機巧】カウ うまいしかけ。巧みな細工。からくり。

き-こう【機構】①国・会社・団体などが仕事をするための組織。仕組み。「行政―」②機械をはたらかす内部の構造。

き-こう【貴公】(代) 対称の人代名詞。男性が、多く目下の男性に対して用いる。おまえ。きみ。参考 古くは、武士が目上の人に対して用いた。

き-ごう【記号】ガウ ある意味を示すしるし。広義には言語・文字などコミュニケーションのためのいっさいのものをいい、狭義には文字に対して符号類をいう。

―ろん【―論】①言語・映像・音楽など、表現されたすべてを記号としてとらえ、その構造から文化全体を分析する学問。アメリカのパース、スイスのソシュールに始まり、構造主義の源となった。記号学。②①の一分野。記号・対象・使用者の関係を、構文論(統語論)・意味論・語用論に分けて研究する。

き-ごう【揮△毫】ガウ (名・他スル)(「揮」はふるう、「毫」はふでの意)筆で書や絵画をかくこと。染筆。「色紙に―する」

ぎ-こう【技工】手で加工する技術。また、その技術を持つ人。「歯科―士」

ぎ-こう【技巧】カウ 技術が巧みであること。特に、芸術上の技術や表現のしかたの工夫。テクニック。「―派」「―をこらす」

ぎ-ごう【戯号】ガウ 戯作者などの使う雅号。また、作家などがたわむれに名のる名。戯号。

き-こうし【貴公子】身分の高い家の若い男子。気品のすぐれた青年。「―然とした容姿」

きこう-でん【◦乞巧△奠】キカウ 陰暦七月七日の夜、牽牛星と織女星とをまつる儀式。もとは中国の行事で女子の手芸の上達を祈ったもの。七夕祭り。乞巧奠。秋

きこえ【聞[こ]え】①聞こえること。また、その程度。「右耳の―が悪い」②評判。人聞き。外聞。「秀才の―が高い」

きこえよ-がし【聞[こ]えよがし】(名・形動ダ) 当人がいるのに気づかないふりをして、悪口や皮肉などをわざと聞こえるように言うこと。また、そのさま。語源「聞こえる」の命令形「聞こえよ」に接尾語「がし」が付いたもの。

きこ・える【聞[こ]える】(自下一) エエ・エル・エル・エレ・エロ(エヨ) ①音・声などが耳に感じられる。「人声が―」②人の言うことが納得できる。「そりゃ―・えません(=納得できません)」③(「…と聞こえる」「…に聞こえる」の形で)そのように受けとられる。「いやみに―」④広く知られる。「世に―・えた人」他き・く(五) 文きこ・ゆ(下二)

き-こく【帰国】(名・自スル) ①国外から自分の国に帰ること。「―の途につく」②郷里に帰ること。

―しじょ【―子女】シヂョ 保護者の勤務の関係などで一定期間海外で暮らした後に、帰国した子供。

き-こく【鬼△哭】浮かばれない霊魂が恨めしさに泣くこと。また、その声。

―しゅうしゅう【―△啾△啾】シウシウ (トタル) さまよう霊魂が、か細く泣くさま。恐ろしい気配がただようさま。文(形動タリ)

き-こく【貴国】相手の国に対する敬称。

ぎ-ごく【疑獄】証拠がなく、有罪・無罪の判決を出しにくいこみいった裁判事件。特に、大規模な政治的贈収賄の事件。

き-ごこち【着心地】衣服を着たときに体の受ける感じ。「―がいい」

き-ごころ【気心】その人の本質的な気質。気性。ほんとうの気持ち。「―が知れない」

きこしめ・す【聞[こ]し召す】(他五) サ(ソ)・シ・ス・ス・セ・セ ①(ふざけての言い方で)酒を飲む。「したたかに―」②〘古〙「聞く」の尊敬語。お聞きになる。③〘古〙「飲む」「食ふ」「治む」の尊敬語。召しあがる。お治めになる。

きこ・す【聞[こ]す】(他四)〘古〙①「聞く」の尊敬語。お聞きになる。②「言ふ」の尊敬語。おっしゃる。

ぎこちな・い(形) カロ・カッ(ク)・イ・イ・ケレ・◯ 動作・言葉などがなめらかでなく、不自然なさま。ぎごちない。「―しぐさ」文ぎこちな・し(ク)

き-こつ【気骨】自らの信念を通し、妨害に屈しない強い気性。「―のある人」参考「きぼね」と読めば別の意になる。

き-こつ【奇骨】ふつうと違うすぐれた気風。風変わりな性格。

きこな・す【着こなす】(他五) サ(ソ)・シ・ス・ス・セ・セ 衣服を自分の体に合わせ、見た目に美しく上手に着る。「流行の服を―」

ぎこ-ぶん【擬古文】〘文〙古文をまねた文章。特に、江戸時代の国学者が平安時代の文体をまねて書いた文章。

き-ごみ【着込み・着△籠み】武士が護身用に、鎖帷子などを上着の下に着ること。また、そのもの。着籠め。

き-ごみ【気込み】心を集中して打ち込むこと。意気込み。

きこ・む【着込む・着◦籠む】(他五) マ(モ)・ミ(ン)・ム・ム・メ・メ ①改まってきちんと衣服を着る。「晴れ着を―」②衣服を何枚も重ねて着る。「冷え込むので―・んだ」

きこ・ゆ【聞[こ]ゆ】〘古〙一(自下二)①聞こえる。②広く伝わる。評判になる。二(他下二)「言ふ」の謙譲語。申しあげる。三(補動下二)(動詞または動詞型活用の助動詞の連用形の下に付いて)謙譲の意を表す。お…申しあげる。お…する。

きこり【△樵】山で木を切り出す職業の人。杣。杣人。

き-こん【気根】〘植〙空気中に露出している根の総称。

き-こん【気根・機根】①物事をやりとげる気力。根気。②〘仏〙仏の教えにしたがい修行しうる衆生の能力・資質。

き-こん【既婚】すでに結婚していること。「―者」↔未婚

き-ざ【△跪座・△跪△坐】(名・自スル) ひざまずいて座ること。

き-ざ【気◦障】(形動ダ) ダロ・ダッ(デ)・ニ・ダ・ナ・ナラ・◯ (「きざわり」の略)服装・言葉遣い・態度などが不自然にきどっていて、いやみに思われるさま。「―なやつだ」「―なせりふ」文(ナリ)

ぎざ のこぎりの歯のようなきざみ目。ぎざぎざ。

きさい【◦后】〘古〙(「きさき」の音便)天皇の妻。皇后。「―の

宮」

きさい【奇才】 世にも珍しい、すぐれた才能。また、そういう才能を持った人。「—を発揮する」

きさい【鬼才】 人間ばなれした、すばらしい才能。また、そういう才能を持った人。「映画界の—」

きさい【既済】 すでに処理のすんでいること。特に、借金をすでに返済してあること。「ローンの—分」↔未済

きさい【記載】(名・他スル) 書物・書類などに正式な記録として書いてのせること。「—事項」

きさい【起債】(名・自他スル)〘経〙国家・地方公共団体・会社などが債券を発行・募集すること。「財源を—でまかなう」

きさい【機才】 その時々に応じてはたらく才気。また、そういう才能を持った人。「—がきく」

きざい【器材】 器具や材料。また器具の材料。「実験用—」

きざい【器財】 道具。うつわもの。家財道具。

きざい【機材】 ①機械類や材料。また、機械の材料。「建築—」②あることに用いる機具一式。「撮影—」

きさき【◇后・◇妃】 ①天皇の妻。皇后。②王侯・貴族の妻。

ぎざぎざ(名・形動ダ) のこぎりの歯のように連続したきざみ目。また、そのきざみ目のあるさま。「紙を—に切る」

きさく【奇策】 人の思いつかない、奇抜な策略。奇計。「—を弄(ろう)する」

きさく【△詭策】 いつわりの策略。敵をだます計略。詭計(きけい)。

きさく【気さく】(形動ダ) ダロ・ダッ(デ・ニ)・ダ・ナ・ナラ・○ 性格や態度が、気どらず打ちとけやすいさま。「—な人」文(ナリ)

ぎさく【偽作】(名・他スル) 芸術作品などで、他人の作品に似せて作ること。また、その作品。贋作(がんさく)。↔真作

きざけ【生酒】 混ぜもののない純粋の酒。生一本(きいっぽん)。

きさご【×細螺】〘動〙浅海の砂地にすむニシキウズガイ科の巻き貝。そろばん玉に似た殻は光沢が強く、種々の模様がある。肉は食用、殻はおはじきなどに使う。きしゃご。ぜぜがい。春

きささげ【木×豇豆・△楸】〘植〙ノウゼンカズラ科の落葉高木。実はササゲのさやに似て、乾燥したものは利尿剤となる。秋

きざし【兆し・△萌し】 物事の起こりそうなしるし。前兆。「春の—が感じられる」「回復の—が見える」

きざ・す【兆す・△萌す】(自五) サ(ソ)・シ・ス・ス・セ・セ ①草木が芽ばえる。芽ぐむ。「新芽が—」②物事が起ころうとする気配がある。起ころうとしている。前兆がある。「悪心が—」

きさつ【貴札】 相手の手紙の敬称。お手紙。尊書。

きざっぽ・い【気◇障っぽい】(形) カロ・カッ(ク)・イ・イ・ケレ・○ (「っぽい」は接尾語) 言動や服装などが不自然に気どっていて、感じが悪い。

きざはし【◇階】 階段。

きさま【貴様】(代) 対称の人代名詞。男性が同輩または目下の者に、あるいは相手をののしって言う場合に用いる。おまえ。参考 近世中ごろまでは相手に対する敬意を表した。

きざみ【刻み】 ①きざむこと。また、きざみ目。②「きざみたばこ」の略。③(時間・長さ・量などを表す語に付き、接尾語的に用いて) 等間隔で区切る意を表す。「三分—」「一寸—」

—あし【—足】 小またに速く歩くこと。また、その足運び。

—たばこ【—×煙草】 たばこの葉を細かくきざんだもの。キセルに詰めて吸う。きざみ。

—め【—目】 きざみつけたあと。きざみを入れた箇所。

きざみ-こ・む【刻み込む】(他五) マ(モ)・ミ(ン)・ム・ム・メ・メ ①彫りつける。「模様を—」「目印を—」②心に深くとどめる。「脳裏に—」

きざみ-つ・ける【刻み付ける】(他下一) ケ・ケ・ケル・ケル・ケレ・ケロ(ケヨ) ①刃物などで筋目や文字などを彫りつける。「目印を—」②忘れないように深く記憶する。「心に—」文 きざみつ・く(下二)

きざ・む【刻む】(他五) マ(モ)・ミ(ン)・ム・ム・メ・メ ①(刃物で) 細かく切る。「キャベツを—」②彫りつける。彫刻する。「仏像を—」③彫って筋目をつける。「目盛りを—」④細かに区分して進む。「時を—」(=時が刻々と進む) ⑤強く心に残す。記憶に残す。「恩師の言葉を心に—」可能 きざ・める(下一)

きさらぎ【×如月】 陰暦の二月。春

き-ざわし【木△醂】 ザハシ— 木についたままで甘くなる柿(かき)。きざらし。きざがき。秋

き-ざわり【気障り】 ザハリ— (名・形動ダ) 相手の言動や服装などが不快に感じられること。また、そのさま。きざ。「—な物言い」

き-さん【帰山】(名・自スル) 僧が自分の寺に帰ること。

き-さん【帰参】(名・自スル) 帰って来ること。特に、一度暇をとった主家に再び仕えること。勘当されていた子が親元に帰ることにもいう。「—がかなう」

き-さん【起算】(名・自スル) ある点を起点として数え始めること。「入社の日から—する」

ぎ-さん【△蟻酸】〘化〙アカアリ・ハチなどの体内やマツ・イラクサなどの葉にある刺激性の酸。皮膚に触れると炎症をおこす。

き-さんじ【気散じ】(名・形動ダ) ①心の憂さをまぎらすこと。気晴らし。「—に旅に出る」②気苦労のないさま。気楽。

きし【岸】 ①陸地の、川・海・湖などの水と接している部分。水ぎわ。②がけ。山ぎし。

き-し【奇士】 すぐれた人物。また、風変わりな人。

き-し【棋士】 職業として囲碁・将棋をする人。

き-し【貴紙】 相手の手紙、相手の会社の新聞などの敬称。

き-し【△愧死】(名・自スル) (「愧」は恥じる意) 恥ずかしさのあまり死ぬこと。また、死ぬほど恥ずかしく感じること。慙死(ざんし)。

き-し【旗△幟】 ①昔、戦場で自分の存在をはっきりさせるために立てた旗やのぼり。旗じるし。②明確な態度や主義主張。「—を鮮明にする」

き-し【騎士】 ①馬に乗った武士。②中世ヨーロッパにおける武士の称号。ナイト。「—道」

きじ【△雉・×雉子】〘動〙キジ科の鳥。雄は尾が長く頭から首・胸・腹にかけて光沢のある濃緑色、背面は赤銅色・黒・暗灰色がまじって美しい。猟鳥。日本の国鳥。きぎす。春

—も鳴(な)かずば打(う)たれまい よけいなことを言ったりしなければ、災難にあうこともないというたとえ。

き-じ【木地】 ヂ— ①木材の地質。木目(もくめ)。「白っぽい—」②何も塗っていない、地肌(じはだ)のままの木。③(「木地塗り」の略) 木目が現れるようにうるしを薄く塗ること。また、そういう器具。④木彫りなどの材料にする木を荒く挽(ひ)いたもの。

き-じ【生地・◇素地】 ヂ— ①手を加えない自然のままの性質。「—が出る」②織物の地質。布地。材料となる織物。「洋服の—」③陶磁器の、うわぐすりを塗っていない段階のもの。④パン・ピザなどの材料で、小麦粉などをこねたもの。「パイ—」

き-じ【記事】 事実を伝えるために新聞・雑誌などに書かれた文章。「新聞—」

ぎ-し【技士】 特定の専門技術に関する資格を持つ人。「アマチュア無線—」

ぎ-し【技師】 ①専門的な技術を身につけ、その技術を使う職業についている人。エンジニア。「放射線—」②「技官」の旧称。

ぎ-し【義士】 義を守り行う人。義人。「赤穂(あこう)—」

ぎ-し【義子】 義理の子。実子の配偶者や養子など。↔実子

ぎ-し【義姉】 ①義理の姉。配偶者の姉、兄の妻など。②姉妹の約束を結び、姉となった人。(↔実姉)

ぎ-し【義肢】 義手と義足の総称。

ぎ-し【義歯】 人工の歯。入れ歯。

ぎ-じ【義字】→いじ(意字)

ぎ-じ【疑似・擬似】本物と区別しづらいほど似ていること。「ーコレラ」「ー体験」

ぎ-じ【擬餌】①釣り用に生き餌(え)に似せて作ったもの。擬似餌(ぎじえ)。②「擬似針(ぎじばり)」の略。

ぎ-じ【議事】会議を開き、審議すること。また、その事柄。

ぎじ-え【疑似餌・擬似餌】→ぎじ(擬餌)①

きし-かいせい【起死回生】死にかかった人を生き返らせること。絶望的な状態を立て直すこと。「ーの策」

きし-かた【来し方】①過ぎ去った昔。過去。「ー行く末」②通り過ぎてきた方向・場所。語源「し」は文語助動詞「き」の連体形。参考「こしかた」ともいう。

きし-かん【既視感】→デジャビュ

ぎ-しき【儀式】祝い・祭り・弔いなどのために、一定の形式と順序を踏んで行う作法。また、その行事。

ーば・る【ー張る】(自五)形式や体裁を重んじて堅苦しくする。「ーったことが好きな人」

ぎし-ぎし【×羊蹄】〔植〕タデ科の多年草。原野に自生。葉は長楕円(だえん)形。夏に淡緑色の小花をつける。根は薬用。春(ぎしぎしの花 夏)

ぎし-ぎし(副)①かたいものがこすれ合って鳴る音やそのさまを表す語。「歩くと床がー(と)いう」②すきまなく詰めるさま。窮屈なさま。「ー詰め込む」

き-じく【基軸】物事の中心となるもの。「ー通貨(=国際間の決済や金融取引に広く使われる通貨。米ドルなど)」

き-じく【機軸】①機関や車輪の軸。②活動の中心。③中心となる考え。構想。方法。「新ーを打ち出す」

き-しつ【気質】①その人に備わっている性質。気だて。気性。「おとなしいー」「芸術家ー」②〔心〕人の性質を特徴づける遺伝的・生物学的な感情や性格の傾向。多血質・憂鬱(ゆううつ)質・胆汁(たんじゅう)質・粘液質の四分類など。

き-しつ【基質】〔生〕①ある酵素の作用を受けて化学反応を起こす物質。たとえば、アミラーゼの基質はデンプン。②動物の結合組織で、細胞間にある物質。

き-しつ【器質】〔生〕器官や臓器の形態・構造上の性質。「ー性疾患」

き-じつ【忌日】毎年・毎月の、その人が死んだ日と同じ日。命日。忌日(きにち)。「祖母のー」

き-じつ【期日】ある物事を行うよう、前もって定められた日。また、期限の日。「開催のーを決める」「締め切りのーを守る」

ーぜん-とうひょう【ー前投票】〔法〕一定の理由で選挙期日(投票日)に投票できない選挙人が、期日前に選挙人名簿登録地の市区町村で行う投票。期日前(まえ)投票。⇩不在者投票

きし-づたい【岸伝い】岸に沿って行くこと。

ぎじ-ていそくすう【議事定足数】会議を開くために必要な最小限の人数。議事定数。

きし-どう【騎士道】〔世〕中世ヨーロッパの騎士階級特有の道徳。勇武・忠誠・敬神・信義・名誉などを重んじた。

ぎじ-どう【議事堂】議員が会議をするための建物。特に、国会議事堂。

きし-な【来しな】来る途中。来がけ。「ーに買ってきた」

きじのめの… 俳句〔雉子の眸 かうかうとして 売られけり〕〈加藤楸邨(かとうしゅうそん)〉闇市(やみいち)の店先に雉子(きじ)がつりさげられて売られている。その目は、かっと見ひらかれ、まるで生きているかのように、こうこうと光っていたことだ。(雉子 冬。昭和二十年、敗戦の年の作)

きじ-ばと【雉鳩】〔動〕ハト科の鳥。低山帯や市街地にすむ。羽の色は雌キジに似る。猟鳥。やまばと。

ぎじ-ばり【擬餌針・擬餌鉤】えさに見せかけたものをつけた釣り針。擬餌。

きじ-ぶえ【雉笛】狩りで、キジを誘い寄せるために吹く笛。キジの声に似た音が出る。春

きじ-ぶん【記事文】主として事実をしるした文章。

きし-べ【岸辺】岸のほとり。岸に近い所。

きしぼ-じん【鬼子母神】→きしもじん

きじほんまつ-たい【紀事本末体】〔文〕歴史編集の一形式。事件を中心に歴史を述べるもの。⇩編年体「参考」

きし・む【軋む】(自五)かたいものがこすれ合って、音を立てる。きしる。「床(ゆか)がー」

きし-め・く【軋めく】(自五)きしんで音が出る。

きし-めん【棊子麺】平打ちにしたうどん。名古屋の名産。ひもかわ。

きしも-じん【鬼子母神】〔仏〕安産と幼児保護の女神。鬼子母神(きしぼじん)。

き-しゃ【汽車】①蒸気機関車で客車や貨車を引き、軌道上を走る列車。②(機関車が引いたことから)長距離列車。

き-しゃ【記者】①文書を書く人。②新聞・雑誌などの記事を書いたり編集したりする人。「ー会見」「新聞ー」

き-しゃ【貴社】相手の会社または神社の敬称。御社。

き-しゃ【喜捨】(名・他スル)〔仏〕喜んで寺社や僧に財物を寄進し、また、貧者に施すこと。「ーを求める」

き-しゃ【騎射】(名・自スル)走る馬の上から、弓を射ること。

き-しゃく【希釈・稀釈】(名・他スル)〔化〕溶液に水などの溶媒を入れて、濃度を薄めること。「ー液」

き-じゃく【着尺】大人の和服一着分の反物の長さと幅。

ーじ【ー地】着物に仕立てられる寸法の反物。

きしゃ-ご【×細螺】→きさご

き-しゅ【奇手】奇抜なやり方・手段。「ーを弄(ろう)する」

き-しゅ【鬼手】囲碁・将棋で、相手の意表をつく大胆な手。

き-しゅ【期首】ある期間の初め。↔期末

き-しゅ【貴種】身分の高い血筋。

ーりゅうり-たん【ー流離譚】〔文〕説話の類型の一つ。身分の高い主人公が都や故郷を離れ放浪しながら、困難を乗り越えて成功するという筋の物語。

き-しゅ【旗手】①行進などで、団体旗を持つ役の人。②(比喩(ひゆ)的に)ある物事や運動の先頭に立つ人。「近代化のー」

き-しゅ【機首】航空機の先頭部。「ーを上げる」

き-しゅ【機種】航空機や機械などの種類。「ーの選定」

き-しゅ【騎手】競馬などの馬の乗り手。ジョッキー。

き-じゅ【喜寿】(「喜」の草書体「㐂」が七十七に似ているところから)七十七歳。また、七十七歳の祝い。喜の字。喜賀。⇩賀

ぎ-しゅ【技手】会社などで、技師の下で技術関係の仕事をする人。参考「技師」と区別するため、「ぎて」ともいう。

ぎ-しゅ【義手】失った手を補うためにつける人工の手。

き-しゅう【季秋】(「季」は末の意)①秋の末。晩秋。②陰暦で、秋(七・八・九月)の終わりの九月。秋

き-しゅう【奇習】風変わりな風習。珍しいならわし。

き-しゅう【奇襲】(名・他スル)相手の予想しないやり方で、すきをねらって襲撃すること。不意打ち。「ーをかける」

き-しゅう【既修】大学などで、ある課程をすでに修了していること。「ー科目」「ー者」

き-しゅう【既習】(名・他スル)すでに学習していること。↔未習

き-しゅう【貴酬】(シウ) 先方を敬って、先方へ出す返事の手紙をいう語。御返事。

き-じゅう【機銃】「機関銃」の略。「―掃射(そうしゃ)」

きじゅう-き【起重機】(キヂュウ) 重い荷物を揚げおろししたり、水平に移動させたりする機械。クレーン。「―でつりあげる」

き-しゅく【△耆宿】(「耆」「宿」とも老・旧の意) 専門の学識経験をもち尊敬される老大家。

き-しゅく【寄宿】(名・自スル) ①他人の家の一部を借りて世話になること。②寄宿舎に住むこと。また、寄宿舎。

―しゃ【―舎】 学生や社員などのために学校・会社などが設けた、共同で生活する宿舎。寮。

き-しゅつ【既出】 すでに示されていること。「―の質問」

き-じゅつ【奇術】 ①手品。魔術。「―師」②不思議なわざ。

き-じゅつ【既述】(名・自スル) すでに述べたこと。前述。上述。「―したように」

き-じゅつ【記述】(名・他スル) 文章にして書きしるすこと。また、書きしるしたもの。「―式の問題」

ぎ-じゅつ【技術】 ①物事をうまく行うわざ。「運転―」②科学理論を実地に応用して人間生活に役立てるわざ。「―革新」

―しゃ【―者】 専門的な技術を身につけ、それを中心とする職業についている人。技術家。

―てき【―的】(形動ダ) ダロ・ダッ(デ・ニ)・ダ・ナ・ナラ・○ 技術に関係のあるさま。実際の運用面に関係のあるさま。「―には可能だ」

―や【―屋】「技術者」の俗称。↔事務屋 用法 いくぶん軽蔑(けいべつ)したり、卑下したりして用いることもある。

き-しゅん【季春】(「季」は末の意) ①春の末。晩春。②陰暦で、春(一・二・三月)の終わりの三月。春

き-じゅん【帰順】(名・自スル) 反抗をやめて服従すること。帰服。「―の意を示す」

き-じゅん【基準】 物事を比べるときのよりどころになる標準。⇩「使い分け」

き-じゅん【規準】(「規」はコンパス、「準」は水準器の意) 社会において従うべき規則・標準。⇩「使い分け」

> 使い分け 「基準・規準」
> 「基準」は、物事を他と比べるときの基礎となる標準の意で、「許可の基準」「労働基準法」「賃金の基準」「建築基準にのっとる」などと使われる。
> 「規準」は、物事の規範や手本となる標準の意で、「道徳の規準」「審査規準」「公示価格を規準とする」などと使われる。

き-しょ【希書・△稀書】 限定本・古刊本・古写本など、容易に手にはいらない書籍。稀覯本(きこうぼん)。

き-しょ【奇書】 珍しい本。奇抜な内容の本。珍書。

き-しょ【寄書】(名・自スル) ①手紙を書き送ること。②新聞・雑誌などにのせる原稿を送ること。また、その文章。寄稿。

き-しょ【貴所】 一(名) 相手の住所の敬称。二(代) 対称の人代名詞。相手を敬っていう。あなた。用法 二は多く男性に対して、手紙文や公用文で用いる。

き-しょ【貴書】 相手の手紙や著書の敬称。お手紙。尊書。

き-じょ【鬼女】(ヂヨ) ①女の姿をした鬼。②心が鬼のように残酷な女。

き-じょ【貴女】(ヂヨ) 一(名) 身分の高い女性。二(代) 対称の人代名詞。女性に対する敬称。あなた。用法 二は多く、手紙文で用いる。

き-じょ【機序】 しくみ。メカニズム。「がんの発生―」

ぎ-しょ【偽書】 ①(筆跡について)にせ書き。偽筆。②(文書について)本物に似せて書いた書籍や手紙。

ぎ-しょ【戯書】 ①たわむれに書いた文字や文章。らくがき。②→ぎくん

ぎ-じょ【△妓女】(ヂヨ) 音曲や舞を演じる女性。遊女や芸妓(げいぎ)。

き-しょう【気性】(シヤウ) 生まれつきの性質。気質。気だて。「激しい―」

き-しょう【気象】(シヤウ) ①気温・気圧・晴雨・風など大気中の諸現象や状態。天気。「―観測」②人間の性質。気性(きしょう)。

―えいせい【―衛星】(エイセイ) 気象観測用の人工衛星。地球の気象を測定・撮影して、情報を地上に送信する。

―だい【―台】 気象庁のもとで、「気象①」の観測・調査などを行う施設。

―ちょう【―庁】(チヤウ)「気象①」関係全般を扱う官庁。国土交通省の外局の一つ。

―よほうし【―予報士】 天気予報などを、気象庁とは別に独自に発表・提供することができる国家資格をもつ人。

き-しょう【希少・△稀少】(セウ) (名・形動ダ) 数量が非常に少ないこと。めったにないこと。また、そのさま。「―金属」

―かち【―価値】 数が少ないために生じる値打ち。

き-しょう【奇勝】 ①他では見られない、すぐれてよい景色。「天下の―」②思いがけない勝利。

き-しょう【起床】(シヤウ) (名・自スル) 目をさまして寝床から起き出ること。「―時間」↔就床・就寝

き-しょう【記章】(シヤウ) ①記念として入賞者や関係者に与えるしるし。メダル。②身分・所属・資格などを表すために帽子や衣服につけるしるし。バッジ。参考 ②は「△徽章」とも書く。

き-しょう【起◇請】(シヤウ) (名・他スル) ①昔、上級官庁に物事を願い出ること。また、その文書。②神仏に誓いを立てて、それにそむかない旨を記すこと。また、その文書。起請文。

―もん【―文】→きしょう(起請)②

き-しょう【毀傷】(シヤウ) (名・他スル) 傷つけ損なうこと。

き-じょう【机上】(ジヤウ) 机の上。卓上。「―版」

―の空論(くうろん) 理論だけで、実際には役に立たない案や意見。

き-じょう【気丈】(ヂヤウ) (名・形動ダ) 気持ちが強いこと。危急の際にもしっかりしていること。また、そのさま。「―にふるまう」

き-じょう【軌条】(デウ) 汽車・電車などが走る線路。レール。

き-じょう【機上】(ジヤウ) 飛行機の中。「―の人となる」

き-じょう【騎乗】(名・自スル) 馬に乗ること。

ぎ-しょう【偽称】(名・他スル) にせの名称。氏名・身分などをいつわること。「名前を―する」「医者だと―する」

ぎ-しょう【偽証】(名・他スル) ①いつわりの証明をすること。②〘法〙裁判所などで証人がいつわりの証言をすること。「―罪」

ぎ-じょう【儀△仗】(ヂヤウ) 儀式用に装飾として使う武器。「―兵」

ぎ-じょう【戯場】(ヂヤウ) 芝居をする所。劇場。

ぎ-じょう【議定】(ヂヤウ) (名・他スル)→ぎてい(議定)

ぎ-じょう【議場】(ヂヤウ) 会議をする場所。会議場。「―閉鎖」

きしょう-てん-けつ【起承転結】 ①〘文〙漢詩、特に絶句の構成の型の一つ。起句で詩意を言い起こし、承句でそれを受け、転句で詩境を転じ、結句で全体をまとめる。②物事や文章の組み立て・構成と順序。

き-じょうぶ【気丈夫】(ヂヤウブ) (名・形動ダ) ①頼りになるものがあって安心であること。また、そのさま。心丈夫。「君といっしょなら―だ」②気持ちがしっかりしていること。また、そのさま。気丈。「―な人」

き-じょうゆ【生△醤油】(ジヤウユ) 煮立てたり、水や他の調味料

を入れたりしていないしょうゆ。

き-しょく【気色】①心に思っていることが表れた顔色・ようす。「人の―をうかがう」②ある物事から受ける気分。心持ち。「―が悪い」

き-しょく【寄食】(名・自スル) 他人の家に寝泊まりし、食事の世話を受けること。居候。「おじの家に―する」

き-しょく【喜色】うれしそうな表情。↔憂色

―まんめん【―満面】喜びを顔全体に表すこと。

キシリトール〈xylitol〉シラカバの成分などからつくられる甘味料。虫歯予防効果があるとしてガムなどに用いられる。

きし・る【△軋る・△轢る】(自五) かたいものがこすれ合って、音を立てる。摩擦で音がする。きしむ。「車輪の―音」

ぎじ-ろく【議事録】会議の内容を記録した文書。

き-しん【忌△辰】死者の祥月命日。忌日。

き-しん【帰心】祖国や故郷、わが家に帰りたいと思う心。「―矢のごとし(=故郷や家に早く帰りたい気持ちが強いこと)」

き-しん【鬼神】→きじん(鬼神)

き-しん【寄進】(名・他スル) 社寺などに金品を寄付すること。

き-しん【貴紳】(「貴顕紳士」の略) 身分が高く、名声や品格のある男性。

き-じん【奇人・△畸人】性質や言動が風変わりな人。変わり者。「―変人」

き-じん【鬼神】①人間のできないようなことをし遂げる力の持ち主。鬼神。「―のごとき働き」②荒々しく恐ろしい鬼。③死者の霊魂と天地の神霊。「―に横道なし(=神は不正なことは行わない)」参考「きしん」とも読む。

き-じん【貴人】身分の高い人。高貴な人。貴人。

ぎ-しん【義心】正義を貫こうとする心。また、忠義の心。

ぎ-しん【義臣】主君に尽くす気持ちの強い家臣。

ぎ-しん【疑心】疑いの心。疑う気持ち。疑念。「―をいだく」

―あんき【―暗鬼】(「疑心暗鬼を生ず」の略) 疑いだすと、いるはずもない鬼の姿まで見てしまうように、なんでもないことまで不安になり信じられなくなること。「―に陥る」

ぎ-じん【義人】正義を重んじて行動する人。正義の人。

ぎ-じん【擬人】人間でないものを、人間であるように見立てること。「―化」

―ほう【―法】〘文〙修辞法の一つ。人間でないものを人間にたとえていう表現法。「花がほほえむ」など。活喩法。

きす【△鱚】〘動〙キス科の海魚。内湾の砂底にすむ。体は細長く淡黄色で、二〇センチメートルぐらい。食用。夏

キス〈kiss〉(名・自スル) 対象にくちびるをつけ、愛情・敬意・感謝などの気持ちを表す行為。接吻。口づけ。キッス。

きず【傷・△疵・△瑕】①切ったり打ったりして、皮膚・筋肉などがそこなわれた部分。「軽い―を負う」②物の表面にできたへこみや裂けめ。また、そのあと。「柱の―」③不完全なところ。欠点。転じて、恥辱。不名誉。「すねに―を持つ(=やましいことがある)」「―を求める(=しいて人の欠点を探し出す)」「経歴に―がつく」④精神的な苦痛。心の痛手。「心の―を癒やす」

類語 創傷・創痍・軽傷・浅手・重傷・深手・致命傷・擦り傷・擦過傷・掠り傷・微傷・切り傷・刺し傷・突き傷・打ち傷・向こう傷・後ろ傷・打撲傷・裂傷・咬傷・外傷・挫傷・生傷・古傷・刀傷

ぎ・す【擬す】(他五) →ぎする(擬する)

きず-あと【傷跡・傷痕・△疵痕】①傷のついたあと。傷が治ったあと。「―が残る」②災害などを受けて残っている影響。「台風の―」③心に受けた痛手のあと。「心の―」

き-すい【汽水】淡水と海水がまじった低塩分の水。「―域」「―湖」

き-すい【既遂】すでにし終わっていること。↔未遂

き-ずい【気随】(名・形動ダ) 自分の思うままにふるまうこと。また、そのさま。「―気まま」

き-ずい【奇△瑞】めでたいことの前兆としての不思議なしるし。

き-すう【奇数】〘数〙二で割り切れない整数。↔偶数

き-すう【帰△趨】(名・自スル) 結果として落ち着くところ。行き着くところ。「勝敗の―が明らかになる」

き-すう【基数】〘数〙数を表すときのもとになる数。十進法では〇から九までの整数。

きずき-あ・げる【築き上げる】(他下一) ①土や石を積み重ね、造る。「城を―」②努力を重ねて地位や財産を得る。「一代で―・げた財産」文きづきあ・ぐ(下二)

ぎす-ぎす (副・自スル) ①やせてかどばっているさま。「―(と)した体」②言動にかどがあって親しみにくいさま。「―(と)した態度」③ゆとりがなく、とげとげしいさま。「―(と)した世の中」

き-すぐ【生。直】(形動ダ) まじめで飾りけのないさま。「―な人」文(ナリ)

きず・く【築く】(他五) ①土や石を重ね、つき固めて造る。「土手を―」②城など堅固なものを建設する。「砦を―」③努力を積み重ねてしっかりしたものを作りあげる。「地位を―」「幸せな家庭を―」可能きず・ける(下一)

きず-ぐち【傷口・△疵口】①皮膚の、傷ついたところ。「―を消毒する」②(比喩的に) 触れられたくない過去の欠点やあやまち。「心の―に触れられる」

きず-つ・く【傷付く・△疵付く】(自五) ①体に傷ができる。けがをする。②物に傷ができる。こわれる。③感情・名誉などが損なわれる。「名誉が―」他きずつ・ける(下一)

きず-つ・ける【傷付ける・△疵付ける】(他下一) ①傷を負わせる。けがをさせる。②物の一部をこわす。いためる。③人の感情・名誉などを害し、精神的苦痛を与える。「自尊心を―」自きずつ・く(五) 文きずつ・く(下二)

きず-とがめ【傷△咎め・△疵△咎め】傷の手当てが悪かったり傷をいじったりしてかえってひどくすること。

き-ずな【△絆・△紲】①人と人との間の、断つことのできない結びつき。「夫婦の―」②動物をつなぎとめる綱。

きず-もの【傷物・△疵物】傷がついて価値の損なわれたもの。

き・する【帰する】■(自サ変) ①結果として一つ所に落ち着く。帰着する。「水泡に―(=努力が結局むだになる)」②〘仏〙帰依する。■(他サ変) 罪や責任を他のせいにする。負わせる。「あやまちを人に―」文き・す(サ変)

―所 つまり。結局。「―、問題は彼女の気持ちだ」

き・する【記する】(他サ変) ①書きとめる。しるす。②忘れずに覚えておく。記憶する。文き・す(サ変)

き・する【期する】(他サ変) ①あらかじめあることをなしとげようと決心する。覚悟する。「―ところがある」「必勝を―」②確かなものとして期待する。確実なものとなるようはかる。「再会を―」「慎重を―」③あることを行う期限や時刻をそれと決める。「明年を―・して開始する」文き・す(サ変)

ぎ・する【擬する】(他サ変) ①ある物を何かに見立てる。なぞらえる。「枝に綿をのせて雪に―」②仮に定める。「次期総裁に―」③刀などを突きつける。「背中に銃を―」文ぎ・す(サ変)

ぎ・する【議する】(他サ変) 集まって意見を述べ合う。審議する。文ぎ・す(サ変)

き-せい【気勢】意気込み。「―をあげる」「―をそがれる」

き-せい【希世・△稀世】世にもまれなこと。希代。

き-せい【季世】 時代・年代の終わりの期間。末の世。

き-せい【奇声】 奇妙な声。変な声。「ーを発する」

き-せい【祈誓】（名・自スル）神仏に祈って誓いを立てること。

き-せい【既成】 すでにできあがり、世間に通用していること。「ーの事実」「ー政党」⇩「使い分け」

ーがいねん【ー概念】 社会で当然のこととしてすでに認められ通用している、ある事に対する考え方。「ーをうち破る」

ーじじつ【ー事実】 すでにそうなっていて、事実として認めるほかない事柄。「ーをつくる」

き-せい【既製】 すでに商品としてできあがっていること。出来合い。レディーメード。「ー服」⇩「使い分け」

> 使い分け 「既成・既製」
> 「**既成**」は、事柄としてすでにできあがっていて、世間に認められていることの意で、「既成の法律」「既成の車道」「既成政党」「既成条件」などと使われる。
> 「**既製**」は、客の注文を受けてではなく、商品としてすでにできあがっていることの意で、「既製の紳士服」「既製の机」「既製品」などと使われる。

き-せい【帰省】（名・自スル）（「省」は安否を問う意）故郷に帰って親の安否をうかがうこと。転じて、故郷に帰ること。帰郷。「ーラッシュ」「正月にーする」夏

き-せい【寄生】（名・自スル）①〘動・植〙ある生物が他の生物にとりつき、また、はいりこんでそこから養分を取って生活すること。②他人の財力や労力にすがって生きていること。「ー生活」

ーちゅう【ー虫】 ①〘動〙生物の体内や体表に寄生する動物。サナダムシ・カイチュウ・ノミなど。②他人の財産を食いものにしたり、労力に頼ったりして暮らす人をさげすんでいう語。

き-せい【規正】（名・他スル）規則をもとに、不都合な点を正しく直すこと。「政治資金ー法」

き-せい【規制】（名・他スル）規則をきめて制限すること。また、そのきまり。「自主ー」「ー緩和」「速度をーする」

き-せい【規整】（名・他スル）規律を立てて物事を整えること。

き-せい【期成】 思想・運動を広げ、目的を実現しようとたがいに誓いあうこと。「ー同盟」

き-せい【棋聖】 ①囲碁または将棋のきわめて強い人。②囲碁・将棋で、棋聖戦の優勝者に与えられる称号。

ぎ-せい【擬制】 ①本質は違っていても、そうであるとみなすこと。②〘法〙性質の異なるものを同一のものとみなして、同一の法律的効果を与えること。失踪宣告を死亡とみなす類。

ぎ-せい【犠牲】（「犠」も「牲」もいけにえの意）①神に供える生き物。いけにえ。②ある目的のために財物・生命など、かけがえのないものをささげること。「ーを払う」③戦争・災害・事故などで、命を奪われたり傷ついたりすること。「交通事故のー者」

ーだ【ー打】 野球で、打者はアウトになるが、走者が進塁または生還できるように打った打撃。犠打。

ぎ-せい【擬勢】 ①見せかけだけの気勢。強がり。「ーを張る」②動物が敵をおどすためにとる姿勢。

ぎ-せい【擬製】（名・他スル）本物にまねて作ること。また、作ったもの。「ー弾」

ーどうふ【ー豆腐】 水気を切った豆腐に卵や野菜を加えて焼いたもの。ぎせどうふ。

ぎせい-ご【擬声語】 物の音や動物の鳴き声の感じを表した語。「がたがた」「にゃあにゃあ」など。擬音語。⇩擬態語

き-せき【奇跡・奇蹟】 常識では考えられない不思議なできごと。特に、神仏が示す不思議な力・わざ。ミラクル。「ーの生還」

ーてき【ー的】（形動ダ）ダロ・ダッ(デ・ニ)・ダ・ナ・ナラ・○ 不思議で、ほんとうだとは信じられないようなさま。「ーに助かる」

き-せき【軌跡】 ①車の輪の通った跡。わだち。②ある人の人生や行いの跡。ある物事のたどった跡。「優勝までのーをたどる」③〘数〙幾何学で、ある条件をみたす点の集合としての図形。

き-せき【鬼籍】（「鬼」は死者の意）寺で、檀家の死者の俗名や生没年月日などを記しておく帳簿。過去帳。点鬼簿。

ーに入る 死んで鬼籍に記入される。死亡する。

き-せき【輝石】〘地質〙珪酸塩類からなる鉱物。緑・褐色・黒色で柱状。

ぎ-せき【議席】 ①議場内にある議員の席。②（転じて）議員としての資格。「ーを失う」

きせず-して【期せずして】（副）事前に打ち合わせや予想をしていたのではなく偶然に。思いがけず。「ー歓声があがった」

き-せつ【気節】 ①くじけない意気と信念のあること。気概と節操。気骨。②時節。気候。

き-せつ【季節】 ①一年を気候の推移に従って区分したそれぞれの期間。温帯では、春・夏・秋・冬の四季がある。時節。シーズン。「ーの変わりめ」②ある物事が盛んになる時期。シーズン。「冬山のー」

ーはずれ【ー外れ】 ハツ 物事が、それにふさわしい季節から外れていること。「ーの雪」

ーふう【ー風】〘気〙季節によって風向きを変えて吹く風。夏は海洋から大陸に、冬は大陸から海洋に吹く。モンスーン。

ーろうどうしゃ【ー労働者】 ラウドウシャ ①農業・漁業など季節によって仕事の量に大きな差がある産業で働く人。②農閑期など、本業のできない季節に、他の労働に従事する人。

き-せつ【既設】 すでに設けてあること。↔未設

き-ぜつ【気絶】（名・自スル）一時的に気を失うこと。失神。

き-ぜつ【奇絶】（名・形動ダ）非常に珍しいこと。ひどく奇妙なこと。また、そのさま。「ーの（な）景」

ぎ-ぜつ【義絶】（名・他スル）君臣・肉親などの縁を切ること。

きせ-なが【着背長】〘古〙大将の着る正式の大鎧。

キセノン〈xenon〉〘化〙貴ガス元素の一つ。空気中に微量に含まれる、無色・無臭の気体。キセノンランプとして各種光源に用いられる。クセノン。元素記号 Xe

キセル【×煙管】〈カンボジア khsier〉①きざみたばこを吸う道具。②〘俗〙乗車駅および降車駅付近だけの乗車券または定期券を持って、途中の料金を払わずに乗る不正乗車。語源 ②は、キセルが両端にだけ金を使っていることからいう。

吸い口
火皿
羅宇
雁首
〔キセル①〕

き・せる【着せる】（他下一）セ・セ・セル・セル・セレ・セロ(セヨ) ①衣服を身につけさせる。②ありがたくないものを押しつける。こうむらせる。「恩にー・せられる」「罪をー」文き・す（下二）

き-ぜわ【生世話】〘演〙歌舞伎の世話物狂言で、特に世相・風俗・人情を写実的に描いたもの。生世話物。

き-ぜわし・い【気忙しい】（形）カロ・カッ(ク)・イ・イ・ケレ・○ ①気持ちがせかされて落ち着かない。「ー一日だった」②せっかちだ。性急だ。「なんとー人だろう」文きぜは・し（シク）

きせ-わた【着せ綿】 菊の花にかぶせてその露と香りを移した真綿。陰暦九月九日の重陽の節句にこれで体を拭くと長寿を保つとされた。菊の着せ綿。秋

き-せん【汽船】 蒸気機関の力で進む大型船。蒸気船。

き-せん【基線】 ①三角測量の基準として地上に定置される直線。②投影画法で、立画面と平画面との交線。③領海を

定める基準となる、潮が引いたときの海岸線。領海基線。

き-せん【貴△賤】 とうといことと、いやしいこと。また、身分の高い人と低い人。「職業に―はない」

き-せん【輝線】〘物〙光のスペクトル中で輝いている線。↔暗線

き-せん【機先】 物事のまさに起ころうとするやさき。**―を制(せい)する** 相手より先に行動を起こし、相手の気勢や計画をおさえ、自分のほうを有利にする。先手をとる。

き-せん【機船】（「発動機船」の略）内燃機関を動力とする船。

き-ぜん【△毅然】(タル) 意志が強く、しっかりしているさま。威厳を持ち、信念を貫くさま。「―とした態度」文(形動タリ)

ぎ-せん【義戦】 正義を守るためのいくさ。

ぎ-ぜん【偽善】 うわべを飾って、正しくよいことをしているように見せかけること。また、その行為。「―者」↔偽悪

ぎ-ぜん【△巍然】(タル) 高くそびえ立つさま。ひときわりっぱですぐれているさま。「―たる人物」文(形動タリ)

き-そ【起訴】(名・他スル)〘法〙裁判所へ訴訟を起こすこと。特に刑事訴訟で、検察官が公訴を提起すること。「不―」

き-そ【基礎】 ①建物などの土台。いしずえ。「―を固める」②物事を成り立たせている大もと。基本。「―から勉強する」

きそ【木曽】 長野県南西部の、木曽川に沿う山谷一帯の総称。ヒノキの美林が多く、また木曽の御嶽(おんたけ)山がある。

き-そう【奇相】(サウ) めずらしい人相。すぐれた人相。

き-そう【奇想】(サウ) 奇抜な考え。風変わりな思いつき。

―きょく【―曲・△綺想曲】 →きょうそうきょく(狂想曲)

―てんがい【―天外】(テングワイ)(名・形動ダ)（「奇想天外より落つ」の略）思いもよらないほど奇抜なこと。また、そのさま。「―なアイデア」

き-そう【帰巣】(サウ)(名・自スル)〘動〙動物が巣にもどること。

―せい【―性】〘動〙動物が、巣や繁殖地から遠く離れても、再びそこにもどってくる性質。帰巣本能。帰家性。

―ほんのう【―本能】 →きそうせい

き-そう【起草】(サウ)(名・他スル) 草稿を書き始めること。案文の下書きを作ること。「法案を―する」「演説文の―」

き-そう【基層】 ある事物の基礎をなしているもの。根底に横たわるもの。基盤。「日本文化の―」

き-そう【貴僧】 ■一(名) 身分の高い僧。■二(代) 対称の人代名詞。僧に対する敬称。

きそ・う【競う】(キソフ)(自他五) ワ(オ)・イ(ッ)・ウ・ウ・エ・エ 争う。競争する。たがいに張り合う。「速さを―」「技を―」可能きそ・える(下一)

き-ぞう【寄贈】(名・他スル) 物品を贈ること。寄贈(きそう)。

ぎ-そう【偽装・擬装】(サウ)(名・他スル) 人の目をあざむくために、ほかと見分けがつかないようにしたり、ほかの物をよそおったりすること。カムフラージュ。「―した兵士」「―工作」「産地―」

ぎ-そう【△艤装】(サウ)(名・他スル) 船体ができあがって進水した船に、航海や戦いなどの目的にかなう装備を施すこと。

ぎ-ぞう【偽造】(ザウ)(名・他スル) にせ物を造ること。「―紙幣」

き-そく【気息】 いき。呼吸。「―を整える」

―えんえん【―△奄△奄】(タル) 息も絶え絶えに弱っているさま。物事が今にも滅びそうな状態。文(形動タリ)

き-そく【規則】 ①行為や手続きなどのよりどころとなるきまり。おきて。「―を守る」②物事の秩序。「不―」

―ただし・い【―正しい】(形) カロ・カッ(ク)・イ・イ・ケレ・○ 物事が、一定のきまりにきちんと従っているさま。「―生活」

―てき【―的】(形動ダ) ダロ・ダッ(デ・ニ)・ダ・ナ・ナラ・○ 一定のきまりに従っているさま。また、秩序正しいさま。「―な変化」

―どうし【―動詞】〘文法〙語尾がある型のとおりに規則的に変化する動詞。英語で、原形にedを付けて過去形・過去分詞形を作るものなど。↔不規則動詞

き-そく【△驥足】（「速く走る馬の足」という意から）すぐれた才能。また、すぐれた人。**―を展(の)ばす** すぐれた人がその才能を十分に発揮する。

き-ぞく【帰属】(名・自スル) ①国や会社などの組織につき従うこと。「会社への―意識」②財産や権利などが特定の個人や組織・国などのものになること。「没収品は国に―する」

き-ぞく【貴族】 ①社会的・政治的な特権をもつ上流階級。また、その人。家柄や身分の尊い人。「―政治」②(比喩(ひゆ)的に)恵まれた状態・境遇を享受する者。「独身―」

―てき【―的】(形動ダ) ダロ・ダッ(デ・ニ)・ダ・ナ・ナラ・○ 貴族らしいさま。高貴で気品のあるさま。「―なふるまい」

ぎ-そく【偽足・擬足】 →かそく(仮足)

ぎ-そく【義足】 失った足を補うためにつける人工の足。

ぎ-ぞく【義賊】 富者から盗み、貧者に分け与える盗賊。

きそ-こうじょ【基礎控除】(コウヂョ)〘経〙税額の算出で、課税対象から一律に一定の金額を差し引くこと。また、その金額。

きそ-たいおん【基礎体温】(タイヲン)〘保〙体温に影響を与える諸条件を極力除いて測った体温。

きそ-たいしゃ【基礎代謝】〘保〙生物体が生命を維持するのに必要な最小限のエネルギー交代。呼吸・体温保持など。

き-そつ【既卒】 すでに学校を卒業していること。「―者」参考 多く新卒に対し、卒業後に正社員としての職歴がない人を指していう。

きそ-づ・ける【基礎付ける】(他下一) ケ・ケ・ケル・ケル・ケレ・ケロ(ケヨ) 学問や理論などに根拠を与え、確かなものにする。文きそづ・く(下二)

き-そば【生×蕎麦】（「き」は接頭語）小麦粉などをまぜないで、ほとんどそば粉だけで打ったそば。

き-そめ【着初め】 新調した衣服を初めて着ること。

きそ-ゆうよ【起訴猶予】(イウヨ)〘法〙不起訴処分の一つ。犯人の性格・年齢・境遇、犯罪の軽重・情状、犯罪後の事情などによって、検察官が公訴を提起しないこと。

き-そん【帰村】(名・自スル) 郷里の村に帰ること。

き-そん【既存】(名・自スル) すでに存在していること。以前からあること。「―の建造物」参考 俗に「きぞん」ともいう。

き-そん【毀損】(名・他スル) ①こわすこと。「器物を―する」②名誉や利益などを傷つけること。「名誉―」

きた【北】 ①方角の一つ。太陽の出るほうに向かって左の方角。②北風。（↔南）

ぎ-だ【犠打】 →ぎせいだ

ギター〈guitar〉〘音〙弦楽器の一つ。木製で平たいひょうたん形の胴に棹(さお)をつけたもの。ふつうは六本の弦を張り、指先やピック(=つめ)ではじいて音を出す。「フォーク―」

きたアメリカ【北アメリカ】 六大州の一つ。西半球の北部から中部を占める大陸。カナダ・アメリカ合衆国、広義には中央アメリカを含む。北米。

き-たい【気体】〘物〙物質の状態の一つ。一定の体積・形状を持たず、自由に流動する物質。空気やガスなど。⇨固体・液体

―ねんりょう【―燃料】(レウ) 石炭ガス・プロパンガスなどのような気体状の燃料。ガス燃料。

き-たい【危△殆】 非常にあぶないこと。危険。「―に瀕(ひん)する(=危険にさらされる)」

き-たい【希代・△稀代】(名・形動ダ) ①世にまれなこと。珍しいこと。また、そのさま。「―の英雄」②不思議なこと。また、そのさま。「―なことがあるものだ」参考「きだい」ともいう。

き-たい【鬼胎】①恐れ。心配すること。②→ほうじょうきたい

き-たい【基体】〘哲〙さまざまの変化・運動の基礎にあって、それらを支持する実体。

き-たい【期待】(名・他スル) あることが起こるのを、またはある状態になるのを当てにして待つこと。心待ちにすること。「―はずれ」「―に添う」「―を裏切る」「―を寄せる」

―ち【―値】①〘数〙それぞれの値とその出る確率から計算される、一回の試行で理論的に期待される値。②期待の度合い。「新作への―が高まる」

き-たい【機体】航空機の胴体。また、航空機のエンジン以外の部分。航空機そのものをもいう。

き-たい【奇態】(形動ダ) ダロ・ダッ(デ・ニ)・ダ・ナ・ナラ・○ いっぷう変わっているさま。不思議に感じさせるさま。「―な風貌」文(ナリ)

き-だい【季題】→きご(季語)

き-だい【貴台】(代) 対称の人代名詞。敬意をこめて相手をいう語。あなた。用法 改まった調子の手紙文で用いる。

ぎ-たい【擬態】①ほかのもののようすに似せること。②〘動〙動物が色や形・斑紋などを他の動植物や周囲の物体に似せること。ミメーシス。「尺取り虫の―」

―ご【―語】事物の状態や身ぶりの感じを表した語。「にっこり」「すべすべ」など。⇩擬声語

ぎ-だい【議題】会議で討議される題目。「―に上げる」

きたえ-あ・げる【鍛え上げる】キタヘ―(他下一) ゲ・ゲ・ゲル・ゲル・ゲレ・ゲロ(ゲヨ) 十分にきたえる。「肉体を―」文きたへあ・ぐ(下二)

きた・える【鍛える】キタヘル(他下一) エ・エ・エル・エル・エレ・エロ(エヨ) ①金属を繰り返し熱しては打って、強くする。「刀を―」②きびしい訓練を重ねて技術を習熟させる。修練によって体や精神を強くする。鍛錬する。「英国で―・えた英語」「足腰を―」文きた・ふ(下二)

きた-おもて【北面】①北に向いたほう。北向き。②北に向いた部屋。おもに台所など奥向きの部屋。

き-だおれ【着倒れ】―ダフレ 衣服に金をかけすぎて財産を失うこと。また、その人。「京の―、大阪の食い倒れ」

きた-かいきせん【北回帰線】―クワイキセン〘地〙北緯二三度二七分の緯線。夏至線。夏至の日には、太陽がこの線の真上にくる。↕南回帰線

きた-かぜ【北風】北から吹いてくる風。冬 ↕南風

きたがわうたまろ〔喜多川歌麿〕キタガハウタマロ（一七五三～一八〇六）江戸後期の浮世絵師。美人画、特に顔・上半身を中心に描く大首絵の名手。画風は官能的で優美。代表作に「寛政三美人」「画本虫撰」など。

きた-きつね【北△狐】〘動〙イヌ科の哺乳動物。キツネの一亜種で、北海道・南千島・サハリンに分布。肉食。本州以南のホンドキツネよりやや大きく、毛は黄みが強い。

きたきゅうしゅう〔北九州〕キタキウシウ ①九州北部の福岡県を中心とした地域。②福岡県北部の市の名。

―こうぎょうちたい〔―工業地帯〕コウゲフチタイ〘地〙北九州市を中心とする工業地帯。鉄鋼・化学などの重化学工業が盛ん。

きた-きり【着た切り】一着の衣服を着つづけること。今着ている衣服だけで、ほかに着がえのないこと。着たっ切り。

―すずめ【―△雀】いつも同じ服を着ている人。参考「舌切り雀」に語呂を合わせた語。

き-たく【帰宅】(名・自スル) 家に帰ること。「―の途につく」「―部(=学校で部活動に参加していないことをいう語)」

き-たく【寄託】(名・他スル) ①物品を人に預けて、その保管・処理を頼むこと。また、その契約。②〘法〙当事者の一方(受寄者)が相手方(寄託者)のために物品を保管する契約。

きた-ぐに【北国】北方にある国・地方。北国。↕南国

き-たけ【着丈】その人が着る衣服の襟から裾までの寸法。着丈。

きた-ざま【北様】北の方向。北方。

きた・す【来す】(他五) サ(ソ)・シ・ス・ス・セ・セ ある結果や状態を引き起こす。招く。「支障を―」「異常を―」「混乱を―」用法 多く、好ましくない事態について用いる。

き-だち【木太刀】木で作った太刀。木刀。木剣。

きたちょうせん〔北朝鮮〕「朝鮮民主主義人民共和国」の俗称。

き-たつ【既達】公文書などですでに告げ知らせたこと。「―の事項」

き-だて【気立て】人に接するときにあらわれる、心のありよう。性質。気質。「―のよい子」用法 多く、よい場合に用いる。

き-だて【季立て】俳諧で、季語を分類配列すること。

きたな・い【汚い・△穢い】(形) カロ・カッ(ク)・イ・イ・ケレ・○ ①触るとよごれそうでいやだ。よごれている。「―手を洗う」②自分の得だけを考えていてあくどい。卑劣である。「勝ち方が―」「金に―」③きちんとしていなくて乱雑だ。ぞんざいで不快感を与える。「部屋が―」「―字」④下品である。「―言葉」文きたな・し(ク)

きたな-らし・い【汚らしい・△穢らしい】(形) カロ・カッ(ク)・イ・イ・ケレ・○ よごれていて不潔な感じである。「―服装」文きたなら・し(シク)

きた-の-かた【北の方】①北の方角。②貴人の奥方。語源 ②は、寝殿造りで北の対の屋に住んだところからいう。

きたばたけちかふさ〔北畠親房〕（一二九三～一三五四）南北朝時代の公家・武将・学者。後醍醐天皇に仕え、建武の新政に貢献。のち南朝の柱石となる。著書「神皇正統記」など。

きたはらはくしゅう〔北原白秋〕キタハラハクシウ（一八八五～一九四二）詩人・歌人。福岡県生まれ。初め「明星」に属し、のち閑寂を愛する傾向に転じた。童謡や民謡にも多くの作品がある。詩集「邪宗門」「思ひ出」、歌集「桐の花」など。

きた-はんきゅう【北半球】―ハンキウ 地球の赤道を境にして北の部分。南半球に比べて陸地面積が大きい。↕南半球

きたまえ-ぶね【北前船】キタマヘ―〘日〙江戸から明治の時代にかけ、日本海海運に就航した北国廻船の上方での呼称。

きた-まくら【北枕】①(釈迦の死の姿にならい)死者の頭を北にして寝かせること。②頭を北にして寝ること。一般には不吉なこととして忌み避ける。

きたマケドニア〔北マケドニア〕〈North Macedonia〉ギリシャの北にある共和国。首都はスコピエ。

きた-まつり【北祭】→あおいまつり

きたむらきぎん〔北村季吟〕（一六二四～一七〇五）江戸前期の古典学者・歌人・俳人。近江(滋賀県)生まれ。多くの古典注釈書を著作。主著「源氏物語湖月抄」「枕草子春曙抄」など。

きたむらとうこく〔北村透谷〕（一八六八～一八九四）詩人・評論家。神奈川県生まれ。島崎藤村らと「文学界」を創刊し、浪漫主義運動を指導したが、二五歳で自殺。長詩「楚囚之詩」「蓬萊曲」、評論「内部生命論」など。

きた-やま【北山】①北方にある山。②京都の北方の山々。③(北に「来た」をかけた洒落で)腹がすくこと、食物が腐ること、衣服がいたむこと、関心が向くことなどの意。「腹が―だ」

ぎだゆう【義太◇夫】ギダイフ「義太夫節」の略。

―ぶし【―節】元禄時代、竹本義太夫によって始められた、浄瑠璃を代表する流派。

きた・る【来る】(自五) ラ(ロ)・リ(ッ)・ル・ル・レ・レ やって来る。「待ち人―・らず」

きたる【来る】(連体)(日付などの上に付けて)近いうちに来る。次の。「―十日」↔去る(連体)

きたん【忌憚】はばかること。遠慮すること。「―のない意見」「―なく述べる」用法 多くは下に「なく」「ない」を伴う。

きだん【気団】〘気〙広い地域にわたる、類似した気象状態の大気のかたまり。「熱帯―」「小笠原―」

きだん【奇談】珍しくて心ひかれる話。「珍談―」

きだん【△綺談】おもしろく作られた話。

ぎだん【疑団】心に感じる疑いのかたまり。「―が氷解する」

きち【吉】キチ㊥・キツ㊥ よし

(字義)よい。めでたい。さいわい。「吉日・吉祥・吉凶・吉報・大吉・不吉」↔凶 参考「吉」が正式の字体とされるが、姓名などでは「吉」も使われる。「常用漢字表」には「吉」が採用されている。難読 吉方・吉左右・吉利支丹・吉丁虫 人名 き・さち・とみ・はじめ・よ

きち【吉】運や縁起がよいこと。めでたいこと。「―と出る」↔凶

きち【危地】危険な場所。あぶない状況・立場。「―に追いこまれる」「―を脱する」

きち【奇知・奇△智】奇抜ですぐれた知恵。

きち【既知】すでに知っていること。また、すでに知られていること。「―の間柄」「―数」↔未知

きち【基地】軍隊・探検隊などの活動の基点となる場所。根拠地。「南極―」「軍事―」「観測―」

きち【貴地】相手のいる土地に対する敬称。御地。

きち【機知・機△智】状況や相手の話に応じて素早くはたらく才知。ウイット。「―に富んだ会話」「―縦横」

きち【△窺知】(名・他スル)うかがい知ること。「秘密を―する」

きちがい【気違い・気△狂い】チガヒ ①精神状態が正常でないこと。気が狂っていること。また、その人。②ある物事にひどく熱中すること。また、そういう人。マニア。参考 差別的な意がある。以下の派生語も同様。

―に刃物 非常に危険であることのたとえ。

―あめ【―雨】晴れたかと思うと急に降ってくる雨。

―ざた【―沙汰】ふつうでは考えられない異常な言動。

―じ・みる【―染みる】(自上一) ミミ・ミル・ミレ・ミロ(ミヨ) ふつうでは考えられない言動をする。文 きちがひじ・む(上二)

―みず【―水】ミツ (飲むと酔って正気を失うことから)「酒」の異称。

きちきち ■(副)正確で規則正しいさま。きちんきちん。「家賃を―(と)払う」■(形動ダ) ダロ・ダッ(デ・ニ)・ダ・ナ・ナラ・○ 空間・数量・時間などがいっぱいで、ゆとりのないさま。「―の靴」「予定が―だ」

ぎちぎち ■(副)物がこすれ合って立てる音やそのさまを表す語。■(形動ダ) ダロ・ダッ(デ・ニ)・ダ・ナ・ナラ・○ 「きちきち■」を強めた表現。「規則で―にしばる」

きちく【鬼畜】(鬼と畜生の意から)人間としての感情を持っていないような残酷な人。

―もの【―物】〘演〙能楽で、鬼・畜生(=動物)・天狗などを主人公とするもの。

きちじ【吉事】めでたいこと。慶事。吉事。↔凶事

きちじつ【吉日】何かをするのによい日。めでたい日。きちにち。きつじつ。「大安―」「思い立ったが―」↔凶日

きちじょうてんにょ【吉祥天女】キチジャウ 〘仏〙もとインド神話の女神。仏教では、鬼子母神の子で、毘沙門天の妃あるいは妹とされる。人々に福徳を与えるという。天衣・宝冠をつけ、左手に宝珠を持つ。吉祥天。吉祥天女。

きちすう【既知数】〘数〙方程式などで、すでにその値が知られた数。また、その値が与えられたと仮定される数。↔未知数

きちにち【吉日】→きちじつ

きちゃく【帰着】(名・自スル)①もとの場所に帰り着くこと。「やっと港に―する」②いろいろな過程を経て、最終的にある結果や結論に落ち着くこと。「結局最初の案に―した」

きちゅう【忌中】家族に死者があって喪に服し、忌み慎んでいる期間。ふつうは、死後四九日間。喪中。

きちゅう【基柱】①多くの柱の中で、中心になる柱。②全体の中で、特に重要な人物。「組織の―となる人」

きちょ【貴著】相手の著作に対する敬称。高著。

きちょう【△几帳】チャウ 昔、室内のしきりに使った調度。台に細い二本の柱を立て、横木を渡してたれぎぬ(=とばり)をかけたもの。

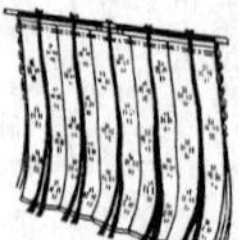

―めん【―面】■(形動ダ) ダロ・ダッ(デ・ニ)・ダ・ナ・ナラ・○ 行動や性格が正確・厳密できちんとしているさま。「―な性格」文(ナリ) ■(名)柱などの角を丸く削り、その両側に段を付けて装飾としたもの。語源 もと、几帳の柱に多く用いたところからという。

〔几帳〕

きちょう【記帳】チャウ (名・他スル)①金銭や物品の出納などを、帳簿に記入すること。②帳面に署名すること。

きちょう【帰朝】テウ (名・自スル)外国から日本に帰ること。公務を帯びて出国した者が帰国すること。帰国。「―報告」

きちょう【基調】テウ ①絵画・装飾・音楽などで基本となる色や調子。「白を―としたインテリア」②作品・思想・行動の根底にある基本的な考えや傾向。「―演説」

きちょう【貴重】(名・形動ダ)きわめてたいせつなこと。高い価値があること。また、そのさま。「―品」「―な体験」

きちょう【機長】チャウ 航空機の乗務員の長。キャプテン。

ぎちょう【議長】チャウ ①会議で議事の進行や採決を行い、また、その会議を代表する人。②国会や地方公共団体の議会で議員の中から選ばれ、議会を運営し、また代表する人。

きちれい【吉例】めでたいならわし。吉例。

きちん【木賃】①食物を持参して自炊する旅人が宿に払う薪代。木銭。②「木賃宿」の略。「―泊まり」

―やど【―宿】①下級の安宿。②昔、旅人が食物を持参して自炊し、「木賃①」を払って泊まった宿。

キチン【キチン】〈chitin〉昆虫や甲殻類などの外骨格や表皮などを作っている、窒素を含む多糖類。

きちんと (副・自他スル)①正確なさま。規則正しいさま。「約束を―守る」②乱れがなく、整っているさま。「―した服装」

きつ【◇乞】キツ・コツ こう㊥

(字義)①こう。もとめる。「乞命」②こじき。「乞人・乞食」

きつ【吉】(字義)→きち(吉)

きつ【人迄】キツ・コチ およぶ・まで

(字義)①およぶ。いたる。②ついに。結局。③まで。

きつ【人桔】キツ・ケツ

(字義)「桔梗」は、ききょう。キキョウ科の多年草。秋の七草の一つ。

きつ【喫】キツ㊥

(字義)①くう。たべる。のむ。すう。「喫煙・喫茶・満喫」②身に受ける。…される。「喫驚・喫緊」難読 喫驚

きつ【詰】キツ㊫・つめる㊥ つまる㊥・つむ㊥・なじる

（字義）①なじる。問いつめる。責める。「詰責・詰問・難詰・面詰」②まがる。かがむ。「詰屈」③つまる。ふさがる。④よあけ。あくる朝。「詰旦(きったん)」

きつ【橘】(人) キツ たちばな （字義）①たちばな。㋐ミカン科の常緑低木。㋑みかん類の総称。「柑橘(かんきつ)」②たちばな氏。四姓の一つ。「源平藤橘(げんぺいとうきつ)」[人名] き・きち

きつ・い （形）カロ・カッ(ク)・イ・イ・ケレ・○ ①程度が激しい。はなはだしい。「ー・くしかる」「ー酒」②し遂げるのに多くの労力が必要でつらい。きびしい。「仕事がー」③しっかりしていて弱みを感じさせない。気が強い。「ー性格の人」④力の入れ方が強い。「蛇口をー・く締める」⑤すきまやゆとりがなく、窮屈である。「靴がー」「日程がー」[文]きつ・し(ク)

きつ-えん【喫煙】（名・自スル）たばこを吸うこと。「ー席」

きつ-おん【吃音】 どもること。また、その音声。

きっ-か【菊花】 キクワ 菊の花。[秋]

きっ-かい【奇っ怪】 クワイ （名・形動ダ）「奇怪(きかい)」を強めていう語。「ーな事件」「ー至極」

き-づかい【気遣い】 ヅカヒ ①こまやかに気をつかうこと。心づかい。「どうぞおーなく」②悪い事態になるのではないかという恐れ。心配。「病状が悪化するーはない」

き-づか・う【気遣う】 ヅカフ （他五）ワ(オ)・イ(ッ)・ウ・ウ・エ・エ 気にかける。どうなるか心配する。「安否をー・われる」

きっ-かけ【切っ掛け】 ①あることをする糸口。手がかり。「解決のーをつかむ」②はずみ。動機。「ふとしたーで知り合う」

きっかり （副）①数量や時間がちょうどであるさま。きっちり。かっきり。「六時ーに出発する」②きわだってはっきりしているさま。くっきり。「ー(と)区別がつく」

き-づかれ【気疲れ】（名・自スル）あれこれ気をつかったり緊張したりして疲れること。精神的な疲れ。「接待でーする」

き-づかわし・い【気遣わしい】 ヅカハシイ （形）カロ・カッ(ク)・イ・イ・ケレ・○ なりゆきが心配である。気がかりである。「容態がー」[文]きづかは・し(シク)

きっきゅう-じょ【△鞠△躬如】 キクキウ （タル）（「鞠」はかがむ、「躬」は体の意）恐れや敬いの気持ちで、身をかがめてかしこまるさま。「ーとして進み出る」[文]（形動タリ）

きっ-きょ【△拮◇据】（名・自スル）（「拮」も「据」も働く意）いそがしく働くこと。けっきょ。

きっ-きょう【吉凶】 縁起のよいことと悪いこと。吉と凶。

ーは糾(あざな)える縄(なわ)の如(ごと)し 吉事と凶事は縒(よ)り合わせた縄のように交互に来るものだ。禍福(かふく)は糾える縄の如し。

きっ-きょう【喫驚】 キヤウ （名・自スル）驚くこと。びっくりすること。「ー仰天する」

きっ-きん【喫緊】（名・形動ダ）差し迫ってたいせつなこと。また、そのさま。「ーの要務」「ーの課題」

キック〈kick〉（名・他スル）足でけること。

ーオフ〈kickoff〉①サッカーやラグビーなどで、グラウンドの中央でボールをけってゲームを開始または再開すること。②事業などを始めること。

ーバック〈kickback〉支払われた金の一部を支払者に戻すこと。また、その金。割り戻し。リベート。

ーボクシング〈kickboxing〉足げりやひじ打ちなども許されているボクシング。タイ式ボクシングをもとに考案された。

き-づ・く【気付く】（自五）カ(コ)・キ(イ)・ク・ク・ケ・ケ ①意識が及んでそれと知る。気がつく。「間違いにー」「言われるまでー・かなかった」②失神状態などから意識をとりもどす。気がつく。「ーと病院にいた」

きっ-くつ【詰屈・△佶屈】（名・自スル・形動ダ）①曲がりくねっていること。②文字や文章が難しくてわかりにくいこと。③ぎくしゃくしていること。

ーごうが【ー△聱牙】 ガウガ 文章が読みにくく、難しいこと。

ぎっくり-ごし【ぎっくり腰】 腰をひねったときや、中腰で重い物を持ち上げたときなどに、突然生じる激しい腰痛。

き-つけ【気付け】 気絶した人の意識をもどしたり、疲れ衰えた人を元気にしたりすること。また、そのための薬。アンモニアや強い酒など。きつけ薬。

き-つけ【着付け】 ①衣服、特に和服をきちんと着ること。また、人にきちんと着せること。「ー教室」②衣服などの着たぐあい。着こなし。③着なれていること。

き-づけ【気付・気◇附】 郵便物や荷物を、その人の立ち寄り先などにあてて送る場合、宛先などの下に書き記す語。きつけ。「山田旅館ー木村様」

き-つ・ける【着付ける】（他下一）ケ・ケ・ケル・ケル・ケレ・ケロ(ケヨ) いつも着ていて、着なれている。「ー・けている洋服」[文]きつ・く(下二)

きっ-こう【△拮抗】 カウ （名・自スル）力・技・勢力などに差がなく、たがいに張り合うこと。「両チームの実力はーしている」[参考] もとの読みは「けっこう」。「きっこう」は慣用読み。

きっ-こう【◇亀甲】 カフ ①亀(かめ)の甲羅。②亀の甲羅のような、六角形の紋・模様。亀甲形。③印刷で、括弧(かっこ)の一つ。〔 〕をいう。[参考]「きこう」ともいう。

〔亀甲②〕

きっ-さ【喫茶】 ①茶を飲むこと。②「喫茶店」の略。「ジャズー」

ーてん【ー店】 コーヒー・紅茶などの飲み物や菓子、軽い食事などを出す飲食店。

きっ-さき【切っ先】 刃物など、とがったものの先端。「ーをかわす」

きつ-じ【吉事】 →きちじ

きつ-じつ【吉日】 →きちじつ

ぎっ-しゃ【◇牛車】 おもに平安時代、牛に引かせた、貴人の乗る屋形(やかた)車。位階などにより種類が多い。牛車(うしぐるま)・ぎゅうしゃ。

キッシュ〈フランス quiche〉皿にしいたパイ生地の上にベーコン・野菜・チーズなどの具をのせ、溶き卵に牛乳や生クリームを混ぜた液を注いでオーブンで焼いた料理。

きっ-しょう【吉祥】 シヤウ めでたいしるし。よいきざし。吉祥(きちじょう)。

ーてんにょ【ー天女】 →きちじょうてんにょ

くびき　ながえ　こしき

〔ぎっしゃ〕

ぎっしり （副）すきまなくいっぱいに詰まっているさま。「箱にー(と)詰める」「予定がー(と)詰まる」

きっ-しん【吉△辰】 よい日。めでたい日。吉日。

キッス〈kiss〉（名・自スル）→キス

キッズ〈kids〉子供。子供たち。「ールーム(=子供の遊戯室)」

きっ-すい【生粋】 まじりけのないこと。物事が純粋なこと。「ーの江戸っ子」[語源]「きすい」の促音化したもの。

きっ-すい【喫水・△吃水】 船が水上に浮かんでいるとき、水面から船底までを垂直に測った深さ。船脚(ふなあし)。

ーせん【ー線】 船体と水面とが接してできる線。

きっ・する【喫する】（他サ変）シ(セ・サ)・シ・スル・スル・スレ・シロ(セヨ) ①飲食する。吸う。「茶をー」②好ましくない結果を身に受ける。こうむる。

「大敗を―」「一驚を―(=驚かされる)」文きっ・す(サ変)

きっ-せき【詰責】(名・他スル) 相手の言い訳を許さず、問いつめて責めること。詰問。「部下を―する」

きつ-ぜん【屹然】(タトル) ①山や高層ビルなどがそびえ立つさま。②信念・態度などがまわりに影響されず、孤高を保っているさま。「―とした姿」文(形動タリ)

きっ-そう【吉相】 ①縁起のよいことの前ぶれ。吉兆。「―が現れる」②よい人相。

きっ-そう【吉。左右】―(「左右」は便りの意) ①よい便り。吉報。②よいか悪いかどちらかの便り。「―を知らせる」

き-づた【木蔦】《植》ウコギ科のつる性常緑木本。葉は互生で光沢があり卵形。晩秋に黄緑色の花を開く。冬

きっ-た・つ【切っ立つ】(自五) タ(ト)・チ(ツ)・ツ・テ・テ (「切り立つ」の促音便)山やがけなどが切ったように鋭くそびえ立つ。

き-づち【木槌】 木製のつち。

キッチュ〈ドイ Kitsch〉(名・形動ダ) まがいもの。また、俗悪で悪趣味なこと。また、そのようなもの。

ぎっちょ ①《俗》左きき。左ぎっちょ。②「きりぎりす」の別名。

きっ-ちょう【吉兆】― めでたいきざし。よいことが起こる前ぶれ。瑞兆。吉相。↔凶兆

きっちり(副) ①正確に整っているさま。「―(と)書く」②数量や時間がちょうどであるさま。きっかり。「―一時間で終わった」③ぴったり合ってすきまのないさま。「―(と)ふたをする」

キッチン〈kitchen〉台所。調理場。「システム―」

―ドリンカー〈和製英語〉台所で酒類を飲むことが常習になった人。おもにアルコール依存症の主婦についていう。

き-つつき【啄木鳥】《動》キツツキ科の鳥の総称。鋭いくちばしで樹皮を破り、長くのびる舌で虫を捕食する。アカゲラ・クマゲラなど。ケラ。啄木。秋

きつつきや… 俳句〔啄木鳥や 落葉を急ぐ 牧の木々〕〈水原秋桜子〉赤城高原の放牧地を訪れると、冬も近いので里に下りたのか馬の姿はなく、あちこちの木々が急ぐかのようにしきりと風に落ち葉を散らしている。その、落ち葉のひるがえりに調子を合わせるように、きつつきが幹をつつくかん高い音が頭上から聞こえてくる。(啄木鳥 秋)

きっ-て【切手】 ①「郵便切手」の略。②商品券。商品切手。③金銭を受け取ったことの証拠となる書付。手形。

きって-の【切っての】(地域や集団などを表す語に付いて)…の中で比べるもののない。…で一番の。「クラス―努力家」

キット〈kit〉①機械や模型などで、そのまま組み立てられる部品一式のセット。②ある目的に使われる道具一式。「工具―」

きっ-と【×屹度・×急度】(副) ①実現の確信や相手への強い要望を表す語。確かに。必ず。「彼なら―できる」②強い気持ちを表情に出すさま。きびしく。厳然と。「やじった人を―にらむ」

キッド〈kid〉①なめした子やぎの革。手袋・靴用。②子供。

き-づな【絆・紲】「きずな」と書くのが本則。→きずな

きつね【狐】 ①《動》イヌ科の哺乳動物。山野に単独ですみ、昆虫や小動物を捕食するほか果実なども食べる。体はふつう茶褐色。古くから霊獣と考えられ、稲荷信仰につながる。冬 ②(①は人をばかすといわれているところから)ずるくて人をうまくだます者。③「きつねいろ」の略。④「きつねうどん」の略。⑤「いなりずし」の別名。

―と狸の化かし合い ずるい者どうしがたがいにだましあうことのたとえ。狐と狸のだましあい。**―につままれる** 意外ななりゆきに訳がわからずぼんやりする。**―の嫁入り** ①太陽が照っているのに雨が降ること。天気雨。②夜、きつね火が並んで見えるのを嫁入り行列の提灯に見たてたもの。

―いろ【―色】 薄いこげ茶色。

―うどん【―饂飩】 甘辛く煮た油揚げを入れたかけうどん。きつね。

―けん【―拳】 拳の一種。両手で、キツネ(両手を両耳のあたりにあげる)・庄屋(両手を膝の上に置く)・鉄砲(左手を前に突き出す)の形を作って争う。キツネは庄屋に、庄屋は鉄砲に、鉄砲はキツネに勝つ。藤八拳。庄屋拳。

―ごうし【―格子】 たてよこに組んだ格子の裏に板を張ったもの。妻格子。木連れ格子。

〔きつねごうし〕

―つき【―付き・―憑き】 キツネの霊がのり移ったために起こると信じられた一種の精神錯乱。また、そういう状態になった人。

―び【―火】 暗い夜に光って見える青白い火。鬼火。燐火。冬

きっぱり(副) 迷わず明快な言動や態度をとるさま。はっきり。「―(と)断る」「―(と)あきらめる」

きっ-ぷ【切符】 ①料金を支払ったことの証拠の券。入場券・乗車券・観覧券など。チケット。「往復―」②特定の品物の引換券。「衣料―」③(比喩的に)資格や権利。「出場の―を手にする」④《俗》交通違反者に交付される通告書。

きっ-ぷ【気っ。風】(「きふう」のなまり)その人の言動から感じ取れる気性。気前。「―のよい江戸っ子」

きっ-ぽう【吉報】 よい知らせ。めでたい便り。↔凶報

き-づま【気褄】 相手のきげん。「―を取る」「―を合わす」

き-づまり【気詰〔ま〕り】(名・形動ダ) 遠慮や気がねをして窮屈に感じること。また、そのさま。「―な雰囲気」

きつ-もん【詰問】(名・他スル) 相手の悪い点を責めて、問い詰めること。「きびしく―する」

き-づよ・い【気強い】(形) カロ・カッ(ク)・イ・イ・ケレ・○ ①頼もしい。心強い。安心である。「彼がいれば―」②気が強い。勝ち気である。「―人」文きづよ・し(ク)

きつ-りつ【屹立】(名・自スル) 山などが高くそびえ立つこと。「―する山々」

きつ-れい【吉例】 →きちれい

き-て【来手】 来る人。来てくれる人。「嫁の―がない」

ぎ-て【技手】 →ぎしゅ(技手)

き-てい【汽艇】 蒸気機関で走る小型の船。ランチ。

き-てい【既定】 すでに決まっていること。「―方針」↔未定

き-てい【基底】 ①基礎となる底の部分。「高層建築の―部」②言動を支える、基礎となる事柄。「運動の―をなす思想」

き-てい【規定】(名・他スル) ①あることを規則として決めること。また、その決まり。②法令の条項として定めること。また、その条項。⇩「使い分け」

き-てい【規程】 ①規則。②法令。③官公庁などの、事務取り扱いや内部組織に関するとり決め。⇩「使い分け」

> 使い分け 「規定・規程」
> 「規定」は、規則として定めること、また、その定められた個々の条項の意で、「規定の掛け金」「第一条第三項の規定による」などと使われる。
> 「規程」は、官公庁や組織体の内部などでとり決めた、一連の関係ある条項の全体の意で、「職務規程」「文書処理規程」「図書貸し出し規程」などと使われる。

き-てい【旗亭】 ①旅館。はたごや。②小料理屋。居酒屋。

茶屋。語源 昔、中国で目印に旗を立てたことからいう。

ぎ-てい【義弟】 ①義理の弟。配偶者の弟、妹の夫など。②兄弟の約束を結び、弟となった人。弟分。《↔実弟》

ぎ-てい【議定】（名・他スル）会議をして決めること。また、その定め。議定（ぎじょう）。

――しょ【―書】 会議で決まったことを記した文書。特に、外交交渉や国際会議での議事録または合意文書に、関係国の代表が署名したもの。「―を批准する」

き-てき【汽笛】 汽車や汽船などで、蒸気の噴出によって鳴らす笛。また、その音。「―一声」

きてれつ【×奇天烈】（名・形動ダ）《俗》この上もなく変わっていて不思議なさま。「奇妙―（＝奇妙を強調していう語）」

き-てん【起点】 出発点。おこり。↔終点 ⇩「使い分け」

き-てん【基点】 距離・図形などで、もととなる点。また、その所。基準点。⇩「使い分け」

> 使い分け「起点・基点」
> 「起点」は、一連の動作がそこから起こるときの始めの点、出発点の意で、「駅伝コースの起点」「江戸日本橋を起点とする中山道（なかせんどう）」などと使われる。
> 「基点」は、距離を測るときや図形を作るときのもとになる点、定点の意で、「駅を基点として半径五キロ以内」「地図の基点」などと使われる。

き-てん【機転・気転】 その場の状況に応じてすばやく適切に対応できる能力。機敏な才知。「―がきく」「―をきかせる」

き-でん【紀伝】 ①人物の伝記を記録した文書。②「紀伝体」の略。

――たい【―体】《文》中国で始まった歴史書編集の一形式。本紀（ほんぎ）（＝帝王の伝記）・列伝（＝個人の伝記）などを中心に編集記述する形式。⇩編年体「参考」

き-でん【起電】 摩擦などによって、物体に電気（主として静電気）を起こすこと。「―機」

き-でん【貴殿】（代）対称の人代名詞。男性が、同輩または目上の男性に対して用いる敬称。用法 手紙などで使う。

ぎ-てん【疑点】 疑わしい点。疑問の箇所。「―が残る」

ぎ-てん【儀典】 儀式についての決まり。典例。典範。

ぎ-でん【偽電】 発信人・内容などをいつわった電報。

き-と【企図】（名・他スル）ある目的をはたそうとくわだてること。また、その計画。もくろみ。

き-と【帰途】 帰り道。帰路。帰る途中。「―につく」

き-ど【木戸】 ①庭や通路の出入り口にある屋根のない開き戸。②芝居・相撲などの興行場での客の出入り口。③「木戸銭」の略。④城門。城の小門。⑤江戸時代、町々の境や要所に警備のために設けた門。参考 ④⑤は「◇城戸」とも書く。

き-ど【喜怒】 喜びと怒り。「―哀楽」

――色（いろ）に表（あら）わさず 喜びや怒りなどの感情が顔色に表れない。沈着で意志の強い態度にいう。

き-ど【輝度】《物》物体の表面の明るさを示す語。光源についていう場合には、光線に垂直な単位面積に対する光度を意味し、単位はカンデラ毎平方メートルやスチルブを用いる。

きど-あいらく【喜怒哀楽】 喜びと怒りと哀しみと楽しみ。また、人間のさまざまな感情。「―の情」

き-とう【気筒】 シリンダー。「六―エンジン」

き-とう【季冬】（「季」は末の意）①冬の末。晩冬。②陰暦で、冬（十・十一・十二月）の終わりの十二月。冬

き-とう【祈△禱】タウ（名・他スル）神仏に祈ること。また、その儀式。「―師」「加持（かじ）―」

き-とう【帰投】（名・自スル）航空機・艦船・兵などが遠方から基地に帰り着くこと。

き-とう【亀頭】 陰茎の先端部分。

き-とう【貴答】タフ 相手のよこした返書に対する敬称。

き-どう【気道】ダウ《生》空気呼吸をする脊椎（せきつい）動物の、肺に至るまでの空気の通路。鼻腔（びこう）・咽頭（いんとう）・気管・気管支など。

き-どう【奇童】 並外れてすぐれた賢い子供。

き-どう【奇道】ダウ ふつうと変わったやり方。奇抜な方法。

き-どう【軌道】ダウ ①車の通る道。特に、電車・列車を走らせるための構造物。線路。②《天》天体が運行する道。「彗星（すいせい）の―」③《物》物体が運動するときに描く一定の経路。④物事が進行していく道筋。「―修正」

――に乗（の）る 物事が順調に進む。本調子が出る。「事業が―」

き-どう【起動】（名・自他スル）動き始めること。また、運転を開始すること。運転を開始させること。始動。特に、機械などが運転を開始すること。「パソコンが―する」

き-どう【機動】 状況に応じてすばやく活動すること。特に、軍隊では戦略・戦術上の行動をいう。「―性を発揮する」

――たい【―隊】（「警察機動隊」の略）機に応じて各地に出動し、警備・鎮圧・救難などにあたる警察官の部隊。

――ぶたい【―部隊】 自在に派遣できる遊撃部隊。陸では戦車や装甲車を中心に、海では航空母艦を中心に編成する。

――りょく【―力】 状況・変化などに応じてすばやく行動できる能力。「チームに―を持たせる」

きどう-しゃ【気動車】 内燃機関を動力とする鉄道車両。ガソリンカー・ディーゼルカーなど。

き-どうらく【着道楽】ダウラク 惜しまずに金をかけて衣装にこるのを楽しむこと。また、その人。

き-とお・す【着通す】トホス（他五）サ(ソ)・シ・ス・ス・セ・セ ある期間、一つの、あるいは同種の衣服を続けて着る。「一冬―・したコート」

ぎと-ぎと（副・自スル）脂ぎっているさま。油がついてべとつくさま。「床が油で―する」

き-とく【危篤】 病気やけがの症状が重く、生命が危ういこと。「―状態」「―に陥る」

き-とく【奇特】 一（名・形動ダ）行いがりっぱで感嘆するほどであること。心がけがよく感心なさま。「―なふるまい」二（名）不思議な力。霊験（れいげん）。「神仏の―」参考「きどく」ともいう。

き-とく【既得】 すでに自分のものとしていること。

――けん【―権】《法》個人や国家などが、法的根拠に基づきすでに取得している権利。

き-どく【奇特】 →きとく（奇特）

き-どく【既読】 すでに読んでいること。「―メール」↔未読

きど-ぐち【木戸口】 木戸の出入り口。

きど-ごめん【木戸御免】 芝居や相撲などの興行場に、料金を払わずにはいれること。一般に出入りが自由なことにもいう。

きど-せん【木戸銭】 興行場の木戸口で払う見物料金。

きどたかよし【木戸孝允】（一八三三〜一八七七）幕末・明治初期の政治家。初名は桂小五郎（かつらこごろう）。長州藩（山口県）出身。尊王攘夷（そんのうじょうい）運動に活躍。のち明治新政府の参議となって五箇条の誓文（せいもん）の起草にあたり、版籍奉還・廃藩置県を遂行。

-きどり【気取り】（接尾）いかにもそれらしいようすをすること。また、そのつもりになること。「英雄―」「夫婦―」

き-どり【気取り】 体裁を飾ったり、もったいぶったりすること。

き-どり【木取り】 大きな木材を目的の形・大きさに切り分けること。また、丸太を製材すること。

き-ど・る【気取る】 ラ(ロ)・リ(ッ)・ル・ル・レ・レ 一（自五）体裁を飾る。上品

ぶる。もったいぶる。「—・った歩き方」㊁(他五) ①それらしいふうを装う。「芸術家を—」②それと感づく。気取(けど)る。

きどるい-げんそ【希土類元素・稀土類元素】 →レアアース

キナ 〈オランダ kina〉《植》アカネ科の常緑高木・低木の総称。南アメリカ原産。樹皮からキニーネをとる。参考「×規那」とも書く。

き-ない【機内】 飛行機の中。「—食」

きない【畿内】 (「畿」は古代中国で、王城から五〇〇里以内の地域の意)歴代の朝廷が置かれた山城(やましろ)・大和(やまと)・河内(かわち)・和泉(いずみ)・摂津(せっつ)の五か国の総称。

き-なが【気長】 (形動ダ) ダロ・ダッ(デ・ニ)・ダ・ナ・ナラ・○ のんびりしていて、せかせかしないさま。「—に待つ」「—な性格」↔気短 文(ナリ)

き-ながし【着流し】 男性の、着物だけで羽織もはかまも着けないくだけた和装。「粋(いき)な—」

きなーくさ・い【きな臭い】 (形) カロ・カッ(ク)・イ・イ・ケレ・○ ①紙・布・綿などのこげるにおいがする。こげくさい。②(硝煙のにおいがする意で)戦争・事件などが起こりそうである。文きなくさ・し(ク)

き-なぐさみ【気慰み】 ふさいでいる気持ちを晴らすこと。また、そのもの。気ばらし。

きな-こ【黄な粉】 煎った大豆をひいて黄色の粉にした食品。砂糖をまぜ、もちや団子などにまぶして食べる。「—もち」

き-なり【気なり】 気の向くまま。気まま。

き-なり【生成り】 ①生地のままで、飾りけのないこと。②糸や布地の、染めたりさらしたりしていないもの。また、その色。

き-なん【危難】 生死にかかわるような災難。「—を避ける」

ギニア 〈Guinea〉アフリカ西岸にある共和国。首都はコナクリ。

ギニアビサウ 〈Guinea-Bissau〉アフリカ西岸にある共和国。首都はビサウ。

キニーネ 〈オランダ kinine〉キナの樹皮から製したアルカロイド。白色の結晶。解熱剤・強壮剤。また、マラリアの特効薬。キニン。

き-に-いり【気に入り】 好みに合うこと。心にかなうこと。また、その人や物。用法 多く「お気に入り」の形で用いる。

き-にち【忌日】 →きじつ(忌日)

き-にゅう【記入】 ニフ— (名・他スル) 必要な箇所に、求められた事柄を書き込むこと。「名前を—する」

き-にょう【鬼繞】 ネウ— 漢字の部首名の一つ。「魅」「魁」などの「鬼」の部分。

ギニョール 〈フランス guignol〉人形劇に使う指人形。頭と両手の部分に指を入れて動かす。また、それを用いる人形劇。

〔ギニョール〕

き-にん【帰任】 (名・自スル) 一時離れていた任地・任務にもどること。

きぬ【衣】 ①着る物。衣服。②動物の羽・皮や里芋の皮など、中身をおおっているものをたとえていう。

きぬ【絹】 蚕の繭からとった繊維。また、絹織物。

—を裂(さ)くよう (女性の)非常にかん高い叫び声の形容。「—な悲鳴」

きぬ-いと【絹糸】 蚕の繭からとった糸。

きぬ-え【絹絵】 ヱ— 絹地に描いた絵。

きぬ-おりもの【絹織物】 絹糸で織った織物。絹織。

きぬ-がさ【衣笠・絹傘】 ①絹を張った長柄の傘。昔、行列の中の貴人にさしかけたもの。②→てんがい(天蓋)①

きぬ-かつぎ【衣被ぎ】 里芋の子芋を皮つきのままゆでたもの。秋

きぬ-かづき【衣被き】 かづき— (古) →かづき

きぬ-ぎぬ【衣衣・後朝】 (古) ①男女が共寝をした翌朝、別れるときに身につけるそれぞれの衣服。また、別れることやその朝をいう。②男女、特に、夫婦の離別。

き-ぬけ【気抜け】 (名・自スル) 気持ちの張りを失って、ぼんやりすること。「発表会が終わって—する」

きぬ-ごし【絹漉し】 ①絹布や絹篩(きぬぶるい)で細かくこすこと。②(「絹ごし豆腐」の略)型に入れた濃い豆乳を、布でこさずにそのまま固めた、きめ細かくやわらかい豆腐。

きぬ-こまちいと【絹小町糸】 絹紡績の縫い糸。絹縫い糸の代用品。絹小町。

きぬ-さや【絹莢】 →さやえんどう

きぬ-じ【絹地】 ヂ— ①絹で織った布。絹布。②日本画を描くのに用いる平絹(ひらぎぬ)。絵絹(えぎぬ)。

きぬ-ずれ【衣擦れ】 着ている人の動きで、着物の裾などがすれ合うこと。また、その音。

きぬた【砧】 昔、木づちで布を打って、つやを出したり柔らかくしたりするのに用いた木や石の台。また、そこで布を打つこと。秋 語源「衣板(きぬいた)」の転。

〔きぬた〕

きぬ-の-みち【絹の道】 →シルクロード

きぬ-ばり【絹針】 絹布を縫うのに用いる細い針。

きぬ-ばり【絹張り】 ①絹布を物の表面に張ること。また、張ったもの。②洗い張りや糊(のり)づけなどで、絹布のしわをのばす道具。木・竹製の棒や板。

きぬ-ぶるい【絹篩】 ブルヒ— 絹布を底に張った、目の細かいふるい。

きぬ-もの【絹物】 絹の織物。また、それで作った衣服。

きぬ-わた【絹綿】 真綿の一種。くず繭のけばで作ったもの。

きね【杵】 うすに穀物を入れてつくときに用いる木製の道具。

ギネス-ブック 〈Guinness Book〉さまざまな世界一の記録を集めた本。正式名称はギネス世界記録。参考「ギネス」は初版を刊行した英国のビール会社の名。

き-ねずみ【木鼠】 「りす」の別名。

きね-づか【杵柄】 きねの柄(え)。「昔とった—(=かつて習得していて腕前に自信のあること)」

キネマ 〈kinematograph から〉映画。活動写真。シネマ。

き-ねん【祈念】 (名・他スル) 神仏に祈り念じること。祈願。

き-ねん【紀年】 ある一つの紀元から数えた年数。

き-ねん【記念】 (名・他スル) ①後日の思い出に残しておくこと。また、そのもの。「卒業—のアルバム」②何かを行って、過去の物事への思いを新たにすること。「—日」「—祭」

—ひ【—碑】 ある人の業績をたたえたり、あるできごとを記念したりして建てる碑。モニュメント。

き-ねん【期年】 一周年。一か年。

ぎ-ねん【疑念】 事実かどうか疑う心。疑心。「—を抱く」

きねん-さい【祈年祭】 陰暦二月四日、神祇官(じんぎかん)や国司の役所で、五穀の豊作と国家の安泰を祈った祭り。としごいのまつり。春

き-の-いわい【喜の祝〔い〕】 イハヒ— 七七歳の祝賀。喜の字の祝い。喜寿。⇩賀・喜寿

き-のう【気嚢】 ナウ— ①《動》鳥や昆虫の体内にある空気のはいったふくろ。②気球などの、ガスを入れるふくろ。

きのう【昨日】 フキノ 今日の一日前の日。昨日(さくじつ)。参考 常用漢字表付表の語。

—の今日(きょう) そのことがあった昨日からわずか一日しかたたない今日。あることが起こって間もなく。**—の錦(にしき)今日(きょう)の綴(つづ)**

れ　栄枯盛衰の変わりやすいたとえ。昨日の綴れ今日の錦。—の淵は今日の瀬　世の中の無常なことのたとえ。語源「世の中は何か常なるあすか川昨日の淵ぞ今日は瀬になる」〈古今〉による。—は人の身今日は我が身　運命の、定めなく予測しがたいこと。

—きょう【—今日】ケフ　このごろ。近ごろ。最近。昨日や今日。「—に始まったことではない」

き-のう【帰納】ナフ（名・他スル）〖論〗個々の具体的事実を総合して、一般的な原理・法則を導き出すこと。↔演繹

—ほう【—法】ハフ　多くの具体例などから、共通の一般的な原理・法則を導き出す方法。↔演繹法

き-のう【帰農】（名・自スル）都市での勤めをやめて郷里で農業をすること。また、やめていた農業に再び従事すること。

き-のう【機能】（名・自スル）そのものの特性として備わるはたらき。特に、仕組み全体の中に見られるはたらき。また、そのはたらきをすること。「言葉の—」「組織が正常に—しない」

—てき【—的】（形動ダ）ダロ・ダッ(デ・ニ)・ダ・ナ・ナラ・○　むだのないさま。能率がよいさま。「—につくられた住居」

ぎ-のう【技能】物事を行う技術上の能力。腕前。

—オリンピック　国際技能競技大会の通称。若い産業技術者の育成と国際親善を目的に工業技術を競う。参加資格は二二歳以下。はじまり 一九五〇（昭和二十五）年、スペインで第一回大会開催。日本は、一九六二（昭和三十七）年の第一一回大会に参加したのが最初。

き-の-え【△甲】（木の兄の意）十干の第一。⇒十干

—ね【—△子】十干の「きのえ」と十二支の「ね」に当たる年・月・日。干支の第一。かっし。

き-の-か【木の香】材木の香り。

き-の-かしら【木の頭】歌舞伎や人形浄瑠璃で、閉幕・舞台転換の際に打つ拍子木の最初の音。木頭。

き-の-こ【△茸・△菌】（木の子の意）菌類のうち、かさ状のものを形成する大形菌類の通称。山野の木かげ・朽ち木などに生じ、マツタケ・シイタケなど食用もあるが、有毒なものもある。秋

—がり【—狩〔り〕】山できのこを探してとること。秋

きのさきにて〔城の崎にて〕志賀直哉の短編小説。一九一七（大正六）年発表。電車にはねられた主人公が、療養先で小動物の生と死を見て抱いた、生命と運命に対する感懐を描く心境小説。

き-の-じ【喜の字】→きじゅ

きのしたもくたろう〔木下杢太郎〕キノシタモクタラウ（一八八五〜一九四五）詩人・劇作家・医学者。静岡県生まれ。「スバル」同人。耽美的で異国情緒に富む作品を書いた。詩集「食後の唄」など。

きのしたりげん〔木下利玄〕（一八八六〜一九二五）歌人。岡山県生まれ。「白樺」同人。歌風は人道主義的・写実的で、その口語的破調は利玄調と呼ばれた。歌集「紅玉」「一路」など。

きのつらゆき〔紀貫之〕（八七二?〜九四五?）平安前期の歌人。三十六歌仙の一人。「古今集」撰者の中心人物。知的で優美な古今歌風を大成。「古今集仮名序」は最初の歌論として、「土佐日記」は日記文学の先駆として知られる。家集「貫之集」。

き-の-と【△乙】（木の弟の意）十干の第二。⇒十干

き-の-どく【気の毒】■一（名・形動ダ）他人の不幸や苦痛をかわいそうに思い同情すること。また、そのさま。「—な人だ」■二（名・自スル・形動ダ）迷惑をかけてすまないと思うこと。また、そのさま。「むだ足をさせて—した」

き-のぼり【木登り】（名・自スル）木によじ登ること。

き-の-み【木の実】木になった実。このみ。秋

きのみ-きのまま【着の身着の△儘】現在着ている衣服のほかには何も持っていないさま。「—で焼け出される」

き-の-め【木の芽】春先に木に萌え出る芽。このめ。特に、サンショウの芽。春

—あえ【—△和〔え〕】アヘ　サンショウの芽を白みそなどにすりまぜて、タケノコやイカなどをあえたもの。このめあえ。春

—でんがく【—田楽】みそにサンショウの芽をすりまぜて豆腐にぬり、火であぶった料理。春

—どき【—時】樹木の芽の出る早春のころ。三、四月ごろ。このめどき。春

き-の-やまい【気の病】ヤマヒ　精神の疲れなどから起こる病気。気病み。

き-のり【気乗り】（名・自スル）その事に興味がわき、進んで行おうという気持ちになること。乗り気。「どうも—がしない」

—うす【—薄】（名・形動ダ）その事にあまり興味がわかず、進んで行おうという気持ちにならないこと。また、そのさま。

きば【牙】哺乳動物の犬歯・門歯が鋭く大きく発達したもの。肉を裂いたり土を掘り起こしたり、闘ったりするための歯。—を研ぐ　攻撃をしようと準備して待ちうけるたとえ。—を鳴らす　①歯ぎしりしてくやしがる。②敵意をあからさまに示す。—を抜かれる　歯向かう気持ちを失い従順になる。—を剝く　敵意をむき出しにする。

き-ば【木場】①材木をたくわえておく所。②材木商のたくさん集まっている地域。

き-ば【騎馬】馬に乗ること。また、馬に乗っている人。「—戦」

き-はい【△跪拝】（名・自スル）ひざまずいておがむこと。

き-ばい【木灰】バヒ　草木を焼いて作る灰。肥料・あく抜き用。

き-ばえ【着映え】（名・自スル）着てみたときに、その衣服や姿が美しくひきたつこと。「—のする服」

き-はく【気迫・気△魄】何物をも恐れず立ち向かっていく、強い精神力。「—に満ちた態度」

き-はく【希薄・△稀薄】（名・形動ダ）①液体の濃度や気体の密度がうすいこと。また、そのさま。「山頂は酸素が—だ」②（情愛・行動力・熱意などが）弱く乏しいこと。また、そのさま。「職業意識が—だ」

き-ばく【起爆】火薬に爆発を起こさせること。「—装置」

—ざい【—剤】①火薬を爆発させるのに使う薬剤。②（比喩的に）新しい事態を起こすきっかけとなるもの。「復興の—」

き-ばさみ【木△鋏】庭木・生け垣などを切りそろえるのに用いる、長い柄のついたはさみ。

き-はずかし・い【気恥ずかしい】ハヅカシイ（形）カロ・カッ(ク)・イ・イ・ケレ・○　なんとなく恥ずかしい。きまりが悪い。文きはづか・し(シク)

き-ば-せん【騎馬戦】騎馬どうしの戦闘に模した競技。数人が腕を組んで作った馬の上に一人が乗り、敵・味方に分かれ、相手を落馬させたり、その帽子や鉢巻きを奪ったりして争う。

き-はだ【木肌】樹木の外皮。樹皮。

き-はだ【黄肌】〖動〗サバ科の海産硬骨魚で、マグロの一種。体側とひれが黄色みをおびる。食用。きはだまぐろ。きわだ。

き-はだ【黄△蘗】〖植〗ミカン科の落葉高木。初夏、黄緑色の小花を開く。樹皮は染料・薬用。家具材。きわだ。

き-ばたらき【気働き】よく気が利き、状況に応じてすばやく物事を処理できること。機転。「—がある人」

き-ばち【木鉢】木をくりぬいて作った鉢。

き-はちじょう【黄八丈】ハチヂヤウ　黄色の地に黒・とび色・茶などの縞や格子柄を織り出した絹織物。八丈島の特産。

き-はつ【揮発】（名・自スル）〖化〗平常の温度・気圧で液体が蒸発すること。「—性」

—ゆ【—油】〖化〗原油を分留して得られる無色透明の液

体。ガソリン・ベンジンなど。

き-ばつ【奇抜】（名・形動ダ）思いもよらないほど他とちがっていて風変わりなこと。また、そのさま。「—な服装」「発想が—だ」

ぎば-へんじゃく【△耆婆△扁△鵲】世にもまれな名医。語源 古代インドの名医耆婆と古代中国の名医扁鵲から。

き-ばむ【黄ばむ】（自五）マ(モ)・ミ(ン)・ム・ム・メ・メ 黄色みを帯びる。

き-ばや【気早】（名・形動ダ）先を急いで物事を進めたがるさま。また、そういう性質の人。性急。せっかち。

き-ばらい【既払い】バラヒ すでに支払いがしてあること。きはらい。↔未払い

き-ばらし【気晴〔ら〕し】（名・自スル）ふさいでいる気分を晴れ晴れさせること。うさばらし。気散じ。「—に散歩をする」

き-ば・る【気張る】（自五）ラ(ロ)・リ(ッ)・ル・ル・レ・レ ①息をつめて腹に力を入れる。いきむ。「—・って荷物を持ち上げる」②張りきって勢いこむ。「—・って働く」③気前よく金銭を出す。奮発する。「チップを—」可能 きば・れる（下一）

き-はん【帰帆】（名・自スル）港に帰る帆船。帰途につく船。また、船で帰ること。

き-はん【規範・軌範】物事を判断したり、行動したりするときに、従わなければならない基準または模範。「道徳—」

き-はん【△羈△絆】（「羈」も「絆」もつなぎとめるものの意）きずな。転じて、気になって行動の妨げになるもの。束縛。ほだし。

き-ばん【基板】電子部品や集積回路を組み込んだ板。

き-ばん【基盤】物事の基礎となるもの。物事の土台。「経営の—を固める」「生活の—」

きはん-せん【機帆船】発動機を備えた小型の帆船。

き-ひ【忌避】（名・他スル）①きらって避けること。「徴兵—」②〔法〕訴訟の当事者が、不公平な裁判を行うおそれのある裁判官または裁判所書記官などの職務執行を拒否すること。

き-ひ【基肥】→もとごえ

きび【△黍・△稷】〔植〕イネ科の一年草。五穀の一つ。茎は細長く、秋、ふさ状の花穂をつける。実は淡黄色で食用。秋

き-び【機微】表面にあらわれない微妙な心の動きや事情。「人情の—を解する」

き-び【△驥尾】よく走るすぐれた馬の尾。駿馬のうしろ。

—に付ふす（青蠅あおばえでさえ駿馬の尾につけば一日に千里も行ける意から）すぐれた者につき従えばりっぱな事を成すというたとえ。驥尾に付く。「先学の驥尾に付して卑見を述べる」用法 多く、先達を見習って事をするのを謙遜して言うのに用いる。

き-びき【忌引〔き〕】（名・自スル）近親者が死んだとき、勤務先・学校などを休んで喪に服すること。また、そのための休暇。

きび-きび（副・自スル）態度や動作などが無駄なくひきしまって生き生きしているさま。「—(と)働く」「—した動き」

きびし・い【厳しい】（形）カロ・カッ(ク)・イ・イ・ケレ・○ ①厳格で、小さな欠点も容赦しないさま。「—しつけ」「警戒が—」②程度がはなはだしいさま。「—寒さ」③情勢・状態が緊迫していてむずかしく、容易でないさま。「—外交交渉となる」文 きび・し（シク）

きびす【△踵】かかと。くびす。

—を返かえす 引き返す。あともどりする。きびすを回めぐらす。

—を接せっする 人が次々と続く。物事が続いて起こる。

きび-だんご【△黍団子・×吉備-団子】①キビの粉で作った団子。秋 ②求肥ぎゅうひをまるめて白砂糖をまぶした菓子。岡山の名産。

き-ひつ【起筆】（名・自他スル）書き始めること。書きおこし。↔擱筆かくひつ

ぎ-ひつ【偽筆】他人の筆跡や書画に似せて書いたもの。にせがき。↔真筆

きび-なご【△黍△魚子】〔動〕ニシン科の海産硬骨魚。体長約一〇センチメートル。背は青緑色で、体側に銀白色の縦帯がある。食用、また、釣りのえさにする。

きびゅう-ほう【帰△謬法】キビウハフ →はいりほう

き-ひょう【起票】ヘウ（名・自他スル）新たに伝票を書き起こすこと。「—日を記す」

き-びょう【奇病】ビヤウ 原因や治療法がよくわからない、めずらしい病気。

ぎ-ひょう【儀表】ヘウ 手本。模範。

ぎ-ひょう【戯評】ヒヤウ 川柳・漫画・戯文などによる、世の中のできごとなどを風刺した批評。「社会—」

き-びょうし【黄表紙】ベウシ〔文〕江戸中期から後期に刊行された、黄色い表紙の絵入り小説。それまでの子供向けの草双紙くさぞうしを風刺や滑稽こっけい・洒落しゃれを織りまぜた大人の読み物にまで高めた。作者は、恋川春町こいかわはるまちや山東京伝さんとうきょうでんなど。

き-ひん【気品】芸術作品や人の容姿などの全体から受ける優美で上品な感じ。けだかさ。「—が漂う」

き-ひん【気△稟】生まれつきの気質。天性。

き-ひん【貴賓】身分の高い客。高貴な客。「—室」

き-びん【機敏】（名・形動ダ）状況・事態に応じての反応・動きのすばやいこと。すばしこいこと。また、そのさま。「—な処置」

き-ふ【寄付・寄附】（名・他スル）公共の事業・団体や社寺などの活動に役立つよう、金品をさし出すこと。「—を募る」

き-ふ【棋譜】囲碁・将棋で、対局の一手一手の記録。

き-ぶ【基部】基礎となる部分。もとになる部分。ねもと。土台。

ぎ-ふ【義父】法律上でつながっている父。配偶者の父、継父、あるいは養父。↔実父

ぎふ【岐阜】中部地方西部の内陸県。県庁所在地は岐阜市。

ギブ-アップ〈give up〉（名・自スル）降参すること。あきらめること。お手上げ。ギブ。「仕事の量に—する」

ギブ-アンド-テーク〈give-and-take〉（与え、そして取る意）相手に利益を与え、自分も相手から利益を受けること。

き-ふう【気風】気性。気質。特に、同じ地域または集団の人々に共通する性質。「南国人の—」

き-ふう【棋風】囲碁の打ち方、将棋の指し方にあらわれるその人の特徴・個性。

き-ふく【起伏】（名・自スル）①土地が高くなったり低くなったりしていること。「—に富む地形」②勢いなどが盛んになったり衰えたり変化のあること。「—の多い人生」「感情の—がはげしい」

き-ふく【帰服・帰伏】（名・自スル）心からつき従って、その支配下にはいること。服従すること。帰順。

き-ぶく【忌服】近親者が死んだとき、一定期間喪に服すること。服喪ふくも。

き-ぶくれ【着膨れ・着△脹れ】（名・自スル）重ね着をした衣服で体がふくれたように見えること。「寒さで—する」图

き-ぶく・れる【着膨れる・着△脹れる】（自下一）レ・レ・レ・レル・レレ・レロ(レヨ) 重ね着をして体がふくれて見える。文 きぶく・る（下二）

き-ふじん【貴婦人】身分の高い女性。

ギプス〈ドイ Gips 石膏せっこう〉（「ギプス包帯」の略）骨折や関節炎などの患部の固定や保護のために用いる、ギプス粉（=石膏を焼いた粉）で固めた包帯。ギブス。

ぎふ-ぢょうちん【岐阜。提。灯】チヤウチン 岐阜県特産のちょうちん。細い骨に白や水色のうすい和紙をはって作る。秋草などを描き、絹ぶさを垂らす。盆ぢょうちん。夏

〔岐阜提灯〕

き-ぶつ【木仏】①木彫りの

仏像。②情に動かされない冷淡な人。木仏。

―金仏石仏 人情のわからない人、また融通のきかない人のたとえ。

き-ぶつ【器物】 うつわ・道具類の総称。「―を破損する」

キブツ〈ヘブライ kibbutz グループ〉イスラエルの農耕生活共同体。財産の私有を認めず、自治・平等・共有の考えに立つ。

ぎ-ぶつ【偽物】 にせもの。偽造品。

き-ぶっせい【気ぶっせい】（形動ダ） 気づまりなさま。文（ナリ） 語源「きふさぎ（気塞ぎ）」→きぶさい→きぶっさい→きぶっせい」と変化した語。

ギフト〈gift〉贈り物。進物。「―ショップ」

―カード〈和製英語〉①贈答用の商品券。ギフト券。②贈り物に添える挨拶などを書いたカード。参考 ①は英語では gift certificate という。

き-ぶとり【着太り】（名・自スル）①厚着のため、太っているように見えること。着ぶくれ。②衣服を着ると、実際の体格よりも太って見えること。「見た目は―する人」↔着痩せ

き-ぶり【木振り】 木の幹や枝などの姿や形。立ち木の姿。

き-ぶり【着振り】 衣服を着たようす。きこなし。

き-ぶるし【着古し】 長い間着て古くなること。また、その衣服。古着。「兄の―」

キプロス〈Cyprus〉地中海東部にあるキプロス島一島からなる共和国。首都はニコシア。

き-ぶん【気分】 ①快・不快など、その時その時の漠然とした心の状態。また、体の状態から生じる心持ち。気持ち。「読書する―になれない」「―しだいで決める」「寝不足で―が悪い」「―がすぐれない」②ある状況のもとで誰もがもつような心の状態。また、その状況での雰囲気。「正月―がぬけない」「新婚―」

―てんかん【―転換】（名・自スル）（不快・憂鬱などの）気分を変えること。「―をはかる」

―や【―屋】 その時々の気分に左右され、言動に一貫性を欠く人。

き-ぶん【奇聞】 珍しい話。奇談。「珍聞―」

ぎ-ふん【義憤】 道義にはずれたことに対して感じるいきどおり。公憤。「―を覚える」用法 自分自身に直接的には利害関係のないことに対するいきどおりをいうときに用いる。

ぎ-ぶん【戯文】 たわむれに書いた文章。笑いをねらった文章。

き-へい【喜平】 装身具用の鎖のつなぎ方の一種。輪になった金具を次々とつなぎひねってつぶした、最も一般的なもの。

き-へい【騎兵】 馬に乗った兵士。また、その軍隊。「―隊」

ぎ-へい【義兵】 正義のために起こす兵。義軍。

き-へき【奇癖】 ふつうの人にはない、奇妙なくせ。

き-べら【木篦】 木製のへら。

き-へん【木偏】 漢字の部首名の一つ。「桜」「村」などの「木」の部分。

き-へん【机辺】 机のそば。机のあたり。

き-べん【詭弁】 ①道理に合わない事を真実らしく思い込ませる議論。こじつけ。「―を弄する」②〔論〕人をあざむくために故意に行ういつわりの推論。

き-ぼ【鬼簿】 →かこちょう

き-ぼ【規模】 物事全体のつくり・構え・仕組みなどの大きさ。スケール。「大―」「―の雄大な小説」

ぎ-ぼ【義母】 法律上でつながっている母。配偶者の母、継母、あるいは養母。↔実母

き-ほう【気泡】 液体・ガラス・氷などの中に、空気などの気体が包みこまれてできた粒状のあわ。

き-ほう【奇峰】 珍しい形の峰。

き-ほう【既報】 すでに報告または報道してあること。また、その報告や報道。「本紙でも―のとおり」

き-ほう【機鋒】 ほこさき。刀などの切っ先。転じて、鋭い勢い・攻撃。「―をかわす」

き-ほう【貴方】（代）対称の人代名詞。同等の相手を敬っていう語。用法 おもに公文書や手紙で用いる。

き-ぼう【希望】 一（名・他スル）こうなってほしい、こうあってほしいと願い望むこと。また、その願い。「ご―に添いかねます」「進学を―する」二（名）①未来に対しての明るい見通し。「人生に―を持つ」「夢も―もない」②〔文法〕願い望む意を表す言い方。助動詞「たい」（口語）、「まほし」「たし」（文語）などを付けて表す。類語 願望・熱望・切望・渇望・本望・宿望・野望・非望・期待・待望・所望・垂涎・心待ち

―てき【―的】（形動ダ） そうなって欲しい、そうなればよいと願うさま。「―観測（＝自分勝手なあまい見通し）」

き-ぼう【既望】（すでに望（＝満月）を過ぎた意）陰暦十六日の夜。また、その夜の月。いざよい。特に八月にいう。秋

ぎ-ほう【技法】（芸術で）表現の技術と手法。「墨絵の―」

ぎ-ぼうしゅ【擬宝珠】 ①欄干の柱の頭につける、ネギの花のような形の飾り。②ネギの花の別名。③〔植〕キジカクシ科ギボウシ属の多年草。山の湿地などに生える。葉は広卵形。六、七月に淡紫色の花を開く。食用にもする。ぎぼうし。夏 参考「ぎぼし」ともいう。

〔ぎぼうしゅ①〕

き-ぼく【亀卜】 古代中国の占いの一種。亀の甲を焼き、できた割れめで吉凶を判断したもの。亀卜。

ぎ-ぼく【義僕】 主人の命令をよく守る家来。

ぎ-ぼし【擬宝珠】 →ぎぼうしゅ

き-ぼね【気骨】 あれこれと心をつかうこと。気苦労。「―が折れる（＝気疲れがする）」参考「きこつ」と読めば別の意になる。

きほ・ふ【競ふ】（自四）〔古〕負けまいとしてはりあう。

き-ほよう【気保養】（名・自スル） 心を楽しませてのんびりと気晴らしをすること。気散じ。気保養。

き-ぼり【木彫り】 木を彫って作った彫刻。また、その技法。木彫。「―の熊」

き-ほん【基本】 物事の中心や基準になると考えられているもの。よりどころとする大もと。「―に忠実に行う」

―きゅう【―給】 賃金のうち、さまざまな手当を除いた、基本的な賃金部分。本俸。本給。

―たんい【―単位】 長さ・質量・時間などをあらわす単位のうち、基本として用いるもの。長さとしてのメートル、質量としてのキログラム、時間としての秒など。

―てき-じんけん【―的人権】〔社〕すべての人間が生まれながらに持っている権利。日本国憲法の保障する、平等権、思想・宗教・言論・結社の自由、裁判請求権、参政権、社会権など。

ぎ-まい【義妹】 ①義理の妹。配偶者の妹、弟の妻など。②姉妹の約束を結び、妹となった人。妹分。（↔実妹）

き-まえ【気前】 ①金銭・物品などを惜しまずに使う気性。「―がいい」「―よく払う」②気だて。気性。

き-まかせ【気任せ】（名・形動ダ） その時々の気分によって自由に行動すること。また、そのさま。気まま。「―な一人旅」

ぎ-まく【偽膜】〔医〕炎症部分などにできる、繊維組織とうみからなる膜のようなもの。ジフテリアの場合の、のどにできるものがよく知られている。

きーまぐれ【気◦紛れ】(名・形動ダ) ①その時々で気分の変わりやすいこと。その時思いつくままに行動すること。また、そのさま。「―な態度」②(比喩(ひゆ)的に)変化しやすく予測ができないこと。また、そのさま。「秋の空は―だ」

きーまじめ【生真面目】(名・形動ダ) 堅苦しいほどまじめなこと。また、そういう人。「―な顔」「―な人」

きーまず・い【気×不味い】(マヅイ)(形)(カロ・カッ(ク)・イ・イ・ケレ・○) 相手や周囲の人と気持ちがしっくりせず、ぐあいが悪い。なんとなくうちとけず気づまりであるさま。「―関係」「―雰囲気」文きまづ・し(ク)

きーまつ【期末】ある期間・期限の終わり。「―試験」↔期首

きまっーて【決〔ま〕って・◦極〔ま〕って】(副) (ある条件のもとでは)必ず。いつも。常に。「―六時にここを通る」

きーまま【気▵儘】(名・形動ダ) 他人に気がねしないで自分の思うとおりにふるまうこと。また、そのさま。気の向くまま。「―な一人暮らし」

きーまよい【気迷い】(マヨヒ) ①考えがぐらついて迷うこと。「一時の―」②〔経〕相場で、見通しが立たず株式の売買が活発でないこと。

きまり【決〔ま〕り・◦極〔ま〕り】 ①そこに言われている内容に従うよう、定められたこと。規則。「学校の―」②決まってしまうこと。おさまり。決着。解決。「やっと―がついた」③いつものこと。定例。「六時からの散歩が―になっている」④(「おきまり」の形で)いつもと同じで代わりばえしないこと。「お―のお説教」⑤整頓(せいとん)。秩序。おさまり。「生活に―をつける」

―が悪(わる)い なんとなく恥ずかしい。体裁が悪い。

―て【―手】 相撲で、勝負を決めたわざ。

―もんく【―文句】 ①いつも決まって言う言葉。②新鮮さや個性のない、型にはまった言葉。

きまりーきった【決〔ま〕り切った・◦極〔ま〕り切った】(連体) ①ごくあたりまえの。型にはまった。「―質問」②いつも同じで代わりばえがしない。「―食事」「―顔ぶれ」

きま・る【決〔ま〕る・◦極〔ま〕る】(自五)(ラ(ロ)・リ(ッ)・ル・ル・レ・レ) ①不確定だった物事がはっきりして、一つの結果に落ちつく。定まる。決定する。「日程が―」②ねらいどおりにうまくゆく。ぴったりはまる。「得意わざが―」「新しい洋服が―・っている」「外角いっぱいにストライクが―」③(「…に決まっている」の形で)必ず…する。「後悔するに―・っている」他き・める(下一) 参考「決まる」は決定する、確定する意。「極まる」は最後に到達する意。

きーまわし【着回し】(マハシ) 組み合わせを替えて、一つの服をさまざまな装いに使うこと。「―がきく服」

ぎーまん【欺▵瞞】(名・他スル) 人をあざむきだますこと。「自己―」「―に満ちた言動」

きみ【君】 ㊀(名) ①君主。国王。帝王。②自分の仕える主人。主君。わが君。③人を敬っていう語。お方。「いとしの彼(か)の―」④「遊女」の異称。㊁(代) 対称の人代名詞。対等または目下の親しい人に呼びかける語。用法 ㊁は「あなた」よりも敬意が低く、「おまえ」よりも敬意が高い。おもに男性が用いる。

きーみ【黄み】 黄色を帯びていること。黄色み。

きーみ【気味】 ①心や体に受ける快・不快の感じ。気分。「―が悪い」②ある傾向・ようす。「やや喘息(ぜんそく)の―がある」

―がいい 相手の不幸などを見て愉快である。いいきみだ。

きーみ【黄身】 卵の中の黄色い球形の部分。卵黄(らんおう)。↔白身

-ぎみ【君】(接尾) おもに他人の親族を敬って呼ぶときに付ける語。「姉―」「母―」

-ぎみ【気味】(接尾) (名詞や動詞の連用形に付いて)そのような傾向にあるさまを表す。「風邪―」「あせり―」

きみーあい【気味合い】(アヒ) ①心持ち。気分。また、おもむき。あじわい。②歌舞伎(かぶき)で、たがいに相手の気持ちをさぐるように顔を見合わせること。「―の見え」

きみがため… 和歌〔君がため 春の野に出(い)でて 若菜つむ わが衣手(ころもで)に 雪は降りつつ〕〈古今集 光孝天皇(こうこうてんのう)〉あなたに贈ろうと、早春の野に出て若菜をつむ私の衣の袖(そで)に、払っても払っても雪は降りかかってきます。(小倉百人一首の一つ)

きみがため… 和歌〔君がため 惜(を)しからざりし 命さへ 長くもがなと 思ひけるかな〕〈後拾遺集 藤原義孝(ふじわらのよしたか)〉あなたのためなら少しも惜しくないと思った命でも、こうしてお逢(あ)いできた今は、以前とかわって、いつまでも長く続いてほしいと思ったことです。(小倉百人一首の一つ)

きみーがーよ【君が代】 ①あなたの寿命。②わが君の時代。また、わが君の寿命。③日本の国歌として歌われる歌。和歌「君が代は千代(ちよ)に八千代(やちよ)にさざれ石の巌(いはほ)となりて苔(こけ)のむすまで」〈和漢朗詠集〉を歌詞として、一八八〇(明治十三)年に作曲。一九九九(平成十一)年、国歌として法制化。

きーみじか【気短】(形動ダ)(ダロ・ダッ(デ・ニ)・ダ・ナ・ナラ・○) 時間がかかるのをがまんできないさま。せっかち。短気。性急。↔気長 文(ナリ)

きーみつ【気密】 気体を通さないこと。外部の気圧の影響を受けないこと。「―服」「―室」

きーみつ【機密】 国家・軍事・組織などの重要な秘密。「―がもれる」「―の漏洩(ろうえい)」「―保持」「―文書」

―ひ【―費】 機密の事柄のために用途を示さず使う費用。

ギミック〈gimmick〉ちょっとしたしかけ。からくり。「―満載のプラモデル」

きーみどり【黄緑】 黄色がかった緑色。

きーみゃく【気脈】 (血液の通う管の意)たがいの考えや気持ちのつながり。

―を通(つう)じる ひそかに連絡をとり、気持ちを通じ合う。

きーみょう【奇妙】(メウ)(形動ダ)(ダロ・ダッ(デ・ニ)・ダ・ナ・ナラ・○) ①常識では考えられないような不思議なさま。「―な事件」②ふつうとは変わっているさま。「―な行動」文(ナリ)

―きてれつ【―×奇天烈】(名・形動ダ) ひどく変わっていること。非常に不思議なこと。また、そのさま。「―な話」

きーみょう【帰命】(ミヤウ)(名・自スル)〔仏〕身命を捧(ささ)げて仏法を信仰すること。ひたすら仏・法・僧に帰順すること。

―ちょうらい【―頂礼】(チヤウライ)(名・自スル)〔仏〕身命を捧(ささ)げ、頭を地につけて仏・法・僧に最敬礼すること。仏に心から帰依(きえ)すること。また、仏を礼拝するときに唱える言葉。

きみーわる・い【気味悪い】(形)(カロ・カッ(ク)・イ・イ・ケレ・○) (ぞっとするような感じで)気持ちが悪い。なんとなく恐ろしい。きびわるい。「真っ暗で―」「―話」文きみわる・し(ク)

きーみん【棄民】 国家の保護から見すてられた人々。

ぎーみん【義民】 一身を投げ出して、正義・人道のために尽くす人。特に、近世の百姓一揆(いっき)の指導者などをいう。

ぎーむ【義務】 道徳・法律の立場から人間が当然果たさなければならないこと。「―を果たす」↔権利

ぎむーきょういく【義務教育】(ケウイク) 国民がその保護する子女に必ず受けさせなければならない普通教育。日本では現在、小学校・中学校の九か年。

きーむずかし・い【気難しい】(ムツカシイ)(形)(カロ・カッ(ク)・イ・イ・ケレ・○) 感受性や価値観に独特のくせがあり、自我が強くて接しにくい。機嫌がとりにくい。「―老人」「―性格」文きむづか・し(シク)

きーむすめ【生娘】 ①世間慣れしていない娘。②処女。

キムチ〈朝鮮 沈菜〉白菜や大根などをおもな材料として、唐辛子(とうがらし)・ニンニク・塩辛などを加えて漬けた漬物。朝鮮漬け。

ぎむ-づ・ける【義務付ける】(他下一) ケ・ケ・ケル・ケル・ケレ・ケロ(ケヨ) 義務としてそれを行うようにさせる。「全社員に研修を—」

きめ【決め】たがいに約束した事柄。とりきめ。「—を守る」

きめ【木目・×肌理】①〔木目〕木目(もくめ)。木理(もくり)。②皮膚や物の表面に見える筋目や模様。「—の細かい肌」③心くばり・注意力などのゆきとどく程度。「—の細かな対応」

き-めい【記名】(名・自スル) 氏名を書くこと。⇩署名

—**とうひょう**【—投票】投票用紙に投票者の氏名を記入して投票すること。↔無記名投票

き-めい【記銘】《心》新しく経験したことを覚えこみ定着させること。

き-めい【貴名】相手の名の敬称。お名前。

ぎ-めい【偽名】本名を隠すために使うにせの名。うその名。

きめ-こまか【木目細か・×肌理-細か】(形動ダ) ダロ・ダッ(デ・ニ)・ダ・ナ・ナラ・○ ①人の肌や物の表面がなめらかなさま。「—な肌」②物事への気配りにぬかりがないさま。「—なサポート」文(ナリ)

きめ-こみ【木目込み・◇極め込み】①押し絵の一種。板目紙(いためがみ)に切れ地を張ったもの。②役者の化粧法の一つ。鼻筋に白粉(おしろい)を濃く塗り、鼻を高く見せるもの。

—**にんぎょう**【木目込み人形】木彫りの人形に金襴(きんらん)・ちりめんなどを張り、彫ってある溝に布地の端を埋め込んだもの。賀茂川(かもがわ)人形。大八人形。

きめ-こ・む【決(め)込む・◇極め込む】(他五) マ(モ)・ミ(ン)・ム・ム・メ・メ ①(勝手に)そうと決めて思いこむ。「自分が正しいと—・んでいる」②そうと決めて意図的にある態度や行動をとる。「居留守を—」③自分がそうなったつもりになる。「文化人を—」

きめ-だま【決め球】野球で、投手が打者をうちとる決め手となる得意な球。また、テニスなどで、勝負を決める得意な一打。ウイニングショット。

きめ-つ・ける【決め付ける・◇極め付ける】(他下一) ケ・ケ・ケル・ケル・ケレ・ケロ(ケヨ) ①一方的に断定する。「犯人だと—」②(言い分も聞かず)きびしくしかりつける。文きめつ・く(下二)

きめ-て【決め手・◇極め手】①勝ち負けや物事の真偽などを最終的に決める方法・手段や根拠。物事を解決するよりどころ。「指紋が犯人特定の—となった」②物事を決める人。

きめ-どころ【決め所・◇極め所】①決めるのにいちばんよい所・時機。「今が—だ」②大事な所。要点。急所。

き・める【決める・◇極める】(他下一) メ・メ・メル・メル・メレ・メロ(メヨ) ①不確定だった物事をはっきりと一つにする。定める。決定する。「方針を—」「行き先を—」②思いこむ。決めこむ。「子供には無理と—・めている」③態度や習慣として、そうすることにしている。「朝食はパンと—・めている」④運動競技・演技などで、わざをかけて成功する。「スマッシュを—」⑤判定する。「白黒を—」⑥きちんとした服装で外見を整える。「紺のスーツで—」⑦格闘技で、相手の腕や足の関節を強く締めて動きを封じる。自きま・る(五) 文き・む(下二)

きめてかかる 最初から結論を決めつける、または思い込む。「彼が犯人だと—」

き-めん【鬼面】鬼の顔。また、それに似せた面。「—仏心(=見た目はこわくてもやさしい心を持っていること)」

—**人(ひと)を威(おど)す** (鬼の面のように)みせかけをおおげさにして人をおどかすたとえ。鬼面人を驚かす。

きも【肝・◇胆】①肝臓。②内臓。臓腑(ぞうふ)。五臓六腑。③精神の宿る所。精神力。胆力。魂。きもだま。

—**が据(す)わる** どんな時でも落ち着いていて、動じない。—**が小(ちい)さい** 臆病(おくびょう)である。—**が太(ふと)い** 気がしっかりしていて物に動じない。ずぶとい。—**に銘(めい)じる** 深く心にきざみつけて常に忘れないようにする。—**を潰(つぶ)す** ひどく驚く。—**を冷(ひ)やす** 恐れや驚きでひやりとする。ぞっとする。

きも・い (形) カロ・カッ(ク)・イ・イ・ケレ・○ 《俗》気持ち悪い。不気味な感じだ。参考「キモい」と書くこともある。語源「気持ち悪い」の転。

きも-いり【肝煎り】①人の間や先に立って世話をすること。また、その人。「恩師の—で就職する」②名主(なぬし)。庄屋。

き-もう【起毛】織物や編み物の面をけば立たせること。

きも-すい【肝吸い】ウナギの肝を入れた吸い物。

きも-だま【肝◇魂・肝玉】→きもったま

きも-だめし【肝試し】度胸があるかどうかを試すこと。また、その催し。

き-もち【気持〔ち〕】①考えや感情などの動き。相手を思う心。「—がやさしい」「—がうれしい」②物事に対して感じる、快・不快、好き・嫌いなどの心の状態。気分。「—のよい朝」③体の状態に対する感じ。気分。「食べすぎて—が悪い」④何かをする際の心の持ち方。気構え。考え。「—をしっかり持て」⑤自分の心づかいを謙遜(けんそん)していう語。「—ばかりの品」⑥(副詞的に使って)非常にかすかで、そう思えばそうと思われるさま。少し。わずか。「—だけうしろへ下がる」「—長めにする」

敬称(相手側)	謙称(自分側)
お気持ち　御厚意　御厚志 御厚情　(御)芳志 (御)芳情	寸意　寸志　寸心　微意 微志　薄志

きもっ-たま【肝っ◇魂・肝っ玉】どんなことをも恐れない気力。胆力。肝魂(きもだましい)。きもだま。「—が小さい」「—が太い」

き-もの【着物】①体に着るもの。衣服。②特に、和服。

き-もん【奇問】思いもよらない変わった質問・問題。「珍問—」

き-もん【鬼門】①(陰陽道(おんようどう)で鬼が出入りすると考えられた)艮(うしとら)(=北東)の方角。何をするのにも避けたほうがよいといわれる不吉な方角。②苦手な相手・場所・物事。

き-もん【旗門】スキーのアルペン競技で、コースを示すために立てた一対の旗。

ぎ-もん【疑問】それでよいのかどうか、それが何なのか、わからないこと。疑わしいこと。また、それを問うこと。「—を抱く」「—をはさむ余地がない」「—点」

—**し**【—視】(名・他スル) 疑わしいと思うこと。「有効性を—する」

—**し**【—詞】《文法》疑問の意を表す語。相手に尋ねたい事柄を示す語。「何」「だれ」「いくつ」「なぜ」「どんな」など。疑問語。

—**ふ**【—符】疑問を表す符号。クエスチョンマーク。インタロゲーションマーク。「?」

—**ぶん**【—文】《文法》文の性質上の種類の一つ。疑問または反語の意を表す文。「彼はだれですか」「終わりましたか」など。

きゃ【伽】(字義)→か(伽)

きゃ【脚】(字義)→きゃく(脚)

ギヤ〈gear〉→ギア①

きゃあ-きゃあ (副) はしゃいだりこわがったりして発する、かん高い声を表す語。「ファンが—(と)騒ぐ」

ぎゃあ-ぎゃあ (副) ①動物や子供などのなき声や叫び声を表す語。②不平不満を口やかましく言うさま。「—言うな」

き-やく【規約】団体・組織などが協議して決めた規則。「組合—」「—改正」

きゃく【却】キャク㊥ かえって・しりぞく　一 十 土 去 去 却

(字義) ①しりぞく。さがる。「退却」②しりぞける。返す。おさえ

る。「却下・返却」③とりのぞく。「消却・焼却・脱却」④かえって。逆に。⑤…してしまう。…しきる。「困却・売却・忘却」

きゃく【客】 教3 キャク カク中

(字義)①きゃく。よそから訪ねてくる人。㋐訪問者。「客員・客演・客人(きゃくじん・まろうど)・客間・主客・接客・来客」㋑旅人。「客衣・客死・客身・旅客」㋒金を払って、物を買う人、車や船に乗る人、見物する人。「客車・客席・観客・顧客・乗客・船客」㋓人士。「刺客・食客・墨客・論客」②主に対するもの。自己に対するもの。「客体・客観・主客転倒」③過ぎ去った。「客月・客年」

人名 ひと・まさ

-きゃく【客】(接尾) 食器類など、人をもてなす道具を数える語。「茶碗(ちゃわん)五ー」

きゃく【客】①よそから訪れてくる人。客人。↕主 ②金を払って、物を買ったり、乗り物に乗ったり、見物したりする人。

—と白鷺(しらさぎ)は立(た)ったが見事(みごと)(白鷺は立った姿が美しいことにかけて)客は長居せず早く席を立って帰るのがよい。参考 類似のことばー客と剃刀(かみそり)は立つがよい

きゃく【脚】 キャク中・キャ高・カク あし中

(字義)①あし。すね。「脚部・脚力・行脚(あんぎゃ)・健脚・馬脚」②あしば。たちば。土台。「橋脚・三脚・失脚」難読 脚気(かっけ)・脚立(きゃたつ)

-きゃく【脚】(接尾)(いす・机など)あしのついた道具を数える語。「机一ー」

きゃく【◦格】 奈良・平安時代に、律令(りつりょう)を部分的に改め補うために随時公布された詔勅・官符の類。「ー式」「弘仁(こうにん)ー」

ぎ-やく【偽薬】〘医〙薬効成分を含まないが、外見を本物の薬ににせた薬剤。本物の薬の効果を調べるためなどに使う。プラシーボ。プラセボ。

ぎゃく【虐】 ギャク中 しいたげる高

(字義) しいたげる。むごくあつかう。「虐殺・虐待・残虐」

ぎゃく【逆】 教5 ギャク・ゲキ さか・さからう・むかえる

(字義)①さからう。道理にそむく。反抗する。「逆臣・逆賊・悪逆・大逆・反逆」↕順 ②さかさま。順序や方向が反対であること。「逆縁・逆転・逆行」↕順 ③むかえる。「逆旅(げきりょ)」④あらかじめ。前もって。「逆睹(ぎゃくと・げきと)」難読 逆鱗(げきりん)・逆上(のぼ)せ

ぎゃく【逆】(名・形動ダ) ①さかさま。順序や方向が反対であること。②「逆手」の略。「ーを取る」③数学の定理や論理学上のある命題の仮設と終結を入れかえたもの。「ーもまた真なり」

ギャグ〈gag〉①(映画・演劇などで)観客を笑わせるために本筋の間にはさむ即興のせりふやしぐさ。②しゃれ。冗談。「ーをとばす」

きゃく-あし【客足】 買い物客や観客の集まりぐあい。「ーがにぶる」「ーが遠のく」

きゃく-あしらい【客あしらい】(アシラヒ) 店・売り場などでの客への応対のしかた。客扱い。「ーがうまい」

きゃく-あつかい【客扱い】(アツカヒ) ㊀(名) ①客をもてなす態度。客への接し方。客あしらい。②鉄道で、旅客輸送に関する業務。㊁(名・他スル) 人を客として扱うこと。「ーを受ける」

きゃく-い【客位】(ヰ) ①客の座席。②主となる者に対しての、客の地位・位置。↕主位

きゃく-いん【客員】(キン) (学校・団体などで)正規の構成員でなく、迎えられて加わった人。客員(かくいん)。「ー教授」↕正員

きゃく-いん【脚韻】(キン) 〘文〙押韻(おういん)法の一つ。詩歌の句末を同じ韻でそろえること。また、その韻。「ーを踏む」↕頭韻

きゃく-うけ【客受け】 客の受ける印象や感じ。また、客の間での人気・評判。「ーのよい店」

ぎゃく-うん【逆運】 思いどおりにならない運命。不運。

きゃく-えん【客演】(名・自スル) 俳優や音楽家が自分の属していない劇団や楽団などに招かれて臨時に出演すること。「ー指揮者」

ぎゃく-えん【逆縁】〘仏〙①仏法にそむいた悪事が、かえって仏道にはいる縁となること。②親が子の死を弔ったり、年長者が年少者を弔ったりすること。(↕順縁)

ぎゃく-ぎれ【逆切れ】(名・自スル)〘俗〙(「逆に切れる」の意)本来怒られるべき立場にある人が、逆に怒り出すこと。

きゃく-ご【客語】〘文法〙動詞の表す動作・作用の及ぶ対象を示す語句。目的語。主語に対しての名称。客語(かくご)。

ぎゃく-こう【逆光】(クワウ) →ぎゃっこう(逆光)

ぎゃく-こうか【逆効果】(カウクワ) ねらっていた効果とは反対の効果があらわれること。予想に反する効果。「ーを招く」

ぎゃく-こうせん【逆光線】(クワウセン) →ぎゃっこう(逆光)

ぎゃく-コース【逆コース】 ①道順がふつうとは反対であること。また、その道。②社会・政治の進歩に逆らった動き。

きゃく-ざしき【客座敷】 客をもてなすための座敷。客間。

ぎゃく-さつ【虐殺】(名・他スル) 残虐な方法で殺すこと。

ぎゃく-ざや【逆△鞘】〘経〙二つの価格や利率の差が本来あるべき状態と逆転していること。㋐株式相場で、当然高いと予想された銘柄が安く、比較して安いと予想された銘柄が高いこと。㋑先物取引で、期近(きぢか)(=決済期限が近い月)の物ほど相場が高いこと。㋒中央銀行の公定歩合が市中銀行の貸出金利を上回ること。また、その差。(↕順鞘(じゅんざや))

ぎゃく-さん【逆算】(名・他スル) 順序を逆にして終わりから前にさかのぼって計算すること。「日程をーする」

ぎゃく-ざん【逆産】 胎児が、頭からではなく足のほうから生まれ出てくること。さかご。

きゃく-し【客死】(名・自スル) 家を離れて旅行中などに、よその土地で死ぬこと。客死(かくし)。「ロンドンでーする」

ぎゃく-し【虐使】(名・他スル) むごくこき使うこと。酷使。

きゃく-しつ【客室】 客をもてなす部屋。客間。特に、旅館の客用の部屋や、客船・旅客機などで乗客が乗る部分。

—じょうむいん【一乗務員】(ジョウムヰン) 客船・旅客機などで、乗客の世話をする乗務員。キャビンアテンダント。

きゃく-しゃ【客車】 鉄道で客を乗せて運ぶ車両。↕貨車

きゃく-しゃ【客舎】 やどや。旅館。客舎(かくしゃ)。

ぎゃく-しゅ【逆修】〘仏〙①生前に自分の死後の冥福(めいふく)を祈って仏事を行うこと。②老人が、年若くして死んだ人の冥福を祈ること。また、生前に法名をつけ、墓などに朱書すること。

ぎゃく-しゅう【逆襲】(シフ) (名・自他スル) 攻められて守りの立場にあったほうが、逆に攻撃に転じること。

ぎゃく-じゅん【逆順】 逆の順序。反対の順序。

ぎゃく-じょう【逆上】(ジヤウ) (名・自スル)(急激な怒りや悲しみなどで)かっとして取り乱すこと。「罵倒されてーする」

きゃく-しょうばい【客商売】(シヤウバイ) 客のもてなしを主とする商売。旅館・飲食店など。接客業。

きゃく-しょく【脚色】(名・他スル) ①史実・小説・事件などを演劇・映画などの脚本にしたてること。②興味を引くように、事実に虚構をつけ足して、おもしろくすること。「ーの多い話」

きゃく-じん【客人】 客として来ている人。客。

ぎゃく-しん【逆心】 主君の意にさからう心。むほん心。「ーを抱く」

ぎゃく-しん【逆臣】 主君の意にさからう家来。むほん人。↕

忠臣

ぎゃく-すう【逆数】〘数〙数aが0でないとき、aとの積が1となる数。たとえば、3の逆数は$\frac{1}{3}$となる。

きゃく-すじ【客筋】(スヂ) ①商売上の客である人。得意先。②店に来る客の種類や傾向。客種(きゃくだね)。「―がいい」

ぎゃく-せい【虐政】民衆を苦しめる政治。苛政(かせい)。

ぎゃく-せい-せっけん【逆性石△鹸】(セキケン) 水に溶けると陽イオン(ふつうは陰イオン)ができ、それにより、高い消毒・殺菌力をもつ薬用せっけん。陽性せっけん。

きゃく-せき【客席】(劇場などの)客の座席。観覧席。

ぎゃく-せつ【逆接】〘文法〙二つの文または句が、意味上順当でない関係で接続すること。前に述べた内容から予想される以外のことが続く関係。「走ったのに遅れた」など。「しかし」「けれど(も)」「のに」「ても」などで表される接続関係。↔順接

ぎゃく-せつ【逆説】①真理と反対のようで、実際は一種の真理を言い表している表現法。「急がばまわれ」「負けるが勝ち」の類。パラドックス。②→パラドックス①

きゃく-せん【客船】旅客を乗せて運ぶ船。↔貨物船

きゃく-ぜん【客膳】客に出す食事。また、客用の膳。

ぎゃく-せんでん【逆宣伝】(名・他スル) ①(相手の宣伝を利用して)相手が不利になるように宣伝し返すこと。また、その宣伝。②期待とは逆の悪い効果が現れてしまった宣伝。

きゃくせん-び【脚線美】脚の曲線が示す美しさ。

きゃく-そう【客僧】①客として他寺や在俗の家に身を寄せている僧。②修行のために旅をしている僧。旅僧(たびそう)。

きゃく-そう【客層】職業・年齢・性別・所得などによって区分される顧客の階層。「―のよい店」

ぎゃく-そう【逆走】(名・自スル) 本来とは反対の方向に走ること。「高速道路を―する」

ぎゃく-ぞく【逆賊】国家・主君にそむいた悪者。むほん人。

きゃく-たい【客体】主体の外にあって独立して存在するもの。特に、主体の働きかけの対象となるもの。客体(かくたい)。↔主体

ぎゃく-たい【虐待】(名・他スル) ひどい扱いをすること。また、ひどくいじめること。残酷な待遇。「動物を―する」

きゃく-だね【客種】客の種類や性質。客筋。「―がいい」

ぎゃく-だんそう【逆断層】〘地質〙地層に対して圧縮力がはたらき、断層面を境にして、上盤が上昇してできた断層。

ぎゃく-たんち【逆探知】(名・他スル) 受信者のほうから、電波や電話の発信元をつきとめること。「電話を―する」

きゃく-ちゅう【脚注・脚△註】書物などの本文の下につける注釈。フットノート。↔頭注

きゃく-づとめ【客勤め】(名・自スル) 客をもてなしたり、相手をしたりする仕事。客商売。

ぎゃく-て【逆手】①柔道などで、相手の関節を逆に曲げるわざ。②物を握るときなど、通常とは逆の向きにすること。逆手(さかて)。「鉄棒を―に握る」↔順手 ③(比喩(ひゆ)的に)相手の攻撃や不利な状況などを利用してやり返すこと。逆手(さかて)。「悪条件を―にとる」

きゃく-でん【客殿】貴族の邸宅や寺院などで、客に面会するための建物。

ぎゃく-てん【逆転】(名・自他スル) ①物体がそれまでとは反対の方向に回転すること。また、回転させること。逆回転。②事のなりゆきや上下の位置・順序が反対になること。また、反対にすること。「―勝利」「形勢が―する」

きゃく-ど【客土】〘農〙生産力の衰えた農地によその土を持ってきて土壌を改良すること。また、その土。いれつち。客土(かくど)。

ぎゃく-と【逆徒】むほんを起こした者たち。逆徒(げきと)。

ぎゃく-と【逆△睹】(名・他スル)(「逆」は先立つ意)前もって見通しをつけること。逆睹(げきと)。「形勢を―する」

きゃく-どめ【客止め】(名・自スル) 興行場などで、大入り満員になり、以後の客の入場を断ること。札止め。「―の盛況」

ぎゃく-ひ【逆比】〘数〙比の前項と後項とを取り替えた比。反比(はんぴ)。たとえば、$a:b$の逆比は$b:a$となる。

きゃく-ひき【客引き】(名・自スル) 通る人に呼びかけて、旅館・見世物・店などに誘い入れること。また、それをする人。

ぎゃく-びき【逆引き】辞典などで、つづりの末字から項目を引くことができるようにした方式。「―辞典」

ぎゃく-ひれい【逆比例】(名・自スル) →はんぴれい

きゃく-ぶ【脚部】あしの部分。下肢。

ぎゃく-ふう【逆風】人や船などの進む方向から吹いてくる風。向かい風。「―をついて進む」↔順風

きゃく-ぶん【客分】客として取り扱うこと。また、その待遇を受ける人。「―としてもてなす」

きゃく-ほん【脚本】演劇・映画などのせりふや動作・舞台装置などを書いた、上演のもととなるもの。台本。本(ほん)。テレビや映画ではシナリオともいう。「―家」

きゃく-ま【客間】客を通してもてなすための部屋。客座敷。

ぎゃく-もどり【逆戻り】(名・自スル) もとの所・状態などにもどること。「冬に―したかのような寒さ」

ぎゃく-ゆしゅつ【逆輸出】(名・他スル) 一度輸入したものを、加工品などの形であらためて輸出すること。

ぎゃく-ゆにゅう【逆輸入】(ユニフ) (名・他スル) 一度輸出したものを、加工品などの形であらためて輸入すること。「―車」

きゃく-よう【客用】客のために備えたもの。

ぎゃく-よう【逆用】(名・他スル) あるものを本来の目的とは反対の目的に利用すること。「相手の力を―する」

きゃく-よせ【客寄せ】さまざまな手段で買い物客・観客などを集めること。また、その手段。「―の目玉商品」「―パンダ(=集客のためだけに使われる人気者)」

きゃく-らい【客来】客が来ること。

ぎゃく-りゅう【逆流】(リウ) (名・自スル) 本来の流れとは反対の方向に流れること。また、その流れ。「川の水が―する」

きゃく-りょく【脚力】(歩行・走行に耐えうる)足の力。

ぎゃく-ろう【逆浪】(ラウ) 逆風によって起こる波。逆浪(げきろう)。

ギャザー〈gather〉〘服〙布地を縫いちぢめて作るひだ。

きゃ-しゃ【×華奢・×華車・×花車】(形動ダ)(ダロ・ダッ(デ)・ニ・ダ・ナ・ナラ・○) 姿・形がほっそりとして上品なさま。か弱さやこわれやすさを感じさせるさま。「―なつくり」「―な体つき」文(ナリ)

き-やす・い【気安い・気△易い】(形)(カロ・カッ(ク)・イ・イ・ケレ・○) (交際や行動に)遠慮や気がねがいらないさま。気がおけない。「―・く話す」文きやす・し(ク)

キャスター〈caster〉①家具・ピアノなどの下につける、方向が自在に変わる小さな車輪。②「ニュースキャスター」の略。

キャスティング〈casting〉①釣り糸を投げること。投げ釣り。②演劇や映画などで、役を振り分けること。また、配役。

―ボート〈casting vote〉①多数決で賛否同数だったり、決定する数に達していなかったりした場合、最終的な決定を下す議長の権利。②二つの勢力が拮抗(きっこう)しているとき、小人数の第三者の勢力がもつ決定権。「―を握る」

キャスト〈cast〉映画・演劇などの配役。「オールスター―」

き-やすめ【気休め】その場だけの慰め。また、あてにできない慰めの言葉や行為。「―はやめてくれ」「―を言う」

き-やせ【着痩せ】(名・自スル) 衣服を着ると、実際の体格よりもやせて見えること。「―するたち」↔着太り

きゃ‐たつ【脚立・脚▲榻】二つの短いはしごの上端を蝶番でつないだ、八の字形に開いて用いる踏み台。

〔きゃたつ〕

キャタピラ〈caterpillar いも虫〉山野や悪路でも走れるように、前後の車輪全体をまくようにかけた鋼板の帯状の装置。戦車やブルドーザーなどに用いる。無限軌道。カタピラ。（商標名）

きゃつ【◦彼◦奴】（代）他称の人代名詞。人を見下げたり親しい友をふざけて呼んだりする語。あいつ。やつ。

きゃっ（感）驚いたときに思わず発する声。

ぎゃっ（感）驚いたときや、苦痛を感じたときに思わず発する声。

きゃっ‐か【却下】―（名・他スル）①〖法〗官庁や裁判所などが、申請や訴訟などをとり上げないで退けること。「上告を―する」②他人の願いや意見を退けること。「君の提案は―だ」

きゃっ‐か【脚下】足もと。下方。

―しょうこ【―照顧】〖仏〗（足もとを見よの意から、禅家で）いたずらに外に目を向けず、まず自分の身辺を見て反省せよという戒め。

きゃっ‐かん【客観】①〖哲〗㋐見たり、聞いたり、感じたり、考えたりする（認識する）対象になるすべてのもの。（知るという主観のはたらきによって、知られるもの。）㋑どう思うか、どう感じるかということには関係なく、そこに独立して存在するものこと。②主観や自己中心の立場から離れてとらえられた一般的・普遍的存在。（↔主観）参考「かっかん」ともいう。

―しゅぎ【―主義】①〖哲〗個人がどう考えるかどう感じるかに関係なく、真理は独自に存在すると考える立場。②個人的な感情や意見にとらわれないで、ありのままの事柄をとらえようとする態度や方法。（↔主観主義）

―せい【―性】見る人の主観から影響を受けず、だれもが妥当と認める条件や性質。「―を重んじる」↔主観性

―てき【―的】（形動ダ）見る人が変わっても存在や性格に変化のないさま。また、多くの人が妥当と認める立場でものを見たり考えたりするさま。「―な批判」↔主観的

―テスト 採点者の主観に左右されず、だれが採点しても同じ結果になるよう工夫したテスト。○×式・多肢選択法など。

ぎゃっ‐きょう【逆境】思いどおりにならず、苦労の多い境遇。不運な境遇。「―のうちに育つ」↔順境

きゃっ‐こう【脚光】舞台にあって、俳優を足もとから照らす照明灯。フットライト。

―を浴びる ①舞台に立つ。②世間の注目の的となる。

ぎゃっ‐こう【逆光】対象物の後方からさす光線。特に、写真の撮影で被写体の背後からさす光線。逆光線。

ぎゃっ‐こう【逆行】（名・自スル）①進むべき方向とは反対の方向に向かうこと。「時代の流れに―する」②〖天〗地球から見て、惑星が天球上を東から西へ動くこと。（↔順行）

キャッシュ〈cache〉〖情報〗閲覧したウェブサイトのデータを一時的に保存しておく機能。また、そのデータ。次の閲覧時の読み込みを速くできる。

キャッシュ〈cash〉現金。「―で支払う」

―カード〈cash card〉銀行や郵便局などの預貯金者が現金自動預け払い機に用いるプラスチック製磁気カード。

―ディスペンサー〈cash dispenser〉キャッシュカードを使って現金を引き出す装置。現金自動支払い機。CD

―バック〈cashback〉購入金額の一部をサービスとして客に返還すること。

―フロー〈cash flow〉〖経〗企業活動などにおける、収入と支出のお金の流れ。

―レジスター〈cash register〉→きんせんとうろくき

―レス〈和製英語〉クレジットカードや口座振替などを用いて、直接現金を使わずに支払いや受け取りを行うこと。

キャッシング〈cashing〉①手形や小切手を現金化すること。②金融機関が行う個人向け小口融資。

キャッチ〈catch〉（名・他スル）①とらえること。つかまえること。「世論の動向を―する」②㋐球技、特に野球で、ボールを受けること。捕球。「ナイス―」㋑水泳やボートなどで、十分に水をとらえること。

―アップ〈catch up〉追いつくこと。遅れを取り戻すこと。「最新情報の―」

―アンド‐リリース〈catch and release〉釣りで、釣り上げた魚を、生きたまま再び川や海に戻すこと。

―コピー〈和製英語〉消費者の関心を引きつけるための短くて印象的な宣伝文句。キャッチフレーズ。

―セールス〈和製英語〉街頭などで通行人に声をかけ、商品を売りつけたり売買の契約を結んだりする商法。

―フレーズ〈catch phrase〉簡潔で人の注意をひく効果的なうたい文句。

―ボール〈和製英語〉向き合った二人が野球のボールを交互に受けたり投げたりすること。また、一定の空間を物事が行き来することを比喩的にいう。参考英語ではcatchという。

―ホン〈和製英語〉通話中に別の電話がかかってきたとき、それまでの電話を保留にし、後からかけてきた人と話すことができる電話の機能。（商標名）参考英語ではcall waitingという。

キャッチー〈catchy〉（形動ダ）人の関心を引きつけるさま。人に受けそうなさま。「―なタイトル」

キャッチャー〈catcher〉①とらえるもの。②野球で、本塁を守り、投手の投球を受ける選手。捕手。

―ボート〈和製英語〉（捕鯨母船につきそって）捕鯨砲でクジラをとる船。捕鯨船。参考英語ではcatcherという。

キャッツ‐アイ〈cat's-eye〉①猫目石。②道路の交差点などに埋めこんだ鋲。夜間、車のライトの光を反射する。

キャット〈cat〉ねこ。「―フード」

キャップ〈cap〉①ふちのない、または前部だけにつばのある帽子。②万年筆・鉛筆などのふた。③瓶などのふた。

キャップ〈captain から〉（グループなどの）長。責任者。

ギャップ〈gap〉①すきま。われめ。②意見・能力などの食い違いや隔たり。「双方の考え方に―がある」「―をうめる」

キャディー〈caddie〉ゴルフで、競技者につきそって、クラブを運んだり、プレーの助言をしたりする人。

キャド【CAD】〈computer-aided design から〉コンピューターを利用して設計・製図を行うシステム。

キャパ「キャパシティー」の略。「会場の―」

キャパシティー〈capacity〉①収容能力。容量。②能力。受容力。「―をこえた生産量」

ギャバジン〈gabardine〉毛・綿などで作った、織り目の細かい綾織りの服地。ギャバ。

キャバレー〈フランス cabaret〉ダンスホールや舞台があって、ホステスのサービスで飲食する酒場。

きゃ‐はん【脚半・脚▲絆】作業や旅行をするときに、動きやすくするために、すねに巻いてひもで結びつける布。はばき。「手っ甲―」

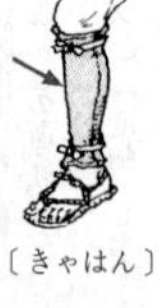
〔きゃはん〕

キャビア〈caviar〉チョウザメの卵

を塩漬けにした食品。トリュフ・フォアグラと並ぶ世界三大珍味。カビア。

きゃぴ-きゃぴ（副・自スル）《俗》（若い女性が）屈託なくはしゃいでいるさま。

キャピタリズム〈capitalism〉資本主義。

キャピタル〈capital〉①首都。②（アルファベットの）大文字。キャピタルレター。③資本。④建築で、柱頭。

—ゲイン〈capital gain〉《経》土地・建物・株式など、資産の値上がりによる利益。資本利得。資本収益。「—課税」

キャビネ〈(フランス) cabinet〉縦一六・五センチメートル、横一二センチメートルの大きさの写真判。キャビネ判。カビネ。

キャビネット〈cabinet〉①戸棚。飾り棚。用だんす。②ラジオやテレビの受信機の外箱。③内閣。「シャドー—」

キャビン〈cabin〉船室。船・航空機の客室。ケビン。

—アテンダント〈cabin attendant〉客船・旅客機の客室乗務員。CA

キャプション〈caption〉①新聞・雑誌の記事・論説などの表題・見出し。②印刷物の写真やイラストに、本文とは別につける説明文。③映画の字幕。タイトル。

キャプチャー〈capture〉《情報》コンピューターにデータを取り込むこと。特に、ディスプレーに表示された画像や動画をデータとして保存すること。「スクリーン—」「モーション—」

キャプテン〈captain〉①チームの主将。組織（隊・班など）や団体などの長。「野球部の—」②機長。③船長。艦長。

キャブレター〈carburetor〉《工》ガソリン機関で、爆発に必要な混合ガスを作る装置。気化器。

ぎゃふん（副）言い込められて一言もないさまをいう語。「—と言わせる」[用法]多く、「と」を伴って用いる。

キャベツ〈cabbage〉《植》アブラナ科の越年草。初夏に淡黄色の花を開く。葉は結球性で食用。玉菜(たまな)。甘藍(かんらん)。[夏]

ギヤマン〈(オランダ) diamant ダイヤモンド〉ガラス。ガラス製品。ビードロ。カットグラス。[語源]ダイヤモンドでガラスを切るガラス細工をギヤマン細工と呼んだことからいう。

き-やみ【気病み】（名・自スル）気苦労から起こる病気。

キャミソール〈camisole〉《服》女性用の袖なし下着。肩ひもがついた、胸から腰下までのもの。

キャメラ〈camera〉→カメラ

キャメル〈camel ラクダ〉①ラクダの毛で織った織物。軽くて暖かくじょうぶで、高級品として珍重される。②らくだ色。

きゃら【△伽羅】沈香(じんこう)（=南方産の香木）から製する香料のうちの最上品。[参考]「伽羅」は黒の意の梵語(ぼんご)の音訳。

—ぶき【—△蕗】フキの茎を、醤油(しょうゆ)で伽羅色（=黒褐色）になるまで煮しめたつくだに。[夏]

ギャラ「ギャランティー」の略。

キャラ「キャラクター」の略。

キャラクター〈character〉①性格・性質。持ち味。「彼はユニークな—だ」②漫画・アニメ・映画などの登場人物。また、その役柄。「—グッズ」

キャラコ〈calico〉平織りで金巾(カナキン)よりやや密に織った白木綿。足袋(たび)・旗など用途は広い。キャリコ。

キャラバン〈caravan〉①隊を組んで砂漠を行き来する商人の集団。隊商。また、登山や徒歩旅行・調査などの集団にもいう。②商品の宣伝・販売のため、各地を巡回すること。

—シューズ〈Caravan shoes〉底に厚いゴムをはった軽登山靴。（商標名）

キャラメル〈caramel〉①水あめ・砂糖・牛乳などに香料を加え、煮固めて小さく切った菓子。②→カラメル①

ギャラリー〈gallery〉①長廊下。回廊。②絵画や美術品の陳列などをする会場。画廊。③ゴルフ競技などの観客。また、観客席。

ギャランティー〈guarantee〉（テレビ・映画などの）出演料。また、一般に仕事の報酬。ギャラ。

き-やり【木◇遣[り]】①大木・大石などを、大勢で掛け声をかけ音頭をとりながら運ぶこと。②（「木遣り歌」の略）①のときにうたう歌。また、祭礼の山車(だし)を引くときや、建築工事の基礎固め（地突き）をするときなどにもうたう。木遣り節。

キャリア〈career〉①ある分野での経験。経歴。「—を生かす」②総合職試験やI種試験に合格して採用された国家公務員の俗称。[参考]②は、英語の「本職・生え抜きの」の意から。

—ウーマン〈career woman〉専門職についている女性をいった語。

—デザイン〈career design〉自分の仕事や働き方などについて考え、将来の計画を立てること。

キャリア〈carrier〉①物を運ぶのに使う器具。②《医》発症していないが、病原菌やウイルスを保持する人・動物。保菌者。③電話や通信サービスを提供する事業者。

ギャル〈gal〉《俗》女の子。若い娘。

ギャルソン〈(フランス) garçon 男の子〉レストランや喫茶店などの、給仕。ボーイ。

ギャロップ〈gallop〉馬の最も速い走り方。馬の駆け足。

ギャロップ〈galop〉《音》四分の二拍子の速い円舞曲。また、その曲にのって踊ること。ガロップ。

きゃん【△侠】（名・形動ダ）①威勢よく粋(いき)であること。また、そのようなさまや人。②→おきゃん[参考]「侠(きゃん)」は唐音。

ギャング〈gang 一味・組〉（おもにアメリカの）組織的暴力団。強盗団。[参考]日本では単独の強盗などにもいう。

キャンセル〈cancel〉（名・他スル）契約や注文を取り消すこと。解約すること。「予約を—する」

キャンデー〈candy〉①砂糖を煮つめて作った洋風のあめ菓子。②「アイスキャンデー」の略。[参考]「キャンディー」ともいう。

キャンドル〈candle〉ろうそく。

—サービス〈candle-light service から〉①キリスト教で、ろうそくを掲げて行う礼拝。②結婚披露宴で、新郎・新婦が参加者の席のろうそくをつけて回ること。

キャンバス〈canvas〉→カンバス

キャンパス〈campus〉大学などの構内。転じて、大学。

キャンピング〈camping〉→キャンプ①

—カー〈(和製英語)〉中で炊事・宿泊ができるような設備を持つ自動車。[参考]英語では camper という。

キャンプ〈camp〉（名・自スル）①野山や海岸にテントを張るなどして野営すること。キャンピング。[夏]②スポーツ練習のために行う合宿。③軍隊の宿営地。「米軍—」④収容所。「難民—」

—ファイヤー〈campfire〉「キャンプ①」で、夜、皆が集まってたくたき火。また、その火を囲んで歌ったりダンスをしたりして、参加者が親睦(しんぼく)をはかること。[夏]

—むら【—村】キャンプ場に人やテントが多数集まったようすを村にたとえた語。[夏]

ギャンブラー〈gambler〉ばくち打ち。賭博師(とばくし)。

ギャンブル〈gamble〉かけ事。ばくち。賭博(とばく)。

キャンペーン〈campaign〉社会や大衆に広く知らせるために組織的・継続的に行う宣伝活動。「公害防止—」

き-ゆう【△杞憂】杞人(きじん)の憂い。あれこれといらない心配をすること。取り越し苦労。「—に過ぎない」

【故事】古代中国で、杞の国の男が、もし天地が崩れ落ちたら身の置き所がないだろうと心配して、夜も眠れず食事もとれなかったという説話による。〈列子〉

きゅう【九】 教1 キュウ（キウ）・ク ここの・ここのつ
（字義）①ここのつ。ひとけたの最大の数。「九州・九曜」②数や程度が大きい。「九重・九死一生」③あつめる。＝糾。「九合」難読 九品仏・九十九髪・九十九折 人名 あつみ・かず・こご・し・ただ・ちか・ちかし・ひさ・ひさし

きゅう【九】 キウ 八に一を加えた数。九く。ここのつ。参考「玖」を大字として用いる。

きゅう【久】 教5 キュウ（キウ）・ク高 ひさしい
（字義）ひさしい。㋐長い間。「久闊・久遠・永久・悠久」㋑いつまでも変わらない。「恒久・天長地久」人名 ぐ・つね・なが・ひこ・ひさ・ひさし・ゆき

きゅう【及】 キュウ（キフ）中 およぶ中・および中・およぼす中
（字義）①およぶ。およぼす。追いつく。「及第・言及・追及・波及」②および。ならびに。人名 いたる・おい・く・しき・たか・ちか

きゅう【弓】 教2 キュウ中 ゆみ
（字義）ゆみ。㋐矢を射る武器。弓術。「弓状・弓箭・弓馬・強弓・半弓」㋑弦楽器のゆみ。「胡弓」難読 弓懸ゆがけ・弓弦・弓場・弓筈・弓形・弓勢・弓手

きゅう【丘】 キュウ（キウ）中 おか中
（字義）おか。小高い土地。「丘陵・砂丘・段丘」人名 お・たか

きゅう【旧】 教5【舊】キュウ（キウ） ふるい・もと
（字義）ふるい。㋐むかしの。もとの。過去の。「旧交・旧字・旧式・旧姓・旧跡・旧年・懐旧・新旧・復旧」㋑年久しい。長い年月を経た。「旧家・旧跡」㋒昔なじみ。「旧知・旧友・故旧」人名 ひさ・ふさ・ふる

きゅう【旧】 キュウ ①古い物事。また、もとのさま。「ーに復する」②「旧暦」の略。「ーの正月」↔新

きゅう【休】 教1 キュウ（キウ）・やすむ・やすまる・やすめる
（字義）①やすむ。くつろぐ。欠席する。やすみ。「休暇・休憩・休日・休息・連休」②やめる。中止する。「休止・休戦・運休・不眠不休」人名 たね・のぶ・よし

きゅう【吸】 教6 キュウ（キフ） すう
（字義）すう。㋐息をすう。「呼吸」㋑すいとる。すいこむ。「吸引・吸収」㋒すいつく。すいつける。「吸着・吸盤・住血吸虫」

きゅう【朽】 キュウ（キウ）中 くちる中
（字義）①くちる。くさる。「朽木・腐朽」②おとろえる。ほろびる。「不朽・老朽」人名 え

きゅう【臼】 キュウ（キウ）中 うす中
（字義）①うす。穀物をつく器具。「石臼」②うす形の。また、うす形のもの。「臼歯・臼状・脱臼」

きゅう【求】 教4 キュウ（キウ）・グ もとめる
（字義）もとめる。㋐さがす。たずねる。ほしがる。「求人・求道・探求・追求・欲求」㋑こう。人にのぞむ。「求愛・求刑・請求・要求」難読 求肥・欣求

きゅう【汲】 人 キュウ（キフ） くむ
（字義）①くむ。水をくみとる。「汲水」②せわしい。休まず努めるさま。「汲汲」

きゅう【灸】 人 キュウ（キウ）・ク
（字義）→次項。「灸穴・灸治・灸点・鍼灸」

きゅう【灸】 △ キウ 漢方療法の一種。もぐさを肌のつぼの上などにのせて焼き、その熱の刺激で病気を治療する方法。やいと。
ーを据える いましめのため痛い目にあわせる。きつくしかる。

きゅう【玖】 人 キュウ（キウ）・ク
（字義）①黒色の美しい石。「瓊玖」②証書などで、数字の書き換えを防ぐために「九」の代わりに用いる大字。人名 たま・ひさ・ひさし

きゅう【究】 教3 キュウ（キウ） きわめる中
（字義）①きわめる。㋐物事の奥深いところまで明らかにする。＝窮。「究明・研究・探究」㋑はかる。深く考える。「考究」②きわみ。はて。おわり。「究極」難読 究竟 人名 きわむ・さた・さだ

きゅう【泣】 教4 キュウ（キフ）中 なく
（字義）①なみだ。「垂泣」②なく。なみだを流してなく。「泣哭・感泣・号泣」難読 泣き噦る

きゅう【穹】 人 キュウ そら
（字義）①ゆみがた。ゆみなり。「穹窿」②そら。大空。「蒼穹」

きゅう【急】 教3 キュウ（キフ） いそぐ・せく
（字義）①いそぐ。せく。㋐進行がはやい。「急行・特急」㋑いそぎの。「急務・急用・早急・至急」㋒突然の。「急死」②さしせまった。危険な。「急場・急迫・火急・危急・緊急」③気がみじかい。せっかち。「性急」④傾斜の大きいさま。「急坂」難読 急須

きゅう【急】 キフ ■（名）①いそぐべきこと。「ーを要する」②さしせまったこと。危険な事態。にわかに起こった変事。「ーを聞いてかけつける」「風雲ーを告げる」③（雅楽などの）終結部。⇨序破急 ■（形動ダ）（ダロ・ダッ（デ）・ニ・ダ・ナラ・○）①物事がだしぬけに行われるさま。突然。にわか。「ーにかけ出す」「ーな話」②傾斜の大きいさま。「ーな坂道」③水の流れのはやいさま。「ーな流れ」④物事の進み方の速いさま。「テンポがーだ」文（ナリ）

きゅう【級】 教3 キュウ（キフ） しな
（字義）①しな。順序。段階。程度。「級差・級数・一級・高級・上級・進級・等級」②学年または同学年内の組。クラス。「級長・級友・学級・同級」③戦場でうちとった首。「首級」

-きゅう【級】 キフ（接尾）①段階・程度を表す。「一ー」「上ー」「国宝ーの美術品」②戦場でうちとった首を数える語。

きゅう【級】 キフ ①階級。地位。程度。「将棋のーがあがる」②組。学級。クラス。

きゅう【糾】 キュウ（キウ）中 ただす
（字義）①あわせる。集める。「糾合」②もつれる。乱れる。「紛糾」③ただす。とりしらべる。「糾弾・糾明・糾問」参考「糺」は同字。

きゅう【宮】 教3 キュウ・グウ中・ク高 みや
（字義）①みや。りっぱな建物。御殿。「宮殿・迷宮」②天子の住居。「宮城・宮中・宮内府・行宮・王宮・後宮・離宮」

③(「グウ」と読んで)皇后・皇族などの住む所。また、そこに住む皇族。「斎宮・中宮・東宮」④神をまつる建物。神社。「宮司・外宮・神宮・内宮」⑤去勢する刑罰。「宮刑」⑥五音(宮・商・角・徴・羽)の一つ。⑦黄道を一二分した星座。「十二宮・白羊宮」人名 いえ・たか

きゅう【笈】 人 キュウ(キフ) おい ―(字義)おい(笈)。おいばこ。書物などを入れて背に負う竹製の箱。

きゅう【笈】 キフ →おい(笈)
―を負う 学問をするために故郷を離れて旅立つ。

きゅう【赳】 人 キュウ(キウ) ―(字義)強く勇ましいさま。「赳赳」人名 たけ・たけし

きゅう【救】 教5 キュウ(キウ)・ク・グ すくう
(字義)すくう。たすける。力をかす。「救援・救急・救済・救世・」人名 すけ・たすく・なり・はじめ・ひら・やす

きゅう【毬】 人 キュウ(キウ) まり ―(字義)①まり。けまりなど、球戯に用いるたま。=鞠。「蹴毬・打毬・手毬」②たま。まりのように丸いもの。=球。「毬灯・花毬」③いが。栗などの実を包む、とげのある外皮。「毬栗」難読 毬藻

きゅう【球】 教3 キュウ(キウ) たま
(字義)①たま。球状のもの。「球形・球根・気球・血球・地球・電球」②⑦まり。ボール。「球技・好球・打球・卓球・直球・庭球」④「野球」の略。「球界・球場」人名 まる

きゅう【球】 キュウ ①たま。まり。丸い形のもの。②《数》空間において一定点から一定の距離にある点の軌跡でかこまれた立体。

きゅう【給】 教4 キュウ(キフ) たまう
(字義)①たまう。たまわる。目上から目下に金品を与える。②あたえる。あてがう。「給付・供給・支給」③たす。くばる。十分にする。「給水・自給・配給・補給」④てあて。給料。「給与・月給」⑤世話をする。「給仕」人名 たり・はる

きゅう【嗅】 キュウ(キウ)中 かぐ中
(字義)かぐ。においをかぐ。「嗅覚」

きゅう【鳩】 人 キュウ(キウ) はと ―(字義)①はと。鳥の名。「鳩舎」②あつめる。あつまる。「鳩合・鳩首」難読 鳩尾 人名 おさむ・やす

きゅう【厩】 人 キュウ(キウ) うまや ―(字義)うまや。馬小屋。「厩舎・厩人」

きゅう【窮】 キュウ中 きわめる高・きわまる高
(字義)①きわめる。調べつくす。=究。「窮理」②きわまる。行きづまる。苦しむ。「窮境・窮状・窮迫・窮乏・困窮・貧窮」③きわまり。はて。「窮極・無窮」人名 きわみ・み

キュー〈cue〉①ビリヤードで、玉を突く棒。②(ラジオ・テレビなどの放送で)ディレクターが出演者などのせりふや、音楽などの開始を命じる合図。「―を出す」

ぎ-ゆう【義勇】 ①正義と勇気。②自分から進んで国や社会や正義のために尽くすこと。「―軍(=国や正義のために自ら志願した人々で編制する戦闘部隊)」

ぎゅう【牛】 教2 ギュウ(ギウ)・ゴ うし
(字義)①うし。「牛耳・牛乳・水牛・闘牛・乳牛・野牛」②うしの肉。「牛缶」難読 牛膝・牛車・牛耳る・牛頭・牛蒡 人名 とし

ぎゅう【牛】 ギウ ①うし。「―の革」②牛肉。

キュー-アール-コード【QRコード】〈Quick Response Code から〉格子状のます目に白黒などのパターンで情報を表した二次元コード。携帯電話のカメラなどで情報を読み取る。(商標名) はじまり 一九九四(平成六)年、株式会社デンソーが開発。

きゅう-あい【求愛】 キウ ―(名・自スル)自分を愛してくれるよう求めること。「―行動」

きゅう-あく【旧悪】 キウ ―以前に犯した悪事。「―が露見する」

きゅう-い【球威】 キウヰ 球技で、飛んでいく球の勢い。特に野球で、投手が打者に向けて投げる球の威力。「―が衰える」

きゅう-いん【吸引】 キフ ―(名・他スル)①吸いこむこと。「―力の強い掃除機」②人をひきつけること。「民衆を―する演説」

きゅう-いん【吸飲】 キフ ―(名・他スル)吸って飲むこと。

ぎゅういん-ばしょく【牛飲馬食】 ギウイン ―(名・自スル)(牛や馬のように)驚くほど多量に飲み食いすること。鯨飲馬食。

ぎゅう-えき【牛疫】 ギウ ―《医》法定家畜伝染病の一つ。牛・水牛などがかかるウイルス性疾患。発熱・下痢などの症状があり、数日で死亡する。

きゅう-えん【仇怨】 キウエン かたき。また、うらみ。

きゅう-えん【旧怨】 キウエン 昔からのうらみ。昔のあだ。

きゅう-えん【旧縁】 キウ ―昔の縁故。古くからのなじみ。

きゅう-えん【休演】 キウ ―(名・自スル)出演を休むこと。また、興行を取りやめること。「主役が病気で―する」

きゅう-えん【求縁】 キウ ―(名・自スル)縁談を求めること。結婚の相手を探すこと。

きゅう-えん【救援】 キウエン (名・他スル)(危険や困難な状態などから)救い助けること。「―物資」「被災者を―する」

きゅう-おん【旧恩】 キウ ―昔受けた恩。「―に報いる」

きゅう-か【旧家】 キウ ―①古くから続いている由緒ある家柄。②もと住んでいた家。

きゅう-か【休暇】 キウ ―勤め先や学校などの休み。多く、日曜日や休日以外のものをいう。「―をとる」「有給―」

きゅう-か【急火】 キフクワ 急に燃え上がった火事。

きゅう-かい【旧懐】 キウクワイ 昔のことをなつかしむこと。懐旧。

きゅう-かい【休会】 キウクワイ (名・自スル)①定例の会を開かないこと。②議会・国会などで議事を一時休むこと。「自然―には いる」③株式取引所で、立ち会いを行わないこと。

きゅう-かい【球界】 キウ ―野球の世界。野球に関係する人々の社会。野球界。「高校―一の好投手」

きゅう-かく【嗅覚】 キウ ―《生》五感の一つ。においに対する感覚。鼻の粘膜が刺激されて起こる。臭覚。「―が鋭い」

きゅう-がく【休学】 キウ ―(名・自スル)病気などのために、学生・生徒が長期間学校を休むこと。「一年―する」

きゅう-かざん【休火山】 キウクワザン 《地質》旧分類法で、現在は火山活動をしていないが、過去に噴火の地質的な記録をもつ火山をいった語。

きゅう-かつ【久闊】 キウクワツ 長い間会わないこと。また、久しく便りをしないこと。無沙汰。「―をわびる」
―を叙する 久しぶりのあいさつをする。「会って―」

きゅう-かなづかい【旧仮名遣〔い〕】 キウカナヅカヒ →れきしてきかなづかい

きゅう-かぶ【旧株】 キウ ―《経》株式会社が増資の際に新しく発行した株に対し、従来発行されていた株券。親株。↕新株

きゅう-かん【旧慣】 キウクワン 昔からの習慣。

きゅう-かん【旧館】 キウクワン 新しく建てた建物に対して、以前からある建物。↕新館

きゅう-かん【旧観】 昔のすがた。「―をとどめない」

きゅう-かん【休刊】 (名・自他スル) 新聞・雑誌など、定期刊行物の刊行を休むこと。「―日」

きゅう-かん【休閑】〖農〗耕地の地力を回復させるために、しばらく作物の栽培をやめること。休耕。「―地」

きゅう-かん【休館】 (名・自他スル) 図書館・美術館など、館と名のつく施設が事務・営業を休むこと。「月曜―」

きゅう-かん【急患】 急病の患者。急病人。

きゅう-かん-ちょう【九官鳥】〖動〗ムクドリ科の鳥。全身紫色を帯びた黒色で、目の下と足は黄色、くちばしは赤橙色。人の言葉などを巧みにまねる。

きゅう-き【旧記】 昔の時代の記録。古い記録。

きゅう-き【吸気】 ①肺に吸いこんだ息。↔呼気 ②ガソリンエンジンなどの内燃機関で、シリンダー内に混合気体が吸入されること。また、その気体。↔排気

きゅう-ぎ【球技】 ボールを用いて行う運動競技の総称。野球・バスケットボール・サッカー・テニスなど。

きゅう-ぎ【球戯】 ①ボールを使って行う遊び。②ビリヤード。玉突き。撞球。

きゅう-きゅう【救急】 さし迫った状態を救うこと。特に、急病人・負傷者の応急の手当。「―処置」

―きゅうめいし【―救命士】 厚生労働大臣の免許を受けて、医師の指示のもとに救急車の中などで、傷病者に高度な応急処置を行う専門職。また、その人。

―しゃ【―車】 緊急治療を要するけが人・急病人などを急いで病院に運ぶため、消防署に備えられている自動車。(はじまり)一九三一(昭和六)年、日本赤十字社大阪支部が路上救護用として導入。消防署による救急車は、一九三三(昭和八)年、横浜市内に配置されたのが最初。

―ばこ【―箱】 応急手当に使う薬などを入れた箱。

―びょういん【―病院】 救急車で運ばれた人を、診察・治療するために特に指定をうけている病院。

きゅう-きゅう ㊀(副) 物がこすれたりきしんだりして出す音を表す語。㊁(副・形動ダ) ①ゆとりのないほど強く締めたり押し詰めたりするさま。「―に詰め込む」②《俗》暮らしにゆとりのないさま。「―の生活」

きゅう-きゅう【汲汲】 (タル) 一つのことに心を奪われ、ほかのことを考えるゆとりのないさま。また、小さなことにあくせくするさま。「保身に―とする」文(形動タリ)

ぎゅう-ぎゅう ㊀(副) 物がこすれたりきしんだりして出す鈍い音を表す語。「座るといすが―(と)鳴る」㊁(副・形動ダ) ①すきまがなくなるほど、詰め込むさま。「―で身動きできない」「―詰め」②強く締めたり押しつけたりするさま。「縄で―縛る」③手ひどく責め立てるさま。「―の目にあう」

きゅうぎゅう-の-いちもう【九牛の一毛】 (多くの牛の中の一本の毛の意で)多数の中のごく一部分。とるにたりないことのたとえ。〈司馬遷「報任少卿書」〉

きゅう-きょ【旧居】 もと住んでいた家。↔新居

きゅう-きょ【急遽】 (副) 大急ぎで物事を行うさま。にわかに。「―帰国する」

きゅう-きょう【旧教】〖基〗カトリック。↔新教

きゅう-きょう【究竟】 物事をつきつめて考えて最後に得られるものやところ。究極。結局。究竟。

きゅう-きょう【窮境】 動きのとれない苦しい立場。追いつめられてどうにもならない境遇。「―を脱する」

きゅう-ぎょう【休業】 (名・自スル) 商売・仕事などを休むこと。「臨時―」

きゅう-きょく【究極・窮極】 物事をつきつめてみて最後にたどりつくものやところ。究竟。「―の選択」

きゅう-きん【球菌】 球形・楕円形をした細菌類。

きゅう-きん【給金】 給料。俸給。

―ずもう【―相撲】 相撲で、これに勝てば勝ち越しとなり、昇給するという一番。

―なおし【―直し】 相撲で、力士が本場所に勝ち越して給料をあげること。また、勝ち越すこと。

きゅう-くつ【窮屈】 (名・形動ダ) ①場所・空間などにゆとりがなくて自由に身動きできないさま。「―な服」「―な座席」②遠慮があって、自由にふるまえないさま。「上司の前だと―だ」③物・資金などが少なくて思うように使えないさま。「予算が―で何も買えない」④考えなどが一つのことにとらわれていて融通のきかないさま。「―な考え」

きゅう-くん【旧訓】 ①漢字・漢文の古い時代の読み方。②昔の教え。昔の戒め。

きゅう-けい【弓形】 ①弦を張った弓のような形。ゆみなり。弓形。②《数》円を一つの弦で二つに分けてできた図形。

きゅう-けい【休憩】 (名・自スル) 運動・仕事などの合間に一時心身を休めること。「―時間」「―をとる」
類語 休み・休息・息継ぎ・一休み・一服・小休止

きゅう-けい【求刑】 (名・他スル)〖法〗検察官が裁判所に対して被告人に一定の刑を科すよう請求すること。「禁固一年を―する」

きゅう-けい【宮刑】 古代中国で行われた、死刑につぐ重い刑罰。男子は去勢、女子は幽閉された。腐刑。

きゅう-けい【球形】 まりのように丸い立体の形。

きゅう-けい【球茎】〖植〗地下茎の一種。肥大して球形となり、デンプンなどの養分を蓄積したもの。クワイ・サトイモなど。

きゅう-げき【旧劇】 新劇・新派劇に対して、歌舞伎。

きゅう-げき【急激】 (形動ダ)(ダロ・ダッ(デ)・ニ・ダ・ナ・ラ・○) 物事の動きや変化が突然で激しいさま。「気温が―に変化する」文(ナリ)

きゅう-けつ【吸血】 生き血を吸うこと。「―動物」

―き【―鬼】 ①人の生き血を吸うという魔物。②(比喩的に)情け容赦もなく他人から金品を吸いあげる人。

きゅう-けつ【灸穴】 人の体で、灸をすえるのによい所。三里・身柱など。つぼ。灸点。

きゅう-けつ【宮闕】 宮門。皇居。宮城。

きゅう-けつ【給血】 (名・自スル)〖医〗輸血用の血液を供給すること。供血。「―者」

きゅう-げん【給源】 ものを供給するみなもと。供給源。

きゅう-ご【救護】 (名・他スル) 困っている人や病人・けが人などを助け、看護すること。「被災者の―にあたる」

ぎゅう-ご【牛後】 (牛の尻の意)権力のある者につき従う者のたとえ。牛尾。⇒鶏口となるも牛後となるなかれ

きゅう-こう【旧交】 昔からの親しい交際。古いつきあい。

―を温める 昔の友人に会って、楽しくひとときを過ごす。

きゅう-こう【旧稿】 以前に書いた原稿。

きゅう-こう【休校】 (名・自スル) 学校全体が授業を行わないで休みとすること。「インフルエンザの流行で―となる」

きゅう-こう【休航】 (名・自スル) 船や飛行機などがその運航を休むこと。運休。「台風のため―する」

きゅう-こう【休耕】 (名・自スル) その田畑の耕作を一時やめること。「―田」

きゅう-こう【休講】 (名・自他スル) 教師が講義を休むこと。講義が休みになること。「教授が病気で―となる」

きゅう-こう【急行】 ㊀(名・自スル) 急いで行くこと。「現

場に—する」[二](名) 停車する駅を少なくし、目的地に早く着くようにした列車・バスなど。「—券」↕鈍行

きゅう-こう【△躬行】— (名・自スル) 自分自身で実行すること。「実践—」

きゅう-こう【救荒】 飢饉のときに、困っている人々を救い助けること。「—作物(=ヒエ・ソバ・サツマイモなど、凶作に備えて栽培される作物)」

きゅう-ごう【旧号】 ①雑誌などで、号数の古いもの。バックナンバー。②以前に用いた雅号。

きゅう-ごう【糾合・△鳩合】 (名・他スル) 何人もの人を一つの目的のために呼び集めること。「同志を—する」

きゅう-こうか【急降下】 (名・自スル) ①飛行機など空を飛ぶ物が、地面に向かって急角度で降下すること。「—爆撃」②数値や程度などが急激に下がること。「人気が—する」

きゅう-こうぐん【急行軍】 軍隊で、目的地に早く着くために、休憩を減らし歩調を速めて進む行軍。また、そのような移動や物事の進め方。

きゅう-こく【急告】— (名・他スル) 急いで告げ知らせること。また、急ぎの知らせ。

きゅう-こく【救国】— 国の危難を救うこと。「—の志士」

きゅう-ごしらえ【急△拵え】 間に合わせで急いでつくること。また、そのもの。にわかづくり。「—の仮校舎」

きゅう-こん【求婚】— (名・自スル) 結婚を申し込むこと。プロポーズ。

きゅう-こん【球根】— 〘植〙植物の地下部(根または茎)が養分をたくわえて肥大成長して、球状または塊状となったもの。ユリ・ダリアなどに見られる。

きゅう-こん【窮困】(名・自スル) 貧しさのために生活がゆきづまること。困窮。

きゅう-さい【旧債】— 昔の借金。以前につくった負債。

きゅう-さい【休載】— (名・他スル) 新聞・雑誌などの連載を休むこと。「作者病気のため—」

きゅう-さい【救済】— (名・他スル) 困っている人々を救い助けること。「難民—」「被災者を—する」

きゅう-さく【旧作】— 以前に作った作品。↕新作

きゅう-さく【窮策】 苦しまぎれに考え出した方法。追いつめられて思いついた方法。窮余の策。

きゅう-さん【急△霰】— 急に降り出すあられ。また、その音。

「—のごとき拍手」

きゅう-し【九死】— あわや死ぬかと思われる危険な状態。

—に一生を得る あわや死ぬかと思われる危険な状態からかろうじて助かる。やっと命拾いをする。参考 類似のことば—万死に一生を得る

きゅう-し【九紫】— 陰陽道で、九星の一つ。火星。本位は南。⇩九星

きゅう-し【旧△址】— 歴史的事件や建物のあと。旧跡。

きゅう-し【旧師】— 昔、教えを受けた先生。

きゅう-し【休止】— (名・自他スル) 運動・活動などが止まること。また、止めること。「運転を—する」

—ふ【—符】 →きゅうふ(休符)「—を打つ(=一応の決まりをつける)」

きゅう-し【臼歯】— 〘生〙口の奥の上下にある臼のような形をした平らな歯。奥歯。うすば。

きゅう-し【急死】— (名・自スル) 突然死ぬこと。急逝。頓死。「旅行先で—する」

きゅう-し【急使】— 急ぎの用事を伝える使い。「—をたてる」

きゅう-し【窮死】(名・自スル) (生活に困ったあげく)苦しんで死ぬこと。「陋屋で—する」

きゅうじ【旧字】— →きゅうじたい

きゅう-じ【旧事】— 昔の事柄。「—に属する事」

きゅう-じ【旧時】— 過ぎ去った昔。往時。「—を追想する」

きゅう-じ【△灸治】 (名・他スル) 灸をすえて治療すること。

きゅう-じ【球児】— 野球に打ちこむ青少年。「高校—」

きゅう-じ【給仕】— [一](名) もと役所・会社・学校などで、雑用をする係。また、その人。[二](名・自他スル) 食事や宴会の席で世話をすること。また、その役や職業の人。「客に—する」

きゅう-じ【給餌】— (名・自スル) えさを与えること。

ぎゅう-し【牛脂】— 牛の脂肪を精製したもの。せっけん・ろうそく・食用油などの原料。ヘット。

ぎゅう-じ【牛耳】— 牛の耳。

—を執る 集団・党派の中心になって支配する。牛耳る。【故事】中国戦国時代、諸侯が同盟を結ぶとき、盟主となるべき者がいけにえの牛の耳を執って裂き、他の諸侯がその血をたがいにすすって誓い合ったことからいう。〈左伝〉

きゅう-しき【旧式】— (名・形動ダ) 考え方や行動、また、型やデザインなどが古くさいさま。時代遅れ。「—の車」↕新式

きゅう-しき【旧識】— 古くからの知りあい。旧知。

きゅう-じたい【旧字体】— 一九四九(昭和二十四)年に告示された、当用漢字字体表で新しく採用された字体に対し、それ以前に使用されていた漢字の字体。「学」「実」に対する「學」「實」など。旧字。⇩新字体

きゅう-しつ【吸湿】— 湿気を吸いとること。「—剤」

—せい【—性】 物質が空気中の水分を吸いとる性質。

きゅう-しつ【宮室】 宮殿。また、天皇の一族。皇室。

きゅう-じつ【休日】— 仕事や学校が休みの日。はじまり 日曜休日の習慣は、日本では一八七六(明治九)年、太政官の達しによりそれまでの「一六」の休暇を廃止してから。

きゅう-しゃ【△柩車】— ひつぎをのせる車。霊柩車。

きゅう-しゃ【△鳩舎】— 鳩を飼う小屋。鳩小屋。

きゅう-しゃ【△厩舎】— ①牛や馬などを飼う建物。②競走馬の訓練や世話をする所。

ぎゅう-しゃ【牛車】— ①牛に引かせる荷車。②→ぎっしゃ 参考「うしぐるま」ともいう。

ぎゅう-しゃ【牛舎】— 牛小屋。牛を飼うための建物。

きゅう-しゅ【旧主】— もと、仕えていた主人・主君。

きゅう-しゅ【△鳩首】— (名・自スル) (「鳩」は「糾」に通じ、集める意)人々が集まって相談すること。「—協議する」

きゅう-しゅう【旧習】 昔からの習慣。古くからの風習。

きゅう-しゅう【吸収】 (名・他スル) 外にあるものを吸って内に取り込むこと。また、取り込んで自分のものとすること。「企業の—合併」「水分を—する」「知識を—する」

きゅう-しゅう【急襲】 (名・他スル) 相手のすきをねらって突然襲いかかること。「寝込みを—する」

きゅうしゅう【九州】 ①「九州地方」の略。②日本列島南西端の大きな島。昔の西海道のうち、筑前・筑後・肥前・肥後・豊前・豊後・日向・大隅・薩摩の九か国。現在は、福岡・佐賀・長崎・大分・熊本・宮崎・鹿児島の七県。

—ちほう【—地方】 日本の南西部の地方。福岡・佐賀・長崎・大分・熊本・宮崎・鹿児島・沖縄の八県からなる。

きゅう-しゅつ【救出】— (名・他スル) (危険にさらされている状態から)救い出すこと。「人質を—する」

きゅう-じゅつ【弓術】 弓で矢を射る武術。弓道。

きゅう-じゅつ【救△恤】(名・他スル)(「恤」は、あわれむ意)困っている人々を助け、恵むこと。「―品」

きゅう-しゅん【急△峻】(名・形動ダ)(山や坂などの)傾斜が急で険しいこと。また、そのさま。「―な山道」

きゅう-しょ【急所】①体の中で、打ったり傷つけたりすると生命にかかわるような大事な所。「―をはずれる」②物事の最もたいせつな所。要所。「―を突いた批判」

きゅう-しょ【急書】急用の手紙。

きゅう-じょ【救助】(名・他スル)(生命の危険から)救い出して助けること。「人命―」「―隊」

きゅう-しょう【旧称】もとの呼び名。古い名称。

きゅう-しょう【求償】賠償や償還を求めること。「―権(=本人に代わって債務を弁済した保証人などが、その本人に対して返還の請求ができる権利)」

きゅう-じょう【休場】(名・自スル)①(力士や選手などが)休んで出場しないこと。②興行場などが休むこと。

きゅう-じょう【宮城】天皇の住む所。皇居の旧称。

きゅう-じょう【球状】球のように丸い立体形のさま。

きゅう-じょう【球場】野球場。「ドーム―」

きゅう-じょう【窮状】どうにもならずに困りはてて苦しんでいるさま。「―を訴える」

きゅう-しょうがつ【旧正月】旧暦の正月。春

きゅう-しょく【休職】(名・自スル)公務員や会社員などが、その資格を保ったまま一定の期間勤めを休むこと。

きゅう-しょく【求職】(名・自スル)職業をさがし求めること。就職先をさがすこと。「―活動」↔求人

きゅう-しょく【給食】(名・自スル)学校・工場などで、児童・生徒・従業員などに食事を出すこと。また、その食事。はじまり一八八九(明治二十二)年、山形県鶴岡町(現在の鶴岡市)の小学校で貧困家庭の児童向けに無償で昼食を提供したのが学校給食の最初。

ぎゅうじ・る【牛耳る】(他五)組織や団体などを自分の思うままに支配する。「委員会を―」可能ぎゅうじ・れる(下一)語源「牛耳」を動詞化した語。

きゅう-しん【旧臣】①以前仕えていた家来。②古くから仕えている家来。

きゅう-しん【休心・休神】(名・自スル)心配しないこと。安心すること。「一同元気ですからご―ください」用法多く、手紙文などに用いる。

きゅう-しん【休診】(名・自スル)医者や病院が診療を休むこと。「本日―」「―日」

きゅう-しん【求心】中心に近づこうとすること。↔遠心

―りょく【―力】①→こうしんりょく②(比喩的に)多くの人々の心をとらえ、引きつける力。「首相の―が衰える」

きゅう-しん【急伸】(名・自スル)売り上げ・利益、また株価・相場などが急激にのびること。「株価が―する」

きゅう-しん【急信】急ぎの便り。至急の通信。

きゅう-しん【急進】(名・自スル)①急いで進むこと。②短期間で理想を実現しようとすること。「―派」(↔漸進)

きゅう-しん【急診】急病人や急に病状が悪化した人を急いで診察すること。

きゅう-しん【球心】球の中心点。

きゅう-しん【球審】野球やソフトボールで、捕手のうしろにいる審判員。投手の投球や打者の打球、本塁上のプレーの判定をし、試合の進行を統率する。主審。⇒塁審

きゅう-じん【九△仞】(「仞」は中国古代の長さの単位で、一仞は七尺)非常に高いこと。

―の功を一簣に虧(欠)く(「簣」は土を運ぶもっこの意。高い築山も最後のもっこ一杯の土がないと完成しない意から)長く努力してきたことも、最後のちょっとしたことが原因で失敗に終わることのたとえ。〈書経〉

きゅう-じん【旧人】①古くからいる人。新しい感じのない人。↔新人②世ネアンデルタール人などの、化石によって知られる人類で、猿人・原人に次ぐ人類。

きゅう-じん【求人】(名・自他スル)働く人を求めること。「―欄」「―広告」↔求職

きゅう-じん【球人】野球選手など、球界に属する人。

きゅう-す【急須】葉茶を入れ、湯をさして茶を出すのに用いる、注ぎ口・握り手のある小型の土瓶。

きゅう・す【休す】(自サ変)終わる。おしまいになる。「万事―」語源サ変動詞「きゅうする」の文語形。

きゅう-すい【吸水】(名・自スル)水分を吸い取ること。「―性の高い素材」

きゅう-すい【給水】(名・自スル)水、特に飲料水を供給すること。「―車」

きゅう-すう【級数】数規則的に並べられた数を、順に和の記号(+)で結んだもの。等差級数・等比級数など。

きゅう・する【休する】(自サ変)①休む。休憩する。「緑陰に―」②終わる。おしまいになる。「万事―」文きゅう・す(サ変)

きゅう・する【窮する】(自サ変)①行きづまって困る。「返答に―」②(貧しさ・傷病などで)生活に苦しむ。「金に―」文きゅう・す(サ変)

きゅうすれば通ず 行きづまって困りはてるとかえって切り抜ける方法が見つかるものである。

きゅう・する【給する】(他サ変)(組織の長が部下などに)金品を与える。支給する。「制服を―」文きふ・す(サ変)

きゅう-せい【九星】陰陽道で、運勢判断に用いる九つの星。一白・二黒・三碧・四緑・五黄・六白・七赤・八白・九紫の九つ。これを五行・方位にあわせ、人の生年にあてはめて吉凶を占う。九曜星。

きゅう-せい【旧制】古い制度。「―中学」↔新制

きゅう-せい【旧姓】もとの姓。多く、結婚や養子などの縁組をする前の姓。

きゅう-せい【急性】医病気の症状が急に現れ、その進み方も速いこと。「―肝炎」↔慢性

―かいはくずいえん【―灰白髄炎】→しょうにまひ

きゅう-せい【急逝】(名・自スル)突然死ぬこと。急死。

きゅう-せい【救世】世の乱れを正し、人々を救うこと。

―ぐん【―軍】基軍隊的な組織を持つキリスト教の一派。一八六五年、イギリス人ブースの創立。はじまり日本では、一八九五(明治二十八)年、ライト大佐が来日して設立。一九二六(大正十五)年に山室軍平が日本司令官となる。

―しゅ【―主】①人類を救う者。ユダヤ教でいうメシア。キリスト教では、イエス=キリスト。②(比喩的に)組織やチームをたて直して救う人。

きゅう-せき【旧跡・旧△蹟】歴史的に知られた事件・建造物などのあった土地。旧址。「名所―」

きゅう-せき【休戚】(「休」は喜び、「戚」は悲しみの意)喜びと悲しみ。幸と不幸。

きゅう-せつ【旧説】以前、唱えられていた説。↔新説

きゅう-せつ【急設】(名・他スル)(設備・建造物・機関

などを)急いで設けること。急ごしらえ。「救護所を―する」

きゅうせっき-じだい【旧石器時代】(キウセキキ)― 〘日・世〙人類が打製石器や骨角器を使い、採集・狩猟によって生活していた時代。↔新石器時代

きゅう-せん【弓△箭】①弓と矢。武器。弓矢。②弓矢をとること。戦い。③弓矢をとる身。武士。「―の道」

きゅう-せん【休戦】(キウ)―(名・自スル)交戦国がたがいの合意で戦闘を一時中止すること。「―協定」

ちがい「休戦」・「停戦」
ともに、戦闘している両者の話し合いによる合意が成り立ったときに、戦闘状態を止める意味の語であるが、「休戦」は後刻の戦闘再開の意が含まれるのに対し、「停戦」はその段階で戦闘状態が停止する。つまり、「休戦」には、一定の期間だけ戦闘を止め、それを過ぎれば戦闘が再開される意が強く、「停戦」には、合意事項をどちらかが破らない限り戦闘は停止したままとなる意が強い。

きゅう-ぜん【△翕然】(キフ)―(タル)多数のものが一つに集まり合うさま。「―と同情が集まる」文(形動タリ)

きゅう-せんぽう【急先△鋒】(キフ)―活動の場で集団の先頭に立って勢いよく行うこと。また、その人。「反対運動の―」

きゅう-そ【泣訴】(キフ)―(名・自他スル)苦しみや窮状を泣いて訴えること。「惨状を―する」

きゅう-そ【窮△鼠】追いつめられて逃げ場をなくしたねずみ。
―猫を噛む(追いつめられたねずみが猫にかみつくように)土壇場まで追いつめられて必死になれば、弱者も思いがけない力で抵抗し、強者に勝つこともあるというたとえ。

きゅう-そう【急送】(キフ)―(名・他スル)急いで送ること。「被災地に物資を―する」

きゅう-ぞう【急造】(キフザウ)―(名・他スル)間に合わせるために急いでつくること。急ごしらえ。にわかづくり。「―の仮設住宅」

きゅう-ぞう【急増】(キフ)―(名・自他スル)急激に増えること。また、にわかに増やすこと。「人口が―する」

きゅう-そく【休息】(キウ)―(名・自スル)仕事などを中断して、体を休めること。「―をとる」「木陰で―する」

きゅう-そく【球速】(キウ)―球の速さ。特に野球で、投手の投球の速さ。

きゅう-そく【急速】(キフ)―(形動ダ)(ダロ・ダッ(デ・ニ)・ダ・ナ・ナラ・○)物事の進行や変化などが非常に速いさま。「科学の―な進歩」文(ナリ)

きゅう-ぞく【九族】(キウ)―自分を中心に先祖四代・子孫四代を合わせた九代の親族。高祖父・曽祖父・祖父・父・自分・子・孫・曽孫・玄孫の九代。「罪―に及ぶ」

きゅう-そだい【窮措大】(「措大」は学者や書生の意)貧しい書生や学者。

きゅう-たい【旧態】(キウ)―昔のままの姿や状態。
―いぜん【―依然】(タル)昔のままで進歩・発展のないさま。「―たる思想」文(形動タリ)

きゅう-たい【球体】(キウ)―球状の物体。

きゅう-だい【及第】(キフ)―(名・自スル)試験や検査に合格すること。「―点」「卒業試験に―する」↔落第

きゅう-たいりく【旧大陸】(キウ)―アメリカ大陸発見以前にヨーロッパ人に知られていた、ヨーロッパ・アジア・アフリカの三大陸。旧世界。↔新大陸

きゅう-たく【旧宅】(キウ)―もと住んでいた家。↔新宅

きゅう-たん【急△湍】(キフ)―川で、流れの速い浅瀬。早瀬。

きゅう-だん【糾弾・△糺弾】(キウ)―(名・他スル)(「糾」「糺」はただす、「弾」は罪を責める意)罪や責任などを厳しく問いただして非難すること。「不正を―する」

きゅう-だん【球団】(キウ)―(「野球団」の略)プロ野球チームを保有し運営している団体。

きゅう-ち【旧知】(キウ)―古くからの知り合い。「―の間柄」

きゅう-ち【窮地】追いつめられた苦しい立場や状態。困りきった境遇。「―に立たされる」「―に陥る」

きゅうち-しん【求知心】(キウチ)―知識を得ようとする心。

きゅう-ちゃく【吸着】(キフ)―(名・自スル)①吸いつくこと。②〘化〙気体や溶液中の物質が、他の物質の表面に吸いつけられる現象。水に溶けている不純物を木炭が吸いとるなど。

きゅう-ちゅう【宮中】天皇の住む御所。また、皇居の中。禁中。「―晩餐会」

きゅうちゅう-るい【吸虫類】(キフチユウ)―〘動〙扁形動物中の一類。体は扁平で、吸盤や鉤があり、多くは脊椎動物の内臓に寄生する。旧称、ジストマ。

きゅう-ちょ【旧著】(キウ)―以前に書きあらわした書物。↔新著

きゅう-ちょう【九重】(キウ)―①幾重にも重なること。②天子の御所。宮中。皇居。九重。

きゅう-ちょう【級長】(キフチヤウ)―(旧制の小・中学校で)児童・生徒の中から選ばれた学級の長。学級委員。

きゅう-ちょう【急調】(キフテウ)―速い調子。急テンポ。急調子。

きゅう-ちょう【窮鳥】(テウ)―追いつめられて逃げ場を失った鳥。
―懐に入る 追いつめられて逃げ場をなくした人が救いを求めてくることのたとえ。「窮鳥ふところに入れば猟師も殺さず」

きゅう-つい【急追】(キフ)―(名・他スル)前を行く者や逃げる者を激しい勢いで追うこと。「敵の―からのがれる」

きゅう-つう【窮通】困窮と栄達。窮達。

きゅう-てい【休廷】(キウ)―(名・自スル)法廷を閉じて裁判を一時休むこと。「―を宣する」

きゅう-てい【宮廷】天皇・国王の住んでいる所。宮中。

きゅう-てい【泣△涕】(キフ)―涙を流して泣くこと。涕泣。

キューティクル〈cuticle〉①髪の毛の表面の、うろこ状の層。②爪の根元の薄い皮。甘皮。

きゅうてい-たいりょ【九△鼎大◇呂】(キウテイ)―(国にとって)貴重なもの、また重い地位や名声などのたとえ。語源「九鼎」は中国の夏の禹王が九つの州から貢がせた銅で鋳た鼎、「大呂」は周の大廟に供えた大鐘で、二つとも周の宝器。

きゅう-てき【△仇敵】(キウ)―この上なく憎いかたき。あだ。

きゅう-てん【九天】(キウ)―①古代中国で、天を九つの方位に分けたものの称。②天の最も高い所。天上。③宮中。
―きゅうち【―九地】(キウチ)―天の最も高い所から地の最も低い所までの間。全宇宙。

きゅう-てん【△灸点】(キウ)―灸をすえる場所。また、その場所に墨でつける点。

きゅう-てん【急転】(キフ)―(名・自スル)状態や形勢などが急に変わること。「事態が―する」
―ちょっか【―直下】(チヨクカ)(名・自スル)行き詰まっていた状態や形勢が急に変わって、問題が解決・結末に向かうこと。「―事件が解決する」

きゅう-でん【休電】(キウ)―(名・自スル)電力不足の調整などのために、電気の供給を一時中止すること。「―日」

きゅう-でん【急電】(キフ)―至急の電報。ウナ電。

きゅう-でん【宮殿】①天皇・国王などの住む御殿。②神を祭る社殿。

きゅう-でん【給電】(キフ)―(名・自スル)電力を供給すること。

きゅう-と【旧都】(キウ)―昔、みやこのあった所。古都。↔新都

キュート〈cute〉(形動ダ)(ダロ・ダッ(デ・ニ)・ダ・ナ・ナラ・○) 活発でかわいらしいさま。用法 若い女性の形容に用いる。

きゅう-とう【旧冬】去年の冬。昨冬。「―にはひとかたならぬお世話になりました」新年 用法 多く、年始の挨拶に「昨年」の意で用いる。

きゅう-とう【旧△套】昔からあって新鮮味のなくなった型ややり方。ありきたりの古い様式。「―を脱する」

きゅう-とう【急騰】(名・自スル) 物価や相場などが急に上がること。「株価が―する」↔急落

きゅう-とう【給湯】(名・自スル) 湯を供給すること。「―室」

きゅう-どう【弓道】弓で矢を射る武道。弓術。

きゅう-どう【旧道】(新しくできた道に対して)昔からある古い道。「箱根の―を行く」↔新道

きゅう-どう【求道】真理や、宗教的な悟りを求めて修行すること。「―者」参考 仏教ではふつう「ぐどう」と読む。

ぎゅう-とう【牛刀】牛を切り裂く大きな包丁。

―をもって鶏を割く 小さなことを処理するのにおおげさなやり方をとることのたとえ。

ぎゅう-とう【牛痘】〘医〙牛の痘瘡。痘毒を種痘に用いる。

ぎゅう-どん【牛丼】薄切りの牛肉をネギなどと煮て、汁とともにご飯にかけた料理。牛飯。

ぎゅう-なべ【牛鍋】牛肉をなべに入れて野菜などといっしょに煮ながら食べる料理。明治の文明開化期に東京で流行した。すきやき。冬

きゅう-なん【急難】差し迫った災難。突然の災難。

きゅう-なん【救難】危難・災難などから人々を救うこと。「―訓練」「―信号」

きゅう-に【急に】(形容動詞「急」の連用形)突然。にわかに。「―用事ができる」

ぎゅう-にく【牛肉】食用にする牛の肉。ビーフ。

きゅう-にゅう【吸入】(名・他スル) ①吸いこむこと。②病気の治療などのため、霧状にした薬品や気体を口や鼻から吸いこむこと。「―器」「酸素―」

ぎゅう-にゅう【牛乳】牛の乳。白色の液体で、脂肪・たんぱく質・カルシウムが多い。飲料とするほか、バター・チーズ・練乳などの原料となる。ミルク。

きゅう-にん【旧任】以前、その地位・職にあったこと。また、その人。↔新任

きゅう-ねん【旧年】昨年。去年。「―中はお世話になりました」新年 用法 年始の挨拶などに用いる。

きゅう-は【旧派】①古い流派。昔からの流派。②〘演〙新派劇に対して、歌舞伎をいう。旧劇。(↔新派)

きゅう-は【急派】(名・他スル) 急いで人を派遣すること。

きゅう-ば【弓馬】①弓術と馬術。また、武芸一般。武道。武術。「―の道」「―の家(=武士の家柄)」②戦い。

きゅう-ば【急場】急いで対処しなければならない差し迫った場面。「―をしのぐ」

―しのぎ【―△凌ぎ】その場を切り抜けるための一時の間に合わせ。「―の対策」

キューバ〈Cuba〉カリブ海西部に位置するキューバ島とその属島からなる共和国。首都はハバナ。

ぎゅう-ば【牛馬】牛と馬。「―のごとくこき使われる」

きゅう-はい【九拝】㊀(名・他スル) 何回もお辞儀をして深く敬意や謝意を表すこと。「三拝―する」㊁(名) 手紙の終わりに書いて敬意を表す語。

きゅう-はい【朽廃】(名・自スル) 腐ったりこわれたりして役に立たなくなること。「―した家屋」

きゅう-はい-すい【給排水】給水と排水。

きゅう-はく【急迫】(名・自スル)(事態・危険などが)差し迫ること。切迫すること。「事態は―している」

きゅう-はく【窮迫】(名・自スル) 追いつめられて苦しい状態になること。特に、経済的な状態にいう。「財政が―する」

きゅう-ばく【旧幕】(「旧幕府」の略)明治維新後に、徳川幕府をさしていった語。「―の遺臣」

きゅう-はん【旧版】出版物で、改訂・増補などをする前の、もとの版。↔新版

きゅう-はん【旧藩】明治の郡県制が行われてから、徳川幕府時代の藩をさしていった語。

きゅう-はん【急坂】傾斜の急な坂。

きゅう-ばん【吸盤】①〘動〙動物の手足や体表にあって、他の物に吸いつくための器官。中がくぼんだ形をしている。タコ・イカの足、ヒルなどにある。②壁面などに吸着させて物体を固定させるもの。ゴムやプラスチックなどで作られる。

きゅう-ひ【給費】(名・自スル)(国や公共団体などが)費用、特に学費を与えること。「―留学生」

きゅう-ひ【△厩肥】〘農〙家畜の糞尿とわらなどを混ぜて、腐らせた有機質肥料。厩肥。

きゅう-び【△鳩尾】胸骨の下のまん中のくぼみ。みぞおち。

ぎゅう-ひ【牛皮】①牛の皮。②→ぎゅうひ(求肥)

ぎゅう-ひ【◦求肥】水で練った白玉粉を蒸し、砂糖と水飴などを入れて練り合わせた柔らかい菓子。求肥糖。参考 もと「牛皮」とも書いた。

ぎゅう-び【牛尾】①牛の尾。②→ぎゅうご

キューピー〈kewpie〉(「キューピッド」のなまり)キューピッドの姿の人形。頭の先がとがり、目が大きい。(もと、商標名)

キュービズム〈cubism〉→キュビスム

きゅう-ピッチ【急ピッチ】(名・形動ダ) 調子や進行の速度が急速なこと。また、そのさま。「工事は―で進んでいる」

キューピッド〈Cupid〉→エロス①

きゅう-びょう【急病】急に起こる病気。「―人」

きゅう-ひん【救貧】貧しくて困っている人を救うこと。

きゅう-びん【急便】急ぎの手紙や使い。また、急いで物を運ぶこと。至急便。

きゅう-ふ【休符】〘音〙楽譜で、音を出さない箇所とその長さを示す記号。休止符。「四分―」

きゅう-ふ【給付】(名・他スル) 国や公共団体などが金品を支給すること。「補助金の―」

キューブ〈cube〉立方体。「アイス―(=製氷皿などで作った角氷)」

きゅう-ぶつ【旧物】昔からあるもの。古い品。また、新しい時代には合わなくなったもの。「―を打ち壊す」

きゅう-ぶん【旧聞】以前に聞いた話。「―に属する」

きゅう-へい【旧弊】㊀(名) 古くからの悪い考えややり方。「―を打破する」㊁(形動ダ)(ダロ・ダッ(デ・ニ)・ダ・ナ・ナラ・○) 昔からの習慣や考え方にとらわれているさま。「―なものの考え方」文(ナリ)

きゅう-へん【急変】㊀(名・自スル)(悪い方に)急に変わること。「病状が―する」㊁(名) 不意に起こった異変。「―に備える」「―を知らせる」

きゅう-ぼ【急募】(名・他スル) 急いで募集すること。

ぎゅう-ほ【牛歩】牛の歩み。転じて、牛の歩みのように進み方ののろいこと。「―遅々」

―せんじゅつ【―戦術】議会で、反対派の議員がわざ

とゆっくり歩いて投票し、審議の引き延ばしをはかるやり方。

きゅう-ほう【旧法】①すでに廃止された古い法令。②古い方法。(↔新法)

きゅう-ほう【急報】―(名・他スル) 急いで知らせること。また、その知らせ。「―を受ける」

きゅう-ぼう【窮乏】―(名・自スル) 金品がひどく不足して、苦しむこと。「生活が―する」

きゅう-ぼく【朽木】― 腐った木。朽ち木。

―は雕るべからず (腐った木には彫刻はできないの意から) 素質のない者にはいくら教育してもしかたがない。朽木糞牆。【故事】孔子が、昼寝をしていた弟子の宰予を見て嘆いた言葉。これに続けて、「糞土の牆は杇るべからず(=ぼろぼろの土の土塀は塗り直すことができない)」と述べたことからいう。〈論語〉

キューポラ〈cupola〉鋳物用の鉄を溶かす円筒形の炉。溶銑炉。キュポラ。

きゅう-ぼん【旧盆】― 旧暦で行う盂蘭盆。

きゅう-みん【休眠】―(名・自スル) ①〘動・植〙動植物が、一時的に自ら成長や活動などを低下または停止させること。動物では冬眠・夏眠にあたり、植物では種子・冬芽などにみられる。②ある期間、活動が停止すること。「審議が―状態にある」

きゅう-みん【救民】―(苦しむ)人々を救うこと。

きゅう-みん【窮民】生活に困っている人々。貧民。

きゅう-む【急務】― 急いでしなければならない仕事や任務。「目下の―」

きゅう-めい【旧名】― 現在の名になる前の名前。旧称。

きゅう-めい【究明】―(名・他スル) 道理や真理を深くさぐって明らかにすること。「真相を―する」

きゅう-めい【糾明・△糺明】―(名・他スル) 罪や悪事を問いただして事実を明らかにすること。「罪状を―する」

きゅう-めい【救命】― 危険におちいった人の命を救うこと。

―ぐ【―具】水上での遭難に備えての救命胴衣や救命艇などの用具の総称。

―てい【―艇】本船に備えつけ、乗員・乗客が避難するときに使用するボート。救命ボート。

―どうい【―胴衣】船が遭難したときなどに、おぼれないように胴体につける浮き袋。ライフジャケット。

きゅう-めん【球面】― ①球の表面。②〘数〙空間で、一定点からの距離が一定である点全体の集合。「―体」

―きょう【―鏡】〘物〙反射面が球面の鏡。球面の外側で反射する凸面鏡、内側で反射する凹面鏡がある。

きゅう-もん【糾問・△糺問】―(名・他スル) 罪や悪事の真相を問いただすこと。「―を受ける」

きゅう-もん【宮門】皇居の門。宮殿の門。

きゅう-やく【旧約】― ①昔の約束。以前の約束。②「旧約聖書」の略。(↔新約)

―せいしょ【―聖書】〘基〙ユダヤ教の聖典で、キリストの出現を預言しているとして、キリスト教会でも聖典の一つとしたもの。キリスト出現以前のユダヤ教の教えや預言書など、三九巻からなる。旧約全書。↔新約聖書

きゅう-やく【旧訳】― 新しい翻訳の出る前の翻訳。また、その書物。↔新訳

きゅう-ゆ【給油】―(名・自スル) ①機械や乗り物に燃料の油を補給すること。「―所」②機械の摩擦部分に潤滑油を注入すること。

きゅう-ゆう【旧友】昔、友人であった人。また、古くからの友人。「小学校からの―」

きゅう-ゆう【旧遊】かつて旅行して訪れたことがあること。曽遊。「―の地」

きゅう-ゆう【級友】同じ学級の友人。同級生。クラスメート。

きゅう-よ【給与】― 一(名・他スル) 品物や金銭をあてがい与えること。また、その品物や金銭。「現物―」「制服を―する」二(名) 官公庁や会社などに勤める人に支払われる賃金・手当などをまとめた呼び名。給料。サラリー。俸給。「―所得」

きゅう-よ【窮余】苦しまぎれ。困ったあげく。

―の一策 苦しまぎれに思いついた方法や手段。

きゅう-よう【休養】―(名・自スル) 仕事から離れ、心身を休めて次に活動する力をたくわえること。「―をとる」

きゅう-よう【急用】― 急ぎの用事。「―ができる」

きゅう-よう【給養】―(名・他スル) ①物を分け与えて養うこと。②軍隊で人馬に食糧などをあてがうこと。

きゅう-らい【旧来】― 古くから。従来。「―の風習」

きゅう-らく【及落】― 及第と落第。合格と不合格。

きゅう-らく【急落】―(名・自スル) 物価や相場などが急に下がること。「株価が―する」↔急騰

ぎゅう-らく【牛酪】― バター。

きゅう-り【久離・旧離】― 江戸時代、役所に届け出て、失踪した身持ちの悪い目下の親族との関係を断つこと。「―を切る(=勘当する)」

きゅう-り【究理・窮理】― 物事の道理や法則をきわめ知ること。

きゅう-り【×胡瓜】〘植〙ウリ科の一年草。ふつう春から夏にかけて黄色の花を開く。果実は青いうちに食用にする。(夏)

きゅう-りゅう【△穹△窿】(中央が高くて弓形をしている意) ①青空。大空。②弓形の天井。ドーム。

きゅう-りゅう【急流】勢いの激しい水流。流れの速い川。「―下り」

きゅう-りょう【丘陵】― 平地よりやや高く、起伏のゆるやかな小山がつづく地形。「多摩―」「―地帯」

―たい【―帯】〘植〙植物の垂直分布の一つ。本州中部では、標高〇―七〇〇メートルくらいの地域で、シイ・カシなどが生える。

きゅう-りょう【旧領】もとの領地。旧領土。

きゅう-りょう【救療】貧しい病人に薬や治療をほどこして救うこと。⇩施療

きゅう-りょう【給料】勤労に対して支払われる報酬。給与。俸給。賃金。サラリー。「―日」「―が上がる」

きゅう-れい【旧例】― 古いしきたり。昔からの慣例。

きゅう-れき【旧暦】― 一八七二(明治五)年まで日本で用いられた暦法。太陰暦に季節変化など太陽暦の要素をとり入れた太陰太陽暦。「―の正月」↔新暦

きゅう-れき【球歴】― 野球など、球技での経歴や成績。

きゅう-ろう【旧△臘】(「臘」は陰暦十二月の意) 前年の十二月。[新年] [用法] 年始の挨拶などに用いる。

きゅっ-と(副) ①強く締めるさま。また、手や指で強くひねるさま。「帯を―しめる」「―つねる」②強く心が感動するさま。緊張で身がひき締まるさま。「胸が―締めつけられる」③酒などを一息に飲むさま。「―飲みほす」[参考]「きゅうっと」ともいう。

ぎゅっ-と(副) 力を入れて、強く締めつけたり押さえつけたりするさま。ぎゅうっと。「手を―握りしめる」

キュビスム〈フランス cubisme〉〘美〙二〇世紀初めにフランスに興った芸術運動。描こうとするものを複数の視点から点・線・面に分解し、幾何学的なものに表現するという手法を用いる。ピカ

ソやブラックなどが有名。立体派。キュービズム。

キュラソー〈フランス curaçao〉リキュールの一種。オレンジの果皮を入れて作った甘味の洋酒。

キュリー〈curie〉《物》放射能の単位。一グラムのラジウムが出す放射能をほぼ一キュリーとする。一キュリーは三七〇億ベクレル。記号 Ci

キュリーふじん【キュリー夫人】〈Marie Curie〉（一八六七〜一九三四）フランスの物理学者・化学者。ポーランド生まれ。夫ピエールとラジウム・ポロニウムを発見。一九〇三年、夫妻でノーベル物理学賞を受賞。夫の死後、金属ラジウムの分離に成功。一九一一年ノーベル化学賞受賞。

キュレーター〈curator〉美術館・博物館で研究・収集・展示などを行う専門職員。

キュロット〈フランス culotte〉《服》①（「キュロットスカート」の略）女性用の半ズボン式スカート。②半ズボン。

きゅん－と（副・自スル）急に感情が高まって、胸が一瞬締めつけられるように感じるさま。「胸が－なる」

き－よ【寄与】（名・自スル）国家・社会・会社などのために役に立つこと。貢献。「科学の発展に－する」

き－よ【毀誉】悪く言うこととほめること。「－褒貶(ほうへん)」

きょ【巨】 キョ㊥・コ
（字義）①大きい。「巨漢・巨人・巨大」②数が多い。たくさん。「巨億・巨額・巨万」難読 巨細(こさい) 人名 お・おお・たか・たかし・なお・まさ・み

きょ【去】 教3 キョ・コ さる
（字義）①さる。㋐時が過ぎさる。事物が通り過ぎていく。「去年・去来・過去(かこ)」㋑場所から離れる。立ちのく。「去就・辞去・退去」㋒死ぬ。「死去・逝去」㋓のぞく。すてる。「去勢・除去・撤去」②漢字の四声の一つ。「去声(きょしょう)」の略。難読 去年(こぞ) 人名 なる・ゆき

きょ【居】 教5 キョ・コ いる
（字義）①いる。おる。㋐住む。「隠居・閑居(かんきょ)・雑居・独居」㋑すわる。「居然・起居」②住まい。住む場所。「居室・居宅・皇居・住居・転居」難読 居候(いそうろう)・居丈高(いたけだか)・居士(こじ) 人名 おき・おり・おる・さや・すえ・やす・より

きょ【居】住まい。住居。住む場所。「－を構える」「－を移す」
－は気(き)を移(うつ)す 人は住む環境によって、その心の持ち方が自然に変わってくる。【故事】孟子(もうし)が、斉(せい)の国の首都に来て斉の王子を遠くから眺め「その馬車や衣服は他の人と大差はないが、あの気品だけは別だ。これはその地位や環境の感化によるものだ」と感嘆したことからいう。〈孟子〉

きょ【拒】 キョ㊥ こばむ㊥
（字義）①ふせぐ。よせつけない。「拒止・防拒」②こばむ。ことわる。「拒絶・拒否・抗拒」

きょ【拠】【據】 キョ㊥・コ㊥ よる
（字義）①よる。㋐たよる。たのみとする。「拠点・依拠・準拠」㋑しめる。たてこもる。「拠守・占拠」②よりどころ。「根拠・本拠・論拠」人名 より

きょ【挙】 教4【擧】キョ・あげる あがる・こぞる
（字義）①あげる。㋐持ちあげる。高くあげる。「挙手」㋑行う。くわだてる。「挙行・挙式・挙兵」㋒とりあげて用いる。地位につける。「挙用・推挙」㋓とらえる。「検挙」㋔数えあげる。「挙証・枚挙・列挙」②ふるまい。動作。そぶり。「挙措・挙動」③あげて。こぞって。みな。「挙国」人名 しげ・たか・たつ・ひら

きょ【挙】ふるまい。くわだて。行動。「反撃の－に出る」

きょ【◇据】 キョ すえる㊥・すわる㊥
（字義）すえる。㋐すえつける。㋑そのままにしておく。

きょ【虚】【人 虛】 キョ㊥・コ㊫ むなしい・そら
（字義）①むなしい。㋐から。中身がない。「虚無・虚空(こくう)・空虚」㋑実在しない。実体がない。「虚根・虚数」㋒うわべだけの。いつわり。「虚栄・虚勢・虚礼」㋓邪念や私心がない。「虚心・謙虚」②弱い。弱る。「虚弱」難読 虚仮(こけ)・虚仮威(こけおど)し・虚無僧(こむそう)・虚言(そらごと)・虚事(むなごと)・虚事(そらごと)

きょ【虚】①実体がないこと。むなしいこと。「実に対する－」↔実(じつ) ②物事に対する備えが整っていない状態。すき。油断。「－をつく（＝すきを襲う）」

きょ【許】 教5 キョ・コ ゆるす・ばかり・もと
（字義）①ゆるす。（他人の頼み・願い・主張を）聞き入れる。認める。「許諾・許容・裁許・特許・免許」②もと。ところ。場所を示す。「其処許(そこもと)」難読 許婚(いいなずけ)・許嫁(いいなずけ) 人名 きよ・ゆく

きょ【距】 キョ㊥ へだてる
（字義）へだてる。間がある。「距離・測距儀」

きょ【◇裾】 キョ・コ すそ㊥
（字義）①すそ。㋐衣服の下のふち。「長裾」㋑山のふもと。「裾野(すその)」②えり。前えり。

きょ【人 鋸】 キョ・コ のこぎり
（字義）①のこぎり。材木などをひき切る道具。②中国古代の、足をひき切る刑具。また、その刑罰。

ぎょ【魚】 教2 ギョ うお・さかな
（字義）①うお。さかな。「魚群・魚類・金魚・香魚(あゆ)・生魚・鮮魚・淡水魚・熱帯魚」②すなどる。魚をとる。＝漁。③魚形の。「魚板・魚雷・木魚」難読 魚河岸(うおがし)・魚子(ななこ)・魚籃(びく)・魚籠(びく) 人名 お・な

ぎょ【御】 ギョ㊥・ゴ㊥ おん㊥・お・み
（字義）①馬や車をあやつる。乗る。＝馭(ぎょ)。「御者・射御」②おさめる。使いこなす。「御宇・制御・統御」③はべる。そばにつかえる。また、その人。「御史・侍御・女御(にょうご・にょご)」④ふせぐ。＝禦(ぎょ)。「防御」⑤尊敬または丁寧の意を表す接頭語。「御活躍(ごかつやく)・御菓子(おかし)」難読 御愛想(おあいそ)・御生憎様(おあいにくさま)・御会式(おえしき)・御欠(おかき)・御侠(おきゃん)・御髪(おぐし)・御包(おくる)み・御高祖頭巾(おこそずきん)・御強(おこわ)・御爺(おじい)さん・御祖父(おじい)さん・御垂髪(おすべらかし)・御節(おせち)・御出座(おでまし)・御田(おでん)・御婆(おばあ)さん・御祖母(おばあ)さん・御姫様(おひいさま)・御虎子(おまる)・御味御付(おみおつけ)・御御籤(おみくじ)・御神輿(おみこし)・御襁褓(おむつ)・御目見得(おめみえ)・御供(ごくう)・御幸(ごこう・みゆき)・御法度(ごはっと)・御無音(ごぶいん)・御用達(ごようたし)・御来迎(ごらいごう)・御利益(ごりやく)・御稜威(みいつ)・御酒(みき)・御子(みこ)・御輿(みこし)・御簾(みす)・御霊(みたま)・御手洗(みたらし・みたらい)・御堂(みどう)・御息所(みやすどころ) 人名 おき・おや・のり・みつ

ぎょ－【御】（接頭）主として天皇に関する表現に用いて、尊敬の意を表す。「－製」「－物」

－ぎょ【御】（接尾）主として天皇に関する表現に用いて、尊敬の意を表す。「出－」「崩－」「臨－」

ぎょ【漁】 教4 ギョ・リョウ(レフ) すなどる・あさる 氵 氵 氵 氵 渔 渔 漁

(字義)①すなどる。魚をとる。「漁獲・漁場(ぎょじょう)・漁夫・禁漁・大漁・不漁」②あさる。むさぼり求める。「漁色」参考「リョウ」は「猟」から転用された国音。難読漁火(いさりび)

きょ‐あく【巨悪】 大きな悪。また、大悪人。「―を暴く」

きよ‐い【清い・浄い】(形)カロ・カッ(ク)・イ・イ・ケレ・○ ①にごりがなく澄んでいる。けがれがなく清浄である。「―月」「谷川の―流れ」②道徳的に正しい。肉体的・精神的に汚れがない。「―交際」「―心を持つ」③きれいさっぱりとしている。いさぎよい。「わだかまりを―く水に流す」文きよ・し(ク)

きょ‐い【虚位】キ― 名ばかりで実権のない地位。

ぎょ‐い【御衣】 天皇または貴人の衣服の敬称。お召し物。

ぎょ‐い【御意】(目上の人に用いて)①相手の考えに対する敬称。お考え。おぼしめし。②(「御意の通り」の意で)ごもっとも。「―にござります」用法②は、返答として用いる。

―に召(め)す おぼしめしにかなう。お気に入る。御意に入る。**―を得(え)る** ①お考えを伺う。おさしずを得る。②お目にかかる。

き‐よう【紀要】エウ― 大学や研究所などで、定期的に出す研究論文・報告などの機関誌。「研究―」

き‐よう【起用】(名・他スル)重要な役目や上の地位に人をとりたてて用いること。「若手を―する」

き‐よう【器用】(名・形動ダ)①難しいことや細かいことを上手にやってのけること。手先のきくこと。また、そのさま。「―な筆さばき」「不―」②要領のよいこと。抜け目のないこと。また、そのさま。「世の中を―にわたる」

―びんぼう【―貧乏】ビンボフ 何事もそつなく上手にこなせるため、かえって一つの専門では大成しないこと。また、その人。

きょう【凶】 キョウ㊥ ノ メ 凶 凶

(字義)①わざわい。災難。不吉(ふきつ)。不運なこと。「凶音(きょういん)・凶事・凶報・吉凶・大凶」↔吉 ②農作物のできが悪い。不作。飢饉(ききん)。「凶作・凶年・豊凶」↔豊 ③㋐わるい。よこしま。悪人。「凶悪・凶賊・元凶」㋑あらっぽい。むごい。人を殺傷する。「凶行・凶暴」参考③は、「兇」の書き換え字。

きょう【凶】 運や縁起が悪いこと。不吉。「―と出るか吉と出るか」↔吉

きょう【兄】キャウ (字義)→けい(兄)

きょう【叶】 人 キョウ(ケフ) かなう

(字義)①やわらぐ。調和する。したしむ。「叶和(きょうわ)」②あう。一致する。「叶賛」③かなう。思いどおりになる。望みどおりになる。④匹敵する。及ぶ。人名かない・かの・かのう・きよ・やす

きょう【共】 教4 キョウ とも 一 十 廾 土 共 共

(字義)①ともに。そろって。いっしょにする。「共学・共通・共同・共謀・共有・公共」②「共産主義」「共産党」の略。「反共・容共」人名たか

きょう【匡】 人 キョウ(キャウ) ただす

(字義)ただす。悪いところを正し救う。「匡正」人名きゅう・たか・たかし・たすく・ただ・ただし・まさ・まさし

きょう【叫】 キョウ(ケウ)㊥ さけぶ㊥ 丨 口 口 叫 叫 叫

(字義)さけぶ。大声をあげる。また、さけび声。「叫喚・絶叫」

きょう【亨】 人 キョウ(キャウ) コウ(カウ)・とおる

(字義)①すすめる。ささげる。②(コウと読んで)さしさわりなく行われる。とおる。「元亨利貞(げんこうりてい)」人名あき・あきら・すすむ・ちか・とし・なお・なが・なり・みち・ゆき

きょう【杏】 人 キョウ(キャウ)・アン あんず

(字義)あんず。からもも。バラ科の果樹。「杏仁(あんにん・きょうにん)・杏月・杏林」難読杏子(あんず) 人名り

きょう【狂】 キョウ(キャウ)㊥ くるう㊥・くるおしい㊥ ノ 犭 犭 犭 狂 狂

(字義)①くるう。㋐正常な判断を失う。㋑常軌を逸する。「狂喜・狂騒・狂態・熱狂」②(接尾語的に)他の事はかえりみずにある事に熱中すること。また、その人。「映画狂・相撲狂」③こっけいな。おどけた。「狂歌・狂言」人名よし

きょう【享】 キョウ(キャウ)㊥ うける 亠 亠 亡 古 亨 享

(字義)うける。身にうける。「享受・享年・享有・享楽」人名あきら・すすむ・たか・つら・みち・ゆき

きょう【京】 教2 キョウ(キャウ) ケイ㊥・キン 丶 亠 亡 古 亨 京 京

(字義)①みやこ。首都。「京洛(きょうらく)・入京・平安京・離京」②「京都」の略。「京美人・京阪神(けいはんしん)」③「東京」の略。「京浜(けいひん)・京葉(けいよう)」人名あつ・おさむ・たかし・ちか・ひろし

きょう【京】キャウ ①みやこ。首都。②京都。「―の都(みやこ)」「―女」③→けい(京)

―の着倒(きだお)れ 京都の人は衣服に金をかけすぎて財産をなくしてしまうということ。「大阪の食い倒れ」に対していう。

きょう【供】 教6 キョウ・ク㊥・グ そなえる・とも 亻 仁 什 供 供 供

(字義)①そなえる。㋐ささげる。献上する。「供物(くもつ)・供養(くよう)」㋑あてがう。用にあてる。「供給・供出・供米・提供」②事情を述べる。「供述・口供・自供」③つきしたがう。「供奉(ぐぶ)」難読供花(くげ)・供華(くげ)・供御(くご) 人名すすむ

きょう【協】 教4 キョウ(ケフ) かなう 一 十 忄 协 協 協

(字義)①あわせる。力をあわせる。「協賛・協同・協力・妥協」②かなう。調子があう。和合する。「協韻・協調・協和」③相談して一致する。「協定・協約」人名かなえ・かのう・やす・やすし

きょう【況】 キョウ(キャウ)㊥ いわんや 氵 氵 沪 沪 沪 況

(字義)①ありさま。ようす。「概況・近況・実況・状況・情況」②たとえる。くらべる。「比況」③(「いわんや」と読んで)まして。なおさら。参考「况」は俗字。

きょう【俠】 人 キョウ(ケフ)

(字義)おとこぎ。正義と意気に感じ、犠牲を払っても弱い者を助けること。また、その人。「俠客(きょうかく)・俠気(きょうき・おとこぎ)・義俠・任俠」参考「侠」は俗字。

きょう【峡】【峽】 人 キョウ(ケフ)㊥ はざま 丨 山 山 屮 峘 峡

(字義)①はざま。谷あい。山と山にはさまれた所。また、谷川。「峡谷・急峡」②せまく細長い所。「峡湾・海峡」人名たか

きょう【挟】【挾】 キョウ(ケフ)㊥ はさむ㊥・はさまる㊥ 扌 扌 扌 扣 挟 挟

(字義)はさむ。さしはさむ。「挟撃・挟持」

きょう【狭】【狹】 人 キョウ(ケフ)㊥ せまい㊥・せばめる㊥・せばまる㊥ ノ 犭 犭 犭 狭 狭

(字義)せまい。せばめる。㋐幅や範囲が小さい。「狭隘(きょうあい)・狭義」㋑ゆとりがない。心がせまい。「狭量・偏狭」難読狭霧(さぎり)・狭衣(さごろも)・狭間(はざま)

きょう【香】キャウ (字義)→こう(香)

きょう【香】キャウ 将棋の駒(こま)の「香車(きょうしゃ)」の略。

きょう【恐】 キョウ㊥ おそれる㊥・おそろしい㊥
(字義)①おそれる。㋐こわがる。こわい。「恐妻・恐怖」㋑つつしむ。かしこまる。「恐悦・恐縮」②おどす。「恐喝」 難読 恐持(こわもて)

きょう【恭】 キョウ㊥ うやうやしい㊕
(字義)うやうやしい。つつしむ。つつしみ深い。「恭賀・恭敬・恭謙・恭順」 人名 うや・すみ・たか・たかし・ただ・ただし・ちか・つか・のり・みつ・やす・やすし・ゆき・よし

きょう【胸】 教6 キョウ むね・むな
(字義)①むね。首と腹との間の部分。「胸囲・胸部・気胸」②こころ。思い。むねのうち。「胸襟(きょうきん)・胸中・度胸」 難読 胸繋(むながい)・胸座(むなぐら)・胸算用(むなざんよう)

きょう【脅】 キョウ(ケフ)㊥・おどかす㊥ おびやかす㊕・おどす㊥
(字義)おびやかす。おどす。こわがらせる。「脅威・脅迫」

きょう【◇脇】 キョウ(ケフ) わき㊥
(字義)①わきばら。②かたわら。そば。「脇士(きょうじ・わきじ)・脇息」

きょう【強】 教2 キョウ(キャウ)・ゴウ(ガウ)㊥ つよい・つよまる・つよめる・しいる㊥
(字義)①つよい。㋐力がつよい。勢力が大きい。「強豪・強大・強力(きょうりょく・ごうりき)・屈強・富強・列強」↔弱 ㋑はげしい。「強風・強暴・強烈」↔弱 ㋒かたい。しっかりした。「強固・強靭(きょうじん)」↔弱 ㋓すこやか。さかん。「強健・強壮」↔弱 ②つよめる。勢力を増す。「強化・増強・補強・富国強兵」③しいる。㋐無理にさせる。「強行・強制・強要・強引(ごういん)・強奪(ごうだつ)」㋑つとめる。努力する。「勉強」 難読 強突(ごうつ)く張り・強意見(こわいけん)・強談判(こわだんぱん)・強張(こわば)る・強飯(こわめし)・強面(こわもて)・強持(こわもて)・強請(ゆす)り・強請(ゆす)る 人名 あつ・かつ・こわ・すね・たけ・たけし・つとむ・つよ・つよし

-きょう【強】 キャウ (接尾)示した数より少し多いこと、または端数を切り捨てた数であることを表す。「五メートル―」↔弱

きょう【教】 教2 キョウ(ケウ) おしえる・おそわる
(字義)①おしえる。おしえ。学問や知識をさずける。「教育・教化(きょうか・きょうげ)・教科・教授」②宗教。道徳。「教義・教理・異教・宗教・布教」③(接尾語的に)宗教の一派。「回教・旧教・儒教・新教・道教・仏教」 人名 かず・こ・たか・なり・のり・みち・ゆき

きょう【経】 キャウ (字義)→けい(経)

きょう【経】 キャウ〔仏〕仏の教えを書いたもの。経文(きょうもん)。お経。

きょう【郷】 教6 **【鄕】** キョウ(キャウ)・ゴウ(ガウ)㊥ さと
(字義)①さと。㋐中国古代の行政区画。㋑むらざと。いなか。地方。「郷土・郷士(ごうし)・郷兵(ごうへい)・異郷・在郷(ざいごう)・他郷」㋒ふるさと。「郷愁・郷里・懐郷・帰郷・故郷・望郷」②昔の地方行政区画。「郷社(ごうしゃ)・白川郷(しらかわごう)」③(接尾語的に)土地。場所。「温泉郷・理想郷」 人名 あき・あきら・のり

きょう【郷】 キャウ ①さと。村。村里。いなか。②ふるさと。故郷。

きょう【卿】 人 キョウ(キャウ) ケイ
(字義)きみ。㋐執政の大臣。また、三位(さんみ)以上の人の敬称。「卿相(けいしょう)・公卿(くぎょう・こうけい)・民部卿(みんぶきょう)」㋑天子が臣下を呼ぶ語。また、一般に相手に対する敬称。「卿等(けいら)・諸卿(しょけい)」

きょう【◇卿】 キャウ ①律令制で、八省の長官。②参議や三位(さんみ)以上の人。③英語 Lord, Sir の訳語。「アイザック―」

きょう【喬】 人 キョウ(ケウ) たかい
(字義)①たかい。高くそびえる。「喬岳・喬木」②おごりたかぶる。「喬志・喬然」 人名 すけ・たか・たかし・ただ・のぶ・もと

きょう【◇敬】 キャウ (字義)→けい(敬)

きょう【境】 教5 キョウ(キャウ)・ケイ㊥ さかい
(字義)①さかい。㋐土地のくぎり。「境界・境内(けいだい)・越境・国境」㋑くぎられた範囲。地域。場所。「仙境・秘境」②物のおかれた位置。人の身の上・立場。「境涯・境遇・環境・逆境」③ありさま。心の状態。「境地・恍惚境(こうこつきょう)・心境・老境」

きょう【境】 キャウ ①一定の場所。土地。「無人の―」②心の状態。境地。「無我の―に入る」

きょう【蕎】 人 キョウ(ケウ)
(字義)「蕎麦(きょうばく)」は、そば。タデ科の一年草。実からそば粉をとる。

きょう【橋】 教3 キョウ(ケウ) はし
(字義)はし。川・谷・低地・道路などの上にかけわたした通路。「橋脚・橋梁(きょうりょう)・架橋・鉄橋・歩道橋・陸橋」 人名 たか

きょう【興】 (字義)→こう(興)

きょう【興】 物事に対して感じるおもしろみ。「―がわかない」

きょう【◇頰】 キョウ(ケフ) ほお㊥
(字義)ほお。顔の両わき。「豊頰」 参考「頬」は俗字。 難読 頰被(ほおかぶ)り・頰白(ほおじろ)・頰笑(ほほえ)む 人名 つら・ほ

きょう【矯】 キョウ(ケウ)㊥ ためる㊕
(字義)①ためる。曲がったものをまっすぐに直す。正しくする。「矯正・矯風」②つよい。はげしい。「矯激・奇矯」③いつわる。「矯詔・矯奪」 人名 いさみ・いさむ・たけし・ただ

きょう【鏡】 教4 キョウ(キャウ) かがみ
(字義)①かがみ。物の姿を映して見る道具。「鏡台・鏡面・三面鏡・銅鏡・明鏡」②(接尾語的に)かがみやレンズを用いた光学器械。「眼鏡(がんきょう・めがね)・双眼鏡・望遠鏡」③手本。反省の手がかり。「鏡鑑」 人名 あき・あきら・かね・とし・み

きょう【競】 教4 キョウ(キャウ)・ケイ きそう㊥・せる㊕
(字義)きそう。せりあう。勝負をあらそう。「競合・競争・競走・競売(きょうばい・けいばい)・競馬(けいば)」 人名 きそお・きそみ・たか・つよし

きょう【響】【人響】 キョウ(キャウ)㊥ ひびく㊥
(字義)①ひびく。ひびかせる。㋐音がとどろく。こだまする。評判が伝わる。「音響・反響」㋑関係を及ぼす。「影響」②「交響楽団」の略。「東響・日響」 人名 おと

きょう【饗】 人 キョウ(キャウ)
(字義)もてなす。ごちそうする。「饗宴・饗応」

きょう【驚】 キョウ(キャウ)㊥ おどろく㊥・おどろかす㊥
(字義)おどろく。びっくりする。おどろかす。「驚異・驚愕(きょうがく)・驚嘆・一驚・喫驚・驚天動地」

きょう【今日】 ケフ 今。過ごしている日の、午前〇時から午後十二時まで。本日。今日(こんにち)。「―の日付になる」 参考 常用漢字表付表の語。

―あす【―明日】 今日か明日。ごく近いうち。「―にも結果がわかる」

―び【―日】 きょうこのごろ。いまどき。現代。「―の若者」

ぎ-よう【儀容】 礼儀にかなった姿・態度。

ぎょう【仰】 ギョウ(ギャウ)㊥・コウ(カウ)㊥・ゴウ(ガウ) あおぐ㊥・おおせ㊫ (字義) ①あおぐ。㋐上を向く。見上げる。「仰臥・仰視・俯仰」㋑うやまう。あがめる。「渇仰・信仰」②おおせ。命令。 難読 仰向く・仰向け・仰る・仰山・仰のけ反る 人名 たか・たかし・もち

ぎょう【行】 ギャウ (字義)→こう(行)

ぎょう【行】 ギャウ ①文字などの縦または横の並び。「―を改める」②「行書」の略。③僧・山伏などのする修行。「―を積む」

ぎょう【形】 ギャウ (字義)→けい(形)

ぎょう【尭】【堯】 ギョウ(ゲウ) (字義) たかい。とおい。「尭尭」 人名 あき・きょう・たか・たかし・とみ・のり

ぎょう【尭】 ゲウ 中国古代の伝説上の帝王。舜とともに理想の天子とされる。帝尭。

ぎょう【暁】【曉】 ギョウ(ゲウ)㊫ あかつき㊥ (字義) ①あかつき。夜あけ。あけがた。「暁鐘・暁星・今暁・払暁」②さとる。物事にあかるい。「暁達・通暁」 人名 あき・あきら・あけ・さとし・さとる・とき・とし

ぎょう【業】 教3 ギョウ(ゲフ)・ゴウ(ゴフ)㊫ わざ㊥ (字義) ①わざ。㋐学問。勉強。「学業・修業・授業・卒業」㋑仕事。勤め。「業績・業務・休業・作業・産業・残業・始業・事業・就業・終業・職業」㋒なりわい。生活のてだて。「家業・失業・正業・生業・生業」㋓しわざ。行い。「悪業・善業」②(接尾語的に)産業。「漁業・工業・商業・農業」③(「ゴウ」と読んで)現在の結果のもとになる過去の行為。また、その報い。「業因・業果・業苦・業報・罪業・自業自得」 難読 業腹 人名 おき・かず・くに・なり・のぶ・のり・はじめ・ふさ

ぎょう【業】 ゲフ ①学問。勉強。修業。「―を修める」②仕事。勤め。職業。「著述を―とする」

ぎょう【凝】 ギョウ㊥ こる㊥・こらす㊥ (字義) ①こる。こらす。㋐固まる。固める。「凝結・凝固・凝縮」㋑一心になる。「凝思・凝視」②じっとして動かない。「凝然・凝滞」

ぎょう【驍】 ギョウ(ゲウ)・キョウ(ケウ) つよい (字義) ①よい馬。駿馬。②つよい。勇ましい。「驍騎・驍将・驍名・驍勇」 人名 いさ・すぐる・たけし・つよし

ぎょ-う【御宇】 (宇内(=天下・世界)を統御する意)天子の治める世。御代。

きょう-あい【狭隘】 ケフ― (名・形動ダ) ①土地・面積などの狭いこと。「―な土地」②心の狭いこと。「―な心」

きょう-あく【凶悪・兇悪】 (名・形動ダ) 性質が残忍で、残酷な悪事を平気でやること。また、そのさま。「―な犯罪」

きょう-あく【梟悪】 ケウ― (名・形動ダ) 人の道にはずれ、極めて悪いこと。また、そのようなさまやそのような人。「―の徒」

きょう-あつ【強圧】 キャウ― (名・他スル) (強い力や権力を利用して)強くおさえつけること。「―的な態度」

きょう-あん【教案】 ケウ― 授業の目的・方法や進行の仕方、教材についての時間配当などを書いた予定案。学習指導案。

ぎょう-あん【暁闇】 ゲウ― 夜明け前のやみ。あかつきやみ。

きょう-い【胸囲】 キョウ― 胸のまわりの長さ。

きょう-い【脅威】 ケフ― 強い力や勢いでおびやかすこと。また、おびやかされることで感じる恐ろしさ。「―を感じる」

きょう-い【強意】 キャウ― 〔文法〕そこの部分の意味を強めること。「とても」「非常に」などの程度副詞、強意の係助詞などの語を用いる。強調。「―の助詞」

きょう-い【驚異】 キャウ― ふつうでは考えられないような驚くべき事柄。また、その驚き。「―の効果」

―てき【―的】 (形動ダ) ダロ・ダッ(デ・ニ)・ダ・ナ・ナラ・○ 非常に驚くべきさま。「―な進歩」

きょう-いき【境域】 キャウヰキ ①土地のさかい・しきり。また、その境界内の土地。②分野。領域。「自然科学の―」

きょう-いく【教育】 ケウ― (名・他スル) 社会で生活するために必要な学問・知識・技能などが身につくよう、教え育てること。狭義では、学校教育。「義務―」「子供を―する」

―いいんかい【―委員会】 キヰンクワイ 都道府県や市町村(特別区を含む)に設けられている教育行政機関。

―か【―家】 教育に従事する人。教育者。

―かてい【―課程】 クワテイ (curriculum の訳語)児童・生徒の発達にあわせて作った学習指導計画の体系。カリキュラム。

―かんじ【―漢字】 小学校六年間に学習すべきものとして選ばれた一〇二六字の漢字の通称。学習漢字。

―きかん【―機関】 キクワン 教育を行うところ。学校・研究所・図書館など。

―きほんほう【―基本法】 キホンハフ 〔法〕日本国憲法の精神に基づき、教育目的や方針などについて定めた法律。一九四七(昭和二十二)年制定。

―じっしゅう【―実習】 ジツシフ 教員免許の取得に必要な科目で、学校教育の現場で行う授業や生徒指導などの実習。

―しゃ【―者】 教育を行う人。教師など。

―てき【―的】 (形動ダ) ダロ・ダッ(デ・ニ)・ダ・ナ・ナラ・○ 教育の目的にかなったさま。教育上有益なさま。教育に関係するさま。「―配慮」

きょう-いん【凶音】 悪い知らせ。死亡の知らせ。訃報。凶音。

きょう-いん【教員】 ケウヰン 学校職員のうち、教室の教壇に立ち、教育・指導にあたる人。先生。教師。

きょう-うん【強運】 キャウ― 運が強いこと。「―の持ち主」

ぎょう-うん【暁雲】 ゲウ― 夜明けの雲。

きょう-えい【共栄】 (立場の違うものどうしが)共に栄えること。「共存―」

きょう-えい【競泳】 キャウ― (名・自スル) 一定の距離を泳ぎ、その所要時間の短さを競う競技。「―種目」 夏

きょう-えき【共益】 共同の利益。

―ひ【―費】 集合住宅などの入居者が、外灯やエレベーターなど、共同の設備を維持・管理するために負担し合う費用。

きょう-えつ【恐悦・恭悦】 (名・自スル) 謹んで喜ぶこと。「―至極に存じます」 用法 相手の厚意に対する感謝の喜びや目上の人の慶事に対する祝意を述べるときに多く用いる。

きょう-えん【共演】 (名・自スル) いっしょに出演すること。

きょう-えん【競演】 キャウ― (名・他スル) ①同一の舞台などで演技や演奏の優劣などを競い合うこと。②同じ期間に、別々の劇場などで似た作品を上演して、人気を張り合うこと。

きょう-えん【饗宴】 キャウ― 客をもてなすための宴会。

きょう-おう【供応・饗応】 キョウ―・キャウ― (名・他スル) 酒食を供してもてなすこと。「―を受ける」

きょう-おう【胸奥】 ―アウ 人に知られない心の奥底。

きょう-おう【教皇】 ケウワウ →きょうこう(教皇)

きょう-おく【胸臆】 心。心の中。「―を語る」

きょう-おん【△跫音】 あしおと。

きょう-おんな【京女】キャウヲンナ 京都の女性。しとやかで優美とされた。「東男あずまおとこに―」

きょう-か【狂歌】キャウ― しゃれや風刺のおかしみを詠んだ短歌。

きょう-か【供花】クワ →くげ(供華)

きょう-か【強化】キャウクワ (名・他スル) 足りないところを補って、さらに強くすること。「材質の―」「警備の―」↔弱化

きょう-か【教化】ケウクワ (名・他スル) 人をよいほうへ教え導くこと。「民衆を―する」参考 仏教では「きょうげ」という。

―しょくひん【―食品】 ビタミン・ミネラルなどの栄養素を人工的に加えた食品。強化米・強化味噌みそなど。

きょう-か【教科】ケウクワ 学校で、学習する知識や技術などの内容を学問の体系に沿って組織した一区分。国語・理科・社会・算数(数学)など。

―しょ【―書】 学校で教科指導上の中心となる図書。授業で使う本。「―検定」

きょう-か【橋架】ケウ― 橋げた。または、橋。

きょう-が【恭賀】 うやうやしく祝うこと。謹賀。「―新年」

ぎょう-が【仰△臥】ギャウグワ (名・自スル) あお向けに寝ること。「ベッドに―する」↔伏臥ふくが

きょう-かい【協会】ケフクワイ 同じ目的をもった会員が寄り集まり、たがいの協力によって維持・運営される会。

きょう-かい【胸懐】クワイ― 胸中。心の中。「―を明かす」

きょう-かい【教会】ケウクワイ ①同じ宗教を信じ、その教義を伝える人々の団体。特にキリスト教でいう。②→きょうかいどう

―どう【―堂】ダウ キリスト教徒の礼拝れいはいや集会のための建物。教会。

きょう-かい【教戒・教△誡】ケウ― (名・他スル) 教えいましめること。

きょう-かい【教△誨】ケウクワイ (名・他スル) 教えさとすこと。

―し【―師】 受刑者に徳性教育を施す人。

きょう-かい【境界】キャウ― ①土地などのさかいめ。「―線」②物事のさかいめ。「虚構と現実の―」

きょう-がい【境界】キャウ― ①〔仏〕前世の報いとして定まる現世の境遇。②めぐりあわせ。境遇。境涯。

きょう-がい【境涯】キャウ― この世に生きていく上でその人が置かれている立場・環境。身の上。境遇。「不幸な―」

きょう-がい【驚△駭】キャウ― (名・自スル) 驚きおそれること。

ぎょう-かい【業界】ゲフ― 同じ産業・商業にたずさわっている人々の社会。同業者仲間。「薬品―」

―し【―紙】 特定の業界に関する記事を詳しく扱う新聞。

ぎょう-かい【凝塊】クワイ― こり固まったもの。かたまり。

ぎょうかい-がん【凝灰岩】ギョウクワイ― 〔地質〕火山灰・火山砂・火山礫れきなどが堆積たいせきし固まってできた岩石。加工しやすく、土木・建築に利用する。

きょう-かく【△侠客】ケフ― 江戸時代、強者をくじき弱者を助けることを表看板とした人。町奴まちやっこ・博徒ばくとなど。男だて。

きょう-かく【胸郭・胸△廓】クワク 胸部の骨格。胸骨・肋骨ろっこつ・胸椎きょうついが組み合わさった、かご状の骨格。

きょう-がく【共学】 (男女が)同じ学校・教室でいっしょに学ぶこと。「男女―」

きょう-がく【教学】ケウ― ①教育と学問。②宗教の教義についての学問。

きょう-がく【驚△愕】キャウ― (名・自スル) 非常に驚くこと。「突然の悲報に―する」

ぎょう-かく【仰角】ギャウ― 目の高さより上にある物を見る視線と、目の高さを通る水平面とがつくる角。↔俯角ふかく ⇒俯角(さしえ)

きょう-かたびら【経×帷子】キャウ― 仏式で葬るとき、死者に着せる白い着物。経文・仏名などを書く。帷子。

きょう-かつ【恐喝】 (名・他スル) 相手の弱みにつけこみおどすこと。おどして金品をまきあげること。ゆすり。「―罪」

きょう-がのこ【京鹿の子】キャウ― ①京都で染めた鹿の子絞り。②紅あんと白いんげん豆を用いた鹿の子餅もち。③〔植〕バラ科の栽培多年草。夏、多数の赤い小花をつける。夏

ぎょう-がまえ【行構え】ギャウガマヘ →ゆきがまえ

きょう-が・る【興がる】 (自五)(ラ(ロ)・リ(ッ)・ル・ル・レ・レ) おもしろがる。

きょう-がわら【経瓦】キャウガハラ 経文を彫りつけて、後世に長く伝えるため地中に埋めるかわら。平安後期に多く作られた。

きょう-かん【凶漢・△兇漢】 凶悪な男。悪者。

きょう-かん【叫喚】ケウクワン ■(名・自スル) 大声でわめき叫ぶこと。「阿鼻あび―」■(名)〔仏〕「叫喚地獄」の略。

―じごく【―地獄】ゴク 〔仏〕八大地獄の一つ。亡者が熱湯や業火に苦しんでわめき叫ぶ所。叫喚。

きょう-かん【共感】 (名・自スル) 他人の考えや感情に対して、自分もまったく同じように感じること。同感。「―を呼ぶ」

きょう-かん【峡間】ケフ― 両側を険しい山に挟まれた長く狭い土地。谷あい。谷間。

きょう-かん【胸間】 ①胸のあたり。②心の中。

きょう-かん【教官】ケウクワン 教育・指導・研究にたずさわる公務員。また俗に、私立大学や専門学校などの教員。

きょう-かん【経巻】キャウクワン 経文の書いてある巻物。

きょう-かん【郷関】キャウクワン 故郷と他郷との境。転じて、ふるさと。「―を出る」

ぎょう-かん【行間】ギャウ― 文章の行と行との間。

―を読よむ 書かれていることを表面的に理解するだけでなく、表れていない書き手の真意まで読みとる。

きょう-き【凶器・△兇器】 人を殺傷するために用いる器具。また、殺傷に用いられた器具。ピストルやナイフなど。

きょう-き【共起】 (名・自スル) 二つの語が一つの文や句の中に同時に出てくること。その度合いを調べ、語の関連の強さを測る基準とする。

きょう-き【狂気】キャウ― 精神状態が正常でないこと。また、常軌を逸した心。「―の沙汰さた」↔正気

きょう-き【狂喜】キャウ― (名・自スル) 常軌を逸して激しく喜ぶこと。「―乱舞」「合格の知らせに―する」

きょう-き【△侠気】ケフ― 強者をくじき、弱者を助ける気性。おとこぎ。「―に富む」

きょう-き【狭軌】ケフ― 鉄道で、レールの幅が標準軌間の一・四三五メートル未満の狭い軌道。JRの在来線は狭軌。↔広軌

きょう-き【強記】キャウ― 記憶力がすぐれていること。「博覧―」

きょう-き【驚喜】キャウ― (名・自スル) 驚き喜ぶこと。思いがけないうれしい出来事に喜ぶこと。「成功の知らせに―する」

きょう-ぎ【協議】ケフ― (名・他スル) 関係者が集まって相談すること。「事前―」「―離婚」「今後の方針を―する」

きょう-ぎ【狭義】ケフ― ある言葉や物事を、範囲を狭めて解釈した場合の意味。「―に解釈する」↔広義

きょう-ぎ【経木】キャウ― スギ・ヒノキなど、節のない木材を紙のように広く薄く削ったもの。食品の包装などに使われる。古くは経文きょうもんを書くのに使った。

きょう-ぎ【教義】ケウ― 宗教・宗派で、真理として信じられ教えられている考え。教理。ドグマ。「キリスト教の―」

きょう-ぎ【競技】キャウ― (名・自スル) たがいに技術や力を競うこと。特に、陸上競技・運動競技などスポーツの試合。

ぎょう-き【澆季】（「澆」は軽薄、「季」は末の意）人情や道徳が薄くなり風俗の乱れた世。末の世。世の終わり。

ぎょうき〔行基〕（六六八〜七四九）奈良時代の僧。諸国を回って仏教を広め、また救済事業に尽くして、行基菩薩と称された。七四五（天平十七）年、日本最初の大僧正の位を受けた。

ぎょう-ぎ【行儀】立ち居振る舞いの作法。「―が悪い」「―よく（＝規則的に）並べる」

ぎょう-ぎ【凝議】（名・他スル）熱心に相談すること。

きょう-きゃく【橋脚】橋げたを支える柱。

きょう-きゅう【供給】（名・他スル）①要求・必要に合わせて物品を補ったり与えたりすること。「食料を―する」②〔経〕販売または交換のため、商品を市場に出すこと。「需要と―のバランス」（↔需要）

きょうぎゅう-びょう【狂牛病】→ビーエスイー

きょう-きょう【恐恐】（トタル）恐れかしこまるさま。おそるおそる。「―たる態度」文（形動タリ）

―きんげん【―謹言】手紙の終わりに書いて敬意を表す語。つつしんで申し上げますの意。

きょう-きょう【兢兢】（トタル）恐れてびくびくするさま。「戦戦―」文（形動タリ）

きょう-ぎょう【協業】（名・自他スル）労働者が一連の工程をそれぞれ分担して協同的、組織的に働くこと。⇩分業

ぎょう-きょう【業況】〔経〕個々の産業または企業の景気の状況。「―が回復する」

ぎょうぎょう-し【行行子】→よしきり 夏

ぎょうぎょう-し・い【仰仰しい】（形）（カロ・カツ（ク）・イ・イ・ケレ・○）実際よりもおおげさである。「―・く話す」「―いでたち」文ぎゃうぎゃう・し（シク）

きょう-きん【胸襟】（胸と襟の意から）心。胸のうち。

―を開く 思うことを隠すことなく打ち明けて語る。

きょう-く【狂句】①滑稽な俳句。たわむれの句。蕉門では、高度な風狂精神に基づく、自由で洗練された句をいう。②江戸後期の川柳。

きょう-く【恐懼】（名・自スル）恐れ入ること。かしこまること。「―感激する」

きょう-く【教区】〔宗〕宗門の布教のために設けた区域。

きょう-く【驚懼】（名・自スル）おどろきおそれること。

きょう-ぐ【教具】授業の効果をあげるために用いる器具。黒板・掛け図・標本・テレビ・パソコンなど。

きょう-くう【胸腔】「きょうこう」の慣用読み。特に医学でいう。

きょう-ぐう【境遇】家庭環境・経済状態・人間関係など、その人が置かれた環境や状況。境涯。「不幸な―にある」

きょう-くん【教訓】（名・他スル）教えさとすこと。今後の生き方や考えに役立つ教え。また、その言葉。「―を垂れる」

きょう-げ【教化】（名・他スル）〔仏〕迷いの世界にいる衆生を教え導いて仏道にはいらせること。参考 仏教用語以外のときは「きょうか」と読む。「化」を「げ」と読むのは呉音。

きょう-けい【恭敬】つつしみ敬うこと。

ぎょう-けい【行刑】〔法〕懲役・禁錮・拘留など、人の自由の拘束を内容とする刑を執行すること。

ぎょう-けい【行啓】三后・皇太子・皇太子妃などの外出を尊敬していう語。参考 天皇の場合は「行幸」という。

きょう-げき【京劇】北京で発達した中国の音楽劇。囃子方がいて、俳優はせりふと歌を受けもつ。京劇。

きょう-げき【挟撃・夾撃】（名・他スル）間にはさんで両側から攻めること。はさみうち。「両側面から―する」

きょう-げき【矯激】（名・形動ダ）（思想・主張・言動などが）極端で激しいこと。また、そのさま。「―な言動」

きょう-けつ【供血】（名・自スル）輸血用の血液を提供すること。献血。「―者」

ぎょう-けつ【凝血】（名・自スル）（体外に出た）血液が固まること。また、固まった血液。「―作用」

ぎょう-けつ【凝結】（名・自スル）①〔物〕気体が液体になること。凝縮。②〔化〕コロイド粒子が集まって沈殿すること。凝析。③（比喩的に）考えや感情がこり固まること。

きょう-けん【狂犬】狂犬病にかかった犬。

―びょう【―病】〔医〕ウイルスによる犬の急性伝染病。神経症状・呼吸障害などが起こり死に至る。病犬にかまれると人畜にも感染する。恐水病。

きょう-けん【恭倹】（名・形動ダ）人にはうやうやしく、自分自身には慎み深いこと。また、そのさま。「―に身を持する」

きょう-けん【恭謙】（名・形動ダ）つつしんでへりくだること。また、そのさま。「―な態度で接する」

きょう-けん【強肩】野球で、球を遠くまで速く正確に投げる力があること。また、その力のある肩。「―の外野手」

きょう-けん【強健】（名・形動ダ）体がすこやかでじょうぶなこと。また、そのさま。「―な人」↔虚弱

きょう-けん【強権】国家が軍隊・警察などを動かして示す、国民に対する強制的な権力。「―発動」

きょう-けん【教権】①教育上、学生・生徒に対してもつ教師の権力・権威。②〔基〕宗教上の権威。特に、カトリックの教会・教皇の権威。

きょう-げん【狂言】①〔演〕能楽の間に演じられる滑稽・卑俗な劇。能狂言。②〔演〕歌舞伎の芝居。歌舞伎劇。「顔見世―」③人をあざむくために仕組んだこと。「―強盗」

―かた【―方】①下級の歌舞伎劇作者。幕の開閉・せりふの書き抜きなどをした。②能楽で、狂言を演じる役者。

―きご【―綺語】理屈に合わない言葉と飾りたてた言葉。特に、仏教・儒教の立場から文学（作品）をいやしめていった語。狂言綺語。

―し【―師】能楽で、狂言を演じる人。

―まわし【―回し】①芝居で、主役ではないが、筋の運びや主題の解説に終始重要な役割をもつ役柄。②（転じて）表面には出ないが、陰で物事を進行させる役割をしている人。

きょう-こ【強固・鞏固】（形動ダ）（ダロ・ダッ（デ・ニ）・ダ・ナ・ナラ・○）強くしっかりしているさま。「―な意志」文（ナリ）

きょう-ご【教護】（名・他スル）教育し保護すること。

―いん【―院】「児童自立支援施設」の旧称。

ぎょう-こ【凝固】（名・自スル）①こりかたまること。「血液が―する」②〔化〕液体または気体が固体になること。↔融解

―てん【―点】〔物〕液体または気体が凝固するときの温度。

きょう-こう【凶行・兇行】殺傷などの残忍で凶悪な犯行。「―におよぶ」

きょう-こう【凶荒】穀物の実らないこと。不作のためのひどい飢饉。凶作。

きょう-こう【向後・嚮後】（名・副）今からのち。これから先。今後。向後。「―関係を断つ」

きょう-こう【恐慌】①恐れあわてること。「―をきたす」②〔経〕景気の急激な下降局面をさす語。価格の暴落・失業者の増大・企業の倒産・銀行の支払い不能などが生じる混乱状態。一九二九年の世界大恐慌は有名。パニック。「金融―」

きょう-こう【恐惶】①恐れ入ること。②手紙の終わり

に書く語。「ー謹言(=恐れ入り、つつしんで申し上げます)」

きょう-こう【胸△腔】 ー《生》体腔のうち、横隔膜より上の部分。胸郭の内部。参考 医学では「きょうくう」という。

きょう-こう【強行】（名・他スル）障害や反対があるにもかかわらず、物事を強引に行うこと。「工事をーする」

きょう-こう【強攻】 ー（名・他スル）危険や無理を知りながら強引に攻めかかること。「ー策」

きょう-こう【強硬】（名・形動ダ）自分の意見を強く主張してゆずらないこと。また、そのさま。「ー手段」「ーに主張する」↔軟弱

きょう-こう【教皇】《基》ローマカトリック教会の最高の指導者。ローマ教皇。ローマ法王。法王。教皇。

きょう-ごう【◇校合】（名・他スル）①原稿と比べ合わせ、間違いを訂正すること。②基準とした本と、ほかの本との違いを調べること。「異本とーする」参考「こうごう」ともいう。

きょう-ごう【強豪・強剛】 きわだって強く手ごわいこと。また、その強い人やチーム。つわもの。「ーと対戦する」

きょう-ごう【競合】（名・自スル）①(利害などが)重なりせりあうこと。「他社とーする」②(原因などが)いくつも重なりあうこと。「ー脱線」

きょう-ごう【△驕傲】（名・形動ダ）いばりかえっていること。おごりたかぶること。また、そのさま。倨傲。

ぎょう-こう【行幸】（名・自スル）天皇が外出することを尊敬していう語。行幸。参考 皇后・皇太子などの場合は「行啓」という。

ぎょう-こう【暁光】 夜明けの光。「ーが射す」

ぎょう-こう【△僥△倖】 偶然にめぐってくる幸せ。「ーにめぐまれる」

きょう-こうぐん【強行軍】 ①進む距離やかける時間などが、ふつうよりきびしい行軍。②(比喩的に)行う人に過大な負担をかけて物事を行うこと。「ーで仕上げる」

きょう-こく【峡谷】 ー険しい山にはさまれた、幅の狭い谷。

きょう-こく【強国】 ー(軍事や経済などで)強い力をもつ国。↔弱国

きょう-こく【郷国】 ー生まれ故郷。郷里。ふるさと。

きょう-こつ【△侠骨】 ー強い者をくじき、弱い者を助ける気性。おとこだて。

きょう-こつ【胸骨】《生》胸郭の前中央部にあり、肋骨をつないでいる骨。

きょう-こつ【◇頬骨】 ー《生》上あごの上方外側に左右一対あり、ほおの隆起をなす骨。顴骨。頬骨。

きょう-さ【教唆】 ー（名・他スル）①他人をそそのかすこと。けしかけること。「ー扇動する」②《法》犯意のない他人をそそのかして犯罪を起こさせること。共犯の一形式。「殺人ー」

きょう-さい【共済】（名・自スル）たがいに助け合うこと。

ギョウザ〈中国 餃子〉→ギョーザ

ーくみあい【ー組合】 同じ職種や事業に従事する者が相互に助け合うための組合。掛け金を出し合い、病気・負傷・死亡・出産などの場合に一定の金額を給付する。

きょう-さい【共催】（名・他スル）(「共同主催」の略)複数の団体が共同で一つの催し物を行うこと。「四団体ーの大会」

きょう-さい【恐妻】 夫が妻に頭が上がらないこと。「ー家」

きょう-ざい【教材】 ー学習に用いる資料や材料。

きょう-さく【凶作】 農作物のできが非常に悪いこと。「ーにみまわれる」秋 ↔豊作

きょう-さく【狭△窄】 ー（一部分が）せばまり、細くなっていること。「視野ー」

きょう-さく【◇警策】 ー禅宗の僧堂で座禅のとき、眠気や気のゆるみをいましめるために肩を打つ板状の棒。警策。

きょう-さく【競作】 ー（名・他スル）二人以上の人が競って作品を作ること。

きょう-さつ【挟殺】 ー（名・他スル）野球で、塁間にいる走者を二人以上の野手がはさみうちしてアウトにすること。

きょう-ざつ【△夾雑】 ー余計なものが混じっていること。

ーぶつ【ー物】 あるものの中に混じりこんでいる余計なもの。不純物。「ーの混入」

きょう-ざまし【興◇醒まし】（名・形動ダ）楽しい雰囲気やおもしろみを失わせること。また、そのようにさせるもの。

きょう-ざめ【興◇醒め】（名・自スル・形動ダ）興がさめること。興味や感興がそがれるさま。「ーな話」

きょう-ざ・める【興◇醒める】（自下一）メ・メ・メル・メル・メレ・メロ(メヨ) おもしろみがなくなる。興味や感興が薄らぐ。しらける。文 きょうざ・む(下二)

きょう-さん【共産】 生産手段・財産を共有にすること。

ーしゅぎ【ー主義】 生産手段・財産を社会全体で共有し、貧富の差のない社会を築こうとする思想。また、そういう社会体制。特に、マルクスとエンゲルスによって体系づけられたマルクス主義を指す。コミュニズム。

ーとう【ー党】 共産主義社会の実現をめざす政党。

きょう-さん【協賛】 ー（名・自スル）計画の目的・内容に賛成し、協力・援助すること。「新聞社のーを得る」

きょう-さん【強酸】 ー《化》水溶液中で大部分が電離する酸。硫酸・塩酸・硝酸など。↔弱酸

ぎょう-さん【仰山】 ー ㊀(形動ダ) ダロ・ダッ(デ・ニ)・ダ・ナ・ナラ・○ おおげさなさま。「ーなことを言う」文(ナリ) ㊁(副)(関西で)数量が非常に多いさま。「本がーある」

きょう-し【狂死】（名・自スル）発狂して死ぬこと。

きょう-し【狂詩】 ー滑稽・風刺を主とした漢詩体の詩。卑俗な表現や当て字を用いる。江戸中期以降に流行。

きょう-し【教旨】 ー教えの中心となる内容。教えの趣旨。特に、宗教の趣旨。

きょう-し【教師】 ー①学校の教員。②勉強・芸能・技術などを教える人。「家庭ー」③宗教の指導者。布教師。

きょう-し【△嬌姿】 ーはなやかでなまめかしい姿かたち。

きょう-じ【凶事】 よくないできごと。不吉な事柄。↔吉事

きょう-じ【△矜持・△矜△恃】 ー・ー自分の能力を信じてもつ誇り。自負。プライド。参考「きんじ」は慣用読み。

きょう-じ【◇脇士・◇脇侍・△夾侍】 ー→わきじ

きょう-じ【教示】 ー（名・他スル）教え示すこと。きょうし。「ーを得る」「ごーください」

きょう-じ【経師】 ー①「経師屋」の略。②《古》経文を書き写す人。③《古》経文を巻物や折り本に仕立てる職人。

ーや【ー屋】 書画を掛け軸などに表装したり、ふすま・びょうぶなどを紙や布を使って仕立てたりする人。表具師。

きょう-じ【△驕児】 ー①わがままな子供。だだっこ。②思いあがってわがままな若者。

ぎょう-し【凝脂】 ①こり固まった脂肪。②白くなめらかでつややかな肌。

ぎょう-し【仰視】 ー（名・他スル）あおぎ見ること。

ぎょう-し【凝視】（名・他スル）じっと見つめること。

ぎょう-じ【行司】 ー相撲で、土俵上で力士を立ち合わせその勝負を判定する役。また、その人。

ぎょう-じ【行事】 ー慣行として、日時を計画的に決めて行う儀式や催し。催し事。「年中ー」「ー予定」

きょうしき-こきゅう【胸式呼吸】〔保〕おもに肋骨の運動によって行う呼吸法。↔腹式呼吸

きょうしつ【教室】①学問・技芸を教える部屋。特に、学校で授業を行う部屋。②技芸などの講習会。「料理―」

きょうし-きょく【狂詩曲】→ラプソディ

きょう-じつ【凶日】何かをするのに不吉な日。縁起の悪い日。↔吉日

きょうじ-てき【共時的】(形動ダ) 現象を、時間や歴史の流れとかかわりなく、ある一時点の静止したものとして、その構造をとらえようとするさま。↔通時的

きょう-しゃ【狂者】正気でない人。狂人。

きょう-しゃ【香車】将棋の駒の一つ。香子。きょう。やり。

きょう-しゃ【狭斜】遊里。遊郭。「―の巷」語源もと、中国長安の狭い街路の名。そこに遊里があったことから。

きょう-しゃ【強者】強い者。力のある者。↔弱者

きょう-しゃ【驕奢】(名・形動ダ) おごっていてぜいたくなこと。また、そのさま。「―をほしいままにする」「―な暮らし」

ぎょう-しゃ【業者】①事業や商売を営んでいる者。「出入りの―」②同業者。「―仲間」

ぎょう-じゃ【行者】仏道・修験道の修行をする人。

きょう-じゃく【怯弱】(名・形動ダ) 臆病なこと。また、そのさま。怯懦。

きょう-じゃく【強弱】強さと弱さ。強いことと弱いこと。また、強さの程度。「音の―」「敵の―」

きょう-しゅ【凶手・兇手】凶行をなす者。また、悪人のしわざ。「―に倒れる(=殺される)」

きょう-しゅ【拱手】(名・自スル) ①両腕を胸の前で組み合わせる、中国の古い敬礼のしかた。②何もしないでいること。手をこまぬいていること。参考「こうしゅ」は慣用読み。

―ぼうかん【―傍観】(名・他スル) (重大な局面に直面しても)何もせず、なりゆきを見ていること。袖手傍観。

きょう-しゅ【教主】①宗教の一派を開いた人。教祖。②〔仏〕釈迦。

きょう-しゅ【梟首】(名・他スル) 打ち首になった罪人の首を木にかけてさらすこと。さらし首。獄門。

きょう-しゅ【興趣】おもしろみ。おもむき。「―を添える」

きょう-じゅ【享受】(名・他スル) 受け入れて自分のものにしたり、味わい楽しんだりすること。「平和を―する」

きょう-じゅ【教授】━(名・他スル) 学芸・技術を教えさずけること。「英語を―する」━(名) 大学や高等専門学校で学芸・技術の研究と教育に従事する人。講師・准教授の上位。

ぎょう-しゅ【業種】事業の種目。職業の類別。

きょう-しゅう【教習】(名・他スル) 教え習わせること。

―じょ【―所】実際に即した知識・技能を身につけさせるための施設。「自動車―」

きょう-しゅう【郷愁】①異郷にあって故郷を思い、なつかしむ気持ち。ノスタルジア。「―に駆られる」②過ぎ去った日々や古いものをなつかしむ気持ち。「―をそそる」

きょう-しゅう【強襲】(名・他スル) 激しい勢いで襲いかかること。「―安打」「敵の陣地を―する」

きょう-しゅう【嬌羞】なまめかしい恥じらい。

ぎょう-しゅう【凝集・凝聚】(名・自スル) (散らばっていたもの・液体などが)集まって一つに固まること。

ぎょうじゅう-ざが【行住座臥・行住坐臥】━(名) (歩く・とまる・すわる・横たわるの意から)ふだんの生活でする身体の動き。立ち居振る舞い。━(名・副) ふだん。日常。

きょう-しゅく【恐縮】(名・自スル・形動ダ) (恐れ入って身を縮める意) ①相手に何かしてもらったり迷惑をかけたりしたことを申し訳なく思うこと。「―に存じます」②相手に何かを頼むとき、前置きとして用いる語。「―ですがお立ちください」

ぎょう-しゅく【凝縮】(名・自スル) ①ばらばらのものが一つにこり固まって縮まること。②〔物〕温度を下げたり圧縮したりすると、気体の一部が液体になること。凝結。液化。

きょう-しゅつ【供出】(名・他スル) ①法律に従って、米・麦などの農作物を政府に売り渡すこと。「―米」②国の要請で物資などを差し出すこと。「戦時下の―」

きょう-じゅつ【供述】(名・他スル)〔法〕被疑者・被告人・証人などが、自らの知る事実を申し述べること。また、その内容。申し立て。「―書」「―をひるがえす」

きょう-じゅん【恭順】つつしんで命令に従い服従すること。「―の意を表する」

きょう-しょ【教書】①〔基〕ローマカトリック教会で教皇・司教が教導のために出す公式の書簡。②〔社〕アメリカの大統領や州知事が、政治上の意見や希望を明らかにするために議会に送付する公式声明書。「一般―」「年頭―」

きょう-じょ【共助】①助け合うこと。互助。②〔法〕裁判所や行政機関どうしが協力し合うこと。「国際捜査―」

きょう-じょ【狂女】精神に異常をきたした女性。

―もの【―物】〔演〕能楽で、物狂いの女性を主人公とするもの。「隅田川」「三井寺」など。

ぎょう-しょ【行書】漢字の書体の一つ。楷書の画を少しくずしたもの。⇩書体(さしえ)

きょう-しょう【協商】━(名・自スル) 相談してとりはからうこと。━(名)〔法〕国家間に結ぶ略式条約。

きょう-しょう【狭小】(名・形動ダ) せまくて小さいこと。また、そのさま。「―住宅」「―なものの見方」↔広大

きょう-しょう【胸章】胸につける記章。

きょう-しょう【嬌笑】(名・自スル) なまめかしく笑うこと。色っぽい笑い。

きょう-じょう【凶状・兇状】凶悪な犯罪を犯した事実。罪状。

―もち【―持ち】犯罪者。前科者。

きょう-じょう【教条】教会が正式に認め信者に信仰させる教え。また、その条目・箇条。ドグマ。

―しゅぎ【―主義】権威者の主張や教えをうのみにして柔軟性のない行動や判断をするがんこな態度。現実を無視し、特定の原理・原則にとらわれる考え方や態度。ドグマティズム。

きょう-じょう【教場】学校で授業をする場所。教室。

ぎょう-しょう【行商】(名・他スル) 店を構えず商品を持って売り歩くこと。また、その人。「―人」「魚を―する」

ぎょう-しょう【暁鐘】夜明けを告げる鐘。明けの鐘。

ぎょう-しょう【驍将】①強く勇ましい大将。②(比喩的に)ある分野で、中心となって事を推し進める人。

ぎょう-じょう【行状】①ふだんの行い。品行。行跡。「―が悪い」「不―」②ある人物の生涯の記録。「―記」

きょう-しょく【教職】①児童・生徒・学生を教育する職。「―に就く」②〔基〕信徒を教え導く職。

―いん【―員】学校の教員と事務職員。

きょう-しょく【矯飾】表面を偽りかざること。

きょう・じる【興じる】(自上一) そのことを楽しむ。おもしろがって夢中になる。「トランプに―」語源サ変動詞「きょうずる」の上一段化。

きょう-しん【共振】〔物〕振動体の固有振動周期と等しい

周期で変化する外力が加わったとき、振動体が非常に大きな振幅で振動する現象。電気的振動についてもいう。

きょう-しん【狂信】キャウ —（名・他スル）正常とは思えないほど熱心に信仰すること。理性を失うほど強く信じ込むこと。「—的に崇拝する」

きょう-しん【強震】キャウ — ①激しく揺れる地震。②気象庁の旧震度階級の一つ。現在の震度5に相当する。

きょう-じん【凶刃・△兇刃】人を殺すために使われる刃物。「—に倒れる」

きょう-じん【強△靭】キャウ —（名・形動ダ）しなやかで強いこと。ねばり強く大きな負担に耐えうるさま。「—な筋肉」「—な精神」

きょう-じん【狂人】キャウ — 正気でない人。狂者。

きょうしん-かい【共進会】クワイ — 産業の発展を図るため、広く農産物や工業製品を集めて展示し、品評・査定する会。

きょうしん-ざい【強心剤】キャウシン —〘医〙衰弱した心臓のはたらきを回復させるのに使う薬。ジギタリスなど。

きょうしん-しょう【狭心症】ケフシン シヤウ 〘医〙心臓部に突然激しい痛みを起こす病気。冠状動脈の痙攣（けいれん）・硬化などによって心筋に流れる血液が減少して起こる。

きょう-す【香子】キャウ — →きょうしゃ（香車）

きょう-すい【胸水】〘医〙胸膜炎（きょうまくえん）（＝肋膜炎（ろくまくえん））などのとき、胸膜腔（きょうまくこう）の中にたまる液。

ぎょう-ずい【行水】ギャウ — ①湯や水を入れたたらいの中で汗を洗い流すこと。「—を使う」「カラスの—」夏 ②神事の前などに、心身のけがれを落とすため清水で体を清めること。みそぎ。

きょうすい-びょう【恐水病】ビャウ —「狂犬病」の別名。

きょう-すずめ【京△雀】キャウ — 京の都に住みなれ、市中のことに詳しく、いろいろとうわさを流す人。京烏（きょうがらす）。

きょう・する【供する】（他サ変）シ(セ・サ)・シ・スル・スル・スレ・シロ(セヨ) ①（神前・仏前や客などに）さしあげる。そなえる。「茶を—」②役立てる。「参考に—」「実用に—」「閲覧に—」文きょう・す（サ変）

きょう・する【△饗する】キャウ スル（他サ変）シ(セ・サ)・シ・スル・スル・スレ・シロ(セヨ) ごちそうをしてもてなす。饗応する。文きゃう・す（サ変）

きょう・ずる【興ずる】（自サ変）ジ(ゼ)・ジ・ズル・ズル・ズレ・ジロ(ゼヨ) →きょうじる 文きょう・ず（サ変）

ぎょう・ずる【行ずる】ギャウ ズル（他サ変）ジ(ゼ)・ジ・ズル・ズル・ズレ・ジロ(ゼヨ) 行う。する。修行をする。「道を—」文ぎゃう・ず（サ変）

きょう-せい【共生・共△棲】（名・自スル）①いっしょに生活すること。たがいを尊重し合いともに生きること。「異文化圏の人々との—」②〘動・植〙二種の生物がたがいに利益をうけながら、あるいは片方が利益をうける関係を保ちながらともに生活すること。マメ科植物と根粒バクテリア、アリとアリマキなどの類。

きょう-せい【△匡正】キャウ —（名・他スル）正しい状態にもどしたり悪いところを直したりすること。

きょう-せい【胸声】おもに胸腔（きょうこう）の共鳴によって出す、比較的低い音域の声。↕頭声

きょう-せい【教生】ケウ — 教員の資格をとるため学校で教育実習をする学生。教育実習生。

きょう-せい【強制】キャウ —（名・他スル）権力などによってその人の意思に関係なく、むりにある事をさせること。「—労働」

—しっこう【—執行】シッ カウ 〘法〙判決などによる私法上の請求権が実現されない場合、権利者の申し立てにより国家が権力によって強制的にそれを実現させる手続き。

—しょぶん【—処分】〘法〙犯罪捜査の必要上、強制的に行うことのできる処分。召喚・勾留（こうりゅう）・押収・逮捕・捜索など。広くは証拠調べの尋問、文書の閲覧なども含む。

—そうかん【—送還】ソウ クワン 密入国者・罪を犯した外国人などを国家が強制的に本国に送り返すこと。

きょう-せい【強勢】キャウ — ①強い勢い。②→ストレス②

きょう-せい【強請】キャウ —（名・他スル）むりに頼むこと。ゆすること。

きょう-せい【△嬌声】ケウ — なまめかしい声。「—を発する」

きょう-せい【矯正】ケウ —（名・他スル）悪いところや欠点を直すこと。「歯列—」「悪癖を—する」

—しりょく【—視力】（裸眼視力に対して）眼鏡やコンタクトレンズで矯正した視力。

ぎ-ようせい【偽陽性】ヤウセイ —〘医〙本来は陰性であるのに、誤って陽性の反応が出てしまうこと。↕偽陰性

ぎ-ようせい【疑陽性・擬陽性】ヤウセイ —〘医〙ツベルクリン反応などで陽性に近い反応であること。

ぎょう-せい【行政】ギャウ —〘法〙①立法・司法以外の国家の統治作用。法に基づき、国を治めること。⇩司法・立法 ②法律・政令のもとで行われる政務。

—かいかく【—改革】行政機関の組織や運営を効率のよいものに改革すること。行革。

—かん【—官】クワン 行政事務を行う公務員。⇩司法官

—かんちょう【—官庁】クワン チヤウ 内閣に属し、政府の取り決めたことを実行する権限をもつ行政機関。中央官庁と地方官庁に分かれる。

—けん【—権】〘法〙国家の統治権のうち、行政を行う権能。日本国憲法では内閣に属している。⇩司法権・立法権

—さいばん【—裁判】〘法〙行政事件についての裁判。日本国憲法では司法裁判所が扱う。⇩刑事裁判・民事裁判

—しどう【—指導】シ ダウ 行政機関が、多く法令によらないで業界や下部の機関に対して行う、指導・助言・勧告。

—しょし【—書士】行政書士法による資格をもち、依頼を受けて官公署に提出する書類の作成などを業とする人。

—しょぶん【—処分】〘法〙行政機関が法規に基づき、国民に対して一定の権利を与えたり義務を負わせたりする行為。税の賦課・営業の認可・免許資格の停止など。

—そしょう【—訴訟】〘法〙私人が、行政処分の適法性を争い、処分の取り消しや変更を求める訴訟。行訴。

ぎょう-せい【暁星】ゲウ — ①夜明けに見える星。②特に、明けの明星。金星。

ぎょう-せき【行跡】ギャウ —（よしあしの結果から見た）日ごろのおこない。身持ち。行状。

ぎょう-せき【業績】ゲフ — 事業や学術研究などについての成果。「—不振」「—をあげる」

きょう-せん【胸腺】〘生〙内分泌腺の一つ。胸骨のうしろ側にあり、リンパ球の分化・増殖をおこなう器官。思春期以後退化する。

きょう-せん【教宣】ケウ —（労働組合や政党などの団体における）教育と宣伝。「—活動」

きょう-ぜん【△饗膳】キャウ — 人をもてなすための料理の膳（ぜん）。また、ごちそう。

ぎょう-ぜん【凝然】（トタル）じっとして動かないさま。「—と立ちつくす」文（形動タリ）

きょう-そ【教祖】ケウ — ①ある宗教・宗派を開いた人。開祖。「新興宗教の—」②（比喩（ひゆ）的に）新しいこと・運動などを始めたリーダー。「ロックミュージックの—」

きょう-そう【狂騒・狂△躁】キャウ サウ 常識や理性を失った騒ぎ。

きょう-そう【強壮】キャウ サウ（名・形動ダ）体がたくましくて元気があること。また、そのさま。「—剤」

きょう-そう【競争】キャウ サウ（名・自スル）同じ目的に向かって、

他に遅れまい、成果において劣るまいとたがいに競うこと。「生存―」「技術開発の―」
―しん【―心】ほかの人に負けまいとして張り合う気持ち。「―をあおる」「―がめばえる」
きょう-そう【競走】―(名・自スル) 一定の距離を走って速さを競うこと。また、その競技。「一〇〇メートル―」
きょう-そう【競△漕】舟、特にボートをこいでその速さを競う競技。ボートレース。[春]
きょう-ぞう【胸像】―人物の、胸から上の彫像や絵画。
きょう-ぞう【経蔵】《仏》①三蔵(経・律・論)の一つ。仏の説いた教えの集成。②寺で、経文を納めておく蔵。
きょう-ぞう【鏡像】鏡に映った像。
ぎょう-そう【形相】(感情をあらわにしたときの)顔つき。「すさまじい―」
きょうそう-きょく【狂想曲】―《音》一定の形式がなく、空想的で変化に富んだ器楽曲。奇想曲。カプリチオ。
きょうそう-きょく【協奏曲】―《音》独奏楽器と管弦楽の合奏曲。コンチェルト。「ピアノ―」
きょう-そく【◇脇息】―座ったときにひじをかけ、体をもたせかけるための道具。「―にもたれる」

〔脇息〕

きょう-そく【教則】―物事を教える場合の規則。
―ぼん【―本】声楽・器楽などの技術を基本から学べるように順序立てて編集した本。
きょう-ぞく【凶賊・△兇賊】凶暴で、むやみに人の生命・財産をおびやかす賊。
きょう-ぞめ【京染〔め〕】―京都で染めた染め物全体の呼び名。友禅染など。
きょう-そん【共存】(名・自スル) 異質のもの・立場の違うものがともに生存・存在すること。共存。「異文化との―」
―きょうえい【―共栄】(名・自スル) 二つ以上のものが助け合ってともに生存し、ともに栄えること。共存共栄。
きょう-だ【△怯△懦】―(名・形動ダ) 臆病でいくじがないこと。また、そのさま。「―な性格」
きょう-だ【強打】―(名・他スル) ①強く打ちつけること。「転倒して頭を―する」②球技で、強く球を打つこと。
きょう-たい【狂態】―正気とは思われぬ態度やふるまい。
きょう-たい【△筐体】―機械の部品や電子機器などを収める外箱。
きょう-たい【△嬌態】―こびを含んだなまめかしい態度やふるまい。
きょう-だい【兄弟】―①同じ親から生まれた子どうし。また、その関係。兄と弟との間柄だけでなく、姉妹・兄妹・姉弟の間柄や片親が同じ場合にもいう。②結婚・縁組などで、義兄弟の間柄になった人。③「兄弟分」の略。
―でし【―弟子】同じ師匠のもとで修業する弟子どうし。入門の先後により、兄弟子・弟弟子などという。
―ぶん【―分】ほんとうの兄弟ではないが、兄弟同様に親しくつき合う間柄。また、その人。
きょう-だい【強大】―(名・形動ダ) 強くて大きいこと。また、そのさま。「―な権力」↔弱小
きょう-だい【鏡台】―鏡をとりつけた化粧用の台。
ぎょう-たい【業態】―事業・営業の状態や形態。
ぎょう-たい【凝滞】(名・自スル) とどこおって流れないこと。先に進まないこと。停滞。「事務が―する」
きょう-たく【供託】(名・他スル) 金銭・有価証券・物件を供託所(=供託事務を扱う機関。法務局など)や一定の者などに預け、保管や処理をたのむこと。
―きん【―金】法務局などの供託所に寄託する金銭。特に、公職選挙の立候補者が、法令の規定によって寄託する金銭。法定得票数に達しない場合は没収される。
きょう-たく【教卓】―教室で教師が用いる机。
きょう-たん【驚嘆・驚△歎】―(名・自スル) 非常に驚き感心すること。「みごとな出来ばえに―する」
きょう-だん【凶弾・△兇弾】暗殺者など凶悪な者が発射した銃のたま。「―に倒れる」
きょう-だん【教団】―同じ教義を信じる人々が集まってつくった宗教団体。
きょう-だん【教壇】―教室で教師が教えるときに立つ壇。「―に立つ(=教職につく)」
きょう-ち【境地】―①その時の心の状態。心境。「悟りの―」②置かれている立場や環境。「苦しい―」
きょうちく-とう【△夾竹桃】―《植》キョウチクトウ科の常緑低木。インド原産。夏、紅色・白色などの花を開く。[夏]
ぎょう-ちゃく【凝着】(名・自スル) 異なった種類の物質が触れてたがいにくっつくこと。また、その現象。
―りょく【―力】凝着するときにはたらく力。
きょう-ちゅう【胸中】胸の中。心の中の思い。心中。「―を察する」
ぎょう-ちゅう【△蟯虫】―《動》ギョウチュウ科の線虫で寄生虫。体は線状でおもに直腸・大腸や盲腸に寄生し、夜間、肛門から出て周辺に産卵する。
きょう-ちょ【共著】二人以上の人が共同で本を書くこと。また、その本。↔単著
きょう-ちょう【凶兆】―不吉なこと、不幸なことが起こる前ぶれ。↔吉兆
きょう-ちょう【協調】―(名・自スル) 利害や立場の異なる者どうしがたがいに譲り合い、協力し合うこと。「労使―」「―性に欠ける」
きょう-ちょう【狭長】―(名・形動ダ) 幅が狭く長いさま。「―な平野」
きょう-ちょう【強調】― ■一(名・他スル) ①ある事柄を特に強く主張すること。「改革の必要性を―する」②ある部分を特に目立たせること。「色を変えて文字を―する」■二(名)《経》相場がしっかりしていて、上がろうとしている状態。
きょう-ちょく【強直】―(名・自スル) (筋肉などが)硬くこわばること。硬直。
きょう-つい【胸椎】《生》脊椎の一部。頸椎と腰椎との間の一二個の骨。関節によって肋骨とつらなる。
きょう-つう【共通】(名・自スル・形動ダ) 二つ以上のもののどれにもあること。いずれにもあてはまり通じること。「―点」
―ご【―語】①国内の全域にわたって通用する言葉。↔方言 ②異なる言語を話す人々の間で、共通に使われる言語。英語など。
きょう-つう【胸痛】(種々の病気から起こる)胸の痛み。
きょう-づくえ【経机】―《仏》読経のとき経文を置く机。
きょう-てい【協定】―(名・他スル) ①相談して取り決めること。また、その取り決め。「労使間―」②《法》国家間で結ぶ条約の一種。「―に調印する」
きょう-てい【胸底】心の底。深い思い。心底。心中。
きょう-てい【教程】―教科の基礎から一つ一つの区切りをつけて教える順序・方法。また、その教科書。

きょう-てい【△筐底・△篋底】キャウ・ケフ 箱の底。箱の中。「―に秘す(＝人の目に触れないよう、箱の奥にしまいこむ)」

きょう-てい【競艇】キャウ モーターボートによる競走。特に職業選手が出場し、その勝負に賭けをさせる公認賭博。

きょう-てき【強敵】キャウ 強い敵。手ごわい相手。↕弱敵

きょう-てき【狂的】キャウ (形動ダ) ダロ・ダッ(デ・ニ)・ダ・ナ・ナラ・○ 常識や理性を失ったさま。いちじるしく度を越したさま。

きょう-てん【教典】ケウ ①〘宗〙宗教上の基本となる教義を記した書物。②教育のよりどころとなる書物・文書。

きょう-てん【経典】キャウ ①〘仏〙仏教の教理を書いた書物。②〘宗〙宗教上の教旨を書いた書物。キリスト教での聖書(バイブル)、イスラム教でのコーランなど。参考「けいてん」と読めば別の意になる。

きょう-でん【強電】キャウ 発電機・電動機などから発電、送電される強い電流。また、それを扱う電気工学の部門。↕弱電

ぎょう-てん【仰天】ギャウ (名・自スル) (驚きのあまり、天を仰ぐ意)非常に驚くこと。「びっくり―」「―する事態」

ぎょう-てん【暁天】ゲウ 夜明けの空。夜明け。「―の星(＝非常に数が少ないことのたとえ)」

きょうてん-どうち【驚天動地】キャウテン (天を驚かし、地を動かすの意から)世間をあっといわせるほど驚かすこと。

きょう-と【凶徒・△兇徒】 殺人・傷害・誘拐などの凶悪な犯罪や謀反をはたらく者。また、その仲間。

きょう-と【教徒】ケウ その宗教の信徒。信者。

きょうと【京都】キャウト (「みやこ」の意)近畿地方の中北部にある府。府庁所在地は京都市。

―しょしだい【―所司代】〘日〙江戸幕府の職名。京都の警衛および朝廷・公家の監察、京都町奉行の管理、京都周辺における訴訟、西国大名の監視などをつかさどった。

きょう-ど【△匈奴】 中国の秦・漢代、モンゴル高原一帯に栄えた遊牧騎馬民族。たびたび中国(＝漢民族)をおびやかした。

きょう-ど【郷土】キャウ ①生まれ育った土地。故郷。郷里。「―愛」「―の偉人」②都を離れた土地。地方。「―芸能」

―しょく【―色】 ある地方に特有の気風・風俗。地方色。ローカルカラー。「―豊かな祭り」

きょう-ど【強△弩】キャウ 強い石ゆみ。「―の末(＝はじめ勢いの強いものでも、衰えては何もできなくなることのたとえ)」

きょう-ど【強度】キャウ ①強さの度合い。「鋼材の―」②程度の強いこと。「―の近視」

きょう-とう【共闘】 (名・自スル) (「共同闘争」の略)二つ以上の組織などが目的の一致から共同で闘争すること。

きょう-とう【△侠盗】ケフタウ (金持ちから盗んだ物を貧しい人に与えるような)義侠心のあるどろぼう。

きょう-とう【郷党】キャウタウ 郷里。また、そこに住む人々。

きょう-とう【教頭】ケウ 小・中・高等学校など各種教育機関で、校長あるいは副校長を補佐し、校務を処理する管理職。

きょう-とう【驚倒】キャウタウ (名・自スル) ひどく驚くこと。

きょう-どう【共同】 (名・自スル) ①二人以上の人が共通の目的のために力を合わせること。②二人以上の人が同等の資格・条件でかかわりをもつこと。「―経営者」⇩「使い分け」

―しゃかい【―社会】シャクワイ →ゲマインシャフト ↕利益社会

―せいはん【―正犯】〘法〙二人以上の人が共同して犯罪を実行すること。実行者全員が正犯として罰せられる。

―せんせん【―戦線】 二つ以上の団体などが、共通の目的のために一致した行動をとること。「―を張る」

―たい【―体】 血縁や地縁などでつながり、共に社会生活を送る集団。共同社会。「村落―」「―意識」

―ぼうぎ【―謀議】〘法〙二人以上の人が共同して不法な計画・手段・実行を相談すること。

―ぼきん【―募金】 個人・団体の協力で基金をつのり、民間社会福祉事業団体に分配する運動。参考 日本では、一九四七(昭和二十二)年以降、毎年十月に社会福祉法人の共同募金会により行われる。寄付者には赤い羽根が渡される。

きょう-どう【協同】ケフ (名・自スル) 二人以上の人や団体が、たがいに心や力を合わせて仕事をすること。⇩「使い分け」

―くみあい【―組合】クミアヒ 中小企業の生産者や消費者などが、自分たちの経済や実生活の利便をはかるために組織する相互扶助の組合。「消費者生活―」

きょう-どう【協働】ケフ (名・自スル) ある目的のために協力して働くこと。「行政と市民の―」⇩「使い分け」

> **使い分け**「共同・協同・協働」
>
> 「共同」は、二人以上の人が共通の目的のために力を合わせる、また、同等の資格・条件でかかわる意で、「共同生活」「共同行為」などと広く一般的に使われる。
>
> 「協同」は、たがいに心や力を合わせて仕事をする意で、「協同組織」「生産協同体」「協同一致」などと使われる。
>
> 「協働」は、ある目的のために力を合わせる意で、「官民協働」「産学協働」などと使われる。

きょう-どう【経堂】キャウダウ 経文を納めておく建物。

きょう-どう【教導】ケウダウ (名・他スル) 教え導くこと。

きょう-どう【△嚮導】キャウダウ (名・他スル) 先に立って案内すること。また、案内する人。道案内。先導。「―艦」

ぎょう-とう【行頭】ギャウ 文章などの行のはじめ。↕行末

ぎょう-どう【行道】ギャウダウ (名・自スル)〘仏〙①法会のときに、仏を礼拝供養するため、僧が経を読みながら、仏像や堂の周囲などを右回りに回って歩くこと。②仏道を修行すること。

きょうとう-ほ【橋頭△堡】ケウトウ ①橋を守るために両岸に築く陣地。②渡河・上陸作戦の際、川や海をへだてた敵地につくり、攻撃の足がかりとする拠点。③(転じて)足がかり。拠点。参考「堡」の音は「ほう」。「きょうとうほ」は慣用読み。

きょう-な【京菜】キャウ〘植〙アブラナ科の一年草または越年草。葉は細く深い切れ込みがある。多く、漬物用。みずな。春

きょう-にん【△杏◇仁】キャウ アンズの種子。薬用。杏仁。

―どうふ【―豆腐】→あんにんどうふ

ぎょう-にんべん【行人偏】ギャウ 漢字の部首名の一つ。「役」「徒」などの「彳」の部分。

きょう-ねん【凶年】 ①農作物のできが非常に悪い年。不作の年。荒年。↕豊年 ②災害などのあった年。

きょう-ねん【享年】キャウ (天から享けた年の意)この世に生存した年数。死んだときの年齢。行年。「―七〇」

ぎょう-ねん【行年】ギャウ (「行」は経歴の意)この世に生存した年数。享年。

きょう-は【教派】ケウ 同じ宗教の分派。宗派。

きょう-ばい【競売】キャウ (名・他スル) ①複数の買手に値をつけさせ、最高値をつけた人に売ること。せり売り。「―にかける」②〘法〙法の規定により、差し押さえた物件を入札・せり売りなどの方法で売却すること。参考 法律では「けいばい」という。

きょう-はく【脅迫】ケフ (名・他スル) ①相手をおどしつけて、むりに何かをさせようとすること。「ナイフで相手を―する」②〘法〙刑法で、他人をおどかす目的で害をその人に加える意思を示すこと。「―罪」参考 民法上の「強迫」と区別する。

きょう-はく【強迫】キャウ (名・他スル) ①むりに押しつけること。むりに要求すること。②〔法〕民法で、相手方に害悪が生じることを告げておどかし、むりやり意思表示をさせること。

—かんねん【—観念】クワンネン 〔心〕打ち消そうとしても常に心から離れない不安な気持ち。「—にとらわれる」

きょう-ばこ【経箱】キャウ 経文を入れておく箱。

きょう-はん【共犯】〔法〕二人以上の人が共同で犯罪行為に関与すること。また、それを行った者。「—者」

きょう-はん【教範】ケウ 手本となる教え方。また、教え方の手本。

きょう-はん【橋畔】ケウ 橋のほとり。橋のそば。

きょう-びと【京人】キャウ 都の人。京都の人。

きょう-ふ【恐怖】(名・自スル) 恐れること。恐ろしく思う心。

—しょう【—症】シャウ 〔医〕特定の対象や状況に対して強い不安を感じる神経症。「高所—」

—しん【—心】恐れたり不安を感じたりする心。

—せいじ【—政治】セイヂ 逮捕・投獄・暗殺などの暴力的な手段で反対者を弾圧して行う政治。

きょう-ふ【教父】ケウ 〔基〕①八世紀ごろまでのカトリック教会で、すぐれた著作を残し、正統な信仰を伝えたとして公認された神学者。②洗礼のときの保証人、または名付け親。

きょう-ふ【驚怖】キャウ (名・自スル) 驚き恐れること。

きょう-ぶ【胸部】①胸の部分。②呼吸器。「—疾患」

きょう-ふう【狂風】キャウ 荒れくるう風。

きょう-ふう【強風】キャウ 強い風。「—に見舞われる」

きょう-ふう【矯風】ケウ 乱れた風俗を改めなおすこと。

ぎょう-ぶ-しょう【刑部省】ギャウブシャウ 〔日〕律令制による役所の名。八省の一つ。刑罰・裁判などを取り扱った。⇩八省

きょう-ぶん【凶聞】悪いことの知らせ。凶報。

きょう-ぶん【狂文】キャウ 江戸中期以降、滑稽と風刺を中心として、漢文体に口語をまぜて書かれた文章。

きょう-へい【強兵】キャウ ①強い兵隊・軍隊。②軍事力を強くすること。「富国—」

きょう-へき【胸壁】①〔生〕胸部の外側の面。②弾丸を防ぐため土・石を胸の高さに築いたもの。胸牆。③とりで。

きょう-へん【凶変・兇変】不吉でよくないできごと。

きょう-へん【共編】(名・他スル) 二人以上の人が共同で書物を編集すること。また、その書物。

きょう-べん【強弁・強辯】キャウ (名・他スル) 道理に合わないことをむりに理屈をつけて言い張ること。「—して認めない」

きょう-べん【教鞭】ケウ 教師が、授業のときにさし示したりするのに用いる細い棒。

—を執る 教師になって学校で教える。

きょう-ほ【競歩】キャウ 歩行の速さを争う陸上競技。歩行中必ず一方の足が地面に接していなければならない。

きょう-ほう【凶報】悪い知らせ。特に、死亡の知らせ。凶聞。↕吉報

きょう-ほう【教法】①ケウホフ 〔仏〕仏の教え。宗門の教え。教義。②ケウハフ 教え方。

きょう-ぼう【凶暴・兇暴】(名・形動ダ) 凶悪で乱暴なこと。また、そのさま。「—な性質」

—せい【—性】乱暴で荒々しい性質。「—を帯びる」

きょう-ぼう【共謀】(名・他スル) 二人以上の人が共同で悪事を計画すること。「—して盗む」

きょう-ぼう【狂暴】キャウ (名・形動ダ) 正気を失って暴れること。狂悪で乱暴なこと。また、そのさま。「酔うと—になる」

きょう-ぼう【強暴】キャウ ━(名・形動ダ) 強くて乱暴なこと。また、そのさま。━(名・他スル) 強迫して暴行すること。

ぎょう-ぼう【仰望】ギャウバウ (名・他スル) ①仰ぎ望むこと。②尊敬し慕うこと。あがめ期待すること。「師を—する」

ぎょう-ぼう【翹望】ゲウバウ (名・他スル) (「翹」は、挙げる意) 首をのばして待ちわびること。ひたすら望み待つこと。

きょう-ぼく【梟木】ケウ さらし首をのせる横木。獄門台。

きょう-ぼく【喬木】ケウ 〔植〕「高木」の旧称。↕灌木

きょう-ほん【狂奔】キャウ (名・自スル) (正気を失ったようにかけ回る意から) ある目的のためになりふりかまわず奔走すること。

きょう-ほん【教本】ケウ 教則本。教科書。

きょう-ま【京間】キャウ 〔建〕かね尺六尺五寸(約一・九七メートル)を一間とした建築での寸法。畳の大きさでは、縦六尺三寸(約一・九一メートル)、横三尺一寸五分(約〇・九五メートル)。参考 かね尺六尺(約一・八二メートル)を一間とする田舎間などに対していう。

きょう-まい【供米】農家が政府に米を供出すること。また、その米。供出米。参考「くまい」と読めば別の意になる。

きょう-まい【京舞】キャウマヒ 上方舞の一つ。京都に起こり発達した舞踊。多く地唄で舞う。

きょう-まく【胸膜】〔生〕肺の表面をおおうと同時に胸腔の内面をおおう膜。肋膜。

—えん【—炎】〔医〕主として結核菌により胸膜に発生する炎症性疾患。胸や背中が痛む。肋膜炎。

きょう-まく【強膜・鞏膜】キャウ・キョウ 〔生〕角膜を除いた、眼球の最も外側を包む白色の丈夫な膜。⇩眼球(さしえ)

ぎょう-まつ【行末】ギャウ 文章の行の末尾。行の終わり。↕行頭

きょう-まん【驕慢】ケウ (名・形動ダ) おごりたかぶって、人を見くだすこと。また、そのさま。「—な態度」

きょう-み【興味】おもしろいと思って心がひきつけられること。関心をもつこと。「—がわく」「—をそがれる」「—深い」

—しんしん【—津津】(名・タルト) 次々と興味がわいてきて尽きないさま。「—たる物語」

—ほんい【—本位】ホンヰ はたから見ておもしろいというだけで、その物事に関心を示すこと。「—で書かれた記事」

きょう-む【教務】ケウ ①学校などで、授業に直接かかわりのある事務。②(宗派や教団での)宗門上の事務。

ぎょう-む【業務】ゲフ 職業として行う日常の仕事。「—連絡」

きょう-めい【共鳴】(名・自スル) ①〔物〕発音体が外部からきた音波によって刺激され、同じ振動数で音を出す現象。②他人の意見や思想に同感すること。「彼の意見に—する」

きょう-めい【嬌名】ケウ 芸者などの、なまめかしくて美しいという評判。「—をはせる」

ぎょう-めい【驍名】ゲウ 強いという評判。武勇の聞こえ。

きょう-めん【鏡面】キャウ 鏡やレンズなどの表面。

きょう-もう【凶猛・兇猛】マウ (名・形動ダ) 荒々しく凶悪なこと。また、そのさま。

きょう-もん【経文】キャウ 〔仏〕経典。またはその文章。

きょう-やく【共役・共軛】〔数〕二つの点・線・数などが、たがいに特殊な関係にあって、しかもたがいに取り換えてもその関係の性質が変化しないこと。「—複素数」

きょう-やく【共訳】(名・他スル) 二人以上の人が全体を分担し、共同で翻訳すること。また、翻訳したもの。

きょう-やく【協約】ケフ (名・他スル) ①双方で協議したうえで約束すること。また、その内容。「労働—」②〔法〕国家間で結ぶ条約の一種。

きょう-ゆ【教諭】ケウ ━(名) 教員免許状をもつ、幼稚園・

小学校・中学校・高等学校・特別支援学校などの正教員。㊁（名・他スル）教えさとすこと。

きょう-ゆう【共有】—イウ（名・他スル）①二人以上の人が共同で所有すること。「土地を―する」↔専有 ②〔法〕同一物の所有権が二人以上に属すること。「―名義の家屋」

きょう-ゆう【享有】キヤウイウ（名・他スル）権利や能力など無形のものを生まれながらに持っていること。「生きる権利を―する」

きょう-ゆう【△侠勇】ケフ—男気があって勇ましいこと。また、その人。

きょう-ゆう【△梟雄】ケウ—残忍で荒々しく、強い人。「戦国乱世の―」

きょう-よ【供与】（名・他スル）相手や他の組織に利益、または利益を生むものを与えること。「便宜を―する」

きょう-よう【共用】（名・他スル）共同で使うこと。↔専用

きょう-よう【供用】（名・他スル）人が使用するために提供すること。「高速道路の―を開始する」

きょう-よう【強要】キヤウエウ（名・他スル）あることをするよう、むりに要求すること。「面会を―する」

きょう-よう【教養】ケウヤウ 広い知識から得た心の豊かさ。はば広く精神（知・情・意）の修養を積んで豊かな精神的活力を身につけていること。また、文化に関する深い知識。「―がある」

ぎょう-よう【業容】ゲフ—事業の内容。「―を拡大する」

きょう-らく【京△洛】キヤウ—①みやこ。②京都。参考「けいらく」ともいう。

きょう-らく【享楽】キヤウ—（名・他スル）思うままに快楽を味わうこと。「―にふける」「―的」

―しゅぎ【―主義】快楽を得ることを人生最上の目的とする考え方。

きょう-らく【競落】キヤウ—（名・他スル）競売の品物をせり落とすこと。参考法律では「けいらく」という。

きょう-らん【狂乱】キヤウ—（名・自スル）①異常にとり乱すこと。「半―」②物事の異常に乱れた状態。「―物価」

きょう-らん【狂△瀾】キヤウ—①荒れ狂う大波。狂濤（きょうとう）。「―怒濤（どとう）」②（比喩（ひゆ）的に）乱れに乱れた情勢。

―を既倒（きとう）に廻（めぐ）らす（崩れかけた大波をもと来た方向へ押し返す意から）傾きかけた形勢をもとの状態にもどすたとえ。〈韓愈（かんゆ）・進学解〉

きょう-らん【供覧】（名・他スル）公開して、観覧させること。展示して、多くの人に見せること。「作品を―する」

きょう-り【胸裏・胸△裡】胸の中。心中。「―をよぎる」

きょう-り【郷里】キヤウ—生まれ故郷。ふるさと。「―に帰る」

きょう-り【教理】ケウ—宗教上の理論・教え。

ぎょう-りき【行力】ギヤウ—〔仏〕仏道修行で得た功徳（くどく）の力。

きょうりき-こ【強力粉】キヤウリキ—たんぱく質含有量の多い粘りの強い小麦粉。パン・パスタなどに用いる。↔薄力粉

きょう-りつ【共立】（名・他スル）共同で設立すること。

きょう-りゅう【恐竜】中生代末期（白亜紀）に絶滅した爬虫（はちゅう）類の一群の通俗名。現在、化石として残る。

きょう-りょう【狭量】ケフリヤウ（名・形動ダ）人を受け入れる心の狭いこと。また、そのさま。狭い度量。「―な人」↔広量

きょう-りょう【橋△梁】ケウリヤウ 川・谷・道路・線路などにかけた大規模な橋。かけはし。

きょう-りょく【協力】ケフ—（名・自スル）力を合わせて行うこと。「―を求める」「仕事に―する」

きょう-りょく【強力】キヤウ—（名・形動ダ）強い力。また、力や作用が強いこと。また、そのさま。「―な味方」「―な毒性」

きょう-りん【△杏林】キヤウ—①杏（あんず）の林。②（昔、中国の名医が、治療代をとらず、かわりに杏を植えさせたところ、数年ののちに林になったという「神仙伝」の故事から）医者の美称。

きょう-れつ【強烈】キヤウ—（形動ダ）ダロ・ダッ（デ）・ニ・ダ・ナ・ナラ・○ 強く激しいさま。「―な印象」「―なパンチ」文（ナリ）

ぎょう-れつ【行列】ギヤウ—㊀（名・自スル）大勢の人が前後に並んで列を作ること。大勢が列をなして進んで行くこと。また、その列。「大名―」「―ができる」㊁（名）〔数〕多数の数字または文字を正方形または長方形の形をとるように並べたもの。

きょう-れん【狂恋】キヤウ—狂ったように激しく思いつめる恋。

きょう-れん【教練】ケウ—（名・他スル）①教えて熟練させること。②軍隊で、兵を訓練すること。③第二次世界大戦以前、中学校以上の生徒・学生に対して行われた軍事訓練。

きょう-ろん【経論】キヤウ—〔仏〕釈迦（しゃか）の教え（＝経）と、後世の人がそれを注釈し論じたもの（＝論）。

きょう-わ【協和】ケフ—（名・自スル）たがいに心を合わせて仲よくすること。「万邦―」

―おん【―音】〔音〕同時に鳴らした二つ以上の音が、調和して耳に気持ちよく聞こえる状態にある和音。↔不協和音

きょうわ-こく【共和国】共和制をとる国家。

きょうわ-せい【共和制】（republic の訳語）〔社〕国家の主権が、君主ではなく複数の人間に属している政治形態。一般に、主権が国民にあり、選出された代表者の合議によって統治する政治体制をいう。⇨君主制

きょう-わらべ【京童】キヤウ—京都の街の中に住む、物見高く口さがない若者。きょうわらわべ。きょうわらんべ。参考好奇心が強く、騒ぎや人のうわさを好む人のたとえに用いられる。

きょう-わん【峡湾】ケフ—→フィヨルド

きょ-えい【虚栄】うわべを飾ること。みえ。「―を張る」

―しん【―心】うわべを飾りたがる心。みえをはる心。

ぎょ-えい【魚影】水中を泳ぎまわる魚の姿。「―が濃い」

ぎょ-えい【御詠】天皇や皇族などの作った詩歌の敬称。

ぎょ-えん【御△苑】エン—皇室が所有する庭園。

きょ-おく【巨億】とほうもなく数が多いこと。「―の富」

ギョーザ〈中国 餃子〉中華料理の一つ。小麦粉で作った薄皮に、刻んだ肉や野菜などを包み、焼いたりゆでたりしたもの。

きょ-か【△炬火】クワ—たいまつ。かがり火。

きょ-か【許可】（名・他スル）（願い出たものに対して）許しを与えること。願いを聞き届けること。「不―」「無―」「―証」

> **ちがい**「許可」・「認可」
> 役所が、ある個人・団体にある行為をしてよいとすることでは似た意味の語。禁止されている行為の禁止を解き、それをすることを許すのが「許可」であり、もし「許可」されていない行為をしたときには処罰される。これに対して、ある行為を役所が法律的に有効と認めるのが「認可」である。「認可」を得ない行為は無効だが、処罰はされない。

ぎょ-か【漁火】クワ—夜、魚をさそうため漁船でたく火。いさりび。

きょ-かい【巨△魁・△渠△魁】クワイ—盗賊などの首領。

ぎょ-かい【魚介・魚貝】カイ・カヒ—魚類と貝類。「―をとる」

―るい【―類】魚類や貝類など水産物の総称。

きょ-がく【巨額】（名・形動ダ）数量、特に、金額の非常に多いこと。また、そのさま。「―の脱税」

きょ-がく【虚学】（実学に対して）実生活の上では役に立たないとみなされる学問。一般に文学・哲学など。↔実学

ぎょ-かく【漁獲】クワク—（名・他スル）水産物をとること。また、

その獲物。「年間ー量」

きょ‐かん【巨漢】 体が人並みはずれて大きい男。

きょ‐かん【巨艦】 非常に大きな軍艦。

きょ‐かん【居館】クワン（大名・豪族などの）住居・屋敷。

きょ‐がん【巨岩・巨△巌】 非常に大きな岩。

ぎょ‐かん【御感】 天皇が感心すること。おほめになること。「ーにあずかる」

ぎょ‐がん【魚眼】 魚の目。

―レンズ《物》一八〇度近い画角をもつ広角レンズの一種。語源 魚の目が一八〇度に近い視野をもつところから。

きょ‐き【△歔△欷】（名・自スル）むせび泣くこと。すすり泣き。

きょ‐ぎ【虚偽】 うそ。でたらめ。「ーの申請」↔真実

ぎょ‐き【御忌】《仏》貴人や祖師の年忌の敬称。御忌ごき。

ぎょ‐き【漁期】 水産物をとるのに適した時期。漁期りょき。

きょ‐ぎょう【虚業】ゲフ 堅実でない事業。投機などをいう。「ー家」語源「実業」をもじった語。

ぎょ‐きょう【漁況】キャウ 漁の情報や魚介のとれぐあい。

ぎょ‐ぎょう【漁業】ゲフ 水産物をとったり、養殖したりする産業・事業・職業。「遠洋ー」「沿岸ー」

―せんかんすいいき【―専管水域】センクワンスイキキ 沿岸国が、岸から二〇〇海里にわたって、漁業資源確保などの理由から、外国漁船の操業を制限している水域。漁業水域。

きょきょ‐じつじつ【虚虚実実】（相手の「虚（＝備えのすき）」をつき、「実（＝備えの堅いところ）」を避けて攻める意から）たがいに策略をめぐらして戦うこと。「ーのかけひき」

きょ‐きん【△醵金】（名・自スル）何か事をするために、必要な金銭を出し合うこと。また、その金銭。「被災者救済にーする」参考「拠金」とも書く。

きょく【旭】人 キョク あさひ （字義）あさひ。「旭日・旭旦・旭光」人名 あき・あきら・あさ・てる・のぼる・ひで

きょく【曲】教3 キョク まがる・まげる
（字義）①まがる。まげる。まがっている。㋐折れまがる。折りまげる。「曲線・曲面・迂曲うきょく・屈曲」↔直 ㋑よこしま。正しくない。「曲解きょっかい・歪曲わいきょく・曲学阿世あせい」↔直 ②くわしい。こまかい。「曲礼・委曲」③変化のあるおもしろみ。「曲技・曲芸」④音楽のふし。また、音楽の作品。「曲節・曲目・音曲おんぎょく・名曲・謡曲」難読 曲尺かねじゃく・曲泉きょくろく・曲事くせごと・曲舞くせまい・曲者くせもの・曲輪くるわ・曲玉まがたま・曲がり尺まがりがね 人名 くま・のり

きょく【曲】 ①まがっていること。正しくないこと。「ーを憎む」↔直 ②変化のあるおもしろみ。「なんのーもない」③音楽のふし。また、音楽の作品。「美しいーが流れる」

きょく【局】教3 キョク つぼね
（字義）①つぼね。へや。②一定の場所。部分。「局限・局部」③一定の職務を扱う所。「局員・交通局・薬局・郵便局」④囲碁・将棋などの盤。また、その勝負。「局面・終局・対局」⑤物事のなりゆき・情勢。「結局・時局・政局・戦局」人名 ちか

きょく【局】 ①役所や会社などで、事務機構の区分。部・課などの上。「ーとーとの調整」②「郵便局」「放送局」などの略。「ー留め」「ーアナ」③当面の仕事や事態。「そのーに当たる」④囲碁・将棋の勝負。また、それを数える語。「二ーさす」

きょく【極】教4 キョク・ゴク㊥ きわめる㊥・きわまる㊥・きわみ㊥・きまる・きめる
（字義）①屋根のむな木。②きわめる。つくす。きわまり。限界。「極限・極点・窮極・終極」③この上ない。最高の。限界の。「極悪ごくあく・極上ごくじょう・極楽ごくらく」④一方のはて。「極地・極東・陰極・南極・両極」⑤はなはだしい。「極彩色ごくさいしき」⑥きわめをつける。判定する。「極印ごくいん」⑦宇宙の根本。「太極」⑧天子の位。「皇極」人名 いたる・きわむ・きわめ・なか・むね

きょく【極】 ①（これ以上先がないという）物事の端。はて。「疲労のーに達する」②地球の自転軸の端。北極と南極。③磁石の端。S極とN極。磁極。④電極。

きょ‐く【巨△軀】 大きな体。巨体。

ぎょく【玉】教1 ギョク たま
（字義）①たま。宝石。特に、半透明で緑色または乳白色の石。「玉砕・玉石・玉杯・紅玉・珠玉・宝玉」②美しい。りっぱな。「玉露・玉楼」難読 玉筋魚いかなご・玉梓たまずさ・玉章たまずさ・玉響たまゆら・玉蜀黍とうもろこし 人名 きよ

ぎょく‐【玉】（接頭）①天皇に関する事物につける美称・尊称。「ー体」「ー顔」「ー座」「ー音」②他人の事物につける美称・敬称。「ー案」「ー稿」「ー章」「ー什ぎょくじゅう」

ぎょく【玉】 ①たま。宝石。特に、半透明で緑色または乳白色の石。②取引所で売買の契約をした株。③芸者。また、「玉代ぎょくだい」の略。「半ー」④料理屋・すし屋などで、鶏卵または卵焼きのこと。⑤将棋の駒こまの玉将。「入ー」

ぎょ‐く【漁区】 漁業をする区域。漁業が許されている区域。

ぎょ‐ぐ【漁具】 漁業に使う道具。網・釣り具など。

ぎょく‐あん【玉案】 ①（「案」は机の意）玉ぎょくで飾った美しい机。②相手の机の敬称。

―か【―下】 手紙の宛名の左下につける脇付わきづけに用いて、敬意を表す語。「お机の下に」の意。

きょく‐いん【局員】ヰン 郵便局や放送局など、局と名のつくところの職員。

ぎょく‐いん【玉音】 ①玉の触れ合うような美しい声。②→ぎょくおん

きょく‐う【極右】 きわめて保守的で国粋主義的な政治思想。極端な右翼思想。また、その思想の人。↔極左

きょく‐うち【曲打ち】（太鼓などを）曲芸のように変化をつけて打つこと。また、その打ち方。

きょく‐えん【曲宴】 →きょくすいのえん

ぎょく‐おん【玉音】 天皇の声の尊称。玉音ぎょくいん。「ー放送」

きょく‐がい【局外】グワイ ①その局の仕事の受け持ち範囲外。↔局内 ②その事件や仕事に直接関係のない立場。部外。

―しゃ【―者】 その物事に直接関係のない人。第三者。

―ちゅうりつ【―中立】 交戦国のどちらにも、味方も敵対もしない国の立場。

きょく‐がく【曲学】 真理をまげて解釈した学問。

―あせい【―△阿世】 真理にそむいた説を唱えて、時勢におもねること。「ーの徒」語源「学を曲げてもって世に阿おもねるなし」〈史記〉から出た語。

ぎょく‐がん【玉顔】 ①玉のように清らかな美しい顔。②天皇の顔の尊称。竜顔りゅうがん。

きょく‐ぎ【曲技】 はなれわざ。かるわざ。「ー飛行」

きょく‐げい【曲芸】 ふつうではできない変わった芸当。はなれわざ。かるわざ。アクロバット。「空中ぶらんこのー」「ー師」

きょく‐けん【極圏】 →きょっけん

きょく‐げん【局限】（名・他スル）範囲を特定の一部に限ること。「対象をーする」

きょく‐げん【極言】（名・他スル）遠慮しないで思ったとおり言うこと。また、極端におおげさに言うこと。極論。「ーすれば」

きょく-げん【極限】 ①物事の限度ぎりぎりのところ。限界。「ーに達する」②〘数〙法則に従って変化する数が、ある値に限りなく近づく場合、その値のこと。極限値。

―じょうきょう【―状況】 →げんかいじょうきょう

きょく-さ【極左】 きわめて革新的・急進的な政治思想。極端な左翼思想。また、その思想の人。↔極右

ぎょく-ざ【玉座】 天皇・王のすわる所の尊称。

きょく-ざい【局在】（名・自スル）限られたところにだけ存在すること。「脳のある部位にーする機能」

ぎょく-さい【玉砕】（名・自スル）（玉のように美しくくだけ散るの意で）戦いなどで全力を尽くしたあと、名誉や信義を重んじて、いさぎよく死ぬこと。↔瓦全

きょく-し【曲師】 浪曲の伴奏に三味線を弾く人。

きょく-じ【曲事】 不正なこと。法にそむくこと。

ぎょく-じ【玉璽】 天皇の印の尊称。御璽。

きょく-じつ【△旭日】 朝日。

―昇天の勢い （朝日が天に昇るような）盛んな勢い。

―き【―旗】 朝日を図案化した旗。中央部の日の丸から放射状に赤い線を引いたもの。もと、日本の軍旗。

きょく-しゃ【曲射】 物陰などの目標に対して、曲がりの大きい弾道で上から砲弾を落下させるうち方。「ー砲」↔直射

ぎょく-じゅう【玉△什】（「什」は詩編の意）①すぐれた詩歌。②他人の詩歌をほめて言う語。

きょく-しょ【局所】 ①全体の中の限られた一定の場所。特に、身体の一部分。局部。②陰部。局部。

―ますい【―麻酔】 手術の際に、身体の一部分だけに施す麻酔。局部麻酔。

きょく-しょ【極所】 先がなくきわまった所。行き着く所。

きょく-しょう【極小】 [一]（名・形動ダ）このうえなく小さいこと。また、そのさま。ミニマム。ごくしょう。[二]（名）〘数〙変数のある値の前後で関数の値が減少から増加に変わり、最小となること。そのときの関数の値を極小値という。（↔極大）

きょく-しょう【極少】（名・形動ダ）数量がこのうえなく少ないこと。また、そのさま。

ぎょく-しょう【玉将】 将棋の駒の一つ。下手の者が用いるのが慣例となっている王将。⇩王将

ぎょく-しょう【玉章】 ①相手の手紙の敬称。玉章。②美しく、すぐれた詩・文章。

きょく-すい【曲水】 ①庭園・山のふもと・林の間などを曲がりくねって流れる水。②「曲水の宴」の略。[春]

―の-えん【―の宴】 平安時代、宮中で行われた行事。陰暦三月三日（桃の節句）に曲水の岸に公卿が並び、上流から流した杯が前を通り過ぎないうちに詩歌を作り、その杯をとりあげて酒を飲んだ。曲水の飲。曲宴。ごくすいのえん。[春]

ぎょく-ずい【玉髄】〘地質〙石英の微小な結晶からなる鉱物。紅・白・灰・緑・褐・黒色など各色があり、蠟のようにつやがあって装飾品・印材などに使う。

きょく・する【局する】（自他サ変）[文]きょく・す（サ変）範囲を限る。制限する。仕切る。限定される。

きょく-せき【△跼△蹐】（名・自スル）「跼天蹐地」の略。

ぎょく-せき【玉石】 玉と石。また、玉のように価値のあるものと石のように価値のないもの。

―こんこう【―混交・―混△淆】 価値のあるものと価値のないものが入りまじっていること。

きょく-せつ【曲折】（名・自スル）①折れ曲がること。「ーした山道」②物事にいろいろな変化やこみいった事情があること。「ーを経て、今日に至る」「紆余ー」

きょく-せつ【曲節】 歌曲などのふしまわし。調子。

ぎょく-せつ【玉△屑】 ①玉をくだいた粉。不老長寿の薬と考えられた。②名詩・名文の文句。③雪の形容。

きょく-せん【曲線】 連続してなめらかに曲がった線。カーブ。「ーを描く」↔直線

―び【―美】 曲線の美しさ。特に、女性の肉体などの、ふくよかでなめらかな線の美しさ。

きょく-そう【曲想】 楽曲の構想や主題。「ーを練る」

きょく-だい【極大】 [一]（名・形動ダ）このうえなく大きいこと。また、そのさま。マキシマム。[二]（名）〘数〙変数のある値の前後で関数の値が増加から減少に変わり、最大となること。そのときの関数の値を極大値という。（↔極小）

ぎょく-たい【玉体】 天皇の体の尊称。聖体。

ぎょく-だい【玉代】 芸者・娼妓を呼んで遊ぶ料金。花代。玉。

きょく-たん【極端】（名・形動ダ）（いちばん端の意から）ある方向に非常にかたよっていること。標準から非常にはずれていること。また、そのさま。「ーな意見」「ーな言い方」

きょく-ち【局地】 全体の中で、一定の限られた地域。「ー戦」「ー的な豪雨」

きょく-ち【極地】 さいはての地。特に、南極・北極の地方。

きょく-ち【極致】 物事のこれより上がないというところ。最上・最高の境地やおもむき。きわみ。「美のー」

きょく-ちょう【曲調】 音楽のふし。旋律の調子。

きょく-ちょう【局長】 会社・官庁の一つの局や郵便局・放送局などの最高責任者。「事務ー」

きょく-ちょく【曲直】 ①曲がったこととまっすぐなこと。②不正なことと正しいこと。「正邪ー」「理非ー」

きょくていばきん【曲亭馬琴】（一七六七〜一八四八）江戸後期の草双紙・読本作者。本姓は滝沢、名は解。江戸（東京都）生まれ。中国小説を巧みに翻案した読本で人気を得た。代表作「南総里見八犬伝」「椿説弓張月」など。

きょく-てん【極点】 ①これ以上先がないいちばん端の地点。②南緯・北緯の九〇度の地点。南極点または北極点。

きょくてん-せきち【△跼天△蹐地】（天に身をかがめ地に抜き足をする意）世間に気兼ねし、窮屈な思いをして生活すること。身の置き所がなく肩身のせまい思いでいること。跼蹐。

きょく-ど【極度】 これ以上はないというぎりぎりの度合い。程度のはなはだしいこと。「ーに緊張する」「ーの不信感」

きょく-とう【極東】（Far East の訳語）ヨーロッパから見て東の果て。シベリア東部・中国・朝鮮半島・日本・インドシナ半島などをさすが、範囲は明確でない。↔中東・近東

きょく-どめ【局留〔め〕】 郵便物を発信人の指定した郵便局にとどめておく取り扱い。また、その郵便物。

きょく-ない【局内】 その局の仕事の受け持ち範囲内。↔局外

きょく-のり【曲乗り】 馬・自転車・玉などに乗りながら曲芸をすること。また、曲芸のような変わった乗り方をすること。

きょく-ば【曲馬】 馬に乗って駆けさせながら曲芸をすること。また、馬に曲芸をさせること。「ー団（＝サーカス）」

ぎょく-はい【玉杯】 ①玉で作ったさかずき。②「さかずき」の美称。

きょく-ばん【局番】 各電話加入区域につけられた番号。局番号。「市外ー」

きょく-び【極微】（名・形動ダ）目に見えないほど細かいこと。非常に小さいこと。また、そのさま。極微。「ーの世界」

きょく-びき【曲弾き】（名・他スル）琴・三味線などの楽器を、曲芸のように手早く上手におもしろく弾くこと。

きょく-ひつ【曲筆】（名・他スル）事実を曲げて書くこと。また、その文章。「舞文—」↔直筆

きょくひ-どうぶつ【棘皮動物】《動》無脊椎動物の一門。体は放射相称状で、体表面に石灰質の硬い殻、または骨片を持つ。すべて海産。ウニ・ヒトデ・ナマコなどの類。

きょく-ふ【曲譜】音楽の譜。楽譜。

きょく-ふ【局譜】囲碁で、対局の手順を図にまとめたもの。

きょく-ぶ【局部】①全体の中のある限られた部分。局所。「—麻酔」②陰部。局所。

きょく-ほ【曲浦】入りくんだ海岸線。曲がりくねった海岸。

ぎょく-ほ【玉歩】天皇・皇后・皇太后などの歩行の尊称。

きょく-ほう【局方】→やっきょくほう

きょく-ほく【極北】北の果て。北極点に近いところ。

きょく-めん【曲面】《数》球の表面や円柱の側面などのように、連続して曲がっている面。「—体」↔平面

きょく-めん【局面】①囲碁・将棋の対局で、手順によって変化する盤面のさま。また、その勝負のなりゆき。「序盤の—」②物事のなりゆき。事態。情勢。「重大な—を迎える」

きょく-もく【曲目】①演奏する音楽の曲の名。②演奏する曲を列記した演奏会用のプログラム。

ぎょく-よう【玉葉】①美しい葉。②天皇の一族の尊称。「金枝—」③相手の手紙・はがきの敬称。

きょく-りょう【極量】定められた最大限の分量。特に、劇薬・毒薬などの一回または一日の使用で害のない最大量。

きょく-りょく【極力】（副）できるかぎり。力いっぱい。せいいっぱい。「—努力します」

ぎょく-ろ【玉露】（玉のように美しい露の意から）香気とうまみのある上等の煎茶。

ぎょく-ろう【玉楼】美しくりっぱな高い建物。「金殿—」

きょく-ろく【曲彔】僧が法会のときなどに用いるいすの一種。背もたれが丸い。

〔きょくろく〕

きょく-ろん【曲論】（名・自スル）正しいことをねじ曲げた議論。事実をゆがめた意見。↔正論

きょく-ろん【極論】（名・自他スル）内容や例を極端にして言うこと。また、その意見や議論。極言。「—すれば」

ぎょ-ぐん【魚群】泳いでいる魚の群れ。

—たんちき【—探知機】船底から超音波を水中に発射して、魚群の規模・種類・距離を探る装置。

きょ-げい【巨鯨】非常に大きな鯨。

ぎょ-けい【魚形】魚の形。また、魚のような形。

ぎょ-けい【御慶】①およろこび。お祝い。②新年を祝う言葉。「初春の—申し納めます」新年 参考「ごけい」ともいう。

—すいらい【—水雷】→ぎょらい

きょ-けつ【虚血】《医》特定の臓器に流れる血液量が極度に減少すること。参考全身に起こる「貧血」と区別していう。

きょ-げつ【去月】前の月。先月。

きょ-げん【虚言】他人をだます言葉。うそ。いつわり。そらごと。虚言。「—癖」「—を吐く」

きょ-こう【挙行】（名・他スル）式や行事などを行うこと。「開会式を—する」

きょ-こう【虚構】①事実でないことを事実のように作り上げること。作りごと。「—の説をなす」②《文》想像力によって、いかにも事実であるかのように小説・戯曲などとして仕組むこと。また、そのもの。フィクション。

きょ-ごう【倨傲】（名・形動ダ）思いあがっていばっていること。また、そのさま。ごうまん。「—で偏屈な男」

ぎょ-こう【漁港】漁業の根拠地として、多くの漁船が出漁の準備や魚の水揚げなどをする港。

きょ-こく【挙国】（国をあげての意から）国全体。国民全体。「—一致（=ある目的のために国民全体が心を一つにすること）」

きょ-こん【虚根】→きょすうかい↔実根

きょ-こん【許婚】婚約すること。また、その相手。いいなずけ。「—者」

きょ-ざ【踞座】（名・自スル）うずくまること。

ぎょ-ざ【御座】天皇など身分の高い人の座席の敬称。

きょ-さい【巨細】→こさい（巨細）

きょ-ざい【巨材】①大きな材木。②すぐれた才能。また、その才能をもつ人。大人物。

きょ-ざい【巨財】ばくだいな財産。「—を築く」

きょ-さつ【巨刹】大きな寺院。大寺。「京都の—」

きょ-し【巨資】巨額の資本。大資本。「—を投じる」

きょ-し【挙止】立ち居振る舞い。動作。挙措。「—進退」

きょ-し【鋸歯】①のこぎりの歯。②《植》植物の葉のふちが、のこぎりの歯のように細かく切れ込んでいるもの。

きょ-じ【虚字】漢文で、実質的内容は示さない文字。虚字と実字に二分する場合は、接続詞・感動詞・助詞・助動詞などに当たるものを言い、虚字・助字・実字に三分する場合は、実体のある名詞を実字と言うのに対して、動詞・形容詞に当たるものを言う。⇩実字

きょ-じ【虚辞】真実でない言葉。うそ。虚言。

ぎょ-じ【御璽】天皇の印の尊称。玉璽。「御名—」

きょ-しき【挙式】（名・自スル）（結婚式など）式を行うこと。

きょ-しつ【居室】ふだん居る部屋。居間。リビング。

きょ-じつ【虚実】①うそとまこと。ないこととあること。「—とりまぜて話す」②「虚虚実実」の略。

—ひにくろん【—皮膜論】《文》近松門左衛門が述べた「芸は虚構と事実の微妙な間に成立する」という、演劇における表現論。近松の芸術論を代表するもの。きょじつひまくろん。

きょし-てき【巨視的】（形動ダ）①対象が、人の感覚でじかに識別できる程度の大きさであるさま。②物事を全体的に広くとらえて見るさま。マクロ。《↔微視的》

ぎょ-しゃ【御者・馭者】馬車に乗って馬をあやつる人。

きょ-じゃく【虚弱】（名・形動ダ）体が弱いこと。体力が弱く病気になりやすいさま。「—体質」↔強健

—じ【—児】体が弱く、病気がちな子供。

ぎょし-やす・い【御し易い】（形）思いどおりに扱いやすい。「—相手」「—性格」文ぎょしやす・し（ク）

きょ-しゅ【挙手】（名・自スル）手をあげること。「—で採決する」「—の礼（=右手を顔のわきにあげて相手に注目する敬礼）」

きょ-じゅ【巨儒】すぐれた儒学者。また、大学者。

きょ-じゅ【巨樹】大きな立ち木。大樹。巨木。

きょ-しゅう【去秋】去年の秋。昨秋。

きょ-しゅう【去就】去ることと、とどまること。進退。また、事にあたって、どんな態度をとるかということ。「—に迷う」「—を明らかにする」

きょ-じゅう【巨獣】大きなけだもの。

きょ-じゅう【居住】（名・自スル）一定の場所に住むこと。また、住んでいる家。「—地」「—者」

—せい【—性】住み心地。居心地。「—に富む自動車」

ぎょ-しゅう【漁舟】魚介類をとる小さな舟。

きょ-しゅつ【△醵出】(名・他スル) ある目的のために金品を出し合うこと。「―金」参考「拠出」と書くこともある。

きょ-しゅん【去春】去年の春。昨春。

きょ-しょ【居所】①住んでいる場所。すみか。②〘法〙生活の本拠ではないが、一定期間継続して住んでいる場所。

きょ-しょう【巨匠】シャウ おもに文学・芸術の専門分野で経験が深く、すぐれた作品のある人。大家。「陶芸界の―」

きょ-しょう【去声】シャウ 漢字の四声の一つ。現代中国語では急激な下降調(第四声)。去声(きょせい)。⇩四声

きょ-しょう【挙証】(名・自スル) 証拠をあげること。立証。

きょ-じょう【居城】ジャウ 領主などが、ふだん住んでいる城。

ぎょ-しょう【魚礁・漁礁】セウ 魚類が好んで集まる水面下の岩場。石・ブロック・破船などを沈めた人工的なものもいう。

ぎょ-しょう【魚△醤】シャウ 魚を塩漬けにして発酵させることで出る汁でつくる調味料。しょっつる・ナンプラーなど。

ぎょ-じょう【漁場】ヂャウ 漁業をするのに適した水域。漁業権のある水域。漁場(ぎょば)。「好―」

きょ-しょく【虚飾】うわべだけを飾り立てること。「―に満ちた生活」

ぎょ-しょく【漁色】次々に相手を求めて、情事にふけること。「―家」

きょしょく-しょう【拒食症】シャウ 〘医〙摂食障害の一つ。精神的な要因などで、必要な量の食事が食べられなかったり、食べたものを吐き出したりする病気。神経性無食欲症。

きょ-しん【虚心】(名・形動ダ) 先入観や偏見を持たず、ありのままを素直に受け入れることができる心。「―に忠告を聞く」

―たんかい【―△坦懐】タンクワイ (名・形動ダ) 少しのわだかまりもなく、心がさっぱりして穏やかなこと。「―に話す」

きょ-じん【巨人】①ずぬけて体の大きい人。②歴史上、またはある専門分野などで並外れた業績や能力のある人。

ぎょ-しん【魚信】釣りで、竿(さお)に伝わってくる、魚が餌(えさ)にくいついた感じ。あたり。「―がある」

ぎょ-しん【御寝】寝ることの敬称。「―なる(=おやすみになる)」

きょ-すう【虚数】〘数〙実数でない複素数。$a+bi$(a, bは実数、$b\neq0$ $i=\sqrt{-1}$)の形に書ける数。↔実数

―かい【―解】〘数〙方程式の解(根)のうち、虚数であるもの。虚根。↔実数解

キヨスク〈kiosk〉→キオスク

ぎょ・する【御する】(他サ変) スル(セ・サ)・シ・スル・スレ・シロ(セヨ) ①馬や馬車をうまく乗りまわす。「馬を―」②人を思いどおりに動かす。「―しがたい男」文ぎょ・す(サ変) 参考①は「△馭する」とも書く。

き-よせ【季寄せ】〘文〙俳句の季語を四季に分類して集め、それぞれ例句を掲げた、簡便な歳時記。

きょ-せい【去声】→きょしょう(去声)

きょ-せい【巨星】①〘天〙恒星中で、半径や絶対光度の大きい星。↔矮星(わいせい) ②(比喩(ひゆ)的に)大人物。

―墜(お)つ 大人物が死ぬ。

きょ-せい【去勢】(名・自他スル) ①動物の生殖機能を失わせること。特に、雄の睾丸(こうがん)を取り除くこと。②反抗的な気持ちや気力を失わせること。

きょ-せい【挙世】(名・副) 世の中すべて。世をあげて。

きょ-せい【虚勢】実力の伴わないみかけばかりの強がり。から威張り。から元気。

―を張(は)る 実力のない者が、うわべだけ強がって威張る。

ぎょ-せい【御製】天皇の作った詩歌の尊称。大御歌(おおみうた)。

きょ-せき【巨石】非常に大きな石。「―文化」

きょ-せつ【虚説】根も葉もないうわさ話。↔実説

きょ-ぜつ【拒絶】(名・他スル) 働きかけや申し入れを断ること。受けつけないこと。「要求を―する」

―はんのう【―反応】ハンオウ ①〘医〙他人の臓器などを移植した際、それを排除しようとする生体反応。拒否反応。②(比喩(ひゆ)的に)ある物事を絶対に受け入れようとしない態度。

きょ-せん【巨船】非常に大きい船。

きょ-ぜん【居然】(ト・タル) ①じっとしているさま。すわって動かないさま。「―たる姿」②することがなく退屈なさま。つれづれ。「―として日を送る」文(形動タリ)

ぎょ-せん【漁船】漁業をするための船。「マグロ―」

きょ-そ【挙措】(あげることとおくことの意から)立ち居振る舞い。体のこなし。動作。挙止(きょし)。「―進退」

―を失(うしな)う 取り乱した振る舞いをする。

きょ-ぞう【虚像】ザウ ①〘物〙物体から出た光がレンズ・鏡などによって発散されたとき、その光線とは逆方向の延長線上にできる像。スクリーンに映すことはできない。②実態とは異なる、みせかけの姿。「スターの―をあばく」↔実像

ぎょ-ぞく【魚族】魚のなかま。魚類。

ぎょ-そん【漁村】大部分の人が漁業を生業としている村。

きょ-た【許多・巨多】数の多いこと。あまた。

きょ-たい【巨体】ずぬけて大きな体。

きょ-だい【巨大】(名・形動ダ) 非常に大きいこと。また、そのさま。「―都市」「―な生物」↔微小

ぎょ-だい【御題】①天皇の書いた題字の尊称。②天皇の選定した詩歌・文章の題の尊称。勅題。

きょ-たく【居宅】住んでいる家。すまい。

きょ-だく【許諾】(名・他スル) 願いごとや要求などを、聞き入れて許すこと。ゆるし。「―を与える」

ぎょ-たく【魚拓】魚の大きさや種類を示すために、魚に墨などをぬり形を和紙・布にすり写したもの。魚の拓本。

きょ-だつ【虚脱】(名・自スル) ①気が抜けてぼんやりすること。気力がなくなり、何も手につかない状態になること。「―感」「―状態」②〘医〙失血・火傷・中毒などによる急激な血液の循環障害のために起こる、著しい脱力状態。

きょ-たん【去△痰・△祛△痰】のどにからんだ痰(たん)を取り除くこと。「―薬」

きょ-たん【虚誕】大うそ。でたらめ。ほら。「―の説」

きょ-だん【巨弾】非常に大きな砲弾や爆弾。

きょ-ちゅう【居中】(名・自スル) 両方の中間に立つこと。

―ちょうてい【―調停】テウテイ 〘法〙第三国がすすんで紛争当事国の間に立ち、平和的解決を図ること。仲介。

きょっ-かい【曲解】キョク (名・他スル) 相手の言葉や行動をわざと曲げて解釈し、素直に受けとらないこと。「忠告を―する」

きょっ-かん【極冠】キョククワン 〘天〙火星の両極の白く輝く部分。

きょっ-けい【極刑】キョク 最も重い刑罰。死刑。「―に処す」

きょっ-けん【極圏】キョク 〘地〙地球上の南緯と北緯それぞれ六六度三三分の緯線。また、それよりも高緯度の地域。南極圏・北極圏の総称。気候帯では寒帯。

きょっ-こう【△旭光】キョククワウ 朝日の光。

きょっ-こう【極光】キョククワウ →オーロラ①

ぎょっ-こう【玉稿】ギョクカウ 相手の原稿を敬っていう語。「本日、―を拝受いたしました」

ぎょっ-と(副・自スル) 突然思いがけないことにぶつかり、心が動揺するさま。「―して立ちすくむ」

きょ-てん【拠点】活動の足がかりとなるところ。「―の確保」

きょ-でん【虚伝】根拠のないうわさ。真実でない言い伝え。

ぎょ-でん【魚田】 魚を串に刺して、味噌を塗って焼いた料理。魚の田楽。

きょ-とう【去冬】 去年の冬。昨冬。

きょ-とう【巨頭】 政財界などで、重要な地位を占め、実権をにぎっている人物。大立て者。「財界の—」

—かいだん【—会談】 二国以上の大国の首脳が集まって、国際問題を討議すること。首脳会議。頂上会談。

きょ-とう【挙党】 一つの党全体。党をあげて取り組むこと。「—体制」「—一致」

きょ-どう【挙動】 人の動作や行動。ふるまい。「—が怪しい」

—ふしん【—不審】（名・形動ダ）動作や態度が怪しく、何か悪いことを企んでいる感じを人に与えること。「—の男」

ぎょ-とう【漁灯】 夜、漁をするための明かり。また、魚を誘いよせるための灯火。いさりび。

ぎょ-どう【魚道】 ①海で、魚の群れがいつも通る道。②魚の通路として堰・堤防に設けた水路。魚梯。

きょと-きょと（副・自スル）恐れ・不安・もの珍しさなどのため、眼球を忙しく動かして見るさま。「—（と）あたりを見回す」

きょとん-と（副・自スル）あっけにとられたり気抜けしたりなどして、目を大きく見開いてぼんやりしているさま。「—した顔」

ぎょ-にく【魚肉】 魚の肉。「—ソーセージ」

きょ-にんか【許認可】 許可と認可。おもに官公庁のそれをいう。「—権」⇩許可「ちがい」

きょ-ねん【去年】 ことしの前の年。[新年]

[類語] 昨年・旧年・旧臘・去年

ぎょ-ば【漁場】 →ぎょじょう

きょ-はく【巨擘】 ①おやゆび。②団体や仲間の中のおもだった人や、特にすぐれた人。「画壇の—」

ぎょ-ばん【魚板】 魚の形に彫って作った板。禅寺などで、高く掛けておいて、時刻を知らせるときなどに打ち鳴らす。魚鼓。

〔ぎょばん〕

きょ-ひ【巨費】 非常に多くの費用。「—を投じる」

きょ-ひ【拒否】（名・他スル）働きかけや申し入れを断ること。はねつけること。こばむこと。拒絶。「要求を—する」

—けん【—権】『法』①君主・大統領などが、議会で成立した法律を拒否できる権限。②合議体の中で、多数決により議決されたものを阻止する特定構成員の権利。国連安全保障理事会の常任理事国のもつ拒否権がその例。一国でも反対すれば決議の成立を阻止できる。

きょ-ひ【許否】 許すか許さないかということ。「—を決する」

ぎょ-ひ【魚肥】 魚類を原料として作った肥料。

きょ-ふ【巨富】 非常に多くの財産。「—を築く」

ぎょ-ふ【漁夫】 魚や貝などをとって生活する人。漁師。

[参考] 漢文では「漁父」とも書く。

—の利 二者が争っているすきに、第三者がその利益を横取りすること。【故事】中国の戦国時代、趙が燕を討とうとしたとき、燕の遊説家蘇代が趙の恵王に、しぎとはまぐりが争っている間に両方とも漁夫が捕らえてしまったという話をして、いま両国が争えばどちらも強大な秦に取られてしまうと説いたことからいう。〈戦国策〉⇩鷸蚌の争い「故事」

きよ-ぶき【清拭き】（名・他スル）ぬれた布でふいたあと、仕上げとして乾いた布でさらにふくこと。

ぎょ-ふく【魚腹】 魚の腹。また、魚の腹の中。

—に葬られる 水死する。

ぎょ-ぶつ【御物】 皇室が所有する品物。御物（ぎょもつ・ごもつ・おもの）。

きょ-ぶん【虚聞】 ①根拠のない、いつわりのうわさ。虚説。②実際の力以上のよい評判。実力にそぐわない名声。虚名。

ぎょ-ふん【魚粉】 魚を干して粉にしたもの。食品・肥料・飼料に用いる。

きょ-へい【挙兵】（名・自スル）兵を集めて戦いを起こすこと。

きょ-ほ【巨歩】 ①大またで歩くこと。力強いあゆみ。②（転じて）大きな手柄・功績。「文学史に—をしるす」

きょ-ほう【巨砲】 ①非常に大きな大砲。②（比喩的に）野球の強打者や、相撲の強い突っ張りをいう。

きょ-ほう【虚報】 いつわりの知らせ。まちがった報告・報道。

ぎょ-ほう【漁法】 魚をとる方法。

きよ-ほうへん【毀誉褒貶】（「毀」はそしる、「誉」「褒」はほめる、「貶」はけなす意）ほめたりけなしたりする世間の評価。

きょ-ぼく【巨木】 大きな木。大木。巨樹。

きよま・る【清まる・浄まる】（自五）ラ（ロ）・リ（ッ）・ル・ル・レ・レ 清くなる。清らかになる。「身も心も—」他きよ・める（下一）

きょ-まん【巨万】 非常に大きな数。「—の富」

ぎょ-み【魚味】 ①魚の味。②魚の料理。

きよみず【清水】 京都市東山区、清水寺近くの地。

—の舞台から飛び降りる（清水寺の舞台が切り立ったがけの上にあることから）思い切って物事を行うことのたとえ。

—やき【—焼】 京都市東山区にある清水寺付近で作られる陶磁器。

きよみづへ… [和歌]〔清水へ 祇園をよぎる 桜月夜 こよひ逢ふ人 みなうつくしき〕〈与謝野晶子〉清水寺へと祇園を通りぬけてゆく道すがら、桜の花もひとしおあでやかな春のおぼろ月夜、今宵すれちがう人はみな美しく見えることだ。（「桜月夜」は作者の造語らしい。後年「花月夜」に改めた）

ぎょ-みん【漁民】 漁業を職業としている人々。漁師。

きょ-む【虚無】 ①何もなくてむなしいこと。②価値や本質的な意味が何もないこと。「—感に襲われる」

—しゅぎ【—主義】『哲』真理・実在を認めず、既成のあらゆる道徳・価値・規範・権利を否定する立場。ニヒリズム。

きょ-めい【虚名】 実力の伴わない名声。実力以上の評判。虚聞。「—を博する」

ぎょ-めい【御名】 天皇の名前の尊称。「—御璽」

きよ・める【清める・浄める】（他下一）メ・メ・メル・メル・メレ・メロ（メヨ）恥・汚名・けがれなどを取り除いてきれいにする。清らかにする。「身を—」自きよま・る（五）文きよ・む（下二）

きょ-もう【虚妄】 うそ。いつわり。

ぎょ-もう【魚網・漁網】 魚をとるのに使う網。

ぎょ-もつ【御物】 →ぎょぶつ

きよもと【清元】（「清元節」の略）江戸末期、清元延寿太夫の創始した豊後浄瑠璃の一派。歌舞伎・舞踊に用いられる繊細で粋な三味線歌曲。

ぎょ-ゆ【魚油】 イワシ・ニシンなどの魚からとった油。食品・せっけん・薬品・塗料などの原料にする。

ぎょ-ゆう【御遊】 昔、宮中などで行われた音楽や歌の催し。管弦の遊び。

きょ-よう【挙用】（名・他スル）下位や軽い地位にいた人を上位や重要な地位につけて仕事をさせること。登用。

きょ-よう【許容】（名・他スル）そこまではよいと認めて許すこと。大目に見ること。「—範囲」「—事項」「—される放射線量」

きよら【清ら】（形動ナリ）『古』気品があって美しいさま。

きょ-らい【去来】（名・自スル）行ったり来たりすること。心に浮かんだり消えたりすること。「なつかしさが胸中を—する」

きょらい〔去来〕→むかいきょらい

ぎょ‐らい【魚雷】（「魚形水雷」の略）船・飛行機から発射されて水中を自走し、敵艦船に命中すると爆発する兵器。

きょらいしょう〔去来抄〕キョライセウ 江戸中期の俳論書。向井去来著。一七七五（安永四）年刊。芭蕉およびその門人の俳論を集成。蕉門俳諧を知る貴重な資料。

きよらか【清らか】（形動ダ）ダロ・ダッ(デ・ニ)・ダ・ナ・ナラ・〇 けがれやにごりなどがなく美しいさま。「―な交際」「―な湧き水」〔文〕（ナリ）

ぎょ‐らん【魚△籃】魚を入れるかご。びく。

―かんのん【―観音】クワンオン〔仏〕三十三観音の一つ。魚のはいったかごを持っている像と大きな魚に乗っている像とがある。

きょ‐り【巨利】大きなもうけ。ばくだいな利益。「―をつかむ」

きょ‐り【距離】①二つの地点または物の間の隔たり。間隔。「―を測る」②〔数〕二点を結ぶ線分の長さ。③（比喩的に）人と人との間の心理的な隔たり。「―を置いてつきあう」

ぎょ‐り【漁利】①漁業で得る利益。②「漁夫の利」の略。

きょ‐りゅう【居留】リウ（名・自スル）①ある場所に一時的にとどまって住むこと。②外国の居留地に住むこと。

―ち【―地】外国人の居住・営業を特別に認めた地域。

―みん【―民】居留地に住む外国人。

ぎょ‐りょう【漁猟】レフ ①漁業と狩猟。②漁業。

ぎょ‐りん【魚△鱗】魚のうろこ。また、魚のこと。

ぎょ‐るい【魚類】魚の総称。脊椎動物中の一類。水中にすみ、えらで呼吸する。多くは卵生。

きょ‐れい【挙例】（名・他スル）例をあげること。

きょ‐れい【虚礼】しきたりやうわべのつきあいでする、心のこもっていない礼儀。形式だけの礼儀。「―廃止」

ぎょ‐ろう【魚△蠟】ラフ 魚やクジラなどの油から作った蠟。

ぎょ‐ろう【漁労・漁△撈】ラウ 職業として魚・貝・海藻などの水産物をとること。「―長」

きょろ‐きょろ（副・自スル）落ち着きなくあたりを見回すさま。「―（と）あたりをうかがう」

ぎょろ‐ぎょろ（副・自スル）大きい目玉が鋭く光るさま。大きく見開いた目を動かしてあたりを見回すさま。

ぎょろ‐め【ぎょろ目】大きく見開いた目。

ぎょろり‐と（副）大きい目玉を向けてにらむさま。

き‐よわ【気弱】（名・形動ダ）気力がとぼしく、悪い結果を考えて消極的になり、すぐ心が動揺するさま。また、その性質。

き‐ら【△綺羅】①綾絹と薄絹。②（転じて）美しい衣服。また、それを着飾った人。「―、星のごとく居並ぶ」③うわべを装い飾ること。きらびやかな美しさ。「―を競う」

キラー〈killer 殺人者〉特定の人やものに強い力や魅力を発揮するもの。「左投手―」「マダム―」「―コンテンツ（＝顧客を引きつける力があり、目玉となる製品・サービス）」

きらい【嫌い】キラヒ [一]（名・形動ダ）好みに合わないこと。いやだと思うさま。「―な食べ物」「練習は―だ」「食わず―」↔好き [二]（名）①（「…のきらいがある」「…するきらいがある」の形で）その傾向があること。「彼は人に厳しすぎる―がある」②区別をつけること。「男女の―なく」〔用法〕[二]①は、多く、好ましくない傾向のときに使う。〔参考〕[一]は、他の語の下に付いて用いられるときは、濁音化して「ぎらい」となることもある。

き‐らい【帰来】（名・自スル）帰ってくること。

き‐らい【機雷】（「機械水雷」の略）水中に敷設したり浮遊させたりして、艦船がこれに触れると爆発する仕掛けの兵器。

きら・う【嫌う】キラフ（他五）ワ(オ)・イ(ッ)・ウ・ウ・エ・エ ①いやだと思う。好ましくないものとして避ける。↔好く ②（「嫌わず」の形で）物事を区別しない。はばからない。「所―・わず座りこむ」

きら‐きら（副・自スル）光り輝くさま。きらめくさま。「星が―（と）輝く」

ぎら‐ぎら（副・自スル）①強く激しく照り輝くさま。また、どぎつく光るさま。「夏の太陽が―（と）照りつける」②欲望をあからさまにするさま。「―した目」

き‐らく【気楽】（名・形動ダ）①心配や苦労がなく、落ち着いていられること。また、そのさま。「―な稼業」②物事が気にならないこと。また、そのさま。「―な性分」
〔類語〕暢気・安気・安逸・安楽

き‐らく【帰△洛】（名・自スル）都または京都に帰ること。

きら・す【切らす】（他五）サ(ソ)・シ・ス・ス・セ・セ ①切れた状態にする。「息を―」「しびれを―」②品物のたくわえや持ち合わせをなくす。絶やす。「小銭を―」〔自〕き・れる（下一）

きらず【切らず・×雪花菜】（切らずにそのまま使える意から）豆腐のしぼりかす。おから。卯の花。

ぎら‐つ・く（自五）カ(コ)・キ(イ)・ク・ク・ケ・ケ ぎらぎら光る。「油が―」

きらびやか【△煌びやか】（形動ダ）ダロ・ダッ(デ・ニ)・ダ・ナ・ナラ・〇 輝くばかりに美しく派手なさま。絢爛。「―な衣装」〔文〕（ナリ）

きら‐ぼし【△綺羅星・△煌星】美しくきらめく星。また、そのように並んでいるさま。「―のごとく並ぶ著名人」〔語源〕「綺羅、星のごとし」を誤って続けて言った語。

きらめか・す【△煌めかす】（他五）サ(ソ)・シ・ス・ス・セ・セ 見る人の目を射るように美しく光らせる。「ダイヤを―」〔自〕きらめ・く（五）

きらめ・く【△煌めく】（自五）カ(コ)・キ(イ)・ク・ク・ケ・ケ 見る人の目を射るように美しく光り輝く。「星が―」「―知性」〔他〕きらめか・す（五）

きらら【×雲母】→うんも

きらり‐と（副）一瞬、光を放つさま。「朝露が―光る」

き‐らん【貴覧】（手紙などで）相手が見ることの尊敬語。高覧。御覧。「―に供する（＝お目にかける）」

きり【△桐】〔植〕キリ科の落葉高木。葉は大きなハート形で対生。五月ごろ筒状の薄紫色の花を開く。材はたんす・げた・琴など用途が広い。（桐の花〔夏〕・桐の実〔秋〕・桐一葉〔秋〕）

きり【△錐】板などに小さな穴をあけるための先のとがった工具。「―をもむ」

きり【霧】①〔気〕水蒸気が地上近くで凝結し、その細かな水滴が煙のように浮遊している現象。「―が深い」〔秋〕⇨霞 ②水・液体を細かい水滴にして空気中に飛ばしたもの。「―を吹く」

きり【切り】①物事の切れめ。区切り。しめくくり。「―のいいところでやめる」「―をつける」②際限。限度。「ぜいたくを言えば―がない」③〔演〕能楽や浄瑠璃などの終わりの部分。また、寄席などで最後に上演するもの。「―狂言」

キリ（「ピンからキリまで」の形で）最後のもの。最低のもの。〔語源〕十字架の意のクルス（ポルトガル cruz）が数の「十」を表し、それがなまったものという。⇨ピン

きり（副助）①それ以上にはならない限度を示す。だけ。「二人―で遊ぶ」②「…を最後として」の意を表す。「行った―帰ってこない」「今年―で帰郷する」「これっ―」③その状態が続く意を表す。…したまま。「付きっ―」「寝た―」〔用法〕名詞、用言・助動詞の連用形・連体形、助詞などに付く。多くくだけた会話語として用いる。〔参考〕「ぎり」「っきり」ともいう。

ぎ‐り【義理】①人として守るべき正しい道。道理。「―をわきまえる」②他人との関係や交際上、果たさなければならない道義上の務め。また、やむを得ずしなければならないこと。付き合い。「―で出席する」「今さら会えた―ではない」「不―」③血のつながりのない者が肉親と同様の関係になること。「―の母」

ぎり‐あい【義理合い】アヒ 義理にからんだ付き合い。

きり‐あ・う【切〔り〕合う・斬〔り〕合う】アフ（自五）ワ(オ)・イ(ッ)・

ウ・ウ・エ・エ たがいに刃物で相手を切ろうとして戦う。

きり-あげ【切〔り〕上げ】 ①ひとまず終わりにすること。②計算で、端数(はすう)を一としてひとつ上の位に加えること。↕切り捨て ③通貨の対外価値を高くすること。↕切り下げ

きり-あ・げる【切〔り〕上げる】(他下一) ゲ・ゲ・ゲル・ゲル・ゲレ・ゲロ(ゲヨ) ①適当なところでひとまずやめる。一区切りをつけて終わりにする。「作業を途中でー」②計算で、端数(はすう)を一としてひとつ上の位に加える。↕切り捨てる ③通貨の対外価値を高くする。「円をー」↕切り下げる 文きりあ・ぐ(下二)

きり-あめ【霧雨】 →きりさめ

きり-いし【切〔り〕石】 ①(建造物などの)用途に合わせて適当な形に切った石。②割れて角ばった石。③敷石。石だたみ。

ぎり-いっぺん【義理一遍】(名・形動ダ) 心からではなく、うわべだけで形式的に行う義理。通りいっぺん。「ーの念仏」

きり-い・る【切〔り〕入る・斬〔り〕入る】(自五) ラ(ロ)・リ(ッ)・ル・ル・レ・レ 刀を振りまわして敵中に切りこむ。

きり-うり【切〔り〕売り】(名・他スル) ①少しずつ小さく切って売ること。「土地をーする」②もっている知識や経験などを小出しにして講義や著述などに使うこと。「知識のー」

きり-え【切〔り〕絵】エ— 紙を切り抜いて人や動植物などの形を作り、それを張り付けた絵。切り紙絵。

きり-おと・す【切〔り〕落〔と〕す・切落す】(他五) サ(ソ)・シ・ス・ス・セ・セ ①ある物の一部を切って本体から離す。切り取って離す。「枝をー」②堤防の一部を壊して、水を流す。

きり-かえ【切〔り〕替え・切替・切〔り〕換え・切換】カヘ— ①今までの方法・状態・価値を新しいものやほかのものにかえること。「頭のーが速い」「ポイントのー」②「切り替え畑(ばた)」の略。

—ばた【—畑】 ①森林を切り開いて作物を作り、地力が衰えるとまた木を植えること。また、その畑。②→やきはた

きり-かえし【切〔り〕返し】カヘシ— ①切り返すこと。②相撲で、相手のひざの後ろに自分のひざをあて、ひねるように押し倒す技。③剣道で、相手の正面と左右の面を交互に繰り返し打つ練習法。参考①は「斬り返し」とも書く。

きり-かえ・す【切〔り〕返す】カヘス—(他五) サ(ソ)・シ・ス・ス・セ・セ ①相手が切りかかってきたとき、こちらからも切りつける。②論争などで、やり返す。反論に出る。「相手の論詰をあざやかにー」③柔道で、相手がしかけてきた力を逆に利用して倒す。④自動車の運転で、一方に回したハンドルをすぐ反対に回す。「ハンドルをー・してバックする」参考①は「斬り返す」とも書く。

きり-か・える【切〔り〕替える・切〔り〕換える】カヘル—(他下一) エ・エ・エル・エル・エレ・エロ(エヨ) これまでの方法・状態・価値を新しいものやほかのものにかえる。別のものにする。「頭をー」「方針をー」「テレビのチャンネルをー」自きりかわ・る(五) 文きりか・ふ(下二)

きり-かか・る【切り掛〔か〕る・切掛る・斬り掛〔か〕る・斬掛る】 ラ(ロ)・リ(ッ)・ル・ル・レ・レ 一(他五) 刃物で切り始める。二(自五) 刃物を振り上げて襲いかかる。「突然ー・ってきた」

きり-かけ【切〔り〕掛け・切〔り〕懸け】 ①途中まで切ること。また、そのもの。きりさし。②柱の間に横板をよろい戸のように張った板塀。庭先の目隠しとして使った。

きり-か・ける【切〔り〕掛ける・切〔り〕懸ける】 ケ・ケ・ケル・ケル・ケレ・ケロ(ケヨ) 一(他下一) 切り始める。切る動作を途中までする。「電話をー」二(自下一) 刃物を振り上げて切りつける。文きりか・く(下二)

ぎり-がた・い【義理堅い】(形) カロ・カッ(ク)・イ・イ・ケレ・○ 義理をきちょうめんに果たして、おろそかにしない。「ー人」文ぎりがた・し(ク)

きり-かね【切〔り〕金】 うすくのばした金・銀の板。また、それをはりつけて絵画・彫刻・蒔絵(まきえ)などの模様や装飾に用いる技法。きりがね。

きり-かぶ【切〔り〕株】 草木を切ったあと地上に残る部分。

きり-がみ【切〔り〕紙】 ①切った紙。紙きれ。②奉書紙や鳥の子紙を折り目にそって切ったもの。③紙を切って、物の形を表すこと。きりかみ。「ー細工」④(②に書きつけてあるところから)芸能・武芸などの初等の免許状。

きり-がみ【切〔り〕髪】 ①切り取った髪の毛。②近世から明治にかけて、武家の未亡人が出家の意味で髪を短く切りそろえ、束ねて垂らした髪形。切り下げ髪。きりかみ。

きり-かわ・る【切り替〔わ〕る・切替る】カハル—(自五) ラ(ロ)・リ(ッ)・ル・ル・レ・レ 今までの方法・状態・価値などが、大きくまたは別のものにかわる。「入試制度がー」他きりか・える(下一)

きり-きざ・む【切〔り〕刻む】(他五) マ(モ)・ミ(ン)・ム・ム・メ・メ 刃物などで細かく切る。「野菜をー」

きり-ぎし【切〔り〕岸】 切り立った険しいがけ。断崖(だんがい)。

きり-きず【切〔り〕傷・切〔り〕△疵】 刃物などで切った傷。

きり-きょうげん【切〔り〕狂言】キヤウゲン— 《演》芝居などで、一日の出し物のうち、最後に演じられる狂言。大切り。

きり-きり(副) ①物がきしる音のさま。②激しく回転するさま。「ー(と)回りながら墜落する」③強く巻きつけるさま。「縄でー(と)縛る」④体の一部がひどく痛むさま。「胃がー(と)痛む」

—しゃん-と(副) 服装や立ち居振る舞いがきりりとしていて、かいがいしいさま。

—まい【—舞い】マヒ(名・自スル) ①休む間もなく立ち働くこと。てんてこまい。「大勢の客の応対でーする」②予想外の事態にうろたえること。「変化球にーする」

ぎり-ぎり【◇限◇限】(名・形動ダ) 限度いっぱいでそれ以上の余裕がないこと。また、そのさま。「発車ーにとび乗る」

きりぎりす【×螽蟖】 ①《動》キリギリス科の昆虫。草むらにすみ、体は緑色または茶色。夏、雄は羽をすり合わせてチョンギースと鳴く。機織り。秋 ②キリギリス科の昆虫の総称。ウマオイ・ツユムシなど。③《古》こおろぎ。秋

きりぎりす… 和歌〔きりぎりす 鳴くや霜夜の さむしろに 衣かたしき ひとりかも寝む〕〈新古今集 後京極摂政前太政大臣(ごきょうごくせっしょうさきのだいじょうだいじん)(藤原良経(よしつね))〉こおろぎが鳴く、この霜の降る夜の寒々としたむしろの上に、自分の袖(そで)だけを敷いて、独り寝をするというのか。わびしいことだなあ。(「さむしろ」の「さ」は接頭語。小倉百人一首の一つ)

きり-くず【切〔り〕△屑】クヅ— 物を切ったり削ったりしたときにできる、切れ端や屑(くず)。裁ち屑。

きり-くず・す【切〔り〕崩す】クヅス—(他五) サ(ソ)・シ・ス・ス・セ・セ ①山やがけなどを切ったり削ったりして、形を変える。「山の中腹をー」②相手の備えや団結を崩して力を弱める。「敵陣をー」

きり-くち【切〔り〕口】 ①物を切ったあとの断面。切れ口。②切り傷の開いた部分。「ーを縫う」③袋などを切り開くときの目印としてつけられた切れ目。④切り方。切った腕前。⑤物事の分析のしかた。「鋭いーで批評する」

きり-くび【切〔り〕首・斬〔り〕首】 首を切ること。また、切り落とした首。

きり-く・む【切〔り〕組む】 マ(モ)・ミ(ン)・ム・ム・メ・メ 一(自五) 切り合う。二(他五) 木材などを切って組み合わせる。参考 二は「斬り組む」とも書く。

きり-ぐも【霧雲】 山地で霧のように低くただよう雲。層雲。

きり-こ【切〔り〕子・切◇籠】 方形の立体の角を切り落とした形。また、そのような形に細工したもの。

—ガラス 彫刻や切り込みを施したガラス器。カットグラス。

—どうろう【—灯籠】 切り子形に組んだわくの四方を造

花やひもなどで飾った、盂蘭盆(うらぼん)用の灯籠(とうろう)。秋

きり-こうじょう【切(り)口上】 一語一句をはっきり区切って言う、改まった調子の話し方。また、型にはまって親しみのない口のきき方。「―で述べる」「―のあいさつ」

きり-ごたつ【切(り)△炬△燵】 床板を切って底に火入れを作った、据え付けのこたつ。掘りごたつ。冬 ⇩置きごたつ

きり-こまざ・く【切(り)細裂く】(他五) カ(コ)・キ(イ)・ク・ク・ケ・ケ 細かに切り刻む。ずたずたに切り裂く。

きり-こみ【切(り)込み】 ①刃物で切れ目を入れること。また、その切れ目。②敵陣に切り入ること。「―隊長」③魚肉を刻んで塩漬けにした食品。参考 ②は「斬り込み」とも書く。

きり-こ・む【切(り)込む】(自五) マ(モ)・ミ(ン)・ム・ム・メ・メ ①刃物で中まで深く切る。②敵陣に切り入る。③相手の論を鋭くつく。問い詰める。「問題の核心に―」参考 ②は「斬り込む」とも書く。

きり-さいな・む【切(り)◇苛む・斬(り)◇苛む】(他五) マ(モ)・ミ(ン)・ム・ム・メ・メ むやみに切っていじめ苦しめる。むごたらしくずたずたに切る。「心が―・まれる思い」

きり-さ・く【切(り)裂く】(他五) カ(コ)・キ(イ)・ク・ク・ケ・ケ 切って中を開く。切ってばらばらにする。「布を―」「闇を―ような悲鳴」

きり-さげ【切(り)下げ】 ①通貨の対外価値を低くすること。↕切り上げ ②「切り下げ髪」の略。

―がみ【―髪】 ①髪の毛を襟(えり)のあたりまで垂らして切りそろえておくもの。②→きりがみ(切り髪)②

きり-さ・げる【切(り)下げる】(他下一) ゲ・ゲ・ゲル・ゲル・ゲレ・ゲロ(ゲヨ) ①刃物を上から振り降ろして切る。②必要な長さ・形に切って垂らす。「前髪を―」③通貨の対外価値を低くする。↕切り上げる 文きりさ・ぐ(下二) 参考 ①は「斬り下げる」とも書く。

きり-さめ【霧雨】 霧のように細かい雨。こぬか雨。きりあめ。秋

キリシタン〈ポルトガル Christão〉《基》室町末期初めて日本に伝えられたローマカトリック系のキリスト教。また、その信徒。バテレン。天主教。ヤソ教。参考「×切支丹・×吉利支丹」とも書く。五代将軍徳川綱吉以後「吉」の字を避けて「切支丹」の字を当てた。

きり-じに【切(り)死に・斬(り)死に】(名・自スル) 敵と切り合ってその場で死ぬこと。「―覚悟の突撃」

ギリシャ〈ラテン Graecia〉ヨーロッパ東南部の共和国。ギリシア。首都はアテネ。参考「×希臘」とも書く。

―しんわ【―神話】 古代ギリシャ人の生み出した神話・伝説の総称。オリンポスの神々や英雄たちの伝説からなる。ローマ帝政期にほぼ成立し、のち体系化された。

―せいきょうかい【―正教会】 セイケウクワイ ①東ローマ帝国の国教として発展したキリスト教会。一〇五四年ローマ教会と絶縁した。東方正教会。ハリストス正教会。正教会。②①のうち、ギリシャを管轄区とする独立教会。

―もじ【―文字】 ギリシャ語を書き表すために用いられる表音文字。ふつう二四字で、大文字と小文字がある。α(アルファ)・β(ベータ)・γ(ガンマ)など。

ぎり-ずく【義理ずく】 ―ヅク 義理を立て通すこと。

きり-すて【切(り)捨て】 ①切って捨てること。②不要のものとして全体の中から離し無視すること。「福祉の―」③計算で、ある桁(けた)以下の端数(はすう)をないものとして扱うこと。「四以下を―とする」↕切り上げ

―ごめん【―御免】 江戸時代、武士だけに許された特権の一つで、武士に無礼をはたらいた町人や農民をその場で切り殺しても罪にならなかったこと。参考「斬り捨て御免」とも書く。

きり-す・てる【切(り)捨てる】(他下一) テ・テ・テル・テル・テレ・テロ(テヨ) ①いらない部分を切って捨てる。「大根のしっぽを―」②不必要なものとして無視する。「弱者を―・てた政治」③計算で、ある位より下の端数(はすう)をないものとして扱う。「小数点以下を―」↕切り上げる ④人を刀で切ったままほうっておく。「一刀のもとに―」文きりす・つ(下二) 参考 ④は「斬り捨てる」とも書く。

キリスト〈Christ〉①救世主。②(前四?~三〇?)イエス(Jesus)=キリスト。キリスト教の開祖。ユダヤのベツレヘムに生まれる。ヨハネの洗礼を受け神への愛と隣人愛を説いたが、ユダヤ教徒に迫害され、十字架にかけられ処刑された。イエス。クリスト。参考「×基督」とも書く。

―きょう【―教】 ―ケウ《基》イエス=キリストの開いた宗教。一世紀中ごろパレスチナに起こり、旧約・新約聖書を教典とする。基教。ヤソ教。

きり-ずみ【切(り)炭】 使いやすい大きさに切った木炭。

きり-たお・す【切(り)倒す】 ―タフス (他五) サ(ソ)・シ・ス・ス・セ・セ ①立っているものを切って倒す。「大木を―」②刃物で切って殺す。参考 ②は「斬り倒す」とも書く。

きり-だし【切(り)出し】 ①木や石を切って運び出すこと。②先端に刃が斜めに付いた小刀。切り出しナイフ。参考 ①は「◇伐り出し」とも書く。

きり-だ・す【切(り)出す】(他五) サ(ソ)・シ・ス・ス・セ・セ ①木や石を切って運び出す。「山から木を―」②話や相談を言い出す。話し始める。「用件を―」参考 ①は「◇伐り出す」とも書く。

きり-た・つ【切(り)立つ】(自五) タ(ト)・チ(ッ)・ツ・ツ・テ・テ 山やがけなどが刃物でそいだように鋭くそびえ立つ。「―・った断崖(だんがい)」

ぎり-だて【義理立て】(名・自スル) 付き合いに必要な儀礼や行動を重んじること。義理をかたく守ること。

きり-たんぽ【切りたんぽ】 炊きたての飯をつぶし、串(くし)に円筒形に塗り付けて焼いたもの。また、それから串を抜いて切り、鶏肉や野菜などと煮た鍋(なべ)料理。秋田地方の名物。秋

きり-ちら・す【切(り)散らす】(他五) サ(ソ)・シ・ス・ス・セ・セ ①多くの敵の中に切りこんで追い散らす。②むやみに切る。また、切り屑(くず)などを散らかす。参考 ①は「斬り散らす」とも書く。

き-りつ【起立】(名・自スル) 座席から立ち上がること。立ち上がって正しい姿勢をとること。「―、礼」

き-りつ【規律・紀律】 ①社会や集団における、人の行為の規準として決められたもの。「―を守る」「無―」②一定の秩序や順序。「―正しい生活」

きり-つぎ【切(り)継ぎ・切(り)接ぎ】(名・他スル) ①切った物と物とを継ぎ合わせること。また、そのもの。②《農》接ぎ木法の一つ。台木を切って接ぎ穂を差し込んで密着させる。

きり-つ・ける【切(り)付ける】(他下一) ケ・ケ・ケル・ケル・ケレ・ケロ(ケヨ) ①刃物を持って切りかかる。②刃物で刻みをつける。彫り付ける。文きりつ・く(下二) 参考 ①は「斬り付ける」とも書く。

きり-づま【切(り)妻】《建》①「切り妻屋根」の略。②切り妻屋根の両端の部分。切り棟。③「切り妻造り」の略。

―づくり【―造(り)】《建》切り妻屋根の家屋。

―やね【―屋根】《建》棟(むね)を境に山形の二つの斜面からできている屋根。

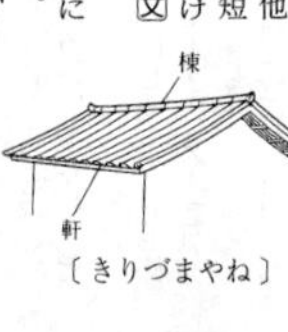

〔きりづまやね〕

きり-つ・める【切(り)詰める】(他下一) メ・メ・メル・メル・メレ・メロ(メヨ) ①長いものを切って短くする。「ズボンの裾(すそ)を―」②できるだけ支出を抑える。節約する。「食費を―」文きりつ・む(下二)

きり-ど【切(り)戸】 大きな扉や戸に設けた、小さい出入り口の戸。くぐり戸。

きり-どおし【切(り)通し】 ―ドホシ 山・

丘などを切り開いて通した道。切り割り。きりとおし。

きり-とり【切〔り〕取り】 ①一部を切って取ること。「—線」②(「切り取り強盗」の略)人を切り殺して金品を奪う者。

きり-と・る【切〔り〕取る】(他五) ラ(ロ)・リ(ッ)・ル・ル・レ・レ ①全体の中の一部を切って取り去る。②武力などで土地を奪い取る。

きり-なし【◇限無し】 ①際限のないこと。②絶え間のないこと。ひっきりなし。「—に車が通る」

きり-ぬき【切〔り〕抜き】(名・他スル) 一部分を切って抜き取ること。また、そのもの。「新聞の—」

きり-ぬ・く【切〔り〕抜く】(他五) カ(コ)・キ(イ)・ク・ク・ケ・ケ (紙や木の板などから)一部分を切って抜き取る。「花の形に—」

きり-ぬ・ける【切〔り〕抜ける】(他下一) ケ・ケ・ケル・ケル・ケレ・ケロ(ケヨ) ①敵の囲みから、力を尽くして逃れ出る。②危ない場面や苦しい立場からなんとか抜け出す。「ピンチを—」文きりぬ・く(下二)

きり-のう【切能・◇尾能】 一日の最後に演じる能。切り。

きり-は【切〔り〕羽・切〔り〕端】 鉱石・石炭・土砂などを掘っている現場。採掘場。切り場。

きり-ば【切〔り〕場】 →きりは

きり-はく【切〔り〕△箔】 ①金・銀の箔を細かく切ったもの。絵や模様などに散らす。②金・銀の箔を漆(うるし)で鳥の子紙に張り付け、細く切ったもの。織物のよこ糸にする。

キリバス〈Kiribati〉太平洋、ミクロネシア東部の諸島群からなる共和国。首都はタラワ。語源 一八世紀末に来島した英国人ギルバートの名にちなむ。

きり-はた【切〔り〕畑】 山の斜面などを切り開いて作った畑。また、焼き畑のこと。「—農業」

きり-ばな【切〔り〕花】 枝や茎を付けたまま切り取った花。

きり-はな・す【切〔り〕放す・切〔り〕離す】(他五) サ(ソ)・シ・ス・ス・セ・セ つながっているものや関連するものを、分けて別々にする。「客車を—」「二つの問題を—・して考える」

きり-はなれ【切〔り〕離れ】 ①切れて別々になること。②→きれはなれ

きり-はら・う【切〔り〕払う】—ハラフ(他五) ワ(オ)・イ(ッ)・ウ・ウ・エ・エ ①草木またはその一部を切って除く。「枝を—」②刀を振るって敵を追い払う。参考 ①は「◇伐り払う」、②は「斬り払う」とも書く。

きり-ばり【切〔り〕張り・切〔り〕貼り】(名・他スル) ①障子などの破れた部分だけを切り取って張り替えること。「襖(ふすま)のー」②切り抜いて、それをほかのものに張り付けること。きりはり。「—した原稿」

きり-び【切〔り〕火】 ①木をこすり合わせて、または火打ち石を打って出した火。②旅に出る人や仕事に出かける芸人などに、戸口で、清めのために火打ち石で打ちかける火。打ち火。

きり-ひとは【△桐一葉】 桐の葉が一枚落ちるのを見て、秋が来たのを知ること。衰えのきざしがあらわれることのたとえ。秋 語源「一葉(いちよう)落ちて天下の秋を知る」〈淮南子(えなんじ)〉から。

きりひとは… 俳句〔桐一葉　日あたりながら　落ちにけり〕〈高浜虚子(たかはまきよし)〉大きな桐の葉が一枚、つと枝を離れて秋の日差しを受けながら大地に落ちた。いよいよ秋になったのだ。(桐一葉 秋)

きり-ひら・く【切〔り〕開く】(他五) カ(コ)・キ(イ)・ク・ク・ケ・ケ ①切って中を開く。「腹部を—」②山を切り崩したり荒れ地を開墾したりして、田畑や道路などにする。③敵の囲みを破って、進路をつくる。④困難や障害にうち勝ち、進むべき道を開く。「運命を—」

きり-ふ【切〔り〕・◇生・切〔り〕◇斑】 鷹(たか)の尾の羽で、黒と白の横じまが層をなしているもの。矢羽根に用いる。

きり-ふき【霧吹き】 液体を霧のような細かい水滴状にして吹きかけること。また、その器具。噴霧器。スプレー。

きり-ふ・せる【切〔り〕伏せる・斬〔り〕伏せる】(他下一) セ・セ・セル・セル・セレ・セロ(セヨ) 相手を切って倒す。文きりふ・す(下二)

きり-ふだ【切〔り〕札】 ①トランプの遊びで、最も強いと定められた札。②とっておきの強力な手段。「最後の—を出す」

きり-ぼし【切〔り〕干し】 ダイコン・サツマイモなどを薄切りや細切りにして日に干した食品。「—大根」

きり-まい【切〔り〕米】 江戸時代、知行所を持たない幕臣・藩士に俸禄(ほうろく)として三期に分けて与えられた米。

きり-まく【切〔り〕幕】〘演〙①歌舞伎(かぶき)で、花道の出入り口の幕。また、能で、橋懸(はしが)かりの出入り口の幕。揚げ幕。②歌舞伎で最後の幕。また、切り狂言のこと。

きり-まく・る【切〔り〕△捲る】(他五) ラ(ロ)・リ(ッ)・ル・ル・レ・レ ①刃物などで次々と激しく切り立てる。②激しく論じて言い負かす。参考 ①は「斬り△捲る」とも書く。

きり-まど【切〔り〕窓】 羽目板(はめいた)や壁を切り抜いて作った、敷居のない明かり取りの窓。

きり-まわ・す【切〔り〕回す・切〔り〕△廻す】—マハス(他五) サ(ソ)・シ・ス・ス・セ・セ ①あちこち手当たりしだいに切る。②中心となって物事を処理したり、組織を運営したりする。「一人で店を—」

きり-み【切〔り〕身】 魚肉を適当な大きさに切ったもの。

きり-みず【切〔り〕水】—ミツ ①花などを切り取ってすぐ、切り口を水に漬けること。②庭や道に水をまくこと。打ち水。

きり-むす・ぶ【切〔り〕結ぶ・斬〔り〕結ぶ】(自五) バ(ボ)・ビ(ン)・ブ・ブ・ベ・ベ 刀をまじえて激しく切り合う。また、激しく争う。

きり-むね【切〔り〕棟】 →きりづま②

きり-め【切〔り〕目】 ①切った所。切った跡。「—を入れる」②物事の区切り。切れ目。「仕事に—を付ける」

きり-もち【切〔り〕餅】 ①食べやすい大きさに四角く切った餅。②(①に形が似ているところから)江戸時代に、一分銀(いちぶぎん)百枚(二五両)を四角く紙に包んで封印したもの。

きり-もみ【△錐△揉み】(名・自スル) ①両てのひらに挟んだきりをもむように回して穴をあけること。②飛行機が機首を下にして回転しながら急降下すること。スピン。「—飛行」

きり-もり【切〔り〕盛り】(名・他スル) ①物事をうまく処理すること。切り回し。「家計の—」②食物をほどよく分けること。

き-りゃく【機略】 その場に応じたはかりごと。「—に富む人」

き-りゅう【気流】—リウ 大気中に起こる空気の流れ。「乱—」

き-りゅう【寄留】—リウ(名・自スル) ①一時的に他人の家や他の土地などに住むこと。仮住まい。②〘法〙旧法で、九〇日以上本籍地以外の一定の場所に住所または居所を有すること。

き-りゅうさん【希硫酸・△稀硫酸】—リウサン〘化〙水を加えて薄めた硫酸。

き-りょ【△羈旅・△覊旅】 ①旅。旅行。②〘文〙和歌・俳句の部立ての一つで、旅を詠んだもの。「—歌」

き-りょう【器量】—リヤウ ①ある役目や物事を成し遂げる才能や力量。「部長としての—に乏しい」「—(=面目)を上げる」②(おもに女性について)顔だち。容色。「—よし」

—じん【—人】 才能がすぐれて人徳のある人。

—まけ【—負け】(名・自スル) ①容姿に恵まれながらかえって縁遠いこと。②才能がありすぎて、かえって失敗すること。

ぎ-りょう【技量・技△倆・◇伎△倆】—リヤウ 物事を行ったり扱ったりする腕前・技術。「すぐれた—の持ち主」

ぎ-りょう【議了】—レウ(名・他スル) 審議や議事を終えること。

き-りょく【気力】 物事を成し遂げようとする強い精神力。また、意気。精力。「—に乏しい」「無—」

きりり-と(副・自スル) 引き締まってゆるみのないさま。きりっと。「—結んだはちまき」「—した顔だち」

きり‐わり【切〔り〕割り】①切り分けること。②山や丘の一部を切り崩して道をつくること。また、その道。切り通し。

き‐りん【△騏△驎】一日に千里走るといわれる名馬。駿馬(しゅんめ)。
—も老(お)いては駑馬(どば)に劣(おと)る すぐれた人も年を取るとふつうの人にも及ばなくなる。参考 反対のことば—腐っても鯛(たい)

き‐りん【△麒△麟】①〔動〕キリン科の哺乳(ほにゅう)動物。アフリカのサハラ砂漠以南の草原にすむ。体高五メートルほどで足と首が長く、頭にはふつう一対の角がある。体は淡黄色で、茶色のまだらがある。ジラフ。②古代中国で、聖人が天子の位にあるときに現れるといわれた想像上の神獣。体は鹿(しか)、尾は牛、ひづめは馬、額は狼(おおかみ)。一角獣。③非常にすぐれた人のたとえ。

〔麒麟②〕

—じ【—児】才能・技芸の非常にすぐれた子供・若者。

き・る【切る】(他五) ラ(ロ)・リ(ッ)・ル・ル・レ・レ 《中心義—一つに続いていたものを、離れ離れにする》①(刃物や刀で)断つ。㋐傷つける。「指先を—」㋑人の命を奪う。殺す。㋒一続きの物体を離れ離れにする。閉じているものを開ける。「つめを—」「炉を—(=炉を作る)」②つながっているものの間のつながりを断つ。「縁を—」「手を—(=関係を断つ)」「スイッチを—」③そこまでと限る。「日限を—」④数量・金額などが一定のところに達しない。下回る。「応募者が一〇〇人を—」⑤水や空気の中を、分けるようにして勢いよく進む。「肩で風を—」「ヨットが波を—・って進む」⑥横切る。「円の中心を—直線」⑦水分を取り去る。「水気を—・ってからいためる」「しずくを—」⑧トランプ・かるたなどの札をよく交ぜ合わせる。「よく—・ってから配る」⑨トランプで、切り札を出す。「スペードのエースを—」⑩テニス・卓球などで、球に回転を与えて、進み方を変えるように打つ。カットする。⑪思い切った行動をとる。決め込む。「たんかを—(=歯切れのよい言葉で勢いよく言い立てる)」「札びらを—(=金を惜しげもなく使ってみせる)」⑫最後まで知らないと言い通す。「しらを—」⑬かじ・ハンドルを動かして、進む向きを変える。「ハンドルを左に—」⑭新しく始める。「反論の口火を—」⑮(動詞の連用形の下に付いて)㋐すべてを済ます。し終える。「小説を読み—」㋑とことんまで…する。非常に…する。「弱り—」㋒強く…する。「言い—」㋓ある事をやめる。「打ち—」⑯(切り離して使うことから)伝票や小切手などを発行する。「小切手を—」⑰切符にはさみを入れる。⑱(比喩(ひゆ)的に)鋭く批判する。「世相を—」可能 き・れる(下一)
⇩「使い分け」

表現 〈擬声・擬態語〉すっぱり・すぱっと・ずばずば・すぱすぱ・じょきじょき・ちょきちょき・ぷっつり・ぷつんと・ばさっと・ばっさり・ばさりばさり・ぶつぶつ(と)・ずたずた(に)・ざっくり

〈慣用表現〉真一文字に・袈裟掛(けさが)けに

きって落(お)とす (多く「幕を切って落とす」の形で)一定期間にわたって続くある物事を華々しく始める。「熱戦の幕が切って落とされた」語源 歌舞伎(かぶき)で、開演のとき舞台の幕の上部を外して一気に落としたことからいう。**きって捨(す)てる** 切ってそのままにしておく。また、不要なものとして無視したり途中で打ち切ったりする。「反対意見を—」**きっても切(き)れない** つながりが強く切ろうとしても切れない。「—関係」

き・る【◇伐る】(他五) ラ(ロ)・リ(ッ)・ル・ル・レ・レ 樹木・材木を切断する。可能 き・れる(下一) ⇩「使い分け」

き・る【斬る】(他五) ラ(ロ)・リ(ッ)・ル・ル・レ・レ 刀で人をきる。「敵の首を—」可能 き・れる(下一) ⇩「使い分け」

き・る【△截る】(他五) ラ(ロ)・リ(ッ)・ル・ル・レ・レ 布や紙をきる。可能 き・れる(下一) ⇩「使い分け」

使い分け「切る・伐る・斬る・截る」
「切る」は広く使われるが、特に樹木を伐採する場合には「伐る」、刀で人を殺傷する場合には「斬る」、紙などを重ねてたちきる場合には「截る」と使い分けることがある。

きる【着る・◇著る】(他上一) キ・キ・キル・キル・キレ・キロ(キヨ) ①衣類などを身につける。まとう。②身に受ける。負う。「罪を—」「恩に—」

尊敬語	謙譲語	丁寧語
お召しになる 召す　召される 着られる	○	着ます

き‐るい【着類】身にまとうものの総称。着物類。衣類。

キルギス〈Kyrgyz〉中央アジアにあり、テンシャン山脈を境に中国と接する共和国。首都はビシュケク。

キルク〈オランダ kurk〉→コルク

ギルダー〈guilder〉オランダのユーロ以前の貨幣単位。

キルティング〈quilting〉〔服〕表布と裏布との間に綿や羊毛などの芯を入れて刺し縫いにすること。また、そのもの。防寒用衣類・寝具などに使う。キルト。

キルト〈quilt〉①キルティングした羽毛布団。②→キルティング

ギルド〈guild〉〔世・経〕中世ヨーロッパの商人や手工業者が相互の協力と利益の独占を図るために組織した同業組合。

‐きれ【切れ】(接尾)(薄く)切ったものを数える語。「鮭(さけ)の切り身三—」「パン一—」

きれ【切れ】①切れること。また、刃物の切れぐあい。切れ味。「水の—が悪い」「—の悪い包丁」②切った小さな部分。切れ端。「棒—」「紙—」③服などを作るための一枚の布。また、織物。布地。「共—(ともぎれ)」④わざ・技術のさえ。また、動きの鋭さ。「球の—が悪い」⑤書画などの、古人の筆跡の断片。「高野—(こうやぎれ)」⑥石材の体積の単位で、一切れは一立方尺(約〇・〇二八立方メートル)。⑦(名詞の下に付いて「ぎれ」の形で)そのものを使い尽くした意を表す。「期限—」「ねた—」参考 ③は「◇布」「◇裂」とも書く。

きれ‐あが・る【切れ上がる】(自五) ラ(ロ)・リ(ッ)・ル・ル・レ・レ 上のほうへ切れる。「—・った目もと」

きれ‐あじ【切れ味】アヂ ①刃物類の切れぐあい。「—のいい小刀」②人の能力・技などのさえ。「—のいいカーブ」

き‐れい【奇麗・△綺麗】(形動ダ) ダロ・ダッ(デ・ニ)・ダ・ナ・ナラ・○ ①見て美しいさま。「—な花」②聞いて心地よいさま。「—な声」③汚れが少しもないさま。清潔なさま。「手を—に洗う」④上手で整っているさま。「—な字」⑤潔いさま。「引き際が—だ」⑥(「きれいに」の形で)あとに何も残さないさま。すっかり。「—に忘れる」文(ナリ)

—ごと【—事】①見せかけだけ整えて実質の伴わないこと。「—で済ます」「—を言う」②手を汚さないでできる仕事。

—さっぱり(副・形動ダ・自スル)①汚れがすべて落ち、清潔で気持ちよい状態。「風呂(ふろ)にはいって—(と)する」②あとに何も残らずすっきりした状態。「—(と)あきらめる」

—ずき【—好き】(名・形動ダ) 整頓(せいとん)された清潔な状態を好むさま。また、その人。「—な人」

—どころ【—所】①芸者。きれいどこ。②(①から転じて)着飾った美しい女性。

ぎ‐れい【儀礼】社会的慣習として形式を整えてする礼法。

—てき【—的】(形動ダ) ダロ・ダッ(デ・ニ)・ダ・ナ・ナラ・○ 心をこめず、体裁や形式だけを整えるさま。形式的。「—なあいさつ」

きれ-ぎれ【切れ切れ】(名・形動ダ) つながっていたものが、細かく切れていること。また、その切れている断片。「—の記憶」

きれ-くち【切れ口】 切れたところ。切れた断面。切り口。

きれ-こみ【切れ込み】 ①深く切りこんであること。また、そのような形。「—を入れる」②写真で、画像の鮮明さ。

きれ-じ【切れ字】〘文〙連歌・俳諧・俳句で、句中または句末にあって言い切り、詠嘆・味わいなどを出す語。「かな」「や」「けり」などの助詞・助動詞、活用語の終止形・命令形など。

きれ-じ【切れ地・◇布地】 チ ①織物。また、織物の生地。②織物の切れ端。端ぎれ。きれ。

きれ-じ【切〔れ〕△痔・◇裂〔れ〕△痔】 チ 〘医〙肛門の皮膚と粘膜との境が切れて生じる病気。裂肛。裂け痔。

き-れつ【亀裂】(亀の甲の模様のような)ひび割れ。さけめ。転じて、人間関係にも使う。「友情に—がはいる」

ぎ-れつ【義烈】 正義の心の強く激しいこと。「忠勇—」

きれ-なが【切れ長】(名・形動ダ) 目じりの切れ込みが細く伸びていること。また、そのさま。「—の目」

きれ-はし【切れ端】 物を切った残りの一片。また、切ったり破ったりした小さい部分。断片。端くれ。きれっぱし。「布の—」

きれ-はなれ【切〔れ〕離れ】(思い・望み・金銭などを)きっぱりと思い切ること。断念すること。切り離れ。「—がよい」

きれ-ま【切れ間】 物が切れてできた合間。絶え間。「雲の—」

きれ-め【切れ目】 ①切れた部分。切れた跡。「—を入れる」②続いていた物事の途絶える所。区切り。「文の—」「彼の話には—がない」③尽きる時。終わり。「金の—が縁の—」

きれ-もの【切れ者】 物事を的確に処理する能力のある人。敏腕家。やりて。「当社きっての—」

きれ-もの【切れ物】 よく切れる刃物。

き・れる【切れる】(自下一) レ・レ・レル・レレ・レロ(レヨ) ①表面や皮膚に傷ができる。「口の中が—」②(続いていたものが)㋐二つに離れる。「ひもが—」㋑通じなくなる。途絶える。「電話が—」③継続してあったものがなくなる。「契約が—」④すり減る。「すそが—」⑤破れそこなわれる。「堤防が—」⑥関係がなくなる。「二人の仲が—」⑦それまであったものが尽きてなくなる。「商品が—」「スタミナが—」⑧物をよく切ることができる。切れ味が感じられる。「よく—はさみ」⑨思考が鋭くはたらく。物事を処理する能力に富む。「—人だ」⑩進む方向が横へそれる。「打球が右に—」⑪トランプ・かるたなどの札がよくまざる。⑫ある数値以下になる。「元値が—」⑬〘俗〙我慢の限界に達し、理性的でない言動に走る。「—・れて凶行に及ぶ」⑭(動詞の連用形の下に付いて)…しとおすことができる。完全に…できる。「売り—」「待ち—・れない」他き・る(五) 文き・る(下二)

き-れん【起△聯】 漢詩の律詩の第一句と第二句。首聯。

き-ろ【岐路】 わかれ道。ふたまた道。「人生の—に立つ」

き-ろ【帰路】 帰るときに通る道。帰り道。帰途。

キロ〈フランス kilo〉①単位の前に付けて、その一〇〇〇倍であることを表す語。記号 k ②「キログラム」「キロメートル」などの略。

き-ろう【△耆老】 ラウ (「耆」は六〇歳、「老」は七〇歳の意)六〇—七〇歳ぐらいの老人。年寄り。

ぎ-ろう【△妓楼】 昔、遊女を置いて客を遊ばせた家。遊女屋。

キロカロリー〈kilocalorie〉〘物・化〙熱量の単位。カロリーの一〇〇〇倍。記号 kcal ⇩カロリー②

き-ろく【記録】(名・他スル) ①あとに残す必要のあることを書きしるすこと。また、その文書。②運動競技などの成績。特に、その最高のもの。レコード。「世界新—」「—を破る」

—てき【—的】(形動ダ) ダロ・ダッ(デ・ニ)・ダ・ナ・ナラ・〇 記録として書き残す値打ちのあるさま。「—な豪雨」

—ぶんがく【—文学】〘文〙実際の事件などを客観的に記述した文学作品。報告文学。ルポルタージュ。

—やぶり【—破り】 今までの最高の記録を超えること。

キログラム〈フランス kilogramme〉メートル法・国際単位系の質量の単位。グラムの一〇〇〇倍。記号 kg 参考「△瓩」とも書く。

キロ-すう【キロ数】 キロメートル・キログラム・キロワットなど、キロ単位で表される数値。

ギロチン〈フランス guillotine〉死刑として首を切る仕掛けのある台。断頭台。フランス革命の時代に使われたことで有名。語源 考案者であるフランスの医師 Guillotin(ギヨタン)の名による。

キロメートル〈フランス kilomètre〉長さの単位。メートルの一〇〇〇倍。記号 km 参考「△粁」とも書く。

キロリットル〈フランス kilolitre〉容積の単位。リットルの一〇〇〇倍。記号 kL 参考「△竏」とも書く。

キロワット〈フランス kilowatt〉〘物〙工率・電力・放射束などのエネルギーの単位。ワットの一〇〇〇倍。記号 kW

—じ【—時】〘物〙仕事量・電力量の単位。一キロワットで一時間に供給するエネルギー。記号 kWh

ぎ-ろん【議論】(名・自他スル) ある問題について、その解決法や結論を得ようとしてたがいに意見を述べ合ったり、批判し合ったりすること。また、その内容。「—をたたかわす」

きわ【際】 キハ ①物と物との境目。物の端。「崖の—」②次の状態・行動に変わる、ぎりぎりの時・場合。「いまわの—」

き-わ【奇話】 珍しい話。奇妙な話。奇談。

-ぎわ【際】 ギハ (接尾) ①(名詞や動詞の連用形に付いて)…のところ。…のそば。「窓—」「髪の生えー」②(動詞の連用形に付いて)…しようとするとき。…し始めるとき。「別れ—」「散り—」

き-わく【疑惑】 真偽・正否を疑うこと。疑い。「—を持つ」

き-わた【木綿】 ①↓パンヤ② ②(「真綿」に対して)もめんわた。わた。

き-わだ【黄△蘗】 ハダ ↓きはだ(黄蘗)

きわ-だ・つ【際立つ】 キハ (自五) タ(ト)・チ(ッ)・ツ・ツ・テ・テ 他のものとはっきり区別されて著しく目立つ。「彼は—・って背が高い」

きわ-ど・い【際◇疾い】 キハ (形) カロ・カッ(ク)・イ・イ・ケレ・〇 ①あと少しで悪い事態になる、すれすれのところであるさま。「—ところで助かった」②もう少しで下品になりそうである。「—話」文きはど・し(ク)

きわまり-な・い【極まりない・窮まりない】 キハマリ (形) カロ・カッ(ク)・イ・イ・ケレ・〇 これ以上の状態がない。この上ない。はなはだしい。「危険—」文きはまりな・し(ク)

きわま・る【極まる・窮まる・◇谷まる】 キハマル (自五) ラ(ロ)・リ(ッ)・ル・ル・レ・レ ①[極・窮]これ以上はないという極限の状態までゆく。「感—・って泣きだす」②[極・窮](形容動詞の語幹に付いて)この上なく…である。「失礼—話」③[窮]果てる。尽きる。「道が—」「彼の夢は—所を知らない」④[窮・谷]行き詰まって、動きがとれない状態になる。「進退—」他きわ・める(下一) 参考 ②を強調した「…きわまりない」という言い方もある。

きわみ【極み】 キハミ 物事が極限まで行き着いたところ。限り。「遺憾の—であります」

きわめ【極め・窮め】 キハメ 書画・骨董などの鑑定。目利き。

—がき【—書〔き〕】 書画・骨董などの鑑定書。極め札。

—つき【—付〔き〕】 書画・骨董などに極め書きの付いていること。転じて、評判どおりで確かなこと。「—の芸」

きわめ-つく・す【究め尽〔く〕す】 キハメ (他五) サ(ソ)・シ・ス・ス・セ・セ 残るところなく究める。徹底的に研究する。「芸道を—」

きわめ-て【極めて】 キハメ (副) 非常に。この上なく。「—健康な体」

きわ・める【究める】キハメル（他下一）メ・メ・メル・メル・メレ・メロ(メヨ) 深く考えて本質をつかむ。「真相を―」文きは・む(下二) 参考「窮める」とも書く。⇩「使い分け」

きわ・める【極める・窮める】キハメル（他下一）メ・メ・メル・メル・メレ・メロ(メヨ) ①最後まで行き着く。②この上なくはなはだしい状態である。「多忙を―」自きわま・る(五) 文きは・む(下二) ⇩「使い分け」

> 使い分け **「究める・窮める・極める」**
> **「究める」**は、深く研究してものの本質をつかむ意で、「学問を究める」などと使われる。
> **「窮める」**は、これ以上は先に進めないところまで達する、動きのとれないところまで行く意で、「貧困を窮める」「真理を窮める」などと使われるほか、「究める」と同じ意で、「その道を窮める」「奥義を窮める」なども使われる。
> **「極める」**は、最上、最終のところまで達する、至り尽くす意で、「山頂を極める」「栄華を極める」などと使われる。

きわ-もの【際物】キハ ― ①ある時季のまぎわにだけ売り出す商品。ひな人形・こいのぼりなど。②話題になった事件や一時的な流行をただちにとり入れて売り出す品物や演芸・小説。

きわやか【際やか】キハヤカ（形動ダ）ダロ・ダッ(デ・ニ)・ダ・ナ・ナラ・○ はっきりと目立つさま。人目を引くさま。文(ナリ)

き-わり【木割り】①まき・材木を割ること。また、その人。②建物や和船で、各部材の寸法の割合。また、その決め方。

き-を-つけ【気を付け】団体行動などで、直立不動の姿勢をとらせるときの号令。また、その姿勢。

きん【巾】キン⊕ きれ・はば
（字義）①布きれ。手ぬぐい。「巾着・雑巾(ぞうきん)・茶巾・布巾」②おおい。かぶりもの。「頭巾(ずきん)」参考 俗に「幅(はば)」の略字として用いる。

きん【今】（字義）→こん(今)

きん【斤】キン⊕
（字義）①おの。まさかり。「斧斤(ふきん)」②重さの単位。「斤量」

きん【斤】①尺貫法の重さの単位。一斤は約六〇〇グラム。②食パンの計量に用いる単位。一斤は約三五〇グラム。

きん【均】教5 キン ひとしい
（字義）①平らにならす。平らか。つりあう。「均衡・平均」②ひとしい。差がない。「均質・均等」人名 お・ただ・なお・なり・ひとし・ひら・まさ

きん【芹】人 キン せり
（字義）①せり。みずぜり。セリ科の多年草。「芹藻・水芹・白芹」②物を人に贈るときの謙遜(けんそん)の言葉。「芹献」

きん【近】教2 キン・コン ちかい
（字義）ちかい。㋐距離がちかい。みぢか。「近郊・近所・卑近・付近」㋑時間がちかい。ちかごろ。「近況・近年・最近」㋒血縁や関係がちかい。「近親・親近・側近」㋓ちかづく。ちかづける。「接近」《↔遠》難読 近江(おうみ)・近衛(このえ) 人名 この・ちかし

きん【欣】人 キン・ゴン よろこぶ
（字義）よろこぶ。「欣快・欣然・欣喜雀躍(きんきじゃくやく)・欣求浄土(ごんぐじょうど)」人名 やすし

きん【金】教1 キン・コン かね・かな
（字義）①かね。㋐金属。「金石・金鉄・合金」㋑通貨。おかね。「金額・金銭・元金・現金・即金・貯金・募金」②かなもの。刀。「金瘡(きんそう)」③こがね。きん。「金貨・金塊・砂金・純金・黄金(おうごん)」④金色の。「金柑(きんかん)・金髪」⑤美しい。美しいもののたとえ。「金魚・金殿玉楼」⑥かたい。かたいもののたとえ。「金城鉄壁・金剛不壊(こんごうふえ)」⑦貴い。貴重なもののたとえ。「金言・金科玉条」⑧五行の一つ。⑨七曜の一つ。「金曜」または「金曜日」の略。難読 金雀児(エニシダ)・金雀枝(エニシダ)・金巾(カナキン)・金屎(かなくそ)・金糸雀(カナリア)・金海鼠(きんこ)・金子(きんす)・金打(きんちょう)・金団(きんとん)・金平(きんぴら)・金亀子(こがねむし)・金春(こんぱる)・金比羅(こんぴら)・金毘羅(こんぴら)・金米糖(コンペイトー)

きん【金】①《化》金属元素の一つ。重くやわらかで、展性・延性に富み黄色に輝く。黄金。こがね。元素記号 Au「―の指輪」②黄金の色。金色。③通貨。おかね。「―一封」④金額を示すときに数の上に付ける語。「―五万円也」⑤将棋の駒(こま)の「金将」の略。「と―」⑥「金曜」または「金曜日」の略。⑦①の純度を示す単位。純金は二四金。「一八―」
―の卵(たまご) 将来性のある、若くて有望な人材。
―を攫(つか)む者(もの)は人(ひと)を見(み)ず 欲望のために何事も顧みないたとえ。また、一事に熱中している者が周囲を気にしないこと。参考 類似のことば―鹿(しか)を逐(お)う者は山を見ず。【故事】昔、斉(せい)の国で、ある男が売り物の金をつかんで逃げた。役人が捕らえて「大勢の人の見ている中でなぜ盗んだのか」と尋ねると、男は「周囲の人は目にはいらなかった。ただ金が見えただけ」と答えたという話に基づく。〈列子〉

きん【金】〔金〕《世》中国の王朝の名。ツングース系の女真族が華北を支配して建てた国。モンゴル帝国に滅ぼされた。（一一一五～一二三四）

きん【衿】人 キン・コン えり
（字義）①えり。＝襟。㋐衣服のえり。「衿帯・開衿・青衿」㋑えりくび。「衿喉(きんこう)」②ほそおび。「衿纓(きんえい)」③むすぶ。「衿契(きんけい)」

きん【菌】キン⊕
（字義）①きのこ。かび。「菌糸・菌類」②→次項。「細菌・殺菌・雑菌・病原菌・滅菌」

きん【菌】動植物などに寄生して、発酵・腐敗・病気などの原因となる微生物。黴菌(ばいきん)。バクテリア。

きん【菫】人 キン すみれ
（字義）①すみれ。スミレ科の多年草。②とりかぶと。キンポウゲ科の多年生の毒草。③むくげ。アオイ科の落葉低木。＝槿(きん)

きん【勤】教6【勤】人 キン・ゴン⊜ つとめる・つとまる・いそしむ
（字義）つとめる。いそしむ。㋐力を出して働く。せいを出す。「勤勉・勤労・精勤・忠勤」㋑職務に従事する。「欠勤・出勤・常勤・通勤・夜勤」難読 勤行(ごんぎょう) 人名 いそ・いそし・つとむ・とし・のり

きん【欽】人 キン つつしむ
（字義）①つつしむ。うやまう。「欽仰(きんぎょう)・欽幸(きんこう)・欽慕」②天子の行為につけて敬意を表す。「欽定・欽命」人名 こく・ただ・ひとし・まこと・よし

きん【琴】キン⊕・ゴン こと⊕
（字義）①こと。細長い胴に五本または七本の弦を張った弦楽器。「琴瑟(きんしつ)・琴線」②弦楽器の総称。「月琴・提琴(ていきん)」難読 琴柱(ことじ)・提琴(バイオリン)・和琴(わごん)

きん【筋】教6 キン すじ
（字義）①すじ。骨に付着して運動を行う繊維状の肉。「筋肉・筋力・括約筋・随意筋・腹筋」②物の内部で中心となるすじ状のもの。「鉄筋」

きん【筋】 すじ。筋肉。

きん【僅】 キン㊥ わずか㊥ 亻 仁 伫 僅 僅 僅
（字義）わずか。すこし。わずかに。やっと。「僅僅・僅差・僅少」

きん【禁】 教5 キン 十 木 林 埜 埜 禁
（字義）①さしとめる。やめさせる。自由にさせない。「禁煙・禁止・禁猟・厳禁」②おきて。いましめ。「禁制・禁令・解禁・国禁」③とじこめる。「禁固・監禁」④立ち入り禁止の場所。天子の居所。皇居。「禁苑・禁城・禁中・禁裏」⑤いみきらって避ける。「禁忌」

きん【禁】 さしとめられていること。「―を犯す」「―を解く」

きん【禽】 人 キン とり （字義）①とり。鳥類。「禽獣・禽鳥・家禽・鳴禽・猛禽・野禽」②とりこ。＝擒 ③とらえる。

きん【緊】 キン㊥ しめる 𠂆 臣 臤 臤 緊 緊
（字義）①しめる。しまる。「緊張・緊縛・緊密」②せまる。さしせまる。「緊急・緊迫」③ちぢむ。ちぢめる。「緊縮」④重大な。たいせつな。「緊要」

きん【錦】 キン㊥ にしき㊥ 𠆢 金 鈩 錦 錦 錦
（字義）①にしき。美しい糸で模様を織った厚地の絹織物。「錦旗・錦繡」②彩りが美しい。美しいもののたとえ。「錦秋・錦鱗」③他人の事物についての美称。「錦心・錦地」 人名 かね

きん【謹】【人謹】 キン㊥ つつしむ㊥ 亠 言 詳 詳 謹 謹
（字義）つつしむ。かしこまる。うやまって丁寧にする。「謹賀・謹啓・謹言・謹呈」 人名 すすむ・ちか・なり・のり・もり

きん【襟】 キン㊥ えり㊥ 礻 衤 衤 衤 襟 襟
（字義）①衣服のえり。「開襟」②むね。心の中。「襟懐・襟度・胸襟」 参考「衿」は同字。

ぎん【吟】 ギン㊥ 口 口 吖 吟 吟 吟
（字義）①うたう。口ずさむ。詩歌をうたう。「吟詠・吟唱・詩吟・朗吟」②詩歌を作る。詩歌。「吟興・吟行・吟遊・苦吟・名吟」③うめく。ため息をつく。「呻吟」 人名 あきら・きん・おと・こえ

ぎん【銀】 教3 ギン しろがね 𠆢 金 釕 鈤 鉬 銀
（字義）①しろがね。白色に輝く貴金属。「銀塊・銀箔・水銀・白銀・洋銀」②白銀色。輝きのある白色。「銀河・銀世界・銀鱗」③おかね。通貨。「銀座・賃銀・労銀・路銀」④「銀行」の略。「地銀・日銀」 難読 銀漢・銀杏・銀子 人名 かね・よし

ぎん【銀】 ①《化》金属元素の一つ。白色に輝き金よりやや軽く、熱・電気の良導体。白銀。しろがね。元素記号 Ag ②白銀色。③おかね。通貨。④将棋の駒の「銀将」の略。

きん-あつ【禁圧】（名・他スル）権力などによって抑えつけ、禁止すること。「反対運動を―する」

きん-い【金位】 ヰ― 金貨・金製品に含まれる金の純度。

きん-い【錦衣】 にしきの衣。美しい衣服。

ぎん-い【銀位】 ヰ― 銀貨・銀製品に含まれる銀の純度。

きん-いつ【均一】（名・形動ダ）どこでもどれでもすべて等しいこと。また、そのさま。「―な濃度」「一〇〇円―」

きん-いっぷう【金一封】 一包みのお金。「―が出る」 用法 贈り物や寄付などの金額を明示しないときにいう。

きん-いろ【金色】 金のように輝く黄色。黄金色。

ぎん-いろ【銀色】 銀のような輝きのある白色。しろがね色。

きん-いん【近因】 直接の原因。近い原因。↔遠因

きん-いん【金員】 ―ヰン （金銭の員の意）金額。金高。

きん-う【金烏】（太陽に三本足の烏がすむという中国の伝説から）「太陽」の異称。 参考「金鴉」ともいう。

―ぎょくと【―玉兎】 太陽と月。転じて、歳月。 参考「玉兎」は、月に兎がすむという伝説から「月」の異称。

きん-うん【金運】 お金に関する運勢。お金が手にはいる運。

きん-えい【近詠】 最近作った詩・歌・俳句。

きん-えい【近影】 最近写した人物の写真。「著者の―」

きん-えい【禁衛】 ―ヱイ 皇居の警護。

ぎん-えい【吟詠】（名・他スル）①詩歌を、節をつけてうたうこと。②詩歌を作ること。また、その詩歌。

きん-えん【近縁】 ①血縁の近いこと。また、その人。「―の娘」↔遠縁 ②生物の分類で、近い関係にあること。「―種」

きん-えん【金円】 ―ヱン かね。金銭。

きん-えん【筋炎】《医》筋肉に起こる炎症。

きん-えん【禁苑・禁園】 ―ヱン 宮中の庭。

きん-えん【禁煙】（名・自スル）①たばこを吸うことを禁じること。「車内―」②たばこを吸う習慣をやめること。「―中」

きん-えん【禁厭】 病気や災難を防ぎはらうためのまじない。

ぎん-えん【銀塩】 写真のフィルムに感光剤として塗る塩化銀。「―写真」「―カメラ」

きんおう-むけつ【金甌無欠】（少しも傷のない金のかめのように）完全で欠点のないこと。特に、国家が強固で一度も外国から侵略されたことがないたとえ。「―でゆるぎのない国」

きん-か【近火】 ―クワ 近所の火事。「―見舞い」

きん-か【金貨】 ―クワ 金をおもな成分として鋳造した貨幣。

きん-か【槿花】 ―クワ ①むくげの花。②朝顔の花の古名。

―いっちょうのゆめ【―一朝の夢】 栄華のはかないことのたとえ。槿花一日の栄。 語源 むくげの花が朝咲いて、夕刻にしぼむことから出た語。

きん-が【謹賀】 つつしんでよろこびを申しあげること。恭賀。

―しんねん【―新年】 つつしんで新年を祝うこと。 用法 年賀状などに用いる語。

ぎん-か【銀貨】 ―クワ 銀をおもな成分として鋳造した貨幣。

ぎん-が【銀河】 ①澄んだ夜空の一方から他方へ、帯状に見える無数の星の集団。あまのがわ。銀漢。 秋 ②《天》無数の恒星やガス・微粒子などで構成された天体。

―けい【―系】《天》太陽系を含む多数の恒星・星雲などからなる天体。

きん-かい【近海】 陸地に近い海。「―漁業」↔遠海・遠洋

きん-かい【欣快】 ―クワイ（名・形動ダ）喜ばしく満足であること。「―の至り」

きん-かい【金塊】 ―クワイ（精錬した）金のかたまり。

ぎん-かい【銀塊】 ―クワイ（精錬した）銀のかたまり。

ぎんかい-しょく【銀灰色】 ギンクワイ― 銀色をおびた灰色。

きんかいわかしゅう【金槐和歌集】 キンクワイワカシフ 鎌倉初期、源実朝の家集。一二一三（建保元）年ごろ成立。歌数約七〇〇首、万葉調の佳作を含む。「金」は「鎌倉」、「槐」は「大臣」の意。「鎌倉右大臣家集」とも。

きんか-ぎょくじょう【金科玉条】 キンクワギヨクデウ この上なくたいせつなきまり。また、重要なよりどころ。「父の教えを―とする」

きん-かく【金革】 ①（「金」は金属製の武器、「革」は革製の防具の意）武器と甲冑。②戦争。

きん-がく【金額】 金銭の量を示した値。金高。

ぎん-かく【吟客】詩歌などをよむ風流人。

きん-かくし【金隠し】和式便所で、大便用便器の前方に立てたおおい。

ぎん-がみ【銀紙】①銀粉を塗ったり銀箔(ぎんぱく)をおしたりした紙。銀色の紙。②アルミニウムや鉛・錫(すず)の軽合金などを薄く紙のようにのばしたもの。

ギンガム〈gingham〉格子縞(こうしじま)模様の平織りの綿布。夏むきの婦人・子供服やエプロンなどに用いる。

きん-がわ【金側】(ガハ) 外側が金でできた腕時計・懐中時計。金めっきのものにもいう。

ぎん-がわ【銀側】(ガハ) 外側が銀でできた腕時計・懐中時計。銀めっきのものにもいう。

きん-かん【近刊】(名・他スル)①近いうちに出版されること。また、その本。「―予定」②最近出版されたこと。また、その本。参考 ②は「新刊」より前のものをさす。

きん-かん【金冠】(クワン) ①黄金製の冠。②虫歯などの治療用として、歯にかぶせる金製のおおい。

きん-かん【金△柑】〔植〕ミカン科の常緑低木。夏、白色の小花を開く。実は黄色で小さな卵形。食用。秋(きんかんの花 夏)

きん-かん【金環】(クワン) ①装飾用の金の輪。②古墳から発見される古代の金属製の耳飾り。銅・銀製などで切れ目がある。

―しょく【―食・―△蝕】〔天〕月が太陽と地球の間にはいり、太陽の中央をおおってまわりが金の輪のように見える日食。

きん-がん【近眼】①→きんし(近視) ②見通しがなく、目先のことしかわからないこと。また、そういう人。

ぎん-かん【銀漢】(漢文などで)あまのがわ。銀河。秋

きんかん-がっき【金管楽器】(キンクワン ガクキ)〔音〕金属製の管楽器。トランペット・トロンボーンなど。金管。↔木管楽器

きん-かんばん【金看板】①金文字を彫り入れた看板。②(転じて)世間に堂々と誇示する技芸・主義・主張など。

きん-き【△欣喜】(名・自スル)大喜びすること。

―じゃくやく【―△雀躍】(名・自スル)うれしくてたまらず、こおどりして喜ぶこと。

きん-き【禁忌】(名・他スル)①習俗や宗教上、ある月日・方角・言葉・行為などを忌み避けたり禁じたりすること。タブー。②〔医〕病状を悪化させるとして避ける薬の調合や治療法。

きん-き【錦旗】赤く細長い錦(にしき)に日と月を描いた天皇の旗。錦の御旗(みはた)。参考 勅命でつかわされる征討軍のしるし。

きんき【近畿】「近畿地方」の略。

―ちほう【―地方】(チハウ) 本州中西部の地方。京都・大阪の二府と三重・滋賀・兵庫・奈良・和歌山の五県とからなる。

ぎん-き【銀器】銀製の器や道具。

ぎん-ぎつね【銀△狐】〔動〕黒毛で毛先が白く、全体が銀色に見えるキツネ。シベリア・カナダなどにすむ。シルバーフォックス。

きん-きゅう【緊急】(キフ)(名・形動ダ)事態が重大で取り扱い・対応などを特に急がなければならないこと。また、そのさま。「―を要する問題」

―じたい【―事態】①緊急の処置・対策を講じなければならない重大な事態。②〔法〕大規模な災害または騒乱などに際し、治安維持のための特別措置を必要とする事態。内閣総理大臣が布告を発する。「―宣言」

―しつもん【―質問】〔社〕国会で、緊急を要する場合、議院の議決により口頭ですることを認められた質問。

―どうぎ【―動議】会議において、予定にない議題を緊急に取りあげるように求める提案。

―ひなん【―避難】①大急ぎで避難すること。②〔法〕さしせまった危難を避けるためにやむを得ず行う行為。仮に違法性や他に損害を与えることがあっても、責任を問われない。

きん-ぎょ【金魚】〔動〕観賞用の小形淡水魚。フナの変種。原産地は中国。和金・琉金(りゅうきん)・出目金など多くの品種がある。夏

―の糞(ふん) 長く連なっていたり、後ろに付いて離れなかったりするさま。「権力者に―のようについて回る」

―そう【―草】(サウ)〔植〕オオバコ科の多年草。夏に大きな筒状の花をつける。花の色は赤・黄・白・もも色など。夏

―ばち【―鉢】金魚を飼う容器。多くは外から金魚が見えるようにした、ガラス製などのはち。夏

―も【―藻】〔植〕①アリノトウグサ科の多年生水草。淡水に生育する。茎は細く、葉は四枚輪生し羽状。夏に水上に小花を開く。金魚鉢に入れる。ほざきのふさも。夏 ②金魚を飼うのに使う、マツモ・フサジュンサイなどの水草の称。

きん-ぎょ【禁漁】→きんりょう(禁漁)

きん-きょう【近況】(キャウ) 最近の状況・ようす。「―報告」

きん-きょう【禁教】(ケウ) ある宗教、特にキリスト教の信仰や布教を禁じること。また、その宗教。「―令」

きん-ぎょう【近業】(ゲフ) 最近の業績や作品など。

きん-ぎょう【△欽仰】(ギャウ)(名・他スル)尊敬して慕うこと。欽仰(きんこう・きんごう)。

きん-きょく【琴曲】琴で演奏する曲。箏曲(そうきょく)。

きん-ぎょく【金玉】①黄金と宝石。財宝。②非常に珍しく貴重なもの。「―の声」

きん-きょり【近距離】近い距離。「―切符」↔遠距離

きん-きん 一(副・自スル)音や声がかん高くひびくさま。「声が―耳にひびく」 二(形動ダ)(ダロ・ダッ(デ・ニ)・ダ・ナ・ナラ・○)しっかりと冷えているさま。「―に冷えたサイダー」

きん-きん【近近】(副)ちかぢか。近いうちに。「―転居する」

きん-きん【僅僅】(副)わずかなさま。少し。たった。

きん-きん【△欣△欣】(タトル)非常に喜ぶさま。文(形動タリ)

―ぜん【―然】(タトル)非常に喜んでいるさま。「―とした顔」文(形動タリ)

きん-ぎん【金銀】①金と銀。②金貨と銀貨。また、金銭。

きん-く【金句】①短い表現で人生の真理を述べた古人の言葉。金言。②表現のきわめて上手な言葉。美句。

きん-く【禁句】①和歌・俳諧(はいかい)などで、避けて使わないきまりの言葉。止め句。②聞き手の感情を害するので、使うのを避けるべき言葉。「受験生に『落ちる』は―だ」

キング〈king〉①国王。↔クイーン ②トランプで、王の絵のついた札。一三にあたる。③チェスで、王の駒(こま)。④いちばんすぐれているもの。「ホームラン―」

―サイズ〈king-size〉特別に大きな寸法・型。

―メーカー〈kingmaker〉政界などで、要職につく人物の選出などに決定力をもつ実力者。

きん-ぐち【金口】(「金口たばこ」の略)吸い口を金紙で巻いた巻きたばこ。

きん-けい【近景】①(見ている人の)近くに見える景色。②絵画・写真・映画などの画面で、手前にある景色。↔遠景

きん-けい【金鶏】天空にすむという想像上の鶏(とり)。

きん-けい【謹啓】(「つつしんで申し上げる」の意で)手紙の初めに書いて敬意を表す語。用法「拝啓」より丁寧な言い方で、結びは「謹言・頓首」などでそろえる。

きん-けつ【金欠】〔俗〕お金がなくなること。

―びょう【―病】(ビヤウ)〔俗〕お金がなくて困っていることを病気にたとえた語。金欠。語源「貧血病」をもじった語。

きん-けつ【金穴】①黄金の掘り出される穴。金坑。②富

豪。金持ち。③資金・費用をみついでくれる人。かねづる。

きん-けん【近県】 その土地の近くにある県。「東京の―」

きん-けん【金券】 ①金貨と交換することのできる紙幣。②特定の範囲内で、貨幣の代わりに通用するもの。商品券など。

きん-けん【金権】 金銭をもつことで生まれる権力。「―政治」

きん-けん【勤倹】 まじめに働いて、むだ遣いをしないこと。

きん-げん【金言】 ①人生の真理や処世の戒めを述べた、手本とすべき短い言葉。格言。金句。②〘仏〙釈迦の口から出た尊い言葉。

きん-げん【謹言】 (「つつしんで言う」の意で)手紙の末尾に挨拶として書く語。「恐惶―」 用法 「謹啓」などの結語。

きん-げん【謹厳】 (名・形動ダ) 非常にまじめで、浮ついたことを好まないこと。また、そのさま。「―実直」

きん-こ【近古】 ①それほど古くない昔。②「中世」の別称。

きん-こ【金庫】 ①金銭・重要書類などを安全にしまっておくための頑丈な鉄製の箱。②国家や公共団体が現金出納のために設けた機関。日本銀行など。③特定の限られた範囲の金融を取り扱う金融機関の名称。「農林中央―」「信用―」

きん-こ【禁錮・禁固】 (名・他スル) ①一室に閉じこめて外へ出さないこと。②〘法〙自由刑の一種。受刑者を監獄に拘置し、労務は課さないが、その自由な活動を拘束する刑。

きん-こ【金×海鼠・×光参】 〘動〙キンコ科の海産動物で、ナマコの一種。煮て干したものを中国料理に用いる。冬

きん-こう【近郊】 カウ 都市に近い地域。「―の農村」

きん-こう【均衡】 カウ (名・自スル) 二つ以上の物事の間につりあいがとれていること。バランス。「―を保つ」「不―」

―ざいせい【―財政】 歳入と歳出がつりあっていて赤字のない財政状態。

きん-こう【金工】 金属に細工を施す工芸。また、その職人。

きん-こう【金坑】 カウ 金を採掘する鉱山。また、その穴。

きん-こう【△欣幸】 カウ 幸せを喜ぶこと。「―の至り」

きん-こう【金鉱】 クワウ ①金を含んでいる鉱石。②金の鉱脈。金を採掘する鉱山。金山。「―をさがし当てる」

きん-こう【謹厚】 (名・形動ダ) つつましやかで温厚であること。また、そのさま。「―な人柄」

きん-ごう【近郷】 ガウ 近くの村。また、都市に近い村々。

ぎん-こう【吟行】 カウ (名・自他スル) ①詩歌を口ずさみながら歩くこと。②和歌や俳句を作るために、景色のよい所や名所などに出かけること。「武蔵野を―する」

ぎん-こう【銀行】 カウ ①預金の受け入れ・資金の貸し付け・手形の割引・為替取引などをおもな仕事とする金融機関。中央銀行・普通銀行・信託銀行などがある。②必要とされるものを集め、保管し、需要に応じて供給する組織。「人材―」「血液―」 はじまり bank の訳語として用いられるのは一八七一(明治四)年ごろから。法律では国立銀行条例が最初かという。

―けん【―券】 〘経〙中央銀行(日本では日本銀行)が通貨として発行する不換紙幣。

―てがた【―手形】 〘経〙銀行が支払いを約束した手形。

ぎん-こう【銀坑】 カウ 銀を採掘する鉱山。また、その穴。

ぎん-こう【銀鉱】 クワウ ①銀を含んでいる鉱石。②銀の鉱脈。銀を採掘する鉱山。銀山。

きん-こく【謹告】 (名・他スル) つつしんで知らせること。 用法 企業・商店などで広告文などの冒頭に用いる語。

きん-ごく【近国】 ①近くの国。②都に近い国。(↔遠国)

きん-ごく【禁獄】 (名・他スル) 獄中に監禁しておくこと。

きん-こつ【筋骨】 筋肉と骨格。体格。「―たくましい青年」

きん-こん【緊△褌】 ふんどしをしっかり締めること。「―一番」(=心をひきしめ発憤して物事に当たること)

きんこん-しき【金婚式】 結婚後五〇年目に行う祝いの式。⇩結婚

ぎんこん-しき【銀婚式】 結婚後二五年目に行う祝いの式。⇩結婚

きん-さ【僅差】 ほんのわずかの差。「―で当選する」

ぎん-ざ【銀座】 江戸幕府の銀貨鋳造所。現在では、東京都中央区内の繁華街の地名。(各地の地名を上に付けて、その土地の繁華街の意にも使われる。)

きん-ざい【近在】 都市に近い村々。「近郷―」

きん-さく【近作】 最近の作品。「―を発表する」

きん-さく【金策】 (名・自スル) 苦労して必要な金銭を準備すること。金の工面。「―にかけ回る」

きん-さつ【金札】 ①金製または金色のふだ。②江戸時代から明治初年に、諸藩や政府で発行した金貨代用の紙幣。

きん-さつ【禁札】 禁止する項目・内容を記した立て札。

きん-ざん【金山】 金の鉱石を埋蔵・産出する山。金鉱。

ぎん-ざん【銀山】 銀の鉱石を埋蔵・産出する山。銀鉱。

きんざんじ-みそ【金山寺味△噌・◇径山寺味△噌】 なめみその一種。いり大豆と大麦のこうじに、ナス・シロウリの刻んだものを漬けこんで作る。 参考 中国の径山寺の製法という。

きん-し【近視】 〘医〙遠方にある物体の像が、網膜の前方で結ぶために、鮮明に見えない状態。凹レンズで矯正する。近視眼。近眼。↔遠視

―がん【―眼】 〘医〙近視の目。近眼。

―がん-てき【―眼的】 (形動ダ) ダロ・ダッ(デ・ニ)・ダ・ナ・ナラ・○ 目先のことにとらわれ、全体や将来に考えが及ばないさま。「―な考え方」

きん-し【金糸】 金箔をはった薄紙を細く切ったもの。また、金箔を糸に巻きつけたもの。金襴や刺繡に使う。

―たまご【―卵・錦糸卵】 薄焼き卵を細く切ったもの。

きん-し【金△鵄】 神話で、神武天皇の長髄彦征討のとき、天皇の弓にとまったという金色のトビ。

―くんしょう【―勲章】 クンシヤウ もと、戦功のあった軍人に与えられた勲章。功一級から功七級まであった。

きん-し【菌糸】 菌類の体を構成する、細長い糸状の細胞。

きん-し【禁止】 (名・他スル) してはならないとさしとめること。「立入―」

―ほう【―法】 ハフ ①〘法〙ある行為を禁じる規定。国際私法では、特に外国法の適用を禁じた法律。②〘文法〙動作を禁じる表現の語法。「…いけない」「…(する)な」「…べからず」「な…そ」など。

きん-じ【近似】 (名・自スル) ①基準のものとよく似ていること。②ある数値に近いこと。「全国平均と―した率を示す」

―ち【―値】 〘数〙真の値に近い値。円周率の3.1416など。

きん-じ【近侍】 (名・自スル) 主君のそば近くに仕えること。また、その人。近習。

きん-じ【近時】 近ごろ。このごろ。「―の風潮」↔往時

きん-じ【金地】 ヂ 布・紙・塗り物などの地を、金箔・金粉・金泥などで金色にしたもの。

きん-じ【金字】 金色の文字。金泥で書いた文字。

―とう【―塔】 タフ ①(「金」の字の形に似た塔の意)ピラミッド。②後世まで残るような偉大な業績。「―を打ち立てる」

きん-じ【△矜持】 ヂ →きょうじ(矜持)

ぎん-し【銀糸】 銀箔をはった薄紙を細く切ったもの。また、銀箔を糸に巻きつけたもの。

ぎん-じ【銀地】 ヂ 布・紙・塗り物などの地を、銀箔・銀粉・

銀泥などで銀色にしたもの。

きんじ-え-ない【禁じ得ない】 感情や思いを抑えることができない。「涙を―」「同情の念を―」

きん-じき【禁色】 昔、身分・位階によって定められ、許可なしには使用を禁じられていた衣服の色。最高位の人の紫など。

きんし-ぎょくよう【金枝玉葉】 （「枝」「葉」は子孫の意）天子の一門。皇族。

きん-じさん【禁治産】 →きんちさん

きん-ジストロフィー【筋ジストロフィー】〘医〙骨格筋の壊死・変性により、筋萎縮と筋力低下が進行していく遺伝性疾患の総称。難病に指定。

きん-しつ【均質】（名・形動ダ）物体のどの部分も、また、同類のどの物体も、性質・成分・密度が同じであること。等質。

きん-しつ【琴△瑟】 琴と瑟（＝大型の琴）。

―相和す （琴と瑟とを合奏するとその音がよく調和することから）夫婦の仲が非常によいことのたとえ。

きん-じつ【近日】 近いうち。ちかぢか。「―開店」

―てん【―点】〘天〙太陽を中心とする軌道上を公転する惑星・彗星などが、太陽に最も近づく位置。↕遠日点

きんじ-て【禁じ手】 ①相撲や囲碁・将棋などで、使うことを禁じられている手。②一般に、使ってはならない手段。

きん-しゃ【金砂】 ①金粉。②→きんすなご ③金色の砂。

きん-しゃ【金△紗・錦△紗】 ①紗の地に金糸を織りこんだもの。②「きんしゃおめし」の略。③「きんしゃちりめん」の略。

―おめし【―◇御召】 練り染め糸で平織りや紋織りに織った絹織物。「おめし③」より、しぼが細かい。

―ちりめん【―◇縮△緬】 生糸で平織りや紋織りに織った絹織物。ふつうの縮緬より、しぼが細かくて地が薄い。

ぎん-しゃ【吟社】 詩・歌・漢詩を作る人々の結社・団体。

ぎん-しゃり【銀舎利】〘俗〙（「舎利」は釈迦の遺骨、転じて米粒の意）白米の飯。銀飯。

きん-しゅ【金主】 ①資金・費用を出す人。資金の提供者。スポンサー。②金銭の持ち主。特に、大金持ち。③江戸時代、諸大名に金を貸した人。参考 ③は関西では銀主といった。

きん-しゅ【筋腫】〘医〙筋肉組織にできる良性の腫瘍。

きん-しゅ【禁酒】（名・自スル）①酒を飲むのを禁じること。「―法」②習慣的に飲んでいた酒をやめること。酒断ち。

きん-じゅ【近◇習】 主君のそば近くに仕える者。近習。

きん-しゅう【錦秋】 紅葉が錦のように美しく色づいた秋。「―の候」

きん-しゅう【錦△繍】 ①錦と、刺繍を施した織物。②美しい衣服・織物。③字句の美しい詩文をたとえていう語。④見事な花やもみじをたとえていう語。「―の山々」

きん-じゅう【近習】 →きんじゅ

きん-じゅう【△禽獣】 ①鳥とけだもの。「―にも劣るふるまい」②（比喩的に）道理や恩義を知らない人。

きん-しゅく【緊縮】（名・自他スル）①ひきしまること。ひきしめること。②支出を少なくおさえること。「―財政」

きん-しょ【禁書】 風紀上や政治上の理由で、特定の書物の出版・販売・所持を法令で禁止すること。また、その書物。

きん-しょ【謹書】（名・他スル）つつしんで書くこと。

きん-じょ【近所】 ①近い所。近辺。付近。「―を散歩する」②近くの家。「―づきあい」「―迷惑」

―がっぺき【―合壁】 壁一重を隔てた隣。近所の家々。

きん-しょう【近称】〘文法〙指示代名詞の区分の一つ。話し手側の事物・場所・方角などをさすもの。「これ」「ここ」「こちら」など。↕中称・遠称 ⇩こそあど（表）

きん-しょう【金将】 将棋の駒の一つ。金。

きん-しょう【僅少】（名・形動ダ）わずかであること。また、そのさま。ほんの少し。「―の差で勝つ」

きん-じょう【今上】（「今上天皇」の略）現在の天皇。

きん-じょう【近状・近情】 最近のようす。近況。

きん-じょう【金城】 ①守りのかたい城。②（金のしゃちほこがあることから）名古屋城。

―てっぺき【―鉄壁】（堅固な城と城壁の意から）物事が非常に堅固なこと。

―とうち【―湯池】（堅固な城と熱湯をたたえた堀の意から）守りがかたく、他から侵害されにくい勢力範囲。

きん-じょう【禁城】 天子のいる城。宮城。皇居。

きん-じょう【錦上】 錦の上。美しいものの上。

―花を添える （錦の上に花を置くように）よいものの上に、さらによいものを加える。錦上花を敷く。

きん-じょう【謹上】 つつしんで差し上げること。用法 手紙の宛名の左下に書きそえて相手に対する敬意を表す語。

ぎん-しょう【吟唱・吟△誦】（名・他スル）詩歌などを声高く節をつけてよむこと。また、うたうこと。

ぎん-しょう【銀将】 将棋の駒の一つ。銀。

ぎん-じょう【吟醸】（名・他スル）吟味した原料を用いて、酒・しょうゆなどを丁寧に醸造すること。「―酒」

ぎん-しょく【銀△燭】 ①銀製のろうそく立て。②美しく輝くともしび。明るいともしび。

きん・じる【禁じる】（他上一）①してはならないとさしとめる。禁止する。②（「禁じ得ない」の形で）その行為・感情を抑えられない。「同情を―・じ得ない」語源 サ変動詞「きんずる」の上一段化。

ぎん・じる【吟じる】（他上一）①詩歌や俳句などをつくる。②詩歌に節をつけてうたう。口ずさむ。「漢詩を―」語源 サ変動詞「ぎんずる」の上一段化。

きん-しん【近臣】 主君のそば近くに仕える家来。

きん-しん【近信】 最近の手紙。最近の便り。

きん-しん【近親】 血筋の近い親族。「―結婚」「―相姦」「―憎悪（＝自分とつながりの強い者や似た者をにくむこと）」

きん-しん【謹慎】 ■一（名・自スル）失敗や悪い行いをつぐなうために、行動をつつしむこと。「―の意を表する」■二（名）①罰として、一定の期間、登校・登庁・出社などを禁じること。「自宅―」②江戸時代、武士階級に対する刑罰の一つ。ある期間、一定の場所に閉じこめて、公用以外の外出を禁止した。

きん-す【金子】「おかね」の古い言い方。銀子。「路用の―」

ぎん-す【銀子】 ①銀の貨幣。②→きんす

きん-すなご【金砂子】 金箔を細かい粉にしたもの。ふすま地・蒔絵などに散らすのに用いる。金砂。

ぎん-すなご【銀砂子】 銀箔を細かい粉にしたもの。ふすま地・蒔絵などに散らすのに用いる。銀砂。

きん・ずる【禁ずる】（他サ変）→きんじる 文 きん・ず（サ変）

ぎん・ずる【吟ずる】（他サ変）→ぎんじる 文 ぎん・ず（サ変）

きん-せい【近世】〘日・世〙時代区分の一つ。古代・中世に続く時代。日本では通常、安土桃山・江戸時代をさす。ヨーロッパではルネサンス以後、一八世紀後半までをさす。

きん-せい【均整・均斉】（全体からみて）つりあいがとれて整っていること。「―のとれた体」

きん-せい【金星】〘天〙太陽系の内側から二番目に位置する惑星。参考 明け方に東の空に見えるものを「明けの明星」、日没

後に西の空に見えるものを「宵の明星」という。

きん-せい【金製】 金で作ってあること。また、その製品。

きん-せい【禁制】（名・他スル）ある行為を禁じること。また、その法令・規則。禁令。禁制。「女人—」

—ひん【—品】〘法〙法令によって売買・交換・輸出入などが禁じられているもの。麻薬や偽造貨幣など。禁制物。

きん-せい【謹製】（名・他スル）まごころをこめて作ること。また、その品。「当店—の銘菓」

ぎん-せい【吟声】 詩歌を吟じる声。

ぎん-せい【銀製】 銀で作ってあること。また、その製品。

ぎん-せかい【銀世界】 一面雪におおわれたまっ白な景色。

きん-せき【金石】 ①金属と岩石。②金属器と石器。③（比喩的に）きわめて堅固なこと。「—の交わり」

—がく【—学】 ①鉱物学の古称。②金石文をもとに文字・言語を研究する学問。

—ぶん【—文】 金属器や石碑、または岩石・かわらなどに刻みしるされた古代の文字や記録。

きん-せつ【近接】（名・自スル）①近くにあること。「住宅地に—する図書館」②ごく近くに寄ること。接近。「—撮影」

きん-せつ【緊切】（名・形動ダ）①ぴったり付くこと。また、そのさま。②さし迫って大切なこと。また、そのさま。「—な用件」

きん-ぜつ【禁絶】（名・他スル）禁じて根絶やしにすること。

きん-せん【金扇】 地紙に金箔を張った扇。金色の扇。

きん-せん【金銭】 お金。通貨。貨幣。

—すいとうぼ【—出納簿】 金銭の出し入れ・使いみちなどを記録する帳簿。現金出納帳。

—ずく 物事を金銭で片づけようとすること。かねずく。

—とうろくき【—登録器】 売上高や取り引きでの金銭の計算や記録をする器械。キャッシュレジスター。レジスター。

きん-せん【金線】 金色の線。金の線。

きん-せん【琴線】 ①琴の糸。②（比喩的に）人間の心の奥にある感じやすい微妙な心情。「—に触れる(=感動を与える)」

きん-せん【謹撰】（名・他スル）つつしんで歌集や書物などを編集すること。

きん-せん【謹選】（名・他スル）つつしんで選ぶこと。

きん-ぜん【欣然】（タル）喜んで行うさま。文（形動タリ）

ぎん-せん【銀扇】 地紙に銀箔を張った扇。銀色の扇。

ぎん-ぜん【銀髯】 白く美しいほおひげ。白髯。

きん-せんい【筋線維・筋繊維】〘生〙筋肉を構成する線維状の細胞。

きんせん-か【金盞花】〘植〙キク科の一年草、または越年草。春、黄赤色の頭状花を開く。観賞用。春

きん-そく【禁足】（名・他スル）一定の場所に居させて外出を禁じること。また、外出を禁じる罰。足どめ。

〔きんせんか〕

きん-そく【禁則】 禁止すべき事柄を定めた規則。「—処理(=コンピューターやワープロの文章作成で、行頭に句読点をおかないようにするなどの調整を自動的に行うこと)」「—令」

きん-ぞく【金属】 金属元素またはその合金の総称。加工しやすく、熱・電気を伝え、適度に強いので、生活用品・工業製品をつくるのに活用される。金・銀・銅・鉄など。「非—」

—こうたく【—光沢】 金属のもつ独特なつや。

—せい【—性】 ①金属のもつ独特な性質。冷たさ・強さ・つやなど。②金属に似た性質。

—バット アルミニウムなどの軽金属でつくられたバット。はじまり 日本での使用は一九七〇年代から。プロ野球では禁止。高校野球では、一九七四（昭和四十九）年、高校野球連盟が公式試合での使用を許可。

—ひろう【—疲労】 金属材料が繰り返し大きな力を受けてごく小さな亀裂を生じ、やがて大きな破壊に至る現象。

きん-ぞく【勤続】（名・自スル）同じ勤め先に、勤め続けること。「—三〇年」「永年—」

きん-そん【近村】 近くにある村。

きん-だ【勤惰】 熱心に勤めることと、怠けること。勤怠。また、出勤と欠勤。

きん-たい【近体】 ①近ごろはやっている体裁。②「近体詩」の略。↔古体

—し【—詩】 漢詩の形式の一つ。古詩に対し、唐代に完成した五言・七言の律詩・絶句をいう。↔古詩

きん-たい【勤怠】 →きんだ

きん-だい【近代】 ①現代に近い年代。広義では現代を含む。②〘日・世〙時代区分の一つ。日本では明治維新以後第二次世界大戦終結まで。ヨーロッパではルネサンス以後で、近世と同じ意味に使われることもあるが、一般には一八世紀後半から一九世紀末までをさす。

—か【—化】（名・自他スル）国家・社会・文化において、封建的な因習を廃して、考え方や行動様式が、科学的・合理的・民主的なものに変わること。「経営の—」

—げき【—劇】〘演〙一九世紀後半ヨーロッパに起こった写実的な戯曲・演劇。個人主義・自然主義などの近代思想をとり入れ、社会と個人との、のっぴきならない対立を扱った。イプセン・ストリンドベリなどの作品をいう。

—ごしゅきょうぎ【—五種競技】 一人の選手が、フェンシング・水泳・馬術・射撃・ランニングの五種目を行い、総合点を争う複合競技。モダンペンタスロン。

—し【—詩】〘文〙明治時代以後、西洋の詩体やその創作態度にならって始められた詩の形式。漢詩・和歌・俳句と違い、型や韻律にとらわれず、人間の思想・感情を自由によみこんだ。

—しゅぎ【—主義】 →モダニズム①

—てき【—的】（形動ダ）①近代らしい特色・性質のあるさま。②前の時代に比べていかにも新しいという感じや、次の変化の先取りなどを感じさせるさま。「—なビル」

きん-だか【金高】 金銭の数量。金額。金高。

きん-だく【欣諾】（名・他スル）気持ちよく承諾すること。

きん-だち【公達】（「きみたち」の音便）①親王や貴族の敬称。②貴族の子弟。「平家の—」

きん-たま【金玉】 ①〘俗〙睾丸。②金色の玉。

きんたろう【金太郎】 ①源頼光の家来、四天王の一人である坂田金時の幼名。怪童伝説の主人公。太って顔が赤く、腹掛けをしてまさかりを担いだ姿で描かれる。②〘俗〙子供用のひし形の腹掛け。

—あめ【—飴】 どこを切っても断面に金太郎の顔が現れるように作った棒状の飴。金太郎の顔以外の場合にもいう。

きん-だん【金談】 金銭の貸し借りなどについての相談。

きん-だん【禁断】（名・他スル）ある行為をかたく禁じること。

—の木の実 かたく禁じられてはいるが、強く誘惑を感じる魅力的な快楽のたとえ。【故事】蛇に誘惑されて、神から食べることを禁じられていた知恵の木の実を食べたイブが、アダムとともに楽園(=エデンの園)を追放されたことからいう。〈旧約聖書〉

—しょうじょう【—症状】〘医〙アルコールや麻薬などの慢性中毒患者が、その摂取を中断したときに起こす、不安・吐き気・けいれん・苦痛・麻痺などの症状。禁断現象。

きん-ち【錦地】（風光明媚の土地の意）相手の居住地の敬称。貴地。御地。

きん-ちさん【禁治産】〘法〙心神喪失の状態にあり自分で財産の管理が行えない者を保護するため、後見人をつける制度。禁治産者。現在は成年後見制度に移行。

きんち-てん【近地点】〘天〙月や人工衛星がその軌道上で、地球に最も近づく位置。↕遠地点

きん-ちゃく【巾着】①口をしめるひものついた、布・革などの袋。昔、銭や薬を入れて腰にさげた。②「腰巾着」の略。

―あみ【―網】巻き網の一つ。巾着の口をしめるようにして魚をとりこむ網。

―きり【―切り】他人の身につけた財布などを盗みとる者。すり。

〔巾着①〕

きん-ちゃく【近着】（名・自スル）最近到着したこと。近い将来に着くこと。また、そのもの。「―の図書」

きん-ちゅう【禁中】（禁闕（＝皇居の門）の中の意）宮中。皇居。

きん-ちょ【近著】最近書き著した本。最近の著作物。

きん-ちょう【金打】（名・自スル）①江戸時代、誓約のしるしに金属どうしを打ち合わせたこと。僧は鉦、武士は刀の刃・つば、女性は鏡を打ち合わせた。かねうち。②かたい約束。

きん-ちょう【禁鳥】法律によって、捕獲を禁止されている鳥。保護鳥。

きん-ちょう【禽鳥】鳥。鳥類。

きん-ちょう【緊張】（名・自スル）①気分がひきしまり、ゆるみのないこと。神経を張りつめ、体をかたくすること。「―をほぐす」↕弛緩 ②関係が悪化し、いまにも争いが起こりそうな状態であること。「二国間の―が高まる」③〘生〙筋肉や腱が一定の収縮を持続している状態。↕弛緩

きん-ちょう【謹聴】㊀（名・他スル）つつしんで聞くこと。まじめに注意して聞くこと。㊁（感）演説会などで、聴衆が「よく聞け」の意で発する語。「一同―」

きん-ちょく【謹直】（名・形動ダ）つつしみ深く正直なこと。

きん-つば【金鍔】①黄金、または金色の金属で作った、刀のつば。②水でといた小麦粉で餡をうすく包み、刀のつばの形や直方体に焼いた和菓子。きんつば焼き。

きん-てい【欽定】（名・他スル）〘法〙君主が自分の意思によって制定すること。

―けんぽう【―憲法】〘法〙君主が制定した憲法。日本の大日本帝国憲法（明治憲法）はその例。↕民定憲法

きん-てい【禁廷】禁中。皇居。宮中。宮廷。

きん-てい【謹呈】（名・他スル）つつしんで差し上げること。

きん-でい【金泥】金粉をにかわでといて、よくかきまぜたもの。絵・文字・彩色などに用いる。金泥。

ぎん-でい【銀泥】銀粉をにかわでといて、よくかきまぜたもの。絵・文字・彩色などに用いる。白泥。

きん-てき【金的】①金色のごく小さい、弓のまと。②手に入れるのが困難なあこがれの目的物。

―を射当てるだれもが得たいとあこがれていて手に入れるのが困難なものを、幸運にも手に入れる。金的を射止める。

きん-てつ【金鉄】①金と鉄。②金属。③非常に堅固なもののたとえ。「―の誓い」

きん-てん【近点】〘医〙はっきりとものを見ることができる、目と対象との最短距離。

きん-てん【均霑】（名・自スル）平等に利益・めぐみなどが行きわたること。

きんでん-ぎょくろう【金殿玉楼】美しくりっぱな宮殿。

きん-てんさい【禁転載】新聞・雑誌・書籍などの記事や写真などを、無断で他の刊行物に掲載することを禁じること。

きんでん-ず【筋電図】〘生〙骨格筋が収縮するときに生じる活動電流の波形グラフを記録したもの。神経や筋疾患の診察に利用される。

きん-ど【襟度】意見の異なる人でも受け入れる心の広さ。

きん-とう【均等】（名・形動ダ）みなひとしいこと。また、そのさま。平等。「機会―」「―に配分する」

きんとう【近東】（Near East の訳語）ヨーロッパから見て近くの東方地域。トルコ・イスラエル・シリアなど西南アジアの総称。バルカン諸国・エジプトを含む場合もある。↕中東・極東

きん-とき【金時】①坂田金時。⇩金太郎① ②（「金時豆」「金時あずき」の略）大粒のアズキや赤紫のインゲンマメのこと。また、その餡や煮豆。③サツマイモの一品種。皮が赤い。

―の火事見舞い（酒に酔って）顔のひどく赤いたとえ。

ぎん-どけい【銀時計】①側を銀で作った高価な時計。②東京帝国大学の優等卒業生の俗称。一九一八（大正七）年まで、天皇から銀時計が与えられたことからいう。「―組」

きん-トレ【筋トレ】《俗》「筋力トレーニング」の略。筋力を鍛えるために行うトレーニング。

きん-とん【金団】インゲンマメ・サツマイモなどを砂糖で煮つめてつぶし、甘く煮たクリなどをまぜた食品。「栗―」

ぎん-なん【銀杏】（「ぎんあん」の連声）①「いちょう」の異名。②イチョウの実。食用。㊎

きん-にく【筋肉】〘生〙体・内臓を形づくり、収縮性によって運動をつかさどる器官または組織。「―質」「―痛」

―ろうどう【―労働】体を使ってする労働。肉体労働。↕頭脳労働・精神労働

ぎん-ねず【銀鼠】（「ぎんねずみ色」の略）銀色のような明るい感じのねずみ色。

きん-ねん【近年】最近の数年間。近ごろ。「―にない大雪」

きん-のう【金納】（名・他スル）租税・小作料などを金銭で納めること。↕物納

きん-のう【勤皇・勤王】〘日〙天皇のために身も心も尽くすこと。特に、江戸末期、幕府を倒して朝廷中心の政権を作ろうとした考え方。また、その一派。尊皇。「―の志士」

―じょうい【―攘夷】→そんのうじょうい

きん-ば【金歯】金冠をかぶせた歯。また、金製の入れ歯。

きん-ぱ【金波】日光や月光などが反射して、金色に輝く波。

ぎん-ぱ【銀波】月光などが反射して、銀白色に光る波。

きん-ぱい【金杯・金盃】金製または金めっきの杯やカップ。

きん-ぱい【金牌】賞として与える金製または金めっきのメダルや楯。

ぎん-ぱい【銀杯・銀盃】銀製または銀めっきの杯やカップ。

ぎん-ぱい【銀牌】賞として与える銀製または銀めっきのメダルや楯。

きん-ばえ【金蠅】〘動〙クロバエ科のハエで、青緑色などの金属光沢があるものの総称。腐った物によくたかる。

きん-ばく【緊縛】（名・他スル）きつくしばること。

きん-ぱく【金箔】①金をたたいて紙のように薄くのばしたもの。②実質よりも外見をよく思わせる、みせかけ。「―がはげる」③世間が認めるねうち。「―がつく」

きん-ぱく【緊迫】（名・自スル）関係・情勢などが緊張し、油断のできない状態になること。「極東情勢が―する」

きん-ぱく【謹白】（「つつしんで申し上げる」の意で）手紙・文書の末尾に書いて敬意を表す語。敬白。「恐惶―」

ぎん-ぱく【銀△箔】 銀をたたいて紙のように薄くのばしたもの。

ぎんはく-しょく【銀白色】 銀色をおびた白色。

きん-ぱつ【金髪】 金色の髪の毛。ブロンド。

ぎん-ぱつ【銀髪】 銀白色の髪の毛。美しい白髪の形容にも用いる。「―の老婦人」

きん-ばん【勤番】（名・自スル）①交替で勤務すること。また、その番。②〔日〕江戸時代、諸大名の家臣が江戸や大坂などの藩邸に交替で勤務したこと。また、幕臣が大番や小姓番をつとめたり、特定の地方の勤務についたりしたこと。また、その人。

ぎん-ばん【銀盤】 ①銀製の皿や盆。②氷の表面。スケートリンク。「―の女王」

きん-ぴ【金肥】 金銭を払って購入する肥料。化学肥料など。

きん-ぴ【禁秘】 秘密にして見せないこと。

きん-ぴか【金ぴか】（名・形動ダ）金色にぴかぴか光ること。また、そのもの。参考 はでだが安っぽい物の形容にも用いる。

きん-びょうぶ【金△屛風】 ―ビヤウブ 下地の紙の全体に金箔を置いたびょうぶ。金屛。冬

きん-ぴら【金平】 ①強くりっぱなこと。また、そのもの。（「金平」は浄瑠璃に登場する架空の豪傑で、坂田金時の子という。）②「きんぴらごぼう」の略。

―ごぼう【―◦牛△蒡】 ―バウ ゴボウを細くきざんで油でいため、しょうゆ・砂糖・とうがらしなどで味をつけた料理。きんぴら。

きん-ぴん【金品】 金銭や品物。「―の授受」

きん-ぷう【金風】（五行説で「金」は秋に当たることから）秋の風。秋風。秋

きん-ぷくりん【金覆輪】 よろい・鞍・刀のさやなどのふちに、金または金色の金属をかぶせて飾ったもの。黄覆輪。

ぎん-ぷくりん【銀覆輪】 よろい・鞍・刀のさやなどのふちに、銀または銀色の金属をかぶせて飾ったもの。白覆輪。

きん-ぶち【金縁】 金製のふち。金色をしたふち。「―めがね」

ぎん-ぶち【銀縁】 銀製のふち。銀色をしたふち。

きん-ぷら【金△麩羅】 そば粉のころもで揚げたてんぷら。また、卵黄を入れたころもで揚げたてんぷら。

ぎん-ぶら【銀ぶら】（名・自スル）《俗》東京の繁華街である銀座通りをぶらぶら散歩すること。

きん-ぶん【均分】（名・他スル）平等に分けること。等分。

―そうぞく【―相続】 ―サウゾク 〔法〕数人の相続人が遺産を均等に分割して相続すること。日本では配偶者の相続を除いて均分相続が原則。

きん-ぶん【金分】 物質の中に含まれる純金の割合。

きん-ぷん【金粉】 金または金色の粉。蒔絵などに使う。

ぎん-ぷん【銀粉】 銀または銀色の粉。蒔絵などに使う。

きんぺいばい【金瓶梅】 中国、明代の長編小説。作者未詳。一七世紀初め刊行。「水滸伝」中の一挿話に取材し、享楽的な社会相を赤裸々に描く。四大奇書の一つ。

きん-べん【巾偏】 →はばへん

きん-べん【勤勉】（名・形動ダ）勉強や仕事などに、まじめに一生懸命はげむこと。また、そのさま。「―家」↔怠惰

きん-ぺん【近辺】 その場所に近いあたり。付近。近く。

きん-ペン【金ペン】 金と銅との合金で作ったペン先。多くは一四金で、万年筆に用いられる。

きん-ぼ【△欽慕】（名・他スル）尊敬してしたうこと。敬慕。

きん-ぼう【近傍】 ―バウ 近辺。近所。付近。「―の村里」

きんぽうげ【金△鳳◦花・×毛茛】〔植〕キンポウゲ科の多年草。初夏に黄色の五弁花を開く。有毒。うまのあしがた。春

きん-ぼし【金星】 ①相撲で、平幕の力士が横綱に勝ったときの勝ち星。「―をあげる」②大きな手柄。

きん-ボタン【金ボタン】 ①金色のボタン。金色の金属製ボタン。②《俗》学生服。また、男子学生。

きん-ほんい【金本位】 ―ホンヰ 〔経〕一定量の金を貨幣一単位とする貨幣制度。金本位制。

ぎん-ほんい【銀本位】 ―ホンヰ 〔経〕一定量の銀を貨幣一単位とする貨幣制度。銀本位制。

ぎん-まく【銀幕】 ①映画を映す幕。スクリーン。②映画。映画界。「―のスター」

きんまん-か【金満家】 大金持ち。財産家。富豪。

ぎん-み【吟味】（名・他スル）（詩歌を口ずさんで味わう意から）①品質・内容などを念入りに調べて検討すること。「材料を―する」②昔、罪のあるなしをとり調べたこと。「―方与力」

きん-みつ【緊密】（形動ダ）ダロ・ダッ(デ)・ニ・ダナ・ナラ・○ ①ぴったりくっついているさま。②関係の非常に密接なさま。「―な間柄」文（ナリ）

きん-みゃく【金脈】 ①金の鉱脈。②《俗》資金を引き出せるところ。かねづる。「政治家の―」

ぎん-みゃく【銀脈】 銀の鉱脈。

きん-みらい【近未来】 現代にごく近い未来。「―都市」

きん-む【勤務】（名・自スル）会社や官庁などに勤めて仕事をすること。また、その仕事。「―地」「―時間」

―ひょうてい【―評定】 ―ヒヤウテイ 管理する上役が、組織の職員の能力・勤務態度などを評価・査定すること。勤評。

きん-むく【金無△垢】 まじりけのない金。純金。「―の時計」

きん-め【斤目】 はかりで量った重さ。めかた。量目。斤量。

ぎん-めし【銀飯】《俗》白米だけの飯。銀しゃり。

きんめ-だい【金目△鯛】 ―ダヒ 〔動〕キンメダイ科の深海魚。全身鮮紅色で、目は大きく黄金色。食用。きんめ。

きん-モール【金モール】 ①金糸で編んだ組みひも。②金糸と絹糸で織った織物。

ぎん-モール【銀モール】 ①銀糸で編んだ組みひも。②銀糸と絹糸で織った織物。

きん-もくせい【金木△犀】〔植〕モクセイ科の常緑小高木。秋に芳香のある橙黄色の小花が密集して開く。秋

ぎん-もくせい【銀木△犀】 →もくせい（木犀）①

きん-もじ【金文字】 金泥・金粉・金箔で書いたり表したりした文字。金色の文字。金字。

ぎん-もじ【銀文字】 銀泥・銀粉・銀箔で書いたり表したりした文字。銀色の文字。銀字。

きん-もつ【禁物】 してはいけない物事。また、避けたほうがよい物事。「油断は―」

きん-もん【金紋】 金箔を押したり、金色の漆で書いたりした家紋。江戸時代、特に許された大名が挟み箱につけた。

―さきばこ【―先箱】 金紋つきの挟み箱。大名行列の先頭にかつがせ、高い家柄・格式を誇った。

きん-もん【禁門】 ①警戒をきびしくして、特別な人以外の出入りを禁じた門。②皇居の門。また、皇居。

きん-ゆ【禁輸】 輸出や輸入を禁じること。「―品目」

きん-ゆう【金融】 ①貸し借りなどでの金銭の動き。資金の融通。②〔経〕資金の需要・供給に関すること。

―きかん【―機関】 ―キクワン 資金の融通・仲介や預貯金の運用などを行う機関。銀行・信用金庫・証券会社など。

―ぎょう【―業】 ―ゲフ 資金の貸し出し・仲介などで利益を得ることを目的とする事業。

―こうこ【―公庫】 中小企業や勤労者などに融資するため、政府が出資して作った金融機関。

―さい【―債】〔経〕許可を受けた金融機関が特別法に基づいて発行することのできる債券。利付債と割引債がある。

—しほん【—資本】〔経〕銀行資本と産業資本とが融合した資本形態。経済市場を独占的に支配する巨大な資本。参考 俗に銀行資本と同じ意味に使われることもある。

—ちょう【—庁】チャウ 金融制度の企画立案、金融機関の監督などを担当する行政機関。二〇〇〇(平成十二)年に発足、翌年内閣府の外局となった。

ぎんゆう-しじん【吟遊詩人】ギンイウ 中世ヨーロッパで、楽器を奏し自作の叙情詩を歌い聞かせて各地を旅した詩人。

きん-よう【金曜】エウ 曜日の一つ。木曜日の翌日。金曜日。

きん-よう【緊要】エウ (形動ダ)ダロ・ダッ(デ)・ニ・ダ・ナ・ナラ・○ 判断・対応の必要がさしせまっていて非常に重要なさま。「事実の確認が―だ」文(ナリ)

きんようわかしゅう〔金葉和歌集〕キンエフワカシフ 平安後期の第五勅撰和歌集。源俊頼の撰。一一二七(大治二)年成立。素朴で清新な歌風の叙景歌が多い。金葉集。

きん-よく【禁欲・禁△慾】(名・自スル) 人間のもつ欲望・欲求、特に性欲をおさえること。「―生活」

—しゅぎ【—主義】肉体的・世俗的な欲望をおさえることで宗教・道徳上の理想を達成しようとする考え。ストイシズム。

ぎん-よく【銀翼】飛行機のつばさ。また、飛行機。

きん-らい【近来】(名・副) ちかごろ。最近。「―まれな大雪」

きん-らん【金△蘭】①〔植〕ラン科の多年草。低地の山林の木陰に生え、春に茎の上部に黄色の花をつける。②(金よりもかたく、蘭よりも芳しいの意)親しくかたい交わり。あつい友情。

—ぼ【—簿】ごく親しい友人の名や住所などを記した帳簿。

きん-らん【金△襴】錦地に金糸で模様を織り出したきらびやかな織物。「―緞子」

きん-り【金利】〔経〕①預金や貸金に対する利子。利息。②利息の元金に対する割合。利率。「―を引き上げる」

きん-り【禁裏・禁△裡】(勝手に中にはいることを禁ずるの意)皇居。御所。禁中。「―様(=天皇)」

きん-りょう【斤量】リャウ はかりで量った重さ。斤目。めかた。

きん-りょう【禁猟】レフ 一定期間、また、一定の区域で、鳥・けものなどをとることを禁じること。「―区」「―期」

きん-りょう【禁漁】レフ 一定期間、また、一定の区域で、魚・海藻などの水産物をとることを禁じること。禁漁。

きん-りょく【金力】(人を動かし支配する)金銭の力。

きん-りょく【筋力】筋肉の力。「―トレーニング」

きん-りん【近隣】となり近所。近所。近辺。「―諸国」

ぎん-りん【銀輪】①銀色の輪。銀製の輪。②自転車。

ぎん-りん【銀△鱗】銀色のうろこ。また、銀色に光る魚。

きん-るい【菌類】かび・きのこ・酵母などの総称。葉緑素をもたず、光合成を行わない。固着生活をし、周囲の有機物を分解して体表から吸収する。

きん-れい【禁令】〔法〕ある行為を禁じる法令。

ぎん-れい【銀鈴】銀でできたすず。また、銀色のすず。

ぎん-れい【銀△嶺】雪が積もって銀白色に輝く峰。

きん-ろう【勤労】ラウ (名・自スル) ①心身を動かして仕事にはげむこと。「―奉仕」②報酬を得て、一定の時間、一定の仕事をすること。

—かいきゅう【—階級】カイキフ 自分の勤労で得た収入によって生活する階級。勤労者階級。

—かんしゃ-の-ひ【—感謝の日】国民の祝日の一つ。十一月二十三日。勤労をたっとび、生産を祝い、国民がたがいに感謝し合う日。冬 参考 もとの新嘗祭の日にあたる。

—しゃ【—者】勤労によって生活する人。給料生活者・小商工業者・労働者・農民などの総称。

—しょとく【—所得】勤労に対する報酬として受ける個人の所得。俸給・賃金など。↔不労所得

きん-わ【謹話】(名・他スル) つつしんで話をすること。また、その話。参考 もと、皇室関係のことを述べるときに用いた語。

く ク

五十音図「か行」の第三音。「く」は「久」の草体。「ク」は「久」の省画。

く【九】(字義) →きゅう(九)

く【久】(字義) →きゅう(久)

く【口】(字義) →こう(口)

く【工】(字義) →こう(工)

く【区】教3【區】ク　一 フ ヌ 区

(字義) ①わける。くぎる。「区画・区分」②くぎられた土地。地域。「区域・地区」③大都市の行政単位。「区議会・区政」④まちまち。小さい。わずか。「区区」

-く【区】(接尾) ある地域・区間を細分したり、他と区別したりする場合に用いる語。「禁猟―」「学―」「行政―」「選挙―」

く【区】①行政上の区画の一つ。自治区(特別区・財産区)と行政区(政令指定都市の区)との総称。特別区は東京都二三区の称で、市に関する規定が適用される。②法令執行のために定められた土地の区画。学区・選挙区など。

く【功】(字義) →こう(功)

く【句】教5 ク　ノ 勹 勺 句 句

(字義) ①くぎり。言葉や文のひとくぎり。また、詩文の一節。「句点・句読・起句・警句・語句・字句・対句」②連歌や俳諧の単位。「句集・俳句・発句」

-く【句】(接尾) 俳句・川柳などを数える語。「俳句を一―よむ」

く【句】①まとまった意味をもって表現される言葉の最小単位。文節。②→フレーズ ③文章中のくぎり。④ことわざ。慣用句。⑤漢詩・和歌・俳句などで、五字または七字のひとくぎり。「上の―」⑥俳句。「―を作る」

く【供】(字義) →きょう(供)

く【苦】教3 ク・くるしい・くるしむ・くるしめる・にがい・にがる　一 艹 艹 芊 苦 苦

(字義) ①にがい。にがにがしい。「苦言・苦汁・苦味」②くるしい。くるしむ。なやむ。「苦行・苦難・苦悩・困苦・辛苦・病苦・貧苦」③つとめる。力をつくす。「苦学・苦吟・苦心・刻苦・労苦」④くるしみ。まよい。なやみ。「四苦八苦・七難八苦」難読 苦力・苦患・苦汁・苦塩・苦竹

く【苦】①苦しみ。心身を悩ます不安な状態。「―は楽の種」↔楽 ②骨折り。苦労。「―もなくやってのける」③悩み。心配。「病気を―にする」④にがみ。にがい味。

類語 苦辛・苦痛・苦難・痛苦・辛苦・惨苦・責め苦・重苦・四苦八苦・千辛万苦・塗炭の苦しみ

く【紅】(字義) →こう(紅)

く【宮】(字義) →きゅう(宮)

く【庫】(字義) →こ(庫)

く【矩】人 ク のり (字義) ①さしがね。かねざし。直角の形の定規。「規矩」②四角。「矩形」③のり。おきて。法則。「矩則・矩度」難読 矩差し・矩尺 人名 かど・かね・き・ただ・ただし・ただす・つね

く【貢】(字義) →こう(貢)

く【駆】【驅】【駈】 ク㊥ かける㊥・かる㊥　一 厂 厅 馬 駆 駆

（字義）①かける。馬に乗って走る。「疾駆・先駆」②かる。㋐馬を走らせる。「駆使・馳駆ちく」㋑追いはらう。「駆除・駆逐」

く【◇駒】 ク こま㊥　厂 馬 馬 駒 駒

（字義）①こま。若くて元気な馬。二歳馬。②馬の総称。③将棋で、盤上で動かす小さい木片。

-く（接尾）《古》①「…すること」の意を表す。「かくしつつあらーを善よみぞ(=こうしていることが好ましいからなのだ)」〈万葉〉②文末にあって詠嘆の意を表す。…することよ。「わが船泊はてむ磯いその知らなーも」〈万葉〉参考 活用語に「く」が付いて体言化する語法を「ク語法」といい、おもに奈良時代に用いられた。活用語の連体形に「あく」が付き、たとえば「ある・あく」が「あらく」となると考える説の他、四段・ラ変の未然形に付く「く」と、上一段・上二段・下二段・カ変・サ変・ナ変の終止形に付く「らく」との二種類を考える説などがある。現代語の「おそらく」「おもわく」などは、このク語法の固定化したもの。

く【来】（自カ変）《古》①来る。②行く。「大和やまとには鳴きてかーらむ(=大和に鳴いて行っているであろうか)」〈万葉〉

ぐ【具】 教3 グ そなわる・つぶさに　丨 冂 月 目 且 具

（字義）①そろえる。そなわる。「具象・具体・具備・具有」②つぶさに。くわしく。「具現・具申」③うつわ。器物。「家具・器具・工具・寝具・道具・文房具」人名 く・そのお・とも・のり

-ぐ【具】（接尾）衣服・器具などの、ひとそろいになっているものを数える語。「よろい二ー」

ぐ【具】①道具。「物のー」②手段。「政争のーに利用する」③きざんで料理に入れる材料。実み。「みそ汁のー」

ぐ【倶】 人 グ・ク ともに　（字義）①ともに。いっしょに。「倶存・倶発・不倶戴天ふぐたいてん」②ともにする。つれだつ。③そなわる。難読 倶楽部クラブ 人名 とも・ひろ

ぐ【惧】 グ㊥ おそれる　忄 忄 怇 怇 惧 惧

（字義）①おそれる。あやぶむ。「危惧・恐惧」②おどす。

ぐ【愚】 グ㊥ おろか㊥　日 月 月 禺 禺 愚

（字義）①おろか。おろかもの。「愚鈍・愚劣・暗愚・賢愚」↔賢 ②ばかにする。「愚弄ぐろう」③（接頭語的に用いて）自分に関する語の上に付けて謙譲の意を表す。「愚妻・愚僧・愚息・愚弟・愚禿ぐとく」

ぐ【愚】 おろかなこと。ばかばかしいこと。「同じーを繰り返す」

—にもつかぬ ばかばかしくて話にならない。「ー話をする」

—の骨頂こっちょう この上なくおろかなこと。

ぐ【◇虞】 グ おそれ㊥　丨 卜 广 虍 虞 虞

（字義）①おそれる。うれえる。おそれ。懸念けねん。「不虞・憂虞」②中国の姓の一つ。「虞世南ぐせいなん・虞美人・有虞氏ゆうぐし」

ぐ-あい【具合・◇工合】 アヒ ①物事の調子や健康の状態。加減。「機械のーがよい」「体のーが悪い」②物事をうまく進めるための、やり方。様式。「こんなーにやればいい」③他とのかかわりあいの状況。成り行き。つごう。「その時のーによって出方を決める」④周囲との適合の状況。体裁。「中座するのはーが悪い」

グアテマラ〈Guatemala〉中央アメリカ北部にある共和国。首都はグアテマラシティー。

グアノ〈スペイン guano〉海鳥の糞ふんが積もって固くなったもの。燐酸塩りんさんえんと窒素を多く含み、肥料となる。鳥糞石ちょうふんせき。

クアハウス〈ドイツ Kurhaus〉健康増進と保養を目的とする温泉施設。入浴施設とスポーツ施設を備える。

グアム〈Guam〉西太平洋にあるマリアナ諸島南端の島。アメリカ領。ハガツニャが中心。

クアルテット〈イタリア quartetto〉→カルテット

く-あわせ【句合〔わ〕せ】 アハセ 「歌合わせ」にならい、左右二組に分かれて俳句を作り合い、優劣を争う遊び。

ぐ-あん【具案】①原案などを立てること。②一定の手段・方法をそなえていること。また、その案。

ぐ-あん【愚案】①おろかな考えや計画。②自分の考えや計画の謙称。愚見。「ーを申し述べる」

くい【△杭・△杙】 クヒ 目印や支柱にするため、地中に打ち込んで立てる長い棒。「出るーは打たれる」

くい【悔い】 以前のことをあとから考えて残念に思う気持ち。後悔。「ーを千載せんざいに残す(=あとあとまでも後悔の種を残す)」

く-い【句意】 句の意味。特に、俳句の意味。

くい-あ・う【食〔い〕合う】 クヒアフ ワ(オ)・イ(ッ)・ウ・ウ・エ・エ [一]（自五）①たがいに相手や相手のものを食べる。②組み合わせになる部分がぴたりと合う。かみ合う。「歯車がー」[二]（他五）①同じ物をいっしょに食べる。②たがいに相手の領分を侵し合う。「保守の票をー」

くい-あげ【食〔い〕上げ】 クヒ（扶持米ふちまいを取り上げられることから）失業などによって、生活していけなくなること。「飯のー」

くい-あら・す【食い荒〔ら〕す・食荒す】 クヒ（他五）サ(ソ)・シ・ス・ス・セ・セ ①食いたい放題に食ってめちゃくちゃにする。「ネズミが作物をー」②他の領分を荒らし侵す。「輸入品が国内市場をー」

くい-あらた・める【悔〔い〕改める】（他下一）メ・メ・メル・メル・メレ・メロ(メヨ) 今までのあやまちを反省して直す。改心する。「これまでの言動をー」文 くいあらた・む（下二）

くい-あわせ【食い合〔わ〕せ・食合せ】 クヒアハセ ①いっしょに食べると害になるとされている食物のとり合わせ。食べ合わせ。ウナギと梅干しなど。「ーが悪い」②材木などを組み合わせて継ぎ合わせること。また、その部分。「ーが狂う」

くい-あわ・せる【食い合〔わ〕せる・食合せる】 クヒアハセル（他下一）セ・セ・セル・セル・セレ・セロ(セヨ) ①二種類以上の食物を同時に食べて、体調に異状をきたす。②物を組み合わせ、たがいに食いこませる。文 くひあは・す（下二）

くい-いじ【食い意地】 クヒイヂ 欲ばって食べたがるいやしい気持ち。「ーが張る」

くい-い・る【食〔い〕入る】 クヒ（自五）ラ(ロ)・リ(ッ)・ル・ル・レ・レ 物の内部に深くはいりこむ。「ロープが腕にー」「ーような目で見る」

クイーン〈queen〉①女王。王妃おうひ。↔キング ②トランプで、女王の絵のついた札。一二にあたる。「スペードのー」③チェスで女王の駒こま。④集団の中心になるような花形の女性。「テニス部のー」参考「クイン」ともいう。

—サイズ〈queen-size〉①キングサイズより少し小さい寸法・型。②女性服で、特に大きいサイズ。

くい-うち【△杭打ち・△杙打ち】 クヒ（土木・建設工事で）杭を地中に打ちこむこと。「ー機」

くい-おき【食〔い〕置き】 クヒ（名・自他スル）→くいだめ

くい-かか・る【食い掛〔か〕る・食掛る】 クヒ ラ(ロ)・リ(ッ)・ル・ル・レ・レ [一]（自五）①激しい勢いで食いつこうとする。②激しい口調ちょうで反抗し立ち向かう。食ってかかる。[二]（他五）食べ始める。

くい-かけ【食〔い〕掛け】 クヒ 食べ始めて途中でやめること。また、その物。食いさし。「ーのケーキ」

くい-か・ける【食〔い〕掛ける】 クヒ（他下一）ケ・ケ・ケル・ケル・ケレ・ケロ(ケヨ) ①食べ始める。②食べ始めて途中でやめる。文 くひか・く（下二）

くい-かじ・る【食〔い〕△齧る】 クヒ（他五）ラ(ロ)・リ(ッ)・ル・ル・レ・レ ①あ

ちこちを少しずつ食べる。②着手しただけで途中でやめる。③物事のほんの一部を知っている。また、理解している。

くい-か・ねる【食〔い〕兼ねる】(クヒ) ㊀(自下一)(ネ・ネ・ネル・ネル・ネレ・○) 生活に困る。「この給料では―」㊁(他下一) 食べようにも食べられないでもてあます。「全部は―」文くひか・ぬ(下二)

く-いき【区域】(クヰキ) 区切りをつけて設けた一定の範囲。「立入禁止―」「特別警戒―」

くい-き・る【食〔い〕切る】(クヒ) (他五)(ラ(ロ)・リ(ッ)・ル・ル・レ・レ) ①歯でかみ切る。「糸を―」②全部食べてしまう。「一人では―・れない」

ぐい-ぐい (副) ①連続して、強い力でものを引くさま、または押すさま。「―(と)引く」②力強く物事を推し進めるさま。「―(と)事を運ぶ」③(特に酒などを)勢いよくつづけざまに飲むさま。「酒を―(と)飲む」

くい-け【食い気】(クヒ) 食べたいと思う気持ち。食欲。「色気より―」

くい-こ・む【食〔い〕込む】(クヒ) (自五)(マ(モ)・ミ(ン)・ム・ム・メ・メ) ①鋭く内部深くはいりこむ。めりこむ。「肩に荷物が―」②他の領域や範囲にはいりこむ。「上位に―」③支出が超過し元手が減る。

くい-ごろ【食い頃】(クヒ) →たべごろ

くい-さが・る【食〔い〕下がる】(クヒ) (自五)(ラ(ロ)・リ(ッ)・ル・ル・レ・レ) (食いついたまま離れずぶらさがる意から) ①あきらめずにねばり強く立ち向かう。「どこまでも―」②相撲で、相手の前まわしを引き、頭を相手の胸につけて、腰を下げて組みつく。

くい-さ・く【食〔い〕裂く】(クヒ) (他五)(カ(コ)・キ(イ)・ク・ク・ケ・ケ) 歯ではさんで引き裂く。

くい-さし【食〔い〕◇止し】(クヒ) 食べ終わらないで途中でやめること。また、その食物。食いかけ。食べさし。「―のパン」

くい-しば・る【食〔い〕縛る】(クヒ) (他五)(ラ(ロ)・リ(ッ)・ル・ル・レ・レ) (「歯をくいしばる」の形で) 歯を強くかみ合わせる。また、そのようにして必死にこらえる。「歯を―・ってがんばる」

くい-しろ【食い代】(クヒ) 食べ物にかかる費用。食費。

くいしん-ぼう【食いしん坊】(クヒシンバウ) (名・形動ダ) 食い意地の張っているさま。また、その人。くいしんぼ。「―な人」

クイズ〈quiz〉 問題を出してそれに答えさせる遊び。また、その問題。当て物。「―番組」

くい-すぎ【食〔い〕過ぎ】(クヒ) 適量以上に食べること。多量に消費すること。「エネルギーの―」

くい-ぜ【◇株】(クヒゼ) 木の切り株。

―を守る →しゅしゅ

くい-ぞめ【食〔い〕初め】(クヒ) 生後一〇〇日め・一二〇日めの乳児に飯を食べさせるまねをする祝いの儀式。箸(はし)立て。

くい-たお・す【食〔い〕倒す】(クヒタフス) (他五)(サ(ソ)・シ・ス・ス・セ・セ) ①飲食店で飲食し、その代金を払わないままにする。②遊び暮らして財産を使いはたす。食いつぶす。「遺産を―」

くい-だおれ【食〔い〕倒れ】(クヒダフレ) ①飲み食いにぜいたくをして財産をなくすこと。「京の着倒れ、大阪の―」②働かないで遊び暮らすこと。また、その人。

くい-だめ【食〔い〕△溜め】(クヒ) (名・他スル) しばらくは食べないでもすむように、一度にたくさん食べておくこと。食いおき。

くい-たりな・い【食〔い〕足りない】(クヒ) (形)(カロ・カッ(ク)・イ・イ・ケレ・○) ①食べ物が不十分で、もっと食べたいと思うさま。②物足りなくて不満であるさま。「この考察では―」

くい-ちがい【食〔い〕違い】(クヒチガヒ) (意見などが)かみ合わないこと。また、かみ合っていないところ。「証言に―がある」

くい-ちが・う【食〔い〕違う】(クヒチガフ) (自五)(ワ(オ)・イ(ッ)・ウ・ウ・エ・エ) (上下の歯がよくかみ合わない意から) ①組み合わせの部分がうまく合わない。「歯車が―」②物事や意見が一致しない。「両者の意見が―」

くい-ちぎ・る【食〔い〕千切る】(クヒ) (他五)(ラ(ロ)・リ(ッ)・ル・ル・レ・レ) 歯でかみついて切り離す。「獲物の肉を―」

くい-ちら・す【食〔い〕散らす】(クヒ) (他五)(サ(ソ)・シ・ス・ス・セ・セ) ①食べている物をこぼし散らす。「―・したあとを片付ける」②食べ物をあれこれと少しずつ食べて残す。転じて、いろいろなことに手を出し中途半端でやめる。参考「食い散らかす」ともいう。

くい-つき【食〔い〕付き】(クヒ) ①食いつくこと。「このえさは魚の―が悪い」②取りつき。取りかかり。とっつき。

くい-つ・く【食〔い〕付く】(クヒ) (自五)(カ(コ)・キ(イ)・ク・ク・ケ・ケ) ①しっかりとかみつく。②かたく取りつく。しがみつく。「腰に―」③(魚がえさに食いつくことから)喜んで飛びつく。「うまい話に―」

クイック〈quick〉 動作のすばやいこと。↔スロー(slow)

くい-つく・す【食い尽〔く〕す・食尽す】(クヒ) (他五)(サ(ソ)・シ・ス・ス・セ・セ) あるだけ全部食べてしまう。食い果たす。「保存食まで―」

くい-つな・ぐ【食〔い〕△繋ぐ】(クヒ) (自五)(ガ(ゴ)・ギ(イ)・グ・グ・ゲ・ゲ) ①少しずつ食べて乏しい食糧をもたせ、生き延びる。②なんとかやりくりして生計を支える。「蔵書を売って―」

くいっ-ぱぐれ【食いっぱぐれ】(クヒッ) (「食いはぐれ」を強めた語) ①食べそこなうこと。②生計の手だてを失うこと。「この商売なら―はない」

くい-つぶ・す【食〔い〕潰す】(クヒ) (他五)(サ(ソ)・シ・ス・ス・セ・セ) 働かずに暮らして、財産を使いはたす。食い倒す。「遺産を―」

くい-つ・める【食〔い〕詰める】(クヒ) (自下一)(メ・メ・メル・メル・メレ・メロ(メヨ)) 収入の道が断たれて生活に窮する。「失職して―」文くひつ・む(下二)

くい-で【食いで】(クヒ) 十分食べたと思えるだけの分量。食いごたえ。「―のある料理」

ぐい-と (副) ①勢いよく引いたり押したりするさま。「―引っ張る」②一気に飲むさま。「コップの水を―飲み干す」

くい-どうらく【食い道楽】(クヒダウラク) 珍しいものやうまいものを食べることを楽しみにして、それにふけること。また、その人。食道楽(しょくどうらく)。「彼は―で舌がこえている」

くい-と・める【食〔い〕止める】(クヒ) (他下一)(メ・メ・メル・メル・メレ・メロ(メヨ)) 被害・攻撃・侵入などの状態がそれ以上に及ぶのを防ぎ止める。「延焼をなんとか―」文くひと・む(下二)

類語 阻む・防ぐ・拒む・阻止する

くいな【×水鶏・×秧鶏】(クヒナ) 〘動〙クイナ科の小形の水鳥の総称。クイナ・ヒクイナなど。多くは冬に本州以南に渡来し、水辺の草むらにすむ。古来、詩歌で鳴き声を「叩(たた)く」と形容されたのは夏鳥のヒクイナ。夏

くい-にげ【食〔い〕逃げ】(クヒ) (名・自スル) 飲食店で飲食した代金を払わないで逃げること。また、その人。無銭飲食。

くい-のば・す【食い延〔ば〕す・食延す】(クヒ) (他五)(サ(ソ)・シ・ス・ス・セ・セ) ①限られた食糧を少しずつ食べ、長い間もたせる。②生活費などを少しずつ使って細々と暮らす。「わずかな金で―」

ぐい-のみ【ぐい飲み】㊀(名・他スル) 勢いよく一息に飲むこと。㊁(名) 底の深い大形の杯。

くい-はぐ・れる【食いはぐれる】(クヒ) (自下一)(レ・レ・レル・レル・レレ・レロ(レヨ)) ①食べる時機を逃がす。食いそこなう。②生活の手段を失う。文くひはぐ・る(下二) 参考「くいっぱぐれる」ともいう。

くい-ぶち【食い扶◇持】(クヒ) 食糧を買う金。食費。生活費。「家に―を入れる」

くい-ぶん【食い分】(クヒ) 食費。食いぶち。また、生活費。

くい-ほうだい【食い放題】(クヒハウダイ) 食べたいだけ食べること。いくら食べてもよいこと。食べ放題。

くい-もの【食い物】(クヒ) ①食べもの。食物。「―の恨みはおそ

ろしい」②他人の犠牲となり、その利益のために利用されるもの。「弱者を―にする商売」

くい-りょう【食い料】(クヒレウ) ①食べ物。②食費。食いぶち。

く・いる【悔いる】(他上一)(イ・イ・イル・イル・イレ・イロ(イヨ)) 自分の過失や悪事に気づき、反省する。後悔する。「前非を―」文く・ゆ(上二)

クイン〈queen〉→クイーン

クインテット〈(イタリア) quintetto〉〔音〕①五重奏。五重唱。また、その演奏曲。②五重奏団または五重唱団。

くう【空】 教1 クウ・そら・あく・あける・から・むなしい　　丶 宀 穴 空 空 空

(字義) ①そら。おおぞら。「空間・空中・滞空・天空・碧空(へきくう)」②航空。航空機。「空軍・空港・空襲・空母・空路・防空」③むなしい。何もない。㋐から。実体がない。なかみがない。「空虚・空車・空白・架空・真空」㋑内容がない。根拠がない。「空想・空理・空論」㋒むだ。「空転・空費」難読 空木(うつぎ)・空(うつ)け・空蟬(うつせみ)・空穂(うつぼ) 人名 たか

くう【空】 一 (名) そら。空間。虚空(こくう)。「バットが―を切る」「―をつかむ」二 (形動ダ)(ダロ・ダッ(デ・ニ)・ダ・ナ・ナラ・〇) 何もないさま。うつろ。また、根拠や得るところなどがまったくないさま。むだ。「努力が―に帰する」文(ナリ) 三 (名・形動ダ)〔仏〕物事はすべて、因縁(いんねん)によって生じた仮の姿で、実体・我(が)などはないということ。「人生は―だ」

くう【喰う】 (人) くう　　(字義) くう。くらう。物を食べる。

く・う【食う・×喰う】(クフ) (他五)(ワ(オ)・イ(ッ)・ウ・ウ・エ・エ) ①口に入れた食物を歯でかみ砕き体内に入れる。食べる。食らう。「飯を―」「何―わぬ顔(=そ知らぬふり)」②かじる。刺す。「虫が―」「蚊に―・われる」③激しくせまる。「―・ってかかる」④うち負かす。他の勢力範囲を侵す。「優勝候補を―」「相手の票を―」「人を―(=相手をばかにする)」⑤(①を命を保つ基本として)生活する。暮らす。生きる。「―に困る」「今の収入では―・ってゆけない」⑥費やす。多量に消費する。「金を―」「時間を―」「ガソリンを―」⑦(よくないことを)身に受ける。こうむる。「小言を―」⑧だまされる。「一杯―(=だまされる)」「その手は―・わない」可能 く・える(下一) 用法 ①⑤は「食べる」を用いると丁寧な感じが伴う。

―か食(く)われるか 相手を倒すか、相手に倒されるか。争いごとの激しいようすをいう。「―の戦い」**―や食(く)わず** やっと生活している貧乏暮らしのたとえ。「―の生活」

表現

〔類語〕	〔～する〕	〔慣用〕	〔ことわざ〕
▼上がる・頂く・搔(か)き込む・がっつく・喫する・食らう・したためる・食する・平らげる・食べる・つまむ・ぱくつく・食(は)む・頰張(ほおば)る・召し上がる・召す・頂戴(ちょうだい)する	▼飲食・外食・間食・菜食・試食・賞味・食事・肉食・偏食・飽食・暴食・立食・腹ごしらえ	▼(～食う)煽(あお)りを・泡を・一杯・大目玉を・霞(かすみ)を・金を・臭い飯を・巣を・年を・肘(ひじ)鉄砲を・人を・冷や飯を・不意を・道草を・割を ▼犬も食わない・気に食わない・食うか食われるか・食うや食わず・食ってかかる・煮て食おうと焼いて食おうと ▼口にする・箸(はし)を付ける・腹を満たす ▼〈擬声・擬態語〉がつがつ・ぱくぱく・ぱくぱく・ぺろりと・むしゃむしゃ・もぐもぐ・もりもり	▼秋茄子(あきなす)は嫁に食わすな・衣食足りて礼節を知る・同じ釜(かま)の飯を食う・牛飲馬食・鯨飲馬食・弱肉強食・据え膳(ぜん)食わぬは男の恥・蓼(たで)食う虫も好き好き・暖衣飽食・煮ても焼いても食えぬ・夫婦喧嘩(げんか)は犬も食わぬ・河豚(ふぐ)は食いたし命は惜しし・武士は食わねど高楊枝(たかようじ)・無為徒食・無芸大食・痩せの大食い

ちがい「食う」・「飲む」・「食べる」

日本語での「食う」「飲む」の差は、口に入れた物をかんで腹の中へおさめる「食う」と、かまずに腹の中へおさめる「飲む」とで区別される。「食う」に当たる英語はeatで、「飲む」に当たるのはdrinkである。コーヒーは、日本語で「飲む」、英語ではdrinkで、差がないように見えるが、スープになると、日本語では「飲む」、英語ではeatである(ドイツ語・フランス語などでも同じ)。この差は、drinkは器から直接に口に入れる、eatは器から道具(フォーク・スプーンなど)を用いて口に入れるという点で区別するという、日本語との違いから来ている。「食う」「飲む」などは基本的な動作であり、言語による違いはないように思えるが、このような文化の違いがうかがわれる。なお、「食べる」は、「いただく」の意味の下二段活用の「たまふ→たぶ」から変化した語で、もともとは謙譲の意味があった。「食う」は一般的に使われる語であったが乱暴な語感が避けられて、現在は丁寧な感じを伴う「食べる」が一般的となっている。しかし元来「食う」が平常語であった。

ぐう【宮】 (字義) →きゅう(宮)

ぐう【偶】 グウ・たまたま ㊥　　亻 伊 但 偶 偶 偶

(字義) ①二つならぶ。対(つい)になる。向かいあう。「偶坐(ぐうざ)・対偶」②つれあい。「配偶・良偶」③二で割りきれる整数。「偶数」↔奇 ④人形。ひとがた。「偶像・土偶・木偶(もくぐう)」⑤たまたま。思いがけなく。「偶作・偶成・偶然・偶発」難読 木偶(でく) 人名 ます

ぐう【偶】 偶数。↔奇

ぐう【寓】 (人) グウ　　(字義) ①やどる。身をよせる。仮住まい。「寓居・寄寓・流寓・旅寓」②かこつける。ことよせる。「寓意・寓言・寓話」③向ける。つける。「寓目」

-ぐう【△寓】 (接尾)(門札などに記して)自宅をへりくだっていう語。「小林―」

ぐう【遇】 グウ・あう ㊥　　冂 日 昌 禺 禺 遇

(字義) ①あう。思いがけなくであう。「奇遇・遭遇・千載一遇」②もてなす。あつかい。「厚遇・待遇・知遇・優遇・冷遇」

ぐう【隅】 グウ・すみ ㊥㊥　　阝 阝 阳 隅 隅 隅

(字義) ①すみ。はて。曲がりかど。「一隅・東北隅」②「大隅(おおすみ)の国」の略。「隅州」人名 ふさ・ふみ

ぐう じゃんけんで、五本の指を閉じて出す拳(けん)。石(いし)。「ちょき」に勝ち、「ぱあ」に負ける。

くう-い【空位】(キ) ①(特に国王などの)地位があいている状態。また、その地位。②名ばかりで実際の仕事や権力のない位。

ぐう-い【△寓意】 他の物事にかこつけて、ある意味をほのめかすこと。また、その意味。アレゴリー。「―をこめた小話」

―しょうせつ【―小説】(セウセツ)〔文〕ある意見や教訓を物語の形にしたてた小説。セルバンテスの「ドン=キホーテ」、夏目漱石(そうせき)の「吾輩(わがはい)は猫(ねこ)である」などはその例。

くう-いき【空域】(キキ) 上空の一定の範囲。「飛行訓練―」

ぐう-いん【偶因】 その結果をもたらす原因となった偶然の事情。偶然の原因。

くう-うん【空運】 航空機による輸送。↔海運・水運・陸運

ぐう-えい【偶詠】(名・他スル) 何かの折にふと心に浮かんだことを詩歌に詠(よ)むこと。また、その詩歌。偶吟。

クウェート〈Kuwait〉アラビア半島北東部にある立憲君主国。首都はクウェート。

くう-おく【空屋】(ヲク)― 人の住んでいない家。空き家。

クーガー〈cougar〉→ピューマ

くうかい〔空海〕(七七四〜八三五) 平安初期の僧。真言宗の開祖。諡(おくりな)は弘法(こうぼう)大師。讃岐(さぬき)(香川県)の人。八〇四(延暦二十三)年、入唐。帰国後、高野山に金剛峰寺(こんごうぶじ)を建立し、京都九条に庶民学校綜芸種智院(しゅげいしゅちいん)を設立。書道では三筆の一人。漢詩文にも長じた。著書「三教指帰(さんごうしいき)」「文鏡秘府論」、詩文集「性霊集(しょうりょうしゅう)」など。(空海忌 春)

くう-かぶ【空株】→からかぶ ↕実株

くう-かん【空間】①何もなくあいている所。スペース。「広い―」②上下・前後・左右にわたる無限の広がり。時間とともに物体界を成立させる基礎形式。「三次元―」↕時間

―げいじゅつ【―芸術】物質的な材料を使用して、一定の空間をしめる芸術およびその作品。絵画・彫刻・建築・工芸などをさす。造形芸術。↕時間芸術

ぐう-かん【偶感】ふと頭に浮かんだ感想。「―を記す」

くうかん-ち【空閑地】利用していない土地。空き地。

くう-き【空気】①地球を包んでいる大気の、地表に近い部分を構成する無色・透明・無臭の気体。窒素と酸素が主な成分。「新鮮な―を入れる」「都会の―を吸う(=都会で生活する)」②その場の雰囲気。「不穏な―が漂う」「明るい職場の―」

―を読(よ)む その場の雰囲気を察して、それに合うようにうまくふるまう。「空気を読んだ発言」

―かんせん【―感染】(名・自スル)〘医〙空中に漂う微小の病原体が体内に侵入して病気がうつること。空気伝染。

―じゅう【―銃】圧縮空気の力で弾丸を発射する銃。エアガン。エアライフル。

―ちょうせつ【―調節】(テウセツ) 屋内の温度や湿度・換気などを人工的に調節すること。空調。エアコンディショニング。

―ポンプ ①〘物〙容器内の空気を取り除くポンプ。排気機。②自転車などのタイヤに空気をつめるポンプ。空気入れ。

―まくら【―枕】空気を吹きいれ、ふくらませて使う枕。

くう-きょ【空虚】(名・形動ダ) ①中に何もないこと。から。うつろ。②価値や実質のないこと。むなしいこと。「―な生活」

ぐう-きょ【△寓居】(名・自スル) ①一時的に住むこと。仮の住まい。②自分の住まいの謙称。

ぐう-ぎん【偶吟】(名・他スル) ふと感興がわいて、詩歌をつくること。また、その詩歌。偶詠。

くう-くう【空空】(タル) ①何もないさま。むなしいさま。②〘仏〙何物にも執着しないさま。煩悩(ぼんのう)のないさま。「―寂寂(じゃくじゃく)(=何事にも執着がなく、悟りきった状態)」文(形動タリ)

―ばくばく【―漠漠】(タル) ①何物もなく、果てしなく広いさま。「―たる天と地」②とりとめのないさま。むなしいさま。「―とした日々」文(形動タリ)

ぐう-ぐう(副) ①いびきの音。また、ぐっすり眠っているさま。「―(と)寝ている」②空腹で腹の鳴る音。

くう-ぐん【空軍】航空機を主力兵力とする軍隊・軍備。空中での戦闘や対地攻撃などを受け持つ。⇩海軍・陸軍

くう-けい【空△閨】夫または妻がいなくて、ひとり寝のさびしい寝室。孤閨。「―をかこつ」

くう-げき【空隙】すきま。間隙(かんげき)。

くう-けん【空拳】(何も持たない手の意から)援助もなく武器も持たないで事にあたること。素手(すで)。「赤手(せきしゅ)―」「徒手―」

くう-げん【空言】①事実でないうわさ。空言(そらごと)。②実行の伴わない口先だけの言葉。「―を吐く」

ぐう-げん【△寓言】他の物事にかこつけて、知恵や教訓などを示したたとえばなし。

ぐう-ご【偶語】(名・自スル) 二人で向かいあって話すこと。

くう-こう【空港】(カウ)― 公共の飛行場。エアポート。

くう-こく【空谷】人のいないさびしい谷。

―の跫音(きょうおん)(さびしい谷間に聞こえる足音の意から)さびしく暮らしているときの、思いがけない人の訪れ。思いがけない喜びのたとえ。空谷の足音(そくおん)。〈荘子〉

くう-さい【空際】天と地が接する所。空のきわ。天際。

ぐう-さく【偶作】詩歌などが偶然にできること。また、その作品。偶成。

くう-さつ【空撮】(名・他スル)空中から撮影すること。

ぐう-じ【宮司】神社の最高位の神官。伊勢(いせ)神宮では祭主に次ぐ大宮司・少宮司の称。

くう-しゃ【空車】①乗客や貨物などをのせていない車。空車(からぐるま)。↕実車(じっしゃ) ②駐車場などで、車をとめる余地があること。↕満車

くう-しゅ【空手】手に何も持たないこと。空手(からて)。素手(すで)。

くう-しゅう【空襲】(シフ)― (名・他スル) 航空機によって、爆弾などで空から加える襲撃。「―警報」

くう-しょ【空所】あいている所。何もない所。あき地。

ぐう-じん【偶人】人形。木偶(でく)。

ぐう-すう【偶数】〘数〙二で割り切れる整数。↕奇数

ぐう・する【△寓する】シ(セ・サ)・シ・スル・スル・スレ・シロ(セヨ) 一(自サ変) 仮住まいをする。「草庵(そうあん)に―」二(他サ変) 自分の意見や考えなどを他の事に結びつけて、それとなく言う。かこつける。ことよせる。「この小説に作者が―・したねらい」文ぐう・す(サ変)

ぐう・する【遇する】(他サ変) シ(セ・サ)・シ・スル・スル・スレ・シロ(セヨ) もてなす。待遇する。「客を丁寧に―」文ぐう・す(サ変)

ぐう-せい【偶成】詩歌などが偶然にできること。また、その作品。偶作。「―の和歌」

くう-せき【空席】①あいている座席。「―が目立つ」②欠員になっている地位。「教授のポストに―がある」

くう-せつ【空説】根拠のない説やうわさ。「―に惑わされる」

くう-せん【空戦】航空機どうしの空中での戦い。空中戦。

くう-ぜん【空前】それ以前には例がなかったこと。未曽有(みぞう)。「―の快挙」

―ぜつご【―絶後】過去に例がなく、これからもないだろうと思われるような珍しいこと。「―の大事件」

ぐう-ぜん【偶然】一(名・形動ダ) そうなる因果関係もなく、思いがけなく起こること。また、そのさま。「―の一致」↕必然 二(副) 思いがけず。たまたま。ふと。「―友に出会う」

くう-そ【空疎】(名・形動ダ) 形ばかりでしっかりした内容のないこと。また、そのさま。「―な演説」

くう-そう【空想】(サウ)― (名・他スル) 現実にはありそうもないことを思いえがくこと。「―にふける」⇩想像「ちがい」

―てき-しゃかいしゅぎ【―的社会主義】(シャクワイシュギ)― イギリスのオーエン、フランスのサン=シモン、フーリエらの唱えた社会主義を、マルキシズムの側から呼んだ名称。現実社会を科学的に分析せずに未来社会の理想を説いた。↕科学的社会主義

ぐう-ぞう【偶像】(ザウ)― ①神仏などにかたどって作り、信仰の対象とする像。②崇拝や妄信の対象物。「―視(=ある人をあがめ尊び絶対視すること)」

―すうはい【―崇拝】①偶像を宗教的な対象として尊

び礼拝すること。②実質のないものを妄信的にあがめ尊ぶこと。

—はかい【—破壊】①《宗》キリスト教やイスラム教で、偶像崇拝を排撃した運動。②既成の権威ある思想や慣習を否定し、打破すること。

くう-そく-ぜ-しき【空即是色】《仏》万物は実体性をもたないが、それらがそのままあらゆる物質的現象として成立するということ。⇩色即是空

ぐうたら（名・形動ダ）ぐずぐずして働く気力のないさま。また、その人。なまけ者。「—な亭主」

くう-ち【空地】①あき地。空閑地。②都市計画で、公園・広場・道路などをいう。

くう-ちゅう【空中】大空のなか。空。大気中。

—しゃしん【—写真】→こうくうしゃしん

—せん【—戦】航空機どうしの空中での戦闘。空戦。

—せん【—線】→アンテナ①

—でんき【—電気】《物》かみなりなど、大気中で起こる電気現象の総称。

—ぶんかい【—分解】（名・自スル）①飛行中の航空機が事故でこわれてばらばらになること。②進行中の物事が途中でだめになること。「合併の話は—した」

—ゆそう【—輸送】（名・他スル）航空機で貨物や人員を運ぶこと。空輸。航空輸送。

—ろうかく【—楼閣】①空中に高い建物を築くような、根拠も現実性もない架空の物事。②蜃気楼。

くう-ちょう【空腸】《生》小腸の一部で、十二指腸と回腸との間の部分。

くう-ちょう【空調】「空気調節」の略。「—設備」

くう-てい【空挺】（「空中挺進」の略）地上部隊が航空機による強行着陸やパラシュート降下で、敵地に乗りこむこと。

クーデター〈フランス coup d'État〉武力などの非合法手段によって政権を奪うこと。参考 権力階級内部の権力の移動であり、政治体制を根本的に変えようとする「革命」とは異なる。

くう-てん【空転】（名・自スル）①車輪・歯車などが機能せずに回転すること。空回り。「車輪が—する」②話し合いなどが、なんの成果もなく進行すること。「議論が—する」

くう-でん【空電】《物》大気中にある電気の放電によって発生し、通信の信号線路に雑音としてはいる電波。

くう-どう【空洞】①ほらあな。洞穴。②中がからになっていること。また、そのうつろの部分。③《医》体の組織内に炎症や壊死が起こり、これが排出されたあとに生じた空間。肺結核によって肺にできるものが代表的。

—か【—化】（名・自スル）中心部から物や勢いがなくなること。転じて、形としては残るが、実質がなくなること。「都市の—」「国内産業の—」

くう-とりひき【空取引】《経》→からとりひき

クーニャン〈中国 姑娘〉若い女性。少女。娘。

ぐう-の-ね【ぐうの音】息がつまって苦しいときに発する声。

—も出ない やりこめられて、一言も釈明や反論ができない。

くう-はく【空白】（名・形動ダ）①紙面などに書くべきことが書かれていない状態。また、その所。「—を埋める」②あるはずのものがない、行われるはずのことが何もなされないままの状態。ブランク。「記憶に—の時間がある」

くう-ばく【空爆】（名・他スル）（「空中爆撃」の略）航空機から爆弾などを落として行う攻撃。「基地を—する」

くう-ばく【空漠】（タル）①何物もなく広々として果てしないさま。「—とした荒野」②漠然としてつかみどころがないさま。要領を得ないさま。「—たる不安」文（形動タリ）

くう-はつ【空発】（名・自スル）①爆薬が目的物を破壊せずにむだに爆発すること。②ねらいを定めないうちに、こめた弾丸が飛び出すこと。

ぐう-はつ【偶発】（名・自スル）思いがけなく起こること。偶然に発生すること。「—的なできごと」

くう-ひ【空費】（名・他スル）むだに使うこと。むだづかい。「貴重な時間を—する」

くう-ふく【空腹】腹のすいていること。すきばら。「—を訴える」「—をみたす」↔満腹

くう-ぶん【空文】形は整っているのに現実には役に立たない文章。特に、法律や規定の条文についていう。「—化した条文」

クーペ〈フランス coupé 二人乗りの箱馬車〉二人乗りの箱型自動車。四人乗りの場合も後部座席が狭く、ドアは二枚。

くう-ぼ【空母】「航空母艦」の略。

くう-ほう【空包】演習や儀礼で、実弾のかわりに使う発射音だけが出る弾薬。↔実包

くう-ほう【空砲】実弾をこめていない鉄砲や大砲。

クーポン〈フランス coupon〉①切り取り式の券。回数券や債券の利札など。②各種乗り物の通し切符や宿泊券などをひとつづりにしたもの。クーポン券。③割引券。優待券。

くう-めい【空名】実力が伴っていない名声・評判。虚名。

ぐう-もく【寓目】（名・自スル）目をつけること。「筆者の—するところ」

くうや-ねんぶつ【空也念仏】《仏》平安中期の僧、空也上人が始めたという念仏。和歌・和讃・念仏を唱え、鉦やひょうたんをたたいて円形に回りながら踊る。空也踊り。踊り念仏。鉢叩き。冬

くう-ゆ【空輸】（名・他スル）「空中輸送」の略。

ぐう-ゆう【偶有】（名・他スル）ある性質・能力などを偶然に持っていること。「—的（＝偶然であるさま）」

—せい【—性】ある物の本質ではなく、たまたま備わっている性質。

クーラー〈cooler〉①冷却器。冷房装置。「ルーム—」夏 ②携帯用の保冷箱。アイスボックス。「釣った魚を—に入れる」

くう-らん【空欄】問題用紙・書類などで、文字を記入するように空白にしてある部分。「—を埋める」

くう-り【空理】現実離れして役に立たない理論。「—空論」

クーリー〈中国 苦力〉もと、中国・インドなどで荷物運搬などに従事した肉体労働者。

くう-りく【空陸】①空中と陸上。②空軍と陸軍。

クーリング-オフ〈cooling off〉訪問販売などで購入の契約をしたとき、一定の期間内であれば違約金なしに契約を解除できる制度。

クール〈フランス cours 流れ〉放送で、連続番組の区切りの単位。週一回で、ふつう一三週分をワンクールとする。

クール〈ドイツ Kur 治療〉《医》特定の治療に要する一定の期間。周期過程。

クール〈cool〉（形動ダ）ダロ・ダッ(デ・ニ)・ダ・ナ・ナラ・○ ①冷たくて、さわやかなさま。涼しげ。②冷静なさま。「—な態度」③かっこいいさま。

—ダウン〈cool down〉■一■（名・自他スル）熱や怒りがさめること。また、さますこと。■二■（名・自スル）激しい運動のあとに、身体機能の興奮を静めるために行う軽い運動。クーリングダウン。整理体操。↔ウオームアップ

—ビズ〈和製英語〉夏、おもに職場で、冷房エネルギー節約のために上着やネクタイを省くなど、軽装になること。参考 環境省の公募による造語。「ビズ」は「ビジネス」の略。

くう-れい【空冷】エンジンなどを空気で冷やすこと。「—式エ

ンジン」↕水冷

くう-ろ【空路】 ①航空機の飛ぶ、決められたコース。航空路。②航空機を利用すること。「―ロンドンへ立つ」(↕海路・陸路)

くう-ろん【空論】 実際とかけ離れていて役に立たない理論や議論。「空理―」「机上の―」

クーロン〈coulomb〉〘物〙国際単位系の電気量の単位。一アンペアの電流によって一秒間に運ばれる電気の量。記号C

ぐう-わ【寓話】 教訓や風刺を含んだたとえ話。擬人化された動物や非生物などが主人公になる。イソップ物語が代表例。

クエーカー〈Quaker〉〘基〙一七世紀半ば、イギリスに起こったキリスト教プロテスタントの一派。真理は魂に直接語りかける神の声の中に見出される、との主張が特徴。人類愛・絶対平和主義を唱える。フレンド派。

く-えき【苦役】 ①肉体的に苦しい労働。②懲役。

クエスチョン-マーク〈question mark〉疑問符。インタロゲーションマーク。「?」

くえ-ない【食えない】 クヘ (煮ても焼いても食えない意から)ずるがしこくて油断できない。「―男だ」

く-える【食える】 クヘル (自下一) エ・エ・エル・エル・エレ・○ ①害にならず食用になる。食べられる。「この茸は―」②生活できる。「一人なら何とか―」③食べる価値がある。「この店の料理は―」

くえん-さん【枸櫞酸】〘化〙柑橘類に含まれる酸味の主成分で、無色・無臭の結晶。水に溶けやすく、清涼飲料水・薬品などに利用される。参考「クエン酸」と表記する。

クォーター〈quarter〉四分の一。特に、競技で、試合時間の四分の一。「第一―」

クオータ-せい【クオータ制】〈quota 割り当て〉議会や雇用などにおける性別間の格差を是正するために、議員や役職の一定数を性別をもとに割り当てる制度。

クォータリー〈quarterly〉年四回の定期刊行物。季刊。

クォーツ〈quartz〉①石英。水晶。②水晶発振器が安定した振動を出すことを利用して作られた時計。

クォーテーション-マーク〈quotation marks〉引用した語・句・文を示すための符号。引用符。コーテーションマーク。「' '」または「" "」。

クォート〈quart〉ヤードポンド法での容積の単位。四分の一ガロン。英ガロンでは約一・一四リットル、米ガロンでは約〇・九五リットル。

クオリティー〈quality〉品質。性質。品位。「ハイ―」

く-おん【久遠】 ヲン 〘仏〙久しく続いて限りないこと。永遠。

くが【陸】〘古〙りく。陸地。「―路(=海路に対する陸上の道)」

く-かい【句会】 クワイ 俳句を作り批評し合う会。「―を催す」

く-かい【苦海】〘仏〙苦しみの多いこの世。参考苦しみの果てしないことを海の広さにたとえた語。

く-がい【苦界】 ①〘仏〙苦悩の絶えない世界。人間世界。②遊女の境遇。「―に身を沈める」

く-かく【区画・区劃】 クワク (名・他スル)土地や場所をしきって分けること。また、そのしきり。しきった場所。「―整理」

く-がく【苦学】(名・自スル)(苦労して学ぶ意)働いて学資を得ながら学問すること。「―生」「―して卒業する」

くか-たち【探湯・誓湯・盟神探湯】〘古〙上代、神に誓って熱湯に手を入れさせ、事の是非・正邪をさばいた行事。正しい者の手は熱湯に入れてもやけどをしないとされた。くがたち。

く-がつ【九月】 グワツ 一年の九番目の月。長月。秋

く-かつよう【ク活用】 クワツヨウ 〘文法〙文語形容詞の活用の一つ。語尾が、「から・く/かり・し・き/かる・けれ・かれ」と活用する。「白し」「高し」など。参考「から・かり・かる」は連用形「く」に「あり」が付いたもの。補助活用とも呼ばれる。なお、未然形に「く」を立てる説もある。⇒シク活用

く-がら【句柄】 連歌・俳諧などの句のできばえや持ち味。

く-かん【区間】 鉄道・道路などで、ある地点とある地点との間。「乗車―」「駅伝の―新記録」

く-かん【苦寒】 ①寒さに苦しむこと。②一年中で最も寒い時。陰暦十二月の別名。③貧苦に悩むこと。

く-かん【軀幹】 体。特に、胴体。「―上部の撮影」

ぐ-がん【具眼】(物事をみる眼を具えている意から)物事の本質を見抜く力をもっていること。見識のあること。「―の士」

ぐかんしょう【愚管抄】 グクワンセウ 鎌倉前期の歴史書。慈円著。一二二〇(承久二)年成立。神武天皇から順徳天皇までの歴史を、仏教的見地に立って編年体で記す。

くき【茎】〘植〙植物体を支え、根と葉とを連絡し、花をつける器官。水・養分の通路となる。その位置によって、地上茎と地下茎とに、質によって、木本茎と草本茎とに分ける。

くぎ【釘】 棒の一端をとがらせた、板を打ちつけたり物を掛けたりするのに使うもの。金属・竹・木などでつくる。「―を打つ」

―を刺す あとで問題が起こらないように、あらかじめきつく注意したり確約をとったりする。「間違いのないよう一言―」

くぎ-かくし【釘隠し】 長押など、建物の目立つ所に打ったくぎの頭を隠すためにかぶせる飾りの金具。

くぎ-ざき【釘裂き】 出ているくぎに衣類などをひっかけて、裂くこと。また、裂けた箇所。かぎざき。

くき-づけ【茎漬[け]】 ダイコン・カブなどを葉や茎のついたまま塩漬けにしたもの。冬

くぎ-づけ【釘付け】 ■一(名・他スル)くぎを打ちつけて動かないようにすること。「戸を―する」■二(名)そこから動けないようにすること。また、その状態。「その場に―になる」

くぎ-ぬき【釘抜き】 打ちつけたくぎを抜きとる道具。

ぐ-きょ【愚挙】 おろかな行為。ばかげた企て。「―に出る」

く-きょう【句境】 キヤウ ①俳句を作るときの心境。また、俳句に表現された境地。②俳句を作るうまさの段階。「―が進む」

く-きょう【苦況】 キヤウ 苦しい状況。どうにもならない状態。

く-きょう【苦境】 キヤウ 苦しい立場や境遇。「―に立つ」

く-ぎょう【公卿】 ギヤウ ①公(摂政、関白、大臣)と卿(大・中納言、参議、三位以上の高官)。公卿。上達部。月卿。②卿のこと。「大臣―」③広く、殿上人のこと。

く-ぎょう【苦行】 ギヤウ (名・自スル)①〘仏〙苦しい修行。「断食の―」②苦しくつらい行い。「難行―」

く-ぎり【区切り・句切り】 ①物事の切れ目。段落。けじめ。きり。「―をつける」②詩文の句の切れ目。段落。

く-ぎ-る【区切る・句切る】(他五) ラ(ロ)・リ(ッ)・ル・ル・レ・レ ①物事を、内容の違いを見きわめて、さかいをつけて分ける。しきる。「土地を―」②言葉や文章を、あるまとまりで分ける。「段落に―」可能くぎ・れる(下一)

く-ぎん【苦吟】(名・自スル)苦心して詩歌を作ること。また、その詩歌。

く-く【九九】〘数〙一から九までの二つの整数を掛け合わせた積を並べた表。また、その唱え方。「―を覚える」

く-く【区区】(タル)①ばらばらでまとまりのないさま。まちまち。「見解が―として定まらない」②小さくてとるに足りないさま。「―たる問題」文(形動タリ)

くぐつ【傀儡】 ①中古から行われた芸能で、あやつり人形。また、その人形や芸人。くぐつ師。くぐつ回し。傀儡。新年②(くぐつ師の女たちが宴席にはべったことから)遊女。くぐつめ。

くぐま・る【◦屈まる・△跼まる】(自五) ラ(ロ)・リ(ッ)・ル・ル・レ・レ かがまる。背を曲げて体をちぢめた状態になる。「床に―」

くく・む ㊀(他五) マ(モ)・ミ(ン)・ム・ム・メ・メ【△銜む・◦包む】口に含んで保つ。㊁《古》(他四) ①【◦包む】つつむ。②【△銜む・◦含む】㋐口の中に含む。㋑中にはめこむ。㊂《古》(他下二)【△銜む・◦含む】①口に含ませる。②納得させる。言い含める。

くぐも・る(自五) ラ(ロ)・リ(ッ)・ル・ル・レ・レ 声などが内にこもってはっきりしない。「―・った声で話す」

くく・める【△銜める】(他下一) メ・メ・メル・メル・メレ・メロ(メヨ) ①口に含ませる。②言いきかせる。納得させる。文くく・む(下二)

くくり【◦括り】①くくること。また、そのひも。「そでの―」②物事のまとめ。しめくくり。「ひと―」

―まくら【―枕】中にそばがらなどを入れて両端をくくった枕。坊主枕(ぼうずまくら)。

くぐり【◦潜り】①くぐってはいること。「胎内―(=仏像などの胎内や洞穴などをくぐって抜けること)」②「くぐり戸」の略。③「くぐり門」の略。

―ど【―戸】くぐって出入りする小さな戸口。くぐり。

―もん【―門】くぐって出入りする小さな門。くぐり。

くくり-ぞめ【◦括り染〔め〕】→しぼりぞめ

くくり-つ・ける【◦括り付ける】(他下一) ケ・ケ・ケル・ケル・ケレ・ケロ(ケヨ) しばって、その物から離れないようにする。しばり付ける。「柱に―」

くぐり-ぬ・ける【◦潜り抜ける】(自下一) ケ・ケ・ケル・ケル・ケレ・ケロ(ケヨ) ①くぐって通り抜ける。「格子戸(こうしど)を―」②危険や困難などを切り抜ける。「戦火を―」

くく・る【◦括る】(他五) ラ(ロ)・リ(ッ)・ル・ル・レ・レ ①ばらばらのものをいっしょにしてひもや縄でしばる。たばねる。「古新聞を―」②まとめる。「かっこで―」「全体を一つに―」「高を―(=みくびる)」③巻いて締める。「首を―(=首をつる)」④(「腹をくくる」の形で)覚悟をきめる。「腹を―しかない」可能くく・れる(下一) 参考③の「首をくくる」の場合は、「△縊る」とも書く。

くぐ・る【◦潜る】(他五) ラ(ロ)・リ(ッ)・ル・ル・レ・レ ①(身をかがめて)物の下や穴などを通りぬける。「門を―」②水中にもぐる。「水の中を―」③危険なところをなんとか切りぬける。すきをねらって事をする。「戦火を―」「法の網を―」可能くぐ・れる(下一)

く-げ【◦公家】①朝廷。②(武家に対して)朝廷に仕える者。

く-げ【◦公△卿】→くぎょう(公卿)①

く-げ【供華・供◦花】《仏》仏前や死者の前に花を供えること。また、その花。供花(きょうか)。

く-けい【△矩形】→ちょうほうけい

ぐ-けい【愚兄】①おろかな兄。「―賢弟」②自分の兄の謙称。「―がお世話になっております」

ぐ-けい【愚計】①おろかな計略。②自分の計画の謙称。

くけ-だい【△絎台】裁縫用具の一つ。くけたり、まつったりするときに、布がたるまないよう縫い進むほうとは逆側の布の端をはさんで止める台。

〔くけだい〕

くけ-ぬい【△絎縫い】ヌヒ 布端を始末するとき、縫い目が表に見えないように縫うこと。また、その縫い方。

くけ-ばり【△絎針】くけ縫いに使う長い針。

く・ける【△絎ける】(他下一) ケ・ケ・ケル・ケル・ケレ・ケロ(ケヨ) くけ縫いにする。「裾(すそ)を―」

く-げん【苦言】当人にとって、ためにはなるが手厳しい忠告。耳の痛い言葉。「―を呈(てい)する(=厳しい忠告をあえてする)」

く-げん【苦。患】《仏》死んで地獄道に落ちて受ける苦しみ。転じて、一般に苦しみや悩み。「―を受ける」

ぐ-けん【愚見】①おろかな意見。②自分の意見の謙称。

ぐ-げん【具現】(名・他スル) 具体的に、また、はっきりとした形で現すこと。「理想を―する」

く-こ【△枸△杞】《植》ナス科の落葉低木。夏に淡紫色の花を開き、秋に赤い実をつける。若葉は食用となり、葉や根の皮・果実は薬用になる。春(くこの実 秋)

く-ご【供御】①天皇・上皇・皇后・皇子の飲食物。②武家時代、将軍の飲食物。③(女房詞(にょうぼうことば)で)飯。

く-ご【△箜△篌】昔、中国・朝鮮・日本などで用いられたハープに似た弦楽器。正倉院に部分的に残る。百済琴(くだらごと)。

ぐこう【愚公】「列子」の寓話(ぐうわ)に出てくる主人公の名。

―山(やま)を移(うつ)す どんな難事でも、ねばり強く行えば必ず達成できるというたとえ。【故事】昔、中国で愚公という老人が、家への出入りにじゃまになる山を崩(くず)して他に移そうとした。人はむりだと忠告したが、愚公は「子々孫々この仕事を受け継げば、いつかは山を平地にすることができる」と答え、感心した天帝が山をほかに移したことからいう。〈列子〉

ぐ-こう【愚行】カウ おろかな行い。ばかげた行い。

ぐ-こう【愚考】カウ (名・自他スル) ①おろかな考え。②自分の考えの謙称。「つらつら―するに」

く-ごころ【句心】①俳句を作ろうとする心。②俳句を味わい理解する能力。「―のある人」

く-ごほう【ク語法】ゴハフ 活用語を体言化する語法。⇩く(接尾)参考

く-こん【九献】①杯を三献(=三杯)ずつ三度さすこと。三三九度。②(女房詞(にょうぼうことば)で)酒。

くさ-【草】(接頭) 本格的でないもの、正式でないもの、の意を表す。「―競馬」「―野球」「―芝居」「―相撲」

くさ【草】①茎が木のようにかたくならない植物。草本(そうほん)。「―が生える」②雑草。「畑の―を抜く」③まぐさ。かいば。④屋根や壁などに用いるかや・わら。「―ぶきの屋根」

―を打(う)って蛇(へび)を驚(おどろ)かす ある人を懲(こ)らしめて、それに関係する他の人々を戒めるたとえ。また、何気なくしたことが意外な結果を招くたとえ。草を打って蛇に驚く。【故事】昔、中国で王魯(おうろ)という高官が賄賂(わいろ)をむさぼったとき、部下が「ある書記が賄賂を取っている」と訴え、暗に反省を求めた。王魯は推断して「汝(なんじ)、草を打つといえども、吾(われ)が蛇すでに驚く」と言って、賄賂を取ることをやめたことからいう。〈開元天宝遺事〉

くさ【◦種】《古》①物事を生み出すもと。たね。②種類。

くさ【△瘡】《医》①皮膚病の総称。かさ。②湿疹(しっしん)。③胎毒。

-ぐさ【◦種】(接尾) 物事の原因や材料となることを表す。…のたね。「お笑い―」「語り―」「質(しち)―」参考「草」とも書く。

くさ-あわせ【草合〔わ〕せ】アハセ 平安時代、五月五日の節句などに、種々の草を出し合ってその優劣を競った遊び。夏

くさ・い【臭い】(形) カロ・カッ(ク)・イ・イ・ケレ・○ ①いやなにおいがする。「どぶが―」②あやしい。疑わしい。不審だ。「あの男が―」③わざとらしくてあかぬけない。「―演技」④(接尾語的に用いて)㋐…のにおいがする。「酒―」㋑いかにもそれらしい。「バター―(=西洋風だ)」㋒その程度がひどい。「面倒(めんどう)―」「あほ―」文くさ・し(ク)

▼「臭い」が下に付く語

(くさい)青― あほ― 磯(いそ)― 陰気― 胡散(うさん)― 金(かな)― 黴(かび)― きな― けち― 焦げ― しち面倒(めんどう)― 邪魔― 洒落(しゃら)― 熟柿(じゅくし)― 小便― 素人― 辛気― 乳(ちち)― 土― 照れ― 泥― 糠味噌(ぬかみそ)― 鈍(のろ)― ばか― バタ― 人― 日向(ひなた)― 古― 分別― 抹香― 水― 面倒― (ぐさい)生― 物―

—飯を食う 刑務所で服役する。また、留置場にはいる。
—ものに蓋をする 醜いこと、いやなことが外にもれないように、一時しのぎの方法で隠す。

ぐ-さい【愚妻】（おろかな妻の意）自分の妻の謙称。「—は出かけております」

ぐ-ざい【具材】料理で、具として入れる食材。「鍋の—」

くさ-いきれ【草いきれ】夏の強い日光に照らされた草原などから生じる、むっとする熱気。夏

くさ-いち【草市】盂蘭盆会に用いる草花や仏具を売る市。陰暦七月十二日夜から翌朝にかけて立つ。盆市。秋

くさ-いちご【草△苺】〘植〙バラ科の小低木。山野に自生。茎にとげがあり、横にのびる地下茎でふえる。晩春に白い花が咲き、実は赤く食用。夏

くさいり-ずいしょう【草入〔り〕水晶】ズイシャウ〘地質〙透明な部分の中に他の鉱物が針状結晶でまじり、茶色や黒色の草がはいっているように見える水晶。

くさ-いろ【草色】緑色。また、濃い黄緑。もえぎ色。

くさ-かげろう【草×蜉蝣・草×蜻蛉】カゲロフ〘動〙①クサカゲロウ科の昆虫の総称。②①の一種。体長一センチメートル。形はトンボに似る。淡緑色で、羽は透明。卵は、俗に優曇華という。夏秋

くさ-がめ【臭亀・草亀】〘動〙①イシガメ科のカメ。淡水にすみ、甲長二〇センチメートル。頭部側面に黄色のすじが多数ある。悪臭を発するためこの名がある。②「かめむし」の異名。

くさ-かり【草刈〔り〕】草を刈り取ること。また、その人。夏

くさ-がれ【草枯れ】草が寒さや霜・雪などで枯れること。また、その季節。「—の野」冬

くさ-かんむり【草冠】漢字の部首名の一つ。「花」「草」などの「艹」の部分。参考 草または草に関する文字を表す。

くさ-き【草木】草と木。草木。植物。
—も靡く 勢いが盛んで、すべての人がなびき従うさまをいう。—も眠る あたりのものすべてが寝静まる。夜が更けわたったさま。「—丑三つどき(=午前二時ごろ)」

くさ-ぎ・る【△耘る】（他四）(古)田畑の雑草を取り除く。

く-さく【句作】（名・自スル）俳句を作ること。「—にふける」

ぐ-さく【愚作】①つまらない作品。②自分の作品の謙称。

ぐ-さく【愚策】①へたな策略。「—を弄する(=へたなはかりごとをめぐらす)」②自分の計画・考えの謙称。

くさ-くさ（副・自スル）気が重かったり不愉快なことがあったりして、気分が晴れないさま。くしゃくしゃ。「気分が—する」

くさ-ぐさ【◦種◦種】いろいろ。さまざま。「—の花」

くさ-けいば【草競馬】（公認の競馬に対して）農村などで娯楽として行われる小規模な私営の競馬。

くさ-ごえ【草肥】→りょくひ

くさ・す【◦腐す】（他五）サ(ソ)・シ・ス・ス・セ・セ 欠点をとり上げてけちをつける。けなす。「作品を—」可能 くさ・せる(下一)

くさ-ずもう【草相撲】ズマフ しろうとがする相撲。秋

くさ-ずり【草△摺〔り〕】①衣服の裾や袖などを草花ですって色をつけること。また、そのもの。②鎧の胴の下に垂らし、腰のまわりをおおって保護するもの。五段の板からなる。

くさ-ぞうし【草双紙】ザウシ〘文〙江戸中期から明治の初めにかけて庶民のあいだに流行した絵入りの読み物の総称。赤本・青本・黒本・黄表紙・合巻などの種類がある。絵双紙。

くさ-たけ【草丈】草、特に稲などの作物の伸びた高さ。

くさ-ち【草地】木がなく、草が一面に生えている土地。

くさ-とり【草取り】（名・自スル）雑草を取り除くこと。また、その仕事をする人や、そのための道具。夏

くさなぎ-の-つるぎ【草△薙剣】→あめのむらくものつるぎ

くさ-の-いおり【草の△庵】イホリ 草ぶきの粗末な住まい。

くさ-の-ね【草の根】①草の根もと。隠れて見えないところ。②無名の人々。一般人。民衆。「—運動」「—民主主義」
—を分けて捜す すみからすみまでくまなくさがす。

くさのは【草の葉】アメリカの詩人ホイットマンの詩集。一八五五年初版、以後増補。自由な詩形で、民主主義と自我を高らかにたたえ、近代の自由詩のさきがけとなった。

くさ-の-や【草の屋】草ぶきの粗末な家。草屋。わらや。

くさ-ば【草葉】草の葉。
—の陰 墓の下。あの世。「—から見守る」

くさ-ばな【草花】①草に咲く花。②(美しい)花の咲く草。

くさ-はら【草原】一面に草の生えた野原。

くさび【×楔】①断面がV字形のかたい木片または金属片の道具。木や石を割ったり、重い物を押し上げたり、物と物とのつなぎ目に差し込んでしっかりとつなぎ合わせたりするのに用いる。「—をさす(=念を押す)」②(比喩的に)つながりを、より強める役目をするもの。「両国民の心をつなぐ—となる」

〔くさび①〕

—を打ち込む 敵陣に攻め入って、勢力を二分する。また、他の勢力の中に自己の勢力をおしひろげる足掛かりを作る。
—がた-もじ【—形文字】〘世〙紀元前三〇〇〇年ごろシュメール人が考案し、その後アッシリア・バビロニア・ペルシャなどメソポタミア一帯で用いられた文字。粘土板にかどのある棒状の用具で刻みつけられ、字形がくさびに似ていることに由来。せっけいもじ。けっけいもじ。けつじょうもじ。

〔くさびがたもじ〕

くさ-ひばり【草×雲雀】〘動〙コオロギ科の昆虫。淡黄褐色で、晩夏から秋のころ、草むらでチリリリと続けて鳴く。秋

くさ-ぶえ【草笛】草の葉や茎を口にあて、笛のように吹いて鳴らすもの。夏

くさ-ぶか・い【草深い】（形）カロ・カッ(ク)・イ・イ・ケレ・○ ①草が生い茂っている。②ひなびている。へんぴだ。「—里」文くさぶか・し(ク)

くさ-ぶき【草△葺〔き〕】かや・わらなどで屋根をふくこと。また、その屋根。「—の四阿」

くさ-ぼうき【草△箒・草△帚】バウキ ホウキグサの茎を束ねて作ったほうき。

くさ-まくら【草枕】一(名)(昔、旅で草を束ねて枕にしたことから)旅寝。旅行。二〘枕〙「旅」「結ふ」「仮」「結ぶ」「露」や、地名「多胡」などにかかる。

くさまくら【草枕】夏目漱石の小説。一九〇六(明治三十九)年発表。東洋的な非人情の世界に遊ぶ主人公の青年画家を通して、作者の芸術観・人生観が表現されている。

くさ-み【臭み】①臭いにおい。また、臭気の程度。「魚の—をとる」②他人に不快な感じを与える一種独特のくせ。いやみ。「—のない文章」

くさ-むしり【草△毟り】（名・自スル）雑草を引き抜いて取り除くこと。草取り。夏

くさ-む・す【草◦生す】（自五）サ(ソ)・シ・ス・ス・セ・セ 雑草がおい茂る。

くさ-むら【草△叢・△叢】草の群がり茂った所。

くさ-め【×嚏】→くしゃみ

くさ-もち【草餅】ヨモギの若葉を入れてついた餅。特に、三月三日の桃の節句に作る。春

くさ-もみじ【草紅葉】モミヂ 秋に草が美しく色づくこと。ま

た、色づいた草。草の紅葉。㊎秋

くさや 開いたムロアジ・マアジなどを発酵させた塩汁につけて干した干物。焼くと特有の臭気がある。伊豆七島の名産。

くさ-や【草屋】①草ぶきの家。②まぐさを入れておく小屋。

くさ-やきゅう【草野球】ヤキウ しろうとが楽しみや運動のために集まってする野球。

くさ-やぶ【草△藪】たけの高い草の密生している所。

くさら・す【腐らす】(他五) サ(ソ)・シ・ス・セ・セ ①腐敗させる。腐らせる。「魚を—」②やる気のなくなるような不愉快な思いをいだかせる。「気分を—」㊀くさ・る(五)

くさり【鎖・△鏈】①金属製の輪をつなぎ合わせたひも状のもの。②物と物とをつなぎ合わせているもの。「因習の—」

—かたびら【—×帷子】小さい鎖をつづり合わせて、じゅばんに縫いつけたもの。昔、防護用に衣服の下に着た。

—がま【—鎌】昔の武器。かまの柄に長い鎖をつけ、その先端に分銅をつけたもの。

ぐさり-と (副) ①勢いよく突き刺すさま。「短刀を—刺す」②心にひどく衝撃を受けるさま。「あの一言が胸に—きた」

くさ・る【腐る】(自五) ラ(ロ)・リ(ッ)・ル・ル・レ・レ ①食物がいたんで変質する。腐敗する。「魚が—」②動植物の組織が破壊され、くずれる。「材木が—」③金属がさびついてぼろぼろになる。「—・った金具」④堕落する。「性根が—」⑤なかなか思い通りにならずやる気を失う。気が滅入る。「失敗して—」⑥《俗》(動詞の連用形に付いて)他人の動作に対する軽蔑・憎しみを表す。…やがる。「いばり—」㊀くさら・す(五)

くさっても鯛 真にすぐれたものは、古くなったり、いたんだりしても、それ相応の値打ちがあることのたとえ。参考 反対のことば—騏驎も老いては駑馬に劣る。

—ほどある 物がたくさんあることのたとえ。「金が—」

くされ-【腐れ】(接頭)(「腐ること」「腐ったもの」の意から)好ましくない、軽蔑すべき、などの意を添える。「—金」

くされ-えん【腐れ縁】離れようとしても離れられない好ましくない関係。

くされ-がね【腐れ金】はしたがね。また、けがらわしいかね。

くさ-わけ【草分け】①荒れ地を切り開いて、村などの基礎を作ること。また、その人。②ある物事を他の人々に先駆けて始めること。また、その人。創始。創始者。「その流派の—」

くし【串】(字義)→せん(串)

くし【串】竹・鉄などを棒状に細くし、先をとがらせたもの。おもに魚や肉などをつき刺して焼くのに用いる。

くし【△櫛】髪をすいたり、髪に飾ったりするのに用いる道具。「—をさす」「—でとかす」

—の歯が欠けたよう 連続しているもの、あるはずのものがところどころなくなっているさま。「さびれて—な商店街」

—の歯を挽く 人の往来や物事などが絶え間なく続く。

く-し【駆使】(名・他スル)①自由自在に使いこなすこと。「語学力を—する」②追いたてて使うこと。

く・し【◇奇し】(形シク)(古)不思議である。霊妙である。

くじ【△籤・△鬮】文句や符号を書いた多くの紙片・こよりなどの中から、一つを引き抜かせて吉凶・当落・勝敗・順番などを決めるもの。また、その紙片・こよりなど。「—を引く」「—に当たる」参考「鬮」は争いとる意で、もとは神占のくじ。

く-じ【九字】身を守る秘法として唱えられた「臨兵闘者皆陣列在前」の九つの文字。「—を切る(=九字のおまじないをする)」参考 道家に始まり、のち陰陽道・密教・修験道などで用いたという。

く-じ【◇公事】(古)①公の事務。特に、朝廷で行われた政務や儀式。②訴訟。③夫役。賦課。

ぐ-じ【具慈】《方》(関西で)アマダイ(=アマダイ科の魚)。

くし-あげ【串揚げ】一口大の肉や野菜などを竹串に刺して揚げたもの。

くじ-うん【△籤運】くじに当たるかどうかの運。「—が強い」

くし-がき【串柿】渋柿の皮をむいて、数個を竹または木の串に通し、干して甘くしたもの。干し柿の一方法。

くし-がた【△櫛形】①昔のくしのように上部に丸みのある形。半月形。②換気・採光のためにつけた、くし形の窓や欄間。

—べい【—塀】くし形窓のついている塀。

—まど【—窓】くし形の窓。

—らんま【—欄間】くし形にくりぬかれた欄間。

くし-カツ【串カツ】一口大の豚肉と、ネギまたはタマネギを交互に竹串に刺し、パン粉をつけて揚げたもの。

くしき【◇奇しき】(連体)不思議な。霊妙な。「—因縁」「—出会い」語源 文語形容詞「奇し」の連体形から。

くし-ぎわ【◇髪際】ギハ 髪のはえぎわ。

くじ・く【◇挫く】(他五) カ(コ)・キ(イ)・ク・ク・ケ・ケ ①関節に無理な力が加わってその部分を痛める。ねんざする。「足を—」②相手の勢いをそぎ、弱める。「出端を—」㊀くじ・ける(下一)

くしく-も【◇奇しくも】(副)不思議にも。偶然にも。「旧友と—再会する」語源 文語形容詞「奇し」の連用形「くしく」+係助詞「も」

くし-げ【△櫛△笥】くしなどの化粧道具を入れておく箱。

くしけず・る【△梳る】ケヅル (他五) ラ(ロ)・リ(ッ)・ル・ル・レ・レ くしで髪をとき整える。すく。「髪を—」

くじ・ける【◇挫ける】(自下一) ケ・ケ・ケル・ケル・ケレ・ケロ(ケヨ) ①関節がねじれて傷つく。「足が—」②気勢をそがれ、気力が失われる。「心が—」㊀くじ・く(五) 文くじ・く(下二)

くし-ざし【串刺し】①物を串に刺し通すこと。また、串に刺し通したもの。②槍などで刺し通して殺すこと。

ぐし-ぬい【◇串縫い・具し縫い】ヌヒ 縫い針で表裏の針目をそろえて細かく縫う、ふつうの縫い方。並み縫い。運針縫い。

くじ-のがれ【△籤逃れ】くじ引きの結果によって(当番などの)役目を逃れること。特に、もと徴兵検査合格者が、くじの結果で入営を免じられたこと。

くじ-びき【△籤引[き]】(名・自スル)くじを引くこと。くじを引いて決めること。抽籤。「—で決める」

くし-まき【△櫛巻[き]】日本髪の結い方の一つ。髪の毛に、くしを巻きこんでとめる手軽なもの。

くし-め【△櫛目】くしで髪をすいたあとに残るくしの歯の筋目。

ぐ-しゃ【愚者】おろかな者。ばかもの。愚物。↔賢者

—も千慮に一得あり おろかな者でも、時にはよい意見を出すものだ。愚者にも一得。

くし-やき【串焼[き]】魚・肉・野菜などを串に刺して焼くこと。また、焼いたもの。

く-じゃく【◇孔△雀】《動》キジ科クジャク属の鳥の総称。熱帯などの森林にすむ。雄は頭に冠毛があり、尾部にある長い羽を扇状に広げる。

—せき【—石】《地質》銅鉱の変成物で、塊状・ぶどう状の鉱物。あざやかな青緑色で光沢がある。装飾用。

くしゃ-くしゃ ■(副・自スル)不愉快なことがあって、気分が晴れないさま。くさくさ。むしゃくしゃ。「気分が—する」■(形動ダ) ダロ・ダッ(デ・ニ)・ダ・ナ・ラ・○ ①布・紙などがもまれたりして、しわだらけのさま。しわくちゃ。くちゃくちゃ。「—になった紙」②形が崩れて乱れているさま。「髪が—だ」

ぐじゃ-ぐじゃ ■(副・自スル・形動ダ)水分を多量に含んで

柔らかくなり、くずれてまとまりがなくなるさま。ぐしゃぐしゃ。「雨でグラウンドがーだ」㊁(副)不平・不満などをぐどぐど言うさま。「いつまでもー言うな」

くしゃく-にけん【九尺二間】(間口九尺(≒約二・七メートル)、奥行二間(≒約三・六メートル)の意から)非常に狭い家。転じて、粗末でむさくるしい住居。「ーのわび住まい」

くしゃみ【嚔】鼻の粘膜が刺激されて発作的に激しく息を吐き出す、一種の反射運動。くさめ。「ーが出る」冬

く-じゅ【口授】(名・他スル)直接語り教えること。口伝。口授。「秘伝をーする」

く-しゅう【句集】シフ 連句・俳句を集めて本にしたもの。

く-じゅう【苦汁】ジフ にがい汁。転じて、苦しくにがい経験。

ーを嘗める 苦しみを味わう。にがい経験をする。

く-じゅう【苦渋】ジフ (にがく渋い意から)事が思うようにいかず、苦しみ悩むこと。「ーに満ちた顔」

く-じょ【駆除】ヂョ (名・他スル)害虫などを追い払ったり殺したりしてとり除くこと。「シロアリのー」

ぐ-しょ【愚書】①おろかな内容の書物。②自分の著書や手紙の謙称。

く-しょう【苦笑】セウ (名・自スル)にが笑い。「ーをもらす」

く-じょう【苦情】ジャウ 他から受けている迷惑や害に対する不平・不満の気持ち。また、それを表した言葉。「ー処理」

ぐ-しょう【具象】シャウ →ぐたい ↔抽象

ーてき【ー的】(形動ダ)ダロ・ダッ(デ)・ニ・ダナ・ナラ・〇 実際に形や姿を備えているさま。文学では、表現しようとするものの性質・状況などが、目に見えるように描かれていることをいう。↔抽象的

くじょうよしつね【九条良経】クデウヨシツネ →ふじわらのよしつね

ぐしょ-ぐしょ (形動ダ)ダロ・ダッ(デ)・ニ・ダナ・ナラ・〇 (しずくが垂れるほど)ひどくぬれるさま。びしょびしょ。「池に落ちて服がーになる」

ぐしょ-ぬれ【ぐしょ濡れ】ぐしょぐしょにぬれること。びしょぬれ。ずぶぬれ。「夕立にあってーになる」

くじら【鯨】クヂラ 〔動〕クジラ目に属する哺乳動物のうちの大型の種の総称。海中にすみ、体長は二ー三五メートル。体は魚形で前足はひれとなり、あと足は退化して尾びれが発達している。鼻の穴は頭上に開く。マッコウクジラ・シロナガスクジラなど。冬

ーじゃく【ー尺】江戸時代からおもに布の長さを測るのに用いたものさし。また、それによる測り方。曲尺の一尺を八寸としたもので、鯨尺一尺は約三八センチメートル。くじらざし。語源 昔、鯨のひげで作られたところからいう。⇨曲尺

ーまく【ー幕】黒と白の布を一枚おきにたてに縫い合わせた幕。葬式などに使う。語源 鯨の皮と脂の部分が黒と白になっているのでいう。

くじ・る【抉る】(他五)ラ(ロ)・リ(ッ)・ル・ル・レ・レ ①ほじくるようにして穴をあける。また、そのようにして中の物を取り出す。えぐる。「目の玉をー」②穴の中に物をさしこんでかき回す。「耳の穴をー」

く-しん【苦心】(名・自スル)物事をなしとげようとして、あれこれと頭をはたらかせ苦労すること。「ーの作」

ーさんたん【ー惨憺・ー惨澹】(名・自スル)骨身を削るような苦心を重ねること。「金策にーする」

く-しん【苦辛】(名・自スル)苦しくつらいこと。辛苦。

ぐ-しん【具申】(名・他スル)上役などに自分の意見や計画などをくわしく申し述べること。「意見をーする」

ぐ-じん【愚人】おろかな人。ばか者。↔賢人

くす【樟・楠】→くすのき

くず【屑】クヅ ①ちぎれたり、砕けたりして不用になったもの。また、役に立たないもののたとえ。「紙ー」「人間のー」②よいものや必要なものを取り去った残り。「野菜ー」⇨塵「ちがい」

くず【葛】①〔植〕マメ科のつる性多年草。山野に自生。夏から秋に紫赤色の花をふさ状につける。根から葛粉をとる。秋の七草の一つ。秋 ⇨秋の七草(さしえ)②「葛粉」の略。

ぐず【×愚図】グヅ (名・形動ダ)動作がのろく、決断力のないさま。また、その人。のろま。「ーな男」

くず-あん【葛餡】調味した煮だし汁に水でといたくず粉を入れ、熱してとろみをつけた食品。くずだまり。

ーかけ【ー掛け】くずあんを野菜・魚肉などにかけて作る料理法。また、その料理。

くず-いと【屑糸】クヅ 使い道のない短い糸。くずになった糸。

くず-いれ【屑入れ】クヅ 不用になった物を捨てて入れる器。

ぐ-ずう【弘通】ヅウ (名・自スル)〔仏〕仏法の広まること。

くず-お・れる【頽れる】クヅホレル (自下一)レ・レ・レル・レルレ・レレ・レロ(レヨ) ①くずれるように倒れたり座りこんだりする。「悲報にー」②張りつめていた気力を失いがっかりする。「心がー」文くづほ・る(下二)

くず-かご【屑籠】クヅ 紙くずなど、くずを捨てて入れるかご。

くず-きり【葛切り】葛粉に水を加えて加熱したあと、冷やし固めて細く切ったもの。蜜などをかけて食べる。夏

くす-くす (副)声をひそめて笑うさま。「ー(と)笑う」

ぐず-ぐず【×愚図愚図】グヅグヅ ㊀(副・自スル)のろまなさま。動作・決断がにぶいさま。あいまいではっきりしないさま。「ーしていて遅刻する」「ーした天気」㊁(副)不平などをぶつぶつ言うさま。「いつまでもー言う」㊂(形動ダ)ダロ・ダッ(デ)・ニ・ダナ・ナラ・〇 形やつくりが、ゆるんだり、くずれたりしているさま。「帯がーになる」

くすぐった・い【擽ったい】(形)カロ・カッ(ク)・イ・イ・ケレ・〇 ①くすぐられてむずむずするさま。こそばゆい。「足の裏がー」②(ほめられたりして)きまりが悪い。てれくさい。「人前でほめられてー」文くすぐった・し(ク)

くすぐり【擽り】①皮膚の敏感な部分を刺激してむずむずさせること。②演芸などで、ちょっとしたこっけいな言葉やしぐさなどで観客を笑わせようと仕組むこと。「ーを入れる」

くすぐ・る【擽る】(他五)ラ(ロ)・リ(ッ)・ル・ル・レ・レ ①皮膚の敏感な部分に軽く触れてこそばゆい感じを起こさせる。「わきの下をー」②相手の感じやすい心に働きかけ、快い気分にさせる。「好奇心をー」「自尊心をー・られる」③人を笑わせようとして、こっけいなことなどを言う。「冗談で客をー」可能くすぐ・れる(下一)

くず-こ【葛粉】クズの根からとった白いデンプン。食用。くず。

くず-ざくら【葛桜】くず粉を練ったもので餡をくるんで蒸し、それを桜の葉で包んだ和菓子。夏

くす-し【○薬師】〔古〕(「くすりし」の転)医者。医師。

くずし【崩し】クヅシ ①くずすこと。また、くずしたもの。「ブロックー」②「崩し書き」の略。

ーがき【ー書き】(名・他スル)字画を省略して書くこと。草書または行書で書くこと。また、その文字。

ーじ【ー字】草書または行書で書いた文字。

くず・す【崩す】クヅス (他五)サ(ソ)・シ・ス・ス・セ・セ ①しっかりしてまとまりのあるものをくだいてこわす。ばらばらにする。「土塀をー」「山をー」②整った形や状態を乱す。「隊列をー」「ひざをー」「バランスをー」③字画を簡略にして書く。草書や行書で書く。「漢字をーして書く」④小額の単位のお金に替える。細かくする。「一万円札を千円札にー」⑤健康などをそこねる。「体調をー」自くず・れる(下一)可能くず・せる(下一)

くす-だま【○薬玉】①香料を玉にして袋に入れ、造花で飾って五色の糸を垂らしたもの。昔、端午の節句に魔よけとして掛けた。夏 ②造花などで①に似

〔薬玉①〕

せてつくった飾りもの。開店・進水式などの祝賀用。

ぐず-つ・く【×愚図つく】(グヅ) (自五) (カ(コ)・キ(イ)・ク・ク・ケ・ケ) ①行動・態度・状態などがはっきり定まらない。ぐずぐずする。「ー・いた天気」②子供などが不機嫌になる。ぐずる。「赤ん坊がー」

くず-てつ【△屑鉄】(クヅ) 鉄の切りくずや廃物になった鉄製品。スクラップ。

くず-ねり【葛練〔り〕・葛△煉〔り〕】くず粉を水にといて砂糖を加え、煮て練り固めた菓子。夏

くす・ねる (他下一) (ネ・ネ・ネル・ネル・ネレ・ネロ(ネヨ)) 《俗》人目をごまかしてそっと盗む。こっそり自分のものにする。「釣り銭をー」

くす-の-き【△樟・△楠】《植》クスノキ科の常緑高木。暖地に生える。葉は卵形で互生。晩春に黄白色の小花を開く。幹・根・葉から樟脳(しょうのう)をとる。材はかたく、家具・細工物用。くす。

くずのはな… 和歌〔くずの花 ふみしだかれて 色あたらし この山道を 行きし人あり〕〈釈迢空(しゃくちょうくう)〉行きあう人もない山道をひとり旅してゆくと、道には葛(くず)の花が踏みつぶされて、赤紫の色があざやかににじんでいる。私より少し前に、この山深い道を歩いていった人がいるのだ。

くずのは-の【葛の葉の】《枕》(葛(くず)の葉は風で裏返ると白く目立つことから)「裏」「うらみ」にかかる。

くすぶ・る【△燻る】(自五) (ラ(ロ)・リ(ッ)・ル・ル・レ・レ) ①よく燃えないで、煙ばかりが出る。「薪(まき)がー」②すすける。「ー・った天井」③活動せずに引きこもって過ごす。「毎日家でー・っている」④地位や生活がいっこうによくならないでいる。「補欠のままー」⑤完全に解決されないまま問題が内部に残っている。「不満がー」

くす・べる【△燻べる】(他下一) (ベ・ベ・ベル・ベル・ベレ・ベロ(ベヨ)) 炎を出さないで、煙だけ出すようにして燃やす。いぶす。文くす・ぶ(下二)

くず-まい【△屑米】(クヅ) 虫に食われたり、精米のときに砕けたりした米。屑米(くずごめ)。

くず-まゆ【△屑繭】(クヅ) 生糸にならない不良のまゆ。

くず-まんじゅう【葛△饅◇頭】(マンヂユウ) くず練りで皮を作り、餡(あん)を包んだまんじゅう。夏

くす・む (自五) (マ(モ)・ミ(ン)・ム・ム・メ・メ) ①黒っぽく地味である。「ー・んだ色」②生気を失っている。目立たない状態である。「ー・んだ顔」

くず-もち【葛餅】くず練りを冷やし固めて、蜜(みつ)ときな粉をかけて食べる菓子。夏

くず-もの【△屑物】(クヅ) ①役に立たないもの。廃品。廃物。②よいものを選びとったあとに残ったもの。きずものなど。

くず-や【△屑屋】(クヅ) 廃品を買って再生業者に売る人。また、その職業。参考 現在は「廃品回収業」と呼ぶ。

くず-ゆ【葛湯】くず粉に砂糖を加え、熱湯を注いでかきまぜた食べ物。冬

くすり【薬】①病気や傷の治療や予防、栄養補給などのために、飲んだり塗布したり、または注射したりするもの。「胃のー」②心身に有益なもの。「若いうちの苦労はーだ」③(与えるときめがあるところから)少額のわいろ。鼻薬(はなぐすり)。「注文をとるためにーをかがせる」④焼き物のうわぐすり、農薬、火薬などの略。

ー九層倍(くそうばい) 薬の売価は原価に比べて非常に高いこと。大きな利益をむさぼることのたとえ。**ーにしたくも無(な)い** (薬は少量しか服用しないところから)ほんの少しも無い。

ーがり【ー狩〔り〕】昔、五月五日の節句に、山野に出て薬草などをとった行事。夏 参考 中国から伝わった風習。

ーぐい【ー食い】(グヒ) 昔、寒中などに、栄養になるものを食べたこと。特に、ふだんは忌み嫌って食べない猪(いのしし)・鹿(しか)などの獣肉を薬と称して食べたこと。冬

ーの-ひ【ーの日】陰暦五月五日の別名。薬日(くすりび)。夏

ーゆ【ー湯】薬や薬草を入れた風呂(ふろ)の湯。薬風呂。

ーゆび【ー指】親指から数えて四番目の指。紅差(べにさ)し指。名無し指。無名指(むめいし)。

くすり-と (副) 少しだけ息をもらして笑うさま。「ーもしない(=まったく笑わない)」

ぐ・する【具する・△倶する】(シ(セ・サ)・シ・スル・スル・スレ・シロ(セヨ)) 一(自サ変) ①備わる。そろう。②連れ立つ。連れ添う。二(他サ変) ①備える。そろえる。「必要書類をー・して申請する」②連れて行く。「お供をー」文ぐ・す(サ変)

ぐず・る【×愚図る】(グヅル) (自五) (ラ(ロ)・リ(ッ)・ル・ル・レ・レ) ぐずぐず不平を言う。だだをこねる。また、赤ん坊が不機嫌で泣く。「子供が眠くなってー」

-くずれ【崩れ】(クヅレ) (接尾)(職業・身分などを表す語に付いて)…のなれのはて、…の落ちぶれたもの、の意を表す。「役者ー」

くずれ【崩れ】(クヅレ) くずれること。くずれたもの。くずれた所。

くず・れる【崩れる】(クヅレル) (自下一) (レ・レ・レル・レル・レレ・レロ(レヨ)) ①まとまりのあるものがこわれて細かくなったり欠け落ちたりして、元の形でなくなる。「崖(がけ)がー」「積み荷がー」②整っていたものが乱れる。「隊列がー」「化粧がー」③《経》相場が急に下落する。「繊維株がー」④小額の単位のお金に替えることができる。崩せる。「五〇〇〇円ならー」⑤よかった調子・状態が悪くなる。「体調がー」「天気がー」他くず・す(五) 文くづ・る(下二)

> **ちがい「崩れる」・「壊れる」**
> 「崩れる」と「壊れる」は、構造物や関係がもとの形態および機能を失う意を表す点で共通し、「大雨で橋が〔崩れる／壊れる〕」「信頼関係が〔崩れる／壊れる〕」などの例ではどちらも用いられる。
> 特に形を失うことを前面に出す場合は、「山が崩れる」「列が崩れる」など「崩れる」が用いられるのに対して、特に機能を失う意を表す場合は、「ラジオが壊れて、聞こえなくなった」のように「壊れる」が用いられる。

くすん-ごぶ【九寸五分】(長さが九寸五分(=約三〇センチメートル)であることから)短刀。あいくち。

くせ【◇曲】謡曲で、一曲の重要な部分の章の名。謡曲の聞かせどころで、曲舞(くせまい)の節によってうたわれる。

くせ【癖】①かたよった好み・しぐさ・考え方などが習慣になったもの。習癖(しゅうへき)。「つめをかむー」「なくて七ー」「ーになる」②かたよった性質・傾向。特徴。「ーのある文章」③ゆがんだり折れたりして、元の形にもどりにくくなったもの。「髪の毛にーがつく」

ぐ-せ【◇救世】《仏》世人の苦しみを救うこと。ぐぜ。くせ。くぜ。

ぐ-せい【愚生】(代) 自称の人代名詞。自分の謙称。小生。用法 男性が手紙などに用いる。

ぐ-ぜい【△弘誓】《仏》人間をはじめとしたすべての生物を救おうとする、仏・菩薩(ぼさつ)の広大な誓い。

くせ-げ【癖毛】まっすぐでなく、曲がったりちぢれたりするくせのある髪の毛。くせっけ。

くせ-ごと【◇曲事】①正しくない事。道理にあわない事。けしからん事。②不吉な事。凶事。③法にそむく事。

く-せつ【苦節】苦しみに負けず初志を守りぬくこと。また、その心。「ー十年」

く-ぜつ【口舌・口説】言い争い。口げんか。特に、痴話(ちわ)げんか。くぜち。「ーが絶えない」

ぐ-せつ【愚説】①ばかげた説・意見。②自分の説の謙称。

くせ-なおし【癖直し】(ナホシ) 髪を結う前に、熱湯にひたした布などで髪のくせを直すこと。

くせ-に【癖に】(接助) …なのに。…にもかかわらず。(非難す

く

すつーくせに

る意を含む逆接の条件。)「知っているー、知らない顔をする」[参考]言いさしの形で、終助詞のようにも用いられる。「くれると言ったくせに」。また、「くせして」の形でも使われる。「大人のくせしてすぐ泣く」

くせ-まい【◇曲舞】マヒ 室町時代に行われた舞。白拍子舞の系統をひくといわれ、その音曲はリズムのおもしろさを主とするものであったという。謡曲に「曲(くせ)」としてとり入れられている。

くせ-もの【◇曲者】①正体のつかめない、あやしい者。②ひとくせあるもの。油断のならないもの。「彼はなかなかのーだ」

く-せん【苦戦】(名・自スル) 苦しい戦い。「ーを強いられる」

くせん-てい【駆潜艇】敵の潜水艦を攻撃するための小型快速艇。

くそ【△糞・△屎】[一](名)①大便。ふん。②分泌物やかす。「耳ー」③(「…もくそもない」の形で)役に立たない。「礼儀もーもない」④(接頭語・接尾語的に用いて)卑しめののしる意や強めの意をこめて、程度のひどいことを表す。「ー力」「ーまじめ」「へたー」「やけー」[二](感)ののしったり、奮発したり、くやしがったりするときに出す言葉。「えいー」「なにー」

ーくらえ (ばかやろう、勝手にしろなど)ののしるときの言葉。

ーも味噌(みそ)も一緒(いっしょ)《俗》きれいなものときたないもの、善悪・美醜などの区別をしないで扱うこと。味噌も糞も一緒。

ぐ-そう【愚僧】(代) 僧が自分をさす謙称。拙僧。

くそ-おちつき【△糞落〔ち〕着き】いやに落ち着き払っていること。「ーに落ち着いている」

ぐ-そく【具足】[一](名・自他スル) 物事が十分に備わっていること。具備。「円満ー」[二](名) 武具。甲冑(かっちゅう)。

ーに【ー煮】伊勢海老(いせえび)を殻つきのまま輪切りにして煮ること。また、煮たもの。[参考]殻を甲冑(かっちゅう)(具足)に見立てる。

ぐ-そく【愚息】自分のむすこの謙称。豚児(とんじ)。

くそ-たれ【△糞垂れ】《俗》人をののしり卑しめていう語。くそったれ。

くそ-ぢから【△糞力】やたらに強い力。ばか力。「ーを出す」

くそ-どきょう【△糞度胸】並はずれて、ずぶとい度胸。

くそ-ばえ【△糞△蠅】バヘ 「金蠅(きんばえ)」の俗称。[夏]

くそ-まじめ【△糞真面目】(形動ダ) ダロ・ダッ(デ・ニ)・ダ・ナ・ナラ・○ 度がすぎてまじめなさま。「ーな人」「ーに働く」

くそ-みそ【△糞味△噌】(形動ダ) ダロ・ダッ(デ・ニ)・ダ・ナ・ナラ・○ ①価値のあるものとないものとの区別をしないで扱うさま。②人をさんざんに非難したりやりこめたりするさま。ぼろくそ。「ーにけなす」[文](ナリ) [参考]「みそくそ」ともいう。

くだ【管】①細長い筒。パイプ。「ーを通す」②機(はた)を織るとき、よこ糸を巻いて杼(ひ)に入れるもの。③糸車からつむぎ出された糸を巻く、小さい軸。

ーを巻(ま)く 酒に酔ってつまらないことをくどくど言う。[語源]機(はた)を織るには、糸をつむぎ、よりあわせ、糸車を回して「管(くだ)③」に糸を巻きとる。その「管巻き」の際、管がブウブウと音を立てることや、作業の延々と繰り返すようすを、酒に酔った者がつまらないことをくどくど言うさまに見立てたという。

く-たい【△軀体】①からだ。②建物の骨組み部分。「ー工事」

く-だい【句題】《文》①古い漢詩や和歌の一句を題とする詩歌。「ー和歌」②俳句の題。

ぐ-たい【具体】形・姿を備えていること。具象。↔抽象

ーか【ー化】クワ (名・自他スル) はっきりした形をもつこと。また、もたせること。考えを実行に移すこと。「計画をーする」

ーてき【ー的】(形動ダ) ダロ・ダッ(デ・ニ)・ダ・ナ・ナラ・○ 実際に形を備えてはっきりしているさま。「ーに説明する」↔抽象的

くだ・く【砕く】(他五) カ(コ)・キ(イ)・ク・ク・ケ・ケ ①固まっているものに強い力を加えてこなごなにする。こわして細かくする。「石をー」②弱体化させる。「敵の勢いをー」「野望をー」③難しい表現などをわかりやすくする。「ー・いて話す」④心身をすりへらすほどに努力する。「心をー(=あれこれと苦心する)」[自]くだ・ける(下一) [可能]くだ・ける(下一)

くた-くた (副・形動ダ) ①疲れきったさま。疲労で体がぐったりしたさま。へとへと。「一日中歩きづめでーだ」②布・紙などの使い古されて張りのなくなったさま。「ーになった背広」③物が煮えて崩れそうにやわらかくなるさま。ぐつぐつ。「ーに煮る」

くだ-くだ (副) まとまりがなくわずらわしいさま。こまごまと長たらしいさま。くどくど。「ー(と)言い訳を言う」

ぐだ-ぐだ [一](副・自スル) ①つまらないことを言い続けたり長々と考えたりするさま。「ー(と)余計なことを考える」②無気力で無為に時を過ごすさま。だらだら。[二](形動ダ) ダロ・ダッ(デ・ニ)・ダ・ナ・ナラ・○ まとまりやしまりがなくなるさま。「会議がーになる」

くだくだ・し・い (形) カロ・カッ(ク)・イ・イ・ケレ・○ 長すぎて、または細かすぎてわずらわしい。くどい。「ー説明」[文]くだくだ・し(シク)

くだけ-まい【砕け米】もみすりや精米のときに出る、砕けた米。小米(こごめ)。

くだ・ける【砕ける】(自下一) ケ・ケ・ケル・ケル・ケレ・ケロ(ケヨ) ①固まっているものが、強い力を加えられてこなごなになる。「氷がー」②勢いが弱まる。再び動き出す力がなくなる。くじける。「意志がー」③堅苦しさがなくなる。うちとける。「ー・けた態度」「ー・けた人柄」[他]くだ・く(五) [文]くだ・く(下二)

ください【下さい】[一](動詞「下さる」の命令形)与えてくれるように相手に頼む意を表す。「お菓子をー」[二](補助動詞「下さる」の命令形。「動詞の連用形+て」「お+動詞の連用形」「ご+漢語サ変動詞の語幹」などに付いて)相手に頼む意を表す。「書いてー」「お読みー」「どうかお納めー」「ご検討ー」

くださ・る【下さる】ラ(ロ)・リ(ッ・イ)・ル・ル・レ・レ(イ) [一](他五)「与える」の尊敬語。お与えになる。「先生が賞状をー」[二](補動五)①(「動詞の連用形+て」を受けて)「…してくれる」意の尊敬を表す。「読んでー」②(「お+動詞の連用形」「ご+漢語サ変動詞の語幹」に付いて)恩恵を与える意の尊敬を表す。「お客様がご利用ー」[文]くださ・る(四・下二) [語源]文語サ行四段活用の他動詞「くだす」の未然形「くださ」に尊敬の助動詞「る」が付いて一語化し、活用を変えたもの。命令形は「ください」の形が一般的。

くだされ-もの【下され物】いただき物。賜った品。

くださ・れる【下される】(他下一) レ・レ・レル・レル・レレ・レロ(レヨ) お与えくださる。「くださる」より敬意が高く、改まった表現。[語源]「くだす」の未然形+尊敬の助動詞「れる」

くだし【下し】①くだすこと。②「下し薬」の略。

ーぐすり【ー薬】便通をよくするための飲み薬。下剤。

くた・す【◇腐す】(他四)《古》①腐らせる。朽ちさせる。②気落ちさせる。意気をくじく。③非難する。けなす。④名をけがす。

くだ・す【下す・◇降す】(他五) サ(ソ)・シ・ス・ス・セ・セ ①高い所にあるものを低い所へ移す。「官位をー」②川の下流へ運ぶ。「いかだをー」③上の者から下の者へ申しわたす。「命令をー」「判決をー」④都から地方へつかわす。「使者をー」⑤身分の上の者が下の者に金品を与える。「恩賞をー」⑥意思・判断として示す。「評価をー」「結論をー」⑦実際にその事を行う。「手をー」「筆をー」⑧相手を打ち破る。降参させる。「強敵をー」⑨腹の中から寄生虫を体外に出す。「虫をー」⑩下痢する。「腹をー」⑪(動詞の連用形の下に付いて)よどみなくすらすらとする。「読みー」「書きー」[自]くだ・る(五) [可能]くだ・せる(下一)

くたっ-と (副・自スル) 力や張りがなくなり、しっかりした状態でなくなるさま。「煮すぎた野菜がーなる」

くたに-やき【九谷焼】石川県九谷に始まり、その近隣の地で作られる色絵磁器の総称。細密な模様に多彩な色（特に金色）を使うのが特色。九谷。

くたばり-ぞこない【くたばり損〔な〕い】ソコナヒ 死にそこなうこと。また、その人。「このーめ」用法 人をののしっていう。

くたば・る（自五）ラ(ロ)・リ(ツ)・ル・ル・レ・レ ①動けないほど疲れきる。へたばる。「暑さでー」②死ぬ。用法 ②は、ののしるときなどに用いる。

くたびれ【×草臥】疲れて、体力・気力がなくなること。

—もうけ【—△儲け】マウケ 疲れるばかりで、なんの利益や効果もないこと。「骨折り損のー」

くたび・れる【×草臥れる】（自下一）レ・レ・レル・レル・レレ・レロ(レヨ) ①体力・気力を使い切り、それ以上力がなくなる。疲れる。疲労する。「一日中歩いてー」②物などが長い間使用されて、いたんだり形がくずれたりする。「ー・れた靴」③（動詞の連用形に付いて）長時間その動作を続けたため、疲れていやになる。「待ちー」「泣きー」文くたび・る（下二）

くだ-もの【果物】食用となる果実。フルーツ。水菓子。参考 常用漢字表付表の語。⇩野菜「ちがい」

くだら〔百済〕《世》古代朝鮮の一国。高句麗・新羅とともに三国と称された。四世紀から七世紀まで朝鮮南西部を支配。六六〇年、唐・新羅の連合軍に滅ぼされた。ひゃくさい。

くだら-な・い（形）カロ・カッ(ク)・イ・イ・ケレ・○ 取るに足りない。つまらない。くだらぬ。くだらん。「ー話」

くだり【◇件】①文章の中で、ある事について述べた一部分。「はじめのーを朗読する」②前に述べた事柄。件くだん。

くだり【下り・◇降り】①くだること。さがること。また、その道。「川ー」「急なーにさしかかる」↕上り ②都から地方へ行くこと。「東海道ー」↕上り ③鉄道や道路で、路線の起点から終点へ、また、中心から地方へ向かうこと。「ー列車」↕上り ④「下り腹」の略。

—あゆ【—△鮎】→おちあゆ 秋

—ざか【—坂】①進むにつれて下っていく坂道。②最盛期が過ぎて、しだいに衰えていくこと。「景気もーだ」「天気はーです」《↕上り坂》

—ばら【—腹】下痢。腹下し。

—やな【—△梁】落ち鮎を取るために川の瀬などに設けるしかけ。秋 ⇩梁

くだ・る【下る・◇降る】（自五）ラ(ロ)・リ(ツ)・ル・ル・レ・レ ①高い所から低い所へ徐々に移る。おりる。「山をー」↕のぼる ②雨・水滴などが垂れ落ちる。「涙がほおをー」③川の上流から下流へ行く。「天竜川をー」↕のぼる ④帝の御所を背にして行く。都から地方へ行く。「東海道をー」「地方へー」↕のぼる ⑤時が移る。のちの時代になる。「時代がー」⑥上の者から申し渡される。「命令がー」「判決がー」⑦身を引く。「野にー（＝官職を辞して引退する。政権を離れて野党になる）」⑧戦いに負けて屈服する。降参する。「敵の軍門にー」⑨下痢する。「腹がー」⑩基準量に達しない。下回る。「観衆は一万をー・らない」他くだ・す（五）可能くだ・れる（下一）用法 ⑩は、多くあとに打ち消しの語を伴う。⇩おりる「ちがい」

くだん-の【◇件の】（連体）前に述べた事柄をたがいが承知しているものとしてさす語。例の。あの。語源「件りの」の転。

—如し（「よって件の如し」の形で）前に記したとおりである。用法 多く、文書や証文などの終わりに用いる。

くち【口】①動物が飲食物を体内に取り入れるための穴状になった部分。飲食のほか、発声・呼吸の器官でもある。「ーを大きくあける」「ーを固く閉じる」「あいたーがふさがらない」②言葉。ものの言い方。「ーをにごす」「ーが達者だ」「ーほどにもない」③うわさ。「人のーがうるさい」④よけいな口出し。「人の話にーを出す」⑤飲食物を味わう感覚。味覚。「ーに合う」「ーがおごる（＝飲食物の好みがぜいたくになる）」⑥食べさせなければならない人数。「ーを減らす」⑦勤めや縁組で、はいりこめる所。「勤めー」「就職ー」「どこかいいーはないか」⑧出入りのためにあけられた所。「裏ー」「登山ー」「非常ー」⑨物を出し入れする所。「瓶のー」⑩栓。ふた。口金。「ビールのーを抜く」⑪ふさぐ物のないすきま。あな。破れ。「障子の破れー」⑫外に向かって開いた所。「傷がーを開ける」⑬物事をいくつかの種類に分けたうちの、一つ一つ。「彼はいけるーだ」「別ー」⑭はし。こぐち。「曲がりー」⑮物事の初め。「宵のー」「序のー」⑯（数詞に付いて）㋐口に飲食物を入れる回数を数えるのに用いる語。「一ーに飲む」「一ー食う」㋑寄付や出資などの分担額の単位を数えるのに用いる語。「三ー申し込む」

—がうまい 聞き手を喜ばせたり、まるめこんだりするように話すのが上手である。**—が重い** 口数が少ない。無口だ。**—が掛かる** ①芸人などが客の招きを受ける。②仕事などをしないかと誘いがかかる。**—が堅い** 秘密などを簡単にはしゃべらない。**—が軽い** おしゃべりで、言ってはならないことでも不用意に言う。**—が裂けても** 人に秘密などをもらさない決意を表す語。口が腐っても。「ー言わない」**—が過ぎる** 言うべきでないことまで言う。言葉が過ぎる。**—が酸っぱくなる** 忠告など、同じことを何度もくり返して言うさま。**—が滑る** →くちをすべらす **—が干上がる** 暮らしが立たなくなる。**—が減らない** いやみや負け惜しみなどをいくらでも言う。へらず口をたたく。**—が曲がる** 神仏や目上の人などに失礼なことや悪口などを言うと、ばちがあたって口がゆがむ意。そのようなことを言うべきではないとたしなめる語。**—から先に生まれる** 口のうまい人や口数の多い人をあざけっていう言葉。**—が悪い** 悪口やにくまれ口を言うくせがある。**—と腹が違う** 言うことと考えていることが別である。**—にする** ①口に出して言う。話題にする。②食べてみる。**—に出す** 思っていることを言う。**—に乗る** ①うわさされる。口の端にのぼる。②だまされる。口車に乗る。**—に任せる** 言いたい放題に言う。「口にまかせてうそを言う」**—の下から** 言い終わるか終わらないうちに。「勉強すると言ったー遊びに行く」**—は禍の門** うっかり言った言葉が不幸を招く原因となるから、口をつつしめというましめ。口は禍のもと。**—も八丁手も八丁** 言うこともすることも達者なこと。口八丁手八丁。**—を合わせる** ①多くの人が同時に同じことを言う。口をそろえる。②しめし合わせて言うことを一致させる。口裏を合わせる。**—を入れる** わきから口出しをする。**—を掛ける** 誘う。声をかける。**—を利く** ①話す。しゃべる。②間に立ってとりもつ。紹介する。**—を切る** ①瓶の栓や袋の封をあける。②最初に発言する。言い出す。口火を切る。**—を極めて** 言葉を尽くして。あらゆる言葉を使って。「ーほめそやす」**—を滑らす** 言うつもりでなかったことや、言ってはならないことをうっかり言う。口がすべる。**—を揃える** →くちをあわせる① **—を出す** 他人の会話に割り込んで自分の言いたいことを言う。**—を衝いて出る** 次々と言葉が出る。**—を噤む** 口を閉じてものを言わない。**—を慎む** 余計なことを言わないように気をつける。**—を尖らす** 不服そうな顔をする。**—を拭う**（盗み食いをしたあと、口をぬぐってそしらぬ顔をする意から）悪いことをしていながら、していないふりをする。知っていながら、知らないふりをする。**—を糊する**（「糊する」は粥をすする意）どうにか暮らしてゆく。やっと生活する。**—を挟む** 他人の話の途中に割り込んで話す。わきから口出しをする。**—**

を割る　隠していたことを白状する。

ぐ-ち【愚痴】言っても仕方のないことを言って嘆くこと。「―をこぼす」

くち-あい【口合〔い〕】アヒ ①おたがいの話がよく合うこと。合い口。②仲介に立つこと。また、その人。③地口。語呂合わせ。

くち-あけ【口開け】①物の口をあけること。また、あけたばかりのとき。②物事の初め。皮切り。「興行の―」

くち-あたり【口当〔た〕り】①飲食物を口に入れたときの感じ。舌ざわり。「―のいい酒」②他の人に対する接し方の与える感じ。人あたり。「―のいい人」

くち-あみ【口網】かごなどの口にとりつけた網。

くち-あらそい【口争い】アラソヒ (名・自スル) 言い争うこと。口げんか。口論。「ささいなことで―する」

くち・い(形)(カロ・カッ(ク)・イ・イ・ケレ・○)(俗) 満腹である。「腹が―・くなる」

くち-いれ【口入れ】(名・他スル)(口出しをする意から) 奉公口などの世話をすること。また、その人。仲介。「―屋」

くち-うつし【口写し】話しぶりや話の内容などが他の人のそれにそっくりであること。

くち-うつし【口移し】①口に含んだ飲食物を直接相手の口に移し入れること。「水を―で飲ませる」②口頭で直接に言い教えること。口授。口伝。「秘伝を―に教える」

くち-うら【口裏】(本来は「口占」の意で、偶然耳にした人の言葉によって吉凶を占うこと) 話す人の心の中や事情などが推察できるような話しぶり。「―から察する」

―を合わせる 事前に相談して話の内容を一致させる。

くち-うるさ・い【口◦煩い】(形)(カロ・カッ(ク)・イ・イ・ケレ・○) ちょっとしたことにまでも口出ししたり注意したりするさま。口やかましい。「―母親」文くちうるさ・し(ク)

くち-え【口絵】エ 書籍・雑誌などの巻頭、または本文の前にのせてある絵や写真など。

くち-おし・い【口惜しい】ヲシイ (形)(カロ・カッ(ク)・イ・イ・ケレ・○) くやしい。残念だ。「落選して―」文くちを・し(シク)

くち-おも【口重】(形動ダ)(ダロ・ダッ(デ・ニ)・ダ・ナ・ナラ・○) ①慎重で、軽々しくしゃべらないさま。②すらすらとしゃべれないさま。(↔口軽)

くち-がき【口書き】①はしがき。序言。②筆を口にくわえて書画をかくこと。③江戸時代、訴訟についての供述書。

くち-かず【口数】①ものを言う回数。言葉かず。「―の多い人」②食費のかかる人数。あたまかず。③一口単位で数える事柄の数。件数。「新規の預金の―が減る」

くち-がた・い【口堅い】(形)(カロ・カッ(ク)・イ・イ・ケレ・○) ①むやみに他言しないさま。②言うことが確かであるさま。文くちがた・し(ク)

くち-がため【口固め】(名・自スル) ①口止め。②かたく口約束すること。「新郎新婦の―」

くち-がね【口金】器物の口につけた金具。「さいふの―」

くち-がる【口軽】(形動ダ)(ダロ・ダッ(デ・ニ)・ダ・ナ・ナラ・○) ①軽率になんでも話すさま。おしゃべり。②すらすらとしゃべるさま。(↔口重)

くち-き【朽ち木】①腐った木。②世に知られない不遇な境遇で一生を終わる人のたとえ。「―で果てる」

くち-きき【口利き】談判・交渉などで、双方の間を取りもつこと。斡旋。仲介。また、それのじょうずな人。転じて、顔役。「友人の―で商談がまとまる」「その土地の―」

くち-ぎたな・い【口汚い】(形)(カロ・カッ(ク)・イ・イ・ケレ・○) ①ものの言い方が乱暴で、下品である。「―・くののしる」②食い意地が張っていやしい。文くちぎたな・し(ク)

くち-きり【口切り】①物事の手はじめ。皮切り。「―の発言」②取引所などで最初に成立した売買取引。③密封した容器の口を開くこと。④茶道で、初冬に新茶のつぼの封を切ること。また、転じて、その茶で催す茶会。冬

く-ちく【駆逐】(名・他スル) 敵の勢力などを追い払うこと。

―かん【―艦】軍艦の一種。小型の高速艦艇。対潜攻撃、船舶の護衛などをおもな任務とする。

くち-ぐせ【口癖】①無意識のうちによく使う言葉。決まり文句。「母の―だった言葉」②話し方の癖。

くち-ぐち【口口】①(大勢の、人それぞれの発言の意) めいめいが言うこと。「―に言う」②あちこちの出入り口。

くち-ぐるま【口車】相手をまるめこむための巧みな話し方。

―に乗る 巧みな言葉にだまされる。

くち-げんか【口△喧△嘩】ゲンクワ (名・自スル) 言い争い。

類語 口争い・言い合い・諍い・口論・舌戦

くち-ごうしゃ【口巧者】ガウシヤ (名・形動ダ) 話のうまい人。また、そのさま。口上手。口達者。「―な人」

くち-ごたえ【口答え】ゴタヘ (名・自スル) 目上の人の言うことに逆らって言い返すこと。口返答。「親に―する」

くち-ことば【口言葉】日常で話し聞く言葉。話し言葉。

くち-コミ【口コミ】(俗)(マスコミをもじった語) 人から人へ口づてに情報が伝わること。「―で評判になる」

くち-ごも・る【口籠〔も〕る】(自五)(ラ(ロ)・リ(ッ)・ル・ル・レ・レ) ①言葉が、口の中にこもってはっきりしない。②ためらいはばかる気持ちなどのため、言いしぶる。ためらって言葉につまる。「追及されて―」

くち-さがな・い【口さがない】(形)(カロ・カッ(ク)・イ・イ・ケレ・○) 他人のことを、無責任にうわさしたり批評したりするさま。「世間の―連中」文くちさがな・し(ク)

くち-さき【口先】①口の先端。唇。「―をとがらせる」②心のこもらないうわべだけの言葉。「―ばかりで誠意がない」

くち-さびし・い【口寂しい・口△淋しい】(形)(カロ・カッ(ク)・イ・イ・ケレ・○) 食べ物やたばこなど、口に入れる物がなくて物足りない。くちさみしい。「禁煙したばかりで―」文くちさび・し(シク)

くち-ざわり【口触り】ザハリ 飲食物を口に入れたときの感じ。口あたり。「―のよいワイン」「ソフトな―」

くち-しのぎ【口△凌ぎ】①少し食べて一時的に空腹をまぎらすこと。また、一時しのぎの食べ物。②どうにかその日その日を暮らすこと。一時しのぎの暮らし。「当座の―」

くち-じゃみせん【口三味線】①(チントンツンなど)口で三味線の音や曲をまねること。「―に合わせて歌う」②口先で人をだますこと。口車。「―に乗せる」

くち-じょうず【口上手】ジヤウズ (名・形動ダ) 話のうまいさま。また、その人。口巧者。口達者。↔口下手

くち-ずから【口ずから】ッ (副) じかに自分の言葉で。自分自身の口から。「―伝える」

くち-すぎ【口過ぎ】暮らしを立てること。生計。なりわい。

くち-ずさ・む【口◦遊む】(他五)(マ(モ)・ミ(ン)・ム・ム・メ・メ) 詩歌などを、心に浮かんだまま軽く声に出したり歌ったりする。「童謡を―」

くち-すす・ぐ【△嗽ぐ・△漱ぐ】(自五)(ガ(ゴ)・ギ(イ)・グ・グ・ゲ・ゲ) 口の中を洗い清める。うがいをする。「石に―ぎ流れに枕す」

くち-ぞえ【口添え】ソヘ (名・自スル) 交渉や依頼などのとき、そばから言葉を添えてとりなすこと。「伯父の―で就職が決まる」

くち-だし【口出し】(名・自スル) 他人の話に、横から割りこんで話すこと。差し出口。「余計な―をするな」

くち-だっしゃ【口達者】(名・形動ダ) よくしゃべるさま。物言いの巧みなさま。また、その人。口巧者。口上手。

くち-ぢゃ【口茶】出がらしの茶に新しい茶の葉を加えること。また、その茶。差し茶。

くち-ちょうほう【口調法】テウハフ (名・形動ダ) 口先の

じょうずなこと。また、そのさま。↕口不調法

くち-つき【口付き】①口や口もとの形。②ものを言う口ぶり。「満足そうなーで話す」③→くちとり① ④(「口付きたばこ」の略)紙を巻いた吸い口のついている紙巻きたばこ。↕両切り 参考 ①②はふつう「口つき」と書く。

くち-づけ【口付け】(名・自スル)接吻(せっぷん)。キス。

くち-づたえ【口伝え】ヅタヘ (名・他スル)①口頭で直接言い教えること。口伝(くでん)。「ーに伝授する」②人から人へ言い伝えること。口づて。「ーに聞くうわさ」

くち-づて【口◇伝て】→くちづたえ②

くち-どめ【口止め】(名・自他スル)あることを他人に話すことを禁じること。「固くーする」

—りょう【—料】レウ 秘密を守らせる代償に与える金品。

くち-とり【口取〔り〕】①牛馬の引き綱を取って引くこと。また、その役目の人。口付き。②(「口取り肴(ざかな)」の略)日本料理で、最初に出るもの。甘く煮た魚・きんとん・かまぼこなどを盛り合わせたものなど。③(「口取り菓子」の略)茶会で、茶を出す前に器に盛って出す菓子。

くち-なおし【口直し】ナホシ 前に飲食したものの味や薬の苦みなどを消して口中をさっぱりさせるために、別の物を飲食すること。また、その飲食物。「おーに一杯どうぞ」

くち-なし【×梔子・×山梔子】《植》アカネ科の常緑低木。初夏に芳香のある白い花を開く。観賞用。果実は熟すと黄赤色となり染料用・薬用。(くちなしの花 夏・くちなしの実 秋)

くち-なめずり【口△舐めずり】ナメヅリ (名・自スル)食欲の起こったときや食後に口のまわりをなめること。舌なめずり。

くち-ならし【口慣らし・口△馴らし】(名・自スル)①すらすら言えるように、前もってその練習をしておくこと。②ある食べ物の味に舌を慣れさせておくこと。

くち-なわ【◇蛇】ナハ (「朽ち縄(なわ)」の意で)「へび」の異名。夏

くち-ぬき【口抜き】瓶の栓を抜くのに使う器具。栓抜き。

くち-の-は【口の端】言葉のはし。

—に掛(か)かる うわさにのぼる。**—に上(のぼ)る** 話題になる。

くち-ば【朽〔ち〕葉】①落ち葉の腐ったもの。冬 ②(「朽ち葉色」の略)赤みを帯びた黄色。

くち-ぱく【口ぱく】《俗》あらかじめ録音された音声に合わせて、実際に歌っているかのように口をぱくぱく動かすこと。

くち-ばし【△嘴・△喙】鳥類などの上下のあごの骨が突き出て角質のさやでおおわれている部分。「ーでついばむ」

—が黄色(きいろ)い (雛(ひな)のくちばしが黄色いことから)年が若く経験が浅いことのたとえ。**—を入(い)れる** そばからあれこれ言う。口出しをする。嘴(くちばし)を挟む。**—を挟(はさ)む** →くちばしをいれる

くちばし・る【口走る】(他五) ラ(ロ)・リ(ッ)・ル・ル・レ・レ 勢いに乗って、言ってはならないことなどをうっかり言う。「あらぬことをー」

くち-はっちょう【口八丁】ハッチヤウ しゃべることのきわめて達者なこと。また、その人。「ー手八丁」⇩口も八丁手も八丁

くち-は・てる【朽〔ち〕果てる】(自下一) テ・テ・テル・テル・テレ・テロ(テヨ) ①すっかり腐ってしまう。「ーた大木」②世に知られずむなしく死んでしまう。「汚名をきたままー」文くちは・つ(下二)

くち-はばった・い【口幅ったい】(形) カロ・カッ(ク)・イ・イ・ケレ・○ 力量以上に偉そうなことを言うさま。「ーことを言うようですが」

くち-ばみ【△蝮】《古》「まむし」の異名。

くち-ばや【口早・口速】(形動ダ) ダロ・ダッ(デ・ニ)・ダ・ナ・ナラ・○ しゃべり方が早いさま。早口であるさま。「ーに言う」文(ナリ)

くち-び【口火】①火縄銃・爆薬、また、ガス器具などを点火させるのに用いる火。②物事の起こるきっかけや原因。

—を切(き)る 物事をいちばん先にし始める。きっかけをつくる。「反論のー」

くち-ひげ【口△髭】鼻の下に生やしたひげ。

くち-びょうし【口拍子】ビヤウシ 口で拍子をとること。また、その拍子。「手拍子ーではやしたてる」

くち-びる【唇・△脣】口の上下のふちの、皮が薄く柔らかい器官。飲食・発声などに関係する。

—亡(ほろ)びて歯(は)寒(さむ)し たがいに助けあっている一方が滅びれば、他の一方も危なくなるたとえ。【故事】大国の晋(しん)が虢(かく)の国を討つため、虢に隣接した虞(ぐ)の国に領内通過の許可を求めたとき、虞の賢臣宮之奇(きゅうしき)が「虢と虞とは表裏一体の仲で、唇がなくなれば歯は露出して寒くなることと同様です。虢が滅びると虞も滅びます」と主君をいさめたことからいう。〈左伝〉 **—を噛(か)む** くやしさをじっとこらえる。**—を尖(とが)らす** 不平・不満の態度を表す。また、不満の気持ちをあらわにしてものを言う。**—を反(かえ)す** あしざまにののしる。悪口を言う。

くち-ふうじ【口封じ】知られては困ることを口外されないよう、手段を講じること。口どめ。

くち-ぶえ【口笛】口をすぼめ、また指を口にくわえて、息を強く吹いて笛のように音を出すこと。また、その音。

くち-ふさぎ【口塞ぎ】①口外しないようにさせること。口どめ。「ーに金を出す」②(「お」を付けて)客に出す料理などの謙譲語。口よごし。「ほんのおーですが」

くち-ぶちょうほう【口不調法】ブテウハフ (名・形動ダ)ものの言い方のへたなこと。また、そのさま。口べた。↕口調法

くち-ぶり【口振り】話し方の調子。口のききぐあい。言葉つき。「なんでも知っているようなー」

くち-べた【口下手】(名・形動ダ)ものの言い方のへたなさま。また、その人。「ーな人」↕口上手

くち-べに【口紅】①くちびるに塗る化粧品。ルージュ。②陶磁器などの、ふちにだけ紅を塗ること。また、そのもの。

くち-べらし【口減らし】(名・自スル)経済的理由で、子供を養子にやるなどして養うべき人数を減らすこと。

くち-へん【口偏】漢字の部首名の一つ。「呼」「咲」などの「口」の部分。

くち-へんとう【口返答】ヘンタフ (名・自スル)→くちごたえ

くち-ほど【口程】口で言う程度。「ーにもない(=実際はたいしたことはない)」「目はーに物を言う」

くち-まえ【口前】マヘ ものの言い方。話しぶり。「ーがうまい」

くち-まかせ【口任せ】口から出まかせにものを言うこと。

くち-まね【口真◇似】(名・自他スル)他人の声や話し方などをまねること。「ーがうまい」

くち-まめ【口×忠実】(名・形動ダ)よくしゃべるさま。また、その人。「ーな人」

くち-もと【口元・口◇許】①口の周辺。また、そのようす。「ーのかわいい子」②出し入れしたり、出入りしたりする所。

くち-やかまし・い【口△喧しい】(形) カロ・カッ(ク)・イ・イ・ケレ・○ ①細かいことまでいろいろ文句を言うさま。「ー上司」②盛んにしゃべりたてうるさいさま。「ー子供たち」文くちやかま・し(シク)

くち-やくそく【口約束】(名・他スル)文書などを交わさないで、口だけで約束すること。また、その約束。口約(こうやく)。「ただのーにすぎない」

くちゃ-くちゃ ━(副)音をたてて物をかむさま。「ガムをー(と)かむ」━(形動ダ) ダロ・ダッ(デ・ニ)・ダ・ナ・ナラ・○ ①紙や布などがもまれたりして、しわだらけのさま。くしゃくしゃ。「ーなシャツ」②くずれたり乱れたり混乱していたりするさま。「ーに書かれたメモ」

ぐちゃ-ぐちゃ ━(副・自スル・形動ダ)①水分が多くてやわらかなさま。「ー(と)した道」②形がくずれたさま。また、物事の

ひどく乱れたさま。「涙で顔が—になる」「順序が—になる」 ㊁(副) 不満などをくどくど言うさま。「—(と)文句を言う」

く-ちゅう【苦衷】 苦しい胸のうち。「彼の—を察する」

く-ちゅう【駆虫】(名・自スル) 寄生虫・害虫などを(薬などを使って)退治すること。除虫。「—薬」

—ざい【—剤】 寄生虫や害虫を退治する薬。

く-ちょう【口調】テウ 言葉の言いまわし。ものを言うときの調子。「改まった—で話す」

く-ちょう【区長】チヤウ 区の行政を担当している責任者。

ぐ-ちょく【愚直】(名・形動ダ) おろかしいほど正直で、融通のきかないこと。また、そのさま。ばか正直。「—な男」

くち-よごし【口汚し】(「お」を付けた形で、量が少なくただ口を汚す程度の意から)客に料理をすすめるときの謙譲語。口ふさぎ。「ほんのお—ですが」

くち-よせ【口寄せ】 巫女(みこ)が生き霊や死霊を招いて、霊魂の思いを自分の口を通して告げること。また、それをする巫女。

く・ちる【朽ちる】(自上一) チ・チ・チル・チル・チレ・チロ(チヨ) ①木などが腐ってぼろぼろになる。②勢いが衰える。名声がすたる。「—ことのない名声」③世に知られないまま死ぬ。「異郷で—」文く・つ(上二)

ぐち・る【愚痴る】(自五) ラ(ロ)・リ(ッ)・ル・ル・レ・レ 《俗》ぐちを言う。泣き言を並べる。ぐちをこぼす。「—・ってばかりいる人」語源「愚痴」を動詞化した語。

くち-を・し【口惜し】おし(形シク)《古》①残念だ。情けない。「あはれ、弓矢取る身(=武士)ほど—・しかりけるものはなし」〈平家〉②つまらない。ものたりない。③卑しい。地位が低い。

ぐ-ちん【具陳】(名・他スル) 詳しく述べること。詳述。「上司に状況を—する」

くつ【屈】 クツ㊥ かがむ・かがめる

ㄱ コ 尸 尸 屈 屈

(字義) ①かがむ。まがる。かがめる。まげる。「屈伸・屈折・後屈」↔伸 ②くじく。くじける。おさえつける。「屈従・屈辱・屈服・卑屈・不屈」③きわまる。ゆきづまる。「窮屈」④つよい。「屈強」難読屈(こご)む

くつ【◇堀】 クツ・コツ ほり㊥

扌 圹 圻 埆 堀 堀

(字義) ①ほる。地をほる。=掘。②あな。地下室。=窟。③ほり。ほった川、また池。参考「堀」とは別字だが、現在では「堀」は名詞、「掘」は動詞として使い分けられている。

くつ【掘】 クツ㊥ ほる㊥

扌 扌 扌 扩 折 掘 掘

(字義) ほる。土をほる。ほりだす。「掘削・採掘・発掘」⇩堀(くっ)「参考」

くつ【窟】 クツ㊥・コツ いわや

宀 穴 穴 穴 窟 窟

(字義) ①あな。ほらあな。「石窟・洞窟」②いわや。岩山をほってつくった住居。③人や物の集まる所。「巣窟・魔窟」

くつ【靴・△沓】 はきものの一つ。革・ゴム・布・わらなどで作り、足をその中に入れて歩く。参考「靴」は特に洋風のくつ。「沓」は日本で、はきものの総称。

—を隔(へだ)てて痒(かゆ)きを掻(か)く (くつの上からかゆい所をかく意から)もどかしくてじれったい状態のたとえ。隔靴掻痒(かっかそうよう)。

く-つう【苦痛】 ①肉体に感じる痛みや苦しみ。「背中の—を訴える」②精神的な苦しみ。「人前で話すのは—だ」

くつがえ・す【覆す】クツガヘス(他五) サ(ソ)・シ・ス・ス・セ・セ ①根元の部分から倒す。ひっくり返す。「荒波が船を—」②それまでの国家・組織などを打ち倒す。滅ぼす。「政権を—」③今までのことを否定して異なった立場に立つ。「定説を—」「判決を—」自くつがえ・る(五) 可能くつがえ・せる(下一)

くつがえ・る【覆る】クツガヘル(自五) ラ(ロ)・リ(ッ)・ル・ル・レ・レ ①根元の部分から倒れる。ひっくり返る。「船が大波で—」②それまでの国家・組織などが倒れる。滅びる。「幕府が—」③今までのことが否定されて異なった結果となる。「判定が—」他くつがえ・す(五)

クッキー〈cookie〉①小麦粉・バター・卵・牛乳などを材料にして焼いた、ビスケットに似た小さな洋菓子。②〔情報〕ウェブサイトを閲覧した人の閲覧履歴やログインIDなどの情報を保存するファイルやその仕組み。

くっ-きょう【◇究△竟】キヤウ ㊀(副・自スル) つまるところ。結局。「—するに弱くて負けたのだ」㊁(名・形動ダ) ①すぐれて強いこと。また、そのさま。「—の兵(つわもの)」②非常に都合のよいこと。また、そのさま。「—の機会」語源「くきょう」の転。

くっ-きょう【屈強】キヤウ(名・形動ダ) たくましく力が強いこと。また、そのさま。「—な若者」

くっ-きょく【屈曲】(名・自スル) 折れ曲がること。「—した山道」

くっきり(副・自スル) 形や色などがはっきり目立つさま。非常にあざやかなさま。「青空に富士山が—(と)そびえている」

クッキング〈cooking〉料理。料理法。「—スクール」

クックしょとう【クック諸島】クックショタウ〈Cook Islands〉南太平洋ポリネシアにある島々からなる立憲君主国。首都はアバルア。語源一八世紀後半に来島した英国人探検家ジェームズ・クックの名にちなむ。

ぐつ-ぐつ(副) 物が煮え立つ音の形容。「—(と)煮込む」

くっ-さく【掘削・掘△鑿】(名・他スル) 土砂を掘ったり、岩石に穴をあけたりすること。「—機」「岩盤を—する」

くっ-し【屈指】 多くの中で、指を折って数えられるほどすぐれていること。指折り。「世界—の科学者」「日本—の名園」

くつ-しき【靴敷〔き〕】 靴の中底に敷くもの。くつじき。

くつ-した【靴下】 衣料品の一種で、靴をはくときなどに足に直接はくもの。ソックスやストッキングなど。

くつ-じゅう【屈従】(名・自スル) 自分の意志をまげて、権力や力の強い者のなすがままに従うこと。屈服。

くつ-じょく【屈辱】 はずかしめられて面目を失うこと。「—感」「—を受ける」

ぐっしょり(副) (しずくがしたたるほど)ひどくぬれるさま。びっしょり。「—(と)汗をかく」

クッション〈cushion〉①いすなどに置いて使う、詰め物をして弾力をもたせた洋風のざぶとん。②弾力性のあるもの。また、その弾力性。「—のきいたソファー」③(比喩(ひゆ)的に)中間にあって直接の衝撃をさけるもの。「ワン—置く」④玉突き台の内側の縁で、玉のあたる部分。「—ボール」

くっ-しん【屈伸】(名・自他スル) かがむことと伸びること。のびちぢみ。また、かがめることと伸ばすこと。伸縮。「—運動」

くっ-しん【掘進】(名・自スル) 坑道などを掘り進むこと。

グッズ〈goods〉商品。品物。雑貨。「オリジナル—」

くつ-ずみ【靴墨】 革靴の色に合わせて塗って、革のもちをよくし、またつやを出すクリーム。靴クリーム。

ぐっすり(副) 深い眠りについているさま。「—(と)眠る」

くっ・する【屈する】 シ(セ・サ)・シ・スル・スル・スレ・シロ(セヨ) ㊀(自サ変) ①体が前方に折れ曲がる。かがむ。②持ち続けていた気持ちをなくす。気力がくじける。「失敗に—な」③強い力に負けて従う。服従する。「権力に—」㊁(他サ変) ①折り曲げる。かがめる。「腰を—」②勢力をくじく。服従させる。「敵を—」文くっ・す(サ変)

くつ-ずれ【靴擦れ】 靴が足に合わないために皮膚がすれること。また、すれてできた傷。

くっ-せい【屈性】〔植〕植物が外からの刺激に対して一定の方向に曲がる性質。刺激の方向に向かう場合を正の屈性、逆方向へ向かう場合を負の屈性という。光(ひかり)屈性(屈光性)・重力屈性(屈地性)・接触屈性(屈触性)など。⇩傾性

くっ-せつ【屈折】(名・自スル)①折れ曲がること。「―した道」②人の気持ちが素直でなく、複雑にゆがんでいること。「―した心理」③〔物〕光波・音波などが一つの媒質から他の媒質へと進むとき、境界面でその進行方向を変えること。「光の―」

―ご【―語】〔文法〕言語の形態的分類の一つ。文法的関係が主として語尾変化によって示される言語。曲折語。英語・フランス語・ドイツ語など。参考日本語の活用もその一種とする考えもある。ただし、日本語の場合、語形の変化に伴っての意味の変化はない。⇩膠着語(こうちゃくご)・孤立語(こりつご)

―ぼうえんきょう【―望遠鏡】(バウエンキヤウ) レンズを組み合わせてつくり、屈折光線で像を結ばせる望遠鏡。⇩反射望遠鏡

くっ-たく【屈託】(名・自スル)①ある事を気にかけてくよくよすること。「―のない笑顔」②疲れてあきること。「生活に―する」

ぐったり(副・自スル)疲れきって弱っているさま。ぐたり。「連日の暑さで―(と)する」

くっ-つ・く(自五)カ(コ)・キ(イ)・ク・ク・ケ・ケ ①二つのものがすきまなく接して離れなくなる。また、あるものに付着する。「傷口が―」「ガムが靴底に―」②つき従ってそばを離れないでいる。「母に―・いていく」③〔俗〕恋人どうしの関係になる。特に、夫婦になる。他くっつ・ける(下一)

くっ-つ・ける(他下一)ケ・ケ・ケル・ケル・ケレ・ケロ(ケヨ) ①二つのものをすきまなく接着させて離れないようにする。何かをあるものに付着させる。「体を―ように並ぶ」「糊(のり)で―」②〔俗〕恋人どうしの関係にする。特に、夫婦にする。「二人を―」自くっつ・く(五)

くって-かか・る【食って掛(か)る】(自五)ラ(ロ)・リ(ッ)・ル・ル・レ・レ 激しい態度や口調で相手に向かってゆく。「上司に―」

ぐっ-と(副)①力をこめて。ひといきに。「綱を―引く」「酒を―飲む」②しんぼうするさま。「怒りを―こらえる」③いっそう。一段と。「―引き立つ」「―寒くなる」④衝撃や感動を受けて、息や言葉が一時つまるさま。「言葉に―つまる」

―来(く)る 強い感動を受ける。「胸に―場面」

グッド〈good〉■(名・形動ダ)すぐれていること。また、そのさま。よい。「―アイデア」■(感)よし。

―タイミング〈good timing〉事を進める頃合(ころあ)いがちょうどよいこと。何かをするのによい機会。

―デザイン〈good design〉すぐれたデザイン。特に、日本デザイン振興会が認定した市販商品などのデザインをいう。⇩ジーマーク

―バイ〈good-bye, good-by〉(感)さようなら。

―ラック〈good luck〉(感)別れのあいさつの語。幸運を祈るの意。お元気で。ごきげんよう。

くつ-ぬぎ【靴脱ぎ・△沓脱ぎ】①家の戸口・縁側の上がり口などの、はきものを脱ぐ所。②「靴脱ぎ石」の略。

―いし【―石】戸口・縁側などの上がり口に置く平たい石。

くつ-ぬぐい【靴拭い】(ヌグヒ) 靴についた泥などをぬぐうため、建物の入り口に置く敷物。

クッパ〈朝鮮語〉具や薬味を入れた熱いスープに米飯を入れて食べる雑炊風の朝鮮料理。

グッピー〈guppy〉〔動〕カダヤシ科の熱帯淡水魚。体長は、雌は六センチメートル、雄は三センチメートルくらい。観賞用。

くっ-ぷく【屈服・屈伏】(名・自スル)相手の勢いに負けて降参すること。強い力で服従させられること。「権力に―する」

くつ-べら【靴△篦】靴をはくときに、かかとにあてがって足がはいりやすいようにするへら。

くつ-みがき【靴磨き】ブラシや靴墨などを用いて靴を磨き光らせること。また、その道具。また、それを職業にする人。

くづめ-らくがみ【苦爪楽髪】苦労すれば爪(つめ)が早くのび、安楽ならば髪ののび方が早いということ。

くつろぎ【◦寛ぎ】心身ともにゆったりすること。「―の時間」

くつろ・ぐ【◦寛ぐ】(自五)ガ(ゴ)・ギ(イ)・グ・グ・ゲ・ゲ 何も気にかかることがなく、心身ともにゆったりする。「家庭で―」「浴衣で―」他くつろ・げる(下一) 可能くつろ・げる(下一)

くつろ・げる【◦寛げる】ゲ・ゲ・ゲル・ゲル・ゲレ・ゲロ(ゲヨ) ■(他下一)①心身を楽にする。②ゆるやかにする。「えり元を―」自くつろ・ぐ(五) 文くつろ・ぐ(下二) ■(自下一)ゆったりすることができる。

くつわ【△轡】(口輪の意)馬の口にくわえさせ、たづなをつける金具。くつばみ。「―を取る」

―を並(なら)べる 馬の頭を並べて進む。転じて、何人かの人がいっしょにそろって行動する。

―がた【―形】円の中に十文字のある形。

―むし【―虫】〔動〕キリギリス科の昆虫。羽の先まで入れると六センチメートルくらい。雄は夏の夜に、馬の轡(くつわ)が鳴るようにがちゃがちゃと鳴く。がちゃがちゃ。秋

ぐ-てい【愚弟】①おろかな弟。「賢兄―」②自分の弟の謙称。

く-てん【句点】文の終わりを示す符号。まる。「。」⇩読点(とうてん)

く-でん【口伝】(名・他スル)秘法などを口頭で伝え授けること。また、それを書き記したもの。口授(くじゅ)。

ぐでん-ぐでん(形動ダ)ダロ・ダッ(デ・ニ)・ダ・ナ・ナラ・〇 酒に酔って正体のないさま。「―に酔っぱらう」

くど【△竈】かまど。へっつい。

くど・い【△諄い】(形)カロ・カッ(ク)・イ・イ・ケレ・〇 ①同じことをしつこくくり返して、うるさい感じのするさま。「話が―」②味・色などが度を越して濃い。しつこい。「―味」文くど・し(ク)

く-とう【句読】①文または語句の切れめ。「―を切る(=句読点を打つ)」②文章の区切り方。(漢文の)読み方。③「句読点」の略。

―てん【―点】文章中の文または語句の切れめを示す符号。句点「。」と読点(とうてん)「、」。

―ほう【―法】(ハフ) 句読点の使い方。また、そのきまり。

く-とう【苦闘】(名・自スル)苦しみもがきながら戦うこと。苦戦。「悪戦―」

く-どう【駆動】(名・他スル)動力を与えて動かすこと。特に自動車で、エンジンの動力を伝えて車輪を動かすこと。「四輪―」

ぐ-とう【愚答】(タフ) おろかな答え。「愚問―」

ぐ-どう【◦求道】(ダウ) 〔仏〕仏の教えや悟りを求めること。

く-どき【口説き】①くどくこと。また、その言葉。「―上手」「―文句」②謡曲・浄瑠璃(じょうるり)などで、しんみりとした心の中の思いを述べる部分。また、その文句。

くどき-おと・す【口説き落(と)す】(他五)サ(ソ)・シ・ス・ス・セ・セ 繰り返し、また言葉巧みにくどいて承知させる。「頑固な父を―」

く-どく【功徳】①〔仏〕現在または将来によい果報をもたらすようなよい行い。また、善行の結果として報いられる果報。「―を施す」②神仏が人間に与えるめぐみ。御利益(ごりやく)。

くど・く【口説く】カ(コ)・キ(イ)・ク・ク・ケ・ケ ■(他五)自分の意に従わせようと説得や懇願をする。特に、意中の相手に言い寄る。「彼女を―」■(自五)嘆きの言葉などをくどくどと言う。可能くど・ける(下一)

ぐ-とく【愚△禿】(代)(おろかな、頭に毛のない者の意から)①僧が自分をさす謙称。②特に、親鸞(しんらん)の用いた自称。

くど-くど【諄諄】(副) 同じことをくり返してしつこく言うさま。「ー(と)説明する」

くどくど-し・い【諄諄しい】(形)(カロ・カッ(ク)・イ・イ・ケレ・○) いやになるほど長くしつこい。「ー言い方」文くどくど・し(シク)

ぐ-どん【愚鈍】(名・形動ダ) 判断や行動のにぶいこと。また、そのさま。のろま。「ーな人」

くない-しょう【宮内省】(―シャウ) ①宮内庁の旧制での名称。一八六九(明治二)年設置。一九四七(昭和二十二)年に宮内府、一九四九(昭和二十四)年に宮内庁と改称。②〘日〙律令制による役所の名。八省の一つ。皇室の経済・庶務を取り扱った。⇨八省

くない-ちょう【宮内庁】(―チャウ) 皇室・天皇に関する事務を取り扱う役所。内閣府に置かれる。

く-なん【苦難】 心身の苦しみ。難儀。「ーに耐える」

くに【国】 ①一つの主権のもとに治められている体制・地域。国家。国土。「ーを治める」②地域。地方。「南のー」③昔の行政区画の単位で、いくつかの郡を統括したもの。「土佐のー」④生まれ育った国。生国。故郷。「おー自慢」「ーの母」参考①は「邦」とも書く。

—破れて山河あり 人の営む国家はほろびても、自然だけはもとの姿のままに残っている。〈杜甫・春望〉

くに-いり【国入り】(名・自スル) ①故郷・出身地に赴くこと。「大臣のおー」②領主が自分の領国へ行くこと。また、武士が主君の領地に出向くこと。

くに-おもて【国表】(藩邸のある江戸表や京表に対して)自分の領国。国もと。

くに-がえ【国替え】(―ガヘ) ①江戸時代、諸大名の領地を移しかえたこと。転封。②平安時代、下級の地方官を任国から希望の他国に転任させたこと。

くに-がまえ【国構え】(―ガマヘ) 漢字の部首名の一つ。「国」「固」などの「口」の部分。

くに-がら【国柄】 ①諸国・諸地方の特質や持ち味。「南国のおー」②国の成り立ちの事情。国体。「日本のー」

くに-がろう【国家老】(―ガラウ) 江戸時代、大名が参勤交代で江戸にいる間、領国の留守を預かった家老。↔江戸家老

くにきだどっぽ【国木田独歩】(クニキダドクホ)(一八七一〜一九〇八) 詩人・小説家。本名、哲夫。千葉県生まれ。田園の自然と生活を、香気ある簡潔な筆致で描いた。小説「源叔父」「武蔵野」「忘れえぬ人々」など。

く-にく【苦肉】 敵をあざむくために自分の身を苦しめること。

—の策 自分の身を苦しめてでも行うはかりごと。また、いろいろ悩み考えた末に出した苦しまぎれの策。「ーを講じる」

くに-ことば【国言葉】 その地方特有の発音や言葉。方言。

くに-ざかい【国境】(―ザカヒ) 国と国との境界。国境。

くに-ざむらい【国侍】(―ザムラヒ)(江戸詰めの武士に対して)大名の領地である国もとに住む武士。地方の武士。

くに-そだち【国育ち】 田舎育ち。また、その人。

くに-たみ【国民】 一国の人民。国民。

くに-づくし【国尽くし】 日本の旧国名をすべて挙げて唱えやすい文句につづったもの。

くに-つづき【国続き】 国と国とが地続きに隣り合っていること。国並び。

くに-づめ【国詰(め)】 江戸時代、大名とその家臣が領国にいて勤務したこと。↔江戸詰め

くに-なまり【国訛り】 その地方特有の発音やアクセント。「おーが出る」

くに-の-みやつこ【国造】〘日〙(「国の御奴」の意)大和政権の地方官。現在の郡程度の地域を支配し、多くは地方豪族が任命された。律令制のもとで郡司となる。

くに-はら【国原】 国の広々とした所。また、広々とした国土。

くに-ばらい【国払い】(―バラヒ) 江戸時代の刑罰で、その在住している国から追放すること。

くに-びと【国人】 ①その地方の住民。土着の人。②国民。

くに-ぶり【国振り・国風】 ①その国や土地のならわし・風俗。「おー」②諸国それぞれの風俗歌。民謡。

くに-み【国見】 昔、天皇などが高い所に登って、国情や人民の生活状態を観察したこと。

くに-もち【国持ち】 江戸時代、大名が一国以上を領有すること。また、その(格式の)大名。国持ち大名。国大名。

くに-もと【国元・国許】 ①その人の生まれ育った土地。郷里。故郷。「ーを離れる」②本国。領地。

ぐにゃ-ぐにゃ (副・自スル・形動ダ) 全体が柔らかく曲がったり変形したりしやすいさま。また、力が抜けてしっかりしていないさま。「ー(と)した体」「金属棒が熱でーになる」

くぬぎ【櫟・椚】〘植〙ブナ科の落葉高木。山野に自生、また植林もする。五月ごろ花を開く。果実は球形で「どんぐり」という。材は薪炭用。樹皮から染料をとる。(くぬぎの実 秋)

くね-くね (副・自スル) 曲がりくねっているさま。連続して右に左に曲がっているさま。「ー(と)した道」「腰をーさせて踊る」

く-ねつ【苦熱】 暑さに苦しむこと。また、たえ難いほどの暑さ。

くね・る (自五)(ラ(ロ)・リ(ッ)・ル・ル・レ・レ) ゆるく何度も折れ曲がる。「曲がりー・った道」「腰をー・らせる」

くねん-ぼ【九年母】〘植〙ミカン科の常緑低木。夏に香りの高い白い花が咲く。実は香りと甘味がある。食用。冬(秋)

く-の-いち(俗)(「女」という字が「く」「ノ」「一」に分解できることから)女の忍者。また、女性のこと。

く-のう【苦悩】(―ナウ)(名・自スル) 精神的に苦しみ悩むこと。また、その悩みや苦しみ。「ーの色を表す」

くの-じてん【くの字点】 踊り字の一つ。「〱」。「ます〱(益々)」「とき〲(時々)」のように、二字以上の仮名や仮名交じり語句を繰り返すときに用いる。

く-はい【苦杯】(にがい飲み物を入れた杯の意から)つらい経験。苦しい経験。「ーをなめる(=つらい経験をする)」

くはのかの… 和歌〔桑の香の 青くただよふ 朝明けに 堪へがたければ 母呼びにけり〕〈斎藤茂吉〉死期迫る母を看病してまんじりともせず夜を明かした明け方、朝の冷気とともに青くさい桑の葉の香りが強く漂ってきた。それとともに幼かった日のさまざまな思い出が急に胸にこみあげてきて、耐えかねて私は思わず母に呼びかけたことだ。(「赤光」の「死にたまふ母」一連五九首の中の一つ)

くば・る【配る】(他五)(ラ(ロ)・リ(ッ)・ル・ル・レ・レ) ①何人かに割り当てて渡す。分配する。「問題用紙をー」②それぞれの宛先に届ける。配達する。「郵便物をー」③注意を全体に行きわたらせる。「気をー」「目をー」④適当に配置する。配備する。「人を要所要所にー」可能くば・れる(下一)

ぐはん-しょうねん【虞犯少年】(―セウネン) 少年法で規定する一定の事由があり、その環境・行動・性格などから考えて、将来罪を犯すおそれのある一八歳未満の少年。

く-ひ【句碑】 俳句を彫りつけた石碑。「ーを立てる」

くび【首・頸】 ①頭から胴に続く細長い部分。②〔首〕あたま。かしら。こうべ。「ーを縦に振る(=相手に賛同する)」「ーを横に振る(=相手に反対する)」③物の、形や役割が①に似た部分。「手ー」「瓶のー」④〔首〕職をやめさせること。免職。解雇。馘首。「ーにする」「会社をーになる」参考④は「馘」とも書く。

—が危ない 免職・解雇されそうである。—が繋がる ①免職・解雇されずにすむ。②斬罪にならないですむ。—が飛ぶ ①免職・解雇される。②斬罪にされる。—が回らない 金のやりくりがつかない。「借金で—」—の皮一枚 まだかすかに望みが残っている状態。—を傾げる 不審に思う。不思議に思う。—を切る 解雇する。—を突っ込む あることにかかわりをもつ。深入りする。—を長くする 今か今かと待ちわびる。「首を長くして帰りを待つ」—を捻る 納得しかねて、また、疑問に思って考えこむ。

ぐ-び【具備】(名・自他スル) 必要なものがすべて備わること。また、備えること。「必要条件を—する」

くび-おけ【首桶】— 合戦などで斬った首を入れた桶。

くび-かざり【首飾り・頸飾り】 装身具の一つ。宝石・貴金属などをつなぎ、首にかけるもの。首輪。ネックレス。

くび-かせ【首枷・頸枷】 ①昔、罪人の首にはめて、自由を束縛した刑具。②(比喩的に)自由をさまたげるもの。係累。きずな。「子は三界の—」

くび-かり【首狩〔り〕】 未開社会で、儀式を行うため他の部族をおそい、首を切り取った習俗。くびがり。

くび-き【頸木・軛】 ①車の轅の前端につけて牛馬のくびにあてる横木。⇩牛車(さしえ) ②(比喩的に)思考や行動の自由を束縛するもの。

くび-きり【首切〔り〕・首斬〔り〕】 ①罪人の首をきること。また、その役目の人。「—役人」②免職にすること。解雇。

くび-くくり【首縊り】 自分の首をひもなどでくくって死ぬこと。また、その人。首つり。縊死。

ぐび-ぐび(副) のどを鳴らして飲むさま。「酒を—(と)やる」

くび-じっけん【首実検】 ①昔、戦場で討ち取った敵の首がその本人のものであるかどうかを調べたこと。②実際に本人を見て、その人かどうかを確認すること。

ぐびじん-そう【虞美人草】— 「ひなげし」の別称。夏 語源 昔、中国の楚王項羽の寵姫虞美人の墓に生えたことからこの名がつけられたという。

くびす【踵】 足の裏の後部。かかと。きびす。「—を返す」

くび-すじ【首筋・頸筋】— 首のうしろの部分。くびねっこ。

くび-づか【首塚】 切った首を埋めた塚。

くびっ-たけ【首っ丈】 すっかりほれこんで夢中になるさま。「彼はあの娘に—だ」語源 「くびだけ」の転。足先から首のところまで深くはまりこむ意からいう。

くびっ-たま【首っ玉・頸っ玉】《俗》首。くびすじ。

くびっ-ぴき【首っ引き】 手元に置いた本などを絶えず参照しながら事を行うこと。「辞書と—で原書を読む」語源 「くびひき」の転。

くび-つり【首吊り】 首をつって死ぬこと。首くくり。

くび-なげ【首投げ】 相撲やレスリングで、相手の首に手を巻き、腰を入れて投げ倒すわざ。

くび-ねっこ【首根っ子】 首のうしろの部分。くびすじ。—を押さえる 相手の弱点や急所をおさえて有無を言わせないようにする。

くび-の-ざ【首の座】 打ち首になる者が座る場所。

くび-ひき【首引き】 ①輪にしたひもをたがいの首に掛けて引き合う遊び。②→くびっぴき

くび-まき【首巻〔き〕・頸巻〔き〕】 えりまき。冬

くびり-ころ・す【縊り殺す】(他五) 首をひもや手などでしめて殺す。しめ殺す。

くび・る【括る】(他五) ひもなどで物の中ほどをくくりしめる。「新聞紙の束を—」

くび・る【縊る】(他五) 首をひもや手などでしめて殺す。また、しばり首にする。自くび・れる(下一)

くび・れる【括れる】(自下一) 両端がふくれ、中ほどが細くせばまる。「細く—・れた腰」文くび・る(下二)

くび・れる【縊れる】(自下一) 首をくくって死ぬ。他くび・る(五) 文くび・る(下二)

くび-わ【首輪・頸輪】 ①飾りとして首にかける輪。首飾り。ネックレス。②犬や猫などの首にはめておく輪。

ぐ-ぶ【供奉】(名・自スル)《古》身分の高い人の供をし、また、その行列に加わること。また、その人。

く-ふう【工夫】(名・他スル) よい方法はないかとあれこれ考えること。また、その考えついたよい方法。「—をこらす」

ぐ-ふう【颶風】《気》①非常に強い風。②もと気象用語で、熱帯地方に発生する強烈な暴風雨の総称。

くぶ-くりん【九分九厘】(名・副) (十分にあとわずか一厘だけ足りないの意から)ほとんど完全に近いこと。「—完成する」

く-ぶつ【供仏】《仏》仏に供養すること。

ぐ-ぶつ【愚物】 おろかな者。思慮の足りない人。愚者。

くぶ-どおり【九分通り】— (副) 十のうち九まで。あらかた。ほとんど。あらまし。九割がた。「—まちがいない」

く-ぶん【区分】(名・他スル) ある基準に従って、全体を区切ってわけること。くわけ。「土地を—する」

くぶん-でん【口分田】《日》律令制時代に、班田収授法によって人民に分け与えられた田地。満六歳以上の男子に二段、女子にはその三分の二を与え、収穫の一部を徴収した。

く-べつ【区別】(名・他スル) 二つ以上の物事の間に認められる違い。また、その違いに基づいて分けること。「—がつかない」

く・べる(他下一) 燃やすために火の中に入れる。たく。「たきぎを—」文く・ぶ(下二)

くぼ【凹・窪】 地面などのへこんだ所。くぼみ。

く-ほう【句法】— 詩文・俳句などの組み立て方・作り方。

く-ぼう【公方】— ①おおやけ。朝廷や天皇。②(鎌倉時代以降)将軍および幕府の敬称。「—様」

ぐ-ほう【弘法】—(名・自スル)《仏》仏道を世の中に広めること。

くぼ-た【凹田・窪田】 へこんだ低い土地にある田。

くぼたうつぼ【窪田空穂】(一八七七―一九六七) 歌人・国文学者。長野県生まれ。初め明星派の影響を受け、ついで自然主義の傾向を示した。歌集「まひる野」「土を眺めて」など。

くぼ-たまり【凹溜〔ま〕り・窪溜〔ま〕り】 土地がへこんで水のたまったところ。また、そのような土地。

くぼ-ち【凹地・窪地】 まわりより低くなっている土地。

くぼま・る【凹まる・窪まる】(自五) まわりに比べてへこんだ状態になる。「地面が—」他くぼ・める(下一)

くぼみ【凹み・窪み】 土地や物のへこんだ所。へこみ。

くぼ・む【凹む・窪む】(自五) 物の一部分がまわりより低く落ちこむ。へこむ。「目が—」他くぼ・める(下一)⇩へこむ「ちがい」

くぼ・める【凹める・窪める】(他下一) へこんだ状態にする。「てのひらを—」自くぼま・る(五) くぼ・む(五) 文くぼ・む(下二)

く-ほん【九品】《仏》極楽浄土に往生する際の九つの等級。上品・中品・下品の三階級を、さらに上品上生・上品中生・上品下生のようにそれぞれ三分する。

—ぶつ【—仏】《仏》九品に対応する九体の阿弥陀仏。

くま【熊】(字義) →ゆう(熊)

くま-【熊】（接頭）（名詞に付けて）「強い」「おそろしい」、また「大きい」の意を表す。「一鷹(くまたか)」「一蜂(ばち)」

くま【熊】〘動〙クマ科の哺乳(ほにゅう)動物の総称。体は大きく、手足は短く太い。日本にはツキノワグマとヒグマがすむ。冬

くま【△隈】①湾曲してはいりこんだ所。また、奥まって隠れた所。物かげ。「道の一」「心の一」②疲れたときなどに目のまわりにできる黒ずんだかげり。「徹夜で一ができる」③濃い色と薄い色とが接する所。また、色の濃い部分。④「隈取(くまど)り②」の略。

く-まい【供米】神仏にそなえる米。参考「きょうまい」と読めば別の意になる。

ぐ-まい【愚妹】①おろかな妹。②自分の妹の謙称。

ぐ-まい【愚昧】（名・形動ダ）おろかでものの道理のわからないこと。また、そのさま。「一な人」↔賢明

くま-おくり【熊送り】→くままつり

くま-ぐま【△隈△隈】あちこちのすみ。すみずみ。

くま-ざさ【熊△笹・△隈△笹】〘植〙イネ科の多年草。笹の一種。山野に自生。観賞用に栽植もする。葉が大きく、冬になると縁が枯死して白く隈取(くまど)られる。葉を料理の飾りに使う。

くま-ぜみ【熊△蟬】〘動〙セミ科の昆虫。日本で最大のセミ。盛夏に「シャアシャア」と鳴く。

くま-そ【熊◦襲】〘日〙古代、九州中南部に住んでいたという居住者の称。人種・民族系統は不明。

くま-たか【熊△鷹】①〘動〙タカ科の大形の鳥。山地の森林にすみ、ウサギや鳥類・ヘビを捕食する。尾ばねは矢羽に使われる。冬 ②乱暴で欲深い人などのたとえ。

くま-で【熊手】①長い柄の先にクマの手のような鉄のつめをつけた昔の武器。②竹製で①の形をした道具。落ち葉などをかき寄せるのに用いる。③福徳をかき集める縁起物として「酉(とり)の市」などで売られる、②をおかめの面や模造小判で装飾したもの。冬

〔くまで②〕

くま-どり【△隈取り】（名・他スル）①日本画で、遠近や凹凸などを表現するために、墨や色に濃淡をつけること。ぼかし。②歌舞伎(かぶき)で、役柄の性格・表情を誇張するために、顔を赤や青などの顔料でいろどったり、線を入れたりすること。また、その模様。くま。

〔くまどり②〕

くま-ど・る【△隈取る】（他五）ラ(ロ)・リ(ッ)・ル・ル・レ・レ くまどりをする。

くま-なく【△隈無く】（副）①すみずみまで残す所なく。「一捜す」②かげりや曇りがなく。「空が一晴れ渡る」

くま-な・し【△隈無し】（形ク）（古）①光の届かない所がない。影や曇りがない。②すべてに行き届いている。ぬかりがない。なんでも知っている。③隠しだてがない。

くま-の-い【熊の◦胆】胆汁(たんじゅう)を含んだクマの胆嚢(たんのう)を乾燥したもの。味は苦く、強心・健胃剤などに用いる。熊胆(ゆうたん)。

くま-ばち【熊蜂】〘動〙①ミツバチ科クマバチ属のハチ。体長約二五ミリメートル。大形で丸い体は黒色、胸部に黄色の毛が密生。春 ②「すずめばち」の俗称。参考「くまんばち」ともいう。

くま-まつり【熊祭[り]】アイヌの儀式の一つ。とらえた熊の子を育てたのち、魂を神の国に返すために殺して神にそなえる祭り。熊送り。イオマンテ。冬

くまもと【熊本】九州中西部の県。県庁所在地は熊本市。

くまん-ばち【熊ん蜂】「くまばち」の転。

くみ【組[み]】①組むこと。組んだもの。「一写真」②いっしょに行動する仲間・グループ。特に、学校のクラス。学級。また、土建業などの組織。「赤一」③同じような性質をもつと見なされる仲間。「遅刻一の一人」④いくつかの物がまとまって一そろいになるもの。「茶器一一」⑤原稿どおりに活字を並べて版を作ること。「一見本」参考②③④は「組」と書く。

く-み【苦味】にがい味。にがみ。「一チンキ(=健胃薬の名)」

ぐみ【×茱萸・×胡頽子】〘植〙グミ科の植物の総称。ナツグミは落葉の、マルバグミは常緑の低木。そのほか種類は多い。実は紅色で食用。秋

グミ〈ドイ Gummi〉かむとゴムのように弾力がある、ゼラチンや水飴(みずあめ)などでつくったキャンデー。グミキャンデー。

くみ-あい【組合】アヒ ①組み合って争うこと。とっくみあい。②利害を同じくする人々がたがいに協力し、利益を守り、目的を達するための組織。「協同一」③「労働組合」の略。「御用一」参考①は「組(み)合い」と送り仮名を送る。

くみ-あ・う【組[み]合う】アフ（自五）ワ(オ)・イ(ッ)・ウ・ウ・エ・エ ①たがいに組む。「肩を一」②組をつくって仲間になる。③たがいに組みついて争う。「敵と一」他くみあわ・す（五）くみあわ・せる（下一）
用法 ①はふつう、他動詞的に使われる。「腕を組み合って歩く」

くみ-あがり【組[み]上がり】組んでできあがること。また、そのもの。特に印刷で、活字を組み、版ができあがること。

くみ-あ・げる【△汲[み]上げる】（他下一）ゲ・ゲ・ゲル・ゲル・ゲレ・ゲロ(ゲヨ) ①水などをくんで低い所から高い所へ移す。「地下水を一」②（比喩(ひゆ)的に）下部の意見や要望などを上部の人が取り上げる。「従業員の声を一」文くみあ・ぐ（下二）

くみ-あ・げる【組[み]上げる】（他下一）ゲ・ゲ・ゲル・ゲル・ゲレ・ゲロ(ゲヨ) ①組む作業を完了する。「予算を一」②組み合わせて積み上げる。「足場を一」自くみあが・る（五）文くみあ・ぐ（下二）

くみ-あわ・す【組み合[わ]す・組合す】アハス（他五）サ(ソ)・シ・ス・ス・セ・セ →くみあわせる

くみ-あわせ【組み合[わ]せ・組合せ】アハセ ①組み合わせること。組み合わせたもの。「色の一が悪い」「試合の一」②〘数〙いくつかの物の中から、ある個数だけを順序に関係なく取り出して作った組。また、作られる組の総数。⇒順列②

くみ-あわ・せる【組み合[わ]せる・組合せる】アハセル（他下一）セ・セ・セル・セル・セレ・セロ(セヨ) ①二つ以上のものを取り合わせて一組とする。「部品を一」②競技などで、対戦する相手を決める。「強敵どうしを一」③二つ以上のものをたがいに交差させ、からみ合わせる。「鉄骨を一」自くみあ・う（五）文くみあは・す（下二）

くみ-いと【組[み]糸】組み合わせてよった糸。

くみ-いれ【組[み]入れ】①組み入れること。②入れ子細工のように順に中に入れるように作ること。また、その器具。

くみ-い・れる【△汲[み]入れる】（他下一）レ・レ・レル・レル・レレ・レロ(レヨ) ①水などをくんで容器の中に入れる。「桶(おけ)に水を一」↔汲み出す ②（比喩(ひゆ)的に）他人の意見や事情などを考えに入れる。「住民の意向を一」文くみい・る（下二）

くみ-い・れる【組[み]入れる】（他下一）レ・レ・レル・レル・レレ・レロ(レヨ) 組になるように中に入れる。組みこむ。また、系列や構成物の一部として新たにその中に入れる。「予算に一」文くみい・る（下二）

くみ-うた【組[み]歌・組[み]唄】箏曲(そうきょく)・地唄(じうた)などで、既成の短い歌謡を組み合わせて一曲としたもの。くみ。

くみ-うち【組[み]打ち・組[み]討ち】（名・自スル）とっくみあって争うこと。また、組みついて敵を討ちとること。

くみ-お【組[み]緒】ヲ →くみひも

くみ-か・える【組[み]替える・組[み]換える】カヘル（他下一）エ・エ・エル・エル・エレ・エロ(エヨ) 今まで編成されていたものをばらばらにし、あらためて編成する。「列車のダイヤを一」文くみか・ふ（下二）

くみ-がしら【組頭】①組の長。②〘日〙江戸時代、名主(なぬし)

（庄屋）を補佐した村役人。③江戸時代、弓組・鉄砲組などの武家組織としての組の長。

くみ-かわ・す【酌み交〈わ〉す】（他五）たがいに杯をやりとりして酒を飲む。「酒を—」

くみ-きょく【組曲】〔音〕器楽曲の一形式。数種の楽曲を組み合わせて一つの曲にしたもの。

くみ-こ【組子】①格子・窓・障子などに縦横に組んである細い木材や鉄材。②昔、弓組・鉄砲組などの武家組織に組み入れられ、組頭の支配下にあった者。組下。組衆。

くみ-こ・む【△汲〈み〉込む】（他五）（水などを）くんで容器などに入れる。

くみ-こ・む【組〈み〉込む】（他五）全体の中の一部として加え入れる。「予算に—」

くみ-さかずき【組〈み〉杯・組〈み〉△盃】—　大小いくつかを重ね合わせて一組となる杯。重ねさかずき。

くみ-し・く【組〈み〉敷く】（他五）組みついて相手を倒し体の下に押さえつける。組みふせる。「敵を—」

くみ-した【組下】→くみこ②

くみし-やす・い【◦与し◦易い】（形）相手として扱いやすい。「—相手だ」文くみしやす・し（ク）

くみ-じゅう【組〈み〉重】—　いくつも組み重ねるように作った重箱。かさね重。新年

くみ・する【◦与する】（自サ変）①ある考えに賛成して仲間になる。助力する。味方する。「反対派に—」②関係する。「陰謀に—」文くみ・す（サ変）

くみ-たいそう【組〈み〉体操】—　複数の人が組み合ってさまざまな形を作り出す体操。

くみ-だ・す【△汲〈み〉出す】（他五）①水などをくんで外に出す。「たまった水を—」↔汲み入れる ②くみ始める。

くみ-たて【組〈み〉立て・組立〈て〉】①組み立てること。また、その方法。②構造。しくみ。「分解してその—を調べる」

くみ-た・てる【組〈み〉立てる】（他下一）部品や材料などを組み合わせて、まとまったものを作りあげる。「模型を—」「論理を—」文くみた・つ（下二）

くみ-ちが・える【組〈み〉違える】—（他下一）①組みまちがえる。「活字を—」「部品を—」②たがいちがいに組む。「ひざを—」文くみちが・ふ（下二）

くみ-ちょう【組長】—　組と名のつく集団の長。

くみ-つ・く【組〈み〉付く】（自五）組むように相手の体に取りつく。「相手の腰に—」

くみ-て【組〈み〉手】①空手などで、攻防の型を実際に相手と対して行う練習。②相撲などで、相手と組み合う腕や手の状態。「—争い」③木材の組み合わせた部分。

くみ-てんじょう【組〈み〉天井】—　角材を格子形に細かく組み、裏から板を張って作られた天井。

くみ-とり【△汲〈み〉取り・△汲取〈り〉】くみ取ること。特に、くみ取り式便所から大小便をくみあげて取り出すこと。

—ぐち【—口】くみ取り式便所の大小便をくみ出す口。

くみ-と・る【△汲〈み〉取る】（他五）①水などをくんで取り出す。「桶で—」②表面にあらわれない事柄をおしはかる。推察する。「人の気持ちを—」

くみ-はん【組〈み〉版】原稿どおりに活字を組んで印刷用の版を作ること。また、その組んだ版。

くみ-ひも【組〈み〉△紐】糸を交互に交差させて組んで作ったひも。帯じめや羽織のひもなどに使う。組み緒。

くみ-ふ・せる【組〈み〉伏せる】（他下一）相手に組みついて倒し、自分の体の下に押さえつける。組みしく。「暴漢を—」文くみふ・す（下二）

くみ-ほ・す【△汲〈み〉干す・△汲〈み〉◦乾す】（他五）①水などを全部くんで、からにする。「井戸の水を—」②杯の中の酒を飲み干す。参考②は多く「酌み干す」と書く。

くみ-もの【組〈み〉物】①一組に組み合わせたもの。②糸を組み合わせて作るひも・帯など。③〔建〕木造の寺社建築などで、柱の上にあり屋根を支える部分。横木の肘木と方形の受け木（＝斗）を組み合わせたもの。ますぐみ。斗栱。

くみ-わ・ける【△汲〈み〉分ける】（他下一）①水などをくんで別の容器などに分ける。②相手の気持ちや考えをおしはかり理解する。思いやる。文くみわ・く（下二）

く-みん【区民】区の住民。「—税」

ぐ-みん【愚民】おろかな人民。無知な民衆。

—せいさく【—政策】支配者が、自己の利益や保身をはかるため、人民の批判力を奪って無知のままにしておく政策。

く・む【組む】■（自五）①何かをするために力を合わせる。仲間になる。組になる。「—・んで仕事をする」②たがいに相手の体に手をかけていっしょに動く。組み合う。「—・んだまま倒れる」■（他五）①部品や材料などを結びつけて何かを作りあげる。「足場を—」「やぐらを—」②細長いものを交互にからみ合わせる。「ひもを—」③まとめて一つにする。組織する。編成する。「徒党を—」「予算を—」④活字を並べて印刷用の版を作る。可能くめ・る（下一）

く・む【△汲む・酌む】（他五）①〔汲〕水などをすくい取る。②〔酌〕酒・茶などを器につぐ。また、それを飲む。「酒を—み交わす」③相手の気持ちや立場を思いやる。斟酌する。「事情を—」④〔汲〕系統・流派・流儀などを継承する。受け継ぐ。「明星派の流れを—歌人」可能く・める（下一）

-ぐ・む（接尾）（名詞に付いて五段活用動詞を作り）そのものが外に現れ出そうになる意を表す。きざす。「芽—」「涙—」

く-めん【工面】（名・他スル）①必要な金銭や品物を工夫して集めること。算段。「金の—をする」②金まわり。

くも【雲】①空気中の水分が凝結し、細かい水滴となって空中に浮かんでいるもの。②（比喩的に）㋐一面にひろがっているもの。「花の—（＝一面に桜の花の咲いているさまのたとえ）」㋑心などの晴れ晴れしないこと。「心にかかる—もない」

類語 白雲・黒雲・紫雲・茜雲・青雲・彩雲・綿雲・千切れ雲・浮き雲・断雲・密雲・横雲・群雲・薄雲・すじ雲（巻雲）・まだら雲（巻積雲）・つみ雲（積雲）・朧雲・雨雲（乱層雲）・曇り雲（層積雲）・霧雲（層雲）・雪雲・夕雲・夏雲・入道雲（積乱雲）・雷雲（積乱雲）・夕立雲・かなとこ雲・雲の峰・鰯雲（巻積雲）・鱗雲（巻積雲）・鯖雲（巻積雲）・飛行機雲・羊雲（高積雲）・瑞雲・妖雲

—衝くばかり　非常に背の高いさま。「—の大男」—を霞と　一目散に逃げて姿をくらますさま。—を摑む　物事が漠然としていてとらえどころのないことのたとえ。「—ような話」

くも【×蜘蛛】〔動〕クモ目に属する節足動物の総称。四対の足をもち、多くは腹部の先から糸を出して巣を作る。小昆虫を捕食する。種類が多い。オニグモ・ハエトリグモなど。夏

—の子を散らす（クモの子がはいっている袋を破ると、四方八方に逃げることから）多くの人がちりぢりに逃げるたとえ。

くも-あい【雲合い】—（天候の前ぶれとしての）雲のようす。空もよう。

くも-あし【雲脚】①雲の動く速さ。くもゆき。「—が速い」②雨雲の低くたれて見えるもの。③机・いすなどの脚が雲形の曲がった形に作られているもの。

くも-い【雲居・雲井】—　①（雲のあるあたりの意で）空。また、

はるかに遠い所。②雲。③宮中。皇居のある所。

くも-がくれ【雲隠れ】(名・自スル) ①月などが雲に隠れること。②人が行方をくらますこと。急に姿を隠すこと。

くも-がた【雲形】 雲のたなびいている形の模様、または彫刻。

―じょうぎ【―定規】ヂャウギ 種々の曲線が描けるようデザインされた定規。雲のような形をしていることからいう。

くも-じ【雲路】ヂ ①鳥や月が通る空の道。②雲の行方。

くも-すけ【雲助】 ①江戸時代、宿場や街道でかごかきなどをした住所不定の人足。人の弱みにつけこんで悪事をなす者が多かった。②(転じて)ならず者や下卑た者などをののしっていう語。

―こんじょう【―根性】コンジャウ 人の弱みにつけこみ、ゆすりを働いたりして、ぬけ目なく利益をはかろうとするいやしい根性。

く-もつ【供物】 神仏にそなえるもの。おそなえ。

くも-で【×蜘蛛-手】 ①クモの足のように四方八方に分かれていること。放射状であること。また、そのような所。②ものが交差したさま。また、材木などを交差して作ったもの。

くも-の-うえ【雲の上】ウヘ ①宮中。②階級・地位が非常に高いこと。手の届かない境遇。高貴な身分。「―の人」

くも-の-みね【雲の峰】 山の峰のような形にわきたっている真夏の雲。入道雲。夏

くも-ま【雲間】 雲の切れたところ。「―から日がさす」

くも-まく【×蜘蛛-膜】《生》脳と脊髄せきずいを包む三層の膜のうち、中間のもの。

―かしゅっけつ【―下出血】《医》脳出血の一種。くも膜にある血管が破れて起こる。

くも-ゆき【雲行〔き〕】 ①天候を予想させる雲の動き。②(転じて)事のなりゆき。形勢。「予断を許さない―だ」

―が怪あやしい ①天候が悪くなりそうだ。②事のなりゆきが悪くなりそうだ。「日本経済の―」

くもら・す【曇らす】(他五) サ(ソ)・シ・ス・ス・セ・セ ①曇るようにする。はっきりしないようにする。「湯気が鏡を―」②心配そうな、または悲しそうな表情や声をする。「顔を―」自くも・る(五)

くもら・せる【曇らせる】(他下一) セ・セ・セル・セル・セレ・セロ(セヨ) →くもらす

くもり【曇〔り〕】 ①空に雲のかかっていること。曇天どんてん。気象学上では雲量が九以上で降水現象のない状態。②光・色・声などがはっきりしないこと。③透明なもの・光を反射するものが、よごれなどのためにぼんやりすること。「眼鏡の―」④うしろぐらいこと。「―のない身」⑤心のわだかまり。「心の―が晴れない」

類語 曇天・薄曇り・高曇り・本曇り・雨曇り・雪曇り・花曇り

―がち【―勝ち】(名・形動ダ) 曇ることが多いこと。曇る傾向が強いこと。また、そのさま。「―な天候」

―ガラス つや消しをした不透明の板ガラス。すりガラス。

くも・る【曇る】(自五) ラ(ロ)・リ(ッ)・ル・ル・レ・レ ①空が雲などでおおわれる。↔晴れる ②光や色がはっきりしなくなる。透明なものがぼんやりする。「湯気で眼鏡が―」③悲しみや心配がもとで、心や顔つきが晴れ晴れしない状態になる。「顔が―」↔晴れる 他くもら・す(五) くもら・せる(下一)

く-もん【苦△悶】(名・自スル) 苦しみもだえること。「―の表情を浮かべる」

ぐ-もん【愚問】 つまらない質問。見当違いの質問。「―愚答」

く-やく【苦厄】 苦労と災難。苦しみ。

く-やくしょ【区役所】 区の事務を取り扱う役所。

くやし・い【悔しい】(形) カロ・カッ(ク)・イ・イ・ケレ・○ 勝負に負けたり、失敗したり、辱めを受けたりして、腹立たしく残念である。「負けて―」文くや・し(シク) 参考「口◦惜しい」とも書く。

類語 口惜くちおしい・残り惜しい・いまいましい・恨めしい・癪しゃくにさわる・地団太を踏む・残念・無念・心外

くやしが・る【悔しがる】(自五) ラ(ロ)・リ(ッ)・ル・ル・レ・レ 残念だという気持ちを態度に表す。「失敗して―」

くやし-なき【悔し泣き】(名・自スル) くやしがって泣くこと。「負けて―する」

くやし-なみだ【悔し涙】 くやしくて流す涙。

くやし-まぎれ【悔し紛れ】(名・形動ダ) くやしさのあまりに思慮分別を失い、見境のないことをすること。また、そのさま。

くやみ【悔〔や〕み】 ①くやむこと。後悔。②人の死を惜しみ、とむらいの言葉を述べること。また、その言葉。「お―を言う」

―ごと【―言】 ①後悔して言う言葉。②死者をとむらう言葉。くやみ。

―じょう【―状】ジャウ 人の死を悼いたむ書状。悔やみ文ぶみ。

くや・む【悔〔や〕む】(他五) マ(モ)・ミ(ン)・ム・ム・メ・メ ①過去の、自分の言動や失敗などを残念に思う。くやしく思う。後悔する。「済んだことを―んでもしかたがない」②人の死を悲しみ惜しむ。悼いたむ。「友の死を―」

ぐ-ゆう【具有】イウ (名・他スル) 性質・能力などを身につけてもつこと。そなえもつこと。「広い知識を―する」「両性―」

くゆら・す【△燻らす】(他五) サ(ソ)・シ・ス・ス・セ・セ 煙やにおいをゆるやかに立ちのぼらせる。「たばこを―(=吸う)」自くゆ・る(五)

くゆ・る【△燻る】(自五) ラ(ロ)・リ(ッ)・ル・ル・レ・レ 煙がゆらゆらと立つ。「線香が―」他くゆら・す(五)

く-よう【九曜】エウ 陰陽道おんようどうで、七曜星(=日・月・火・水・木・金・土の星)に羅睺らご・計都けいとの二星を加えた称。これを人の生年にあてはめて運命を占った。九曜星。

く-よう【供養】ヤウ (名・他スル)《仏》仏前や霊前に供え物をして、死者の冥福めいふくを祈ること。「追善―」

くよ-くよ (副・自スル) ささいなことにこだわって、過度に心配し元気をなくしているさま。「いつまでも―(と)するな」

-くら【◦競】(接尾)(「くらべ」の略) あらそい。競争。「押し―」

くら【倉・蔵・◦庫】 ①家財・商品・貨物などを安全に保管しておくための建物。倉庫。②【蔵・倉】→おくら ⇒「使い分け」

―が建たつ 大金持ちになることのたとえ。

使い分け「倉・蔵・庫」
「倉」は、穀物を納める建物の意で、「米倉」「倉荷」「倉渡し」などと使われる。
「蔵」は、大事なものを人目につかないようにしまっておく建物の意で、特に日本式の土蔵のことをいう。「蔵屋敷」「蔵元」「酒蔵」「蔵開き」などと使われる。
「庫」は、兵器・器具などを置いておく建物の意。

くら【△鞍】 牛・馬などの背に置き、人や荷物をのせるようにする木製または革製の道具。「馬に―をおく」

くらい【位】ヰ ①ある決まりに基づく序列の中での位置。㋐おおやけに定められた身分や階級や地位。「国王の―」㋑物の等級。人や芸術作品の品格・威厳。「―負け」②《数》十進法で、数を表すときに一〇倍ごとに示される位置の名称。桁けた。「百の―」

―人臣じんしんを極きわめる 臣下として最高の位につく。

―だおれ【―倒れ】ダフレ 名誉や地位にふさわしい、実質的な力がともなわないこと。

―どり【―取り】(名・自スル)《数》数字の末尾につくゼロの数や小数点の位置を定めて、その数字の位を定めること。

―まけ【―負け】(名・自スル) ①能力に比べ地位が高すぎて、実質がそれにともなわないこと。また、そのために不利になること。②相手の地位や品位が高くて圧倒されること。

くら・い【暗い】(形) カロ・カッ(ク)・イ・イ・ケレ・◯ ①光が少なく、物がよく見えない。「—夜道」②陰気である。「性格が—」「—表情」③(おもに「…にくらい」の形で)よく知らない。事情に通じていない。不案内である。「経済に—」④希望がもてない。「前途は—」⑤色がくすんでいる。「—茶色」⑥やましい点があって人に知られたくない。「—過去」(↔明るい) 文くら・し(ク)

くらい【位】クラヰ (副助) ①(多く数量を表す語に付いて)だいたいの数量・程度を表す。…ほど。…ばかり。「四〇人—来た」「三〇分—かかる」②比較の基準を表す。…のように。…ほど。「彼—けちな男はいない」「姉—英語が話せたらいいのだが」③程度の低い限度を表す。わずか…ほど。「これ—のことはだれにでもできる」「お辞儀—しろ」④極端な例であることを表す。「彼に頭を下げる—ならやめた方がましだ」用法 体言、用言・助動詞の連体形、副詞、助詞などに付く。参考「ぐらい」ともいう。

ぐらい【位】グラヰ (副助) →くらい(副助)

クライアント〈client〉①顧客。依頼主。特に、広告代理店が広告主をさしていう。②《情報》サーバーからネットワークを介して種々の機能やサービスを受けるコンピューター。

くらい-こ・む【食らい込む】クラヒ マ(モ)・ミ(ン)・ム・ム・メ・メ 一(自五) 捕らえられ、刑務所などに入れられる。「傷害罪で一年—」二(他五) やっかいな物事をおしつけられる。しょいこむ。「借金を—」

クライシス〈crisis〉①危機。「アイデンティティー—」②経済上の危機。恐慌。

くらい・する【位する】クラヰ スル (自サ変) シ(セ・サ)・シ・スル・スル・スレ・シロ(セヨ) その地位や場所にある。位置する。「上位に—」文くらゐ・す(サ変)

グライダー〈glider〉エンジンなどの推進装置を用いず、上昇気流や風を利用して飛ぶ航空機。滑空機。

くらい-つ・く【食らい付く】クラヒ (自五) カ(コ)・キ(イ)・ク・ク・ケ・ケ 「食い付く」を強調した語。「えさに—」「腰に—・いて離れない」

クライマー〈climber〉(岩壁をよじ登る)登山家。

クライマックス〈climax〉緊張・興奮・感動などが最も盛り上がった状態や場面。最高潮。頂点。やま。「—に達する」

クライミング〈climbing〉登山。特に、ロッククライミング。

くら-いり【蔵入り・倉入り・◇庫入り】①蔵の中に入れておくこと。また、そのもの。②→おくらいり ③興行の純益。

くら-いれ【蔵入れ・倉入れ・◇庫入れ】(名・他スル) 物品を蔵におさめること。また、そのもの。↔蔵出し

グラインダー〈grinder〉高速回転させて使う円盤状の砥石。研磨盤。

くら・う【食らう・△喰らう】クラフ (他五) ワ(オ)・イ(ッ)・ウ・ウ・エ・エ ①「食う」「飲む」のぞんざいな言い方。「飯を—」「酒を—」②好ましくないことを身に受ける。「げんこつを—」可能 くら・える(下一)

くら-うど【蔵◇人】くろ— (古) →くろうど

クラウド-コンピューティング〈cloud computing〉《情報》手元のコンピューター内にデータ・ソフトウェアを保有・管理することなく、ネットワークを経由して利用することができる仕組み。クラウド。参考 cloud は「雲」の意。

クラウド-ファンディング〈crowdfunding〉インターネット上で不特定多数の人に呼びかけて資金を集めること。参考 crowd は「群衆」の意。

クラウン〈crown〉①王冠。冠。②イギリスの旧五シリング貨幣。王冠の模様がある。

グラウンド〈ground 地面〉競技場。運動場。グランド。

—マナー〈和製英語〉スポーツの競技者の競技場での態度・作法。グランドマナー。

くら-おおい【△鞍覆い】—オホヒ 馬の鞍の上をおおう布。

くら-がえ【△鞍替え】—ガヘ (名・自スル) 職業や勤め先・所属などをかえること。「条件のよい職場に—する」参考 もとは遊女・芸者などが他の店に勤めがえをすることに使った語。

くら-かけ【△鞍掛け】①鞍をかけておく四脚の台。②(転じて)踏み台。

くら-がり【暗がり】暗い所。また、人目につかない所。

—から牛(うし)**を引**(ひ)**き出**(だ)**す** (暗い所に黒い牛で)識別のはっきりしないさま。また、動作がにぶいさまにもいう。暗闇(くらやみ)から牛。

く-らく【苦楽】苦しみと楽しみ。「—を共にする」

クラクション〈klaxon〉自動車などについている警笛。(もと商標名)

くら-くら(副・自スル) ①目がくらみ倒れそうになるさま。「頭をなぐられて—(と)する」②湯が煮え立つさま。ぐらぐら。

ぐら-ぐら(副・自スル・形動ダ) ①揺れ動いて不安定なさま。「地震で家が—(と)揺れる」「歯が—になる」②湯が勢いよく煮えたぎるさま。「湯が—(と)煮え立つ」

くらげ【×水母・×海月】《動》刺胞動物に属し、浮遊生活をする動物の通称。体は寒天質で、かさを開閉して海中を浮遊する。猛毒の刺胞のあるものや、食用になるものがある。夏

くら-ざらえ【蔵△凌え】—ザラヘ (名・他スル) 売れ残りの在庫品を整理するために安い価格で売り払うこと。蔵払い。

くらし【暮〔ら〕し】①暮らすこと。生活。「快適な—」②生計。「—を立てる」

—むき【—向き】経済面から見た生活の状態。生活・生計のようす。「—が楽でない」

グラジオラス〈gladiolus〉《植》アヤメ科の多年草。葉は剣状で球茎があり、夏、白・赤・黄などの花を開く。観賞用。夏

クラシカル〈classical〉(形動ダ) ダロ・ダッ(デ・ニ)・ダ・ナ・ナラ・◯ 古典的。伝統的。古風なさま。「—な手法」

くらしき-りょう【倉敷料】—レウ 《商》倉庫業者が、貨物の保管・管理の報酬として、預け主から受け取る料金。倉敷。

クラシシズム〈classicism〉古典主義。

くら-した【△鞍下】牛・馬の、鞍の下になる部分。また、その部分の上等の肉。特に、牛肉ではヒレといい、最上とされる。

クラシック〈classic〉一(名) ①古典。特にヨーロッパでは、古代ギリシャ・ローマのすぐれた作品。②→クラシックおんがく 二(形動ダ) ダロ・ダッ(デ・ニ)・ダ・ナ・ナラ・◯ 古典的。古風なさま。「—な服」

—おんがく【—音楽】《音》ジャズ・ポピュラーなどの軽音楽に対して、伝統的・芸術的な西洋音楽。クラシック。

クラス〈class〉①階級。等級。「部長—」②組。学級。

—メート〈classmate〉同級生。級友。

くら・す【暮〔ら〕す】サ(ソ)・シ・ス・ス・セ・セ 一(他五) 日が暮れるまでの時間を過ごす。月日を送る。「平和な日々を—」二(自五) 生活する。生計を営む。「都会に—」「安月給で—・していけない」可能 くら・せる(下一)

グラス〈glass ガラス〉①(洋酒を飲む)ガラスのコップ。②めがね。双眼鏡。「サン—」「オペラ—」参考 ②は正しくは glasses。

—ファイバー〈glass fiber〉→ガラスせんい

クラスター〈cluster〉同じ種類の人やものの集まり。特に、感染症の感染者の集団などをいう。

—ばくだん【—爆弾】小型の爆弾を多数内蔵した容器が空中で開いて、広範囲に被害を与える爆弾。集束爆弾。

クラスト〈crust〉①パンやパイの外皮。②積もった雪の、表面がかたくなった状態。

くら-ずれ【△鞍擦れ】(名・自スル) 鞍で牛馬の背や騎乗者のまたがすれて傷つくこと。また、その傷。

くら-だし【蔵出し・倉出し・◇庫出し】(名・他スル) ①倉庫に保管中の品物を出すこと。また、その品。↔蔵入れ ②貯

蔵してあった酒などの、蔵から出したばかりのもの。「—のみそ」

くらたひゃくぞう【倉田百三】（一八九一〜一九四三）劇作家・評論家。広島県生まれ。西田幾多郎の影響をうけて愛と信仰を説き、宗教的人道主義者として特異な地位を占めた。戯曲「出家とその弟子」、評論集「愛と認識との出発」など。

グラタン〈フランス gratin〉肉・魚介・野菜などの材料をいため、ホワイトソースであえたものに粉チーズやパン粉をかけて、オーブンで焼いた料理。

グラチェ〈イタリア grazie〉（感）ありがとう。グラツィエ。

クラッカー〈cracker〉①ひもを引くと爆音とともに紙テープなどが飛び出す、円錐形の紙筒のおもちゃ。②塩味で堅焼きの薄いビスケット。「チーズ—」③→ハッカー②

クラック〈crack〉家の外壁や岩壁にできる割れめや裂けめ。

ぐら-つ・く（自五）（カ(コ)・キ(イ)・ク・ク・ケ・ケ）①しっかり安定しているはずのものが揺れ動く。「建物が—」②気持ちが動揺する。「信念が—」

クラッシュ〈crash〉（名・自スル）①自動車レースなどで衝突すること。②〘情報〙コンピューターで、ハードディスクの故障などによってシステムやデータが壊れること。

グラッセ〈フランス glacé〉①果物などをシロップで煮た菓子。「マロン—」②野菜をバターや砂糖で煮てつやを出した料理。

クラッチ〈clutch〉①二つの軸を連結・遮断することにより、動力を伝えたり中断したりする装置。連軸器。②特に、自動車で①を動かす踏み板。クラッチペダル。③起重機のつめ。

クラッチ〈crutch〉ボートのオールを支えるふたまたの金具。

くら-つぼ【鞍△壺】①鞍の中央の、人のまたがる部分。②馬術で、鞍の前かうしろに少しもたれかかる乗り方。

グラデーション〈gradation〉写真や絵画などで、明暗・濃淡を段階的に変化させること。ぼかし。階調。

くら-に【倉荷】倉庫に入れてある荷物。

グラニュー-とう【グラニュー糖】〈granulated sugar から〉細粒状で上質の白い精製糖。

くら-ぬし【倉主・蔵主】倉庫の所有者。くらの持ち主。

くら-ばらい【蔵払い】（名・他スル）→くらざらえ

くら-ばん【蔵番】蔵の番をすること。また、その人。倉庫番。

グラビア〈gravure〉①印刷法の一種で、写真を凹版で刷る印刷。写真凹版。グラビア印刷。②①で印刷したページ。特に、雑誌の写真ページ。「—アイドル」

くら-びらき【蔵開き】（名・自他スル）新年に吉日を選び、その年初めて蔵を開くこと。ふつう一月十一日に行う。[新年]

クラブ〈club〉①共通の目的で集まった人々の組織する団体。また、その集会所。「記者—」「スイミング—」「—活動(=生徒が課外で行うスポーツ・文化活動)」②ゴルフで、ボールを打つ棒状の用具。③トランプで、黒い三つ葉のマーク(♣)。また、その札。クローバー。④酒・音楽・ダンスなどを楽しむ飲食店・娯楽場。「ナイト—」[参考]①は「×倶楽部」と書くこともある。

グラフ〈graph〉①〘数〙たがいに関係のある二つ以上の数量を見やすく図に表したもの。棒グラフ・円グラフ・折れ線グラフなど。②写真や絵画を主にした雑誌。写真画報。時事画報。

グラブ〈glove〉→グローブ(glove)

グラフィック〈graphic〉（名・形動ダ）写真や絵画などを用いて視覚に訴えること。また、そのような印刷物。

—アート〈graphic art〉〘美〙絵画・版画・印刷・写真など、平面に図像を表現する美術の総称。

—デザイン〈graphic design〉ポスター・カタログ・包装紙など、印刷によって大量に複製されるデザイン。

グラフィティー〈graffiti〉落書き。いたずら書き。

クラブサン〈フランス clavecin〉→ハープシコード

クラフト〈craft〉①手づくりの工芸品。手工芸。「ペーパー—」②少量でこだわって作ったもの。「—ビール」

クラフト-し【クラフト紙】〈kraft〉硫酸塩パルプから製する茶色のじょうぶな紙。セメント・肥料・飼料などを包む。

くらべ【比べ・◇較べ・◇競べ】①くらべること。「背—」②競争。「駆け—」「カー—」

—もの【—物】比較することができるもの。比較するにたりるもの。「—にならない」

くら・べる【比べる・◇較べる・◇競べる】（他下一）（ベル・ベル・ベ・ベ・ベレ・ベロ(ベヨ)）二つ以上のものの、優劣・異同などを照らし合わせて違いを見る。比較する。「重さを—」「わざを—」[文]くら・ぶ(下二)

[参考]「比べる」は並べて照らし合わせる意。「較べる」は異同などを調べる意。「競べる」はきそいあう意。

グラマー〈glamour 魅力〉（名・形動ダ）肉感的で性的魅力のあるさま。また、そのような女性。

グラマー〈grammar〉文法。文法書。

くら-まい【蔵米】〘日〙江戸時代、幕府や諸藩の蔵屋敷に納められた年貢米。

くらま・す【暗ます・△晦ます】（他五）（サ(ソ)・シ・ス・ス・セ・セ）〈暗くする意から〉①姿や所在をわからないようにする。「姿を—」「行方を—」②ごまかす。「人目を—」

くら-み【暗み】暗い場所。暗いこと。

くら-みせ【蔵店】土蔵造りの店。

くら・む【暗む・△眩む】（自五）（マ(モ)・ミ(ン)・ム・ム・メ・メ）〈主として「目がくらむ」の形で〉①目まいがする。目先が暗くなる。②何かに心を奪われて判断力を失う。眩惑される。「金に目が—」

グラム〈フランス gramme〉質量の単位。一グラムは、セ氏四度の水一立方センチメートルの質量にほぼ等しい。記号 g [参考]「◇瓦」とも書く。

グラム-せんしょく【グラム染色】〘生〙オランダのグラム(Gram)が考案した、細菌を分類するための染色法の一つ。細胞壁の違いにより、染色されるものをグラム陽性、染色されないものをグラム陰性という。

くら-もと【蔵元】①酒・しょうゆ・味噌などの醸造元。②〘日〙江戸時代、諸藩の蔵屋敷で蔵米などの販売や金銭の出納を担当した商人。

くら-やしき【蔵屋敷】〘日〙江戸時代、幕府・諸大名などが領地から送られてきた蔵米や国産物を収納して売りさばくために、大坂・江戸などに設けた倉庫を兼ねた屋敷。

くら-やみ【暗闇】①暗い所。暗いこと。「—で手探りする」②(比喩的に)㋐人目につかない所。「—に葬る」㋑心が分別を失っていること。また、前途に明るい見通しのないこと。

—から牛 →くらがりからうしをひきだす

クラリネット〈clarinet〉〘音〙たて笛形の木管楽器の一つ。音色はまろやかで広い音域をもつ。

〔クラリネット〕

くらわ・す【食らわす】（他五）（サ(ソ)・シ・ス・ス・セ・セ）〈「くわす」の俗語的な言い方〉①食わせる。②打撃を与える。殴る。「一発—」

くらわ・せる【食らわせる】（他下一）（セ・セ・セル・セル・セレ・セロ(セヨ)）→くらわす

くら-わたし【倉渡し】（名・他スル）取引条件として、売買物件の受け渡しを、それをあずけている倉庫に入れたままで行うこと。

クランク〈crank〉①直線的な往復運動を回転運動に変えたり、また、その逆を行う装置。②手動式の映画撮影機のハンドル。転じて、映画の撮影。

—アップ〈和製英語〉（名・自スル）〘映〙映画の撮影を完了

することを。↕クランクイン

―イン〈和製英語〉(名・自スル)《映》映画の撮影を開始すること。↕クランクアップ

クランケ〈ドイツ Kranke〉《医》患者。

グランド-〈grand〉(接頭)「大きな」「壮大な」「主要な」の意を表す。「―オープン」「―メニュー(=定番メニュー)」

グランド〈ground〉→グラウンド

グランド-オペラ〈grand opera〉《音》歌唱と音楽だけでせりふを含まない、壮大なオペラ。正歌劇。大歌劇。

グランドスタンド〈grandstand〉競馬場・競技場などの正面観覧席。メーンスタンド。

グランド-スラム〈grand slam〉①テニス・ゴルフなどで年間の主要競技会にすべて勝つこと。②野球の満塁ホームラン。参考本来は、トランプのブリッジで一三組の札をすべてとること。

グランド-ピアノ〈grand piano〉《音》弦を水平に張った、大型で三脚のピアノ。平台(ひらだい)ピアノ。⇩アップライトピアノ

グラン-プリ〈フランス grand prix〉大賞。芸能・スポーツなどのコンクールや競技会での最高位の賞。

クランベリー〈cranberry〉《植》ツツジ科の小低木。茎はつる状。赤く大豆大の果実は、ソースやジャムなどに用いられる。

くり【△栗】《植》ブナ科の落葉高木。葉は長楕円(だえん)形で互生。六月ごろ淡黄色の花を開く。果実は秋になるといがに包まれ、食用。材はかたく、器具用・土台用。秋(栗の花 夏)

くり【△刳り】刃物などでえぐって穴をあけること。えぐった形をつけること。また、その部分。「―小刀」「えりの―」

く-り【庫裏・庫△裡】①寺院の台所。②住職またはその家族の住む所。

クリアー〈clear〉㊀(形動ダ) ダロ・ダッ(デ・ニ)・ダ・ナ・ナラ・○ はっきりしているさま。澄んでいるさま。「頭を―にする」㊁(名・他スル)①課題をうまく通過すること。「難問を―する」②高跳びで、バーを落とさずに跳びこすこと。③サッカーなどで、ボールを大きく蹴り返すなどして、自陣ゴールから遠ざけること。④《情報》不要なデータや指示を取り除くこと。参考「クリア」「クリヤー」とも書く。

くり-あげ【繰〔り〕上げ】(名・他スル) くりあげること。「―当選」↕繰り下げ

くり-あ・げる【繰〔り〕上げる】(他下一) ゲ・ゲ・ゲル・ゲル・ゲレ・ゲロ(ゲヨ) ①順々に上(前)に移す。②日時などを予定より早める。「試験日を―」③《数》足し算で、ある位の和が一〇になったとき、一つ上の位に桁(けた)を移す。《↕繰り下げる》文くりあ・ぐ(下二)

クリアランス-セール〈clearance sale〉在庫品一掃大売り出し。蔵ざらえ。

くり-あわせ【繰り合〔わ〕せ・繰合せ】アハセ くりあわせること。「万障お―のうえご出席ください」

くり-あわ・せる【繰り合〔わ〕せる・繰合せる】アハセル (他下一) セ・セ・セル・セル・セレ・セロ(セヨ) (糸などを繰って合わせる意から)なんとかやりくりして都合をつける。文くりあは・す(下二)

グリー〈glee〉《音》伴奏のない、おもに男声による三部以上の合唱曲。「―クラブ(=男声合唱団)」

クリーク〈creek 入り江〉小運河。灌漑(かんがい)や交通などのために掘られた支流。(多く、中国の平野にあるものをいう。)

くり-いし【△栗石】①直径一〇―一五センチメートルぐらいの丸い石。土木建築用。②栗の実ほどの大きさの石。

グリース〈grease〉機械の摩擦部分などに使う、粘り気のある潤滑(じゅんかつ)油。さびどめにも使う。グリス。

グリーティング-カード〈greeting card〉結婚・誕生日などの祝いや四季の挨拶(あいさつ)に贈るカード。

くり-いと【繰〔り〕糸】糸を繰ること。また、その繰った糸。

クリーナー〈cleaner〉(きれいにするものの意から)①掃除機。②汚れを落とす薬品や器具。「エアー」

クリーニング〈cleaning〉①洗濯。特に、専門業者が行うドライクリーニング。「―に出す」②ごみやよごれを取り除くこと。

クリーム〈cream〉①牛乳から作る乳白色の脂肪質。料理・菓子などに使う。「生―」②牛乳・卵・砂糖などをまぜて作った粘り気のある食べ物。カスタードクリーム。「―パン」③おしろい下や肌の手入れに使う化粧品。④靴クリーム。靴墨。⑤「アイスクリーム」の略。⑥「クリーム色」の略。

―いろ【―色】薄い黄色。淡黄色。

―ソーダ〈和製英語〉ソーダ水にアイスクリームを浮かべた飲み物。ソーダフロート。夏

くり-い・れる【繰〔り〕入れる】(他下一) レ・レ・レル・レル・レレ・レロ(レヨ) ①糸やひもなどをたぐって順に引き入れる。また、順々に送り入れる。「綱を―」②ある物事を他の物事の中に組み込む。編入する。「利子を元金に―」文くりい・る(下二)

くり-いろ【△栗色】栗の実の皮のような色。明るいこげ茶色。

クリーン〈clean〉(形動ダ) ダロ・ダッ(デ・ニ)・ダ・ナ・ナラ・○ ①清潔なさま。「―な政治」「―ルーム(=外からのちりやごみが入らないようにした部屋)」②みごとなさま。「―ヒット」

―アップ〈cleanup〉①野球で、長打を打って走者を一掃すること。②「クリーンアップトリオ」の略。参考「クリーンナップ」ともいう。

―アップ-トリオ〈和製英語〉野球で、打順の三・四・五番を構成する三人の強打者をいう。クリーンナップトリオ。

―エネルギー〈和製語〉化石燃料などと異なり、環境を汚染することのないエネルギー。太陽光・風力・水力など。

―ヒーター〈和製英語〉燃料燃焼用の空気の吸気・排気を屋外で行い、室内を清浄に保つようにした暖房器。(商標名)

―ヒット〈clean hit〉①野球で、あざやかな安打。②(比喩(ひゆ)的に)新しい企画・興行などが、みごとに成功すること。

グリーン〈green〉①緑色。②草地。芝生。特に、ゴルフ場。また、ゴルフコースのホールの切ってある芝生の部分。

―カード〈green card〉アメリカ政府が外国人に発行する労働許可証。また、広く、アメリカでの永住権のこと。

―しゃ【―車】設備がよく、特別料金を必要とするJRの客車。緑色のマークがついている。はじまり一九六九(昭和四十四)年、等級制を廃して上級車両をグリーン車としたのが最初。

―ピース〈green peas〉さやから出した、緑色のエンドウの実。青豆。青えんどう。グリンピース。

―ベルト〈greenbelt〉①対向車線を区分し、衝突を避けるために道路の中央などに作られた植えこみ。②都市計画で、防災や衛生・美観の目的で設けられた緑地帯。

グリーンピース〈Greenpeace〉海洋生態系の保護・反核などを目的とし、非暴力直接行動を特徴とする国際的な環境保護団体。一九七一年設立。本部はアムステルダム。

グリーンランド〈Greenland〉北米大陸の北東にある、世界最大の島。デンマーク領。島の大半が氷におおわれている。

クリエーター〈creator〉物を作り出す人。特に、デザイナーなどの創造的な仕事につく人をいう。クリエイター。

クリエーティブ〈creative〉(形動ダ) ダロ・ダッ(デ・ニ)・ダ・ナ・ナラ・○ 創造的。独創的。クリエイティブ。「―な仕事」

クリエート〈create〉(名・他スル) 創造すること。クリエイト。

くり-かえし【繰〔り〕返し】カヘシ (名・副) 同じことを何度もすること。また、そのさま。「―尋ねる」

―ふごう【―符号】フガウ 同じ文字を重ねて書くとき、あとの

字に代えて用いる符号。踊り字。畳字じょう。

▼繰り返し符号

符号	名称	例
々	同の字点	日々　我々(漢字一字)
〻	二の字点	草〻　各〻(漢字一字)
ゝ	一つ点	ちゝ　ほゞ(仮名一字)
〱	くの字点	いよ〱　ひらり〱(二字以上の仮名) 散り〲　代わる〲(仮名交じり語句)
〃	ノノ点	九月二十一日　町議会議員選挙　告示 九月二十六日　〃　投票 (簿記・表組み・文章など)

くり‐かえ・す【繰(り)返す】カヘス (他五) サ(ソ)・シ・ス・セ・セ 同じことを何度もする。反復する。「失敗を―」

くり‐か・える【繰(り)替える】カヘル (他下一) エ・エ・エル・エル・エレ・エロ(エヨ) ①他の物と入れ替える。交換する。「数学と英語の時間を―」②やりくりして他に転用・流用する。文くりか・ふ(下二)

くり‐かた【△刳(り)形】〔建〕建築物や器具の突出部またはふちを削った装飾。また、くって開けた穴。

くりから【倶◦梨△伽羅】〔仏〕(梵語ぼんごの音訳。「倶梨伽羅竜王くりからりゅうおう」の略)不動明王の化身。岩の上に立てた剣に、黒竜がからみついて剣を呑◦むさまに描かれる。

―もんもん【―紋紋】倶梨伽羅からくりの模様の入れ墨。一般に入れ墨のこともいう。また、それをした人。

く‐りき【功力】〔仏〕修行によって得た力。功徳くどくの力。

くり‐くり (副・自スル) ①まるっこい物が軽快に回るさま。「目を―(と)させる」②まるまるして愛らしいさま。「―の頭」

―ぼうず【―坊主】バウズ 髪をそったり、ごく短く刈ったりした頭。また、その頭の人。

ぐり‐ぐり 一(副・自スル) ①強く押しつけながらもみこむさま。「親指で―(と)する」②堅くてまるいものが内部で動くさま。「―(と)したしこり」二(名) リンパ節などのはれたもの。

くり‐げ【△栗毛】馬の毛色の名。地色は黒茶色で、たてがみと尾は赤茶色。また、その馬。

クリケット〈cricket〉一一人ずつ二組に分かれ、交互に球を打って、三柱門の間を走り得点を争う、野球に似た競技。イギリス古来の国民的競技。

グリコーゲン〈ドイ Glykogen〉〔化〕消化・吸収された炭水化物が、肝臓や筋肉の中にたくわえられたもの。動物のエネルギー源の一つで、酵素で分解されてブドウ糖になる。糖原質。

くり‐こし【繰(り)越し】(名・他スル) ①くりこすこと。②「繰越金くりこしきん」の略。③簿記で、帳簿の最後の残高を次ページの最初に書き入れること。

―きん【繰越金】次期会計年度へくりこされる残金。

くり‐こ・す【繰(り)越す】(他五) サ(ソ)・シ・ス・セ・セ ある期間に行われるはずの物事を次に送る。「残金を次年度に―」

くり‐ごと【繰(り)言】同じことをくり返してくどくどと言うこと。また、その言葉。特に、ぐち。「老いの―」

くり‐こ・む【繰(り)込む】マ(モ)・ミ(ン)・ム・ム・メ・メ 一(自五) 大勢の人が一団となって次々とのりこむ。「観光団が―」二(他五) ①たぐりよせる。順々にひきいれる。「ロープを―」②くり入れる。くみ入れる。「予算に―」③次々に送りこむ。「羊を囲いの中に―」

くり‐さげ【繰(り)下げ】(名・他スル) くりさげること。↔繰り上げ

くり‐さ・げる【繰(り)下げる】(他下一) ゲ・ゲ・ゲル・ゲル・ゲレ・ゲロ(ゲヨ) ①順々に下(あと)へずらす。「順位を―」②日時などを予定より遅くする。「試験日を―」③〔数〕引き算で、ある位の引かれる数が引く数より小さいとき、一つ下の位から一を引いて、引かれる数に一〇を足す。(↔繰り上げる) 文くりさ・ぐ(下二)

クリシェ〈フランス cliché〉常套句じょうとうく。決まり文句。

グリス〈grease〉→グリース

クリスタル〈crystal〉①水晶。②「クリスタルグラス」の略。

―グラス〈crystal glass〉水晶のように透明で上質なガラス。また、その製品。クリスタルガラス。

クリスチャニア〈Christiania〉スキーで、滑走中に向きを変えるとき、スキー板をそろえたまま急速回転する技術。語源ノルウェーのクリスチャニア(現在のオスロ)で始まったことからいう。

クリスチャン〈Christian〉キリスト教の信者。

―ネーム〈Christian name〉〔基〕キリスト教徒が洗礼式で授けられる名。洗礼名。

クリスト〈Christ〉→キリスト

クリスマス〈Christmas, Xmas〉キリスト降誕を祝う祭り。降誕祭。聖誕祭。十二月二十五日に行う。图

―イブ〈Christmas Eve〉クリスマスの前夜。十二月二十四日の晩。また、その時に行われる降誕前夜祭。聖夜。图

―カード〈Christmas card〉クリスマスを祝って親しい人々の間で取りかわすグリーティングカード。图

―キャロル〈Christmas carol〉クリスマスを祝う賛美歌。クリスマスカロル。图

―ケーキ〈Christmas cake〉クリスマスを祝って食べるデコレーションケーキ。图

―ツリー〈Christmas tree〉クリスマスに、飾りやプレゼントをつけて立てる木。ふつう、もみの木を用いる。图

―プレゼント〈Christmas present〉クリスマスの贈り物。图

グリセード〈glissade〉登山で、ピッケルを体の斜めうしろに突いてブレーキとしながら、雪渓などを滑り下りること。

グリセリン〈glycerine〉〔化〕脂肪・油脂からとれる無色で粘り気・甘味のある液体。薬用や爆薬の原料。リスリン。

くり‐だ・す【繰(り)出す】サ(ソ)・シ・ス・セ・セ 一(他五) ①糸・ひもなどを順々に手元から送り出す。②次々に送り出す。「援軍を―」③やりなどを一度手元に引いて突き出す。二(自五) 大勢の人がそろって出かける。「人々が野山に―」

クリック〈click カチッという音〉(名・他スル)〔情報〕マウスのボタンを押してすぐ離すこと。「ダブル―」

グリッド〈grid 格子〉〔物〕真空管の陰極と陽極との中間に置き、その電位の高低によって真空管に流れる陽極電流を制御する格子状または網目状の電極。

クリッパー〈clipper〉①はさみ。②快速大型帆船。③大型快速飛行艇、または旅客機。

クリップ〈clip〉①紙などをはさんでとめる小型の器具。②(切り取られた)短い映像・音声。「ビデオ―」

グリップ〈grip〉ラケット・バット・ゴルフクラブ・ボートのオールなどのにぎる部分。また、そのにぎり方。

くり‐ど【繰(り)戸】戸袋から一本の溝に沿って一枚ずつ繰って出し入れする戸。雨戸など。

クリニック〈clinic〉①診療所。医院。②臨床講義。

グリニッジ‐じ【グリニッジ時】〔天〕イギリスのロンドン郊外にあった旧グリニッジ(Greenwich)天文台を通る子午線(=経度0度)を基準として表す国際標準時刻。

くり‐ぬ・く【△刳(り)◦貫く・△刳(り)抜く】(他五) カ(コ)・キ(イ)・ク・ク・ケ・ケ えぐって穴をあける。中の物をえぐり出す。「丸木を―・いて舟を造る」

くり-ねずみ【栗鼠】 ①「りす」の別名。②栗色がかったねずみ色。③馬の毛色。栗毛のねずみ色をおびたもの。

くり-のべ【繰〔り〕延べ】(名・他スル) くりのべること。

くり-の・べる【繰〔り〕延べる】(他下一) 日時や期限を順々にあとへ延ばす。延期する。「会議を次週に―」 文くりの・ぶ(下二)

クリノメーター〈clinometer〉地層の走向・傾斜をはかる測量・地質調査用器具。測斜計。傾斜儀。

くりのもと-しゅう【栗の本衆】《文》鎌倉時代、滑稽な趣向の連歌を作った人たち。無心衆。↕柿の本衆

くり-ばち【刳〔り〕鉢】 木をくり抜いて作ったはち。

ぐり-はま《俗》(「はまぐり」の倒語)物事のくいちがうこと。思いがけない結果になること。ぐれはま。「―になる」

くり-ひろ・げる【繰〔り〕広げる】(他下一) 次々にひろげる。展開する。「熱戦を―」 文くりひろ・ぐ(下二)

クリプトン〈krypton〉《化》貴ガス元素の一つ。空気中に微量に含まれる気体。無色・無臭で他の物質と化合しにくい。白熱電球に用いられる。元素記号 Kr

くり-ぶね【刳〔り〕船】 木をくり抜いて造った舟。丸木舟。

くり-まわ・す【繰〔り〕回す】(他五) 金銭などを順々にうまく都合をつけてやりくりする。「資金を―」

くり-まんじゅう【栗饅頭】 栗あんを皮で包み、上面に卵の黄身を塗って栗色に焼きあげたまんじゅう。

グリムきょうだい〔グリム兄弟〕 兄ヤーコプ(Jacob Ludwig Karl Grimm)(一七八五～一八六三)と弟ウィルヘルム(Wilhelm Karl Grimm)(一七八六～一八五九)の兄弟。ドイツの文献学者・言語学者。民族文学・伝説を集め「グリム童話」「ドイツ伝説集」を刊行し、「ドイツ語辞典」を編集した。

くり-めいげつ【栗名月】 陰暦九月十三日の夜の月。秋 参考 栗を供えるところからいい、「のちの月」「十三夜」「豆名月」などともいう。⇩芋名月

くり-めし【栗飯】 栗の実をたきこんだめし。くりごはん。秋

くり-もど・す【繰〔り〕戻す】(他五) 順々にもとへもどす。

くり-や【厨】 料理をつくる所。台所。

く-りょ【苦慮】(名・自他スル) 物事のなりゆきを心配して、あれこれと考え苦しむこと。「対策に―する」

くり-よ・せる【繰〔り〕寄せる】(他下一) たぐって引き寄せる。「網を手元に―」 文くりよ・す(下二)

グリル ①〈grillroom から〉一品料理などを出す洋風料理店。ホテルなどの洋風軽食堂についてもいう。グリルルーム。②〈grill〉魚や肉などを焼く網。また、その網で焼いた料理。

くり-わた【繰〔り〕綿】 綿の実を綿繰り車にかけて種をとっただけで、精製してない綿。

く-りん【九輪】《仏》仏塔の露盤上の高い柱(=相輪)にある九個の輪。また、相輪全体をもいう。

〔くりん〕

クリンチ〈clinch〉(名・自スル) ボクシングで、相手に組みついて攻撃を防ぐこと。

グリン-ピース〈green peas〉→グリーンピース

く-る【佝僂・痀瘻】 佝僂病にかかった人。

くる【来る】(自カ変)《中心義―離れた所から自分のいる方へ向かって移動する》①こちらに近づく。また、達する。「客が―」「手紙が―」↕行く ②季節・時間・順番などがめぐって、近づく。「秋が―」「私の番がきた」↕行く ③ある原因から、ある事態が起こる。「不注意から―事故」「不摂生からきた病気」④ある段階・状態・位置に達する。「限界に―」「体にがたが―」「ぴんと―」⑤(「…とくると」「…ときたら」「…ときては」の形で)「…について言うと」「…となると」「…に関しては」の意を表す。「英語はいいが、数学と―と弱い」「鮨ときたら目がない」⑥(動詞の連用形＋「て」を受けて)㋐動作・作用が過去から続いて現在に至る。「二〇年間この会社で働いてきた」㋑しだいに変化して、ある状態になる。「勇気がわいて―」㋒ある行動をして戻る意を表す。「ちょっと見て―」 文く(カ変)

類語 訪れる・訪う・来る・来訪する・来宅する・来駕する・ご尊来くださる・ご光来くださる・ご光臨なさる

尊敬語	謙譲語	丁寧語
いらっしゃる おいでになる お越しになる おでましになる 見える お見えになる 来られる	うかがう あがる 参る 参上する	来ます 参る 参ります

く・る【刳る】(他五) 刃物などでえぐって穴をあけたり、くぼみをつくったりする。可能く・れる(下一)

くる【繰る】(字義) →そう(繰)

く・る【繰る】(他五) ①長いものを巻きとる。たぐる。「糸を―」②順ぐりに送り動かす。「雨戸を―」③順に数える。「日数を―」④順にめくる。「ページを―」⑤綿繰り車にかけて綿の種を取り除く。「綿を―」可能く・れる(下一)

ぐる《俗》悪だくみをする仲間。共謀者。「―になる」

くる・い【狂い】 正常な状態からずれていること。正確でないこと。「私の目に―はない」

―ざき【―咲き】(名・自スル) ①季節はずれに花が咲くこと。返り咲き。また、その花。狂い花。冬 ②(比喩的に)盛りを過ぎたものが一時期のみ急に勢いをもり返すこと。

―じに【―死に】(名・自スル) ①精神状態が異常になって死ぬこと。②激しくもだえ苦しんで死ぬこと。

-ぐるい【狂い】(接尾)(名詞に付けて)常軌を逸して、あることに夢中になるさま。また、そうなった人。「女―」

クルー〈crew〉①ボート競技で、チームを組み同じボートに乗る選手。②航空機・船などの乗組員。「キャビン―」③特定の仕事に従事する人々。「撮影―」

くる・う【狂う】(自五) ①精神状態が正常でなくなる。発狂する。乱心する。②物事の状態やはたらきが正常でなくなる。「時計が―」「調子が―」③期待したり予定したりしていた状態と結果がずれる。「ペースが―」「予定が―」④好ましくない物事に度をこして熱中する。おぼれる。「かけごとに―」⑤(動詞の連用形に付いて)夢中になって…する。激しく…する。「踊り―」「荒れ―」他くるわ・す(五) くるわ・せる(下一)

クルーザー〈cruiser〉①外洋航海を目的として造られた、居住設備のあるヨットやモーターボート。②巡洋艦。

クルージング〈cruising〉客船や大型ヨットなどでの周航。

クルーズ〈cruise〉巡航。周航。客船による長期遊覧旅行。

グルーピー〈groupie〉芸能人などを追いかけ、つきまとう熱狂的な少女ファン。おっかけ。

グルーブ〈groove〉音楽のリズム感がよく、のりがよいこと。

グループ〈group〉人やものの集まり。仲間。群れ。集団。

―サウンズ〈和製英語〉エレキギター・ドラムを中心に数人で編成された、ロック調の音楽グループ。また、その楽曲。一九六〇年代後半に流行。GS

グルーミー〈gloomy〉(形動ダ)(ダロ・ダッ(デ・ニ)・ダ・ナ・ナラ・○) 陰気なさま。憂鬱(ゆううつ)なさま。悲観的なさま。

グルーミング〈grooming〉①髪やひげ、体を手入れして清潔に保つこと。②毛づくろい。③犯罪を目的に未成年者に近づき、手なずけること。「チャイルドー」

くるおし・い【狂おしい】(形)(カロ・カッ(ク)・イ・イ・ケレ・○) 気がおかしくなりそうな感じだ。感情が激して、じっとしていられない気持ちに駆り立てられるさま。狂わしい。「ー思い」文くるほ・し(シク)

くる-くる(副)①物が軽く速く回転するさま。「風車(かざぐるま)がー(と)回る」②すばやく巻きつけたりまるめたりするさま。「ポスターをー(と)まるめる」③身軽によく働くさま。「ー(と)働く」④考えや方針などがよく変わるさま。「言うことがー(と)変わる」

ぐる-ぐる(副)①物が続けて回転するさま。「ハンドルをー(と)回す」②何度も巻きつけるさま。「包帯をー(と)巻く」参考「くるくる」よりも重い感じ。

グルジア〈Georgia〉「ジョージア」の旧称。

くるし・い【苦しい】(形)(カロ・カッ(ク)・イ・イ・ケレ・○) ①肉体的な痛みや圧迫感などで、がまんできない感じだ。「息がー」②心が痛んでつらい。せつない。「ー胸のうち」③困窮している。経済的にさしつかえるさま。「生活がー」④そうするのがむずかしい。無理がある。「すぐに仕上げるのはー」「ー言い訳」⑤(動詞の連用形に付いて、「…ぐるしい」の形で)そうするのがつらい、不快であるなどの意を表す。「見ー」「寝ー」⑥(形容詞の語幹に付いて)いかにもそのようすで不快である意を表す。「重ー」「むさー」文くる・し(シク)

ー時(とき)の神頼(かみだの)み いつもは神仏を信じない者が、災難にあったり困ったりしたときにだけ神仏に祈って助けを請うこと。参考類似のことばーかなわぬ時の神頼み

くるし-まぎれ【苦し紛れ】(名・形動ダ) 苦しさのあまりにすること。また、そのさま。「ーにうそをつく」

くるし・む【苦しむ】(自五)(マ(モ)・ミ(ン)・ム・ム・メ・メ) ①肉体的に苦痛を感じ、つらいと思う。「腰痛にー」②よい解決が得られず困惑する。窮する。「判断にー」③困難なことがあって精神的に苦痛を感じる。苦悩する。悩む。「財政難にー」他くるし・める(下一)

くるし・める【苦しめる】(他下一)(メ・メ・メル・メル・メレ・メロ(メヨ)) 肉体的・精神的に苦痛を感じさせる。苦痛を与える。自くるし・む(五)文くるし・む(下二)

クルス〈ポルトガル cruz〉十字。十字架。

グルタミン-さん【グルタミン酸】〈glutamine〉〘化〙アミノ酸の一種。無色または白色の結晶で、そのナトリウム塩はうまみ調味料に用いる。はじまりグルタミン酸ナトリウム塩がうまみの成分であることを発見したのは、東京帝国大学(現東京大学)の池田菊苗(きくなえ)教授。一九〇八(明治四十一)年、調味料製造法で特許取得。

ぐるっ-と(副) 大きく回ったり、取り巻いたりするさま。ぐるりと。「ー一周する」

クループ〈ドイツ Krupp〉〘医〙喉頭(こうとう)に偽膜を生じ、声がかれたり呼吸困難を起こしたりする炎症。クループ。

グルテン〈ドイツ Gluten〉小麦などに含まれる各種たんぱく質の混合物。灰褐色で粘り気がある。麩(ふ)の原料。

くる-とし【来る年】新たに迎える年。新年 ↔行(ゆ)く年

クルトン〈フランス croûton〉賽(さい)の目に切ったパンの小片を油で揚げたり、焼いたりしたもの。スープの浮き実などにする。

くる-ひ【来る日】次の日。翌日。「ーもーも(=毎日)」

くる-びょう【佝僂病・痀瘻病】(ビヤウ) 〘医〙ビタミンDの欠乏によって起こる、骨の発育障害を主とする病気。

くる-ぶし【踝】足首の内・外両側の骨の出っぱった部分。

くるま【車】①軸を中心として回転する輪。車輪。②自動車。「ーを運転する」③タクシー。「ーを拾う」④荷車・自転車・電車など、車輪を回して進むものの総称。

ーの両輪(りょうりん) (一対の車輪のように)二つのうちのどちらが欠けても用をなさないような密接な関係にあるもののたとえ。

ーいす【ー椅子】歩行に不自由な人が座ったまま移動できるようにした、車輪のついた椅子。

ーいど【ー井戸】(ヰド) 両端につるべをとりつけた綱を滑車に掛け、つるべを上げ下ろしして水をくむしかけの井戸。

ーえび【ー海老・ー蝦】〘動〙クルマエビ科のエビ。腹部に青色と褐色の横じまがあり、内海の砂底にすむ。食用。

ーがえし【ー返し】(ガヘシ) (そこから先は車では進めないことから)山道などの険しい所。難所。

ーざ【ー座】大勢が円形に内側を向いて座ること。円座。

ーだい【ー代】①自動車などの乗車料金。②①の名目で差し出す謝礼金。「御ー」

ーどめ【ー止め】①車の通行を禁じること。また、そのための標識や設備。②駅の構内などで線路の終端に、車両の逸走を防止するために設置する装置。③自動車などが動かないよう、車輪の前後にあてがう器具。

ーひき【ー引き・ー曳き】人力車や荷車で人や荷物を運搬・輸送する職業。また、その人。車夫。車屋(くるまや)。

ーへん【ー偏】漢字の部首名の一つ。「軌」「輪」などの「車」の部分。

ーよせ【ー寄せ】車を寄せて乗降できるように、玄関先に屋根を張り出した所。ポーチ。

くるま・る【包まる】(自五)(ラ(ロ)・リ(ッ)・ル・ル・レ・レ) すっぽりと体を包んだ状態にする。「毛布にー」他くる・む(五)

くるみ【胡桃】〘植〙①クルミ科クルミ属の落葉高木の総称。②①の一種、オニグルミの別称。晩春に淡黄色の花を開く。実は食用、また油を取る。材は器具用。秋

〔くるみ②〕

-ぐるみ(接尾)(名詞に付けて)ひっくるめて。残らず。…ごと。「身ー」「家族ーの交際」「町ー」

くる・む【包む】(他五)(マ(モ)・ミ(ン)・ム・ム・メ・メ) 全体を巻くように包みこむ。「タオルでー」自くるま・る(五)可能くる・める(下一)

グルメ〈フランス gourmet〉①食通。食道楽。美食家。②おいしい料理。「ご当地ー」

くるめ-がすり【久留米絣】福岡県久留米地方で織られる、じょうぶな木綿の紺絣(こんがすり)。

くるめ・く【眩く】(自五)(カ(コ)・キ(イ)・ク・ク・ケ・ケ) ①くるくる回る。②(病気や驚き・おそろしさで)目まいがする。「目もー思い」参考①は、「転く」と書くことが多い。

くる・める【包める】(他下一)(メ・メ・メル・メル・メレ・メロ(メヨ)) ①くるむ。包む。②いくつかのものを一つにまとめる。③言葉でうまくごまかす。まるめこむ。「言いー」文くる・む(下二)

くるり(副)(多く「くるりと」の形で)①急に回転したり、反転したりするさま。「ーと振り返る」②ひと巻きにするさま。「マフラーをーと巻く」③状態が急に変わるさま。「方針をーと変える」

ぐるり 一(名) まわり。周囲。「家のーを掃く」二(副)(多く「ぐるりと」の形で)①輪を描くようにまわすさま。「首をーとまわす」②まわりをすっかりとり囲むさま。「塀をーとめぐらす」

くるる【枢】①開き戸を開閉するための装置。上下の軸(=とまら)とそれを受ける穴(=とぼそ)とからなる。②戸締まりのために戸の桟(さん)から敷居に差しこむ木片。おとし木。

くる-わ【郭・廓】①遊郭。②城・とりでなどの周囲に築いた

囲いや囲われた区域。参考②は「◦曲輪」とも書く。

くるわし・い【狂わしい】クルハシイ (形) カロ・カッ(ク)・イ・イ・ケレ・○ →くるおしい

くるわ・す【狂わす】クルハス (他五) サ(ソ)・シ・ス・ス・セ・セ →くるわせる

くるわ・せる【狂わせる】クルハセル (他下一) セ・セ・セル・セル・セレ・セロ(セヨ) ①気持ちや行動などを正常な状態でなくする。「判断を—」②予定や予測と一致しないようにさせる。「人生を—」③機械などの機能に異常を起こさせる。自くるう(五) 文くるは・す(下二)

くれ【◦塊】かたまり。「土—」「石—」用法 おもに名詞のあとに付けて用いられる。

くれ【暮れ】①日暮れ。夕方。↔明け ②季節の終わり。「春の—」③年の終わり。年末。「—の大売り出し」冬

くれ-あい【暮(れ)合い・暮合】アヒ 日暮れ方。入り相。

グレイ〈gray〉『物』放射線の吸収線量を表す国際単位系の単位。記号 Gy

くれ-うち【◦塊打ち】『農』すきで起こした田畑の土のかたまりを砕くこと。また、その作業。

クレー〈clay〉①粘土。土。「—コート」②「クレー射撃」の略。また、その標的にする素焼きの皿。

—しゃげき【—射撃】射撃競技の一種。素焼きの皿(クレー)を空中に飛ばし、これを散弾銃で撃ち落とす競技。

グレー〈gray〉白と黒の中間の色。ねずみ色。灰色。

—ゾーン〈gray zone〉どちらとも判別できない、中間の領域。どっちつかずのあいまいな範囲。

クレージー〈crazy〉(形動ダ) ダロ・ダッ(デ・ニ)・ダ・ナ・ナラ・○ 自制心を失ったさま。熱狂的なさま。ばかげたさま。

クレーター〈crater 噴火口〉月・火星などの表面にある噴火口状の地形。

グレード〈grade〉等級。階級。「—を上げる」「—アップ」

クレープ〈フランス crêpe〉①縮緬・ちぢみのように布の表面に細かいしわを出した織物。「—シャツ」②小麦粉に卵・牛乳などを加えてとき、薄く焼いた菓子。ジャムなどを包んで食べる。

グレープ〈grape〉ブドウ。「—ジュース」

—フルーツ〈grapefruit〉『植』ミカン科の常緑小高木。実はナツミカンに似た形で、果汁が多く、すっきりした甘みがある。語源 実がブドウの房状になるところからつけられた名。

クレーマー〈claimer〉商品やサービスに対して、不当なほど苦情を言い立てる人。

クレーム〈claim〉①苦情。「—をつける」②『経』貿易や商取引で契約違反のあった場合、これに対し損害賠償を請求すること。参考 ①は、英語では complaint という。

クレーン〈crane 鶴〉起重機。「—車」

クレオソート〈creosote〉イヌブナの木のタールから製した刺激性の臭気のある液体。麻酔・鎮痛・防腐・殺菌剤用。

クレオパトラ〈Kleopatra〉(前六九〜前三〇) 古代エジプトのプトレマイオス朝最後の女王(在位紀元前五一—同三〇年)。才気と美貌の持ち主で、カエサルの愛人となり、のち、ローマの最高権力者アントニウスと結婚し地中海東部の女王として君臨。アントニウスの敗死後、自殺した。

クレオン〈フランス crayon〉→クレヨン

くれ-がた【暮(れ)方】日が暮れかかるとき。たそがれ。夕暮れ。↔明け方

くれ-ぐれ【暮れ暮れ】日が暮れようとするころ。暮れ方。

くれ-ぐれ【◦呉◦呉】(副)(多く「くれぐれも」の形で)何度も念を入れるさま。「—もよろしくお願いいたします」

グレゴリオ-れき【グレゴリオ暦】ローマ教皇グレゴリウス(Gregorius)一三世が一五八二年にユリウス暦を改良して作った現行の太陽暦。グレゴリウス暦。⇩ユリウス暦

グレコ-ローマン-スタイル〈Greco-Roman style〉レスリングで、上半身だけで闘い、腰から下への攻撃や足を使うことが禁じられている種目。⇩フリースタイル②

クレジット〈credit 信用〉①『経』借款。②『商』信用取引。特に、小売店と消費者との間で、後日の代金支払いを約した販売。③新聞記事・書籍・写真などに明記する著作権者や提供者などの名前。④映画・テレビ番組などで示される出演者やスタッフ、スポンサーなどの名。「—タイトル」

—カード〈credit card〉信用販売制度を利用できる資格を示すカード。⇩デビットカード

グレシャム-の-ほうそく【グレシャムの法則】ハフソク イギリスの財政家グレシャム(Gresham)の唱えた「悪貨は良貨を駆逐する」という法則。⇩悪貨は良貨を駆逐する

クレゾール〈ドイツ Kresol〉『化』コールタール・木タールからとれる無色または淡褐色の液体。殺菌剤・消毒剤に用いる。

クレソン〈フランス cresson〉『植』アブラナ科の水生植物。ヨーロッパ原産の帰化植物。水辺や湿地に自生。葉に独特の辛みがあり食用。オランダガラシ。春

くれ-たけ【◦呉竹】①(中国の呉の国から渡来したことから)「◦淡竹」の別称。②「真竹」の別称。

クレチン-びょう【クレチン病】ビヤウ〈ドイツ Kretinismus〉『医』先天性の甲状腺の機能低下で起こる発育障害。骨の成長や精神の発育が阻害される。

ぐ-れつ【愚劣】(名・形動ダ) おろかで低級なこと。ばかげたこと。また、そのさま。「—な考え」

クレッシェンド〈イタリア crescendo〉『音』楽曲の強弱の変化を示す語。しだいに強く発声・演奏せよの意。cresc. または < の記号で示す。↔デクレッシェンド

くれない【紅】クレナヰ あざやかな赤い色。語源「呉の藍」の転。古くは「紅花」の異称。

くれ-なず・む【暮(れ)◦泥む】ナヅム (自五) マ(モ)・ミ(ン)・ム・ム・メ・メ 日が暮れそうでいて、なかなか暮れないでいる。「—春の空」

グレナダ〈Grenada〉ベネズエラの北、カリブ海の東方にある島国。首都はセントジョージズ。

くれなゐの… 和歌〔くれなゐの 二尺のびたる ばらの芽の 針やはらかに 春雨の降る〕〈正岡子規〉くれない色の二尺(約六〇センチメートル)にも伸びたばらの若芽に生えたやわらかい針をぬらして、春雨がやわらかく降りそそいでいる。

くれ-のこ・る【暮(れ)残る】(自五) ラ(ロ)・リ(ッ)・ル・ル・レ・レ 日没後、なお薄明かりが残る。また、日が暮れてもぼんやりと見える。

クレバス〈crevasse〉氷河や雪渓の深い割れめ。

クレパス クレヨンとパステルの特色をあわせもった棒状の絵具。(商標名)

くれ-は・てる【暮(れ)果てる】(自下一) テ・テ・テル・テル・テレ・テロ(テヨ) ①日が沈んで、すっかり暗くなる。②年月や季節が終わってしまう。文くれは・つ(下二)

くれ-はとり【◦呉◦織】一(名)①大和時代、中国の呉の国から渡来した織工。②呉の国の様式で織った布。二(枕)「あや(綾)」にかかる。語源「くれはたおり」の転。

クレバネット〈cravenette〉防水をほどこしたギャバジンの織物。服地・レインコートなどに使う。(もと商標名)

クレペリン-けんさ【クレペリン検査】ドイツの心理学者クレペリン(Kraepelin)が考案した性格検査の方法。一けたの数字を連続的に加えてゆく作業をするもの。

クレマチス〈ラテン clematis〉『植』キンポウゲ科のつる性多年草。カザグルマやテッセンなどの交配によって作られた。初夏に大きな花が咲く。観賞用。

くれ‐まど・ふ【◦暗〔れ〕惑ふ】まどう —（自四）《古》悲しみに心がくらみ迷う。途方にくれる。

くれ‐むつ【暮〔れ〕六つ】昔の時刻名で、暮れ方の六つ時（＝今の午後六時ごろ）。また、その時刻に鳴らす鐘。↔明け六つ

クレムリン〈Kremlin〉①モスクワにある宮殿。ロシア連邦政府の諸機関が置かれている。②旧ソ連政府または旧ソ連共産党をさす語。

くれ‐ゆ・く【暮〔れ〕行く】（自五）カ(コ)・キ・ク・ク・ケ・ケ 日・年・季節などがしだいに暮れる。しだいに終わりに近づく。「―春」

クレヨン〈フランス crayon〉固形・棒状の絵の具。ろう・硬化油などに色素を混ぜて作る。クレオン。

く・れる【暮れる・△昏れる】（自下一）レ・レ・レル・レル・レレ・レロ(レヨ) ①日が沈んで暗くなる。「日がとっぷりと―」↔明ける ②時節や歳月が終わりになる。「年が―」↔明ける ③そのこと以外何もせずに時を過ごす。「一日中仕事で―」「涙に―」④迷ってどうしたらよいかわからなくなる。「途方に―」「思案に―」他くら・す（五）文く・る（下二）

く・れる【◦呉れる】レ・レ・レル・レル・レレ・レロ(レヨ) 一（他下一）①相手の意志でそのものの所有権が自分に移る。相手が自分に物を与える。よこす。「母が時計を―・れた」②自分が相手に物を与える。やる。「ほしければ―・れてやる」二（補動下一）（動詞の連用形＋「て(で)」を受けて）①こちらに利益が与えられる意を表す。「ごちそうして―・れた」②他に不利益を与える意を表す。…(て)やる。「こらしめて―」文く・る（下二）用法 話し言葉での命令形は「くれ」となる。一②は、相手をさげすんだ感じになる。

	尊敬語	謙譲語	丁寧語
くれる	くださる	○	くれます
やる	おやりになる	さしあげる あげる	やります あげます
もらう	おもらいになる	いただく	もらいます

ぐ・れる（自下一）レ・レ・レル・レル・レレ・レロ(レヨ) ①悪の道にそれる。非行化する。②くいちがう。見込みがはずれる。

語源 蛤（はまぐり）の「はま」と「ぐり」を逆にした「ぐりはま」という言葉は、二枚貝の貝殻を逆にしたらかみ合わない、つまり、物事がくいちがうこと、という意味で用いられていた。「ぐれる」は、「ぐりはま」が訛（なま）った「ぐれはま」の「ぐれ」が動詞化したもの。

くれ‐わた・る【暮〔れ〕渡る】（自五）ラ(ロ)・リ(ッ)・ル・ル・レ・レ 日が沈み、あたり一面が暗くなる。

くれ‐わり【◦塊割〔り〕】《農》田畑などの土のかたまりをくだくこと。また、その農具。くれうち。

ぐ‐れん【◦紅◦蓮】①真っ赤なハスの花。②燃えたつ炎の色のたとえ。真っ赤な色。「―の炎」

クレンザー〈cleanser〉みがき粉。

クレンジング〈cleansing〉清潔にすること。浄化。

―クリーム〈cleansing cream〉化粧や肌の汚れを落とすクリーム。

ぐれん‐たい【×愚連‐隊】盛り場などを根城にする不良の仲間。語源「ぐれる」と「連隊」とを結びつけた語。

くろ【◦畔】田の境。あぜ。

くろ【黒】①墨の色のように、光を最も多く吸収する色。また、その色の物。②碁石の黒いほう。また、それを持つ人。↔白 ③犯罪の事実がある、またはその容疑が濃いこと。また、その人。「状況だけみると彼は―だ」「限りなく―に近い」↔白

グロ（名・形動ダ）「グロテスク」の略。「エロ―」

クロアチア〈Croatia〉バルカン半島の北西部にあり、アドリア海に面した共和国。首都はザグレブ。

くろ‐あり【黒△蟻】黒い色をしたアリの総称。クロヤマアリ・クロオオアリなど。夏

くろ・い【黒い】（形）カロ・カッ(ク)・イ・イ・ケレ・○ ①黒色である。②黒みを帯びている。また、汚れている。「手あかで―・くなった紙幣」③日に焼けた肌の色である。④心がきたない。陰険である。「あの人は腹が―」⑤犯罪・不正などを感じるさま。「―うわさ」↔白い 文くろ・し（ク）

クロイツフェルト‐ヤコブ‐びょう【クロイツフェルトヤコブ病】ビャウ —《医》中枢神経の変異により、運動障害と認知障害が進行する病気。語源 この疾患を報告したドイツの二人の医師の名前（Creutzfeldt, Jakob）から。

くろ‐いと【黒糸】①黒い色の糸。②「黒糸縅（くろいとおどし）」の略。

―おどし【―△縅】ヲドシ 鎧（よろい）の縅（おどし）の一種。鎧の札（さね）を黒い糸でつづったもの。

く‐ろう【苦労】ラウ —（名・自スル）物事がうまくいくように、肉体的、また精神的に骨を折ること。「親に―をかける」

―しょう【―性】シャウ（名・形動ダ）わずかなことまで心配する性質。また、そういう人。

―にん【―人】多くの苦労を経験し、人情に通じた人。

ぐ‐ろう【愚弄】—（名・他スル）人をばかにしてからかうこと。

ぐ‐ろう【愚老】ラウ —（代）自称の人代名詞。老人が自分を謙遜（けんそん）していう語。

くろ‐うと【玄人】①ある技芸に熟達している人。専門家。プロ。②芸者・遊女など水商売の女性。《↔素人（しろうと）》参考 常用漢字表付表の語。

―はだし【―△跣】（玄人もはだしで逃げ出す意）素人でありながら、専門家も負けるぐらい優れていること。

くろ‐うど【◦蔵◦人】クラ —《日》（「くらひと」の音便）蔵人所の職員。平安初期に設置された令外官（りょうげのかん）。機密の文書や訴訟などをつかさどり、のち広く宮中諸雑事に当たった。

クローカス〈crocus〉→クロッカス

クローク〈cloakroom から〉ホテル・劇場などで、客のコートや持ち物を預かる所。参考 米国では checkroom という。

クロース〈cloth〉①織物。布地。「テーブル―」②書物などの装丁に用いる布地。「―装」参考「クロス」ともいう。

クローズ‐アップ〈close-up〉（名・他スル）①《映》対象の一部を画面に大きく映し出す手法。大写し。アップ。②ある事柄を、問題として大きく取り上げること。「少子化が―される」

クローズド‐ショップ〈closed shop〉《社》使用者が従業員を雇う場合、労働組合加入者以外は雇うことができず、組合員資格を失えば解雇される制度。⇨オープンショップ・ユニオンショップ

クローズド‐スタンス〈closed stance〉野球やゴルフなどで、打球方向側の足をもう一方の足よりも前に出し、体全体が一歩踏み込んだ格好で構える姿勢。↔オープンスタンス

クローゼット〈closet〉衣類などを収納するたんす・戸棚。クロゼット。「ウオークイン―（＝西洋風納戸）」

クローネ〈ドイツ Krone〉デンマーク・ノルウェーの通貨単位。

クローバー〈clover〉「しろつめくさ」の別称。春

グローバリズム〈globalism〉国家の単位を超えて地球全体を一体としてとらえる考え方。汎地球主義。

グローバリゼーション〈globalization〉世界化。経済・文化などが国境を越えて、世界的規模に拡大すること。

グローバル〈global〉（形動ダ）ダロ・ダッ(デ・ニ)・ダ・ナ・ナラ・○ 世界的規模であるさま。全地球的。「―企業」

―スタンダード〈global standard〉世界標準。世

界基準。世界中で共通・通用する基準や規範。

くろ-おび【黒帯】 黒色の帯。特に、柔道・空手などで有段者が用いる黒色の帯。また、有段者。↔白帯

グローブ 〈globe〉電球をすっぽり覆う球形の電灯がさ。

グローブ 〈glove〉野球・ボクシングなどで用いる革製の手袋。グラブ。

グロー-ランプ 〈glow lamp〉蛍光灯を点灯させる小さな放電管。点灯管。グロースターター。

クローム 〈chrome〉→クロム

クロール 〈ドイツ Chlor〉塩素。クロル。

—カルキ 〈ドイツ Chlorkalk〉塩化石灰。さらし粉。

—ピクリン 〈ドイツ Chlorpikrin〉無色で揮発性の液体。催涙性のガスを出す。殺虫・殺菌剤。

クロール 〈crawl stroke から〉体を水面に伏し、両手を交互に回して水をかき、ばた足で泳ぐ泳法。

クローン 〈clone〉〘生〙一個の個体または細胞から無性生殖で増殖した、遺伝的に同一の個体群または細胞群。「—羊」

くろ-がき【黒柿】〘植〙カキノキ科の常緑高木。台湾・フィリピンに産する。材は黒くかたい。家具用。台湾黒檀。

くろ-がね【◇鉄】（黒い金属の意）鉄の古い呼び名。まがね。

くろがねの… 俳句〔くろがねの 秋の風鈴 鳴りにけり〕〈飯田蛇笏〉軒につるしたままであった鉄の風鈴が、秋風に吹かれて冷たい澄んだ音で鳴った。その音は、夏とは違った趣があり、はっきりと秋のおとずれを知らされたことだ。（秋 秋）

くろ-かび【黒△黴】 コウジカビの一種。パンやもちなどに生え黒い胞子をつける。夏

くろ-かみ【黒髪】 黒くてつやつやした美しい髪。

—の 《枕》「解け」「乱れ」「長き」などにかかる。

くろかわ-おどし【黒革△縅】 鎧の縅の一種。鎧の札を黒い革紐でつづったもの。

くろ-き【黒木】 ①皮をむきとらないままの材木。皮つきの木。②生木を黒く蒸し焼きにした、たきぎ。③「黒檀」の異名。

くろ-き【黒◇酒】 新嘗祭や大嘗祭のときに白酒とともに神前に供えた黒い色の酒。黒御酒。↔白酒

くろ-ぎぬ【黒◇衣】 ①黒い色の衣服。②喪中に着る衣服。喪服。

くろ-くま【黒熊】《動》黒いクマ。特に「つきのわぐま」のこと。

くろ-くも【黒雲】 黒い色の雲。暗雲。黒雲。参考 不吉なできごとの前兆や、物事の進行を妨げるもののたとえにも用いる。

くろ-ぐろ【黒黒】（副・自スル）非常に黒いさま。いかにも黒いさま。「—(と)した髪」

くろ-けむり【黒煙】 勢いよくあがる黒いけむり。黒煙。

くろ-こ【黒子・黒◇衣】 ①〘演〙歌舞伎で、黒い着物を着た、役者の後見役。また、人形浄瑠璃の人形遣い。また、その黒い衣服。くろんぼう。②(比喩的に)自分は表に出ず、陰で事を処理する人。「—に徹する」参考「くろご」ともいう。

くろ-ごめ【黒米・◇玄米】 精白していない米。げんまい。

くろ-ざとう【黒砂糖】 精製する前の黒茶色の砂糖。黒糖。

くろ-じ【黒地】 布などの地色が黒いこと。また、黒い織地。

くろ-じ【黒字】（帳簿に収入超過額を黒字で記入することから）収入が支出よりも多いこと。「収支が—になる」↔赤字

—とうさん【—倒産】《経》帳簿上では収入が支出を上回りながら、集金や手形の現金化ができなくて倒産すること。

くろ-しお【黒潮】〘海〙日本列島に沿って太平洋を南西から北東へ流れる暖流。日本海流。⇩親潮

くろ-しょうじょう【黒△猩△猩】 →チンパンジー

くろ-しょうぞく【黒装束】 黒ずくめの服装。また、その服装の人。黒支度。

くろ-しろ【黒白】 ①黒と白。②物事の是非。黒白。「—つける」

クロス 〈cloth〉→クロース

クロス 〈cross〉 ■一(名) ①十字架。クルス。②(テニス・バレーボールなどで)球を対角線方向に打ち込むこと。また、その球筋。■二(名・自スル) 交差すること。「両手を—させる」

—オーバー 〈crossover 交差〉音楽などで、異なるジャンルの要素を融合させて新しいものをつくること。

—カウンター 〈cross counter〉ボクシングで、相手の出すパンチに対して、腕を交差させるように打ち返すパンチ。

—カントリー 〈cross-country race から〉原野や丘陵地帯などを横断する長距離競走。断郊競走。

—ステッチ 〈cross-stitch〉糸をX形に刺す刺繡。

—バー 〈crossbar〉①走り高跳び・棒高跳びの横木。②ラグビーなどで、ゴールポストの間に渡した棒。

—ワード-パズル 〈crossword puzzle〉空白のます目の中に、与えられたヒントによって、縦からでも横からでも意味をなすよう適当な文字を埋めてゆく遊び。はじまり 一九一三年アメリカで生まれ、日本では一九二五(大正十四)年、週刊誌「サンデー毎日」に「嵌め字」の名で掲載されたのが最初という。

グロス 〈gross〉①数を数える単位。一グロスは一二ダース。一四四個。②総計。「—トン(=船の総トン数)」

クロス-ゲーム 〈close game〉接戦。白熱戦。

クロス-プレー 〈close play〉スポーツで、判定のむずかしいきわどいプレー。「本塁上での—」

くろず・む【黒ずむ】(自五) マ(モ)・ミ(ン)・ム・ム・メ・メ 黒みがかる。黒っぽくなる。「すすで壁が—」

クロゼット 〈closet〉→クローゼット

クロソイド-きょくせん【クロソイド曲線】 〈clothoid〉定速で走行する車が、ハンドルを一定速度で回して進んだ軌跡が示す曲線。高速道路のカーブに利用される。

くろ-そこひ【黒底△翳】 →こくないしょう

くろ-た【黒田】 稲を植えつける前の田。

くろ-だい【黒△鯛】《動》タイ科の海魚。体の背面は暗灰色、腹面は銀白色。成長に伴い性転換する。食用。ちぬ。夏

くろ-ダイヤ【黒ダイヤ】 ①ダイヤモンドの一種。不純物を含み、黒色または暗灰色。②石炭をダイヤに見立てた美称。

くろだせいき【黒田清輝】（一八六六〜一九二四）洋画家。鹿児島県生まれ。東京美術学校教授・帝国美術院院長。フランスに留学して印象派(外光派)の画風を日本に伝えた。のち白馬会を創立し、洋画壇の中心となる。作品「読書」「湖畔」など。

くろ-だま【黒玉】 ①黒い色の玉。②打ち上げても発火しない花火の玉。

くろ-ち【黒血】 腫れ物などから出る黒みをおびた血。あくち。

くろ-ちく【黒竹】《植》淡竹の一種。幹が細く、外皮が黒い竹。観賞用・器具用。紫竹。

クロッカス 〈crocus〉《植》アヤメ科の多年草。広く、サフランとハナサフランとをさす。園芸上では、早春に黄・紫・白などの六弁の花をつけるハナサフランをさす。観賞用。クローカス。春

クロッキー 〈フランス croquis〉短時間でおおまかに行うデッサン。特に、人体素描。速写。略画。

グロッキー 〈groggy（グロッギー）から〉(形動ダ) ダロ・ダッ(デ)・ニ・ダ・ナ・ナラ・○ ①ボクシングで、強いパンチを受けてふらふらになるさま。②ひどく疲れてふらふらするさま。「徹夜が続いて—だ」

クロッケー 〈フランス croquet〉芝生の上で、木製の球を木づち

で打って鉄製の小門を通過させ、ゴールを競う屋外競技。

くろ-つち【黒土】①黒い色の土。農耕に適している。②腐敗した植物などを含んだ養分の多い黒い土。

くろ-っぽ・い【黒っぽい】(形) カロ・カツ(ク)・イ・イ・ケレ・○ ①黒みがかっている。②《俗》玄人らしい。玄人じみている。

グロテスク〈フランス grotesque〉(形動ダ) ダロ・ダツ(デ・ニ)・ダ・ナ・ナラ・○ 異様で不快感を覚えるほど無気味なさま。グロ。

くろ-てん【黒貂】《動》イタチ科の哺乳動物。ユーラシア大陸の北部から北海道に分布。本州以南にすむ貂に似ていて、黒みがかった黄色の毛皮が珍重される。

クロニクル〈chronicle〉編年史。年代記。

くろ-ぬり【畔塗り】田植え前、水もれを防ぐために、田のあぜを泥土で塗りかためること。

くろ-ぬり【黒塗り】黒く塗ること。また、塗ったもの。「一のハイヤー」参考 黒漆を塗ったものをさすことが多い。

くろ-ねずみ【黒鼠】①毛の黒いネズミ。②主家の金品をかすめとる雇い人。↔白ねずみ ③黒みがかったねずみ色。

クロノグラフ〈chronograph〉ストップウオッチの機能のついた携帯用の時計。

クロノメーター〈chronometer〉①携帯用の精密なぜんまい時計。天体観測や航海に用いる。②公式の検定に合格した高精度の時計に与えられる名称。

くろ-ば・む【黒ばむ】(自五) マ(モ)・ミ(ン)・ム・ム・メ・メ 黒みをおびる。黒っぽい感じになる。

くろ-パン【黒パン】ライ麦の粉で作った黒みがかったパン。

くろ-ビール【黒ビール】ビールの一種。焦がした麦芽を使って作った黒褐色のビール。夏

くろ-びかり【黒光り】(名・自スル) 黒色でつやのあること。

くろ-ふく【黒服】①黒い服・スーツ。②《俗》水商売の店で働く男性従業員。多く、黒いスーツを着ていることから。

くろ-ふね【黒船】江戸時代末、欧米から来た艦船を呼んだ名。語源 船体を黒く塗っていたことからいう。

グロブリン〈globulin〉《保》単純たんぱく質(=加水分解によってアミノ酸を生じるもの)の一群。動植物の組織や体液に広く存在し、生体の防御機構に重要な役割を果たす。

くろ-ほ【黒穂】黒穂病(=黒穂菌の寄生によって起こる病気)にかかって黒くなった麦の穂。くろんぼう。黒穂。夏

くろ-ぼし【黒星】①黒い丸形または星形のしるし。↔白星 ②相撲の星取り表で、負けを表す黒い丸じるし。転じて、負けること。失敗。「一がつく」「一続きの捜査陣」↔白星 ③的の中央にある黒い点。転じて、物事の急所。図星。

くろ-まく【黒幕】①(芝居で場面転換のときなどに用いる)黒色の幕。②陰で画策したり指図したりする人。「政界の一」

くろ-まつ【黒松】《植》マツ科の常緑高木。海岸地方に多く生え、樹皮が黒灰色。材は建築用。雄松。

クロマニョン-じん【クロマニョン人】《世》更新世(洪積世)末期(約四万—一万年前)の化石現生人類。最初の化石はフランス南西部のクロマニョン(Cro-Magnon)で発見された。

くろ-まめ【黒豆】ダイズの一種。大粒で皮が黒い。正月料理などに用いる。

くろ-み【黒み】黒い色合い。また、その部分。黒っぽい感じ。

くろ-みずひき【黒水引】ミツヒキ 黒・白半々に染め分けた水引。弔事に用いる。参考 黒色の代わりに紺色または青黒色を使うことがあるので「青水引」ともいう。

クロム〈chrome〉《化》クロム鉄鉱から産する銀白色のかたい金属元素。クロム鋼・ステンレス鋼などの合金や、クロムめっきに使われる。クローム。元素記号 Cr

くろ・む【黒む】(自五) マ(モ)・ミ(ン)・ム・ム・メ・メ (汚れたり、古くなったりなどして)黒くなる。黒みを増す。

くろ-め【黒目】眼球の中央の黒い部分。↔白目

——がち【一勝ち】(名・形動ダ) 黒目の部分が多いこと。また、そのさま。目のぱっちりして美しいさまをいう。「一の美人」

くろ-もじ【黒文字】①《植》クスノキ科の落葉低木。樹皮はなめらかで緑色。黒斑がある。葉は細長い楕円形で互生。春に淡い黄色の五弁花を開く。香りがよいので楊枝・箸用材とする。②(①で作ったことから)つまようじ。

くろ-やき【黒焼〔き〕】動植物を黒くなるまで蒸し焼きにすること。また、そのもの。参考 マムシやイモリなどの黒焼きは民間薬として用いられる。

くろ-やま【黒山】人が大勢群がり集まっていることのたとえ。「一の人だかり」語源 人の頭が黒いところからいう。

くろ-ゆり【黒×百合】《植》ユリ科の多年草。高山や寒地に自生。葉は長卵形で輪生。初夏に黒紫色の花を開く。夏

クロレラ〈chlorella〉クロレラ科単細胞の淡水産の緑藻。繁殖力が強く、たんぱく質・葉緑素などを多く含む。

クロロフィル〈chlorophyll〉《植》植物や藻類の葉緑体に含まれている光合成に不可欠の緑色の色素体。葉緑素。

クロロホルム〈chloroform〉《医》揮発性が強く、特有の甘いにおいのある無色透明の液体。溶剤などに用いる。以前は吸入麻酔薬にも用いられた。クロロフォルム。

クロロマイセチン〈Chloromycetin〉《医》抗生物質の一種。チフスなどの特効薬。(クロラムフェニコールの商標名)

くろ-わく【黒枠】①黒いわく。②死亡通知・死亡広告や死亡者の写真のまわりをふちどる黒い線。

クロワッサン〈フランス croissant 三日月〉生地にバターをたくさん使った三日月形のパン。

ぐ-ろん【愚論】①おろかな議論。くだらない意見。②自分の議論・意見の謙称。

くろん-ぼう【黒ん坊】バウ ①日に焼けるなどして皮膚の色の黒い人。②皮膚の色の黒い人種に対する差別的な言い方。③→くろこ①④→くろほ 参考「くろんぼ」ともいう。

くわ【桑】クハ《植》①クワ科の落葉高木。葉は互生。春、淡い黄緑色の花を開く。実は紫黒色に熟し甘い。葉は蚕の飼料、繊維は織物の原料、材は家具に用いる。春(くわの実 夏)②クワ科の落葉高木クワ類の総称。

くわ【鍬】クハ うすい鉄の板に柄のついた農具の一つ。田畑の耕作に用いる。「畑に一を入れる」

くわい【×慈姑】クワヰ《植》オモダカ科の多年草。中国原産で、オモダカの変種。水田に栽培する。葉は長い三角形の矢じり形で、秋に白色の花を開く。球状の地下茎は食用。春

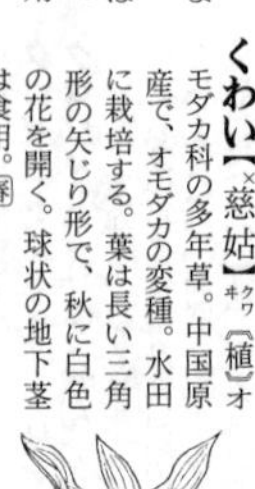

〔くわい〕

くわ-いれ【鍬入れ】クハ—(名・自スル)①建設工事や植樹などのとき、その土地に儀礼的にくわを入れること。また、その儀式。くわ入れ式。②農家で、正月の吉日(多くは十一日)に恵方の畑に初めてくわを入れて祝う行事。新年

くわえ-こ・む【銜え込む】クハヘ—(他五) マ(モ)・ミ(ン)・ム・ム・メ・メ ①深くくわえる。②《俗》(女が男を)連れ込む。引っぱり込む。

くわえ-ざん【加え算】クハヘ—《数》足し算。寄せ算。加法。

くわ・える【加える】クハヘル (他下一) エ・エ・エル・エル・エレ・エロ(エヨ) ①それまであったものに別のものをつけ足す。新たに入れて数・量・程度などを増

す。「赤色を―」「塩を―」②足す。加算する。「一に二を―」③ある作用を他に与える。及ぼす。「敵に損害を―」「手を―」④仲間に入れる。加入させる。「新会員に―」自くわわ・る(五) 文くは・ふ(下二)

くわ・える【銜える】クハヘル (他下一) エ・エ・エル・エル・エレ・エロ(エヨ) 唇や歯で軽くかむようにしてはさみ支える。「パイプを―」「指を―(=欲しいと思いながら手が出せずにいるさま)」文くは・ふ(下二)

くわ-がた【鍬形】クハ ①甲の前立て物の一つ。⇩甲(さしえ) ②太刀の頭やこじりを、①に似せてこしらえたもの。③「くわがた虫」の略。

―むし【―虫】〘動〙クワガタムシ科の昆虫の総称。特に、雄の大あごが大きく発達していて甲のくわがたに似る。夏

く-わけ【区分け】(名・他スル) 区切って分けること。区分。

くわ-ご【桑蚕】クハ― 〘動〙カイコガ科の蛾の一種。蚕の野生種とみられる。幼虫は桑の葉を食う。のがいこ。やまがいこ。春

くわし・い【詳しい・精しい・委しい】クハシイ (形) カロ・カッ(ク)・イ・イ・ケレ・○ ①細部まで分かるようにしてある。詳細である。「―説明書」②細部まで知っている。精通している。「政治に―」「野球に―」文くは・し(シク)

類語 細かい・事細か・具さ・詳らか・詳細・詳密・子細・精細・明細・細緻

くゎ-じゃ【冠者】か―〘古〙→かんじゃ(冠者)

くわ・す【食わす】クハス (他五) サ(ソ)・シ・ス・ス・セ・セ →くわせる

くわず-ぎらい【食わず嫌い】クハズギラヒ ①食べてもみないで、その食物を嫌いだときめつけること。また、その人。②(比喩的に)物事の実情を知ろうともしないで最初から嫌うこと。

くわせ-もの【食わせ物】クハセ― 外見だけよくて実質の伴わないもの。また、そういう人。特に、油断のならない人。「とんだ―だ」参考 人についていう場合は、ふつう「食わせ者」と書く。

くわ・せる【食わせる】クハセル (他下一) セ・セ・セル・セル・セレ・セロ(セヨ) ①食べさせる。「めしを―」②うまい料理を出す。「あのすし屋は―店だ」③養う。扶養する。「大勢の家族を―」④だます。あざむく。「一杯―」⑤好ましくないことを受けさせる。こうむらせる。くらわす。「げんこつを―」文くは・す(下二)

くわだて【企て】クハダテ くわだてること。もくろみ。計画。「謀反の―が発覚する」参考 悪事について使われることが多い。

くわだ・てる【企てる】クハダテル (他下一) テ・テ・テル・テル・テレ・テロ(テヨ) 行動を起こそうとして計画を立てる。また、その実行を試みる。「密航を―」文くはだ・つ(下二)

類語 計画する・企画する・企図する・画策する・立案する・目論む・策する・画する

くわ-つみ【桑摘み】クハ― 養蚕のために、桑の葉をつみ取ること。また、その人。春

くわ-ばたけ【桑畑】クハ― 桑を植えつけた畑。春

くわ-ばら【桑原】クハ― ①落雷や災難、嫌なことを避けたいときに言うまじないの言葉。②桑畑。用法 ①は、ふつう二度続けて用いる。語源 ①は、天神となった菅原道真の領地桑原には雷が落ちなかったことからとも、雷は桑の木が嫌いだという伝説からともいう。

く-わり【区割〔り〕】(名・他スル) 区分。区分け。

クヮルテット〈イタリア quartetto〉→カルテット

くわ・れる【食われる】クハレル (自下一) レ・レ・レル・レル・レレ・レロ(レヨ) 本来は弱い立場の相手に力や勢いで圧倒され、引けをとる。「主役が脇役に―」

くわわ・る【加わる】クハハル (自五) ラ(ロ)・リ(ツ)・ル・ル・レ・レ ①(さらにつけ足されて)増える。増す。「重さが―」「圧力が―」②仲間にはいる。「一行に―」他くわ・える(下一) 可能くわわ・れる(下一)

くわんおんの… 和歌〔くわんおんの しろきひたひに やうらくの かげうごかして かぜわたるみゆ〕〈会津八一〉観音像の宝冠から垂れている、いく筋かの瓔珞(=宝玉を連ねた仏像の装飾)が風に揺られて白い額の上に影を落としている。風が吹き過ぎているのが見えるようだ。(「くわんおん」は奈良県の法輪寺の十一面観音をさす)

くん【君】教3 クン きみ

(字義) ①きみ。㋐天下に号令し治める人。天子。また、諸侯や領主。「君主・主君・名君」㋑人の上に立つべき徳のある人。「君子」②敬称。㋐父・夫・妻などに対していう語。「細君・父君・夫君」㋑同輩または目下の人に対していう語。「諸君」人名 きん・こ・すえ・なお・よし

-くん【君】(接尾) 同輩や目下の人の名前に添える軽い敬称。

くん【訓】教4 クン よむ・おしえる

(字義) ①おしえる。言いきかせる。教えみちびく。いましめる。「訓戒・訓練・遺訓・家訓・教訓・垂訓」②よむ。よみ。字句の意味を解釈する。意味。「訓解・訓義」③→次項。「訓点・訓読・国訓・字訓」↔音 人名 くに・しる・とき・のり・みち

くん【訓】漢字を、それが表す意味にあたる日本語にあてはめて読む読み方。「山」を「やま」と読む類。字訓。↔音

くん【勲】【勳】人 クン いさお 中

(字義) いさお。君主や国家のためにつくした功績。「勲功・勲章・元勲・殊勲・武勲」人名 いさ・いそ・こと・つとむ・ひろ

くん-【勲】(接頭) 勲章の等級に冠する語。「―一等」

くん【薫】【薰】人 クン かおる 高 中

(字義) ①かおる。よいにおいがする。かおり。香気。「薫風・余薫」②くすべる。香をたく。「薫灼」③よい手本に近づけて感化する。「薫化・薫陶」難読 薫き物 人名 かお・くる・しげ・ただ・つとむ・にお・のぶ・ひで・ふさ・ほお・まさ・ゆき

ぐん【軍】教4 グン いくさ

(字義) ①兵士の集団。軍隊。「軍旗・軍陣・軍隊・援軍・行軍・三軍・将軍・進軍・大軍」②いくさ。戦争。「軍功・軍事・軍備・従軍」難読 軍鶏 人名 いさ・すすむ・とき・むら・むれ

ぐん【軍】①兵士の集団。軍隊。②数個の師団または軍団で構成された作戦の単位となる隊。③陸・海・空軍の総称。軍部。「―の機密」④「チーム」「団体」などの意を表す。「女性―」

ぐん【郡】教4 グン こおり

(字義) ①中国に置かれた行政区画の名。周代では県の下、秦以後は県の上。「郡県・州郡」②→次項。「郡部」人名 くに・さと・とも

ぐん【郡】①都道府県内の地理的区画で、町村からなる単位。②地方行政区画の一種。大化改新以前からあり、一八七八(明治十一)年には府県の下の行政単位だったが、一九二三(大正十二)年廃止。③中国古代の行政区画の単位。

ぐん【群】教4 グン むれる・むれ・むら

(字義) ①むれる。むらがる。あつまる。「群集・群生」②むれ。あつまり。集団。「一群・大群・流星群」③おおくの。もろもろの。「群臣・群雄」人名 あつむ・とも・もと

ぐん【群】むれ。あつまり。集団。仲間。

―を抜く 多くの中でとびぬけてすぐれている。抜群である。

くん-い【勲位】ヰ ①勲等と位階。②律令制で、国家に対する功労者に与えられる位階。古くは一二等、明治以後は八等であった。⇩勲等

ぐん-い【軍医】軍に属し、医務に従事する武官。

くん-いく【訓育】(名・他スル) ①教え育てること。②児童・生徒の品性・気質・習慣などの向上を目的とする教育。徳育。

くん-いく【薫育】(名・他スル) 徳をもって人を導き育てること。人格の感化によって教育すること。薫陶化育。

ぐん-えい【軍営】軍隊の駐屯する一定区域。兵営。陣営。

ぐん-えき【軍役】①いくさ。戦役。ぐんやく。②軍人として勤務すること。軍隊の服役。

くん-おん【君恩】主君のめぐみ。主君の恩。

くん-か【訓化】クワ (名・他スル) 教え導くこと。

ぐん-か【軍靴】クワ 軍隊で用いる靴。「―の響き(=軍靴の足音。戦争の気配のたとえ)」

ぐん-か【軍歌】軍隊の士気を盛んにしたり、愛国心を高めたりするために作られた歌謡。

くん-かい【訓戒・訓誡】(名・他スル) 事の善悪をさとし、いましめること。「―を垂れる」

ぐん-かく【軍拡】クワク (「軍備拡張」の略)軍事上の設備・器材や兵隊の数を増強すること。↔軍縮

ぐん-がく【軍学】用兵・戦術に関する学問。兵法。兵学。

ぐん-がく【軍楽】軍の楽隊の演奏する音楽。

ぐん-かん【軍艦】①軍隊が所有する、戦闘用の船。②旧日本海軍で、戦艦・巡洋艦・各種母艦など。

―き【―旗】軍艦に掲げ国籍と軍艦であることを示す旗。旧海軍では一六条の旭日旗。

―まき【―巻(き)】握ったすし飯の側面に海苔を巻き、上に種をのせたすし。語源 横から見ると軍艦に似ることから。

くん-き【勲記】叙勲者に勲章とともに与えられる証書。

くん-ぎ【訓義】字句、特に漢字の読みと意味。

ぐん-き【軍紀・軍規】軍隊の風紀や規律。軍律。

ぐん-き【軍記】①戦争の話をしるした書物。戦記。軍書。②「軍記物」「軍記物語」の略。

―もの【―物】〔文〕①戦争や軍隊に取材した小説・実録の総称。戦記物。②→ぐんきものがたり

―ものがたり【―物語】〔文〕鎌倉・室町時代にできた、合戦を主題にした歴史物語。「保元物語」「平治物語」「平家物語」「太平記」など。戦記物語。軍記物。

ぐん-き【軍旗】軍隊のしるしとする旗。旧日本陸軍では、連隊のしるしとして天皇から与えられた旗。連隊旗。はじまり 日本では、一八七四(明治七)年、近衛歩兵第一・第二連隊編制の折、天皇より授与されたのが最初。

ぐん-き【軍機】軍事上の機密。「―が漏洩する」

ぐん-ぎ【群議】(名) 多くの人々の議論。衆議。「―に従う」

ぐん-きょ【群居】(名・自スル) 群がり集まっていること。また、群れをなして生活すること。

くん-くん(副) においをかいだり、鼻を鳴らしたりする音やそのさまを表す語。「鼻を―(と)させる」「子犬が―(と)鳴く」

ぐん-ぐん(副) ①力強く物事を行うさま。「―(と)ひきずりこむ」②物事が勢いよく進むさま。どんどん。「―(と)上達する」

くん-げん【訓言】教えさとす言葉。訓戒の語。訓辞。

ぐん-けん【軍犬】→ぐんようけん

ぐんけん-せいど【郡県制度】中国の中央集権的な地方行政制度。郡・県を行政区画とし、中央政府から地方官を派遣して治める。秦の始皇帝が施行した。

くん-こ【訓詁】(「訓」は字句の解釈、「詁」は古語の意)古典の字句の解釈。

―がく【―学】①古典の字句の意義を研究する学問。②中国、漢・唐代に流行した、儒教の経典の解釈のための学問。

くん-こう【勲功】国家・君主などに尽くしたてがら。いさお。「―を立てる」

くん-こう【君公】主君を敬っていう語。

くん-こう【薫香】カウ ①くゆらしてよい香りを立たせる香料。たきもの。②よい香り。芳香。

ぐん-こう【軍功】戦争で立てたてがら。戦功。

ぐん-こう【軍港】カウ 軍事施設で、海軍の根拠地となる港。

くん-こく【君国】①君主と国家。②君主の治める国家。

くん-こく【訓告】(名・他スル)(文書、または口頭で)教えや注意を与えること。いましめ告げること。「文書―」「―処分」

ぐん-こく【軍国】①軍事をおもな政策としている国。また、戦時体制下の国。②軍隊と国家。軍事と国政。

―しゅぎ【―主義】〔社〕政治・経済・教育・文化などの制度や政策を軍事力増強のためにととのえ、軍事力によって国家を発展させようとする考え方。ミリタリズム。

くん-し【君子】①徳と教養をそなえた人格者。「聖人―」②地位の高い人。③梅・竹・菊・蘭の異称。⇩四君子

―危うきに近寄らず 徳のある人は自分の身を慎むので、むやみに危険をおかさない。**―は独りを慎む** 徳のある人は人の見ていない所でも行いを慎む。**―は豹変す** ①徳のある人はあやまちに気づけばすばやく改めて、心や行いを正しくする。〈易経〉②(俗)今までの思想・態度を急に変える。

―こく【―国】①礼儀正しく徳義の厚い国。②昔、日本をほめた呼び名。

―じん【―人】徳が高く、君子と呼ぶにふさわしい人。

くん-じ【訓示】(名・自他スル) 上位の者が下位の者に向かって心得や注意を与えること。また、その教え。「―を垂れる」

くん-じ【訓辞】教えいましめる言葉。「校長先生の―」

ぐん-し【軍使】交戦中、軍の使命をおびて交渉のため敵陣に派遣される使者。

ぐん-し【軍師】①昔、大将のもとで軍事上の作戦をねった人。参謀。②じょうずにはかりごとをめぐらす人。

ぐん-し【軍資】「軍資金」の略。

―きん【―金】①軍事に必要な費用。②(比喩的に)計画の実現に必要な資金・貯え。「遊びたいが―がない」

ぐん-じ【軍事】軍隊・軍備・戦争などに関係のある事柄。

―きょうれん【―教練】ケウレン 一九二五(大正十四)年以降、中学校以上で男子対象の正課として行われた軍事訓練。一九四五(昭和二十)年廃止。学校教練。教練。

―さいばん【―裁判】①軍の刑法を適用して行う特別裁判。②戦争犯罪人をさばくために行う国際的な裁判。

―とし【―都市】軍港・要塞など大規模な軍事的設備と機能をそなえた都市。

ぐん-じ【郡司】〔日〕国司の下で郡を治めた律令制の地方官。

くん-しゃく【訓釈】(名・他スル) 漢字の読みを明らかにし、字義を解釈すること。

くん-しゃく【勲爵】勲等と爵位。

―し【―士】→ナイト(knight)②

くん-しゅ【君主】世襲によって位につき、一国の主権を有する統治者。皇帝。天子。国王。「専制―」

―こく【―国】〔社〕君主により統治される国家。

―せい【―制】〔社〕特定の単独の君主が統治する政治形態。⇩共和制

くん-しゅ【葷酒】 ネギ・ニラなど臭いのある野菜と酒。
―山門に入るを許さず 臭いの強い野菜や酒は心を乱し修行のさまたげとなるので、清浄な寺内に持ち込むことを許さない。参考 禅寺などで、寺門のかたわらの石柱(＝戒壇石)などに書いてある文句。

ぐん-じゅ【軍需】 軍隊や戦争のために必要なこと。また、その物資。「―工場」
―さんぎょう【―産業】 軍隊や戦争のために必要な品物を生産する産業。↔平和産業

ぐん-しゅう【群衆】 群がり集まった人々。⇩「使い分け」

ぐん-しゅう【群集】(名・自スル) 人やものが群がり集まること。また、その集まった群れ。⇩「使い分け」
―しんり【―心理】 群集の一員となったときに人々が示す、特殊な心理状態。自制心が弱まり、他人の言動に同調して衝動的な行動に走りやすくなる。

> 使い分け「群衆・群集」
> 「群衆」は、名詞として、多くの人々の集まり、多くの人々の群れの意を表し、「群衆が殺到する」などと使われる。
> 「群集」は、名詞として、また、「する」を付けて動詞として、人やものが群がり集まること、また、その群れの意を表し、「群集する野次馬」「群集心理」などと使われる。

ぐん-しゅく【軍縮】(「軍備縮小」の略)軍事上の設備・器材や兵隊の数を減らすこと。「―会議」↔軍拡

ぐん-しょ【軍書】 ①軍事上の文書。②戦争や合戦の話を書いた書物。軍記。

ぐん-しょ【群書】 多くの書物。

くん-しょう【勲章】 国家や社会に尽くした功労者に、その功をたたえて国が与える記章。「文化―」

くん-しょう【勲賞】 功労のあったものを賞すること。

くん-じょう【燻蒸】(名・他スル) ①いぶし、蒸すこと。②病菌や害虫などを殺すために、有毒ガスでいぶすこと。「―剤」

ぐん-しょう【群小】 ①数多くの小さいもの。「―国家」②多くのつまらないものや人。

ぐん-じょう【群青】 あざやかな濃い青い色。また、その色の絵の具・顔料。「―の海」

ぐんしょるいじゅう〔群書類従〕 江戸後期の叢書。塙保己一編。正編五三〇巻、続編一一五〇巻。日本古今の文献を神祇・帝王など二五部門に分けて集大成したもの。

くん・じる【薫じる】(自他上一) ↓くんずる(薫ずる) 語源 サ変動詞「くんずる」の上一段化。

くん・じる【訓じる】(他上一) ↓くんずる(訓ずる) 語源 サ変動詞「くんずる」の上一段化。

ぐん-しれいかん【軍司令官】 一軍を統率する長官。

くん-しん【君臣】 主君と臣下。

ぐん-しん【軍神】 ①武運を守る神。②軍人の模範となるようなてがらを立てて戦死した軍人を神としてたたえた語。

ぐん-しん【群臣】 多くの家来。多くの家臣。「―を従える」

ぐん-じん【軍人】 軍隊に籍がある者の総称。

ぐん-じん【軍陣】 ①軍隊の陣営。軍営。②軍隊の陣立て。

ぐん-すい【軍帥】 軍隊の総大将。

くんず-ほぐれつ【組んず。解れつ】 激しい動きで組み合ったり離れたりするさま。「―のとっくみ合い」 語源「くみつほぐれつ」の転。

くん・ずる【薫ずる】(自他サ変) 香る。におう。また、香らせる。におわせる。「香を―」 文 くん・ず(サ変)

くん・ずる【訓ずる】(他サ変) 漢字を訓で読む。訓読する。文 くん・ず(サ変)

くん-せい【薫製・燻製】 魚や獣の肉を塩漬けにし、いぶして独特の香味をつけた食品。貯蔵に適している。

ぐん-せい【軍制】 軍事上の制度。

ぐん-せい【軍政】 ①軍事に関する政務。②戦争状態や占領下にある一定地域で軍隊が行う統治。↔民政

ぐん-せい【群生】(名・自スル) 同種類の植物などが、ある地域に群がって生えること。「高山植物の―地」

ぐん-せい【群棲】(名・自スル)〘動〙同種類の動物がある地域に群れをなして生活すること。群居。「猿の―する森」

ぐん-ぜい【軍勢】 軍隊の兵士の数。軍隊。「おびただしい―」

ぐん-せき【軍籍】 軍人としての地位や身分。また、それに関することを登記した帳簿。兵籍。

くん-せん【薫染】(名・自他スル) よい感化を受けること。また、与えること。

くん-ぜん【薫然】(タル) 香気のただようさま。また、温和なさま。文(形動タリ)

ぐん-せん【軍扇】 武将が軍隊の指揮に用いた扇。

ぐん-せん【軍船】 昔、水上の戦闘に用いた船。いくさぶね。

ぐん-そう【軍曹】 旧陸軍で、下士官の階級の一つ。曹長の下、伍長の上の位。

ぐん-そう【軍装】 ①軍人の服装。②戦場に出るときの服装や装備。武装。「―を解く」

ぐん-ぞう【群像】 ①彫刻・絵画などで多くの人物の集合的構成を主題としたもの。②多くの人の姿。「青春―」

くん-そく【君側】 君主のそば。「―の奸(＝君主のそばにいる悪がしこい家来)」

ぐん-ぞく【軍属】 軍人以外で軍隊に勤務している人。

ぐん-そつ【軍卒】 兵卒。兵士。

ぐん-たい【軍隊】 一定の規律で編制された軍人の集団。

ぐん-だい【郡代】〘日〙①室町時代、郡の軍事や租税をつかさどった守護の代官。②江戸時代、美濃・飛騨などの幕府領を統治した職名。

-くんだり【下り】(接尾)(地名などに付いて)中心地から遠く離れた所の意を表す。語源「くだり」の転。

ぐん-だん【軍団】 ①軍隊編制の一つで、軍と師団との中間の編制単位。②律令制で、諸国に配置した軍隊。

ぐん-だん【軍談】 ①軍記物語に節をつけて語る講談。②合戦に取材した江戸時代の通俗小説。「漢楚―」

くん-ちょう【君寵】 主君の寵愛。主君からかわいがられること。

くん-づけ【君付け】 人の名の下に「くん」を付けて呼ぶこと。また、そのような同輩以下の待遇。「―で呼ぶ」

くんづ-ほぐれつ【組んづ。解れつ】「くんずほぐれつ」と書くのが本則。↓くんずほぐれつ

ぐん-て【軍手】 太い綿糸で編んだ作業用手袋。もと軍隊用。

くん-てん【訓点】 漢文を訓読するためにつける文字や符号。返り点・送り仮名など。

くん-でん【訓電】(名・自他スル) 電報で職務上の命令を与えること。また、その電報。

ぐん-と(副) ①勢いよく力を入れるさま。「―力を入れてふんばる」②今までの状態と比べてへだたりの大きいさま。一段と。「気温が―上がる」

くん-とう【勲等】 国家に功労のあった者に与えられる栄典の

階級。参考 大勲位のほか勲一等から八等まであったが、二〇〇三(平成十五)年以降は数字を用いた等級は廃止され、名称による区分となる。

くん-とう【薫陶】タウ｜(名・他スル)(香をたいて香りをしみこませ、粘土をこねて陶器を作るの意から)すぐれた人格で人を感化し、りっぱな人間に育てあげること。「—よろしきを得る」

くん-どう【訓導】ダウ｜ 一 (名・他スル)教え導くこと。二 (名)小学校教諭の旧称。

ぐん-とう【軍刀】タウ｜軍人が持つ戦闘用の刀。

ぐん-とう【群島】タウ｜ある海域にむらがって点在する多くの島々。諸島。↔孤島

ぐん-とう【群盗】タウ｜多くの盗賊。集団で横行する盗賊。

くん-とく【君徳】君主としてそなえるべき徳。

くん-どく【訓読】(名・他スル)①漢字をその字の意味にあたる日本語で読むこと。「国」を「くに」、「知」を「し(る)」と読む類。訓読み。↔音読 ②漢文を日本語の文法に従って、語の順序を変えるなどして直訳的に読むこと。

くん-にく【△燻肉】薫製にした肉。ベーコンなど。

くん-のう【君王】ワウ｜(「くんおう」の連声)君主。帝王。

ぐん-ば【軍馬】軍事に使う馬。

ぐん-ばい【軍配】①戦いで、軍勢の配置や進退を指図すること。②「軍配うちわ」の略。

—を上ぁげる 相撲で、行司ぎょうじが勝ち力士のほうに軍配うちわを上げる。転じて、勝ちを判定する。勝利の判定を下す。

—うちわ【—×団扇】ハウチ ①昔、大将が軍勢の指揮に使ったうちわ形の武具。②相撲で、行司ぎょうじが取組の進行に使う、形が①に似る用具。

〔ぐんばいうちわ①〕

ぐん-ばつ【軍閥】軍部を中心とする政治的勢力・党派。

ぐん-ぱつ【群発】(名・自スル)ある時期、ある地域に集中してさかんに起こること。「—地震」

ぐん-び【軍備】国家を守るため、また戦争を行うための軍事上の備え。「—拡大」「—縮小」

ぐん-ぴ【軍費】軍事上または戦争に要する費用。

ぐん-ぴょう【軍兵】ビャウ｜兵隊。兵卒。兵士。

ぐん-ぴょう【軍票】ペウ｜(「軍用手票しゅひょう」の略)戦地や占領地で軍隊が通貨の代わりに発行する手形。軍用手形。

くん-ぷ【君父】主君と父。

ぐん-ぶ【軍部】軍当局。陸・海・空軍の総称。

ぐん-ぶ【郡部】郡に属する地域。↔市部

ぐん-ぶ【群舞】(名・自スル)大勢で舞い踊ること。また、その踊り。「白鳥の—」

くん-ぷう【薫風】若葉の香りをただよわせて吹く、さわやかな初夏の風。「—の候」夏

ぐん-ぷく【軍服】軍人が着る正規の服装。

ぐん-ぼう【軍帽】軍人がかぶる正規の帽子。

ぐん-ぽう【軍法】パフ｜①戦争の方法。戦術。兵法。②軍隊内の規則・刑法。軍律。

—かいぎ【—会議】ギクヮイ｜軍に属し軍人・軍属の裁判を行う特別刑事裁判所。軍事裁判所。

ぐん-ぽう【群峰】群がり立つ多くの峰。群山。

ぐんま【群馬】関東地方北西部の県。県庁所在地は前橋市。

くん-みん【君民】君主と国民。「—同治どう」(=君主と、人民の代表者である議会が協同で政務をとること)

ぐん-む【軍務】軍事に関する事務や勤務。「—に服する」

くん-めい【君命】主君の命令。

くん-もう【訓△蒙】(名)(「訓」は教える、「蒙」は物事に暗い意)子供や初学者を教えさとすこと。また、そのための書物。

ぐん-もう【群盲】マウ｜多くの盲人。

—象ぞうを評ひょうす 凡人は大きな物事や大人物の一端を見るだけで、正しく全体を理解することができないというたとえ。群盲象を撫なでる。衆盲象を摸もす。

ぐん-もん【軍門】軍営の門。陣門。

—に降くだる (戦争に負けて)降参する。

くん-ゆ【訓諭】(名・他スル)教えさとすこと。教え導くこと。

ぐん-ゆう【群△游】イウ｜(名・自スル)(魚などが)群れをなして泳ぐこと。

ぐん-ゆう【群雄】多くの英雄。

—かっきょ【—割拠】(名・自スル)多くの英雄が各地をそれぞれ地盤とし、たがいに勢力を争って対立すること。

ぐん-よう【軍用】①軍事に使うこと。「—機」②軍費。

—きん【—金】①軍事上の目的に使う金。軍資金。②(比喩ゆ的に)ある事をなすために必要な資金。

—けん【—犬】軍隊で、警戒・捜索・通信などに使うために特別に訓練した犬。軍犬。

くん-よみ【訓読み】(名・他スル)→くんどく① ↔音読み

ぐん-らく【群落】①多くの村落。②同一環境のある地域に生えていて、全体として一つのまとまりをもっている植物集団。

ぐん-りつ【軍律】①軍隊内の規律。軍紀。②軍人に適用される法律。軍法。

ぐん-りゃく【軍略】軍事上のはかりごと。戦略。作戦。

ぐん-りょ【軍旅】軍隊。軍勢。また、戦争。

くん-りん【君臨】(名・自スル)①君主として国家のいちばん高い地位につき、統治すること。②ある方面・分野で、多数の者をおさえて絶対的な勢力をふるうこと。「実業界に—する」

くん-れい【訓令】(名・自スル)上級官庁が下級官庁に対して職務上の指示・命令を行うこと。また、その指示・命令。

—しき【—式】ローマ字で日本語をつづる方式の一つ。ヘボン式と日本式を折衷し、一九三七(昭和十二)年、内閣訓令として公布したもの。一九五四(昭和二十九)年内閣告示「ローマ字のつづり方」の第一表もそれによる。⇒付録「国語表記の基準・ローマ字のつづり方」

ぐん-れい【軍令】①軍隊内での命令。②明治憲法で、天皇が作戦・用兵について統帥すい権をもって軍に発する命令。

くん-れん【訓練】(名・他スル)ある能力・技術などが身につくように、実際に練習させて教えること。「避難—」

くん-わ【訓話】(名・自スル)教えさとすための話。

け ケ

五十音図「か行」の第四音。「け」は「計」の草体。「ケ」は「介」の略体。

け【化】(字義)→か(化)

け【仮】(字義)→か(仮)

け【気】(字義)→き(気)

け-【気】(接頭)(動詞・形容詞などに付いて)①「なんとなく」の意を添える。「—おされる」「—だるい」②「ようすが…だ」の意を表す。「—高い」

-け【気】(接尾)(名詞、動詞の連用形、形容詞・形容動詞の語幹などに付いて)そのような要素・感じ・気持ちなどが含まれて

いる意を表す。「水ー」「吐きー」「寒ー」「眠ー」「嫌ー」

け【気】 それが存在するらしいようすや気分。気配。「火のーがない」「頭痛のーがある」

け【怪】（字義）→かい（怪）

け【家】（字義）→か（家）

-け【家】（接尾）（姓氏・官職・称号などに付いて）それに所属することを示す。また、敬意を表す。「鈴木ー」「将軍ー」「宮ー」

け【華】（字義）→か（華）

け【袈】 ケ・カ （字義）梵語の「袈裟（＝僧の衣）」を表すための音訳字。難読 袈裟懸け 人名 けさ

け【懸】（字義）→けん（懸）

け【毛】 ①動物の皮膚や植物体の表面などに生える細い糸状のもの。「猫のーが抜ける」②髪。頭髪。「ーを染める」③鳥などの羽毛。「にわとりのーをむしる」④羊毛。「ー織物」⑤①のように見えるもの。「ブラシのー」「筆のー」

ーの生えた（「…に毛の生えた」の形で）…よりほんの少しまさっている意。「学芸会にーような劇」 **ーほど** ほんのわずか。毛の先ほど。「ーの思いやりもない人」 用法 あとに打ち消しの語を伴う。 **ーを吹いて疵を求む**（毛を吹き分けて、きずを探し出す意から）むりに人の欠点を探し出そうとする。また、人の欠点をあばこうとして、かえって自分の欠点をさらけ出す。〈韓非子〉

け【卦】 易で、算木に現れた形。「よいーが出る」 参考 乾・兌・離・震・巽・坎・艮・坤の八卦をもとに、その組み合わせによって吉凶を占う。

け【笥】《古》容器。特に、飯を盛るのに用いた器。「碁ー」

け【褻】 ふだん。よそゆきでないこと。日常的なこと。↔晴れ

け（終助）（文語助動詞「けり」の転。形容動詞「…だ」、助動詞「た」「だ」と合し、「たっけ」「だっけ」の形で）口に出して自分自身に、または、相手に確かめる意を表す。「よく川で遊んだっー」「どこで会ったっー」 用法 打ち解けた相手との会話で使う語。

げ【下】（字義）→か（下）

げ【下】 ①した。もと。しも。すえ。「上ー左右」②順位・価値などが劣っていること。卑しいこと。下等。「ーのー（＝いちばん劣っていること）」③二巻、または三巻からなる書物の終わりの巻。下巻。《↔上》

げ【牙】（字義）→が（牙）

げ【外】（字義）→がい（外）

げ【夏】（字義）→か（夏）

げ【解】（字義）→かい（解）

-げ【気】（接尾）いかにも…そう、…らしい感じなどの意を添える語。「うれしー」「得意ー」 参考 動詞の連用形、形容詞・形容動詞の語幹などに付いて、形容動詞の語幹や名詞をつくる。

げ【偈】《仏》経論において、韻文で仏の教えを述べたり、仏の徳をほめたたえたもの。頌。

ケア〈care〉（名・他スル）①（病人や老人などの）世話をすること。介護。「在宅ー」「デイー」②手入れをすること。管理。「アフターー」「スキンー」③関心を払うこと。配慮。注意。

け-あがり【蹴上がり】 鉄棒にぶら下がり、両足をそろえて空中をけり、その反動で上半身を鉄棒の上に上げる動作。

け-あ・げる【蹴上げる】（他下一） ゲ・ゲ・ゲル・ゲル・ゲレ・ゲロ（ゲヨ） けって下から上へ上げる。けりあげる。「ボールをー」 文 けあ・ぐ（下二）

け-あし【毛足・毛脚】 ①毛織物・毛皮などの表面に出ている毛。「ーの長い絨毯」②毛の多く生えている足。③毛の伸びてゆくさま。「ーが早い」

け-あな【毛穴・毛孔】 皮膚の表面にある、毛の生える穴。

ケア-プラン〈和製英語〉介護保険制度で、要介護などの認定を受けた人に対してケアマネージャーが作成する、介護サービスの提供計画。介護サービス計画。

ケア-マネージャー〈care manager〉介護保険制度において、要介護認定の訪問調査やケアプランの作成を担当する専門家。介護支援専門員。

ケアラー〈carer〉家族や身近な人の介護や日常生活の世話などを無償で行う人。「ヤングー」

ケアレス-ミス〈careless mistake から〉不注意による誤り。「ーの多い答案」

げ-あんご【夏安居】→あんご

けい【兄】 教2 ケイ中・キョウ（キャウ） あに

（字義）①あに。「兄弟・実兄・長兄」↔弟 ②友人・先輩などの敬称。「貴兄・大兄」 難読 兄ちゃん・兄人・兄子 人名 え・えだ・これ・さき・しげ・ただ・ね・よし

-けい【兄】（接尾）手紙文や改まった場で、男性どうしが友人・先輩などの名に添える敬称。「君」より丁寧。「田中ー」

けい【兄】 ㊀（名）あに。↔弟 ㊁（代）対称の人代名詞。おもに手紙文で、親しい先輩・同輩の男性をいう語。

ーたり難く弟たり難し 両者の間に優劣・上下を決めがたいこと。 参考 類似のことばー伯仲の間。【故事】漢の陳元方（兄）の子と季方（弟）の子とが、たがいに自分の父の功績を言い争ったが決着がつかず、祖父の陳寔に尋ねると「元方を兄とすることも難しく、季方を弟とすることも難しい」と答えたことからいう。〈世説新語〉

けい【刑】 ケイ中・ギョウ（ギャウ）

（字義）①しおき。こらしめ。罰を加える。「刑事・刑罰・刑法・極刑・処刑」②ころす。首を切る。③のり。おきて。「儀刑」 人名 のり

けい【刑】 法律に背いた者に加える罰。しおき。

けい【圭】 ケイ （字義）①たま。天子が諸侯任命のとき授ける、角のある長い玉。＝珪。「白圭」②かど。かどだつ。「圭角」 人名 か・かど・きよ・きよし・たま・よし

けい【形】 教2 ケイ・ギョウ（ギャウ） かた・かたち

（字義）①かたち。かた。㋐物のかたち。「形式・形跡・形態・外形・図形・人形・無形」㋑顔かたち。「形相・美形」㋒からだ。「形骸」㋓ありさま。「形勢・地形」㋔具体的に見えるもの。「形而下」②かたちづくる。「形成・形容」 難読 形代・形振り 人名 あれ・すえ・なり・み・より

-けい【形】（接尾）…のかたち。「三角ー」「連体ー」

けい【系】 教6 ケイ

（字義）①つながり。血すじ。「系統・系列・革新系・家系・直系・日系・傍系」②ひとつづきの関係をもつもの。系統的な組織。「大系・体系・神経系・太陽系・文科系・理科系」 人名 いと・つぎ・つぐ・つら・とし

けい【系】 ①ひとつづきの関係をもつもの。系統。「外資ー企業」②《数》ある定理からただちに導かれる命題。

けい【京】（字義）→きょう（京）

けい【京】 兆の一万倍。きょう。

けい【径】 教4 【徑】 ケイ こみち

（字義）①こみち。「径路・山径・小径」②さしわたし。はば。「口径・直径」③ただちに。まっすぐに。「直情径行」 人名 みち

けい【径】 さしわたし。直径。「半ー」「ー一〇センチ」

けい【茎】【莖】 ケイ㊥ くき㊥

(字義) くき。草木のみき。「球茎・根茎・地下茎」

けい【係】 教3 ケイ かかる・かかり・かかわる

(字義) ①かかる。つながる。関係がある。「係数・係争・関係」②つなぐ。しばる。束縛する。「係留・係累」③かかり。仕事などの受け持ち。人名 たえ

けい【勁】 人 ケイ つよい

(字義) ①つよい。「勁鋭・勁悍(けいかん)・勁騎・勁草・勁旅」②かたい。堅固である。「堅勁」③するどい。きびしい。「勁角・勁秋」人名 つよ・つよし

けい【型】 教5 ケイ かた

(字義) ①かた。㋐いがた。基本になる形。「原型・紙型」㋑同類のものに共通な形式。「類型・標準型」②のり。手本。「典型」難読 型録(カタログ)

けい【奎】 人 ケイ

(字義) ①また。またぐら。②星座の名。二十八宿の一つで、西方にあり、一六の星からなる。とかきぼし。「奎運・奎宿・奎文」人名 あきら・ふみ

けい【契】 ケイ㊥・ケツ・キッ ちぎる㊥

(字義) ①手形。割り符。「契印」②割り符を合わせる。一致する。「契合」③ちぎる。約束する。「契約・黙契」④きざむ。ほる。「契刻」人名 ちぎり・ひさ

けい【計】 教2 ケイ はかる・はからう

(字義) ①かぞえる。物の数をかぞえる。「計算・計量」②かんじょう。「会計・合計」③計量するための装置。「温度計」④はかる。みつもる。くわだてる。「計画」⑤はかりごと。「計略」人名 かず・かずえ・かた・すえ・より

けい【計】 (接尾) 数量や程度をはかるための装置であることを表す。「速度―」「万歩―」

けい【計】 ①はかりごと。計画。「一年の―は元旦(がんたん)にあり」②合計。総計。「―五万円なり」

けい【恵】【惠】 人 ケイ㊥・エ(ヱ)㊥ めぐむ㊥

(字義) ①めぐむ。めぐみ。㋐ほどこす。金品をおくる。「恵賜・恵与」㋑恩をほどこす。かわいがる。なさけ。「恵愛・恵沢・恩恵・慈恵・仁恵」㋒相手の動作を丁寧にいう。「恵贈・恵存」②さとい。かしこい。＝慧(けい)。「知恵」難読 恵比須(えびす) 人名 あや・さと・さとし・しげ・とし・めぐみ・やす・よし

けい【桂】 人 ケイ かつら

(字義) 中国では、肉桂・木犀(もくせい)などの香木を総称し、めでたい木。また、月に生えるという伝説上の木。昔、日本では「かつら」をさしたが、今は「月桂樹(げっけいじゅ)」を意味する。「桂樹・月桂冠」人名 かつ・よし

けい【△桂】 将棋の駒(こま)の「桂馬(けいま)」の略。

けい【啓】 ケイ㊥ ひらく

(字義) ①ひらく。㋐あける。ひろげる。㋑開拓する。「啓土」㋒おしえる。みちびく。「啓示・啓発・啓蒙(けいもう)」②先ばらいする。貴人のおでまし。「行啓」③申す。申し上げる。「言う」の謙譲語。「啓上・啓白・謹啓・拝啓」④明けの明星。金星。「啓明」人名 あきら・さとし・たか・のぶ・のり・はじめ・はる・ひ・ひら・ひらき・ひろ・ひろし・ひろむ・よし

けい【啓】 ①もと、皇太子・三后に申し上げる文書。②手紙の最初に書く語。「申し上げる」の意で、「拝啓」より軽い。

けい【彗】 人 (字義) →すい(彗)

けい【掲】【揭】 人 ケイ㊥ かかげる㊥

(字義) かかげる。㋐高く持ちあげる。「掲揚」㋑しめす。表示する。「掲載・掲示・前掲・表掲」人名 なが

けい【渓】【溪】 ケイ㊥ たに

(字義) たに。谷川。＝谿(けい)。「渓谷・渓流・深渓」

けい【経】【經】 教5 ケイ・キョウ(キャウ)㊥ へる・たつ・つね

(字義) ①織物のたていと。↔緯 ②たて。上下・南北の方向。南北を結ぶ線。「経緯・経線・東経」↔緯 ③つね。通常。「経常」④のり。不変の道理。㋐不変の道理を説いた古典。「経書(けいしょ)・経典(けいてん)」㋑仏陀(ぶっだ)の教えを伝える書。「経典(きょうてん)・経文(きょうもん)・写経・読経(どきょう)」⑤へる。通る。過ぎる。「経過・経由・経歴」⑥おさめる。いとなむ。「経営・経国・経世・経理」⑦「経済」の略。「政経」難読 経緯(いきさつ・たてぬき)・経師(きょうじ)・経糸(たていと) 人名 おさむ・のぶ・のり・ふ・ふる

けい【経】 ①織物のたていと。②「経線」「経度」の略。「東―」③経書。不変の道理を説いた古典。

けい【蛍】【螢】 ケイ㊥ ほたる㊥

(字義) ほたる。昆虫の一つ。水辺の草むらにすみ、夜間に光を発して飛ぶ。「蛍火・蛍光・蛍雪」

けい【◇頃】 ケイ・キョウ(キャウ) ころ㊥

(字義) ①ころ。ちかごろ。このごろ。「頃歳・頃日・頃者(けいしゃ)」②しばらく。少しの時間。「頃刻・食頃」③中国古代の面積の単位。「頃田」④かたむく。かたむける。＝傾

けい【卿】 人 (字義) →きょう(卿)

けい【△卿】 [一](名) 参議や三位(さんみ)以上の公家(くげ)。[二](代) 対称の人代名詞。①君主が臣下に呼びかける語。②男性が同輩・目下の者を敬って呼ぶ語。

けい【敬】 教6 ケイ・キョウ(キャウ) うやまう・つつしむ

(字義) ①うやまう。他人を尊んで礼をつくす。「敬意・敬慕・敬老・畏敬(いけい)・失敬・崇敬・尊敬・不敬」②つつしむ。うやうやしくする。注意深く行う。「敬虔(けいけん)・恭敬」人名 あき・あつ・いつ・うや・かた・さとし・たか・たかし・とし・のり・はや・ひろ・ひろし・ゆき・ゆきお・よし

けい【景】 教4 ケイ・エイ かげ

(字義) ①ひかり。日光。②ようす。けしき。「景勝・景色(けいしょく・けしき)・光景・情景・絶景・背景・風景」③あおぐ。したう。「景仰(けいこう・けいぎょう)」④めでたい。＝慶。「景雲」⑤大きい。すばらしい。「景福」⑥かげ。＝影。「景印(えいいん)」人名 あき・あきら・ひろ・みつ

けい【景】 ①けしき。ながめ。「里山の―」②劇などで、いくつかに分けた場面の一つ。「第一―」

けい【軽】【輕】 教3 ケイ かるい・かろやか㊥

(字義) ①かるい。㋐目方が少ない。「軽量・軽金属」㋑身がかるい。すばやい。「軽快・軽舟」㋒手軽な。簡易。「軽易・軽食」㋓程度がかるい。それほど重大でない。「軽傷・軽犯罪」②かるがるしい。慎重でない。「軽軽・軽率・軽薄・剽軽(ひょうきん)」③かろんじる。「軽視・軽蔑(けいべつ)」(↔重) 難読 軽籠(かるこ)・軽衫(カルサン)

けい-【軽】 (接頭) 手軽な、重量が少ない、程度や装備が軽いなどの意を添える語。「―音楽」「―工業」「―四輪」

けい【傾】 ケイ㊥ かたむく㊥・かたむける㊥

(字義) ①かたむく。かたむける。㋐ななめになる。ななめにする。「傾斜・傾度」㋑かたよる。心をよせる。「傾聴・傾倒・左傾」㋒くつがえす。危うくする。「傾国・傾城」②かたむき。なりゆき。「傾向」

けい【携】 ケイ㊥ たずさえる㊥・たずさわる㊥

(字義) ①たずさえる。㋐手にもつ。ともなう。つれる。「携行・携帯・必携」㋑手をつなぐ。手をとる。「提携・連携」②たずさわる。関係する。

けい【継】【繼】 ケイ㊥ つぐ㊥

(字義) ①つぐ。㋐続ける。「継続」㋑つなぐ。「継走・中継」㋒受けつぐ。あとをひきつぐ。「継嗣・継承・後継」②あとをひきついだ人。㋐血のつながらない間柄を示す。「継子・継父・継母」㋑再婚による夫婦。「継妻・継夫」[人名]つぎ・つね・ひで

けい【詣】 ケイ(高) もうでる㊥・いたる・まいる

(字義) ①いたる。㋐ゆく。㋑人を訪れる。㋒学芸などが進む。「造詣」②まいる。もうでる。神社・仏閣におまいりする。「参詣」

けい【境】 (字義) →きょう(境)

けい【慶】 ケイ㊥・キョウ(キャウ) よろこぶ

(字義) ①よろこぶ。よろこび。めでたいとする。祝う。おめでた。吉事。「慶賀・慶事・慶寿・慶福・吉慶・祝慶」②たまもの。ほうび。「恩慶・天慶」[人名]ちか・のり・みち・やす・よし

けい【慧】[人] ケイ・エ(ヱ) さとい

(字義) ①さとい。かしこい。心のはたらきがすばやい。「慧眼・慧悟・慧智・慧敏・聡慧・智慧」②事の道理を見ぬく力。眼識。「慧眼・明慧」[人名]あきら・さと・さとし・さとる

けい【憬】 ケイ㊥

(字義) ①さとる。「憬悟」②あこがれ。あこがれる。「憧憬」

けい【稽】 ケイ㊥ かんがえる

(字義) ①かんがえる。考察する。比較する。「稽古・荒唐無稽」②とどめる。とどまる。ひきとめる。「稽滞・稽留」③ぬかずく。頭を地につけて拝礼する。「稽首」[参考]「稽」は俗字。

けい【憩】 ケイ㊥ いこい㊥・いこう(高)

(字義) いこう。やすむ。休息する。息をいれる。「憩息・憩泊・休憩・小憩」[参考]「憇」は俗字。[人名]やす

けい【繫】[人] ケイ つなぐ

(字義) つなぐ。むすぶ。つなぎとめる。つらなる。しばる。関係づける。「繫索・繫属・繫留・囚繫・連繫」[参考]「繋」は俗字。

けい【警】[教6] ケイ・キョウ(キャウ) いましめる

(字義) ①いましめる。㋐さとす。注意する。「警策・警告・警醒・警笛・警報」㋑非常の事態にそなえる。まもる。「警衛・警戒・警備・自警・夜警」②すばやい。かしこい。「警句・警敏・奇警」③「警察」「警察官」の略。「県警・婦警」

けい【鶏】【雞】[人] ケイ㊥ にわとり㊥・とり

(字義) にわとり。家禽の一種。「鶏舎・鶏頭・鶏卵・群鶏・闘鶏・牝鶏・養鶏」[難読]水鶏・軍鶏・鶏冠

けい【競】 (字義) →きょう(競)

けい【馨】[人] ケイ・キョウ(キャウ) かおる

(字義) かおる。かおり。名声・評判がひろがる。「馨香・遺馨」[人名]か・かおり・きよ・よし

けい【罫】 ①字を整えて書くために、紙などに一定間隔で引いた線。罫線。②印刷で、仕切りや囲みとして版面に組む線。罫線。「裏―」③碁・将棋の盤上に引いた縦横の線。

げい【芸】[教4]**【藝】**[人] ゲイ わざ・うえる

(字義) ①わざ。技術。学問。修練して身につけた技能。「芸術・学芸・技芸・手芸・多芸・武芸」②芸術・芸事に関すること。「芸人・芸能・演芸・遊芸」③草木をうえる。「園芸」④「安芸の国」の略。「芸州」[参考]「芸(=芳香のある草の名)」とは別字。[人名]き・ぎ・げ・すけ・たくみ・のり・まさ・よし

げい【芸】 ①修練して身につけた技能。わざ。「―をみがく」②動物などに教えこんだ芸当。「―を仕込む」

―が細かい 細かいところまで工夫され、心づかいがゆきとどいている。 **―が無い** ①身につけた芸事がない。②工夫がなくつまらない。ありきたりでおもしろみがない。「―話だ」 **―の虫** 芸道にきわめて熱心な人。 **―は身を助ける** 趣味として身につけた技芸が、困ったときに生計を立てる手段となる。

げい【迎】 ゲイ㊥・ゴウ(ガウ) むかえる㊥

(字義) ①むかえる。待ち受ける。接待する。「迎撃・迎春・迎賓・歓迎・来迎」②人の気に入るようにふるまう。「迎合」

げい【鯨】 ゲイ㊥ くじら㊥

(字義) ①くじら。クジラ目の海獣の総称。「鯨肉・鯨油・巨鯨・白鯨・捕鯨」②大きなもの、多いことのたとえ。「鯨飲・鯨波」

ゲイ〈gay〉男性の同性愛者。

けい-あい【敬愛】(名・他スル) 人を敬い、親しみの気持ちをもつこと。「―の念」「―する友」

けい-あん【慶庵・桂庵】 縁談や奉公人などの仲介を業とする者。口入れ屋。[語源]江戸時代の医者大和慶庵が好んで縁談の仲介をしたということから。

けい-い【経緯】 ヰ― (「経」は織物のたて糸、「緯」はよこ糸の意) ①たてとよこ。②地球の経線と緯線。経度と緯度。③物事の細かい事情。いきさつ。「事件の―」

―ぎ【―儀】[天]天体または地上の目標物の高度や方位角を測定する器械。セオドライト。

けい-い【軽易】(名・形動ダ) 手軽でたやすいさま。

けい-い【敬意】 敬う気持ち。尊敬している心。「―を表する」

げい-いき【芸域】 ヰキ 習得した芸の広さや深さ。「―が広い」

けい-いん【契印】 二枚以上の書類が一連のものであることを証明するために、二つの紙面にまたがらせて押す印。割り印。

げい-いん【鯨飲】(名・自スル) (クジラが海水を飲むように)酒を一度に多量に飲むこと。牛飲。「宴席で―する」

―ばしょく【―馬食】(名・自スル) 大酒を飲み、大食いをすること。牛飲馬食。

けい-えい【形影】 物の形と、それにつきそう影。

―相弔う 自分の体と影法師とがたがいに慰め合うだけで、ほかに同情する者がいない。孤独で寂しいさま。 **―相伴う** 夫婦などがいつもいっしょにいて、仲がよいさま。

けい-えい【経営】(名・他スル) 組織的に事業などを営むこと。特に、会社や商店などを整えて、継続的に事業などを営むこと。「国家の―」「企業を―する」

けい-えい【継泳】水泳のリレー競技。

けい-えい【警衛】エイ（名・他スル）警戒し守ること。また、その人。「要人の―」

けい-えん【敬遠】エン（名・他スル）①表面は敬うように見せかけながら、実はかかわりをもたないようにして遠ざけること。また、わざと避けること。「うるさい先輩を―する」②野球で、投手が作戦上意図的に打者に四球を与えて一塁に出すこと。「―策」

けい-えん【閨怨】エン（「閨」はねやの意）夫と別れた妻がひとり寝の寂しさをうらみに思うこと。

けい-えんげき【軽演劇】〘演〙気軽に楽しむことのできる大衆劇。〔はじまり〕重工業に対する軽工業という言葉の対比から考えついた語といい、昭和初年から使われるようになった。

けい-えん-は【桂園派】ケイエン〘文〙和歌の流派。江戸後期の歌人、香川景樹（かげき）の一派。古今調に基づく流麗な調べと、感情の自然な表出を唱え、明治期にはいっても勢力を保った。

けい-おんがく【軽音楽】〘音〙（クラシック音楽に対して）ポピュラー・ジャズ・シャンソンなど、気軽に楽しめる音楽。

けい-か【経過】クワ ■（名・自スル）時間が過ぎてゆくこと。「五分―」■（名）時間の進行に伴う物事の移り変わり。また、その具合。「術後の―をみる」「途中―」

―そち【―措置】新しい法律や制度に移行する際に、問題が生じないように一時的にとられる措置。

けい-が【慶賀】（名・他スル）めでたいことをよろこび祝うこと。祝賀。慶祝。「―にたえない」

けい-が【繋駕】（名・他スル）①馬を車につなぐこと。②車をつけた馬の競走。「―レース」

げい-か【猊下】（猊座の下（もと）の意。「猊」は獅子（しし）の意で仏をたとえる）①各宗派の管長など高僧の敬称。②高僧への手紙の脇付（わきづけ）として用いる語。

けい-かい【警戒】（名・他スル）よくないことが起こらないように注意し用心すること。「―警報」「―すべき人物」

―しょく【―色】①〘動〙毒や牙（きば）、悪臭などをもつ動物に多く見られる、自己を目立たせ、他の動物に警戒心を起こさせるような派手な体色。蜂（はち）の黄と黒、スカンクの白と黒など。警告色。⇩保護色 ②警戒する傾向や気配。「―を強める」

―せん【―線】①河川で、洪水の危険水位を示す線。②→ひじょうせん

けい-かい【軽快】クワイ ■（形動ダ）ダロ・ダッ(デ・ニ)・ダ・ナ・ナラ・○ ①動きが軽やかですばやいさま。「―な踊り」②身軽ですっきりしているさま。「―な服装」③心が浮きたってはずむさま。「―な音楽」〔文〕（ナリ）■（名・自スル）病気がよくなること。

けい-がい【形骸】①精神や生命を失った外形だけの体。②建物などの骨組み。③実質的な内容を失った外形だけのもの。

―か【―化】クワ（名・自他スル）意義や中身のない、形ばかりのものになること。また、すること。「法律が―する」

けい-がい【謦咳】（「謦」も「咳」もせきの意）せきばらい。

―に接（せっ）する 尊敬する人や身分の高い人の話を直接聞く。また、直接お目にかかる。「老師の―」

げい-かい【芸界】芸能人の社会。芸能界。

けい-かく【圭角】（「圭」はとがった玉の意）①玉にあるかど。②（転じて）言語・動作・性質にかどがあって親しめないこと。

―が取（と）れる かどがとれて、人柄が円満になる。

けい-かく【計画】クワク（名・他スル）物事を達成するために前もってその手段・方法を筋道をたてて考え出すこと。また、その内容。プラン。「―を練る」「―倒れ」「綿密に―する」

―けいざい【―経済】〘経〙国家により生産・流通・消費・金融などが管理され、労働以外の資源の所有と配分を政府が行う経済政策。ふつう、社会主義国で行われるものをさす。

―てき【―的】（形動ダ）ダロ・ダッ(デ・ニ)・ダ・ナ・ナラ・○ あらかじめ計画してあるさま。前もって仕組んであるさま。「―な犯行」

けい-がく【経学】〘文〙四書・五経など経書を研究する学問。

けい-がしら【彐頭・彑頭】漢字の部首名の一つ。「彙」「彗」などの「彑」「彐」の部分。

けい-がまえ【冂構え】ガマヘ 漢字の部首名の一つ。「円」「冊」などの「冂」の部分。まきがまえ。

けい-かん【挂冠】クワン（名・自スル）（「挂」は掛ける意）官職をやめること。辞職。致仕（ちし）。〔参考〕もとの読みは「かいかん」。「けいかん」は慣用読み。

〔故事〕漢の逢萌（ほうぼう）は、子が王莽（おうもう）に殺されたため、災いが自分や一族にも及ぶのを恐れて、官職をやめ、冠を城門に掛けて一族ともども他の地に逃れたことからいう。〈後漢書〉

けい-かん【荊冠】クワン いばらの冠。キリストが十字架にかけられたときにかぶせられた冠。転じて、受難のたとえ。

けい-かん【桂冠】クワン →げっけいかん

―しじん【―詩人】〘文〙イギリスで、王室から最高の詩人と認められた者に与えられる称号。ワーズワース、テニスンら。〔参考〕古代ギリシャですぐれた詩人に月桂冠を与えた風習による。

けい-かん【渓間・谿間】たにま。たにあい。

けい-かん【景観】クワン けしき。特に、よい眺め。「雄大な―」

けい-かん【警官】クワン「警察官」の略称。特に、巡査。

けい-かん【鶏冠】クワン ニワトリのとさか。「―花（＝鶏頭（けいとう））」

けい-かん【鶏姦】男性の同性愛。男色。

けい-がん【炯眼】（「炯」は光り輝く意）①眼光の鋭い目つき。「―人を射る」②ものの本質を見通す鋭い眼力。また、それをもつこと。慧眼（けいがん）。「―の持ち主」

けい-がん【慧眼】（「慧」は賢い意）→けいがん（炯眼）②

げい-かん【迎寒】①寒冷の季節を迎えること。「―の候」②陰暦八月の異称。

けい-き【刑期】刑の執行を受ける期間。「―を終える」

けい-き【京畿】①皇居の近辺の地。②京都に近い山城（やましろ）・大和（やまと）・河内（かわち）・和泉（いずみ）・摂津（せっつ）の五か国のこと。畿内（きない）。

けい-き【計器】物の長さ・重さ・量・速さなどをはかる器械の総称。計量機器。「―飛行（＝航空機が目視によらず、計器の示す情報によって飛行する方法）」

けい-き【契機】①何かが起こる動機・きっかけ。「会を―に親交を深める」②〘哲〙物事を変化・発展させる本質的要素。

けい-き【景気】①社会の経済状態。商売・取り引きなどの情況。「―が上向く」「不―」②（転じて）好景気。「あの会社は大変な―だ」③はつらつとした動きや力。威勢。「―をつける」

―づけ【―付け】勢いや元気をつけること。「―に食事にでも行こう」

―どうこう-しすう【―動向指数】ドウカウ〘経〙内閣府が毎月発表する、景気の現状把握や予測を行うための指数。景気変動を量的に表すコンポジットインデックス（CI）と、景気の波及度を表すディフュージョンインデックス（DI）とがある。

―へんどう【―変動】〘経〙資本主義経済が好況と不況の局面とをほぼ周期的にくり返すこと。景気循環。

けい-き【継起】（名・自スル）物事があいついで起こること。

げい-ぎ【芸妓】三味線（しゃみせん）をひいたり、歌や踊りで酒席に興を添えることを職業とする女性。芸者。芸子。

けい-きかんじゅう【軽機関銃】キクワンジュウ 一人で持ち運んで操作できる小型の機関銃。軽機。↔重機関銃

けい-ききゅう【軽気球】キキウ →ききゅう（気球）

けい-きへい【軽騎兵】簡単な武装をした騎兵。軽騎。

けい-きょ【軽挙】（名・自スル）かるがるしい行いをすること。また、その行い。「―をいましめる」

―もうどう【―妄動】（名・自スル）深い考えもなく、軽はずみな行動をすること。また、その行動。「―を慎む」

けい-きょう【景況】―①物事の移り変わるありさま。ようす。②景気の状態。

けい-きょく【荊棘】①いばら。ばら。また、いばらなどの生えた荒れ地。②入り乱れた状態。また、困難や障害の多いこと。「―の道」③人に害を与えようとする心。悪心。

けい-きんぞく【軽金属】〘化〙比重がほぼ四以下の金属。アルミニウム・マグネシウム・ナトリウムなど。↔重金属

けい-く【警句】（「警」はいましめの意）奇抜な着想で真理を鋭くついた短い言葉。アフォリズム。「急がば回れ」の類。

けい-ぐ【刑具】罪人に体刑を加える道具。むち・かせなど。

けい-ぐ【敬具】（つつしんで述べましたの意で）手紙の終わりに結びの挨拶として書く語。用法「拝啓」と対応して用いる。

けい-ぐん【鶏群】①ニワトリの群れ。②凡人の集まり。

―の一鶴 多くの凡人の中に、一人だけすぐれた人物がまじっていることのたとえ。参考類似のことば―掃き溜めに鶴

けい-けい【炯炯】（ト・タル）目が鋭く光るさま。「―たる眼光」文（形動タリ）

けいけい-に【軽軽に】（副）かるがるしく。よく注意しないで。「―判断してはならない」

げい-げき【迎撃】（名・他スル）攻めて来る敵を迎え撃つこと。邀撃。「―ミサイル」「敵を―する」

けい-けつ【経穴】（「経」は筋の意）灸をすえ、鍼を打つべき場所。つぼ。

けい-けつ【経血】月経で排出される血。

けい-けん【経験】（名・他スル）実際に行ったり、見たり聞いたりすること。また、その結果得た知識や技能。「―者」「―が浅い」「外国生活を―する」

―かがく【―科学】経験的事実を対象とした実証的な学問。自然科学・社会科学など。数学・論理学などの形式科学に対していう。

―しゅぎ【―主義】①もっぱら自分の経験をもとにして、物事を判断しようとする立場。②→けいけんろん①

―そく【―則】実際の経験をもとに得られた法則。

―ち【―知】書物などからでなく実際の経験から得られた知恵や知識。

―ち【―値】経験によって向上した習熟の度合い。

―てき【―的】（形動ダ）ダロ・ダッ(デ・ニ)・ダ・ナ・ナラ・○ 経験によって得た知識や考え方を重視するさま。「―にわかる」「―教育論」

―ろん【―論】①〘哲〙認識の源をもっぱら経験に求めようとする考え方。イギリス哲学の主流で、ベーコン、ロックらがその代表。経験主義。②実際の経験に基づく議論。

けい-けん【敬虔】（形動ダ）ダロ・ダッ(デ・ニ)・ダ・ナ・ナラ・○ 敬いつつしむさま。特に、神仏を深く敬い仕えるさま。「―な信者」文（ナリ）

けいけんわん-しょうこうぐん【頸肩腕症候群】―〘医〙首から肩、腕にかけて、しびれや痛みが出て、手や指の運動障害を起こす症状。頸腕症候群。

けい-げん【軽減】（名・自他スル）負担などを減らして軽くすること。また、減って軽くなること。「負担を―する」↔加重

けい-こ【稽古】（名・自他スル）（昔のことを考える意）学問・技術・芸能・武術などを学び習うこと。練習。「熱心に―する」

―ごと【―事】師匠・先生について習う技芸。茶道・華道・書道・踊り・ピアノなど。習い事。

―だい【―台】稽古の相手になる人や稽古に使われる物。

けい-ご【敬語】聞き手や話の中の人物に対する敬意を表す言葉づかい。また、そのための語。尊敬語・謙譲語・丁寧語の三分類のほか、丁重語と美化語を加えた五分類とすることもある。

けい-ご【警固】（名・他スル）警戒し、周囲の守りをかためること。また、その設備や役目の人。「身辺を―する」

けい-ご【警護】（名・他スル）不測の事態が起こらないように用心して守ること。また、その役目の人。「要人を―する」

げい-こ【芸子】芸者。芸妓。参考関西でいうことが多い。

けい-こう【径行】―（「径」はまっすぐにの意）思っていることを曲げずにそのまま行うこと。「直情―」

けい-こう【経口】口を通して体内にはいること。「―感染」

けい-こう【蛍光】―①ホタルが放つ光。②〘物〙ある種の物質が光や放射線を受けたとき、その光と違う色の光を発する現象。また、その光。照射をとめると発光もとまる。⇩燐光

―しょく【―色】①ホタルが放つ光のような青白い色。②蛍光塗料などによって発する色の総称。

―せんりょう【―染料】①蛍光を発する染料。②紫外線を吸収して、青色蛍光を発する無色の有機物質。紙や布地をまっ白に見せるために用いる。蛍光増白剤。

―とう【―灯】内壁に蛍光物質を塗ったガラス管の内部に水銀蒸気とアルゴンを入れ、両端の電極からの放電で生じた紫外線を、蛍光物質に吸収させて発光する電灯。

―とりょう【―塗料】蛍光物質を着色成分として使用した塗料。光などを受けている間だけ発光する。

―ペン インクに蛍光を発する顔料を用いたペン。

けい-こう【景仰】―（名・他スル）人格の高い人をあおぎ慕うこと。景仰。「―の念」

けい-こう【傾向】―①物事の性質や状態がある方向へ向かうこと。「出題の―」「インフレーにある」②人の行動や思想が特定の方向にかたよること。

―てき【―的】（形動ダ）ダロ・ダッ(デ・ニ)・ダ・ナ・ナラ・○ ある方向にかたよるさま。特に、左翼的な方向にかたよるさま。

―ぶんがく【―文学】〘文〙特定の思想・主義・主張を伝える手段として書かれた文学。おもに社会主義文学をいう。

けい-こう【携行】―（名・他スル）身につけて持っていくこと。「―品」「武器を―する」

けい-こう【鶏口】①ニワトリの口。②小さな団体の長。

―となるも牛後となるなかれ（「牛後」は牛の尻の意）大きな集団の低い地位にいるよりは、小さな集団でもその長になったほうがよい。参考類似のことば―鯛の尾より鰯の頭。【故事】中国の戦国時代、遊説家の蘇秦が強国の秦を恐れる六か国の王たちに「小国といえども王は王です。いま秦に臣下として仕えたら牛後の汚名を受けるでしょう」と、六か国が同盟して秦に対抗することを唱えたことからいう。〈史記〉

けい-ごう【契合】―（名・自スル）（「契」は割り符の意）二つのものが、割り符を合わせたようにぴったり一致すること。

げい-ごう【迎合】―（名・自スル）自分の考えを曲げてでも人の気に入るように調子を合わせること。「大衆に―する」

けい-こうぎょう【軽工業】―〘工〙素材の軽い製品、主として消費財を生産する工業。繊維・食料品・日用雑貨工業、印刷業など。↔重工業

けい-ごうきん【軽合金】―アルミニウム・マグネシウム・チタンなどを主体とする、比重が小さくて強い合金。飛行機・自動車部品などに用いられる。ジュラルミンなど。

けい-こく【渓谷・谿谷】水の流れている深い谷。「―美」

けい-こく【経国】国を治め、経営すること。「―の大業」

けい-こく【傾国】その色香に迷い、王が国をあやうくするほど

の美しい女性。また、遊女。⇩傾城(けいせい)

けい-こく【警告】(名・他スル) よくない事態が生じないよう、前もって注意をうながすこと。また、その注意。「―を無視する」

けい-こつ【△脛骨】〘生〙すねの内側にある、太くて長い骨。

けい-こつ【軽△忽】(名・形動ダ) 物事に対して、よく注意を払わずそそっかしいさま。軽率。軽忽(きょうこつ)。「―にふるまう」

けい-こつ【△頸骨】〘生〙たてに並んだ首の骨。

げい-ごと【芸事】琴・踊り・三味線など遊芸に関する事柄。

けい-さい【△荊妻】(「荊」はいばら。後漢の梁鴻(りょうこう)の妻がいばらのかんざしをさした故事から)自分の妻の謙称。愚妻。

けい-さい【掲載】(名・他スル) 新聞や雑誌などに文章や写真などをのせること。「新聞に―される」

けい-さい【継妻】後妻。のちぞい。「―を迎える」

けい-ざい【経済】■一(名) ①人間の生活に必要な物を生産・分配・消費する活動。およびそれによって形成される社会的つながり。「一国の―」「―政策」②金銭のやりくり。「家の―が苦しい」■二(名・形動ダ) 費用や手間が少なくてすむこと。また、そのさま。「不―」 語源「経世済民・経国済民(=世・国を治め、民の苦しみを救うこと)」から出た語。

―か【―家】①経済の道に通じている人。②金のつかい方が上手で、少しの費用ですませる人。節約家。また、けちな人。

―かい【―界】①経済的活動が行われている社会。②実業界。財界。

―がく【―学】経済現象について、その仕組み・原理・法則を研究する学問。

―かんねん【―観念】(クヮンネン) 経済に関する考え方。特に、損得を考えて、上手にやりくりしようとする考え。「―がない」

―きょうりょくかいはつ-きこう【―協力開発機構】(ケフリョクカイハツ) →オーイーシーディー

―ざいせい-はくしょ【―財政白書】〘経〙内閣府が経済・財政の実態や課題を分析し、毎年発表する「年次経済財政報告」の通称。二〇〇〇(平成十二)年まで経済企画庁が発表していた経済白書を継承。

―さんぎょう-しょう【―産業省】(サンゲフシャウ) 中央行政官庁の一つ。国の経済政策の推進、通商貿易・商工鉱業の振興、資源エネルギー問題などに関する事務を扱う。経産省。

―せいちょう-りつ【―成長率】(セイチャウリツ) 〘経〙国内総生産などの伸び率でみた経済の成長の割合。

―てき【―的】(形動ダ)(ダロ・ダッ(デ)・ニ・ダ・ナ・ナラ・○) ①経済に関するさま。「―にゆきづまる」②費用や手間があまりかからないさま。安あがりなさま。「燃費のいい―な車」

―ふうさ【―封鎖】〘経〙一国または数か国が、ある国との経済交流を制限または断絶し、経済的に孤立させること。

けい-さく【警策】→きょうさく(警策)

けい-さつ【警察】①〘法〙国民の生命・財産を守り、社会・公共の秩序と安全を保つため、人々の行動を取り締まる行政。また、その機関。②「警察署」の略。③「警察官」の略。

―かん【―官】(クヮン) 警察の仕事をする(警視総監から巡査まで)公務員。警官。

―けん【―犬】警察で、犯罪捜査や遭難者の捜索などに使うために訓練した犬。

―けん【―権】〘法〙警察機関が社会公共の秩序と安全を保つため、人々の自由や財産を制限する公権力。

―こっか【―国家】(コクカ) 国家権力を維持するため、警察力を強化して国民の生活を圧迫し自由を認めない国家。

―しょ【―署】一定区域内の警察事務を取り扱う役所。

―ちょう【―庁】(チャウ) 国家警察の中央機関。警察制度の企画調査、刑事警察についての予算・事務などを担当。

―てちょう【―手帳】(テチャウ) 警察官が職務中携帯し、身分を証明する手帳。

けい-さん【計算】(名・他スル) ①物の数・量をはかり数えること。加減乗除などをして数値を出すこと。「―が合う」「金額を―する」②物事の結果などを予測し、それを見越して考えを進めること。「電車の遅れを―に入れて家を出る」「―が立つ」

―き【―機・―器】計算に用いる機器。特に、電卓やコンピューターをいう。

―じゃく【―尺】乗除・平方根などの計算を、対数理論を応用して簡単に行うことのできる、ものさし型の器具。

―ずく(ヅク) 利害や先々のことをよく考えて、自分の損にならないように行動すること。

―だか・い【―高い】(形)(カロ・カツ(ク)・イ・イ・ケレ・○) 損得に敏感で打算的であるさま。勘定高い。文けいさんだか・し(ク)

けい-さん【△珪酸・△硅酸】〘化〙珪酸(けいさん)ナトリウム水溶液に強い酸を加えると生じる、白色の沈殿物。水に溶けにくい。

けいさん-しょう【経産省】(シャウ) 「経済産業省」の略。

けいさん-ぷ【経産婦】出産の経験がある女性。

けい-し【兄姉】兄と姉。↔弟妹(ていまい)

けい-し【刑死】(名・自スル) 刑に処せられて死ぬこと。

けい-し【京師】(京は大、師は衆。大衆のいる所の意)皇居や行政府のある都市。みやこ。帝都。

けい-し【軽視】(名・他スル) 物事の価値や影響力などを軽く考えること。かろんじること。「人命―」↔重視

けい-し【継子】配偶者の子で、自分とは直接血のつながっていない子。継子(まま)こ。↔実子

けい-し【△罫紙】縦または横に、罫(けい)の引いてある紙。

けい-し【継嗣】あとつぎ。あととり。よつぎ。「―がいない」

けい-し【警視】警察官の階級の一つ。警部の上で警視正の下の地位。

―そうかん【―総監】警視庁の長官の職名。

―ちょう【―庁】(チャウ) 東京都の警察の本部で、都の警察事務を取り扱う特別行政官庁。

けい-じ【兄事】(名・自スル) ある人に対して、兄に対するように敬意をもって接すること。「先輩に―する」

けい-じ【刑事】①〘法〙刑法の適用を受ける事柄。↔民事 ②(「刑事巡査」の略)犯罪の捜査や犯人の逮捕などに従事する警察官の通称。身分は巡査または巡査部長。

―さいばん【―裁判】〘法〙犯罪の有無や量刑を判断する裁判。検察官が公訴して行う。⇩民事裁判・行政裁判

―じけん【―事件】〘法〙刑法の適用を受ける事件。捜査や裁判などの手続きの対象となる。

―しせつ【―施設】自由刑に処された者や死刑の言い渡しを受けた者、勾留された被疑者や被告人を収容する施設。刑務所や拘置所など。

―せきにん【―責任】〘法〙罪を犯した者が刑罰を受けなければならない法律上の責任。「―能力の有無」

―そしょう【―訴訟】〘法〙犯罪の被疑者に対し、国家が刑罰権を行使しようとする際の、裁判上の手続き。刑訴。⇩民事訴訟

―ほしょう【―補償】(ホシャウ) 〘法〙刑の執行や未決勾留(こうりゅう)処分を受けた者が、裁判の結果無罪になった場合、国家がその損害をつぐなうこと。

けい-じ【計時】(名・自スル) 競技などで、所要時間を計ること。また、その時間。「―係」

けい-じ【啓示】(名・他スル) ①明らかにしめし表すこと。②

〔宗〕人知では計り知れないことについて、神が教えしめすこと。

けい‐じ【掲示】(名・他スル) 連絡・伝達事項を紙などに書いて、人目につく所にかかげしめすこと。また、その文書。

―ばん【―板】①文字や文書・ポスターなどを掲示するための板。「電光―」②→でんしけいじばん

けい‐じ【慶事】結婚・出産などのよろこびごと。祝いごと。↔弔事

けい‐じ【△繋辞】〔論〕(copula の訳語)命題の主辞と賓辞とを結びつけ、肯定または否定を表す語。「彼は社長だ」というときの「だ」の類。連辞。コプラ。

けいじ‐か【形△而下】①形をそなえているもの。有形。②〔哲〕感覚器官で存在を知覚できるもの。自然現象・社会現象など、時間・空間のうちに形をとって現れるもの。(↔形而上)

けい‐しき【形式】①外に現れた形。型。様式。「クイズ―の教養番組」「ソナタ―」↔内容 ②事を行うときの一定の手続きやり方。「―を重んじる」「―を踏む」③(比喩(ゆ)的に)体裁だけで内容のないこと。「―だけの報告書」↔内容

―しゅぎ【―主義】①形式を重視し、内容は二の次だという考え方や態度。②文学や芸術作品の価値を、表現の内容ではなく表現の方法によってのみ判定し、その美を認める立場。用法 ①は非難の気持ちをこめることが多い。

―てき【―的】(形動ダ)(ダロ・ダッ(デ・ニ)・ダ・ナ・ラ・○) ①形式に関するさま。「―には間違っていない」②形式だけ整えて内容のないさま。「―な謝罪」↔実質的

―ば・る【―張る】(自五)(ラ(ロ)・リ(ッ)・ル・ル・レ・レ) 中身や実質よりも形式を重んじる。「―った挨拶(あいさつ)」

―めいし【―名詞】〔文法〕名詞のうち、実質的な意味が薄く、常に連体修飾語を受けて名詞としてのはたらきをするもの。たとえば「行くことにする」の「こと」。他に「もの」「とき」「ところ」「はず」「ため」など。形式体言。

けい‐しき【型式】→かたしき

けいじ‐じょう【形△而上】(ジャウ) ①形をもたないもの。抽象的なもの。②〔哲〕感覚ではとらえられない無形のもの。時間・空間を超越した抽象的・哲学的・超経験的なもの。(↔形而下)

―がく【―学】現象界の奥にある事物の本質や、存在の根本原理を思惟(しい)や直観によって研究する学問。宇宙の本体や世界・神・霊魂などがその主要問題。

けい‐しつ【形質】①形態と実質。②〔生〕遺伝子によって伝えられる生物の形態上・生理学上の特徴。

けい‐しつ【継室】後妻。のちぞい。

けい‐しつ【憩室】〔医〕食道・胃・腸などの管状の臓器の壁の一部が拡張し、袋状に飛び出したもの。

けい‐じつ【◇頃日】このごろ。最近。近ごろ。

けいじ‐てき【継時的】(形動ダ)(ダロ・ダッ(デ・ニ)・ダ・ナ・ラ・○) 時間の経過に沿っているさま。「人口の―な推移を調べる」

けい‐じどうしゃ【軽自動車】エンジンの総排気量が六六○cc以下の小型自動車。

けい‐しゃ【△珪砂・△硅砂】〔地質〕石英の粒からできている砂。陶磁器やガラスなどの原料。

けい‐しゃ【傾斜】(名・自スル) ①傾いてななめになること。また、その度合い。「急な―の坂道」②考え・思想や状況が一つの方向に向かうこと。「民族主義に―を深める」

けい‐しゃ【鶏舎】ニワトリを飼うための小屋。にわとりごや。

げい‐しゃ【迎車】タクシーやハイヤーが、客のいる所へ呼ばれて行くこと。また、その車。

げい‐しゃ【芸者】歌や踊りで酒席に興を添えることを職業とする女性。芸妓(げいぎ)。芸子。

けい‐しゅ【稽首】(頭が地につくほどに体を曲げて礼をする意から)手紙の結びに用いて、相手に敬意を表す語。頓首(とんしゅ)。

けい‐しゅ【警手】①踏切などで、事故防止につとめる鉄道職員。②もと皇宮警察の下級職員。

けい‐しゅう【軽舟】(シウ) 軽くて、速く走る小舟。

けい‐しゅう【△閨秀】(シウ) (「閨」は女性の意)学問・芸術にすぐれた女性。「―画家」用法 おもに接頭語的に用いられる。

―さっか【―作家】(サク) 女性の小説家。女性作家。

けい‐じゅう【軽重】(ヂユウ) →けいちょう(軽重)

けい‐しゅく【慶祝】(名・他スル) よろこび祝うこと。

けい‐しゅつ【掲出】(名・他スル) かかげて見せること。掲示。

げい‐じゅつ【芸術】文学・絵画・彫刻・音楽・演劇・映画など、さまざまな素材・表現様式・技巧などによって美を創作・表現する活動。また、その作品。

―のための芸術(げいじゅつ) →げいじゅつしじょうしゅぎ **―は長(なが)く人生(じんせい)は短(みじか)し** 芸術は永久に生命を保つが、それを創作する人間の生命ははかなく短い。参考 ラテン語の Ars longa, vita brevis の訳語。

―いん【―院】(ヰン) (「日本芸術院」の略)各分野で功績の著しい芸術家を優遇するための栄誉機関。文化庁の所管。

―か【―家】芸術作品を創作する人。画家・音楽家・作家など。アーティスト。

―さい【―祭】芸術の発展と普及のため、毎年文化の日を中心に文化庁の主催で行われる各種芸術の祭典。秋

―しじょうしゅぎ【―至上主義】(シジヤウシユギ) 芸術は政治・経済・宗教・道徳など他の目的のためにあるのでなく、美の表現や創造そのものに絶対的価値があるとする主義。「芸術のための芸術」を原理とする立場。

げい‐しゅん【迎春】新年を迎えること。新年

けい‐しょ【経書】儒教の最も根本的な書物。四書・五経など。経籍。

けい‐しょう【形勝】①地勢・地形が外敵を防ぐうえですぐれていること。また、その土地。②→けいしょう(景勝)

けい‐しょう【形象】(シヤウ) ①視覚的なかたち。すがた。②観念などを、ある表現手段によって具象化したもの。イメージ。

―か【―化】(クワ) (名・他スル) 芸術活動などにおいて、自己の思想や感情などを具体的な形を備えたものとして描き出すこと。具象化。「理想を―する」

けい‐しょう【軽少】(セウ) (名・形動ダ) 数量・程度などがわずかであること。また、そのさま。「被害が―ですむ」

けい‐しょう【軽症】(シヤウ) 病気やけがなどの症状が軽いこと。「―の患者」↔重症

けい‐しょう【軽△捷】(セフ) (名・形動ダ) 身軽ですばやいこと。また、そのさま。「―な動き」

けい‐しょう【軽傷】(シヤウ) 軽いけが。「―ですむ」↔重傷

けい‐しょう【敬称】①人名や官職名の下に付けて敬意を表す語。「様」「殿(との)」「氏」「さん」など。「―略」②目上の人や相手・相手側の事物について敬意を表す言い方。「貴校」「尊顔」「芳書」「高説」など。↔謙称

けい‐しょう【景勝】景色のすばらしいこと。また、その土地。形勝。「―の地」

けい‐しょう【継承】(名・他スル) 地位・財産・権利・義務などを受け継ぐこと。「王位の―」「文化遺産を―する」

けい‐しょう【警鐘】①危険を知らせ、警戒を促すために打ち鳴らす鐘。はやがね。「―を鳴らす」②(比喩(ゆ)的に)警告として人々に注意を促すもの。いましめ。「現代社会への―」

けい‐じょう【刑場】(ヂヤウ) 死刑を執行する場所。仕置場(しおきば)。

「━の露と消える(=死刑に処せられて死ぬ)」

けい-じょう【形状】ジャウ 物や人のかたち。ありさま。

━きおく【━記憶】変形してもある温度以上に加熱すると元の形に戻る性質を付加してあること。「━合金」

けい-じょう【計上】ジャウ (名・他スル) ある物事を全体の計算の中に組み入れること。「予算に設備費を━する」

けい-じょう【契状】ジャウ 契約書。約束書き。

けい-じょう【啓上】ジャウ (名・他スル) (手紙文に用いて)申し上げること。「一筆━」

けい-じょう【経常】ジャウ 常に一定の状態で続くこと。

━ひ【━費】毎年きまって支出する費用。

けい-じょう【敬譲】ジャウ 相手を敬い自分がへりくだること。

━ご【━語】尊敬語と謙譲語。また、「敬語」とほぼ同義にも用いられる。

けい-じょう【警乗】(名・自スル) 警察官などが、船や列車などに乗りこんで警戒にあたること。「列車に━する」

けい-しょく【軽食】手軽にすませる軽い食事。「━をとる」

けい-じょし【係助詞】〘文法〙助詞の分類の一つ。種々の語に付いて述語と呼応し、叙述全体に限定・強調・疑問などの意味を添える助詞。かかり助詞。口語の「は」「も」「こそ」「さえ」「でも」「しか」「だって」、文語の「は」「も」「ぞ」「なむ」「や」「か」「こそ」など。参考 文語の係助詞のうち、「ぞ」「なむ」「や」「か」は連体形の、「こそ」は已然形の、結びとそれぞれ呼応する。⇩係り結び

けい-しん【敬神】神をうやまうこと。「━の念」

けい-しん【軽信】(名・他スル) 深く考えずに、軽々しく信じること。「巧言を━する」

けい-しん【軽震】気象庁の旧震度階級の一つ。現在の震度2に相当する。

けい-ず【系図】ヅ ①先祖代々の一族の人名と血縁関係を書きしるした図表。系譜。「家の━」②来歴。ゆいしょ。

━かい【━買い】カヒ ①昔、身分の低い金持ちが、自分の家の格を上げようとして、貧乏貴族の系図を買ったこと。また、その人。②→けいずかい(窩主買い)

けい-すい【軽水】ふつうの水。重水と区別していう。

━ろ【━炉】〘化〙中性子の減速と炉心の冷却のために軽水を用いる原子炉。

けい-すう【係数】①〘物〙一つの数量を他の諸量の関数として表す関係式で、物質の種類によって異なる比例定数。「摩擦━」②〘数〙代数で、記号文字と数の積を表す式で、記号文字に対して数をいう。たとえば、$7x$の係数は7となる。また、特定の因数だけに着目したときの、残りの因数を係数という。

けい-すう【計数】〘数〙数を数えること。数の計算。また、計算して得られる数値。「━に明るい人」

━かん【━管】クワン 〘物〙放射線の粒子あるいは光量子の通過を、一つ一つ検出するときに用いる真空管の一種。

けいず-かい【△窩主買い】カヒ (「窩主」は盗品を隠してやる者の意)盗品であると知りながら売買すること。また、その人。故買。参考 音が通じることから「系図買い」とも書く。

けい・する【刑する】(他サ変) シ(セ・サ)・シ・スル・スレ・セヨ 刑に処する。特に、死刑にする。「罪人を━」文けい・す(サ変)

けい・する【敬する】(他サ変) シ(セ・サ)・シ・スル・スレ・セヨ うやまう。尊敬する。「━・して遠ざける(=表面はうやまうようにし、内心はうとんじて近づかない。敬遠する)」文けい・す(サ変)

けい・する【慶する】(他サ変) シ(セ・サ)・シ・スル・スレ・セヨ よろこび、祝う。「長寿を━」文けい・す(サ変)

けい-せい【形成】(名・他スル) 整ったものに形づくること。「人格の━」「━手術」

━げか【━外科】グワ 〘医〙身体の形態的な修復や機能の改善を図るための外科的治療を行う医学の一分野。美容整形もこの一部。参考「整形外科」とは分野が異なる。

━たい【━体】〘生〙周囲の胚の形成を誘導する、脊椎動物の胚の一部。オーガナイザー。

けい-せい【形声】漢字の六書の一つ。意味を表す文字と音を表す文字の二つを組み合わせて、新しい文字を作る方法。また、その文字。たとえば、「銅」は「金」が金属の意、「同」が「ドウ」の音を表すなど。諧声。「━文字」

けい-せい【形勢】変化していく物事の、その時々のありさまや優劣の状態。なりゆき。雲行き。「━が不利になる」

けい-せい【経世】世を治めること。「━家(=政治家)」

━さいみん【━済民】国を治め、民の生活の苦しみを救うこと。経国済民。

けい-せい【渓声・△谿声】谷川の流れの音。

けい-せい【傾性】〘植〙植物の器官が、外から与えられた刺激の方向とは無関係に一定の方向に曲がる性質。⇩屈性

けい-せい【傾△城】その色香に迷い、城主が城をあやうくするほどの美女。また、遊女。語源「ひとたび顧みれば人の城を傾け、再び顧みれば人の国を傾く」〈漢書・外戚伝〉から出た語。

けい-せい【警世】世間の人々をいましめること。「━の文」

けい-せい【警醒】(名・他スル) (眠りをさます意から)世間の人々に注意を与え、迷いからさまさせること。「世人を━する」

けい-せき【形跡】物事の行われた跡。あとかた。痕跡。「人の住んだ━がある」

けい-せき【△珪石・△硅石】〘地質〙珪素の化合物でできている鉱石。陶磁器・ガラスなどの原料。

けい-せき【蛍石】→ほたるいし

けい-せき【経籍】→けいしょ

けい-せつ【蛍雪】苦労して勉学に励むこと。「━の功を積む」【故事】昔、晋の車胤は家が貧しくて灯火の油が買えないために、薄い布の袋に入れた蛍の光で読書し、孫康は積雪の反射の光で勉強したという話による。〈晋書〉

けい-せん【係船・△繋船】(名・自スル) ①船をつなぎとめること。また、その船。「港内に━する」②不況などで航海させると損失を被る場合、船の使用を一時中止すること。また、その船。

けい-せん【経線】〘地〙(「経」はたて糸の意)地球上の位置を表すため南北両極を結ぶよう想定した線。子午線。⇔緯線

けい-せん【罫線】①→けい(罫)① ②→けい(罫)② ③〘経〙(「罫線表」の略)株式相場の動きを記したグラフ。

けい-そ【△珪素・△硅素】〘化〙非金属元素の一つ。土砂・岩石などに多く含まれ、高純度のものは半導体でトランジスター・集積回路などに用いられる。シリコン。元素記号 Si

━じゅし【━樹脂】→シリコン②

けい-そう【形相】サウ ①物の外からみたかたち。すがた。②〘哲〙事物の本質を表している現実の形態・形式。アリストテレス哲学の基本概念。⇔質料 参考「ぎょうそう」と読めば別の意になる。

けい-そう【係争・△繋争】サウ (名・自スル) 訴訟で、当事者間で争うこと。「━中の事件」

けい-そう【恵送】(名・他スル) 人から物を送られることを、送り主を敬っていう語。「著書をご━いただく」

けい-そう【△珪藻・△硅藻】サウ 淡水・海水に産する単細胞藻類。細胞壁は多量の珪酸化合物を含む殻となり、分裂や接合で増える。植物性プランクトンの主要なもの。珪藻類。

━ど【━土】〘地質〙珪藻の死骸が水底に積み重なってできた土。耐火材・吸収材・みがき粉などに使う。

けい-そう【軽装】―(名・自スル) 身軽で簡単な服装をすること。また、その服装。「―で山に登る」

けい-そう【軽△躁】―(名・形動ダ) 軽はずみに騒ぐこと。考えの浅いこと。また、そのさま。「―な性質」

けい-そう【継走】 数人ずつで組をつくり、一定の距離を次々に引き継いで走って、各組が速さを争う競技。リレー。

けい-ぞう【形像】― ある物の形をかたどってつくった像。

けい-ぞう【恵贈】(名・他スル) 人から物を贈られることを、贈り主を敬っていう語。恵与。恵投。「ご―賜りましたご著書」

けいそう-ど【軽△鬆土】【地質】①粒が細かい火山灰の土。②腐植質に富んだ土。参考「けいしょうど」ともいう。

けい-そく【計測】(名・他スル) 数・量・重さ・長さなどを、器械を使ってはかること。「―器」「気圧を―する」

けい-ぞく【係属・△繋属】(名・自他スル) ①つながりがつくこと。つなぎつけること。②【法】訴訟事件が裁判所で取り扱い中であること。「―中の事件」

けい-ぞく【継続】(名・自他スル) 前から行われていたことがつづくこと。また、つづけること。「―審議」「事業を―する」

けい-そつ【軽率】(名・形動ダ) 深く考えずに物事をすること。かるがるしいさま。軽はずみ。「―な行動」↔慎重

けい-ぞん【恵存】(お手元に保存していただければ幸いですの意)自分の著作などを贈るとき、相手の名のわきに添えて書く語。謹呈。けいそん。

けい-たい【形態】 ある組織体の、外に現れている形。「動物の―」「株式会社の―をとる」

けい-たい【敬体】【文法】文体の一種。「です」「ます」「ございます」などの丁寧語を使う口語の文体。です・ます体。↔常体

けい-たい【携帯】(名・他スル) ①身につけること。持ち歩くこと。「―品」「雨具を―する」②「携帯電話」の略。参考 多く「ケータイ」と書く。

―でんわ【―電話】 持ち運び可能な無線による小型の電話機。また、それによる通信サービス。携帯。はじまり 日本では、一九八五(昭和六十)年にNTTが個人向け携帯電話(ショルダーフォン)を発売したのが最初。携帯電話と呼ばれるのは一九八七(昭和六十二)年から。

けい-だい【掲題】 電子メールなどで、本文前に掲げられた題。「―の件でご連絡いたします」

けい-だい【境内】 神社や寺の敷地の中。「寺の―で遊ぶ」

けい-たく【恵沢】 恩恵を受けること。めぐみ。なさけ。けいだく。「―に浴する」

げい-たっしゃ【芸達者】 さまざまな技能・技芸に通じ、器用にそれをすること。また、その人。

げい-だん【芸談】 芸能・芸道上の秘訣(ひけつ)や苦心などの話。

けいだん-れん【経団連】【経】(「経済団体連合会」の略)日本の経済諸団体の連合組織。財界の意見をまとめ、政府に提言する。二〇〇二(平成十四)年、日経連と統合して日本経済団体連合会となった。

けい-ちつ【啓△蟄】 二十四気の一つ。陽暦で三月五、六日ごろ。「―の候」春 参考 冬ごもりしていた虫が外に出る意。

けい-ちゅう【傾注】(名・他スル) 心や力を一つのことにそそぐこと。「全力を―する」

けいちゅう【契沖】(一六四〇―一七〇一) 江戸前期の国学者・歌人。摂津(せっつ)(兵庫県)生まれ。実証的文献学的方法で国学の基礎を築いた。著書「万葉代匠記(だいしょうき)」「和字正濫鈔(しょうらんしょう)」など。

けい-ちょう【敬重】(名・他スル) 敬い大事にすること。尊重。

けい-ちょう【軽△佻】―(名・形動ダ) 思慮や落ち着きがなく、軽はずみなこと。また、そのさま。軽率。「―浮薄(ふはく)な人」

けい-ちょう【軽重】 軽いことと重いこと。つまらないことと重要なこと。軽重(けいじゅう)。「―をわきまえる」「鼎(かなえ)の―を問う」

けい-ちょう【傾聴】(名・他スル) 気持ちを向けて熱心に聞き入ること。「―に値する意見」

けい-ちょう【慶弔】― 結婚・出産などのよろこび祝うべきことと、死などの悲しみとむらうべきこと。慶事と弔事。「―費」

けい-ちょう【慶兆】― めでたいことの前ぶれ。吉兆。

けい-つい【頸△椎】【生】脊椎(せきつい)動物の脊椎骨の一部。哺乳(ほにゅう)類の首の部分にある七個の椎骨(ついこつ)。

けい-てい【兄弟】 兄と弟。きょうだい。「―の契(ちぎ)り」

―牆(かき)に鬩(せめ)ぐ 兄弟や仲間どうしがうちわげんかをする。

けい-てい【径庭・△逕庭】(「径」「逕」は細道、「庭」は広場の意)かけはなれていること。隔たり。「力にさほど―がない」

けい-てい【軽艇】 軽い舟。軽くて速い舟。

けい-てき【警笛】 警戒や注意を促すために鳴らすふえなどの音。特に、電車・自動車・船についているもの。

けい-てん【経典】 聖人・賢人の言葉や教えを書いた本。経書。「論語」「孟子(もうし)」など。「儒教の―」参考「きょうてん」と読めば仏典についていう。

けい-でんき【軽電機】 家庭の電気器具のような、構造が簡単で重量の軽い、小型の電気機械。↔重電機

けいでん-き【継電器】【工】ある電流によって別の回路の電流を制御する装置。電話・計算機などに用いられる。リレー。

け-いと【毛糸】 羊毛、その他の動物の毛をつむいだ糸。

けい-と【計図】(名・他スル) 計画すること。もくろみ。

けい-ど【経度】【地】地球上の位置を表す座標。イギリスの旧グリニッジ天文台を通る子午線を含む平面と、ある地点を通る子午線を含む平面とがなす角度。東西それぞれ一八〇度(一二時)ずつの東経・西経に分ける。↔緯度 ⇒緯度(さしえ)

けい-ど【軽度】 程度の軽いこと。「―のやけど」↔重度

けい-ど【傾度】 傾斜の度合い。傾斜の角度。「最大―」

けい-とう【系統】 ①一定の順序に従った統一のあるつながり。「―を立てて説明する」②一族間の血統。血すじ。「父方の―」③同じ方面や種類に属していること。「同―の色」④個々の物事の間にある関係を、一定の原理・法則に従って順序立てて結びつけたもの。「電気―の故障」

―じゅ【―樹】 生物種の系統関係を木の幹や枝にたとえて表した図。

―てき【―的】(形動ダ)(ダロ・ダッ(デ・ニ)・ダ・ナ・ナラ・〇) 一定の筋道によって順序立てて組み立てられているさま。「―に研究する」

―はっせい【―発生】 ある生物の種類が、下等なものから高等なものへと長い間に進化したその過程。↔個体発生

けい-とう【恵投】(名・他スル) 人が物を贈ってくれたことを、贈り主を敬っていう語。恵贈。恵与。「ご―の品」

けい-とう【継投】(名・自スル) 野球で、一試合の中で前の投手から引き継いで投球すること。「―策」

けい-とう【傾倒】―(名・自スル) ある人や物事に心をうちこんで熱中すること。「フランス文学に―する」

けい-とう【鶏頭】【植】ヒユ科の一年草。葉は互生。夏から秋にかけ、茎の先にニワトリのとさかに似た黄・紅・白などの房状の花を開く。韓藍(からあい)。秋

〔鶏頭〕

げい-とう【芸当】― ①特別な技を必要とする芸。曲芸。②普通ではできそうにない困難な行為。はなれわざ。

げい-どう【芸道】ダウ 芸能または技芸の道。

けいとうの…〈俳句〉〔鶏頭の 十四五本も ありぬべし〕〈正岡子規〉病床にあってわが家の庭先を眺めると、まっかな鶏頭の群れが秋の日ざしにひときわ映えている。確かに一四、五本はあるに違いない。それは少ない数ではあるまい。(鶏頭 秋)

けい-どうみゃく【△頸動脈】〘生〙首の左右にあって、頭部に血液を送る太い動脈。

げい-どころ【芸所】芸事が盛んでその水準も高い地域。

げい-なし【芸無し】なんの芸も身につけていないこと。また、その人。無芸。

けい-にく【鶏肉】ニワトリの肉。かしわ。

げい-にん【芸人】①(落語家・漫才師など)芸能を職業とする人。②素人で、芸の巧みな人。多芸な人。芸達者。

けい-ねん【経年】年月を経過すること。「—変化」

げい-のう【芸能】演劇・映画・音楽・舞踊・落語など、大衆的な演芸・娯楽の総称。「郷土—」「—人」「—界」

けい-ば【競馬】騎手が馬に乗り、一定のコースを競走すること。また、客が馬券を買って金を賭ける公認賭博。はじまり 日本で、現代のように馬券が売られるレースは、一九〇六(明治三十九)年、東京池上で行われたのが最初という。

げい-は【鯨波】①大波。②戦場であげる、ときの声。

けい-はい【△珪肺】〘医〙採鉱・採石・岩石研磨などに従事する人が、珪酸を含む粉塵を長期間吸って起こる塵肺症。

けい-はい【軽輩】身分や地位の低い人。未熟な者。「—の身」

けい-ばい【啓培】(名・他スル)(「啓発培養」の略)知識を与え、教え導くこと。教養を身につけさせること。

けい-ばい【競売】(名・他スル)→きょうばい②

けい-はく【啓白】(「白」は申し上げる意)神や仏につつしんで言葉を申し上げること。また、その文章や言葉。啓白。

けい-はく【敬白】(「白」は申し上げる意)つつしんで申し上げること。「店主—」用法 多く、手紙の結語に使う語。

けい-はく【軽薄】■一(名・形動ダ)態度や言動が軽はずみであるさま。浅はかで誠実さのないさま。「—な態度」↔重厚 ■二(名)おせじ。おべっか。「みえすいた—を言う」

けい-ばく【△繫縛】(名・他スル)①つなぎしばること。また、そのもの。「—を解く」②行動の自由を束縛すること。

けいはく-たん-しょう【軽薄短小】セウ(電気製品など、商品が)軽く、薄く、短く、小さいこと。↔重厚長大 用法 比喩的に、文化的・精神的な面についてもいう。

けい-はつ【啓発】(名・他スル)新しい知識を与えてより高い認識や理解に導くこと。「自己—」「大いに—される」

けい-ばつ【刑罰】〘法〙犯罪を犯した者に国家が加える制裁。

けい-ばつ【△閨閥】(「閨」は妻の意)妻の実家やその親類を中心に姻戚関係で結ばれた集団・勢力。

けい-ばつ【警抜】(名・形動ダ)着想などが、人をあっと言わせるほど鋭くすぐれていること。また、そのさま。「—な句」

けい-はん【京阪】京都と大阪。上方。「—地方」

けいはん-ざい【軽犯罪】〘法〙公衆道徳に反する行為など、比較的軽微な犯罪。軽犯罪法に規定される。

けいはん-しん【京阪神】京都と大阪と神戸。

けい-ひ【△桂皮】生薬の一つ。肉桂の木の皮を乾燥させたもの。健胃剤・香味料として用いられる。⇒肉桂

けい-ひ【経費】物事を行うのに必要な費用。また、きまった平常の費用。経常費。「—節減」「—がかかる」

けい-び【軽微】(名・形動ダ)わずかであること。また、そのさま。「—な損害」

けい-び【警備】(名・他スル)非常事態に備えて警戒すること。「—員」「—に当たる」

けい-ひつ【警△蹕】(「蹕」は通行人をよけさせる意)昔、天皇や貴人の通行、神事などの時に、声を立てて人々に注意を与え、先払いをしたこと。また、その声。みさきばらい。けいひち。

けい-ひん【景品】①商品などに添えて客に無料で贈る品物。おまけ。景物。②催しなどの参加者に贈る品物。

けいひん【京浜】東京と横浜。また、それを中心とする地域。

—こうぎょうちたい【—工業地帯】〘地〙東京・川崎・横浜を中心とする日本最大の工業地帯。

けい-びん【△慧敏】(名・形動ダ)りこうですばしこいこと。知恵があって気が利くこと。また、そのさま。

げい-ひん【迎賓】客を迎えてもてなすこと。特に、外国からのたいせつな客を迎えること。

—かん【—館】クワ 国賓・公賓を接待するための建物。

けい-ふ【系譜】①血縁関係を書きしるした図や記録。系図。②関係のある事物のつながり。系統。「日本文学の—」

けい-ふ【継父】実父・養父でない、母の夫。まま父。↔実父

けい-ぶ【軽侮】(名・他スル)ばかにしてあなどること。見下げること。「—の目で見る」

けい-ぶ【△頸部】首の部分。また、首状に細くなったところ。

けい-ぶ【警部】警察官の階級の一つ。警部補の上で警視の下の地位。

けい-ふう【軽風】軽く吹く風。そよ風。微風。

げい-ふう【芸風】芸を演じるときの、その人独特の演技のやりかた。芸の特色や持ち味。「はなやかな—」

けい-ふく【敬服】(名・自スル)感心して心から尊敬すること。「彼の勤勉さには—する」

けい-ふく【敬復】つつしんで返事をさしあげること。拝復。用法 手紙文で、返事の初めに書く語。

けい-ふく【慶福】祝うべき大きな幸せ。めでたいこと。

けい-ぶつ【景物】①四季おりおりの趣を添えるもの。風物。「風鈴は夏の—だ」②その場におもしろみや風情を添えるもの。③商品などに添えて客に無料で贈る品物。景品。

—し【—詩】四季おりおりの景色や事物を詠みこんだ詩。

けい-ふぼ【継父母】まま父とまま母。

けい-ふん【鶏△糞】ニワトリのふん。乾燥させて肥料とする。

げい-ぶん【芸文】①芸術と文学。②学問と文芸。

けい-べつ【軽蔑】(名・他スル)見くだしてばかにすること。「—の念を抱く」「—すべき行動」

けい-べん【軽便】(名・形動ダ)扱い方や仕組みが手軽で便利なこと。また、そのさま。「—かみそり」

—てつどう【—鉄道】ダウ 建設規格の簡単な鉄道。線路の幅がせまく、機関車や車両も小型。

けい-ぼ【敬慕】(名・他スル)敬いしたうこと。「—の情」

けい-ぼ【継母】実母・養母でない、父の妻。まま母。↔実母

けい-ほう【刑法】ハフ〘法〙犯罪とそれに対する刑罰を規定した法律。⇒民法

けい-ほう【警報】天災などの大きな危険が迫ったとき、人々にあらかじめ警戒を促すための知らせ。「洪水—」「—が出る」

けい-ぼう【形貌】バウ かたち。すがた。容貌。

けい-ぼう【△閨房】バウ ①寝室。ねま。②女性の居室。

けい-ぼう【警防】バウ 危険や災害を警戒して防ぐこと。

けい-ぼう【警棒】警察官が、護身・攻撃用に腰にさげている硬い棒。

けい-ま【△桂馬】①将棋の駒の一つ。桂。②囲碁で、一つの石から一目または二目へだてて斜めにずらして打つこと。

けい-みょう【軽妙】―（形動ダ）ダロ・ダッ(デ・ニ)・ダ・ナ・ナラ・○ かろやかで巧みなさま。気がきいていてうまいさま。「―な話術」文（ナリ）

けいむ-しょ【刑務所】刑に服する者を収容・拘禁する施設。⇩拘置所 はじまり 刑務所の名称は一九二二（大正十一）年、司法省の監獄局が行刑局に変わったのに合わせて、監獄から変更されたもの。

けい-めい【鶏鳴】①ニワトリが鳴くこと。また、その鳴き声。②一番どりの鳴くころ。午前二時ごろ。また、明け方。夜明け。

―狗盗 つまらない技芸の持ち主。卑しい策を弄する小人物。また、くだらない技芸でも役に立つことがあるたとえ。【故事】戦国時代、斉の孟嘗君が秦の昭王に監禁されたとき、犬（＝狗）のように盗みの得意な者やニワトリの鳴きまねのうまい者の働きによって脱出したことからいう。〈史記〉

げい-めい【芸名】芸能人が職業上用いる本名以外の名前。

けい-もう【啓△蒙】（名・他スル）（「蒙を啓く」意）無知な者に正しい知識を与え、教え導くこと。「人々を―する」

―しそう【―思想】〘世〙一七世紀末から一八世紀後半にヨーロッパで起こった革新的思想。理性を尊重し合理主義・批判的精神をもって伝統・権威に抗し、因習や迷信を打ち破ろうとするもの。フランスのモンテスキュー、ボルテール、イギリスのヒューム、ロックらが代表。

けい-やく【契約】（名・他スル）あることに関して、ある条件のもとで一定の約束をすること。特に、二人以上の意思が合致して成立する、法律上の効力をもった約束。売買・交換・貸借・請負・雇用・委任などに関する約束。「―書」「―を結ぶ」

―しゃいん【―社員】採用期間や労働条件など、正社員とは異なる条件で雇用契約を結んだ労働者。広義にはパート・アルバイト・嘱託などを含む。

けい-ゆ【経由】（名・自スル）①目的の場所へ行くのにある地点を通って行くこと。「モスクワーパリ行き」②何かを行うときに、中間の機関を通すこと。「課長を―して上申書を提出する」

けい-ゆ【軽油】〘化〙①原油を分留してとる油。重油より軽く灯油より重い。ディーゼルエンジンの燃料用。②コールタールを分留してとる油。ベンゼンなどの原料。タール軽油。

げい-ゆ【鯨油】クジラの脂肉や内臓などからとった油。せっけん・化粧品・潤滑油などの原料にした。

けい-よ【刑余】以前に刑罰を受けたこと。前科のあること。また、その人。「―の身」

けい-よ【恵与】（名・他スル）①めぐみ与えること。②人が物を贈ってくれたことを、贈り主を敬っていう語。恵贈。恵投。「ご―の品」

けい-よう【形容】■（名・他スル）物事の状態・性質などを言葉で言い表すこと。他の物事にたとえたりしてうまく表現すること。「巧みな―」■（名）かたち。顔かたち。ありさま。ようす。

―し【―詞】〘文法〙品詞の一つ。自立語で活用があり、単独で述語となり得るもの（＝用言）のうち、終止形が「い」（口語）、「し」（文語）で終わる語。事物の性質・状態を表す。「早い・早し」「美しい・美し」など。参考 口語の形容詞は「かろ・かっ（く）・い・い・けれ・○」と活用する。文語には「ク活用」「シク活用」の二種類がある。⇩ク活用・シク活用

―どうし【―動詞】〘文法〙品詞の一つ。自立語で活用があり、単独で述語となり得るもの（＝用言）のうち、終止形が「だ」（口語）、「なり」「たり」（文語）で終わる語。事物の性質・状態を表すことでは形容詞的であるが、活用の面では動詞的であり、形容動詞の名称が使われるようになった。「静かだ・静かなり」「堂々たり」など。参考 口語の形容動詞は「だろ・だっ（で・に）・だ・な・なら・○」と活用する。文語には「ナリ活用」「タリ活用」の二種類がある。形容動詞の「親切だ」などは、「親切」「だ」の二語に分けるべきで、形容動詞として一品詞とするのは適当でないとする考え方もある。語源 大槻文彦は、西洋語、たとえば英語のadjective（形容詞）が述語になる時は「He is clever.」のように動詞を使わねばならないのに対して、日本語の形容詞は「かしこい人」のように修飾語になるほか、「彼はかしこい」のように単独でも述語になる、という違いがあると説いた。その意味では形容詞・動詞の働きを兼ね備えており動詞に近いと言えることから、日本語の形容詞については「形容動詞」の名称が妥当だとした。今日の意味で形容動詞の品詞を最初に立てたのは、芳賀矢一である。⇩ナリ活用・タリ活用

けい-よう【掲揚】―（名・他スル）（旗などを）高くかかげること。「国旗―」↔降納

けい-ら【軽羅】紗や絽などの軽くて薄い絹織物。また、それで作った衣服。

けい-ら【警△邏】（名・他スル）警戒のために見まわること。また、その人。パトロール。「夜の盛り場を―する」

けい-らく【京△洛】→きょうらく（京洛）

けい-らく【経絡】（「経」は動脈、「絡」は静脈の意）①漢方で、体のつぼとつぼを結び連ねる筋道。②物事の筋道。脈絡。

けい-らん【鶏卵】ニワトリのたまご。

けい-り【刑吏】刑罰、特に死刑を執行する役人。

けい-り【経理】（おさめととのえる意から）金銭・財産の管理や、会計・給与に関する事務。また、その処理。「―担当者」

けいり-し【計理士】「公認会計士」の旧称。

けい-りゃく【計略】うまくいくように、前もって考えた手段。特に、相手をだまそうとするはかりごと。策略。「―をめぐらす」

けい-りゃく【経略】（名・他スル）①国家を治めること。②四方を攻めとって平定し、治めること。

けい-りゅう【係留・△繫留】―（名・他スル）（船などを）つなぎとめること。「―中の船」

けい-りゅう【渓流・△谿流】―谷間の流れ。谷川。

けい-りょう【計量】―（名・他スル）重量や分量などをはかること。「―器」「正確に―する」

けい-りょう【軽量】―目方が軽いこと。「―級」↔重量

けい-りん【経△綸】国家を治めととのえること。また、その方策。「―の才」

けい-りん【競輪】①職業選手による自転車競走。また、その勝負を客に賭けさせる公認賭博。②自転車によるトラック競技の一つ。電動自転車などの先導で走り、先導員が外れた後のスプリントで着順を競う。参考 ②は「ケイリン」と書く。はじまり ①は、一九四八（昭和二十三）年、自転車競技法が制定され、同年福岡県小倉市（現北九州市）で開催されたのが最初。

げい-りん【芸林】芸術家や文学者の仲間・社会。

けい-るい【係累・△繫累】両親・妻子など、めんどうをみなければならない家族。また、心身を束縛するもの。「―が多い」

けい-れい【敬礼】（名・自スル）相手を敬って礼をすること。また、その礼。特に、軍人などが行う挙手の礼。「将軍に―する」

けい-れき【経歴】これまでに経てきた学業・職業・地位などの事柄。履歴。「―を詐称する」

けい-れつ【系列】①系統を立てて並べられた一連の物事。また、その順序。「写実主義の―に属する作家」「時―」②資本・生産・販売などによる企業間の結合関係。「―会社」

けい-れん【△痙△攣】（名・自スル）筋肉が発作的に収縮すること。また、それに伴う震え。ひきつり。「足に―を起こす」

け-いろ【毛色】①動物の毛の色。また、頭髪の色。②物事の

性質や種類。「ーの変わった(=その社会では異質な)人」

けいーろ【経路・径路】 人や物事のたどってきた、また、たどって行く道。「逃走ー」「感染ー」

けいーろう【敬老】ラウ 老人を敬い、たいせつにすること。

ーのーひ【ーの日】 国民の祝日の一つ。九月の第三月曜日。老人を敬い、その長寿を祝う日。秋 はじまり 一九四七(昭和二十二)年九月十五日、兵庫県多可郡野間谷村(現多可町)で開催された「としよりの日」の敬老会が発祥。その取り組みが全国に広まった。

けいーろく【鶏△肋】 (少しだけ肉のついた、ニワトリのあばら骨の意から)たいして役に立たないが、捨てるには惜しいもの。

けーう【仮有】〘仏〙因縁の和合による仮の存在。↔実有(じつう)

けーう【◇希有・△稀有】 (形動ダ) ダロ・ダッ(デ・ニ)・ダ・ナ・ナラ・○ めったにないさま。めずらしいさま。「ーな存在」「ーな才能」文(ナリ)

けーうと・い【気疎い】 (形) カロ・カッ(ク)・イ・イ・ケレ・○ いとわしい。うとましい。文けうと・し(ク)

けーうら【毛裏】 衣服の裏に毛皮のついていること。また、その衣服。

ケーーオー【KO】〈knockout から〉→ノックアウト

ケーキ〈cake〉西洋風の菓子の一種。特に、スポンジケーキの台にクリームや果実などを飾った生菓子。「デコレーションー」

ケージ〈cage〉①動物を入れておく檻(おり)。鳥かご。②エレベーターで、人や荷物をのせる箱形の室。③野球の打撃練習や投擲(とうてき)競技で用いる、網を張った防護用の囲い。「バッティングー」

ゲージ〈gauge〉①物の寸法や形状が基準どおりであるかどうかを測定する計器の総称。②線路の幅。軌間。③編み物で、一定の寸法に編むための基準となる目の数・段数。

ケース〈case〉①容器。箱。入れ物。「眼鏡ー」②場合。事情。事例。「特殊なー」③〘文法〙格。

ースタディ〈case study〉特殊な個々の事例を分析・研究し、一般的な原理を引き出す方法。事例研究法。

ーバイーケース〈case by case〉個々の事情に即して適切な処置をとること。「ーで処理する」

ーワーカー〈caseworker〉精神的・身体的・社会的な問題に直面している個人や家族に対して、個別に調査・相談・指導をする社会福祉活動の専門家。

ケーソン〈caisson〉→せんかん(潜函)

ケータリング〈catering〉宴会場などに出向いて、料理や配膳(はいぜん)・給仕などのサービスを提供すること。出張料理。また、家庭に料理を配達すること。

ゲーテ〈Johann Wolfgang von Goethe〉(一七四九〜一八三二) ドイツの詩人・劇作家・小説家。一八世紀後半のドイツにおこったシュトゥルムーウントードラング(疾風怒濤(どとう))運動の代表者として活躍。作品「若きウェルテルの悩み」「ファウスト」など。

ゲート〈gate〉①門。出入り口。関門。②競馬で、各馬をいっせいにスタートさせるために入れる、前後に扉のついた仕切り。

ーボール〈和製英語〉五人ずつ二組に分かれ、木製スティックで木球を打ち、三つのゲートを順にくぐらせ、ゴールまで運ぶ競技。日本で考案された。

ゲートル〈フランス guêtres〉足首から膝(ひざ)までを覆う西洋風の脚絆(きゃはん)。ふつうは巻き脚絆をさす。多く、軍服用。

ケープ〈cape〉防寒用や幼児用の、袖(そで)のない肩かけふうの上着や短いマント。

ケーブル〈cable〉①多数の電線を一束にして、絶縁物で包んだもの。電話線などに用いる。電纜(でんらん)。②地中または海底電線。③針金や麻をより合わせた太い綱。④「ケーブルカー」の略。

ーカー〈cable car〉車両に連結した鋼索を使って山の急斜面を運転する鉄道の一種。⇩ロープウエー はじまり 日本では、一九一八(大正七)年、奈良県で開業した「生駒ケーブル」(近鉄生駒鋼索線)が最初。

ーテレビジョン〈cable television〉テレビ信号を同軸ケーブル・光ファイバーなどで各受像機に分配する方式。双方向のものもある。有線テレビ。ケーブルテレビ。CATV

ゲーム〈game〉①遊び。勝負ごと。「家族でーをする」②競技。試合。③「ゲームセット」の略。

ーオーバー〈game over〉ゲームが終わること。

ーセット〈和製英語〉勝負がつくこと。試合終了。参考英語では The game's over.(野球の場合)、Game, set and match.(テニスの場合)などという。

ーセンター〈和製英語〉ゲーム機械を多く置いた遊技場。

けーおさ・れる【気押される・気◇圧される】(自下一) レ・レ・レル・レル・レレ・レロ(レヨ) 相手の勢いにおされる。気持ちの上でなんとなく圧倒される。「相手にー・れて黙りこむ」文けおさ・る(下二)

けーおと・す【蹴落〔と〕す】(他五) サ(ソ)・シ・ス・ス・セ・セ ①けって下へ落とす。「石をー」②ある地位につくために、現在その地位にいる人や競争相手を退ける。「ライバルをー」

けーおり【毛織〔り〕】 毛糸で織ること。また、その織物。毛織物。「ーの服地」

けが【×怪我】 ①思いがけず、または不注意によって、体に傷を負うこと。また、その傷。負傷。「転んでーをする」②あやまち。過失。「株で大ーをする」

ーもの【ー物】 毛糸で織った布や衣類。毛織り。

ーの功名(こうみょう) あやまってしたこと、またはなにげなくしたことが、思いがけずよい結果をもたらすこと。

げーか【外科】クワ 〘医〙手術などの処置により、外傷・できもの・内臓疾患などを治療する医学の一分科。「ー医」↔内科

げーかい【下界】 ①〘仏〙天上から見おろした、人間の住む世界。娑婆(しゃば)。人間界。↔天上界 ②高い所から見た地上。「頂上からーを見おろす」

けーかえし【蹴返し】カヘシ ①相撲で、相手の足のくるぶしのあたりを内からけりながら手ではたきこむ技。②歩くとき、着物のすそが開くこと。また、そのときに見える裏。

けーかえ・す【蹴返す】カヘス (他五) サ(ソ)・シ・ス・ス・セ・セ ①けってもとの方向へもどす。けり返す。「ボールをー」②けってひっくり返す。「いすをー」③けられた仕返しに、こちらからもける。けり返す。

けがーがち【×怪我ー勝ち】(名・自スル) 自分より強い相手に実力でなくて偶然に勝つこと。「優勝候補にーする」↔けが負け

けーがき【毛描き】〘美〙日本画で、人物・鳥獣の毛を特に先の細い筆で細かに描くこと。

けーがき【△罫書き・△罫描き】 工作物の製作で、直接材料に加工上必要な点や線などの印をつけること。

けが・す【汚す・△穢す】(他五) サ(ソ)・シ・ス・ス・セ・セ ①美しいもの、清らかなものをきたなくする。よごす。「聖域をー」②名誉をきずつける。「家名をー」③地位や席につくことを謙遜(けんそん)していう語。「末席をー」自けが・れる(下一) 可能けが・せる(下一)

けーかつ【◇飢渇】→きかつ

けーがに【毛△蟹】〘動〙クリガニ科のカニ。全体に褐色の短い毛が生えている。日本では北海道沿岸などに多い。食用。

けがーにん【×怪我ー人】 けがをした人。負傷者。「ーが出る」

けーかび【毛△黴】 接合菌類ケカビ科に属し、腐った食物や動物の糞(ふん)などに発生するかび。菌糸は細く毛状。夏

けがーまけ【×怪我ー負け】(名・自スル) 自分より弱い相手にうっかり負けること。「なめてかかってーする」↔けが勝ち

けがらわし・い【汚らわしい・△穢らわしい】ケガラハシイ (形)

カロ・カッ(ク)・イ・イ・ケレ・○ ①きたならしくて、近づくと自分まで汚れてしまうような、いやな感じである。いとわしい。不愉快だ。「見るのもー」②下品だ。わいせつだ。「ー行為」[文]けがらは・し(シク)

けがれ【汚れ・△穢れ】①よごれること。きたないこと。不浄。精神的な意味でも用いる。「ーを知らない子供」②かつて、人の死や出産・月経などで生じるとされた不浄。「ーをはらう」

けが・れる【汚れる・△穢れる】(自下一) レ・レ・レル・レル・レレ・レロ(レヨ) ①美しいものや清らかなものがよごれる。きたなくなる。俗悪になる。「聖域がー」「耳がー(=下劣で耳にしたくないことを聞く)」「ー・れた心」②女性が貞操を失う。③人の死や出産・月経などで体が不浄になる。(②③は差別的な意がある) [他]けがす(五) [文]けが・る(下二)

け-がわ【◇皮】ガハ— 漢字の部首名の一つ。「皰」「皺」などの「皮」や「皮」の部分。ひのかわ。

け-がわ【毛皮】ガハ— 毛がついたままの獣の皮。「ーのコート」[冬]

げ-かん【外官】クワン— 律令(りつりょう)制における国司などの地方官。

げ-かん【解官】クワン— (名・他スル) 官職を免じること。官吏の任を解くこと。免官。

げき【◇逆】(字義) →ぎゃく(逆)

げき【戟】[人] ゲキ ほこ (字義) ①ほこ。枝刃のついているほこ。「矛戟(ぼうげき)」②さす。突き刺す。「剣戟・刺戟」

げき【隙】ゲキ[高] すき[中]・ひま (字義) すき。ひま。㋐すきま。物と物との空間。また、亀裂(きれつ)。「隙孔・隙地・暇隙・間隙・空隙」㋑あいま。仲たがい。不和。「寸隙・農隙」[参考]「隟」は俗字。

げき【劇】[教6] ゲキ はげしい (字義) ①はげしい。はなはだしい。いそがしい。「劇職・劇薬・繁劇」②芝居。演劇。「劇作・劇団・歌劇・喜劇・史劇・悲劇」

げき【劇】芝居。演劇。

げき【撃】【[人]擊】ゲキ[中] うつ[中] (字義) ①うつ。㋐たたく。手や物で強くうつ。「撃殺・衝撃・打撃」㋑せめる。武力を加える。「撃滅・攻撃・突撃」②あたる。ふれる。「目撃」

げき【激】[教6] ゲキ はげしい (字義) ①水がはげしく流れる。「激湍(げきたん)・激流」②はげしい。はなはだしい。ひどい。「激戦・激怒・激動・過激・急激」③はげます。はげむ。心を強く動かす。「激励・感激・奮激」

げき【△檄】相手の非をあげ、自分の信義を述べて衆人に呼びかけ、決起をうながす文書。檄文(げきぶん)。[参考]昔、中国で召集や説論のため、政府が木札に書いた文書。

—を飛(と)ばす ①決起をうながすために、自分の主張や考えを広く人々に知らせる。②《俗》奮起をうながすために、強い言葉で激励する。

げ-き【外記】律令制(りつりょうせい)で、太政官(だいじょうかん)の職名。少納言の下にあって、中務(なかつかさ)省の内記の作った詔勅宣下を正したり、上奏文を起草したりした。↔内記

げき-えいが【劇映画】エイグワ— 《映》記録映画などに対して、物語的な一定の筋と構成をもつ映画。

げき-えつ【激越】エツ— (名・形動ダ) 感情が高ぶって、言動が荒々しくなること。また、そのさま。「ーな言葉」

げき-か【劇化】クワ— (名・他スル) 事件や小説などを劇に脚色すること。「小説をーする」

げき-か【激化】クワ— (名・自スル) 前よりもはげしくなること。ひどくなること。げっか。「競争がーする」

げき-が【劇画】グワ— ①こっけいな漫画に対して、物語性をもち、写実的・動的な描写を特徴とする漫画。②紙芝居。

げき-かい【劇界】演劇関係者の社会。演劇界。劇壇。

げき-げん【激減】(名・自スル) 急激に減ること。「人口がーする」↔激増

げき-ご【激語】(名・自スル) 興奮して、はげしい口調で言うこと。また、その言葉。「ーを発する」

げき-こう【激高・激△昂】カウ— (名・自スル) →げっこう(激高)

げき-さい【撃砕】(名・他スル) 敵を攻めてうちくだくこと。

げき-さく【劇作】劇の脚本をつくること。「ー家」

げき-さん【激賛・激△讃】(名・他スル) 非常にほめること。

げき-し【劇詩】《文》戯曲の形式で書かれた詩。叙事詩・叙情詩とともに詩の三大部門の一つ。ゲーテの「ファウスト」など。

げき-しゅう【激臭・劇臭】シウ— 非常に刺激の強い、いやなにおい・くさみ。「鼻をつくー」

げき-しょ【激暑・劇暑】はげしい暑さ。酷暑。

げき-しょう【劇症】シヤウ— 《医》病気の症状が短時間でひどくなること。「ー肝炎」

げき-しょう【激賞】シヤウ— (名・他スル) 非常にほめたたえること。「審査員にーされる」

げき-じょう【劇場】ヂヤウ— 演劇・映画・舞踊などを客に見せるための建物・施設。「ー中継」

げき-じょう【撃壌】ジヤウ— (大地をたたいて歌う意から)人民が太平の世を楽しむこと。「鼓腹ー」⇒鼓腹撃壌「故事」

げき-じょう【撃△攘】ジヤウ— (名・他スル) 敵をうちはらうこと。

げき-じょう【激情】ジヤウ— はげしくたかぶった感情。急にはげしく起こる、おさえがたい欲望。「ーにかられる」

げき-しょく【激職・劇職】きわめて忙しい職務。↔閑職

げき-しん【激震】①はげしい地震。②気象庁の旧震度階級の一つ。現在の震度7に相当する。③(比喩(ひゆ)的に)はげしい衝撃。「業界にーが走る」

げき-じん【激甚・劇甚】(名・形動ダ) 程度が非常にはなはだしいこと。きわめてはげしいこと。また、そのさま。「ーな被害」

—さいがい【—災害】はなはだしい被害を及ぼした災害。国によって指定され、特別な支援が行われる。

げき・する【激する】シ(セ・サ)・シ・スル・スル・スレ・シロ(セヨ) [一](自サ変) ①はげしくなる。「戦闘がー」②感情が高まる。いきりたつ。また、言葉などが荒々しくなる。「ー・した口調」③流れなどがはげしくつき当たる。衝突する。「岩にー波」[二](他サ変) はげます。激励する。「友をー」[文]げき・す(サ変)

げき・する【△檄する】(自サ変) シ(セ・サ)・シ・スル・スル・スレ・シロ(セヨ) 檄文(げきぶん)をおくる。檄を飛ばす。「天下にー」[文]げき・す(サ変)

げき-ぜつ【△鴃舌】(鴃(もず)のさえずりの意)自分たちには意味の通じない外国人の言葉を卑しめていう語。

げき-せん【激戦・劇戦】(名・自スル) はげしく戦うこと。また、はげしい戦い。激闘。「ー地」「ーを展開する」

げき-ぞう【激増】(名・自スル) 急激に増えること。「交通事故がーする」↔激減

げき-たい【撃退】(名・他スル) ①攻めてくる敵と戦い、しりぞけること。②不快なものを追い返すこと。「押し売りをーする」

げき-たん【激△湍】流れのはげしい瀬。

げき-だん【劇団】劇の上演・研究をする人たちの団体。

げき-だん【劇壇】演劇関係者の社会。演劇界。

げきちゅう-げき【劇中劇】一つの劇の中の一場面として演じられる、別の劇。

げき-ちん【撃沈】(名・他スル) 敵の艦船を攻めて沈めること。

げき-つい【撃墜】(名・他スル) 敵の航空機をうちおとすこと。

げき-つう【劇通】 演劇や演劇界の事情などにくわしいこと。また、その人。芝居通。

げき-つう【激痛・劇痛】 たえられないくらいの、はげしい痛み。「—にみまわれる」「背中に—が走る」↕鈍痛

げき-てき【劇的】(形動ダ)(ダロ・ダッ(デ・ニ)・ダ・ナ・ナラ・○) 劇を見ているような強い感動・興奮をおぼえるさま。また、劇の筋書きのように、波乱に富むさま。ドラマチック。「—な場面」「—な人生」

げき-てつ【撃鉄】 雷管を強打して発火させることで弾丸を発射させる装置。うちがね。ハンマー。

げき-ど【激怒】(名・自スル) はげしく怒ること。また、はげしい怒り。「無礼な応対に—する」

げき-とう【激闘】(名・自スル) はげしく戦うこと。また、はげしい戦い。激戦。「—をくり返す」

げき-どう【激動】(名・自スル) はげしくゆれ動くこと。特に、政治や社会上のはげしい変動をいう。「—する世界情勢」

げき-どく【劇毒】 はげしい作用をもつ毒。猛毒。

げき-とつ【激突】(名・自スル) はげしく突き当たること。はげしくぶつかりあうこと。「電柱に—する」「強豪どうしが—する」

げき-は【撃破】(名・他スル) 敵を攻撃してうち破ること。また、大きな損害を与えること。「敵艦隊を—する」

げき-はつ【激発】(名・自他スル)(事件・感情などが)次々とはげしく起こること。また、はげしくひき起こすこと。「反乱が—する」「怒りを—する」

げき-ひょう【劇評】(—ヒヤウ) 上演された演劇についての批評。

げき-ぶつ【劇物】〘法〙毒物及び劇物取締法で規定された毒性のある物質。塩素・カドミウム化合物など。

げき-ふん【激憤】(名・自スル) はげしくいきどおること。憤激。

げき-ぶん【△檄文】→げき(檄)

げき-へん【激変・劇変】(名・自スル)(情勢・状態などが)急激に変わること。「事態が—する」「天候が—する」用法 多く、悪い状態になるときに使う。

げき-む【激務・劇務】 はげしく忙しいつとめ・仕事。

げき-めつ【撃滅】(名・他スル) 攻撃してほろぼすこと。

げき-やく【劇薬】 作用がはげしく、使用法を誤ると生命の危険を伴う薬品。厚生労働省の省令によって定められる。⇩毒薬

け-ぎらい【毛嫌い】(—ギラヒ)(名・他スル) これといった理由もなく、感情的に嫌うこと。「なにかと彼を—する」

げき-りゅう【激流】(—リウ) 勢いのはげしい流れ。「—にのまれる」

げき-りょ【◇逆旅】(旅人を逆(むか)える所の意)やどや。旅館。「万物の—(=天地のこと)」

げき-りん【◇逆△鱗】 天子の怒り。転じて、目上の人の怒り。【故事】竜のあごの下には逆鱗(=さかさに生えた鱗(うろこ))があり、これに触れると竜は怒って必ずその人を殺すという伝説から、臣下が君主に意見を述べるときは、感情を刺激してその怒りに触れないよう注意しなければならないと説いたことによる。〈韓非子〉

—に触(ふ)れる 目上の人の機嫌をそこねて、ひどく怒らせる。

げき-れい【激励】(名・他スル) はげまして元気づけること。「叱咤(しった)—」「選手を—する」

げき-れつ【激烈・劇烈】(名・形動ダ) 非常にはげしいこと。また、そのさま。「—な競争」

げき-ろう【◇逆浪】(—ラウ)→ぎゃくろう

げき-ろう【激浪】(—ラウ) 荒くはげしい波。「—にもまれる」

げき-ろん【激論】(名・自スル) たがいに自分の意見を譲らず、はげしく論じ合うこと。はげしい議論。「—をたたかわす」

け-ぎわ【毛際】(—ギハ) 毛髪の生え際。

げ-くう【外◇宮】 三重県伊勢(いせ)市にある豊受(とようけ)大神宮。五穀の神をまつる。内宮(ないくう)と合わせて伊勢神宮が構成される。↕内宮(ないくう)

げ-げ【下下】 ①身分の低い者。しもじも。「—の者」②非常に劣っていること。最下等。

げ-けつ【下血】(名・自スル)〘医〙種々の疾患により消化管内に出た血液が肛門(こうもん)から排出されること。

け-げん【化現】(名・自スル) 神仏などが姿を変えてこの世に現れること。「仏の—」

け-げん【◇怪△訝】(形動ダ)(ダロ・ダッ(デ・ニ)・ダ・ナ・ナラ・○) 事情や理由がわからず、不審に思うさま。「—な顔をする」文(ナリ)

け-ご【毛◇蚕】 卵からかえったばかりのかいこ。体が黒っぽく毛におおわれている。蟻蚕(ぎさん)。春

げ-こ【下戸】 酒の飲めない人。↕上戸(じょうご)

げ-こう【下向】(—カウ)(名・自スル) ①都から地方へ行くこと。「勅使の—」②寺社の参詣(さんけい)から帰ること。

げ-こう【下校】(—カウ)(名・自スル) 児童や生徒が帰宅するため、学校を出ること。「—時間」↕登校

げ-こく【下刻】 昔の時制で、一刻(=今の二時間)を上・中・下に三分した最後の時刻。⇩上刻・中刻

げ-ごく【下獄】(名・自スル) 刑務所にはいって刑に服すること。ふつう政治犯・思想犯などにいう。

げ-こく-じょう【下△剋上・下克上】(—ジヤウ)〘日〙(下が上に剋(か)つの意)身分の下の者が上の者を押しのけて勢力・権力を持つこと。「—の世」参考 南北朝時代から戦国時代にかけての、伝統的権威を否定し、実力ある者が台頭した風潮をいった語。

け-こみ【蹴込み】 ①家の上がり口の、踏み段と土間との間の垂直の部分。②階段で踏み板と踏み板とをつなぐ垂直の部分。③人力車で、乗客が足を乗せておく所。

け-こ・む【蹴込む】(マ(モ)・ミ(ン)・ム・ム・メ・メ) 一(他五) けって中に入れる。二(自五) 元金にくいこんで損をする。くいこむ。「相場で—」

け-ごろも【毛衣・△裘】 ①毛皮で作った衣服。皮衣(かわごろも)。②鳥の羽毛で作った衣服。羽衣(うい)。冬

け-ごん【華厳】〘仏〙①修行を積んだ結果(華(はな))が、仏を美しく飾る(荘厳(しょうごん)する)こと。②(「華厳経」の略)釈迦(しゃか)が悟りを開いて初めて説いたといわれる経文。③「華厳宗」の略。

—しゅう【—宗】〘仏〙華厳経を基とする大乗仏教の一宗派。中国唐代に成立し、日本には奈良時代中期に伝えられた。

げ-こん【下根】〘仏〙仏道を修行する能力の劣った者。↕上根

けさ【今朝】 きょうの朝。今朝(こんちょう)。参考 常用漢字表付表の語。

けさ【△袈△裟】〘仏〙(梵語(ぼんご)の音訳)僧の衣服。左肩から右脇下にかけて衣の上にまとう長方形の布。「—をかける」

げ-ざ【下座】 一(名) ①末座。末席。下座(しもざ)。↕上座(じょうざ) ②芝居などで、舞台に向かって左方にあたる所。③芝居・寄席(よせ)などで、囃子方(はやしかた)。また、その席。二(名・自スル) 昔、貴人に対して座を下がって平伏したこと。また、その礼。

げ-ざい【下剤】 便通をよくするための飲み薬。くだしぐすり。

けさ-がけ【△袈△裟懸け】 ①(けさをかけたように)一方の肩から他方の脇の下にかけて斜めに物を身に着けること。②刀で肩口から斜めに切り下ろすこと。袈裟斬(けさぎ)り。「—に斬(き)る」

けさ-がた【今朝方】 昼・夕から見て、その日の朝。今朝ほど。「—雨が降った」

けさ-ぎり【△袈△裟斬り】→けさがけ②

げ-さく【下作】 一(名) できの悪い作品。ふでき。↕上作 二(形動ダ)(ダロ・ダッ(デ・ニ)・ダ・ナ・ナラ・○) 下品なさま。「—な人柄」文(ナリ)

げ-さく【下策】下手な手段や方法。拙策。↔上策

げ-さく【◦戯作】①たわむれに作った作品。また、たわむれに作ること。②江戸後期の通俗小説の総称。読本・黄表紙・合巻・滑稽本・洒落本・人情本など。戯作本。

―しゃ【―者】戯作を書く人。特に、江戸後期の通俗小説作家。山東京伝・十返舎一九など。

け-ざやか（形動ナリ）《古》はっきりしているさま。あざやかなさま。きわだったさま。

げ-ざん【下山】（名・自スル）①山を下りること。↔登山 ②寺での修行を終えて俗世間へ帰ること。参考「げさん」ともいう。

け-し【△芥子・×罌粟】《植》①ケシ科の越年草。ヨーロッパ東部原産。高さ約一メートル。初夏に深紅・白・紫色などの大きな花を開き、種子はあんパンなどの飾りに用いる。未熟な実からは阿片を採る。一般には栽培禁止。観賞用。夏 ②ケシ科ケシ属の植物の総称。ヒナゲシなど。③カラシナの種子。護摩をたくのに用いる。かいし。

〔芥子①〕

け・し【◦怪し・◦異し】（形シク）《古》①異様である。変だ。②不都合だ。とがめるべきだ。③（連用形の用法で）ひどく。

げ-し【夏至】《天》二十四気の一つ。太陽が天球上で最も北に寄り、北半球では昼が最も長い日。陽暦で、六月二十一日ごろ。夏 ↔冬至

げ-じ【下知】（ヂ）―↓げち

げじ【×蚰蜒】（ゲヂ）《動》節足動物ゲジ科の一種。日陰の湿った所にすみ、体は棒状で短くムカデに似るが、足が長くとれやすい。夜活動し、小虫を捕食する。げじげじ。夏

けし-いん【消印】①消したしるしに押す印。②郵便局で切手・葉書に使用ずみのしるしに押す日付印。スタンプ。

けしか・ける【△嗾ける】（他下一）（ケ・ケ・ケル・ケル・ケレ・ケロ(ケヨ)）①犬などを勢いづけて相手に向かわせる。「番犬を―」②人をそそのかして、自分の思いどおりに行動するように仕向ける。扇動する。文けしか・く（下二）

けしから-ず【◦怪しからず】《古》①怪しい。②不都合だ。③はなはだしい。語源 文語形容詞「怪し」の未然形＋打ち消しの助動詞「ず」（ただし、「ず」は「…どころではない」の意で、「怪し」の意を強調したもの。）

けしから-ぬ【◦怪しからぬ】道理や礼儀にはずれていてよくない。不都合である。不当である。けしからん。「―やつだ」

け-しき【気色】①表情や態度などに表れ出た心の動き。ようす。そぶり。「悪びれた―もない」②物事が動き出そうとする気配。きざし。「事態が好転する―もない」

―ば・む（自五）（マ(モ)・ミ(ン)・ム・ム・メ・メ）①怒りを表情や態度に表す。②《古》心の思いが顔色に出る。③《古》きどる。

け-しき【景色】山水・風物などの眺め。「美しい―」「―がいい」参考 常用漢字表付表の語。

類語 眺め・見晴らし・景観・風景・春景・春色・春光・秋色・冬化粧・雪景・雪景色・雪化粧・銀世界・暮色・夕景色・美景・美観・絶景・絶勝・景勝・壮観・大観・盛観・偉観

げじ-げじ【×蚰蜒】（ゲヂゲヂ）①「げじ（蚰蜒）」の俗称。②人から憎み嫌われる者の形容。「―野郎」

―まゆ【―眉】（「げじげじ①」の形に似た）太く濃いまゆ。

けし-ゴム【消しゴム】鉛筆などで書いたものを消すためのゴムまたはプラスチック製の文房具。ゴム消し。字消し。

けし-ずみ【消し炭】燃えたまきや炭火を途中で消して作った炭。やわらかく火がつきやすい。冬

けし-つぶ【△芥子粒】①ケシの種。②きわめて小さく細かいもののたとえ。「―のように見える星」

けし-つぼ【消（し）△壺】火のついた炭を入れ、ふたで密閉して火を消すつぼ。火消しつぼ。消し炭を作るのにも使われる。

けし-と・ぶ【消（し）飛ぶ】（自五）（バ(ボ)・ビ(ン)・ブ・ブ・ベ・ベ）勢いよく飛ばされてなくなる。あっという間になくなる。「夢も希望も―」

けし-と・める【消（し）止める】（他下一）（メ・メ・メル・メル・メレ・メロ(メヨ)）①火の燃え広がるのを止める。「火事を―」②（うわさなどが）他に伝わり広がるのを防ぎ止める。「デマを―」文けしと・む（下二）

けし-ぼうず【△芥子坊主】（バウズ）①外皮が付いたままのケシの実。夏 ②江戸―明治時代の子供の髪形で、中央だけ残して周囲をそり落としたもの。語源 ①に似ていることからいう。

けじめ（ケヂ）はっきりさせておくべき区別。特に、社会規範や道徳などにより行動や態度につける区別。「公私の―」「―をつける」

げ-しゃ【下車】（名・自スル）（バス・タクシー・電車など）車・車両から降りること。降車。「途中―」↔乗車

げ-しゅく【下宿】（名・自スル）ある期間契約して、よその家の部屋を借りて住むこと。また、その家。「―人」

け-じゅす【毛△繻子】たて糸に綿糸、よこ糸に毛糸を使って織った、滑らかでつやのある織物。衣服の裏地に使う。

ゲシュタポ〈ドイツ Gestapo〉ナチス-ドイツの秘密国家警察。一九三三年に創設され、反ナチス運動の取り締まりやユダヤ人の摘発を行った。

ゲシュタルト〈ドイツ Gestalt〉《心》心理的現象を説明する概念。全体は個々の要素に分割できず、統一のとれたまとまりを備えているととらえるもの。体制。形態。

げしゅ-にん【下手人】犯罪、特に殺人を犯した者。

げ-じゅん【下旬】月の二十一日から月末までの称。月の終わりのほぼ一〇日間。「四月の―」⇩上旬・中旬

げ-じょ【下女】（ヂョ）雑用をさせるために雇った女。↔下男

け-しょう【化生】（シャウ）①《仏》四生（＝生まれる形態によって生物を四種に分けたもの）の一つ。母胎や卵からでなく、忽然と生まれること。②《仏》神仏が形を変えて現れること。化身。「仏の―」③ばけること。ばけもの。へんげ。「―のもの」

け-しょう【化粧】（シャウ）（名・自他スル）①紅・白粉などで、顔を美しく飾ること。「―をなおす」「念入りに―する」②物の表面を美しく加工したり装飾したりすること。「タイルで―する」

―がみ【―紙】①相撲で、力士が体をふき清めるのに使う紙。力紙。②白粉のむらを落とすのに使う紙。

―した【―下】化粧の下地として、白粉を塗る前に肌に付けるクリーム・化粧水など。白粉下。

―しつ【―室】①化粧に使う部屋。②洗面所。トイレ。

―すい【―水】肌を整えるために用いる液状の化粧品。

―せっけん【―石△鹸】（セキケン）顔・体用の良質のせっけん。

―だち【―立ち】①相撲で、仕切り直しの際、力士が清めの塩を取りに立ち上がること。②相撲の立ち合いで、立つ気はないのに立つそぶりをすること。

―ばこ【―箱】①化粧道具を入れる箱。②進物用の品物を入れる、美しく飾った箱。

―ひん【―品】「化粧①」をするときに用いる品。口紅・クリーム・白粉など。

―まわし【―回し】（シマハ）相撲で、関取が土俵入りのときに用いる、刺繡などで飾った前垂れ形のまわし。

げ-じょう【下乗】（名・自スル）①馬や乗り物から降りること。②社寺などの境内への車馬の乗り入れを禁じること。下馬。

げ-じょう【下城】（ジャウ）（名・自スル）勤めを終えて城から退出すること。↔登城

け-じらみ【毛△虱・毛△蝨】〘動〙ヒトジラミ科の昆虫。人の陰毛やわき毛に寄生し吸血する。体は平たくカニ形で褐色。

け-しん【化身】①〘仏〙神仏が衆生を救うために姿を変えて現れたもの。②抽象的な観念などが形となって現れたもの。生まれかわり。「悪の—」

げ-じん【外陣】→がいじん(外陣)

け・す【消す】(他五) ①燃えている火が燃えないようにする。「火を—」②器具のスイッチを切り、その働きをとめる。「ラジオを—」③取り除く。感じなくさせる。「毒を—」「臭気を—」④そこにあったものをなくし、何があったか分からないようにする。形跡が見えないようにする。「消しゴムで文字を—」「データを—」「姿を—」⑤絶やす。滅ぼす。「うわさの根を—」⑥〘俗〙人を殺す。「じゃま者を—」自き・える(下一) 可能け・せる(下一)

げ-す【下◇司】身分の低い役人。下司。

げ-す【下◇種・下◇衆】㊀(名) 身分の低い者。㊁(名・形動ダ) 品性のいやしいさま。また、その人。「—な根性」参考「下◇司」とも書く。

—の勘繰り 品性のいやしい者は何かにつけて気をまわしたり、ひがんだりして邪推するものだということ。

げ-すい【下水】①家庭・工場などから流れ出る汚水。「—処理」②「下水道」の略。「—が詰まる」(↕上水)

—どう【—道】下水を流すための排水施設。↕上水道

け-すじ【毛筋】①一本一本の髪の毛。また、きわめてささいなことのたとえ。「—ほどの疑いも持たない」②髪をくしけずったあとの筋目。

ゲスト〈guest〉①招かれた客。賓客。②放送番組などで、その時の特別な出演者。「—出演」

—ハウス〈guesthouse〉大学・研究所などが、来客のために作った宿泊施設。

—ルーム〈guest room〉①来客を宿泊させるための部屋。②ホテルの客室。

け-ずね【毛△臑・毛△脛】毛深いすね。「—を出す」

げす-ば・る【下◇種張る】(自五) いやしい根性をまる出しにする。下品な言動をする。「—・ったやつ」

けずり-ぶし【削り節】かつおぶしなどを薄く削ったもの。

けず・る【削る】(他五) ①刃物などで表面をそぎ取る。「鉛筆を—」②全体から一部を取り除く。「予算を—」③そのものを除き去る。「項目を—」可能けず・れる(下一)

けず・る【△梳る】(他五) 髪をくしですく。くしけずる。「髪を—」可能けず・れる(下一)

げ-せつ【下拙】(代) 自称の人代名詞。男性が自分をへりくだっていう語。やつがれ。拙者。

ケ-セラ-セラ〈スペイン que será, será〉(アメリカ映画「知りすぎていた男」の主題歌から)なるようになるさの意。

げ・せる【解せる】(自下一) わかる。理解できる。

げせない 理解できない。納得できない。「—話だ」

ゲゼルシャフト〈ドイツ Gesellschaft〉〘社〙個人が自分の目的達成のために形成した社会関係。成員は共通の利害関係・打算によって行動する。会社・組合などがその典型。利益社会。↕ゲマインシャフト

げ-せわ【下世話】(名・形動ダ) 世間でよく口にする言葉や話。また、卑俗なさま。「—な話」

げ-せん【下船】(名・自スル) 船を降りること。↕乗船

げ-せん【下△賤】(名・形動ダ) 生まれや育ちがいやしいこと。また、そのさま。身分の低いこと。「—の輩」

げそ(「下足」の略)すし屋などで、イカの足。

け-そう【仮相】〘仏〙かりの姿。この世。娑婆。

け-そう【懸想】(名・自スル) 思いをかけること。恋慕すること。「ひそかに彼女に—する」

—ぶみ【—文】恋文。ラブレター。

げ-そく【下足】(寄席・銭湯などで)客の脱いだ履物。

—ばん【—番】客の脱いだ履物の番をする人。

け-ぞめ【毛染め】頭髪を染めること。また、その薬品。

けた【桁】(字義)→こう(桁)

けた【桁】①〘建〙柱の上にあり、たるきを受ける横材。また、橋脚の上に渡した横材。②数の位取り。③そろばんの玉を通す縦の棒。

〔けた①〕

—が違う 物事の程度や価値に格段の差がある。段違いだ。桁違いだ。「君と彼とでは人物の—」

げ-た【下◇駄】①木の板の下面に歯を取り付け、鼻緒をすげた履物。②印刷用語で、該当する活字がないときに校正刷りに組み入れる、げたの歯形(〓)の伏せ字。

—を預ける 相手にその処置を一任する。すべてまかせる。語源遊郭や芝居小屋などで、自分の履物を下足番に預ける習慣から生まれた。下駄を他人に預けてしまうと自分はその場から動けなくなり、あとは預かったほうの心しだいであることから、一方的に相手に処理を一任する意味となった。

—を履かせる 物事を実際よりも多く見せたり、よく見せたりする。「点数に—」

け-たい【△卦体】易の卦に現れたかたち。占いの結果。「—が悪い(=縁起が悪い)」

け-たい【△懈怠】(名・自スル) (精進や修行などを)なまけること。おこたること。怠慢。けだい。「—の心を起こす」

げ-だい【外題】①表紙にしるす書名。↕内題 ②標題。題目。特に、歌舞伎・浄瑠璃などの題。

け-たお・す【蹴倒す】(他五) ①足でけって倒す。「いすを—」②借金などを返さずにそのままにする。踏み倒す。

け-だか・い【気高い】(形) おかしがたい気品がある。上品である。「—心」文けだか・し(ク)

けた-くそ【△卦◇体△糞】「卦体」を強めていう語。いまいましいこと。けったくそ。

—が悪い 縁起が悪い。転じて、非常にいまいましい。非常に腹立たしい。

け-たぐり【蹴手繰り】相撲で、相手の出足をけって払うと同時に腕をたぐったり肩をはたいたりして倒す技。

け-だし【蹴出し】和服で、女性が腰巻きの上に重ねて着るもの。腰巻きがあらわに見えないようにする。裾除け。

けだし【◇蓋し】(副) 思うに。まさしく。たしかに。「—名言である」用法文語的な語で、確信をもって推定するときに使う。

けたたまし・い(形) 人を驚かすような高く鋭い音や声が、突然大きく響くさま。「—サイレンの音」「犬が—・くほえる」文けたたま・し(シク)

けた-ちがい【桁違い】(名・形動ダ) (数の位取りを違える意から)物事の程度や規模などに格段の差があること。また、そのさま。桁外れ。段違い。「相手の強さは—だ」

げ-だつ【解脱】(名・自スル)〘仏〙煩悩の束縛から離れて、安楽な心境にいたること。悟りの境地にはいること。

け-た・てる【蹴立てる】(他下一) ①勢いよくけるようにして、土煙や波を起こす。「波を—・てて進む」②荒々しくけるようにその動作をする。「席を—・てて退場する」文けた・つ

（下二）

げた-ばき【下◇駄履き】下駄を履いていること。

――じゅうたく【―住宅】下の階を商店や事務所にし、その上を共同住宅にした建物。

げた-ばこ【下◇駄箱】靴などの履物を収納する、建物の入り口に置かれた棚。靴箱。

けた-はずれ【桁外れ】（名・形動ダ）規模が標準をはるかに超えていること。桁違い。「―の力量」「―に大きい」

け-だま【毛玉】編み物や織物の表面の毛がよれてできた小さい玉。

け-だ-もの【◇獣】（毛の物の意）①→けもの②人間らしい心をもたない人をののしって言う言葉。

け-だる・い【気◇怠い】（形）なんとなくものうく気力が出ない。「―昼下がり」文けだる・し（ク）

げ-だん【下段】①下の段。②剣道・槍術などで、刀・槍などの先を下げて構えること。「―の構え」⇩上段・中段

けち㊀（名・形動ダ）①必要以上に金や物を出し惜しむこと。また、その人。しみったれ。吝嗇。「金持ちほど―だ」②心が狭くいやしいさま。「―な根性」③みすぼらしく、そまつなさま。「―な発想」㊁（名）縁起の悪いこと。不吉。「―がつく（＝縁起の悪いことがおこる）」

――を付ける①不吉なことを言って相手の気をそぐ。②欠点をあげてけなす。難癖をつける。「人の話に―」

げ-ち【下知】→げぢ

げ-ぢ【下知】（古）㊀（名・他スル）指図すること。命令。㊁（名）鎌倉・室町時代の裁判の判決。また、判決文。

けち-えん【◇結縁】《仏》仏道に縁を結ぶこと。結縁。

けち-がん【◇結願】《仏》願立て・法会などの期日が終わること。また、その日。満願。結願。「―の日」

けち-くさ・い【けち臭い】（形）①いかにもけちである。②心や考えが狭い。狭量である。「―考え」③みなり・ようすなどがいかにもみすぼらしい。文けちくさ・し（ク）

けち-けち（副・自スル）わずかな金品も出し惜しむさま。

けち-みゃく【◇血脈】《仏》師から弟子に仏法の正しい教えを授け伝えること。法統。また、その相承をしるした系譜。

ケチャップ〈ketchup〉野菜を裏ごししたあと、調味料・香辛料を加えて煮つめたソース。ふつう、トマトケチャップをいう。

けちょん-けちょん（形動ダ）《俗》徹底的にいためつけるさま。さんざん。こてんこてん。「―にけなす」

け-ちら・す【蹴散らす】（他五）①かたまってあるものをけって散らす。けちらかす。②追い散らす。「敵を―」

けち・る（自五）物惜しみする。けちけちする。「材料費を―」語源「けち」を動詞化した語。

けちん-ぼう【けちん坊】（名・形動ダ）ひどく物惜しみをするさま。また、その人。けちんぼ。しみったれ。しわんぼう。

けつ【欠】教4【缺】ケツ かける・かく

（字義）①かける。こわれる。こわす。足りない。「欠員・欠如・出欠・補欠」②きず。「欠点」③あくび。あくびをする。（欠のもとの意で、音は「ケン」）「欠伸」難読欠片

けつ【穴】教6 ケツ㊥ あな

（字義）①あな。つきぬけているあな。ほらあな。「穴居・穴隙・洞穴・墓穴」②人体の急所。鍼や灸をすえる所。「灸穴・経穴」難読穴賢 人名これ

けつ【穴・◇尻】《俗》①尻。「―の穴が小さい（＝度量が狭い。けちだ）」「―をまくる（＝居直る）」②順番などの最後。びり。びりっけつ。「―につく」用法おもに男性が用いる乱暴な言い方。

けつ【血】教3 ケツ・ケチ ち

（字義）①ち。ちしお。「血液・喀血・止血・出血・鮮血・輸血」②血のつながり。血を分けた間柄。「血縁・血族・血脈」③強くいきいきしたさま。「血気・心血・熱血」④血まみれ。はげしいたたかい。「血戦」難読血達磨・血腥い・血眼・血塗れ

けつ【決】教3 ケツ きめる・きまる

（字義）①きれる。やぶれる。さける。「決壊・決裂」②きめる。きまる。㋐定める。思いきる。心をきめる。「決行・決心・決断・決定・解決・裁決」㋑結論を出す。議論をまとめる。「決議・決着・議決・採決」③はやい。すばやい。勢いがよい。参考「決」は俗字。人名さだ・さだむ

けつ【決】会議などで可否を決めること。「―をとる」

けつ【◇契】（字義）→けい（契）

けつ【頁】人 ケツ・ゲチ・ヨウ（エフ） かしら・ページ

（字義）①かしら。あたま。②くびすじ。うなじ。③ページ。書物・ノートなどの紙の片面。また、それを数える語。

けつ【訣】人 ケツ わかれる

（字義）①わかれる。わかれの言葉を述べる。「訣辞・訣別・永訣」②技芸の奥義。奥の手。「秘訣・妙訣・要訣」

けつ【結】教4 ケツ・ケチ むすぶ・ゆう㊥・ゆわえる㊥

（字義）①むすぶ。㋐つなぐ。むすびつける。「結束・連結」㋑ゆわえる。しばる。㋒集まる。集める。「結集・凝結」㋓約束する。組をつくる。「結成・結団」㋔作る。組み立てる。「結構」㋕しめくくる。終わる。「結末・結論・終結」㋖草木の実がなる。「結果・結実」㋗気がふさぐ。「鬱結」㋘ゆう。たばねる。「結髪」②むすび。終わり。「結末」難読結縁・結願・結紮・結納 人名かた・ひとし・ゆい

けつ【傑】ケツ㊥ すぐれる

（字義）①すぐれる。ぬきんでる。「傑作・傑出」②すぐれた人物。「傑物・英傑・俊傑」人名しげ・すぐる・たかし・たけし・ひで・まさ・まさる・まもる

けつ【潔】教5 ケツ いさぎよい㊕

（字義）いさぎよい。きよい。けがれがない。心が清く私欲がない。「潔斎・潔癖・高潔・純潔・清潔」人名きよ・きよし・ゆき・よし

けつ【蕨】人 ケツ わらび

（字義）わらび。多年生のシダ植物。山野に自生し、食用。「蕨薇」

け・つ【消つ】（他四）《古》消す。

げつ【月】教1 ゲツ・ガツ（グワツ） つき

（字義）①つき。つきの光。つきかげ。「月影・月光・寒月・観月・山月・残月・新月・満月・明月」②一年を一二分した時間の単位。陰暦で月のみちかけのひとめぐり。「月刊・月謝・一月・今月・歳月・年月・毎月」③七曜の一つ。「月曜」または「月曜日」の略。難読月代・月次 人名ず・つ・つぎ

けつ-あつ【血圧】《生》血液が血管の壁に及ぼす圧力。「―が上がる」「―が高い」

――けい【―計】血圧を測定する器具。「水銀―」

けつ-い【決意】（名・自他スル）はっきりと意志を決めること。また、その意志。「―が揺らぐ」「引退を―する」

けつ-いん【欠員】定員に満たないこと。また、その人数。

「—が出る」「—を埋める」

けつ-えい【欠△盈】（月の）欠けることと満ちること。

げつ-えい【月影】月の光。また、月の姿。月影(つきかげ)。

けつ-えき【血液】〘生〙動物の血管内を循環し、組織に酸素・栄養を供給し、二酸化炭素などを運び去る液体。また、ホルモンを運搬し、免疫抗体を生じて、病気を予防する。血(ち)。

—がた【—型】〘生〙血液中の血球の凝集(ぎょうしゅう)反応をもとに分類した血液の型。人の場合、ABO式（A・B・AB・O型の四種）・Rh式（㊉と㊀の二種）などの型がある。(はじまり)一九〇〇年、オーストリアの病理学者ランドシュタイナーが、A・B・Oの三つの血液型を発見、二年後にAB型が追加された。また、Rh式は一九四〇年に発見された。

—せいざい【—製剤】〘医〙人の血液をおもな原料としてつくる薬剤。血液中の有効成分を抽出したもの。

—センター〘医〙緊急の輸血に備えて、いつでも血液を供給できるように各型の血液を低温貯蔵しておく施設。

けつ-えん【血縁】親子・兄弟など、血のつながりのある人々。また、その関係。血族。「—関係」

けつ-えん【結縁】→けちえん

けっ-か【欠課】クワ（名・自スル）講義や授業に欠席すること。

けっ-か【決河】大水で川水が堤防を破ってあふれ出ること。

—の勢(いきお)い 非常に激しい勢い。

けっ-か【結果】クワ ■一(名) あることがもとになって生じた事態。「—を公表する」「猛勉強の—合格する」↔原因 (用法)副詞的にも用いる。(参考)「—を出す」「—を求められる」など近年よい結果の意でも多く用いられる。■二(名・自スル) 植物が実を結ぶこと。また、その実。結実。

—オーライ（「オーライ」は all right から）過程はどうであれ、結果がよければよしとすること。

—ろん【—論】原因・過程を無視して、ただ結果だけに基づく議論。「—になるが、やはり行うべきでなかった」

げっ-か【月下】月の光の差しているところ。

—びじん【—美人】〘植〙サボテン科の栽培品種。茎は多肉質の葉状で、三メートル以上になるものもある。夏の夜、純白大輪の香りのよい花を付け、四時間ぐらいでしぼむ。(夏)

—ひょうじん【—氷人】（「月下老人」と「氷人」の二つの故事をふまえた語）仲人。媒酌人(ばいしゃくにん)。【故事】唐の韋固(いこ)が月夜に会った老人の予言どおりの結婚をした話〈続幽怪録〉、晋(しん)の令狐策(れいこさく)が氷上で氷下の人と語った夢を、占いの名人の索紞(さくたん)が判断して、「君は太守の息子の仲人をするだろう」と言い、これが的中した話〈晋書〉による。

げっ-か【激化】ゲキクワ（名・自スル）→げきか（激化）

けっ-かい【血塊】クワイ 血液のかたまり。

けっ-かい【決壊・決潰】クワイ（名・自他スル）堤防などが破れて崩れること。また、崩すこと。「堤防が—する」

けっ-かい【結界】〘仏〙①僧の修行のために一定の区域を限ること。また、そこに修行の妨げとなるものがはいるのを許さないこと。その区域。「女人(にょにん)—（＝禁制）」②寺院で内陣と外陣、あるいは外陣中の僧俗の席を分けるために設けた柵(さく)。

けっ-かく【欠格】必要な資格を備えていないこと。↔適格

けっ-かく【結核】〘医〙結核菌の感染によって起こる慢性疾患。特に、肺結核。

—きん【—菌】〘医〙結核の病原菌。乾燥や消毒薬に対する抵抗力が強い。一八八二年コッホによって発見された。

げつ-がく【月額】一か月当たりの金額。

けっか-ふざ【結△跏△趺△坐】〘仏〙座禅(ざぜん)をするときの座り方。あぐらをかき、両足の甲を反対側のももの上に置く。

けつか・る（補動五）ラ(ロ)・リ(ッ)・ル・ル・レ・レ（動詞の連用形＋「て」を受けて）その動作を卑しめる意を表す。…やがる。…(て)いやがる。「何して—」

けっ-かん【欠巻】クワン 全集など複数巻で一そろいになっているものの、ある巻が欠けていること。また、その巻。欠本。

けっ-かん【欠陥】欠けて足りないもの。不備な点。「—車」

けっ-かん【血管】クワン〘生〙血液が循環する管。動脈・静脈・毛細血管に分けられる。

けっ-かん【結巻】クワン 書物の最終の巻。特に、経典にいう。

けつ-がん【△頁岩】〘地質〙粘土質からなる水成岩の一つ。層理が発達し、板状に薄くはげる。泥板(でいばん)岩。

けつ-がん【結願】グワン →けちがん

げっ-かん【月刊】毎月一回、定期的に刊行すること。また、その刊行物。「—誌」

げっ-かん【月間】一か月間。また、特別な行事などのある一か月間。「—生産高」「省エネルギー—」

けっ-き【血気】（血液と気力。生命を維持する力の意）物事を行おうとする盛んな勢い。はやる気持ち。「—盛んな年齢」

—に逸(はや)る 向こうみずに勢いこんで物事をする。**—の勇(ゆう)** 向こうみずの勇気。血気にかられた一時の勇気。

—ざかり【—盛り】若くて活力にあふれている年ごろ。

けっ-き【決起・△蹶起】（名・自スル）ある事柄について決意を固め、行動を起こすこと。「総—大会」「—を促す」

けつ-ぎ【決議】（名・他スル）会議で、ある事柄を決定すること。また、決定した事柄。「—事項」「—に従う」

けっ-きゅう【血球】キウ〘生〙血液中の細胞成分。赤血球・白血球と血小板の三つに分かれる。

けっ-きゅう【結球】キウ（名・自スル）キャベツなどの野菜の葉が重なり合って球状になること。また、そうなったもの。

げっ-きゅう【月給】キフ 月ぎめの給料。サラリー。「—取り」

げっきゅう-ぎ【月球儀】ゲッキウ 球状に作った月の模型。

げっきゅう-でん【月宮殿】月の中にあるという月天子(がってんし)の住む宮殿。月宮殿(がっくうでん)。(秋)

けっ-きょ【穴居】（名・自スル）洞穴(ほらあな)の中に住むこと。

けっ-きょく【結局】■一(名) 物事の終わり。最後。「—のところ交渉は決裂した」■二(副) つまるところ。結句。あげくの果て。「—だめだった」(語源)囲碁を一局打ち終える意から出た語。

けっ-きん【欠勤】（名・自スル）勤めを休むこと。↔出勤

げっ-きん【月琴】〘音〙江戸時代に、中国から渡来した弦楽器の一種。弦は四本、琴柱(ことじ)が八つで胴が円形。

けっ-く【結句】■一(名) 詩歌の結びの句。特に、漢詩で絶句の第四句。⇩起承転結 ■二(副) ①結局。ついに。②〘古〙かえって。むしろ。

け-づくろい【毛繕い】ツクロヒ（名・自スル）獣が舌などで皮膚や毛を整え清めること。(参考)鳥類では「羽繕い」という。

げっ-けい【月△桂】①（月には桂(かつら)の木が生えているという中国の伝説から）月。また、月の光。②「月桂樹」の略。

—かん【—冠】クワン ①月桂樹(げっけいじゅ)の葉の付いた枝を環状にした冠。古代ギリシャで、競技の勝利者に与えられた。②（転じて）名誉・栄光のしるし。

—じゅ【—樹】〘植〙クスノキ科の常緑高木。地中海沿岸原産。春に淡黄色の小花を開く。葉と果実に芳香があり、香料・料理用。ローリエ。ローレル。

〔げっけいじゅ〕

げっ-けい【月経】〘生〙成熟した女性の子宮から、平均二八

日ごとに数日間続いて出血する生理現象。月の物。月役(つきやく)。生理。メンス。

げっ-けい【月△卿】「公卿(くぎょう)」の異称。

——うんかく【—雲客】 公卿(くぎょう)と殿上人(てんじょうびと)。

けっけい-もじ【△楔形文字】 →くさびがたもじ

げっ-けん【撃剣】(ゲキ)— 刀剣や竹刀(しない)・木剣で自分を守り敵を攻める術。剣術。げきけん。

けつ-ご【結語】 結びの言葉。しめくくりの言葉。「—を記す」↕頭語

けっ-こう【欠航】(カウ)— (名・自スル) 悪天候や事故などのため、船や飛行機が定期の運航を中止すること。「台風で—する」

けっ-こう【欠講】(カウ)— (名・自スル) 予定していた講義を休みにすること。休講。

けっ-こう【血行】(カウ)— 血のめぐり。血液の循環。「—障害」

けっ-こう【決行】(カウ)— (名・他スル) (多少無理があっても)思いきって予定どおりに行うこと。「雨天—」「スト—中」

けっ-こう【結構】 ━(名) 建物・文章などの全体の組み立てや仕組み。「小説の—」 ━(形動ダ)(ダロ・ダッ(デ・ニ)・ダ・ナ・ナラ・○) ①すぐれていて難点がないさま。また、満足できるさま。問題ないさま。「—なできばえだ」「連絡はメールで—です」②(辞退する場合に用いて)十分であるさま。これ以上は必要ないさま。「もう—です」文(ナリ) ━(副) 完全ではないが、一応よいといえるさま。おおむね。相当に。「—役に立つ」

——ずくめ【—◇尽くめ】(ヅクメ) (名・形動ダ) 何から何まですべてよいことばかりで不満のないこと。また、そのさま。「—のお話」

けつ-ごう【結合】(ガフ)— (名・自他スル) 一つに結び合うこと。一つに結び合わせること。また、その結びつき。「分子が—する」

——そしき【—組織】《生》体の組織と組織との間にあって、それらを連絡・結合したり、空間をうずめたりする組織。結締(けってい)組織。結合織。

げっ-こう【月光】(クワウ)— 月の光。月影。秋

げっ-こう【激高・激△昂】(ゲキカウ) (名・自スル) 激しく怒り興奮すること。いきり立つこと。げきこう。「顔を真っ赤にして—する」

けっ-こん【血痕】 血の付いた跡。「—が付着する」

けっ-こん【結婚】(名・自スル) 男女が夫婦になること。参考 法律では「婚姻」という。

類語 嫁(とつ)ぎ・婚姻・成婚・縁組み・嫁入り・嫁取り・輿(こし)入れ・婿入り・婿取り・新婚・初婚・再婚・早婚・晩婚

▼結婚記念日

1年め	紙婚式	30年め	真珠婚式
2年め	綿婚式	35年め	珊瑚(さんご)婚式
3年め	革婚式	40年め	ルビー婚式
4年め	花婚式	45年め	サファイア婚式
5年め	木婚式	50年め	金婚式
6年め	鉄婚式	55年め	エメラルド婚式
7年め	銅婚式	60年め	ダイヤモンド婚式（イギリス）
10年め	錫(すず)婚式		
15年め	水晶婚式	75年め	ダイヤモンド婚式（アメリカ）
20年め	磁器婚式		
25年め	銀婚式		

けっ-さい【決済】(名・他スル) 代金・証券などの受け渡しによって、売買取引を終えること。「手形の—」

けっ-さい【決裁】(名・他スル) 権限を有する人が、部下の提出した案の可否を決めること。「部長の—を仰ぐ」

けっ-さい【潔斎】(名・自スル)《宗》神事・仏事を行う前に心身の汚れを絶ち、清浄にすること。「精進—」

けっ-さく【傑作】 ━(名) すぐれたできばえの作品。 ━(形動ダ)(ダロ・ダッ(デ・ニ)・ダ・ナ・ナラ・○)《俗》奇妙でこっけいなさま。「なんとも—な話だ」

げっ-さく【月△朔】 月の初め。一日(ついたち)。

けっ-さつ【結△紮】(名・他スル)《医》血管などを縛って血液の流れを止めること。「—箇所」

けっ-さん【決算】(名・自スル) 金銭の最終的な勘定をすること。また、その勘定。一定期間の収支の総計算。「—報告」

げっ-さん【月産】 一か月当たりの生産高。「—二万台」

けっ-し【決死】 事を行うにあたって、死ぬことをも覚悟すること。「—隊」「—の面持ち」

けっ-し【傑士】 抜きん出てすぐれた人。傑人。

けつ-じ【欠字・△闕字】 ①文章中に文字が抜けていること。また、その字。脱字。②天皇や貴人の名などを文章中に書くとき、敬ってその上を一字か二字分あけること。欠如。⇩台頭②

けつ-じ【△訣辞】 別れの言葉。

げつ-じ【月次】 月ごと。毎月。「—報告」

けっ-しきそ【血色素】 →ヘモグロビン

けつ-じつ【結実】(名・自スル) ①植物が実を結ぶこと。「—期」②努力の末によい結果が現れ出ること。「努力が—する」

けっ-して【決して】(副) 絶対に。断じて。「私は—うそを申しません」用法 あとに打ち消し・禁止の語を伴う。

けっ-しゃ【結社】 多数の人が共通の目的を達するために組織した団体。「秘密—」「—の自由」

げっ-しゃ【月謝】 月ごとに支払う謝礼の金。おもに授業料。

けっ-しゅ【血腫】《医》内出血により、血液が体内の一か所にたまってこぶのようになったもの。

けっ-しゅう【結集】(シフ)— (名・自他スル) 散り散りのものが、まとまり集まること。また、まとめ集めること。「力を—する」

けつ-じゅう【結集】(ジフ)— 《仏》釈迦(しゃか)の死後、弟子たちが集まって師の教えを整理・編集したこと。結集(けちじゅう)。

げっ-しゅう【月収】(シウ)— 毎月の収入。「高額の—」

けっ-しゅつ【傑出】(名・自スル) 多くのものの中で、他よりずば抜けてすぐれていること。「彼の力量は—している」

けっ-しょ【血書】(名・自スル) 強い決意を示すために、自分の血で文字を書くこと。また、その文字や文章。「—の嘆願」

けっ-しょ【△闕所】 ①鎌倉・室町時代、領主の罪科などによって幕府に没収された土地。②江戸時代の刑罰の一つ。追放などの刑に加えて、地所・財産などを没収したこと。

けつ-じょ【欠如・△闕如】(名・自スル) ①あるべき事柄が欠けていて足りないこと。「常識の—」②→けつじ(欠字)②

げっ-しょ【月初】 月の初め。月初め。↕月末(げつまつ)

けっ-しょう【血△漿】(シヤウ)— 《生》血液から赤血球・白血球・血小板の有形成分を除いた液体成分。たんぱく質に富み、免疫のはたらきをもつ。

けっ-しょう【決勝】 勝負を最終的に決めること。また、その試合。「—戦」「—に進む」

——てん【—点】 ①競走などで、勝負を決める、コースの最終地点。ゴール。②勝負を決めることになる得点。

けっ-しょう【結晶】(シヤウ)— (名・自スル) ①原子や分子などが一定の法則に従って立体的に並び、整然とした内部構造を示している固体。また、その状態になること。「雪の—」②努力・愛情などが積み重ねられた結果、りっぱなものができあがること。また、そのもの。「汗と涙の—」「愛の—」

けつ-じょう【欠場】(ヂヤウ)— (名・自スル) 競技・演技などで、予定されている人がその場に出ないこと。「けがで—する」↕出場

けつ-じょう【結縄】 昔、文字のなかった時代に、縄の結び

方でたがいの意思を伝達したり、記憶の手段としたりしたもの。

けつ-じょう【△楔状】ジャウ くさび形。また、くさび形のもの。

――もじ【―文字】→くさびがたもじ

けっ-しょうばん【血小板】セウバン 〘生〙血液中にある有形成分の一種。出血時に血液を固まらせる役目をする。

けっ-しょく【欠食】(名・自スル) ①(貧困などのため)食事を十分にとれないこと。「―児童」②食事を抜くこと。

けっ-しょく【血色】顔の色つや。顔色。「―がいい」

げっ-しょく【月食・月△蝕】〘天〙太陽と月との間に地球がはいって月への太陽光線を遮ったとき、地球の影で月が欠けて見える現象。部分食と皆既食とがある。

太陽 地球 月 部分食 皆既食

〔げっしょく〕

げっし-るい【△齧歯類】〘動〙哺乳(ほにゅう)類の一目(ネズミ目)。門歯が発達し、一生伸び続ける。物をかじる性質がある。ネズミ・リスなど。

けっ-しん【決心】(名・自他スル) こうしようとはっきりと心を決めること。また、決めた心。決意。「―がつく」「―が揺らぐ」

けっ-しん【結審】(名・自スル) 裁判で、審理が終わること。訴訟の取り調べが終わること。「年内に―の予定」

けつ-じん【傑人】他に抜きん出てすぐれた人物。傑士。

けっ-する【決する】(自他サ変) シ(セ)・サ・シ・スル・スレ・シロ(セヨ) ①決まる。決定する。決める。「大勢(たいせい)が―」「雌雄を―(=勝敗を決める)」「意を―」②堤がきれて水が流れ出る。堤をきって水を流す。文 けっ・す(サ変)

けっ-せい【血清】〘生〙血液が凝固するときに分離される淡黄色で透明な上澄み液。免疫抗体・老廃物などを含む。病気の治療や血液型の判定に用いる。「―検査」

――かんえん【―肝炎】〘医〙ウイルスの感染によって起こる肝炎の一つ。輸血や注射器具などから感染するB型・C型肝炎。輸血後肝炎。

けっ-せい【結成】(名・他スル) 団体・会などの組織をつくること。「新党を―する」

けつ-ぜい【血税】①血の出るような苦心をして納める税金。②兵役義務のたとえ。

げっ-せかい【月世界】月の世界。月界。

けっ-せき【欠席】(名・自スル) 出るべき会合などに出ないこと。また、学校を休むこと。「風邪で―する」↔出席

――さいばん【―裁判】①原告または被告が法廷に出頭しないとき、出席者の主張だけに基づいてなされる判決。欠席判決。現行法にはない。②(転じて)当人がいない所で、その人の利害に関係のある事を決めてしまうこと。

けっ-せき【結石】〘医〙臓器内にできる石のようにかたいもの。胆石・腎臓(じんぞう)結石など。

けっ-せつ【結節】①結ばれて節(ふし)になること。また、その節。②〘医〙皮膚や体内にできる節状の比較的かたい隆起物。

けっ-せん【血栓】〘医〙血管内で血液が固まったもの。「脳―」

けっ-せん【血戦】(名・自スル) 血みどろになって激しく戦うこと。また、その戦い。

けっ-せん【決戦】(名・自スル) 最後の勝敗を決めるために戦うこと。また、その戦い。「―を挑む」

けつ-ぜん【決然】(タトル) かたく決心したさま。覚悟を決めたさま。「―たる態度」文(形動タリ)

けつ-ぜん【△蹶然】(タトル) 勢いよく立ち上がるさま。激しい勢いで事を起こすさま。「―として起(た)つ」文(形動タリ)

けっせん-とうひょう【決選投票】トウヘウ 選挙法の一つ。最初の投票で当選者が決まらないとき、上位の二人以上について再び行う投票。

けっ-そう【血相】サウ 怒りや驚きなど、感情の急な動きがあらわれた顔色。顔つき。「―が変わる」「―を変える」

けっ-そう【傑僧】他より抜きん出てすぐれた僧。

けっ-そく【結束】(名・自他スル) ①結びたばねること。「―した薪」②同じ志を持つ者が固く団結すること。「―を乱す」

けつ-ぞく【血族】同じ血筋につながる人々。また、養親子など法律上そのように認められた者(法定血族)。「―結婚」

げっそり (副・自スル) ①急にやせ衰えるさま。「―(と)頰(ほお)がこける」②がっかりして気力が衰えるさま。がっくり。「しかられてばかりで―しました」

けっ-そん【欠損】㊀(名・自スル) 一部が欠けてなくなること。「―箇所」㊁(名) 金銭上の損失。赤字。「―が出る」

けっ-たい【結滞】(名・自スル)〘医〙脈搏(みゃくはく)が一時的にとまったりして不規則になること。「脈が―する」

けっ-たい (形動ダ) ダロ・ダッ(デ・ニ)・ダ・ナ・〇 (方)(関西で)不思議なさま。奇妙なさま。変。「―な話」語源「卦体(けたい)」の転。

けっ-たく【結託】(名・自スル) たがいに心を合わせて事を行うこと。多く、不正を行うためにぐるになること。「業者と―する」

けっ-たん【血△痰】〘医〙血液が混じっているたん。

けつ-だん【決断】(名・自他スル) 方針・行動・態度などをきっぱりと決めること。「―力」「―を下す」「即座に―する」

けつ-だん【結団】(名・自他スル) ある目的のために、人々が集まって団体をつくること。「―式」↔解団

げっ-たん【月旦】①月の初めの日。一日(ついたち)。②「月旦評」の略。「人物―」

――ひょう【―評】ヒャウ 人物批評。人物の品定め。【故事】後漢の末、汝南(じょなん)(河南省)の許靖(きょせい)と許劭(きょしょう)の二人は、毎月一日に主題を決めて郷里の人物を評論し合った。その評が「月旦評」と呼ばれたことからいう。〈後漢書〉

けっ-ちゃく【決着・結着】(名・自スル) 物事のきまりがつくこと。「―がつく」「―をつける」

けっ-ちょう【結腸】チャウ 〘生〙盲腸から続き、小腸を囲んで腹腔(ふくこう・ふっこう)内を一周し、直腸につながる大腸の大部分。

けっ-ちん【血沈】「赤血球沈降速度(せっけっきゅうちんこうそくど)」の略。

ゲッ-ツー〈get two〉野球で、連続したプレーで二つのアウトを取ること。併殺。重殺。ダブルプレー。

けっ-てい【決定】(名・自他スル) はっきりと決まること。はっきりと決めること。また、決まった事柄。「順位が―する」「運動方針を―する」「―に従う」

――てき【―的】(形動ダ) ダロ・ダッ(デ・ニ)・ダ・ナ・ナラ・〇 そうなることがほとんど確実であるさま。ほぼ決まっていて動かし得ないさま。「勝利はもはや―だ」「―瞬間」

――ばん【―版】①それ以上修正する必要のない正確な書物や出版物。「漱石(そうせき)全集の―」②同じ種類のものの中で、最高のもの。「正月映画の―」

――ろん【―論】〘哲〙人間の意志や行為など、一般に自由だと考えられているものも、なんらかの原因(宿命・神意・自然法則など)によって前もって決定されているとする考え方。

けってい-そしき【結締組織】→けつごうそしき

けっ-てん【欠点】①不十分なところ。非難すべきところ。短所。「これといった―はない」「―を補う」↔美点 ②落第点。

ケット〈blanket から〉毛布。毛布状のもの。「タオル―」图

ゲット〈get〉(名・他スル) 獲得すること。手に入れること。「ポイントを―する」

けっ-とう【血統】 祖先から続く血のつながり。血筋。

——しょ【—書】 家畜や愛玩動物の血統の正しさを証明する文書。「—付きの犬」

けっ-とう【血糖】— 〔生〕血液中に含まれているブドウ糖。「—値(=血液中のブドウ糖の濃度)」

けっ-とう【決闘】(名・自スル) 恨みごとや争いを解決するために、約束した方法で命をかけて勝負をすること。果たし合い。

けっ-とう【結党】— (名・自スル) 仲間を組織すること。党派を結ぶこと。特に、政党などを結成すること。↔解党

ゲットー〈ghetto〉①ヨーロッパで、ユダヤ人が強制的に居住させられた地域。ユダヤ人街。また、ナチス-ドイツが設けたユダヤ人強制収容所。②アメリカの都市などで、特定の少数民族が集まって居住する区域。

けつ-にく【血肉】①血と肉。②親子・兄弟など血筋のつながりのある者。肉親。骨肉。「—の争い」

けつ-にょう【血尿】— 〔医〕血液の混じった小便。

けっ-ぱい【欠配】(名・自他スル) 主食などの配給が止まったり、給与の支給が滞ったりすること。「給料の—」

けっ-ぱく【潔白】(名・形動ダ) 心や行いが正しく、やましいところがないこと。また、そのさま。「清廉—」「身の—を証明する」

けっ-ぱつ【結髪】(名・自スル) ①髪を結うこと。また、結った髪。②〔古〕元服すること。

けつ-ばん【欠番】 連続した番号のうち、ある番号に当たるところが抜けていること。また、その番号。「永久—」「—を埋める」

けっ-ぱん【血判】(名・自スル) かたい決意や誠意を示すために指先を切り、その血で署名の下に印を押すこと。また、その印。「—状」「誓詞に—する」

けつ-び【結尾】(文章などの)終わり。結び。

けっ-ぴょう【結氷】(名・自スル) 氷が張ること。また、張った氷。「—期」[冬]↔解氷

げっ-ぴょう【月表】— 毎月つける表。月ごとにまとめた表。

げっ-ぴょう【月評】— 毎月、その月のできごとや発表された文芸作品などについてする批評。「文芸—」

けっ-ぴん【欠品】 商品の在庫がないこと。品切れ。

げっ-ぷ 胃の中にたまったガスが口外に出てくるもの。おくび。

げっ-ぷ【月賦】 代金などを月割りにした金額で支払うこと。月賦払い。月払い。「—販売」「—で買う」

けつ-ぶつ【傑物】 とびぬけてすぐれた人物。「実業界の—」

けつ-ぶん【欠文・闕文】 脱落している字句のある文章。また、その脱落した部分の字句。

けつ-ぶん【結文】 文章の締めくくり。結びの文句。

けっ-ぺい【血餅】〔生〕血液が血管外に出て、凝固したときにできる暗赤色のかたまり。

げっ-ぺい【月餅】 中国の菓子の一種。くるみや干し柿などを入れた餡を小麦粉の生地で包み、円形に焼いたもの。中国では中秋節(八月十五日)に食べる風習がある。

けっ-ぺき【潔癖】(名・形動ダ) 不潔や不正を極端に嫌うさま。また、そのような性質。「—性」「—な性格」

けつ-べつ【決別・訣別】(名・自スル) いとまごいをして別れること。また、きっぱりと別れること。「—を告げる」「—の辞」

げつ-べつ【月鼈】(月とすっぽんの意から)二つのものの高低・優劣の差がはなはだしいこと。ひどく違うこと。雲泥。

ケッヘル〈ドイ Köchel〉〔音〕オーストリアの音楽研究家ルードウィッヒ=ケッヘルが付けたモーツァルトの作品番号。ケッヘル番号。略号 K. または K.V.

けつ-べん【血便】〔医〕血液の混じった大便。

けつ-ぼう【欠乏】— (名・自スル) 必要なものが不足すること。「ビタミンの—」「資金が—する」

げっ-ぽう【月俸】 毎月の給料。月給。

げっ-ぽう【月報】 ①毎月の報告・通報。また、その書類。②全集などにはさみ込まれる小冊子。

けっ-ぽん【欠本・闕本】 全集など何巻かで一そろいの本で、ある巻が欠けていること。また、その巻。↔完本

けつ-まく【結膜】〔生〕まぶたの裏側と眼球の前面をおおっている薄い粘膜。

——えん【—炎】〔医〕眼病の一種。細菌などによって結膜が炎症を起こし、目に痛みを感じ、かゆくなったり赤くはれたりする病気。急性と慢性がある。異物などが目にはいっても起こる。

け-つまず・く【蹴躓く】— (自五) カ(コ)・キ(イ)・ク・ク・ケ・ケ (「つまずく」の強調表現) ①歩行中につま先が物にあたってよろめく。「石に—」②途中で失敗する。しくじる。

けつ-まつ【結末】 物事・物語などの終わり。締めくくり。「事件の—」

げつ-まつ【月末】 月の終わり。月末。「—払い」↔月初

けつ-みゃく【血脈】(もと血管の意)祖先から続く血のつながり。血筋。血統。[参考]「けちみゃく」と読めば別の意になる。

け-づめ【蹴爪・距】〔動〕①ニワトリ・キジなど、キジ科の雄の足の後方にある突起。②ウシ・ウマなどの足の後方にある、地につかない小さな突起。

〔けづめ①〕

けつ-めい【血盟】(名・自スル) たがいに血判を押すなどして、かたく誓うこと。

けつ-めい【結盟】(名・自スル) かたい誓い・同盟を結ぶこと。

げつ-めい【月明】 月あかり。月の明るいこと。[秋]

げつ-めん【月面】 月の表面。「—着陸」

けつゆう-びょう【血友病】〔医〕わずかな出血でも容易に止まらない病気。おもに男性が発病する伴性遺伝病。

げつ-よ【月余】 一か月あまり。「—を経る」

げつ-よう【月曜】— 曜日の一つ。日曜日の翌日。月曜日。

——びょう【—病】 前日の休日の影響で月曜日に起こる無気力な状態。

げつ-らい【月来】 数か月以来。月ごろ。

けつ-らく【欠落】(名・自スル) 当然あるべきもの、また必要なものが欠け落ちていること。「社会性が—している」

げつ-り【月利】〔商〕一か月単位で決めた利息・利率。⇩日歩・年利

けつ-りゅう【血流】— 〔生〕血管中の血液の流れ。「—計」

げつ-りん【月輪】 輪のように円い月。特に、満月。月の輪。がちりん。がつりん。

けつ-るい【血涙】 激しい悲しみやいきどおりのあまりに出る涙。血の涙。「—をしぼる」

けつ-れい【欠礼】(名・自スル) 礼儀を欠くこと。失礼。「喪中につき年頭の—お許しください」

げつ-れい【月例】 毎月定期的に行うこと。「—報告」

げつ-れい【月齢】 ①〔天〕新月のときを零とし、そこからの経過時間を日数で示したもの。月の満ち欠けを表し、満月はほぼ月齢一五日。②生後一年未満の子供の生まれてからの月数。「—四か月」

けつ-れつ【決裂】(名・自スル) 会議・交渉などが、意見の対立などによってまとまらず、物別れになること。「交渉が—する」

けつ-ろ【血路】 敵の囲みを切り開いて逃げる道。また、困難を切り抜ける道。活路。「—を開く」

けつ-ろ【結露】(名・自スル) 空気中の水分が、冷温の物の表面に水滴となって付着する現象。「—を防ぐ」

けつ-ろう【欠漏・△闕漏】 必要なものがもれ落ちていること。もれ。「項目に―がある」

けつ-ろん【結論】 ㊀(名・自スル) 議論したり考えたりして、最後にまとめた考えや判断。また、それを下すこと。「―を出す」 ㊁(名)〔論〕三段論法の最後の命題。断案。⇩三段論法

げて-もの【下手物】 ①粗末な安物。素朴で安価な物。↕上手物 ②風変わりなもの。いかもの。「―趣味」

―ぐい【―食い】 ①気味の悪い風変わりなものを好んで食べること。また、その人。②一般の人の好まないものを愛好すること。また、その人。

げ-てん【外典】〔仏〕仏教の書物以外の典籍。↕内典

げ-でん【下田】 地味のやせた、作物のできの悪い下等の田地。↕上田

け-ど【化度】〔仏〕衆生を教え導いて迷いから救うこと。教化済度。

けど (接)「けれど(も)」のくだけた言い方。けども。「休みたいよ。―そうも言っていられない」⇩けれど(も)(接)

けど (接助・終助)「けれど(も)」のくだけた言い方。けども。「行く―少し遅れるよ」「もしもし、山田です―」⇩けれど(も)(接助・終助)

け-とう【毛唐】 (「毛唐人(=毛深い外国人)」の略)外国人、特に欧米人をいやしめていった語。

げ-どう【外道】 ①〔仏〕仏教以外の教え。また、それを信じる人。②真理にそむく道・説。また、それを説く人。③人をののしっていう語。「この―め」④釣りで、目的とする種類の魚以外に釣れた魚。

げ-どく【解毒】(名・自スル) 体内にはいった毒の作用を消し去ること。「―剤」「―作用」

け-とば・す【蹴飛ばす】(他五) ①けって飛ばす。また、強くける。「小石を―」「腹いせに壁を―」②要求・申し出などをはねつける。拒否する。「申し出を―」

ケトル〈kettle〉やかん。湯わかし。

け-ど・る【気取る】(他五) 表情・態度・周囲のようすなどから事情や本心を悟る。気配から感じとる。「人に―・られないようにする」用法 多く「気取られる」の形で用いられる。

けな-げ【◇健気】(形動ダ) 心がけのよいさま。特に、年少者や力の弱い者が困難なことに懸命に立ち向かう、殊勝なさま。「―に働く」文(ナリ)

けな・す【△貶す】(他五) 何かと欠点を挙げて悪く言う。「人の作品を―」可能 けな・せる(下一)
類語 腐す・扱き下ろす・譏る・誹謗する・けちをつける

け-なみ【毛並〔み〕】 ①動物の毛の生えそろっているぐあい。毛の並びぐあい。「美しい―の馬」②性質。種類。また、血筋。家柄。育ち。「―がいい(=生まれや育ちがいい)」

げ-なん【下男】 雑用をさせるために雇った男。↕下女

げ-に【◇実に】(副) 肯定し納得する気持ちを表す。まったく。いかにも。なるほど。「―断ちがたきは肉親の情」

ケニア〈Kenya〉アフリカ東部にある共和国。首都はナイロビ。

け-にん【家人】 ①代々仕えてきた家来。家の子。②〔日〕律令制下の賤民の一つ。私人に隷属し、奴婢よりは上の身分。売買は禁止された。③→ごけにん

げ-にん【下人】 ①低い身分の者。下郎。②下男。召使。

け-ぬき【毛抜き】 毛やとげなどを挟んで抜く道具。

―あわせ【―合〔わ〕せ】〔服〕(毛抜きの先がぴったりと合うことから)表と裏の布をそろえ合わせて縫うこと。

げ-ねつ【解熱】〔医〕高くなった体温を下げること。

―やく【―薬】 上昇した体温を下げる薬。解熱剤。熱冷まし。

ゲネプロ〈ドイツ Generalprobe の略〉〔音・演〕初演直前の通し稽古。

け-ねん【懸念】(名・他スル) ①気にかかって不安に思うこと。「先行きに―を抱く」「安否が―される」②〔仏〕執念。

ゲノム〈ドイツ Genom〉〔生〕生物が生命を維持していくうえで必要な、最小限の遺伝情報の一組。生物の生殖細胞に含まれる染色体の一組に相当する。⇩ひとゲノム

け-ば【毛羽・△毳】 ①紙や布などの表面がこすれてできる、柔らかく細い毛のようなもの。②地図で、山形や傾斜を示すために使う細い線。③蚕が繭をつくるとき、足場として最初に張る糸。

げ-ば【下馬】 ㊀(名・自スル) 馬から降りること。特に、貴人や社寺に敬意を表して馬から降りること。下乗。↕乗馬 ㊁(名) ①下等な馬。駄馬。②「下馬先」の略。

ゲバ「ゲバルト」の略。「内―」「―棒」

け-はい【気配】 ①なんとなく感じられるようす。けしき。「秋の―」「人の―がする」②株式市場の景気や相場の状態。

けば・い(形)〔俗〕「けばけばしい」の転。

けはえ-ぐすり【毛生〔え〕薬】 毛を生えさせるための薬。養毛剤。

けばけば-し・い(形) (服装・化粧などが)品がなく、ひどく派手である。どぎついほどに目立っている。「―衣装」「―・く飾り立てる」文 けばけば・し(シク)

げば-さき【下馬先】 城や寺社の門前などで下馬する場所。下馬札(=「下馬」「下乗」などと記された立て札)の立ててある場所。下馬。

けば-だ・つ【毛羽立つ・△毳立つ】(自五) 布や紙などがこすれて、表面に細い毛のようなものが立つ。そそける。「生地が―」

げば-ひょう【下馬評】 世間の評判。取りざた。部外者のする評判。「―が高い」語源 昔、供をして来た者たちが、下馬先で主人を待つ間、いろいろな評判をし合ったことからいう。

け-ばり【毛針・毛△鉤】 鳥の羽などを巻きつけて昆虫に見せかけた釣りばり。水面に落ちた虫の動きに似せて魚を誘う。

ゲバルト〈ドイツ Gewalt 力・暴力〉学生運動で、実力闘争。ゲバ。

けびいし【◇検非違使】〔日〕平安初期に設置され、京中の治安・検察・裁判を取り扱った官職。令外官の一つ。

け-びき【△罫引き】 ①罫を引くこと。また、引いた罫。「―紙」②木材にあてて動かし、線を引いたり薄板を割ったりする道具。指物師・大工などが使う。

け-びょう【仮病】 病気ではないのに病気のふりをすること。「―を使って休む」

げ・びる【下卑る】(自上一) 品性がいやしくなる。下品に見える。「―・びたふるまい」用法 ふつう「げびた」「げびている」の形で使う。

ケビン〈cabin〉→キャビン

げ-ひん【下品】(形動ダ) 品のないさま。人柄・性質がいやしいさま。「―な言葉」↕上品 文(ナリ)

け-ぶか・い【毛深い】(形) 体毛が多くて濃い。「―胸」文 けぶか・し(ク)

けぶり【◇煙・△烟】「けむり」の古形。

け-ぶり【気振り】 それらしいようす。そぶり。けはい。「好きだということを―にも見せない」

けぶ・る【◇煙る・△烟る】(自五)「けむる」の古形。

げ-ほう【外法】〔仏〕仏教以外の教法。また、呪術・

妖術(ようじゅつ)など。

げ-ぼく【下僕】 召使の男。しもべ。

け-ぼり【毛彫り】 金属などに、髪の毛のように細い線で模様や文字を彫ること。また、そのように彫ったもの。

げ-ぼん【下△品】 ①《仏》極楽浄土に往生する際の九つの等級のうち、下位の三つである下品上生(じょう)・下品中生(ちゅうしょう)・下品下生(げしょう)の総称。⇩九品(くほん) ②下等のもの。

ゲマインシャフト〈ドイツ Gemeinschaft〉《社》利害関係からではなく、血縁や地縁によって結合している社会集団。家族・村落など。共同社会。↔ゲゼルシャフト

け-まり【蹴△鞠】 昔の貴族の遊びの一つ。数人で革製のまりを落とさぬようにけりあうもの。また、それに使うまり。蹴鞠(しゅうきく)。

け-まん【華△鬘】《仏》仏前を飾る、花鳥などを透かし彫りにした金銅製の装飾品。

け-み【毛見・◇検見】《日》(稲の毛を見る意)室町時代以来武家社会で行われた徴税法の一つ。代官が稲の実りぐあいを調べ、その年の年貢率を定めたこと。検見(けんみ)。秋

ケミカル〈chemical〉化学的なこと。化学工業によること。「—シューズ(=合成皮革製の靴)」

けみ・する【◇閲する】(他サ変)(シ(セ・サ)・シ・スル・スル・スレ・シロ(セヨ)) ①調べる。検査する。「古文書を—」②長い年月を過ごす。「一〇年を—」 文けみ・す(サ変)

けむ【◇煙・△烟】「けむり」の略。

—に巻(ま)く 大げさなことや訳のわからないことなどを一方的に言って、相手をとまどわせる。「おおぼらを吹いて—」

けむ(助動-四型)(○・○・ケム(ケン)・ケム(ケン)・ケメ・○)《古》①過去のある動作・状態を推量する意を表す。「前(さき)の世にも御ちぎりや深かり—(=御縁が深かったのだろうか)」〈源氏〉②過去にあったことについて、その原因・理由などを推量する意を表す。「そも参りたる人ごとに山へのぼりしは何事かあり—」〈徒然草〉③自分が体験したのではない、人づてに聞いて知った過去の事実を表す。「『七夕(たなばた)つ女(め)に宿からむ』と、業平(なりひら)が詠み—も、ましてをかし(=ますます趣がある)」〈枕草子〉 用法 活用語の連用形に付く。

けむ・い【煙い・△烟い】(形)(カロ・カッ(ク)・イ・イ・ケレ・○) →けむたい①

けむく-じゃら【毛むくじゃら】(名・形動ダ) 体に濃い毛が密生して生えていること。毛深いさま。「—な臑(すね)」

け-むし【毛虫】 ①《動》チョウやガの幼虫で、全身に長い毛の生えているものの俗称。夏 ②《俗》気難しく意地悪で人に嫌われる者のたとえ。

けむ-た・い【煙たい・△烟たい】(形)(カロ・カッ(ク)・イ・イ・ケレ・○) ①煙が立ちこめて息苦しい。けむい。②気づまりで近づきにくい感じがする。打ち解けられない。「—存在の人」 文けむた・し(ク)

けむた-が・る【煙たがる・△烟たがる】(他五)(ラ(ロ)・リ(ッ)・ル・ル・レ・レ) ①煙で苦しいというようすをする。②ある人を気づまりで近づきにくいと思うようすをする。「若い者に—・られる」

けむり【煙・△烟】 ①物が焼けるときに立ちのぼる、灰色・白・黒など、色のある気体。②①のように立ちのぼるもの。「土—」

—になる ①あとかたもなく消えうせる。②火葬にされる。

—を立(た)てる 飯をたく。転じて、暮らしを立てる。

—だし【—出し】 ①煙を外へ出すために屋根や軒下などにつける排出口。煙を出す窓。煙出(けむだ)し。②煙突。

けむ・る【煙る・△烟る】(自五)(ラ(ロ)・リ(ッ)・ル・ル・レ・レ) ①煙が立つ。煙が立ちこめる。「室内がたばこで—」②煙が立ちこめたように周囲がかすんで見える。「小雨に—山」 参考「けぶる」ともいう。

げ-めん【外面】 ①物の外側。②顔つき。顔色。

—如菩薩(にょぼさつ)内心如夜叉(ないしんにょやしゃ) 顔は菩薩のようにおだやかで美しく見えるが、その内心は夜叉のごとく恐ろしいということ。「外面似菩薩(じぼさつ)内心如夜叉」とも。

け-もの【獣】(毛物の意)毛でおおわれ四本の足で歩く哺乳(ほにゅう)動物。けだもの。

—へん【—偏】 漢字の部首名の一つ。「狂」「猫」などの「犭」の部分。

—みち【—道】 獣が通ることによって山林中にできた道。

げ-や【下野】(名・自スル) 官職を辞めて民間人になること。また、政権から離れて野党になること。「選挙に敗れて—する」

けやき【△欅】《植》ニレ科の落葉高木。山野に自生するが、庭や街路などにも植えられる。材はかたく良質で木目も美しく、建築・器具材などに用いられる。

けやけ・し(形ク)《古》①特にきわだっている。②(不快な感じを起こさせるほどに)異様だ。しゃくにさわる。③きっぱりとしている。強引である。

け-やぶ・る【蹴破る】(他五)(ラ(ロ)・リ(ッ)・ル・ル・レ・レ) ①足でけって破る。「ドアを—」②敵をうち負かす。けちらす。

け-やり【毛△槍】 鞘(さや)の先に鳥の羽毛を飾りとして付けた槍(やり)。大名行列で、先頭を行く槍持ちが持った。

けら【×螻蛄】《動》ケラ科の昆虫。体長は三センチメートル前後。土中にすみ春と秋にジーと鳴く。前足は大きく土を掘るのに適する。農作物の根を食い荒らす。おけら。夏(けら鳴く 秋)

けら【×啄木鳥】《動》「きつつき」の異称。秋

ゲラ〈galley から〉①活字を組んだ版をおさめる、浅い長方形の木箱。②「ゲラ刷り」の略。

け-らい【家来】 ①武家の臣。家臣。従者。②《古》朝廷の風習などを学ぶために摂政家などに奉仕する者。家礼(けらい)。

け-らく【◇快楽】《仏》→かいらく

げ-らく【下落】(名・自スル) ①物価・相場が下がること。「株価の—」↔騰貴 ②等級・品格などが下がること。

けら-くび【×螻蛄-首】 ①槍(やり)の穂先と柄との接する部分。②建築で、木材の継ぎ手が抜けないように先端を大きく、元をくびれた形にしたもの。

けら-けら(副) かん高い声で屈託なく笑うさま。

げら-げら(副) 大声で無遠慮に笑うさま。「大口をあけて—(と)笑い出す」

ゲラ-ずり【ゲラ刷り】 活字版を「ゲラ①」に入れたまま校正用に刷ったもの。また一般に、校正刷り。ゲラ。

ケラチン〈ドイツ Keratin〉→かくしつ(角質)

げ-らふ【下△臈】—(ろう)《古》①修行を少ししか積んでいない、地位の低い僧。↔上臈(じょうろう) ②年功が浅く地位の低い者。↔上臈 ③身分の低い者。無教養の者。下人。下郎。 参考「臈」は、もと僧侶(そうりょ)が受戒してから修行を積んだ年数をいった。

けり(和歌・俳句などに助動詞「けり」で終わるものが多いところから)物事の結末。終わり。決着。「—がつく」「—をつける」

けり【△鳧】《動》チドリ科の渡り鳥。大きさはハトくらいで足は長く黄色。田や川にすみ中国・日本で夏に繁殖し、冬は南方に渡る。飛び立つとき、きりっ、きりっと鳴く。夏

けり(助動-ラ変型)(ケラ・○・ケリ・ケル・ケレ・○)《古》①現在とのかかわりで過去にあったことを回想する。…たのだ。…たとわかった。「今は昔、竹取の翁(おきな)といふ者あり—」〈竹取〉「式部卿(しきぶきょう)の宮明けむ年ぞ五十になり給ひける」〈源氏〉「この宇治山に聖(ひじり)だちたる阿闍梨(あじゃり)住み—」〈源氏〉②気づきに対する感動の意を表す。…たのだなあ。「かぎりとて別るる道のかなしきにいかまほしきは命なり—」〈源氏〉 参考「けり」と「き」のちがいは、「き」が過去の事実を述べるのに対し、「けり」は現在とのかかわりで過去を述べることにある。他に、⑴「き」が単純に過去を表すのに対して、「けり」は過去と同時に詠嘆を表す、⑵「き」が自分の体験した過去

を表し、「けり」が伝え聞いた過去を表す、⑶「き」は過去を表し、「けり」は過去の事実の気づきを表すなどの説もある。用法 活用語の連用形に付く。未然形「けら」は奈良時代に用いられて平安期以後は用いられなくなった。語源「き」と「あり」の結合した語。「き」は過去を表す語とも、カ変動詞「く」の連用形とも。

げ-り【下痢】(名・自スル)《保》大便がかたまらず、液状または液状に近い状態で排泄(はいせつ)されること。腹下し。

ゲリマンダー〈gerrymander〉与党が自分の党に有利なように選挙区を改変すること。

げ-りゃく【下略】(以下略すの意)そのあとの文や言葉を省くこと。下略(かりゃく)。⇩上略・中略

ゲリラ〈(スペイン) guerrilla〉正規の部隊でない小部隊が敵の不意を突いて襲い、かき乱す戦法。また、その部隊。「―戦」語源 スペイン語で、小さな戦闘の意。スペインに侵攻したナポレオン軍に対する小集団の抵抗をゲリラと呼んだことから。

――ごうう【―豪雨】(ガウウ) 突発的に発生し、短時間で局地的に激しく降る雨。ゲリラの奇襲にたとえていう。

け・る【蹴る】(他五)(ラ(ロ)・リ(ッ)・ル・ル・レ・レ)《中心義―足を動かしてそこにある物に当てて、それを壊すなり動かすなりする》①足で、力を加えて物をとばす。足を物に当てて力を及ぼす。「ボールを―」「座を―・って立つ(=怒って、その場を立つ)」②足で強く押しやったり、踏んだりする。「水を―・って進む」「大地を―・って走る」③申し入れてきた内容を強く拒否する。拒絶する。「提案を―」可能 け・れる(下一) 文 ける(下一)

ゲル〈(ドイツ) Gel〉《化》コロイド溶液が流動性を失いゼリーのように半固体化したもの。寒天・ゼラチンなど。ジェル。⇩ゾル

ゲル〈(ドイツ) Geld から〉金銭。かね。おもに戦前の学生用語。ゲルト。「―ピン(=お金がないこと。「ピン」はピンチの略という)」

ケルト〈Celt・Kelt〉古代、ヨーロッパ中西部に住んでいた民族。現在でもアイルランド・ウェールズなどに住む。

ケルビン〈kelvin〉《物》国際単位系で、温度の単位。0 K は零下二七三・一五度。記号 K ⇩絶対温度

ゲルマニウム〈(ドイツ) Germanium〉《化》金属元素の一つ。灰白色のもろい結晶で半導体として用いる。元素記号 Ge

ゲルマン〈(ドイツ) Germane〉インドヨーロッパ語族に属するゲルマン語を用い、北ヨーロッパに分布した民族。金髪、長身、青い目、高い鼻などが特徴。

ケルン〈cairn〉登山者が山道や山頂に、道しるべや記念に積んだ石。夏

げ-れつ【下劣】(形動ダ)(ダロ・ダッ(デ・ニ)・ダ・ナ・ナラ・○) ものの考え方や行いが下品でいやしいさま。「―きわまる行為」「―なやり口」文(ナリ)

けれど(も)(接) 前の事柄とあとの事柄とが逆接の関係にあることを示す。しかし。だが。けど。参考「今は晴れているけれども、いつ降り出すかわからない」の「けれども」は、用言や用言を含む文節に続く接続助詞。「今は晴れている。けれどもいつ降り出すかわからない」のように、単独に用いられるのが接続詞。

けれど(も) ㊀(接助)①内容的に矛盾する前後の文を結び付ける。「好きだ―、すぐ飽きる」「若い―、よく気がつく」②事実を述べて、あとにそれに関した話題を続ける。「今夜は雨だ―、明日はどうだろう」③前のことに並列して続ける。「パリもいい―、東京もいい」㊁(終助)①(「…といいけれど」の形で)そうなって欲しいと思いつつそうならない可能性が高いことを示す。「晴れるといい―」②自分の述べたことに対する相手の応答をためらいつつ求める意を表す。「私も、そう思います―」「もしもし、京子です―」語源 終助詞の「けれど(も)」は、接続助詞の「けれど(も)」から転じた語。用法 用言・助動詞の終止形に付く。

け-れん【◦外連】①《演》芝居などで、定型を無視して、一般に受けるような派手な演出や演技をすること。早変わり・宙乗り・水芸のようなもの。②はったり。ごまかし。

――み【―味】俗受けをねらったやり方。はったりやごまかし。「―がない」

ゲレンデ〈(ドイツ) Gelände 土地〉スキーの練習場。冬

げろ《俗》㊀(名)嘔吐(おうと)物。へど。「―を吐く」㊁(名・自スル)「自白」の隠語。「全部―してしまえ」

ケロイド〈(ドイツ) Keloid〉《医》皮膚のやけどや外傷のあとなどにできる紅色を帯びた隆起。蟹足腫(かいそくしゅ)。

げ-ろう【下郎】(ラウ) ①人に使われ、身分の低い男。②男をののしっていう語。

げ-ろう【下△臈】(ラフ) →げらふ

けろっ-と(副)→けろりと

けろり-と(副)①何事もなかったように平気でいるさま。「うそがばれても―している」②あとかたもなくなるさま。「―忘れる」

けわし・い【険しい・△嶮しい】(ケハシイ)(形)(カロ・カツ(ク)・イ・イ・ケレ・○)①登るのが困難なほど傾斜が急である。「―山」②荒だってとげとげしい。「顔つきが―・くなる」③行く先に困難や苦労の多いさま。「人生の―道のり」文 けは・し(シク)

けん【犬】 教1 ケン いぬ

(字義)①いぬ。家畜の一つ。「犬猿・愛犬・忠犬・番犬・名犬・猛犬・野犬・猟犬」②つまらないもののたとえ。また、他人をいやしめていう語。「犬馬・犬侍(いぬざむらい)」

けん【件】 教5 ケン くだん・くだり

(字義)①わける。くわけ。区分。②ことがら。また、物事を数える語。「件数・件名・事件・物件・要件」人名 かず・なか・わか

―けん【件】(接尾)ことがらの数を数える語。「事故が三―」

けん【件】ことがら。「例の―について話をする」

けん【見】 教1 ケン・ゲン・みる・みえる・みせる・あらわれる・まみえる

(字義)①みる。みえる。みわける。「見学・見物・一見・隠見・拝見」②考える。思う。考え。立場。「見解・見識・意見・識見・所見・先見」③あらわれる。あらわす。＝現。「見在(げんざい)・発見・露見」④まみえる。お目にかかる。「見参(けんざん・げんざん)・引見」難読 見栄(みえ)・見得(みえ)・見縊(みくび)る・見窄(みすぼ)らしい・見世(みせ)・見惚(みと)れる 人名 あき・あきら・ちか

けん【券】 教6 ケン

(字義)①てがた。わりふ。約束のしるしとしてとりかわす木の札。「券契・契券」②切符・切手・印紙などの類。「株券・債券・証券・乗車券・旅券」

けん【券】「入場券」「乗車券」などの略称。

けん【肩】 ケン かた 中 高

(字義)①かた。腕のつけ根の上部。「肩甲骨・肩章・双肩・比肩」②物のかたに当たる部分。「肩書・路肩(ろけん・ろかた)」難読 肩衣(かたぎぬ)・肩巾(ひれ)

けん【建】 教4 ケン・コン 高 たてる・たつ

(字義)①たてる。まっすぐ立てる。おこす。つくる。「建国・建築・再建」②(おもに「コン」と読んで)寺院などをたてる。「建立(こんりゅう)・再建(さいこん)」③意見を申し立てる。「建議・建白」難読 建水(けんすい・こぼし) 人名 たけ・たけし・たける・たつる・たて

けん【県】 教3【(人)縣】 ケン あがた

(字義) 行政区画の一つ。㋐中国で、周代では郡の上、戦国以後では郡に属し、現在は省の下。「県令」㋑あがた。日本で、上代諸国にあった朝廷の料地。また、地方官の任国。㋒現在の日本の地方行政区画の一つ。「県庁」[人名]さと・とう・むら

けん【県】都・道・府とならぶ地方公共団体。「—の財政」

けん【研】教3【研】ケン とぐ中・みがく

(字義) ①とぐ。みがく。する。「研磨」②きわめる。調べる。「研究・研鑽(けんさん)・研修・精研」③すずり。＝硯(けん)。「研北・墨研」[人名]あき・おさむ・きし・きよ・きわむ・みがき

けん【倹】【人儉】ケン中 つづまやか

(字義) ①つづまやか。むだをはぶく。「倹素・倹約・勤倹・節倹」②へりくだる。ひかえめにする。「恭倹」③凶作。「倹歳」

けん【倦】人 ケン うむ・つかれる

(字義) ①うむ。あきる。「倦厭(けんえん)・倦怠・倦労」②つかれる。くたびれる。「倦憩」

けん【剣】【人劍】ケン中 つるぎ中

(字義) ①つるぎ。たち。腰におびる両刃でまっすぐにとがった刃物。「剣刃・剣舞・懐剣・真剣・短剣」②さす。つるぎでさし殺す。③つるぎを使う術。武術。「剣士・剣道」[参考]「劔」は同字。「劒」は俗字。[難読]剣呑(けんのん) [人名]あきら・たち・つとむ・はや

けん【剣】①つるぎ。たち。また、それを使う術。②蜂(はち)・さそりなどの刺し針。

けん【兼】ケン中 かねる中

(字義) ①かねる。あわせもつ。一つある上にもう一つもつ。「兼学・兼職・兼任・兼備・兼用」②かねて。前もって。あらかじめ。「兼題」[人名]かず・かた・かぬ・とも

けん【拳】ケン中・ゲン こぶし中

(字義) ①こぶし。にぎりこぶし。「拳固(げんこ)・拳骨(げんこつ)・鉄拳」②うやうやしいさま。つつしむさま。「拳拳服膺(けんけんふくよう)」③遊戯の一つ。手・指をさまざまに動かして勝負を争うもの。「狐拳(きつねけん)・本拳」④武技の一種。「拳法・太極拳」[人名]かたし・つとむ

けん【拳】①にぎりこぶし。②手・指などでいろいろの形を作って勝負を争う遊び。狐拳(きつねけん)・じゃん拳など。「—を打つ」

けん【軒】ケン中 のき中

(字義) ①のき。ひさし。ふきおろした屋根のはし。「軒灯・軒溜(けんりゅう)」②てすり。らんかん。「軒檻(けんかん)」③くるま。むかし中国で、大夫以上が乗った車。「軒冕(けんべん)」④あがる。あげる。高い。「軒軒・軒昂(けんこう)」⑤書斎名・雅号などに用いる。⑥家。「軒数・一軒家」

-けん【軒】(接尾) ①戸数を数えるのに用いる語。「農家五—」②屋号・雅号に添える語。「桃中—(とうちゅうけん)」

けん【◇乾】(字義)→かん(乾)

けん【健】教4 ケン すこやか中

(字義) ①すこやか。からだがじょうぶ。力強い。「健康・健在・健児・健勝・健全・強健・壮健・保健」②はなはだ。非常に。「健啖(けんたん)・健闘・健筆・健忘」[難読]健気(けなげ) [人名]かつ・きよ・きよし・たけ・たけし・たける・たつ・たて・たる・つよ・つよし・とし・まさる・やす

けん【捲】人 ケン まく

(字義) ①まく。まきつける。まきあげる。「席捲・捲土重来」②勢い。気力。「捲勇」③こぶし。「捲握(けんあく)」

けん【牽】人 ケン ひく

(字義) ひく。ひっぱる。ひきよせる。ひきとめる。ひきいる。「牽引・牽牛・牽制・引牽」

けん【険】教5【人險】ケン けわしい

(字義) ①けわしい。山が高く急なこと。きり立ったところ。「険路・天険」②あやうい。あぶない。「危険・冒険・保険」③よこしま。はらぐろい。「陰険」④思いがけない災難。[人名]たか・のり

けん【険】①けわしいこと。けわしい場所。「箱根の山は天下の—」②顔や言葉がきついこと。とげとげしいこと。「—のある顔」

けん【喧】人 ケン かまびすしい・やかましい

(字義) かまびすしい。やかましい。大声でわめきまわる。「喧嘩(けんか)・喧騒・喧伝・喧喧囂囂(けんけんごうごう)」

けん【圏】【人圈】ケン中

(字義) ①おり。かこい。②限られた区域。範囲。「圏外・圏内・首都圏・成層圏・南極圏・北極圏」③まる。円形。「圏点」

けん【堅】ケン中 かたい中

(字義) ①かたい。つよい。じょうぶな。「堅固・堅塁・強堅・剛堅」②かたく。たしかに。しっかりと。「堅持・堅忍」[難読]堅魚(かつお) [人名]かき・すえ・たか・つよし・み・よし

けん【検】教5【人檢】ケン しらべる

(字義) ①しらべる。とりしらべる。「検閲・検査・検算・検診・探検・点検」②封印する。封。「検印」③とりしまる。ただす。しめくくる。「検束・検非違使(けびいし)」④「検察庁」の略。「送検・地検」⑤「検定試験」「検査」の略。「車検」[難読]検見(けみ)・検校(けんぎょう)

けん【硯】人 ケン・ゲン すずり

(字義) ①すずり。水を入れて墨をする道具。「硯池・硯滴」②読書や文筆・文事に関係する意に用いる。「硯田・硯北・硯友・筆硯」

けん【絢】人 ケン あや

(字義) あや。模様があって美しいこと。「絢爛(けんらん)・華絢」[人名]じゅん・ひろ・ひろし

けん【萱】人 ケン・カン(クヮン) かや

(字義) かや。ちがや・すすき・すげなど、屋根をふく草の総称。

けん【間】(字義)→かん(間)

けん【間】①尺貫法の長さの単位。一間は、六尺(約一・八二メートル)。②建築で、柱と柱のあいだ。「三十三—堂」③碁盤・将棋盤の目。

けん【嫌】ケン中・ゲン中 きらう中・いや中

(字義) ①きらう。いやがる。いとう。きらい。いや。「嫌煙・嫌悪(けんお)・嫌忌・機嫌(きげん)・憎嫌」②うたがう。うたがわしい。「嫌疑」

けん【献】【獻】ケン中・コン中 たてまつる

(字義) ①たてまつる。ささげる。㋐神や目上の人に物をさしあげる。「献上・献身・献納・献本・貢献」㋑酒を客にすすめる。「献酬」②(「コン」と読んで)酒を人にすすめる度数。「一献」③すぐれた人。賢人。賢者が記憶する史実。「文献」[人名]ささ・たけ

けん【絹】教6 ケン高 きぬ

(字義) きぬ。蚕の繭(まゆ)から取った糸。また、その糸で織った布。「絹糸・絹布・純絹・正絹・人絹・本絹」[人名]まさ

けん【遣】ケン中 つかう中・つかわす中・やる

(字義) ①つかわす。行かせる。さしむける。おくりとどける。「遣外・遣唐使・差遣・先遣・派遣・分遣」②やる。おいはらう。にがす。「縦遣(しょうけん)・放遣」③つかう。使用する。「仮名遣(かなづかい)・小

遣い」 難読 遣り手・遣り水・遣る瀬ない

けん【権】 教6 **【權】** ケン・ゴン 高
(字義) ①はかりの分銅。はかり。物の重さをはかる。「権衡・権量」 ②はかりごと。「権謀術数」 ③かり。まにあわせ。㋐便宜的なやり方。「権道・権変」 ㋑(「ゴン」と読んで)本物のかわり。かりのもの。そえ。「権化・権現・権大納言」 ④いきおい。他を支配する力。また、他に対して主張できる、法律などで認められた力。権利。「権限・権力・参政権・実権・人権・政権・著作権・特権・版権・利権」 人名 のり・はかる・はじめ・よし

けん【権】 他を支配できる力。「生殺与奪の―」

けん【憲】 教6 ケン のり・のっとる
(字義) ①のり。おきて。法規。手本。基本法。「憲章・憲法・違憲・家憲・合憲・国憲」 ②のっとる。手本とする。③役人。「官憲」 人名 あき・あきら・かず・さだ・さとし・ただし・とし

けん【賢】 ケン 中 かしこい 中・まさる
(字義) ①かしこい。才知や徳行がすぐれている。また、そのような人。「賢者・賢人・遺賢・俊賢・先賢」 ↔愚 ②まさる。すぐれる。「賢案・賢慮」 ③他人の事物につける敬称。「賢兄・賢察・賢台」 ④にごり酒。↔聖 難読 賢しい 人名 かた・かつ・さか・さかし・さと・さとし・さとる・すぐる・たか・たかし・ただ・ただし・とし・のり・まさ・ます・やす・よし・より

けん【謙】 ケン 中
(字義) へりくだる。ゆずる。「謙虚・謙称・謙譲・謙遜・恭謙」 人名 あき・かた・かね・しず・のり・ゆずる・よし

けん【鍵】 ケン 中 かぎ 中
(字義) ①かぎ。錠の穴に入れ開閉する金具。「秘鍵」 ②指をあてて押したたく部分。「鍵盤・黒鍵・白鍵」

けん【鍵】 ピアノ・オルガン・タイプライターなどの指で押したたく部分。キー。鍵盤。

けん【繭】 ケン 高 まゆ 中
(字義) まゆ。蚕のさなぎを包んでいるおおい。生糸をとる材料。「繭糸・桑繭・蚕繭・玉繭」

けん【顕】【顯】 人 ケン 中 あきらか・あらわれる
(字義) ①あきらか。よく見える。はっきりしている。「顕著」 ②あらわれる。明らかになる。知れわたる。また、明らかにする。「顕在・顕花植物・隠顕・表顕・露顕」 ↔隠 ③密教以外の仏教。「顕教・顕密」 人名 あき・あきら・たか・てる・のり

けん【験】 教4 **【驗】** 人 ケン・ゲン 高 しるし・ためす
(字義) ①しるし。あかし。ききめ。「効験・証験・瑞験」 ②ためす。しらべる。ためし。「験算・験証・経験・試験・実験」 ③修行や祈禱などによる効果。「験術・霊験」 難読 験者 人名 とし

けん【懸】 ケン 中・ケ 高 かける 中・かかる 中
(字義) ①かける。つりさげる。ひっかかる。「懸想・懸念・懸案・懸賞」 ②かかる。ぶらさがる。「懸垂」 ③へだたる。遠くかけはなれる。「懸隔・懸絶」 人名 とお・なお

けん【妍】 女性の容姿などのあでやかな美しさ。
―を競う あでやかな美しさを張り合う。

けん【腱】 〘生〙筋肉を骨に結び付ける白い繊維性のじょうぶな組織。「アキレス―」

けん (助動-四型) ○・○・ケン・ケメ・○ 〘古〙 →けむ

げん【元】 教2 ゲン・ガン(グヮン) もと・はじめ
(字義) ①もと。根本。本質。もとで。「元金・元価・根元・本元」 ②はじめ。はじまり。最初。「元祖・元旦」 ③くび。こうべ。④かしら。第一人者。「元首・元帥」 ⑤年号。また、その最初の年。「元号・改元・元年・紀元」 ⑥中国で、清朝以来の貨幣の単位。⑦おおきい。「元勲・元老」 ⑧たみ。人民。「黎元」 難読 元結 人名 あさ・ちか・つかさ・ながはじむ・はる・まさ・もとい・ゆき・よし

げん【元】 ①〘数〙方程式の未知数。「二元一次方程式」 ②〘数〙集合の要素。

げん【元】 〘世〙中国の王朝名。一二七一年、モンゴル帝国のフビライが宋を滅ぼして建国。一三六八年、明に滅ぼされた。

げん【幻】 ゲン 中 まぼろし 中
(字義) ①まぼろし。実在しない物があるように見えること。「幻影・幻覚・幻想・幻滅・夢幻」 ②まどわす。くらます。変化する。「幻術・幻惑・変幻」 人名 み

げん【玄】 ゲン 中 くろ
(字義) ①くろ。黒色。赤黒い色。「玄衣・玄米」 ②かすかで遠い。奥深い道理。「玄機・玄理・幽玄」 ③老子の学説で、天地万物を超越した境地をいう。ひいて道家に関する語につける。「玄学・玄虚」 難読 玄人・玄翁・玄孫 人名 しず・しずか・つね・とお・とら・のり・はじめ・はる・はるか・ひかる・ひろ・ひろし・ふか・ふかし

げん【言】 教2 ゲン・ゴン いう・こと
(字義) ①いう。のべる。口に出す。「言明・言論・過言・他言」 ②こと。ことば。意見。「言語・言行・格言・甘言・諫言・金言・巧言・讒言・至言・失言・伝言・方言・放言・遺言」 ③いうこころ。いおうとする意味。④いいつけ。命令。難読 言い種・言質・言種・言霊・言伝・言祝ぐ 人名 あき・あや・さとる・とき・とし・とも・のぶ・のり・ゆき

げん【言】 ことば。いうこと。
―を左右にする いろいろなことを言って、明確なことを言わない。
―を俟たない 改めて言うまでもない。

げん【弦】 ゲン 中 つる 高・いと
(字義) ①つる。ゆんづる。「鳴弦」 ②弓はり月。月が半円形に見えること。「下弦・上弦」 ③いと。弦楽器に張った糸。また、弦楽器。「管弦」 参考 ③は「絃」の書き換え字。人名 お・ふさ・ゆづる

げん【弦】 ①弓のつる。②バイオリン・琴などの弦楽器に張った糸。また、弦楽器。③〘数〙円または曲線上の弧の両端を結ぶ線分。参考 ②は、「絃」とも書く。

げん【彦】 人 ゲン ひこ
(字義) ①学問・才徳のすぐれた青年男子。「彦士・英彦・俊彦」 ②ひこ。男子の美称。人名 お・さと・ひろ・やす・よし

げん【限】 教5 ゲン かぎる
(字義) ①かぎる。くぎる。「限隔・限定・制限」 ②かぎり。へだて。程度。きまり。「限界・限度・期限・極限・年限・分限・無

限・門限・有限」難読 限限(ぎりぎり)

げん【原】 教2 ゲン はら・もと (字義) ①はら。ひろくて平らな土地。「原野・高原・平原」②もと。＝源。㋐みなもと。おこり。物事のはじめ。「原因・原始・起原・根原」㋑もとになったもの。「原稿・原料」③たずねる。根本を探究する。④「原子力」の略。「原爆」人名 おか・はじめ

げん【◇拳】(字義) →けん(拳)

げん【現】 教5 ゲン・ケン あらわれる・あらわす・うつつ (字義) ①あらわれる。あらわす。かくれていたものが見えるようになる。「現象・現像・具現・実現・出現・表現」②実際にある。存在する。「現存」③いま。まのあたり。「現在・現代・現首相」④うつつ。うつし。生きている状態。難読 現(あき)つ神・現人神(あらひとがみ)・現(うつ)し身・現(うつ)し世・現人(うつせみ・うつそみ)・現身(うつせみ・うつそみ)・夢現(ゆめうつつ) 人名 あき・あり・けん・み

げん【眼】(字義) →がん(眼)

げん【人絃】 ゲン いと (字義) いと。バイオリンや琴などの楽器にはる、つる糸。また、その楽器をひくこと。「絃楽・絃楽器・管絃」参考「弦」が書き換え字。人名 お・ふさ

げん【舷】 ゲン㊥ ふなばた (字義) ふなばた。ふなべり。船の両側面。「舷窓・舷側・右舷・左舷・両舷」

げん【人這】 ゲン・シャ はう (字義) ①はう。㋐腹ばって行く。㋑つるが地をはって伸びる。②これ。この。「這般(しゃはん)」③むかえる。難読 這入(はい)る

げん【減】 教5 ゲン へる・へらす (字義) ①へる。少なくなる。へらす。少なくする。「減少・減税・軽減・削減・節減・半減」↔増 ②引き算。引き算をする。「減法・加減乗除」難読 減殺(げんさい)・減(め)り張(は)り 人名 き・つぎ

げん【減】 少なくなること。へること。へらすこと。「三割の一になる」↔増

げん【嫌】(字義) →けん(嫌)

げん【源】 教6 ゲン みなもと (字義) みなもと。水流のはじまる所。物事のはじまり。「源泉・源流・起源・語源・根源・財源・資源・水源・発源・本源」人名 はじむ・はじめ・もと・よし

げん【人諺】 ゲン ことわざ (字義) ことわざ。「古諺・俗諺・鄙諺(ひげん)・俚諺(りげん)」参考「諺」は俗字。難読 諺文(オンモン・おんぶん)

げん【◇還】(字義) →かん(還)

げん【厳】 教6【人嚴】 ゲン・ゴン㊀ おごそか㊥・きびしい・いかめしい (字義) ①おごそか。いかめしい。犯しがたい。「厳粛・厳然・威厳・荘厳(そうごん)・尊厳」②きびしい。はげしい。「厳格・厳寒・厳罰」③いましめ。「戒厳」④つつしむ。「謹厳」⑤父に対する敬称。多くは他人の父に対して用いる。「厳君・厳父」人名 いかし・いつ・いつき・いわ・いわお・かね・たか・つよ・ひろ・よし

げん【厳】(名・タル) すきがなく、きびしいこと。また、おごそかで、いかめしいさま。「守りを一にする」「一たる態度」

げん【験】(字義) →けん(験)

げん【験】 ①〘仏〙仏道修行を積んだしるし。信仰や祈りの効果。②ききめ。効能。③前兆。縁起。「一がよい」

けん-あい【兼愛】(中国、戦国時代の思想家墨子(ぼくし)の唱えた説)自他・親疎を区別せずにだれをも等しく愛すること。

けん-あく【険悪】(名・形動ダ) ①状況や様相が危うく油断できないこと。また、そのさま。「一な雰囲気」②顔つきや態度などがけわしくて恐ろしいこと。また、そのさま。「一な表情」

げん-あつ【減圧】(名・自他スル) 圧力が減ること。また、圧力を減らすこと。「一弁」↔加圧

けん-あん【検案】(名・他スル) ①形跡・状況などを調べただすこと。②〘法〙医師が、死亡の事実を医学的に確認すること。

一しょ【一書】 医師の診療を受けないで死んだ人について、その死亡を確認する医師の証明書。

けん-あん【懸案】 問題とされながら、まだ解決がつかないでいる事柄。「一事項」

げん-あん【原案】 討議や検討をするために提出された最初の案。もとの案。「一どおり可決する」

けん-い【権威】|キ ①人を抑えつけて従わせる威力。人がひれ伏して従うような卓越した力。「一が失墜する」②学問・技術など、その道で特に優れ、信頼できると認められていること。また、そのような人。第一人者。オーソリティー。「心臓外科の一」

一しゅぎ【一主義】 権威に対して無批判に服従したり、権威をたてに他人を抑えつけたりする態度。

げん-い【原意】 もとの意味。原義。「一に忠実に訳す」

けんい-やく【健胃薬】|ケンヰ 胃のはたらきをさかんにしたり調えたりする薬剤。健胃剤。

けん-いん【△牽引】(名・他スル) 引っぱること。引き寄せること。「レッカー車で一する」「プロジェクトを一する」

一しゃ【一車】 ①荷物を積んだ車両を引っぱる機関車。また、他の車両や農耕機械・建設機械などを引っぱる自動車。トラクター。②(比喩(ひゆ)的に)人々の先頭に立って、集団をまとめ率いる人。リーダー。「チームの一となる」

けん-いん【検印】 ①検査したことを示す印。②発行部数を確認するため、著者が書籍の奥付(おくづけ)に押す印。「一廃止」

げん-いん【原因】(名・自スル) ある物事を引き起こすもとになること。また、その事柄。「事故の一を調査する」↔結果

げん-いん【現員】|キン (定員に対して)現在の人員。現在員。

げん-いん【減員】|キン (名・自他スル) 人員・定員を減らすこと。また、減ること。「委員を一する」↔増員

けん-うん【◇巻雲・絹雲】〘気〙上層雲の一種。高度五〇〇〇〜一万三〇〇〇メートルにできる白くて薄い筋状の雲。小さな氷の結晶からなる。巻き雲。筋雲。記号 Ci

げん-うん【△眩△暈】 目がくらんでふらふらする感じ。めまい。

けん-えい【県営】 県が経営・管理をすること。「一グラウンド」

けん-えい【兼営】(名・他スル) 本業のほかに他の事業も兼ねて経営すること。「ホテルが結婚式場も一する」

けん-えい【献詠】(名・他スル) 宮中や神社などに、詩歌をよんで献上すること。また、その詩歌。

げん-えい【幻影】 幻覚によって生じる影像。現実にはないのに、あるかのように見えるもの。まぼろし。「一におびえる」

けん-えき【検疫】(名・他スル) 感染症予防のため、他の地域、特に外国から来た人・動植物などについて検査・診断し、必要に応じて消毒・隔離などを行うこと。

一かんせんしょう【一感染症】|カンセンシヤウ 〘医〙国内に常在しない感染症の侵入を防ぐために検疫法で規定された、検疫対象となる感染症。エボラ出血熱・ペスト・マラリアなど。

けん-えき【権益】 権利とそれによって生じる利益。特に、ある国が他国内で得たものをいう。「既得一」「在外一」

げん-えき【原液】 薄めたり、まぜたりしていない、もとの液。

げん-えき【現役】 ①現在、ある社会で実際に活動していること。また、その人。「―の選手」②高校に在学中の大学受験生。「―で合格する」↔浪人 ③もと、陸海軍で常備兵役の一つ。現在、軍務に服していること。また、その人。「―兵」

げん-えき【減益】(名・自スル) 利益が減ること。↔増益

けん-えつ【検閲】(名・他スル) 内容の可否などを調べること。特に、思想統制や治安維持のために、国が出版物・映画・脚本・郵便物などを強制的に調べて取り締まること。現在の日本では憲法でこれを禁止している。

けん-えん【犬猿】(ヱン) 犬と猿。仲の悪いもののたとえ。**―の仲** 非常に仲の悪い間柄。**―もただならず** 仲の悪い犬と猿との間柄どころではなく、もっと仲の悪いこと。

けん-えん【倦厭】(名・自スル) 飽きて嫌になること。

けん-えん【嫌煙】 人が近くでたばこを吸うのをきらうこと。**―けん【―権】** たばこを吸わない人が、公共の場や職場などでの、たばこの煙による迷惑を拒否する権利。

けん-えん【慊焉】(タル) ①飽き足りなく思うさま。「胸中、―たるものがある」②満足するさま。多く、あとに打ち消しの語を伴う。「―とせぬ面持ち」文(形動タリ) 参考「慊」には満足と不満足との正反対の意がある。

げん-えん【減塩】 ①食塩の摂取を控えること。「―食」②食品に含まれる塩分の量を減らすこと。「―調味料」

けん-お【嫌悪】(ヲ)(名・他スル) 憎みきらうこと。ひどくきらうこと。「自己―」「―の情をいだく」

げん-おう【玄奥】(アウ)(名・形動ダ) 奥深くてはかりしれないこと。深遠なこと。また、そのさま。「学問の―をきわめる」

けん-おん【検温】(ヲン)(名・自スル) 体温をはかること。**―き【―器】** 体温をはかる温度計。体温計。

げん-おん【原音】 ①原語での発音。②録音された再生音に対して、もとの音。③→きおん(基音)①

けん-か【県下】 県内。県の行政区域内。「―一円」

けん-か【県花】(クワ) 各県を代表するものとされた花。宮城県のミヤギノハギ、和歌山県のウメなどの類。

けん-か【堅果】(クワ) カシ・クリ・ナラなどの実のように、果皮がかたくて種子と密着せず、熟しても裂けない果実。

けん-か【喧嘩】(クワ)(名・自スル) 殴り合ったりののしり合ったりして争うこと。「―を吹っかける」「くだらぬことで―する」類語 争い・確執・諍い・啀み合い・こぜり合い・いざこざ・ごたごた・すったもんだ・揉めごと・内輪もめ・内紛・内訌・角突き合い・不和・反目・物議・仲違い・蝸牛角上の争い・葛藤・トラブル・悶着・私闘・争闘・暗闘・殴り合い・表現 兄弟牆に鬩ぐ・骨肉相食む・血で血を洗う **―過ぎての棒千切り** (けんかが終わってから棒切れを持って来ても役に立たないことから)時機を逃して効果のないことのたとえ。**―を売る** けんかを仕掛ける。**―を買う** ①仕掛けられたけんかの相手になる。②他人のけんかに関係してそれを引き受ける。

―ごし【―腰】 けんかを仕掛けるような態度。「―で話す」

―よつ【―四つ】 相撲で、対戦する両者の得意な差し手が違うこと。差し手を争うことになる。↔相四つ

―りょうせいばい【―両成敗】(リヤウセイバイ) けんかをしたものを、理非にかかわらず、両方とも同じように処罰すること。

―わかれ【―別れ】(名・自スル) けんかしたまま、仲直りせずに別れること。対立したまま縁が切れてしまうこと。

けん-か【献花】(クワ)(名・自スル) 神前や霊前に花を供えること。また、その花。参考 仏教では、「供華・供花」という。

けん-か【鹸化】(クワ)(名・自スル)《化》エステルにアルカリを加えてアルコールとカルボン酸塩とに加水分解する反応。狭義には、油脂を加水分解してグリセリンとせっけんをつくる反応。

けん-が【懸河】 傾斜が急で流れの速い川。「―の勢い」**―の弁** すらすらとよどみなく話すこと。雄弁。

げん-か【言下】 相手が言い終わるか終わらないかのとき。一言のもと。言下。「―に断る」「―に否定する」

げん-か【弦歌・絃歌】 三味線などの弦楽器を弾き、歌を歌うこと。また、その音や声。「―の巷」

げん-か【原価】 ①製品の製造にかかる費用。生産費。コスト。「製造―」②商品の仕入れ値段。元値。「―を割って売る」参考 ②は「元価」とも書く。**―けいさん【―計算】**《商》製品の製造にかかった費用を厳密に調べ、単位あたりの生産費を算出する会計上の手続き。

げん-か【現下】 現在。ただいま。目下。「―の情勢」

げん-か【現価】 ①現在の値段。時の相場。時価。②将来の一定時期に受け取るはずの金額の、現在における価額。支払われる時期までの利息を差し引いて定める。

げん-か【減価】 ①値段を下げること。また、下げた値段。②価値が減少すること。**―しょうきゃく【―償却】**(シヤウキヤク)《商》年数の経過にともなう機械や建物など固定資本の価値の減少分を、各会計年度に損益として割りあてて商品の原価に組み入れ、販売収益のなかから回収していく会計上の手続き。

げん-が【原画】(グワ) ①複製・印刷した絵に対して、もとの絵。②アニメの制作で、動画のもととなる動きの要所を描いた絵。

けん-かい【見解】 物事に対する評価や考え方。意見。「―の相違」

けん-かい【県会】(クワイ) 「県議会」の旧称・通称。「―議員」

けん-かい【狷介】(名・形動ダ)(「狷」は自分の心をかたく守って変えない意。「介」は志がかたい意)がんこで自分の意志をかたく守り、人と打ち解けないこと。また、そのさま。「―孤高」

けん-がい【圏外】(グワイ) 一定の範囲のそと。範囲外。「通話の―」「優勝―に去る」↔圏内

けん-がい【遣外】(グワイ) 外国へ派遣すること。「―使節」

けん-がい【懸崖】 ①切り立ったがけ。②枝・葉などが根よりも低く垂れ下がるように作った盆栽。「―の菊」「―仕立て」

げん-かい【幻怪】(クワイ)(名・形動ダ) 人を惑わすようなあやしいこと。不思議なこと。また、そのさま。

げん-かい【限界】 これから先はないというぎりぎりの境。「能力の―」「我慢も―になる」**―こうよう【―効用】**(カウヨウ)《経》財やサービスの消費量が一単位増えたとき、それによって得られる満足度の増加分。「―逓減の法則(=限界効用は、消費量が増すにしたがって、その増加の度合いが徐々に鈍ってくるという法則)」**―しゅうらく【―集落】**(シフラク) 過疎化や高齢化が進み、居住者の半数以上が高齢者となった集落。**―じょうきょう【―状況】**(ジヤウキヤウ)《哲》人間をその存在の限界まで追いつめるような絶対的な状況。生きている限り避けることのできない死・苦悩・罪・闘争など。極限状況。

げん-かい【厳戒】(名・他スル) きびしく警戒すること。また、きびしい警戒。「―体制を敷く」

げん-がい【言外】(グワイ) 直接言葉に表されていないところ。「―ににおわせる(=それとなく感じさせる)」「―にほのめかす」

げん-がい【限外】(グワイ) 制限された範囲のそと。**―けんびきょう【―顕微鏡】**(ケンビキヤウ) ふつうの顕微鏡では見えにくいごく微細な物体やその構造を、散乱光を利用して見えるようにした顕微鏡。暗視野顕微鏡。

けんかいなだ【玄界灘】 九州北方の、東は響灘(ひびきなだ)、西は壱岐島(いきのしま)との間の水域。

けん-かく【剣客】 剣術の強い人。剣術つかい。剣客(けんきゃく)。

けん-かく【懸隔】(名・自スル) かけはなれていること。二つの物事が大きくへだたっていること。「力量が―する」

けん-がく【見学】(名・他スル) 実際に見て知識を身に付けること。「工場―」

けん-がく【建学】 ①学問の一派をおこすこと。②学校を創設すること。「―の精神」

けん-がく【研学】(名・自スル) 学問・研究を進めること。

けん-がく【兼学】(名・他スル) 二つ以上の学問や教理を併せ学ぶこと。「顕密―」

げん-かく【幻覚】 外界に感覚器官を刺激するものがないのに、あるように感じる感覚。幻視・幻聴など。「―に悩まされる」

げん-かく【厳格】(形動ダ)ダロ・ダッ(デ・ニ)・ダ・ナ・ナラ・〇 きびしく、誤りや怠慢を許さないさま。「―なしつけ」文(ナリ)

げん-がく【弦楽・△絃楽】〔音〕バイオリン・チェロなどの弦楽器で演奏する音楽。

―しじゅうそう【―四重奏】シヂュウソウ 〔音〕第一バイオリン・第二バイオリン・ビオラ・チェロの合奏。

げん-がく【△衒学】 学問や知識のあるのを自慢して、ひけらかすこと。ペダントリー。

―てき【―的】(形動ダ)ダロ・ダッ(デ・ニ)・ダ・ナ・ナラ・〇 学識を誇り、ひけらかすさま。ペダンチック。「―な文章」

げん-がく【減額】(名・他スル) 金額や数量を減らすこと。また、減らした金額や数量。「補助金を―する」↔増額

けんか-しょくぶつ【顕花植物】ケンクワ― 〔植〕「種子植物」の旧称。花を咲かせ種子をつくる植物。↔隠花植物

げん-がっき【弦楽器・△絃楽器】―ガクキ 〔音〕張ってある弦を鳴らして演奏する楽器の総称。バイオリン・チェロ・ハープ・ギター・琴・三味線(しゃみせん)など。⇨管楽器・打楽器

けん-が-みね【剣が峰】 ①火山の噴火口のまわり。②相撲で、土俵を形づくるたわらの最も高い部分。「寄りを―で残す」③物事が成立するか否かのせとぎわ。「ここが成否の―だ」

―に立(た)たされる 物事が成功するか失敗するかのぎりぎりの状態に追い込まれる。「外交問題で―」

けん-かん【建艦】(名・自スル) 軍艦を建造すること。

けん-かん【兼官】―クワン (名・他スル) 本来の官職以外に他の官職もかねること。また、その官職。

けん-かん【権官】―クワン 権力のある官職。また、その職にある人。

けん-かん【顕官】―クワン 地位の高い官職。また、その職にある人。↔微官

けん-がん【検眼】(名・自スル) 視力を検査すること。

げん-かん【玄関】―クワン ①建物の正面の出入り口。「正面―」②玄妙な道にはいる関門。転じて、禅寺の門。

―ばらい【―払い】―ヒバラ 訪問者を、玄関で応対しただけで帰すこと。また、面会しないで追い返すこと。

―ばん【―番】 玄関にいて客の取り次ぎをする人。

げん-かん【現官】―クワン 現在ついている官職。

げん-かん【厳寒】 きびしい寒さ。「―の候」冬 ↔厳暑

けん-き【嫌忌】(名・他スル) いみきらうこと。

けん-き【権貴】 権勢があり地位の高いこと。また、その人。

けん-き【顕貴】 非常に高い地位にあること。また、その人。

けん-ぎ【建議】(名・他スル) ①意見や希望を官庁や上司に申し述べること。また、その意見。建白。「―書を提出する」②〔法〕明治憲法時代、議会が政府に意見や希望を述べること。

けん-ぎ【県議】(「県議会議員」の略)県の議決機関である県議会を構成する議員。県会議員。

けん-ぎ【嫌疑】 うたがわしいこと。特に、罪を犯したのではないかというたがいがあること。「―がかかる」

げん-き【元気】 ■一(名) 活動の根本となる気力。生命の活力。「―を出せ」■二(形動ダ)ダロ・ダッ(デ・ニ)・ダ・ナ・ナラ・〇 ①健康なさま。体の調子がよいさま。「いつまでもお―で」②生き生きとして活力のあふれているさま。勢いのよいさま。「―な子供」文(ナリ)

げん-き【原器】 同種類の物の基本・標準となる器物。特に、度量衡(どりょうこう)の基準となるもの。「メートル―」「キログラム―」

げん-き【△衒気】 他人に自分の学問や才能をみせびらかすような気持ち。てらいたがる気風。てらい。「―のある男」

げん-ぎ【原義】 言葉のもとの意味。本来の意義。原意。↔転義

けん-きゃく【剣客】 →けんかく(剣客)

けん-きゃく【健脚】(名・形動ダ) 足がじょうぶで、歩くことが達者なこと。また、そのさまやその足。「―を誇る」

げん-きゃく【減却】(名・自他スル) 減ること。減らすこと。

けん-きゅう【研究】―キウ (名・他スル) 物事をよく調べ考えること。真実・真理を求めて学問的に調べ考えること。「―室」「天体の―」「―に没頭する」

けん-ぎゅう【△牽牛】―ギウ 「牽牛星(けんぎゅうせい)」の略。秋

―せい【―星】 鷲(わし)座の首星アルタイルの漢名。彦星(ひこぼし)。秋 ⇩七夕(たなばた)

げん-きゅう【言及】―キフ (名・自スル) その事柄に話題が及ぶこと。言い及ぶこと。「―を避ける」「公害問題に―する」

げん-きゅう【原級】―キフ ①進級する前のもとの学年。「―留め置き」②〔文法〕西洋文法で、形容詞・副詞の比較の意を表す語形変化に対して、そのもとになる形。⇩比較級・最上級

げん-きゅう【減給】―キフ (名・自他スル) 給料を減らすこと。また、給料が減ること。減俸。「―処分」↔増給

けん-きょ【検挙】(名・他スル) 捜査機関が被疑者を特定し、逮捕または取り調べを行うこと。警察署などへの引致をいうこともある。

けん-きょ【謙虚】(形動ダ)ダロ・ダッ(デ・ニ)・ダ・ナ・ナラ・〇 自分の能力・才能などを誇らず、つつましい態度で人に接するさま。相手を重んじ、ひかえめなさま。「―な態度」↔傲慢(ごうまん) 文(ナリ)

げん-きょ【原拠】 ある事柄のもとになるよりどころ。

けん-きょう【△祆教】―ケウ 〔宗〕中国でのゾロアスター教の称。

けん-きょう【△狷狭】―ケフ (名・形動ダ) 気が短く、心の狭いこと。また、そのさま。「―な人」

けん-きょう【△牽強】―キヤウ 道理にあわないことを無理にこじつけること。こじつけ。「―の説」

―ふかい【―付会・―附会】―クヮイ (名・他スル) 道理にあわないことを、自分に都合のよいように無理にこじつけること。「―の説をなす」

けん-きょう【顕鏡】―キヤウ (名・他スル) 顕微鏡で検査すること。「―実習」

けん-ぎょう【建業】―ゲフ 事業の基礎を打ち立てること。

けん-ぎょう【兼業】―ゲフ (名・他スル) 本業のほかに他の仕事をも行うこと。また、その仕事。

―のうか【―農家】 農業以外にも他の仕事をして、収入を得ている農家。↔専業農家

けん-ぎょう【検◇校】―ゲウ ①昔、盲人に与えられた最高の官名。②寺社内の事務、僧尼を監督すること。また、その職。

けん-ぎょう【顕教】―ゲウ 〔仏〕言語や文字によって明らかに説き示された教え。密教以外のすべての仏教。顕宗(けんしゅう)。↔密教

げん-きょう【元凶・元△兇】悪事をたくらんだ中心人物。悪人のかしら。また、悪いことの根源。「事件の—」

げん-きょう【現況】現在のありさま。現状。「株式—」

げん-ぎょう【現業】(管理・事務ではなく)工場・作業場など、現場での労働業務。「—員」「非—」

げん-きょく【限局】(名・他スル)内容や意味の範囲をせまく限ること。局限。「教育問題に—して述べる」

げん-きょく【原曲】〔音〕編曲などの変更が加えられる前の、もとの曲。

けん-きん【兼勤】(名・他スル)本来の職務以外に他の役目もかねること。兼務。兼任。

けん-きん【献金】(名・自スル)ある目的のために使う金銭を差し出すこと。また、その金銭。「政治—」

げん-きん【現金】■(名)①現在持っている金銭。有り金。②(小切手・手形・為替などではなく)現在通用している貨幣。キャッシュ。「—で支払う」③〔経〕貨幣・小切手・手形などの総称。■(形動ダ)目先の利害によってすぐに態度を変えるさま。「—な奴」

—かきとめ【—書留】現金を所定の現金封筒に入れて直接送る書留郵便。

げん-きん【厳禁】(名・他スル)きびしくさしとめること。かたく禁じること。「土足—」「火気—」「立ち入りを—する」

けん-ぐ【賢愚】賢いことと愚かなこと。また、賢者と愚者。

げんくう【源空】→ほうねん(法然)

けん-ぐん【懸軍】後方との連絡がないまま、敵陣内に深くはいりこむこと。また、その軍隊。「—万里」

げん-くん【元勲】国家のための偉大な功績。また、そのような大きな働きをした人。「明治維新の—」

げん-くん【厳訓】きびしい教え・訓戒。

げん-げ【×紫雲英】「れんげそう」の別称。春

けん-けい【賢兄】■(名)①かしこい兄。「—愚弟」②他人の兄の敬称。大兄。■(代)対称の人代名詞。男性の友人に対する敬称。用法 男性どうしがおもに手紙文で用いる。

げん-けい【原形】物のもとの形。「—をとどめていない」

—しつ【—質】〔生〕細胞をつくり生命活動の基礎となっている物質。核と細胞質からなる。

げん-けい【原型】①物事のもとの型。「銅像の—」「日本語の—を探る」②鋳物や彫刻のもとになる型。③洋裁で、型紙のもとになる製図の型。

げん-けい【現形】現在の形やありさま。

げん-けい【減刑】(名・自スル)〔法〕恩赦の一つ。確定している刑を軽くすること。「政令によって—する」

げん-けい【厳刑】きびしい刑罰。「—に処する」

けん-げき【剣△戟】(つるぎとほこの意から)武器。刀。また、それによる切り合い・戦い。「—の響き」

けん-げき【剣劇】刀剣で切り合う場面を見せ場とする映画や演劇。ちゃんばら劇。

けん-けつ【献血】(名・自スル)輸血のための血液を無償で提供すること。「—車」はじまり 日本では、一九五二(昭和二十七)年、日本赤十字社が血液銀行東京業務所を開業し、無償での血液の提供を呼びかけたのが最初。

げん-げつ【弦月】弓張り月。上弦または下弦の月。秋

けん-けん 子供の遊びなどで、片足でぴょんぴょん跳ぶこと。

けん-けん【△喧△喧】(タト)がやがやとやかましいさま。文(形動タリ)

—がくがく【—△諤△諤】(タト)全員が自分の言い分を主張し、まとまらない状態。語源「喧喧囂囂」と「侃侃諤諤」とが混同されてできた語。

—ごうごう【—△囂△囂】(タト)人々が、勝手な意見をやかましくしゃべって騒ぐさま。「—たる非難」文(形動タリ)

けん-げん【建言】(名・他スル)政府や官庁などに意見を申し述べること。また、その意見。建白。「—書」

けん-げん【献言】(名・他スル)上司などに意見を申し上げること。また、その意見。「部長に—する」

けん-げん【権限】①正式または公的に職権の及ぶ範囲。また、個人が行使することのできる権利の範囲。②〔法〕国や公共団体が法令に従って職権を行使することができる範囲。また、ある人の代理人が法律行為をすることができる範囲。

けん-げん【権原】〔法〕その行為をすることを正当とする、法律上の根拠。

けん-げん【顕現】(名・自他スル)はっきりと具体的な形となって現れること。また、現すこと。「神の啓示が—する」

げん-げん【言言】一つ一つの言葉。一語一語。「—句々(=一言一句)」「—火を吐く(=ひとことひとこと、激しく言う)」

けんけん-ふくよう【拳拳服△膺】(名・他スル)常に心に銘記して忘れないようにすること。「師の言葉を—する」

けん-こ【△眷顧】情けをかけること。ひいき。「—にあずかる」

けん-ご【堅固】(名・形動ダ)①守りがしっかりしていて、簡単には破られたりしないこと。また、そのさま。「—な城」②意志が強く、心が動かないさま。「志操—」③健康でじょうぶであるさま。「—に暮らす」

げん-こ【°拳固】固くにぎった手。にぎりこぶし。げんこつ。

げん-こ【△儼△乎】(タト)いかめしいさま。おごそかなさま。「—たる態度」文(形動タリ)

げん-ご【言語】音声や文字を使って人間の思想・感情・意思などをあらわし、相手に伝えるもの。また、その行為。言葉。ごんご。げんぎょ。「—明晰」

—に絶する 言葉では言いあらわせない。「—惨状」

—がく【—学】言語について語彙・音韻・語法などを歴史的・地域的な面などから実証的に研究する学問。

—しょうがい【—障害】言葉を正確に話したり理解したりすることができないこと。吃音・失語症など。

—せいかつ【—生活】言語活動から見た人間の生活。また、人間の生活の一形態として見た言語。

げん-ご【原語】翻訳したり改めたりした言葉の、もとの言葉。特に、翻訳のもとになった外国語。「—で読む」

けん-こう【兼行】(名・自スル)①(二日かかる行程を夜も歩いて一日で行く意から)中断しないで急いですること。「昼夜—」②二つ以上のことを同時に行うこと。

けん-こう【健康】■(名)体のぐあい。「—がすぐれない」■(名・形動ダ)心身の状態に悪いところがなく、正常で元気であること。また、そのさま。「—でなによりだ」「不—」

—じゅみょう【—寿命】〔保〕医療や介護に依存せず、日常生活を制限なく健康に送れる期間。

—しょくひん【—食品】健康増進や保健を目的として、その効果を期待して飲食する医薬品以外の食品。

—しんだん【—診断】病気の予防や早期発見などのために、医師が診断すること。健診。「—を受ける」

—てき【—的】(形動ダ)①健康そうであるさま。「—な体」②健康の増進に役立つさま。「—な食生活」

—び【—美】健康な体にそなわった美しさ。

—ほけん【—保険】健康保険法にもとづく社会保険で、毎月一定の金額を納めている被保険者とその家族の病気・負傷などに対して、その医療費を補うための保険。健保。

けん-こう【堅甲】カフ ①堅くてじょうぶなよろい。②かたい殻。
—りへい【—利兵】 堅いよろいと鋭い武器。また、それを帯びた強い兵士。
けん-こう【権衡】カウ（「権」ははかりのおもり、「衡」はさお、「権衡」ではかりの意）物事のつりあい。均衡。「—を保つ」
けん-こう【軒△昂】カウ（タル）意気が大いに上がるさま。奮いたつさま。「意気—」文（形動タリ）
けんこう【兼好】ケンカウ →うらべのかねよし
けん-ごう【剣豪】ガウ 剣術の達人。「—小説」
けん-ごう【△喧△囂】ガウガウ やかましいこと。うるさいこと。
げん-こう【元△寇】（「寇」は外敵の侵攻の意）北条時宗(ときむね)の執権時代、一二七四（文永十一）年・一二八一（弘安四）年の二度にわたって元(げん)（世祖フビライの時代）の軍が来襲した事件。文永の役(えき)・弘安の役。蒙古(もうこ)襲来。
げん-こう【玄黄】クワウ（「玄」は天の黒い色、「黄」は地の黄色の意から）天と地。宇宙。
げん-こう【言行】カウ 口で言うことと実際に行うこと。言葉と行い。「—一致」「—をつつしむ」
げん-こう【原鉱】クワウ 鉱山から掘り出したままの鉱石。金属の原料となる鉱石。
—ろく【—録】 ある人の言ったことや行動を記録したもの。
げん-こう【原稿】カウ 印刷したり話をしたりするために書いたもの。また、印刷用の文書や写真など。草稿。「—用紙」
げん-こう【現行】カウ 現在行われていること。「—の制度」
—はん【—犯】 現に犯罪を行っているときや行い終わったときに見つかった犯罪。また、その犯人。「—で逮捕する」
げん-ごう【元号】ガウ 年につける呼び名。年号。昭和・平成・令和など。現在は、皇位継承の場合に限り改める。
けんこう-こつ【肩甲骨・肩△胛骨】ケンカフ《生》両肩のうしろにある逆三角形の大きくて平らな骨。かいがらぼね。
けん-こく【建国】（名・自他スル）新しく国をおこすこと。「—の精神」
—きねん-の-ひ【—記念の日】 国民の祝日の一つ。二月十一日。建国をしのび、国を愛する心を養うという趣旨で制定された。もとの「紀元節」に当たる。春 ⇩紀元節
けん-こく【圏谷】 →カール(Kar)
げん-こく【原告】《法》民事訴訟・行政訴訟を起こして裁判を申請した当事者。↔被告

げん-こく【厳酷】（名・形動ダ）むごいほどきびしいこと。また、そのさま。「—な刑」
げん-こつ【◇拳骨】 にぎりこぶし。げんこ。「—でなぐる」
げんごろう【源五郎】ゲンゴラウ《動》ゲンゴロウ科の昆虫。池や沼にすむ。卵形の甲虫で背は青黒い。大きく発達したうしろ足で水中を泳ぎ小魚などを捕食する。夏
—ぶな【—△鮒】《動》琵琶湖(びわこ)原産のフナの一亜種。体長四〇センチメートルにも達する。へら。へらぶな。夏
けん-こん【◇乾△坤】 ①易(えき)の卦(け)で、乾と坤。②天地。「—の間」③陰陽。④方角で、いぬい（=北西）とひつじさる（=南西）。
—いってき【—一△擲】 運命をかけ、いちかばちかの勝負をすること。「—の大事業」
げん-こん【現今】 いま。現在。「—の世界情勢」
けん-さ【検査】（名・他スル）ある基準のもとに、適・不適、異常・不正の有無などを調べ確かめること。「血液—」「品質—」
げん-ざ【験◇者】《古》加持祈禱(かじきとう)をして霊験をあらわす行者。修験者。験者(げんじゃ)。
けん-さい【賢才】 すぐれた才能。また、それをもつ人。
けん-ざい【建材】 建築の資材。建築材料。「新—」
けん-ざい【健在】（名・形動ダ）①元気に暮らしていること。また、そのさま。「両親は—です」②従来どおりに活動・活躍していること。また、そのさま。「ベテラン—」
けん-ざい【顕在】（名・自スル）はっきりと具体的な形にあらわれて存在すること。「問題が—化する」↔潜在
げん-さい【減災】 災害が起こった際の被害を少なくすること。また、そのための取り組み。
げん-さい【減殺】（名・他スル）量や程度を減らして少なくすること。「興味が—される」参考「げんさつ」は慣用読み。
げん-さい【減債】（名・自スル）債務を減らすこと。
げん-ざい【原罪】《基》アダムとイブが禁断の木の実を食べた結果、人間が生まれながらにして持つという罪。宿罪。
げん-ざい【現在】 ■一（名）①過去と未来の間。いま。近い過去・未来を含めてもいう。副詞的にも用いる。「—は晴れている」「—進行中」↔過去・未来 ②（月日や時を表す語に付いて）変動するものの基準となる日時を示す。その時。「三時—一〇〇名の参加者」③《仏》現世。この世。↔過去・未来 ④《文法》現に行われている動作や現象を表す表現形式。「—推量」↔過去・未来 参考 動詞の終止形は、文語では現在の意味で使われたが、口語ではこれからのこと（近未来）を表す。■二（名・自スル）現に存在すること。「—する諸問題」
—かんりょう【—完了】クワンレウ《文法》西洋文法の時制の一つ。動作・状態がいま終わったこと、また、過去から現在に引き続いていることなどを表す言い方。
—しんこうけい【—進行形】シンカウケイ《文法》西洋文法で、動作が現在行われている途中であることを表す言い方。
—もの【—物】《演》能楽で、主人公が霊ではなく現実の人間である曲目の類。四番目物。狭義には、主人公を直面(ひためん)の男性とするもの。

> **ちがい「現在」・「当時」**
> 「現在」は、話をしているこの時点、すなわち「この時」である。一方、「当時」は話題となっている時を基準にしており、「その時」の意味になる。ただし、古くは「当時御方(みかた)に東国の勢何万騎かあるらめども、軍(いくさ)の陣へ笛持つ人はよもあらじ」〈平家〉のように、「当時」を「今」「この時」の意味で使った。「この時」から「その時」への意味の変化は、その基準が話し手の時点から話題の時点へ動いたということであり、日本語の変遷の仕方の一つの現れである。

げん-ざいりょう【原材料】ザイレウ いちばんもとになる材料。生産物の原料になるもの。
けん-ざお【間△竿・間△棹】ザヲ ①一間（約一・八二メートル）の目盛りのある竹竿(たけざお)。昔、検地に用いた。検地竿。②一尺（約三〇・三センチメートル）ごとに目盛りをつけた大工用の長いものさし。尺杖(しゃくづえ)。
けん-さく【建策】（名・自他スル）計画を立てること。
けん-さく【研削】（名・他スル）物の表面を砥石(といし)などでけずり、なめらかにすること。「—盤」
けん-さく【検索】（名・他スル）書物の索引やカード・パソコンなどで、必要な事柄を探し出すこと。「インターネットで—する」
—エンジン《情報》キーワードを入力してインターネット上のウェブページや情報などを検索するシステム。また、それを用いたサービス。サーチエンジン。
けん-さく【献策】（名・他スル）計画や計略などを、上の者に申し述べること。また、その策。「上司に—する」

げん‐さく【原作】 翻訳・改作・脚色などをする前の、もとの作品・著作。「―者」「映画の―」

げん‐さく【減作】 農作物の収穫高がへること。

げん‐さく【減削】(名・他スル) けずりへらすこと。削減。

げんさく‐どうぶつ【原索動物】〘動〙動物分類上の名称。現在は脊椎動物と合わせて脊索動物門とするのが一般的。終生または発生の一時期に脊索をもち、脊椎をもつには至らない動物。ホヤ・ナメクジウオなど。

けん‐さつ【検札】(名・自スル) 列車内で、乗務員が乗客の乗車券を調べること。車内改札。

けん‐さつ【検察】(名・他スル) ①誤りや不正がないかを調べること。②犯罪を捜査し証拠を集め公訴を起こすこと。③「検察庁」「検察官」の略。「―側の証人」

―かん【―官】 検察事務を扱う行政官。犯罪の捜査とその指揮をし、犯人を取り調べ、裁判所に裁判を請求する。検事総長・次長検事・検事長・検事・副検事の別がある。

―ちょう【―庁】 法務省に属し、検察官の行う事務を統括する官庁。最高裁判所・高等裁判所・地方裁判所および家庭裁判所・簡易裁判所に対応して、最高検察庁・高等検察庁・地方検察庁・区検察庁の四種がある。

けん‐さつ【賢察】(名・他スル) 相手が推察することを敬っていう語。御推察。お察し。「ご―のとおり」

げん‐さつ【減殺】(名・他スル)→げんさい(減殺)

けん‐さん【研鑽】(名・他スル) 学問・技芸などを深くきわめるよう努力すること。「―を積む」

けん‐ざん【見参】(名・自スル)→げんざん(見参)

けん‐ざん【剣山】 太い針をなまりなどの板に上向きに植えつけた、いけ花用の道具。花を挿して固定する。おもに水盤用。

〔剣山〕

けん‐ざん【検算・験算】(名・他スル) 計算の結果が正しいかどうかを確かめること。また、そのための計算。ためし算。

げん‐さん【原産】 最初に産出したこと。また、そのもの。「東南アジア―の植物」

―ち【―地】 ①動植物の初めの産地。②あるものの原料や製品の生産地。

げん‐さん【減産】(名・自他スル) 生産高が減ること。また、減らすこと。「冷害による米の―」↔増産

げん‐ざん【見参】(名・自スル) ①目下の人が目上の人に会うこと。お目にかかること。謁見。拝謁。「旧主に―する」②高貴な人が目下の人に会うこと。引見。参考「けんざん」ともいう。

げん‐ざん【減算】(名・自他スル) 引き算。減法。↔加算

けん‐し【犬歯】 門歯と臼歯の間にある上下各二本の鋭い歯。糸切り歯。肉食動物では牙となる。

けん‐し【剣士】 剣術に巧みな人。剣術つかい。剣客。

けん‐し【検死・検屍】(名・他スル) 検察官、医師などが変死者などの死体を調べること。

けん‐し【検使】 事実を見届けるための使者。特に、検視を行うための使者をいう。

けん‐し【検視】(名・他スル) ①事実の取り調べをすること。特に、事件のあった現場を調べること。検分。「―に立ち会う」②〘法〙検察官が、変死者などの死体について死因が犯罪によるものかどうかを調べること。

けん‐し【絹糸】 ①きぬいと。②生糸を精練して縒り糸にしたもの。

けん‐し【献詞】 本を他人に贈るときに、その本の著者や発行者が書く言葉。献辞。献題。「扉に―を記す」

けん‐し【繭糸】 繭と糸。転じて、きぬいと。

けん‐じ【健児】 血気さかんな若者。

けん‐じ【検字】 漢字の字引で、漢字を総画数順に並べた索引。

けん‐じ【検事】 ①検察官の階級の一つ。検事長の下、副検事の上。②「検察官」の旧称。

―せい【―正】 地方検察庁の長官。階級は検事。

―そうちょう【―総長】 最高検察庁の長官。

―ちょう【―長】 高等検察庁の長官。

けん‐じ【堅持】(名・他スル) 考えや態度をかたく守って動じないこと。「最初の方針を―する」

けん‐じ【献辞】→けんし(献詞)

けん‐じ【謙辞】 謙遜の言葉。へりくだっていう語。

けん‐じ【顕示】(名・他スル) 人にわかるように、はっきりと示すこと。「自己―」「―欲が強い」「威信を―する」

げん‐し【元始】 物事のはじめ。おこり。原始。

げん‐し【幻視】 実際には存在しないものが、存在するかのように見えること。

げん‐し【原子】〘物〙物質構成の一単位。元素の特性を失わない範囲の最小の微粒子。大きさは一億分の一センチメートル程度。原子核とそれをとりまく電子からなる。アトム。

げん‐し【原糸】 織物を織るときに、もとになる細い糸。

げん‐し【原始】 ①物事のはじめ。おおもと。元始。②自然のままで進化または変化していないこと。「―のままの生活」

―さんぎょう【―産業】 天然資源の開発を行う産業。農業・牧畜業・水産業・林業・鉱業など。

―じだい【―時代】 人間が文明を持たず自然のままに生活していた太古の時代。

―しゃかい【―社会】 古代の文明社会にはいる以前の社会。原始時代の社会。

―じん【―人】 原始時代の人。

―てき【―的】(形動ダ) 文明が発達せず、自然のままに近いさま。また、幼稚なさま。「―な農法」

―りん【―林】 太古以来、人の手が加えられないままの森林。原生林。処女林。

げん‐し【原紙】 ①コウゾの皮を原料とした厚く堅い紙。蚕卵紙に用いる。②謄写版に用いる、ろう引きの紙。「―を切る」

げん‐し【原詩】 翻訳・改作する前の、もとの詩。

げん‐し【原資】 ①もとでとなる資金。②〘経〙財政投融資(=政府が行う財政資金の投資や融資)のもとになる資金。

げん‐し【減資】(名・自スル) 資本金を減らすこと。↔増資

げん‐じ【言辞】 言葉。言葉づかい。「不穏な―を弄する」

げん‐じ【現時】 いま。現在。現今。「―の若者の意識」

げん‐じ【源氏】 ①源の氏族の称。②「源氏物語」、また、その主人公「光源氏」の略。参考①は、皇族が臣籍に降りたとき、朝廷からたまわる最も一般的な氏。清和源氏・嵯峨源氏などがあったが、頼朝の出た清和源氏が最も栄えた。

―ぐるま【―車】 牛車。御所車。語源「源氏物語」を題材に描いた絵に多く見られることから、この名がある。

―な【―名】「源氏物語」の五四帖の巻名にちなんでつけた女官の名。転じて、遊女や芸者などにつける呼び名。

―ぼたる【―蛍】〘動〙ホタル科の昆虫。体長約一五ミリメートル。体全体が黒く、前胸の背面は桃色で黒の十字紋がある。卵から成虫まで発光する。夏

げんし‐エネルギー【原子エネルギー】→げんしりょく

げんし‐か【原子価】〘化〙ある元素の一原子が、直接または間接に水素原子何個と結合するかを示す数。

げんし-かく【原子核】〘物〙原子の中心部をなすもの。原子の質量の大部分を占める。陽子と中性子とからなり、原子番号と同じ数の陽子をもつ。核。

―はんのう【―反応】(ハンオウ) →かくはんのう

―ぶんれつ【―分裂】 →かくぶんれつ②

けん-しき【見識】①物事の本質を見通す、すぐれた見解や判断力。また、それに基づく意見や考え。「高い―の持ち主」②気位(きぐらい)。「家柄を誇って―が高い」

―ば・る【―張る】(自五) ラ(ロ)・リ(ッ)・ル・ル・レ・レ 見識のあるようなふりをする。見識ぶる。「―・って口をはさむ」

げんし-きごう【原子記号】(キガウ) →げんそきごう

げんし-じ【原子時】〘物〙セシウム原子に電磁波をあてたとき、その吸収・放出する振動数が一定値をとることを利用して定める時刻。

げんし-じだい【原史時代】〘世・日〙考古学上、文献史料皆無の先史時代から文献史料が豊富な歴史時代への移行期。日本では一般に弥生時代から古墳時代に相当する。

けん-じつ【堅実】(名・形動ダ) 手がたく確かなこと。しっかりとしていて危なげのないこと。また、そのさま。「―な生き方」

げん-しつ【玄室】古墳の内部にあり、棺を安置する部屋。

げん-しつ【言質】 →げんち(言質)

げん-じつ【幻日】太陽の左右にあらわれる二つの光の点。太陽の光線が氷の結晶によって屈折して起こる暈(かさ)の一種。

げん-じつ【現実】今、現に事実としてあること。また、その状態。「厳しい―」「―に即して考える」「―みのある話」↔理想

―しゅぎ【―主義】主義や理想・夢にこだわらず、現実に即して合理的に事を処理する考え方。↔理想主義

―せい【―性】そのことが現実に起こりうる、存在しうる可能性。「―を帯びる」「―に乏しい計画」

―てき【―的】(形動ダ) ダロ・ダッ(デ・ニ)・ダ・ナ・ナラ・○ ①考えや態度などが現実に即しているさま。実際的。「―な対応」「非―な考え」②目前の利にさといさま。「―な人」

―ばなれ【―離れ】(名・自スル) 現実とかけ離れていること。現状では実現しそうにないこと。「―した議論」

げんじ-てん【現時点】時間の流れの中で、現在の時点。いま現在。「―では何とも言えない」

げんし-ばくだん【原子爆弾】核分裂を連鎖的に進行させ、瞬間的に強大なエネルギーを放出させる爆弾。一九四五(昭和二十)年八月六日広島に、九日長崎に投下された。原爆。

げんし-ばんごう【原子番号】(バンガウ)〘物〙周期律における元素の順位を表す番号。原子核中の陽子の数に等しい。

げんし-びょう【原子病】(ビヤウ)〘医〙放射線の被曝(ひばく)によって起こる病気。放射線障害。

げんし-もけい【原子模型】〘物〙原子の構造や性質を視覚的にわかりやすく示した模型。トムソン・長岡半太郎・ラザフォード・ボーアらのものが有名。

げんじものがたり〔源氏物語〕平安中期の物語。五四帖(じょう)。紫式部(むらさきしきぶ)作。一一世紀初頭に成立。前半は光源氏を、後半はその子薫大将(かおるだいしょう)を主人公に、恋愛を中心とする宮廷生活の種々相を、「もののあわれ」の情趣で統一しながら描く。日本古典の代表的作品とされる。

けん-しゃ【検車】(名・自他スル) 車両に故障がないかどうかを検査すること。「―係」

けん-じゃ【見者】見物人。特に、能を見ている人。

けん-じゃ【賢者】道理に通じたかしこい人。賢人。↔愚者

げん-しゃ【減車】(名・自他スル) 車両の台数や運行本数をへらすこと。「タクシーの―」↔増車

けん-じゃく【間尺】 →けんなわ

げん-しゃく【現尺】原物どおりの寸法。原寸。↔縮尺

けん-しゅ【堅守】(名・他スル) しっかり守ること。「味方の―に助けられる」「拠点を―せよ」

けん-じゅ【犬儒】犬儒学派の哲学者。

―がくは【―学派】〘哲〙ギリシャ哲学の一派。いっさいの社会的慣習・文化を無視し、自然生活を営むことを理想とした一派。キニク(シニック)学派。キュニコス派。

げん-しゅ【元首】国家の首長。国家を代表する資格をもつ国家機関。君主国では君主、共和国では大統領など。

げん-しゅ【原酒】①アルコール・水などを混ぜていない、醸造したままの日本酒。②熟成させるため、一定期間樽(たる)に貯蔵したウイスキーの原液。

げん-しゅ【原種】①動植物の品種改良以前の野生種。②栽培用の種子をとる目的でまく種。

げん-しゅ【厳守】(名・他スル) 規則・命令・約束・時間などを堅く守ること。「秘密―」「約束を―する」

けん-しゅう【研修】(シウ)(名・他スル) 特定の分野の知識や技能を高めるために、一定期間特別に学習や実習をすること。また、そのための講習。「新入社員の―」「―医」

けん-しゅう【兼修】(シウ)(名・他スル) 同時に二つ以上の事柄を合わせて学ぶこと。「芸事の―」

けん-しゅう【検収】(シウ) 納入された品が注文どおりであるか点検して受け取ること。

けん-しゅう【献酬】(シウ)(名・他スル) 酒席で杯のやりとりをすること。

けん-しゅう【顕宗】 →けんぎょう(顕教)

けん-じゅう【拳銃】短銃。ピストル。

げん-しゅう【現収】(シウ) 現在の収入。

げん-しゅう【減収】(シウ)(名・自スル) 収入や収穫高がへること。「―減益」「不況で―になる」↔増収

げん-じゅう【現住】(ヂユウ) 一(名・自スル) 現在そこに住んでいること。二(名)〘仏〙現在の住職。⇩先住・後住(ごじゅう)

―しょ【―所】現在住んでいる所。

げん-じゅう【厳重】(ヂユウ)(形動ダ) ダロ・ダッ(デ・ニ)・ダ・ナ・ナラ・○ ささいな点も見逃さないほど非常にきびしく物事を行うさま。「―な警戒」「―に注意する」文(ナリ)

げんじゅう-みん【原住民】(ゲンヂユウ)― (征服者や移住民に対して)もとからその土地に住みついている人々。先住民。

げん-しゅく【厳粛】(形動ダ) ダロ・ダッ(デ・ニ)・ダ・ナ・ナラ・○ ①おごそかで心が引きしまるさま。「―な儀式」②きびしく動かしがたいさま。「―な事実」文(ナリ)

けん-しゅつ【検出】(名・他スル) ある物の中に混在している物質や成分などを調べて見つけ出すこと。「毒物を―する」

けん-じゅつ【剣術】刀剣でたたかう武術。剣法。

げん-しゅつ【現出】(名・自他スル) ある状態や情景が実際にあらわれ出ること。また、実際にあらわし出すこと。出現。「平和な時代が―する」

げん-じゅつ【幻術】①人の目をくらます不思議な術。魔法。妖術(ようじゅつ)。②手品(てじな)。奇術。

げん-じゅつ【験術】ふしぎな霊験をあらわす術。

けん-しゅん【険▵峻・▵嶮▵峻】(名・形動ダ) 山が高くけわしいこと。また、そのさま。そのような場所。険阻。「―な山」

けん-しょ【険所・▵嶮所】けわしい場所。危険な場所。

けん-じょ【賢女】(ヂヨ) かしこい女性。りこうな女性。

げん-しょ【原初】物事の最初。発生の最初。

げん-しょ【原書】①改作や翻訳した本などに対して、もとの

本。②外国語で書かれた本。特に、欧文の書物。洋書。

げん-しょ【厳暑】 きびしい暑さ。「―の候」↔厳寒

けん-しょう【肩章】 制服や礼服の肩につけて官職や階級を示すしるし。

けん-しょう【健勝】（名・形動ダ）健康なこと。じょうぶなこと。また、そのさま。「ご―のことと存じます」「いつまでもご―に」用法「ご健勝」の形で、多く手紙文に用いる。

けん-しょう【検証】（名・他スル）①物事を実際に調べて証明すること。「仮説を―する」②〔法〕裁判所や捜査機関が犯行現場や証拠物件を直接調べること。「現場―」

けん-しょう【憲章】 ①（多くは理想的立場から定めた）重要な原則。「児童―」「国連―」②憲法の典章。

けん-しょう【謙称】 自分や自分側の人・事物についてへりくだっていう言い方。「小生」「愚妻」「拙宅」など。↔敬称

けん-しょう【顕正】 〔仏〕正しい道理をあらわし示すこと。「破邪―」

けん-しょう【顕証】（名・形動ナリ）《古》はっきりしていること。きわだっていること。あらわであること。また、そのさま。

けん-しょう【顕彰】（名・自他スル）隠れた功績や善行を世間に知らせて表彰すること。「―碑」「功労者を―する」

けん-しょう【懸賞】 正解や優秀な作品を寄せてくれたり、人や物を探し出してくれたりした人に与えるという条件で、賞品や賞金をかけること。また、その賞。「―金」「―を出す」

けん-じょう【健常】（名・形動ダ）心身に障害のないこと。また、そのさま。「―者」

けん-じょう【喧擾】 さわぎ乱れること。

けん-じょう【献上】（名・他スル）身分の高い人に品物を差し上げること。たてまつること。「―品」↔下賜

けん-じょう【謙譲】（名・形動ダ）へりくだり、人にゆずること。また、そのさま。謙遜。「―の美徳」

―ご【―語】〔文法〕敬語の一つ。相手や目上の人に対して自分・自分側の者の動作をへりくだり、相対的にその動作の及ぶ人を高める言葉。動作の及ぶ対象に対する敬意が表される。「申し上げる」「差し上げる」「拝見する」など。参考 古典語の動詞では、話し手・書き手の動作に限らず使われた。したがって、動作する人が敬うべき人物の場合には、敬語が重なって、「右大臣(が)左大臣に申し(謙譲語)給ふ(尊敬語)」のようになる。これを「二方面への敬語」という。現代語では、そのような場合、尊敬語だけの表現となるのがふつう。

げん-しょう【元宵】 陰暦正月十五日の夜。元夕。

げん-しょう【現象】 ①人間の感覚によってとらえられるすべての物事。形をとってあらわれた物事。「自然―」「不思議な―」②表面だけのあらわれ。「―ばかりにとらわれるな」

―かい【―界】〔哲〕人間の感覚または経験によって知ることのできる世界。

―がく【―学】〈ドイツ Phänomenologie の訳語〉〔哲〕①ドイツの哲学者ヘーゲルの精神現象学。精神のあらわれである意識の発展段階を叙述する学問。②ドイツの哲学者フッサールの提唱した哲学。いっさいの先入観を排して直接意識にあらわれる現象の本質構造を記述・分析する学問。

―ろん【―論】 ①〔哲〕われわれが認識できるのは現象に限られ、本体そのものの真相は知ることができないという説。②〔哲〕われわれの認識できる現象だけが実在であるという説。③物事の表面にあらわれた現象だけをみて行う議論。

げん-しょう【減少】（名・自他スル）数量や程度がへって少なくなること。また、へらして少なくすること。「犯罪の―」「輸入量が―する」↔増加

げん-じょう【原状】 もとのようす。変化する以前の状態や形。「―回復」「―にもどす」

げん-じょう【現状】 現在の状態。現況。「―打破」

―いじ【―維持】 現在の状態をそのまま保つこと。

げん-じょう【現場】 →げんば①

けんしょう-えん【腱鞘炎】〔医〕腱と、腱鞘(＝腱をさやのように取りまく袋)との間に起こる炎症。細菌感染や手の指の使いすぎなどによって起こる。

けんしょう-じょうぶつ【見性成仏】（名・自スル）〔仏〕禅宗の教えの一つ。自分の心をほりさげて自己の内にある仏性を見きわめ、悟りを開くこと。

けん-しょく【兼職】（名・他スル）本職のほかに別の職をかねること。また、そのかねている職。「―を解く」

けん-しょく【顕職】 地位の高い官職。高官。「高位―」

げん-しょく【原色】 ①すべての色の基本となる色。適当な割合で混ぜることによって任意の色を生じさせることができる。絵の具では、赤・黄・青、光では赤・緑・青。「光の三―」②三原色かそれに近い、刺激の強いはでな色。「―の服」③写真や絵画などの複製で、もとのままの色。「―植物図鑑」

―ばん【―版】 赤・黄・青の三原色と黒を使って、実物に近い色彩を出す網版印刷。また、その印刷物。

げん-しょく【現職】 現在ついている職業。また、現在その職業についていること。「―の議員」↔前職

げん-しょく【減食】（名・自スル）食事の量をへらすこと。

げんし-りょう【原子量】〔物〕質量数一二の炭素原子の質量を基準にして相対的に表した、各元素の原子の質量比の平均値。

げんし-りょく【原子力】〔物〕原子核の分裂や融合などの際に放出されるエネルギー。原子エネルギー。

―せん【―船】 原子力を推進動力とする船舶。

―はつでん【―発電】 原子力を利用した発電。原子炉の中の核分裂によって発生する熱エネルギーで蒸気をつくり、タービンを回して発電する。原発。「―所」

けん・じる【献じる】（他上一）神や目上の人にものを差し上げる。献上する。「灯明を―」語源 サ変動詞「けんずる」の上一段化。

げん・じる【現じる】（自他上一）あらわれる。あらわす。「神仏が―」語源 サ変動詞「げんずる」の上一段化。

げん・じる【減じる】 一（自上一）へる。「人数が―」二（他上一）①へらす。軽減する。「支出を―」②引き算をする。語源 サ変動詞「げんずる」の上一段化。

げんし-ろ【原子炉】〔化〕ウラン・プルトニウムなどの核分裂の連鎖反応を制御・持続させ、そこから出るエネルギーを利用できるようにした装置。発電や船舶の動力などに利用。

けん-しん【見神】〔基〕神の本体を心に感じること。

けん-しん【健診】「健康診断」の略。「定期―」「就学時―」

けん-しん【検針】（名・自他スル）電気・ガス・水道などの使用量を調べるために、計量器の針が示す目盛りを読みとること。

けん-しん【検診】（名・他スル）病気の有無を知るために検査や診察をすること。「集団―」「―を受ける」

けん-しん【献身】（名・自スル）一身をなげうって尽くすこと。

―てき【―的】（形動ダ）自分を犠牲にして一心に尽くすさま。「―な看病」

けん-しん【権臣】 権力を持った家来。

けん-じん【県人】 その県の出身者。また、その県に住む人。

―かい【―会】 他の都道府県または外国で、同じ県の出身者が組織する集まり。また、その団体。

けん-じん【堅陣】 防備の堅固な陣地。「―を敷く」

けん-じん【賢人】 ①かしこい人。賢者。聖人についで徳のある人。↕愚人 ②（清酒を「聖人」というのに対して）「にごり酒」の別称。

げん-しん【原審】〘法〙現在審理中の裁判の、一つ前の段階の裁判所で受けた裁判。原裁判。「―破棄」

げん-しん【現身】 現世に生きている身。現し身。

げんしん【源信】（九四二〜一〇一七）平安中期の天台宗の僧。大和（奈良県）の人。恵心僧都、横川僧都とも。「往生要集」を著して浄土教の基礎を築き、芸術・思想に影響を与えた。

げん-じん【原人】 猿人に次ぐ、現代の人類以前の化石人類。「北京―」「ジャワ―」

げん-ず【原図】 複写や模写した図に対して、もとの図。

けん-すい【建水】（「建」は傾けて水をこぼす意）茶道で、茶わんをすすいだ湯水を捨てる器。水こぼし。こぼし。

けん-すい【懸垂】（名・自他スル）①まっすぐに垂れ下がること。また、垂れ下げること。「―式鉄道」「―幕（＝たれ幕）」②鉄棒などにぶら下がり、ひじを屈伸して身体を上下させる運動。

げん-すい【元帥】 ①軍人の最高位の階級または称号。②もと、陸海軍大将の中で元帥府（＝天皇の最高軍事顧問機関）に列せられた者の称号。

げん-すい【原水】 浄水処理をする前の、天然の水。

げん-すい【減水】（名・自スル）水の量がへること。↕増水

げん-すい【減衰】（名・自スル）次第に減っていくこと。徐々に衰えていくこと。「体力の―」

けんずい-し【遣△隋使】〘日〙飛鳥時代、中国の先進文化を摂取するために隋に派遣した使節。推古天皇の六〇七年に聖徳太子（厩戸王）がつかわした小野妹子など、数回派遣。

げんすい-ばく【原水爆】 原子爆弾と水素爆弾の総称。

けん-すう【件数】 事柄や事件の数。「事故の―」

けん-すう【軒数】 家の数。戸数。

げん-すう【減数】 ■一（名）〘数〙引き算で、引くほうの数。■二（名・自他スル）数がへること。また、数をへらすこと。

―ぶんれつ【―分裂】〘生〙生殖細胞ができるとき、染色体の数が半分になる細胞分裂。還元分裂。

けん・する【検する】（他サ変）シ(セ・サ)・シ・スル・スル・スレ・シロ(セヨ) ①取り調べる。検査する。「土地を―」②取り締まる。文けん・す（サ変）

けん・する【験する】（他サ変）シ(セ・サ)・シ・スル・スル・スレ・シロ(セヨ) ①ためす。試験する。「薬の効能を―」②検算する。文けん・す（サ変）

けん・ずる【献ずる】（他サ変）ジ(ゼ)・ジ・ズル・ズル・ズレ・ジロ(ゼヨ) →けんじる 文けん・ず（サ変）

げん・ずる【現ずる】（自他サ変）ジ(ゼ)・ジ・ズル・ズル・ズレ・ジロ(ゼヨ) →げんじる（現じる）文げん・ず（サ変）

げん・ずる【減ずる】（自他サ変）ジ(ゼ)・ジ・ズル・ズル・ズレ・ジロ(ゼヨ) →げんじる（減じる）文げん・ず（サ変）

げん-すん【原寸】 実物どおりの寸法。現尺。「―大」

げん-せ【現世】（仏教では「げんぜ」）現在の世の中。この世。げんせい。「―の苦しみ」「―的（＝この世にのみ関わるさま。物質的で俗なさま）」⇩前世・先の世・来世・後世

―りやく【―利益】 神仏の加護として得られる、息災・延命などのこの世でのめぐみ。げんぜりやく。

けん-せい【県勢】 その県の人口・産業・政治・経済・文化などの総合的な状態。「―要覧」

けん-せい【△牽制】（名・他スル）①相手の注意をある方向に引きつけて、自由な行動をしにくくさせること。「たがいに相手を―する」②野球で、盗塁を防ぐために、投手または捕手が走者のいる塁の野手に送球したり、その動作を見せたりすること。

―きゅう【―球】 野球で、走者を牽制するために投げるボール。転じて、相手を牽制するための言動。

けん-せい【権勢】 権力と威勢。権力をにぎり勢力があること。「―をふるう」「―をほしいままにする」

けん-せい【憲政】 憲法によって行う政治。立憲政治。

―ようご【―擁護】 官僚政治や閥族政治に反対して、政党政治（議院内閣制）を守ること。

けん-せい【賢聖】 ①賢人と聖人。②にごり酒と清酒。

けん-せい【顕性】 遺伝する対立形質のうち、次の世代で現れるほうの形質。優性。「―の遺伝子」↕潜性

けん-ぜい【県税】 県が県内に住所や事業所をもっている人に割り当てて徴収する租税。

げん-せい【原生】 発生したままで進化や変化をしないこと。

―どうぶつ【―動物】〘動〙運動性のある、単細胞の生物。かつて動物の一門とされたが、現在では複数のグループに分割されている。アメーバ・ゾウリムシなど。原虫。

―りん【―林】 昔から人の手がはいっていない、自然のままの森林。原始林。処女林。

げん-せい【現世】 →げんせ

げん-せい【現制】 現在行われている制度。

げん-せい【現勢】 現在の情勢または勢力。「世界の―」

げん-せい【厳正】（名・形動ダ）きびしく公正を守ること。また、そのさま。「―な審査」「―に処分する」

げん-ぜい【減税】（名・自他スル）税額をへらすこと。↕増税

げんせい-じんるい【現生人類】 現在生存している人類と、これと同一種の化石人類。ホモサピエンス。新人。

けん-せき【△譴責】（名・他スル）①あやまちや非行などを責めとがめること。「不正を―する」②「戒告③」の旧称。

げん-せき【元夕】 →げんしょう（元宵）

げん-せき【言責】 自分が言った言葉に対する責任。「―を果たす」

げん-せき【原石】 ①加工する前の宝石。「ダイヤモンドの―」②精錬する前の鉱石。原鉱。

げん-せき【原籍】 ①転籍する以前の籍。②本籍。

けんせき-うん【◇巻積雲・絹積雲】〘気〙上層雲の一種。五〇〇〇―一万三〇〇〇メートルの高度にある、小さく白い積雲状の雲。うろこぐも。いわしぐも。さばぐも。記号 Cc

けん-せつ【建設】（名・他スル）建物・組織などを新しくつくること。「新国家の―」「ビルを―する」↕破壊

―しょう【―省】 国土計画・都市計画や河川・道路・住宅建設などに関する事務を扱った中央行政官庁の一つ。二〇〇一（平成十三）年、「国土交通省」に統合。

―てき【―的】（形動ダ）ダロ・ダッ(デ・ニ)・ダ・ナ・ナラ・〇 物事をさらによくし、発展させていこうとするさま。「―な意見」↕破壊的

けん-せつ【兼摂】（名・他スル）他の職務をかね行うこと。

けん-ぜつ【懸絶】（名・自スル）物事の程度が他とかけ離れていること。隔絶。「周囲に―した力」

げん-せつ【言説】 考えや物事を言葉で説明すること。また、その言葉。「根拠薄弱な―を弄する」

けん-ぜん【健全】（形動ダ）ダロ・ダッ(デ・ニ)・ダ・ナ・ナラ・〇 ①身体・精神が正常に機能し、すこやかなさま。「心身ともに―」②活動や状態などが正常で、欠陥やかたよりがないさま。「―な財政」「―な娯楽」「不―」文（ナリ）

けん-ぜん【顕然】（タル）（ト・タル） はっきりしているさま。明らかなさま。「効能―」↕隠然 文（形動タリ）

げん-せん【原潜】（「原子力潜水艦」の略）原子力を推進動

力とする潜水艦。

げん-せん【源泉】 ①水や温泉のわき出るもと。みなもと。②物事の生じてくるもと。「活力の―」参考「原泉」とも書く。

―かぜい【―課税】(クワゼイ) 所得税の課税方法の一つ。給与・配当などの所得に対して、支払い者が一定の税金を天引きし、所得者に代わって納める制度。源泉徴収。

―ちょうしゅう【―徴収】(チョウシウ) →げんせんかぜい

―ぶんりかぜい【―分離課税】(ブンリクワゼイ) 預貯金や公社債の利子所得などについて、その支払いをする際、他の所得と分離して、その税額を源泉徴収すること。

げん-せん【厳選】(名・他スル) きびしい基準のもとにえらぶこと。「いい材料を―する」「―したメンバー」

げん-ぜん【現前】(名・自スル) 現在、目の前にあること。目の前にあらわれること。「―の事実」「理想の世界が―する」

げん-ぜん【△眩然】(タル) 目のくらむさま。文(形動タリ)

げん-ぜん【厳然・△儼然】(タル) いかめしくおごそかなさま。動かしがたいさま。「―とした態度」「―たる事実」文(形動タリ)

けん-そ【険阻・△嶮△岨】(名・形動ダ) 地勢などのけわしいさま。また、その場所。「―な岩山」

げん-そ【元素】 ①〔化〕化学的に、それ以上は分解できない、物質の基本的な成分。②万物の根源となる要素。ギリシャ哲学における四元素(空気・火・土・水)など。

―きごう【―記号】(ガウ) 〔化〕元素の種類を表す記号。「C(=炭素)」「O(=酸素)」など。原子記号。

けん-そう【険相】(サウ) (名・形動ダ) 人相がけわしいこと。また、そのさま。険悪な人相。けわしい顔つき。「―な顔」

けん-そう【△喧騒・△喧△噪】(サウ) (名・形動ダ) 人の声や物音でさわがしいこと。うるさいこと。また、そのさま。「巷(ちまた)の―」

けん-ぞう【建造】(ザウ) (名・他スル) 建物・船など、大きな構造のものをつくること。「客船を―する」

―ぶつ【―物】 建物や船・橋など、建造されたもの。

げん-そう【幻想】(サウ) (名・他スル) とりとめもない想像や空想。現実にはないのに、あるかのように思うこと。「―をいだく」

―きょく【―曲】 〔音〕楽想のおもむくまま、形式にとらわれずにつくられた楽曲。ファンタジー。

―てき【―的】(形動ダ)(ダロ・ダッ(デ・ニ)・ダ・ナ・ナラ・○) 現実をはなれて、夢でも見ているようなさま。ファンタスティック。「―な調べ」

げん-そう【現送】(名・他スル) 現金・現物を輸送すること。

げん-そう【舷窓】(サウ) 船体側面の通風・採光用の小窓。

げん-ぞう【幻像】(ザウ) 実際にはないのに、あるかのように見える形や姿。幻影。

げん-ぞう【原像】(ザウ) もとになる像。もとの姿やありさま。「日本人の―」

げん-ぞう【現像】(ザウ) (名・他スル) 撮影したフィルム・乾板・印画紙に薬品を用いて映像をあらわすこと。「フィルムを―する」

けんそう-うん【△巻層雲・絹層雲】 〔気〕上層雲の一種。五〇〇〇―一万三〇〇〇メートルの高度にある、白色でベール状の薄い雲。天候悪化の前ぶれといわれる。記号 Cs

けん-そく【検束】(名・他スル) ①取り締まって自由な行動をさせないこと。②〔法〕かつて、警察権によって公共の安全と秩序を害すると認めた者を一時的に拘束し、警察署にとめおいたこと。現在は廃止。

けん-ぞく【△眷属・△眷族】 ①血筋のつながっている者。一族。親族。②家来。配下の者。郎党。

げん-そく【原則】 特別な場合を除き、一般に適用する基本的な規則や法則。「―を貫く」「―を立てる」↔例外

―ろん【―論】 原則や論理にのみとらわれた論議。

げん-そく【舷側】 船の側面。ふなべり。ふなばた。

げん-そく【減速】(名・自他スル) 速度が落ちること。また、速度を落とすこと。「カーブで―する」↔加速

げん-ぞく【◇還俗】(名・自スル) 一度出家した僧や尼が、もとの世俗の人に戻ること。

けん-そん【謙遜】(名・自スル・形動ダ) 相手に、へりくだり控えめな言動をすること。また、そのさま。謙譲。「―して言う」

げん-そん【△玄孫】 孫の孫。やしゃご。

げん-そん【現存】(名・自スル) 現実に存在していること。また、現実に生きていること。げんぞん。「―する最古の資料」

げん-そん【減損】(名・自他スル) へること。へらすこと。

げん-そん【厳存】(名・自スル) 事実として確かに存在すること。「証拠が―する」

けん-だ【△倦惰】 あきてなまけること。

けん-たい【△倦怠】(名・自スル) ①あきていやになること。「―期(=夫婦や恋人の間で、互いに飽きていやになる時期)」②心身がつかれてだるいこと。「―感」

けん-たい【兼帯】(名・他スル) ①一つのもので二つ以上のことに役立てること。兼用。「朝昼―の食事」②二つ以上の職をかねること。兼任。かけもち。

けん-たい【検体】 〔医〕検査の対象となる物。血液・尿など。

けん-たい【献体】(名・自スル) 本人の意志で、その人の死後、遺体を医学の研究用に無償で提供すること。

けん-だい【見台】(「書見台」の略) 書物をのせて読む台。邦楽などで譜面を置くのにも用いる。

〔見台〕

けん-だい【兼題】 歌会・句会などで、前もって出しておく題。↔即題・席題

けん-だい【献題】 →けんし(献詞)

けん-だい【賢台】(代) 対称の人代名詞。手紙などで、同輩またはそれ以上の人に対して用いる敬称。

げん-たい【原隊】 軍隊で、もと所属していた部隊。「―に復帰する」

げん-たい【減退】(名・自スル) 意欲や体力などが衰え弱ること。「食欲が―する」↔増進

げん-だい【原題】 翻訳や改題を行う前の、もとの題名。

げん-だい【現代】 ①今の世。現今。「―の世界」②〔日・世〕時代区分の一つ。日本では第二次世界大戦終結以後をさす。欧米では二〇世紀以降の、特に第一次世界大戦後の時代をさす。「―史」

―かなづかい【―仮名遣(い)】(カナヅカヒ) 現代口語を仮名で表す場合のきまり。一九四六(昭和二十一)年十一月の内閣告示によって定められ、一九八六(昭和六十一)年七月に一部が改定された。新仮名遣い。⇒歴史的仮名遣い

―じん【―人】 現代に生きる人。それまでとは違った現代的な思考・行動様式などをもつ同時代の人々。

―てき【―的】(形動ダ)(ダロ・ダッ(デ・ニ)・ダ・ナ・ナラ・○) 現代にふさわしいさま。当世風。モダン。「―な感覚」

―ばん【―版】 今の世の中で、昔の有名な人物や事件などにそっくりそのままあてはまるような物事。「―浦島太郎」

―ぶん【―文】 現代語で書かれた文章。↔古文

げん-たいけん【原体験】 その人のその後の考え方や行動に大きな影響を及ぼす(幼少年期の)体験。

けん-だか【権高・見高】(形動ダ)(ダロ・ダッ(デ・ニ)・ダ・ナ・ナラ・○) 気位が高く、おごりたかぶった態度をとるさま。「―にふるまう」文(ナリ)

げん-だか【現高】 現在ある量や金額。現在高。ありだか。

げん-たつ【厳達】(名・他スル) 命令などを必ず守るようにきびしく通達すること。また、その通達。

けん-だま【剣玉・拳玉】木製のおもちゃの一つ。一端をとがらせ他の三端を皿状にくぼませた十字形の柄(え)の中ほどに、穴のあいた球をひもで結びつけたもの。球を振り操って皿状の部分にのせたり、柄の先端にはめ入れたりして遊ぶ。

けん-たん【健△啖】(名・形動ダ)(「啖」は食べる意) 食欲が盛んで、たくさん食べること。また、そのさま。「―家」

けん-たん【検△痰】(名・自スル)〘医〙細菌などの有無を調べるため、たんを検査すること。

げん-たん【減反・減◇段】(名・自他スル)〘農〙農作物の作付け面積をへらすこと。「―政策」↔増反

げん-たん【厳△探】(名・他スル) 厳重にさがすこと。

げん-だん【厳談】(名・自スル) きびしく談判すること。

けん-ち【見地】物事を見たり考えたり判断したりする際のよりどころ。観点。「大局的―に立つ」

けん-ち【軒△輊】(「軒」は車の前が高く上がる、「輊」は車の前が低く下がる意) 上がり下がり。高低。また、優劣。

けん-ち【検地】(名・自スル)〘日〙近世、田畑を調査・測量して、面積・等級・石高・耕作者などを決めたこと。地検。参考「太閤(たいこう)検地」は豊臣秀吉が全国で統一的に行った検地。

けん-ち【検知】(名・他スル) 機器などを使って検査し、ものの有無や量、また故障などを知ること。「ガス―器」

けん-ち【△硯池】硯(すずり)の、水をためるへこんだ部分。硯海(けんかい)。うみ。

げん-ち【言質】のちの証拠となる言葉。ことばじち。「―をとる」「―を与える」参考「げんしつ」は慣用読み。

げん-ち【現地】①現在、ある事が行われている土地。現場。「―を視察する」②現在いる土地。現在地。

けん-ちく【建築】(名・他スル) 建物や橋などの建造物をつくること。また、その建造物。「木造―」「―家」

けん-ちゃ【献茶】神仏に茶をささげること。また、その茶。

げん-ちゃり【原ちゃり】〘俗〙(「ちゃり」は「ちゃりんこ」の略で、自転車の意)原動機付き自転車。

けん-ちゅう【△繭△紬・絹△紬】チウ 作蚕(さくさん)(=ヤママユガ科のガ)の繭からとった糸で織った絹織物。

げん-ちゅう【原虫】→げんせいどうぶつ

げん-ちゅう【原注・原△註】原本に初めから付いている注。

けん-ちょ【顕著】(形動ダ) ダロ・ダッ(デ)・ニ・ダ・ナ・ナラ・○ きわだって目につくさま。はっきりとあらわれているさま。「―な効果がある」文(ナリ)

げん-ちょ【原著】翻訳や改作のもとになった著作。原作。

けん-ちょう【県庁】チャウ 県の行政事務を取り扱う役所。

けん-ちょう【堅調】テウ ①堅実な調子。「業績―」②〘経〙相場が上がりぎみのこと。「相場は―である」↔軟調

げん-ちょう【幻聴】チャウ 幻覚の一つ。実際には音や声がしないのに、それらが聞こえるように感じること。「―に悩む」

げん-ちょう【玄鳥】テウ 「つばめ」の異称。春

げん-ちょう【原腸】チャウ 〘生〙動物の発生段階で、胚(はい)の表層の一部が陥入して生じる新しいくぼみの部分とその内壁。

けんちん-じる【◇巻◇繊汁】くずした豆腐・笹(ささ)がきごぼう・にんじんなどを油でいため、これを実としたすまし汁。冬

げん-つき【原付き】①原動機が付いていること。②「原動機付き自転車」の略。

けん-つく【×剣突】〘俗〙荒々しくしかりつけること。ひどい小言。「―を食わせる」「―を食らう」

けん-てい【検定】(名・他スル) 一定の基準のもとで検査して、合否・等級・資格などを決定すること。「教科書の―」

―しけん【―試験】特定の資格を与えるのに必要な知識や能力の有無を調べる試験。「―を受ける」

けん-てい【献呈】(名・他スル) 目上の人などに物を差し上げること。たてまつること。「自著を―する」

けん-てい【賢弟】一(名) ①かしこい弟。「愚兄―」②他人の弟の敬称。二(代) 対称の人代名詞。年下の男性に対する敬称。用法 男性どうしがおもに手紙文で用いる。

げん-てい【限定】(名・他スル) 物事の範囲や数量などを限り定めること。「―販売」「応募資格は県内居住者に―する」

―ばん【―版】部数を限って出版する書物など。

げん-てい【舷△梯】乗船・下船用に船の横側に取り付けるはしご。タラップ。

けん-てき【△涓滴】①水のしずく。②わずかなことのたとえ。

―岩(いわ)を穿(うが)つ 水のしたたりでも長い間には岩に穴をあける。休まず努めればついには大事をなしとげられるというたとえ。

けん-てき【△硯滴】①硯(すずり)に垂らす水のしずく。硯の水。②硯の水差し。

けん-てつ【賢哲】①賢人と哲人。②知識が深く道理に通じていること。また、その人。

けん-てん【圏点】文章中の特に注意すべき所を示すため、字の右わきにつける小さいしるし。「。」「・」「、」など。「―を打つ」

けん-でん【△喧伝】(名・他スル) 世間にやかましく言い伝えること。盛んに言いはやすこと。「世に―される」

げん-てん【原典】翻訳・引用などで、よりどころとなるもとの書物や文献。「―に当たって確かめる」

げん-てん【原点】①測量などの基準となる地点。②物事のもとになるところ。「―に戻って考える」③〘数〙座標軸の交点。

げん-てん【減点】(名・自スル) 点数をへらすこと。また、へらされた点数。「反則で―される」

けんでん-き【検電器】〘物〙微小な電圧・電流・電荷の有無を検出する装置。特に、帯電を調べる箔(はく)検電器。

げん-ど【限度】物事の範囲や程度が、これ以上はないところにあること。「―を超える」「がまんにも―がある」

けん-とう【見当】タウ ①まだわかっていない事柄について立てた見込み。予想。「―がはずれる」「―がつく」②だいたいの方向。めあて。「東はこちらの―だ」③(数詞の下に付いて)…ぐらい。…内外。「一万円―の品物」

―しき【―識】〘心〙時間や場所、周囲の状況などを正しく認識する能力。「―障害」

―ちがい【―違い】チガヒ (名・形動ダ) 見込みや判断を誤ること。また、そのさま。見当外れ。「―な発言」

けん-とう【軒灯】軒先につるす灯火。

けん-とう【拳闘】→ボクシング

けん-とう【健闘】(名・自スル) 力いっぱいよくたたかうこと。負けまいと努力すること。「―を祈る」「強豪相手に―する」

けん-とう【検討】タウ (名・他スル) 物事をいろいろの面からくわしく調べ、よしあしを考えること。「案件の可否を―する」

けん-とう【献灯】(名・自スル) 社寺に灯明(とうみょう)を奉納すること。また、その灯明。みあかし。

けん-とう【賢答】タフ ①賢いすぐれた答え。りっぱな返答。②相手の答えの敬称。

けん-どう【県道】ダウ 県の費用でつくり管理される道路。

けん-どう【剣道】ダウ 日本古来の剣術をもとに競技化された武道の一つ。面・籠手(こて)・胴・垂れの防具を着用し、竹刀(しない)で定められた部位を打ったり突いたりして勝敗を決めるもの。

けん-どう【権道】ダウ 手段は正しくないが、結果からみて道理にかなったやり方。目的をとげるためにとる便宜上の手段。

げん-とう【幻灯】 フィルム・絵などに強い光をあて、凸レンズで拡大して幕に映し出す装置。スライド。「―機」

げん-とう【玄冬】「冬」の異称。㊅

げん-とう【原頭】 野原のほとり。また、野原。

げん-とう【舷灯】 夜間、航行中の船がふなばたにつける明かり。右舷には緑色、左舷には紅色をつける。

げん-とう【舷頭】 ふなばた。ふなべり。

げん-とう【減等】（名・他スル）等級を下げること。降級。

げん-とう【厳冬】 寒さのきびしい冬。「―の候」㊅

げん-どう【言動】 言葉と行動。「―を慎む」

げんどう-き【原動機】〔工〕自然のエネルギーを機械的エネルギーに変えて他の動力源とする装置。熱機関・水力原動機・風力原動機・電動機（モーター）・原子力機関などに分けられる。

―つき-じてんしゃ【―付き自転車】 エンジンの総排気量が五〇cc以下の二輪車。原付き。原ちゃり。

けんとう-し【遣唐使】〔日〕七―九世紀、日本から唐に派遣された使節。唐の制度・文物の輸入が目的。六三〇年を第一回とし十数回に及び、八九四（寛平六）年中止。

げんどう-りょく【原動力】 ①機械に運動を起こさせる力。②活動を起こすもととなる力。「優勝への―」

ケント-し【ケント紙】〈Kent〉絵画・製図用の白い上質の洋紙。イギリスのケント州原産。

げん-と-して【厳として・儼として】（副）すきがなくきびしいさま。おごそかで、いかめしいさま。動かしがたいさま。「―自説を曲げない」

けんど-ちょうらい【捲土重来】（名・自スル）一度負けたり失敗したりした者が、再び力をもりかえしてくること。捲土重来。「―を期する」

けん-どん【慳貪】 ㊀（名・形動ダ）①もの惜しみして欲が深いこと。けちで欲ばりなこと。また、そのさま。②冷たくじゃけんな態度をとるさま。つっけんどん。「―をくらわす」㊁（名）（「けんどん箱」の略）そばなどを入れて持ち運ぶ出前用の箱。上下や左右にみぞを掘り、ふたを取り外しできるようにしたもの。参考㊁は多く「倹飩」と書く。

けん-ない【圏内】 一定の範囲のなか。範囲内。「当選―」「通勤―」↕圏外

げん-なおし【験直し】 悪い前兆が現れたとき、よいものに変えようと祝いなおす行為。縁起直し。「―に一杯やる」

げん-なま【現生】〔俗〕現金。「―で払う」

げん-なり（副・自スル）①疲れや暑さなどですっかり元気がなくなるさま。ぐったり。「猛暑に―（と）する」②あきていやになるさま。うんざり。「いつもの小言に―（と）する」

けん-なわ【間縄】 ①種まきなどのとき間隔を整えるために使う縄。一間（約一・八二メートル）ごとにしるしがつけてある。間尺。②一間ごとに目盛りをつけた測量用や検地用の縄。

けん-なん【剣難】 刃物で殺傷される災難。「―の相」

けん-なん【険難・嶮難】（名・形動ダ）①険しくて進むのに困難なこと。また、そのさま。そのような難所。「―な山道」②苦しみ悩むこと。また、そのさま。「―な人生」

げん-に【現に】（副）現実に。実際に。「―この目で見ている」

げん-に【厳に】（副）厳重に。きびしく。「―いましめる」

けん-にょう【検尿】（名・自スル）〔医〕尿の色や比重、尿中のたんぱく・糖・血液・細菌の有無などを調べること。

けん-にん【兼任】（名・他スル）二つ以上の職務をかねること。兼務。「―を解く」「二つの委員を―する」↕専任

けん-にん【堅忍】 じっとがまんすること。「―持久」

―ふばつ【―不抜】（名・形動ダ）じっとがまんして心を他に動かさないこと。また、そのさま。「―の精神」

けん-にん【検認】（名・他スル）①検査して確認すること。②〔法〕家庭裁判所が、遺言書の存在およびその内容について確認するために調査する手続き。

げん-にん【現任】 現在ある役職に任命されていること。また、その役職。「―の役員」

げん-にん【現認】（名・他スル）事態を現場で目撃・確認すること。「違法行為を―する」

げん-にん【還任・元任】（名・自スル）一度退官した人が再びもとの官職に任じられること。

けんにんじ-がき【建仁寺垣】 割り竹を皮を外側に向けて並べ、竹の押し縁を横にとりつけて縄で結んだかきね。語源京都の建仁寺で初めて作られたことから出た語。

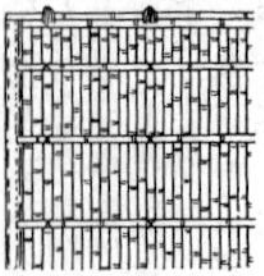

〔けんにんじがき〕

けん-のう【献納】（名・他スル）金品を国家や社寺などにたてまつること。献上。奉納。「灯籠を―する」

けん-のう【権能】 ある事柄について権利を主張し、それを行使することができる能力。権限。「裁判官の―」

けん-のう【賢能】 賢くて能力のあること。また、その人。

げん-のう【玄翁】 石工や大工などが使う鉄製の大きなつち。参考「玄能」とも書く。語源玄翁和尚がこれで妖狐の化した殺生石を打ち割ったのでこの名があるという。

けん-の-き【県の木】 各県を代表するものとされた木。茨城県のウメ、奈良県のスギなど。県木。

げん-の-しょうこ【現の証拠】〔植〕フウロソウ科の多年草。山野に自生。茎は地をはい、葉は対生。夏、白色または淡紅色の五弁花を開く。葉・茎は下痢止め用。みこしぐさ。たちまちぐさ。㊆ 語源「すぐききめがあらわれる」の意からの命名。

けん-のん【剣呑】（名・形動ダ）危険なこと。あぶなっかしいこと。また、そのさま。不安を覚えるさま。「―な話だ」

けん-ば【犬馬】 犬と馬。また、犬や馬のように人に使われるもの。転じて、自分をへりくだっていう。

―の労をとる 主君や他人のために力を尽くすことを謙遜していう語。

けん-ぱ【検波】（名・他スル）〔物〕①電波が存在するかしないかを調べること。②高周波電流から画像や音声などの信号（変調波）をとり出すこと。また、その操作。復調。「―器」

げん-ば【現場】 ①物事が現在行われている、または行われた場所。現場。「殺人―」「―から中継する」②作業・工事などを実際に行っている場所。「―監督」「―の意見をきく」

―けんしょう【―検証】〔法〕犯罪のおきた現場に行き、証拠を得るために調べること。実地検証。

けん-ぱい【献杯・献盃】（名・自スル）敬意を表して、相手に杯を差し出すこと。弔事の酒席で、「乾杯」に代わる発声として用いられる。

げん-ぱい【減配】（名・他スル）①〔経〕株主への利益配当の率をへらすこと。②配給量をへらすこと。（↕増配）

けんばい-き【券売機】 乗車券・入場券・食券などを発行・販売する機械。

けん-ぱく【建白】（名・他スル）官庁・政府・上役などに対し、自分の意見を申し述べること。また、その意見。建議。「―書」

げん-ばく【原爆】「原子爆弾」の略。

―しょう【―症】〔医〕原子爆弾や水素爆弾などを被爆し、放射線を浴びたために起こる症状。

げん-ばつ【厳罰】厳重に罰すること。また、きびしい処罰。「―に処する」「―を科する」

げん-ぱつ【原発】①(「原子力発電所」の略)原子力を利用した発電所のこと。②「原子力発電」の略。

けん-ばん【検番・見番】芸妓(げいぎ)置屋の取り締まりをする事務所。芸妓への取り次ぎ、送迎、玉代(ぎょくだい)の精算などをする。

けん-ばん【鍵盤】ピアノ・オルガン・タイプライターなどの、指で押したりたたいたりする部分。キーボード。「―楽器」

げん-ばん【原盤】レコードを複製するときの、録音に用いたもとの盤。

げん-ばん【原板】写真で、陽画をつくるもとになる、現像したフィルム・乾板など。陰画。ネガ。げんぱん。

げん-ぱん【原版】①印刷で、紙型をとる前の活字の組み版。②複製・翻刻・写真印刷版などをつくるときの、もとになる版。

けん-び【兼備】(名・他スル)二つ以上の才能・長所などをかねそなえること。両方を身につけていること。「才色―」

けん-ぴ【建碑】(名・自スル)石碑を建てること。

げん-ぴ【原肥】作物を植える前にほどこす肥料。もとごえ。

げん-ぴ【厳秘】厳重に守るべき秘密。極秘。「―に付する」

けんび-きょう【顕微鏡】―キャウ 微小な物体を拡大して観察する器械・装置。「光学―」「電子―」 はじまり 一五九〇年ごろ、オランダのヤンセン父子が二つのレンズを組み合わせて作ったのが最初。日本では、大正時代以後、本格的な製造が始まった。

けん-ぴつ【健筆】①文字をじょうずに書くこと。達筆。②詩歌・文章などを精力的に作り書くこと。「―をふるう」

けん-ぴょう【堅氷】厚く張りつめたかたい氷。

げん-ぴょう【原票】―ペウ 手形・小切手・証書類の、控えとして残しておく部分。もとになる伝票。

けん-ぴん【検品】(名・他スル)品物を検査すること。特に、製品の検査にいう。「製品を念入りに―する」

げん-ぴん【現品】実際の品物。現在ある品物。現物。「―限り」「―先渡し」

けん-ぶ【剣舞】詩吟にあわせて、剣を抜いて舞う舞。

けん-ぷ【絹布】絹糸で織った布。絹織物。

げん-ぶ【玄武】青竜(せいりゅう)・白虎(びゃっこ)・朱雀(すざく)とともに四神(しじん)の一。北方の神、または水の神。「かめ」と「へび」が一つになった形をしるしとする。げんむ。

―がん【―岩】〘地質〙火山岩の一種。灰色または黒色で、石質は細密。多くは柱状をなす。語源 兵庫県豊岡市にある玄武洞にちなむ。

げん-ぷ【厳父】①きびしい父。②他人の父の敬称。

げん-ぷう【玄風】深いおもむき。幽玄の風趣。

げん-ぷう【厳封】(名・他スル)厳重に封をすること。

げん-ふうけい【原風景】原体験のうち、そのイメージが風景のかたちをとっているもの。「―としてある故郷の山里」

げん-ぷく【元服】(名・自スル)(「元」は頭(かしら)、「服」は着る意)昔、貴族や武家の男子が成人したしるしに髪を結い、冠または烏帽子(えぼし)をつけ、服を改めた儀式。ふつう一一歳から一六歳までに行われた。げんぶく。

けん-ぷじん【賢夫人】賢くてしっかりした夫人。賢明な妻。

けん-ぶつ【見物】(名・他スル)催し物や名所などを見て楽しむこと。また、その人。「―人」「高みの―」

げん-ぶつ【原物】写真や複製などに対して、もとのもの。

げん-ぶつ【現物】①現在そこにある物品。「―を見せる」②金銭に対して、品物。「―支給」③〘経〙取り引きの対象となる債券・株式・商品などの現品。直物(じきもの)。「―は三〇円高」↔先物(さきもの) ④「現物取引」の略。

―とりひき【―取引】→じつぶつとりひき
けん-ぶつ【験仏】祈りのききめのある、ありがたい仏。

けん-ぶん【見聞】(名・他スル)物事を実際に見たり聞いたりすること。また、そうして得た経験や知識。見聞(けんもん)。「―録」「―を広める」

けん-ぶん【検分・見分】(名・他スル)実際に立ち会って調べ、見届けること。「実地―」「実情を―する」

げん-ぶん【言文】話し言葉と書き言葉。

―いっち【―一致】話し言葉に近い形で文章を書くこと。参考 歴史的には、明治時代の口語文体確立運動をさす。明治初期に起こり、一八八七(明治二十)年ごろ二葉亭四迷(ふたばていしめい)・山田美妙(びみょう)らが試みて一九〇七(明治四十)年ごろ自然主義の作品で一応完成され、その後普及して今日の口語文になった。はじまり 一八八五(明治十八)年、神田孝平(たかひら)(幕末・明治期の学者・政治家)が雑誌に発表した「文章論を読む」のなかで「言文一致」の語を用いたのが最初という。

げん-ぶん【原文】翻訳・改作・引用などをするときの、もとの文章。「―のまま掲載する」

げん-ぶん【△諺文】→オンモン
けん-ぺい【権柄】権力。権力で他をおさえつけること。

―ずく ―ヅク(名・形動ダ)権力でおさえつけて、ものを言ったり行ったりすること。また、そのさま。「―なやり方」

けん-ぺい【憲兵】もと、陸軍兵科の一つ。おもに軍隊内の警察活動を受け持ち、行政・司法の警察も兼ねたもの。

げん-ぺい【源平】①源氏と平氏。②(源氏は白旗、平氏は赤旗を使用したところから)白と赤。③敵と味方。

―とう-きつ【―藤△橘】平安時代に栄えた貴族の代表的な家柄。源(みなもと)・平(たいら)・藤原(ふじわら)・橘(たちばな)の四氏をいう。

げんぺいじょうすいき【源平盛衰記】ゲンペイジャウスイキ 軍記物語。作者未詳。南北朝のころ成立か。「平家物語」の一異本。後世独立した価値が認められ謡曲・浄瑠璃(じょうるり)などに大きな影響を与えた。源平盛衰記(げんぺいせいすいき)。

けんぺい-りつ【建蔽率】敷地面積に対する建築面積の割合。建築基準法のなかに規制がある。

けん-ぺき【肩癖・△痃癖】①肩こり。②(肩こりを治すところから)あんま術。参考「けんびき」ともいう。

けん-べつ【軒別】一軒ごと。戸別(こべつ)。

けん-べん【検便】(名・自スル)〘医〙大便中に病原菌・寄生虫卵・血液などがあるかどうかを調べること。

けん-ぼ【賢母】賢い母。賢明な母。「良妻―」

けん-ぽ【兼補】(名・他スル)本職以外にも職務に任じられること。兼任。「―を解く」

けん-ぽ【健保】「健康保険」の略。「―組合」

げん-ぼ【原簿】①写しではない元の帳簿。②→もとちょう
けん-ぼう【健忘】―バウ よく物忘れをすること。忘れっぽいこと。

―しょう【―症】―シャウ ①病的な理由により記憶が著しく障害される症候。②物忘れが激しいこと。

けん-ぼう【健棒】野球で、打撃力のあること。「―をふるう」

けん-ぼう【権謀】その場や時に応じたはかりごと。

―じゅっすう【―術数】人を巧みにだますはかりごとやかけひき。権謀術策。「―をめぐらす」「―にたけた人」

けん-ぽう【剣法】―パフ →けんじゅつ
けん-ぽう【拳法】―パフ こぶしで突き、足でけることを主とする中国伝来の武術。

けん-ぽう【憲法】―パフ〘法〙国家の統治組織と作用について、根本の原則を定めた基本法。国の最高法規。

―きねんび【―記念日】国民の祝日の一つ。五月三

日。一九四七(昭和二十二)年の日本国憲法施行を記念する日。[春]
—じゅうしちじょう【—十七条】ジフシチデウ《日》六〇四年、聖徳太子(厩戸うまやどの王)が制定したといわれる日本最古の成文法。和を強調し仏教の尊信などを説いた官吏の心得。十七条憲法。
げん-ぼう【元謀】はかりごとの主唱者。主謀者。
げん-ぽう【減法】—パフ《数》引き算。↔加法
げん-ぽう【減俸】(名・自スル)俸給を減らすこと。おもに懲戒として行われる。減給。「—処分」↔増俸
けん-ぽく【△硯北・研北】手紙の宛名のわきに添えて敬意を表す語。[語源]机を南向きに置くと、人は硯すずの北に座ることになるところから、「おそば」の意を表す。
げん-ぼく【原木】原料や材料に使う、切り出したままの木。
けん-ぽん【献本】(名・自他スル)書物を進呈すること。また、その書物。「自著を—する」
けん-ぽん【絹本】書画を書くのに使う絹地。また、それに書いた書画。↔紙本しほん
げん-ぽん【原本】①もと。根本。根源。②写本・翻訳・改訂・引用などをする前の、もとの書物・文書。「戸籍の—」
けん-ま【研磨・研摩】(名・他スル)①刃物・レンズ・宝石などをとぎみがくこと。「—材」②(転じて)学問・技術などを深く研究し、才能や能力をみがくこと。「心身を—する」
げん-ま【減摩】[一](名・自スル)すり減ること。「歯車が—する」[二](名・他スル)摩擦を少なくすること。「—油」「—剤」
げん-まい【玄米】もみがらを取り除いただけでまだ精白していない米。くろごめ。「—茶」「—パン」↔白米
けん-まく【剣幕・見幕・権幕】怒って興奮したときの、荒々しく激しい顔つきや態度。「すごい—で食ってかかる」
げん-まん【△拳万】(名・自スル)約束を守るしるしとしてたがいの小指をからみあわせること。また、そのとき唱える言葉。指切り拳万。[語源]約束を破ると拳固げんこで万回打つことからという。
けん-みつ【顕密】《仏》顕教と密教。
げん-みつ【厳密】(形動ダ)ダロ・ダッ(デ・ニ)・ダ・ナ・ナラ・○ すみずみまで手抜かりなく神経がゆきとどいているさま。「—な調査」[文](ナリ)
げん-みょう【玄妙】—メウ(名・形動ダ)道理や技芸が奥深くすぐれていること。また、そのさま。「—をきわめる」「—な味わい」
けん-みん【県民】その県の住民。「—性」
けん-む【兼務】(名・他スル)本務以外の職務を兼ねること。また、その職務。兼任。兼職。
げん-む【幻夢】ゆめまぼろし。また、はかないこと。
けんむ-の-しんせい【建武の新政】《日》一三三三—一三三六(元弘三・正慶二—延元一・建武三)年にかけて、後醍醐ごだいご天皇の行った天皇親政の復古的な政治。建武の中興。
けん-めい【件名】①一定の基準で分類した、それぞれの項目の名。②図書館で、本の内容から引けるように分類した項目の名。「—目録」
けん-めい【賢明】(名・形動ダ)賢くて道理に明るいこと。また、そのさま。「—な判断」↔愚昧ぐまい
けん-めい【懸命】(名・形動ダ)命がけで事をすること。力を尽くしてがんばるさま。「一所—」「—に走る」
げん-めい【言明】(名・自他スル)はっきりと言いきること。明言。「—を避ける」「辞任を—する」
げん-めい【原名】訳したり改めたりする前の、もとの名前。
げん-めい【厳命】(名・他スル)厳重に命じること。また、そのきびしい命令。「—を下す」
げん-めつ【幻滅】(名・自スル)理想化して心に描いていたことが幻にすぎないと悟らされてがっかりすること。幻想からさめて現実に返ること。「—を感じる」「会って—する」「—の悲哀」
けん-めん【券面】《経》①証券の表面。②(「券面額」の略)証券の表面に記されてある金額。
げん-めん【原綿・原△棉】綿糸の原料にする綿花。
げん-めん【減免】(名・他スル)刑罰・税などの負担を、軽減したり免除したりすること。「税の—措置」
げん-もう【原毛】毛織物の原料にする羊などのけものの毛。
けん-もつ【献物】献上する品物。献上物。「—帳(=奈良時代、寺社への献上物に添えた目録と趣意書)」
けんも-ほろろ(形動ダ)ダロ・ダッ(デ・ニ)・ダ・ナ・ナラ・○ 人の頼みなどをまったくとりあわず断るさま。とりつくしまもないさま。「—に断られる」[語源]「けん」と「ほろろ」は雉きじの鳴き声。また「ほろろ」は雉の羽音とも。この声が無愛想に聞こえることから、冷淡に取り扱うようすをいう。また、無愛想なさまをいう剣突けんつくや慳貪けんどんの「けん」を掛けたともいう。
けん-もん【見聞】(名・他スル)→けんぶん(見聞)
けん-もん【検問】(名・他スル)問いただして調べること。特に、交通違反の取り締まりや犯罪捜査のため、通行人や自動車などを止めて調べること。「—にかかる」
けん-もん【権門】官位が高く権勢のある家。「—勢家」
げん-もん【舷門】船の上甲板の舷側にある出入り口。
げん-や【原野】人の手の加わらない自然のままの広い野原。
けん-やく【倹約】(名・他スル)金や物をむだ遣いしないできりつめること。「—家」
げん-ゆ【原由】その事のもととなるよりどころ。原因。起源。
げん-ゆ【原油】地中からくみとったまま精製していない石油。
けん-ゆう【県有】—イウ 県が所有していること。「—地」
けん-ゆう【兼有】—イウ(名・他スル)あわせもつこと。
げん-ゆう【現有】—イウ(名・他スル)現在もっていること。「—勢力」「—議席数」
けんゆう-しゃ【△硯友社】ケンイウ—《文》一八八五(明治十八)年、尾崎紅葉こうよう・山田美妙びみょうらが結成した文学結社。機関誌「我楽多がらくた文庫」を発行。江戸文学の伝統的趣味に近代的写実性を加え、明治二十年代の文学の主流となった。
けん-よ【権△輿】(中国で、はかりは「権おもり」から、くるまは「輿こし」から作り始めたことから)物事のはじめ。事のおこり。
けん-よう【兼用】(名・他スル)一つのものを二つ以上の用途に用いること。また、二人以上で用いること。「晴雨—のかさ」
けん-よう【険要】エウ—(名・形動ダ)土地がけわしくて、敵の攻撃を防ぐのに都合のよいさま。また、その地。「—の地」
けん-よう【顕要】エウ—(名・形動ダ)地位が高く重要な役目にあるさま。また、その地位にある人。「政界で—な地位を占める」
けん-よう【顕揚】ヤウ—(名・他スル)世間に名声や名誉を広め高めること。「国威を—する」
げん-よう【幻妖】エウ—①魔法。妖術ようじゅつ。②正体不明のばけもの。妖怪ようかい。
げん-よう【言容】言葉と顔かたち。また、言葉つき。
げん-よう【厳容】いかめしい姿。きびしい顔つき。
けんよう-すい【懸△壅垂】→こうがいすい
けん-よく【謙抑】(名・自スル・形動ダ)へりくだって、行き過ぎないように自分をおさえること。また、そのさま。「—な態度」
けん-らん【絢△爛】(形動ダ・タルト)①きらびやかで美しいさま。「—豪華」「—な衣装」②詩文などの字句が華やかで美しいさま。「—たる文章」[文](ナリ・形動タリ)
けん-り【権利】①《法》一定の利益を主張し、またその利益を受けることができる法律上の力。「教育を受ける—」「—を行使

する」②ある物事を自分の意志で自由に行うことのできる資格。「人を非難するーはない」(↔義務)
ーきん【ー金】①土地・家・部屋などを借りるとき、賃貸料以外に支払う金。②営業権など、特別の権利をゆずり渡す代償として支払われる金。
げん-り【原理】①物事の根本にあって、それを成り立たせている基本的な理論・法則。認識や行為のもととなる理論。「アルキメデスのー」②多くの人がそれに従うことを求められる基本的な考え方。「多数決のー」
ーしゅぎ【ー主義】〘基〙聖書には誤りがないとし、キリストの復活などの教義を文字通り真実として信じる立場。また、他の宗教での、それぞれの聖典や教義に対する同様の立場・考え方についてもいう。根本主義。ファンダメンタリズム。
けん-りつ【県立】県が設立し、運営管理すること。また、その施設。「ー高校」
げん-りつ【厳律】きびしいおきて。きびしい規律。
けん-りゃく【権略】臨機応変のはかりごと。権謀。計略。
げん-りゅう【源流】(リウ) ①川のみなもと。水源。「利根(とね)川のー」②物事の起こり・始まり。起源。「文明のー」
けん-りょ【賢慮】①賢い考え。賢明な思慮。②他人の考えの敬称。お考え。「ごーをお聞かせください」
けん-りょう【見料】(レウ) ①人相・手相などを見てもらう料金。②物を見物するときの料金。見物料。
げん-りょう【原料】(レウ) 物を製造・加工するもとになる材料。「紙のー」参考「原料」はもとの形が製品に残っていない場合にいい、その形状が製品に残っている場合は「材料」という。
げん-りょう【減量】(リヤウ) (名・自他スル)①分量が減ること。また、減らすこと。↔増量 ②体重を減らすこと。「ーに苦しむ」
けん-りょく【権力】人を支配し強制的に服従させる力。「国家ー」「ーをふるう」「ーを握る」
けん-るい【堅塁】守りのかたいとりで。「ーを抜く」
げん-れい【厳令】(名・他スル)きびしく命令すること。また、その命令。厳命。
けん-れん【△眷恋】恋いこがれること。強く心ひかれること。
けん-ろ【険路】けわしい道。険道。
けん-ろう【堅△牢】(ラウ) (名・形動ダ)作りがしっかりとしていてじょうぶなこと。また、そのさま。「ー無比」「ーな構造」
げん-ろう【元老】(ラウ) ①徳望・功労があり、年齢の高い国家の重臣。元勲。「明治のー」②その社会で功労のある年長者。長老。「画壇のー」
ーいん【ー院】(ヰン) ①〘日〙明治初期の立法機関。一八七五(明治八)年太政官の左院にかわって設置。一八九〇(明治二十三)年帝国議会開設により廃止。②〘世〙古代ローマの立法・諮問機関。貴族で構成され、最高の権限をもった。
げん-ろく【元△禄】①〘日〙「元禄時代」の略。②〘服〙「元禄袖(そで)」の略。③「元禄模様」の略。
ーじだい【ー時代】〘日〙元禄年間(一六八八ー一七〇四年)を中心とする、江戸幕府五代将軍綱吉が政治をとった一六八〇年から一七〇九年までの時代。産業が発達し、町人が力を得て上方中心の文化が発展し、風俗は華美をきわめた。
ーそで【ー袖】〘服〙女性の和服のそで型の一つ。短めのたもとに丸みをつけたもの。
ーもよう【ー模様】(ヤウ) 元禄時代に流行した大柄(おおがら)ではでな模様。弁慶縞(べんけいじま)・市松模様など。
げん-ろん【言論】言葉や文章によって思想を発表して論じること。また、その議論。「ーの自由(=個人が思想を言論によって発表することの自由で、民主主義の基本的な権利の一つ)」
ーきかん【ー機関】(クワン) 言論を社会に発表するための組織や媒体。新聞・雑誌・ラジオ・テレビなど。
げん-わく【幻惑】(名・他スル)人の目先をまどわすこと。
げん-わく【△眩惑】(名・自他スル)目がくらんでまどうこと。あることに気が引きつけられて、判断をあやまること。また、そのようにさせること。「相手の動きにーされる」
けんわん-ちょくひつ【懸腕直筆】書道で、ひじを上げ、筆を垂直に立てて書く書法。大きな字を書くのに適する。

こ コ

五十音図「か行」の第五音。「こ」は「己」の草体。「コ」は「己」の略体。

こ【己】 教6 コ・キ(中) おのれ(中)・つちのと
(字義)①おのれ。自分。「自己(じこ)・利己(りこ)・克己(こっき)・知己(ちき)」②十干の第六。つちのと。「己丑(きちゅう)」難読 己惚(うぬぼ)れ 人名 おと・し・じ・つぎ・な・み

こ【戸】 教2 コ と・へ
(字義)①と。とびら。家や部屋の出入り口。家の内外をしきる建具。「戸外・戸口・門戸」②いえ。人家。一家。「戸主・戸籍」③酒を飲む量。「上戸(じょうご)・下戸(げこ)」人名 いえ・え・かど・ど・ひろ・べ・もり
-こ【戸】(接尾)家を数える語。「一万ー」「各ー」
こ【乎】 人 コ・オ(ヲ) か・や
(字義)か。や。疑問・反語・強調などの意を表す助字。難読 乎古止点(をことてん)
-こ【△乎】(接尾)状態を表す語に付けて語調を強める語。「断ー」「断断ー」「確ー」「洋洋ー」
こ【去】(字義)→きょ(去)
こ【古】 教2 コ・ふるい ふるす・いにしえ
(字義)①ふるい。ふるびている。長い年月がたっている。「古画・古書・古典・古墳・最古」②いにしえ。むかし。すぎさった世。「古人・懐古・近古・上古・太古・中古」難読 古鉄(ふるかね)・古創(ふるきず)・古兵(ふるつわもの)・古強者(ふるつわもの) 人名 たか・ひさ・ひさし
こ【冴】 人 コ・ゴ さえる
(字義)さえる。㋐ひえる。㋑すみわたる。㋒あざやかである。㋓(腕前などが)きわだつ。㋔(頭のはたらきが)するどい。人名 さえ
こ【呼】 教6 コ よぶ
(字義)①息をはく。はく息。「呼気・呼吸」②よぶ。声をかける。大きい声を出す。名づける。「呼応・呼集・呼称・歓呼・称呼・点呼」人名 うん・おと・こえ
こ【固】 教4 コ・かためる・かたまる かたい・もと・もとより
(字義)①かためる。かたまる。かたくする。かたい。じょうぶでしっかりしている。「固体・固定・確固・強固・堅固」②かたくな。いやしい。「固陋(ころう)・頑固」③もとより。もともと。いうまでもなく。「固有」難読 固唾(かたず) 人名 かたし・かたむ・ご・たか・まこと・み
こ【拠】(字義)→きょ(拠)
こ【股】 コ(中) また(中)・もも
(字義)①また。足のつけ根。「股間・股関節」②もも。足のひざから上の部分。大腿(だいたい)部。「股肱(ここう)」③枝わかれになっているもの。難読 股座(またぐら)・股引(ももひき)

こ【虎】コ㊥ とら㊥

(字義) とら。猛獣の一種。たけだけしいもの、恐ろしいもののたとえに用いる。「虎口・虎狼(ころう)・臥虎(がこ)・白虎(びゃっこ)・猛虎」 難読 虎杖(いたどり)・虎魚(おこぜ)・お虎子(まる)・虎列刺(コレラ)・虎斑(とらふ)・虎落笛(もがりぶえ) 人名 こう・たけ

こ【孤】コ㊥ みなしご・ひとり

(字義) ①みなしご。両親をなくした子。「孤児(こじ)・幼孤」 ②ひとり。ひとつ。「孤舟・孤島・孤独・孤立」 難読 孤児(みなしご) 人名 かず・とも

こ【弧】コ㊥

(字義) ①ゆみ。木のゆみ。「弧矢(こし)」 ②弓なりにまがった線。円周の一部分。「弧状・円弧・括弧(かっこ)」

こ【弧】 ①弓のような形。弓形。「―を描く」 ②《数》円周または曲線の一部分。

こ【故】教5 コ ゆえ㊥・もと・ふるい・ことさら

(字義) ①ゆえ。わけ。理由。ゆえに。②ふるい。もと。昔。以前。「故訓・故事・旧故・典故・温故知新」 ③昔なじみ。「故旧・故郷(こきょう・ふるさと)・故宅」 ④死ぬ。死んだ人。「故人・物故」 ⑤特別な事情。「故障・事故・世故」 ⑥ことさらに。わざと。「故意・故買」 人名 ひさ・ふる

こ-【故】 (接頭) (人名・官職名などに付けて)すでに死んでしまった人であることを表す。「―甲野乙郎氏」「―博士」

こ【枯】コ㊥ かれる㊥・からす㊥

(字義) ①かれる。からす。草木の生気がなくなる。「枯死・枯木」 ↔栄 ②かわく。水分がなくなる。「枯渇・枯魚・乾枯」 ③おとろえる。「枯栄・枯痩(こそう)・栄枯盛衰」 ↔栄 難読 枯露柿(ころがき)

こ【胡】人 コ・ゴ・ウ えびす

(字義) ①えびす。中国の北西方に住む異民族。また、その地方。また、広く異民族、外国をいう。「胡弓・胡馬・胡服」 ②でたらめ。いいかげん。「胡散(うさん)・胡乱(うろん)」 難読 胡座(あぐら)・胡瓜(きゅうり)・胡頽子(ぐみ)・胡桃(くるみ)・胡粉(ごふん)・胡麻(ごま)・胡蝶花(しゃが)・胡籙(やなぐい)・胡簶(やなぐい) 人名 ひさ

こ【個】教5 コ・カ

(字義) 全体に対する一つ。ひとり。物を数える助数詞。「個人・個体・一個・別個」

-こ【個】 (接尾) 物を数えるときに添える語。「リンゴ三―」

こ【個】 (全体に対する)ひとりの人。「―の確立」

こ【庫】教3 コ・ク㊥ くら

(字義) くら。㋐兵車を入れておく建物。「武庫」 ㋑財物などをおさめる建物。「庫裏(くり)・庫裡(くり)・庫吏・金庫・車庫・倉庫・文庫・宝庫」 人名 ご・こう・やす

こ【虚】 (字義) →きょ(虚)

こ【袴】人 コ はかま

(字義) ①はかま。和装で、着物の上にはいて、下半身をおおうゆったりした衣。②ももひき。ズボン。「衣袴」

こ【湖】教3 コ みずうみ

(字義) みずうみ。池や沼の大きなもの。「湖沼・湖水・湖畔・塩湖・火口湖・鹹水湖(かんすいこ)・江湖」 参考 特に、中国の洞庭湖(どうていこ)をさすことがある。 人名 おみ・ひろし

こ【琥】人 コ

(字義) ①虎(とら)の形をした玉の器。②「琥珀(こはく)」は、宝石の名。樹脂が化石になったもの。

こ【雇】コ㊥ やとう㊥

(字義) やとう。賃金を払って人を使う。やとい。「雇員・雇用・解雇」 難読 雇女(やとな)・雇仲居(やとな)

こ【瑚】人 コ・ゴ

(字義) ①「珊瑚(さんご)」は、さんご虫の石灰質の骨格が集積したもの。②祭器の名。黍稷(しょしょく)(=きびとあわ)を盛って祖先の廟(びょう)に供える器。「瑚璉(これん)」

こ【誇】コ㊥ ほこる㊥

(字義) ほこる。いばる。自慢する。大げさに言う。ほこり。自慢。「誇示・誇称・誇大・誇張」

こ【跨】人 コ・カ(クヮ) またぐ

(字義) ①またぐ。両足を広げて物の上を越える。「跨越・跨線橋」 ②またがる。両方にかかる。「跨年」 ③占める。「跨拠」

こ【鼓】コ㊥ つづみ㊥

(字義) ①つづみ。たいこ。木または陶器の胴の両面もしくは一面に皮を張り、手やばちで打ち鳴らす打楽器。「鼓笛・旗鼓・鉦鼓(しょうこ)・太鼓」 ②つづみを打つ。たいこをたたく。はげます。ふるいおこす。「鼓吹・鼓舞」 ③ひびく。ふるえる。ふるわす。「鼓動」 参考 「鼓」「皷」は異体字。名詞に「鼓」、動詞に「鼓」が用いられた。

こ【◦箇】 (字義) →か(箇)

こ【糊】人 コ のり

(字義) ①のり。のりづけする。②かゆ。かゆをすする。転じて、暮らしをたてる。「糊口(ここう)」 ③ぼんやりしたさま。「模糊(もこ)」

こ【錮】コ㊥ ふさぐ

(字義) ①ふさぐ。金属をとかしてすきまをふさぐ。②とじこめる。「禁錮」 ③長い病気。=痼。「錮疾」

こ【顧】コ㊥ かえりみる㊥

(字義) ①かえりみる。ふりむく。みまわす。「顧視・一顧・回顧・右顧左眄(うこさべん)」 ②心にかける。思いめぐらす。「顧客・顧慮・愛顧・後顧」 人名 み

こ-【小】 (接頭) (体言・形容詞などに付いて) ①「小さい」「こまかい」の意を表す。「―鳥」「―石」 ②「わずかの」「少しばかりの」「ちょっと」の意を表す。「―銭」「―耳にはさむ」「―ばかにする」 ③「何となく」の意を表す。「―うるさい」「―ぎれいな家」 ④「その数量に少し足りない」「ほとんどそれに近い」の意を表す。「―一時間」「―半日」 ⑤軽んじあなどる気持ちを表す。「―せがれ」「―ざかしい」

-こ (接尾) ①(擬声語・擬態語に付いて)そのような状態であることを表す。「ぺしゃん―」「どんぶら―」 ②→っこ

-こ【子】 (接尾) ①女性の名に付ける語。(本来は敬称。)「春―」 ②(名詞や動詞の連用形に付いて)そのような状態の人、その役割を負う人・物を表す。「踊り―」「売れっ―」「背負(しょ)い―」「江戸っ―」 ③(名詞に付いて)そのような性質・状態の子供であることを表す。「いじめっ―」「だだっ―」 ④取るに足りないものであることを表す。「小僧っ―」「娘っ―」

こ【子・◦児】 ①親から生まれた人。子供。↔親 ②養育して親子の関係にある人。養子や継子(ままこ)。↔親 ③生き物の、生まれて間もないもの。「猫の―」↔親 ④幼い人。子供。「よちよち歩きの―」 ⑤年若い者。「今時の―」 ⑥魚などの卵。「たら―」 ⑦本(もと)から分かれ出たもの。「―会社」↔親 ⑧元になるものに対して、生み出されて利となるもの。利子。「元も―もなくなる」 ⑨かかえの芸者や遊女。また、若い女性。⑩マージャン・花札など

勝負ごとで、親以外の人。↕親
—は鎹 子への愛情がかすがいのように夫婦の仲をつなぎとめるということ。**—は三界の首枷**（「三界」は過去・現在・未来の三世の意）子への愛情のために親は一生自由な行動をとれず、苦労するということ。**—ゆえの闇** 子を思う愛情にひかれて迷い、親が思慮分別を失うこと。

こ【粉】 こな。粉末。「身を—にする（＝非常に努力・苦労する）」

こ【△此・◇是】（代）《古》近称の指示代名詞。これ。ここ。

ご【五】 教1 ゴ いつ・いつ（つ）・い
（字義）いつつ。いつ。「五感・五穀・五体・五大陸」 難読 五十・五加・五加木・五月蠅い・五節・五月・五月雨・五倍子 人名 あつむ・いず・う・かず・さ・ゆき

ご【五】 四に一を加えた数。いつつ。参考「伍」を大字として用いる。

ご【互】 ゴ㊥ たがい㊥
（字義）①たがいに。かわるがわる。「互角・互換・互助・互選・交互・相互」②入りまじる。「参互」難読 互替わり・互い先 人名 こう・とおる・のぶ・わたる

ご【午】 教2 ゴ うま
（字義）うま。十二支の第七。時刻では今の正午ごろ、方位では南。「午後・午刻・午前・正午」人名 ま

ご【伍】 人 ゴ くみ
（字義）①古代中国の軍隊の最小単位で五人一組。また、五戸一組の行政上の単位。くみ。なかま。「伍長・隊伍・落伍」②なかまになる。くむ。「参伍」③証書などで、数字の書き換えを防ぐため、「五」に代えて用いる大字。「伍阡円」人名 あつむ・いつ・たすく・ひとし

ご【◇后】（字義）→こう（后）

ご【呉】 ゴ㊥ くれ
（字義）くれ。唐と同様に、古く、日本で中国をさしていう。「呉音・呉服」難読 呉織 人名 くに

ご【呉】《世》①中国の国名。㋐周代に長江下流域に建国。夫差の時、紀元前四七三年に越に滅ぼされた。㋑三国時代、孫権が江南に建てた国。晋に滅ぼされた。（二二二〜二八〇）㋒五代十国時代、楊行密が揚州を中心に建てた国。（九〇二〜九三七）②昔の呉の国の地方（今の江蘇省）一帯。

ご【吾】 人 ゴ われ・わが
（字義）①われ。わが。自分。「吾家・吾人」②「子」や「兄」などの上に付けて、相手への親しみの意を表す。「吾兄・吾子・吾妻」難読 吾妹・吾亦紅・吾木香 人名 あ・あき・み・みち

ご【後】 教2 ゴ・コウ のち・うしろ・あと・おくれる㊥
（字義）①のち。うしろ。あと。物の後方。その時以降。事の終わったあと。「後援・後日・以後・午後・今後・最後・死後・爾後・食後・戦後・病後」↕前・先 ②おくれる。おそくなる。あとになる。おくらす。「後進・後家」難読 明後日・後退り・後退り・後妻・後朝・後足・後方・後込み・後目 人名 しつ・ちか・のり・もち

ご【娯】 ゴ㊥ たのしむ
（字義）たのしむ。たのしみ。「娯遊・娯楽・宴娯・歓娯」

ご【悟】 ゴ㊥ さとる㊥
（字義）①さとる。はっきり理解する。迷いがさめる。さとり。「悟道・悟得・悔悟・覚悟・大悟」②かしこい。さとい。「英悟・穎悟」人名 さとし・のり

ご【梧】 人 ゴ あおぎり
（字義）①あおぎり。アオギリ科の落葉高木。「梧陰・梧桐・梧葉」②あおぎりで作った琴や机。「梧下」③ささえる。支持する。「枝梧」④さからう。＝牾。「抵梧」⑤壮大なさま。「魁梧」難読 梧桐

ご【御】（字義）→ぎょ（御）

ご-【御】（接頭）（漢語に付いて）種々の敬意を表す。「—活躍」「—無礼」「—飯」⇩御

-ご【御】（接尾）（人を表す語に付いて）尊敬の意を表す。「親—さん」「嫁—」「殿—」

ご【期】（字義）→き（期）

ご【期】 ある限られたとき。おり。局面。「この—に及んで」

ご【碁】 ゴ㊥
（字義）ご。囲碁。＝棊。「碁石・碁会・打碁」

ご【碁】 縦・横一九本ずつの線が引かれ三六一の目のある盤上に、二人が交互に黒と白の石を置き、自分の石で囲い取った目の数の多少によって勝敗を争うゲーム。囲碁。「—を打つ」

ご【語】 教2 ゴ・ギョ かたる・かたらう
（字義）①かたる。はなす。ものがたる。かたらう。論じる。つげる。「語気・語調・閑語・言語・私語・大言壮語」②言葉。言辞。文句。単語。言葉づかい。「語句・語源・語釈・隠語・英語・外来語・漢語・敬語・現代語・口語・国語・古語・死語・主語・述語・新語・標準語・類語」③「物語」の略称。「源語・平語」人名 こと・つぐ・ひろ

ご【語】 ①言葉。言語。言葉づかい。「—を交える」②単語。「—の意味を調べる」

ご【誤】 教6 ゴ あやまる
（字義）あやまる。まちがえる。しくじる。あやまり。まちがい。「誤解・誤差・誤算・誤字・誤診・誤報・過誤・錯誤・正誤・脱誤」

ご【醐】 人 ゴ・コ
（字義）「醍醐」は、牛乳や羊乳から精製したあまい飲み物。「醍醐味」

ご【檎】 人 ゴ・キン
（字義）「林檎」は、バラ科の落葉高木。果実は食用。

ご【護】 教5 ゴ まもる
（字義）まもる。たすける。まもり。「護衛・護身・愛護・看護・守護・庇護・弁護・保護・擁護」難読 護謨 人名 さね・もり

ご【×豆汁・×豆油】 水に浸した大豆をすりつぶし、乳状にしたもの。豆腐や豆乳などの原料。

コア〈core〉■一（名）物事の中心部。中核。核心。「—メンバー（＝中心メンバー）」■二（形動ダ）ダロ・ダッ（デ・ニ）・ダ・ナ・ナラ・○《俗》熱心なさま。マニアックなさま。「—なファン」「—な作品」

こ-あがり【小上がり】 すし屋や小料理屋などで、いす席とは別に設けた畳敷きの客席。

こ-あきない【小商い】 アキナヒ ①商い額の小さい売買。②小規模な商売。「—を営む」《↕大商い》

こ-あきんど【小◇商◇人】 小商いをする人。小規模の営業をする商人。

ご-あく【五悪】【仏】五つの悪事。殺生・偸盗・邪淫・妄語・飲酒。⇩五戒

こ-あげ【小揚げ】 ①船荷を陸にあげること。また、その職業の人。②客を乗せて遊郭に送った駕籠かき。

こ-あざ【小字】 市町村内の区画である字を、さらに細かく

分けた小区域。↔大字

こ-あじ【小味】アヂ（名・形動ダ）微妙でこまやかな味。また、その味のあるさま。「—が利いている」↔大味

コア-タイム〈core time〉フレックスタイム制で、出勤・就労を義務づけられる時間帯。

こ-あたり【小当〔た〕り】他人の心の中や事情を知るために、ちょっと探ってみること。「—に当たってみる」

コアラ〈koala〉《動》オーストラリア特産のコアラ科の哺乳動物。有袋類。体長約七〇センチメートル。耳は大きく、顔はクマに似る。樹上で生活し、ユーカリの葉を食べる。夜行性。

-こい（接尾）→っこい

こい【恋】コヒ 特定の相手に強くひかれ、慕う気持ち。恋愛。「—に落ちる」

—の闇 恋のために心が乱れて分別を失うこと。**—は思案の外** 恋は理性や常識では判断できないものだ。**—は盲目** 恋をすると冷静さをなくして、正しい判断ができなくなる。

こい【鯉】コヒ《動》コイ科の淡水魚。品種が多い。食用・観賞用。フナに似るが、口の左右に二対のひげがある。

—の滝登り（中国の黄河にある竜門の急流をさかのぼった鯉は竜になるという伝説から）立身出世の道を一気に歩むことのたとえ。⇒登竜門

こい【請い・乞い】コヒ たのみ。願い。「彼の—を入れる」

こ-い【故意】①わざとすること。「—に負ける」②《法》自分の行為の結果を認識していながら、あえてその行為をする意思。「未必の—」↔過失

こ-い【濃い】（形）カロ・カッ(ク)・イ・イ・ケレ・○ ①色合いや味の度合いが強い。「—緑色の夏山」「塩味が—」②濃度が高い。濃厚である。「—食塩水」「化粧が—」③密度が高い。密である。「ひげが—」「霧が—」④物事の程度が強い。「可能性が—」「敗色が—」⑤相手を思う気持ちが強い。「情が—」（↔薄い）文こ・し(ク)

ご-い【語彙】ヰ ある言語・領域で用いられる語の全体。また、ある人の用いる語の全体。ボキャブラリー。「日本語の—」「—が豊富な人」

ご-い【語意】その言葉のもつ意味。語義。「—をつかむ」

こい-うた【恋歌】コヒ— 恋の心情を詠んだ詩歌。こいか。

こ-いえ【小家】—イヘ 粗末で小さな家。

こい-か【恋歌】コヒ— →こいうた

こい-かぜ【恋風】コヒ— 恋心のせつなさを、風が身にしみることにたとえた語。

こい-がたき【恋敵】コヒ— 自分と同じ人を恋している競争相手。

こ-いき【小意気・小粋】（形動ダ）ダロ・ダッ(デ・ニ)・ダ・ナ・ナラ・○ どことなく洗練されて色気のあるさま。ちょっと粋なさま。「—な格好」

こい-くち【濃〔い〕口】色・味などの濃いこと。また、濃いもの。「—醤油」⇩薄口

こい-ぐち【鯉口】コヒ— ①（鯉のあけた口に形が似ているところから）刀のさや口。②水仕事などをするとき、着物の上に着る筒袖の衣服。

—を切る 刀がすぐ抜けるように、「こいぐち①」をゆるめる。また、刀を抜きかける。

こい-こが・れる【恋い焦〔が〕れる・恋焦れる】コヒ—（自下一）レレ・レル・レル・レレ・レロ(レヨ) 悩み苦しむほど恋い慕う。「一人の女性に—」「—れた海外生活」文こひこが・る(下二)

こい-こく【鯉濃】コヒ— 輪切りにした鯉をみそ汁で煮込んだ料理。

こい-ごころ【恋心】コヒ— 恋しく思う気持ち。「—を抱く」

ごい-さぎ【五位鷺】ゴヰ—《動》サギ科の鳥。背面は緑黒色で、後頭部に二、三本の長く白い羽がある。腹面は白色。幼鳥は褐色で白い斑点があるので、俗に「星五位」という。語源 醍醐天皇が御遊の際、五位を授けたという故事から付けられた名という。

こい-じ【恋路】コヒヂ（恋しく思う気持ちが、それを通って相手に寄っていく道の意）恋の道。恋。「人の—をじゃまする」

ご-いし【碁石】囲碁に用いる、円形の黒と白の小さな石。

こいし・い【恋しい】コヒシイ（形）カロ・カッ(ク)・イ・イ・ケレ・○ 遠く離れている人・場所・物などに強く心がひかれる。慕わしい。「母が—」「故郷が—」「あのころが—」文こひ・し(シク)

こいした・う【恋〔い〕慕う】コヒシタフ（他五）ワ(オ)・イ(ッ)・ウ・ウ・エ・エ 恋しくてそばに行きたいと思う。「ひそかに—相手がいる」

こいずみやくも【小泉八雲】コイヅミヤクモ（一八五〇〜一九〇四）英文学者・小説家。本名ラフカディオ＝ハーン（Lafcadio Hearn）。ギリシャ生まれのイギリス人。一八九〇（明治二十三）年来日、小泉節子と結婚して帰化。日本の風物や伝説に取材した作品を書いた。小説集「怪談」、随想集「知られざる日本の面影」など。

こい・する【恋する】コヒスル（自他サ変）シ(セ・サ)・シ・スル・スル・スレ・シロ(セヨ) 特定の相手に愛情を寄せる。深く慕う。文こひ・す(サ変)

こい-ちゃ【濃〔い〕茶】①抹茶のうち、日よけをした茶の古木の若芽から製する高級なもの。濃く練るように点て、茶席では多く飲み回しとなる。②濃い茶色。（↔薄茶）

こ-いつ【此〔奴〕】（代）①他称の人代名詞。このやつ。自分に最も近い位置にある人をぞんざいに、または軽蔑して、あるいは親愛の情をこめて言う語。「犯人は—だ」②近称の指示代名詞。近くのものをさして乱暴に言う語。このもの。「—はおもしろい」語源「こやつ」の転。

ご-いっしん【御一新】「明治維新」の異称。

こい-なか【恋仲】コヒ— たがいに恋しあう間柄。「—になる」

こい-にょうぼう【恋女房】コヒニョウバウ 夫が深く愛している妻。恋愛して結婚した妻。

こい-ねが・う【乞い願う・希う・冀う・庶幾う】コヒネガフ（他五）ワ(オ)・イ(ッ)・ウ・ウ・エ・エ 強く願い望む。切望する。

こいねがわく-は【乞い願わくは・希くは・冀くは・庶幾くは】コヒネガハク（副）願うことには。なにとぞ。「—御加護のあらんことを」語源 文語動詞「こひねがふ」のク語法＋係助詞「は」用法 多く「…せんことを」の形で結ぶ。

こい-のぼり【鯉幟】コヒ— 紙や布で鯉の形に作ったのぼり。端午の節句に男児の成長を祝って立てる。夏

こい-びと【恋人】コヒ— 恋しく思う特定の人。恋愛の相手。

こい-ぶみ【恋文】コヒ— 相手への恋する気持ちを書いた手紙。懸想文。ラブレター。

コイル〈coil〉絶縁した電気の導線を円形・らせん状などに巻いたもの。モーター・発電機などに用いる。線輪。巻き線。

こい-わずらい【恋煩い】コヒワヅラヒ 恋する気持ちがかなえられないで病気のようになること。恋のやまい。

こ-いん【雇員】—ヰン 官公庁・会社などで、正規の職員・社員としてではなく、補助員としてやとわれる者。

コイン〈coin〉硬貨。貨幣。「—トス」

—ランドリー〈和製英語〉（「ランドリー」は洗濯屋の意）硬貨を入れると使用できる洗濯機・乾燥機を設置した店。

—ロッカー〈和製英語〉硬貨を入れると一定時間使用できる、手荷物用の貸し保管箱。

ご-いん【五音】①《音》日本・中国の音律で、宮・商・角・徴・羽の五つ。五声。②五十音図の各行の五つの音。五韻。

ご-いん【誤飲】（名・他スル）食べたり飲んだりしてはいけない

物を誤って飲み込むこと。⇩誤嚥

こう【口】 教1 コウ・ク くち
(字義) ①くち。動物が食物をとり入れたり、音声を発したりする器官。「口蓋・口腔・口頭・開口・鶏口・虎口」②口に出して言う。自分の口から。「口調・口外・口授・口伝・悪口・異口同音」③ひと。ひとの数。また、家・剣などを数える語。「口数・口銭・戸口・人口・剣一口」④あな。出入り口。「口径・河口・港口・銃口・噴火口」 難読 口舌・口説・口遊む・口忠実・口説く・口惜しい 人名 あき・ひろ

こう【工】 教2 コウ・ク たくみ
(字義) ①たくみ。器物をつくること。技芸。また、仕事。いとなみ。「工芸・工作・加工・起工・細工・手工・人工・図工」②器物をつくる職人。細工をする人。「工員・工夫・印刷工・機械工・職工・名工」③官吏。「百工」④工業。「工科・工学・商工業」 難読 工合 人名 え・ただ・つとむ・のり・よし

こう【公】 教2 コウ・ク おおやけ㊥
(字義) ①おおやけ。㋐国家。役所。「公職・公用・奉公」↕私 ㋑社会一般。世間。「公共・公衆」②かたよらない。ただしい。平等である。「公正・公平」③広くあてはまる。全般に通用する。「公倍数・公約数・公理」④きみ。主君。諸侯。貴人。「公家・公卿・公子」⑤相手に対する敬称。「貴公・尊公」⑥五等爵(公・侯・伯・子・男)の最上位。「公爵・伊藤公」 難読 公孫樹・公達・公事・公方・公司・公魚 人名 あきら・いさお・かず・きぬ・きみ・きん・さと・たか・ただ・ただし・とおる・とも・ひと・ひろ・ひろし・まさ・ゆき

-こう【公】 (接尾) ①偉人の名に付ける敬称。「家康─」②旧貴族のうち公爵に付けていう敬称。「近衛─」③親しみや軽蔑を表す。「熊─」「八─」

こう【勾】 コウ㊥・ク まがる
(字義) ①まがる。「勾配」②とらえる。ひきとめる。「勾引・勾検・勾留」③かぎ。 難読 勾引かす・勾玉 人名 にお・まがり

こう【孔】 コウ㊥・ク あな
(字義) ①あな。つき抜けているあな。「孔穴・眼孔・気孔・隙孔・洞孔・瞳孔・鼻孔・噴気孔」②中国の姓。特に、孔子をさす。「孔家・孔孟・孔門」 難読 孔雀 人名 うし・ただ・とおる・ひろ・みち・よし

こう【功】 教4 コウ・ク㊫ いさお
(字義) ①いさお。てがら。「功業・功罪・功臣・功績・功名・功労・勲功・成功・戦功・大功・年功」②ききめ。しるし。みのり。「功徳・功力・功用」 人名 あつ・いさ・かた・かつ・こと・つとむ・なり・なる・のり

こう【功】 ①なしとげたりっぱな仕事。てがら。成果。「─をたてる」②経験の積み重ね。年功。「年の─」
─成り名遂ぐ りっぱな仕事をなしとげ、名声を得る。
─を奏する 効果が現れる。うまくいく。奏功する。「対策が─」

こう【◇尻】 コウ(カウ) しり㊥
(字義) ①しり。㋐しりの穴。肛門。臀部。「尻坐」②そこ。末端。「目尻」③おわり。しめくくり。結末。「帳尻」 難読 尻尾

こう【巧】 コウ(カウ)㊥ たくみ㊥・うまい
(字義) たくみ。仕事の上手なこと。わざ。うでまえ。「巧者・巧拙・巧緻・巧妙・巧言令色・技巧・精巧・名巧・老巧」↕拙 人名 いさお・さとし・たえ・よし

こう【広】 教2 【廣】人 コウ(クヮウ)・ひろい・ひろまる・ひろめる・ひろがる・ひろげる
(字義) ①ひろい。ひろがり。ひろさ。「広言・広大・広野」②ひろまる。ひろめる。ひろがる。ひろげる。「広告・広報」 人名 お・たけ・とう・ひろし・みつ

こう【弘】人 コウ・グ ひろい・ひろめる
(字義) ①ひろい。大きい。「弘遠・弘毅・寛弘」②ひろめる。ひろまる。ひろがる。「弘通・弘道・弘文」 難読 弘誓・弘法 人名 お・く・ひ・ひろ・ひろし・ひろむ・みつ

こう【甲】 コウ(カフ)㊥・カン㊥ かぶと・きのえ
(字義) ①よろい。かぶと。外面をおおう殻。こうら。「甲冑・甲殻・亀甲・堅甲・装甲」②きのえ。十干の第一。「甲子・甲乙」③「甲斐の国」の略。「甲州」 難読 甲斐性・甲必丹・甲虫・甲高い・甲矢 人名 か・かつ・き・こ・さき・はじめ・まさる

こう【甲】 カフ ①物の外面をおおうかたい殻。こうら。「亀の─」②てのひらや足のうらの反対側の面。「手の─」③物事の順序・等級の第一位。「─乙つけがたい」④複数の事物や人を区別するとき、その一つの名に代えて用いる語。「前者を─、後者を乙とする」

こう【亘】人【亙】人 コウ わたる
(字義) わたる。つらなる。およぶ。めぐる。「亘古」 参考 「亙」は、本来は「亘」とは別字。 人名 あきら・せん・たけ・つね・とおる・のぶ・ひろ・ひろし・もとむ・わたり

こう【交】 教2 コウ(カウ)・キョウ(ケウ)・まじわる・まじえる・まじる・まざる・まぜる・かう㊥・かわす㊥・かわる・こもごも
(字義) ①まじわる。まじえる。まざる。まじる。まぜる。「交差・交錯・交点」②つきあう。やりとりする。「交易・交歓・交際・交遊・外交・旧交・国交・親交・絶交」③かわす。かわる。「交換・交替」④こもごも。かわるがわる。 難読 交喙・交交 人名 かた・こう・たか・とも・みち・よしみ

こう【仰】 カウ (字義) →ぎょう(仰)

こう【光】 教2 コウ(クヮウ) ひかる・ひかり
(字義) ①ひかる。てらす。ひかり。かがやき。あかり。「光彩・光線・光沢・光背・光明・蛍光・月光・後光・採光・春光・日光・発光・陽光」②ようす。景色。「光景・観光・風光」③時間。日月。「光陰・消光」④ほまれ。名誉。名声。「光栄・光臨・栄光」 難読 光参・光一 人名 あき・あきら・あり・かぬ・かね・さかえ・てる・ひこ・ひろ・ひろし・みつ・みつる

こう【向】 教3 コウ(カウ)・キョウ(キャウ) むく・むける・むかう・むこう・さき
(字義) ①むく。むける。むかう。相対する。おもむく。「向後・向上・向日・向暑・下向・参向・出向」②ちかづく。つき従う。「向背」③おもむき。かたむき。「意向・傾向・趣向」④さきに。以前。「向来」⑤むこう。あちら。 難読 日向・日向・向日葵 人名 ひさ・むか・むけ

こう【后】 教6 コウ・ゴ きさき・きみ・のち

(字義) ①きさき。天子の妻。「后妃・皇后・皇太后・太皇太后・立后」②きみ。君主。「后王」③のち。「後」に通じて用いる。「午后」 人名 み

こう【好】 教4 コウ(カウ) このむ・すく・よい・よしみ

(字義) ①うつくしい。みめよい。「好男子」②このむ。すく。愛する。このみ。すき。「好意・好学・好物・愛好・嗜好・同好」③よい。このましい。よろしい。「好機・好時節・好評・絶好・良好」④よしみ。なかよし。「好誼・親好・友好」⑤上手である。「好技・好手」 難読 好事家 人名 かず・かた・こ・すみ・たか・とも・み・みち・よし・よしむ

こう【江】 コウ(カウ)㊥ え㊥

(字義) ①長江のこと。揚子江。「江河・江水・江西・遡江」②大きな川。また、川の総称。「江村・江頭」③え。いりえ。海や湖などが陸地にはいりこんでいるところ。④「近江の国」の略。「江州」 人名 うみ・きみ・しゅう・ただ・のぶ

こう【考】 教2 コウ(カウ) かんがえる

(字義) ①かんがえる。㋐おもいはかる。おもいめぐらす。「考案・考慮・一考・愚考・思考・熟考」㋑しらべる。「考証・参考」㋒ためしてみる。試験する。「考査・考試」②死んだ父。「皇考・先考」③考証や考究の結果を述べた論文。「国意考・論考」 人名 たか・ただ・ちか・とし・なか・なり・なる・のり・やす・よし

こう【行】 教2 コウ(カウ)・ギョウ(ギャウ)・アン㊤ いく・ゆく・おこなう

(字義) ①いく。ゆく。あるいて行く。前にすすむ。ゆくこと。旅。「行進・行程・行旅・移行・運行・紀行・急行・進行・歩行・旅行」②やる。ゆかせる。すすめる。「行軍・行文」③ゆくゆく。あるきながら。道すがら。「行吟・行商」④(「ギョウ」と読んで)列。並んだもの。文字の並び。「行間・行数・行列・改行・別行」⑤(「アン」と読んで)旅あるき。持ちあるく。「行脚・行宮・行灯」⑥おこなう。する。ふるまう。用いる。おこない。しわざ。特に、僧侶や修験者が道をおさめること。また、その訓練。「行為・行動・孝行・私行・施行・操行・素行・非行・行事・行政・苦行・興行・修行・奉行」⑦はたらき。めぐり。すべての生滅変易する存在。「五行・諸行無常」⑧漢詩の一体。楽府の題名。「琵琶行・兵車行」⑨(「ギョウ」と読んで)書体の一つ。楷書をくずしたもの。「行書・真行草」⑩商店。みせ。「銀行・洋行」⑪銀行。「行員」 難読 行火・行在所・行子・行李・行潦・行幸・行縢・行方・行衛 人名 あきら・き・すすむ・たか・つら・なり・のり・ひら・みち・もち・やす・ゆき

こう【行】 カウ おこない。行動。「—を共にする」

こう【坑】 コウ(カウ)㊥ あな

(字義) ①あな。地面に掘ったあな。鉱石などを掘るためのあな。「坑道・坑内・金坑・鉱坑・炭坑・廃坑」②あな埋めにする。生き埋めにする。あなに落とす。「坑殺・坑戮・焚書坑儒」

こう【孝】 教6 コウ(カウ)・キョウ(ケウ)

(字義) 父母によくつかえること。父母をたいせつにすること。「孝行・孝女・孝養・大孝・忠孝・篤孝・不孝」 人名 あつ・たか・たかし・なり・のり・みち・もと・ゆき・よし

こう【孝】 カウ 父母によくつかえること。孝行。「—は百行の本」

こう【宏】 人 コウ(クヮウ) ひろい

(字義) ①ひろい。大きい。ひろくする。大きくする。「宏遠・宏壮・宏大」②すぐれた。りっぱな。「宏器・宏儒」 人名 あつ・たかし・ひと・ひろ・ひろし・ひろむ・ふかし

こう【抗】 コウ(カウ)㊥

(字義) はりあう。てむかう。さからう。「抗議・抗争・抗弁・抗命・拮抗・対抗・抵抗・反抗」

こう【攻】 コウ㊥ せめる㊥

(字義) ①せめる。とがめる。「攻撃・攻守・攻防・攻略・先攻・速攻・難攻」②おさめる。研究する。みがく。「攻究・攻玉・専攻」 人名 いさお・おさむ・よし

こう【更】 コウ(カウ)㊥・さら㊥・ふける㊤ ふかす㊤・あらたまる

(字義) ①かえる。かわる。あらためる。新しくする。あらたまる。「更改・更新・更生・変更」②こもごも。かわるがわる。「更互・更代」③一夜を五等分した時刻の称。「五更・初更」④さらに。ますます。⑤さら。いうまでもない。⑥ふける。夜がおそくなる。「深更」 難読 更紗・更級 人名 さ・つぎ・つぐ・とお・とく・のぶ

こう【効】 教5【效】 コウ(カウ) きく・ならう

(字義) ①きく。ききめがある。ききめ。しるし。いさお。「効果・効力・時効・実効・即効・特効・薬効・有効」②ならう。まねる。見習う。「効顰」③いたす。力をつくす。「効忠」 人名 いさお・いたる・かず・かた・すすむ・なり・のり

こう【効】 カウ ききめ。しるし。効果。効験。「—を奏する」「薬石—なく」

こう【岬】 ◇ コウ(カフ) みさき㊥

(字義) みさき。陸地が海につき出たところ。「岬角」 人名 さき

こう【岡】 ◇ 教4 コウ(カウ) おか

(字義) ①おか。㋐小さな山。㋑山の背。みね。②さか。 参考 「崗」は異体字。

こう【幸】 教3 コウ(カウ)・さいわい さち㊥・しあわせ・みゆき

(字義) ①さいわい。しあわせ。思いがけないさち。しあわせをもたらす。さいわいに。運よく。＝倖。「幸運・幸甚・幸福・多幸・薄幸・不幸」②かわいがる。寵愛する。気に入る。「幸姫・幸臣・寵幸」③みゆき。天子のおでまし。「幸臨・行幸・巡幸・臨幸」 難読 幸先 人名 さい・さき・たか・たつ・とみ・とも・ひで・ひろ・むら・ゆき・よし

こう【幸】 カウ さいわい。しあわせ。幸福。「—か不幸か」

こう【庚】 人 コウ(カウ) かのえ

(字義) かのえ。十干の第七。方角は西をさす。「庚申」

こう【拘】 コウ㊥・ク かかわる・とらえる

(字義) ①とらえる。つかまえる。とどめておく。とらわれる。「拘束・拘置・拘留」②かかわる。ひっかかる。こだわる。「拘泥」

こう【昂】 人 コウ(カウ) あがる

(字義) あがる。あげる。日がのぼる。高くなる。気がたかぶる。物価が高くなる。「昂騰・昂奮・昂揚・激昂・軒昂」 参考 「昂」は俗字。 人名 あき・あきら・たか・たかし・たけし・のぼる

こう【昊】 人 コウ(カウ) (字義)①そら。おおぞら。「昊天」②春または夏の空。人名 あつし・たかし・ひろ・ひろし

こう【杭】 人 コウ(カウ) くい・わたる (字義)①くい。地面に打ち込む棒。②わたる。船でわたる。また、船。＝航

こう【肯】 コウ㊥ うべなう・がえんずる (字義)①うべなう。がえんずる。ききいれる。よいとする。承知する。ゆるす。「肯諾・肯定・首肯」②骨つきの肉。骨と肉の入りくんだ部分。転じて、物事の急所・要点。「肯綮(こうけい)」③あえて。人名 さき・むね

こう【肴】 人 コウ(カウ) さかな (字義)①さかな。酒を飲むときのつまみ。「佳肴・酒肴」②ごちそう。「肴味・嘉肴(かこう)」

こう【侯】 コウ㊥ まと (字義)①まと。矢を射て当てるまと。「侯弓・侯鵠(こうこく)」②きみ。㋐大名。領主。「侯王・王侯・君侯・諸侯」㋑五等爵(公・侯・伯・子・男)の第二位。「侯爵・侯伯」人名 あき・きぬ・きみ・とき・よ・よし

-こう【侯】 (接尾)旧貴族のうち侯爵に付けていう敬称。

こう【厚】 教5 コウ㊥ あつい (字義)①あつい。↔薄 ㋐あつみがある。ゆたかである。㋑重い。りっぱ。「温厚・重厚」㋒こい。「濃厚」㋓てあつい。ねんごろ。「厚意・厚情」㋔あつかましい。「厚顔」②あつくする。ゆたかにする。「厚生」難読 厚子(あつし)・厚司(あつし) 人名 あつし・ひろ・ひろし

こう【巷】 人 コウ(カウ) ちまた (字義)①ちまた。町や村の中の小道。むらざと。「陋巷(ろうこう)」②世間。よのなか。「巷間・巷説・巷談」

こう【後】 (字義)→ご(後)

こう【恒】【恆】 人 コウ㊥ つね (字義)①つね。いつも変わらない。変えない。いつまでも変わらない。平常。「恒産・恒常・恒心・恒例」②ひさしい。「恒久・恒憲」人名 ちか・のぶ・ひさ・ひさし・ひとし・わたる

こう【恰】 人 コウ(カフ)・カッ あたかも (字義)あたかも。ちょうど。ほどよく適している。「恰好(かっこう)(こうこう)」難読 恰幅(かっぷく) 人名 あたか

こう【洪】 コウ㊥ (字義)①おおみず。水があふれる。「洪水」②大きい。すぐれた。おおいに。「洪恩・洪業・洪筆」人名 おお・ひろ・ひろし

こう【洸】 人 コウ(クヮウ) (字義)①水の広大なさま。「洸洋」②勇ましいさま。「洸洸」③ぼんやりしたさま。「洸惚(こうこつ)」人名 たけし・ひろ・ひろし・ふかし・みつる

こう【皇】 教6 コウ(クヮウ)・オウ(ワウ) きみ・すめらぎ (字義)①きみ。君主。天子。国王。「皇帝・天皇・法皇(ほうおう)」②天皇。天皇の。「皇位・皇恩・皇后・皇室・上皇・女皇」③すめら。すめらぎ。日本の。「皇国・皇道」④神。天帝。万物の主宰者。「皇天」⑤大きい。ひろい。⑥あわただしい。「倉皇(そうこう)」難読 皇神(すめがみ)・皇子(みこ)・皇女(みこ) 人名 ただす

こう【紅】 教6 コウ・ク㊥・グ べに・くれない㊥・あかい (字義)①くれない。あかい。あざやかな赤色。「紅顔・紅唇・紅梅・雁来紅(がんらいこう)・真紅(しんく)・深紅(しんく)・鮮紅」②べに。べにばなから作った顔料。「紅脂」③女性に関することに用いる。「紅一点・紅涙」難読 紅蓮(ぐれん)・紅型(びんがた)・紅白粉(べにおしろい)・紅鉄漿(べにかね)・紅殻(べにがら)・紅絹(もみ)・紅裏(もみうら)・紅葉(もみじ) 人名 あけ・いろ・くれ・もみ

こう【荒】 コウ(クヮウ)㊥ あらい㊥・あれる㊥・あらす㊥・すさぶ (字義)①あれる。㋐雑草がおいしげる。「荒地・荒野・荒涼・蕪荒」㋑作物などが実らない。「荒年・凶荒」②あらす。ほろぼす。③すさぶ。乱れる。ふけりおぼれる。「荒淫(こういん)・荒怠・荒天・荒廃」④とりとめのない。道理に合わない。「荒誕・荒唐」⑤遠く離れた地。国のはて。辺境。「八荒」難読 荒家(あばらや)・荒屋(あばらや)・荒磯(ありそ)(あらいそ)・荒夷(あらえびす) 人名 あらし・あらら・あららぎ(姓)・ら

こう【虹】 ◇ コウ にじ㊥ (字義)にじ。雨あがりなどに、大気中の水蒸気に日光があたって光が分散され、太陽と反対方向の空中に見える七色の円弧状の帯。「虹橋」

こう【郊】 コウ(カウ)㊥ (字義)①城外。町はずれ。いなか。「郊外・郊里・遠郊・近郊」②祭り。天地をまつる祭りの名。まつる。「郊祭・郊祀(こうし)・郊社」人名 おか・さと・ひろ

こう【香】 教4 コウ(カウ)㊥・キョウ(キャウ)㊥ か・かおり・かおる・かんばしい (字義)①か。かおり。におい。「香味・清香・芳香」②かおる。かんばしい。こうばしい。よいにおい。「香水・香木・香料・花香・麝香(じゃこう)」③こう。よいにおいを出すたきもの。「香火・香華(こうげ)・香道・焼香・線香・聞香(ぶんこう)(もんこう)・抹香(まっこう)・名香」④よい。美しい。「香雨・香夢」難読 香魚(あゆ)・香蒲(がま)・香港(ホンコン)・香具師(やし) 人名 かが・たか・よし

こう【香】 カウ ①たいてかおりを楽しむもの。香木や種々の香料をねり合わせたもの。たきもの。「一をたく」②「香道」の略。

―を聞(き)く 香をたいてそのかおりをかぐ。

こう【候】 教4 コウ そうろう㊥・うかがう (字義)①うかがう。たずねる。さぐる。ようすを見る。ねらう。「候伺・候人・斥候」②まつ。待ち受ける。待ち迎える。「候補」③はべる。目上の人のそばに仕える。「参候・伺候」④きざし。しるし。ようす。「気候・兆候・徴候」⑤とき。おり。時節。「候鳥・時候」⑥そうろう。「ある」「いる」の丁寧な言い方で、特に手紙文などに用いた。「候文(そうろうぶん)」人名 きみ・そろ・とき・みよ・よし

こう【候】 気候。季節。時候。「秋冷の一」

こう【倖】 人 コウ(カウ) さいわい (字義)①さいわい。思いがけないさいわい。＝幸。「倖利・恩倖・僥倖(ぎょうこう)・射倖心(しゃこうしん)・薄倖(はっこう)」②親しむ。お気に入り。「倖臣・倖嬖(こうへい)・嬖倖」③へつらう。また、その臣。「倖曲」人名 さ・さち・ゆき

こう【晃】【晄】 人 コウ(クヮウ) あきらか (字義)あきらか。かがやく。ひかる。ひかり。「晃晃・晃曜・晃朗」参考「晄」は異体字。人名 あき・あきら・きら・てる・ひかる・みつ

こう【格】 カウ (字義)→かく(格)

こう【校】 教1 コウ(カウ)・キョウ(ケウ) くらべる・かんがえる (字義)①まなびや。生徒・学生を集めて教育する所。また、「学校」の略。「校歌・校舎・開校・休校・退校・転校・登校・廃校・分校・本校」②くらべる。かんがえる。しらべる。「校閲・校勘・校

合・校正」③かせ。罪人の手・足・首にはめる刑具。④陣営中の指揮官のいる所。転じて、指揮官。「将校」⑤あぜ。「校倉」は、日本上代の建築様式の一つ。[人名]とし・なり

こう【◇桁】 コウ(カウ) けた㊥
(字義)①けた。㋐柱などにかけわたした横木。㋑そろばんの玉を通す縦の棒。㋒数のくらい。②かせ。あしかせ。罪人の足にはめる刑具。③ころもかけ。「衣桁」

こう【人浩】 コウ(カウ) ひろい
(字義)ひろい。水の広大なさま。大きい。盛んな。「浩恩・浩浩・浩然・浩蕩」[人名]いさむ・おおい・きよし・はる・ひろ・ひろし・ゆたか

こう【人紘】 コウ(クヮウ) おおづな
(字義)①ひも。「朱紘」②おおづな。「紘綱」③はて。きわみ。「八紘」[人名]ひろ・ひろし

こう【耕】 教5 コウ(カウ) たがやす
(字義)①たがやす。田畑をすきかえす。農事につとめる。「耕耘・耕作・耕田・中耕・農耕・晴耕雨読」②働いて生計を立てること。「筆耕」[人名]おさむ・すき・たか・つとむ・のぶ・やす・よし

こう【耗】 カウ (字義)→もう(耗)

こう【航】 教5 コウ(カウ)
(字義)わたる。舟で水をわたる。転じて、空を飛ぶ。「航海・航空・航行・曳航・回航・帰航・寄航・就航・出航・潜航・渡航・密航」[人名]き・わたる

こう【貢】 コウ㊥・ク㊅ みつぐ㊅
(字義)①みつぐ。朝廷に地方の産物を献上する。「貢献・朝貢」②みつぎ。みつぎもの。「貢物」[人名]すすむ・つぐ・とおる・みつ・みつぎ・みつぐ・みつる

こう【降】 教6 コウ(カウ)・ゴウ(ガウ) おりる・おろす・ふる・くだる
(字義)①ふる。雨や雪などがふる。「降雨・降雪」②おりる。くだる。高い所からおりる。「降下・降嫁・降格・降臨」↔昇 ③敵に負けて従う。「降参・降伏・投降」④くだす。敵を負かして従わせる。「降伏・降魔」⑤のち。あと。「以降」

こう【高】 教2 コウ(カウ)・たかい たか・たかまる・たかめる
(字義)①たかい。㋐たけがたかい。そびえている。「高原・高所・高地」↔低 ㋑程度がたかい。すぐれている。「高位・高価・高貴・高級・高弟」↔低 ㋒けだかい。気品がある。「高潔・高尚・崇高・清高」㋓年齢がたかい。年をとる。「高齢」②たかぶる。いばる。「高言・高慢」③たかさ。たかい所。「座高・登高・標高」④相手に対する敬意を表す語。「高見・高説・高評」⑤「高等学校」の略。「高三」[難読]高粱(コーリャン)・高麗(こま)・高砂(たかさご)・高坏(たかつき)・高嶺(たかね)・高天(たかま)が原・高御座(たかみくら) [人名]あきら・うえ・かぎり・すけ・たかし・たけ・ほど

こう【康】 教4 コウ(カウ) やすらか
(字義)①やすらか。「安康・小康」②すこやか。体がじょうぶである。「健康」[人名]しず・しずか・みち・やす・やすし・よし

こう【控】 コウ㊅ ひかえる㊥
(字義)①ひかえる。㋐ひきとめる。おさえる。「控御・控制」㋑さし引く。のぞく。「控除」②訴える。告げる。「控告・控訴」

こう【梗】 コウ(カウ)㊥・キョウ(キャウ) おおむね
(字義)①やまにれ。ニレ科の落葉高木。②おおむね。あらまし。「梗概」③ただしい。「梗正」④つよい。「強梗」⑤ふさぐ。ふさがる。「梗塞」⑥「桔梗(ききょう)」は、ききょう。キキョウ科の多年草。山野に自生する。秋の七草の一つ。

こう【人皐】 コウ(カウ)
(字義)①さわ。㋐水沢。沼沢。「九皐・湿皐・沢皐」㋑水田。②きし。水ぎわ。③くま。水辺の湾曲した所。④たかい。「皐門」⑤おか。「東皐」⑥ああ。長くひいて人の魂を呼ぶ声。⑦さつき。陰暦五月の別名。「皐月」[参考]「皋」の別体。[人名]お・さ・すすむ・たか・たかし

こう【黄】 教2【人黃】 コウ(クヮウ)㊥・オウ(ワウ)・き・こ㊥
(字義)①き。きいろ。「黄色」②きいろをおびたもの。「黄土・黄葉・硫黄・卵黄」③きん。こがね。「黄金・黄白」[難読]黄牛(あめうし)・黄檗宗(おうばくしゅう)・黄肌(きはだ)・黄蘗(きはだ)・黄昏(たそがれ)・黄楊(つげ)・黄櫨(はぜ)・黄泉(よみ) [人名]かつみ

こう【喉】 コウ㊥ のど㊥
(字義)①のど。のどぶえ。「喉頭・咽喉」②かなめ。要所。

こう【慌】 コウ(クヮウ)㊅ あわてる㊥・あわただしい㊥
(字義)①あわてる。あわただしい。「慌忙」②おそれる。「恐慌」③うっとりする。＝恍。「慌惚」

こう【港】 教3 コウ(カウ) みなと
(字義)①みなと。舟着き場。「港口・港湾・漁港・軍港・商港・要港・良港」②飛行機の発着所。「空港」

こう【人皓】 コウ(カウ) しろい
(字義)しろい。㋐白く輝く。光る。明るい。「皓月・皓皓」㋑色が白い。「皓歯」[人名]あき・あきら・つぐ・てる・ひかる・ひろ・ひろし

こう【硬】 コウ(カウ)㊥ かたい㊥
(字義)①かたい。かたさ。「硬球・硬質・硬直・堅硬」②つよい。手ごわい。かたくなな。「硬派・強硬」(↔軟)[難読]硬張(こわば)る [人名]かたし・ひろ

こう【絞】 コウ(カウ)㊅ しぼる㊥・しめる㊥・しまる㊥
(字義)①しめる。くくる。「絞殺・絞首」②しぼる。

こう【人腔】 コウ(カウ)
(字義)①体内の中空になった所。「腔腸動物・口腔・鼻腔・腹腔」②からだ。体内。「満腔」[参考]医学用語では「クウ」と読むことがある。

こう【項】 コウ(カウ)㊥
(字義)①うなじ。くびすじ。首のうしろの部分。「項領」②物事の小分けにした一つ一つ。ことがら。箇条。「項目・条項」③数式を組み立てる要素。「多項式・単項式」[難読]項垂(うなだ)れる [人名]うじ

こう【項】 カウ ①(法律・文章などの)箇条。項目。②《数》㋐数式を組み立てる単位。㋑分数における分子・分母。㋒数列・級数を組み立てる各数。

こう【人幌】 コウ(クヮウ) ほろ
(字義)①ほろ。日よけや雨よけのために車につけるおおい。②とばり。たれぬの。③居酒屋などの看板の旗。[人名]あきら

こう【溝】 コウ㊥ みぞ㊥
(字義)みぞ。㋐地面に細長く掘った水路。「溝渠・排水溝」㋑ほりわり。「溝池・城溝」㋒谷川。「溝壑」

こう【滉】(人) コウ(クヮウ) (字義) ひろい。水の深く広いさま。広遠なさま。＝洸。「滉蕩（こうとう）・滉瀁（こうよう）」 人名 あきら・ひろ・ひろし・ふかし

こう【煌】(人) コウ(クヮウ) かがやく (字義) かがやく。きらめく。「煌煌」 難読 煌星（きらぼし） 人名 あき・てる

こう【鉱】 教5 【鑛】 コウ(クヮウ) あらがね (字義) あらがね。自然に埋蔵されたままの金属。また、掘り出したままで、精錬していない金属。「鉱区・鉱山・鉱床・鉱石・鉱脈・黄鉄鉱・金鉱・磁鉄鉱・鉄鉱」 人名 かね・こ・ひろ・ひろし

こう【構】 教5 コウ かまえる・かまう (字義) ①かまえる。㋐組み立てる。作る。「構成・構築・結構・築構」㋑思いめぐらす。計画する。「構想」㋒しくむ。たくらむ。「虚構」㋓身がまえる。用意する。「構陥」②かまえ。かこい。「構外・構内」③しくみ。組み立て。「機構」

こう【綱】 コウ(カウ) つな 中 (字義) ①つな。大づな。「綱維」②物事の根本。「綱要・綱領・政綱・大綱・要綱」③規則。規律。「綱紀・紀綱」④人の守るべき道。「綱常・三綱五常」⑤分類上の大きな区分。「綱目」 人名 つなぐ・つね

こう【綱】 カウ 〘動・植〙生物分類上の一段階。門の下で、目（もく）の上。「哺乳ー」

こう【膏】(人) コウ(カウ) あぶら (字義) ①あぶら。㋐肉のあぶら。脂肪。「膏血」㋑灯火をともすあぶら。「膏油」②あぶらぐすり。「膏薬・軟膏」③うるおい。めぐみ。「膏雨」④心臓の下の部分。 難読 膏肓（こうこう）

こう【酵】 コウ(カウ) 中 (字義) ①酒がかもされてわきたつ。「発酵」②酒のもと。こうじ。「酵素・酵母」

こう【閤】(人) コウ(カフ) (字義) ①くぐりど。大門のわきにある小さな門。②部屋。寝室。「閨閤（けいこう）」③宮殿。④役所。

こう【稿】 コウ(カウ) 中 (字義) ①わら。②詩や文章の下書き。「稿本・遺稿・原稿・草稿・脱稿・未定稿」

こう【稿】 カウ 詩文の下書き。原稿。「ーを改める」

こう【縞】(人) コウ(カウ) しま (字義) ①しま。染め糸で筋を織り出した織物。また、その模様。②しろぎぬ。「縞衣」③しろい。「縞素」

こう【興】 教5 コウ・キョウ おこる高・おこす高 (字義) ①おこる。盛んになる。「興亡・興隆・中興・勃興（ぼっこう）」②おこす。盛んにする。「興業・興国・再興・復興」③たちあがる。ふるいたつ。「興起・興奮」④（「キョウ」と読んで）おもしろみ。おもむきを感じる。「興趣・興味・座興・遊興・余興」 人名 おき・き・さかん・さき・とも・ふか・ふさ

こう【衡】 コウ(カウ) はかり 中 (字義) ①はかり。重さをはかる器具。「度量衡」②はかりのさお。「権衡」③平らか。つりあい。つりあいがとれている。公平。「均衡・平衡」④よこ。「合従連衡（がっしょうれんこう）」 人名 ちか・ひで・ひとし・ひら・ひろ・まもる

こう【鋼】 教6 コウ(カウ) はがね 中 (字義) はがね。鍛えて質を強くした鉄。「鋼管・鋼鉄・精鋼・鉄鋼・特殊鋼・軟鋼」 人名 かた

こう【鋼】 カウ 〘化〙炭素を約〇・〇二ー二パーセント含む鉄。銑鉄（せんてつ）から炭素をのぞいて製する。炭素量の増加に伴って硬度を増し、熱処理によって性質を大きく変えられる。はがね。鋼鉄。

こう【藁】(人) コウ(カウ) わら (字義) ①わら。稲や麦、かやなどの茎を干したもの。②下書き。特に詩文の下書き。＝稿。「草藁」 難読 藁沓（わらぐつ）

こう【講】 教5 コウ(カウ) (字義) ①とく。ときあかす。話す。論じる。「講演・講話・論講」②「講義」の略。「開講・休講・聴講・補講」③ならう。けいこする。「講習・講武」④やわらぐ。和解する。＝媾（こう）。「講和」 人名 つぐ・のり・みち

こう【講】 カウ ①神仏への参詣（さんけい）や寄付を目的とする信者の団体。「大師ー」「伊勢（いせ）ー」②融資や物品の買い入れを目的とする相互扶助の組織。「頼母子（たのもし）ー」③〘仏〙教典の講義の会。また、信者が行う法会（ほうえ）。「報恩ー」

こう【購】 コウ あがなう 中 (字義) あがなう。買い求める。代償を払って手に入れる。「購読・購入・購買」

こう【鴻】(人) コウ おおとり (字義) ①おおとり。「鴻雁（こうがん）・鴻毛・帰鴻」㋐くぐい。白鳥。カモ科の大形の水鳥。別名、天鵝（てんが）。「鴻鵠（こうこく）」㋑ひしくい。がんの最大種。首と背が灰色で、羽は黒く、腹が白い水鳥。大雁（おおがん）。②おおきい。盛ん。＝洪。「鴻益・鴻恩・鴻基・鴻業・鴻儒・鴻図（こうと）・鴻飛（こうひ）」③つよい。 人名 いく・とき・ひとし・ひろ・ひろし

こう【乞う】 コフ (字義) →きつ(乞)

こう【劫】 コフ ①〘仏〙きわめて長い時間・年月。「ーを経る」↔刹那（せつな）②囲碁で、一目（もく）を双方で交互に取り返すことができる形。ともに一手以上他に打ってからでないと取り返せないというきまりがある。

こ・う【恋う】 コフ (他五) ワ(オ)・イ(ウ)・ウ・ウ・エ・エ ①特定の相手を慕い求める。②慕う。なつかしがる。「母をー」「昔をー」 文 こ・ふ(上二)

こ・う【請う・乞う】 コフ (他五) ワ(オ)・イ(ウ)・ウ・ウ・エ・エ 相手の持つ物を自分に与えるよう求める。相手に願い求める。「物をー」「許しをー」 可能 こ・える(下一) 参考 「請う」はまごころこめて願い求める意。「乞う」はねだる意。

こう カウ (副) このように。「ー書いてある」「ーなると思った」「ーまで喜ばれるとは」 語源 「斯（か）く」の転。

ごう【号】 教3 【號】 ゴウ(ガウ) さけぶ (字義) ①さけぶ。㋐大声を出す。「呼号・怒号」㋑大声で泣く。「号泣・号哭（ごうこく）」②あいず。「号笛・号砲・口号・信号」③よびな。「雅号・称号・年号・屋号」④さしず。命令。「号令」⑤しるし。「記号・符号」⑥順番。「次号・番号」

-ごう【号】 ガウ (接尾) ①順序などを表す。「第一ー」②船・飛行機・列車・犬などの名の下に付ける。「ひかりー」③活字や画布の大きさを表す。「五ー活字」「一〇〇ーの大作」

ごう【号】 ガウ ①雑誌など、定期的に出されるものの、発行の順番。「創刊ー」「ーをかさねる」②文筆家・芸術家などが本名のほかにつける名。雅号。ペンネーム。「岡倉覚三、ーは天心」

ごう【合】 教2 ゴウ(ガフ)・ガッ・カッ あう・あわす・あわせる (字義) ①あう。㋐一致する。ぴたりとあう。「合致（がっち）・合意・暗

合・符合・知行合一」㋑あてはまる。「合格・合憲・合法・合理」②あわす。いっしょになる。あつまる。「合併・合流・化合・結合・混合・集合・融合・連合・和合」↔離 ③あわせる。あつめる。「合計・合成・総合・調合・統合・配合・併合」↔離 ④入れ物。箱。「香合」難読 合図・合切・合従・合点・合羽・合歓 人名 あい・かい・に・はる・よし

-ごう【合】 ガフ (接尾) ①ふたのある容器を数える語。「長櫃一ー」②試合・戦いなどの回数を数える語。「熱戦数十ー」

ごう【合】 ガフ ①〔哲〕弁証法で、たがいに矛盾する二つの主張(定立と反定立)を止揚すること。総合。ジンテーゼ。「正・反・ー」②尺貫法の容積の単位。一勺の一〇倍、一升の一〇分の一。約〇・一八リットル。③尺貫法の面積の単位。一坪の一〇分の一。約〇・三三平方メートル。④登山路の、頂上までの道のりを一〇区分した一つ。「富士山の八ー目」

ごう【劫】 人 ゴウ(ゴフ)・コウ(コフ)・キョウ(ケフ)・おびやかす (字義) ①おびやかす。力ずくでおどす。「劫脅」②奪い取る。「劫奪・略劫」③こう。仏教で、梵語の音訳字。非常に長い時間。「永劫・億劫」④こう。囲碁で、たがいに相手がまず一手打たないと一目を取ることができない形。

ごう【迎】 ガウ (字義) →げい(迎)

ごう【拷】 ゴウ(ガウ)㊥ (字義) うつ。たたく。罪を白状させるために打つこと。「拷問」

ごう【剛】 ゴウ(ガウ)㊥ つよい (字義) ①つよい。力が強い。気が強い。「剛毅・剛胆・強剛・金剛力・内柔外剛」②かたい。「剛体・金剛石」(↔柔) 人名 かた・かたし・ご・こう・こわし・たか・たかし・たけ・たけし・つよ・つよし・ひさ・まさ・よし

ごう【剛】 ガウ かたいこと。つよいこと。たくましいこと。「柔よくーを制す」「ーの者」↔柔

ごう【強】 ガウ (字義) →きょう(強)

ごう【郷】 ガウ (字義) →きょう(郷)

ごう【郷】 ガウ ①昔の地方行政区画。数村からなり、郡に属した。②むらざと。いなか。地方。

ーに入っては郷に従え その土地に住むことになったら、その土地の風俗・習慣に従って生活するべきだ。

ごう【傲】 ゴウ(ガウ)㊥ おごる・おごり (字義) ①おごる。おごり。＝敖・傲。㋐あなどる。見下す。軽視する。「傲然・傲慢」㋑ほしいまま。わがまま。「放傲」②かまびすしい。さわがしい。③あそぶ。たのしむ。「傲遊」

ごう【業】 ゴフ (字義) →ぎょう(業)

ごう【業】 ゴフ 〔仏〕未来に善悪の報いをもたらす行為。特に、現在の災いの原因をなす前世の悪行。「ーが深い」

ーを煮やす なかなからちがあかず、腹が立っていらいらする。業を沸かす。

ごう【豪】 ゴウ(ガウ)㊥ えらい (字義) ①やまあらし。針状の剛毛をもつ野獣。②つよい。さかんな。「豪雨・豪快・豪壮」③すぐれた人。ひいでた人。「豪傑・酒豪・富豪・文豪」④おごり高ぶる。「豪語」⑤「豪太剌利亜(オーストラリア)」の略。＝濠。「豪州」難読 豪物 人名 かた・かつ・こう・すぐる・たかし・たけ・たけし・つよ・つよし・とし・ひで・ひろ

ごう【壕】 人 ゴウ(ガウ) ほり (字義) ほり。㋐城壁のまわりのほり。＝濠。㋑土を深く掘ったみぞ。「壕舎・塹壕・防空壕」

ごう【壕】 ガウ ①城のまわりのほり。②土を深く掘ったみぞ。

ごう【轟】 人 ゴウ(グウ) とどろく (字義) ①とどろく。大砲・雷鳴などの大きな音がひびきわたる。「轟轟」②とどろき。「轟音」

ごう-あく【強悪】 ガウ ー(名・形動ダ) 性質や行為などが非常に悪いこと。また、そのさま。

こう-あつ【光圧】 クワウ ー〔物〕光や電磁波が物体にあたったときに、その表面に及ぼす圧力。放射圧。

こう-あつ【高圧】 カウ ー ①強い圧力。高い圧力。「ーガス」②高い電圧。「ー線」(↔低圧)

ーてき【ー的】 (形動ダ) ダロ・ダッ(デ・ニ)・ダ・ナラ・〇 自分の強い立場を背景にして、相手を頭からおさえつけようとするさま。高飛車に出るさま。「ーな態度」

こう-あわせ【香合〔わ〕せ】 カウアハセ ①数人を左右に分け、香をたいて、その種類をかぎ分けたり、優劣を評したりして争う遊戯。②めいめいが、各種の練り香を持ち寄ってたき、判者がその優劣を判定する平安時代の遊戯。薫き物合わせ。

こう-あん【公安】 社会・公共の秩序が保たれて安全に暮らせること。社会・公共の安全。「ー条例」

ーいいんかい【ー委員会】 ヰヰンクワイ 警察の民主的な運営を管理するために設置された機関。国家公安委員会と都道府県公安委員会とがある。

ーけいさつ【ー警察】 警察のうち、国家社会の安全維持のために、過激な政治団体や外国の情報機関などの調査・取り締まりを行う部門の通称。

ーちょうさ-ちょう【ー調査庁】 テウサチヤウ 法務省の外局の一つ。公共の安全確保を任務とし、暴力主義的な破壊活動を行った団体の規制に関する調査や処分の請求などを行う。

こう-あん【公案】 〔仏〕禅宗で、参禅者に悟りをひらかせるために考えさせる問題。

こう-あん【考案】 カウ ー(名・他スル) 新しい物や方法を、くふうして考え出すこと。案出。「ー者」「新しくーしたデザイン」

こう-い【行為】 カウヰ おこない。特に、意識的にするおこない。「不法ー」「不正ー」

こう-い【好意】 カウ ー ①その人を好ましく思う気持ち。「ーをもつ」②親切な思いやり。「相手のーを受ける」⇩「使い分け」

こう-い【厚意】 思いやりの深い心。厚情。⇩「使い分け」

> 使い分け「好意・厚意」
> 「好意」は、ある人に対して抱く、好感・親近感・愛情などの気持ちの意で、「好意を表す」「好意を抱く」「好意を寄せる」などと使われる。
> 「厚意」は、深い思いやりの心、情に厚い心、親切な心配りの意で、「厚意を受ける」「厚意を喜ぶ」などと使われる。意味の共通する部分もあるが、「好意」が自分の他人に対する気持ちにも、他人の自分に対する気持ちにも使われるのに対して、「厚意」はふつう自分の気持ちには使わない。

こう-い【更衣】 カウ ー ①衣服を着がえること。ころもがえ。「ー室」②昔、後宮の女官の称。女御の下の位。

こう-い【垢衣】 あかのついた衣服。よごれた着物。

こう-い【皇位】 クワウヰ 天皇の位。帝位。「ーを継承する」

こう-い【皇威】 クワウヰ 天皇の威光。

こう-い【校医】 カウ ー 学校で、児童・生徒の衛生・医療を担当する医者。学校医。

こう-い【高位】 カウヰ 高い地位。高い位置。「ー高官」↔低位

こう-い【校異】― 古典などで、同一の文書に二種以上の伝本がある場合、その文字や語句の異同を比べ合わせること。また、その異同。

ごう-い【合意】― (名・自スル) たがいの意志が一致すること。一致した意見。「双方の―に基づいた決定」「―を得る」

こう-いき【広域】 広い区域。広い範囲。「―捜査」

こう-い-しょう【後遺症】 ①ある病気やけがが回復したあとまで残る障害や症状。「交通事故の―」②(転じて)ある物事のあとに残る悪い影響。「台風の―」

こう-いつ【後逸】(名・他スル) 野球などで、ボールを取りそこなって、うしろへそらすこと。

ごう-いつ【合一】― (名・自他スル) 一つにまとまること。一体になること。また、一つに合わせること。「知行―」

こう-いっつい【好一対】― よく似合った一対の組み合わせ。「―のカップル」

こう-いってん【紅一点】 多くの男性の中にただ一人の女性がまじること。また、その女性。語源 王安石「石榴の詩」の「万緑叢中紅一点(=一面の緑の中にただ一輪咲いている紅い花)」から出た語。

こう-いど【高緯度】〘地〙緯度が高いこと。地球の南北両極に近いこと。また、その地方。

こう-いろ【香色】― 黄ばんだ薄赤い色。香染めの色。

こう-いん【工員】― 工場の現場で働く労働者。

こう-いん【公印】 公務で使う印判。官公庁の公式の印判。

こう-いん【行員】(「銀行員」の略) 銀行の職員。

こう-いん【光陰】― (「光」は日で昼、「陰」は月で夜の意) 月日。年月。時間。

―矢の如し 月日が非常にはやく過ぎ去ることのたとえ。

こう-いん【拘引・勾引】(名・他スル) ①捕らえて引き連れていくこと。②〘法〙〔勾引〕裁判所または裁判長が、被告人・証人などを裁判所などに引致すること。

こう-いん【後△胤】(「胤」は血統の意) 子孫。後裔。

こう-いん【荒淫】― 度をすぎて情事にふけること。

こう-いん【鉱員】 鉱山で鉱物の採掘作業をする労働者。

ごう-いん【強引】― (形動ダ) 物事をむりやり行うさま。「―に反対を押しきる」文(ナリ)

こう-う【降雨】― 雨が降ること。降る雨。「―量」

こう-う【△膏雨】― (「膏」は、恵み・うるおいの意) ほどよく降って農作物をうるおし育てる雨。甘雨。

ごう-う【豪雨】― 激しく多量に降る雨。大雨。「集中―」

こう-うん【行雲】― 空を流れて行く雲。

―りゅうすい【―流水】(空を飛ぶ雲と流れる水の意から) 物事にこだわらず、なりゆきにまかせて行動すること。

こう-うん【幸運・好運】― (名・形動ダ) 運のよいこと。物事が都合よく進むこと。「―にめぐまれる」↕不運・非運

―じ【―児】 運のよい人。時勢にあった幸せな人。

こう-うん【耕△耘】― (名・他スル) (「耘」は雑草を取り除く意) 田畑をたがやすこと。耕作。「―機」参考「耕耘機」は「耕運機」とも書く。

こう-え【講会】― 〘仏〙仏典を講ずる法会。

こう-えい【公営】 公の機関、特に地方公共団体が経営すること。「―住宅」↕私営

こう-えい【光栄】― (名・形動ダ) 名誉に思うこと。また、そのさま。ほまれ。「身に余る―」「―の至り」

こう-えい【後△裔】 子孫。後胤。末裔。

こう-えい【後衛】― ①軍隊で、本隊の後方を守る部隊。②テニス・バレーボールなどで、おもに味方コートの後方を守って競技する者。《↕前衛》

こう-えい【高詠】― 一(名・他スル) 声高くうたうこと。二(名) ①格調の高いすぐれた詩歌。②他人の詩歌の敬称。

こう-えき【公役】 国や地方公共団体から命じられた務め。

こう-えき【公益】 国や社会公共の利益。「―事業」↕私益

―ほうじん【―法人】 学術・慈善など、公益を目的とした非営利法人。公益社団法人と公益財団法人がある。

こう-えき【交易】― (名・自他スル) たがいに品物を交換したり売買したりすること。「諸外国と―する」

こう-えつ【校閲】― (名・他スル) 印刷物や原稿などを読んでその誤りや不備を調べただすこと。

こう-えつ【高閲】― 相手の校閲への敬称。「ご―を賜る」

こう-えん【口演】(名・他スル) ①口で述べること。口述。②落語・講談など口頭での芸を、語り演じること。

こう-えん【公園】― ①人々のいこいの場としてつくった庭園や遊園地。②自然環境の保護や、レクリエーション・観光などを目的として定められた地域。国立公園・国定公園など。はじまり 日本の近代公園制度は、一八七三(明治六)年の太政官布告で定められたのが最初。

こう-えん【公演】(名・他スル) 多数の観客の前で劇・音楽・舞踊などを演じること。「追加―」

こう-えん【広遠・△宏遠】 (名・形動ダ) 規模が大きくひろいこと。また、そのさま。「―な構想」

こう-えん【光炎】― 光とほのお。光り輝くほのお。

こう-えん【好演】― (名・他スル) 上手に演技・演奏をすること。また、その演技・演奏。「子役の―が光る」

こう-えん【後援】― 一(名) 後方にひかえている援軍。二(名・他スル) 背後から援助すること。うしろだて。「―会」

こう-えん【香煙】― 香をたく煙。

こう-えん【高遠】 (名・形動ダ) 高くて遠いこと。ぬきんでてすぐれていること。また、そのさま。「―な理想」

こう-えん【講△筵】― (「筵」はむしろの意) 講義をする場所。「―に列する(=講義を聴く)」

こう-えん【講演】― (名・自スル) ある題目について大勢の人に向かって話をすること。また、その話。「―会」

こうえん-きん【好塩菌】― 〘医〙食塩水の中で発育・繁殖する細菌。食中毒の原因になるものもある。

こう-お【好悪】 好ききらい。「―の念が激しい」

こう-おく【高屋】 ①高い構えの家。②他人の家の敬称。

こう-おつ【甲乙】― ①十干の甲と乙。転じて、第一と第二。②優劣。「―つけがたい」③だれかれ。「―の区別なく扱う」

こう-おん【厚恩】 厚い恩恵。深い恵み。「―をこうむる」

こう-おん【洪恩・△鴻恩】 広く大きな恩恵。大きな恵み。

こう-おん【皇恩】― 天皇の恩。

こう-おん【恒温】― 温度が一定であること。等温。定温。

―どうぶつ【―動物】〘動〙外界の温度変化に影響されないで、常に体温を一定に保っている動物。哺乳類・鳥類。定温動物。温血動物。↕変温動物

こう-おん【高音】― ①高い音・声。↕低音 ②〘音〙女声の音域の最も高いもの。ソプラノ。③大きな音。

こう-おん【高温】 高い温度。↕低温

ごう-おん【号音】― 信号・合図の音。

ごう-おん【△轟音】― とどろきわたる大きい音。

こう-か【工科】― ①工業に関する学科。②大学の工学部。

こう-か【公課】― 国・地方公共団体が公的目的のために課す、租税以外の金銭負担。使用料・手数料など。「公租―」

こう‐か【功科】—勤務上での成績。功績。「—表」

こう‐か【功過】—功績と過失。てがらとあやまち。

こう‐か【光華】①ひかり。輝き。②ほまれ。名誉。

こう‐か【考課】公務員・会社員などを仕事ぶりや勤務成績によって評価すること。「人事—」

—ひょう【—表】報告のために考課を記した成績表。

こう‐か【効果】①ききめ。よい結果。「薬の—があらわれる」「—覿面」②映画・演劇などで、その場面の感じをよりいっそう増すために、視覚的・聴覚的な工夫をこらすこと。また、それに用いる擬音・音楽・照明など。エフェクト。「音響—」「—音」

—き【—器】〔生〕生物体が外界に対して能動的に働きかけるための器官や細胞。実行器。作動体。

—てき【—的】（形動ダ）効果のあるさま。「—な演出」

こう‐か【後架】①禅寺で、僧堂のうしろに設けた洗面所。②（転じて）便所。

こう‐か【降下】—（名・自スル）①高い所から下へおりること。「急—」②命令などが高い地位の人からくだること。「大命—」

こう‐か【高価】—（名・形動ダ）値段が高いこと。ねうちがあること。また、そのさま。「—な品物」↔廉価・安価

こう‐か【高架】—線路・橋・電線などを地上高くかけ渡すこと。また、そのもの。「—線」「—橋」「—下」

こう‐か【降嫁】—（名・自スル）皇女が皇族の籍をはなれて皇族以外の者にとつぐこと。「臣籍—」

こう‐か【校歌】—その学校の校風や理念をうたい、学校で制定した歌。「—斉唱」はじまり 一八七八（明治十一）年、東京女子師範学校（現お茶の水女子大学）で唱歌として歌われ、一九〇〇（明治三十三）年に校歌となったのが始まりという。

こう‐か【高歌】—声高く歌うこと。「—放吟」

こう‐か【黄花】①黄色の花。②「菊」の異名。③「菜の花」の異名。

こう‐か【黄禍】（yellow peril の訳語）黄色人種が勢力を増し、白色人種に及ぼすというわざわい。黄人禍。「—論」参考 日清戦争後、ドイツ皇帝ウィルヘルム二世が唱えた。

こう‐か【硬化】（名・自スル）①物がかたくなること。②意見や態度が強硬になること。「態度が—する」（↔軟化）

—しょう【—症】〔医〕組織または臓器が病的にかたくなること。「動脈—」

こう‐か【硬貨】①金属を鋳造して作った貨幣。②〔経〕金やドルのような国際通貨と交換可能な通貨。（↔軟貨）

こう‐か【△膠化】（名・自スル）ゼリー状に固まること。

こう‐が【公△衙】（「衙」は役所の意）官公庁。役所。

こう‐が【江河】—①大きい川。②中国の長江と黄河。

こう‐が【高雅】—（名・形動ダ）けだかくて、上品なこと。また、そのさま。「—な画風」

こうが〔黄河〕中国第二の大河。青海省に発源し甘粛・河南・山東省を経て渤海湾に注ぐ。流域は中国古代文明の発祥地。全長約五四六四キロメートル。ホワンホー。

ごう‐か【号火】合図の火。のろし。

ごう‐か【△劫火】①〔仏〕全世界を焼き尽くすという大火。②この世の末かと思われるほどの大火災。

ごう‐か【業火】〔仏〕①悪業が心身をほろぼすことを火にたとえていう語。②悪業の報いで地獄におちた罪人を焼く猛火。

ごう‐か【豪家】—その地域で勢力のある富豪。

ごう‐か【豪華】（形動ダ）ぜいたくで派手なさま。はなやかでりっぱなさま。「—絢爛」「—な衣装」文（ナリ）

—ばん【—版】①用紙・装丁などを特別ぜいたくにつくった書物。②すばらしくぜいたくなこと。「今日の夕食は—だ」

こう‐かい【公会】—①おおやけの会議・会合。②一般の人が自由に参加・傍聴できる会議・会合。③〔法〕国際間の重大な問題を議決するために開く国際会議。

—どう【—堂】公衆が会合するために設けられた公共の建物。

こう‐かい【公海】特定国家の主権に属さず、各国が自由・公平に利用できる海域。↔領海

こう‐かい【公開】（名・他スル）広く一般の人に入場・出席・傍聴・観覧・使用などを許すこと。「—捜査」「非—」「未—」

—じょう【—状】特定の個人・団体への批評・質問などを手紙の形で新聞・雑誌などにのせ、広く一般に示すもの。

—ほうそう【—放送】一般の視聴者を集めて、番組制作の実況を見せながら放送または録音・録画すること。

こう‐かい【更改】—（名・他スル）①（制度・しきたりなどを）改めること。②〔法〕契約によって、新しい債務を発生させ、古い債務を消滅させること。「契約—」

こう‐かい【後悔】—（名・自他スル）以前に自分のしたことを、あとになって悔やむこと。「罪を—する」

—先に立たず 事が終わったあとで自分のしたことを悔やんでも取り返しがつかない。

こう‐かい【降灰】火山の噴火などのために灰が降ること。また、その灰。降灰。

こう‐かい【航海】—（名・自スル）船で海上を渡ること。「処女—」「—士」

こうかい〔紅海〕アラビア半島とアフリカ大陸北東部との間にある内海。北はスエズ運河により地中海に、南はインド洋に通じる。ヨーロッパとアジアを結ぶ航路として重要。

こう‐かい【△狡△獪】（形動ダ）わるがしこいさま。ずるいさま。狡猾。文（ナリ）

こう‐がい【△笄】—①昔、髪をかき上げたり整えたりするのに使った、細長い箸状の道具。②日本髪にさす飾り。金・銀・べっこうなどでつくる。語源「髪搔き」の転。

こう‐がい【口外】—（名・他スル）秘密にすべきことなどを口に出して言うこと。他人に話すこと。他言。「—を禁ずる」

こう‐がい【口蓋】〔生〕口腔の上壁の部分。前部を硬口蓋、後部を軟口蓋という。

—すい【—垂】〔生〕軟口蓋の後部中央からたれ下がるやわらかい突起。のどひこ。のどちんこ。懸壅垂。

こう‐がい【公害】企業活動や人の活動などによって、その地域の住民がこうむる精神的・肉体的・物質的な害。大気汚染・水質汚濁・地盤沈下・騒音など。

こう‐がい【坑外】鉱山・炭坑などの坑道の外。↔坑内

こう‐がい【郊外】都会の周辺にある地域。近郊。

こう‐がい【校外】学校の敷地の外。「—授業」↔校内

こう‐がい【梗概】—物語などのあらすじ。あらまし。大筋。

こう‐がい【港外】港の外。↔港内

こう‐がい【鉱害】—公害の一つ。鉱業生産が原因となってその地域に生じる害。地盤沈下・煙害・水質汚濁など。

こう‐がい【構外】—囲いの外。建物や施設などの敷地の外。↔構内

こう‐がい【△慷慨】—（名・自他スル）社会の不義・不正や自己の非運などを憤り嘆くこと。「悲憤—」

ごう‐かい【豪快】（形動ダ）堂々として力強く、見ていて気持ちのよいさま。「—な笑い」文（ナリ）

ごう‐がい【号外】大きな事件が起きたときなどに臨時に発行する新聞。「—が出る」

こうかがく-スモッグ【光化学スモッグ】クヮウクヮガク 自動車の排気ガスなどに含まれる窒素酸化物と炭化水素が、太陽の強い紫外線を受けて光化学反応を起こし、その結果生成された酸化性物質(オキシダント)によるスモッグ。目・のどに刺激を与える。(はじまり)日本では、一九七〇(昭和四十五)年、東京都杉並区で発生が認められたのが最初。

こう-かく【口角】くちびるの両わきの部分。口のはし。
―泡(あわ)を飛ばす はげしく議論するさま。

こう-かく【広角】クヮウ 広い角度。特に、写真レンズの撮影角度が広いこと。「―撮影」
―レンズ 標準レンズに比べて、焦点距離が短く、広い角度の視野が撮影できる写真用レンズ。ワイドレンズ。

こう-かく【甲殻】カフ エビ・カニなどの体をおおう堅いから。キチン質・石灰質を含む。こうら。甲。
―るい【―類】〘動〙節足動物の一類。体は頭部・胸部と腹部、または頭胸部と腹部とに分かれ、甲殻におおわれている。二対の触角と数対の肢とがあり、えらまたは体表で呼吸する。エビ・カニ・ミジンコなど。

こう-かく【光角】クヮウ〘物〙両眼で物の一点を見つめるとき、その一点と左右の目を結ぶ二直線のなす角。

こう-かく【行客】カウ 道を通り去る人。旅人。

こう-かく【高角】カウ 地平面となす角度が大きいこと。仰角が大きいこと。「―砲(=高射砲)」

こう-かく【降格】カウ (名・自他スル) 格式・階級・地位などが下がること。また、下げること。格下げ。↔昇格

こう-かく【高閣】カウ ①高い建物。高楼。②高い棚。「―に束(つか)ねる(=書物を読まずに高い棚の上にのせたままにしておく)」

こう-がく【工学】数学・物理学・化学などを応用して、物品を工業生産するための方法を研究する学問。「人間―」

こう-がく【光学】クヮウ 光の現象や性質を研究する物理学の一部門。幾何光学・物理光学・分光学などがある。「―器械」
―ガラス レンズ・プリズムなどの材料に用いられるガラス。密度が均一で、透明度が高い。

こう-がく【向学】カウ 学問に心を向け努力すること。「―心に燃える」

こう-がく【好学】カウ 学問を好むこと。「―の士」

こう-がく【後学】①あとから学問を始めた学者。後進の学者。また、学者が自分を謙遜(けんそん)していう語。「―の指導にあたる」↔先学 ②将来自分のためになる知識・学問。「―のために話を聞いておこう」

こう-がく【高額】カウ ①金額の多いこと。「―所得者」↔低額 ②単位の大きな金額。「―紙幣」↔小額

こう-がく【溝壑】みぞや谷間。「―に擠(お)つ(=行き倒れて死ぬ)」

こう-がく【鴻学】学問に深く通じていること。また、その人。

ごう-かく【合格】ガフ (名・自スル) ①決められた条件や資格にかなうこと。②入学・採用・資格試験などに受かること。及第。

こうかく-か【好角家】カウカク (相撲を「角力」とも書くことから)相撲が非常に好きな人。相撲愛好家。

こうがく-ねん【高学年】カウ 学校で、上級の学年。おもに小学校で五、六年生をいう。⇩低学年・中学年

こう-かけ【甲掛〔け〕・甲懸〔け〕】カフ 手足の甲をおおって、直射日光やほこりをよける布製の旅装具。こうがけ。

こう-かつ【広闊】クヮウクヮツ (形動ダ)ダロ・ダッ(デ・ニ)・ダ・ナ・ナラ・◯ ひろびろとして遠くまで見渡せるさま。「―な草原」文(ナリ)

こう-かつ【狡猾】カウクヮツ (形動ダ)ダロ・ダッ(デ・ニ)・ダ・ナ・ナラ・◯ わるがしこいさま。ずるいさま。狡獪(こうかい)。「―な男」「―な手段」文(ナリ)

こう-かん【公刊】(名・他スル) 出版物を広く一般に発行すること。

こう-かん【公館】クヮン ①官庁の建物。特に、領事館・公使館・大使館など。「在外―」②公衆のために建てられた建物。

こう-かん【交換】カウクヮン (名・他スル) 取り換えること。また、たがいに物のやりとりをすること。「物々―」「名刺を―する」
―こうぶん【―公文】国家間でたがいに取り交わす公式の合意文書。
―しゅ【―手】「電話交換手」の略。
―じょうけん【―条件】デウケン 相手の要求に応じるかわりに、相手に承知させる条件。「―を出す」
―だい【―台】電話交換手が電話を取りつぐ所。

こう-かん【向寒】カウ 寒い季節に向かうこと。「―のみぎり」↔向暑 用法 多く、手紙で時候のあいさつに用いる。

こう-かん【好感】カウ 好ましいと思う感情。よい感じ。「―をもつ」「―を与える」「―度」

こう-かん【好漢】カウ 好ましい感じを与える男。快男子。

こう-かん【交感】カウ (名・自スル) ①たがいに感じ合うこと。心が通じ合うこと。②たがいに反応し合うこと。
―しんけい【―神経】〘生〙高等脊椎(せきつい)動物にあり、内臓・血管・皮膚などの不随意器官に分布し、生命保持のためのはたらきを無意識的・反射的に調節する神経。自律神経系に属し、副交感神経とほぼ反対のはたらきをする。↔副交感神経

こう-かん【交歓・交驩】カウクヮン (名・自スル) たがいにうちとけて楽しむこと。「―会」「日米両国の選手が―する」

こう-かん【後患】クヮン その事が原因となって、後日起こると予想されるうれい・心配事。「―の根を絶つ」

こう-かん【巷間】カウ ちまた。町の中。世間。「―のうわさ」

こう-かん【皇漢】クヮウ 日本と中国。「―薬(=漢方薬)」

こう-かん【高官】カウクヮン 高い地位の官職。また、その官職にある人。「高位―」「政府―」

こう-かん【校勘】カウ (名・他スル) 古い書物の本文の異同を、数種の異本によって比較研究すること。

こう-かん【浩瀚】カウ (名・形動ダ) 広大なさま。特に、書物の多くあるさま。また、大部であるさま。「―な著作」

こう-かん【黄巻】クヮウクヮン 書籍。語源 中国で、防虫のため黄蘗(きはだ)で黄色に染めた紙を用いたところからいう。

こう-かん【槓桿・槓杆】カウ てこ。

こう-がん【厚顔】(名・形動ダ) あつかましいこと。恥知らずでずうずうしいこと。また、そのさま。鉄面皮(てつめんぴ)。「―無恥」

こう-がん【紅顔】若く、血色のよい顔。「―の美少年」

こう-がん【睾丸】カウグヮン 〘生〙哺乳(ほにゅう)類の雄の生殖器官。陰嚢(いんのう)中に左右一対あり、精子を作り男性ホルモンを分泌する。精巣(せいそう)。きんたま。

ごう-かん【合巻】ガフクヮン 〘文〙江戸後期の草双紙(くさぞうし)(=絵入り読み物)の一種。従来の草双紙数冊を合わせて一冊としたもの。

ごう-かん【合歓】ガフクヮン 一(名・自スル) ①歓楽をともにすること。②共寝すること。二(名)「合歓木(ごうかんぼく)」の略。
―ぼく【―木】「ねむのき」の別名。

ごう-かん【強姦】ガウ (名・他スル) 力ずくで相手を性的に犯すこと。レイプ。暴行。↔和姦(わかん)

ごう-がん【傲岸】ガウ (名・形動ダ) おごりたかぶってへりくだるところのないこと。また、そのさま。「―不遜(ふそん)」「―な態度」

こうがん-ざい【抗癌剤】カウガン 〘医〙癌(がん)細胞の増殖を抑える薬剤。制癌剤。制癌薬。

こう-き【口気】 ①口から出る息。②ものの言い方。口ぶり。

こう-き【工期】 工事が行われる期間。「—を短縮する」

こう-き【公器】 おおやけのためにある物。公共の機関。「新聞は社会の—だ」

こう-き【広軌】 — 鉄道で、レールの幅が標準軌間の一・四三五メートルよりも広い軌道。↔狭軌

こう-き【好奇】 — 珍しいこと、未知のことに興味を持つこと。「—の目を向ける」

—しん【—心】 珍しいこと、未知のことに対する強い関心・興味。「—の強い人」

こう-き【好季】 — よい季節。

こう-き【好期】 — ちょうどよい時期。よい時。「アユ釣りの—」

こう-き【光輝】 — ①光。輝き。「—を放つ」②名誉。ほまれ。「—ある伝統」

こう-き【好機】 — ちょうどよいおり・機会。チャンス。「—到来」「—をつかむ」

こう-き【香気】 — よいにおい。かおり。芳香。「—を放つ」

こう-き【皇紀】 —「日本書紀」の記す神武天皇即位の年(西暦紀元前六六〇年)を元年とする紀元。

こう-き【後記】 ■一(名) ①あとがき。「編集—」②後世の記録。■二(名・他スル) その箇所のあとに記すこと。「要領は—する」↔前記

こう-き【後期】 一定期間を二つまたは三つに分けた、最後の時期。「江戸時代—」「大学三年の—試験」「—高齢者(=七五歳以上の高齢者)」↔前期

こう-き【校紀】 — 学校内の風紀。「—を乱す」

こう-き【校規】 — 学校の規則。校則。

こう-き【高貴】 — (名・形動ダ) ①身分が高くて貴いこと。「—の出」②りっぱでねうちがあること。貴重で値段が高いこと。

こう-き【校旗】 — その学校のしるしとする旗。「—の掲揚」

こう-き【降旗】 — 降参の意思を表す白旗。

こう-き【綱紀】 — (「綱」は大づな、「紀」は小づなの意) ①国家や役所などの組織の基本を支える規律。根本の秩序を保つ上での規律。「—粛正」②国家の大法。国を治める根本原則。

こう-き【興起】 (名・自スル) ①勢いが盛んになること。②意気がふるいたつこと。「感奮—」

こう-き【衡器】 — 物の重さをはかる器具。はかり。

こう-ぎ【公儀】 ①おおやけごと。おもてむき。②政府。朝廷。幕府。「—の隠密」

こう-ぎ【公議】 ①公平な議論。②世間一般に行われている議論。世論。③朝廷や政府などで行われる評議。

こう-ぎ【巧技】 — たくみなわざ。すぐれた技術。↔拙技

こう-ぎ【広義】 — ある言葉や物事を広い範囲に解釈した場合の意味。「—に解釈する」↔狭義

こう-ぎ【交誼】 — 親しいつきあい。交情。「—を結ぶ」

こう-ぎ【好誼】 — 好意に基づく交際。親しみ。よしみ。

こう-ぎ【抗議】 — (名・自スル) 不当と思われることに対して、反対の意見・要求を申し立てること。また、その反対意見。

こう-ぎ【厚誼】 心のこもった親しいつきあい。深い交情。

こう-ぎ【高誼】 — なみなみならぬ深い交情。「ご—にあずかる」用法 相手の交情に対する敬称として手紙などに用いる。

こう-ぎ【講義】 — (名・他スル) 書物や学説の意味・内容を説き教えること。また、大学の授業。

ごう-き【剛毅・豪毅】 — (名・形動ダ) 意志が強くて物事にくじけないこと。また、そのさま。「—な性格」

—木訥仁に近し 意志が固く不屈の精神をもち、しかも飾り気がなく口かずが少ないのは、道徳の理想とする仁に近い。〈論語〉

ごう-き【豪気・剛気】 — (名・形動ダ) 太っ腹で勇ましく強いさま。何物にも屈しない強い気性。「—に構える」

ごう-ぎ【合議】 — (名・自他スル) 集まって相談すること。

—せい【—制】 合議によって物事を決定し行う制度。

ごう-ぎ【豪儀・豪気・強気】 — (名・形動ダ) ①勢いのはげしいさま。②派手ですばらしいさま。豪勢。「そいつは—だ」

こう-きあつ【高気圧】 — 〔気〕大気中で気圧が周囲より高い区域。域内では下降気流があり、天気がよい。↔低気圧

こう-ぎき【香聞き】 — 香をかぎわけてその種類を当てること。また、その競技。聞香。

こう-きぎょう【公企業】 — 国・地方公共団体などが公共の利益のために経営する企業。↔私企業

こう-きゅう【公休】 — 所属機関の定めで休むこと。また、その休日。公休日。「—を取る」

—び【—日】 ①休日や祝日のほかに、権利として認められた勤労者の休日。②同業者の申し合わせで決めた休業日。

こう-きゅう【考究】 (名・他スル) 深く考え研究すること。

こう-きゅう【攻究】 — (名・他スル) 学問などを修めきわめること。

こう-きゅう【恒久】 — いつまでも変わらずに続くこと。永久。「—の平和」「—的」

こう-きゅう【後宮・后宮】 ①きさきや女官の住む宮殿。奥御殿。②①に住む、きさきや女官たちの総称。

こう-きゅう【高級】 (名・形動ダ) 等級や品質・程度の高いこと。また、そのさま。「—品」「—なレストラン」↔低級

こう-きゅう【高給】 高い給料。高額の俸給。↔薄給

こう-きゅう【硬球】 硬式のテニス・卓球・野球で使う硬いボール。↔軟球

こう-きゅう【講究】 (名・他スル) 深く調べきわめること。

こう-きゅう【購求】 — (名・他スル) 買い求めること。購入。

こう-きゅう【曠久】 「曠日弥久」の略。

ごう-きゅう【号泣】 (名・自スル) 大声をあげて泣くこと。

ごう-きゅう【剛球・豪球】 野球で、投手が打者に投げる、スピードと重みのある球。「—投手」

ごう-きゅう【強弓】 — 張りが強く、引くのに力がいる弓。また、それを引く人。強弓。

こう-きょ【公許】 (名・他スル) 官公庁で許可すること。役所の許可。官許。「—を得る」

こう-きょ【抗拒】 — (名・自スル) 抵抗してこばむこと。

こう-きょ【皇居】 — 天皇の住む所。皇宮。

こう-きょ【溝渠】 給水または排水のために掘ったみぞ。

こう-きょ【薨去】 (名・自スル) 皇族または三位以上の人の死去の敬称。

こう-ぎょ【香魚】 — 「鮎」の異称。夏

こう-きょう【口供】 (名・他スル) ①事実や意見を口頭で述べること。陳述。②〔法〕被告人・証人などが行う陳述。供述。また、その記録。「—書」

こう-きょう【公共】 社会の人々全般にかかわること。社会一般。おおやけ。「—の福祉」

—きぎょうたい【—企業体】 国や地方公共団体の出資により公共性の高い事業を行う企業体。法人として行政からの独立性が認められている。公社・公庫など。

—くみあい【—組合】 公共の利益を目的とした事務・事業を行う社団法人。健康保険組合など。

—じぎょう【—事業】 国や地方公共団体が行う、社会一般に利益をもたらすための事業。学校・病院などの建設事

業や道路などの土木事業。

—しょくぎょうあんていじょ【—職業安定所】職業安定法に基づき、無料で求人・求職の斡旋、職業の指導、雇用保険の取り扱いなどを行う国の行政機関。職安。ハローワーク。

—しん【—心】公共のために尽くそうとする精神。

—だんたい【—団体】国から事務を委任され、行政活動を行う法人団体。地方公共団体・公共組合など。

—ほうそう【—放送】公共のための放送を目的とし、視聴者からの受信料によって経営される放送。日本のNHK、英国のBBCなど。↕民間放送

—りょうきん【—料金】国民生活に直接関係する公益事業の利用料金。ガス・電気・水道などの料金。

こう-きょう【広狭】広いことと狭いこと。また、広さ。

こう-きょう【好況】景気のよいこと。好景気。↕不況

こう-きょう【荒凶】— ききん。不作。凶作。

こう-きょう【高教】りっぱな教え。相手から受ける教えの敬称。「ごーを仰ぐ」

こう-ぎょう【工業】— 原料を加工して、生活に必要なものをつくる産業。「重化学ー」「ー地帯」

—だんち【—団地】一定の区画内に、工場などを計画的に集中させた工業地域。

—デザイン →インダストリアルデザイン

こう-ぎょう【功業】— ①功績のあるすぐれた事業。②手柄。功績。

こう-ぎょう【洪業・△鴻業】— 大きな事業。

こう-ぎょう【鉱業】鉱物を採掘し、製錬する産業。

こう-ぎょう【興行】— (名・他スル) 客を集め、入場料を取って演芸やスポーツなどの催しを行うこと。また、その催し。

こう-ぎょう【興業】— 新しく事業・産業をおこすこと。

ごう-きょう【豪△俠】(名・形動ダ) 強くて男気のあること。また、そのさま。

こう-きょういく【公教育】— 公的な性質をもち、広く国民に向けて行われる教育。国公立の学校教育のほか、私立学校での教育についてもいう。

こう-きょうかい【公教会】— 〔基〕ローマカトリック教会の別称。ローマ教会。天主公教会。

こうきょう-がく【交響楽】— 〔音〕交響曲・交響詩など管弦楽のための楽曲の総称。

—だん【—団】交響楽を演奏するための大編成の楽団。

こうきょう-きょく【交響曲】— 〔音〕管弦楽のために作られたソナタ形式の大規模な楽曲。ふつう四つの楽章からなる。シンフォニー。

こうきょう-し【交響詩】— 〔音〕詩的・絵画的内容を表現する単楽章の管弦楽曲。シンフォニックポエム。

こう-ぎょく【攻玉】玉を磨くこと。転じて、知徳を磨くこと。語源「他山の石以て玉を攻むべし」〈詩経・小雅〉から出た語。

こう-ぎょく【紅玉】①赤い色の宝石。ルビー。②〔植〕リンゴの一品種。果皮は濃い紅色で、果肉は酸味が強い。秋

こう-ぎょく【硬玉】— 〔地質〕宝石の一つ。珪酸塩鉱物の一種で、緑色または緑白色。翡翠など。

こう-ぎょく【鋼玉】— 〔地質〕ダイヤモンドについで硬い透明な鉱石。酸類におかされず、ガラス切り・研磨材などに利用。青色のものをサファイア、赤色のものをルビーという。コランダム。

こう-きん【公金】国家・公共団体などが所有する金銭。また、会社・団体などの、おおやけの性質をもつ金銭。「ー横領」

こう-きん【行金】— 銀行の保有する金銭。

こう-きん【抗菌】— 有害な細菌の増殖を抑えること。「ー性」

こう-きん【拘禁】(名・他スル) ①人を捕らえて一定の場所に閉じ込めておくこと。監禁。②〔法〕被告人・被疑者などを比較的長期間拘置所・留置施設などに拘束すること。

こう-ぎん【高吟】— (名・他スル) 声高に詩や歌をよみあげたり、歌ったりすること。「放歌ー」↕低吟

ごう-きん【合金】— ある金属に、他の金属または炭素・珪素などの非金属を融合させたもの。真鍮・鋼など。

こう-く【校区】— (おもに西日本で)通学区域。学区。

こう-く【鉱区】— 鉱物の採掘や試掘を許可された地域。

こう-ぐ【工具】工作に使う器具・道具。

こう-ぐ【香具】— ①香道に用いる道具。②においもの・たきものの材料。白檀・沈香・麝香など。

—し【—師】①香具を作り、売る人。②→やし(香具師)

こう-ぐ【校具】— 学校に備え付けられている用具。

こう-ぐ【耕具】— 農耕に用いる道具。

ごう-く【業苦】— 〔仏〕前世に悪い行いをした報いとして現世で受ける苦しみ。

こう-くう【口△腔】「こうこう」の慣用読み。特に医学でいう。

こう-くう【航空】— 航空機などで空中を飛行すること。

—き【—機】人や物を乗せて空中を飛行する乗り物の総称。飛行機・飛行船・ヘリコプター・グライダーなど。

—じえいたい【—自衛隊】自衛隊の一つ。防衛省に属し、主として防空の任務に当たる。

—しゃしん【—写真】飛行している航空機から地上を撮影した写真。空中写真。

—ひょうしき【—標識】①航空の安全を保つために飛行場・航空路に設置する標識。②飛行機の翼や胴体にする国籍記号と登録記号。航空機標識記号。

—びん【—便】①航空機で物品を輸送すること。また、その物品。②(「航空郵便」の略)航空機で郵便物を運ぶこと。また、その郵便物。エアメール。

—ぼかん【—母艦】航空機を搭載し、それを発着させるための広い甲板を備えた軍艦。空母。はじまり一九二二(大正十一)年、旧海軍の空母鳳翔完成。初めから航空母艦として設計建造されたものとしては世界で最初。

こう-くう【高空】— 空の高い所。「ー飛行」↕低空

こう-ぐう【皇宮】— 天皇の宮殿。皇居。宮城。

—けいさつ【—警察】皇居・御所・離宮などの警備や天皇・皇族の身辺警護に当たる警察組織。皇宮警察本部は警察庁の付属機関。

こう-ぐう【厚遇】(名・他スル) 心をこめて手厚くもてなすこと。よい待遇をすること。優遇。「ーを受ける」↕冷遇・薄遇

こう-くつ【後屈】(名・自他スル) 後ろに曲げること。また、後ろに曲がっていること。↕前屈

こう-ぐみ【◇格組〔み〕】— 建築・指物・細工などで、木をたてよこに格子のように組んだもの。

ごう-ぐら【郷倉】— 江戸時代、年貢米または凶作に備える穀物を入れておくために、村々に設けられた共同の倉。

こうくり〔高句麗〕〔世〕古代朝鮮の一国。百済・新羅とともに三国と称された。紀元前後に、中国東北地方の東南部におこり、のち朝鮮北部まで侵入して四二七年平壌に遷都した。広開土王(好太王)の時が全盛。六六八年唐・新羅の連合軍に滅ぼされた。高麗。

こう-くん【功勲】手柄。功績。勲功。

こう-くん【紅裙】(紅色のすその意で)美人。また、芸者。

こう-くん【校訓】カウ ―その学校で、教育・生徒指導の基本目標として定めた指針。

こう-ぐん【行軍】カウ ―(名・自スル)軍隊が隊列を組み、徒歩で長距離を移動・行進すること。

こう-ぐん【皇軍】クワウ ―天皇の率いる軍隊。旧日本軍の称。

こう-げ【香華】カウ ―〔仏〕仏前に供える香と花。香花(こうばな)。

こう-げ【高下】カウ ―■一(名)①高いことと低いこと。優劣。②まさっていることと劣っていること。■二(名・自スル)上がることと下がること。「乱―」「株価が―する」

こう-けい【口径】(銃砲・望遠鏡・カメラなどの)筒状のものの口の内側の直径。「大―レンズを備えたカメラ」

こう-けい【光景】クワウ ―目の前に見える景色や物事のありさま。「悲惨な―」

こう-けい【肯綮】(「肯」は骨に付いている肉、「綮」は筋と肉とが結ばれている所の意)物事のかなめとなる所。急所。

―に中(あた)る 急所をつく。要点を押さえている。

こう-けい【後景】絵画・写真などで、主要な題材の後方の光景。また、舞台の後方に配する舞台装置。背景。↔前景

こう-けい【後継】前の人の学問・地位・担当の仕事などのあとを受け継ぐこと。跡継ぎ。「―者」

こう-けい【黄経】クワウ ―〔天〕黄道と春分点とを基準として、天体の位置を示す角距離。

こう-げい【工芸】実用性を備えた美術的工業製品を作ること。また、その技術・製品。陶磁器・織物など。「伝統―」

ごう-けい【合計】ガフ ―(名・他スル)いくつかの数・量を加え合わせること。また、加え合わせたもの。「支出を―する」

こう-けいき【好景気】カウ ―〔経〕経済活動が活発なこと。生産や所得が増大し、金回りがよいこと。好況。↔不景気

こう-げき【攻撃】(名・他スル)①戦い・競技などで相手を攻めること。「―をかける」↔防御・守備 ②討議・交渉・対話などで、相手を強く非難すること。「反対派の―を受ける」

こう-けち【纐纈】カウ ―〔服〕絞り染めの一種。古代以来の染色法。纐纈(こうけつ)。

こう-けつ【公欠】学校が認めた活動や実習などが理由の、欠席日数に数えない授業の欠席。

こう-けつ【高潔】カウ ―(名・形動ダ)品格が高くてけがれのないこと。また、そのさま。「―な人格」

こう-けつ【膏血】カウ ―(人のあぶらと血の意)汗水流して働いて得た収益または財産。

―を絞(しぼ)る 人が苦労して得たものを絞り取る。重税を課す。

こう-げつ【皓月】カウ ―さえた月。明るい月。

ごう-けつ【豪傑】ガウ ―①大胆で力が強く、武勇にすぐれた人。②〔俗〕大胆で細事にこだわらない人。

こう-けつあつ【高血圧】カウ ―〔医〕血圧が正常値より異常に高い状態。↔低血圧

こう-けん【公権】〔法〕公法上の権利。国家の国民に対する権利と、国民の国家に対する権利とがある。前者には刑罰権や徴税権が、後者には参政権や受益権・自由権がある。↔私権

こう-けん【効験】カウ ―(古くは「こうげん」とも)ききめ。しるし。効能。「―あらたか」

こう-けん【後件】〔論〕「もしAならば、Bである」のような形の判断で、判断(Bである)を示す部分のこと。↔前件

こう-けん【後見】■一(名・他スル)①人のうしろだてとなって世話をすること。また、その人。②昔、家長が幼少のとき、その代理・補佐をした役目。また、その役目の人。③〔法〕親権者のいない未成年者や、精神上の障害により判断能力が不十分な人の保護・代理・財産の管理などをすること。また、その制度。「―人」■二(名)能や歌舞伎(かぶき)などの舞台で、役者のうしろに控えて演技の世話をする人。

こう-けん【後賢】後世の賢人。「―を待つ」

こう-けん【高見】カウ ―①高い識見。すぐれた意見。②相手の意見の敬称。「ご―を拝聴する」

こう-けん【高検】カウ ―「高等検察庁」の略。

こう-けん【貢献】(名・自スル)(貢ぎ物を献上する意から)ある物事や社会に力を尽くして、役立つこと。寄与。「世界平和に―する」

こう-げん【公言】(名・他スル)人前で堂々と言うこと。おおっぴらに言うこと。「―してはばからない」

こう-げん【巧言】カウ ―巧みに飾って口先だけでうまく言うこと。また、その言葉。

―れいしょく【―令色】気に入られようとして言葉を飾り、顔つきをやわらげること。〔語源〕「―鮮(すくな)し仁(じん)(=巧言令色の人は道徳の理想である仁にとぼしい)」〈論語〉から出た語。

こう-げん【広言】クワウ ―(名・自他スル)あたりをはばからず大きなことを言うこと。また、その言葉。「―を吐く」

こう-げん【光源】クワウ ―太陽・電球など、光を発するもと。

こう-げん【抗言】カウ ―(名・自スル)相手に逆らって言うこと。また、その言葉。

こう-げん【抗原】カウ ―〔医〕体内にはいると抗体をつくらせる物質。免疫形成の原因となる。たんぱく質・多糖類など。↔抗体

こう-げん【荒原】クワウ ―荒れ果てた野原。荒れ野。荒野(あらの)。

こう-げん【高言】カウ ―(名・自スル)偉そうに大きなことを言うこと。また、その言葉。大言。

こう-げん【高原】カウ ―高地にある平原。「那須(なす)―」

ごう-けん【合憲】ガフ ―憲法に違反していないこと。↔違憲

ごう-けん【剛健】ガウ ―(名・形動ダ)心が強く体もたくましいこと。また、そのさま。「質実―」

こうげん-がく【考現学】カウゲン ―現代の社会現象を研究してその真相を明らかにする学問。〔語源〕「考古学」をもじった語。

こうげん-びょう【膠原病】カウゲンビャウ 〔医〕人体の皮膚・関節などの結合組織に炎症や変性を起こす病気の総称。強皮(きょうひ)症・関節リウマチなどが含まれる。

こう-けんりょく【公権力】国や公共団体が国民に対して命令し、強制できる権力。「―の行使」

こう-こ【公庫】公共の目的のために融資を行う、政府出資の金融機関。中小企業金融公庫・国民生活金融公庫・農林漁業金融公庫などは、二〇〇八(平成二十)年に株式会社日本政策金融公庫に統合された。

こう-こ【好古】カウ ―昔の事物を好み、慕うこと。「―趣味」

こう-こ【好個】カウ ―ちょうどよいこと。手ごろ。「―の題材」

こう-こ【江湖】カウ ―(もと、中国の長江(ちょうこう)と洞庭湖(どうていこ)の意から)世間。世の中。「名が―に響く」

こう-こ【香香】カウ ―香の物。漬物(つけもの)。〔語源〕「香香(こうこう)」の転。

こう-こ【後顧】(うしろを振り返ってみる意)あとに心配が残ること。あとのことが気にかかること。「―の憂いなく出発する」

こう-こ【曠古】クワウ ―前例のないこと。前代未聞。空前。

こう-ご【口語】①話し言葉。口頭語。②現代語。(↔文語)

―し【―詩】〔文〕口語体の詩。一九〇七(明治四十)年以後、自然主義の影響の下に提唱され発達した。

―たい【―体】口語をもとにした文体。↔文語体

―ぶん【―文】口語体の文章。↔文語文

こう-ご【交互】カウ ―(「交互に」の形で副詞的に用いて)たがい

違い。かわるがわる。「左右ーに動かす」

こう-ご【向後】 今後。こののち。向後(きょうこう)。

ごう-ご【豪語】（名・自スル）自信ありげに大きなことを言うこと。また、その言葉。「必ず優勝するとーする」

こう-こう【口腔】《生》口からのどまでの間の空間。参考「こうくう」は慣用読み。特に医学で「こうくう」という。

こう-こう【坑口】（鉱山などの）坑道の入り口。

こう-こう【孝行】（名・形動ダ・自スル）①子が親をたいせつにし、よく仕えるさま。また、その行い。親孝行。「ー息子」↔不孝 ②ある人をたいせつに思い、尽くすこと。「女房ー」

こう-こう【後考】 後であらためて考えること。また、後世の人の考え。「ーを俟(ま)つ」

こう-こう【後攻】 スポーツなどで、最初守備につき、あとから攻撃すること。また、あとから攻撃するほう。後攻め。↔先攻

こう-こう【後項】 ①あとの項目・箇条。②《数》二つ以上の項のうち、あとの項。《↔前項》

こう-こう【航行】（名・自スル）船や飛行機が定められた航路を進んで行くこと。「外洋をーする」

こう-こう【高校】「高等学校」の略。「工業ー」

こう-こう【黄口】 ①ひな鳥の黄色いくちばし。②年が若く経験の足りないこと。また、その者。青二才。

こう-こう【港口】 港の、船の出入り口。

こう-こう【硬膏】 常温ではとけないが、体温に接すると粘着性が出る外用薬。↔軟膏(なんこう)

こう-こう【鉱坑】 鉱物を採掘するために掘った穴。

こう-こう【膏肓】（「膏」は心臓の下部、「肓」は横隔膜の上部）体の奥深くにあって治療しにくい部分。「病(やまい)ーに入る」参考「こうもう」は、誤読に基づく慣用読み。

こう-こう【皓皓・皓・皎皎】（タト）（タル）①月の光・電灯の光などが白く明るく輝くさま。「月がーと照る」②むなしく広がっているさま。「ーたる荒野」文（形動タリ）

こう-こう【煌煌】（タト）（タル）まぶしいほどきらきら光るさま。「ネオンがーと輝く」文（形動タリ）

こう-ごう【交合】（名・自スル）性的に交わること。性交。

こう-ごう【咬合】 上下の歯のかみ合わせ。「不正ー」

こう-ごう【皇后】 天皇・皇帝の正妻。きさき。

こう-ごう【香合・香盒】 香の入れ物。香を入れる箱。

こう-ごう【校合】（名・他スル）→きょうごう（校合）

ごう-ごう【囂囂】（タト）（タル）声のやかましいさま。騒がしく言うさま。「ーたる非難を浴びる」「喧喧(けんけん)ー」文（形動タリ）

ごう-ごう【轟轟】（タト）（タル）大きな音がとどろき響くさま。「飛行機の爆音がーとひびく」文（形動タリ）

こう-こうがい【硬口蓋】《生》口蓋の前部の骨質のかたい部分。↔軟口蓋

こう-ごうし・い【神神しい】（形）カロ・カッ(ク)・イ・イ・ケレ・○ 神威が感じられていかにもおごそかであるさま。尊くけだかいさま。「ー姿」文かうがう・し(シク) 語源「かみがみし」の転。

こうこう-せい【向光性】 →こうじつせい ↔背光性

こうごう-せい【光合成】 緑色植物などの生物が光エネルギーを用いて、二酸化炭素と水から炭水化物と酸素を作るはたらき。

こうこう-や【好好爺】 やさしく人のよい老人。

こうこ-がく【考古学】 遺物や遺跡を考察し、古い時代の文化・生活などに関することを研究する学問。

こう-こく【公告】（名・他スル）国・公共団体が、広く世間に連絡事項などを告げ知らせること。⇨公示「ちがい」

こう-こく【公国】 ヨーロッパで、公の称号をもつ君主が治める小国。モナコ公国やリヒテンシュタイン公国など。

こう-こく【広告】（名・他スル）世間に広め知らせること。特に、商品・興行などの宣伝をすること。また、その文書・映像・放送など。「新聞ー」

ーとう【ー塔】 ①企業の広告を掲げるための塔状の建造物。②企業などの宣伝の役割をになう著名人。

こう-こく【抗告】（名・自スル）《法》下級裁判所の決定に対して、上級裁判所に不服を申し立てること。「即時ー」

こう-こく【皇国】 天皇の治める国。「日本」の旧称。

こう-こく【興国】 国勢を盛んにすること。国勢の盛んな国。

こう-こく【鴻鵠】 ①鴻(おおとり)や鵠(くぐい)(白鳥)などの大きい鳥。②大人物・英雄・豪傑などのたとえ。《↔燕雀(えんじゃく)》

ーの志(こころざし) 大人物の志。また、遠大な志。

こう-こつ【恍惚】（名・タト）①心を奪われてうっとりすること。「ーの境に入る」②頭のはたらきや意識がはっきりしないさま。③年をとってぼけるさま。

こう-こつ【硬骨】 ㊀（名）《生》脊椎(せきつい)動物の内骨格を形成するかたい骨。「ー魚」↔軟骨 ㊁（名・形動ダ）意志が強く、たやすく屈しないこと。また、そのさま。「ーの士」

ーかん【ー漢】 意志が強く、正義を重んじる男。

こうこつ-もじ【甲骨文字】《世》占いに用いた亀(かめ)の甲や獣の骨などに刻まれた中国古代の象形文字。殷墟(いんきょ)(殷の国の都の遺跡と思われる所)で発掘され、殷墟文字ともいう。漢字の最古の形を示す。甲骨文。

水　馬　女　牛　人　木
〔こうこつもじ〕

こう-こん【黄昏】 夕ぐれ。たそがれ。

ごう-コン【合コン】《俗》（「合同コンパ」の略）二つ以上のグループが合同で開くコンパ。

こう-さ【公差】 ①《数》等差数列で、隣りあう二項の差。②計量器で、規定値と実物の値との差で、法律上許容される範囲。③機械加工品で、許される最大寸法と最小寸法の差。

こう-さ【考査】（名・他スル）①考え調べること。特に、人物や能力などを評定すること。考課。「人物ー」②（学校で）学力を調べるために試験をすること。また、その試験。「中間ー」

こう-さ【交差・交叉】（名・自スル）線や線状のものが斜めまたは十文字に一点で交わり合うこと。「立体ー」

ーてん【ー点】 二本以上の道路などが交わっている所。「スクランブルー」

こう-さ【光差】《天》ある天体から出た光が地球に達するのに要する時間。

こう-さ【黄砂】 ①黄色の砂。②中国大陸北西部で、多く三～五月ごろ黄色の砂が強風で吹き上げられて空をおおい、下降する現象。砂は日本まで飛来することがある。春

こう-さ【較差】 一定期間中の最高値と最低値との差。気温の差をいうことが多い。「年ー」参考「かくさ」は慣用読み。

こう-ざ【口座】 ①帳簿で、資産・負債・資本の増減や損益の発生などを項目別に記入する所。勘定口座。②「振替口座」の略。③「預金口座」の略。「ーを開く」

こう-ざ【高座】 ①寄席(よせ)などで、芸を演じる一段高い席。②説教や演説などをする人のために一段高い位置に設けた席。

こう-ざ【講座】 ①大学で、あるテーマを研究・教育する組織。教授・准教授・講師などで構成される。②大学の講義に似た形をとる講習会・出版物・放送番組。「市民のための法律ー」

こう-さい【口才】 口のうまいこと。弁舌の才能。こうざい。

こう-さい【公債】 国や地方公共団体が、国民などから借り

入れる金銭の債務。また、その証書。国債、地方債などがある。

こう-さい【光彩】— きわだって美しい輝き。「—を放つ」「—陸離(=光が入り乱れて美しいさま。すぐれて目立つさま)」

こう-さい【交際】— (名・自スル) 人とのつきあい。
類語 交友・友好・社交・誼み・交わり・付き合い・人付き合い・交誼・好誼・厚誼・高誼・親睦・和親・協和・親交・旧交・肝胆相照らす仲・水魚の交わり・金蘭の交わり・刎頸の交わり・管鮑の交わり・断金の交わり・断琴の交わり

—か【—家】 つきあいが広い人。つきあいが上手な人。

こう-さい【◦虹彩】〘生〙眼球の角膜と水晶体との間にある色素に富む環状の膜。瞳孔を開閉し、光の量を調節する。目の色といわれるのは虹彩の色である。⇩眼球(さしえ)

こう-さい【香菜】— 〘植〙セリ科の一年草。南ヨーロッパ原産。独特の香りがあり、葉は食用、種子は香辛料や健胃・去痰薬にする。コリアンダー。シャンツァイ。コエンドロ。パクチー。

こう-さい【高裁】— 「高等裁判所」の略。

こう-さい【校債】— 学校が発行する債券。学校債。学債。

こう-さい【鉱△滓】— →こうし(鉱滓)

こう-ざい【功罪】 手柄とつみ。よい面と悪い面。

—相半ばする よい面と悪い面とが同程度であって、特によいとも悪いともいえない。

こう-ざい【絞罪】— 首をしめて殺す刑。縛り首。絞首刑。また、それに当たる犯罪。

こう-ざい【鋼材】— 機械・造船・建築などの材料とするため、板・棒・管などの形状に加工した鋼鉄。

ごう-ざい【合剤】— 一種または二種以上の薬物を水に溶かした、または混ぜた薬物。

こう-さく【工作】 ■一(名) ①器物などを作ること。また、それを学ぶ学科。「図画—」②土木・建築などの工事。■二(名・自他スル) 目的達成のために、前もって計画的な働きかけを行うこと。「裏面—」

—いん【—員】 敵や相手の情報の収集など、秘密の活動をする人。

—きかい【—機械】 機械やその部品を作るため、材料を切ったり削ったり磨いたりする機械。旋盤・フライス盤など。

こう-さく【交錯】— (名・自スル) いくつかのものが複雑に入りまじること。錯綜。「期待と不安が—する」

こう-さく【耕作】— (名・他スル) 田畑を耕して農作物を作ること。「—地」

こう-さく【鋼索】— 鋼鉄製の針金を何本もより合わせて作った綱。索条。ワイヤロープ。

こう-さつ【考察】— (名・他スル) 物事の道理や本質を明らかにするために、よく考え調べること。「—を加える」

こう-さつ【高札】— ①昔、禁令や罪人の罪状などを書いて、往来など人目につく所に立てた板。高札。②入札の中で価格のいちばん高いもの。高札。③相手の手紙の敬称。

こう-さつ【高察】— すぐれた推察。相手の推察の敬称。お察し。賢察。「ご—のとおり」

こう-さつ【絞殺】— (名・他スル) 首をしめて殺すこと。

こう-ざつ【交雑】— (名・他スル) 遺伝的に異なる系列や種類間で交配を行うこと。原則として雑種ができる。⇩交配

ごう-さつ【合冊】— →がっぽん

ごう-さつ【強殺】— 「強盗殺人」の略。

ごう-さらし【業△曝し・業△晒し】— (名・形動ダ) ①前世での悪業の報いとして、この世で恥をさらすこと。また、その人。②人をののしっていう言葉。恥さらし。「この—め」参考「ごうざらし」ともいう。

こう-さん【公算】 あることが将来起こる確実性の度合い。見込み。「この試合は勝つ—が大きい」

こう-さん【恒産】 安定した財産や収入。安定した職業。

—なき者は恒心なし 安定した財産や職業がない者は正しく安定した心がない。〈孟子〉

こう-さん【降参】— (名・自スル) ①戦いや争いに負けて相手に服従すること。②手に負えなくて困りきること。「この問題には—だ」

こう-さん【鉱産】— 鉱業による生産物。「—物」

こう-ざん【江山】— 川と山。

こう-ざん【高山】— 高い山。

—しょくぶつ【—植物】〘植〙高山帯に生育する植物。小形の多年草や小低木が多い。

—たい【—帯】〘植〙植物の垂直分布の一つ。森林の生育の限界をこえた高度をさす。本州中部では、標高約二五〇〇メートル以上の地域がこれに当たる。

—びょう【—病】〘医〙高山に登ったとき、気圧の低下や酸素の欠乏のために起こる病気。頭痛・息切れなどが起こる。

こう-ざん【鉱山】— 金・銀・銅・鉄・石炭などの有用な鉱物を採掘する所。

こう-し【公子】 貴族の男の子。貴公子。

こう-し【公司】 →コンス

こう-し【公私】 おおやけとわたくし。公的なことと、私的なこと。「—を混同する」「—にわたってお世話になる」

こう-し【公使】 外国に常駐し、外交事務を取り扱う外交官。大使につぐ外交使節の階級。ふつう特命全権公使をいう。

—かん【—館】 公使が駐在して事務を執る建物。

こう-し【光子】— 〘物〙素粒子の一つ。量子論において、光を粒子と考えたとき、その粒子の呼び方。光量子。フォトン。

こう-し【行使】— (名・他スル) 武力・権力・権利などを実際に使うこと。「実力—」「権利を—する」

こう-し【孝子】— 親孝行な子供。親によく尽くす子供。

こう-し【厚志】 深い思いやり。親切な気持ち。厚情。「御—まことにかたじけなく存じます」用法 多く、「ご厚志」の形で、相手の好意に感謝するときに使う。

こう-し【後肢】 うしろあし。あとあし。↔前肢

こう-し【後嗣】 あとつぎ。世継ぎ。

こう-し【皇嗣】— 天皇のあとつぎ。皇位継承順位が第一位である者。

こう-し【紅脂】 紅と脂粉。口紅とおしろい。

こう-し【格子】— ①細い木や竹を縦横に一定の間をすかして組み合わせて作った建具。窓・戸口などに取りつける。②「格子戸」の略。③「格子縞」の略。

—じま【—△縞】 格子状に線が縦横に交差したしま模様。

—づくり【—造り】 表に格子を取りつけた家の造り。

—ど【—戸】 木または竹を格子に組んだ戸。

こう-し【高士】— ①人格の高潔な人。人格者。②世俗を避けて山里などに隠れ住む徳の高い人。隠君子。

こう-し【高師】— (「高等師範学校」の略) 師範学校・中学校・高等女学校の教員養成を目的とした旧制の学校。

こう-し【△皓歯】— 白く美しい歯。「明眸—(=美人のたとえ)」

こう-し【鉱△滓】— 溶鉱炉で鉱石をとかしたとき、分離して表面に浮かぶかす。スラグ。参考「こうさい」は慣用読み。

こう-し【△嚆矢】— ①かぶら矢。②(昔、中国で、開戦の合図にかぶら矢を敵陣に射かけたことから) 物事の初め。最初。「これをもって—とする」

こう-し【講師】カウ ①(学校や塾などで)嘱託をうけて一部の授業を担当する教員。②講演・講習会で講義をする人。③大学などで、教授・准教授に準ずる職務に従事する教員。「非常勤―」参考「こうじ」と読めば別の意になる。

こうし【孔子】(前五五一～前四七九) 中国、春秋時代の思想家。名は丘(きゅう)、字(あざな)は仲尼(ちゅうじ)。孔子は尊称。魯(ろ)国の人。儒教の開祖。魯に仕え、のち諸国を巡歴して政治改革を説いたが用いられず、魯に帰還、古典の整理と弟子の教育に専念。各自が徳を治め仁(じん)に至るべきであるとした。「論語」は孔子の言行録。

こうじ【麹・糀】カウ 米・麦・大豆などを蒸して、これにこうじかびを繁殖させたもの。酒・しょうゆ・みそなどの醸造に用いる。

―かび【―黴】子嚢(しのう)菌類コウジカビ科のかび。アミラーゼなどの酵素を含み、でんぷんを糖に変える性質があるため、日本酒・しょうゆ・みそなどの醸造に利用される。こうじ菌。夏

こう-じ【口耳】口と耳。

―の学(がく) 聞いたことをそのまま人に告げる、身に付かない学問。耳学問。

こう-じ【工事】(名・自スル) 土木・建築などの作業。「道路―」「―現場」

こう-じ【小路】チ 町中の幅の狭い道。「袋―」↕大路

こう-じ【公示】(名・他スル) おおやけの機関が、広く一般の人に発表して示すこと。

> **ちがい**「公示」・「告示」・「公告」
>
> 公示・告示・公告は、いずれも一定の事柄を多くの人に知らせるためにおおやけの機関が発表するもの。「公示」は、衆参両院選挙の投票期日などのように、天皇の詔書を公布し国民に広く知らせることなどをいい、法令により義務づけられている。「告示」は、おおやけの機関が決定した事柄を公式に一般に知らせるもので、投票所の設置などをいう。「公告」は、関係者に異議申し立てや権利行使の機会を与えるためにおおやけの機関が知らせるもので、官報、または市区町村役場の掲示板に掲載する。

こう-じ【公事】おおやけのこと。おおやけの仕事。↕私事 参考「くじ」と読めば別の意になる。

こう-じ【好事】カウ ①よいこと。めでたいこと。②よい行い。参考「こうず」と読めば別の意になる。

―魔(ま)多(おお)し よいことには、とかく邪魔がはいりやすい。また、物事がうまく進んでいるときほど、意外な障害が出てくるものだ。

―門(もん)を出(い)でず よい行いは、なかなか世間に知られにくい。参考 反対のことば―悪事千里を走る

こう-じ【好餌】カウ (よいえさの意から) ①人を巧みにだまして誘い寄せる手段。「―をもって人を誘う」②欲望のえじきになるもの。「悪いやつの―となる」

こう-じ【柑子】カウ ①→こうじみかん ②(「こうじ色」の略)赤みがかった黄色。だいだい色。

―みかん【―蜜柑】〔植〕ミカンの一品種。果実は小さく、酸味が強い。柑子(こうじ)。秋

こう-じ【後事】将来のこと。特に、死後のこと。その人が去ったのちに生じてくること。「―を託す」

こう-じ【高次】カウ ①高い次元。程度の高いこと。↕低次 ②〔数〕次数の高いこと。ふつう三次以上をいう。「―方程式」

こう-じ【講師】カウ ①〔仏〕法会(ほうえ)などで、経を講義する僧。②宮中の歌会のときに詠歌を読み上げる役目の人。

ごう-し【合祀】ガフ (名・他スル) 幾柱かの神や霊を一つの神社に合わせまつること。合祭(ごうさい)。

ごう-し【合資】ガフ (名・自スル) 資本を出し合うこと。

―がいしゃ【―会社】グワイシャ 〔商〕会社債務に無限の責任を負う社員と出資額を限度とする有限責任を負う社員とによって組織される会社。

ごう-し【郷士】ガウ 〔日〕江戸時代、農村に在住した武士。旧家や百姓身分で士分に取り立てられた者も含んだ。

ごう-じ【合字】ガフ 二字以上の文字を合わせてできた文字。「麿(麻呂)」「と(こと)」や、ラテン文字の「æ」など。

こうしえん【甲子園】カフシエン 兵庫県西宮市の地名。高校野球の全国大会で有名な甲子園球場がある。球場は、一九二四(大正十三)年の甲子(きのえね)の年に完成。

こう-しき【公式】①おおやけに定められている方式や形式。また、それにのっとって行われること。「―発表」「非―」②〔数〕計算の方法や法則を数学上の記号で書き表した式。

―しゅぎ【―主義】原則にとらわれていて状況に応じた対応ができず、決められたとおりに物事を処理するやり方。

―せん【―戦】(練習や親善のための試合に対し)公式の試合。プロ野球などで、正式日程に従って行われる試合。

―てき【―的】(形動ダ) ダロ・ダッ(デ・ニ)・ダ・ナ・ナラ・○ 何事も一般的な原則のとおりにしようとする融通のきかないさま。「―な回答」

こう-しき【硬式】カウ 野球・テニスなどで、硬球を使って行う方式。「―テニス」↕軟式

こう-じき【高直】カウヂキ (名・形動ダ) 値段が高いこと。また、高い値段。高価。高値(たかね)。

こう-じく【光軸】クワウヂク 〔物〕レンズの中心と焦点とを結ぶ線。

こうしけつ-しょう【高脂血症】カウシケツシヤウ 〔医〕血液中に含まれる中性脂肪・コレステロールなどの脂質が著しく高い状態。

こう-しせい【高姿勢】カウ 相手を上から抑えつけるようないばった態度。「交渉で―に出る」↕低姿勢

こう-しつ【後室】①身分の高い人の未亡人。②家のうしろのほうにある部屋。

こう-しつ【皇室】クワウ 天皇を中心とするその一族。天皇家。

―てんぱん【―典範】〔法〕皇位継承の資格順位・皇族身分・皇室会議などの、皇室に関する事項を規定した法律。

こう-しつ【高湿】カウ (名・形動ダ) 湿度が高い状態。多湿。

こう-しつ【硬質】カウ 質がかたいこと。「―ガラス」↕軟質

こう-しつ【膠漆】カウ ①にかわとうるし。②(転じて)離れがたい、親密な間柄のたとえ。「―の交わり」

こう-しつ【膠質】カウ →コロイド

こう-じつ【口実】責任の回避や弁解のためにかこつけた理由。言い訳の材料。また、その言葉。「―を作る」「―を与える」

こう-じつ【好日】カウ 平穏な日々。よい日。佳日。「日々是(これ)―」

こうじつ-せい【向日性】カウジツ 〔植〕植物の、光のくる方向にのびる性質。向光性。正の光(ひかり)屈性。↕背日性 ⇩屈性(くっせい)

こうじつ-びきゅう【曠日弥久】クワウジツビキウ むだにいつまでも日を過ごし、事が長びくこと。曠日持久。曠久。

こう-しゃ【公社】①国が資本を全額出資する公共企業体。かつての日本国有鉄道・日本専売公社・日本電信電話公社および日本郵政公社。現在はすべて民営化された。②地方公共団体が公共事業を行わせるために設立した法人。地方公社。

こう-しゃ【公舎】公務員用の住宅。「知事―」

こう-しゃ【巧者】カウ (名・形動ダ) 物事に熟達してたくみなさま。また、その人。「試合―」

こう-しゃ【向斜】カウ 〔地質〕褶曲(しゅうきょく)した地層の谷に当たる部分。「地質の―構造」↕背斜

こう-しゃ【後車】あとに続く車。「前車の覆(くつがえ)るは―の戒め」

↔前事

こう-しゃ【後者】 ①二つ示したもののうち、あとのほうのもの。↔前者 ②あとに続く者。後世の者。

こう-しゃ【降車】カウ（名・自スル）電車や自動車から降りること。下車。「―口」↔乗車

こう-しゃ【校舎】カウ 学校の建物。

こう-しゃ【講社】カウ 神道・仏教の信者の団体。講中。結社。講。

ごう-しゃ【豪△奢】ガウ（名・形動ダ）非常にぜいたくで、派手なこと。また、そのさま。「―な生活」

こう-しゃく【公爵】 もと、五等爵（公・侯・伯・子・男）の第一位。

こう-しゃく【侯爵】 もと、五等爵（公・侯・伯・子・男）の第二位。

こう-しゃく【講釈】カウ ━（名・他スル）文章の意味や物事の意義を説明して聞かせること。「源氏物語の―」「―を垂れる」 ━（名）「講談」の旧称。

―し【―師】 講談を職業とする人。釈師。講談師。

こうじゃく-ふう【黄△雀風】クワウジャク 陰暦五月に吹く東南の風。夏 語源 この風の吹くころ、海の魚が黄雀（=スズメの異称）となるという中国の伝説から。

こうしゃ-さい【公社債】 公債と社債。

こうしゃ-ほう【高射砲】カウシャハウ 航空機を撃墜するための対空火器。高角砲。

こう-しゅ【工手】 鉄道・電気などの工事をする人。工夫。

こう-しゅ【公主】 昔、中国で天子の娘。

こう-しゅ【巧手】カウ 技芸がすぐれていること。また、その人。

こう-しゅ【甲種】カフ あるものを甲・乙・丙・丁…に分けたときの甲の種類。第一の種類。「―合格（=もと徴兵検査で、第一級で合格すること）」

こう-しゅ【好手】カウ ①技のすぐれている人。②将棋・囲碁などで、うまい手。「―がでる」↔悪手

こう-しゅ【好守】カウ（名・自スル）野球などで、上手な守備をすること。好守備。「―好打」↔拙守

こう-しゅ【攻守】 攻めることと守ること。攻撃と守備。「―ところを変える（=形勢が逆転する）」

こう-しゅ【△拱手】（名・自スル）→きょうしゅ（拱手）

こう-しゅ【校主】カウ 私立学校の所有者。

こう-しゅ【耕種】カウ（名・他スル）田畑を耕して作物の種をまいたり、苗を植えたりすること。

こう-しゅ【絞首】カウ 首をしめて殺すこと。

―けい【―刑】 死刑の一つ。縛り首の刑。

―だい【―台】 絞首刑の執行の際、死刑囚をのせる台。

こう-じゅ【口受】（名・他スル）直接その人の口から教えを受けること。口授を受けること。口受。

こう-じゅ【口授】（名・他スル）口で述べて、直接教えを授けること。口伝。口授。「秘伝を―する」

こう-じゅ【高寿】カウ 長生き。長寿。高齢。

ごう-しゅ【豪酒・強酒】ガウ 酒に強く、酒をたくさん飲むこと。また、その人。酒豪。「―家」

こう-しゅう【口臭】シウ 口から出るいやなにおい。「―予防」

こう-しゅう【公衆】 社会を構成する一般の人々。

―えいせい【―衛生】エイセイ〔保〕社会の組織的な活動により、疾病の予防や健康水準を守り高めること。

―でんわ【―電話】 一般の人々が料金を払っていつでも使えるよう、街頭などに設けられた電話。はじまり 日本で、電話局内以外では、一九〇〇（明治三十三）年、東京の上野駅・新橋駅に設置されたのが最初。当時は、自働電話と呼ばれた。

―どうとく【―道徳】ダウトク 社会の一員として守らなければならない、行為の規準。

―よくじょう【―浴場】ヨクヂヤウ 料金をとって一般の人々を入浴させる浴場。銭湯。

こう-しゅう【講習】カウシフ（名・他スル）①（一定期間決められた場所で）学問・技芸などを学び習うこと。また、その指導をすること。「夏期―」②「講習会」の略。

―かい【―会】クワイ 学問・技芸を一定期間講習する会。

こうしゅう【甲州】カフシウ「甲斐の国」の異称。

―かいどう【―街道】カイダウ 五街道の一つ。江戸日本橋から内藤新宿・甲府を経て下諏訪で中山道に合した。宿駅は四四。

こう-じゅう【講中】カウヂユウ ①講をつくって定期的に神社・寺に参拝する信者の団体。②頼母子講の仲間。

ごうしゅう【江州】ガウシウ「近江の国」の異称。

ごうしゅう【豪州・濠州】ガウシウ オーストラリア。

ごう-じゅう【剛柔】ガウジウ かたいこととやわらかいこと。強いこととやさしいこと。

こうしゅう-せい【光周性】クワウシウ〔動・植〕生物が、明暗の周期的変化に対して反応する性質。休眠・花芽形成・鳥のさえずりなど。

こうしゅう-は【高周波】カウシウハ〔物〕周波数（振動数）の比較的大きい振動・波動。↔低周波

―ミシン 高周波加熱を利用して、プラスチック・ビニール布地などを溶解・接着させる装置。

こう-じゅく【紅熟】（名・自スル）果実が赤く熟すること。

こう-じゅく【黄熟】クワウ（名・自スル）→おうじゅく

こう-しゅつ【後出】 文章などで、それより後に記したり、示したりしてあること。「解説は―の項で行う」

こう-じゅつ【口述】（名・他スル）口で述べること。

―しけん【―試験】 口頭で答えさせる試験。口頭試問。↔筆記試験

―ひっき【―筆記】（名・自スル）ある人が口で述べることを、別の人がその場で記録すること。また、その記録。

こう-じゅつ【公述】（名・自他スル）公聴会などおおやけの場で意見を述べること。

―にん【―人】〔法〕国会などの公聴会で意見を述べる人。学識経験者・利害関係者などから選ばれる。

こう-じゅつ【後述】（名・他スル）あとで述べること。また、その事柄。「詳細は―する」↔先述・前述

こうじゅ-ほうしょう【紅△綬褒章】ホウシヤウ 危険を顧みず人命を救助した功績に国が与える褒章。綬（リボン）は紅色。

こう-じゅん【公準】〔数〕古代ギリシャの数学者ユークリッドが「原論」において、幾何学を組み立てる基礎としておいた原則。

こう-じゅん【交△詢】カウ（「詢」はまことの意）おたがいの交際の親密をはかること。

こう-じゅん【孝順】カウ（名・形動ダ）親に孝行をつくし、その意に素直に従うこと。また、そのさま。

こう-じゅん【降順】カウ 数が大きいほうから小さいほうへの順に並べられていること。逆順。↔昇順

こう-しょ【公署】 地方公共団体の機関。役所。

こう-しょ【向暑】カウ 暑い時節に向かうこと。「―のみぎり」↔向寒 用法 多く、手紙で時候のあいさつに用いる。

こう-しょ【高所】カウ ①高い所。「―恐怖症」②高い立場。高い見地。「大所―からの判断」

こう-じょ【公助】 公的な機関が助けること。

こう-じょ【公序】 公衆が守らなければならない秩序。
—りょうぞく【—良俗】 公共の秩序と善良な風俗。「—に反する行為」
こう-じょ【孝女】 親孝行な娘。
こう-じょ【皇女】 天皇の娘。内親王。皇女。↔皇子
こう-じょ【控除・△扣除】（名・他スル）（計算の対象から）金銭・数量などを差し引くこと。特に、全部または一部の収入について課税対象から除外すること。「基礎—」
ごう-しょ【△劫初】〘仏〙この世の初め。
こう-しょう【工匠】 ①工作を職業とする人。家具や調度を作る職人や大工など。たくみ。②工作物の意匠。デザイン。
こう-しょう【口承】（名・他スル）口から口へと語り継ぐこと。「代々—されてきた叙事詩」
—ぶんがく【—文学】 口づてに語り継がれ歌い継がれてきた文学。伝説・説話・民謡など。口承文芸。伝承文学。
こう-しょう【口証】 口頭でする証言。
こう-しょう【口△誦】（名・他スル）書物などを声に出して読むこと。また、覚えている文句などを口ずさむこと。「詩句の—」
こう-しょう【工△廠】 旧陸海軍に直属し、兵器・弾薬などを製造した工場。「海軍—」
こう-しょう【公称】（名・自スル）表向きに言うこと。おおやけに発表されていること。「発行部数は—二五万部」
こう-しょう【公△娼】 もと、おおやけに許されて営業した売春婦。↔私娼
こう-しょう【公証】〘法〙特定の事実または法律関係の存否をおおやけに証明する行政行為。各種の登記など。
—にん【—人】〘法〙私権に関する事実について公正証書を作り、私署した証書を認める権限をもつ特殊な公務員。法務大臣が任命し、公証人役場で執務を行う。
こう-しょう【公傷】 公務中に受けたけが。↔私傷
こう-しょう【好尚】 好み。嗜好。「時代の—に合う」
こう-しょう【交渉】（名・自スル）①問題解決のために相手に掛け合うこと。「—が決裂する」「労使が—する」②かかわり合うこと。つきあい。「没—」「隣人とは—がない」
こう-しょう【考証】（名・他スル）文献や事物を調べて考察し、それを証拠に過去の物事を解釈すること。「時代—」
—がく【—学】 広く文献や事物に根拠を求め、実証的・客観的に研究をすすめようとする学問。
こう-しょう【行賞】 功績のあった人に賞を与えること。「論功—」
こう-しょう【高尚】（名・形動ダ）知的で程度が高く、上品なこと。また、そのさま。「—な趣味」↔低俗
こう-しょう【△咬傷】 動物などにかまれてできたきず。
こう-しょう【△哄笑】（名・自スル）大声で笑うこと。
こう-しょう【校章】 学校の記章。
こう-しょう【高唱】（名・他スル）声高らかに唱えること。また、大声で歌うこと。高歌。「寮歌を—する」↔低唱
こう-しょう【鉱床】〘地質〙有用鉱物が多く含まれている地殻の場所。「金の—」
こう-じょう【口上】 ①口頭で述べること。特に、型通りのあいさつの言葉。「お祝いの—を述べる」「逃げ—」②〘演〙芝居などで、出演者や興行主が舞台に出て述べるあいさつ。襲名披露、追善興行、初舞台などで行われる。また、出し物や出演者の紹介などをすることにもいう。③「口上書き」の略。
—がき【—書き】 口頭で述べたことを書き記した文章。
こう-じょう【工場】 機械や器具などを使って、物の製造・加工・整備・修理などをする所。工場。「—地帯」
こう-じょう【向上】（名・自スル）程度がよいほうに向かって進むこと。進歩。「品質の—」「学力が—する」↔低下
—しん【—心】 現状に飽き足らず、進歩・上達をはかろうとする意志。「—がない」
こう-じょう【江上】 大きい川のほとり。
こう-じょう【交情】 ①親しいつきあいに伴う温かい気持ち。交誼。「—を深める」②情をかわすこと。情交。
こう-じょう【攻城】 敵の城や要塞を攻めること。
こう-じょう【荒城】 荒れ果てた城。
こう-じょう【厚情】 深い思いやりの気持ち。親切な心。厚志。「ご—を賜る」用法「ご厚情」の形で、相手の厚意に感謝して、手紙やあいさつに用いることが多い。
こう-じょう【恒常】 一定していて変わらない状態にあること。「—的な渋滞」「—性」
こう-じょう【△膠状】 にかわのように粘り気のある状態。
ごう-しょう【豪商】 大資本を持ち、手広く事業をしている商人。大商人。
ごう-じょう【強情・剛情】（名・形動ダ）意地が強く、自分の考えなどを押し通そうとすること。また、そのさま。「—を張る」
こう-しょうがい【高障害】 →ハイハードル
こうじょう-せん【甲状腺】〘生〙喉頭と気管の前・外側部をまたがって囲んでいる内分泌腺。羽を広げた蝶のような形。甲状腺ホルモンなどを分泌する。
こう-しょく【公職】 おおやけの職務。議員・公務員などの職。「—に就く」
—せんきょほう【—選挙法】〘法〙国会議員ならびに地方公共団体の長・議員の選挙について規定した法律。一九五〇（昭和二十五）年制定。
こう-しょく【好色】（名・形動ダ）情事をこのむこと。また、そのさま。いろごのみ。「—家」
こう-しょく【交織】 毛・綿・絹などの違った種類の織糸をまぜて織ること。また、その織物。まぜおり。混織。「—織物」
こう-しょく【紅色】 赤色。紅色。くれない色。
こう-しょく【降職】（名・他スル）職を下級のものに下げること。降任。「局長から部長に—される」
こう-しょく【黄色】 きいろ。黄色。
こうしょくいちだいおとこ【好色一代男】 江戸前期の浮世草子。井原西鶴作。一六八二（天和二）年刊。主人公世之介の七歳から五四年間の好色生活を描く。
こうしょくいちだいおんな【好色一代女】 江戸前期の浮世草子。井原西鶴作。一六八六（貞享三）年刊。おちぶれた老女が一生の好色生活を告白するというもの。
こうしょくごにんおんな【好色五人女】 江戸前期の浮世草子。井原西鶴作。一六八六（貞享三）年刊。実話に取材し、お夏清十郎などの五つの恋愛悲劇を描く。
ごうじょっ-ぱり【強◦情っ張り】（名・形動ダ）意地を張って、自分の考えなどをかたくなに押し通そうとするさま。また、その人。意地っぱり。語源「ごうじょうはり」の転。
こう・じる【◦困じる】（自上一）ジ・ジル・ジレ・ジロ（ジヨ） こまる。苦しむ。「策に—」語源サ変動詞「こうずる」の上一段化。
こう・じる【高じる・△昂じる・△嵩じる】（自上一）ジ・ジル・ジレ・ジロ（ジヨ） ある状態・気持ちなどの程度がはなはだしくなる。度を越える。つのる。「わがままが—」「趣味が—じて本業になる」語源サ変動詞「こうずる」の上一段化。

こう・じる【講じる】(カウ)(ジ・ジ・ジル・ジル・ジレ・ジロ(ジヨ))（他上一）①書物や学説の意味・内容を説き教える。講義をする。「歴史学を―」②問題解決のための適切な方法・手段を考えて実施する。手段をとる。「処置を―」[語源]サ変動詞「こうずる」の上一段化。

こう-しん【口唇】くちびる。「―炎」

こう-しん【△亢進・昂進】(カウ)（名・自スル）①感情などがしだいにたかぶっていくこと。「心悸(しんき)―」②物事の度合いが激しくなること。「インフレの―」[参考]「高進」で代用することもある。

こう-しん【功臣】国家や主君に対して手柄を立てた家来。「建国の―」「創業の―」

こう-しん【交信】(カウ)（名・自スル）無線などで通信をとりかわすこと。通信しあうこと。「―が途絶える」

こう-しん【行進】(カウ)（名・自スル）（多数の人が）隊列を組んで進むこと。「入場―」

―きょく【―曲】〔音〕行進の歩調に合う楽曲。また、その様式による芸術音楽。二拍子系のリズムを持つ。マーチ。

こう-しん【孝心】(カウ)親に孝行を尽くそうとする心。

こう-しん【更新】(カウ)（名・自他スル）新しいものに改まること。また、改めること。「免許証の―」「記録を―する」

―せい【―世】〔地質〕地質時代の区分の一つ。約二五八万年前から約一万年前までの期間。氷河時代ともいう。洪積世。

こう-しん【△庚申】(カウ)①干支(えと)の一つ。かのえさる。②庚申待ちにまつる神。青面金剛(しょうめんこんごう)。③「庚申待ち」の略。

―づか【―塚】庚申待ちの神をまつった塚。多く、三匹の猿の像などを刻んだ石塔を道端に立てた。

―まち【―待ち】古くからの民俗的行事。庚申の日に、神（青面金剛(しょうめんこんごう)や猿田彦(さるたひこ)）をまつって寝ないで夜を守ること。庚申会(え)。

こう-しん【恒心】常に変わらない正しい心。「恒産なき者は―なし」

こう-しん【後身】①〔仏〕生まれ変わった身。ごしん。②身分や境遇などの一変した身。③組織・団体などの以前の形が変化して様相を異にしたもの。「師範学校の―である大学」↔前身

こう-しん【後進】■（名）①前の人と同じ道をあとから進むこと。また、その人。後輩。「―に道を譲る」②文化・経済・技術などが開発途上にあること。↔先進 ■（名・自スル）船や車などがうしろへ進むこと。後退。↔前進

こう-しん【紅唇】赤いくちびる。多く、美人のくちびるの形容。朱唇。

こう-しん【貢進】（名・自スル）献上品を差し上げること。

こう-じん【公人】公職にある人。「―としての責任」↔私人

こう-じん【行人】(カウ)①道を歩いて行く人。②旅人。

こう-じん【幸甚】(カウ)（名・形動ダ）この上もなくありがたいと感じること。「ご返事をいただければ―に存じます」[用法]多く、手紙文に用いる。

こう-じん【後人】後世の人。↔先人・前人

こう-じん【荒神】(クワウ)「三宝荒神(さんぼうこうじん)」の略。

こう-じん【後陣】(ヂン)後方の陣地。後方に控えた軍隊。後陣(ごじん)。↔先陣

こう-じん【後△塵】(ヂン)人や車馬が通ったあとに立つ土ぼこり。

―を拝(はい)する①人に先んじられる。後れをとる。②地位・権勢のある人につき従う。

こう-じん【紅△塵】(ヂン)①赤く見える土煙。②俗世間のわずらわしさ。俗塵。黄塵(こうじん)。

こう-じん【黄△塵】(クワウヂン)①黄色い土煙。砂煙。「―万丈（＝土煙が空高く立ち昇るさま）」[春]②俗世間のわずらわしさ。俗塵。

こうしんえつ【甲信越】(カフシンエツ)山梨県（甲斐(かい)）・長野県（信濃(しなの)）・新潟県（越後(えちご)）の総称。中部地方に属する。

こうしん-じょ【興信所】依頼に応じて、個人や会社などの信用・財産・素行などを秘密に調査・報告する民間の機関。

こうじん-ぶつ【好人物】(カウ)気だてがよく相手に好印象を与える人。善人。「無類の―」

こうしん-りょう【香辛料】(カウシンレウ)飲食物に香りや辛味を付ける調味料。からし・こしょう・わさびなど。スパイス。

こうしん-りょく【向心力】(カウシン)〔物〕物体が円運動をするとき、その円の中心に向かって物体にはたらく力。求心力。↔遠心力

こうしん-ろく【興信録】個人や法人の財産や営業状態を記録した書物。取り引き上の信用度を知るためのもの。

こう-ず【好事】(カウ)変わった物事を好むこと。物好き。

―か【―家】①変わった物事に興味を持つ人。物好き。②風流なことを好む人。

こう-ず【構図】(ヅ)①絵画・写真などの画面の構成。また、表現効果を高めるための、色・形など諸要素の配置。コンポジション。②（比喩(ひゆ)的に）物事全体の組み立て。「政界腐敗の―」

こう-すい【香水】(カウ)化粧品の一種。香料をアルコール類に溶かした、香りのよい液体。体や衣服などに付ける。[夏]

こう-すい【降水】(カウ)地上に降った水。雨・雪・霰(あられ)など。

―かくりつ【―確率】〔気〕特定の予報地域内で、一定時間内に降水量一ミリメートル以上の雨などが降る確率を一〇パーセントきざみで示したもの。[参考]降水確率七〇パーセントという場合、この気象条件では、一〇〇回のうち七〇回は一ミリメートル以上の降水があるという意味。

―りょう【―量】(リャウ)〔気〕降水の量。雪や霰(あられ)なども水に換算し、そのたまった高さをミリメートル単位で表す。

こう-すい【硬水】(カウ)〔化〕カルシウム塩・マグネシウム塩などの塩類が多く溶け込んでいる天然水。洗濯には適しない。↔軟水

こう-すい【鉱水】(クワウ)①鉱物質を多量に含んでいる水。鉱泉水。②鉱山・精錬所から排出される、鉱毒を含む水。

こう-ずい【洪水】①大雨や雪解け水などで河川の水があふれ出ること。大水。「―警報」[秋]②（比喩(ひゆ)的に）あふれそうなほどたくさんあること。「車の―」「情報の―」

こう-ずい【香水】(カウ)〔仏〕仏前に供える水。閼伽(あか)。

こう-すう【口数】①人口。人数。②項目や品物の数。

こう-すう【工数】作業に必要な仕事量を時間と人数でかけあわせて表したもの。

こう-すう【恒数】一定不変の数。常数。定数。

こうずけ【上野】(カウヅケ)旧国名の一つ。現在の群馬県。上州。

こう・する【抗する】(カウ)(シ(セ)・サ・シ・スル・スル・スレ・セヨ)（自サ変）てむかう。逆らう。抵抗する。「時流に―」[文]かう・す（サ変）

こう・する【航する】(カウ)(シ(セ)・サ・シ・スル・スル・スレ・セヨ)（自サ変）船や航空機で行く。「太平洋を―船舶」[文]かう・す（サ変）

こう・する【校する】(カウ)(シ(セ)・シ・スル・スル・スレ・シロ(セヨ))（他サ変）比べ合わせて間違いを正す。校正する。校合(きょうごう)。[文]かう・す（サ変）

こう・ずる【◦困ずる】(ジ(ゼ)・ジ・ズル・ズル・ズレ・ジロ(ゼヨ))（自サ変）→こうじる（困じる）[文]こう・ず（サ変）

こう・ずる【高ずる・△昂ずる・△嵩ずる】(カウ)(ジ(ゼ)・ジ・ズル・ズル・ズレ・ジロ(ゼヨ))（自サ変）→こうじる（高じる）[文]かう・ず（サ変）

こう・ずる【△薨ずる】(ジ(ゼ)・ジ・ズル・ズル・ズレ・ジロ(ゼヨ))（自サ変）身分の高い人が死ぬ。特に、皇族・三位(さんみ)以上の人が死ぬ。薨去(こうきょ)する。[文]こう・ず（サ変）

こう・ずる【講ずる】(カウ)(ジ(ゼ)・ジ・ズル・ズル・ズレ・ジロ(ゼヨ))（他サ変）→こうじる（講じる）[文]かう・ず（サ変）

ごう-する【号する】(自サ変) ①名づけて呼ぶ。称する。雅号を付ける。「子規と―」②(力などを誇って)言いふらす。「天下一と―」文がう・す(サ変)

こう-せい【公正】(名・形動ダ) 公平で正しいこと。また、そのさま。「不―」「―な判断」

―しょうしょ【―証書】〘法〙公証人が作成した法律行為・私権に関する証書。

―とりひき-いいんかい【―取引委員会】― 独占禁止法の運用・監督のために設けられた行政機関。内閣総理大臣の所管。公取委。

こう-せい【向性】― ①〘心〙人間の、外向性か内向性かの傾向。②〘生〙固着生活をする生物のある部分が、外部からの刺激に対して一定の方向に曲がること。

こう-せい【好晴】― 晴れわたっている空。快晴。

こう-せい【更正】― (名・他スル) 税額・判決・登記などの誤りを改めて正すこと。「税額等を―する」

―けってい【―決定】税務署が、納税者の申告の誤りを訂正すること、および納税者の申告がなかった場合に税額などを確定すること。

こう-せい【更生・甦生】― (名・自スル) ①生き返ること。再生。②[更生] ㋐生活の態度・精神がもとのよい状態にもどること。立ち直ること。「悪の道から―する」㋑役に立たなくなったものを再生して、また使えるようにすること。「―タイヤ」

こう-せい【攻勢】積極的に攻撃しようとする態勢。「―に転じる」↔守勢

こう-せい【厚生】人々の生活を健康で豊かにすること。

―しょう【―省】国民の保健や福祉などの事務を扱った中央行政官庁の一つ。二〇〇一(平成十三)年「厚生労働省」に移行。

―ねんきん【―年金】民間企業の従業員や公務員などが、けが・病気や老齢で働けなくなったり退職・死亡したりしたときに支給される年金。事業主と被保険者が保険料を半額ずつ負担する。

―ろうどう-しょう【―労働省】中央行政官庁の一つ。国民の健康・衛生や社会福祉、労働者の労働条件や社会保障に関する仕事を扱う。二〇〇一(平成十三)年、厚生省・労働省を統合して発足。厚労省。

こう-せい【後世】のちの世。のちの時代。「―に名を残す」参考「ごせ」と読めば別の意になる。

こう-せい【後生】あとから生まれてくる人。後代の人。あとから学ぶ人。参考「ごしょう」と読めば別の意になる。

―畏るべし あとから生まれて学ぶ者は、将来どんな力量をあらわすかわからないのでおそれ敬うべきだ。〈論語〉

こう-せい【恒星】〘天〙みずから発光し、天球上で相対的な位置をほとんど変えない星。太陽もその一つ。⇩惑星①

こう-せい【校正】― (名・他スル) 仮に刷った印刷物(=校正刷り)と原稿とを引き比べて、体裁や文字の誤植、図版・色などの不備な点を直すこと。

こう-せい【高声】― 高い声。おおごえ。高声。↔低声

こう-せい【硬性】― かたい性質。↔軟性

こう-せい【構成】(名・他スル) 種々の要素を一つのまとまったものに組み立てること。また、その組み立て。「人員―」

こう-せい【鋼製】― 鋼鉄で造ってあること。また、そのもの。

こう-せい【曠世】― 世にもまれなこと。希代。

ごう-せい【合成】― (名・他スル) ①二つ以上のものを合わせて一つの新しいものや状態にすること。②〘化〙簡単な化合物や単体をもとにして複雑な化合物をつくること。化学合成。

―ご【―語】→ふくごうご

―ゴム 天然ゴムに似た性質を持つ合成高分子化合物の総称。耐熱性・耐油性などにすぐれる。人造ゴム。

―しゃしん【―写真】①複数の写真や画像データを切り貼りし、組み合わせて一枚にしたもの。②モンタージュ写真。

―しゅ【―酒】醸造によらず、アルコールに醸造酒に似た味・香気を付けて、化学的に造った酒。新清酒。

―じゅし【―樹脂】石油を原料として、天然樹脂に似せて作った物質。軽くて成型しやすい特性(=可塑性)を持つ。ポリエチレン・塩化ビニル樹脂など。プラスチック。

―せんい【―繊維】石油を原料として、化学的に合成した繊維。ナイロン・ビニロン・テトロンなど。合繊。

―せんざい【―洗剤】石油などを原料に、化学的に合成された洗剤。硬水・海水でも使用できる。

―ひかく【―皮革】天然の革に似せて、人工的に作られたものの総称。布地に合成樹脂を塗布して作る。合皮。

ごう-せい【剛性】― 物体が、外力に対して形を変えまいとする性質。特に、ねじれ・ずれに対する弾性。「―が高い」

ごう-せい【豪勢】― (形動ダ) きわめてぜいたくなさま。「―な暮らしぶり」文(ナリ)

こう-せいせき【好成績】― 成績のよいこと。↔不成績

こう-せいねん【好青年】― 快活で好感がもてる青年。

こうせい-ぶっしつ【抗生物質】― 〘医〙かびや細菌などの微生物から作られ、他の微生物の発育・繁殖をさまたげる物質。ペニシリン・ストレプトマイシンなど。抗菌性物質。

こう-せき【口跡】言葉づかい。ものの言い方。くちつき。特に、役者の声色。せりふまわし。「名優の―」

こう-せき【功績】意義のある大きなはたらき。手柄。「すぐれた―を残す」

こう-せき【航跡】― 船が進んだあとに残る波や泡のすじ。

こう-せき【鉱石・礦石】― 有用な金属を多く含む鉱物。または、その集合体。「―運搬船」

こうせき-うん【高積雲】― 〘気〙丸みを帯びた大きな雲で、雲高二―七キロメートル。この雲が厚くなると乱層雲となる。むら雲。羊雲。記号 Ac

こうせき-せい【洪積世】→こうしんせい

こうせき-そう【洪積層】〘地質〙更新世に堆積してできた地層。おもに砂・砂利・粘土などからできている。

こう-せつ【公設】国または公共団体が設立・運営すること。また、そのもの。「―市場」「―秘書」↔私設

こう-せつ【巧拙】― 上手なことと下手なこと。じょうずへた。「―を問わない」

こう-せつ【交接】― (名・自スル) ①性交。②交際。

こう-せつ【巷説】― 世間のうわさ。風説。世評。巷談。「―に過ぎない」

こう-せつ【降雪】― 雪が降ること。降る雪。また、降った雪。「―量」

こう-せつ【高節】― 気高くてかたい操・信念。

こう-せつ【高説】― すぐれた意見や説。相手の意見や説の敬称。「ご―を承る」

こう-せつ【講説】― (名・他スル) 仏典や詩文などを講義し、説明すること。また、その説。こうぜつ。「仏典の―を聞く」

こう-ぜつ【口舌】口先だけの物言いや言葉。口舌。「―の争い(=言いあらそい)」

―の徒 口達者だが、実行力の伴わない人。

ごう-せつ【豪雪】― 大量に雪が降ること。また、大雪。「―地帯」「―にみまわれる」

こう-せん【口銭】 売買の仲介をした手数料。コミッション。
こう-せん【工船】 漁獲物をすぐに船内で缶詰・魚油などに加工する設備を持つ船。「蟹―」「―漁業」
こう-せん【工銭】 工事・加工作業の手間賃。工賃。
こう-せん【公選】（名・他スル）公共の職務につく人を、一般の有権者の選挙によって決めること。「―制」↔官選
こう-せん【交戦】（名・自スル）戦いを交えること。「―国」
こう-せん【好戦】 戦争を好むこと。「―的」↔厭戦
こう-せん【光線】 光の筋。光。「太陽―」
こう-せん【抗戦】（名・自スル）敵の攻撃に抵抗して戦うこと。「徹底―」
こう-せん【香煎】 ①米や麦などを煎って粉にし、香料を混ぜたもの。白湯に溶いて飲む。②→むぎこがし
こう-せん【高専】「高等専門学校」の略。
こう-せん【黄泉】（地下の泉の意で）人が死後に行くという所。冥土。黄泉路。黄土。「―の客（＝死んだ人）」
こう-せん【鉱泉】〘地質〙鉱物質を多く含むわき水。セ氏二五度以下を冷泉、以上を温泉というが、一般には冷泉をいう。
こう-せん【鋼線】 鋼鉄で作った針金。
こう-ぜん【紅髯】 ①赤いひげ。②西洋人の異称。紅毛。
こう-ぜん【公然】（ト）（タル）世間に広く知れわたっているさま。おおっぴらであるさま。「―と行われる」文（形動タリ）
―の秘密 表向きは秘密とされているが、実際には世間にすっかり知れわたっていること。
こう-ぜん【昂然】（ト）（タル）意気が盛んで自信にあふれているさま。「―たる態度」文（形動タリ）
こう-ぜん【哄然】（ト）（タル）大声をあげて笑うさま。「―と（して）笑う」文（形動タリ）
こう-ぜん【浩然】（ト）（タル）心が広々とゆったりしているさま。「―として天を仰ぐ」文（形動タリ）
―の気 天地に恥じるところのない公明正大な精神。物事にとらわれない、おおらかでのびのびした気持ち。「―を養う」語源「我よく吾が浩然の気を養へり」〈孟子〉から出た言葉。
ごう-ぜん【傲然】（ト）（タル）いばって人を見下すさま。「―と構える」文（形動タリ）
ごう-ぜん【轟然】（ト）（タル）大きな音が激しくとどろき響くさま。「砲声が―と響きわたる」文（形動タリ）

こう-そ【公租】 国や地方公共団体などによって課せられる税。国税・地方税の総称。「―公課（＝租税と租税以外の負担金）」
こう-そ【公訴】（名・他スル）〘法〙検察官が裁判所に起訴状を提出し、裁判を請求すること。「―棄却」
こう-そ【皇祖】 天皇の先祖。特に、天照大神または神武天皇。また、天照大神から神武天皇までの代々の総称。「―皇宗」
こう-そ【皇祚】 天皇の位。皇位。宝祚。「―をふむ（＝天皇の位につく）」
こう-そ【高祖】 ①祖父母の祖父母。四代前の祖先。②遠い祖先。③漢・唐の第一代の皇帝の称。「漢の―（＝劉邦）」④〘仏〙一つの宗派を開いた僧。開祖。「―道元」
こう-そ【貢租】 みつぎもの。年貢。
こう-そ【控訴】（名・自スル）〘法〙第一審の判決を不服として、上級裁判所にその取り消し・変更を求めること。「―審」
こう-そ【酵素】〘化〙生物の体内で作られ、体内で起こる化学反応の触媒となる有機化合物。ペプシン・アミラーゼなど。
こうぞ【楮】〘植〙クワ科の落葉低木。山地に自生し、栽培もされる。葉はクワに似て大きく、春に淡黄緑色の花を開く。樹皮は和紙の原料。（こうぞの花 春）

〔こうぞ〕

ごう-そ【強訴】（名・自他スル）昔、為政者への不満・要求を徒党を組んで強硬に訴えたこと。
こう-そう【公葬】 社会の功労者に対して、官庁や公共団体が主催し、公費で行う葬儀。
こう-そう【好走】（名・自スル）野球・ラグビー・競走などで、うまく走ること。「一塁走者が―する」
こう-そう【行装】 旅行時の服装。旅支度。旅装。
こう-そう【抗争】（名・自スル）張り合って争うこと。対抗して争うこと。「派閥間の―」
こう-そう【皇宗】 天皇の代々の先祖。第二代綏靖天皇以後の歴代の天皇をいう。「皇祖―」
こう-そう【香草】 香りのよい草。ハーブ。
こう-そう【後送】（名・他スル）①後方へ送ること。特に、戦場などで前線から後方へ送ること。「傷兵を―する」②あとから送ること。「注文の品は―します」
こう-そう【紅藻】 紅色または紫色をした海藻。テングサ・アサクサノリ・ツノマタなど。紅藻類。
こう-そう【訌争】 内輪もめ。内部の争い。内紛。
こう-そう【倥偬】 いそがしくあわただしいこと。「兵馬―」
こう-そう【校葬】 学校が主催して行う葬儀。学校葬。
こう-そう【高僧】 ①知徳のすぐれた僧。②位の高い僧。
こう-そう【高層】 ①層がいくつも重なって高いこと。また、重なった層。「―建築」②上空の高い所。「―気流」
―うん【―雲】〘気〙高さ二〜七キロメートルに一面に広がる灰色の厚い雲。おぼろ雲。記号 As
―しつげん【―湿原】〘植〙低温・過湿の地に発達し、ミズゴケなどからなる湿原。枯死した植物の泥炭が堆積して周辺部より高くなることから「高層」の名がある。尾瀬ヶ原など。
こう-そう【降霜】 霜が降りること。また、その霜。
こう-そう【高燥】（名・形動ダ）土地が高くて湿気の少ないこと。また、そのさま。「―な地域」↔低湿
こう-そう【鉱層】 水中の鉱物成分が海底や湖底に沈殿・堆積してできた層状の鉱床。
こう-そう【構想】（名・他スル）ある物事を行うに当たって、全体の内容や方法などについて考えを組み立てること。また、組み立てた考え。「―を練る」参考文章表現においては、多く、主題の展開過程や仕組みについての考えをまとめる意に用いる。
こう-そう【広壮・宏壮】（形動ダ）（ダロ・ダッ（デ）・ニ・ダ・ナ・ナラ・○）建物などが広々としてりっぱなさま。「―な邸宅」文（ナリ）
こう-ぞう【構造】 あるものや組織を形づくっている各部分の組み合わせや仕組み。「複雑な―の機械」「社会の―」
―しゅぎ【―主義】〈フランス structuralisme の訳語〉フランスにおこり、一九六〇年代後半に種々の学問分野に広がった理論。社会的・文化的諸現象の体系を、その現象に潜在する構造を分析することによってとらえようとするもの。
ごう-そう【豪壮】（形動ダ）（ダロ・ダッ（デ）・ニ・ダ・ナ・ナラ・○）建物などの構え・外観が大規模でりっぱなさま。「―な邸宅」文（ナリ）
こう-そく【光束】〘物〙目の感覚によって測定される光の量の一つ。任意の面積を単位時間に通過する光の量で、光源の強さを表す。単位はルーメン。記号 lm
こう-そく【光速】→こうそくど（光速度）
こう-そく【拘束】（名・他スル）①行動や意志などの自由を制限すること。②〘法〙行動の自由を制限、また、一定の行為を強制すること。「身柄を―する」

—じかん【—時間】休憩時間も含めた、始業から終業までの労働時間。

こう‐そく【高足】カウ 弟子の中で、特にすぐれた者。高弟。

こう‐そく【校則】カウ 学校の規則。校規。「—に反する」

こう‐そく【高速】カウ ①速度がはやいこと。高速度。「—で走る車」↔低速 ②「高速道路」の略。「首都—」

—ぞうしょくろ【—増殖炉】核分裂で発生した高速中性子を用いて、原子炉を運転するのに消費した量以上の核燃料をうむ(増殖する)原子炉。FBR

—どうろ【—道路】ダウロ 高速度の走行が可能な自動車専用道路。ハイウエー。[はじまり] 一九三三年のドイツのアウトバーン建設から本格化。日本での開通は、一九六三(昭和三十八)年名神高速道路の栗東(りっとう)ICと尼崎(あまがさき)IC間が最初。

こう‐そく【梗塞】カウ (名・自スル) ふさがって、通じなくなること。「心筋—」「血管が—する」

こう‐ぞく【皇族】クヮウ 天皇を除く天皇家の一族。

こう‐ぞく【後続】(名・自スル) あとから続くこと。「—部隊」

こう‐ぞく【航続】カウ 船舶・航空機が燃料を補給せずに航行を続けること。「—距離」

ごう‐ぞく【豪族】ガウ その地方に土着し、代々強い勢力のある一族・一門。

こう‐そくど【光速度】クヮウ 《物》光の進む速さ。真空中では毎秒約三〇万キロメートル。光速。記号 c

こう‐そくど【高速度】カウ 速度がはやいこと。高速。

—えいが【—映画】エイグヮ フィルムを標準の速度より速くまわして撮影した映画。標準速度で映写すると動きが緩やかにとらえられる。

—こう【—鋼】カウ 金属材料を高速度で切ったり削ったりする工具に用いられる特殊鋼。タングステン・クロムなどを含む。

こう‐そつ【高卒】カウ 高校を卒業していること。また、その人。

ごう‐そっきゅう【剛速球・豪速球】ガウソクキウ 野球で、球威のある非常に速い球。

こう‐そふ【高祖父】カウ 祖父母の祖父。

こう‐そぼ【高祖母】カウ 祖父母の祖母。

こう‐そん【皇孫】クヮウ ①天皇の孫。②天皇の子孫。

こうそん‐じゅ【公孫樹】「いちょう(銀杏)」の漢名。

こ‐うた【小唄】三味線(しゃみせん)のつまびきに合わせて歌う小編歌曲。江戸末期に端唄(はうた)から出た。江戸小唄。

こう‐だ【好打】カウ (名・他スル) 野球やテニスなどで、球をうまく打つこと。「変化球をライト前に—する」

こ‐うたい【小謡】ウタヒ 祝儀や酒席用に、謡曲の一部を抜き出して一曲としたもの。

こう‐たい【光体】クヮウ 光を出す物体。発光体。

こう‐たい【交替・交代】カウ (名・自スル) 代わり合うこと。入れ代わること。「世代—」「投手が—する」

こう‐たい【抗体】カウ 《医》抗原が体内に侵入したとき、これを除こうとつくられる物質。免疫体。↔抗原

こう‐たい【後退】(名・自スル) ①うしろへ下がること。「車が—する」②勢いや能力・機能などが低下すること。「景気の—」(↔前進)

[類語] 引き・戻り・尻込(しりご)み・後戻り・逆戻り・後退(あとずさ)り・退去・退却・撤退・バック

こう‐だい【広大・△宏大】クヮウ (名・形動ダ) ダロ・ダッ(デ・ニ)・ダ・ナ・ナラ・○ 広くて大きいこと。また、そのさま。「—な湿原」↔狭小

—むへん【—無辺】(名・形動ダ) 広く大きくて、果てのないこと。また、そのさま。「—の宇宙」

こう‐だい【後代】のちの時代。後世。「—に名を残す」↔前代

こう‐だい【高大】カウ (名・形動ダ) 高くて大きいこと。非常にすぐれていること。また、そのさま。「—な理想」

ごう‐たい【剛体】ガウ 《物》力学で、外部からどんな力を加えても形状・体積が変わらないと仮想された物体。

こう‐たいごう【皇太后】クヮウ 先代の天皇の皇后。おおきさき。

こう‐たいし【皇太子】クヮウ 天皇の位を継ぐ皇子。東宮(とうぐう)。

こう‐たいじんぐう【皇大神宮】クヮウ 伊勢(いせ)神宮の中にある天照大神(あまてらすおおみかみ)をまつる神社。内宮(ないくう)。

こう‐だか【甲高】カフ (名・形動ダ) ①手や足の甲が高く張り出しているさま。②足袋(たび)や靴などで、甲を高く作ったもの。

こう‐たく【光沢】クヮウ 物の表面のつややかさ・輝き。つや。「—のある器」「—紙」

こう‐だく【黄濁】クヮウ (名・自スル) 黄色くにごること。「—した川」

こう‐たつ【口達】(名・他スル) (通達や命令などを)口頭で言い渡すこと。また、その言葉。「命令を—する」

こう‐たつ【公達】政府や官庁が出す通達。

ごう‐だつ【強奪】ガウ (名・他スル) 暴力によってむりに奪い取ること。「現金を—する」

こうだ‐ろはん【幸田露伴】カウダロハン (一八六七—一九四七) 小説家・随筆家・学者。江戸(東京都)生まれ。本名成行(しげゆき)。尾崎紅葉とともに明治文壇で活躍。東洋的・男性的な作風を示し、後半生は史伝・随筆・考証に専念。小説「風流仏」「五重塔」「運命」など。

こう‐たん【荒誕】クヮウ (名・形動ダ) (「誕」はいつわりの意)でたらめでおおげさなこと。また、そのさま。荒唐。「—な説」

こう‐たん【降誕】カウ (名・自スル) 帝王・聖人・偉人などがこの世に生まれ出ること。「キリストの—」⇒降誕(ごうたん)

—さい【—祭】①聖人・偉人などの誕生日を記念する祭典。②→クリスマス

こう‐だん【公団】国や地方公共団体からの出資を受け、公共的な事業を行う特殊法人。住宅・都市整備公団、日本道路公団などがあったが、独立行政法人などに改組された。

こう‐だん【後段】文章や芝居などで、あとの部分。あとの区切り。あとの段。「詳細は—にて」↔前段

こう‐だん【△巷談】カウ 世間のうわさ話。巷説(こうせつ)。風説。

こう‐だん【高段】カウ 将棋・碁・武道などで、段位の高いこと。高段位。「—者」

こう‐だん【高談】カウ 一 (名・自スル) (あたりかまわず)声高に話すこと。二 (名) 他人の談話の敬称。高説。「ご—を承る」

こう‐だん【降壇】カウ (名・自スル) 壇上からおりること。↔登壇

こう‐だん【講談】カウ 軍記・武勇伝・敵討(かたきう)ちなどの話を調子をつけておもしろく語り聞かせる寄席演芸。講釈。「—師」

こう‐だん【講壇】カウ 講義や演説などをする壇。「—に立つ」

ごう‐たん【◇降誕】ガウ (名・自スル) 仏が生まれること。特に、釈迦(しゃか)が生まれること。

—え【—会】ヱ ①四月八日、釈迦(しゃか)の誕生を祝う祭り。灌仏会(かんぶつえ)。花祭り。[春] ②宗祖や開祖の降誕の日を祝うこと。

ごう‐たん【豪胆・剛胆】ガウ (名・形動ダ) きもがすわっていて、物事に動じないこと。また、そのさま。「—な人」

ごう‐だん【強談】ガウ (名・自スル) 強引に話をつけようとすること。強談判(こわだんぱん)。「—に及ぶ」

こう‐だんし【好男子】カウ ①顔立ちがよい男。美男子。②快活で人に好感を与える男。快男子。好漢。

こう‐ち【公知】世間に広く知られていること。周知。

こう-ち【巧知・巧△智】 巧みな才能。すぐれた知恵。

こう-ち【巧遅】 物事をするのに、上手ではあるが出来上がりの遅いこと。「—は拙速にしかず(=仕事が上手でも遅いのは、下手でも速いのには及ばない)」〈孫子〉↔拙速

こう-ち【巧緻】 (名・形動ダ) きめ細かくよくできていること。また、そのさま。「—を極めた細工」

こう-ち【拘置】 (名・他スル) ①人を捕らえて留め置くこと。②〖法〗刑を言い渡された者を刑事施設に拘禁すること。

—しょ【—所】 未決囚や死刑囚を拘禁する施設。

こう-ち【荒地】 荒れ果てた土地。荒れ地。

こう-ち【△狡知・狡△智】 悪賢い知恵。奸知。「—にたけている男」

こう-ち【校地】 学校の敷地。

こう-ち【耕地】 耕して農作物を作る土地。耕作地。

こう-ち【高地】 標高の高い土地。また、周りに比べて高い土地。「—トレーニング(=心肺機能を高めるため、空気の薄い所で行うトレーニング)」↔低地

こうち【高知】 四国南部の県。県庁所在地は高知市。

ご-うち【碁打ち】 ①碁を打つこと。②碁を打つ人。また、碁を打つことを職業とする人。棋士。

こ-うちき【小△袿】 中古、高貴な女性の着た上着の一種。広袖で、たけは下に着る袿より少し短い。こうちぎ。

こう-ちく【構築】 (名・他スル) 組み立てて作り上げること。「陣地の—」「理論を—する」

こうち-こうみん【公地公民】 〖日〗土地・人民を国家の所有とした律令制の原則。大化改新で宣言された。

こうち-せい【向地性】 〖植〗植物体の根などが、重力の影響を受けて地下に向かう性質。

こう-ちゃ【紅茶】 茶の木の若葉を摘み取り、発酵・乾燥させて作った茶。湯を注ぐと汁が紅褐色を帯びるところからいう。

こう-ちゃく【△膠着】 (名・自スル)(「膠」はにかわの意) ①粘り付くこと。②ある状態が固定して動きがなくなること。「—状態」「会議が—して進まない」

—ご【—語】 〖文法〗言語の形態的分類の一つ。文法的関係が、主として非独立的な単語(付属語)によって示される言語。トルコ語・日本語・朝鮮語など。付着語。漆着語。粘着語。⇩屈折語・孤立語

こう-ちゅう【口中】 口のなか。口内。「—薬」「—調味(=米飯とおかず類を交互に食べ、口の中で混ぜ合わせて味わうこと)」

—の虱 (簡単にかみつぶされるところから)きわめて危ないことのたとえ。〈韓非子〉

こう-ちゅう【甲虫】 〖動〗甲虫目に属する昆虫の総称。甲冑を着けたように堅い外皮と前ばねで体を保護する。カブトムシ・コガネムシ・テントウムシなど。

こう-ちゅう【校注・校△註】 (名・他スル)(古典などの)文章を校訂して、注釈を加えること。また、その注釈。

こう-ちょ【皇△儲】 天皇の跡継ぎ。皇嗣。皇太子。

こう-ちょ【高著】 相手の著書の敬称。「ご—を拝読いたしました」

ごう-ちょ【合著】 共同の著述。共著。

こう-ちょう【好調】 (名・形動ダ) 物事が思いどおりにうまくいくこと。具合や調子のよいこと。また、そのさま。「—な出足」「売り上げが—に伸びる」↔不調

こう-ちょう【皇朝】 皇国の朝廷。日本の朝廷。

こう-ちょう【紅潮】 (名・自スル)(興奮や緊張で)顔に赤みがさすこと。「喜びで顔が—する」

こう-ちょう【校長】 学校の最高責任者。学校長。

こう-ちょう【候鳥】 〖動〗季節によって移動し、すむ地域を変える鳥。わたりどり。[秋] ↔留鳥

こう-ちょう【貢調】 みつぎものを差し出すこと。また、そのみつぎもの。

こう-ちょう【高潮】 一(名) 満潮がその頂点に達した状態。「—時」 二(名・自スル) 物事の勢いや調子が高く激しくなること。また、物事の頂点・絶頂。クライマックス。「最—」[参考]「たかしお」と読めば別の意になる。

こう-ちょう【高調】 一(名) 音の、高い調子。 二(名・自他スル) ①気分や感情が高まること。②強く唱えること。強調。

こう-ちょう【黄鳥】 「うぐいす」の異名。[春]

こう-ちょう【硬調】 ①〖経〗取引市場で、買い人気が多く、値の上がる形勢。②写真の原板・印画で、明暗の対比が強く出ていること。(↔軟調)

こうちょう-かい【公聴会】 国会や地方議会・行政機関などで、重要事項を決定する際の参考として利害関係者・学識経験者などを集めて意見をきく会合。

こうちょう-ぜつ【広長舌】 熱のこもった長時間の弁舌。長広舌。

こうちょう-どうぶつ【△腔腸動物】 〖動〗動物分類上の名称。イソギンチャクやクラゲなどのように体が円筒形または釣り鐘状で、腔腸(=体の中の空所)を持つ。現在は有櫛動物門(=クシクラゲ類)と刺胞動物門とに分かれる。

こうちょう-りょく【抗張力】 材料を引っ張ったとき、その力に耐えられる最大の力。引っ張り強さ。

こう-ちょく【硬直】 (名・自スル) ①〖医〗筋肉がかたくなること。「死後—」②考え方や態度などが固定化して柔軟性がなくなること。「—した考え方」

ごう-ちょく【剛直】 (名・形動ダ) 気性が強く信念を貫くこと。また、そのさま。「—な人」

こう-ちん【工賃】 工作・加工などの作業の手間賃。工銭。

ごう-ちん【△轟沈】 (名・自他スル) 艦船が砲撃・爆撃を受けて、または自爆して瞬時に沈むこと。また、沈めること。

こう-つう【交通】 (名・自スル) ①人や乗り物が行き交うこと。②人や物品の輸送、通信の総称。「—の便がいい」

—か【—禍】 交通事故による死傷などの災難。

—きかん【—機関】 運輸機関と通信機関の総称。特に、人や物品の輸送に用いられる電車・自動車・航空機・船舶などの乗り物、および鉄道・道路などの施設。

—じこ【—事故】 交通機関による事故。特に、電車・自動車などが衝突したり人をひいたりして死傷者を出すこと。

—じごく【—地獄】 交通量が多くて、事故が起こりやすく危険な状態を地獄にたとえていう語。また、交通渋滞や通勤・通学時の電車などのひどい混雑にもいう。

—じゅうたい【—渋滞】 道路が混雑して、自動車などの流れが悪いこと。渋滞。

—とし【—都市】 交通の要地に発達した都市。

—なん【—難】 ①交通の便が悪いこと。②道路の混雑などで交通の流れがよくないこと。

—まひ【—麻△痺】 事故・混雑・荒天などのために、交通機関が動かなくなること。

—もう【—網】 網の目のように張りめぐらされた各種交通機関。

—りょう【—量】 人や車の通行する数量。

ごう-つくばり【業突く張り・強突く張り】 (名・形動ダ) 非常に欲が深いこと。非常に頑固なこと。また、そのような人。「この—め」[用法]人をののしる場合に用いられる。

こう-つごう【好都合】ツガフ カウ (名・形動ダ) 都合やぐあいのよいこと。また、そのさま。「万事—に運ぶ」↔不都合

こう-てい【工程】 物品を作る作業を進めてゆく順序や過程。また、その作業の進みぐあい。「製造—」

こう-てい【公定】(名・他スル) 政府・公共機関が、公式に定めること。また、その定め。

—かかく【—価格】〔商・経〕経済統制の必要上、法令によって定められた販売価格。

—そうば【—相場】サウバ 〔経〕取引市場で成立した、取引の基準となる相場。

—ぶあい【—歩合】アヒ 〔経〕中央銀行(日本では日本銀行)が、一般銀行に金を貸し出す場合の基準金利。その国の金利の基準となる。参考 二〇〇六(平成十八)年、日本銀行は名称を「基準割引率および基準貸付利率」に変更した。

こう-てい【公邸】 公的機関が提供する、高級公務員が公務を行うための邸宅。「知事—」↔私邸

こう-てい【考訂】カウ (名・他スル) 考えて正しい形にすること。特に、史料などを原形に復すること。

こう-てい【行程】カウ ①目的地までの距離。車や足で行く距離。みちのり。「一〇キロの—」②旅行などの日程やコース。「—に無理がある」③ピストンの往復する距離。ストローク。

こう-てい【更訂】カウ (名・他スル) 書物の内容などを改め直すこと。改訂。「旧版の—を行う」

こう-てい【孝△悌・孝弟】カウ 父母に孝行で、目上の人によく仕えること。

こう-てい【肯定】(名・他スル) 物事をそのとおりである、または、それでよいとして認めること。「—も否定もしない」「—的な意見」↔否定

こう-てい【皇帝】クワウ 帝国の君主。

こう-てい【高低】カウ 高いことと低いこと。「アクセントの—」

こう-てい【高弟】カウ 弟子の中で、特にすぐれた者。高足(こうそく)。「芭蕉(ばしょう)の—」

こう-てい【校定】カウ (名・他スル) 書物の文章・字句などを比較し、正しいと思われる本文を決定し示すこと。

こう-てい【校訂】カウ (名・他スル) 文章や字句の誤りを正すこと。特に、古書の本文の異同を比較して、正しいと考えられる本文を示すこと。「—を加える」

こう-てい【校庭】カウ 学校の運動場や庭。

こう-てい【航程】カウ 船や飛行機が航行するみちのり。「東京からパリまでの—」

こう-でい【拘泥】(名・自スル) あることに気持ちがとらわれること。こだわること。「つまらぬことに—する」

ごう-てい【豪邸】ガウ 大きくてりっぱな造りの家。

こうてい-えき【口△蹄疫】〔医〕牛や豚などが感染する、ウイルス性の家畜法定伝染病。口やひづめなどに水疱(すいほう)を生じる。

こう-てき【公敵】 公共を害する敵。公衆の敵。

こう-てき【好適】カウ (名・形動ダ) ちょうどよいこと。ふさわしいこと。また、そのさま。「贈り物に—な品物」

こう-てき【抗敵】カウ 敵対してはむかうこと。てむかうこと。

こう-てき【公的】(形動ダ) ダロ・ダッ(デ・ニ)・ダ・ナ・ナラ・○ 公共の事柄に関するさま。おおやけであるさま。「—機関」「—な場に出る」↔私的

ごう-てき【号笛】ガウ 合図のために吹く笛。

こう-てきしゅ【好敵手】カウ 試合や勝負などで、力量が同じくらいの、よい競争相手。ライバル。「—どうしの対戦」

こう-てつ【更迭】カウ (名・自他スル) ある地位・役目の人を入れ替えること。また、入れ替わること。「閣僚の—」「役員を—する」

こう-てつ【鋼鉄】カウ →こう(鋼)

こう-てん【公転】(名・自スル)〔天〕ある天体が、他の天体のまわりを周期的に運行すること。太陽のまわりの惑星の運行、惑星のまわりの衛星の運行など。↔自転

こう-てん【好天】カウ よく晴れた天気。好天気。「—に恵まれる」↔悪天

こう-てん【交点】カウ ①〔数〕線と線、また線と面とが交わる点。②〔天〕惑星・彗星(すいせい)などの軌道面が黄道と交わる点。

こう-てん【光点】クワウ 光を発する点。発光点。

こう-てん【好転】カウ (名・自スル) 物事の状態や情勢がよいほうへ変わること。「事態が—する」↔悪化

こう-てん【後天】 生まれてからあとに、身に備わること。↔先天 参考「易経」にある語で、天におくれる意。

—せい【—性】〔医〕遺伝でなく、生まれてからのちに得た性質。「—免疫」↔先天性

—せい-めんえきふぜん-しょうこうぐん【—性免疫不全症候群】シャウコウグン →エイズ

—てき【—的】(形動ダ) ダロ・ダッ(デ・ニ)・ダ・ナ・ナラ・○ ①生まれつきではなく、経験、環境などによって備わるさま。「—に獲得した能力」②→アポステリオリ(↔先天的)

こう-てん【荒天】クワウ 風雨や風雪の激しい荒れ模様の天候。

こう-てん【高点】カウ 高い点数。高得点。

こう-でん【公電】 官庁で発信、または受信する公務の電報。

こう-でん【香典・香△奠】カウ 死者の霊前に香のかわりとして供える金品。香料。「—を包む」

—がえし【—返し】ガヘシ 香典を受けた返礼として、品物を贈ること。また、その品物。「忌み明けに—をする」

こう-でん【耕田】カウ 耕作する田地。

こうでん-かん【光電管】クワウデンクワン 〔物〕光の強弱を電流の強弱に変える真空管。写真電送・テレビカメラなどに利用された。

こう-てんき【好天気】カウ よく晴れた天気。上天気。好天。

ごう-てんじょう【◦格天井】ガウテンジャウ 大きな格子(こうし)形に組んだ桟(さん)に、板を張りわたした天井。「寺の本堂の—」

こうでん-ち【光電池】クワウ 〔物〕光エネルギーを電気エネルギーに変える装置。太陽電池や照度計・露出計などに使う。

こう-と【江都】カウ 「江戸」の別名。

こう-と【後図】 のちのちのためのはかりごと。将来の計画。

こう-と【△狡△兎】カウ すばしっこいうさぎ。

—死(し)して走狗(そうく)烹(に)らる うさぎが死に絶えると、猟犬は不用になるので煮て食われる。転じて、敵国が滅びると、功臣はじゃま者にされて殺されるたとえ。〈史記〉

こう-ど【紅土】〔地質〕熱帯・亜熱帯に見られる赤色の土壌。ラテライト。

こう-ど【光度】クワウ ①〔物〕発光体の出す光の強さの程度。単位はカンデラ。記号 cd ②〔天〕恒星などの天体が放つ光の明るさ。ふつう一等星から六等星までの等級で表す。

こう-ど【荒土】クワウ 荒れはてた土地。作物がとれない土地。

こう-ど【耕土】カウ 耕作に適する土地。または、その土。特に、地表から二〇センチメートルぐらいまでの土。作土。

こう-ど【高度】カウ 一(名) ①海水面からの高さ。高さの程度。「—を上げる」②〔天〕地平面から天体への角距離。二(名・形動ダ) 程度が高いこと。また、そのさま。「—の技術」↔低度

こう-ど【黄土】クワウ ①〔地質〕細かい粒子からなる黄褐色の風化土壌。中国北部に広く分布するものが代表的。レス。「—地帯」②あの世。黄泉(こうせん)。冥土(めいど)。黄土(おうど)。

こう-ど【硬度】カウ ①鉱物や金属などのかたさの程度。②〔化〕

水がカルシウム・マグネシウムなどの塩類を含む度合い。その度合いにより軟水・硬水にわかれる。

こう-とう【口答】タフ 質問に口で答えること。↔筆答

こう-とう【口頭】口で述べること。「―で伝える」

―ご【―語】話し言葉。↔文章語

―しもん【―試問】口頭の質問に口頭で答える試験。

―ぜん【―禅】口先ばかりで、禅の本義を悟らないこと。転じて、口先だけで実行が伴わないこと。

こう-とう【勾当】タウ (仕事を担当し処理する意) ①事務を担当すること。また、その役の人。②寺院・摂関家などの職名で、別当の下にあって事務をつかさどったもの。③(「勾当の内侍」の略) 宮廷で、女官の掌侍四人のうちの首席。④盲人の官名。検校の下で座頭の上。

こう-とう【公党】タウ 政治活動を法的に認められ、おおやけに主義・政策を発表し活動することのできる政党。↔私党

こう-とう【叩頭】(名・自スル)(頭で地を叩く意から)頭を地につけておじぎをすること。叩首。「―の礼」

こう-とう【好投】カウ (名・自スル) 野球で、投手がすばらしい投球をすること。「七回まで―する」

こう-とう【光頭】クワウ はげあたま。禿頭。

こう-とう【紅灯】①赤いあかり。②赤い提灯。

―の巷 いろまち。花柳界。歓楽街。

こう-とう【皇統】クワウ 天皇の血すじ。「―連綿」

こう-とう【後頭】頭の、うしろの部分。「―部」↔前頭

こう-とう【高等】カウ (名・形動ダ) 程度や等級・品位などが高いこと。また、そのさま。「―数学」「―な趣味」↔下等・初等

―がっこう【―学校】ガクカウ 中学校を卒業した者に高度な普通教育、または専門教育を施す学校。高校。

―けんさつちょう【―検察庁】ケンサツチヤウ《法》高等裁判所に対応して置かれる検察庁。全国八か所にある。高検。

―さいばんしょ【―裁判所】《法》最高裁判所の下、地方裁判所・家庭裁判所・簡易裁判所の上に位置する裁判所。全国八か所にある。高裁。

―しょうがっこう【―小学校】セウガクカウ 旧制で、尋常小学校卒業者に、程度の高い初等教育を施した学校。一八八六(明治十九)年の小学校令で設置。高等科。

―せんもんがっこう【―専門学校】センモンガクカウ 中学校を卒業した者が入学できる、工業・商船などに関する技術者養成のための高等教育機関。五年制または五年六か月制。高専。

こう-とう【高踏】カウタフ 俗世間から超越し、清くまたは気位高く身を保つこと。「―的な態度」

―は【―派】《文》一九世紀後半に、ロマン派についでフランスにおこった詩派。感傷的・主観的な態度をしりぞけて、理知的・非個性的で、典雅な詩形を尊んだ。パルナシアン。

こう-とう【高騰・昂騰】カウ (名・自スル) 価格などが高くなること。騰貴。「物価が―する」↔低落

こう-とう【喉頭】《生》呼吸気道の一部。上は咽頭に、下は気管に連なる部分。「―炎」

こう-どう【公道】ダウ ①正しい人の道。正義の道。「天下の―」②国や地方公共団体が建設・管理する道。↔私道

こう-どう【行動】カウ (名・自スル) 何かを行うこと。体を動かして何かをすること。「―に移す」「機敏に―する」

―しゅぎ【―主義】①《心》人間の心的現象を、内観によらず、刺激と反応の観察により解明しようとする心理学の一派。②議論よりも行動を重んじる主義。③《文》行動を重んじ、行動の描写の中に人間性をとらえようとする文学上の主義。一九三〇年代のフランスにおこった。

―はんけい【―半径】①人や動物が行動している、または行動できる範囲。行動範囲。「―が広い」②軍艦・航空機などが、燃料を補給しないで往復できる、その片道の距離。

こう-どう【坑道】カウダウ 地下に作った通路。特に、鉱山などの坑内の通路。

こう-どう【孝道】カウダウ 親を敬い、仕える道。

こう-どう【香道】カウダウ 香木をたいてその香りを楽しむ芸道。

こう-どう【高堂】カウダウ ①高く構えたりっぱな家。②(多く手紙文に用いて)相手、またはその家や家人に対する敬称。貴家。

こう-どう【黄道】クワウダウ ①《天》地球から見て、太陽が地球を中心に運行するように見える、その軌道をあらわす天球上の大きな円。黄道。②「黄道吉日」の略。

―きちにち【―吉日】陰陽道で、何をするにもよいとされる日。黄道。

こう-どう【黄銅】クワウ →しんちゅう(真鍮)

こう-どう【講堂】カウ ①学校などで、講演・儀式などを行う広い部屋または建物。「―で入学式を行う」②《仏》寺院の七堂伽藍の一つで、説教・講義などをする建物。

ごう-とう【強盗】ガウタウ 暴行や脅迫をして力ずくで他人の金品を奪うこと。また、その者。「―にはいられる」

ごう-とう【豪宕】ガウタウ (名・形動ダ) 気性が雄大で、小さなことにこだわらないこと。また、そのさま。「―な気質」

ごう-どう【合同】ガフ ■(名・自他スル) 独立した二つ以上のものが合わさって一つになること。また、一つにすること。「―練習」■(名)《数》幾何学で、二つ以上の図形の形と大きさがまったく同じで、ぴったりと重なり合うこと。「三角形の―」

―がいしゃ【―会社】グワイシヤ《商》経営に対して有限責任を負う社員だけで組織される会社。株式会社とは異なり、会社の所有と経営が一致している。

こうとう-むけい【荒唐無稽】クワウタウ (名・形動ダ) 言うことがでたらめで根拠のないさま。非現実的なこと。「―な話」

こう-とく【公徳】社会生活をする上で守るべき道徳。公衆道徳。「―心」

こう-とく【功徳】功と徳。功をあげ、徳を立てること。参考「くどく」と読めば別の意になる。

こう-とく【高徳】カウ 人徳がすぐれて高いこと。「―の僧」

こう-どく【鉱毒】クワウ 鉱物の採掘や製錬などの際に生じる、廃棄物による害毒。

こう-どく【講読】カウ (名・他スル) 意味や内容を明らかにしながら、文章を読むこと。また、その講義。「史料の―」

こう-どく【購読】(名・他スル) 書籍・新聞・雑誌などを買って読むこと。「雑誌を定期―する」

こうとく しゅうすい【幸徳秋水】カウトク シウスイ (一八七一―一九一一) 明治時代の社会主義者。高知県生まれ。日露戦争に際し平民社を結成して非戦論を主張。戦後、渡米し無政府主義に傾き、のち大逆事件で処刑された。著書「社会主義神髄」など。

こう-どくそ【抗毒素】カウ《医》生体内の毒素を中和して、これを無毒にする物質。免疫血清中に含まれる。

こう-とり-い【公取委】「公正取引委員会」の略。

ごうな【寄居虫】ガウナ 「やどかり」の古名。春

こう-ない【坑内】カウ 鉱坑・炭坑などの内部。↔坑外

こう-ない【校内】カウ 学校の敷地の中。学校の内部。「―放送」↔校外

こう-ない【港内】カウ 港の中。↔港外

こう-ない【構内】柵などで囲ってある中。建物や施設の敷地の中。「駅の―」↔構外

こうない-えん【口内炎】《医》口腔粘膜の炎症の総称。

こうなご【×小女子】「いかなご」の異名。春

こう-なん【後難】 あとでふりかかる災い。後日の災難。「―を恐れる」

こう-なん【硬軟】 かたいこととやわらかいこと。強硬と軟弱、硬派と軟派など。「―あわせ持つ」

こう-にち【抗日】 日本の侵略に対する抵抗。特に、日中戦争のとき中国国民が日本軍に抵抗したこと。「―運動」

こう-にゅう【購入】(名・他スル) 買い入れること。購買。「一括―」「共同―」「本を―する」

こう-にん【公認】(名・他スル) おおやけの認定・認可。㋐国家・政党・団体などが正式に認めること。「―記録」「党が―する候補者」㋑まわりの人が公然と認めること。「世間―の仲」

――かいけいし【―会計士】 企業の財務書類などの監査・証明を業とする人。その資格は法律で規定される。

こう-にん【後任】 前にいた人のあとをついでその任務につくこと。また、その任務につく人。「―を決める」↔前任・先任

こう-にん【降任】(名・自他スル) 現在より下級の任務に下げること。また、下がること。降職。↔昇任

こう-にん【降人】 降参した人。降人。

こう-にん【高認】(「高等学校卒業程度認定試験」の略)合格者に高校卒業を認定する国の試験。「大検(大学入学資格検定)」にかわるもの。

こう-ねつ【口熱】 口の中の熱。

こう-ねつ【光熱】 あかりと熱。灯火と燃料。

――ひ【―費】 照明・冷暖房・調理などに用いる電気やガスなどの費用。

こう-ねつ【高熱】 ①高い熱。②高い体温。「―を出す」

こう-ねつ【黄熱】 →おうねつびょう

こう-ねん【光年】《天》天体の間の距離を表す単位。一光年は光が真空空間を一年間に進む距離で、約九兆四六一〇億キロメートル。

こう-ねん【行年】 これまで生きてきた年数。行年。享年。「―八五」

こう-ねん【後年】 あることがあってから何年かのち。のちの年。将来。「―作家として名をなす」

こう-ねん【荒年】 農作物の不作の年。凶年。

こう-ねん【高年】 年齢の高いこと。高齢。「中―」

こう-ねん-き【更年期】《保》成熟期から老年期に移行する時期。特に、女性の月経が閉止する前後の数年間をいい、四五―五五歳を平均とする。「―障害(=更年期に起こる心身の不調)」

こう-のう【行△囊】「郵袋」の旧称。

こう-のう【効能】 何かの役に立つはたらき。ききめ。しるし。「薬の―」

――がき【―書き】 薬などのききめを書いた文章。能書き。

こう-のう【後納】(名・他スル) 商品やサービスなどの代金を、利用した後で支払うこと。「料金―郵便」↔前納

こう-のう【貢納】(名・他スル) みつぎものをおさめること。

こう-のう【降納】(名・他スル) 掲揚してあった国旗などを、しまうためにおろすこと。「国旗を―する」↔掲揚

ごう-のう【豪農】 財産や勢力のある農家。

こう-の-とり【△鸛】《動》①コウノトリ科の鳥。形はツルに似て羽毛は白色、翼は黒色。ヨーロッパやアジア東部にすむ。日本では特別天然記念物に指定されたが絶滅。その後、人工飼育・放鳥により野生個体が復活した。ヨーロッパの伝説では赤ん坊を運んで来る鳥とされる。こうづる。②コウノトリ科の鳥の総称。

こう-の-もの【香の物】 漬物。おしんこ。こうこ。

ごう-の-もの【剛の者・強の者】(古くは「こうのもの」)すぐれて強い人。武勇のすぐれた人。つわもの。

こう-は【光波】 光の波動。また、波動としての光。

こう-は【硬派】 ①強い意見・処置を主張する党派。強硬派。②女性との交遊やはでな服装を軟弱だと考え、粗野な男らしさや力を誇示する者。「―の学生」③新聞・雑誌で、政治・経済などの記事を扱う記者や部門。(↔軟派)

こう-ば【工場】 →こうじょう(工場)

こう-はい【光背】 仏像の背後につける、光明や火炎をかたどった飾り。後光。

〔光背〕

こう-はい【向背】 ①従うことと背くこと。「―を明らかにする」②物事のなりゆき。動静。「事の―を案じる」

こう-はい【交配】(名・他スル) 生物の二個体の間で、人為的に受精、または受粉をさせること。かけあわせ。参考 一般的には「交雑」の意にも用いる。

――しゅ【―種】 交配してできた品種。

こう-はい【好配】 ①よい配偶者。よいつれあい。②《経》株などの配当がよいこと。

こう-はい【後背】 うしろ。背後。

――ち【―地】《地》港の背後や都市の周縁にあり、産業・経済で密接な関係のある地域。ヒンターランド。参考 横浜港に対する京浜地区、神戸港に対する阪神地区など。

こう-はい【荒廃】(名・自スル) 荒れはてた状態になること。荒れてすさむこと。「家屋が―する」「戦争で人心が―する」

こう-はい【後輩】 ①年齢・学問・地位・経験などで、あとに続く人。後進。②同じ学校や勤め先などにあとからはいった人。「高校の―」(↔先輩)

こう-はい【降灰】 →こうかい(降灰)

こう-はい【高配】 ①相手の配慮に対する敬称。ご配慮。「ご―を賜る」②《経》株などの配当が高いこと。高配当。

こう-はい【興廃】 盛んになることと衰え滅びること。「社の―をかけた事業」

こう-ばい【公売】(名・他スル)《法》おおやけの機関によって差し押さえた品物などを売ること。

こう-ばい【勾配】 水平面に対する傾斜の度合い。また、傾斜。「―の急な坂」「―をつける」

こう-ばい【紅梅】 ①濃い桃色の花が咲く梅。春 ②「紅梅色」の略。

――いろ【―色】 濃い桃色。また、紫がかった赤色。紅梅。

こう-ばい【購買】(名・他スル) 買い入れること。購入。「―層」「―部」

――くみあい【―組合】 日用品などを生産者などから直接に買い入れて、組合員に安く売る組織。

――りょく【―力】 商品を買うことができる経済的能力。

こうはい-かぶ【後配株】《商》優先株・普通株に対し、利益の配当をおくれて受ける株式。参考 会社の発起人などの関係者が保有することが多い。

こう-ばいすう【公倍数】《数》二つ以上の数・式に共通な倍数。「最小―」↔公約数

こう-はく【工博】(「工学博士」の略)工学の博士号をもっている人。

こう-はく【紅白】 赤色と白色。紅組と白組。また、慶事の色。「―の幕」

―じあい【―試合】(アジ) 紅白の二組に分かれて行う試合。源平試合。紅白戦。

こう-はく【厚薄】 あついこととうすいこと。「愛情の―」

こう-はく【黄白】(クワウ) ― ①黄色と白色。②黄金と銀。転じて、金銭のこと。「―を散じる(=大金を使う)」

こう-ばく【広漠・△宏漠】(クワウ) ―(タル) はてしなく広いさま。「―とした大海原」文(形動タリ)

こう-ばく【荒漠】(クワウ) ―(タル) 荒れたままはてしなく広がっているさま。「―たる砂漠」文(形動タリ)

こう-ばこ【香箱】(カウ) ― 香を入れる箱。香合(こうごう)。

こうばし・い【香ばしい・◇芳ばしい】(カウバシイ) (形) カロ・カツ(ク)・イ・イ・ケレ・○ こんがり焼けたような、よい香りがする。「―ほうじ茶の香り」文かうば・し(シク) 語源「香か細ぐはし」の転。

こう-はつ【後発】(名・自スル) ①あとから出発すること。「―隊」↔先発 ②あとから開発すること。「―の商品」

ごう-はつ【毫髪】(ガウ) ― ①細い毛。毫毛(ごうもう)。②ごくわずかなこと。ささいなこと。「―の疑いもない」

こう-ばな【香花】(カウ) ― →こうげ(香華)

ごう-はら【業腹】(ゴフ) ―(名・形動ダ) いまいましく、しゃくにさわること。また、そのさま。「こちらから頭を下げるのも―だ」

こう-はん【公判】〘法〙公訴を提起してから訴訟手続きが終結するまでのすべての訴訟手続き。また、公開の法廷で関係者の立ち会いのもとに刑事事件の審理を行うこと。

こう-はん【孔版】 謄写版。がり版。

こう-はん【甲板】(カフ) ―(船員間の用語で)「甲板(かんぱん)」のこと。

こう-はん【広範・広汎】(クワウ) ―(形動ダ) ダロ・ダッ(デ)・ニ・ダ・ナ・ナラ・○ 範囲の広いさま。「―な地域にわたる」「―な支持を得る」文(ナリ)

こう-はん【後半】 二つに分けたうちの、あとの半分。↔前半

―せん【―戦】 競技・試合・リーグ戦などの後半の部分。↔前半戦

こう-はん【紅斑】 毛細血管の充血によって皮膚にできる紅色の斑点(はんてん)。

こう-はん【攪△拌】(カウ) ―(名・他スル) →かくはん(攪拌)

こう-ばん【交番】(カウ) ― ①(もと「交番所(こうばんしょ)」の略)警察官の詰め所。派出所。⇨駐在所 ②交替して番にあたること。
はじまり ①は、一八七四(明治七)年、東京警視庁管内に設けられたのが最初。当初は、警察官が交替で立ち番をする活動地点をさした。

こう-ばん【降板】(カウ) ―(名・自スル) 野球で、交替させられて投手がマウンドをおりること。また、俳優などが担当の役を辞める場合や、役職を降りる場合にも用いる。↔登板

こう-ばん【鋼板】(カウ) ― 鋼鉄の板。

ごう-はん【合板】(ガフ) ― ベニヤ板の一種。材木を薄くはぎ、その木目が交差するように数枚を張り合わせた板。合板(ごうばん)。

こう-はんい【広範囲】(クワウハンヰ) (名・形動ダ) 範囲が広いこと。また、そのさま。広い範囲。「影響が―に及ぶ」

こう-はんき【後半期】 一期間を二分した、あとの半期。下半期(しもはんき)。↔前半期

こう-はんせい【後半生】 人の一生において、あとの半分。ふつう四〇代以後をいう。↔前半生

こう-ひ【工費】 工事に要する費用。「総―」

こう-ひ【口碑】 昔からの言い伝え。伝説。語源 口から口への言い伝えが、石に刻んだ碑文のように永く伝わるのでいう。

こう-ひ【公比】〘数〙等比数列で、各項とその前の項との比。

こう-ひ【公妃】「…公」と呼ばれる身分の人のきさき。

こう-ひ【公費】 官庁または公共団体の費用。↔私費

こう-ひ【皇妃・后妃】(クワウ・コウ) ― きさき。皇后。

こう-ひ【高△庇】(カウ) ― 相手の庇護(ひご)の敬称。おかげ。「日ごろのご―を感謝致します」

こう-ひ【高批】(カウ) ― 相手の批評の敬称。高評。「ご―を賜る」

こう-び【交尾】(カウ) ―(名・自スル) 生殖のために動物の雌雄が交わること。交接。「―期にはいる」

こう-び【後尾】 長い列のうしろ。うしろのほう。「列車の―」

こう-び【後備】 ①後方にあって守りを固めている軍勢。また、その兵。後備(あとぞな)え。②(「後備役(こうびえき)」の略)もと軍隊で、予備役を終えた者が服した兵役。

ごう-ひ【合皮】(ガフ) ―「合成皮革」の略。

ごう-ひ【合否】(ガフ) ― 合格と不合格。合格か不合格かということ。「―を判定する」

こうヒスタミン-ざい【抗ヒスタミン剤】(カウヒスタミン) ― 〘医〙体内のヒスタミンの作用をおさえる薬。じんましん・ぜんそくなどのアレルギー性疾患の治療に用いる。抗ヒスタミン薬。

こう-ひつ【硬筆】(カウ) ― 鉛筆・ペンなど、先のかたい筆記用具。「―習字」↔毛筆

こう-ひょう【公表】(ヘウ) ―(名・他スル) 世間一般に広く発表すること。「―をはばかる」「調査結果を―する」

こう-ひょう【好評】(カウヒヤウ) 評判のよいこと。また、よい評判。「―を博する」↔不評・悪評

こう-ひょう【高評】(カウヒヤウ) ①すぐれた批評。相手の批評の敬称。高批。「ご―を仰ぐ」②評判の高いこと。

こう-ひょう【降△雹】(カウ) ― ひょうが降ること。「―被害」

こう-ひょう【講評】(カウヒヤウ) (名・他スル) 理由をあげ、説明を加えながら批評すること。また、その批評。「審査員の―」

ごう-びょう【業病】(ゴフビヤウ) 前世で悪いことをした報いでかかるといわれた治りにくい病気。

こうびょう-りょく【抗病力】(カウビヤウ) ― 病気に抵抗する力。

こう-ひん【公賓】 政府が正式に待遇する海外からの賓客で、国賓に次ぐもの。

こう-びん【幸便】(カウ) ― ある所へ行ったり、物を届けたりするのによいついで。「―に託する」参考 人に手紙をことづけるときに、宛名のわきにつける語としても用いる。

こう-びん【後便】 あとの便り。次の便り。↔先便

こう-ふ【工夫】 工事に従事する労働者の古い言い方。

こう-ふ【公布】(名・他スル) ①広く一般に知らせること。②〘法〙成立した法令などを官報などで公表して広く国民に知らせること。

こう-ふ【交付】(カウ) ―(名・他スル) 国や役所が一般の人々に、書類を発行したり金を引き渡したりすること。「免許証の―」

―きん【―金】 国または地方公共団体が、法令に基づいて他の団体に交付する財政援助金。

こう-ふ【坑夫】(カウ) ― 炭坑・鉱山で採掘に従事する労働者。参考 現在は「鉱員」という。

こう-ふ【鉱夫】(クワウ) ― 鉱山で鉱石採掘をする労働者。参考 現在は「鉱員」という。

こう-ぶ【公武】 公家(くげ)と武家。朝廷と幕府。「―合体」

こう-ぶ【後部】 うしろの部分。後方。「―座席」↔前部

こう-ぶ【荒△蕪】(クワウ) ― 土地が荒れはてて、雑草が生い茂っていること。「―地」

ごう-ふ【豪富】(ガウ) ― 巨大な富。また、それをもつ人。富豪。

こう-ふう【光風】(クワウ) ― ①春のうららかな日に吹く風。②雨あがりの、輝く草木の上を吹き渡るさわやかな風。

―せいげつ【―△霽月】(さわやかな風と、澄んで明るい月の意)心に不平・不満やわだかまりなどがなく、さわやかなこと。

こう-ふう【校風】(カウ) ― その学校がもつ独自の気風。

こう-ふう【高風】 気品のある風格。すぐれた人格。

こう-ふく【口腹】 ①口と腹。②飲食。食欲。「―を満たす」③口で言うことと腹の中で思っていること。「―のちがう人」

こう-ふく【幸福】（名・形動ダ）望んでいることが十分にかなって幸せであること。心が満ち足りていること。また、そのさま。「―を求める」「―な生活」↔不幸

こう-ふく【降伏・降服】（名・自スル）戦いに負けたことを認め、相手の命令・要求に従うこと。降参。「無条件―」参考「ごうぶく」と読めば別の意になる。

ごう-ふく【剛△愎】（名・形動ダ）いこじで容易に人に従わないこと。また、そのさま。「彼の―には手をやく」

ごう-ふく【剛腹】（名・形動ダ）度量が大きく、少々のことでは動じないこと。また、そのさま。ふとっぱら。「―な人」

ごう-ぶく【◇降伏】（名・他スル）《仏》神仏に祈って怨敵や悪魔をおさえしずめること。調伏。「怨敵―」

こうふくじ【興福寺】 奈良市登大路町にある法相宗の大本山。南都七大寺の一つ。

こう-ぶくろ【香袋】 香を入れ、着物にはさんで用いるにおい袋。

こう-ぶつ【好物】 好きな飲食物。「大―」

こう-ぶつ【鉱物】 天然に産する無機物。固体で一定の化学組成と結晶をもつ。石英・長石など。

こう-ぶり【◇冠】 →かうぶり

こう-ふん【口△吻】 ①口もと。口先。②ある気持ちを含んだ話しぶり。口ぶり。「激しい―」

―を洩らす それとなく意思・感情の一端を口に出す。

こう-ふん【公憤】 社会の悪に対して感じるいきどおり。義憤。「―を覚える」↔私憤

こう-ふん【紅粉】 べにとおしろい。化粧。または化粧品。

こう-ふん【興奮・昂奮・△亢奮】（名・自スル）①刺激をうけて感情が高ぶること。「―がおさまる」「―して眠れない」②《生》生体またはその組織や器官が刺激によって示す活発な反応。「細胞における―」

―ざい【―剤】 中枢神経系、特に脳のはたらきを刺激して興奮させる薬の総称。カンフル・カフェイン・コカインなど。

こう-ぶん【公文】「公文書」の略。

こう-ぶん【行文】 文の書きあらわし方。文字や語句の使い方。表現の様態。「―流麗」

こう-ぶん【高文】（「高等文官試験」の略）旧制度で、高等官（＝官吏の等級の一つ）の文官になるための資格試験。

こう-ぶん【構文】 文または文章の構成。文の組み立て。

―ろん【―論】《文法》文法研究の部門の一つ。文（センテンス）の構造・種類などについての研究。シンタックス。

こう-ぶんし【高分子】《化》分子量の大きい分子。ふつう、分子量が一万以上のものをいう。巨大分子。

―かがく【―化学】《化》高分子化合物について、その性質や合成などを研究する、化学の一分野。

―かごうぶつ【―化合物】《化》高分子からできた化合物の総称。天然ゴム・たんぱく質・合成繊維・プラスチックなどが含まれる。

こう-ぶんしょ【公文書】 官庁または地方公共団体が、その職務上発した正式の文書。公文。↔私文書

こうべ【◇頭・◇首】 あたま。かしら。「―を垂れる」

―を回らす ①うしろをふり返って見る。②過去のことを思い起こす。

こう-へい【工兵】 旧陸軍で、築城・渡河・鉄道・通信などの技術的任務に当たった兵種。

こう-へい【公平】（名・形動ダ）一方にかたよらないで平等に取り扱うこと。また、そのさま。「―無私」「―に分ける」

こう-へん【口辺】 口のあたり。口もと。「―に笑みを浮かべる」

こう-へん【公辺】 ①公儀。おおやけ。②表向き。表ざた。

こう-へん【後編・後△篇】 書物・映画などで、二つまたは三つに分かれたもののうち、あとの編。⇩前編・中編

こう-べん【抗弁・抗△辯】（名・自スル）①相手の主張に反対して言いたてること。「激しく―する」②《法》民事訴訟で、相手の訴えを退けるために別の主張をすること。

ごう-べん【合弁・合△辦】 共同で事業を経営すること。特に、外国資本との共同経営をいう。「―会社」

ごうべん-か【合弁花・合△瓣花】《植》花びらが付け根または全体で一つに合着している花。アサガオ・ウリなど。↔離弁花

こう-ほ【候補】 選出の対象としてあげられている人・物・場所。「優勝―」「―地」「―者」「―にあがる」

こう-ぼ【公募】（名・他スル）広く一般から募集すること。

こう-ぼ【酵母】 単細胞で、出芽や分裂で増える菌類の一群。糖分をエタノールと二酸化炭素とに分解する発酵作用をもち、酒類・パンの製造などに利用される。酵母菌。イースト。

―きん【―菌】 →こうぼ（酵母）

こう-ほう【工法】 工事の方法。「シールド―」

こう-ほう【公法】《法》国家と公共団体、またはそれらと私人との相互関係や権力関係を規定した法律。憲法・行政法・国際公法・刑法・（民事・刑事）訴訟法など。↔私法

こう-ほう【公報】 ①官公庁から国民に発表する公式の報告や告示。狭義では、地方公共団体が官報に準じて発行する文書。「選挙―」②官庁から国民個人への公式の通知。

こう-ほう【広報・△弘報】 官公庁・企業・団体などが業務や活動の内容について、一般の人に広く知らせること。また、その知らせ。「―活動」

こう-ほう【後方】 うしろのほう。↔前方

こう-ほう【後報】 あとからの知らせ。

こう-ほう【航法】 船舶または航空機を正確に航行させるための技術・方法。

こう-ほう【高峰】 高くそびえる峰。高嶺。

こう-ぼう【工房】 美術家や工芸家などの仕事場。アトリエ。「陶芸家の―」

こう-ぼう【広△袤】 ①幅と長さ。②広がり。広さ。面積。「―千里の原野」参考「広」は東西、「袤」は南北のそれぞれの広がりをいう。

こう-ぼう【光△芒】 光のすじ。光線。「―を放つ」

こう-ぼう【好望】（名・形動ダ）前途有望なこと。

こう-ぼう【攻防】 攻めることと防ぐこと。攻守。「―戦」

こう-ぼう【興亡】（名・自スル）（国家や民族などが）おこることと滅びること。「ローマ帝国の―」

こうぼう【弘法】「弘法大師」の略。⇩空海

―筆を選ばず（書の名人である弘法大師は、筆のよい悪いを選ばなかったということから）その道の達人は、道具のよい悪いにかかわらず優れた成果をあげるということ。**―も筆の誤り**（弘法大師のような書の名人でも書き損じることがあるの意から）その道にすぐれた人でも、誤ることがあるというたとえ。参考類似のことば―猿も木から落ちる・かっぱの川流れ

―だいし【―大師】 →くうかい（空海）

ごう-ほう【号俸】 職階・勤続年数などによって決められた公務員の給与。また、その等級。

ごう-ほう【号砲】 合図のために撃つ銃砲。「―一発」

ごう-ほう【合法】法律で許された範囲内であること。法規にかなうこと。適法。「非―」↔違法

―てき【―的】(形動ダ) 法規にかなっているさま。「―な手段」

ごう-ほう【業報】―〔仏〕善悪の業に応じて受ける報い。

ごう-ほう【豪放】(名・形動ダ) 度量が大きく、小事にこだわらないこと。また、そのさま。「―磊落」

こう-ほうじん【公法人】―〔法〕公益上の目的を遂行するために設立された法人。地方公共団体・公共組合など。公共団体ともいう。↔私法人

こう-ぼく【公僕】(「僕」はしもべの意。公衆に奉仕する者の意から)公務員をいう。「国民の―」

こう-ぼく【坑木】―坑道を補強するためのささえ木。

こう-ぼく【香木】―薫き物に使う、香りのよい木。沈香・伽羅・白檀など。

こう-ぼく【高木】―〔植〕丈の高い木。マツ・サクラ・ヒノキなど。↔低木 参考 旧称は「喬木」。便宜的な分類の一つで、おおよそ樹高が二メートル以上のものをいう。

―は風に折らる 人にぬきんでている者は他からねたまれて身を滅ぼしやすいことのたとえ。参考 類似のことば―出る杭は打たれる

こう-ぼく【校僕】―学校の用務員の旧称。

こう-ほね【◇河骨】―〔植〕スイレン科の多年草。沼・池・川などに自生。葉は長楕円形で、夏、長く直立した茎の先に黄色の花を一つ開く。河骨。夏

こう-ほん【校本】―数種の伝本による本文の違いを一覧できるように示した本。校合本。「―万葉集」

こう-ほん【稿本】―①下書き。草稿。②手書きの本や文書。筆写された本。

ごう-ま【◇降魔】―〔仏〕悪魔を降伏させること。

こう-まい【高△邁】―(名・形動ダ) 心がすぐれてけだかいこと。また、そのさま。「―な精神」

ごう-まつ【△毫末】―(毛すじの先の意から)ほんのわずか。いささか。「―も誤りがない」

こう-まん【高慢】―(名・形動ダ) うぬぼれて人を見下すこと。また、そのさま。「―な態度」

―ちき(名・形動ダ) いかにも高慢なこと。また、そのさま。高慢な人を卑しめていう言葉。「―な娘だ」

ごう-まん【傲慢】―(名・形動ダ) おごりたかぶって礼儀に欠けること。また、そのさま。尊大。「―な態度」↔謙虚

こう-み【香味】―においと味。飲食物の香りと味。「―料」

―やさい【―野菜】料理に香りや風味をつけるために用いられる野菜。セロリ・ネギ・シソ・ショウガ・ミョウガなど。

こう-みゃく【鉱脈】―〔地質〕岩石のすきまに鉱物の溶液やガスなどが沈殿して生じた板状の鉱床。「金の―」

こう-みょう【功名】―手柄をたて、名をあげること。また、その手柄。「怪我の―」

―しん【―心】手柄をたて、有名になろうとする気持ち。「―にはやる」

こう-みょう【光明】①明るい光。輝き。「一条の―がさす」②苦しい状況の中での、明るい見通し。「前途に―を見いだす」③〔仏〕仏の心身から発する光。

こう-みょう【高名】■(名・形動ダ)→こうめい(高名) ■(名) 手柄。特に、戦場での手柄。功名。

こう-みょう【巧妙】(形動ダ) やり方がたくみですぐれているさま。「―な手口」↔拙劣 文(ナリ)

こう-みん【公民】①国や地方公共団体の公務や選挙に参加する権利と義務のある国民。「公地―」②〔日〕律令制のもとで、天皇が直接支配する人民。③現代社会・政治・経済などを内容とする、中学校社会科の一分野。また、高等学校の一教科。

―かん【―館】市町村などで、住民の教養・文化の向上や集会などの場として設置される施設。

―けん【―権】〔法〕公民として国・地方公共団体の政治に参加できる権利。特に、選挙権と被選挙権。「―停止」

こう-む【工務】土木工事などに関する仕事。「―店」

こう-む【公務】国家や公共団体の事務・職務。公用。

―いん【―員】国または地方公共団体の公務を担当し執行する者。「国家―」

こう-む【校務】―学校の管理運営の事務。

こう-む・る【被る・△蒙る】(他五) ①災いなどを身に受ける。「損害を―」②いただく。たまわる。「ご愛顧を―・っております」「ごめん―・りたい(=お断りしたい)」

こ-うめ【小梅】〔植〕バラ科の落葉低木。ウメの一変種。果実は球形で小さく食用。信濃の梅。夏(春)

こう-めい【公明】(名・形動ダ) 公正で隠し立てがないさま。

―せいだい【―正大】(名・形動ダ) 隠し立てがなく、正しく堂々としていること。また、そのさま。「―な処置」

こう-めい【抗命】―(名・自スル) 命令・制止に反抗すること。または、服従しないこと。「―罪」

こう-めい【校名】―学校の名前。

こう-めい【高名】―■(名・形動ダ) 評判の高いこと。また、そのさま。高名。「―な哲学者」■(名) 相手の名に対する敬称。お名前。「ご―はかねがね承っております」

ごう-めい【合名】―共同の責任を負うために名前を書き連ねること。

―がいしゃ【―会社】〔商〕会社債務に対して無限の責任を負う社員だけで組織された会社。

ごう-も【△毫も】―(副) 少しも。ちっとも。「―驚いたようすがない」用法 あとに打ち消しの語を伴う。

こう-もう【孔△孟】―孔子と孟子。「―の教え(=儒教)」

こう-もう【紅毛】①赤い髪の毛。あかげ。②(「紅毛人」の略)江戸時代、西洋人の代表としてのオランダ人の称。

―へきがん【―△碧眼】(赤い髪の毛と青い目の意で)西洋人を言った語。

こう-もう【△膏△肓】→こうこう(膏肓) 参考 もとの読みは「こうこう」。「こうもう」は誤読に基づく慣用読み。

こう-もう【△鴻毛】鴻の羽毛。非常に軽い物事のたとえ。「死は―より軽し」

ごう-もう【剛毛】―太くてかたい毛。

ごう-もう【△毫毛】―→ごうはつ①

こう-もく【項目】―ある物事を内容によって小分けにした一つ一つ。小分けにした箇条。「いくつかの―に分ける」

こう-もく【綱目】―物事の大綱(=あらまし)と細目。

ごう-もくてき【合目的】―(名・形動ダ) ある物事が、一定の目的にかなっていること。また、そのさま。「―的行為」

―せい【―性】ある物事が、一定の目的にあった条件を有して存在していること。

こう-もり【×蝙蝠】―①〔動〕翼手目(コウモリ目)に属する哺乳類の総称。前足と体側につながる薄い膜が翼となり空中を飛ぶ。超音波を発信し、多くは夜行性。かわほり。蚊食い鳥。夏 ②(鳥ともけものとも区別しにくいところから)どっちつかずの態度をとる人のたとえ。③「こうもりがさ」の略。

―がさ【―傘】金属製の骨に布やビニールを張った洋風の

かさ。洋傘。こうもり。

こう-もん【△肛門】(カウ)―《生》直腸の末端にあって大便を体外に排出する穴。しりの穴。

こう-もん【後門】裏門。「前門の虎(とら)―の狼(おおかみ)」↕前門

こう-もん【校門】(カウ)―学校の門。

こう-もん【黄門】(クワウ)―①「中納言」の唐風の言い方。②中納言として有名な「徳川光圀(みつくに)」の異称。「水戸(みと)―」

こう-もん【△閘門】(カフ)―①運河などで、高低差のある二つの水面を調節し船を上げ下げして航行させる装置の水門。②運河・河川などの水量を調節して水面を一定にするための水門。

ごう-もん【拷問】(ガウ)―(名・他スル)自白を強要したり屈服させたりするため、肉体に苦痛を加えること。「―にかける」

こう-や【広野・△曠野】(クワウ)―はてしもなく広い野原。広野(ひろの)。

こう-や【荒野】(クワウ)―荒れはてた野原。荒れ野。

こう-や【紺屋】(「こんや」の音便)染め物屋。参考もとは藍染(あいぞ)めを業とする者をいった。

―の明後日(あさって)(紺屋の仕事は天候に左右されるので、催促に対し「明後日にはできる」と言いのがれしたことから)期日のあてにならない約束のたとえ。**―の白袴(しろばかま)**(染め物が専門の紺屋が白袴をはいていることから)他人のことに忙しく、自分のことには手が回らないたとえ。参考類似のことば―医者の不養生

こう-やく【口約】(名・自他スル)文書によらないで、口頭で約束をすること。また、その約束。口約束。

こう-やく【公約】(名・自他スル)①おおやけの約束。政府や政党・政治家などが一般の人々に政策などの実行を約束すること。また、その約束。「選挙―」②《法》公法上の契約。

こう-やく【△膏薬】(カウ)―あぶらで練り合わせた外用薬。また、その薬を紙や布に塗りつけたもの。「―を貼(は)る」

こう-やくすう【公約数】《数》二つ以上の数・式に共通な約数。「最大―」↕公倍数

こうや-さい【後夜祭】学園祭などの最終日の夜に行う催し。↕前夜祭

こうや-どうふ【高野豆腐】(カウヤ)―豆腐を小形に切って凍らせ乾燥させたもの。凍りどうふ。しみどうふ。冬 語源昔、高野山の宿坊で寒中に作り始めたことによる。

こうや-ひじり【高野◇聖】(カウヤ)―《仏》教化(きょうげ)・勧進のために諸国を行脚した高野山の僧。

こうやひじり〔高野聖〕(カウヤヒジリ)泉鏡花(いずみきょうか)の小説。一九〇〇(明治三十三)年発表。高野山の旅僧の語る怪異を幻想的に描いたもの。浪漫(ろうまん)趣味の横溢(おういつ)した作品。

こうや-まき【高野△槙】(カウヤ)―《植》コウヤマキ科の常緑高木。山地に自生。日本特産。葉は線状で茎の節に車輪状につく。材は船材・土木材などに用いる。

こう-ゆ【香油】(カウ)―髪の毛や体につける、においのよい油。

こう-ゆ【鉱油】(クワウ)―鉱物性の油。石油など。

こう-ゆ【△膏油】(カウ)―灯火用の油。ともしあぶら。

こう-ゆう【公有】(イウ)―(名・他スル)国または公共団体が所有すること。「―地」「―財産」↕私有

こう-ゆう【交友】(カウイウ)友としてまじわること。また、その友だち。「―関係」「―が多い」

こう-ゆう【交遊】(カウイウ)(名・自スル)人と親しくつきあうこと。交際。「異性との―」

こう-ゆう【校友】(カウイウ)①同じ学校の友だち。同窓。学友。②同じ学校の卒業生。同窓生。「―会」

ごう-ゆう【剛勇・豪勇】(ガウ)―(名・形動ダ)強く勇ましいこと。また、そのさま。「―無双」「―をもって鳴る」

ごう-ゆう【豪遊】(ガウイウ)(名・自スル)大金を使って派手に遊ぶこと。また、その遊び。「連日連夜―する」

こう-よう【公用】①官庁・公共団体が使用すること。「―車」②官庁・公共団体、また自分の属する会社などの用事。公務。「―出張」↕私用

―ご【―語】①一国内で複数の言語が使われている国家で、公的な場での使用が認められている言語。複数認める国もある。②国際機関で公式に使用される言語。

―ぶん【―文】官庁・公共団体で公務に用いる一定の形式の文章。または、法令の文章。

こう-よう【孝養】(カウヤウ)(名・自スル)まごころを尽くしてよく親の面倒をみること。孝行。「父母に―を尽くす」

こう-よう【効用】(カウ)―①使い道。用途。使途。「道具の―」②ききめ。役に立つはたらき。効能。「薬物の―」③《経》財やサービスの消費によって消費者が得られる満足度。「限界―」

こう-よう【後葉】(エフ)―のちの時代。後代。また、子孫。

こう-よう【紅葉】(エフ)―(名・自スル)秋、落葉樹の葉が赤くなること。また、赤くなった葉。もみじ。「全山―する」秋

こう-よう【高揚・△昂揚】(カウヤウ)(名・自他スル)精神や気分が高まること。また、高めること。「士気が―する」

こう-よう【黄葉】(クワウエフ)(名・自スル)秋、落葉樹の葉が黄色くなること。また、その葉。もみじ。秋 参考古くは「黄葉」をも「もみじ」といったが、現在は「もみじ」は多く「紅葉」と書く。

こう-よう【綱要】(カウエウ)物事の要点となるたいせつなところ。要点。「国文法―」参考多くは書名として用いられる。

こうようぐんかん〔甲陽軍鑑〕(カフヤウグンカン)甲州流の軍学書。二〇巻。江戸初期成立。武田信玄・勝頼(かつより)二代の事績・軍法などを記す。武田家家臣の遺稿を小幡景憲(おばたかげのり)が集大成したものといわれる。

こうよう-じゅ【広葉樹】(クワウエフ)―《植》双子葉類で葉が平たく幅の広い樹木。クスノキなどの常緑広葉樹と、カエデなどの落葉広葉樹に分かれる。↕針葉樹 参考旧称は「闊葉樹(かつようじゅ)」。

ごう-よく【強欲・強△慾】(ガウ)―(名・形動ダ)たいへん欲の深いこと。また、そのさま。「―な人」

こう-ら【甲羅】(カフ)―(「ら」は接尾語)①カメやカニなどの、体をおおうかたい殻。甲。②人の背中。「―干し」③年功。

―が生(は)える 年をとってずるがしこくなる。②世間ずれしてあつかましくなる。**―を経(へ)る** ①長い経験を積んで熟練する。②世間ずれしてあつかましくなる。**―を干(ほ)す** 腹ばいになって日光浴をする。

こう-らい【光来】(クワウ)―(名・自スル)人が訪ねてくることの敬称。光臨。「ご―を仰ぐ」用法ふつう、上に「ご」を付けて使う。

こうらい〔高麗〕(カウライ)《世》朝鮮の王朝。九一八年王建が建国。新羅(しらぎ)に代わって朝鮮半島を統一。一三九二年李成桂(りせいけい)に滅ぼされた。高麗(こま)。参考朝鮮をさす英語の Korea の語源。

―がき【―垣】竹などをひし形に組んだ袖垣(そでがき)。

―きじ【―△雉】《動》キジ科の鳥。アジア大陸産。形、大きさはキジに似る。雄は首のまわりに白色の輪がある。狩猟鳥。

―べり【―◇縁】白地の綾(あや)に、雲形や菊の花などの模様を黒く織り出した畳のへり。寺院などで用いる。

こう-らく【行楽】(カウ)―(名・自スル)山や野原や観光地に出かけて遊び楽しむこと。「―地」「―日和(びより)」

こう-らく【攻落】(名・他スル)敵陣などを攻め落とすこと。

こう-らん【高覧】(カウ)―相手が見ることの敬称。「ご―ください」

こう-らん【高欄・勾欄】(カウ)・(コウ)―宮殿・社寺の縁側や橋・廊下などの、端のそり曲がった欄干(らんかん)。

こう-らん【△攪乱】(カウ)―(名・他スル)平穏な状態をかき乱すこと。「敵陣を―する」参考「かくらん」は慣用読み。

こ-うり【小売(り)】(名・他スル) 卸売商などから仕入れた物品を、個々の消費者に売ること。「―店」↔卸売り
―しょう【―商】シャウ 小売りをする商店。または、その人。
こう-り【公吏】役人。特に、「地方公務員」の旧称。
こう-り【公利】公共の利益。公益。↔私利
こう-り【公理】①〘数・論〙他の命題を用いて証明する必要のない自明の真理と認められ、理論体系を組み立てるときの基礎に置かれる事柄。⇒定理 ②おおやけに通用する道理。
こう-り【功利】①功名と利得。手柄を立てることと利益があること。「―に走る」②利益と幸福。
―しゅぎ【―主義】①〘哲〙人生や人間の行為の目的は、利益と幸福、快楽を得ることにあると考える立場。イギリスに発達した思想で、「最大多数の最大幸福」を唱えたベンサムやミルがその代表。②功利的なものの考え方。
―てき【―的】(形動ダ) ダロ・ダッ(デ・ニ)・ダ・ナ・ラ・○ 何をするにも、利益や効果を第一に考えるさま。「―な考え方」
こう-り【行△李】カウ― 竹・柳などを編んで作った、衣類などの収納や運搬に用いる箱形の入れ物。「柳―(やなぎごうり)」
こう-り【高利】カウ― ①高い利息。「―で金を借りる」↔低利 ②大きな利益。
―がし【―貸(し)】高い利息を取って金を貸すこと。また、その金貸しを職業とする人。こうりかし。
ごう-り【合理】ガフ― 道理にかなっていること。論理によくかなっていること。「非―」「不―」
―か【―化】クワ (名・他スル) ①むだをなくし、能率的に目的を達成できるようにすること。特に、生産性を向上させること。「経営の―」②もっともらしく理由づけをすること。正当化。
―しゅぎ【―主義】①〘哲〙すべての認識は理性に基づいて得られると考える立場。デカルト、スピノザ、ライプニッツらがその代表。合理論。②何事も理屈に合うか合わないかで割り切って考えていこうとする態度。「―に徹する」
―てき【―的】(形動ダ) ダロ・ダッ(デ・ニ)・ダ・ナ・ラ・○ 物事の進め方が道理にかなっていて、むだのないさま。「―な方法」
―ろん【―論】→ごうりしゅぎ①
ごう-りき【合力】ガフ― ■一(名・自スル) 力を貸すこと。「友人の窮状に―する」■二(名・他スル) 金や品物をめぐみ与えること。

〔行李〕

ごう-りき【強力・剛力】ガウ― ①強い力。また、力の強い人。「―無双(むそう)」②(もと修験者(しゅげんじゃ)や山伏の荷物を運んだ下男の意)登山者の荷物を運び案内をする人。
―はん【強力犯】暴行や脅迫を手段とする犯罪。強盗・殺人など。また、その犯人。↔知能犯
こう-りつ【工率】→しごとりつ
こう-りつ【公立】地方公共団体によって設立・運営されること。また、その施設。「―図書館」↔私立
こう-りつ【効率】カウ― ①機械によってなされた仕事の量と、それに使われたエネルギー量との比。「熱―」②得られた成果に対して費やした労力や時間の割合。「―のよいやり方」
こう-りつ【高率】カウ― (名・形動ダ) 比率の高いこと。また、その比率。「―な課税」↔低率
こう-りゃく【攻略】(名・他スル) ①敵陣や敵地を攻め取ること。「敵地の―」②(比喩(ひゆ)的に)勝負で相手を負かしたり、相手を説きふせて従わせたりすること。「相手のエースを―する」
こう-りゃく【後略】(名・他スル) 文章などで、あとの部分を省略すること。↔前略
こう-りゅう【勾留】リウ― (名・他スル)〘法〙裁判所が、逃亡や証拠隠滅などを防ぐために、被疑者または被告人を一定の場所に留めおく強制処分。未決勾留。拘置。
こう-りゅう【交流】カウリウ ■一(名)〘物〙大きさと方向が時間とともに周期的に変化する電流。↔直流 ■二(名・自スル) 異なる地域や組織などの間で、人や物などがたがいに行き来すること。「国際―」「文化の―」
―モーター〘工〙交流電流により動力を起こす電動機。
こう-りゅう【江流】カウリウ 大河の流れ。特に、中国では長江(揚子江(ようすこう))の流れをいう。
こう-りゅう【拘留】リウ― (名・他スル)〘法〙刑罰の一種。一日以上三〇日未満、刑事施設に留めおく自由刑。
こう-りゅう【興隆】(名・自スル) 物事がおこり、勢いが盛んになって栄えること。「文化の―」↔衰亡
ごう-りゅう【合流】ガフリウ (名・自スル) ①二つ以上の川などの流れが合わさって一つの流れになること。「―点」②別々に分かれていた人や団体などが一つに合わさること。「主流派と―する」
こう-りょ【行旅】カウ― 旅をすること。また、旅人。「―の情」
―びょうしゃ【―病者】ビヤウシャ 飢餓や病気のため道路上で倒れ、引き取り手のない人。行き倒れ。行路病者。

こう-りょ【考慮】カウ― (名・他スル) 何かを判断したり実施したりするに際して、種々の要素や条件を考え合わせること。「―の余地がある」「―に入れる」
こう-りょ【高慮】カウ― 相手の考えに対する敬称。「ご―に感謝します」
こう-りょう【口糧】リヤウ― 兵士一人分の食糧。「携帯―」
こう-りょう【△亢◇竜】カウ― 天高くのぼりつめた竜。栄達をきわめた者のたとえ。亢竜(こうりゅう)。↔蛟竜(こうりょう)
―悔(く)いあり 栄えたあとは必ず衰えるときがあるから慎まなければならないというたとえ。
こう-りょう【広量・△宏量】クワウリヤウ (名・形動ダ) 心が広く、細かなことにこだわらないさま。広い度量。「―な人物」↔狭量
こう-りょう【考量】カウリヤウ (名・他スル) 得失などをあれこれ考え合わせて判断すること。「利害得失を―する」
こう-りょう【香料】カウレウ ①よいにおいを出す原料。化粧品・食品などに用いる。②→こうでん(香典)
こう-りょう【校了】カウレウ (名・他スル) 校正が完了すること。
こう-りょう【高△粱】カウリヤウ →コーリャン
こう-りょう【黄△粱】クワウリヤウ 粟(あわ)の一種。大粟(おおあわ)。
―一炊(いっすい)の夢(ゆめ) →かんたんのゆめ
こう-りょう【△蛟◇竜】カウ― ①中国の想像上の動物。まだ竜にならない蛟(みずち)。水中にひそみ、雲や雨にあうと天にのぼって竜になるという。②英雄・豪傑でありながら時機を得ないでうずもれている人物のたとえ。↔亢竜(こうりょう) 参考「こうりゅう」ともいう。
こう-りょう【綱領】カウリヤウ ①物事の基本となるところ。要点。「哲学―」②政党・団体などの主義・主張・活動の根本方針などを示したもの。「党の―」
こう-りょう【稿料】カウレウ 書かれた原稿に対して、報酬として支払われる金銭。原稿料。
こう-りょう【荒涼・荒△寥】クワウリヤウ・クワウレウ (タル) ①自然が荒れはててものさびしいさま。「―とした風景」「―たる原野」②精神的・物質的に満たされず、生活・気持ちなどが荒れすさんでいるさま。「―たる心象風景」文(形動タリ)
こう-りょうし【光量子】クワウリヤウシ →こうし(光子)
こう-りょく【光力】クワウ― 光の明るさ。光の強さ。
こう-りょく【抗力】カウ― 〘物〙①物体が接触面から受ける力。面に垂直にはたらく力と、平行にはたらく摩擦力とに分けて考えることが多い。②ある物体が流体中を運動するとき、運動

の方向と反対方向にはたらく流体の抵抗力。

こう‐りょく【効力】カウ 効果を発揮できる力。よい結果やききめをもたらす力。「—を失う」「薬の—」

ごう‐りょく【合力】ガフ 〘物〙同時にはたらく二つ以上の力とまったく同じ効果をもつ一つの力。合成力。

こう‐りん【光輪】クヮウ 〘宗〙仏像や神・聖人・天使の肖像の頭上に描かれる、輪をかたどった光。

こう‐りん【光臨】クヮウ 相手が訪ねてくることの敬称。光来。「ご—を仰ぐ」

こう‐りん【後輪】うしろの車輪。↔前輪

こう‐りん【降臨】カウ (名・自スル) ①神仏が天から下ってこの世に姿を現すこと。「天孫—」②貴人や他人が出席することの敬称。「ご—を賜る」

こう‐るい【紅涙】①血のような涙。血涙。「—に沈む」②美しい女性の流す涙のたとえ。「—をしぼる」

こ‐うるさ・い【小◇煩い】(形) カロ・カッ(ク)・イ・イ・ケレ・○ (「こ」は接頭語) あれこれとうるさい。少し煩わしい。文こうるさ・し(ク)

こう‐れい【好例】カウ 物事を説明したり示したりするのにちょうどよい例。適例。「成功の—を示す」

こう‐れい【交霊】カウ 生きている者と死者の霊魂との間に意思が通じ合うこと。「—術」

こう‐れい【恒例】儀式・行事などがその時期にいつもきまって行われること。また、その儀式・行事など。「新春—のかるた会」

こう‐れい【高齢】カウ 年をとっていること。老年。老齢。

—か【—化】クヮ (名・自スル) 総人口に対して、高齢者の割合が高まっていくこと。「少子—社会」

—しゃ【—者】高齢の人。一般に、六五歳以上をいう。

ごう‐れい【号令】ガウ (名・自スル) ①大きな声で命令すること。また、その言葉。「—をかける」②統率者が支配・指揮下にある人々に向かって命令や指図をすること。また、その命令や指図。「—を発する」

こう‐れつ【後列】後方の列。うしろの列。↔前列

こう‐れん【後聯】漢詩の律詩の第五・六句。頸聯(けいれん)。

こう‐ろ【行路】カウ ①道を行くこと。また、旅行すること。「—の人(=見知らぬ他人)」②人として生きていく道。世渡り。渡世(とせい)。「人生—」

—びょうしゃ【—病者】ビヤウシヤ →こうりょびょうしゃ

こう‐ろ【香炉】カウ 香をたくための、陶磁器や金属製の器。

こう‐ろ【高炉】カウ 製鉄に用いる、巨大な円筒形の溶鉱炉。

こう‐ろ【航路】カウ 船や航空機の通る、きまった道すじ。

こう‐ろう【功労】ラウ 手柄と骨折り。「—者」

こう‐ろう【高楼】カウ 何層かの高い建物。高殿(たかどの)。

こうろうむ【紅楼夢】中国、清(しん)代の長編小説。前八〇回は曹雪芹(そうせっきん)、後四〇回は高蘭墅(こうらんしょ)の作という。大貴族の栄枯盛衰を雄大な構成で描く。

こう‐ろく【高△禄・厚△禄】カウ・コウ 多額の給与。「—をはむ」

こう‐ろん【口論】(名・自スル) 言い争うこと。口げんか。

こう‐ろん【公論】①世間一般が正論と認める考え。世論。「万機—に決すべし」②公平な議論。

こう‐ろん【抗論】カウ (名・自スル) 相手に反抗して自説を論じること。反論。「—して譲らない」

こう‐ろん【高論】カウ ①すぐれた議論・意見。「—卓説」②相手の議論・意見に対する敬称。「ご—をうかがう」

こう‐ろん【硬論】カウ 強硬な意見・議論。↔軟論

こうろん‐おつばく【甲論乙△駁】カフロン (名・自スル) (甲が意見を言うと乙が反対するというように)たがいに論じあって、議論がまとまらないこと。

こう‐わ【口話】(聴覚障害者が)相手の口の動きを見て言葉を理解し、自らも発語して意思を伝えること。

こう‐わ【高話】カウ 相手の話に対する敬称。高説。「ご—を拝聴する」

こう‐わ【講和・△媾和】カウ・コウ (名・自スル) 交戦国が条約を結び、戦争をやめて平和な状態をとりもどすこと。「—を結ぶ」

こう‐わ【講話】カウ (名・自他スル) ある事柄について、聴衆にわかりやすく説明して聞かせること。また、その話。

こう‐わん【港湾】カウ 船が停泊し、客の乗降や貨物のあげおろしのできる設備をもつ水域。みなと。「—労働者」

ごう‐わん【豪腕・剛腕】ガウ ①腕力が強いこと。「—投手」②物事を強引に処理する能力のあること。「—を振るう」

ご‐うん【五△蘊】〘仏〙人間の心身、もしくは現象存在を構成する五つの要素。色(しき)(=肉体や物質)・受(=感覚)・想(=想像)・行(ぎょう)(=意志)・識(=判断)。

こえ【声】コヱ ①人間や動物の発声器官から出る音。音声。「人の話す—」「虫の—」②物の振動による音。音響。「鐘の—」③意見。議論。「読者の—」④お告げ。言葉。「神の—」⑤ある時期や事柄が近づく気配。「師走の—を聞く」「八十の—」⇩音(おと)「ちがい」

類語 小声・大声・肉声・地声・作り声・大音声・高声・美声・悪声・嗄(しゃが)れ声・塩辛声・訛(だみ)声・どら声・胴間(どうま)声・寂(さび)声・蛮声・奇声・歓声・喚声・喚(わめ)き声・叫び声・金切り声・黄色い声・嬌声(きょうせい)・嘆声・産声(うぶごえ)・泣き声・鼻声・涙声・笑い声・うめき声・怒声・罵声(ばせい)・含み声・猫撫(な)で声・裏声・震え声

—が掛(か)かる ①演技中の俳優に観客席から声援が送られる。②目上の人から特別に認められる。③さそわれる。招かれる。**—無(な)き声** 表だってあらわれない一般の人々の意見。「—を聞く」**—の下(した)から** 言い終わるとすぐに。言うやいなや。**—を掛(か)ける** ①呼びかける。話しかける。②声援する。また、注意を呼びかける。③さそう。**—を殺(ころ)す** 声を抑える。声をひそめる。「声を殺して話す」**—を揃(そろ)える** ①皆が声をいっしょに出す。②皆が同じ意見を述べる。**—を大(だい)にする** 強く主張するために大きな声を出す。**—を呑(の)む** 感動や緊張のあまり声が出なくなる。息を呑む。「一瞬、—」

こえ【肥】①肥料。こやし。②糞尿(ふんにょう)。しもごえ。

‐ごえ【越え】(接尾)(地名や山・峠の名に付けて)そこを越える道すじや、越えて行くことを表す。「天城(あまぎ)—」「山—」

こ‐えい【孤影】一人だけの寂しそうな姿。「—悄然(しょうぜん)」

ご‐えい【護衛】エイ (名・他スル) 人や大事なものにつきそってその安全を守ること。また、その人。「—を付ける」「大臣を—する」

ご‐えいか【御詠歌】〘仏〙巡礼者などが仏の徳をたたえてうたう歌。巡礼歌。詠歌。

こえ‐おけ【肥△桶】ヲケ →こえたご

こえ‐がかり【声掛(か)り】コヱ →おこえがかり

こえ‐がら【声柄】コヱ 声のようす。声つき。

こえ‐がわり【声変(わ)り】コヱガハリ (名・自スル) (特に男子が)思春期に、声帯が変化するために声が低く変わること。

こえ‐ごえ【声声】コヱゴヱ めいめいがみな声に出して言うこと。おおぜいの声。「—に非難する」「—に声援する」

こ‐えだ【小枝】小さい枝。さえだ。

こえ‐たご【肥△桶】糞尿(ふんにょう)を入れて運ぶおけ。こえおけ。

こえ‐だめ【肥△溜(め)】肥料にする糞尿(ふんにょう)をためておく所。こやしだめ。

ごえつ‐どうしゅう【呉越同舟】ゴヱツドウシウ 仲の悪い者どうしがたまたま同じ場所にいること。また、敵どうしでも共通の困難に対しては協力するたとえ。同舟相(あい)救う。

【故事】中国の春秋時代、呉と越は長い間争った隣国であるが、たまたま呉の人と越の人が同じ舟に乗り合わせて突然大風に襲われたとき、たがいに協力し助けあったという話による。〈孫子〉

ごえもん-ぶろ【五◦右◦衛門風呂】― 浴槽の下部に直接釜を据えつけたふろ。浮きぶたを踏み沈めてはいる。浴槽全体が鉄製のものもある。長州風呂。語源 釜ゆでの刑にされたという盗賊の石川五右衛門にちなんだ名。

こ・える【肥える】(自下一) ①太る。肉づきがよくなる。「まるまると―・えた豚」↔痩せる ②地味がよくなる。「―・えた土地」↔痩せる ③経験をかさねて、よいものかどうかの判断が確かになる。「目が―」「口が―」④財産が増える。「ふところが―」他こや・す(五) 文こ・ゆ(下二)

こ・える【越える・超える】(自下一) ①[越]その場所を通り過ぎて向こうへ行く。「国境を―」②[越]ある時期を過ごして次に達する。「冬場を―」「無事に年を―」③数量・程度などがある基準以上になる。「一〇〇人を―聴衆」④ぬきんでる。まさる。「人に―・えた能力」⑤限界の範囲からはみ出る。逸脱する。「常識を―発想」「七〇にして矩(=世の中のきまり)を―・えず」⑥(ある枠組みや立場を)超越する。「党派を―・えて結集する」⑦[越]順序に従わず追いこす。「先輩を―・えて昇進する」他こ・す(五) 文こ・ゆ(下二) ⇩「使い分け」

> 使い分け「越える・超える」
> 「越える」は、ある場所・地点や物の上を通り過ぎて向こうへ行く意で、「山を越える」「県境を越える」「年を越える」など広く一般的に使われる。
> 「超える」は、決まった分量を過ぎてその先へ行く、ある一線の上に出る意で、「制限時間を超える」「一万人を超える人出」「人間の能力を超える」などと限られた範囲で使われる。

こ-えん【故園】― ふるさと。生まれ故郷。

ご-えん【誤△嚥】(名・他スル) 飲食物や唾液を気管内へ入れてしまうこと。参考「誤飲」の意で用いるのは誤り。⇩誤飲

コエンドロ〈ポルトガル coentro〉→こうさい(香菜)

ゴー〈go〉①進むこと。②進め。進めという信号。(↔ストップ)

ゴーイング-マイ-ウエー〈going my way〉わが道を行く〉他人はどう言おうと、自分の考えた生き方を通すこと。語源 一九四四年のアメリカ映画の題名からできた語。

こ-おう【呼応】(名・自スル)(「呼べば答える」の意)①たがいに相応じて物事を行うこと。②〘文法〙文中で、前後の語句が一定のきまりによってたがいに関係し合うこと。陳述の副詞による表現(もし…なら)や係り結びなどにみられるもの。

ご-おう【五黄】― 陰陽道で、九星の一つ。土星。本位は中央。⇩九星

―の寅 九星で五黄、十二支で寅に当たる年。この年の生まれの人は、運勢が強く、人のかしらになるといわれる。

こおう-こんらい【古往今来】―(副) 昔から今に至るまで。古来。「―変わらぬ親の恩」

ゴー-カート〈go-cart〉エンジンのついた遊戯用または競技用の小型自動車。(商標名)

コーカソイド〈Caucasoid〉形態的特徴によって分類された人種の一つ。ヨーロッパ、西アジア、北アフリカ、インドなどに広く分布し、薄い肌の色、細い毛髪などが特徴。白色人種。

コーキング〈caulking〉(名・他スル) 水漏れなどを防ぐため、継ぎ目や裂け目などのすきまを充塡剤などでふさぐこと。また、その薬剤や詰め物。「―剤」

コークス〈ドイツ Koks〉石炭を高熱でむし焼きにして、揮発分を除いたもの。煙を出さずに燃え、火力が強い。骸炭。

ゴーグル〈goggles〉光線・風・水などから目を保護するための眼鏡。スキー・登山・水泳などに用いる。

ゴー-ゴー〈go-go dance から〉アメリカで始まった、ロックのリズムに乗り体を激しく動かして踊るダンス。

ゴーゴリ〈Nikolai Vasil'evich Gogol'〉(一八〇九―一八五二) ロシアの小説家・劇作家。農奴制下のロシアを批判・風刺したロシアリアリズムの創始者。小説「死せる魂」、戯曲「検察官」など。

ゴー-サイン〈和製英語〉①「行け」「進め」の合図。②計画などの実施の許可・承認。「新企画の―が出た」

ゴージャス〈gorgeous〉(形動ダ) 豪華なさま。華麗なさま。「―な装い」

コース〈course〉①道筋。進路。「ハイキング―」②競走・競泳・競漕・ゴルフなどの決められた道筋。「マラソン―」③先のなりゆきがほぼ決まっている過程。「出世―」④学科。課程。「進学―」⑤西洋料理などで、一組になった料理。「フル―」

―アウト〈和製英語〉(名・自スル) 競技などで、決められたコースから外れること。

―ロープ〈和製英語〉競泳で、水路を区切るために水面に張る浮き綱。参考 英語では lane rope という。

コースター〈coaster〉①コップ敷き。②起伏のあるレールを走る遊戯施設。「ジェット―」③「コースターブレーキ」の略。

―ブレーキ〈coaster brake〉自転車のブレーキの一種。後輪の車軸にとりつけ、ペダルを逆に回してとめる。

ゴースト〈ghost〉①幽霊。②(「ゴーストイメージ」の略)テレビ画像に影のように重なって生じる映像。

―タウン〈ghost town〉住民がいなくなり荒れはてた町。

―ライター〈ghost writer〉表だった著者のかげにいて名前は出さず、実際にその文章を書く人。代作者。

ゴー-ストップ〈和製英語〉交通信号機。参考「進め」と「止まれ」の意。英語では traffic light という。

コーダ〈イタリア coda〉〘音〙楽曲・楽章の終わり部分。結尾部。

コーチ〈coach〉(名・他スル) 運動競技などの技術や訓練の指導をすること。また、その人。コーチャー。「打撃―」

コーチゾン〈cortisone〉〘医〙副腎皮質から分泌されるホルモンの一種。抗炎症薬としてリウマチ性関節炎・気管支喘息その他アレルギー性疾患に用いられる。コルチゾン。

コーチャー〈coacher〉①コーチをする人。②野球で、打者や走者に指示を与える人。

コーチン〈cochin〉〘動〙ニワトリの一品種。中国原産。体が大きく肉は食用。「名古屋―」

コーチング〈coaching〉①指導をすること。「―スタッフ」②コーチ(相談役)が対象者との対話の中で、自発性や能力を引き出す人材育成の手法。

コーディネーション〈coordination〉①物事の調整をすること。②服装などを調和よく組み合わせること。

コーディネーター〈coordinator〉①物事が円滑に進行するよう調整する人。②服装などが調和するよう組み合わせを考える人。「ファッション―」

コーディネート〈coordinate〉(名・他スル) ①調整すること。全体をまとめること。②服装などの調和を考えて組み合わせること。コーデ。

コーティング〈coating〉(名・他スル) 物の表面を、樹脂・パラフィンなど薄い膜状の物質でおおうこと。レンズの反射防止加工、布・紙の防水・耐熱加工など。「ビニールで―する」

コーテーション-マーク〈quotation marks〉→クォー

テーションマーク

コーデュロイ〈corduroy〉→コールテン

コート〈coat〉防寒・防雨などのため、衣服のいちばん上に着るもの。「オーバーー」「レインー」「ブレザーー」[冬]

コート〈court〉テニス・バレーボール・バスケットボールなどの競技を行う一定の区画。「テニスー」「ーチェンジ」

コード〈code〉①規則。規定。「ドレスー」②電信用の暗号・符号。「ーブック」③〔情報〕コンピューターなどで、機械処理しやすいようにデータを他の表現形式に変える一定の規則。また、その符号。「ー化」「バーー」

コード〈cord〉ゴムやビニールなどで絶縁被覆した電線。

ーレス〈cordless〉電気器具で、充電式や電波方式であるためにコードを必要としないこと。「ー電話」

こ-おとこ【小男】ヲトコ 小柄な男性。小兵(こひょう)。↔大男

コートジボワール〈フランス Côte d'Ivoire 象牙(ぞうげ)海岸〉アフリカ大陸西部の共和国。首都はヤムスクロ。

コードバン〈cordovan〉馬の背・尻(しり)の皮から作る、柔らかくてつやのある高級なめし革。おもに、紳士靴やベルトなどに用いる。[参考]もとはスペインのコルドバ産のヤギの皮を用いた。

こ-おどり【小躍り・△雀躍り】ヲドリ（名・自スル）喜んでとびはねること。「ーして喜ぶ」

コーナー〈corner〉①かど。すみ。「リングのーに追い詰める」②デパートなどの売り場の一区画。「スポーツ用品ー」③競走路などの曲がり角。「第三ーを回る」④野球で、「アウトコーナー」「インコーナー」の総称。「ーぎりぎりをつく」⑤放送番組や雑誌などで、ある目的のために設けられた一区画。「リクエストー」⑥写真をアルバムにはるとき、四すみをとめるもの。[参考]②は、英語ではsection またはcounter という。広い区画の場合はdepartment も用いる。

ーキック〈corner kick〉サッカーで、守備側がゴールラインの外にボールを出したとき、攻撃側がそのラインの隅にボールを置いて蹴り入れること。CK

ーワーク〈和製英語〉①野球で、投手が内角や外角に球をうまく投げ分ける技術。②トラック競技やスケートで、走路のコーナーを巧みに回って走る技術。

コーナリング〈cornering〉自動車・オートバイ・スケートなどで、コーナーを曲がること。また、その技術。

コーパス〈corpus〉言語を分析するために、書きことばや話しことばを大規模に集めてデータベース化した言語資料。

コーヒー〈coffee〉①〔植〕アカネ科の常緑小高木。種子はカフェインを含み、嗜好(しこう)飲料用にする。コーヒーの木。②①の種子（コーヒー豆）をいって粉にしたもの。また、それを煮出した香りと苦みのある飲み物。[参考]「×珈琲」とも書く。[はじまり]②は、日本には、一七世紀にオランダ人によって長崎出島に伝えられたのが最初という。一般に飲用されるのは、明治末年から。

ーブレーク〈coffee break〉コーヒーを飲んでくつろぐ短い休憩時間。お茶の時間。

ーポット〈coffeepot〉コーヒーを入れてわかすための、ふた付きの容器。

コーポラス〈和製英語〉鉄筋建築の中高層集合住宅。コーポ。[参考]corporate(=共同の)とhouse から成るという。

コーポレーション〈corporation〉法人。会社。株式会社。

コーポレート〈corporate〉企業にかかわる意を表す。法人組織の。会社の。「ーアイデンティティー(=CI)」

ーガバナンス〈corporate governance〉企業の経営において、不正や不適切な行為が行われていないか監視・統制する仕組み。企業統治。

こ-おもて【小面】能面の一つ。若い女性を表すもの。⇩能面（さしえ）

ごおやあ〔植〕沖縄地方で、「にがうり（苦瓜）」のこと。ゴーヤー。ゴーヤ。

コーラ〈cola〉コーラの木の種子に含まれる成分を原料に用いた清涼飲料水の総称。

コーラス〈chorus〉〔音〕合唱。合唱団。合唱曲。

コーラン〈アラビア Qur'ān 読誦(どくしょう)されるものの意〉イスラム教の聖典。ムハンマド(=マホメット)がアッラーから受けた啓示を収録。アラビア語で書かれ、イスラム文化の規範とされる。クルアーン。

こおり【氷】コホリ 水が冷えて固まったもの。「ーが張る」[冬]

ーあずき【ー小豆】アヅキ ゆで小豆や小豆餡(あん)にかき氷と蜜(みつ)をかけたもの。氷金時。

ーがし【ー菓子】グワシ 果汁や糖蜜(とうみつ)をこおらせた食べ物。シャーベット・アイスキャンデーなど。氷菓。[夏]

ーざとう【ー砂糖】ザタウ 氷状に結晶させた純良な砂糖。

ーぶくろ【ー袋】→ひょうのう

ーまくら【ー枕】発熱などのとき、氷を入れて頭を冷やすゴム製の枕。

ーみず【ー水】ミヅ ①細かく削った氷に蜜(みつ)やシロップをかけた食べ物。かき氷。氷水(こおりすい)。[夏] ②氷を入れて冷やした水。

こおり【◦郡】コホリ 昔の行政区画で、国(=現在の県)を小区分したもの。いくつかの郷・村を含む。⇩郡(ぐん)

ゴーリキー〈Maksim Gorkii〉(一八六八〜一九三六) ロシア・ソビエトの小説家。社会主義リアリズムを創始し、ソビエト文壇の指導者として活躍。小説「母」「私の大学」、戯曲「どん底」など。

こおり-つ・く【凍り付く】コホリ（自五）カ(コ)・キ(イ)・ク・ク・ケ・ケ ①こおってくっつく。②こおって固くなる。いてつく。「道がー」③恐怖や緊張で体や雰囲気が固くこわばる。「表情がー」

こおり-どうふ【凍り豆腐・氷豆腐】コホリ「高野(こうや)豆腐」の別称。[冬]

コーリャン〈中国 高粱〉〔植〕イネ科の一年草。トウモロコシに似て背が高い。実は食用・飼料用。高粱(こうりょう)。[秋]

コール〈call 呼ぶ〉■一（名）〈call loan, call money から〉金融機関相互で、ごく短期間資金を貸借すること。■二（名・他スル）電話などで呼び出すこと。呼び出し。「モーニングー」

ーガール〈call girl〉電話の呼び出しに応じて客の相手をする売春婦。

ーサイン〈call sign〉無線局・放送局に固有の電波呼び出し符号。NHK東京第一放送の「JOAK」など。

ーセンター〈call center〉電話による顧客からの問い合わせや申し込み、クレームなどの対応を専門に行う部門。

こお・る【凍る・◦氷る】コホル（自五）ラ(ロ)・リ(ッ)・ル・ル・レ・レ 水などの液体が、温度が下がって固体になる。「池の水がー」[冬]

ゴール〈goal〉（名・自スル）①決勝線。決勝点。また、そこに到達すること。「マラソンのー」②サッカー・ラグビー・ホッケーなどで、ボールを入れると得点になるところ。また、そこに入れて得点すること。「ーをめがけて蹴(け)る」「ーポスト」③最終の目的・目標。また、そこに到達すること。「人生のー」

ーイン〈和製英語〉（名・自スル）①競走・競泳・競漕(きょうそう)などで、競技者が決勝線に到達すること。②目標に到達すること。特に、結婚すること。「めでたくーする」

ーキーパー〈goalkeeper〉サッカー・ハンドボール・ホッケーなどで、ゴールを守備する役割の競技者。キーパー。

コールスロー〈coleslaw〉千切りにしたキャベツをドレッシングなどであえたサラダ。

コール-タール〈coal tar〉石炭を乾留してガスまたはコークスを作るときに出る黒色の粘性のある液体。防腐用塗料や染料・爆薬・医薬の合成原料に用いる。石炭タール。

コールテン〈corded velveteen うね織りのビロードの意から〉綿ビロードの一種で、縦方向にけばのあるうねを織りだしたもの。コーデュロイ。参考「コール天」とも書く。

ゴールデン〈golden〉(他の語の上に付いて)金色の、黄金の、黄金のように貴重な、の意を表す。

―アワー〈和製英語〉→ゴールデンタイム

―ウイーク〈和製英語〉四月下旬から五月上旬にかけて祝日などの休日の続く週間。黄金週間。春

―タイム〈和製英語〉テレビやラジオ放送で、視聴率・聴取率の最も高い時間帯。午後七時から一〇時まで。ゴールデンアワー。⇒プライムタイム

ゴールド〈gold〉金。黄金。「―メダリスト」

コールド-ウォー〈cold war〉→れいせん(冷戦)↔ホットウォー

コールド-クリーム〈cold cream〉化粧おとし・マッサージなどに使用する油性クリーム。

コールド-ゲーム〈called game〉野球で、試合が一定回以上進行したあと、日没・降雨・大量点差などで、最終回を待たずに勝敗の決定される試合。コールド。

コールド-チェーン〈cold chain〉生鮮食料品を生産地から消費地に、冷凍・冷蔵により新鮮な状態で送り届ける流通方法。低温流通機構。

コールド-パーマ〈cold permanent wave から〉髪に高い熱を加えるのでなく、薬品を使ってウエーブをつけること。また、その技術。コールドウエーブ。

コールド-ミート〈cold meat〉冷肉。冷肉料理。

こおろぎ【×蟋蟀】〔動〕コオロギ科の昆虫の総称。多くは草むら・物陰など暗い所にすみ、体は褐色系。頭部が大きく触角が長い。雄は秋の夜、美しい声で鳴く。ちちろむし。秋

コーン〈cone〉①円錐。②ウエハースでできた円錐形の容器。アイスクリームなどを入れる。③拡声器の円錐形の振動板。

コーン〈米 corn〉トウモロコシ。「―スープ」「ポップ―」参考英国では maize という。

―スターチ〈米 cornstarch〉トウモロコシから作ったでんぷん。食品・のりなどに用いる。コンスターチ。

―フレーク〈cornflakes〉トウモロコシの粒を蒸して薄くのばし、乾燥させた食品。コーンフレークス。はじまり 一八九四年、アメリカのケロッグ兄弟により開発されたのが最初。

ご-おん【呉音】漢字音の一つ。古代中国の南方系の漢字音が日本に伝わったもの。「行」を「ぎょう(ぎゃう)」、「金」を「こん」、「生」を「しょう(しゃう)」と発音する類。仏教語に多く残る。⇒漢音・唐音・字音(表)

ご-おん【語音】言葉を構成している音。言語音。

こ-おんな【小女】―ヲンナ ①小柄な女性。↔大女 ②少女。③年若い女中。

こ-か【古歌】古い歌。昔の人の詠んだ歌。

こ-か【△胡歌】胡人(=昔、中国北方にいた異民族)がうたった歌。えびすの歌。

コカ〈coca〉〔植〕コカノキ科の常緑低木。南アメリカのペルー原産。葉は楕円形。葉からコカインをとる。コカの木。

こ-が【古画】―グワ 古い時代に描かれた絵。

こ-が【古雅】(名・形動ダ)古風で上品なこと。また、そのさま。

こ-が【個我】個人として他と区別される自我。

こ-がい【戸外】―グワイ 家の外。屋外。「―に出る」

こ-がい【小買〔い〕】―ガヒ (名・他スル)当面必要な分だけ少しずつ買うこと。

こ-がい【子飼い・子◦養い】―ガヒ ①動物をひなや子の時から育てること。②子供の時から、または一人前になる前から面倒をみて育てること。また、育てられた人。「―の部下」

こ-がい【◦蚕飼い】―ガヒ (名・自スル)かいこを飼うこと。また、その人。養蚕。春

ご-かい【五戒】〔仏〕在家信者が守るべき五つのいましめ。不殺生・不偸盗・不邪淫・不妄語・不飲酒。

ご-かい【×沙蚕】〔動〕環形動物・多毛類ゴカイ科に属する動物。淡水の注ぐ海辺の砂地にすむ。釣りのえさにする。

ご-かい【碁会】―クワイ 碁を打ち合う集まり。

―しょ【―所】席料を取って碁を打たせ、また教える所。

ご-かい【誤解】(名・他スル)誤った理解をすること。意味をとりちがえて理解すること。「―を解く」「―を招く」

こ-がいしゃ【子会社】―グワイシャ 資本や人事などの関係で、ある会社の支配下にある会社。↔親会社

ご-かいどう【五街道】―カイダウ 江戸時代の、江戸日本橋を起点とした五つの主要道路。東海道・中山道・甲州街道・日光街道・奥州街道。

コカイン〈cocaine〉〔医〕コカの葉に含まれる結晶性のアルカロイド。局所麻酔剤に使用。習慣性がある麻薬。

こ-がき【小書き】(名・他スル)①文章の中に注などを小さく書きこむこと。また、書きこんだ字句。②〔演〕能楽で特別の演出の場合、それを番組の曲名の左方に小さい字で書きそえること。また、その演出。

こ-かく【古格】古い格式。昔から伝えられているやりかた。

こ-かく【孤客】一人旅の人。

こ-かく【顧客】→こきゃく

こ-がく【古学】江戸時代、朱子学・陽明学の注釈によらず、直接「論語」や「孟子」などの経書の本文を研究し、その精神を理解しようとした儒学の一派。山鹿素行の古学、伊藤仁斎の古義学、荻生徂徠の古文辞学などをいう。

こ-がく【古楽】①古い音楽。②〔音〕クラシック音楽で、バロック期以前の音楽。

ご-かく【互角】(名・形動ダ)たがいの力量に優劣のないこと。また、そのさま。五分五分。「―の試合」「―にわたり合う」語源 牛の二本の角の長さ・太さに差がないことからいう。

ご-かく【語格】言葉づかいの規則。語法。

ご-がく【語学】①言語全般について研究する学問。言語学。②外国語を学習・研究する学問。また、その学科。

こ-がくれ【木隠れ】木の陰にかくれること。また、木の陰になってはっきり見えないこと。

こ-かげ【小陰・小△蔭】ちょっとした物陰。

こ-かげ【木陰・木△蔭】木の下陰。樹陰。「―で休む」

こがし【焦がし】米・大麦などをいって粉にしたもの。香煎。「麦―」夏

-ごかし(接尾)(名詞に付いて)表面とはうらはらに、その事にかこつけて自分の利益をはかること。「おため―」「親切―」

こ-がしら【小頭】大きな集団を分けた小さな組をまとめる長。

こか・す【◦転す・◦倒す】(他五)サ(ソ)・シ・ス・ス・セ・セ 倒す。転がす。自こ・ける(下一)可能こか・せる(下一)

こが・す【焦がす】(他五)サ(ソ)・シ・ス・ス・セ・セ ①焼いて黒くする。「夜空を―炎」「魚を―」②心を苦しめ悩ます。「胸を―」③〔古〕香をたきしめる。自こ・げる(下一)可能こが・せる(下一)

こ-かた【子方】①てした。子分。②〔演〕能楽・芝居などで、子供が演じる役。また、その子供。

こ-がた【小形】 形が小さいこと。また、そのもの。↔大形

こ-がた【小型】 同類のものの中で型や規模が小さいこと。また、そのもの。「ー車」↔大型

ご-がたき【碁敵】 囲碁をよく打ちあう相手。囲碁の好敵手。

こ-がたな【小刀】 ①小さい刃物。ナイフ。② →こづか

—ざいく【—細工】 ①「小刀①」を使って細かいものを作ること。また、それでできた製作物。②根本的な解決を考えない、一時しのぎのはかりごと。小細工。

こ-かつ【枯渇・△涸渇】（名・自スル）①水がかれてなくなること。「水脈がーする」②物が欠乏したり尽き果てたりすること。「人材のー」「才能のー」

ご-がつ【五月】グワツ 一年の第五の月。皐月(さつき)。夏

—にんぎょう【—人形】ニンギヤウ 五月五日の端午(たんご)の節句に飾る武者人形。五月雛(ごがつびな)。夏

—びょう【—病】ビヤウ 四月に新しく入学・入社した者に五月ごろ現れる、環境不適応による無気力や憂鬱感などの症状。

こ-かつじばん【古活字版】クワツジバン 桃山時代末期から江戸時代初期にかけて、朝鮮の活字印刷技術を取り入れて印刷・出版された書物。古活字本。

こ-がね【小金】 少しばかりまとまった金銭。「ーをためる」

こ-がね【黄金】 ①きん。おうごん。②金貨。③（「こがね色」の略）金のように輝く黄色。「ーの波（＝実った稲穂の形容）」

—むし【—虫・×金亀子】〔動〕①コガネムシ科とその近縁の科の昆虫の総称。種類が非常に多い。②①の一種。体長約二センチメートルで金色を帯びた緑色。植物の葉を害する。幼虫は「じむし」といって土中にすみ作物の根を害する。夏

こがねむし…〔俳句〕〔金亀子　擲(なげう)つ闇(やみ)の　深さかな〕〈高浜虚子(たかはまきよし)〉灯下に飛んできて落ちたこがね虫を拾って、力まかせに窓の外に投げつけた。こがね虫の消えた視線の先にはまっくらな深い闇が続いている。（金亀子　夏）

ごか-の-あもう【呉下の△阿△蒙】（「阿」は、親愛を示す語）いつまでたっても、学問のいっこうに進歩しない者。【故事】呉の呂蒙(りょもう)は無学な武人であったが、主君孫権(そんけん)から学問を勧められて勉学に励んだ。後年、旧友の魯粛(ろしゅく)将軍がその進歩に驚いて「今はもう呉にいたころの阿蒙ではない」とほめたという話による。〈三国志〉

こ-かぶ【子株】 ①〔植〕親株から分かれて新しくできた株。②〔経〕会社が増資して発行した新株式。（↔親株）

ごか-ぼう【五家宝・五荷棒】 もち米を蒸し、干して炒(い)ったものを水あめなどで棒状に固め、水あめで練った黄な粉で巻いた菓子。埼玉県熊谷(くまがや)市の名産。五箇棒。語源 江戸時代、上野(こうずけ)国（群馬県）五箇村の人が初めて作ったという。

こ-がら【小柄】（名・形動ダ）①体格がふつうより小さいこと。また、そのさま。小づくり。「ーな人」②模様・縞(しま)が細かいこと。また、そのさま。「ーの着物」（↔大柄）

こ-がら【小△雀】〔動〕シジュウカラ科の小鳥。背中は灰褐色、顔や腹は白く、頭とのどは黒い。秋、美しい声で鳴く。秋(夏)

こ-がらし【木枯〔ら〕し・△凩】 秋の終わりごろから冬にかけて強く吹く冷たい風。冬 参考「凩」は国字。

こがれ-じに【焦がれ死〔に〕】（名・自スル）深く恋い慕うあまり病気になって死ぬこと。

こが・れる【焦がれる】（自下一）レ・レ・レル・レル・レレ・レロ(レヨ) ①激しく恋い慕う。激しく願い望む。「故国にー」「胸がー」②（動詞の連用形の下に付いて）その状態が続いて、たえられないほどせつない気持ちになる。「待ちー」「恋いー」「思いー」文こが・る（下二）

こ-かん【股間・△胯間】 またの間。またぐら。

こ-がん【孤△雁】 群れから離れて一羽だけでいる雁(がん)。

こ-がん【個眼】〔動〕複眼を構成している個々の小さい目。

こ-がん【湖岸】 みずうみのきしべ。

ご-かん【五官】クワン 五感の働く器官。目・耳・鼻・舌・皮膚。

ご-かん【互換】クワン（名・他スル）たがいに取りかえること。また、取りかえが可能なこと。

—せい【—性】 機器や部品、ソフトウェアなどが、他の同種のものと取りかえて使用できること。「ーがある」

ご-かん【五感】 視覚・聴覚・嗅覚(きゅうかく)・味覚・触覚の五感覚。

ご-かん【語幹】〔文法〕動詞・形容詞・形容動詞の活用で形の変わらない部分。「話す」の「はな」、「赤い」の「あか」など。↔語尾・活用語尾

ご-かん【語感】 ①発音や意味の広がりなどからくるその語特有のニュアンス。言葉のひびき。②言葉に対する感覚。言葉の使い方や微妙な意味の違いなどを区別する感覚。「ーが鋭い」

ご-がん【護岸】 河岸・海岸などを保護・強化して水害を防ぐこと。また、そのための施設。「ー工事」

こ-かんじゃ【小冠者】クワンジヤ 年の若い者。小わっぱ。

ごかんじょ【後漢書】 中国、南北朝時代初期（四四〇年ごろ）に成立した歴史書。南朝宋(そう)の范曄(はんよう)の撰(せん)。「史記」「漢書」に次ぐ後漢王朝二〇〇年の事跡を紀伝体で記す。

こ-かんせつ【股関節】クワンセツ〔生〕ももの付け根の関節。

こ-かんぼん【古刊本】 古い刊本。日本では慶長・元和(げんな)（一五九六—一六二四年）以前、中国では宋(そう)・元版以前の刊本をいう。

こ-き【古希・古△稀】 七〇歳のこと。「ーの祝い」語源 杜甫(とほ)の詩「曲江(きょくこう)」中の「人生七十古来稀(まれ)なり」の句から出た語。⇒賀

こ-き【呼気】 口から吐き出す息。↔吸気

こ-ぎ【古義】 古い意味。昔の解釈。

こ-ぎ【△狐疑】（名・他スル）（狐(きつね)は疑い深い動物といわれているところから）疑い迷ってためらうこと。「ー逡巡(しゅんじゅん)（＝疑い深く、決心がつかないでぐずぐずすること）」

ご-き【御忌】 →ぎょき(御忌)

ご-き【語気】 言葉つきや語勢。語調。「ー鋭く問いつめる」

ご-き【誤記】（名・他スル）まちがって書くこと。また、そのもの。

ご-ぎ【語義】 その言葉の持つ意味。語意。「ーを調べる」

コキール〈フランス coquille〉鶏肉・カキ・カニ・エビなどをホワイトソースであえたものを貝殻やその形の皿に入れ、粉チーズなどをかけてオーブンで焼いた料理。コキーユ。

こき-おろ・す【△扱き下ろす】（他五）サ(ソ)・シ・ス・ス・セ・セ 人や事物の欠点などを並べ立て、ひどくけなす。「作品をー」

ご-きげん【御機嫌】 ㊀（名）「機嫌」の敬称。「ーいかが」㊁（形動ダ）ダロ・ダッ(デ・ニ)・ダ・ナ・ナラ・〇〔俗〕機嫌のよいさま。「今日はーだ」

—ななめ【—斜め】（名・形動ダ）機嫌が悪いこと。また、そのさま。

—よう（感）人に会ったときや別れるとき、相手の健康を祝福・祈念して言う丁寧なあいさつの語。「ー、さようなら」語源「よう」は形容詞「よし」の連用形「よく」のウ音便。

こ-きざみ【小刻み】 ①間隔を短く早くきざむこと。「ーにふるえる」②何回かに分けて続けて行うこと。「ーに値上げする」

ごきしちどう【五畿七道】ゴキシチダウ 律令(りつりょう)制における行政区画。畿内の山城(やましろ)・大和(やまと)・河内(かわち)・和泉(いずみ)・摂津(せっつ)の五か国に東海道・東山道・北陸道・山陰道・山陽道・南海道・西海道の七道を加えた日本の総称。

こ-ぎたな・い【小汚い】（形）カロ・カッ(ク)・イ・イ・ケレ・〇（「こ」は接頭語）なんとなく汚らしい。うす汚い。文こぎたな・し(ク)

こき-つか・う【△扱き使う】ツカフ（他五）ワ(オ)・イ(ッ)・ウ・ウ・エ・エ 遠慮な

く人を激しく使いまくる。酷使する。「部下を―」

こぎ-つ・ける【△漕ぎ着ける】■（他下一）船をこいで到着させる。「向こう岸に―」■（自下一）努力や苦労をしてやっと目標とする状態に達する。「ようやく開店に―」文こぎつ・く(下二)

こ-ぎって【小切手】〘商〙銀行に当座預金をもつ者が銀行に対して、券面の金額を持参人に支払うよう依頼した有価証券。

ごきない〔五畿内〕畿内の五か国。山城・大和・河内・和泉・摂津。

ごきぶり【×蜚蠊】〘動〙ゴキブリ目の昆虫の総称。体は卵形で平たく色は茶褐色か黒褐色。油をつけたような光沢がある。種類が多く、雑食性で、病原菌を媒介する。アブラムシ。夏

こき-ま・ぜる【◇扱き混ぜる・◇扱き◇雑ぜる】（他下一）まぜあわせる。かきまぜる。「うそもまことも―・ぜて話す」文こきま・ず(下二)

こ-きみ【小気味】（「こ」は接頭語）「気味」をやや強めた語。

―よ・い【―◇好い】（形）手ぎわや行動などがあざやかで気持ちがよい。痛快で胸がすっとする。「―切れ味」文こきみよ・し(ク)

こ-きゃく【顧客】おとくい。ひいきの客。顧客。

ご-ぎゃく【五逆】〘仏〙五種の重罪。父を殺すこと、母を殺すこと、阿羅漢（＝得道者）を殺すこと、僧団の和合を破ること、仏身を傷つけることの五つ。五逆罪。「十悪―の罪人」

コキュ〈フランス cocu〉妻を寝取られた男。

こ-きゅう【呼吸】■（名・自他スル）生物が、酸素をとり入れ二酸化炭素を排出する作用。息を吸ったり吐いたりすること。参考組織や細胞が行うものを内呼吸、呼吸器で行うものを外呼吸という。■（名）①共同作業する相手との間合い・調子。「―が合う」②物事を行うこつ。要領。「―をつかむ」

―き【―器】生物が呼吸作用を行う器官。肺・えらなど。

こ-きゅう【故旧】昔からの知り合い。昔なじみ。旧知。「―忘れがたし」

こ-きゅう【鼓弓・△胡弓】〘音〙三味線に似て、それよりも小さい東洋の弦楽器。馬の尾の毛を用いた弓でこすって演奏する。

〔鼓弓〕

こ-きょう【故京・古京】もとの都。古い都。旧都。

こ-きょう【故郷】生まれ育った土地。ふるさと。郷里。↕異郷

―へ錦を飾る　立身出世して、晴れがましく帰郷する。

こ-きよう【小器用】（形動ダ）（「こ」は接頭語）ちょっと器用でなんでも無難に処理するさま。こきよう。「―に仕事をこなす」

ご-きょう【五経】儒教で尊重する「易経」「書経」「詩経」「礼記」「春秋」の五つの経書。「四書―」

ご-ぎょう【五行】古代中国の思想で、万物を成り立たせている木・火・土・金・水の五つの元素。天地間のすべての現象をこの五行の運行で解釈する世界観を五行説という。

ご-ぎょう【御形】春の七草の一つ。「ははこぐさ」の異名。おぎょう。新年⇩春の七草(さしえ)

こ-きょく【古曲】昔の楽曲・歌曲。

こ-ぎ・る【小切る】（他五）①小さく切る。②値切る。可能こぎ・れる(下一)

こ-ぎれ【小切れ・小◇布】①布の切れはし。「破れ目を―で繕う」②（「小切れ物」の略）芝居で、役者の衣装に付属する小物。手ぬぐい・足袋など。

こ-ぎれい【小△綺麗】（形動ダ）（「こ」は接頭語）清潔でさっぱりと整っているさま。文(ナリ)

こきんしゅう〔古今集〕「古今和歌集」の略。

こきん-でんじゅ【古今伝授】中世、「古今集」の語句の注釈に関する秘説を師から特定の弟子に授けたこと。

こきんわかしゅう〔古今和歌集〕最初の勅撰和歌集。二〇巻、約一一〇〇首を収録。九〇五(延喜五)年ごろ、紀貫之・紀友則・凡河内躬恒・壬生忠岑が撰進。歌風は優美・繊細・理知的。古今集。

こく【石】（字義）→せき(石)

こく【石】①尺貫法で穀物や液体の容積をはかる単位。一石は一斗の一〇倍。約一八〇リットル。②和船の積載量、材木の体積量の単位。一〇立方尺(約〇・二八立方メートル)。③大名や武家の知行高を表す単位。「加賀百万―」

こく【克】 コク㊥ よく・かつ

（字義）①よく。じゅうぶん。「克明」②かつ。たえる。うちかつ。「克服・克己・相克・超克」人名いそし・かつみ・すぐる・たえ・なり・まさる・よし

こく【告】 教5 コク つげる

（字義）つげる。㋐いう。「告辞・告白・警告・宣告・忠告・報告」㋑しめす。知らせる。「告示・告知・通告・布告・予告」㋒うったえる。「告訴・告発・上告」人名しめす・つぐ・つげ

こく【谷】 教2 コク㊥ たに・や・きわまる

（字義）①たに。狭い山間の流れ。山間の低地。「峡谷・渓谷・幽谷」②きわまる。ゆきづまる。難読谷間・谷蟇・谷地 人名はざま・ひろ・やつ(姓)

こく【刻】 教6 コク きざむ

（字義）①きざむ。ほりつける。「刻字・刻銘・印刻・彫刻」②せめる。苦しめる。「刻苦」③きびしい。むごい。「刻薄・苛刻・峻刻」④水時計の目盛り。時間。「刻下・刻限・一刻・時刻・数刻・寸刻・時時刻刻」人名とき

こく【刻】昔の時間の単位。一昼夜を一二等分してそれに十二支をあてて呼んだ。一刻は約二時間。さらに一刻を三分して上刻・中刻・下刻といった。「子の―」「丑の上―」

こく【国】 教2 【國】人 コク くに

（字義）①くに。国家。一つの政府のもとの地域的行政体。「国政・国会・国旗・故国・小国・祖国・大国・万国・母国・列国」②ふるさと。「郷国」③国中で特にすぐれた人。「国士・国手」④日本の国。「国史・国文学」参考「圀」は異体字。難読国造・国風・国許 人名とき

こく【黒】 教2 【黑】人 コク くろ・くろい

（字義）①くろ。色がくろい。「黒色・黒人・黒板・漆黒」②くらい。「暗黒」③わるい。正しくない。「黒白」難読黒酒・黒衣・黒子・黒子

こく【穀】 教6 【穀】人 コク

（字義）こくもつ。田畑に作り実を食用とする作物。「穀倉・穀物・穀類・五穀・雑穀・新穀・脱穀・米穀」難読穀潰し 人名よし・より

こく【酷】 コク㊥ むごい・ひどい

(字義) ①むごい。きびしい。容赦しない。「酷薄・酷評・苛酷・過酷・厳酷・残酷・峻酷・冷酷」②ひどい。はげしい。「酷似・酷暑・酷寒」

こく【酷】(形動ダ) ダロ・ダッ(デ・ニ)・ダ・ナ・ナラ・○ むごいさま。きびしいさま。「彼にはーな仕事だ」「懲戒処分とはーだ」文(ナリ)

こく 深みのある味わい。「ーのある酒」語源 漢語の「酷」からとも形容詞「濃い」の連用形からともいう。

こ-く【古句】 昔の句。昔の人の俳句。

こ-く【◇扱く】(他五) カ(コ)・キ(イ)・ク・ク・ケ・ケ かきおとす。むしる。しごいて落とす。「稲をー」可能 こ・ける(下一)

こ-く【◇放く】(他五) カ(コ)・キ(イ)・ク・ク・ケ・ケ 《俗》①ひる。放つ。「屁をー」②はばかりもなく言う。「うそをーな」可能 こ・ける(下一)

こ-ぐ【◇扱ぐ】(他五) ガ(ゴ)・ギ(イ)・グ・グ・ゲ・ゲ 根のついたまま引き抜く。根こぎにする。「苗をー」可能 こ・げる(下一)

こ-ぐ【△漕ぐ】(他五) ガ(ゴ)・ギ(イ)・グ・グ・ゲ・ゲ ①船を進めるために、櫓や櫂を動かす。「ボートをー」②自転車などを進めるために、ペダルを踏む。③ぶらんこが揺れるように足を動かす。④雪が積もるなどして歩きにくい中をかき分けて進む。「藪をー」「人波をーいで行く」⑤手押しポンプを動かす。⑥(「船をこぐ」の形で)居眠りをする。可能 こ・げる(下一)

ごく【極】(字義) →きょく(極)

ごく【極】(副) きわめて。この上なく。「ー上等の品物」

ごく【獄】 ゴク ひとや (中)

ノ 犭 犭' 犭言 獄

(字義) ①ろうや。罪人をとじこめておく所。「獄舎・獄窓・獄門・監獄・典獄・入獄・牢獄」②うったえる。訴訟。「獄訟・疑獄」

ごく【獄】 罪人をとじこめておく所。ろうや。「ーにつながれる」

ご-く【語句】 ①語と句。②言葉。「ーの意味を調べる」

ごく-あく【極悪】(名・形動ダ) 性質や行為が悪に徹していること。この上なく悪いこと。また、そのさま。「ー人」

ーひどう【ー非道】 ダウ(ヒ) (名・形動ダ) 道理・人情からはずれて、この上なく悪いこと。また、そのさま。「ーの人」

こく-い【国威】 ヰ 国の威力・威光。特に、国家が他国に対して示す威力・威光。「ーの発揚」

こく-い【黒衣】 ①黒い衣服。②墨染めの僧衣。黒い僧服。参考「こくえ」ともいう。

ごく-い【極意】 学問・武道・芸能などで、その道を極めた人だけが体得できる深い境地。奥義。「剣道のー」

ごく-い【獄衣】 監獄で、囚人の着る衣服。囚人服。

こく-いっこく【刻一刻】(副) しだいに時間が経過するさま。一刻一刻。刻々。だんだん。「ー(と)変化する」

こく-いん【刻印】(名・自他スル) ①印を彫ること。また、その印。はんこ。②しるしを刻みつけること。③→ごくいん②

ごく-いん【極印】 ①江戸時代、金銀の貨幣などに品質を証明するために押した印。②動かしがたい証拠・証明。刻印。

ーを押す 確かにそうだと決めつける。烙印を押す。「裏切り者のー」用法 よくない意味に用いる。

ーづき【ー付き】 ①「ごくいん①」が押してあること。また、そのもの。「ーの小判」②確かにそうだと認められていること。保証付き。「ーの大悪党」

こ-くう【虚空】 何もない空間。そら。大空。「ーをつかむ」

ーぞうぼさつ【ー蔵△菩△薩】 ザウ 《仏》無限の知恵と福徳を衆生に分け与えて救うという菩薩。虚空蔵。

こく-う【穀雨】 (春雨が降って百穀をうるおす意)二十四気の一つ。陽暦四月二〇日ごろ。春

ご-くう【御◇供】 神仏に供える物。御供物。御供。「人身ー」

こく-うん【国運】 国の運命。「ーをかける」

こく-うん【黒雲】 黒色の雲。黒雲。暗雲。

こく-え【黒◇衣】 →こくい(黒衣)

こく-えい【国営】 国が経営すること。また、その事業。官営。

こく-えき【国益】 国家の利益。「ー重視の経済政策」

こく-えん【黒煙】 黒い色をしたけむり。

こく-えん【黒鉛】《地質》金属光沢をもった炭素の同素体の一つ。黒色で柔らかく、鉛筆の芯・原子炉の中性子減速材・反射体などに広く利用される。石墨。グラファイト。

こく-おう【国王】 ワウ 一国の君主。王国を統治する者。

こく-おん【国恩】 生まれた国から受ける恩。国の恩。

こく-が【国△衙】《日》①国司が政務にあたった役所。国府。②(平安後期以降)国司が治める土地。国衙領。国領。

こく-がい【国外】 グワイ 国の領土の外。「ー追放」↔国内

こく-がく【国学】 ①律令制時代の地方官吏養成機関。国ごとに一校を設け、郡司の子弟に経学を教授した。②江戸時代、儒学・仏教に対抗して、記紀・万葉集などにより日本固有の精神・文化を究明しようとした学問。↔洋学・漢学

ーのしたいじん【ーの四大人】 江戸時代の国学の四大家。荷田春満・賀茂真淵・本居宣長・平田篤胤の四人。春満のかわりに契沖とも。

こく-かん【酷寒】 →こっかん(酷寒)

ごく-かん【極寒】 →ごっかん

こく-ぎ【国技】 その国特有の武術・スポーツ。日本では相撲。

こく-ぐう【酷遇】(名・他スル) むごい取り扱いをすること。

こく-ぐら【穀倉】 穀物を貯蔵しておく倉。穀倉。

こく-ぐん【国軍】 国家の軍隊。自国の軍隊。

こく-げき【国劇】 その国特有の演劇。日本では歌舞伎。

ごく-げつ【極月】 (年の極まる月の意から)「十二月」の異称。しわす。冬

こく-げん【刻限】 ①定められた時刻。定刻。「ーが迫る」②時刻。時間。「子のー」

こく-ご【国語】 ①それぞれの国で公用に使われている言語。②日本語。「ー辞典」③漢語・外来語に対して、本来の日本語。和語。やまとことば。④(「国語科」の略)学校の教科の一つ。日本語の読み書き、理解、表現能力の向上を目的とする。

ーがく【ー学】 音韻・語彙・語法など、日本語に関する事柄を自国の言語として研究する学問。日本語学。

ーしんぎかい【ー審議会】 シンギクワイ 国語の改善・国語教育の振興などを審議し、必要に応じて政府に建議した諮問機関。二〇〇一(平成十三)年、文化審議会国語分科会に改組。

こく-ごう【国号】 ガウ 国の称号。国名。

こく-こく【刻刻】(副) →こっこく

ごく-ごく【極極】(副) (「ごく」を強めた語)きわめて。この上もなく。非常に。「ーまれなことだ」

こく-さい【国債】《法》国家が歳入の不足を補うなど、財政上の理由から発行する債券。「ーを発行する」

こく-さい【国際】 国と国との関係。自国だけでなく、諸国家とかかわっていること。「ー交流」「ー親善」用法 多く、他の語の上に付けて用いられる。

こくさい-うちゅうステーション【国際宇宙ステーション】 ウチウステーション アメリカ・欧州諸国・日本・カナダ・ロシアなど一五か国が協力し、地上約四〇〇キロメートル上空に建設した宇宙実験施設。居住施設があり、有人で実験・観測を行う。ISS

こくさい-くうこう【国際空港】 クウカウ 国際航空条約に

よって、諸国間で民間機の相互乗り入れを認めている空港。

こくさい-けっこん【国際結婚】 国籍の異なる者どうしの結婚。

こくさい-げんしりょくきかん【国際原子力機関】 ―ゲンシリヨクキクワン 国際連合の傘下にある機関の一つ。原子力の平和利用を促進し、軍事転用の防止をはかる。IAEA

こくさい-ご【国際語】 言語の異なる民族・国家の間で、共通に使用することを目的とした言語。国際補助語。世界語。

こくさい-こうほう【国際公法】 ―コウハフ 〔法〕国家間の合意に基づき、国家間の権利・義務を規定する法。国際法。

ごく-さいしき【極彩色】 非常に華やかないろどり。けばけばしいいろどり。「―を施した寺院」

こくさい-しほう【国際私法】 ―シハフ 〔法〕国際取引や国際結婚など、国際的な私法関係に適用する法を指定する法。

こくさい-しゅうし【国際収支】 ―シウシ 一国の一定期間(通常一年)における外国との取り引きを、支払額と受取額とについて集計したもの。経常収支と資本収支とに大別される。

こくさい-しょく【国際色】 いろいろな国の人や物の集まりからかもし出される、変化に富んだ雰囲気。「―豊かな大会」

こくさい-じん【国際人】 広く世界に通用する人。また、国際的に活躍している人。コスモポリタン。

こくさい-たんいけい【国際単位系】 ―タンヰケイ メートル法単位による統一を目的として、一九六〇(昭和三十五)年の国際度量衡総会で採択された単位系。SI

▼国際単位系におけるおもな単位

	基本単位	記号
長さ	メートル	m
質量	キログラム	kg
時間	秒	s
電流	アンペア	A
温度	ケルビン	K
	セルシウス度	℃
物質量	モル	mol
光度	カンデラ	cd
角度	ラジアン	rad
面積	平方メートル	m^2
体積	立法メートル	m^3
周波数	ヘルツ	Hz
力	ニュートン	N
圧力	パスカル	Pa
仕事	ジュール	J
電気量	クーロン	C
電圧	ボルト	V
電気抵抗	オーム	Ω
電力	ワット	W
光束	ルーメン	lm
照度	ルクス	lx
放射能	ベクレル	Bq
線量当量	シーベルト	Sv

こくさい-つうか【国際通貨】 ―ツウクワ 国際間の取り引きの決済に使われる通貨。ドルやポンドなど。

―ききん【―基金】 →アイエムエフ

こくさい-てき【国際的】 (形動ダ) ダロ・ダッ(デ)・ニ・ダ・ナ・ナラ・○ 多くの国とかかわっているさま。世界中に広がっているさま。「―な評価」

こくさい-でんわ【国際電話】 他国にいる人と、電話で通信すること。また、その通信。(はじまり)日本初の国際電話は、一九三四(昭和九)年、東京とフィリピンのマニラとの間で開設。

こくさい-ほう【国際法】 ―ハフ →こくさいこうほう

こくさい-みほんいち【国際見本市】 世界各国の産業製品の展示会。ITF

こくさい-れんごう【国際連合】 ―レンガフ 第二次世界大戦後、国際平和と安全の維持などのため、アメリカ・イギリス・ソ連・中国・フランスの五か国を中心に組織された国際機構。一九四五(昭和二十)年に発足。本部はニューヨーク。国連。UN (参考)日本の国際連合加盟は一九五六年。

こくさい-ろうどうきかん【国際労働機関】 ―ラウドウキクワン →アイエルオー

こく-さく【国策】 国家の政策。「―に沿った企業活動」

こくさく-の-きよう【告△朔の△餼羊】 ―キヤウ 古くからの習慣・行事は害のないかぎり保存するほうがよいということ。また、形式だけで実質が伴わないことのたとえ。

【故事】「告朔」は古代中国の儀式。春秋時代、魯(ろ)の国で告朔の儀式が廃れ、毎月一回いけにえ(=餼)の羊を祖廟(そびょう)にそなえる習慣だけが残っていたので、孔子の弟子の子貢(しこう)がこれをやめようとしたとき、孔子が「おまえは羊を惜しみ、私は虚礼でもその礼を惜しむ」と言ったことからいう。〈論語〉

こく-さん【国産】 自国で生産・産出されること。また、そのもの。「―品」「―車」↕舶来

こく-し【国士】 ①その国のなかで特にすぐれた人物。②国のために身をささげてつくす人。憂国の士。

―むそう【―無双】 ―ムサウ 天下第一のすぐれた人物。

こく-し【国司】 〔日〕律令(りつりょう)制のもとで、政府から諸国に派遣された地方官。くにのつかさ。

こく-し【国史】 ①一国の歴史。②日本の歴史。日本史。

こく-し【国師】 〔仏〕国家の師としてふさわしい高徳の僧に朝廷から贈られた称号。

こく-し【酷使】 (名・他スル) 人や物を、耐えられる限度を超えるほどひどく使うこと。こき使うこと。「―に耐える」

こく-じ【告示】 (名・他スル) 公的な機関が一般の人に広く告げ知らせること。「内閣―」⇩公示「ちがい」

こく-じ【刻字】 文字を彫刻すること。また、その文字。

こく-じ【国字】 ①その国の国語を表す文字。②日本で作られた漢字。「畑」「峠」などの類。③(漢字に対して)仮名文字。

こく-じ【国事】 国家の政治に関する事柄。

―こうい【―行為】 ―カウヰ 日本国憲法で定められた、天皇の国事に関する形式的・儀礼的行為。内閣の助言と承認により行われ、内閣がその責任を負う。

―はん【―犯】 国の政治を侵害する犯罪。政治犯。

こく-じ【国璽】 国家を表するしとして押す印。

こく-じ【酷似】 (名・自スル) 区別できないほどよく似ていること。「人相が―している」

ごく-し【獄司】 監獄を管理する役人。獄吏(ごくり)。

ごく-し【獄死】 (名・自スル) 監獄の中で死ぬこと。

こく-しつ【黒漆】 ①黒色の漆(うるし)。または、その塗り物。②光沢のあるまっ黒な色。漆黒(しっこく)。

こくし-びょう【黒死病】 ―ビヤウ →ペスト

ごく-しゃ【獄舎】 囚人を収容する建物。牢獄(ろうごく)。

こく-しゅ【国手】 ①(国を医する名手の意から)医師の敬称。名医。②囲碁の名人。

こく-しゅ【国主】 ①一国の君主。天子。皇帝。②(「国主大名」の略)江戸時代、一国以上を領有した大名。国守。

こく-しゅ【国守】 ①律令(りつりょう)制で、国司の長官。国の守(かみ)。②→こくしゅ(国主)②

ごく-しゅう【獄囚】 ―シウ 獄舎にとらわれている人。囚人。

こく-しょ【国初】 建国の初め。

こく-しょ【国書】 ①国の名で出す外交文書。「―を取り交わす」②日本語で書かれた書物・記録。和書。↕漢書・洋書

こく-しょ【酷暑】 ひどい暑さ。きびしい暑さ。(夏)↕酷寒

ごく-しょ【極暑】 これ以上は考えられないほどの暑さ。また、その時節。(夏)↕極寒

こく-じょう【国情・国状】 ―ジヤウ その国の政治・経済・社会などの総合的なありさま。「―に合った取り組み」

ごく-じょう【極上】 ―ジヤウ (名・形動ダ) きわめて上等なこと。また、そのもの。最上。「―品」

こく-しょく【黒色】 黒い色。黒色(くろいろ)。

―じんしゅ【―人種】 →ネグロイド

こく-じょく【国辱】 その国の恥となること。国家の恥。「―

的行為」

こく-じん【黒人】皮膚の色が黒褐色の人種に属する人。

こく-すい【国粋】その国や国民に固有の長所・美点。

ーしゅぎ【ー主義】自国のよい点だけを認め、外来の思想や文化に影響されまいとする排他的な考え方。自国が他国より優れていると考え、他を排斥しようとする保守的な主義。

こく・する【△哭する】(自サ変) シ(セ・サ)・シ・スル・スル・スレ・セヨ 大声を上げて泣く。文こく・す(サ変)

こく・する【刻する】(他サ変) シ(セ・サ)・シ・スル・スル・スレ・セヨ きざむ。彫り付ける。「賜杯に名をー」文こく・す(サ変)

こく-ぜ【国是】国家や国民がよいと認めた国政上の方針。

こく-せい【国政】国の政治。国を治めてゆくこと。

こく-せい【国勢】その国の人口・産業・資源などのありさま。

ーちょうさ【ー調査】国内の人口動態や世帯の実態などを一定の時期に全国一斉に調べること。日本では一〇年ごとに正式調査、五年ごとに簡易調査を実施。

こく-ぜい【国税】国家が国民に課し徴収する税金。所得税・法人税・相続税・消費税・酒税など。↕地方税

ーちょう【ー庁】国税の賦課と徴収をおもな仕事とする官庁。財務省の外局。

こく-せき【国籍】①〘法〙一定の国家の国民であるという資格。「日本ーを取得する」②飛行機・船舶などの、特定の国への所属。「ー不明の船」

こく-せん【国選】国が選ぶこと。官選。

ーべんごにん【ー弁護人】〘法〙被告人が貧困などのために弁護人を選任できないときに、代わりに裁判所が国費で選任する弁護人。官選弁護人は旧称。

こくせんやかっせん〔国性爺合戦〕江戸中期の浄瑠璃。近松門左衛門作。一七一五(正徳五)年初演。明朝の遺臣鄭芝竜の日本亡命中の子、和藤内(国性爺)が、明朝の再興を図る活躍を描く。

こく-そ【告訴】(名・他スル)〘法〙犯罪の被害者またはその代理人などが、捜査機関に対し、犯罪の事実を申し立てて、犯人の処罰を請求すること。

こく-そう【国葬】国家の儀式として国費で行う葬儀。

こく-そう【穀倉】①穀物を入れておく倉。穀倉。②(比喩的に)穀物を多く産して他へ供給する地域。

ーちたい【ー地帯】穀物が豊富に生産される地域。

ごく-そう【獄窓】牢獄の窓。また、獄中。

こくぞう-むし【穀象虫】〘動〙オサゾウムシ科の昆虫。体長三ミリメートルほど。赤褐色ないし黒褐色で口吻が長く象の鼻に似る。貯蔵穀物を食べる害虫。米食い虫。夏

こく-ぞく【国賊】自国を乱し、国家に害を与える者。

こ-ぐそく【小具足】よろいの付属品。こて・すねあてなど。また、それらを着け、あとはよろいを着けるだけの姿。

ごく-そく【獄則】牢獄内の規則。

ごく-そつ【獄卒】①もと、囚人を直接取り扱う下級の役人。獄丁。②〘仏〙地獄で死者の罪を責めるという鬼。

こく-たい【国体】①国の体面。国の体裁。「ーをけがす」②主権がだれにあるかによって区別される国家の形態。君主制・共和制など。③「国民体育大会」の略。

こく-たい【黒体】〘物〙あらゆる波長の電磁波を完全に吸収すると考えられる理想的な物質。

こく-だか【石高】①米穀の収穫量。②〘日〙近世、田畑の価値・租税負担力を米の収穫高で計ったもの。豊臣秀吉の太閤検地で確立された。③米で給付された武士の扶持高。

こく-だち【穀断ち】(名・自スル) 修行・祈願などのため、ある期間、米・麦などの穀物を食べないこと。「ーの行」

こく-たん【黒炭】石炭の一種。約八〇パーセントの炭素を含み、黒色でつやがあるもの。瀝青炭。

こく-たん【黒△檀】〘植〙カキノキ科の常緑高木。インド南部・セイロン島原産。材は黒く堅くてきめ細かく、磨くと美しい光沢が出る。家具・楽器などの材とする。黒木。

こく-ち【告知】(名・他スル) 告げ知らせること。通知。「ー板」「日程をーする」

こ-ぐち【小口】①横断面。切り口。②少量。少額。「ーの取り引き」↕大口 ③書物の背以外の三方の紙の断面。特に、背と反対側の部分。

ーぎり【ー切り】細長い野菜などを端から薄く輪切りにしていくこと。「キュウリのー」

こ-ぐち【木口】木材を横に切った切り口。木口。

ごく-ちゅう【獄中】牢獄の中。刑務所の中。「ー記」

こく-ちょう【国鳥】国を代表する鳥。日本では雉。

こく-ちょう【黒鳥】〘動〙カモ科ハクチョウ属の水鳥。体はハクチョウに似るが、全身黒色。

ごく-ちょうたんぱ【極超短波】→ユーエッチエフ

ごく-つぶし【◦穀潰し】食うだけは一人前だが働きのない人をののしっていう語。「このーめ」

こく-てい【国定】国家が一定の基準によって制定すること。

ーきょうかしょ【ー教科書】文部省で著作し全国の学校で使用された教科書。一九〇三(明治三十六)年小学校教科書に始まり、一九四七(昭和二十二)年の学校教育法で廃止、一九四九(昭和二十四)年からは検定制となった。

ーこうえん【ー公園】国立公園に準ずる公園。所在地の都道府県が管理する。

こく-てつ【国鉄】(「国有鉄道」の略)国の経営する鉄道。特に、国有鉄道事業の経営のために設立された公共企業体「日本国有鉄道」の略。一九八七(昭和六十二)年、分割民営化された。⇩ジェーアール

こく-てん【国典】①国家の法典。②国家の儀式。③日本の典籍。国書。

こく-てん【黒点】①黒い色の点。②〘天〙太陽面に現れる黒色の斑点。太陽黒点。

こく-でん【国電】「国鉄(日本国有鉄道)」の電車。特に、都市部の近距離電車をいった。

こく-と【国都】一国の首都。首府。

こく-ど【国土】一国の統治権が及んでいる地域・土地。領土。「わが国固有のー」「ーの総合的開発」

ーけいかく【ー計画】国土の利用・開発・保全をあらゆる面から高めようとする計画。

ーこうつう-しょう【ー交通省】中央行政官庁の一つ。国土の利用・開発・保全のための政策推進、社会資本の整備、交通政策の推進などの事務を扱う。二〇〇一(平成十三)年、建設省・運輸省・国土庁・北海道開発庁を統合して発足。

ーちり-いん【ー地理院】国土の測量や地図作成に当たる国土交通省の特別機関。

こく-ど【国△帑】(「帑」は、金蔵の意)国家の財貨。

こく-ど【黒土】〘地質〙腐植質を多く含む肥えた黒色土壌。

こく-ど【黒奴】①黒人の奴隷。②黒人をののしっていう語。

こく-とう【黒糖】→くろざとう

こく-どう【国道】国家が建設・管理する幹線道路。一般国道と高速自動車国道とがある。

ごく-どう【極道・獄道】(名・形動ダ) 女色・酒・ばくちな

どにふけり、品行のおさまらないこと。また、その人。「—息子」

こく-ない【国内】 国の領土内。国の内部。↕国外

—そうせいさん【—総生産】 →ジーディーピー

ごく-ない【極内】(名・形動ダ) きわめて内密なさま。極秘。

こく-ないしょう【黒内障】—ナイシヤウ 〔医〕外見上は異状がないのに、視力が悪くなる病気。くろそこひ。

こく-なん【国難】 国家の存亡にかかわる危難。

こく-ぬすびと【穀盗人】 ろくに仕事もしないのに、給与を受けている者をののしっていう語。ごくつぶし。禄盗人ろくぬすびと。

こく-ねつ【酷熱】 非常な暑さ。「—の夜」

ごく-ねつ【極熱】 この上ない厳しい暑さ。「—地獄」

こく-はく【告白】(名・他スル) 心の中に秘めていたことを打ち明けること。また、その言葉。「恋の—」「罪を—する」

こく-はく【酷薄】(名・形動ダ) 残酷で薄情なこと。また、そのさま。「—非情」

こく-はつ【告発】(名・他スル) ①〔法〕犯罪に関係のない第三者が捜査機関に犯罪事実を申し立て、捜査と被疑者の訴追を求めること。「—状」②悪事や不正を暴いて告げ知らせること。「内部—」

こく-はん【黒斑】 黒い斑点はんてん。

—びょう【—病】—ビヤウ 〔農〕野菜や果樹の葉・茎・根・果実に種々の菌類が寄生して黒い斑点はんてんを生じる病気の総称。

こく-ばん【黒板】 チョークで文字や図などを書くために黒や暗緑色に塗った板。

こく-ひ【国費】 国庫が支出する費用。「—留学」

こ-くび【小首】(「こ」は接頭語)首。頭かしら。

—をかしげる 首を少し曲げて思案する。また、不思議に思う。不審がる。小首を傾ける。

ごく-ひ【極秘】 関係者以外は絶対に秘密であること。厳秘。

ごく-び【極微】(名・形動ダ) →きょくび

こく-びゃく【黒白】 ①黒と白。②物事のよしあし。是と非。善悪。正邪。「法廷で—を争う」「—をつける」

—を弁べんぜず 物事のよしあしの判断ができない。

こく-ひょう【酷評】—ヒヤウ (名・他スル) きびしく批評すること。また、その批評。「作品を—する」

こく-ひん【国賓】 国の正式の客として来訪し、国費で接待される外国人。元首・首相・王族など。

ごく-ひん【極貧】(名・形動ダ) はなはだしく貧しいこと。また、そのさま。赤貧。「—にあえぐ」

こく-ふ【国父】 国民から父として敬慕される人。

こく-ふ【国府】 〔日〕律令りつりょう制のもとで国ごとに置かれた国司の役所。また、その所在地。国衙こくが。府中。国府こくふ・こう。

こく-ふ【国富】 国家全体の財産。国の富。国の財力。

こく-ふう【国風】 ①その国や地方特有の風俗。国ぶり。②国の風俗を表した詩歌・俗謡。③(漢詩に対して)和歌。

こく-ふく【克服】(名・他スル) 努力して困難に打ち勝つこと。「障害を—する」

こく-ふく【克復】(名・他スル) 困難に打ち勝って、以前の状態を取り戻すこと。「平和を—する」

ごく-ぶと【極太】 きわめて太いこと。特に、きわめて太い毛糸。「—の芯しん」「—で編んだセーター」↕極細ごくぼそ

こく-ふん【穀粉】 穀物をひいて粉にしたもの。

こく-ぶん【国文】 ①日本語で書かれた文章。②「国文学」の略。③(「国文学科」の略)大学などで、国文学・国語学を研究する学科。「—の学生」「—専攻」

こく-ぶんがく【国文学】 ①日本文学。②日本文学を研究する学問。「—を専攻する」

—し【—史】 日本文学の発達変遷の歴史。

こくぶん-じ【国分寺】 奈良時代、聖武しょうむ天皇の命により国家の平安と五穀の豊穣ほうじょうを祈願するために諸国に建てられた寺。一般に僧寺をさすが広義には尼寺をも含む。

こく-ぶんぽう【国文法】—ブンパフ 日本語の文法。

こく-べつ【告別】(名・自スル) 別れを告げること。「—の辞」

—しき【—式】 死者の霊前で別れを告げる儀式。用法 転任者・退職者を送る送別の式の意にも用いたことがある。

こく-ほ【国歩】 国の歩み。国の前途。国の運命。

こく-ほ【国保】「国民健康保険」の略。

こく-ぼ【国母】 ①(国民の母の意で)皇后。②天皇の母。皇太后。参考「こくも」ともいう。

こく-ほう【国宝】 ①国の宝。②重要文化財のうち、国が特に指定し保護・管理する建築物・美術品・工芸品・文書など。

こく-ほう【国法】—ハフ 国家の法律。国のおきて。特に、憲法。

こく-ぼう【国防】—バウ 外敵の侵入に対する国家の防備。

—しょく【—色】(旧陸軍の軍服の色から)カーキ色。

ごく-ぼそ【極細】 きわめて細いこと。特に、きわめて細い毛糸。「—のペン先」「—で編む」↕極太ごくぶと

こく-ほん【国本】 国の基礎。国の土台。

こく-みん【国民】 一国の統治権のもとに国家を構成する成員で、その国の国籍を持つ人々。「—感情」「—の権利と義務」

こくみん-えいよしょう【国民栄誉賞】—エイヨシヤウ 広く国民に敬愛され、社会に明るい希望を与えることに顕著な業績があった人に贈られる賞。内閣総理大臣が決定する。一九七七(昭和五十二)年創設。

こくみん-がっこう【国民学校】—ガクカウ 一九四一(昭和十六)年に小学校の名称を廃して、ドイツの制度にならった呼び名。戦後一九四七(昭和二十二)年に小学校にもどした。

こくみん-きゅうかむら【国民休暇村】—キウカムラ 国立公園・国定公園内に設けた国民のための宿泊保養施設。

こくみん-けんこうほけん【国民健康保険】—ケンカウホケン 〔保〕社会保険の一つ。公務員・会社員などの被用者以外の一般国民を対象として、傷病・出産・死亡などに必要な保険給付を行う制度。国保。

こくみん-こっか【国民国家】—コクカ →みんぞくこっか

こくみん-しゅくしゃ【国民宿舎】 国民が気軽に利用できるように地方公共団体などが設置した宿泊保養施設。

こくみん-しょとく【国民所得】 一国で一定期間(通常一年間)に生産した最終生産物の価額を合計したもの。分配の面から個人所得と法人所得とに大別される。

こくみん-しんさ【国民審査】 憲法に基づき、国民が衆議院議員総選挙の際に行う最高裁判所裁判官の審査。

こくみん-せい【国民性】 ある国民全体に共通する特性。

こくみん-そうせいさん【国民総生産】 →ジーエヌピー

こくみん-たいいくたいかい【国民体育大会】—タイイクタイクワイ 全国の都道府県代表選手によって行われる総合競技大会。一九四六(昭和二十一)年に始まり、毎年夏・秋・冬の三季に開催。国体。はじまり 大会歌「若い力」は第二回石川大会(昭和二十二年)から。都道府県対抗方式は、第三回福岡大会(同二十三年)が初め。

こくみん-とうひょう【国民投票】—トウヘウ 選挙以外で、国政の重要事項について、国民の意思を問うために行われる投票。日本国憲法では、憲法改正の際に行うことを定めている。

こくみん-ねんきん【国民年金】 国民年金法に基づき、すべての国民を対象に、老齢・障害・死亡などに関して国が一定の金額を支給する制度。被保険者は二〇歳以上六〇歳未満

の国内居住者。

こくみん-の-しゅくじつ【国民の祝日】 法律で定められた休日で、全国民が祝い、記念する日。一九四八(昭和二十三)年発足し、その後追加・改正されている。

国民の祝日	
元日	1月1日
成人の日	1月第2月曜日
建国記念の日	2月11日
天皇誕生日	2月23日
春分の日	3月21日ごろ
昭和の日	4月29日
憲法記念日	5月3日
みどりの日	5月4日
こどもの日	5月5日
海の日	7月第3月曜日
山の日	8月11日
敬老の日	9月第3月曜日
秋分の日	9月23日ごろ
スポーツの日	10月第2月曜日
文化の日	11月3日
勤労感謝の日	11月23日

こくみんのとも〔国民之友〕一八八七―一八九八(明治二十―三十一)年に民友社が発行した総合雑誌。徳富蘇峰が主宰。進歩的平民主義の立場をとって明治二十年代の思想界をリードし、また文壇への登竜門の役割を果たした。

こくみん-ぶんがく【国民文学】 その国の国民性や文化が典型的にあらわれたその国特有の文学。また、国民に愛され広く読まれている、その国の代表的文学。

こく-む【国務】 国家の政務。

―しょう【―省】 アメリカ合衆国の官省の一つ。日本の外務省に相当する。

―だいじん【―大臣】 内閣を構成し、国務をつかさどる大臣。参考ふつう、総理大臣を除いていう。

―ちょうかん【―長官】 アメリカ合衆国の国務省の長官。日本の外務大臣に相当する。

こく-めい【国名】 国の名前。国号。

こく-めい【刻銘】(名・他スル) 金属器や石碑に製作者名や年月日などを刻むこと。また、その刻まれた文字。

こく-めい【克明】(形動ダ) 細かい点まではっきりさせるさま。「―に記録する」文(ナリ)

こく-も【国◇母】 →こくぼ

こく-もつ【穀物】 農作物のうち、人が主食としている米・麦・粟・黍・豆などの作物。穀類。

ごく-もん【獄門】 ①牢獄の門。②江戸時代、首切りの刑を受けた者の首をさらした刑罰。さらし首。

ごく-や【獄屋】 牢屋。牢獄。監獄。獄舎。

ごく-やす【極安】 きわめて安いこと。「―の品」

こく-ゆ【告諭】(名・自スル) 目下の者などに諭し告げること。言い聞かせること。また、その言葉や文。

こく-ゆう【国有】 国が所有すること。「―林」↔民有

こくよう-せき【黒曜石】〘地質〙黒色でガラス質の火山岩。光沢があり、磨いて装飾・器具に用いる。

こ-ぐら・い【小暗い】(形) (「こ」は接頭語)少し暗い。うす暗い。小暗い。「―山道」文こぐら・し(ク)

こ-ぐら・い【木暗い】(形) 樹木が茂り合っていて日の光がさえぎられ、暗い。文こぐら・し(ク)

こ-ぐらがり【小暗がり】(「こ」は接頭語)少し暗いこと。うす暗いこと。また、その所。

こぐらか・る(自五) もつれる。こんがらかる。

ごく-らく【極楽】 ①→ごくらくじょうど ②たいそう安楽で心配や苦労のない状態・場所。「聞いて―、見て地獄」(↔地獄)

―おうじょう【―往生】(名・自スル) ①死後、極楽浄土に生まれ変わること。②安らかに死ぬこと。「―を遂げる」

―じょうど【―浄土】〘仏〙西方十万億土の彼方にあり、阿弥陀仏のいるという安楽の世界。西方浄土。極楽。

―ちょう【―鳥】 →ふうちょう(風鳥)

―とんぼ【―×蜻蛉】 物事に思い悩むことのない気楽なんき者をあざけっていう語。

こく-り【国利】 国の利益。国益。「―民福」

こく-り【酷吏】 無慈悲な役人。思いやりのない冷酷な官吏。

ごく-り【獄吏】 牢獄の役人。牢役人。

ごくり-と(副) 液体や小さな物を一息に飲み込むときの音を表す語。「つばを―飲み込む」

こく-りつ【国立】 国の経費によって設立・運営されること。また、その施設。「―劇場」「―病院」

―こうえん【―公園】 すぐれた景勝地で、その地域の自然の保護や国民の憩いのために国が指定し管理する公園。はじまり日本の国立公園は、一九三四(昭和九)年三月に指定された雲仙・霧島・瀬戸内海の三地域が最初。

こく-りょく【国力】 国家の対外的な勢力。特に、経済力・軍事力についていう。「―を養う」

-こく・る(接尾)(動詞の連用形に付いて)その動作のはなはだしいさま、その状態をいつまでも続けるさまを表す。「黙り―」

こく-るい【穀類】 →こくもつ

こく-れつ【酷烈】(名・形動ダ) 厳しく激しいこと。また、そのさま。激烈。「―な非難をあびる」

こく-れん【国連】「国際連合」の略称。

こく-ろう【国老】 ①国の老臣。元老。②国家老。

ご-くろう【御苦労】(名・形動ダ) ①「苦労」の敬称。お骨折り。「―をおかけしました」②相手の骨折りをねぎらっていう語。「―であった」③他人の努力をひやかしたり皮肉ったりしていう語。「―なこった」用法②は、ふつう目上の人には用いない。

―さま【―様】(感) 相手の骨折りへのねぎらいを丁寧にいう語。ふつう、目下の人に対して用いる。「お留守番―でした」

こく-ろん【国論】 国民一般の議論。世論。「―を二分する」

こ-くん【古訓】 ①古人の戒め。②漢文・漢字の、中世以前の読み方。

こ-ぐん【孤軍】 援軍がなく敵の中で孤立した少人数の軍隊。

―ふんとう【―奮闘】(名・自スル) だれ一人として助ける者もなくただ一人でがんばること。

こけ【△苔】 コケ植物・地衣類などの俗称。古木・岩石・湿地などの表面で繁殖し、花は咲かない。花のように見えるのは、胞子を入れる器。(こけの花 夏) ⇩苔植物

こけ【△鱗】 うろこ。こけら。

こ-け【虚仮】 ①〘仏〙内心と外見とが一致しないこと。真実でないこと。②愚かなこと。また、そのような人。「人を―にする」

こげ【焦げ】 焼けて黒くなること。また、そのもの。「お―」

ご-け【後家】 ①夫に死に別れ再婚しないでいる女性。未亡人。寡婦。やもめ。「―を通す」②対になっているもののうち、一方だけが残っているもの。「―蓋」

ご-け【碁△笥】 碁石を入れる、木をくりぬいた球形の器。

こ-けい【固形】 質がかたくて一定の形のあるもの。「―燃料」

―ぶつ【―物】 一定の形と体積のあるかたい物体。

こ-けい【孤△閨】 夫が長く不在で、妻が一人でさびしく寝ること。また、その部屋。「―を守る」

ご-けい【互恵】 たがいに特別の恩恵や便益などを与え合うこと。特に、国家間についていう。「―通商」「―の精神」

ご-けい【御慶】 →ぎょけい(御慶)

ご-けい【語形】 意味ではなく、音韻の連続したものとしてとらえた語の形。「—変化」

こけ-おどし【虚仮◦威し】 あさはかな見えすいた手段・方法によるおどし。また、外見だけおおげさで内容の伴わないこと。こけおどかし。「—の宣伝文句」

こげ-くさ・い【焦げ臭い】（形）カロ・カッ(ク)・イ・イ・ケレ・○ 焦げるにおいがするさま。きな臭い。「台所から—においがする」文こげくさ・し(ク)

こ-けし【小△芥子】 もと東北地方特産の木製の郷土人形。ろくろで挽いた円筒形の胴に丸い頭をつける。こけし人形。

こけ-しみず【△苔清水】シミツ— 谷川などで、こけの間を伝わって流れるきれいな水。夏

こけ-しょくぶつ【△苔植物】〘植〙植物界の門の一つ。蘚類（スギゴケなど）・苔類（ゼニゴケなど）・ツノゴケ類からなる。緑藻類とシダ類の中間に位置する。蘚苔植物。

こげ-ちゃ【焦〔げ〕茶】 黒みを帯びた濃い茶色。焦げ茶色。

こ-けつ【虎穴】 ①虎のすんでいる穴。②（転じて）たいそう危険な場所や状態。

—に入らずんば虎子を得ず 大きな危険をおかさなければ、めざましい成功は得られないというたとえ。〈後漢書〉

こげ-つ・く【焦げ付く】（自五）カ(コ)・キ(イ)・ク・ク・ケ・ケ ①焦げてくっつく。「鍋が—」②投資した金や貸した金などが取り戻せなくなる。「資金が—」③〘経〙相場などが固定して変化しなくなる。

コケット〈フランス coquette〉（名・形動ダ）男性をひきつける、なまめかしい物腰の女性。また、そのさま。

コケットリー〈coquetry・フランス coquetterie〉女性の、なまめかしく男性をひきつけるような色っぽさ。媚態。

コケティッシュ〈coquettish〉（形動ダ）ダロ・ダッ(デ・ニ)・ダ・ナ・ナラ・○ 女性の、なまめかしく色っぽいさま。「—な魅力」

ご-けにん【御家人】〘日〙①鎌倉時代、将軍直属の家臣。②江戸時代、将軍家直属の武士のうち、禄高が一万石未満で、将軍に直接会う資格をもたない者。⇩旗本②

こけ-むしろ【△苔△筵】 ①こけが一面に生えているのをむしろに見立てていう語。②山住みの人や旅人などの粗末な寝床。

こけ-む・す【△苔◦生す】（自五）サ(ソ)・シ・ス・ス・セ・セ ①こけが生える。②（転じて）かなりの年月がたって古くなる。

こげ-め【焦げ目】 焦げたあと。「グラタンに—をつける」

こけら【△柿】 ①材木の削りくず。こっぱ。②「こけら板」の略。

—いた【—板】 スギ・ヒノキ・マキなどの材木を薄くはいで作った板。屋根をふくのに用いる。木端。

—おとし【—落〔と〕し】〘演〙（工事の最後に「こけら①」を払い落とすことから）新築の劇場で演じる初めての興行。

こけら【△鱗】 うろこ。こけ。

-こ・ける（接尾）その動作が度を越して長く続く意を表す。「笑い—」「眠り—」参考 動詞の連用形に付いて下一段動詞にする。

こ・ける【◦転ける・◦倒ける】（自下一）ケ・ケ・ケル・ケル・ケレ・ケロ(ケヨ) ①倒れる。転ぶ。②芝居などが当たらず、興行が失敗する。他こか・す(五)文こ・く(下二)

こ・ける【◦瘦ける】（自下一）ケ・ケ・ケル・ケル・ケレ・ケロ(ケヨ) やせて肉が落ちる。やせ細る。「頰が—」文こ・く(下二)

こ・げる【焦げる】（自下一）ゲ・ゲ・ゲル・ゲル・ゲレ・ゲロ(ゲヨ) 火で焼かれて表面が黒く（または、褐色に）なる。他こが・す(五)文こ・ぐ(下二)

こ-けん【△沽券】（「沽」は売る意）（もと、土地・家などの売り渡し証文の意）値打ち。体面。品位。「—が下がる」

—に関わる 品位や体面にさしつかえる。「ここで引き下がっては—」

こ-けん【孤剣】 たった一本の剣。また、それしか武器を身につけていないこと。

こ-げん【古言】 ①昔の言葉。古語。②古人の言った言葉。

こ-げん【古△諺】 古いことわざ。

ご-けん【誤見】 あやまった見方。

ご-けん【護憲】 憲法や立憲政治を擁護すること。「—運動」

ご-げん【語源・語原】 ある単語のもともとの形や意味。

こ-こ【戸戸】 一戸一戸。一軒一軒。各家ごと。

こ-こ【△呱△呱】 赤ん坊の「おぎゃあ」と泣く声を表す語。

—の声を上げる 産声を上げる。生まれる。

こ-こ【個個・◦箇◦箇】 一つ一つ。おのおの。めいめい。「—の問題」「—に提出する」

こ-こ【△此・◦処・△此◦所】（代）近称の指示代名詞。①自分のいる所・場面。「—で待つ」「—だけの話」②今述べている場所・事態・状況。「事—に至ってはやむなし」「—をA点とする」「—が大事だ」③今を関心の中心とした、ある時間。「—何日か風邪ぎみだ」⇩ここに

—一番 最も重要な時。勝負どころ。「—の大勝負」「—に強い」

—を先途と ここが運命の分かれ目となる大事なときだと思って真剣になるさま。「—攻めまくる」

こ-ご【古語】 ①昔用いられたが、現代では一般に使用されない語。「—辞典」②古人の残した言葉。古言。

ご-ご【午後】（「午」は午の刻で正午の意）①正午から夜の一二時までの間。②正午から夕方までの間。（↕午前）

ココア〈cocoa〉カカオの木の実の種子をいってつくった粉末。また、それをとかした飲料。「ミルク—」

ごご-いち【午後一】 その日の午後の最初に行うこと。

こ-こう【戸口】 戸数と人口。

—ちょうさ【—調査】テウサ 各戸を訪ねて家族の状態・人数などを調べること。

こ-こう【虎口】（虎の口の意から）非常に危険な状態・場所のたとえ。

—を脱する きわめて危険な状態・場所から、うまく抜け出る。

—を逃れて竜穴に入る 一難を逃れてほっとする間もなく、さらに他の難にあう。災難が次々に来る。参考 類似のことば—一難去ってまた一難

こ-こう【股△肱】（「ももとひじ」の意から）自分の手足のように頼りになる部下。腹心。「—の臣」

こ-こう【弧光】クワウ—〘物〙二つの電極間に生じる放電による弧状の光。アーク放電の光。アーク。

こ-こう【孤高】カウ—（名・形動ダ）ただ一人世俗とかけ離れて高い理想をいだいていること。「—を持する」「—の人」

こ-こう【枯△槁】カウ— ①草木が枯れること。②やせ衰えること。

こ-こう【△糊口・△餬口】（「口を糊する」と読み、粥をすする意）ほそぼそと暮らしをたてていくこと。生計。口過ぎ。

—を凌ぐ やっとのことで暮らしをたてていく。

こ-ごう【古豪】ガウ— 数多くの経験を積み実力を備えたすぐれた人物。古つわもの。「九州きっての—」↕新鋭

こ-ごう【呼号】ガウ—（名・自スル）①大声で呼び叫ぶこと。②大げさに宣伝したり、さかんに主張したりすること。「天下に—する」

ご-こう【五更】カウ— ①昔、一夜を五つに分けた、その第五。今の午前三時ごろから五時ごろ。寅の刻。⇩付録「方位・時刻表」②昔の時刻の名。一夜を五等分した時刻の総称。

ご-こう【後光】クワウ—〘仏〙仏・菩薩の体から発する光。また、それをかたどって仏像の背後につけるもの。光背。「—がさす」

ご-こう【御幸】カウ— 上皇・法皇・女院のおでまし。みゆき。

こ-ごえ【小声】ゴエ— 低く小さな声。↕大声

こごえ-じに【凍え死〔に〕】（名・自スル）寒さに凍えて死ぬ

こと。凍死。图

こご・える【凍える】(自下一)エ・エ・エル・エル・エレ・エロ(エヨ) 寒さのために体の感覚が失せて、自由がきかなくなる。图 文こご・ゆ(下二)

ここ-かしこ【△此処◇彼処】(代) ここやあそこ。あちこち。ほうぼう。「―に咲く花」

こ-こく【故国】①自分の生まれた国。母国。祖国。「―の土を踏む」②自分の生まれた土地。ふるさと。故郷。

ここく〔胡国〕昔、中国の北方にあった異民族国家。えびすの国。広く、野蛮な国の意でも用いる。

ご-こく【五穀】①米・麦・粟・黍・豆の五種の穀物。②主要な穀物の総称。「―豊穣(=穀物が豊かに実ること)」
参考 ①の種類については、粟でなく麻を入れるなど諸説がある。

ご-こく【後刻】のちほど。「―うかがいます」↔先刻

ご-こく【護国】国家を守ること。「―神社(=国のために死んだ人をまつった神社)」

こ-ごし【小腰】(「こ」は接頭語)腰。ちょっとした腰の動作に用いる。「―をかがめる」

こごしゅうい〔古語拾遺〕平安時代の歴史書。一巻。斎部広成著。八〇七(大同二)年成立。朝廷の神事に奉仕した斎部氏の力が衰えたのを嘆き、氏族の伝承を記したもの。

ここ-じん【個個人】集団の中の一人ずつ。一人一人。「―の責任で行動する」

ここ-だ【×幾許】(副)《古》たくさん。はなはだしく。ここら。

ここ-ち【心地】ある状態での気分・気持ち。「よい―で眠る」
参考 常用漢字表付表の語。
▼「心地」が下に付く語
(ごこち)居―　風邪―　着―　時雨―　住み―　寝―　乗り―　人―　乱り―　夢―　夢見―　酔い―

―よ・い【―◇好い】(形)カロ・カツ(ク)・イ・イ・ケレ・○ 快く感じるさま。気持ちがよい。「肌に―風」文ここちよ・し(ク)

こ-こつ【枯骨】死後、時がたち朽ち果てた骨。また、死者。

こ-ごと【小言】①間違いなどをとがめ戒める言葉。「―を食う」「―を並べる」「お―」②不平や不満がましい言葉。

こ-ごと【戸◇毎】一軒一軒。一軒ごと。「―に配る」

ここ-な【△此◇処な】(連体)《古》(「ここなる」から)ここにいる。ここにある。

ココナッツ〈coconut〉ココヤシの実。ココナツ。ココナット。

ここ-に【△是に・△此に・△茲に】(副) この時点で。このところに。この時にあたり。「―開会を宣言する」
―於いて この時に。こういうわけで。「―決着をみた」

ここの-え【九重】①九つの重なり。また、物が幾重にも重なっていること。②宮中。皇居。語源 ②は、中国の王城の門が幾重にも重なっていたことに由来する。

ここの-か【九日】①九日間。②月の九番目の日。

ここの-つ【九つ】①一つの九倍。く。きゅう。②九歳。③昔の時刻の名。今の午前または午後の一二時ごろ。

ここ-べつべつ【個個別別】(名・形動ダ) それぞれ。一つ一つ、また一人一人が別なこと。「―に行動する」

こ-こまい【古古米】収穫後、二年以上蓄えられた米。

こごみ〘植〙コウヤワラビ科の多年生シダ植物であるクサソテツの別名。特に、山菜として食用にするその若芽をいう。

こご・む【◇屈む】(自五)マ(モ)・ミ(ン)・ム・ム・メ・メ 腰を曲げる。かがむ。「地面に―」他こご・める(下一) 可能こご・める(下一)

こ-ごめ【小米・粉米】米をつくときに砕けた米。砕け米。

こご・める【◇屈める】(他下一)メ・メ・メル・メル・メレ・メロ(メヨ) かがめる。「腰を―」自こご・む(五) 文こご・む(下二)

ここ-もと【△此◇処◇許】(代) ①近称の指示代名詞。ここ。この所。②こちら側。当方。わたくし。

ここ-もと【△茲◇許】(接)(前の事柄を受けて)ここに。このとおり。「―お送り申しあげます」

ココ-やし【ココ△椰子】〘植〙ヤシ科の常緑高木。熱帯地方で栽培される。高さ二〇―二五メートル。種子は菓子の材料。実の内部の液体は飲料。実から作るコプラからとるココナッツオイル(=やし油)は、せっけん・マーガリン・ろうそくなどの原料。

ここ-ら【△此◇処ら】(代)(「ら」は接尾語)近称の指示代名詞。話し手の近くを漠然とさす。このあたり。このへん。この程度。ここいら。「―でひと休み」「―にあるはずだ」「―でいいだろう」

ここ-ら【×幾許】(副)《古》→ここだ

こご・る【◇凝る】(自五)ラ(ロ)・リ(ツ)・ル・ル・レ・レ 液状のものが固まる。冷えて固まる。凝固する。「魚の煮汁が―」

こころ【心】①精神。知・情・意などのそれぞれのはたらき。また、精神活動のもととなっている全体。「健全な―」「読者の―をつかむ作品」②まごころ。「―のこもった料理」③思いやり。情愛。「―を寄せる」④思慮。配慮。「健康に―を配る」⑤意向。意志。「―を決める」⑥(言葉の裏にある)意味。内容。また、なぞ解きの根拠。「…とかけて…と解く、その―は…」⑦情趣。風情。また、それを解する感性。「句の―」⑧物の本質。神髄。「茶の湯の―」
―が動く そうしたいという気が起こる。**―が重い** 気分が晴れ晴れしない。**―が通う** たがいの気持ちが通じ合う。**―が騒ぐ** 心が落ち着かない。胸騒ぎがする。**―が晴れる** 心配や疑念がなくなる。**―ここに在らず** 別のことに気を取られていて、目の前のことに集中できない。**―ならずも** ①本心と違って。不本意にも。「―引き受ける」②うっかり。**―に浮かぶ** 思い浮かぶ。考えつく。**―に掛ける** 思いやって気にする。**―に適う** 自分の気持ちにぴったりする。気に入る。**―に刻む** 忘れないようによく覚えておく。**―に留める** 注意して覚えておく。**―にもない** 本心でない。「―おせじを言う」**―の雲** 乱れた心のさま。**―の丈** 心の中で思っていることのすべて。**―を合わせる** 心を同じくする。協力する。**―を致す** 心をこめてつくす。**―を入れ替える** 考えや態度を改める。**―を動かす** ①感動する。感動させる。②気持ち・考えを変える。その気になる。**―を打つ** 深い感動を与える。**―を奪う** 夢中にする。うっとりさせる。**―を鬼にする** 人情にほだされないように気を強く持つ。**―を砕く** 心配する。苦心する。**―を配る** 何かと注意を払う。配慮する。**―を引き付ける** 注意や関心を向けさせる。**―を向ける** 注意をする。気に掛ける。**―を遣る** 気を晴らす。心を慰める。**―を許す** 信用して受け入れる。気を許す。**―を寄せる** 好意を持つ。思いをかたむける。

こころ〔こゝろ〕夏目漱石の小説。一九一四(大正三)年朝日新聞連載。主人公の「先生」は親友Kを裏切って恋人を得るが、Kの自殺によって罪悪感に苦しめられ、みずからも死を選ぶ。エゴイズムの問題を追究した作品。

こころ-あたたま・る【心温まる】(自五)ラ(ロ)・リ(ツ)・ル・ル・レ・レ 人情のあたたかさが感じられて、心がなごむ。「―エピソード」

こころ-あたり【心当〔た〕り】思い当たること。思い当たるところ。見当。「―はない」「―をさがす」

こころ-あて【心当て】①確かな根拠もなく、勝手に推測すること。当て推量。②心頼み。あてにするところ。「―に待つ」

こころあてに… 和歌〔心あてに　折らばや折らむ　初霜の　置きまどはせる　白菊の花〕〈古今集　凡河内躬恒〉心の中で見当をつけて折るならば折ってみようか。初

霜が一面に降りてどこが花か霜か見分けがつかないようにしている白菊の花を。(小倉百人一首の一つ)

こころ-ある【心有る】(連体) ①理解がある。分別がある。「―人々に訴える」 ②思いやりがある。「―はからい」 ③情趣を解する。《↕心無い》

こころ-いき【心意気】何事にも積極的に思い切りよく取り組もうとする気持ち。強い意志。気前。「―を示す」

こころ-いれ【心入れ】①気づかい。配慮。②考え。

こころ-いわい【心祝〔い〕】イハヒ 形にとらわれない気持ちばかりの祝い。「身内だけの―をする」

こころ-う・し【心憂し】(形ク)《古》①情けなく、つらい。嫌になる。②不愉快だ。嫌だ。

こころ-うつり【心移り】(名・自スル) 心が他に移ること。心変わり。

こころ-え【心得】①技芸などを身につけていること。たしなみ。「茶道の―」 ②あることをするにあたってわきまえているべき事柄。注意すること。「登山の―」「不―」 ③下級の者が上級の者の職務を一時的に代行するときの役職名。「課長―」

―がお【―顔】ガホ いかにも事情などがわかっているといったような得意そうな顔つき。「―でうなずく」

―がた・い【―難い】(形) カロ・カッ(ク)・イ・イ・ケレ・○ 理解できない。承知できない。「―話だ」 文こころえがた・し(ク)

―ちがい【―違い】チガヒ ①道理にはずれた行いや考え方。「恩師を恨むとは―もはなはだしい」 ②思い違い。考え違い。「とんだ―をしていた」

こころ・える【心得る】(他下一) エ・エ・エル・エル・エレ・エロ(エヨ) ①理解する。わきまえる。「学生の本分を―」 ②承知する。引き受ける。「万事―・えた」 ③たしなみとして身につける。「礼儀作法を―」 文こころ・う(下二)

こころおき-なく【心置きなく】(副) ①遠慮なく。「―話をする」 ②心配を残さずに。「―出発する」

こころ-おくれ【心後れ】(名・自スル) 自信を失ってひるむこと。気後れ。

こころ-おごり【心△驕り】(名・自スル) 思い上がり。慢心。

こころ-おとり【心劣り】(名・自スル) 予想よりも劣って見えること。見劣り。

こころ-おぼえ【心覚え】①心に覚えていること。思い当たること。「―がある」 ②あとになって思い出すために記しておくもの。控え。メモ。「―に書いておく」

こころ-がかり【心掛〔か〕り・心懸〔か〕り】(名・形動ダ) 気にかかること。また、そのさま。気掛かり。心配。「母の健康が―だ」

こころ-がけ【心掛け・心懸け】心の持ち方。心の用意。「平素の―次第だ」「―がいい」

こころ-が・ける【心掛ける】(他下一) ケ・ケ・ケル・ケル・ケレ・ケロ(ケヨ) いつも忘れずにそのことを意識する。心に留める。「質素倹約を―」 文こころが・く(下二)

こころ-がまえ【心構え】ガマヘ 物事に対処する際の、事前の心の用意。心の準備。覚悟。気がまえ。「受験の―」

こころ-がら【心柄】気だて。性質。性格。「―の善さ」

こころ-がわり【心変〔わ〕り】ガハリ (名・自スル) 愛情や関心などが他に移ること。変心。心移り。「恋人の―」

こころ-くばり【心配り】(名・自スル) 心づかい。気づかい。

こころ-ぐみ【心組み】物事に積極的に対処しようという心構え。心積もり。

こころ-ぐるし・い【心苦しい】(形) カロ・カッ(ク)・イ・イ・ケレ・○ 相手に対してすまない気がする。心がとがめる感じがする。「勝手な言い分で―のですが」 文こころぐる・し(シク)

こころ-ざし【志】①こうしようと心に決めた目的や望み。「―を遂げる」 ②人に対する厚意。親切。「―を無にする」 ③相手に対して好意や謝意を表す贈り物。「ほんの―です」 ④香典返しやお布施などの表に書く字。

類語 志望・志向・志操・意志・初志・素志・宿志・本志・雄志・闘志・薄志・青雲の志・大志・篤志・遺志・立志

敬称(相手側)	謙称(自分側)
お志　(御)芳志　御厚志 (御)芳情　御厚情	寸志　微志　薄志　微意

こころ-ざ・す【志す】(他五) サ(ソ)・シ・ス・ス・セ・セ (心指すの意)こうしようと目的・目標をめざして進む。心が向かう。「政治家を―」

こころ-さびし・い【心寂しい】(形) カロ・カッ(ク)・イ・イ・ケレ・○ なんとなく寂しい。「―日々を送る」 文こころさび・し(シク)

こころ-ざま【心様】気だて。気質。性質。

こころ-さわぎ【心騒ぎ】心が落ち着かないこと。胸騒ぎ。

こころ-して【心して】(副) 十分に気をつけて。注意して。「―取りかかれ」

こころ-じょうぶ【心丈夫】ヂヤウブ (形動ダ) ダロ・ダッ(デ・ニ)・ダ・ナ・ナラ・○ 心強い。安心できる感じがする。「君がいれば―だ」 文(ナリ)

こころ-しらひ【心しらひ】シラヒ 《古》心配り。気づかい。

こころ-し・る【心知る】(自四)《古》事情を知る。物の道理や情趣を解する。

こころ・する【心する】(自サ変) シ(セ・サ)・シ・スル・スル・スレ・シロ(セヨ) 十分気をつける。注意する。「乗客の安全に―・せよ」 文こころ・す(サ変)

こころ-ぜわし・い【心◇忙しい】ゼハシイ (形) カロ・カッ(ク)・イ・イ・ケレ・○ 心がせかせかして落ち着かない。気ぜわしい。「年末は何かと―」 文こころぜは・し(シク)

こころ-ぞえ【心添え】ゾヘ (名・他スル) (「お心添え」の形で)相手のためを思ってする注意や忠告。「お―、ありがとう」

こころ-だて【心立て】心の持ちよう。性質。気だて。

こころ-だのみ【心頼み】心の中で頼みに思っている人や物事。「友情を―にする」

こころ-づかい【心遣い】ツカヒ (名・自他スル) あれこれと気を配ること。配慮。気づかい。「お―に感謝します」

こころづき-な・し【心付き無し】(形ク)《古》気にいらない。心がひかれない。「―・きことあらん折は」〈徒然草〉

こころ-づ・く【心付く】(自五) カ(コ)・キ(イ)・ク・ク・ケ・ケ ①気がつく。意識される。②意識を取り戻す。

こころ-づくし【心尽〔く〕し】①人のために真心をこめてすること。「―の料理」 ②《古》いろいろ思い悩むこと。「―の秋」

こころ-づけ【心付〔け〕】祝儀。チップ。「―をはずむ」

こころ-づま【心◇夫・心妻】《古》心の中で夫、または妻と思い定めた相手。

こころ-づもり【心積〔も〕り】(名・自スル) 心の中であらかじめこうしようと考えておくこと。「―が大幅に狂う」

こころ-づよ・い【心強い】(形) カロ・カッ(ク)・イ・イ・ケレ・○ 頼れるものがあって安心である。「―味方」 ↕心細い 文こころづよ・し(ク)

こころ-な・い【心無い】(形) カロ・カッ(ク)・イ・イ・ケレ・○ ①思慮がない。分別がない。「―行為」 ②つれない。思いやりがない。「―仕打ち」 ③情趣を解さない。《↕心有る》 文こころな・し(ク)

こころ-なし【心△做し】こちらがそう考えているせい。気のせい。思いなし。「―か顔色が悪い」

こころ-にく・い【心憎い】(形) カロ・カッ(ク)・イ・イ・ケレ・○ ①憎らしく感じられるほどすぐれている。「―ばかりの出来ばえ」 ②さりげないが深

い気づかいが感じられる。「―もてなし」文こころにく・し(ク)

こころにも… 和歌〔心にも あらで憂(う)き世に 長らへば 恋しかるべき 夜半(よは)の月かな〕〈後拾遺集 三条院(さんじょういん)〉つらい憂き世にいつまでも生きていたいとは思わないが、心ならずも生き長らえるとしたら、きっと恋しく思い出されるだろうよ、今夜のこの月は。（小倉百人一首の一つ）

こころ-ね【心根】心の奥底。本性。「―のやさしい人」

こころ-のこり【心残り】(名・形動ダ) 事のすんだあとまで心配・未練などを感じている状態。「もはや何の―もない」

こころ-ばえ【心ばえ】(バヘ) ①その人のよさを特徴づける心持ち。気だて。「素直な―」②趣。味わい。

こころ-ばかり【心。許り】思うことの一端を表しただけであること。ほんの気持ちだけ。「―のお礼をする」用法 贈り物などをする場合に謙遜(けんそん)の意をこめていうことが多い。

こころ-ばせ【心ばせ】(心馳(ば)せの意) ①よく気をきかせること。心づかい。②気だて。心ばえ。

こころ-ひそかに【心。密かに】(副) 人知れず心の中だけでそっと思うさま。「―期待する」

こころ-ぼそ・い【心細い】(形) カロ・カッ(ク)・イ・イ・ケレ・○ 頼るものがなく不安である。「一人旅は―」↔心強い 文こころぼそ・し(ク)

こころ-まかせ【心任せ】気持ちのおもむくままに行動すること。気まま。気任せ。随意。任意。「―の旅を続ける」

こころ-まち【心待ち】(名・他スル) 心の中でひそかに期待すること。待ち望むこと。「よい知らせを―にする」

こころ-まどい【心惑い】(マドヒ) (名・自スル) 心の迷うこと。

こころみ【試み】試みること。ためしてみること。「新しい―」

こころ-みだれ【心乱れ】心が乱れ、思慮分別を失うこと。

こころ・みる【試みる】(他上一) ミ・ミ・ミル・ミル・ミレ・ミロ(ミヨ) (心見るの意) 実際にやってうまくゆくかどうかを見る。ためしにやってみる。「登頂を―」文こころ・みる(他上一) こころ・む(他上二)

こころ-もち【心持〔ち〕】■(名) 物事に対して感じる心の状態。気持ち。気分。「―がよくない」■(副) 少し。ほんのわずか。やや。いくらか。「顔が―赤くなる」「―小さい」

こころもと-な・い【心。許ない】(形) カロ・カッ(ク)・イ・イ・ケレ・○ 頼りなく不安である。「手持ちの金だけでは―」文こころもとな・し(ク)

こころ-やす・い【心安い】(形) カロ・カッ(ク)・イ・イ・ケレ・○ ①親しい間柄である。懇意である。「みんな―人たちばかりだ」②気軽である。「―・く引き受ける」文こころやす・し(ク)

こころやす-だて【心安立て】親しさになれて無遠慮なこと。「―に使いを頼む」「―から出た言葉」

こころ-やすめ【心休め】安心させること。気休め。

こころ-やり【心。遣り】気晴らし。憂さ晴らし。慰み。「―に外出する」

こころ-や・る【心。遣る】(自四)《古》①思いを晴らす。心を慰める。②いい気になる。得意になる。③思いやる。

こころ-ゆ・く【心行く】(自五) カ(コ)・キ(イ)・ク・ク・ケ・ケ 気がすむ。十分に満足する。「―まで休日を楽しむ」用法「心行くまで」「心行くばかり」の形で用いることが多い。

こころ-よ・い【快い】(形) カロ・カッ(ク)・イ・イ・ケレ・○ ①気持ちがよい。快適である。「―そよ風」②好ましい。気さくである。「―・く承知する」③楽しい。愉快である。「―リズム」文こころよ・し(ク)

類語 心地好(よ)い・清々(すがすが)しい・爽やか・晴れやか・晴れ晴れ・快適・欣快(きんかい)・軽快・壮快・爽快・痛快・愉快

こ-こん【古今】昔と今。昔から今に至るまで。「―の名作」

―とうざい【―東西】昔から今までと、東西四方のすべての場所。いつでもどこでも。「―に例を見ない」

―どっぽ【―独歩】(ドク・ホ) 昔から今に至るまで、比べるものがないほどすぐれていること。古今無双。「―の弓の名人」

―みぞう【―未曽有】昔から今に至るまで、あったためしがないこと。「―の大事件」

―むそう【―無双】(ム・サウ) 昔から今に至るまで、並ぶものがないほどすぐれていること。古今独歩。「―の大横綱」

ご-こん【五根】《仏》①悟りを得るために必要な信・勤(ごん)・念・定(じょう)・慧(え)の五つの作用。②眼(げん)・耳(に)・鼻(び)・舌(ぜつ)・身(しん)の五つの感覚器官。

ご-こん【語根】《文法》語構成要素の一つ。単語の意味の基本的部分で、それ以上分解できないひとまとまり。「しずまる」「しずか」「しずしず」の「しず」など。

ご-ごん【五言】《文》漢詩の一句が五字であること。また、その詩句からなる漢詩の形式。

―ぜっく【―絶句】《文》五字一句の漢詩で、四句からなるもの。

―りっし【―律詩】《文》五字一句の漢詩で、八句四〇字からなるもの。五言律。五律。

ここんちょもんじゅう〔古今著聞集〕(ココン・チヨモンジフ) 鎌倉中期の説話集。二〇巻。橘成季(たちばなのなりすえ)の撰(せん)。一二五四(建長六)年成立。日本古今の説話七〇〇余編を収録。

こ-ざ【△胡座・△胡△坐】(名・自スル) 前に足を組んで座ること。あぐらをかくこと。あぐら。

ご-さ【誤差】①《数》測定値・近似値と、真の値との差。②くい違い。くるい。「計画にわずかな―が生じる」

ご-ざ【△茣△蓙・△蓙】藺(い)の茎などで編んだ敷物。ござむしろ。

コサージュ〈corsage〉女性が洋服の襟元(えりもと)などに付ける花の飾り。生花と造花とがある。コサージ。

こ-さい【小才】ちょっとしたことにはたらく才知・知能。こざい。「―がきく」用法 やや軽蔑(けいべつ)的に用いられる場合が多い。

こ-さい【◇巨細】①大まかなことと細かなこと。②大小すべて。一部始終。委細。細大。「―漏らさず記録する」参考「きょさい」ともいう。

ご-さい【五彩】①青・黄・赤・白・黒の五色。五色(ごしき)。②いろいろな色。③陶磁器に種々の色で絵や文様を表現したもの。

ご-さい【後妻】のちぞいの妻。継妻。↔先妻

こ-ざいく【小細工】①細かな手先の仕事。②すぐそれと見破られるような考えの浅い策略。「―を弄(ろう)する」

ござい-ます【御座います】ゴザイマセ(ゴザイマショ)・ゴザイマシ・ゴザイマス・ゴザイマス・ゴザイマスレ・○ ■(連語)「ある」の丁寧語。「花が―」■(補動サ変)「だ」「である」の丁寧語。「花で―」「ありがとう―」語源 動詞「ござる」の連用形「ござり」＋助動詞「ます」＝「ござります」の音便形。参考「あります」「です」よりもいっそう丁寧な言い方。用法 ■は、形容詞・形容動詞の連用形を受ける。また、体言には「で」をはさんで「でございます」の形で用いられる。

コサイン〈cosine〉《数》三角関数の一つ。直角三角形の一つの鋭角について、斜辺に対する底辺の比。余弦。記号 cos ⇩三角関数

こさ・える【△拵える】(コサヘル) (他下一) エ・エ・エル・エル・エレ・エロ(エヨ)《俗》→こしらえる

こ-ざかし・い【小。賢しい】(形) カロ・カッ(ク)・イ・イ・ケレ・○ ①利口ぶっていて生意気なさま。「―子供」②ずるがしこい。ぬけめがない。「―・く立ち回る」文こざか・し(シク)

こ-ざかな【小魚・小△肴】小さいさかな。

こ-さく【小作】《農》地主から土地を借り、使用料を払ってその土地を耕作すること。また、その農民。小作人。↔自作

―のう【―農】《農》小作によって農業を営むこと。また、その農民。小作人。↔自作農

―まい【―米】 小作人が小作料として地主に納める米。

―りょう【―料】 レウ 小作人が地主に支払う土地の使用料。

こ-さじ【小△匙】 ①茶匙など小形の匙。②料理用の計量スプーンの一つ。容量は、ふつう五ミリリットル。↕大匙

こ-ざしき【小座敷】 ①小さい座敷。②母屋に続けて外へ出して建てた小部屋。③茶道で、四畳半以下の狭い茶室。

ご-ざしょ【御座所】 天皇または貴人のいる部屋。

ご-さた【御沙汰】 「沙汰(=命令・指図)」の敬称。

こ-さつ【古刹】 (「刹」は寺の意)由緒ある古い寺。古寺。

こ-さつ【故殺】 (名・他スル) ①故意に人を殺すこと。②〔法〕一時の激情による殺意で人を殺すこと。旧刑法では謀殺(=計画的な殺人)と区別して用いた。

コサック〈Cossack〉 一四世紀以降、ロシア中央部から南ロシア・ポーランド・ウラル地方などに逃亡し定住した農民集団。馬術にすぐれ、ロシアに騎兵として仕えた。コザック。カザック。

こ-ざっぱり (副・自スル) (「こ」は接頭語)身なりなどが、飾り気なく清潔な感じのするさま。「―(と)した服装」

ご-さどう【誤作動】 (名・自スル) 機械などが誤った動きをすること。誤動作。「火災報知器が―する」

こざと-へん【△阜偏】 漢字の部首名の一つ。「防」「院」などの左側にある「阝」の部分。

ござ-ぶね【御座船】 ①貴人の乗る大型の船。②船上に屋根を備えた和船。川遊び用の屋形船。

こ-さめ【小雨】 小降りの雨。細かな雨。↕大雨

こ-ざら【小皿】 小さく浅い皿。

ござ・る【御座る】 ラ(ロ)・リ(ッ)・ル・ル・レ・レ (「ござある」の転) **一**(自五) ①「ある」「いる」の尊敬語。いらっしゃる。おありになる。「ご主人はここに―」②「行く」「来る」の尊敬語。いらっしゃる。おいでになる。「客人が―・った」③「ある」の丁寧語。あります。ございます。「頼みが―」④《俗》すっかりまいる。だめになる。物が腐ったり、腹が減ったり、恋慕したりする。**二**(補動五)「だ」「である」の意の丁寧語。「きれいな花で―」参考 一二とも古風な表現で、現在は「ある」の丁寧語として、「ござる」の連用形「ござり」に助動詞「ます」を付けた「ござります」の音便形「ございます」が多く用いられる。

こ-さん【古参】 古くからその職場・団体や仲間に属していること。また、その人。「―兵」「最―の力士」↕新参

こ-ざん【故山】 ふるさとの山。また、ふるさと。故郷。

ご-さん【五山】 ①(京都五山)京都にある臨済宗の五大寺。天竜寺・相国寺・建仁寺・東福寺・万寿寺。②(鎌倉五山・関東五山)鎌倉にある臨済宗の五大寺。建長寺・円覚寺・寿福寺・浄智寺・浄妙寺。参考「ござん」ともいう。

ご-さん【午△餐】 昼の食事。昼食。「宮中での―会」

ご-さん【誤算】 (名・他スル) ①勘定を間違えること。計算違い。②予測が外れること。見込み違い。「―があった」

ごさんか-りん【五酸化△燐】 ゴサンクワ― 〔化〕燐が燃えるときに生じる白色の粉末。脱水剤・乾燥剤用。五酸化二燐。

ご-さんけ【御三家】 ①徳川将軍家の一門である尾張・紀伊・水戸の三家。②ある分野で最も抜きんでていたり、有名だったりする三者。「歌謡界の―」

ござん・す【御座んす】 シ(セ・サ)・シ・ス(スル)・スル(ス)・スレ・セ **一**(自サ変)「ある」の丁寧語。ございます。「ちょいと用事が―」**二**(補動サ変)「…でございます」「お早う―」語源「ござります」の転。セ(ショ)・シ・ス・ス・○・○ 「だ」「である」の丁寧語。参考 江戸時代初期に上方で遊女などが用い、のち広がった語。現代語では、粋がってやや崩れた感じを表す場合などに用いられる。

ござん-なれ 《古》①…なのだな。②(十分待ち受けている意味で)さあこい。よしきた。語源 中世、「にこそあるなれ」が変化して「ござんなれ」となり、近世中ごろから「ござんなれ」となったもの。

-こし【腰】 (接尾) 刀・はかまなど、腰に着けるものを数える語。

こし【腰】 ①人体の背面で、背骨の下部が骨盤と連絡する部分。②衣服などの①に当たる所。また、そのあたりでしめる紐。「はかまの―」③建具・壁・山などの中ほどより少し下の部分。「壁の―に紙を張る」④和歌の第三句の五文字。「―の句」⑤物事の中途の、肝心なところ。「話の―を折る」⑥そのものが持つべき粘りや張り・弾力性。「―があるうどん」「―のない布」⑦(他の語の下に付いて)何かをするときの姿勢・構え。「及び―」

▼「腰」が下に付く語
(こし)足― 御― 尻― 一― 二― (ごし)浮き― 受け― 及び― ぎっくり― 喧嘩― 小― 中― 強― 逃げ― 二枚― 粘り― 屁っぴり― 本― 丸― 無― 物― 柳― 弱―

―が重い なかなか立ち上がらない。まめに行動しない。**―が軽い** 気軽に行動を起こす。すぐにその気になる。**―が砕ける** ①物事をする途中で急に勢いを失い、あとが続かなくなる。②腰の安定が崩れる。**―が強い** ①容易に人に屈しない。②粘りけが強い。しなやかで弾力性がある。↕腰が弱い **―が低い** 他人に対してへりくだった態度である。**―が弱い** ①意気地がない。②粘りけや弾力性が乏しい。↕腰が強い **―を上げる** ①座った姿勢から立ち上がる。②物事に取りかかる。**―を入れる** ①腰を下げて重心を安定させる。②本気になって物事をする。**―を折る** ①腰を曲げる。腰をかがめる。②仕事・話などを中途で妨げて勢いをそぐ。**―を屈める** ①腰を曲げる。②礼をする。**―を据える** 一つ所に落ち着く。どっしりと落ち着いて物事に当たる。**―を抜かす** ①腰の関節が外れたり、腰に力が入らなくなったりして立てなくなる。②非常に驚いて足腰が立たなくなる。

こし【△輿】 ①昔の乗り物。二本の轅に屋形をのせ、その中に人をのせて運ぶ。輦(肩で担ぐ)と手輿(腰のあたりで柄を持つ)とがある。②祭りのときに担ぐみこし。

こ-し【古史】 古代の歴史。古代史。

こ-し【古△址】 ①古代の建築物の土台石。②昔の建築物や都市のあった跡。古跡。

こ-し【古△祠】 古い社。古いほこら。

こ-し【古紙・故紙】 古い紙。不用になった紙。反故。

こ-し【古詩】 ①古代の詩。古人の作った詩。②漢詩の詩体の一つ。㋐隋・唐より前の詩。古体詩。↕近体詩 ㋑唐代以後、古体にならって作られた詩。五言古詩・七言古詩など。

こ-し【虎視】 (虎が鋭い目で見回す意から)機会をねらい、油断なく形勢をうかがうこと。⇩虎視眈眈

こ-し【枯死】 (名・自スル) 草木がすっかり枯れてしまうこと。

こ-じ【古寺】 古い寺。歴史のある寺。古刹。「―巡礼の旅」

こ-じ【居士】 〔仏〕①僧でない人で仏教を信仰する男子の称号。②男子が死亡したのち、戒名に付ける称号。⇩大姉

こ-じ【固持】 ―チ (名・他スル) 意見・信念・方針などをかたく持ち続けて変えないこと。固執。「自説を―する」参考 常用漢字表付表の語。

こ-じ【△怙△恃】 (「怙」「恃」ともに頼む意) ①頼み。頼り。②父母。両親。語源 ②は「父無ければ何をか怙まん、母無ければ何をか恃まん」〈詩経〉による。

こ-じ【固辞】 (名・他スル) かたく辞退すること。「謝礼を―する」

こ-じ【孤児】 両親を亡くした子供。みなしご。「戦争―」

こ-じ【故事】昔にあった事柄。昔から伝わっているいわれのある事柄。また、それについての語句。「—を引く」「—来歴」

こ-じ【誇示】(名・他スル) 得意そうにみせびらかすこと。「力を—する」

-ごし【越し】(接尾) ①(名詞に付いて)その物を隔てて物事を行う意を表す。「垣根—に話し掛ける」②(時間を表す語に付いて)その期間ずっと続いてきた意を表す。「三年—の構想」

ご-し【五指】五本の指。「—に余る(=特にすぐれたものが五本の指では数えられないほどある)」「—にはいる(=ある分野で特にすぐれた五つのうちに数えられる)」

ご-し【語誌・語史】その語の語形・意味・用法などの移り変わり。また、それを書き記したもの。

ご-じ【誤字】字形や使い方が間違っている文字。「—脱字」

ご-じ【護持】ヂ— (名・他スル) 尊いものをたいせつに守り保つこと。「仏法を—する」

こし-あげ【腰上げ・腰揚げ】〘服〙子供の着物の丈を調節するための、腰の部分の縫い上げ。上げ。

こじ-あ・ける【△抉じ開ける】(他下一) ケ・ケ・ケル・ケル・ケレ・ケロ(ケヨ) 物を差し込んだりして無理に開ける。「戸を—」文こじあ・く(下二)

こし-あて【腰当て】①座るときなどに、腰のうしろに当てるもの。②猟師や修験者などが腰のうしろに着ける毛皮の敷物。

こし-あん【△漉し△餡】柔らかく煮た小豆をすりつぶし、裏ごしして皮を除いてつくったあん。

こし-いた【腰板】①壁・障子・塀などの下のほうに張った板。②男性のはかまのうしろの腰の部分に入れてある板。

こし-いれ【△輿入れ】(名・自スル) (婚礼のとき嫁を乗せた輿を婿の家に担ぎ入れたことから)嫁入り。

こじ-い・れる【△抉じ入れる】(他下一) レ・レ・レル・レル・レレ・レロ(レヨ) すきまや穴などに、物をねじるようにして入れる。「すきまに棒を—」

こじ-いん【孤児院】ヰン— 「養護施設(現在は児童養護施設)」の旧称。

こ-しお【小潮】シホ— 潮の干満の差が最も少ないとき。また、その時の潮。月の上弦・下弦のころに起こる。↔大潮

こし-おび【腰帯】①帯。②女性の着物で、着丈を調節するために、帯の内側で結ぶ細いひも。腰ひも。

こし-おれ【腰折れ】ヲレ— ①年をとって腰が曲がること。また、腰の曲がった人。②「腰折れ歌」の略。③「腰折れ文」の略。

—**うた**【—歌】①和歌の第三句(=腰の句)と第四句の間がうまく続かない歌。②下手な詩歌。③自作の歌の謙称。

—**ぶみ**【—文】①下手な文章。②自分の文章の謙称。

こし-かけ【腰掛〔け〕】①腰を掛ける台。椅子。②時機のくるまで一時的に身を置くこと。また、その地位や職業。「ほんの—のつもりだ」

—**しごと**【—仕事】長く続ける気のない一時的な仕事。

こし-か・ける【腰掛ける】(自下一) ケ・ケ・ケル・ケル・ケレ・ケロ(ケヨ) 椅子や台などの上に腰を下ろす。文こしか・く(下二)

こ-し-かた【来し方】→きしかた

こし-がたな【腰刀】武士が、常に腰にさしている刀。鞘巻など鍔のない短い刀をいう。

こしき【△甑】昔、米・豆などを蒸すのに用いた道具。今の蒸籠に当たる。

こしき【△轂】牛車などの車軸を通す、車輪の中心の太いまる い部分。⇩牛車(さしえ)

こ-しき【古式】昔からの方式。「—ゆかしい行事」

こ-じき【◦乞食】(古くは「こつじき」)人に金銭や物を恵んでもらって生活すること。また、そうしている人。ものもらい。

—**こんじょう**【—根性】コンジヤウ やたらと物をもらいたがる卑しい性質。

こじき〔古事記〕奈良初期の歴史書。天武天皇の勅で稗田阿礼が暗唱した帝紀(=天皇の系譜)・旧辞(=伝承された神話・伝説など)を、元明天皇の勅により太安万侶が選録。七一二(和銅五)年成立。神代から推古天皇までの歴史的伝承を記す。現存する日本最古の歴史書。

ご-しき【五色】①青・黄・赤・白・黒の五色。五彩。②種々の色。いろいろの種類。「—豆」

—**あげ**【—揚げ】精進揚げの一種。いろいろな野菜を油で揚げた料理。

こじきでん〔古事記伝〕「古事記」の文献学的な最初の注釈書。本居宣長著。一七九八(寛政十)年完成。

こし-ぎんちゃく【腰巾着】①腰に下げる巾着。②いつも勢力のある人や年長者につき従って離れない人。「社長の—」

こし-くだけ【腰砕け】①相撲などで、腰の力が抜けて体勢がくずれること。②勢いのある物事が途中でだめになり、あとが続かなくなること。「計画が—に終わる」

こし-ぐるま【腰車】柔道で、相手の体を自分の腰に引き付けて、浮いたところを腰を軸に回転させて投げる技。

こし-け【腰気】→はくたいげ

ごし-ごし(副) 力を入れて物をこする音。また、そのさま。「たわしで—(と)洗う」

こしじ【越路】コシヂ ①北陸道。②越の国(今の福井・石川・富山・新潟県)へ行く道。

こじじゅんれい〔古寺巡礼〕和辻哲郎の評論。一九一九(大正八)年刊。大和の古寺を探訪した感想をつづる。

こし-しょうじ【腰障子】シヤウジ— 腰板のついた紙障子。冬

こじ-せいご【故事成語】おもに漢籍の故事に由来してできた慣用表現。「漁夫の利」「圧巻」など。

こし-だか【腰高】■一(名・形動ダ) 腰が高く姿勢が不安定なさま。「—な力士はもろい」■二(名) ①腰の高い器物の総称。「—の茶碗」②腰のあたりの高めの部分。「帯を—に締める」③(「腰高障子」の略)高さ一メートルぐらいの腰板のある障子。

こし-だめ【腰だめ】①銃を腰に当てて、だいたいのねらいで撃つこと。②おおまかな見込みで事を行うこと。

こした-やみ【木下闇】→このしたやみ 夏

こし-たんたん【虎視△眈△眈】(トタル) (虎が鋭い目で獲物をねらうように)機会をねらって油断なく形勢をうかがっているさま。「—と好機をねらう」

ごしち-ちょう【五七調】テウ— 〘文〙和歌や詩の音数律の一つで、五音・七音の順に調子を繰り返す形式。⇩七五調

ごしち-にち【五七日】→さんじゅうごにち

こ-しつ【固執】(名・自他スル) かたく自説を主張して曲げないこと。「自分の立場に—する」参考「固執」の慣用読み。

こ-しつ【個室】一人用の部屋。また、一人または一つの集団だけで使える部屋。「大部屋から—に移る」

こ-しつ【△痼疾】長い間治らない病気。持病。

こ-じつ【故実】昔の儀式・法令・服装・作法などの規定や習慣。「有職—(=故実を研究する学問)」

ご-じつ【後日】①のちの日。今後。「—に譲る」「—うかがいます」②ある事柄が起こったあと。

—**だん**【—談】事件などが一段落したあと、どんなことがあったかという話。後日譚。「—を聞く」

こし-つき【腰付き】動作をするときの腰の格好。腰のあたりのようす。「ふらふらした—」

ゴシック〈Gothic〉①全体に同じ太さで肉太の活字書体。ゴチック。ゴチ。②→ゴシックしき

―しき【―式】〘美〙フランスを中心にヨーロッパ中世後半に行われた美術様式。建築（特に聖堂建築）を典型とし、先のとがったアーチと垂直な柱に特色がある。また、これに伴う彫刻・絵画・工芸をもいう。

〔ゴシックしき〕

こじ-つけ こじつけること。「その言は―にすぎない」

こじ-つ・ける（他下一）ケ・ケ・ケル・ケル・ケレ・ケロ(ケヨ) 自分に都合のよいようにむりやり理屈をつけたり、関係づけたりする。文こじつ・く（下二）

こし-づな【腰綱】 岩登りや高所での作業などのとき、安全のために腰につける綱。

ゴシップ〈gossip〉興味本位のうわさ話。「―記事」

ごじっぽ-ひゃっぽ【五十歩百歩】ヒャクホ よくないという点では、あまり差のないこと。少しの違いはあっても本質的には変わらないこと。似たり寄ったり。「どの案も―だ」

〔故事〕孟子が梁の恵王に、「戦場で五十歩逃げて立ち止まった者が、百歩逃げた者を卑怯だと笑ったらどうでしょう」と問うたとき、恵王が「五十歩でも逃げたことに変わりはない」と答えたことに基づく。〈孟子〉

こ-じとみ【小蔀】 ①あかり取りなどに設けるしとみ（＝格子の裏に板を張った戸）づくりの小さな戸。②清涼殿にあり、天皇が殿上の間を見る小窓。

こし-なわ【腰縄】ナハ ①腰につけて持ち歩く縄。②軽い罪の囚人などの腰に縄をかけること。また、その縄。

こし-ぬけ【腰抜け】 ①腰に力がはいらず立てないこと。また、その人。②意気地がなく臆病なこと。また、その人。

こし-の-くに【越の国】 北陸地方の古称。越前・越中・越後の総称。今の福井・石川・富山・新潟の四県。越の道。

こし-の-もの【腰の物】 ①腰に差す刀剣。②鞘巻の短刀。③印籠・巾着など腰に下げるものの総称。④腰巻き。

こ-しば【小柴】 ①小さい雑木の枝。②「小柴垣」の略。

―がき【―垣】 細い柴でつくった低い垣根。小柴。

こし-ばめ【腰羽目】 床面から一メートルぐらいの高さまで張った羽目板。汚損防止または装飾用。

こし-ばり【腰張り】 壁・ふすまなどの下部に紙や布を張ること。また、その張ったもの。

こし-ひも【腰紐】 ①女性の和服の帯の下に用いる細い布のひも。②子供の着物に縫いつけた、腰に結ぶひも。付けひも。

こし-びょうぶ【腰屏風】ビャウブ 腰の高さほどの、丈の低いびょうぶ。

こし-べん【腰弁】 ①（「腰弁当」の略）腰に弁当を下げること。また、その弁当。②（腰弁当で出勤するような）安月給取り。

こし-ぼね【腰骨】 ①腰の骨。②忍耐する気力。押し通す精神力。「―の強い人物」

こ-じま【小島】 小さな島。

こし-まき【腰巻〔き〕】 ①女性が和服を着るときの下着で、下半身にまとう布。湯文字。お腰。②昔、女性が夏に小袖の上から腰に巻きつけて着た衣服。③土蔵の外回りの下部の、特に土を厚く塗った部分。④「帯紙①」の俗称。書籍の表紙やケースの下部に巻いてある紙。帯。

こし-まわり【腰回り】マハリ 腰の周囲。また、その長さ。

こし-みの【腰蓑】 腰にまとう短いみの。

こし-もと【腰元】 ①昔、身分の高い人のそば近く仕えて雑用をした女性。侍女。②腰のあたり。

ご-しゃ【誤写】（名・他スル）誤って書き写すこと。写し違い。

ご-しゃ【誤射】（名・他スル）まちがえて射撃・発射すること。

こ-しゃく【小癪】（名・形動ダ）言動や態度が生意気で腹立たしいこと。また、そのさま。「―なまねをする」

ご-しゃく【五爵】 旧華族に授けられた、公・侯・伯・子・男の五つの爵位。五等爵。一九四七（昭和二十二）年廃止。

ご-しゃく【語釈】（名・他スル）語句の意味を説き明かすこと。また、その解説。「辞書の―」

ごしゃ-ごしゃ（副・形動ダ・自スル）いろいろな物が入り混じるさま。ごたごた。ごちゃごちゃ。「部屋中―になる」「―した絵」

ごじゃ-ごじゃ（副・形動ダ・自スル）①物が入り乱れて混雑するさま。②不平などをあれこれと言うさま。「―（と）言うな」

こ-しゃじ【古社寺】 由緒ある古い神社と古い寺。

こ-しゃほん【古写本】 古い写本。昔の人の書き写した本。ふつうは、室町以前の写本をいう。

こ-じゃ・れる【小洒落る】（自下一）レ・レ・レル・レル・レレ・レロ(レヨ)（「こ」は接頭語）ちょっとしゃれている。どことなく洗練された様子である。「―・れたレストラン」

こし-ゆ【腰湯】 座って腰から下だけ湯につかること。座浴。

こ-しゅ【戸主】 ①一家の主人。一戸の代表者。②民法の旧規定で、家を統率した家長。

こ-しゅ【古酒】 造ってから一定期間貯蔵し、熟成させた酒。秋 ↔新酒

こ-しゅ【固守】（名・他スル）どこまでもかたく守ること。堅守。「自陣を―する」「自説を―する」

こ-しゅ【故主】 もとの主人。以前に仕えた主人。旧主。

こ-しゅ【鼓手】 太鼓・つづみなどをたたく役目の人。

ご-しゅ【御酒】「酒」の丁寧語。おさけ。

ご-しゅいん【御朱印】 ①〔日〕「しゅいん（朱印）②」の敬称。②〔宗〕神社や寺院が参詣者に授ける、朱肉で押した印の敬称。「―帳」

―せん【―船】→しゅいんせん

こ-しゅう【固執】シフ（名・自他スル）→こしつ（固執）

こ-しゅう【呼集】シフ（名・他スル）呼び集めること。「非常―」

こ-しゅう【孤舟】シウ 大河や海にただ一隻浮かんでいる舟。

こ-じゅう【扈従】（名・自スル）（「扈」は付き従うの意）身分の高い人の供をすること。また、その人。扈従（こしょう）。

ご-じゅう【後住】ヂュウ 寺のあとを継いだ住職。↔先住

ごしゅういわかしゅう【後拾遺和歌集】ゴシフヰワカシフ 平安後期の第四勅撰集。白河天皇の勅命により、藤原通俊が撰進。一〇八六（応徳三）年成立。和泉式部などの歌一二一八首を選録。後拾遺集。

ごじゅう-おん【五十音】ゴジフ ①「五十音図」の略。②「五十音順」の略。

―じゅん【―順】 五十音図の順に従って配列すること。また、その順序。あいうえお順。「―に並べる」

―ず【―図】ツ 日本語の基本的な音節（清音・直音）を組織的に配置した仮名の表。縦（行）に子音、横（段）に母音をそろえ、五段一〇行合計五〇の枠に収める。このうち、ヤ行の「い」「え」とワ行の「う」は、ア行の「い」「え」「う」と同音で重複する。現代では、ワ行の「ゐ」「ゑ」「を」もア行の「い」「え」「お」と同音となる。参考 悉曇に基づくとも、漢字音の反切のためにつくられたともいい、諸説ある。

ごじゅう-かた【五十肩】ゴジフ 五〇歳ごろに多く起こる肩のこり・痛みや肩関節の運動障害。

ごじゅうさんつぎ【五十三次】ゴジフサンツギ →とうかいどうごじゅうさんつぎ

ごしゅうしょう-さま【御愁傷様】ゴシウシヤウ 身内に不幸

のあった人に対する悔やみの言葉。「このたびはーでございます」

ごじゅう-そう【五重奏】《音》五つの楽器による重奏。弦楽四重奏に、弦楽器・ピアノ・管楽器のどれか一つを加えるのが一般的。クインテット。

こ-じゅうと【小舅】配偶者の兄弟(姉妹)。参考 姉妹の場合、正しくは「こじゅうとめ」といい、「小姑」と書く。

こ-じゅうとめ【小姑】配偶者の姉妹。こじゅうと。

ごじゅう-の-とう【五重の塔】五層に造った仏塔。参考 五層は地・水・火・風・空の五大をかたどっている。

ごじゅうのとう〔五重塔〕幸田露伴の小説。一八九二(明治二十五)年刊。大工のっそり十兵衛が苦難を経て谷中感応寺の五重の塔を完成させる話。

ごしゅ-きょうぎ【五種競技】一人が決められた五種目の競技を行い、その総合得点を競う陸上競技。男子は走り幅跳び・槍投げ・二〇〇メートル走・円盤投げ・一五〇〇メートル走。女子は一〇〇メートルハードル・砲丸投げ・走り高跳び・走り幅跳び・二〇〇メートル走。ペンタスロン。

こ-じゅけい【小綬鶏】《動》キジ科の鳥。形はウズラに似るが少し大きい。中国南部原産。日本各地の山林に分布。チョットコイと聞こえる大声で鳴く。春

ごしゅ-でん【御守殿】江戸時代、三位以上の大名に嫁いだ将軍家の娘の敬称。また、その住居。

ご-じゅん【語順】①言葉の並べ方の順序。②《文法》主語・述語、修飾語・被修飾語などの文の成分が、文中でとる位置・順序。文法的な言葉の並べ方。語序。

こ-しょ【古書】①昔の書物。古い文書。②古本。

ご-しょ【御所】①天皇の住まい。御座所。皇居。禁中。②上皇・三后(=太皇太后・皇太后・皇后)・皇子などの御座所。③天皇・上皇・三后の尊称。④親王家・将軍家・大臣家などの住まい。また、そこに住む人の敬称。

—がき【—柿】《植》カキの一種。実は平たくて、四本の縦筋がある。種が少なく美味。奈良県御所市原産という。秋

—ぐるま【—車】①昔、貴人が乗った屋形のある牛車。源氏車。②紋所の名。牛車の車輪を図形化したもの。

—にんぎょう【—人形】胡粉塗りの頭の大きな幼児の裸人形。江戸時代、京都の公卿の間で流行した。

ご-じょ【互助】たがいに助け合うこと。「—の精神」「—会」

ご-じょ【語序】→ごじゅん②

こ-しょう【小姓】①昔、貴人のそば近くに仕えて身のまわりの雑用をした少年。②武士の職名。江戸幕府では若年寄の下で将軍のそば近く仕え、身辺の雑用をした。

こ-しょう【古松】長い年月を経た松。老松。

こ-しょう【古称】昔の呼び名。古い名称。

こ-しょう【呼称】(名・他スル)名づけ呼ぶこと。また、その呼び名。称呼。

こ-しょう【故障】■一(名・自スル)機械や体などの機能に異常をきたすこと。「テレビが—する」■二(名)①差し支え。差し障り。「—がなければ明日出発しよう」②異論。異議。

こ-しょう【胡椒】①《植》コショウ科の多年生のつる性常緑低木。インド原産。果実は直径五—六ミリメートルの球形で、穂状につく。②①の実を粉末にした香辛料。ペッパー。

こ-しょう【扈従】(名・自スル)→こじゅう

こ-しょう【湖沼】湖と沼。「日本の—」

こ-しょう【誇称】(名・他スル)自慢して大げさに言うこと。

こ-じょう【古城】古い城。古びた城。

こ-じょう【弧状】半円形に曲がった形。弓形。弓なり。「—列島」

こ-じょう【孤城】①ただ一つだけ他と離れている城。②援軍が来なくて孤立している城。

—らくじつ【—落日】勢いが衰えて、頼りなく心細いさま。語源 王維の詩「韋評事を送る」中の「愁えて見ん、孤城落日の辺」による。

こ-じょう【湖上】湖の上。また、湖のほとり。「—の舟」

ご-しょう【五障】《仏》①女性の持つとされる、五種の障害。梵天・帝釈天・魔王・転輪聖王・仏の五つにはなれないということ。五礙。五つの障り。②修行の妨げとなる五種の障害。煩悩障・業障・生障・法障・所知障。

ご-しょう【後生】①《仏》死後に生まれ変わる所。後世。来世。↔前生。②《仏》死後、極楽に生まれ変わること。極楽往生。③同情心に訴えてこいねがうときに使う語。「—だから助けてくれ」参考「こうせい」と読めば別の意になる。

—を願う 来世の安楽を願う。

—いっしょう【—一生】後世にも現世にもただ一度だけのこと。「—の頼み」

—ぎ【—気】来世での安楽を願う心。後生心。

—だいじ【—大事】①《仏》後生の安楽を重んじ、一心に仏道に勤めること。「日ごろから—を心がける」②物をたいせつに保持すること。「—にとっておく」

—らく【—楽】(名・形動ダ)①後生は安楽であると思って安心すること。②心配事をしないでのんきなこと。

ご-しょう【誤称】(名・自他スル)誤った名前を言うこと。誤って言うこと。また、その誤った名前や言い方。

ご-じょう【五常】儒教でいう、人として常に守るべき五つの道。㋐仁・義・礼・智・信の五つの徳。㋑父の義・母の慈・兄の友・弟の恭・子の孝。五典。㋒父子の親・君臣の義・夫婦の別・長幼の序・朋友の信。五倫。

ご-じょう【互譲】たがいにゆずりあうこと。「—の精神」

ご-じょう【御諚】貴人の命令。仰せ。お言葉。

こ-しょうがつ【小正月】陰暦で正月十四日の夜から十六日までをさす。また、一月十五日をいう。地方によって種々の民俗行事が行われる。二番正月。新年 参考 一月一日、または一月一日から七日までの「大正月」に対していう。

こ-じょうるり【古浄瑠璃】義太夫節より前の浄瑠璃。金平浄瑠璃・播磨節など。

こ-しょく【古色】長い年月を経て出た、古びた色つや。

—そうぜん【—蒼然】(トタル)長い年月を経て、いかにも古めかしいさま。「—たる建物」文(形動タリ)

こ-しょく【個食・孤食】一人で食事をすること。

ご-しょく【誤植】印刷で、活字の組み誤り。印刷物一般の誤記を指してもいう。ミスプリント。

こし-よわ【腰弱】(名・形動ダ)①腰の力の弱いこと。また、その人。②忍耐力や意志の弱いこと。また、その人。

こじ-らいれき【故事来歴】昔から伝えられた事物についての起源やいわれ。また、その歴史。「—を調べる」

こしらえ【拵え】①こしらえたさま。つくり。「頑丈な—」②したく。用意。「夕飯の—」③衣装の着付けや化粧。扮装。「粋な—」「奴の—」④刀の柄や鞘に施す外装。「華美な—の刀」参考「急ごしらえ」「腹ごしらえ」のように、他の語に付いて複合語となるときは濁音化する。

—ごと【—事】つくり事。うそ。でたらめ。虚構。

—もの【—物】本物をまねてつくったもの。模造品。イミテーション。「見ればすぐに—とわかる」

こしら・える【拵える】(他下一)①形の

あるものにつくりあげる。「新しい着物を―」「家を―」②美しく飾る。「身なりを―」「顔を―(=化粧する)」③整える。準備する。「金を―」④腹を満たす。「腹を―」⑤いつわりつくる。「話を―」⑥友人・愛人などをつくる。「女を―」文こしら・ふ(下二)

ごしらかわてんのう【後白河天皇】ゴシラカハテンワウ（一一二七～一一九二）平安末期の第七七代天皇。一一五五(久寿二)年即位。在位三年。譲位後、五代にわたって院政をとった。芸能に関心が深く、歌謡(今様いまよう)集「梁塵秘抄りょうじんひしょう」を編集。

こじら・す【△拗らす】(他五) サ(ソ)・シ・ス・ス・セ・セ →こじらせる

こじら・せる【△拗らせる】(他下一) セ・セ・セル・セル・セレ・セロ(セヨ) ①物事を複雑にして順調に進まなくする。事態をもつれさせ、むずかしくする。「話を―」②病気を悪化させる。「風邪を―」自こじ・れる(下一) 文こじら・す(下二)

こ-じり【△鐺】刀の鞘さやの末端。垂木たるき(=屋根板の支えとして棟から軒にわたす木)などの末端。また、その部分を飾る金具。

こじ・る【△抉る】(他五) ラ(ロ)・リ(ッ)・ル・ル・レ・レ すきまや穴などに物を入れて強くねじる。「ふたをナイフで―」可能こじ・れる(下一)

ご-じる【呉汁・△醐汁】水に浸してやわらかくした大豆をすりつぶしたもの(=豆汁ご)を入れたみそ汁。

こじ・れる【△拗れる】(自下一) レ・レ・レル・レル・レレ・レロ(レヨ) ①物事が順調に運ばずにもつれる。「話し合いが―」②病気が快方に向かわず悪くなる。「風邪が―」③気持ちがもつれる。思うように合わなくなる。「二人の仲が―」他こじら・す(五) こじら・せる(下一)

こ-じわ【小△皺】皮膚や衣服にできる細かいしわ。

こ-しん【湖心】みずうみのまん中。

こ-じん【古人】①昔の人。↔今人こんじん ②昔のすぐれた人。

―のそうはく【―の△糟△粕】サウハク 書物に残された古人の言葉を酒かすにたとえた語。「―をなめる(=昔の聖人の言動を追うだけでその精神に至らないこと)」【故事】聖人の書を読む斉せいの桓公かんこうに、車輪削りの職人、輪扁りんぺんが、「自分の技術は経験で得たものでこれを人に伝えることはできない。聖人とその伝えにくい精髄とは死んでおり、その書は言わば糟粕(=酒かす)に過ぎない」と言ったことからいう。〈荘子〉

こ-じん【故人】①死んだ人。亡くなった人。「―の冥福めいふくを祈る」②古くからの友達。旧友。旧知。

こ-じん【個人】社会組織を構成する個々の人。また、社会的な立場や職業を離れた一個の人。私人。

―きぎょう【―企業】ゲキ 共同出資でなく、個人の資本で経営する企業。

―さ【―差】個々の人による差。一人一人の人間の精神や肉体面におけるはたらきの違い。「能力には―がある」

―しゅぎ【―主義】社会や集団の意義よりも、個人の意義や価値を重視し、その自由・独立を尊重しようとする立場。↔全体主義 参考俗に利己主義の意にも用いられる。

―じょうほう【―情報】ジャウホウ 個人についての情報で、特定の個人を識別できるもの。氏名・住所・生年月日など。

―タクシー 事業免許を受けて、個人で営業をするタクシー。はじまり一九五九(昭和三十四)年、一七三名に営業を認可したのが、「個人タクシー事業者」の初め。

―てき【―的】(形動ダ) ダロ・ダッ(デ・ニ)・ダ・ナ・ナラ・〇 公的な立場や他人との関係を離れて、その人だけの立場によるさま。その人だけのことに関係する状態。「―な見解」

―プレー 団体競技や組織で、自分一人の活躍を目指し全体の調和を乱す行動。「―にはしる」↔チームプレー

―メドレー 一人の泳者がバタフライ、背泳、平泳ぎ、自由形の順に泳ぐ競泳種目。

ご-しん【誤信】(名・自他スル) 間違って信じこむこと。

ご-しん【誤診】(名・自他スル) 医者が病気の診断を誤ること。また、誤った診断。

ご-しん【誤審】(名・自他スル) ①スポーツで審判が判定を間違えること。誤った審判。②裁判で誤った審理が行われること。

ご-しん【護身】危険から自分の身をまもること。「―術」

ご-じん【吾人】(代) わたし。われわれ。われら。「―の信ずるところを行う」用法単数・複数の両方に用いられる。

ご-じん【後陣】ヂン 本陣の後方に控えている軍勢。あとぞなえ。後詰ごづめ。後陣こうじん。↔先陣

ご-じん【御仁】他人の敬称。おかた。おひと。「りっぱな―」「困った―だ」用法からかいや皮肉をこめて用いることが多い。

ご-しんえい【御真影】高貴な人の写真や肖像画などの尊称。特に、戦前、天皇・皇后の写真。

ご-じんか【御神火】ジンクワ (「神の火」の意)火山を神聖視してその噴火をいう語。特に、伊豆大島の三原山の噴火。

ご-しんぞう【御新造】シンザウ (主として中流社会の)他人の妻の敬称。ごしんぞ。参考大正時代ごろまで用いられた語。

ご-じんてい【御仁体】身分ある人、りっぱな人の敬称。また、そのようなようすの敬称。御仁体ごじんたい。

ご-しんとう【御神灯】①神に供える灯火。御灯みあかし。②芸人・職人などが縁起をかつぎ、「御神灯」と書いて家の戸口につるした提灯ちょうちん。参考「ごじんとう」ともいう。

ご-しんぷ【御親父】他人の父の敬称。御尊父。参考手紙や改まった場で用いる。

こ-じんまり ヂンマリ (副・自スル)「こぢんまり」と書くのが本則。→こぢんまり

こ・す【越す・超す】サ(ソ)・シ・ス・ス・セ・セ 一(他五) ①[越]物の上、障害になるもの、境などを過ぎて行く。「難関を―」「峠を―(=物事の最盛期などを過ぎる)」②[越]ある時節・期間などを過ごす。「南国で冬を―」「年を―」③ある基準以上のものになる。超過する。「人口が一〇万を―」「限度を―」④[越](「…に越す」の形で)まさる。「それに―・したことはない」⑤[越]追い抜く。「先を―・される」自こ・える(下一) 可能こ・せる(下一) 二(自五) ①[越]住居を移す。引っ越す。「隣の町に―」②[越](「おこし」の形で)「行く」「来る」の意の尊敬語。「どちらへお―・しですか」「こちらへもお―・しください」可能こ・せる(下一)

こ・す【△漉す・△濾す】(他五) サ(ソ)・シ・ス・ス・セ・セ 網や布などの細かいすきまを通して、不純物やまじり物などを取り除く。濾過ろかする。

ご・す【△伍す】(自五) サ(ソ)・シ・ス・ス・セ・セ →ごする(伍する)

ご-ず【◇牛頭】ヅ 【仏】体は人で、頭が牛の形をしているという地獄の鬼。「―馬頭めず」

こ-すい【湖水】みずうみ。また、みずうみの水。

こ-すい【鼓吹】(名・他スル) (太鼓をたたき笛を吹く意から)①励まし元気づけること。鼓舞。「士気を―する」②考え・思想をさかんに宣伝し、吹きこむこと。「自由思想を―する」

こす・い【△狡い】(形) カロ・カッ(ク)・イ・イ・ケレ・〇 ①計算高くてずるい。悪賢い。「―やり方だ」②けちである。文こす・し(ク)

ご-すい【五衰】【仏】天人てんにんが死ぬときに現れるという五つの衰えの相。「天人―」参考衣服が汚れ、頭上の花がしぼみ、体がくさくなり、わきの下に汗が流れ、本来の座にいることを楽しまなくなるという。

ご-すい【午睡】(名・自スル) ひるね。「―をとる」夏

こ-すう【戸数】家のかず。世帯のかず。家数やかず。

こ-すう【個数】一個、二個と数えられる物のかず。

こ-ずえ【△梢・△杪】ズヱ (木の末すえの意で)幹や枝の先。

こずかたの… 和歌〔不来方の お城の草に 寝ころびて

空に吸はれし 十五の心〈石川啄木〉盛岡城の城跡の草の上に寝ころんではるかな空にうっとりと吸い込まれていった一五歳の私の心よ。少年のころが今、なつかしく思い出されることである。

コスタリカ〈Costa Rica〉中央アメリカ、パナマ北西の共和国。首都はサンホセ。[語源]スペイン語で「富める海岸」の意。

コスチューム〈costume〉①特定の民族・地域・時代に固有の伝統的な服装。②演劇や仮装用の衣装。舞台衣装。③ひとそろいになった婦人服。ドレス。「花嫁の―」

―プレー〈costume play〉①ある時代の衣装で演じる劇・映画など。②→コスプレ

こすっ-から・い【△狡っ辛い】(形)カロ・カッ(ク)・イ・イ・ケレ・○ 計算高くてぬけめがない。ずるくてけちけちしている。こすからい。「―やつ」

コスト〈cost〉①物を生産するのに必要な費用。原価。生産費。「―を軽減する」②値段。費用。「仕入れ―が低い」

―ダウン〈和製英語〉(名・自他スル)原価を引き下げること。「―をはかる」

―パフォーマンス〈cost performance〉かかった費用や作業量に対する成果や満足度の割合。費用対効果。コスパ。「―がいい」

コス-パ《俗》「コストパフォーマンス」の略。

コス-プレ〈costume play の略〉漫画・アニメ・ゲームなどのキャラクターや、様々な職業の衣装に扮装すること。

ゴスペル〈gospel〉①キリスト教の福音。また、福音書。②黒人霊歌にジャズ・ブルースなどが融合した、福音賛美歌。ゴスペルソング。

こ-ずみ【粉炭】くだけて細かくなった炭。粉炭。

コスメ「コスメチック①」の略。

コスメチック〈cosmetic〉①化粧品。コスメ。②毛髪をなでつけるのに用いる棒状の男性整髪料。チック。

コスモス〈cosmos〉①《植》キク科の一年草。メキシコ原産。葉は対生し、羽状にさけて線形。秋に白・淡紅・深紅などの花を開く。観賞用。秋桜。[秋]②秩序ある世界。宇宙。↔カオス

コスモポリタン〈cosmopolitan〉全世界と全人類を一つのものと見なして行動する人。世界主義者。また、国際人や、世界を広くわたり歩いている人などにもいう。世界市民。

こすり-つ・ける【◦擦り付ける】(他下一)ケ・ケ・ケル・ケル・ケレ・ケロ(ケヨ) ①こするように押しつける。「ほっぺたを―」②ある物の表面にこすってくっつける。「靴の泥を石に―」[文]こすりつ・く(下二)

こす・る【◦擦る】(他五)ラ(ロ)・リ(ッ)・ル・ル・レ・レ ある物を他の物に押しつけて動かし、互いの表面を摩擦する。「手で目を―」[自]こす・れる(下一)[可能]こす・れる(下一)

こ・する【鼓する】(他サ変)シ(セ)・シ・スル・スル・スレ・シロ(セヨ) ①太鼓をうちならす。②(勇気などを)ふるいおこす。「勇を―」[文]こ・す(サ変)

ご・する【△伍する】(自サ変)シ(セ・サ)・シ・スル・スル・スレ・シロ(セヨ) 上の者や力量のすぐれたものと同等の位置・地位に立つ。肩を並べる。「列強に―」[文]ご・す(サ変)

ご・する【期する】(他サ変)シ(セ・サ)・シ・スル・スル・スレ・シロ(セヨ) ①予期する。期待する。「再会を―」②覚悟する。「死を―」[文]ご・す(サ変)

こす・れる【◦擦れる】(自下一)レ・レ・レル・レル・レレ・レロ(レヨ) 物と物がすれ合う。「壁に―・れて服が汚れる」[他]こす・る(五)

ごすん-くぎ【五寸△釘】もと、曲尺で長さ五寸(約一五センチメートル)くらいのくぎ。また、長く太い大形のくぎ。

ご-せ【後世】《仏》死後の世界。来世。後生。のちの世。⇔前世・現世 [参考]「こうせい」と読めば別の意になる。

ご-ぜ【御◦前】(古)①貴婦人に対する敬称。御前。②(接尾語的に用いて)女性の名などに添える敬称。「母―」「尼―」

ご-ぜ【×瞽女】三味線をひき、歌をうたったりして門付けをして歩く盲目の女芸人。「―歌」

こ-せい【個性】その人だけが持っていて、その人を他と区別させる固有な性質や性格。パーソナリティー。「―豊かな人」「―が強い」「―を生かす」「―的な作品」

こ-せい【鼓声】つづみの音。太鼓の音。

こ-ぜい【小勢】小人数。少数。無勢。寡勢。↔大勢

ご-せい【互生】(名・自スル)《植》葉が茎の一つの節ごとに一枚つき、交互に反対の方向に出ること。⇔対生・輪生

ご-せい【悟性】《哲》物事を判断し理解する能力。

ご-せい【語勢】話すときの言葉の勢いや調子。語気。

ごせい-こうき【五星紅旗】中華人民共和国の国旗。

こせい-だい【古生代】《地質》地質年代の区分の一つ。先カンブリア時代と中生代の間の時代で、約五億四〇〇〇万年前から約二億五〇〇〇万年前の期間に相当する。古い順にカンブリア紀・オルドビス紀・シルル紀・デボン紀・石炭紀・ペルム紀(二畳紀)に六分される。無脊椎動物が繁栄し、魚類・両生類・爬虫類が現れた。

こ-せがれ【小△倅】①自分の息子の謙称。「うちの―」②大人が若い男をあなどっていう語。「この―め」

こ-せき【戸籍】①《法》国民各自の本籍・氏名・生年月日・親族との関係などを記載した公文書。夫婦およびこれと氏を同じくする未婚の子をもって編成され、本籍地の市区町村に置かれる。②律令制で、戸数や人口を書いた帳簿。

―しょうほん【―抄本】戸籍原本のうち請求者の指定した部分だけを写した証明文書。

―とうほん【―謄本】戸籍原本の内容全部を写した証明文書。謄本。

こ-せき【古跡・古△蹟】歴史上の事件や建物の跡。旧跡。

こせ-こせ(副・自スル)ゆったりした気持ちがなく、小さいことにこだわって落ち着かないさま。「―(と)した性格」

ご-せち【五節】①奈良時代以後、宮中で、大嘗祭・新嘗祭の前後に行われた、「少女楽(五節の舞)」を中心とする行事。②(「五節の舞」「五節の舞姫」の略)①に行われた舞楽。また、その舞を舞う少女。[冬]

こ-せつ【古拙】(名・形動ダ)技巧は拙劣だが、古風で素朴な味わいのあるさま。アルカイック。「―な美」

こ-ぜつ【孤絶】(名・自スル)他とのつながりを絶たれて孤立していること。

こせ-つ・く(自五)カ(コ)・キ(イ)・ク・ク・ケ・ケ こせこせする。

ご-せっく【五節句・五節供】一年の五つの節句。正月七日の人日・三月三日の上巳・五月五日の端午・七月七日の七夕・九月九日の重陽。五節。

ご-せっけ【五摂家】鎌倉時代以降、摂政・関白になる資格のあった家柄。近衛・九条・二条・一条・鷹司の五家。

こ-ぜに【小銭】①小額のおかね。ばらせん。「―入れ」②高額ではないが、ある程度まとまったおかね。「―を蓄える」

こ-ぜりあい【小競(り)合い】①ちょっとしたいさかい。小さいもめごと。②小人数の部隊が衝突して戦うこと。

こ-せん【古銭】①昔、用いられた貨幣。「―収集家」②江戸時代、寛永通宝以前の古い貨幣の称。

こ-せん【弧線】弓なりの線。弧状の線。「―を描いて飛ぶ」

ご-せん【五線】楽譜の表示に用いる五本の平行線。「―譜」

―し【―紙】五線を印刷した紙。

ご-せん【互選】(名・他スル)特定の人々の中からたがいに選び出すこと。「議長を―する」

ご-ぜん【午前】(「午」は午の刻で正午の意)①夜の一二

時から正午までの間。②明け方から正午までの間。《↕午後》

—さま【—様】《俗》(「御前様」をもじった語)遊びや宴会などに行って、夜中の一二時以後に帰宅すること。また、その人。

ご-ぜん【御前】㊀(名)①天皇・神仏・貴人などを敬ってその前をいう語。お前。み前。「—試合」②貴人に対する敬称。③(名前の下に付けて)身分ある女性を敬っていう語。「巴—」㊁(代)対称の人代名詞。①昔、妻または他の女性に対する敬称。②貴人を敬っていう語。

—かいぎ【—会議】天皇が出席し、重臣・大臣などが集まって開く会議。参考 明治憲法下で、国家の大事の際に開かれた最高会議。

ご-ぜん【御膳】①「食膳」「食事」の丁寧語。②《古》貴人の食事の敬称。

—さま【—様】(代)「御前」をさらに敬っていう語。

—じるこ【—汁粉】こしあんの汁粉。

—そば【—蕎麦】上等なそば。卵白をつなぎにして作ったそば。

こせん-きょう【跨線橋】鉄道線路の上にまたがってかけ渡した陸橋。渡線橋。

ごせんしゅう〔後撰集〕「後撰和歌集」の略。

こ-せんじょう【古戦場】昔、合戦のあった場所。

ごせんわかしゅう〔後撰和歌集〕平安中期の第二勅撰和歌集。村上天皇の勅命により、九五一(天暦五)年、大中臣能宣・清原元輔・源順・紀時文らが撰進。おもに「古今集」時代の作品を収録。後撰集。

こそ ㊀(係助)①強意を表す。「ようーいらっしゃいました」②多くの中から一つのものを、強くとりたてていう。「今度ーうまく行きそうだ」「冷静な判断ーが一番」③ある一つの事柄を強め、それと対比的な事柄をしりぞける意を導く。「応援ーすれ、じゃまだてなどしない」④(「ばこそ」の形で文末に用いて)全然…(し)ないの意を表す。「逃げるひまもあらばー」用法 あとの用言に続くはたらきのある種々の語に付く。また、文語で使われるとき、それを受ける結びの活用語は已然形となる。参考 現代語で「ほめられーすれ、叱られたりはしない」などの例は係り結びの名残といえる。㊁(終助)《古》他に対してあつらえ望む意を表す。…てほしい。…てくれ。「梅が花散らずありー思ふ子がため」〈万葉〉用法 奈良時代にみられる用法で、動詞の連用形に付く。㊂(間助)《古》(敬愛の情をこめて)呼びかける場合に用いる。…さま。…さん。「右近の君ー」〈源氏〉用法 人名などに付く。参考 ㊁を動詞「こす」の命令形、㊂を接尾語とする説もある。

こ-ぞ【去年】きょねん。昨年。「ーの冬」新年

こ-そ-あ-ど 代名詞の「これ・それ・あれ・どれ」、連体詞の「この・その・あの・どの」、形容動詞の「こんな・そんな・あんな・どんな」、副詞の「こう・そう・ああ・どう」のように、何かを指示する言葉の総称。「こ(近称)」「そ(中称)」「あ(遠称)」「ど(不定称)」の形に整理することができる。

	近称	中称	遠称	不定称	品詞
事物	これ	それ	あれ	どれ	代名詞
人・物	こいつ	そいつ	あいつ	どいつ	
場所	ここ	そこ	あそこ	どこ	
方角(人・物)	こちら こっち	そちら そっち	あちら あっち	どちら どっち	
ようす	こんな	そんな	あんな	どんな	形容動詞
	こう	そう	ああ	どう	副詞
指示	この	その	あの	どの	連体詞

こ-ぞう【小僧】①年少の僧。小坊主。②商店などの年少の店員。丁稚。③年少の男子を卑しめたり親しみをこめたりしていう語。「いたずらー」

ご-そう【護送】(名・他スル)①人や物につき添って守りながら送り届けること。「大金のー」「ー船団」②《法》容疑者や囚人などを監視しながら送ること。「犯人をーする」

ご-ぞう【五臓】漢方(=東洋医学)で、心臓・肺臓・肝臓・腎臓・脾臓の五つの内臓。

—ろっぷ【—六腑】①漢方(=東洋医学)で、五臓と、大腸・小腸・胃・胆・膀胱・三焦(=胃の上、胃の中、膀胱の上にあって消化・排泄をつかさどるという器官)の六腑。②腹の中。心の中。③腹のすみずみ。「ーにしみわたる」

こ-そく【姑息】(名・形動ダ)①(「姑」はしばらく、「息」はやむ、やすむの意から)一時のまにあわせに物事を行うこと。また、そのさま。その場しのぎ。「因循ー(=古い習慣にとらわれて、その場しのぎで過ごそうとすること)」「ーな手段」②《俗》ひきょうであること。また、そのさま。参考 ①が本来の意味。

こそ・ぐ【刮ぐ】(他五)→こそげる

こ-ぞく【古俗】ふるい風俗。昔からのならわし。

ご-ぞく【語族】同じ祖語から分かれて発達したと考えられる言語の一群。「インドヨーロッパー」

こそぐ・る【擽る】(他五)→くすぐる

ご-そくろう【御足労】他人にわざわざ来てもらったり、行ってもらったりすることをいう語。「ーをおかけしました」

こそ・げる【刮げる】(他下一)こすりけずっては がす。「焦げたなべ底をー」文こそ・ぐ(下二)

こそ-こそ(副・自スル)他人に隠れて、ひそかに事を行うさま。また、気づかないほどの静かな音のするさま。「ー(と)逃げ出す」

ごそ-ごそ(副・自スル)質のあらいものが触れあって出す音を表す語。また、そのような音をたててなにかをするさま。「紙袋の中をー(と)かきまわす」「夜中にー(と)探しまわる」

こぞことし… 俳句〔去年今年 貫く棒の 如きもの〕〈高浜虚子〉年が去り、また新たな年を迎える。年改まるごとに一喜一憂したところとはすでに異なる。去年も今年もいまは変わりなく、過ぎゆく歳月の一日一日に変わりはない。去年と今年を貫く一本の太い棒のようなものが、厳然と存在していると思うばかりだ。(去年今年 新年)

こ-そだて【子育て】(名・自スル)子を育てること。育児。

こぞっ-こ【小僧っ子】①小僧・丁稚などの称。②年少の男子をあなどったり、ののしったりして言う語。「ーのくせに」

こぞっ-て【挙って】(副)(「こぞりて」の音便)全員で。ひとり残らず。みんな。「ー反対する」

ごそっ-と(副)一度にたくさん。ごっそり。「ーいなくなる」

こ-そで【小袖】①(昔、男女が用いた)袖口の小さい衣服の総称。平安時代、広袖の衣服の下に肌着として着用。近世には上着となり、現代の和服に至る。②絹の綿入れ。⇩布子

こそ-どろ【こそ泥】《俗》こそこそとわずかな物を盗むどろぼう。

こそばゆ・い(形)①くすぐったい。「背中がー」②照れくさい。「面と向かってほめられるのはー」文こそばゆ・し(ク)

コソボ〈Kosovo〉バルカン半島中部の内陸にある共和国。首都はプリシュティナ。

こ-ぞめ【濃染め】色濃く染めること。また、染めたもの。

こぞ・る【挙る】(自他五)全部集まる。また、全部集める。残らずそろえる。⇩挙って

ご-ぞんじ【御存じ】「存じ」を敬っていう語。知っていらっしゃること。御承知。「あなたもーの通り」

こ-たい【古体】①昔の姿や体裁。②唐代以前の漢詩。律

詩・絶句以外の詩体。古詩・楽府(がふ)の総称。古体詩。↔近体

こ-たい【固体】 物質の状態の一つ。一定の形・体積をもち、たやすく変形しない。⇩液体・気体

こ-たい【個体】 ①一つ一つ独立して、他と区別されて存在するもの。②独立して生活を営む一個の生物体。

—はっせい【—発生】 卵細胞が受精してから完全な成体となるまでの一定の形態変化の過程。↔系統発生

こ-だい【古代】 ①古い時代。昔。②〘日・世〙時代区分の一つ。中世の前の時代。日本史では一般に奈良・平安時代をさす。世界史では一般に原始時代と封建時代との間の時代をさすが、地域によって時期の下限は異なる。③〘古〙古風なこと。

こ-だい【誇大】 (名・形動ダ) 実際よりもおおげさであること。また、そのさま。「—広告」

—むらさき【—紫】 黒みがかった紫色。⇩江戸紫

—もうそう【—妄想】(マウサウ) 自分の現状を実際より過大に評価し、それを事実のように思いこむこと。

ご-たい【五体】 ①体の五つの部分。筋・脈・肉・骨・毛皮。または頭・首・胸・手・足。または頭と両手・両足の称。②全身。体全体。③書道で、篆(てん)・隷(れい)・楷(かい)(真)・行(ぎょう)・草(そう)の漢字の五書体。

ご-だい【五大】〘仏〙万物を構成する五種の要素。地・水・火・風・空。

こ-だいこ【小太鼓】〘音〙①小形の太鼓。②洋楽の打楽器の一つ。底面に独特の音を響かせる線を張った太鼓。サイドドラム。スネアドラム。《↔大太鼓》

ごだいごてんのう【後醍醐天皇】(ゴダイゴテンワウ) (一二八八〜一三三九) 鎌倉末期・南北朝初期の第九六代天皇。王政復古を企てたが失敗し、隠岐(おき)に流された。翌一三三三(元弘三)年隠岐を脱出し、鎌倉幕府を滅ぼして建武の新政を実現。のち、足利尊氏(たかうじ)と対立し、吉野(よしの)に移り南朝を開いた。

ご-たいそう【御大層】 (形動ダ)(ダロ・ダッ(デ・ニ)・ダ・ナ・ナラ・◯) 言動があまりにおおげさなさまを皮肉っていう語。「—なふるまい」文(ナリ)

ご-たいりく【五大陸】 世界の五つの大陸。アジア・ヨーロッパ・アフリカ・アメリカ・オーストラリア大陸の総称。五大州(ごだいしゅう)。

ご-たいろう【五大老】(—タイラウ)〘日〙豊臣(とよとみ)政権末期において豊臣秀頼(ひでより)の後見に任じられた五人の有力大名。

こたえ【応え】(コタヘ) (他からの働きかけに対する)反応・反響。また、それを身に感じること。用法 多く、他の語の下に付いて複合語として用いられる。「手ごたえ」「歯ごたえ」など。

こたえ【答〔え〕】(コタヘ) ①返事。返答。応答。「—が返ってくる」②問題の解答。「—を出す」《↔問い》

こた・える【応える】(コタヘル) (自下一)(エ・エ・エル・エル・エレ・エロ(エヨ)) ①他からの働きかけに感じて反応を示す。応じる。報いる。「期待に—」②身にしみて強く感じる。「寒さが骨身に—」文こた・ふ(下二) 参考 ①は「答える」とも書く。⇩「使い分け」

こた・える【答える】(コタヘル) (自下一)(エ・エ・エル・エル・エレ・エロ(エヨ)) ①呼びかけられた言葉に返事をする。②問題を解く。「次の問いに—・えよ」文こた・ふ(下二) 参考 ①は「応える」とも書く。⇩「使い分け」

使い分け **「応える・答える」**

「応える」は、先方からの働きかけに報いる、刺激の影響を受ける意のときに限って、「要望に応える」「暑さが応える」などと使われる。

「答える」は、呼びかけに対して返事をする、問題に対して説明したり解答したりする意で、「はいと答える」「問いに答える」「難問に答える」などと使われる。

こた・える【◇堪える】(コタヘル) (自下一)(エ・エ・エル・エル・エレ・エロ(エヨ)) (おもに動詞の連用形の下に付いて)がまんしとおす。こらえる。耐え続ける。「最後まで持ち—」文こた・ふ(下二)

こたえられない たまらなくすばらしい。「—おもしろさだ」

こ-だか・い【小高い】 (形)(カロ・カッ(ク)・イ・イ・ケレ・◯) 少し高い。やや高い。「—丘」文こだか・し(ク)

こたか-がり【小△鷹狩〔り〕】 秋の鷹狩り。ハヤブサなどの小形の鷹を使って、ウズラ・スズメなどの小鳥を狩る。秋

こ-だから【子宝】 (親にとって子供は宝である意)何ものにもかえがたいたいせつな子供。「—に恵まれる」

ご-たく【御託】 (「御託宣」の略)自分勝手な、つまらないことを偉そうにくどくどと言いたてること。「—を並べる」

こ-だくさん【子×沢山】 (名・形動ダ) 産んだ子供の多いこと。また、そのさま。「—の家庭」

ご-たくせん【御託宣】 ①神仏のお告げ。②もったいぶって勝手なことをくどくどと言うこと。御託(ごたく)。

ごた-ごた ■(副・自スル) 混雑して秩序のないさま。「引っ越しで家の中は—(と)している」■(名・副・自スル) もめごとが起こって混乱するさま。また、そのもめごと。「組織内が—する」

こ-だし【小出し】 たくさんある中から少しずつ出すこと。「貯金を—に使う」

こ-だち【木立】 群がって生えている木々。「夏—」

こ-だち【小太刀】 ①小形の刀。脇差(わきざ)し。②小さな刀を使って行う武術。

こ-たつ【△炬△燵・◇火△燵】 やぐらの中に熱源を入れ、ふとんをかけて暖をとる器具。置きごたつ・掘りごたつ・電気ごたつなどがある。「—にはいる」「—にあたる」冬

ご-だつ【誤脱】 誤字と脱字。文章中のまちがいと抜けた所。

ごた-つ・く (自五)(カ(コ)・キ(イ)・ク・ク・ケ・ケ) ①混雑する。「ラッシュで—ホーム」②もつれる。もめる。「党内が—・いている」

こ-だて【戸建〔て〕】 →いっこだて

こ-だね【子種】 ①子を生むもとになるもの。精子。②家系、血統を継ぐもの。子供。子孫。「—に恵まれる」

こ-たび【◇此度】〘古〙このたび。今回。

ご-たぶん【御多分】 世間の大多数の例。大部分の人の意見、行動など。

—に洩(も)れず ほかの例と同じように。例外ではなく。

こだま【木霊・△谺】 ■(名) 樹木に宿っているという精霊。木の精。木精。■(名・自スル) 山・谷などで声や音が反響してはね返ってくること。また、その声や音。やまびこ。「歌声が—する」

こだまして… 俳句〔谺して 山ほととぎす ほしいまま〕〈杉田久女(ひさじょ)〉全山緑におおわれた、ここ九州の英彦山(ひこさん)の山あいの道を行くと、いかにも夏らしくほととぎすのするどい声が聞こえてきた。まわりの山々に高らかにこだまして、思うがままに鳴いていることだ。(ほととぎす 夏)

ごた-まぜ【ごた混ぜ】 (名・形動ダ) 乱雑に入りまじっていること。また、そのさま。ごったまぜ。ごちゃまぜ。「—に詰め込む」

こだわ・る(コダハル) (自五)(ラ(ロ)・リ(ッ)・ル・ル・レ・レ) ①わずかのことに心がとらわれ、進展できないでいる。拘泥(こうでい)する。「形式に—必要はない」②(よい意味で)細かい差異も軽視せず、徹底的に追求する。「ワインの産地に—」参考「◇拘る」とも書く。

こ-たん【枯淡】 (名・形動ダ) 俗なところがなくあっさりしている中に、深い趣のあるさま。「—の境地」「—な趣のある書」

コタン (アイヌ語)比較的少数の集落。また、村。

ご-だん【誤断】 (名・自他スル) 誤った判断をすること。また、その判断。「状況を—する」

ごだん-かつよう【五段活用】(—クワツヨウ)〘文法〙口語動詞の

活用の一つ。語尾が五十音図のア・イ・ウ・エ・オの五段にわたって活用するもの。「置く」「取る」など。参考 文語の四段活用に相当する。文語の「置かむ」「取らむ」などが「置こう」「取ろう」となったためにオ段が加わり五段活用と呼ばれるようになった。

こち【鯒】〘動〙①コチ科の魚の総称。②①の一種。近海の砂底にすむ。体は偏平で細長い。体長約五〇センチメートルになる。食用。夏

こち【東風】 東のほうから吹く風。ひがしかぜ。こちかぜ。春

こ-ち【故知・故智】 古人の用いたすぐれたはかりごと・知恵。「―にならう」「―に学ぶ」

こ-ち【此方】(代)〘古〙①近称の指示代名詞。自分のいるほう。こちら。こっち。②自称の人代名詞。私。われ。

ゴチ 「ゴチック」の略。

こ-ぢから【小力】 ちょっとした力。「―のある人」

こち-こち ［一］(形動ダ) ①堅くなったさま。「―に凍った魚」②がんこで融通のきかないさま。「おじいさんの頭は―だ」③緊張して動作が硬直するさま。「大観衆の前で―になる」［二］(副) 堅いものがふれあう音や歯車の動く音を表す語。

ご-ちそう【御馳走】 ［一］(名)「馳走」の丁寧語。豪華な食事。［二］(名・他スル) 食事や酒などをふるまってもてなすこと。

―さま【―様】(感) ①飲食したあとや、もてなしを受けた際などに言う挨拶・感謝の言葉。②恋人どうしの仲むつまじいようすを見せつけられた際にやりかえす、からかいや冷やかしの言葉。

こちた・し【言痛し】(形ク)〘古〙(「こといたし」の転) ①うるさい。わずらわしい。②仰々しい。おおげさである。

ゴチック〈ドイツ Gotik〉→ゴシック

こちと-ら【此方人等】(代)〘俗〙自称の人代名詞。(ぞんざいにやや卑下して)おれたち。おれ。「―江戸っ子だい」

こち-の-ひと【此方の人】(代)〘古〙①妻が夫をさしていう語。うちの人。②妻が夫に呼びかける語。あなた。

こ-ちゃ【粉茶】 →こなちゃ

こ-ちゃく【固着】(名・自スル) しっかりとくっつくこと。

ごちゃ-ごちゃ(副・形動ダ・自スル) いろいろな物が入り乱れて雑然としているさま。「机の上が―している」

ごちゃ-まぜ【ごちゃ混ぜ】(名・形動ダ) →ごたまぜ

こ-ちゅう【古注・古註】 昔の注釈。特に中国で、経書に漢・唐時代の儒者がつけた注釈。日本では江戸時代以前の注釈。↔新注

こ-ちゅう【壺中】 つぼの中。

―の天地 別天地。別世界。酒を飲んで、俗世間を忘れる楽しみ。仙境。壺中の天。【故事】後漢の市場役人の費長房は、薬売りの老人が商売が終わると店先の大きな壺の中にとびこむのを見て、頼んでその中にいっしょに入れてもらったところ、りっぱな建物とごちそうがあり、ともに楽しく酒を飲んで出てきたという話による。〈後漢書〉

コチュジャン〈朝鮮語〉唐辛子(コチュ)ともち米・麹などからつくる、朝鮮料理の味噌(ジャン)。コチジャン。

こ-ちょう【胡蝶】「蝶」の異称。春

―の夢 夢と現実との区別がつかないことのたとえ。また、自他の別なく一体であるという境地。転じて、人生がはかないことのたとえ。【故事】荘子が蝶になった夢を見て目覚めたあと、自分が夢の中で蝶になったのか、それとも今の自分は蝶が見ている夢なのか疑ったという話に基づく。〈荘子〉

―らん【―蘭】〘植〙ラン科の植物の一つ。長く伸びてたれ下がった花茎の先に、蝶に似た白い花をつける。観賞用。

こ-ちょう【誇張】(名・他スル) 実際よりもおおげさに表現すること。「―して報告する」

ご-ちょう【伍長】 ①五人単位の組織の長。②旧陸軍で、下士官の最下位。軍曹の下で、兵長の上。

ご-ちょう【語調】 言葉の調子。しゃべり方の調子。語気。語勢。「―を荒らげる」

こちょ-こちょ(副) ①指先などでくすぐるさま。「―(と)くすぐる」②すばしこく動きまわったり、こまごまと物事をしたりするさま。「陰で―(と)告げ口をする」

こち-ら【此方】(代)(「ら」は接尾語) ①近称の指示代名詞。話し手に近い場所・方向・事物を指し示す。「―でお待ちください」「―に参りましょう」「―をご覧ください」②自称の人代名詞。自分。「―からうかがいます」③自分の近くにいる人を指し示す。このかた。「―が新任の先生です」用法 話し言葉では多く「こっち」が使われ、「こちら」は改まった感じの言い方になる。

こ-ぢんまり(副・自スル) 小さいながらまとまっていて感じのよいさま。「―(と)した家」

こつ【忽】 コツ たちまち・ゆるがせ

(字義) ①たちまち。にわかに。「忽焉・忽然」②ゆるがせにする。おろそかにする。「忽諸・忽略・軽忽・粗忽・疎忽」

こつ【忽】 小数の単位。一の一〇万分の一。

こつ【骨】 教6 コツ ほね

(字義) ①ほね。㋐人や動物のほね。「骨格・骨髄・骸骨・甲骨・獣骨・人骨・肋骨」㋑火葬の後に残ったほね。「遺骨・納骨」②からだ。「病骨・老骨」③人がら。品格。気質。「気骨・硬骨漢・反骨・風骨」④中心。かなめ。「骨子・真骨頂・鉄骨」⑤いきおい。おもむき。「骨法」難読 骨牌

こつ【骨】 ①火葬の後に残ったほね。「お―を拾う」②勘どころ。要点。要領。「―をのみこむ」参考 ②はふつう、仮名書き。

こつ【惚】 コツ ほれる

(字義) ①ほれる。心を奪われる。また、気に入る。②うっとりする。「恍惚」③かすか。ほのか。難読 惚気

こつ【滑】(字義) →かつ(滑)

こつ-あげ【骨揚げ】(名・自スル) 火葬後の遺骨を拾って骨壺に納める儀式。骨拾い。

ごつ・い(形)〘俗〙①堅くかどばってごつごつしている。あらけずりであるが頑丈そうである。「―手」②洗練さに欠け、ぶこつである。「―男」

こつ-えん【忽焉】(タル) にわかに。たちまち。忽然。「―と消える」文(形動タリ)

こっ-か【刻下】 いま。目下。現在の時点。「―の急務」

こっ-か【国花】 国民に最も親しまれ、その国を代表するとされる花。日本では桜。

こっ-か【国家】 一定の領土をもち、そこに住む人民によって構成される、主権による統治組織を持つ集団。くに。

―こうあんいいんかい【―公安委員会】 警察庁の管理にあたる内閣府の外局。国の公安・警察行政を管理する機関。委員長には国務大臣があたる。

―こうむいん【―公務員】 国家の公務に従事する役人。⇩地方公務員

―しけん【―試験】 国が一定の資格を認めるため、または免許を与えるために行う試験。司法試験・医師国家試験など。

―しゃかいしゅぎ【―社会主義】 国家権力による統制や干渉によって、資本主義の弊害を改め社会主義を実現しようとする立場。

―しゅぎ【―主義】 国家の存在を最高のものと考え、国家を個人に優先させようとする思想。個人の自由も利益も国家の隆盛発展によってのみ可能であるとする。

こっ-か【国華】 国の名誉。国を代表する最もすぐれたもの。

こっ-か【国歌】 ①国の式典や行事に演奏される、その国家を象徴する歌。「―斉唱」②和歌。

こ-づか【小◦柄】 刀や脇差などのさやの差裏(腰に差したときの体側)に差し添える小刀。

こっ-かい【国会】 国の唯一の立法機関。国民から直接選挙された議員が、法律の制定、条約の承認、予算その他の審議をする国権の最高機関。衆議院と参議院とからなる。

―ぎいん【―議員】 国会を組織する議員。衆議院議員と参議院議員。

―ぎじどう【―議事堂】 国会の議事が審議される建物。議事堂。

―としょかん【―図書館】「国立国会図書館」の略称。国会および中央諸官庁のための図書館。一般国民も利用できる。一九四八(昭和二十三)年発足。

こっ-かい【骨灰】 動物の、脂をとり除いたあとの骨を焼いてつくった白い粉。リン酸・リンの製造原料。また、リン酸肥料として用いる。骨灰。

こ-づかい【小使】「用務員」の旧称。

こ-づかい【小遣〔い〕】 日常の小さな買い物などにあてる金銭。小遣い銭。ポケットマネー。

―とり【―取り】 小遣い銭程度の収入を得るための仕事をすること。小遣いかせぎ。

こっ-かく【骨格・骨△骼】 ①内臓を保護し筋肉をつけて、全体を形づくり体を支える器官。また、それによる体つき。「がっしりした―の人」②物事を形づくるのに基本となる骨組み。

―きん【―筋】〖生〗骨格の動く部分についている筋肉。骨とともに体を支え、体の運動を行う。

こっ-かっしょく【黒褐色】 黒みをおびた褐色。

こつ-がめ【骨◦瓶】 →こつつぼ

こつ-がら【骨柄】(骨格や人相から感じられる)人柄。品性。「人品―いやしからぬ紳士」

こっ-かん【国漢】 国語と漢語。また、国文と漢文。

こっ-かん【骨幹】 骨組み。骨格。「組織の―として支える」

こっ-かん【酷寒】 きびしい寒さ。「―の地」〔冬〕↔酷暑

ごっ-かん【極寒】 これ以上は考えられないほどの寒さ。また、その時節。「―のシベリア」〔冬〕↔極暑

こっ-き【克己】(名・自スル)自分の欲望や怠け心にうちかつこと。「―心が強い」「―復礼(=自制して礼儀を守ること)」

こっ-き【国旗】 その国の象徴として定められた旗。

こづき-まわ・す【小突き回す】(他五) おしたり、つっついたりしていためつける。〔用法〕多く、弱い相手をいじめる場合にいう。

こっ-きょう【国教】 国民が信仰すべきものとして国家が認め、特に保護を加えている宗教。

こっ-きょう【国境】 国と国とのさかい。「―を越える」

-こっきり(接尾)〖俗〗数量・回数などを表す語に付いて、「それだけ」「…かぎり」と限定する意を表す。「一万円―」「一回―」

こっ-きん【国禁】 国の法律で禁じられていること。「―の書」

こっ-く【刻苦】(名・自スル)心身のたいへんな苦しみに堪え、努力すること。「日夜―する」

―べんれい【―勉励】(名・自スル)心身を苦しめるほどに努力を重ねること。

コック〈cock〉ガスや水道などの管にとりつけ、流量の調節や開閉に用いる栓。「―をひねる」

コック〈オラ kok〉(主として西洋料理の)料理人。

こ-づ・く【小突く】(他五)①軽く突いたりおしたりする。「頭を―」②(弱い相手などを)意地悪くいじめる。

コックス〈cox〉競漕用ボートで、舵をとり、号令をかける人。舵手。

コックピット〈cockpit〉宇宙船や航空機の操縦室。小型船舶やレーシングカーなどの操縦席。

こっくり(名・副・自スル)①肯定の意味で首をたてに振るさま。また、その動作。「―(と)うなずく」②居眠りをして急に頭を下げるさま。また、居眠り。「―を始める」

こ-づくり【小作り】(名・形動ダ)①つくりが小さいこと。「―な家」②体格がふつうより小さいこと。小柄。「―な女性」

こっ-くん【国君】 国の君主。国王。

こっ-くん【国訓】 ①→わくん②漢字の、日本だけの意味で読まれている読み方。本来わらう意の「咲」を、花が開く意の「さく」と読むなど。

こ-づけ【小付〔け〕・小◦附〔け〕】 ①(大きい荷物の上に添える小荷物の意から)重い負担の上にさらに負担が加わること。②日本料理で最初に出す小鉢物。突き出し。

こっ-けい【滑稽】(名・形動ダ)①おもしろおかしいこと。また、そのさま。「―な話で笑わせる」②非常にばかげた感じがすること。また、そのさま。「はたから見れば―だ」

―ぼん【―本】〖文〗江戸後期の小説の一種。町人の日常生活を題材として、その滑稽ぶりを描いた読み物。「東海道中膝栗毛」「浮世風呂」など。

こっ-けい【酷刑】 ひどくきびしい刑罰。「―に処せられる」

こっけい-せつ【国慶節】 中華人民共和国の建国(一九四九年十月一日)記念日。毎年十月一日。

こっ-けん【国権】 国家の権力。国家の統治権・支配権。

こっ-けん【国憲】 国の根本となる法規。憲法。

こっ-けん【黒鍵】 ピアノ・オルガンなどの鍵盤楽器の黒色の鍵。↔白鍵

こっ-こ【国庫】 ①国家所有の貨幣を保管し、また、その収入支出を取り扱う機関。②財産権の主体としての国家。

-ごっこ(接尾)(名詞に付いて)あるもののまねをする遊びの意を表す。「鬼―」「電車―」

こっ-こう【国交】 国と国との公式の交際。「―を結ぶ」

ごつごう-しゅぎ【御都合主義】 定見を持たず、その時その場の状況によって、自分の都合のよいように言動を変える、節操のない態度をさげすんで言う語。オポチュニズム。

こっこう-しょう【国交省】「国土交通省」の略称。

こっ-こく【刻刻】(副)一刻一刻。時を追って。「―(と)出発の時間が迫ってくる」

こつ-こつ【△矻△矻・△兀△兀】(ト・タル) たゆまず地道に努力を続けるさま。「―(と)働く」〔文〕(形動タリ)

ごつ-ごつ(副・自スル)角張ってやわらかみやなめらかさがないさま。あらけずりなさま。「―(と)した岩」「―(と)した手」

こっ-し【骨子】 骨組み。また、要点。「話の―」

こつ-じき【◦乞食】 ①〖仏〗僧が修行のため人家の門口に立ち、食を乞い求めること。また、その僧。托鉢。②こじき。

こっ-しつ【骨質】〖生〗動物の骨を形成する骨組織。表面はかたい緻密質、内部は海綿質からなる。

こつ-ずい【骨髄】 ①〖生〗骨の内部の空間をみたす黄色または赤色のやわらかな組織。脊椎動物では、ここで赤血球・白血球などが作られる。②心の奥底。心底。「恨み―に徹する」

―バンク 白血病など、悪性血液疾患の治療として行われる骨髄移植のため、患者に移植する骨髄幹細胞の提供者(ドナー)を登録して、患者と提供者の仲立ちをする組織。

こっ-せつ【骨折】(名・自スル) 体の骨が折れること。

こつ-ぜん【△忽然】(ト/タル) たちまち。にわかに。突然。忽焉(こつえん)。「—と消え去る」文(形動タリ)

こっ-そう【骨相】(サウ) ① 人間の体の骨組み。② 顔面や頭部の骨格の上に現れるとされる、その人の性格や運命。「—学」

こつそしょう-しょう【骨粗△鬆症】(シャウ) 〘医〙骨質が衰え、骨に鬆(す)がはいったようになり、もろく折れやすくなる症状。老齢やカルシウム代謝異常の場合に見られる。骨多孔症。

こっそり (副) 人に気づかれないように物事をするさま。ひそかに。「—(と)家を出る」

ごっそり (副)《俗》一度に大量に取り去られるさま。ねこそぎ。また、数量の多いさま。「宝石類を—(と)盗まれる」

ごった (形動ダ)(ダロ・ダッ(デ・ニ)・ダ・ナ・ナラ・○) 乱雑なさま。無秩序なさま。ごっちゃ。「あらゆる物が—に置いてある」「話を—にする」

—がえ・す【—返す】(ガヘス) (自五)(サ(ソ)・シ・ス・ス・セ・セ) 人が入り乱れて非常に混雑する。「駅は帰省客で—・している」

—に【—煮】 野菜や肉など、いろいろな材料を入れて一緒に煮た料理。ごたに。

こっ-たん【骨炭】〘化〙動物の骨を空気を遮断して加熱し、炭にしたもの。砂糖の脱色や薬剤・肥料に用いる。

こっ-ち【△此◇方】(代) 近称の指示代名詞。こちら。このほう。「—へ来い」用法 ややくだけた場で用いる。

—の物(もの) 自分の思いのままになること。「こうなれば—だ」

こ-づち【小△槌】 小さいつち。「打ち出の—」

ごっちゃ (形動ダ)(ダロ・ダッ(デ・ニ)・ダ・ナ・ナラ・○)《俗》いろいろなものが秩序なく乱雑に入りまじるさま。「話が—になる」

こっ-ちょう【骨頂】(チャウ) 程度や状態がこの上ないこと。極度であること。「愚の—」用法 悪い場合に使うことが多い。

ごっつぁん (感) 相撲界で、力士が感謝の気持ちを表すときに用いる語。「—です」語源 「ごちそうさま」の変化した語。

こつ-つぼ【骨△壺】 火葬した遺骨を納めるつぼ。骨瓶(こつがめ)。

こ-つづみ【小鼓】〘音〙左手で調べ緒をとり右肩にのせ、右手で打つ小さい鼓。能楽・長唄などのはやしに使う。↔大鼓

こ-づつみ【小包】 ① 小さな包み。②(「小包郵便物」の略) 信書以外の物品を包装して送る郵便物。参考 ②は二〇〇七(平成十九)年以降、「ゆうパック」などに引き継がれた。

こってり ━(副・自スル) 味や色などが濃厚なさま。「—(と)したソース」「おしろいを—(と)塗る」━(副) 程度のはなはだしいさま。いやというほど。「—(と)油をしぼられる」

ゴッド〈God〉(キリスト教の)神。天帝。造物主。

こっ-とう【骨△董】 ① 収集や鑑賞の対象として珍重される古美術品、古道具の類。「—品」② 古いばかりで価値がなく、役に立たなくなったものや人のたとえ。「—的存在」

こつ-どう【骨堂】(ダウ) 遺骨を納める堂。納骨堂。

コットン〈cotton 綿の木・綿花〉① もめん。綿糸。綿布。「—のシャツ」②「コットン紙」の略。

—し【—紙】 もめんなどの繊維でつくった、厚手で柔らかく軽い洋紙。現在は、化学パルプなどからつくる。

こつ-にく【骨肉】(骨と肉の意から) 親子・兄弟・姉妹など血縁関係にある者。肉親。「—の争い」

—相(あい)食(は)む 親子・兄弟などの肉親がたがいに争う。

こっ-ぱ【木っ端】 ① 木の切れ端。②(名詞の上に付いて) 取るにたりないつまらないものの意を表す。「—役人」

—みじん【—。微△塵】(ミヂン) 粉々にくだけ散ること。こなみじん。「ガラスが—に割れる」「—にやっつける」

こつ-ばい【骨灰】(バヒ) →こっかい(骨灰)

こっ-ぱい【骨△牌】 ① かるた。② 獣骨製のマージャンのパイ。

こつ-ばこ【骨箱】 遺骨を納める箱。

こつ-ばん【骨盤】〘生〙腰の骨で、左右の寛骨・仙骨・尾骨からなり、腹の臓器を保護するもの。男女により形が異なる。

こっ-ぴど・い【こっ◇酷い】(形)(カロ・カッ(ク)・イ・イ・ケレ・○)《俗》(「ひどい」を強めた語) とてもひどい。てきびしい。「—・く痛めつける」

こつ-ひろい【骨拾い】(ヒロヒ) →こつあげ

こ-つぶ【小粒】 ━(名・形動ダ) ① 粒の小さいさま。また、小さい粒。「山椒(さんしょう)は—でもぴりりと辛い」↔大粒 ② 体の小さいさま。また、その人。③ 度量・力量などの小さいさま。また、その人。「人間が—だ」━(名) ①(「小粒金(こつぶきん)」の略) 近世に通用した小形の金貨。一分金。②「豆板銀(まめいたぎん)」の俗称。

コップ〈オランダ kop〉ガラス・プラスチックなどでできている円筒形の水のみ。「紙—」「—酒」

—の中(なか)の嵐(あらし) 当事者には重大な争いのように見えても、大局的にはなんの影響も生じないうちわもめのたとえ。

こっ-ぷん【骨粉】 動物の骨から脂肪を除き、乾燥して粉末にしたもの。肥料用。

コッペ-パン〈和製語〉(「コッペ」は切ったの意のフランス語 coupé からか) 紡錘(ぼうすい)形で底の平たいパン。

コッヘル〈ドイツ Kocher〉① 鍋(なべ)や皿などが組みになった、登山・キャンプに使う携帯用炊事具。② 手術に使う鉗子(かんし)。

こっ-ぺん【骨片】 骨のかけら。

コッホ〈Robert Koch〉(一八四三〜一九一〇) ドイツの細菌学者。結核菌・コレラ菌の発見や、ツベルクリンの創製など、近代細菌学の基礎を築いた。一九〇五年ノーベル医学・生理学賞受賞。

ゴッホ〈Vincent van Gogh〉(一八五三〜一八九〇) オランダの画家。後期印象派の巨匠で、強烈な色彩とタッチにより独創的な画風を確立したが、孤独と貧困のうちに精神を病み自殺。作品「アルルのはね橋」「ひまわり」「自画像」など。

こっ-ぽう【骨法】(パフ) (骨組み、骨相の意) ① 礼儀作法の根幹。② 物事を行ううえでの微妙な要領。こつ。「創作の—」

こ-づま【小△褄】(「こ」は接頭語) 着物のつま。「—を取る(=着物のつまを少し持ち上げる。転じて、芸者になる)」

こつ-まく【骨膜】〘生〙骨の表面をおおう膜。中に血管や神経が通り、骨を保護し、骨の栄養・成長・再生をつかさどる。

—えん【—炎】〘医〙骨膜に起こる炎症の総称。細菌によって起こるものが多く、急性と慢性とがある。

こつ-みつど【骨密度】〘生〙骨の単位面積当たりのカルシウムなどのミネラル量。骨の強さを判定する指標とする。BMD

こ-づめ【小爪】 つめのはえぎわの三日月形の白い部分。

ご-づめ【後詰〔め〕】 先陣の後方に控える軍勢。後陣(こうじん)。

こ-づらにく・い【小面憎い】(形)(カロ・カッ(ク)・イ・イ・ケレ・○)(「こ」は接頭語) 顔を見るのも憎らしい。「—小僧だ」文こづらにく・し(ク)

こつ-りゃく【△忽略】 おろそかにすること。ゆるがせ。

こ-づれ【子連れ】 子供を連れていること。子供を伴っていること。子供連れ。「—のおでかけ」

こて【△鏝】 ① 壁土・セメント・しっくいなどを塗るときに使う、鉄の平たい板に柄をつけた道具。金篦(かなべら)。② 熱して、布地のしわをのばす道具。焼きごて。③ 熱して、髪にウエーブをつけるはさみ状になった道具。④ 熱して、はんだづけに用いる棒状の道具。

こ-て【小手】 ① 腕のひじと手首の間。② 手先。

—を翳(かざ)す 手を目の上にさしかける。用法 遠くを見たり、光をさえぎったりするしぐさについて用いる。

こ-て【◇籠手・小手】 ① 剣道で、指先から肘(ひじ)をおおう防具。また、それでおおわれた部分を打つわざ。② 弓を射るときに、左の手首から肘のあたりに付ける革製の用具。ゆごて。③ よろいの付属品の一つ。手先・腕をおおう道具。

ご-て【後手】 ①相手に機先を制せられて受け身になること。また、やることが手遅れとなること。「—を引く」「—に回る」②囲碁・将棋で、あとから打ったり指したりすること。また、その人。後手番。《↕先手》

こ-てい【固定】(名・自他スル) 一定の場所や状態から動かないこと。また、動かないようにすること。「ギプスで—する」

—かんねん【—観念】 強く思い込んでいて、容易に変えようとしない見方や考え。「—にとらわれる」

—しさん【—資産】《商》流通を目的とせず、長期的に使用するために保有される有形・無形の資産。土地・建物・営業権・特許権・商標権など。「—税」↕流動資産

—しほん【—資本】《経》土地・建物・機械などのように、耐久性があって繰り返し生産に役立つ資本。↕流動資本

—でんわ【—電話】(携帯電話に対して)一定の場所に設置して使用する電話機。

—ひょう【—票】 選挙のたびごとに同じ候補者・政党に必ず投じられるとみられる票。↕浮動票

こ-てい【湖底】 みずうみの底。「—に沈む」

こ-てい【小体】(形動ダ) ダロ・ダッ(デ・ニ)・ダ・ナ・ナラ・○ こぢんまりとして、つつましやかなさま。「—な店」文(ナリ)

コテージ〈cottage〉山小屋風の小さな建物。コッテージ。

こ-てき【胡狄】 辺境の異民族。参考昔、中国で「胡」は北方・西方の、「狄」は北方の異民族をさした。

こ-てき【鼓笛】 太鼓と笛。

—たい【—隊】 太鼓と笛を主体とする行進用の楽隊。

こて-こて(副・自スル) 濃厚なさま。「—に化粧をする」

ごて-ごて(副・自スル) ①(「こてこて」を強めた語)濃厚でくどいさま。「ペンキを—(と)塗る」②乱雑で整頓されていないさま。「—(と)した文章」③不平・文句などをくどくど言うさま。

こて-さき【小手先】 手先。また、手先でするようなちょっとした細工。「—の仕事」「—が器用だ」「—だけの対策」

こて-しらべ【小手調べ】 本格的に始める前にためしにちょっとやってみること。「—にやってみる」

ごて-どく【ごて得】《俗》→ごねどく

こて-なげ【小手投げ】 相撲で、相手の差している手を上からまきこんで投げるわざ。

こ-でまり【小手毬】《植》バラ科の落葉小低木。春に白い小花を球状につける。観賞用。(こでまりの花 春)

ご・てる(自下一) テ・テ・テル・テル・テレ・テロ(テヨ) 《俗》なんのかんのと不平や文句を言い立てる。⇩ごねる

こ-てん【古典】 古い時代に作られ、長い年月を経た今の時代においても芸術的または史的価値の認められている書物やその他の芸術作品。「—文学」「—芸術」

—しゅぎ【—主義】 古典を尊び、その形式を模範にしようとする学芸上の態度。ふつう一七—一八世紀のヨーロッパで古代ギリシャ・ローマの芸術を規範とした芸術流派をいう。

—てき【—的】(形動ダ) ダロ・ダッ(デ・ニ)・ダ・ナ・ナラ・○ ①古典としての趣や価値のあるさま。②古典を重んじ伝統や様式を尊ぶさま。

こ-てん【個展】 ある個人の作品だけを陳列した展覧会。

こ-でん【古伝】 ①昔からの言い伝え。②古い記録。

ご-てん【御殿】 ①貴人の邸宅や社殿の敬称。②豪華な邸宅。③《古》天皇の御座所である清涼殿の称。

—い【—医・御典医】 江戸時代、将軍家や大名に仕えた医者。主として漢方医。御殿医者。↕町医者

—じょちゅう【—女中】 江戸時代、宮中・将軍家・大名家などに仕えて家事にたずさわった女中。

ご-でん【誤伝】(名・自他スル) まちがって伝わること。まちがって伝えること。また、その話やうわさ。

こてん-こてん(副)《俗》徹底的にやっつけるさま。また、やっつけられるさま。こてんぱん。「—にやっつける」

こてん-ぱん(副)《俗》→こてんこてん

こと【言】 口に出して言う言葉。「片—」「一—」

こと【事】(自然・人事のさまざまの現象。人がしたり物が動いたりといった、人が外から触れようとしても触れられない現象・事象をいう)①事柄。「いい—があれば悪い—もある」②事実。「本当の—はこうだ」③㋐できごと。しわざ。「そんな—でもうけたのか」㋑特に大きなできごと。大事件。「それは—だ」④あるできごとに関係する事態。「—ここに至る」⑤事情。しさい。「背景にどんな—があるのかわからない」⑥場合。「—によっては出かける」⑦他人から聞いたことを伝える意。…という話。うわさ。「合格したという—だ」⑧経験。「一度見た—がある」⑨必要。「行く—はあるまい」⑩習慣。「毎朝散歩する—にしている」⑪(通称と実名など、二つの名の間にはさんで)すなわち。「水戸黄門—徳川光圀」⑫(体言の下に付いて)…について言えばの意。「私—このたび転居いたしました」⑬(活用語の連体形の下に付いて)思考や言語表現の内容を示す。「思った—を口にする」⑭行為。最上の行為。「健康のためには偏食しない—だ」⑮(形容詞の連体形の下に付いて)副詞句のように使う。「長い—ご無沙汰しました」⑯(文末に置いて活用語の連体形、または動詞に打消しの「ぬ」「ない」が伴った語に付いて)要求・命令を表す。「六時に起きる—」「道路で遊ばない—」⇩こと(終助) 参考「事」は「言」と同語源。言語で表すところの存在内容をいう。またはそういうもののはたらき、性質の面をとりあげるときに用いる。「もの」より抽象的な言い方である。⑦以下の用法は、形式名詞とも呼ばれ、仮名書きされることが多い。

—ある時 事件が起こったとき。**—あれかし** 事件の起こるのを待ち望むさま。**—ここに至る**(事態が悪化して)どうにもならない状態になる。**—志と違う** 物事が自分の思っていたとおりにならない。**—と次第による** 事柄や状況によっては、今後の対応や結論が変化するということ。「事と次第によっては認めてもよい」**—とする** その事をもっぱらに行う。「権謀術数を—人々」**—ともせず** たいしたこととも考えない。気にしない。**—なきを得る** 大事にいたらないですむ。**—に触れて** なにかにつけて。折に触れて。**—によると** ひょっとすると。もしかしたら。「—間に合わないかもしれない」**—の序で** なにかの折。**—の由** 理由。事情。**—もあろうに** 他にもいろいろとあるだろうに。よりによって。よくないことが起きたときに用いる。「—会議中に眠るとは」**—もおろか** もちろんである。言うまでもない。**—を起こす** 大きなことを始める。事件を引き起こす。**—を構える** なんでもないことを、重大事にしてしまう。好んでことを荒立てようとする。**—を好む** 事件の起こるのを喜ぶ。好んで争おうとする。**—を分ける** 筋道をたてる。順序だててわからせる。

こと【異】 ■一(名)(「…を異にする」の形で)違っていること。別であること。「立場を—にする」■二(形動ナリ)《古》①ふつうと違っている。②格別である。特別だ。

こと【琴】《音》①邦楽の弦楽器の一つ。空洞の桐の胴の上に弦を並べて張り、指につめをはめてひき鳴らす。ふつう、弦は一三本。箏。②もと、琴・箏・琵琶など弦楽器の総称。

こ-と【古都】 古いみやこ。昔からのみやこ。旧都。「—京都」

こ-と【糊塗】(名・他スル) 一時のがれにうわべをとりつくろっておくこと。「自らの失敗を—する」

こと(終助) ①感動を表す。「あら、いい—」「とても静かな—」「すてきな景色だ—」②(「よ」を伴って)やわらかく相手に念を押

す。「仕事のじゃまをしてはいけないーよ」③相手にたずねたり、同意を求めたりする意を表す。「少し泣きようが変じゃないー」「これでいいー」④相手に対する命令・要求を表す。「車に注意するー」「道路で遊ばないー」参考形式名詞「こと（事）」から転成した語で、形式名詞であるともされる。用法用言および「う」「よう」「まい」以外の助動詞の連体形に付く。形容動詞・助動詞「だ」には終止形にも付く。会話語で③の意味で使うときは文末が上がる調子になる。①〜③は、おもに女性が使う。

こ-ど【弧度】→ラジアン

-ごと（接尾）（名詞に付いて）…とともに。…もいっしょに。…のままで。「小魚を骨ー食べる」「かばんー盗まれる」

-ごと【◇毎】（接尾）（名詞または動詞の連体形に付いて）…のたびに。…のそれぞれ、みんな。「会うーに励ます」「日ー夜ー」

ごと【◇如】《古》（助動詞「ごとし」の語幹相当部分）…のように。…と同じに。「我が恋ふるー」

こと-あげ【言挙げ】（名・他サ変）《古》言葉に出して言い立てること。特にそのことを取り立てて言うこと。

こと-あたらし・い【事新しい】（形）カロ・カッ(ク)・イ・イ・ケレ・○ ①今までになく非常に新しい。「ーことは何もない」②ことさらめいて、わざとらしい。「ー・く説明するまでもない」文ことあたら・し（シク）

ことあり-がお【事有り顔】ガホ― わけのありそうな顔つき。

こ-とう【古刀】タウ― 古い時代に作られた刀剣。特に、慶長年間（一五九六―一六一五年）前に作った刀剣をいう。↔新刀

こ-とう【古塔】タフ― 古い塔。

こ-とう【孤灯】― 一つだけぽつんとともっている灯火。

こ-とう【弧灯】―→アークとう

こ-とう【孤島】タウ― 陸地や他の島から隔たって、海上にただ一つぽつんとある島。「絶海のー」「陸のー（＝陸上の、行き来するのがとても不便な所）」↔群島

こ-どう【古道】ダウ― ①古い道。旧道。「熊野くまのー」②昔の、人としてのあり方。また、昔の、学問や芸術の道。

こ-どう【鼓動】（名・自スル）①《生》心臓が血液を送り出して脈打つこと。また、その響き。「ーが速くなる」②（比喩ひゆ的に）内にある強い動きが響いてくること。「時代のーが聞こえる」

ご-とう【△梧△桐】→あおぎり

ご-とう【誤答】タフ― （名・自スル）まちがった答え。また、まちがって答えること。「ー例」↔正答

ご-とう【語頭】語のはじめの部分。↔語尾

ご-どう【悟道】ダウ― 《仏》仏道を修行してその真理を悟ること。

こ-どうぐ【小道具】ダウグ― ①こまごました道具。②《演》舞台・映画などで使うこまごました道具。「ー方かた」↔大道具 ③刀剣の付属用品。つば・目貫めぬきなど。

ごとう-しゃく【五等爵】→ごしゃく（五爵）

ご-とうしょ【御当所】タウショ― その土地の意の敬称。
ーずもう【ー相撲】ズマウ・ズマフ その力士の出身地で行われる相撲の興行。

こと-うた【琴歌】琴に合わせてうたう歌。

ご-とうち【御当地】タウチ― ある土地やそこに住む人を敬ってその土地をいう語。「ーソング（＝その土地を題材にした歌謡曲）」

こと-おさめ【事納め】ヲサメ― ①その年の物事のし納め。冬 ②昔、陰暦十二月八日にその年の農事を終えたこと。冬（↔事始め）

ごとお-び【五十日】ゴトヲ― 月のうち、五と十のつく日。商取引の支払い日にあたり、交通渋滞が激しい日とされる。

こと-か・く【事欠く】（自五）カ(コ)・キ(イ)・ク・ク・ケ・ケ ①不足する。なくて困る。「その日の米にもーありさま」↔事足りる ②（「…（する）に事欠いて」の形で）他に適当な方法があるはずなのに、よりによってそのようなことをする。「言うにー・いて秘密をばらすとは」

こと-がら【事柄】その事に見られるようす。事の内容。

こと-き・れる【事切れる】（自下一）レ・レ・レル・レル・レレ・レロ(レヨ) 息が絶える。死ぬ。「すでにー・れていた」文ことき・る（下二）

こ-どく【孤独】（名・形動ダ）（孤児と独り者の意から）身寄りや心の通う人もなく、独りぼっちであること。また、そのさま。「天涯ー」「ーな人」

ご-とく【五徳】①五つの徳。儒教で、温・良・恭きょう・倹・譲じょう。武家で、智ち・信・仁・勇・厳。②三脚または四脚の鉄の輪。火の上に鉄瓶てつびんなどを置くための台。金輪。

〔ごとく②〕

ご-どく【誤読】（名・他スル）まちがった読み方をすること。また、まちがった読み方。「文意をーする」

こと-ぐさ【言◇種】①いつものいいぐさ。口ぐせ。②うわさのたね。話題。「世間のーになる」

こと-くに【異国】①他国。異郷。②外国。

こと-こと（副）①物を軽くたたく音や、堅い物が軽く触れ合う音を表す語。②鍋の中の物が弱火で静かに煮える音や、そのさまを表す語。「豆をー（と）煮る」

こと-ごと【事事】このこと、あのこと。多くのこと。万事。

ことごと-く【◇尽く・△悉く】（副）すべて。全部。残らず。「計画はー失敗した」

ことごと-し・い【事事しい】（形）カロ・カッ(ク)・イ・イ・ケレ・○ おおげさだ。ものものしい。「ー・く言いたてる」文ことごと・し（シク）

ことごと-に【事◇毎に】（副）事があるたびに。何かにつけて。「ー反対する」

こと-ごのみ【事好み】風流な事を好むこと。ものずき。

こと-こまか【事細か】（形動ダ）ダロ・ダッ(デ・ニ)・ダ・ナ・ナラ・○ 細部にわたってくわしいさま。「ーに記録する」文（ナリ）

こと-さら【殊更】（副）①わざと。わざわざ。故意に。「ー（に）悪く言う」②とりわけ。特に。「今月はー（に）にぎわう」

こ-とし【今年】現在過ごしている年。この年。新年 参考常用漢字表付表の語。
類語本年・当年・今年こんねん

こと-じ【琴◇柱】ヂ― 琴の胴の上に立てて弦をささえ、その位置を移動することで音の高低を調節する道具。
ーに膠にかわす 融通のきかないたとえ。語源琴柱ことじをにかわで固定すると音が調節できないことからいう。

ごとし【◇如し】（助動-形ク型）○・ゴトク・ゴトシ・ゴトキ・○・○《古》①比況の意を表す。似ている。…のようだ。「このあらむ命は葉の薄きがー」〈源氏〉②例をあげて言うのに用いる語。たとえば…の類だ。「往生要集ごとき抄物を入れたり」〈方丈記〉③…のとおりだ。「この歌もかくのごとくなるべし」〈古今〉用法⑴用言・助動詞の連体形、およびそれに助詞「が」の付いたもの、体言に助詞「の」の付いたものに付く。⑵現在でも文章語で「上記のごとく」「彼のごとき人物」のように用いるが、平安時代の仮名文学作品には「ごとし」はあまり使われず、代わりに「やうなり」が使われた。語源名詞「こと」に形容詞化の接尾語「し」が付いたもの。

こと-だま【言霊】言葉を神霊視した言い方で、言葉のもつ不思議な霊力。「ー信仰」

こと-た・りる【事足りる】（自上一）リ・リ・リル・リル・リレ・リロ(リヨ) 十分に用が足りる。まにあう。「これさえあればー」↔事欠く 語源文語四段動詞「ことたる」の上一段化。

こと-づか・る【言付かる・◇託［か］る】（他五）ラ(ロ)・リ(ッ)・ル・ル・レ・レ ①人から伝言を頼まれる。「よろしくとー」②人から物を届けるよう託される。あずかる。「小包をー」

こと-づけ【言付け・◦託け】ことづけること。また、その言葉。伝言。ことづて。「―を頼む」

こと-づ-ける【言付ける・◦託ける】(他下一)ケ・ケ・ケル・ケル・ケレ・ケロ(ケヨ) ①人に頼んで、先方に品物を届けてもらう。「荷物を―」②人に頼んで先方に伝言してもらう。

こと-づて【言◦伝】①伝言。ことづけ。「―を頼む」②間接に聞くこと。ひとづてに伝え聞くこと。伝聞。「―に聞く」文ことづ・く(下二)

こと-づめ【琴爪】琴をひくとき、親指、人さし指、中指の先にはめる、つめ形の用具。象牙(ぞうげ)・竹などで作る。

こと-てん【事典】百科事典など、事物や事柄の説明を中心とした辞書。参考「事典」と「辞典」とが同音のため、口頭で両者を区別するために用いられる。辞典は「ことば典」という。

こと-と-ふ【言問ふ】とう (自四)(古)①物を言う。話をする。言葉をかける。②質問する。③訪問する。やってくる。

ことなかれ-しゅぎ【事◦勿れ主義】何も変わったことが起こらず平穏無事にすむことを望む、消極的な考え方や態度。

こと-な-る【異なる】(自五)ラ(ロ)・リ(ッ)・ル・ル・レ・レ 二つ以上のものの間に違いがある。「―点を述べよ」「事情が―」「性格が―」

こと-に【殊に】(副) 特に。中でも。とりわけ。「今年は―寒い」

こと-の-は【言の葉】①ことば。文句。②和歌。「―の道」

こと-の-ほか【殊の外】(副)①思いのほか。意外に。「―経費がかかった」②この上もなく。とりわけ。「―お喜びだ」

こと-ば【言葉・◦詞・◦辞】人が思想・意思・感情などを伝達するために発する、ひとつづきの音声。また、それを文字にしたもの。㋐語。単語や連語。「その―は修飾語だ」㋑意図をもって述べたもの。「推薦の―」㋒言い方。表現。「正しい―」㋓社会ごとに決まっている、音声や文字。言語。「ヨーロッパの―」㋔語り物・謡物(うたいもの)で節(ふし)をつけずに語る部分。㋕小説・戯曲などで、(地の文に対する)会話の部分。㋖語気。ことばつき。「―を和らげる」参考㋔は、多く「◦詞」と書く。

▼「言葉」「詞」が下に付く語
合い言葉　遊ばせ言葉　忌み詞　売り言葉　絵言葉　買い言葉　書き言葉　隠し言葉　掛け詞　重ね詞　口言葉　国言葉　ざあます言葉　逆さ言葉　序詞　通り言葉　逃げ言葉　女房(にょうぼう)詞　花言葉　話し言葉　早口言葉　囃子(はやし)詞　流行(はやり)言葉　坂東(ばんどう)言葉　べらんめえ言葉　枕(まくら)詞　山言葉　大和(やまと)言葉

―が過(す)ぎる 度を越えたことを言う。言うべきでないことまで言う。「君、―ぞ」 **―に甘(あま)える** (ふつう、上に「お」を付けて)相手の親切なことばにそのまま従う。「それではお言葉に甘えて」 **―に余(あま)る** ことばでは言い尽くせない。 **―に針(はり)を持(も)つ** 表現の背後に悪意・敵意がある。 **―の綾(あや)** ことばを飾ってうまく表現すること。巧妙な言いまわし。 **―は国(くに)の手形(てがた)** なまり・方言などがその人の出身地を示すことをいう。 **―を返(かえ)す** ①返答する。②口答えをする。「お―ようですが」 **―を掛(か)ける** 話しかける。 **―を飾(かざ)る** 事実より美しく言う。 **―を交(か)わす** 少し会話する。 **―を尽(つ)くす** 十分にくわしく述べる。 **―を濁(にご)す** あいまいに言う。はっきり言わない。

―がき【言葉書き・◦詞書】①作歌の事情などを記した和歌の前書き。②絵巻物で、絵と絵の間に記された説明文。③絵本などの会話文。

―かず【言葉数】①口を利く回数。話す量。くちかず。「―の少ない人」②(ある文や発話などにおける)言葉の数。語数。「―の多い冗長な描写」

―じち【言葉質】あとで証拠にしようとする相手の発言。(「言質(げんち)」の口語的用法。)「―をとる」

―じり【言葉尻】①ことばの終わり。語尾。②ことばのはしばし。他人の言いそこなった部分。「―をとらえる(=相手のことばのはしばしをとらえてとがめる)」

―ずくな【言葉少な】(形動ダ)ダロ・ダッ(デ・ニ)・ダ・ナ・ナラ・○ ことばかずの少ないさま。ことばがひかえめなさま。ことばずくな。文(ナリ)

―づかい【言葉遣い】ヅカヒ ことばのつかい方。特に、話しことばの用語や用法。「―が荒い」

―つき【言葉付き】話す相手に対する、ものの言い方。話す調子。「―にとげがある」「―が悪い」

―てん【言葉典・◦辞典】国語辞典など、ことばの意味や用法の説明を中心とした辞書。⇩事典(ことてん)「参考」

こと-はじめ【事始め】①はじめて仕事に着手すること。②その年の物事のし始め。新年 ↔事納め ③昔、陰暦二月八日にその年の農事を始めたこと。春 ↔事納め

ごとばてんのう【後鳥羽天皇】ゴトバテンワウ (一一八〇〜一二三九) 平安末期・鎌倉初期の第八二代天皇。一一八三(寿永二)年即位。一一九八(建久九)年譲位して以後院政をとり、承久の乱で隠岐(おき)に流された。和歌に秀で、「新古今集」を撰(えら)ばせた。

こと-ぶき【寿】結婚・誕生・長寿など、めでたいこと。祝い。また、祝いの言葉。「―を述べる」

―たいしゃ【―退社】(俗)(おもに女性が)結婚を機に、勤めている会社をやめること。寿退職。

こと-ぶ-く【◦寿く】(他五)カ(コ)・キ(イ)・ク・ク・ケ・ケ →ことほぐ

こと-ぶれ【事触れ】物事を広く知らせること。ふれ歩くこと。また、その人。「春の―」

ごと-べい【五斗米】(年に五斗の扶持米(ふちまい)の意から)わずかな俸禄(ほうろく)。薄給。「―のために腰を折る(=わずかな俸禄のために人に頭をさげる)」

こと-ほがい【言◦祝い】ホガヒ →ことほぎ

こと-ほぎ【言◦祝ぎ・◦寿ぎ】祝い・喜びの言葉を述べること。言祝(ことほ)い。

こと-ほ-ぐ【言◦祝ぐ・◦寿ぐ】(他五)ガ(ゴ)・ギ(イ)・グ・グ・ゲ・ゲ 新年・結婚・長寿などを祝う。喜びの言葉を言う。ことぶく。「新春を―」

ことほど-さように【事程左様に】サヤウニ (前に述べたように)それほど。そんなに。「―人は周りに影響されやすいものだ」

こ-ども【子供】①自分の子。息子や娘。②幼い子。児童。↔大人(おとな) ③幼稚なこと。「言うことが―だ」↔大人 参考「ども」は複数を表す接尾語で、もと、多くの子の意。今は「子ども」で単数として使われることが多い。

類語 小児・児童・童(わらべ)・男児・女児・少年・少女・乙女・坊や・坊主(ぼうず)・小僧・小娘・小僧っ子・餓鬼(がき)

―の使(つか)い 要領を得ない使いのたとえ。 **―は風(かぜ)の子(こ)** 子供は寒風が吹いても外で遊ぶほどに元気だというたとえ。

―ごころ【―心】子供でまだ大人の分別ができない心。「―にもわかる」

―だまし【―◦騙し】子供をだますような見えすいたうそ。幼稚で相手をばかにしたやり方。「―のやり方」

―っぽ-い(形)カロ・カッ(ク)・イ・イ・ケレ・○ 言動や容姿がまるで子供のような感じを与えるさま。「―考え」

―づれ【―連れ】子供を同伴すること。また、その人。子連れ。

―の-ひ【こどもの日】国民の祝日の一つ。五月五日。子供の人格を重んじ、子供の幸福をはかる目的で制定。(端午(たんご)の節句の日をあてた。)夏

こと-も-なげ【事も無げ】(形動ダ)ダロ・ダッ(デ・ニ)・ダ・ナ・ナラ・○ なんとも思わないさま。平気なさま。「難題を―に引き受ける」文(ナリ)

こと-よ-せる【事寄せる】(自下一)セ・セ・セル・セル・セレ・セロ(セヨ) 口実にする。かこつける。「病に―せて欠勤する」文ことよ・す(下二)

こ-とり【小鳥】小さな鳥。スズメ・ウグイス・カナリアなど。秋

こと-わけ【事訳】その事が起きた理由。事情。

こと-わざ【△諺】短い形で言い表され、古くから人々に言いならわされてきた教訓。生きる知恵を教えているものが多い。「善は急げ」「良薬は口に苦し」など。俚諺。

こと-わり【◇理】①すじみち。道理。「世の―」②わけ。理由。「彼の辞職も―なしとしない」

こと-わり【断り・(断わり)】①前もって知らせて承諾をとっておくこと。「なんの―もなく実施する」②相手の申し出などを拒絶すること。辞退すること。「―の手紙」「入場お―」

こと-わ・る【断る・(断わる)】(他五) ラ(ロ)・リ(ッ)・ル・ル・レ・レ ①前もって知らせて、承諾を得る。「あらかじめ―・っておく」②相手の申し出などを拒絶する。辞退する。「援助を―」③《古》道理を明らかにする。④《古》理由を述べる。可能 ことわ・れる(下一)
参考 ③④の古語の「ことわる」は、「◇理る」と書く。語源「事割る」の意。事を割って、その内に秘めたことを明らかにする意。

こな【粉】ごく細かい粒になったもの。粉末。

ご-ないしつ【御内室】他人の妻の敬称。御内儀。

こない-だ【△此◇間】先ごろ。先日。過日。「―彼を見かけた」語源「このあいだ」の転。

こな-おしろい【粉×白粉】粉状のおしろい。

こ-なから【小◇半・×二合半】(「なから」は半分の意)半分の半分。四分の一。特に、一升の四分の一。二合五勺(約〇・四五リットル)。多く、米や酒について用いる。

こな-ぐすり【粉薬】粉末にした薬。粉剤。散薬。散剤。

こな-ごな【粉粉】(形動ダ) ダロ・ダッ(デ・ニ)・ダ・ナ・ナラ・○ 細かく粉のように砕けたさま。「―に割れる」文(ナリ)

こなし【◇熟し】何かをするときの体の動かし方。動作。動き。また、身につけたものの取り扱い方。「身の―」「着―」

こな・す【◇熟す】(他五) サ(ソ)・シ・ス・ス・セ・セ ①細かく砕く。②食物を消化する。「胃で食物を―」③思いのまま自在に扱う。「英語を―」④仕事などをうまく処理してなしとげる。「数を―」「仕事を―」⑤(動詞の連用形の下に付いて)巧みに…する意を表す。「使い―」「乗り―」自こな・れる(下一) 可能こな・せる(下一)

こな-ずみ【粉炭】砕けて細かくなった木炭。粉炭。冬

こなた【△此◇方】(代)《古》①近称の指示代名詞。こちら。こっち。②自称の人代名詞。私。自分。③対称の人代名詞。あなた。おまえ。④それ以来。このかた。

こな-ちゃ【粉茶】くだけて粉状になった葉茶。粉茶。

ご-なぬか【五七日】→さんじゅうごにち

こ-なまいき【小生意気】(形動ダ) ダロ・ダッ(デ・ニ)・ダ・ナ・ナラ・○ (「こ」は接頭語)いかにもなまいきなさま。「―な物の言い方」文(ナリ)

こな-みじん【粉◇微△塵】粉々に砕けること。こっぱみじん。「―に砕ける」

こな-ミルク【粉ミルク】牛乳を乾燥させて粉状にしたもの。粉乳。ドライミルク。

こな-や【粉屋】米・麦などの粉を売ったり、米・麦などを粉に加工したりする職業。また、その人。

こな-ゆき【粉雪】粉状の細かくさらさらした雪。粉雪。冬

こなれ【◇熟れ】消化すること。「―がよい」

こな・れる【◇熟れる】(自下一) レ・レ・レル・レル・レレ・レロ(レヨ) ①食物が消化される。「食べたものが―」②世間になれて、人柄・性格などの角がとれる。「―・れた人柄」③熟練して知識や技術を思いのままに扱える。「―・れた芸」他こな・す(五) 文こな・る(下二)

ご-なん【御難】「難儀」「災難」などの敬称。用法 からかったり、自嘲的に言ったりする場合もある。

――つづき【―続き】災難などに引き続いてあうこと。

コニーデ〈ドイツ Konide〉《地質》円錐状火山。すりばちを伏せた形で、富士山はその代表的なもの。成層火山。

こ-にくらし・い【小憎らしい】(形) カロ・カッ(ク)・イ・イ・ケレ・○ (「こ」は接頭語)いかにもなまいきで憎らしい。「―顔」文こにくら・し(シク)

こ-にだ【小荷駄】馬の背に負わせて運ぶ荷物。

ご-にち【後日】→ごじつ

こ-にもつ【小荷物】①手に持って運べるぐらいの小さい荷物。「身の回りの―」②鉄道で運ぶ軽く小さい荷物。

コニャック〈フランス cognac〉フランスのコニャック地方産のブランデー。

ご-にゅう【悟入】(名・自スル)《仏》悟りを開くこと。

ご-にん【誤認】(名・他スル)他の事物や人を、まちがえてそれであると認めること。「―逮捕」「事実を―する」

ごにん-ぐみ【五人組】《日》江戸時代、近隣の五戸を一組とした自治組織。相互監視を目的とし連帯責任を負わせた。

こ-にんずう【小人数】少ない人数。少人数。こにんず。↕大人数

ごにん-ばやし【五人△囃子】ひな人形で、地謡・笛・小鼓・大鼓・太鼓の奏者を模した五つの人形。春

こ-ぬか【小△糠・粉△糠】ぬか。米ぬか。

――三合持ったら養子に行くな ごくわずかでも財物があるならば、気苦労の多い婿養子には行くな。

――あめ【―雨】こぬかのように細かい雨。霧雨。糠雨。

こぬひとを… 和歌〔来ぬ人を まつほの浦の 夕なぎに 焼くや藻塩の 身もこがれつつ〕〈新勅撰集 権中納言(藤原)定家〉いくら待っても来ない人を待っていると、夕なぎの時にまつほの浦(=淡路島の名所)で焼く藻塩草が火にこげるように、私の身も恋しい思いで焦がれ続けることよ。(小倉百人一首の一つ)

コネ「コネクション」の略。「―をつかう」「―で就職する」

こね-かえ・す【△捏ね返す】(他五) サ(ソ)・シ・ス・ス・セ・セ ①何度もこねる。②あれこれいじくりまわして事をいっそう紛糾させる。

コネクション〈connection〉①関係。②物事をうまく運ぶために利用する人間関係。縁故。コネ。「有力な―がある」

こね-く・る【△捏ねくる】(他五) ラ(ロ)・リ(ッ)・ル・ル・レ・レ →こねる

ごね-どく【ごね得】《俗》何やかやと不平を言ったり注文をつけたりして、自分に有利な結果にしてしまうこと。ごてどく。

こね-どり【△捏ね取り】もちつきのとき、むらなくつけるように、つく人のそばで、もちをこね返すこと。また、その人。

こね-まわ・す【△捏ね回す】(他五) サ(ソ)・シ・ス・ス・セ・セ ①何度もこねる。②物事を必要以上にいじくりまわす。

こ・ねる【△捏ねる】(他下一) ネ・ネ・ネル・ネル・ネレ・ネロ(ネヨ) ①粉・土などに水分を加えて練る。「小麦粉を―」②むりな理屈をあれこれ言う。「だだを―」文こ・ぬ(下二)

ご・ねる(自下一) ネ・ネ・ネル・ネル・ネレ・ネロ(ネヨ) 《俗》①自分の主張を相手に認めさせようとしてあれこれ不平や不満を言う。「補償金が少ないと―」②死ぬ。くたばる。語源 ①は、「ごてる」と混同して生じたともいう。②は、「御涅槃」を動詞化した語といわれる。

ご-ねん【御念】お心づかい。ご配慮。「―のいった話だ」「―には及びません」用法 からかいの気持ちで言うこともある。

こ-の【△此の】(連体)①自分に最も近い位置にある事物・人を示す語。「―本を読め」「―上に重ねる」②今述べている事柄に関係する意を表す語。「―ことを忘れるな」③現在に近い時間。「―一月は多忙であった」④ののしり、叱る時に強めていう語。「―親不孝者め」

この-あいだ【△此の間】先日。先ごろ。こないだ。

ご-のう【御悩】貴人の病気の敬称。ご病気。

この-うえ【△此の上】ウヘ ①これ以上。さらに。「―何を望みましょう」②(「この上は」の形で)こうなったからには。「志望校に入学しました。―は勉学に励む所存です」「―は謝るしかない」
―とも これからも。今後もいっそう。「―よろしくお願いします」 **―(も)ない** これよりもまさるものがない。最上だ。最高だ。「―幸せ」「迷惑―」

この-え【◇近◇衛】ヱ ①天皇・君主のそば近くに仕えて護衛にあたること。「―師団」②《日》「近衛府」の略。
―ふ【―府】《日》六衛府の一つ。皇居の警衛・巡察をつかさどった令外官。このえのつかさ。
―へい【―兵】君主を警護する兵。特に、旧陸軍で、天皇や皇居の警備にあたった兵。近衛師団に所属する兵。

この-かた【△此の方】㊀(代)他称の人代名詞。「この人」の敬称。㊁(名)その時以来現在まで。「三年―会っていない」

この-かん【△此の間】①ある二点間のあいだ。②ある事柄のたどってきた時間。「―の事情」

この-きみ【△此の君】「竹」の異称。参考 中国、晋の王徽之が竹を愛し、「此の君」と言った故事による。

この-ご【△此の期】この時。特に、物事がおしつまった時点。
―に及んで ある物事がどうにもならない状態に達してしまった時になって。「―逃げるとは卑怯だぞ」

この-ごろ【△此の頃】近ごろ。数日来。最近。

この-さい【△此の際】今の場合。こういう時。この機会。「―だから本当のことを話そう」

この-さき【△此の先】①これより前方。「―の曲がり角」②今後。以後。将来。「―の暮らしを考える」

このした-やみ【木の下闇】木が茂って、木陰の暗いこと。また、その暗い所。こしたやみ。夏

このしろ【△鰶】《動》ニシン科の海魚。暖海沿岸や内湾にすみ、体長は二五センチメートルくらい。幼魚をジャコ(シンコ)、若魚をコハダという。関西・九州では小形のものをツナシという。食用。秋

この-せつ【△此の節】このごろ。現今。「―の若い者」

このたにや… 和歌〔この谷や 幾代の飢に 瘠せ瘠せて 道に小さなる 媼行かしむ〕〈土屋文明〉ああこの谷よ。いく代にもわたって飢饉が続き、土地も人々もやせにやせている。いま、田のあぜ道を小さな老婆が、生きていくためにとぼとぼと歩かされているよ。(疎開先、群馬県吾妻郡原町での作)

この-たび【△此の度】こんど。今回。「―は、おめでとう」

このたびは… 和歌〔此のたびは 幣もとりあへず たむけ山 紅葉の錦 神のまにまに〕〈古今集 菅原道真〉こんどの旅は宇多上皇のお供で急いだために、道祖神にさしあげるための幣も用意できませんでした。ついてはこの手向山の美しい紅葉の錦を、幣として神のみ心のままにお受けください。(小倉百人一首の一つ)

コノテーション〈connotation〉①言外の意味。含意。含蓄。②→ないほう(内包)㊀《↔デノテーション》

この-ところ【△此の所】最近。近ごろ。「―ひまがない」

こ-の-は【木の葉】樹木の葉。きのは。冬
―しぐれ【―時雨】木の葉が盛んに散るさまを「しぐれ」にたとえていう語。冬
―ずく【―×木菟】ヅク《動》フクロウ科の小形のミミズク。ハトより小さく日本のフクロウの中では最小。全体に黄褐色で、頭には小耳状の羽毛がある。おもに昆虫を食べる。「ぶっぽうそう」と鳴く。夏 ⇩仏法僧

この-はな【△此の花】「梅の花」「桜の花」の雅称。

このはふりやまず… 俳句〔木の葉ふりやまず いそぐないそぐなよ〕〈加藤楸邨〉本格的な冬のおとずれもまぢかだ。木の葉があとからあとから散り、降りやむことがない。急ぐな、急ぐなよ、木の葉よ。病床にあって何事にも性急な自分にも、呼びかける。急ぐな、あせるなよ、と。(木の葉降る 冬)

この-ぶん【△此の分】この状態。このありさま。この調子。「―では雨も降るまい」

この-ほど【△此の程】最近。このたび。「―転居しました」

こ-の-ま【木の間】木と木の間。樹間。「―隠れの月」

このまし・い【好ましい】(形)カロ・カッ(ク)・イ・イ・ケレ・○ ①感じがよい。好感が持てる。「―人」②望ましい。「―・くない事態」文このま・し(シク) 語源 動詞「このむ」に対応する形容詞。

このみ【好み】①好むこと。好んですること。嗜好。趣味。「―に合う」②希望。注文。「お―どおりの品物」③世間が関心をもっているもの。はやり。

こ-の-み【木の実】樹木になる実。きのみ。秋

この・む【好む】(他五)マ(モ)・ミ(ン)・ム・ム・メ・メ ①よいとして、それに心を傾ける。愛好する。「演劇を―」②気に入って、それをほしいと思う。「―と―・まざるとにかかわらず」

こ-の-め【木の芽】→きのめ
―づき【―月】陰暦二月の異称。

このもし・い【好もしい】(形)カロ・カッ(ク)・イ・イ・ケレ・○ →このましい

この-よ【△此の世】現在生きている世の中。現世。↔あの世 ②世俗を脱した境地。
―の限り 一生の終わり。 **―の別れ** 死に別れること。死別。 **―の外** ①あの世。来世。

こ-の-わた【×海鼠腸】(「こ」はナマコの意)ナマコのはらわたの塩辛。酒のさかなとして珍重される。冬

このん-で【好んで】(副)①好きで。望んで。「好き―苦労しているわけではない」②しばしば。よく。「―ピアノをひく」

こ-ば【木端・木羽】①木の切れ端。こっぱ。②→こけらいた

ご-ば【後場】《商》取引所で、午後の立ち会い。↔前場

こ-ばい【故買】(名・他スル)盗んだ品と知りながら買うこと。窩主買い。「―品」

ご-はい【誤配】(名・他スル)届け先をまちがって配達すること。「郵便物の―」

こ-は-いかに【△此は×如何に】《古》これはどうしたことだ。

ごばい-し【五倍子】→ふし(五倍子)

こ-ばか【小×馬鹿】(「こ」は接頭語。「小馬鹿にする」の形で)いかにも人をばかにした扱いをする。相手をみくびった態度をとる。

こ-はく【△琥△珀】①《地質》地質時代の樹脂が化石になったもの。黄または黄褐色で、透明または半透明。装身具用。②(「琥珀織」の略)斜めに織り目がある、絹の平織。羽織地・帯地などに使われる。

ご-ばく【誤爆】㊀(名・他スル)誤って目標ではないものを爆撃すること。㊁(名・自スル)

ご-はさん【御破算】①そろばんに置いた数をくずして零にすること。「―で願いましては」②はじめの状態にもどすこと。白紙にもどすこと。「この話は―にする」

こ-ばしり【小走り】小またで急ぎ足に行くこと。「―に歩く」

こ-はぜ【小△鉤・△鞐】足袋・きゃはん・書物の帙などの合わせめをとめる、つめ形のとめ具。

こ-はだ【小△鰭】《動》ニシン科の海魚コノシロの若魚。すしの材料や酢の物などにする。秋 ⇩鰶

こ-ばち【小鉢】①小形の鉢。食器や植木鉢などの小さなもの。②(日本料理で)小さな器に盛った料理。

ご-はっと【御法度】「法度」の敬称。法令で禁じられた行為。また、一般に禁じられていること。「私用電話は―だ」

こ-ばな【小鼻】鼻柱の両側のふくらんだところ。「―をうごめかす(=得意そうな顔をする)」「―をふくらます(=不満そうにする)」

こ-ばなし【小話・小△咄】ごく短いしゃれた笑い話。一口話。「江戸―」

こ-ばなれ【子離れ】(名・自スル) 親が、わが子への干渉を控えて、子供本人の自主性にまかせるようになること。↔親離れ

こ-はば【小幅】■一(名) 織物の幅の規格で、大幅の半分。並幅。約三六センチメートル。↔大幅 ■二(形動ダ) 数量・価格などの変動の範囲・開きが小さいさま。「―な値動き」「―な改正」↔大幅 文(ナリ)

こば・む【拒む】(他五) ①要求や申し出などを受け入れずに断る。「協力を―」②向かってくるものをおさえ退ける。はばむ。「敵を―」可能こば・める(下一)
類語 断る・はねつける・はねのける・つっぱねる・否む・振る・退ける・拒絶する・拒否する・峻拒する

こばやしいっさ〔小林一茶〕(一七六三―一八二七) 江戸後期の俳人。幼名弥太郎。別号、俳諧寺。信州(長野県)生まれ。庶民的な独自の俳風を示した。句文集「おらが春」、句日記「父の終焉日記」「七番日記」など。(一茶忌 冬)

こばやしたきじ〔小林多喜二〕(一九〇三―一九三三) 小説家。秋田県生まれ。プロレタリア文学の第一人者。共産党員として逮捕され、拷問死した。代表作「蟹工船」「党生活者」など。

こばやしひでお〔小林秀雄〕(一九〇二―一九八三) 文芸評論家。東京生まれ。鋭利な知性で、創造的な近代批評を確立。著に「私小説論」「無常といふ事」「本居宣長」など。

こ-ばら【小腹】(「こ」は接頭語)腹。腹に関するちょっとしたことにいう語。「―がすく」「―が立つ(=少し腹が立つ)」

こ-はる【小春】陰暦十月の異称。冬
―びより【―日和】初冬の、春のように温和で暖かい天気。こはるび。冬

コバルト〈cobalt〉①《化》金属元素の一つ。灰白色でつやがあり磁性が強い。合金製造・めっき用。元素記号 Co ②→コバルトブルー ③人工の放射性同位体コバルト六〇のこと。放射線療法などに用いられる。「―照射」
―ブルー〈cobalt blue〉①アルミン酸コバルトを主成分とする青色顔料。②あざやかな青色。

こ-はん【湖畔】湖のほとり。

こ-ばん【小判】①紙などの判の小さいもの。②天正(一五七三―一九二年)のころから江戸時代の末までつくられた小型楕円形の金貨。一枚一両に相当する。「猫に―」《↔大判》
―いただき【―△鮫】《動》①コバンザメ科の硬骨魚。温帯・熱帯の海にすみ、頭上に背びれの変形した小判形の吸盤があって、大魚や船腹について移動する。②コバンザメ科の魚の総称。こばんいただき。

ご-はん【御飯】「めし」「食事」の丁寧語。
―むし【―蒸し】冷や飯を蒸して温める器具。蒸し器。

ご-はん【誤判】まちがった判断・判決。誤審。

ご-ばん【碁盤】碁を打つのに用いる台。方形で、縦横一九本ずつの線が平行に引かれ三六一の目を作る。「―割り(=碁盤の目のように縦横の線で規則正しく分割すること)」
―じま【―△縞】碁盤の目のような格子縞の模様。
―の-め【―の目】①碁盤上の、縦横に引かれた線が交差するところ。②(①のように)縦横の線が規則正しく平行に引かれているように見えること。ごばんめ。「―に区画された街区」

こ-はんとき【小半時】昔の一時の四分の一。今の約三〇分。

こ-はんにち【小半日】ほとんど半日。約半日。

こ-はんぽん【古版本】古い版本。おもに室町末期から江戸初期にかけて出版された書籍。昔の木版本・古活字本など。

こび【△媚〔び〕】こびること。また、その動作。「―を売る」

ご-び【語尾】①話すときの各区切りの言葉の終わり。「―をにごす」②語の末尾。↔語頭 ③《文法》動詞・形容詞・形容動詞の、活用で変化する部分。活用語尾。「話す」の「す」、「赤い」の「い」など。↔語幹

ゴビ〈Gobi〉モンゴル南部から中国北部の内モンゴル自治区にかけての大砂漠。東は大シンアンリン山脈、西はアルタイ山脈で限られる。

コピー〈copy〉■一(名・他スル) ①文書や絵などを複写すること。また、複写したもの。「―をとる」②《情報》データなどの複製。③本物をまねて作ること。また、そのもの。模造。「―商品」■二(名) 広告の文章・文案。「キャッチ―」
―アンド-ペースト〈copy and paste〉《情報》コンピューターで、テキスト・画像などのデータの一部をコピーし、他の場所にはりつけること。コピペ。
―しょくひん【―食品】他の原料を使って本物に似せて作った食品。すり身から作るカニかまぼこなど。
―ライター〈copywriter〉広告などの文案をつくる人。
―ライト〈copyright〉著作権。版権。©で示す。

こ-びき【木△挽き】木をのこぎりでひいて材木にすること。また、それを職業とする人。「―唄(=木挽きがうたう仕事唄)」

こ-ひざ【小膝】(「こ」は接頭語)ひざ。ひざに関するちょっとした動作についていう語。「―を進める」「―を打つ(=ふと思いついたり感心したりして、軽くひざをたたく)」

こひすてふ… 和歌〔恋すてふ わが名はまだき 立ちにけり 人知れずこそ 思ひそめしか〕〈拾遺集 壬生忠見〉私が恋をしているといううわさは早くも広まってしまったことだ。だれにも知られないようにひそかにあの人を思いはじめたばかりなのに。(小倉百人一首の一つ)

こ-ひつ【古筆】鎌倉時代以前に書かれ、現在に伝わる古人のすぐれた筆跡。
―ぎれ【―切〔れ〕】古筆の切れはし。茶室の掛け物などにするために、巻物や冊子本で伝わったものを切断したもの。

こ-びと【小人】①童話などに出てくる想像上の小さな人間。②昔、武家で雑役をした身分の低い者。

コピ-ペ「コピーアンドペースト」の略。

こび-へつら・う【△媚び△諂う】(自五) 相手に気に入られるように機嫌をとる。おもねる。「上司に―」

ごび-へんか【語尾変化】《文法》単語が文法的なはたらきによってその末尾の形を変えること。西洋語や日本語の動詞・形容詞・形容動詞の活用にみられる。

こ-びゃくしょう【小百姓】耕地の少ない貧しい百姓。小農。

ごひゃく-らかん【五百羅漢】《仏》釈迦の入滅後に集まった五〇〇人の聖者。また、その像。

ご-びゅう【誤△謬】あやまり。まちがい。「―を犯す」

こ-ひょう【小兵】①体の小さいこと。また、その人。↔大兵 ②弓をひく力の弱いこと。また、その人。↔精兵

こ-ひょう【虎△豹】虎と豹。勇猛・猛悪なもののたとえ。

こびり-つ・く(自五) かたくくっついて容易に離れなくなる。「ガムが靴底に―」「いまわしい光景が頭に―」

こ-ひる【小昼】①正午に近い時刻。②朝食と昼食の間に食べる食事。転じて、間食。おやつ。参考「こびる」ともいう。

こ・びる【△媚びる】(自上一) ビ・ビ・ビル・ビル・ビレ・ビロ(ビヨ) ①相手に気に入られるようにふるまう。「上役にー」②なまめかしい態度や表情をみせて、気をひこうとする。「ーようなまなざし」文こ・ぶ(上二) 類語 へつらう・おもねる・阿諛(あゆ)する・追従(ついしょう)する・迎合する・御機嫌をとる・意を迎える・ごまをする・味噌(みそ)を擂(す)る・おべっかを使う・おべんちゃらを言う・鼻息をうかがう・太鼓を叩(たた)く

こ-びん【小△鬢】(「こ」は接頭語)頭の左右側面の髪。びん。

こ-ふ【誇負】(名・他スル) 誇りに思い、自慢すること。

こぶ【△瘤】①病気や打撲(だぼく)のために皮膚の一部が盛り上がったもの。②物の表面に①のように盛り上がったもの。「木のー」③糸・ひもなどの結び目。「縄のーをほどく」④自由な行動のさまたげとなるやっかいなもの。じゃま物。目ざわり。「目の上のー」⑤《俗》(足手まといとなる)子供。「ーつき」

こ-ぶ【昆布】→こんぶ

こ-ぶ【鼓舞】(名・他スル)(鼓(つづみ)を打って舞を舞うことの意から)人をはげまし勢いづけること。「士気をーする」

ご-ふ【護符】神仏の加護がこもっているといわれる札。神仏の名前やまじないの言葉などが書いてある。おふだ。お守り。ごふう。

ご-ぶ【五分】①一寸の半分の長さ。約一・五センチメートル。「ー刈り」②一割の半分。五パーセント。③全体の半分。④たがいに優劣の差のないこと。五分五分。「ーに渡りあう」

ご-ぶいん【御無音】「無音」の丁寧語。長い間便りをしないこと。ごぶさた。「ーに打ち過ぎ」用法 多く、手紙文に用いる。

こ-ふう【古風】(名・形動ダ) 考え方ややり方、また姿や形などが古めかしいこと。昔ふうであること。また、そのようなさま。「ーな考え方」「ーなたたずまい」用法 古くさいと非難の気持ちをこめる場合と、好ましいという気持ちをこめて用いる場合とがある。

ごふう-じゅうう【五風十雨】ジフウ (五日ごとに風が吹き、一〇日ごとに雨が降る意) ①(主として農作上の)気候の順当なこと。②世の中の平和なことのたとえ。

こ-ぶか・い【木深い】(形) カロ・カッ(ク)・イ・イ・ケレ・〇 木立がしげり合っていて奥深い。「ー山道」文こぶか・し(ク)

こ-ふく【鼓腹】(名・自スル) ①腹つづみを打つこと。満腹であること。②(転じて)世の中が平和で人民の生活が安楽なこと。

ーげきじょう【ー撃壌】ゲキジヤウ (「撃壌」は大地をたたく意)世の中がよく治まり、人民が太平の世を楽しむこと。【故事】中国太古の尭帝(ぎょうてい)のとき、路傍の老人が食物をほおばりながら、腹つづみを打ち大地をたたいて(=鼓腹撃壌して)歌をうたい、天下太平を礼賛(らいさん)していたという伝説による。〈十八史略〉

ご-ふく【呉服】和服用の織物。反物(たんもの)。「ー商」参考 中国の呉から来た織工「呉服(くれはとり)」を音読したことによるという。

こぶく-しゃ【子福者】多くの子宝に恵まれている人。

ごぶ-ごぶ【五分五分】二つの事の優劣や可能性が同じぐらいであること。互角。五分。「勝負はーだ」「成功の確率はーだ」

ご-ぶさた【御無沙汰】(名・自スル)「ぶさた」の謙譲・丁寧語。長い間便りや訪問をしないこと。また、それをわびるあいさつの言葉。「長らくーしております」

こぶし【拳】手の五指を丸めるように固く握りしめたもの。類語 拳固(げんこ)・拳骨(げんこつ)・握りこぶし・鉄拳(てっけん)

こ-ぶし【小節】〔音〕民謡・歌謡曲などで用いる、微妙に震わせる装飾的な節回し。「ーをきかせて歌う」

こぶし【×辛夷】〔植〕モクレン科の落葉高木。山地に自生し庭などにも栽植。早春、白い大形の花を開く。材は器具・建築用。春 語源 開花前の蕾(つぼみ)のふくらみが子供の握りこぶしに似るところからの名。

〔辛夷〕

こ-ぶし【古武士】(信義にあつい)昔の武士。「ーの風格」

こぶ-じめ【昆布締〔め〕】塩や酢で締めた魚を、昆布に挟んでその風味を移すこと。また、その料理。参考「昆布〆〔め〕」とも書く。

ご-ふしょう【御不承】①「不承知」を敬っていう語。「ーでしょうが」②相手に、不承知をまげてなんとか承諾してくれるよう頼む語。御不請。「これでー願います」

ご-ふじょう【御不浄】フジヤウ 便所のこと。用法 多く、年輩の女性が使う。

こ-ぶしん【小普請】〔日〕①建造物の小規模な修造。②江戸時代、小規模の修繕・造営を非役の旗本・御家人に課したこと。また、禄高(ろくだか)が三〇〇〇石以下の非役の旗本・御家人をいう。

こぶ-ちゃ【昆布茶】昆布を粉末にしたり細かく刻んだりしたものに熱湯をそそいだ飲み物。

こ-ぶつ【古物】①使い古しの物。ふるもの。「ー商」②昔からの由緒ある品物。「ー収集の趣味」

こ-ぶつ【個物】〔哲〕個々のもの。他と区別して「このもの」「あのもの」と認識しうる一つ一つのもの。個体。

こぶ-つき【△瘤付き】《俗》子供またはやっかい者を連れていること。また、その人。

ご-ぶつぜん【御仏前】①「仏前」の敬称。み仏の御前。②仏に供える香典や供物(くもつ)などの上書きにする語。

こ-ぶとり【小太り・小◇肥り】(名・形動ダ) 少し太っていること。また、そのさま。「ーの女性」

こ-ぶね【小舟・小船】小さな舟。

こぶ-まき【昆布巻〔き〕】身欠きニシン・ハゼなどを昆布で巻いて煮た食品。こんぶまき。

こぶら【△腓】→こむら(腓)

コブラ〈cobra〉〔動〕コブラ科の毒蛇の総称。アフリカ・南アジアなどの熱帯・亜熱帯に分布し、大形で危険。怒ると頸部(けいぶ)の長い肋骨(ろっこつ)を両側に広げ、上体を地上から直立させる。

コプラ〈copra〉ココヤシの実の胚乳(はいにゅう)を乾燥させたもの。多量の脂肪を含み、ココナッツオイル(=やし油)をとる。マーガリン・菓子・せっけんなどの材料・原料となる。

ゴブラン-おり【ゴブラン織〔り〕】多くの色糸を用いて風景や人物を精巧に織り出したつづれ織り。壁掛け用。語源 一五世紀、ベルギー人ゴブラン(Gobelin)が創製したことから。

こ-ぶり【小振り】■一(名・形動ダ)(他と比較して)やや小さめであること。また、そのさま。「ーのコーヒーカップ」↔大振り ■二(名) 小さく振ること。↔大振り

こ-ぶり【小降り】雨や雪の降り方が弱いこと。↔大降り

ゴブリン〈goblin〉ヨーロッパの伝説に登場する、小さな鬼などの姿をした精霊。

ゴブレット〈goblet〉細い足と台のついたグラス。

こ-ふん【古墳】古代の墓。特に、土を盛り上げて築いた古代の塚・墳墓。形状により方墳・円墳・前方後円墳などがある。

ーじだい【ー時代】〔日〕三—七世紀、古墳が築造された時代。五世紀には巨大な前方後円墳が盛行。また、大陸文化が流入し、漢字の使用が始まった。

こ-ぶん【子分】①手下。配下。「ーを従える」②自分の子ではないが、かりに自分の子としたもの。義子。(↔親分)

こ-ぶん【古文】①文語体の文章。特に、高等学校の国語教育における古典の一分野で、江戸時代以前の詩文の称。↔現代文 ②中国で、篆字(てんじ)以前の古い漢字。

ご-ふん【△胡粉】貝殻を焼いて作った白い粉。白色の水性顔

料として日本画などに用いられる。

ご-ぶん【誤聞】 内容をまちがって聞くこと。聞きあやまり。

こ-へい【古兵】 古くから軍隊にはいっている兵。古参兵。古年兵。↔新兵

ご-へい【御幣】「幣束」の敬称。細く段々に切った紙を串にはさんだもの。神事に用いる。ぬさ。「—をたてまつる」

〔御幣〕

—かつぎ【—担ぎ】 縁起や迷信を気にすること。また、その人。迷信家。縁起かつぎ。

ご-へい【語弊】 言葉の使い方が適切でないために相手に与える、誤解や不快感などの弊害。「そう言っては—がある」

こ-べつ【戸別】 家ごと。一軒一軒。「—訪問」

こ-べつ【個別・◦箇別】 一つ一つ。一人一人。また、それぞれを別に扱うこと。個々別々。「—指導」

コペルニクス〈Nicolaus Copernicus〉(一四七三〜一五四三) ポーランドの天文学者・聖職者。イタリアに留学し、革命的な地動説を唱えて近代科学の黎明をもたらした。著に「天球の回転について」がある。

—てき-てんかい【—的転回】 物事の考え方が今までと正反対に変わること。一八〇度の転回。[語源]コペルニクスの地動説はそれ以前の天動説をくつがえし、以後天文学の考え方は一変した。このことからドイツの哲学者カントが、自分の哲学がそれまでの考え方を一変させたという意味に使った。

こ-へん【子偏】 漢字の部首名の一つ。「孤」「孫」などの「子」の部分。

ご-へん【御辺】(代)《古》対称の人代名詞。そなた。あなた。貴公。貴殿。[参考]中世、おもに武士が同輩に対して使った語。

こ-ほう【古法】 昔のおきて・方法。

こ-ほう【孤峰】 ただ一つ他の山々から離れてそびえている峰。

ご-ほう【午砲】 もと、正午を知らせた号砲。どん。[参考]東京では、一九二九(昭和四)年サイレンにきりかわるまで江戸城旧本丸で毎日正午に空砲を打っていた。

ご-ほう【語法】 ①言葉の使い方。②《文法》文法。ことばのきまり。

ご-ほう【誤報】(名・他スル) まちがった報道・知らせ。

ご-ほう【護法】 ①法律を守り保つこと。②《仏》㋐仏法を守護すること。また、守護する鬼神。護法神。㋑物の怪などを追い払う祈禱などの法力。

ご-ぼう【◦牛◦蒡】《植》キク科の栽培越年草。根は地中に長く垂直にのび、食用。(ごぼう引く[秋])

—ぬき【—抜き】 ①(ゴボウを土中から抜くように)棒状のものを一気に引き抜くこと。②大勢の中から一人ずつ順に引き抜くこと。座りこみの人の排除や人材の引き抜きの場合にいう。③競走などで数人を次々に抜き去ること。

ご-ぼう【御坊・御房】 僧坊・寺院、また、僧の敬称。

こ-ぼうず【小坊主】 ①年の若い修行中の僧。②少年を親しみ、または、あなどっていう語。

ご-ほうぜん【御宝前】「神仏の前」の敬称。また、賽銭箱のある所。

こ-ぼく【古木】 長い年月を経た立ち木。老木。

こ-ぼく【枯木】 枯れた木。枯れ木。

ごぼ-ごぼ(副) 水などが、容器の中でゆれ動いたり地下から湧き出たりするときの音のさま。「温泉が—(と)湧き出す」

こぼし【◦零し・◦溢し・×建水】 茶道で、茶碗をすすいだ湯水を捨てる器。水こぼし。建水。

こぼ・す【◦零す・◦溢す】(他五) ①容器の中の物をあふれ出させる。外にもらし落とす。「コーヒーを—」②涙を流す。「涙を—」③ぐちや不平を言う。ぼやく。「ぐちを—」④自然に表情などに出す。「思わず笑みを—」[自]こぼ・れる(下一)[可能]こぼ・せる(下一)

こぼ・つ【◦毀つ】(他五) こわす。破る。くずす。破壊する。「家を—」[自]こぼ・れる(下一)

こ-ぼね【小骨】 小さい骨。「魚の—がのどに刺さる」

—が折れる ちょっと苦労がいる。「—仕事」

こぼれ【◦零れ】 こぼれること。こぼれたもの。

—だね【—種】 ①地面にこぼれ落ちた種。②→おとしだね

—ばなし【—話】 本筋からはずれているが、それに付随した短くておもしろい話。余話。余聞。「ドイツ留学の—」

こぼ・れる【◦毀れる】(自下一) 部分的に欠け落ちる。こわれる。「刃が—」[他]こぼ・つ(他五)[文]こぼ・る(下二)

こぼ・れる【◦零れる・◦溢れる】(自下一) ①容器からあふれたりもれたりして外に落ち出る。「袋から砂糖が—」②涙が流れる。「涙が—」③あふれ出るように外にあらわれる。「笑みが—」④散る。「梅の花が—」[他]こぼ・す(五)[文]こぼ・る(下二)[参考]「零れる」は、水滴となって降ったり落ちたりする意。「溢れる」は、入り切れない液体が容器からあふれ出る意。

こ-ほん【古本】 ①古くなった書物。古本。↔新本 ②古い伝本。

こ-ぼんのう【子煩悩】(名・形動ダ) 自分の子供を非常にかわいがること。また、その人。「—な人」

こま【駒】(字義)→く(駒)

こま【駒】 ①(「子馬」の意)馬。「—を進める(=次の段階に進む)」②将棋で、盤上で動かす五角形の木片。また、双六・チェスなどで、盤上で動かすもの。③手元にあって、必要なときに利用できる人や物。④三味線・バイオリンなどの弦と胴の間に入れて弦を支えるもの。⑤物の間にはさむ小形の木片。

こま【◦齣】 ①映画のフィルムの一画面。②小説・戯曲・漫画などの一区切り。「四—漫画」③(転じて)ある場面。「思い出の一—」④大学などの時間割りの一区切り。「週に三—持つ」

こ-ま【小間】 ①小さな部屋。②木造建築の垂木と垂木、根太と根太との間。

こま【×独楽】 木または金属製などの円錐形の胴の中心に心棒を通したおもちゃ。心棒を指でつまんでひねったり、ひもを巻きつけて投げたりして回して遊ぶ。[新年]

こま【高麗】 ①→こうくり ②→こうらい(高麗)

ご-ま【◦胡麻】《植》ゴマ科の栽培一年草。インド原産という。全体に軟毛がある。茎は四角。夏に淡紫色を帯びた白色花を開く。種子は食用で、油をとる。[秋](胡麻の花[夏])

〔胡麻〕

—を擂る 人の機嫌をとって自分の利益をはかろうとする。

ごま【護摩】《仏》(梵語の音訳)密教で、ヌルデの木などを燃やして祈ること。「—を焚く」

ごま-あえ【◦胡麻◦和〔え〕】 炒ったゴマをすりつぶして味つけし、ゆでた野菜などに混ぜた料理。ごまよごし。

コマーシャリズム〈commercialism〉 商業主義。営利主義。

コマーシャル〈commercial〉 ①商売上の。宣伝の。②テレビやラジオなどで番組のあいまに放送される広告・宣伝。CM

—ソング〈和製英語〉 テレビやラジオで広告・宣伝のために使

われる歌。CMソング。参考 英語では jingle などという。

ごま-あぶら【胡麻油】ゴマの種子をしぼって製造した油。食用・薬用。

こ-まい【木舞】①軒の垂木の上に渡す細長い木材。②壁の下地として編んで組んだ割り竹や細木。

こ-まい【古米】前年以前に収穫した古い米。↕新米

こま・い【細い】(形)《俗》①小さい。こまかい。「ー家」②勘定高い。けちである。「ー性格」

こま-いぬ【狛犬】神社の社頭や社殿の前に向かい合わせに置き、魔よけとする一対の獅子に似た獣の像。語源 高麗から渡来した犬の意から。

〔こまいぬ〕

こ-まえ【小前】①こぢんまりしていること。商売などが小規模であること。②(江戸時代の)小農民。または、貧しい農民。

こま-おち【駒落ち】将棋で、対局者の力量に差がある場合、強い者がいくつかの駒を使わずに対局すること。飛車落ち、角落ちなどがある。↕平手

こま-おとし【齣落〔と〕し】映画で、標準速度より遅い速度で撮影すること。また、そうしたフィルム。これを標準速度で映写すると、画面の動きが実際よりも速く見える。

こまか【細か】(形動ダ) 細かいさま。「事ーに話す」「きめーな対応」文(ナリ)

こまか・い【細かい】(形) ①数多く集まっている物の一つ一つの形が非常に小さい。「ー粒」「ー模様」↕粗い ②小さな事柄にまで及んでいる。詳しい。「ー・く説明をする」↕粗い ③心が行き届いている。「ー心づかい」④小さなことまで問題にして、わずらわしい。ささいである。「ーことにこだわる」⑤勘定高い。けちである。「金銭にー人」⑥金額が小さい。「ーのがない」⑦囲碁で、形勢がわずかの差である。文こまか・し(ク)

ごまかし【誤魔化し】ごまかすこと。「ーがきかない」

ごまか・す【誤魔化す】(他五) ①事実や本心を隠し、その場や表面をとりつくろう。「年齢をー」②人目をあざむき不正を働く。「釣り銭をー」可能ごまか・せる(下一)

こま-ぎり【細切り】細かく切ること。また、切ったもの。

こま-ぎれ【細切れ・小間切れ】①細かく切れたもの。「ーの話」②牛肉・豚肉などの小さく切ったもの。こま。「牛肉のー」

こ-まく【鼓膜】〔生〕外耳と中耳の境をなす直径一センチメートルほどの楕円形・漏斗状のうすい膜。空気の振動を受けて音波を伝える。⇩耳(さしえ)

こま-ぐみ【駒組み】将棋で、駒を動かして陣形を組むこと。また、その陣形。「序盤のー」

こま-げた【駒下駄】台も歯も桐・杉などの一つの材をくりぬいて作った低いげた。形は馬のひづめに似る。

こま-ごま【細細】(副・自スル) ①細かく雑多なさま。「ー(と)した用事」②詳しく丁寧なさま。「ー(と)説明する」

こまごまし・い【細細しい】(形) ①非常に小さい。②たいそう詳しい。③わずらわしい。くだくだしい。「ー・く注意を受ける」文こまごま・し(シク)

ごま-しお【胡麻塩】①炒ったゴマに焼き塩をまぜたもの。②白髪のまじった頭髪。半白。「ー頭」

こましゃく・れる(自下一) こまっちゃくれる。「ー・れた子供」

ごま-すり【胡麻擂り】他人にへつらい、機嫌をとって自分の利益をはかること。また、その人。

語源 炒ったゴマをすり鉢ですりつぶすと、ゴマはすり鉢のあちこちにくっつく。そこから、「ごますり」とは、まわりの人たちの中を右往左往してへつらうこと、また、そのような小粒の人間をさすという。「ごまをする」という表現もある。

こ-また【小股】①両足を小さく開くこと。また、歩幅のせまいこと。「ーに歩く」↕大股 ②(「こ」は接頭語)股。股についてのちょっとした動作にいう語。

—の切れ上がった 立ち姿がきりっと引き締まり、すらりとした粋な女性の形容。

—すくい【ー掬い】相撲で、相手の股を内側から片手ですくって倒すわざ。

こま-だい【駒台】将棋で、取った駒を並べて置く台。

こ-まち【小町】(小野小町が絶世の美人であったということから)評判の美しい娘。小町娘。「秋田ー」用法多く、その女性の住んでいる地名の下につけて用いる。

—むすめ【ー娘】美人の評判が高い娘。小町。

こ-まつ【小松】小さい松。若松。

こま-づかい【小間使】主人の身のまわりの世話や雑用をする女性の使用人。

こまつ-な【小松菜】《植》アブラナの一変種。株は小さく葉はやわらかい。食用。冬 語源 東京都江戸川区の小松川付近で多く産したのでこの名がある。

こま-どり【駒鳥】《動》ヒタキ科の小鳥。亜高山帯の深い森林にすむ。ロビン。夏(春) 語源 ヒンカラカラと鳴く声が馬のいななきに似るところからこの名があるという。

こまぬ・く【拱く】(他五) 腕組みをする。こまねく。つかねる。「手をー(=腕組みするだけで何もしない)」

こまね・く【拱く】(他五) →こまぬく

こま-ねずみ【高麗鼠・独楽鼠】《動》中国産ハツカネズミの一変種。小形で純白。輪の形にぐるぐる回る性質がある。忙しく動き回るたとえにいう。「ーのように働く」

ごま-の-はい【護摩の灰】旅人のふりをして、他の旅客の金品を盗む盗人。胡麻の蠅。語源 ただの灰を、弘法大師の護摩の灰と言って、旅人に売りつけたことからいう。

ごま-の-はえ【胡麻の蠅】→ごまのはい

ごま-みそ【胡麻味噌】炒ったゴマにみそを混ぜて調味料とともにすり合わせたもの。

こま-むすび【小間結び】ひもまたは糸などの両端を二度からませて固く結ぶこと。また、その結び方。真結び。玉結び。

こ-まめ【小忠実】(形動ダ) 細かなことにもよく気がまわり、おっくうがらずによく動くさま。「ーによく働く」

ごまめ【鱓・田作】カタクチイワシの幼魚を干したもの。正月・祝儀の料理などに用いる。田作り。新年

—の魚交じり 高い地位の人の中に、つまらない者がまじっていること。**—の歯軋り** 力の及ばない者がいくら憤慨しても何にもならないこと。

こま-もの【小間物】女性の化粧品・装身具や日用品などのこまごまとしたもの。

—や【ー屋】小間物を売る店。また、小間物を売る人。「ーを開く(=飲食したものを吐く)」

こまやか【濃やか・細やか】(形動ダ) ①情愛が深く行き届いているさま。心がこもっているさま。「ーな心づかい」②色や密度が濃いさま。文(ナリ)

こまり-き・る【困り切る】(自五) どうしようもなくて困り果てる。「ほとほとー」

こまり-ぬ・く【困り抜く】(自五) 困ったままの状態でずっといる。とことんまで困る。「ー・いた末、相談する」

こまり-は・てる【困り果てる】(自下一) テ・テ・テル・テル・テレ・テロ(テヨ) これ以上困りようがないほど困る。困り切る。文こまりは・つ(下二)

こまり-もの【困り者】 手に余るやっかい者。もてあまし者。「近隣の—」

こま・る【困る】(自五) ラ(ロ)・リ(ッ)・ル・ル・レ・レ ①処置・判断ができずに対応に苦しむ。もてあます。「返事に—」「—・ったやつだ」②難儀する。迷惑する。「雨が降ると—」③貧乏に苦しむ。「生活に—」

こ-まわり【小回り・小廻り】 マハリ ①車などが小さな半径で回ること。↔大回り ②状況に応じて、すばやく対処すること。—が利く ①せまい範囲で容易に向きを変えることができる。②情勢の変化に応じてすばやく物事を処理できる。

コマンド〈command〉①命令。指令。②〘情報〙コンピューターで、特定の機能の実行を指示する命令語。また、信号。

コマンド〈commando〉特別奇襲部隊。また、その隊員。

ごまん-と(副)〘俗〙非常にたくさんあるさま。「証拠なら—ある」

こみ【込み】①種々取りまぜること。「大小—で売る」②(名詞に付いて)そのものを含めること。「税—」③囲碁で、互角の者が対局する場合、先手が有利とされているため、後手に幾目かを与えること。込み出し。「五目半の—」④生け花で、花器の中の花や木を支えとめる小さな木。

ごみ【塵・芥】 ちり・ほこりや、紙きれ・食べ残しなどの不要になったきたないもの。くず。あくた。塵芥。塵埃。

> **ちがい**「ごみ」・「くず」
> 「ごみ」は、使わなくなり不要で捨てるだけのものを言う。使えなくなったソファーも、壊れたテレビも、「ごみ」である。「くず」は、必要な部分は使って、あとに残った役に立たないものを言う。パンは食べずに黴が出れば「ごみ」になるが、食べたあとの切れ端や崩れたあとの粉などは「くず」である。「ごみくず」という合成語は、共に使っても矛盾しないところから一語になり得たのである。

ご-み【五味】 酸い・苦い・甘い・辛い・塩辛いの五つの味。

こみ-あ・う【込(み)合う・混(み)合う】 アフ (自五) ワ(オ)・イ(ッ)・ウ・ウ・エ・エ 多くの人や物が一か所に集まって混雑する。「会場が—」

ごみ-あくた【塵・芥】 ①ちりやくず。②値打ちのないもの。

こみ-あ・げる【込(み)上げる】(自下一) ゲ・ゲ・ゲル・ゲル・ゲレ・ゲロ(ゲヨ) ①涙や笑い、喜怒哀楽などの感情が抑えようとしても出てくる。「笑いが—」「怒りが—」②胃の中の物をもどしそうになる。文こみあ・ぐ(下二)

こみ-い・る【込(み)入る】(自五) ラ(ロ)・リ(ッ)・ル・ル・レ・レ 種々の要素が複雑に入り組んでいる。「—・った話」

コミカル〈comical〉(形動ダ) ダロ・ダッ(デ・ニ)・ダ・ナ・ナラ・○ こっけいな感じのあるさま。おどけたさま。「—な演技」

ごみ-ごみ(副・自スル) まとまりがなく、雑然としているさま。「—(と)した裏町」

ごみずのおてんのう〔後水尾天皇〕 ゴミヅノヲテンワウ (一五九六～一六八〇) 江戸初期第一〇八代の天皇。後陽成天皇の第三皇子。名は政仁。一六一一(慶長十六)年即位。幕府の公家圧迫に反発して退位し、四代にわたり院政をとった。和歌・書など学芸にすぐれ、修学院離宮を造営した。

こ-みだし【小見出し】 新聞・雑誌などで、大きな標題に添える小さな標題。また、文中に設ける小さな標題。↔大見出し

ごみ-ため【塵溜〔め〕・芥溜〔め〕】 ごみを捨ててためておく所。はきだめ。「—に鶴」

こ-みち【小道】 ①狭い道。②わき道。

コミック〈comic〉■(形動ダ) ダロ・ダッ(デ・ニ)・ダ・ナ・ナラ・○ こっけいであるさま。また、喜劇的なさま。「—ソング」■(名) ①漫画。劇画。また、漫画本。コミックス。②(「コミックオペラ〈comic opera〉」の略)喜歌劇。

コミッショナー〈commissioner〉(プロ野球やプロボクシングなどの協会で)組織の統制をとる最高責任者。

コミッション〈commission〉①(商取引などの仲介の)手数料。口銭。②わいろ。

コミット〈commit〉(名・自スル) 深くかかわり合うこと。関係をもつこと。「その問題に—している」

コミットメント〈commitment〉①深い関与。②公約。誓約。

こ-みみ【小耳】(「こ」は接頭語)耳。また、耳に関するちょっとした動作にいう語。

—に挟む 聞くともなしに聞く。ちらりと聞く。

ご-みゃく【語脈】 文中の語と語との続きぐあい。

コミュニケ〈フランス communiqué〉外交上の公式声明書。「日米共同—」

コミュニケーション〈communication〉言葉・文字などによって、たがいに思考・意思・感情などを伝達・交換すること。「円滑な—をはかる」

コミュニスト〈communist〉共産主義者。

コミュニズム〈communism〉共産主義。

コミュニティー〈community〉同じ地域に住んで共に社会生活を送る人々の集まり。また、その地域。地域共同体。地域社会。「—センター」「—バス(=自治体などが運営する、地域のためのバス)」

コミンテルン〈ロシア・ドイツ Komintern〉一九一九年、レーニンらによって設立された国際共産主義組織。一九四三年に解散した。第三インターナショナル。共産主義インターナショナル。

こむ【込む】 こむ㊥・こめる㊥

ノ 入 入 込 込

(字義) ①→次項 ②→こめる(込める) 参考「込」は国字。

こ・む【込む】(自五) マ(モ)・ミ(ン)・ム・ム・メ・メ ①人・物がたくさん入りまじって詰まっている。混雑する。「電車が—・んでいる」②入りくんでいて複雑である。精巧である。「手の—・んだ細工」③(動詞の連用形の下に付いて)㋐中にはいる。「飛び—」㋑いちずにする。一つのことをずっとし続ける。じっとそのままの状態でいる。「考え—」「すわり—」「黙り—」㋒すっかりその状態になる。「老け—」参考 ①は「混む」とも書く。

ゴム〈オランダ gom〉①〘植〙(「ゴムの木」の略)幹から樹液としてゴムをとる常緑高木。トウダイグサ科・クワ科など四〇〇種以上ある。②①の分泌する乳液(=ラテックス)から製した弾性に富む物質。生ゴム。天然ゴム。③②と同様の性質をもつ合成高分子物質。原料は石油など。合成ゴム。参考「×護謨」とも書く。

ゴム-あみ【ゴム編み】 編み物で、表編みと裏編みを交互にくり返した編み方。伸縮性に富む。

こ-むぎ【小麦】〘植〙イネ科の一年草。世界中で広く栽培される重要な穀物。種子からみそ・しょうゆなどを作り、また、粉にしてパン・うどんなどの原料とする。夏

—いろ【—色】 収穫期の小麦のようなつやのある薄茶色。日に焼けた健康的な肌の形容に用いる。「—の肌」

—こ【—粉】 小麦の種子をひいて作った粉末。パン・うどんなどの原料。メリケン粉。うどん粉。

ゴム-けし【ゴム消し】 →けしゴム

こ-むずかし・い【小難しい】 ムツカシイ (形) カロ・カッ(ク)・イ・イ・ケレ・○ (「こ」は接頭語) ①なんとなくこみいってめんどうだ。「—・く考える」②

少し不機嫌で親しみにくい。「—顔」文こむづか・し(シク)

こ-むすび【小結】 相撲の階級で三役の最下位。関脇(せきわけ)の次位。

こ-むすめ【小娘】 子供っぽい娘。一四、五歳ぐらいまでの少女。若い娘をあざけっていう場合にも用いる。

こむ-そう【虚無僧】〔仏〕禅宗の一派の普化(ふけ)宗の僧。天蓋(てんがい)(=深編みがさ)をかぶり、袈裟(けさ)をかけ、尺八を吹いて諸国を回り歩いて修行した。普化僧。ぼろんじ。

てんがい

〔こむそう〕

ゴム-だん【ゴム段】 地面と平行に張ったゴムひもを飛び越える遊び。ひもの高さを次第に上げて競い合う。ゴム跳び。

ゴム-テープ〈和製英語〉平らにしたゴムひも。

ゴム-とび【ゴム跳び・ゴム飛び】 →ゴムだん

ゴム-なが【ゴム長】 ゴム製の長靴。ゴム長靴。

ゴム-のり【ゴム△糊】 アラビアゴムを溶かして作ったのり。

ゴム-びき【ゴム引き】 布などの表面または裏面にゴムを引いて防水すること。また、そうしたもの。「—のコート」

ゴム-まり【ゴム△毬】 ゴム製のまり。ゴムボール。

こむら【△腓】 ふくらはぎ。こぶら。

—がえり【—返り】(ガヘリ) 腓(こむら)の筋肉が突然けいれんして痛むこと。こぶらがえり。

こ-むら【木△叢】 木が群がって立っている所。

こ-むらさき【濃紫】 濃くて紺色に近い紫。

こむらじゅたろう【小村寿太郎】(コムラジユタラウ)(一八五五〜一九一一) 明治時代の外交官。宮崎県出身。外相となり日英同盟を締結、また日露戦争後のポーツマス会議の全権として条約に調印した。

ごむり-ごもっとも【御無理御△尤も】(名・形動ダ) 相手が道理に合わないことを言っても、遠慮や恐れから反論せずに聞き従うこと。「上司の言い分を—と聞き入れる」

こめ【米】 イネの実(み)のもみがらをとり除いたもの。そのままのものを玄米、精白したものを白米または精米という。五穀の一つ。

こめ-あぶら【米油】 米ぬかを原料とする油。

こ-めい【古名】 古い名称。旧名。

ご-めいさん【御名算・御明算】 珠算の読み上げ算などで答えが正しいときに、「よくできた」という意味で言うほめ言葉。

こめ-かみ【×顳顬・×蟀谷】(米をかむときに動くところの意から)耳の上で、目じりのわきの部分。「—に青筋が走る」

こめくい-むし【米食い虫】(コメクヒ—) ①→こくぞうむし ②(俗)飯を食うだけで、役に立たない人のたとえ。ごくつぶし。

こめ-こ【米粉】 米をひいて粉末にしたもの。こめのこ。べいふん。「—のパン」

こめ-じるし【米印】 注記などを示す、漢字の「米」に似た「※」の記号。

こめ-ず【米酢】 米を原料とする醸造酢。よねず。こめす。

こめ-そうどう【米騒動】(—サウドウ) 米価の高騰によって生活の苦しくなった民衆の起こした暴動。ふつう一九一八(大正七)年、富山県から全国に波及した騒動をいう。

こめ-そうば【米相場】(—サウバ) ①米穀の値段の高低。②米の先物取引。

こめ-だわら【米俵】(—ダハラ) 米を入れるための、わらで編んだ俵。また、米のはいった俵。

こめ-つき【米△搗(き)】 ①玄米をついて白米にすること。また、米をつく人。②(俗)「こめつきばった」の略。

—ばった【—×飛蝗】 ①「しょうりょうばった」の異称。秋 ②頭をしきりに下げて相手の機嫌をとる人をあざけっていう語。

こめ-つぶ【米粒】 米の一つ一つのつぶ。

コメディアン〈comedian〉喜劇俳優。参考 女優の場合は「コメディエンヌ」ともいう。

コメディー〈comedy〉喜劇。

こめ-どころ【米所】 質のよい米を多く産する地方。

こめ-ぬか【米△糠】 玄米を精白するときに出る外皮や胚(はい)の粉末。家畜のえさ・肥料・漬物(つけもの)などに用いる。ぬか。

こめ-びつ【米△櫃】 ①米を入れておく箱。「—がからっぽだ(=一銭も金がない)」②(俗)生活費をかせぐもととなるもの。また、かせぐ人。

こめ-へん【米偏】 漢字の部首名の一つ。「粋」「粒」などの「米」の部分。

こめ-もの【込め物】 ①物と物との間に詰めるもの。②印刷の活字組版で、字間・行間などに詰めるもの。

こめ-や【米屋】 米を売る店。また、米を売る人。

こめる【込める】(字義)→こむ(込)

こ・める【込める・◇籠める】(メ・メ・メル・メル・メレ・メロ(メヨ)) 一(他下一) ①物の中に入れる。詰める。「銃に弾(たま)を—」②含める。「手間賃も—」③集中する。「心を—」「力を—」二(自下一) 霧・煙などがあたり一面に広がる。たちこめる。文こ・む(下二)

こ-めん【湖面】 湖の水面。「—に浮かぶヨット」

ご-めん【御免】 一(名) ①「免ずること」の敬称。「お役—」②「許すこと」の敬称。「—を願う」③拒否の気持ちを表す。「力仕事はもう—だ」「—こうむる」二(感) 訪問・辞去・謝罪などのときのあいさつに用いる語。「前を—」用法 二は、ふつう「ごめんください」「ごめんなさい」の形を用いる。

—ください【—下さい】 ①他家を訪問・辞去するときに言うあいさつの言葉。人と別れるときにも使う。②丁寧にわびるときの言葉。「前略—」

—なさい ①謝罪や恐縮する意を表す言葉。「遅れて—」②他家を訪問・辞去するときに言うあいさつの言葉。

ご-めんそう【御面相】(—メンサウ) 顔つきをからかっていう言葉。

コメンテーター〈commentator〉解説者。注釈者。

コメント〈comment〉論評。意見。批評。「ノー—」

こも【◇薦・△菰】 あらく織ったむしろ。参考 もと、マコモという草の葉を使ったが、今はわらで作る。

こ-もう【虚妄】(—マウ) 真実でないこと。うそ。いつわり。虚妄(きょもう)。

こも-かぶり【◇薦◇被り】 ①こもで包んだ四斗(=約七二リットル)入りの酒だる。②(こもをかぶっていたことから)こじき。

ご-もく【五目】 ①五種の品目。また、いろいろの物が入りまじっていること。「—そば」②「ごもくずし」の略。③「ごもくめし」の略。④「ごもくならべ」の略。

—ずし【—△鮨・—×寿司】 魚肉・野菜など種々の具を味つけしてまぜた散らしずし。夏

—ならべ【—並べ】 →れんじゅ②

—めし【—飯】 肉・野菜など種々の具をまぜてたき込んだ飯。かやく飯。

こも-ごも【◇交◇交】(副) たがいに入りまじるさま。かわるがわる。次々。「悲喜—」「—語る」

こ-もじ【小文字】 欧文で、字体の小形のもの。大文字A・B・Cに対するa・b・c。↔大文字

こ-もち【子持(ち)】 ①子供、特に小さな子供を持っていること。また、そういう人。②魚などが卵をはらんでいること。「—がれい」③大小そろっていること。大小一組のもの。「—縞(じま)」

—けい【—△罫】 印刷用の飾り罫(けい)の一つで、太い線と細い線とが平行し一対となっている罫。

こも-づつみ【◇薦包み】 こもで包むこと。また、包んだもの。

こ-もの【小物】①こまごました物や付属品。「—入れ」②勢力や能力がなく、とるに足りない者。小人物。「所詮—の言うことだ」↔大物 ③釣りで、あまり大きくない魚。↔大物

こ-もの【小者】①年若い人。②下男。丁稚。③昔、武家で雑役をした身分の低い者。

こ-むしろ【△菰△蓆】マコモの葉を編んで作ったむしろ。

こ-もり【子守】子供のめんどうをみること。また、その人。

—うた【—歌・—唄】子供をあやしたり、寝かしつけたりするときにうたう歌。

こもり-どう【籠(も)り堂】信者や行者がこもって祈願、修行する社寺の堂。

こも・る【籠(も)る】(自五)①中にはいったまま外に出ないでいる。ひきこもる。「病気で家に—」②神社・寺などに泊まって祈願する。参籠する。「寺に—」③気体・匂いなどが外に出ず、その場に満ちる。「たばこの煙が—」④気持ちや意欲などがいっぱい含まれている。「心が—」「力が—」⑤音が中に閉じこめられて、にぶく響く。「声が—」可能 こも・れる(下一)

こもれ-び【木漏れ日・木△洩れ日】木の茂みの間からもれてさしこんでくる日の光。

コモロ〈Comoros〉(「コモロ連合」の略)アフリカ大陸とマダガスカル島との間にある島々からなる共和国。首都はモロニ。

こ-もん【小門】小さな門。大門のわきにある小さな門。

こ-もん【小紋】和服地の柄の一種。細かい型染め模様を布地一面に染め出したもの。小紋染め。

こ-もん【顧問】(会社・団体などで)相談を受け、指導・助言をする役目。また、その人。「—弁護士」

こ-もんじょ【古文書】歴史上重要な史料となる古い文書。

コモン-センス〈common sense〉常識。良識。

こ-や【小屋】①小さくてそまつな家。物置小屋・山小屋など。②芝居・見世物などの興行用の建物。「芝居—」

ご-や【五夜】「五更」の別称。一夜を甲・乙・丙・丁・戊に五等分した時刻の総称。また、その第五。戊夜。⇩付録「方位・時刻表」

ご-や【後夜】一夜を初・中・後と三分したときの、最後の称。夜半から朝まで。また、その間に行う勤行。

こや-がけ【小屋掛(け)】(名・自スル)芝居や見世物などの興行のために、仮小屋を建てること。また、その小屋。

こ-やかまし・い【小△喧しい】(形)(「こ」は接頭語)少しのことにもいちいち口うるさい。文こやかま・し(シク)

こ-やく【子役】映画・演劇などで、子供の役。また、子供の役者。「名—」

ご-やく【誤訳】(名・他スル)誤った翻訳をすること。また、その翻訳。

こ-やくにん【小役人】地位の低い役人。また、役人をののしっていう。

こや-ぐみ【小屋組(み)】建物の屋根の重みをささえるための骨組み。「がっしりした—」

こやし【肥やし】①農作物を育てるために耕地に施す栄養分。こえ。肥料。「畑に—をやる」②(比喩的に)その人の成長を助けたり能力を豊かにしたりする糧。「芸の—にする」

こ-やす【子安】①子を無事に生むこと。安産。②(「子安地蔵」の略)安産に御利益のあるという地蔵。

—がい【—貝】動 タカラガイ科の巻き貝の俗称。ふつうはハチジョウダカラをいう。安産のお守りとする。春

こや・す【肥やす】(他五)①肥料を与えて地味を豊かにする。「荒れ野を—」②家畜などを飼育して太らせる。③よしあしを判断する能力を高める。「目を—」④不当な利益を得る。「私腹を—」自こ・える(下一)可能 こや・せる(下一)

こ-やつ【△此△奴】(代)対称の人代名詞。目の前の人、話題にのぼっている人などを乱暴に言う語。

こ-やみ【小◦止み】雨や雪などが少しの間やむこと。小止み。「雨が—になる」「—なく降る」

こ-ゆう【固有】(名・形動ダ)①もとからあること。自然に備わっていること。「わが国—の文化」②そのものに限ってあること。特有。「—な性質」

—しゅ【—種】その地域にだけ生息する生物種。

—めいし【—名詞】文法 名詞の一つ。ある特定の事物一つに限って付けた名前を表す語。人名・地名・国名など。↔普通名詞

こ-ゆき【小雪】少し降る雪。少しの雪。冬 ↔大雪

こ-ゆき【粉雪】→こなゆき

こ-ゆび【小指】指の中で、いちばん外側の最も小さな指。参考 手の小指を立てて、妻・愛人などを表す場合がある。

こ-よい【◦今宵】今晩。今夜。

こ-よう【小用】→しょうよう(小用)

こ-よう【古謡】昔から伝わるうた・うたいもの。

こ-よう【雇用・雇△傭】(名・他スル)①人をやとうこと。↔解雇 ②法 労働者が労務に服し、使用者がこれに報酬を与えることを約束する契約。

—ほけん【—保険】一九七五(昭和五十)年に従来の失業保険に代わり設けられた社会保険の一種。失業給付のほか、事業主による雇用安定・能力開発事業への助成などを行う。

ご-よう【御用】①「用事」「用件」などを敬って、また丁寧にいう語。「—はありませんか」②宮中・官庁の用務。③昔、官命で犯人を逮捕したこと。また、そのときのかけ声。「—になる(=逮捕される)」④(他の語の上に付けて)権力者にへつらってその意のままに動くことをあざけっていう語。

—おさめ【—納め】官公庁で、その年の仕事を終わりにすること。また、その日。十二月二十八日。冬 ↔御用始め

—がくしゃ【—学者】権力のある者にへつらい、時流におもねる学者。さげすみの気持ちをこめていう語。

—きき【—聞き】①商店などが、得意先の注文などを聞きに回ること。また、それをする人。②江戸時代、与力・同心を助けて犯人の捕縛などにあたった人。目明かし。岡っ引き。

—きん【—金】江戸時代、幕府や諸藩が歳入不足の際、御用商人などに臨時に命じた賦課金。

—くみあい【—組合】使用者側の意向に従って動く、自主性のない労働組合。

—しょうにん【—商人】認可を受けて、宮中や官庁などに物品を納める商人。江戸時代には、宮中・幕府・諸藩に物品を納める商人をいった。御用達。

—しんぶん【—新聞】時の政府の利益となるような論説や報道ばかりをのせる新聞。さげすみの気持ちをこめていう語。

—たし【—△達】宮中・官庁に物品を納めること。また、御用商人。御用達。「宮内庁—」

—てい【—邸】皇室の別邸。「葉山—」

—はじめ【—始め】官公庁で、新年に初めて事務をとること。また、その日。一月四日。新年 ↔御用納め

ご-よう【誤用】(名・他スル)誤って用いること。誤った用法。

こ-ようじ【小△楊枝】つまようじ。くろもじ。

ごよう-まつ【五葉松】植 ①マツ科の常緑高木。山地に自生。樹皮は赤褐色で葉は五本ずつかたまって生える。晩春に単性花を開く。庭木や盆栽用。材は建築・器具用。別名ヒメコマツ。②五本の針葉が束生するマツ属の総称。

コヨーテ〈coyote〉〔動〕イヌ科の哺乳動物。オオカミに似るが、それより小さく、体長は約一メートル。北アメリカ、中央アメリカの草原に生息する。夕暮れから夜によく吠える。

ご-よく【五欲・五慾】〔仏〕人間が持つ五つの欲望。㋐感覚器官の認識対象である色・声・香・味・触の五つの領域(五境)に対して起こす欲望。㋑財欲・色欲・飲食欲・名欲・睡眠欲の五つの欲望。

こよ-なく(副)この上なく。格別に。「—愛する」

こ-よみ【暦】一年間の月日・七曜・祝祭日や、日月の出入り・月のみちかけ・日食・月食・雑節などを日を追って記載したもの。太陰暦・太陽暦・太陰太陽暦・世界暦など。カレンダー。

こ-より【◦紙◦縒り・◦紙◦撚り】和紙を細長く切って細いひものようによったもの。かんぜより。語源「かみより」の変化した「こうより」の転。

こら(感)相手の言動をとがめたりやめさせたりするときに、威圧的に呼びかける語。「おい、—」

コラーゲン〈collagen〉〔生〕動物の骨・けん・皮革などを構成する硬たんぱく質の一種。一般に、繊維状の構造体として存在する。膠やゼラチンの原料。膠原質。

コラージュ〈フランス collage はり付け〉〔美〕シュールレアリスムやダダイズムの絵画技法の一つ。新聞・雑誌・写真の切り抜きや布・砂などをはりつけ、一部に加筆などして画面を構成する。

コラール〈ドイツ Choral〉〔音〕ドイツのプロテスタント教会ルター派の賛美歌。衆賛歌。

こ-らい【古来】昔から今まで。「日本—の伝統」

ご-らいこう【御来光】ライクワウ 高山の頂上で拝む日の出。また、その美しい景観。夏

ご-らいごう【御来◦迎】ライガウ ①〔仏〕「来迎」の敬称。②高山の日の出や日没時に霧が立ちこめた際、山頂で太陽を背にして立つと、自分の影が霧に投影され、影のまわりに光の輪が現れる現象。光背を負った弥陀の像になぞらえていう。ブロッケン現象。夏 ③ご来光。夏

こらえ-しょう【◦堪え性】コラヘシヤウ 忍耐強くがまんする気性・気力・意地。「—がない」

こら・える【◦堪える・◦怺える】コラヘル(他下一) エ・エ・エル・エル・エレ・エロ(エヨ) ①苦しみや痛みなどをがまんして耐える。②感情が表面に出ないようにおさえる。「じっと怒りを—」文こら・ふ(下二) 参考「堪」はたえしのぶの意。「怺」は気を長くしてこらえるの意。

類語 我慢する・耐える・忍ぶ・耐え忍ぶ・忍耐する・辛抱する・踏んばる・歯をくいしばる

ご-らく【娯楽】人の心を楽しませなぐさめるもの。「—番組」

こらし-める【懲らしめる】(他下一) メ・メ・メル・メル・メレ・メロ(メヨ) 二度と同様の行為をしないよう反省させる。罰を加えてこりさせる。こらす。「悪人を—」文こらし・む(下二)

こら・す【凝らす】(他五) サ(ソ)・シ・ス・ス・セ・セ ①(考えや注意を)一か所に集中させる。「ひとみを—(=じっと見つめる)」「趣向を—」②こり固まらせる。「肩を—」自こ・る(五)

こら・す【懲らす】(他五) こりさせる。こりて再びしないようにする。こらしめる。「悪を—」自こ・りる(上一)

コラボ(名・自スル)「コラボレーション」の略。「人気アーティストとの—」

コラボレーション〈collaboration〉(名・自スル) 共同制作。共同研究。また、協力。コラボ。

コラム〈column〉(新聞・雑誌などで)時事問題や社会風俗などについての短評をのせる囲みの欄。また、その囲み記事。

コラムニスト〈columnist〉コラム欄の執筆者。

ご-らん【御覧】①「見ること」の意の尊敬語。「—のとおり」「—に入れる」②「ごらんなさい」の略。㋐「見よ」「見ろ」の意の尊敬語・丁寧語。「これを—」㋑(「…てごらん」の形で)「…てみよ」の意の尊敬語・丁寧語。「やって—」「見て—」用法 ①は多く「ごらんになる」「ごらんくださる」などの形で用いられる。②は敬語は軽く、同等または目下の者に対して用いる。

こり【◦梱】①行李。②包装した荷物。③荷造りした貨物を数える語。「綿糸二—」

こり【凝り】血行が悪くなり、筋肉が張って固くなること。「肩の—をほぐす」

こ-り【◦狐◦狸】キツネとタヌキ。人をばかすもの。「—妖怪」

こ-り【◦垢離】神仏に祈願するとき、冷水を浴びて身心のけがれをとり去ること。水ごり。

ごり【◦鮴】〔方〕〔動〕「鰍」の異名。夏

コリアンダー〈coriander〉→こうさい(香菜)

コリー〈collie〉〔動〕イギリス原産のイヌの一品種。顔が長く、全身が長い毛でおおわれる。もとは牧羊犬、現在は愛玩用。

ごり-おし【ごり押し】(名・他スル)〔俗〕しゃにむに自分の考えを押し通そうとすること。無理おし。「自説を—する」

こり-かたま・る【凝り固まる】(自五) ラ(ロ)・リ(ッ)・ル・ル・レ・レ ①物が一か所に集まって固くなる。凝固する。②ある物事にだけ心がとらわれて他をかえりみなくなる。「迷信に—」

こ-りくつ【小理屈・小理窟】(「こ」は接頭語)つまらない理屈。取るに足りない理屈。「—をこねる」

こ-りこう【小利口】(名・形動ダ)(「こ」は接頭語)こざかしいこと。目先がきいて抜け目のない才覚を示すこと。また、そのさま。「—に立ち回る」用法 さげすむ気持ちで使う。

こり-こり(副・自スル)①歯切れのよいものをかむ音やさまを表す語。「たくあんを—(と)かむ」②筋肉が張ってかたくなっているさま。「首筋が—する」

こり-ごり【懲り懲り】(副・自スル・形動ダ)二度としたくないほどいやになるさま。すっかりこりるさま。「検査はもう—だ」

ごり-ごり 一(副・自スル)①かたい物がこすれ合う音やさまを表す語。「すり鉢で—(と)する」②触ったり嚙んだりした感触がかたく、滑らかでないさま。「—(と)した食感」二(名・形動ダ)考えなどがこりかたまって、かたくななさま。「—の保守派」

こり-しょう【凝り性】シヤウ(名・形動ダ)一つのことに熱中して徹底的にやり通す性質。また、そういう人。「—の人」

ご-りしょう【御利生】リシヤウ 神仏のめぐみ。御利益。

こりずま-に【懲りずまに】(副)さきの失敗にこりもしないで。しょうこりもなく。「—ばくちに手を出す」

こ-りつ【孤立】(名・自スル)他からの助けやつながりなどがなく、一つまたは一人だけぽつんとあること。「仲間から—する」

—ご【—語】〔文法〕言語の形態的分類の一つ。文法的関係が主として語順によって示され、単語の語尾変化や付属語によらない言語。中国語・タイ語など。⇒屈折語・膠着語

—むえん【—無援】ムエン ただ一人でいて、助けてくれる者がいないこと。「—の戦い」

ごりむ-ちゅう【五里霧中】(五里霧(=道術で起こす、五里四方もある深い霧)の中に立って方角を見失う意から)なんの手がかりもなくどうしてよいか見当のつかないこと。「—でさまよう」

こり-や【凝り屋】凝り性の人。

ご-りやく【御利益】神仏のめぐみ。御利生。「—がある」

こ-りゅう【古流】リウ 古い流儀・作法。

こ-りょ【顧慮】(名・他スル)あれこれ心を配って考えること。気にかけること。「事情を—する」

ご-りょう【御料】レウ ①(お使いになる物の意)天皇や貴人の用いるもの。②皇室の所有するものを表す語。「—牧場」

—ち【—地】 皇室の所有地。
ご-りょう【御陵】 →みささぎ
ご-りょう【御寮・御料】 —「ごりょうにん」の略。「花嫁—」
—にん【—人】（おもに関西で）中流家庭の若妻の敬称。参考 もとは、娘についてもいった。また、話し言葉では「ごりょんさん」の形で使われる。
ごりょう-え【御霊会】 〘宗〙死者の怨霊や疫病の神などをしずめなだめるために行う祭り。みたまえ。
こ-りょうり【小料理】 — 手軽なちょっとした料理。おもに和風料理にいう。「—屋」
ゴリラ〈gorilla〉〘動〙ヒト科ゴリラ属の動物で、類人猿中最大。熱帯アフリカの森林にすみ、体長二メートルに達する。一頭のオスを中心とした家族社会を構成する。おおしょうじょう。
こ・りる【懲りる】（自上一） いやな目にあって、二度とやるまいと思う。「失敗に—」 他 こら・す（五） こらし・める（下一） 文 こ・る（上二）
ご-りん【五倫】 →ごじょう（五常）ウ
ご-りん【五輪】 ①「五輪旗」に描かれた、五大陸を表す五つの輪。転じて、オリンピック。「—種目」②〘仏〙「五大」を欠ける所のない輪にたとえていう語。地輪・水輪・火輪・風輪・空輪。
—き【—旗】 オリンピック大会旗。オリンピック旗。
—とう【—塔】 〘仏〙五大にかたどった五つの石を下から方・円・三角・半円・宝珠の順に積み重ねた石塔。

〔ごりんとう〕

コリント-しき【コリント式】 〘建〙古代ギリシャ建築の一様式。古代ギリシャの都市コリント（Corinth）から起こったもの。柱の頭部にアカンサス（大形の植物の名）の葉の装飾がある。

〔コリントしき〕

コル〈フランス col〉山の尾根がくぼんだ所。鞍部。
こ・る【凝る】（自五） ①ある事に心を奪われて夢中になる。熱中する。「囲碁に—」②意匠に工夫をつくす。「—・った飾りつけ」③筋肉が張ってこわばる。「肩が—」 他 こら・す（五）
こ・る【梱る】（他五） 荷造りする。梱包する。
こ・る【樵る】（他五） 山にはいって木を切る。
こ-るい【孤塁】 ただ一つ孤立したとりで。比喩的に、ただ一つ残った根拠地・立場にもいう。「—を守る」
コルク〈オランダ kurk〉コルク樫（ブナ科の常緑高木）などの表皮の下に生じる組織。弾性に富み、水や空気・熱を通しにくい。容器の栓・保温材・防音材などに利用。キルク。
コルセット〈corset〉①〘医〙整形外科で、脊柱・骨盤などの固定・安静・矯正などのために用いる装具。②女性が胸部の下から腰部までの体形を整えるためにつける下着。
コルト〈Colt〉回転式連発拳銃の一種。（商標名）語源 アメリカ人サミュエル=コルトが考案したことから。
コルネット〈イタリア cornetto〉〘音〙金管楽器の一つ。弁が三つあり、トランペットより小型で音色が柔らかい。

〔コルネット〕

コルヒチン〈ドイツ Kolchizin〉〘化〙イヌサフランの種子や球根に含まれているアルカロイド。そのうすい水溶液に種子や植物体をひたすと、その一部の細胞の染色体が倍加する。植物の品種改良や医薬品などに利用される。
ゴルフ〈golf〉一面に芝をはった広い競技場のコースに、一八のホール（穴）を設け、クラブで順次ボールを打ち入れて、総打数の少ない者を勝ちとする競技。はじまり 日本には、一九〇一（明治三十四）年、英国人アーサー=グルームが導入。神戸の六甲山に四ホールのゴルフ場を造ったのが最初。
—リンク〈golf links〉ゴルフ場。
ゴルファー〈golfer〉ゴルフをする人。「プロ—」
コルホーズ〈ロシア kolkhoz〉ソ連時代の農業経営機構の一つ。民間経営による集団農場。⇩ソフホーズ
これ【此れ】 一（代）近称の指示代名詞。自分に近い物事を指し示す語。①自分の持つ、あるいは、指している近くにあるもの。「—をご覧なさい」②自分が今していること。「—を片づけるまで待て」③現在の時点または地点。「—までに何度かあったことだ」「—より先、立ち入りを禁じる」④直前に述べた事柄を指す。「—が私の感じたことです」⑤相手に、自分の身内や自分側の目下の者を指す。多くは紹介に用いる。「—が私の妹です」「—の兄は弁護士です」⑥判断の対象を強調して指す語。演説などに使う。「—すなわち」 二（感）①語調を助け強めるときに使う語。「—、まさに昭和二十年八月であった」②目下の者などに呼びかけたり注意したりするときに発する語。こら。「—、けんかはいけないよ」 参考 一⑥は「是」、二①は「惟」とも書く。
—という（下に打ち消しの語を伴って）特に取り立てていうほどの。「—趣味もない」 **—はしたり** 驚いたり、失敗に気づいたりしたときなどに発する言葉。しまった。おやまあ。
こ-れい【古例】 ①古来の慣習。古いならわし。②古い先例。
ご-れい【語例】 例としてあげてある語句。
ご-れいぜん【御霊前】 ①「霊前」の敬称。②霊前にささげる香典や供物の上書きに書く言葉。
これ-から【此れから】 ①今からのち。今後。将来。「—がたいせつだ」②（副詞的に用いて）今から。または、ここから。「—行く」「—二キロメートルばかり離れた所」
コレクション〈collection〉美術品・骨董品・切手などを趣味として集めること。また、集めたもの。収集。収集品。
コレクター〈collector〉収集家。「切手の—」
コレクト-コール〈collect call〉通話料金を受信した人が支払う電話。料金着信払い通話。
これ-これ【此れ此れ・是是】 事の具体的内容を示さずに言うのに用いる語。かくかく。しかじか。「—の事情」
これ-これ（感）（主として目下の者に）呼びかけたり、注意したり論したりするときに発する語。「—、乱暴はよしなさい」
これ-さいわい【此れ幸い】 — 何かをしようとしたとき、偶然、都合のいいようすになったこと。「—と欠席する」
これ-しき【此れ式・是式】 とるに足りない程度であること。これくらい。「なんの—」
コレステリン〈ドイツ Cholesterin〉→コレステロール
コレステロール〈cholesterol〉〘生〙動物の脳・脊髄・副腎に多く含まれる、脂肪に似た物質。血管に沈着すると動脈硬化の原因となる。コレステリン。
コレスポンデンス〈correspondence〉①文通。通信。②〘経〙外国との取り引きで、海外支店のない場合、相手の外国銀行との間で結ぶ為替の取引契約。コルレス契約。
これ-まで【此れ迄】 ①現在まで。今まで。「—の記録を破る」②ここまで。ここで終わり。「今日の授業は—」③物事に行き詰まり、最後の決意をすること。万事休す。「もはや—」
これみよ-がし【此れ見よがし】（名・形動ダ）（「がし」は接尾語）これを見よと言わんばかりに得意になって見せつけるさま。「—の態度」

これやこの… 和歌〔これやこの 行くも帰るも 別れつつ 知るも知らぬも 逢坂の関〕〈後撰集 蟬丸〉これがまあ、あの、東国へ行く人も京へ帰る人もここで別れ、また知っている人も知らない人もここで会うという、逢坂の関なのだなあ。（小倉百人一首の一つ。百人一首では第三句は「わかれては」）

コレラ〈オランダ cholera〉〔医〕コレラ菌による急性感染症。激しい下痢・嘔吐を起こす。夏

ご-れんし【御連枝】 貴人の兄弟姉妹の敬称。

ころ【頃】（字義）→けい（頃）

ころ【頃】 ①だいたいの時を示す。時期。時節。時分。「あの―」「八時―」②いい機会。ころあい。「―を見はからう」参考①は、時を表す語の下に付いたときは、「…ごろ」と濁ることもある。

――しも そのころちょうど。「―秋はたけなわ」

ころ 重い物を動かすとき、下に敷いて移動を容易にする丸い棒。

ごろ「ごろつき」の略。「政治―」

ご-ろ【語呂・語路】 ①語句を発音したときや耳にしたときの調子・つづきぐあい。「―がよくない」②「ごろ合わせ」の略。

ゴロ 野球で、地上をころがって行く打球。「ファースト―」語源 grounder のなまりとも、ごろごろ転がるからともいう。

ころ-あい【頃合い】 ①何かをするのに適当な時機。しおき。「―を計る」②ちょうどよい程度。手ごろ。「―の大きさ」

ごろ-あわせ【語呂合〔わ〕せ・語路合〔わ〕せ】 ①ある文句の口調に似せて違う文句をつくる、言葉のしゃれ。地口。「舌切り雀」に対する「着たきり雀」の類。②連続した数字などにある意味をこじつけて読ませること。五の平方根の値、二・二三六〇六七九…を「富士山麓(に)鸚鵡鳴く」と読ませるなど。

コロイド〈colloid〉〔化〕溶質が、一―一〇〇ナノメートルの微細な粒子として液体・固体などに分散している状態。にかわ・寒天・タンパク質などの水溶液の類。膠質。

こ-ろう【固陋】（名・形動ダ）がんこで視野が狭く、古いものに執着し新しいものを嫌うこと。また、そのさま。「頑迷―」

こ-ろう【虎狼】 虎と狼。残忍非道なもののたとえ。「―の徒」

こ-ろう【古老・故老】 昔のことをよく知っている老人。

こ-ろう【孤老】 一人暮らしの老人。孤独な老人。

こ-ろう【孤陋】（名・形動ダ）世間から孤立し、心がかたよっていて狭いこと。また、そのさま。「―寡聞」

こ-ろう【狐狼】 狐と狼。ずるくて残酷なもののたとえ。

ころ-おい【頃おい】 その時分。ころ。「桜の咲く―」

ころ-がき【転柿・枯露柿】 しぶがきの皮をむいて、干したもの。ほしがき。つるしがき。秋

ころが・す【転がす】（他五）①丸いものを回転させて動かす。「玉を―」②倒す。ひっくり返す。ころばす。「足をかけて―」③値段をつり上げる目的で、転売を重ねる。「土地を―」④（「転がしておく」の形で）物をむぞうさに放置する。自ころが・る（五）ころ・げる（下一）可能ころが・せる（下一）

ころがり-こ・む【転〔が〕り込む】（自五）①ころがってはいってくる。また、ころがるように、あわててはいりこむ。「庭にボールが―」②思いがけなく手にはいる。「大金が―」③生活に困るなどして、他人の家にはいりこみやっかいになる。「友達の家に―」参考「ころげこむ」ともいう。

ころが・る【転がる】（自五）①物の回転する力で場所を移動する。ころげる。「ボールが塀際まで―」②ころぶ。倒れる。ころげる。「押されて―」③横になる。体を横にする。「畳にごろっと―」④（「転がっている」の形で）価値を認められずに置かれている。ありふれている。「そんな物はどこにでも―・っている」⑤物事のなりゆきが変わる。ころぶ。「どう―・ってもたいした差はない」他ころが・す（五）可能ころが・れる（下一）

ご-ろく【語録】 儒者・僧・著名人などの言葉を記録した書。

こ-ろくがつ【小六月】 陰暦十月の異称。小春。冬

ころげ-こ・む【転げ込む】（自五）→ころがりこむ

ころげ-まわ・る【転げ回る】（自五）転がって動き回る。「―ほどの痛み」

ころ・げる【転げる】（自下一）→ころがる①②

ころ-ころ（副・自スル）①小さなもの、丸いものがころがるさま。「どんぐりが―(と)ころがる」②物事が、たやすく変わったり行われたりするさま。「考えが―(と)変わる」「実力者が―負ける」③若い女性などが、愛らしく笑いころげるさま。「―(と)よく笑う娘」④太って丸みのあるさま。「―(と)した子犬」

ごろ-ごろ（副・自スル）①大きくて重い物がころがるさま。また、その音の形容。「岩が―(と)ころがる」②雷鳴のとどろく音。また、そのような音がするさま。③猫などがのどを鳴らす音の形容。④いたるところにたくさんあるさま。「あの程度の選手は―(と)いる」「石が―している河原」⑤何もしないで時を過ごすさま。「一日中―している」

ころし【殺し】 ①殺すこと。②殺人。殺人事件。

――ば【―場】〔演〕歌舞伎で、殺人の場面や、その演出。

――もんく【―文句】 一言で相手の心をすっかりとらえてしまうような巧みな言葉。「―を並べる」

――や【―屋】〔俗〕人を殺すことを稼業としている者。

コロシアム ①〈Colosseum〉ローマ帝政時代に作られた円形闘技場。コロセウム。②〈colosseum〉大競技場。

ころ・す【殺す】（他五）①生命を奪い取る。「毒を飲ませて―」「虫も―・さぬ顔」↔生かす ②死なせる。（間接的にではあるが、死に至らしめた責めを感じていう。）「手おくれで惜しい人を―・した」③しいて押さえ止める。感情などを表面に出さず抑える。「気配を―」「息を―」④本来存在する能力・資質を抑えて発揮させない。「せっかくの才能を―」↔生かす ⑤失わせる。消す。「肉の臭みを香辛料で―」⑥野球で、アウトにする。「走者を―」⑦悩殺する。「目で―」可能ころ・せる（下一）

類語 ほふる・倒す・討つ・あやめる・ばらす・やる・殺害する・殺傷する・息の根を止める・亡き者にする・殴殺する・撲殺する・圧殺する・抹殺する・絞殺する・扼殺する・刺殺する・斬殺する・射殺する・銃殺する・惨殺する・虐殺する・暗殺する・毒殺する

ごろ-た ①丸太。特に、重い物をころがすときに下に置く丸太。ころ。②道端にころがっている石ころ。ごろた石。

コロタイプ〈collotype〉写真製版の一つ。感光剤を塗ったガラス板に写真を焼き付け、それを版として印刷するもの。絵画などの精密な複写用。玻璃版。

ごろ-つき【破落戸・無頼】 定職もなく、ゆすりやたかりなどの悪事をして暮らす者。ならずもの。

コロッケ〈フランス croquette から〉ゆでてつぶしたジャガイモに野菜・ひき肉などをまぜ、パン粉をまぶして、油で揚げた料理。

コロナ〈corona〉〔天〕太陽の彩層の外側にあるガス層。皆既日食のとき、太陽のまわりから青白く広がって見える。光冠。

――ウイルス〈coronavirus〉〔医〕人や動物に感染し、呼吸器疾患などを引き起こすウイルス。表面に花弁状の突起があり、太陽のコロナのように見えることによる名称。

コロニー〈colony〉①植民地。入植者の集落。②㋐ある地域における、一種または数種からなる動植物の集団。群生。㋑細菌培養の際にできる、細菌の集落。③〔保〕障害者などが、

共同生活をしながら治療や訓練を受けられる社会福祉施設。

ごろ-ね【◇転寝】(名・自スル) 布団も敷かず、着替えもしないでその場にごろりと横になって寝ること。「座敷に—する」

ころば・す【転ばす】(他五) サ(ソ)・シ・ス・ス・セ・セ ①回転させて動かす。ころがす。②ひっくり返す。倒す。ころがす。自ころ・ぶ(五)

ごろはち-ぢゃわん【五◇郎八茶△碗】大きくてそまつな飯ぢゃわん。ごろはち。

ころび【転び】①ころぶこと。「七—八起き」②思想的に転向すること。特に江戸時代、キリシタンが幕府の弾圧をうけて仏教に改宗したこと。また、その人。「—バテレン」

—ね【—寝】①ごろ寝。②男女が密通すること。

ころ・ぶ【転ぶ】(自五) バ(ボ)・ビ(ン)・ブ・ブ・ベ・ベ ①立っていたものがつまずいたり押されたりして倒れる。「すべって—」②ころころところがる。「—ように走る」③江戸時代、キリシタンが弾圧をうけて仏教に改宗する。④節(せっ)をまげる。妥協する。⑤(芸者などが)客に身を任せる。⑥物事のなりゆきなどが変わる。「金に—」「どっちへ—・んでも同じことだ」他ころば・す(五)

類語 転げる・こける・転がる・引っくり返る・転倒する・横転する・転覆する・もんどり打つ

ころばぬ先(さき)の杖(つえ) (ころばないうちに杖を突いて用心することから)失敗をしないように、前もって注意をはらえという警句。

ころんでもただは起(お)きない (ころんでも必ず何かを拾って起き上がる意から)利益に抜け目なく、どんな失敗をしても何かを得ようとする、欲深い人や根性のある人のたとえ。

ころも【衣】①着る物。衣服の総称。②僧尼がまとう衣服。法衣(ほうえ)。僧衣。「墨染めの—」③菓子・揚げ物などの外側の皮。「天麩羅(てんぷら)の—」

—がえ【—替え・—◇更え・×更衣】ガヘ (名・自スル) ①季節に応じて衣服を着替えること。昔は、陰暦四月一日と十月一日に行われた。夏 ②外観・外装などを変えること。「商店街の—」

—で【—手】着物の袖(そで)。

—へん【—偏】漢字の部首名の一つ。「被」「補」などの「衤」の部分。

コロラトゥーラ〈イタリア coloratura〉《音》技巧的ではなやかな旋律。歌劇の独唱に多くみられる。コロラチュラ。

ころり(副) ①小さい物や軽い物がころがるさま。「ペンが—ところげて床に落ちる」②あっけなく行われるさま。ころっと。「小兵に—と負ける」「—とだまされる」③態度・考えなどが簡単に変わるさま。ころっと。「意見が—と変わる」

ごろり(副) ①重いものがころがるさま。「岩が—ところがる」②寝そべるさま。ごろっと。「—と横になる」

コロン〈colon〉欧文の句読点の一つ。二重点。「:」

コロンビア〈Colombia〉南アメリカ北西部にある共和国。首都はボゴタ。語源 イタリアの航海家コロンブスの名にちなむ。

コロンブス〈Christopher Columbus〉(一四五一?〜一五〇六) イタリアの航海家。地球球体説を信じ、探検航海に出て、一四九二年サンサルバドル島に上陸。以後三回の航海でジャマイカ・南アメリカ・中央アメリカを探検した。

—の卵(たまご) (アメリカ大陸到達をだれにでもできると評した人に対し、コロンブスは、それでは卓上に卵を立てられるかと問い、だれにもそれができなかったあとで、卵の尻(しり)をつぶして立ててみせたという話から)やりとげたあとでは極めて簡単に見えることでも、最初にそれをなしとげることは至難であるというたとえ。

こわ・い【怖い・◇恐い】コハイ (形) カロ・カッ(ク)・イ・イ・ケレ・○ ①危険などを感じて身がすくむ思いである。危害を加えられそうで逃げ出したい。恐ろしい。「—目に合う」②悪い結果が出そうで不安である。「断るとあとが—」③思わぬ結果をもたらすような、たいした力をもっている。油断できない。「一念とは—ものだ」文こは・し(ク)

—もの見(み)たさ 恐ろしいものはかえって見たいと思う、一般の人間心理をいう語。

こわ・い【◇強い】コハイ (形) カロ・カッ(ク)・イ・イ・ケレ・○ ①かたい。ごわごわしている。「—布」「飯が—」②抵抗力がつよい。意地っ張りである。「情(じょう)が—」文こは・し(ク)

こわ-いい【◇強◇飯】コハイヒ →こわめし

こわ-いけん【◇強意見】コハ— 強硬な意見。手きびしい意見。

こわ-いろ【声色】①声のようす。声の調子。こわね。「やさしい—」②他人、特に芸能人などの声や口調をまねすること。また、その芸。声帯模写。「—をつかう(=人の声をまねる)」

こわ-が・る【怖がる・◇恐がる】コハ— (自五) ラ(ロ)・リ(ッ)・ル・ル・レ・レ 恐ろしく思う。おびえたようすをする。「犬を—」

こ-わかれ【子別れ】親が子と生き別れをすること。

こ-わき【小脇】(「こ」は接頭語)わき。わきに関するちょっとした動作にいう語。「—にかかえる」「—にはさむ」

こ-わく【△蠱惑】(名・他スル) 美しさやなまめかしさなどで、人の心をひきつけまどわすこと。「—的なしぐさ」

こ-わけ【小分け】(名・他スル) 一つのものを細かく分けること。また、分けた部分。小区分。「菓子を—にする」

こわ-ごわ【怖怖・◇恐◇恐】ゴハゴハ (副) こわがりながら物事をするさま。おそるおそる。おっかなびっくり。「—近寄る」

ごわ-ごわ ゴハゴハ (副・自スル・形動ダ) 紙・布などがこわばって、しなやかでない感じをいう。「—(と)した紙」

こ-わざ【小技・小業】柔道・相撲などで、ちょっとしたしかけわざ。「—がきく」↔大技

こわ・す【壊す・◇毀す】コハス (他五) サ(ソ)・シ・ス・ス・セ・セ ①物を砕いたり形を変えたりして使えなくする。破壊する。「家を—」②ある機能を損なう。「体を—」「おなかを—」③まとまっている状態をだめにする。「縁談を—」「雰囲気を—」④小額の単位のお金にかえる。くずす。自こわ・れる(下一) 可能こわ・せる(下一)

ごわ・す(自サ変) セ(シヨ)・シ・ス・スレ・○《方》「ございます」「あります」の鹿児島地方の言葉。

こわ-だか【声高】(形動ダ) ダロ・ダッ(デ・ニ)・ダ・ナ・ナラ・○ 話す声を大きく張り上げるさま。「—に論じる」

こ-わたり【古渡り】室町時代、またはそれ以前に外国から伝来した織物・陶磁器などの称。

こわ-だんぱん【◇強談判】コハ— 強くきびしい態度で相手に迫る話し合い。強硬な談判。「交渉決裂も辞さない—」

こわ-づかい【声遣い】ツカヒ— 話すときの声の出し方。

ごわ-つ・く【◇強つく】ゴハ— (自五) カ(コ)・キ(イ)・ク・ク・ケ・ケ かたくなって、ごわごわする。「—・いた生地」

こ-わっぱ【小◇童】子供あるいは若輩者をののしっていう語。語源「こわらは」の転。

こわ-ね【声音】声の調子。こわいろ。

こわ-ば・る【◇強張る・◇硬張る】コハ— (自五) ラ(ロ)・リ(ッ)・ル・ル・レ・レ かたくつっぱったようになる。「緊張で—・った顔」

こわ-めし【◇強飯】コハ— もち米をせいろうでふかした飯。あずきをまぜた赤飯をさす場合が多い。強飯(こわいい)。おこわ。

こわ-もて【◇強◇面】コハ— 恐ろしい顔つき。また、強硬な態度。「—に出る」語源「こわおもて」の転。

こわ-もて【◇恐持て・◇強持て】コハ— 恐れられて丁重にもてなされること。「—のする人」

こ-わらは【小◇童】—わらわ (古)小さい子供。こわっぱ。

こ-わり【小割り】①材木などを小さく割ること。また、割ったもの。②まきを割る小さい鉈(なた)。

こわれ-もの【壊れ物・◇毀れ物】 ①こわれた物。②（ガラス・陶器など）こわれやすい物。「—につき注意」

こわ・れる【壊れる・◇毀れる】（自下一）①もとの形が損なわれる。破損する。「傘が—」②故障する。「テレビが—」③まとまっている状態がだめになる。「商談が—」他こわ・す（五）文こは・る（下二）⇩崩れる「ちがい」

こん【今】 教2 コン・キン中 いま
（字義）①いま。現在。このごろ。最近。「今代・今人・今日・昨今・自今・当今」↕昔 ②きょう。「今日・今朝・今夜」③こんど。このたび。「今回・今度・今年度」難読 今際・今宵

こん【困】 教6 コン こまる・くるしむ
（字義）こまる。くるしむ。ゆきづまる。「困難・困惑・貧困」

こん【昆】 コン中
（字義）①あに。「昆弟・弟昆」②のち。子孫。「後昆」③むし。「昆虫」人名 ひ・ひで・やす

こん【昏】 人 コン くらい
（字義）①くらい。㋐日がくれて暗い。日ぐれ。「昏昏・黄昏」㋑道理にくらい。おろか。「昏愚」②くらむ。意識がはっきりしない。「昏睡・昏迷」

こん【金】（字義）→きん（金）

こん【建】（字義）→けん（建）

こん【恨】 コン中 うらむ中・うらめしい中
（字義）①うらむ。うらめしい。うらみに思う。「遺恨・怨恨・長恨」②くやむ。残念に思う。「恨事・悔恨・痛恨」

こん【根】 教3 コン ね
（字義）①ね。草木のね。「根茎・球根・宿根」②ねもと。つけね。「舌根」③物事のもと。よりどころ。「根幹・根拠・根源・根絶・根底・根本・禍根・事実無根」④人間の感覚器官。目・耳・鼻・舌・身・意。「六根」⑤本来の性質。「善根・利根」⑥がんばり。気力。「根気・根性・精根」難読 根扱ぎ・根掘じ 人名 もと

こん【根】 ①がんばり。気力。「精も—もつきはてる」②《数》㋐ある数を何乗かして得た数に対し、そのもとの数。「平方—」㋑方程式を成立させる未知数の値。解。③《化》基のうち、イオンになりやすいもの。硫酸根・硝酸根など。
—を詰める 物事に没頭する。精力を集中する。

こん【婚】 コン中
（字義）よめとり。むこいり。縁組。夫婦になる。「婚姻・婚約・婚礼・既婚・結婚・初婚・新婚・成婚・未婚」

こん【混】 教5 コン まじる・まざる・まぜる・こむ
（字義）①まじる。まぜる。㋐まじりあう。まぜあわせる。「混交・混淆・混合・混入」㋑入りみだれる。「混乱」㋒こむ。こみあう。「混雑」②区別のつかないさま。「混然・混沌・混迷」

こん【痕】 コン中 あと中
（字義）あと。㋐きずあと。「傷痕・刀痕」㋑あとかた。「痕跡・血痕・墨痕」

こん【紺】 コン中
（字義）→次項。「紺色・紺青・紺碧・紫紺・濃紺」難読 紺屋

こん【紺】 濃い藍色。紫を含んだ濃い青。「—のスーツ」

こん【渾】 人 コン
（字義）①にごる。「渾濁」②まじる。「渾然・渾沌」③すべて。まったく。「渾身」④大きく力強い。「雄渾」難読 渾名

こん【献】（字義）→けん（献）

こん【魂】 コン中 たましい中
（字義）①たましい。人間の肉体・精神をつかさどるもの。「魂魄・精魂・霊魂」②精神。「魂胆・心魂」難読 魂極る・魂消る 人名 たま・もと

こん【墾】 コン中 ひらく
（字義）ひらく。荒地をたがやす。「墾田・開墾・新墾」難読 墾道 人名 おさむ・つとむ

こん【懇】 コン中 ねんごろ高
（字義）①ねんごろ。まごころ。親切。ていねい。「懇願・懇情・懇切」②親しい。「懇親・懇談・昵懇・別懇」

ごん【言】（字義）→げん（言）

ごん【勤】（字義）→きん（勤）

ごん【権】（字義）→けん（権）

ごん【厳】（字義）→げん（厳）

こん-あつ【根圧】〔植〕根が吸った水を茎に押し上げる圧力。

こん-い【懇意】（名・形動ダ）（ねんごろな心の意から）特に親しくつきあって仲のよいこと。また、そのさま。「彼とは—にしている」

こん-いつ【混一】（名・自他スル）異なったものがまじって一つになること。まぜて一つにすること。

こん-いん【婚姻】（名・自スル）法律上の手続きをとって結婚すること。「—届」用法 ふつう、法律的な用語として用いる。

こん-か【今夏】 ことしの夏。この夏。

こん-か【婚家】 嫁または婿に行った先の家。↕実家

ごん-か【言下】↓げんか（言下）

こん-かい【今回】 何回か行われている中で、現在の回。このたび。こんど。「—限り」

こんがい-し【婚外子】 結婚していない男女の間に生まれた子。非嫡出子。

こん-かぎり【根限り】（副）根気の続くかぎり。「—働く」

こん-がすり【紺絣・紺△緋・紺×飛白】 紺地に白いかすり模様のあるもの。また、その模様のもめん織物。

こんがらか・る（自五）①もつれてからまる。「糸が—」②物事が混乱してややこしくなる。「話が—」参考「こんぐらかる」「こんがらがる」ともいう。

こんがり（副）ほどよい色に焼けたさま。「もちが—(と)焼ける」

こん-かん【根冠】〔植〕植物の根の先端をおおって保護している組織。

こん-かん【根幹】 ①木の根と幹。②物事を成り立たせている大もと。根本。「—を揺るがす」「—をなす問題」（↕枝葉）

こん-がん【懇願】（名・他スル）願いを聞き届けてもらいたいとひたすら願い頼むこと。「援助を—する」

こん-き【今季】 いまの季節。特に、スポーツで、このシーズン。

こん-き【今期】 いまの期間。この期間。「—の売上高」

こん-き【根気】 一つのことを途中で投げ出さずにねばり強く続けていく気力。こん。「—のいる仕事」「—がない」

こん-き【根基】 ねもと。根底。

こん-き【婚期】 結婚するのに適した年ごろ。結婚適齢期。

こん-ぎ【婚儀】 結婚の儀式。婚礼。

こん-きゃく【困却】(名・自スル) すっかりこまりはてること。「問題の解決に—する」

こん-きゅう【困窮】(名・自スル) ①こまって、お手あげの状態になること。②ひどく貧しくて苦しむこと。「生活に—する」

こん-きょ【根拠】 ①物事のよりどころ。また、よりどころとなる理由。「判断の—に乏しい」②ねじろ。本拠。「—地」

こん-ぎょう【今暁】— きょうの明け方。けさ方。

ごん-ぎょう【勤行】— (名・自スル)〘仏〙僧などが一定の時刻に仏前で読経・回向をすること。おつとめ。「朝の—」

こん-く【困苦】(名・自スル) 物や金がなくてこまり苦しむこと。

こん-く【金口】(黄金色の口の意) 仏の口。釈迦の説法。

ごん-く【言句】 言葉や文句。短い言葉。

ごん-ぐ【欣△求】(名・他スル)〘仏〙喜んで願い求めること。心から求めること。

—じょうど【—浄土】〘仏〙死後、極楽浄土へ行くことを心から喜び願い求めること。↔厭離穢土

ゴング〈gong どら〉ボクシング・プロレスなどで、競技時間の開始・終了などを知らせる鐘。参考 英語では bell という。

コンクール〈フランス concours〉学術や芸術作品などの競演会・競技会。「写真—」

ゴンクール-しょう【ゴンクール賞】—〘文〙フランスの文学賞。小説家ゴンクール(Goncourt)兄弟の遺産を基金としたもので、毎年優秀な散文作品(主として小説)におくられる。

コンクラーベ〈ラテン conclave〉〘基〙ローマカトリック教会で、枢機卿による教皇選出会議。

こんぐらか・る(自五) ラ(ロ)・リ(ッ)・ル・ル・レ・レ →こんがらかる

コングラチュレーション〈congratulations〉(感) 人の成功・幸運などを祝う気持ちを表す語。おめでとう。

こん-くらべ【根比べ・根◦競べ】(名・自スル) 根気の強さを競い合うこと。根気くらべ。

コンクリート〈concrete〉セメントと砂・じゃり・水を適当な割合にまぜてねり固めたもの。土木・建築材用。

—ブロック〈concrete block〉建築材料の一つ。コンクリートをれんがの形に固めたもの。

コングレス ①〈congress〉会議。②〈Congress〉アメリカ合衆国などの議会や国会。

コングロマリット〈conglomerate〉種々の業種の企業を吸収・合併して巨大になった企業。複合企業。

ごん-げ【権化】 ①〘仏〙仏・菩薩が衆生を救うために仮の姿でこの世に現れること。権現。化身。②ある性質や精神が人間の形に現れたのではないかと思われるほど、その傾向や特質のはなはだしい人。「悪の—」

こん-けい【根茎】〘植〙地中または地表をはい、根のようにみえる茎。タケ・ハス・シダ類などに見られる。

こん-けつ【混血】(名・自スル) 人種や民族の異なる男女の間に生まれた子に両者の特色がまじること。

—じ【—児】 人種や民族の異なる父母から生まれた子供。

こん-げつ【今月】 この月。本月。当月。「—の予定」

こん-げん【根源・根元・根原】 物事の大もと。根本。「諸悪の—」参考「根源」「根元」「根原」はほとんど同義であるが、現在の表記では「根源」と書くことが多い。

ごん-げん【権現】 ①仏・菩薩が仮に姿を変え、神としてこの世に現れたもの。②昔の神の尊号の一つ。③(「権現様」の形で)徳川家康の死後の尊称。また、家康をまつった東照宮。

—づくり【—造〔り〕】〘建〙神社建築の一様式。本殿と拝殿を一棟に連ね、石敷きあるいは板敷きの部屋でつなげたもの。参考 東照大権現(徳川家康の諡)をまつる東照宮で用いたことによる称。

〔ごんげんづくり〕

こん-ご【今後】 今からのち。これから先。以後。「—もよろしく」

コンゴ〈Congo〉①アフリカ大陸中央部にある共和国。正式名称はコンゴ共和国。首都はブラザビル。②アフリカ大陸中央部にある共和国。正式名称はコンゴ民主共和国。一九九七年に「ザイール」から改称。首都はキンシャサ。

ごん-ご【言語】 ことば。⇩言語

—どうだん【—道断】— (名・形動ダ)(もと仏教語で、仏教の根本の真理が言葉で言い表せないことから)あきれて言葉も出ないほどひどいこと。また、そのさま。道断。「—のふるまい」

こん-こう【混交・混△淆】— (名・自他スル) ①質の異なるものが入りまじること。また、入れてまぜること。「玉石—(=優れたものと劣ったものがいっしょに入りまじっていること)」「和漢—文」②→コンタミネーション②

こん-ごう【金剛】— (梵語の漢訳で、堅固の意) ①「金剛石」の略。②きわめて堅固で破れないこと。非常にかたいもの。「—の身」③「金剛砂」の略。

—しゃ【—砂】〘地質〙ざくろ石の粉末、あるいは鋼玉の不純なものをさす。ガラス・大理石・金物などをみがくのに用いる。

—しん【—心】 かたい信仰心。

—じん【—神】 →こんごうりきし

—せき【—石】 →ダイヤモンド①

—づえ【—△杖】 修験者や巡礼などが持つ八角または四角の白木のつえ。

—ふえ【—不◦壊】 きわめて堅固でこわれないこと。

—りき【—力】 金剛力士がもつような非常に強い力。

—りきし【—力士】〘仏〙仏法を守護する、力の強い二神。怒りの相を表している。金剛神。⇩仁王

こん-ごう【根号】—〘数〙累乗根を表す記号。ルート。$\sqrt{\ }$ (平方根)・$\sqrt[n]{\ }$ (n 乗根)

こん-ごう【混合】— (名・自他スル) 二種以上のものがまじり合うこと。まぜ合わせること。「男女—チーム」「薬品を—する」

—ぶつ【—物】〘化〙二種以上の物質が化学結合をせずに、もとの化学的性質を失うことなくまじり合ったもの。↔化合物

コンコース〈米 concourse〉駅や空港などの、通路をかねた中央ホール。また、公園の中央広場。

こん-こん【△昏△昏】(トタル) ①暗いさま。②道理に暗く、愚かなさま。③意識がはっきりしないさま。④よく眠っているさま。「—と眠る」文(形動タリ)

こん-こん【△滾△滾】(トタル) 水などが尽きることなく盛んにわき出るさま。「清水が—とわく」文(形動タリ)

こん-こん【懇懇】(トタル) 相手によく分かるように丁寧に繰り返して言うさま。「—とさとす」文(形動タリ)

こんこん-ちき〘俗〙人や物事のようすを威勢よく強調したり、ちゃかしたりするときに添える語。「あたりまえの—だ」

コンサート〈concert〉演奏会。音楽会。

—マスター〈concertmaster〉〘音〙オーケストラの第一バイオリンの首席奏者。楽団の指導的役割を果たす。

こん-さい【根菜】 根や地下茎を食用とする目的で栽培される野菜。ダイコン・ニンジン・サトイモ・ハスなど。根菜類。⇩果菜・葉菜・花菜

こん-ざい【混在】(名・自スル) 質のちがうものが入りまじって存在すること。「二つの考えが—する」

ごん-さい【権妻】(「権」は「次」「仮」の意) めかけ。側室。

こん-さく【混作】(名・他スル)〔農〕一つの耕地に同時に二種類以上の作物を作ること。

こん-ざつ【混雑】(名・自スル) 多くの人や物が秩序なく入りまじってこみ合うこと。ごった返すこと。「会場が—する」

コンサバ (形動ダ) ダロ・ダッ(デ・ニ)・ダ・ナ・ラ・○ 《俗》「コンサバティブ」の略。特に、服装についていう。「—ファッション」

コンサバティブ〈conservative〉(形動ダ) ダロ・ダッ(デ・ニ)・ダ・ナ・ラ・○ 保守的なさま。

コンサルタント〈consultant〉(企業経営など)ある分野に関して助言や指導をする専門家。コンサル。「経営—」

コンサルティング〈consulting〉知識や経験のある分野について、専門家が助言や指導をすること。

こん-し【懇志】 誠意のこもった心づかい。厚志。

こん-じ【今次】 こんど。このたび。今回。「—の大戦」

こん-じ【恨事】 うらめしいこと。きわめて残念な事柄。

こん-じ【根治】ヂ —(名・自他スル) 病気などが根本からなおること。また、完全になおすこと。根治(こんち)。「胃病が—する」

コンシェルジュ〈フランス concierge 管理人〉①ホテルで、泊まり客の求めに応じて観光の案内や手配を行う接客係。②(転じて)特定の分野の情報を紹介する人。

こん-じき【金色】 こがね色。きんいろ。「—の像」

こんじきの… 和歌〔金色の 小さき鳥の かたちして 銀杏(いちょう)散るなり 夕日の岡(をか)に〕〈与謝野晶子(よさのあきこ)〉金色の小さな鳥の形さながらに、銀杏の葉がきらきらと輝きながら散っている。晩秋の夕日がはなやかにさしているこの丘に。

こんじきやしゃ【金色夜叉】 尾崎紅葉(こうよう)の小説。一八九七—一九〇二(明治三十—三十五)年発表。金の力をめぐる恋愛の争いを描く未完の長編で、明治期に広く愛読された。

こん-じゃく【今昔】 今と昔。今昔(こんせき)。

—の感(かん) 今と昔を思いくらべ、その変わりようの大きさをしみじみと感じる気持ち。「—に堪えない」

こんじゃくものがたりしゅう【今昔物語集】(コンジャクモノガタリシフ) 平安後期の説話集。三一巻(現存二八巻)。作者・成立年代未詳。インド・中国・日本の仏教・世俗説話一千余を収録した日本最大の説話集。今昔物語。書名は、各話が「今ハ昔」で始まることによる。

こん-しゅう【今秋】シウ— ことしの秋。この秋。

こん-しゅう【今週】シウ— この週。この一週間。

こんじゅ-ほうしょう【紺綬褒章】ホウシヤウ— 私財を公益のために寄付した人に国が授与する褒章。綬(リボン)は紺色。

こん-しゅん【今春】 ことしの春。この春。

こん-しょ【懇書】 ①親しみのある、丁寧な手紙。ねんごろな手紙。②相手の手紙の敬称。「御—拝受いたしました」

こん-じょう【今生】ジヤウ— この世に生きている間。この世。現世。「—の別れ」

こん-じょう【根性】ジヤウ— ①根本にあってその人の全体を支えている性質。しょうね。「—を入れかえる(=反省して心を改める)」②困難や苦しみにくじけない強い精神力。「—が足りない」

▼「根性」が下に付く語
折助(おりすけ)— 雲助(くもすけ)— 乞食(こじき)— 島国— 助兵衛(すけべえ)— ど— 僻(ひが)み—

こん-じょう【紺青】ジヤウ— あざやかな藍(あい)色。また、その色の顔料。「—の海」

こん-じょう【懇情】ジヤウ— 行き届いた親切な気持ち。「御—に感謝いたします」

ごん-じょう【言上】ジヤウ— (名・他スル) 身分の高い人や目上の人に、申し上げること。「参内して御礼を—する」

こん-しょく【混食】(名・自スル) ①米に雑穀をまぜて主食として食べること。雑食。②植物性・動物性の両方の食物を食べること。雑食。「—動物」

こん-しょく【混織】 →こうしょく(交織)

こん・じる【混じる】(自他上一) ジジ・ジル・ジレ・ジロ(ジヨ) まじる。まざる。また、まぜる。語源 サ変動詞「こんずる」の上一段化。

こん-しん【混信】(名・自スル) 電信・放送などで、他の送信局の電波がまじって受信されること。「ラジオが—する」

こん-しん【渾身】(「渾」はすべての意) 体全体。全身。満身。「—の力をこめる」

こん-しん【懇親】 うちとけて仲よくすること。親睦(しんぼく)。「—会」

こん-じん【今人】 今の世の人。現代の人。↔古人

コンス〈中国 公司〉中国で、会社・商社のこと。

こん-すい【昏睡】(名・自スル) ①正体もなく、ぐっすり眠りこむこと。②重病・重傷などのため意識を失い、外部からの刺激にまったく反応しない状態で眠り続けること。「—状態に陥る」

ごん-すけ【権助】(古)江戸語で、下男の通称。

コンスターチ〈※ cornstarch〉→コーンスターチ

コンスタント〈constant〉■一(名・形動ダ) 常に一定不変なさま。いつもかわらないさま。「—に三割の打率を残す」■二(名)《数・物・化》定数。常数。

コンストラクション〈construction〉①組み立て。構造。②建造。建設。③構文。成句法。

こん・ずる【混ずる】(自他サ変) ジ(ゼ)・ジ・ズル・ズル・ズレ・ジロ(ゼヨ) →こんじる 文こん・ず(サ変)

こん-せい【混生】(名・自スル) いろいろの植物などが入りまじって生えること。「—林」

こん-せい【混成】(名・自他スル) まじりあってできること。また、まぜあわせて作ること。「社会人と学生の—チーム」

こん-せい【混声】〔音〕男声と女声を合わせること。「—合唱」

こん-せい【懇請】(名・他スル) 心をこめてひたすら頼むこと。「会長就任を—する」

こん-せき【今夕】 きょうの夕方。今晩。こよい。今夕(こんゆう)。

こん-せき【痕跡】 以前何かがあったことを示すあと。形跡(けいせき)。「—をとどめる」

こん-せつ【今節】 ①このごろ。この節。当節。②プロ野球などで、興行期間を一定日数ごとに区切ったうちの、現在の節。「—の試合日程」

こん-せつ【懇切】(名・形動ダ) 細かな所まで行き届いて親切なこと。また、そのさま。「—丁寧な説明」

こん-ぜつ【根絶】(名・他スル) 根本からなくすこと。すっかりたやすこと。根絶(ねだ)やし。「悪習を—する」

コンセプト〈concept〉①概念。②(企画・商品開発などで)全体の根本にある考え方や観点。「新商品の—」

こん-せん【混戦】(名・自スル) 敵味方が入り乱れて戦うこと。また、勝敗を予想できないほど激しい戦い。「—状態」

こん-せん【混線】(名・自スル) ①電信・電話などで、別の通信・通話が入りまじること。「電話が—する」②いくつかの話がまじりあって、話の本筋がわからなくなること。「話が—する」

こん-ぜん【婚前】 結婚する前。「—交渉」

こん-ぜん【混然・渾然】(ト・タル) 異質のものがとけあって区別のつかないさま。「—一体」文(形動タリ)

コンセンサス〈consensus〉意見の一致。合意。「—を得る」

コンセント〈和製語〉電気器具のプラグをつなぐため、壁などに

取り付ける差し込み口。[参考]米国では outlet といい、英国では socket という。

コンソーシアム〈consortium〉複数の企業や団体が共通の目的のために組む連合。共同事業体。「大学―」

コンソール〈console〉①テレビ・ステレオなどで、脚付きのもの。②コンピューターや電気機器の制御卓、操作台。③据え置き式のゲーム機。ゲームコンソール。

コンソメ〈フランス consommé〉澄んだスープ。↔ポタージュ

ごん-だいなごん【権大納言】(「権」は仮の意)定員外に仮に任じられた大納言。

こん-だく【混濁・溷濁】(名・自スル)①いろいろなものがまじりあってにごること。「川の水が―する」「―した世の中」②意識や記憶などがはっきりしなくなること。「意識が―している」

コンダクター〈conductor〉①【音】(オーケストラ・合唱などの)指揮者。②添乗員。ツアーコンダクター。

コンタクト〈contact〉■一(名・自スル)接触。交渉。連絡。「先方と―をもつ」「―をとる」■二(名)「コンタクトレンズ」の略。

―レンズ〈contact lens〉眼球に密着させて視力を矯正する薄いプラスチック製のレンズ。コンタクト。

こん-だて【献立】①料理の種類・組み合わせ・順序などの計画。メニュー。「―表」②(物事をする)準備。手配。用意。

コンタミネーション〈contamination〉①(異物の混入などによる)汚染。②【文法】言語学で、意味や形態の似た二つの語や句がまじり合って、新たに一つの語や句ができること。「スモーク(smoke)」と「フォッグ(fog)」から「スモッグ(smog)」が、「破(やぶ)る」と「裂(さ)く」から「破(やぶ)く」ができる類。混交。

こん-たん【魂胆】(「きもだま」の意から)心中にもっているたくらみ。よくない意図。「何か―がありそうだ」

こん-だん【懇談】(名・自スル)うち解けて話しあうこと。懇話。「―会」

こん-ち【根治】(名・自他スル)→こんじ(根治)

コンチェルト〈イタリア concerto〉【音】協奏曲。

こん-ちくしょう【△此畜生】(―チクシヤウ)《俗》(「この畜生」の転)相手をののしっていう語。また、ひどく腹を立てたときなどに、感動詞的に発する語。こんちきしょう。「―、よくもやったな」

コンチネンタル〈continental〉(形動ダ)(ダロ・ダッ(デ)・ニ・ダ・ナ・ナラ・○)ヨーロッパ大陸風であるさま。「―タンゴ」「―スタイル」

こん-ちゅう【昆虫】【動】節足動物昆虫綱に属する動物の総称。体は頭・胸・腹の三部からなり、頭には一対の触角と一対の複眼、胸には三対の足と多くは二対の羽がある。

こん-ちょう【今朝】(―テウ)きょうの朝。今朝(けさ)。

コンツェルン〈ドイツ Konzern〉【商・経】頂点に立つ親会社が株式保有を通じて異なる産業部門の独立した企業を子会社・孫会社として統括し、ピラミッド型に支配する独占的企業の最高形態。⇨カルテル・トラスト

コンテ【映】(「コンティニュイティ」の略)映画・放送用の撮影台本。カメラの位置、登場人物の台詞(せりふ)や動作、各場面のカット割りなどを細かく指定したもの。「絵―」

コンテ〈フランス conté〉クレヨンの一種。黒色・褐色のものなどがあり、デッサンや写生に用いる。(もと商標名)

こん-てい【昆弟】(「昆」は兄の意)兄弟。

こん-てい【根底・根△柢】物事の大もと。根本。「常識を―からくつがえす」「法治国家の―をゆるがす事件」

こん-でい【金泥】金箔(きんぱく)の粉をにかわ液に溶かしたもの。書・絵画に用いる。金泥(きんでい)。

コンディショナー〈conditioner〉①調節装置。「エア―」②髪や肌などの状態をととのえるための液剤。「ヘア―」

コンディショニング〈conditioning〉調整。調節。体調や環境をととのえること。「エア―」

コンディション〈condition〉①条件。②その時の状態や調子。「ベスト―」「―を調える」[参考]②で、スポーツ選手の「調子」は、英語では多く shape という。一般に「健康状態」を表す場合には condition を用いる。

コンティニュイティ〈continuity 連続〉→コンテ

コンテキスト〈context〉文章の前後のつながり。文脈。コンテクスト。

コンテスト〈contest〉ある事柄について優劣を競う催し。競技会。「スピーチ―」

コンテナ〈container〉貨物運送に用いられる、金属製の大型の容器。コンテナー。「―船」[はじまり]コンテナ輸送は一九六〇年代急激に発展し、日本初のコンテナ船箱根丸は、一九六八(昭和四十三)年に就航。

こん-でん【墾田】①新たに耕した田地。②【日】奈良時代、公地以外に新しく開墾させ、のちに私有を許した田地。

コンデンサー〈condenser〉①【物】絶縁した二つの導体を向かい合わせ、電気エネルギーをたくわえる装置。蓄電器。キャパシター。②蒸気機関で、排出された蒸気を冷却して凝結させる装置。凝縮器。復水器。③集光レンズ。集光鏡。

コンデンス-ミルク〈condensed milk から〉牛乳に砂糖を加え、煮つめたもの。⇨練乳

コンテンツ〈contents 中身〉①情報の中身。特に、コンピューターやインターネットで提供される映像・音声・テキストなどの情報をいう。「メイン―」「有料―」②書籍の項目。目次。

コンテンポラリー〈contemporary〉(形動ダ)(ダロ・ダッ(デ)・ニ・ダ・ナ・ナラ・○)現代的。今日的。同時代的。「―アート」「―ダンス」

コント〈フランス conte〉①風刺と機知に富んだ短編小説。軽妙な短い話。②軽妙で滑稽(こっけい)な寸劇。「幕間(まくあい)の―」

こん-ど【今度】①このたび。今回。「―のことは謝ります」②このつぎ。次回。「―また遊ぼう」

こん-とう【今冬】ことしの冬。この冬。

こん-とう【△昏倒】(―タウ)(名・自スル)目まいがして倒れること。

こん-どう【金堂】(―ダウ)【仏】寺院で、本尊を安置する仏堂。寺院の中心にあり堂内を金色にしたところからの名という。本堂。

こん-どう【金銅】銅に金めっきをしたもの。また、銅に金を溶かしこんだもの。「―仏」

こん-どう【混同】(名・他スル)本来区別しなければならないものを、誤って同一のものとして扱うこと。「公私―」

コンドーム〈フランス condom〉【保】男性が用いる、避妊および性病感染予防用の薄いゴム製のふくろ。スキン。

こん-とく【懇篤】(名・形動ダ)親切で手厚いこと。また、そのさま。ねんごろ。「ご―なお言葉」

コンドミニアム〈condominium〉①分譲マンション。②台所の付いた、長期滞在型の宿泊施設。

ゴンドラ〈イタリア gondola〉①イタリアの水の都ベネチアで使われている平底の小舟。②飛行船・気球・ロープウエーなどのつりかご・客室。

コントラスト〈contrast〉対比。対照。「明暗の―」

コントラバス〈contrabass〉【音】バイオリン属の中で、最も大型で低音の弦楽器。通常は立って

〔ゴンドラ①〕

〔コントラバス〕

演奏する。バス。ダブルベース。ベース。

コントラルト〈イタリア contralto〉→アルト①

コンドル〈condor〉〘動〙①コンドル科の猛禽類の総称。南北アメリカに分布し、飛ぶ鳥の中では最大級。七種知られている。灰黒色で頭部は裸出している。死肉を主食とする。はげたか。②①の一種。雄は両翼を広げると三メートルにも達する。南米アンデス山脈に分布。

コントロール〈control〉(名・他スル)①物事の程度を調節すること。また、相手や物事を自分の思うように動かすこと。「感情を―できない」②野球で、投手が自分の思う所にボールを投げること。また、その技能。制球力。「―のいい投手」

―タワー〈control tower〉(空港などの)管制塔。

こん-とん【混沌・渾沌】(名・タルト)(大昔の、いまだ天地が分かれていない状態の意から)物事の区別がはっきりしないこと。混乱していてなりゆきのわからないこと。カオス。また、そのさま。「優勝の行方は―としている」

こんな(形動ダ)(ダロ・ダッ(デ・ニ)・ダ・(ナ)・ナラ・〇)このよう。このような。こういう。「―やり方ではだめだ」「―に高いとは意外だ」⇩あんな「用法」

こん-なん【困難】(名・形動ダ)やりとげるのが非常にむずかしいこと。また、そのさま。「解決が―な問題」「―を極める」

こん-にち【今日】①きょう。本日。②いま。このごろ。現今。

―さま【―様】(その日を守る神の意)太陽を敬って言う語。おてんとうさま。

―てき【―的】(形動ダ)(ダロ・ダッ(デ・ニ)・ダ・ナ・ナラ・〇)現代に関するさま。現代的。「きわめて―な問題」

―は(感)昼間、人を訪ねたり人に会ったりしたときにかわす挨拶の言葉。こんちは。[語源]「今日は結構なお日和ですね」などの下の部分を略した形。したがって、最後の「ワ」と発音される部分は「は」と書き表す。

こん-にゃく【蒟蒻・菎蒻】①〘植〙サトイモ科の栽培多年草。葉は葉柄が長く、夏に包葉につつまれた花をつける。球形の地下茎はこんにゃく玉(こんにゃく芋)といい、食用・工業用。②こんにゃく玉の粉末に水酸化カルシウム溶液をまぜ、煮て固めた食品。

〔こんにゃく①〕

―ばん【―版】ゼラチンや寒天で作った版を使う印刷。

こん-にゅう【混入】ニフ(名・自他スル)他の物がまじってはいること。また、他の物をまぜ入れること。「不純物が―する」

こん-ねん【今年】ことし。本年。

コンパ〈company から〉学生などが会費を出しあって仲間どうしで飲食する会。親睦会。「新入生歓迎―」

コンバーター〈converter〉①電気の交流を直流に変えたり、交流の周波数を変えたりする装置。②〘情報〙あるデータを別のファイル形式に変換するソフトウエア。

コンバーティブル〈convertible〉■一(名)折り畳み式の幌の付いた自動車。■二(名・形動ダ)変換可能なこと。[参考]「コンバーチブル」ともいう。

コンバート〈convert〉(名・他スル)①変換すること。特に、コンピューターで、データを別の形式に変換すること。②野球などで、選手の守備位置を転向させること。「外野手をサードに―する」③ラグビーで、トライのあとのゴールキックに成功すること。

コンパートメント〈compartment〉区画。区分。特に、客車や料理店などのしきりをした部屋。個室。

こん-ぱい【困憊】(名・自スル)疲れはてること。「疲労―」

コンバイン〈combine〉穀物の刈り取りと脱穀を同時に行う農業用機械。

こん-ぱく【魂魄】(死んだ者の)たましい。霊魂。

コンパクト〈compact〉■一(名)おしろい・パフなどを入れた、鏡つきの携帯用化粧用具。■二(形動ダ)(ダロ・ダッ(デ・ニ)・ダ・ナ・ナラ・〇)こぢんまりと小型にまとまっているさま。「―なカメラ」

―ディスク〈compact disc〉音声などをデジタル化して記録した光学式ディスク。レーザー光線で読み取って再生する。CD [はじまり]一九八二(昭和五十七)年十月、日本で初めてCDプレーヤーと音楽CDソフトが発売された。

コンパス〈オランダ kompas〉①円などを描くのに用いる二本足の製図用具。両脚規。ぶんまわし。②羅針盤。羅針儀。方位磁石。③〘俗〙歩幅。また、両足の長さ。「―が長い」

コンパニー〈company〉→カンパニー

コンパニオン〈companion〉①国際的な催しや各種博覧会などの接待役をつとめる女性。②酒宴などの接待をする女性。[参考]①は、英語では guide か attendant という。

こんぱる-りゅう【金春流】リウ 能楽の流派の一つ。大和(奈良県)円満井座から出、猿楽中最も古い流派。金春禅竹が世阿弥の芸風を受けてこれが中興の祖となった。

こん-ばん【今晩】きょうの晩。こよい。こんや。今夕。

―は(感)夜、人に会ったり訪問したりしたときの挨拶の言葉。[語源]「今晩はいい晩ですね」などの下の部分を略した形。したがって、最後の「ワ」と発音される部分は「は」と書き表す。

こん-ぱん【今般】このたび。こんど。「―下記に転居いたしました」↔先般・過般

コンビ〈combination から〉①二人の組み合わせ。二人組。「名―」②→コンビネーション③

コンビーフ〈corned beef から〉蒸し煮にした塩漬けの牛肉をほぐしたもの。多く、缶詰めにする。コーンビーフ。

コンビナート〈ロシア kombinat 結合〉生産能率をあげるために、技術的に関連しあった種々の工場や工業部門を一つの工業地帯に結合したもの。「石油化学―」「鉄鋼化学―」

コンビニエンス-ストア〈convenience store〉(コンビニエンスは「便利」の意)日用品や食料品を売る小規模のスーパー。多く、無休で、深夜も営業する。コンビニ。

コンビネーション〈combination〉①組み合わせ。取り合わせ。②上下が一つに続いた子供服、または婦人用肌着。③革とズック、色のちがう革などを組み合わせて作った靴。コンビ。④団体競技で、選手どうしの連係した動き。連係プレー。

コンピューター〈computer〉〘情報〙電子回路を用い、計算・制御・記憶などの情報処理を高速度で行う機械。電子計算機。コンピュータ。

―ウイルス〈computer virus〉〘情報〙他のコンピューターに侵入して、ソフトウエアやデータを破壊したり自己増殖したりするプログラム。ネットワークなどを通じて感染する。ウイルス。

―グラフィックス〈computer graphics〉コンピューターを使用して作成された画像・映像。CG

―シミュレーション〈computer simulation〉コンピューターによって、ある現象や状況を模擬的に表し出すこと。

―ネットワーク〈computer network〉〘情報〙複数のコンピューターを通信回線で結び、データの交換などを行えるようにしたシステム。ネットワーク。

こんぴら【金毘羅・金比羅】(梵語 Kumbhīra(=わに)の意)インドの神。蛇の形をし、尾に宝玉をもつ。日本では航海の安全を守る神として香川県琴平にまつられている。

コンピレーション〈compilation〉テーマなどに沿って複

数の楽曲を集めたもの。「—アルバム」

こん-ぶ【昆布】 褐藻類コンブ科コンブ属の海藻の総称。帯状で両縁に波状のしわがある。東北・北海道の海に多く産する。食用・ヨード製造用。こぶ。[夏]（こんぶ飾る[新年]）

コンフィデンシャル〈confidential〉（形動ダ）ダロ・ダッ(デ・ニ)・ダ・ナ・○ 秘密・極秘であるさま。「—な情報」

コンプライアンス〈compliance〉要求や命令に従うこと。特に、企業が法令や社会規範・企業倫理を守ること。法令遵守。

コンフリー〈comfrey〉〔植〕ムラサキ科の多年草。コーカサス地方原産。薬用。食用にもされたが現在は販売禁止。

コンプリート〈complete〉■一（形動ダ）ダロ・ダッ(デ・ニ)・ダ・ナ・○ すべてそろっているさま。完全なさま。■二（名・他スル）すべて集めること。完成すること。「全巻を—する」

コンプレックス〈complex〉①〔心〕精神分析の用語で、抑圧され無意識のうちに形成される一種のゆがみをもつ感情。②（「インフェリオリティコンプレックス」の略）他人より劣るという意識。劣等感。「—を抱く」③複合したもの。「シネマ—（=同一施設に複数のスクリーンをもつ映画館）」

コンプレッサー〈compressor〉空気圧縮器。圧縮器。

コンペ「コンペティション」の略。「ゴルフ—」

コンペイトー【×金平糖・×金米糖】〈ポルトガル confeito〉まわりに突起のある豆粒大の砂糖菓子。コンペートー。

こん-ぺき【紺△碧】 濃い青色。「—の空」

コンペティション〈competition〉①競争。競技会。②ある企画について、複数の提案を募集し、優れた内容のものを選ぶ方式。

コンベヤー〈conveyor〉工場などで、貨物・材料をのせて自動的・連続的に移動させる帯状の運搬装置。コンベア。

ごん-べん【言偏】 漢字の部首名の一つ。「訓」「読」などの「言」の部分。

コンベンション〈convention〉①国際会議などの団体の代表者会議。大会。集会。②因習。ならわし。

—センター〈convention center〉国際会議など大規模な会議やシンポジウムなどの催しを開催できる建物や会場。

コンボ〈combo〉〔音〕小編成のジャズ楽団。ふつう三、四人から八人くらいで、即興演奏を中心とする。

コンポ「コンポーネント②」の略。

こん-ぼう【混紡】—バウ（名・他スル）種類の異なる繊維をまぜて糸をつむぐこと。「綿と麻の—」

こん-ぼう【△棍棒】—バウ ①手に持てる程度の長い丸木の棒。②新体操に用いる木製で徳利(とっくり)形の棒。クラブ。

こん-ぼう【懇望】—バウ（名・他スル）→こんもう（懇望）

こん-ぽう【△梱包】—パウ（名・他スル）包装してひもをかけたり、箱に詰めたりして荷造りすること。また、その荷物。「—作業」

コンポート〈compote〉①果物の砂糖煮。②足のついた器。果物を盛ったり、花を活(い)けたりするのに用いる。

コンポーネント〈component〉①機械・製品などの構成要素。部品。②アンプ・プレーヤー・スピーカーなど音響装置の各構成部分。コンポ。

コンポジション〈composition〉①構成。組み立て。②〔美〕写真や絵の構図。③〔音〕作曲。④作文。英語の作文。

こん-ぽん【根本】 物事を成り立たせている大もと。「—原理」

コンマ〈comma〉①欧文の句読点の一種。また、数字のくらいどりに使うしるし。カンマ。「，」「—を打つ」②〔数〕小数点。「—以下（=小数点以下。転じて、標準以下）」

こん-まけ【根負け】（名・自スル）根気が続かず気力がなくなって相手に負けること。根気負け。「—して要求をのむ」

こんみょう-にち【今明日】コンミヤウニチ 今日か明日。今日と明日。きょうあす。こんみょう。

こん-めい【△昏迷】（名・自スル）道理が分からなくなり心が迷うこと。目がくらんで分別がつかないこと。混迷。「—に陥る」

こん-めい【混迷】（名・自スル）①物事が入り組んで先の見通しがつかなくなること。「—する政界」②→こんめい（昏迷）

こん-もう【根毛】〔植〕根の表皮細胞の一部がとび出して細い毛のようになった部分。土壌中の養分や水を吸収する。

こん-もう【懇望】—マウ（名・他スル）心から願い望むこと。熱心に頼むこと。熱望。懇望(こんぼう)。「知事選出馬を—される」

こんもり（副・自スル）①木が生い茂っているさま。「—(と)茂った森」②丸く盛り上がっているさま。「—(と)した丘」

こん-や【今夜】 きょうの夜。[類語]今晩・今夕・今宵(こよい)

こん-や【紺屋】→こうや（紺屋）

こん-やく【婚約】（名・自スル）結婚の約束をすること。また、その約束。「—指輪」

こん-ゆう【今夕】—ユフ きょうの夕方。今夕(こんせき)。

こん-よう【混用】（名・他スル）まぜて使うこと。

こん-よく【混浴】（名・自スル）男女が同じ浴場でいっしょに入浴すること。

こん-らん【混乱】（名・自スル）秩序がなくなって入り乱れること。「—をまねく」「頭が—する」「—した状態」

こん-りゅう【建立】—リフ（名・他スル）寺院・堂・塔を建てること。造立(ぞうりゅう)。「本堂—の発願」

こん-りゅう【根粒・根△瘤】—リフ・—リウ〔植〕マメ科植物の根に根粒菌が侵入してできる瘤(こぶ)状のかたまり。

—きん【—菌】 マメ科植物の根の中にはいって瘤(こぶ)をつくり共生する土壌細菌。空気中の遊離窒素から窒素化合物をつくり、その植物に与える。根粒バクテリア。

こん-りん【金輪】〔仏〕仏教の世界観で、大地を支える三つの輪の一つ。風輪・水輪の上にある。

—ざい【—際】（副）（「金輪」の底。大地の最下底の意から）底の底まで。決して。絶対に。「—会わない」[用法]あとに打ち消し・禁止の意の語を伴う。

こん-れい【婚礼】 結婚の儀式。結婚式。婚儀。「—の儀」

こん-ろ【△焜炉】 土または鉄製の炊事用の小さな加熱器具。また特に、七輪。「ガス—」

こん-わ【混和】（名・自他スル）よくまじりあってなじむこと。よくまぜあわせること。「—剤」

こん-わ【懇話】（名・自スル）親しくうちとけて話し合うこと。懇談。「—会」

こん-わく【困惑】（名・自スル）どうしたらよいかわからなくなってこまること。「—した顔つき」「突然のことで—する」

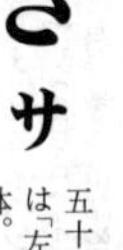

さ サ

五十音図「さ行」の第一音。「さ」は「左」の草体。「サ」は「散」の略体。

さ【△叉】 サ・シャ・サイ また（字義）①はさむ。「叉手」②また。ふたまた。「音叉・三叉路」③さすまた。先が分かれた、物を刺す道具。「鉄叉」④かんざし。

さ【左】 [教1] サ ひだり 一ナ左左左

（字義）①ひだり。「左岸・左舷(さげん)・左折」↔右 ②（中国の戦国時代、右を尊んだことから）下位。「左遷」③たすける。たすけ。＝佐。「左袒（さたん）」④あかし。証拠。「左験・証左」⑤よこしま。「左道」⑥急進派・革新派・共産主義者などをさす。「左傾・左翼・極左」↔右 難読 左右（そう）・左見右見（とみこうみ）・左団扇（ひだりうちわ）・左褄（ひだりづま）・左手（ゆんで） 人名 ざ・すけ・たすく

さ【左】 ひだり。また、以下。次。「—のごとし」参考 縦書きの場合、後続の文が左になることから。

さ【再】（字義）→さい（再）

さ【些】（人）サ いささか（字義）わずか。いささか。少しばかり。取るに足りない。「些細・些事・些少」

さ【佐】 教4 サ たすける

（字義）①たすける。たすけ。「佐幕・王佐・補佐」②自衛隊・旧陸海軍の、将に次ぐ階級。「佐官・一等陸佐・少佐」③「佐渡（さど）の国」の略。「佐州」人名 すけ・たすく・よし

さ【作】（字義）→さく（作）

さ【沙】 サ㊥・シャ すな

（字義）①すな。＝砂。「沙場・沙草・沙漠」②水辺の砂地。「沙汀（さてい）」③水で洗ってよりわける。「沙汰（さた）」難読 沙蚕（ごかい）・沙弥（しゃみ）・沙魚（はぜ） 人名 いさ・す

さ【査】 教5 サ しらべる

（字義）しらべる。考えて明らかにする。「査察・査証・査定・検査・審査・捜査・調査」

さ【砂】 教6 サ・シャ㊥ すな

（字義）①すな。細かい岩石の粒。＝沙。「砂漠・砂礫（されき）・土砂・白砂」②粒状のもの。「砂金・砂糖」難読 砂子（いさご）・砂嘴（さし）・砂利（じゃり） 人名 いさご

さ【茶】（字義）→ちゃ（茶）

さ【唆】 サ㊥ そそのかす㊫

（字義）けしかける。そそのかす。「教唆・示唆」

さ【差】 教4 サ さす・たがう・つかわす

（字義）①ちがう。くいちがう。ちがい。「差異・差違・差別・千差万別」②へだたり。さしひきのひらき。「差額・格差・誤差・時差・大差・落差」③つかわす。人をさしむける。「差遣・差配」人名 しな・すけ

さ【差】 ①ちがい。へだたり。「雲泥（うんでい）の—」②《数》ある数からある数を引いた値（あたい）。「—を求める」↔和

さ【紗】（人）（字義）→しゃ（紗）

さ【詐】 サ㊥ いつわる

（字義）作りごとを言ってだます。いつわり。うそ。「詐欺・詐術・詐称・姦詐（かんさ）・巧詐」

さ【嵯】（人）サ・シ（字義）山が高くけわしく起伏するさま。「嵯峨（さが）」

さ【蓑】（人）サ・サイ みの（字義）①みの。かや・すげなどで編んだ外衣。「蓑衣（さい・さいい）・蓑笠（さりゅう）」②草でおおう。③「蓑蓑（さいさい）」は、㋐花の垂れ下がるさま。㋑草木の茂るさま。

さ【裟】（人）サ（字義）梵語（ぼんご）の「袈裟（けさ）」を表すための音訳字。「袈裟」は僧の衣。

さ【瑳】（人）サ（字義）①玉（ぎょく）の色が白く鮮やかなさま。「瑳瑳」②鮮やかでりっぱなさま。鮮やかで美しい。③歯をのぞかせて愛らしく笑うさま。④みがく。＝磋。人名 あきら

さ【鎖】 サ㊥ くさり㊥・とざす

（字義）①くさり。金属の輪をつないで綱のようにしたもの。「鎖骨・鉄鎖・連鎖」②かぎをかける。とざす。とじる。しめる。「鎖国・封鎖・閉鎖」

さ-（接頭）①語調を整えたり、意味を強めたりする。「—夜（よ）」「—蕨（わらび）」②時期が早い、みずみずしいなどの意をそえる。「—牡鹿（おしか）」③陰暦の五月の意を表す。「—おとめ」参考 ①は「小」、②③は「早」と書くことがある。

-さ（接尾）形容詞・形容動詞の語幹などに付けて名詞をつくり、その語幹の表す性質・状態そのもの、またはその程度を表す。「うれし—」「高—」「はなやか—」「会いた—見た—」

さ【然】（副）《古》そう。そのように。

さ 一（間助）（文中の言葉の切れめに付けて）軽く念を押す意を表す。「それが—、うまく行かないんだよ」二（終助）①軽く言いはなつ意を表す。「まあいい—」「我慢する—」②（疑問の語を伴って）抗議・詰問などの意を表す。「どうすればいいの—」「えらそうな顔して、何—」③（「…てさ」「…とさ」の形で）伝え聞いた事柄である意を表す。「あの人も知らなかったんだって—」用法 一二ともに、種々の語（体言、用言・助動詞の終止形、助詞など）に付く。

ざ【坐】（人）ザ すわる（字義）①すわる。＝座。㋐しりをつけてすわる。「坐礁（ざしょう）・坐禅・円坐・跪坐（きざ）・正坐・端坐・鎮坐・行住坐臥（ぎょうじゅうざが）・結跏趺坐（けっかふざ）」㋑じっとすわって何もしない。「坐視・坐食」②すわる場所。③罪をおかす。罪に問われる。「連坐」参考「坐」と「座」はもと同字。慣習として、名詞に「座」、動詞に「坐」を用いてきた。現在は「坐」の書き換え字として「座」を用いる。

ざ【座】 教6 ザ すわる㊥

（字義）①すわる場所。「座敷・座席・王座・上座（かみざ・じょうざ）・玉座」②ある位置・部分を占めるものに対する呼び名。「座標・口座・星座」③物をすえる台。「座金（ざがね）・台座」④人の集まり。人の集まっている所。「座興・講座・満座」⑤平安末以降、商工業者などの同業組合。「綿座」⑥江戸時代、幕府が特権を認めた公的な団体。「銀座・秤座（はかりざ）」⑦能楽・歌舞伎（かぶき）などの舞台や劇場。また、その団体。「座長・一座」⑧すわる。＝坐。参考「坐」の書き換え字。人名 え・おき・くら

-ざ【座】（接尾）①劇場などの名前に添える語。「歌舞伎（かぶき）—」「名画—」②星座の名に添える語。「乙女—」

ざ【座】 ①すわる場所。座席。「—につく」②地位。「妻の—」③人の集まっている場所。また、場の雰囲気。「—をとりもつ」

—が白（しら）ける その場のなごやかな雰囲気がこわされて、興がさめる。座がさめる。

ざ【挫】 ザ㊥ くじく・くじける

（字義）①くじく。㋐くだく。おさえつける。「挫抑」㋑はずかしめる。「挫辱」②くじける。折れる。失敗する。「挫折・頓挫」

サー ①〈sir〉英語で、目上の男性に対する敬称。「イエス—」②〈Sir〉イギリスで、ナイトや準男爵（じゅんだんしゃく）の名の上に付ける敬称。卿（きょう）。

さあ（感）①人を誘ったり促したりするとき、また、自分が行動を起こしたり決意したりするときに発する語。「—、でかけよう」「—、がんばるぞ」②喜びや驚きなどの感情をこめて発する語。「—、たいへんだ」③判断や返答に困ったとき、ためらいの気持ちをこめて発する語。「—、私にはわかりません」

サーカス〈circus〉動物による芸や、人の曲芸などを行う見

世物。また、その一座。曲馬団。

サーキット〈circuit〉①電気の回路。回線。②オートバイレースや自動車レースの環状コース。

―トレーニング〈circuit training〉一連の運動をくり返し、持久力や筋肉などを鍛錬して体力を養成する訓練法。

サーキュレーション〈circulation〉①循環。流通。流布(るふ)。②広告媒体による伝達の度合い。新聞・雑誌などの発行部数やテレビ・ラジオの視聴率・聴取率など。

サーキュレーター〈circulator〉室内の空気を循環させるための装置。空気を撹拌(かくはん)するための扇風機。

サークル〈circle〉①円。また、範囲。②同じ趣味や関心をもつ人々の集まり。同好会。「テニス―」「―活動」参考 ②は、英語ではclubがふつう。

ざあ-ざあ（副）①大量の水や、粒状のものが勢いよく落ちるときの音を表す。「―(と)雨が降る」②①と同じように響く、耳障りな音響機械の雑音を表す。「ラジオが―いう」

ザーサイ〈中国 搾菜〉中国四川(しせん)省特産の漬物。カラシナの変種の根茎を唐辛子と塩などで漬けたもの。ザーツァイ。

サージ〈serge〉ななめの織り目を出した織物。「―の学生服」

サーズ【SARS】〈Severe Acute Respiratory Syndrome から〉〘医〙サーズコロナウイルスによる感染症。高熱・せき・呼吸困難などの症状がある。重症急性呼吸器症候群。

サーチ〈search〉探すこと。調査すること。検索。

―エンジン〈search engine〉→けんさくエンジン

―ライト〈searchlight〉反射率の高い反射鏡を用いて、夜、遠くまで照らせるようにした照明装置。探照灯。

サーチャージ〈surcharge〉追加料金。特に、燃料費の高騰などに応じて航空運賃に上乗せされる料金。「燃油―」

サーディン〈sardine〉①イワシ。②イワシのオリーブ油漬け。また、その缶詰。オイルサーディン。

サード〈third〉①第三。三番目。②野球で、三塁。また、三塁手。「―ゴロ」

―ベース〈third base〉野球で、三塁。

サードニックス〈sardonyx〉紅縞瑪瑙(べにしまめのう)。カメオ細工などに用いる。八月の誕生石。

サーバー〈server〉①テニス・バレーボール・卓球などで、サーブをする人。↔レシーバー ②料理を皿に取り分けるための大型のスプーンやフォーク。③料理などをのせる盆。④〘情報〙ネットワーク上で、他のコンピューターにデータやプログラムなどを提供するコンピューター。サーバ。

サービス〈service〉（名・自他スル）①客へのもてなし。接待。「―料」②特別に値引きしたり、景品をつけたりして売ること。「―セール」③人のために尽くすこと。「家庭―」④生産を直接行わず、求めに応じて技術や労力を提供すること。「介護―」⑤→サーブ 参考 ②は、英語では「値引き・景品」の意味合いはなく、「値引き」はdiscount、「景品」はfree giftなどという。

―エース〈service ace〉テニス・バレーボール・卓球などで、相手が返せなかったサーブ。また、それであげた得点。エース。

―エリア〈service area〉①一つの放送局の電波が届く地域。SA ②高速道路で、休息所・食堂・給油所などの設備のある区域。SA

―ぎょう【―業】(ゲフ) 生産に直接関係がなく、労務や便宜などを提供する職業。娯楽・通信・教育・医療・金融業など。

―ざんぎょう【―残業】(ザンゲフ) 労働者が時間外手当なしで残業すること。賃金不払い残業。

―ステーション〈service station〉①商品の案内や修理などのサービスをする所。②(自動車の)給油所。SS

サーブ〈serve〉（名・自スル）テニス・バレーボール・卓球などで、攻撃側がプレーの最初にボールを打ち込むこと。また、その打ち込んだボール。サービス。↔レシーブ

サーファー〈surfer〉サーフィンをする人。

サーフィン〈surfing〉サーフボードの上に立って、波の上をすべるスポーツ。波乗り。夏

サーフボード〈surfboard〉サーフィン用の細長い板。夏

サーベイランス〈surveillance〉①監視。見張り。監視制度。②特に、経済政策や感染症などについての、専門機関による監視。

サーベル〈オランダ sabel〉西洋式の細身で長い刀。洋剣。

ざあます（助動-特殊型）ザアマセ(ザアマショ)・ザアマシ・ザアマス・ザアマス・○・○ 「だ」「である」の意の丁寧語。…でございます。語源 江戸時代の遊里語「ざます」の転。

―ことば【―言葉】丁寧語に「ざあます」を用いる話し方。参考 東京の山の手の上流婦人がよく用いるとされた。耳障りに聞こえることから、多少揶揄(やゆ)の意をこめることが多い。

サーモグラフィー〈thermography〉〘医〙物体の表面の温度分布を測定し画像化する装置。医療の診断などに用いる。

サーモスタット〈thermostat〉バイメタルなどを使って電気回路を開閉し、温度を一定に保つ自動調節装置。

サーモメーター〈thermometer〉寒暖計。温度計。

サーモン〈salmon〉〘動〙サケ。「スモーク―」

―ピンク〈salmon pink〉サケの肉の色。朱色を帯びた桃色。

さ-あらぬ【然有らぬ】（「ぬ」は打ち消しの文語助動詞で「そうでない」の意）さりげない。何げない。何食わぬ。さらぬ。

―てい【―体】何げないようす。そしらぬふり。

サーロイン〈sirloin〉牛の腰の上部の肉。「―ステーキ」

さい【才】 教2 サイ ざえ　一 十 才

(字義) 生まれつき持っているすぐれた能力。また、その人。「才覚・才気・才人・才能・偉才・英才・鬼才・秀才・天才・文才」人名 かた・たえ・とし・もち

-さい【才】（接尾）(俗に「歳」の代用字として)年齢を数える語。「一五―」

さい【才】①生まれつき持っている能力。才能。「天賦(てんぷ)の―」②容積の単位。一勺(しゃく)の一〇分の一。③石材などの体積の単位。かね尺で一立方尺(約〇・〇二八立方メートル)。

さい【切】(字義) →せつ(切)

さい【再】 教5 サイ・サ ふたたび　一 丆 冂 币 再 再

(字義) ふたたび。二度。あらためて。「再会・再度・再発・再来月(さらいげつ)・再来週(さらいしゅう)・再来年(さらいねん)・一再」難読 再従兄弟(はとこ)・再従姉妹(はとこ)

さい【西】(字義) →せい(西)

さい【災】 教5 サイ わざわい㊥　〈 巛 巛 巛 災 災

(字義) 自然に起こる不幸なできごと。わざわい。「災禍・災害・災難・火災・人災・天災」

さい【妻】 教5 サイ つま　一 ヨ ヨ 妻 妻 妻

(字義) つま。女房。「妻君・妻女・愚妻・賢妻・後妻・正妻・先妻・夫妻・良妻」↔夫(ふ)

さい【妻】他人に対して自分の妻(つま)をいう語。家内。

さい【采】 とる サイ㊥　ノ ⺈ ⺈ 平 平 采

(字義) ①とる。つみとる。えらびとる。＝採。「采用」②いろどり。＝彩。「采色」③すがた。かたち。「風采」④官から賜る領地。知行所(ちぎょうしょ)。「采地・采邑(さいゆう)」 難読 采女(うねめ) 人名 あや・うね・こと

さい【采】 ①主君から臣下に与えられた土地。②「采配(さいはい)①」の略。「—を振る」③さいころ。参考 ③は「△賽」とも書く。

さい【人哉】 サイ かな・や (字義) ①詠嘆の意を表す助字。「快哉・善哉(ぜんざい)」②疑問・反語を表す助字。 人名 えい・か・き・すけ・ちか・とし・はじめ

さい【人柴】 サイ・シ しば (字義) ①しば。山野に生える雑木。また、それを切ったもの。枯れ枝。「薪柴(しんさい)」②しばを焼いて天をまつる祭り。「柴望」③まがき。かきね。④粗末な。「柴車」⑤ふさぐ。まもる。 人名 しげ

さい【砕】【人碎】 サイ㊥ くだく㊥・くだける㊥ (字義) ①うちくだく。こなごなにする。こなごなになる。「砕石・玉砕・粉砕・粉骨砕身」②細かい。くだくだしい。「砕辞・砕務」

さい【宰】 サイ㊥ つかさ (字義) ①つかさ。大臣や家老など。「宰相・家宰」②つかさどる。とりしまる。「宰領・主宰」③料理する。「宰割」 人名 おさむ・かみ・すず・ただ

さい【人晒】 サイ さらす (字義) さらす。㋐日や風雨のあたるままにする。㋑薬品で白くする。

さい【栽】 サイ㊥ うえる (字義) ①苗木を植える。「栽培」②うえこみ。樹木を植えた所。「前栽(せんざい)・盆栽」

さい【殺】 (字義) →さつ(殺)

さい【人砦】 サイ とりで (字義) ①とりで。敵の攻撃を防ぐための小城。＝塞。「山砦・城砦・要砦」②まがき。木や竹で作ったかこい。

さい【財】 (字義) →ざい(財)

さい【埼】 (字義) →き(埼)

さい【彩】 サイ㊥ いろどる㊥・あや (字義) ①いろどり。美しい色模様。いろどりをつける。「彩色・彩筆・色彩・水彩・多彩・淡彩」②美しいかがやき。ひかり。つや。「光彩・生彩」 難読 彩絵(だみえ) 人名 たみ

さい【採】 教5 サイ とる (字義) とる。㋐手に取る。あつめる。「採取・採集・収採・伐採」㋑とり入れる。「採光」㋒とり出す。「採掘・採血・採鉱」㋓えらぶ。えらび取る。「採択・採用」㋔きめる。最終的にきめる。「採決・採否」 人名 もち

さい【済】 教6 【濟】 サイ・セイ すむ・すます・なす・わたる・すくう (字義) ①すむ。終わる。なる。すます。「皆済・既済・返済」②なす。なしとげる。事を成就する。「済美(せいび)」③救う。助ける。「済世・済度・救済」④わたる。川をわたる。わたす。⑤すぐれた人材がそろっているようす。「多士済済(たしせいせい・たしさいさい)」 人名 お・かた・さだ・さと る・すみ・ただ・とおる・なり・なる・まさ・ます・やす・よし・わたす

さい【祭】 教3 サイ まつる・まつり (字義) ①まつる。神をまつる。まつり。「祭典・祭礼・大祭・例祭・冠婚葬祭」②あることを記念して祝うにぎやかな行事。「祭日・学園祭・祝祭・文化祭」

-さい【祭】 (接尾) まつり。にぎやかな催し。「芸術—」「降誕—」「体育—」

さい【細】 教2 サイ・ほそい・ほそる こまか・こまかい・くわしい (字義) ①ほそい。「細流・繊細・毛細管」②こまかい。㋐小さい。「細菌・細小・巨細(こさい)・些細(ささい)・微細」㋑こまかくくわしい。「細緻(さいち)・細密・委細・仔細(しさい)・詳細」③取るに足りない。いやしい。「細事・細民」 難読 細螺(きさご)・細蟹(ささがに)・細波(さざなみ)・細(さざれ)波(なみ)・細雪(ささめゆき)・細石(さざれいし)・細魚(さより)・細流(せせらぎ) 人名 くわし

さい【菜】 教4 サイ な (字義) ①葉・茎・根を食用とする植物の総称。な。あおもの。「菜園・菜食・蔬菜(そさい)・白菜・野菜」②副食物。おかず。料理。「総菜・惣菜(そうざい)」

さい【菜】 副食物。おかず。「一汁一—」

さい【斎】【齋】 サイ㊥ ものいみ (字義) ①ものいみする。神仏をまつる前に飲食や行いをつつしんで心身を清めること。「斎戒沐浴(もくよく)・精進潔斎」②神事を行うこと。「斎主・斎場」③部屋。「書斎」④雅号につける語。「一刀斎・仁斎」 難読 斎(いつき)の皇女(みこ)・斎日(いみび)・斎部(いんべ・いみべ)・斎米(ときまい) 人名 いつ・いつき・きよ・ただ・とき・なり・ひとし・よし

さい【最】 教4 サイ もっとも (字義) もっとも。この上なく。一番。さかり。「最後・最高・最大」 難読 最中(さいちゅう・さなか・もなか)・最果(さいは)て・最早(もはや)・最寄(もより) 人名 いろ・かなめ・さ・たかし・まさる・も・ゆたか・よし

さい【最】 (タル) 程度が、この上なくはなはだしいさま。第一番。第一等。「愚劣の—たるもの」 文(形動タリ)

さい【人犀】 サイ・セイ (字義) ①→次項。②かたい。③するどい。「犀利」 人名 かた

さい【△犀】 〘動〙 サイ科の哺乳(ほにゅう)動物の総称。熱帯の森林や草原にすみ草食性。象に次いで大形の陸上動物。皮は厚く、額(ひたい)や鼻の上に一本、または二本の角がある。

さい【裁】 教6 サイ たつ㊥・さばく (字義) ①たつ。衣服を仕立てるために布をたち切る。「裁断・裁縫・洋裁・和裁」②さばく。さばき。物事の理非・善悪を分け正す。「裁決・裁判・裁量・決裁・独裁」③「裁判所」の略。「最高裁」④型。「体裁(ていさい)」

さい【催】 サイ㊥ もよおす㊥ (字義) ①うながしせきたてる。「催告・催促・催眠・催涙」②会や行事などを計画して開く。「開催・共催・主催」 難読 催馬楽(さいばら)・催合(もやい) 人名 とき

さい【債】 サイ㊥ (字義) ①清算すべき貸借関係。「債券・債権・債務・負債」②「債券」の略。「国債・社債」

さい【塞】 サイ㊥・ソク㊥ ふさぐ㊥・ふさがる㊥・とりで (字義) ①とりで。外敵の侵入を防ぐために、国境や要害の地に設けた小城。＝砦。「塞外・辺塞・要塞」②(「ソク」と読んで)ふさぐ。とざす。ふさがる。とじる。「梗塞(こうそく)・逼塞(ひっそく)・閉塞」

さい【歳】 サイ㊥・セイ㊥ とし

(字義) ①とし。一年。年月。「歳月・歳歳・歳暮・歳末・凶歳・千歳・晩歳・万歳」②木星。「歳次・歳星」③年齢。よわい。人名 とせ

-さい【歳】(接尾) 年齢を数える語。「六〇ー」

さい【載】 サイ(中) のせる(中)・のる(中)

(字義) ①のせる。物の上、または舟や車などにのせる。「積載・満載」②記録する。記事として出す。「載録・記載・掲載・連載」③書籍。「載籍」④とし。=歳。「千載一遇」人名 とし・のり

さい【際】 教5 サイ きわ(高)

(字義) ①さかい。境界。「際限・天際・辺際」②ふれあい。まじわり。「交際・国際」③出会う。「際会」④おり。機会。「実際」

さい【際】 おり。場合。とき。「この一言っておこう」
難読 際物

さい【豺】 中国でいう「おおかみ」「やまいぬ」の類。「ー狼」

さい【賽】 さいころ。「ーは投げられた(=事はもう始まってしまったのだから、最後までやるしか道はない)」参考「采」とも書く。

さ-い【差異・差違】 他のものとの違い。異なる点。「ーが生じる」

ざい【在】 教5 ザイ ある

(字義) ①ある場所・時間・地位などを占めていること。ある。いる。生きている。「在住・在職・在籍・介在・健在・散在・潜在・存在・駐在・点在・内在・偏在」②田舎。「在所・近在」
難読 在処 人名 あき・あきら・あり・すみ・とお・まき・みつる

ざい【在】 都会から少し離れたところ。田舎。「千葉のー」

ざい【材】 教4 ザイ

(字義) ①原料になる木。「材木・木材・良材」②原料。もとになるもの。「材料・教材・資材・素材・題材」③はたらき。才能。=才。「逸材・人材」人名 えだ・き・さい・もとき・もとし

ざい【材】 ①材木。木材。②原料。材料。③有能な人。また、役に立つもの。人材。「広く野にーを求める」

ざい【剤】【劑】 ザイ(中)

(字義) 薬を調合すること。また、調合した薬。「錠剤・調剤・薬剤」

-ざい【剤】(接尾) 薬を表す語。「睡眠ー」「消毒ー」

ざい【財】 教5 ザイ・サイ(中) たから

(字義) たから。貴重な金品。「財産・財布・財宝・私財・文化財」

ざい【財】 財貨。財産。価値のあるもの。「一代でーをなした」

ざい【罪】 教5 ザイ つみ

(字義) ①法を犯す行為。「罪状・罪人・罪名・死罪・犯罪・流罪」②人としてしてはならないよこしまなこと。あやまち。「罪悪・罪業・謝罪」

-ざい【罪】(接尾) 罪の種類に添える語。「横領ー」「傷害ー」

さい-あい【最愛】 いちばん愛していること。「ーの人」

さい-あく【最悪】(名・形動ダ) 最も悪いこと。また、そのさま。「ーの事態」↔最良・最善

ざい-あく【罪悪】 道徳や宗教の教え、法律などにそむく悪い行い。「ー感にさいなまれる」

ざい-い【在位】(名・自スル) 国王・天子・天皇などが位についていること。また、その期間。「ー二〇年」

さい-いき【西域】 →せいいき(西域)

ザイール〈Zaire〉「コンゴ②」の旧称。

さい-いん【斎院】 昔、賀茂神社に奉仕した未婚の内親王または女王。参考 伊勢神宮の場合は「斎宮」という。

さい-う【細雨】 細かい雨。霧雨。糠雨。

さい-うよく【最右翼】(軍の学校で、成績順に右から並んだことから)競争しているものの中で最も有力なもの。「優勝候補のー」

さい-うん【彩雲】 朝日や夕日にいろどられた美しい色の雲。

ざい-えい【在営】(名・自スル) 兵営内にいること。

ざい-えき【在役】(名・自スル) ①兵役・苦役などに服していること。②刑務所にはいって懲役に服していること。

さい-えん【才媛】 学問・才知のすぐれた女性。才女。

さい-えん【再演】(名・他スル) 同じ芝居をふたたび上演すること。また、同じ芝居の同じ役をふたたび演じること。

さい-えん【再縁】(名・自スル) ふたたび結婚すること。再婚。

さい-えん【菜園】 野菜畑。「家庭ー」

サイエンス〈science〉①科学。学問。②自然科学。

さい-おう【再往・再応】 ふたたび繰り返すこと。再度。二度。

ざい-おう【在欧】(名・自スル) ヨーロッパに滞在、または在住すること。「ー八年」

さいおう-が-うま【塞翁が馬】 人生の幸・不幸は変化が多くて予測できないことのたとえ。人間万事塞翁が馬。
【故事】昔、中国北境の塞付近に住む老人(塞翁)が、飼っていた馬に逃げられたが、のちにその馬は駿馬を連れてもどってきた。その息子が駿馬から落ちて足を折ったが、そのけがのために息子は戦場に行かずにすんだという話による。〈淮南子〉

さい-か【西下】(名・自スル) 首都から西のほう、特に東京から関西のほうへ行くこと。↔東上

さい-か【災禍】 わざわい。災難。災害。「大地震のー」

さい-か【最下】 いちばん下。いちばん劣っていること。↔最上

さい-か【裁可】(名・他スル) 君主が臣下の出す議案を裁決して許可すること。「ーを仰ぐ」

さい-か【載貨】 貨物を積むこと。また、その貨物。積み荷。

ざい-か【在荷】(名・自スル) 店・倉庫などに荷物や商品が現在あること。また、その荷物や商品。在庫。在庫品。

ざい-か【財貨】 ①金銭や、財産となる品物。②〔経〕人間の欲望を満足させる物。商品や貨物の総称。財。

ざい-か【罪科】 ①法律・道徳や宗教のおきてなどに反した行い。とが。②刑罰。法による処罰。しおき。「重いーに処す」

ざい-か【罪過】 つみとあやまち。

さい-かい【再会】(名・自スル) (久しく)会わなかった者どうしがふたたび会うこと。「ーを期する」

さい-かい【西海】 ①西方の海。②「西海道」の略。

さい-かい【再開】(名・自他スル) 一度中止または休止していた物事が、ふたたび始まること。また、始めること。「試合ー」

さい-かい【斎戒】(名・自スル) 神仏に仕える者や神聖な仕事に従う者が、飲食・行動を慎み心身を清めること。潔斎。

ーもくよく【ー沐浴】(名・自スル) 飲食・行動を慎み、体を洗い、心身を清めること。

さい-かい【際会】(名・自スル) 思わぬ事件や機会などに出くわすこと。「困難にーする」

さい-がい【災害】 地震・台風・洪水・旱魃などの天災や、火災・事故などによるわざわい。また、その被害。「ー対策」

ーほしょう【ー補償】 労働者が業務上、負傷・発

病・死亡した場合、使用者が行う補償。⇩労災保険

さい‐がい【塞外】グワイ ①とりでの外。②国境の外。③中国で、万里の長城の北側。

さい‐がい【際涯】 広い土地などの果て。限り。「―ない原野」

ざい‐かい【財界】 その国の経済に強い影響力のある実業家や金融業者などの社会。経済界。「―の巨頭」

ざい‐がい【在外】グワイ 外国にあること。外国にいること。「―邦人」

――こうかん【―公館】クワン 外国におく大使館・公使館・領事館など。

――しさん【―資産】 国外にある政府や国民の財産。

さいかいどう【西海道】サイカイダウ 五畿七道の一つ。今の九州地方。筑前・筑後・豊前・豊後・肥前・肥後・日向・大隅・薩摩・壱岐・対馬の一一か国。

さい‐かいはつ【再開発】（名・他スル）一定の地域を新たな計画のもとにさらに開発し直すこと。「駅前を―する」

さい‐かく【才覚】 ■一（名）すばやい知恵のはたらき。機転。「すぐれた―をあらわす」■二（名・他スル）苦心・くふうをして金品を集めたり計画を進めたりすること。工面。「資金を―する」

さいかく〔西鶴〕→いはらさいかく

さい‐がく【才学】 才知と学識。

ざい‐がく【在学】（名・自スル）児童・生徒・学生として学校に籍を置くこと。在校。「―証明書」

ざい‐かた【在方】 田舎。在。在所。

さいかち【×皂莢】〔植〕マメ科の落葉高木。山野に自生。茎や枝にとげがある。夏に緑黄色の花を開き、さや状の実を結ぶ。さやはせっけんの代用、実は漢方薬に用いる。[秋]

さい‐かん【才幹】 物事をやりとげる才能。能力。材幹。

さい‐かん【再刊】（名・他スル）中止していた定期刊行物や前に出版された書籍をふたたび出版すること。

さい‐かん【彩管】クワン 絵を描く筆。絵筆。「―をふるう」

さい‐かん【菜館】クワン 中国で、料理店。[参考]日本では、中華料理店の店名につける。

ざい‐かん【在官】クワン（名・自スル）官職についていること。

さい‐き【才気】 才知のすぐれた気性。鋭く活発な頭のはたらき。「―がみなぎる」

――かんぱつ【―△煥発】クワンパツ（名・形動ダ）頭のすばやいはたらきがはっきりと外にあらわれること。また、そのさま。

――じゅうおう【―縦横】ジュウワウ（名・形動ダ）頭がよく、どんな問題にもすぐ適切に対処できること。また、そのさま。

――ばし・る【―走る】（自五）ラ(ロ)・リ(ッ)・ル・ル・レ・レ いかにも才気にあふれていそうに見える。さいばしる。「―・った少年」

さい‐き【再起】（名・自スル）事故・病気や挫折などから立ちなおり、ふたたび以前の活動を始めること。「―を期する」

さい‐き【債鬼】 きびしく借金を取り立てる人を鬼にたとえた語。「―に責めたてられる」

さい‐ぎ【再議】（名・他スル）同じ事をふたたび相談すること。審議しなおすこと。「一度確定した事項は―しない」

さい‐ぎ【△猜疑】（名・他スル）人を素直に信用せず、自分に不利なことをたくらんでいるのではないかと疑うこと。「―心」

さい‐ぎ【祭儀】 祭りの儀式。「宮中の―」

さい‐きょ【再挙】（名・自スル）一度失敗した事業や計画などを、ふたたび起こすこと。「―をはかる」

さい‐きょ【裁許】（名・他スル）役所などで、可否を判断して許可すること。「申請を―する」

さい‐きょう【西京】キャウ 西の都。特に、東京に対して京都をいう。

――やき【―焼〔き〕】 白味噌に漬けた魚の切り身を焼いた料理。

さい‐きょう【最強】キャウ いちばん強いこと。「―のメンバー」

さいぎょう〔西行〕サイギャウ（一一一八〜一一九〇）平安末・鎌倉初期の歌人。俗名佐藤義清。北面の武士であったが、二三歳で出家。諸国を遍歴し、自然詩人として後世に大きな影響を与えた。歌風は平明枯淡で自在。家集「山家集」。（西行忌[春]）

ざい‐きょう【在京】キャウ（名・自スル）都にいること。東京、また古くは京都にいること。「―球団」

ざい‐きょう【在郷】キャウ（名・自スル）郷里にいること。在郷。「―の友人」

さい‐きん【細菌】 核をもたない原核細胞からなる微生物の総称。単細胞生物で、球形・桿形・らせん形などをし、おもに分裂によってふえる。赤痢菌・腐敗菌などの有害なものや乳酸菌などの有益なものがある。バクテリア。

さい‐きん【細△瑾】 小さなきず。わずかな欠点。小さいあやまち。「大行は―を顧みず」[語源]「細謹（＝こまかい心配り）」の誤記からできた語。

さい‐きん【最近】 現在にかなり近い過去のある時。近ごろ。副詞的にも用いる。「―の動向をさぐる」「―人気の店」

ざい‐きん【在勤】（名・自スル）勤務についていること。

さい‐ぎんみ【再吟味】（名・他スル）もう一度よく検討してみること。「計画を―する」

さい‐く【細工】（名・他スル）①手先を使って細かいものを作ること。また、作られた物。「精巧な―」②あるたくらみをもって、事実をごまかしたり細かな工夫をしたりすること。「陰で―する」

▼「細工」が下に付く語
（さいく）不―　（ざいく）飴―　埋め木―　紙―　小―　小刀―　竹―　角―　手―　籐―　嵌め木―　曲げ木―　寄せ木―　蠟―

――は流流仕上げを御覧じろ 十分に工夫をこらしてあるから、出来上がりを見てください。よい結果を生む自信のあるときの言葉。

さい‐ぐ【祭具】 祭りに使う道具。

さい‐ぐう【斎宮】 昔、伊勢神宮に奉仕した未婚の内親王または女王。斎宮。[参考]賀茂神社の場合は「斎院」という。

さい‐くつ【採掘】（名・他スル）鉱物などを掘り出すこと。

サイクリング〈cycling〉スポーツやレクリエーションとして自転車に乗ること。また、自転車の遠乗り。「―コース」

サイクル〈cycle〉①〔物〕周波数の単位。一サイクル毎秒は一ヘルツ。現在は「ヘルツ」を用いる。②物事がある変化の状態を経過してふたたびもとの状態に戻る循環過程。また、その周期。「流行の―」③自転車。「―ショップ」

――ヒット〈和製英語〉野球で、一人の選手が一試合中に単打・二塁打・三塁打・本塁打のすべてを打つこと。

サイクロイド〈cycloid〉〔数〕平面内で一直線上を円がすべることなく転がるときに、円周上の一定点が描く曲線。

サイクロトロン〈cyclotron〉〔物〕電磁石を利用して荷電粒子を加速する装置。原子核の人工崩壊などに用いる。

サイクロン〈cyclone〉〔気〕インド洋に発生する、台風に似た強い熱帯低気圧。

さい‐くん【細君】 ①（「細」は小の意）親しい人に自分の妻をいう語。②（転じて）同輩以下の人の妻をいう語。[参考]「妻君」ともあてる。

さい‐ぐんび【再軍備】（名・自スル）国家が、廃止していた軍事上の体制や設備・人員を再び持つこと。

サイケ（形動ダ）ダロ・ダッ(デ・ニ)・ダ・ナ・ナラ・○「サイケデリック」の略。

ざい-け【在家】〘仏〙出家しないで俗世間にいること。また、その人。在俗。「—仏教」↔出家

さい-けい【歳計】国や地方公共団体の、一年間または一会計年度内の収入・支出の総計。

さい-げい【才芸】才能と技芸。

ざい-けい【財形】（「勤労者財産形成促進制度」の略）勤労者が安定した財産を形成できるように、税制面などからの助成を行う制度。

—ちょちく【—貯蓄】（「勤労者財産形成貯蓄制度」の略）勤労者が財産形成のために税制面の助成を受けて、給与の一部を積み立てる貯金。

さいけい-こく【最恵国】〘法〙国家間で結ばれる通商条約や航海条約で最も有利な取り扱いを受ける国。「—待遇」

さい-けいれい【最敬礼】（名・自スル）最も丁寧なお辞儀。両手をひざまでおろし、上半身を深く前に曲げる。「—で迎える」

さい-けつ【採血】（名・自スル）検査や輸血などのために、体から血液をとること。「検査のため—する」

さい-けつ【採決】（名・他スル）議案の可否を会議の構成員の賛否の数によって決めること。⇩「使い分け」

さい-けつ【裁決】（名・他スル）①物事の理非をさばいて決めること。②〘法〙審査請求などの不服申し立てに対して行政庁が判断を与えること。また、その決定。⇩「使い分け」

> 使い分け「採決・裁決」
> 「採決」は、議案の可否を、会議構成員の賛否の数によって決定する場合に用いられ、「議事を採決する」「強行採決」「挙手による採決」などと使われる。
> 「裁決」は、物事の正邪を判定する場合や、意見の対立に対して行政庁が決定をくだす場合に用いられ、「裁決を仰ぐ」「裁決をくだす」などと使われる。

さい-げつ【歳月】年と月。年月。「長い—が流れる」

—人を待たず 年月は人間の都合や思惑にかかわりなく、どんどん過ぎ去ってしまう。

サイケデリック〈psychedelic〉（形動ダ）ダロ・ダッ(デ・ニ)・ダ・ナ・ナラ・○ 幻覚剤によって起こる幻覚や陶酔状態に似ているさま。けばけばしい色や不調和な音を使った表現などについていう。サイケ。

さい-けん【再建】（名・他スル）①建物を建てなおすこと。②一度衰えた事業・組織などを立てなおすこと。参考 ①で、神社・仏閣などを建てなおすときは、多く「さいこん」と読む。

さい-けん【再検】（名・他スル）もう一度検査・検討すること。再検査。再検討。

さい-けん【細見】■（名・他スル）詳しく見ること。■（名）①詳しい絵図や地図。②江戸時代、江戸吉原の遊郭の案内書。吉原細見。

さい-けん【債券】国や地方公共団体、企業などが、資金調達のために発行する有価証券。

さい-けん【債権】ある特定の人（=債権者）が他の特定の人（=債務者）に対して、一定の給付を請求する権利。貸した金などの支払いを請求する権利など。↔債務

さい-げん【再現】（名・自他スル）以前にあった事態や見た光景などが、ふたたび目の前に現れること。また、現すこと。「当時の状況を—する」

さい-げん【際限】物事の果て。限り。終わり。「—なく酒を飲む」用法 ふつう、あとに打ち消しの語を伴う。

ざい-げん【財源】資金を生むもと。もとでとなる金の出所。

さい-けんとう【再検討】ケンタウ（名・他スル）もう一度調べ考えてみること。「—の余地がある」

さい-こ【最古】最も古いこと。「日本—の遺跡」↔最新

サイコ〈psycho〉（名）①精神・心理に関すること。「—セラピー」②〘俗〙→サイコパス

さい-ご【最後】①いちばんあと。最終。「—を飾る」↔最初 ②（「…たら最後」「…たが最後」の形で）…したらそれっきり。「落ちたら—、助からない」③→さいご(最期) ⇩「使い分け」

—の切り札 とことん追い詰められたときに用いる、とっておきの有力な手段。**—の審判** キリスト教などで、この世の終わりに、人類が神によって裁かれること。**—の晩餐** キリストが受難の前夜、一二人の弟子とともにとった最後の夕食。

—つうちょう【—通牒】ツウテフ ①〘法〙紛争国間の平和的交渉の最終的段階で、一方から他方に対して提示される外交文書。最終的要求事項と、それが聞き入れられない場合は武力行使をも含む自由行動をとることを通告したもの。②話し合いを打ち切るといって、最終的に相手につきつける要求・通告。

—っぺ【—っ屁】→いたちのさいごっぺ

さい-ご【最期】命の尽きる時。⇩「使い分け」

類語 死に際・臨終・末期・終焉・今際・今際の際

> 使い分け「最後・最期」
> 「最後」は、いちばんあとの意で、「列の最後」「最後の切り札」などと使われる。
> 「最期」は、死に際の意で、「あわれな最期をとげる」「最期の言葉」などと使われる。この場合、「最後」と書いても誤りではないが、ふつうは「最期」と書く。

ざい-こ【在庫】（名・自スル）品物が倉庫にあること。また、その品物。ストック。「—品」「—管理」

さい-こう【再考】カウ（名・他スル）もう一度考えること。「—を促す」

さい-こう【再校】カウ 印刷物で、二度目の校正刷り。また、二度目の校正。二校。

さい-こう【再興】（名・自他スル）衰えていたものが、ふたたび盛んになること。また、ふたたび盛んにすること。「家の—をはかる」

さい-こう【採光】クワウ（名・自スル）室内に日光などの光をとり入れること。「—を考えた間取り」

さい-こう【細行】カウ とるに足りない行い。ささいな行為。

さい-こう【採鉱】クワウ（名・自スル）鉱石を掘りとること。

さい-こう【最高】カウ ■（名）高さや質・程度などがいちばん高いこと。「—記録」■（名・形動ダ）とてもすばらしいと満足すること。また、そのさま。「気分は—だ」（↔最低）

—がくふ【—学府】最も程度の高い学問を学ぶ学校。ふつう大学を指していう。

—けんさつちょう【—検察庁】ケンサツチヤウ〘法〙最上級の検察庁。検事総長を長とし、最高裁判所に対する公訴の提起を行う。最高検。

—さいばんしょ【—裁判所】〘法〙司法権の最高機関。最高裁判所長官と一四人の裁判官で構成。上告・特別上告・特別抗告について裁判権を有する終審裁判所。最高裁。

—ぜん【—善】〘哲〙人間の行為における最高の道徳的理想・目的。至善。至高善。

—ほう【—峰】①いちばん高い峰。「ヒマラヤ山脈の—」②ある分野で、いちばんすぐれた人物・もの。「日本文壇の—」

さい-こう【催行】カウ（名・他スル）団体旅行などの行事を、

計画・準備して実施すること。「最少ー人数」

ざい-こう【在校】（名・自スル）①児童・生徒・学生として学校に籍があること。在学。「ー生」②学校内にいること。

ざい-ごう【在郷】■（名・自スル）郷里にいること。ざいきょう。■（名）田舎。在。在所。ざいご。

ーぐんじん【ー軍人】ふつうの職業についているが、非常時に召集されて国を守る役目の退役または予備役の軍人。

ざい-ごう【罪業】《仏》①身・口・意の三業によってつくられる罪。罪となる行い。②罪の結果としてのむくい。

さいごうたかもり〔西郷隆盛〕（一八二七～一八七七）幕末・明治初期の政治家。号は南洲。薩摩藩（鹿児島県）出身。薩長連合・尊王倒幕運動に活躍。戊辰戦争で江戸城の無血開城に成功した。新政府の参議となり征韓論を唱えたが、いれられず退官。西南戦争に敗れ、自刃した。

さい-こうちょう【最高潮】緊張や興奮の最も高まる場面や状態。クライマックス。「祭りがーに達する」

さい-こく【催告】（名・他スル）①催促の通知をすること。②《法》相手に対して一定の行為をするように請求すること。また、その通知。

さい-ごく【西国】①西方の国。②九州地方。③「西国三十三所」の略。参考「さいこく」ともいう。

ーさんじゅうさんしょ【ー三十三所】近畿・中部地方の三十三か所の観音巡礼の霊場。

ざい-こく【在国】（名・自スル）①国もとにいること。在郷。②江戸時代、大名やその家臣が領国にいること。↔在府

サイコセラピー〈psychotherapy〉《医》精神療法。心理療法。

サイコパス〈psychopath〉精神病質者の俗称。特に、他者への共感や罪悪感を欠き、社会への適応に困難がある人をいう。サイコ。

さい-ころ【△賽◇子・×骰子】小さい立方体の各面に一から六までの目を記したもの。双六などに用いる。さい。

サイコロジー〈psychology〉心理。また、心理学。

さい-こん【再建】（名・他スル）神社・仏閣などをふたたび建てること。二度目の建立。「本堂をーする」

さい-こん【再婚】（名・自スル）配偶者と離別または死別した者が、ふたたび結婚すること。二度目以降にも使う。↔初婚

さい-さ【歳差】《天》春分点が太陽・月・惑星の引力の影響で毎年五〇秒二六ずつ東から西へずれていく現象。

さい-さい【歳歳】年ごと。毎年。「年々ー」

さい-さい【再再】（副）たびたび。何回も。再三。

さい-さき【◇幸先】よいことが起こる前ぶれ。転じて、物事を始める際の前ぶれ。「ーがよい」

サイザル-あさ【サイザル麻】〈sisal〉《植》キジカクシ科の多年草。メキシコ原産。熱帯地方で広く栽培され、剣状で多肉質の葉からとった繊維は漁網・ロープ用。シザル麻。

さい-さん【再三】（副）二度も三度も。たびたび。しばしば。「ー呼び出される」

ーさいし【ー再四】（副）何度も。「再三」を強めていう言葉。「ー注意をする」

さい-さん【採算】利益を考慮に入れて収入と支出を計算すること。「ーが合う（＝収支が引き合う）」

ーが取れる 収支が引き合う。利益がある。

ざい-さん【財産】個人や団体などの持っている金銭・土地など経済的価値のあるもの。資産。身代。参考所有者によって私有財産・公有財産、流動性からみて動産・不動産などがある。

ーか【ー家】財産を多く持っている人。金持ち。資産家。

ーけい【ー刑】《法》犯罪者の財産をとり上げる刑罰。罰金・科料・没収の三種がある。

ーけん【ー権】《法》財産的価値を所有する権利。物権・債権・無体財産権（知的所有権）がある。

さい-し【才子】①頭のはたらきがよく、知恵のすぐれた人。才人。才物。「ー佳人（＝才知のすぐれた男性と美しい女性）」②頭の回転が速く、ぬけめのない人。用法ふつう男性についていう。

ーたびょう【ー多病】才子はとかく病気がちだということ。「ー、佳人薄命」

さい-し【妻子】妻と子。つまこ。「ーある人」

さい-し【△釵子】平安時代、宮廷で女性が礼装のときに髪あげに使った飾り。金属で細長いU字形につくったもの。

さい-し【祭司】宗教上の儀式などをつかさどる者。

さい-し【祭△祀】神を祭ること。祭り。祭典。

さい-じ【細字】細かい文字。小さい字。ほそじ。「ー用のペン」

さい-じ【祭事】祭りの行事。神事。

さい-じ【細事】①ちょっとしたこと。ささいなこと。「ーにこだわる」②詳しい事柄。

さい-じ【催事】特別に行われる催し物。イベント。

ーじょう【ー場】展示会・バーゲンセールなど、特別の催しを行う場所。「デパートのー」

さい-じ【歳次】年まわり。とし。

さい-しき【才識】才知と識見。「豊かなー」

さい-しき【彩色】（名・自他スル）いろどること。彩色。

さい-しき【祭式】神を祭るときの順序や作法。

ーどき【ー土器】→さいもんどき

さいじ-き【歳時記】①一年中のおりおりの行事や生活・自然現象などを書いた書物。②《文》俳句の季語を整理・分類し、解説して例句を載せた書物。俳諧歳時記。季寄せ。

さい-しつ【妻室】身分のある人の妻。

さい-じつ【祭日】①祭りを行う日。②「国民の祝日」の俗称。③神道で、死者の霊を祭る日。

さい-じつ【斎日】→さいにち

ざい-しつ【在室】（名・自スル）部屋の中にいること。

ざい-しつ【材質】①木材の性質。「柔らかいーの木」②材料の性質。「ーの悪い部品」

さいし-て【際して】（「…に際して」の形で）…にあたって。…の際に。…するときに。「卒業にー植樹する」語源サ変動詞「さいする」の連用形「さいし」＋接続助詞「て」

ざい-しゃ【在社】（名・自スル）①会社に籍を置き、勤めていること。②会社の中にいること。「午後はーしています」

さい-しゅ【祭主】①中心になって祭事を行う人。②伊勢神宮の主位の神官。

さい-しゅ【採取】（名・他スル）調査・研究などのために、また、鉱物・植物などを利用するために、必要なものを拾いとること。選びとること。「指紋をーする」「薬草のー」

さい-しゅ【採種】（名・自スル）植物の種をとること。

さい-しゅ【債主】債権をもっている人。債権者。貸し主。

さい-しゅう【採集】（名・他スル）標本などにする目的で、動物・植物・鉱物などを取って集めること。「昆虫ー」

さい-しゅう【最終】①いちばん終わり。「ー回」「ー手段」「ー的」↔最初 ②その日の最後に発車する電車・バスなど。「ーに間に合う」

ざい-じゅう【在住】（名・自スル）その土地に住んでいること。「ロンドンー二〇年」

ざい-しゅく【在宿】（名・自スル）自宅にいること。在宅。

さい-しゅつ【再出】（名・自他スル）同じものがふたたび出る

こと。また、ふたたび出すこと。「—語句」

さい-しゅつ【歳出】 国家や地方公共団体の一会計年度内における支出の総計。「—削減に努める」↔歳入

さい-しゅっぱつ【再出発】(名・自スル) もう一度あらたにやりなおすこと。でなおすこと。「定年後の—」

さい-しょ【細書】(名・他スル) ①小さい文字で書くこと。また、その文字。②詳しく書くこと。また、詳しく書いたもの。

さい-しょ【最初】 いちばん初め。「—が肝心」↔最後・最終

さい-じょ【才女】ヂョ 才知のすぐれた女性。才媛さいえん。

さい-じょ【妻女】ヂョ ①妻と娘。②妻。

ざい-しょ【在所】 ①住みか。②国もと。郷里。③田舎いなか。

さい-しょう【妻△妾】セフ 妻と妾めかけ。

さい-しょう【宰相】シャウ ①総理大臣。首相。「一国の—」②「さんぎ(参議)㊁」の唐名。

さい-しょう【細小】セウ 細かくて小さなこと。

さい-しょう【最小】セウ いちばん小さいこと。↔最大

—げん【—限】 それ以上小さくなることができないぎりぎりの範囲。最小限度。「被害を—にくい止める」↔最大限

—こうばいすう【—公倍数】〘数〙二つ以上の自然数あるいは多項式の公倍数のうちで、最小または次数が最低のもの。↔最大公約数

—ち【—値】〘数〙実数値をとる関数が、その定義された変数の範囲内でとる最も小さい値。↔最大値

さい-しょう【最少】セウ ①いちばん少ないこと。↔最多 ②いちばん年が若いこと。最年少。↔最長

さい-じょう【祭場】ヂャウ 祭りを行う場所。斎場。

さい-じょう【斎場】ヂャウ ①祭りを行う場所。祭場。②葬儀を行う場所。葬儀場。「公営の—」

さい-じょう【最上】ジャウ いちばん上。最もすぐれていること。無上。極上。「—階」「—の品」↔最下

—きゅう【—級】キフ ①いちばん上の等級。いちばん上の学年。「—生」②〘文法〙西洋文法で、形容詞・副詞の語形変化の一つ。比較の対象となるものの中で、性質・状態などの程度が最も高いことを表す形。⇩原級・比較級

ざい-しょう【罪障】シャウ 〘仏〙悟りや成仏じょうぶつのさまたげとなる悪い行い。

ざい-じょう【罪状】ジャウ 犯罪の具体的内容。「—認否」

さい-しょく【才色】 女性のすぐれた才知と美しい容姿。

—けんび【—兼備】 女性がすぐれた才知と美貌びぼうとの両方をもっていること。

さい-しょく【彩色】(名・自他スル) →さいしき(彩色)

さい-しょく【菜食】(名・自スル) 人間が肉や魚を避けて、穀類や野菜類をおもな食べ物としていること。「—主義」↔肉食

ざい-しょく【在職】(名・自スル) その職務についていること。

さい-しん【再診】 二回め以降の診察・診療。

さい-しん【再審】(名・他スル) ①もう一度審査すること。②〘法〙すでに裁判で判決が確定した事件について、ふたたび審理しなおすこと。「—請求」

さい-しん【細心】(名・形動ダ) ①注意深く、すみずみまで心を配ること。「—の注意を払う」②気の小さいさま。小心。

さい-しん【祭神】 →さいじん(祭神)

さい-しん【最深】 いちばん深いこと。「太平洋の—部」

さい-しん【最新】 いちばん新しいこと。「—の情報」↔最古

さい-じん【才人】 ①才知のすぐれた人。才子。②物事を器用にこなし、抜けめのない人。

さい-じん【祭神】 その神社に祭ってある神。祭神さいしん。

サイズ〈size〉物の大きさ。寸法。「L—」「—をはかる」

ざ-いす【座椅子】 日本間で、すわって寄りかかるために使う、背もたれのついた脚のないいす。

さい・する【際する】(自サ変) シ(セ)・シ・スル・スル・スレ・シロ(セヨ) ある事情に出会う。何かが行われる時にあたる。「入社に—心構え」文さい・す(サ変) 用法 ふつう、連用形・連体形以外には用いられない。

さい-すん【採寸】(名・自スル) 衣服を作るときなどに、体の各部の寸法をはかること。「胴回りの—をする」

ざい-せ【在世】 この世に生きていること。この世に生きている間。在世ざいせい。「母の—中」用法 故人についていう。

さい-せい【再生】(名・自他スル) ①生き返ること。また、生き返らせること。②心を入れかえて正しい生活にはいること。「—を誓う」③廃物を加工してふたたび使えるようにすること。「—品」④生物の器官や組織の一部が失われても、ふたたびもとの状態に復すること。「トカゲの尾は—する」⑤録音・録画したものから、もとの音声や画像を出すこと。「—装置」⑥〘心〙過去に経験・学習したことを思い出すこと。想起。

—いりょう【—医療】レウ 〘医〙欠損したり機能を失ったりした体の組織や臓器を人工的に再生させる医療。

—かのう-エネルギー【—可能エネルギー】 自然現象の中でくり返し再生されるエネルギー。有限の化石燃料などとは異なり、永続的に利用できる。太陽光・風力・水力・地熱・バイオマスなど。自然エネルギー。

—し【—紙】 使用済みの紙を主原料にすき直した紙。

さい-せい【再製】(名・他スル) 一度製品になったものや廃物に手を加え、別のものに作りなおすこと。「—生糸きいと(=くず繭やくず糸をとかしてつくった生糸)」

さい-せい【済世】 世の中を救うこと。「—救民」

さい-せい【祭政】 祭事と政治。

—いっち【—一致】 祭事と政治が一致するものであるとする思想。また、その政治形態。

ざい-せい【在世】(名・自スル) →ざいせ

ざい-せい【財政】 ①国または地方公共団体が、必要な財力を取得し、管理する経済活動。「—再建」②個人や家庭の経済状態。「わが家の—事情」

さい-せいき【最盛期】 勢いがいちばんさかんな時期。

さい-せいさん【再生産】(名・他スル)〘経〙生産によって得た利潤を再投資して、生産を繰り返すこと。単純再生産・拡大再生産・縮小再生産がある。

さい-せき【砕石】(名・自他スル) 岩石をくだくこと。また、くだいた岩石。「—機」

さい-せき【採石】(名・自スル) 石材を切り出すこと。「—場」

ざい-せき【在席】(名・自スル) 職場で、自分の席にいること。

ざい-せき【在籍】(名・自スル) 学校・団体などに籍があること。「—者」

ざい-せき【材積】 木材や石材の体積。

ざい-せき【罪責】 罪を犯した責任。犯罪の責任。「—感」

ざい-せき【罪跡】 犯罪の証拠となる痕跡こんせき。「—を隠滅する」

さい-せつ【再説】(名・他スル) 繰り返し説明すること。

さい-せつ【細説】(名・他スル) 細かなところまで詳しく説明すること。詳説。「重要事項を—する」

さい-せん【再選】㊀(名・他スル) 選挙などで、同じ人をふたたび選び出すこと。㊁(名) 再度の当選。「—を果たす」

さい-せん【△賽銭】 神仏に参拝して供える金銭。「—箱」

さい-ぜん【最前】㊀(名) いちばん前。「—列」㊁(名・副) 先ほど。先刻。「—の話」

さい-ぜん【最善】 ①いちばんよいこと。最良。「—の策」↔最

悪②できる限りの努力。全力。ベスト。「—を尽くす」

さい‐ぜん【△截然】(タル) →せつぜん

さい‐ぜんせん【最前線】①戦場で、敵と直接向かい合う陣地。②非常に激しい競争・活動が行われているところ。第一線。「販売競争の—」

さい‐せんたん【最先端・最△尖端】①もののいちばん先の端。②時代や流行のいちばん先頭。「—の技術と設備をもつ」

さい‐そう【才藻】サウ 詩・文を作る才能。文才。

さい‐そう【再送】(名・他スル) 前に送ったものをまた送ること。「メールを—する」

さい‐そう【△洒掃・△灑掃】サウ 水をそそぎ、塵(ちり)をはらうこと。掃除。

さい‐そう【採草】サウ(名・自スル) 飼料・肥料用に草を刈り取ること。「—地」

さい‐そう【彩層】〔天〕太陽本体とコロナとにはさまれた層。皆既(かいき)日食のとき、コロナの内側に赤みを帯びて輝く部分。

さい‐ぞう【才蔵】ザウ ①万歳(まんざい)で、太夫(たゆう)の相手をして滑稽(こっけい)なわざを演じて歩く者。[新年] ②調子よくむやみに相づちを打つ人を軽蔑(けいべつ)していう語。

さい‐そく【細則】総則や通則に基づき、さらに細かい事柄を決めた規則。↔総則

さい‐そく【催促】(名・他スル) 早くするようにせきたてること。
—がまし・い(形)(カロ・カツ(ク)・イ・イ・ケレ・○) いかにも催促しているように感じられるさま。

ざい‐ぞく【在俗】〔仏〕出家しないで俗世間にいること。また、その人。在家(ざいけ)。「—の信者」↔出家

さい‐た【最多】いちばん多いこと。「—出場」↔最少

サイダー〈cider りんご酒〉清涼飲料水の一種。炭酸水に砂糖・香料を加えた飲み物。[夏]

さい‐たい【妻帯】(名・自スル) 妻を持つこと。また、妻を持っていること。「—者」

さい‐たい【△臍帯】〔生〕胎児と胎盤をつなぐひも状の管。へそのお。臍帯(せいたい)。
—けつ【—血】〔生〕臍帯に含まれる血液。造血幹細胞を多く含むため、白血病患者などに移植して治療に用いる。

さい‐だい【細大】細かいことと大きいこと。「—漏らさず(=一部始終。全部)聞き取る」

さい‐だい【最大】いちばん大きいこと。↔最小
—げん【—限】それ以上大きくなることができないぎりぎりの範囲。最大限度。「—の努力」↔最小限
—こうやくすう【—公約数】〔数〕二つ以上の自然数あるいは多項式の公約数のうちで、最大または次数が最高のもの。↔最小公倍数 [参考]比喩(ひゆ)的に、多くの事柄や意見の間で共通する部分を示すこともある。
—ち【—値】〔数〕実数値をとる関数が、その定義された変数の範囲内でとる最も大きい値。↔最小値

さい‐たく【採択】(名・他スル) いくつかある中から選んでとり上げること。「決議案を—する」

ざい‐たく【在宅】(名・自スル) 自分の家にいること。「—勤務」
—かいご【—介護】高齢者や病人を自宅で介護すること。特に、介護保険制度による在宅での介護サービス。

さいたま【埼玉】関東地方中央部の県。県庁所在地はさいたま市。

さい‐たる【最たる】(連体) 程度が、このうえなくはなはだしい。「悪文の—もの」

さい‐たん【採炭】(名・自スル) 石炭を採掘すること。

さい‐たん【最短】いちばん短いこと。「—距離」↔最長

さい‐たん【歳旦】(「旦」は朝の意) 一月一日の朝。元旦。また、元日。「—句」[新年]

さい‐だん【祭壇】祭事を行うために設けた壇。神仏・死霊などを祭り、供え物をささげる壇。

さい‐だん【裁断】(名・他スル) ①型に合わせて鋼材や紙・布などを断(た)つこと。カッティング。「—機」②善悪・是非などをはっきりと区別し、判断を下すこと。裁き。「—を下す」

ざい‐だん【財団】①法律上一つの物権と見なされる、一定の目的のために提供された財産の集まり。②「財団法人」の略。
—ほうじん【—法人】ハフジン〔法〕一定の目的のために提供された財産を運営するためにつくられる法人。公益目的であると行政庁から認定を受けた公益財団法人と、非営利目的の一般財団法人とがある。[参考]財産を本体とする点で、人の集団を本体とする社団法人と異なる。

さい‐ち【才知・才△智】すぐれた頭のはたらき。才能と知恵。「—にたける」

さい‐ち【細緻】(名・形動ダ) きめ細かくゆきとどいていること。綿密であること。また、そのさま。「—を極めた描写」「—な研究」

さい‐ちく【再築】(名・他スル) 建てなおすこと。再建。

さい‐ちゅう【細注・細△註】①詳しい注釈。②細かい字で書いた注釈。

さい‐ちゅう【最中】物事が行われていて、まだ終わらない段階。また、それがたけなわのとき。さなか。「試合の—に倒れる」

ざい‐ちゅう【在中】(名・自スル) 封筒や包みなどの中にその物がはいっていること。「原稿—」「写真—」

さい‐ちょう【再調】テウ(名・他スル) 調べ直すこと。再調査。

さい‐ちょう【最長】チャウ ①いちばん長いこと。「国内—の橋」↔最短 ②いちばん年上であること。最年長。↔最少

さいちょう【最澄】(七六七〜八二二) 平安初期の僧。日本天台宗の開祖。伝教(でんぎょう)大師。近江(おうみ)(滋賀県)生まれ。比叡(ひえい)山にいって修行。八〇四年空海とともに入唐(にっとう)、天台の教理を学んで翌年帰国し、天台宗を広めた。著書「顕戒論」など。

ざい‐ちょう【在庁】チャウ(名・自スル) 出勤して官庁にいること。

さいちょう‐ほたん【採長補短】サイチャウ 他人の長所をとり入れて、自分の短所を補うこと。「—の心構え」

さい‐づち【才△槌】木製の小型のつち。
—あたま【—頭】後頭部と額(ひたい)とが突き出た頭。

さい‐てい【再訂】(名・他スル) 書物などの文字・文章を一度訂正したあともう一度訂正すること。「—版」

さい‐てい【最低】㊀(名) 高さや質・程度などがいちばん低いこと。「—気温」「—の成績」㊁(名・形動ダ) 二度と接したくないほどに悪いこと。また、そのさま。「—な行為だ」(↔最高)
—げん【—限】これ以下はないという限界。最低限度。「—の生活」「—の準備」

さい‐てい【裁定】(名・他スル) 善悪・理非を裁いて決めること。「—を下す」「コミッショナーの—が出る」

ざい‐てい【在廷】(名・自スル) ①呼ばれて法廷に出頭していること。②朝廷に仕えていること。

さい‐てき【最適】(名・形動ダ) いちばん適していること。また、そのさま。「—の方法」「生存に—な環境」

ざい‐テク【財テク】〔俗〕(「財」は「財務」、「テク」は「テクノロジー」の略) 企業・個人が、株式・不動産などへの投資活動によって資産形成と資金の効率的運用を行うこと。

さい‐てん【再転】(名・自スル) 一度変わったことが、また変わ

ること。「ーして、原案にもどる」

さい-てん【祭典】 祭りの儀式。祭り。また、はなやかで大がかりな催し。フェスティバル。「スポーツのー」

さい-てん【採点】(名・他スル) 成績の評価や順位を出すために点数をつけること。「答案をーする」

さい-でん【祭殿】 祭りの儀式を行う建物。「ーを拝する」

ざい-てん【在天】(名・自スル) 神や霊魂などが天にあること。

ーの霊(れい) 死者の魂。

サイト〈site〉①敷地。用地。「キャンプー」②〘情報〙インターネット上で、さまざまの情報が提供されるページやその集合体。ウェブサイト。

ーマップ〈site map〉〘情報〙ウェブサイト全体の内容・構成をひと目で把握できるように、一覧で表示したもの。

さい-ど【彩度】〘美〙色の三要素の一つ。色のあざやかさの度合い。⇒色相(しきそう)・明度

さい-ど【済度】(名・他スル)〘仏〙仏が迷い苦しんでいる人々を救い、悟りの境地へ導くこと。「衆生(しゅじょう)ー」

サイド〈side〉①横。側面。わき。「プールー」②立場。一方の側。「消費者ー」③(外来語名詞の上に付いて)副次的・補助的の意を表す。「ーメニュー」④ラグビー・テニスなどで、敵・味方それぞれの陣地。「風上のーにかわる」

さい-ど【再度】(副) もう一度。ふたたび。「ー挑戦する」

サイド-アウト〈side out〉①バレーボールやバドミントンなどの競技で、サーブ権が相手側に移ること。②テニスなどの球技で、ボールがコートのサイドラインの外に出ること。

さい-とう【彩陶】(タウ) →さいもんどき

さい-どう【細動】〘医〙心臓の、心室や心房の筋肉が不規則に収縮する状態。「心室ー」⇒エーイーディー

さいとうもきち【斎藤茂吉】(一八八二〜一九五三) 歌人・医師。山形県生まれ。「アララギ」同人として活躍。「実相観入」説を唱え、歌風は万葉調に立脚しながら、近代的情感にあふれている。歌集「赤光(しゃっこう)」「あらたま」、歌論「童馬漫語」など。

サイドカー〈sidecar〉おもに人を乗せるために、オートバイの横に付ける舟形の車。側車。また、それの付いたオートバイ。

サイドキック〈sidekick〉サッカーで、足の側面を用いたボールのけり方。

さい-とく【才徳】 才知と人徳。「ーを兼ね備えている」

さい-どく【再読】(名・他スル) 読み返すこと。もう一度読むこと。「名作をーする」

ーもじ【ー文字】 漢文の訓読で、一字で二度読む漢字。「当(まさに…べし)」「猶(なお…ごとし)」など。再読字。

サイド-ステップ〈side step〉①球技やボクシングなどで、相手をかわすために左右に足を踏み出して移動すること。②ダンスで、横に足を運ぶ踊り方。

サイド-スロー〈sidearm throw から〉野球で、腕を横から水平にふってボールを投げる投げ方。横手投げ。サイドハンド。

サイド-テーブル〈side table〉机のわきや壁ぎわなどに置く、補助的な机。脇机。

サイド-ビジネス〈和製英語〉本業以外の仕事。副業。サイドワーク。参考 英語では side job という。

サイド-ブレーキ〈和製英語〉自動車などで、運転席の横などにあって停止状態を保つために手で引くブレーキ。ハンドブレーキ。「ーをかける」参考 英語では handbrake という。

サイドボード〈sideboard〉食器を収納したり、装飾品を飾ったりしておく洋風の戸棚。

サイド-ミラー〈和製英語〉自動車などの車体前部の両脇に取り付けられたバックミラー。参考 英語では sideview mirror(米)、wing mirror(英)という。

サイドライン〈sideline〉①テニス・バレーボールなどの、長方形のコートの長いほうの区画線。↔エンドライン ②傍線(ぼうせん)。

さい-とり【才取〔り〕】 ①売買をとりついで手数料を取ること。また、それを業とする人。②左官の助手で、漆喰(しっくい)や壁土を下から渡すこと。また、それをする人。

サイド-リーダー〈和製英語〉外国語教材の副読本。参考 英語では supplementary reader という。

サイド-ワーク〈和製英語〉→サイドビジネス

さいな・む【苛む・嘖む】(他五) マ(モ)・ミ(ン)・ム・ム・メ・メ 責めてしかる。また、いじめる。悩ます。「わが身をー」「不安にーまれる」

さい-なん【災難】 思いがけずふりかかる不幸なできごと。

さい-にち【斎日】〘仏〙在家信者が戒律を守り、心身や行いをつつしむ日。さいじつ。

ざい-にち【在日】(名・自スル) 外国人が日本に滞在または居住していること。「ー韓国人」

さい-にゅう【歳入】(ニフ) 国家や地方公共団体の一会計年度内における収入の総計。↔歳出

さい-にん【再任】(名・自他スル) ふたたび同じ職務や地位につくこと。また、つけること。「議長にーされる」

さい-にん【再認】(名・他スル) ふたたび認めること。

ざい-にん【在任】(名・自スル) 任務についていること。また、任地にいること。「ー中」

ざい-にん【罪人】 罪を犯した者。「ー扱いをされる」

さいにんしき【再認識】(名・他スル) 新たな場面・機会に臨んで、改めて価値や存在を認めること。「すばらしさをーする」

サイネージ〈signage〉看板。特に、ディスプレーなどを用いて映像を表示するものをいう。「デジタルー」

サイネリア〈cineraria〉→シネラリア

さい-ねん【再燃】(名・自スル) ①消えた火が、ふたたび燃え出すこと。②一度解決したり収まったりしていた物事がまた問題になること。「紛争がーする」「ブームがーする」

さい-ねんしょう【最年少】(ネンセウ) ある集団の中で、最も年下であること。また、その人。↔最年長

さい-ねんちょう【最年長】(ネンチヤウ) ある集団の中で、最も年上であること。また、その人。↔最年少

さい-のう【才能】 生まれつきの、あるいは訓練によって発揮される、物事をうまくなしとげる能力。「ーのある人」

さい-のう【採納】(ナフ)(名・他スル) 役に立つものとしてとり入れること。とり上げること。「議案をーする」

ざい-のう【財嚢】(ナウ)(「嚢」は袋の意) 財布(さいふ)。

さい-の-かわら【賽の河原】(カハラ)〘仏〙冥土(めいど)への途中にあるとされる三途(さんず)の川の河原。仏教説話で、親に先立って死んだ子供が父母の供養のためにこの河原で小石を積んで塔を作ろうとするが、何度やっても鬼がそれをこわすという。転じて、終わりのないことを続けるむだな努力のたとえ。

さい-の-め【賽の目・采の目】 ①さいころの各面にしるしてある数。②さいころほどの小さな立方体。「豆腐をーに切る」

サイノロジー〘俗〙妻に甘いこと。また、その人。妻のろ。語源 サイコロジー(=心理学)に語呂(ごろ)を合わせた語。

さい-は【砕破・摧破】(名・他スル) くだき破ること。

サイバー〈cyber〉「コンピューターに関する」「コンピューターネットワーク上の」の意を表す。「ー空間」

ースペース〈cyberspace〉コンピューターネットワーク上に電子的に作られた仮想空間。サイバー空間。電脳空間。

ーテロ〈cyberterrorism から〉コンピューターシステムに不正に侵入してシステムやデータを破壊・改変などし、社会や経

済を機能不全に陥れる行為。

さい-はい【再拝】 一 (名・他スル) 二度続けて拝むこと。二度敬礼すること。二 (名) 手紙の結びに相手に敬意を表して書く語。「頓首―」

さい-はい【采配】 ①昔、大将が士卒を指揮するために用いた、柄の先にふさのついた道具。②指図。指揮。
―を振る 指揮する。指図する。

〔采配①〕

さい-はい【△儕輩】 同じ仲間。同輩。儕輩。

さい-ばい【栽培】 (名・他スル) 食用・薬用・観賞用のために、植物を植えて育てること。魚介類の養殖をもさす。「野菜を―する」「―漁業」

さい-ばし【菜箸】 ①おかずをめいめいの皿にとり分けるためのはし。とりばし。②料理を作るときに使う長いはし。

さい-はじ・ける【才◇弾ける】 (自下一) ケ・ケ・ケル・ケル・ケレ・ケロ(ケヨ) 知恵のはたらきがすばやい。こましゃくれている。「―・けた子」

さい-ばし・る【才走る】 (自五) ラ(ロ)・リ(ッ)・ル・ル・レ・レ 才気がすばやくはたらいて抜け目がない。「いかにも―・った顔」

さい-はつ【再発】 (名・自スル) おさまっていた病気や事件などがふたたび発病・発生すること。「病気が―する」

ざい-ばつ【財閥】 ①大資本・大企業を有し、財界に勢力を振るう一族・一団。「―解体」②俗に、金持ち。

さい-はて【最果て】 中央から遠く離れ、これより先がない、いちばん外れの所。「―の地」

サイバネティックス 〈cybernetics〉 制御と通信という観点から、動的なシステムである機械、生物、社会を総合的に研究する学問。第二次世界大戦後のアメリカに起こった。

さいばら【催馬◇楽】 雅楽の一種。奈良時代の民謡などが、平安時代になって唐楽とともに宮中の雅楽の中にとり入れられてできた歌謡。

さい-はん【再犯】 ①ふたたび罪を犯すこと。また、その人。「―防止」②〔法〕懲役に処せられた者が、五年以内にふたたび有期懲役にあたる罪を犯すこと。(↔初犯)

さい-はん【再版】 (名・他スル) 既刊の書物をふたたび出版すること。また、その書物。重版。↔初版

さい-はん【再販】 ①(「再販売価格維持制度」の略)生産者があらかじめ販売価格を卸売業者や小売業者に指示し、それを守らせる契約で商品を販売する制度。出版物など特定品目に限って認められている。再販制度。②再販売。

さい-ばん【裁判】 (名・他スル) ①〔法〕紛争や訴訟に対して裁判所が法律に基づいて判断し法律の適用を決めること。刑事・民事・行政の三種類がある。②正・不正を裁くこと。
―いん-せいど【―員制度】 〔法〕無作為に選ばれた一般国民が、裁判員として重大な刑事裁判に裁判官とともに参加し、被告の有罪・無罪や量刑を決める制度。参考 二〇〇九(平成二十一)年から実施。
―かん【―官】 裁判所の構成員で、裁判をする権限をもつ国家公務員。
―しょ【―所】 民事訴訟・刑事訴訟の裁判をする国家機関。最高・高等・地方・家庭・簡易の各裁判所がある。

さい-ばん【歳晩】 年の暮れ。年末。歳暮。冬

さい-ひ【△柴扉】 ①木の枝を編んで作った扉。しばの戸。②わびしいすみか。わびずまい。

さい-ひ【採否】 採用と不採用。採用するかしないかということ。「―を決める」

さい-ひ【歳費】 ①国会議員に支給される一年間の手当。②一年間に使う費用。

さい-び【細微】 (名・形動ダ) 非常に細かく小さなさま。微細。

さい-ひつ【才筆】 すぐれた文章。また、それを書く才能。

さい-ひつ【細筆】 ①細い筆。②字を細かく書くこと。

さい-ひょう【砕氷】 (名・自スル) 氷をくだくこと。また、くだいた氷。
―せん【―船】 海面に厚く張りつめた氷をくだいて航路を開く特殊な装置をもった船。冬

さい-ひょう【細評】 細かい部分にわたっての批評。

さいひん-ち【最頻値】 〔数〕統計資料の度数分布表で、度数が最も大きい数値・階級値。モード。並数。

さい-ふ【財布】 金銭を入れて持ち歩く、布や革などで作った小さな袋。金入れ。
―の底をはたく 持ち合わせの金を全部使う。**―の紐を締める** 金を節約する。**―の紐を握る** 金銭の出し入れを管理・掌握する。

さい-ふ【採譜】 (名・他スル) まだ楽譜になっていない曲を、耳で聴いて楽譜に書きとること。「民謡を―する」

さい-ぶ【細部】 細かい部分。「―にわたって点検する」

ざい-ふ【在府】 (名・自スル) 江戸時代、参勤交代の制によって大名やその家臣が江戸に勤務すること。↔在国

サイフォン 〈siphon〉→サイホン

さい-ふく【祭服・斎服】 祭主や神主が祭事で着る衣服。

さい-ぶつ【才物】 すぐれた才能を持った人。↔鈍物

ざい-ぶつ【財物】 金銭と品物。また、宝物。財物。

さい-ぶん【祭文】 祭礼のとき、神霊に告げる文章。祭文。

さい-ぶん【細分】 (名・他スル) 細かく分けること。「土地を―する」「―化された学問」

さい-べつ【細別】 (名・他スル) 細かく区別すること。↔大別

さい-へん【再編】 (名・他スル) 組み合わせや組織を編成しなおすこと。再編成。「政界―」「部隊を―する」

さい-へん【砕片】 くだけたかけら。破片。「ガラスの―」

さい-へん【細片】 小さなかけら。細かいかけら。

さい-ぼ【歳暮】 年の暮れ。年末。歳晩。歳暮。冬

さい-ほう【西方】 ①西の方角・方面。西方。②〔仏〕「西方浄土」の略。
―じょうど【―浄土】 〔仏〕西のほうにあり、阿弥陀仏のいるという極楽浄土。

さい-ほう【再訪】 (名・他スル) ふたたび訪れること。

さい-ほう【採訪】 (名・他スル) 歴史学や民俗学などで、研究資料を集めるために、よその土地に出向くこと。「史料―」

さい-ほう【細報】 詳しい報道や報告。詳報。

さい-ほう【裁縫】 (名・自スル) 布を寸法に合わせて切って衣服などに縫いあげること。針仕事。仕立て。縫い物。お針。

さい-ぼう【才望】 すぐれた才能と高い人望。「―ある人」

さい-ぼう【細胞】 ①〔生〕生物体をつくっている構造上・機能上の最も基本的な単位。分裂によって増殖する。核をもつ真核細胞と、染色体はあるが核はもたない原核細胞とがある。さいほう。②共産主義政党などが地域や職場などを単位としてつくった末端組織の旧称。
―そしき【―組織】 ①同じ形や働きをもつ細胞の集まり。②一つの団体が小さく分かれて活動して団員を増やし、それらがさらに分かれて団員を増やしていく組織。
―ぶんれつ【―分裂】 〔動・植〕一つの細胞が分かれて二個の細胞になる現象。
―ゆうごう【―融合】 〔動・植〕複数の細胞が融合して単一の細胞になること。生物工学で雑種生物をつくる技術な

どとして用いられる。

ざい-ほう【財宝】財産と宝物。宝物の総称。「金銀—」

サイボーグ〈cyborg〉特殊な能力をもつように、人工臓器などによって体の一部を改造した人間。改造人間。語源 cybernetic organism から。

サイホン〈siphon〉①大気圧を利用して液体を一度液面より高い所に上げてから低い所に移すために用いる曲がった管。②コーヒーをわかすガラス製の器具。水蒸気の圧力を応用したもの。参考「サイフォン」ともいう。

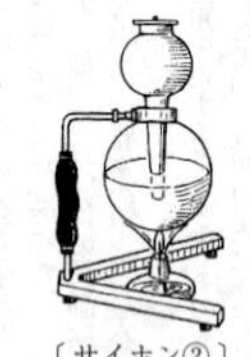

〔サイホン②〕

さい-まい【砕米】脱穀のときに出るくだけた米。くだけまい。

さい-まつ【歳末】年の暮れ。年末。「—大売り出し」图

さい-みつ【細密】(名・形動ダ) 細かくくわしいこと。また、そのさま。精密。「—画」

さい-みん【細民】下層階級の人々。貧しい人々。貧民。

さい-みん【催眠】薬を服用させたり暗示をかけたりして、ねむけをもよおさせること。「—療法」

—じゅつ【—術】言語・動作など特殊な暗示によって、人を睡眠に似た状態にひき入れる術。

—やく【—薬】〘医〙ねむけをさそう薬。睡眠薬。催眠剤。

さい-む【債務】ある特定の人(=債務者)が他の特定の人(=債権者)に対して物品・金銭などを給付する義務。借金を返す義務など。「—を負う」↔債権

ざい-む【財務】収入・支出・財産管理など、財政上の事務。

—しょう【—省】シャウ 中央行政官庁の一つ。国の財政・課税・税関業務・通貨・外国為替などに関する事務を扱う。二〇〇一(平成十三)年、大蔵省を改組して発足。

ざい-めい【在銘】刀剣や器物にその作者の銘(=名)が記してあること。↔無銘

ざい-めい【罪名】①犯罪の種類を表す名前。「横領の—で送検される」②罪があるという評判。「—をすすぐ」

さい-もう【採毛】(名・他スル) 動物の毛を刈りとること。

さい-もく【細目】細かい部分をとり決めた個々の項目。

ざい-もく【材木】建物・器具などの材料となる木。木材。ふつう、加工してあるものをいう。

さい-もん【△柴門】①しばで作った質素な門。②世捨て人などの質素な住居。わびずまい。

さい-もん【祭文】①→さいぶん(祭文) ②→うたさいもん ③(「祭文語り」の略)江戸時代、錫杖・ほら貝・三味線に合わせて歌祭文を歌い、家々を回って歩いた芸人。祭文読み。

さいもん-どき【彩文土器】〘世〙新石器時代末期から初期金属器時代にかけて原始農耕民が用いた土器。素焼きの土器に赤・白・黒などの色の文様がある。世界各地に分布。彩色土器。彩陶。

ざい-や【在野】公職につかずに民間にいること。また、政党が政権をとらずに野党の立場にいること。「—の学者」

さい-やく【災厄】突然の不幸なできごと。わざわい。災難。「—がふりかかる」

さい-ゆ【採油】(名・自スル) ①石油を地下から掘りとること。「—権」②植物の種などから、油をしぼりとること。

さい-ゆう【西遊】イウ (名・自スル) 西のほう、特に西洋へ旅すること。西遊(せいゆう)。「—の途につく」

さいゆうき【西遊記】サイイウキ 中国、明代の小説。呉承恩作という。唐の僧玄奘(=三蔵法師)と従者の孫悟空・猪八戒・沙悟浄とがインドに行き、多くの苦難を経て仏典を得て帰るという筋。四大奇書の一つ。

さい-ゆうせん【最優先】イウセン (名・自他スル) 他の何よりも先に扱うこと。あるいは、行うこと。「—すべき問題」

さい-よう【採用】(名・他スル) 適切な人材や意見・方法などをとり上げて用いること。「—試験」「君の意見を—する」

さい-よう【細腰】エウ 女性のほっそりとしなやかな腰。また、腰のほっそりした美人。柳腰。用法 美人の形容に用いる。

さい-らい【再来】(名・自スル) ①ふたたび来ること。「古きよき時代の—」②ふたたびこの世に生まれ出ること。生まれかわり。「キリストの—」

ざい-らい【在来】これまでふつうに行われてきたこと。今まであったこと。「—の工法」

—しゅ【—種】その地域に昔から生息していて、他の地域から持ち込まれたのではない生物種。↔外来種

—せん【—線】(新幹線に対して)従来からある鉄道路線。

さい-らん【採卵】(名・自スル) 卵を産ませてとること。

さい-り【△犀利】(名・形動ダ) ①武器などがかたくて鋭いさま。②文章の書きぶりや頭のはたらきが鋭いさま。「—な分析」

さい-りゃく【才略】才知によって仕組んだはかりごと。

さい-りゅう【細流】リウ 細い水の流れ。小川。

ざい-りゅう【在留】リウ (名・自スル) 一時ある場所にとどまること。特に、外国に住むこと。「—邦人(=外国にいる日本人)」

さい-りょう【宰領】リャウ (名・他スル) ①多くの者のかしらとして監督し、事を処理すること。また、その人。「—を委ねる」②団体旅行の世話をすること。また、その役。③昔、荷物運送に携わる者を指図・監督すること。また、その役。

さい-りょう【最良】リャウ いちばんよいこと。最善。「—の方法」↔最悪

さい-りょう【裁量】リャウ (名・他スル) その人の考えで判断して物事を処理すること。きりもり。「君の—にまかせる」

—ろうどうせい【—労働制】ラウドウセイ 勤務時間などの管理を労働者に委ね、あらかじめ労使の間で取り決めた労働時間を働いたとみなす制度。

ざい-りょう【材料】レウ ①物をつくり出すもとになるもの。「建築—」「料理の—を買う」②研究・調査の助けとなる資料や、作文・芸術作品の題材。「小説の—」③〘経〙相場を動かす要因。⇨原料「参考」

さい-りょく【才力】才知のはたらき。

ざい-りょく【財力】①財産があることから生じる勢力。金力。「—に物を言わせる」②費用を負担できる能力。

さい-りん【再臨】(名・自スル)〘基〙キリストが世界の終わりの日に、ふたたびこの世に現れて最後の審判を行うこと。

ザイル〈ドイ Seil〉登山用の綱。ロープ。

さい-るい【催涙】涙腺を刺激して涙を出させること。「—ガス(=涙腺を刺激して涙を出させる毒ガス)」

さい-れい【祭礼】祭りの儀式。神社などの祭り。祭典。

さいれ-ことば【さ入れ言葉】〘文法〙五段・サ変動詞の未然形に付く使役の助動詞「せる」の前に、必要のない「さ」を入れる言葉遣い。「行かせる」を「行かさせる」という類で、誤用。参考 上一段・下一段・カ変動詞の場合は助動詞「させる」が付くので、「見させる」などは正しい形。⇨させる・せる

サイレン〈siren〉多数の穴のある円板を高速で回し、穴から空気を吹き出させて音を出す装置。時報・警報などに用いる。

サイレンサー〈silencer〉消音器。防音装置。

サイレント〈silent〉①無音・無言であること。②〘映〙〈silent picture から〉無声映画。↔トーキー ③英語などで、つづり字の中の発音しない文字。knife の k など。無音。

—マジョリティー〈silent majority〉積極的な発言や行動はしないが多数派である一般大衆をさす語。

サイロ〈silo〉①冬期に備えて、牧草やトウモロコシなどの粗飼料を発酵させて貯蔵するための建造物。穀類・セメント・肥料などをばら積みにする塔状の倉庫にもいう。②地下に設けられたミサイル発射装置の格納庫。

〔サイロ①〕

さい-ろう【△豺△狼】 山犬と狼。残酷で欲の深い人のたとえ。

さい-ろく【才六・△賽六】 ①「丁稚」の別名。②人をののしっていう語。特に江戸の人が上方の人を見下していった。ぜいろく。語源①は、双六で二個の賽の目が両方とも一になる「重一」にかけ、その裏の目の六を連想していったところからという。

さい-ろく【再録】（名・他スル）①ふたたび録音・録画すること。②以前に発表した文章を、別の書物などにふたたび収録・掲載すること。「—記事」

さい-ろく【採録】（名・他スル）とり上げて記録すること。また、そのもの。「方言の—」「野鳥の声を—する」

さい-ろく【載録】（名・他スル）書いて雑誌などに載せること。

さい-ろん【再論】（名・他スル）すでに論じられたことのある同じ事柄についてふたたび論じること。また、その議論。

さい-ろん【細論】（名・他スル）細かな点にわたって論じること。また、その議論。詳論。

さいわい【幸い】 ■一（名・形動ダ）望みどおりで満足なさま。しあわせ。運のいいさま。幸運。「不幸中の—」「もっけの—」■二（副）運よく。ちょうどよく。「—入場券が手にはいった」

さいわい・する【幸いする】（自サ変）ある事柄によって、都合のよい結果がもたらされる。「何が—かわからない」「雨が—・して勝った」文さいはひ・す（サ変）

さい-わりびき【再割引】（名・他スル）《経》ある金融機関が一度割り引いた手形を、中央銀行や他の金融機関がふたたび割り引くこと。⇩手形割引

さい-わん【才腕】 すぐれた才能や頭のはたらきによって、物事をてきぱきと処理する腕前。手腕。「—をふるう」

サイン〈sign〉（名・自スル）①名前をしるすこと。署名。「契約書に—する」②合図すること。また、その合図。「ブイー」「—プレー」参考英語で、①の「署名」は signature、芸能人などにもらう「サイン」は autograph という。②は signal ともいう。

—ペン〈和製英語〉水溶性インクを軸に詰め、合成繊維を筆先とした細字用の筆記用具。（商標名）

サイン〈sine〉《数》三角関数の一つ。直角三角形の一つの鋭角について、斜辺に対する対辺の比。正弦。記号 sin ⇩三角関数

ざ-いん【座員】 劇団などの一座に属している人。

ザイン〈ドイツ Sein〉《哲》実際にあること。実在。存在。↔ゾルレン

ざ-う【座右】→ざゆう

さうざう・し（形シク）《古》心が満たされずに、なんとなくもの足りない。心さびしい。

サウジアラビア〈Saudi Arabia〉アラビア半島の大部分を占める王国。首都はリヤド。

サウスポー〈southpaw〉①野球で、左投げの投手。左腕投手。②左ききのボクサー。③左きき。

さうぞ・く【装◇束く】（自四）《古》（名詞「装束」を活用させたもの）①身じたくする。よそおう。②支度する。用意する。

サウナ〈フィンランド sauna〉フィンランド風蒸しぶろ。熱気と蒸気で室内の温度・湿度を高め、汗を出す。サウナ風呂。

さう-な・し【左右無し】（形ク）《古》①どれとも決まらない。②たやすい。簡単だ。あれこれと考えるまでもない。

さうら・ふ【◇候ふ】《古》■一（自四）①目上の人のそば近くにひかえる・仕える意の謙譲語。おひかえ申し上げる。お仕え申し上げる。②「あり」の丁寧語。あります。ございます。おります。■二（補動四）他の語に付いて丁寧の意を添える。参考「さぶらふ」から出た語。中世の「平家物語」では、男性は「さうらふ」を、女性は原形の「さぶらふ」を用いている。

サウンド〈sound〉音。音響。音声。

—トラック〈soundtrack〉《映》映画フィルムのへりにある、歌や音楽を録音する録音帯。また、その録音した歌や音楽。サントラ。

—ボックス〈soundbox〉①弦楽器の胴体。共鳴箱。②蓄音器の針の振動を受けて音を再生する装置。

さえ【△冴え】 ①腕前や頭のはたらきなどが鋭くすぐれていること。「腕の—を見せる」②光・色・音などがすみきっていること。

さえ ■一（副助）ある事柄にさらに添い加わる意を表す。…まで。「雨もやみ、日—出た」「最後のたのみ—もなくなった」■二（係助）①程度の軽いものをあげ、それ以外を類推させる意を表す。…すら。「小学生で—理解できる」②（「さえ…ば」の形で）他の事柄は顧みない意をこめて、一つの事柄を示す。「達者でい—すれば他に何も望まない」用法種々の語（体言、用言・助動詞の連用形など）に付く。参考口語では、■二の類推・限定の意で格助詞・副助詞と重なる場合、必ず下に位置することなどから係助詞とされるが、学校口語文法では副助詞に含める。文語では「さへ」は副助詞で■一の意味が一般的。

ざえ【◇才】《古》①学問。特に、漢学。②芸能。特技。③（「ざえのをのこ」の略）内侍所などで神楽などで歌をうたう人。

さえ-かえ・る【△冴え返る】（自五）①少しの曇りもなくすみきっている。「夜空に—月の光」②身にしみるほど寒さがきびしい。「—冬の朝」③立春後、寒さがぶり返す。春

さ-えき【差益】《商》価格の変動・改定や売買の収支などで生じた差し引きの利益。「円高—」↔差損

さえぎ・る【遮る】（他五）①物事の進行を、途中でじゃまして止める。「話を—」②間に物を置いて、向こうが見えないようにする。しきる。「霧で視界が—・られる」可能さえぎ・れる（下一）語源「先切る」の音便形「さいぎる」の転。

さえ-ざえ【△冴え△冴え】（副・自スル）すみきっているさま。さわやかですがすがしいさま。「—とした青空」

さえず・る【△囀る】（自五）①小鳥がしきりに鳴く。「ヒバリの—声」春②（軽蔑する意をこめて）やかましくしゃべる。可能さえず・れる（下一）

さ-えだ【◇小枝】 小さな枝。こえだ。

さ-えつ【査閲】（名・他スル）①実地に調べること。「書類を—する」②特に、軍事教育の成果を調べること。「—官」

さえ-の-かみ【◇塞の神・×道祖神】→どうそじん

さ・える【△冴える】（自下一）①しんしんと冷える。「寒さが一段と—」冬②中に汚れや濁りがなく、光・音・色などがすみきって鮮明になる。「冬の夜空に星が—」③腕前・技術などがあざやかである。「筆が—」④感覚のはたらきが鋭くなる。「頭が—」「目が—」⑤（「さえない」の形で）どことなく物足りない。ぱっとしない。「—・えない結果に終わる」「顔色が—・えない」文さ・ゆ（下二）

さえ-わた・る【△冴え渡る】(自五) ラ(ロ)・リ(ッ)・ル・ル・レ・レ ①一面にすみきって少しの曇りもない。「ー・った秋の空」「笛の音がー」②頭のはたらきや手ぎわが非常にあざやかである。「推理がー」

さ-えん【茶園】ヱン ― 茶畑。茶園。

-さお【△竿・△棹】サヲ (接尾) 旗・簞笥・長持・羊羹などを数える語。「長持一ー」「簞笥二ー」

さお【△竿・△棹】サヲ ①枝葉を取り去った細長い木や竹の棒。釣りざお・物干しざお・旗ざおなど。プラスチック製などのものにもいう。②水底をついて船を進めるのに用いる長い棒。水棹。③三味線の胴から上の、糸を張る長い柄の部分。また、三味線。④目盛りをきざんだはかりの棒。⑤簞笥・長持などにさしてかつぐ棒。参考「竿」は竹の棒。「棹」は舟のさお、三味線の糸を張る部分など。

さ-おう【沙翁】ヲウ ―「シェークスピア」をいう語。沙翁。

さお-さ・す【△棹差す】サヲ ― (自五) サ(ソ)・シ・ス・ス・セ・セ ①さおを水底に突き立てて船を進める。「流れにー」②時流にうまく調子を合わせ身を処していく。「時勢にー」参考 最近では「時流に逆行、抵抗する」の意味に誤用されることもある。

さ-おしか【◇小◇男鹿・◇小△牡鹿】ヲシカ ― (「さ」は接頭語) おすの鹿。おじか。秋

さお-だけ【△竿竹】サヲ ― 物干しなどに用いる竹の棒。たけざお。

さお-だち【△竿立ち】サヲ ― 馬などが前足を高くあげて後ろ足で立つこと。棒立ち。

さお-づり【△竿釣〔り〕】サヲ ― 釣りざおを使って魚を釣ること。

さ-おとめ【早乙女・早◇少女】オトメ ― ・ヲトメ ― (「さ」は接頭語) ①田植えをする若い女性。夏 ②おとめ。少女。参考「早乙女」は、常用漢字表付表の語。

さお-ばかり【△竿秤・△棹△秤】サヲ ― はかりの一種。目盛りのあるさおの一端にはかりたい物をかけ、分銅を動かして釣り合いのぐあいで重さをはかる。

さお-ひめ【佐◇保姫】サホ ― 春をつかさどる女神。春 語源 佐保山が奈良の東方にあり、五行説で東は春に通じることから出た語。⇩竜田姫

さお-もの【△棹物】サヲ ― 羊羹・外郎など、棒状の和菓子の総称。棹物菓子。

さか-【逆】(接頭) 名詞や動詞に付いて、方向・順序・道理などが反対または逆である意を添える語。「ー子」「ー立つ」

さか【坂】①傾斜している道。傾斜面。「急なー」②(物事の進行を、坂を登るのにたとえて) 人生や仕事などの区切りや境になる段階。「五〇のーを越える」

さ-か【茶菓】クワ ― 茶と菓子。茶菓。「ーのもてなしを受ける」

さが【◇性】①生まれつきの性質。「悲しいー」②ならわし。習慣。「浮き世のー」

さが〔佐賀〕九州北西部の県。県庁所在地は佐賀市。

ざ-か【座下】①座席のそば。身近なところ。②手紙のあて名の左わきに記して敬意を表す語。「おそばに」の意。机下。

ざ-が【座△臥・坐△臥】グワ ― (名・自スル) すわることと寝ること。日常生活。「行住ーー(=ふだんの立ち居振る舞い)」

さか-あがり【逆上〔が〕り】鉄棒を両手で握り、足で地面をけったり腹筋・腕力を利用したりして回転し、腹部と両手で鉄棒上に体を支える姿勢になること。

さかい【境・◇界】サカヒ ①物と物とが接する所。②土地の区切り。「隣家とのー」③ある状態と別の状態との分かれ目。きわ。「生死のーをさまよう」④限られた範囲内の場所。「神秘のー」

―め【―目】①物と物とが分かれている区切り目。②ある状態と別の状態との分かれ目。「生と死のー」

さかい サカヒ (接助)(方)(関西で)「のゆえに」「から」の意を表す。「近くやー、すぐ着くわ」

さか-うらみ【逆恨み・逆◇怨み】(名・他スル) ①自分が恨む人から、逆に恨まれること。「ーを受ける」②人の好意を悪くとって逆に恨むこと。「親切で忠告したのにーされる」③(俗)筋違いなことを理由に相手を恨むこと。

さか・える【栄える】(自下一) エ・エ・エル・エル・エレ・エロ(エヨ) 勢いが盛んになる。繁栄する。繁盛する。「町がー」↔衰える 文さか・ゆ(下二)

さか-おとし【逆落〔と〕し】①真っ逆さまに落とすこと。②急斜面を馬に乗って一気に駆け降りること。「鵯越えのー」

さか-がめ【酒△甕】酒を入れてたくわえておくかめ。酒甕。

さかき【人榊】さかき (字義) →次項。参考「榊」は国字。

さか-き【△榊】〘植〙サカキ科の常緑小高木。暖地の山林中に自生。葉は厚く光沢があり長楕円形。初夏に白い花を開く。枝葉を神前に供える。(さかきの花 夏)

さ-がく【差額】差し引いた残りの金額。「収支のー」

―ベッド 入院患者が、健康保険の適用範囲外の特別室を希望し、給付との差額を自己負担すること。

ざ-がく【座学】演習・実技に対して、講義形式の学科。

さか-ぐせ【酒△癖】→さけぐせ

さか-ぐら【酒蔵・酒倉】酒を醸造、また貯蔵しておく蔵。

さか-け【酒気】酒を飲んだようす。酒のにおい。酒気。

さか-げ【逆毛】逆立っている毛。逆立てた毛。

さか-ご【逆子】胎児が、ふつうと違って母胎内で頭を上にしていること。尻や足のほうから生まれること。また、その子。

さかさ【逆さ】(名・形動ダ)「さかさま」の略。

―ことば【―言葉】①語の音を逆にしていう言葉。「これ」を「れこ」、「種」を「ねた」、「はまぐり」を「ぐりはま」という類。②反対の意にいう言葉。「かわいい」を「にくい」という類。

―びょうぶ【―△屛風】ビャウ ― 死者の枕元に上下を逆さまにして立てるびょうぶ。

―ふじ【―富士】湖などの水面に映った、逆さまの形に見える富士山の影。美しい景色とされる。

―まつげ【―△睫】ふつうとは逆に、眼球に向かって生えたまつげ。さかまつげ。

さか-さま【逆様】(名・形動ダ) 順序や位置がふつうとは反対であること。また、そのさま。さかしま。「頭からーに落ちる」類語 逆さ・真っ逆さま・あべこべ・反対・逆

さが・し【◇険し・△嶮し】(形シク)《古》①けわしい。「ー・しき山、はるかに見ゆ」〈うつほ〉②危ない。危険である。

さがし-あ・てる【捜し当てる・探し当てる】(他下一) テ・テ・テル・テル・テレ・テロ(テヨ) ほうぼうさがしまわって、目あての物や人を見つけ出す。「友達の居所をー」文さがしあ・つ(下二)

さかし・い【◇賢しい】(形) カロ・カッ(ク)・イ・イ・ケレ・〇 ①かしこい。知恵がある。「ーやり方」②利口ぶって生意気である。こざかしい。「ーことをいう」文さか・し(シク)

さか-しお【酒塩】シホ ― 調理のときに味をよくするために少し酒を加えること。また、その酒。

さか-しま【逆しま】(名・形動ダ) ①→さかさま ②道理にかなっていないさま。よこしま。「ーな考え」

さかし-ら【◇賢しら】(名・形動ダ) 利口ぶって生意気にふるまうこと。わかったふりをすること。また、そのさま。「ーを言う」

ざ-がしら【座頭】①いちばん上座にすわっている人。会議の中心になる人。②演芸一座の頭。座長。

さが・す【捜す・探す】(他五) サ(ソ)・シ・ス・ス・セ・セ《中心義―どこにあるか分からないものの所在を知ろうとあちこち動き回る》人や物を見つけようとあちらこちらをたずねる。捜索する。探索する。

「人を―」「財布を―」可能 さが・せる(下一) ⇒「使い分け」

> 使い分け 「捜す・探す」
> 「捜す」は、見えなくなったものをさがしだす意で、「犯人を捜す」「落とし物を捜す」「迷子を捜す」などと使われる。
> 「探す」は、ほしいものを見つけようとする意で、「宝物を探す」「職を探す」「住まいを探す」などと使われる。一般的には「探す」が使われ、「捜す」は限られた範囲で使われる。

さか-ずき【杯・盃】―ヅキ（「酒杯(さかつき)」の意）①酒を飲むのに用いる小さな器。酒杯。猪口(ちょこ)。「―をほす」②「杯事(さかずきごと)」の略。

―を返(かえ)す ①さされた杯の酒を飲みほして、その杯を相手にさし返す。返杯する。②子分が親分に対して縁を切る。**―を貰(もら)う** ①さされた酒を飲む。②親分子分の縁を結ぶ。

―ごと【―事】①夫婦・兄弟・親分子分などの関係を結ぶために杯をとりかわして約束を固めること。②杯をやりとりして酒を飲みあうこと。酒宴。

さか-ぞり【逆剃り】（名・他スル）かみそりの刃を髪やひげの生えている方向とは逆のほうに向けてそること。逆剃(さかず)り。

ざ-かた【座方】江戸時代、芝居小屋の使用人。

さか-だい【酒代】→さかて(酒手)

さか-だち【逆立ち】（名・自スル）①てのひらを地につけて体を支え、両足を上へのばして立つこと。倒立。「―しても(=どうがんばっても)かなわない」②物の上下が逆になっていること。

さか-だ・つ【逆立つ】（自五）タ(ト)・チ(ッ)・ツ・ツ・テ・テ 逆さまに立つ。反対の方向へ立つ。「髪の毛が―」他 さかだ・てる(下一)

さか-だ・てる【逆立てる】（他下一）テ・テ・テル・テル・テレ・テロ(テヨ) 逆さまに立てる。「柳眉(りゅうび)を―(=美人が怒るさま)」自 さかだ・つ(五) 文 さかだ・つ(下二)

さか-だる【酒樽】酒を入れておくたる。

さか-づき【杯・盃】「さかずき」と書くのが本則。→さかずき

さか-つぼ【酒壺】酒を入れておくつぼ。

さか-て【逆手】①逆に持つこと。㋐短刀などの、刃が小指のほうにくる握り方。㋑鉄棒で、てのひらが自分のほうに向く握り方。逆手(ぎゃくて)。↔順手 ②相手の攻撃をかわし、それを逆に利用して攻め返すこと。逆手(ぎゃくて)。「―に出る」「―にとる」

さか-て【酒手】①運転手や使用人などに料金・賃金以外に与える金。酒代。チップ。心づけ。②酒の代金。酒代。

さか-とうじ【酒杜氏】→とうじ(杜氏)

さか-な【肴】（「さか」は酒、「な」は菜でおかず）①酒を飲むときに添えて食べるもの。「塩辛を―に飲む」②酒席におもしろみを添える歌や踊り・話題など。

さか-な【魚】（酒の肴(さかな)の代表的なものとして）うお。魚類。

さが-な・い（形）カロ・カッ(ク)・イ・イ・ケレ・○ 性質がよくない。意地が悪い。「口―」文 さがな・し(ク)

さか-なで【逆撫で】（名・他スル）①髪や毛などを、生えている方向とは反対の方向になでること。②相手の気にさわることを、わざと言ったりしたりして刺激すること。「神経を―する」

さか-なみ【逆波・逆浪】風などによって流れにさからってまき上がる波。「―が立つ」

ざ-がね【座金】①ボルトを締めるとき、ナットの下に置く金属板。ワッシャー。②調度や武具などで、打った鋲(びょう)などの下に置いて材を保護し、装飾をかねる金具。座金物(ざがなもの)。

さか-ねじ【逆捩じ】―ネヂ ①反対の方向にねじること。②相手の非難や抗議に対して、反対に攻め返すこと。「―を食わす」

さかのうえのたむらまろ【坂上田村麻呂】サカノウヘノタムラマロ（七五八〜八一一）平安初期の武将。征夷(せいい)大将軍として蝦夷(えぞ)を平定。

さか-のぼ・る【遡る・溯る】（自五）ラ(ロ)・リ(ッ)・ル・ル・レ・レ ①流れと反対の方向に進む。「川を―」②物事をたどって過去や根本に立ち返る。「昔に―って考える」

さか-ば【酒場】酒を飲ませる店。バーや居酒屋など。

さか-ぶね【酒槽】酒をためておく、また酒をしぼるために用いる大きな木製の入れ物。

さか-ほがひ【酒祝ひ】―ホガイ（古）（古くは「さかほかい」）酒を飲んで祝うこと。

さか-ま・く【逆巻く】（自五）カ(コ)・キ(イ)・ク・ク・ケ・ケ 流れにさからうように波がまき上がる。また、わき上がるように激しく波うつ。「―波」

さか-また【逆叉・逆戟】→しゃち①

さがみ【相模】旧国名の一つ。現在の神奈川県の大部分。相州(そうしゅう)。

さか-みち【坂道】坂になっている道。傾斜した道。

さか-むけ【逆剥け】つめの生えぎわの表皮が荒れて、指のつけ根のほうに向かってむけること。ささくれ。

さか-むし【酒蒸し】塩をふった魚介類に酒を加えて蒸すこと。また、その料理。「あさりの―」

さか-むろ【酒室】酒を造るための建物。

さか-め【逆目】①目を逆立てること。また、木目に逆らって削ること。②木目(もくめ)が逆になっていること。

さか-もぎ【逆茂木】敵の侵入を防ぐため、とげのある木の枝を外へ向けて作った柵(さく)。鹿砦(ろくさい)。

さかもとりょうま【坂本龍馬】（一八三五〜一八六七）幕末の志士。土佐藩(高知県)郷士。脱藩して勝海舟に師事し、海援隊を組織。薩長(さっちょう)連合を計り、大政奉還に尽力したが京都で暗殺された。

さか-もり【酒盛り】（名・自スル）人々が集まって酒を飲んで楽しむこと。酒宴。

さか-や【酒屋】酒を造る店。酒を売る店。また、その人。

さかやき【×月代】①平安時代、男子が冠のあたる部分の頭髪を半月形にそった、その部分。月代(つきしろ)。②武家時代、男子が額(ひたい)から頭の中央にかけて頭髪をそった、その部分。

〔さかやき②〕

さか-やけ【酒焼け】（名・自スル）よく酒を飲むために顔が日焼けしたように赤くなっていること。「―した顔」

さか-ゆ・く【栄行く】（自四）（古）栄えていく。ますます勢いが盛んになっていく。

さか-ゆめ【逆夢】夢で見た内容が、現実には反対の結果となって現れる夢。↔正夢(まさゆめ)

さか-よせ【逆寄せ】（名・自スル）攻撃してくる敵に向かって、逆にこちらから攻めていくこと。逆襲。

さから・う【逆らう】サカラフ（自五）ワ(オ)・イ(ッ)・ウ・ウ・エ・エ ①相手の注意・命令などに従わない態度をとる。「親に―」②物事の勢いや自然な流れと反対の方向に進もうとする。「流れに―って進む」《↔従う》可能 さから・える(下一)
類語 たてつく・そむく・刃向かう・手向かう・反逆する・反抗する・敵対する

さかり【盛り】①物事の勢いがいちばん盛んな時期や状態。「夏の―」②人間が精神的・肉体的に最も充実している時期。「人生の―を過ぎる」③鳥や獣が発情すること。「猫に―がつく」

▼「盛り」が下に付く語
（さかり）出―　真っ―　（ざかり）男―　女―　血気―　食べ―　伸び―　働き―　花―　日―　分別―　娘―　世―　若―

――ば【―場】商店・娯楽場などが建ち並び、人の多く集まるにぎやかな場所。繁華街。「―をうろつく」

さがり【下がり】①位置・程度・段階・数値などが低くなること。「気温の上がり―が激しい」↔上がり ②物にかかって垂れていること。また、その物。「―藤」③(時を表す語に付いて)その時刻を過ぎていること。「昼―」④相撲で、力士がまわしの前に下げるひも状の物。「―をさばく」⑤→おさがり

――め【―目】①目じりの下がった目。たれ目。②勢い・腕前などの衰えかけたとき。落ちめ。「人気の―」③物価・相場の下がりかけたとき。(↔上がり目)

さか・る【盛る】(自五) ①勢いが盛んになる。「火が燃え―」②繁盛する。繁栄する。「商いが―」③鳥や獣が発情して交尾する。つるむ。

さか・る【◦離る】(自四)(古)はなれる。遠ざかる。

さが・る【下がる】(自五) ①高い所から低い所へ移る。また、前方から後方へ移る。「水位が―」「一歩―」↔上がる ②上端が固定されて下方に向く。ぶらさがる。垂れる。「つららが―」③数値が低くなる。「温度が―」「点数が―」↔上がる ④値段が安くなる。「物価が―」↔上がる ⑤地位・階級が低くなる。「位が―」↔上がる ⑥機能や技能などが衰える。「能率が―」「腕が―」↔上がる ⑦地位の高い人のいる所から退く。「宮中から―」⑧勤め先や学校などから家に帰る。「宿へ―」⑨京都市中で、南へ行く。「三条―」↔上がる ⑩官庁の許可などが与えられる。おりる。⑪神仏・目上の人から物品を与えられる。「お供物が―」⑫時があとのほうに移る。くだる。「時代が―」他さ・げる(下一) 可能さが・れる(下一) ⇩おりる「ちがい」

さかろ【逆◬艪】船首にも船尾にも艪を付け、舟を前後どちらへでも進められるようにしたしかけ。

さ-かん【×主典】〔日〕律令制での四等官の最下位。判官の下。役所により「史」「録」「属」などの字をあてる。

さ-かん【左官】壁を塗る職人。壁大工。左官屋。

さ-かん【佐官】軍人の階級で、大佐・中佐・少佐の総称。また、自衛官の一佐・二佐・三佐の総称。

さかん【盛ん】(形動ダ) 勢いのよいさま。充実してたけなわなさま。「意気―」「―な応援」「工業が―になる」「雪が―に降る」文(ナリ) 語源「盛り」の転。

さ-がん【左岸】川の下流に向かって左側の岸。↔右岸

さ-がん【砂岩】〔地質〕堆積岩の一つ。砂粒が水底に積もり固まってできた岩石。建築材・砥石用。しゃがん。

ざ-かん【座棺】死者をすわらせて納めるように作った棺。

さき【崎】(字義)→き(崎)

さき【崎】①陸地の、海や湖につき出たところ。みさき。②山・丘が平野につき出ている端。でばな。

さき【先】①つき出した端の部分。先端。「筆の―」②続いているものなどの一番前。先頭。「―に立って歩く」↔後 ③進んで行く前方。「この―工事中」④行きつく場所。「行く―を告げる」⑤取り引きや交渉の相手。先方。「―様の都合しだい」⑥順序や序列が前であること。また、初めにすること。「―に食べよう」↔後 ⑦将来。行く末。「この子の―が思いやられる」⑧その時より前。過去。「―に申しあげたとおり」↔後

――が見える ①将来どうなるかという予想がつく。「この程度の才能では―」②将来を見通す力がある。――を争う 人々が他におくれまいと争って進む。われさきにと争う。――を越す 相手より前に手を打ったり行動したりする。先手を打つ。

さ-き【左記】縦書きの文章で、左側または次に書いてある記事。「会は―の要領で行います」

さぎ【◬鷺】〔動〕サギ科の鳥の総称。ツルに似るがやや小形。

さ-ぎ【詐欺】他人をだまして金や品物をとり上げたり、損害を与えたりすること。ぺてん。「―師」「―にあう」

さき-いき【先行き】→さきゆき

さき-おくり【先送り】(名・他スル) 問題や懸案の判断・処理を、保留したまま先に延ばすこと。先延ばし。「結論を―する」

さき-おととい【×一昨昨日】一昨日の前の日。三日前の日。さきおとつい。

さき-おととし【×一昨昨年】一昨年の前の年。三年前の年。さきおとし。

さき-がい【先買い】(名・他スル) ①他人より先に買うこと。②将来の値上がりを見込んで先に買うこと。先物買い。

さき-がけ【先駆け・先◬駈け・◬魁】(名・自スル) ①まっ先に敵陣に攻め入ること。「―の功名」②他に先んじて最初にそのことを行った人、また行われた物事。「宇宙開発の―」

さき-が・ける【先駆ける・先◬駈ける】(自下一) 他に先んじて事をする。「春に―・けて鶯が鳴く」文さきが・く(下二) 用法 多く「…に先駆けて」の形で用いる。

さき-がし【先貸し】(名・他スル)→まえがし↔先借り

さき-がり【先借り】(名・他スル)→まえがり↔先貸し

さき-ぎり【先◦限】〔商〕先物取引で、現品の受け渡し期限を、売買契約した翌々月の末日とするもの。⇩当限・中限

さき-く【◦幸く】(副)(古)つつがなく。無事平穏に。

さき-くぐり【先◦潜り】(名・自スル) ①こっそりと人の先回りをして物事をすること。ぬけがけ。②相手の言動を早合点して悪く考えること。邪推。

さき-こぼ・れる【咲き◬溢れる】(自下一) 花があふれるほどいっぱい咲く。「―花」文さきこぼ・る(下二)

さき-ごめ【先込め】旧式銃砲で、銃口から弾丸・火薬を詰めること。また、その銃。「―銃」↔元込め

さき-ごろ【先頃】このあいだ。つい最近。「―のこと」

さき-ざき【先先】①遠い将来。前途。「―を案じる」②出かけて行く方々の場所。「行く―で歓待される」③ずっと以前。「―からの約束」

さき-さま【先様】先方・相手の敬称。「―しだい」

さき-ぜめ【先攻め】→せんこう(先攻)

さき-ぞなえ【先備え】先頭に立つ軍隊。先鋒。

サキソホン〈saxophone〉〔音〕縦吹きの木管楽器の一つ。音域により数種ある。ジャズ音楽の花形楽器。サックス。サクソフォン。語源 発明者アドルフ=サックスからとった名。参考 金属製だが木管楽器に属し、音色は木管に近く柔らかい。

〔サキソホン〕

さき-そ・める【咲き初める】(自下一) 花が咲き始める。「梅が―」文さきそ・む(下二)

さき-そろ・う【咲き◬揃う】(自五) たくさんの花が残らずいっせいに咲く。「桜が―」

さき-だか【先高】〔経〕株式や商品取引などで、将来値段が高くなる見込みであること。「金利の―感」↔先安

さき-だ・つ【先立つ】(自五) ①先頭になる。先になる。「―・って歩く」②ある事よりも前に行われる。「試合に―・って始球式がある」③先に死ぬ。「親に―不孝」④何よりまず必要である。「―ものは金だ」他さきだ・てる(下一)

さき-だ・てる【先立てる】(他下一) ①先に行かせる。「案内を―・てて行く」②先に死なせてしまう。「わが子を―」自さきだ・つ(五) 文さきだ・つ(下二)

さぎ-ちょう【左義長・◦三◬毬◬杖】昔、陰暦正月十

五日・十八日に宮中で行われた火祭りの行事。民間でも正月十五日にしめなわ・門松・書き初めなどを焼いて行われた。どんど。どんど焼き。新年

さき-づけ【先付〔け〕】①料理屋などで、本式の料理の前に出す簡単な料理。突き出し。お通し。②その日以降の日付。「—小切手」

さき-つ-ころ【先つ頃】《古》先ごろ。先だって。

さき-つ-とし【先つ年】《古》前の年。前年。

さきっ-ぽ【先っぽ】《俗》先。先のほう。先端。さきっちょ。

さき-て【先手】行列の先頭。先頭を行く部隊。先陣。

さき-どなり【先隣】①隣のもう一つ先の隣。「—の席」②（手前の隣に対して）一軒先の隣。「—の家」

さき-どり【先取〔り〕】（名・他スル）①他人に先んじて事を行うこと。「時代を—する」②代金や利子を先に受け取ること。

——とっけん【—特権】(トクケン)《法》法律の定める特別の債権をもつ者が、他の債権者に優先して弁済を受けられる権利。先取(しゅ)特権。

さき-に【先に】（副）前に。以前に。「—述べたように」

さき-にお・う【咲き匂う】(ニホフ)（自五）(ワ(オ)・イ(ツ)・ウ・ウ・エ・エ) 花が色美しく咲き映える。みごとに咲く。「—桜」

さき-のこ・る【咲き残る】（自五）(ラ(ロ)・リ(ツ)・ル・ル・レ・レ) ①他の花が散っても、まだ散らないで咲いている。②他の花が咲いても、まだ咲かないでいる。

さき-のばし【先延ばし】（名・他スル）物事の判断・処理や期限を先に延ばすこと。先送り。「結論を—にする」

さき-の-ひ【先の日】この間。先日。

さき-の-よ【先の世】《仏》①この世に生まれる以前。前世(ぜんせ)。②あの世。後世(ごせ)。

さき-のり【先乗り】（名・自スル）①行列の先頭に立って行く騎馬の人。前駆。↔後乗(あとの)り ②旅興行などで、他の人より先に目的地に行って準備をすること。また、その人。

さき-ばこ【先箱】江戸時代、将軍・大名などの行列で、衣服を入れて先頭の者にかつがせた挟み箱。

さき-ばしり【先走り】（名・自スル）さきばしること。

さき-ばし・る【先走る】（自五）(ラ(ロ)・リ(ツ)・ル・ル・レ・レ) 先んじて物事をする。特に、不確かな判断に基づいて、ひとりよがりの行動をとる。「—って失敗する」

さきはひ【◦幸】(さきわい)《古》さいわい。幸福。

さきは・ふ【◦幸ふ】(さきわう・さきおう)（自四）《古》栄える。幸運にあう。「言霊(ことだま)の—国」〈万葉〉

さき-ばらい【先払〔い〕】(バラヒ)（名・他スル）①品物を受け取る前に代金を払うこと。前払い。「代金を—する」↔後払い ②運賃・郵便料金などを、受取人が支払うこと。着払い。「—で発送する」③昔、貴人が外出するとき、前方の通行人を追い立てたこと。また、そのようにする人。先追い。

さき-ぶと【先太】（名・形動ダ）先端が、元のほうよりも太くなっていること。また、そういうもの。↔先細

さき-ぶれ【先触れ】前もって知らせること。前触れ。

さき-ぼう【先棒】①駕籠(かご)など二人で物をかつぐとき、棒の前のほうをかつぐ人。↔後棒(あとぼう) ②（多く「お先棒」の形で）軽々しく人の手先になって働くこと。また、その人。「お—をかつぐ」

さき-ほこ・る【咲き誇る】（自五）(ラ(ロ)・リ(ツ)・ル・ル・レ・レ) 花が今を盛りと美しく咲く。「大輪のバラが—」

さき-ぼそ【先細】（名・形動ダ）先端が、元のほうよりも細くなっていること。また、そういうもの。↔先太

さき-ぼそり【先細り】（名・自スル）①先のほうがしだいに細くなること。また、そのようになったもの。②勢いや量が、先へいくほどしだいに衰えたり減ったりすること。「事業が—だ」

さき-ほど【先程】（時間的に）少し前。「—は失礼しました」

類語 さっき・今さっき・今しがた・先刻・最前

さき-まわり【先回り】(マハリ)（名・自スル）①相手より先にそこに行っていること。「—して待ち伏せる」②他人をだしぬいて機敏にたちまわること。「—して手を打つ」

さき-みだ・れる【咲き乱れる】（自下一）(レ・レ・レル・レル・レレ・レロ(レヨ)) たくさんの花が一面に咲く。「川辺に—花」文 さきみだ・る（下二）

さき-もの【先物】《経》将来の約束の日時に商品の受け渡しと代金の決済を行う売買契約をした商品。↔現物(げんぶつ)

——がい【—買〔い〕】(ガヒ)①先物を買うこと。②将来性に期待して、現在は評価の定まらないものに投資すること。

——とりひき【—取引】《経》将来の一定期日に商品の受け渡しと代金の決済を行うことを約束した売買取引。

さき-もり【×防人】《日》大化改新以後、律令(りつりょう)制のもとで九州北部に置かれた守備兵。多く東国から派遣された。

さき-やす【先安】《経》株式や商品取引などで、将来値段の安くなる見込みであること。↔先高

さき-やま【先山・◦前山】鉱山で、石炭や鉱石を掘る経験豊かな作業員。↔後山(あとやま)

さ-きゅう【砂丘】(キウ) 砂が風に運ばれてできた丘。

さき-ゆき【先行き】将来の見通し。行く末。前途。さきいき。「—が心配だ」

さ-きょう【左京】(キャウ) 平城京・平安京で、その中央を南北に貫く朱雀大路(おおじ)を境として東西に二分した東の地域。内裏(だいり)から見て左手にある。東の京。↔右京

さ-ぎょう【作業】(ゲフ)（名・自スル）体や頭脳を働かせて仕事をすること。また、その仕事。「農—」「単純—」

ざ-きょう【座興】①宴会などで、その場に興をそえるための遊びや芸。「—に一曲歌う」②ちょっとしたその場のたわむれ。

ざ-ぎょう【座業・△坐業】(ゲフ) すわってする仕事・職業。

さぎょう-へんかくかつよう【サ行変格活用】(サギヤウヘンカククワツヨウ)《文法》動詞の活用の一つ。口語で「し／せ／さ・し・する・する・すれ・しろ／せよ」、文語で「せ・し・す・する・すれ・せよ」と活用するもの。口語の「する」、文語の「す」「おはす」など。サ変。

参考「する」は、「涙する」「愛する」「勉強する」「リードする」「お茶する」など、他の語の下に付いてサ変複合動詞をつくる。

さ-ぎり【◦狭霧】（「さ」は接頭語）霧。秋

さきわ・う【◦幸う】(ハフ)（自四）→さきはふ

さき-わけ【咲き分け】同じ株から出た枝に色や形のちがう花がまじって咲くこと。また、その草木。

さき-わたし【先渡し】（名・他スル）①《経》商取引で、売買契約後、一定の期間がたってから商品の引き渡しが行われるもの。②→まえわたし①「日当の—」

さ-きん【砂金】《地質》金鉱脈の風化・浸食によって、河床などに流出・沈積した粒状の自然金。砂金(しゃきん)。

さ-きん【差金】さし引いた残りの金額。残金。

さきん・じる【先んじる】（自上一）(ジ・ジ・ジル・ジル・ジレ・ジロ(ジヨ)) 他より先に行う。また、他より先に進んだ段階にある。「他社に—じた技術」語源 サ変動詞「さきんずる」の上一段化。

さきん・ずる【先んずる】（自サ変）(ジ(ゼ)・ジ・ズル・ズル・ズレ・ジロ(ゼヨ)) →さきんじる 文 さきん・ず（サ変）語源「先(さき)にする」の転。

——さきんずれば人(ひと)を制(せい)す 何事も相手より先に行えば自分が有利な立場に立てる。〈史記〉

さく【冊】（字義）→さつ（冊）

さく【作】 数2 サク・サ つくる

ノ イ 亻 仁 竹 作

（字義）①つくる。こしらえる。著す。つくられたもの。「作成・作製・作品・作曲・佳作・傑作・工作・制作・製作・創作・著作・名作」②（おもに「サ」と読んで）する。仕事をする。仕事。しわざ。「作法・動作」④たくらむ。はかる。「作業・作用・操作」③（「サ」と読んで）人のふるまい。動き。「作戦・作略」⑤農耕の仕事。また、その収穫物。「作柄・作物・凶作・耕作・農作・豊作」⑥おこる。盛んになる。おこす。ふるいおこす。「作興・振作」⑦「美作の国」の略。「作州」 難読 作麼生 人名 あり・つくり・つとむ・とも・なり

さく【作】①つくったもの。作品。「苦心の一」②農作物のできぐあい。「今年の桃は去年の一を上回る」

さく【削】 サク㊥ けずる㊥・そぐ

（字義）①けずる。㋐うすく切りそぐ。小さく切りのぞく。「掘削・切削」㋑減らす。とり除く。「削減・削除」②文字をけずりとる。「添削」

さく【昨】 教4 サク

（字義）①きのう。「昨日・昨今・昨非今是」②以前。むかし。 難読 昨夜

さく-【昨】（接頭）（年月日・時・季節に関する語に付いて）前のこと。一まわり前のいちばん近い過去をいう。「一晩」「一年」

さく【柵】 サク㊥

（字義）①木や竹を並べた囲い。「垣柵・柴柵・竹柵」②水中に並べたくいに横木をつけて流れをせきとめるもの。しがらみ。③とりで。「城柵」

さく【柵】①木や竹などを立て並べ、それに横木をとりつけた囲い。「一を越える」②①をめぐらした小さな城。とりで。

さく【朔】 人 サク ついたち

（字義）①ついたち。陰暦で、月の第一日。「朔日・朔旦」②きた。北方。「朔風・朔北」 難読 朔日 人名 きた・のぶ・のぼる・はじめ

さく【△朔】昔、中国で天子が歳末に諸侯に与えた翌年のこよみ。転じて、天子の政令。「一を奉ず（＝天子の政令に従う）」

さく【窄】 人 サク せまい

（字義）①せまい。「窄小・狭窄」②せまる。せばまる。

さく【索】 サク㊥ なわ・もとめる

（字義）①縄。つな。「索条・索縄・繫留索・鋼索」②もとめる。さがす。「索引・索敵・詮索・捜索・探索」③なくなる。つきる。「索然」④ものさびしい。「索漠」 人名 もと・もとむ

さく【策】 教6 サク むち

（字義）①はかりごと。計略。物事に対する処置法。「策謀・策略・画策・政策・善後策・対策」②むち。むちうつ。「警策・」③つえ。つえつく。「策杖・散策」④ふだ。かきつけ。「書策」 人名 かず・つか・もり

さく【策】①はかりごと。計略。「一をめぐらす」②物事を解決する方法・くふう。「一を講ずる」「一がない」

さく【酢】 サク㊥ す㊥

（字義）①す。すっぱい味をつける調味料。すっぱい。「酢酸」②むくいる。客が主人に返杯する。「献酢・酬酢」 難読 酢漿草

さく【搾】 サク㊥ しぼる㊥

（字義）①しぼる。しめつけて汁を取る。しぼり取る。「搾取・搾乳」②しめつける。おしちぢめる。「圧搾」 難読 搾菜・搾滓

さく【錯】 サク㊥・ソ まじる・あやまる

（字義）①まじる。まじり合い乱れる。「錯綜・錯乱・交錯」②あやまる。まちがえる。「錯誤・錯覚・錯簡・失錯・倒錯」③かわる。がわる。「錯行」④置く。＝措。「錯辞・挙錯」

さ・く【咲く】（自五）カ(コ)・キ(イ)・ク・ク・ケ・ケ 花が開く。 可能 さ・ける（下一）

さく【咲く】（字義）→しょう（咲）

参考 漢字「咲」の本来の意味は「笑う」。

類語 開く・綻びる・綻ぶ・開花する

さく 鍬で田畑を打ち返したみぞや畝。「一を切る」

さく マグロなどの身を、刺身にしやすい大きさに切ったもの。

さ・く【裂く】（他五）カ(コ)・キ(イ)・ク・ク・ケ・ケ ①強い力で一つのものを強引に二つ以上に分けて引き離す。「絹を一ような（＝高く鋭い）悲鳴」②（仲のよい者どうしの）仲をむりに隔てる。「二人の仲を一」 自 さ・ける（下一） 可能 さ・ける（下一）⇩「使い分け」

さ・く【割く】（他五）カ(コ)・キ(イ)・ク・ク・ケ・ケ ①刃物で切り開く。②（仲のよい者どうしの）仲をむりに隔てる。「仲を一」③分け与える。「領土を一」④一部を分けて他の用にあてる。「睡眠時間を一」 自 さ・ける（下一） 可能 さ・ける（下一）⇩「使い分け」

> **使い分け「裂く・割く」**
>
> 「裂く」は、一つにまとまったものを強い力でいくつかの部分に引き離す意で、「布を裂く」「生木を裂く」「仲を裂く」「引き裂く」などと使われる。
>
> 「割く」は、元来の、刃物で切り開く意で「魚の腹を割く」などと使われるほか、一部を分けて他に与えるの意として、「領土を割く」「時間を割く」「紙面を割く」などと使われる。仲を強引に引き隔てる意のときは、「仲を裂く」とも「仲を割く」とも書くことができる。

ざく 鍋料理で、肉に添えて煮るネギなどの野菜。

さく-い【作為】―（名・自スル）①わざと手を加えること。こしらえごと。つくりごと。「一のあとがみえる」②〔法〕意思に基づく積極的な行為。人を殺す、物を盗むなど。「一犯」↕不作為

さく-い【作意】①芸術作品制作の意図。②たくらみ。

さく・い（形）カロ・カッ(ク)・イ・イ・ケレ・○《俗》①性質がさっぱりしている。淡白である。気軽である。②材質がもろい。

さく-いん【索引】書物の中の事項・語句などを、容易にさがせるように抜き出して配列した一覧表。インデックス。「人名一」

ザクースカ〈ロシア zakuska〉ロシア料理の前菜。鮭の薫製・ニシンの油漬け・キャビアなどの盛り合わせ。

さく-おう【策応】（名・自スル）二人以上の人が、はかりごとをめぐらしてたがいにしめしあわせること。

さく-おとこ【作男】― 雇われて田畑の耕作をする男。

さく-が【作画】―（名・自スル）絵や画像を作ること。

さく-がら【作柄】①農作物のできぐあい。「今年の一はまあまあだ」②芸術作品のできばえ。

さくがん-き【削岩機・△鑿岩機】鉱山や土木工事で、岩石に穴をあけたり砕いたりする機械。ドリル。

さく-ぎょう【昨暁】― きのうの夜明け。きのうの明け方。

ざく-ぎり【ざく切り】ざくざくとおおまかに切ること。

さく-ぐ【索具】船で使う、綱で作った道具。帆綱など。

さく-げん【削減】（名・他スル）数・量・金額などをけずって減らすこと。「予算を一する」

さく-げん【◇遡源・△溯源】（名・自スル）→そげん 参考 もとの読みは「そげん」。「さくげん」は慣用読み。

さくげん-ち【策源地】前線の作戦部隊に対して、必要な

物資を供給する後方の基地。

さく‐ご【錯誤】①(事実に対する)まちがい。あやまり。「―をおかす」「試行―」②認識と客観的事実とが一致しないこと。「時代―」

さく‐さく(副)①雪・霜柱・砂などを踏むときの音の形容。②物をかんだり野菜を切ったりするときの軽快な音の形容。③《俗》物事を手ぎわよく進めるさま。「宿題を―(と)かたづける」

さく‐さく【△嘖△嘖】(タト)口々に言いはやすさま。「名声―たるものがある」文(形動タリ)

ざく‐ざく(副)①野菜などを大まかにきざむときの音の形容。②砂利や砂などを踏んで歩くときの音の形容。③金貨・宝物などがたくさんあるさま。「小判が―(と)出てくる」

さく‐ざつ【錯雑】(名・自スル)複雑に入り混じること。入り乱れること。「―した関係」

さく‐さん【△柞蚕】《動》ヤママユガ科の昆虫。ヤママユガに似るが少し小形。中国原産で、繭から絹糸をとる。

さく‐さん【酢酸・△醋酸】《化》刺激性の臭気と酸味のある無色の液体。食用酢の主成分。食用・薬品原料用。

さく‐し【作詞】(名・自他スル)歌曲の文句をつくること。

さく‐し【作詩】(名・自スル)詩をつくること。詩作。

さく‐し【策士】はかりごとのうまい人。好んで策略を使う人。**―策(さく)に溺(おぼ)れる** 策士は自分の策略を頼みにしすぎてかえって失敗する。

さく‐じ【作事】建築工事。普請(ふしん)。「―場」

さく‐じつ【昨日】きょうの一日前の日。昨日(きのう)。

さく‐じつ【△朔日】その月の第一日。一日(ついたち)。

さく‐しゃ【作者】詩歌・小説・脚本・絵画・彫刻・工芸などの芸術作品をつくった人。また、つくり手。

さく‐しゅ【搾取】(名・他スル)①乳などをしぼり取ること。②《経》資本家が労働者から労働の成果を奪い取ること。「―階級」「中間―」

さく‐しゅう【昨秋】―シウ 昨年の秋。去秋。

さく‐しゅう【昨週】―シウ 前の週。先週。

さく‐しゅん【昨春】昨年の春。去春。

さく‐じょ【削除】―ヂヨ (名・他スル)文章などの一部をけずって除くこと。とり去ること。「条文を―する」

さく‐じょう【作条】―デウ 《農》種をまくために、畑に一定のはばで平行に掘った浅いみぞ。

さく‐じょう【索条】―デウ →こうさく(鋼索)

さく‐ず【作図】―ヅ (名・他スル)①図をかくこと。②《数》幾何学で、与えられた条件に適する図形をかくこと。

さく・する【策する】(他サ変)文さく・す(サ変) シ(セ・サ)・シ・スル・スル・スレ・シロ(セヨ) はかりごとをめぐらす。画策する。「廃案を―」

さく‐せい【作成】(名・他スル)文書・計画などを作り上げること。「問題を―する」「予算を―する」⇩「使い分け」

さく‐せい【作製】(名・他スル)物を作ること。製作。⇩「使い分け」

使い分け「作成・作製」
「作成」は、書類・図表・計画などを作る意で、「素案の作成」「文書の作成」「予定表を作成する」などと使われる。
「作製」は、機械や道具を用いて物を作る意で、「標本の作製」「本箱を作製する」など、数えられるものに対して使われることが多い。しかし、「見取り図のサクセイ」「試供品のサクセイ」など、どちらも使われる場合もある。

さく‐せい【△鑿井】(名・自スル)温泉・地下水・石油などをとるために、地中に穴を掘ること。ボーリング。

サクセス〈success〉成功。出世。「―ストーリー」

さく‐せつ【錯節】①入り組んだ木の節。②こみいっていて解決しにくい問題。「盤根(ばんこん)―」

さく‐せん【作戦】①戦いの方法。戦術。「―会議」②軍隊が計画に沿って一定期間にわたって行う戦闘行為。「上陸―」

さく‐ぜん【索然】(タト)味わいのないさま。興ざめがするさま。「興味―とする作品」文(形動タリ)

さく‐そう【錯△綜】(名・自スル)物事が複雑に入り組むこと。「利害関係が―する」

サクソフォン〈saxophone〉→サキソホン

さく‐たん【△朔旦】月の第一日の朝。一日(ついたち)の朝。「―冬至(=陰暦十一月一日が冬至にあたる日。吉日とされる)」

さく‐ちゅう【作中】小説などの物語世界の中。「―人物」

さく‐ちょう【昨朝】―テウ きのうの朝。

さく‐づけ【作付[け]】(名・他スル)《農》田畑に作物の植え付けをすること。作付(さくつ)け。「―面積」

さく‐てい【策定】(名・他スル)政策や計画などを考えて決めること。「基本方針を―する」

さく‐てき【索敵】(名・自スル)敵の所在や兵力をさぐること。

さく‐ど【作土】《農》耕地の表層の土。耕して作物を栽培する土。耕土(こうど)。

さく‐とう【作陶】―タウ (陶芸として)陶磁器を作ること。

さく‐とう【昨冬】昨年の冬。客冬(かくとう)。去冬。

さく‐どう【索道】―ダウ 空中にかけ渡した鋼鉄の綱に運搬器をつるして、人や物などを運ぶ設備。架空索道。ロープウエー。

さく‐どう【策動】(名・自スル)計略をめぐらしてひそかに行動すること。「裏で―する」

さく‐にゅう【搾乳】(名・自スル)乳をしぼること。「―機」

さく‐ねん【昨年】今年の前の年。去年。

さく‐ばく【索漠・索△莫・索△寞】(タト)心を慰めるものもなくものさびしいさま。荒涼として気のめいるさま。「―とした光景」「―たる日々の生活」文(形動タリ)

さく‐ばん【昨晩】きのうの晩。ゆうべ。昨夜。

さくひ‐こんぜ【昨非今是】境遇などが変わって、昨日まで悪いと思っていたことが今日は正しいと思われること。参考 陶淵明(とうえんめい)の「帰去来辞(ききょらいのじ)」による。

さく‐ひん【作品】つくったもの。製作品。特に、文学・美術・音楽など芸術上の創作物。「―の展示」

さく‐ふう【作風】作品に表れた作者独自の傾向や特徴。

さく‐ふう【△朔風】(「朔」は北の意)北風。图

さく‐ぶつ【作物】①つくったもの。②文芸・美術上の作品。

さく‐ぶん【作文】(名・自スル)①文章をつくること。また、つくった文章。②学校での国語教育の一分野。児童・生徒が文章を作ること。また、その文章。③形は整っているが、内容のともなわない文章。「あの報告書は―にすぎない」参考「さくもん」と読めば別の意になる。

さく‐ほう【昨報】(おもに新聞用語)昨日の報道。

さく‐ぼう【△朔望】―バウ 陰暦で、月の一日と十五日。**―げつ【―月】**月が満月から満月まで、または新月から新月までに要する時間。平均二九日一二時間四四分二秒八。太陰月。

さく‐ぼう【策謀】(名・自スル)はかりごと。また、はかりごとをめぐらすこと。策略。「議長の解任を―する」

さく‐ほく【△朔北】①北。北方。②中国の北方の辺地。

さく‐もつ【作物】田畑で栽培する植物。農作物。

さく‐もん【作文】《古》漢詩をつくること。詩作。

さく-や【昨夜】きのうの夜。ゆうべ。昨晩。
さく-やく【△炸薬】砲弾・爆弾などにつめて爆発させる火薬。
さく-ゆ【搾油】(名・自スル) 植物の種・実などから油をしぼり取ること。「―機」
さく-ゆう【昨夕】ユフ きのうの夕方。ゆうべ。
さく-よう【△腊葉】エフ 植物の花・葉などを押して乾燥させた標本。押し葉。参考「せきよう」の慣用読み。
さくら ①芝居や演説会などで、主催者と共謀して拍手したり賛成したりする人。②露天商などの仲間で、客のふりをして見物人の買い気をそそるようにしむける者。語源 芝居で無料の見物人を、「ただで見る」の意で「桜」と言ったことから。
さくら【桜】①《植》バラ科の落葉高木の一群の総称。春に白色・淡紅色などの五弁花を開く。ヤマザクラ・ソメイヨシノなど種類が多い。材は建築・家具用。春 ②「桜色」の略。③「桜肉」の略。参考 ①は、日本の国花。平安時代以降、春の花の代表とされ、花といえば桜を指した。
さくら-いろ【桜色】桜の花のようなうすい桃色。淡紅色。
さくら-えび【桜△蝦】《動》サクラエビ科の小形のエビ。体は透明で、淡紅色に見える。ほしえび・むきえびとする。春
さくら-がい【桜貝】ガヒ《動》ニッコウガイ科の二枚貝。貝殻は桜色で光沢があり美しい。貝細工などに使われる。春
さくら-がみ【桜紙】マニラ麻などですいたうすくやわらかな和紙。ちり紙に用いる。
さくら-がり【桜狩〔り〕】山野の桜の花を観賞して回ること。花見。春
さく-らく【錯落】(名・自スル) 入りまじること。
さくら-ぜんせん【桜前線】日本各地の桜(おもにソメイヨシノ)の開花期を地図に示し、同時期の地点を線で結んだもの。
さくら-そう【桜草】サウ《植》サクラソウ科の多年草。湿地に自生。葉は長楕円(だえん)形で根元から出る。春に淡紅色や白などの桜に似た花を開く。園芸品種は多く、観賞用。春
さくら-だい【桜△鯛】ダヒ《動》①桜の花の咲くころ、産卵のために内海の浅瀬に集まるマダイ。春 ②タイに似たハタ科の海魚。雄は体の側面に桜の花びらのような文様をもつ。
さくら-づき【桜月】陰暦三月の別名。春
さくら-づけ【桜漬〔け〕】桜の花を塩漬けにしたもの。熱湯をそそいで、桜湯として飲む。春
さくら-にく【桜肉】(桜色であるところから)「馬肉」の別名。

さくらのその〔桜の園〕ロシアの作家チェーホフの戯曲。一九〇四年初演。急変する時代、零落した地主と新興の農奴との新旧交替が、領地「桜の園」の売買を通して描かれる。
さくら-ふぶき【桜吹雪】桜の花びらが白く吹雪のように散ること。花吹雪。
さくら-めし【桜飯】→ちゃめし②
サクラメント〈sacrament〉《基》神の恵みを信徒に与える儀式。カトリックでは秘跡(ひせき)、プロテスタントでは聖礼典、ギリシャ正教では機密という。
さくら-もち【桜餅】小麦粉で作った薄焼きの皮であんを包み、さらに塩漬けの桜の葉で包んだ和菓子。蒸した道明寺(どうみょうじ)粉であんを包むものもある。春
さくら-ゆ【桜湯】塩漬けの桜の花に湯をそそいだ飲み物。婚礼など祝賀の席で用いられる。春
さく-らん【錯乱】(名・自スル) 考えや感情が入り乱れて混乱すること。「精神―」
さくらん-ぼ【桜ん。坊・×桜桃】桜の実。特に、桜桃(おうとう)の実。丸くて初夏に赤く熟す。食用。さくらんぼう。夏
さぐり【探り】さぐること。さがすこと。
―を入(い)**れる** それとなくようすや事情をさぐってみる。
―あし【―足】足もとを足先でさぐりながら進むこと。
さぐり-あ・てる【探り当てる】(他下一) テ・テ・テル・テル・テレ・テロ(テヨ) ①手や足の先などでさがし出す。「暗室でスイッチを―」②さがし回って、うまく見つける。「かくれ家を―」文 さぐりあ・つ(下二)
さぐり-だ・す【探り出す】(他五) サ(ソ)・シ・ス・ス・セ・セ 秘密などをさぐって明らかにする。いろいろと調べてつきとめる。「秘密を―」
さく-りつ【冊立】(名・他スル) 勅命によって、皇太子・皇后などを正式に定めること。
さく-りゃく【策略】はかりごと。計略。「―を用いる」
さく-りょう【作料】レウ ①製作の代金。手間賃。②農地の耕作に対する料金。
さぐ・る【探る】(他五) ラ(ロ)・リ(ッ)・ル・ル・レ・レ ①目に見えないものを手や足などの触覚でさがし求める。「くらやみでマッチを―」「ポケットを―」②未知の物事を明らかにしようとして、調査したり観察したりする。「解決の糸口を―」「水源を―」③相手に知られないようにようすを調べる。「真意を―」④美しい景色などをたずね求める。「景勝地の秋を―」可能 さぐ・れる(下一)
さく-れい【作例】①詩文などの作り方の実例や手本。②辞書などで、その語の用法を示すために作られた例文。

さく-れつ【△炸裂】(名・自スル) 爆弾・砲弾などが破裂して飛び散ること。「砲弾が―する」
ざくろ【◦石△榴・△柘△榴】《植》ミソハギ科の落葉高木。初夏に赤・淡紅・白などの花を開く。果実は球形で、熟すと裂け、紅色の多数の種子が現れる。観賞用・食用。秋(石榴の花 夏)
―いし【―石】→ガーネット
―ぐち【―口】江戸時代の銭湯の浴槽への出入り口。湯が冷めるのを防ぐため、湯ぶねの前に下部をあけた板戸をたて、客はかがんで出入りした。語源 鏡を磨くのにザクロからとった酢を用いたことから、「かがみ入る」に「鏡要(い)る」を掛けた語という。
さけ【酒】①アルコール分を含む飲料の総称。②特に、米・麹(こうじ)でつくった日本特有のアルコール飲料。日本酒。
―に呑(の)**まれる** 酒を飲みすぎてひどく酔い、平常心を失う。
―は百薬(ひゃくやく)**の長**(ちょう) 酒は適度に飲みさえすれば、どんな薬よりも体のためによい。
さけ【△鮭】《動》①サケ科の硬骨魚。全長約一メートル。秋、川をさかのぼって産卵する。肉は淡紅色で美味。卵は「すじこ」または「イクラ」として食用。シロザケ。しゃけ。秋 ②サケ科の海水魚の総称。ベニザケ・カラフトマス・ギンザケ・シロザケなど。
さげ【下げ】①下げること。「箸(はし)のあげ―」↔上げ ②《経》相場が安くなること。「株価が―に転じる」③落語の落ち。
さげ-お【下げ緒】ヲ 刀のさやに付けて下げるひも。刀を帯に結びつけるのに使う。さげ。
さ-けい【左傾】(名・自スル) ①左のほうに傾くこと。②思想が、急進的な傾向をもつこと。左翼化。「―化」(↔右傾)
さげ-かじ【下〔げ〕△舵】カヂ 航空機・潜水艦を下降させるための、かじのとり方。↔上げ舵
さけ-かす【酒△粕・酒△糟】もろみから酒をしぼったあとのかす。つけもの・甘酒などに使う。冬
さげ-がみ【下げ髪】①江戸時代、貴婦人などの結った髪形で、頭髪全部を束ねてうしろに下げたもの。②→おさげ①
さけ-ぐせ【酒癖】酒に酔ったときに出るくせ。さけくせ。さかぐせ。「―の悪い人」
さけ-じ【裂け△痔】ヂ →きれじ(切れ痔)
さげ-しお【下げ潮】シホ 引き潮。干潮。↔上げ潮
さげ-じゅう【提げ重】ヂュウ 手にさげて持つ重箱。さげ重箱。
さけ-ずき【酒好き】(名・形動ダ) 酒の好きなこと。また、酒

の好きな人。「無類の—」

さげすみ【蔑み・△貶み】さげすむこと。「—の目で見る」

さげす・む【蔑む・△貶む】(他五) マ(モ)・ミ(ン)・ム・ム・メ・メ 人を劣った者とみなしてばかにする。軽蔑する。見下す。「人に—・まれる」

さげ-だな【下げ棚】上からつり下げた棚。

さけ-のみ【酒飲み】酒が好きでたくさん、またはよく飲む人。類語 飲み助・飲兵衛・飲み手・上戸・辛党・左党・左利き・酒家・酒客・酒豪・酒仙・うわばみ・飲んだくれ

さけび【叫び】①大声を出すこと。「—声」②強い主張。「独立への—」

さけ-びたり【酒浸り】酒の中に浸っているように、いつも酒を飲んでいること。酒浸り。「—の生活」

さけ・ぶ【叫ぶ】(自他五) バ(ボ)・ビ(ン)・ブ・ブ・ベ・ベ ①(助けを求めるなどで)大声をあげる。「火事だと—」②ある事柄についての意見・要求を世間に強く主張する。「改革を—」可能 さけ・べる(下一)

さげ-まえがみ【下げ前髪】マヘガミ 少女などの、額に垂れ下げた前髪。

さけ-め【裂け目】裂けたところ。割れめ。「岩の—」

さげ-もどし【下げ戻し】政府・官庁などに提出した書類などを、そのまま本人にもどすこと。

さ・ける【裂ける】(自下一) ケ・ケ・ケル・ケル・ケレ・ケロ(ケヨ) 物が線状に破れて離れる。切れて離れる。「布地が—」「口が—・けても言えない」他 さ・く(五) 文 さ・く(下二)

さ・ける【避ける】(他下一) ケ・ケ・ケル・ケル・ケレ・ケロ(ケヨ) ①好ましくない物事や場所・人から意識して遠ざかる。「悪友を—」「人目を—」「混雑を—」②そのような状態にならないようにする。「争いを—」③よくない結果をもたらすような言動をしないようにする。さしひかえる。「明言を—」文 さ・く(下二)

> **ちがい** 「さける」・「よける」
> 「さける」と「よける」は、良くないものと距離をとろうとする行為である点で共通する。
> しかし、「さける」は「日傘で強い日差しをさける」「けんかになるのをさける」のように、何かが目の前に存在しないように予防的に距離をとることであるのに対して、「よける」は「飛んできたボールをよける」「道路の端によける」のように、既に目の前に存在するものから距離をとることを示すという違いが見られる。
> したがって、「人込みをさける」は人込みがありそうな場所に近づかないことであるのに対して、「人込みをよける」は人込みがある場所でその中へ入らないようにすることを表し、同じ名詞と組み合わせても、具体的な行動の内容が異なる場合がある。

さ・げる【下げる】(他下一) ゲ・ゲ・ゲル・ゲル・ゲレ・ゲロ(ゲヨ) ①高い所から低い所へ、または前方から後方へ移す。「高跳びのバーを—」「守備位置を—」「頭を—(=お辞儀する)」↕上げる ②長い物を、一点を固定し他の部分をそこから下の方に向ける。垂らす。「のれんを—」③数値を低くする。「室内の温度を—」↕上げる ④値段を安くする。↕上げる ⑤質・能力を低下させる。「品位を—」↕上げる ⑥序列・階級などを下位に移す。「二軍に—」↕上げる ⑦神仏や人前から取り去る。「仏壇から供物を—」「お膳を—」「先発の投手をベンチに—」↕上げる ⑧貯金などを引き出す。おろす。自 さが・る(五) 文 さ・ぐ(下二) ⇩「使い分け」

さ・げる【提げる】(他下一) ゲ・ゲ・ゲル・ゲル・ゲレ・ゲロ(ゲヨ) 手に持ってぶらさげる。「カンテラを—」文 さ・ぐ(下二) ⇩「使い分け」

> **使い分け** 「下げる・提げる」
> 「**下げる**」は、位置・階級・程度などの点で、高い所から低い所へ移す意で、「頭を下げる」「地位を下げる」「温度を下げる」「男を下げる」などと使われるほか、上端を固定して下につるし垂らす意で、「休業の札を下げる」「腰に手ぬぐいを下げる」などと使われる。
> 「**提げる**」は、つるす意、特に手に持ってぶらさげる意で、「提灯を提げる」「鞄を手に提げる」などと使われる。

さげ-わた・す【下げ渡す】(他五) サ(ソ)・シ・ス・ス・セ・セ ①目上の者から目下の者に与える。②官庁から民間に下付する。

さ-けん【差遣】(名・他スル) 使者をさしつかわすこと。派遣。

さ-げん【左舷】船尾から船首に向かって左側のふなばた。↕右舷

ざ-こ【雑魚】①雑多な種類の入りまじった小魚。②(転じて)取るに足りない人。小物。参考 常用漢字表付表の語。

—の魚交じり 大物の中に小物が交じっていること。

さ-こう【砂鉱】クワウ〘地質〙河床・湖底・海浜に砂粒状をなして沈積している砂鉄・砂金などの鉱床。

ざ-こう【座高・△坐高】カウ まっすぐにいすにすわったときの、座面から頭頂までの高さ。

さこ-うべん【左顧右△眄】(名・自スル) →うこさべん

さ-こく【鎖国】(名・自スル) 外国との通商・交通を禁止すること。特に、江戸幕府が中国・オランダ以外との通商を禁じたことをさす。↕開国

さ-こそ【◇然こそ】〘古〙①そのように。②さだめし。さぞ。③どんなに…でも。語源 副詞「然」+強意の係助詞「こそ」

さ-こつ【鎖骨】〘生〙胸郭の前上端で水平に横たわり、肩甲骨と接合している左右一対の長骨。

ざ-こつ【座骨・△坐骨】〘生〙骨盤の一部で、最も下に位置し、すわるとき体をささえる骨。「—神経痛」

ざ-こつ【挫骨】(名・自他スル) 骨をくじくこと。また、くじいた骨。

ざこ-ね【雑魚寝】(名・自スル) 大勢が一部屋で入り交じってごろ寝すること。「山小屋で—する」

さごろもものがたり〔狭衣物語〕平安後期の物語。作者は禖子内親王宣旨(源頼国の娘)という。成立年代未詳。主人公狭衣大将の悲恋とその半生を描く。

さ-こん【左◇近】(「左近衛府」の略)近衛府の一つで、宮中の警備などに当たった役所。大内裏の東方にあった。↕右近

—の-さくら【—の桜】紫宸殿の南階段の下の東側に植えられた桜。春 ↕右近の橘

ささ【人笹】ささ —(字義)→次項。「笹竹・笹原・熊笹」参考「笹」は国字。

ささ【△笹】〘植〙(「ささ竹」の略)丈の低い竹の総称。

ささ-【◇小・◇細】(接頭)(名詞に付いて)「わずかな」「小さい」などの意を表す。「—鳴き」「—波」

ささ【◇酒】女房詞で、「酒」のこと。語源 中国で酒を「竹葉」と呼んだことからいう。

さ-さ【△些△些】(ト・タル) わずかなさま。少しばかり。「—たる事」文(形動タリ)

さ-さ【△瑣△瑣】(ト・タル) 細かく、わずらわしいさま。「—たる問題」文(形動タリ)

ざ-さ【座作・△坐作】立ち居振る舞い。「—進退」

さ-さい【△些細・△瑣細】(形動ダ) ダロ・ダッ(デ・ニ)・ダ・ナ・ナラ・○ 小さくわずかで取るに足りないさま。「—なことで争う」文(ナリ)

ささ-いろ【笹色】 濃い紅が乾いて青光りしたような色。

ささえ【支え】 ささえること。ささえるもの。「心の—」

ささ-え【小筒】 昔、酒を入れて持ち歩いた竹筒。

さざえ【栄螺】 《動》リュウテンサザエ科の巻き貝。殻はにぎりこぶし状で、表面には多数の管状突起がある。食用。春

—の-つぼやき【—の壺焼〔き〕】 サザエを殻のまま焼いてしょうゆを加えたもの。また、あらかじめ身を取り出し、切ってから再び殻に入れ、あぶって味つけした料理。壺焼き。春

ささ・える【支える】 (他下一) ①何かをあてがって、倒れたり落ちたりしないように押さえとめる。「柱で天井を—」②物事の勢いをくいとめる。「敵の進撃を—」③ある状態が保たれるようにする。「家族の暮らしを—」「地域の経済を—産業」文ささ・ふ(下二)

ささ-おり【笹折〔り〕】 ①ササの葉で食物を包んだもの。②経木(=薄い板)で作った小箱。折り。

ささ-がき【笹搔き】 ゴボウなどをササの葉のように薄くけずるように切ること。また、そのように切ったもの。

ささ-がに【細蟹】 《古》(小さなカニに似ているところから)「蜘蛛」の異名。

—の 《枕》「くも」のほか、「い」を頭音とする「いと」「いづく」「いかに」「いのち」などにかかる。

ささき のぶつな〔佐佐木信綱〕 (一八七二〜一九六三) 歌人・国文学者。三重県生まれ。号は竹柏園。歌誌「心の花」を主宰、温雅な歌風。古典の文献学的研究にも業績を残した。歌集「思草」「豊旗雲」、研究書「万葉集の研究」など。

ささ-ぐり【小栗・笹栗】 →しばぐり

ささ-くれ 物の先端や指のつめの生えぎわが、細かく裂けたりむけたりすること。また、そうなったもの。さかむけ。

ささくれ-だ・つ【ささくれ立つ】 (自五) ①ささくれた状態になる。「—った板」②気持ちが荒れてとげとげしくなる。「神経が—」

ささ-く・れる (自下一) ①物の先や表面が細かく裂ける。「畳が—」②つめの生えぎわの皮がむけてめくれる。さかむけになる。③気持ちが荒れてすさむ。「心が—」

ささげ【豇豆・大角豆】 《植》マメ科の一年草。葉は三枚の小葉からなる。夏、白または淡紫色の蝶形の花を開き、さやを結ぶ。若いさや・種子は食用。ささぎ。秋

ささげ-もの【捧げ物】 ①献上品。②神仏への供え物。

ささ・げる【捧げる】 (他下一) ①大事な物に意をこめて両手でその物を目の上あたりに上げて持つ。「優勝カップを—」②敬う人に物をあげる。たてまつる。献上する。「墓前に追悼の詩を—」③真心・愛情などを相手に示す。ある事柄に一生懸命つくす。「福祉活動に一生を—」文ささ・ぐ(下二)
語源「さしあげる」の転。

ざさ-しんたい【座作進退・坐作進退】 立ち居振る舞い。行儀。

ささ-たけ【笹竹】 →ささ(笹)

さ-さつ【査察】 (名・他スル) 物事が基準どおりに行われているかどうかを調べること。「—が入る」

ささ-なき【小鳴き・笹鳴き】 (名・自スル) 冬に、ウグイスの子が舌つづみを打つように鳴くこと。また、その声。冬

ささ-なみ【細波・小波】 →さざなみ

—の 《枕》「志賀」「大津」「比良山」「長等山」「なみ」「寄る」「夜」「あやし」「古き都」などにかかる。

さざ-なみ【細波・小波・漣】 ①水面に細かに立つ波。さざれ波。ささなみ。②(比喩的に)小さな争いや心の動揺。「二国間に—が立つ」

ささ-にごり【細濁り・小濁り】 水が少しにごること。

ささ-の-つゆ【笹の露】 ①ササの葉におく露。②「酒」の異称。また、少量の酒。

ささ-はら【笹原】 ササが一面に生えている所。笹原(ささわら)。

ささ-ふ【笹生】 《古》ササの一面に生えた所。ささはら。

ささ-ぶき【笹葺〔き〕】 ササの葉で屋根をふくこと。また、そうした屋根や家。

ささ-ぶね【笹舟】 ササの葉を折ってつくった舟。ささおぶね。

ささ-べり【笹縁】 《服》衣服や袋物の端などを、布や組みひもで細くふちどったもの。

ささ-み【笹身】 (ササの葉の形をしているところから)ニワトリの胸の部分のやわらかい肉。

ささ-めき【私語】 声をひそめて話すこと。また、その言葉。ささやき。

さざ-めき ざわざわと騒がしい音や声。ざわめき。「波の—」

ささ-め・く (自五) 小声で話す。ささやく。「—声」

さざ-め・く (自五) ①ざわざわと騒ぐ。さんざめく。「笑い—」②騒がしい音を立てる。「風に—竹林」

ささめ-ごと【私語】 ひそひそ話。内緒話。

ささめごと 室町中期の連歌論書。心敬著。一四六三(寛正四)年成立。和歌の高い情調を連歌の理想とする。

ささめ-ゆき【細雪】 細かに降る雪。まばらに降る雪。冬

ささめゆき〔細雪〕 谷崎潤一郎の長編小説。一九四八(昭和二十三)年完成。大阪船場の旧家の美しい四人姉妹の生活と運命を、「源氏物語」の手法を加えて描いた作品。

ささやか【細やか】 (形動ダ) ①規模の小さいさま。ひっそりと目立たないさま。「—な結婚式」②わずかで、粗末なさま。「—な贈り物」文(ナリ) 参考 ②は、相手に差し出した物などを謙遜していう場合が多い。

ささや・く【囁く】 (自五) 小声でひそひそと話す。ささめく。「耳もとで—」可能ささや・ける(下一)

ささ-やぶ【笹藪】 ササが群がりしげっている所。竹やぶ。

ささら【簓】 ①竹を細かく割って、もとを束ねたもの。飯びつなどを洗う道具。②田楽・歌祭文などで使う楽器。①のようなものを鋸目をつけた竹にこすって音を出す。③先が細かく割れたもの。また、用をなさなくなったもののたとえ。「身代を—にする」

〔ささら①〕

ささ・る【刺さる】 (自五) 先のとがったものが突き立つ。「とげが—」他さ・す(五)

さざれ【細】 ①(接頭語的に用いて)「細かい」「小さい」「わずかな」の意を表す。「—砂」②「さざれ石」の略。

—いし【—石】 細かい石。小石。さざれ。

—なみ【—波】 《古》風のために立つ細かな波。さざなみ。

ささ-わら【笹原】 →ささはら

さ-さわり【障り】 (「さ」は接頭語)さしさわり。支障。

さざん-か【山茶花】 《植》ツバキ科の常緑小高木。暖地に生え、葉は長楕円形で互生。高さは約三メートルに達する。晩秋から冬にかけて白または紅色の花を開く。種子から採油する。観賞用。冬

〔さざんか〕

さし-【差し】 (接頭)(動詞に付いて)その意味を強め、また語調を整える。「—招く」「—出す」

-さし【差し】 (接尾) 舞の曲数を数える語。「一—舞う」

-さし【止し】 (接尾)(動詞の連用形に付いて)その動作が中

止している意を表す。「飲みー」「燃えー」

さし 牛肉などで、赤身肉の中に網の目のように入った脂肪。「ーが入る」

さし【◇尺・差し】 ものさし。「ーをあてる」

さし【刺し】 ①俵の中の米を取り出して調べるのに用いる、端をななめにそいだ竹筒。こめさし。②「刺身」の略。「いかー」

さし【差し】 ①さしむかい。「ーで飲む」②荷物を二人でかつぐこと。さしにない。③謡曲で、拍子に合わせずふしをつけて歌う箇所。④能の型で右手を前方に出すこと。

さ-し【砂△嘴】〘地〙潮流・風などの作用によってできる、湾の一方から細長く突き出た砂堤状の地形。三保の松原など。

さ-し【△渣△滓】 液体の底にたまったかす。おり。

さ-し【△蠁子】〘動〙①人工飼育した、キンバエの幼虫。釣りのえさにする。②ぬかみそなどにわくショウジョウバエの幼虫。

さじ【△匙】 液体や粉などをすくいとる道具。小さい皿状の頭部に柄がついている。スプーン。

ーを投げる ①(調剤用の匙を投げ出す意から)医者が病人を見放す。②物事に見込みがないとあきらめて手を引く。

さ-じ【△些事・△瑣事】 取るに足りないささいな事。小事。

-ざし【差し】(接尾)(名詞に付いて)物の姿・状態などを表す語。「まなー」「おもー」

ざ-し【座視・△坐視】(名・他スル) すわって見ているだけでかかわろうとしないこと。だまって見ていること。「ーするに忍びない」

さし-あい【差(し)合い】アヒ ― さしつかえ。さしさわり。支障。

さし-あ・げる【差(し)上げる】(他下一) ゲ・ゲ・ゲル・ゲル・ゲレ・ゲロ(ゲヨ) ①手に持って高く上げる。②「与える」「やる」の謙譲語。「お礼状をー」 ■(補動下一)(動詞の連用形＋助詞「て」を受けて)「…してやる」意の謙譲を表す。「書いてー」 文さしあ・ぐ(下二)

類語 贈呈する・進呈する・献呈する・謹呈する・奉呈する・拝呈する・呈上する・献上する・進上する・奉る・奉じる・献じる・捧げる

さし-あし【差(し)足】 つま先立ってそっと歩くこと。「抜き足、ー、忍び足」

さしあたっ-て【差し当(た)って・差当って】(副) ↓さしあたり

さし-あたり【差し当(た)り・差当り】(副) 現在のところ。今のところ。当面。さしあたって。「ー問題はない」

さし-あぶら【差(し)油】 機械に油をさすこと。また、その油。

さし-あみ【刺(し)網】 海中に垣根のように張りめぐらし、魚が泳いできた勢いで網目にかかるようにした網。

〔さしあみ〕

さし-いれ【差(し)入れ】(名・他スル) ①留置場・刑務所などに入れられている者に、物品を届けること。また、その品。②激励やねぎらいの意をこめて、飲食物などを届けること。また、そのもの。「楽屋へのー」

さし-い・れる【差(し)入れる】(他下一) レ・レ・レル・レル・レレ・レロ(レヨ) ①中へ入れる。挿入する。②差し入れをする。文さしい・る(下二)

さし-うつむ・く【差(し)△俯く】(自五) カ(コ)・キ(イ)・ク・ク・ケ・ケ (「さし」は接頭語)じっと下を向く。「恥ずかしさにー」

さし-え【挿(し)絵】エ ― 新聞・雑誌・書籍などの文章の中に入れる、内容に関係のある絵。挿画。「ー画家」

サジェスチョン〈suggestion〉 示唆。また、提案。サジェッション。「ーを受ける」

サジェスト〈suggest〉(名・他スル) 示唆すること。また、提案すること。「ー機能(＝検索エンジンなどで、入力された文字などからコンピューターが予測してキーワードを提案する機能)」

さし-お・く【差(し)置く】(他五) カ(コ)・キ(イ)・ク・ク・ケ・ケ (「さし」は接頭語) ①(今していることを)そのままにしておく。放置しておく。「議論はー・いて実行に移そう」②考慮すべき人を無視して行う。「親をー・いて勝手に決める」

さし-おさえ【差し押(さ)え・差押え】オサヘ ―〘法〙国家権力で債務者・税金滞納者などの財産・権利について、私人の処分を禁じる強制執行。「ーを受ける」

さし-おさ・える【差し押(さ)える・差押える】オサヘル ―(他下一) エ・エ・エル・エル・エレ・エロ(エヨ) ①押さえて動かないようにする。②差し押さえをする。「家財をー」 文さしおさ・ふ(下二)

さし-かえ【差(し)替え・差(し)換え】カヘ ― ①とりかえ。入れかえ。「ーの原稿」②別に用意しておく予備の刀。

さし-か・える【差(し)替える・差(し)換える】カヘル ―(他下一) エ・エ・エル・エル・エレ・エロ(エヨ) 今ある物を取って、別の物ととりかえる。また、とりかえたり位置を変えたりしてさす。「記事をー」「花瓶の花をー」 文さしか・ふ(下二)

さし-かか・る【差し掛(か)る・差掛る】(自五) ラ(ロ)・リ(ッ)・ル・ル・レ・レ ①ある時期・状況になろうとする。「雨期にー」②ある場所に行きかかる。「峠にー」③上にかぶさる。おおう。「枝が軒にー」

さし-かけ【指(し)掛け】 将棋で、途中までさしてそのままの状態で休止すること。「ーの局面」

さし-かけ【差(し)掛け】 ①さしかけること。②〘建〙母屋から ひさしを長くさし出して造った屋根。また、その下の部分。

さし-か・ける【差(し)掛ける】(他下一) ケ・ケ・ケル・ケル・ケレ・ケロ(ケヨ) さし出して上からおおうようにする。「傘をー」 文さしか・く(下二)

さじ-かげん【△匙加減】 ①薬の調合のぐあい。②状況に応じた配慮や手かげん。「厳しさと優しさのーが難しい」

さし-かざ・す【差(し)△翳す】(他五) サ(ソ)・シ・ス・ス・セ・セ 手や手に持ったものを頭上高くかかげる。「扇をー・して日ざしをさえぎる」

さし-かた・める【差(し)固める】(自下一) メ・メ・メル・メル・メレ・メロ(メヨ) 門戸を閉ざしてきびしく警戒する。文さしかた・む(下二)

さし-がね【差(し)金】 ①直角に曲がった金属製のものさし。曲尺。②舞台で、観客にわからないように作り物の蝶や小鳥などをあやつる針金。③(②から転じて)かげで人を指図してあやつること。「だれのーでこんなことをしたのか」

〔さしがね②〕

さし-がみ【差(し)紙】 江戸時代、奉行所が人を呼び出すための命令書。呼び出し状。

さし-き【挿(し)木】 茎・枝・根など植物の一部分を切り離して土中にさし、新株を作る方法。「ーでふやす」春

さ-じき【桟敷】 地面や土間よりも高くつくった見物席。「ーで見物する」参考 常用漢字表付表の語。

ざ-しき【座敷】 ①たたみを敷きつめた部屋。特に、客間。②宴会の席。また、その席のとりもち。「ー芸」③(「お座敷」の形で)芸者・芸人などが宴席に呼ばれること。「おーがかかる」

ーろう【ー△牢】ラウ 昔、格子などで厳重に仕切って、乱心者などを閉じ込めておいた座敷。

ーわらし【ー◇童】 東北地方で、旧家の座敷などに住むという子供の姿をした家の守り神。座敷ぼっこ。蔵わらし。

さし-きず【刺(し)傷】 刃物などで刺されてできた傷。

さし-ぐし【挿(し)△櫛】 女性が髪のかざりとしてさすくし。

さし-ぐすり【差(し)薬・◇注(し)薬】 目にさす薬。点眼薬。目薬。

さし-ぐすり【挿〔し〕薬】→ざやく

さし-ぐ・む【差〔し〕ぐむ】(自五) マ(モ)・ミ(ン)・ム・ム・メ・メ（「差し含む」意から）涙がわいてくる。涙ぐむ。「涙—」

さし-く・る【差〔し〕繰る】(自五) ラ(ロ)・リ(ッ)・ル・ル・レ・レ 都合をつける。時間などを繰り合わせる。やりくりする。「予定を—」

さし-くわ・える【差〔し〕加える】クハヘル (他下一) エ・エ・エル・エル・エレ・エロ(エヨ) つけ加える。文さしくは・ふ(下二)

さし-げ【差〔し〕毛】動物の毛並みで、異なる色の毛がまじってはえていること。また、その毛。「—の馬」

さし-こ【刺〔し〕子】〘服〙綿布を重ね合わせ、一面に細かく刺し縫いをしたもの。柔道着や剣道着などに用いる。

〔さしこ〕

さし-こ・える【差〔し〕越える】(他下一) エ・エ・エル・エル・エレ・エロ(エヨ) 順序を無視してさし出る。出しゃばる。「先輩を—・えた態度」文さしこ・ゆ(下二)

さし-こ・す【差〔し〕越す】サ(ソ)・シ・ス・ス・セ・セ 一(自五) ①越えて出る。②順序をふまないで行う。二(他五) 送ってくる。よこす。

さし-こみ【差〔し〕込み】①さしこむこと。さしこむもの。②胸・腹などに急に起こる激しい痛み。胃けいれんなど。癪(しゃく)。③「さしこみプラグ」の略。④コンセント。

—プラグ コードをコンセントにつなぐための器具。プラグ。

さし-こ・む【差〔し〕込む】マ(モ)・ミ(ン)・ム・ム・メ・メ 一(自五) ①胸・腹などが急に激しく痛む。「腹が—」②光がはいりこむ。「西日が—」二(他五) 狭いすきまや小さな穴などに物を突きさすように入れる。「プラグを—」参考 一②は「◇射し込む」とも書く。

さし-こ・める【◇鎖し◇籠〔め〕る】(他下一) メ・メ・メル・メル・メレ・メロ(メヨ) 中に入れて、とじこめる。文さしこ・む(下二)

さし-ころ・す【刺〔し〕殺す】(他五) サ(ソ)・シ・ス・ス・セ・セ 刃物などで突き刺して殺す。

さし-さわり【差〔し〕障り】サハリ 事の進展をさまたげるできごと。さしつかえ。また、つごうの悪いこと。「話すと—がある」

さし-さわ・る【差〔し〕障る】サハル (自五) ラ(ロ)・リ(ッ)・ル・ル・レ・レ さしつかえる。じゃまになる。つごうが悪くなる。「勉強に—」

さし-しお【差〔し〕潮】シホ 満ちてくる潮。上げ潮。満ち潮。

さし-しめ・す【指し示す】(他五) サ(ソ)・シ・ス・ス・セ・セ 指などを向けて示す。指示する。「方角を—」

さし-ず【指図】ヅ (名・自他スル) ①方法や手順などを人に指示して仕事などをさせること。また、その指示。「—を受ける」「人を—する」②〘法〙権利者として指定すること。

さし-ずめ【差〔し〕詰め】ヅメ (副) ①今のところは。さしあたり。「—心配はなかろう」②つまり。要するに。結局のところ。「あのチームにとって彼は—救世主だ」

さし-せま・る【差〔し〕迫る】(自五) ラ(ロ)・リ(ッ)・ル・ル・レ・レ すぐ近くにせまる。切迫する。緊迫する。「大会が—」「状況が—」

さし-ぞえ【差〔し〕添え】ゾヘ ①付き添い。かいぞえ。さしぞい。「—人」②大刀に添えてさす小刀。わきざし。

さし-だし【差〔し〕出し】①さし出すこと。②母屋(おもや)からひさしを出して、さしかけにした店。

—にん【差出人】郵便物などを発送する人。↔受取人

さし-だ・す【差〔し〕出す】(他五) サ(ソ)・シ・ス・ス・セ・セ（「さし」は接頭語）①前へ出す。「手を—」②提出する。提供する。「書類を—」③送り出す。発送する。「小包を—」

さし-た・てる【差〔し〕立てる】(他下一) テ・テ・テル・テル・テレ・テロ(テヨ) ①立てる。「旗を—」②送り出す。発送する。「注文の品を—」③さし向ける。「使者を—」文さした・つ(下二)

さ-したる【◇然したる】(連体) これといった。さほどの。たいした。「—金額ではない」用法 あとに打ち消しの語を伴う。

さし-ちが・える【刺〔し〕違える】チガヘル (自下一) エ・エ・エル・エル・エレ・エロ(エヨ) たがいに相手を刀で刺して共に死ぬ。「交渉相手と—覚悟で臨む」文さしちが・ふ(下二)

さし-ちが・える【差〔し〕違える】チガヘル (他下一) エ・エ・エル・エル・エレ・エロ(エヨ) 相撲で、行司(ぎょうじ)が勝負の判定を誤り、負けた力士に軍配を上げる。「きわどい勝負で—」文さしちが・ふ(下二)

さし-ちゃ【差〔し〕茶】何度か茶を出した茶葉に新しい茶葉を加えること。口茶(くちぢゃ)。

さし-つかえ【差〔し〕支え】ツカヘ 都合の悪いこと。さしさわり。支障。「—があって伺えません」

さし-つか・える【差〔し〕支える】ツカヘル (自下一) エ・エ・エル・エル・エレ・エロ(エヨ) 物事を行う際、都合の悪いことが起こる。支障が生じる。「夜更かしは次の日の仕事に—」文さしつか・ふ(下二)

参考「差し支える」は、常用漢字表付表の語。

さし-つかわ・す【差〔し〕遣わす】ツカハス (他五) サ(ソ)・シ・ス・ス・セ・セ 人をさしむける。派遣する。「代理の人を—」

さし-つぎ【刺〔し〕継ぎ】布地の弱ったところを、同色・同質の糸で刺し縫いして補強すること。

さし-つぎ【指〔し〕継ぎ】将棋で、指しかけだった対局を、その局面から再開すること。

さし-つ・ける【差〔し〕付ける】(他下一) ケ・ケ・ケル・ケル・ケレ・ケロ(ケヨ) 顔の前に差し出す。突き付ける。文さしつ・く(下二)

さし-づめ【差〔し〕詰め】「さしずめ」と書くのが本則。→さしずめ

さし-て【指〔し〕手】①将棋で、駒(こま)をすすめる方法。さし方。「—を再現する」②将棋のうまい人。

さし-て【差〔し〕手】相撲で、相手のわきの下に手を入れること。また、その手。「—争い」「—を抜く」

さ-して【◇然して】(副) それほど。さほど。たいして。「—おもしろくない」「—気にはならない」用法 あとに打ち消しの語を伴う。

さしで-がまし・い【差〔し〕出がましい】(形) カロ・カッ(ク)・イ・イ・ケレ・○ 出しゃばった態度である。立場をわきまえず、よけいな言動をするさま。「—口をきく」文さしでがま・し(シク)

さしで-ぐち【差〔し〕出口】よけいな口出し。「—をする」

さしで-もの【差〔し〕出者】出しゃばり屋。出すぎもの。

さし-・でる【差〔し〕出る】(自下一) デ・デ・デル・デル・デレ・デロ(デヨ) ①前へ出る。②分を越えてふるまう。出しゃばる。「—・でた口をきく」文さしい・づ(下二)

さし-とお・す【刺〔し〕通す】トホス (他五) サ(ソ)・シ・ス・ス・セ・セ 刺して突き通す。刺し貫く。

さし-と・める【差〔し〕止める】(他下一) メ・メ・メル・メル・メレ・メロ(メヨ) 押さえとどめる。禁止する。「出入りを—」文さしと・む(下二)

さし-にない【差〔し〕担い】ニナヒ 竿(さお)に通した荷を、前後二人でかつぐこと。

さし-ぬい【刺〔し〕縫い】ヌヒ ①布を幾枚か重ねて一針ごとに針を抜き通して縫うこと。また、縫ったもの。②刺繡(ししゅう)の一つ。外側だけ輪郭(りんかく)にそって針目をそろえ、中を縫いつぶすこと。

さし-ぬき【指◇貫】貴族が日常用いた袴(はかま)の一種。ひもですそをくくりすぼめるもの。衣冠・直衣(のうし)・狩衣(かりぎぬ)とともに着用した。

〔さしぬき〕

さし-ね【指〔し〕値】〘経〙売買取引の際に、客が売り値や買い値を指定すること。また、その値段。

さし-の・べる【差〔し〕伸べる・差〔し〕延べる】（他下一）べ・べ・べル・べル・べレ・べロ（べヨ）①のばしてさし出す。「首を―」②力を貸す。援助する。「救いの手を―」文さしの・ぶ（下二）

さし-のぼ・る【差〔し〕上る・差〔し〕昇る】（自五）ラ（ロ）・リ（ッ）・ル・ル・レ・レ（「さし」は接頭語）太陽・月などがのぼる。「朝日が―」

さし-ば【差〔し〕歯】①歯根に人工の歯をつぎたすこと。また、その歯。継ぎ歯。②足駄あしだの台に歯を入れること。また、その歯。

さし-はさ・む【差〔し〕挟む・◇挟む】（他五）マ（モ）・ミ（ン）・ム・ム・メ・メ ①間に入れる。はさみ込む。「本にしおりを―」②他人の話などに自分の意見などを割り込ませる。「異論を―」③疑いなどを心の中に持つ。「疑問を―余地はない」

さし-ばな【挿〔し〕花】花器に花をさすこと。生け花。

さし-ひか・える【差〔し〕控える】ヒカヘル エ・エ・エル・エル・エレ・エロ（エヨ）□一（他下一）程度をひかえめにする。遠慮してやめる。「発言を―」□二（自下一）そばについている。控える。文さしひか・ふ（下二）

さし-ひき【差〔し〕引き】□一（名・他スル）①引き去ること。②金銭の収支・貸借で、出入・過不足の差額を出すこと。また、その差額。「―残高」□二（名・自スル）①潮が満ち引きすること。②体温が上がり下がりすること。

さし-ひ・く【差〔し〕引く】（他五）カ（コ）・キ（イ）・ク・ク・ケ・ケ ①ある数量から一部を引き去る。減じる。さっぴく。「給料から税金を―」②ある事柄を評価の対象からはずす。さっぴく。「見栄えの悪さを―・いてもかなり安い」

さし-ひび・く【差〔し〕響く】（自五）カ（コ）・キ（イ）・ク・ク・ケ・ケ（「さし」は接頭語）他のことに悪く影響する。「経営に―問題」

さし-まえ【差〔し〕前】マヘ 自分が腰に差す刀。差し料。

さし-まね・く【差〔し〕招く・△麾く】（他五）カ（コ）・キ（イ）・ク・ク・ケ・ケ（「さし」は接頭語）手で合図して招く。「こちらへと―」

さし-まわ・す【差〔し〕回す】マハス（他五）サ（ソ）・シ・ス・ス・セ・セ 自動車などを指定の場所に行かせる。さしむける。「迎えの車を―」

さし-み【刺身】新鮮な生の魚肉などを薄くひと口大に切り、しょうゆなどをつけて食べる料理。つくり。「―のつま」

さし-み【差〔し〕身】相撲で、自分の得意なほうの差し手を、早くさすこと。「―がうまい」「―が早い」

さし-みず【差〔し〕水】ミヅ（名・自スル）①水をつぎ足すこと。また、その水。「沸騰した湯に―する」②井戸の中に他から悪い水がはいり込むこと。また、その水。

さし-むかい【差し向〔か〕い・差向い】ムカヒ 二人がたがいに向かい合うこと。「―にすわる」

さし-むき【差〔し〕向き】（副）さしあたり。目下もっかのところ。「―必要な物だけを買う」

さし-む・ける【差〔し〕向ける】（他下一）ケ・ケ・ケル・ケル・ケレ・ケロ（ケヨ）①その方向に向ける。②ある場所に向かわせる。つかわす。派遣する。「部隊を―」「送迎用の車を―」文さしむ・く（下二）

さ-しも【◇然しも】（副）①あれほど。あんなに。「―の勇者も病気には勝てなかった」②《古》そのようには。そうも。

さしも-ぐさ【さしも草】《古》よもぎ。春

さし-もどし【差〔し〕戻し】①提出された書類・案件を再考するよう、提出者に戻すこと。②《法》上訴を受けた裁判所が原判決を破棄し、裁判のやり直しをするよう、案件を原裁判所に戻すこと。「―裁判」

さし-もど・す【差〔し〕戻す】（他五）サ（ソ）・シ・ス・ス・セ・セ やり直すように、もとの所へ戻す。「書類を―」

さし-もの【指物】①武士が戦場での目印のため、よろいの背にさしたり、従者に持たせたりした小旗や飾り物。旗指物。②板を組み合わせて作った家具。箱・机・簞笥たんすなど。

――し【―師】「指物②」をつくる技術をもち、それを職業とする人。指物職人。

さし-ゆ【差〔し〕湯】（名・自スル）湯をつぎ足すこと。特に、茶道で、少量の湯で点たてた濃茶こいちゃに湯を足すこと。また、その湯。

さ-しゅ【詐取】（名・他スル）だまし取ること。「金品を―する」

さ-しゅう【査収】シウ（名・他スル）よく調べて受け取ること。「ご―ください」

さ-じゅつ【詐術】ごまかす方法。だます手段や方法。

ざ-しょ【座所】身分の高い人などの居室。「御―」

さ-しょう【△些少】セウ（名・形動ダ）数量・程度などがわずかなこと。また、そのさま。「―ですがお受け取りください」

さ-しょう【査証】（名・他スル）①調べて証明すること。また、その証書。②→ビザ

さ-しょう【詐称】（名・他スル）身分・氏名などをいつわって言うこと。「学歴を―する」

さ-じょう【砂上】ジャウ すなの上。

――の楼閣ろうかく 基礎がしっかりしていないため、くずれやすい物事のたとえ。転じて、実現が不可能な物事や計画のたとえ。

さ-じょう【砂状】ジャウ 砂のように細かくさらさらしていること。

ざ-しょう【挫傷】シャウ（名・他スル）打ったり転んだりした際、皮膚の表面は傷つかず、内部の組織に傷を受けること。また、その傷。打ち身。「脳―」

ざ-しょう【座礁・△坐礁】セウ（名・自スル）船が暗礁に乗り上げること。「―して沈没する」↔離礁

ざ-じょう【座乗・△坐乗】（名・自スル）海軍で、司令官などが艦船・航空機に乗りこんで指揮すること。

ざ-しょく【座食・△坐食】（名・自スル）働かずに暮らすこと。居食い。徒食としょく。「―の徒」

ざ-しょく【座職・△坐職】すわってする職業・仕事。座業。

さし-りょう【差〔し〕料】レウ 自分が腰に差すための刀。

さし-わけ【指〔し〕分け】将棋で、勝ち負けが同数で優劣がつかないこと。「六戦して―の成績」

さし-わたし【差〔し〕渡し】直径。口径。

さ-じん【左△衽】着物の右のえりを、左のえりの上に重ねて着ること。左前ひだりまえ。参考中国で、蛮人の風俗とした。

さ-じん【砂△塵・沙△塵】ヂン 砂ぼこり。「―が舞い上がる」

さ-しんしつ【左心室】《生》心臓の下半分の二室のうち、左側の部分。血液を全身へ送り出す。⇩心臓（さしえ）

さ-しんぼう【左心房】シンバウ《生》心臓の上半分の二室のうち、左側の部分。肺静脈からの血液を受け左心室へ送る。⇩心臓（さしえ）

-さ・す【◇止す】（接尾）「中途でやめる」「し残す」の意を表す。「飲み―」「言い―」用法 動詞の連用形に付いて、五段活用の動詞をつくる。

さ-す【砂州・砂△洲】《地》砂嘴さしが長く伸びて、その先が対岸の陸地につながったもの。また、つながりそうなもの。京都府の天あまの橋立はしだてなど。

さ・す【刺す】（他五）サ（ソ）・シ・ス・ス・セ・セ ①先のとがったもので突き入れる。突き刺す。「針を―」「釘くぎを―」②虫類が針状のとがったものを人の皮層の内に入れ、毒を注いだり血を吸ったりする。「蜂はちに―・される」③（針を使うことから）縫う。綴つづる。「ぞうきんを―」④鳥もちで鳥を捕らえる。「鳥を―」⑤野球で、走者にボールをつけてアウトにする。「牽制けんせい球で―」⑥目・鼻・皮膚などの感覚器官を強く刺激する。「舌を―味」自ささ・る（五）可能さ・せる（下一）⇩「使い分け」表現〈擬声・擬態語〉ぐさりと・ぐさっと・ぐさぐさ・ずぶっと・ずぶ

ずぶ・ぶすりと・ぶすっと・ぶすぶす・ぷすぷす・ざくっと・ちくりと・ちくっと・ちくちく

さ・す【指す】(他五) サ(ソ)・シ・ス・ス・セ・セ ①指など細長い物のとがった端を向けて方向を示す。ゆびさす。「空をー」「磁石が北をー」②その方向へ向かって進む。「東をー・して飛び立つ」③特定の人や事物をそれと定めて示す。「彼をー・して言った悪口」④密告する。「だれがー・したんだ」⑤将棋で、駒を進める。将棋をする。「一局ー」⑥ものさしではかる。「反物をー」⑦板を組んで箱・机・箪笥(たんす)などを作る。可能さ・せる(下一) ⇩「使い分け」

さ・す【差す】 サ(ソ)・シ・ス・ス・セ・セ 《中心義—狭い所にわずかのすきまを見つけて入れる》㊀(自五) ①光が当たる。照り込む。「西日がー」②潮が満ちてくる。上げ潮になる。「潮がー」③表面に色など、そのようすが現れる。「顔に赤みがー」④よそからはいり込む。「魔がー」⑤ある気持ちが生じる。おこる。「いやけがー」⑥気がとがめる。「気がー」⑦染み入る。「水がー」⑧体温が上がる。「熱がー」⑨枝がのびる。「枝葉がー」㊁(他五) ①舞で、手を前方に伸ばす。「ー手ひく手」②傘を頭上に広げ持つ。「傘をー」③さし木をする。④相撲で、自分の手を相手のわきの下に入れる。「右のかいなをー」⑤刀を帯にはさむ。⑥さおを使って舟を動かす。「さおをー」⑦酒杯をすすめる。「客に杯(さかずき)をー」⑧かんざしなどを頭髪につける。⑨液体をそそぎ入れたり加え入れたりする。「目薬をー」⑩色をつける。「朱をー」可能さ・せる(下一) 参考㊀①は「◇射す」とも書く。㊁①は「指す」、③⑧は「挿す」、⑨⑩は「◇注す」「◇点す」とも書く。⇩「使い分け」

さしつ差(さ)されつ たがいに酒をついだりつがれたりするさま。

さ・す【挿す】(他五) サ(ソ)・シ・ス・ス・セ・セ ①細長いものを他のものの間につき入れたりはさみ入れたりする。「髪にかんざしをー」②さし木をする。可能さ・せる(下一) ⇩「使い分け」

使い分け「刺す・指す・差す・挿す」

「刺す」は、先のとがった細いもので突く意で、「敵兵を刺す」などと使われ、また比喩(ひゆ)的に「肌を刺す寒さ」「三塁で走者を刺す」などと使われる。

「指す」は、指である方向をはっきりと示す意で、「東を指して進む」「杖(つえ)で北を指す」「将棋を指す」などと使われる。

「差す」は、はいり込む、または中に入れる意で、「光が差す」「腰に刀を差す」「水を差す」などと使われ、前や上へつき出す意で「杯を差す」「傘を差す」などと使われる。

「挿す」は、物の間に何かをさしこむ意で、「髪にくしを挿す」「花瓶に花を挿す」などと使われる。

さ・す【◇注す】(他五) サ(ソ)・シ・ス・ス・セ・セ ①液体をそそぎ入れたり加え入れたりする。つぐ。「花瓶に水をー」「油をー」「湯に水をー」②色をつける。「紅(べに)をー」③(「水をさす」の形で)ある事柄の進行を妨げる。「二人の仲に水をー」可能さ・せる(下一) 参考「差す」とも書く。

さ・す【◇鎖す】(他五) サ(ソ)・シ・ス・ス・セ・セ 門・戸・栓(せん)などをしめる。とざす。「錠をー」可能さ・せる(下一)

さす(助動—下二型) サセ・サセ・サス・サスル・サスレ・サセヨ 《古》→させる(助動)

ざ-す【座主】《仏》①寺をとりしきる最高位の僧職。また、その僧。②延暦(えんりゃく)寺の長。「天台ー」

さすが【×流石】(副・形動ダ) ①予想・期待や世間の評判どおりであることに感心する意を表す。「ー(に)金メダリストだ」②予想・評判を認めながら、やはりそうもいかないと否定する意を表す。「強気の彼もーに言い出しにくそうだ」③(「さすがの…も」の形で)実力のあるものが、その評価どおりにならなかった意を表す。「ーの彼もお手上げだ」

さずかり-もの【授かり物】 サヅカリ— 神仏などから与えられたもの。特に、子供をいう。「子は天からのー」

さずか・る【授かる】 サヅカル (自他五) ラ(ロ)・リ(ッ)・ル・ル・レ・レ ①神仏や目上の人などから、たいせつなものを与えられる。さずけられる。「子宝をー」②学問や技芸などを師から与えられる。「秘伝をー」

さず・ける【授ける】 サヅケル (他下一) ケ・ケ・ケル・ケル・ケレ・ケロ(ケヨ) ①目上の者が目下の者にたいせつなものを与える。取らせる。②教え伝える。伝授する。「奥義をー」自さずか・る(五) 文さづ・く(下二)

さす-て【差す手】 舞で、手を前方へ差し出すこと。また、その手。↕引く手

—引(ひ)く手(て) 舞の手ぶり。「ーも美しく」

サステナブル〈sustainable〉(形動ダ) ダロ・ダッ(デ・ニ)・ダ・ナ・ナラ・○ 持続可能であるさま。特に、地球環境を壊さずに社会を長期的に維持できる状態にあるさま。サステイナブル。「ーな社会」

サス-プロ〈sustaining program から〉民間放送局がスポンサーなしの自費で放送する番組。自主番組。

サスペンション〈suspension〉自動車などで、車体を上に載せて車輪からの振動を吸収する装置。懸架装置。

サスペンス〈suspense〉小説・映画などで、筋の展開が読者や観客に与える不安感や緊張感。また、そのような感情を呼びおこす小説・映画。「ードラマ」

サスペンダー〈suspenders〉①ズボンつり。また、つりスカートのひも。②靴下(くつした)どめ。

サスペンデッド-ゲーム〈suspended game〉野球・テニス・ゴルフなどで、降雨・日没などの事情により、後日その続きを行うことを条件に中止された試合。一時停止試合。

さす-また【刺股】 長い木の柄(え)の先に、二股(ふたまた)に分かれた鉄を付けた武器。江戸時代、罪人などを捕らえるために用いた。

さすらい【×流離い】 サスラヒ さまよい歩くこと。漂泊。流浪(るろう)。

さすら・う【×流離う】 サスラフ (自五) ワ(オ)・イ(ッ)・ウ・ウ・エ・エ どことという当てもなくさまよい歩く。「諸国をー」可能さすら・える(下一)

類語 流れ歩く・彷徨(さまよ)う・流浪(るろう)する・放浪する

さす・る【◇摩る・◇擦る】(他五) ラ(ロ)・リ(ッ)・ル・ル・レ・レ てのひらを当てて軽くこする。「背中をー・ってやる」可能さす・れる(下一)

ざ・する【座する・△坐する】(自サ変) シ(セ)・シ・スル・スル・スレ・シロ(セヨ) ①すわる。いる。「ー・して食らう(=働かないで暮らす)」②その事件などにかかわりあう。連座する。「疑獄事件にー」文ざ・す(サ変)

さ-すれば【◇然◇為れば】(接) ①そうであるから。だから。②そうだとすると。それならば。

ざ-せき【座席】 すわる席。すわる場所。「ー指定」「ー表」

さ-せつ【左折】(名・自スル) 向きを左へ変えてさらに進むこと。左へ曲がること。「次の信号をーしてください」↕右折

ざ-せつ【挫折】(名・自スル) 目的や続けてきたことなどが中途でくじけてだめになること。「ー感を味わう」「計画がーする」

さ・せる(他下一) セ・セ・セル・セル・セレ・セロ(セヨ) ①人にある事をするようにしむける。「家の手伝いをー」②人のやりたいままに放っておく。放任する。「勝手にー」③ある状態に置かれるようにする。「親に楽をー」文さ・す(下二)

さ-せる【◇然せる】(連体) これというほどの。たいした。さしたる。「ー困難もなく」用法多く、あとに打ち消しの語を伴う。

させる(助動—下一型) サセ・サセ・サセル・サセル・サセレ・サセロ(サセヨ) 《中心義—「せる」参照》①使役の意を表す。「門をあけー」「あすは必ずこさせてください」②(「…させていただく」「…させてもらう」の形で)相手の指示を受けてする意で自分のすることを謙遜(けんそん)していう。「宝物を見させていただく」③(「させられる」の形で)高い尊敬の意を表す。「王様は国民に支援の手をのべさせられた」用法上一段・下一段・カ変動詞の未然形に付く。サ変動詞「せ」に付く「せさ

せ給う」や③は文語的表現として用いられる。⇩せる(助動)

さ-せん【左遷】(名・他スル)それまでより低い官職・地位に移すこと。「支店に—される」↔栄転 語源 昔、中国で右を尊び、左を低く見たことからいう。

さ-ぜん【作善】〘仏〙仏像を作ったり、堂や塔を建てたり、写経をしたりするなど、もろもろの善事を行うこと。

ざ-ぜん【座禅・△坐禅】〘仏〙禅宗などで、両足を組んですわり精神を集中させて悟りを得ようとする修行法。「—を組む」

さ-ぞ【△嘸】(副)さだめし。きっと。どんなにか。「北国は—寒かったことでしょう」用法 あとに推量の語を伴い、他人の、あるいは未知の経験に対し共感や想像する気持ちを強める。語源 副詞「さ」に強めの係助詞「ぞ」の付いた語。

さそい【誘い】サソヒ さそうこと。誘惑。勧誘。「—に乗る」

—みず【—水】ミヅ ①井戸のポンプの水が出ないとき、水をさそい出すために上からポンプへ注ぎ入れる水。呼び水。②事の起こるきっかけをつくるもの。「失言が紛糾の—になる」

さそい-か・ける【誘い掛ける】サソヒ (他下一) ケ・ケ・ケル・ケル・ケレ・ケロ(ケヨ) 何かをさせようとしてさそう。何かをいっしょにしようと声をかける。「入部を—」文 さそひか・く(下二)

さそい-こ・む【誘い込む】サソヒ (他五) マ(モ)・ミ(ン)・ム・ム・メ・メ さそって、引き入れる。「悪の道に—」「仲間に—」

さそい-だ・す【誘い出す】サソヒ (他五) サ(ソ)・シ・ス・ス・セ・セ ①相手にすすめて、いっしょに外へ連れ出す。また、おびき出す。「遊びに—」「甘言を弄して—」②相手にある事をさせたり、ある気持ちを生じさせたりするように巧みにむける。「話を—」「興味を—」

さそ・う【誘う】サソフ (他五) ワ(オ)・イ(ッ)・ウ・ウ・エ・エ ①ある事をするように声をかけてすすめる。勧誘する。「散歩に—」「保険に—」②誘惑する。そそのかす。「悪事に—」③ある気分や状態にさせる。うながす。「眠りを—音楽」「同情を—」可能 さそ・える(下一)

ざ-そう【挫創】サウ 打ったり転んだりして、皮膚に傷をつけること。また、その傷。

ざ-ぞう【座像・△坐像】ザウ すわった姿勢の像。↔立像

さぞ-かし【△嘸かし】(副)「さぞ」を強めた語。さぞや。「—無念だったろう」語源「さぞ」に強めの終助詞「かし」の付いた語。

さ-そく【左側】ひだりがわ。↔右側

さぞ-や【△嘸や】(副)「さぞ」を強めた語。さぞかし。「長旅で—お疲れでしょう」語源「さぞ」に感動を示す間投助詞「や」の付いた語。

さそり【△蠍】〘動〙サソリ目に属する節足動物の総称。熱帯・亜熱帯地方に分布する。頭部に一対のはさみ、胸部に四対の脚がある。腹部の後部は尾のようになり、先端に猛毒のある針をもつ。夏

〔さそり〕

さ-そん【差損】〘商〙売買の収支決算で生じた損失。「為替—」↔差益

さ-た【沙汰】(名・自他スル)①物事の是非を論じ定めること。裁定。「—を待つ」②命令・指示。「追って—する」③たより。消息。知らせ。「何の—もない」④うわさ。評判。「世間の—がやむ」⑤行為。事件。「刃傷—」「正気の—ではない」

—の限り 道理に合わないこと。もってのほか。言語道断。「このようなふるまいは—だ」

さ-だ【△蹉△跎】(タル)①つまずいて進めないさま。②落ちぶれるさま。③不遇で志を得ないさま。文(形動タリ)

さ-だいじん【左大臣】律令制で、太政官の長官。太政大臣の下、右大臣の上位。太政官の政務を統轄した。左府。

さだ-か【定か】(形動ダ) ダロ・ダッ(デ・ニ)・ダ・ナ・ナラ・○ たしかにそれだと判断されるさま。はっきりしているさま。「消息は—でない」文(ナリ)

ざ-たく【座卓】畳にすわって使うための和室用の机。

さだまり【定まり】定まっていること。決まり。

さだま・る【定(ま)る】(自五) ラ(ロ)・リ(ッ)・ル・ル・レ・レ 《中心義—物事が一定の状態でしばらく続く》①決定する。決まる。「日取りが—」「ねらいが—」②どうなるかわからない状態から、落ち着いた状態になる。安定する。おさまる。落ち着く。「世情が—」「天気が—・らない」他 さだ・める(下一)

さだめ【定め】①定めること。決定。②定まったこと。決まり。規定。おきて。「法の—」③そのものに定められている運命。宿命。命運。「悲しい—に泣く」

—な・い(形) カロ・カッ(ク)・イ・イ・ケレ・○ 一定していない。はかない。無常である。「—浮き世」文 さだめな・し(ク)

さだめ-し【定めし】(副)きっと。必ず。さだめて。「—御両親もお喜びでしょう」用法 あとに推量の語を伴う。

さだめ-て【定めて】(副)→さだめし

さだ・める【定める】(他下一) メ・メ・メル・メル・メレ・メロ(メヨ) 《中心義—物事の状態を一つに決めてしばらく続ける》①一つのものに決める。きまりをつくる。「制服を—」「法律を—」②一つの所を選んで、それと決める。「国内を—」③世の中の騒ぎをしずめる。おさめる。「ねらいを—」自 さだま・る(五) 文 さだ・む(下二)

さた-やみ【沙汰◇止み】命令・指令・計画などが中止になり、それきりになること。「計画が—になる」

さ-たん【左△袒】(名・自スル)(左の袖をぬいで肩をあらわす意)味方すること。賛成すること。

故事 漢の高祖の死後、司令官の周勃が天下を奪おうとする呂氏を討つため、将兵に「呂氏に味方する者は右袒せよ。漢王劉氏に味方する者は左袒せよ」と言ったとき、みな左の片肌ぬぎになって劉氏に忠誠を誓ったことからいう。〈史記〉

さ-たん【左端】左の端。↔右端

さ-たん【嗟嘆・△嗟△歎】(名・自他スル)①なげくこと。「わが身の不幸を—する」②感心してほめること。「—の的となる」

サタン〈Satan〉キリスト教で、悪魔。魔王。

ざ-だん【座談】(名・自スル)何人かが同席して自由に話し合うこと。また、その話。「—の席」

—かい【—会】クヮイ 何人かが集まって、ある問題について形式ばらずに話し合う会合。はじまり この形式は明治期からあるが、雑誌の柱の一つとしたのは菊池寛の「文藝春秋」で、一九二七(昭和二)年の「徳富蘇峰氏座談会」が最初。

さち【幸】①さいわい。幸福。「—多かれと祈る」②海や山からとれるうまい食物。漁や狩りの獲物。「海の—、山の—」

ざ-ちゅう【座中】①集会の座敷の中。また、集会の列席者の中。②芸人などの一座の仲間。

さちゅう-の-ぐうご【沙中の偶語】(「偶語」は向かいあって話す意)臣下がひそかに謀反の相談をすること。

故事 漢の高祖が天下平定の功臣たちに与える賞を決めた際、まだ決まらぬ諸将が砂地に座って相談しているのを見かけた。高祖がこのようすを軍師の張良にたずねると、「彼らは不満のため謀反の相談をしているのです」と答えたことからいう。〈史記〉

ざ-ちょう【座長】チャウ ①芸人などの一座の頭。座頭。②会議や座談会などで議事の進行をはかる人。

さつ【冊】 教6 サツ・サク高 ふみ

(字義)①ふみ。とじた本。「冊子・書冊・分冊・別冊」②書きつけ。㋐簡単な書きこみをする料紙。手紙。「簡冊・短冊」㋑天子が爵位・封禄などを賜るために下す文書。「冊

書・冊命・冊立・封冊」③→次項。「冊数・数冊」 人名 ふん

-さつ【冊】(接尾)書物やノートなどを数える語。「五―の本」

さつ【札】 教4 サツ ふだ

(字義)①ふだ。㋐薄い木のふだ。文字を書いてしるす板。「高札・表札」㋑切符。「改札・出札」㋒入れふだ。「入札・落札」②書き物。手紙。証拠となる文書。「鑑札」③紙幣。「札束」 難読 札片(さつびら) 人名 さね・ぬさ

-さつ【札】(接尾)証書・証文などを数える語。「一―・一―入れる」

さつ【札】紙幣。「―を数える」

さつ【刷】 教4 サツ する

(字義)①する。印刷する。「刷行・印刷・縮刷・増刷」②はく。ぬぐう。清める。「刷新」 難読 刷毛(はけ)・刷子(はけ)・刷毛序(はけついで)

さつ【刹】 サツ高 セツ中

(字義)①梵語(ぼんご) kṣetra の音訳。国土。土地。②寺。「古刹(こさつ)・名刹(めいさつ)」 難読 刹那(せつな)

さつ【拶】 サツ中

(字義)せまる。「挨拶(あいさつ)(=原義は互いに押し合う意。国語では、えしゃく・おじぎ・応対の意に用いる)」

さつ【殺】 教5 **【殺】** サツ・サイ高・セツ高 ころす・そぐ

(字義)①ころす。命をたつ。「殺害(さつがい・せつがい)・殺人・殺生(せっしょう)・暗殺・虐殺・惨殺・自殺・射殺」②あらあらしい。ものすごい。「殺到・殺伐」③なくす。けしほろぼす。へらす。「減殺・相殺」④(「サイ」と読んで)けずる。「殺風景・抹殺」⑤動詞の意味を強めるために添える語。「愁殺・悩殺・黙殺」 難読 殺陣(たて)

さつ【察】 教4 サツ

(字義)①あきらかにする。「察問」②詳しくみる。詳しくしらべる。「観察・考察・診察・洞察」③おしはかる。「察知・推察・明察」 人名 あき・あきら・さとる・み・みる

さつ【察】(俗)警察。 参考 多く、サツと書く。

さつ【颯】 人 サツ

(字義)①風の音の形容。「颯颯・颯然」②姿がりりしく、すっきりしているさま。きびきびしたさま。「颯爽(さっそう)」 人名 はや

さつ【撮】 サツ中 とる中

(字義)①つまむ。つかむ。「撮記・撮土・撮要」②写真や映画にとる。「撮影」

さつ【擦】 サツ中 する中・すれる中・こする

(字義)こする。さする。「擦過傷・摩擦」

さつ【薩】 人 サツ

(字義)①仏教で、「菩薩(ぼさつ)」に用いる文字。②「薩摩(さつま)」の略。「薩州・薩長」

さっ【早】(字義)→そう(早)

ざつ【雑】 教5 **【雜】** 人 ザツ・ゾウ(ザフ) まじる

(字義)①まじる。入りまじる。「雑居・雑誌・雑食・夾雑(きょうざつ)」②入り乱れる。「雑踏(ざっとう)・混雑・錯雑・乱雑」③乱れてまとまりがない。純粋でない。「雑種・雑然・雑念・蕪雑(ぶざつ)」④あらい。「雑駁(ざつぱく)・雑言(ぞうごん)・粗雑」⑤ごたごたしてわずらわしい。「煩雑(はんざつ)・繁雑」⑥こまごました。「雑事・雑用」⑦他の分類にはいらない。「雑歌(ぞうか)」 難読 雑魚(ざこ)・雑兵(ぞうひょう)・雑砕(チャプスイ)

ざつ【雑】(形動ダ) ダロ・ダッ(デ・ニ)・ダ・ナ・ナラ・○ おおざっぱなさま。いいかげんなさま。粗雑。「―な扱い」「仕事が―になる」 文(ナリ)

さつ-い【殺意】人を殺そうとする意志。「―をいだく」

さつ-いれ【札入れ】持ち歩き用の紙幣入れ。紙入れ。

さつ-えい【撮影】(名・他スル)写真や映画をとること。

―じょ【―所】映画を撮影・製作する所。スタジオ。

ざつ-えい【雑詠】和歌・俳句などで、題を決めないでいろいろの事物・心境を詠むこと。また、その詠んだ和歌・俳句など。

ざつ-えき【雑役】おもな業務以外の、雑多な仕事。

ざつ-おん【雑音】①さわがしく不快な感じを起こさせる音。騒音。②ラジオ・テレビ・電話などにはいる余分な音。「ラジオに―がはいる」③(比喩(ひゆ)的に)まわりであれこれ言う批評。うわさ。「世間の―を気にしてはいけない」

さっ-か【作家】 サク 詩歌・小説・戯曲・絵画など、芸術作品を創作する人。特に、小説家。「流行―」「陶芸―」

さっ-か【作歌】 サク (名・自スル)和歌を作ること。また、その和歌。

さっ-か【昨夏】 サク 昨年の夏。

さっ-か【擦過】 クワ こすること。かすること。

―しょう【―傷】 シャウ すりむいてできた傷。すり傷。

ざっ-か【雑貨】 クワ 日常生活に使うこまごました品物。日用品。「―店」「輸入―」

サッカー〈soccer〉一一人ずつ二組に分かれ、ゴールキーパー以外は手を使わないでボールを敵のゴールに入れ、得点を競う競技。蹴球(しゅうきゅう)。ア式蹴球。アソシエーションフットボール。 图 はじまり 一八七三(明治六)年、英海軍の軍人によって紹介されたのが最初という。サッカーの訳語「蹴球」は、「蹴鞠(けまり)」の「鞠」に「球」を当てたものという。

さつ-がい【殺害】(名・他スル)人を殺すこと。殺害(せつがい)。

さっ-かく【錯角】 サク 〔数〕直線lが二直線m、nと下図のように交わるときにできる、aとd、bとcとの角。なお、二直線が平行なときは錯角は相等しい。

〔錯角〕

さっ-かく【錯覚】 サク (名・自スル)①事物に対する知覚のうえでの誤り。聴覚や視覚に現れることが多い。「目の―」②思い違い。かん違い。「その場に自分もいたような―を起こす」 参考「錯覚」は対象のある場合で、対象のない場合はふつう「幻覚」を用いる。

ざつ-がく【雑学】広くいろいろな分野や方面にわたる系統的でない研究や知識。「彼は―の大家だ」

ざつ-かぶ【雑株】〔経〕主要株式以外のいろいろな株式。

サッカリン〈saccharin〉人工甘味(かんみ)料の一つ。砂糖の約五〇〇倍の甘味をもつ無色の結晶体。使用に制限がある。

さっ-かん【錯簡】 サク ①とじ違いのため本のページの順序がくるっていること。②文字・文章などの前後が入れ違っていること。

ざっ-かん【雑感】さまざまの感想。とりとめのない感想。

さ-つき【五月・△皐月】①陰暦「五月」の別名。夏 ②「さつきつつじ」の略。夏 参考「五月」は、常用漢字表付表の語。

―の鯉(こい)の吹(ふ)き流(なが)し(こいのぼりは、はらわたがないことから)さっぱりとして心にわだかまりのないことのたとえ。江戸っ子の気質を表す語。

―あめ【―雨】さみだれ。梅雨。つゆ。夏

―つつじ【―×躑躅】〔植〕ツツジ科の常緑低木。六月ごろ紅紫色や白色などの花を開く。観賞用。さつき。夏

―の-せち【―の節】端午(たんご)の節句。

―ばれ【―晴〔れ〕】 ①梅雨のあいまの晴れ間。②(①の誤用から)五月の、晴れわたった天気。夏

―やみ【―闇】 一(名) さみだれの降るころの夜が暗いこと。また、その暗闇。夏 二《枕》「くら」にかかる。

さっ-き【殺気】 人を殺そうとする気配。「―を感じる」

―だ・つ【―立つ】(自五) 興奮して非常に荒々しい態度・雰囲気になる。「場内が―」

さっ-き【◇数奇】(名・形動ダ) →すうき(数奇)

さっき【◇先】(副) 先ほど。ちょっと前。「―着いたばかりだ」 語源「さき」の転。

ざ-つき【座付き】 役者・作者などが、ある一座または劇場に専属すること。また、その人。「―作者」

ざっ-き【雑記】 いろいろなことを書き記すこと。また、書き記したもの。「―帳」「身辺―」

さっ-きゅう【早急】(名・形動ダ) ひどく急なこと。非常に急ぐこと。また、そのさま。早急。「―に善処します」

さっ-きゅう【◇遡及・◇溯及】(名・自スル) →そきゅう(遡及) 参考 もとの読みは「そきゅう」。「さっきゅう」は慣用読み。

ざっ-きょ【雑居】(名・自スル) ①いろいろの人々がまじって住むこと。特に、一つの家に数家族が住むこと。「―生活」②種類の異なるものがまじって存在すること。「―ビル」③一定の地域にいくつかの民族がまじって住むこと。「―地帯」

さっ-きょう【作況】《農》農作物のでき具合。作柄。

―しすう【―指数】《農》その年の穀類や豆類の作柄を、平年並みの収量を基準とした指数で表したもの。

ざつ-ぎょう【雑業】 いろいろな種類の仕事。また、はっきりと分類しにくい職業。

さっ-きょく【作曲】(名・自他スル) 楽曲をつくること。また、詩歌などに節をつけること。「―家」

さっ-きん【殺菌】(名・他スル) 熱や薬剤などで細菌や病原菌を殺すこと。「低温―」「熱湯で―する」

ざっ-きん【雑菌】 いろいろな細菌や病原菌。

サック〈sack〉①中に物を入れる袋状のもの。さや。「眼鏡の―」②物にかぶせるゴム製の袋。「指―」

ザック〈ドイツ Sack〉リュックサック。

サックス〈sax〉→サキソホン

ざっく-ばらん(形動ダ)《俗》ありのままで隠しだてのないさま。あけすけ。「―に言えば」「―な性格」

さっくり(副・自スル) ①たやすく割れたり切れたりするさま。「―(と)割れる」②さっぱりしているさま。

ざっくり(副・自スル) ①力をこめて一気に切ったり割ったりするさま。「キャベツを―(と)切る」②大きく割れたり、深くえぐれたりしているさま。「―(と)あいた傷口」③布地などの織りや編み方の粗いさま。「―(と)編んだセーター」④《俗》大まかなこと。だいたい。「―数えて一万人」

ざつ-げき【雑劇】 中国の古典劇。宋代には滑稽な風刺寸劇をいい、元代に一種の歌劇(=元曲)として完成した。また、明・清時代の短編劇もいう。

ざっ-けん【雑件】 種々雑多な事件や用件。

さっ-こう【作興】(名・自他スル) ふるい起こすこと。ふるい立つこと。ふるい立たせること。「国民精神を―する」

ざっ-こう【雑考】 秩序だっていない考証や考察。

ざっ-こく【雑穀】 米・麦以外の穀類の総称。アワ・ヒエ・ソバ・豆など。

さっ-こん【昨今】 昨日今日。このごろ。「―の世相」

ざっ-こん【雑婚】(名・自スル) 原始社会で行われたとされる、男女が相手を定めずたがいに夫婦の関係にあること。乱婚。

さっ-さつ【◬颯◬颯】(タル) 風が音を立てて吹くさま。「―たる松風」文(形動タリ) 用法 文語的に用いる。

さっさ-と(副) ぐずぐずしないですみやかに物事をするさま。「―仕事をすます」

ざっ-さん【雑◬纂】(名・他スル) 種々雑多な記録・文書を集めること。また、集められた書物。

さっし【察し】 人の気持ちや物事の事情を推察すること。おしはかること。「―が悪い」「―がつく」

さっ-し【冊子】 とじた本。とじ本。転じて、書物一般。

さっ-し【刷子】 はけ。ブラシ。

サッシ〈sash〉窓枠。サッシュ。「アルミ―」

ざっ-し【雑誌】 号を追って定期的に発刊する刊行物。週刊・月刊・季刊などがある。マガジン。

ざつ-じ【雑事】 種々雑多な用事や俗事。「―に追われる」

サッシュ〈sash〉①《服》服の胴まわりや帽子に付ける飾り帯やベルト。②→サッシ

ざっ-しゅ【雑種】 ①入りまじった種類。②動植物で、異なる種の雌雄の交配によって生まれたもの。「―の犬」

ざっ-しゅうにゅう【雑収入】 ①簿記で、どの項目にもはいらない、もろもろの収入。②定収入以外の収入。

ざっ-しょ【雑書】 ①図書の分類の、どの分類にもはいらない種類の書物。②雑多なことを記した書物。

さっ-しょう【殺傷】(名・他スル) 殺したり傷つけたりすること。「―事件」「人を―する」

ざっ-しょく【雑色】 いろいろな色。また、何色もまじった色。

ざっ-しょく【雑食】(名・自他スル) ①いろいろな種類の食物をとりまぜて食べること。②動物性と植物性の両方の食物を食べること。「―性動物」⇩草食・肉食

さつ-しょぶん【殺処分】(名・他スル) 伝染病にかかった家畜や特定外来生物、または保健所などに収容された動物を法律に基づいて殺すこと。

さっ-しん【刷新】(名・他スル) 悪い点を取りのぞいてすっかり新しくすること。「人事を―する」

さつ-じん【殺人】 人を殺すこと。「―を犯す」

―き【―鬼】 人を平気で殺す冷酷無情の人間。

―てき【―的】(形動ダ) 人命にかかわるほど激しい状態。すさまじいさま。「―な混雑」

さつ-じん【殺陣】 →たて(殺陣)

さっ-すい【◬撒水】(名・自スル) →さんすい(散水)

さっ-すう【冊数】 書物・ノートなどの数。

さっ・する【察する】(他サ変)《中心義―現実は分からないが、事態の動きや物音などをもとに推しはかる》①人の気持ちや状況などを推量して思いやる。「心中を―」②事情を推しはかる。「―ところ」「敵の気配を―」文さっ・す(サ変)

ざっ-せつ【雑節】 二十四気以外の、季節の移り変わりの目安となるように設けられた日。節分・彼岸・土用など。

ざつ-ぜん【雑然】(タル) ごたごたと入りまじってまとまりのないさま。「―とした室内」文(形動タリ)

さっ-そ【殺◬鼠】 駆除の目的でネズミを殺すこと。「―剤」

さっ-そう【◬颯爽】(タル) 人の動作や姿などがきびきびとさわやかで気持ちのよいさま。「―と歩く」文(形動タリ)

ざっ-そう【雑草】 栽培している作物や草花以外に自然に生える、いろいろな草。「―のように強く生きる」「―を抜く」

さっ-そく【早速】(副) 時間をおかずに行うさま。すみやかに。すぐに。「―お伺いします」

ざっ-そん【雑損】 こまごまとした、いろいろな損失。「―控除

(＝災害や盗難などにあった場合の所得控除)」

ざっ-た【雑多】(形動ダ) ダロ・ダッ(デ・ニ)・ダ・ナ・ラ・○ いろいろなものが入りまじっているさま。「種々—な品物」文(ナリ)

ざつ-だい【雑題】どの部門にもはいらない題目や問題。

さつ-たば【札束】紙幣を重ねて束にしたもの。「—を積む」

ざつ-だん【雑談】(名・自スル) とりとめもない話を気楽にすること。また、その話。「—を交わす」

さっ-ち【察知】(名・他スル) 推しはかって知ること。それと気づくこと。「事前に危険を—する」

さっ-ちゅう【殺虫】(名・自スル) 害虫を殺すこと。「—剤」

さっ-と【△颯と】(副) ①雨や風などが一瞬降ったり吹いたりするさま。「—風が吹く」②動作がすばやいさま。急に変化するさま。「—身をかわす」「表情が—変わる」

ざっ-と(副) ①内容や数量をおおざっぱに示すさま。あらまし。おおよそ。「—五〇個ぐらい必要だ」②物事をおおまかに行うさま。大略。「—説明する」「—目を通す」

さっ-とう【殺到】タウ (名・自スル) 多くの人や物が一時に、一か所に押し寄せること。「客が—する」「申し込みが—する」

ざっ-とう【雑踏・雑△沓】タフ (名・自スル) 多くの人でこみあうこと。人ごみ。「都会の—」

ざつ-ねん【雑念】心の統一を乱すさまざまな考え。まとまりのないいろいろな考えや思い。「—を払う」「—がわく」

ざつ-のう【雑△嚢】ナウ いろいろの物を入れ、肩からかける布製のかばん。

ざっ-ぱい【雑俳】本格的な俳諧(はいかい)に対し、前句(まえく)付け・冠(かむり)付け・沓(くつ)付け・川柳など、遊戯的な句をいう。

ざっ-ぱく【雑△駁】(形動ダ) ダロ・ダッ(デ・ニ)・ダ・ナ・ラ・○ 知識や考えが雑多でまとまりのないさま。「—な考え」「—な知識」文(ナリ)

さつ-ばつ【殺伐】(形動ダ・タルト) すさんで荒々しいさま。温かみやうるおいのないさま。「—とした世の中」「—たる光景」

さっぱり 一(副・自スル) ①清潔できちんとしているさま。「—(と)した身なり」②さわやかで気分がよいさま。「風呂に入って—する」③性格や物の味などがあっさりしているさま。「—(と)した気性」二(副) ①残ることなく。きれいに。「—(と)あきらめる」②少しも。まったく。「—売れない」三(形動ダ) ダロ・ダッ(デ・ニ)・ダ・ナ・ラ・○ 景気や成績などの悪いさま。「売れ行きは—だ」用法 二②は、あとに打ち消しの語を伴う。

ざっ-ぴ【雑費】おもな費用のほかにかかるこまごまとした費用。

さっ-ぴ・く【差っ引く】(他五) カ(コ)・キ(イ)・ク・ク・ケ・ケ (俗)「さしひく」の促音便。

ざっ-ぴつ【雑筆】いろいろな事柄を書き記したもの。雑記。

さつ-びら【札△片】(俗) 紙幣。—を切る これ見よがしに大金を惜しげもなく使う。

ざっ-ぴん【雑品】こまごまとした、いろいろの品物。

ザッピング〈zapping〉テレビの視聴時に、リモコンなどで頻繁にチャンネルを変えること。

さっ-ぷ【△撒布】(名・他スル) →さんぷ(散布)

さっ-ぷうけい【殺風景】(名・形動ダ) おもしろみや風情を欠き、つまらないこと。また、そのさま。「—な庭」「—な話」

ざつ-ぶん【雑文】専門的でない軽い内容の文章。

ざっ-ぽう【雑報】あまり重要でない細かなできごとの報道。

ざつ-ぼく【雑木】いろいろな種類の木。また、良材にならず用途のない木。雑木(ぞうき)。

さつま【薩摩】旧国名の一つ。現在の鹿児島県西部。薩州。

—あげ【—揚げ】魚肉をすり身にし、ゴボウやニンジンなどの細切りを入れて油で揚げた食品。

—いも【—芋・×甘藷】〘植〙ヒルガオ科の多年草。茎はつる性で地をはい、葉はハート形。地下の塊根はデンプン質で甘く食用、またアルコールの原料。かんしょ。からいも。秋

—がすり【—△絣】紺地(こんじ)に白のかすり模様のある琉球(りゅうきゅう)産の木綿(もめん)織物。のち、薩摩でも織られるようになった。

—じる【—汁】鶏肉または豚肉を野菜とともに煮こみ、みそで仕立てた汁。冬

—の-かみ【—の△守】(俗) 無賃乗車。また、それをする人。語源 薩摩守(さつまのかみ)平忠度(ただのり)の名を「ただ乗り」に掛けたしゃれ。

—はやと【—隼△人】勇猛な薩摩武士。転じて、鹿児島県出身の青年に対していう。

—びわ【—△琵△琶】ビハ 室町末期に薩摩の国でおこった琵琶。また、それを伴奏とする語り物音楽。

ざつ-む【雑務】本来の仕事以外のいろいろな細かい仕事。

ざつ-もん【雑問】いろいろな質問や問題。

さつ-よう【撮要】エウ 要点を抜き出し、記すこと。また、その書物。摘要。「憲法—」

ざつ-よう【雑用】①こまごまとした用事。「—に追われる」②いろいろな用途。「—に供する」

さつ-りく【殺△戮】(名・他スル) 多くの人をむごく殺すこと。

ざつ-ろく【雑録】いろいろなことを系統立てることなく雑多に記録すること。また、その記録。

ざつ-わ【雑話】とりとめもない話。雑談。「身辺—」

さて 一(接) ①別の事柄や話題に転換させるときに用いる語。ところで。「—、一方では」②上の意味を受けて下へ移るときに用いる語。それから。そうして。二(感) 動作を起こそうとするときに発する語。さあ。「—、出かけるとするか」三(副)(古) そういう状態で。そのままで。参考 一は「△扠」「△扨」「△偖」とも書く。

さで-あみ【△叉手網】二本の木・竹を交差させたわくに、袋状に網を張った、魚をとるすくい網。さで。

〔さであみ〕

さ-てい【査定】(名・他スル) 調べて、金額・等級・合否などを決めること。「中古車の—」

サディスティック〈sadistic〉(形動ダ) ダロ・ダッ(デ・ニ)・ダ・ナ・ラ・○ サディズムの傾向をもつさま。加虐的。また、残酷さを好むさま。↔マゾヒスティック

サディスト〈sadist〉サディズムの傾向をもつ人。広く、残忍なことを好む性格の人についてもいう。サド。↔マゾヒスト

サディズム〈sadism〉相手に精神的・肉体的苦痛を加えて性的満足を覚える異常性欲。サド。↔マゾヒズム 語源 フランスの作家マルキ＝ド＝サドの名に由来する。

さて-お・く【△扠置く・△扨置く】(他五) カ(コ)・キ(イ)・ク・ク・ケ・ケ ひとまずそのままの状態にしておく。放っておく。「自分のことは—き」

さて-こそ(副) やっぱり。案の定(じょう)。「—失敗に終わったか」語源 副詞「さて」＋強意の係助詞「こそ」

さて-さて(感) 深く心に感じたり驚いたり困ったりしたときに発する語。なんとまあ。いやどうも。さても。「—困ったものだ」

さ-てつ【砂鉄】〘地質〙岩石の風化や浸食により、磁鉄鉱の粒が流出して河床や海底に沈積したもの。砂鉄(しゃてつ)。

さ-てつ【△蹉△跌】(名・自スル) (つまずく意から) 失敗して行き詰まること。「—をきたす」「計画が—する」

さて-は 一(接) そしてまた。そればかりか。「ヒット・二塁打、—ホームラン」二(感) そうかと思い当たるときに発する語。それでは。「—逃げたな」参考 一は「△扠は」「△扨は」とも書く。

さて-また【△扠又・△扨又】(接) それからまた。その上にまた。「—今度は」

さて‐も（感）それにしてもまあ。「―見事なできばえだ」
サテライト〈satellite〉①衛星。人工衛星。②他に付属している機関や施設。サッカーの二軍チーム、空港の補助ターミナルなど。「―オフィス」
―きょく【―局】テレビ放送の受信状態がよくない地域に設ける中継局。
―スタジオ〈satellite studio〉放送局から離れた街頭などにガラス張りにして設置した、中継放送用の小スタジオ。
サテン〈satin〉→しゅす
さと【里・◇郷】①人家が小規模に集まった所。人里。村里。②田舎。在。「―に引きこもる」③【里】妻・養子・雇い人などの生まれた家。実家。「―に帰る」④【里】宮仕えしている人が自分の家をさしていう語。⑤【里】子供をあずけて育ててもらう家。「―親」⑥【里】（「お里」の形で）育ち。素性。おいたち。「お―が知れる(=育ちや素性がわかる)」
さど【佐渡】①新潟市西方の海上にある島。新潟県に属する。佐渡島。②旧国名の一つ。現在の新潟県佐渡島。佐州。
サド「サディスト」「サディズム」の略。
さと‐い【△聡い】（形）①かしこい。「―子」②気づくのにすばやい。敏感だ。「利に―」「目が―」文さと・し(ク)
さと‐いも【里芋】《植》サトイモ科の多年草。葉は大形で水をはじき太い葉柄がある。葉柄と地下の球茎は食用。品種が多い。ずいきいも。秋（さといも植う 春）
さ‐とう【左党】①左翼の政党。急進党。②酒飲み。左きき。辛党。（⇔右党）
さ‐とう【砂糖】（「蔗糖」の通称）サトウキビ・サトウダイコンなどからとる代表的甘味料。水に溶けやすい白色結晶。
―きび【―△黍】《植》イネ科の多年草。暖地に栽培。茎は高さ二～四メートルで節があり、茎の上に円錐状の穂をつける。茎のしぼりじるから砂糖を製する。甘蔗。秋
―だいこん【―大根】《植》ヒユ科の越年草。寒地に栽培。葉は楕円形で食用。根はダイコンのように肥大した円錐状。根のしぼりじるから砂糖を製する。甜菜。ビート。秋
さ‐とう【差等】等級などの違い。また、差をつけること。
さ‐どう【作動】（名・自スル）機械が動きだすこと。また、その運動部分の動き。「エンジンが―する」
―たい【―体】→こうかき
さ‐どう【茶道】①茶をたてる作法を通じて礼儀作法を修め、精神修養をする道。茶の湯の道。茶道。②昔、茶の湯をつかさどった坊主。茶頭。茶堂。茶坊主。
ざ‐とう【座頭】①昔、盲人の琵琶法師で組織された座に設けられた四官の最下位。勾当の下。②昔、盲人で頭をそり、琵琶・琴などをひいて語り物を語ったり、あんま・はりなどの治療を職業としたりした人。
―くじら【―鯨】《動》ナガスクジラ科のヒゲクジラ。全長約一五メートル。体は黒色でところどころに白斑がある。腹面は淡灰色。極洋から熱帯の海まで分布する。冬
さとうはるお【佐藤春夫】（一八九二～一九六四）詩人・小説家。和歌山県生まれ。近代的感覚と詩情を詩や散文に表現した。詩集「殉情詩集」、小説「田園の憂鬱」「都会の憂鬱」など。
さと‐おや【里親】他人の子をあずかって育てる人。⇔里子
さと‐がえり【里帰り】（名・自スル）①結婚した女性が実家に帰ること。②奉公人などが休暇で実家に帰ること。
さと‐かぐら【里神楽】①（宮中の御神楽に対して）諸神社で行う民間の神楽。②村里のひなびた神楽。冬
さと‐かた【里方】嫁や養子などの実家。また、その一族。
さ‐どく【査読】（名・他スル）審査のために読むこと。
さと‐ご【里子】他家にあずけて養ってもらう子。⇔里親
さと‐ごころ【里心】他家やよその土地に出ている者が両親・郷里・実家などを恋しがる心。「―がつく」
さと‐ことば【里言葉】①田舎ことば。くにことば。②江戸時代、遊女が使った特別なことば。郭ことば。
さとし【諭し】①よく言いきかせること。さとすこと。説諭。②神仏のお告げ。「神のお―」
さと・し【△聡し】（形ク）（古）聡明である。かしこい。
さと・す【諭す】（他五）（おもに目下の者に）道理を言い聞かせて教え導く。「非を―」可能さと・せる（下一）
さと‐びと【里人】①村里の人。田舎の人。②その土地の人。③（古）宮仕えをしないで市中に住む人。⇔宮人
さと‐へん【里偏】漢字の部首名の一つ。「野」などの「里」の部分。
さとみとん【里見弴】（一八八八～一九八三）小説家。横浜生まれ。有島武郎・生馬の弟。初め白樺派に属し、のち離脱。会話や心理描写に巧みであった。代表作「多情仏心」「安城家の兄弟」「大道無門」など。
さと‐やま【里山】人里近くにあって、地域の人々の生活とかかわりの深い山や森林。
さとり【悟り・◇覚り】①物事の本質を理解すること。真理を会得すること。悟ること。「―が早い」②《仏》迷いを去り、真理を会得すること。また、その真理。「―を開く」
さとり‐すま・す【悟り澄ます】（自五）すっかり悟りきる。また、悟りきったようすをする。「―・した顔」
さと・る【悟る・◇覚る】一（自五）《仏》心の迷いを去って真理を知る。悟りを開く。「世を無常と―」二（他五）①物事の深い意味や事情などを理解する。②表面に表れていない事柄に気がつく。感づく。「彼の悪だくみを―」「もうこれまでだと―」可能さと・れる（下一）参考「悟る」は心の迷いがひらける、「覚る」は知らなかったことがはっきりとわかる意。
サドル〈saddle 鞍〉自転車やオートバイなどの、またいで腰をかける部分。
さと‐をさ【里◇長】（古）村里の長。村長。
サドン‐デス〈sudden death 突然死・急死〉スポーツの試合の延長戦などで、先に得点した方が勝ちとなる方式。
さ‐なえ【早苗】稲の若い苗。苗代から田に移し植えるころのもの。夏 参考 常用漢字表付表の語。
―づき【―月】陰暦「五月」の別名。さつき。夏
さ‐なか【◇最中】さいちゅう。まっさかり。「冬の―」
さ‐ながら【◇宛ら】（副）①そっくり。まるで。あたかも。「訓練の激しさは―実戦のようだ」「地獄絵―の事故現場」②（古）そのまま。それなりに。③（古）全部。残らず。
さなぎ【△蛹】《動》完全変態をする昆虫類の幼虫が成虫になる間の一過程。静止状態で、食物をとらない。蛹虫。
さ‐なき‐だに【◇然無きだに】（古）そうでなくてさえ。語源 副詞「さ」＋形容詞「なし」の連体形「なき」＋係助詞「だに」
さな‐だ【◇真田】①（「真田織」の略）絹糸や綿糸で「さなだひも」のように織ったもの。②「さなだひも」の略。
―ひも【―紐】太い木綿糸で平たく厚く編んだ組みひも。語源 昔、信州上田城主真田昌幸がこれで刀の柄を巻いたことからという。
―むし【―虫】→じょうちゅう（条虫）
サナトリウム〈sanatorium〉療養所。特に、高原・林間・海浜などに設けられた結核療養所。
サニタリー〈sanitary〉①衛生的であること。②浴室・洗面所・トイレなど、台所以外の水まわり。

さに-つらふ ―（枕）「妹（いも）」「君」「もみち」「色」「ひも」など赤いもの・美しいものにかかる。

さぬき【讃岐】 旧国名の一つ。現在の香川県。讃州（さんしゅう）。

さね【◦札】 つづり合わせてよろいを作る鉄または革の小さな板。

さね【◦実・◦核】 ①果実の中心の固い所。種。核（かく）。②板と板をつぎ合わせるとき、一方の板につくる細長く突き出た部分。

さねさし（枕）「相模（さがみ）」にかかる。

さ-のう【左脳】（ナウ）―（生）大脳の左半分。論理的で言語や計算の能力にかかわるとされる。↔右脳

さ-のう【砂嚢】（ナウ）― ①砂を入れたズック製のふくろ。すなぶくろ。②（動）鳥類の胃の一部。内面は角質、外面は厚い筋肉層からでき、内部に飲みこんだ砂粒を入れ、筋肉壁の収縮によって食物をすりくだく。すなぶくろ。すなぎも。

さ-のみ【◦然のみ】（副）程度がそれほどではないという意を表す。さほど。たいして。「それは―重要な問題ではない」用法 あとに打ち消しの語を伴う。語源 副詞「さ」＋副助詞「のみ」

さ-は【左派】 左翼の党派。急進的傾向の派。↔右派

さは【◦多】（さわ）（副）（古）多く。たくさん。

さば【鯖】（動）サバ科のサバ類に属する海産硬骨魚の総称。背は青緑色で波形の模様があり、腹面は白色。各地で漁獲される。食用。マサバ・ゴマサバなど。夏

―の生き腐（ぐさ）れ サバは腐るのが早いということ。

―を読む 自分につごうのいいように数をごまかす。さば読みする。「さばを読んで五、六個多く言う」

語源 「読む」とは「数える」の意。魚市場で鯖（さば）を数えるとき、非常に早口で数えるために実際の数と合うことがないことから、数量をごまかす意が出たという。また、早口で魚を数える「いさばよみ（魚市読み）」の略ともいわれる。

さ-はい【差配】（名・他スル）①中心になってとりしきること。指図。また、それをする人。「仕事の―」②所有主に代わって貸家・貸地などを管理すること。また、その人。「貸家を―する」

サバイバー〈survivor〉生死にかかわるつらい状況を生き延びた人。「がん―」「虐待―」

サバイバル〈survival〉過酷な状況下で生き延びること。

―ゲーム〈survival game〉①生き残り競争。②模擬銃を使って行う戦争ゲーム。サバゲー。

さ-ばかり【◦然◦許り】（副）（古）①それほど。そのくらい。②たいへん。非常に。語源 副詞「さ」＋副助詞「ばかり」

さばき【捌き】 ①処置。取り扱い。「手綱（たづな）―」②物品を処分すること。売却。「商品の―」

▼「捌き」が下に付く語
糸―　裾（すそ）―　太刀―　手―　荷―　袱紗（ふくさ）―

さばき【裁き】 裁くこと。審判。裁判。「―を受ける」

さ-ばく【佐幕】（「佐」は助ける意。勤皇（きんのう）に対して）江戸末期、徳川幕府を支持し協力したこと。

さ-ばく【砂漠・沙漠】 雨量が極度に少なく乾燥しているため、植物がほとんど生育しない砂や岩石からなる広い土地。

―か【―化】（クヮ）（名・自スル）家畜の過放牧や過度の森林伐採などにより、森林や草原が砂漠に変わっていくこと。

さば・く【捌く】（他五）（カ（コ）・キ（イ）・ク・ク・ケ・ケ）①くっついたりからまったりする物を、うまく解いてわける。「裾（すそ）を―」②混乱した物事や難しい物事を手ぎわよく処理する。「仕事を―」「難しい打球を―」③商品を売って処分する。「在庫を―」④道具を手でうまく取り扱う。「手綱（たづな）を―」「包丁を―」⑤魚などを切り開いて身を骨から分ける。自 さば・ける（下一）可能 さば・ける（下一）

さば・く【裁く】（他五）（カ（コ）・キ（イ）・ク・ク・ケ・ケ）争いごとの正・不正や理非を判定する。判決を下す。「事件を―」可能 さば・ける（下一）

さば-ぐも【鯖雲】「巻積雲（けんせきうん）」の別名。秋

さばけ-ぐち【捌け口】 商品のはけ口。売れ口。

さば・ける【捌ける】（自下一）（ケ・ケ・ケル・ケル・ケレ・ケロ（ケヨ））①混乱した物事が整理される。②商品が売れてなくなる。はける。「品物が全部―」③世なれていて堅苦しさがなく、物事に理解がある。「―けた人」他 さば・く（五）文 さば・く（下二）

さば-さば（副・自スル）①いやなことや面倒なことが片付いて気持ちがさっぱりするさま。「引退を決めて―した」②性格などがさっぱりしているさま。「―（と）した人」

さはち-りょうり【◦皿鉢料理】（レウリ）―→さわちりょうり

サバティカル〈sabbatical〉一定期間ごとに大学教員などに与えられる、研究のための長期有給休暇。語源 旧約聖書で、七年ごとに休耕し、大地を休ませた安息の年が原義。

さば-よみ【鯖読み】（名・他スル）自分につごうのいいように、数をごまかして言うこと。「年齢を―する」

サハラ〈Sahara〉アフリカ大陸北部を占める世界最大の砂漠。

さはん-じ【茶飯事】（毎日、茶を飲んだり飯を食べたりするような）ありふれたこと。珍しくもないこと。「日常―」

サバンナ〈savanna〉熱帯地方に見られる草原。一年じゅう気温が高く、雨季と乾季がある。サバナ。「―気候」

さび（俗）歌謡曲で、聞かせどころの部分。さわり。

さび【寂】 ①古びて味わいのあること。もの静かな深い趣（おもむき）。②枯れて渋みのあること。「―のある声」③（文）芭蕉（ばしょう）の俳諧（はいかい）における基本理念の一つ。中世の「幽玄」から発展したもので、閑寂でうるおいのある美が自然に外に匂い出ているような趣をいう。⇨撓（しお）り・細み 参考 ②で、声の場合は「錆」とも書く。

さび【錆・銹】 ①（化）金属の表面が空気や水にふれて生じた酸化物。②悪い結果。悪い報い。「身から出た―」

さび【山葵】（俗）（すし屋などで）「わさび」の略。「―抜き」

さび-あゆ【錆鮎】 秋に、産卵のため川を下るアユ。背や腹にさび色のまだらがあり、味が落ちる。落ちあゆ。秋

さび-いろ【錆色】 鉄さびのような赤茶色。

ザビエル〈Francisco de Xavier〉（一五〇六〜一五五二）スペインの宣教師。イエズス会設立者の一人。一五四九（天文十八）年に来日し、日本に初めてキリスト教を伝えた。

さび-ごえ【錆声・寂声】（ゴエ）― 枯れて渋みのある声。

さびし・い【寂しい・淋しい】（形）（カロ・カッ（ク）・イ・イ・ケレ・○）①あるべき人・物がなく物足りない思いである。心細い。「―・く留守番をする」②活気がなく、もの悲しい。生気がなく陰気だ。「木枯らしの吹きぬける―冬の庭」「―顔」③物がとぼしい。満たされていない。「ふところが―」文 さび・し（シク）参考 「さみしい」とも。「寂」は家の中に人がいないでひっそりしている意、「淋」は本来、水のしたたり落ちる意で、さびしい意に用いるのは国訓。

類語 侘（わび）しい・寂々・寂然・寂寞（せきばく）・寂寥（せきりょう）・寥々（りょうりょう）・蕭々（しょうしょう）・蕭然・索漠（さくばく）・落莫（らくばく）

さびしがり-や【寂しがり屋・淋しがり屋】 人一倍さびしさを感じやすく、それを言動にも表す人。さみしがりや。

さびしさに… 和歌〔寂しさに 海を覗（のぞ）けば あはれあはれ 章魚（たこ）逃げてゆく 真昼の光〕〈北原白秋（はくしゅう）〉寂しさをまぎらわそうと海中をのぞいてみると、ああ、たこがユーモラスなかっこうで懸命に逃げて行くことだ。海面は一面まぶしい真昼の光に照らされている。（神奈川県三浦半島の三崎の海辺でよんだ歌）

さびしさに… 和歌〔寂しさに 宿を立ち出（い）でて ながむれば いづくも同じ 秋の夕暮れ〕〈後拾遺集 良暹法師（りょうぜんほうし）〉寂しさに耐えかねて、少しは心が慰むこともあろうかと家

を出て、あちらこちらをながめてみるが、どこも同じように寂しい秋の夕暮れであることよ。(小倉百人一首の一つ)

さびーつ・く【△錆〔び〕付く】(自五) カ(コ)・キ(イ)・ク・ク・ケ・ケ ①金物などがすっかりさびる。また、さびて他の物にくっついて離れなくなる。「ねじがー」②持っていた能力などが衰えてしまう。「腕がー」

さびーどめ【△錆止め】金属がさびるのを防ぐために塗料を塗ったりめっきをしたりすること。また、その塗料やめっきなど。

さーびょう【詐病】ビャウ 病気であるといつわること。仮病。

ざーひょう【座標】ヘウ ①〘数〙平面・空間における点の位置を、基準となる点や直交する直線との関係で示す数や数の組。②(比喩(ひゆ)的に)位置づけをする基準になるもの。

ーじく【ー軸】ヂク〘数〙座標を決定する基準になる直線。

-さび・る (接尾) →さぶ(接尾)

さ・びる【◇寂びる】(自上一) ビ・ビ・ビル・ビル・ビレ・ビロ(ビヨ) ①古びて味わいが出る。もの静かで味わいが深くなる。「ー・びた山里」②老熟する。「芸がー・びている」文さ・ぶ(上二)

さ・びる【△錆びる】(自上一) ビ・ビ・ビル・ビル・ビレ・ビロ(ビヨ) ①金属の表面にさびが出る。「ー・びたナイフ」②落ち着きが出て、味わいのある声になる。「ー・びた喉(のど)を聞かせる」文さ・ぶ(上二)

さび・れる【寂れる・◇荒れる】(自下一) レ・レ・レル・レル・レレ・レロ(レヨ) (活気のあった所が)人けがなくなりさびしくなる。すたれる。「ー・れた商店街」文さび・る(下二)

さーふ【左府】「左大臣」の別称。↔右府

-さ・ぶ (接尾)〘古〙(名詞に付いて上二段活用の動詞をつくる)そのものらしくふるまう。そのものらしい態度や状態である。「神(かむ)ー・びて高く貴き」〈万葉〉

さーぶ【左武】武を尊び重んじること。「右文(ゆう)ー」↔右文

サブ〈sub〉①補欠。補充員。②補助的、副次的なこと。「ーリーダー」「ーノート」

サファイア〈sapphire〉〘地質〙青色で透明な鋼玉。宝石として古くから用いられている。青玉(せいぎょく)。

サファリ〈safari〉アフリカでの、猛獣狩りを目的とした旅行。遠征して狩猟すること。「ーパーク(=動物を放し飼いにしてある自然動物公園)」参考スワヒリ語で「旅行」の意。

サブウエー〈米 subway〉地下鉄。メトロ。サブウェイ。

サブカルチャー〈subculture〉正統的・伝統的な文化に対し、一部の人々を担い手とする独特の文化。サブカル。

ざぶーざぶ (副) 大量の水を勢いよく動かす音、また、そのさまを表す語。「ー(と)洗う」

サブジェクト〈subject〉①主題。論題。話題。②英文法で、主語。主格。③〘哲〙主観。主体。

サブスクリプション〈subscription〉定額料金を支払うことで、サービスや製品を一定期間利用できるしくみ。定額制。サブスク。

サブタイトル〈subtitle〉①書籍・論文などの表題のわきに添えてつける題。副題。②画面だけではわからない筋などを説明する、映画の説明字幕。

ざーぶとん【座布団・座△蒲団】すわるときに敷く布団。

サブマリン〈submarine〉①潜水艦。②野球で、下手投げ。また、その投手。

サプライ〈supply〉供給。「マネーー」

ーチェーン〈supply chain〉商品の原材料や部品の調達から生産、流通、販売までの一連の流れ。

サプライズ〈surprise〉驚くべきこと。また、思いがけないこと。「ー人事」

サプライヤー〈supplier〉商品などの供給者。

さぶらひ【◇侍】(さぶらい)〘古〙①貴人のそば近くに仕えて雑用を務めること。また、その人。従者。②武家に仕える者。武士。さむらい。語源動詞「さぶらふ」の連用形が名詞化したもの。

さぶら・ふ【◇候ふ】(さぶろう)(自四)〘古〙→さうらふ

サフラン〈オランダ saffraan〉〘植〙アヤメ科の多年草。クロッカスの一種。球根植物で十―十一月ごろ淡紫色の六弁花を開く。観賞用。雌しべの花柱は三つに分かれ、上半部を乾燥させて食品の黄色着色料や薬として用いる。秋(冬) 参考「×泊夫藍」とも書く。

〔サフラン〕

サブリミナル〈subliminal 意識下の〉映画・テレビ・ラジオなどで、人が知覚できない速度・音量によるメッセージを繰り返し挿入し、潜在意識に働きかけようとする手法。「ー効果」

サプリメント〈supplement 補足〉栄養補助食品。

さーぶん【差分】同種の二つのものの間にある差。「新旧データのーを取る」

さーべつ【差別】(名・他スル)①差をつけて区別すること。②偏見などによって他と区別し、不平等な扱いをすること。「ー待遇」「男女ー」

ーか【ー化】クヮ (名・他スル) 類似の他のものとの違いを明確にして、独自性を出すこと。「商品のーを図る」

サヘル〈Sahel〉アフリカのサハラ砂漠南縁の草原地域。

さーへん【サ変】「サ行変格活用」の略。

さーへん【左辺】〘数〙数式で、等号や不等号の左側にある式や数。↔右辺

サボ〈フランス sabot〉木をくりぬいて作った靴。ヨーロッパの農民などがはいていた。

〔サボ〕

サボ「サボタージュ」の略。

さーほう【作法】ハフ ①立ち居振る舞いの正しい手本となるきまり。「礼儀ー」「無ー」②物事を行う方法。また、文章の正しい作り方。作法(さくほう)。「手紙のー」「小説ー」

さーぼう【砂防】バウ 山地・河岸・海岸などで、土砂のくずれや流出を防ぐこと。防砂。砂防(しゃぼう)。「ー林」「ーダム」

さーぼう【茶房】バウ 喫茶店(きっさてん)。

さーぼう【詐謀】人をだますはかりごと。

サポーター〈supporter〉①支持者。支援者。特に、特定のサッカーチームのファン。②運動の際、関節や急所などを保護するゴム入りのバンドや下着。

サポート〈support〉(名・他スル)①支えること。支援。「活動をーする」②顧客の問い合わせ対応などのサービスを行うこと。「ーセンター」

サボタージュ〈フランス sabotage〉(名・自スル)①労働者が同盟して仕事の能率を低下させる労働争議戦術。怠業。②なまけること。語源フランスで、争議中の労働者がサボ(=農民などがはく木靴(きぐつ))を踏み鳴らしたりして騒いだことからという。

サボテン〈スペイン sapoten〉〘植〙サボテン科の常緑多年草の総称。種類は非常に多く形もさまざま。茎は多肉で平らなものや円柱状のものなどがあり、葉はとげとなる。夏、赤・白・黄などの花を開くものもある。シャボテン。夏 参考「×仙人掌」とも書く。

さーほど【◇然程】(副) それほど。そんなに。たいして。「今日はー暑くない」用法多く、あとに打ち消しの語を伴う。

サボ・る (他五) ラ(ロ)・リ(ッ)・ル・ル・レ・レ 〘俗〙なまける。なまけて欠席する。「仕事をー」「授業をー」可能サボ・れる(下一) 語源「サボタージュ」の略の「サボ」を動詞化した語。

ザボン〈ポルトガル zamboa〉〘植〙ミカン科の常緑高木。暖地に栽培され、初夏に白い花を開く。果実は大きいもので直径二〇セ

ンチメートル近くになり、食用。ぶんたん。ザンボア。秋 参考「×朱欒」とも書く。

-さま【様】(接尾)①広く人名・神仏名または人格化されたものなどに添える敬称。「小林―」「お月―」②そのことを丁寧に言う語。「ご苦労―」「ごちそう―」

さま【様】一(名)①ようす。ありさま。「子供の喜ぶ―」「朝日の昇る―」②姿。形。「―になる(=それらしい格好になる)」二(代)《古》あなた。あのかた。参考 二は近世、多く遊里で用いられた。

-ざま【◇様・◇態】(接尾)①…のほう。「うしろ―」②…と同時に。「振り向き―に切りつける」③その動作のしかた・ありさまを表す。「死に―」

ざま【◇様・◇態】《俗》ようす、なりふり、状態などをののしって言う語。「その―はなんだ」

―は無ない 体裁が悪い。だらしがない。**―を見みろ** 人の失敗をあざけりののしって言う語。それ見たことか。ざまあみろ。

サマー〈summer〉夏。多く、複合語として用いられる。

―キャンプ〈summer camp〉夏期に開かれる林間・臨海学校。

―スクール〈summer school〉夏期講習。

―セーター〈summer sweater〉夏用のセーター。

―タイム〈summer time〉日照時間を有効に使うために、夏季、時間を標準時より繰り上げること。夏時間。はじまり 一九一六年、イギリスなどで始まったという。日本でも、一九四八(昭和二十三)年に導入されたが、一九五二年に廃止。

―ハウス〈summer house〉避暑用の別荘。夏

さま-がわり【様変〔わ〕り】ガハリ(名・自スル)ようすや情勢などが変わること。「すっかり―した町並み」

-さまさま【様様】(接尾)(名詞に付いて)ありがたいと思う人や事物に対して、その気持ちをより強く表す語。「おふくろ―だ」

さま-ざま【様様】(形動ダ)ダロ・ダッ(デ・ニ)・ダ・ナ・ナラ・〇 いろいろ。とりどり。種々多様。「―な意見」「―な服装」文(ナリ)

さま・す【冷ます】(他五)サ(ソ)・シ・ス・ス・セ・セ ①熱いものを適当な温度に下げる。「湯を―」↔温める ②熱意を失わせる。感情を静める。「興を―」自さ・める(下一) 可能さま・せる(下一)

さま・す【覚ます・◇醒ます】(他五)サ(ソ)・シ・ス・ス・セ・セ ①眠りからさめさせる。「目を―」②正気にさせる。正常な感覚にさせる。「迷いを―」③[醒]酒の酔いを消す。「酔いを―」自さ・める(下一) 可能さま・せる(下一)

ざます(助動-特殊型)ザマセ(ザマシヨ)・ザマシ・ザマス・ザマス・〇・〇「だ」「である」の意の丁寧語。…でございます。参考 もとは江戸吉原よしわらで遊女が用いた語。

さまたげ【妨げ】 妨げること。じゃま。さしつかえ。支障。「仕事の―となる」

さまた・げる【妨げる】(他下一)ゲ・ゲ・ゲル・ゲル・ゲレ・ゲロ(ゲヨ) 物事の進行や遂行をじゃまする。「交通を―」「理解を―」参考「…を妨げない」の形で、…しても差し支えない。許容されるの意でも用いる。「再任を妨げない」文さまた・ぐ(下二)

さ-まつ【△瑣末・△些末】(形動ダ)ダロ・ダッ(デ・ニ)・ダ・ナ・ナラ・〇 それほど重要ではない小さいことであるさま。取るに足りない些細ささいなことであるさま。「―なことにこだわる」文(ナリ)

さ-まで【◇然△迄】(副)そうまで。それほどまで。「―悲しむことはない」用法 あとに打ち消しの語を伴う。

さ-まよ・う【×彷徨う】マヨフ(自五)ワ(オ)・イ(ッ)・ウ・ウ・エ・エ(「さ」は、もと接頭語)①あてもなく歩く。「山中を―」②ある場所や状態にとどまらないで行ったり来たりする。「生死の境を―」

サマリー〈summary〉要約。概要。

さみし・い【◇寂しい・△淋しい】(形)カロ・カッ(ク)・イ・イ・ケレ・〇 →さびしい

さみ-せん【◇三味線】→しゃみせん

さみだれ【五月雨】①陰暦五月ごろの長雨。梅雨。つゆ。五月雨さつきあめ。夏 ②つゆどきの雨のようにだらだら断続的に続くことのたとえ。「―スト」参考 常用漢字表付表の語。

―しき【―式】 物事が一度では終わらず、断続的に行われること。「―にメールを送る」

サミット〈summit 頂上〉首脳会談。トップ会談。特に、主要先進国首脳会議。はじまり 第一回の主要国首脳会議は、一九七五(昭和五十)年十一月に、フランス、パリ郊外のランブイエ城で開催。日・米・英・仏・西独・伊の六か国が参加。

さむ・い【寒い】(形)カロ・カッ(ク)・イ・イ・ケレ・〇《中心義―肌で感じるのを避けたくなるほどに低い温度である》①(肌身に不快に感じるほど)気温が低い。また、そう感じる。「―朝」「湯冷めして―」↔暑い ②恐ろしさでぞっとする。「背筋の―・くなる事件」③あるべき物が不足して先行きが不安である。貧弱だ。多く、「お寒い」の形で皮肉をこめて用いる。「お―福祉行政」④所持金が少なく不安である。貧しい。とぼしい。「懐ふところが―」↔温かい ⑤《俗》つまらなくて興ざめである。「―ギャグ」文さむ・し(ク)

さむ-え【作務◇衣】 おもに、寺院での作業着。上着は筒袖つつそで、腰から下は足首を細く締めたズボン状。

さむ-がり【寒がり】 寒さに対して非常に敏感であること。また、その人。「―の人」↔暑がり

さむ-け【寒気】 ①寒さ。②発熱や恐怖などのためにぞくっとした寒さを覚えること。悪寒おかん。「風邪かぜで―がする」

―だ・つ【―立つ】(自五)タ(ト)・チ(ッ)・ツ・ツ・テ・テ ①寒さを感じる。「熱で―」②恐ろしくてぞっとする。

サムゲタン〈朝鮮 参鶏湯〉若鶏わかどりの腹にもち米・ナツメ・朝鮮ニンジン・ニンニクなどを詰めて水炊きにする朝鮮料理。

さむ-さ【寒さ】 寒いこと。また、その程度。寒い気候。「きびしい―」「―がひとしお身にしみる」冬 ↔暑さ

類語 寒気・夜寒・秋冷・寒・厳寒・酷寒・極寒・余寒・春寒・底冷え・花冷え・梅雨寒・肌寒さ

さむ-ざむ【寒寒】(副・自スル)①いかにも寒そうなさま。②何もなくて殺風景なさま。「家具一つなく―(と)した部屋」

さ-むしろ【◇狭△筵】《古》①幅の狭いむしろ。小さいむしろ。②(「さ」は接頭語)むしろ。

サムシング〈something〉あるもの。何か。何ものか。

さむ-ぞら【寒空】 ①冬の寒い天候。②寒々とした冬空。冬

サムネイル〈thumbnail 親指の爪〉《情報》コンピューターなどで、内容が確認できるように画像を縮小して一覧表示したもの。サムネール。

さむらい【侍】サムラヒ ①貴人や武家に仕えて警護や戦闘に従事した者。武士。②気骨があり思いきったことのできる人物。たいした人物。「あいつはなかなかの―だよ」

―えぼし【―△烏◇帽子】 武士が素襖すおうを着たときに用いた烏帽子。⇩烏帽子えぼし(さしえ)

―どころ【―所】《日》①平安時代、院・親王家・摂関家などで、その家の事務を担当した武士の詰め所。②鎌倉幕府の機関の一つ。軍事・警察をつかさどり御家人を統轄した。③室町幕府の機関の一つ。京都の警備や刑事訴訟そしょうに当たった。

さめ【△鮫】《動》サメ目に属する海産軟骨魚の一群の総称。大形のものが多く、体表はざらざらとし、鋭い歯をもつ。肉食性で人間を襲う凶暴なものもある。肉はかまぼこなどの材料となる。冬 参考 関西では「ふか」、山陰では「わに」ともいう。

さめ-ざめ(副)しきりに涙を流し、声を忍ばせて泣くさま。「―(と)泣く」

さめ-はだ【△鮫肌・△鮫◇膚】 サメの皮のようにざらざらした、

人の皮膚。

さめ-やら-ぬ【覚め◇遣らぬ・◇醒め◇遣らぬ・冷め◇遣らぬ】まだ完全に覚めていない。「夢ー状態」「興奮ー面持ち」[語源]下一段動詞「覚める」の連用形＋五段動詞「遣る」の未然形＋打ち消しの助動詞「ぬ」の連体形

さ・める【冷める】(自下一) メ・メ・メル・メル・メレ・メロ(メヨ) ①熱くなっていたものの温度が低くなる。「コーヒーがー」「スープのー・めない距離(=家と家とが近いことのたとえ)」↔温まる ②熱意が衰える。関心がうすらぐ。「興がー」[他]さま・す(五) [文]さ・む(下二)

さ・める【覚める・◇醒める】(自下一) メ・メ・メル・メル・メレ・メロ(メヨ) ①眠っている状態から起きた状態になる。めざめる。「目がー」「夢からー」②正気にもどる。「興奮状態からー」③[醒]酒の酔いが消える。「酔いがー」④(「さめた」「さめている」の形で)冷静である。「ー・めた目で見ている」[他]さま・す(五) [文]さ・む(下二)

さ・める【△褪める】(自下一) メ・メ・メル・メル・メレ・メロ(メヨ) 色がうすくなる。あせる。「色がー」[文]さ・む(下二)

ざ-めん【座面】椅子の、腰をおろす面。

さ-も【◇然も】(副) ①そのようにも。「ーあろう」②いかにも。みるからに。「ー自信ありげに言う」[語源]副詞「さ」＋係助詞「も」

ーあらばあれ そうならそれでしかたがない。どうであろうとも。ままよ。[参考]「×遮莫」とも書く。**ーあるべき** そうあるはずの。いかにももっともだ。**ーありなん** そうであろう。いかにもそうありそうな。**ーないと** そうでないと。もし、そうしなければ。「すぐ手術だ。ー助からない」**ーなければ** もし、そうでなければ。

サモア〈Samoa〉(「サモア独立国」の略)南太平洋、サモア諸島の国。首都はアピア。

さもし・い(形) カロ・カッ(ク)・イ・イ・ケレ・○ 意地汚く、品性が下劣であるさま。いやしい。あさましい。「ー根性」[文]さも・し(シク)

ざ-もち【座持ち】座がしらけないように興をそえ、取り持つこと。また、それがうまい人。「ーがいい」

ざ-もと【座元・座本】芝居や見世物の興行主。また、興行場の持ち主。

サモワール〈ロシア samovar〉ロシア特有の金属製湯わかし器。

〔サモワール〕

さ-もん【査問】(名・他スル) 事件などで、関係ある人を取り調べて問いただすこと。「ー委員会」

さや【△莢】《植》マメ科の植物の種子がはいっている殻。

さや【△鞘】①刀剣の刀身の部分や筆の先などを納めておく筒。「ーを払う(=刀を抜く)」②「鞘堂」の略。③《経》ある価格・利率と他の価格・利率との差額。「ーを取る」「ーをかせぐ」

さや-あて【△鞘当て】(名・自スル) ①昔、路上で武士がすれちがった際、刀の鞘がたがいにふれあったのをとがめて争ったこと。さやとがめ。転じて、面目や意地によるけんか。②二人の男性が一人の女性をめぐって争うこと。「恋のー」

さや-いんげん【△莢隠元】《植》種子が熟さないうちに、さやごと食べるインゲンマメ。[夏]

さや-えんどう【△莢△豌豆】エンドウ 《植》種子が熟さないうちに、さやごと食べるエンドウ。絹さや。[夏]

さやか【◇清か・◇明か】(形動ダ) ダロ・ダッ(デ・ニ)・ダ・ナ・ナラ・○ 澄んではっきりしているさま。冴えて明らかなさま。「月影ーな晩」「ーな琴の音」[文](ナリ) [用法]よく見え、よく聞こえる状態にいう。

さや・ぐ(自四)《古》さやさやと鳴る。そよぐ。

ざ-やく【座薬・△坐薬】《医》肛門・尿道・膣などにさしこんで用いる薬。さしこみ薬。座剤。さし薬。

さやけ・し【◇清けし・◇明けし】(形ク)《古》①澄んでいる。②はっきりしている。

さや-どう【△鞘堂】ダウ 重要建築物を保護するために、すっぽりおおうようにその外側につくった建物。

さや-とり【△鞘取〔り〕】《経》売買の仲立ちなどをして価格・利率などの差額を取ること。また、それを目的とする取り引き。

さや-ばし・る【△鞘走る】(自四)《古》刀身が鞘から自然に抜け出る。

さや-まき【△鞘巻〔き〕】(大刀に添えて腰にさす)つばのない短刀。

さ-ゆ【◇白湯】何も混ぜてない、わかしただけの飲用の湯。

さ-ゆう【左右】イウ ■一(名) ①左と右。左や右。「船がーに揺れる」②一定しないこと。「言をーにする(=はっきりしたことを言わない)」③自分のそば。かたわら。「良書をーに置く」④そば近く仕える者。側近。■二(名・他スル) 思いのままに動かすこと。決定的な影響をおよぼすこと。「収穫は天候にーされる」

ーそうしょう【ー相称】サウシヨウ 直線に対して左右の各部分が対称になっていること。左右対称。

ざ-ゆう【座右】イウ ①座席のかたわら。そば。身近。座右。「ーの書」②手紙などで、相手を尊敬し直接指すのをはばかっていう語。御許。おそば。「書をーに呈す」

ーの銘 つねに自分の心に留めおいて戒めとする言葉。

さ-ゆり【◇小×百合】(「さ」は接頭語)ユリ。[夏]

さ-よ【◇小夜】(「さ」は接頭語)夜。「ーふけて」

さよ-あらし【◇小夜嵐】(「さ」は接頭語)夜吹くあらし。

さ-よう【作用】■一(名・自スル) 他の物に働きかけること。また、そのはたらき。「副ー」■二(名)《物》二つの物体間で力が働くとき、たがいに及ぼし合う影響。二つの物体間の引力や斥力。また、一方が他方に及ぼす力。↔反作用

ーてん【ー点】《物》てこで物を動かすとき、物体に対して加えた力が作用する点。⇩支点・力点

さ-よう【◇然様・左様】ヤウ ■一(形動ダ) ダロ・ダッ(デ・ニ)・ダ・ナ・ナラ・○ そのよう。そのとおり。そんなふう。「ーでございます」[文](ナリ) ■二(感) 相手の言ったことに、そうだと同意する語。そうだ。そのとおりだ。「ー、ご指摘のとおりです」

ーなら ■一(感) 別れるときの挨拶の言葉。さよなら。「では、ー」■二(接)それなら。それでは。[語源]「さようならば」の転。

[類語]さよなら・さいなら・さらば・あばよ・またね・失敬・失礼・御機嫌よう・グッドバイ・グッバイ・バイバイ

さよ-きょく【◇小夜曲】→セレナーデ

さ-よく【左翼】①左のつばさ。②隊列・座席など左右に広がっているものの左側。③革新的・急進的な思想傾向。また、その人や団体。特に、社会主義・共産主義などの立場。④野球で、本塁から見て外野の左側。また、そこを守る人。左翼手。レフト。(↔右翼) [語源]③は、革命後のフランス議会で、急進派のジャコバン党が議長席から見て左側に席を占めたことから。

ざ-よく【座浴・△坐浴】座って腰から下だけ湯につかること。腰湯。

さよなら ■一(感) →さようなら■一 ■二(名・自スル) 別れること。終わりにすること。「学生生活ともーだ」「ー公演」■三(名) 野球で、後攻チームが最終回または延長戦で決勝点をあげて、試合を終了させること。「ーホームラン」[語源]「さようなら」の転。

さより【×針魚・×細魚】《動》サヨリ科の海産硬骨魚。全長約四〇センチメートル。体は細長く下あごが特に長い。背面は淡黒色で太い青色の縦の線があり、腹面は銀白色。食用。[春]

さら【皿】(字義)→べい(皿)

-さら【皿】(接尾)(数詞について)皿に盛って出す料理を数える語。「ギョーザを二ー注文する」

さら【皿】①浅くて平たい器。食物を盛るのに用いる。②浅く

て平たい、①の形をしたもの。「ひざの—」

さら【◇新】《俗》新しいこと。新しいもの。「—の洋服」「まっ—」

さら【沙羅】→さらそうじゅ

さら【更】(形動ナリ)《古》言うまでもない。もちろんだ。「夏は夜。月のころは—なり」〈枕草子〉

ざら [一](名) ①「ざら紙」の略。②「ざらめ」の略。[二](形動ダ) 珍しくないさま。いくらもあるさま。「この程度の選手は—にいる」[文](ナリ)

さらい-【再来】(接頭)(「月」「週」「年」に付けて)次の次の、の意を表す。「—週」「—年」

さら・う【△浚う】(他五) ①川・井戸などの底の土砂やごみを取り去る。さらえる。「どぶを—」②容器に残っているものをきれいに取り去る。さらえる。「鍋の底を—」[可能]さら・える(下一)

さら・う【△攫う】(他五) ①油断につけこんで奪い去る。「子供を—」「とんびに油揚げを—・われる」②全部持ってゆく。「人気を—」[可能]さら・える(下一)

さら・う【×復習う】(他五) 復習する。芸事などを繰り返して練習する。さらえる。「三味線を—」[可能]さら・える(下一)

サラウンド〈surround〉オーディオなどで、前後左右から立体的に音が聞こえるようにした状態。「—効果」

さら・える【△浚える】(他下一) →さらう(浚う)

さら・える【×復習える】(他下一) →さらう(復習う)

ざら-がみ【ざら紙】ざらざらした質のよくない洋紙。わら半紙。ざら。

サラ-きん【サラ金】(「サラリーマン金融」の略)個人を対象に業者が行う無担保の小口融資。金利は総じて高い。

さらけ-だ・す【△曝け出す】(他五) ありのままをすっかり示す。「無知を—」

サラサ【×更紗】〈ポルトガル saraça〉人物・花鳥・幾何模様などをいろいろな色で手描きまたは捺染した綿布。

さら-さら(副・自スル・形動ダ) ①よどみなく進むさま。すらすら。「—(と)書きあげる」②紙や布・砂粒・木の葉などがふれ合ってかすかな音をたてるさま。また、水が静かに流れるさま。「小川が—(と)流れる」③しめりけや油気のないさま。「—な髪」

さら-さら【更更】(副) 少しも。決して。いっこうに。「そんなことは—思っていない」[用法]あとに打ち消しの語を伴う。

ざら-ざら(副・自スル・形動ダ) ①小石や砂などがすれあうさま。また、その音の形容。「豆が袋から—(と)こぼれる」②表面がなめらかでないさま。手ざわりの粗いさま。「—に荒れた肌」

さらし【△晒し】①さらすこと。また、さらしたもの。②麻布・綿布を漂白したもの。特に、さらし木綿。「—を巻く」[夏] ③江戸時代、罪人をしばって世間の目にさらした刑罰。

—あめ【—△飴】水あめの水気や混ざり物を取り去って白く固まらせた飴。

—あん【—△餡】こしあんを乾かして粉にしたもの。ほしあん。

—くび【—首】江戸時代、死罪にした者の首をみせしめのため獄門にさらして世間の人に見せたこと。また、その首。

—こ【—粉】①《化》消石灰に塩素を吸収させた白色の粉。漂白・殺菌用。クロールカルキ。②水にさらして白くした米の粉。

—もの【—者】①「さらし③」の刑に処せられた罪人。②人前で恥をかかされたり、笑い者にされたりする人。「—になる」

さらしなにっき〔更級日記〕平安中期の日記。作者は菅原孝標女。一〇六〇(康平三)年ごろ成立。物語に熱中した少女時代から夫との死別、晩年の悔恨までを回想風につづる。

さら・す【△晒す・△曝す】(他五) ①日光や風雨が当たるままにしておく。「風雨に—」「そうめんを日に—」②布や紙などを、水で洗ったり日光に当てたり薬品で処理したりして白くする。漂白する。「木綿を—」③野菜などを水につけてあくなどを抜く。「タマネギを水に—」④広く人々の目にふれるようにする。「恥を—」⑤「さらし③」の刑を行う。⑥危険な状態に置く。「国際的な競争に—・される」⑦(「目をさらす」の形で)全体をくまなく見る。[可能]さら・せる(下一)

さら-そうじゅ【沙羅双樹】《植》フタバガキ科の常緑高木。インド原産で、高さ約三〇—五〇メートル。花はうす黄色。材はラワン材として建築・器具用。種子は採油用。釈迦が北インドのクシナガラ城外で入滅したとき、その床の四方に二本ずつあったという伝説からこの名がある。サラノキ。沙羅・沙羅樹。

サラダ〈salad〉西洋料理の一種。生の野菜を主にして、ドレッシングやマヨネーズなどであえたもの。

—オイル〈salad oil〉サラダのドレッシングなどに使う精製した植物油。サラダ油。

—な【—菜】キク科チシャの一品種。サラダなどに使う。[春]

—ボウル〈salad bowl〉サラダを混ぜ合わせたり、盛り付けたりするのに使う鉢。

さら-ち【更地・◇新地】①建物などが存在しない状態の宅地。「—にして売る」②人の手がはいっていない空地。

ざら-つ・く(自五) ざらざらする。「表面が—」

さらっ-と(副・自スル) →さらりと

さら-で-だに【◇然らでだに】(副)《古》そうでなくてさえ。[語源]動詞「さり」の未然形＋接続助詞「で」＋係助詞「だに」

さらなる【更なる】(連体) よりいっそうの。ますますの。「—ご支援をお願いします」[語源]古語の形容動詞「更なり」の連体形から出た語。

さら-に【更に】(副) ①その上に。かさねて。加えて。「雷が鳴り、—雨も降ってきた」②ますます。いよいよ。いっそう。「火は—燃えひろがる」③決して。まったく。少しも。さらさら。「思い残すことは—ない」[用法]③はあとに打ち消しの語を伴う。

さら-ぬ【◇然らぬ】(連体) なんでもない。平気である。「—顔を装う」[語源]「さあらぬ」の転。

—かお【—顔】そしらぬ顔。なにげない顔。

—だに(副)《古》そうでなくてさえ。[語源]「だに」は係助詞。

—てい【—体】なんでもないようす。そしらぬふり。

さら-ぬ-わかれ【◇避らぬ別れ】《古》避けられない別れ。死別。

さら-ば【◇然らば】[一](接) それならば。そうなら。「求めよ、—与えられん」[二](感) 別れるときなどの挨拶の言葉。さようなら。「—、故郷よ」

さらば・える(自下一) ①やせおとろえる。「老い—」②風雨にさらされて骨だけになる。[文]さらぼ・ふ(四)

さら-ばかり【皿△秤】はかる物をのせる部分が皿形になったはかり。

サラブレッド〈thoroughbred〉①馬の一品種。イギリス産の馬にアラブ種の馬を交配してつくられた。競走馬として飼育される。②(転じて)家柄や血統のよい人のたとえ。「政界の—」

さら-まわし【皿回し・皿△廻し】皿を棒などの先にのせて回す曲芸。また、その曲芸をする人。

サラミ〈イタリア salami〉ニンニクと塩で味をつけ乾燥させたイタリア式のソーセージ。固くて保存がきく。サラミソーセージ。

ざら-め【粗目】結晶のあらい、ざらざらした砂糖。ざらめ糖。

さら-ゆ【新湯】わかして、まだだれも入浴していない風呂の湯。新湯(あらゆ)。

サラリー〈salary〉俸給。給料。月給。

―マン〈和製英語〉給与生活者。月給取り。参考 英語では salaried worker などという。

さらり-と（副・自スル）①しめりけやねばりけのないさま。「―した手ざわり」②物事にこだわらずさっぱりしているさま。「―忘れる」「―水に流す」③物事を軽快にとどこおりなくするさま。「難事を―かたづける」

サラン〈Saran〉塩化ビニリデンを重合させて作った合成繊維。丈夫で弾性にすぐれ、幅広く用いられる。（商標名）

さ-り【舎利】→しゃり（舎利）①②

ざ-り【砂利】→じゃり①

サリー〈sari〉《服》インドやバングラデシュなどの女性の衣装。一枚の長い布で、腰から胸に巻きつけ肩や頭から垂らす。

〔サリー〕

ざり-がに【蝲蛄】《動》①甲殻類、ザリガニ科のエビの一種。北海道・東北地方の川や池にすみ、大きなはさみをもつ。あとずさりするのでこの名がある。②ザリガニ科のエビの総称。アメリカザリガニなど。夏 参考 日本各地に多いのは北アメリカから帰化したアメリカザリガニ。「エビガニ」ともいう。

さりげ-な・い【然り気ない】（形）カロ・カツ(ク)・イ・イ・ケレ・○ そんなようすを見せない。意図や考えを表に出さず、何事もないかのようにふるまうさま。「―・く気をつかう」文 さりげな・し（ク）

さり-じょう【去り状】ジャウ 昔、夫が妻を離縁するときに渡した書き付け。離縁状。三行半(みくだりはん)。

サリチル-さん【サリチル酸】《化》酸味と甘味をもつ無色針状の結晶。医薬・防腐剤・染料などの原料。サルチル酸。

さり-とて【然りとて】（接）そうかといって。そうだとしても。「悲しそうではない。―うれしそうでもない」

さり-とは【然りとは】■（感）これはまた。■（接）そうであるとは。「―知らず」

サリドマイド〈thalidomide〉《医》もと睡眠薬として販売された薬。妊娠初期の女性が服用すると、多く胎児に奇形障害が生じることがわかり、製造・販売が禁止された。現在は多発性骨髄腫の薬として使用が認められている。

さり-とも【然りとも】（接）そうであっても。それでも。

さり-ながら【然り乍ら】（接）しかしながら。そうではあるが。「同情する。―罪は罪だ」

さり-ぬ-べし【然りぬべし】（古）（「さありぬべし」の転）①適当だ。手ごろだ。②相当だ。りっぱだ。

さ-りゃく【詐略】人をだますはかりごと。

さ-りょう【茶寮】レウ ①茶の湯を行う建物。茶室。数寄屋。②喫茶店。③料理屋。参考「ちゃりょう」ともいう。

サリン〈Sarin〉《化》有機リン系の有毒物質。無色・無臭の液体で気化しやすく、生体内に吸収されると神経麻痺(まひ)を起こし微量で死に至る。語源 四人の開発者の名前の頭文字から。

さる【申】①十二支の第九。②昔の時刻の名。今の午後四時およびその前後約二時間。③方角の名。ほぼ西南西。

さる【猿】①《動》ヒト科を除いた哺乳(ほにゅう)動物霊長(れいちょう)目（サル目）の一群の一般的呼称。ヒトに似るが、ふつう四つ足で歩く。集団で生活し知能が高い。日本にはニホンザルがすむ。②人のまねのうまい者、小才のきく者をあざけっていう語。③自在鉤(じざいかぎ)の、鉤の高さを固定するしかけ。④雨戸の上下の桟に取りつけて、鴨居(かもい)・敷居(しきい)の穴にさしこみ、戸じまりをするしかけ。

―も木(き)から落(お)ちる その道の名人でも時には失敗することがあるというたとえ。参考 類似のことば―弘法(こうぼう)も筆の誤り・かっぱの川流れ

さ・る【去る】ラ(ロ)・リ(ッ)・ル・ル・レ・レ ■（自五）①その場所から離れて他に行く。たちのく。「故郷を―」「台風は東方海上に―・った」②時間的・空間的に離れへだたっている。「今を―こと五年前」「日本を―こと三〇〇〇キロ」③遠ざかる。「危険が―」「いい時代が―」④（「世を去る」の形で）死ぬ。⑤しばらく続いたある状態がなくなる。「痛みが―」⑥（古）ある時がやってくる。「夕―・れば」■（他五）①離別する。「妻を―」②捨てる。取り除く。「邪念を―」③（動詞の連用形に付いて）すっかり…する。「忘れ―」可能 さ・れる（下一）

―者(もの)は追(お)わず 自分から離れていく者はむりに引きとめない。

―者(もの)は日々(ひび)に疎(うと)し ①死んだ人は日がたつにつれて忘れられてゆく。②親しかった者も遠く離れてしまうとしだいに疎遠になっていく。〈文選〉

さ・る【避る】（他四）（古）①避ける。よける。②断る。

さる【去る】（連体）過ぎ去った。「―十日」↔来(きた)る（連体）

さる【然る】（連体）（「さある」の転）①名称を明らかにする必要のないときや、たしかでない物事をさすときに用いる語。ある。そんな。そのような。「―所」「―おかた」②相当な。りっぱな。しかるべき。「敵も―者」

ざる【笊】①細く割った竹などで編んだ入れ物。②①の目から水がもれるように、手ぬかりの多いことのたとえ。「―法」③「ざるそば」の略。④「ざる碁(ご)」の略。

さる-おがせ【松蘿・猿麻桛】ヲガセ サルオガセ科の地衣類の総称。灰緑色の糸状で、深山の針葉樹の樹枝に垂れ下がる。日本産のヨコワサルオガセからリトマス色素がとれる。夏

さる-がく【猿楽・散楽・申楽】①室町時代までの、物まねや軽業(かるわざ)・曲芸などの総称。のちの能楽・狂言のもととなった。②「能楽」の旧称。

さるがくだんぎ【申楽談儀】能楽書。世阿弥(ぜあみ)の芸談を次男元能(もとよし)が筆録。一四三〇（永享二）年成立。能楽の精神・方式・作法などを具体的に説いたもの。

さる-ぐつわ【猿轡】声をたてさせないために、口にかませて後頭部にくくりつける布や手ぬぐいなど。「―をかませる」

ざる-ご【笊碁】下手な人が打つ囲碁。へぼ碁。ざる。

さる-こと【然る事】①そのようなこと。②しかるべきこと。もっともなこと。「相手の言い分も―ながら」

サルコペニア〈sarcopenia〉《医》加齢に伴い、全身の筋肉の量が減少していく現象。

ザルコマイシン〈sarkomycin〉《医》日本で最初に発見された制癌(がん)性抗生物質。現在はほとんど用いられない。梅沢浜夫らが鎌倉の土中の放線菌からつくった。

サルサ〈スペイン salsa〉①《音》キューバの民族音楽を起源とする、強烈なリズムをもつラテン音楽。②（スペイン語で「ソース」の意）トマト・タマネギ・香辛料でつくったソース。サルサソース。

さる-しばい【猿芝居】シバヰ ①猿に芸をさせる見せ物。②へたな芝居をあざけっていう語。③底の見えすいた愚かなたくらみ。

さる-すべり【百日紅】《植》ミソハギ科の落葉高木。中国原産。樹皮は赤褐色でなめらか。夏、紅色や白色の花を開き、花期が長い。百日紅(ひゃくじつこう)。夏

ざる-そば【笊蕎麦】ざるや簀(す)の子を敷いた容器に盛り、きざんだ焼きのりをふりかけたそば。つけ汁で食べる。ざる。

サルタン〈sultan〉→スルタン

さる-ぢえ【猿知恵】ヂヱ 利口のようで間(ま)のぬけている知恵。

浅はかな知恵。

さる-ど【猿戸】①庭園の入り口に設ける両開きの木戸。②内側についている横木を柱の穴にさしこんでとめる戸。

サルトル〈Jean-Paul Sartre〉(一九〇五〜一九八〇)フランスの哲学者・文学者。第二次世界大戦後、雑誌「現代」を主宰、実存主義を提唱する。小説「嘔吐(おうと)」「自由への道」、戯曲「蠅(はえ)」、論著「存在と無」など。

さる-の-こしかけ【猿の腰掛〔け〕】担子菌類サルノコシカケ科などの、木質多年生のきのこの総称。木の幹に半円形のかたい腰掛け状のきのこを生じる。装飾用・細工用・薬用とする。秋

〔猿の腰掛け〕

さる-は【然るは】(接)《古》①それにしても。②そうではあるが。しかし。③それは。

サルバルサン〈ドイツ Salvarsan〉《医》梅毒・ワイル病の治療に用いられた砒素(ひそ)化合物。現在は用いられない。合成試験番号から六〇六号ともいった。(商標名)

サルビア〈salvia〉《植》①シソ科の多年草。欧州南部の原産。葉は白毛があり披針(ひしん)形。夏に紫色の唇形花(しんけいか)を開く。葉は薬用・香料とする。セージ。夏 ②シソ科の一年草または多年草。ブラジル原産。茎は方形で葉は楕円(だえん)形。秋、濃紅色の穂状の唇形花をつける。夏

〔サルビア②〕

さる-ひき【猿引き】→さるまわし

サルファ-ざい【サルファ剤】〈sulfa〉《医》微生物の発育や増殖をおさえる、抗菌性薬剤の一つ。化膿(かのう)性疾患によく効く。スルフォンアミド剤。スルファミン剤。

サルベージ〈salvage〉①海難救助。②沈没した船を引き上げたり、座礁(ざしょう)した船を引きおろしたりする作業。「一船」

ざる-ほう【笊法】ハフ 笊(ざる)の目のようにあらく、規制をのがれる方法の多い、不備な法律。

さる-ほど-に【然る程に】(接)《古》①そうしているうちに。やがて。まもなく。②さて。ところで。

さる-また【猿股】男子の腰から股(また)をおおう短い下着。

さる-まね【猿真似】しっかりした考えもなしに他人のまねをすること。うわべだけまねること。「人の一をする」

さる-まわし【猿回し・猿廻し】マハシ 猿に芸をさせて金品をもらう芸人。猿引き。新年

さるみの〔猿蓑〕江戸前期の俳諧(はいかい)集。向井去来・野沢凡兆の撰(せん)。一六九一(元禄四)年刊。俳諧七部集の第五集。松尾芭蕉(ばしょう)とその門下の連句・発句(ほっく)が収められている。

さる-めん【猿面】①猿のような顔。②猿の顔に似せた仮面。

一かんじゃ【一冠者】クワンジャ ①猿の顔に似ている若者。②豊臣秀吉(とよとみひでよし)の若いころのあだ名。

サルモネラ-きん【サルモネラ菌】〈salmonella〉《医》腸内細菌の一群。チフス・パラチフスや多くの食中毒の原因菌を含む。

さる-もの【然る者】したたかな者。ぬけめのない者。「敵も一」

ざる-を-えない【ざるを得ない】(動詞・助動詞の未然形に付いて)…しないわけにはいかない。「この雨では中止せ一」

ざ-れい【座礼・坐礼】すわって行う礼。↔立礼

ざれ-うた【戯〔れ〕歌】①おどけた歌。こっけいな歌。②狂歌。ざれごと歌。

さ-れき【砂礫】砂と小石。砂礫(しゃれき)。

されこうべ【髑髏】カウベ →しゃれこうべ

ざれ-ごと【戯〔れ〕言】ふざけて言う言葉。じょうだん。

ざれ-ごと【戯〔れ〕事】ふざけてする事柄。じょうだんごと。

され-ど【然れど】(接)しかし。けれども。だが。「たかが野球、一野球」

され-ば【然れば】㊀(接)だから。それゆえ。㊁(感)答えるときの言葉。さよう。

一こそ それだからやっぱり。思ったとおり。

ざれ-ば・む【戯ればむ】(自四)《古》(「さればむ」とも)しゃれている。気のきいたふうをする。風流めく。

さ・れる(自下一)レ・レ・レル・レル・レレ・レロ(レヨ) ①「する」の尊敬語。なさる。「いかが一・れましたか」②「する」の受け身の用法。「頼りに一」

ざ・れる【戯れる】(自下一)レ・レ・レル・レル・レレ・レロ(レヨ) たわむれる。ふざける。じゃれる。「男女が一」文ざ・る(下二)

サロン〈フランス salon〉①洋風の客間。応接間。大広間。②上流家庭の社交的な集まり。③美術展覧会。④洋風の酒場。サルーン。⑤美容を行う店をいう語。「ヘアー」「ネイル一」

サロン〈マレー sarong 筒・鞘(さや)〉マレーシア・インドネシアなどの地方で、主としてイスラム教徒が腰に巻く民族衣装。

さわ【沢】サハ ①低地で草の生えている湿地。②山あいの渓谷。

サワー〈sour〉(「酸っぱい」の意)蒸留酒にレモンなどの果汁を加えたカクテル。また、それを炭酸で割った飲み物。

さわ-かい【茶話会】クワイ 茶を飲み菓子を食べながらくつろいで話し合う会。

さわがし・い【騒がしい】(形)カロ・カッ(ク)・イ・イ・ケレ・〇 ①(耳にする声や物音が)大きくてやかましい。そうぞうしい。うるさい。「家の外が一」②事件などが頻繁に起こり、世の中が穏やかでない。物騒(ぶっそう)だ。「世間が一」文さわが・し(シク)

さわが・す【騒がす】(他五)サ(ソ)・シ・ス・ス・セ・セ 騒がしい状態にする。「世間を一大事件」自さわ・ぐ(五)

さわが・せる【騒がせる】(他下一)セ・セ・セル・セル・セレ・セロ(セヨ) →さわがす

さわ-がに【沢蟹】サハ《動》サワガニ科の淡水産のカニ。谷川などの渓流にいて、大きさは二一三センチメートルで甲は赤褐色など。食用。肺臓ジストマという寄生虫の中間宿主。夏

さわぎ【騒ぎ】①声や物音がやかましいこと。「一を起こす」②騒動。もめごと。③事件。とりこみ。「どろぼう一」④(「…どころの騒ぎ」の形であとに打ち消しの語を伴って)その程度。そんななまやさしい程度。「寒いどころの一じゃない」

さわ・ぐ【騒ぐ】(自五)ガ(ゴ)・ギ(イ)・グ・グ・ゲ・ゲ ①やかましく声や物音をたてる。「大声で一」②ある事柄や噂(うわさ)を多くの人々が言いたてる。「週刊誌が一」③不満や抗議の意を訴えて不穏な状態になる。「退陣を要求して一」④あわてふためいて落ち着きのない言動をする。うろたえる。「火事でも一・がずに避難する」⑤心が動揺する。「胸が一」他さわが・す(五) 可能さわ・げる(下一)

表現〈擬声・擬態語〉〔声〕きゃあきゃあ・ぎゃあぎゃあ・わあわあ・わいわい・がやがや・ざわざわ(する)〔音〕ざわざわ(する)・どたどた・どたばた・どんちゃん

〈慣用表現〉天地もくつがえったように・おもちゃ箱をひっくり返したように・底抜けに・蜂(はち)の巣をつついたように・割れるように・割れ返るように・鍋(なべ)が煮えたぎるように・天井も割れんばかりに・床も抜けんばかりに

ざわ-ざわ【騒騒】(副・自スル)①おおぜいの人々が勝手に話したり動いたりして、やかましく落ち着かないさま。「会場が一(と)する」②木の枝葉や水面が風に吹かれて音をたてるさま。

さわ・す【醂す】サハス(他五)サ(ソ)・シ・ス・ス・セ・セ ①柿(かき)の実の渋をぬく。あわす。「柿を一」②水に浸してさらす。③黒い漆(うるし)を、つやの出ない程度に薄くぬる。可能さわ・せる(下一)

さわち-りょうり【◇皿▲鉢料理】サハチレウリ 大皿に魚介の刺身、鮨、煮物、焼き物などを盛りつけた宴席料理。土佐(高知県)の郷土料理。さはちりょうり。

ざわ-つ・く【◇騒つく】(自五) カ(コ)・キ(イ)・ク・ク・ケ・ケ ①声や物音で騒がしくなる。「場内がー」②落ち着かない状態になる。「胸がー」

さわ-べ【沢辺】サハ― 沢のほとり。沢のそば。

ざわ-め・く【◇騒めく】(自五) カ(コ)・キ(イ)・ク・ク・ケ・ケ 声や物音などでなんとなく騒がしくなる。「教室がー」

さわやか【爽やか】サハヤカ (形動ダ) ダロ・ダツ(デ・ニ)・ダ・ナ・ナラ・〇 ①すがすがしくて気持ちのよいさま。すっきりして快いさま。「ーな風」秋 ②言葉がはっきりしているさま。「弁舌ーな人」文(ナリ)

さわら【▲椹】サハラ〔植〕ヒノキ科の常緑高木。ヒノキに似るが樹皮は灰褐色。葉はうろこ状で先端が鋭くとがり裏は白い。高さは三〇メートルにも達する。材は、桶などの器具用。

さわら【▲鰆】サハラ〔動〕サバ科の海産硬骨魚。体形は細長く背中は灰青色で、青褐色の斑点がたくさんある。瀬戸内海や日本の近海に多く分布する。「寒ざわら」は特に美味。春

さ-わらび【◇早▲蕨】(「さ」は接頭語)若芽のワラビ。春

さわり【触り】サハリ ①ふれたときの感じ。感触。「手ー」②人に接したときの感じ。「ーの柔らかな人」③義太夫節で、一曲中のいちばんの聞かせどころ。転じて、話や音楽などのいちばんの聞かせどころ。「ーの部分」

▼「触り」が下に付く語
(ざわり)口ー 舌ー 手ー 歯ー 肌ー

さわり【障り】サハリ ①さしつかえ。都合の悪いこと。「ーがある」②さまたげ。じゃま。「ーになる」「目ー」③月の障り。月経。

さわ・る【触る】サハル (自五) ラ(ロ)・リ(ッ)・ル・ル・レ・レ ①手などで物の表面に弱い力で接する。軽く接触する。「濡れた手で機械にー」「展示品にはーらないでください」②かかわる。関係する。「その件にはーらないでおく」③→さわる(障る)② 可能 さわ・れる(下一)

さわらぬ神に祟りなし 物事にかかわりをもたなければ、災いを受けるおそれはない。

さわ・る【障る】サハル (自五) ラ(ロ)・リ(ッ)・ル・ル・レ・レ ①さしつかえる。害になる。「健康にー」②感情や気分を害する。「気にー」「神経にー」

さ-わん【左腕】左のうで。特に野球で、左投げの投手。↕右腕

さん【三】教1 サン み・みっ・みっつ　一 二 三

(字義) ①みつ。みっつ。「三悪・三個・三者」②みたび。「三食・三度」③三倍。「三重」④三番目。「三階・三等」⑤しばしば。「三思・三省・再三」⑥「三河の国」の略。「三州」難読 三毬杖・三鞭酒・三途・三番叟・三板・三一・三味・三位・三和土・三行半・三十日・三十一文字・三椏・三幅 人名 かず・こ・さ・ざ・さぶ・ざぶ・さむ・そ・ぞ・そう・ぞう・たすく・ただ・なお・みつる・みる

さん【三】二に一を加えた数。みっつ。参考「参」を大字として用いる。

さん【山】教1 サン・セン やま

(字義) ①やま。「山岳・山脈・火山・高山・登山・名山」②鉱物を産する山。「金山・鉱山」③山のようにもり上がること。「山積」④寺院の称号に添える語。転じて、寺院。「山号・山門・開山・本山」難読 山梔子・山茶花・山窩・山査子・山車・山茶・山毛欅・山羊・山姥・山峡・山賤・山雀・山神・山祇・山脈・山形・山女・山女魚・山葵 人名 か・が・さ・たか・たかし・のぶ

-さん【山】(接尾) ①山の名に付ける語。「富士ー」②寺院の称号に添える語。「比叡ー延暦寺」

さん【◇杉】サン すぎ中

(字義) すぎ。ヒノキ科の常緑高木。「杉風・杉板・杉材・老杉」

さん【参】教4【參】サン・シン まいる・みつ

(字義) ①まじわる。くわわる。「参加・参画・参与・参列・古参・新参」②まいる。㋐尊貴や目上の人の所に行く。「参上・参内」㋑寺社へ行く。「参詣・参道・参拝」㋒まみえる。「見参・参観・降参」③くらべあわせる。「参考・参照」④金銭証書などで「三」の代わりに用いる大字。「一金参千円也」⑤(「シン」と読んで)ふぞろいなさま。「参差」人名 かず・ちか・なか・ほし・み・みち

さん【珊】人 サン

(字義)「珊瑚」は、暖地の海にすむさんご虫類の骨格。細工して装飾品に用いる。人名 さぶ

さん【桟】【棧】サン中 かけはし

(字義) ①かけはし。板を渡して作った橋。㋐けわしいがけなどに、木をかけわたして造った橋。「桟道・雲桟」㋑さんばし。「桟橋」②ねだ。床板を張るためにわたした横木。③木を組み合わせた棚。「桟敷」難読 桟俵法師・桟留

さん【桟】①板がそらないように裏に打つ細長い木材。「ーを打つ」②戸や障子の骨。または横木。③戸じまりのため、戸にぬきさしできるようにとりつけた木の栓。猿。「ーをおろす」

さん【蚕】教6【蠶】サン かいこ

(字義) かいこ。かいこを飼う。「蚕業・蚕糸・養蚕」難読 蚕飼い・蚕豆・蚕簿

さん【惨】【慘】サン中・ザン高 みじめ高・むごい

(字義) 心がいたむ。いたましい。むごたらしい。みじめ。「惨禍・惨劇・惨殺・惨事・惨状・惨敗・陰惨・凄惨・悲惨」

さん【惨】(タル) むごくいたましいさま。心をいためるさま。「ーとして声なし」文(形動タリ)

さん【産】教4 サン うむ・うまれる・うぶ高

(字義) ①子をうむ。子がうまれる。「産児・産婦・安産・出産・難産」②物をつくり出す。物ができる。また、つくられた物。「産業・産出・産物・減産・鉱産・水産・生産・増産・畜産・農産・物産」③くらしのもとで。身代。「恒産・財産・不動産」難読 産着・産衣・産毛・産声・産土・産屋・産湯・産霊 人名 ただ・むすび

さん【産】①(多く「お産」の形で)子供を生むこと。出産。②うまれ。出生地。また、産物のできた土地。「彼は熊本のーだ」「中国ー」③財産。資産。身代。「一代でーをなした」

さん【傘】サン高 かさ中

(字義) かさ。からかさ。かさ状に人の上を広くおおうもの。「傘下・鉄傘・落下傘」

さん【散】教4 サン ちる・ちらす・ちらかす・ちらかる

(字義) ①ちる。ちらばる。ばらばらになる。ちらす。「散在・散乱・解散・四散・発散・飛散・分散・離散・雲散霧消」↕集 ②とりとめがない。拘束をうけない。「散歩・散漫」③ひまな。「散官・散職・閑散」④むだな。役に立たない。「散人・散木」⑤

こなぐすり。「散薬・胃散」難読散楽・散切り・散華・散銭・散弾・散蒔く 人名のぶ

さん【算】 教2 サン かぞえる (字義) ①数をかぞえる。「算数・演算・加算・換算・計算・検算」②計算のしかた。「暗算・珠算・筆算・和算」③かず。物のかず。年齢のかず。「宝算」④はかる。もくろみ。「算段・成算・打算」難読算盤 人名かず・とも

さん【算】 ①占いや和算に使う算木。②勘定。計算。「路頭に迷う者ーなし(=数えきれない)」③見込み。もくろみ。—を置く ①算木を使って占う。②算木で計算する。—を乱す 算木を乱したようにばらばらになる。

さん【酸】 教5 サン す・すい高・す (字義) ①す。すっぱい味の液体。また、すっぱい味。「酸味」②いたましい。つらい。「酸鼻・辛酸・悲酸」③「酸素」の略。「酸化」④→次項。「酸性・塩酸・酢酸・硫酸・亜硫酸」難読酸模・酸塊・酸漿

さん【酸】 ①《化》水にとけて酸性反応をしめす化合物をいう。塩酸・硫酸など。↔アルカリ ②すっぱい味。「一味」

さん【撒】 人 サツ・サン まく (字義) まく。まきちらす。=散。「撒水・撒布」参考もとの音は「サツ」。「サン」は慣用音。書き換え字として「散」を用いる。

さん【賛】 教5【贊】 サン・たたえる ほめる・たすける (字義) ①ほめる。ほめたたえる。「賛辞・賛美・自賛・賞賛・絶賛」②助ける。力をそえる。「賛助・賛同・協賛・翼賛」③漢文の一体。人や物をほめたたえるもの。「伝賛・論賛」④画中に書き加える詩や文。「画賛・自画自賛」《=讃》参考「讃」の書き換え字。人名あきら・すけ・よし

さん【賛・讃】 ①東洋画で、画中に書きこむ詩や文。「ーを付ける」②人物・事物などをほめたたえる漢文の一体。

さん【燦】 人 サン あきらか (字義) 光り輝くさま。きらめく。「燦燦・燦然・燦爛」人名あき・あきら

さん【燦】 (ト・タル) きらびやかなさま。あざやかに光り輝くさま。きらきらと輝くさま。「ーとして輝く」文(形動タリ)

さん【纂】 人 サン あつめる (字義) あつめる。文書をあつめ編む。「纂修・雑纂・編纂・論纂」

さん【讃】 人 サン たたえる・ほめる (字義) ①ほめたたえる。=賛。「讃辞・讃美・自讃・賞讃・絶讃」②助ける。=賛。「讃助」③漢文の一体。人や物の美をたたえるもの。=賛。④仏の徳をたたえる韻文。=賛。「和讃・梵讃」⑤画中に書き加える詩や文。=賛。「画讃・自画自讃」⑥「讃岐の国」の略。「讃州」参考「賛」が書き換え字。

-さん (接尾) ①(「様」の変化したもので「様」より敬意が低い)人の名前や職業名などにそえる敬称。「池田ー」「花屋ー」②親しみの気持ちをこめた挨拶の言葉などに付ける。「お早うー」「ご苦労ー」

ざん【残】 教4【殘】 ザン・のこる のこす・そこなう (字義) ①のこる。㋐あとにのこる。とどまりのこる。あまり。「残金・残存・残念・残留・敗残・老残」㋑もれのこる。ぬけおちる。「残賊・残党」②そこなう。きずつける。殺す。「残害・残殺」③こわす。やぶる。やぶれる。「残欠・衰残・廃残」④むごい。ひどい。=惨。「残虐・残酷・残忍」難読残滓

ざん【残】 のこり。残高。残額。残金。「五〇〇円のー」

ざん【惨】 (字義) →さん(惨)

ざん【斬】 ザン中 きる中 (字義) ①きる。㋐きりはなす。「斬首」㋑きりころす。「斬殺」②たえる。つきる。③はなはだ。きわめて。「斬新」

ざん【暫】 ザン中 しばらく (字義) わずかの時間。ちょっとの間。「暫時・暫定」

さん-い【賛意】 賛成の考え。「ーを表明する」

さん-いつ【散逸・散佚】 (名・自スル) まとまっていた書物や文献などが散り散りになってなくなること。「資料がーする」

さん-いん【山陰】 ①山のかげ。山の北側。↔山陽 ②「山陰地方」の略。↔山陽 ③「山陰道」の略。

さん-いん【参院】 「参議院」の略。

さん-いん【産院】 妊婦・産婦・新生児を扱う医院・病院。

さんいんちほう【山陰地方】 中国地方のうち日本海に面する地域。↔山陽地方

さんいんどう【山陰道】 五畿七道の一つ。現在の中国地方から近畿地方の日本海側。丹波・丹後・但馬・因幡・伯耆・出雲・石見・隠岐の八か国。

さん-う【山雨】 ①山から降り始めた雨。②山で降られる雨。—来らんと欲して風楼に満つ 山からの雨が降る前には、まず風が楼いっぱいに吹きこむ。転じて、変事の起ころうとする前の、なんとなくあたりのようすが不穏なことのたとえ。

ざん-えい【残映】 夕映え。夕焼け。残照。転じて、消えかけたものの名残。

さん-えん【三猿】 両手でそれぞれ目・耳・口をおおった三匹の猿の像。「見ざる」「聞かざる」「言わざる」の意を表したもの。

ざん-おう【残桜】 咲き残っている桜。春

ざん-おう【残鶯】 春が過ぎてもなお鳴いているウグイス。晩鶯。老鶯。夏

さん-か【三夏】 陰暦の、夏の三か月。孟夏・仲夏・季夏(それぞれ陰暦四・五・六月)の三か月。夏

さん-か【山家】 山の中の家。山家。

さん-か【山窩】 住所を定めず山や川原で生活し、独自の社会をつくっていた人々。狩猟・竹細工などを業としていた。

さん-か【参加】 (名・自スル) 仲間になること。集団・行事・仕事などに加わること。「ーを呼びかける」「不ー」

さん-か【参稼】 組織・団体の中で自分のもつ特殊技能を生かして仕事をすること。「ー報酬」

さん-か【産科】 《医》妊娠・出産・新生児などに関する医学の一部門。

さん-か【惨禍】 地震・風水害・戦争などによるいたましい災難。むごたらしいわざわい。「戦争のー」

さん-か【傘下】 大きな力を持つ人や組織の指導・支配を受ける立場にあること。配下。翼下。「大企業のーにはいる」

さん-か【酸化】 (名・自他スル)《化》ある物質が酸素と化合すること。または、水素や電子を失うこと。↔還元 —カルシウム《化》石灰石(炭酸カルシウム)を焼いて得られる白色の固体。水を注ぐと発熱し、水酸化カルシウム(消石灰)となる。乾燥剤などに用いる。生石灰。

さん-か【賛歌・讃歌】 ほめたたえる歌。「青春ー」

さん-が【山河】 ①山と川。②自然。参考「さんか」ともいう。

さん-が【参賀】 (名・自スル) 新年・祝日などに皇居へ行って祝賀の言葉を述べたり記帳したりすること。新年

ざん-か【残火】 燃え残りの火。残り火。

さん-かい【山海】 山と海。—の珍味 山や海の産物を取りそろえた珍しいごちそう。

さん-かい【山塊】〘地質〙断層により山脈から離れ、周囲を限られた山地。「丹沢—」

さん-かい【参会】—(名・自スル) 会合に参加すること。

さん-かい【散会】—(名・自スル) 会合などが終わって人々が別れて帰ること。「八時に—する」

さん-かい【散開】(名・自スル) ①散らばり広がること。「道路いっぱいに—する」②密集した隊形をとる部隊が、敵の砲撃をさけて戦うためなどに、ある間隔に広がること。「—した兵」

さん-がい【三界】〘仏〙①衆生が生死を繰り返す、欲界・色界・無色界の三つの世界。「—に家なし(=安住するところがない)」②三千世界。全世界。③過去・現在・未来の三世。

—の首枷 いつもつきまとい自由をさまたげるもの。断ち切ることができない人間の愛情や苦悩。「子は—」

さん-がい【惨害】 むごくいたましい損害・災害。

ざん-がい【残骸】 ①焼けたりこわれたりして残っているもの。②戦場や災害地に捨てておかれた死骸。しかばね。むくろ。

さんかい-き【三回忌】—〘仏〙人の死後、翌々年の忌日。また、その日に行う法要。三周忌。三年忌。(死んだ年を入れて数える。)

さん-かく【三角】 ①「三角形」の略。②「三角法」の略。

さん-かく【参画】—(名・自スル) ある政策や事業の計画に加わること。「活動に—する」

さん-がく【山岳】 高く険しい山。「—地帯」

さん-がく【産学】 産業界と学校。多く、民間企業と大学のことをいう。「—連携」「—官(=産業界と学校と官庁)」

—きょうどう【—協同】 産業界と学校が協力して、技術者の教育や技術開発を行うこと。

さん-がく【産額】 生産・産出される物の数量または金額。

さん-がく【散楽】 奈良時代に中国から渡来した物まねや軽業・曲芸などの総称。猿楽のもとになったもの。

ざん-がく【残額】 残りの金額や数量。

さんかく-かんけい【三角関係】— 三人の間の、もつれた恋愛関係。

さんかく-かんすう【三角関数・三角函数】—〘数〙三角比を一般の角に拡張して得られる関数の総称。サイン(正弦)・コサイン(余弦)・タンジェント(正接)・コタンジェント(余接)・セカント(正割)・コセカント(余割)の六種類がある。

さんかく-きん【三角巾】 正方形の布を対角線で二つに折り三角にした布。包帯として、また、調理時にかぶって用いる。

さんかく-きん【三角筋】〘生〙肩の関節を外側からおおっている三角形の大きな筋肉。

さんかく-けい【三角形】〘数〙同一直線上にない三点を結ぶ三つの線分で囲まれた図形。さんかっけい。

さんかく-じょうぎ【三角定規】— 三角形の定規。ふつう、直角二等辺三角形のものと、三つの角が九〇度・六〇度・三〇度の直角三角形のものの二種類がある。

さんかく-す【三角州・三角洲】 河口付近に土砂が積もって生じた、低くて平らな三角形の陸地。デルタ。

さんかく-すい【三角錐】〘数〙底面が三角形の角錐。⇩角錐

さんかく-そくりょう【三角測量】— 地形図などを作る際、地上の三地点を頂点として、それに三角法を応用し、距離や面積を計算する測量法。

さんかく-ちゅう【三角柱】〘数〙底面が三角形で側面が長方形・平行四辺形をなす角柱。⇩角柱

さんかく-てん【三角点】 三角測量の基準となる地点。また、その標識。(はじまり) 一八七一(明治四)年、当時の工部省が東京に十三か所設置したのが日本の三角点の始まり。

さんかく-なみ【三角波】〘気〙方向の違う二つ以上の波がぶつかり合ってできる、三角形の高い波。

さんかく-ひ【三角比】〘数〙直角三角形の直角ではない一角をαとしたとき、この三角形の辺の長さの比の総称。なお、一般にはαが九〇度以上一八〇度以下の場合を含めて定義される。⇩三角関数

さんかくぶち-しんじゅうきょう【三角縁神獣鏡】—〘日〙縁の断面が三角形の神獣鏡(=神仙と霊獣の像を文様に用いた中国古代の鏡)。魏が卑弥呼に下賜したとする説と、日本製とする説がある。

さんかく-ほう【三角法】—〘数〙三角関数およびその応用を扱う数学の一部門。

さんかしゅう〔山家集〕 鎌倉初期の、西行の家集。歌数一五六九首。一二世紀末に成立。平明清澄な詠みぶりで、独自の歌風を開いている。

さん-がつ【三月】— 一年の第三の月。弥生。(春)

さんが-にち【三箇日】 正月の一日から三日間。(新年)

さんか-めいちゅう【三化螟虫】—〘動〙メイガ科のサンカメイガの幼虫。稲の茎にはいり枯らす害虫。ずいむし。

さん-かん【山間】 山の中。山と山との間。やまあい。

さん-かん【参看】(名・他スル) 参考とするために見比べること。参照。「原書を—する」

さん-かん【参観】—(名・他スル) その場に行って実際に見ること。「授業—」

さんかん〔三関〕 ①都を守るため置かれた鈴鹿関・不破関・愛発関(のち逢坂関)の三つの関所。②勿来関・白河関・念珠関の奥羽の三つの関所。

さんかん〔三韓〕〘日・世〙古代朝鮮半島南部にあった三部族国家、馬韓・弁韓・辰韓の総称。

さんかん-おう【三冠王】 三種類の栄誉を同時に獲得した人。特に野球で、打撃部門において打率・打点・本塁打の三部門のタイトルを同時に獲得した選手。トリプルクラウン。

さんかん-しおん【三寒四温】— 三日ほど寒くて、次の四日ほどは暖かいといった気候の型。冬期、または春先に、寒冷前線と温暖前線とが交互に通過するために起こる現象。(冬)

ざんかん-じょう【斬奸状】—(「奸」は悪者の意)昔、悪者をきり殺すにあたって、その趣旨を書いた文書。

さん-き【山気】 山のひんやりとしたさわやかな空気。

さん-ぎ【参議】 一(名・自スル) 政治に関する議事に参与すること。また、その人。二(名) ①昔、朝政に参与した太政官の職員。大・中納言に次ぐ重職。唐名は宰相。②一八六九(明治二)年、太政官に設けられた官名。

—いん【—院】 衆議院とともに国会を構成し、国民から選ばれた議員で組織する立法機関。中立公正な立場で、衆議院の行き過ぎを是正する役割をもつ。解散はなく、議員の任期は六年。参院。⇩衆議院

さん-ぎ【算木】 ①〘数〙和算に用いられた計算用の小さな角棒。②占いに用いる六本の角棒。

〔算木②〕

ざん-き【慚愧・慙愧・慚愧】(名・自スル) 自分の言動を恥じること。心から恥ずかしく思うこと。「—に堪えない」

ざん-ぎく【残菊】 秋の末から初冬に咲き残った菊の花。(秋)

—の宴 昔、陰暦十月五日に宮中で催した菊見の宴。

さん-きゃく【三脚】 ①三本の足。「二人—」②伸縮自在の三本足の台。カメラなどをのせる。三脚架。③折りたたみ

のできる三本足の椅子(いす)。三脚椅子(さんきゃくいす)。

ざん-ぎゃく【残虐】(形動ダ)(ダロ・ダッ(デ・ニ)・ダ・ナ・ナラ・○) 人や生き物に対して、むごく乱暴のかぎりをつくすさま。「―な行為」文(ナリ)

さん-きゅう【産休】(キウ) 出産のためにとる休暇。出産休暇。

サンキュー〈thank you〉(感) ありがとう。

さん-きょ【山居】(名・自スル) 山の中に住むこと。また、その住まい。

さん-きょう【山峡】(ケフ) 山と山との間。谷間。やまかい。

さん-きょう【三鏡】(キャウ)〔文〕三つの歴史物語、「大鏡(おおかがみ)」「水鏡(みずかがみ)」「増鏡(ますかがみ)」の総称。三鏡(さんかがみ)。⇩四鏡(しきょう)

さん-ぎょう【三業】(ゲフ) 料理屋・待合(まちあい)・芸者屋の三種の営業。「―組合」「―地(=三業の営業が許された地域)」

さん-ぎょう【蚕業】(ゲフ) 養蚕・製糸の事業。

さん-ぎょう【産業】(ゲフ) ①農林水産業・鉱工業など、物を生産する事業の総称。また、直接生産にはたずさわらない商業・金融業・サービス業なども含めていう。②生活をするための仕事。

―い【―医】 職場で労働者の健康管理を行う医師。

―かくめい【―革命】〔世〕一八世紀後半にイギリスに始まり、その後約一世紀間にヨーロッパ・アメリカなどに広がった工業生産技術の大革新と、これにともなう社会組織の変革。これによって資本主義が確立し、近代市民社会が形成された。

―スパイ ある企業の製品・技術などに関する機密をさぐる者。また、それを競争相手の企業に売る者。

―はいきぶつ【―廃棄物】 汚泥・廃油・燃え殻・廃プラスチックなど、事業活動によって生じた廃棄物。事業者が処理する責任を負う。産廃(さんぱい)。

―べつ-くみあい【―別組合】(クミアヒ) 同一産業に働くすべての労働者が、その職種や熟練度に関係なく、ともに一つの組織に加入してつくる労働組合。

―よびぐん【―予備軍】 好況になって雇用が増える機会を待っている失業者群。相対的過剰(かじょう)人口。

さん-ぎょう【△鑽仰】(ギャウ)(名・他スル) 聖人などの徳を、ほめ尊ぶこと。学徳を尊敬し、したうこと。鑽仰(さんこう)。

ざん-きょう【残響】(キャウ) ある音が鳴り終わったあとも、天井や壁に反響して引き続いて聞こえる音のひびき。

ざん-ぎょう【残業】(ゲフ)(名・自スル) 規定の労働時間を終えたあとも残って仕事をすること。また、その仕事。時間外労働。「―手当」「繁忙期のために―する」

さんぎょうぎしょ【三経義疏】(サンギャウギショ) 聖徳太子(厩戸王(うまやどのおう))が七世紀初めに著したとされる経典の注釈書。「法華(ほけ)経義疏」「維摩(ゆいま)経義疏」「勝鬘(しょうまん)経義疏」の総称。

さん-きょく【三曲】 琴・三味線(しゃみせん)・尺八または胡弓(こきゅう)の合奏。また、その三種の楽器。

ざん-ぎり【◦散切り】 まげを結わず頭髪を切り下げたままにした男子の髪形。特に、明治の初めに流行した、ちょんまげを切って刈りこんだ西洋風の髪形。斬髪(ざんぱつ)。

―あたま【―頭】 ざんぎりにした頭。

―もの【―物】〔文〕歌舞伎(かぶき)における世話狂言の一種。明治の開化期の風俗に取材した作品で、代表作家は河竹黙阿弥(かわたけもくあみ)。散切り狂言。

ざん-きん【残金】 ①残りの金。残りの金額。②未払いの金。

さんきん-こうたい【参勤交代】(カウタイ)〔日〕江戸時代、諸国の大名が、原則として一年おきに江戸へ出て幕府に勤務した制度。大名の妻子は強制的に江戸に居住させられた。

さん-く【惨苦】 いたましい苦しみ。ひどい苦労。「―をなめる」

さん-ぐう【参宮】(名・自スル) 神宮、特に伊勢(いせ)神宮に参拝すること。

サンクチュアリ〈sanctuary〉①聖域。②鳥獣の保護地域・区域。「バード―」

サングラス〈sunglasses〉直射日光や紫外線などから目を保護するための色眼鏡。日よけ眼鏡。夏

サングリア〈(スペイン) sangria〉赤ワインにレモンやオレンジなどの果実や果汁を加えて作る飲み物。

さん-ぐん【三軍】 ①陸軍・海軍・空軍の総称。②大軍。全軍。語源 ②は、中国の周の兵制で、大国の出す上軍・中軍・下軍計三万七五〇〇名の軍隊をいったのに由来する。

さん-け【産気】 子供が生まれそうな気配。

―づ・く【―付く】(自五)(カ(コ)・キ(イ)・ク・ク・ケ・ケ) 今にも子供が生まれそうな気配になる。陣痛が始まる。

さん-げ【散華】(名・自スル) ①〔仏〕法会(ほうえ)の儀式で、生花またはハスの花びらをかたどった紙をまき散らして仏を供養すること。②(華(はな)と散る意で)いさぎよい戦死をたたえた語。

ざん-げ【懺◦悔】(名・他スル) 自分の過去の罪悪を悔いあらため、神仏や人に告白すること。参考 仏教では「さんげ」という。

さん-けい【山系】 二つ以上の山脈が連なって、一つの系列を作っているもの。「ヒマラヤ―」

さん-けい【三景】 景色の最もすぐれている三か所。「日本―」

さん-けい【参詣】(名・自スル) 神社や寺にお参りすること。

さん-ケー【3K】〔俗〕(「きつい」「汚い」「危険」のローマ字書きの頭文字から)労働環境の悪い仕事や職場。

さん-げき【惨劇】 ①むごたらしい内容の演劇。②むごたらしい事件。むごたらしいできごと。「テロによる―」

さん-けつ【酸欠】(「酸素欠乏」の略)空気中や水中の酸素が不足すること。「―状態」

ざん-けつ【残欠・残△闕】 一部分が欠けて不完全なこと。また、そういう物。「―本」

ざん-げつ【残月】 明け方の空に残っている月。有り明けの月。なごりの月。「―が山にかかる」秋

さん-けん【三権】 立法・司法・行政の三種の統治権。

―ぶんりつ【―分立】〔社〕独裁政治を防ぐため、国家の権力を立法・司法・行政の三権に分け、それぞれ国会・裁判所・内閣という国家機関をおく制度。

さん-けん【散見】(名・自スル) あちこちにちらほら見えること。「諸史料に―する記述」

さん-げん【三弦・三△絃】 ①「三味線(しゃみせん)」の別名。②雅楽で用いる三種の弦楽器。琵琶(びわ)・箏(そう)・和琴(わごん)。

ざん-げん【△讒言】(名・自他スル) 人をおとしいれるために、事実を曲げて悪(あ)しざまに告げること。「―にあう」

さん-げんしょく【三原色】 適当な割合で混合するとほとんどの色を表すことができる、三つの基本となる色。絵の具では赤・黄・青、光では赤・緑・青。三色。

さん-こ【三顧】 目上の人が、あるすぐれた人物に礼をつくして仕事を依頼すること。「―の礼をとる」⇩出廬(しゅつろ)

【故事】中国の三国時代、魏(ぎ)・呉(ご)・蜀(しょく)が争ったとき、蜀の劉備(りゅうび)が諸葛孔明(しょかつこうめい)のわび住まいを礼をつくして三度も訪ね(=三顧)、たがいに胸中を語り合って、ついに劉備が孔明を軍師に迎えることができたことからいう。〈諸葛亮・前出師表〉

さん-ご【△珊△瑚】 サンゴ虫類の骨格。樹枝状・塊状をなし、美しいものは加工して装飾に用いる。

―じゅ【―珠】 珊瑚(さんご)をみがいて作った装飾用のたま。

―じゅ【―樹】 ①木の枝の形をした珊瑚(さんご)。②〔植〕レンプクソウ科の常緑小高木。暖地の海岸などに自生。葉は卵形で厚く、初夏に白い花を開く。赤い実を珊瑚に見立てていう。秋

―しょう【―礁】(セウ)〔地質・海〕サンゴ虫の群体の骨格な

どの炭酸石灰質が、堆積(たいせき)または隆起してできた岩礁や島。

―ちゅう【―虫】〘動〙刺胞動物の花虫綱に属し、珊瑚(さんご)を形づくる微小な動物。多数が群体をつくる。

さん‐ご【産後】出産のあと。「―の肥立ち」↔産前

さん‐ごう【三后】太皇太后・皇太后・皇后の総称。三宮(さんぐう)。

さん‐こう【山行】カウ(名・自スル)山歩きをすること。

さん‐こう【三更】カウ 昔の時刻の名。一夜を五つに分けた、その第三。今の午後一一時ごろから午前一時ごろ。子(ね)の刻。⇨付録「方位・時刻表」

さん‐こう【三綱】カウ 儒教(じゅきょう)で重んじる、君臣・父子・夫婦の三つの道。「―五常」

さん‐こう【参向】カウ(名・自スル)高位の人の所に出向くこと。参上すること。

さん‐こう【参考】カウ あれこれと比べ合わせて、自分の考えを決める手がかりや助けにすること。また、その材料。「―資料」

―しょ【―書】調査・研究・学習などのために、参考にする書物。「受験―」

―にん【―人】①犯罪捜査のため、捜査機関から取り調べを受ける、被疑者以外の者。②国会の委員会で、公聴会の方法によらずに意見を求められる学識経験者など。

さん‐ごう【山号】ガウ 寺の名の上に付ける称号。金龍山浅草寺(きんりゅうざんせんそうじ)の「金龍山」の類。↔寺号

ざん‐こう【残光】クヮウ 夕暮れどきに消え残っている弱い光。日没後も空に残る夕日の光。

ざん‐ごう【塹壕】ガウ 野戦で、敵の攻撃から身を守るために掘る空堀(からぼり)。

さん‐ごく【三国】①三つの国。②中国で、後漢の末におこった魏(ぎ)・呉(ご)・蜀(しょく)の三つの国。③インド(=天竺(てんじく))・中国(=唐土(もろこし))・日本の三つの国。また、全世界。

―いち【―一】「三国③」の中でいちばんすぐれていること。世界一。「―の花嫁」

―でんらい【―伝来】インドから中国を通って日本に伝わって来たこと。

ざん‐こく【残酷】(形動ダ)ダロ・ダッ(デ・ニ)・ダ・ナ・ナラ・〇 人や他の生き物に対する仕打ちが、無慈悲でむごいさま。「―な場面」文(ナリ)

さんごくし【三国志】中国の歴史書。晋(しん)の陳寿(ちんじゅ)の撰(せん)。魏(ぎ)・呉(ご)・蜀(しょく)の三国の興亡を記述したもの。これに基づき、明(みん)代に羅貫中(らかんちゅう)が小説「三国志演義」を著した。

さん‐こつ【山骨】山の土砂が崩れて露出した岩石。

さん‐こつ【散骨】遺骨を細かくして山・川・海などに撒(ま)いて葬ること。

さん‐こん【三献】中世以降の酒宴の礼式。酒を三杯飲ませて膳(ぜん)を下げ、これを三回くり返すこと。

さん‐さ【三叉】三筋に分かれた所。みつまた。

―ろ【―路】道がみつまたになった所。Y字路。

ざん‐ざ【散散】(副)〘俗〙→さんざん(散散)㊀

ざん‐さ【残渣】残りかす。濾過(ろか)したあとなどに残るかす。

さん‐さい【三才】①天と地と人。②宇宙間の万物。③人相学で、額(ひたい)(=天)・鼻(=人)・あご(=地)の称。

さん‐さい【山妻】自分の妻をへりくだっていう語。愚妻。

さん‐さい【三彩】数種の色の上薬(うわぐすり)をほどこして焼いた陶磁器。「唐―」

さん‐さい【山菜】山野に自生する食用になる植物。ワラビ・フキ・ゼンマイなど。「―料理」

さん‐さい【山塞・山砦】①山の中に築いた砦(とりで)。②山賊などのかくれ家。

さん‐ざい【散在】(名・自スル)あちこちに散らばってあること。「大小の島々が―する」

さん‐ざい【散剤】粉末状の薬。散薬。

さん‐ざい【散財】(名・自スル)多くの金銭を使うこと。むだなお金を使うこと。「―をかける」

ざん‐さい【残滓】→ざんし(残滓)

ざん‐ざい【斬罪】罪人の首を切る刑罰。打ち首。

さん‐さがり【三下がり】〘音〙三味線(しゃみせん)で、本調子の第三弦を一音だけ下げた調子。

さん‐さく【散策】(名・自スル)ぶらぶら歩くこと。散歩。

さんざし【山査子】〘植〙バラ科の落葉低木。中国原産。春、梅に似た白色の花を開く。秋、球形の黄・赤の果実をつける。果実は薬用。(さんざしの花 春)

ざん‐さつ【惨殺】(名・他スル)むごたらしい方法で殺すこと。

ざん‐さつ【斬殺】(名・他スル)きり殺すこと。

さんざっ‐ぱら(副)〘俗〙「さんざん(散散)」を強めた言い方。思いっきり。したたか。「あのころは―遊びまわった」

さんざ‐め・く(自五)カ(コ)・キ(イ)・ク・ク・ケ・ケ 〔「さざめく」の転〕にぎやかに騒ぐ。「弦歌―夜の巷(ちまた)」

さん‐さん【潸潸】(タル) ①さめざめと涙を流すさま。「―と涙が頬(ほお)を伝う」②雨が静かに降るさま。文(形動タリ)

さん‐さん【燦燦】(タル) 太陽などの光が明るくきらきらと輝くさま。「陽光が―とふりそそぐ」文(形動タリ)

さん‐ざん【三山】①三つの山。②大和(やまと)三山のこと。畝傍(うねび)山・耳成(みみなし)山・香具(かぐ)山の三つの山。③出羽三山のこと。月山(がっさん)・湯殿山(ゆどのさん)・羽黒山の三つの山。

さん‐ざん【散散】㊀(副)程度がはなはだしいさま。さんざ。「―人を困らせる」㊁(形動ダ)ダロ・ダッ(デ・ニ)・ダ・ナ・ナラ・〇 ひどく悪いさま。ひどくいためつけられるさま。「―な目にあう」文(ナリ)

さんさん‐くど【三三九度】日本風の結婚式での夫婦の献杯の儀礼。新郎新婦が三つ組の杯を用い、一つの杯で三杯ずつ計九度酒を飲みかわすこと。「―の杯をかわす」

さんさん‐ごご【三三五五】(副)三人、また五人など、小人数がまばらに集まっているさま。「―連れ立って行く」

さん‐し【三思】(名・自他スル)何度もよく考えること。「―してのち行う」

さん‐し【蚕糸】①蚕の繭からとった糸。絹糸。生糸。②養蚕と製糸。「―試験場」

さん‐し【蚕紙】→さんらんし

さん‐し【散史・散士】文筆家が雅号にそえる語。「東海―」

さん‐じ【三時】①午後三時ごろにとる間食。おやつ。お三時。②〘仏〙正法(しょうぼう)・像法(ぞうぼう)・末法の三世。

さん‐じ【参事】事務に参与すること。また、その職名。

―かん【―官】クヮン 内閣官房・法制局や各省庁で、事務に関する重要事項の企画・立案に参画する職員。

さん‐じ【産児】子供を生むこと。また、生まれた子供。

―せいげん【―制限】(名・自スル)社会的・経済的、また医学的理由から、人工的に受胎や出産の調節をすること。産児調節。バースコントロール。

さん‐じ【惨事】いたましい出来事。むごたらしい事件。「大―」

さん‐じ【賛辞・讃辞】ほめたたえる言葉。「―を呈する」

ざん‐し【残滓】残りかす。「封建主義の―」参考「ざんさい」は慣用読み。

ざん‐し【惨死】(名・自スル)むごたらしい死に方をすること。

ざん‐し【慙死】(名・自スル)①心から恥じて死ぬこと。②死ぬほど深く恥じいること。「―の思い」

ざん‐じ【暫時】しばらく。少しの間。「―お待ちください」

さん-しき【三色】三種類の色。さんしょく。

—すみれ【—菫】〘植〙スミレ科の一年草または越年草。ヨーロッパ原産。春、紫・黄・白からなる、あるいは単色の花を開く。パンジー。三色菫。春

さん-しき【算式】〘数〙加減乗除・根号などの記号によって、計算の順序・方法を示す式。

さん-じげん【三次元】空間をはかる、縦・横・高さの三つの次元。立体的空間。「—の世界」

さんじ-さんぎょう【三次産業】→だいさんじさんぎょう

さんし-すいめい【山紫水明】山は映えて紫にかすみ、水は清らかに澄んでいること。自然の風景の美しいこと。「—の地」

さん-した【三下】(「三下奴」の略)ばくち打ちの仲間などで、一番下っ端の者。

さんしち-にち【三七日】→みなぬか

さん-しつ【蚕室】蚕を飼う部屋。

さん-しつ【産室】出産をする部屋。うぶや。産所。

さんし-の-れい【三枝の礼】(子鳩は親鳥のとまっている枝から三本下の枝にとまるということから)鳥でも親に対する礼儀を知っているというたとえ。

さん-しゃ【三社】三つの神社。特に、伊勢神宮・石清水八幡宮・賀茂神社または春日大社。三社。

さん-しゃ【三舎】昔、中国の軍隊が三日間に歩いた道のり。中国で約九〇里。

—を避く(九〇里の距離をおいて近づかない意から)恐ればかって相手を避ける。また、相手に及ばないとして遠慮する。〔故事〕春秋時代、楚の成王が不遇だった晋の重耳をもてなして、「晋に帰って、王位につかれたらどんな返礼をしてくださるのか」とたずねたとき、重耳が「不幸にも戦場でまみえたら私はあなたから三舎ほど退きましょう」と答えたことからいう。〈左伝〉

さん-しゃ【三者】①三人。また、三つのもの。「—会談」②「第三者」の略。

さん-しゃく【参酌】(名・他スル)あれこれ比べ合わせて、よいものをとり入れること。斟酌。「諸説を—する」

さん-じゃく【三尺】①一尺の三倍。約九〇センチメートル。②(「三尺帯」の略)鯨尺三尺(約一一四センチメートル)の長さの帯。兵児帯。

—の-しゅうすい【—の秋水】長さ三尺のとぎすました剣。

—の-どうじ【—の童子】①身長が三尺ほどの小さな子供。幼児。②無知な者のたとえ。

さん-しゅ【三種】①三つの種類。②「第三種郵便物」の略。

—の-じんぎ【—の神器】①皇位継承の象徴として、代々の天皇に受け継がれた三つの宝物。八咫鏡・八尺瓊曲玉・天叢雲剣。②三つの貴重なもの。

さん-しゅ【蚕種】蚕の卵。

さん-じゅ【傘寿】(「傘」の俗字「仐」が八十に分解できることから)八〇歳。また、八〇歳の祝い。⇩賀

ざん-しゅ【斬首】(名・他スル)首をきること。また、その刑。

さん-しゅう【三秋】陰暦の、秋の三か月。孟秋・仲秋・季秋(それぞれ陰暦七・八・九月)の三か月。秋

さん-しゅう【参集】(名・自スル)大勢の人が一か所に集まってくること。「講堂に—のこと」

さん-じゅう【三重】物事が三つ重なること。また、重ねること。「—の塔」

—さつ【—殺】→トリプルプレー

—しょう【—唱】〘音〙三人がそれぞれ異なる声部を同時に歌うこと。また、その曲。トリオ。

—すいそ【—水素】→トリチウム

—そう【—奏】〘音〙三種の独奏楽器による重奏。トリオ。

さんしゅう-き【三周忌】→さんかいき

さんじゅうご-にち【三十五日】〘仏〙人の死後三五日目の忌日。五七日。(死んだ日を入れて数える。)

さんじゅうさん-しょ【三十三所】観世音をまつった三三か所の霊場。「西国—」

さんじゅうに-そう【三十二相】①〘仏〙仏が身にそなえている三二種類のすぐれた特徴。②女性の顔や姿のすべての美しさ。

さんじゅうろっ-かせん【三十六歌仙】平安時代、藤原公任が選んだという三六人の和歌の名人。

さんじゅうろっ-けい【三十六計】昔の兵法にあった三六種のはかりごと。転じて、多くの計略。

—逃げるに如かず 困ったときや追いつめられたときは、どんな策よりも逃げるのがいちばんよい。

さん-しゅつ【産出】(名・他スル)産物がとれること。また、会社・工場などで物を作り出すこと。「銅の年間—高」

さん-しゅつ【算出】(名・他スル)計算して数値を出すこと。

さん-じゅつ【算術】①計算の方法。②「算数」の旧称。

—きゅうすう【—級数】→とうさきゅうすう

—へいきん【—平均】→そうかへいきん ↔幾何平均

さん-しゅん【三春】陰暦の、春の三か月。孟春・仲春・季春(それぞれ陰暦一・二・三月)の三か月。春

さん-しょ【山椒】→さんしょう(山椒)

さん-じょ【産所】出産をする部屋。うぶや。産室。

さん-じょ【賛助】(名・他スル)事業や行いの趣旨に賛同し、力をそえて助けること。「—会員」

ざん-しょ【残暑】秋まで残る暑さ。立秋以後の暑気。秋「—お見舞い申し上げます」

さん-しょう【三唱】(名・他スル)三度となえること。「万歳—」

さん-しょう【山椒】〘植〙ミカン科の落葉低木。山地に自生または栽植する。茎にとげがある。香りがよく若葉は食用、果実は薬用・香辛料用。さんしょ。はじかみ。(山椒の実 秋)

—は小粒でもぴりりと辛い 体は小さくとも、手腕・力量がすぐれていてあなどりがたいたとえ。

さん-しょう【参照】(名・他スル)ほかのものと照らし合わせてみること。くらべて参考にすること。「別紙—のこと」

さん-じょう【山上】山の上。

—の垂訓〘基〙キリストがガリラヤ湖畔の山の上で説いた教え。「新約聖書」マタイ伝にある。山上の説教。

さん-じょう【三乗】(名・他スル)〘数〙同じ数・式三つを掛け合わせること。立方。

—こん【—根】→りっぽうこん

さん-じょう【参上】(名・自スル)「行く」「訪ねる」の謙譲語。伺うこと。「明日—いたします」

さん-じょう【惨状】むごたらしいありさま。いたましいありさま。「目をおおうばかりの—」

ざん-しょう【残照】夕日が沈んでからも空や山頂などに残っている輝き・光。「—が山々を朱に染める」

さんしょう-うお【山椒魚】〘動〙両生類サンショウウオ科・オオサンショウウオ科に属する動物の総称。形はイモリに似る。谷川にすむ。夏

〔山椒魚〕

さんしょううお【山椒魚】 井伏鱒二の短編小説。一九二三(大正一二)年発表。岩屋に閉じこめられた山椒魚に、作者の絶望・倦怠感をユーモラスに投影している。

さんじょうさねとみ【三条実美】(一八三七〜一八九一) 幕末・明治時代の政治家。尊皇攘夷運動に参加。新政府の要職につき太政大臣にのぼる。

さんじょうにしさねたか【三条西実隆】(一四五五〜一五三七) 室町後期の公家・歌人。宗祇に学び、連歌・有職故実・書道・古典研究にも通じた。日記「実隆公記」など。

さん-しょく【三色】①三種類の色。さんしき。「—旗」②→さんげんしょく

——すみれ【—菫】→さんしきすみれ

さん-しょく【三食】朝・昼・晩の、三度の食事。

さん-しょく【山色】山の景色。

さん-しょく【蚕食】(名・他スル) 蚕が桑の葉を食うように、端から次第に他の領域を侵略すること。「隣国を—する」

さん-じょく【産褥】出産のときに産婦の用いる寝床。

——ねつ【—熱】〖医〗分娩のときに生じた生殖器の傷から細菌が侵入して起こる発熱性の病気。

さん-じる【参じる】(自上一) ①「行く」「来る」の謙譲語。参る。参上する。「馳せ—」②参加する。「平和運動に—」③参禅する。〖語源〗サ変動詞「さんずる」の上一段化。

さん-じる【散じる】㊀(他上一) ①散らす。②気を晴らす。「うさを—」③なくする。「金を—」㊁(自上一) ①ちりぢりになる。にげ去る。「人々が—」②なくなる。「怒りが—」〖語源〗サ変動詞「さんずる」の上一段化。

さんしろう【三四郎】 夏目漱石の小説。一九〇八(明治四一)年朝日新聞に連載。熊本から上京した大学生小川三四郎の青春を描き、無意識の偽善という問題を提起。

さん-しん【三振】(名・自スル) 野球で、打者がストライクを三度とられてアウトになること。

さん-しん【三線】〖音〗沖縄の弦楽器。三弦で、胴の表裏に蛇の皮を張る。蛇皮線。〖参考〗中国の元代に始まり、琉球を経て日本全土に伝わり三味線のもとになった。

〔三線〕

さん-しん【参進】(名・自スル) 神前や貴人・目上の人の前に進み出ること。「神前に—する」

さん-じん【山人】①俗世間から離れてひっそりと山中に暮らしている人。②文人などが雅号の下にそえる語。「紅葉—」

さん-じん【散人】①世俗の事を離れて気楽に暮らしている人。②文人などが雅号の下にそえる語。「蕉—桃青(=松尾芭蕉)」

ざん-しん【斬新】(名・形動ダ) 思いつきや趣向などがとびぬけて新しいこと。目新しいこと。また、そのさま。「—なアイデア」

さん-しんとう【三親等】〖法〗親等が三番目の親族。本人および配偶者の、曽祖父母・曽孫・おじおば・おいめい。三等親。⇒親等・親族(表)

さん-ず【三途】〖仏〗①亡者の行く三つのみち。地獄道・餓鬼道・畜生道。三悪道。②「三途の川」の略。

——の-かわ【—の川】〖仏〗人が死んで冥土へ行く途中、七日目に渡るといわれる川。

ざんす(助動-特殊型) 「である」の丁寧語。…でございます。です。〖語源〗「ござんす」の転。

さん-すい【山水】①山と川。また、山と川のある自然の風景。②築山と池のある庭園。「枯れ—」③「山水画」の略。

——が【—画】自然の風景を描いた中国風の絵画。

さん-すい【散水・撒水】(名・自スル) 水をまくこと。〖夏〗〖参考〗「撒水」のもとの読みは「さっすい」。「さんすい」は慣用読み。

さん-ずい【三水】漢字の部首名の一つ。「江」「河」などの「氵」の部分。

さん-すう【算数】①小学校の教科の一つ。数量・図形の基礎的知識を教える初歩の数学。②数量の計算。

さん-すくみ【三竦み】三者がたがいに恐れ、牽制しあって自由に行動できないこと。「—の状態」〖語源〗蛇はなめくじを、なめくじはかえるを、かえるは蛇を恐れてすくむことからいう。

サンスクリット〈Sanskrit 完成された語〉古代インドの文章語。梵語。

さん-すけ【三助】銭湯で、客の背中を流したり湯をわかしたりする男性の使用人。

さん-する【賛する・讃する】(自他サ変) ①力をそえて助ける。②同意する。「彼の意見に—」③ほめる。④(絵などに)賛の言葉を書く。「絵に—」〖文〗さん・す(サ変)

さん-する【産する】㊀(他サ変) ①生む。「男児を—」②生産する。作り出す。「鉄を—」㊁(自サ変) ①生まれる。②とれる。できる。「みかんは暖かい土地に—」〖文〗さん・す(サ変)

さん-する【算する】(他サ変) 数える。数えた結果ある数に達する。「入場者は一万を—」〖文〗さん・す(サ変)

さん-ずる【参ずる】(自サ変) →さんじる(参じる) 〖文〗さん・ず(サ変)

さん-ずる【散ずる】(自他サ変) →さんじる(散じる) 〖文〗さん・ず(サ変)

ざん-する【讒する】(他サ変) 事実でないことをこしらえて他人を悪く言う。讒言する。〖文〗ざん・す(サ変)

さん-ぜ【三世】①〖仏〗前世・現世・来世、または過去・現在・未来の三つの世。「主従は—」②親・子・孫の三代。

——の縁 三世にわたる縁。(三世までも続く)主従の縁。

——じっぽう【—十方】〖仏〗(「十方」は四方・四つの隅および上下)無限の時間と無限の空間。全世界。

さん-せい【三省】(名・他スル) 日に何度もわが身を反省し、みずからを戒めること。〖語源〗「論語」の学而編「われ日に三たびわが身を省みる」の語による。

さん-せい【三聖】①世界の三大聖人。釈迦・孔子・キリスト。②その道で特にすぐれた三人。

さん-せい【参政】政治に参与すること。

——けん【—権】〖法〗国民が国の政治に直接または間接に参加する権利。選挙権・被選挙権、公務員となる権利など。

さん-せい【酸性】〖化〗酸の性質。また、ある物質が酸の性質を示すこと。↔アルカリ性

——う【—雨】大気汚染物質の硫黄酸化物や窒素酸化物が溶けた酸性度の強い雨。生態系に影響を与える。

——さんかぶつ【—酸化物】〖化〗水と化合して酸素酸を作り、また、塩基と反応して塩を生じる酸化物。

——し【—紙】インクのにじみを防ぐために硫酸アルミニウムを用いた洋紙。硫酸により劣化しやすい。⇒中性紙

——しょくひん【—食品】リン・硫黄・塩素などを多く含み、体内で酸性物質を生じる食品。肉類・卵・穀類など。↔アルカリ性食品

——どじょう【—土壌】酸性を示す土壌。降雨の多い地域で生じやすく、そのままでは作物がよく育たない。

——はんのう【—反応】〖化〗酸の性質を示す反応。青色リトマス試験紙を赤色に変えたり、マグネシウムや亜鉛を溶か

して水素を発生させたりする反応。↔アルカリ性反応

さん‐せい【賛成】(名・自スル) 他人の意見や提案などをよいと認めて同意すること。「彼の意見に—する」「不—」↔反対

ざん‐せい【残生】年寄りの残された人生。余生。

さん‐せき【三跡・三△蹟】平安時代の三人の能書家。小野道風(おののみちかぜ)・藤原佐理(ふじわらのすけまさ)・藤原行成(ふじわらのゆきなり)のこと。⇨三筆

さん‐せき【山積】(名・自スル) ①山のようにうずたかく積もること。②問題・仕事などがたくさんたまること。「難問が—する」

ざん‐せつ【残雪】春になっても消え残っている雪。[春]

さん‐せん【山川】山と川。転じて、自然。「—草木」

さん‐せん【三遷】「三遷の教え」の略。

—の教(おし)え →もうぼさんせんのおしえ

さん‐せん【参戦】(名・自スル) 戦いに参加すること。「同盟国の要請により—する」

さん‐せん【散銭】①神仏に奉る金。賽銭(さいせん)。②小額の硬貨。ばら銭。

さん‐ぜん【参禅】(名・自スル) 座禅を組むこと。禅の道を修行すること。「円覚寺に—する」

さん‐ぜん【産前】出産の前。↔産後

さん‐ぜん【△潸然】(タル) さめざめと涙を流すさま。「—と涙が頬(ほお)をつたう」[文](形動タリ)

さん‐ぜん【△燦然】(タル) きらきらと光り輝くさま。きらびやかなさま。「—と輝く星」「—たる栄誉」[文](形動タリ)

ざん‐ぜん【残△喘】(「喘」は呼吸の意) 余生。残り少ない命。

—を保(たも)つ かろうじて生きながらえている。

ざん‐ぜん【△嶄然】(副) 一段高くぬきんでているさま。他よりひときわぬきんでているさま。

—頭角(とうかく)を現(あらわ)す 他よりひときわすぐれた才知・能力のあることを示す。

さんぜん‐せかい【三千世界】〔仏〕(「三千大千世界」の略) 須弥山(しゅみせん)を中心とし、一仏の教化する広大な全世界。

さん‐そ【酸素】〔化〕非金属元素の一つ。空気の体積の約五分の一を占める無色・無味・無臭の気体。物質の燃焼や生物の呼吸に不可欠。元素記号O

ざん‐そ【△讒訴】(名・他スル) 他人をおとしいれる目的で、目上の者などに、事実を曲げていかにも悪いように訴えること。

さん‐そう【山相】(サウ) 山の、姿・形・気象・地質など。

さん‐そう【山草】(サウ) 山に生える草。

さん‐そう【山荘】(サウ) 山の中にある別荘。

さん‐そう【山僧】①山寺に住んでいる僧。②比叡山(ひえいざん)延暦寺(えんりゃくじ)の僧。③僧が自分のことを謙遜(けんそん)して言う語。愚僧。

さん‐ぞう【三蔵】(ザウ)〔仏〕仏教の聖典を三種に分けた経蔵・律蔵・論蔵の総称。また、これらに通じた高僧。

ざん‐そう【△讒奏】(名・自他スル) 他人をおとしいれるために天皇に悪(あ)しざまに申しあげること。

ざん‐ぞう【残像】(ザウ) 主として視覚について、刺激がなくなったあとも、感覚が残る現象。

さんぞうし【三冊子】(サンザウシ) 江戸中期の俳論書。服部土芳(はっとりどほう)著。一七〇二(元禄(げんろく)十五)年完成。三部から成り、芭蕉(ばしょう)晩年の主張や俳風を忠実に伝えている。

さん‐ぞく【山賊】山中を根城にして通行人などをおそう盗賊。

さん‐そん【山村】山の中にある村。山あいの村。

さん‐そん【散村】民家が点々と散在している村。↔集村

さん‐ぞん【三尊】〔仏〕中央の尊像と、その左右の脇士(わきじ)二菩薩(ぼさつ)の総称。阿弥陀如来(あみだにょらい)と観世音(かんぜおん)・勢至(せいし)、釈迦(しゃか)如来と文殊(もんじゅ)・普賢(ふげん)、薬師如来と日光・月光(がっこう)など。

ざん‐そん【残存】(名・自スル) 残っていること。残存(ざんぞん)。「—する最古の写本」

サンタ 「サンタクロース」の略。

さん‐だい【三代】①親・子・孫の三世代。②古代中国の夏(か)・殷(いん)・周の三王朝。③三代目の世継ぎの人。

—しゅう【—集】(シフ) 「古今和歌集」「後撰(ごせん)和歌集」「拾遺和歌集」の三勅撰(ちょくせん)和歌集の総称。

—そうおん【—相恩】(サウオン) 祖父以来、三代続いて主君の恩を受けていること。三代重恩。

さん‐だい【参内】(名・自スル) 宮中に参上すること。

さん‐だい【散大】(名・自スル)〔医〕(死が近づいて)瞳孔(どうこう)が広がること。

さんだい‐ばなし【三題△噺】客から三種の題を得て、その場で一席の落語にまとめて語ること。また、その落語。

ざん‐だか【残高】収入から支出を差し引いて残った金額。また、貸借計算をして残った金額。「預金—」

サンタ‐クロース〈Santa Claus〉クリスマスの前夜、トナカイの引くそりに乗り、煙突からはいってきて子供たちに贈り物をするという伝説上の老人。白ひげで赤い服を着る。サンタ。[冬]

さん‐だつ【△簒奪】(名・他スル) 帝王の位を奪いとること。

サンタ‐マリア〈Santa Maria〉〔基〕聖母マリア。イエス=キリストの母の敬称。

さんだゆう【三太◦夫】(サンダイフ) もと、華族や富豪の家の家事・会計などを扱った人の通称。執事・家令など。

さんだら‐ぼっち【桟◦俵◦法◦師】→さんだわら [語源]「桟俵(さんだわら)」を擬人化した「桟俵法師(さんだわらぼうし)」の転。

サンダル〈sandal〉はきものの一種。足を覆わず、台の部分と、甲やかかとをとめるためのひも・ベルトなどでできているもの。

さんたろう【三太郎】(サンタラウ) 愚かな者をあざけっていう語。

さん‐だわら【桟俵】(ダハラ) 米俵の上下の口をふさぐのに用いる円いわら製のふた。さんだらぼうし。さんだらぼっち。

さん‐たん【三嘆・三△歎】(名・自スル) 深く感心して何度もほめること。「一読—」

さん‐たん【賛嘆・讃嘆・讃△歎】(名・他スル) 非常に感心してほめること。「—の声」

さん‐たん【惨△憺・惨△澹】(タル) ①いたましくあわれなさま。「—たる敗北」②さまざまに心を悩ますさま。「苦心—」③薄暗くてもの恐ろしいさま。[文](形動タリ)

さん‐だん【散弾・△霰弾】発射と同時に、多くの細かいたまがあられのように飛び出す仕掛けの弾丸。ばらだま。「—銃」

さん‐だん【算段】(名・他スル) 方法・手段を考えること。金や物を工面(くめん)すること。「無理—」「—がつく」

さんだん‐とび【三段跳び】陸上競技の一つ。助走をして踏み切り板で踏み切って跳び(ホップ)、その踏み切った足でもう一度跳び(ステップ)、最後に反対の足で跳び(ジャンプ)、両足で着地する。その全体の跳躍の長さを競う。

さんだん‐め【三段目】相撲で、力士の階級の一つ。序二段の上で幕下の下。[参考]力士の階級は、幕内・十両・幕下・三段目・序二段・序の口がある。

さんだん‐ろんぽう【三段論法】(ロンパフ)〔論〕推理法の一つで、三段階に進めていく推論のしかた。たとえば、(ア)「すべての人間は死ぬ」、(イ)「ソクラテスは人間である」、(ウ)「ゆえに、ソクラテスは死ぬ」というような論理の展開。(ア)と(イ)をそれぞれ大前提と小前提、(ウ)を結論という。

さん‐ち【山地】①山の多い土地。山の中の土地。②周囲の土地よりも高く、急斜面をもった広域にわたる土地。

—たい【—帯】〔植〕植物の垂直分布の一つ。本州中部で

は海抜七〇〇―一七〇〇メートルの高さの地域で、クリ・ブナ・ミズナラなどの落葉広葉樹がおもに生える。低山帯。

さん-ち【産地】物品の産出地・生産地。「桃の―」

サンチ（「サンチメートル（フランス centimètre）」の略）センチ。センチメートル。おもに大砲の口径を表すのに用いた。参考「糎・珊」とも書く。

ざん-ち【残置】（名・他スル）残しておくこと。「―物」

さん-ちゃく【参着】（名・自スル）目的地に到着すること。

さん-ちゅう【山中】山の中。山間。

―暦日なし 世間から離れて暮らしていると、歳月のたつのを忘れる。

さん-ちょう【山頂】山のいただき。山の最も高い所。

さん-ちょく【産直】（「産地直結」「産地直送」「産地直売」の略）生鮮食料品や特産品を、通常の流通経路を通さず、直接産地の生産者から消費者に供給すること。

さん-づくり【彡旁】漢字の部首名の一つ。「形」「彩」などの「彡」の部分。けかざり。

さん-づけ【さん付け】人の名前や職名の下に「さん」を付けて、親愛・敬意を表すこと。「―で呼ぶ」

さん-てい【算定】（名・他スル）計算して数値をはっきり決めること。見積もりを出すこと。「運賃を―する」

ざん-てい【暫定】物事が確定するまで、一時的に定めること。しばらくの間の仮の取り決め。「―的」「―予算」

サンディカリスム〈フランス syndicalisme〉【社】議会や政党活動を否定し、労働組合の直接行動によって社会主義社会を建設しようとする急進的労働組合主義。サンジカリスム。

サンデー〈sundae〉アイスクリームの上に果物などをのせた食べ物。「チョコレート―」

サンデー〈Sunday〉日曜日。

ざん-てき【残敵】討ちもらして残っている敵兵。

サン-デッキ〈sun deck〉①（大型客船で日光浴などができる）上甲板。②日光が当たるように設けたテラスやベランダ。

さん-てん【山巓】山のいただき。山頂。

さん-と【三都】三つの大きな都市。特に、東京（＝江戸）・大阪（＝大坂）・京都をいう。

さん-ど【三度】三回。「二度あることは―ある」

―目の正直 最初の一、二回は失敗したりしてあてにならないが、三度目は、うまくいくこと。

―がさ【―笠】顔がかくれるように深く作ったすげがさ。語源 江戸時代の三度飛脚がかぶったことから。

〔さんどがさ〕

―びきゃく【―飛脚】江戸時代、毎月三度定期的に、江戸と京都・大坂の間を往来した飛脚。六日飛脚。

さん-ど【酸度】①すっぱさの度合い。対象に含まれる酸の濃度。②【化】塩基一分子中の水酸基の数。

サンド「サンドイッチ」の略。「カツ―」

ざん-ど【残土】土木工事などで、掘り取って出た不要の土。

サンドイッチ〈sandwich〉①薄く切ったパンの間にハム・卵・野菜などをはさんだ食品。②（比喩的に）両側からはさまれること。「左右から押されて―になる」語源 ①はイギリスのサンドイッチ伯爵の創案といわれることからいう。

―マン〈sandwich man〉広告板を体の前後に下げて街頭を歩く人。

さん-とう【三冬】陰暦の、冬の三か月。孟冬・仲冬・季冬（それぞれ陰暦十・十一・十二月）の三か月。冬

さん-どう【山道】山の中の道。やまみち。

さん-どう【参堂】（名・自スル）①神社・仏閣にお参りすること。②他人の家を訪問することの謙譲語。

さん-どう【参道】神社や寺へ参るために作られた道。

さん-どう【桟道】山の険しいがけに木材などで設けた棚のような道。がけからがけへは橋によってつなぐ。掛け橋。

さん-どう【産道】胎児が生まれるときに通る母体の通路。

さん-どう【賛同】（名・自スル）示された意見や提案に同意すること。賛成。「趣旨に―する」

ざん-とう【残党】戦いに敗れ、討ちもらされて残った人々。

さんとうきょうでん【山東京伝】（一七六一―一八一六）江戸後期の戯作者。江戸（東京都）生まれ。多才多芸で、諸種の戯作を書き、挿し絵にも才腕を発揮した。黄表紙「江戸生艶気樺焼」、洒落本「通言総籬」など。

さんとう-しん【三等親】→さんしんとう

さんとう-せいじ【三頭政治】三人の権力者の政治力を結集して行う専制的な政治。特に、ローマ共和制末期の紀元前六〇年、カエサル・ポンペイウス・クラッスス、また、紀元前四三年、アントニウス・レピドゥス・オクタビアヌスの三人によって行われた提携政治をいう。

さんとう-な【山東菜】【植】ハクサイの変種。中国山東省の原産。漬物・煮物用。山東白菜。山東菜。

さん-とく【三徳】①智・仁・勇の三つの徳。②【仏】法身（＝仏の体としての真理そのもの）・般若・解脱の三つの徳。また、智徳・断徳・恩徳の三つ。③三つの利点。また、一つで三種の使いみちのある便利な道具。「―ナイフ」④鼻紙・楊枝・書付を入れる袋。

サントニン〈ドイツ Santonin〉ヨモギの花のつぼみなどからとる回虫駆除薬。苦味のある無色の結晶。

サンドバッグ〈sandbag〉ボクシングの打撃練習用具の一つ。砂やおがくずなどを詰めた円筒状の袋。

サンドペーパー〈sandpaper〉ガラス・金剛砂などの粉を紙や布の表面につけたやすり。紙やすり。やすり紙。

サントメ【桟留】①（「サントメ縞」の略）紺地に赤・浅葱・茶などの縦縞の木綿織物。②（「サントメ革」の略）しわのあるなめし革。語源 ポルトガルの植民地であったインドのサントメから渡来したので付いた名。

サントメ・プリンシペ〈ポルトガル São Tomé e Príncipe〉アフリカ大陸の西、ギニア湾上のサントメ島とプリンシペ島からなる民主共和国。首都はサントメ。

サントラ「サウンドトラック」の略。

さん-ない【山内】①山の中。②寺の境内。

さん-にゅう【参入】（名・自スル）①高貴な所に参ること。②参加すること。「新事業に―する」

さん-にゅう【算入】（名・他スル）計算に加えること。

ざん-にゅう【竄入】（名・自スル）①逃げこむこと。②誤ってまぎれこむこと。「不要な字句が―する」

さん-にん【三人】人の数え方で、三。三名。

―寄れば文殊の知恵 平凡な人間でも三人集まって相談すれば、知恵をつかさどる文殊菩薩のようなよい知恵・考えが出てくるものだという教え。

―かんじょ【―官女】ひな人形で、内裏びなの次の段に飾る、官女の姿をした三体一組の人形。

ざん-にん【残忍】（名・形動ダ）思いやりがなくむごいさま。無慈悲で、ひどい仕打ちを平気でするさま。「―な仕打ち」

さん-にんしょう【三人称】→たしょう（他称）

さん-ぬる【去んぬる】（連体）（「去りぬる」の音便）過ぎ去った。去る。「―十日より」

さん-ねん【三年】年の数え方で、三。また、多くの年月。
―飛ばず鳴かず 長い間何もせずに過ごすことのたとえ。また、雄飛する機会をじっと待っていること。【故事】春秋時代、楚の荘王が即位して三年の間、政治を顧みないので、伍挙が三年間も飛ぶことも鳴くこともしない鳥がいると風刺したとき、荘王が「機会を得て一たび飛べば天に昇り、鳴けば人を驚かすだろう」と言って国政を大改革したことからいう。〈史記〉
―き【―忌】→さんかいき
ざん-ねん【残年】残った生涯。余生。
ざん-ねん【残念】(形動ダ) ダロ・ダッ(デ・ニ)・ダ・ナ・ナラ・○ ①心残りがするさま。「ここでお別れだとは―だ」②思いどおりでなく、くやしいさま。「―無念」文(ナリ)
さん-の-きり【三の切り】〘演〙五段ものの義太夫節で、三段目の終わりの場。全編中の山場で、悲劇的な場面が多い。
さん-の-ぜん【三の膳】正式の日本料理の膳立てで、三番目に出される膳。⇩一の膳・二の膳
さん-の-とり【三の酉】十一月の第三の酉の日。また、その日に立つ酉の市。冬 ⇩酉の市
さん-の-まる【三の丸】城郭で、二の丸を囲む外郭。
さん-ば【産婆】「助産婦(師)」の旧称。
サンバ〈samba〉〘音〙ブラジルの民族舞踊音楽。四分の二拍子でテンポが速い。
さん-ぱい【三拝】(名・自スル) 三度拝礼すること。
―きゅうはい【―九拝】(名・自スル) ①何度も頭を下げ、拝むこと。また、ひたすら拝むようにして人に物事を頼むこと。②手紙文の終わりに書いて、深い敬意を表す語。
さん-ぱい【参拝】(名・自スル) 神社・寺院に参って神仏を拝むこと。参考 寺の場合は、多く「参詣」を使う。
さん-ぱい【産廃】「産業廃棄物」の略。「―処理」
さん-ぱい【酸敗】(名・自スル) 油脂や酒類が酸化して、不快な臭気を発したり味が変化したりすること。
ざん-ぱい【惨敗】(名・自スル) さんざんに負けること。みじめな負け方。さんぱい。「―を喫する」
サン-バイザー〈sun visor〉①自動車のフロントガラスの上に付けた日よけの板。②ひさしの部分だけでできた日よけ帽。
さんばい-ず【三杯酢】料理で、みりん(または砂糖)・しょうゆ・酢を混ぜあわせた甘みのある合わせ酢。⇩二杯酢
さんば-がらす【三羽烏】弟子の中で、また、ある部門での三人のすぐれた人。
さんぱく-がん【三白眼】黒目が上部に寄って、左右と下との三方に白目がある目。
さん-ばし【桟橋】①港で、船をつけて客の乗降、貨物の積みおろしなどをするため、岸から水上につき出して設けた構築物。②工事現場などで、高い所に登るための傾斜のついた足場。
さんば-そう【三番叟】〘演〙①能楽「翁」で、狂言方の舞う三番目の部分。また、その舞い手の役名。②歌舞伎で、幕開きに祝儀として行う舞。
さん-ぱつ【散発】(名・自他スル) ①間をおいて銃砲をうつこと。②物事が連続せずに間を置いて起こること。「事件が―する」「―的」
さん-ぱつ【散髪】■(名・自スル) 髪を刈り整えること。理髪。「一か月に一度―する」■(名) 結わずに乱れた髪。
ざん-ぱつ【斬髪】■(名) →ざんぎり ■(名・自スル) 髪を切ること。
さんばら-がみ【さんばら髪】乱れた髪。ざんばらがみ。
サンパン〈中国 舢板〉中国・東南アジア一帯の沿岸や河川で用いられている小さい船。参考「三板」とも書く。
ざん-ぱん【残飯】食い残しの食い物。「―をあさる」
さん-はんきかん【三半規管】〘生〙脊椎動物の内耳にあって、平衡感覚をつかさどる器官。三個の半円形の管(=半規管)からなる。⇩耳(さしえ)
さん-び【酸鼻】目をおおいたくなるほどむごたらしいこと。「―をきわめる事故現場」
さん-び【賛美・讃美】(名・他スル) ほめたたえること。
―か【―歌】〘基〙おもにプロテスタントの教会でいう、神・聖人をほめたたえる歌。
さん-ぴ【賛否】賛成と不賛成。また、賛成か不賛成かということ。「―両論」「―を問う」
ザンビア〈Zambia〉アフリカ南部の共和国。首都はルサカ。
さん-ぴつ【三筆】書道史上の三人のすぐれた書家。平安時代の嵯峨天皇・空海・橘逸勢。世尊寺流の藤原行成・藤原行能・藤原行尹をさす場合もある。ほかに、寛永の三筆、黄檗の三筆、幕末の三筆などがある。⇩三跡
さんびゃく-だいげん【三百代言】①(「三百」は「三百文(=わずかな金額、価値の低いもの)」の略)明治初期に無資格の代言人(=弁護士)をさげすんでいった語。②弁護士をののしっていう語。③詭弁を弄すること。また、その人。
さん-ぴょう【散票】投票が一人の候補者に集まらないで、複数の候補者に分散すること。また、その票。
さん-びょうし【三拍子】①〘音〙強・弱・弱の三拍で一小節をなす拍子。②小鼓・大鼓・笛など、三種の楽器でとる拍子。③重要な三つの条件。
―揃う 三つの重要な条件がかねそなわる。「攻・走・守の三拍子そろった野球選手」
さん-ぴん【三一】①(「三一奴」の略。一年にわずか三両一分の給料をもらう奴の意で)江戸時代、給与の少ない若党・侍などをいやしめていった語。②双六などで、二個のさいころをふって三と一の目が出ること。参考「ぴん」はポルトガル語 pinta(=点)の変化したもの。
さん-ぴん【産品】産出する品物。「一次―」
ざん-ぴん【残品】売れ残りの品物。「―を整理する」
さん-ぶ【三部】三つの部分・部類、また、部数。
―がっしょう【―合唱】〘音〙三つの声部からなる合唱。
―がっそう【―合奏】〘音〙三種の楽器による演奏。また、三重奏。
―さく【―作】それぞれが独立しているが、たがいに関連して統一された主題をもつ三つの作品。
さん-ぷ【参府】(名・自スル) 江戸時代、諸国の大名が江戸へ出て幕府に勤務したこと。
さん-ぷ【産婦】出産前後の女性。
さん-ぷ【散布・撒布】(名・他スル) まき散らすこと。「農薬―」参考「撒布」のもとの読みは「さっぷ」。「さんぷ」は慣用読み。
ざん-ぶ【残部】①残りの部分。②出版物などの、売れ残りの部数。「―僅少」
サンフォライズ〈Sanforized から〉(名・自スル)〘服〙綿・麻などの布に施す防縮加工法。また、その布。(商標名)
さん-ぶぎょう【三奉行】〘日〙江戸幕府の寺社奉行・町奉行・勘定奉行の総称。
さん-ぷく【三伏】①夏至後の第三・第四の庚の日(初伏・中伏)と、立秋後最初の庚の日(末伏)。夏 ②(転じて)暑いさかりの時期。「―の候」
さん-ぷく【山腹】山の中ほど。山頂とふもととの中間部。
さんぷく-つい【三幅対】①三幅で一組になっている掛け

物。②三つで一組になった物。

さん-ふじん-か【産婦人科】クヮ〔医〕産科と婦人科。妊娠・出産・産児に関することや婦人病を扱う医学の一部門。

さん-ぶつ【産物】①その土地で産するもの。②ある状態・環境・事柄から、結果として生まれたもの。「努力の―」

ざん-ぶつ【残物】残りもの。余りもの。

サンフランシスコ-へいわじょうやく【サンフランシスコ平和条約】ヘイワデウヤク〔日〕一九五一（昭和二十六）年、日本と、ソ連などを除く連合国四八か国との間で結ばれた第二次世界大戦の終結と国交回復のための条約。サンフランシスコ講和条約。

サンプリング〈sampling〉（名・自他スル）調査のために見本を抜き出すこと。統計で、母集団から標本を抽出すること。

サンプル〈sample〉①見本。標本。②（転じて）実例。

さん-ぶん【散文】韻律にかかわりなく自由に書かれるふつうの文章。↔韻文

―し【―詩】散文の形式で書かれた詩。

―てき【―的】（形動ダ）ダロ・ダッ(デ・ニ)・ダ・ナラ・○ ①散文のような形式であるさま。②詩情にとぼしく平凡なさま。↔詩的

さん-ぺい【散兵】適当な間隔で兵士を配置すること。また、その兵士。「―線（＝散開した戦闘線）」

さんぺい-じる【三平汁】塩ザケ・ニシンなどと野菜とを煮て、塩・酒粕（さけかす）などで味つけした汁。北海道の郷土料理。冬

語源「三平」は初めて作った人の名であるという。

さん-ぺき【三碧】陰陽道（おんようどう）で、九星（きゅうせい）の一つ。木星。本位は東。⇩九星

ざん-ぺん【残片】かけらとして残ったもの。「土器の―」

サンボ〈ロシ sambo〉ロシアで考案された柔道に似た格闘技。関節技を認めるが絞め技は禁止。

さん-ぽ【散歩】（名・自スル）気晴らしや健康のため、気のむくままに歩くこと。

さん-ぼう【三方】バウ ①神仏や身分の高い人への供物（くもつ）をのせる、白木などで作った四角の台。また、儀式などにも用いる。②三つの方角・方面。三方（さんぽう）。

〔三方①〕

さん-ぼう【三宝】〔仏〕①仏教徒が尊敬すべき三つの宝。仏・法・僧のこと。②「仏」の異称。

―かん【―柑】〔植〕ミカン類の一種。果実はだるま形で淡黄色。酸味が少なく甘い。三宝柑（さんぽうかん）。春

―こうじん【―荒神】クヮウジン〔仏〕仏・法・僧を守護するという三面六臂（ろっぴ）の神。かまどの神としてまつられる。荒神。

さん-ぼう【参謀】①指揮官のもとで作戦・用兵などの軍事機密にあずかる将校。②（転じて）相談相手となって知恵をはたらかせ、策略を練る人。献策する人。「選挙―」

さん-ぽう【山砲】パウ 分解して運搬できる山岳戦用の大砲。

さん-ぽう【算法】パフ ①計算の方法。②江戸時代、数学のこと。

ざん-ぼう【讒謗】バウ（名・他スル）人のことをひどく悪く言うこと。そしること。誹謗（ひぼう）。「罵詈（ばり）―」

サンボリスム〈フラ symbolisme〉→しょうちょうしゅぎ

さんぼん-じめ【三本締め】手締めの一つ。掛け声に続いて、三、三、三、一の拍子で手を打つことを三度繰り返す。

さんぼん-じろ【三盆白】上等の白砂糖。ふつうの白砂糖をさらに精製したもの。三盆。

さんま【秋刀魚】〔動〕サンマ科の海水硬骨魚。体は長く刀状で、背面は青緑色、腹面は銀白色。食用。秋

さん-まい【三枚】①紙・板など薄くて平たいもの三つ。②魚のおろし方の一つ。頭を落とし、背骨に沿って包丁を入れ、骨と両身（りょうみ）との三つに分けること。三枚おろし。「―におろす」

―にく【―肉】（肉と脂肪が三枚に重なったように見えることから）牛・豚のあばらに付いた肉。ばら肉。

―め【―目】（歌舞伎（かぶき）で、番付の三番目に書かれた役者がこっけいな役を演じたことから）こっけいな役を演じる俳優。また、こっけいな言動をする人。⇩二枚目

さん-まい【三昧】①〔仏〕精神を一つのものに集中して、雑念・妄念を去ること。②（「三昧場（さんまいば）」の略）墓地。火葬場。

さん-まい【産米】生産した米。

さん-まい【散米】神事を行うとき、邪気を払うためにまき散らす米。うちまき。

-ざんまい【三昧】（接尾）①そのことに熱中する意を表す。「読書―」②勝手放題にする意を表す。「ぜいたく―」

サンマリノ〈San Marino〉イタリア半島の北東部にあるヨーロッパ最古の共和国。首都はサンマリノ。語源 四世紀初頭、ローマ皇帝のキリスト教迫害に屈せずこの地にたてこもったとされる石工、聖マリヌスの名にちなむ。

さん-まん【散漫】（形動ダ）ダロ・ダッ(デ・ニ)・ダ・ナラ・○ 集中力がなく、すぐに気の散るさま。「注意力が―だ」文（ナリ）

さん-み【三位】（「さんい」の連声（れんじょう））①位階の第三位。正（しょう）三位と従（じゅ）三位の称。また、その位にある人。②〔基〕父（神）・子（キリスト）・聖霊の総称。

―いったい【―一体】①〔基〕「三位②」は、ただ一つの神の三つの位格（＝ペルソナ）であるという教理。②三者が心を合わせて一つになること。三つのものが本質的には一つであること。

さん-み【酸味】すっぱい味。「―の強い飲み物」

さん-みゃく【山脈】〔地質〕多くの山が脈状に長く連なっている山地。「ヒマラヤ―」

さんみん-しゅぎ【三民主義】〔社〕中国、清（しん）末に孫文（そんぶん）が唱えた政治理論。民族主義・民権主義・民生主義（＝経済的な平等をめざす考え）からなる。

ざん-む【残務】しのこして整理のついていない事務。「―整理」

ざん-む【残夢】見残した夢。目ざめてなお心に残る夢。

さん-めん【三面】①三つの面・方面。②新聞の社会面。語源 ②は、新聞が四ページだてであったころ、社会記事が三ページめに組まれていたことによる。

―きじ【―記事】新聞の社会記事。

―きょう【―鏡】キャウ 正面と左右両側に鏡のある鏡台。

―ろっぴ【―六臂】ロク ピ ①仏像などで、顔が三つ、手が六本あること。②（比喩（ひゆ）的に）一人で数人分の働きをすること。八面六臂。「―のめざましい活躍」

さんもう-さく【三毛作】〔農〕同じ耕地に一年間に三種類の作物を順次に作ること。⇩一毛作・二毛作

さん-もん【三文】（銭三文の意から）非常に安いこと。きわめて値打ちの低いこと。「二束―」「―文士」

―ばん【―判】できあいの安い印判。

さん-もん【三門】①中央の大きな門とその左右の小さな門が三つ並んでいる門。②禅寺の仏殿の前にある門。

さん-もん【山門】①寺の楼門。また、寺。特に、禅宗の寺。②比叡山（ひえいざん）延暦寺（えんりゃくじ）の異称。⇩寺門②

さん-や【山野】山と野原。「―を駆け巡る」

さん-やく【三役】①相撲で、大関・関脇（せきわけ）・小結（こむすび）の総称。ふつうは横綱も含めていう。②政党・組合・会社などでの重要な三つの役職。また、その役職の人。「党の―」

さん-やく【散薬】粉末の薬。粉薬（こなぐすり）。

さん-よ【参与】 ㊀(名・自スル) ある事にかかわり加わること。「国政に一する」 ㊁(名) 団体・組織・官庁・会社などで、相談にあずかり運営に協力する役目の職名。また、その人。

ざん-よ【残余】 残り。余り。「一の日数」

さん-よう【山容】 山の形。山の姿。「雄大な富士の一」

さん-よう【山陽】 ①山の日の当たるほう。山の南側。↕山陰 ②「山陽地方」の略。↕山陰 ③「山陽道」の略。

さん-よう【算用】 (名・他スル) ①計算すること。勘定。「一が合う」 ②見積もること。

――すうじ【一数字】 アラビア数字。1・2・3など。

さんようちほう【山陽地方】 中国地方のうち瀬戸内海に面する地域。↕山陰地方

さんよう-ちゅう【三葉虫】 〔動・地質〕地質時代の古生代に栄えた海生の節足動物で、三葉虫綱に属する化石動物の総称。体は頭・胸・尾に分かれ、多くの体節からなる。古生代の示準化石。

さんようどう【山陽道】 五畿七道の一つ。中国山脈の南側の播磨・美作・備前・備中・備後・安芸・周防・長門の八か国。

さん-らく【三楽】 ①(「孟子-尽心上」から) 君子の三つの楽しみ。一家の者が無事であること、心にやましくないこと、天下の英才を教育すること。②(「列子-天瑞」から) 人生の三つの楽しみ。人と生まれたこと、男に生まれたこと、長生きすること。

さん-らく【惨落】 (名・自スル) 〔経〕相場がひどく下がること。

さん-らん【蚕卵】 蚕の卵。

――し【一紙】 カイコガに卵を産みつけさせる紙。種紙。蚕紙。[春]

さん-らん【産卵】 (名・自スル) 卵を産むこと。

さん-らん【散乱】 (名・自スル) ①あちこち、ばらばらに散らばること。「ガラスの破片が一する」 ②〔物〕光やX線、または粒子線などが物体にあたってその方向を変えて各方面に散ること。

さん-らん【燦爛】 (タル) きらびやかに輝くさま。「一たる光を放つ」[文](形動タリ)

さん-り【三里】 ①一里の三倍。約一一・七八キロメートル。②灸点の一つ。ひざがしらの下の外側のくぼんだところ。

さんりく【三陸】 ①昔の陸奥(青森県)・陸中(岩手県)・陸前(宮城県)の三国の総称。② (「三陸海岸」の略) 青森・岩手・宮城三県の太平洋沿岸地方の称。

さん-りつ【簒立】 臣下が君主の位を奪って、その位につくこと。

さん-りゅう【三流】 ①第三等の階級や地位。二流までも及ばない低い等級を示す。「一の選手」 ②三つの流派。

ざん-りゅう【残留】 (名・自スル) あとに残りとどまること。「一農薬」「一部隊」

さん-りょう【山陵】 ①山と丘。②天皇・皇后の墓。御陵。みささぎ。

さん-りょう【山稜】 山の頂と頂を連ねた部分。尾根。

さん-りん【山林】 山と林。また、山中の林。

さんりん-しゃ【三輪車】 ①車輪の三つ付いた幼児用の車。②車輪の三つ付いた荷物運搬用の自動車。オート三輪。

さんりん-ぼう【三隣亡】 陰陽道で、九星に関する俗信の一つ。この日に建築を始めると火事が起こり、隣近所三軒にまで災いが及ぶとして忌む日。

さん-るい【三塁】 ①野球で、二塁の次の塁。サードベース。サード。②「三塁手」の略。

――しゅ【一手】 野球で、三塁を守る内野手。サード。

――だ【一打】 野球で、打者が一気に三塁まで達することができる安打。スリーベースヒット。

さん-るい【酸類】 〔化〕酸性のものの総称。酢・塩酸など。

ざん-るい【残塁】 ㊀(名・自スル) 野球で、その回の攻撃終了時に走者が塁に残っていること。「二者一」 ㊁(名) 攻め落とされずに残っているとりで。

サンルーフ 〈sunroof〉 自動車・建物などの屋根で、日光がはいるように一部が開閉できるようになっているもの。

サンルーム 〈sunroom〉 日光を多くとり入れられるようにガラス張りになった部屋。

さん-れい【山霊】 山の精霊。山の神。

さん-れい【山嶺】 山の峰。山頂。

さん-れつ【参列】 (名・自スル) 式や会合などに参加し列席すること。「式典に一する」

さん-れつ【惨烈】 (名・形動ダ) ひどくむごたらしいさま。

さん-ろう【参籠】 (名・自スル) 祈願のため、神社や寺に一定期間こもること。おこもり。「二一日間一する」

さん-ろく【山麓】 山のふもと。山すそ。「一の村」

さん-わおん【三和音】 〔音〕ある音をもとにして、その三度上と五度上の三つの音を重ねてできる和音。ド・ミ・ソなど。

し　シ

五十音図「さ行」の第二音。「し」は「之」の草体。「シ」は「之」の草体の変形。

し【之】 [人] シ　これ・の・ゆく

(字義) ①いたる。ゆく。②これ。この。(あるものを指示したり、強めたりする。)

[難読] 之繞　[人名] いたる・くに・つな・のぶ・のり・ひさ・ひで・ゆき・よし・より

し【士】 [教5] シ・ジ　さむらい　一　十　士

(字義) ①りっぱな成年男子。男子の美称。「居士・志士・力士・烈士」 ②さむらい。軍人。「兵士・士農工商」 ③学徳ある人。「士君子」 ④昔、中国で天子や諸侯に仕えて官位を授かり俸禄をうけた男子。「士大夫」 [人名] あき・あきら・お・おさむ・こと・さち・ただ・つかさ・と・のり・ひと・まもる

-し【士】 (接尾) ある資格をもつ者を呼ぶ称。「学一」「代議一」「弁護一」「栄養一」

し【士】 ①りっぱな男子。一人前の男子。「練達の一」 ②武士。

――は己を知る者の為に死す 男子は、自分の値打ちを認めてくれる者のためには、意気に感じて命を捨てることもいとわない。[参考]「知己」の語は、これによる。【故事】戦国時代、晋の智伯に厚遇された予譲は、智伯が趙襄子に殺されると山中に逃れて復讐を決意し、「男は知己のために死に、女は愛人のために化粧する」と言って、その実行に艱難辛苦したことからいう。〈史記〉

し【子】 [教1] シ・ス　こ・ね　乛　了　子

(字義) ①こ。㋐子供。「子孫・子弟・義子・孝子・庶子・赤子・嫡出子・長子・末子・養子」↕親 ㋑むすこ。むすめ。「子女・子息」 ㋒たまご。「精子・卵子」 ㋓草木のたね。「子嚢・子房・種子」 ㋔草木の実。「杏子・柚子」 ②人。㋐広く人をいう。「舟子・傀儡子」 ㋑ある職業をもつ人。「弟子・遊子」 ③男子の敬称。㋐学徳や地位のある人の称。「君子・才子・夫子」 ㋑中国で、学問上独特の見識をもって一家をなした人。また、その著述の称。「孔子・荀子・孟子・老子」 ④金銭の利息。「利子」 ⑤こまかい。

小さいもの。「子細・原子・粒子」⑥五等爵（公・侯・伯・子・男）の第四位。「子爵」⑦十二支の第一。ね（子）。時刻では今の夜中の一二時ごろ、方位では北。「子午線・甲子」⑧（接尾語的に）道具など物の名に添える。「椅子・格子・障子・扇子・帽子」難読 子規 人名 さね・じ・しげ・しげる・たか・ただ・たね・ちか・つぐ・とし・み・みる・め・やす

し【子】 孔子のこと。「―のたまはく」

し【巳】（人）（み シ）（字義）十二支の第六。み（巳）。時刻では今の午前一〇時ごろ、方位では南南東。「上巳」人名 じ

し【支】 教5 シ ささえる・つかえる
（字義）①ささえる。つっかえをする。ささえ助ける。「支援・支持」②分ける。分かれる。㋐ばらばらに分かれる。「支離滅裂」㋑分かれ出る。分かれ出たもの。えだ。「支店・支流・気管支」⇔本 ㋒分け与える。「支給」㋓金銭を払う。支払う。「支出・収支」③手配りする。「支配」④さしつかえる。「支障」⑤十二支。「干支」人名 なか・はせ（姓）・もろ・ゆた

し【止】 教2 シ・とまる・とめる とどまる・やむ・やめる
（字義）①とまる。とどまる。「止宿・停止」②とめる。㋐おしとどめる。「止血・制止・阻止」㋑禁じさしとめる。「諫止・禁止・抑止」③やむ。やめる。やすむ。「休止・終止・中止・廃止」④立ち居振る舞い。ようす。すがた。「挙止・容止」⑤あし。あしあと。＝趾。人名 ただ・つとむ・ど・とどむ・とめ・とも・もと

し【氏】 教4 シ うじ（中）
（字義）①うじ。㋐同一血族の集団。「氏族・氏姓制度」㋑名字。「氏名・姓氏」②人。特に男をさしていう。「彼氏・某氏・無名氏・両氏」人名 え・へ

-し【氏】（接尾）①人の姓名に添える敬称。「小川―」②家柄を表す氏族名に添える語。「藤原―」

し【氏】 人をさす敬称。「―の説を拝聴する」用法 主として男性をさし、前に挙げた人を二度目以後呼ぶときに用いる。

し【仕】 教3 シ・ジ（高） つかえる
（字義）①官職につく。役人になる。「仕官・仕途・出仕・致仕」②身分の高い人・目上の人につき従って用を足す。「給仕・奉仕」③動詞「する（す）」の連用形「し」の当て字として用いる。「仕方・仕儀・仕切り・仕組み・仕事・仕出し」難読 仕種・仕舞屋 人名 つこう・まなぶ

し【仔】（人）（こ シ）（字義）①こまかに。くわしく。「仔細」②こ。動物の子。「仔牛」

し【史】 教5 シ ふみ・ふびと
（字義）①世の移り変わり。また、あることについての変遷・発達の過程。また、それを記したもの。歴史。「史実・史書・郷土史・国史・書史・文化史」②記録をする役人。「史官・侍史」③文筆にたずさわる人。文章家。「女史」人名 さかん・ちか・ちかし・ひと・ふの・ふひと・み

し【史】 歴史。「―をひもとく（＝歴史書を読み調べる）」

し【司】 教4 シ つかさ・つかさどる
（字義）①つかさどる。役目として行う。「司会・司法」②つかさ。役所。役人。「司令・行司・国司・上司」人名 おさむ・かず・つとむ・もと・もり

し【只】（人）（ただ シ）（字義）ただ。それだけ。「只管・只今」難読 只管 人名 これ

し【四】 教1 シ よ・よつ・よっつ・よん
（字義）①よつ。よっつ。「四季・四国・四書・四面」②よたび。③東西南北の四つの方向。「四海・四方」難読 四阿・四十雀・四手・四十路・四人・四布・四幅・四方・四方山・四十四 人名 かず・ひろ・もち・よも

し【四】 三に一を加えた数。よっつ。参考「肆」を大字として用いる。

し【市】 教2 シ いち
（字義）①いち。人が集まって売買をする所。「市価・市況・市場・互市」②まち。人家の多い所。「市街・市井・海市・都市」③地方公共団体の一つ。「市政・市民・市役所」難読 市女笠 人名 なが・まち

し【市】 地方自治法によって市制をしいた地方公共団体。

し【矢】 教2 シ（高） や
（字義）や。弓につがえて射るもの。「矢鏃・矢箙・一矢・弓矢・嚆矢」難読 矢飛白・矢叫び・矢鱈・矢束・矢筈・矢張り・矢来

し【示】（字義）→じ（示）

し【旨】 シ（中） むね（高）・うまい
（字義）①うまい。おいしい。「旨肴・旨酒」②むね。㋐こころもち。考え。おもむき。「旨意・主旨・趣旨・要旨」㋑天子のおぼしめし。「上旨・聖旨・勅旨」人名 よし

し【弛】（人）（シ・チ ゆるむ）（字義）①ゆるむ。ゆるめる。「弛緩」②すたれ衰える。「廃弛」参考「チ」は慣用音。

し【次】（字義）→じ（次）

し【此】（人）（シ これ・この・ここ・かく）（字義）①これ。この。自分の近くの人・物を示す。「此岸・此君・彼此」②ここ。ここに。近くの場所・場合を示す。③かく。このように。難読 此奴・此処・此所・此度・此方

し【死】 教3 シ しぬ
（字義）①しぬ。命がたえる。「死亡・死滅・餓死・情死・水死・戦死・溺死・凍死・病死・轢死・老死」⇔生 ②命がけ。しにものぐるい。「死守・死力」③生命にかかわるような非常な危険。「死線・死地」④活動しない。生気のない。「死灰」⑤用いられない。「死語・死蔵」⑥気がつかない。「死角」⑦野球で、アウトのこと。「二死満塁」

し【死】 死ぬこと。「―に瀕する」⇔生
―の商人 兵器の製造・販売をしてもうける商人。

類語

身内の人	死亡・死去・死没・永眠・長逝・物故・他界・瞑目
他人・目上の人	逝去
高貴な人	崩御（天皇・皇后）・薨去（皇族・三位以上の人）・卒去（四位・五位の人）
若年	夭逝・夭折・早世
高齢	大往生
キリスト教徒	昇天・召天
一般	没（急死・急逝・自死・即死・頓死・病死・病没・事故死）

し【糸】教1【絲】シ いと
(字義) ①いと。きぬいと。「糸帛(しはく)・絹糸・蚕糸・製糸」 ②糸のように細いもの。「菌糸・遊糸・柳糸」 ③弦楽器。琴・瑟(しっ)など。「糸管・糸竹」 ④ごくわずか。一の一万分の一。「糸毫(しごう)」 難読 糸瓜(へちま) 人名 たえ・ため・より

し【自】(字義) →じ(自)

し【至】教6 シ いたる
(字義) ①いたる。いきつく。とどく。「乃至(ないし)・必至」 ②いたり極まる。いたって。この上なく。きわみ。「至極(しごく)・至近・至言・至上・至当」 ③太陽が南北の極に達した時期。「夏至(げし)・冬至(とうじ)」 人名 ちか・のり・みち・むね・ゆき・よし

し【◇芝】シ しば 中
(字義) ①まんねんたけ。サルノコシカケ科のきのこ。古来、めでたいしるしの神草とされる。「霊芝(れいし)」 ②㋐めでたい。尊い。㋑尊敬の語。「芝眉(しび)」 ③しば。㋐道端に生える雑草の総称。㋑庭園などに一面に植えるイネ科の多年草。「芝生(しばふ)」 人名 しく・しげ・ふさ

し【伺】シ 高 うかがう 中
(字義) ①ようすをみる。安否をたずねる。「伺候・伺察」 ②すきをねらう。「伺隙(しげき)」 人名 み

し【孜】人 シ
(字義) つとめる。「孜孜」 人名 あつ・あつし・ただす・つとむ

し【志】教5 シ こころざす・こころざし
(字義) ①こころざす。㋐思いめざす。「志学」 ㋑のぞみ願う。「志願・志望」 ②こころざし。㋐心に定めた目的・信念。「志気・意志・遺志・初志・大志・本志」 ㋑まごころ。気持ち。「寸志・篤志(とくし)」 ③しるす。記録。=誌。「三国志・地志」 ④「志摩(しま)の国」の略。「志州」 人名 さね・ただし・ちか・むね・ゆき・よし

し【私】教6 シ わたくし・わたし
(字義) ①わたくし。自分。個人的なこと。「私事・私物・私有・私用・無私・滅私奉公」↔公 ②ひそかに。公には知られないこと。「私淑」 難読 私語(ささめき・ささめごと) 人名 とみ

し【使】教3 シ つかう
(字義) ①つかう。もちいる。ついやす。「使途・使用・駆使・行使」 ②つかいする。つかい。「使者・使節・勅使・特使・密使」 ③「使用者」の略。「労使」 人名 ゆき

し【刺】シ 中・セキ さす 中・ささる 中・とげ
(字義) ①さす。㋐つきさす。「刺激・刺青(しせい)」 ㋑さし殺す。「刺客(しかく・せっかく)・刺殺」 ㋒ぬいとり。「刺繡(ししゅう)」 ②とげ。はり。「有刺鉄線」 ③相手の心につきささるようにそしる。「風刺」 ④なふだ。「名刺」 難読 刺草(いらくさ)・刺青(いれずみ)

し【刺】名刺。「—を通じる(=名刺を示して面会を求める)」

し【始】教3 シ はじめる・はじまる・はじめ
(字義) ①はじめ。物事のはじまり。おこり。「始元・始原・始祖・始発・始末・原始・終始」 ②はじめる。はじまる。「始業・開始・創始」(↔終) 人名 じ・とも・はつ・はる・もと

し【姉】教2 シ 中 あね
(字義) ①あね。ねえさん。年上の女のきょうだい。「姉妹・義姉・長姉」↔妹 ②女性を親しみ、また敬って呼ぶ称。「諸姉・大姉」 人名 え

し【枝】教5 シ 高 えだ
(字義) ①木のえだ。「枝柯(しか)・枝幹・枝葉・幹枝・楊枝(ようじ)」 ②えだわかれ。本筋・中心から分かれたもの。=支。「枝流・連枝・枝葉末節」 難読 枝折(しお)り・枝垂(しだ)れ 人名 え・き・しげ・しな

し【祉】【人 祉】シ 中 さいわい
(字義) さいわい。めぐみ。しあわせ。「福祉」 人名 とみ・よし

し【肢】シ 中
(字義) ①てあし。「肢幹・肢体・下肢・義肢・四肢・上肢」 ②分かれ出たもの。えだ。「選択肢」

し【姿】教6 シ すがた
(字義) ①すがた。からだつきやかっこう。なり。「姿勢・姿態・英姿・雄姿・容姿」 ②おもむき。おもかげ。「神姿・風姿」 人名 かた・しな・たか

し【思】教2 シ おもう
(字義) ①心をはたらかせて考える。おもう。おもい。考え。「思案・思考・思索・思想・意思・沈思」 ②もの思いにひたること。「秋思・愁思」 ③慕い思う。「思慕・相思」 難読 思(おぼ)し召(め)し 人名 こと

し【指】教3 シ ゆび・さす・ゆびさす
(字義) ①手のゆび。「指頭・指紋・屈指・十指・食指」 ②さす。ゆびさす。㋐さし示す。「指示・指摘」 ㋑さしずする。「指揮・指嗾(しそう)・指導」 難読 指貫(さしぬき・ゆびぬき)・指物(さしもの) 人名 むね

し【施】シ 中・セ 高 ほどこす 中
(字義) ①おこなう。おこなって広くゆきわたらせる。「施行・施政」 ②もうけ置く。「施設」 ③(「セ」と読んで)めぐみ与える。「施主・施米・施薬・布施」 難読 施餓鬼(せがき)・施物(せもつ) 人名 とし・のぶ・はる・ます・もち

し【◇柿】シ かき 中
(字義) かき。カキノキ科の落葉高木。果実は黄赤色で食用。「熟柿」 参考 「杮(こけら)」は別字。

し【◇茨】教4 シ・ジ いばら
(字義) ①いばら。とげのある低木の総称。「茨棘(しきょく)」 ②かや。屋根をふくための草。「茅茨(ぼうし)」 ③ふく。かやで屋根をふくこと。

し【師】教5 シ
(字義) ①先生。人を教えみちびく人。「師事・師匠・師範・恩師・教師・老師」 ②軍隊。「師団・王師・軍師・水師」 ③宗教上の指導者に対する敬称。「禅師(ぜんじ)・大師・導師・法師・牧師・律師」 ④多くの人の集まる所。みやこ。「京師(けいし)」 難読 師走(しわす) 人名 かず・つかさ・のり・ひろ・みつ・もと・もろ

-し【師】(接尾) ①技術の専門家や宗教家を示す語。「薬剤—」「宣教—」 ②僧侶(そうりょ)や講談師などの名に添える語。

し【師】①先生。手本とすべきすぐれた人。「—と仰ぐ」 ②軍隊。

し【恣】シ 中 ほしいまま

(字義)①ほしいまま。勝手気まま。「放恣」②ほしいままにする。気ままにふるまう。「恣意」

し【砥】(人) シ・テイ と・といし (字義)①と。といし。刃物をとぐための石。「砥石」②平らにする。「砥平」③ひとしい。④とぐ。みがく。「砥磨」⑤つとめる。はげむ。「砥厲」

し【紙】教2 シ かみ (字義)①かみ。文字や絵画を書きしるすもの。「紙幣・色紙・油紙・和紙」②文書。書物。「紙背・紙本」③「新聞紙」の略。「紙上・紙面・機関紙・日刊紙」難読 紙鳶・紙子・紙撚・紙縒・紙燭・紙魚

し【脂】シ㊥ あぶら㊥ (字義)①あぶら。動物の肉のあぶら。あぶらぎる。こえる。「脂膏・脂肪・獣脂・油脂」②樹木が分泌するやに。「脂燭・樹脂」③べに。口べに。べに色の顔料。「脂粉・臙脂」難読 脂下がる

し【偲】(人) シ・サイ しのぶ (字義)①つよい。力が強い。おおしい。②かしこい。才能がある。=才。③たがいに善を励ましあうさま。「偲偲」④しのぶ。思い慕う。

し【梓】(人) シ あずさ (字義)①あずさ。カバノキ科の落葉高木。「梓里」②版木。また、印刷すること。「上梓」③木製の器具をつくる職人。大工。「梓人」

し【梓】(△) ①アズサの木。②(昔、アズサを用いたことから)版木。―に上のぼす 出版する。上梓する。

し【視】教6【視】(人) シ みる (字義)①みる。気をつけてよく見る。「視界・視察・視力・監視・凝視・巡視」②…とみなす。…と考える。「重大視・敵視」人名 のり・み・よし

し【紫】シ㊥ むらさき㊥ (字義)むらさき。青と赤との間色。「紫雲・紫煙・紅紫・深紫・浅紫」難読 紫陽花・紫羅欄花・紫雲英・紫苑・紫蔵 人名 むら・ゆかり

し【斯】(人) シ これ・この・ここに (字義)これ。この。当面の事柄をさし示す語。=此。「斯界・斯道・斯文」難読 斯程・斯様

し【詞】教6 シ・ジ ことば (字義)ことば。言語。文章。詩文。歌詞。「詞韻・詞章・作詞・助詞・誓詞・動詞・祝詞・副詞・名詞」人名 こと・なり・のり・ふみ

し【詞】①〔文〕中国の韻文の一体で楽府体の変じたもの。一句の字数が一定していない点で詩と異なる。唐代に始まり、宋代に盛行した(よく「漢文・唐詩・宋詞・元曲」という)。②〔文法〕単独で文節を構成することのできる語。自立語。↔辞 参考 ②は、時枝誠記の説では、客観的事態を表現する語。

し【歯】教3【齒】シ は・よわい (字義)①は。口の中にあって、食物をかみくだくもの。「歯科・歯牙・歯痛・義歯・臼歯・犬歯」②歯の形をしたもの。歯に似たはたらきをするもの。「鋸歯」③よわい。年齢。としを数える。「歯算・歯序・年歯」難読 歯齦・歯朶・歯痒い

し【嗣】シ㊥ つぐ (字義)つぐ。あとをうけつぐ。よつぎ。家のあとつぎ。また、子孫。「嗣君・嗣子・継嗣・嫡嗣」人名 さね・じ・たね・つぎ・つね・ひで

し【獅】(人) シ (字義)しし。ライオン。「獅子」

し【詩】教3 シ (字義)①漢詩。からうた。「詩韻・詩歌・近体詩・古詩・唐詩・律詩」②儒家経典の一つである「詩経」のこと。「毛詩」③文芸の形態の一つ。自然・人事から得た感動を一種のリズム・形式にあてはめて言語表現したもの。「詩作・詩趣・詩情・叙事詩・抒情詩」人名 うた

し【詩】①文芸作品の一形態。心に浮かんだ感動を一定のリズムのある文体で表したもの。②中国の韻文の一体。漢詩。

し【試】教4 シ こころみる・ためす㊥ (字義)こころみる。ためす。こころみ。ためし。「試験・試作・試食・試行錯誤」

し【資】教5 シ もと・たすける (字義)①生活や事業のもとになるもの。もとで。原料。財産。「資金・資源・資本・学資」②たち。うまれつき。身分。「資質・資性・英資・天資」③たすける。もとでを与えてたすける。「資助」④「資本家」の略。「労資」↔労 人名 すけ・たか・たすく・ただ・つぐ・とし・やす・よし・より

し【資】①事業のもとで。資本。「―を投じる」②物をつくるもととなるもの。原料。材料。③生まれつき。天分。「英邁の―」

し【雌】シ㊥ め㊥・めす㊥ (字義)めす。生物のめすの総称。勢いがよわいもののたとえ。「雌蕊・雌伏・雌雄」↔雄

し【飼】教5 シ かう・やしなう (字義)かう。養う。動物を養い育てる。「飼育・飼養・飼料」難読 飼葉

し【漬】(◇) シ つける㊥・つかる㊥ (字義)①ひたす。つける。水につける。「浸漬」②ひたる。つかる。水につかる。③染める。染まる。④野菜などの漬物。

し【誌】教6 シ しるす (字義)①しるす。おぼえる。記憶する。書きとめる。②書きつけ。書きしるした記録。事実を記述した文章。「地誌・日誌・碑誌・墓誌」③「雑誌」の略。「誌上・誌面・会誌・機関誌・月刊誌・週刊誌」

し【摯】シ㊥ にえ (字義)①とる(執)。つかむ。にぎる。「摯執」②まじめ。ねんごろ。手厚い。「真摯」③にえ。面会のときに持参する礼物。=贄

し【賜】シ㊥ たまわる㊥・たまう・たまもの (字義)たまう。身分の高い人が物を与える。めぐみほどこす。たまわる。与えられる。いただく。たまもの。いただいたもの。「賜金・賜田・賜与・恩賜・下賜」難読 賜物 人名 たま・たもう・たもる

し【諮】シ㊥ はかる㊥ (字義)はかる。上の者が下の者に相談する。問いたずねる。「諮議・諮問」

し【駟】 馬車をひく四頭立ての馬。または、その馬車。

―も舌(した)に及(およ)ばず （一度口から出した言葉は、四頭立ての馬車でも追いつかないほど早く広まるという意から）言葉は慎むべきであるということ。〈論語〉

し ㊀（接助）①同類の事を重ねることを示す。「雨も降るし風も吹くし」「お金はないし、ひまはないし、困ったものだ」②前の事柄を条件とし、あとの事柄が成り立つことをいう。「雨もやんだし、さあ出かけよう」③（「…ではあるまいし」の形で）あるものを例に挙げ、それとは違うものとして主張する意を示す。「子供ではあるまいし、つまらないことでけんかするな」用法 用言・助動詞の終止形に付く。㊁（副助）《古》語勢を強める。奈良時代には「ねのみし泣かゆ」〈万葉〉のように使われたが、平安時代には「名にし負はば」〈伊勢〉のように条件文の中か、後の係助詞と熟合した形で使われた。参考 ㊁は、間投助詞または係助詞とする説もある。「縁(えに)し」「果てしない」「いつしか」「必ずしも」「今しがた」などの「し」は、㊁の強意の副助詞「し」が他の語の一部として残ったもの。

し（古）過去の助動詞「き」の連体形。「なでしこの花を折りておこせたりし（＝折ってよこしたのだったよ）」〈源氏〉⇩き（助動）

じ【仕】（字義）→し（仕）

じ【示】 教5 ジ・シ㊥ しめす

（字義）しめす。現し見せる。知らせる。わかるようにおしえる。さしずする。「示威(じい・しい)・示唆(しさ)・訓示・掲示・告示・誇示・指示・展示」難読 示現(じげん) 人名 とき・み

じ【地】ヂ（字義）→ち（地）

じ【地】ヂ ①土地。地面。「―をならす」「雨降って―固まる」②生まれつきの性質。本性。もちまえ。「―声」「―が出る」③布などの生地。「服―」④質。きめ。はだ。「―が荒れる」⑤漆器などで、まだ何も塗っていないもとのままのもの。「木―」⑥模様のある布・紙などで模様のない基調の部分。「―の色」⑦「地の文(ぶん)」の略。⑧その地方。その土地。「―の人」「―酒」⑨実際。実地。「小説を―で行く」⑩囲碁で、碁石で囲んで取った部分。⑪「地謡(じうたい)」の略。

―の文(ぶん) 文章の、会話や歌を除いた叙述の部分。

じ【字】 教1 ジ あざ㊥・あざな

（字義）①もじ。「字画・字体・字典・漢字・旧字・国字・数字・点字・文字・略字」②あざな。中国で元服のときに、実名のほかに付ける呼び名。「字号・姓字・名字」③あざ。市町村内の小区分。人名 な

じ【字】 ①もじ。「―を習う」②漢字。「当て―」「―音」③筆跡。文字の書きぶり。「―がうまい」

じ【寺】 教2 ジ てら

（字義）①てら。仏像を安置して僧が仏道修行をする所。「寺院・寺社・社寺・仏寺」②役所。「寺舎」

-じ【寺】（接尾）てらの名に付ける語。「本願―」「東大―」

じ【次】 教3 ジ・シ㊥ つぐ・つぎ

（字義）①つぐ。あとに続く。うしろにつく。「次点」②つぎ。二番目。つぎの位。「次回・次女・次男」③ついで。順序。等級。順序をきめる。ならべる。「次序・次第(しだい)・月次(げつじ・つきなみ)・順次・席次・途次・目次・列次」難読 次官(すけ) 人名 す・ちか・ひで・やどる

-じ【次】（接尾）度数・回数・順序などを数える語。「第二―答申案」「二―会」

じ【而】 人 ジ・ニ なんじ・しこうして・すなわち・のみ

（字義）①なんじ。二人称の代名詞。②しこうして。そうして。「而立」③しかれども。しかるに。④すなわち。⑤のみ。句末に用いる助字。人名 しか・なお・ゆき

じ【耳】 教1 ジ㊥・ニ みみ・のみ

（字義）①みみ。音を聞く器官。「耳朶(じだ・みみたぶ)・外耳」②物の両側について耳の形をしたもの。③のみ。限定・断定を表す句末の助字。難読 耳屎(みみくそ) 人名 み

じ【自】 教2 ジ・シ みずから・おのずから・より

（字義）①おのれ。わたくしそのもの。自分。「自己・自身・各自・独自」↔他 ②みずから。おのずから。ひとりでに。「自衛・自殺・自主・自然・自治・自動」③おのれの思うまま。「自在・自由」④より。から。出所・起点などを表す助字。「自今・自来」難読 自惚(うぬぼ)れ・自然薯(じねんじょ)・自棄(やけ)・自棄糞(やけくそ) 人名 おの・これ・さだ

じ【自】（他と区別して）おのれ。われ。自分。「―意識」

じ【似】 教5 ジ㊥ にる・にせる

（字義）にる。にせる。まねをする。「近似・酷似・相似・類似」難読 似非(えせ)・似而非(えせ)・似我蜂(じがばち) 人名 あえ・あゆ・あり・い・かた・ちか・つね・のり

じ【児】 教4 **【兒】** 人 ジ・ニ㊥ こ

（字義）①こ。ちのみご。わらべ。子供。「児戯・児女・児童・小児(しょうに)・女児・男児・天才児・乳児・優良児・幼児」②むすこ。むすめ。親に対する子供。「児孫・愛児・豚児」③年少者。わかもの。「健児・寵児(ちょうじ)」人名 ちご・のり・はじめ・る

じ【事】 教3 ジ・ズ高 こと・つかえる

（字義）①こと。事柄。物事。できごと。なりゆき。「事件・事故・事態・好事(こうず)・小事・大事」②しごと。つとめ。しわざ。人の行為。「事業・事務・悪事・検事・執事・知事・理事」③つかえる。奉仕する。「兄事・師事・事大主義」人名 おさむ・たつ・つとむ・はじめ・わざ

じ【侍】 ジ㊥・さむらい㊥ はべる・さぶらう

（字義）①はべる。さぶらう。目上の人のそば近くにつかえる。「侍従・侍女・侍臣・近侍・随侍」②さむらい。武士。人名 つこう・ひと

じ【治】 教4 ジ(ヂ)・チ おさめる・おさまる・なおる・なおす

（字義）①おさめる。ととのえる。よくおさまる。まつりごと。「治安・治世・自治・政治・統治・法治」②ただす。とりしらべる。「治獄・治罪」③いとなむ。経営する。管理する。「治産」④病気をなおす。「治癒・治療・根治(こんじ・こんち)・療治(りょうじ)」人名 いさお・おさむ・さだ・ず・ただし・ただす・つぐ・とお・のぶ・はる・よし

じ【持】 教3 ジ(ヂ) もつ

（字義）①もつ。手にとる。たもつ。もちこたえる。身につける。「持久・持参・維持・所持・保持」②勢力が互角で優劣のないこと。「持碁」人名 たもつ・もち・よし

じ【持】ヂ 将棋や囲碁などで、引き分け。持ち。

じ【時】 教2 ジ・シ とき

（字義）①とき。一年の四季。一日の区分。日月のうつりゆき。「時間・時刻・時節・瞬時」②そのころ。世。代。おり。世のなり

ゆき。機会。「時下・時期・時代・時流・往時・当時」③ときに。ときどき。機会あるごとに。「時時・時習」難読 時雨・時化・時偶・時計・時鳥 人名 これ・ちか・と・はる・もち・ゆき・よし・より

じ【時】 ①時間の単位。一分の六〇倍。「午前二ー」「毎ー五〇キロメートルの速度」②ある特定のとき。おり。「非常ー」

じ【除】ヂ (字義)→じょ(除)

じ【滋】 教4 ジ中・シ しげる・ます (字義) ①しげる。草木がそだつ。そだてる。やしなう。養分になる。「滋味・滋養」②うるおす。「滋雨」③ふえる。ふやす。「滋殖」人名 あさ・しげ・しげし・ふさ・まさ・よし

じ【慈】 ジ中 いつくしむ高 (字義) ①いつくしむ。かわいがる。親が子を愛する。情けをかける。いたわり育てる。いつくしみ。情け。「慈愛・慈恵・慈善・恵慈・孝慈・仁慈」②仏の広大無辺の愛。「慈悲・大慈大悲」難読 慈姑・慈眼 人名 しげ・しげる・ちか・なり・み・めぐみ・やす・よし・よしみ

じ【蒔】 人 ジ・シ (字義) ①植える。植えかえる。移し植える。＝植。「蒔秧・蒔植」②草の名。「蒔蘿」は、茴香の一種。セリ科の多年草。③まく。㋐種をまく。㋐種をちらしうえる。㋑粉末をちらし落とす。「蒔絵」人名 まき

じ【辞】 教4【辭】 ジ・やめる中 ことば・ことわる (字義) ①ことば。言語。いいぶん。「訓辞・言辞・賛辞・祝辞・答辞」②文章表現。「辞彙・辞典・修辞・美辞」③ことわる。拒絶する。いとまを告げる。「辞去・辞退・固辞」④やめる。官職をしりぞく。「辞職・辞任」人名 こと

じ【辞】 ①ことば。文章。「開会のー」②中国の文体の一つで、多く韻語を用いるもの。「帰去来のー」③『文法』単独では文節を構成できない語。付属語。↔詞 参考 ③は、時枝誠記の説では、主観的判断を表す語。

ーを低くする 敬意を表すために、丁寧な言葉遣いをする。

じ【爾】 人 ジ・ニ なんじ・しかり (字義) ①なんじ。おまえ。対称の人代名詞。「爾汝・爾曹」②しかり。そのとおりである。しか。そのように。それ。その。「爾後・爾来」③漢文で限定・強意を示す句末の助字。のみ。＝耳。④形容詞・副詞の下にそえる助字。「莞爾・卒爾」人名 あきら・し・しか・ちか・ちかし・みつる・る

じ【磁】 教6 ジ (字義) ①じしゃく。また、その性質。じしゃくの両極が引きあう力。「磁気・磁石・磁性・電磁波」②やきもの。高温で焼きあげた器。「磁器・青磁・陶磁器」人名 し

じ【餌】【餌】 ジ高 えさ中・え中 (字義) ①え。えさ。㋐動物の飼料。㋑人をさそうための利益。「好餌」②たべる。食事をする。「餌口」参考「餌」は許容字体。

じ【璽】 ジ中 しるし (字義) ①しるし。印。秦以前には印をすべて璽といい、始皇帝のときから特に天子の印に限っていう。「璽書・璽符・玉璽・御璽・国璽・神璽」②日本で、神器の一つ。八尺瓊曲玉。「剣璽」

-じ【路】ヂ (接尾) ①その地方。そこを通る道。また、そこへ向かう道。「信濃のー」②その日数を要する道のりであることを表す。「三日ー」③年齢を示す語。「五十ー」「三十ー」

じ【痔】ヂ 〘医〙肛門部やその周辺の病気の総称。痔疾。

じ (助動-特殊型) ○・○・ジ・ジ・○・○ 〘古〙 ①打ち消しの推量の意を表す。…ないだろう。「山の端なくは月も隠れー」〈伊勢〉②打ち消しの意志を表す。…ないつもりだ。「京にはをらー(＝居まい)」〈伊勢〉用法 活用語の未然形に付く。「む」の打ち消しに当たる語。

し-あい【試合・仕合】アヒ ー(名・自スル) 競技などで、たがいに技術や能力を比べ、勝負を争うこと。「野球のー」

じ-あい【地合〔い〕】ヂアヒ ①布の地質。織り地。②取引市場で、相場の全体の状態。③囲碁で、白黒相互の地のつりあい。

じ-あい【自愛】(名・自スル) ①自分の体をたいせつにすること。自重すること。「ごーください」②自分の利益をはかること。↔他愛 用法 ①は、多く手紙の末文に使う。

じ-あい【慈愛】(親が子をかわいがるように)深くいつくしみ愛すること。また、そのような深い愛。「ーに満ちた言葉」

し-あがり【仕上〔が〕り】 できあがること。また、そのできばえ。「みごとなー」

し-あが・る【仕上〔が〕る】(自五) ラ(ロ)・リ(ッ)・ル・ル・レ・レ 物事が完成する。できあがる。「作品がー」他 しあ・げる(下一)

し-あげ【仕上げ】(名・他スル) ①物事を完成させること。また、その結果やできばえ。「細工は流々ーを御覧じろ」②仕事を完成させる最後の工程。また、その作業。「ー鉋」

じ-あげ【地上げ・地揚げ】ヂ ー ①盛り土をして地面を高くすること。②多数の地権者が存在する土地を、個別に交渉して買い上げ、一つの大きな更地にまとめること。「ー屋」

し-あ・げる【仕上げる】(他下一) ゲ・ゲ・ゲル・ゲル・ゲレ・ゲロ(ゲヨ) 仕事をすっかりやってしまう。物事を完成させる。「短期間にー」自 しあが・る(五) 文 しあ・ぐ(下二)

し-あさって【×明明後日】 あさっての次の日。

ジアスターゼ〈ドイツ Diastase〉〘化〙麦芽やこうじかびなどにあり、デンプンを麦芽糖とデキストリンとに分解する酵素。発酵や消化剤に使用する。アミラーゼ。

シアター〈theater〉劇場。

じ-あたま【地頭】ヂ ー その人の生まれつきの頭のはたらきぐあい。「ーがいい」

し-あつ【指圧】(名・他スル) 体のこりをほぐしたり、血行をよくしたりするために、指・てのひらで体を押したりもんだりすること。

じ-あつ【地厚】ヂ ー (名・形動ダ) 織物などの生地の厚いこと。また、そのさま。↔地薄

じ-あまり【字余り】 和歌・俳句で、一つの句の音数が定型の五音や七音より多いこと。また、その句。↔字足らず

じ-あめ【地雨】ヂ ー 同じ強さで長く降り続く雨。「ーになる」

し-あわせ【幸せ・仕合〔わ〕せ】アハセ ー ■一(名) めぐりあわせ。運命。「ありがたきー」■二(名・形動ダ) 望みどおりで心が満ち足りた状態。「ーに暮らす」「不ー」参考 ■二はおもに「幸せ」と書く。また、「△倖せ」とも書く。

類語 幸福・幸運・多幸・幸甚・薄幸・幸・幸い・僥倖・清祥・清福・ハッピー・ラッキー

し-あん【私案】 公のものでない、個人的な考え・計画。

し-あん【思案】(名・自他スル) ①あれこれと考えること。「ー顔」②心配すること。「ーの種」

ーに余る いくら考えてもよい知恵が浮かばない。**ーに暮れる** よい知恵が浮かばずに考えあぐねる。

ーなげくび【ー投げ首】 首をかしげて考えこむこと。よい考えが浮かばず弱りきるようす。

し-あん【試案】 試みに立てた仮の案。「ーの段階」↔成案

シアン〈オランダ cyaan〉①《化》炭素と窒素が結合した無色の気体。猛毒。②絵の具・印刷インクなどで、原色の青。
じ-あん【事案】 問題になっている事柄。
しい【椎】（シヒ）《植》ブナ科の常緑高木。暖地に自生。実はどんぐり状で食べることができ、樹皮は染料となる。しいのき。
しい【尸位】（ヰ）―（人が尸(かたしろ)になって、何もせず神霊のまつられる場所につく意から）才能や人徳がないのに地位にだけついて職責を果たさないこと。「―素餐(そさん)」
しい【四囲】（ヰ）― 四方。周囲。「―の事情」
しい【私意】 ①自分一人の考え。私見。②私情を交えた公正でない考え。「―を捨てる」
しい【思惟】（ヰ）―（名・他スル）①論理的に深く考えること。分析・判断・推理などの精神作用。思考。②→しゆい
しい【恣意】 自分勝手な考え。ふと思いついた気ままな考え。「―によって方針を決める」
しい【紫衣】 →しえ(紫衣)
しい【緇衣】 →しえ(緇衣)
じい【爺】（ヂイ）年老いた男。老翁。
じい【示威】（ヰ）―（名・自スル）威力や勢力を示すこと。
じい【次位】（ヰ）― つぎの位。二番目の位。
じい【自慰】（ヰ）―（名・自スル）①自ら慰めること。②手淫(しゅいん)。オナニー。
じい【侍医】 天皇や皇族の診療にあたる医師。
じい【×祖父】（ヂイ）父母の父。そふ。おじいさん。じじ。
じい【辞意】 辞職や辞退の意志。「―をもらす」
シーアイ【CI】〈corporate identity から〉企業が経営理念・特性を明確に打ち出し、外部に認識させること。コーポレートアイデンティティー。
ジーアイ【GI】《俗》〈government issue（官給品）から〉アメリカ兵の俗称。
シーアイエー【CIA】〈Central Intelligence Agency から〉アメリカ中央情報局。大統領直属の機関で、国家安全保障会議に情報を提供するのがおもな任務。
シーイーオー【CEO】〈chief executive officer から〉企業における最高経営責任者。
じい-うんどう【示威運動】（ジヰ）― 主張や意見を通すために大勢で気勢をあげてその威力を示すこと。また、そのための集会や行進。デモンストレーション。デモ。

シーエー【CA】〈cabin attendant から〉客室乗務員。キャビンアテンダント。
シーエーティーブイ【CATV】〈cable television から〉→ケーブルテレビジョン 参考 もとは、community antenna television の略で、テレビ電波を共同アンテナで受信して、難視聴区域の各家庭に分配する方式のこと。
シーエス【CS】〈communication satellite から〉→つうしんえいせい
ジーエッチキュー【GHQ】〈General Headquarters から〉連合国軍最高司令官総司令部。一九四五（昭和二十）年、東京に設置され、対日占領政策をつかさどった。一九五二（昭和二十七）年、講和条約発効とともに廃止。
ジーエヌアイ【GNI】〈gross national income から〉《経》国民総所得。一定期間内の一国の経済活動規模を貨幣価値で表した指標の一つ。GDP(=国内総生産)に海外からの純所得を加えたもの。GNP(=国民総生産)と等価。
ジーエヌピー【GNP】〈gross national product から〉《経》国民総生産。一定期間内に一国が生産した財貨・サービスの総額。
シーエフ【cf.】〈ラテン confer から〉「参照せよ」「比較せよ」の意を表す。
シーエフ【CF】〈commercial film から〉宣伝広告用の映像。宣伝用フィルム。コマーシャルフィルム。
シーエム【CM】〈commercial message から〉→コマーシャル②
ジーエム【GM】〈general manager から〉組織を統括する人。総支配人。ゼネラルマネージャー。
しい-か【詩歌】 漢詩と和歌。また、詩・短歌・俳句など、韻文の総称。詩歌(しか)。
シーがた-かんえん【C型肝炎】《医》C型肝炎ウイルスにより発症する肝炎。血液感染によるとされる。
しい-き【市域】（シヰキ）市の区域。
しい-ぎゃく【弑逆】（名・他スル）主君や親を殺すこと。参考 もとの読みは「しぎゃく」。「しいぎゃく」は慣用読み。
シーキュー【CQ】〈call to quarters から〉アマチュア無線通信家（ハム）の呼び出し信号。
しい-く【飼育】（名・他スル）家畜などを飼い育てること。
シークエンス〈sequence 連続〉①映画で、シーンがいくつか集まって構成されるひと続きの画面。②学習で、段階的に発展していく単元の順序。参考「シーケンス」ともいう。
シークレット〈secret〉秘密。機密。「トップ―」
―サービス〈Secret Service〉アメリカ合衆国の財務省秘密検察局。はじめは偽造貨幣の摘発を行っていたが、のち、大統領など国家要人の護衛をも任務とするようになった。
しいくわあさあ《植》沖縄原産のミカン科の常緑低木。果実は酸味と香りが強く、ジュースや酸味料などに加工される。ヒラミレモン。シークワーサー。シクワーサー。シイクワシャー。
しい-ごと【誣い言】（シヒ）― 事実を偽って言う言葉。つくりごと。誣言(ぶげん)。讒言(ざんげん)。
しい-さあ（「獅子(しし)さん」の意）沖縄で、魔よけとして家の屋根などに取り付ける焼き物の獅子像。シーサー。
シーザー〈Caesar〉→カエサル
シーサイド〈seaside〉海岸。海辺。「―ホテル」
じい-さん【爺さん】（ヂイ）― 老年の男性を親しんで呼ぶ語。↔婆(ばあ)さん
シーシー【cc】 ①〈cubic centimeter から〉「立方センチメートル」を表す記号。②〈carbon copy から〉電子メールで、本来の受取人以外の宛先にも同じメールを送る機能。
シージー【CG】〈computer graphics から〉「コンピューターグラフィックス」の略。
シージーエス-たんい【CGS単位】（タンヰ）―〈CGSは centimeter, gram, second から〉長さにセンチメートル、重さにグラム、時間に秒を基礎単位として用いる単位の体系。CGS単位系。⇨MKS単位
じ-いしき【自意識】 自分自身を対象としてとらえた意識。自分が他人の目にどう映っているかなど、そのあり方に関心をもつ心理作用。自己意識。自我意識。「―過剰(かじょう)」
シース〈sheath 鞘(さや)〉万年筆・鉛筆などを入れる、革・ビニール製の入れ物。
シーズニング〈seasoning〉調味料。調味。
しい・する【弑する】（他サ変）（シ(セ・サ)・シ・スル・スル・スレ・シロ(セヨ)）主君・親など目上の者を殺す。文 しい・す(サ変)
シースルー〈see-through〉（肌などが）透けて見えること。また、そのような薄い生地を用いた服。
シーズン〈season〉①季節。「桜の―」②ある物事が盛んに行われたり出回ったりする季節・時期。「海水浴の―」

―オフ〈和製英語〉催しや行事などが盛んに行われる時期以外の期間。季節外。参考 英語では off-season という。

シーソー〈seesaw〉長い板の両端に人が乗り、中央を支点として上下運動をくりかえす遊び。また、その遊び道具。

―ゲーム〈seesaw game〉対戦する二者の得点が追いつ追われつの、接戦となった試合。「白熱の―となる」

しい-そさん【尸位素餐】（「素餐」は、何もしないで食う意）才能や人徳がないのに地位につき、職責を果たさずにただ俸給を受けていること。

しい-たけ【椎茸】担子菌類キシメジ科の食用きのこ。シイ・ナラ・クヌギなどの枯れ木や切り株に、春と秋に発生する。山地に自生するが、栽培もされる。秋

しいた・げる【虐げる】（他下一）むごく扱って苦しめる。「民を―」文しひた・ぐ(下二)

シー-チキン〈Sea Chicken〉（鶏肉のように脂肪が少ないことから）マグロやカツオの肉を油漬けにした缶詰。（商標名）

シーツ〈sheet〉敷きぶとんの上に敷く布。敷布。

しい-て【強いて】（副）困難や抵抗をおして物事を行うさま。むりに。むりやり。「―欠点をあげれば」

シー-ティー【CT】〈computed tomography から〉〘医〙コンピューター断層撮影法。人体にX線を照射し、コンピューター処理をして各種断面の画像を得るもの。

シー-ディー【CD】①〈compact disc から〉「コンパクトディスク」の略。②〈cash dispenser から〉「キャッシュディスペンサー」の略。

―ロム【CD-ROM】〈ROMは read only memory から〉CDを利用した、コンピューター用の読み出し専用記憶装置。

シー-ティー-シー【CTC】〈centralized traffic control から〉列車集中制御装置。線区全体の列車の運行を一か所で監視・指令する装置。

ジー-ティー-しゃ【GT車】〈grand touring car から〉長距離の高速運転に適した乗用車。

ジー-ディー-ピー【GDP】〈gross domestic product から〉〘経〙国内総生産。国内において一定期間内に生産された財貨・サービスの総額。GNI(=国民総所得)から海外での純所得を差し引いたもの。

しい-てき【恣意的】（形動ダ）その時々に思いつきのままであるさま。「―に判断する」

シート〈seat〉①乗り物・劇場などの座席。②野球で、選手の守備位置。

―ノック〈和製英語〉野球で、守備位置についた者にボールを打って捕球させる実戦的な守備練習。参考 英語では fielding practice という。

―ベルト〈seat belt〉自動車・飛行機などの座席に取りつけて、体を固定し、安全をはかるためのベルト。

シート〈sheet 薄板・紙の一枚〉①切手などで一定数が印刷されている一枚の紙。②雨よけ・日よけなどに用いるおおいの布。

シード〈seed〉（名・他スル）トーナメント戦で、強いとされる選手やチームどうしが最初から対戦しないように組み合わせを作ること。また、その扱いを受けた選手・チーム。「―校」「第一―」

シートン〈Ernest Thompson Seton〉（一八六〇～一九四六）アメリカの作家・画家・博物学者。イギリス生まれ。体験・観察をもとに自身の挿し絵を添えた動物物語を多数創作した。日本では、その集成が「シートン動物記」の名称で知られる。

しいな【粃・秕】①殻ばかりで中身のないもみ。②よく実らないままでしなびた草木の実。

ジー-パン〈和製英語〉「ジーンズ①」で作ったズボン。ジーンズ。参考 英語では jeans という。

ジー-ピー-エス【GPS】〈global positioning system から〉全地球測位システム。複数の通信衛星からの電波によって、地球上の現在位置を測定するシステム。

シー-ピー-ユー【CPU】〈central processing unit から〉〘情報〙コンピューターの中央処理装置。

ジープ〈jeep〉小型の四輪駆動車。もとアメリカで軍用に開発されたもので、悪路の走行に適する。（商標名）

シーフード〈seafood〉食用にする魚介類や海藻の総称。

シーベルト〈sievert〉〘物〙放射線量の、人体などへの影響の度合いを表す国際単位系の単位。記号 Sv

シーボルト〈Philipp Franz Balthasar von Siebold〉（一七九六～一八六六）ドイツの医師・博物学者。一八二三(文政六)年オランダ商館の医師として来日。長崎に鳴滝塾を開き、日本の西洋医学発展に功を果たした。一八二八(文政十一)年の帰国の際、国禁の日本地図などの持ち出しが発覚し、国外追放となる(シーボルト事件)。一八五九(安政六)年に再来日。著書「日本」「日本動物誌」「日本植物誌」など。

ジー-マーク【Gマーク】〈G は good design から〉優秀なデザインと機能をもつ国産商品に与えられる、グッドデザイン賞の受賞を示すマーク。公益財団法人日本デザイン振興会が認定する。

〔ジーマーク〕

シームレス〈seamless〉継ぎ目・縫い目のないこと。また、そのもの。「―鋼管」「―ストッキング」

ジー-メン【Gメン】〈* Government men から〉アメリカ連邦捜査局(FBI)の捜査官の俗称。日本では、麻薬捜査や組織などの不正摘発にあたる取締官の通称。

じい-や【爺や】年をとった男の召使。また、その人を親しんで呼ぶ語。↕婆や

しいら【鱰・鱪】〘動〙シイラ科の海魚。体は細長く全長約一・五メートル。頭部が大きい。多くは干物にされる。

シーラカンス〈coelacanth〉〘動〙硬骨魚類シーラカンス目に属する大形の魚の総称。古生代に出現し七〇〇〇万年前に絶滅したと考えられていたが、一九三八年、南アフリカ南東岸のインド洋で発見された。「生きている化石」と言われる。

シーリング〈ceiling 天井〉予算編成における概算要求限度枠。最高限度枠。「マイナス―(=前年度より減じた限度枠)」

シール〈seal〉①封印。また、そのしるしにはる紙。②絵や模様などが印刷され、裏に接着剤が塗ってある紙片。

シール〈seal〉（「シールスキン」の略）アザラシの皮。また、それに似せて作った布地。スキーの滑り止めに使う。

し・いる【強いる】（他上一）むりにやらせる。強要する。強制する。「犠牲を―」文し・ふ(上二)

し・いる【誣いる】（他上一）人をおとしいれるために事実を曲げて悪く言う。「人を―」文し・ふ(上二)

シールド-こうほう【シールド工法】鋼鉄製の円筒(=シールド shield)を装備した機械で、地下を水平に掘り進めてトンネルをつくる工法。地表に与える影響が少ないとされる。

シー-レーン〈sea lane〉国家の存立のため、有事の際に確保されるべき海上交通路。海上輸送路。

し-いれ【仕入れ】商品や原料を買い入れること。「―価格」

し-い・れる【仕入れる】（他下一）①販売・生産・加工のために商品や原料を買い入れる。「商品を安く―」②他から知識などを得る。「おもしろい話を―」文しい・る(下二)

じ-いろ【地色】布・紙などの生地の色。下地の色。

し-いん【子音】 単音の一つ。発音のとき、呼気が唇・歯・舌・口蓋などでさえぎられたり、せばめられたりして生じる音。有声音か無声音か、また、呼気の波動を作る位置、呼気の出し方で発音が変わる。子音。↔母音

し-いん【死因】 死亡の原因。「―を究明する」

し-いん【私印】 私用に用いる個人の印。↔官印

し-いん【試飲】（名・他スル）味を知るため、ためしに飲むこと。

シーン〈scene〉①映画・芝居・小説などの場面。「ラブ―」②情景。けしき。光景。

じ-いん【寺院】 てら。「―を建立する」

じ-いん【次韻】 他人の用いたものと同じ韻字を用いて漢詩を作ること。また、その詩。

ジーンズ〈jeans〉①細い綾織りのじょうぶな綿布。②①で作った衣服。特に、ズボン。ジーパン。はじまり 一八七三年、アメリカのリーバイ・ストラウスとジェイコブ・デイビスが、作業用衣料のポケットをリベット（＝金属製の鋲）で補強する技法について共同で特許を取得。これが②の原点とされる。

しいん-と（副・自スル）静まりかえるさま。「場内が―する」

じいん-と（副・自スル）痛みや感動を受けて、しびれたように感じるさま。「胸に―くる」

じ-う【慈雨】 時期・量ともに、草木・作物の生育にとってまたとなくよい雨。恵みの雨。「干天の―」

じ-うす【地薄】（名・形動ダ）織物などの生地の薄いこと。また、そのさま。「―の服地」↔地厚

じ-うた【地歌・地唄】 ①その地方の俗謡。②京阪地方で行われた三味線歌曲の総称。上方唄。法師唄。

じ-うたい【地謡】 能楽で、舞台の一隅に並んだ者が地の文の部分をうたうこと。また、その謡、およびその役の人々。

し-うち【仕打ち】 ①人に対する扱い。「ひどい―」②芝居における役者のしぐさ。用法 ①は、ふつう悪い場合に用いる。

し-うん【紫雲】 紫色のめでたい雲。念仏の行者の臨終のとき、阿弥陀仏が乗って来迎するという。

じ-うん【時運】 その時々のめぐりあわせ。「―に乗る」

し-うんてん【試運転】（名・他スル）乗り物・機械などの調子を調べるために、ためしに運転してみること。

し-え【紫衣】 僧の着る紫の衣。紫衣。参考 昔は高僧が天皇の許しを得て着た。

し-え【緇衣】 僧の着る黒色の衣。転じて、僧。緇衣。

シェア〈share〉■一（名・他スル）分かち合うこと。共有。「ルーム―」■二（名）市場で、ある企業の商品が占める売上高の割合。市場占有率。

―ハウス〈share house〉一軒の賃貸住宅に他人どうしが共同で暮らすこと。また、そのような住宅。「―プール」

し-えい【市営】 市が経営すること。

し-えい【私営】 個人が経営すること。↔公営

じ-えい【自営】（名・他スル）自立して経営すること。「―業」

じ-えい【自衛】（名・自スル）自分の力で自分を守ること。「―手段」

―けん【―権】〘法〙外国からの侵害に対し、自国の防衛のために必要な限度内で武力を行使しうる国際法上の権利。

―たい【―隊】 日本の平和・独立を守り、直接・間接の侵略に対する防衛をおもな目的として、一九五四（昭和二十九）年に設置された組織。陸上・海上・航空の各自衛隊からなる。

ジェー-アール【J R】〈Japan Railways から〉一九八七（昭和六十二）年、「日本国有鉄道」の民営化により発足した旅客鉄道会社六社と貨物鉄道会社の総称。ジェイアール。

ジェー-エー【J A】〈Japan Agricultural Cooperatives から〉日本の「農業協同組合（農協）」の略称。

ジェー-オー-シー【J O C】〈Japan Olympic Committee から〉日本オリンピック委員会。

シェーカー〈shaker〉カクテルを作るときに、洋酒などを入れて振る容器。

〔シェーカー〕

シェーク〈shake〉（名・他スル）①振り動かすこと。②材料を振り混ぜること。また、そのようにして作った飲み物。特に、アイスクリームや牛乳、砂糖などを攪拌して作る飲み物。シェーキ。

―ハンド〈shake hands〉（「シェークハンドグリップ」の略）卓球で、ラケットの柄を握手するように握る握り方。⇩ペンホルダー

シェークスピア〈William Shakespeare〉（一五六四～一六一六）イギリスの劇作家・詩人。悲劇・喜劇・史劇などに多くの傑作を残した。代表作は「ハムレット」「マクベス」「オセロ」「リア王」の四大悲劇、「ロミオとジュリエット」「ベニスの商人」「ヘンリー四世」など。詩集に「ソネット集」。沙翁・沙翁。

シェード〈shade〉①日よけ。ひさし。②電灯のかさ。

シェーバー〈shaver〉かみそり。特に、電気かみそり。

シェービング〈shaving〉ひげやむだ毛をそること。「―クリーム」

シェープ-アップ〈shape up〉（名・他スル）美容と健康のために、運動や減量をして体形を整えること。シェイプアップ。

シェーマ〈ドイツ Schema〉→ずしき②

ジェー-リーグ【Jリーグ】〈J league〉日本プロサッカーリーグの通称。ジェイリーグ。

シェール-オイル〈shale oil〉地中の頁岩（シェール）層に含まれる原油。

シェール-ガス〈shale gas〉地中の頁岩（シェール）層に含まれる天然ガス。

し-えき【私益】 自分ひとりの利益。私利。「私利―」↔公益

し-えき【使役】（名・他スル）①人を使うこと。働かせること。②〘文法〙他に動作・作用をさせる意を表す言い方。助動詞「せる・させる」（口語）、「す・さす・しむ」（文語）を付けて表す。

シエシエ〈中国 謝謝〉（感）ありがとう。

シエスタ〈スペイン siesta〉スペインなどで、昼食後にとる昼寝。

ジェスチャー〈gesture〉①身ぶりや手ぶり。②みせかけだけの動作や態度。「どうせ―だけさ」参考「ゼスチャー」ともいう。

ジェット〈jet〉①ノズル（＝筒口）から、液体または気体を連続的に噴射すること。②「ジェットエンジン」の略。「―機」

―エンジン〈jet engine〉圧縮した空気に燃料を吹き込んで燃焼させ、生じたガスを噴出させて推力を得る熱機関。

―き【―機】 ジェットエンジンの推力で進む飛行機。はじまり 一九三九年、ドイツのハインケル社が製造したHe178の飛行が世界で最初。

―きりゅう【―気流】 北緯四〇度付近の対流圏の最上部を西から東に強く吹く風。ジェットストリーム。

―コースター〈和製英語〉遊園地などに設けられる遊戯施設。起伏やカーブのあるレールの上を小型車両が高速で走るもの。参考 英語では（roller）coaster という。はじまり 日本では、一八九〇（明治二十三）年の第三回内国勧業博覧会の際に設置されたものが最初。「ジェットコースター」の名称は、一九五五（昭和三十）年に後楽園ゆうえんちで最初に使われた。

ジェトロ【J E T R O】〈Japan External Trade Organization から〉日本貿易振興機構。貿易の拡大や外国との通商関係の発展を促進する独立行政法人。

ジェネリック-いやくひん【ジェネリック医薬品】〈generic〉新薬の特許期間が過ぎてから製造・販売される、同一の有効成分を含む安価な医薬品。後発医薬品。ジェネリック。

ジェネレーション〈generation〉世代。また、同じ世代の人々。ゼネレーション。「―ギャップ」

ジェノサイド〈genocide〉集団殺戮(さつりく)。ある人種や民族などに対する計画的な虐殺。

シェパード〈shepherd 羊飼い〉ドイツ原産のイヌの一品種。オオカミに似て大形。番犬・警察犬とされる。セパード。

シェフ〈フランス chef 頭(かしら)〉コック長。料理長。

ジェラート〈イタリア gelato〉イタリア風のアイスクリーム・シャーベット。

ジェラシー〈jealousy〉嫉妬(しっと)。ねたみ。やきもち。

シエラレオネ〈Sierra Leone〉アフリカ大陸西岸にある共和国。首都はフリータウン。語源 昔のポルトガル語に由来し、「獅子(しし)の山脈」の意。

シェリー〈sherry〉南スペイン産の白ぶどう酒。シェリー酒。

ジェリー〈jelly〉→ゼリー

ジェル〈gel〉①ゼリー状のもの。特に、整髪料・化粧品・医薬品などにいう。②→ゲル(Gel)

シェルター〈shelter〉避難所。防空壕(ぼうくう)。「核―」

シェルパ〈Sherpa〉①(チベット語で、「東の人」の意)ヒマラヤ山脈の南側にすむチベット系ネパール人の総称。特に、ヒマラヤで登山の案内や荷揚げに従事する人をいう。②サミットなどの首脳会議で、事前の準備や首脳の補佐を担当する高官。

し-えん【支援】(エン)(名・他スル) 力を貸して助けること。援助。「―団体」「活動を―する」

し-えん【私怨】(エン) 個人的なうらみ。「―をはらす」

し-えん【紫煙】(エン) ①紫色のけむり、または、もや。②たばこのけむり。「―をくゆらす」

し-えん【試演】(名・他スル) 演劇などを、本格的な公演の前に試みに上演すること。

じえん〔慈円〕(ジエン)(一一五五～一二二五) 平安末期・鎌倉初期の僧・歌人。諡(おくりな)は慈鎮(じちん)。天台座主(ざす)。歌人としても当時の歌壇の中心人物の一人。家集「拾玉集」、歴史書「愚管抄」。

ジェンダー〈gender〉①(生物学上の性別を示すセックスに対して)歴史的・社会的・文化的に形成される男女の差異。「―フリー」②→せい(性)⑤

ジ-エンド〈the end〉終わり。おしまい。

ジェントルマン〈gentleman〉①紳士。②男子の敬称。殿方。(↔レディー) 参考「ゼントルマン」ともいう。

しお【塩】(シホ) ①塩化ナトリウムを主成分とする、塩からい味の白色の結晶物。海水・岩塩から精製する。特に、食塩。②塩かげん。塩け。「―をきかす」

しお【潮・汐】(シホ) ①月や太陽の引力によって周期的に生じる海水の満ち干。また、海の水。「―がさす」「―の香」②あることをするのにちょうどよい時。しおどき。「それを―に席を立った」

しお-あい【潮合〔い〕】(シホアヒ) ①潮の満ち干のほどあい。しおどき。②あることをしたりやめたりするのにちょうどよい時。しおどき。時機。③《古》潮の流れが出合う所。

しお-あし【潮足】(シホ) 潮の干満の速さ。「―が速い」

しお-いり【潮入り】(シホ) ①海の近くの池や沼に海水がはいり込むこと。また、その場所。②船荷に海水がしみて損害をうけること。また、その船荷。

しお-うみ【潮海】(シホ) (淡海(あわうみ)に対して)海。

し-お・える【為終える】(ヲヘル)(他下一)エ・エ・エル・エル・エレ・エロ(エヨ) なしとげる。なしおえる。「課題を―」文しを・ふ(下二)

しお-おし【塩押し・塩圧し】(シホ)(名・他スル) 野菜などを塩に漬けておもしをすること。また、その漬物。しおし。

し-おお・せる【為果せる】(オホセル)(他下一)セ・セ・セル・セル・セレ・セロ(セヨ) 物事をなしとげる。「大仕事を―」文しおほ・す(下二)

しお-かげん【塩加減】(シホ)(名) 塩で味つけしたぐあい。塩あじのほどあい。「ちょうどいい―だ」

しお-がしら【潮頭】(シホ) 満ちてくる潮の波先。しおさき。

しお-かぜ【潮風】(シホ) 海上を吹いている、または海上から吹いてくる潮けを含んだ風。

しお-から【塩辛】(シホ) 魚介類の、はらわた・肉・卵などを塩漬けにして発酵させた食品。「イカの―」

―ごえ【―声】(ゴヱ) しわがれた声。かすれた声。

―とんぼ【―×蜻蛉】【動】トンボ科の昆虫。雄は灰青色。雌は薄茶色で、ムギワラトンボとも呼ぶ。秋

しお-から・い【塩辛い】(シホ)(形)カロ・カッ(ク)・イ・イ・ケレ・○ 塩けが強い。しょっぱい。「―味」文しほから・し(ク)

し-おき【仕置〔き〕】(名・他スル) ①江戸時代、法によって罰すること。特に、死刑。「―場(ば)」②(多く、「お仕置き」の形で)こらしめのために罰を加えてしかること。「お―を受ける」

しお-くみ【潮汲み】(シホ) 塩を作るために海水をくむこと。また、それをする人。

しお-ぐもり【潮曇〔り〕】(シホ) 潮気で海上が曇ること。

し-おくり【仕送り】(名・自他スル) 生活費として金銭や品物を送ること。また、その金品。「親から―を受ける」

しお-け【塩気】(シホ) 成分として含まれる塩の度合い。塩分。

しお-け【潮気】(シホ) 海上や海辺の、塩分を含んだ湿りけ。

しお-けむり【潮煙】(シホ) 海水のしぶき。「―が立つ」

しお-こうじ【塩麹】(シホカウヂ) 麹に塩と水を加えて発酵させた調味料。野菜・魚・肉を漬けるほか、料理の味付けに用いる。

しお-さい【潮騒】(シホサヰ) 潮が満ちてくるときに波の立ちさわぐこと。また、その音。しおざい。「―が聞こえる」

しお-ざかい【潮境】(シホザカヒ) 性質の異なる潮流の接する境界。

しお-さき【潮先】(シホ) ①満ちてくる潮の波がしら。しおがしら。また、潮の満ちてくる時。②物事の始まる時。

しお-ざけ【塩鮭】(シホ) 塩漬けにしたサケ。塩じゃけ。冬

し-おさめ【仕納め】(ヲサメ) それを最後として、ある仕事・行為を終わりにすること。最後に一度だけそのことをすること。

しお-じ【潮路】(シホヂ) ①潮の満ちたり引いたりする道筋。海流の流れる道筋。②船路。海路。「八重(やえ)の―」

しお-しお【悄悄】(シヲシヲ)(副) 気落ちして元気のないさま。しょんぼりしているさま。「―(と)立ち去る」

しお-じり【塩尻】(シホ) 塩田で、砂を円錐(えんすい)形に高く積み上げたもの。これに海水を注いで日にさらし、塩分を固着させる。

しお-ぜ【塩瀬】(シホ) 絹織物のうち、羽二重(はぶたえ)の一種。厚地の織物で、帯地・半襟地・羽織地などに用いる。

しお-せんべい【塩煎餅】(シホ) 米の粉を原料とし、しょうゆまたは塩で味をつけて焼いたせんべい。

しお-だし【塩出し】(シホ)(名・自スル) 塩漬けにした食品を水や湯につけて塩けを抜くこと。塩抜き。

しお-だち【塩断ち】(シホ)(名・自スル) 神仏への願かけ、または病気を治すために、ある期間、塩けのある物を食べないこと。

しお-だまり【潮溜〔ま〕り】(シホ) 磯(いそ)の岩場で、潮が引いたあとも海水が残っているところ。

しお-た・れる【潮垂れる】(シホ)(自下一)レ・レ・レル・レル・レレ・レロ(レヨ) ①海水にぬれてしずくがたれる。②涙を流す。泣く。③みすぼらしくなる。しょんぼりする。「―・れた姿になる」文しほた・る(下二)

しお-づけ【塩漬〔け〕】シホ ─(名・他スル) 野菜や肉・魚類を、保存・味付けのため塩に漬けること。また、そのようにした食品。
しお-どき【潮時】シホ ─ ①潮の満ちたり引いたりする時。②物事をするのに最適なころあい。「何事にも─というものがある」
しお-なり【潮鳴り】シホ ─ 海の、寄せては返す波の音。
しお-に【塩煮】シホ ─ 食物を塩だけで味付けして煮ること。また、その料理。
シオニズム〈Zionism〉ユダヤ民族の祖国再建運動。一九四八年のイスラエル建国で一応の目的を達成。シオン主義。参考 シオンは、エルサレム東方の聖なる丘の名。
しお-ばな【塩花】シホ ─ ①清めのためにまく塩。②料理屋などで、出入り口に小さくつまんで並べて置く塩。もりじお。
しお-はま【塩浜】シホ ─ →えんでん
しお-ひ【潮干】シホ ─ ①海水が引くこと。②「潮干狩り」の略。
─がり【─狩〔り〕】 干潮のとき、海水の引いた所で貝などをとること。春の大潮のときが最適。しおひ。春
しお-びき【塩引き】シホ ─ 魚類を塩漬けにすること。また、その魚。特に、塩漬けにしたサケ・マス。塩物。
しお-ふき【潮吹き】シホ ─ ①鯨が呼吸の際に、潮水を吹き上げること。②〔動〕バカガイ科の二枚貝。殻は三角形で、閉じるとき海水を吹く。しおふきがい。食用。③「潮吹き面」の略。
─めん【─面】 口のとがった男の仮面。ひょっとこ。
ジオプトリー〈ドイ Dioptrie〉〔物〕めがねの度を表す単位。レンズの焦点距離をメートルで表した数の逆数。記号 D
しお-ぼし【塩干し・塩◦乾し】シホ ─(名・他スル) 魚などを塩漬けにしてから日干しにすること。また、そのもの。干物。
しお-ま【潮間】シホ ─ 潮が引いている間。
しお-まち【潮待ち】シホ ─(名・自スル) 潮位や潮流のぐあいが船を出すのに適した状況になるのを待つこと。
しお-まねき【潮招き】シホ ─〔動〕スナガニ科のカニ。海岸の砂に穴を掘ってすむ。雄の片方のはさみは大きく、これを上下に動かして潮をまねくような動作をする。春
しお-まめ【塩豆】シホ ─ 干したエンドウなどを塩水につけ、煎(い)ったもの。
しお-みず【塩水】シホミヅ 塩分を含んだ水。↔真水(まみず)
しお-みず【潮水】シホミヅ 海水。
しお-むき【塩◦剝き】シホ ─ アサリ・ハマグリなどをむきみにすること。また、そのもの。

しお-むし【塩蒸し】シホ ─(名・他スル) 魚などに塩けを加えて蒸すこと。また、その料理。「桜鯛(さくらだい)の─」
しお-め【潮目】シホ ─〔海〕温度・塩分など性質の異なる二つの潮流の接するさかい目に生じる帯状の筋目。潮の目。
しお-もの【塩物】シホ ─ 塩漬けにした魚。塩引き。
しお-もみ【塩◦揉み】シホ ─(名・他スル) なまの野菜などに、塩をふりかけてもむこと。また、その料理。「キュウリの─」
しお-やき【塩焼〔き〕】シホ ─(名・他スル) ①魚などに塩をふって焼くこと。また、その料理。「サンマの─」②海水を煮つめて塩をつくること。また、それを職業とする人。「─の煙」
しお-やけ【潮焼け】シホ ─(名・自スル) ①潮風に吹かれ、日光にやかれて皮膚が赤黒くなること。夏 ②〔海〕日ざしのぐあいで海上の水蒸気が赤く見えること。
しお-ゆ【塩湯・潮湯】シホ ─ ①白湯(さゆ)に食塩をとかしたもの。②塩分を含む温泉。③海水でわかしたふろ。しおぶろ。
しおらし・いシホラシイ(形)(カロ・カッ(ク)・イ・イ・ケレ・◦) ひかえめで従順なさま。つつましやかで、いじらしいさま。「─態度」文しをら・し(シク)
ジオラマ〈フラ diorama〉①風景画の前に模型を置いて照明をあて、実景を見るような感じを起こさせる見世物。幻視画。ディオラマ。②ある風景に見立てた小型立体模型。
しおり【◦撓り】シヲリ〔文〕芭蕉(ばしょう)の俳諧(はいかい)における根本理念の一つ。人事・自然を深い愛情をもってながめる作者の繊細な感情が、句の余韻となってにじみ出たもの。⇒寂(さび)・細み
しおり【枝折〔り〕・◦栞】シヲリ ①山道などで、木の枝を折って帰路の目印とすること。道しるべ。②〔栞〕読みかけの書物に目印としてはさむもの。③〔栞〕あることに関する手引き。案内書。「旅の─」④「枝折り垣」の略。⑤「枝折り戸」の略。
─がき【枝折〔り〕垣】 木や竹の枝を折り並べてつくった簡単な垣。茶室の庭などに用いる。
─ど【枝折〔り〕戸】 木や竹の小枝でつくった、簡単な戸。片開きで、庭の出入り口などに設ける。
じ-おり【地織〔り〕】ヂ ─ その地方でできる実用的な織物。おもに自家用として織ったもの。
しお・れる【◦萎れる】シヲレル(自下一)(レ・レ・レル・レル・レレ・レロ(レヨ)) ①草木や花が生気をなくして茎が下を向く。ぐったりする。②元気をなくしてしょんぼりする。「失敗して─」文しを・る(下二)

〔しおりど〕

し-おん【子音】 →しいん(子音)
し-おん【四恩】〔仏〕一生の間に受ける、父母・国王・衆生(しゅじょう)・天地または三宝(さんぼう)(=仏・法・僧)の恩。
し-おん【師恩】 師匠・先生から受ける恩。
し-おん【紫◦苑】シヲン〔植〕キク科の多年草。山野に自生、また、観賞用に栽培。葉は長楕円(だえん)形で互生。秋、淡紫色の頭状花を開く。観賞用。根は薬用。秋
し-おん【歯音】 歯または歯ぐきと舌の先とで発音される音。t・d・s・zなどの音。

〔紫苑〕

じ-おん【字音】 日本に伝来して国語化した漢字の発音。「夏」を「カ」、「冬」を「トウ」とする読み方。単に、音(おん)ともいう。伝来の系統によって、呉音・漢音・唐音(=唐宋(とうそう)音)などに分類される。↔字訓

▼字音(例)

	呉音	漢音	唐音
京	西京 さいきょう	京師 けいし	南京 なんきん
経	経文 きょうもん	経書 けいしょ	看経 かんきん
行	修行 しゅぎょう	言行 げんこう	行灯 あんどん
請	勧請 かんじょう	請求 せいきゅう	普請 ふしん
頭	頭痛 ずつう	頭髪 とうはつ	饅頭 まんじゅう
明	明日 みょうにち	明月 めいげつ	明朝 みんちょう
和	和尚 わじょう	和尚 かしょう	和尚 おしょう

─かなづかい【─仮名遣〔い〕】ヅカヒ 漢字の音を仮名で書き表すときの、その仮名の使い方。特に、歴史的仮名遣いで、同音のものを「王(=わう)」「央(=あう)」「押(=あふ)」「翁(=をう)」などと書きわけるきまりをいう。
─ご【─語】 すべての成分を漢字の字音で読む熟語。「国語」「鉄道」など。
しか【鹿】(字義) →ろく(鹿)
しか【鹿】〔動〕シカ科の哺乳(ほにゅう)動物の総称。雄には枝分かれした角がはえる。草食性。秋
─を逐(お)う 帝位・政権などを得ようとしてたがいに争うことのたとえ。〈史記〉**─を逐(お)う者(もの)は山(やま)を見ず** 利益を得る

ことに熱中する者は、他をかえりみる余裕がないことのたとえ。鹿を追う猟師は山を見ず。

ーを指して馬となす 間違ったことを威圧によって押し通す。また、だまして人をおとしいれるたとえ。【故事】秦の趙高が、群臣が自分に従うかをはかるため、二世皇帝に鹿を献じ、「馬です」と言うと、「鹿」と言う者や沈黙する者、また趙高を恐れ「馬」と答える者もいたことからいう。〈史記〉

し-か【市価】 商品の、市場で売買される値段。市場価格。「ーの半値で買う」

し-か【史家】 歴史を研究する人。歴史家。

し-か【糸価】 生糸の値段。生糸の相場。

し-か【私家】 ①自分の家。②個人。「ー集(=個人の歌集)」

し-か【師家】 ①師匠の家。②師匠。先生。

し-か【紙価】 紙の値段。紙の相場。「洛陽のーを高める」

し-か【詞花・詞華】 ー(言葉の花の意)美しくすぐれた詩文。「ー集」

し-か【歯科】 ー《医》歯に関する病気を扱う医学の一部門。

し-か【詩歌】 →しいか

し-か【賜暇】 官吏が休暇を許されること。また、その休暇。

しか (係助) それ以外はすべて否定する意を表す。「そうとー考えられない」「君だけにー教えない」[用法]種々の語(体言、動詞の連体形、形容詞・形容動詞の連用形など)に付き、あとに打ち消しの語を伴う。「だけしか」の形で、特に強い限定を示す。

し-が【歯牙】 (歯ときばの意)歯。

ーに(も)掛けない 問題にしない。相手にしない。

しが〔滋賀〕 近畿地方北東部の県。県庁所在地は大津市。

じか【◇直】 間に人や物を入れないで接すること。じきじき。直接。「ー談判」「ーの取り引き」[語源]「直」の転。

じ-か【自火】 ー自分の家から出した火事。

じ-か【自家】 ①自分の家。「ー製」↔他家 ②自分。自分自身。「ー中毒」「ー撞着」

ー薬籠中の物 自分の薬箱の中の薬のように、いつでも思うままに使えるものや人。

じ-か【時下】 このごろ。ただいま。目下。「ーますますご清栄の段」[用法]多く、手紙文の初めに用いる。

じ-か【時価】 その時の値段・相場。「ーの五割引き」

じ-か【磁化】 ー(名・自他スル)《物》磁場内で物体が磁気を帯びること。また、物体に磁気を帯びさせること。

じ-が【自我】 ①《哲》認識・行動・意欲の主体として、他のものと区別された存在である自分。自己。エゴ。↔非我 ②《心》自分自身に対する認識・観念。自意識。「ーの確立」

シガー 〈cigar〉葉巻きたばこ。

し-かい【司会】 ー(名・自他スル)会や催しの進行を受け持つこと。また、その役。「ー者」

し-かい【四海】 四方の海。転じて、天下。世界。「ー波静か(=天下がよく治まって平和なこと)」

ーけいてい【ー兄弟】 世界の人がみな兄弟のように、仲良く親しむべきであるということ。〈論語〉

し-かい【四界】 ①《仏》地・水・火・風の四つの元素。四大。②天・地・水・陽の四つの世界。

し-かい【死灰】 ー①火の気のない灰。②(転じて)生気のなくなったもの。

し-かい【視界】 一定の位置から見通しのきく範囲。視野。「ーが開ける」

し-かい【△斯界】 (「斯」は「この」の意)この分野。この道。「ーの権威」

し-がい【市外】 ー市の区域外。「ー通話」↔市内

し-がい【市街】 人家や商店がたち並んでいる地域。まち。また、そこのにぎやかな通り。「ー地を抜ける」

し-がい【死骸・△屍骸】 死体。しかばね。

じ-かい【耳介】 →じかく(耳殻)

じ-かい【次回】 ーつぎの回。このつぎ。「ーにまわす」

じ-かい【自戒】 (名・自スル)自分自身を戒めて気をつけること。「自重ーする」

じ-かい【字解】 文字、特に漢字の解釈。

じ-かい【自壊】 ー(名・自スル)自然にこわれること。内部からくずれること。「ー作用をおこす」

じ-かい【持戒】 ー《仏》戒律をかたく守ること。↔破戒

じ-かい【磁界】 →じば(磁場)

じ-がい【自害】 (名・自スル)自らを傷つけて死ぬこと。自殺。

じが-いしき【自我意識】 《心》他のものとは違った存在として区別した自己についての認識。自意識。

しがい-せん【紫外線】 ー《物》波長がX線よりも長く可視光線よりも短い電磁波。太陽光線のスペクトルで、紫色の外側に現れる。殺菌・日焼けなどの作用がある。UV ⇩赤外線

しか-えいせいし【歯科衛生士】 資格をもち、歯科医師の指導のもとに、歯の病気の予防処置や衛生指導などを行う人。

し-かえし【仕返し】 ー(名・自スル)①ひどい目にあわされた人が、その相手を同じような目にあわせること。報復。復讐。「てひどいーを受ける」②やり直すこと。「ーがきかない」

じ-がお【地顔】 ありのままの顔。すがお。

し-かか・る【仕掛〔か〕る・仕懸〔か〕る】 (他五) ①やり始める。とりかかる。②仕事を中途までしている。「ー・った仕事がある」

しか-がわ【鹿革・鹿皮】 ー鹿のなめしがわ。

しか-ぎこうし【歯科技工士】 ー資格をもち、入れ歯など歯科医療に用いるものを作製・加工する人。

し-かく【四角】 (名・形動ダ)①「四角形」の略。②きちんとしすぎていて堅苦しいこと。「物事をーに考えすぎる」

ーけい【ー形】 《数》四つの線分で囲まれた平面図形。四辺形。しかっけい。

ーごうま【ー号△碼】 漢字の検索法の一つ。漢字の四隅の形によって0から9までの番号(=号碼)を定め、すべての漢字を左上・右上・左下・右下の順に四けたの数字で表すもの。

ーしめん【ー四面】 (名・形動ダ)①きまじめで堅苦しいこと。「ーなあいさつ」②真四角なこと。「ーのやぐら」

ーば・る【ー張る】 (自五) ①四角形をしている。②きまじめで堅苦しい態度をとる。「ー・ったものの言い方」

し-かく【死角】 ①射程内でありながら障害物や銃砲の構造上の理由から、どうしても弾丸をうちこめない区域。②ある角度からは見通しのきかない範囲。「運転席からはーになる」

し-かく【刺客】 人をつけねらって殺す者。暗殺者。刺客。「ーを放つ」[参考]「しかく」は「せっかく」の慣用読み。

し-かく【視角】 ①《物》物体の両端から目にいたる二直線がつくる角。②物を見たり考えたりする立場。「ーを変える」

し-かく【視覚】 《生》五感の一つ。ものを見るとき、光の刺激として脳に伝える感覚作用。「ーに訴える」

ーげんご【ー言語】 見ることによる情報伝達の手段。交通標識や手話など。

し-かく【詩格】 ①作詩の規則。②詩の品位。

し-かく【資格】 ある事をする場合の、地位や立場。また、一定の事をするのに必要な条件。「個人のーで参加する」「薬剤師のーをとる」「ーを欠く」

しか-く【然く・爾く】（副）（改まった言い方で）そのように。「—心得られたい」

し-がく【史学】歴史学。「—科」

し-がく【志学】（学問に志す意）一五歳のこと。語源「論語」に「吾十有五にして学に志す」とあることから。⇩年齢「参考」

し-がく【私学】私立の学校。「—助成」↕官学

し-がく【視学】もと、学校教育に関する事柄を視察・監督・指導した地方教育行政官。「—官」

し-がく【斯学】（「斯」は「この」の意）この学問。その分野の学問。「—の権威」

し-がく【詩学】詩の原理や作詩法などを研究する学問。

じ-かく【字画】— 漢字を構成する点や線。また、その数。

じ-かく【寺格】《仏》寺の格式。

じ-かく【耳殻】《生》耳の穴の外側の部分で、頭部の両側に突き出た貝殻状の器官。耳介。

じ-かく【自覚】（名・他スル）自分の置かれている立場・能力・使命・値打ち、また体の状態などについてはっきり認識すること。「—を持つ」「—が足りない」「体の衰えを—する」

—しょうじょう【—症状】《医》患者自身が感知する症状。「—がない」

じ-かく【痔核】— 《医》直腸や肛門部の静脈がうっ血してこぶ状にふくれる病気。いぼじ。

しかく・い【四角い】（形）四角な形である。「—机」語源「四角」を形容詞化した語。

じがく-じしゅう【自学自習】—（名・自他スル）直接指導者の教えを受けず自分で学習すること。

し-かけ【仕掛〔け〕】①他に働きかけること。②中途であること。やりかけ。③仕組み。装置。からくり。「たねも—もない」

—にん【—人】ある状態・状況を作り出す人。流行・事件などを引き起こすために策略をめぐらす人。「ブームの—」

—はなび【—花火】地上などに装置し、いろいろな形や色があらわれるようにした花火。夏

し-か・ける【仕掛ける】（他下一）①し始める。着手する。また、途中までやる。「話を—」②相手に対して、こちらから働きかける。「けんかを—」③装置を取り付ける。「ダイナマイトを—」「目覚まし時計を—」④鍋・釜などを火にかける。「ごはんを—」文しか・く（下二）

し-かざん【死火山】—《地質》旧分類法で、過去に火山活動をした記録がなく、将来も活動する可能性がない火山。

しか-し【併し・然し】（接）①前の文や段落の事柄とあとの文や段落の事柄とが、逆あるいはつり合わない関係にあることを表す。けれども。だが。そうではあるが。「これは世紀の大発見だ。—世間の関心は薄い」②感動や驚きをこめて話し始めるのに用いる。それにしても。「—思いきった事をしたね」

—ながら【—乍ら】（接）（「しかし」のやや改まった言い方）そうではあるが。だが。参考元来は「そっくり全部」「そのまますべて」の意味で副詞として用いた。「京都の騒ぎ、国々の乱れ、—当家（=平家）の身の上の事に候ふ間」〈平家〉

しか-じか【然然・云云】（副）長い文句を省略するとき、その代用にする語。これこれ。うんぬん。「かくかく—」

じが-じさん【自画自賛・自画自讃】—（名・自スル）①自分でかいた絵に自分で賛（=絵にそえる詩歌）を書き加えること。②自分で自分のことをほめること。てまえみそ。自賛。

しか-して【然して・而して】（接）そして。そうして。

しか-しゅう【私家集】—（勅撰集・私撰集に対して）個人の歌を集めた書物。家集。家の集。

しか-しゅう【詞花集・詞華集】— ①美しくすぐれた詩文の選集。アンソロジー。②「詞花和歌集」の略。

じか-じゅせい【自家受精】①《動》雌雄同体の動物で、同一個体の精子と卵との間で行われる受精。②《植》雌雄同株で、自家受粉の結果起こる受精。

じか-じゅふん【自家受粉】《植》ある株の花の花粉が同じ株の花の雌蕊の柱頭について受粉する現象。特に、同じ花の中で受粉する場合を同花（自花）受粉という。

しか-ず【如かず・若かず】…に及ばない。…にまさるものはない。「百聞は一見に—」「三十六計逃げるに—」⇩如く

じか-せい【自家製】自分の家でつくったもの。また、自分でこしらえたもの。「—の漬物」

じか-せん【耳下腺】《生》両方の耳の前下部にある唾液腺の中で最も大きいもの。

—えん【—炎】《医》耳下腺が炎症を起こして発熱し、はれて痛む病気。流行性耳下腺炎は「おたふくかぜ」という。

じが-ぞう【自画像】— 自分でかいた自分の肖像画。

し-かた【仕方】方法。やり方。手段。「処理の—を考える」

—な・い【—無い】（形）①どうにもしようがない。やむを得ない。「あの人の頼みなら—」②がまんできない。「おかしくて—」文しかたな・し（ク）

—ばなし【—話・—咄】手まねや身ぶりを豊富にまじえて演じる落語。また、そのような話し方。

じ-かた【地方】— ①（立方に対して）舞踊の伴奏音楽を受け持つ人。②能楽の地謡をする人。③江戸時代、町方に対して農村のこと。↕町方

じ-がた【地肩】— その人にもとから備わっている肩の力。野球の球を投げる力などにいう。「—が強い」

じか-たび【直足袋・地下足袋】—（直に地面を踏む足袋の意）労働用のゴム底の足袋。

じ-がため【地固め】—（名・自スル）①建築に先立って地面をならしかためること。地形。②物事の基礎をかためること。基礎がため。「選挙の—をする」

じか-だんぱん【直談判】—（名・自スル）相手と直接に交渉すること。直談。「—に及ぶ」

し-がち【仕勝ち】（形動ダ）とかくそうする傾向があるさま。「若いうちは無理を—だ」文（ナリ）

じかちゅうどく-しょう【自家中毒症】—《医》①自分の体内で生じた毒素により起こる中毒。尿毒症など。②自律神経の不安定な小児に多い周期性嘔吐症。

し-かつ【死活】— 死ぬか生きるかということ。生死。「—問題（=生命や存亡にかかわるような重大問題）」

し-がつ【四月】— 一年の第四の月。卯月。春

—ばか【—馬鹿】→エープリルフール 春

じ-かつ【自活】—（名・自スル）他から援助を受けずに、自分の力で生活すること。「—の道をさがす」

しかつめ-らし・い（形）顔つきや態度、話し方などがまじめくさって緊張したようすだ。形式ばっていて堅苦しい。もっともらしい。「—顔つき」「—議論」文しかつめら・し（シク）参考「鹿爪らしい」とも書く。

しかと（名・他スル）《俗》無視すること。語源花札で、十月の札（鹿の十）の図柄である鹿が横を向いていることからという。

しか-と【確と】（副）①はっきりと。確かに。「—見とどける」「—約束しましたぞ」②かたく。しっかりと。「—にぎりしめる」参考「しっかと」ともいう。

じか-どうちゃく【自家撞着】（名・自スル）同じ人の言動が前とあとで矛盾すること。「—におちいる」

しがな・い（形）カロ・カッ（ク）・イ・イ・ケレ・○ ①取るに足りない。つまらない。「ー商売」②みすぼらしい。貧しい。「ー暮らし」文しがな・し（ク）

しがなおや【志賀直哉】シガナオヤ（一八八三〜一九七一）小説家。宮城県生まれ。武者小路実篤らと「白樺」を創刊。清潔な倫理感に富む私小説が多く、文章は鮮明簡潔で端正。作品「和解」「城の崎にて」「暗夜行路」など。

じか-に【◇直に】ヂカ（副）直接に。「ー会って話す」

じ-がね【地金】ヂ ①製品に加工する前の素材の金属。「金のー」②めっきの下地の金属。③ふだんは隠れている、その人本来の性質。本性。「ーを出す」用法 ③は多く悪い性質にいう。

し-か・ねる【◇為兼ねる】（他下一）ネ・ネ・ネル・ネル・ネレ・○ ①するのはむずかしい。やりにくい。できかねる。「約束はー」「お答えー・ねます」②（「しかねない」の形で）…しないとはいえない。「彼ならとんでもないことをー・ねない」文しか・ぬ（下二）

しか-のみ-ならず【×加之】（接）それだけでなく。その上。「彼は有名な指揮者だ。ー作曲家としても一流だ」

じか-ばき【◇直履〔き〕】ヂカ 靴などを直接素足にはくこと。

じか-ばし【◇直箸】ヂカ 大皿の料理などを取り分けるのに、取り箸を使わずに自分の箸で直接取ること。

じが-ばち【×似我蜂】〘動〙①ジガバチ科の昆虫の総称。②①の一種。体は黒く、腰が細長くくびれている。地中に掘った穴に青虫などを捕らえて入れ、卵をうみつける。春

じか-はつでん【自家発電】電力会社からの電力の供給によらないで、自分の設備で自家用の電気を起こすこと。

し-かばね【△屍・△尸】①死体。なきがら。「生けるー（＝ただ生きているだけで気力も活力も失った人）」②［尸］漢字の部首名の一つ。「局」「尾」などの「尸」の部分。しかばねかんむり。

ーに鞭打つ 死んだあとまで、その人を非難・攻撃する。死屍に鞭打つ。

しか-ばん【私家版】個人が営利を目的とせずに発行し、限られた範囲に配布される本。自家版。「ー詩集」

じか-び【◇直火】ヂカ 料理などで、材料に直接火をあてて焼いたり加工したりすること。また、その火。「ーで焼く」

しか-ぶえ【鹿笛】雄鹿の鳴く声に似せた音色で、猟師が鹿を誘い寄せるのに用いる笛。鹿笛。秋

じか-まき【◇直△播〔き〕】ヂカ（名・他スル）苗に仕立てず、直接に田畑に種をまくこと。じきまき。「ー栽培」

しかみ【△顰】①顔をしかめること。②〘演〙能楽に使う鬼面の一種。

じ-がみ【地紙】ヂ ①傘や扇などにはる厚手の紙。②金や銀の箔などをはりつける下地の紙。台紙。

じ-がみ【地髪】ヂ（入れ毛などに対して）もともと生えている髪の毛。地毛。

しがみ-つ・く（自五）カ（コ）・キ（イ）・ク・ク・ケ・ケ その物から離れないようにかたくすがりつく。強く抱きつく。「母親にー子」

類語 むしゃぶりつく・かじりつく・すがりつく・ふるいつく・泣きつく・飛びつく・抱きつく

しかめっ-つら【△顰めっ面】不快・不機嫌などのために、みけんのあたりにしわを寄せた顔。しかめづら。渋面。「ーをする」

しか・める【△顰める】（他下一）メ・メ・メル・メル・メレ・メロ（メヨ）不快・不機嫌などのために、顔・額にしわを寄せる。「顔をー」文しか・む（下二）

しか-も【◇然も・△而も】（接）①その上。さらに。おまけに。「学問にすぐれ、ースポーツ万能の人」②それでも。それにもかかわらず。「注意されて、ー改めない」

じか-やき【◇直焼〔き〕】ヂカ 食物などを火に直接あてて焼くこと。また、そのもの。

じか-よう【自家用】自分の家用に使うこと。また、そのもの。

ーしゃ【ー車】自分の家で所有し利用する車。マイカー。

しから-し・める【◇然らしめる】（他下一）メ・メ・メル・メル・メレ・メロ（メヨ）そうさせる。そういう結果にいたらせる。「運命のーところ」文しからし・む（下二）

しから-ずんば【◇然らずんば】（接）そうでなければ。さもなければ。「自由を、ー死を」語源「しからずは」の転。漢文訓読から生まれた語。

しから-ば【◇然らば】（接）そうであるなら。それなら。「努力せよ。ー道は開かれる」

しがらみ【◇柵・△笧】①川の中にくいを打ち並べ、竹や木を横に組んで水流をせきとめるもの。②（比喩的に）まとわりついて、決意・行動などを押しとどめるもの。「浮き世のー」

しがらみそうし〔しがらみ草紙〕シガラミサウシ 文芸雑誌。一八八九〜一八九四（明治二十二〜二十七）年にかけて刊行。森鷗外主宰。文学評論を中心に、小説、翻訳、詩歌、史伝などを収めた。

しか・り【◇然り】（自ラ変）〘古〙（「しかあり」の転）そのとおりである。そうである。参考 終止形は感動詞のようにも用いられる。

しかり-つ・ける【叱り付ける】（他下一）ケ・ケ・ケル・ケル・ケレ・ケロ（ケヨ）きびしくしかる。きつくしかる。「子供をー」文しかりつ・く（下二）

しか・る【叱る】（他五）ラ（ロ）・リ（ッ）・ル・ル・レ・レ きびしく注意する。叱責する。「いたずらしてー・られる」可能 しか・れる（下一）

しかる-に【◇然るに】（接）それなのに。それにもかかわらず。「誠意を尽くした。ー聞き入れない」

しかる-べき【◇然る◇可き】■（連語）（「…てしかるべき」の形で）そうするのがあたりまえである。そうあるのが当然である。「一言あってーだ」■（連体）それに適した。それ相当の。ちゃんとした。「ー処置」語源 文語ラ変動詞「然り」の連体形「しかる」に、当然・適当の文語助動詞「べし」の付いた「しかるべし」の連体形から出た語。

しかる-べく【◇然る◇可く】（副）適切に。よいように。「ー対処する」

しかれ-ども【◇然れども】（接）そうではあるが。しかし。

しかれ-ば【◇然れば】（接）①そうであるから。だから。②さて。そこで。

シガレット〈cigarette〉紙巻きたばこ。「ーケース」

しかわかしゅう〔詞花和歌集〕シクワワカシフ 平安末期の第六勅撰和歌集。藤原顕輔の撰。崇徳上皇の命を受けて、一一五一（仁平元）年ごろ成立。「後拾遺集」以前の歌で「金葉集」にもれたものなど四〇〇余首を所収。詞花集。

し-かん【士官】クワン 将校または将校に相当する階級。

し-かん【子△癇】〘医〙妊娠・分娩期、また分娩後に、痙攣発作や昏睡を起こす病気。妊娠高血圧症候群の一種。

し-かん【止観】クワン〘仏〙妄念を止め、心を特定の対象にそそぎ、正しい知恵で対象を観照すること。天台宗で重視される。

し-かん【仕官】クワン（名・自スル）①官吏になること。②武士が大名などに召しかかえられて仕えること。

し-かん【史官】クワン 歴史の研究・編集にあたる官吏。参考 古代中国では、文書・記録をつかさどった役人をいう。

し-かん【史観】クワン 歴史を解釈する上での根本的な考え方。歴史観。「唯物ー」

し-かん【△弛緩】クワン（名・自スル）ゆるむこと。たるむこと。だらけること。「筋肉がーする」↔緊張 参考「ちかん」は慣用読み。

し-かん【私感】個人としての立場での感想。

し-かん【△屍△諫・死△諫】（名・他スル）命を捨てて主君をいさめること。死を覚悟して主君に忠告すること。

し-かん【△祠官】クワン 神官。神主。

し-かん【師管・△篩管】―〔植〕維管束をもつ植物の体内で、同化養分の通路となる管状の組織。篩管。

し-かん【詩巻】― 詩を書き記した書物。詩集。

し-がん【△此岸】〔仏〕（こちら側の岸の意）迷いの世界。この世。現世。↕彼岸

し-がん【志願】―（名・自他スル）自ら志し、進んで願い出ること。「―兵」「法学部を―する」

し-がん【詩眼】①詩を鑑賞・批評する眼識。②漢詩で、作品の巧拙を決定する主要な一字。

じ-かん【次官】― 各省庁で、国務大臣を補佐する公務員。

じ-かん【字間】 文字と文字との間隔。「―をつめる」

じ-かん【耳管】―〔生〕中耳の鼓室と咽頭との間に通じている長さ約三・五センチメートルの管。鼓室の内圧が調節される。エウスタキオ管。欧氏管。⇩耳(さしえ)

じ-かん【時間】①ある時刻から他の時刻までの間。「睡眠―」②時を数える単位。一時間は六〇分。一日は二四時間。③ある時刻。「帰宅の―」④授業などの単位として区切られた時。⑤過去・現在・未来と継続して永遠に流れゆくもの。空間とともに物体界を成立させる基礎形式。「―を超越する」↕空間

―がい【―外】― 決められた時間からはずれていること。早出や残業などの労働についていう。「―勤務」

―きゅう【―給】 一時間につきいくらと決め、働いた時間数に応じて支払われる賃金。時給。

―ぎれ【―切れ】 決められた時間が終わってしまうこと。

―げいじゅつ【―芸術】 音響・様態など時間的な経過に基づいて成立する芸術。音楽・詩・舞踊など。↕空間芸術

―たい【―帯】 一日のうちの、ある時刻からある時刻までの一定の時間。「人出の多い―」

―ひょう【―表】 ①→じこくひょう ②→じかんわり

―わり【―割〔り〕】 仕事や学習などの、時間に応じた割り当てを示したもの。時間表。「―を決める」

じ-かん【時△艱】 その時代・社会が当面している難問題。

じ-がん【慈眼】→じげん(慈眼)

しかん-たざ【△只管◦打△坐・△祗管◦打△坐】―〔仏〕（「只管」はひたすらの意）雑念を捨てて、ひたすら座禅に打ち込むこと。曹洞宗の座禅の特徴。

しき【式】 教3 シキ・ショク のり

（字義）①のり。おきて。きまり。てほん。かた。作法。「形式・仏式・様式」②のっとる。③一定の作法にのっとって行う行事。「式辞・式典・挙式」④計算の方法を数字や符号で表したもの。「公式・数式」 難読 式三番 人名 つね・もち

しき【式】 ①一定の作法にのっとって行う儀礼的な行事。「―を挙げる」②数学・化学・物理学などで、数字・文字・記号を連ねて、ある関係や法則を表したもの。「―を立てる」③律令の施行細則。「延喜―」④（多く、名詞に付いて）一定の型・様式・やり方であること。「コリント―」「電動―」

類語 儀式・典礼・式典・盛儀・盛典・祝儀・祝典

しき【色】（字義）→しょく(色)

しき【織】（字義）→しょく(織)

しき【識】 教5 シキ・ショク・シ しる・しるす

（字義）①しる。見わける。みとめる。さとる。気がつく。知り合いになる。「識閾・識別・意識・認識・面識」②考え。ものしり。ちえ。物事に対して考えを持つこと。「識見・識者・学識・見識・常識・知識」③しるす。おぼえる。書きつける。記録する。「識語・識字」④しるし。目じるし。記号。「標識」⑤旗じるし。＝幟。「旗識」 人名 さと・つね・のり

-しき（接尾）（ふつう「これ・それ・あれ」に付けて）取るに足りない程度である意を表す。ぐらい。ほど。ぽっち。「なんの、これ―」

しき【敷〔き〕】 ①（多く、接尾語的に用いて）敷くこと。また、器物などの下に敷く物。「鍋―」②「敷金」の略。③「敷き布団」の略。④「敷地」の略。「河川―」

し-き【士気】 兵士の戦闘意欲。また、人々の、団結して物事を行おうとする意気込み。「―を鼓舞する」

し-き【子規】「ほととぎす(時鳥)」の異名。

し-き【四季】 春・夏・秋・冬の四つの季節の称。「―の草花」

し-き【死期】 ①死ぬとき。臨終。「―が迫る」②命を捨てるべきとき。「―を失う」 参考「しご」ともいう。

し-き【志気】 ある事をなそうとする意気込み。「―を高める」

し-き【私記】 その人自身の個人的な記録。

し-き【始期】 ①ある事のはじまる時期。はじめの期間。②〔法〕法律行為の効力が発生する時期。（↕終期）

し-き【指揮】（名・他スル）①指図して人々を動かすこと。「―をとる」②合奏や合唱などの演奏を、指揮棒を振るなどして統率すること。「オーケストラを―する」

し-き【紙器】 紙製の器具・容器。ボール箱・紙コップなど。

しき〔史記〕 中国、前漢の歴史書。司馬遷の著。紀元前九〇年ごろ成立。上古の黄帝から漢の武帝に至る二千数百年間の通史で、紀伝体史書の最初のもの。

しぎ【△鴫・△鷸】〔動〕シギ科の鳥の総称。くちばし・脚が長く、水辺にすむ。春秋二回日本にたちよる渡り鳥。秋

し-ぎ【仕儀】（思わしくない）なりゆき・事態・結果。「手に余る―にたちいたる」

し-ぎ【市議】（「市議会議員」の略）市の議決機関である市議会を構成する議員。市会議員。

し-ぎ【私議】 ━（名）自分一人の意見。━（名・他スル）陰で批評や悪口を言うこと。

し-ぎ【思議】（名・他スル）考えること。思いはかること。

し-ぎ【試技】 重量挙げや跳躍競技・投擲競技などで、選手に許される一定回数の演技の、一回ごとの演技。トライアル。

じき【直】（字義）→ちょく(直)

じき【直】（副・形動ダ）①距離的・時間的に近いさま。すぐ。「銀行は―近くにある」「―に帰るよ」②間に事物がはさまらないこと。じか。「―の兄」

じき【食】（字義）→しょく(食)

-じき【敷〔き〕】（接尾）敷いた畳の数で部屋の広さを表す語。「十畳―の部屋」

じ-き【自記】（名・他スル）①自分で書き記すこと。②器械が自動的に測定値などを記録すること。「―温度計」

じ-き【次期】 つぎの時期・期間。「―会長」

じ-き【自棄】（名・自スル）自分に失望して自分を見捨てること。やけになること。すてばち。「自暴―」

じ-き【時季】 あることが盛んに行われる季節。シーズン。

じ-き【時期】 ①とき。おり。②季節。⇩「使い分け」

じ-き【時機】 適当な機会。ころあい。おり。⇩「使い分け」

> 使い分け 「時期・時機」
> 「時期」は、物事を行う時の意で、「時期が早い」「入試の時期」「時期尚早」などと広く一般的に使われる。
> 「時機」は、「時期」のうち特別のものに用いられ、特定の事を行うのに特によいきっかけとなる時の意を表し、「時機をうかがう」「時機到来」「時機を逸する」などと使われる。

じ-き【磁気】〘物〙磁石のもつ、鉄を引きつけたり電流に作用したりする性質。「ーを帯びる」

じ-き【磁器】白色・半透明で、吸水性のない焼き物。たたくと金属的な音を発する。有田焼・九谷焼など。

じ-ぎ【字義】文字、特に漢字の意味。「ーを調べる」

じ-ぎ【児戯】子供の遊び・いたずら。「ーに類する行い」

ーに等しい 子供の遊びのように幼稚でたわいない。児戯に類する。

じ-ぎ【時宜】時機が適当であること。ちょうどよいころあい。「ーを得た処置」「ーにかなう」

じ-ぎ【辞儀】（名・自スル）①（「お辞儀」の形で）頭を下げて礼をすること。挨拶すること。②遠慮。辞退。「ーには及ばぬ」

じき-あらし【磁気嵐】〘天〙太陽面の爆発で放出される荷電粒子によって、地球の磁場が変動する現象。無線通信を妨害する。

しき-い【敷居】ー門や出入り口、また部屋のしきりに敷く横木。戸・障子をあけたてするためのみぞがある。しきみ。↔鴨居

ーが高い ①不義理・不面目なことをしていて、その人の家に行きにくい。「不義理をかさねてー」②〘俗〙格式の高さなどに気後れして、気軽に行ったりしたりしづらい。「ー店」「能楽はー」

ーごし【ー越し】敷居を隔てて何かをすること。「ーに恭しく挨拶する」

しき-いき【識閾】ー〘心〙刺激に対して意識作用が起きたり消滅したりする境目。

しき-いし【敷石】道路や庭などに敷き並べた平らな石。

しき-いた【敷(き)板】①物の下に敷く板。底板。②根太の上に張る板。ゆか板。③厠(＝便所)などの踏み板。

しきい-ち【閾値】ー →いきち(閾値)

しき-うつし【敷(き)写し】(名・他スル)①書画などの上に薄い紙をのせて写し取ること。透き写し。②他人の文章などをそのまままねること。

じき-カード【磁気カード】表面に磁性材を貼り付けるなどして情報を記録したカード。キャッシュカードなどに利用される。⇩ICカード

しき-かい【色界】〘仏〙三界の一つ。欲界の上、無色界の下に位置する。淫欲・食欲を脱しているが、まだ物質(色)に執着している世界。色界天。色天。

しき-かく【色覚】色を識別する感覚。色感。色神。

ーいじょう【ー異常】ある色の見え方が他の多くの人と異なる状態。先天性のものが多い。色覚特性。

しき-がみ【敷(き)紙】①物の下に敷く紙。②紙製の敷物。

しき-がわ【敷(き)皮】ー毛皮の敷物。

しき-がわ【敷(き)革】ー靴の内底に敷くかわ。中敷き。

しき-がわら【敷(き)瓦】土間・地面などに敷く平たいかわら。

しき-かん【色感】①色を識別する感覚。色覚。色神。②色彩から受ける感じ。③色彩に対する感受能力。色彩感覚。

しき-かん【指揮官】ー(軍隊や警察で)指揮をする人。

し-きぎょう【私企業】ー民間人が経営する企業。↔公企業

じききょうめい-がぞうほう【磁気共鳴画像法】ー→エムアールアイ

じき-きらい【磁気機雷】磁気に感応し、艦船が触れないでも接近するだけで爆発する、水中に置かれる機雷。

しき-きん【敷金】①家・部屋などの借り主が貸し主に預ける保証金。⇩礼金 ②取り引きの保証のために預ける証拠金。

しき-けん【識見】物事を正しく判断する能力。見識。

しき-けん【指揮権】①職務や組織を指揮する権限。②〘法〙法務大臣が検察官に対し指揮監督できる権限。「ーを発動する」

しき-ご【識語】写本や刊本で、本文のあとまたは前に、その本の由来や書写の年月日などをしるしたもの。参考もとの読みは「しご」。「しきご」は慣用読み。

しき-さい【色彩】①いろ。いろどり。「ー感覚」②ある物事を示す傾向や性質。「保守的ー」

しき-ざき【四季咲き】四季を通じて何回も花が咲くこと。また、その植物。「ーのバラ」

じき-さん【直参】ー①主君に直接仕える者。②江戸時代、将軍家に直属した一万石未満の武士。旗本・御家人の総称。「ーの旗本」(↔陪臣)

しき-さんば【式三番】〘演〙①能楽の「翁」の別名。②歌舞伎で、能楽の「翁」を取り入れた儀式的な舞踊。

しき-し【色紙】①和歌・俳句や絵などをかく方形の厚紙。種々の色があり、また模様などを施したものが多い。②弱くなった衣服に裏打ちする布。参考「いろがみ」と読めば別の意になる。

しき-じ【式次】儀式を進める順序。式次第。「祝勝会のー」

しき-じ【式辞】式場で述べるあいさつの言葉。「町長のー」

しき-じ【識字】文字を書いたり読んだりできること。「ー率」

じき-じき【直直】(副)直接。人を介さずじかに。「長官ーの命令」「ーにおいでくださる」

しき-しだい【式次第】儀式を行う順序。式次。

しき-じつ【式日】①儀式の行われる日。②祝日。祭日。

しきしないしんのう【式子内親王】(一二〇一)平安末期・鎌倉初期の歌人。「式子」は「しょくし」とも。後白河天皇の第三皇女。「新古今集」の代表的歌人。歌風は清澄高雅で、恋歌に優れる。家集「式子内親王集」。

しきしま【敷島】〘古〙①大和の国。現在の奈良県。②「日本国」の別称。③「敷島の道」の略。

ーの〘枕〙「大和」「日本」にかかる。

ーのみち【ーの道】和歌の道。歌道。

しき-しゃ【識者】深い知識や見識のある人。有識者。

しき-しゃ【指揮者】①指図・命令をする人。②合奏・合唱を指揮する人。コンダクター。

しき-じゃく【色弱】程度の軽い色覚異常の旧称。

じき-しょ【直書】ー①本人が直接書くこと。また、その文書。直筆。自筆。②武家時代、自筆の書状。直状。

しき-じょう【色情】ー性的欲望。色欲。

しき-じょう【式場】ー儀式を行う場所。

じき-しょうそう【時期尚早】ーそれを行うにはまだ早過ぎること。「実行に移すのはーだ」

し-きせ【仕着せ・為着せ】→おしきせ

しき-そ【色素】物体に色を与えるもとになる成分。特に、布地・食品などに用いる着色料。染料・顔料など。「有毒ー」

じき-そ【直訴】ー(名・自他スル)定められた手続きを経ないで、主君・上役などに直接訴え出ること。直願。「ー状」「社長にーする」

しき-そう【色相】ー①色あい。色調。②〘美〙色の三要素の一つ。色あい。⇩彩度・明度 ③〘仏〙肉眼で見ることができる形態。ありさま。

じき-そう【直奏】ー(名・他スル)取り次ぎを経ないで、天皇や身分の高い人に直接申し上げること。

しき-そく-ぜ-くう【色即是空】〘仏〙すべての物質的現象(色)は、固定した実体性のない空であるということ。⇩空即是色

しき-だい【式台】 玄関先の一段低くなった板敷き。

〔しきだい〕

しき-たく【色沢】 いろつや。

じき-たつ【直達】ヂキ (名・他スル) 直接伝達すること。

しきたへ-の【敷△妙の】しきたえ 《枕》「枕まくら」「床」「衣」「たもと」「そで」「家」「黒髪」などにかかる。

し-きたり【仕来〔た〕り】 (「今までしてきたこと」の意から) 以前からのならわし。慣例。「―に従う」

ジギタリス〈ラテ digitalis〉《植》オオバコ科の多年草。ヨーロッパ原産。夏、白や紅紫色の鐘状花を開く。葉は有毒で強心剤の原料。薬用・観賞用。きつねのてぶくろ。夏

じき-だん【直談】ヂキ (名・自スル) ①相手と直接話し合うこと。直談判じかだんぱん。②相手から直接聞いた談話。

しき-ち【敷地】 建物を建てたり道路や公園などにあてたりするための土地。「学校の―」

しき-ちょう【色調】テウ 色彩の濃淡・強弱の調子。色あい。トーン。「明るい―」

しき-つ・める【敷〔き〕詰める】 (他下一) メ・メ・メル・メル・メレ・メロ(メヨ) すきまなく一面に敷く。「カーペットを―」文しきつ・む(下二)

じき-てい【直弟】ヂキ ①すぐ下の弟。②直弟子じきでし。

しきてい-さんば【式亭三馬】 (一七七六～一八二二) 江戸後期の戯作げさく者。江戸(東京都)生まれ。写実と皮肉を特色とする滑稽こっけい本作家。代表作「浮世風呂うきよぶろ」「浮世床うきよどこ」。

じき-テープ【磁気テープ】 磁性物質を塗ったプラスチックなどのテープ。録音・録画・コンピューターの外部記憶に用いる。

じき-でし【直弟子】ヂキ 師から直接に教えを受ける弟子。直弟。直門。

しき-てん【式典】 式。儀式。「記念―」

じき-でん【直伝】ヂキ 師が弟子に、その道の奥義おうぎや秘伝を直接に伝えること。「師匠―の芸」

しき-とう【指揮刀】タウ 軍隊で指揮に用いる、刃のない刀。

しき-どう【色道】ダウ 色恋に関する方面のこと。

じき-とう【直答】ヂキタフ (名・自スル) 人を通さず直接に答えること。直答ちょくとう。

じき-どう【食堂】ダウ 《仏》寺院の食堂しょくどう。

じき-に【直に】ヂキ (副) もう少ししたら。そのうち。じき。「―夜が明ける」

しき-ね【敷き寝】 下に敷いて寝ること。また、その敷くもの。

―の-ふね【―の船】 七福神や宝物をのせた船を描いた絵。参考 元日または二日の夜、これを枕まくらの下に敷いて寝ると吉夢を見るという。

しき-ねん【式年】 (「式」はさだめの意) 定例の祭儀を行うことに決められている年。「―祭」

―せんぐう【―遷宮】 神社で、一定の年に新しい殿舎を建てて祭神を移すこと。参考 伊勢いせ神宮は二〇年ごとに行う。

しき-のう【式能】 儀式として行われる能楽。

じき-のう【直納】ヂキナフ (名・他スル) 直接おさめること。

じき-はずれ【時季外れ】ハヅレ その季節に合っていないこと。季節外れ。時候外れ。「―の雪」

しき-ばらい【四季払〔い〕】バラヒ 掛け金などを四季の末ごとに支払うこと。

しき-び【式微】 (名・自スル) (国や王室が) ひどく衰えること。式微しょくび。

じき-ひ【直披】ヂキ (手紙の脇付わきづけの一つ) 宛名の本人がじかに開いてくださいの意。親展。直披ちょくひ。

じき-ひつ【直筆】ヂキ 直接自分で書くこと。また、その文書。自筆。直書。↔代筆 参考「ちょくひつ」と読めば別の意になる。

しき-ふ【敷布】 敷きぶとんの上に敷く布。シーツ。

しき-ぶ【式部】 ①「式部省」の略。②式部省の役人。③女官の呼び名。「紫―」「和泉いずみ―」

―しょう【―省】シャウ 《日》律令りつりょう制による役所の名。八省はっしょうの一つ。儀式や官吏の選任などをつかさどった。⇨八省

しき-ふく【式服】 儀式のときに着る服。礼服。↔平服

しき-ぶとん【敷〔き〕布団・敷〔き〕△蒲団】 寝るときに体の下に敷くふとん。↔掛け布団

しき-べつ【識別】 (名・他スル) 物事の性質・種類などを見分けること。「牛の個体を―する」

しき-ほう【式法】ハフ 儀式と作法。「茶会の―」

しき-ぼう【指揮棒】 合唱や合奏の指揮に使う棒。タクト。

しき-ま【色魔】 多くの女性をだましてもてあそぶ男。女たらし。

じき-まき【直△播〔き〕】ヂキ →じかまき

しきみ【△樒・△梻】 《植》マツブサ科の常緑小高木。春に淡黄白色の花を開く。仏前に供える。葉・樹皮から線香・抹香などを作る。果実は毒性が強い。しきび。(しきみの花 春)

しきみ【△閾】 《古》敷居しきい。

じき-みや【直宮】ヂキ 天皇と直接血縁の間柄にある皇族。皇太子・皇子・皇弟・内親王などの総称。

しき-もう【色盲】マウ →しきかくいじょう

しき-もく【式目】 ①(法式と条目の意で) 武家時代、法規や制度を箇条書きにしたもの。「御成敗―」②連歌・俳諧はいかいなどで、句を作るときに守るべき約束事・規則。「連歌―」

しき-もの【敷物】 座るときに敷くもの。ゆかの上に敷くもの。

じき-もん【直門】ヂキ 師匠・先生から直接教えを受けること。また、その人。直接の門下生。直弟子。

しぎ-やき【△鴫焼〔き〕】 切ったナスに油をぬって焼き、ねりみそをつけた料理。夏

し-きゃく【刺客】 →しかく(刺客)

し-ぎゃく【△弑逆】 (名・他スル) 主君や親を殺すこと。参考「しいぎゃく」は慣用読み。

し-ぎゃく【△嗜虐】 むごたらしいことを好むこと。「―趣味」

じ-ぎゃく【自虐】 (名・自スル) 必要以上に自分で自分を責めさいなむこと。「―行為」「―的な性格」

し-きゅう【子宮】 《生》哺乳ほにゅう類の雌の生殖器の一部。人間では骨盤の中にあり、扁平へんぺいなナスび形で胎児を宿す器官。

―がい-にんしん【―外妊娠】グワイ 《医》受精卵が子宮腔以外の卵巣・卵管・腹膜などに着床し発育すること。

―がん【―△癌】 《医》子宮にできる悪性の腫瘍しゅよう。子宮頸けい癌と子宮体癌とに区別される。

―きんしゅ【―筋腫】 《医》子宮の筋肉組織にできる良性の腫瘍しゅよう。

し-きゅう【支給】キフ (名・他スル) 金銭や物品を払い渡すこと。「ボーナスを―する」

し-きゅう【四球】キウ →フォアボール

し-きゅう【至急】キフ (「至」はこの上もないの意) 非常に急ぐこと。「ご自宅へ―お帰りください」

類語 急・火急・緊急・早急・急遽きゅうきょ・大急ぎ・特急

し-きゅう【死球】キウ →デッドボール①

じ-きゅう【自給】キフ (名・他スル) 自分に必要なものを自分で作り出して用立てること。「食糧を―する」

―じそく【―自足】 (名・自他スル) 自分、または自国の必要物資をみずからの生産でまかなうこと。「―の生活」

—ひりょう【—肥料】 化学肥料に対して、堆肥・下肥などのように、農家が自分の家で作ることのできる肥料。

じ-きゅう【持久】 (名・自スル) 長くもちこたえること。「—戦」

—そう【—走】 学校の体育などで、ペースを保ってある程度の距離や時間を走ること。

—りょく【—力】 長くもちこたえる力。特に、運動や負荷にもちこたえられる筋力や体力。「—をつける」

じ-きゅう【時給】 →じかんきゅう

しきゅう-しき【始球式】 野球で、試合開始に先立って来賓などがボールを捕手に投げる儀式。

し-きょ【死去】 (名・自スル) 死ぬこと。死亡。

じ-きょ【辞去】 (名・自スル) 挨拶して他人の所から立ち去ること。いとまごい。「友人宅を—する」

し-きょう【市況】 《経》株式や商品の取り引きの状況。

し-きょう【司教】 《基》ローマカトリック教会の職制の一つ。司教区を統轄する高位の聖職者。司祭の上位。

し-きょう【示教】 (名・他スル) 具体的に示して教えること。教示。示教。「—を仰ぐ」

し-きょう【四鏡】 《文》歴史物語の「大鏡」「今鏡」「水鏡」「増鏡」の総称。⇒三鏡

し-きょう【指教】 (名・他スル) さし示して教えること。

し-きょう【詩境】 詩にうたわれている心境。また、詩がうまれるときの境地。

し-きょう【詩興】 詩がつくりたくなる気持ち。詩情。また、詩を読んで感じるおもしろみ。「—をそそる」

しきょう【詩経】 中国最古の詩集。「毛詩」「詩」とも。五経の一つ。孔子の編という。西周から春秋までの古詩三〇五編を、風・雅・頌に大別して収録。

し-ぎょう【士業】 《俗》弁護士や税理士など、「士」のつく職業の俗称。さむらい業。

し-ぎょう【仕業】 車両や機械の運転・操作をすること。「—点検」

し-ぎょう【始業】 (名・自スル) ①その日の業務を始めること。「—ベル」②学校で、一学期間、または一年間の授業を始めること。「—式」(↔終業)

し-ぎょう【斯業】 (「斯」は「この」の意)この事業。この方面の事業。「—の発展に尽くす」

じ-きょう【自供】 (名・自他スル) 容疑者や犯人が、取り調べに対して自分の犯罪事実を述べること。また、その事柄。参考「自白」は、自己の犯罪事実を肯定すること。

じ-きょう【自彊】 自分から努力し、励むこと。「—息まず(=努力を怠らない)」

じ-きょう【持経】 《仏》常に手もとに置いて読誦する経典。特に法華経のことをいう。

じ-ぎょう【地形】 ①建築する前に地面をかためること。地固め。②建築物の最下部の基礎構造。また、その工事。

じ-ぎょう【事業】 ①社会的に大きな仕事。「公共—」②一定の目的と計画をもって経営する経済活動。「—を興す」

—ぜい【—税】 個人または法人が営む事業の所得・利益に対して、都道府県が課する直接税。

—ねんど【—年度】 事業上の決算のための年度。

しきょう-ひん【試供品】 ためしに使ってもらうために無料で配る、薬品・化粧品などの宣伝用見本。サンプル。

しき-よく【色欲・色慾】 ①性的な欲望。②色情と利欲。

し-きょく【支局】 本局から分かれて各地に設立され、その地区の業務を取り扱う所。「新聞社の—」↔本局

し-きょく【私曲】 (「曲」はまがったこと、不正の意)自分の利益のために不正をはたらくこと。

じ-きょく【時局】 国家・社会などのその時の状態。時勢のなりゆき。「重大な—を迎える」

じ-きょく【磁極】 磁石の両端の、吸い付ける力の最も強いところ。正極(北極・N極)と負極(南極・S極)。

じき-らん【直覧】 (名・他スル) ①親しく直接ご覧になること。②(手紙の脇付けの一つ)直接ご覧くださいの意。

し-きり【仕切(り)】 ①境を作って分けること。へだてること。また、そのためのもの。「—戸」「—板」②物事の結末をつけること。また、帳簿や取り引きのしめくくり。決算。「—帳」③相撲で、立ち合いの身構えをすること。「—にはいる」

—きん【仕切金】 《商》売手が買手から受け取る代金。諸経費の総額。しきりがね。

—しょ【仕切書】 《商》①→おくりじょう② ②売り主が代金の請求に用いる売上書。

—なおし【—直し】 ①相撲で、立ち合いの呼吸が合わず、改めて仕切ること。②(転じて)一度始めたり計画したりした物事を、もう一度初めからやり直すこと。

—や【—屋】 ①廃品回収業者が集めた廃品を、仕分けて売り払う職業。②物事をとりしきることが好きな人。

しきり-に【頻りに】 (副) ①同じことが繰り返して起こるさま。何度も。②中断されず続けられるさま。「雨が—降る」③ある事に心を傾け、繰り返しそれを行うさま。「—欲しがる」

-しき・る (接尾) (動詞の連用形に付いて、五段活用の動詞をつくる)絶え間なく続く。さかんに…する。「雨が降り—」

し-き・る【仕切る】 [一](他五) ①間に境界を設けてへだてる。「部屋を—」②決算する。「半年ごとに—」③物事をとりしきる。「会を—」[二](自五) 相撲で、立ち合いの身構えをする。可能 しき・れる(下一)

じき-わ【直話】 (名・自スル) 直接する話。また、直接聞いた話。「体験者の—」

しき-わら【敷(き)藁】 家畜小屋や作物の根もとなどに敷くわら。敷き草。

し-きん【至近】 非常に近いこと。「—距離」

し-きん【私金】 私有の金銭。

し-きん【試金】 ①《化》鉱物・合金の定量分析。②貨幣・板金・貴金属などの純度を調べること。

—せき【—石】 ①無水珪酸を主成分とした黒色の石英質の岩石。貴金属をこすりつけてその純度・品位を調べるのに用いる。②物の値打ちや人の能力を判定する材料になる物事。「成否を占う—となる」

し-きん【資金】 ①事業を行うのに必要なお金。もとで。「運転—」②特定の目的に使われるお金。「建築—」

—ぐり【—繰り】 事業を順調に進めるための資金のやりくり。「—に行きづまる」

し-きん【賜金】 天皇・政府などからたまわる金銭。下賜金。

し-ぎん【市銀】 「市中銀行」の略。

し-ぎん【歯齦】 《生》はぐき。歯肉。「—炎」

し-ぎん【詩吟】 漢詩に節をつけてうたうこと。

じ-きん【地金】 →じがね

し-く【市区】 ①市街の区画。②市と区。「—町村」

し-く【四苦】 《仏》四つの苦しみ。生・老・病・死。「—八苦」

し-く【死苦】 ①《仏》四苦の一つ。免れることのできない死の苦しみ。②死ぬほどの苦しみ。

し-く【詩句】 詩の言葉。詩の一節。

し・く【如く・若く】 (自五) 及ぶ。匹敵する。

「用心するに―はない」「百聞は一見に―かず」用法 下に打ち消しや反語がくる。

し・く【敷く】 カ(コ)・キ(イ)・ク・ク・ケ・ケ 一(自五)(動詞の連用形の下に付いて)広い範囲に広がる。「落ち葉が散り―」二(他五)①平らに広げる。一面に平らに並べる。「ふとんを―」「床にじゅうたんを―」②物の下に平らに置く。「厚紙を台に―」③下に押さえつける。「夫を尻に―」「抗う賊を組み―」④構える。配置する。「陣を―」⑤とりつける。敷設する。「鉄道を―」⑥広くゆきわたらせる。「戒厳令を―」可能 し・ける(下一) 参考 二⑥は「布く」とも書く。

じく【竺】人 ジク(チク)・トク (字義)①篤い。②竹。③インドの古称「天竺」の略。「竺学・竺国」

じく【軸】 ジク(チク)㊥ 人名 あつし

(字義)①心木。車の轂をつらぬいて、輪をささえる棒。心棒。「車軸・主軸」②巻物の中心にする丸い棒。「軸木・巻軸」③回転・活動の中心となるもの。運動の中心。「軸線・枢軸・対称軸・地軸」④巻物。掛け軸。掛け物。また、掛け物や巻物を数える語。「軸物・書軸」⑤植物の茎。「花軸」

-じく【軸】 ジク (接尾)巻物・掛け軸などを数える語。

じく【軸】 ジク ①まわるものの、中心となる部分。「車の―」②巻物の心棒。③巻物。掛け軸。「床の間に―を掛ける」④物の、棒状の部分。「筆の―」⑤植物などの幹や茎。「花の―」⑥(巻末の軸に近い所に記すことから)俳句・川柳などの一巻の最後にしるす者の句。⑦集団や組織の活動の中心となる部分。「チームの―となる」⑧〘工〙回転運動を伝えるための棒状の部分。シャフト。⑨〘数〙㋐座標を定めるための基準となる直線。「x―」㋑対称図形の対称の基準となる直線。「対称―」

じく【△舳】 ジク ①へさき。船首。②とも。船尾。

じ-く【字句】 文章の中の文字と語句。「―を修正する」

ジグ〈jig〉〘工〙機械工作で、工作物を固定して刃物や工具などを正しく当てるための器具。参考「×治具」とも書く。

じく-あし【軸足】 ジク 運動をするとき、自分の体を支え、運動の中心にする足。「―を移す」

じ-くう【時空】 時間と空間。「―を超える」

じく-うけ【軸受け】 ジク ①機械の回転軸・心棒などを受け支える装置。ベアリング。②扉などの軸を受ける部分。

しく-かつよう【シク活用】 クワツヨウ 〘文法〙文語形容詞の活用の一つ。語尾が、「しから・しく/しかり・し・しき/しかる・しけれ・しかれ」と活用する。「美し」「恋し」「嬉し」など。参考「しから・しかり・しかる」は主として助動詞を付けるために発達したもので、補助活用とも呼ばれる。なお、未然形に「しく」を立てる説もある。⇒ク活用

じく-ぎ【軸木】 ジク ①掛け物や巻子本などの軸に用いる木。②マッチの軸に用いる木。

し-ぐさ【仕。種・仕草】 ①動作や表情。また、何かをするときのやり方。「かわいらしい―」②演技中の俳優の動作や表情。

ジグザグ〈zigzag〉(名・形動ダ)線や道が左右に何度も折れ曲がったさま。また、その形。いなずま形。「―に行進する」

じく-じ【忸△怩】 ヂク (タル)(ト)(「忸」も「怩」も恥じて顔が赤くなる意)自分の行為について、心の中で恥ずかしく思うこと。「内心―たるものがある」文(形動タリ)

しく-しく (副・自スル)①よわよわしく泣くさま。「―(と)泣く」②あまり強くないが絶え間なく痛むさま。「腹が―(と)痛む」

じく-じく (副・自スル)水気が多く、にじみ出るさま。「傷口が―(と)する」

しくじり 失敗。失策。為損じ。

しくじ・る (他五) ラ(ロ)・リ(ッ)・ル・ル・レ・レ ①しそこなう。失敗する。「試験を―」②過失などによって仕事や地位などを失う。「会社を―」

表現

〔類語〕	▼こける・為損なう・為損じる・遣り損なう・どじる ▼(〜する)蹉跌・失敗・エラー・ミス
〔慣用〕	▼失態を演じる・轍を踏む・どじを踏む・不覚をとる・へまをする・ぼかをする・墓穴を掘る・味噌を付ける・二の舞を演じる
〔ことわざ〕	▼羹に懲りて膾を吹く・過ちては則ち改むるに憚ることなかれ・蟻の穴から堤も崩れる・殷鑑遠からず・鵜の真似をする烏・猿猴月を取る・画工闘牛の尾を誤って牧童に笑わる・河童の川流れ・九仞の功を一簣に欠く・弘法も筆の誤り・転ばぬ先の杖・策士策に溺れる・猿も木から落ちる・失敗は成功のもと・上手の手から水が漏れる・急いては事を仕損じる・前車の覆るは後車の戒め・千慮の一失・七転び八起き・生兵法は大怪我の基・敗軍の将は兵を語らず

ジグソー-パズル〈jigsaw puzzle〉絵や写真を細片に分けてばらばらにし、それをもとにもどす玩具。はめ絵。

じ-ぐち【地口】 ヂ ことわざ・成句などと発音が似ていて意味の違う文句を作って言うしゃれの一種。「知らなきゃほうっておけ(知らぬが仏)」の類。「―落ち(=落語の落ちで、地口で話をしめくくるもの)」

し-くつ【試掘】 (名・他スル)鉱物や石油・温泉・地下水などの採掘の適否やその質・量を調べるために、ためしに掘ること。

シグナル〈signal〉①信号。合図。②鉄道などの信号機。

しく-はっく【四苦八苦】 (名・自スル)①〘仏〙生・老・病・死の四苦に愛別離苦・怨憎会苦・求不得苦・五蘊盛苦の四苦を加えた苦。②非常に苦しむこと。

じ-くばり【字配り】 書く文字の大小や配置。「―がよい」

し-くみ【仕組〔み〕】 ①組み立て。構造。機構。「社会の―」②企て。計画。「最終的には自分だけが得をする―だ」③小説や劇などの筋・構成。趣向。「複雑な―の芝居」

し-く・む【仕組む】 (他五) マ(モ)・ミ(ン)・ム・ム・メ・メ ①くふうして構造体を組み立てる。②おもに悪い事を企てる。たくらむ。「―・まれたわな」③小説や劇などの筋を組み立てる。「事件を芝居に―」可能 しく・める(下一)

じ-ぐも【地×蜘蛛】 ヂ 〘動〙ジグモ科の節足動物。大形で黒褐色。袋状の巣を地中につくる。土蜘蛛。夏

じく-もの【軸物】 ジク →かけもの(掛け物)

シクラメン〈cyclamen〉〘植〙サクラソウ科の多年草。鉢植えにする。冬から初春、赤・白・紫などの花を開く。観賞用。ぶたのまんじゅう。かがりびな。春

〔シクラメン〕

しぐれ【時雨】 ①秋の末から冬にかけてときどきぱらぱら降る小雨。冬 ②(「時雨煮」の略)貝のむき身などにショウガを加えたつくだ煮。参考 常用漢字表付表の語。

しぐ・れる (自下一) レ・レ・レル・レル・レレ・レヨ しぐれが降る。「山沿いは―でしょう」文 しぐ・る(下二)

じく-ろ【△舳△艫】 ヂク 船のへさきと、とも。船首と船尾。「―相銜む(=多くの船がふれあうように連なって進むようす)」

し-くん【嗣君】 (「嗣」はつぐの意)あとつぎの子の敬称。

じ-くん【字訓】 漢字の、和語(日本語)での読み。「山」「川」

を「やま」「かわ」と読む読み方。↕字音

し-くんし【士君子】 学問があり、徳の高い人。

し-くんし【四君子】（姿が君子のように清らかで美しいということから）中国・日本の絵画の題材で、蘭・竹・梅・菊のこと。

しけ【△絓】 →しけいと

し-け【×時化】 ①風雨のために海が荒れること。↕凪 ②海が荒れて魚がとれないこと。③景気の悪いこと。興行の不入り。

じ-げ【地下】— ①昔、昇殿を許されなかった位の低い役人。地下人。↕殿上人・堂上 ②宮中に仕える者が、それ以外の者をいった語。③平民。庶民。

じ-げ【地毛】— （かつらなどに対して）もとから生えている髪の毛。地髪。

し-けい【支系】 大もとから分かれて出た枝葉の系統。

し-けい【死刑】 犯罪者の生命を絶つ極刑。死罪。

—しゅう【—囚】 死刑を宣告された囚人。

し-けい【私刑】 法によらないで、個人や集団が勝手に制裁を加えること。リンチ。

し-けい【紙型】 活版印刷で、活字の組版を特殊な紙に押しつけてとった鋳型。印刷用鉛版をつくるのに用いる。

し-けい【詩形・詩型】 詩の形式。七五調・自由詩など。

し-げい【至芸】 この上なくすぐれた技芸。芸の極致。

じ-けい【次兄】 上から二番目の兄。

じ-けい【字形】 文字の形。「縦長の—」

じ-けい【自警】（名・自スル）①自分で自分の周囲を警戒すること。「—団」②みずからいましめること。自戒。「—の言葉」

し-けいざい【私経済】《経》個人または私法人が営む経済。

しけ-いと【△絓糸】 繭の外皮からとったそまつな絹糸。しけ。「—織り」

じけい-ひょうげん【自敬表現】— 自分自身に敬語を使った言い方。記紀歌謡・宣命・「平家物語」などで、神や天皇の言葉として述べる場合などにみられる。

じ-けいれつ【時系列】 ①自然現象や社会事象の観測数値を時間的経過に沿って並べたもの。「調査結果を—に並べる」②（転じて）できごとの起こった順序。

し-げき【史劇】 歴史上の事件を題材にした演劇。

し-げき【刺激・刺△戟】（名・他スル）①生物の感覚器官に作用を与えて反応を起こさせること。「—臭」②心に働きかけて興奮させること。「—の強い本」「好奇心を—する」

し-げき【詩劇】 詩の形式で書かれた劇。韻文劇。

しげく【◇繁く】（副）たびたび。数多く。「足—通う」⇩しげし

しけ-こ・む（自五）①悪所や情人宅などにこっそりはいりこむ。②金まわりが悪くて、家にじっとこもっている。

しげ・し【茂し・◇繁し】（形ク）《古》①草木などが茂っている。②数量・回数などが多い。③わずらわしい。用法 ②は、「足しげく通う」など、「しげく」の形で口語にも用いられる。

しげ-しげ【◇繁◇繁】（副）①たび重なるさま。何度も。「—（と）足を運ぶ」②よくよく。つくづく。「—（と）顔を見る」

し-けつ【止血】（名・自他スル）出血を止めること。血止め。

じ-けつ【自決】（名・自スル）①自分で自分のことを決定すること。「民族—」②責任をとるためなどに自殺すること。

しげ-どう【◇重△籐・◇滋△籐】 弓で、黒漆塗りにし、籐を一定の間隔を置いて巻いたもの。

じげ-は【地下派】—《文》近世歌道の一派。松永貞徳を祖とし、二条家の歌学を受け継いで庶民層にまで和歌を広めた歌人たちの系統。おもな歌人は北村季吟・木下長嘯子・下河辺長流など。↕堂上派

しげ-み【茂み・◇繁み】 草木の茂った所。「バラの—」夏

しげり-あ・う【茂り合う・◇繁り合う】—（自五） 多くの草や葉がともに茂る。草や葉が茂って重なり合う。

し・ける【×時化る】（自下一） ①強い風雨のために、海が荒れる。「海が—」↕凪ぐ ②不景気な状態になる。金まわりが悪くなる。「—・けた話」③しょげる。元気がなくなる。「—・けた顔をしている」文し・く（下二）

し・ける【◇湿気る】（自下一） 湿気を帯びる。しっける。「のりが—」文し・く（下二）参考ラ行五段にも活用する。

しげ・る【茂る・◇繁る】（自五） 草や木の葉がいっぱいに生えて、重なり合った状態になる。「夏草が—」夏

し-けん【私見】 自分一人の意見・見解。また、その謙称。

し-けん【私権】《法》私法上で認められる権利。財産権・相続権など。↕公権

し-けん【試験】（名・他スル）①物の性質や力をためすこと。「自動車の安全性を—する」②学力・能力・知識などを調べるために、問題を出して答えさせること。考査。「入学—」

—かん【—官】 試験を行う責任者。また、試験場の監督者。

—かん【—管】 実験に使う、底のある細長いガラス管。

—し【—紙】 試薬をしみこませて乾かした紙。溶液中の特定物質の有無を調べるのに使う。リトマス試験紙など。

—じごく【—地獄】 →じゅけんじごく

—だい【—台】 ①その上で実験の作業をするための台。②試験の対象となる人や材料。実験台。

—てき【—的】（形動ダ） ためしにやってみるさま。「新製品を—に使ってみる」

し-げん【四弦・四△絃】 ①四本の弦。②琵琶。

し-げん【至言】 きわめて適切に言い表した言葉。

し-げん【始原】 物事のはじめ。もと。おこり。原始。

し-げん【資源】 産業の原材料となる天然自然のもの。鉱物・森林・水力など。「人的資源」「観光資源」のように、広く産業に利用されるものもいう。

じ-けん【事件】 ①世間の話題になるようなできごと。「殺人—」②訴訟が行われている事柄。訴訟事件。「刑事—」

じ-げん【示現】（名・自他スル）①神仏がふしぎな力を現すこと。②《仏》仏・菩薩が種々の姿をとってこの世に現れること。

じ-げん【次元】 ①《数》幾何学的図形・物体・空間の広がりを示す概念。線は一次元、平面は二次元、立体は三次元。②物事をとらえたり考えたりするうえでの立場。また、その程度や段階。「—の異なる問題」「—が低い」

じ-げん【字源】 ①一つ一つの文字の起こり。②漢字を構成する要素。「話」は、「言」と「舌」とからできているなど。③仮名文字ができるもとになった漢字の形。

じ-げん【時言】 その時の社会情勢などについて述べた意見。

じ-げん【時限】 ①時間の限界。決められた時間の区切り。また、時間を限ること。「—装置」②（接尾語的に用いて）授業などの時間の単位。「第三—」

—ストライキ 時間を限って実施するストライキ。

—ばくだん【—爆弾】 一定の時間がくると自動的に爆発するようにしかけてある爆弾。

—りっぽう【—立法】《法》有効期間を限定した法令。限時法。

じ-げん【慈眼】《仏》仏・菩薩の慈悲深いまなざし。慈眼。

しこ【◇醜】《古》①醜悪なもの。②憎らしいほど頑強なもの。③自分自身を卑下していう語。「—の御楯」

し-こ【四股】 相撲で、力士が片足ずつ高く上げて力強く地を

踏む基本動作。力足(ちからあし)。「—を踏む」語源「醜足(しこあし)」の意かという。

し-こ【四顧】(名・自スル) あたりを見回すこと。また、あたり。

し-こ【指呼】(名・他スル) 指さして呼ぶこと。

—の間(かん) 呼べば答えることができるほど近い距離。

し-こ【指顧】(名・他スル) ①指さしてかえりみること。②(転じて)さしずすること。

し-ご【死後】 死んだのち。没後。↔生前

し-ご【死語】 ①昔は使われたが現在は使われなくなった言語。②昔の流行語などで、現在は使われなくなった単語。廃語。

し-ご【私語】(名・自スル) 公の場で、勝手にひそひそと話をすること。また、その話。「—をつつしむ」

し-ご【詩語】 詩に用いられる言葉。

し-ご【識語】 →しきご

じ-こ【自己】 自分。おのれ。自我。「—主張」「—責任」

じ-こ【事故】 思いがけなく起こる悪いできごと。「交通—」

じ-ご【耳語】(名・他スル) ささやくこと。耳打ち。

じ-ご【事後】 物事が終わったあと。「—承諾」↔事前

じ-ご【持碁】 勝負のきまらない碁。引き分けの碁。

じ-ご【爾後】 そののち。それ以後。「—交渉を断つ」

じこ-あい【自己愛】 →ナルシシズム

じこ-あんじ【自己暗示】 自分で自分にある観念・判断をうえつけるうちにその意識が生じる心理作用。「—にかかる」

し-こう【四更】 昔の時刻の名。一夜を五つに分けた、その第四。今の午前一時ごろから午前三時ごろ。丑(うし)の刻。丁夜(ていや)。⇩付録「方位・時刻表」

し-こう【至孝】 この上ない孝行。

し-こう【至高】 この上なくすぐれてりっぱなこと。最高。「—の精神」

し-こう【志向】(名・他スル) 心が一定の目標・目的に向かってはたらくこと。心の向かうところ。「上昇—」⇩「使い分け」

し-こう【指向】(名・他スル) ある方向に向いていること。また、向けること。「—性アンテナ」「性的—」⇩「使い分け」

使い分け **「志向・指向」**
「志向」は、心がその方向を向いている、また心がある物事を目標として向かおうとする、という意を表し、「未来志向」「恒久平和を志向する」などと使われる。
「指向」は、事物がある一定の方向を指している意を表し、「物価の安定を指向する政策」「指向性マイクロホン」などと使われる。

し-こう【私交】 個人としての交際。

し-こう【私考】 自分一人の考え。個人的な考え。

し-こう【私行】 個人的な行為。私生活上の行動。

し-こう【伺候】(名・自スル) ①高貴な人のそば近くに仕えること。②目上の人のところに参上してご機嫌伺いをすること。

し-こう【施工】(名・自他スル) 工事を行うこと。施工(せこう)。

し-こう【思考】(名・自他スル) 頭の中であれこれと考えること。考え。「—をめぐらす」「冷静に—する」

し-こう【施行】(名・他スル) ①実際に行うこと。実施。「政策を—する」②公布された法令の効力を実際に発生させること。参考②は、法律用語では「せこう」ともいう。

し-こう【歯垢】〔医〕歯の表面に付く軟らかい堆積物。細菌とその代謝産物からなる。はくそ。プラーク。

し-こう【嗜好】(名・他スル) その物を好んで親しむこと。たしなむこと。また、人それぞれの好み。「—調査」

—ひん【—品】 栄養としてではなく、香味や刺激を得るために食べたり飲んだりするもの。酒・茶・たばこ・コーヒーなど。

し-こう【試行】(名・他スル) ためしに行うこと。「—期間」

—さくご【—錯誤】(名・自他スル) 新しい課題に対し、さまざまな試みを行って、失敗を重ねるうちに解決へと近づくこと。「—を重ねる」

し-こう【試航】(名・自スル) 試験的に航行すること。

し-こう【詩稿】 詩の草稿。詩の下書き。詩草。

し-ごう【師号】 高僧に朝廷からたまわる国師・大師・禅師(ぜんじ)などの称号。

し-ごう【諡号】 貴人や徳の高い人を尊び、死後におくる名。おくりな。

じ-こう【耳孔】 耳のあな。

じ-こう【事項】 一つ一つの事柄。項目。「決議—」

じ-こう【侍講】 天皇や皇太子に学問の講義をすること。また、その役目の人。侍読。

じ-こう【時好】 その時代の人々の好み。時代の流行。

—に投(とう)ずる 時代の好みにうまく合って歓迎される。

じ-こう【時効】 ①〔法〕定められた期間が過ぎた場合、権利の取得・消滅を生じさせる制度。「—が成立する」②(転じて)古い隠し事などを明らかにしてもいい時期にきていること。

じ-こう【時候】 四季の陽気。気候。「—のあいさつ」

じ-ごう【寺号】 寺の名前。↔山号

じ-ごう【次号】 新聞・雑誌などのつぎの号。「—の予告」

じ-こうおん【次高音】 →メゾソプラノ

しこう-して【而して】(接) そうして。そして。語源「しかくして」または「しかして」の転。漢文訓読から生まれた語。

じごう-じとく【自業自得】 自分のした行為の報いを自分の身に受けること。用法 おもに、悪い結果についていう。

しこう-しへい【至公至平】(名・形動ダ) この上なく公平であること。また、そのさま。

しこうてい【始皇帝】(前二五九～前二一〇) 中国、秦(しん)の初代皇帝。紀元前二二一年中国最初の統一国家を築いた。万里の長城の修築、焚書坑儒(ふんしょこうじゅ)による思想統制、度量衡・貨幣の統一、阿房宮(あぼうきゅう)の造営などを行い、威を天下に示した。

しこう-ひん【紙工品】 紙の加工品。

じ-ごえ【地声】 生まれつきの声。↔作り声・裏声

しごき【扱き】 ①細長い物を握って、引いたりこすったりすること。②「扱き帯」の略。③〔俗〕きびしい訓練。「—を受ける」

—おび【—帯】 ①一幅の布を適当な長さに切り、とじないでそのまましごいて使う女性の腰帯。②花嫁衣装や女児の祝い着などに結び下げる飾り帯。

しご-ぎ【子午儀】〔天〕天体望遠鏡の一種。望遠鏡が子午線にそってだけ動くように装置したもの。天体の子午線通過の時間、またその天体の位置を観測する。

しこく【四国】 ①「四国地方」の略。②昔の西海道のうちの四か国。阿波(あわ)・讃岐(さぬき)・伊予(いよ)・土佐。

—さぶろう【—三郎】 四国の「吉野(よしの)川」の別称。⇩坂東(ばんどう)太郎・筑紫(つくし)二郎

—じゅんれい【—巡礼】 四国八十八箇所を巡拝すること。また、その人。四国遍路。春

—ちほう【—地方】 本州の近畿・中国地方と九州の間にある大島と、その属島からなる地方。徳島・香川・愛媛・高知の四県からなる。

—はちじゅうはっかしょ【—八十八箇所】 四国にある弘法(こうぼう)大師にちなんだ八八箇所の霊場。四国札所。

―へんろ【―遍路】→しこくじゅんれい 春

し-ごく【至極】㊀(名)この上もないこと。最上。「残念―だ」㊁(副)この上なく。まったく。「―もっともだ」用法㊁は、他の語の下に付いて、名詞や形容動詞の語幹となる。

しご・く【◇扱く】(他五)①細長い物を握りしめ、そのまま強くこするように引っぱる。「槍を―」②《俗》きびしく訓練する。「上級生に―・かれる」可能しご・ける(下一)

じ-こく【◇二黒】陰陽道で、九星の一つ。土星。本位は南西。⇩九星

じ-こく【自国】自分の国。自分の生まれた国。↕他国

じ-こく【時刻】①時の流れにおける、ある一瞬。時点。「待ち合わせの―」②ちょうどよい時。時機。時節。「―到来」

―ひょう【―表】列車・バスなどの発車・到着の時刻を示した表。時間表。

じ-ごく【地獄】①《仏》生前に罪を犯した者が、死後に責め苦を受ける所。六道の一つ。奈落。↕極楽 ②《基》救われない魂がおちいる、死後の滅びの世界。↕天国 ③(比喩的に)非常な苦しみを受ける所。また、その環境。「受験―」「交通―」↕極楽・天国 ④火山の煙や硫黄・温泉の熱湯がたえずふき出している所。「―谷」

―で仏に会う 危ないときや困ったときに思わぬ助けに出あったうれしさをいう語。地獄に仏。**―の釜の蓋が開く日** 正月と盆(七月)の十六日。地獄の鬼が亡者の呵責を休む日とされ、昔は使用人にも藪入りとして休暇を与えた。**―の沙汰も金次第**(地獄の裁判も金で買収できるという意から)何事も金さえあれば思いのままにできるというたとえ。

―へんそう【―変相】《仏》地獄の恐ろしい責め苦のようすを描いた絵。地獄変。地獄絵。

―みみ【―耳】①一度聞いたら忘れないこと。また、そういう人。②人のうわさをすばやく聞きこむこと。また、そういう人。

じこ-けいはつ【自己啓発】自分自身の潜在的な能力を引き出したり高めたりすること。また、その訓練。「―セミナー」

じこ-けんお【自己嫌悪】自分で自分自身がいやになること。「―に陥る」

じこ-けんじ【自己顕示】自分の存在を他人の前で目立たせようとすること。「―欲が強い人」

しご-こうちょく【死後硬直】生物の筋肉が、死後一定時間がたつと、かたくなる現象。死体強直。

じ-こさく【自小作】①自作を主として、小作も少しやること。また、その農家。②自作農と小作農。

しこ-しこ(副・自スル)《俗》①かんだときに、芯に弾力があり歯ごたえのあるさま。「―(と)した歯ざわり」②目立たないことを地道に継続してするさま。「―(と)へそくりをためる」

じこ-しほん【自己資本】《経》企業自身が調達した資本。出資者の資本と、企業利潤を積み立てた内部資本を合わせたもの。

じこ-しゅちょう【自己主張】(名・自スル)自分の意見や考えを強く示したり訴えたりすること。「―が強い」

じこ-しょうかい【自己紹介】(名・自スル)初対面の人に、自分で自分の名前や経歴などを言って知らせること。

じご-しょうだく【事後承諾】(名・他スル)事がすんだあとで、それについての承諾を求めること。また、承諾を与えること。

しご-せん【子午線】(「子」は北、「午」は南の意)①ある地点(観測点)の天頂と天球の北極と南極とを結ぶ大円。②経線。

じこ-そがい【自己疎外】《哲》ヘーゲルの弁証法で、精神が自己の主体性を否定し、自分を他者とすること。また、初期のマルクスでは、資本主義のもとで、人間が人間らしさを失い、生産活動の用具・商品の一つとなることをいった。

しこたま(副)《俗》非常にたくさん。大量に。「―もうける」

じこ-ちゅう【自己中】(名・形動ダ)《俗》「自己中心的」の略。また、その傾向が強い人。「彼は―なやつだ」

じこちゅうしん-てき【自己中心的】(形動ダ)自分の都合や考えだけで物事を行うさま。自分本位。

し-ごと【仕事】①しなくてはならないこと。働くこと。職務・職業としてすること。「きつい―」「貿易関係の―」②《物》外力が物体に働いてその位置を移動させること。語源「し」はサ変動詞「する」の連用形から。

▼「仕事」が下に付く語
荒―　お役所―　腰掛け―　下―　力―　賃―　手―　手間―　野良―　針―　一―　骨―　水―　遣っ付け―　夜―

―おさめ【―納め】その年の仕事を終わりにすること。また、その日。冬↕仕事始め

―がら【―柄】その仕事の性質上。職業柄。「―よく人と会う」用法多く、副詞的に用いる。

―し【―師】①土木工事などに従事する労働者。②事業をうまく計画し実行する人。やりて。

―ば【―場】仕事をする場所。

―はじめ【―始め】新年になって、初めて仕事をすること。また、その日。新年↕仕事納め

―りつ【―率】《物》単位時間当たりの仕事の量。単位はワットまたは馬力。工率。

じこ-どういつせい【自己同一性】→アイデンティティー

しこ-な【◇醜名】①相撲で、力士の呼び名。②《古》あだな。③《古》自分の名の謙称。参考①は「四股名」ともあてる。

し-こな・す(他五)うまく処理する。「巧みに―」

じこ-はさん【自己破産】(名・自スル)債務者自身が、裁判所に申し立てをして破産宣告を受けること。

じこ-ひはん【自己批判】(名・自スル)自分の思想や行動を自分で批判すること。また、そうして誤りを認めること。

じこ-まんぞく【自己満足】(名・自スル)自分自身や自分の行為に、自分で満足すること。「―におちいる」

し-こみ【仕込(み)】①仕込むこと。「師匠の―がいい」「食材の―にかかる」②「仕込み杖」の略。③(「…じこみ」の形で)そこで身につけたこと。「本場―」

―づえ【―△杖】内部に刀などをしこんだつえ。

し-こ・む【仕込む】(他五)①教え込む。訓練する。「犬に芸を―」②中に装置する。「つえに刀を―」③商人が商品を買い入れる。仕入れる。「品物を大量に―」④飲食店などで、材料を加工して準備する。「すしだねを―」⑤酒・しょうゆなどの醸造の原料を調合して、おけなどにつめる。「酒を―」⑥準備してたくわえておく。「食糧を―」可能しこ・める(下一)

しこ-め【◇醜女】容貌のみにくい女性。

しこり【△痼り・◇凝り】①筋肉や皮下組織の一部などがこってかたくなること。また、そのかたまり。「足に―ができる」②物事の終わったあとまで残る気まずい気分。わだかまり。「―を残す」

じこ-りゅう【自己流】自分だけのやり方。我流。

しこ・る【△痼る・◇凝る】(自五)筋肉などがこってかたくなる。しこりになる。「首が―」

じこ・る【事故る】(自五)《俗》事故、特に交通事故を起こす。語源「事故」の動詞化。

しころ【△錏・△錣】かぶとやずきんの後方・左右に垂らして首すじをおおうもの。

ジゴロ〈フランス gigolo〉女に養われる男。ひも。男妾。

し-こん【士魂】武士のたましい。武士の精神。「―商才」

し-こん【紫根】 ①ムラサキ（植物の名）の根。また、それを干したもの。染料・薬用とする。②「紫根色」の略。

―いろ【―色】 紫根で染めた色。濃い紫色。

し-こん【紫紺】 紫色を帯びた紺色。「―の優勝旗」

し-こん【歯根】〘生〙歯ぐきの中に埋まっている歯の根の部分。

し-こん【詩魂】 詩をつくる心。詩を生み出す感動の心。

じ-こん【自今】（「自」は「から・より」の意）今からあと。以後。

し-さ【示唆】（名・他スル）他の物事やヒントとなることを与えて、それとなく教え示すこと。じさ。「―に富む話」

し-さ【視差】 ①〘天〙天体の一点を、二つの地点から眺めたときの方向の差。天体までの距離の算定に用いる。②写真で、カメラのファインダーに見える範囲と実際に写る範囲との違い。パララックス。

し-ざ【視座】 物事を見る立場。視点。「福祉に対する―」

じ-さ【時差】 ①地球上の二地点の標準時が示す時刻の差。「―ぼけ」②時刻をずらすこと。「―出勤」

じ-ざ【侍座・侍△坐】（名・自スル）貴人のそばにすわること。

し-さい【子細・△仔細】（名・形動ダ）①詳しい事情。深いわけ。「―ありげな顔」②詳しいこと。詳細。「―に調べる」③さしつかえ。支障。「―はない」用法 ③は下に打ち消しの語を伴う。

―に及(およ)ばず あれこれ事情を言うまでもない。

―がお【―顔】(ガホ) わけのありそうな顔つき。わけあり顔。

―な・い【―無い】（形）カロ・カッ(ク)・イ・イ・ケレ・○ ①変わった事情はない。②さしつかえない。構わない。文しさいな・し(ク)

―らし・い（形）カロ・カッ(ク)・イ・イ・ケレ・○ もったいぶっているさま。わけがありそうなさま。「―・く言う」文しさいら・し(シク)

し-さい【司祭】〘基〙ローマカトリック教会などの職制の一つ。司教または主教の次位。一つの教会を統轄する聖職者。神父。

し-さい【市債】 自治体である市が発行する債券。

し-さい【詩才】 詩を作る才能。「―豊かな人」

し-ざい【死罪】 ①死刑。②手紙・上表文などの冒頭や終わりに書く語。死にあたいするほどの失礼をわびる意。「頓首(とんしゅ)―」

し-ざい【私財】 個人の財産。私有財産。「―を投げうつ」

し-ざい【資材】 物を作る材料となる物資。「建築―」

し-ざい【資財】 金や土地・品物などの財産。資産。

じ-さい【自裁】（名・自スル）自ら生命を絶つこと。自殺。

じ-ざい【自在】 一（名・形動ダ）束縛や支障がなく思いのままであるさま。「自由―」二（名）「自在鉤(じざいかぎ)」の略。

―が【―画】(グヮ) コンパス・定規などの器具を用いないで手で描く絵。↔用器画

―かぎ【―△鉤】 炉・いろりなどの上につるし、掛けた鍋(なべ)や鉄瓶の高さを自由に変えられるようにしたかぎ。自在。

〔じざいかぎ〕

じ-ざかい【地境】(ヂザカヒ) 土地の境目。

し-さく【思索】（名・自他スル）筋道をたどって考えること。「―にふける」

し-さく【施策】 行政機関や政治家がいろいろな事柄に対してとる対策や計画。また、それらを実地に行うこと。「経済―」

し-さく【詩作】（名・自スル）詩を作ること。作詩。

し-さく【試作】（名・他スル）ためしに作ってみること。また、そのもの。試製。「―品」「新製品を―する」

じ-さく【自作】（名・自他スル）①自分で作ること。また、作ったもの。「―の詩」②〘農〙自分の土地を自分で耕して農業を営むこと。また、その農家。自作農。↔小作

―じえん【―自演】（名・自他スル）①自分が作った脚本を自分で演じること。自分で作った楽曲を自分で演奏すること。②準備から実行まで自分一人で行うこと。自作の筋書きどおりに計画を遂行すること。「―の狂言誘拐」

―のう【―農】 →じさく② ↔小作農

じ-ざけ【地酒】(ヂ―) その土地でつくられる酒。

じさ-しゅっきん【時差出勤】 大都市などで、朝の交通混雑を緩和するため、出勤の時刻をずらすこと。

し-さ・す【◇為◇止す】（他五）サ(ソ)・シ・ス・ス・セ・セ やりかけて途中でやめる。しのこす。

し-さつ【刺殺】（名・他スル）①刃物などで刺し殺すこと。②野球で、飛球をとったり、送球を受けたり、また体にボールをつけたりして打者や走者をアウトにすること。⇩補殺

し-さつ【視察】（名・他スル）実際にその場に行って実状を見届けること。「海外―」「被災地を―する」

じ-さつ【自殺】（名・自スル）自ら生命を絶つこと。自害。自死。「投身―」↔他殺

―てき【―的】（形動ダ）ダロ・ダッ(デ・ニ)・ダ・ナ・ナラ・○ 自滅するおそれが多分にあることを、あえてするさま。「―な行為」

じさ-ぼけ【時差△惚け】（名・自スル）時差のある地域へ飛行機で移動したとき、生活のリズムが現地時間と合わず、体がうまく機能しないこと。

し-ざま【◇為様】（多く、好ましくない意味での）物事のしかた・やり方。

しさ・る【◇退る】（自五）ラ(ロ)・リ(ツ)・ル・ル・レ・レ あとずさりする。しざる。

し-さん【四散】（名・自スル）集まっていたものが四方に散らばること。ちりぢりになること。「一家が―する」

し-さん【死産】 →しざん

し-さん【私産】 個人が所有している種々の財産。私財。

し-さん【資産】 ①土地や建物、金銭などの財産。身代(しんだい)。「―家」②〘経〙金銭に換算して見積もることができ、生活や事業の資本となる有形無形の財産。

し-さん【試算】（名・他スル）①だいたいの見当をつけるために、ためしに計算すること。「工事費を―する」②計算の正誤をたしかめること。検算。

し-さん【賜△餐】 天皇が食事に招くこと。また、その食事。

し-ざん【死産】〘医〙胎児(たいじ)が死んだ状態で生まれること。法律では、妊娠四か月以降の場合をいう。しさん。

じ-さん【自賛・自△讃】（名・自スル）①自分の描いた絵に賛を書くこと。②自分で自分のことをほめること。⇩自画自賛

じ-さん【持参】(ヂ―)（名・他スル）持って行くこと。持って来ること。「弁当を―する」

―きん【―金】 結婚のときに、嫁または婿が実家から婚家に持って行く金。「―付き」

しし【◇肉・△宍】《古》肉。特に、食用のけものの肉。

しし【◇獣・△猪・◇鹿】《古》けもの。特に、猪(いのしし)・鹿(しか)。

―食(く)った報(むく)い 禁を破っていい思いをした結果の、当然受けなければならない悪い報い。

し-し【四肢】 人間の両手両足。動物の前足とうしろ足。

し-し【史詩】 歴史上のできごとを題材にした詩。

し-し【死△屍】 しかばね。死体。死骸(しがい)。「―累々」

―に鞭(むち)打(う)つ 死んだ人の生前の言行をきびしく非難する。死後までその人の悪口を言う。屍(しかばね)に鞭打つ。【故事】春秋時代、楚(そ)の平王に父と兄を殺された伍子胥(ごししょ)が、平王の没後楚を討ち、王の墓をあばいて死体を引き出し、鞭(むち)で打って恨みを晴らしたことからいう。〈史記〉

し-し【志士】 高い志をもち、国家や社会のために尽くす人。「憂国の―」

し-し【刺史】①昔の中国の官名。漢代では地方監察官。隋・唐代では州の長官。②「国守」の唐名。

し-し【師資】①師とたのむこと。また、その人。②師匠と弟子の間柄。「一相承(=次々と師匠から弟子に受け継がれること)」

し-し【嗣子】家のあとを継ぐ子。あととり。

し-し【△獅子】①ライオン。②一対の狛犬のうちで口を開いているもの。古くは狛犬(=口を閉じているもの)と区別していたが、のちに混同。③「獅子舞」の略。④「獅子頭」の略。

―身中の虫 (獅子の体内に宿り、その恩恵を受けているのに獅子を死なせてしまう虫の意から)内部にいて恩恵を受けていながらわざわいを起こすもの。**―の子落とし** (獅子は生まれて三日目の子を谷に突き落とし、はい上がってきたものだけを育てるという俗説から)わが子に苦難を与えて鍛えること。

し-し【詩史】①詩の歴史。②詩の形式で述べた歴史。

し-し【△孜△孜】(タル)(「孜」は努める意)なまけず一心に励むさま。「―として働く」文(形動タリ)

し-じ【支持】―(名・他スル)(ささえ持つ意)ある思想・行動・政策・意見などに賛同してあと押しをすること。「―政党」

し-じ【四時】①四季。春・夏・秋・冬。しいじ。「―の風物」②〔仏〕一日のうちの四つの時。旦(朝)・昼・暮・夜。

し-じ【死児】①死んだ子。②死んで生まれた子供。

―の齢を数える (死んだ子が生きていたら今ごろは何歳になっているのにと嘆くように)過ぎ去ってどうにもならないことのぐちをこぼすたとえ。死んだ子の年を数える。

し-じ【私事】①個人的な事柄。わたくしごと。「―にわたって恐縮です」↔公事 ②個人的な秘密。「―をあばく」

し-じ【指示】(名・他スル)①それと指し示すこと。「―代名詞」②指図すること。また、その指図。「細かい―を与える」

し-じ【指事】漢字の六書の一つ。数・位置などの抽象的概念を点や線で表したもの。「上」「下」「一」「二」など。「―文字」

し-じ【師事】(名・自スル)(「事」は仕える意)その人を先生として教えを受けること。「書の大家に―する」

じ-し【次子】つぎの子。二番目の子。

じ-し【次姉】上から二番目の姉。

じ-し【自死】(名・自スル)自ら生命を絶つこと。自殺。

じ-し【侍史】①貴人のそばに仕える書記。右筆。②(直接話すことをはばかり、①を通して手紙を差し上げるの意で)手紙の脇付として宛名の左下に書いて、敬意を表す語。

じじ【△爺】年老いた男。老人。↔婆

じ-じ【自△恃】自分自身をたのみにすること。自負。

じ-じ【事事】(名・副)ことごと。「―物物(=あらゆる物事)」

じじ【×祖父】両親の父。祖父。↔祖母

じ-じ【時事】そのときどきの社会のできごと。また、今日の社会のできごとや事柄。「―解説」「―問題」

じ-じ【時時】(名・副)その時その時。また、しばしば。

じじい【△爺】(ぞんざいな言い方)年老いた男。↔婆

しし-いでん【紫△宸殿】→ししんでん

しし-おき【◇肉置き】体の肉のつきぐあい。肉づき。

しし-おどし【◇鹿◇威し】①田畑を荒らす鳥や獣を追い払うための装置の総称。②中ほどで支えた竹筒の切り口に水を落とし、たまった水の重みで傾いた竹筒から水が流れ出ると、その反動でもとに戻った他方の端が下の石などにあたって音を出すようにした装置。添水。

〔ししおどし②〕

しし-がしら【△獅子頭】①獅子舞に用いる木製の獅子の頭。獅子。新年 ②〔植〕シシガシラ科の常緑多年生のシダ。③〔動〕金魚の一品種。頭部に多くのこぶをもち、背びれがない。夏

シシ-カバブ〈shish kebab〉中東の料理で、ヒツジの肉を金串に刺して焼いたもの。シシケバブ。

し-しき【司式】儀式の司会・進行を担当すること。多くキリスト教会での儀式をつかさどることにいう。

しし-く【△獅子△吼】(名・自スル)①(仏教で、獅子がほえると百獣が恐れて服することにたとえて)悪魔も屈服したという、仏の大説法。②真理を説いて熱弁をふるうこと。大演説。

し-じげん【四次元】→よじげん

しじ-ご【指示語】〔文法〕話し手と事物との関係を指し示す語の総称。代名詞の「これ・それ・あれ・どれ」、連体詞の「この・その・あの・どの」、副詞の「こう・そう・ああ・どう」の、いわゆる「こそあど言葉」の類。指示詞。⇩こそあど

じじ-こっこく【時時刻刻】―(副)その時その時。刻一刻。しだいしだいに。「―と気象が変化する」

しし-そんそん【子子孫孫】(「子孫」を強める語で)何代にもわたっての子孫。子孫の続く限り。代々。「―に至るまで」

しじ-だいめいし【指示代名詞】〔文法〕代名詞の一つ。事物・場所・方向などを指し示す代名詞。「これ」「そこ」「あちら」「どれ」など。↔人称代名詞

し-しつ【私室】個人が公務を離れて使用する部屋。

し-しつ【△屍室】病院などで、死体を置く部屋。霊安室。

し-しつ【紙質】紙の性質や品質。

し-しつ【脂質】①〔化〕水に溶けにくくエーテルなどの有機溶媒に溶けやすい、生物を構成する物質の総称。脂肪・ろう、リン脂質・糖脂質など。リピド。②栄養学で、脂肪のこと。

し-しつ【資質】生まれつきの性質や才能。「―にめぐまれる」

し-じつ【史実】歴史上の事実。「―に忠実な小説」

じ-しつ【自失】(名・自スル)われを忘れてぼんやりすること。「茫然―」

じ-しつ【自室】自分の部屋。

じ-しつ【地質】―織物の生地の品質。

じ-しつ【△痔疾】―〔医〕肛門部の病気の総称。痔。

じ-じつ【事実】①実際にある、また、あった事柄。「―に反する」②(副詞的に用いて)ほんとうに。たしかに。「―彼は認めた」

―こん【―婚】法律上の手続きはとっていないが、事実上婚姻関係があるのと同じ状態であること。

―じょう【―上】(名・副)(理論や形式、法的根拠などによらず)実際。実質的に。「―の倒産」

―むこん【―無根】事実に基づいていなくて根拠がないこと。実際はまったくそうではないこと。「―のうわさ」

じ-じつ【時日】①日数と時間。「短―」「―を費やす」②ひにちと時刻。日時。「会合の―を知らせる」

しし-とう【△獅子唐】―「ししとうがらし」の略。

しし-とうがらし【△獅子唐辛子】―〔植〕ピーマンの品種の一つ。果実は小形で細長く、緑色。食用。ししとう。

しじ-に【◇繁に】(副)〔古〕ぎっしり。たくさんに。

しし-ばな【△獅子鼻】獅子頭の鼻のように、低くて小鼻の開いた鼻。ししっぱな。

しし-ふんじん【△獅子奮迅】(名・自スル)獅子が荒れ狂うように、激しい勢いで奮闘すること。「―の活躍」

しじま【×静寂】物音一つしないで静まり返っていること。静寂。「夜の―をぬって」

しし-まい【△獅子舞】―①「獅子頭①」をかぶって行う舞。豊年の祈りや悪魔払いとして舞う。獅子。新年 ②能楽で、

獅子の舞うさまを写した急調子の舞。

しじみ【△蜆】〘動〙シジミ科の二枚貝の総称。河川・湖沼または河口などの浅い砂地にすみ、殻はやや丸く、黒褐色。食用。㊄春

じじ-むさ・い【△爺むさい】ヂヂ（形）カロ・カッ(ク)・イ・イ・ケレ・〇 服装・姿などが年寄りじみてむさくるしい。「―格好」㊇ぢぢむさ・し(ク)

しし-むら【◦肉△叢】肉のかたまり。肉塊。また、肉体。

し-しゃ【支社】①会社などの、本社から分かれた事業所。「東北―」↔本社 ②神社の分社。末社。

し-しゃ【死者】死んだ人。死人。「―を弔う」↔生者

し-しゃ【使者】命令を受けて使いに行く者。「―を立てる」

し-しゃ【試写】(名・他スル) 完成した映画を公開前に特定の人にだけ見せること。「―会」

し-しゃ【詩社】詩人の団体・結社。

し-しゃ【試射】(名・他スル) 矢・弾丸・ロケットなどをためしに発射すること。

じ-しゃ【寺社】寺と神社。社寺。

―ぶぎょう【―奉行】ブギャウ 〘日〙寺社関係の行政・訴訟などをつかさどる江戸幕府の職名。三奉行の一つ。参考 鎌倉・室町幕府にも置かれた。

じ-しゃ【侍者】貴人に仕えて、雑用をつとめる者。

し-しゃく【子爵】もと、五等爵(公・侯・伯・子・男)の第四位。

しじ-やく【指示薬】〘化〙溶液の酸性・アルカリ性、酸化還元電位などが目で見てわかるよう用いる薬。リトマスやフェノールフタレインなど。

じ-しゃく【磁石】①鉄を吸い寄せる性質を示す物体。マグネット。②(「磁石盤」の略)南北を指す磁針の性質を用いて方位を測る器械。コンパス。羅針盤。③〘地質〙磁鉄鉱。

じ-じゃく【示寂】(名・自スル)〘仏〙菩薩(ぼさつ)や高僧が死ぬこと。

じ-じゃく【自若】(タル) 物事にあわてず、驚かず、落ち着いているさま。「泰然(たいぜん)―」「神色―」㊇(形動タリ)

ししゃ-ごにゅう【四捨五入】ゴニフ (名・他スル)〘数〙省略算で、求める位のすぐ下の位の数字が四以下のときは切り捨て、五以上のときは切り上げて求める位のけたに一を加えること。

ししゃも【×柳葉魚】〘動〙キュウリウオ科の魚。体は細長く、ワカサギに似る。北海道の太平洋沿岸に分布し、秋、産卵のため川をのぼる。㊄冬 語源 アイヌ語の susam による。

し-しゅ【死守】(名・他スル) 命がけで守ること。「城を―する」

し-しゅ【旨趣】①事のわけ。趣旨。②考え。心の中の思い。参考「しいしゅ」ともいう。

し-しゅ【詩趣】①詩に表された味わい。詩のおもしろみ。②詩のようなおもむき・味わい。詩情。「―に富む風景」

じ-しゅ【自主】自ら決定したり行動したりして、他の干渉を受けないこと。また、その態度。「―性」「―制作」

―きせい【―規制】他からの批判や攻撃、公権力の介入などを避けるために、自発的に活動や表現を制限すること。

―けん【―権】①自分のことを自分で決定し行う権利。②〘法〙国家や団体がその意思を自由に主張し行使できる権力。特に、地方公共団体のもつ自治立法権。

―てき【―的】(形動ダ) ダロ・ダッ(デ・ニ)・ダ・ナ・ナラ・〇 自分自身で物事を判断したり、処理したりするさま。「―に参加する」

じ-しゅ【自首】(名・自スル)(「首」は申す意)犯罪事実または犯人の発覚する前に、犯人が捜査機関に自らの犯罪事実を申し出ること。一般に刑の軽減事由となる。

し-しゅう【死臭・△屍臭】シウ 腐敗した死体が発する悪臭。

し-しゅう【刺△繍】シウ (名・自他スル) 色糸で、布地の面に模様などの飾り縫いをすること。また、そうしたもの。ぬいとり。

し-しゅう【詩集】シフ 詩を集めた書物。

し-じゅう【始終】㊀(名) はじめから終わりまで。全部。「事の―を話す」㊁(副) いつも。絶えず。「―気にしている」

じ-しゅう【自宗】自分の属する宗派。↔他宗

じ-しゅう【自修】シウ (名・自他スル) 先生の教えを受けず、自分で学問を身につけること。「―書」

じ-しゅう【次週】シウ つぎの週。来週。

じ-しゅう【自習】シフ (名・自他スル) 直接の指導を受けず、自分で学習すること。「自学―」「―時間」

じ-しゅう【時宗】〘仏〙日本の浄土教の一宗派。鎌倉中期、一遍上人(いっぺんしょうにん)によって始められた。

じ-じゅう【自重】ヂュウ 車体・機械などの、それ自体の重さ。

じ-じゅう【侍従】君主のそば近く仕えること。また、その人。㋐宮内(くない)庁侍従職の職員。㋑律令(りつりょう)制度で、中務(なかつかさ)省に属し、天皇に近侍した官人。

しじゅう-うで【四十腕】シジフ 四〇歳くらいになって起こる腕の痛み。四十腕(しじゅうかいな)。

しじゅう-かた【四十肩】シジフ 四〇歳くらいになって起こる、腕を動かしたときに肩に感じる痛み。

しじゅう-から【四十△雀】シジフ 〘動〙シジュウカラ科の小鳥。頭とのどの部分は黒く、胸腹と頰(ほお)は白く、背面は灰青色。日本各地にすみ、人家近くにも飛来する。㊄秋(夏)

しじゅうく-にち【四十九日】シジフク 〘仏〙人の死後四九日目の忌日。また、その日に行う法要。七七日(しちしち・なななぬか)。(死んだ日を入れて数える。)

しじゅう-しょう【四重唱】シヂュウシャウ 〘音〙四人がそれぞれ異なる声部で歌う合唱。カルテット。「混声―」

しじゅう-そう【四重奏】シヂュウ 〘音〙四つの楽器による重奏。カルテット。「弦楽―」

じじゅう-でん【◦仁◦寿殿】平安京内裏(だいり)の中央にある御殿。はじめ天皇の常の座所であったが、のち、宴遊などが行われた。仁寿殿(じんじゅでん)。

しじゅうはっ-て【四十八手】シジフハッ ①相撲の決まり手の総称。参考 現在、日本相撲協会では八二種の決まり手を定めている。②目的をとげるための種々のかけひきや手段。

ししゅう-びょう【歯周病】シシウビャウ 〘医〙歯の周囲に起こる歯槽膿漏(のうろう)などの病気。

し-しゅく【止宿】(名・自スル) 宿をとること。宿泊すること。

し-しゅく【私淑】(名・自スル) 直接教えは受けないが、ひそかにある人を手本として慕い尊敬し学ぶこと。「―する作家」

し-じゅく【私塾】個人で開いている塾・学校。

じ-しゅく【自粛】(名・自他スル) 自ら進んで控えめにしたり、やめたりすること。「深夜の営業を―する」

じしゅ-こう【◦十種香】カウ ①著名な一〇種の香。②何種かの香を一〇包たき、その香の名をききあてる遊び。

し-しゅつ【支出】(名・他スル) ある目的のために、金品を支払うこと。また、その支払い。「―をおさえる」↔収入

し-じゅつ【施術】(名・自スル) 医療、特に手術を行うこと。せじゅつ。

しじゅ-ほうしょう【紫△綬褒章】ホウシャウ 学術・芸術の研究・創作で功績のある人に国が与える褒章。綬(リボン)は紫色。

し-じゅん【至純】(名・形動ダ) 少しもまじりけのないこと。非常に純粋なこと。また、そのさま。「―の愛」

し-じゅん【諮△詢・咨△詢】(名・他スル) 参考として他の機関などの意見を求めること。諮問。

じ-じゅん【耳順】（思慮分別ができ、他人の言を理解し、何事もすなおに受け入れるようになる意）「六〇歳」のこと。語源「論語」に「六十にして耳順う」とあることからいう。⇩年齢「参考」

しじゅん-かせき【示準化石】《地質》地層の地質年代を決定する指標となる化石。個体数が多く、広く分布し、生存した時代が特定できるものを用いる。古生代の三葉虫、中生代のアンモナイトなど。標準化石。

ししゅん-き【思春期】 生殖器官が成熟し、性的な関心をもちはじめ、精神的にも不安定になりやすい年ごろ。一二歳から一七歳ごろまで。春機発動期。

しじゅん-せつ【四旬節】《基》復活祭の前四〇日（日曜日を除く）に及ぶ斎戒期間。四旬祭。レント。春

し-しょ【士庶】 ①武士と庶民。②一般の人々。

し-しょ【支所】 会社や官庁の出先機関。

し-しょ【史書】 歴史に関係する書物。史籍。

し-しょ【司書】 図書館で、一定の資格をもち、書籍の整理・保管・閲覧などの事務に従事する人。

し-しょ【四書】 儒学の経典である、「大学」「中庸」「論語」「孟子」の総称。「―五経」

し-しょ【死処・死所】 ①死にがいのある場所。「―を得る」②死んだ場所。

し-しょ【私書】 ①個人の文書。②内密のことを書いた手紙。

―ばこ【―箱】（「郵便私書箱」の略）個人や団体が一定の条件のもとで郵便局に設置する、専用の郵便物受取箱。

し-しょ【私署】（名・自スル）公人としてでなく個人として署名すること。また、その署名。「―証書」

し-しょ【詩書】 ①「詩経」と「書経」。②詩集。

し-じょ【子女】 ①息子と娘。子供。「帰国―（＝海外での生活を経て帰国した子供）」②娘。女子。「良家の―」

じ-しょ【地所】（家を建てる）土地。地面。地所。

じ-しょ【字書】 ①漢字を配列し、各字の音・訓・意義・用法・字源・熟語などを説明した書。字引。字典。②辞書。

じ-しょ【自書】（名・他スル）自分で書くこと。また、その書いたもの。自筆。

じ-しょ【自署】（名・自スル）自分で署名すること。また、その署名。「―捺印のこと」

じ-しょ【辞書】 言葉を集め一定の順序に並べて、発音・意義・語源・用法などをしるした書物。辞典。

じ-じょ【次女】 娘のうち、二番目に生まれた子。二女。

じ-じょ【次序】 順序をつけること。また、その順序。

じ-じょ【自助】 他人に頼らず、自力で行うこと。「―努力」

じ-じょ【自序】 その本の著者自身がしるした序文。

じ-じょ【児女】 ①男の子と女の子。特に、女の子。②女や子供。

じ-じょ【侍女】 主君のそばに仕える女性。腰元。

じ-じょ【爾汝】（「爾」「汝」ともに「なんじ・おまえ」の意）人を軽んじて、または親しんで呼び捨てにすること。

―の交わり たがいに「おまえ」「きさま」などと呼び合うほどの親しい間柄。

し-しょう【支障】 さしさわり。さしつかえ。「―をきたす」

し-しょう【死傷】（名・自スル）死ぬこととけがをすること。「―者」「多数が―する」

し-しょう【私消】（名・他スル）公共の金品を自分のために勝手に消費すること。

し-しょう【私娼】 もと、公の許可を受けずに営業していた売春婦。「―窟（＝私娼の多くいる場所）」↔公娼

し-しょう【私傷】 公務以外で受けた傷。↔公傷

し-しょう【刺傷】（名・他スル）人を刃物などで刺して傷つけること。また、その傷。

し-しょう【師匠】 ①学問・技芸・芸能などを教える人。先生。「お茶の―」↔弟子 ②芸人に対する敬称。

し-しょう【視床】《生》間脳の大部分を占める灰白質の部分。嗅覚以外の知覚を大脳へ中継する。

し-しょう【詞章】 詩歌と文章。また、歌ったり語ったりする謡曲・浄瑠璃などの文章。

し-しょう【詩抄・詩鈔】 たくさんある詩の中から一部を抜き出した書物。詩を抜き出して集めた書物。

し-じょう【史上】 歴史に記録されている範囲内。歴史上。「―初の快挙」「―空前の大事件」

し-じょう【史乗】（「乗」は記録の意）事実の記録。歴史。

し-じょう【市上】 まちなか。市中。

し-じょう【市場】 ①いちば。②商品の取り引きされる範囲。「―を拡大する」③株式や商品の売買が行われる場。また は、商品の需給関係を抽象的に表す概念。「生糸―」

―かかく【―価格】 市場の需要と供給の関係によって成立する価格。市価。

―せんゆうりつ【―占有率】→シェア㊁

―ちょうさ【―調査】 企業が新製品の開発や販売促進のために行う、消費者の動向や販売経路などの調査。マーケティングリサーチ。

し-じょう【至上】 この上もないこと。最上。絶対的であること。「芸術―主義」

―めいれい【―命令】 絶対に従わなければならない命令。

し-じょう【糸状】 糸のように細く長いこと。

し-じょう【至情】 ①この上なく深い心。まごころ。「―あふれる文面」②ごく自然な気持ち。「人としての―」

し-じょう【私情】 ①個人的な感情。「―を交える」②私利を図る心。利己心。

し-じょう【紙上】 ①紙の上。②新聞・雑誌の紙面。「―討論会」「―をにぎわす」

し-じょう【試乗】（名・自スル）乗り物にためしに乗ること。「新車に―する」

し-じょう【詩情】 ①詩に表したいと思う気持ち。詩興。「―がわく」②詩的な味わい・情趣。詩趣。「―あふれる映像」

し-じょう【誌上】 雑誌の紙面。誌面。「―を飾る」

じ-しょう【自称】 ㊀（名・自スル）自分で勝手に名乗ること。「―弁護士」「―初段」㊁（名）《文法》人称の一つ。話し手が自分を指していう代名詞。第一人称。一人称。「わたくし」「ぼく」「おれ」など。↔対称・他称

じ-しょう【自証】（名・自他スル）①自分のことをみずから証明すること。②《仏》みずから悟りをひらくこと。

じ-しょう【自傷】（名・自スル）自分で自分の体を傷つけること。「―行為」

じ-しょう【自照】（名・自スル）自分自身を客観的に観察し、冷静に反省すること。「深く―する」

―ぶんがく【―文学】《文》自分自身に対する反省・観察を書きしるした文学。日記・随筆など。

じ-しょう【事象】 形となって現れる事柄。「自然―」

じ-じょう【自乗】（名・他スル）《数》ある数・式に、同じ数・式を掛け合わせること。また、その結果の数・式。二乗。平方。

―こん【―根】→へいほうこん

じ-じょう【自浄】 自らきれいになること。「―能力」

―さよう【―作用】 海や川などの汚濁が自然に取り除か

れるはたらき。比喩的に、組織内などの悪いところを自ら清め、ただすことの意でも用いる。

じ-じょう【治定】 ━(名・自スル) 全体のまとまりがついて終わること。事が定まり治まること。━(副) 必ず。きっと。

じ-じょう【事情】── ①その事の起きたわけ。いきさつ。「━を初めから説明する」②その事に関する細かいようす。「家の━」

じ-じょう【辞譲】── へりくだって他人に譲ること。「━の心は礼の端(=礼のめばえ)なり」

じ-じょう【磁場】── →じば(磁場)

じ-じょうこつ【耳小骨】── 〖生〗中耳にあり、音による鼓膜の振動を内耳に伝える小骨。⇩耳(さしえ)

ししょう-じ【指小辞】── 〖文法〗(diminutive の訳語)接尾語の一種。ある語に、親愛・可憐・軽侮などの意味を添える。ヨーロッパ語などにみられるが、日本語では、東北方言「うた(唄)こ」の「こ」などがこれにあたる。

じじょう-じばく【自縄自縛】(自分で作ったなわで自分をしばる意から)自分の言動のため動きがとれなくなり苦しむこと。

し-しょうせつ【私小説】── 〖文〗①作者自身の体験を描き、その間の心境を吐露する小説。日本の近代文学が生んだ特別な小説形式。私小説。②「イッヒロマン」の訳語。

し-しょく【至嘱】(名・他スル) 大いに望みをかけること。

し-しょく【紙燭・脂燭】 →しそく(紙燭)

し-しょく【試食】(名・他スル) 味をみるためにためしに食べてみること。「━品」

じ-しょく【辞色】 言葉づかいと顔色。「━をやわらげる」

じ-しょく【辞職】(名・他スル) 自分から職をやめること。

じじょ-でん【自叙伝】 自分で書いた自分の伝記。自伝。

し-しん【至心】 まことの心。まごころ。「━を尽くす」

し-しん【私心】 ①自分の利益だけをはかる心。「━を去る」②自分個人の考え。

し-しん【私信】 個人として出す手紙。私用の手紙。「━の公開は控える」

し-しん【使臣】 国・君主の命を受け、使者として外国につかわされる者。大使・公使など。

し-しん【指針】 ①磁石盤や計器などの針。②物事の向かうべき方向を示す方針。「生涯の━」

し-しん【指箴】 指針となる訓戒。

し-しん【視診】(名・他スル) 〖医〗医者が、患者の顔色・皮膚の色などを、目で見て診察すること。

し-しん【詩心】 詩を味わう心。感動を詩に表そうとする心。

し-しん【詩神】 詩をつかさどる神。

し-じん【士人】 ①さむらい。②教育・地位のある人。人士。

し-じん【至人】 きわめて高い徳を身につけた人。

し-じん【私人】 公的な地位・資格をはなれた一個人。↔公人

し-じん【詩人】 ①詩を作る人。詩を作ることを職業とする人。②詩的な感性を持った人。「彼はなかなかの━だ」

じ-しん【自身】 ①自分。②そのもの。自体。「彼━の問題」

━ばん【━番】 江戸時代、江戸などの市中の警備のため、各町内に設けられた番所。

じ-しん【自信】 自分の能力・価値・正しさなどを信じて疑わないこと。また、その心。「━満々」「━過剰」

じ-しん【地震】── 急激な地殻変動のため、広く地面が揺れること。「有感━」「群発━」

━雷火事親父 恐ろしいとされているものを、その順に並べた言葉。

━けい【━計】 地表のある地点の、地震による震動状態を自動的に記録する計器。

じ-しん【侍臣】 主君のそばに仕える者。近侍。

じ-しん【時針】 時計の時を示す針。短針。

じ-しん【磁針】 水平に回転できるように中央部を支えた小型の磁石。方位を知るために用いる。

じ-じん【自刃】(名・自スル) 刃物を使って自殺すること。

じ-じん【自尽】(名・自スル) 自殺すること。

じ-じん【自陣】── 自分の陣地。味方の陣営。

じ-じん【時人】 当時の人。その時代の人。

ししん-おん【歯唇音】 上の前歯と下くちびるとを接して発する音。「f」「v」など。唇歯音。

し-しんけい【視神経】〖生〗中枢神経系の一部で、網膜が受けた光の刺激を脳へ伝える神経。視束。

ししん-でん【紫宸殿】 平安京内裏の正殿。朝賀・即位などの公事や儀式が行われた。南殿。紫宸殿。

し・す【死す】(自サ変)〖古〗死ぬ。死する。

しして後已む 命のある限りやる。死ぬまで努力し続ける。

しせる孔明生ける仲達を走らす 死んだのちにも生前の威勢が残っていて相手を恐れさせるたとえ。【故事】三国時代、蜀の諸葛孔明が五丈原で魏と対陣中に病死したので、部下の楊儀が撤退を始めた。魏の将軍司馬仲達は孔明の計略かと恐れて退却したことからいう。〈三国志〉

ジス【JIS】〈Japanese Industrial Standards から〉産業標準化法によって定められた鉱工業品やデータ・サービス等に関する国家規格。日本産業規格。⇩ジスマーク (はじまり)ジス第一号は、一九四九(昭和二十四)年十月に制定された「炭鉱用電気機器の防爆構造」(一九九八年廃止)。

じ・す【辞す】(自他五) →じする(辞する)

し-すい【止水】 ①流れずにとどまっている水。「明鏡━」②水が流れるのを止めること。「━工事」

し-ずい【歯髄】〖生〗歯の内部を満たす、やわらかい組織。神経や血管が含まれている。

し-ずい【雌蕊】 →めしべ ↔雄蕊

じ-すい【自炊】(名・自スル) 自分で自分の食事を作ること。

し-すう【指数】 ①〖数〗ある数・文字・式の右肩に付記して、その累乗を示す数字や文字。a^3 や a^n などの3や n をいう。②賃金・物価・生産量・知能などの、変動したり発達したりするものについて、基準の数に対する比率を表した数字。「物価━」

し-すう【紙数】 紙の数。ページ数。「━が尽きる」

じ-すう【字数】 文字の数。字数。「━の制限がある」

じ-すう【次数】〖数〗単項式の中に含まれる文字因数の個数。このとき、ある文字だけの個数を考えることもある。多項式においては、その中に含まれる単項式の最高の次数をいう。

しずおか【静岡】 中部地方南東部太平洋岸の県。県庁所在地は静岡市。

しずか【静か】(形動ダ) ①物音や声などのまったく聞こえないさま。騒がしくないさま。「風がやんで━になる」②状態・態度などの穏やかなさま。落ち着いているさま。「━な人だ」③動きが急でなく、緩やかなさま。「━に走り出す」文(ナリ)

類語 静粛・静寂・閑静・閑寂・森閑・深閑・粛々

ジス-かんじ【JIS漢字】 JIS(=日本産業規格)に収められた漢字。⇩ジスコード

しずく【雫】──(字義) しずく。水のしたたり。参考「雫」は国字。

しずく【滴・雫】 水や液体のしたたり。

しずけ-さ【静けさ】── 静かなこと。「嵐の前の━」

ジス-コード〈JIS code〉JIS(=日本産業規格)に定め

られた情報交換用符号。コンピューターなどでの利用の便のために、漢字・仮名・英数字などにそれぞれ符号を対応させたもの。

しずーごころ【静心】シヅ― 静かな落ち着いた心。しずごころ。

しーすご・す【仕過〔ご〕す】(他五) サ(ソ)・シ・ス・ス・セ・セ 度をこえてする。

しずーしず【静静】シヅシヅ (副) ゆっくりと静かに動作をするさま。「―(と)歩く」

シスター〈sister〉①姉妹。姉または妹。②《基》カトリックで、修道女のこと。

システマティック〈systematic〉(形動ダ) ダロ・ダッ(デ・ニ)・ダ・ナ・ナラ・○ 組織的。体系的。系統的。秩序あるさま。システマチック。

システム〈system〉ある目的を達成するために関連する要素が有機的に結合したもの。㋐組織。制度。㋑系統。体系。㋒方式。方法。

―エンジニア〈systems engineer〉コンピューターシステムの設計・開発・保守などを行う技術者。SE

―キッチン〈和製英語〉流し台やガス台・調理台などを機能的に組み合わせて一体化させた台所設備。

―こうがく【―工学】複雑化する組織体系(システム)を設計・管理するための理論・手法。システムエンジニアリング。

―てちょう【―手帳】テチヤウ 予定表や住所録、メモ用紙などをルーズリーフ形式でとじ込んだ手帳。

ジステンパー〈distemper〉犬(おもに子犬)がかかる急性感染症。高熱を出し、神経障害を起こす。死亡率も高い。

ジストマ〈ラテ distoma〉《動》寄生虫の一種。人や馬の肝臓や肺臓に寄生して害を与える。

ジストロフィー〈dystrophy〉→きんジストロフィー

じーすべり【地滑り・地△辷り】ヂ― (名・自スル) ①地盤がゆるんで傾斜地の土地の一部がしだいにすべり落ちる現象。②(比喩ひゆ的に)物事が一挙に変動する現象。

―てき【―的】(形動ダ) ダロ・ダッ(デ・ニ)・ダ・ナ・ナラ・○ ①急激で規模の大きな変化の起こるさま。②少しずつ、絶えず事の進行するさま。

ジスーマーク〈JIS mark〉JIS(=日本産業規格)に適合した製品のうち、審査を経て認証を受けた製品に付すことができるマーク。「鉱工業品等」(下図)、「加工技術」、「特定側面」の、目的に応じた三種類のマークがある。

〔ジスマーク〕

しーすま・す【△為済ます】(自五) サ(ソ)・シ・ス・ス・セ・セ なしとげる。うまくやってのける。

しずまりーかえ・る【静まり返る】シヅマリカヘル (自五) ラ(ロ)・リ(ッ)・ル・ル・レ・レ すっかり静かになる。「館内が―」

しずま・る【静まる】シヅマル (自五) ラ(ロ)・リ(ッ)・ル・ル・レ・レ ①それまで騒がしかった物音がやむ。静かになる。「風の音が―」②風・波・雨などの激しい勢いが弱まる。「嵐あらしが―」③乱れ騒いでいた気持ちが落ち着く。「怒りが―」他しず・める(下一) ⇩「使い分け」

しずま・る【鎮まる】シヅマル (自五) ラ(ロ)・リ(ッ)・ル・ル・レ・レ ①騒動などがおさまる。「ぼや騒ぎが―」「争乱が―」②体の痛みなどがおさまる。③神や霊が鎮座する。他しず・める(下一) ⇩「使い分け」

> 使い分け **「静まる・鎮まる」**
>
> 「静まる」は、物事が立ち騒がないで落ち着いた状態になる意で、「風が静まる」「心が静まる」「寝静まる」などと使われる。
>
> 「鎮まる」は、「内乱が鎮まる」「痛みが鎮まる」などと、特に騒動や痛みなどに関してそれがおさまる意や、「神が鎮まる森」などと、神が鎮座する意として使われる。

しずみ【沈み】シヅミ ①沈むこと。②魚網の下部や釣り糸の先につけるおもり。

しず・む【沈む】シヅム (自五) マ(モ)・ミ(ン)・ム・ム・メ・メ ①水面下にはいってその姿が水面上に見えなくなる。沈没する。「船が―」↔浮かぶ・浮く ②水平線や地平線の下にはいる。「太陽が西に―」↔昇る ③野球で、投手の投球が打者の近くで急に低く変化する。④地面や建物の床が周囲より低くなる。さがる。「地盤が―」⑤気分がふさぐ。思いなやむ。「―・んだ面持ち」↔浮く ⑥(「病やまいに沈む」の形で)病気になる。⑦悲惨な生活になる。落ちぶれる。「不幸のどん底に―」⑧泣き悲しむ。「涙に―」⑨まわりのものにとけ込み、色や模様が目立たなくなる。「夕闇ゆうやみに―」⑩色や音が地味である。「―・んだ音色」⑪ボクシングで、ノックアウトされる。「マットに―」⑫(俗)勝負事で、最初の持ち点より点数が減る。「三〇〇〇点―・んだ」他しず・める(下一) 可能しず・める(下一)

しずめ【鎮め】シヅメ 鎮めること。鎮護。おさえ。おもし。「国の―」

しず・める【沈める】シヅメル (他下一) メ・メ・メル・メル・メレ・メロ(メヨ) ①水面下に入れてその姿を見えなくする。「船を―」↔浮かべる・浮かせる ②姿勢を低くする。深く身をうずめる。「ソファーに身を―」③体を水の中に入れる。「風呂の中に身を―」④好ましくない環境に身を置く。「逆境に身を―」⑤格闘技で、相手をノックアウトする。「マットに―」自しず・む(五) 文しづ・む(下二)

しず・める【静める】シヅメル (他下一) メ・メ・メル・メル・メレ・メロ(メヨ) ①物音や声などをたてさせないようにする。「鳴りを―」②感情をおさえる。心を落ち着ける。「怒りを―」自しずま・る(五) 文しづ・む(下二)

しず・める【鎮める】シヅメル (他下一) メ・メ・メル・メル・メレ・メロ(メヨ) ①乱れや騒動をおさめる。鎮定する。「内乱を―」②痛みなどをやわらげる。鎮静ちんせいする。「傷の痛みを―薬」③神や霊を祭って鎮座させる。「神のみたまを―」自しずま・る(五) 文しづ・む(下二)

し・する【死する】(自サ変) シ(セ)・シ・スル・スル・スレ・シロ(セヨ) 死ぬ。文し・す(サ変)

し・する【資する】(自サ変) シ(セ)・シ・スル・スル・スレ・シロ(セヨ) ①(「…に資する」の形で)助けとなる。役に立てる。「文化の向上に―」②資本を出す。文し・す(サ変)

じ・する【侍する】(自サ変) シ(セ)・シ・スル・スル・スレ・シロ(セヨ) 貴人のそば近く仕える。はべる。文じ・す(サ変)

じ・する【治する】ヂスル (自他サ変) →ちする

じ・する【辞する】シ(セ・サ)・シ・スル・スル・スレ・シロ(セヨ) 一(自サ変) いとまを告げる。「先輩のお宅を―」二(他サ変) ①(勧誘・申し出を)断る。辞退する。②辞職する。「会長を―」③(「…を(も)辞せず」の形で)そのことを恐れないで何かをする。「死をも―・せず戦う」文じ・す(サ変) 参考五段にも活用し、「…を(も)辞さない(辞さず)」などの形でも多く用いられる。「ストライキをも辞さない覚悟」

じ・する【持する】ヂスル (他サ変) シ(セ・サ)・シ・スル・スル・スレ・シロ(セヨ) ①ある状態を破らずに持ち続ける。維持する。「名声を―」「満を―」(=準備を十分にして待機する) ②固く守る。「戒を―」文ぢ・す(サ変)

しーせい【氏姓】名字。姓氏。

しーせい【司政】政治・行政をつかさどること。

しーせい【四声】中国における漢字の声調の分類。平声ひょうしょう・上声じょうしょう・去声きょしょう・入声にっしょうの四種。四声しせい。

しーせい【四姓】①昔、名家として知られた源みなもと・平たいら・藤原ふじわら・橘たちばなの四氏(源平藤橘げんぺいとうきつ)。四姓しよう。②→カースト

しーせい【四聖】四人の聖人。釈迦しゃか・キリスト・孔子・ソクラテスをいう。

しーせい【市井】人が集まり住んでいる所。まち。世間。俗世間。「―の人(=庶民)」「―の徒(=市中のならず者)」語源昔、井

戸のある場所に人が集まり、市をつくったところから出た語。

し-せい【市制】 地方公共団体としての市の制度。「―施行」

し-せい【市政】 地方公共団体としての市の政治。

し-せい【市勢】 市の人口・産業・経済などの状況。

し-せい【死生】 生きるか死ぬか。生死。死生。「―観」

―命あり 人の生死は天命によるもので、人の力ではどうすることもできない。【故事】孔子の弟子の司馬牛が「みな兄弟があるのに私だけはない」と嘆いたとき、子夏が「死生命あり、富貴天にあり」と言い、富貴になれるかどうかさえも天の意思によって決まることだと慰めたことに基づく。〈論語〉

し-せい【至聖】 極めて知徳の優れていること。また、その人。

し-せい【至誠】 この上なく誠実なこと。また、その心。まごころ。「―天に通ず」

し-せい【私製】 個人が作ること。また、そのもの。「―はがき」↕官製

し-せい【刺青】 ↓いれずみ①

し-せい【施政】 政治を行うこと。また、その政治。「―方針」

し-せい【姿勢】 ①体の構え方。格好。「―を正す」②事に対してとる態度。心の持ち方。「前向きの―で善処する」

し-せい【資性】 生まれつきもっている性質。天性。天資。

し-せい【詩聖】 ①非常にすぐれた詩人。②(李白を「詩仙」というのに対して)中国、盛唐の詩人杜甫を指す。

し-せい【試製】 (名・他スル) ためしに作ること。また、作ったもの。試作。「―品」

し-せい【雌性】 めすの性質。↕雄性

じ-せい【自生】 (名・自スル) 植物が自然に生え育つこと。

じ-せい【自制】 (名・自他スル) 自分で自分の欲望・感情などを抑えること。「―心」

じ-せい【自省】 (名・自他スル) 自分の言行を反省すること。「―の念をもつ」

じ-せい【自製】 (名・他スル) 自分で作ること。また、そのもの。

じ-せい【時世】 時代。移り変わる世の中。「―に合わない」

じ-せい【時制】 〘文法〙(tense の訳語) ある事柄が、過去・現在・未来などの「時」のどの時点での事柄かを、主として動詞・助動詞の語形変化や助動詞の添加などによって言い分ける文法範疇。ヨーロッパの諸言語やセム語などにみられる。[参考] 日本語には、右にいうような時制はなく、「時」は必要に応じて、助動詞の添加や連用修飾語による限定などによって表される。

じ-せい【時勢】 時代の移り変わりの勢い。世のなりゆき。「―に遅れる」「―に逆らう」

じ-せい【辞世】 ①この世に別れを告げること。死ぬこと。②死にぎわに残す歌や詩など。「―の歌」

じ-せい【磁性】 〘物〙磁気を帯びた物体が、鉄片などを吸いつけたり、その物体どうしが反発しあったりする性質。

し-せいかつ【私生活】 セイクワツ その人の、個人としての生活。「―に立ち入る」

しせい-し【私生子】 法律上夫婦でない男女間に生まれた子供の称。民法の旧規定では、父親が認知していない子をいった。私生児。[参考] 現行の民法では、「嫡出でない子」という。

しせい-じ【私生児】 ↓しせいし

しせい-せいど【氏姓制度】 〘日〙大和政権における支配体制。豪族の同族集団である氏を単位として、その社会的地位を示す姓で秩序づけて、大王(のちの天皇)を中心とする政治組織を形成した。

し-せき【史跡・史蹟】 歴史上の事件に関係のあった場所や施設の跡。歴史上の事跡。「―を探訪する」「―名勝」

し-せき【史籍】 歴史関係の書物。史書。

し-せき【咫尺】 [一] (名) (「咫」は中国の周代の制度で八寸、「尺」は一尺の意) 距離のきわめて近いこと。「―の地」「―を弁ぜず(=暗くて、近い距離でも見分けられない)」[二] (名・自スル) 貴人に接近すること。貴人に面会すること。

し-せき【歯石】 〘医〙歯の表面に沈着した歯垢が石灰化したもの。⇩歯垢

じ-せき【耳石】 〘生〙内耳のリンパ液中に浮遊し、身体の平衡を保つはたらきをする炭酸石灰の結晶。平衡石。

じ-せき【次席】 首席のつぎの地位。また、その地位の人。

じ-せき【自席】 自分の席。「―にもどる」

じ-せき【自責】 (名・自スル) 自分で自分のあやまちや失敗を責めとがめること。「―の念にかられる」

―てん【―点】 野球で、失策によらず、安打や四球などによる、投手自身の責任とされる失点。アーンドラン。

じ-せき【事跡・事蹟】 物事や、事件の行われたあと。

じ-せき【事績】 成しとげた仕事。業績。「先人の―」

じ-せだい【次世代】 ①次の世代。「―へ語り継ぐ」②次の時代。技術や性能が進歩した、次の段階や様式。「―自動車」

し-せつ【士節】 武士としての節操。

し-せつ【私設】 (名・他スル) 個人や民間で設けること。また、設けたもの。「―応援団」↕官設・公設

し-せつ【使節】 国の代表として外国や地方に派遣される人。「和平―」[語源] 昔、中国で外国に派遣する使者に符節(=割り符)を持たせたところからいう。

し-せつ【施設】 [一] (名・他スル) 建物や設備などを、ある目的のためにこしらえ設けること。また、設けたもの。「公共―」[二] (名) 特に、福祉事業関係の設備や機関の呼称。

じ-せつ【自説】 自分の説。自分の意見。「―を曲げない」

じ-せつ【持説】 ―前々から主張している自分の意見。持論。「―を開陳する」

じ-せつ【時節】 ①季節。時候。②時機。おり。よい機会。「―到来」③時世。世の情勢。「時世―」

―がら【―柄】 (副) 時節にふさわしく。時期が時期だから。

し-せん【支線】 ①本線から分かれた線。「―に乗り換える」↕本線・幹線 ②電柱を支えるために張る鉄線。

し-せん【死線】 ①生死の境目。「―をさまよう」②牢獄や捕虜収容所などの周囲に設けた、そこを越えれば銃殺されるという限界線。

―を越える ①生死の境をきりぬける。②生死を超越する。

し-せん【私撰】 (名・他スル) 詩歌などを個人・民間が選び編集すること。また、その編集したもの。↕勅撰

―しゅう【―集】 シフ 私撰の漢詩・連歌・俳諧・和歌集。特に、和歌集をいう。

し-せん【私選】 (名・他スル) 個人が自分の考えで選ぶこと。「―弁護人」

し-せん【施線】 (名・自スル) 線を引くこと。

し-せん【視線】 ①物を見ている目の方向。「―をそらす」②〘生〙眼球の中心点と、見ている外界の対象物とを結ぶ直線。視軸。

し-せん【詩仙】 ①非常にすぐれた詩人。②(杜甫を「詩聖」というのに対して)中国、盛唐の詩人李白を指す。

し-せん【詩箋】 詩を書くための紙。多く、装飾をほどこす。

し-ぜん【自然】 [一] (名) ①宇宙・山・川・海・生物など天地間の万物。森羅万象。また、その営み。「―の恵み」「―保護」②人為によらない、物事そのままの状態。「―の砦」「―現象」↕人工 ③人や物の本来の性質や状態。本性。「―児」[二] (形動ダ) ダロ・ダッ(デ)・ニ・ダ・ナ・ナラ・○ わざとらしくないさま。「―な動作」[文] (ナリ)

三(副) ひとりでに。おのずと。「ーとドアが開く」

し-ぜん【至善】①この上もない善。最上の善。「至高ー」②→さいこうぜん

じ-せん【自選】一(名・他スル) 自分の作品の中から自分で選ぶこと。「ー句集」二(名・自スル) 自分で自分を選挙すること。参考 一は、もとは「自撰」と書いた。

じ-せん【自薦】(名・自スル) 自分で自分を推薦すること。「ーの候補者」↔他薦

じ-ぜん【次善】最善につぐ善。第二のよい方法。「ーの策」

じ-ぜん【事前】物事の起こる前。実行する前。「ーに連絡する」↔事後

ーうんどう【ー運動】選挙などで、決められた運動期間の前にいろいろと準備活動をすること。

ーきょうぎ【ー協議】ギケフ ①ある行動を起こす前に関係者の間で行われる協議。②日米安全保障条約の下で、米軍が日本で行動を起こす前に日米間で行われる協議。

じ-ぜん【慈善】あわれみ救うこと。情けをかけること。特に、不幸・貧困な人々を援助すること。「ー事業」

ーいち【ー市】→バザー

ーなべ【ー鍋】→しゃかいなべ 冬

しぜん-かい【自然界】①認識の対象となるいっさいの外界。天地万物の存在する範囲。②人間界以外の世界。

しぜん-かがく【自然科学】クワガク 自然現象を研究対象とし、一般的法則を追究する学問の総称。ふつう、物理学・生物学・天文学・地学などを指す。

しぜん-きゅうかい【自然休会】キウクワイ 国会開会中、議決を行わないまま一定期間、議院の会議を開かないこと。

しぜん-けん【自然権】〘法〙国家や政府が成立する前の自然状態の時から人間が生まれながらにもつとされる権利。生命・自由・平等・財産権など、近代憲法における基本的人権。

しぜん-げんご【自然言語】人がそれと意識せずに覚え、使っている言語。人工言語や形式言語に対し、通常の言語。

しぜん-し【自然死】事故や病気などでなく、老衰によって死ぬこと。

しぜん-しゅぎ【自然主義】①〘文〙一九世紀後半にフランスを中心として発達した文芸思潮。現実をありのままに描こうとするもの。ゾラ、モーパッサンらが代表的な作家。日本では明治末期におこり、島崎藤村、田山花袋(かたい)、徳田秋声らが代表。②〘哲〙㋐自然を唯一の実在と考え、その産物であるすべての現象を自然科学的に説明しようとする立場。㋑道徳的基準を、本能など人間の自然的素質に基づいて立てる立場。

しぜん-しょくひん【自然食品】人工的な肥料・農薬・着色料・保存料などを使わない、自然のままの食品。自然食。

しぜん-じん【自然人】①自然のままで文明に影響されず、生まれたままの本能・性情によって生きる人間。②〘法〙個人を指すのに用いられる語。出生から死亡までの間、等しく完全な権利能力(=人格)を認められる。↔法人

しぜん-すう【自然数】〘数〙一から順に一ずつ増して得られる数。一、二、三、四…などの正の整数。

しぜん-たい【自然体】①柔道で、柔らかくごく自然に立った基本的な姿勢。②先入観や気負いのない素直な態度。

しぜん-とうた【自然淘汰】タウタ 自然界において、生態的条件・環境によりよく適合するものは生存を続け、そうでないものは滅びていくこと。自然選択。↔人為淘汰 参考 イギリスの生物学者ダーウィンが唱えた。

しぜんとじんせい〘自然と人生〙徳冨蘆花(とくとみろか)の随筆小品集。一九〇〇(明治三十三)年刊。広く青年層に愛読され、写生文の先駆として当時の文章に大きな影響を与えた。

しぜん-はっせい【自然発生】人為的に起こしたものでなく、ことのなりゆきからある結果になること。「ー的な事故」

しぜん-ほう【自然法】ハフ ①〘哲〙自然界を支配するとみられる人為的でない法則。②人間の本性に基づいて時代の新旧・場所(国)のちがいを問わずに存立する普遍的な法。↔実定法

し-そ【始祖】①ある物事を始めた人。元祖。「哲学のー」②禅宗で、達磨(だるま)大師の称。

し-そ【紫蘇】〘植〙シソ科の一年草。中国・東インド原産。葉は卵形で対生、アオジソとアカジソとがある。夏から秋に白色や淡紫紅色の花を穂状につける。葉と実は食用・香味料。夏

し-そ【緇素】(「緇」は黒、「素」は白の意) 黒衣を着た僧侶(そうりょ)と白衣を着た俗人。僧俗。道俗。

じ-そ【自訴】(名・自スル) 自分の罪を訴え出ること。自首。

し-そう【死相】サウ ①死に顔。②死が迫っていることを示す人相。「ーがあらわれる」

し-そう【志操】サウ 固く守って変えないこころざし。「ー堅固」

し-そう【使送】(名・他スル) 使いの者に持たせて送ること。

し-そう【使僧】使いの僧。

し-そう【思想】サウ ①心に思い浮かんだこと。考え。②生活や行動を体系立てて進めていく、基本的な考え方。特に、社会や政治についての一定の見解をいうことが多い。「穏健なー」③〘哲・心〙考えた結果として得た意識の内容。

ーはん【ー犯】思想上の動機に基づく犯罪。また、その犯罪を犯した人。参考 第二次世界大戦以前、治安維持法に触れる犯罪の通称。

し-そう【指嗾・使嗾】(名・他スル) 指図してそそのかすこと。けしかけること。「民衆をーする」

し-そう【師僧】師である僧。

し-そう【歯槽】サウ 〘生〙上下のあごの骨の、歯根がはまっている穴。ふつう上下合計三二個。

ーのうろう【ー膿漏】〘医〙歯のまわりの組織が炎症を起こして膿(うみ)や血が出る症状。進行すると歯が抜ける。

し-そう【詞宗】①詩文にすぐれた人。②文人・学者の敬称。

し-そう【詞藻】サウ ①言葉の美しいあや。文句の修飾。②詩歌や文章。③詩文に巧みな才能。「ーに富んだ人」

し-そう【試走】(名・自スル) ①実際に競走が行われる前にためしにコースを走ってみること。②自動車などの性能を調べるために試験的に走らせてみること。「ー車」

し-そう【詩宗】①すぐれた詩人。②詩人の敬称。

し-そう【詩草】サウ 詩の草稿。詩稿。

し-そう【詩想】サウ ①詩を作るもとになる着想。②詩にうたわれている思想・感情。

し-そう【詩藻】サウ ①文章の修辞。言葉のあや。美しい語句。②詩や文章。また、それを生みだす才能。

し-ぞう【死蔵】ザウ (名・他スル) 役立てずにしまっておくこと。

し-ぞう【私蔵】ザウ (名・他スル) 個人が所蔵すること。また、そのもの。「貴重な文献をーする」

じ-そう【寺僧】寺に属している僧。寺の僧。

じ-そう【自走】(名・自スル) 他から引かれたり押されたりせずに、自らの動力で動くこと。「ー砲」「ー式ロボット」

じ-そう【児相】サウ 「児童相談所」の略。

じ-そう【事相】サウ 事のようす・ありさま。

じ-そう【侍曹】サウ (そばにはべるものの意で) 手紙の宛名の下に書いて敬意を表す語。侍史。

じ-ぞう【地蔵】ヂザウ 〘仏〙(「地蔵菩薩(ぼさつ)」の略) 釈迦(しゃか)の死後、弥勒菩薩(みろくぼさつ)の出現までの無仏時代の衆生(しゅじょう)を導く菩

薩。密教では、胎蔵界曼荼羅の地蔵院の主尊。地蔵尊。

―がお【―顔】ガホ 地蔵に似て丸くてやさしい顔つき。また、そのように柔和な顔をすること。

しそう-かせき【示相化石】シサウクワセキ 〘地質〙地層が堆積した当時の環境を知るのに役立つ化石。珊瑚など。

シソーラス〈thesaurus 倉〉①単語を五十音順やアルファベット順でなく、意味によって分類・配列した語彙集。②〘情報〙情報検索で、キーワードと関連語の関係などが記録されたデータベース。

し-そく【子息】むすこ。多く、他人のむすこをいう。「御―」

し-そく【四足】①四本の足。②四本足の動物。けもの。③四本足の机や膳。

し-そく【四則】〘数〙加法・減法・乗法・除法の総称。

し-そく【紙燭・脂燭】①昔の照明用具の一つ。松の木を細く削り、その先を焦がし炭化させて油をぬったもの。②こよりを油にひたして点火するもの。参考「ししょく」ともいう。

し-ぞく【士族】①武士の家柄。②明治維新後、武士の家系の者に与えた名称。一九四七(昭和二十二)年に廃止。

―の商法（明治初期、商売をはじめた士族は不慣れで偉ぶったやり方のために、多く失敗したことから）不慣れな人が、下手な商売をして失敗すること。

し-ぞく【支族・枝族】本家から分かれ出た血族。分家。

し-ぞく【氏族】同一の先祖から出た一族。同じ祖先をもつ多数の家族が構成する、血族社会集団。

じ-そく【自足】(名・自スル)①自分で自分の必要を満たすこと。「自給―」②自分で満足すること。「現状に―する」

じ-そく【時速】一時間に進む距離で示される、ものの速さ。

じ-ぞく【持続】ヂ―（名・自他スル）一定の状態がある時間保たれること。長く続けること。「効果が―する」「志を―する」

し-そこな・う【為損〔な〕う】ソコナフ―（他五）ワ(オ)・イ(ツ)・ウ・ウ・エ・エ 失敗する。しそんじる。しくじる。「連絡を―」

しそ-ちょう【始祖鳥】テウ―〘動〙爬虫類から鳥類への進化の過程を示し、それらの中間的特徴をもつ化石種。くちばしに鋭い歯をもち、羽毛のある翼に三本の指をもつ。化石としてドイツのジュラ紀地層から発見された。

し-そつ【士卒】①下士官と兵卒。②軍兵。兵士。

しそ-まき【紫蘇巻〔き〕】塩漬けや梅酢漬けにしたシソの葉で梅干し・味噌・餡などを巻いた食品。

じ-ぞめ【地染〔め〕】ヂ―①その土地で染めた染め物。②模様以外の地の部分を染めること。

し-そん【子孫】①子と孫。孫子。②その人の血筋を引いて生まれた人。後裔。「―の繁栄」↕先祖・祖先

し-そん【至尊】この上なく尊い存在。特に、天皇。

じ-そん【自存】(名・他スル)①自己の存在。②他人に頼らず自力で生存すること。「―自衛」

じ-そん【自尊】①自分の品位を保つようにすること。自重すること。「独立―」②みずからを誇っておごること。うぬぼれること。

―しん【―心】みずからを誇る気持ち。自分の尊厳を保つ気持ち。プライド。「―が強い」「―が傷つけられる」

じ-そん【自損】自分の過失によってけがをしたり、損害を受けたりすること。「―事故」

じ-そん【児孫】子と孫。子孫。

―のために美田を買わず 子孫のために財産を残すと、それに依存して本人のためにならないので、財産を残さない。参考西郷隆盛の詩にある言葉。

し-そん・じる【為損じる】（他上一）ジ・ジ・ジル・ジル・ジレ・ジロ(ジヨ) しそこなう。しくじる。「急いては事を―」語源サ変動詞「しそんずる」の上一段化。

し-そん・ずる【為損ずる】（他サ変）ジ(ゼ)・ジ・ズル・ズル・ズレ・ジロ(ゼヨ) →しそんじる 文しそん・ず(サ変)

した-【下】（接頭）（名詞に付いて）前もってする、準備のためにする意を表す。「―洗い」「―書き」「―検分」「―準備」「―ごしらえ」

した【下】①位置の低いこと。また、低い所。「階段の―」↕上 ②内側。裏。「セーターの―にシャツを着る」↕上 ③身分・地位などの低いこと。「彼の―で働く」↕上 ④年齢の若いこと。「三つ―の妹」↕上 ⑤技術・腕前などの劣ること。「力は彼のほうが―だ」↕上 ⑥すぐあと。「言う―からぼろを出す」 ⑦紙の上に書いた縦の列の一番あと。「―から三番目の漢字」↕上 ⑧順序があとにあるほう。「例を―に記す」↕上 ⑨代金の一部や抵当とするもの。「古いほうを―に出す」

―に出る へりくだった態度をとる。下手に出る。**―にも置かない** 人を非常に手厚くもてなす。

した【舌】①〘生〙動物の口の中にある筋性の器官。咀嚼・嚥下・発声を助け、粘膜は味覚をつかさどる。べろ。②話すこと。また、その言葉。弁舌。

―が肥える おいしいものを食べ慣れて、味のよしあしを見分ける力がある。口が肥える。**―が回る** よくしゃべる。よどみなくしゃべる。**―の先** 口先。舌先。言葉の上だけ。「―で言いくるめる」**―の根の乾かぬうち** ものを言った、そのすぐあと。言い終わるか終わらないうち。用法前言に反する相手の言動を非難するときに用いる。**―を出す** ①陰で相手をばかにするさま。②自分の失敗に照れるしぐさ。**―を巻く** 非常に感心したり、驚いたりする。

した【簧】〘音〙吹奏楽器で、振動によって音を出すための、舌のような薄い弁。リード。参考「舌」とも書く。

しだ【羊歯・歯朶】〘植〙①胞子で増え、維管束をもち、おもに陸上に生える、ワラビ・ゼンマイ・タマシダなどのシダ植物の総称。②「うらじろ②」の別名。新年

じ-た【自他】①自分と他人。「―ともに認める」②〘文法〙自動詞と他動詞。

じ-だ【耳朶】①みみたぶ。②みみ。「―に触れる(=聞き及ぶ)」

した-あご【下顎】下のほうのあご。下顎。↕上顎

した-あじ【下味】アヂ― 料理の材料に前もって味をつけること。また、その味。「―をつける」

した-あらい【下洗い】アラヒ―（名・他スル）汚れのひどい洗濯物を前もってざっと洗うこと。予洗。

し-たい【支隊・枝隊】本隊から分かれて独立して行動する部隊。↕本隊

し-たい【四諦】〘仏〙（「諦」は真理の意）迷いと悟りの関係を説明する四つの真理。苦諦・集諦・滅諦・道諦の総称。

し-たい【死体・屍体】死んだ人や動物のからだ。「―を遺棄する」↕生体 ⇩遺体「参考」

類語死骸・遺体・遺骸・しかばね・なきがら・むくろ・死屍

し-たい【肢体】①手足。②手足とからだ。「のびのびした―」

し-たい【姿態】あるしぐさをしたときの姿。からだつき。「なまめかしい―」

し-たい【詩体】詩の形式。「七五調の―」

-しだい【次第】（接尾）①（名詞に付いて）そのことによって決まる意を表す。「天候―だ」②そのなりゆきにまかせる意を表す。「言いなり―になる」③（おもに動詞の連用形に付いて）そのことが終わったらすぐにの意を表す。「でき―送る」

し-だい【次第】①順序。「式―」②物事の事情。由来。なりゆき。「事と―によっては」

―がき【―書き】物事の由来や順序などを書いた文書。

―に（副）状態が順を追って変化していくさま。だんだんに。「―寒くなる」「―大きくなる」

し-だい【四大】《仏》①万物を構成する四つの元素。地・水・火・風。②（①からなると考えて）人の身体。

し-だい【至大】（名・形動ダ）この上もなく大きいこと。また、そのさま。「―の事業」

し-だい【私大】（「私立大学」の略）私立の大学。

じ-たい【字体】①文字の形。「旧―」②書体。楷書(かいしょ)・行書・草書・篆書(てんしょ)・隷書など。③活字体。明朝(みんちょう)・ゴシック・イタリックなど。

じ-たい【自体】㊀（名）（自分のからだの意から）そのもの自身。「それ―むりな話だ」㊁（副）元来。もともと。いったい。「―それがいけない」参考㊀は、多く名詞の下に付いてその意を強める。

じ-たい【事態・事体】事のありさま。なりゆき。「不測の―」「緊急―」

じ-たい【辞退】（名・他スル）遠慮して引き下がること。断って身を引くこと。「受賞を―する」

じ-だい【地代】ヂ― ①土地の借用料。借地料。②土地の値段。地価。参考「ちだい」ともいう。

じ-だい【次代】つぎの時代。つぎの世代。「―をになう若者」

じ-だい【自大】みずからを誇りたかぶること。「夜郎(やろう)―(=自分の力量を知らずに仲間内でうぬぼれること)」

じ-だい【事大】弱小なものが強大なものに従い仕えること。「―思想」語源孟子(もうし)の「惟(た)だ知者のみ能(よ)く小を以(もっ)て大に事(つか)うるを為(な)す」から出た語。

―しゅぎ【―主義】一定の主義や主張をもたない者が勢力の強い者に従って、自分の身の安全をはかろうとする考え方。

じ-だい【時代】①ある一まとまりの長い年月。一定の基準や特徴によって区切られた期間。「奈良―」「少年―」「―が変わる」「古きよき―」②その当時。当代。現代。「―の風にあたる」「―の先駆者」③長い年月がたって古びた感じ。「―がつく」

じだい-おくれ【時代遅れ・時代後れ】（名・形動ダ）古くてその時代の状況（思潮や流行など）に合わないこと。

じだい-がか・る【時代掛かる】（自五）ラ(ロ)・リ(ッ)・ル・ル・レ・レ 古風な感じになる。古くさくなる。現代的でなくなる。「―・った建物」

じだい-かんかく【時代感覚】その時代に対する受けとり方。その時代の状況に敏感に順応していく感覚。「鋭い―」

しだい-きしょ【四大奇書】中国、明(みん)代の四大小説。「水滸(すいこ)伝」「三国志演義」「西遊(さいゆう)記」「金瓶梅(きんぺいばい)」の称。

じだい-きょうげん【時代狂言】キヤウゲン《演》歴史上の人物や事物を題材にした歌舞伎(かぶき)狂言。↔世話狂言

じだい-げき【時代劇】《演》明治以前の、特に武家時代を扱った映画や演劇。まげもの。

じだい-さくご【時代錯誤】別の時代のものを混同する誤り。転じて、その時代の傾向に合わない古い考え方や方法をとること。時代おくれ。アナクロニズム。「―も甚だしい」

じだい-しょうせつ【時代小説】セウセツ 題材を古い時代に求めて書かれた通俗小説。

じだい-しょく【時代色】その時代特有の傾向や風潮。

じだい-せいしん【時代精神】ある時代の社会を支配し、その時代を特徴づける思想、または感情。「明治の―」

じだい-そう【時代相】サウ ある時代の思想や風俗の傾向。

じだい-もの【時代物】①多くの時代を経過したもの。「―の壺(つぼ)」②《演》江戸以前の歴史上の事件や人物を題材にした浄瑠璃(じょうるり)や歌舞伎(かぶき)。↔世話物

した・う【慕う】シタフ（他五）ワ(オ)・イ(ッ)・ウ・ウ・エ・エ ①あこがれ近づきたいと心の中で思う。思慕する。「先輩を―・い続ける」②離れがたく思ったり恋しく思ったりして、あとを追う。「兄を―・って上京する」③なつかしく思い、そこに行きたいと思う。「故国を―」④人格や学問などを敬って学ぼうとする。敬慕する。「遺徳を―」

した-うけ【下請け】㊀（名・他スル）（「下請負(したうけおい)」の略）ある人が引き受けた仕事を、さらに他の人が請け負うこと。「―に出す」㊁（名）（「下請け人」の略）「下請け㊀」をする人。（↔元請け）

した-うち【舌打ち】（名・自スル）舌で上あごをはじいて音を出すこと。食物の味を楽しみ味わうときや、不満や腹立たしい気持ちがはたらいたときにするしぐさ。「悔しそうに―する」

した-うちあわせ【下打ち合（わ）せ・下打合せ】ウチアハセ 正式の打ち合わせの前に、あらかじめする打ち合わせ。

した-え【下絵】エ― ①下がきの絵。②刺繍(ししゅう)・彫刻・版画の図柄や輪郭などを材料の上にかいたもの。③色紙(しきし)・詩箋(しせん)などの地に装飾としてかいてある絵。

した-えだ【下枝】根に近い下のほうに出ている枝。下枝(しずえ)。

した-おし【下押し】①下のほうへ押し下げること。②《経》相場がしだいに下落すること。「―気配」

した-おび【下帯】①ふんどし。②腰巻き。③おもに和装で、肌着の上に結ぶ帯。したひも。

したが・う【従う・随う】シタガフ（自五）ワ(オ)・イ(ッ)・ウ・ウ・エ・エ ①あとからついて行く。「行列に―」②（人の言いつけや意見、法律や風俗習慣などに）さからわずに、そのとおりにする。服従する。「親の言いつけに―」「指示に―」↔逆(さか)らう ③物事の勢いや自然の流れに沿うようにする。「大勢(たいせい)に―」↔逆らう ④（「…にしたがって」の形で）「…とともに」「…につれて」の意を表す。「進むに―・って暗くなる」他したが・える（下一）可能したが・える（下一）

参考「従う」は反対しないでついて行く、「随う」はまかせきりで、導かれるままについて行く意。

したが・える【従える】シタガヘル（他下一）エ・エ・エル・エル・エレ・エロ(エヨ) ①引き連れる。連れて行く。「部下を―」②服従させる。「敵を―」自したが・う（五）文したが・ふ（下二）

した-がき【下書き】（名・他スル）①清書する前、練習のために書くこと。また、書いたもの。「習字の―」②文章などで、まだ修正していないもの。草稿。③絵画などで、本式に描く前に、おおよその形を描くこと。また、描いたもの。参考③は「下描き」とも書く。

した-かげ【下陰】木や草などの陰になったうす暗い所。

した-がさね【下襲】束帯のとき、袍(ほう)・半臂(はんぴ)(=袍の下に着た短い衣)の下に着た衣。長い裾(きょ)を袍の下に垂らし引きずって歩いた。

したがっ-て【従って】（接）だから。それゆえに。「彼にはアリバイがある。―犯人ではない」

した-がり【下刈（り）】（名・他スル）植林した若木を保護するため、下草を刈ること。

した-ぎ【下着】上着の下に着る衣類。特に、肌に直接つける衣類。肌着。↔上着(うわぎ)

し-たく【支度・仕度】㊀（名・自他スル）ある物事をする前に必要なものをとりそろえ、準備をすること。また、その準備。「旅行の―をする」「昼食を―する」㊁（名・自スル）外出のときなどに、身なりを整えること。身じたく。「母はいつも―が遅い」

―きん【―金】結婚や就職などの準備に必要な金銭。

し-たく【私宅】①個人の住まい。②自宅。

しだ・く（他五）カ(コ)・キ(イ)・ク・ク・ケ・ケ ①荒らす。散らす。「踏み―」②砕

く。つぶす。「噛(か)みー」 用法 ①②とも動詞の下に付けて、多く接尾語的に使う。

じ‐たく【自宅】 自分の家。「ーに帰る」「ーに招く」

した‐くさ【下草】 樹木の下の陰に生える雑草。「ーを刈る」

した‐くちびる【下唇】 下側のくちびる。下唇(かしん)。「ーを噛(か)む」↔上唇(うわくちびる)

した‐げいこ【下稽古】(名・自スル) 本番に備えて、前もってけいこをすること。また、そのけいこ。「発表会のーをする」

した‐けんぶん【下検分】(名・他スル) 何かをするときの準備として、物や場所のようすなどを前もって調べること。下見(したみ)。

した‐ごころ【下心】 ①(おもに悪い意味で用いて)表に出さないで、心の中で考えていること。たくらみ。「ーがあって近づく」②漢字の部首名の一つ。「恭」「思」などの「⺗」「心」の部分。

した‐ごしらえ【下△拵え】ゴシラヘ(名・自他スル) ①前もって準備しておくこと。下準備。②(本格的に調理する前に)ざっとこしらえておくこと。「料理のーをしておく」

した‐さき【舌先】 ①舌の先。②口先。言葉。

―さんずん【―三寸】 心がこもらず口先だけであること。また、その言葉。「ーで人をまるめこむ」

した‐さく【下作】 →こさく

した‐ざわり【舌触り】ザハリ 飲食物が舌に触れたときの感じ。「まろやかなー」

した‐じ【下地】ヂ ①物事が成り立ったり、何かを習得したりするのに必要な基礎。素地(そじ)。「芸のーを作る」②本来もっている才能・性質。素質。「音楽のーがある」③(吸い物を作るもとになるものの意から)醤油(しょうゆ)。また、だし汁。④壁や塗り物の地(じ)となるもの。

し‐だし【仕出〔し〕】 ①注文に応じて料理などを作って配達すること。また、その料理。出前。「ー料理」②演劇・映画などで、通行人や群衆などの端役(はやく)。また、その役者。

―や【―屋】 料理の「仕出し①」をする店。また、その人。

したし・い【親しい】(形) カロ・カッ(ク)・イ・イ・ケレ・○ 《中心義—いつも近くにあるので、そのもののことがよくわかった関係である》①血筋が近い。「ー縁者」②仲がよい。こころやすい。「ー友人」③身近に接していて、なじみがある。「耳目にー」 文 した・し(シク)

類語 心安い・近しい・睦(むつ)まじい・懇ろ・親愛・親密・懇意・昵懇(じっこん)・気が置けない

した‐じき【下敷〔き〕】 ①物の下に敷くもの。特に、字を書くとき、裏面に書き跡が出ないように紙の下に敷く文房具。②(下に敷いて目安にする意から)素材。手本。「実際の事件をーにした小説」③物の下に敷かれること。「車のーになる」

したし‐く【親しく】(副) 身分の高い人などが、自分で物事を行うさま。みずから。自分自身で。直接。「国民にーお言葉を賜る」「ー教えを受ける」 語源 形容詞「親しい」の連用形から。

した‐しごと【下仕事】 ①下請けの仕事。②下ごしらえ。

したし‐み【親しみ】 親しく思う気持ち。心やすさ。「ーを覚える」「ーがわく」

したし・む【親しむ】(自五) マ(モ)・ミ(ン)・ム・ム・メ・メ ①仲よく交わる。懇意にする。「たがいにー」②つねに接して、楽しむ。「読書にー」「自然にー」 可能 したし・める(下一)

した‐じめ【下締〔め〕】 女性が和服を着るとき、帯の下などにしめるひも。腰ひも。

した‐じゅんび【下準備】 物事を本格的に行う前にしておく準備。「講演会のーに追われる」

した‐しょく【下職】 下請けの職人。また、その職業。

しだ‐しょくぶつ【×羊歯‐植物・×歯朶‐植物】《植》種子をつくらない維管束植物の一群。胞子でふえる。シダ類・トクサ類・ミズニラ類・ヒカゲノカズラ類・マツバラン類の総称。

した‐しらべ【下調べ】(名・他スル) ①物事を行うに先だって、前もって調べること。予備調査。②授業や発表に備えて必要な事柄を調べておくこと。予習。「授業のーをする」

した‐ず【下図】ヅ 下書きの図。下絵。

しだ・す【仕出す】(他五) サ(ソ)・シ・ス・ス・セ・セ ①(何かを)しはじめる。「やっと宿題をー」②注文の料理を作って届ける。

した‐すだれ【下△簾】 牛車(ぎっしゃ)のすだれの内側にかける長い帳(とばり)。多く生絹(すずし)を用い、車の外へ長く垂らした。

した‐そうだん【下相談】サウダン(名・自スル) 本格的な話し合いに備え、前もってしておく相談。

した‐だい【舌代】(口で言う代わりの意で)飲食店などで、あいさつなどを書きつけたもの。口上。口上書き。舌代(ぜつだい)。

したたか【°強か】 一(副) おおいに。ひどく。「酒をー飲む」「頭をー(に)打つ」 二(形動ダ) ダロ・ダッ(デ・ニ)・ダ・ナ・ナラ・○ ひとすじなわではいかないさま。簡単には思いどおりにならず、手ごわいさま。「ーな奴(やつ)だ」 文(ナリ)

―もの【―者】 ひとすじなわではいかない者。

したた・める【°認める】(他下一) メ・メ・メル・メル・メレ・メロ(メヨ) ①書きしるす。「一筆ー」②食事をする。「夕食をー」 文 したた・む(下二)

したた・らす【滴らす】(他五) サ(ソ)・シ・ス・ス・セ・セ しずくなどが垂れるようにする。しずくなどを垂らす。「汗をー」 自 したた・る(五)

した‐たらず【舌足らず】(名・形動ダ) ①舌がよく回らないで思うように発音できないこと。また、そのようなさま・人。「ーの言葉」②物事を十分に表現していないこと。言い足りないこと。また、そのさま。「ーな文章」

したたり【滴り】 水などが垂れて落ちること。しずく。 夏

したた・る【滴る】(自五) ラ(ロ)・リ(ッ)・ル・ル・レ・レ (下垂(た)るの意から) ①液状のものがしずくとなって落ちる。「血がー」②(比喩(ひゆ)的に)あふれるほど満ちている。「緑ー木々」 他 したたら・す(五)

した‐たる・い【舌たるい】(形) カロ・カッ(ク)・イ・イ・ケレ・○ ものの言い方が甘えているようである。したったるい。 文 したたる・し(ク)

じ‐たつ【示達】(名・他スル) 上級官庁から下級官庁などに命令や指示を通達すること。また、その通知。示達(したつ)。

した‐つづみ【舌鼓】 うまいものを食べて思わず舌を鳴らすこと。「ーを打つ」 参考 話し言葉では「したづつみ」ともいう。

したっ‐ぱ【下っ端】 身分や地位の低い者。「ー役人」

したっ‐ぱら【下っ腹】 →したはら

した‐づみ【下積み】 ①他の物の下に積むこと。また、下のほうに積まれたもの。↔上積(うわづ)み ②人の下で使われていて出世できないこと。能力などを発揮する機会に恵まれないこと。また、そのような人。「ー生活」「ーの長かった役者」

した‐つゆ【下露】 草木からしたたり落ちる露。 秋

した‐て【下手】 ①下部。下のほう。また、川下(かわしも)や風下(かざしも)。下手(しもて)。②他より地位や能力の劣ること。③相手に対してへりくだること。「ーに出る」④相撲で、相手の腕の下に手を差してまわしをつかむこと。また、その手。(↔上手(うわて))

―なげ【―投げ】 ①相撲で、「下手④」から相手のまわしをつかんで投げ倒すわざ。②→アンダースロー(↔上手(うわて)投げ)

し‐たて【仕立〔て〕】 ①仕立てること。こしらえること。特に、衣服などを作ること。また、そのできばえ。「ーのいい服」②育てあげること。養成。仕込み。③したくを調えること。ある目的のために用意すること。「特別ー(じたて)の列車」

―おろし【―下〔ろ〕し】 新調したばかりの衣服。また、それを着ること。「ーの背広」

―けん【―券】 洋服やワイシャツなどを仕立てるとき、仕立て代にかわる券。布地を贈り物にするときなどに添える。

―もの【―物】 ①仕立てるもの。仕立てたもの。②裁縫。

―や【―屋】 裁縫を職業とする者。また、その店。

し-た・てる【仕立てる】（他下一）テ・テ・テル・テル・テレ・テロ(テヨ) ①布地を裁断して衣服に縫い上げる。「背広を―」②支度をする。用意してさし向ける。「車を―」③仕込む。育てあげる。「弟子を一人前に―」④それらしく見えるようにする。「小説を芝居に―」「ヒーローに―」⑤別の性格のものにつくりかえる。文した・つ（下二）

した-で・る【下照る】（自四）《古》花の色などが照りはえる。花や葉の色で、木の下まで照り輝く。したてる。

した-どり【下取〔り〕】（名・他スル）品物を売るとき、買い手の持っている古い同種の品物を売り手が値を付けて引き取り、その分だけ値引きすること。「車を―に出す」

した-なが・い【舌長い】（形）カロ・カッ(ク)・イ・イ・ケレ・○ 身のほどをわきまえず大きなことを言うさま。文したなが・し（ク）

した-なめずり【舌△舐めずり】ナメヅリ（名・自スル）①（物を食べたいと思ったときや食後などに）舌でくちびるをなめまわすこと。②獲物などをしきりに待ちかまえること。

した-ぬい【下縫い】ヌヒ（名・他スル）本式に縫い上げる前に、仮に縫っておくこと。仮縫い。

した-ぬり【下塗り】（名・他スル）上塗(うわぬ)りをする前に、下地を塗ること。また、塗ったもの。↔上塗り

した-ね【下値】《経》今までの相場よりも安い値段。安値(やすね)。「―待ち」↔上値(うわね)

した-ば【下葉】 草木の枝や幹の下のほうの葉。↔上葉(うわば)

した-ば【下歯】 下の歯茎に生えている歯。↔上歯(うわば)

した-ばえ【下生え】 木の下に生える雑草や低木。

した-ばき【下△穿き】 腰から下の肌に直接つける下着。

した-ばき【下履〔き〕】 屋外ではく履物。↔上履(うわば)き

じた-ばた（副・自スル）①手足をばたばたさせて、抵抗するさま。「―（と）あばれる」②あわててあれこれと騒ぎまわるさま。「今さら―してもはじまらない」

した-ばたらき【下働き】 ①他人の下で働くこと。また、その人。下回り。②炊事や掃除などの雑用をすること。また、その人。下回り。

した-はら【下腹】 腹の下の部分。したっぱら。「―が出る」

した-ばり【下張り・下貼り】（名・他スル）ふすまや壁などで、上張(うわば)りの下地として紙や布を張ること。また、その紙や布。↔上張り

した-び【下火】 ①火の勢いが衰えること。「火事が―になる」②盛りが過ぎて勢いが衰えること。「流行が―になる」③茶道の炭点前(すみてまえ)で、はじめから風炉(ふろ)や炉に入れておく火。

した-び【下△樋】《古》①地中に埋めた、水を導く管。埋めどい。したひ。②箏(そう)・琴の腹部。表と裏板との間の空洞部。

した-びえ【下冷え】 体のしんから冷えるような感じのすること。底冷え。

した-ひも【下△紐】 ①下裳(したも)・下袴(したばかま)のひも。②→したおび③

した-びらめ【舌平目・舌△鮃】《動》ウシノシタ科とササウシノシタ科の海産魚の総称。体は平たく長卵形。食用。夏

した-ぶし【下△臥し】 ①うつぶせになること。②物の下陰に横になること。

した-へん【舌偏】 漢字の部首名の一つ。「舐」などの「舌」の部分。

した-まえ【下前】マヘ 着物の前を合わせたとき、下（内側）になる部分。↔上前(うわまえ)

じ-たまご【地卵】ヂ その土地で産する鶏卵。

した-まち【下町】 都会で、海や川に近い低地にある町。主として都会の商工業地区をさす。「―育ち」↔山の手

した-まわり【下回り】マハリ ①人の下で雑事をすること。また、それをする人。下働き。②下級の歌舞伎(かぶき)役者。

した-まわ・る【下回る】マハル（自五）ラ(ロ)・リ(ッ)・ル・ル・レ・レ 数量や程度がある基準より下になる。「予想を―」↔上回(うわまわ)る

した-み【下見】 ㊀（名・他スル）①あらかじめ見て調べておくこと。下検分。「試験場の―をする」②前もって書物や資料などに目を通しておくこと。下読み。㊁（名）《建》家の外壁をおおう横張りの板で、板と板を少しずつ重ねて取り付けたもの。「―板」

した-みず【下水】ミヅ ①物の下や陰を流れる水。②漢字の部首名の一つ。「求」「泰」などの「氺」の部分。

した-みち【下道】 ①山陰・木陰など、物の陰にある道。②（高速道路に対して）ふつうの道路。一般道路。「―で行く」

した・む【△湑む・△釃む】（他五）マ(モ)・ミ(ン)・ム・ム・メ・メ 液をしたたらす。しずくを残りなく垂らす。「とっくりの酒を―」

した-むき【下向き】 ①下を向いていること。②勢いの衰えかけること。「景気が―になる」③相場や物価が下落の傾向にあること。（↔上向(うわむ)き）

した-め【下目】 ①顔はそのままにして目だけを下のほうに向けること。また、その目つき。↔上目(うわめ) ②劣っていること。また、その人。「人を―に見る（＝さげすむ）」

した-もえ【下△萌え】 地中から草の芽が出ること。また、その芽。春

した-もつれ【舌△縺れ】（名・自スル）舌が自由に動かず、言葉をはっきりと言えないこと。

した-や【下家・下屋】 母屋(おもや)に付属する小さな家や小屋。

した-やく【下役】 ①職場での地位が自分より下の人。↔上役(うわやく) ②下級の役人。部下の役人。

した-やく【下訳】 翻訳の草稿として、大まかに訳をつけること。また、その訳。

した-よみ【下読み】（名・他スル）前もって書物や資料などを読んで調べておくこと。下見。「台本の―」

じ-だらく【自堕落】（形動ダ）ダロ・ダッ(デ・ニ)・ダ・ナ・ナラ・○ 身を持ちくずして、だらしのないさま。ふしだら。「―な生活」文（ナリ）

じ-たらず【字足らず】 和歌・俳句で、一つの句の音数が定型の五音や七音より少ないこと。また、その句。↔字余り

し-たり（感）①事がうまくいったときに言う語。うまくやった。してやったり。②失敗したときに言う語。しまった。「これは―」語源 サ変動詞「す」の連用形＋助動詞「たり」

―がお【―顔】ガホ 得意そうな顔つき。「―で語る」

し-だれ【枝垂れ】 木の枝などが垂れ下がること。

―ざくら【―桜】《植》バラ科の落葉高木で、ヒガンザクラの栽培品種。枝が垂れ下がり、春に小さい花を開く。糸桜。春

―やなぎ【―柳】《植》ヤナギ科の落葉高木。枝が糸のように細く垂れ下がる。春、黄緑色の花穂をつける。糸柳。春

し-だ・れる【枝垂れる】（自下一）レ・レ・レル・レル・レレ・レロ(レヨ) 木の枝などが長く垂れ下がる。「枝が―」文しだ・る（下二）

したわし・い【慕わしい】シタハシイ（形）カロ・カッ(ク)・イ・イ・ケレ・○ 心がひかれ、近くにいたい。恋しい。「―人」文したは・し（シク）

し-たん【紫△檀】《植》マメ科の常緑高木。インド南部産。材は暗紫紅色でかたく美しく、高級家具用として珍重される。

し-だん【史談】 歴史に関する話。史話。「郷土―」

し-だん【指弾】（名・他スル）つまはじきすること。転じて、非難すること。「世間の―を受ける」

し-だん【師団】 陸軍の部隊編制上の単位。旅団の上に位する。司令部をもち、戦略上独立して行動する。

し-だん【詩壇】 詩人の社会。詩人の世界。

じ-たん【事端】 事件の発端。事のはじまり。

じ-たん【時短】「(労働)時間短縮」の略。「―勤務」「―営業」

じ-だん【示談】 民事上の紛争を、裁判によらず当事者間の話し合いで解決すること。「―金」「―が成立する」

じ-だんだ【地団太・地団駄】ヂ くやしがって足をやたらに踏みならすこと。用法 多く「地団太を踏む」の形で用いられる。語源「地蹈鞴(じたたら)」の変化した語。「蹈鞴(たたら)」は、鋳物を作るときに使うふいご。蹈鞴を踏んで風を送るようすが、くやしがって足で地面を踏みならすように似ていることからいう。

しち【七】 数1 シチ・シツ なな・ななつ・なの　一七

(字義)なな。ななつ。ななたび。「七賢・七福神・七夜・七宝(しっぽう・しちほう)」難読 七五三縄(しめなわ)・七夕(たなばた)・七種(ななくさ)・七十路(ななそじ) 人名 かず・かつ・な・ひち

しち【七】 六に一を加えた数。なな。ななつ。参考「。漆」を大字(だいじ)として用いる。

しち【質】(字義)→しつ(質)

しち【質】 ①約束を実行する保証として預けておくもの。「人(ひと)―」②借金の抵当として預けておく品物。特に、質屋に預ける担保(たんぽ)。「時計を―に入れる」

しち-(接頭)形容詞・形容動詞に付けて、その程度を強める語。ひどく。非常に。「―めんどうくさい」

し-ち【死地】 ①死ぬべき場所。「―を求める」②生きのびる望みのない危険な場所。「―におもむく」③窮地。「―におちいる」

じ-ち【自治】 ①自分たちのことを自分たちの手で処理すること。「―会」「―の精神」②地方公共団体で、その範囲内の行政・事務を自主的に行うこと。「地方―」「―体」

しち-いれ【質入れ】(名・他スル)借金の抵当に、品物を質屋に預けること。「着物を―する」

じち-かい【自治会】クヮイ 学生や同一地域の住民などが、学校生活や地域の社会生活を、自主的に運営していくために作った組織。「団地の―」

しち-かいき【七回忌】シチクヮイ― 【仏】人の死後七年目の忌日。また、その日に行う法要。七周忌。七年忌。(死んだ年を入れて数える。)

し-ちが・える【。為違える】チガヘル(他下一) エ・エ・エル・エル・エレ・エロ(エヨ) しそこなう。やりそこなう。やり方を間違える。文しちが・ふ(下二)

しち-がつ【七月】グヮツ 一年の第七の月。文月(ふみづき・ふづき)。夏

し-ちく【糸竹】(「糸」は琴・琵琶(びわ)などの弦楽器、「竹」は笙(しょう)・笛などの管楽器の意)楽器。また、音楽。管弦。糸竹(いとたけ)。

しち-くど・い(形) カロ・カッ(ク)・イ・イ・ケレ・〇 非常にしつこい。「―・く言うな」

しち-ぐさ【質草・質。種】 質に入れる品物。質物(しちもつ)。

しちげん-きん【七弦琴・七△絃琴】【音】古く中国から伝来した七本の弦のある琴。琴(きん)。琴(きん)の琴(こと)。

しち-ご-さん【七五三】 ①子供の成長を祝う行事。男子は三歳と五歳、女子は三歳と七歳の年の十一月十五日に氏神におまいりする。冬 ②本膳(ほんぜん)に七菜、二の膳に五菜、三の膳に三菜をそなえた祝いの盛宴。③祝いに用いるめでたい数。④しめなわ。

しちご-ちょう【七五調】テウ 【文】和歌や詩の音数律の一つで、七音・五音の順に調子を繰り返す形式。⇩五七調

しち-ごん【七言】 一句が七字の漢詩の形体。

―ぜっく【―絶句】 七言の句四つからなる漢詩。七絶。

―りつ【―律】 →しちごんりっし

―りっし【―律詩】 七言の句八つからなる漢詩。七律。七言律。

しち-さん【七三】 ①物を七と三の比率に分けること。②七と三の割合に左右に分けた髪形。③歌舞伎(かぶき)の花道で、揚げ幕へ七分、舞台へ三分のところ。役者が見得(みえ)を切るなどする。

しちしち-にち【七七日】 →しじゅうくにち

しちしゅう-き【七周忌】シチシウ― →しちかいき

しち-しょう【七生】シャウ(もと仏教語)七回生まれ変わること。転じて、未来永遠。七生(せい)。「―報国」

じち-しょう【自治省】シャウ 地方自治、公職選挙の運営・指導などを行った中央行政官庁の一つ。二〇〇一(平成十三)年「総務省」に移行。

しち-しょく【七色】 →なないろ

しち-せき【七夕】 →たなばた

しち-せき【七赤】 陰陽道(おんようどう)で、九星(きゅうせい)の一つ。金星。本位は西。⇩九星

しち-ぜつ【七絶】「七言絶句(しちごんぜっく)」の略。

じち-たい【自治体】【社】一定の地域と住民に対し、国家から自治の権能を認められて地域内の地方行政を行う公の団体。都・道・府・県・市・町・村など。自治団体。地方公共団体。

じち-だんたい【自治団体】 →じちたい

しちてん-はっき【七転八起・七△顛八起】(名・自スル)→ななころびやおき①

しちてん-ばっとう【七転八倒・七△顛八倒】バッタウ(名・自スル)(起き上がっては何度も転ぶの意)苦痛のあまり転げまわってもがくこと。しってんばっとう。「―の苦しみ」

しち-どう【七道】ダウ 東海道・東山道・北陸道・山陰道・山陽道・南海道・西海(さいかい)道の総称。⇩五畿七道(ごきしちどう)

しちどう-がらん【七堂△伽藍】シチダウ― 【仏】寺院のおもな七つの建造物。ふつう、金堂(こんどう)・講堂・塔・鐘楼(しょうろう)・経蔵(きょうぞう)・僧坊・食堂(じきどう)をいう。

しち-ながれ【質流れ】 質屋から借りた金を期限までに返さないために、担保の品が質屋のものになること。また、その品物。

しち-なん【七難】 ①【仏】この世に起こる七種の災難。②いろいろの災難。③数々の欠点や難点。「色の白いは―隠す」

―はっく【―八苦】 この世に起こる七種の災難と八つの苦しみ。また、さまざまの欠点や難点、苦難。

しちねん-き【七年忌】 →しちかいき

しち-ぶ【七分】 一〇分の七。七割。「―丈(たけ)」

―そで【―袖】 たけが長袖の七分目ほどで、ひじと手首の中間までの袖。

―づき【―△搗〔き〕】 玄米をついて外皮を七割程度取りのぞくこと。また、その米。

しち-ふくじん【七福神】 俗に福徳の神として信仰されている七神。大黒天(だいこくてん)・恵比須(えびす)・毘沙門天(びしゃもんてん)・弁財天(べんざいてん)・福禄寿(ふくろくじゅ)・寿老人(じゅろうじん)・布袋(ほてい)。

〔しちふくじん〕

しち-ふだ【質札】 質屋が質入れした人に渡す、質物の預かり証。質券。

しち-へんげ【七変化】 ①「あじさい」の異称。夏 ②【植】クマツヅラ科の落葉低木。ランタナ。③舞踊の一形式。一人の俳優が役を早変わりして、続けて七種の舞踊を踊るもの。

しち-ほう【七宝】 →しっぽう②

しちほ-の-さい【七歩の才】 詩を早く作る才能。また、詩文を作る豊かな才能。七歩の詩。【故事】魏の曹植は、父からその文才を愛されていたが、兄の文帝曹丕からは憎まれていた。ある時、曹植が文帝から「七歩歩く間に詩を作れ、できなければ死罪にする」と言われて、即座に兄の無情を嘆く詩を作ったという話による。〈世説新語〉

しち-み【七味】 「七味唐辛子」の略。

―とうがらし【―唐辛子】 香辛料の一つ。唐辛子・陳皮(=干したミカンの皮)・胡麻・罌粟・菜種・麻の実・山椒などを砕いて混ぜたもの。七味。七色唐辛子。

しち-むずかし・い【しち難しい】 (形) カロ・カッ(ク)・イ・イ・ケレ・○ こみ入っていてひどくむずかしい。「―話はごめんだ」

しちめん-ちょう【七面鳥】 《動》北アメリカ原産のキジ科の鳥。体は大きく、頭と首に肉の瘤があり、興奮すると皮膚が変色する。肉はクリスマスなどの料理に用いる。ターキー。

しち-めんどう【しち面倒】 (名・形動ダ) ひどくめんどうなこと。非常にやっかいなさま。「―なことになる」

―くさ・い【―臭い】 (形) カロ・カッ(ク)・イ・イ・ケレ・○ きわめてやっかいでわずらわしい。しちめんどくさい。「―手続き」

しち-もつ【質物】 質に入れる品物。質草。

しち-や【七夜】 ①七日間の夜。また、七日目の夜。②子供が生まれて七日目の夜。名付けの祝いをする。お七夜。

しち-や【質屋】 質物を預かって金を貸すことを商売とする店。

し-ちゃく【試着】 (名・他スル) 服などを買うときに、体に合うかどうか、ためしに着てみること。「―室」

し-ちゅう【支柱】 ①物をささえるための柱。つっかいぼう。②物事のささえとなる重要なものや人。「精神的―となる」

し-ちゅう【市中】 まちの中。市の内。市内。

―ぎんこう【―銀行】 ①中央銀行に対して、民間の普通銀行の総称。②→としぎんこう ↔地方銀行

し-ちゅう【死中】 死を待つよりほかないような窮地。

―に活を求める 絶望的な状況下にあって、なおそれを打ち破る方法を探し求める。

し-ちゅう【私鋳】 (名・他スル) 民間で貨幣などをひそかに鋳造すること。「―銭」

シチュー 〈stew〉 肉や野菜をとろ火で長時間煮込んだ洋風料理。「ビーフ―」

じ-ちゅう【自注・自註】 (名・自スル) 自分の作品に自分で注釈を加えること。また、その注釈。

シチュエーション 〈situation〉 ①境遇。立場や状況。②小説・映画・演劇などで、設定された場面。

じ-ちょ【自著】 自分の書いた書物。

しち-よう【七曜】 ①(もと古代中国の天文学説で)日・月と木・火・土・金・水の五星。七曜星。②一週七日に①を配したものの総称。日曜・月曜・火曜・水曜・木曜・金曜・土曜。

―せい【―星】 ①→しちよう① ②北斗七星。

―ひょう【―表】 一日一日が一週間の何曜に当たるかを表にあらわした暦。カレンダー。

し-ちょう【支庁】 都・道・府・県知事の権限に属する事務を分掌するための総合出先機関。交通の不便な所などに置かれる。↔本庁

し-ちょう【市庁】 市の行政事務を扱う役所。市役所。

し-ちょう【市長】 市の行政事務を指揮監督し、市政を代表する人。

し-ちょう【弛張】 (名・自スル) ①ゆるむことと張ること。②寛大にすることと厳格にすること。

し-ちょう【思潮】 ある時代の思想のおもな傾向。「文芸―」 ある時代の全般を通じて支配的に流れている思想。

し-ちょう【師長】 ①先生と目上の人。②看護師の長。

し-ちょう【紙帳】 紙で作った蚊帳。防寒用にもした。

し-ちょう【視聴】 (名・他スル) ①見ることと聞くこと。視聴。②人々の注意や注目。「世間の―を集める」

―かく【―覚】 視覚と聴覚。

―かく-きょういく【―覚教育】 視覚・聴覚に直接訴える教材や教具を用いて行う教育。標本・模型・スライド・テレビ・ビデオなどを利用する。

―しゃ【―者】 テレビ番組を見る人。聴視者。

―りつ【―率】 テレビ番組がどれだけの人や世帯に見られているかを示す割合。参考 ラジオは聴取率という。

し-ちょう【試聴】 (名・他スル) (録音されたものを)ためしに聞くこと。「―室」

し-ちょう【輜重】 ①旅行者の荷物。②旧陸軍で、武器・食糧・衣服など軍需品の総称。「―兵(=輜重の輸送にあたる兵)」

じ-ちょう【仕丁】 律令制で、諸国から集められて役所の雑役に使われた者。仕丁。

じ-ちょう【次長】 (官公庁・会社などで)長のつぎの地位。また、その地位にある人。

じ-ちょう【自重】 (名・自スル) ①自分の言動を慎重にし、軽々しいふるまいをしないこと。「隠忍―」②自分の健康に気をつけること。自愛。「御―ください」③みずからを重んじ、自分の品位を傷つけないようにすること。参考「じじゅう」と読めば別の意になる。

じ-ちょう【自嘲】 (名・自スル) 自分で自分の欠点や行動をあざけり笑うこと。「失敗を―気味に語る」

し-ちょうそん【市町村】 市と町と村。

し-ちょく【司直】 法によって事の是非を裁く人。裁判官や検事。「―の手にゆだねる」

しちり-けっかい【七里結界】 ①《仏》魔障(=修行のさまたげになるもの)がはいらないように七里四方に境界を設けること。②ある人や物事を忌みきらって寄せつけないこと。

しちり-けっぱい【七里けっぱい】 「しちりけっかい(七里結界)」がなまったもの。

しち-りつ【七律】 「七言律詩」の略。

じち-りょう【自治領】 ある国家の一部ではあるが、広い範囲の自治権を有する領域。独立前にイギリス連邦を構成していたカナダ・オーストラリアなど。

しち-りん【七厘・七輪】 土製のこんろ。語源 価が七厘ほどのわずかな炭で物が煮られるの意から。

〔しちりん〕

じ-ちん【自沈】 (名・自スル) みずから、自分の乗り組んでいる艦船を沈めること。

じちん-さい【地鎮祭】 土木・建築工事にとりかかる前に、土地の神を祭って工事の安全や無事を祈る式典。地祭り。とこしずめの祭り。

しっ【叱】 シツ中 しかる中

(字義) ①しかる。どなる。「叱正・叱咤」②せめる。とがめる。「叱責」

丨 ㄇ 口 口' 叱

しつ【失】 教4 シツ・イツ うしなう

(字義) ①うしなう。手からはなす。なくす。うせる。「失意・失

ノ 𠂉 𠂉 牛 失

格・失望・失恋・遺失・消失・損失・紛失」②わすれる。「失念・失名・忘失」③あやまち。あやまつ。おちど。欠点。「失策・失敗・過失」

しっ【室】 教2 シツ㊥ むろ㊥

(字義) ①いえ。すまい。人の住家。家の中のくぎられたへや。居間。「室温・室内・温室・教室・産室・診察室・心室・寝室・浴室」②同じ家の人。家族。「家室・皇室」③つま。妻女。「正室・側室・内室」④むろ。物をたくわえる穴。ほらあな。「石室・氷室」 人名 いえ・や

しっ【室】 ①家。部屋。②(貴人の)妻。

しっ【疾】 シツ㊥ やまい・やむ・はやい

(字義) ①やまい。病気。急病。疫病。「疾患・疾病・悪疾・眼疾」②悩み。苦しみ。悩み苦しむ。「疾苦・疾痛」③にくむ。ねたむ。いやがる。＝嫉。「疾悪・疾視」④はやい。はげしい。「疾駆・疾走」 難読 疾風

しっ【執】 シツ㊥・シュウ(シフ)㊥ とる㊥

(字義) ①とらえる。罪人を召しとる。「拘執」②とる。手にとる。持つ。物事にしつこくとりつく。「執拗・執着・執心・執念・確執・固執・妄執」③あつかう。つかさどる。とりおこなう。「執行・執事・執政・執刀・執筆・執務」④とも。友人。同志。「執友・父執」 人名 もり

しっ【悉】 人 シツ・シチ ことごとく・つくす

(字義) ①ことごとく。残らず全部。すべてみな。「悉皆」②つくす。知りつくす。「知悉」③梵語の音訳字。㋐「悉達・悉達多」は、釈迦の出家前の名。㋑「悉曇」は、インド古代の文字学・言語学の意。

しっ【湿】【濕】 人 シツ㊥・シュウ(シフ) しめる㊥・しめす㊥・うるおう

(字義) しめる。うるおう。ぬれる。しめす。うるおす。しめりけ。「湿気・湿潤・湿地・湿度・多湿」 難読 湿気る・湿地

しっ【嫉】 シツ㊥ ねたむ・やく・にくむ

(字義) ①ねたむ。ねたみ。やく。「嫉心・嫉妬」②にくむ。きらう。＝疾

しっ【漆】 シツ㊥ うるし㊥

(字義) ①うるし。うるしの木の幹に傷をつけてとった塗料。また、うるしのように黒い。「漆器・漆黒・乾漆・膠漆」②金銭証書などで、「七」の代わりに用いる大字。 難読 漆喰

しっ【◇膝】 シツ ひざ㊥

(字義) ひざ。ひざがしら。「膝下・膝行」

しっ【質】 教5 シツ・シチ㊥・チ㊕ ただす

(字義) ①もの。形あるもの。物が成り立つもと。実体。「質料・質量・原形質・蛋白質・物質」②きじ。ありのままで飾りのないこと。まこと。「質実・質素・文質彬彬」③たち。もちまえ。うまれつき。「気質・神経質・性質・素質・体質」④ただす。是非・疑いを問いただす。「質疑・質問」⑤しち。しちに入れる。抵当を置いて金銭を借りる。また、その抵当。かた。ひとじち。「質種・質屋・言質」 人名 かた・さだ・すなお・ただ・ただし・とも・み・もと

しっ【質】 ①その物を形成している物の良否や粗密などの性質。よしあしから見た品物の性質。品質。「ーの悪い品」「量よりー」②その人が生まれつき備えている性格や能力。「天性のー」

しっ【櫛】 人 シツ くし

(字義) ①くし。髪の毛をすく道具。「櫛比・櫛風沐雨」②くしけずる。くしで髪の毛をすき整える。「沐櫛」③かき落とす。 人名 きよ

しっ【△瑟】 中国古代の弦楽器の一つ。箏よりも大形でふつう二五弦。古代から常に琴と合奏された。「琴ー相和す」

しっ (感) ①まわりの人を静かにさせるときに発する語。しいっ。②動物などを追い払うときに発する語。しっしっ。

しづ【△賤】 《古》身分の低いこと。また、身分の低い者。—の女 《古》身分の低い女。—の男 《古》身分の低い男。

しづ【×倭文】 《古》縞模様を織り出した古代の織物。—の苧環 《古》倭文を織るのに用いる、麻糸を玉のように巻いたもの。

じつ【日】 (字義) →にち(日)

じつ【実】 教3 【實】 人 ジツ み・みのる・まこと

(字義) ①み。草木のたね。くだもの。「果実」②みのる。みのり。みちる。みたす。内容がそなわる。内容。「実質・充実・名実」③まこと。まごころ。偽りのないこと。「実直・誠実・忠実」④まことの。ほんとうの。ありのままの。「実家・実況・実子・実名・事実・写実」 難読 実否・実生 人名 これ・さね・すみ・ちか・つね・つみ・とみ・のり・ま・まさ・みつ・みのり

じつ【実】 ①装飾的・名目的・表面的なものを取り除いた中身。実質。「名を捨ててーを取る」↔虚 ②ほんとうのこと。真実。「ーの親子」「ーを言うと」③真心。「ーのある人」④実際の成果。「ーをあげる」

じっ【十】 (字義) →じゅう(十)

じつ-あく【実悪】 《演》歌舞伎の役柄で、残忍な悪役。

しつ-い【失意】 物事が期待どおりにいかなくて、がっかりすること。失望。「ーのどん底」↔得意

じつ-い【実意】 ①親切な心。誠実な心。真心。「ーを示す」②本当の心。本心。本意。「ーをただす」

じつ-いん【実印】 一人一個に限って、市区町村の役所に登録しておき、印鑑証明を求めることのできる印。⇩認め印

じつ-いん【実員】—キン 実際の定員。実際の人員。

し-つう【止痛】 痛みを止めること。「ー薬」

し-つう【私通】 (名・自スル) 夫婦でない男女がひそかに情を通じること。密通。

し-つう【歯痛】 歯の痛み。はいた。

じつ-う【実有】 《仏》真実にあるもの。実在。↔仮有

しつう-はったつ【四通八達】 (名・自スル) 道路や鉄道が四方八方に通じていること。「ーの地」

し-づ-え【◇下◇枝】—しず 《古》木の下のほうの枝。下枝。↔上枝

じつ-えき【実益】 実際の利益。実利。純益。「趣味とーを兼ねる」

じつ-えん【実演】 (名・他スル) ①人前で実際にやってみせること。「ー販売」②俳優・歌手などが実際に舞台で演じること。

しつ-おん【室温】—ヲン 室内の温度。

しっ-か【失火】—クワ (名・自スル) 過失から火事を起こすこと。また、その火事。「ーによる火災」

しっ-か【◇膝下】 ①ひざもと。②父母のもと。親もと。「ーを離れる」③父母などへ出す手紙の脇付に書く言葉。

じっ-か【実科】—クワ ①実際の技芸の訓練を主とする科目。図工・音楽など。②実用性を主とした学科。商業科など。

じっ-か【実家】 自分の生まれた家。生家。↕婚家・養家

しっ-かい【悉皆】(副) すっかり。残らず。ことごとく。

—や【—屋】 染め物・洗い張りを業とする者。また、その店。

しつ-がい【室外】— 部屋の外。↕室内

じっ-かい【十戒】 ①《仏》沙弥・沙弥尼が守るべき一〇のいましめ。②《宗》旧約聖書にある、神がモーセに与えたという一〇のいましめ。参考 ②は、「十誡」とも書く。

じっ-かい【十界】《仏》迷いと悟りのいっさいの世界を一〇種に分けたもの。

じつ-がい【実害】 実際の損害。実質的な損害。「—はない」

しつがい-こつ【膝蓋骨】《生》膝の関節の前面にある皿のような骨。膝の皿。

しっ-かく【失格】(名・自スル) 資格を失うこと。「予選—」

じつ-がく【実学】 理論より実際の役に立つことを目的とする学問。農学・医学・工学・商学など。↕虚学

しっか-と【確と】(副) →しかと(確と)

じつ-かぶ【実株】《経》実際に取引所で取り引きされる株券。現株。↕空株

しっかり【確り】(副・自スル) ①堅固なさま。「この土台は—(と)している」②考え方や性格などが堅実で信用できるさま。「—(と)した人」③心身が健全であるさま。意識を確かに持つさま。「気を—(と)持つ」④物事を着実・真剣に行うさま。「—(と)練習しなさい」⑤《経》取引市場に活気があって、相場に下落のようすの見えない状態。「今日の相場は—している」

—もの【—者】 ①意志が強く信念のある人。性質や考え方が堅実で信頼できる人。②倹約家。しまり屋。

シッカロール〈Siccarol〉あせもやただれに付ける、粉薬。亜鉛華または亜鉛華デンプンで作られる。(商標名)

しつ-かん【質感】 ある物の材質から受ける感じ。「木の—」

しっ-かん【失陥】(名・自スル) 攻め落とされて城や土地を失うこと。

しっ-かん【疾患】— やまい。病気。「皮膚—」

じっ-かん【十干】 五行(木・火・土・金・水)にそれぞれ兄(陽)と弟(陰)を配したもの。甲・乙・丙・丁・戊・己・庚・辛・壬・癸の総称。十二支と組み合わせて年・日などを表すのに用いる。⇩十二支・付録「干支順位表」

じっ-かん【実感】(名・他スル) 実際の物事や情景に接したときに受ける感じ。また、それを感じること。「まだ—がわかない」「国民性の違いを—する」

しつ-かんせつ【膝関節】—《生》大腿骨の下端と脛骨の上端の間の関節。

しっ-き【湿気】 しめりけ。しっけ。「—が多い」「—をはらむ」

しっ-き【漆器】 うるしぬりの器物。塗り物。「輪島塗の—」

しつ-ぎ【質疑】(名・自スル) 疑わしい点を問いただすこと。

—おうとう【—応答】 疑問の点を質問することと、それに対して答えること。また、そのやりとり。

じ-つき【地付き・地着き】— ①先祖代々その土地に住んでいること。土着。②魚が、ある場所に住みついて他に移動しないこと。「—のアジ」

じ-つき【地突き】—(名・自スル) 建築する前に土台となる地面を突き固めること。地固め。

じっ-き【実記】 事実をありのままに記録したもの。実録。

じつ-ぎ【実技】 実際に行う技術・演技。「体育—」「—試験」

しっ-きゃく【失脚】(名・自スル) 失敗をしたりおとしいれられたりして地位や立場を失うこと。「大統領が—する」

しつ-ぎょう【失業】—(名・自スル) 職業を失うこと。失職。また、職業に就けないでいること。「—者」「倒産で—する」↕就業

—たいさく【—対策】 国や地方公共団体が事業を行って失業者の救済を図ること。失対。

—ほけん【—保険】「雇用保険」の前身。社会保険の一つで、失業者に給付金を支給するもの。

—りつ【—率】 就業可能な労働力人口のうちに占める失業者の比率。

じっ-きょう【実況】— 現場の実際の状況。「—中継」

じつ-ぎょう【実業】— 農業・工業・商業など、実際の生産・製作・売買に関する事業。「—界」

—か【—家】 生産や経済に直接関係ある事業を営む人。

—だん【—団】 実業に携わる企業で構成される団体。実業団体。「—野球」

しっ-きん【失禁】(名・自スル) 自分の意志による抑制ができずに、大小便をもらすこと。

じっ-きん【昵近】—(名・形動ダ) なれ親しむさま。非常に親しいさま。昵懇。

じっきんしょう【十訓抄】 鎌倉中期の説話集。作者は六波羅二臈左衛門入道とする説が有力。全編が一〇か条の徳目に分けられ、教訓的な説話が多く集められている。「じっくんしょう」とも。一二五二(建長四)年成立。

しっ-く【疾駆】(名・自他スル) 馬や車を速く走らせること。また、速く走ること。「大平原を—する」

シック〈フランス chic〉(形動ダ) 服装などが上品でしゃれていて、あかぬけているさま。粋なさま。「—な装い」

しっ-くい【漆喰】—(「石灰」の唐音)石灰に粘土・ふのりなどを加えて練った塗壁の材料。「外壁を—で塗る」

し-つく・す【為尽〔く〕す】(他五) 残らずしてしまう。やり尽くす。「遊びを—」

シックハウス-しょうこうぐん【シックハウス症候群】—〈sick house〉《医》住宅建材などから出る化学物質が原因でおこる、目やのどの痛み、頭痛・めまいなどの健康障害の総称。

しっくり(副・自スル) よく合うさま。物事が穏やかにおさまり調和しているさま。「二人の仲が—(と)いかない」

じっくり(副) 時間を十分にかけ、落ち着いて物事をするさま。「—(と)考えてから実行する」

じっくんしょう【十訓抄】 →じっきんしょう

しつけ【躾】 礼儀作法を正しく教えこむこと。また、身についた礼儀作法。「厳しい—をうける」参考「躾」は国字。

し-つけ【仕付け】《服》本縫いの前に仮に粗く縫い付けておくこと。また、新しく仕立てた着物がくずれないように縫い目やふちなどを粗く縫い付けておくこと。また、その糸。「—糸」

しっ-け【湿気】 空気や物の中に含まれる水分。しめりけ。しっき。「—が多い」

しっ-けい【失敬】 一(名・自スル・形動ダ) 相手に対して礼を欠くこと。不作法。「—なことを言う」二(名・他スル) 他人の物をだまって持ちさること。盗むこと。「庭の柿を—する」三(名・自スル) いっしょにいた人と別れること。「一足先に—する」四(感) 謝るときや別れるときなどのあいさつの言葉。「それでは—」用法 三四は、多く、親しい男性どうしの会話で用いられる。

じっ-けい【実兄】 同じ父母から生まれた兄。実の兄。↕義兄

じっ-けい【実刑】 執行猶予でなく実際に受ける刑罰。「—判決」「—を科す」

じっ-けい【実景】 実際の景色。現実の情景。

しづ-け・し【静けし】—(形ク)《古》静かだ。穏やかだ。落ち

着いている。

しっ-けつ【失血】(名・自スル)〘医〙出血のために体内の血液を失うこと。「—死」

じつ-げつ【日月】①太陽と月。②年月。月日(つきひ)。日月(にちげつ)。

しつ・ける【躾ける】(他下一)ケ・ケ・ケル・ケレ・ケロ(ケヨ) 礼儀作法や分別を教えて身につけさせる。「子供を—」文しつ・く(下二)

し-つ・ける【仕付ける】(他下一)ケ・ケ・ケル・ケレ・ケロ(ケヨ) ①することになれる。やりつける。「—・けないことはしないほうがいい」②〘服〙糸で仕付けをする。文しつ・く(下二)

しっ・ける【湿気る】(自下一)ケ・ケ・ケル・ケレ・ケロ(ケヨ) 湿気を帯びる。しける。「押し入れの中が—」

しっ-けん【失権】(名・自スル)権利または権力を失うこと。

しっ-けん【執権】①政権を執(と)ること。また、その人。②〘日〙鎌倉幕府の職名。将軍を補佐して政務を統轄した最高職。北条時政(ときまさ)以後、北条氏が独占した。

しつ-げん【失言】(名・自スル)言うべきでないことをうっかり口にすること。また、その言葉。「—を取り消す」

しつ-げん【湿原】多湿、低温の土地に発達した草原。「釧路(くしろ)—」

じっ-けん【実見】(名・他スル)実際にそのものを見ること。

じっ-けん【実検】(名・他スル)本当か、また、本物かどうかを調べること。「首—」

じっ-けん【実権】実際の権力。実質的な権力。「—を握る」

じっ-けん【実験】(名・他スル)①理論や仮説が正しいかどうかを実際に試すこと。特に自然科学で、自然現象に人為的な条件を設定して変化を起こさせ観察や測定をすること。「化学—」②実際に経験すること。また、その経験。

—かがく【—科学】(クワガク) 実験的方法を使って研究し、法則を体系化する科学。自然科学の大半、心理学などを含む。

—しき【—式】〘化〙実験の結果から化合物の組成を最も簡単に示すように書いた化学式。

—しょうせつ【—小説】(セウセツ)〘文〙フランスの文学者エミール＝ゾラが提唱した自然主義小説理論。一定の遺伝的条件をもつ人間が、ある環境のもとでどのような運命をたどるかを、科学者のように記録しようとするもの。

—だい【—台】①その上で実験を行う台。②実験の対象・材料となるもの。「私が—になろう」

じつ-げん【実現】(名・自他スル)希望や理想・計画などが現実のものとなること。また、現実のものとすること。「夢が—する」

しっ-こ【疾呼】(名・他スル)あわただしく早口に呼ぶこと。

しつ-ご【失語】①言葉を忘れたり、正確に発音する機能をおかされたりすること。②言い間違えること。失言。

—しょう【—症】(シヤウ)〘医〙大脳の特定の部位の損傷によって、言葉を言うことや理解することができなくなる病気。

しつこ・い(形)カロ・カッ(ク)・イ・イ・ケレ・○ ①煩わしいほどにつきまとうさま。こだわって同じことをくり返すさま。執拗(しつよう)である。執念深い。「—・く食いさがる」②味や色などが濃厚すぎるさま。くどい。「味つけが—」文しつこ・し(ク) 参考「しつっこい」ともいう。

しっ-こう【失効】(カウ)(名・自スル)契約や法律・権利などが、効力を失うこと。「免許の—」↔発効

しっ-こう【執行】(カウ)(名・他スル)①決まったことをとり行うこと。実行すること。「業務を—する」②〘法〙国家機関が法律・命令・判決・処分などの内容を実際に行うこと。「刑を—する」

—いいん【—委員】(ヰヰン) 政党や労働組合などで、執行機関である委員会を構成する委員。

—かん【—官】(クワン) 地方裁判所に属する公務員で、強制執行・書類の送達などを行う者。

—きかん【—機関】(キクワン)〘法〙①法人や団体・地方公共団体などで、議決機関の意思を執行する機関。理事会、取締役会など。②行政法上、官庁の命を受け、実力をもって処分などを行う機関。警察官や収税官吏など。③民事訴訟法上、強制執行を行う権限をもつ国家機関。執行官や執行裁判所。

—ぶ【—部】政党や労働組合などで、議決機関の意思を執行する部署。

—やくいん【—役員】(ヤクヰン) 企業で、取締役会の決定に従い、実際の業務執行にあたる幹部社員。

—ゆうよ【—猶予】(イウヨ)〘法〙有罪の判決を受けた者に対し、情状により一定の期間刑の執行を猶予して、その期間に新たな犯罪を犯さなければ、刑の言い渡しの効力を失わせる制度。

しっ-こう【膝行】(カウ)(名・自スル)神前や貴人の前で、ひざまずいたまま進んだり退いたりすること。「神前に—する」

じっ-こう【実行】(カウ)(名・他スル)実際に行うこと。「不言—」「計画を—する」

—き【—器】→こうかき

—りょく【—力】物事を実際に行う能力。困難をおしのけて実際に行う能力。「—のある人」

じっ-こう【実効】(カウ) 実際の効力。ききめ。「—をあげる」

しっ-こく【桎梏】(「桎」は足かせ、「梏」は手かせの意)行動などの自由を束縛するもの。「家族が—となる」

しっ-こく【漆黒】うるしを塗ったように真っ黒でつやのあること。また、その色。「—の闇(やみ)」「—の髪」

しっ-こし【尻腰】根気。忍耐力。意気地。「—がない」

じつ-ごと【実事】〘演〙歌舞伎(かぶき)で、分別があり実直な人物が苦悩するありさまを写実的に演じる演技。また、その役柄。⇩和事(わごと)・荒事(あらごと)

じっ-こん【実根】→じっすうかい ↔虚根

じっ-こん【昵懇・入魂】(ヂツ・ジツ)(名・形動ダ)親しく付き合うこと。また、そのさま。心やすいさま。懇意。「—の間柄」

じっ-さい【実際】■一(名)①物事のありのままのようす。本当のありさま。「—と話とは違う」②想像や理論ではなく、現実にその場に臨んだ場合。「理論と—」■二(副)まったく。本当に。「—困ってしまった」

—てき【—的】(形動ダ)ダロ・ダッ(デ・ニ)・ダ・ナ・ナラ・○ 実際の場合場合によくあてはまるさま。現実的。「—な考え方」

じつ-ざい【実在】(名・自スル)①実際に存在すること。また、実際にあるもの。「—の人物」↔架空 ②〘哲〙意識から独立して客観的に存在すること。また、存在するもの。↔観念

—ろん【—論】〘哲〙存在または実在が認識を可能にすると解する説。観念や思惟(しい)を超えた実在を認め、認識はこのような実在となんらかの意味で一致するか、あるいは実在をとらえることによって成立するものであるとする説。↔観念論

しっ-さく【失策・失錯】(名・自スル)①しそこなうこと。失敗。しくじり。「仕事で—を重ねる」②野球で、エラー。

じっ-さく【実作】(名・他スル)芸術作品を実際に作ること。また、その作品。「—者」

しっ-し【嫉視】(名・他スル)そねみ見ること。ねたましく思って見ること。「—を浴びる」

しつ-じ【執事】①(社寺・貴人の家などで)事務や家事を執行し監督する者。②貴人への手紙の脇付(わきづけ)に使う語。

じっ-し【十死】生きる見込みが到底ないこと。「—に一生を得る」

じっ-し【十指】①一〇本の指。「—に余る(＝一〇より多い)」②多くの人の指。

—の指さす所(ところ) 多くの人が正しいと認めるところ。〈大学〉

じっ-し【実子】自分の生んだ子。血を分けた子。↕養子・義子・継子

じっ-し【実姉】同じ父母から生まれた姉。実の姉。↕義姉

じっ-し【実施】(名・他スル) 実際に施行すること。「―を見合わせる」「入学試験を―する」

じつ-じ【実字】漢文で、実質的内容を示す文字。名詞・動詞・形容詞・副詞などに属する文字。名詞だけをいう場合もある。⇩虚字

しっ-しき【湿式】溶液や溶剤など液体を使う方式。↕乾式

しっ-しっ (感) ①動物などを追い払ったり追いたてたりするときに発する語。②騒がしいのを静めるときに発する語。しいっ。

しつ-じつ【質実】(名・形動ダ) 生活態度に飾り気がなくてまじめなこと。また、そのさま。「―剛健」

じっ-しつ【実質】そのものが実際に備えている性質や内容。「名目だけで―が伴わない」

―ちんぎん【―賃金】〔経〕実際の購買力を考慮に入れた賃金。名目賃金指数を物価指数で割った指数で表す。↕名目賃金

―てき【―的】(形動ダ) ダロ・ダッ(デ・ニ)・ダ・ナ・ナラ・○ 実際に内容が備わっているさま。また、それを重んじるさま。「―な贈り物」↕形式的

じっ-しゃ【実写】(名・他スル) 実際の場面や風景を文章・絵・写真・映像で写しとること。また、そのもの。「―フィルム」「―版(=漫画などを実際の俳優を使って映画化・劇化したもの)」

じっ-しゃ【実車】タクシーなどの営業用自動車が客を乗せていること。また、その自動車。「―率」↕空車

じっ-しゃ【実射】(名・他スル) 銃砲で実弾を実際に発射すること。「―訓練」

じっ-しゃかい【実社会】シャクワイ (観念的に考えられた社会に対して)実際の社会。現実の社会。「―に出る」

じつ-じゅ【実需】実際の需要。

じっ-しゅう【実収】シフ ①(税金や必要経費などを除いた)実際の収入。実収入。手取り。②実際の収穫量。

じっ-しゅう【実習】シフ (名・他スル) (技術などを)実地に学び習うこと。「教育―」「調理―」「工場で―する」

じっしゅ-きょうぎ【十種競技】キャウギ 陸上競技の男子種目の一つ。一日目に一〇〇メートル競走・走り幅跳び・砲丸投げ・走り高跳び・四〇〇メートル競走、二日目に一一〇メートルハードル・円盤投げ・棒高跳び・やり投げ・一五〇〇メートル競走の計一〇種目の競技を一人で行い、その総得点を争うもの。デカスロン。

しつ-じゅん【湿潤】(名・形動ダ) 湿りうるおうこと。湿り気の多いこと。また、そのさま。「―な気候」

しっ-しょう【失笑】セウ (名・自スル) おかしさをこらえられず、思わず笑い出してしまうこと。「―の声がもれる」

―を買う ばかげた言動で人から笑われる。「参加者の―」

じっ-しょう【実正】シャウ (名・形動ダ) 間違いのないこと。確かなこと。また、そのさま。

じっ-しょう【実証】■(名) 確かな証拠。確証。■(名・他スル) 事実に基づいて証明すること。「―を重んじる学風」

―しゅぎ【―主義】〔哲〕事実を根拠とし、観察や実験をとおして理論の正しさを証明しようとする立場。

―てき【―的】(形動ダ) ダロ・ダッ(デ・ニ)・ダ・ナ・ナラ・○ 思考だけではなく、経験的事実によって積極的に証明するさま。「―研究」

じつ-じょう【実状】ジャウ 実際のありさま。⇩「使い分け」

じつ-じょう【実情】ジャウ ①実際の事情。実際の状態。実状。②真心。真情。⇩「使い分け」

使い分け「実状・実情」
「実状」は、外面的に見た物事のほんとうのありさまの意で、「被害の実状を調査する」のように使われる。
「実情」は、内面的に見た物事のほんとうのありさまの意で、「下請け会社の実情を訴える」「芸能界の実情を打ち明ける」などと使われる。しかし、実際には両者はほとんど同一の意味で扱われ、「実情」が一般的に広く使われる。

しっ-しょく【失職】(名・自スル) 職業を失うこと。失業。「会社が倒産して―する」

しっ-しん【失神・失心】(名・自スル) 気を失うこと。気絶。

しっ-しん【湿疹】〔医〕皮膚の表面の炎症。

じっしん-ほう【十進法】ハフ 〔数〕〇から九までの数を基数とし、一〇倍、または一〇分の一ごとに、位どりのけたを変える数の表し方。

じっ-すう【実数】①〔数〕有理数と無理数との総称。↕虚数 ②実際の数。

―かい【―解】〔数〕方程式の解(根)のうち、実数のもの。実根。↕虚数解

しっ-する【失する】シ(セ・サ)・シ・スル・スレ・シロ(セヨ) ■(他サ変) なくす。うしなう。「礼を―」「時機を―」■(自サ変) (「…に失する」の形で)程度がすぎる。…すぎる。「寛大に―(=寛大でありすぎる)」「遅きに―」 文しっ・す(サ変)

じっ-すん【実寸】①実際に測った寸法。②拡大・縮小していない、実物と同じ寸法。原寸。「―表示」

しっ-せい【叱正】(名・他スル) (叱って正しく直す意で)詩文などの添削を頼むとき、謙遜していう語。「御―を請う」

しっ-せい【叱声】しかりつける声や言葉。「―を浴びせる」

しっ-せい【失政】政治のやり方を誤ること。また、悪政。

しっ-せい【執政】①政務をとること。また、その人や職。②江戸幕府の老中、また、諸侯の家老の異称。

しっ-せい【湿性】しめりやすい性質。また、しめっている性質。↕乾性

じっ-せい【実勢】物の実際の動き。「―価格(=実際に売買されるときの価格)」

じっ-せいかつ【実生活】セイクワツ 実際の生活。現実の生活。「学んだことを―に役立てる」

しっせい-しょくぶつ【湿生植物】〔植〕水辺・湿地など水分の多い所に生育する植物。セリ・モウセンゴケ・アシなど。

しっ-せき【叱責】(名・他スル) (過ちなどを)しかり責めること。「部下を―する」

しっ-せき【失跡】(名・自スル) 人の行方がわからなくなること。また、行方をくらますこと。失踪。

じっ-せき【実績】仕事などの上で、実際に示された成果や功績。「―を上げる」「―がある」

しつ-ぜつ【湿舌】〔気〕多湿気団の一つ。天気図で南方より舌状に現れる。しばしば集中豪雨を伴う。

じっ-せつ【実説】実際にあった話。実話。↕虚説

じっ-せん【実戦】実際の戦闘。実際の試合。「―に強い」

じっ-せん【実践】(名・他スル) ある理論や主義にしたがって自分で実際に行動すること。「理論よりも―」

―きゅうこう【―躬行】キュウカウ (名・他スル) (「躬」はみずからの意)自分自身からまず実際に行うこと。

―りせい【―理性】〔哲〕実際上の行いや意志の決定にかかわる理性のこと。参考「実践理性」に対し、理性が理論的な事柄に関して作用しているときを「理論理性」という。

じっ-せん【実線】点線や破線などに対し、とぎれないで続いて

いる線。「—で表示する」

しっ-そ【質素】(名・形動ダ) 派手なことをせず、むだをできるだけ省いてぜいたくをしないこと。つましいさま。「—な生活」

しっ-そう【失踪】(名・自スル)(「踪」はあしあとの意)行方がわからなくなること。また、行方をくらますこと。失跡。「—届」

—せんこく【—宣告】〔法〕一定期間(法律上では七年間)生死・所在不明の者を、利害関係人の請求により、死亡したとみなす家庭裁判所の宣告。

しっ-そう【疾走】(名・自スル) 非常に速く走ること。「全力で—する」

しっ-そう【執奏】(名・他スル) 侍従などが取り次いで天皇に申し上げること。また、その人。

じっ-そう【実相】サウ ①実際のありさま。「社会の—」②〔仏〕万物のありのままの真実の姿。

—かんにゅう【—観入】クワンニフ〔文〕斎藤茂吉(さいとうもきち)の歌論。正岡子規(まさおかしき)の写生説を一歩進め、心眼をもって対象の現実の相に没入し、自己と対象とが一体となった生(せい)の姿を写そうとする作歌態度。

じっ-そう【実装】サウ (名・他スル) 装置や部品、ある機能などを実際に取り付けること。「社会—(=新しい技術などを社会問題解決のために活用すること)」

じつ-ぞう【実像】ザウ ①〔物〕物体の各点から出た光線がレンズや鏡を通過・反射したのち、実際に集まってつくる像。②実際の姿。真実の姿。「スターの—に迫る」(↔虚像)

しっ-そく【失速】(名・自スル) ①航空機が揚力を失い、墜落しそうになること。②(比喩(ひゆ)的に)急激に低調になったり衰えたりすること。「景気が—する」

しっ-そく【疾速】非常に速いこと。迅速(じんそく)。

じっ-そく【実測】(名・他スル) 計器を使って距離や面積などを実際にはかること。「—値」「—図」

じつ-ぞん【実存】(名・自スル) 実際に存在すること。実在。

—しゅぎ【—主義】〔哲〕思索の目標は抽象的概念による対象の認識にあるのではなく、主体的・自覚的な人間の存在そのものの解明にあるとする考え方。キルケゴールに始まり、ハイデッガー・ヤスパース・サルトルらが代表。

しっ-た【叱咤】(名・他スル) 大声でしかること。転じて、大声で励ますこと。「—激励する」

シッター〈sitter〉雇われて子供などの世話をする人。「ベビー—」

しっ-たい【失対】「失業対策」の略。「—事業」

しっ-たい【失態・失体】やりそこなって面目を失うこと。やりそこない。失敗。しくじり。「—を演じる」

じっ-たい【実体】①物の内容・本体そのもの。「—のない組織」「—化」②〔哲〕さまざまに変化する表面的な現象・作用の根底にあって、常に変わらないもの。他の物のあり方にかかわらず存在するもの。本質。参考「じってい」と読めば別の意になる。

じっ-たい【実態】実際の状態。実情。「—を調査する」

じっ-たいけん【実体験】実際に自分がした体験。

しったか-ぶり【知ったか振り】知らないのに知っているようなふりをすること。また、その人。「—をする」

しっ-たつ【執達】(名・他スル) 上位者の意を下の者に通達すること。「—吏(=「執行官」の旧称)」

しっ-たん【悉曇】(梵語(ぼんご)の音訳)梵字(ぼんじ)の字母。転じて、それに関する学問の称。「—学」

じつ-だん【実弾】①銃砲にこめる本物の弾丸。実包(じっぽう)。「—射撃」②〔俗〕買収に使う現金。「裏で—が飛び交う」

しっ-ち【失地】①失った土地や領土。②失った地位や権力、地盤。「選挙での—回復を図る」

しっ-ち【湿地】湿気が多くじめじめした土地。「—帯」

じっ-ち【実地】①実際の場所。現場。「—検証」②実際の場合。「—教育」「—試験」

しっちゃか-めっちゃか(名・形動ダ)〔俗〕混乱したようすをくだけていう語。めちゃくちゃ。「—な状態」

じっちゅう-はっく【十中八九】(名・副) 一〇のうち八か九まで。ほとんど。おおかた。「—間違いない」

しっ-ちょう【失調】テウ 調和を失うこと。調子の狂うこと。「栄養—」

しっ-ちょう【失聴】チヤウ 聴力を失うこと。

じっ-ちょく【実直】(名・形動ダ) 誠実で正直なこと。また、そのさま。「謹厳(きんげん)—」「—な人」

しっ-ちん【七珍】→しっぽう②

—万宝(まんぽう) 七宝とそれ以外のすべての宝。

しっ-つい【失墜】(名・自他スル) 信用・名声・権威などを落とし失うこと。「名誉を—する」

じ-つづき【地続き】ヂ 間に海・川などを隔てず土地が続いていること。また、土地に境がないこと。「隣国と—になっている」

じっ-て【十手】江戸時代、捕吏が使った、手もとに鉤(かぎ)のある五〇センチメートルほどの鉄棒。

〔じって〕

じっ-てい【実体】(名・形動ダ) まじめで正直なこと。また、そのさま。実直。「—な人」

じっ-てい【実弟】同じ父母から生まれた弟。実の弟。↔義弟

じってい-ほう【実定法】ハフ 一定の時代、一定の社会で行われている法の総称。国家の立法作用や社会の慣習、また裁判所の判例など、経験的事実によって制定された法。制定法・慣習法・判例法をいう。↔自然法

しっ-てき【質的】(形動ダ)ダロ・ダッ(デ・ニ)・ダ・ナ・ナラ・○ 物の本質や内容に関するさま。実質上の。「—な向上をはかる」↔量的

じっ-てつ【十哲】門弟・門下生のうち、一〇人のすぐれた人。「蕉門(しょうもん)—」「孔門の—(=顔回・閔子騫(びんしけん)・冉伯牛(ぜんはくぎゅう)・仲弓・宰我・子貢・冉有(ぜんゆう)・子路・子游(しゆう)・子夏)」

しっ-てん【質点】〔物〕力学で、質量はあるが大きさの無視できる物体。惑星の公転運動では、地球なども質点と考える。

しっ-てん【失点】①競技や勝負などで、失った点。「—を重ねる」「無—」↔得点 ②失敗と認められる点。落ち度。

しつ-でん【湿田】水はけが悪く常に水分の多い田。↔乾田

しってん-ばっとう【七転八倒・七顛八倒】バツタウ (名・自スル)→しちてんばっとう

しっ-と【嫉妬】(名・他スル) ①自分より恵まれていたりすぐれていたりする者を、うらやみねたむこと。②自分の愛する者の愛情が他へ向くのを、うらみ憎むこと。やきもち。「—心」

—ぶか・い【—深い】(形)カロ・カッ(ク)・イ・イ・ケレ・○ 嫉妬する気持ちが強い。また、すぐに嫉妬してしまうさま。「—性格」

しつ-ど【湿度】〔物〕空気の乾湿の程度。大気中に含まれている水蒸気量の、その温度での飽和水蒸気量に対する比を、パーセントで表す。「—四〇パーセント」「—が高い」

—けい【—計】〔物〕大気中の湿度を測る器具。毛髪湿度計・乾湿球湿度計・露点湿度計などがある。

じっ-と 一(副・自スル) 体や視線を動かさないでいるさま。「少しも—していない」「—見つめる」二(副) 意識を集中したりがまんしたりするさま。「—こらえる」

しっ-とう【失当】タウ (名・形動ダ) 道理に合わないさま。適当でないさま。「—な処置」

しっ-とう【失投】(名・自スル) 野球で、投手が投げそこなう

こと。特に、打者の打ちやすい球を投げてしまうこと。

しっ-とう【執刀】―（名・自スル）外科手術や解剖のためにメスを執ること。また、手術や解剖をすること。「―医」

じつ-どう【実動】（名・自スル）①機械などが実際に動いていること。「―台数」②実際に行動すること。「―部隊」

じつ-どう【実働】（名・自スル）実際に働くこと。「―時間」

じっ-とく【十徳】〘服〙素襖に似て、わきを縫い付けた羽織のような衣服。近世、漢学者・絵師・医者などが外出着とした。

〔じっとく〕

しっとり（副・自スル）①湿り気を適度に含んでいるさま。「夜露に―（と）ぬれる」②うるおいや落ち着きがあってもの静かなさま。「―（と）した雰囲気」

じっとり（副・自スル）かなりの湿り気を含んでいるさま。特に、汗がにじみ出るようすにいう。「―（と）汗ばむ」

しつ-ない【室内】部屋の中。家の中。「―温度」↔室外

―がく【―楽】〘音〙部屋の中や小音楽堂などで演奏する、弦楽器を主体にした小編成の器楽合奏音楽。

―ゆうぎ【―遊戯】室内で行う遊び。碁・将棋など。

じつ-に【実に】（副）本当に。まったく。「―残念だ」

しつ-ねん【失念】（名・他スル）うっかり忘れること。もの忘れ。「名前を―する」

じつ-ねん【実年】実りの時の意で、五〇、六〇歳代を表す語。はじまり 一九八五（昭和六十）年、当時の厚生省が「中高年齢層」に代わる語として公募して選んだ語。

じつ-の【実の】（連体）本当の。実際の。また、血のつながりのある。「―ところ」「―親」

じつ-は【実は】（副）本当のことを言うと。打ち明けて言うと。実を言うと。「―お願いがあります」

ジッパー〈zipper〉ファスナー。（もと商標名）

しっ-ぱい【失敗】（名・自スル）やりそこなって目的を遂げられないこと。しくじり。「―に終わる」「試験に―する」↔成功

―は成功のもと 失敗しても、その反省をもとに悪い点を直していけば、成功につながるものだ。失敗は成功の母。

じつ-ばい【実売】実際の売り上げ。「―部数」

じっぱ-ひとからげ【十把一◇絡げ】いろいろのものを区別なしにひとまとめにすること。また、どれも値打ちのないものとしてまとめて扱うこと。「―に非難する」

しつ-ばん【湿板】写真の感光板の一つ。ガラス板の一面に薄膜を作り、硝酸銀の溶液に浸したもの。⇩乾板

しっ-ぴ【失費】使った費用。出費。「―がかさむ」

しっ-ぴ【櫛比】（名・自スル）（建物などが）くしの歯のようにぎっしり並ぶこと。「家々が―する」

じっ-ぴ【実否】本当とうそ。事実かどうか。実否。「―を確かめる」

じっ-ぴ【実費】実際にかかった費用。「―でお分けします」

しっ-ぴつ【執筆】（名・他スル）（ペンや筆をとって）文章などを書くこと。「原稿の―にとりかかる」

しっ-ぷ【湿布】（名・自他スル）炎症を治療するために、湯・水・薬剤などでしめした布を患部に当てること。また、その当てる布。「―薬」「患部に―する」

じっ-ぷ【実父】血のつながっている父。↔義父・養父・継父

じっ-ぷ【実◦否】→じっぴ（実否）

ジップ-アップ〈zip-up〉〘服〙前開きの部分にファスナーがついているデザイン。また、その服。

しっ-ぷう【疾風】速く吹く風。はやて。

―じんらい【―迅雷】速い風と激しい雷。また、そのようにすばやく激しいこと。「―の行動」

―どとう【―怒△濤】①速い風と荒れ狂う大波。②「シュトゥルム-ウント-ドラング」の訳語。

しっぷう-もくう【櫛風△沐雨】（風に髪をくしけずり、雨に身を洗うの意）風雨にさらされて奔走し、苦労すること。「―の半生」

じつ-ぶつ【実物】（絵画・写真・見本・模型などに対して）実際の物。本物。「―と写真とを比較する」

―だい【―大】実物と同じ大きさ。原寸。「―の模型」

―とりひき【―取引】〘経〙決済期日に必ず株券・商品などの現品と代金の受け渡しを行う取り引き。現物取引。

しっ-ぺい【◇竹△篦】①禅宗で、参禅者の雑念や眠気を戒めてたたくための竹製の棒。②人差し指と中指とをそろえて、相手の手首などをはじき打つこと。しっぺ。

―がえし【―返し】（名・自スル）すぐさま仕返しをすること。竹篦返し。「―をくう」

〔竹篦①〕

語源 禅宗の寺院では、参禅者に対して僧が交替で「竹篦①」を打つ役を務めるが、打たれた者も今度は竹篦で打つ立場になる。そこから、ある事をやられたら同じことを即座にやり返すことを「竹篦返し」というようになったという。

しっ-ぺい【疾病】病気。やまい。

しっ-ぺい【執柄】①政治の権力を握ること。また、その人。②「摂政」「関白」の異称。

じっぺんしゃ-いっく【十返舎一九】（一七六五〜一八三一）江戸後期の戯作者。駿河（静岡県）生まれ。一八〇二（享和二）年に滑稽本「東海道中膝栗毛」を出して好評を博す。

しっ-ぽ【尻尾】①動物などの尾。尻尾。②細長いものや、長くつながったものの端。「大根の―」「列の―」参考 常用漢字表付表の語。

―を出す 隠し事やごまかしがばれる。**―を掴む** 弱点・秘密・悪事などの証拠を握る。**―を振る** 気に入られようとして機嫌をとる。**―を巻く** かなわなくて降参する。

じつ-ぼ【実母】血のつながっている母。生みの母。生母。↔義母・養母・継母

じ-つぼ【地坪】―（建坪に対して）地面の坪数。

しつ-ぼう【失望】―（名・自スル）①望みを失うこと。「人生に―する」②期待がはずれてがっかりすること。「結果に―する」

しっ-ぽう【七宝】①（「七宝焼」の略）銅などの下地にうわぐすりをかけて彩色模様を表した美術琺瑯製品。②〘仏〙七種の宝物。金・銀・瑠璃・玻璃・硨磲・珊瑚・瑪瑙。（七宝の種類は経典によって違いがある。）七珍。七宝。

じっ-ぽう【十方】―（東・西・南・北・南西・南東・北西・北東と上・下の意）あらゆる方向・場所。「―世界（＝全世界）」

じっ-ぽう【実包】―銃の実弾。↔空包

しつ-ぼく【質朴・質△樸】（名・形動ダ）飾り気のないこと。また、そのさま。純朴。素朴。「―な人柄」

しっ-ぽく【◇卓◇袱】①中国風の食卓をおおう布。転じて、中国風の食卓。②そば・うどんに、野菜・きのこ・かまぼこなどをのせて汁をかけた食べもの。③「しっぽく料理」の略。

―りょうり【―料理】長崎の郷土料理。江戸時代に伝来した中国料理が日本化したもの。各種の料理を大皿に盛って食卓の中央に置き、各人が取り分けて食べる。

しっぽり（副）①しっとりと十分に水気を含むさま。「朝霧に―（と）ぬれる」②男女の情愛のこまやかなさま。

じつ-まい【実妹】同じ父母から生まれた妹。実の妹。↕義妹

じつ-みょう【実名】―→じつめい

しつ-む【執務】(名・自スル) 事務を取り扱うこと。「―時間」

じつ-む【実務】実際の事務・業務。「―に携わる」

じ-づめ【字詰〔め〕】本や原稿用紙などで、一行または一ページ・一枚に収める字数。また、その詰め方。

しつ-めい【失名】氏名のわからないこと。

―し【―氏】名前が不明な人、名前を隠したい人をいうときに名前の代わりにいう語。

しつ-めい【失明】(名・自スル) 視力を失うこと。

じつ-めい【実名】ほんとうの名前。本名。実名。

しつ-もん【質問】(名・自他スル) 不明な点や疑わしい点を、問いただすこと。また、その問い。「―に答える」「先生に―する」

しつ-よう【執△拗】―(名・形動ダ) しつこいこと。一つのことに強くこだわること。また、そのさま。「―にくいさがる」

じつ-よう【実用】実際に使うこと。実際に役立つこと。「―化」「―性」「―に供する」

―しゅぎ【―主義】→プラグマティズム

―しんあん【―新案】従来の物品にさらに実用的な効果を生じさせる、その形・構造・組み合わせなどについての考案。

―てき【―的】(形動ダ) 実際に役立つさま。

じ-づら【字面】①文字の形や並びぐあい。また、それから受ける感じ。②書かれた文章の表面的な意味。「―だけを追う」

しつらい【◇設い】設備。飾り付け。装置。設しつらえ。

しつら・える【◇設える】(他下一) 設備する。ととのえる。構える。飾り付ける。「祭壇を―」「部屋を和風に―」文しつら・ふ(下二)

しつらくえん【失楽園】イギリスの詩人ミルトンの長編叙事詩。一六六七年刊。「旧約聖書」の楽園喪失の物語に基づいて、人間の堕落と神の救いの正しさを描く。

じつ-り【実利】実際の利益・効用。実益。「―を取る」

―しゅぎ【―主義】実利を重んじる考え方。功利主義。

じつ-り【実理】実際に即した理論。

しつ-りょう【質料】―〘哲〙アリストテレスの哲学で、形相(もののの本質を表す形式)とともに事物を構成する材料的なもの。たとえば、家の構造が形相で、材木が質料。↕形相

しつ-りょう【質量】―①質と量。②〘物〙物体の量の表し方の一つ。ニュートンの定義では、物体に作用する力と、それによって生じる加速度との比。単位はグラム、キログラム。

じつ-りょく【実力】①実際にもっている力量・腕前。「―を養う」②目的をとげるために用いる武力・腕力。「―突破」

―こうし【―行使】目的を達成するために、話し合いなどの平和的解決をはからず、武力や腕力などを用いること。

―しゃ【―者】実際の権力をもっている人。「政界の―」

しつ-れい【失礼】■一(名・自スル・形動ダ) 礼儀にはずれること。また、そのさま。無礼。「―してあぐらをかく」■二(名・自スル) 別れること。相手の前から立ち去ること。「そろそろ―します」■三(感) 人と別れるとき、謝るとき、問いかけるときなどのあいさつの言葉。「じゃあまた、―」

じつ-れい【実例】実際にあった例。実際に見られる例。「―を示して説明する」

じつ-れき【実歴】①実際の経歴。②実際に見聞したこと。

しつ-れん【失恋】(名・自スル) 恋の思いがかなえられないこと。恋に破れること。「彼女に―する」

じつ-ろく【実録】事実をありのままに記録したもの。ドキュメンタリー。

―もの【―物】世間を驚かした事件に虚構を交えて読み物としたもの。おもに江戸期のそれをさす。実録本。

じつ-わ【実話】実際にあった話。「―小説」

し-て【仕手】①あることをする人。「掃除の―がない」②〘演〙能楽・狂言の主役。⇩脇・連れ・あど ③〘商〙相場で、投機的な大口売買を行う人。「―筋」参考 ②は、ふつう「シテ」と書く。

して ■一(接)《俗》そして。そうして。で。「―、その後どうなったか」■二(格助) ①動作・作用を行うものの範囲を示す。…で。「二人―歩く」「みんな―手伝う」②(多く「をして」の形で)使役として。命じて。用いて。「人を―伝える」③ある動作・作用の起きる状況を強調して示す。「今に―知る」④(「からして」の形で) ある事例を示し、他のことにも及ぶ意を示す。「服装から―気にくわない」■三(接助) 対等・並列の関係でつなぐ。そうして。「任重く―道遠し」「簡に―要を得る」語源 ■一■二■三ともサ変動詞「する」の連用形「し」+接続助詞「て」。文語的な言葉。

しで【×四手・◇垂】①玉串やしめなわなどに垂らして下げる、細長く切った紙。②ヤクの尾や麻などを束ねて槍の柄に付け、槍印としたもの。

し-で【死出】死んであの世に行くこと。「―の門出」

し-てい【子弟】子供や弟。また、年少者。「―の教育」

し-てい【私邸】(官邸や公邸に対して)個人のやしき。私宅。「総理の―」↕官邸・公邸

し-てい【使丁】雑用をする人。「用務員」の旧称。使丁。

し-てい【姉弟】姉と弟。

し-てい【指定】(名・他スル) それと示して定めること。「―席」

―とし【―都市】→せいれいしていとし

し-てい【師弟】師と弟子。先生とその教え子。「―関係」

し-てい【視程】大気の混濁の程度を示す尺度の一つ。肉眼で目標を識別できる最大距離で表す。

じ-てい【自邸】自分のやしき。自宅。

じ-てい【時程】時間を単位とした予定。「―表」

シティー〈city〉①市。都市。都会。「―バンク」「―ホテル」②〈the City of London から〉ロンドンの金融街。

―ホール〈city hall〉市庁舎。

し-でか・す【仕出かす・◇為出かす】(他五)《俗》大がかりなことや悪いことを、してしまう。やらかす。「とんでもないことを―」

して-かぶ【仕手株】〘経〙「仕手③」が投機の対象として大量売買する株。玄人株。

し-てき【指摘】(名・他スル) 注意すべき点として、特にとりあげて具体的に指し示すこと。「―を受ける」「問題点を―する」

し-てき【史的】(形動ダ) 歴史に関係があるさま。

―げんざい【―現在】過去の事柄や歴史上の事実を、生き生きと描写するために、現在形を用いて述べること。

―ゆいぶつろん【―唯物論】→ゆいぶつしかん

し-てき【私的】(形動ダ) 個人に関するさま。個人的。プライベート。「―な問題」↕公的

し-てき【詩的】(形動ダ) 詩のような情趣があるさま。ポエティック。「―な情景」↕散文的

じ-てき【自適】(名・自スル) なにものにもわずらわされず心のままに楽しみ暮らすこと。「悠悠―の生活」

しで-さんず【死出三◇途】―(「死出の山」と「三途の川」の意から)冥土。あの世。また、死ぬこと。

し-てつ【私鉄】民間会社の経営する鉄道。民鉄。

じ-てっこう【磁鉄鉱】―〘地質〙黒色で金属光沢のある鉄鉱石。磁性が強い。最も重要な製鉄原料。

しで-の-たび【死出の旅】(「死出の山」に旅して行くこと

から）死ぬこと。「ーに出る」

しで-の-やま【死出の山】死後に行くという、冥土（めいど）にあるけわしい山。転じて、あの世。冥土。

して-は …のわりには。…ということを考えに入れると。「君にーよくできた」用法 ふつう「…にしては」「…としては」の形で用いる。

して-みる-と（接）そうだとすると。してみれば。「ーあの話はほんとうだったのだな」

して-も …であっても。…としても。「君にー文句はあるまい」用法 ふつう「…にしても」「…としても」の形で用いる。

して-や・る【◇為て◇遣る】思いどおりにうまくやりおおせる。「またも彼にー・られた」用法 多く「してやられる」「してやったり」の形で用いる。

し-てん【支店】本店から分かれた店。分店。↔本店

し-てん【支点】《物》てこの支えとなる固定した点。⇩作用点・力点

し-てん【視点】①ものを見たり、考えたりする立場。観点。「ーを変えて考える」②《美》絵画の遠近法で、視線と直角をなす画面上の仮定の一点。③視線のそそがれる所。

し-でん【史伝】①歴史と伝記。②史実に基づいた伝記。

し-でん【市電】①市営の電車。②市街地を走る路面電車。

し-でん【師伝】師匠から伝授されること。また、伝授されたもの。「ーの技」

し-でん【紫電】①紫色の電光。いなびかり。②とぎすました刀の、鋭い光。「ー一閃（いっせん）」③鋭い眼光。

じ-てん【字典】漢字（およびその熟語）を一定の順序に配列して、発音・意味・用法などを説明した書物。字引。字書。⇩辞典「参考」

じ-てん【次点】①当選者に次ぐ得票数。また、その得票数の人。②最高得点者に次ぐ得点。また、その得点の人。

じ-てん【自転】（名・自スル）①自分で回転すること。②《天》天体が、その直径の一つを軸として回転すること。↔公転

ーしゃ【ー車】乗る人がペダルを踏み、その力で車輪を回転させて走る乗り物。ふつう二輪車をいう。はじまり 一八一七年、ドイツのカール・ドライスが製作した「ドライジーネ」が自転車の起源。駆動装置がなく、足で蹴って前進した。日本では、明治初年から製造が始まり、一八九〇（明治二十三）年ごろ、現在の形に近い自転車が登場。

ーしゃ-そうぎょう【ー車操業】（サウゲフ）（止まれば倒れる自転車のような状態の意から）無理にも仕事を続けて、絶えず資金を回転させていないと倒産するような危ない経営状態。

じ-てん【事典】物・事柄を表す語を集めて一定の順序に配列し、解説した書物。「百科ー」⇩辞典「参考」

じ-てん【時点】時間の流れの上の、ある一点。「このーでは」

じ-てん【辞典】言葉を集めて一定の順序に配列し、発音・意味・用法などを説明した書物。辞書。字引。参考「辞典」は「字典」「事典」を含んだ意味でも使われるが、ふつう、「辞典」は言葉、「字典」は漢字、「事典」は事柄を説明した書物をいう。

じ-でん【自伝】→じじょでん

してん-のう【四天王】（ワウ）①《仏》帝釈（たいしゃく）天に仕え、仏教を守護するという四柱の神。東方の持国（じこく）天・南方の増長（ぞうじょう）天・西方の広目（こうもく）天・北方の多聞（たもん）天。②ある分野で、またある人の部下・弟子の中で、特にすぐれた四人。「和歌ー」

しと【◇尿】《古》小便。

し-と【使徒】①《基》キリストにより、その教えを伝えるための証人・使者として選ばれた十二人の弟子。十二使徒。②（転じて）社会や人々のために献身する人。「平和のー」

し-と【使途】（金銭などの）使いみち。「ー不明金」

し-ど【示度】①計器が示す目盛りの度。②《気》気圧計の示す圧力の度合い。「中心ー」

じ-ど【磁土】陶磁器製造に適した良質の粘土。陶土。

し-とう【至当】（タウ）（名・形動ダ）最も適当であるさま。きわめて当然であるさま。「ーな処置」

し-とう【死闘】（名・自スル）死にものぐるいで戦うこと。また、その戦い。「ーを演じる」「ーを制する」

し-とう【私党】（タウ）個人的な目的・利益のために集まった仲間。私事のために組んだ党派。↔公党

し-とう【私闘】個人的な恨みによる争い。

し-とう【指頭】ゆびの先端。指先（ゆびさき）。

し-どう【士道】（ダウ）武士の行うべき道徳。武士道。

し-どう【市道】（ダウ）市の費用で建設・維持・管理する道路。

し-どう【至道】（ダウ）人のふみ行うべき最高の道。

し-どう【私道】（ダウ）私設の道路。私有地内の道路。↔公道

し-どう【始動】（名・自他スル）動き始めること。動かし始めること。特に、機械などの運転を開始すること。「エンジンのー」

し-どう【指導】（ダウ）（名・他スル）ある目的に向けて教えみちびくこと。「ー者」「生徒をーする」

ーげんり【ー原理】ある行為・運動などで、人をみちびくよりどころとなる理論。

ーしゅじ【ー主事】教師に専門的な指導や助言を与えることを職務とする教育委員会の職員。

ーようりょう【ー要領】（エウリヤウ）「学習指導要領」の略。

ーようろく【ー要録】（エウロク）児童・生徒の学習や健康の状況・性格などを記録した書類。「学籍簿」を改称したもの。

し-どう【△祠堂】（ダウ）①祖先の霊をまつる所。みたまや。②神仏をまつった小さいほこら。やしろ。

し-どう【△斯道】（ダウ）（「斯」は「この」の意）学問・技芸などで、その人が従事している方面・分野。このみち。「ーの権威」

し-どう【師道】（ダウ）人の師として守り行うべき道。

し-どう【詩道】（ダウ）詩に関する道。作詩の道。

じ-とう【寺塔】（タフ）寺院にある塔。

じ-とう【地頭】（ヂ）《日》①平安時代、荘園（しょうえん）領主が土地管理のために置いた荘官の名称の一つ。②鎌倉幕府で、荘園・公領の管理と租税の徴収・治安維持に当たった職。

じ-どう【自動】①自分の力で動くこと。特に、機械などが、定められた操作をしておくと、人間の手を借りないでひとりでに動くこと。「ードア」②新たに手続きなどをしなくても、自然にそうなること。「ー延長」③「自動詞」の略。↔他動

ーしゃ【ー車】原動機の力で車輪を回転させて路上を走る乗り物。多く、四輪車をいう。車（くるま）。

ーしょうじゅう【ー小銃】（セウジユウ）弾丸を発射すると同時に次の弾丸が自動的にこめられる小銃。

ーせいぎょ【ー制御】機械が状況の変化に応じて自動的にその機能を調整すること。オートメーション。

ーてき【ー的】（形動ダ）（ダロ・ダッ（デ・ニ）・ダ・ナ・ナラ・○）①ひとりでに動くさま。「ーに記録される」②ある状況に伴うなりゆきとして、自然にそうなるさま。「ーに昇格する」

ーにりんしゃ【ー二輪車】エンジンの総排気量が五〇ccを超える二輪車。オートバイ。

ーはんばいき【ー販売機】金銭やカードを入れて操作すると、自動的に品物が出てくる機械。自販機。はじまり 日本では、一八八八（明治二十一）年、小野秀三が「自動販売器」を製作し、翌々年に特許を取得した記録が残る。保存されている最古のものは、俵谷高七（たかしち）が一九〇四（明治三十七）年に製作した「自働郵便切手葉書売下機（うりさげき）」。

—まき【—巻(き)】腕時計で、着けていると腕の動きで自動的にぜんまいが巻かれること。また、その仕掛け。↕手巻き

じ-どう【児童】①子供。「—公園」②小学生。参考 児童福祉法では満一八歳未満の者を児童といい、学校教育法では満六歳から一二歳までを学齢児童という。

—が【—画】児童によって描かれた絵画。

—げき【—劇】児童のためにつくられ上演される劇。また、児童によって演じられる劇。

—けんしょう【—憲章】子供の人権と幸福を保障することを定めた憲章。一九五一(昭和二十六)年に制定。

—じりつしえんしせつ【—自立支援施設】児童福祉施設の一つ。不良行為をした、またする恐れのある児童や、生活指導が必要な児童の自立を支援する施設。一九九八(平成十)年、「教護院」を改称。

—そうだんじょ【—相談所】児童福祉法に基づき、児童の福祉に関する相談に応じ必要な指導を行う行政機関。各都道府県に設置が義務づけられている。児相。

—ふくししせつ【—福祉施設】児童福祉法に基づき、児童福祉に関する事業を行う施設。国や地方公共団体、社会福祉法人などが設置する。母子生活支援施設・保育所・児童自立支援施設・児童養護施設など。

—ぶんがく【—文学】児童のために書かれた文学作品。

—ようごしせつ【—養護施設】児童福祉施設の一つ。保護者がいなかったり、虐待されていたりして、環境上養護を必要とする児童(乳児は除く)を入所させて育成する施設。一九九八(平成十)年、「養護施設」を改称。

じ-どう【侍童】昔、貴人のそばに仕えた子供。小姓。

しとう-かん【四等官】《日》律令制で、各官庁幹部である四等級の官。長官・次官・判官(一般事務)・主典(書記)の称。用字は各官庁によって異なる。

じ-どうし【自動詞】《文法》その動作・作用が及ぶ対象(目的語)をもたない動詞。「(戸が)開く」「(腕が)折れる」「(芽が)出る」など。右の定義によらず、自然と成り立つ内容を表す動詞とする説もある。英語などでは、目的語を必要とせず、受け身形となることもない動詞をいう。日本語では、目的語が明確でないので、この定義は当てはまらない。↕他動詞 参考 日本語では、自動詞・他動詞の区別が構文上対応することは少ないが、「開く—開ける」「折れる—折る」「出る—出す」のように活用の型として対応するものがあり、また、「開いている—開けてある」のように「—ている」「—てある」の使い分けに現れることもある。⇩受け身「参考」・有る「参考」

しとぎ【粢】神前にそなえる卵形の餅。米の粉で作る。しとぎもち。

し-とく【至徳】最高の徳。また、それを備えたりっぱな人。

し-どく【死毒・屍毒】動物の死体に発生する有毒物質。プトマイン。

じ-とく【自得】㊀(名・自他スル)①(体験をとおして)みずから会得すること。②自分で満足すること。㊁(名)自分に報いを受けること。「自業—」

じ-とく【自瀆】(名・自スル)(「瀆」は汚す意)手淫。

じ-どく【侍読】昔、天皇に学問を教えた学者。侍講。

しどけ-な・い(形)(身なりなどが)だらしない。乱れてしまりがない。「—寝姿」文しどけな・し(ク)

し-と・げる【為遂げる】(他下一)物事を終わりまで完全にやりとおす。「難事業を—」文しと・ぐ(下二)
類語 なしとげる・やりとげる・しおえる・しおおせる・やってのける・完遂する・達成する・完成する・完了する

し-どころ【為所】しなくてはならない大事な場合。やりがいのある所。「ここがまんの—だ」

しと-しと(副)雨が静かに降るさま。「—(と)降る春雨」

じと-じと(副・自スル)ひどく湿り気を含んで不快なさま。じっとり。「梅雨時は畳が—する」

じと-つ・く(自五)じとじとする。

しと-ど(副)ひどくぬれるさま。びっしょり。「—にぬれる」参考 古くは「しとと」といった。

しとね【茵・褥】寝るときや座るときに敷く物。布団。

しとみ【蔀】昔の建具の一つで、日光・風雨をよけるための、上下二枚からなる戸。格子組みの裏に板を張ったもの。蔀戸。

〔しとみ〕

し-と・める【仕留める・為留める】(他下一)討ちとめる。殺す。「獲物を—」文しと・む(下二)

しとやか【淑やか】(形動ダ)話し方や動作が上品で落ち着いているさま。「—な物腰」文(ナリ)

しとり【湿り】しめりけ。うるおい。

じ-どり【地鶏】— 古くからその土地に産するにわとりの在来種。参考「じとり」ともいう。

じ-どり【地取り】—(名・自スル)①家を建てる前に地所の区画割りをすること。②囲碁で地を取ること。③相撲のけいこ。

じ-どり【自撮り】(名・自スル)スマートフォンなどを使って、自分自身を撮影すること。自分撮り。セルフィー。

しと・る【湿る】(自五)しめる。うるおう。

しどろ(形動ダ)ひどく乱れているさま。しまりのないさま。「—な姿」文(ナリ)

—もどろ(形動ダ)言葉や話の内容がひどく乱れるさま。「追及されて—になる」文(ナリ)

シトロン〈フランス citron〉①清涼飲料水の一種。炭酸水にレモンの果汁・香料などを入れたもの。夏 ②《植》ミカン科の常緑低木。インド原産。レモンに似た柑橘類の一種。

-しな(接尾)(動詞の連用形に付いて)…の時、…の折、…のついで、…すると同時などの意を表す。「行き—」「寝—」

-しな【品】(接尾)品物の種類・数を数える語。「小鉢二—」

しな【品】①しなもの。物。「お祝いの—」②商品。「よく出る—はこれです」③物の質のよしあし。品質。「だいぶ—が落ちる」④品格。品位。人柄。⑤身分。地位。⑥あだっぽいようす。いかにも思わせぶりな身ぶり。参考 ⑥は「科」とも書く。

—を作る(多く女性が)色っぽいようすをする。

しな【科】→しな(品)⑥

しな【支那】《世》(「秦」が転じてなまったものという)中国の歴史的別称。

し-ない【市内】市の区域内。「—に住む」↕市外

しない【竹刀】剣道で使う、四つ割りの竹を束ね合わせて作った刀。参考 常用漢字表付表の語。

じ-ない【地内】— 区画した土地の内側。

じ-ない【寺内】寺の境内。寺中。

しな・う【撓う】(自五)しなやかにたわむ。折れずにやわらかに曲がる。しなる。「枝が—」

しな-うす【品薄】(名・形動ダ)品物が、需要に対して不足している状態。品物の数が少ない状態。「—になる」

し-なお・す【仕直す・為直す】—(他五)改めてもう一度やりなおす。「設計を—」

しな-がき【品書き】①品物の名を並べて書くこと。また、その目録。②特に、飲食店などの献立表。メニュー。お品書き。

しな-かず【品数】 品物の数。品物の種類。「—の多い店」

しな-かたち【品形】 人柄と顔かたち。人品と容姿。

しな-がら【品柄】 品物の性質・状態のよしあし。品質。

しな-がれ【品枯れ】 生産が追いつかず、品物が不足して出回らないこと。「売れ行き良好で—になる」

じ-なき【地鳴き】ヂ— 鳥の平常の鳴き声。繁殖期特有の鳴き方（さえずり）に対していう。

しな-ぎれ【品切れ】 品物が全部売り切れて、在庫がなくなること。「商品が—になる」

シナゴーグ〈synagogue〉〘宗〙ユダヤ教徒の礼拝所・集会所。

しな-さだめ【品定め】（名・他スル）人間の優劣や物のよしあしを批評して決めること。品評。

シナジー〈synergy〉①相乗作用。相乗効果。②経営戦略で、複数の部門や機能を結合することの相乗効果により、大きな利益を生み出すこと。

しな-しな（副・自スル）①よく撓しないい、たわむさま。「枝が—（と）たわむ」②体の動きがなよなよするさま。「—（と）歩く」

しな-じな【品品】 いろいろの品物とその種類。多くの品。

しな・す【死なす】（他五）サ(ソ)・シ・ス・ス・セ・セ 死に至らせる。死なせる。

しな-ぞろえ【品△揃え】ゾロヘ— いろいろな種類の商品を用意すること。また、その商品の種類。「—が豊富な店」

しな-だま【品玉】 昔、玉や刀などをいくつも空中に投げては手で受け止めた曲芸。転じて、手品の類。

しな-だ・れる【△撓垂れる】（自下一）レ・レ・レル・レル・レレ・レロ(レヨ) ①しなって垂れ下がる。「枝が—」②人に甘えたりこびたりして、寄り掛かる。しなだれかかる。「恋人に—」文しなだ・る（下二）

しな-ちく【支那竹】→メンマ

しなと-の-かぜ【◇科戸の風】《古》（風の神である「級長戸辺命しなとべのみこと」の名から）風。

しなの【信濃】 旧国名の一つ。現在の長野県。信州。

—がわ【—川】ガハ 日本最長の川。秩父ちちぶ山地に発した千曲ちくま川が長野盆地で犀さい川と合流し、新潟県で信濃川となり日本海に注ぐ。全長三六七キロメートル。

しなのぢは…和歌〔信濃路は いつ春にならん 夕づく日 入りてしまらく 黄なる空のいろ〕〈島木赤彦しまきあかひこ〉山深い信濃地方はいったいいつになったら春になるのだろう。きょうも夕日はすでに落ちてしまったが、しばらくの間、空は黄色い余光をたたえていることだ。（病床での作）

しな・びる【◇萎びる】（自上一）ビ・ビ・ビル・ビル・ビレ・ビロ(ビヨ) 水気がなくなってしおれる。生気が衰えて、みずみずしさがなくなる。「—・びた野菜」文しな・ぶ（上二）

シナプス〈synapse〉〘生〙神経細胞と他の神経細胞とが接する場所。興奮の伝達や抑制を行う。

しな-もの【品物】 しな。物品。特に、商品。

シナモン〈cinnamon〉香辛料の一つ。おもにセイロンニッケイの樹皮からとる。⇩肉桂にっけい

しなやか（形動ダ）ダロ・ダッ(デ・ニ)・ダ・ナ・ナラ・○ ①弾力があってよくしなうさま。「—な枝」②動きがなめらかでやわらかいさま。「—な身のこなし」文（ナリ）

じ-ならし【地◇均し】ヂ—（名・他スル）①地面の高低をなくし平らにすること。②地面をならすときに使う農具やローラー。③（比喩ひゆ的に）物事をうまく運ぶために、事前に行う工作。「交渉の前に—をしておく」

じ-なり【地鳴り】ヂ— 地震や火山活動により大地が揺れ動いて鳴り響くこと。また、その音。地響き。

シナリオ〈scenario〉①映画やテレビの脚本。場面の内容・順序、俳優のせりふ・動作などを記した台本。②（比喩ひゆ的に）あらかじめ仕組んだ筋書き。「—どおりに事が運ぶ」

—ライター〈scenario writer〉「シナリオ①」を書く人。脚本家。

しな・る【△撓る】（自五）ラ(ロ)・リ(ッ)・ル・ル・レ・レ →しなう

し-な・れる【◇為慣れる・◇為△馴れる】（自下一）レ・レ・レル・レル・レレ・レロ(レヨ) 何度もして慣れる。「—・れた仕事」文しな・る（下二）

しな-わけ【品分け・品◇別け】（名・他スル）品物を、種類または品質によって分類すること。

し-なん【至難】（名・形動ダ）この上もなくむずかしいこと。また、そのさま。「目標達成は—のわざだ」

し-なん【指南】（名・他スル）（武芸などを）教え導くこと。教授。「—役」「空手を—する」

—しゃ【—車】 ①車上の人形の手が常に南をさすように装置した、中国古代の車。②手引きとなる物事。

—ばん【—番】 昔、幕府・大名などに仕えて武芸を教えた人。指南役。「将軍家—」

じ-なん【次男】 息子のうち、二番目に生まれた子。二男。

シナントロプス-ペキネンシス〈ラテン Sinanthropus pekinensis〉〘世〙「北京原人ペキンげんじん」の旧学名。

シニア〈senior〉①年長者。上級生。上級。「—マネージャー」↔ジュニア ②高齢者。年輩者。「—割引」

しに-いそ・ぐ【死に急ぐ】（自五）ガ(ゴ)・ギ(イ)・グ・グ・ゲ・ゲ 早く死のうとするかのように生きる。「—若者たち」

しに-うま【死〔に〕馬】 死んだ馬。死んだも同様の、役に立たない馬。「—に鍼はりをさす（=何の効果もないことのたとえ）」

しに-おく・れる【死に後れる・死に遅れる】（自下一）レ・レ・レル・レル・レレ・レロ(レヨ) ①ある人に先に死なれる。「妻に—」②死ぬべきときに死なないで生きながらえる。文しにおく・る（下二）

しに-がお【死〔に〕顔】ガホ— 死んだ人の顔つき。

しに-がくもん【死〔に〕学問】 実際の役に立たない学問。

しに-か・ける【死にかける】（自下一）ケ・ケ・ケル・ケル・ケレ・ケロ(ケヨ) 死にそうになる。「事故で—」文しにか・く（下二）

しに-がね【死〔に〕金】 ①ただためるだけで活用しない金。②使っても効果のない金。むだ金。③死んだときの費用として用意する金。葬式の費用。

しに-がみ【死〔に〕神】 人を死に誘うという神。

シニカル〈cynical〉（形動ダ）ダロ・ダッ(デ・ニ)・ダ・ナ・ナラ・○ 皮肉な態度をとるさま。冷笑的。シニック。「—な見方」

しに-かわ・る【死に変〔わ〕る】カハル—（自五）ラ(ロ)・リ(ッ)・ル・ル・レ・レ 死んで別のものに生まれ変わる。

しに-ぎわ【死〔に〕際】ギハ— まさに死のうとするとき。死ぬまぎわ。また、そのときのありさま。臨終。

し-にく【死肉・△屍肉】 死体の肉。「—をあさる」

し-にく【歯肉】〘生〙歯ぐき。「—炎」

し-にく・い【◇為◇難い・◇為◇悪い】（形）カロ・カッ(ク)・イ・イ・ケレ・○ するのがむずかしい。やりにくい。「人前では—話」文しにく・し（ク）

しに-ざま【死〔に〕様】 死んだときのありさま。死によう。

シニシズム〈cynicism〉（シニック（犬儒）学派の学説から）一般の常識・習俗・社会道徳などすべてを冷たく見下げる態度。冷笑主義。犬儒主義。シニスム。

しに-しょうぞく【死〔に〕装束】シヤウゾク— ①死ぬときに着る衣装。特に、切腹するときの白装束。②死者に着せる衣装。

し-にせ【老舗】 先祖代々の業を守り続けていて、格式と信用のある店。「銀座の—」参考常用漢字表付表の語。

しに-そこな・い【死に損〔な〕い】ソコナヒ— ①死ぬべきときに死ねない、また、死のうとして死ねないこと。また、そのような人。

②老人をののしっていう語。参考「しにぞこない」ともいう。

しにそこな・う【死に損〔な〕う】ソコナフ（自五）（ワ(オ)・イ(ッ)・ウ・ウ・エ・エ）①死ぬべきときに、死なないで生き残る。死のうとして失敗する。②もう少しで死にそうになる。「事故で危うく―」

しにたい【死に体】①相撲で、体勢がくずれて立ち直る見込みのない状態。↔生き体 ②（俗）もう打つ手もなく、存続が危ぶまれている状態のたとえ。「―の政権」

しにた・える【死に絶える】（自下一）（エ・エ・エル・エル・エレ・エロ(エヨ)）一家や一族または種族などが残らず死んでその血統が絶える。文しにた・ゆ（下二）

しにちかき…和歌〔死に近き 母に添ひ寝の しんしんと 遠田のかはづ 天に聞こゆる〕〈斎藤茂吉〉死の近い母のそばに添い寝をしていると、しんしんと夜はふけて、遠くの田で鳴く蛙の声が、まるで天上の世界から響いてくるように聞こえてくることだ。（「赤光」の「死にたまふ母」一連五九首の中の一つ）

シニック〈cynic〉（形動ダ）（ダロ・ダッ(デ・ニ)・ダ・ナ・ナラ・○）→シニカル

しにどき【死〔に〕時】死ぬ時。死ぬのにふさわしい時機。

しにどころ【死〔に〕所・死〔に〕◦処】死ぬのにふさわしい場所。死に場所。死に場。「―を得る」

しにば【死〔に〕場】死ぬのによいと思われる場所・場面。死に場所。「―を求める」

しにはじ【死〔に〕恥】ハヂ 恥になるようなみっともない死に方。また、死んだあとまで残る恥。「―をさらす」↔生き恥

しにばしょ【死〔に〕場所】→しにば

しには・てる【死に果てる】（自下一）（テ・テ・テル・テル・テレ・テロ(テヨ)）①死んでしまう。②残らず死ぬ。死に絶える。文しには・つ（下二）

しにばな【死〔に〕花】死に際の名誉。死後のほまれ。
―を咲かせる りっぱに死んで死後にほまれを残す。

しにみ【死〔に〕身】①死んだ身。↔生き身 ②死を覚悟した身。捨て身。

しにみず【死〔に〕水】ミヅ 死に際の人の唇を湿してやる水。末期の水。
―を取る ①死に際の人の唇を水で湿してやる。②その人の最期までめんどうをみる。

しにめ【死〔に〕目】死に際。臨終。「親の―にあえない」

しにものぐるい【死に物狂い】モノグルヒ（名・形動ダ）必死になって奮闘すること。また、そのさま。「―で抵抗する」

しによう【死〔に〕様】ヤウ 死にざま。死にかた。

しによう【◦屎尿】ネウ 大便と小便。糞尿。「―処理」

しによく【死〔に〕欲】死が近づいて欲の深くなること。

しにわか・れる【死に別れる】（自下一）（レ・レ・レル・レル・レレ・レロ(レヨ)）（親子・兄弟・夫婦などの）一方が死に他方は生き残って、永遠に別れる。死別する。「母と―」文しにわか・る（下二）

しにん【死人】死んだ人。死者。
―に口なし 死者は証人にたてることができない。また、死者は無実の罪を着せられても弁解できない。

しにん【視認】（名・他スル）実際に目で見て確認すること。「海上遥かに船影を―する」「―性が高い」

じにん【自任】（名・他スル）①ある事を自分の任務とすること。②自分には、その任務や地位にふさわしい能力・資格があると思い込むこと。⇩「使い分け」

じにん【自認】（名・他スル）自分自身で認めること。⇩「使い分け」

使い分け「自任・自認」
「自任」は、そのことを行うのに適した能力・資格をもっていると自分で思い込むことの意で、「文壇の第一人者だと自任する」「天才音楽家をもって自任する」などと使われる。「自認」は、自分のしたことや状態を自分で認める意で、「過失を自認する」「失政を自認する」などと使われる。

じにん【辞任】（名・自他スル）今までついていた役職・任務を自分からやめること。「―に追いこまれる」

し・ぬ【死ぬ】（自五）（ナ(ノ)・ニ(ン)・ヌ・ヌ・ネ・ネ）（中心義―生物が生命の活動を停止する）①生命がなくなる。「病気で―」②生気がなくなる。勢いが衰える。「―・んだ目をしている」③利用されなくなる。効果がなくなる。「―・んでいた金を生かして使う」④囲碁で、敵に石を囲まれて取られる。⑤野球で、アウトになる。（↔生きる）文（ナ変）可能し・ねる（下一）
類語 亡くなる・没する・逝く・みまかる・事切れる・息を引き取る・息が絶える・世を去る・最期を遂げる・成仏する・絶命する・絶息する・昇天する・涅槃に入る・死出の旅に出る・帰らぬ人となる・不帰の客となる
―者の貧乏 生きてさえいればいいこともあるだろうに、死んでしまった者がいちばん損をするということ。
しんだ子この年を数える →しじのよわいをかぞえる
しんで花実が咲くものか 枯れた草木に花や実がつかないように、人間も死んではなんにもならないことのたとえ。

じぬし【地主】ヂ 土地の持ち主。土地の所有者。

シネコン「シネマコンプレックス」の略。

シネスコ「シネマスコープ」の略。

じねつ【地熱】ヂ →ちねつ

シネマ〈フランス cinéma〉映画。キネマ。
―コンプレックス〈cinema complex〉一つの建物に複数の映画館が集合する施設。複合映画館。シネコン。
―スコープ〈Cinema Scope〉大型スクリーン映画の一種。特殊レンズで広い場面を圧縮撮影し、これを横長のスクリーンに拡大映写するもの。シネスコ。（商標名）

シネラマ〈Cinerama〉大型スクリーン映画の一種。湾曲した横長のスクリーンに、三台のカメラで撮影したフィルムを三台の映写機で同時に映写し、多数のスピーカーを用いて立体感のある音響効果を出すもの。（商標名）

シネラリア〈cineraria〉〔植〕キク科の越年草。全株に綿毛を生じ、葉は大形。冬から春にかけて紅・紫・あい・白の頭状花を開く。鉢植え用。観賞用。サイネリア。ふきざくら。春

しねん【思念】（名・他スル）思い考えること。たえず心にかけて思うこと。「ひとつのことを―する」

じねん【自然】おのずからそうであること。天然のままであること。自然。
―じょ【―◦薯・―◦生】「やまのいも」の異称。じねんじょう。秋
―せき【―石】天然のままの石。自然石。天然石。

しねんごう【私年号】ネンガウ 公の年号に対し、民間で私的に用いた年号。「白鳳」（七世紀中ごろ）など。

しの【◦篠】①群がり生える細いタケ類の総称。しのだけ。②「篠笛」の略。
―を突く しの竹を突きおろすように、雨がはげしく降る。

しのう【子◦嚢】ナウ アカパンカビなどの子嚢菌類でつくられ、中に胞子を生じる袋。

しのう【詩◦嚢】ナウ（詩の草稿を入れる袋の意から）詩人の、詩を作るもとになる思想・感情。「―を肥やす」

しのうこうしょう【士農工商】シヤウ 江戸時代の身分序列で、封建社会を形づくる武士・農民・工人（職人）・商

人の四階級。四民。

しのぎ【鎬】 刀剣で、刃と峰との中間のもりあがっている部分。
―を削る 激しく争う。語源 鎬が強くぶつかり合って削りとれるほど激しく切り合うことから。

きっさき
しのぎ
みね
刃
〔鎬〕

しのぎ【凌ぎ】 困難に耐えて乗り切ること。また、その手段。
▼「凌ぎ」が下に付く語
一時― 急場― 口― 其の場― 当座―

しの・ぐ【凌ぐ】（他五）①つらい思いに耐えて克服する。がまんする。また、防ぐ。「寒さを―」②困難を切り抜ける。乗り切る。「急場を―」③数量・程度などが他よりまさる。「前年を―応募者数」「力は先輩を―」可能 しの・げる（下一）

し-のこ・す【為残す】（他五） 物事を途中でしてて、あとをしないまま残す。「宿題を―」

しの-ごの【四の五の】《俗》あれこれめんどうなことを言うさま。なんのかんの。つべこべ。「―ぬかすな」
―言う めんどうなことをあれこれ言う。

じ-のし【地伸し】（名・他スル）《服》布地を裁断する前に、アイロンをかけるなどして布目をととのえること。

しの-すすき【篠薄】《古》まだ穂の出ていないすすき。

しの-だけ【篠竹】 →しの①

しのだ-ずし【信田鮨・信太鮨】 いなりずし。夏 語源 和泉の国（大阪府南部）信太の森の狐の伝説からいう。

しのだ-まき【信田巻〔き〕・信太巻〔き〕】 油揚げの中に魚介・野菜などを詰めて煮るなどした料理。

しのつく-あめ【篠突く雨】（しの竹を突きおろすようにはげしく降る雨。

しの-に（副）《古》①なよなよとしおれて。しんみりと。「情も―古思ほゆ」〈万葉〉②しきりに。しげく。とめどなく。

シノニム〈synonym〉同意語。同義語。↔アントニム

しののめ【東雲】 明け方。あけぼの。夜明け。「―の空」
―の《枕》「明く」「ほがらほがら」などにかかる。

し-の-はい【死の灰】 核爆発や原子炉内の核反応によって放出される、放射性生成物の通称。

しのば・せる【忍ばせる】（他下一） ①他に知られないように目立たなくする。「足音を―」②そっと隠して持つ。「ナイフを―」文 しのば・す（下二）

しのは-ゆ【偲はゆ】《古》しのばれる。自然に思い出される。参考「ゆ」は上代の自発の助動詞。

しの-はら【篠原】 しの竹の茂っている野原。ささはら。

しのび【忍び】 ①しのぶこと。人目をさけてすること。「お―の旅」②「忍び歩き」の略。③ひそかに敵方にはいり込む術。忍術。忍びの術。④「忍びの者」の略。
―あい【―逢い】 恋しあう者どうしがこっそりと会うこと。あいびき。密会。「―をかさねる」
―あし【―足】 足音をたてないようにそっと歩く足どり。「ぬき足、さし足、―」
―あるき【―歩き】（名・自スル）貴人などが他人に知られないように外出すること。しのび。おしのび。微行。
―がえし【―返し】 どろぼうなどがそれを越えてしのび込めないように、塀の上などにとがった竹・木・鉄などを取りつけたもの。

〔しのびがえし〕

―ごと【―事】 隠しごと。ないしょごと。密事。
―なき【―泣き】（名・自スル）人に知られないように声をたてずそっと泣くこと。「観客から―がもれる」
―ね【―音】 ①ひそひそ声。小声。②忍び泣きの声。③《古》陰暦四月ごろのほととぎすの初音。
―の-もの【―の者】 忍術を使って敵中や人の家などにひそかにはいりこんでようすをさぐる者。忍者。しのび。
―わらい【―笑い】（名・自スル）人に知られないように、声をたてずに笑うこと。

しのび-い・る【忍び入る】（自五） 人に知られないようにひそかにはいる。しのび込む。「敵方に―」

しのび-こ・む【忍び込む】（自五） 人目に立たないようにひそかにはいり込む。しのび入る。「どろぼうが―」

しのび-な・い【忍びない】（形） つらくて耐えられない。こらえきれない。「見るに―光景」文 しのびな・し（ク）

しのびやか【忍びやか】（形動ダ） 人目に立たないようにこっそりするさま。ひそやか。「―に歩く」文（ナリ）

しのび-よ・る【忍び寄る】（自五） 気づかれないようにそっと近づく。「―人影」「―秋」

しのぶ【忍】《植》シノブ科のシダの一種。根茎は樹上・岩石面などを長くはい、黒茶色の毛を生じる。葉は羽状に細かく分裂する。観賞用に「釣忍」を作る。しのぶぐさ。夏
―ぐさ【―草】 ①→しのぶ（忍）②→のきしのぶ ③→わすれぐさ
―ずり【―摺り・信夫摺り】 シノブの茎と葉で、乱れた模様を布にすり出したもの。もじずり。しのぶもじずり。
―もじずり【―捩摺り】 →しのぶずり

しの・ぶ【忍ぶ】 一（他五）①人目をさけて目立たないように行動する。「人目を―」②気持ちをおさえてこらえる。がまんする。「恥を―」二（自五）隠れる。ひそむ。「屋根裏に―」文（四・上二）可能 しの・べる（下一）

しの・ぶ【偲ぶ】（他五） ①遠く離れている人や昔のことなどをなつかしく思う。「亡き母を―」②心ひかれて慕わしく思う。「人柄が―・ばれる」文（四・上二）

しの-ぶえ【篠笛】 しの竹で作った横笛。指穴は七つ。里神楽や長唄の囃子に使う。しの。

シノプシス〈synopsis〉シナリオなどのあらすじ。梗概。

しのぶれど… 和歌〔忍ぶれど 色に出でにけり わが恋は 物や思ふと 人の問ふまで〕〈拾遺集 平兼盛〉恋の思いを人には知られまいとつつみ隠していたが、とうとう表情に現れてしまった。「何かに思い悩んでいらっしゃるのですか」と人があやしんでたずねるまでに。（小倉百人一首の一つ）

じ-のり【地乗り】（名・自スル）馬術で、足なみをそろえて歩かせること。

しば【芝】（字義）→し（芝）

しば【芝】《植》イネ科の多年草。茎は地をはってのび、節々から根をおろして地面をおおう。庭などに植えて芝生をつくる。芝草。

しば【柴】 山野に生える小さい雑木。また、たきぎにしたり、垣に結ったりするために切りそろえた小枝。「―刈り」

し-ば【死馬】 死んだ馬。
―の骨を買う 才能のない者をまず優遇すれば、優秀な人が自然に集まってくる。【故事】燕の昭王が賢士を招く策を尋ねたとき、郭隗が「昔、王から千金の名馬を買いに行かされた男が、死んだ名馬の骨を五百金で買ってきた。これが評判になり、生きている名馬ならもっと高値であろうと各地から名馬が集まった」と語ったことからいう。〈戦国策〉⇩隗より始めよ

シバ〈梵語 Śiva〉ヒンドゥー教の三神の一。破壊と創造の神とされる。仏教にはいって大自在天となった。シヴァ。

じ-は【自派】 自分が属する流派・党派・派閥。↔他派

じ-ば【地場】ヂ ①地元。「―産業」②〔経〕取引所所在地。また、取引所周辺の中小の証券会社や取引所の常連客。

じ-ば【磁場】〔物〕磁気を帯びた物や、電気が流れている導体の周囲の磁気作用の及ぶ範囲。磁界。磁場(じじょう)。

ジハード〈アラビア jihād〉〔宗〕イスラム世界で、信仰を迫害したり布教を妨害したりするものに対する戦い。「聖戦」と訳される。

し-はい【支配】(名・他スル)①全体を指図し、服従させること。統治すること。「―者」②何かの要因がその人の行動を束縛したり、規制したりすること。「欲望に―される」

―かいきゅう【―階級】カイキフ 国家・社会の上層部にあって、他を支配する階級。また、その人々。

―にん【―人】 経営者に代わって営業に関することをまかされてとりしきる人。マネージャー。「総―」

し-はい【紙背】 ①紙のうら。②文章のうらに含まれた意味。「眼光―に徹する(=文面に表れていない深い意味まで読みとる)」

し-はい【賜杯】 天皇・皇族などから、競技の勝者に賜る優勝杯。「―の授与」

しば-い【芝居】シバヰ ①演劇の総称。特に、歌舞伎(かぶき)・新派などの称。②演技。また、人をだますための作りごと。「―がうまい」「下手な―はやめろ」

▼「芝居」が下に付く語
田舎― 紙― 猿― 緞帳(どんちょう)― 一人― 宮― 村―

―を打(う)つ 作りごとをしたり言ったりして人をだます。

―がか・る(自五)ラ(ロ)・リ(ッ)・ル・ル・レ・レ 言動がわざとらしく、いかにも作りごとのようである。芝居じみる。「―・った口調」

―ぎ【―気】 派手なふるまいなどをして、人をあっと言わせようとしたがる気持ち。しばいけ。しばいっけ。「―たっぷりの人物」

―ごや【―小屋】 芝居の興行を専門とする建物。劇場。

―ぢゃや【―茶屋】 昔、劇場に付属し、観客の案内・休息・食事などの世話をした店。

―っけ【―っ気】 →しばいぎ

じばいせき-ほけん【自賠責保険】(「自動車損害賠償責任保険」の略)自動車による人身事故の被害者を救済するために、自動車の所有者に加入を義務づけた保険。

しば-いぬ【柴犬】〔動〕日本犬の一品種。秋田犬に似るが小形。毛色は多く赤茶色。耳は立ち、尾は巻く。しばけん。

しば-えび【芝×海老・芝蝦】〔動〕クルマエビ科の小形のエビ。内湾などの海底の砂地にすむ。食用・釣りのえさ用。

しば-がき【柴垣】 柴(しば)(=小枝)を編んでつくった垣根。

しば-かり【芝刈〔り〕】 芝生を刈ること。「―機」夏

しば-かり【柴刈〔り〕】 小さい雑木を刈ったり小枝を切ったりすること。また、その人。

しば・く(他五)カ(コ)・キ(イ)・ク・ク・ケ・ケ (鞭(むち)や棒で)打つ。たたく。

じ-はく【自白】(名・他スル)①みずから白状すること。②〔法〕㋐刑事訴訟法上、被告人・被疑者が自己の犯罪事実をみずから認める供述。「犯行を―する」㋑民事訴訟法上、当事者が相手方の主張する、自己に不利な事実を認める陳述。

じ-ばく【自縛】(名・自スル)①自分の主張や意見で、言動が不自由になること。「自縄―」②自分で自分をしばること。

じ-ばく【自爆】(名・自スル)自分が乗っている飛行機・艦船や自分の体に仕掛けた爆薬をみずから爆破すること。「―テロ」

しば-くさ【芝草】 →しば(芝)

しば-ぐり【柴×栗】 クリの一種。山地に自生し、実は小さい。さき栗(ぐり)。秋

しば-ざくら【芝桜】〔植〕ハナシノブ科の多年草。春に淡紅色・白色などの花をつける。芝生のように密生する。はなつめくさ。春

じば-さんぎょう【地場産業】ヂバサンゲフ 地域の特産品などを生産する地元の伝統産業。

しば-し【暫し】(副)ちょっとの間。しばらく。「―の別れ」

しば-しば【屡】(副)たびたび。何度も。「―出かける」

しはす【師走】 →しわす

しば-せん【司馬遷】(前一四五?~前八六?)中国、前漢の歴史家。字(あざな)は子長。父の遺志をつぎ、「史記」一三〇巻を完成させた。

じ-はだ【地肌・地膚】ヂ ①生来の肌。化粧をしていない肌。また、髪の毛や体毛の下の肌。②草木などに覆われていない土地の表面。「山の斜面の―が見える」③焼き物や塗り物などの、生地(きじ)のままの表面。

しば-た・く【瞬く】(他五)カ(コ)・キ(イ)・ク・ク・ケ・ケ →しばたたく

しば-たた・く【屡叩く・瞬く】(他五)カ(コ)・キ(イ)・ク・ク・ケ・ケ しきりにまばたきをする。しばたく。「目を―」

しば-ち【芝地】 芝の生えている所。芝生(しばふ)。

し-はつ【始発】 ①電車・列車・バスなどの運転系統の起点であること。「―駅」↔終着 ②電車・列車・バスなどの運転系統で、その日の最初の発車。また、その電車・列車・バスなど。「―が出る」「―に乗る」↔終発

じ-はつ【自発】 ①自分から進んでですること。「―的に行動する」②〔文法〕助動詞「れる・られる」(口語)、「る・らる」(文語)などの表す意味の一つ。動作・作用が、意思とはかかわりなく自然に行われること。「自然に…される」「…しないではいられない」の意。参考 他動詞の場合、「故郷を思い出す→故郷が思い出される」のように助詞が変わり、その対象となる語が、その事態(思い出すこと)をもたらすという意味になる。受け身の一種とする説もある。

しば-づけ【柴漬〔け〕】 薄く切ったナスやキュウリ、ミョウガなどを、赤じそとともに塩漬けにしたもの。京都大原(おおはら)の特産。

し-は・てる【為果てる】(他下一)テ・テ・テル・テル・テレ・テロ(テヨ) やりおえる。しつくす。文しは・つ(下二)

しば-な・く【屡鳴く】(自四)〔古〕しきりに鳴く。

しば-の-と【柴の戸】 柴で造った門。転じて、粗末な家。

しば-はら【芝原】 芝の生えている野原。「―に寝ころぶ」

しば-ふ【芝生】 芝を一面に植えつけてある所。参考 常用漢字表付表の語。

しば-ぶえ【柴笛】 シイ・カシ・マサキなどの若葉をくちびるにあてて吹き鳴らすもの。

しば-ぶき【柴葺〔き〕】 柴で屋根をふくこと。柴の屋根。

しば-ぶね【柴舟】 柴を積んで運ぶ舟。柴積(しばつ)み舟。

しば-やま【芝山】 芝が生えている山。芝を植えた築山(つきやま)。

しば-やま【柴山】 小さな雑木が生えている山。雑木山。

じ-ばら【自腹】 ①自分の腹。②自分の金。

―を切(き)る 自分が支払わなくてもよいはずの費用を、自分の金で支払う。身銭(みぜに)をきる。

し-はらい【支払〔い〕】ハラヒ 金銭を払うこと。「―が滞(とどこお)る」参考 官庁では、もと「仕払い」と書いた。

し-はら・う【支払う】ハラフ(他五)ワ(オ)・イ(ッ)・ウ・ウ・エ・エ 金銭を払う。「旅行代金を―」

しばら-く【暫く】(副)①少しの間。しばし。「―お待ちください」②久しぶりであるさま。「―でした」

―ぶり(形動ダ)ダロ・ダッ(デ・ニ)・ダ・ナ・ナラ・○ 間に長い時が経過しているさま。久しぶり。「日本での正月は―だ」

しばり【縛り】 ①しばること。②束縛。制限。「―をかける」

―くび【―首】 ①縄で首をしめて殺す刑。絞首刑。②戦国・江戸時代、罪人の両手をうしろに縛って首を切った刑罰。

しばり-あ・げる【縛り上げる】(他下一)ゲ・ゲ・ゲル・ゲル・ゲレ・ゲロ(ゲヨ) 厳重に縛る。きつく縛る。「どろぼうをー」文しばりあ・ぐ(下二)

しばり-つ・ける【縛り付ける】(他下一)ケ・ケ・ケル・ケル・ケレ・ケロ(ケヨ) ①木・柱などにひもや縄で縛ってその場所から動けないようにする。「柱にー」②束縛して動きのとれないようにする。拘束する。「義理でー・けられる」文しばりつ・く(下二)

しば・る【縛る】(他五)ラ(ロ)・リ(ツ)・ル・ル・レ・レ ①縄・ひもなどでくくり、動いたり離れたりしないようにする。からげる。ゆわえる。「手をー」「髪をー」「不用な雑誌をひもでー」②人の行動の自由を制限する。束縛する。「規則でー」「時間にー・られる」可能しば・れる(下一)

じ-ばれ【地腫れ】ヂ ー (名・自スル) できものや傷口などのまわりの皮膚が一面にはれること。「赤くーする」

しば・れる (自下一) レ・レ・レル・レル・レレ・レロ(レヨ)《方》(北海道・東北地方で)凍りつく。また、ひどく冷え込む。冬

し-はん【四半】①正方形に切った布。②四分の一。

ーき【ー期】一年を四等分した各期間。三か月間。

ーじき【ー敷き】正方形の石や瓦を、縁に対して目地が四五度になるようななめに敷いたもの。

ーせいき【ー世紀】一世紀の四分の一。二五年。

ーぶん【ー分】四つに分けた一つ。四分の一。

し-はん【市販】(名・他スル)(市場で売る意から)一般の小売店で売ること。「ーの風邪薬」

し-はん【死斑・屍斑】人の死後、血液が死体の下側に集まるために皮膚に生じる紫色の斑点。「ーが出る」

し-はん【私版】①民間で出版すること。また、そのもの。↔官版 ②個人が編集・発行する出版物。私家版。

し-はん【師範】①手本。模範。②学問や技芸を教える人。また、その資格。先生。師匠。「剣術ー」③「師範学校」の略。

ーがっこう【ー学校】ガク カウ 旧制度で、教員、特に小学校教員の養成を目的とした学校。

ーだい【ー代】師範に代わって門弟を教える人。

し-はん【紫斑】《医》皮膚内部の出血によって生じる紅色や紫色の斑点。

ーびょう【ー病】ビヤ ウ 《医》皮膚や粘膜に斑紋状に出血を起こす病気。血液または血管の異常による。

じ-はん【自判】①自分で印を押すこと。また、その印。②自分で花押(=書き判)を書くこと。また、その花押。

じ-はん【事犯】《法》法令に違反し、刑罰に処せられるべき行為。「経済ー」

じ-ばん【地盤】ヂ ー ①大地の表層。地殻。「ー沈下」②建築物の基礎となる土地。土台。「ーがゆるむ」③(比喩的に)物事を行う根拠地。足場。また、勢力範囲。「選挙のー」

ジバン【×襦袢】〈ポルト gibão〉→じゅばん

じはん-き【自販機】「自動販売機」の略。

し-ひ【私費】個人で負担して出す費用。自費。「ー留学」↔官費・公費

し-ひ【施肥】(名・自スル) 作物に肥料を与えること。施肥。

し-ひ【詩碑】詩を彫りつけた石碑。「島崎藤村のー」

しび【△鮪】「まぐろ」の異名。冬

し-び【△鴟尾・△鵄尾】昔、宮殿や仏殿などの棟の両端にとりつけた魚の尾の形の飾り。沓形。

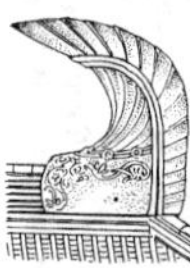

〔鴟尾〕

じ-ひ【自費】自分で負担する費用。私費。「ー出版」

じ-ひ【慈悲】①あわれみ、深い愛の心をもつこと。「無ー」②《仏》仏・菩薩が人々をいつくしみ、楽を与え苦しみを取りさること。

じ-び【耳鼻】耳と鼻。「ー咽喉科」

シビア〈severe〉(形動ダ)ダロ・ダッ(デ・ニ)・ダ・ナ・ナラ・○ きびしいさま。厳格であるさま。容赦のないさま。「ーな条件」

じ-ビール【地ビール】ヂ ー 全国的な規模の製品でなく、その土地で独自につくられるビール。

じびいんこう-か【耳鼻咽喉科】クワ ー 《医》耳・鼻・咽頭・喉頭などの病気を専門に扱う、医学の一分野。

ジビエ〈フランス gibier〉狩猟の対象となり、食用とする野生の鳥獣。シカ・イノシシ・野ウサギ・キジなど。また、その食肉。

じ-びき【地引〔き〕・地△曳〔き〕】ヂ ー ①地引き網を引くこと。②「地引き網」の略。

ーあみ【ー網】引き網の一種。遠浅の海の沖あいに張り、多人数で陸地に引き寄せて魚をとらえる網。地引き。

じ-びき【字引】①漢字を集め、分類・配列して意味・音訓などを説明した書物。字典。字書。②辞典。辞書。

じひしん-ちょう【慈悲心鳥】テウ ー 《動》「じゅういち」の別称。夏

し-ひつ【史筆】歴史を書きあらわす筆づかい・方法・態度。

し-ひつ【紙筆】①紙と筆。②文章。「ーに尽くせない(=文章で表現しきれない)」

し-ひつ【試筆・始筆】新年に初めて毛筆で字を書くこと。書き初め。「元旦ー」新年

じ-ひつ【自筆】自分で書くこと。また、その書いたもの。直筆。自書。「ー原稿」↔代筆

し-びと【死人】死んだ人。死者。しにん。

じ-ひびき【地響き】ヂ ー ①大地震や噴火などで大地が鳴り響くこと。地鳴り。②重い物の落下や通過による物音や震動が、地面を伝わって響いてくること。「トラックがーを立てる」

じひ-ぶか・い【慈悲深い】(形)カロ・カッ(ク)・イ・イ・ケレ・○ 愛情をもってあわれむ心が深い。「ー人」文じひぶか・し(ク)

しひゃくしびょう【四百四病】ビヤウ ー 《仏》人間のかかるあらゆる病気。

ーの外 恋わずらい。

し-ひょう【死票】ヘウ ー 選挙で、落選した候補者に投じられた票。死に票。語源議会に反映しないため、むだになることから。

し-ひょう【指標】ヘウ ー ①物事の基準となるめじるし。バロメーター。②《数》常用対数(10を底とする対数)の整数部分。

し-ひょう【師表】ヘウ ー 人の手本・模範となること。また、その人。「ーと仰がれる」

し-びょう【死病】ビヤウ ー かかると必ず死ぬ病気。不治の病。

じ-ひょう【時評】ヒヤウ ー ①その時の世界の動きや社会の出来事に対する批評。「文芸ー」「社会ー」②その当時の評判。

じ-ひょう【辞表】ヘウ ー 辞職したい旨を書いて差し出す文書。「ーを出す」「ーを受理する」

じ-びょう【持病】ヂ ビヤウ ①なかなか治らないで悩まされる慢性の病気。「ーが再発する」②なかなか直らない悪い癖。「ーのおせっかいが始まった」

し-びょうし【四拍子】ビヤウシ ー ①《音》楽曲の一小節が四拍からなるもの。四拍子。②長唄の囃子で、笛・太鼓・大鼓・小鼓の四つの楽器の称。

シビリアン〈civilian〉一般市民。(軍人に対して)文民。

ーコントロール〈civilian control〉軍人でない文民が、軍部の最高指揮権をもつこと。文民統制。文民支配。

しびれ【△痺れ】しびれること。「手にーがくる」

ーを切らす ①長くすわったり足を組んだりしていて足がしびれる。②待ちくたびれてがまんできなくなる。「長電話にー」

――うなぎ【―△鰻】 →でんきうなぎ

――えい【―△鱝】(エヒ) 〘動〙シビレエイ科の軟骨魚。日本沿岸の砂底にすむ。胸びれの位置に発電器官がある。電気えい。

――ぐすり【―薬】 体をしびれさせる薬。麻酔剤。

しび・れる【△痺れる】(自下一)(レ・レ・レル・レル・レレ・レロ(レヨ)) ①体の一部、または全体の感覚がなくなり、自由がきかなくなる。麻痺(まひ)する。「正座して足が―」②電気などに触れて、びりびりとふるえるように感じる。③強い刺激を受けて感動し、うっとりする。陶酔する。「歌手の美声に―」文しび・る(下二)

しびん【△溲瓶】 寝床の近くなどに備えて、病人などが寝たまま排尿するときに使う容器。語源「しゅびん」の転。

し-ふ【師父】 ①先生と父親。②父のように敬愛する師。「人生の―と仰ぐ」

し-ふ【師△傅】 身分の高い人の子につきそって養育しながら教え導く役。また、その人。守り役。

し-ふ【詩賦】 詩と賦。中国の韻文。

しぶ【渋】 ①渋い味。②「柿渋(かきしぶ)」の略。③物からしみ出る赤茶色の液。「茶―」

し-ぶ【支部】 本部から分かれて、一定の地域の事務などを取り扱う組織。↔本部

し-ぶ【市部】 都道府県内の、市に属する区域。↔郡部

じ-ふ【自負】(名・自他スル) 自分で自分の才能や能力に自信を持ち、誇りにすること。「―心」「理論派を―する」

じ-ふ【慈父】 ①子に対して深い愛情を持っている父。②父親を敬愛していう語。(↔慈母)

しぶ・い【渋い】(形)(カロ・カッ(ク)・イ・イ・ケレ・○) ①渋柿(しぶがき)を食べたときの、舌がしびれるような、口内を刺激する味がするさま。「―お茶」②不平そうなさま。にがりきっている。「―顔をする」③地味で味わいが深い。「―色」④金品を出ししぶるさま。けちである。「金払いが―」文しぶ・し(ク)

しぶ-いろ【渋色】 柿渋(かきしぶ)のような赤茶色。

し-ふう【士風】 武士の気風。武家かたぎ。

し-ふう【詩風】 詩のよみぶり。詩の作風。詩の傾向。

しぶ-うちわ【渋×団扇】(ウチハ) 表面に柿渋(しぶ)を塗った、赤茶色で大形のうちわ。夏

しぶ-おんぷ【四分音符】 〘音〙全音符の四分の一の長さをあらわす音符。しぶんおんぷ。♩

しぶ-がき【渋柿】 実が熟しても渋みの強い柿(かき)。たる柿や干し柿にして食べたり、柿渋をとったりする。秋

しぶ-がっしょう【四部合唱】(ガッシャウ) 〘音〙四つの声部からなる合唱。ソプラノ・アルト・テノール・バスの混声四部合唱など。

しぶ-がみ【渋紙】 紙をはりあわせて、柿渋(かきしぶ)を塗ったもの。じょうぶで包み紙や敷物などに使う。しぶかみ。

しぶ-かわ【渋皮】(カハ) 樹木または果実の表皮の内側にある、渋みのあるうすい皮。甘皮(あまかわ)。「栗(くり)の―」

――が剝(む)ける ①あかぬけて美しくなる。②物事に慣れて巧みになる。世慣れる。

しぶき【◦繁吹き・×飛沫】 はげしく飛び散る細かい水滴。「水―」「―をあげる」

し-ふく【至福】 この上もない幸福。「―の時を過ごす」

し-ふく【私服】 ①定められた制服でない、自由な衣服。↔官服・制服 ②「私服刑事」の略。

――けいじ【―刑事】 私服を着て勤務する刑事。私服。

し-ふく【私腹】 自分の利益・財産。私利。

――を肥(こ)やす 地位・官職を利用して自分の利益をはかる。

し-ふく【紙幅】 ①紙のはば。②定められた原稿の枚数。「―が尽きる」

し-ふく【雌伏】(名・自スル) 将来活躍する機会がくるのを、実力を養いながらじっと耐えて待つこと。「―十余年」↔雄飛

しぶ・く【◦繁吹く】(自五)(カ(コ)・キ(イ)・ク・ク・ケ・ケ) ①はげしく雨が吹きつける。「―雨」②しぶきが飛び散る。「波が―」

じ-ふく【時服】 ①時候にふさわしい衣服。②昔、春秋または夏冬期に、朝廷・将軍から諸臣に賜った衣服。

じ-ぶくろ【地袋】(ヂ) 違い棚の下などに設けた袋戸棚。↔天袋

し-ぶさ【四房】 大相撲の土俵上の屋根の四方の隅に下がっている四色のふさ。四神を表し、北東が青竜(青)、南東が朱雀(すざく)(赤)、南西が白虎(びゃっこ)(白)、北西が玄武(黒)。四房(よふさ)。

ジプシー〈Gypsy, Gipsy〉 ①インドの北西部から出て、ヨーロッパを中心に世界各地に散在する民族。踊り・音楽にすぐれ、鋳掛(いか)け・占い・音楽などで生活をたてている。差別的な意を含み、現在は自称の「ロマ(Roma)」を用いる。②同じ所に落ち着いていない人。放浪生活をする人。

しぶ-しぶ【渋渋】(副) 気が進まずいやいやながらするさま。しかたなく。不承不承(ふしょうぶしょう)。「―(と)承知する」

じぶ-しょう【治部省】(ヂブシャウ) 〘日〙律令(りつりょう)制による役所の名。八省(はっしょう)の一つ。家々の姓氏をただし、身分の認定や寺院僧尼の統制・外国使臣の接待などをつかさどった。⇨八省

じふ-しん【自負心】 自分の能力に自信や誇りを持つ心。

しぶ-ぞめ【渋染(め)】 ①柿渋(かきしぶ)で染めること。また、その染めたもの。②渋色に染めること。また、その染めたもの。

ジブチ〈Djibouti〉 アフリカ大陸の東部にある共和国。首都はジブチ。

しぶ-ちゃ【渋茶】 ①出すぎて、味が渋くなった茶。②味が渋くて下等な茶。

しぶ-ちん【渋ちん】 〘俗〙けちな人。おもに関西で使う。

し-ぶつ【死物】 ①生命のない、活動しないもの。②役に立たないもの。「―と化す」

し-ぶつ【私物】 個人の所有する物。「―化」↔官物

じ-ぶつ【事物】 もの。ものごと。参考「物事」に比べ、「事」よりも「物」に重点をおいた言い方。

じ-ぶつ【持仏】(ヂ) 〘仏〙常に身近に置いて、守り本尊として信仰する仏像。念持仏(ねんじぶつ)。

――どう【―堂】(ダウ) 持仏を安置する堂・部屋。祖先の位牌(いはい)を安置することもある。

しぶ-つら【渋面】 にがにがしい顔つき。不機嫌そうな顔。しぶっつら。渋面(じゅうめん)。

ジフテリア〈ラテ diphtheria〉 〘医〙感染症の一つ。ジフテリア菌によって、のどや鼻の粘膜がおかされて偽膜を生じ、菌の毒素によって体内にいろいろな障害を起こす。子供に多い。

シフト〈shift〉(名・自他スル) ①位置を移すこと。また、別のあり方に移行すること。「拠点を郊外に―する」「市場経済に―する」「パラダイム―(=社会の規範や価値観などが劇的に変化すること)」②野球で、守備態勢を変えること。「バント―」③(自動車のギアやキーボードの入力方式などの)入れ替え。「―キー」④勤務の交替制。また、その勤務時間。「タイム―」

しぶと・い(形)(カロ・カッ(ク)・イ・イ・ケレ・○) ①性質などが強情でしつこい。「―やつ」②困難などに出あっても容易なことで屈しない。ねばり強い。「―・く闘う」文しぶと・し(ク)

じぶ-に【治部煮】(ヂブ) 鴨(かも)などの肉に粉をまぶして煮て、野菜や麩(ふ)などと炊き合わせたもの。石川県金沢の郷土料理。

しぶ-ぬき【渋抜き】(名・自他スル) 渋みを除き去ること。

しぶ-ぬり【渋塗(り)】 柿渋(かきしぶ)を塗ること。また、塗ったも

の。

しふね・し【執念し】（形ク）《古》執念深い。しつこい。

じ-ふぶき【地吹雪】ヂ― 地上に積もった雪が強風に吹き上げられ吹きつけること。地吹雪（ちふぶき）。冬

しぶ-み【渋み・渋味】①渋い味。また、その程度。②地味で趣のある感じ。参考「み」は接尾語。「味」と書くのは当て字。

し-ぶり【仕振り】物事をするようす。しかた。

しぶり-ばら【渋り腹】下痢の一種。腹痛を伴って絶えず便意を催すが、ほとんど、または、まったく便が出ないもの。

しぶ・る【渋る】ラ(ロ)・リ(ッ)・ル・ル・レ・レ ■一(自五)①物事の進行がなめらかにいかない状態にある。すらすら運ばない。「筆が―」②渋り腹になる。「腹が―」■二(他五)いやがってためらう。気が進まずぐずぐずする。「返答を―」

しぶ-ろく【四分六】四分（＝四割）と六分（＝六割）の割合。四分六分。「もうけを―に分ける」

し-ふん【私憤】個人的なことでいきどおること。私事に関する怒りや恨み。「―をいだく」↕公憤

し-ふん【脂粉】①べにとおしろい。②化粧。

―の香（か）①化粧のにおい。②女性のかもし出す色香。

し-ぶん【士分】武士の身分。「―に取り立てる」

し-ぶん【死文】①条文はあっても、実際には何の効力もない法令や規則。空文。②内容・精神のこもっていない文章。

し-ぶん【△斯文】（「斯」は「この」の意）この学問。この道。特に、儒教の道。

し-ぶん【詩文】詩と文章。文学作品。また、文学。

じ-ふん【自△刎】（名・自スル）みずから首をはねて死ぬこと。

じ-ふん【自噴】（名・自スル）温泉や石油などが自然に地上に噴出すること。「―井（せい）（＝地下水が自噴する井戸）」

じ-ぶん【自分】■一(名)その人自身。おのれ。自己。■二(代)自称の人代名詞。わたくし。「―は東北の出身です」用法 二は、多く男性が、やや改まったときに用いる。

類語 わたくし・わたし・あたくし・あたし・あたい・あっし・僕・おいら・おれ・わし・われ・我が輩・手前・小生・余・拙者・こちら・当方

―かって【―勝手】（名・形動ダ）自分の都合だけを考えること。また、そのさま。身勝手。「―な行動をとる」

―し【―史】一般の市民が自分の人生を書きつづったもの。自伝。

―じしん【―自身】「自分」を強めて言う語。

じ-ぶん【時分】①およその時。時機。おり。当時。「去年の今―」②ちょうどころのよい時。時機。「―を見はからう」

―どき【―時】食事どき。

じ-ぶん【時文】中国の現代の文章。

しぶん-ごれつ【四分五裂】（名・自スル）ばらばらになること。分裂して秩序・統一がなくなること。「組織は―の状態だ」

し-ぶんしょ【私文書】公務員の立場でなく、個人の立場で作成した文書。私書。「―偽造」↕公文書

しべ【△稭】（「わらしべ」の略）わらの穂のしん。

しべ【△蕊】《植》花の生殖器官。雄蕊（おしべ）と雌蕊（めしべ）がある。

し-へい【私兵】個人が権勢を張るために自分で養成して組織している兵。

し-へい【紙幣】紙の貨幣。札（さつ）。正貨（＝金貨・銀貨など）に交換できるかどうかにより兌換（だかん）紙幣と不換紙幣とに、発行者により政府紙幣と銀行券とに区別される。

じ-へい【時弊】その時代の弊害。ある時代に特有の悪習。

じ-へい【辞柄】口実。いいぐさ。話のたね。

じへい-しょう【自閉症】シャウ―《医》乳幼児期に明らかになる発達障害の一つ。視線を合わせようとしない、同じ動作を繰り返すなどさまざまな症状がある。

じ-べた【地べた】ヂ―《俗》地面。「―にすわりこむ」

し-べつ【死別】（名・自スル）死に別れること。「父と―する」↕生別

シベリア〈Siberia〉ロシア連邦の一地方で、アジア大陸北部の地域。西はウラル山脈から、東はベーリング海沿岸にわたる。

ジベレリン〈gibberellin〉《農》植物の生長を促進するホルモン。促成栽培などに使われる。ギベレリン。

し-へん【四辺】①あたり。まわり。近所。②四方。まわりの方角。③《数》四つの辺。

―けい【―形】《数》四辺で囲まれた平面図形。四角形。

し-へん【紙片】紙切れ。

し-へん【詩編・詩△篇】①（一編の）詩。②詩を集めた書物。詩集。③《宗》旧約聖書中、神への賛歌を集録したもの。

し-べん【支弁】（名・他スル）金銭を支払うこと。「経費を―する」

し-べん【至便】（名・形動ダ）非常に便利なこと。「交通―」

し-べん【思弁】（名・自スル）《哲》実践や経験によらず、理性をささえとして頭の中だけで考えて理論を組みたてようとすること。また、そうしたときにはたらく理性。「―哲学」

じ-へん【事変】①異常な出来事。②警察力でしずめられないほどの騒動。③宣戦布告のない、国家間の武力行為。

じ-べん【自弁】（名・他スル）自分で費用を支払うこと。「交通費はおのおの―のこと」

し-ほ【試補】《法》官庁で、本官に任命されるまでの期間、事務の見習いをする者。また、その職。「司法官―（＝現在の司法修習生）」

しぼ【△皺】糸のより方によって織物の表面に現れる波状の細かいでこぼこ。また、紙・革などの表面に出る細かいしわ。

し-ぼ【思慕】（名・他スル）思い慕うこと。恋しく思うこと。「抑えがたい―の念」「母を―する」

じ-ぼ【字母】①発音を示すつづり字の一つ一つ。仮名やアルファベットなど。②活字をつくるもとになる鋳型（いがた）。母型（ぼけい）。

じ-ぼ【慈母】①子に対して深い愛情を持っている母。②母親を敬愛していう語。（↕慈父）

し-ほう【四方】ハウ― ①東・西・南・北の四つの方角。②あらゆる方向。「―を見わたす」③まわり。四辺。周囲。④諸国。天下。

―はい【―拝】元旦に宮中で行われる儀式。天皇が天地四方・山陵などの神霊を拝し、天下の平安を祈願する。新年

―はっぽう【―八方】ハッパウ あらゆる方向・方面。

し-ほう【仕法】ハフ― ①しかた。方法。手段。「商いの―」②《商》証券の取引方法。

し-ほう【司法】ハフ― 国家が法律に基づき、具体的な事件について裁判などによって訴訟を解決する作用。⇩立法・行政

―かいぼう【―解剖】刑事訴訟法に基づき、犯罪に関係するかその疑いのある死体について、死因や死亡時間などを明らかにするために行う解剖。

―かん【―官】クワン 司法権の行使を担当する公務員。特に、裁判官をいう。⇩行政官

―けん【―権】《法》国家の統治権のうち、国が民事・刑事および行政の裁判をする権能。裁判所に属する。⇩行政権・立法権

―しけん【―試験】裁判官・検察官・弁護士になるために必要な学識およびその応用能力を判定する国家試験。

―しょし【―書士】裁判所や検察庁・法務局へ提出する書類を、依頼人に代わって作成することを職業とする者。

―とりひき【―取引】刑事裁判で、検察側と弁護側が

話し合い、被告人が協力することを条件として、刑罰を軽減すること。参考 日本では、二〇一八(平成三十)年に刑事訴訟法の改正とともに導入。

し-ほう【至宝】この上もなくたいせつで値うちのある宝。また、宝のように貴い物や人。「歌舞伎(かぶき)界の―」

し-ほう【私法】(ハフ)―〔法〕私人間の権利や義務を規定する法律。民法・商法など。↔公法

し-ほう【私報】①個人的な通信。②内密の知らせ。③官報・局報以外の電報。

し-ほう【詩法】(ハフ)―詩の作り方。作詩の技法。

し-ぼう【子房】(バウ)―〔植〕雌蕊(めしべ)の下端のふくれた部分。内部に胚珠(はいしゅ)があり、受精後、種子をもった果実となる。

し-ぼう【死亡】(バウ)―(名・自スル)死ぬこと。死去。死没。

―りつ【―率】総人口に対する一定期間の死亡者の割合。ふつう一〇〇〇人あたりの年間死亡者数で表す。

し-ぼう【志望】(バウ)―(名・他スル)自分が将来こうしたい、こうなりたいと望むこと。また、その望み。「―校」「作家を―する」

し-ぼう【脂肪】(バウ)―動植物に含まれる揮発しない油。主要栄養素の一つ。常温では固体の油脂。「皮下―」

―かん【―肝】肝臓に中性脂肪が大量にたまった状態。

―さん【―酸】〔化〕鎖状炭化水素のH一つがカルボキシル基(酸性を示す基)で置き換えられた化学式をもつ酸の総称。生体内でエネルギー源となる。

―ぶとり【―太り】脂肪がたまって太っていること。

―ゆ【―油】常温で液体の油脂。大豆油・胡麻(ごま)油など。

じ-ほう【時報】①標準の時刻をラジオ・テレビなどで、人々に知らせること。「正午の―」②その時々の報告。また、その文書。

じぼう-じき【自暴自棄】(名・形動ダ)物事が自分の思いどおりにゆかず、なげやりな行動をとること。やけになること。

し-ほうじん【私法人】(ハフジン)―〔法〕私法のもとに設立された法人。会社のような営利法人や、社団・財団のような公益法人など。↔公法人

しほう-どうぶつ【刺胞動物】(シハウ)―〔動〕毒液を収めた刺細胞をもつ無脊椎(むせきつい)動物。クラゲやイソギンチャク・サンゴなど。従来の腔腸(こうちょう)動物からクシクラゲ類を除いたもの。

しほ-た・る【潮垂る】(しほ)―(自下二)〔古〕①潮水にぬれて、しずくが垂れる。②涙で袖(そで)がぬれる。涙を流して嘆き悲しむ。

し-ぼち【◇新◇発◇意】→しんぼち

し-ぼつ【死没・死△歿】(名・自スル)死ぬこと。死亡。死去。

しほ-ぶね【潮船・△汐船】(しほ)―〔古〕海上を漕(こ)いでゆく船。

しぼ・む【◇萎む・△凋む】(自五)マ(モ)・ミ(ン)・ム・ム・メ・メ ①草花などが水分を失ってしおれる。「花が―」②張りつめていたものが生気などを失ってゆるみ、小さくなる。「風船が―」「希望が―」

しぼり【絞り・搾り】①しぼること。②「絞り染め」の略。③花びらなどの色のまだらになっているもの。「―の朝顔」④カメラで、光のはいる量を調節する装置。

―ぞめ【絞り染〔め〕】染色法の一種。糸でくくったところの地の色を残していろいろの模様を出す染め方。括(くく)り染め。

―だし【―出し】袋・チューブなど、細長い入れものの一端を押し、他の一端から押し出すこと。また、そのような容器。

しぼり-あ・げる【絞り上げる・搾り上げる】(他下一)ゲ・ゲ・ゲル・ゲル・ゲレ・ゲロ(ゲヨ) ①すっかりしぼる。しぼりきる。②金品を無理やり出させる。「税金を―」③強く責めたてる。「容疑者を―」④きびしく訓練する。⑤声をむりに出す。文しぼりあ・ぐ(下二)

しぼり-こ・む【絞り込む】(他五)マ(モ)・ミ(ン)・ム・ム・メ・メ ①果汁などの水分をしぼって入れる。②多くの中から選んで、数や範囲をせばめて限定する。「候補者を―」参考 ①は「搾り込む」とも書く。

しぼり-だ・す【絞り出す・搾り出す】(他五)サ(ソ)・シ・ス・ス・セ・セ ①しぼって中にある液体などを外に出す。「絵の具を―」②考えや声などをむりに、あるいは苦心して出す。「知恵を―」

しぼ・る【絞る・搾る】(他五)ラ(ロ)・リ(ッ)・ル・ル・レ・レ ①強くおしたりねじったりして含まれている水気や液を出す。「タオルを―」「袖(そで)を―(=ひどく泣く)」「牛の乳を―」②出ないものをむりに、あるいは努力して出させる。「知恵を―」「声を―」③むりに取り立てる。「税金を―・りとる」④きびしく鍛練したり、しかったりする。しごく。「合宿で―・られる」⑤広がった状態を小さくして、ものの出方を少なくする。「支出を―」⑥大きさや数量を小さくする。せばめる。「ウエストを―」⑦問題の範囲を整理し限定する。「問題点を―」「的を―」⑧カメラのレンズの絞りを小さくする。可能 しぼ・れる(下一)⇒「使い分け」

> 使い分け「絞る・搾る」
> 「絞る」は、ねじりあわせてしぼる、限定させる、広がっているものを小さくする意で、「手ぬぐいを絞る」「絞り染め」「問題範囲を絞る」「音量を絞る」「油を絞る(=きびしくしかる)」などと広く使われる。
> 「搾る」は、押しちぢめて中身や水分を取り出す、むりに取る意で、「乳を搾る」「油を搾る」「チューブの中身を搾り出す」「税金を搾り取る」などと限られた範囲で使われる。

し-ほん【紙本】紙に書かれた書画。↔絹本(けんぽん)

し-ほん【資本】①事業を営むもとでとなる金。資金。また、活動のもととなるもののたとえ。「商売は体が―だ」②〔経〕生産の三要素(=土地・資本・労働)の一つ。新たな生産のために使用する過去の生産物。原料・機械・設備など。

―か【―家】利益を得る目的で所有する資本を事業に出し、企業などを経営する人。また、資本を提供する人。

―きん【―金】営利を目的として投資する資金。元手(もとで)。

―しゅぎ【―主義】資本家が雇用する労働者に商品を生産させ、それを販売して利潤を獲得する経済組織。また、そういう社会体制。キャピタリズム。↔社会主義

しほん-ばしら【四本柱】相撲の土俵の四隅に立てて屋根を支える四本の柱。参考 大相撲では、一九五二(昭和二十七)年以後、客の視界をさえぎらぬようにつり屋根とし、柱のかわりに房を下げた。⇩四房(しぶさ)

しま【島】①周囲を水で囲まれた陸地。②泉水・築山(つきやま)のある庭園。③〔俗〕やくざなどの勢力範囲。なわばり。④頼りとしてすがるもの。「とりつく―もない」

しま【△縞】二色以上の糸で、縦あるいは横に筋を織り出した織物。また、そのような模様。「―の着物」

し-ま【死魔】「死」を擬人化し、魔物にたとえたもの。死に神。

し-ま【△揣摩】(名・他スル)事情を推測すること。当て推量。

しま〔志摩〕旧国名の一つ。現在の三重県の志摩半島の部分。志州。

しま-あい【△縞合い】(アヒ)―しまの色合い。

し-まい【仕舞】(マヒ)―能楽で、囃子(はやし)を伴わず、シテ一人が紋服・袴(はかま)姿で舞う略式の舞。

し-まい【仕舞〔い〕・◇終い】(マヒ)―①やめること。終わり。「これで―にしよう」②物事の最後。「―には泣き出した」

―ゆ【―湯】みんながはいり終わって最後にはいるふろ。しまいぶろ。

し-まい【姉妹】①姉と妹。「兄弟―」②同じ系統に属し、類似性をもつもの。「―編」「―校」

―とし【―都市】親善と文化的な交流とを目的として、

国際的に友好関係を結んだ都市。京都とパリなど。

-じまい【仕舞〔い〕・◦終い】ジマ ヒマ（接尾）①（名詞に付いて）それを終える意を表す。「店ー」②（動詞の未然形に打ち消しの助動詞「ず」の付いた形に付いて）…しないで終わってしまうの意を表す。「会わずー」「言わずー」

じ-まい【地米】ヂー その土地でとれる米。じごめ。

し-まう【仕舞う・◦終う・◦了う】マフ ワ(オ)・イ(ッ)・ウ・ウ・エ・エ 一（他五）①終える。終わりにする。「仕事をー」②散らばっている物をしかるべき置き場所に置く。かたづける。もとの場所や特定の場所に納め入れる。「道具をー」「思いを胸にー」③事業をやめる。廃業する。「赤字続きで店をー」二（補動五）（動詞の連用形＋「て」を受けて）動作の完了する意を表す。①やり遂げた意をこめる。「書いてーおう」②不本意な結果になった意をこめる。「見られてーった」「遅刻してー」可能 しま・える（下一）

参考 一①は、「仕事がーったら食事に行こう」と自動詞的にもいう。二は、「てしまう」が転じて「ちまう」「ちゃう」ともいう。

しま-うま【△縞馬】〘動〙ウマ科の哺乳(ほにゅう)動物。アフリカの草原に群棲(ぐんせい)する、体に黒と白のしまのある馬の総称。ゼブラ。

じ-まえ【自前】マヘー ①費用を自分で負担すること。自弁。「ーの舞台衣装」②芸者などが独立して営業すること。また、その芸者。「ーになる」↔抱(かか)え

しま-おくそく【△揣摩臆測・△揣摩憶測】（名・他スル）たいした根拠もなく、勝手に推量をすること。当て推量。「さまざまなーが飛び交う」

しま-おりもの【△縞織物】しま模様を織り出した織物。

しま-か【△縞蚊】〘動〙カ科シマカ属の昆虫の総称。胸部・腹部に黒地に白のしまがある蚊。やぶ蚊。夏

しま-かげ【島陰】島に隠れて見えない所。

しま-かげ【島影】島のすがた。「沖合にーが現れる」

しま-がら【△縞柄】しまの模様。

しまきあかひこ【島木赤彦】（一八七六〜一九二六）歌人。長野県生まれ。伊藤左千夫に師事。アララギ派の指導的地位に立って活躍。「鍛錬道(たんれんどう)」を唱え、写生に徹した重厚な歌風を示した。歌集「太虚(たいきょ)集」「柹蔭(しいん)集」、歌論「歌道小見」など。

しまきけんさく【島木健作】（一九〇三〜一九四五）小説家。北海道生まれ。左翼農民運動に参加し、のち転向して作家となり、転向者の生き方を追求した。作品「癩(らい)」「生活の探求」など。

じ-まく【字幕】映画やテレビなどで、作品名・配役・せりふ・説明などを画面に文字で映し出すもの。「ースーパー」

しま-ぐに【島国】周囲が海に囲まれた国家・国土。

ーこんじょう【ー根性】コンジャウ 島国に住む国民にありがちな、視野がせまく独善的・閉鎖的でこせこせした気質。

しまざきとうそん【島崎藤村】（一八七二〜一九四三）詩人・小説家。長野県生まれ。北村透谷(とうこく)らと「文学界」創刊。浪漫(ろうまん)主義詩人として詩集「若菜集」「落梅集」などを出して新体詩を完成。のち小説に転じ、「破戒」によって自然主義の先駆をなした。小説はほかに「春」「家」「新生」「夜明け前」など。

しま-ぞめ【△縞染〔め〕】白地にしま模様を染め出した布。

しまだ【島田】「島田髷(まげ)」の略。

ーまげ【ー△髷】日本髪の一種。おもに未婚の女性が結う。

しま-だい【島台】州浜台(すはまだい)の上に蓬莱(ほうらい)山をかたどっためでたい飾り物。婚礼などに用いる。

し-まつ【始末】一（名）初めから終わりまでのありさま。てんまつ。また、悪い結果。「万事があのーだ」二（名・他スル）①しめくくること。きまりをつけること。処理。「火のー」「ーをつける」「ーにおえない（＝どうにもできない）」②倹約すること。「紙をーして使う」

〔しまだまげ〕

〔しまだい〕

ーしょ【ー書】事故・不始末をわびるため、その事情を書いて出す文書。「ーをとる」

ーや【ー屋】倹約家。しまりや。

しまった（感）失敗に気づいたときに発する言葉。「ー、出遅れた」語源 動詞「しまう」の連用形＋助動詞「た」

しま-づたい【島伝い】ヅタヒー 島から島へと渡って行くこと。

じ-まつり【地祭〔り〕】ヂー →じちんさい

しま-ながし【島流し】①昔、罪を犯した者を遠くの島や土地へ送った刑罰。遠島(えんとう)。流刑(るけい)。流罪(るざい)。②（転じて）左遷されて遠い土地に転勤になること。

しま-ぬけ【島抜け】（名・自スル）→しまやぶり

しまね【島根】中国地方北西部の日本海に面する県。県庁所在地は松江市。

しま-びと【島人】島の住人・住民。

しま-へび【△縞蛇】〘動〙ナミヘビ科の爬虫(はちゅう)類。黄褐色で背面に四条の黒いすじのある無毒のヘビ。日本特産。夏

じ-まま【自△儘】（名・形動ダ）自分勝手なこと。また、そのさま。わがまま。気まま。「ーな暮らし」

しまむらほうげつ【島村抱月】シマムラ ハウゲツ（一八七一〜一九一八）評論家・新劇運動家。島根県生まれ。自然主義文学の理論的指導者として活躍。のち文芸協会・芸術座を組織し、新劇の確立に尽力。評論集「近代文芸之研究」。

しま-め【△縞目】しまの色と色とのさかい。

しま-めぐり【島巡り・島◦回り】（名・自スル）①島の周囲や島内をめぐること。②島々を船でめぐって遊覧すること。

しま-もの【△縞物】しまの模様のある織物。

しま-もり【島守】島の番人。

しま-やぶり【島破り】（名・自スル）島流しになった罪人が、島から逃亡すること。また、その罪人。島抜け。

しま-やま【島山】①島の中にある山。②山の形をした島。③庭園の池の中につくった山の形の島。

しまり【締〔ま〕り】①ゆるみがなく、ひきしまっていること。緊張。「ーのない顔」②言葉や行いに緊張感があること。③しめくくり。「ーをつける」④戸などが閉じられること。「ーの悪い戸」⑤倹約。

ーや【ー屋】倹約家。また、けちな人。始末屋。

しま・る【閉まる】（自五）ラ(ロ)・リ(ッ)・ル・ル・レ・レ ①通り抜ける空間がなくなるよう動く。開いていたものが閉じられる。「扉がー」②終業する。「店は五時にー」（↔開(あ)く・開(ひら)く）他し・める（下一）

しま・る【絞まる】（自五）ラ(ロ)・リ(ッ)・ル・ル・レ・レ ゆるみがなくなる。苦しくなるほど体がしめつけられる。「首がー」他し・める（下一）

しま・る【締まる】（自五）①かたく張りつめる。ゆるみやたるみがなくなる。「肉がーっている」「ねじがー」↔緩む ②態度や心構えがしっかりする。緊張する。「身がー思い」「ーってゆこう」③倹約する。きりつめる。④〘経〙相場取引が堅実になる。他し・める（下一）

じ-まわり【地回り】ヂ マハリ ①近くの村落から物を送ってくること。②都市近くの集落を回って商売すること。また、その商人。③盛り場などを縄張りとしてうろつくならず者。

じ-まん【自慢】（名・他スル）自分、または自分に関係することを他人に誇らしげに言ったり、示したりすること。「ー話」

—たらし・い（形）カロ・カッ(ク)・イ・イ・ケレ・○ 自慢しているようで、見たり聞いたりするのが不快である。「—・くしゃべる」

しまんろくせん-にち【四万六千日】〔仏〕七月十日に行われる観世音菩薩の縁日。夏 参考 この日に参拝すれば四万六千日参拝したのと同じ功徳があるといわれる。

しみ【染み】①液体などが衣服などに局部的にしみついて汚れること。また、その汚れ。「インクの—」②皮膚にできる、茶色の斑点。「—、そばかす」

しみ【凍み】凍ること。こおり。「—豆腐」

し-み【至味】この上なくよい味。また、その食物。

しみ【衣魚・紙魚・蠹魚】〔動〕シミ科の昆虫の総称。体長は約一センチメートル。全身が銀白色の鱗片でおおわれている。古い和紙や衣類などを食害する。夏

〔衣魚〕

じ-み【地味】ヂ（名・形動ダ）彩り・服装・性格などがひかえめで目立たないこと。また、そのさま。「—な装い」↔派手

じ-み【滋味】①うまい味。また、栄養豊かな食物。「—豊かな食べ物」②物事に感じられる深い味わい。「—あふれる作品」

シミーズ〈フランス chemise〉→シュミーズ

しみ-い・る【染み入る】（自五）ラ(ロ)・リ(ッ)・ル・ル・レ・レ しみこむ。深くしみる。「心に—話」

しみ-こ・む【染み込む】（自五）マ(モ)・ミ(ン)・ム・ム・メ・メ 液体・におい・色などが深く中までしみる。しみとおる。しみいる。「味が—」

しみ-じみ（副）①深く心に感じ入るさま。つくづく。「—ありがたいと思う」②静かで落ち着いているさま。「—(と)話す」

し-みず【清水】ミヅ 地下からわき出る澄んできれいな水。夏 参考 常用漢字表付表の語。

じ-みち【地道】ヂ（形動ダ）ダロ・ダッ(デ・ニ)・ダ・ナ・ナラ・○ 手堅く、着実なさま。「—な商売」文（ナリ）参考 もと、ふつうの速さでゆっくりと歩くこと、または馬術で、馬を並足で進ませることの意。

しみ-つ・く【染み着く】（自五）カ(コ)・キ(イ)・ク・ク・ケ・ケ ①色やにおいなどがしみこむ。「たばこのにおいがシャツに—」②習慣や考え方などが身についてなかなかとれなくなる。「貧乏性が—」

しみ-つ・く【凍み付く】（自五）カ(コ)・キ(イ)・ク・ク・ケ・ケ 凍ってくっつく。

しみっ-たれ（名・形動ダ）（俗）けちくさいこと。また、その人。

しみ-で・る【染み出る・滲み出る】（自下一）デ・デ・デル・デル・デレ・デレ(デヨ) 内側の液体や色素などが表面に出てくる。にじみ出る。「包帯に血が—」「岩のすきまから水が—」

しみ-どうふ【凍み豆腐】→こうやどうふ

しみ-とお・る【染み透る】トホル（自五）ラ(ロ)・リ(ッ)・ル・ル・レ・レ ①(液体や気体などが)奥までしみこむ。「雨が服の裏まで—」②心の奥底まで深く感じる。「寒さが骨まで—」

しみ-ぬき【染み抜き】衣服などについたしみを取り除くこと。また、そのための薬品。

し-みゃく【支脈】山脈・鉱脈・葉脈などで、主脈から分かれ出たもの。分脈。↔主脈

し-みゃく【死脈】①死期の近いことを示す脈搏。②鉱物の出なくなった鉱脈。

シミュレーション〈simulation〉①模型・コンピューターなどを使って、想定される場面と同じような状態を設定して実験・研究を行うこと。模擬実験。「—ゲーム」②サッカーで、ファウルを受けたふりをして倒れるなどの、審判をあざむく反則。

シミュレーター〈simulator〉研究や飛行機・自動車などの操縦の訓練に使う、実物そっくりの模擬演習装置。

し-みょう【至妙】メウ（名・形動ダ）きわめてすぐれていてたくみなこと。また、そのさま。「—のわざ」

し・みる【染みる】（自上一）ミ・ミ・ミル・ミル・ミレ・ミロ(ミヨ) ①液体やにおいが物の中まではいりこむ。浸透する。「油のにおいが衣服に—」「靴の中まで雨が—」②感覚が刺激されて痛みを感じる。「煙が目に—」③深く心や身に感じる。こたえる。「身に—・みてありがたいと思う」④影響を受ける。そまる。「悪風に—」文し・む(上二) 参考 ①は「滲みる」「浸みる」、②③は「沁みる」とも書く。

し・みる【凍みる】（自上一）ミ・ミ・ミル・ミル・ミレ・ミロ(ミヨ) 凍る。また、凍りつくように冷たい。文し・む(上二)

-じ・みる【染みる】（接尾）(名詞に付いて上一段動詞をつくる)①しみつく。「汗—」②…のようにみえる。…らしく感じられる。「年寄り—」用法 ②は、よい意味にはあまり使われない。

しみ-わた・る【染み渡る】（自五）ラ(ロ)・リ(ッ)・ル・ル・レ・レ すみずみまでしみこんで広がる。「胸に—さびしさ」「五臓六腑に—」

し-みん【士民】①武士と庶民。②士族と平民。

し-みん【四民】①→しのうこうしょう ②すべての階層の人々。人民。「—平等」

し-みん【市民】①市の住民。「名誉—」②国政に参与する権利をもつ国民。公民。③市民階級の人。

—かいきゅう【—階級】カイキフ 西洋で、市民革命により貴族や僧侶が支配していた封建社会を打破し、民主主義・資本主義の社会を確立した中産階級。ブルジョアジー。

—かくめい【—革命】封建的国家体制を倒して、個人の自由や民主主義を確立した、市民階級を主体とする革命。ブルジョア革命。

—けん【—権】①市民としての権利。市民として言論・思想・財産などの自由が保障され、国政に参加することのできる権利。②世に広く認められ一般化すること。「—を得た言葉」

—しゃかい【—社会】シャクワイ 封建的諸制度を否定して成立した、自由・平等な個人によって構成される近代社会。

し-みん【嗜眠】〔医〕意識障害の一つで、強い刺激を与えない限り眠り続ける状態。

し・む【染む】〔古〕■（自四）①染まる。色や香りがしみつく。②ぬれとおる。うるおう。③深く感じる。心にとまる。④関心をもつ。熱心になる。⑤なじみになる。■（他下二）①染める。色や香りをしみこませる。②深く思いつめる。恋い慕う。

しむ（助動-下二型）シメ・シメ・シム・シムル・シムレ・シメヨ〔古〕①使役の意を表す。「愚かなる人の目を喜ば**しむる**楽しみまたあぢきなし」〈徒然草〉②(尊敬の補助動詞「給ふ」を伴って)強い尊敬の意を表す。「世の政をおこなふべきよし宣旨下さ**しめ**給へりしに」〈大鏡〉③(謙譲語に付いて)謙譲の意を強める。「皇太后宮にいかで啓せ**しめむ**(=なんとかして申しあげよう)と思ひはべれど」〈大鏡〉用法 動詞の未然形に付く。

じ-む【寺務】寺の事務。また、それを取り扱う人。

じ-む【事務】官庁・会社・商店などで、文書・帳簿の作成など、主として机上で書類を扱う仕事。「会社で—をとる」

じ-む【時務】それぞれの場合に処理すべき仕事・事務。

ジム〈gym〉①運動器具などをそろえ、各種のトレーニングができるようにした施設。②ボクシングの練習場。また、プロボクシングの選手を養成・管理する組織。

じむ-いん【事務員】ヰン 会社・商店などで事務を扱う人。

じむ-かん【事務官】クワン 行政官庁で、一般的な事務を担当する国家公務員。

し-むけ【仕向け】①取り扱い。待遇。②商品などを先方へ送ること。

し-む・ける【仕向ける】（他下一）ケ・ケ・ケル・ケル・ケレ・ケロ(ケヨ) ①相手がそのことをするように働きかける。「協力するように—」②商品など

を先方に送る。文しむ・く(下二)

じ-むし【地虫】 チ― 地中にすむ虫の総称。コガネムシ・カブトムシ・クワガタムシなどの幼虫をさす場合が多い。

じむ-じかん【事務次官】 ジクワン― 各省庁で、国務大臣を補佐して事務を監督する一般職の国家公務員。

じむ-しつ【事務室】 事務をとる部屋。

じむ-しょ【事務所】 事務を取り扱う所。「法律―」

じむ-てき【事務的】(形動ダ) ダロ・ダッ(デ・ニ)・ダ・ナ・ナラ・〇 感情を交えず、決められたとおりであるさま。「―な判断」「―に処理する」

じむ-とりあつかい【事務取〔り〕扱い】 トリアツカヒ― 役所・大学・会社などで、役職にある者が職務を果たせないとき、その代行をすること。また、その人。「学長―」

ジムナジウム〈gymnasium〉体育館。ジム。

じむ-や【事務屋】 もっぱら事務をとることを仕事とする人の俗称。↔技術屋 用法 軽蔑(けいべつ)や卑下をして用いることもある。

しめ【◦標・×注連】 ①土地の領有や場所の区画を示し、立ち入りを禁じるなどするためのしるし。②「しめなわ」の略。

しめ【締め】 ①しめること。「―がきつい」②合計。総計。「当月分の―」③(接尾語的に)半紙などを束ねたものを数える語。一しめは一〇束で、一〇〇帖(じょう)、すなわち二〇〇〇枚。④手紙の封じ目に書く「〆」のしるし。

しめ-あ・げる【締〔め〕上げる】(他下一) ゲ・ゲ・ゲル・ゲル・ゲレ・ゲロ(ゲヨ) ①強くしめる。「首を―」②きびしく責める。「容疑者を―」文しめあ・ぐ(下二)

し-めい【氏名】 名字(みょうじ)と名前。姓名。

し-めい【死命】 ①死と生命。②死ぬか生きるかの運命にかかわるたいせつな所。

―を制(せい)する 相手の死ぬか生きるかの急所をおさえ、その運命を自分の手にする。「敵の―」

し-めい【使命】 与えられた任務。成し遂げなければならないつとめ。「―感」「―を帯びる」

し-めい【指名】(名・他スル)(ある物事をさせたりするために)特定の人の名前を指定すること。「―を受ける」

―**だしゃ【―打者】** 野球で、投手の代わりに打席にはいるよう指名された攻撃専門の選手。DH

―**てはい【―手配】**(名・他スル) 警察が、被疑者の名前を広く知らせ、つかまえるように手配すること。

し-めい【詩名】 詩人としての名声。

じ-めい【自明】(名・形動ダ) 説明しなくても、明らかなこと。わかりきっていること。また、そのさま。「―の理」

じめい-しょう【自鳴鐘】 室町時代ごろヨーロッパから伝来した時計で、鐘を打って時を知らせる仕掛けのもの。

しめ-かざり【×注連-飾り・×七五三-飾り】 正月や祭礼のときに、しめ縄を飾ること。また、その飾りもの。新年

しめ-かす【◦搾〔め〕△滓】 魚・大豆などの油をしぼった残りのかす。しぼりかす。肥料・飼料用。

しめ-がね【締〔め〕金】 ベルト・ひもなどをしめるための金具。

しめ-ぎ【締〔め〕木・◦搾〔め〕木】 油をしぼったり物を圧搾(あっさく)したりする木製の道具。

しめ-きり【締〔め〕切り・締切】 ①期日を決めて、申し込み・受付などの取り扱いを終わりにすること。また、その期日。「願書の―」②窓や戸などをしめたままにしておくこと。また、その場所。参考 ①は「〆切」、②は「閉め切り」とも書く。

しめ-き・る【締〔め〕切る】(他五) ラ(ロ)・リ(ッ)・ル・ル・レ・レ ①戸・窓などを完全にしめる。また、しめたままにしておく。「雨戸を―」②定められた期日や数量に達して取り扱いを打ち切る。「定員になりしだい―」参考 ①は「閉め切る」、②は「〆切る」とも書く。

しめ-くくり【締〔め〕◦括り】 結末・決着をつけること。まとめること。「一年の―」「―の言葉」

しめ-くく・る【締〔め〕◦括る】(他五) ラ(ロ)・リ(ッ)・ル・ル・レ・レ ①かたくしばってたばねる。②取り締まる。監督する。③まとめる。結末・決着をつける。「話を―」

しめこ-の-うさぎ【占子の△兎】 物事が思いどおりに運んだときにいう言葉。語源「しめた(=うまくいった)」を「兎をしめる」にかけたしゃれ。

しめ-こみ【締〔め〕込み】 相撲をとるときのふんどし。まわし。

しめ-ころ・す【絞〔め〕殺す】(他五) サ(ソ)・シ・ス・ス・セ・セ 首をしめて殺す。絞殺(こうさつ)する。

しめ-さば【締〔め〕△鯖】 サバを三枚におろして塩をふり、酢につけて身を締めたもの。

しめし【示し】 手本を示して教えること。

―**がつかない** 他の者をしつけるためのよい模範にならない。

しめ-じ【湿地・占地】 チ― 担子菌類キシメジ科のきのこ。柄は白く、かさの表面は灰色で、群がって生える。食用。ほんしめじ。秋

しめし-あわ・せる【示し合〔わ〕せる】 アハセル―(他下一) セ・セ・セル・セル・セレ・セロ(セヨ) ①前もって相談して決めておく。「―・せて家を出る」②合図して知らせ合う。「目で―」文しめしあは・す(下二)

しめ-しめ(感) 物事が自分の思うように運び、ひそかに喜ぶときの言葉。「―、うまくいった」語源「しめたしめた」の略。

じめ-じめ(副・自スル) ①しめりけが多く、うっとうしく不快なさま。「―(と)した天気」②性格などが陰気なさま。

しめ・す【示す】(他五) サ(ソ)・シ・ス・ス・セ・セ ①相手に分かるように出して見せる。「免許証を―」②指して教える。「方向を―」③意志や感情などをはっきりと分かるように見せる。「関心を―」「難色を―」④事物がある事柄や物事の状態を表す。意味する。「グラフが増加の傾向を―」「肺炎の兆候を―」可能しめ・せる(下一)

しめ・す【湿す】(他五) サ(ソ)・シ・ス・ス・セ・セ ぬらす。しめらせる。「くちびるを―」自しめ・る(五)

しめす-へん【示偏】 漢字の部首名の一つ。「神」「祠」などの「ネ」「礻」の部分。

しめ-た(感) 物事が自分の思うようになって喜ぶときの言葉。語源 動詞「占める」の連用形＋助動詞「た」

しめ-だか【締〔め〕高】 合計の金額。総計額。参考「〆高」とも書く。

しめ-だし【閉〔め〕出し・締〔め〕出し】 しめ出すこと。「―をくう」

しめ-だ・す【閉〔め〕出す・締〔め〕出す】(他五) サ(ソ)・シ・ス・ス・セ・セ ①門や戸を閉めて、外にいる人をはいれないようにする。人を外に追い出す。「会場からマスコミを―」②ある範囲の外へ排斥する。集団や仲間から追い出す。「悪徳業者を―」

し-めつ【死滅】(名・自スル) 死に滅びること。死に絶えること。

じ-めつ【自滅】(名・自スル) ①自分のしたことが原因で自分自身が滅びること。「制球難で―する」②自然に滅びること。

じめ-つ・く(自五) カ(コ)・キ(イ)・ク・ク・ケ・ケ 湿気を帯びてじめじめする。「長雨で畳が―」

しめ-つ・ける【締〔め〕付ける】(他下一) ケ・ケ・ケル・ケル・ケレ・ケロ(ケヨ) ①きつくしめる。「ボルトを―」②自由に活動できないよう、規制や圧迫をきびしくする。「規則で―」文しめつ・く(下二)

しめ-っぽ・い【湿っぽい】(形) カロ・カッ(ク)・イ・イ・ケレ・〇 ①しめりけがある。じめじめしている。「洗濯物が―」②気分が沈んで陰気くさい。「―雰囲気」

しめ-て【締めて】(副) 合計して。全部合わせて。「―一〇万円になる」参考「〆て」とも書く。

しめ-なわ【◇標縄・×注連-縄・×七五三-縄】ナハ 神聖な場所とその外との境界を示し、けがれのはいるのを防ぐために神前などにかけ渡す縄。しめ。

〔しめなわ〕

しめやか（形動ダ）ダロ・ダッ(デ・ニ)・ダ・ナ・ナラ・○ ①ひっそりとして静かなさま。②気分が沈み悲しげなさま。「葬儀が―にとり行われる」文(ナリ)

しめら・す【湿らす】（他五）サ(ソ)・シ・ス・ス・セ・セ 水気を帯びさせる。しめす。しめらせる。「のどを―」

しめり【湿り】①しめること。水気を含むこと。湿気。②雨が降ること。⇩お湿り

―け【―気】湿気。水気。「―を帯びる」

―ごえ【―声】ゴヱ 涙にしめった声。悲しみに沈んだ声。

しめ・る【湿る】（自五）ラ(ロ)・リ(ッ)・ル・ル・レ・レ ①水分を含んで、しっとりする。水気を帯びる。「―・った空気」②不活発で陰気である。気がふさぐ。めいる。「気持ちが―・りがちだ」他しめ・す(五)

し・める【占める】（他下一）メ・メ・メル・メル・メレ・メロ(メヨ) ①他が入らないようにして、ある物・場所・地位などを自分たちだけのものとする。占有する。「権力の座を―」「味を―(=一度やって事がうまくいき、いい気になる)」②全体の中である割合をもつ。「国土の大半を砂漠が―」「賛成が多数を―」文し・む(下二)

し・める【閉める】（他下一）メ・メ・メル・メル・メレ・メロ(メヨ) 通り抜ける空間がなくなるよう動かす。閉ざす。閉じる。「窓を―」「店を―(=その日の営業を終える。また、商売をやめる)」↔開ける 自しま・る(五) 文し・む(下二)

し・める【絞める】（他下一）メ・メ・メル・メル・メレ・メロ(メヨ)（手やひもなどで）体を強く圧迫する。また、首の周囲に力を加えて呼吸ができないようにする。「首を―」「鶏を―」自しま・る(五) 文し・む(下二) ⇩「使い分け」

し・める【締める】（他下一）メ・メ・メル・メル・メレ・メロ(メヨ) ①ひも状のものを巻きつけてきつく留める。ゆるんでいるものをきつくする。「帯を―」「ふんどしを―(=緊張して事にあたる)」「さいふのひもを―(=出費をおさえる)」↔緩める ②態度や心構えをしっかりさせる。「―・めてかかれ」↔緩める ③節約する。「家計を―」④合計に一区切りをつける。「帳簿を―」⑤酢や塩で魚の肉をひきしめる。⑥物事が決着したとき、祝って手を打つ。手打ちをする。「お手を拝借して―・めさせてもらいます」自しま・る(五) 文し・む(下二) 参考 ④は「〆る」、⑤は「〆る」「絞める」とも書く。⇩「使い分け」

> 使い分け「絞める・締める」
> 「絞める」は、「首を絞める」「鶏を絞める」などと、手やひもなどでしぼるように強く押さえつける、特に、しめ殺す意で使われる。
> 「締める」は、引いたりねじったりしてゆるまないようにする意で、「ねじを締める」「家計を締める」「気を締める」などと使われるほか、区切りをつける意で、「勘定を締める」「本日の会を締めさせていただく」などと使われる。

しめる（助動-下一型）シメ・シメ・シメル・シメル・シメレ・シメロ(シメヨ) 使役の意を表す。「私をして言わしめれば」用法 用言・助動詞の未然形に付く。文語的表現に多い。口頭語では普通「せる」「させる」を用いる。

しめ-わざ【絞〔め〕技】柔道やレスリングなどで、腕や足で相手の首や胴を締めつけるわざ。

し-めん【四面】①四つの面。②四方八方。前後左右。周囲。まわり。

―そか【―△楚歌】四方八方みな敵であること。また、反対者に囲まれて孤立すること。【故事】漢・楚の攻防の終局で、楚の項羽が垓下がいかの地で漢の沛公はいこうの大軍に囲まれたとき、夜になって四方の漢軍の陣地から盛んに楚の国の歌が聞こえてきたので、項羽が「楚の民はすでに漢に降参してしまったのか」と驚き嘆いたことからいう。〈史記〉

し-めん【死面】→デスマスク

し-めん【紙面】①紙の表面。特に、新聞などの記事をのせる面。紙上。「―をにぎわす」②手紙。書面。

し-めん【誌面】雑誌の記事ののった紙面。誌上。「―を飾る」

じ-めん【地面】ヂ― ①土地の表面。地表。②地所。土地。

―し【―師】他人の土地を勝手に売りとばす詐欺師。

じ-めん【字面】→じづら

しも【下】①低い所。した。↔上かみ ②上・中・下など、いくつかに分けたものの最後の部分。「―半期」↔上 ③人民。部下。↔上 ④官位・身分の低い者。「―の者」↔上 ⑤水などの流れてゆく方。川下。下流。しもて。「―に流される」↔上 ⑥風の吹いてゆく方。風下。⑦舞台の、客席から見て左の方。しもて。⑧下座。末席。↔上 ⑨腰から下の部分。また、陰部や大小便をさす。「―がかった話」「病人の―の世話をする」

しも【霜】①空気中の水蒸気が地面や物についてできる細かい氷。「―がおりる」冬 ②白髪のたとえ。「頭に―をいただく」

しも（副助）①強めの意を表す。「だれ―することだ」「今―降ってきそうな天気」「知らないほうがまだ―だ」②（あとに打ち消しの語を伴い）例外のある意を表す。「必ず―悪いとはいえない」語源 文語の副助詞「し」＋係助詞「も」。用法 種々の語(体言・副詞・助詞など)に付く。「まだしも」「いましも」「だれしも」「それをしも」「必ずしも」などの形で慣用的に使われる。

しもいちだん-かつよう【下一段活用】―クワツヨウ〘文法〙動詞の活用の一つ。語尾が五十音図のエ段にだけ活用するもの。「越える」「寝る」「焼ける」など。口語では文語下二段活用から転じた場合など多くの語があるが、文語では「蹴ける」の一語だけ。

しもうさ〔下総〕シモフサ 旧国名の一つ。現在の千葉県北部と茨城県の一部。総州そうしゅう。

しも-おとこ【下男】―ヲトコ 召使の男。下男げなん。しもべ。

しも-がか・る【下掛〔か〕る】（自五）ラ(ロ)・リ(ッ)・ル・ル・レ・レ 話題が下品なことやみだらな方面のことになる。「―・った話」

しも-がこい【霜囲い】―ガコヒ →しもよけ

しも-かぜ【霜風】霜の上を吹く冷たい風。

しも-がれ【霜枯れ】■一（名・自スル）霜で草木が枯れること。また、その寒々とした眺め。冬 ■二（名）「霜枯れ時」の略。

―どき【―時】①草木が霜で枯れ、景色が寒々とする時節。②（転じて）一年のうちで、商売の景気の悪い時期。

しも-が・れる【霜枯れる】（自下一）レ・レ・レル・レル・レレ・レロ(レヨ) 草木が霜にあって枯れる。「―・れた原野」冬 文しもが・る(下二)

しも-き【下期】会計年度などで、一年を二期に分けたうちのあとのほうの半期。下半期しもはんき。↔上期かみき

し-もく【△撞木】「しゅもく(撞木)」の転。

じ-もく【耳目】①耳と目。②聞くことと見ること。見聞。「―を広める」③人々の注意・注目。「―をひく」「―を驚かす」

―となる ある人の下について、見聞きしたことを残らず知らせ、補佐する。**―を集あつめる** 人々の注目をひく。

じ-もく【除目】ヂ― 平安時代以降、大臣以外の諸臣を官職に任じた儀式。

しも-くずれ【霜崩れ】―クヅレ 霜柱がとけてくずれること。冬

しも・げる【霜げる】（自下一）ゲ・ゲ・ゲル・ゲル・ゲレ・ゲロ(ゲヨ) 野菜や果物が霜の被害を受けて傷む。「大根が―」

しも-ごえ【下肥】〘農〙人の糞尿ふんにょうを肥料にしたもの。

しも-ざ【下座】（会などで）下位の人のすわる席。下座（げざ）。↕上座（かみざ）

しも-じも【下下】一般庶民。社会の下層の人々。「—の人」

しも-じょちゅう【下女中】ヂョチュウ 台所、その他の雑用をする女中。↕上女中（かみじょちゅう）

しもた-や【しもた屋・×仕舞-屋】町なかの、商売をしないで暮らしているふつうの家。「—ふうの造り」語源「仕舞うた家(=商売をやめた家)」の転。

しも-づかえ【下仕え】ヅカヘ 昔、貴人の家に仕えて雑務をした身分の低い女性。

しも-つ-かた【下つ方】《古》①下のほう。下部。②しもじも。庶民。

しも-つき【霜月】陰暦の十一月。冬

しもつけ【下野】旧国名の一つ。現在の栃木県。野州（やしゅう）。

しも-て【下手】①下のほう。特に、川の下流のほう。↕上手（うわて）②《演》見物席から見て舞台の左側。（↕上手（かみて））

しもと【△笞】昔、罪人を打つのに用いた、細い木の枝で作ったむち。

しもと【△楉・×細枝】《古》枝のしげった若い木立。

じ-もと【地元】ヂ ①そのことに直接関係のある地域。「—の新聞」②自分の住んでいる地区。「—の発展に尽くす」③その人の出身地。

しも-どけ【霜解け・霜◇融け】霜柱が、気温が上がるにつれてとけること。しもくずれ。「—の道」冬

しも-とり【霜取り】電気冷蔵庫の中についた霜状の氷を、冷却を一時的に止めたりしてとかすこと。「自動—装置」

しもにだん-かつよう【下二段活用】クヮツヨウ《文法》文語動詞の活用の一つ。語尾が五十音図のウ段・エ段の二段に「る」「れ」「よ」が付く活用。「受く」「越ゆ」「流る」など。参考 下二段活用の語の多くは、口語では下一段活用となる。

しも-ねた【下ねた】《俗》性・排泄（はいせつ）に関する下品な話題。

じ-もの【地物】ヂ その土地で産する物。「—の野菜」

しも-の-く【下の句】短歌で、第四句と第五句の七・七の二句。↕上（かみ）の句

しものせき-じょうやく【下関条約】デウヤク 一八九五（明治二十八）年に結ばれた日清（にっしん）戦争の講和条約。下関で締結。馬関条約。

しも-ばしら【霜柱】冬、土の中の水分が凍って地表で細い柱状の氷となったもの。「—が立つ」冬

しも-はんき【下半期】会計年度などで、一年を二期に分けたうちのあとのほうの半期。下期（しもき）。↕上半期（かみはんき）

しも-ぶくれ【下膨れ・下△脹れ】①下のほうがふくらんでいること。②ほおの肉が豊かで、顔の下のほうがふくらんでいること。また、その顔。

しも-ふり【霜降り】①霜がおりること。②霜がおりたように、白い斑点（はんてん）のあるもの。特に、そのような柄の布地。③牛肉で、白い脂肪が網の目のように入りまじっている上等のもの。④魚肉や鶏肉などを、さっと熱湯にくぐらせたり焼いたりしてから冷水にさらし、表面を白くする調理法。

しも-べ【下◇部・◇僕】①召使。下男。②身分の低い者。

しも-やけ【霜焼け】寒さで手足などにおこる軽い凍傷。冬

しも-やしき【下屋敷】江戸時代、大名・旗本など地位の高い武士が、江戸の郊外に設けた別邸。↕上屋敷（かみやしき）

しも-よ【霜夜】霜のおりる寒い夜。冬

しも-よけ【霜◇除け】作物や草木を霜の害から守るために、わら・こもなどで覆いをすること。また、その覆い。霜囲い。冬

じ-もり【地盛り】ヂ（名・他スル）土を盛って高くすること。

し-もん【指紋】指先の内側にある、多くの線からできている模様。また、それが物についた跡。「—認証」「—をとる」「—が残る」参考 各個人によって形が異なり、一生変わらないので、犯人捜査などで個人の識別に利用される。はじまり 指紋の本格的研究の開始は一九世紀後半の英国。日本では、一九〇八（明治四十一）年、初めて司法省が指紋による識別を導入した。

し-もん【試問】（名・他スル）ためしに問うこと。問題を出して学力などをためすこと。「口頭—」

し-もん【諮問】（名・他スル）有識者やある特定の機関に政策などの意見を求めること。「委員会に—する」↕答申

—きかん【—機関】キクヮン 行政官庁の諮問に答える機関。

じ-もん【寺門】①寺院の門。また、単に寺。②滋賀県大津市の園城寺（おんじょうじ）(=三井（みい）寺)の称。

じ-もん【自門】①自分の一族。一門。②自分の属する寺、または、宗派。

じ-もん【地紋】ヂ ①布地に織り出した、または染め出した模様。②工芸品・印刷物などの、地に描かれている模様。

じ-もん【自問】（名・自スル）自分で自分の心に問うこと。

—じとう【—自答】タフ（名・自スル）自分で問いを出して自分で答えること。「—をくりかえす」

し-や【視野】①頭も目も動かさずに、一目で見られる範囲。また、視力の届く範囲。「—にはいる」②望遠鏡・顕微鏡・カメラなどのレンズに映って像の見える範囲。③物事に対する見通しや考えの及ぶ範囲。「—の狭い意見」

しゃ【◇且】（字義）→しょ（且）

しゃ【写】教3【寫】うつす・うつる シャ　冖 冖 写 写

（字義）①うつす。すきうつしにする。文字・文章・絵画などをもとのとおりにかきうつす。まねてかく。「写実・写生・写本・描写・複写・模写」②写真をうつす。映画をうつす。「映写・接写」

しゃ【◇沙】（字義）→さ（沙）

しゃ【社】教2【人社】やしろ シャ・ジャ　ラ ネ ネ 社

（字義）①土地の神。また、土地の神をまつる祭り。地の祭り。「社祠（しゃし）・社稷（しゃしょく）」②神をまつる御殿。やしろ。ほこら。おみや。「社寺・社殿・郷社・神社・大社」③仕事のための同志的団体。くみ。「社団・社中・結社・詩社」④世の中。世間。「社会・社交」⑤「会社」などの略。「社員・社用・公社・商社・本社」人名 あり・たか

しゃ【社】「会社」「新聞社」などの略。「—の車」「—説」

しゃ【車】教1 くるま シャ　一 厂 百 亘 車

（字義）①くるま。軸を中心として回転する輪。輪の回転を利用した器具。また、くるまの輪のようなまるい形のもの。「車軸・車輪・水車」②車輪を回転させて進むものの総称。「車庫・車体・車両・汽車・下車・自動車・駐車・電車・列車」難読 車前草（おおばこ）・車楽（だんじり）人名 のり

しゃ【舎】教5 いえ・やど・おく シャ　人 𠆢 今 全 舎 舎

（字義）①仮のやどり。「舎館・客舎・宿舎」②いえ。家屋。やしき。たてもの。「舎宅・官舎・校舎・兵舎・茅舎（ぼうしゃ）」③行軍中の宿営所。「舎営」④(③より)軍隊の一日の行程三〇里をいう。⑤星宿。星座。⑥自分の。私の。（謙遜（けんそん）していう語。）「舎兄・舎弟」⑦おく。すえおく。放置する。やめる。難読 舎利（しゃり）・舎人（とねり）人名 すて・や・やどる

しゃ【者】教3【人者】もの シャ　一 十 土 耂 者 者

（字義）①もの。行為や状態の主体となるもの。人・事物のいずれにも用いる。「医者・隠者・王者・学者・患者・記者・愚者・後者・作者・使者・従者・儒者・前者・第三者・知者・長者・当事者・筆者・有力者」②（漢文で）㋐は。とは。というものは。㋑ば。れば。条件を表す。㋒時を表す語にそえる。「往者・今者・昔者」人名 ひさ・ひと

しゃ【◇卸】 シャ おろす㊥・おろし㊥
（字義）①おろす。荷物を下に移す。②（束縛を）とく。除く。③おろす。おろし。問屋から小売り商人に売り渡す。「卸値」

しゃ【砂】（字義）→さ（砂）

しゃ【射】 教6 シャ・セキ いる・さす
（字義）①いる。弓に矢をつがえて放つ。また、その術。「射芸・射術・騎射」②銃砲をうつ。「射撃・射殺・射的・乱射」③勢いよく発する。「射出・噴射・放射」④光が照らす。「照射・日射・反射」⑤射とめようとする。「射幸・射倖」難読 射干・射干玉 人名 いり

しゃ【人紗】 シャ・サ
（字義）うすぎぬ。薄くて軽い織物。「紗窓・紗羅・更紗」人名 え・すず・たえ

しゃ【△紗】 生糸で織った、織り目があらく、薄くて軽い織物。うすぎぬ。夏用の和服地などに用いる。「―の羽織」

しゃ【捨】 教6 シャ すてる
（字義）①すてる。不要な物としてほうりだす。かえりみない。「捨身・取捨」↔取 ②ほどこす。神仏や公共のために金品を寄付する。「喜捨・浄捨」③〘仏〙心が平安で執着しないこと。人名 いえ・えだ・すて

しゃ【斜】 シャ㊥ ななめ㊥
（字義）ななめ。かたむくこと。はすかい。すじかい。「斜線・斜面・斜陽・狭斜・傾斜」難読 斜交い

しゃ【斜】 ななめ。傾いていること。
―に構える（刀をななめに構えることから）①物事に対して改まった態度をとる。身構える。②物事に正面から取り組まないで、皮肉やからかいの気持ちで臨む。

しゃ【赦】 シャ㊥ ゆるす
（字義）ゆるす。罪やあやまちをゆるす。ゆるし。「赦罪・赦免・恩赦・大赦・容赦」

しゃ【煮】【人煮】 シャ㊥・にる㊥ にえる㊥・にやす㊥
（字義）にる。鍋などに汁を入れて物に火を通す。「煮沸」

しゃ【遮】 シャ㊥ さえぎる㊥
（字義）さえぎる。じゃまする。おしとどめる。へだてる。「遮断・遮蔽」難読 遮莫

しゃ【謝】 教5 シャ あやまる㊥・ことわる
（字義）①ことわる。ひきうけない。拒絶する。「謝絶」②いとまごいする。立ち去る。③お礼を言う。お礼。「謝恩・謝辞・感謝・深謝・多謝・薄謝」④あやまる。わびる。わび。「謝罪・陳謝・伏謝」⑤おとろえる。しぼむ。「新陳代謝」

じゃ【邪】 ジャ㊥・ヤ よこしま
（字義）①よこしま。正しくない。いつわり。心がねじけている。わるもの。「邪悪・邪推・邪説・邪道・正邪・破邪」②人の病を起こさせる悪気。ばけものなど害をなすもの。「邪鬼・邪神・風邪」

じゃ【邪】 よこしま。不正。「―は正に勝たず」↔正

じゃ【蛇】 ジャ㊥・ダ㊥ へび㊥
（字義）へび。くちなわ。へびのようにくねり行くさま。「蛇口・蛇身・蛇腹・大蛇・蛇蝎・蛇行・蛇足・長蛇・毒蛇」難読 蛇舅母

じゃ【蛇】 大きなへび。おろち。うわばみ。
―の道は蛇 同類のものはたがいにその間の事情に通じている。また、同類のものの行動はよくわかることのたとえ。

じゃ（俗）㊀（助動-特殊型）である。だ。「どう―」㊁（接）それでは。じゃあ。「―、さようなら」㊂（連語）では。「もう子供―ない」「小学生―できない」語源 ㊀は「である」→「であ」→「ぢゃ」と転じた語。㊁㊂は、「では」の転。

ジャー〈jar 広口のびん〉口の広い、魔法びん式の保温容器。ごはんや飲みものの保温用。「炊飯―」

ジャーキー〈jerky〉干し肉。乾燥肉。「ビーフ―」

じゃ-あく【邪悪】（名・形動ダ）心がねじけていて悪いこと。また、そのさま。「―な心」

ジャーク〈jerk〉重量挙げの一種目。バーベルを肩の高さまで引きあげ、両脚を前後に開く反動で頭上に持ち上げる競技。⇩スナッチ

シャークスキン〈sharkskin〉①鮫の皮。②毛織物・絹・化繊などで、表面を鮫の皮に似せて仕上げた織物。

ジャーゴン〈jargon〉（特定の集団内だけで通じるような）専門用語。

シャーシー〈フランス châssis〉〘工〙自動車の車台。また、ラジオ・テレビなどの部品を取り付ける台枠。シャシー。シャーシ。

ジャージー〈jersey〉①伸縮性のある厚手のメリヤス地の布。ジャージ。②①を用いたサッカー・ラグビーなどのユニホームのシャツ。また、一般に運動着。ジャージ。③イギリスのジャージー島原産の乳牛。牛乳は脂肪分が多い。

しゃあ-しゃあ（副・自スル）恥知らずで、あつかましいさま。「叱られても―（と）している」

ジャーナリスティック〈journalistic〉（形動ダ）①ジャーナリストとしての資質を備えているさま。時代の動きに敏感なさま。「―な視点」②ジャーナリズムに取りあげられて世の中の関心を集めるさま。「―な事件」

ジャーナリスト〈journalist〉新聞・雑誌・放送などの、編集者・記者・寄稿家などの総称。

ジャーナリズム〈journalism〉新聞・雑誌・放送など、時事的な情報を伝達する媒体機関の総称。言論・報道関係の事業やその世界。また、そこで作り出される文化。

ジャーナル〈journal〉日刊新聞。定期刊行の雑誌。

シャープ〈sharp〉㊀（形動ダ）①するどいさま。「―な切れ味のナイフ」②くっきりしているさま。鮮明。「―な画面」㊁（名）〘音〙本来の音より半音高くする記号。嬰記号。記号「♯」↔フラット

―ペンシル〈和製英語〉鉛筆のしんを押し出しながら用いる筆記用具。シャープペン。シャーペン。参考 英語では mechanical pencil という。

シャーベット〈sherbet〉果汁を主原料とした氷菓。

シャーマニズム〈shamanism〉〘宗〙原始宗教の一つ。シャーマンが神霊の世界と交わり、予言や託宣を行うもの。シャマニズム。

シャーマン〈shaman〉〘宗〙没我の心理状態になって神霊・

祖霊などと交信し、託宣や祭儀を行う人。シャマン。

シャーレ〈ドイツ Schale〉細菌の培養などに用いる、底が浅くまるい、ガラス製でふた付きの容器。

しゃ-い【謝意】①感謝の気持ち。「厚情に—を述べる」②過ちをわびる気持ち。「不祥事に対し—を表する」

シャイ〈shy〉(形動ダ)(ダロ・ダッ(デ・ニ)・ダ・ナ・ナラ・○)内気なさま。はずかしがりやであるさま。「—な人」

ジャイアント〈giant〉巨人。また、巨大なこと。

ジャイロコンパス〈gyrocompass〉ジャイロスコープの原理を応用した羅針盤。転輪羅針儀。

ジャイロスコープ〈gyroscope〉回転儀。金属製のこまの回転軸をどの方向にもとれるようにした装置。こまを回すと、装置の傾きにかかわらず回転軸の向きが保たれる。羅針盤や船体の安定装置などに用いられる。

〔ジャイロスコープ〕

しゃ-いん【社印】会社が公式に用いる印判。

しゃ-いん【社員】(ヰン)①会社に勤務する人。会社員。「—寮」②〘法〙社団法人を組織する人。

じゃ-いん【邪淫】①道徳に反した、不正でみだらなこと。②〘仏〙五悪の一つ。不正な情事。「—戒」

じゃ・う(ヂャフ)〘俗〙「でしまう」の転。「飲んー」語源「ちまう」のくだけた言い方である「ちゃう」が濁音化したもの。

じゃう-ず【上。種・上。衆】(じょう)〘古〙貴人。身分の高い人。

じゃう-らふ【上△臈】(じょうろう)〘古〙①修行を積んだ徳の高い僧。↔下臈(げらふ) ②年功を積んだ地位の高い人。↔下臈 ③上位の女官。上臈女房。④身分の高い女性。貴婦人。

しゃ-うん【社運】会社の運命。「—をかけた新事業」

しゃ-えい【射影】(名・他スル)①物の影をうつすこと。また、そのうつった影。投影。②〘数〙平面外の一点と、平面上の一つの図形上のすべての点とを結ぶ直線をひくこと。

しゃ-えい【斜影】ななめにうつる影。

しゃ-おう【◇沙翁】(ヲウ)「シェークスピア」をいう語。沙翁(さおう)。

しゃ-おく【社屋】(ヲク)会社の建物。

しゃ-おん【遮音】(名・自スル)音声が外にもれたり外部の音声がはいりこんだりしないようにさえぎること。「—材」「—壁」

しゃ-おん【謝恩】受けた恩に感謝すること。「—セール」

—かい【—会】(クワイ)感謝の意を表すための会合。特に、学生が卒業時に、教師に感謝するために開く会。

しゃか【釈迦】(前四六三??〜前三八三??)仏教の開祖。姓はゴータマ、名はシッダルタ。二九歳で出家、三五歳で菩提樹(ぼだいじゅ)の下に座して悟りを開いた。以後、各地で法を説くこと四五年、八〇歳で沙羅双樹(さらそうじゅ)の下で入滅。釈尊。釈迦牟尼(むに)。釈迦牟尼仏。

—に説法(せっぽう)(釈迦(しゃか)に仏法を説くの意から)そのことをよく知っている人に教える愚かさのたとえ。

—むに【—△牟尼】釈迦(しゃか)の尊称。

しゃ-が【車△駕】①乗り物。車。②天皇が行幸の際に乗る車。③(転じて)天皇の尊称。

しゃ-が【射◇干・◇著△莪・×胡蝶花】〘植〙アヤメ科の常緑多年草。葉は剣状。五、六月ごろ黄色い斑点(はんてん)のある紫色をおびた白色花を開く。観賞用。夏

ジャガー〈jaguar〉〘動〙食肉目(ネコ目)ネコ科の猛獣。体長一・一〜一・八メートルくらい。ヒョウに似た斑紋(はんもん)をもつ。南北アメリカにすみ、泳ぎ・木登りがうまい。アメリカヒョウ。

しゃ-かい【社会】(クワイ)①共同の生活を営む人間の集団。「—現象」「—に貢献する」②世の中。世間。「—に出る」③同類の人々の集まり。「貴族—」④「社会科」の略。

しゃ-がい【社外】(グワイ)①会社の外。②神社の外。(↔社内)

しゃ-がい【車外】(グワイ)列車・電車・自動車の外。↔車内

しゃ-がい【車蓋】車の上につけたおおい。

しゃかい-あく【社会悪】(シャクワイ)社会の矛盾から生まれてくる害悪。犯罪・貧困など。

しゃかい-いしき【社会意識】(シャクワイ)①社会を構成する人々がもつ共通の意識。慣習・道徳・思想的傾向など。②社会の一員であるという自覚。集団意識。

しゃかい-うんどう【社会運動】(シャクワイ)政治・経済・法律などに関する社会問題を解決しようとする組織的活動。

しゃかい-か【社会科】(シャクワイクワ)小・中学校の教科の一つ。社会生活に関する知識を学習するための教科。現在、高等学校では地理歴史科と公民科に分けられている。

しゃかい-かがく【社会科学】(シャクワイクワガク)社会学・経済学・法学・政治学・歴史学など、人間社会の諸現象を研究する学問の総称。

しゃかい-がく【社会学】(シャクワイ)人間の共同生活の組織・機能や社会の諸々の現象を全体的に究明する学問。

しゃかい-きょういく【社会教育】(シャクワイケウイク)青少年・成人に対する、学校教育以外の組織的な教育活動の総称。

しゃかいけいやくろん【社会契約論】(シャクワイケイヤクロン)フランスの啓蒙(けいもう)思想家ルソーの著書。一七六二年刊。絶対王政を批判して人民主権論を展開、フランス革命の思想的根拠となり、近代社会形成に貢献した。「民約論」とも訳される。

しゃかい-げき【社会劇】(シャクワイ)社会問題を題材とした劇。イプセンの「人形の家」など。

しゃかい-じぎょう【社会事業】(シャクワイジゲフ)社会的に援助を必要とする人々に対し、その保護・救済をするための事業。生活保護・児童養護など。社会福祉事業。

しゃかい-しほん【社会資本】(シャクワイ)〘経〙国民経済発展の基盤となる公共設備。国や公共機関が整備する。道路・公営住宅・上下水道など。社会的間接資本。社会共通資本。

しゃかい-しゅぎ【社会主義】(シャクワイ)生産の手段を社会全体で共有・管理し、身分や貧富の差がない平等な社会をつくろうとする思想・運動。↔資本主義

しゃかい-しょうせつ【社会小説】(シャクワイセウセツ)〘文〙社会問題を主題とした小説。日清(にっしん)戦争後の変動期に提唱された。内田魯庵(ろあん)の「くれの廿八日(にじゅうはちにち)」など。

しゃかい-じん【社会人】(シャクワイ)①社会の構成員としての個人。②学生などに対し、実社会に出て働いている人。

しゃかい-せい【社会性】(シャクワイ)①集団を作って生活をするのに必要な性質。社交性。「—に富む」②社会全般に関連のある傾向。社会について考えさせる性質。「—のある番組」

しゃかい-せいさく【社会政策】(シャクワイ)現在の社会機構の範囲内で社会問題の解決と改善をはかるための諸政策。公害防止・社会保険・失業救済制度など。

しゃかい-つうねん【社会通念】(シャクワイ)社会一般に行きわたっている常識的な考え方。「—に照らして判断する」

しゃかい-てき【社会的】(シャクワイ)(形動ダ)(ダロ・ダッ(デ・ニ)・ダ・ナ・ナラ・○)社会に関するさま。社会性のあるさま。「企業の—責任」

しゃかい-なべ【社会鍋】(シャクワイ)救世軍が歳末などに街頭で、困窮者のための寄付を受ける鉄なべ。また、その活動。慈善鍋。冬 はじまり 日本では、一九〇九(明治四十二)年に行われた街頭募金活動が始まり。当初は「集金鍋」と呼ばれ、一九二一(大正十)年以降、「社会鍋」と称されるようになった。

しゃかい-ふくし【社会福祉】(シャクワイ)社会全体の幸福、

特に、めぐまれない人々の救済・援護をはかること。「―事業」

―し【―士】 福祉や介護活動の指導・助言などを行う専門職。「社会福祉士及び介護福祉士法」による資格。

しゃかい-ふっき【社会復帰】(シャクワイフクキ) (名・自スル) 病気や事故で社会活動のできなくなった人や長期間刑務所にいた人などが、再び社会生活を始めること。

しゃかい-ほう【社会法】(シャクワイハフ) 〘法〙社会権保障のために、市民社会の個人主義・自由主義を修正し、社会公共的な利益をめざす法。労働法・社会保障法など。

しゃかい-ほうし【社会奉仕】(シャクワイ―) 報酬を求めないで社会の利益や福祉のためにつくすこと。

しゃかい-ほけん【社会保険】(シャクワイ―) 勤労者が病気・失業・老齢などで生活困難におちいった場合、本人とその家族の生活を保障するために設けられた保険制度。医療保険・年金保険・雇用保険など。

しゃかい-ほしょう【社会保障】(シャクワイホシヤウ) 国が国民の最低限の生活を守る制度。社会保険・公的扶助・社会福祉・公衆衛生からなり、失業・老齢・死亡・病気などから生じる生活上の諸問題に対処する。

しゃかい-めん【社会面】(シャクワイ―) 新聞で、社会の一般的な事件に関する記事が載っている紙面。三面。

じゃが-いも【じゃが芋】〘植〙(「ジャガタラいも」の略)ナス科の多年草。南アメリカ原産。夏に白色または淡紫色の花を開く。塊茎は食用。品種が多い。日本へはジャガタラ(現在のジャカルタ)より渡来した。馬鈴薯(ばれいしょ)。[秋]

しゃかい-もんだい【社会問題】(シャクワイ―) 社会制度の矛盾や欠点から生じる問題。労働問題・住宅問題・公害問題など。

じゃ-かご【蛇籠】 竹・針金などで円筒形に編んだかごに、石をつめたもの。護岸工事・水流制御などに使う。

〔じゃかご〕

じゃか-すか (副)《俗》激しい勢いで物事をするさま。「―金を使う」

ジャガタラ〈ポルトガル Jacatra〉①ジャカルタ(現在のインドネシアの首都)の古称。近世、日本ではジャワ島の名と誤解された。②「ジャガタラいも」の略。

―いも【―芋】 →じゃがいも

しゃがみ-こ・む【しゃがみ込む】(自五) マ(モ)・ミ(ン)・ム・ム・メ・メ しゃがんだまま、その場に動かずにいる。「めまいがして―」

しゃが・む (自五) マ(モ)・ミ(ン)・ム・ム・メ・メ ひざを折って尻は地面につけず低い姿勢をとる。かがむ。「道端に―」[可能]しゃが・める(下一)

しゃかりき (形動ダ) ダロ・ダッ(デ・ニ)・ダ・ナ・ナラ・○ 《俗》一生懸命なさま。必死なさま。「―になって働く」

しゃがれ-ごえ【嗄れ声】(―ゴヱ) 「しわがれごえ」の転。

しゃが・れる【嗄れる】(自下一) レ・レ・レル・レル・レレ・レロ(レヨ) かすれた声になる。「声が―」[語源]「しわがれる」の転。

しゃ-かん【左官】(―クワン) →さかん(左官)

しゃ-かん【舎監】 寄宿舎での生活を監督する人。

しゃ-がん【砂岩】 →さがん(砂岩)

しゃ-がん【斜眼】 ①よこめ。ながしめ。②斜視。

しゃ-がん【赭顔】 あからがお。赭面(しゃめん)。

じゃ-かん【蛇管】(―クワン) ①ホース。②吸熱・放熱の面積を大きくするためにらせん状にした管。

しゃかん-きょり【車間距離】 走行中の自動車が、前を走る車との間にとる距離。「―を十分に空ける」

しゃ-ぎ【謝儀】 感謝の気持ちを表す礼儀。また、その贈り物。

じゃ-き【邪気】 ①病気などをひき起こすといわれる悪い気。「―を払う」②悪意。わるぎ。「―のない人」「無―」

シャギー〈shaggy〉①毛足の長い毛織物。②毛先を切りそろえず、ふぞろいにそいだ髪形。シャギーカット。

しゃき-しゃき (副・自スル) ①物をかんだり切ったりするときの、軽快で歯切れのよい音を表す語。「―(と)した歯ごたえ」②物事を手早くてきぱきとかたづけていくさま。「―(と)働く」

しゃきっ-と (副・自スル) ①気持ち・態度・姿勢などが引き締まっているさま。「背筋を―伸ばす」「気分が―する」②野菜などが適当な硬さで歯切れのよいさま。「―したセロリ」

しゃ-きょう【写経】(―キヤウ) (名・自スル) 経文を書き写すこと。また、その写した経文。

しゃ-ぎょう【社業】(―ゲフ) 会社の事業。「―の発展」

じゃ-きょう【邪教】(―ケウ) 社会・人心に有害で、誤った教義を持つ宗教。邪宗。↔正教

じゃ-きょく【邪曲】 (名・形動ダ) 心がねじけていること。

しゃ-きょり【射距離】 弾丸の到達する距離。射程(しゃてい)。

しゃ-ぎり 〘演〙歌舞伎(かぶき)で、一幕の終わりごとに太鼓・大太鼓・笛などではやす鳴り物。

しゃ-きん【砂金】 →さきん(砂金)

しゃ-きん【謝金】 謝礼の金銭。礼金。「―を包む」

し-やく【試薬】〘化〙化学分析で、特定の物質の検出に用いる化学薬品。

しゃく【勺】(人) シャク (字義) ①ひしゃく。ひしゃくでくむ。②尺貫法の容積の単位。一合の一〇分の一(≒約〇・〇一八リットル)。③登山の路程で、一合の一〇分の一。④土地の面積の単位で、一坪の一〇〇分の一(≒約〇・〇三三平方メートル)。

しゃく【尺】 (教6) シャク・セキ

(字義) ①→次項①。「尺八・尺貫法」②ものさし。「尺度・曲尺(かねじゃく)」③一尺ほどの。ごく短い。わずかな。「尺寸(せきすん)・尺地(せきち)・咫尺(しせき)」④てがみ。「尺簡(せきかん)・尺書(せきしょ)」[人名]かね・さか・さく [難読]尺蠖虫(しゃくとりむし)・尺牘(せきとく)

しゃく【尺】 ①尺貫法の長さの単位。一寸の一〇倍(≒約三〇・三センチメートル)。鯨尺(くじらじゃく)では約三七・九センチメートル。②長さ。たけ。「―をはかる」③ものさし。「計算―(じゃく)」④映画・テレビ番組などの上映・放送時間。

しゃく【石】 (字義) →せき(石)

しゃく【灼】(人) シャク・やく (字義) ①焼く。まっかに焼く。「灼熱・灼爛(しゃくらん)」②あきらか。「灼見」③光り輝く。「灼爍(しゃくしゃく)・灼然」

しゃく【赤】 (字義) →せき(赤)

しゃく【昔】 (字義) →せき(昔)

しゃく【借】 (教4) シャク・シャ かりる

(字義) ①かりる。かり。かりた物。負債。「借地・借家(しゃくや・しゃっか)・借用・借款・仮借(かしゃく・かしゃ)・拝借」↔貸 ②かりに。こころみに。「借問(しゃもん・しゃくもん)」

しゃく【酌】 シャク(中) くむ(高)

(字義) ①酒をつぐ。酒をのむ。「酌婦・手酌(てじゃく)・独酌・晩酌」②くみとる。事情を考慮に入れる。「酌量・参酌(さんしゃく)・斟酌(しんしゃく)」

しゃく【酌】 酒を杯につぐこと。また、それをする人。「―をする」

しゃく【惜】 (字義) →せき(惜)

しゃく【責】 (字義) →せき(責)

しゃく【釈】【釋】 シャク(中)・セキ・とく・すてる・ゆるす・おく

(字義) ①とく。語句や文章の意味をときあかす。「釈義・解釈・語釈・注釈・評釈」②言いわけをする。「釈言・釈明」③固まりがとける。ほぐれる。「釈然・氷釈」④とかす。うすくする。「希釈」⑤すてる。ぬぎすてる。「釈衣・釈甲」⑥ゆるす。はなつ。「釈放・保釈」⑦おく。「釈菜(せきさい)・釈奠(せきてん・しゃくてん)」⑧「釈迦(しゃか)」の略。また、仏教・仏法。「釈尊・釈教」 人名 すて・とき

しゃく【釈】 ①語句や文章の意味を解説すること。解釈。②〘仏〙(釈迦(しゃか)の弟子であることを表すために)僧の名の上に付けて用いる語。③〘仏〙浄土真宗で、死者の法名に付ける語。

しゃく【爵】 シャク(中) さかずき

(字義) ①さかずき。儀式に用いた雀(すずめ)の形の酒杯。②爵位。公・侯・伯・子・男の身分上の段階。「爵位・爵号」③爵位をさずける。④官位。⑤すずめ。＝雀。「爵羅」 人名 くら・たか

しゃく【△杓】 ひしゃく。

しゃく【△笏】 束帯着用の際、右手に持つ細長い薄板。現在でも神主が用いる。参考「笏」の本来の音「コツ」が「骨」に通じるのを忌み、長さが一尺ほどであるのにちなんで「シャク」という。

しゃく【△錫】 ①錫(すず)。また、赤銅(しゃくどう)。②「錫杖(しゃくじょう)」の略。

しゃく【△癪】 [一](名) 胸や腹に急に起こる激しい痛み。さしこみ。「―を起こす」[二](名・形動ダ) 腹が立つこと。また、そのさま。かんしゃく。「―にさわる」

―の種(たね) 腹の立つ原因・理由。

じ-やく【持薬】(ヂ) いつも飲んでいる薬。用心のために、いつも持ち歩いている薬。

じゃく【若】 教6 ジャク(中)・ニャク(高)・ニャ　わかい・もしくは(高)・もし

(字義) ①わかい。おさない。年が少ない。＝弱。「若年・若輩・老若(ろうにゃく・ろうじゃく)」↔老 ②もしくは。または。③もし。仮定を表す。④㋐ごとし。…のようだ。㋑形容語にそえる助字。「自若・瞠若(どうじゃく)・忙若」㋒いかん。いかに。どれほど。いくらか。「若何(いかん)・何若(いかん)」⑤「若狭(わかさ)の国」の略。「若州(じゃくしゅう)」 難読 若干(じゃっかん・そこばく)・若布(わかめ) 人名 なお・まさ・よし・より・わく

じゃく【柘】 人 ジャク・シャ　やまぐわ

(字義) ①やまぐわ。野生の桑の一種。②つげ。ツゲ科の常緑小高木。材は堅く、印材・くしなどに用いる。難読 柘榴(ざくろ) 人名 つく

じゃく【弱】 教2 ジャク・ニャク　よわい・よわる・よわまる・よわめる

(字義) ①よわい。力がない。劣っている。気力が足りない。よわる。よわまる。よわめる。よわくなる。衰える。「弱小・弱点・虚弱・柔弱(にゅうじゃく)・衰弱・脆弱(ぜいじゃく)・軟弱・薄弱・貧弱・弱肉強食」↔強 ②はたち。二〇歳になった男子。「弱冠」③若い。年が少ない。＝若。「弱年・弱輩」 難読 弱竹(なよたけ)

-じゃく【弱】(接尾) 示した数より少し少ないこと、または端数を切り上げた数であることを表す。「二メートル―」↔強

じゃく【寂】 ジャク(中)・セキ(高)　さび(中)・さびしい(中)・さびれる(中)

(字義) ①さびしい。ひっそりと声がなくものさびしい。しずか。しずかでものさびしい。「寂寂(じゃくじゃく・せきせき)・寂寞(じゃくまく・せきばく)・寂寥(せきりょう)・閑寂・静寂」②仏教の僧が死ぬこと。仏教で死をいう。「寂滅・帰寂・入寂」 人名 しず・しずか・ちか・やす・やすし

じゃく【雀】 人 ジャク・シャク　すずめ

(字義) ①すずめ。ハタオリドリ科の小鳥。「雀羅・燕雀(えんじゃく)・孔雀(くじゃく)」②すずめ色。茶褐色。「雀斑(じゃくはん・そばかす)」③こおどりする。「雀躍」④さかずき。人名 さぎ・す

じゃく【惹】 人 ジャク・ジャ　ひく

(字義) ひく。ひかれる。ひきつける。「惹起」

じゃく【着】(ヂャク) (字義) →ちゃく(着)

しゃく-い【爵位】(ヰ) 爵の階級。明治憲法による華族制度では、公・侯・伯・子・男の五階級に分けた。

しゃく・う【△杓う】(シャクフ) (他五) ワ(オ)・イ(ッ)・ウ・ウ・エ・エ 〘俗〙すくう。くみとる。しゃくる。「水を―」 可能 しゃく・える(下一)

ジャクージ〈Jacuzzi〉 浴槽内の穴から気泡を噴出させる風呂。ジェットバス。ジャクジー。ジャグジー。(商標名)

じゃく-おん【弱音】 弱い音。小さい音。また、音を弱くすること。「―器(＝楽器に付けてその音を弱める器具)」

しゃく-ぎ【釈義】(名・自他スル) 文章や語句などの意味を解釈し説明すること。また、その内容。

しゃく-ごう【爵号】(ガウ) 爵の称号。

しゃく-ざい【借財】(名・自スル) 金を借りること。また、借金。「多額の―を背負う」

じゃく-さん【弱酸】〘化〙水溶液中の電離度が小さい酸。↔強酸

しゃく-し【△杓子】 飯・汁などをすくう道具。参考 現在では多く、飯をすくうものを「しゃもじ」、汁をすくうものを「おたま」と分けていう。

―じょうぎ【―定規】(ヂヤウギ) (名・形動ダ) (曲がっている杓子の柄を定規として使う意から)一つの基準ですべてを決めようとする、応用や融通のきかないやり方・態度。また、そのさま。「―なやり方」「―に考える」

―な【―菜】〘植〙アブラナ科の一年草または越年草。杓子形の葉は大きく肉厚で、漬物に用いる。体菜(たいさい)。

しゃく-し【釈氏】〘仏〙①釈迦(しゃか)。釈尊。②僧。仏家(ぶっけ)。

しゃく-し【釈師】「講釈師」の略。

じゃく-し【弱志】 意志が弱いこと。弱い意志。

じゃく-し【弱視】〘医〙視力の弱いこと。

じゃく-しつ【弱質】 弱いたち。弱い性質。

ジャグジー〈Jacuzzi〉→ジャクージ

しゃく-じめ【尺△〆】 木材の体積の単位。一尺じめは、一尺角で長さ二間の材の体積で、約〇・三三立方メートル。

じゃく-しゃ【弱者】 弱い者。権力や力のない者。↔強者

しゃく-しゃく【△灼△灼・△爍△爍】(タルト) 光り輝くさま。あざやかなさま。「―たる太陽」文(形動タリ)

しゃく-しゃく【△綽△綽】(タルト) ゆったりと落ち着いているさま。こせこせしないでゆとりのあるさま。「余裕―」文(形動タリ)

じゃく-じゃく【寂寂】(タルト) ①さびしく静かなさま。寂寂(せきせき)。「―たる深山」②何も考えることのない無心なさま。「空々―」文(形動タリ)

しゃく-じょう【△錫△杖】(ヂヤウ) 〘仏〙僧や修験者(しゅげんじゃ)が持ち歩く、頭部の円環に数個の鉄の小さな環をつけたつえ。

〔錫杖〕

し-やくしょ【市役所】 市の行政事務を取り扱う役所。

じゃく-しょう【弱小】(セウ) (名・形動ダ) ①小さくて勢力が弱いこと。また、そのさま。「―チーム」↔強大 ②年の若いこと。年少。弱年。

じゃく-じょう【寂静】(ジヤウ) [一](名・形動ダ) ひっそりとしてもの静かなこと。また、そのさま。[二](名)〘仏〙煩悩(ぼんのう)を離れ、苦を滅した解脱(げだつ)の境地。「涅槃(ねはん)―」

じゃく-しん【弱震】 気象庁の旧震度階級の一つ。現在の震度3に相当する。

しゃく・する【釈する】(他サ変) シ(セ・サ)・シ・スル・スル・スレ・セヨ 説き明かす。

解釈する。「諸経を—」文しゃく・す(サ変)

じゃく・する【寂する】(自サ変)シ(セ・サ)・シ・スル・スル・スレ・セヨ〔仏〕僧が死ぬ。入寂(にゅうじゃく)する。文じゃく・す(サ変)

しゃく-すん【尺寸】(一尺と一寸の意から)長さ・広さがほんのわずかであること。尺寸(せきすん)。「—の地」

しゃく-せん【借銭】人から借りた金銭。借金。

しゃく-ぜん【釈然】(タル)疑いや恨みなどのわだかまりがはれて心がさっぱりするさま。「なんとなく—としない」文(形動タリ)

しゃく-ぜん【△綽然】(タル)余裕があって落ち着いているさま。文(形動タリ)

じゃく-そつ【弱卒】弱い兵士。「勇将の下(もと)に—なし」

しゃく-そん【釈尊】「釈迦(しゃか)」の尊称。

じゃく-たい【弱体】■一(名)弱いからだ。■二(形動ダ)ダロ・ダッ(デ)・ニ・ダ・ナ・ナラ・○ 組織・体制などの弱いさま。「組織の—化」文(ナリ)

しゃく-ち【借地】(名・自スル)土地を借りること。また、借りた土地。「—料」

しゃく-ち【尺地】わずかな土地。尺地(せきち)。

—けん【—権】〔法〕建物の所有を目的とする地上権および土地の賃借権の総称。

じゃ-ぐち【蛇口】水道管の先につけて水を出したり止めたりする、金属製の口金。「—をひねる」

しゃくちょうくう【釈迢空】シャクテウクウ →おりくちしのぶ

じゃく-てき【弱敵】弱い敵。弱い競争相手。↔強敵

しゃく-てつ【尺鉄】短い刃物。寸鉄。尺鉄(せきてつ)。

しゃく-てん【釈典】〔仏〕(釈氏の経典の意)仏典。

じゃく-てん【弱点】短所。欠点。また、よわみ。うしろめたいところ。「—をさらけ出す」「—を握られる」

しゃく-ど【尺度】①ものさし。②長さ。寸法。③(転じて)物事を評価・判断するときの規準。めやす。「合否を決める—」

じゃく-でん【弱電】通信用・家庭用などに用いられる弱い電流。また、それを扱う電気工学の部門。「—メーカー」↔強電

しゃく-どう【赤銅】①銅に、少量の金・銀を加えた赤黒い色の合金。②「赤銅色(しゃくどういろ)」の略。「—の肌」

—いろ【—色】赤銅の色。特に、太陽に焼けた肌の色。

しゃく-どく【尺△牘】→せきとく(尺牘)

じゃく-どく【弱毒】〔医〕毒性を弱めること。また、弱めたもの。「ウイルスの—化」

しゃくとり-むし【尺取〔り〕虫・尺△蠖虫】〔動〕シャクトリガ類(シャクガ科)の幼虫の俗称。形や色は木の枝に似ている。夏 語源 人が指で寸法をとるように動くのでこの名がある。

しゃくなげ【石△楠◇花】〔植〕ツツジ科の常緑低木。葉は長楕円(だえん)形で厚く、光沢がある。初夏に淡紅色の花を開く。花は観賞用。夏(春)

〔しゃくなげ〕

じゃくにく-きょうしょく【弱肉強食】ジャクニクキャウショク 弱い者が強い者のえじきになること。強者が弱者を征服して栄えること。「—の世界」

しゃく-ねつ【△灼熱】(名・自スル)焼けて熱くなること。焼けつくように熱いこと。「—の太陽」「—の恋」

じゃく-ねん【若年・弱年】年齢が若いこと。また、その人。「—労働者」「—層」

じゃく-ねん【寂念】〔仏〕俗念を去ったもの静かな心。

じゃく-ねん【寂然】(タル)ひっそりしてもの静かなさま。また、静かでさびしいさま。寂然(せきぜん)。文(形動タリ)

じゃく-はい【若輩・弱輩】年齢の若い者。未熟で経験が浅い者。「—者」用法 自分をへりくだって言うときにも用いる。

しゃく-はち【尺八】竹の根元の部分で作った、たてぶえ。ふつう前面に四つ、背面に一つの穴がある。語源 長さの標準が一尺八寸(約五五センチメートル)であることからいう。

しゃく-ふ【酌婦】小料理屋などで、客に酒の酌をする女性。

しゃく-ぶく【◇折伏】(名・他スル)〔仏〕仏法の力で悪を屈伏させること。相手を説きふせて信仰の道に導くこと。

しゃく-ほう【釈放】ハウ(名・他スル)捕らえていた者を許して自由にさせること。特に、法により収監されていた者の拘束(拘禁)を解くこと。「証拠不十分で—する」

しゃく-ま【借間】部屋代を払って部屋を借りること。間借り。また、借りた部屋。「—暮らし」

しゃ-ぐま【◇赤熊】①赤く染めたヤクの尾の毛。また、それに似た赤毛。払子(ほっす)やかつらに使う。②ちぢれ毛で作った入れ毛。

じゃく-まく【寂△寞】(タル)ひっそりとして静かなこと。寂寞(せきばく)。「—たる山寺」文(形動タリ)

しゃく-めい【釈明】(名・他スル)相手の誤解や非難に対して、自分の真意、または立場・事情などを説明してわかってもらおうとすること。「—を求める」「事情を—する」

じゃく-めつ【寂滅】(名・自スル)〔仏〕煩悩(ぼんのう)の境地を離れ悟りに達すること。転じて、死ぬこと。

—いらく【—為楽】ラク〔仏〕寂滅の境地こそが、真の楽であるということ。

しゃく-もん【借問】(名・他スル)→しゃもん(借問)

しゃく-もん【釈門】仏門。また、仏家。僧。

しゃく-や【借家】家賃を払って人から借りた家。「—住まい」参考 法律用語では「しゃっか」ということが多い。

しゃく-やく【△芍薬】〔植〕ボタン科の多年草。初夏に、大形の紅・白色などの花を開く。園芸品種が多く、花は観賞用、根は薬用。夏

じゃく-やく【△雀躍】(名・自スル)(スズメがおどるように)こおどりして喜ぶこと。「欣喜(きんき)—」

しゃく-よう【借用】(名・他スル)自分が使うために金や物などを借りること。「—証」「ノートを—する」

じゃく-ら【△雀羅】スズメなどを捕らえる網。「門前—を張る(=訪れる人もなくさびれているさま)」

しゃく-らん【借覧】(名・他スル)本などを借りて読むこと。

しゃくり-あ・げる【△噦り上げる】(自下一)ゲ・ゲ・ゲル・ゲル・ゲレ・ゲロ(ゲヨ) 息をせわしく吸いこむようにして泣く。「—・げて泣く」文しゃくりあ・ぐ(下二)

しゃくり-なき【△噦り泣き】しゃくりあげて泣くこと。

しゃく-りょう【借料】レウ 借り賃。借用料。

しゃく-りょう【酌量】リャウ(名・他スル)事情を考慮して罰などに手かげんを加えること。斟酌(しんしゃく)。「情状—」

ジャグリング〈juggling〉ボールやナイフなどを投げあげて自在にあやつる曲芸。

しゃく・る(他五)ラ(ロ)・リ(ッ)・ル・ル・レ・レ ①中ほどがくぼむようにえぐる。「スイカを—」②液体などをすくい取る。しゃくう。「おけで水を—」③あごを軽く前へ突き出す。可能 しゃく・れる(下一)

しゃく・れる(自下一)レ・レ・レル・レル・レレ・レロ(レヨ) 中ほどがくぼんで弓なりになる。「あごの—・れた顔」

じゃく-れい【若齢・弱齢】年齢の若いこと。若年。弱年。

しゃけ【△鮭】→さけ(鮭)①

しゃ-け【社家】①代々、神職の家柄。②神主(かんぬし)。

しゃ-けい【舎兄】他人に対して自分の兄をいう語。家兄(かけい)。↔舎弟 参考 他人の兄をいうこともある。

しゃ-げき【射撃】(名・他スル)目標を定めて銃砲を発射すること。また、その競技。「一斉—」「クレー—」

しゃ‐けつ【△瀉血】(名・自スル)〔医〕治療のために患者の静脈から血液の一部を体外に除去すること。刺絡(しらく)。

ジャケツ〈jacket から〉①→ジャケット① ②毛糸で編んだ上着。

ジャケット〈jacket〉①腰のあたりまでの上着。ブレザーなど。ジャケツ。〔冬〕②本やレコード・CDのカバー。

しゃ‐けん【車券】競輪で、勝者を予想して買う投票券。

しゃ‐けん【車検】道路運送車両法で義務づけられている自動車の定期車両検査。「―証」

じゃ‐けん【邪見】①〔仏〕因果の道理を否定する誤った考え。②まちがった見方。正しくない考え方。

じゃ‐けん【邪険・邪△慳】(形動ダ)(ダロ・ダッ(デ・ニ)・ダ・ナ・ラ・〇) 思いやりがなくて、しうちのむごいさま。「―な扱い」〔文〕(ナリ)

しゃ‐こ【車庫】電車・自動車などの車両を入れておく施設。

――しょうめい【―証明】自動車の保管場所があることを証明する書面。自動車の登録の際、必要とされる。

しゃ‐こ【△硨△磲】〔動〕(「しゃこがい」の略)シャコガイ科の二枚貝の総称。貝類中最も大形の種。殻表は白色などで五条の放射状隆起がある。仏教で七宝(しっぽう)の一つとされた。

しゃ‐こ【△蝦△蛄】〔動〕浅海の砂底にすむシャコ科の甲殻類。エビに似るが平たく、灰褐色。第二胸脚はカマキリの前足に似る。食用。〔夏〕

〔蝦蛄〕

じゃ‐こ【雑魚】「ざこ」の転。

しゃ‐こう【社交】(カウ) 人と人との交際。世の中のつきあい。

――か【―家】他人や世間とのつきあいが好きで、上手な人。

――かい【―界】上流階級の人々が集まって交際する社会。

――じれい【―辞令】つきあい上のほめ言葉や儀礼的なあいさつ。外交辞令。

――せい【―性】①他人とのつきあいを好む、また、つきあいが上手な性質。「―に富む」「―に乏しい」②社会を形づくって生活しようとする人間の特性。

――ダンス 音楽に合わせ、男女二人が一組になって踊るダンス。ワルツ・タンゴ・ルンバなどがある。ソーシャルダンス。

――てき【―的】(形動ダ)(ダロ・ダッ(デ・ニ)・ダ・ナ・ラ・〇) 社交になれていて、他人とのつきあいがうまいさま。「―な性格」

しゃ‐こう【車高】(カウ) 自動車の高さ。タイヤの接地面から車体の最上部までの高さ。「―制限」

しゃ‐こう【射光】(クワウ) (名・自スル)光を発すること。また、その光。

しゃ‐こう【射幸・射△倖】(カウ) 偶然の利益や成功を得ようとすること。まぐれあたりをねらうこと。

――しん【―心】偶然の利益や幸運を願う心。「―をあおる」

しゃ‐こう【斜光】(クワウ) ななめにさしこむ光線。

しゃ‐こう【斜坑】(カウ) 鉱山などで、ななめに掘った坑道。

しゃ‐こう【遮光】(クワウ) (名・自他スル)光をさえぎること。「―カーテン」「―幕」「ブラインドで―する」

しゃ‐こう【△藉口】(名・自スル)(「藉」は借りる意)口実にすること。ある事にかこつけて言い訳をすること。

じゃ‐こう【△麝香】(カウ) 雄の麝香鹿(じゃこうじか)の下腹部にある腺(せん)からとる香料。香気が強く、香料・薬用にする。ムスク。

――あげは【―揚羽】〔動〕アゲハチョウ科の大形のチョウ。雄は独特の芳香を放つ。〔春〕

――じか【―鹿】〔動〕シカ科の哺乳(ほにゅう)動物。アジア大陸にすむ小形のシカ。角がなく毛は長く灰褐色。上あごに牙(きば)があり雄は特に長い。雄の麝香腺(じゃこうせん)からとる麝香は香料・薬用。

――ねこ【―猫】〔動〕ジャコウネコ科の哺乳(ほにゅう)動物のうち、麝香腺(じゃこうせん)を有するものの総称。イタチに似た小形の食肉獣。肛門(こうもん)のわきの麝香腺から独特の芳香のある液を出す。

しゃ‐こく【社告】会社・新聞社などが世間に出す知らせ。

しゃ‐さい【社債】〔商・経〕株式会社が長期の資金調達のために発行する債務証券。

しゃ‐さい【車載】車にのせること。「―カメラ」

しゃ‐ざい【謝罪】(名・自他スル)罪・あやまちをわびること。「―の言葉もない」「被害者に―する」

しゃ‐ざい【△瀉剤】くだしぐすり。下剤。

しゃ‐さつ【射殺】(名・他スル)銃や弓などでうち殺すこと。

しゃ‐さん【社参】神社に参拝すること。神もうで。宮参り。

しゃ‐し【社史】会社の歴史。また、それを書き記したもの。

しゃ‐し【社司】①神主(かんぬし)。②もと、府県社・郷社(ごうしゃ)の神職。

しゃ‐し【斜視】眼筋の障害で、片方の視線が見る目標に正しく向かない状態。やぶにらみ。

しゃ‐し【△奢△侈】(名・形動ダ)必要以上、または身分不相応のぜいたくをすること。また、そのさま。「―に流れた生活」

しゃ‐じ【△匙】→さじ(匙)

しゃ‐じ【写字】文字を書きうつすこと。

しゃ‐じ【社寺】神社と寺。寺社。

しゃ‐じ【謝辞】感謝または、おわびの言葉。「―を述べる」

シャシー〈(フランス) chassis〉→シャーシー

しゃ‐じく【車軸】(チク) 車の軸。車の心棒。

――を流(なが)す(車軸のような太い雨足の意から)大量の雨が激しく降るさまをいう。「―ような大雨」

しゃ‐じつ【写実】(名・他スル)事物の実際をありのままに写し出すこと。ありのままを絵に描いたり、文章に表したりすること。「―小説」「―的」「細部を克明に―する」

――しゅぎ【―主義】近代芸術思潮の一流派。ヨーロッパでは、ロマン主義・理想主義に対抗して起こった。主観を取り去り、客観的な事実を忠実に描写することを主張。リアリズム。

じゃじゃ‐うま【じゃじゃ馬】〔俗〕①あばれ馬。荒馬。②(比喩(ひゆ)的に)気性が激しく、人の言うことに従わず、扱いにくい者。特に、気が強くて行動的な女性をいう。「―娘」

しゃしゃ‐らくらく【△洒△洒落落】(タル)(「洒落(しゃらく)」を強調した語)気性があっさりしていて、物事にこだわらないさま。「―たる態度」〔文〕(形動タリ)

しゃしゃり‐でる【しゃしゃり出る】(自下一)(デ・デ・デル・デレ・デロ(デヨ)) 〔俗〕出なくてもいい場にあつかましく出しゃばる。

しゃ‐しゅ【社主】会社・新聞社・結社などの持ち主。

しゃ‐しゅ【車種】自動車や鉄道車両などの種類。

しゃ‐しゅ【射手】①弓を射る人。②銃砲を発射する人。

じゃ‐しゅう【邪宗】①社会・人心に害のある宗教。邪教。②江戸時代、幕府が禁止したキリスト教。邪宗門。

――もん【―門】→じゃしゅう②

じゃしゅうもん【邪宗門】北原白秋(はくしゅう)の処女詩集。一九〇九(明治四十二)年刊。異国情緒にあふれた耽美(たんび)的詩風で一躍世の注目を浴びた。

しゃ‐しゅつ【射出】(名・自他スル)①矢・弾丸などを発射すること。②水などが細い穴から勢いよく出ること。また、出すこと。③光などが一点から放射状に出ること。また、出すこと。

しゃ‐じゅつ【射術】弓で矢を射る術。弓術。

しゃ‐しょう【車掌】(シャウ) 列車・電車・バスなどで、車内の事務・乗客への案内・出発の合図などの仕事にあたる乗務員。

しゃ‐しょう【捨象】(シャウ) (名・他スル)事物または観念から本質的な共通性をぬき出して抽象するとき、共通しないそれ以

外の特殊性を切り捨てること。⇩抽象

しゃ-じょう【写場】 写真を撮影する設備のある場所。

しゃ-じょう【車上】 乗り物の中。「―の人となる」

―あらし【―荒〔ら〕し】 駐車中の自動車から金品を盗むこと。また、それをする者。車上どろ。車上ねらい。

しゃ-じょう【射場】 ①弓を射る場所。矢場。②練習のために銃砲を射つ場所。射撃場。

しゃ-じょう【謝状】 ①お礼の手紙。②おわびの手紙。

しゃ-しょく【写植】「写真植字」の略。

しゃ-しょく【社食】（「社員食堂」の略）社員に食事を提供するための食堂。

しゃ-しょく【社△稷】 ①昔、中国で天子・諸侯がまつった、土地の神（=社）と五穀の神（=稷）。②国家。朝廷。

―の-しん【―の臣】 国家の大任を一身に受ける重臣。

しゃ-しん【写真】 カメラで写しとって焼き付けた印画。また、撮影して記録した画像データを、画面に表示したり印刷物にしたりしたもの。「―をとる」

―うつり【―写り】 写真に写したときの、被写体の写りぐあい。「―のいい顔」

―き【―機】 写真を撮影する機械。カメラ。

―しょくじ【―植字】 活字を用いず、文字や記号を一字ずつ写真にとって、印刷版を作ること。写植。

―せいはん【―製版】 写真技術を応用して印刷に用いる版をつくる方法。

―ちょう【―帳・―△帖】 写真をはりつけて整理・保存するための帳面。アルバム。

―ばん【―版】 ①写真を銅板または亜鉛板などに焼き付けた印刷版。②新聞・雑誌などに印刷された写真。

しゃ-しん【捨身】〘仏〙①俗世の身を捨てて仏門にはいること。②仏道修行のため、仏の供養のため、他の生物を救うために、自分の身命を投げ出すこと。

―の行 〘仏〙身命をかえりみずに行う仏道修行。

―じょうどう【―成道】〘仏〙身命を捨てて成仏し、仏道を体得すること。

しゃ-じん【車△塵】 車が通ったときにあがるほこり。

しゃ-じん【舎人】 ①めしつかい。家人。②→とねり

じゃ-しん【邪心】 よこしまな心。悪い心。「―をいだく」

じゃ-しん【邪神】 邪悪な神。わざわいを与える神。悪神。

じゃ-しん【蛇心】 蛇のように執念深い心。

ジャス【JAS】〈Japanese Agricultural Standards から〉日本農林規格。農、林、水、畜産物とその加工品の品質保証基準。合格したものには、ジャスマークをつける。

―マーク〈JAS mark〉日本農林規格に合格した食品や林産物などにつけるマーク。

ジャズ〈jazz〉〘音〙アメリカ南部で起こった音楽の一形式。二〇世紀初め黒人を中心に発達。軽快なリズムで即興性に富む。

JAS
〔ジャスマーク〕

じゃ-すい【邪推】（名・他スル）他人の言葉や行動を悪く推察すること。ひがんで推察すること。「相手の行動を―する」

ジャスダック【JASDAQ】〘経〙日本の株式市場の一つ。おもに新興企業むけの市場。参考アメリカのナスダック〈NASDAQ〈National Association of Securities Dealers Automated Quotations〉〉にならったもの。

ジャスト〈just〉（名・副）ちょうど。きっかり。「一〇時―」

―ミート〈和製英語〉（名・他スル）野球で、ボールをタイミングよくバットの真芯に当てて打つこと。「速球を―する」

ジャスミン〈jasmine〉〘植〙①モクセイ科ソケイ属の植物の総称。二〇〇種以上がある。常緑あるいは落葉の低木で、葉は複葉。夏、香り高い黄・白などの花を開く。夏 ②①の花からとった香油。

ジャスラック【JASRAC】〈Japanese Society for Rights of Authors, Composers and Publishers から〉日本音楽著作権協会。日本における作詞家・作曲家・音楽出版者などの著作権を管理する社団法人。

しゃ・する【謝する】 一（自サ変）いとまごいをする。二（他サ変）①あやまる。わびる。「無音を―」②感謝する。礼を言う。「厚情を―」③断る。謝絶する。「申し出を―」文しゃ・す（サ変）

しゃ-ぜ【社是】 会社の経営上の基本方針。また、その標語。

しゃ-せい【写生】（名・他スル）実際の景色や事物などをありのままに絵や文章などに写しとること。スケッチ。「―画」

―ぶん【―文】〘文〙事物を客観的態度で、あるがままに描こうとする文章。明治中期、正岡子規によって提唱された。

しゃ-せい【射精】（名・自スル）精液を出すこと。

しゃせきしゅう【沙石集】 鎌倉中期の説話集。禅僧の無住著。一〇巻。一二八三（弘安六）年成立。庶民に仏教の教理を説く話を平易・新鮮に記述している。

しゃ-せつ【社説】 新聞や雑誌が、その社の主張・意見として掲げる論説。

しゃ-ぜつ【謝絶】（名・他スル）人の申し出などを断ること。辞退すること。「面会―」

じゃ-せつ【邪説】 正しくない説。よこしまな説。

しゃ-せん【社線】 民間会社の経営する鉄道やバスの路線。会社線。

しゃ-せん【車線】 自動車の走る路線。また、同一方向に並行して走れる車の台数で道路の幅を表す語。「片側二―」

しゃ-せん【斜線】 ある直線や平面に対し、垂直または平行でない直線。ななめの線。

しゃ-そう【車窓】 列車・電車・自動車などの窓。

しゃ-そう【社葬】 会社の費用で会社がとり行う葬儀。

しゃ-そく【社則】 会社・結社の規則。

しゃ-たい【車体】 車両で、乗客・荷物などをのせる部分。また、車の外形全体。ボディー。「―の大きな外車」

しゃ-たい【斜体】 活字や写植文字で、左右いずれかに傾いた書体。また、その文字。イタリックなど。

しゃ-だい【車台】 ①車体をささえている鉄わくの部分。シャーシー。②車両の数。

しゃ-たく【社宅】 社員とその家族を住まわせるために会社が所有する住宅。

しゃ-だつ【△洒脱】（名・形動ダ）俗気がなくさっぱりとしていること。あかぬけしていること。また、そのさま。「軽妙―」「―な人柄」

しゃ-だん【社団】 一定の目的のために二人以上の者が集まった団体で、社会的には単一の存在として活動するもの。

―ほうじん【―法人】〘法〙法によって権利・義務の主体であることを認められた社団。公益社団法人・一般社団法人・営利社団法人がある。⇩財団法人

しゃ-だん【遮断】（名・他スル）交通・電流・光など、流れ・進むものをさえぎり止めること。「カーテンで光を―する」

―き【―機】 鉄道の踏切で、列車・電車の通過時に、人や車の通行をさえぎる装置。「―がおりる」

しゃち【△鯱】 ①〘動〙マイルカ科の海獣。体長約九メートル。

鋭い歯でクジラなどを襲い、「海のギャング」と呼ばれる。さかまた。②「しゃちほこ」の略。参考「鯱」は国字。

じゃ-ち【邪知・邪智】 よくない知恵。悪知恵。

しゃちこ-ば・る【鯱張る】(自五) ラ(ロ)・リ(ッ)・ル・ル・レ・レ「しゃちほこばる」の転。

しゃち-ほこ【鯱】 ①頭が虎のようで、背にとげのある想像上の海獣。②①をかたどった魔よけの飾りがわら。しゃち。「金の―」

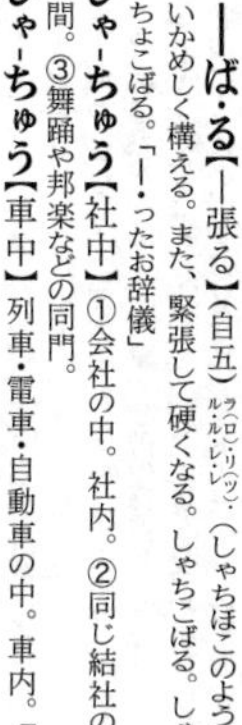

〔しゃちほこ②〕

―だち【―立ち】(名・自スル)①逆立ち。②全力を尽くすこと。「彼には―してもかなわない」参考「しゃっちょこだち」ともいう。

―ば・る【―張る】(自五) ラ(ロ)・リ(ッ)・ル・ル・レ・レ (しゃちほこのように)いかめしく構える。また、緊張して硬くなる。しゃちこばる。しゃっちょこばる。「―・ったお辞儀」

しゃ-ちゅう【社中】 ①会社の中。社内。②同じ結社の仲間。③舞踊や邦楽などの同門。

しゃ-ちゅう【車中】 列車・電車・自動車の中。車内。「―泊」

―だん【―談】 政治家などが旅先の車中で行う非公式の談話。「大臣の―」

しゃ-ちょう【社長】 会社を代表する最高責任者。

シャツ〈shirt〉①上半身につける西洋ふうの肌着。アンダーシャツ。②「ワイシャツ」「スポーツシャツ」「ティーシャツ」などの略。

しゃっ-か【借家】 →しゃくや

じゃっ-か【弱化】(名・自他スル)強かったものが弱くなること。また、弱くすること。弱体化。↔強化

しゃっ-かん【借款】 国と国との間の資金の貸し借り。政府間のものと民間のものとがある。「円―」

じゃっ-かん【若干】(名・副)いくらか。少し。少々。数量的にはっきりせずあまり多くはないものについて言う。「―名」「―無理がある」

じゃっ-かん【弱冠】 ①年の若いこと。若年。「―一八歳のチャンピオン」②男子の数え年二〇歳のこと。語源 中国の周代では、二〇歳を弱といい、元服して冠をかぶったことからいう。⇩年齢「参考」

しゃっかん-ほう【尺貫法】 日本古来の度量衡法。長さは尺、重さは貫、容積は升を基本単位とする。

じゃっ-き【惹起】(名・他スル)事件や問題をひき起こすこと。「大事件を―する」

ジャッキ〈jack〉ねじ・歯車・油圧などを利用して小さい力で重い物を押し上げる器具。建築・自動車修理などに用いる。

〔ジャッキ〕

じゃっ-きゅう【若朽】 若いのに覇気がなく役に立たないこと。また、その人。参考「老朽」に対する造語。

しゃっ-きょう【釈教】 ①釈迦の教え。仏教。②和歌・連歌・俳諧で、仏教を題材とした歌や句。

しゃっ-きり(副・自スル)人の姿勢・態度・気持ちがしっかりしているさま。「―(と)立つ」「頭が―する」

しゃっ-きん【借金】(名・自スル)金銭を借りること。また、その金銭。借銭。借財。「―を踏み倒す」

―を質に置く むりな金銭の工面をする。(一説に、借金以外に質草がないほど貧乏するの意とも。)

―とり【―取(り)】 貸した金を取り立てにくる人。

しゃっ-く【赤口】 六曜の一つ。陰陽道で、赤舌神が人々を苦しめ、万事に凶であるとする日。ただし、正午のみ吉とされる。赤口日。赤舌日。赤口。

じゃっ-く【惹句】 人の心をひきつける文句。うたい文句。キャッチフレーズ。

ジャック〈jack〉①トランプで、兵士の絵のついた札。一一にあたる。②電気器具のプラグのさしこみ口。

―ナイフ〈jackknife〉大型の折りたたみ式ナイフ。

しゃっくり【吃逆】 おもに横隔膜のけいれんによって、空気が急に吸いこまれて音を発する現象。

ジャッグル〈juggle〉(名・他スル)①野球で、捕球する際にしっかりグローブでつかめず、一、二度はじくこと。お手玉。②ハンドボールで、空中のボールに二度つづけて手を触れること。反則になる。

しゃっ-けい【借景】 園外の山水や樹林などの風景をその庭園の一部として見立てる造園技法。また、その景色。

しゃっ-こう【釈講】(名・自スル)意味を解き明かして聞かせること。講釈。

しゃっ-こう【赤光】 斎藤茂吉の処女歌集。一九一三(大正二)年刊。万葉歌風を近代化し、激しい叙情精神の燃焼を示している。「おひろ」「死にたまふ母」の連作は有名。

じゃっ-こう【弱行】 実行力の弱いこと。「薄志―」

じゃっ-こう【寂光】 ①《仏》寂静(=煩悩や苦を解脱した境地)の真理により発する光。②「寂光浄土」の略。

―じょうど【―浄土】《仏》仏の住む清らかな世界。寂光土。常寂光土。

じゃっ-こく【弱国】 国力の弱い国家。↔強国

しゃっ-こつ【尺骨】《生》前腕の二本の骨のうち、小指側の長い骨。上端は上腕骨と、下端は手の腕骨と接している。

ジャッジ〈judge〉■一(名・他スル)判定すること。審判。「ミス―」■二(名)競技の進行・判定をする審判員。特に、ボクシング・レスリングなどの副審。⇩レフェリー

シャッター〈shutter〉①カメラで、瞬時に開閉してフィルムの感光材などに光を当てる装置。「―スピード」「―を切る」②主として金属製で巻き上げ式のよろい戸。「―を下ろす」

―チャンス〈和製英語〉カメラのシャッターを切る絶好の瞬間。

しゃっちょこ-だち【鯱立ち】(名・自スル)「しゃちほこだち」の転。

しゃっちょこ-ば・る【鯱張る】(自五) ラ(ロ)・リ(ッ)・ル・ル・レ・レ「しゃちほこばる」の転。

シャットアウト〈shutout〉(名・他スル)①締め出すこと。「部外者を―する」②野球などで、相手に得点を与えないで勝つこと。完封。零封。

シャットダウン〈shutdown〉(名・他スル)《情報》コンピューターの稼働を終了して電源を切ること。

ジャップ〈Jap〉(英米人が)日本人を軽蔑して呼ぶ語。

シャッフル〈shuffle〉(名・他スル)①トランプのカードを切り混ぜること。②順序や位置を無作為に入れ替えること。「曲の―再生」

シャッポ〈フランス chapeau〉帽子。シャポー。

―を脱ぐ 降参する。かぶとを脱ぐ。

しゃ-てい【舎弟】 ①他人に対して自分の弟をいう語。↔舎兄 ②《俗》弟として扱われる者。弟分。用法 ①は、他人の弟をいうこともある。

しゃ-てい【射程】 ①弾丸やミサイルなどのとどく距離。「―距

離」②そのものの力の及ぶ範囲。「優勝も―内だ」

しゃ-てき【射的】①的に向かって弓・小銃をうつこと。②空気銃にコルクの弾をつめ、的をねらいうちし、賞品をもらう遊び。

しゃ-てつ【砂鉄】→さてつ(砂鉄)

しゃ-てつ【車▵轍】車輪のあと。車のわだち。

しゃ-でん【社田】神社に付属した田地。神田。

しゃ-でん【社殿】神社の神体がまつってある建物。やしろ。

しゃ-ど【砂土】〘地質〙細土中、粘土の含有率が一二・五パーセント以下のもの。砂土。

しゃ-ど【斜度】斜面の、水平面に対する傾きの度合い。

しゃ-ど【▵赭土】〘地質〙酸化鉄を含む赤茶色の土。あかつち。

しゃ-とう【社頭】社殿のあたり。社前。

しゃ-どう【車道】道路で、車両が通行するように定められた部分。↔人道・歩道

じゃ-どう【邪道】①不正な方法。本来の方法でないやり方。②人の道にはずれた行い。(↔正道)

シャトー〈フランス château〉①城。館。宮殿。②大邸宅。

シャドー〈shadow〉影。陰影。「アイ―」

――キャビネット〈shadow cabinet〉野党が政権交代を想定して立てる閣僚組織。イギリスで、野党の議員幹部会をこう呼んだことによる。影の内閣。

――ボクシング〈shadowboxing〉ボクシングで、相手がいるものと仮想して一人で攻撃や防御の練習をすること。

シャトル〈shuttle〉①バドミントンで打ち合う羽根球。半球状のコルクに羽根を付けた物。シャトルコック。②織機の杼。③近距離間を往復する定期便。「―バス」④「スペースシャトル」の略。

しゃ-ない【社内】①会社の中。②神社の中。(↔社外)

しゃ-ない【車内】列車・電車・自動車の中。車中。↔車外

しゃなり-しゃなり(副)身ぶりをしなやかにして、きどって歩くさま。「―(と)歩く」

しゃにく-さい【謝肉祭】〘基〙カトリックの四旬節に先立って行われる民間の祭り。カーニバル。[春]

しゃ-にち【社日】春分・秋分にいちばん近い戊の日。土地の神(=社)をまつって春には豊作を祈り、秋には収穫を感謝する。社日。

しゃに-むに【遮二無二】(副)他のことを何も考えず、がむしゃらにするさま。「―働く」

じゃ-ねい【邪▵佞】(名・形動ダ)ねじけた考えで人にへつらうこと。また、そういう人。

しゃ-ねつ【遮熱】熱をさえぎること。特に、日射による熱の通過をさえぎること。「―塗料」

じゃ-ねん【邪念】道理にはずれた考え。不純な気持ち。雑念。「―をいだく」「―を払う」

じゃ-の-ひげ【蛇の▵鬚】〘植〙キジカクシ科の常緑多年草。山野に自生し、庭などにも植える。葉は叢生。初夏、淡紫色または白色の小花をつける。種子は濃青色の球状で果実のように見える。根は薬用。りゅうのひげ。[夏](じゃのひげの実[冬])

じゃ-の-め【蛇の目】①幾重かになった太い輪の形。②(「蛇の目傘」の略)中心部と外縁とを紺・赤などで太い輪の形に塗り、中間を白くして①の模様を表した紙製の雨傘。

〔じゃのめ②〕

しゃ-ば【車馬】車と馬。また、乗り物。「―の通行禁止」

しゃば【▵娑婆】(梵語の音訳)①〘仏〙現世。苦しみに満ちた人間世界。俗世。②〘俗〙獄中や兵営内などに対して、自由で束縛のない一般人の世界。「―に出る」

――け【―気】現世に執着する心。また、通俗的な名誉や利益を求める心。しゃばっけ。

ジャパニーズ〈Japanese〉日本人。日本語。また、日本式。日本風。

しゃ-はば【車幅】自動車のはば。しゃふく。

じゃ-ばら【蛇腹】①(写真機の暗箱やアコーディオンなどの)ひだによって自由に伸縮する部分。②〘建〙軒や壁の上部を帯状にとりまく装飾用の突出部。

〔じゃばら②〕

しゃ-はん【▵這般】これら。このたび。「―の事情」[用法]多く「這般の」の形で用いられる。

しゃ-ばん【社判】会社で使用する印判。

ジャパン〈Japan〉日本。

しゃ-ひ【社費】①会社の費用。②神社の費用。

しゃ-ひ【舎費】寄宿舎を維持するための経費。また、そこにはいっている人が納める費用。

じゃびせん【蛇皮線】→さんしん(三線)

しゃ-ふ【写譜】(名・他スル)〘音〙楽譜を書き写すこと。

しゃ-ふ【車夫】人力車を引くことを職業とする人。車引き。

しゃぶ〘俗〙「覚醒剤」の隠語。

ジャブ〈jab〉ボクシングで、前に構えたほうの腕で小刻みに打って、相手の体勢をくずす攻撃法。「―を出す」

しゃ-ふう【社風】その会社特有の気風。

しゃぶ-しゃぶ うす切りの牛肉などを熱湯にくぐらせ、たれや薬味をつけて食べる鍋料理。

じゃぶ-じゃぶ(副)①水などを激しくかき回したり、跳ね上げて歩いたりするときの音を表す語。「川の中に―(と)はいる」②金銭を大量につぎこむさま。「税金を―使う」

しゃ-ふつ【煮沸】(名・他スル)水などを煮たたせること。「―消毒」

シャフト〈shaft〉①機械などの動力を伝達する回転軸。②道具などの長い柄。「ゴルフクラブの―」③炭坑の立坑。

しゃぶり-つ・く(自五)口の中に入れてはなさない。「母の乳に―」

しゃぶ・る(他五)口の中に入れて、なめたり吸ったりする。「あめを―」[可能]しゃぶ・れる(下一)

しゃ-へい【遮蔽】(名・他スル)さえぎりおおって見えなくすること。「―物」

しゃべく・る【▵喋くる】(自五)〘俗〙ぺらぺらと話す。よくしゃべる。「よく―男だ」

しゃべ・る【▵喋る】(自他五)①話す。言う。「人には―な」②口数多く言う。「よく―人だ」[可能]しゃべ・れる(下一)

シャベル〈shovel〉土・砂などをすくったり穴を掘ったりするのに使う道具。ショベル。スコップ。

しゃ-へん【斜辺】①傾斜した辺。ななめの辺。②〘数〙直角三角形の直角に対する辺。

じゃ-ほう【邪法】①不正なやり方。邪道。②魔法。

シャボテン【×仙人掌】→サボテン

ジャポニスム〈フランス japonisme〉一九世紀後半に西洋美術を中心に見られた、日本の美術・工芸品を好む風潮。日本趣味。ジャポニズム。

しゃ-ほん【写本】手書きで写した本。「江戸時代の―」

シャボン〈ポルトガル sabão〉せっけん。

―だま【―玉】せっけん水を管の先につけ、吹いて飛ばすあわの玉。春 参考 すぐ消えてしまうはかないもののたとえにする。

じゃ-ま【邪魔】(名・他スル・形動ダ)(仏教で、修行のさまたげをする悪魔の意)①さまたげること。妨害。「―がはいる」「仕事の―をする」②(「おじゃまする」の形で)「訪問する」意の謙譲語。訪問先を辞去するときの挨拶の言葉としても用いる。「近いうちにお―します」「お―しました」

―くさ・い【―臭い】(形) なんだかじゃまな感じがする。文じゃまくさ・し(ク)

―だて【―立て】(名・他スル) 故意にじゃまをすること。

―っけ(形動ダ) じゃまだと感じるさま。

ジャマイカ〈Jamaica〉カリブ海、西インド諸島の中にある国。首都はキングストン。

シャマニズム〈shamanism〉→シャーマニズム

シャマン〈shaman〉→シャーマン

しゃ-み【三味】「三味線」の略。「―の音」

しゃ-み【◇沙◇弥】〘仏〙仏門にはいったばかりで、まだ正式の僧(=比丘)になっていない男子。沙弥。参考 女性は「沙弥尼」という。

しゃみ-せん【三味線】〘音〙邦楽に用いる三弦楽器。猫の皮を張った胴に棹をつけ、張った弦をばちで弾く。三味線。三味。「―を弾く(=相手に調子を合わせたり、適当なことを言ってごまかしたりする)」参考 常用漢字表付表の語。

―ぐさ【―草】「なずな」の異称。新年

しゃ-む【社務】①会社の事務。②神社の事務。

―しょ【―所】神社の事務を取り扱う所。

シャム〈Siam〉「タイ(Thai)」の旧称。

―ねこ【―猫】〘動〙ネコの一品種。タイ原産。毛が短く、体はほっそりとして灰白色。愛玩用。

ジャム〈jam〉果実を砂糖で煮詰めた食品。「イチゴ―」

ジャム-セッション〈jam session〉〘音〙ジャズの即興演奏。また、その演奏会。

しゃ-めい【社名】会社・結社・神社などの名称。

しゃ-めい【社命】会社の命令。「―で出張する」

しゃ-メール【写メール】携帯電話で撮影した写真。また、それをメールに添付して送るサービス。写メ。(商標名)

しゃ-めん【赦免】(名・他スル) 罪やあやまちを許すこと。「―状(=罪を許す旨を記した文書)」

しゃ-めん【斜面】水平面に対して傾斜している面。「急―」

しゃ-も【×軍鶏】〘動〙ニワトリの一品種。足に大きなけづめをもち、骨格がたくましく闘争を好む。闘鶏用・食用。軍鶏。

シャモ(アイヌ語)アイヌの人々が、アイヌ以外の日本人をさして言った語。和人。

しゃ-もじ【△杓文字】(「杓子」の女房詞)飯・汁をすくう柄の付いた道具。特に、飯をよそう道具。

しゃ-もん【◇沙門】〘仏〙出家して修行する人。僧。沙門。

しゃ-もん【◇借問】(名・他スル) ためしにちょっと問うこと。参考「しゃくもん」は慣用読み。

じゃ-もん【蛇紋】ヘビの胴の斑紋に似た模様。「―岩」

しゃ-ゆう【社友】①社員以外で、その会社と関係が深く社員のような待遇を受ける人。②同じ会社・結社の仲間。

しゃ-よう【社用】①会社の用事。②神社の用事。

―ぞく【―族】社用にかこつけて、会社の費用で飲み食いなどをする者。語源「斜陽族」に語呂を合わせて作られた語。

しゃ-よう【斜陽】①夕日。入り日。②(比喩的に)栄えていたものが落ちぶれていくこと。「―産業」

―ぞく【―族】時勢に取り残され、没落した上流階級。斜陽階級。語源 太宰治の小説「斜陽」に基づく語。

しゃよう〔斜陽〕太宰治の小説。一九四七(昭和二十二)年発表。第二次世界大戦後の没落華族の家庭を舞台に、滅びゆくものの美を描く。「斜陽族」の流行語を生んだ。

じゃ-よく【邪欲】①不正な欲望。②みだらな欲情。

しゃら【△娑羅・◇沙羅】①→さらそうじゅ ②「なつつばき(ツバキ科の落葉高木)」の異称。

しゃ-らく【△洒落】(名・形動ダ) 気質がさっぱりしていて物事にこだわらないこと。また、そのさま。「―な人」

しゃらく〔写楽〕(生没年未詳)江戸後期の浮世絵師。号、東洲斎。一七九四(寛政六)年に江戸に現れ、役者絵・相撲絵等、見る者に強烈な印象を与える作品百数十種を残す。

しゃら-くさ・い【△洒◇落臭い】(形)〘俗〙生意気だ。こしゃくだ。「―まねをするな」文しゃらくさ・し(ク)

じゃら-じゃら(副・自スル)①多くの硬く小さなものが、触れ合って音を出すさま。「小銭が―(と)する」②〘俗〙色っぽくたわむれて、いやらしいさま。「人前で―するな」

じゃら・す(他五) じゃれるようにする。じゃれさせる。

しゃり【舎利】①〘仏〙仏陀や聖者の遺骨。仏舎利。さり。②火葬にした骨。さり。③〘俗〙米粒。ごはん。「銀―」④成長した蚕で、糸をはかず白く硬くなる病気で死んだもの。おしゃり。

しゃ-り【射利】手段を選ばず利益を得ようとすること。また、楽をして大きな利益をねらうこと。

じゃり【砂利】①岩石が細かく砕け、角がとれて丸くなった小石。また、その集まり。砂利。「―道」②〘俗〙(小さい)子供。参考 常用漢字表付表の語。

しゃ-りき【車力】荷車を引き、荷物運搬を業とする人。

しゃ-りょう【車両・車△輛】汽車・電車・自動車など、輸送用の車。また、その車体。「鉄道―」「―を整備する」

しゃ-りん【車輪】①車の輪。②(もと俳優が熱演する意から転じて)一生懸命に働くこと。「大―の活躍」

シャルマン〈フランス charmant〉(形動ダ) 魅惑的なさま。チャーミング。

しゃれ【△洒◇落】①いきで気のきいていること。「―者」②(ふつう上に「お」を付けて)気のきいた身なりをすること。「お―をする」③同音や類音の言葉を利用して冗談にいう機知にとんだ文句。「―を飛ばす」④本気でないこと。冗談。「―が通じない」

―っけ【―っ気】①美しく装おうとする気持ち。②気のきいた言動で、他人を感心させたり笑わせたりしようとする気持ち。「―たっぷりの人」

―ぼん【―本】〘文〙江戸後期に流行した小説の一種。会話を中心に遊里での遊びと滑稽を描いた。

しゃ-れい【謝礼】感謝の言葉。また、感謝の気持ちを表すために贈る品物や金銭。「―金」「―を述べる」

しゃ-れき【社歴】①会社の歴史。②入社してからの年数。

しゃ-れき【砂△礫】砂と小石。砂礫。

しゃれ-こうべ【×髑髏・△曝◇首】風雨にさらされて白骨だけになった頭蓋骨。のざらし。どくろ。髑髏。

しゃ・れる【△洒◇落る】(自下一)①気がきいている。あかぬけている。「―・れた贈り物」②美しく着飾る。「ちょっと―・れて出かける」③「しゃれ③」を言う。「まじめな顔で―」④生意気なことをする。「―・れた口をきくな」

じゃ・れる【◇戯れる】(自下一) 小動物などがまつわりついてたわむれる。「子犬が―」文じゃ・る(下二) 語源「ざれる」の転。

じゃ-れん【邪恋】よこしまな恋。人としての道にはずれた恋。

ジャロジー〈jalousie〉細長いガラス板を何枚も並べたよろい窓。ガラス板の角度を変えて、通風や採光の調節ができる。

じゃ-ろん【邪論】不正な議論。よこしまな議論。

シャワー〈shower〉水や湯をじょうろのような噴水口から出して浴びる装置。また、その水や湯。「ーを浴びる」[夏]

ジャワ-げんじん【ジャワ原人】〔世〕ジャワ島（インドネシアの中心にある島）で化石として発見された、数十万年前の原人。はじめ、直立猿人を意味するピテカントロプスエレクトスとして分類されたが、のち、ヒト属ホモエレクトスに含まれた。

シャン〈ドイ schön 美しい〉（名・形動ダ）〔俗〕美貌(びぼう)であるさま。また、美人。[参考]旧制高校生が使いだした語。

じゃん（終助）〔俗〕同意や確認を求めたり、断定したりする意を表す。…ではないか。「さっきから言ってるー」「かっこいいー」[語源]「じゃない（か）」の転。

ジャンキー〈junkie〉①麻薬中毒者。②あることに夢中になっている人。

ジャンク〈junk〉がらくた。廃品。役に立たず価値のないもの。

ーフード〈junk food〉カロリーは高いが栄養価の低い食品。スナック菓子やファーストフードなど。

ジャンク〈junk〉中国の沿岸や河川で使用される帆船の総称。ジャンク船。[参考]中国語では「戎克」と書く。

〔ジャンク〕

ジャンクション〈junction〉複数の高速道路が連結・合流する地点。

ジャン-クリストフ〈Jean Christophe〉フランスの作家ロマン＝ロランの長編小説。一九〇四―一九一二年作。音楽家クリストフが苦難と闘い、精神的に成長してゆく姿を描く。

シャングリラ〈shangri-la〉理想郷。[語源]英国の作家ヒルトンの小説に描かれたユートピアの名から。

ジャングル〈jungle〉高温多雨の熱帯の原始林。密林。

ージム〈jungle gym〉公園・校庭などにある、金属管などを格子形に組み上げた遊具。

じゃん-けん【じゃん拳】拳(けん)の一種。二人以上の者が、片手で石・紙・はさみの形をまねて勝負を競う遊び。

しゃん-しゃん（副・自スル）①肉体的・精神的にしっかりしていて、よく立ち働くさま。「八〇歳を過ぎてもー（と）している」②鈴などが鳴る音の形容。「ー（と）鈴が鳴る」③物事の決着を祝い、そろって手を打つ音の形容。「ー（と）手締めをする」

じゃん-じゃん（副）①鐘などをつづけて鳴らす音の形容。「半鐘(はんしょう)がー（と）鳴っている」②物事を盛んに行うさま。また、たてつづけに起こるさま。「ー注文する」「電話がーかかってくる」

しゃんす（助動-特殊型）〔シャンセ・シャンシ・シャンス・シャンスレ・シャンセ〕（古）尊敬の意を表す。…なさいます。[用法]動詞（四段・ナ変）の未然形に付く。[参考]近世、おもに遊里で女性が用いた語。

ジャン-そう【△雀荘】(サウ)（「ジャン」は「麻雀(マージャン)」の略）席料をとって麻雀をする場所を提供する店。

シャンソン〈フラ chanson〉〔音〕フランスの大衆的な歌曲。人生・恋・庶民の哀歓などを物語風に歌う。

シャンツァイ〈中国 香菜〉→こうさい（香菜）

シャンツェ〈ドイ Schanze〉スキーのジャンプ台。[冬]

シャンデリア〈chandelier〉洋間の天井からつるす、装飾を兼ねた華やかな照明器具。

しゃん-と（副・自スル）①年のわりに元気なさま。「ーしていて九〇歳とは思えない」②姿勢を正しくするさま。「背筋をーのばす」③気持ちがひきしまっているさま。「心をーさせる」

ジャンヌ-ダルク〈Jeanne d'Arc〉（一四一二—一四三一）フランスの愛国少女。農家の生まれ。百年戦争の際、自ら軍を率いてオルレアンを解放してフランスの危機を救ったが、のち英軍に捕らえられ、火あぶりの刑に処せられた。

ジャンパー〈jumper〉①作業や運動、また遊び着などに用いる、袖口(そでぐち)やすそが締まっている上着。ジャンバー。②陸上やスキーの跳躍競技の選手。[参考]①は、英語ではjacketまたはwindbreakerという。

ースカート〈和製英語〉ブラウスなどの上に着る、袖(そで)なしの胴着とつづいたスカート。[参考]英語では単にjumperという。

シャンパン〈フラ champagne〉フランスのシャンパーニュ地方特産の発泡性ぶどう酒。おもに祝宴用。シャンペン。[参考]「×三鞭酒」とも書く。

シャンピニオン〈フラ champignon〉→マッシュルーム

ジャンプ〈jump〉[一]（名・自スル）とぶこと。跳躍。「ーしてボールを捕る」[二]（名）陸上やスキーの跳躍種目の総称。

ースーツ〈jumpsuits〉上着とズボンがひと続きになった服。

シャンプー〈shampoo〉（名・自スル）洗髪剤。また、それで洗髪すること。

シャンペン〈フラ champagne〉→シャンパン

ジャンボ〈jumbo〉[一]（形動ダ）〔ダロ・ダッ(デ・ニ)・ダ・ナラ・〇〕巨大であるさま。超大型であるさま。「ーサイズ」[二]（名）①大型の坑道削岩機。ジャンボー。②「ジャンボジェット」の略。

ージェット〈jumbo jet〉超大型ジェット旅客機。

ジャンボリー〈jamboree〉ボーイスカウトの野営大会。

ジャンル〈フラ genre 部類〉①部門。分野。種類。②芸術作品の形態・内容上の種類・種別。「詩は文学のーの一つだ」

しゅ【手】[教1] シュ・ズ／て・た(中)

一 二 三 手

（字義）①て。肩先から指までの総称。手首から先の部分。てくび。てのひら。また、うでまえ。「手芸・手工・手腕・握手・挙手・隻手・双手・拍手」②てにする。てに取る。てに持つ。「手剣・手燭(しゅしょく)・入手・落手」③てずから。みずから。自分のてでする。「手記・手写」④技芸にすぐれた人。「上手(じょうず)・名手」⑤ある仕事をする人をよぶ語。「運転手・技手・選手・舵手(だしゅ)」⑥てだて。方法。「手段・手法・応手・妙手」[難読]手弱女(たおやめ・たわやめ)・手綱(たづな)・手枕(たまくら)・手向(たむ)け・手水(ちょうず)・手斧(ちょうな)・手古摺(てこず)る・手強(ごわ)い・手遊(すさ)び・手段(だて)・手練(だれ・れん)・手足(だ)れ・手風琴(てふうきん)・手解(ほど)き・手忠実(まめ)・手許(もと)[人名]で

しゅ【主】[教3] シュ・ス(高)・シュウ／ぬし・おも・あるじ

丶 二 十 キ 主

（字義）①中心となる人。ぬし。あるじ。きみ。かしら。「主君・主人・君主・戸主・亭主・店主・法主(ほうしゅ・ほっしゅ・ほっす)・坊主(ぼうず)・盟主」②客をもてなす人。「主客・賓主」③はたらきかけるもの。じぶん。「主観・主語・主体」④中心となるもの。かなめとなるもの。「主義・主題・主役・主要」⑤つかさどる。統(す)べる。「主管・主宰」⑥祖霊のやどる位牌(いはい)。「木主」⑦→次項④。「天主」[難読]主典(さかん)・主殿寮(とのもりょう)[人名]かず・つかさ・もり・ゆき

しゅ【主】①ぬし。あるじ。↔客 ②かしら。君主。長となるもの。↔従 ③中心となるもの。↔従 ④〔基〕神またはキリスト。

しゅ【守】[教3] シュ・ス／まもる・もり(中)・かみ

丶 丶 宀 宁 守 守

（字義）①まもる。まもり。事物などを他からおかされないようにたいせつに持ちこたえる。みはる。番をする。そなえ。防備。「守衛・守護・守備・固守・死守・保守・留守(るす)」②かみ。役人。地方官。長官。日本の律令(りつりょう)制で、国司の長官。「郡守・国守」

難読 守宮 人名 え・さね・じ・じゅ・ま・もる・もれ

しゅ【朱】シュ㊥・ス あけ・あか
(字義) ①あか。あけ。赤色の一種。黄色みを帯びた赤色。「朱雀・朱唇・丹朱」②赤色の塗料・顔料。また、赤い印肉。「朱印・朱墨・朱肉・朱筆」 難読 朱欒・朱鷺 人名 あけみ・あや

しゅ【朱】 ①黄色みを帯びた赤色。あけ。②硫化水銀を成分とする、赤色の顔料。③江戸時代の貨幣の単位。一朱は一両の一六分の一。「一―銀」④→しゅずみ
―に交われば赤くなる 人は交際する友人によって、よくもなり悪くもなるたとえ。**―を入れる** 朱墨や赤インクなどで訂正・加筆・添削などをする。「原稿に―」

しゅ【取】教3 シュ とる
(字義) とる。手にとる。自分のものにする。えらびとる。うけとる。「取材・取得・採取・奪取・聴取」↕捨 人名 とり

しゅ【狩】シュ㊥・シュウ(シウ) かる㊥・かり㊥
(字義) ①かり。鳥や獣を追いたてて捕らえること。「狩人・狩猟」②天子の命をうけて諸侯の守っている土地。「巡狩」 難読 狩衣 人名 かり・もり

しゅ【首】教2 シュ くび・こうべ・おさ・はじめ
(字義) ①くび。こうべ。あたま。しるし。「首級・首肯・首尾・馘首・斬首・頓首」②おさ。かしら。おもだつ人。「首長・首脳・首領・元首・党首・頭首」③はじめ。物事のはじまり。「首唱・巻首・歳首・部首」④第一。いちばん上に位するもの。「首位・首席・首都」⑤つげる。罪を白状する。「自首」⑥頭をむける。「首丘」⑦漢詩や和歌を数える語。 難読 首肯く・首途 人名 おびと・かみ・さき・もと

-しゅ【首】(接尾) 漢詩や和歌を数える語。「百人一―」

しゅ【修】(字義)→しゅう(修)

しゅ【◇株】教6 シュ・チュ かぶ
(字義) かぶ。切りかぶ。くいぜ。木を切ったあとの根元の部分。「守株・根株」 人名 もと・より

-しゅ【◇株】(接尾) 樹木を数える語。「三―の大樹」

しゅ【殊】シュ こと㊥㊥
(字義) ①ことなる。ことにする。特別な。「殊異・殊別」②ことに。とりわけ。特にすぐれている。「殊遇・殊勝・特殊」 人名 よし

しゅ【珠】シュ㊥・ジュ・ズ たま
(字義) ①たま。海中の貝の中にできる丸い玉。しんじゅ。「珠玉・真珠・宝珠」②玉のようになっているもの。「珠算・数珠・念珠」 人名 す・み

しゅ【酒】教3 シュ さけ・さか
(字義) さけ。米・こうじなどでつくったアルコール飲料。「酒宴・酒肴・酒徒・酒杯・清酒・美酒・銘酒・薬酒・洋酒」 難読 麦酒 人名 き・み

しゅ【衆】(字義)→しゅう(衆)

しゅ【◇須】(字義)→す(須)

しゅ【腫】シュ㊥・ショウ はれる㊥・はらす㊥
(字義) ①はれもの。できもの。「腫物・腫瘍・筋腫・水腫・肉腫」②はれる。むくむ。「浮腫」

しゅ【種】教4 シュ たね
(字義) ①たね。穀物・草木のたね。もととなるものを植えつける。「種子・種痘・種苗・接種・播種」②たぐい。なかま。しな。品目。「種族・種類・各種・職種・人種・多種」 難読 種種 人名 おさ・かず・しげ・ふさ

しゅ【種】 ①一定のきまりで分けたまとまり。種類。「この―の機械」②〔動・植〕生物分類上の段階で、最下のもの。「亜―」

しゅ【人諏】シュ・ス・ソウ はかる
(字義) はかる。とう。集まって相談する。「諏謀」

しゅ【趣】シュ㊥ おもむき㊥・おもむく
(字義) ①心の向かうところ。志すところ。わけ。むね。考え。「趣旨」②おもむき。ようす。味わい。おもしろみ。「趣向・趣味・雅趣・情趣・妙趣・野趣」③仏教で、衆生が生前の業によって輪廻転生する世界。「六道四趣」 人名 いたる・とし

じゅ【寿】【人壽】ジュ㊥ ことぶき㊥ ことほぐ・とし
(字義) ①ひさしい。いのちが長い。「寿福・寿楽・老寿」②とし。いのち。「寿命・長寿・天寿」③ことぶき。お祝い。長命の祝い。ことほぐ。「寿宴・賀寿」 難読 寿司・寿歌・寿言・寿詞 人名 いき・かず・たもつ・つね・とし・なが・のぶ・ひさ・ひで・ひろ・ひろし・ほぎ・やすし・よし

じゅ【寿】 長生き。また、その祝い。「百歳の―」

じゅ【受】教3 ジュ・ズ うける・うかる
(字義) うける。うけとる。ききいれる。うけつぐ。こうむる。「受授・受賞・受諾・受難・授受・伝受・拝受」 難読 受領 人名 うく・うけ・おさ・しげ・つぎ・つぐ・つぐ

じゅ【呪】ジュ㊥・シュウ(シウ) のろう㊥
(字義) ①のろう。人が不幸な目にあうことを祈る。「呪殺・呪詛」②まじない。「呪術・呪縛」

じゅ【従】(字義)→じゅう(従)

じゅ-【従】(接頭)(位階を表す語に付いて)同じ位階を上下に分けた、下位をさす語。「―三位」↕正

じゅ【◇珠】(字義)→しゅ(珠)

じゅ【授】教5 ジュ さずける㊥・さずかる㊥
(字義) さずける。上の者から与える。てわたす。伝える。さずかる。与えられる。もらいうける。「授業・授受・授乳・授与・教授・口授・伝授」 人名 さずく

じゅ【就】(字義)→しゅう(就)

じゅ【人竪】ジュ たて・たてる
(字義) ①たてる。しっかりと立てる。「竪立」②たて。「竪琴」③こども。特に、人をいやしめていうときに用いる語。

じゅ【需】ジュ㊥ もとめる
(字義) もとめる。必要とする。なくてはならない。入用。もとめ。「需給・需用・需要・供需・軍需・特需・必需」 人名 まち・まつ・みつ・もと・もとむ・もとめ

じゅ【儒】ジュ㊥
(字義) ①やわらか。よわい。おくびょうな。「儒弱」②みじかい。背たけの低い。こびと。「侏儒」③孔子の教え。また、その学派。「儒学・儒教・儒者」④儒学者。「碩儒・名儒・老儒」

じゅ 難読 儒艮(じゅごん) 人名 はか・ひと・みち・やす・よし

じゅ【樹】 教6 ジュ き・うえる・たてる　木 村 桔 桔 樹 樹

(字義) ①き。たちき。「樹木・樹林・街路樹・果樹・広葉樹・常緑樹・針葉樹・大樹」②うえる。木をうえること。「樹芸」③立てる。うち立てる。「樹功・樹徳・樹立」 難読 樹懶(なまけもの) 人名 いつき・ぎ・しげ・しげる・たつ・たつき・な・みき・むら

じゅ【濡】 人 ジュ うるおう・うるおす・ぬれる (字義) ①うるおう。うるおす。ぬれる。㋐水にぬれる。「濡塗」㋑なめらかに光る。㋒恵みをうける。「涵濡(かんじゅ)」②おだやか。「霑濡(てんじゅ)」③とどこおる。「濡滞」④たえしのぶ。「濡忍」

じゅ【頌】→げ(偈)

シュア〈sure〉(形動ダ) ダロ・ダッ(デ)・ニ・ダナ・ナラ・○ 結果が期待できるさま。確実性があるさま。シュアー。「ーなバッティング」

しゅ-い【思惟】(仏)真実の道理を考えること。思惟(しい)。

しゅ-い【主位】キ おもな地位。重要な位置。↔客位(きゃくい)

しゅ-い【主意】①文章や談話などのおもな意味。おもな考え。主眼。主旨。②主君の考え。「ーにそむく」③理性や感情よりも意志を重んじる考え。「ー説」↔主情・主知

ーしゅぎ【ー主義】知性や感情ではなく、意志を存在の根本原理または実体とみる考え方。↔主情主義・主知主義

しゅ-い【首位】キ 第一の地位。一位。首席。「ーを保つ」

しゅ-い【趣意】①物事を行うときのねらい・目的。また、理由。「ー書」②言おうとすることの意味。考え。趣旨。

しゅ-いん【手淫】(名・自スル)手などで自分の陰部を刺激して、性的快感を得る行為。自慰。自瀆(じとく)。オナニー。

しゅ-いん【主因】おもな原因。↔副因

しゅ-いん【朱印】①朱肉で押した印。特に、神社や寺院が参詣者に授けるもの。御朱印。「ー帳」②(日)戦国時代以降、武将や将軍の朱肉の印のある書類。御朱印。朱印状。

ーせん【ー船】(日)江戸初期、朱印の押してある公文書をもらって海外貿易を許された船。御朱印船。

じゅ-いん【樹陰・樹蔭】樹木のかげ。こかげ。「ーに憩う」

し-ゆう【四友】イウ ①筆・墨・紙・硯(すずり)の四つの文具。②画題としての、梅・松・蘭(らん)・竹のこと。または、雪中に咲く四種の花。玉椿(たまつばき)・臘梅(ろうばい)・水仙・山茶花(さざんか)。

し-ゆう【市有】イウ 自治体である市が所有すること。「ー地」

し-ゆう【市邑】イフ 町。都会。都市。

し-ゆう【私有】イウ (名・他スル)個人または私的団体が所有すること。「ー財産」↔公有

し-ゆう【師友】イウ ①先生と友人。②師と敬うほどの友人。

し-ゆう【詩友】イウ 詩作の上の友達。詩をつくる仲間。

し-ゆう【雌雄】①めすとおす。②優劣。勝負。「ーを決する」

ーいしゅ【ー異。株】(植)雌花と雄花とが別々の株にできること。また、その植物。アサ・ヤナギ・イチョウなど。

ーいたい【ー異体】(動)動物で、雌と雄とが別々の個体であること。また、その動物。多くの動物はこれに属する。

ーどうしゅ【ー同。株】(植)雌花と雄花とが同じ株にできること。また、その植物。マツ・クリ・キュウリなど。

ーどうたい【ー同体】(動)動物で、同一個体内に卵巣と精巣とを合わせ持つもの、あるいは両性腺(りょうせいせん)を持つもの。また、その動物。カタツムリ・ミミズなど。

しゅう【収】 教6 **【收】** 人 シュウ(シウ) おさめる・おさまる　丨 丩 収 収

(字義)①おさめる。作物をとり入れる。あつめる。受け取る。おさまる。「収穫・収拾・収集・収容・収斂(しゅうれん)・回収・徴収・領収」②ちぢむ。「収縮」③とらえる。「収監」 人名 おさむ・かず・さね・すすむ・なお・なか・のぶ・もと・もり・もろ

しゅう【囚】 シュウ(シウ)㊥ とらえる・とらわれる　丨 冂 冂 囚 囚

(字義)①とらえる。罪人をとらえて監禁する。とらわれる。獄や刑務所にはいる。自由を奪われる。「囚獄・幽囚」②とりこ。とらわれ人。「囚人(しゅうじん)・囚徒・女囚・俘囚(ふしゅう)」

しゅう【州】 教3 シュウ(シウ) す㊥・しま　丶 丿 丿 州 州 州

(字義)①なかす。川の中にできた島。＝洲。「三角州(さんかくす)」②人の集まり住む土地。「神州」③昔、中国の行政区画の称。「蘇州(そしゅう)」④昔、日本の行政区画としての国の別称。「武州」⑤連邦国を構成する行政区画。「州政府・テキサス州」⑥地球上の大陸の称。＝洲。「欧州・豪州」 人名 あき・くに・ず

しゅう【舟】 シュウ(シウ)㊥ ふね㊥・ふな㊥　丿 丿 力 內 舟 舟

(字義)ふね。こぶね。水をわたるために乗る道具。「舟航・舟人・舟艇・漁舟・軽舟・孤舟・呉越同舟」 人名 のり

しゅう【秀】 シュウ(シウ)㊥ ひいでる㊥　一 二 千 禾 秀 秀

(字義)ひいでる。ぬきんでる。他のものよりすぐれる。すぐれたもの。「秀逸・秀才・秀麗・英秀・優秀・眉目秀麗」 人名 さかえ・しげる・すえ・すぐる・ひいず・ひで・ひでし・ほ・ほず・ほら・まさる・みつ・みのる・よし

しゅう【秀】シウ 成績や品質の評価(秀・優・良・可など)で、最上であることを示す語。

しゅう【周】 教4 シュウ(シウ) まわり・めぐる　丿 冂 円 円 周

(字義)①めぐる。まわる。めぐらす。めぐり。まわり。「周囲・周旋・周遊・一周・円周・外周」②あまねし。広く行きわたる。「周行・周知」③こまやか。行きとどく。「周到・周密」 難読 周章(あわ)てる・周防(すおう) 人名 あまね・いたる・かた・かぬ・かね・ただ・ちか・ちかし・なり・のり・ひろ・ひろし・まこと

しゅう【周】シウ ①めぐり。物のまわり。②(数)一つの面上の一部分を囲む閉じた曲線。または折れ線。また、その長さ。

しゅう【周】シウ (世)中国の王朝名。①武王の時、殷(いん)を滅ぼして建てた国。春秋・戦国時代の末期、秦(しん)に滅ぼされた。(前一一〇〇?～前二五六)②南北朝時代の北朝の一国。北周。(五五六～五八一)③五代の一国。後周。(九五一～九六〇)

しゅう【宗】 教6 シュウ・ソウ㊥ むね　丶 丶 宀 宀 宇 宗

(字義)①㋐みたまや。祖先を祭る所。「宗社・宗廟(そうびょう)」㋑祖先。「祖宗(そそう)」②むね。もと。㋐おおもと。分かれ出たもと。本家。いえもと。「宗家(そうけ)・宗室」㋑おさ。首長。かしらとして尊ぶ。「宗国・宗主」㋒かしらだつ者。第一人者。「宗匠・詩宗・儒宗」③㋐尊んで主張する教え。「宗教」㋑仏教の流派。教義を立てて、組織した団体。「宗派・宗門・禅宗・律宗・浄土宗・真言宗」 人名 かず・そ・たかし・とき・とし・のり・ひろ・もと

-しゅう【宗】(接尾)仏教の流派の名に付ける語。「天台ー」

しゅう【拾】 教3 シュウ(シフ)㊥・ジュウ(ジフ)㊥ ひろう　一 十 扌 扑 拾 拾

(字義)①ひろう。落ちているものを手でとる。「拾得・収拾」②あつめる。おさめる。「拾集」③金銭証書などで「十」の代わりに用いる大字(だいじ)。「金参拾万円也」 人名 おさむ・とお・ひろ

しゅう【柊】 人 シュウ ひいらぎ (字義)①中国南部に産する芭蕉(ばしょう)に似た小木。葉は、ちまきを包むのに用いる。②槌(つち)・さいづち・木槌のこと。「柊楔」③ひいらぎ。

葉のふちにとげのあるモクセイ科の常緑小高木。

しゅう【洲】(人) シュウ(シウ) す・しま
(字義) ①なかす。川の中にできた島。＝州。「洲嶼・孤洲」②なぎさ。「洲渚」③くに。地球上の大陸。＝州。

しゅう【祝】 シウ (字義) →しゅく(祝)

しゅう【秋】 教2 シュウ(シウ) あき・とき
(字義) ①あき。四季の一つ。立秋から立冬の前日まで。九・十・十一月。陰暦では七・八・九月。「秋季・秋風・秋冷・初秋・仲秋・晩秋・立秋」②としつき。歳月。「春秋・千秋万歳」③とき。たいせつな時期。「危急存亡之秋」④みのり。穀物がみのること。「秋熟・秋成」 難読 秋蚕・秋桜・秋刀魚・秋海棠・秋蟬 人名 あきら・おさむ・じゅう・とし・みのる

しゅう【臭】【臭】(人) シュウ(シウ)(中) くさい(中)・におう(中)・におい
(字義) ①におい。主として悪いにおい。くさい。「臭気・臭素・悪臭・異臭・体臭・腐臭」②それらしい感じ・雰囲気。「俗臭」③悪いうわさ。「臭聞」

しゅう【修】 教5 シュウ(シウ)・シュ(中) おさめる・おさまる
(字義) ①おさめる。整える。習う。学ぶ。「修業・修行・修好・修身・研修・必修・履修」②飾る。「修辞・修飾」③なおす。つくろう。「修繕・修理・改修」④書物を編纂する。「修史・監修・編修」⑤儀式をとり行う。「修法・修羅」⑥梵語の音訳字。「修羅」⑦ながい。ながさ。身のたけ。＝脩。 人名 あつむ・おさむ・さね・すけ・たけ・なお・なが・ながき・ながし・のぶ・のり・ひさ・まさ・みち・もと・もろ・やす・よし・よしみ

しゅう【袖】 シュウ(シウ)(高) そで(中)
(字義) そで。腕をおおうため、着物の身ごろにつけた部分。そでにする。そでの中に入れる。「袖幕・袖裏・鎧袖・長袖・領袖」

しゅう【執】 シフ (字義) →しつ(執)

しゅう【終】 教3 シュウ おわる・おえる・ついに
(字義) ①おわる。おしまいになる。おえる。つきる。「終結・終了」↕始 ②おわり。はて。しまい。おわりの。「終点・終電・最終・有終・臨終」↕始 ③ついに。おわりまで。「終日・終生」 難読 終日・終夜 人名 じ・つき・とう・のち

しゅう【羞】 シュウ(シウ)(中) すすめる・はじる・はじ
(字義) ①すすめる。食物をそなえる。②そなえもの。ごちそう。「羞膳」③はじる。はじ。はずかしめ。「羞恥・含羞・嬌羞」

しゅう【習】 教3 シュウ(シフ) ならう
(字義) ①ならう。くりかえしならう。まねる。まなぶ。熟達する。「習得・習練・演習・学習・復習・練習」②ならい。ならわし。身についた行い。「習慣・習性・因習・慣習・風習」 人名 しげ

しゅう【脩】(人) シュウ(シウ) おさめる
(字義) ①干した肉。「束脩」②おさめる。整える。＝修。③ながい。「脩竹」④はるか。遠い。「脩遠・脩古」 人名 おさ・おさむ・さね・すけ・なお・なが・のぶ・はる・ひさ・ひさし・みち・もろ・よし

しゅう【週】 教2 シュウ(シウ) めぐる
(字義) ①めぐる。めぐらす。＝周。②→次項。「週刊・週間・週日・週番・週末・隔週・今週・先週・毎週・来週」

しゅう【週】 シウ 暦日の七日(＝日・月・火・水・木・金・土)を一期とした名称。「―に一度は外食する」

しゅう【就】 教6 シュウ(シウ)・ジュ(高) つく(中)・つける(中)
(字義) ①つく。おもむく。ゆく。つきしたがう。「去就」②官または仕事につく。ある状態になる。位置につく。「就学・就職・就寝・就任」③しとげる。なしおわる。「成就」 難読 就中 人名 おさむ・じ・なり・なる・のり・ゆき

しゅう【萩】(人) シュウ(シウ) はぎ
(字義) はぎ。マメ科の落葉低木。

しゅう【葺】(人) シュウ(シフ) ふく
(字義) ①ふく。かやや葦などで屋根をおおう。「葺屋」②家屋などを修理する。「葺繕」③かさねる。 人名 ふき

しゅう【衆】 教6 シュウ・シュ(高) おおい・もろもろ
(字義) ①多い。数が多い。「衆寡・衆生・衆多」↕寡 ②もろもろ。いろいろ。「衆説・衆慮」③多くの人。人々。たみ。「衆口・衆知・衆目・群衆・公衆・大衆・民衆」④僧。修道者の集まり。「衆徒・大衆」 人名 とも・ひろ・もり・もろ

しゅう【衆】 ①多くの人。人々。「―に抜きんでる」「烏合の―」②ある特定の人々の集団。「若い―」③人数の多いこと。「―を頼んで攻めこむ」④(人を表す語の下に付いて)複数の人々を尊敬・親愛の意をこめて呼ぶ語。「旦那―」

しゅう【集】 教3 シュウ(シフ) あつまる・あつめる・つどう(中)
(字義) ①あつまる。つどう。人がよりあう。会合する。あつめる。散っているものをよせあつめる。「集荷・集計・集合・採集・収集・召集」↕散 ②詩文などをあつめととのえる。文学上の作品などをあつめた書物。「歌集・句集・作品集・詩集・選集・経史子集」 人名 あい・あつむ・い・ため・ち・ちか・つどい・ひとし

しゅう【集】 シフ 詩歌・文章などを集めた書物。「短編―」

しゅう【愁】 シュウ(シウ)(中) うれえる(高)・うれい(高)
(字義) うれえる。悲しむ。思いに沈む。うれい。心配。悲しみ。もの思い。「愁傷・愁訴・哀愁・郷愁・憂愁・旅愁」

しゅう【蒐】(人) シュウ(シウ) あつめる
(字義) ①あつめる。＝集。「蒐荷・蒐集・蒐輯」②あかね。アカネ科の多年生つる草。山野に自生し、根から赤い染料をとる。③狩り。狩りをする。「蒐猟」④かくす。「蒐匿」

しゅう【酬】 シュウ(シウ)(中) むくいる
(字義) ①酒をすすめる。杯をかえす。むくいる。こたえる。お返しをする。むくい。「酬応・酬労・応酬・献酬・報酬」②返事。かえし。「酬答・貴酬」 人名 あつ

しゅう【摺】(人) シュウ(シフ)・ショウ(セフ) ひだ・する
(字義) ①する。㋐形木を当てて布に模様をすり出す。㋑印刷する。②ひだ。しわ。＝褶。③たたむ。「摺畳」④折りたたんだ文書。「摺本・手摺」

しゅう【輯】(人) シュウ(シフ) あつめる・あつまる
(字義) あつめる。よせ合わせる。書物の材料をあつめる。あつまる。「輯録・収輯・編輯」 参考 「集」が書き換え字。

しゅう【醜】 シュウ(シウ)(中) みにくい(中)
(字義) ①みにくい。顔かたちがみにくい。行いや心が、けがれてきたならしい。しこ。「醜悪・醜怪・美醜」↕美 ②たぐい。多くの

者。「醜虜・醜類」難読醜男・醜名・醜女

しゅう【醜】シウ ①みにくいこと。↕美 ②恥ずかしい行い。「—をさらす」

しゅう【鍬】人 シュウ(シウ)・ショウ(セウ) すき・くわ (字義) ①くわ。うすい鉄の板に柄のついた農具。田畑の耕作に用いる。②すき。土を掘り起こす農具。

しゅう【繡】人 シュウ(シウ) ぬいとり (字義) ①ぬいとり。布に色糸を使って模様をぬいつけること。また、美しい模様のある布。「繡衣・錦繡・刺繡」②美しい。「繡閣」

しゅう【蹴】シュウ(シウ)中 ける中 (字義) ける。けとばす。ふみつける。「蹴鞠・蹴球・一蹴」

しゅう【襲】シュウ(シフ)中 おそう中・かさねる・かさね (字義) ①おそう。不意に攻める。「襲撃・襲来・奇襲・急襲・空襲・夜襲」②そのままとる。地位や領地などをうけつぐ。「襲継・襲名・因襲・世襲・踏襲」③かさねる。衣を重ねて着る。また、重ねた着物。かさね。「襲衣」

しゅう【鷲】人 シュウ(シウ)・ジュ わし (字義) わし。タカ科の鳥。

しゅう【。主】主人。主君。語源「主」の転。

じ-ゆう【自由】イウ (名・形動ダ) ①他からの束縛や支配などを受けない状態。「言論の—」「—の身」②思いのままであるさま。思いどおりであるさま。「—奔放」「ご—にお取りください」

じ-ゆう【事由】イウ ①事柄の事情と理由。「欠席の—」②〘法〙直接の理由・原因となっている事実。「免責—」

じゅう【十】教1 ジュウ(ジフ)・ジッ とお・と (字義) ①とお。「十干」②とたび。一〇回。また、一〇倍。③たくさん。数の多いこと。「十目」④完全。満ちたりて不足のないこと。「十全・十分」参考「十回」などは「ジュッ(カイ)」とも読む。難読十六夜・十八番・十徳・十姉妹・十二単・十六六指・十露盤 人名い・か・かず・く・ぐ・こ・じ・しげ・す・そ・ただ・つ・とみ・は・ひさし・みつ・みつる・もぎき(姓)・ももき(姓)

じゅう【十】ジフ 九に一を加えた数。とお。参考「拾」を大字として用いる。

じゅう【中】ヂュウ (字義) →ちゅう(中)

-じゅう【中】ヂュウ (接尾) ①期間を表す語に付いて、その間ずっと続く意を添える。…の間。「一年—雨が多い」②空間や範囲を表す語に付いて、その中に含まれるもの全部の意を添える。…のうち、すべて。「家—さがす」「日本—」③集団を表す語に付いて、その成員のすべての意を表す。「親戚—」

じゅう【廿】人 ジュウ(ジフ)・ニュウ(ニフ) にじゅう (字義) にじゅう。二十。

じゅう【汁】ジュウ(ジフ)中 しる中 (字義) しる。物質から出る液体。吸い物。つゆ。「果汁・胆汁・肉汁・乳汁・味噌汁・一汁一菜」

じゅう【充】ジュウ中 あてる高・みちる (字義) ①みちる。みたす。中身がいっぱいになる。ふさぐ。「充実・充塞・充填・充電・充満・拡充・汗牛充棟」②あてる。あてがう。そなえる。足りないところをみたす。「充当・充用・補充」人名あつ・あつし・たか・たかし・まこと・み・みち・みつ・みつる

じゅう【住】教3 ジュウ(ヂュウ) すむ・すまう (字義) ①すむ。すまう。居を定めて生活する。すまい。すみか。「住居・住宅・永住・居住・常住・定住」②とどまる。とまる。「去住・止住」③やむ。中止する。④「住職」の略。「後住・先住・当住」人名おき・すみ・もち・よし

じゅう【住】ヂュウ ①住むこと。②住まい。すみか。「衣・食・—」

じゅう【拾】ジフ (字義) →しゅう(拾)

じゅう【柔】ジュウ(ジウ)中・ニュウ(ニウ)中 やわらか中・やわらかい中 (字義) ①やわらかい。しなやか。「柔軟・柔毛」↕剛 ②やさしい。おとなしい。心がおだやか。「柔順・柔和・温柔・外柔内剛」↕剛 ③よわい。よわよわしい。心身がしっかりしていない。「柔弱・優柔不断」↕剛 ④やわらげる。相手の心や態度などをやわらかにする。なつける。「懐柔」⑤やわら。「柔術・柔道」難読柔肌 人名とう・なり・やす・よし

じゅう【柔】ジウ やわらかなこと。穏やかなこと。↕剛

—よく剛を制す しなやかなものが、その特性をいかしてかたいものに勝つ。転じて、弱者がかえって強者に勝つ。

じゅう【重】教3 ジュウ(ヂュウ)・チョウ え・おもい・かさねる・かさなる・おもんずる (字義) ①おもい。目方がおもい。おもさ。「重圧・重量・重金属」↕軽 ②はげしい。ひどい。はなはだしい。「重税・重病・厳重」↕軽 ③深い。てあつい。「重恩・重聘・丁重」↕軽 ④おもんじる。たっとぶ。たいせつな。たいせつにする。「重視・重要・貴重・尊重・珍重」↕軽 ⑤身分が高い。「重役」⑥おもおもしい。落ち着いている。軽率でない。「重厚・自重・慎重」↕軽 ⑦かさねる。かさねて。しばしば。いくども。さらに加える。厚くする。「重重・重犯・重複・重畳」⑧え。かさなったものを数える語。「九重・八重桜」難読重石・重籐・重祚 人名あつ・あつし・いかし・おもし・かさぬ・かず・かたし・じ・しげ・しげし・しげる・のぶ・ふさ

じゅう-【重】ヂュウ (接頭) 大きな、大仕掛けな、重い、はげしいなどの意を添える語。「—工業」「—金属」「—労働」

-じゅう【重】ヂュウ (接尾) 重ねたものの数を示す。「五—の塔」

じゅう【従】教6【従】人 ジュウ・ショウ高・ジュ高 したがう・したがえる・より (字義) ①したがう。つきしたがう。さからわずに服する。したがえる。「従順・従属・随従・追従・服従・盲従」②つきしたがう人。とも。けらい。「従者・従卒・侍従」③たずさわる。仕事にあたる。「従業・従事・専従」④副。そえ。正より一段低い位。「従三位」↕正 ⑤傍系三親等以遠の血族を示す。「従兄・従母・従妹」⑥のびやか。ゆったりと落ち着いたさま。「従容」⑦より。から。時間・場所の起点・経過点を示す助字。「従前・従来」⑧たて。南北。=縦。「合従」⑨ほしいまま。=縦。「放従」難読従兄・従兄弟・従姉・従姉妹・従弟・従妹 人名しげ・つぐ

じゅう【従】①物事の中心でないほうのもの。主となるものに付属するもの。「仕事が主で勉強が—」②供。家来。《↕主》

じゅう【渋】【澁】人 ジュウ(ジフ)中 しぶ中・しぶい中・しぶる中 (字義) ①しぶ。しぶ柿から取った褐色の塗料。しぶい。味がしぶい。「渋紙」②しぶる。とどこおる。物事がすらすらと運ばない。「渋滞・晦渋・苦渋・難渋」③にがにがしい。「渋面」

じゅう【銃】ジュウ㊥ つつ

(字義) つつ。こづつ。鉄砲。「銃砲・機関銃・拳銃・小銃・猟銃」 人名 かね

じゅう【銃】 弾丸を発射する武器で、口径が小さいものの総称。小銃・機関銃・ピストルなど。「ーをとって戦う」

じゅう【獣】【獸】ジュウ(ジウ)㊥ けもの㊥・けだもの

(字義) けもの。けだもの。四本足で全身に毛がはえている動物。「獣心・獣畜・鳥獣・猛獣」

じゅう【縦】教6【縱】ジュウ・ショウ たて・ゆるす・はなつ・ほしいまま

(字義) ①たて。南北または上下の方向。⇔従。「縦横・縦走・縦断」⇔横 ②ゆるす。はなつ。「縦囚」③ほしいまま。わがまま。ほしいままにする。⇔従。「縦放・放縦」 難読 縦令 人名 なお

ジュー〈Jew〉ユダヤ人。(差別的な言い方)

しゅう-あく【醜悪】(名・形動ダ) 容貌・行い・心がけなどが非常に醜いこと。また、そのさま。「ーな争い」

じゅう-あく【十悪】《仏》身・口・意でつくる十種の罪悪。殺生・偸盗・邪淫・妄語・悪口・両舌・綺語・貪欲・邪見・瞋恚。「ー五逆の罪人」

しゅう-あけ【週明け】 新しい週になること。また、その第一日目の月曜日。「ーにご連絡します」

じゅう-あつ【重圧】 重い圧力。強い力で圧迫すること。「ーをかける」「責任者としてのーに耐える」

しゅう-い【囚衣】 囚人の着る制服。囚人服。獄衣。

しゅう-い【周囲】 ①物のまわり。四囲。「池のー」②そのものを取り巻く人や事物、また環境。「ーの目がうるさい」

しゅう-い【拾遺】 詩歌・文章などで、もれ落ちているものを拾い補うこと。「ー集」

しゅう-い【衆意】 一般大衆の意見。多くの人の考え。

しゅう-い【繍衣】 刺繍のある衣服。

じゅう-い【戎衣】 いくさに出るときの服装。軍服。

じゅう-い【重囲】 いくえにも取り囲むこと。

じゅう-い【獣医】 獣類、特に家畜やペットの病気を診断・治療する医者。獣医師。

しゅういぐそう〔拾遺愚草〕 藤原定家の自撰歌集。一二一六(建保四)年成立。「拾遺」は定家の当時の官名「侍従」の唐名にちなむ。

じゆう-いし【自由意志】 他からの束縛や影響を受けずに自分の思いのままにはたらく意志。「君のーに任せる」

しゅういしゅう〔拾遺集〕「拾遺和歌集」の略。

じゅう-いち【十一】《動》ホトトギス科の鳥。ハトより少し小さく、背は灰黒色で腹は淡い赤褐色。巣を作らずオオルリなど他の小鳥の巣に産卵し育てさせる。慈悲心鳥。夏 語源 鳴き声が「ジュウイチ」と聞こえるところからの名。

じゅういち-がつ【十一月】 一年で一一番目の月。霜月。冬

しゅう-いつ【秀逸】(名・形動ダ) 他よりずばぬけてすぐれていること。また、そのさま。「心理描写がーな作品」

じゅう-いつ【充溢】(名・自スル) 満ちあふれること。「気力がーする」

しゅういわかしゅう〔拾遺和歌集〕 平安中期の第三勅撰和歌集。撰者は花山院か。一一世紀初めに成立。古今・後撰両集にもれた歌一三五一首を収録。形式的な洗練美が基調。拾遺集。

しゅう-いん【衆院】「衆議院」の略。

じゅう-いん【充員】(名・他スル) 不足していた人員を補充すること。また、その人員。

しゅういん-じょう【集印帖】 参詣・観光などの記念として現地の記念スタンプを押し、その印影を集める帳面。

しゅう-う【秋雨】 秋に降る雨。秋雨。秋

しゅう-う【驟雨】 にわか雨。夕立。「ーにあう」夏

しゅう-うん【舟運】 舟による交通・輸送。「ーの便」

しゅう-えき【囚役】 囚人に課せられる労役。「ーにつく」

しゅう-えき【収益】 事業などで利益を収めること。収入になった利益。「ーを上げる」

しゅう-えき【就役】(名・自スル) ①役務・苦役などにつくこと。②新造の艦船が任務につくこと。

しゅうえき〔周易〕→えききょう

じゅう-えき【汁液】 果物などのしる。つゆ。

じゅう-えき【獣疫】 動物、特に家畜の伝染病。

しゅう-えん【周縁】 物のまわり。ふち。「都市のー」

しゅう-えん【終焉】 ①死ぬまぎわ。臨終。②晩年を過ごすこと。「ーの地を定める」③物事の終わり。「ブームのー」

しゅう-えん【終演】(名・自他スル) 演劇・演奏などの上演が終わること。また、終えること。「ーは午後八時」⇔開演

しゅう-えん【衆怨】 大勢の人のうらみ。

じゅう-えん【柔婉】 やさしくしとやかなこと。

じゅう-えん【重縁】 親類関係にある者どうしの間の婚姻または縁組。また、その関係にある家。

しゅう-お【羞悪】(名・他スル) 恥じ憎むこと。「ーの念」

じゅう-おう【縦横】 ①縦と横。南北と東西。②四方八方。③(多く「縦横に」の形で)思いのままに行うこと。自由自在にふるまうこと。勝手気まま。「ーに動き回る」

ーむげ【ー無礙】 自由自在で何の障害もないこと。

ーむじん【ー無尽】(名・形動ダ) 自由自在であること。思う存分。「ーの活躍ぶり」

しゅう-おん【集音】(名・自スル) 音を集めること。特に、機器を用いて小さな音や遠くの音を拾い集めることについていう。「ーマイク」「ー器」

じゅう-おん【重恩】 かさねて受ける恩義。厚い恩義。

しゅう-か【秀歌】 すぐれた和歌。「万葉のー」

しゅう-か【秋稼】 秋のとり入れ。秋の収穫。

しゅう-か【集荷・蒐荷】(名・自他スル) ①各地から農水産物などの荷が集まること。荷を集めること。また、その荷。②[集荷] 運送業者が、配送すべき荷を集めて回ること。「宅配便のー」

しゅう-か【集貨】(名・自他スル) 貨物や商品が集まること。集めること。また、その貨物や商品。

しゅう-か【衆寡】 多数と少数。多人数と小人数。

ー敵せず 小人数では多人数にかなわない。

じゆう-か【自由化】(名・他スル) 統制や管理をなくすこと。特に、国家による経済上の統制をなくすこと。「輸入のー」

じゅう-か【住家】 住居。すまい。

じゅう-か【重科】 重いとが。重罪。重刑。

じゅう-か【銃火】 ①射撃するとき銃器から発する火。②銃器による射撃。「ーを交える」

じゅう-か【銃架】 銃を立て掛けておく台。

じゆう-が【自由画】 形式によらず、自由に描く絵。

しゅう-かい【州界】 ①くにざかい。国境。②州と州の境。

しゅう-かい【周回】(名・自スル) まわること。巡ること。

また、物のまわり。周囲。「—五キロの湖」「月の軌道を—する」

しゅう-かい【集会】（名・自スル）多くの人が同じ目的をもって一定の場所に集まること。また、その集まり。会合。「—を開く」

しゅう-かい【醜怪】（名・形動ダ）顔かたちや心が醜く奇怪なこと。また、そのさま。「—な姿」

しゅう-かいどう【秋海棠】〘植〙シュウカイドウ科の多年草。中国原産。茎はやわらかく節の部分は赤褐色、葉は心臓形で地下に塊茎がある。秋に淡紅色の小花を開く。ベゴニアの一種。[秋]

〔しゅうかいどう〕

じゅうかがく-こうぎょう【重化学工業】〘工〙鉄鋼などの重工業と石油などの化学工業の総称。

しゅう-かく【収穫】[一]（名・他スル）農作物を取り入れること。取り入れ。「—期」「米を—する」[二]（名）ある事をして得たよい結果。成果。「旅の—」

しゅう-かく【臭覚】— においに対する感覚。嗅覚。

しゅう-がく【修学】—（名・自スル）学問を学び修めること。

—りょこう【—旅行】実地に見聞させて知識や情操を深めさせるため、教師が児童・生徒を引率して行う学校行事としての団体旅行。

しゅう-がく【就学】—（名・自スル）学校、特に小学校にはいって教育を受けること。また、在学していること。「—年齢」

じゅうかさん-ぜい【重加算税】— 過少申告や無申告などに対して加算税が課せられる場合、納税義務者が税金計算の基礎となる事実を隠したり偽ったりしたときに、制裁として課される税。

じゅう-かしつ【重過失】〘法〙重大な過失。注意義務をいちじるしく欠くこと。「—致死」

じゅうか-ぜい【従価税】商品の価格を基準にして税率を決めた税金。消費税がその例。⇩従量税

じゆう-がた【自由形】— 競泳種目の一つで、各自の自由にまかせた泳ぎ方。クロールがふつう。フリースタイル。

しゅう-かつ【就活】「就職活動」の略。「—生」

じゅう-がつ【十月】一年で、一〇番目の月。神無月（かんなづき・かみなづき）。[秋]

しゅうか-ぶつ【臭化物】—〘化〙臭素と他の元素との化合物。臭化水素・臭化カリウムなど。

しゅう-かん【収監】—（名・他スル）刑務所・拘置所に収容すること。「刑務所に—する」[参考]現在、法律では「収容」という。

しゅう-かん【週刊】— 新聞・雑誌などを週一回、定期的に刊行すること。また、その刊行物。ウイークリー。「—誌」

しゅう-かん【終巻】— 書物などの最終の巻。↕首巻

しゅう-かん【週間】— ①日曜日から土曜日までの七日間。②七日間を単位として期間を数える語。「二—の休み」③特別な行事のある七日間。「春の交通安全—」

しゅう-かん【習慣】①その土地で慣例・しきたりとして行われていること。風習。慣習。「土地の—に従う」②繰り返し行うことにより、そうすることがその人の決まりのようになっていること。「早起きの—をつける」

じゅう-かん【重患】重い病気。重病。また、その患者。

じゅう-かん【縦貫】—（名・他スル）縦または南北につらぬくこと。「—道路」

じゅう-がん【銃丸】— 銃の弾丸。鉄砲の玉。銃弾。

じゅう-がん【銃眼】外部を監視したり、敵を銃撃したりするため、とりでや城などの壁に設けた小さな穴。

しゅう-き【周忌】— 人の死後、年ごとにまわってくる忌日。また、その回数を示す語。回忌。「一—」「三—」

しゅう-き【宗規】それぞれの宗派の規約。

しゅう-き【周期】— ①一定時間ごとに同様の現象が起こるときの、その一定の時間。一回りする時間。②〘物〙一定の時間をおいて同一の変化や運動が繰り返されるときの、一回に要する時間。「振り子の—」

—てき【—的】（形動ダ）一定時間ごとに同様の現象が繰り返し起こるさま。「—に天気が変わる」

—りつ【—律】〘化〙元素を原子番号の順に並べると、性質の似た元素が周期的に現れるという法則。

しゅう-き【秋気】— 秋のけはいや感じ。また、秋の澄んだ大気。「—の訪れ」[秋]

しゅう-き【臭気】— くさいにおい。悪臭。「—がただよう」

しゅう-き【秋季】— 秋の季節。「—運動会」⇩夏期「使い分け」

しゅう-き【秋期】— 秋の期間。⇩夏期「使い分け」

しゅう-き【終期】①ある事の終わる時期。しまいのとき。②〘法〙法律行為の効力がなくなる時期。（↕始期）

しゅう-ぎ【宗義】〘仏〙宗派の根本となる教義。

しゅう-ぎ【祝儀】— ①祝いの儀式。特に、婚礼。②祝いの儀式の際に贈る金品。③心づけ。チップ。「—をはずむ」

しゅう-ぎ【衆議】多人数で相談や議論をすること。また、そのときの意見。「—一決する」

—いん【—院】参議院とともに国会を構成し、国民によって選ばれた議員で組織する立法機関。内閣総理大臣の指名や予算の議決、条約の承認などでは参議院に対して優越した立場にある。議員の任期は四年。衆院。⇩参議院

じゅう-き【什器】— 日常使う家具・道具類。什物（じゅうもつ）。

じゅう-き【戎器】戦争に使う器具・機械。武器。兵器。

じゅう-き【重器】— ①たいせつな宝物。貴重な道具。重宝。②たいせつな人物。

じゅう-き【重機】— ①重工業や土木・建築などで用いる大型の機械。②「重機関銃」の略。

じゅう-き【銃器】小銃・ピストル・機関銃などの総称。

じゅう-きかんじゅう【重機関銃】数人で操作する、大型で威力の強い機関銃。重機。↕軽機関銃

しゅう-きく【蹴鞠】— ↓けまり

じゅうき-ネット【住基ネット】—（「住民基本台帳ネットワークシステム」の略）市区町村と都道府県をネットワークで結び、住民基本台帳に記載された住民票の情報を全国的・一元的に管理・利用するシステム。

しゅう-きゃく【集客】— 客を集めること。「—力」

しゅう-きゅう【週休】一週間のうちに決まった休日があること。また、その休日。「—二日制」

しゅう-きゅう【週給】一週間単位で支払われる給料。

しゅう-きゅう【蹴球】↓フットボール

じゅう-きょ【住居】— 人の住む建物。住まい。住宅。

しゅう-きょう【宗教】— 神仏など、超人間的・絶対的なものを信仰して、安心や幸福を得ようとすること。また、そのための教えや行事。「—家」

—かいかく【—改革】〘世〙一六世紀にヨーロッパで起こった、ローマカトリック教会の信仰と体制をめぐる変革運動。「聖書」の権威を主張して教会の伝統的教義・体制を否定し、プロテスタント教会が設立された。⇩ルター・カルバン

―ほうじん【―法人】《法》宗教法人法に基づいて宗教行為を行う団体として認められた法人。公益法人の一種。

しゅう-きょう【秋興】― 秋の景物のおもしろみ。

しゅう-ぎょう【修業】(名・自スル) 学術や技芸を習い、身につけること。修業。「―年限」

しゅう-ぎょう【終業】―(名・自スル) ①その日の業務を終えること。「―時刻」②学校で、一学期間または一年間の授業を終えること。「―式」(↔始業)

しゅう-ぎょう【就業】(名・自スル) ①業務につくこと。「―人口」↔失業 ②職業についていること。「―時間」

―きそく【―規則】《法》使用者が事業場における労働者の労働条件や服務規律を定めたもの。

しゅう-ぎょう【醜業】いやしい職業。特に、売春。

じゆう-ぎょう【自由業】時間や雇用関係にしばられずに、個人で独立して営む職業。著述業・弁護士・医者などの専門的な職業。

じゅう-ぎょう【従業】―(名・自スル) 業務に従事すること。

―いん【―員】業務に従事する人。「―を募集する」

しゅう-きょく【終曲】《音》交響曲・ソナタ・組曲などの最後の楽章。また、歌劇の各幕の結びの曲。フィナーレ。

しゅう-きょく【終局】①囲碁・将棋の打ち(指し)終わり。②物事の落着。結末。しまい。「事件が―に近づく」

しゅう-きょく【終極】物事の最後。究極。「―の目的」

しゅう-きょく【褶曲】―(名・自スル)《地質》水平に堆積した地層が地殻変動のため波状に曲がり、山や谷ができること。「―山脈」

しゅうぎょくしゅう〔拾玉集〕室町初期の私家集。尊円親王編。一三四六(貞和二)年成立。慈円の詠歌を収める。

しゅうぎょ-とう【集魚灯】― 夜間、魚類を誘い寄せて捕獲するために、水上や水中を照らす灯火。

しゅう-きん【集金】―(名・自他スル) 料金や代金などを集めること。また、その金銭。「新聞代の―」「月末に―する」

しゅう-ぎん【秀吟】― すぐれた詩歌。名歌。

じゅう-きんぞく【重金属】―《化》比重がほぼ四以上の金属。金・銀・銅・鉛・鉄・クロム・カドミウムなど。↔軽金属

しゅう-く【秀句】― ①すぐれた俳句。②巧みに言い掛けたしゃれた文句。地口・口合いの類。秀句。

しゅう-ぐ【衆愚】大勢の愚かな人。

―せいじ【―政治】大勢の愚かな民衆によって行われる政治。民主主義の政治をののしっていう語。

じゅう-く【重苦】― 重い苦しみ。耐えがたい苦しみ。

ジュークボックス〈米 jukebox〉硬貨を入れ、選んだ曲目のボタンを押すと自動的にそのレコードがかかる装置。

シュークリーム〈フランス chou à la crème(シュー・ア・ラ・クレーム)から〉小麦粉や卵・バターなどを練り混ぜ、球状に焼いた皮の中にクリームを詰めた洋菓子。参考「シュー」はキャベツの意。形が似ていることからいう。

じゅう-ぐん【従軍】(名・自スル) 軍隊について戦地へ行くこと。「―記者」

しゅう-げ【集解】― 各種の解釈を集めた書物。

しゅう-けい【集計】―(名・他スル) 個々に出した数値を集めて合計すること。また、合計したもの。「データを―する」

じゆう-けい【自由刑】―《法》犯罪者の身体の自由を剝奪する刑罰。拘留・禁固・懲役の三種がある。

じゅう-けい【重刑】― 重い刑罰。重科。

じゅう-けい【従兄】年上の、男のいとこ。↔従弟

じゅう-けい【銃刑】銃殺の刑罰。銃殺刑。

じゆう-けいざい【自由経済】―《経》国家などの干渉や規制を受けずに個人や企業が自由に行う経済。↔統制経済

じゅう-けいてい【従兄弟】男のいとこ。↔従姉妹

しゅう-げき【襲撃】―(名・他スル) 不意をついて襲うこと。「敵を―する」

じゅう-げき【銃撃】(名・他スル) 銃で攻撃すること。

しゅう-けつ【終決】(名・自スル) 長く続いていた物事にきまりがついて終わること。

しゅう-けつ【終結】(名・自スル) ①続いていた物事が終わりになること。「戦争が―する」②《論》仮設から推論される結論。帰結。

しゅう-けつ【集結】―(名・自他スル) 一か所に集まること。また、集めること。「部隊が―する」

しゅう-げつ【秋月】― 秋の夜の月。

じゅう-けつ【充血】(名・自スル) 体のある一部の動脈血が異常に増えること。また、その状態。「目が―する」参考 静脈血の場合は「鬱血」という。

じゅうけつ-きゅうちゅう【住血吸虫】《動》ジュウケツキュウチュウ科の寄生虫の総称。皮膚からはいり、人畜や鳥の血管内に寄生する吸虫類。日本住血吸虫など。

じゆう-けっこん【自由結婚】― 父母の同意なしに当事者の合意だけでする結婚。参考 現行民法では成年の男女はおたがいの合意だけで結婚することが認められている。

しゅう-けん【集権】― 政治などの権力を一つに集めること。「中央―国家」↔分権

しゅう-げん【祝言】― ①祝いの儀式。特に、婚礼。結婚式。「―を挙げる」②祝い。祝いのことば。祝辞。

しゅう-げん【衆言】大勢の人のことば。

じゅう-けん【銃剣】①銃と剣。②小銃の先に付ける短い剣。また、短い剣を付けた小銃。「―術」

じゅう-げん【重言】― ①同じような意味の語を重ねて使う言い方。「豌豆まめ」「落石が落ちてくる」など。重言。②同字を重ねた熟語。畳語。「堂々」「黒々」など。

じゅう-こ【住戸】― マンションなどの集合住宅で、一戸一戸をいう語。「―面積」

じゅう-ご【銃後】(戦場の後方の意)戦闘に直接参加しない一般の国民。「―の守り」

しゅう-こう【舟行】(名・自スル) ①舟で行き来すること。②舟遊び。

しゅう-こう【舟航】(名・自スル) 舟で行くこと。航海。

しゅう-こう【周航】(名・自スル) 船で各地を巡ること。航海。「世界―の旅」

しゅう-こう【秋郊】秋の野原。秋の郊外。秋

しゅう-こう【秋耕】(名・他スル) 秋の収穫後、麦や野菜などの種をまくために畑を耕すこと。秋

しゅう-こう【修好・修交】(名・自スル) 国と国とが親しく交流し合うこと。「―条約」

しゅう-こう【衆口】多くの人の言うところ。多くの人の評判。「―の一致するところ」

しゅう-こう【就航】(名・自スル) 船・飛行機が初めて航路につくこと。また、特定の航路で運行していること。

しゅう-こう【醜行】醜く恥ずかしい行い。みだらな行い。

しゅう-ごう【秋毫】(秋に抜けかわる獣の細い毛の意から)きわめて少ないこと。ほんのわずか。「―も狂いはない」用法 下に打ち消しの語を伴う。

しゅう-ごう【習合】（名・他スル）宗教や哲学で、それぞれ別の教理・学説を取り合わせて一つにすること。「神仏ー」

しゅう-ごう【集合】（名・自他スル）①一箇所に集まること。また、集めること。「駅前にーする」↔解散 ②〔数〕一定の範囲に含まれるものを一つの全体として考えたもの。

ーじゅうたく【ー住宅】 独立した複数の住居が一棟の建物の中におさめられている住宅。アパート・マンションなど。

ーめいし【ー名詞】〔文法〕(collective noun の訳語)西洋語で、同種の個体が集まった全体を表す名詞。文法的に単数として扱われる。「国民」「家族」「ギャング」など。

ーろん【ー論】〔数〕「集合②」の性質を研究する数学の一部門。無限の概念を明らかにし、解析学の基礎となるもの。

じゆう-こう【自由港】 中継貿易を発展させるために、輸出入の貨物に税を課さず、外国船の出入を自由にさせる港。

じゅう-こう【重厚】（名・形動ダ）重々しくどっしりしていること。また、そのさま。「ーな人柄」「ーな作風」↔軽薄

ーちょうだい【ー長大】 重工業の特質をいう語。扱う製品が重く厚く長く大きいこと。↔軽薄短小

じゅう-こう【銃口】 銃の弾丸を発射する口。筒先。

じゅう-こう【獣行】 動物的な欲望を満足させようとするみだらな行い。

じゅう-ごう【重合】（名・自スル）〔化〕同種類の分子が二つ以上結合して、大きな分子量の化合物をつくる反応。

じゅう-こうぎょう【重工業】〔工〕重量の大きい物品、主として生産財を生産する工業。鉄鋼業・機械工業・造船業・車両製造業など。↔軽工業

じゅう-こうぞう【柔構造】〔建〕建築の耐震構造の一つ。高層建築で、地震の揺れに逆らわず、建物が変形することで衝撃を吸収するようにしたもの。

じゆう-こうどう【自由行動】 他からの保護や監督を受けずに、自分の意思によってする行動。「三時までー」

しゅう-ごく【囚獄】 ろうや。罪人を捕らえておく所。

じゅう-こく【重刻】（名・他スル）→じゅうはん(重版)

しゅう-こつ【収骨】（名・自スル）①火葬後の遺骨を骨壺などに納めること。②戦地などに残された戦没者の遺骨を、埋葬するために集めること。

じゅうごにち-がゆ【十五日粥】 正月十五日の朝に神に供えて食べるかゆ。一年じゅうの邪気を払うといい、古くは小豆粥であった。新年

じゅうご-や【十五夜】 ①陰暦十五日の夜。満月の夜。②陰暦八月十五日の夜。古来月見の宴をする。仲秋。芋名月。秋

しゅう-ごろし【主殺し】 主人または主君を殺すこと。また、殺した人。

じゅう-こん【重婚】（名・自スル）〔法〕配偶者のある者が、さらに他の者と結婚すること。二重結婚。刑法上、罰せられる。

しゅう-さ【収差】〔物〕一点から出た光が、レンズ・鏡などを通過したり反射したりしたあと、正確に一点に集まらないため、像がひずんだりぼやけたりすること。「色ー」

じゅう-ざ【銃座】 射撃の際に銃をすえる場所・台。

ジューサー〈juicer〉野菜や果実などをしぼって、ジュースをつくる器具。

しゅう-さい【収載】（名・他スル）論文・作品・情報などを本などに収めてのせること。「文集にーする作品」

しゅう-さい【秀才】 ①学識や才能にすぐれた人。↔鈍才 ②昔、中国で科挙(=官吏登用試験)の科目。また、その試験に合格した人。進士。③平安時代、方略策(=国家政策上の問題)の試験に合格した人。文章得業生。

じゅう-ざい【重罪】 重い罪。「ーを犯す」

しゅう-さく【秀作】 すぐれた作品。「近年まれなー」

しゅう-さく【習作】（名・他スル）文学・美術・音楽などで、練習のために作品を作ること。また、その作品。エチュード。

しゅう-さつ【集札】 電車やバスなどで、乗客から切符を回収すること。

じゅう-さつ【重刷】（名・他スル）→ぞうさつ

じゅう-さつ【重殺】（名・他スル）→ダブルプレー

じゅう-さつ【銃殺】（名・他スル）銃で撃ち殺すこと。特に、刑罰として銃で射殺すること。「ー刑」

しゅう-さん【秋蚕】 →あきご

しゅう-さん【集散】（名・自他スル）集まったり散ったりすること。「ー地(=物資を集め、他の消費地へ出荷する土地)」

しゅう-さん【蓚酸】〔化〕カルボン酸の一つ。無色柱状の結晶。カタバミなどの植物中に塩類として広く含まれる。染料や漂白剤の原料などに用いられる。

じゅうさんかい-き【十三回忌】〔仏〕人の死後一三年目の忌日。十三年忌。十三周忌。（死んだ年を入れて数える。）

しゅうさん-き【周産期】〔保〕出産前後の期間。妊娠満二八週以後から生後一週未満。

しゅうさん-しゅぎ【集産主義】（collectivism の訳語）生産手段(工場・鉱山・鉄道など)を国有として、政府が管理・統制することを経済原則とする社会主義的立場。

じゅうさん-や【十三夜】 ①陰暦十三日の夜。②陰暦九月十三日の夜。後の月。豆名月。栗名月。秋

じゅうさん-り【十三里】 焼き芋のこと。語源 九里四里(栗より)うまいというしゃれから出た語。

しゅう-し【収支】 金銭の収入と支出。「ー決算」

しゅう-し【舟師】 水軍。海軍。水師。

しゅう-し【宗旨】 ①その宗教の中心となる教義。②宗門。宗派。③自分の主義主張や生き方・趣味など。

ーがえ【ー変え・ー替え】（名・他スル）①宗教・宗派を変えること。②自分の主義・好みなどを変えること。

しゅう-し【秋思】 秋のころのさびしいもの思い。秋

しゅう-し【修士】 大学院に二年以上在学して所定の単位を修得し、修士論文の審査に合格したものに与えられる学位。マスター。「ー課程」

しゅう-し【修史】 歴史書を編修すること。「ー事業」

しゅう-し【終止】（名・自スル）終わること。しまい。

ーけい【ー形】〔文法〕活用形の一つ。平叙文で言い切りに用いられる形。また、助動詞「らしい・そうだ(伝聞)」、助詞「と・から・けれど(も)・が・な」などを付ける。文語では、助動詞「らむ・らし・べし・まじ・めり・なり(推定)」、助詞「とも・や」などを付ける。

ーふ【ー符】 ①欧文で文の終わりに付ける記号。ピリオド。②物事の終わり。しまい。「論争にーを打つ」

しゅう-し【終始】 ㊀(名・自スル) 始めから終わりまで同じ状態を続けること。「防戦にーする」㊁(副) 始めから終わりまで。始終。「ー正座をくずさない」

ーいっかん【ー一貫】（副・自スル）最初から最後まで態度や行動がまったく変わらないこと。「ーした態度」

しゅう-し【愁思】 もの悲しい思い。うれい。

しゅう-じ【修辞】 言葉を飾って美しく巧みに表現すること。また、その技術。レトリック。「ー法」

しゅう-じ【習字】シフ ①文字の書き方を習うこと。手習い。②書道。③古く、小・中学校の教科の一つ。現在は国語科の一分野で「書写」と呼ばれる。⇩書写

じゆう-し【自由詩】ジイウ 《文》伝統的な詩の形式や約束にしばられない自由な表現の詩。日本では特に五音・七音の繰り返しなどの音数律をとらない詩をいうことが多い。↕定型詩

じゅう-し【重視】ヂユウ（名・他スル）重要なものとして扱うこと。重くみること。「事態を―する」↕軽視

じゅう-し【従姉】年上の、女のいとこ。↕従妹

じゅう-し【獣脂】ジウ 獣類からとれる脂肪。

じゅう-じ【十字】ジフ 漢字の「十」の字。また、それに似た形。

―を切(き)る キリスト教徒が神に祈るとき、手で胸に十字を描く。

―か【―架】①罪人をはりつけにする、十字形に組んだ柱。②《基》キリスト教徒が崇敬する十字形のしるし。尊敬・名誉・贖罪(しょくざい)・犠牲・苦難などを表す。イエスが「十字架①」ではりつけにされたことにちなむ。クロス。クルス。③(転じて)逃れようとして逃れられない罪や苦悩。「―を背負って生きてゆく」

―ぐん【―軍】《世》一一世紀末から一三世紀にかけて、西ヨーロッパ各地のキリスト教徒が、聖地エルサレムをイスラム教徒から奪回するために起こした遠征軍。

―ほうか【―砲火】ハウクワ 左右から交差するように発射される砲火。十字火。「―を浴びる」

―ろ【―路】十字に交差している道。四つ辻(つじ)。四つ角。

じゅう-じ【住持】ヂユウヂ 寺の長である僧。住職。

じゅう-じ【従事】（名・自スル）その仕事に関係し、それを自分のつとめとすること。「研究に―する」

ジューシー〈juicy〉（形動ダ）ダロ・ダッ(デ・ニ)・ダ・ナ・ナラ・○ 水分の多いさま。果汁の多いさま。「―な果実」

じゆう-じざい【自由自在】ジイウ（形動ダ）ダロ・ダッ(デ・ニ)・ダ・ナ・ナラ・○ 思いどおりにできるさま。思いのまま。「―にあやつる」文(ナリ)

じゅうしちかい-き【十七回忌】ジフシチクワイ 《仏》人の死後一七年目の忌日。十七年忌。十七周忌。（死んだ年を入れて数える。）

じゅうしち-もじ【十七文字】ジフシチ 俳句のこと。語源 俳句が五・七・五の一七文字からできていることからいう。

しゅう-じつ【秋日】シウ ①秋の日。②秋の季節。

しゅう-じつ【終日】朝から晩まで。一日じゅう。ひねもす。

しゅう-じつ【週日】シウ 一週間の中で日曜日(または日曜日・土曜日)以外の日。平日。ウイークデー。

じゅう-じつ【充実】（名・自スル）内容が十分で豊かなこと。「施設の―」「気力が―する」

じゅう-しまい【従姉妹】女のいとこ。↕従兄弟(じゅうけいてい)

じゅう-しまつ【十姉◇妹】ジフ 《動》カエデチョウ科の飼い鳥。羽色は白色または暗褐色とのまだら。よく繁殖する。

しゅう-しゃ【終車】その日の最終発車の電車やバス。

じゅう-しゃ【従者】つき従う者。供の者。

しゅう-しゃく【襲爵】シフ（名・自スル）爵位を継ぐこと。

しゅう-じゃく【執着・執◇著】シフヂヤク（名・自スル）→しゅうちゃく(執着)

しゅう-しゅ【袖手】シウ ①手をそでの中に入れること。懐手(ふところで)。②(転じて)骨折りを惜しみ、何もしないこと。

―ぼうかん【―傍観】バウクワン（名・他スル）何もせずに、ただ成り行きをながめていること。拱手(きょうしゅ)傍観。

しゅう-じゅ【収受】シウ（名・他スル）受けとって収めること。

しゅう-じゅ【襲受】シフ（名・他スル）あとを受け継ぐこと。

しゅう-しゅう【収拾】シウシフ（名・他スル）①混乱した状態をとりまとめること。「―がつかなくなる」「事態を―する」②ひろいおさめること。⇩「使い分け」

しゅう-しゅう【収集・◬蒐集】シウシフ（名・他スル）①集めること。「ごみの―」②趣味や研究などのために集めまとめること。また、集めたもの。コレクション。「切手の―」⇩「使い分け」

> **使い分け**「収拾・収集」
> 「収拾」は、乱れた事態をおさめる意で、「政局の収拾をはかる」などと使われる。
> 「収集」は、物をあちこちから集めたり、趣味や研究用に品物・資料を集めたりする意で、「不用品の収集日」「情報の収集」などと使われる。

しゅう-しゅう【拾集】シフシフ（名・他スル）ひろい集めること。

しゅう-しゅう【集◬輯】シフシフ（名・他スル）とり集めて編集すること。

しゅう-しゅう【◬啾◬啾】シウシウ（トタル）小声で低く悲しげに泣くさま。「鬼哭(きこく)―」文(形動タリ)

しゅう-じゅう【◇主従】→しゅじゅう②

じゅう-じゅう【重重】ヂユウヂユウ（副）かさねがさね。よくよく。たびたび。「失礼の段―お詫(わ)びいたします」「―承知している」

じゆう-しゅぎ【自由主義】ジイウ 社会に有害でないかぎり、国家権力その他の干渉を排し、最大限に個人の思想や活動の自由を尊重する思想。リベラリズム。

しゅう-しゅく【収縮】シウ（名・自他スル）引きしまってちぢまること。引きしめてちぢめること。「筋肉が―する」

じゅう-じゅく【習熟】シフ（名・自スル）慣れて上手になること。熟練。「仕事に―する」

じゅう-しゅつ【重出】ヂユウ（名・自スル）二度以上同じものが出ること。重複して出ること。重出(ちょうしゅつ)。

じゅう-じゅつ【柔術】ジウ 日本古来の武術の一つ。素手で相手と格闘するもので柔道の前身。やわら。

じゅう-じゅん【柔順】ジウ（名・形動ダ）おとなしく、素直であること。また、そのさま。「―な性格」

じゅう-じゅん【従順】（名・形動ダ）人の言うことに逆らわずにおとなしく従うこと。また、そのさま。「―な態度」

しゅう-しょ【衆庶】一般の人々。庶民。

しゅう-じょ【醜女】シウヂヨ 顔かたちの醜い女。しこめ。↕美女

じゅう-しょ【住所】ヂユウ 住んでいる所。生活の本拠とする場所。また、その所番地。「―を定める」

―ふてい【―不定】住んでいる所が定まっていないこと。

―ろく【―録】関係者の住所を整理して記録した帳簿。

しゅう-しょう【周章】シウシヤウ（名・自スル）あわてふためくこと。

―ろうばい【―◬狼◬狽】ラウバイ（名・自スル）思いがけないことに出あってうろたえ騒ぐこと。「突然の事態に―する」

しゅう-しょう【終章】シヤウ 論文・小説などの最後の章。エピローグ。↕序章

しゅう-しょう【秋宵】シウセウ 秋のよい。秋の夜。秋

しゅう-しょう【就床】シウシヤウ（名・自スル）床につくこと。寝ること。就寝。↕起床

しゅう-しょう【愁傷】シウシヤウ（名・自スル）①なげき悲しむこと。②→ごしゅうしょうさま

しゅう-じょう【醜状】シウジヤウ みにくいありさま。ぶざまなさま。「―をさらす」

じゅう-しょう【重症】ヂユウシヤウ ①病気やけがなどの症状が重いこと。「―患者」↕軽症 ②一般に、物事の状態が回復困難な

までに悪くなっていること。「会社の経営状態は—だ」

じゅう-しょう【重唱】ヂュウシャウ (名・他スル)〔音〕一人一人がそれぞれ異なる声部を受け持って合唱すること。二重唱・三重唱など。「—曲」

じゅう-しょう【重傷】ヂュウシャウ 重いきず。深手。「—を負う」↔軽傷

じゅう-しょう【銃床】ジュウシャウ 小銃の銃身を支える木の部分。

じゅう-しょう【銃傷】ジュウシャウ 銃弾で受けた傷。銃創。

じゅうしょう-しゅぎ【重商主義】ヂュウシャウ— 〔世〕(mercantilism の訳語)一六世紀末から一八世紀にかけてヨーロッパ諸国の推進した経済政策。国家の積極的な保護・介入によって外国貿易を盛んにし、貿易差額を取得することで国家の富を増やそうとする考え方。⇒重農主義

しゅう-しょく【秋色】シウ 秋の気配。秋らしい感じ。また、秋の景色。「—が深まる」[秋]

しゅう-しょく【修飾】シウ (名・他スル)①美しくととのえかざること。②〔文法〕ある語句によって他の語句の表す内容を説明したり限定したりすること。「名詞を—する語」

—ご【—語】〔文法〕文の成分の一つ。「修飾②」のはたらきをする文節。体言を修飾する連体修飾語と、用言を修飾する連用修飾語とがある。「青い空」の「青い」、「ゆっくり歩く」の「ゆっくり」など。[参考] 修飾される文節を被修飾語という。

しゅう-しょく【就職】シウ (名・自スル)勤め先を見つけて職につくこと。「商社に—する」↔退職

—かつどう【—活動】クヮツドウ 職を得るために行う活動。特に、学生などが会社訪問したり入社試験を受けたりする求職活動。就活。

—なん【—難】不況などで、就職することが困難なこと。

しゅう-しょく【愁色】シウ うれいをふくんだ顔色やようす。

しゅう-しょく【襲職】シフ (名・自スル)職務をうけつぐこと。

しゅう-じょく【就△褥】シウ (名・自スル)①床につくこと。床をしいて寝ること。②病気で床につくこと。

じゅう-しょく【住職】ヂュウ 寺の長である僧。住持。

じゅう-しょく【重職】ヂュウ 責任ある重要な職務。

しゅう-じょし【終助詞】〔文法〕助詞の分類の一つ。文の終わりにあって疑問・禁止・感動・念押し・願望などの意を表す助詞。「か」「な」「わ」「ぞ」「ぜ」など。文語では「な」「(な…)そ」「かな」「かし」「ばや」「なむ」など。

しゅう-しん【修身】シウ ①身を修めて行いを正しくすること。「—斉家(=自分の行いを正し、家庭をととのえること)」②旧制の小・中学校の教科の一つ。現在の道徳にあたる。

しゅう-しん【執心】シフ (名・自スル)ある物事に強く心をひかれて執着すること。「彼女にご—だ」「金に—する」

しゅう-しん【終身】一生の間。終生。「—雇用(=労働者を定年まで雇用しつづける雇用形態)」

—かん【—官】クワン 特別の過失や事情がない限り、死ぬまで勤められる公務員。現行法では存在しない。

—けい【—刑】死ぬまで刑務所で服役する刑罰。

しゅう-しん【終審】①最後の審理。②〔法〕それ以上、上訴できない審理。一般に最高裁判所の審理。

しゅう-しん【就寝】シウ (名・自スル)眠るために寝床にはいること。就床。「—時間」↔起床

しゅう-じん【囚人】シウ 刑務所で服役中の人。

しゅう-じん【舟人】シウ ふなびと。船頭。水夫(かこ)。

しゅう-じん【衆人】多くの人々。

—かんし【—環視】クワンシ 大勢の人が四方から取り囲んで見ていること。「—の中」

しゅう-じん【集△塵】シフヂン ごみを一か所に集めること。「—機」

じゅう-しん【重心】ヂュウ ①〔数〕三角形の三つの中線の交点。②〔物〕物体の各部にはたらく重力が一つに集まる点。物体の質量中心と一致する。重力中心。「—を失う」「—をとる」

じゅう-しん【重臣】ヂュウ 重要な役職にある臣下。

じゅう-しん【従心】「七〇歳」のこと。[語源]「論語」に「七十にして心の欲する所に従いて、矩(のり)を踰(こ)えず」とあることからいう。⇒年齢「参考」

じゅう-しん【銃身】銃器で、弾丸がそこを通って発射される鋼鉄製の円筒部分。

じゅう-しん【獣心】ジウ 道理をわきまえない、残忍なけもののような心。「人面—」

シューズ〈shoes〉靴。短靴。「バスケット—」

ジュース〈deuce〉テニス・卓球・バレーボールなどで、あと一点で一セットまたは一ゲームの勝負が決まるときに同点となること。一方が連続二点を取れば勝ちになる。デュース。

ジュース〈juice〉果実や野菜をしぼった汁。また、それを加工した飲料。「オレンジ—」[参考]英語では果汁一〇〇パーセントのものをjuiceといい、そうでないものをsoft drinkという。

しゅう-すい【秋水】シウ ①秋のころの澄みきった水。[秋]②くもりなくとぎすました刀。「三尺の—」

しゅう-すい【△酋帥】シウ 酋長(しゅうちょう)。未開の部族の長。

じゅう-すい【重水】ヂュウ 〔化〕重水素二個と酸素一個とからなる、ふつうの水よりも分子量の大きい水。原子炉の中性子減速材として用いる。分子式 D_2O

じゅうすい-そ【重水素】ヂュウ— 〔化〕水素の同位元素で質量数が二のもの。ジュウテリウム。

しゅう-すじ【◦主筋】スヂ 主人にあたる血筋。また、それに近い関係にあること。また、その人。

しゅう・する【執する】シフスル (自サ変)シ(セ・サ)・シ・スル・スル・スレ・セヨ 執着する。深く心にかける。「物に—」[文]しふ・す(サ変)

しゅう・する【修する】シウスル (他サ変)シ(セ・サ)・シ・スル・スル・スレ・セヨ ①(学問・技芸などを)身につける。学ぶ。「学を—」②正しくする。「身を—」③飾る。「外見を—」④つくろう。なおす。「社殿を—」⑤とり行う。いとなむ。しゅうする。「法会(ほうえ)を—」[文]しう・す(サ変)

じゅう・する【住する】ヂュウスル (自サ変)シ(セ・サ)・シ・スル・スル・スレ・セヨ ①住む。住まう。②一定の所にとどまる。[文]ぢゅう・す(サ変)

しゅう-せい【秋声】シウ 秋風など、秋の気配を感じさせる音。秋の声。[秋]

しゅう-せい【修正】シウ (名・他スル)まちがいや、不十分な点を直して正しくすること。「—案」「軌道を—する」

しゅう-せい【修整】シウ (名・他スル)写真の原版や印画、画像などに手を加えて整え直すこと。「写真を—する」

しゅう-せい【終生・終世】死ぬまでの間。一生。終身。副詞的にも用いる。「—御恩は忘れません」

しゅう-せい【習性】シフ ①習慣によって身についた、一定の性質。くせ。②その動物特有の行動様式。「魚の—」

しゅう-せい【集成】シフ (名・他スル)多くのものを集めて一つにまとめあげること。また、そのもの。集大成。「資料の—」

—ざい【—材】薄い板を貼り合わせた木材。気温の変化による影響が少なく強度の高い建築資材とされる。

しゅう-ぜい【収税】シウ (名・他スル)税金をとりたてること。

じゅう-せい【銃声】銃を発射したときに出る音。

じゅう-せい【獣性】ジウ ①獣類の性質。②人間の持つ性質の中で、本能的・動物的な面。「—をむき出しにする」

じゅう-ぜい【重税】ヂュウ 負担の重い税金。「—を課する」

しゅう-せき【集積】シフ (名・自他スル)集まり積み重なるこ

と。集めて積み重ねること。「石材の―場」

―かいろ【―回路】(クワイロ) 〖物〗整流・増幅・演算などの特性が一体として組みこまれた超小型の電子回路。IC

しゅう-せき【就籍】(シウ) 〖法〗戸籍の記載もれや、そのほかの理由で籍のないものが、届け出をして戸籍を設けること。

じゅう-せき【重責】(ヂュウ) 重い責任。「―を担う」

しゅう-せつ【衆説】多くの人の意見。

しゅう-ぜつ【秀絶】(シウ)(名・形動ダ) 他に抜きん出てすぐれていること。また、そのさま。

しゅう-せん【周旋】(シウ)(名・他スル) 取り引き・雇用などの交渉で間に立って世話をすること。とりもつこと。斡旋(あっせん)。

―や【―屋】周旋をする職業。また、その人。

しゅう-せん【秋扇】(シウ) 秋になって用いられなくなった扇。転じて、時期にはずれて役に立たないもののたとえ。秋の扇。秋

しゅう-せん【秋△蟬】(シウ) 秋に鳴くせみ。秋

しゅう-せん【終戦】戦争が終わること。特に、第二次世界大戦の終結をさしていうことが多い。「―記念日」↔開戦

しゅう-せん【△鞦△韆】(シウ) ぶらんこ。春

しゅう-ぜん【修繕】(シウ)(名・他スル) こわれた部分をつくろい直すこと。修理。「屋根の―」

しゅう-ぜん【愁然】(シウ)(トタル) うれいに沈むさま。「―たる面持ち」文(形動タリ)

じゅう-せん【縦線】たてに引いた線。たての線。↔横線(おうせん)

じゅう-ぜん【十全】(ジフ)(名・形動ダ) すべてがそろって完全なこと。また、そのさま。万全(ばんぜん)。「―の準備」

じゅう-ぜん【十善】(ジフ) 〖仏〗①十悪を犯さないこと。⇩十悪 ②前世で①を行った果報により現世で受ける、天子の位。

―の君(きみ) 天子の尊称。

じゅう-ぜん【従前】今より前。今まで。以前。「―のとおり」

しゅう-そ【宗祖】宗派の開祖。教祖。

しゅう-そ【臭素】(シウ) 〖化〗非金属元素の一つ。常温では赤褐色の液体で、揮発しやすく刺激臭が強い。殺菌・医薬・写真材料などに用いられる。ブロム。元素記号 Br

―し【―紙】写真印画紙の一種。ブロマイド紙。

しゅう-そ【愁訴】(シウ)(名・自スル) 苦しみや悲しみなどを嘆き訴えること。また、その訴え。「―の声」「不定―」

じゅう-そ【重△祚】(ヂュウ)(名・自スル)→ちょうそ(重祚)

しゅう-そう【秋霜】(シウサウ) ①秋におく霜。秋 ②(①が容赦なくきびしいことから)刑罰や権威などがおごそかできびしいことのたとえ。③切れ味鋭い刀剣。④白髪。「頭に―をいただく」

―れつじつ【―烈日】(秋の冷たい霜と夏の激しい日光の意)刑罰や権威などがおごそかできびしいことのたとえ。

しゅう-ぞう【収蔵】(シウザウ)(名・他スル) ①物をとり集めておさめておくこと。②農作物を収穫してたくわえておくこと。

しゅう-ぞう【修造】(シウザウ)(名・他スル) 社寺などの建物をつくろい直すこと。修造(しゅぞう)。「社殿の―」

じゅう-そう【住僧】(ヂュウ) その寺に住む僧。多く住職をさす。

じゅう-そう【重奏】(ヂュウ)(名・他スル)〖音〗それぞれ異なる楽器で異なる声部を受け持って合奏すること。「ピアノ三―」

じゅう-そう【重曹】(ヂュウサウ) 〖化〗(「重炭酸ソーダ」の略。「曹」は「曹達(ソーダの当て字)」から)「炭酸水素ナトリウム」の俗称。

じゅう-そう【重層】(ヂュウ) いくつもの層をなしていること。

じゅう-そう【従僧】高僧や住職につき従う僧。

じゅう-そう【銃創】(サウ) 銃弾で受けた傷。銃傷。「貫通―」

じゅう-そう【縦走】(名・自スル) ①山脈や道路が南北または縦の方向に連なっていること。②登山で、尾根伝いに歩き、いくつもの峰をこえること。「中央アルプスを―する」

しゅう-そく【収束】(シウ) 一(名・自他スル) おさまりがつくこと。おさまりをつけること。「事態が―に向かう」 二(名・自スル) ①〖数〗変数の値が、ある有限な一定の値に限りなく近づくこと。収斂(しゅうれん)。↔発散 ②→しゅうそく(集束)

しゅう-そく【終息・終△熄】(名・自スル) 終わりになること。やむこと。すっかり絶えること。「戦乱が―する」

しゅう-そく【集束】(シフ)(名・自スル)〖物〗多くの光線が一点に集まること。収斂(しゅうれん)。収束。「―レンズ」

しゅう-ぞく【習俗】(シフ) 一定の社会や地域のならわし。習慣や風俗。「古い―」

じゅう-そく【充足】(名・自他スル) 満ち足りること。十分に満たすこと。「―感」「要件を―する」

じゅう-そく【充塞】(名・自他スル) 満ちていっぱいになること。満たしてふさぐこと。

じゅう-ぞく【従属】(名・自スル) ①強大な力を持つものに依存しつき従うこと。「大国に―する」②主要な事柄に付随する関係にあること。

―せつ【―節】〖文法〗複文で、主語・述語を備え、文全体の主語・述語・修飾語などになるひとまとまりの部分。「私たちは夜が明けるまで語り合った」の「夜が明けるまで」など。

じゅう-そつ【従卒】将校についてその雑事をする兵。従兵。

しゅう-そん【集村】(シフ) 民家が一か所に密集している村。↔散村

じゅう-だ【柔△懦】(ジウ)(名・形動ダ) 気が弱く臆病なさま。

しゅう-たい【醜態】(シウ) 行動や態度などが見苦しく、みっともないありさま。「―を演じる」「―をさらす」

じゅう-たい【重体・重態】(ヂュウ) 病気や負傷の程度が重く危険な状態。「―に陥る」

じゅう-たい【△紐帯】(ヂウ)→ちゅうたい(紐帯)

じゅう-たい【渋滞】(ジフ)(名・自スル) 物事がとどこおり、進まないこと。特に、交通の流れが悪いこと。「道路が―する」

じゅう-たい【縦隊】縦列に並んだ隊形。「二列―」↔横隊

じゅう-だい【十代】(ジフ) ①一〇歳から一九歳までの年齢。②一三歳から一九歳までの思春期の世代。ティーンエージャー。③一〇番目の代。「徳川一―将軍家治(いえはる)」④一〇の世代。「―続いている酒屋」

じゅう-だい【重大】(ヂュウ)(名・形動ダ) 軽々しくは扱えないほどに大事であるさま。事が容易でないさま。「―な事態」

じゅう-だい【重代】(ヂュウ) 先祖から代々伝わること。累代(るいだい)。「お家―の宝」

しゅう-たいせい【集大成】(シフ)(名・他スル) 多くのものを広く集めて一つにまとめあげること。また、そのまとめたもの。集成。「研究の―」

じゅう-たく【住宅】(ヂュウ) 人の住む家。すみか。「木造―」

しゅう-だつ【収奪】(シウ)(名・他スル) むりにうばいとること。「財貨を―する」

しゅう-たん【愁嘆・愁△歎】(シウ)(名・自スル) つらく思い、嘆き悲しむこと。

―ば【―場】〖演〗芝居などで、観客の涙を誘う悲しみの場面。転じて、実生活での悲劇的な場面。「―を演じる」

しゅう-だん【集団】(シフ) 多くの人や物が集まってできた一つのまとまり。特に、人々がある目的のために一個の団体、または集合体をなす場合にいう。「―生活」「―で登校する」

―けんしん【―検診】〖保〗学校・職場・地域など、ある集団に所属する者を対象にして行う健康診断。

―てき-じえいけん【―的自衛権】(ジエイケン) ある国が武力攻撃を受けた場合に、その国と密接な関係にある他の国が

共同して防衛にあたる権利。国連憲章で加盟国に認められている。

じゅう‐たん【△絨△毯・△絨△緞】床の敷物にする厚い毛織物。カーペット。「床に―を敷く」冬

―ばくげき【―爆撃】ある一定の地域を余す所なく集中的に爆撃すること。

じゅう‐たん【獣炭】ジウ けものの骨・血・毛などを蒸し焼きにして作った炭。骨炭・血炭など。薬用・脱色用。

じゅう‐だん【銃弾】銃器の弾丸。「―を浴びる」

じゅう‐だん【縦断】(名・他スル)①縦または、南北の方向に断ち切ること。「―面」②縦または、南北に通り抜けること。「本州―の旅」(↔横断)

じゅうたんさん‐ソーダ【重炭酸ソーダ】ヂユウタンサン ―→たんさんすいそナトリウム

しゅう‐ち【周知】シウ (名・自他スル)多くの人々に知れ渡っていること。また、広く知らせること。「―のとおり」⇩「使い分け」

しゅう‐ち【衆知・衆△智】①多くの人の知恵。②[衆知]世間で多くの人が知っていること。⇩「使い分け」

> 使い分け「周知・衆知」
> 「周知」は、あまねく知れ渡っている、皆が知っている、また、皆に広く知らせる意で、「周知の事実」「会員に規則を周知させる」などと使われる。
> 「衆知」は、多くの人々の知恵・知識の意で、「衆知を集めて協議する」のように使われる。

しゅう‐ち【羞恥】シウ 恥ずかしく思うこと。恥。「―心」

しゅう‐ちく【修築】シウ (名・他スル)建物などを修理すること。「社殿を―する」

しゅう‐ちく【△脩竹】シウ (「脩」は長いの意)長くのびた竹。

しゅう‐ちゃく【祝着】シウ (相手の祝い事に対して)喜び祝うこと。慶賀。「―至極(しごく)」「―に存じます」

しゅう‐ちゃく【執着】シフ (名・自スル)強く心がとらわれて断念できないこと。しゅうじゃく。「―心」「地位に―する」

しゅう‐ちゃく【終着】①最後に到着すること。②電車・列車・バスなどの運転系統の終点であること。「―駅」↔始発

しゅう‐ちゅう【集中】シフ 一(名・自他スル)ひとところに集まること。また、集めること。「―攻撃」「精神を―する」二(名)作品集の中。「―唯一の恋の歌」

―ごうう【―豪雨】ガウ [気](梅雨末期や台風期などに)限られた地域に短時間に激しく大量に降る雨。

―りょく【―力】ひとつのことに意識を注ぎこむことのできる能力。「―がアップする」

しゅうちゅう‐ちりょう‐しつ【集中治療室】チレウ →アイシーユー

しゅう‐ちゅう【集注・集△註】シフ 一[集注](名・自他スル)ひとところに集まり、そそぐこと。また、ひとところに集めてそそぐこと。集中。二(名)ある書物についての注釈を集めて、一つにまとめたもの。しっちゅう。「論語―」

じゅうちゅう‐はっく【十中八九】ジフチユウ (名・副)→じっちゅうはっく

しゅう‐ちょう【△酋長】シウ 部族や氏族の長。

しゅう‐ちょう【愁腸】シウチヤウ うれえ悲しむ心。

しゅう‐ちょう【△繡帳】シウチヤウ 刺繡(ししゅう)をしたとばり。

しゅう‐ちん【袖珍】シウ (「袖珍本(しゅうちんぼん)」の略)袖(そで)の中にはいるくらいの小形の本。ポケット判の小さな本。

じゅう‐ちん【重鎮】ヂユウ (重いおさえの意から)その方面で非常に重んじられる人。「学界の―」

じゅう‐づめ【重詰〔め〕】ヂユウ 料理などを重箱に詰めること。また、その詰めた料理。

しゅう‐てい【舟艇】シウ 小型の舟。こぶね。「上陸用―」

しゅう‐てい【修訂】シウ (名・他スル)書物などの誤りを直し、正しくすること。「―版」「旧版を―する」

じゅう‐てい【重訂】ヂユウ (名・他スル)書物などの誤りを、重ねて訂正すること。また、訂正したもの。「―版」

じゅう‐てい【従弟】年下の、男のいとこ。↔従兄(じゅうけい)

じゅう‐ていおん【重低音】ヂユウ 通常の低音(二〇―二〇〇ヘルツ)より周波数が低い音。からだに震動のように感じられる。

しゅう‐てき【△讐敵】シウ あだ。かたき。仇敵(きゅうてき)。

しゅう‐てん【秋天】シウ 秋の空。秋空。秋

しゅう‐てん【終点】①最後の箇所。終着点。↔起点 ②電車・バスなどの運転系統で最後に行き着く所。終着駅。

しゅう‐でん【終電】「終電車」の略。「―をのがす」

じゅう‐てん【充塡】(名・他スル)すきまに物を満たしつめること。「―材」「火薬を―する(=火薬をこめる)」

じゅう‐てん【重点】ヂユウ ①重要な点。重視すべきところ。「復習に―をおく」②[物]物体の重みのかかる点。作用点。

―しゅぎ【―主義】たいせつだと思われるところに特に力をそそいでいくやり方。また、その考え。

―てき【―的】(形動ダ)ダロ・ダッ(デ・ニ)・ダ・ナ・ナラ・〇 たいせつだと思われるところに力を集中するさま。「弱点を―に補強する」

じゅう‐でん【充電】(名・自他スル)①[物]蓄電池やコンデンサーに電気をたくわえること。↔放電 ②(比喩(ひゆ)的に)将来の活動に備えて活力などをたくわえること。「―期間をおく」

じゅう‐でんき【重電機】ヂユウ 発電機・モーターなど、工場で用いられるような大型の電気機械。↔軽電機

しゅう‐でんしゃ【終電車】その運転系統で、一日の最終の電車。赤電車。終電。

じゅう‐でんち【充電池】→ちくでんち

しゅうと【△舅・△姑】シウト ①[舅]夫または妻の父。②[姑]夫または妻の母。しゅうとめ。

しゅう‐と【囚徒】シウ 刑務所で服役している者。囚人。

しゅう‐と【宗徒】その宗教・宗派の信者。信徒。

しゅう‐と【衆徒】→しゅと(衆徒)

シュート〈shoot〉一(名・自スル)野球で、投手の投球が、右手で投げた場合は右へ、左手で投げた場合は左へ曲がること。また、そのボール。二(名・他スル)サッカー・バスケットボール・ホッケーなどで、ボールやパックをゴールへ蹴(け)ったり投げたり打ったりすること。参考 一は、英語ではscrewballという。

ジュート〈jute〉黄麻(おうま)から得られる繊維。穀物袋や敷物などに用いる。

じゅう‐ど【重度】ヂユウ 重い度合い。症状の程度が重いこと。「―の障害を克服する」↔軽度

しゅう‐とう【周到】シウタウ (形動ダ)ダロ・ダッ(デ・ニ)・ダ・ナ・ナラ・〇 用意や準備がよく行き届いて手ぬかりのないさま。「用意―」文(ナリ)

しゅう‐どう【修道】シウダウ (名・自スル)道を修めること。特に、宗教の教義や道義を修めること。「―僧」

―いん【―院】ヰン キリスト教で、修道士・修道女が一定の規律のもとに共同生活を営む施設。

じゅう‐とう【充当】タウ (名・他スル)ある目的や用途にあてること。あてがうこと。「重点的に予算を―する」

じゅう‐とう【重盗】ヂユウ →ダブルスチール

じゅう‐どう【柔道】ジウダウ 武道の一つ。日本古来の柔術を改良したもの。素手で相手に向かい、心身の力を最も有効に使って攻撃・防御を行う。投げ技と固め技のほか当て身技(試合では

禁止)がある。やわら。[はじまり]一八八二(明治十五)年に嘉納治五郎(かのうじごろう)が、日本古来の武術の一つであった柔術をもとに創始。一九六四(昭和三十九)年の東京オリンピックで初めて男子の正式種目として採用された。

しゅう-とく【収得】 シウ (名・他スル)物を取り入れること。自分のものとすること。「―税(=収入に対して課せられる税)」

しゅう-とく【拾得】 シフ (名・他スル)落とし物を拾うこと。「―物」

しゅう-とく【修得】 シウ (名・他スル)技術や学問などを学んで身につけること。「単位を―する」

しゅう-とく【習得】 シフ (名・他スル)習って身につけること。「語学を―する」

じゅう-とく【重篤】 ヂユウ 病状が非常に重いこと。重体。

しゅう-と-め【△姑】 シウト 夫または妻の母。姑(しゅうと)。

じゅう-どり【◦主取り】 武士などが、召しかかえられて新しい主人に仕えること。

じゅう-なん【柔軟】 ジウ (形動ダ)〔ダロ・ダッ(デ・ニ)・ダ・ナ・ナラ・○〕①物の性質が柔らかくしなやかなさま。「―な体」②考え方や判断などが融通のきくさま。「―な頭脳の持ち主」「―に対応する」[文](ナリ)

―たいそう【―体操】 タイサウ 体を柔らかくするための体操。

じゅうにおん-おんかい【十二音音階】 ジフニオン 〔音〕平均律に基づく、一二の半音からなる音階。

じゅうに-がつ【十二月】 ジフニグワツ 一年の最後の月。師走(しわす)。極月(ごくげつ)。[冬]

じゅうに-きゅう【十二宮】 ジフニ 〔天〕春分点を起点とし、黄道を一二等分した各区の星座。白羊宮・金牛宮など。

じゅう-にく【獣肉】 ジウ けものの肉。

じゅうに-し【十二支】 ジフニ 子(ね)(鼠(ねずみ))・丑(うし)(牛)・寅(とら)(虎(とら))・卯(う)(兎(うさぎ))・辰(たつ)(竜)・巳(み)(蛇)・午(うま)(馬)・未(ひつじ)(羊)・申(さる)(猿)・酉(とり)(鶏)・戌(いぬ)(犬)・亥(い)(猪(いのしし))の総称。時刻や方角を示し、また、十干と組み合わせて年・日を示すのに用いられる。[参考]「午前・午後・正午」の「午」は、時刻に配した「うま(一二時)」、子午線の「子・午」は、方角に配した「ね(北)・うま(南)」を意味する。⇒十干・付録「方位・時刻表」

じゅうにし-ちょう【十二指腸】 ジフニシチヤウ 〔生〕小腸の一部。胃の幽門に続くC字形をした約二五センチメートルの部分。[語源]指を横に一二本並べたほどの長さがあることからの名。

―ちゅう【―虫】 〔動〕線虫類に属する寄生虫の一種。体は線状で黄白色。人間の小腸上部に寄生し、血を吸う。幼虫は土中にすみ、口または皮膚から人体にはいる。鉤虫(こうちゅう)。

じゅうにしん-ほう【十二進法】 ジフニシンハフ 〔数〕ものを数えるのに、一二個になったら位を一つずつ上げていく表し方。一二個で一ダース、一二ダースで一グロスなど。

じゅうにそく-みつぶせ【十二束三伏】 ジフニソク 矢の長さをいう語。十二束(=親指を除いた指四本の幅の一二倍)に三伏(=指三本の幅)を加えた長さのもの。

じゅうに-ひとえ【十二◦単】 ジフニヒトヘ 平安時代などの女官の正装に対する後世の俗称。[参考]白小袖(しろこそで)に緋(ひ)の袴(はかま)をはき、単(ひとえ)・五つ衣(ぎぬ)・打ち衣(ぎぬ)・表着(うわぎ)と順に重ねて、さらに唐衣(からぎぬ)を着用し、裳(も)をつける。上になるほどゆきが短く、袖が重なって見えるのでこう呼ばれる。

じゅうに-ぶん【十二分】 ジフニ (名・形動ダ)十分すぎるほど十分なこと。「―に注意する」[参考]「十分」を強めた語。

しゅう-にゅう【収入】 シウニフ 他からはいってきて、自分の所有となる金品。また、その額。「現金―」↔支出

―いんし【―印紙】 国庫の収入となる租税や手数料などを徴収するために政府が発行する証票。

―やく【―役】 もと市町村の会計事務をつかさどった地方公務員。[参考]二〇〇七(平成十九)年廃止された。

しゅう-にん【就任】 シウ (名・自スル)ある役職や任務につくこと。「社長に―する」↔退任

じゅう-にん【住人】 ヂユウ その土地や家に住んでいる人。

じゅう-にん【重任】 ヂユウ [一](名)重大な任務。[二](名・自スル)任期が終わっても、引き続いてその任務につくこと。

じゅうにん-といろ【十人十色】 ジフニン 人の好みや考え、性質などがめいめい違っていること。「人の好みは―」

じゅうにん-なみ【十人並[み]】 ジフニン (名・形動ダ)顔だちや才能などがごくふつうであること。また、そのさま。人なみ。

-しゅう-ねん【周年】 シウ (接尾)(数を表す語に付いて)ある時からそれだけの年数が経過したことを表す。「開校二〇―」

しゅう-ねん【周年】 シウ ①まる一年。②一周忌。

しゅう-ねん【執念】 シフ 深く思い込んで動かない心。一つのことに強くとらわれる思い。「―を燃やす」

―ぶか・い【―深い】 (形)〔カロ・カッ(ク)・イ・イ・ケレ・○〕しつこく思いこんで、いつまでもそのことを忘れない。「―・くつきまとう」[文]しふねんぶか・し(ク)

じゅう-ねん【十念】 ジフ 〔仏〕①仏を一〇回念じること。②「南無阿弥陀仏(なむあみだぶつ)」の名号(みょうごう)を一〇回唱えること。十念称名。③浄土宗で、信者に「南無阿弥陀仏」の六字の名号を授けて仏に縁を結ばせること。

じゅうねん-いちじつ【十年一日】 ジフネン 長い期間、まったく同じ状態であること。「―の如(ごと)し」

じゅうねん-ひとむかし【十年一昔】 ジフネン 社会や人事が一〇年くらいを一くぎりとして大きく変わることから、一〇年たてばもう昔のことのように感じられること。

しゅう-のう【収納】 シウナフ (名・他スル)①役所が金品を受け取りおさめること。「税の―」②農作物などを取り入れること。③品物を、押し入れや箱などにしまうこと。「―家具」

じゅう-のう【十能】 ジフ 炭火を入れて運ぶための、木製の柄(え)が付いた金属製の道具。火搔(か)き。[冬]

じゅうのう-しゅぎ【重農主義】 ヂユウノウ 〔世〕農業生産を、国家経済の基本であるとして重視する経済理論。また、それに基づく政策。一八世紀後半、重商主義に反対するものとしてフランスに起こった。フィジオクラシー。⇒重商主義

しゅう-は【周波】 シウ 〔物〕電流・電波・音などの、周期的に振動を繰り返す波。また、波動の一周期。

―すう【―数】 〔物〕単位時間内に交流・電波・音波などの振動が周期的に変化を繰り返す度数。ふつうは一秒間の振動数をヘルツ(Hz)で表す。

しゅう-は【宗派】 同じ宗教の中での分派。

しゅう-は【秋波】 シウ (秋のころの澄んだ波の意から)①美人の涼しい目もと。②(転じて)女性の色っぽい目つき。色目。

―を送(おく)る 女性が色目を使う。

シューバ 〈ロシア shuba〉毛皮のオーバー。

じゅう-は【縦波】 →たてなみ↔横波(おうは)

しゅう-はい【集配】 シフ (名・他スル)郵便物や貨物などを集めることと配達すること。「―所」「郵便物を―する」

しゅう-ばく【囚縛】 シウ 罪人などをとらえしばること。

しゅう-ばく【就縛】 シウ (名・自スル)罪人などがとらえられてしばられること。縄目にかかること。

じゅう-ばくげきき【重爆撃機】 ヂユウ 大型で、航続距離が長く、積める爆弾の量の大きい爆撃機。重爆。

じゅう-ばこ【重箱】 ヂユウ 料理を入れ、何段にも積み重ねることのできる箱型の容器。多くは、漆塗り。

—の隅を楊枝でほじくる 細かいところまで取り上げてうるさく言うことのたとえ。重箱の隅をつつく。

—よみ【—読み】(「重箱」は「重」を音で、「箱」を訓で読むことから)漢字二字の熟語で、上の漢字を音、下の漢字を訓で読む読み方。「頭取」「番組」など。↕湯桶読み

しゅう-バス【終バス】 その日、その路線での最終のバス。

じゅうはち-ばん【十八番】 ジフハチ — ①「歌舞伎十八番」の略。②その人の最も得意とするもの。おはこ。⇩おはこ「語源」

しゅう-はつ【終発】 電車・列車・バスなどの運転系統での、その日の最終の発車。また、その電車・列車・バスなど。↕始発

しゅう-ばつ【秀抜】 シウ — (名・形動ダ) 他のものよりも抜きんですぐれていること。また、そのさま。「—な作品」

しゅう-ばつ【修祓】 シウ — (名・自スル) →しゅうふつ

じゅう-ばつ【重罰】 ヂユウ — 重い罰。「—に処する」

じゅうはっしりゃく【十八史略】 ジフハッシリヤク 中国、元初期の歴史書。曾先之著。「史記」以下一七の正史と宋代の史料を簡略にして太古から宋末までの歴史を記す。

じゅうはっ-ぱん【十八般】 ジフハッ — (昔、中国で行われた一八種の武芸の意から)武芸全般。「武芸—に通じる」

しゅう-ばん【週番】 シウ — 一週間交替の当番。また、その当番にあたっている人。「—制」

しゅう-ばん【終盤】 ①囲碁・将棋で、勝負が終わりに近づいた盤面。「—の寄せが強い」②(転じて)物事の終わりに近い段階。「選挙戦も—にはいる」⇩序盤・中盤

じゅう-はん【重犯】 ヂユウ — ①重い犯罪。②たびかさねて罪を犯すこと。また、その犯罪者。↕初犯

じゅう-はん【重版】 ヂユウ — (名・他スル) 書物の版を重ねること。同じ版で増刷すること。また、その書物。重刻。↕初版

じゅう-はん【従犯】 〘法〙正犯の犯罪を手伝った罪。また、その罪を犯した者。その刑は正犯の刑より軽減される。↕正犯

しゅう-び【秀美】 シウ — (名・形動ダ) すぐれて美しいこと。

しゅう-び【終尾】 終わり。結末。終末。

しゅう-び【愁眉】 シウ — うれいを含んだまゆ。心配事のありそうな顔つき。

—を開く 悲しみや心配事がなくなって、ほっと安心する。

じゅう-ひ【柔皮】 ジウ — 皮を柔らかくしたもの。なめしがわ。

じゅう-ひ【獣皮】 ジウ — けものの皮。

しゅう-ひょう【集票】 シフヘウ (名・自スル) ①投票用紙や調査票を集めること。②選挙で特定の候補者への投票を依頼して票を集めること。「—能力」

しゅう-ひょう【衆評】 ヒヤウ — 大勢の人の評判や批評。世評。

じゅう-びょう【重病】 ヂユウビヤウ 重い病気。大病。「—人」

しゅう-ふ【醜夫】 シウ — 顔かたちのみにくい男。醜男。しこお。

しゅう-ふ【醜婦】 シウ — 顔かたちのみにくい女。醜女。しこめ。

しゅう-ふう【秋風】 シウ — 秋に吹く風。秋風。秋

しゅう-ふく【修復】 シウ — (名・他スル) ①こわれた所をもとどおりに直すこと。「—工事」「絵画の—」②もとの良い関係に戻すこと。「親子の関係を—する」

じゅう-ふく【重複】 ヂユウ — (名・自スル) →ちょうふく(重複)

しゅう-ふつ【修祓】 シウ — (名・自スル) 神道で、みそぎを行うこと。また、おはらいをすること。参考「しゅうばつ」は慣用読み。

しゅう-ぶん【秋分】 シウ — 〘天〙二十四気の一つ。太陽が秋分点を通過する時刻。陽暦九月二十三日ごろ。秋の彼岸の中日にあたる。この日、太陽は真東から出て真西に沈み、昼夜の長さがほぼ等しくなる。秋 ↕春分

—てん【—点】 〘天〙黄道と赤道とが交わる二点のうち、太陽が北から南へ赤道を通過する点。↕春分点

—の-ひ【—の日】 国民の祝日の一つ。秋分にあたる、毎年九月二十三日ごろ。秋

しゅう-ぶん【醜聞】 シウ — よくない評判。不品行のうわさ。スキャンダル。「—が立つ」

しゅう-ぶん【繡文】 シウ — ぬいとり模様。

じゅう-ぶん【重文】 ヂユウ — ①〘文法〙主語・述語の関係を基準として考えた文の構造の一つ。二組以上の主語と述語とが並列している文。「色もよく、かおりも高い」などの類。⇩単文・複文 ②「重要文化財」の略。

じゅう-ぶん【十分・充分】 ジフ — ・ジユウ — (副・形動ダ) 必要なことや条件が満ち足りているさま。「時間は—残っている」「不—」

—じょうけん【—条件】 デウケン 〘論・数〙命題「AならばBである」が真であるとき、AはBの十分条件という。⇩必要条件

じゅう-へい【従兵】 将校に専属してその身のまわりを世話する兵卒。従卒。

しゅう-へき【周壁】 シウ — まわりにめぐらしたかべ。

しゅう-へき【習癖】 シフ — 習慣になっているくせ。「朝寝坊の—がある」用法 多く、悪いくせに用いる。

シューベルト〈Franz Peter Schubert〉(一七九七〜一八二八) オーストリアのロマン派の作曲家。歌曲集「美しき水車小屋の娘」「冬の旅」などを作曲してドイツ歌曲(リート)を芸術的に高めた。また、「未完成交響曲」などの交響曲・室内楽の作品も多い。

しゅう-へん【周辺】 シウ — まわりの部分。ある物の近くをとりまく場所。「都市の—」

じゅう-べん【重弁】 ヂユウ — 〘植〙雄しべが花びらに変化し、いくえにも重なったもの。八重咲き。↕単弁

しゅう-ほ【修補】 シウ — (名・他スル) 欠陥をつくろいおぎなうこと。補修。

じゅう-ぼいん【重母音】 ヂユウ — 一音節の中で、異なる二個の母音が切れ目なく連なっているもの。二重母音。

しゅう-ほう【宗法】 ホフ — 〘仏〙宗門の法規。

しゅう-ほう【週報】 シウ — ①一週間ごとの報告。②毎週定期に発行する刊行物。週刊の雑誌など。ウイークリー。

しゅう-ぼう【衆望】 バウ — 多くの人から寄せられる信望や期待。「—をになう」

じゅう-ほう【什宝】 ジフ — 宝として秘蔵する道具類。

じゅう-ほう【重宝】 ヂユウ — たいせつな宝物。

じゅう-ほう【銃砲】 ハウ — 銃器。また、小銃と大砲。「—店」

じゆう-ぼうえき【自由貿易】 ジイウ — 〘経〙国家による干渉・保護・統制などのない貿易。↕保護貿易

じゆう-ほうにん【自由放任】 ジイウハウニン ①各自の自由な気持ちにまかせて、干渉しないこと。②〘経〙経済活動を各個人や企業の自由にまかせ、国家が干渉しないこと。

じゅう-ぼく【従僕】 男性の召使。下男。下僕。

シューマイ〈中国 焼売〉 中華料理の一種。豚などのひき肉と刻んだ野菜とをまぜ、小麦粉の薄い皮で包んで蒸したもの。

じゅう-まい【従妹】 年下の、女のいとこ。↕従姉

しゅう-まく【終幕】 ①演劇の最後の一幕。↕序幕 ②劇が終わること。閉幕。③(転じて)物事が終わること。「事件が—を迎える」↕序幕

しゅう-まつ【終末】 物事の終わり。しまい。「この世の—」

—き-いりょう【—期医療】 レウ 〘医〙回復の見込みのない末期患者の苦痛・不安を緩和し、充足した最期を迎えられるよう行う看護や治療。終末医療。ターミナルケア。

—ろん【—論】 〘基〙やがてこの世の終末がきて、神の審判があり、最後に永遠の神の国が到来するという説。終末観。

しゅう-まつ【週末】 シウ — 一週間の終わり。金曜・土曜から日

曜にかけてをいう。ウイークエンド。「―旅行」

じゅう‐まん【充満】(名・自スル) みちること。ある空間に気体などがいっぱいになること。「部屋にガスが―する」

じゅうまんおく‐ど【十万億土】〘仏〙①この世から極楽浄土にいたる間にある無数の仏の国。②極楽浄土。

しゅう‐み【臭味】 ①くさいにおい。臭気。②身にしみついたよくない感じや態度。くさみ。「官僚的―」

しゅう‐みつ【周密】 (名・形動ダ) 細部まで注意や心づかいが行き届いていること。また、そのさま。「―な計画」

しゅう‐みん【就眠】 (名・自スル) 眠りにつくこと。就寝。

しゅう‐みん【愁眠】 物思いに沈みながらねむること。

じゅう‐みん【住民】 その土地に住む人。

―うんどう【―運動】 ある地域に住む人々がその地域で起こった問題を解決するために行う抗議や交渉。

―きほんだいちょう【―基本台帳】 市区町村で、住民に関する事務処理の基礎となる住民票を世帯ごとに編成した台帳。「―ネットワークシステム(=住基ネット)」

―ぜい【―税】 地方税の一種。その区域に住み、所得のある個人、事業所などをもつ法人に課せられる税金。

―とうひょう【―投票】 地方公共団体で、選挙以外に、住民の意思を直接問うために行われる投票。その地方公共団体のみに適用される法律の制定や、議会の解散、首長の解職を問う場合などに行われる。

―とうろく【―登録】 住居地の市区町村の住民票に登録し、住民の居住関係を明らかにする制度。一九五二(昭和二十七)年、住民登録法により制定され、一九六七年、住民基本台帳法による登録に改められた。

―ひょう【―票】 市区町村の住民について個人を単位とし、氏名・住所・生年月日・性別などを記載した書類。世帯ごとに編成し、住民基本台帳を作成する。

じゆうみんけん‐うんどう【自由民権運動】 〘日〙明治前期に、藩閥政府に対抗し、国会開設・憲法制定などの実施を要求して起こった政治運動。

しゅう‐めい【◇主命】→しゅめい

しゅう‐めい【醜名】 よくない評判。汚名。醜聞。

しゅう‐めい【襲名】 (名・他スル) 親の名、師匠の芸名などを受け継ぐこと。「―披露」

じゅう‐めん【渋面】 不愉快そうな顔つき。しかめっつら。「―をつくる」

じゅう‐もう【△絨毛】〘生〙哺乳(ほにゅう)類の小腸の粘膜上などにある微細な毛状の突起。柔突起。

しゅう‐もく【衆目】 多くの人の目。多くの人の観察。十目。「―の一致するところ」

じゅう‐もく【十目】 多くの人の見る目。衆目。

―の見(み)るところ 多くの人々が認めていること。「―十手の指さすところ(=大勢の人の判断や意見が一致すること)」

しゅう‐もち【◇主持ち】 主人につかえている身分。また、その人。主人持ち。

じゅう‐もつ【△什物】 ①日常使用する器具。什器(じゅうき)。②秘蔵する道具類。什宝(じゅうほう)。

しゅう‐もん【宗門】 ①宗旨。宗派。「―改め(=江戸時代、キリシタン禁圧のため、各人の所属宗旨を調べ、檀那(だんな)寺に仏教徒であることを証明させた制度)」②僧侶(そうりょ)。

じゅう‐もんじ【十文字】 ①「十」の字の形。十字。②縦横に交わった形。「ひもを―にかける」

しゅう‐や【終夜】 夜通し。一晩中。よもすがら。「―運転」

―とう【―灯】 一晩中ともされている灯火。

じゅう‐や【十夜】〘仏〙浄土宗で、陰暦十月五日の夜から十五日の朝まで、一〇昼夜の間念仏を唱える法要。㊅(秋)

しゅう‐やく【集約】 (名・他スル) いくつかのものを集めて一つにまとめること。「意見を―する」

―のうぎょう【―農業】〘農〙一定面積の耕地に集中的に資本と労力を投じ、多くの収穫を目ざす農業経営。↕粗放農業

じゅう‐やく【十薬】 「どくだみ」の異称。

じゅう‐やく【重役】 ①責任の重い役目。また、その役についている人。「―をになう」②会社の主要な役員。株式会社の取締役ならびに監査役の通称。

じゅう‐やく【重訳】 (名・他スル) 原文から直接でなく、ほかの外国語に翻訳された文章を翻訳すること。重訳(ちょうやく)。

じゅう‐ゆ【重油】 原油から揮発油・灯油・軽油などを分留したあとに残る濃厚な黒い油。ディーゼルエンジンやボイラーなどの燃料、合成ガス・アスファルトなどの製造原料になる。

しゅう‐ゆう【舟遊】 (名・自スル) 舟に乗って遊ぶこと。ふなあそび。

しゅう‐ゆう【周遊】 (名・自スル) あちこち旅行してまわること。「―券」「東北地方を―する」

しゅう‐よう【収用】 (名・他スル) ①とりあげて用いること。②〘法〙公共の利益となる事業のために、国民の財産権などを強制的に国家・公共団体などに移すこと。「土地を―する」

しゅう‐よう【収容】 (名・他スル) 人や物を一定の場所・施設におさめ入れること。「劇場の―人員」「捕虜―所」

しゅう‐よう【秋陽】 秋の日光。秋の日ざし。

しゅう‐よう【修養】 (名・自他スル) 学問を修め、徳性をみがき、人格を高めるよう努めること。「精神―」「―を積む」

しゅう‐よう【愁容】 うれいを含んだ表情。心配らしい顔。

しゅう‐よう【襲用】 (名・他スル) 今までのやり方を、そのまま受け継いで用いること。「古来の様式を―する」

じゅう‐よう【充用】 (名・他スル) 本来の用途以外のものをあるものにあてて用いること。「臨時の支出に予備費を―する」

じゅう‐よう【重用】 (名・他スル) →ちょうよう(重用)

じゅう‐よう【重要】 (名・形動ダ) 物事を成立させている根本に関連していてたいせつなさま。「―人物」「―な案件」

―し【―視】 (名・他スル) たいせつなものであると認めること。重視。「最も―する事項」

―ぶんかざい【―文化財】 文化財保護法に基づき、有形文化財のうち歴史上・芸術上価値が高いとして国が指定したもの。特にすぐれたものは国宝に指定される。重文。

―むけいぶんかざい【―無形文化財】 無形文化財のうち、特に重要な価値があるとして国が指定したもの。⇩無形文化財

じゅう‐よく【獣欲】 人間のもつ動物的な欲望。人間としての理性を失った欲望。特に、性欲。肉欲。

しゅう‐らい【襲来】 (名・自スル) 不意に激しくおそって来ること。来襲。「寒波の―」「敵機が―する」

じゅう‐らい【従来】 以前から今まで。これまで。従前。「―のやり方で行う」「―どおり」

しゅう‐らく【集落・△聚落】 ①人家が集まっている所。村落。(広義には、都市も含む)②〘生〙バクテリアが培養基の上につくった集団。菌集落。コロニー。

しゅう‐らん【収△攬】 (名・他スル) (「攬」は手に握る意) 集めて自分のものにすること。「人心を―する」

しゅう‐らん【周覧】 (名・他スル) 見てまわること。

じゅう-らん【縦覧】(名・他スル) 自由に見ること。

しゅう-り【修理】― (名・他スル) こわれた所や悪い所を直して、再び使えるようにすること。修繕。「車を―に出す」

じゆう-りつ【自由律】― 短歌や俳句などで、伝統的な韻律(五音・七音)にとらわれず自由な音数律でよむ形式。

しゅう-りゅう【周流】(名・自スル) ①川などがめぐり流れること。②めぐり歩くこと。周遊。

しゅう-りょ【囚虜】― とらわれること。また、とらわれ人。

しゅう-りょう【収量】収穫の分量。「反当たり―」

しゅう-りょう【秋涼】①秋の涼しい風。秋の涼しさ。「―の候」秋 ②陰暦八月の称。

しゅう-りょう【修了】(名・他スル) 一定の学業や課程を学び修めること。「―式」⇩「使い分け」

しゅう-りょう【終了】― (名・自他スル) 続いていた物事が終わること。また、終えること。↕開始 ⇩「使い分け」

> 使い分け「修了・終了」
> 「修了」は、一定の学業や課程を修め終える意で、「全課程を修了する」「修了証書」などと使われる。
> 「終了」は、物事が終わる、物事を終える意で、「試合終了」「任務が終了する」などと使われる。

じゅう-りょう【十両】(昔、給金が年一〇両であったことから)相撲で、力士の階級の一つ。幕内の下で幕下の上の位。関取として待遇される。十枚目。⇩三段目「参考」

じゅう-りょう【重量】①重さ。はかりにかけて量った物の重さ。目方。「―制限」「―がオーバーする」②目方が重いこと。「―級」↕軽量 ③《物》物体にはたらく重力の大きさ。

―あげ【―挙げ】バーベルを両手で頭上に持ちあげ、その重さを競う競技。スナッチ、ジャークの二種目があり、その合計重量で順位を決める。ウエートリフティング。

―トン その船舶の、実際に積載しうる貨物の重量を表すもの。貨物を満載した状態の排水トン数から、空船状態の排水トン数を引いたもの。

じゅう-りょう【銃猟】― 銃を使用してする狩猟。

じゅうりょう-せい【従量制】― 商品やサービスの利用時間や使用量に応じて課金する制度。通信サービス・電気・ガス・ごみ処理などの料金について適用される。

じゅうりょう-ぜい【従量税】― 商品の重量・容積・長さなどを基準として税率を決める租税。米・酒・ガソリンなどに課する。⇩従価税

しゅう-りょく【衆力】大勢の人の力。大衆の力。

じゅう-りょく【重力】― 《物》地球上の物体を中心へ引きつけようとする地球の引力。

しゅう-りん【秋霖】― 秋に長く降り続く雨。秋

じゅう-りん【蹂躙】― (名・他スル) 踏みにじること。特に、暴力・強権などを用いて他の権利を侵したり社会の秩序を乱したりすること。「人権―」

シュール〈フランス sur …の上に〉 一 (名)「シュールレアリスム」の略。二 (形動ダ) ダロ・ダッ(デ・ニ)・ダ・ナ・ナラ・〇 発想や表現などが超現実的・非日常的であるさま。「―なイラスト」

―レアリスム〈フランス surréalisme〉超現実主義。ダダイスムに続いて一九二〇年代からフランスに起こった芸術運動。芸術を既成の様式や方法から解放し、個人の自由な想像作用により知的に構成しようとする立場をとる。シュールリアリズム。

ジュール〈joule〉《物》国際単位系のエネルギーおよび仕事の単位。一ジュールは、一ニュートンの大きさの力が物体にはたらいて一メートル動かすときの仕事。約〇・二四カロリー。記号 J

しゅう-るい【醜類】― みにくい行いをする連中。悪い仲間。

じゅう-るい【獣類】― 哺乳類の通称。けだもの。けもの。

しゅう-れい【秀麗】― (名・形動ダ) すぐれていて、すっきりと美しいこと。また、そのさま。「眉目―」

しゅう-れい【秋冷】― 秋になって感じるひややかさ。また、その気候。「―の候」秋

じゅう-れつ【縦列】縦に並んだ列。「―駐車」↕横列

じゅう-れつ【縦裂】(名・自スル) 縦に裂けること。縦の裂け目。「樹皮が―する」

しゅう-れっしゃ【終列車】その日発車する最後の列車。

しゅう-れん【収斂】― 一 (名・自他スル) ①ひきしまること。ひきしめること。収縮。「―剤(=傷口や粘膜の血管や組織などを縮める作用のある薬)」②租税をとりたてること。二 (名・自スル) ①→しゅうそく(収束)二 ① ②→しゅうそく(集束)

しゅう-れん【修練・修錬】― (名・他スル) 精神・技術・学問・芸などをみがき鍛えること。「―を積む」

しゅう-れん【習練】― (名・他スル) 上達するように繰り返しよく習うこと。練習。「―にはげむ」

しゅう-ろう【就労】(名・自スル) 労働につくこと。仕事についていること。「―人員」「朝八時に―する」

じゅう-ろうどう【重労働】肉体的に厳しくつらい仕事。「―を課す」

じゆう-ろうどうしゃ【自由労働者】雇用期間や職場などの一定しない労働者。日雇い労働者など。

しゅう-ろく【収録】― (名・他スル) ①書物・雑誌などに取り入れて掲載すること。「全作品を―する」②音声・映像などを記録すること。録音や録画をすること。「番組の―」

しゅう-ろく【集録】― (名・他スル) 集めて記録すること。また、そのもの。「民話を―する」

じゅうろく-ミリ【十六ミリ】― 一六ミリメートル幅のフィルム。また、そのフィルムを使う撮影機や映写機。

じゅうろく-むさし【十六武◇蔵・十六◇六指】― 親石一個・子石一六個を盤上に並べ、親・子の石をとりあって遊ぶ遊戯。新年

しゅう-ろん【宗論】《仏》宗派間で行われる宗義上の論争。

しゅう-ろん【修論】―「修士論文」の略。大学院修士課程の最後に提出する論文。

しゅう-ろん【衆論】多くの人々の議論や意見。

しゅう-わい【収賄】― (名・自スル) わいろを受け取ること。「―罪」↕贈賄

ジューン-ブライド〈June bride〉六月の花嫁。欧米では六月が家庭の守護神ジュノーの月なので、この月に結婚した女性は幸福を約束されるという。

しゅ-えい【守衛】― 官庁・学校・会社などで、その建物の警備や入り口の監視にあたる職。また、その職にある人。

じゅ-えい【樹影】木のかげ。また、木の姿。

じゅ-えき【受益】利益を受けること。「―者負担」

じゅ-えき【樹液】①樹木が地中から吸収した、養分となる液。②樹木の皮から外に分泌する液。

ジュエリー〈jewelry〉宝石類。貴金属装身具類。

しゅ-えん【主演】(名・自スル) 映画や演劇などで、主役を演じること。また、その人。「―の女優」↕助演

しゅ-えん【酒宴】さかもり。うたげ。「―を開く」

しゅ-おん【主音】《音》その音階の中心となる第一音。主調音。キーノート。

しゅ-おん【主恩】主人または主君から受けた恩。

しゅ‐か【主家】 主人または主君の家。主家(しゅけ)。

しゅ‐か【首夏】 ①初夏。夏の初め。夏 ②陰暦四月の異称。

しゅ‐か【酒家】 ①酒屋(さかや)。酒店。②酒飲み。酒客。

しゅ‐が【主我】 ①〔哲〕思考し経験する我そのもの。自我。エゴ。②他人のことは顧みないで自分の利益を中心に考え行動すること。利己。

じゅ‐か【樹下】 樹木の下。樹下(げじゅ)。↔樹上

―せきじょう【―石上】(セキジャウ) 修行僧が露宿する木の下や石の上。出家の境涯のたとえ。樹下石上(じゅげせきじょう)。

じゅ‐か【儒家】 儒者の家柄。また、儒教を奉じる学派の人。

シュガー〈sugar〉砂糖。「―レス(=砂糖を含まないこと)」

しゅ‐かい【首△魁】(―クワイ) ①悪事などをたくらむ者のかしら。首謀者。張本人。「事件の―」②さきがけ。先駆。

しゅ‐がい【酒害】 酒が体に及ぼす害。飲酒の害。

じゅ‐かい【受戒】(名・自スル)〔仏〕信者や弟子が戒律を受けること。また、戒律を受けて僧になること。

じゅ‐かい【授戒】(名・自スル)〔仏〕信者や弟子に戒律を授けること。「―の師」

じゅ‐かい【樹海】 一面にひろがっていて、高所から見ると緑の海のように見える大森林。「富士の―」

しゅ‐かく【主客】 ①主人と客。②主となるものと従となるもの。主体と客体。③主観と客観。④〔文法〕主語と客語。主格と資格(ひんかく)。参考「しゅきゃく」ともいう。

―てんとう【―転倒】(テンタウ)(名・自スル) 主と従の位置関係が逆になること。ものの順序・立場・軽重などが逆になること。

しゅ‐かく【主格】〔文法〕主語を示す格。

しゅ‐かく【酒客】 酒飲み。酒好きの人。酒家。

じゅ‐がく【儒学】 儒教をもとにした学問。⇩儒教

しゅ‐かん【手簡・手△翰】 手紙。書簡。書状。

しゅ‐かん【主幹】 中心になってある仕事を行い、まとめる人。「編集―」

しゅ‐かん【主管】(―クワン)(名・他スル) 中心になって管理すること。また、その人。「―官庁」

しゅ‐かん【主観】(―クワン) ①〔哲〕特定の事柄について、認識したり考えたり感じたりする意識のはたらき。また、そのはたらきをする主体。②(他人には必ずしも通用しない)その人独自の見方・考え・判断。「評価に―をまじえるな」(↔客観)

―しゅぎ【―主義】 ①〔哲〕真理の独立性を認めず、主観にかかわらない客観的真理は存在しないと考える立場。②何事も自分の主観に基づいて行う態度。(↔客観主義)

―せい【―性】 主観的であること。↔客観性

―てき【―的】(形動ダ)(ダロ・ダッ(デ・ニ)・ダ・ナ・ラ・○) 主観をもとにした考え方や見方をするさま。また、自分ひとりの感覚や考えにとらわれているさま。「―な判断」↔客観的

しゅ‐かん【首巻】(―クワン) 書物の初めの巻。第一巻。↔終巻

しゅ‐がん【主眼】 大事な点。眼目。要点。「―点」

じゅ‐かん【儒官】(―クワン) 儒学によって幕府や大名に仕えた者。

じゅ‐かん【樹間】 樹木のあいだ。このま。

じゅ‐かん【樹幹】 樹木のみき。

じゅ‐がん【◇入眼】 ①物事が成就(じょうじゅ)すること。②仏像の開眼(かいげん)をすること。③朝廷が臣下に官位を与えるとき、位や官名だけが記された文書にその人の氏名を書き入れること。入眼(じゅげん)。

しゅ‐き【手記】 自分の体験や感想を自分の手で書き記すこと。また、書き記したもの。覚え書き。「闘病中の―」

しゅ‐き【酒気】 ①酒を飲んだ人が発する酒くさいにおい。②酒に酔ったけはい。「―を帯びる」

しゅき【朱熹】 →しゅし(朱子)

しゅ‐ぎ【手技】 手でするわざ。手先を用いる技術。手仕事。

しゅ‐ぎ【主義】 ①守って変えない一定の主張や方針。②政治的・社会的に人間の行動を規定する理論の体系。「資本―」

―しゃ【―者】 一定の主義を持つ人。特に、無政府主義・共産主義・社会主義などを信奉する人。

しゅ‐きゃく【主客】 ①→しゅかく(主客) ②主賓(しゅひん)。

しゅ‐きゅう【守旧】(―キウ) 旧習を守ること。保守。「―派」

しゅ‐きゅう【首級】(―キフ)(昔、中国で敵の首を一つとると階級があがったことから)討ち取った敵の首。しるし。「―をあげる」

しゅ‐ぎゅう【種牛】(―ギウ) →たねうし

じゅ‐きゅう【受給】(―キフ)(名・他スル) 配給・給与・年金などを受けること。「年金の―資格」

じゅ‐きゅう【需給】(―キフ) 需要と供給。「―のバランス」

しゅ‐きょう【主教】(―ケウ)〔基〕ギリシャ正教会・聖公会などの聖職の位の一つ。カトリックの司教にあたる。

しゅ‐きょう【酒狂】(―キャウ) 酒に酔うと見境がなくなり暴れること。また、そういう性質。酒乱。

しゅ‐きょう【酒興】 ①酒を飲んで愉快に興じること。②酒宴の座興。「―を添える」

しゅ‐ぎょう【修行】(―ギャウ)(名・自スル) ①〔仏〕戒律を守って仏の道を実践すること。また、そのために托鉢(たくはつ)や巡礼をすること。「仏道―」②学芸や武芸などをみがくために励み、努力すること。「武者―」⇩「使い分け」

―じゃ【―者】 ①仏道を修行する人。②武芸をみがく人。

しゅ‐ぎょう【修業】(―ゲフ)(名・自スル) 学問や技芸を習い、身につけること。修業(しゅうぎょう)。⇩「使い分け」

> 使い分け「修行・修業」
>
> 「修行」は、もともと、戒律を守って仏道を身につけようとつとめることの意で、「仏道の修行」「修行僧」などと使われる。ただし、学芸や武道なども、その道を身につけて一本立ちできるように努力する対象であるので、「学問修行」「剣道の修行を積む」「修行中の内弟子」などと、現在では「修行」も使われる。
>
> 「修業」は、「しゅうぎょう」とも読まれ、学術や技芸を習い身につけることの意で、「板前修業」「花嫁修業」などと使われる。

じゅ‐きょう【△誦経】(―キャウ)(名・自スル) →ずきょう

じゅ‐きょう【儒教】(―ケウ) 孔子(こうし)を祖とする、中国の伝統的道徳思想。修身・斉家(せいか)・治国・平天下の道を説き倫理の最高として仁(じん)を説いた。

じゅ‐ぎょう【授業】(―ゲフ)(名・自スル) 学校などで、学問や技術などを教え授けること。「国語の―」

―りょう【―料】(―レウ) 授業を受けるために納める金。

しゅ‐ぎょく【珠玉】 ①真珠や宝石。②(比喩(ひゆ)的に)美しいもの、尊いものなどをほめたたえる言葉。「―の短編」

しゅ‐きん【手巾】 手ふき。てぬぐい。ハンカチ。

しゅく【叔】 シュク㊥

丨 卜 上 尗 𠫑 叔

(字義) ①おじ。おば。父母の弟・妹。「叔父・叔母」②兄弟の中の年少者。兄弟の順(伯・仲・叔・季)の三番目。「叔季・伯叔」人名 おさむ・とし・はじめ・よし

しゅく【祝】 教4【祝】人 いわう シュク・シュウ(シウ)㊝

礻 礻 礻 祀 祀 祝

(字義) ①のりとをあげていのる人。「巫祝(ふしゅく)」②いわう。ことほぐ。い

のる。「祝言(しゅうげん)・祝賀・祝辞・祝典・奉祝」難読 祝詞(のりと)・祝(はふ)り・祝歌(ほぎうた) 人名 い・いわい・とき・のり・はじめ・ほう・よし

しゅく【宿】 教3 シュク・スク やど・やどる・やどす

(字義)①やど。やどや。「宿駅・宿舎・宿坊・旅宿」②やどる。とまる。「宿営・宿泊・寄宿・止宿・投宿」③とどめる。とめておく。④以前からの。前々からの。「宿痾(しゅくあ)・宿願・宿敵・宿望」⑤前世からの。「宿縁・宿業(しゅくごう)・宿命」⑥年功を積んだ人。「宿将・宿老・耆宿(きしゅく)」⑦星座。「星宿・二十八宿」難読 宿世(すくせ)・宿禰(すくね)・宿直(とのい)・宿酔(ふつかよい) 人名 おる・すみ

しゅく【宿】 ①やどや。旅館。②昔、街道の要所にあった、旅客を泊まらせたり馬を乗り継いだりした所。宿場。宿駅。

しゅく【淑】 シュク㊥ よい

(字義)①よい。美しくしとやか。きよらか。おもに女性の美徳についていう。「淑女・淑徳・賢淑・貞淑」②よしとする。ほめたたえる。よいとして慕う。「私淑」人名 きよ・きよし・すえ・すみ・とし・ひで・ふかし・よし

しゅく【粛】【肅】 シュク㊥ つつしむ

(字義)①つつしむ。うやうやしくする。心をひきしめてとり行う。「粛啓・粛然・恭粛・敬粛・自粛・静粛」②ただす。いましめる。おごそかに、きびしくする。「粛殺・粛正・粛清・厳粛」人名 かく・かた・かね・きよ・きよし・すすむ・すみ・ただ・たり・とし・はや・まさ

しゅく【粥】 人 シュク・ジュク・イク(ヰク) かゆ・ひさぐ

(字義)①かゆ。水を多めに入れて米などを柔らかく煮たもの。「豆粥(とうじゅく)」②ひさぐ。売る。「粥売(いくばい)」③育てる。やしなう。

しゅく【縮】 教6 シュク ちぢむ・ちぢまる・ちぢめる・ちぢれる・ちぢらす

(字義)①ちぢむ。ちぢめる。短くなる。つまる。小さくなる。「縮写・縮小・縮図・萎縮(いしゅく)・恐縮・軍縮・収縮」↔伸 ②まっすぐで正しい。難読 縮緬(ちりめん) 人名 なお

じゅく【塾】 ジュク㊥

(字義)①門の両側にある建物。②まなびや。子弟を教育する私設の学舎。「塾舎・塾生・塾長・私塾」人名 いえ

じゅく【塾】 勉強や技能などを教える私設の学舎。「学習―」

じゅく【熟】 教6 ジュク うれる㊥・にる

(字義)①にる。にえる。よくにる。「半熟」②うれる。果実が十分にみのる。「熟柿(じゅくし)・熟爛(じゅくらん)・成熟」③物事が十分にいたること。くわしく。よくよく。「熟睡・熟達・熟慮・熟練・円熟・習熟・未熟」難読 熟(つくづく)・熟(つらつら)・熟(な)れ鮨(ずし) 人名 みのる

しゅく-あ【宿痾】 長い間治らない病気。持病。

しゅく-あく【宿悪】 ①古くから重ねてきた悪事。旧悪。②〔仏〕前世で犯した悪事。「―の報いを受ける」↔宿善

しゅく-い【宿意】 ①以前から持っている意見や願望。「―がかなう」②前々から抱いているうらみ。宿怨。「―を晴らす」

しゅく-い【祝意】 喜び祝う気持ち。賀意。「―を表す」

しゅく-いん【宿因】 〔仏〕前世でつくった業因(ごういん)(=ある結果を招く行為)。宿縁。

しゅく-う【宿雨】 ①連日降り続く雨。ながあめ。②前夜から降り続いている雨。

しゅく-うん【宿運】 前世から決まっている運命。宿命。

しゅく-えい【宿営】 (名・自スル)①陣をとって宿泊すること。また、その宿所。陣営。②軍隊が兵営外で泊まること。

しゅく-えい【宿衛】 エイ|(名・他スル)宿直して護衛すること。また、その人。

しゅく-えき【宿駅】 昔、街道の要所で、旅客を泊まらせたり、馬の用意をととのえたりした所。宿場。宿(しゅく)。

しゅく-えん【祝宴】 めでたい事を祝う宴会。賀宴。

しゅく-えん【宿怨】 エン|前々からのうらみ。宿意。「―を晴らす」

しゅく-えん【宿縁】 〔仏〕前世からの因縁(いんねん)。宿因。

しゅく-が【祝賀】 (名・他スル)祝い喜ぶこと。「―会」

しゅく-がん【宿願】 グヮン|①前々からぜひ実現させたいと思っていた願い。宿望。「―を果たす」②〔仏〕前世でおこした誓願。

じゅく-ぎ【熟議】 (名・他スル)十分に論議をつくすこと。よくよく相談すること。「―のうえ決定する」

しゅく-けい【粛啓】 (「つつしんで申し上げる」の意で)手紙の初めに用いるあいさつの語。謹啓。

しゅく-げん【縮減】 (名・他スル)計画・予算などの規模をちぢめたり、へらしたりすること。「予算を―する」

じゅく-ご【熟語】 ①二字以上の漢字を組み合わせて一語の漢語としたもの。熟字。「研究」「読書」「不思議」など。②二つ以上の単語を組み合わせてできた語。複合語。「花畑」「月夜」など。③成句。慣用句。イディオム。

しゅく-ごう【宿業】 ゴフ|〔仏〕現世で報いを受ける原因となる、前世での善悪の行為。また、現世で受ける前世の報い。

しゅく-さい【祝祭】 ①あることを祝う祭り。「―劇」②祝いと祭り。

―**じつ【―日】** 祝日と祭日。

しゅく-さつ【縮刷】 (名・他スル)もとの版より縮小して印刷すること。また、その印刷物。「―版」

しゅく-し【祝詞】 祝いのことば。祝辞。「―を述べる」

しゅく-し【宿志】 かねてからのこころざし。前々からの志望。

しゅく-じ【祝辞】 祝いのことば。祝詞(しゅくし)。「来賓の―」

じゅく-し【熟思】 (名・他スル)十分に考えること。よくよく考えをめぐらすこと。熟慮。「―熟考」

じゅく-し【熟△柿】 よく熟した柿(かき)。秋

―**くさ・い【―臭い】** (形)カロ・カツ(ク)・イ・イ・ケレ・○ 熟柿のようなにおいがするさま。酒を飲んだあとのくさい息の形容。

じゅく-し【熟視】 (名・他スル)じっと見つめること。凝視。

じゅく-じ【熟字】 二字以上の漢字が結合して一語となったもの。「人間」「道理」など。

―**くん【―訓】** 漢字一字一字の音・訓に関係なく、二字以上の熟字全体に一語としての訓をあてること。また、その訓。「果物(くだもの)」「土産(みやげ)」「素人(しろうと)」「五月雨(さみだれ)」などの類。

しゅく-じつ【祝日】 国家で定めた祝いの日。「国民の―」

しゅく-しゃ【宿舎】 ①宿泊する所。やど。「国民―」②特定の人を入居させる住宅。「公務員―」

しゅく-しゃ【縮写】 (名・他スル)原形をちぢめて写すこと。また、そのようにして写したもの。「地図を―する」

しゅく-しゃく【縮尺】 (名・他スル)地図や製図などで、実物より縮小して図を書くこと。また、図上の長さと実際の長さとの比。「―五万分の一の地図」↔現尺

しゅく-しゅ【宿主】 〔生〕寄生生物によって寄生される側の生物。宿主(やどぬし)。「中間―」

しゅく-しゅく【粛粛】 (タル)①おごそかなさま。「行列が―と進む」②静かでひっそりとしたさま。文(形動タリ)

しゅく-しょ【宿所】 ①泊まる所。やど。②住む家。

しゅく-じょ【淑女】（ヂョ） しとやかで品位の高い女性。レディー。「紳士―」↕紳士

じゅく-じょ【熟女】（ヂョ） 成熟した魅力をもつ女性。

しゅく-しょう【祝勝】 勝利を祝うこと。「―会」

しゅく-しょう【宿将】（シャウ） 実戦経験に富む大将。

しゅく-しょう【縮小】（セウ） (名・自他スル) ちぢまって小さくなること。また、ちぢめて小さくすること。「軍備の―」↕拡大

しゅく-ず【縮図】（ヅ） ①原形をちぢめた図。②ある物事の実際のありさまを凝縮した形で端的に表したもの。「人生の―」

じゅく・す【熟す】(自五)（サ(ソ)・シ・ス・ス・セ・セ） ①果実が十分に実る。うれる。「桃が―」②適当な時期や十分な程度・状態になる。「機が―」「―・さない表現」③上手になる。熟達する。文(サ変)

しゅく-すい【宿酔】 ふつかよい。

じゅく-すい【熟睡】(名・自スル) ぐっすり眠ること。熟眠。

しゅく・する【宿する】(自サ変)（シ(セ・サ)・シ・スル・スル・スレ・セヨ） やどる。泊まる。宿泊する。文しゅく・す(サ変)

しゅく・する【祝する】(他サ変)（シ(セ・サ)・シ・スル・スル・スレ・セヨ） 祝う。祝福する。「前途を―」文しゅく・す(サ変)

じゅく・する【熟する】(自サ変)（シ(セ・サ)・シ・スル・スル・スレ・シロ(セヨ)） →じゅくす

しゅく-せ【宿世】 →すくせ

しゅく-せい【夙成】(「夙」は「早」と同意)幼い時から勉強などがよくできて、なにごとにつけ大人びていること。早成。早熟。

しゅく-せい【粛正】(名・他スル) きびしく取り締まり、不正を除いて正常化すること。「綱紀の―」

しゅく-せい【粛清】(名・他スル) きびしく取り締まって組織内の反対者をすべてなくすこと。特に、独裁者などが反対派を追放・処刑して、組織の純化をはかること。「血の―」

じゅく-せい【塾生】 塾で学ぶ学生・生徒。

じゅく-せい【熟成】(名・自スル) ①十分に熟すこと。②発酵したものが熟してうまみ・風味がでること。「―させた酒」

しゅく-せつ【宿雪】 消えないで残っている雪。残雪。

しゅく-ぜん【宿善】〘仏〙前世でおこなった善事。↕宿悪

しゅく-ぜん【粛然】(タル)（ト） ①つつしみかしこまるさま。「―たる面持ち」②静まりかえっておごそかなさま。「―とした会場」文(形動タリ)

しゅく-だい【宿題】 ①教師が、家庭でするよう児童・生徒に出す学習課題。②未解決のままあとに持ちこされた問題。

じゅく-たつ【熟達】(名・自スル) なれて上手になること。練達。「―者」「芸に―する」

じゅく-だん【熟談】(名・自スル) ①納得のゆくまで十分に話し合うこと。②話し合って折りあいをつけること。示談。

じゅく-ち【熟知】(名・他スル) 十分によく知っていること。「くわしい事情を―している」

じゅく-ちょう【塾長】（チャウ） 塾の最高責任者。塾頭。

しゅく-ちょく【宿直】(名・自スル) 勤務先に交替で泊まり、夜の警備にあたること。また、その人。「―室」↕日直

しゅく-つぎ【宿継ぎ・宿次ぎ】(名・自スル) 昔、荷物などを人や馬を継ぎかえて宿場から宿場へ送ったこと。宿送(しゅくおく)り。

しゅく-てき【宿敵】 前々からの敵。年来のかたき。

しゅく-てつ【叔姪】 叔父(おじ)と姪(めい)。また、叔父と甥(おい)。

しゅく-てん【祝典】 祝いの儀式。

しゅく-でん【祝電】 祝いの電報。「―を打つ」

じゅく-でん【熟田】 よく手入れをし、耕作した田。

しゅく-とう【祝禱】（タウ） (名・自スル) ①神に祈ること。祈禱(きとう)。②〘基〙牧師や司祭が会衆のために行う祝福の祈り。

しゅく-とう【粛党】（タウ） (名・自スル) 政党などが、党内の規律をただし不正を除くこと。

じゅく-とう【塾頭】 ①塾生の監督や取り締まりをする者。②塾の最高責任者。塾長。

しゅく-とく【淑徳】 上品でしとやかな女性の美徳。

じゅく-どく【熟読】(名・他スル) 文章の意味をよく考えてじっくり読むこと。「―玩味(がんみ)」「参考書を―する」

しゅく-と-して【粛として】(副) ①しずまりかえってひっそりと。「―声なし」②つつしんで。おごそかにかしこまって。

しゅく-ねん【宿年】 多年。積もる年月。

じゅく-ねん【熟年】 中高年層をいう語。人生の経験を積んで円熟した年ごろ。五〇歳前後をいう。「―期」

しゅく-ば【宿場】 昔、街道の要所にあって、旅行者が宿泊・休息・馬の乗り継ぎなどをした所。宿駅。宿(しゅく)。

―まち【―町】 宿場を中心に発達した町。

しゅく-はい【祝杯・祝盃】 祝いのさかずき。「―をあげる」

しゅく-はく【叔伯】 弟と兄。兄弟。

しゅく-はく【宿泊】(名・自スル) 宿をとること。自分の家以外の所で泊まること。「―所」「ホテルに―する」

しゅく-はん【縮版】 書物などの印刷の版面をちぢめること。また、その書物。

じゅく-ばん【熟蕃】 教化され、帰順した先住民族。特に、台湾の高砂(たかさご)族のうち、漢民族に同化したものをさした呼称。↕生蕃(せいばん)

しゅく-ふ【叔父】 父母の弟。叔父(おじ)。

しゅく-ふく【祝福】(名・他スル) ①幸福を祈り、また、祝うこと。「二人の門出を―する」②〘基〙神の恵みを祈り求めること。また、神が恵みを授けること。「神の―を受ける」

しゅく-へい【宿弊】 以前からの弊害。古くからの悪習。

しゅく-べん【宿便】 長い間、腸内にたまっている大便。

しゅく-ぼ【叔母】 父母の妹。叔母(おば)。

しゅく-ほう【祝砲】（ハウ） 祝意を表して撃つ空砲。礼砲。

しゅく-ぼう【宿坊】（バウ） ①参詣(さんけい)者などが泊まるための、寺の宿泊所。②僧の居住する建物。僧坊。

しゅく-ぼう【宿望】（バウ） かねてからの望み。宿志。宿願。宿望(しゅくもう)。「―を遂げる」

じゅく-みん【熟眠】(名・自スル) ぐっすり眠ること。熟睡。

しゅく-めい【宿命】 前世から定まっているとされる運命。人間の意志では変えることができない運命的なもの。宿運。

―ろん【―論】 →うんめいろん

しゅく-や【夙夜】(「夙」は早朝の意)朝早くから夜遅くまで。「―仕事に励む」

しゅく-やく【縮約】(名・他スル) 長い文章や語句をちぢめて短くすること。縮小して簡約なものにすること。「前置詞と冠詞の―」「大河小説の―版」

しゅく-ゆう【祝融】 ①中国神話で、火の神。また、南方をつかさどる神。夏の神。②火災。火事。「―の災い(=火事)」

じゅく-らん【熟覧】(名・他スル) じっくりと丁寧に見ること。

じゅく-りょ【熟慮】(名・他スル) 十分に考えをめぐらすこと。よくよく考えること。熟思。熟考。「―のすえ決断する」

―だんこう【―断行】（ダンカウ） (名・他スル) 十分に考えたうえで、思いきって実行すること。

しゅく-りょう【宿料】（レウ） 宿泊料。宿賃(やどちん)。

じゅく-れん【熟練】(名・自スル) 仕事などによく慣れていて上手なこと。また、上手になること。「―を要する仕事」

―こう【―工】 経験を積み、熟練した技能をもつ職工。

しゅく-ろう【宿老】（ラウ） ①経験を積み、その道にすぐれた老人。②武家時代の高官の称。評定衆(ひょうじょうしゅう)・老中・家老など。③江戸時代、町内の年寄役。世話役。

じゅく-わ【熟和】①十分にこなれること。よく消化すること。②仲よくすること。

じゅく-わり【宿割〔り〕】(名・自スル) 大勢での旅行などで、それぞれの宿を割り当てること。また、その役。宿割(やどわ)り。

しゅ-くん【主君】自分の仕えている君主。

しゅ-くん【殊勲】特にすぐれた手柄。抜群の成績。「―賞」

じゅ-くん【受勲】(名・自他スル) 勲章を受けること。

しゅ-けい【主計】会計事務を取り扱うこと。また、その役目の人。「―局」「―官」

じゅ-けい【受刑】(名・自スル) 刑罰の執行を受けること。「―者」

しゅ-げい【手芸】ししゅうや編み物など、手先でする技芸。

しゅ-げい【種芸】草木や作物を植えつけること。

しゅ-けん【主権】〘法〙国家の有する、最高で不可分・不可侵の権力。対内的には国の政治を最終的に決定する権力、対外的にはその国家自身の意思によってその国を統治する権力。

―ざいみん【―在民】〘法〙国家の主権が、君主でなく国民に存すること。国民主権。

しゅ-げん【修験】〘仏〙①「修験者」の略。②「修験道」の略。

―じゃ【―者】〘仏〙修験道を修行する者。山伏。

―どう【―道(ダウ)】〘仏〙山林静寂の地で修行して、呪法(じゅほう)を修め、霊験(れいげん)を得る仏教の一派。

ときん　ほらがい　しゃくじょう

〔しゅげんじゃ〕

じゅ-けん【受検】(名・自他スル) 検査・検定試験などを受けること。

じゅ-けん【受験】(名・自他スル) 試験を受けること。「―者」春

―じごく【―地獄(ヂゴク)】入学試験などで、合格するために受験生が非常に苦労することを地獄にたとえた語。試験地獄。

じゅ-げん【◇入眼】→じゅがん③

しゅ-ご【主語】①〘文法〙文の成分の一つ。ある動作・状態などについてその主体を表すものを主語と呼ぶ。述語に対する。「何が、どうする」「何が、どんなだ」「何が、何だ」という関係にあるときの、それぞれ「何が」にあたる部分をいう。②→しゅじ(主辞)〈↕述語〉参考 ①は、もともとの日本語にはなくて西欧語からもたらされたもの。

しゅ-ご【守護】㊀(名・他スル) 守ること。警護。「仏法を―する」㊁(名)〘日〙鎌倉・室町時代に国ごとに置かれ、国内の御家人の統率と治安維持などをつかさどった職。

―しん【―神】守り神。しゅごじん。

しゅ-こう【手工】①手先でする工芸。手工芸。②昔、小学校の教科の一つ。現在の「工作」にあたる。

しゅ-こう【手交(カウ)】(名・他スル) 公式の文書などを、相手に手渡すこと。「答申を―する」

しゅ-こう【手稿(カウ)】手書きの原稿。稿本。写本。

しゅ-こう【首肯】(名・自他スル) うなずくこと。承知すること。「―しがたい説明」

しゅ-こう【酒▵肴(カウ)】酒と料理。酒と、酒の肴(さかな)。「―料(=酒と肴でもてなす代わりに出す金。慰労金)」

しゅ-こう【趣向(カウ)】おもむきやおもしろみ。また、おもむきやおもしろみを出すための工夫。「―をこらす」

しゅ-ごう【酒豪(ガウ)】酒に非常に強い人。大酒飲み。

じゅ-こう【受講(カウ)】(名・自他スル) 講習や講義を受けること。「―生」「夏期講習を―する」

じゅ-ごう【◇准后】「准三后(じゅさんごう)」の略称。

しゅ-こうぎょう【手工業(コウゲフ)】〘工〙機械によらず、簡単な道具を使って品物を作る小規模な工業。

しゅ-こうげい【手工芸】機械によらず、手先によって衣服・装飾品などを作ること。また、その工芸品。

ジュゴン〈dugong〉〘動〙哺乳(ほにゅう)類、ジュゴン科の海獣。南海にすみ体長は約三メートル。形はクジラに似て頭は短く、胸びれと半月形の尾びれをもつ。伝説上の「人魚」の原型とされる。参考「×儒艮」とも書く。

しゅ-さ【主査】中心となって調査・審査をすること。また、その役の人。「博士論文審査の―」

しゅ-ざ【首座】最上位の席。また、その席につく資格のある人。「老中―」

しゅ-さい【主宰】(名・他スル) 中心となって人々をまとめ、物事を行うこと。また、その人。「雑誌を―する」「劇団の―」

しゅ-さい【主祭】祭事をつかさどること。また、その人。

しゅ-さい【主菜】主食以外で、食事の中心となる魚・肉などの料理。メーンディッシュ。↕副菜

しゅ-さい【主催】(名・他スル) 中心となって会などを催すこと。「―者」「マラソン大会を―する」

しゅ-ざい【主剤】〘医〙調合した薬の主成分となる薬剤。

しゅ-ざい【取材】(名・他スル) 記事や作品などの材料や題材をとり集めること。「―に出かける」「事件を―する」

しゅ-ざい【首罪】①首をきられる罪。最も重い罪。②主犯。

しゅ-ざん【珠算】そろばんを用いてする計算。珠算(たまざん)。

じゅ-さん【授産】失業者・貧困者などに仕事を与えて生計を助けること。「―所」

じゅ-さんぐう【◇准三宮】平安時代以降、皇族などに授けられた称号。三宮(=太皇太后・皇太后・皇后)に準じた年官・年爵(ねんしゃく)などを与えられた。准三后(じゅさんごう)。准后(じゅごう・じゅんごう)。

じゅ-さんごう【◇准三后】→じゅさんぐう

しゅ-し【主旨】文章や話の内容の、中心となる事柄。⇒「使い分け」

しゅ-し【趣旨】①文章などで、筆者が言おうとしている内容や事柄。趣意。②その事をするおもな理由や目的。⇒「使い分け」

> 使い分け「主旨・趣旨」
>
> 「主旨」は、物事の中心となる考えや内容の意で、「文の主旨をくみとる」「改訂の主旨」などと使われる。
>
> 「趣旨」は、物事の目的やねらい、また文章や話で言おうとする事柄の意で、「会の趣旨を説明する」「設立の趣旨に賛成する」「ご趣旨はよいと思いますが…」などと使われる。

しゅ-し【酒▵卮】さかずき。酒杯(しゅはい)。

しゅ-し【酒▵肆】酒を売る店。酒屋。

しゅ-し【種子】〘植〙種子植物の胚珠(はいしゅ)が受精して成熟したもの。たね。

―しょくぶつ【―植物】〘植〙植物分類上の一群。種子をつくる植物群の総称。裸子植物と被子植物に分けられる。参考「顕花植物」は旧称。

しゅし〔朱子〕(一一三〇～一二〇〇) 中国、南宋(なんそう)の思想家。名は熹(き)。朱子は尊称。広く儒説を総合して儒学を集大成するとともに、従来の訓詁(くんこ)学を排し、朱子学(宋学)を完成した。著書「四書集註(しっちゅう)」「資治通鑑(しじつがん)綱目」「近思録」など。

―がく【―学】南宋(なんそう)の朱子が北宋の学説を継承し集大成した儒学の体系。日本では江戸時代に官学とされた。宋学。

しゅ-じ【主事】 学校や官庁などで、その長の命を受けて一定の業務を管理する職。また、その人。「指導―」「用務―」

しゅ-じ【主辞】〘論〙主題の概念を示す語。「SはPである」のS。主概念。主語。↔賓辞

じゅ-し【寿詞】 お祝いの気持ちをのべた詩歌や文章。

じゅ-し【△豎子・△孺子】 ①子供。わらべ。②未熟な者や年少者を軽蔑(けいべつ)して呼ぶ語。小僧っ子。青二才。

―教(おし)うべし この子供は教育する値打ちがある。〈史記〉

―の名(な)を成(な)す つまらない相手に負けて功名を立てさせてしまう。〈史記〉

じゅ-し【樹枝】 樹木の枝。「―状結晶」

じゅ-し【樹脂】 植物体から出る粘着性の分泌液。また、そのかたまったもの。やに。天然樹脂。⇩合成樹脂

しゅじ-い【主治医】シュヂ― ①中心になって治療にあたる医者。②かかりつけの医者。

しゅ-じく【主軸】ヂク― ①中心になる軸。②原動機からの動力を直接伝える軸。シャフト。③中心となって物事を動かしていく人。また、中心となる事柄。「チームの―」「政策の―」

しゅ-しゃ【手写】(名・他スル) 自分の手で書き写すこと。

しゅ-しゃ【取捨】(名・他スル) 取ることと捨てること。よいものを取り、悪いものを捨てること。「―選択」「題材を―する」

じゅ-しゃ【儒者】 儒学を修めた人。儒学者。儒家。

じゅ-しゃく【授爵】(名・他スル) 爵位を授けること。

しゅ-しゅ【守◇株】 古い習慣にこだわって、融通がきかないことのたとえ。株(くいぜ)を守る。

【故事】昔、宋(そう)の国の農夫が畑仕事をしていると、兎(うさぎ)が走ってきて木の切り株に当たって死んだ。そこで農夫は働くのをやめて切り株を見張り、兎を得ようとしたが二度とは手にはいらず、世間の物笑いになったという話に基づく。〈韓非子〉

しゅ-じゅ【△侏儒】 ①背の非常に低い人。②不見識な人をあざけっていう語。

しゅ-じゅ【種種】(名・副・形動ダ) 種類の多いさま。いろいろ。さまざま。「―の花が咲く」

―ざった【―雑多】(名・形動ダ) いろいろなものがたくさん雑然とまじっていること。また、そのさま。「―な人々が住む都会」

―そう【―相】サウ いろいろな姿やありさま。「社会の―」

じゅ-じゅ【授受】(名・他スル) 授けることと受けること。やりとり。受け渡し。「金銭の―」

しゅ-じゅう【主従】 ①主であるものと従であるもの。②主人と従者。主君と家来。主従(しゅうじゅう)。「―の間柄」

しゅ-じゅつ【手術】(名・他スル)〘医〙医師が治療のために患部を切開して、摘出・切除・移植などを行う処置。

じゅ-じゅつ【呪術】 神霊など超自然的な力に働きかけて、種々の現象を起こそうとする行為。まじない。

しゅ-しょ【手書】(名・他スル) ①自分で書くこと。また、その書いたもの。②自筆の手紙。

しゅ-しょ【手署】(名・他スル) 自分の氏名を自分の手で書くこと。自署。

しゅ-しょ【朱書】(名・他スル) 朱で書くこと。また、朱で書いたもの。

じゅ-しょ【儒書】 儒学の書物。

しゅ-しょう【手抄】セウ―(名・他スル) 自分で書き抜きをすること。また、その書いたもの。

しゅ-しょう【主将】シャウ― ①全軍の総大将。首将。②スポーツで、チームの統率者。キャプテン。「野球部の―」

しゅ-しょう【主唱】シャウ―(名・他スル) 中心となって意見や主張などを唱えること。また、その人。「改革案を―する」

しゅ-しょう【首相】シャウ― 内閣総理大臣。宰相(さいしょう)。

しゅ-しょう【首将】シャウ― →しゅしょう(主将)①

しゅ-しょう【首唱】シャウ―(名・他スル) まっさきに唱えること。「―者」「国が運動を―する」

しゅ-しょう【酒△觴】シャウ― さかずき。酒杯(しゅはい)。

しゅ-しょう【殊勝】(形動ダ)ダロ・ダッ(デ・ニ)・ダ・ナ・ナラ・〇 心がけや行いがけなげで感心なさま。「―な心掛け」文(ナリ)

しゅ-じょう【主上】ジャウ― 天皇の尊称。帝(みかど)。

しゅ-じょう【主情】ジャウ― 理性や意志よりも感情や情緒を重んじること。↔主意・主知 用法 単独で用いられることはほとんどなく、「主情主義」「主情的」などの形で用いられる。

―しゅぎ【―主義】 人間の感情や情緒を重んじ、その美的な価値を強調する立場。↔主意主義・主知主義

しゅ-じょう【衆生】ジャウ―〘仏〙いっさいの生き物。特に人間。

―さいど【―済度】〘仏〙仏が人々を迷いから救い、悟りを得させること。

じゅ-しょう【受章】シャウ―(名・自他スル) 勲章や褒章などを受けること。⇩「使い分け」

じゅ-しょう【受賞】シャウ―(名・自他スル) 賞を受けること。⇩「使い分け」

> 使い分け 「受章・受賞」
> 「受章」は、勲章や褒章を受ける意で、「文化勲章を受章する」「藍綬(らんじゅ)褒章受章者」などと使われる。
> 「受賞」は、賞状・賞金・賞杯などを受ける意で、「市長杯を受賞する」「芥川(あくたがわ)賞受賞作」などと使われる。

じゅ-しょう【授章】シャウ―(名・自他スル) 勲章や褒章などを授けること。

じゅ-しょう【授賞】シャウ―(名・自他スル) 賞を授けること。

じゅ-じょう【樹上】ジャウ― 樹木の上。↔樹下

しゅ-しょく【手△燭】 →てしょく(手燭)

しゅ-しょく【主食】 日常の食事の中心となるおもな食物。米・めん類・パンなど。「米を―とする」↔副食

しゅ-しょく【酒色】 飲酒と女遊び。「―におぼれる」

しゅ-しょく【酒食】 酒と食べ物。「―のもてなしを受ける」

しゅ-しん【主神】 神社に祭られている二柱以上の神のうちで主となる祭神。

しゅ-しん【主審】 ①競技の審判員のうちで主になる人。↔副審 ②野球で、球審。チーフアンパイア。

しゅ-しん【朱唇】 赤いくちびる。特に、口紅をぬった女性のくちびる。

しゅ-じん【主人】 ①家の長。一家のあるじ。②自分の仕える人。③妻が他人に対して、夫をさしていう語。

―こう【―公】 ①小説・劇・事件などの中心人物。ヒーローまたはヒロイン。「悲劇の―」②主人の敬称。

じゅ-しん【受信】(名・他スル) ①電信・電話やラジオ放送・テレビ放送などを受けること。「―料」「電波を―する」②電報・郵便物・メールなどを受けること。(↔送信・発信)

―き【―機】 電信・電話・放送などを受ける装置。

じゅ-しん【受診】(名・自他スル) 診察を受けること。

しゅ-す【△繻子】 表面にたて糸またはよこ糸の一方を浮き出させた、なめらかでつやのある絹織物。サテン。

じゅ-ず【数珠】 仏を拝むときや念仏の回数を数えるときに手にかける、玉に糸を通して輪にしたもの。念珠(ねんじゅ)。数珠(ずず)。「―をつまぐる」参考 常用漢字表付表の語。

―だま【―玉】 ①糸を通して、じゅずにする玉。②〘植〙イネ

科の多年草。初秋、穂状に花をつけ、球形の果実を結ぶ。[秋]
ーつなぎ【ー△繋ぎ】多数のじゅず玉を糸に通してつなぐように、たくさんの人や物をひとつなぎにすること。また、そうなったもの。「車がーになる」
ーなり【ー◦生り】じゅず玉のようにつながっていること。
しゅ‐すい【取水】(名・自スル)水源から水を取り入れること。「ー口」「ー制限」
じゅ‐すい【◦入水】(名・自スル)水中に入って自殺すること。身投げ。入水(にゅうすい)。
しゅ‐ずみ【朱墨】朱をにかわでねって固めた墨。あかずみ。
しゅ・する【修する】(他サ変)(シ(セ・サ)・シ・スル・スル・スレ・シロ(セヨ))①〔仏〕仏道を修行する。また、仏事を行う。「法会(ほうえ)をー」②学問や技芸を身につける。[文]しゅ・す(サ変)
じゅ・する【△誦する】(他サ変)(シ(セ・サ)・シ・スル・スル・スレ・セヨ)経文(きょうもん)・詩歌などを声を出して読む。ふしをつけて唱える。誦(しょう)する。「念仏をー」[文]じゅ・す(サ変)
しゅ‐せい【主星】〔天〕連星で、明るいほうの星。↔伴星
しゅ‐せい【守成】(名・他スル)創業者のあとを継いで、その事業をしっかりと守りかためること。「創業は易(やす)くーは難(かた)し」
しゅ‐せい【守勢】①相手の攻撃を防ぎ守る態勢。「ーに立たされる(=状況が不利になる)」↔攻勢 ②防ぎ守る軍勢。
しゅ‐せい【酒精】→アルコール②
しゅ‐ぜい【酒税】〔法〕酒類にかけられる間接税。
じゅ‐せい【受精】(名・自スル)成熟した雌の卵子と雄の精子が結合し、新個体を生じる現象。「ー卵」
じゅ‐せい【授精】(名・他スル)精子と卵子とを結合させること。「人工ー」
じゅ‐せい【儒生】儒学を修める人。儒者。儒家。
しゅ‐せいぶん【主成分】その物質を形成するおもな成分。
しゅ‐せき【手跡・手△蹟】その人の書いた文字。筆跡。
しゅ‐せき【主席】国家や団体などの第一の地位。また、その地位にある人。「国家ー」
しゅ‐せき【首席】第一位の席次。また、その人。一番。「ーで卒業する」
しゅ‐せき【酒席】酒宴の席。宴席。「ーにはべる」
しゅせき‐さん【酒石酸】〔化〕ブドウなどの果実に含まれる有機酸。無色柱状の結晶。清涼飲料などに利用される。
しゅ‐せん【主戦】①戦争することを主張すること。「ー論」②スポーツなどで、主力となって戦うこと。「ー投手」
しゅ‐せん【守戦】①敵の攻撃を防ぎ守って、戦うこと。防戦。②守ることと戦うこと。「ー両様の構え」
しゅ‐せん【酒仙】世間の俗事にとらわれず、心から酒を愛したしなむ人。また、大酒飲み。
しゅ‐ぜん【主膳】①もと宮中で、食膳(しょくぜん)のことを担当した職。②宮内庁で、食品の調達、会食の用意などをする職員。
しゅ‐ぜん【△鬚△髯】あごひげとほおひげ。
じゅ‐せん【受洗】(名・自スル)〔基〕洗礼を受けること。
じゅ‐ぜん【受禅】(名・自スル)(「禅」はゆずるの意)前帝の位を譲り受けて即位すること。
しゅぜんじものがたり【修禅寺物語】岡本綺堂(きどう)の戯曲。一九一一(明治四十四)年初演。伊豆(いず)修禅寺の面(おも)作り師の名人夜叉(やしゃ)王の非情なまでの名工気質を描く。
しゅせん‐ど【守銭奴】金をためることに執着するけちな人。
じゅ‐そ【呪△詛】(名・他スル)恨みのある相手や物事に災いがふりかかるように神仏に祈願すること。のろうこと。
しゅ‐ぞう【酒造】(ザウ)酒をつくること。「ー業」
じゅ‐ぞう【寿像】(ザウ)生前に作っておく、その人の像。
じゅ‐ぞう【寿蔵】(ザウ)生前につくっておく墓。寿陵(じゅりょう)。寿冢(じゅちょう)。
じゅ‐ぞう【受像】(ザウ)(名・他スル)放送されたテレビの電波を受けて画像を再現すること。「ー機」
じゅ‐ぞう【受贈】(名・自他スル)寄贈された物を受けること。
しゅ‐そく【手足】①手と足。てあし。また、体全体。②ある人のために、手や足のように働く人。部下。
しゅ‐そく【首足】首と足。
ー所(ところ)を異(こと)にす 首と足とがばらばらに切り離される。腰から下を切り離す刑や斬首の刑に処せられる。〈史記〉
しゅ‐ぞく【種族・種属】①生物で、同じ部類に属するもの。②同じ祖先から出て共通の言語や文化をもつ社会集団。
しゅそ‐りょうたん【首△鼠両端】(リヤウタン)どっちつかずで決心のつかないこと。迷って形勢をうかがうこと。「ーを持する」
[語源]鼠(ねずみ)は穴から顔を出して辺りをうかがうことから出た語。
しゅ‐たい【主体】①目的・意志をもって何らかの作用・行為を他に及ぼす、その担い手となるもの。↔客体 ②組織や集合体を構成する、中心となるもの。主要なもの。「高校生をーとするチーム」③機械などの主要部分。
ーせい【ー性】自分の考えや立場をきちんともち、他から影響されずに思考し行動できる性質。「ーのある人」
ーてき【ー的】(形動ダ)(ダロ・ダッ(デ・ニ)・ダ・ナ・ナラ・◯)自分自身の考えや判断によって行動するさま。「ーに判断する」
しゅ‐だい【主題】①文章・作品・研究などの中心となる題材や思想。テーマ。②〔音〕楽曲の中心となる旋律。テーマ。③主要な題目。
ーか【ー歌】映画やドラマなどで、主題をうたった歌。テーマソング。「映画のー」
しゅ‐だい【首題】①議案や通達書などの初めに書いてある題目。「ーの件について」②経文(きょうもん)の初めに書かれた文句。
じゅ‐たい【受胎】(名・自スル)みごもること。妊娠すること。
じゅ‐たい【樹帯】山のふもとを、同じくらいの高さの木が帯状にとりまいている地帯。
じゅ‐だい【◦入内】(名・自スル)皇后・中宮・女御(にょうご)などになる人が、正式に内裏(だいり)へはいること。
しゅ‐たく【手沢】①長く使ったために、手あかや汚れで出たつや。②(転じて)故人が愛用したもの。③「手沢本(しゅたくぼん)」の略。
ーぼん【ー本】①故人が愛読した書物。②先人の書き込みのある書物。書き入れ本。
じゅ‐たく【受託】(名・他スル)頼まれて引き受けること。委託を受けること。「ー販売」「ー収賄」
じゅ‐だく【受諾】(名・他スル)相手からの要求や依頼などを受け入れること。「就任をーする」
しゅ‐たる【主たる】(連体)おもな。中心となる。「ー目的」
しゅ‐だん【手段】目的を実現するための方法。手だて。
[類語]方法・方策・仕様・やり方・すべ・手・手だて・策・妙手
しゅ‐ち【主知】感情や意志よりも理性や知性を重んじること。↔主意・主情 [用法]単独で用いられることはほとんどなく、「主知主義」「主知的」などの形で用いられる。
ーしゅぎ【ー主義】思考や知性のはたらきを重んじ、合理的な行動をとろうとする立場。↔主意主義・主情主義
しゅ‐ち【趣致】おもむき。風情(ふぜい)。「ーに富む景色」
しゅ‐ちく【種畜】品種改良や繁殖のために飼う雄の家畜。種馬や種牛など。「ー牧場」
しゅち‐にくりん【酒池肉林】非常にぜいたくな酒盛り。
[語源]殷(いん)の紂王(ちゅうおう)が、酒をたたえた池や肉をぶらさげた林をつくって酒宴におごりをつくしたという話から出た語。〈史記〉

しゅ‐ちゅう【手中】 手のなか。「利益を―にする」
―に収(おさ)める 自分のものにする。「勝利を―」

しゅ‐ちゅう【主柱】 ①建造物を支える中心の柱。②その物事の中心となり支えるもの。大黒柱。「国家の―を失う」

じゅ‐ちゅう【受注・受△註】(名・他スル) 注文を受けること。「―して生産する」↔発注

しゅ‐ちょ【主著】 その人のおもな著書。

しゅ‐ちょう【主張】(チャウ)(名・他スル) 自分の説や意見を強く述べること。また、その説や意見。「権利を―する」

しゅ‐ちょう【主潮】(テウ) ある時代・社会で、中心となっている思想や文化的傾向。「時代の―」

しゅ‐ちょう【主調】(テウ) ①〘音〙楽曲の基本となる調べ。基調。②文芸・絵画などの中心となる調子。「黒を―とする絵」

しゅ‐ちょう【首長】(チャウ) ①集団の統率者。かしら。②地方公共団体の長。知事・市区町村長など。「―選挙」③アラビア半島のイスラム諸国の君主。「―国」

しゅ‐ちょう【殊△寵】(名・他スル) 特別にかわいがること。

しゅ‐ちょう【腫△脹】(チャウ)(名・自スル)〘医〙腫瘍(しゅよう)または炎症などのため、体の一部がはれること。はれ。

シュチン【×朱珍・×繻珍】 繻子(しゅす)の地に色糸で模様を織り出した織物。シチン。シッチン。〔語源〕中国語「七糸緞」からという。

しゅつ【出】〔教1〕シュツ・スイ㊥ でる・だす

(字義)①外へでる。ぬけでる。だす。「出港・出生・出品・出納(すいとう)・外出・傑出・支出・脱出」②起こる。生じる。あらわれでる。あらわす。「出現・現出・産出・輩出・露出」③つかえる。ある場所へおもむく。「出勤・出向・出仕・出場」④で。その家・階級に生まれる。「出自・出身」〔難読〕出雲(いずも)・出(い)だし衣(ぎぬ)・出湯(いでゆ)・出来(しゅったい)・出挙(すいこ)・出師(すいし)・出汁(だし)・出来(でか)す・出交(でくわ)す・出会(でくわ)す・出鱈目(でたらめ)・出端(ではな) 〔人名〕い・いず・いずる

じゅつ【述】〔教5〕ジュツ のべる

(字義)①のべる。告げる。のべ明らかにする。考えを書き表す。「述懐・述語・記述・口述・詳述・叙述・著述・陳述」②先人のあとをうけつぐ。「祖述」〔人名〕あきら・とも・のぶ・のぶる・のり

じゅつ【術】〔教5〕ジュツ わざ・すべ

(字義)①わざ。学問。技芸。しごと。「学術・技術・芸術」②すべ。てだて。方法。「医術・剣術・算術・秘術」③はかりごと。計略。「術計・術策・術中」④神秘的なわざ。「方術・魔術」〔難読〕術無(すべな)い 〔人名〕てだて・のり・みち・やす・やすし

じゅつ【術】 ①わざ。技術。「剣の―」②はかりごと。たくらみ。術策。「相手の―にはまる」③てだて。手段。方法。「保身の―」④神秘的なわざ。「―をかける」

しゅつ‐えん【出△捐】(名・他スル) 金品を寄付すること。

しゅつ‐えん【出演】(名・自スル) 舞台・映画・放送などに出て芸などを演じること。「―者」「テレビに―する」

しゅっ‐か【出火】(クワ)(名・自スル) 火事を出すこと。火事になること。「―の原因」↔鎮火

しゅっ‐か【出荷】(名・他スル) 荷物を積み出すこと。特に、市場へ商品を出すこと。「りんごを―する」↔入荷

しゅつ‐が【出芽】(名・自スル) ①芽を出すこと。発芽。②〘動・植〙単細胞生物や動物の生殖法の一種。体の一部から芽のような小突起が出て、それが新個体となる現象。酵母菌・ヒドラなどに見られる。

じゅっ‐かい【述懐】(クワイ)(名・自他スル) 心中の思いや思い出を述べること。「当時をしみじみと―する」

しゅっ‐かく【出格】 規格や格式をはずれること。破格。

しゅっ‐かん【出棺】(クワン)(名・自スル) 葬式で、遺体を納めた棺(ひつぎ)を家や式場から送り出すこと。「―を見送る」

しゅつ‐がん【出願】(グワン)(名・自他スル) 官公庁や学校などに、認可・許可などをねがいでること。願書を提出すること。「特許を―する」

しゅつ‐ぎょ【出御】(名・自スル) 天皇・皇后などがおでましになること。〔参考〕幕府の将軍に使うこともあった。

しゅつ‐ぎょ【出漁】(名・自スル) →しゅつりょう(出漁)

しゅっ‐きょう【出京】(キャウ)(名・自スル) ①地方から都へ出ること。上京。②都を出て地方へ行くこと。↔入京

しゅっ‐きょう【出郷】(キャウ)(名・自スル) 故郷を出ること。

しゅっ‐きん【出金】(名・自スル) 金銭を出すこと。また、出した金銭。「―伝票」↔入金(にゅうきん)

しゅっ‐きん【出勤】(名・自スル) 勤めに出かけること。また、勤務についていること。「休日―」「―簿」↔欠勤・退勤

しゅっ‐け【出家】(名・自スル)〘仏〙俗世間を捨て、仏門にはいること。また、その人。僧。「―の身」↔在家(ざいけ)・在俗

じゅっ‐けい【術計】 はかりごと。たくらみ。術策。計略。

しゅつ‐げき【出撃】(名・自スル) 味方の基地や陣地などから出て、敵を攻撃すること。「―準備」

しゅっ‐けつ【出欠】 出席と欠席。出勤と欠勤。「―をとる」

しゅっ‐けつ【出血】(名・自スル) ①血液が血管外に出ること。「内―」「患部から―する」②金銭・労力などに損害や犠牲のあること。「―大サービス」
―じゅちゅう【―受注】 採算のとれないことを承知で注文を受けること。

しゅっけとそのでし〔出家とその弟子〕 倉田百三(ひゃくぞう)の戯曲。一九一七(大正六)年刊。親鸞(しんらん)を中心として「歎異抄(たんにしょう)」の教えを戯曲化。大正期宗教文学の代表作。

しゅつ‐げん【出現】(名・自スル) 隠れていたり知られていなかったりしたものが、現れ出ること。「天才の―」

しゅっ‐こ【出庫】 ㊀(名・他スル) 倉庫や蔵から品物を出すこと。くら出し。「商品の―」㊁(名・自他スル) 電車・自動車などが、車庫や駐車場から出ること。また、出すこと。(↔入庫)

じゅつ‐ご【述語】 ①〘文法〙文の成分の一つ。ある物事の動作・状態などを述べるもの。「何が、どうする」「何が、どんなだ」「何が、何だ」という関係にあるときの、それぞれ「どうする」「どんなだ」「何だ」にあたる部分をいう。②→ひんじ①(↔主語)

じゅつ‐ご【術後】 手術をしたあと。「―の経過がよい」

じゅつ‐ご【術語】 学問や技術の分野で、特別な定義づけをして使用する語。学術用語。テクニカルターム。

しゅっ‐こう【出向】(カウ)(名・自スル) ①出向いて行くこと。②籍はもとのままで他の役所・会社に勤務すること。「―社員」

しゅっ‐こう【出校】(カウ)(名・自スル) ①学校に出ること。登校。「―停止」②校正刷りが印刷所から出ること。

しゅっ‐こう【出航】(カウ)(名・自スル) ①船が航海に出ること。②航空機が出発すること。

しゅっ‐こう【出港】(カウ)(名・自スル) 船が港を出ること。出帆。「横浜から―する」↔入港

しゅっ‐こう【出講】(カウ)(名・自スル) よその学校などへ出向いて講義すること。「―日」

しゅっ‐こう【淑行】(シュクカウ) よい行い。善行。

じゅっ‐こう【熟考】(ジュクカウ)(名・他スル) 深く考えること。よくよく考えをめぐらすこと。熟慮。「―の末、決断する」

しゅっ‐こく【出国】(名・自スル) 国外へ出ること。その国を

出て他の国へ行くこと。「―手続き」↕入国

しゅつ-ごく【出獄】(名・自スル) 囚人が釈放されて、刑務所を出ること。出所。↕入獄

しゅっこん-そう【宿根草】シュクコンサウ〔植〕多年草の中で、冬期に地上の茎や葉は枯れるが、地下茎または根が残って越年し、翌春にまた新しい芽を出すもの。

じゅっ-さく【述作】(名・他スル) 本を書きあらわすこと。また、その本。著述。著作。

じゅっ-さく【術策】はかりごと。計略。術計。「―をめぐらす」

しゅっ-さつ【出札】(名・自スル) 乗車券や入場券などの切符を売ること。「―係」

しゅっ-さん【出産】(名・自他スル) 子供が生まれること。また、子供を生むこと。お産。「―祝い」

しゅっ-し【出仕】(名・自スル) ①官に仕えること。仕官。②つとめに出ること。出勤。

しゅっ-し【出資】(名・自スル) ①資金を出すこと。②〔経〕特に、組合・会社などの事業に資本を出すこと。「共同―」

しゅつ-じ【出自】その人の出どころ。生まれ。

しゅっ-しゃ【出社】(名・自スル) 会社へ出勤すること。「定刻に―する」↕退社

しゅっ-しょ【出処】①出どころ。出所しゅっしょ。②(「処」は、ある所にとどまる意)官職につくことと民間にいること。

―しんたい【―進退】①官職につくことと民間に退くこと。②現在の職や地位にとどまるかやめるかということ。事にあたっての身の振り方。「―を明らかにする」

しゅっ-しょ【出所】■一(名・自スル) 刑期を終えて刑務所を出ること。出獄。■二(名) ①出どころ。出処。「―不明の怪文書」②生まれた所。出生地。

しゅっ-しょう【出生】シャウ(名・自スル) 人がこの世に生まれ出ること。出生しゅっせい。

―とどけ【―届】子の出生の日から一四日以内に、父母などの届け出義務者が医師などの作成した出生証明書を添えて、出生地などの市区町村長に届け出ること。また、その書類。

―りつ【―率】人口一〇〇〇人あたりの年間出生児数の割合。参考 出産率という場合は死産を含む。

しゅつ-じょう【出場】チャウ(名・自スル) ①競技や催しものなどに参加すること。「国体に―する」↕欠場 ②構内や場内から、出入り口などを通って外に出ること。↕入場

しゅっ-しょく【出色】(名・形動ダ) 他よりも群をぬいてすぐれていること。また、そのさま。抜群。「―のできばえ」

しゅっ-しん【出身】その土地や、その学校などの出であること。「―校」「―地」「北海道―」

しゅつ-じん【出陣】ヂン(名・自スル) 戦争に行くこと。戦場に出ること。また、試合をするために出かけること。「―式」

しゅっ-す【◦卒す】(自サ変)〔古〕(四位・五位の人が)死ぬ。

しゅっ-すい【出水】(名・自スル) 水が出ること。河川の水があふれ出ること。洪水。でみず。

しゅっ-すい【出穂】麦や稲などの穂が出ること。

じゅっ-すう【術数】はかりごと。策略。計略。「権謀―」

しゅっ-せ【出世】(名・自スル) ①社会に出てりっぱな地位や身分を得ること。「立身―」②〔仏〕㋐仏がこの世に出現すること。㋑世俗を離れて僧になること。出世間。出家。

―うお【―魚】ウヲ 成長するに従って呼び名の変わる魚。ボラ・スズキ・ブリなど。スズキではコッパ→セイゴ→フッコ→スズキと変わる。めでたいものとしていう。

―がしら【―頭】同窓・同期・一族などの中で最も出世した者。出世が最も早い人。「彼は同期の―だ」

―さく【―作】文学・芸術・映画などで、作者が世に認められるきっかけになった作品。「処女作が―となる」

―ばらい【―払い】バラヒ 借金や代金を、出世したり事業に成功したりしたときに返済すること。また、そういう約束。

―りきし【―力士】相撲の番付に初めて名が載る力士。

しゅっ-せい【出生】(名・自スル)→しゅっしょう

しゅっ-せい【出征】(名・自スル) 軍隊の一員として戦争に行くこと。「―兵士」

しゅっ-せい【出精】(名・自スル) 精を出して行うこと。

しゅっ-せき【出席】(名・自スル) 会合や学校の授業などに出ること。「―をとる」「同窓会に―する」↕欠席

―ぼ【―簿】会合や学校で、出席・欠席を記録する帳簿。

しゅっ-せけん【出世間】〔仏〕迷いを断って悟りの境地にいること。出家して僧になること。

しゅっ-せん【出船】(名・自スル) 船が港を出ること。

じゅつ-ぜん【術前】手術をする前。

しゅっ-そう【出走】(名・自スル) 競馬や競輪などの、競走に出ること。「―馬」

しゅっ-たい【出◦来】(名・自スル) ①事件が起こること。発生。②物事ができあがること。語源「しゅつらい(出来)」の転。

しゅつ-だい【出題】(名・自スル) ①試験問題などを作って出すこと。「―傾向」②詩歌などの題を出すこと。

しゅっ-たつ【出立】(名・自スル) 旅立ち。出発すること。

しゅっ-たん【出炭】(名・自スル) ①石炭を掘り出すこと。「―量」②木炭を生産すること。

じゅっ-ちゅう【術中】計略の中。「―にはまる」

―に陥おちいる 相手の計略にひっかかる。仕掛けたわなにはまる。

しゅっ-ちょう【出張】チャウ(名・自スル) 仕事のために自分の勤務先以外の地に出向くこと。「海外―」

しゅっ-ちょう【出超】テウ「輸出超過」の略。↕入超

しゅっ-ちん【出陳】(名・他スル) 展示会・展覧会などに出品して陳列すること。

しゅっ-てい【出廷】(名・自スル) 法廷に出ること。↕退廷

しゅっ-てん【出典】故事・成語や、引用語句・引用文章などの出どころである書物。典拠。「―を明記する」

しゅっ-てん【出店】(名・自他スル) 新たに店を出すこと。「デパートに―する」

しゅっ-てん【出展】(名・他スル) 展覧会や展示会などに出品すること。「見本市に製品を―する」

しゅつ-ど【出土】(名・自スル) 考古学の資料など、古い時代の遺品が土の中から掘り出されること。「石器が―する」

―ひん【―品】土の中から掘り出された、古い時代の遺物や美術品。

しゅっ-とう【出頭】(名・自スル) 役所などの呼び出しに応じて出向くこと。「裁判所への―を命じる」参考「自首」は、犯罪そのものや犯人が発覚する前に、犯人自ら名乗り出ること。

しゅつ-どう【出動】(名・自スル) 隊をなすものが活動を目的に出て行くこと。出て行って活動すること。「消防車が―する」

じゅつ-な・い【術無い】(形) カロ・カッ(ク)・イ・イ・ケレ・◦ ①ほどこす手だてがない。しかたない。②せつない。つらい。文じゅつな・し(ク) 参考 古くは「ずちなし」または「ずつなし」といった。

しゅつ-にゅう【出入】ニフ(名・自スル) 出ることとはいること。ではいり。「―禁止」

しゅつにゅうこくざいりゅうかんり-ちょう【出入国在留管理庁】シュツニフコクザイリウクワンリチャウ 出入国者の審査、在留外国人に関する事務などを扱う、法務省の外局。入管

庁。入管。

しゅつ-ば【出馬】(名・自スル) ①馬に乗って出かけること。特に、大将が戦場に出向くこと。②地位の高い人などがみずからその場に出向くこと。③選挙に立候補すること。「—表明」

しゅっ-ぱつ【出発】(名・自スル) ①目的地をめざして出かけること。↔到着 ②物事を始めること。「新組織としての再—」
類語 旅立ち・門出・出立・進発・出動・発進・鹿島(かしま)立ち・スタート

—てん【—点】①出発の地点。②物事を始める起点。

しゅっ-ぱん【出帆】(名・自スル) 船が港を出ること。ふなで。

しゅっ-ぱん【出版】(名・他スル) 書物などを印刷して、発売または配布すること。「自費—」「小説を—する」

—ぶつ【—物】販売・配布の目的で印刷された書物など。

しゅっ-ぴ【出費】(名・自スル) 費用を出すこと。また、その費用。「—がかさむ」

しゅっ-ぴん【出品】(名・自他スル) 展覧会・陳列場などへ品物・作品を出すこと。「油絵を—する」

しゅっ-ぷ【出府】(名・自スル) 地方から都会へ出ること。江戸時代では、地方から武家が幕府所在地の江戸へ行くこと。

じゅつ-ぶ【述部】〘文法〙文の構成で、述語とその修飾語との連文節からなる部分。「若葉が青々と茂る」の文で、「青々と茂る」の部分。↔主部

しゅっ-ぺい【出兵】(名・自スル) 主として国外の戦場や事変の場所に軍隊を出すこと。派兵。↔撤兵

じゅっ-ぺい【△恤兵】(名・自スル) 金銭や物品を贈って戦地の兵士を慰めねぎらうこと。「—金」

しゅつ-ぼつ【出没】(名・自スル) 現れたりかくれたりすること。また、時々現れること。「すりが—する」

しゅっ-ぽん【出奔】(名・自スル) その土地や家を逃げ出して行方をくらますこと。「郷里を—する」

じゅつ-みん【△恤民】人民をあわれみいつくしむこと。

しゅつ-らい【出来】(名・自スル) →しゅったい

しゅつ-らん【出藍】教え子がその方面で、先生よりもすぐれた才能をあらわすこと。語源「青は藍(あい)より出(い)でて藍より青し」〈荀子(じゅんし)・勧学〉から出た語。

—の誉(ほま)れ 弟子が師よりもすぐれているという名声・評判。

しゅつ-り【出離】(名・自スル)〘仏〙迷いの境地や俗世を脱して悟りの境地にはいること。出家すること。

しゅつ-りょう【出猟】レフ (名・自スル) 狩りに出かけること。

しゅつ-りょう【出漁】レフ (名・自スル) 漁に出かけること。出漁(しゅつぎょ)。「北洋に—する」

しゅつ-りょく【出力】(名・他スル) ①機械や装置が入力をうけてはたらき、外部へ結果を出すこと。また、その結果。②→アウトプット (↔入力)

しゅつ-るい【出塁】(名・自スル) 野球で、打者が安打・四球・死球・相手のエラーなどで塁に出ること。「—率」

しゅつ-ろ【出△廬】(名・自スル) (「廬」は、いおりの意で自分の家の謙称)俗世を避けて静かに生活していた人が再び世に出て、官職などについて活躍すること。⇒三顧(さんこ)
【故事】諸葛孔明(しょかつこうめい)がさわがしい世をすてて隠れ住んでいたとき、蜀(しょく)の劉備(りゅうび)がその人物を知って三度も訪れて出仕を請うたので、孔明も三顧の礼に感激して草廬(そうろ)を出て劉備に仕えたことからいう。〈諸葛亮・前出師表(ぜんすいしのひょう)〉

しゅつ-ろう【出△牢】ラウ (名・自スル) 釈放されて牢を出ること。出獄。↔入牢(じゅろう)

しゅ-でい【朱泥】鉄分の多い土を使った赤褐色の陶器。

しゅ-てん【主点】主要な点。また、その箇所。要点。

じゅ-でん【受電】(名・自スル) ①電信・電報を受けること。②送られた電力を受けとること。↔送電

しゅ-と【主都】大都市。大都会。メトロポリス。

しゅ-と【首途】かどで。旅立ち。

しゅ-と【首都】その国の中央政府の所在地。首府。

—けん【—圏】東京都とその周辺一帯。首都圏整備法では、東京・神奈川・埼玉・千葉・山梨・群馬・栃木・茨城の一都七県をさす。

しゅ-と【酒徒】酒好きの人。酒飲みの仲間。

しゅ-と【衆徒】昔、寺で使った下級僧。僧兵。衆徒(しゅうと)。

しゅ-とう【手△套】タウ てぶくろ。「—を脱す(=うわべをつくろうことをやめ、真の手腕をあらわす)」冬

しゅ-とう【酒盗】タウ カツオの内臓の塩辛。語源 酒のさかなにするといっそう酒がすすむことからいう。

しゅ-とう【種痘】〘医〙牛痘を人体に接種して免疫性をもたせ、天然痘を予防する法。うえぼうそう。春

しゅ-どう【手動】機械などを手で動かすこと。「—ブレーキ」

しゅ-どう【主動】(名・自スル) 中心となって行動すること。

しゅ-どう【主導】ダウ (名・他スル) 中心になって導くこと。

—けん【—権】集団の中心となって、ほかのものを導く力。イニシアチブ。「—争い」「—を握る」

しゅ-どう【衆道】ダウ (「若衆道(わかしゅどう)」の略) 男色(だんしょく・なんしょく)。

じゅ-どう【受動】他からのはたらきを受けること。受け身。↔能動

—きつえん【—喫煙】喫煙者のそばにいる非喫煙者がたばこの煙を間接的に吸ってしまうこと。間接喫煙。

—たい【—態】〘文法〙他から動作・作用を受けるものを主語に立てた言い方をするとき、述語の動詞がとる形。動詞の受け身形。↔能動態

—てき【—的】(形動ダ) ダロ・ダッ(デ・ニ)・ダ・ナラ・○ 他からはたらきを受けるさま。受け身であるさま。「—立場」↔能動的

シュトゥルム-ウント-ドラング〈ドイ Sturm und Drang〉〘文〙(疾風怒濤(しっぷうどとう)の意) 一八世紀後半ドイツに起こった、ゲーテ・シラーなどを中心とする文芸運動。理性的な啓蒙(けいもう)主義に反対し、自由を希求して感情と個性を賛美した。

しゅ-とく【取得】(名・他スル) 物品・権利・資格などを手に入れること。自分の所有とすること。「運転免許を—する」

しゅ-どく【酒毒】酒の毒。飲酒による害毒。

しゅ-と-して【主として】(副) おもに。もっぱら。「参加者は—若者だ」

じゅ-なん【受難】一(名・自スル) 苦難や災難を受けること。二(名)〘基〙イエスが十字架にかけられて受けた苦難。

—きょく【—曲】〘音〙聖書に基づくキリストの受難物語を音楽にしたもの。劇的な教会音楽。

—せつ【—節】〘基〙復活祭の前日までの一週間。キリストの受難を記念する祭りが行われる。受難週。春

ジュニア〈junior〉①年少者。「—向けの本」↔シニア ②下級。下級生。↔シニア ③父と同名である息子。転じて、息子。二世。「社長の—」

しゅに-え【修二会】ヱ〘仏〙(「修二月会(しゅにがつえ)」の略)寺院で、天下泰平などを祈るため陰暦二月に行われる法会(ほうえ)。お水取りの儀式で知られる東大寺二月堂のものが代表的。春

しゅ-にく【朱肉】朱色の印肉。

じゅ-にゅう【授乳】(名・自スル) 乳児に乳を飲ませること。

—き【—期】乳児に乳を飲ませる期間。生後約一年間。

しゅ-にん【主任】同じ任務を受け持つ者のなかで、中心となる役。また、その人。「数学科—」

じゅ‐にん【受任】(名・他スル) 任務・委任を受けること。

じゅ‐にん【受忍】〘法〙不利益や迷惑をこうむっても、耐え忍んで我慢すること。「―限度を超える」「―義務」

しゅ‐ぬり【朱塗〔り〕】朱色に塗ること。また、塗った物。

しゅ‐のう【首脳・主脳】ナウ 団体・組織などの中心となる人。

―ぶ【―部】団体・組織などで、中心となって活動する部分。また、中心となって活動する人々。幹部。「政府―」

じゅ‐のう【受納】ナフ (名・他スル) 贈り物などを受け取って納めること。「寄付金を―する」

シュノーケリング〈snorkeling〉「シュノーケル①」および水中眼鏡・足ひれをつけて、水面または水中の浅いところを遊泳すること。スノーケリング。

シュノーケル〈ドイ Schnorchel〉①潜水に用いるパイプ状の呼吸器具。一端を水面に出し、もう一方を口にくわえて呼吸する。②潜水艦の通風・排気装置。参考スノーケルともいう。

―しゃ【―車】消火など高所での作業用に、屈折式のはしご、その先端にバスケットを備えた消防自動車。

しゅのきげん〔種の起源〕イギリスの生物学者ダーウィンの著書。一八五九年刊。生物の進化の要因は自然選択による適者生存にあると主張し、画期的な進化論を確立した。

しゅ‐の‐ひ【主の日】〘基〙イエスの復活した日。日曜日。

しゅ‐は【手把】農具の一種。土のかたまりを砕いたり、土をかけたりするのに用いる。こまざらえ。

しゅ‐ば【種馬】たねうま。たねつけうま。種牡馬(しゅぼば)。

しゅ‐はい【手背】手の甲。

しゅ‐はい【酒杯・酒△盃】さかずき。「―を重ねる」

じゅ‐はい【受配】(名・他スル) 配給・配当などを受けること。

じゅ‐ばく【呪縛】(名・他スル) まじないをかけて動けなくすること。転じて、心理的に束縛すること。「―から解放される」

しゅ‐はん【主犯】複数の者が犯罪を犯したとき、その犯行の中心となった者。正犯。「―格の男」

しゅ‐はん【首班】いちばん上席の位にある人。特に、内閣の首長である総理大臣。「―を指名する」

じゅ‐ばん【×襦袢】〈ポルト gibão〉和服用の肌着。ジバン。

しゅ‐ひ【守秘】(名・自スル) 秘密を守ること。

―ぎむ【―義務】公務員・医師・弁護士などが、職務上知り得た秘密を守る義務。違反すると罰せられる。

しゅ‐ひ【種皮】〘植〙種子の外側をおおっている皮。

しゅ‐び【守備】(名・他スル) 戦いや競技などで、敵の攻撃をふせいで味方の陣地を守ること。守り。「―につく」↔攻撃
しゅ‐び【首尾】①頭と尾。②物事の始めと終わり。前とあと。③物事の経過や結果。なりゆき。「―は上々(じょうじょう)」「不―」

―いっかん【―一貫】イツクワン (名・自スル) 始めから終わりまで一つの方針・精神でつらぬかれていること。「―した態度」

―よく(副) つごうよく。うまいぐあいに。「―事が運ぶ」

じゅ‐ひ【樹皮】樹木の幹や枝の外側の皮。

ジュピター〈Jupiter〉①ローマ神話で、天を支配する最高の神。ユピテル。ギリシャ神話のゼウスにあたる。②木星。

しゅ‐ひつ【主筆】新聞社・雑誌社などの記者の首席で、重要な記事や論説を書く人。

しゅ‐ひつ【朱筆】朱墨で書き入れ・訂正などをするのに使う筆。また、朱墨の書き入れや訂正。「―を入れる」

しゅ‐ひつ【◦執筆】①書記。記録係。②香道・連歌・俳諧(はいかい)の席で、記録する役。

しゅ‐びょう【種苗】ベウ ①植物の、種と苗。「―店」②栽培漁業用の、卵と稚魚。「―の放流」

じゅ‐ひょう【樹氷】氷点以下に冷却した濃霧が木の枝などに凍りついて白色に見えるもの。図
しゅ‐ひん【主賓】客の中のいちばんおもな人。「―の席」

しゅ‐びん【△溲瓶】→しびん
じゅ‐ひん【需品】ある事をするのに必要な品物。需要品。

しゅ‐ふ【主夫】(「主婦」をもじった語)夫であり、中心となって一家の家事をきりもりする男性。

しゅ‐ふ【主婦】妻であり、中心となって一家の家事をきりもりする女性。

―れん【―連】「主婦連合会」の略。

―れんごうかい【―連合会】レンガフクワイ 日本最大の女性団体の連合体。一九四八(昭和二十三)年発足。消費者の声を政治・経済に反映させる運動を展開している。主婦連。

しゅ‐ふ【首府】その国の中央政府の所在地。首都。

しゅ‐ぶ【主部】①主要な部分。②〘文法〙文の構成で、主語とその修飾語との連文節からなる部分。「美しい花がいっせいに咲く」の文で、「美しい花が」の部分。↔述部
じゅ‐ふ【呪符】災難をよけるために身につけるもの。まじないの札やお守りなど。

シュプール〈ドイ Spur〉雪上をスキーですべった跡。

じゅ‐ぶつ【呪物】超自然的な呪力(じゅりょく)や魔力があると考えられて神聖視されるもの。

じゅ‐ぶつ【儒仏】儒教と仏教。

ジュブナイル〈juvenile〉少年少女、青少年向けのもの。「―小説」

シュプレヒコール〈ドイ Sprechchor〉①〘演〙迫力あるリズムをもった詩や台詞(せりふ)を大勢が朗唱する表現形式。②集会・デモなどで、要求やスローガンを一斉に唱えること。

しゅ‐ぶん【主文】①文章中の主となる内容の部分。②〘法〙判決の結論を示す部分。「判決―」

じゅ‐ふん【受粉】(名・自スル)〘植〙種子植物で、雌蕊(めしべ)の柱頭に雄蕊(おしべ)の花粉がつくこと。「自家―」

じゅ‐ふん【授粉】(名・他スル)〘植〙雌蕊(めしべ)の柱頭に雄蕊(おしべ)の花粉をつけること。「人工―」

しゅ‐へい【手兵】部下として、直接従えている兵士。手勢。

しゅ‐へい【守兵】守備にあたる兵士。

しゅ‐へき【酒癖】酒に酔うと出るくせ。さけぐせ。

しゅ‐べつ【種別】(名・他スル) 種類によって区別すること。また、その区別。

しゅ‐ほ【酒保】兵営内にある、日用品や飲食物の売店。

しゅ‐ぼ【酒母】酒を醸造する際の、もろみを作るもと。蒸し米にこうじと水を加え、酵母を培養したもの。「―造り」

しゅ‐ほう【手法】ハフ 物事のやり方。特に、芸術作品の表現上の技巧。「斬新(ざんしん)な―」

しゅ‐ほう【主峰】その山脈中の最も高い峰。「ヒマラヤの―エベレスト」

しゅ‐ほう【主砲】ハウ ①その軍艦の備えた大砲の中で、威力の最大のもの。②野球などで、攻撃の中心となる強打者。

しゅ‐ぼう【首謀・主謀】悪事・陰謀などをグループの中心になってたくらむこと。また、その人。「―者」

じゅ‐ほう【呪法】ホフ 呪文を唱えてのろう法。呪術(じゅじゅつ)。

しゅ‐ぼば【種△牡馬】(「牡」は雄(おす)の意)繁殖や改良用の雄馬。種馬。特に、競走用のサラブレッドについていう。

しゅ‐み【趣味】①職業や専門としてではなく、楽しみとして好むもの。「テニスが―です」「―と実益を兼ねる」②物事から感じとられる深い味わい。「簡素な石庭に―を感じる」③物事のおもむき、美しさ、おもしろさなどを感じとる能力。「―のいい服装」

シュミーズ〈フラ chemise〉女性の洋装用の下着の一つ。肩

からひもでつり、胸から膝上までをおおう。シミーズ。

しゅみ-せん【◦須◦弥◦山】〘仏〙世界の中心にそびえ立つという高い山。参考「須弥」は梵語の音訳。

しゅみ-だん【◦須◦弥◦壇】〘仏〙仏堂内の仏像を安置する壇。もと、須弥山をかたどったという。

しゅ-みゃく【主脈】①山脈や鉱脈などの中心となる筋。②〘植〙葉の中央をつらぬく葉脈。(↔支脈)

じゅ-みょう【寿命】ミャウ ①命がある間の長さ。「平均―が延びる」②物が使用に耐える期間。「―の短い電池」

しゅ-む【主務】中心となって、その任務・事務にあたること。また、その人。「―大臣」

しゅ-めい【主命】主人の言いつけ。君主の命令。主命。

じゅ-めい【受命】(名・自スル)①命令を受けること。②(古代中国の思想で)天命を受けて天子となること。「―の君」

しゅ-もく【種目】種類によって分けた項目。種類の名前。「―別に分ける」「競技の―」

しゅ-もく【△撞木】鐘などをつき鳴らす丁字形の棒。しもく。

――ざめ【―△鮫】〘動〙シュモクザメ科の軟骨魚。頭は丁字形に左右に張り出し、その両端に目がある。性質は荒い。图

――づえ【―杖】ヅヱ 握りの部分が丁字形になっているつえ。

じゅ-もく【樹木】木。立ち木。

しゅ-もつ【腫物】はれもの。できもの。

しゅ-もん【朱門】①朱ぬりの門。②貴人の家。

じゅ-もん【呪文】まじないの文句。のろいの言葉。「―を唱える」「―をかける」

しゅ-やく【主役】①映画・演劇などで、主人公の役。また、それを演じる役者。「ドラマの―を演じる」②物事をするうえでの主要な役割。また、それを行う人。(↔脇役・端役)

しゅ-やく【主薬】〘医〙処方した薬の主成分となる薬。

しゅ-ゆ【◦須◦臾】しばらくの間。しばし。「―にして立ち去る」

じゅ-よ【授与】(名・他スル)授け与えること。「賞状を―する」

しゅ-よう【主用】①主人の用事。②おもな用事。

しゅ-よう【主要】エウ(名・形動ダ)非常にたいせつで中心的な位置を占めていること。また、そのさま。「―科目」「―な点」

しゅ-よう【◦須要】エウ(名・形動ダ)ぜひ必要なこと。なくてはならないこと。また、そのさま。必須。「―な要件」

しゅ-よう【腫瘍】ヤウ〘医〙体の組織のある部分が、まわりの組織の細胞とは無関係に過剰増殖したもの。筋腫・脂肪腫などの良性のものと、肉腫・癌などの悪性のものとがある。

じゅ-よう【受容】(名・他スル)受け入れてとりこむこと。「外国文化の―」

じゅ-よう【需用】用途に応じて用いること。特に、電力・ガスなどの使用。「電力―」

じゅ-よう【需要】エウ ①もとめること。入り用。②〘経〙購買力に裏付けられた商品に対する欲望。また、その総量。「―が増大する」「―と供給の関係」(↔供給)

しゅ-よく【主翼】飛行機の胴体の両側に突き出ていて、機体に揚力を与える翼。

しゅ-ら【修羅】①→あしゅら ②激しい戦闘。闘争。あらそい。③大石・大木を運ぶ車。修羅車。

――じょう【―場】ヂャウ →しゅらば①

――どう【―道】ダウ →あしゅらどう

――の-ちまた【―の△巷】激戦の場。「―と化す」

――ば【―場】①戦乱などで、血みどろのむごたらしい争いの行われている場所。修羅場。「―を踏む」「―をくぐる」②芝居や講談などで、激しい戦いの場面。

――もの【―物】〘演〙能楽で、主役が武将の霊魂として現れる曲目の類。二番目物。「頼政」「実盛」など。

シュラーフザック〈ドイ Schlafsack〉羽毛や合成繊維などを入れて袋形に作った寝具。登山やキャンプで用いる。寝袋。スリーピングバッグ。シュラフ。

ジュラ-き【ジュラ紀】〘地質〙中生代を三分した真ん中の時代。約二億年前から一億四千万年前まで。温暖で、シダ植物や裸子植物、恐竜やアンモナイトが栄え始祖鳥が現れた。語源ヨーロッパ中部のジュラ山脈の地層で研究されたことから。

じゅ-らく【◦入◦洛】(名・自スル)→にゅうらく(入洛)

シュラフ「シュラーフザック」の略。

ジュラルミン〈duralumin〉〘化〙アルミニウムに銅・マグネシウム・マンガンなどを加えた銀白色の軽合金。軽量で耐久性に富んでいるので、航空機・建材などに広く使われる。

しゅ-らん【酒乱】酒に酔うと暴れる習癖。また、そのような習癖のある人。

じゅ-り【受理】(名・他スル)届け出の書類を受けつけること。「申請が―される」

しゅり-けん【手裏剣】手に持って敵に投げつける鉄製の小武器。棒状のものや十字形のものがある。

じゅ-りつ【樹立】(名・自他スル)新たにうちたてること。しっかりとできあがること。「新政権の―」「新記録を―する」

しゅ-りゅう【主流】リウ ①川の大もとの流れ。本流。↔支流 ②中心となる流儀や傾向。「学界の―」↔支流 ③団体の主導権を持つ中心勢力・流派。多数派。「―派」「党内の―となる」

しゅりゅう-だん【手△榴弾】リウダン →てりゅうだん

しゅ-りょう【狩猟】レフ(名・自スル)鉄砲や網などで野生の鳥や獣を捕らえること。狩り。「―免許」图

しゅ-りょう【首領】リャウ 仲間の長。かしら。「盗賊の―」用法おもに、悪事をはたらく集団の長をいう。

しゅ-りょう【酒量】リャウ 飲む酒の量。「―があがる」

じゅ-りょう【受領】リャウ(名・他スル)①金品などを受け取ること。領収。「―印」②→ずりょう

しゅ-りょく【主力】①ある事に傾ける力の大部分。「勉強に―を注ぐ」②主要な戦力・勢力。「―部隊」「―商品」

――かん【―艦】海軍の主力となる軍艦。戦艦。

じゅ-りょく【呪力】まじないの力。のろいの力。まじない師などが持つと信じられている超自然的な力。

じゅ-りん【樹林】木がたくさん生えている所。はやし。

シュリンク〈shrink〉(名・自スル)縮むこと。減少すること。「市場が―する」

――ほうそう【―包装】ハウサウ 熱で収縮するプラスチックフィルムを利用し、中の物の形状に密着させる包装。

しゅ-るい【酒類】アルコール分を含んだ飲み物の総称。

しゅ-るい【種類】ある共通の性質によって分けたそれぞれのまとまり。「いろいろな―の動物」

じゅ-れい【寿齢】ながい命。長命。長生きした年齢。

じゅ-れい【樹齢】樹木の年齢。参考年輪と一致する。

シュレッダー〈shredder〉機密保持のため、不要となった文書などを細かく切り刻む機械。「―にかける」

しゅ-れん【手練】熟練した手並み。「―のわざ」参考「てれん」と読めば別の意になる。

しゅ-ろ【△棕△梠・△棕△櫚】〘植〙ヤシ科の常緑高木。暖地に自生または栽植。直立して高さ一〇メートルに達する。葉は大きくて深く裂け、長い葉柄がある。雌雄異株で、初夏に淡黄色の

〔しゅろ〕

小花を開く。幹を包む繊維をほうき・縄・たわしなどに利用。(しゅろの花 夏・しゅろ剝ぐ 冬)

しゅ-ろう【朱楼】 朱塗りの高殿。

しゅ-ろう【酒楼】 料理屋。客に遊興や飲食をさせるところ。

しゅ-ろう【◇鐘楼】 →しょうろう(鐘楼)

じゅ-ろう【◇入△牢】 ―(名・自スル) 罪を犯して牢にはいること。入牢。↕出牢

じゅ-ろうじん【寿老人】 ― 七福神の一。頭が長く白いひげを垂らし、つえ・うちわを持ち、鹿を連れている老人。長寿を授けるという。⇩七福神(さしえ)

しゅ-わ【手話】 おもに聴覚障害者が用いる、手や身ぶりによる意思伝達の方法。

しゅ-わおん【主和音】〔音〕音階の第一音(主音)の上にできる三和音。八長調の「ドミソ」の三和音など。

じゅわ-き【受話器】 電話機などで、耳にあてて相手の話を聞く部分。電気的振動を音声に変える装置。↕送話器

しゅ-わん【手腕】 物事を実行・処理するすぐれた腕前・能力。手並み。「―をふるう」

―か【―家】 実力のある人。やりて。

しゅん【旬】(字義)→じゅん(旬)

しゅん【旬】 ①魚・野菜・くだものなどの最も味のよい出盛りの時季。⇩走り② ②物事を行うのに最も適した時機。

しゅん【俊】 シュン㊥ すぐれる

(字義) すぐれる。すぐれた人物。「俊英・俊才・俊足・俊敏・英俊・雄俊・良俊」 人名 すぐる・たか・たかし・とし・としお・まさり・まさる・よし

しゅん【春】 教2 シュン はる

(字義) ①はる。四季の一つ。立春から立夏の前日まで。三・四・五月。陰暦では一・二・三月。「春季・春分・春眠・早春・晩春・立春」 ②年のはじめ。正月。「賀春・迎春・新春」 ③情欲。「春画・春情・思春期・売春」 ④としごろ。血気さかんな年代。青年期。「青春」 ⑤としつき。年齢。よわい。「春秋」 難読 春日・春宮・春雨 人名 あずま・あつ・かす・かず・す・とき・は・はじめ

しゅん【峻】 人 シュン けわしい

(字義) ①たかくけわしい。「峻険・峻谷・急峻・険峻・高峻」 ②きびしい。はげしい。むごい。「峻拒・峻厳・峻酷・峻別・峻烈・刻峻」 ③高く立派な。「峻閣」 ④すぐれた。他にぬきんでた。「峻秀・峻徳」 人名 たか・たかし・ちか・とし・みち・みね

しゅん【竣】 人 シュン おわる

(字義) ①とどまる。やむ。とどめる。 ②おわる。おえる。「竣役・竣工・竣功・竣事・竣成」 ③しりぞく。さがる。＝逡。 ④あらためる。

しゅん【舜】 人 シュン

(字義) ①ひるがお。ヒルガオ科の多年生のつる草。 ②むくげ。もくげ。アオイ科の落葉低木。＝蕣。「舜英・舜華」 ③中国古代の伝説上の聖天子、有虞氏の名。帝尭から位を譲り受けた。 人名 あき・きよ・きよし・さとし・じゅん・とし・ひとし・みつ・よし

しゅん【駿】 人 シュン

(字義) ①すぐれた馬。「駿馬」 ②すぐれる。すぐれた人。「駿逸・英駿」 ③はやい。「駿足」 ④きびしい。「駿刑」 ⑤「駿河の国」の略。「駿州」 人名 たかし・とし・はやお・はやし

しゅん【瞬】 シュン㊥ またたく㊂

(字義) ①またたく。まばたく。目をぱちぱち開閉させる。 ②まばたきするあいだ。きわめて短い時間。「瞬間・瞬時・瞬息・一瞬」

じゅん【旬】 ジュン㊥・シュン㊥

(字義) ①一〇日。一〇日間。一か月を三分した期間。「旬刊・旬報・上旬」 ②一〇か月。「旬月」 ③一〇年。 ④みちる。あまねく行きわたる。いっぱいになる。「旬歳」 人名 ただ・とき・ひら・まさ

じゅん【巡】 ジュン㊥ めぐる㊥

(字義) ①回り歩く。見まわる。「巡回・巡査・巡視・巡邏」 ②あまねくめぐる。各地をめぐり歩く。「巡業・巡礼・巡歴」

じゅん【洵】 人 ジュン まことに

(字義) まこと。まことに。 人名 のぶ・まこと

じゅん【盾】 ジュン㊥ たて㊥

(字義) たて。槍や矢などをふせぐ板状の武具。＝楯。「矛盾」

じゅん【准】 ジュン㊥ なぞらえる

(字義) ①なぞらえる。よる。 ②許す。「批准」 ③ある位につぐもの。「准教授」 参考「準」が本字。「准」は、もと俗字。 難読 准后・准三宮 人名 のり

じゅん【殉】 ジュン㊥ したがう

(字義) ①従う。君主・貴人などのあとを追って死ぬ。「殉死・殉葬」 ②ある目的・仕事のために生命をなげ出す。「殉教・殉職」

じゅん【純】 教6 ジュン

(字義) ①生糸。まざりもののない絹糸。 ②まじりけがない。自然のままで飾らない。「純潔・純情・純真・純粋・清純・単純」 人名 あつ・あつし・あや・いたる・いと・きよ・きよし・すなお・すみ・つな・とう・まこと・よし

じゅん【純】(名・形動ダ) ①まじりけがないこと。「―文学」 ②自然のままでけがれや飾りけのないこと。純真。「―な人」

じゅん【隼】 人 ジュン・シュン はやぶさ

(字義) ①はやぶさ。ハヤブサ科の鳥。「飛隼」 ②勇猛で敏捷な人のたとえ。「隼人」 人名 たか・とし・はや・はやし・はやと

じゅん【淳】 人 ジュン あつい

(字義) ①人情などがあつい。心がゆたか。「淳厚・淳風・淳良・温淳・深淳」 ②ありのままで飾りけがない。まじりけがない。きよい。いさぎよい。「淳粋・淳朴・至淳・清淳」 人名 あ・あき・あつ・あつし・きよ・きよし・すな・すなお・ただ・ただし・とし・まこと・よし

じゅん【循】 ジュン㊥ したがう・めぐる

(字義) ①したがう。よる。沿う。「循守」 ②めぐる。「循環・循行」 ③なでる。なで安んじる。「撫循」 人名 みつ・ゆき・よし

じゅん【閏】 人 ジュン うるう

(字義) ①うるう。暦で、平年より日数・月数が多いこと。陰暦では五年に二度(一九年に七度)、一年を一三か月とする。陽暦では四年に一度、二月を二九日とする。「閏月・閏年」 ②あまり。余分。 ③正統ではない天子の位。「閏位」 人名 うる

じゅん【順】 教4 ジュン したがう

(字義) ①したがう。道理にしたがう。さからわない。すなおである。おだやか。「順守・順応・温順・恭順・敬順・耳順・従順」↕逆 ②都合がよい。さからわずにすすむ。「順境・順調・順風」↕逆 ③事の次第。秩序のための道すじ。「順序・順番・打順・筆順」 人名 あや・あり・おさ・おさむ・かず・しげ・したがう・す・すなお・とし・なお・のぶ・のり・はじめ・まさ・みち・みつ・むね・もと・やす・ゆ

き・よし・より

じゅん【順】 ならび。順番。順序。「五十音―」「―を追う」

じゅん【楯】（人）ジュン たて ―（字義）①たて。敵の矢や弾丸・石などをふせぐ板状の武具。＝盾。②てすり。欄干。「楯軒」［人名］たち

じゅん【準】（教5）ジュン なぞらえる ―（字義）①みずもり。水平を測る器具。「準縄じゅんじょう」②たいら。たいらか。「平準」③のり。㋐めやす。よりどころ。「準用・規準・水準・標準」㋑法則。規則。「準則・準法」④なぞらえる。のっとる。それに次ぐものとする。「準会員・準急・準拠・準優勝・依準」⑤そなえる。「準備」［人名］かた・ただし・とし・なろう・のり・はや・ひとし・より

じゅん-【準】（接頭）なぞらえる意。ある語に冠して、そのものの次に位する意。「―会員」「―決勝」

じゅん【詢】（人）ジュン・シュン とう・はかる ―（字義）①問う。はかる。「諮詢しじゅん」②まこと。まことに。＝恂・洵。［人名］まこと

じゅん【馴】（人）ジュン・シュン なれる・したがう ―（字義）①なれる。ならす。㋐鳥獣などが親しんでなつく。「馴雅」㋑しだいになれてそうなる。「馴養」㋒なれて上手になる。「馴擾じゅんじょう・馴致」②従順な。おとなしい。「馴良」③したがう。そのとおりにする。［難読］馴鹿トナカイ・馴染なじみ［人名］なれ・よし

じゅん【潤】 ジュン㊥・うるおう㊥・うるおす㊥・うるむ㊥ ―（字義）うるおう。うるおい。㋐しめる。水けをふくむ。しめりけ。「潤筆・湿潤・浸潤」㋑恵みをあたえる。恵み。「潤沢・恩潤」㋒利益をあたえる。利益。「潤益・利潤」㋓つやがある。つや。飾り。「潤色・潤飾・光潤・飾潤」［人名］うるう・さかえ・ひろ・ひろし・まさる・ます・みつ

じゅん【諄】（人）ジュン・シュン あつい ―（字義）①くりかえし教えさとす。ねんごろに言う。②てあつい。ねんごろ。丁寧。＝惇・醇。③たすける。④まごころのこもったさま。「諄諄じゅんじゅん」［難読］諄くどい・諄諄くどくど［人名］あつ・あつし・いたる・さね・しげ・とも・のぶ・まこと

じゅん【遵】 ジュン㊥ したがう ―（字義）従う。㋐より従う。よる。「遵拠・遵由」㋑物事の道理や法令に従い、守る。「遵守・遵法」［人名］ちか・のぶ・まもる・ゆき・より

じゅん【醇】（人）ジュン ―（字義）①味の濃いまじりけのない酒。「醇酒・芳醇」②まじりけのない。「醇粋・醇正」③人情味のあつい。「醇厚・醇朴」［人名］あつ・あつし

じゅん-あい【純愛】 真心からのひたむきな愛。純粋な愛。

じゅん-い【准尉】ヰ ― もと、陸軍の准士官。少尉の下、曹長の上の位。

じゅん-い【順位】ヰ ― 能力・成績などをもとにして、順番で表された位置・地位。「―表」「―をつける」

じゅん-いく【△馴育】（名・他スル）慣らしそだてること。

じゅん-いつ【純一】（名・形動ダ）純粋でまじりけのないこと。うそや飾りけのないこと。また、そのさま。「―無雑」

しゅん-いん【春陰】 春の曇りがちな空模様。［春］

しゅん-う【春雨】 春に降る雨。はるさめ。

しゅん-えい【俊英】 才知などがすぐれひいでていること。また、そういう人。俊才。俊秀。「一門の―」

じゅん-えき【純益】 収益全体からあらゆる経費を差し引いて残った純粋の利益。純利益。「―をあげる」

じゅん-えつ【巡閲】（名・他スル）見回って調べること。

じゅん-えん【巡演】（名・他スル）方々を上演して回ること。巡回上演。「地方を―する」

じゅん-えん【順延】（名・他スル）期日を順ぐりに延ばすこと。「雨天―」

じゅん-えん【順縁】〘仏〙①善行や善事が仏道にはいる縁となること。②年老いたものから順々に死ぬこと。《↔逆縁》

じゅん-おくり【順送り】（名・他スル）順を追って次から次へ送ること。「難問を―にする」

しゅん-か【春歌】 ①春を歌った歌。②卑猥ひわいな歌。

しゅん-が【春画】グワ ― 情交のようすを描いた絵。まくら絵。笑い絵。

じゅん-か【純化・△醇化】クワ ―（名・他スル）①まじりものを除くこと。純粋にすること。②複雑なものを単純にすること。単純化。③〔醇化〕人を徳などによって感化し、正しくすること。

じゅん-か【順化・△馴化】クワ ―（名・自スル）他の土地に移された生物がその地の気候風土に適応する性質に変わること。

じゅん-かい【巡回】クワイ（名・自スル）①見回ること。「警察官が―する」②各所を順々に回って行くこと。「―公演」

―としょかん【―図書館】トショクワン 書物を自動車などに積んで巡回し、図書の貸し出しを行うもの。移動図書館。

しゅん-か-しゅう-とう【春夏秋冬】シウ― ― 一年の四つの季節。四季。また、一年。

じゅん-かつ【潤滑】クワツ ―（名・形動ダ）うるおいがあり、なめらかなこと。また、そのさま。「―剤」

―ゆ【―油】 ①機械の接触部の摩擦を少なくするために注入する油。②（比喩ひゆ的に）物事が円滑に運ぶための仲立ちとなるもの。「両者間の―となる」

しゅん-かん【春寒】 立春後なお残る寒さ。春寒はるさむ。余寒よかん。「―料峭りょうしょうの候（＝余寒が肌寒く感じられる季節）」［春］

しゅん-かん【瞬間】 またたく間。きわめて短い時間。瞬時。「最大―風速」「決定的な―」

しゅんかん〔俊寛〕シュンクワン（一一四三？〜一一七九）平安末期の真言宗の僧。俊寛僧都そうず。鹿ケ谷ししがたにで藤原成親なりちか・成経なりつね父子らと平氏打倒をはかり、発覚して鬼界ケ島きかいがしまに流され同地に没した。

じゅん-かん【旬刊】 一〇日ごとに刊行すること。また、その刊行物。「―の新聞」

じゅん-かん【旬間】 行事などの行われる一〇日間。「交通安全―」

じゅん-かん【循環】クワン ―（名・自スル）一まわりめぐって、もとの所にもどること。また、それを繰り返すこと。「市内―バス」

―き【―器】〘生〙血液・リンパ液を循環させて、栄養分や酸素などを体の組織に補給し、また、組織から老廃物を集めて運ぶ器官。心臓・血管・リンパ管など。

―しょうすう【―小数】セウスウ〘数〙無限小数の一種。小数点以下のある位からあとに、いくつかの同じ数字が同じ順序で無限に繰り返される小数。

―ろんぽう【―論法】ロンパフ〘論〙堂々めぐりの論法。論証すべき命題の結論を前提とするため、論証にならない。

じゅん-かんごし【准看護師】 所定の資格を持ち、医師や看護師の指示を受けて、傷病者や産婦の看護および診療の補助を職業とする者。准看。

しゅん-き【春季】 春の季節。「―大会」⇩夏期「使い分け」

しゅん-き【春期】 春の期間。「―講習」⇩夏期「使い分け」

しゅん-ぎく【春菊】〘植〙キク科の一年草または越年草。葉は互生で切れめが細かく独特の香りがある。初夏、黄色または

白色の花をつける。食用。[春]

じゅん-きっさ【純喫茶】（「カフェ③」に対して）酒類を出したり女給による接客をともなったりしない喫茶店。

しゅんき-はつどうき【春機発動期】→ししゅんき

じゅん-ぎゃく【順逆】①正しい道に従うこととそむくこと。「―を誤る」②順当であることと、さかさまであること。

じゅん-きゅう【準急】キフ（「準急行」の略）急行について停車駅が少ない列車・電車・バスなど。

しゅん-きょ【峻拒】（名・他スル）きびしい態度でこばむこと。「申し入れを―する」

じゅん-きょ【準拠】（名・自スル）よりどころとして従うこと。また、そのよりどころ。「教科書―の問題集」

しゅん-ぎょう【春暁】ゲウ 春の夜明け。[春]

じゅん-きょう【殉教】ケウ（名・自スル）信仰する宗教のために自己の生命を捨てること。「―者」

じゅん-きょう【順境】キャウ 物事がすべてぐあいよく運び、不自由のないめぐまれた境遇。「―に育つ」↔逆境

じゅん-ぎょう【巡業】ゲフ（名・自スル）演劇・相撲などの興行をして、各地を回ること。「地方―」

じゅん-きょうじゅ【准教授】ケウジュ 大学や高等専門学校の教員で、教授に次ぐ職階。二〇〇七（平成十九）年の学校教育法の改正で、助教授に代わって新設された。准教。

じゅん-きん【純金】まじり物のない純粋の金。金無垢(きんむく)。

じゅん-ぎん【純銀】まじり物のない純粋の銀。銀無垢(ぎんむく)。

しゅんきんしょう【春琴抄】シユンキンセウ 谷崎潤一郎の小説。一九三三（昭和八）年発表。美しい盲目の検校(けんぎょう)春琴に対する門弟佐助の被虐的な献身を、典雅な筆致で描く。

じゅん-きんちさん【準禁治産】〘法〙心神耗弱(こうじゃく)者・浪費者で、意思能力が不十分なために法律行為を自分で行えない者に対し、裁判所が財産の取り扱いを制限したこと。また、その制度。二〇〇〇（平成十二）年、成年後見制度に移行。

じゅん-ぐり【順繰り】順序を追ってすること。「―に自己紹介をする」[用法]多く、「順繰りに」の形で副詞的に使う。

じゅん-げ【巡化】（名・自スル）〘仏〙僧が各地をめぐって説法し人々を教え導くこと。

しゅん-けい【春景】春のけしき。春色。春光。[春]

じゅん-けい【巡警】（名・他スル）見回って警戒すること。

じゅん-けい【純系】〘動・植〙生物の同一種のうちで、ある形質についてまったく同じ遺伝子型をもつ系統。

しゅんけい-ぬり【春慶塗】漆塗(うるしぬ)りの技法の一つ。ヒノキ・モミなどの木地(きじ)を黄や赤などに下塗りした上に、透明な漆を木目(もくめ)が見えるように塗るもの。また、その塗り物。[語源]堺(さかい)の漆職人春慶(しゅんけい)の創始によるという。

しゅん-けつ【俊傑】才知などが、ずばぬけてすぐれていること。また、その人。「門下の―」

しゅん-げつ【春月】①春の夜の月。[春]②春の季節。

じゅん-けつ【純血】動物の血統が純粋なこと。異なる種族の血がまじっていないこと。「―種」

じゅん-けつ【純潔】（名・形動ダ）①心にけがれがなく清らかなこと。また、そのさま。②性的な経験がないこと。

じゅん-げつ【旬月】①一〇日、または一か月。転じて、短い日数。「―をもって完成する」②一〇か月。

じゅん-げつ【閏月】陰暦の閏年(うるうどし)で、一二か月以外に加わった月。同じ月を重ねた、そのあとのほうの月。うるうづき。

じゅん-けっしょう【準決勝】トーナメントで、決勝戦に進出する選手やチームを選ぶための試合。準決。セミファイナル。

しゅん-けん【峻険・峻嶮】（名・形動ダ）山などが高くけわしいこと。また、そのさま。「―な峰」

しゅん-げん【峻厳】（名・形動ダ）非常にいかめしくきびしいこと。また、そのさま。「―な顔つき」「―な山容」

じゅん-けん【巡見】（名・他スル）方々を見回ること。

じゅん-けん【巡検】（名・他スル）見回って調べること。

じゅん-けん【純絹】まじりものがない、純粋の絹糸や絹織物。正絹(しょうけん)。本絹。

じゅん-げん【純減】減少分から増加分を差し引いた純粋な減少分。↔純増

じゅん-こ【醇乎・純乎】（タル）心情や考え方が、まじりけがなく純粋なさま。「―たる詩境」[文]（形動タリ）

しゅん-こう【春光】クワウ ①春の日ざし。[春]②春のけしき。春景。春色。[春]

しゅん-こう【春郊】カウ 春の野。春の野山。春の郊外。[春]

しゅん-こう【竣工・竣功】（名・自スル）工事が完了して建造物などができあがること。完工。落成。「―式」↔起工

しゅん-ごう【俊豪】ガウ 才能の非常にすぐれた人物。

じゅん-こう【巡行】カウ（名・自スル）方々をめぐり歩くこと。「山鉾(やまぼこ)―」

じゅん-こう【巡幸】カウ（名・自スル）天皇が各地をめぐり歩くこと。「東北ご―」

じゅん-こう【巡航】カウ（名・自スル）船や航空機などが方々をめぐること。「―船」「―ミサイル（＝高い精度で誘導可能な、ジェット推進の有翼ミサイル）」

―そくど【―速度】船・航空機などが、安全で燃料を最も節約できる速度。経済速力。

じゅん-こう【准后】→じゅさんぐう

じゅん-こう【順行】カウ（名・自スル）①順を追って進んで行くこと。②〘天〙地球から見て、惑星が天球上を西から東へ動くこと。「―運動」（↔逆行）

じゅん-こう【順孝】カウ 子が親によくつかえること。孝順。

しゅん-こく【峻刻・峻酷】（名・形動ダ）ひどくきびしくて情愛のないこと。また、そのさま。

しゅん-こく【瞬刻】またたくあいだ。瞬時。瞬間。

じゅん-こく【殉国】国のために命を捨てて尽くすこと。

じゅん-さ【巡査】警察官の階級の一つ。巡査部長の下位。

しゅん-さい【俊才・駿才】すぐれた才能。また、すぐれた才能をもつ人。秀才。英才。

じゅん-さい【蓴菜】〘植〙ハゴロモモ科の多年生水草。池沼に自生する。若い芽と葉は粘液におおわれ、食用。ぬなわ。[夏]

じゅん-さつ【巡察】（名・他スル）見回って事情を調べること。「管内を―する」

じゅん-ざや【順鞘】〘経〙二つの価格や利率の差が、本来あるべき状態であること。㋐相場で、銘柄の値段の高低が予想されているとおりであること。㋑先物取引で、期近(きぢか)（＝決済期限が近い月）から期先(きさき)にかけて相場が高いこと。㋒市中銀行の貸出金利が中央銀行の公定歩合を上回ること。また、その差。（↔逆鞘(ぎゃくざや)）

しゅん-さん【春蚕】春に飼う蚕(かいこ)。春蚕(はるご)。

しゅん-じ【瞬時】まばたきするくらいのわずかな時間。瞬間。

じゅん-し【巡視】（名・他スル）視察して回ること。「―船」

じゅん-し【殉死】（名・自スル）死んだ主君・主人のあとを追って近臣や妻妾(さいしょう)が自殺すること。追い腹。

じゅんし【荀子】①（前二九八?～前二三八?）中国、戦国時代末期の思想家。名は況(きょう)。荀子は尊称。趙(ちょう)の人。性悪説を唱えた。②①の書いた書。性悪説を唱え、礼を説いたもの。

じゅん-じ【順次】（副）順を追って。順繰りに。つぎつぎに。「―席を立つ」

じゅん-しかん【准士官】シクワン もと、陸海軍で少尉と下士官の中間にあたる階級。陸軍の准尉、海軍の兵曹長。

しゅん-じつ【春日】のどかな春の一日。また、明るい春の太陽。春日。春

―ちち【―遅遅】（ト・タル）春の日の暮れるのが遅いこと。春の日が長くうららかで、のどかなさま。文（形動タリ）

じゅん-じつ【旬日】一〇日間。また、わずかな日数。

じゅん-しゃく【巡△錫】（名・自スル）〔仏〕（錫杖を携えてめぐり歩く意）僧が各地を回り修行や教化をすること。

じゅん-しゅ【遵守・順守】（名・他スル）規則・法律などに従い、それをよく守ること。「交通規則を―する」

しゅん-しゅう【俊秀】シウ 才知のすぐれていること。また、その人。俊才。俊英。「門下の―」

しゅん-しゅう【春愁】シウ 春の日の、なんとなく気がふさいで、ものうい思い。「―に沈む」春

しゅん-じゅう【春秋】ジウ ①春と秋。②年齢。とし。「―高し（＝年老いている）」③年月。歳月。一か年。「幾―を経る」

―に富む 年が若く、将来が希望に満ちている。「―青年」

しゅんじゅう【春秋】シュンジウ 中国古代の魯の歴史書。五経の一つ。孔子の編集になるという。魯の二四二年間の歴史を編年体で記す。春秋時代（前七七〇―前四〇三年）の呼称はこの書による。

―の筆法 （史書「春秋」の文章には孔子の思想が反映されているとされることから）道徳的にきびしい批判の態度。また、間接的な原因を結果に直接結びつける論理の形式。

しゅん-じゅん【△逡巡】（名・自スル）決断がつかないでためらうこと。ぐずぐずすること。しりごみすること。「遅疑―する」

じゅん-じゅん【△諄△諄】（ト・タル）理解しやすいように丁寧に繰り返して説くさま。「―と諭す」文（形動タリ）

じゅんじゅん-に【順順に】（副）順序を追って。「―話す」

じゅん-じょ【順序】①一定の基準に従って並んだ配列。順番。「―よく並べる」②物事の手順。「―を踏む」

―だ・てる【―立てる】（他下一）テ・テ・テル・テレ・テロ（テヨ） きちんとした順序に並べる。「―・てて話す」

―ふどう【―不同】順序が一定の基準に従ったものでないこと。順不同。用法 氏名を年齢・身分・五十音などに関係なく列記するときのただし書きなどに使う。

しゅん-しょう【春宵】セウ 春の宵。春の夜。春

―一刻直千金 春の夜は非常に趣が深く、その一刻は千金にも換えがたいほどの価値がある。参考 蘇軾の詩「春夜」の一節。

しゅん-しょう【△峻△峭】セウ（名・形動ダ）①山などが高くけわしいさま。②きびしくおごそかなさま。

しゅん-じょう【春情】ジヤウ ①春らしいさま。春の景色。春 ②色気。色情。

じゅん-しょう【准将】シヤウ アメリカ・イギリスなどの軍隊で、大佐と少将とのあいだに位置する階級の将校。代将。

じゅん-じょう【殉情】ジヤウ 一途な愛情にゆだねること。

じゅん-じょう【純情】ジヤウ（名・形動ダ）けがれや邪心のない、ひたすらな情愛。また、そのような心でいるさま。「―可憐」

じゅん-じょう【準縄】（「準」は水平を測る水盛り、「縄」は直線を引く墨縄の意）規則。手本。「規矩―」

しゅん-しょく【春色】①春の景色。春景。また、春の気配。春 ②なまめかしく、色っぽいさま。

じゅん-しょく【殉職】（名・自スル）職務を遂行していて、そのために命を失うこと。「消防士が―する」

じゅん-しょく【潤色】（名・他スル）（色を塗ってうるおいをそえることから）事柄をつくろい飾ること。話などにおもしろみを加えて仕上げること。「―を交えて話す」「事実を―する」

しゅんしょくうめごよみ〔春色梅児誉美〕江戸後期の人情本。為永春水作。一八三二（天保四）年成立。美男子丹次郎と女性たちとの恋のもつれを描く。

じゅん・じる【殉じる】（自上一）ジ・ジ・ジル・ジル・ジレ・ジロ（ジヨ） ①価値を認めるもののために自分の命を投げ出す。「国に―」②殉死する。あとを追って死ぬ。語源 サ変動詞「じゅんずる」の上一段化。

じゅん・じる【準じる・准じる】（自上一）ジ・ジ・ジル・ジル・ジレ・ジロ（ジヨ） ①あるものに根拠・基準をおいてそれにのっとる。「規則に―・じて処理する」②同等のものとして扱う。なぞらえる。「大人に―・じて扱う」語源 サ変動詞「じゅんずる」の上一段化。

しゅん-しん【春信】①春のおとずれ。冬 ②梅など春の花が咲いたという便り。花信。芳信。冬

しゅん-じん【春△塵】ヂン 春の風に舞い立つちり・ほこり。春

じゅん-しん【純真】（名・形動ダ）邪念や私欲のないこと。心にけがれのないこと。また、そのさま。「―無垢」「―な子供」

しゅん-すい【春水】春、雪や氷がとけて流れ出る水。春

じゅん-すい【純水】不純物のまじらない水。蒸留水など。

じゅん-すい【純粋】（名・形動ダ）①まじりけのないこと。また、そのさま。「―培養」「―な水」②邪心や私欲のないこと。また、そのさま。「若者の―な心」③ひたすら一つのことに集中すること。また、そのさま。「―に芸術の立場で接する」

―りせい【―理性】〔哲〕カント哲学で、経験的な要素を含まず、常に経験的なものから独立して先天的に人間にそなわっている認識能力をいう。

じゅん・ずる【殉ずる】（自サ変）ジ（ゼ）・ジ・ズル・ズル・ズレ・ジロ（ゼヨ） →じゅんじる（殉じる）文じゅん・ず（サ変）

じゅん・ずる【準ずる・准ずる】（自サ変）ジ（ゼ）・ジ・ズル・ズル・ズレ・ジロ（ゼヨ） →じゅんじる（準じる）文じゅん・ず（サ変）

しゅん-せい【△竣成】（名・自スル）建造物などができあがること。竣工。落成。「―式」

じゅん-せい【純正】（名・形動ダ）①純粋で正しいこと。まじりけがなく本物であること。また、そのさま。「―食品」②理論の研究を主として、応用面は考えない学問の立場。「―化学」

しゅん-せつ【春雪】春に降る雪。春の雪。春

しゅん-せつ【春節】中国で、旧暦の元旦。

しゅん-せつ【△浚△渫】（名・他スル）河川や港湾などの水底の土砂や岩石をさらって取り除くこと。「川底を―する」

―せん【―船】水底の土砂をさらう作業専用の船。

じゅん-せつ【順接】〔文法〕二つの文または句が、意味上順当な関係で接続すること。「だから」「ので」「から」などで表される接続関係。「走ったから間に合った」など。順態接続。↔逆接

じゅん-ぜん【純然】（ト・タル）①まじりけのないさま。「―たるサラブレッド」②まったくそれ以外の何ものでもないさま。「―たる犯罪」文（形動タリ）

しゅん-そう【春草】サウ 春にもえ出る草。春の草。春

じゅん-ぞう【純増】増加分から減少分を差し引いた純粋な増加分。「契約の―数」↔純減

しゅん-そく【俊足】①走るのが速いこと。また、その人。駿足。↔鈍足 ②すぐれた才能の持ち主。俊才。

しゅん-そく【△駿足】①足の速い馬。駿馬。②足が速いこと。また、足の速い人。俊足。「―のランナー」

じゅん-そく【準則】規則を守り、従うこと。また、従うべき規則。「契約の―」

じゅん-ぞく【醇俗】飾りけがなく人情のあつい風俗。

じゅんたい-じょし【準体助詞】〘文法〙助詞の分類の一つ。動詞・形容詞・形容動詞・助動詞の連体形、その他種々の語に付いて、体言の資格をもたせる助詞。「泣くのはよせ」「丈夫なのがいい」「借りたのを返す」の「の」など。参考 学校文法では格助詞とすることが多い。

じゅん-たく【潤沢】(名・形動ダ) ①物が豊富にあること。また、そのさま。「資金が—だ」②つや。また、うるおいがあるさま。

しゅん-だん【春暖】春の暖かさ。「—の候」春

じゅん-ち【馴致】(名・他スル) ①なれさせること。「長い間に—された習慣」②だんだんに目標の状態に近づけていくこと。

しゅん-ちゅう【春昼】— のんびりとのどかな春の昼間。春

しゅん-ちょう【春潮】— 明るくゆったりした春の潮。春

じゅん-ちょう【順調】— (名・形動ダ) 物事がとどこおらずにすらすらと調子よく進むこと。また、そのさま。「出足は—だ」

じゅん-て【順手】鉄棒・平行棒などで、手の甲が上向きで親指が内側になるように棒を握る握り方。↔逆手・逆手

しゅん-でい【春泥】(雪解けなどによる)春先のぬかるみ。春

しゅん-と(副・自スル) 急に元気がなくなってしょげこんでしまうさま。「しかられて—なる」

じゅん-ど【純度】品質の純粋さの程度。「—の高い金属」

しゅん-とう【春灯】明るい感じの春の夜の灯火。春

しゅん-とう【春闘】(「春季闘争」の略) 労働組合が毎年春に行う、おもに賃上げを要求する闘争。春 はじまり 一九五五(昭和三十)年、民間八単産による賃上げ闘争が最初。合化労連(合成化学産業労働組合連合)委員長太田薫らの発案。

しゅん-どう【蠢動】(名・自スル) ①虫などのうごめくこと。②とるに足りない者が陰でたくらみ動くこと。「闇で—する勢力」

じゅん-とう【順当】— (形動ダ) ダロ・ダッ(デ・ニ)・ダ・ナ・ナラ・〇 道理にかなってそうなるのが当然であるさま。「—に勝ち進む」文(ナリ)

じゅん-なん【殉難】(名・自スル) 国難や社会的、宗教的災難のために自分の命を犠牲にすること。「—者」

じゅん-に【順に】(副) 順序を追って。「前から—座る」

じゅん-ねん【閏年】うるう年。

じゅん-のう【順応】— (名・自スル) ①環境や境遇の変化に従って性質や行動を適応させること。「—性」「環境に—する」②生物に同じ刺激を連続して与えた場合、これに適応するよう感覚器官などがしだいに変化する現象。「明暗—」

しゅん-ば【駿馬】→しゅんめ

じゅん-ぱい【巡拝】(名・自スル) 各地の社寺を参拝して回ること。「聖地—の旅」

じゅん-ぱく【純白】(名・形動ダ) ①まじりけのない白。まっ白。「—のドレス」②清らかでけがれのないこと。また、そのさま。

しゅん-ぱつ【瞬発】瞬間的な衝撃で発火・爆発すること。

—りょく【—力】瞬間的に出せる強い筋肉の力。

じゅん-ばん【順番】順繰りに代わって、その事に当たること。また、その順序。「—が回ってくる」

じゅん-び【純美・醇美】(名・形動ダ) まじりけがなく美しいこと。また、そのさま。

じゅん-び【準備】(名・自他スル) ある事を行うにあたり、前もって整えること。用意。したく。「—運動」「資金を—する」

じゅん-ぴつ【潤筆】書や絵をかくこと。「—料」

しゅん-びん【俊敏】(名・形動ダ) 頭のはたらきがよくて、行動がすばしこいこと。また、そのさま。「—な動き」

しゅん-ぷう【春風】春に吹く風。春風。春

—たいとう【—駘蕩】(トタル) 春風がのどかに吹くさま。転じて、人柄がおおらかで、穏やかなさま。文(形動タリ)

じゅん-ぷう【順風】船や人などの進む方向へ吹く風。追い風。↔逆風

—に帆を上げる 物事が万事うまくいくことのたとえ。

—まんぱん【—満帆】①帆いっぱいに追い風を受けて船が進むこと。②物事がすべて順調に進行していること。

じゅん-ぷう【醇風】人情があつい風俗。

—びぞく【—美俗】人情があつい風俗や、好ましい習慣。

しゅん-ぷく【春服】春の軽やかな衣装。春

じゅん-ふどう【順不同】→じゅんじょふどう

しゅん-ぶん【春分】〘天〙二十四気の一つ。太陽が春分点を通過する時刻。陽暦三月二〇、二十一日ごろ。春の彼岸の中日にあたる。この日、太陽は真東から出て真西に沈み、昼夜の長さがほぼ等しくなる。春 ↔秋分

—てん【—点】〘天〙黄道と赤道とが交わる二点のうち、太陽が南から北へ赤道を通過する点。↔秋分点

—の-ひ【—の日】国民の祝日の一つ。春分にあたる、毎年三月二〇、二十一日ごろ。春

じゅん-ぶん【純分】金貨・銀貨または地金に含まれている純金・純銀の量。

じゅん-ぶんがく【純文学】〘文〙①広義の文学に対し、主として美的感興を表現する詩歌・戯曲・小説の類。②興味本位の大衆文学・通俗文学に対し、純粋に芸術的感興の追求を中心とする文芸作品。特に小説をいう。

じゅん-へいげん【準平原】〘地質〙長期間にわたり浸食されて、全体が平らで起伏がゆるやかになった土地。

しゅん-べつ【峻別】(名・他スル) 非常に厳格に区別すること。また、その区別。「正邪を—する」

しゅん-ぽう【俊髦】(「髦」は髪の中の太く長い毛の意)すぐれた人。ぬきんでた人。

しゅん-ぽう【峻峰】高く険しい峰。峻嶺。

じゅん-ぽう【旬報】①一〇日ごとに出す報告。②一〇日ごとに出る雑誌や新聞。

じゅん-ぽう【遵法・順法】— 法律に従ってそむかないこと。「—精神」

—とうそう【—闘争】〘社〙(争議権の認められていない公務員などの)労働組合の争議行為の一つ。法規を厳重に守ることにより、合法的に業務能率を下げようとするもの。

じゅん-ぽう【遵奉】(名・他スル) 法律・主義・教えなどに従い、それを固く守ること。「師の教えを—する」

じゅん-ぼく【純朴・醇朴・淳朴】(名・形動ダ) 素朴で飾りけのないこと。人ずれしていないこと。また、そのさま。「—な人柄」

しゅん-ぽん【春本】情交のさまを描いた本。猥本。

しゅん-まい【俊邁】(名・形動ダ) 才知がすぐれているさま。また、その人。英邁。「天資—にして」

じゅんまい-しゅ【純米酒】日本酒のうち、米と米麹と水だけで醸造した清酒。

しゅん-みん【春眠】春の夜のねむり。春

—暁を覚えず 春の夜は短い上に、気候がよく寝心地もよいので、朝になってもなかなか目がさめない。参考 孟浩然の詩「春暁」の一節。

しゅん-め【駿馬】足の速い、すぐれた馬。駿馬。↔駑馬

じゅん-めん【純綿】化学繊維などのまざっていない木綿糸。また、その糸で織った織物。

じゅん-もう【純毛】化学繊維などのまざっていない羊毛(の

糸)。また、その糸で織った織物。

じゅん-ゆう【巡遊】―(名・自スル) 各地を旅行して回ること。「ヨーロッパを―する」

じゅん-よ【旬余】一〇日あまり。「完成まで―を要する」

しゅん-よう【春陽】―①春のひざし。春 ②春の時節。

じゅん-よう【準用】(名・他スル) ある事項に適用する規則などを、類似する他の事項に適用すること。

じゅんよう-かん【巡洋艦】― 戦艦と駆逐艦との中間の軍艦。戦艦より砲力は劣るが、駆逐艦より戦闘能力が高く、高速で長時間航行することができる。

じゅん-ら【巡△邏】(名・他スル) 警戒のために見回って歩くこと。また、その役の人。「町内を―する」

しゅん-らい【春雷】春先に鳴る雷。春

しゅん-らん【春◇嵐】春の強い風。春

しゅん-らん【春△蘭】〖植〗ラン科の常緑多年草。林の中に生え、早春、薄い黄緑色の花を開く。観賞用。春

じゅん-らん【巡覧】(名・他スル) 各地を見て回ること。

じゅん-り【純利】総収入からあらゆる経費を差し引いて残った純粋の利益。純益。純利益。

じゅん-り【純理】純粋な理論・学理。

じゅん-りょう【純良】―(名・形動ダ) 不純物がまじっていなくて品質がよいこと。また、そのさま。「―な乳製品」

じゅん-りょう【純量】― 正味の目方。正味。

じゅん-りょう【△淳良】―(名・形動ダ) 飾りけがなく素直で善良なこと。また、そのさま。「―な市民」

じゅん-りょう【順良】―(名・形動ダ) 素直で善良なこと。また、そのさま。「―な青年」

しゅん-りん【春△霖】春の長雨。春

しゅん-れい【△峻△嶺】険しく高い峰。峻峰。

じゅん-れい【巡礼・順礼】(名・自スル) その宗教の聖地・霊場を参拝して巡り歩くこと。また、そうする人。「―姿」

―うた【―歌】巡礼をする人が歌う歌。御詠歌。

じゅん-れき【巡歴】(名・自スル) 方々を巡って歩くこと。「諸国―の旅」

しゅん-れつ【△峻烈】(名・形動ダ) 非常に厳しく、妥協を許さないこと。また、そのさま。「―な批判」「―を極める」

じゅん-れつ【順列】①順序。序列。②〖数〗いくつかの物の中から、ある個数だけを取り出して、一定の順序に並べる配列のしかた。また、作られる配列の個数。⇩組み合わせ②

しゅん-ろ【△峻路】険しい道。「―を行く」

じゅん-ろ【順路】順序よく進んで行けるように定めた道筋。「―に従って観覧する」

じゅん-わくせい【準惑星】〖天〗太陽のまわりを公転する天体のうち、惑星に準じるもの。自己の重力でほぼ球状を保つが、その軌道の近くに他の天体が存在し、それ自体が衛星でないもの。冥王星など。

しょ【◇且】ショ・シャ・ソ かつ㊥ 丨冂月且

(字義) ①神前に肉を供える台。まないた。＝俎。②かつ。㋐そのうえに。また。㋑まして。㋒…したり…したり。㋓いったい。それ。文を転じて強く言うのに用いる。㋔…でさえも。…すら。③まさに…んとす。…しようとする。④しばらく。いささか。⑤かりそめ。なおざり。「苟且」人名 あき・よし

しょ【処】教6【處】ショ おる・ところ ノク夂処処

(字義) ①所。場所。「処処・各処・居処・随処」②おる。㋐いる。一定の所にいる。住んでいる。「処所・処世」㋑家にいる。「処士・処女・出処」③きりもりする。とりさばく。「処置・処罰・処分・処理・善処」人名 おき・さだむ・すみ・ふさ・やす

しょ【人疋】ショ・ソ・ヒキ・ヒツ・ガ

(字義) ①あし。②ひき。㋐反物の長さを数える語。＝匹。㋑鳥獣・虫・魚などを数える語。＝匹。「一疋」㋒昔のお金の単位。銭十文、のち二十五文。③つれあい。つれあう。「疋合」④ただしい。人名 ただ

しょ【初】教4 ショ・はじめ・はじめて はつ・うい㊥・そめる㊥ 丶ナネネ衤初

(字義) ①はじめ。はじまり。もと。「初級・初春・初心・初歩・最初・当初・年初」②はじめて。「初演・初婚」難読 初産・初陣・初心・初っ端・初午 人名 もと

しょ【所】教3 ショ ところ 丁戸戸所所所

(字義) ①いどころ。ありか。「所在・居所・住所・場所・名所」②こと。もの。(下に動詞を伴って名詞化し、動作・作用の内容を示す。)「所期・所持・所有」③られる。される。(受け身を表す。)「所載」難読 所謂・所為・所以・所縁 人名 ど・のぶ

-しょ【所】(接尾)(名詞に付いて)その仕事が行われる、またはその事物の存在する所をさす語。「営業―」

しょ【人杵】ショ きね

(字義) ①きね。臼に入れた穀物をつく道具。「臼杵」②つち。㋐きぬたのつち。「杵声」㋑物をつき固めるつち。③大きな盾。④仏教で、煩悩を打ち破る金属製の仏具。「金剛杵」人名 き

しょ【書】教2 ショ かく・ふみ フ⺕聿聿書書

(字義) ①かく。しるす。「書記・書式・書写・浄書・清書・大書」②かいたもの。㋐文字。「書家・書画・書道・楷書・行書・草書」㋑手紙。「書簡・書状・遺書・信書・封書・返書」㋒かきつけ。記録。「書類・報告書」㋓みことのり。「詔書」㋔ほん(本)。「書籍・書物・古書・参考書・司書・辞書・図書・良書」③本を読む。勉強する。「書斎・書生」④五経の一つである「書経」のこと。「詩書礼楽」人名 のぶ・のり・ひさ・ふむ・ふん

-しょ【書】(接尾) 書きつけ。書類。「領収―」「始末―」

しょ【書】①文字を書くこと。また、書いたもの。「―の展覧会」「空海の―」②書物。本。「―を読む」③手紙。「―を送る」

しょ【庶】ショ㊥ もろもろ・こいねがう 亠广庐庐庐庶

(字義) ①もろもろ。㋐数の多い。「庶士」㋑いろいろの。「庶事・庶政・庶務」②多くの人。民衆。「庶人・庶民・衆庶」③こいねがう。「庶幾」④正妻でない女性の生んだ子。「庶子・庶出・嫡庶」↔嫡 難読 庶幾う・庶幾くは 人名 ちか・もり・もろ

しょ【人渚】【人渚】ショ なぎさ

(字義) ①なぎさ。みぎわ。「渚岸・渚宮」②洲す。こじま。「洲渚」人名 す

しょ【暑】教3【人暑】ショ あつい 冂日旦昇暑暑

(字義) ①あつい。温度が高い。「暑気・炎暑・酷暑・残暑・避暑・猛暑」↔寒 ②夏。あつい季節。「暑中・小暑・大暑」人名 なつ

しょ【署】教6【人署】ショ しるす 罒罒罒罜署署

(字義) ①しるす。書きつける。「署名・連署」②やくわり。手わけ。「部署」③役所。「署長・官署・警察署・消防署・分署」

しょ【署】「警察署」「消防署」などの略。特に、警察署。「―まで連行する」

しょ【緒】【緒】 ショ㊥・チョ㊥ お㊥・いとぐち

(字義) ①いとぐち。糸の端。転じて、物事のはじめ。起こり。「緒言・緒戦・端緒・由緒」②こころ。「情緒・情緒」③先人が残した未完のもの。「緒業」④ひも。お。「緒締め」人名 つぐ

しょ【緒】 物事のはじめ。ちょ。「ーに就く(=物事に着手する)」

しょ【諸】 教6 **【諸】** ショ もろもろ

(字義) ①もろもろ。多くの。いろいろの。「諸侯・諸国・諸種」②語調を整える助字。「忽諸」人名 つら・もり・もろ

しょ-【諸】 (接頭) 多くの、いろいろなの意を表す。「ー先生」

しょ【曙】 ショ あけぼの

(字義) ①あけぼの。あかつき。よあけ。「曙鴉・曙霞・曙光・曙鐘・曙天・煙曙・清曙」②あける。夜があける。日が出る。人名 あきら・あけ

じ-よ【自余・爾余】 その他。このほか。それ以外。「ーの条件」

じ-よ【時余】 一時間あまり。「待つことーに及ぶ」

じょ【女】 教1 ジョ(ヂョ)・ニョ㊥・ニョウ(高) おんな・め㊥・むすめ

(字義) ①おんな。婦人。「女性・女性・女人・侍女・淑女・男女・男女・貞女・天女・遊女」↔男 ②むすめ。女の子。嫁入り前のむすめ。「女子・少女・処女・幼女」③なんじ。=汝・爾。難読 女将・女子・女郎花・女形・女衒・女御・女御・女犯 人名 こ・たか・な・よし

-じょ【女】 (接尾) 女性の名前・号に付ける語。「千代ー」

じょ【如】 ジョ㊥・ニョ(高) ごとし・しく

(字義) ①ごとし。…のようだ。似ている。そのとおりである。「如意・如実・一如・真如」②語調を整える接尾語。「晏如・欠如・突如・躍如」難読 如何・如何・如何様・如何許り・如何物・如月・如雨露 人名 い・く・すけ・なお・もと・ゆき・よし

じょ【汝】 ジョ なんじ

(字義) なんじ。おまえ。「汝曹・汝輩」人名 な

じょ【助】 教3 ジョ たすける・たすかる・すけ㊥

(字義) ①たすける。㋐力をかす。「助勢・助力・援助・内助・扶助・補助」㋑救う。「助命・救助」②主となるものをたすける。「助手・助役・助監督」難読 助宗鱈・助太刀・助っ人・助兵衛・助ける 人名 たすく・ひろ・ます

じょ【序】 教5 ジョ ついで

(字義) ①ついで。順序。順序をつける。「序次・序列・秩序」②述べる。申し述べる。「自序」③いとぐち。はじめ。「序曲・序幕」④はしがき。まえがき。「序文・序論・小序・大序」難読 序品 人名 つき・つぎ・つぐ・つね・のぶ・ひさし

じょ【序】 ①書物のはじめに書く文。まえがき。はしがき。序文。↔跋 ②順序。「長幼のー」③(雅楽などの)導入部。⇩序破急

じょ【叙】【敍】 ジョ㊥ ついで・のべる

(字義) ①ついで。順序。=序。「叙次・次叙・秩叙」②㋐順序をつける。「叙録・叙論・倒叙・列叙」㋑順序だてて述べる。「叙事・叙述・自叙伝・詳叙」③さずける。位につける。「叙位・叙勲・昇叙」人名 のぶ・みつ

じょ【徐】 ジョ㊥ おもむろ

(字義) おもむろ。おもむろに。ゆっくりと。「徐行・徐徐・緩徐」人名 やす・ゆき

じょ【恕】 ジョ・ショ ゆるす

(字義) ①ゆるす。おおめにみる。「寛恕・宥恕」②おもいやり。いつくしみ。同情。仁愛。「仁恕・忠恕」③おもいやる。同情する。いつくしむ。あわれむ。「恕思・矜恕」人名 くに・しのぶ・ただし・のり・はかる・ひろ・ひろし・ひろむ・みち・もろ・ゆき・よし

じょ【除】 教6 ジョ(ヂョ)・ジ(ヂ)㊥ のぞく

(字義) ①のぞく。㋐とりさる。とりのける。はずす。「除外・除去・解除・削除」㋑はらう。きよめる。「除残・掃除」㋒古いものをのぞき、新しいものをむかえる。「除夜・歳除」②もとの官職を取り除いて新しい官職につける。「除官・除目」③割る。割り算をする。「除数・除法」難読 除け者 人名 きよ・さる・のき

しょ-あく【諸悪】 多くの悪行や悪事。「ーの根源」

しょ-あん【書案】 ①机。文机。②文書の下書き。

しょ-い【初位】 律令制で、最下位の位階。八位の下。大・少・上・下の別がある。初位。

しょ-い【所為】 ①しわざ。ふるまい。「悪魔のー」②行為の理由・原因。ため。せい。ゆえ。

じょ-い【女医】 女性の医者。

じょ-い【叙位】 位階を授けること。「ー叙勲」

しょい-あげ【背負上げ】 →おびあげ

しょい-こ【背負子】 荷物をくくりつけて背に負う、木製の長方形のわく。

〔しょいこ〕

しょい-こ・む【背負込む】 (他五) 迷惑なこと、めんどうなこと、自分の能力以上のことなどを引き受ける。「友人の借金をー」

しょ-いちねん【初一念】 最初に思い立った決心。初志。「ーを貫く」

しょい-なげ【背負投げ】 ①→せおいなげ ②いよいよというところで背くこと。また、背かれること。「ーを食う」

ーを食わせる 相手に期待をもたせて、いよいよというところでひっくり返してひどいめにあわせる。

しょ-いん【所員】 研究所や事務所など、「所」と名の付く所に勤務する人。

しょ-いん【書院】 ①書院造りの座敷。②寺院の学問所。③書斎。④書店。出版社。また、その屋号に添える語。

ーづくり【ー造〔り〕】 〘建〙桃山時代に完成した住宅の一形式。床の間・玄関・明かり障子・畳などのあるもの。

しょ-いん【署員】 警察署や税務署など、「署」と名の付く所に勤務する人。

じょ-いん【女陰】 女性の陰部。ほと。

ジョイント 〈joint〉①機械などの継ぎ目の部分。また、継ぐための部品。②連携すること。合同。「ーコンサート」

し-よう【子葉】 〘植〙種子が発芽して最初に出る葉。種子の中の胚の一部として形成される。

し-よう【止揚】 (名・他スル) →アウフヘーベン

し-よう【史要】 歴史の要点。また、それを書いたもの。

し-よう【仕様】 ①物事を行う方法。手段。仕方。「どうーもない」②機械などの性能や内容。「寒冷地ーの車」③「仕様書き」「仕様書」の略。

ーがない ①方法がない。やむをえない。「終わったことはー」②手に負えない。始末に困る。「寒くてー」「ー人だ」参考「しょ

うがない」ともいう。

―がき【―書（き）】→しようしょ

―しょ【―書】①やり方・手順を説明した文章。仕様書き。②建築・機械などで、製品の構造や注文品の内容などを記した書類。仕様書き。

し-よう【至要】エウ（名・形動ダ）この上なくたいせつなこと。

し-よう【私用】一（名）個人の用事。私事。「―で出かける」↔公用 二（名・他スル）公共の物を個人のために用いること。「―を禁じる」

し-よう【使用】（名・他スル）物や人などを使うこと。「―量」「―上の注意」

―しゃ【―者】①物や場所を使う人。②（会社などで）人を雇って使う人。雇用主。「―側」↔使用人

―にん【―人】他人に雇われて使われる人。↔使用者

―りょう【―料】レウ 物や場所などを使うために払う料金。

し-よう【枝葉】エフ ①枝と葉。②本筋からはずれた、あまり重要でない部分。「―の問題」（↔根幹）

―まっせつ【―末節】物事の重要でない部分。主要でない細かい事柄。「―にこだわる」

し-よう【試用】（名・他スル）ためしに使うこと。「―期間」

し-よう【飼養】ヤウ（名・他スル）動物を飼い育てること。

しょう【上】シャウ（字義）→じょう（上）

しょう【小】 教1 ショウ（セウ） ちいさい・こ・お

（字義）①ちいさい。↔大 ㋐形のちいさい。「小魚・小刀・細小・微小」㋑量の少ない。簡単な。「小額・小伝・小量」㋒背が低い。「倭小（わいしょう）」㋓わずかな。ちょっとした。「小小・小利」㋔身分が低い。「小官・小身」㋕心のせまい。徳の少ない。「小心・小人」㋖幼い。子供。「小児（しょうに）・小人」㋗似ているが規模の小さいもの。「小宇宙・小京都」②自分に関するものに付けて謙遜（けんそん）の意を表す。「小社・小生」③陰暦で二九日、陽暦で二八日か三〇日の月。「小月」④「小学校」の略。「小六」 難読 小豆（あずき）・小父（おじ）さん・小母（おば）さん・小路（こうじ）・小女子（こうなご）・小雀（こがら）・小芥子（こけし）・小雨（こさめ）・小半（こなから）・小鉤（こはぜ）・小咄（こばなし）・小童（こわっぱ・こわらわ）・小筒（ささえ）・小鳴（ささな）き・小波（さざなみ）・小百合（さゆり）・小夜（さよ）・小夜曲（さよきょく）・小火（ぼや） 人名 さ・さき・ちいさ

しょう-【小】セウ（接頭）（名詞に付けて）形・規模・数量などが小さい意を表す。「―冊子」「―アジア」

しょう【小】セウ ①小さいこと。小さいもの。「大は―を兼ねる」②→しょうのつき（↔大）

―の虫（むし）を殺（ころ）して大（だい）の虫（むし）を助（たす）ける 重要な物事を守るため、小さな事を犠牲にする。

しょう【井】シャウ（字義）→せい（井）

しょう【升】 ショウ ます㊥・のぼる

（字義）①ます。＝枡。「升斛（しょうこく）」②のぼる。のぼせる。＝昇。「升堂・上升」③みのる。「升平」 人名 たか・のり・みのる・ゆき

しょう【升】尺貫法の容積の単位。一〇合。約一・八リットル。「土一―に金一―」（＝その地所の値がたいへん高いこと）

しょう【少】 教2 ショウ（セウ） すくない・すこし

（字義）①すくない。すこし。㋐わずか。量がすくない。「少数・少量・極少・僅少（きんしょう）・軽少」↔多 ㋑まれな。「希少」㋒身分の低い。「少吏」㋓わかい。子供。「少女（しょうじょ）・少年・年少・幼少・老少」↔老 ②へる。へらす。「減少」③主役を助けるもの。補佐役。「少師」 難読 少女（おとめ） 人名 お・まさ・まれ

しょう【召】 ショウ（セウ）㊥ めす㊥

（字義）めす。㋐よびよせる。「召還・召集・応召・徴召」㋑まねく。まねき。＝招。「召致」 難読 召人（めしうど・めしゅうど） 人名 よし・よぶ

しょう【正】シャウ（字義）→せい（正）

しょう-【正】シャウ（接頭）①（数詞に付いて）「ちょうど」「きっかり」の意を表す。「―五時」「―三合」②（位階を表す語に付いて）同じ位階を上下に分けた、上をさす語。「―一位」↔従（じゅ）

しょう【生】シャウ（字義）→せい（生）

しょう【生】シャウ ①生きていること。②いのち。生命。生（せい）。「―あるものは必ず死す」

しょう【匠】 ショウ（シャウ）㊥ たくみ

（字義）①たくみ。大工。職人。技能者。「匠家・匠人・鵜匠（うじょう）・工匠・鷹匠（たかじょう）」②名人。芸術などにすぐれた人。「画匠・巨匠」③かしら。先生。「師匠・宗匠」④考案。考えめぐらして物を作りだすこと。「意匠」 人名 なる

しょう【庄】人 ショウ（シャウ） ソウ（サウ）

（字義）①いなか。村里。「庄屋」②昔の荘園（しょうえん）の名をうけた土地。「三春庄（みはるのしょう）」 参考 「荘」の俗字。 人名 たいら・まさ

しょう【声】シャウ（字義）→せい（声）

しょう【床】 ショウ（シャウ）㊥ とこ㊥・ゆか㊥

（字義）①ゆか。②こしかけ。「床几（しょうぎ）」③とこ。㋐ねどこ。しんだい。「起床・就床・病床・臨床」㋑床の間。㋒川の底。「河床」㋓地層。「鉱床」㋔苗を育てる所。「温床・苗床」④銃身をささえる木製部。「床尾・銃床」 参考 「牀」の俗字。

しょう【抄】 ショウ（セウ）㊥ ぬきがき

（字義）①かすめとる。多くの中から少しぬきとる。「抄奪」②ぬきがき。一部分をぬきだして書く。＝鈔。「抄出・抄本・詩抄・文抄」③文書を書き写す。＝鈔。「抄写・抄書・手抄」④注釈をつける。注釈書。「史記抄」⑤紙をすく。「抄紙」

しょう【肖】 ショウ（セウ）㊥ にる

（字義）①似る。「肖似・不肖」②似せる。かたどる。「肖像」 難読 肖（あやか）る 人名 あえ・あゆ・あれ・すえ・たか・のり・ゆき

しょう【姓】シャウ（字義）→せい（姓）

しょう【尚】 ショウ（シャウ）㊥ なお・たっとぶ

（字義）①なお。㋐まだ。「尚早」㋑加えてその上に。②たっとぶ。とうとぶ。重んじる。「尚古・尚武」③たかい。たかくする。「尚志・高尚」④このみ。「好尚」 人名 さね・たか・たかし・なか・なり・ひさ・ひさし・まさ・まし・ます・よし・より

-しょう【性】シャウ（接尾）そのような性質や傾向があることを表す。「苦労―」「冷え―」「凝（こ）り―」

しょう【性】シャウ（字義）→せい（性）

しょう【性】シャウ ①生まれつきの性質や気質。たち。「―に合った仕事」「彼とは―が合う」②生まれつきの体質。「冷えやすい―だ」③性根。根性。④その物の本来の性質。「―が抜ける（＝その物がもつ本来の形や性質が失われる）」

しょう【承】 教6 ショウ うけたまわる㊥・うける

（字義）①うける。うけつぐ。うけいただく。「承句・継承・伝承」②うけたまわる。うけ入れる。ひきうける。「承諾・承知・了承」 人名 うけ・こと・すけ・つぎ・つぐ・よし

しょう【招】 教5 ショウ（セウ） まねく

（字義）まねく。まねき。㋐よびよせる。＝召。「招喚・招集・招来」㋑よんでもてなす。「招請・招待」㋒礼をつくしてまねく。めし出す。「招聘（しょうへい）」人名 あき・あきら

しょう【昇】 ショウ のぼる 中
（字義）①のぼる。㋐太陽がのぼる。㋑上にあがる。「昇降・昇天・昇殿・上昇」↔降 ㋒官位や段階があがる。「昇級・昇進・昇段」②おだやか。たいらか。「昇平」参考「陞」の書き換え字として用いる。難読 昇汞（しょうこう） 人名 かみ・すすむ・のぼり・のり

しょう【昌】 人 ショウ（シャウ） さかん
（字義）①さかん。㋐さかんである。「昌運・昌昌・殷昌（いんしょう）・盛昌・隆昌」㋑さかえる。「繁昌（はんじょう）」②よい。うつくしい。「昌言」人名 あき・あつ・さか・すけ・まさ・ます・よ・よし

しょう【松】 教4 ショウ まつ
（字義）まつ。マツ科の常緑針葉樹。「松韻・松子・松竹梅・松柏（しょうはく）・松籟（しょうらい）・青松・老松」難読 松魚（かつお）・松蘿（さるおがせ）・松明（たいまつ）・松毬（まつかさ・まつぼっくり）・松脂（まつやに） 人名 ときわ・ます

しょう【沼】 ショウ（セウ）高 ぬま 中
（字義）ぬま。自然に水をたたえた泥深い池。「沼沢・湖沼」

しょう【青】 ショウ（シャウ）（字義）→せい（青）

しょう【咲】 ◇ ショウ（セウ） さく 中
（字義）①わらう。＝笑。②さく。花が開く。人名 さき

しょう【政】 ショウ（シャウ）（字義）→せい（政）

しょう【昭】 教3 ショウ（セウ） あきらか
（字義）①あきらか。㋐照りかがやく。「昭煥（しょうかん）・昭光・光昭」㋑はっきりと目立つ。「昭示・昭昭」②あきらかにする。あらわす。「昭彰・顕昭」人名 あき・あきら・いか・てる・はる

しょう【星】 ショウ（シャウ）（字義）→せい（星）

しょう【相】 ショウ（シャウ）（字義）→そう（相）

しょう【省】 ショウ（シャウ）（字義）→せい（省）

しょう【省】 ショウ（シャウ） ①国家行政組織法で、内閣の下におく中央官庁。「文部科学ー」②律令（りつりょう）制で、太政官（だいじょうかん）の下においた中央官庁。八省。「式部ー」③中国の、地方行政区画。

しょう【◦荘】 ショウ（シャウ）（字義）→そう（荘）

しょう【哨】 人 ショウ（セウ） みはり
（字義）みはり。物見。「哨戒・哨兵・歩哨」

しょう【宵】 ショウ（セウ）高 よい 中
（字義）①日が暮れてまもないころ。「宵晨（しょうしん）・春宵・清宵」②よる。「徹宵（てっしょう）」難読 宵宮（よいみや・よみや）

しょう【将】 教6【人將】 ショウ（シャウ） ひきいる・まさに
（字義）①ひきいる。「将卒（しょうそつ）」②軍を率いる人。「将軍・将校・主将・知将・武将・名将」③自衛隊・旧陸海軍の最高位の階級。「将官・海将・大将・陸将」④まさに…せんとす。「将来」難読 将監（しょうげん）・将又（はたまた） 人名 すけ・すすむ・たすく・ただし・たもつ・のぶ・はた・ひとし・まさ・もち・ゆき

しょう【将】 ショウ（シャウ） 軍を率いて指揮する人。
ーを射（い）んと欲（ほっ）すればまず馬（うま）を射（い）よ 目的を果たすためには、その周辺にあるものから手をつけるのが成功の早道であるというたとえ。

しょう【従】（字義）→じゅう（従）

しょう【消】 教3 ショウ（セウ） きえる・けす
（字義）①きえる。㋐火がきえる。㋑跡形もなく、なくなる。ほろびる。「消滅・雲散霧消」②けす。㋐火やあかりをけす。「消火・消灯」㋑使いつくす。なくす。「消却・消費・費消・抹消」③へる。おとろえる。「消長・消沈・消耗」④ひかえめである。「消極」参考「銷」の書き換え字としても用いる。

しょう【症】 ショウ（シャウ）中
（字義）病気のあらわれ。病気の性質。病気。「症状・炎症・重症・症候群・狭心症・不妊症」

しょう【祥】【人祥】 ショウ（シャウ）中 さいわい
（字義）①さいわい。めでたいこと。「嘉祥（かしょう）・吉祥（きちじょう・きっしょう）」②めでたいことの前ぶれ。きざし。「祥気・祥瑞（しょうずい）・瑞祥」③忌み明けの祭り。「祥月・小祥・大祥」人名 あきら・さか・さき・さち・ただ・なが・やす・よし

しょう【称】【稱】 ショウ 中 となえる・たたえる・はかる
（字義）①はかる。重さをはかる。「称量」②つりあう。つりあい。「相称・対称」③となえる。名づける。よぶ。よびな。「称号・愛称・一人称・敬称・古称・呼称・自称・僭称（せんしょう）・尊称・他称・名称」④たたえる。言葉に出してほめあげる。「称賛・称美・過称」人名 あぐ・かみ・のり・みつ・よし

しょう【称】 よびな。「コハダはコノシロの若魚のー」

しょう【秤】 人 ショウ・ビン はかり
（字義）①はかり。物の重さをはかる器具。「天秤（てんびん）」②はかる。計量する。「秤量」

しょう【笑】 教4 ショウ（セウ）中 わらう・えむ 中
（字義）①わらう。ほほえむ。わらい。えみ。「笑殺・笑声・笑話・苦笑・哄笑（こうしょう）・失笑・嘲笑（ちょうしょう）・微笑・冷笑」②他人に何かをしてほしいと頼むときに用いる謙遜（けんそん）の語。「笑納・笑覧」難読 笑窪（えくぼ）・笑壺（えつぼ）・笑い種（ぐさ） 人名 え・えみ

しょう【商】 教3 ショウ（シャウ） あきなう 中
（字義）①あきなう。商売する。あきない。「商店・商品・行商・通商」②あきんど。商人。「豪商・露天商」③はかる。はかり知る。「商議・商量・協商」④五音（ごいん）（宮・商・角・徴（ち）・羽）の一つ。「商声」⑤割り算の答え。⑥中国古代の王朝、殷（いん）の別名。難読 商人（あきうど・あきゅうど・あきんど） 人名 あき・あつ・ひさ

しょう【商】 ショウ（シャウ）〔数〕ある数または式を、他の数または式で割って得た数値、または式。「ーを求める」

しょう【唱】 教4 ショウ（シャウ） となえる
（字義）①となえる。声高く読みあげる。「唱名（しょうみょう）・高唱」②先にたって言う。言い出す。「唱道・主唱・提唱」③うたう。声をあげてうたう。「合唱・独唱」④うた。「唱歌」

しょう【捷】 人 ショウ（セフ） かつ・はやい
（字義）①勝つ。勝ち。勝ちいくさ。「捷書・捷報」②はやい。すばやい。「捷足・敏捷」③近い。近道をする。「捷径・捷路」人名 かち・かつ・さとし・すぐる・とし・はや・まさる

しょう【梢】 人 ショウ（セウ） こずえ
（字義）①こずえ。木の幹や枝の先。「枝梢」②すえ。物の端。「末梢」③船のかじ。「梢子」人名 すえ・たか

しょう【渉】【人涉】 ショウ（セフ）中 わたる

(字義) ①わたる。水の中を歩いてわたる。「徒渉・跋渉ばっしょう」②めぐり歩く。ひろく見聞する。「渉猟・渉歴」③かかわる。あずかる。関係する。「渉外・干渉・交渉」人名 さだ・たか・ただ・わたり

しょう【清】ｼｬｳ (字義)→せい(清)

しょう【章】教3 ショウ(シャウ) あきらか・あや

(字義) ①楽曲の一節。「楽章」②詩や文の一節。「章句・章節・序章」③ふみ。文書。「章奏・詞章・文章」④のり。てほん。「章程・典章」⑤あきらか。あきらかにする。あらわれる。＝彰。「章顕・表章」⑥あや。模様。⑦かざり。しるし。「章幟しょうし・印章・徽章きしょう・勲章」難読 章魚たこ 人名 あき・あきら・たか・とし・のり・ふさ・ふみ・ゆき

しょう【章】ｼｬｳ 文章や楽曲などの大きな一くぎり。「第三―」

しょう【笙】人 ショウ(シャウ)・ソウ(サウ)

(字義) ①しょうのふえ。管楽器の一つ。「笙歌・笙鼓・鐘笙」②ちいさい。ほそい。③竹であんだむしろ。たかむしろ。「桃笙」

しょう【笙】ｼｬｳ 〔音〕雅楽に用いる管楽器の一つ。吹き口のある壺つぼに一七本の竹の管を環状に立て並べたもの。笙の笛。

〔笙〕

しょう【紹】ショウ(セウ)中 つぐ

(字義) ①つぐ。受け継ぐ。「紹継・紹述・継紹」②ひきあわせる。とりもつ。「紹介・介紹」人名 あき・つぎ

しょう【菖】人 ショウ(シャウ)

(字義) ①菖蒲しょうぶ。㋐せきしょう(石菖)。ショウブ科の常緑多年草。㋑しょうぶ。白菖。②はなしょうぶ(アヤメ科の多年草)の俗称。しょうぶ。難読 菖蒲あやめ 人名 あやめ

しょう【訟】ショウ中 うったえる

(字義) ①うったえる。うったえ出る。うったえ。「訟庭・訟理・訴訟・争訟」②おおやけ(公)。公に通じ用いる。「訟言」③あらそう。是非を論争する。

しょう【勝】教3 ショウ かつ・まさる中

(字義) ①かつ。かち。戦ってかつ。相手をうちまかす。「勝機・勝利・戦勝・大勝・優勝・連戦連勝」↔敗 ②まさる。地勢や景観がすぐれている。すぐれたところ。「勝境・勝景・奇勝・景勝・名勝」難読 勝鬨かちどき 人名 かち・すぐる・すぐれ・すぐろ・つよく・とう・のり・まさ・ます・よし

しょう【掌】ショウ(シャウ)中 てのひら たなごころ・つかさどる

(字義) ①てのひら。たなごころ。「掌握・掌大・掌中・合掌」②動物の足のうら。「熊掌ゆうしょう」③つかさどる。職務として取り扱う。つとめ。「掌典・管掌・職掌・分掌」人名 なか

しょう【晶】ショウ(シャウ)中 あきらか

(字義) ①あきらか。明るくかがやく。「晶光」②鉱物の名。「水晶」③質の純粋な鉱物がもつ規則正しい一定の形。「結晶」人名 あき・あきら・てる・まさ

しょう【湘】人 ショウ(シャウ)

(字義) 中国の川の名。「湘江・湘水・瀟湘しょうしょう八景」

しょう【焼】教4【燒】人 ショウ(セウ)中 やく・やける

(字義) やく。火にもやす。もえる。「焼却・焼失・燃焼」難読 焼売シューマイ・焼酎しょうちゅう

しょう【焦】ショウ(セウ)中・こげる中 こがす中・こがれる中・あせる高

(字義) ①こげる。焼けて黒くなる。こがす。「焦点・焦土・焦熱地獄」②こがれる。㋐思いわずらう。心がいらだつ。「焦燥・焦慮」㋑やつれる。「焦瘁しょうすい」③かわく。「焦渇」

しょう【硝】ショウ(セウ)中

(字義) ①鉱物の一種。ガラス・火薬・肥料などの原料。「硝酸・硝石」②火薬。「硝煙・硝薬・煙硝」難読 硝子ガラス

しょう【粧】ショウ(シャウ)中・ソウ(サウ) よそおう

(字義) よそおう。おしろいをぬって顔をつくる。よそおい。「粧鏡・化粧・仮粧・盛粧・濃粧・美粧」

しょう【翔】人 ショウ(シャウ) かける

(字義) かける。飛びめぐる。「飛翔」

しょう【装】ｼｬｳ (字義)→そう(装)

しょう【証】教5【證】ショウ あかし

(字義) ①あかす。あかしをたてる。あかし。「証言・証拠・証明・実証・保証」②証明書。「学生証・免許証・卒業証書」③さとる。さとり。「証得しょうとく」人名 あきら・つく・み

しょう【証】あかしとなるもの。「後日の―とする」

しょう【詔】ショウ(セウ)中 みことのり高

(字義) ①みことのり。天子の命令。「詔書・詔勅・恩詔・聖詔・拝詔」②つげる。「詔告」人名 のり

しょう【象】教5 ショウ(シャウ) ゾウ(ザウ)・かたどる

(字義) ①かたどる。なぞらえる。似せる。「象形・象徴」②かたち。ようす。ありさま。あらわれたすがた。「印象・具象・現象・事象・対象・表象」③(「ゾウ」と読んで)熱帯地方にすむゾウ科の哺乳ほにゅう動物。「象牙ぞうげ・巨象」人名 かた・きさ・たか・のり

しょう【傷】教6 ショウ(シャウ) いたむ中・いためる中・きず・きずつく

(字義) ①きず。けが。「傷痍しょうい・凍傷・負傷」②きずつく。きずつける。㋐けがをする。けがをさせる。「傷害・殺傷」㋑そこなう。物をいためる。「損傷」㋒そしる。悪くいう。「中傷」③痛む。㋐きずが痛む。㋑心を痛める。悲しい思いをする。「傷心・感傷」

しょう【奨】【獎】人 ショウ(シャウ)中 すすめる

(字義) ①すすめる。㋐すすめ励ます。「奨学・奨励・勧奨」㋑すいせんする。「推奨」②助ける。「奨掖しょうえき」人名 すすむ・つとむ

しょう【照】教4 ショウ(セウ) てる・てらす・てれる

(字義) ①てる。太陽や火がてり輝く。「照映・照照・光照」②光。日光。光線。「残照・斜照・夕照・日照」③てらす。㋐光をあてる。明らかにする。「照射・照明」㋑てらし合わせる。突き合わせる。「照会・照合・照査・参照・対照」④写真。「照影・照像・小照」人名 あき・あきら・あり・てり・とし・のぶ・みつ

しょう【聖】ｼｬｳ (字義)→せい(聖)

しょう【詳】ショウ(シャウ)中 くわしい中・つまびらか

(字義) ①くわしい。つまびらか。「詳細・詳密・精詳」②つまびらかにする。事こまかに明らかにする。「詳記・詳論・審詳・未詳」③ことごとく。あまねく。人名 みつ

しょう【頌】(人) ショウ ほめる　(字義)①ほめる。たたえる。人の功績や人格をほめる。また、その歌。「頌歌・頌春・頌美・称頌・推頌」②宗廟の楽歌。「周頌・風雅頌」③文体の一つ。人の功績や人格をたたえたもの。「酒徳頌・伯夷頌」人名 うた・おと・つぐ・のぶ・よむ

しょう【嘗】(人) ショウ(シャウ)・ジョウ(ジャウ) なめる・こころみる・かつて　(字義)①なめる。㋐味をみる。「嘗味・臥薪嘗胆」㋑苦労を経験する。②こころみる。「嘗試」③かつて。④秋の祭り。「新嘗・新嘗」人名 ふる

しょう【彰】ショウ(シャウ)㊥ あきらか　(字義)①明らかである。=章。「彰顕・彰著・彰炳」②あらわす。明らかにする。あらわれる。=章。「彰義・彰徳・顕彰・表彰」③あや。かざり。もよう。人名 あき・あきら・あや・ただ・てる

しょう【精】シャウ　(字義)→せい(精)

しょう【蔣】(人) ショウ(シャウ)　(字義)まこも。イネ科の多年草。水辺に自生する。

しょう【裳】(人) ショウ(シャウ) もすそ・も　(字義)もすそ。も。したばかま。「裳衣・衣裳」難読 裳階・裳層

しょう【障】教6 ショウ(シャウ) さわる(高)　(字義)①さわる。さしつかえる。さしさわり。「障害・障碍・障礙・故障」②隔てる。さえぎる。さまたげる。「障蔽・蔽障」③隔て。しきり。「障子・障壁」④防ぐ。防ぎ。とりで。「障塞・辺障・保障」難読 障泥

しょう【憧】ショウ㊥・ドウ あこがれる㊥　(字義)①心がゆれて定まらない。「憧憧」②あこがれ。あこがれる。「憧憬」③おろか。にぶい。「憧愚」

しょう【樟】(人) ショウ(シャウ) くすのき　(字義)くすのき。クスノキ科の常緑高木。幹・根・葉から樟脳をとる。材はかたく、器具材に用いる。「樟脳」人名 くす

しょう【◇箱】教3 ショウ(シャウ)・ソウ(サウ) はこ　(字義)①はこ。㋐竹製のはこ。㋑はこの総称。②車の両側にある荷物入れ。「車箱」③米ぐら。④ひさし。正寝(表座敷)の東西にあるわき部屋。=廂。

しょう【蕉】(人) ショウ(セウ)　(字義)①きあさ。麻の加工してないもの。「蕉衣・蕉布」②㋐バショウ科の多年草。「芭蕉」の略。「蕉葉」㋑松尾芭蕉のこと。「蕉風・蕉門」③やつれる。みすぼらしい。=憔。「蕉悴」④あくた。雑草。⑤たきぎ。=樵。

しょう【衝】ショウ㊥ つく　(字義)①突く。㋐突き当たる。ぶつかる。「衝撃・衝突・緩衝」㋑突き上げる。「衝天・衝動」㋒突き破る。「衝機・衝決」②かなめ。要所。だいじな点。「衝路・要衝」難読 衝立 人名 つぎ・みち・もり・ゆき

しょう【衝】だいじな点。たいせつな役。かなめ。「—に当たる」

しょう【◇請】シャウ　(字義)→せい(請)

しょう【賞】教5 ショウ(シャウ) ほめる　(字義)①ほめる。㋐たたえる。善行や功績・人格などをほめたたえる。「賞賛・賞罰・賞揚・恩賞・激賞・行賞」㋑めでる。愛し楽しむ。「賞玩・賞美・観賞・鑑賞」②たまもの。ほうび。「賞金・賞品・賞与・懸賞・授賞」人名 たか・たかし・ほむ・よし

しょう【賞】シャウ 功績に対して与えられる金品。ほうび。

しょう【鞘】(人) ショウ(セウ) さや　(字義)さや。刀剣の刀身を収める筒。

しょう【償】ショウ(シャウ)㊥ つぐなう㊥　(字義)つぐなう。つぐない。㋐借りを返す。「償還・償却」㋑相手に与えた損害に対して、かわりの金品を差し出す。「償金・代償・賠償・弁償」㋒報いる。功績に報いる。「報償」

しょう【礁】ショウ(セウ)㊥ かくれいわ　(字義)かくれ岩。水面に現れていない岩。「暗礁・環礁・岩礁・座礁・珊瑚礁」

しょう【篠】(人) ショウ(セウ) しの　(字義)しの。しの竹。群がり生える細い竹の総称。細いので矢を作るのに用いる。難読 篠懸

しょう【醤】(人) ショウ(シャウ)　(字義)①塩づけして発酵させた肉。しおから。②食品を塩づけして発酵させてつくった調味料。「魚醤」③ひしお。麦・米・豆などにこうじを入れて発酵させ塩をまぜて作ったもの。みその類。「醤油」難読 醤蝦

しょう【鐘】ショウ㊥ かね㊥　(字義)かね。㋐中国古代の楽器。「鐘鼓・鐘鼎」㋑つりがね。時を知らせるかね。「鐘銘・鐘楼・暁鐘・時鐘・晩鐘・梵鐘」人名 あつむ

しょう【△鉦】シャウ かね。まるくて平たいかね。たたきがね。

しょう【△簫】セウ〔音〕中国古代の管楽器。管一本のものと、長さの違う竹の管を多数ならべたものの二種類がある。簫の笛。

しょ・う【◇背◇負う】ショフ (他五) ワ(オ)・イ(ッ)・ウ・ウ・エ・エ (「せおう」の俗な言い方)①背にのせてかつぐ。「かごを—」②負担になることを引き受ける。「借金を—」③(「しょってる」の形で)うぬぼれる。「—・ってるやつだ」可能 しょ・える(下一)⇩背負って立つ

じ-よう【自用】■一(名)自分自身の用事。私用。■二(名・他スル)自分の用に使うこと。「—の品」

じ-よう【侍養】ヤウ そばに付き添って養うこと。

じ-よう【時様】ヤウ その時代の流行の型。「—に合わせる」

じ-よう【滋養】ヤウ 体の栄養となること。また、そのもの。「—分」「—強壮剤」

じょう【上】教1 ジョウ(ジャウ)・ショウ(シャウ)(高) うえ・うわ・かみ・あげる・あがる・のぼる・のぼせる㊥・のぼす㊥　(字義)①うえ。かみ。㋐上の方。高い所。「上界・上方・雲上・山上・頂上・天上・馬上・楼上」↔下 ㋑表面。そとがわ。「海上・水上・面上」㋒高い身分や地位。「上官・上司・長上」㋓天子。君主。「上意・上皇・主上」㋔昔。「上古・上代」②すぐれている。よい。「上上・上等・最上」↔下 ③順序の先の方。まえ。「上巻・上旬」④ほとり。そば。「河上・江上」⑤のぼる。あがる。㋐高い所にのぼる。「上昇・上天」↔下 ㋑都に行く。「上京・上洛」㋒乗る。「上船」㋓あたり一帯の空間。「席上・途上」⑥のぼす。あげる。㋐申し上げる。「上告・敬上・奏上」㋑奉る。「上表・献上・進上・呈上」㋒のせる。書きつける。「上演・上梓」⑦漢字の四声の一つ。「上声」の略。「平上去入」⑧「上野国」の略。「上州」難読 上手い・上総・上達部・上戸・上品・上枝 人名 うら・え・きみ・すすむ・たか・たかし・ひさ・ほず・まさ

-じょう【上】ジャウ (接尾)…の上で。…の点で。「教育—問題」

がある」「利用ーの注意」

じょう【上】ジャウ ①うえ。かみ。「ー下左右」②順位・価値などがすぐれていること。上等。「ーの部類」③二巻、または三巻からなる書物の初めの巻。上巻。（↔下(げ)）

じょう【丈】ジョウ(ヂャウ)㊥ たけ㊥ （字義）①長さの単位。一〇尺。約三・〇三メートル。「丈六・三千丈・方丈」②たけ。㋐長さ。「丈尺」㋑身長。「背丈(せたけ)」③長老や妻の父などの敬称。「丈人・岳丈」④強くしっかりしている。「丈夫・頑丈・気丈」難読 丈夫(ますらお) 人名 たけし・とも・ひろ・ます

-じょう【丈】ヂャウ （接尾）歌舞伎(かぶき)役者の芸名に付ける敬称。「尾上(おのえ)菊五郎ー」

じょう【丈】ヂャウ 長さの単位。⇩丈(字義)①

じょう【冗】ジョウ㊥ むだ （字義）①むだ。むだな。不必要な。「冗員・冗舌・冗談・冗費」②くどい。わずらわしい。「冗長・冗漫」③ひまな。「散冗」

じょう【丞】人 ジョウ たすける （字義）①たすける。たすけ。補佐役。「丞相」②すすむ。「丞丞」③大宝令の各省の三等官。人名 すけ・すすむ・つぐ

じょう【成】ジャウ （字義）→せい(成)

じょう【条】教5【條】人 ジョウ(デウ) えだ・すじ （字義）①えだ。小枝。「枝条・柳条」②すじ。すじみち。「条痕(じょうこん)・条理・作条」③一つ一つ分けて書いたもの。「条項・条章・箇条・逐条・別条」④箇条書きで書かれた規則。「条文・条約・金科玉条」⑤のびる。のびのびする。「条達・条暢(じょうちょう)」⑥長い。また、細長い物を数える語。⑦市街地の区画。「条坊・条里」人名 え・なが

じょう【条】デウ （接助）①（候文(そうろうぶん)で、動詞の連体形に付いて）…によって。…の故に。「今般、新庁舎竣工(しゅんこう)致し候ー、祝賀の典にご来臨賜りたくご案内申し上げ候」②（動詞の連用形に付いて）…にもかかわらず。「春とは言いー、名のみにして」用法 多く、古い文体を残した文章に用いられる。

じょう【杖】人 ジョウ(ヂャウ) つえ （字義）①つえ。㋐歩行の助けとなる細長い棒。ステッキ。「几杖(きじょう)・錫杖(しゃくじょう)」㋑人をむち打つ棒。②つえをつく。③よる。頼む。④打つ。たたく。⑤昔、中国で五刑の一つ。つえでうつ刑罰。「杖刑」人名 き・もち

じょう【状】教5【狀】人 ジョウ(ジャウ) かたち （字義）①かたち。すがた。ありさま。「状態・異状・球状・形状・放射状」②おもむき。事のなりゆき。「状況・行状・実状・陳状・白状」③かきつけ。手紙。「状袋・回状・書状・訴状・連判状」人名 かた・のり

じょう【定】ヂャウ （字義）→てい(定)

じょう【定】ヂャウ ①そうなるに決まっていること。必然のこと。「案のー」②《仏》心を集中して、真理をさとること。禅定(ぜんじょう)。三昧(さんまい)。「ーに入る」

じょう【帖】人 ジョウ(デフ) チョウ(テフ) （字義）①ちょうめん。帳簿。「帖子(ちょうし)・画帖(がちょう)・手帖(てちょう)」②書きもの。手紙。「書帖(しょじょう)」③石刷りの書。習字の手本。「法帖(ほうじょう)・墨帖(ぼくじょう)」④張りつける。「帖着」

-じょう【帖】デフ （接尾）①紙や海苔(のり)などを数える語。一帖は半紙二〇枚、美濃紙(みのがみ)四八枚、海苔一〇枚。②屏風(びょうぶ)・楯(たて)などを数える語。③→じょう(畳)(接尾)

じょう【乗】教3【乘】人 ジョウ のる・のせる （字義）①のる。物の上にのる。乗り物にのる。「乗車・乗船・搭乗・陪乗」②歴史。記録。「史乗・野乗」③仏教で、人々を悟りの世界(彼岸)に運ぶやり方。「小乗・大乗」④掛け算。掛ける。「乗除・乗数・乗法・自乗・二乗」人名 あき・しげ・のり

じょう【城】教4 ジョウ(ジャウ)・セイ しろ・き （字義）①しろ。㋐中国の、城壁をめぐらした都市や宮殿。また、その城壁。中国の都市。「城郭・城市・城壁・城楼・王城・宮城・傾城(けいせい)」㋑日本の、とりでや将軍・大名の居処。「安土(あづち)城・荒城」②きずく。しろをつくる。③「山城(やましろ)の国」の略。「城州」人名 くに・さね・しげ・なり・むら

じょう【浄】【淨】人 ジョウ(ジャウ)㊥ きよい （字義）①きよい。きよらかな。けがれがない。「浄土・清浄(せいじょう)・不浄」②きよめる。きよらかにする。「浄化・浄罪・洗浄」難読 浄玻璃(じょうはり)・浄瑠璃(じょうるり) 人名 きよ・きよし・しず

じょう【茸】人 ジョウ たけ・きのこ・しげる （字義）①たけ。きのこ。②しげる。草が生い茂るさま。③草木の葉が柔らかいさま。④蒲(がま)の穂。⑤細く柔らかい毛。にこげ。「茸毛(じょうもう)」⑥刺繡(ししゅう)に用いる糸。⑦まだらのある竹。

じょう【娘】◇ ジョウ(ヂャウ) むすめ㊥ （字義）①むすめ。少女。未婚の女性。「娘子・娘心・生娘(きむすめ)・村娘」②中国では母のことをいう。人名 ら

じょう【剰】【剩】人 ジョウ㊥ あまる （字義）①あまる。あます。「剰員・剰語・過剰」②あまり。残り。「剰余・余剰」人名 のり・ます

じょう【常】教5 ジョウ(ジャウ) つね・とこ㊥ （字義）①つね。㋐いつも変わらない。つねに。「常用・常緑・恒常・非常・無常」㋑ひごろ。ふだん。平生。「常食・常備・日常・平常」㋒変わることのない道徳。人の道。「五常」㋓なみ。ふつう。「常人・常態・尋常・通常」↔変 ②「常陸(ひたち)の国」の略。「常州」参考「とこ」と読んで、永久の意の接頭語として用いることもある。「常夏(とこなつ)・常春(とこはる)・常世(とこよ)」難読 常磐(ときわ)・常磐木(ときわぎ)・常滑(とこなめ) 人名 つら・とき・ときわ・のぶ・ひさ・ひさし

じょう【情】教5 ジョウ(ジャウ)・セイ㊥ なさけ （字義）①気持ち。心が物に感じて動くはたらき。「情緒・情熱・感情・心情・純情・性情・人情」②なさけ。思いやり。「恩情・厚情・同情・薄情・友情」③まごころ。「情志・至情・真情」④相手を恋いしたう気持ち。「情死・情事・色情・慕情・恋情」⑤個人的なかかわりあい。「情実・私情」⑥おもむき。味わい。「情趣・情調・風情(ふぜい)・余情(よじょう・よせい)・旅情」⑦ありさま。ようす。「情況・情景・情状・事情・実情・表情」人名 さね・もと

じょう【情】ジャウ ①対象からの刺激を受けて起こる感情。気持ち。「懐旧のー」「ーに流される」②思いやりの心。情愛。「ーが深い」「ーにほだされる」③特定の相手をしたう心。愛情。

ーが移(うつ)る 接しているうちに、しだいに愛情を感じるようになる。**ーが強(こわ)い** 意地っ張りだ。強情だ。**ーに脆(もろ)い** 人情に動かされやすい。同情しやすい。**ーを通(つう)じる** ①決まった相手以外の人とひそかに性的関係を結ぶ。②敵に内通する。

じょう【盛】ジャウ （字義）→せい(盛)

じょう【場】 教2 ジョウ(チャウ) ば

(字義)①ば。㋐ばしょ。ところ。何かが行われるところ。「場屋・場内・場裏・運動場・会場・劇場・工場・市場・戦場・道場・入場・牧場」㋑ばあい。とき。「場合」㋒劇の一くぎり。「二幕三場」㋓産地。「本場」㋔神を祭るための場所。「祭場・斎場」②にわ。はたけ。「場圃」

じょう【畳】【疊】 人 ジョウ(デフ)㊥ たたみ㊥・たたむ㊥・かさねる

(字義)①かさねる。かさなる。つみかさねる。たたむ。「畳韻・畳語・積畳・層畳・重畳」②たたみ。「千畳敷き」 難読 畳紙 人名 あき

-じょう【畳】 デフ (接尾)たたみを数える語。「六一の和室」 参考「帖」とも書く。

じょう【蒸】 教6 ジョウ むす㊥・むれる㊥・むらす㊥

(字義)①むす。㋐水分が気体となって上る。「蒸気・蒸発・雲蒸」㋑ふかす。むらす。いぶす。湯気などをあてて熱を通す。「燻蒸」㋒むし暑い。「蒸暑・蒸熱」②もろもろ。多くの人民。「蒸庶・蒸民」 難読 蒸籠 人名 つぐ・つまき

じょう【静】 ジャウ (字義)→せい(静)

じょう【縄】【繩】 教4 ジョウ なわ㊥

(字義)①なわ。㋐わら・麻・糸などをより合わせたひも。「縄索・縄縛・結縄・捕縄」㋑すみなわ。木材に直線をひくための道具。「縄尺・縄墨」②規則。標準。法則。「規縄・準縄」③ただす。正しくする。「縄正」 人名 ただ・つぐ・つな・つね・なお・のり・まさ

じょう【壌】【壤】 ジョウ(ジャウ)㊥ つち

(字義)①つち。㋐耕作のできる土地。「壌土・土壌・肥壌」㋑大地。土地。「霄壌・天壌」②くに。国土。

じょう【嬢】【孃】 ジョウ(ヂャウ)㊥ むすめ

(字義)①むすめ。少女。未婚の女性。「愛嬢・令嬢」②母。

-じょう【嬢】 ヂャウ (接尾)①未婚の女性の姓や名に添える敬称。「中村一」②(職業を表す語に付けて)その職業に就いている女性であることを表す。「受付一」

じょう【嬢】 ヂャウ 未婚の女性。娘。「お一さん」

じょう【錠】 ジョウ(ヂャウ)㊥

(字義)①じょうまえ。「施錠・手錠」②丸薬。「錠剤・糖衣錠」 人名 さだ・さだむ

-じょう【錠】 ヂャウ (接尾)錠剤を数える語。「食後一一」

じょう【錠】 ヂャウ 扉や戸などが開かないようにするための金属の器具。錠前。「一をおろす」

じょう【穣】【穰】 人 ジョウ(ジャウ) みのる

(字義)実る。穀物がよく実る。「穣歳・豊穣」 人名 おさむ・しげ・みつる・みのり・ゆずる・ゆたか

じょう【譲】【讓】 人 ジョウ(ジャウ)㊥ ゆずる㊥

(字義)①ゆずる。㋐物品や権利などを人にゆずり与える。「譲渡・譲与・委譲・禅譲」㋑へりくだる。しりぞく。「譲歩・謙譲・互譲・辞譲」②ことわる。③せめる。なじる。「責譲」 人名 のぶ・のり・まさ・まもる・ゆずり・よし

じょう【醸】【釀】 人 ジョウ(ヂャウ)㊥ かもす高

(字義)①かもす。酒をつくる。「醸酒・醸造・吟醸」②酒。「新醸・村醸」③ものをつくりだす。事をかまえる。「醸成」

じょう【尉】 ①能楽で、男の老人。翁。また、その能面。②(老人の白髪に見たてて)炭火の燃えきったあとの白い灰。

じょう【掾】 ①律令制で、国司の三等官。⇩判官 ②江戸時代以後、浄瑠璃の大夫に与えられた称号。大掾・掾・少掾の三階級がある。「竹本播磨少一」

じょう【判官】 【日】律令制で、四等官の第三位。次官の下で主典の上。役所により「祐」「丞」「尉」などの字をあてる。判官。

しょう-あい【性合】(い) シャウアヒ ①性質。たち。「困った一だ」②たがいの性質が合うこと。相性がよいこと。

しょう-あい【鍾愛】 (名・他スル)(「鍾」は集める意)非常にかわいがること。「一の子」

じょう-あい【情合】(い) ジャウアヒ 人情のありよう。たがいを思いやる気持ち。「一が厚い」

じょう-あい【情愛】 ジャウ 深く愛する気持ち。なさけ。愛情。「親子の一」

しょう-あく【掌握】 シャウ (名・他スル)(手に握りもつ意から)自分が支配して意のままにすること。「部下を一する」

しょう-アジア【小アジア】 セウアジア アジアの西部、黒海と地中海との間の半島地域。古代は多くの小国が分立・興亡したが、現在はトルコ共和国が大部分を占める。別称アナトリア。

しょう-あん【小安】 セウ ①すこし安心なこと。「一を得る」②小さな成功に安心して大きな志のないこと。

しょう-い【小異】 セウ わずかな違い。「大同一」

一を捨てて大同に就く こまかい点での意見の違いはあっても、大筋で一致する意見に従い協力する。

しょう-い【少尉】 セウヰ もと、陸海軍で将校の階級の最下位。中尉の下。

しょう-い【傷痍】 シャウ けが。負傷。「一軍人」

じょう-い【上位】 ジャウヰ 高い地位や順位。上の位。↔下位

じょう-い【上意】 ジャウ 支配者や上に立つ者の考えや命令。特に、江戸時代、将軍の命令。↔下意

一かたつ【一下達】 上に立つ者の考えや命令を下位の者に通じさせること。

じょう-い【浄衣】 ジャウ →じょうえ

じょう-い【情意】 ジャウ 感情と意志。こころもち。「一投合」

じょう-い【攘夷】 ジャウ 侵入してくる外敵を追い払うこと。特に、幕末の外国人排斥運動をいう。「尊王一」「一論」

じょう-い【譲位】 ジャウヰ (名・自スル)君主が位を譲ること。

じょう-いき【浄域】 ジャウヰキ ①社寺の境内。また、霊地。「一をけがす」②極楽浄土。

しょうい-だん【焼夷弾】 セウイ 高熱を発して燃える薬剤を装置し、攻撃対象を焼き払うのに用いる砲弾または爆弾。

しょう-いん【小引】 セウ 短いはしがき。短い序文。

しょう-いん【小飲】 セウ (名・自スル)小人数で酒盛りをすること。小酌。

しょう-いん【承引】 (名・他スル)聞きいれること。承知して引き受けること。承諾。「要請を一する」

しょう-いん【松韻】 松風の音。松籟。

しょう-いん【勝因】 勝利の原因。↔敗因

しょう-いん【証印】 (名・自スル)証明のしるしとして押す印。また、それを押すこと。

じょう-いん【上院】 ジャウヰン 二院制をとる議会で、下院に対する院。イギリス上院や明治憲法下の貴族院のように貴族・官選

議員などで組織するもの。アメリカの上院のように各州の代表からなるものなどがある。↔下院

じょう-いん【冗員・剰員】― 余っていてむだな人員。

じょう-いん【乗員】― 船・列車・自動車・飛行機などに乗って勤務している人。乗務員。

じょう-いん【畳韻】― 同じ韻をもつ漢字を二つ重ねること。また、その熟語。「艱難」「吸収」「連綿」など。

しょう-う【小雨】― こさめ。「―決行」↔大雨

じょう-うち【常打ち】―（名・自スル）劇団などがいつも決まった場所で、決まった出し物を興行すること。「―小屋」

しょう-うちゅう【小宇宙】― 宇宙の一部でありながら宇宙全体と同様のまとまりを有するもの。特に、人間をいう。ミクロコスモス。↔大宇宙

しょう-うん【祥雲】― めでたいきざしの雲。瑞雲。

しょう-うん【商運】― 商売上の運。

しょう-うん【勝運】 勝負に強い運勢。「―に恵まれる」

じょう-え【浄衣】―（清浄な衣服の意）神事や祭事に着用する、白布で仕立てた礼服。じょうい。

しょう-えい【頌栄】〘基〙プロテスタントで、神をたたえる歌。

しょう-えい【照影】― 肖像写真。肖像画。ポートレート。

しょう-えい【觴詠】―（名・自スル）（「觴」はさかずき、また、酒をつぐ意）酒を飲みながら詩歌を吟じること。

じょう-えい【上映】―（名・他スル）映画などをうつして観客に見せること。「ただ今―中」

しょう-えき【小駅】― ①小さな駅。②小さな宿場。

しょう-えき【漿液】―〘生〙粘り気のない透明な分泌液。胃液などの消化液や漿膜からの分泌液など。

じょうえつ【上越】― 上州と越後。群馬県と新潟県地方。

しょう-エネ【省エネ】―（「省エネルギー」の略）石油・電力・ガスなどのエネルギー資源の節約や効率的利用をはかること。

しょう-えん【小円】― ①小さな円。②〘数〙球面をその中心を通らない平面で切ったとき、切り口に現れる円。（↔大円）

しょう-えん【小宴】― ①小人数の宴会。「―を張る」②自分の開く宴会の謙称。

しょう-えん【小園】― 小さな庭園。小さな菜園。

しょう-えん【招宴】―（名・他スル）宴会に人を招くこと。また、人を招いて開く宴会。「―を催す」

しょう-えん【荘園・庄園】― 奈良時代末から室町時代にかけて貴族や社寺が領有した、田地を主体とした私有地。

しょう-えん【消炎】― 炎症をとり去ること。「―剤」

しょう-えん【硝煙】― 火薬の発火によって出る煙。

―だんう【―弾雨】 火薬の煙が立ちこめ、弾丸が雨のように飛びかう激しい戦場のありさま。砲煙弾雨。

じょう-えん【上演】―（名・他スル）演劇などを舞台で演じて観客に見せること。「名作を―する」

じょう-えん【情炎】― 炎のように燃えあがる激しい欲情。「―を燃やす」

しょう-おう【照応】―（名・自スル）二つのものがたがいに関連し、対応しあっていること。「―関係」

しょうおう【蕉翁】― 松尾芭蕉の敬称。

しょう-おく【小屋】― ①小さな家。②自分の家の謙称。

しょう-おん【消音】― 内燃機関の爆音や機械の音などを小さくすること。音が外に聞こえないようにすること。「―器」

じょう-おん【常温】― ①常に一定した温度。「―に保つ」②熱したり冷やしたりしない、平常の温度。「―では液体の物質」③一年間の平均温度。

しょう-か【上下】― ㊀（名）治める者と人民。「―心を一にする」㊁（名・自他スル）意見などをやりとりすること。

しょう-か【小過】― 小さなあやまち。↔大過

しょう-か【昇華】― ㊀（名・自スル）①〘化〙固体が液体になることなく直接気体になること。または、その逆の変化。⇨気化「参考」②〘心〙社会的に承認されない欲求や衝動が、芸術や宗教など社会的に価値のある活動に変容すること。㊁（名・自他スル）情念などが純化され高尚なものに高められること。

しょう-か【消化】―（名・自他スル）①〘生〙体内にとり入れた食物を、消化器内の消化液の作用などによって、吸収しやすい状態に変えること。また、そのように変わること。「―のいい食物」②とり入れて理解し、自分のものにすること。「講義の内容を―する」③物事を残さずに処理すること。「有休を―する」

―き【―器】〘生〙食物を摂取し、消化や吸収をつかさどる器官。口・食道・胃・腸、および消化腺などからなる。

―せん【―腺】〘生〙消化器に付属して消化液を分泌する腺の総称。唾液腺、胃腺、小腸腺など。

―ふりょう【―不良】 ①〘医〙消化機能が低下し、食べた物がよく消化されないため、食欲減退や下痢などを起こす病気。②知識や学問などを十分理解できず、身につけられないこと。「学ぶことが多すぎて―を起こしている」

しょう-か【消火】―（名・自スル）火や火災を消すこと。

―き【―器】 火事を初期の段階で消し止めるために用いる運搬しやすい小型の器具。

―せん【―栓】 消火用のホースを取りつける水道給水栓。

しょう-か【消夏・銷夏】― 夏の暑さをしのぐこと。夏

しょう-か【商科】― ①商業に関する学科。「―大学」②大学の商学部の別称。

しょう-か【商家】― 商売をしている家。商人の家。

しょう-か【娼家】― 娼婦を置いて、客を遊ばせる商売の家。遊女屋。女郎屋。

しょう-か【唱歌】― ①歌を歌うこと。②旧制の小学校で、今の音楽にあたる教科。また、その教材の歌曲。「小学―」

しょう-か【証歌】（珍しい用語・語法などの）使用上の正しさを立証するための根拠として引用する和歌。

しょう-か【頌歌】 神の栄光・仏徳・人の功績などをほめたたえる歌。

しょう-か【漿果】〘植〙果皮が肉質で水分の多い果実の総称。ブドウ・スイカ・キュウリなど。液果。

しょう-が【小我】― ①〘哲〙宇宙の唯一絶対的な我と区別した人間の小さな自我。②〘仏〙迷いや欲望にとらわれた狭い自我。「―にとらわれる」（↔大我）

しょう-が【生姜・生薑】―〘植〙ショウガ科の多年草。葉の形は笹に似る。根茎は塊状で香気があり食用・香辛料、また薬用とする。はじかみ。秋

〔生姜〕

じょう-か【上下】― ①→じょうげ ②上院と下院。

じょう-か【城下】― ①城壁のもと。②「城下町」の略。

―の盟 城壁の下まで敵軍に攻めこまれてやむなく結ぶ屈辱的な講和の約束。城下の盟。

―まち【―町】 武家時代に諸侯の居城を中心に発達した町。交通・商業の中心として栄えた。

じょう-か【浄化】―（名・他スル）①きたないものをとりのぞいてきれいにすること。「―装置」②罪悪や悪弊を追放し、正常

な状態にすること。「政界を—する」③→カタルシス①

—そう【—槽】 屎尿や下水を浄化処理するための設備。

じょう-か【浄火】 けがれのない火。神聖な火。

じょう-か【情火】 火のように激しい情欲。情炎。

じょう-か【情歌】— ①恋心をのべた歌。恋歌。②「どどいつ」の異名。

じょう-が【嫦娥】— 「月」の異称。姮娥。語源 夫が西王母から授かった不死の薬を盗み、仙女となって月に逃げこんだという女の名に基づく。〈淮南子〉

しょう-かい【哨戒】— (名・自他スル) (「哨」は見張りの意)敵の来襲を警戒すること。「—艇」「—機」

しょう-かい【紹介】— (名・他スル) ①未知の人どうしの間に立って両者を引き合わせること。「友人を親に—する」②未知の物事が広く世間に知られるようにすること。「新製品の—」

—じょう【—状】 ある人を先方に引き合わせるために書く手紙。「—を持参する」

しょう-かい【商会】 商業を行う会社。また、会社や商店の名に付けて使う称号。

しょう-かい【商界】— 商業の社会。商業界。

しょう-かい【照会】— (名・他スル) 問い合わせること。「図書館に本の有無を—する」

しょう-かい【詳解】— (名・他スル) くわしく解釈すること。また、その解釈。「—源氏物語」↔略解

しょう-がい【生害】— (名・自スル) 自殺。自害。

しょう-がい【生涯】— ①生きている間。一生。終生。「—を閉じる」「—の思い出」②一生の中である事に関係をもった特定の時期。「学者としての—」

—がくしゅう【—学習】 生涯にわたって、自己の充実や生活の向上などのために、自発的に学び習うこと。

—きょういく【—教育】 すべての人が生涯にわたって希望する教育を受けられるよう保障すべきだという考え方。また、その理念に基づいて行われる成人教育。

しょう-がい【渉外】 外部と連絡や交渉をすること。「—係」

しょう-がい【傷害】— (名・他スル) 人に傷を負わせること。「—罪」「—を負わせる」

—ちし【—致死】 殺意はないが、人を傷つけて死なせてしまうこと。「—罪」

—ほけん【—保険】 不慮の事故によって傷害を受けたとき、医療費その他の一定の費用が給付される保険。

しょう-がい【障害・障碍・障礙】— ①さまたげとなること。また、さまたげとなるもの。さしさわり。障碍。「—物」「—を乗り越える」②心身の機能の故障。「機能—」

—きょうそう【—競走】 ①競馬・馬術で、コース上に障害物を設けて行う競走。②→ハードル②

—ぶつきょうそう【—物競走】— 走路に種々の障害物を置き、それを通過して行く競走。

じょう-かい【浄界】— ①清浄な地域。寺院や霊地などの境内。②〔仏〕浄土。

じょう-かい【常会】 定期的に開かれる集会。特に、通常国会。

じょう-がい【城外】 城の外。↔城内

じょう-がい【場外】 仕切られた場所や会場の外。「—ホームラン」↔場内

しょう-かいは【小会派】 小人数の派閥や党派。

しょう-かく【昇格】 (名・自他スル) 格式・階級・地位などが上がること。また、上げること。「部長に—する」↔降格

しょう-がく【小学】— ①「小学校」の略。「—一年生」②漢字における、字形・字音・字義に関する方面の研究。字学。

しょうがく【小学】 中国、宋代の教訓書。一一八七年成立。朱熹の指示により、劉子澄が聖賢の書中から初学者の学習に関する事項を抄録したもの。

しょう-がく【小額・少額】— 金額がわずかなこと。↔高額・多額 ⇒「使い分け」

> 使い分け 「小額・少額」
> 「小額」は、高額の対で、単位として小さな金額の意。「小額紙幣」のように使われる。
> 「少額」は、多額の対で、全体として少ない金額の意。「少額を貸し付ける」のように使われる。ただしふつうは、ともに少しの金額の意に用いる。

しょう-がく【正覚】— 〔仏〕完全な悟り。仏の悟り。

—ぼう【—坊】 ①「あおうみがめ」の別名。②(亀は大酒を飲むということから)大酒飲み。

しょう-がく【商学】— 商業に関する学問。「—部」

しょう-がく【奨学】— 学問や学業をすすめはげますこと。「—制度」

—きん【—金】 ①学力がすぐれていて学資のとぼしい学生・生徒の勉学を奨励するために、貸与または支給される金。②学術研究を援助するために研究者に与えられる資金。

じょう-かく【乗客】 →じょうきゃく(乗客)

じょう-かく【城郭・城廓】 ①城の周りの囲い。「—を巡らす」②城。

じょう-かく【城閣】— 城の物見やぐら。城の建物。

じょう-がく【上顎】— うわあご。↔下顎

しょうかそんじゅく【松下村塾】〔日〕幕末、吉田松陰が叔父の塾を受けついで萩に開いた私塾。高杉晋作・久坂玄瑞・木戸孝允・伊藤博文らを輩出。

しょうか-たい【松果体】— 〔生〕大脳と中脳との間にある小さな松かさ状の内分泌器官。メラトニンを分泌し、睡眠の調整などに関与する。

しょう-がつ【正月】 ①一年の最初の月。一月。睦月。特に、年の初めの祝いをする期間。新年 ②喜ばしくて楽しいこと。また、その時。「目の—(=目の保養)」

—きぶん【—気分】 仕事や学校から解放されてゆったりした正月の気分。「—が抜けない」

しょう-がっこう【小学校】 義務教育として満六歳から一二歳までの六年間、初等普通教育をほどこす学校。

しょうかどう-べんとう【松花堂弁当】 中に十字形の仕切りがあり、かぶせ蓋のついた器を用いる弁当。仕切りの中に、料理を見ばえよく盛りつける。語源 江戸初期の書画家、松花堂昭乗が器を考案したことからの命名。

しょう-が-ない【しょうが無い】— →しょう(仕様)がない

しょう-かん【小官】 ㊀(名) 地位の低い官吏。↔大官 ㊁(代) 役人が自分をへりくだっていう語。

しょう-かん【小寒】— 二十四気の一つ。陽暦で一月五、六日ごろ。寒の入り。冬

しょう-かん【小閑・少閑】— わずかのひま。寸暇。「—を得る」

しょう-かん【召喚】 (名・他スル) 〔法〕官庁、特に裁判所が被告人・証人など特定の個人に対し、一定の日時に一定

の場所に出頭するように命じること。「—状」

しょう‐かん【召還】セウクワン（名・他スル）派遣した人を任地から呼び戻すこと。「大使を本国へ—する」

しょう‐かん【昇官】—クワン（名・自他スル）官吏の等級が上がること。また、上げること。

しょう‐かん【◦荘官】シャウクワン【日】荘園で領主の代理として、その荘園を管理した者。荘司（しょうじ）。

しょう‐かん【将官】シャウクワン 軍人の階級で、大将・中将・少将の総称。

しょう‐かん【消閑】セウ— ひまつぶし。「—の具」

しょう‐かん【商館】シャウクワン（おもに外国人経営の）商業を営むための建物。「オランダ—」

しょう‐かん【傷寒】シャウ— 腸チフスなどの激しい熱病。

しょう‐かん【照鑑】セウ—（名・他スル）①照らし合わせて、よく考えること。②神仏などが明らかに見ること。照覧。

しょう‐かん【償還】シャウクワン（名・他スル）借りたものを返すこと。特に、債務や公債を返すこと。「国債の—」

しょう‐がん【賞玩・賞△翫】シャウグワン（名・他スル）①物の美しさやよさをほめ味わうこと。「名画を—する」②味のよさをほめながら味わうこと。

じょう‐かん【上官】ジャウクワン（おもに官吏・軍人に用いて）その人より上級の官。特に、直属上級の官。また、その人。

じょう‐かん【上△燗】ジャウ— ちょうどよい加減の酒の燗。

じょう‐かん【乗艦】（名・自スル）軍艦に乗りこむこと。また、乗りこんでいる軍艦。

じょう‐かん【城館】王や貴族・豪族の居城・別荘として建てられた大きな邸宅。

じょう‐かん【情感】ジャウ— 物事に接したときに起こる心の動き。感情。「—の豊かな人」「—を込める」

じょう‐かんぱん【上甲板】ジャウ— 船の最上部の甲板。

しょう‐き【小器】セウ— ①小さいうつわ。②度量の小さい人。小人物。（↔大器）

しょう‐き【正気】シャウ—（名・形動ダ）気がたしかなこと。精神状態の正常なさま。「—に返る」「—を失う」↔狂気

しょう‐き【匠気】シャウ— 役者や芸術家などが意識して技巧に趣向をこらし、好評を得ようとする気持ち。

しょう‐き【沼気】セウ— 沼などで、沈殿した有機物が腐敗・発酵して発生するガス。メタンなど。

しょう‐き【祥気】シャウ— めでたい前兆の気。瑞気（ずいき）。

しょう‐き【笑気】セウ— 一酸化二窒素（ちっそ）の別称。麻酔剤として使われる。吸うと顔の筋肉が痙攣（けいれん）して笑ったように見えることからいう。

しょう‐き【将器】シャウ— 大将となるのにふさわしい器量・人物。

しょう‐き【商機】シャウ— ①商業取引上の有利な機会。「—を失う」②商売上の機密。

しょう‐き【勝機】戦いや試合に勝てる機会。「—が訪れる」

しょう‐き【詳記】シャウ—（名・他スル）くわしく書きしるすこと。また、その記録。↔略記（りゃっき）

しょう‐き【△瘴気】シャウ— 熱病を起こさせるという山や川の毒気。

しょう‐き【△鍾△馗】中国で、疫病神（やくびょうがみ）を除くという魔よけの神。日本では、端午の節句に五月人形に作って飾り、魔よけとする。

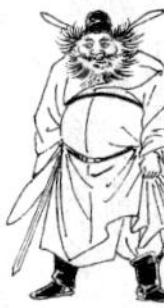

〔鍾馗〕

しょう‐ぎ【床△几・床机】シャウ— 昔、陣中や狩り場などで用いた、折りたたみ式の腰掛け。

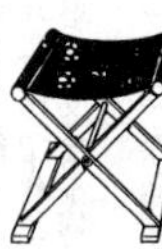

〔床几〕

しょう‐ぎ【省議】シャウ— 内閣の各省の会議、または議決。

しょう‐ぎ【将棋】シャウ— 二人がそれぞれ盤上に王将・飛車・角行など二〇の駒（こま）を並べ、規則に従って一手ずつ交互に駒を動かし、相手の王将を詰めるゲーム。「—をさす」

—だおし【—倒し】ダフシ ①一定の間隔で一列に立てた将棋の駒（こま）の一端を押して、駒を順次倒していく遊び。②（転じて）次々に折り重なって倒れること。「観客が—になる」

—ばん【—盤】将棋で、駒（こま）を配置する盤。縦横九つずつ八一の枡目（ますめ）がある。

しょう‐ぎ【△娼△妓】シャウ— もと、公認されていた娼婦（しょうふ）。公娼。女郎。遊女。

しょう‐ぎ【商議】シャウ—（名・他スル）（「商」は意見をはかる意）話し合うこと。相談すること。

—いん【—員】ヰン 研究所・団体・法人などの諮問機関として重要議案の決議にあずかる人。

じょう‐き【上気】ジャウ—（名・自スル）のぼせて顔がほてること。「—した顔」

じょう‐き【上記】ジャウ— 上または前に書きしるしてあること。また、その文句。「宛先（あてさき）は—のとおり」↔下記

じょう‐き【条規】デウ— 条文に示されている規定。

じょう‐き【浄机・浄△几】ジャウ— 清らかな机。「明窓—（＝落ち着いて勉強できる、清潔な書斎）」

じょう‐き【常軌】ジャウ— ふつうのやりかた。常道。

—を逸（いっ）する 常識からはずれた言動をする。「—行動」

じょう‐き【蒸気】①液体の蒸発または固体の昇華によって生じた気体。②水蒸気。③小型の蒸気船。「ぽんぽん—」

—きかん【—機関】キクワン 高圧の水蒸気によってピストンの往復運動を起こして動力を得る熱機関。

—きかんしゃ【—機関車】キクワンシャ 蒸気機関を動力とする機関車。SL （はじまり）一八七二（明治五）年、新橋・横浜間の鉄道開業に、英国製の「一号機関車」が導入されたのが、日本での実用車両の最初。

—せん【—船】蒸気機関を動力とする船。

—タービン 水蒸気の膨張力を利用して、羽根車を回転運動させる原動機。

じょう‐き【縄規】①墨縄（すみなわ）（＝大工道具の一つで、線を引くもの）と、ぶんまわし（＝コンパス）。②きまり。規則。標準。

じょう‐ぎ【定規・定木】ヂャウ— ①直線・曲線・角度などを書くときにあてがう用具。「三角—」②物事を判断するもとになるめやす。手本。「杓子（しゃくし）—」

じょう‐ぎ【情宜・情△誼】ジャウ— 人とつきあう上での人情。「—に厚い人柄」

じょう‐ぎ【情義】ジャウ— 人情と義理。「—を欠く」

しょう‐きぎょう【小企業】セウキゲフ 小さな企業。↔大企業

じょう‐きげん【上機嫌】ジャウ—（名・形動ダ）非常に機嫌のよいこと。また、そのさま。「—になる」↔不機嫌

しょう‐きち【小吉】セウ—（占いで）運勢や縁起がややよいこと。

しょう‐きゃく【正客】シャウ— ①招かれた客のうち、いちばんおもな人。主賓（しゅひん）。②茶会での最上位の客。主客。

しょう‐きゃく【消却・△銷却】セウ—（名・他スル）①消し去ること。「記録から—する」②使ってなくしてしまうこと。消費。③借金などを返すこと。「債務の—」

しょう‐きゃく【焼却】セウ—（名・他スル）焼き捨てること。「—処分」「ごみを—する」

しょう-きゃく【償却】(名・他スル) ①借りたものを返すこと。「負債を―する」②「減価償却」の略。
じょう-きゃく【上客】①上座にすわる客。主賓。②商売上のたいせつな客。上得意。
じょう-きゃく【乗客】乗り物に乗る客。また、乗っている客。乗客(じょうかく)。
じょう-きゃく【常客】いつも来る客。常連。おとくい。
しょう-きゅう【小△舅】配偶者の兄弟。小舅(こじゅうと)。
しょう-きゅう【昇級】(名・自スル) 位や等級が上がること。「―試験」「二級に―する」
しょう-きゅう【昇給】(名・自スル) 給料が上がること。「定期―」
じょう-きゅう【上級】等級や程度などが上であること。上の等級。「―裁判所」「―生」↔下級・初級
しょう-きゅうし【小休止】(名・自スル) 少しの間休むこと。短時間の休憩。小憩。
じょうきゅう-の-らん【承久の乱】〔日〕一二二一(承久三)年、後鳥羽上皇を中心とする朝廷が鎌倉幕府を倒そうとして起こした争乱。幕府方の大勝に終わり、公家勢力は衰え、北条執権体制が確立した。
しょう-きょ【消去】(名・自他スル) 消えてなくなること。また、消し去ること。「記録した画像を―する」
―ほう【―法】①〔数〕連立方程式で、順次未知数を減らし、最後に一つの未知数のみを含む方程式を導いて解を求める方法。②複数の選択肢から条件に合わないものを順次除外し、最後に残ったものを選び取る方法。
しょう-きょう【商況】〔経〕商取引の状況。商売の景気。
しょう-きょう【勝境】すぐれてよい景色。景勝。
しょう-ぎょう【商業】商品を売買して利益を得る事業。あきない。
―デザイン 商品の販売促進を目的として制作される、ポスター・包装・展示などのデザイン。
―びじゅつ【―美術】商業上の必要のために作られる美術。広告・図案・商品の意匠や陳列など。
しょう-ぎょう【△聖教】〔仏〕釈迦(しゃか)や祖師の言葉や教え。また、それを書いたもの。仏典。経文。
じょう-きょう【上京】(名・自スル) 地方から都へ出ること。現代では東京へ出てくること。
じょう-きょう【状況・情況】物事の変化していく、その時その時のようす。「―判断を誤る」「―が変わる」
―しょうこ【―証拠】犯罪事実を間接的に推測させる事実。また、それを証明するもの。
しょう-きょく【小曲】①短い楽曲。↔大曲 ②短い詩。
しょう-きょく【消極】ひかえめで自分から進んで行動しないこと。現状を守るだけであること。「―策」↔積極
―てき【―的】(形動ダ) いつも受け身で自分から進んで物事をしようとしないさま。「―な姿勢」↔積極的
しょう-きん【正金】①(「紙幣」に対して)金銀貨の称。正貨。②現金。
しょう-きん【渉△禽】〔動〕水辺をわたり歩いて小魚などをあさる、くちばし・首・足の長い鳥の総称。ツル・シギ・サギなど。
しょう-きん【奨金】奨励のために与える金銭。奨励金。
しょう-きん【賞金】賞として与える金銭。「―稼ぎ」
しょう-きん【償金】損害の賠償として支払う金銭。賠償金。「―が支払われる」
じょう-きん【常勤】(名・自スル) 毎日一定の時間、勤務すること。「―の職員」↔非常勤
しょう-く【承句】漢詩で、絶句の第二句。また、律詩の第三・第四句。⇩起承転結
しょう-く【章句】①文章の章と句。②文章の段落。
じょう-く【冗句】むだな句。余分な文句。「―を削る」
じょう-く【縄△矩】①墨縄(すみなわ)(=大工道具の一つで、線を引くもの)とさしがね(=曲尺(かねじゃく))。②規律。標準。
じょう-くう【上空】①ある地点の上の空。「都市の―」②空の上のほう。「―に舞い上がる」
しょうくう-とう【照空灯】夜間、飛行中の敵の航空機を照らし出す電灯。サーチライト。
しょう-ぐん【将軍】①一軍を指揮し統率する武官。②もと、陸海軍の将官の敬称。③「征夷(せいい)大将軍」の略。
しょう-げ【障△礙・障△碍】→しょうがい(障害)①
じょう-げ【上下】━(名)①上と下。「―を入れかえる」②階級や身分の高い人と低い人。「―の別」③上と下で対(つい)になっているもの。「背広の―」「―二巻の小説」━(名・自スル)①あがったりさがったりすること。「エレベーターが―する」②のぼったりくだったりすること。「―線とも不通」「川を―する舟」
―どう【―動】〔地質〕地震その他で、上下に揺れる震動。たてゆれ。↔水平動
しょう-けい【小径・小△逕】細い道。こみち。
しょう-けい【小計】(名・他スル) 一部分を合計すること。また、その合計。↔総計
しょう-けい【上△卿】①平安時代に、朝廷の諸行事を執行した首席の公卿(くぎょう)。②記録所の長官。③公卿。
しょう-けい【小景】ちょっとしたおもむきのある景色。また、それを描いた絵や文。「下町―」
しょう-けい【小憩・少憩】(名・自スル) ちょっと休むこと。小休止。「峠で―をとる」
しょう-けい【承継】(名・他スル) 受け継ぐこと。継承。
しょう-けい【△捷径】①ちかみち。はやみち。②(転じて)目的達成のための手近な方法。「合格の―」
しょう-けい【象形】①物の形をかたどること。②漢字の六書(りくしょ)の一つ。物の特徴的な形にかたどって、その物を示す造字法。「日」「山」「川」「木」など。参考「六書」の中で指事とともに漢字形成の基本となる。⇩六書
―もじ【―文字】物の形をかたどった文字。古代エジプトのヒエログリフや「象形②」の漢字など。

比 口 車 目 木 川 山
〔しょうけいもじ〕

しょう-けい【勝景】すぐれてよい景色。景勝。
しょう-けい【憧憬】(名・自スル) あこがれること。あこがれ。参考「どうけい」は慣用読み。
じょう-けい【上掲】(名・他スル) 上にかかげること。また、前に述べること。「―の文章」
じょう-けい【△杖刑】昔の五刑の一つ。つえで罪人を打つ刑罰。
じょう-けい【情景・状景】人の心にある感興を起こさせる光景やありさま。「美しい―」「ほほえましい―」
じょう-けい【場景】その場の光景。
しょう-げき【小隙】①少しのすきま。②(比喩(ひゆ)的に)ちょっとした不和。仲たがい。「二人の間に―が生じる」
しょう-げき【笑劇】こっけいを主とし、観客を笑わせることを目的とする劇。ファルス。
しょう-げき【衝撃】①急な激しい打撃。ショック。「追突の―」②激しく感情をゆさぶられ動揺すること。ショック。「社会に―を与える」「―的」③〔物〕物体に急激に加えられた力。

—は【—波】飛行機や弾丸などが音速に近い速度や音速以上で飛ぶときに発生する、音速よりも速く伝わる圧力変化。

しょう-けつ【猖獗】(名・自スル)(悪いものが)激しい勢いではびこること。猛威をふるうこと。「感冒が—をきわめる」

しょう-けん【正絹】まじりけのない絹や絹織物。本絹。純絹。「—のネクタイ」

しょう-けん【商圏】ある商店などが商取引を行っている地域。商業上の勢力範囲。「—の拡大」

しょう-けん【商権】商業上の権力や権利。

しょう-けん【証券】①債権を証明する証書。②〔商〕一定の物品または金銭に対する請求権を表す証書。有価証券。

しょう-げん【将監】昔、左右の近衛府の三等官。

しょう-げん【証言】(名・他スル)言葉をもってある事実を証明すること。特に、法廷などで、証人として陳述すること。また、その言葉。「—を拒む」「法廷で—する」

しょう-げん【象限】〔数〕①直角に交わる座標軸で一平面を四つの部分に分けたときの、各部。②円の四分の一。

しょう-げん【詳言】(名・他スル)くわしく言うこと。また、その言葉。詳説。↔略言

じょう-けん【条件】あることが成立するのに必要な事柄。また、成立の上で制約となる事項。「立地—」「—をのむ」

—つき【—付き】ある行為・判断・約束などに一定の制限がついていること。「—で承諾する」

—とうそう【—闘争】ある条件が受け入れられれば、争議を終わらせてもいいという態度で進められる闘争。

—はんしゃ【—反射】〔生〕生まれつきもっている反射(無条件反射)を誘発する刺激と、それとは無関係の別の刺激とを組み合わせて繰り返し与えると、後者だけでも反射を起こすようになる現象。獲得反射。↔無条件反射 参考ロシアの生理学者パブロフが犬を使って実験した。

じょう-げん【上弦】新月から満月になるまでの中間、陰暦七、八日ごろの月。弓の弦(つる)を斜め上向きにしたような形でしずむ。上弦の月。秋 ↔下弦

じょう-げん【上限】①上のほうの限界。「予算の—」②時代の、古いほうの限界。「鉄器使用の—を調べる」(↔下限)

しょう-こ【尚古】昔の思想・文化・制度などを尊ぶこと。「—思想」「—趣味」

しょう-こ【称呼】(名・他スル)呼び名。呼称。また、名前を呼ぶこと。

しょう-こ【商賈】あきなう人。商人。また、商売。

しょう-こ【証拠】ある事が事実であることを証明するもの。あかし。証左。「確かな—がある」「—不十分」

—だ・てる【—立てる】(他下一)証拠をあげてはっきりさせる。証明する。文しょうこだ・つ(下二)

しょう-こ【鉦鼓】①雅楽で用いる打楽器の一つ。多くは皿形で青銅製。②念仏のときなどにたたく円形で青銅製のかね。③陣中で合図に鳴らしたかねとたいこ。

〔鉦鼓①〕

しょう-ご【正午】昼の十二時。午後零時。まひる。

じょう-こ【上古】①大昔。②日本史の時代区分の一つ。中古の前の文献を有する最も古い時代。ふつう大化改新のころまでをいう。

じょう-ご【上戸】①酒のみ。↔下戸 ②(「…上戸」の形で)酒に酔うと出るくせ。また、そのくせのある人。「笑い—」

じょう-ご【冗語・剰語】むだな言葉。むだ口。「—をけずる」

じょう-ご【畳語】同じ単語や語根が重なってできた語。「人々」「ほのぼの」「重ね重ね」など。

じょう-ご【漏斗】液体を口の小さな容器に注ぎ入れるときに使う、上が円形で広く、下がすぼまった形の器具。漏斗(ろうと)。

〔漏斗〕

しょう-こう【小康】変動状態にある世の中がしばらくおさまること。また、重い病気が少しよい状態になって落ち着くこと。「—状態」「—を保つ」「—を得る」

しょう-こう【昇汞】〔化〕塩化第二水銀。温水によく溶ける無色透明の結晶で、猛毒。

—すい【—水】昇汞に食塩を加えた水溶液。かつて殺菌消毒薬として用いられた。

しょう-こう【昇降】(名・自スル)のぼることとくだること。のぼりくだり。あがりおり。「石段を—する」

—き【—機】→エレベーター

—ぐち【—口】学校などの大きい建物の出入り口。

しょう-こう【消光】(名・自スル)(無為に)月日をおくること。暮らすこと。「無事—しております」参考多く手紙で、自分に関して用いる。

しょう-こう【将校】軍隊で、兵を率いて戦闘の指揮をする、少尉以上の軍人。士官。

しょう-こう【消耗】(名・自他スル)→しょうもう(消耗)

しょう-こう【症候】心身に現れた病的変化。

—ぐん【—群】〔医〕ある病的状態で同時に現れる一群の諸症状。シンドローム。「ネフローゼ—」

しょう-こう【商工】①商業と工業。②商人と職人。

—かいぎしょ【—会議所】〔商〕市など一定地区内の商工業者で組織される公益社団法人。区域の商工業の改善や発展をおもな目的とする。

しょう-こう【商港】商船が盛んに出入りし、旅客の乗降や貨物の積み下ろしのできる商業上重要な港。

しょう-こう【焼香】(名・自スル)仏や死者に対して、香をたいて拝むこと。「ご—をお願いします」

しょう-こう【猩紅】猩々緋(しょうじょうひ)の色。鮮紅色。

—ねつ【—熱】〔医〕感染症の一つ。多く子供がかかり、急に発熱して全身に鮮紅色の細かい発疹(ほっしん)が出る。

しょう-ごう【照校】(名・他スル)文章や字句などを照らし合わせて正しくすること。

しょう-ごう【称号】呼び名。また、社会的栄誉としての資格を表す名称。「名誉博士の—」

しょう-ごう【商号】商人が営業上、自分の店を表示する名称。屋号の類。

しょう-ごう【照合】(名・他スル)照らし合わせて正しいか否かを確かめること。「指紋の—」「名簿と—する」

じょう-こう【上皇】天皇の、位を譲ったのちの尊称。太上天皇(だいじょうてんのう)。「白河—」

じょう-こう【条項】箇条書きにした一つ一つの項目。「禁止—を加える」

じょう-こう【乗降】(名・自スル)乗り物に乗ることと降りること。乗り降り。「—客」「—口」

じょう-こう【情交】(名・自スル)①肉体的な交わり。「—を結ぶ」②親しい交際。

じょう-こう【常香】仏前に絶やさず供える香。不断香。

じょう-ごう【定業】〔仏〕前世の所業によって定まっている、この世の果報。前世からの定められた運命。

じょう-ごう【乗号】ガウ― 〔数〕掛け算の符号。「×」

じょう-ごう【浄業】ジャウゴフ― 〔仏〕①清浄しょうじょうな正業。善業。②浄土往生するための正業。すなわち、念仏。

しょう-こうい【商行為】シャウカウヰ 〔法〕営利の目的で物品の売買・交換・仲介・賃貸などを行う行為。

しょうこう-しゅ【紹興酒】セウコウ― もちごめを主原料とする中国の代表的な醸造酒。浙江せっこう省紹興が主産地。酸味があり、茶褐色をしている。シャオシンチュウ。⇒ラオチュウ

しょうこうじょうに…【和歌】〔小工場に 酸素熔接ようせつの ひらめき立ち 砂町四十町すなまちしじっちょう 夜ならむとす〕〈土屋文明つちやぶんめい〉小工場から青い酸素溶接の光がひらめき立って、東京下町の中小工場が並ぶ砂町四十町は、いま夜になろうとしている。(「砂町四十町」は、現在の東京都江東区の埋め立て地にあった町)

しょう-こく【小国】セウ― ①国土の小さい国。②国力の弱い国。(↔大国)

しょう-こく【生国】シャウ― 生まれた国。出生地。生国しょうごく。

しょう-こく【相国】シャウ― ①中国で、宰相のこと。②日本で、左大臣・右大臣・太政大臣だいじょうだいじんの唐名。

じょう-こく【上告】ジャウ― (名・他スル)〔法〕上訴の一種で、第二審の判決に不服の者が第三審の裁判所に対して行う、原判決の変更を求める申し立て。「最高裁に―する」

じょう-こく【上刻】ジャウ― 昔の時制で、一刻(=今の二時間)を上・中・下に三分した最初の時刻。⇒中刻・下刻

しょう-こくみん【少国民】セウ― (次の時代をになう)少年や少女。子供。参考 第二次世界大戦中に使われた言葉。

しょうことな-いセウコト (形) カロ・カツ(ク)・イ・イ・ケレ・○ (「せんことない」の音便)どうしようもない。しようがない。文せうことな・し(ク)

じょう-ごや【定小屋】ヂャウ― ①芝居などの常設の興行場。②ある俳優や芸人が、きまって出演する興行場。

しょう-こり【性懲り】シャウ― 心底からこりること。

―もなく 失敗にこりず何度も同じことをくり返すさま。

しょう-こん【性根】シャウ― 一つのことをがまん強く続ける気力。根気。「―尽きる」

しょう-こん【招魂】セウ― 死者の霊を招いてまつること。

―さい【―祭】 死者の霊を招いてまつる儀式。

しょう-こん【消魂】セウ― ①驚き悲しんで気をおとすこと。②感動したり、物事に心を奪われたりして我を忘れること。

しょう-こん【商魂】シャウ― 商売に対する意欲や気構え。「―たくましい」

しょう-こん【傷痕】シャウ― きずあと。「―なまなましい」

しょう-ごん【◦荘厳】シャウ― 一(名・他スル)〔仏〕仏像や仏堂をおごそかに美しく飾ること。また、その飾り。荘厳そうごん。二(名・形動ダ)→そうごん(一)

じょう-こん【上根】ジャウ― 〔仏〕仏道を修行する能力のすぐれた者。また、その能力や素質。↔下根げこん

じょう-こん【条痕】デウ― ①すじとなって残っているあと。「銃弾の―」②素焼きの磁器に鉱物をすりつけたときに現れるすじ。その色が鉱物によって異なるところから鉱物の鑑定に役立つ。

しょう-さ【小差】セウ― わずかな違い。また、得点や距離などのわずかにひらいた差。「―で敗れる」↔大差

しょう-さ【少佐】セウ― もと、陸海軍で、階級の一つ。佐官の最下位。中佐の下、大尉の上の位。

しょう-さ【証左】 あかし。証拠。また、証人。「―を求める」

しょう-さ【勝差】 試合に勝った回数の差。また、点数の差。

しょう-さ【照査】セウ― (名・他スル) 照らし合わせて調べること。

しょう-ざ【正座】シャウ― ①正客しょうきゃくの座る席。②正面の席。

じょう-ざ【上座】ジャウ― ①上位の座席。上座かみざ。上席。「客を―へ導く」↔下座げざ ②〔仏〕教団の長老。

じょう-ざ【定座】ヂャウ― 俳諧はいかいや連歌で、月や花を詠みこむように決められた句の位置。「花の―」「月の―」

じょう-ざ【常座】ジャウ― 能舞台でシテが多く立ち、また動きの起点・終点となる場所。シテ座。⇒能舞台(さしえ)

しょう-さい【小才】セウ― 少しの才能。ちょっとしたことをやってのける才能。小才こさい。「―をはたらかせる」「―がきく」↔大才

しょう-さい【商才】シャウ― 商売をする上での才能。商売のうでまえ。「―にたけた人」

しょう-さい【詳細】シャウ― (名・形動ダ) くわしく細かなこと。また、そのさま。委細。「―は追って知らせます」「―な説明」

しょう-ざい【商材】シャウ― (売り手から見た)商品。「情報―」

じょう-さい【城塞】ジャウ― 城。外敵を防ぐためのとりで。

じょう-ざい【浄財】ジャウ― 寺社・慈善事業などに寄付する金。「―を募る」

じょう-ざい【浄罪】ジャウ― 罪を清めること。

じょう-ざい【錠剤】ヂャウ― 粉薬などを飲みやすい形に固めた薬剤。タブレット。

しょう-さく【小策】セウ― ちょっとした知恵をはたらかせたつまらない策略。小細工。「―を弄ろうする」

しょう-さく【△蕭索】セウ― (タル) ものさびしいさま。「―とした光景」文(形動タリ)

じょう-さく【上作】ジャウ― ①できのよいこと。じょうでき。↔下作げさく ②作物の実りのよいこと。豊作。「今年の稲は―だ」

じょう-さく【上策】ジャウ― 最もよいはかりごと。最良の手段・方法。「今は退却するのが―だ」↔下策げさく

じょう-さく【城柵】ジャウ― 城をとりまくさく。とりで。

じょう-さし【状差(し)】ジャウ― 柱や壁などに掛けて、手紙・はがきなどを差し入れておくもの。

しょう-さつ【小冊】セウ― 小さな、または薄い書物。小冊子。↔大冊

しょう-さつ【省察】シャウ― (名・他スル)→せいさつ(省察)

しょう-さつ【笑殺】セウ― (名・他スル) ①大いに笑うこと。②笑って相手にしないこと。一笑に付すこと。「提案を―する」

しょう-さつ【△蕭殺】セウ― (タル)(秋風が吹き、草木が枯れて)ものさびしいさま。「―たる風景」文(形動タリ)

しょう-さっし【小冊子】セウ― 小型の薄い書物。小冊。パンフレット。

じょう-さま【上様】ジャウ― →うえさま②

しょう-さん【消散】セウ― (名・自他スル) 消えてなくなること。また、散らして消すこと。「臭気が―する」

しょう-さん【勝算】 勝つ見込み。勝ち目。「―がある」

しょう-さん【硝酸】セウ― 〔化〕強い臭いのある無色・揮発性の液体。酸化力が強い。爆薬製造や酸化剤・金属溶解剤用。

―アンモニウム〔化〕硝酸をアンモニアで中和して得られる白色・針状の結晶。肥料・寒剤・爆薬などに用いる。硝安。

―えん【―塩】〔化〕硝酸に金属またはアンモニアを反応させて得られる化合物。酸化剤・肥料などに用いられる。

―カリウム〔化〕水に溶けやすい無色の結晶。天然では硝石として産出。黒色火薬の主成分。硝酸カリ。

―ぎん【―銀】〔化〕硝酸に銀を溶かして得られる無色板状の結晶。腐食剤・銀めっき・写真感光材料などに利用。有毒。

しょう-さん【賞賛・賞△讃・称賛・称△讃】シャウ―・ショウ― (名・他スル) ほめたたえること。「―の的まと」

じょう-さん【蒸散】(名・自スル)〔植〕植物体内の水が水蒸

気として蒸発すること。「—作用」

じょう‐ざん【乗算】 掛け算。乗法。↔除算

しょう‐し【小子】セウ ■一(名)子供。■二(代)自称の人代名詞。自己の謙称。小生。

しょう‐し【小史】セウ ①簡単に述べた歴史。「東京—」②作家などが、自分の雅号の下につける語。「露伴—」

しょう‐し【小△祠】セウ 小さなほこら。小さなやしろ。

しょう‐し【小紙】セウ ①小さな紙。②自分たちの発行する新聞の謙称。

しょう‐し【小誌】セウ ①小さな雑誌。②自分たちの発行する雑誌の謙称。

しょう‐し【少子】セウ 子供の数が少ないこと。「—高齢化」

—か【—化】クヮ 出生率が低下し、全人口に対する子供の割合が下がること。(はじまり)一九九二(平成四)年、当時の経済企画庁の出した「国民生活白書」で用いられたのが最初。

しょう‐し【生死】シャウ →しょうじ(生死)

しょう‐し【抄紙】セウ 紙をすくこと。紙漉(す)き。「—機」

しょう‐し【松子】 まつかさ。まつぼっくり。

しょう‐し【尚歯】シャウ (「歯」は年齢の意)高齢者を尊敬すること。敬老。「—会」

しょう‐し【将士】シャウ 将校と兵士。将兵。

しょう‐し【笑止】セウ (名・形動ダ)①おかしいこと。ばかばかしいこと。また、そのさま。「—の至りだ」②《古》たいへんなこと。奇怪なこと。③《古》困ったこと。④《古》気の毒なこと。(語源)「勝事(しょうじ)(=尋常でないこと。古くは「しょうし」)」の転。

—せんばん【—千万】(形動ダ)ダロ・ダッ(デ・ニ)・ダ・ナ・ナラ・○ ①ひどくこっけいでばかばかしいさま。「—なふるまい」②《古》いかにも気の毒なさま。(文)(ナリ)

しょう‐し【焼死】セウ (名・自スル)焼け死ぬこと。「—者」

しょう‐し【証紙】 代金を支払ったこと、または品質・数量などを証明するために書類や品物にはる紙。

しょう‐し【△頌詞】 人徳や功績などをほめたたえる言葉。

しょう‐し【△頌詩】 人徳や功績などをほめたたえる詩。

しょう‐し【賞詞】シャウ ほめ言葉。賞辞。賛辞。

しょう‐じ【小字】セウ 小さい文字。

しょう‐じ【小事】セウ ささいな事柄。「大事の前の—」↔大事

しょう‐じ【少時】セウ ①幼い時。幼時。「—より学問に親しむ」②しばらくの間。少しの間。暫時(ざんじ)。「—の猶予(ゆうよ)」

しょう‐じ【正時】シャウ 分・秒のつかないちょうどの時刻。

しょう‐じ【生死】シャウ ①生と死。生死(せいし)。②《仏》迷いの世界で生と死を繰り返すこと。輪廻(りんね)。「—流転」(参考)「しょうし」ともいう。

しょう‐じ【尚侍】シャウ ①昔、内侍司(ないしのつかさ)の長官。ないしのかみ。②明治・大正時代の、皇室女官の最上位の官名。

しょう‐じ【商事】シャウ ①商行為に関する事柄。②「商事会社」の略。

—がいしゃ【—会社】グヮイシャ 商行為を営む会社。商社。

しょう‐じ【勝事】 ①人の耳目を引くようなすぐれたこと。②奇怪なこと。

しょう‐じ【掌侍】シャウ ①昔、内侍司(ないしのつかさ)の三等官。ないしのじょう。②明治・大正時代の、皇室女官の一階級。

しょう‐じ【障子】シャウ ①間仕切りなどに用いる建具の一つ。格子に組んだわくに紙をはったもの。明かり障子。「—紙」(冬)②昔、衝立(ついたて)・ふすまなど室内の仕切りに立てた建具の総称。

しょう‐じ【賞辞】シャウ ほめ言葉。賞詞。

じょう‐し【上△巳】ジャウ 五節句の一つ。陰暦三月最初の巳(み)の日、のち三月三日。桃の節句。ひなまつり。上巳(じょうみ)。(春)

じょう‐し【上司】ジャウ ①官公庁・会社などで、その人より階級・地位の上の人。上役(うわやく)。②その官庁より上級の官庁。

じょう‐し【上使】ジャウ 江戸幕府が将軍の意向(=上意)を伝えるために諸大名などに派遣した使い。

じょう‐し【上肢】ジャウ 人間の腕・手。動物の前足。↔下肢

じょう‐し【上△梓】ジャウ (名・他スル)本を出版すること。(語源)昔、梓(あずさ)の木を版木に用いたことからいう。

じょう‐し【城市】ジャウ 城のある町。城下町。

じょう‐し【城△址】ジャウ 城あと。城跡(じょうせき)。「—公園」

じょう‐し【◦娘子】ヂャウ ①むすめ。少女。②婦人。

—ぐん【—軍】 ①唐の平陽公主が女性だけで組織した軍隊。②(転じて)女性の軍隊。また、女性の団体。

じょう‐し【情史】ジャウ ①恋愛に関する事実を記した書物。②情事を題材とした小説。

じょう‐し【情死】ジャウ (名・自スル)愛し合っている恋人どうしがいっしょに自殺すること。心中(しんじゅう)。

じょう‐じ【常事】ジャウ ①きまった事柄。②平生の事柄。

じょう‐じ【常時】ジャウ (名・副)ふだん。平生。いつも。

じょう‐じ【情事】ジャウ 情愛に関すること。いろごと。

じょう‐じ【畳字】デフ →くりかえしふごう

しょうじ‐い・れる【◦請じ入れる・招じ入れる】シャウジ・セウジ (他下一)レ・レ・レル・レル・レレ・レロ(レヨ) 客などを家の中に招き入れる。部屋に導く。「応接間に—」(文)しょうじい・る(下二)

しょう‐じき【正直】シャウヂキ (名・形動ダ)①うそ、いつわりのないこと。素直で正しいこと。また、そのさま。「—者」②(副詞的に用いて)本当のところ。「—言って、私にはむりだ」

—の頭(こうべ)に神(かみ)宿(やど)る 正直な人には神の守りがある。

じょう‐しき【常識】ジャウ 世間一般の人が共通に持っている、また、持つべきだとされる知識や判断力。「—がない」「非—」

じょうしき‐まく【定式幕】ヂャウシキ 歌舞伎舞台で使われる引き幕。黒・柿・萌黄(もえぎ)の三色の縦縞(たてじま)模様。狂言幕。

しょう‐しつ【消失】セウ (名・自スル)消えてなくなること。「権利が—する」

しょう‐しつ【焼失】セウ (名・自他スル)火事などで焼けてなくなること。焼いて失うこと。「家屋が—する」

しょう‐しつ【詳△悉】シャウ はなはだ詳しいこと。

じょう‐しつ【上質】ジャウ (名・形動ダ)品質の上等なこと。また、そのさま。「—紙」「—な品」

じょう‐じつ【常日】ジャウ ふだんの日。平日。平生。

じょう‐じつ【情実】ジャウ 私情がからんで、公正・客観的な判断を失わせるような関係や事柄。「—をまじえる」

しょう‐しみん【小市民】セウ ①→プチブル ②つましく暮らす一般庶民。

しょう‐しゃ【小社】セウ ①小さな神社。②小さな会社。③自分の所属する会社の謙称。「—へご請求ください」

しょう‐しゃ【△哨舎】セウ 歩哨(ほしょう)(=警戒・見張り役の兵)が詰める小屋。見張り小屋。

しょう‐しゃ【商社】シャウ 商事会社。特に、貿易を中心に商品取引を営む会社。

しょう‐しゃ【勝者】 勝った人。勝利者。↔敗者

しょう‐しゃ【傷者】シャウ けがをした人。負傷者。

しょう‐しゃ【照射】セウ (名・自他スル)①光が照りつけること。「—時間」②光線や放射線をあてること。「X線を—する」

しょう‐しゃ【△廠舎】シャウ (軍隊が演習地で仮設する)簡単な造りの建物。(参考)「廠」は四方の壁がない屋根だけの家。

しょう‐しゃ【△瀟△洒】セウ (形動ダ)ダロ・ダッ(デ・ニ)・ダ・ナ・ナラ・○ すっきりとしてあかぬけているさま。「—な別荘」(文)(ナリ)(タリ)

こと。

しょう-じゃ【生者】 〘仏〙命のあるもの。生あるもの。

―ひつめつ【―必滅】 〘仏〙生あるものは必ず死ぬということ。

しょう-じゃ【精舎】 〘仏〙寺院。てら。「祇園―」

じょう-しゃ【浄写】 (名・他スル) 下書きしたものを、きれいに書き写すこと。浄書。清書。「草稿を―する」

じょう-しゃ【乗車】 (名・自スル) 電車・バス・タクシーなどに乗ること。「大阪駅から―する」↕降車・下車

―けん【―券】 電車・バスなどに乗るための切符。

じょう-しゃ【盛者】 勢いの盛んな者。盛者・しょうしゃ。

―ひっすい【―必衰】 〘仏〙勢いの盛んな者もいつかは必ず衰え滅びるものであるということ。

しょう-しゃく【小酌】 ①小人数の酒宴。小宴。②ちょっと酒を飲むこと。軽く一杯やること。

しょう-しゃく【焼灼】 (名・他スル)〘医〙電気メスや薬品などで病気の組織を焼き切ること。

しょう-しゃく【照尺】 小銃の銃身の後方に取り付けた照準装置。銃口の照星とともに用いる。

しょう-じゅ【頌寿】 長命を祝いたたえること。

しょう-じゅ【聖衆】 〘仏〙極楽浄土の菩薩たち。「―来迎」

じょう-しゅ【上酒】 質の良い酒。上等の酒。

じょう-しゅ【城主】 ①城の持ち主。②江戸時代の大名の格式で、国持ち・准国持ちにつぐ、居城を持った大名。

じょう-しゅ【情趣】 おもむき。しみじみとした味わい。「―に富む景色」

じょう-じゅ【成就】 (名・自他スル) 成し遂げること。長年の願いや思いがかなうこと。できあがること。「念願が―する」

しょう-しゅう【召集】 (名・他スル) ①人を召し集めること。「非常―」②〘法〙衆参両院の国会議員に対して、国会開会のために一定の期日に集合することを命じること。「臨時国会を―する」③兵役義務のある者を軍隊編制のために呼び集めること。用法 ①は、自分と同等以下の者に用いる。

―れいじょう【―令状】 国が発する、兵役にある者を呼び集める命令書。参考 旧日本軍では赤色の紙を用いたことから、「赤紙」と呼ばれた。

しょう-しゅう【招集】 (名・他スル) 多くの人を招き集めること。呼び寄せること。「―をかける」「理事会を―する」

しょう-しゅう【消臭】 不快なにおいを消すこと。「―剤」

しょう-じゅう【小銃】 拳銃より銃身の長い、携帯できる小型の火器。「自動―」

しょう-しゅう【常習】 日ごろからの悪いくせや習慣。

―はん【―犯】 〘法〙①一定の犯罪行為をくり返し犯すこと。また、その人。「窃盗の―」②好ましくないことをくり返し行う人。「遅刻の―」

じょうしゅう【上州】 「上野の国」の異称。

じょう-じゅう【常住】 (名・自スル) ①〘仏〙生滅変化をしないで、常に存在すること。↕無常 ②常に一定の所に住むこと。③(副詞的に用いて)ふだん。平常。いつも。常に。

―ざが【―坐臥】 (座っているときも寝ているときも、の意)ふだん。いつも。「―、父母の恩を忘れない」語源「行住坐臥」の「行住」と「常住」との混同からできた言い方。

しょう-しゅつ【抄出】 (名・他スル) 書物から抜き出して書くこと。また、その部分。「関連記事を―する」

しょう-じゅつ【詳述】 (名・他スル) 詳しく述べること。「事のしだいを―する」↕略述

じょう-じゅつ【上述】 (名・他スル) 上または前に述べたこと。前述。「―のとおり」

じょう-じゅつ【杖術】 杖を武器とする武術。

じょう-しゅび【上首尾】 (名・形動ダ) 物事が思いどおりにうまくゆくこと。結果がよいこと。「―に終わる」↕不首尾

しょう-しゅん【小春】 陰暦十月の異称。小春。冬

しょう-しゅん【頌春】 (春をたたえる意)年賀状などで使う新年のあいさつの言葉。賀春。

しょう-じゅん【昇順】 数が小さいほうから大きいほうへと順に並べられていること。↕降順

しょう-じゅん【照準】 ①鉄砲を目標に向けてねらい定めること。「―器」②ある目標に向けて物事を推し進めていくこと。ねらいを定めること。「決勝戦に―を合わせる」

じょう-じゅん【上旬】 月の一日から十日までの称。月の初めの一〇日間。初旬。⇩中旬・下旬

しょう-しょ【小暑】 二十四気の一つ。陽暦で七月七日ごろ。夏

しょう-しょ【抄書】 抜き書きすること。また、抜き書きした本。抄本。

しょう-しょ【尚書】 ①弁官(=太政官の内部に置かれた事務局)の唐名。②中国の官名の一つ。

―しょう【―省】 ①太政官の唐名。②中国、唐にあった一般行政の中央官庁。

しょうしょ【尚書】 「書経」の別名。

しょう-しょ【消暑・銷暑】 暑気をしのぐこと。消夏。

しょう-しょ【証書】 事実を証明する文書。証文。「卒業―」

しょう-しょ【詔書】 国会の召集など、天皇の国事行為に関する言葉を記した公文書。

しょう-じょ【少女】 年の若い女子。⇩少年「参考」
類語 女子・女の子・乙女・乙女子・小娘・娘・生娘・おぼこ

しょう-じょ【昇叙・陞叙】 (名・自スル) 上級の官位に任用されること。

しょう-じょ【庠序】 学校。語源 昔、中国の周代では学校を「庠」といい、殷代では「序」といったことから。

じょう-しょ【上書】 (名・自スル) (主君や上官などに)意見をしるした書状を差し出すこと。また、その書状。

じょう-しょ【浄書】 (名・他スル) 下書きしたものを、きれいに書き直すこと。清書。浄写。「草稿を―する」

じょう-しょ【情緒】 →じょうちょ

じょう-じょ【乗除】 掛け算と割り算。「加減―」

しょう-しょう【少少】 (名・副) 数量や程度がわずかなこと。少し。ほんのしばらく。「―お待ちください」

しょう-しょう【少将】 ①もと、陸海軍で将校の階級の一つ。将官の最下位。中将の下、大佐の上。②昔、近衛府の次官で中将の下に位する者。

しょう-しょう【悄悄】 (タル) 元気がなくしおれているさま。しおしお。「―として家路につく」文(形動タリ)

しょう-しょう【蕭蕭】 (タル) ①もの寂しいさま。「―たる枯れ野」②もの寂しく風が吹いたり雨が降ったりするさま。また、鳴き声の寂しいさま。「―と風が吹く」文(形動タリ)

しょう-じょう【小乗】 〘仏〙(小さな乗り物の意)他者の救済をめざすことなく、自己の悟りのみを求める仏教。小乗仏教。「―的(=見解の狭いさま)」↕大乗 参考 いっさいの衆生の救済を説く大乗の立場から批判的に名づけられたもの。

しょう-じょう【症状】 病気や負傷の状態。「自覚―」

しょう-じょう【清浄】 (名・形動ダ) ①清らかで汚れのないこと。また、そのさま。清浄。↕不浄 ②〘仏〙煩悩・

私欲がなく清らかなこと。「六根—」

—かい【—界】《仏》極楽浄土のこと。

しょう-じょう【掌上】てのひらの上。

しょう-じょう【猩猩】①→オランウータン ②中国の想像上の動物。体は猿、顔は人に似て、人語を解し、酒を好むという。③大酒飲み。酒豪。

—ひ【—緋】黒みを帯びたあざやかな深紅色。また、その色の舶来の毛織物。「—の陣羽織」

しょう-じょう【賞状】成績の優秀な者や功労のあった者に、それをほめたたえる言葉を記して与える書状。

しょう-じょう【霄壌】天と地。また、雲泥。

—の差 (天と地ほどの)大きな隔たり。雲泥の差。

しょう-じょう【蕭条】(タル) もの寂しいさま。ひっそりしているさま。「—たる冬景色」文(形動タリ)

じょう-しょう【上声】漢字の四声の一つ。最初は低く、しり上がりに高くなるもの。上声。⇩四声

じょう-しょう【上昇】— (名・自スル) 高い方へのぼること。あがること。「物価—」「気温が—する」「—志向」↕下降・低下

—きりゅう【—気流】上に向かう大気の流れ。雲を生じ、雨を降らせる原因となる。

じょう-しょう【丞相】— ①昔、中国で、天子を助けて政治を行った最高の官。大臣。②昔、日本で、大臣の唐名。

じょう-しょう【条章】箇条書きの文章。

じょう-しょう【城将】城を守る大将。

じょう-しょう【常勝】— (名・自スル) 戦えば常に勝つこと。「—チーム」

じょう-じょう【上上】(名・形動ダ) 非常によいこと。最もすぐれていること。また、そのさま。上乗。「調子は—だ」

—きち【—吉】この上なくよいこと。「円満に収まり—だ」

じょう-じょう【上乗】— ■(名・形動ダ) 最上であること。非常にすぐれているさま。上々。「—のでき」■(名)《仏》最上の教え。大乗。

じょう-じょう【上場】(名・他スル) ①《商》ある有価証券を、証券取引所や商品取引所で売買取引の対象にすること。「—株」②演劇・芝居を上演すること。

じょう-じょう【条条】一つ一つの箇条。

じょう-じょう【情状】実際のありさま。実際の事情。

—しゃくりょう【—酌量】(名・自スル)《法》刑事裁判で裁判官が判決を下す際、被告人の同情すべき事情を考慮して、刑罰を軽くすること。「—の余地なし」

じょう-じょう【嫋嫋】(タル) ①なよなよとしたさま。しなやかなさま。「—たる柳」②風のそよそよと吹くさま。③音声の細く長く続くさま。「余韻—」文(形動タリ)

しょうじょう-せぜ【生生世世】— ■(名)《仏》生まれかわり死にかわって経る世。■(副) 永久に。未来永劫。

しょう-しょく【小食・少食】— (名・形動ダ) 食べる量が少ないこと。「めっきり—になった」↕大食

しょう-しょく【小職】— 官職についている人が自分をへりくだっていう語。

じょう-しょく【常食】— (名・他スル) 日常の食事として食べていること。また、その食物。「米を—とする」

しょう・じる【生じる】(自他上一) ①生える。生やす。「かびが—」②それまでなかった物事や作用が新たに発生する。発生させる。「変化が—」「効力を—」語源サ変動詞「しょうずる」の上一段化。

しょう・じる【請じる】(他上一) 人に声をかけて、来てもらう。招く。招待する。「応接室に客を—」語源サ変動詞「しょうずる」の上一段化。

じょう・じる【乗じる】■(自上一) ある状況をうまく利用する。付け込む。「すきに—」■(他上一) 掛け算をする。「四に五を—」語源サ変動詞「じょうずる」の上一段化。

しょう-しん【小心】— (名・形動ダ) 気の小さいこと。また、そのさま。おくびょう。「—な男」

—もの【—者】おくびょうで気の小さい人。

—よくよく【—翼翼】(タル) 気が小さくてびくびくしているさま。「—として日を送る」文(形動タリ)

しょう-しん【小臣】— ①身分の低い臣下。②臣下が自分をへりくだっていう語。

しょう-しん【小身】— 身分の低いこと。また、その人。↕大身

しょう-しん【正真】— ほんとうのこと。うそのないこと。

—しょうめい【—正銘】うそいつわりのないこと。

しょう-しん【昇進】(名・自スル) 地位や官職が上がること。「課長に—する」

しょう-しん【焦心】— (名・自スル) 心をいらだたせること。気をもむこと。「病床で—する」

しょう-しん【焼身】— 自分の体を火で焼くこと。「—自殺」

しょう-しん【傷心】— (名・自スル) 心をいためること。また、悲しみに傷ついた心。「—の日々を送る」「—をいやす」

しょう-しん【衝心】《医》脚気に伴う心臓障害。動悸が激しくなり、呼吸困難や心不全を起こす。脚気衝心。

しょう-じん【小人】— ①子供。小人。②背の低い人。③度量の狭い人。小人物。④身分の低い人。《↕大人》

—閑居して不善をなす 小人物は暇があると、とかくよくないことをする。〈大学〉

しょう-じん【消尽】— (名・他スル) 残りがなくなるまで使い切ること。すっかり消耗すること。

しょう-じん【焼尽】— (名・自他スル) 焼けてすっかりなくなること。焼きつくすこと。「大火で町並みが—する」

しょう-じん【傷人】— 人を傷つけること。傷害。

しょう-じん【精進】— (名・自スル) ①《仏》善を行い悪を断ち、一心に仏道修行を行うこと。②一定期間、身を清め行いを慎むこと。③肉食をせず、野菜や穀物などだけを食べること。④精神を打ち込んで努力すること。「芸道に—する」

—あけ【—明け】一定の「精進③」の期間が終わって、平常どおりの食物を食べること。精進落とし。精進落ち。

—あげ【—揚げ】野菜類の揚げ物。

—おち【—落ち】→しょうじんあけ

—おとし【—落(と)し】→しょうじんあけ

—けっさい【—潔斎】(名・自スル) 肉食などを慎み、心身を清めること。

—び【—日】(親の命日などで)精進をする日。

—もの【—物】肉・魚介類を用いない食物。野菜類・穀類・海藻類など。↕生臭物

—りょうり【—料理】肉・魚介類を用いず、野菜類・穀類・海藻類などを材料とする料理。

じょう-しん【上申】— (名・他スル) 上役や上部機関に対して意見や事情を申し述べること。「—書」

じょう-じん【丈人】— ①老人の敬称。②妻の父。岳父。

じょう-じん【常人】— ふつうの人。世間一般の人。凡人。常人。「—の理解を超えている」

じょう-じん【情人】— 愛人関係にある人。情人。

しょう-じんぶつ【小人物】— 度量の狭い人。品性の下

劣な人。小人。↕大人物

じょう-ず【上手】ジャウ（名・形動ダ）①物事に巧みなさま。また、そういう人。巧者。「聞き—」↕下手 ②お世辞のうまいさま。また、口先だけの言葉。お上手。「—を言う」参考常用漢字表付表の語。「うわて」「かみて」と読めば別の意になる。

—の手から水が漏れる どのように上手な人でも思いがけない失敗をすることがある。

—ごかし 口先がうまく、表面は人のためにするように見せかけ、裏で自分の利益をはかること。おためごかし。

—もの【—者】 口先がうまく如才ない人。

じょう-ず【上図】ジャウヅ 上に掲げた図。↕下図

しょう-すい【小水】セウ 小便。尿。

しょう-すい【将帥】シャウ 軍隊の指揮をとる将軍。大将。

しょう-すい【傷悴】シャウ（名・自スル）悲しみやつれること。

しょう-すい【憔悴】セウ（名・自スル）心配や病気・疲労などのためにやせ衰えること。やつれること。「—した顔」

しょう-ずい【祥瑞】シャウ めでたいことの起こる前触れ。吉兆。瑞祥。

じょう-すい【上水】ジャウ ①飲料その他に用いるため、管や溝などを通して供給される水。②「上水道」の略。（↕下水）

—どう【—道】ダウ 飲料その他に使う水を導く設備。水道。↕下水道

じょう-すい【浄水】ジャウ ①きれいな水。浄化した、衛生上無害の水。「—場」「—器」②参拝の前に手を洗う水。

しょう-すう【小数】セウ ①〔数〕（整数でない）実数を小数点を用いて十進法で表したもの。②小さい数。

—てん【—点】〔数〕「小数①」を書き表すとき、その整数部の一の位と小数第一位との間に付ける点。

しょう-すう【少数】セウ 数の少ないこと。「—精鋭」↕多数

—いけん【—意見】 会議などで、少数の人が主張する意見。「—を尊重する」

—みんぞく【—民族】 一国家がいくつかの民族で構成されるときの、人口の少ない民族。

じょう-すう【乗数】〔数〕掛け算で、掛けるほうの数。↕被乗数

じょう-すう【常数】ジャウ ①一定の数。②→ていすう②③

しょう・する【称する】（他サ変）シ(セ・サ)・シ・スル・スル・スレ・シロ(セヨ) ①名づけて言う。名乗る。呼ぶ。「天才と—」②いつわって言う。「病気と—して休む」③ほめたたえる。「業績を—」文しょう・す（サ変）

しょう・する【証する】（他サ変）シ(セ・サ)・シ・スル・スル・スレ・シロ(セヨ) ①証明する。証拠だてる。「無実を—」②保証する。請け合う。「本人であることを—」文しょう・す（サ変）

しょう・する【頌する】（他サ変）シ(セ・サ)・シ・スル・スル・スレ・シロ(セヨ) 功績などを文章や言葉でほめたたえる。「徳を—」文しょう・す（サ変）

しょう・する【誦する】（他サ変）シ(セ・サ)・シ・スル・スル・スレ・シロ(セヨ) 詩文などを声を出して読む。唱える。「詩を—」文しょう・す（サ変）

しょう・する【賞する】シャウスル（他サ変）シ(セ・サ)・シ・スル・スル・スレ・シロ(セヨ) ①ほめたたえる。「功を—」②めでる。「月を—」文しゃう・す（サ変）

しょう・ずる【生ずる】シャウズル（自他サ変）ジ(ゼ)・ジ・ズル・ズル・ズレ・ジロ(ゼヨ) →しょうじる（生じる）文しゃう・ず（サ変）

しょう・ずる【請ずる】シャウズル（他サ変）ジ(ゼ)・ジ・ズル・ズル・ズレ・ジロ(ゼヨ) →しょうじる（請じる）文しゃう・ず（サ変）

じょう・ずる【乗ずる】（自他サ変）ジ(ゼ)・ジ・ズル・ズル・ズレ・ジロ(ゼヨ) →じょうじる文じょう・ず（サ変）

しょう-せい【小成】セウ ちょっとしたことを成し遂げること。わずかばかりの成功。「—に安んじる」

しょう-せい【招請】セウ（名・他スル）頼んで来てもらうこと。招請。「—に応じる」「技術者を—する」

しょう-せい【笑声】セウ 笑い声。

しょう-せい【将星】シャウ ①「将軍」「大将」の異称。「居並ぶ—」②昔、中国で、大将になぞらえた星。

—落つ 将軍が陣中で死ぬ。また、偉人・英雄が死ぬ。

しょう-せい【商勢】シャウ 商取引のもよう。市場の形勢。

しょう-せい【勝勢】 勝ちそうな形勢。また、勝った勢い。「—に乗じる」↕敗勢

しょう-せい【照星】セウ 銃の照準具の一つ。銃口の上面に付けてある三角形などの突起。照尺とともに用いる。

しょう-せい【鐘声】 鐘の鳴る音。

しょう-せい【小生】セウ（代）自称の人代名詞。自分の謙称。わたくし。用法男性が、同輩もしくは目下の相手への手紙文などに用いる。

じょう-せい【上世】ジャウ 大昔。上代。上古。

じょう-せい【上声】ジャウ →じょうしょう（上声）

じょう-せい【上製】ジャウ 上等に作ること。また、上等に作ったもの。「—本」↕並製

じょう-せい【情勢・状勢】ジャウ 物事がどういう状態であるか、また、どう変化・進展していくかというありさま。「世界—」

じょう-せい【醸成】ヂャウ（名・他スル）①材料を発酵させて、酒・しょうゆなどを造ること。醸造。②（雰囲気などを）つくり出していくこと。かもし出すこと。「社会不安を—する」

しょう-せき【硝石】セウ →しょうさんカリウム

しょう-せき【証跡】 証拠になる形跡。痕跡。

じょう-せき【上席】ジャウ ①上位とされる席。上座。②階級・等級が上であること。「—判事」

じょう-せき【定石】ヂャウ ①囲碁で、長年の研究により最善とされる、きまった石の打ち方。②（ある物事を確実に処理するときの）きまったやり方。「—どおりのやり方」

じょう-せき【定席】ヂャウ ①いつもきまって座る席。②常設の寄席。

じょう-せき【定跡】ヂャウ 将棋で、古くからの研究により最善とされる駒の指し方。「—どおり指す」

じょう-せき【城跡・城蹟】ジャウ しろあと。城址。

しょう-せつ【小雪】セウ 二十四気の一つ。陽暦で十一月二十二日ごろ。冬

しょう-せつ【小節】セウ ①文章の小さい一区切り。②わずかな節操や義理。「—にこだわる（=ささいな義理にとらわれる）」③〔音〕楽譜で、縦線と縦線とで区切られた部分。

しょう-せつ【小説】セウ 文学の形式の一つ。作者の構想や想像に基づき、作中の人物や事件を通して、人生や社会などを描く散文体の作品。「長編—」語源坪内逍遥が「小説神髄」で英語の novel を小説と訳したことに由来する。

—か【—家】 小説を書く人。作家。文士。

しょう-せつ【章節】シャウ 長い文章などの、章や節の区切り。

しょう-せつ【詳説】シャウ（名・他スル）詳しく説明すること。また、その説明。「一部始終を—する」↕概説・略説

じょう-せつ【浄刹】ジャウ ①浄土。②境内。寺院。

じょう-せつ【常設】ジャウ（名・他スル）いつも設けてあること。

—かん【—館】クワン 映画・演劇などを常に興行する建物。

じょう-ぜつ【饒舌】ゼウ（名・形動ダ）口数の多いこと。また、そのさま。おしゃべり。「—家」参考「冗舌」とも書く。

しょう-せっかい【消石灰】セウセキクワイ〔化〕「水酸化カルシウム」の俗称。

しょう-せっこう【焼石膏】セウセキカウ〔化〕石膏を加熱し水和水（結晶水）の大部分を失わせて得る白色の粉末。水を加え

ると石膏にもどる。白墨・白壁・石膏細工用。焼き石膏。

しょうせつしんずい〔小説神髄〕セウセツシンズイ 坪内逍遙(しょうよう)の文学論。一八八五—一八八六(明治十八—十九)年刊。文学そのものの独自性を説き、写実主義を提唱して、近代小説の出発を促した画期的な書。

しょう-せん【省線】シャウ— もと、鉄道省・運輸省の管轄の下にあった鉄道線。主として都市近郊の近距離線をいった。

しょう-せん【哨船】セウ— 見張りの船。哨戒船(しょうかいせん)。

しょう-せん【商船】シャウ— 商業のために客や貨物を運ぶ船。

しょう-せん【商戦】シャウ— 商売上の競争。「歳末—」

しょう-ぜん【小善】セウ— ちょっとした善行。

しょう-ぜん【承前】前の文を受けつぐこと。前文からの続き。続きの文章を書き出すときに用いる語。

しょう-ぜん【悚然・竦然】(ト・タル) 恐れてぞっとするさま。慄然(りつぜん)。「—として立ちすくむ」[文](形動タリ)

しょう-ぜん【悄然】セウ— (ト・タル) しおれて元気のないさま。しょんぼりしたさま。「—と立ち去る」[文](形動タリ)

しょう-ぜん【蕭然】セウ— (ト・タル) もの寂しくひっそりしたさま。「—たる風景」[文](形動タリ)

じょう-せん【乗船】一(名・自スル) 船に乗ること。「函館(はこだて)から—する」↔下船 二(名) 乗っている船。[参考]一は、「上船」とも書く。

しょう-せんきょく【小選挙区】セウ— 選出議員定数を一名にした、地域の狭い選挙区。落選候補の票が死票になり多数党に有利とされる。「—制」⇩大選挙区・中選挙区

しょう-ぜんてい【小前提】セウ— 〘論〙三段論法で、二つの前提中、小概念を含む第二の前提。↔大前提 ⇩三段論法

しょう-そ【勝訴】(名・自スル) 訴訟で自分たちの主張の正当性が法的に認められること。↔敗訴

じょう-そ【上訴】ジャウ— (名・自スル) ①上の者に訴えること。②〘法〙裁判の判決を不服として、さらに上級の裁判所に訴えること。控訴・上告・抗告の三種がある。

しょう-そう【少壮】セウサウ (名・形動ダ) 年が若くて元気のあるさま。また、そういう人。「—気鋭」「—の研究者」

しょう-そう【尚早】シャウサウ (名・形動ダ) まだその時期になっていないこと。まだ早すぎること。「時期—」

しょう-そう【焦燥・焦躁】セウサウ (名・自スル) 思いどおりにならず、あせっていらいらすること。「—感」「—に駆られる」

しょう-ぞう【肖像】セウザウ その人の顔や姿を絵・彫刻・写真などにうつした像。「—画」

—けん【—権】自分の肖像を無断でうつしとられたり、公表されたりするのを拒否する権利。人格権の一部とみなされる。

じょう-そう【上奏】ジャウ— (名・他スル) 意見や事実などを天皇に申し上げること。奏上。「—文」

じょう-そう【上層】ジャウ— ①層をなして重なっているものの上のほう。②社会の上のほうの階層。「会社の—部」(↔下層)

—きりゅう【—気流】キリウ 上空の空気の流れ。

じょう-そう【情操】ジャウサウ 美しいものに触れるなどしたときに、すなおに感動するような豊かな心。「—教育」

じょう-ぞう【醸造】ヂャウザウ (名・他スル) 発酵作用を応用して酒やしょうゆなどを造ること。醸成。「日本酒を—する」

—しゅ【—酒】穀類や果物などを原料として発酵させてつくった酒類。清酒・ワイン・ビールなど。

しょうそういん〔正倉院〕シャウサウヰン 奈良東大寺の大仏殿の北西にある宝庫。校倉(あぜくら)造りで、通風・防湿が自然に行われるようにできている。聖武(しょうむ)天皇の遺品を多くおさめる。[参考]「正倉」は、律令(りつりょう)時代、大蔵省・諸国・諸寺で貴重なものをいれた倉庫の意。

しょう-そく【消息】セウ— ①ようすを知らせる連絡。便り。手紙。「—を絶つ」②人や物事のようす。動静。事情。「政界の—に詳しい」

—し【—子】〘医〙体腔(たいこう)・臓器・組織などの探査・拡張などに用いる、金属またはゴム性の棒状器具。ゾンデ。

—すじ【—筋】スヂ 事情をよく知っている人。「—によれば」

—つう【—通】その方面の事情に詳しい人。

—ぶん【—文】手紙の文。書簡文。

しょう-ぞく【装束】シャウ— 身じたくをすること。また、その着物や衣服。特に、儀式に用いる礼服・式服などの服装。(昔は、衣冠・束帯・直衣(のうし)などをいった。)「黒—」「武者—」

じょう-ぞく【上蔟】ジャウ— (名・自他スル) 成長した蚕を、蔟(まぶし)(=わらなどで作った、まゆを作らせる床)に移すこと。[夏]

しょう-そつ【将卒】シャウ— 将校と兵卒。将兵。

しょう-そん【焼損】セウ— (名・自他スル) 焼けてこわれること。焼いてこわすこと。「—事故」

しょう-たい【小隊】セウ— ①軍隊編制上の一単位。数個の分隊からなり、三・四小隊で中隊を編制する。②小人数の一隊。

しょう-たい【正体】シャウ— ①そのもののほんとうの姿。「—を暴く」②心身が正常なときの姿。正気。「疲れて—なく眠る」(古くは「しょうだい」)

しょう-たい【招待】セウ— (名・他スル) 客となる人を招くこと。「—状」「式に—する」

しょう-だい【昭代】セウ— よく治まっている世。平和な世。

じょう-たい【上体】ジャウ— 体の腰から上の部分。上半身。

じょう-たい【上腿】ジャウ— 足のひざから上の部分。大腿(だいたい)。↔下腿

じょう-たい【状態・情態】ジャウ— 移り変わってゆく人や物事の、ある一時点におけるようす。ありさま。「経済—」「健康—」

—ふくし【—副詞】〘文法〙副詞の一種。動作・作用の行われるありさまを表す。主として動詞を修飾する。「ころころ(と)」「こっそり」「すぐ(に)」など。

じょう-たい【常体】ジャウ— 〘文法〙文体の一種。丁寧語を使わないふつうの口語の文体。↔敬体 [参考]文末が「だ」で終わるのは「だ体(だ調)」、「である」で終わるのは「である体(である調)」。

じょう-たい【常態】ジャウ— ふだんの状態。「—にもどる」

じょう-だい【上代】ジャウ— ①大昔。上古。②特に日本文学史上の時代区分の一つで、おもに奈良時代をさす。「—文学」

じょう-だい【城代】ジャウ— ①城主の代わりに城を守る人。②徳川幕府の職名。大坂城・駿府(すんぷ)城・二条城・伏見城に置かれた、城を守る職。③「城代家老」の略。

—がろう【—家老】ガラウ 江戸時代、藩主が参勤交代などで留守のとき、国元で城を守り、一切の政務を執った家老。

しょう-たく【妾宅】セフ— めかけを住まわせておく家。↔本宅

しょう-たく【沼沢】セウ— ぬまとさわ。「—地」

しょう-だく【承諾】(名・他スル) 人からの申し入れや頼みを聞き入れたり、引き受けたりすること。「親の—を得る」

じょう-たつ【上達】ジャウ— (名・自スル) ①学問や技芸などの腕前が上の段階に進むこと。「テニスの腕が—する」②下の者の考えが上の者に届くこと。「下意—」↔下達(かたつ)

じょう-だま【上玉】ジャウ— ①上等の宝石。上等の品。逸物。②〘俗〙美人。

しょう-たん【小胆】セウ— (名・形動ダ) 気の小さいこと。また、そのさま。小心。「—な男」↔大胆

しょう-たん【賞嘆・賞歎・称嘆・称歎】シャウ—・ショウ— (名・他スル) 感心してほめること。嘆賞。「名演技を—する」

しょう-だん【昇段】(名・自スル) 柔道・剣道・碁・将棋など

で、段位が上がること。「―試験」「四段に―する」

しょう-だん【商談】 シャウ 商売上の相談。取り引きの話。「―が成立する」「―をまとめる」

じょう-だん【上端】 ジャウ 上のほうのはし。↕下端(かたん)

じょう-だん【上段】 ジャウ ①上の段。高い段。②上座。③室内の床を、他より一段高くしてある所。「―の間(ま)」④剣道・槍術(そうじゅつ)などで、刀や槍(やり)を頭上に高くふりかざして構えること。「―に構える」⇩中段・下段

じょう-だん【冗談】 ①ふざけて言う話。「―言うな」②ふざけてすること。「―にもそんなまねはよせ」「―にも程がある」

―ぐち【―口】 ふざけた話。おどけた言葉づかい。

じょう-だん【常談】 ジャウ 日常のありきたりの話。

しょう-ち【小知・小△智】 セウ ちょっとした知恵。あさはかな知恵。↕大知(たいち)

しょう-ち【召致】 セウ （名・他スル）呼んで、来させること。

しょう-ち【承知】 （名・他スル）①聞き入れること。また、了解すること。「―しました」「不―」②知っていること。「ご―だとは思いますが」③許すこと。勘弁すること。「今度やったら―しないぞ」用法 ③は、あとに打ち消しの語を伴う。

―の-すけ【―の△之助】 承知していることや引き受けたということを、人の名のようにしていう言葉。「おっと合点、―」

しょう-ち【招致】 セウ （名・他スル）招いて来てもらうこと。「参考人―」「オリンピックを―する」

しょう-ち【勝地】 景色のすぐれた土地。名勝。景勝地。

じょう-ち【上地】 ジャウ 上等の土地。よい土地。

じょう-ち【上知・上△智】 ジャウ すぐれた知恵。知恵のすぐれた人。「―と下愚(かぐ)とは移らず（＝生まれつき賢い人は常に賢く、生まれつき愚かな人は常に愚かである）」↕下愚

じょう-ち【情致】 ジャウ 趣。風情。情趣。

じょう-ち【常置】 ジャウ （名・他スル）常に設けておくこと。常設。「委員会を―する」

じょう-ち【情痴】 ジャウ 色情におぼれて理性を失うこと。

しょう-ちく-ばい【松竹梅】 ①松と竹と梅。めでたいしるしとして祝い事に使われる。②品物・席などを三等級に分けたときのそれぞれの等級の呼び名。ふつう、松が最上級を示す。

しょう-ちゃん-ぼう【正ちゃん帽】 シャウチャン 毛糸で編んだ、頂に毛糸の玉の付いた帽子。参考 大正末期の漫画「正チャンの冒険」の主人公がかぶったところから流行した。

しょう-ちゅう【掌中】 シャウ ①てのひらの中。②自分の思いどおりになる範囲。「勝利を―にする」

―の-たま【―の珠】 大事なものや最愛の子のたとえ。「―を失う」

しょう-ちゅう【焼酎】 セウチウ 穀類・芋類などからつくるアルコール分の強い蒸留酒。夏

じょう-ちゅう【条虫・△條虫】 デウ 〔動〕扁形(へんけい)動物条虫綱の寄生虫の総称。体は多くの体節からなり、平たいひも状。脊椎(せきつい)動物の腸内に寄生する。サナダムシ。参考「條虫」のもとの読みは「とうちゅう」。「じょうちゅう」は慣用読み。

じょう-ちゅう【常駐】 ジャウ （名・自スル）①きまった場所にいつも駐在していること。「―職員」②〔情報〕ソフトウェアなどが常にメモリー上にあり、動作または待機していること。

しょう-ちょ【小著】 セウ ①ページ数の少ない著作。↕大著 ②自分の著作の謙称。拙著。「―を謹呈いたします」

じょう-ちょ【情緒】 ジャウ ①対象に接して生じる特別な感情・味わい。また、その対象の周囲をとりまく、味わいのある雰囲気や気分。「異国―」「―豊かな町並み」②〔心〕喜怒哀楽、恐れなど一時的な感情の動き。「―不安定」参考 もとの読みは「じょうしょ」。「じょうちょ」は慣用読み。

しょう-ちょう【小腸】 セウチャウ 〔生〕腸の一部。胃と大腸の間にある消化器官。十二指腸・空腸・回腸に分かれ、内面の粘膜に絨毛(じゅうもう)があり、食物の消化、養分の吸収を行う。

しょう-ちょう【省庁】 シャウチャウ 国の役所のうち、省と庁との総称。「関係―」

しょう-ちょう【消長】 セウチャウ （名・自スル）衰えたり盛んになったりすること。「事業が―を繰り返す」「国運が―する」

しょう-ちょう【象徴】 シャウ （名・他スル）抽象的な概念を、具体的な事例や形で表現すること。また、その表現したもの。シンボル。「鳩(はと)は平和の―だ」「―派の詩人」

―げき【―劇】 象徴主義の立場にたつ演劇。

―し【―詩】 〔文〕象徴主義の立場にたつ詩。

―しゅぎ【―主義】 〔文〕客観的描写に対し、内面の情緒を象徴によって表現しようとする芸術上の立場。一九世紀末フランスに起こった文芸思潮。サンボリスム。シンボリズム。

―てき【―的】 （形動ダ）ダロ・ダッ(デ)・ニ・ダ・ナ・ナラ・○ 具体的な事物が、ある抽象的な事柄を連想させるさま。「世相を表す―な事件」

じょう-ちょう【上長】 ジャウチャウ 年齢や地位が自分よりも上の人。目上の人。「―を敬う」「―に報告する」

じょう-ちょう【冗長】 チャウ （名・形動ダ）文章や話などがくどくどと長いこと。また、そのさま。「―に流れる」「―な説明」

じょう-ちょう【情調】 ジャウテウ ①そのもの特有の趣。雰囲気。「下町―」②喜怒哀楽などのさまざまな感情。

じょう-ちょう【場長】 ヂャウチャウ 「場」と呼ばれる所の長。

しょう-ちょく【詔勅】 セウ 天皇の意思・命令を表示する詔書・勅書・勅語などの総称。

じょう-ちょく【常直】 ジャウ （名・自スル）毎日宿直すること。また、その人。「―の守衛」

しょう-ちん【消沈・△銷沈】 セウ （名・自スル）気力などが衰えしずむこと。消え失(う)せること。「意気―」「すっかり―する」

しょう-つき【祥月】 シャウ 一周忌以降において、故人の死んだ月と同じ月。

―めいにち【―命日】 一周忌以降において、故人の死んだ日と同じ月の同じ日。正忌(しょうき)。

じょうっ-ぱり【情っ張り】 ジャウッ （名・形動ダ）強情なさま。また、そういう人。意地っ張り。語源「じょうはり」の転。

しょう-てい【小弟・少弟】 セウ 一（名）①年少の弟。②自分の弟の謙称。二（代）自称の人代名詞。男性どうしの手紙などで、自分の謙称。小生。↕大兄

しょう-てい【小亭】 セウ 小さなあずまや。亭(ちん)。

しょう-てい【章程】 シャウ おきて。規則。のり。「貿易―」

じょう-てい【上帝】 ジャウ ①天上の神。天帝。②〔基〕造物主。ヤハウェ。

じょう-てい【上程】 ジャウ （名・他スル）議案などを会議にかけること。「法案を―する」

しょう-てき【小敵・少敵】 セウ ①少人数の敵。②弱い敵。（↕大敵）

じょう-でき【上出来】 ジャウ （名・形動ダ）できばえのよいこと。また、そのさま。「彼にしては―だ」↕不出来

じょうて-もの【上手物】 ジャウテ 上等な品。精巧で高価な工芸品。↕下手物(げてもの)

しょう-てん【小店】 セウ ①小さな店。②自分の店の謙称。

しょう-てん【小△篆】 セウ 漢字の書体の一つ。大篆(だいてん)を簡略にしたもので、実用向きのやや細長い字形。中国、秦(しん)の李斯(りし)が作ったという。印章などに使う。⇩篆書(てんしょ)

しょう-てん【召天】 セウ （名・自スル）〔基〕信者が死ぬこと。

しょう-てん【声点】 シャウ 漢字の四隅またはその中間に付け

て、その漢字の四声を示す点。声符(しょうふ)。参考 仮名に付けて国語のアクセントを、のち清濁を示すのにも用いられた。

しょう-てん【昇天】(名・自スル)①天に昇ること。「旭日(きょくじつ)—の勢い」②人が死んで魂が天に昇ること。死ぬこと。

しょう-てん【商店】—シャウ 商品を売る店。「—街」

しょう-てん【焦点】—セウ ①《物》レンズ・球面鏡などの光軸に平行に入射した光線が、反射あるいは屈折して一つに集中する点。また、光線が発散する場合の原点と考えられる点。②《数》楕円(だえん)・放物線・双曲線をつくる基本となる点。③人々の注意や興味・関心などの集中するところ。中心点。「政局の—」

—きょり【—距離】《物》レンズ・球面鏡が光軸と交わる点から「焦点①」までの距離。

しょう-てん【衝天】天をつき上げるほど、勢いが盛んなこと。「意気—」

しょう-てん【賞典】—シャウ ほうびとして与えるもの。褒賞。

しょう-でん【小伝】—セウ 簡単にしるした伝記。略伝。

しょう-でん【召電】—セウ 人を呼び寄せるために打つ電報。

しょう-でん【承伝】うけ伝えること。受け継ぐこと。

しょう-でん【招電】—セウ 人を招くために打つ電報。

しょう-でん【昇殿】(名・自スル)①神社の拝殿にのぼること。②昔、宮中にある清涼殿の殿上(てんじょう)の間(ま)にのぼること。

しょう-でん【詳伝】—シャウ 詳しい伝記。↔略伝

じょう-てん【上天】—ジャウ ■一(名)①天。空。②上帝。天帝。造物主。■二(名・自スル)天にのぼること。昇天。

じょう-でん【上田】—ジャウ 作物がよくできる肥沃(ひよく)な田地。良田。↔下田(げでん)

じょう-てんき【上天気】—ジャウ よく晴れあがった、いい天気。

しょう-てんち【小天地】—セウ 限られた狭い社会。小さな世界。特に、大宇宙に対して狭い人間界のこと。

しょう-ど【焦土】—セウ ①焼け焦げて黒くなった土。②建物やその周囲の草木などが焼けて跡形もない土地。「—と化する」

しょう-ど【照度】—セウ《物》光に照らされる面の明るさの度合い。単位面積が単位時間に受ける光の量で表される。単位はルクス。記号 lx

じょう-と【譲渡】—ジャウ (名・他スル)(権利・財産・地位などを)他人にゆずりわたすこと。「—契約」

じょう-ど【浄土】—ジャウ《仏》①仏・菩薩(ぼさつ)の住むきよらかな国。「欣求(ごんぐ)—」↔穢土(えど) ②極楽浄土。③「浄土宗」の略。

—しゅう【—宗】《仏》極楽浄土に往生することを願う宗派。専修(せんじゅ)念仏を唱えた法然(ほうねん)によって始められた。

—しんしゅう【—真宗】《仏》親鸞(しんらん)によって始められた日本の浄土信仰の宗派。真宗。一向宗。門徒宗。

じょう-ど【壌土】—ジャウ ①土。土地。土壌。②《農》粘土を二五—三七・五パーセント含んだ土。肥沃(ひよく)で耕作に適する。

しょう-とう【小刀】—セウタウ 小さな刀。特に、わきざし。↔大刀

しょう-とう【小党】—セウタウ 小人数の党。勢力の弱い党。

しょう-とう【小盗】—セウタウ こそどろ。こぬすびと。

しょう-とう【松△濤】—タウ 松風の音を波の音にたとえた語。

しょう-とう【昇騰】(名・自スル)①高く上がること。のぼり上がること。②物価が上がること。高騰。

しょう-とう【消灯】—セウ (名・自他スル)明かりを消すこと。「—時間」↔点灯

しょう-とう【△檣頭】—シャウ 帆柱(マスト)のてっぺん。

しょう-どう【称道】—ダウ (名・他スル)(「道」は言う意)言いとなえること。ほめて言うこと。

しょう-どう【唱道】—シャウダウ (名・他スル)(「道」は言う意)自ら、先に立ってとなえること。唱導。「新思想の—者」

しょう-どう【唱導】—シャウダウ (名・他スル)①《仏》仏法を説いて、人を仏道に導くこと。「—師」②→しょうどう(唱道)

しょう-どう【衝動】①よく考えずに発作的に何かをしようとする心の動き。「旅への—に駆られる」②急激で、心をつき動かすような刺激。「—を受ける」

—がい【—買[い]】—ガヒ (名・他スル)欲しいというその場の気持ちだけで買ってしまうこと。「値段も見ずに—する」

—てき【—的】(形動ダ)ダロ・ダッ(デ・ニ)・ダ・ナ・ナラ・○ 心がつき動かされるままに行動してしまうさま。「—な犯行」

しょう-どう【△聳動】(名・自他スル)恐れ動揺すること。また、驚かして心をゆさぶること。「世間を—させるニュース」

じょう-とう【上棟】—ジャウ →むねあげ

じょう-とう【上等】—ジャウ (名・形動ダ)①等級が上であること。また、そのさま。②品質・状態などがすぐれていること。また、そのさま。「—の品」「それだけできれば—だ」(↔下等)

—へい【—兵】もと、陸軍で、兵の階級の一つ。兵長の下で一等兵の上の位。

じょう-とう【城頭】—ジャウ ①城のほとり。②城壁・城の上。

じょう-とう【常灯】—ジャウ ①神仏の前に常にともす灯火。常灯明(じょうとうみょう)。②街頭の終夜灯。常夜灯。

じょう-とう【常△套】—ジャウタウ ありふれたこと。ありきたり。

—く【—句】きまり文句。常套語。クリシェ。

—しゅだん【—手段】いつもきまって使う手段。

じょう-どう【成道】—ジャウダウ (名・自スル)《仏》(「成仏得道(じょうぶつとくどう)」の略)悟りを開き仏陀(ぶっだ)(覚者)になること。悟道。

じょう-どう【情動】—ジャウ ふいに起こる、一時的な怒り・喜び・悲しみなどの感情。情緒。

じょう-どう【常道】—ジャウダウ ①ふつうのきまったやり方。「商売の—」②人として常に守り行うべき道。「—をふみはずす」

じょうとうしょうがく【成等正覚】—ジャウトウシャウガク《仏》菩薩(ぼさつ)が修行を成就して、完全な悟りを開くこと。仏になること。

じょう-とき【常◇斎・定◇斎】—ジャウ・—ヂャウ《仏》在家で、決まった日時に僧侶(そうりょ)へ出す食事。

しょう-とく【生得】—シャウ うまれつき。生得(せいとく)。「—の才」

しょう-とく【△頌徳】徳や功績をほめたたえること。「—碑」

—ひょう【—表】—ヘウ 人の徳や功績をほめたたえる文書。

しょう-どく【消毒】—セウ (名・他スル)病原菌やウイルスを薬品・煮沸などによって無毒化すること。「傷口を—する」

—やく【—薬】消毒に用いる薬品。アルコール・石炭酸・クレゾール・生石灰など。消毒剤。

じょう-とくい【上得意】—ジャウ たくさんの商品または高価な商品を買ってくれる、特にたいせつな客。

じょう-とくい【常得意】—ジャウ いつもその店を利用する客。

しょうとくたいし【聖徳太子】—シャウトクタイシ (五七四—六二二)推古朝の政治家。厩戸王(うまやどのおう)・厩戸(うまやど)皇子・豊聡耳(とよとみみの)皇子・上宮太子(うえのみやのみこ)とも。用明天皇の第二皇子。五九三年推古天皇の摂政となり、冠位十二階・憲法十七条の制定、遣隋使(けんずいし)の派遣など、政治体制を整備。また、仏教の興隆に尽力し、法隆寺を建立。著に「三経義疏(さんぎょうぎしょ)」。

しょう-とつ【衝突】(名・自スル)①二つ以上の物が激しい勢いで突き当たること。「—事故」②意見・立場などが対立してたがいに争うこと。「武力—」「利害が—する」

しょう-とりひき【商取引】—シャウ 商業上の売買の行為。

じょう-ない【城内】—ジャウ 城の中。城壁の中。↔城外

じょう-ない【場内】—ヂャウ ある場所・会場の中。↔場外

しょう-なごん【少納言】—セウ 昔、太政官(だいじょうかん)の職員。小事の奏宣、官印の管理などをつかさどった。

じょう-なし【情無し】ジャウ —（名・形動ダ）人情のないさま。思いやりのないさま。また、そういう人。「あの—野郎」

しょう-なん【小難】セウ — ちょっとした災難。↔大難

しょうなん【湘南】シャウナン 神奈川県の相模湾沿岸一帯。葉山・逗子・鎌倉・茅ヶ崎・大磯などを含む地域。

しょう-に【小児】セウ — 小さな子供。小児。

—か【—科】クワ 〘医〙小児の病気を専門に扱う、医学の一分科。

—びょう【—病】ビャウ ①〘医〙小児に特有の病気。はしか・百日ぜきなど。②（比喩的に）考え方や行動が幼くて極端に走りやすい性向。「—的」

—まひ【—麻△痺】〘医〙おもに子供にみられる特異な麻痺性疾患。脊髄性と脳性とがある。一般には脊髄性小児麻痺をいう。急性灰白髄炎。ポリオ。

しょう-にく【正肉】シャウ — 骨・皮・内臓などを除いた食肉。

しょうにゅう-せき【△鍾乳石】〘地質〙地下水や雨水で溶かされた石灰岩の沈殿物がつらら状などに固まったもの。

しょうにゅう-どう【△鍾乳洞】〘地質〙石灰岩が地下水や雨水によって溶かされてできた洞穴。石灰洞。

しょう-にん【上人】シャウ — ①知徳をそなえた高僧。聖人。②僧の位の名称。③浄土宗・日蓮宗・時宗で、僧の敬称。

しょう-にん【小人】セウ —（入場料や運賃などの区分で）子供。⇩大人・中人

しょう-にん【昇任・△陞任】（名・自他スル）上の地位・官職に就くこと。また、就かせること。「—試験」↔降任

しょう-にん【承認】（名・他スル）①正当であると認めて許すこと。「理事会の—を得る」②申し出に同意すること。承知すること。「入会を—する」③〘法〙国家などに対して、国際法上の資格を認めること。「新政権を—する」

しょう-にん【商人】シャウ — 商業を営む人。あきんど。

しょう-にん【証人】①事実を証明する人。「生き—」②保証する人。保証人。③〘法〙裁判所などの機関に呼び出されて、見聞した事実を証言する第三者。「—喚問」「—に立つ」

しょう-にん【◇聖人】シャウ — ①知徳をそなえ、慈悲心の深い僧。聖者。上人。ひじり。②仏・菩薩のこと。③親鸞・日蓮など、祖師の尊称。

じょう-にん【常任】ジャウ —（名・自スル）いつもその任務に就いていること。「—理事国」「—指揮者」

—いいんかい【—委員会】ヰヰンクワイ 〘社〙国会や地方議会に常時設置される委員会。特に、国会の本会議に先だって法律・予算の議案などを審議するために衆参両院におかれるもの。

しょうにん-ずう【少人数】セウ — 人数が少ないこと。小人数。しょうにんず。「—教育」↔多人数

しょう-ね【性根】シャウ — 根本的な心構え。心根。根性。「—がすわっている」「—をたたき直す」

しょう-ねつ【焦熱】セウ — ①焼けこげるような暑さ。「—の地」②「焦熱地獄」の略。

—じごく【—地獄】ヂゴク 〘仏〙八大地獄の一つ。亡者が猛火に責め苦しめられるという所。殺生・偸盗・邪淫・飲酒・妄語などの罪を犯した者が落ちる。炎熱地獄。

じょう-ねつ【情熱】ジャウ — あることに全力でぶつかろうとする、燃え立つような強い感情。熱情。「—家」「—を傾ける」

—てき【—的】（形動ダ）ダロ・ダッ(デ・ニ)・ダ・ナ・ナラ・◯ 感情を激しく燃え上がらせるさま。「—な音楽」

しょう-ねん【少年】セウ — 年の若い者。おもに十代の男子。未成年者。参考 少年法では二〇歳未満の、児童福祉法では小学校就学から満一八歳までの男女をいう。類語 男子・男の子・童・坊ちゃん・坊主・小僧・餓鬼

—老い易く学成り難し 月日のたつのは早い。だから時間をむだにしないで勉強に励まなければならない。（朱熹の詩の一句。「一寸の光陰軽んずべからず」と続く。）

—いん【—院】ヰン 家庭裁判所から保護処分として送られた少年を収容し、矯正教育をする施設。

—かんべつしょ【—鑑別所】家庭裁判所から観護措置として送られた少年を審判前に収容する国立の施設。医学・心理学などの専門的立場から少年の資質の鑑別を行う。

—だん【—団】少年の心身の健全な育成を、社会への奉仕活動を通して行う組織団体。ボーイスカウトなど。

—ほう【—法】ハフ 〘法〙非行のある少年の保護・処分や、少年の刑事事件に対する特別な取扱いについて規定した法律。

しょう-ねん【生年】シャウ — 生まれてから経過した年。年齢。

しょう-ねん【正念】シャウ — ①〘仏〙㋐邪念を離れて仏道を心に思って忘れないこと。㋑心を乱さず一心に念仏すること。㋒往生を信じて疑わないこと。②本心。正気。

—ば【—場】①きわめて大事な場面。最も肝心なところ。「—に立たされる」「—を迎える」②歌舞伎・浄瑠璃で、主役がその役の真髄を見せる大事な場面。「見事な—」

じょう-ねん【情念】ジャウ — 理性ではおさえがたい、愛憎などの強い感情。

しょう-のう【小脳】セウナウ 〘生〙大脳の下後方にあり、体のバランスを保ち、運動の調整をする器官。

しょう-のう【小農】セウ — 狭い田畑を持ち、家族だけで小規模に営む農業。また、その農民。↔大農

しょう-のう【笑納】セウナフ（名・他スル）（つまらない物だと笑ってお納めくださいの意で）他人に贈り物をするときに謙遜していう語。「ご—ください」

しょう-のう【△樟脳】シャウナウ 〘化〙クスノキの細片を蒸留してつくる、水にとけず昇華しやすい白色の結晶体。防虫剤の原料。

じょう-のう【上納】ジャウナフ ㊀（名・他スル）政府機関や上部団体へ金品を納めること。「—金」㊁（名）年貢米。

しょう-の-つき【小の月】セウ — 一月の日数が、太陽暦で三〇日以下、陰暦で二九日の月。太陽暦で、二・四・六・九・一一の各月。小。↔大の月

しょう-の-ふえ【△笙の笛】シャウ — →しょう（笙）

しょう-は【小派】セウ — 小人数の党派、または流派。

しょう-は【小破】セウ —（名・自他スル）少し破損すること。また、少し損傷を与えること。「機体を—する」↔大破

しょう-は【△翔破】シャウ —（名・自スル）鳥や飛行機などが全行程を飛びきること。「太平洋を—する」

じょう-ば【乗馬】㊀（名・自スル）馬に乗ること。「—の練習」↔下馬 ㊁（名）人の乗る馬。

しょう-はい【招△牌】セウ — 客を寄せるための札。看板。

しょう-はい【勝敗】かちまけ。勝負。「—は時の運」

しょう-はい【賞杯・賞△盃】シャウ — 競技の入賞者や功労のあった人などに、ほうびとして与える杯。カップ。

しょう-はい【賞△牌】シャウ — ほうびとして与えるメダルや盾。

しょう-ばい【商売】シャウ — ㊀（名・自スル）商品を仕入れて売ること。あきない。「—繁盛」「手広く—する」㊁（名）①職業。仕事。「物を書く—」②芸者・遊女などの職業。水商売。

—がたき【—敵】商売上の競争相手。

—がら【—柄】①その職業で養われた独特の知識や習性。「—服装に気をつかう」②商売の種類・性質。

—ぎ【—気】何事でも自分の商売に利用して常に金もうけに結びつけようとする気持ち。商売っ気。「—を出す」

―にん【―人】①商人。「いっぱしの―になる」②そのことを職業としている人。専門家。くろうと。「―にはかなわない」③芸者・遊女など、水商売の女性。

しょう-はく【松△柏】①松と児手柏(このてがしわ)。また、常緑樹の総称。②(松と児手柏が常緑であることから)主義や志を固く守って変えないこと。「―の操(みさお)」

じょう-はく【上白】ジャウ ①上等の白米。②上等の白砂糖。

じょう-はく【上△膊】ジャウ 腕の、肩からひじまでの部分。二の腕。上腕。「―部」↔下膊(かはく)

じょう-ばこ【状箱】ジャウ ①手紙を入れておく箱。②昔、手紙などを入れて使いに持たせた小さな箱。

じょう-ばさみ【状挟み】ジャウ 書類・手紙などを挟んでおく小さい金具。

しょう-ばつ【賞罰】シャウ ほめることと罰すること。「―なし」

じょう-はつ【蒸発】(名・自スル)①《化》液体が表面から変化し気体になる現象。⇩気化「参考」②《俗》気づかれないうちにいなくなること。家を出て行方がわからなくなること。

―ねつ【―熱】《化》蒸発するときに必要な熱量。気化熱。

じょう-ばつ【△杖罰】ヂャウ むちでたたく刑罰。

じょう-はり【浄△玻△璃】ジャウ ①くもりのない水晶やガラス。②「浄玻璃の鏡」の略。

―の-かがみ【―の鏡】①《仏》地獄の閻魔(えんま)庁にあって、亡者の生きていたころの善悪の行いを映し出すという鏡。②(転じて)悪事を見抜く眼識。ごまかしのきかない眼識。

しょう-はん【小藩】セウ 石高(こくだか)の少ない藩。↔大藩

しょう-ばん【相伴】シャウ (名・自スル)①客の相手となって、自分ももてなしを受けること。また、その人。「お―にあずかる」②他とのつり合いやなりゆき上、いっしょに行動したり思わぬ利益を受けたりすること。用法 多く、「お相伴」の形で用いられる。

じょう-ばん【上番】ジャウ (名・自スル) 軍隊で、勤務につくこと。↔下番(かばん)

じょう-はんしん【上半身】ジャウ 体の、腰から上の部分。上体。上半身(かみはんしん)。「―を鍛える」↔下半身

しょう-ひ【消費】セウ (名・他スル)①金品・時間・労力などを使ってなくすこと。使い果たすこと。「電力の―量」②《経》欲望を満たすために財貨・サービスを使うこと。(↔生産)

―きげん【―期限】生鮮食品やいたみやすい加工食品などの品質保証期限。保存期間が製造日からおおむね五日以内の食品に表示が義務づけられている。⇩賞味期限

―くみあい【―組合】クミアヒ「消費生活協同組合」の略。

―ざい【―財】《経》個人的欲望を満たすために消費されるもの。非耐久消費財と耐久消費財とがある。↔生産財

―しゃ【―者】生産されたものを使用する人。商品・サービスを購入する人。↔生産者

―しゃ-かかく【―者価格】《経》消費者が商品を買うときの値段。↔生産者価格

―ぜい【―税】物品の消費や受けたサービスに対して課せられる税金。税額は最終的に消費者が負担するが、実際に税を納めるのは事業者となる。間接税の一つ。

―せいかつ-きょうどうくみあい【―生活協同組合】セイクワツケフドウクミアヒ →せいかつきょうどうくみあい

しょう-び【焦眉】セウ (眉(まゆ)を焦がすほどに火が近づいている意から)危難が迫っていること。「―の問題」

―の急(きゅう) 非常にさし迫った危難。急を要する事態。

しょう-び【賞美・称美】シャウ・ショウ (名・他スル) すばらしいものとしてほめそやしたり楽しんだりすること。「美酒を―する」

しょう-び【△薔△薇】シャウ ばら。そうび。夏

じょう-ひ【上皮】ジャウ 《生》生物組織の表面をおおっている細胞層。

―しょうたい【―小体】セウタイ 《生》甲状腺(こうじょうせん)の裏側に上下一対ずつある米粒大の内分泌器官。血中のカルシウムとリンを調節するホルモンを分泌する。副甲状腺。

じょう-ひ【冗費】むだな費用。むだづかい。「―を省く」

じょう-び【常備】ジャウ (名・他スル) いつも備えておくこと。「―薬」

しょう-ひつ【省筆】シャウ (名・自スル)①文章を書く上で、むだな語句を省略すること。②文字の字画を省略すること。

しょう-ひょう【商標】シャウヘウ 《商》生産者や販売者が、自己の生産・販売・取り扱いであることを示すため、商品につける文字・図形・記号などの標識。トレードマーク。

しょう-ひょう【証票】ヘウ 証明するための札(ふだ)や伝票。

しょう-ひょう【証△憑】事実を証明する根拠。証拠。

しょう-びょう【傷病】シヤウビヤウ けがや病気。「―兵」「―手当」

じょう-ひょう【上表】ジヤウヘウ (名・他スル) 君主に文書を奉ること。また、その文書。「―文」

しょう-ひん【小品】セウ ①小さな品物。②絵画・彫刻・音楽などの芸術で、ちょっとした作品。「―集」③「小品文」の略。

―ぶん【―文】日常のちょっとした事柄をスケッチ風に短くまとめて書いた文章。小品。

しょう-ひん【商品】シャウ 売るための品物およびサービス。商売の品物。「―価値」「本日の目玉―」

―けん【―券】表記の金額に相当する商品を引き換えに渡すことを約束した、無記名の有価証券。商品切手。

しょう-ひん【賞品】シャウ 賞として与える品物。

じょう-ひん【上品】ジャウ ■一(形動ダ)ダロ・ダッ(デ・ニ)・ダ・ナ・ナラ・○ 品のよいさま。気品のあるさま。品格が高いさま。「―な人」「―な物腰」「―に着こなす」↔下品(げひん) 文(ナリ) ■二(名) 上等な品。

しょう-ふ【正△麩】シャウ 小麦粉で麩(ふ)をつくるときなどに、水底によどむデンプン。煮て糊(のり)をつくる。

しょう-ふ【△娼婦】シャウ 売春婦。

しょう-ふ【△樵夫】セウ きこり。杣人(そまびと)。

しょう-ぶ【尚武】シャウ 武道・軍事を重んじること。「―の精神」

しょう-ぶ【勝負】■一(名) 勝ち負け。勝敗。「―がつく」■二(名・自スル) 勝ち負けを決めること。「真剣―」「力で―する」

―ごと【―事】①勝ち負けを争う競技やゲーム。囲碁・将棋・トランプなど。②かけごと。ばくち。とばく。

―し【―師】①囲碁・将棋などの勝負事を職業にする人。②ばくちうち。③(比喩(ひゆ)的に)いちかばちかの運をかけて、思いきった行動を起こす人。

しょう-ぶ【△菖△蒲】シャウ 《植》①ショウブ科の多年草。水辺に生育し、初夏、淡黄緑色の小花を肉質穂状につける。葉は剣状で芳香があり、端午(たんご)の節句に飾ったり菖蒲湯にしたりする。根茎は健胃剤に用いる。夏 ②「はなしょうぶ」の別名。

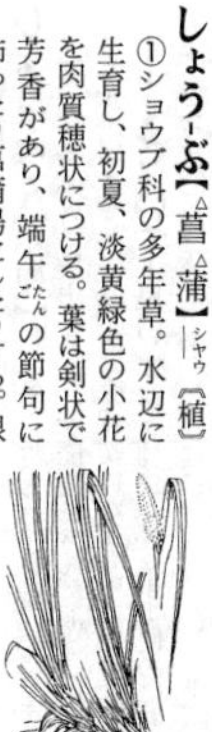

〔菖蒲①〕

―ざけ【―酒】ショウブの根を刻んで浸した酒。五月五日の端午(たんご)の節句に、邪気払いとして飲んだ。夏

―ゆ【―湯】五月五日の端午(たんご)の節句に、邪気払いとしてショウブの根・葉を入れて沸かす風呂(ふろ)。夏

じょう-ふ【丈夫】ヂャウ 一人前の男。りっぱな男。ますらお。「偉―」語源 中国の周の制で、男子の身長を一丈としたことからいう。

じょう‐ふ【上布】ジャウ 地の薄い上等の麻織物。夏

じょう‐ふ【定府】ヂャウ 〔日〕江戸時代、大名とその臣下の一部が、参勤交代をせずに江戸に定住したこと。

じょう‐ふ【城府】ジャウ 都市。また、その外囲い。へだて。参考 昔、中国で都府の周囲を城壁で囲んだことからいう。

じょう‐ふ【情夫】ジャウ 正式の夫以外の愛人である男。

じょう‐ふ【情婦】ジャウ 正式の妻以外の愛人である女。

じょう‐ぶ【丈夫】ヂャウ （名・形動ダ）①健康であること。また、そのさま。「―に育つ」②しっかりしていてこわれにくいこと。また、そのさま。「―な家具」

じょう‐ぶ【上部】ジャウ 上の部分。上のほう。↔下部

―こうぞう【―構造】コウザウ 〔哲〕唯物史観で、社会の経済的構造（＝下部構造）を土台にして、その上に築かれる政治・法制・宗教・芸術などの組織や制度をいう。↔下部構造

しょう‐ふう【正風】シャウ ①正しい姿。特に、和歌で伝統に基づいた正しい歌体。正風体(しょうふうてい)。②→しょうふう（蕉風）

しょう‐ふう【松風】松に吹く風。松風(まつかぜ)。松籟(しょうらい)。

しょう‐ふう【△蕉風】セウ 〔文〕江戸時代の俳人、松尾芭蕉(ばしょう)およびその一派の俳風。さび・しおり・細み・軽みなどを主体とし、幽玄閑寂の境地を尊んだ。正風。

しょう‐ふく【承服・承伏】（名・自スル）（古くは「しょうぶく」「じょうふく」とも）承知して従うこと。納得して従うこと。「―しかねる」

しょう‐ふく【△妾腹】セフ めかけから生まれること。また、その子。めかけばら。

しょう‐ふく【招福】セウ 福を招くこと。幸せを呼び込むこと。「開運―」

しょう‐ふく【△懾伏・△慴伏】セフ （名・自スル）恐れ従うこと。恐れて屈服すること。

じょう‐ふく【浄福】ジャウ 清らかな幸福。特に、仏を信じることによって得られる幸福。

じょう‐ふく【常服】ジャウ 平常の衣服。普段着。平服。

じょう‐ぶくろ【状袋】ジャウ 書状を入れる紙袋。封筒。

しょう‐ふだ【正札】シャウ 商品に付けた掛け値なしの定価の札。また、その値段。「―で買う」

―つき【―付〔き〕】①正札が付いていること。また、その品物。②誇張やうそがなく定評のあること。また、その人や物。「―の悪党」用法 ②は、多く悪い意に使う。

じょう‐ふだん【常不断】ジャウ （名・副）つねに。いつも。

しょう‐ぶつ【生仏】シャウ 〔仏〕衆生(しゅじょう)と仏。「―一如(いちにょ)（＝衆生も仏もその本質は一つであるということ）」

じょう‐ぶつ【成仏】ジャウ （名・自スル）①〔仏〕悟りを開いて仏陀(ぶっだ)（＝覚者）になること。②死んで仏となること。死ぬこと。

しょう‐ぶぶん【小部分】セウ わずかな部分。一部分。

しょう‐ぶん【性分】シャウ 生まれつきの性質。たち。「損な―」

じょう‐ぶん【上文】ジャウ 上に記した文。前文。「―のとおり」

じょう‐ぶん【上聞】ジャウ 君主や天皇に申し上げること。また、君主や天皇の耳にはいること。「―に達する」

じょう‐ぶん【冗文】むだな文句が多く、長たらしい文章。

じょう‐ぶん【条文】デウ 法律・条約などの箇条書きの文。「―の解釈」

じょう‐ふんべつ【上分別】ジャウ 最もよい的確な判断。

しょう‐へい【招△聘】セウ （名・他スル）礼をつくして人を招くこと。「世界的音楽家を―する」

しょう‐へい【△哨兵】セウ 見張りの兵士。歩哨(ほしょう)。番兵。

しょう‐へい【将兵】シャウ 将校と兵士。将卒。将士。

しょう‐へい【傷兵】シャウ 戦争で傷ついた兵士。負傷兵。

しょう‐へい【障蔽】シャウ おおい隠すこと。また、そのもの。おおい。仕切り。へだて。「―を除く」

じょう‐へい【城兵】ジャウ 城を守る兵士。

しょうへい‐が【障△屏画】シャウヘイグワ 襖(ふすま)・屏風(びょうぶ)・衝立(ついたて)などに描かれた絵画。

しょうへい‐こう【昌平黌】シャウヘイクワウ 江戸幕府直轄の学校。林羅山が上野忍岡(しのぶがおか)に開いた私塾を、一六九〇（元禄三）年徳川綱吉の命で孔子廟(こうしびょう)とともに神田湯島に移し、林信篤(のぶあつ)を中心に旗本・諸藩士の子弟に儒学を教えた。のち、昌平坂学問所と改称。

しょう‐へき【障壁】シャウ ①囲いや仕切りのかべ。②妨げとなる物事。へだて。「交渉の―となる」

―が【―画】グワ 障屏画(しょうへいが)と壁画。特に、桃山時代から江戸初期にかけての書院造りなどの室内装飾画。

しょう‐へき【△牆壁・△墻壁】シャウ ①石・土・れんがなどで作った垣や壁。②へだてや妨げとなる物事。

じょう‐へき【城壁】ジャウ 城のかべや石垣。城の塀。

しょう‐べつ【小別】セウ （名・他スル）小さく分けること。小分け。細別。↔大別(たいべつ)

しょう‐へん【小片】セウ 小さなかけら。小さな切れ端。「ガラスの―」

しょう‐へん【小変】セウ ①わずかな変化。②ちょっとした事変・事件。

しょう‐へん【小編・小△篇】セウ 短い文学作品。短編。

しょう‐へん【△爿偏】シャウ 漢字の部首名の一つ。「牀」「牆」などの「爿」の部分。

しょう‐へん【掌編・掌△篇】シャウ 非常に短い文学作品。「―小説」

しょう‐べん【小便】セウ （名・自スル）①膀胱(ぼうこう)にたまり、尿道を通って体外に排出される、老廃物を含んだ液体。尿。また、それを排出すること。②〔俗〕売買契約などを中途で破ること。

―くさ・い【―臭い】（形）カロ・カッ(ク)・イ・イ・ケレ・○ ①小便のにおいがする。②子供じみて未熟である。青くさい。

じょう‐へん【上編・上△篇】ジャウ 二、三冊に分けて編纂(へんさん)した書物などの最初の編。

しょう‐ほ【商舗】シャウ 店。商店。

しょう‐ぼ【召募】セウ （名・他スル）募って呼び集めること。

じょう‐ほ【譲歩】ジャウ （名・自スル）（道をゆずる意から）自分の主張をおさえて相手の意見に歩み寄ること。「たがいに―する」

しょう‐ほう【商法】シャウハフ ①商売のしかた。「悪徳―」「士族の―」②〔法〕商行為に関して規定した法律。

しょう‐ほう【唱法】シャウハフ 〔音〕歌唱法。歌の歌い方。

しょう‐ほう【勝報・△捷報】ショウ・セフ 戦いや試合に勝ったという知らせ。「―に沸く」↔敗報

しょう‐ほう【詳報】シャウ くわしい知らせ。「戦況の―が入る」

しょう‐ぼう【正法】シャウボフ 〔仏〕①仏教の正しい教え。②正しい仏法の行われる時期。釈迦(しゃか)の入滅後五〇〇年（一説に一〇〇〇年）の間。参考 正法の次の一〇〇〇年間を像法(ぞうぼう)、のちの一万年間を末法(まっぽう)という。

しょう‐ぼう【消防】セウバウ 火事の消火や警戒・予防にあたること。また、その仕事に従事する人。「―車」「―団」

―し【―士】火災の現場で消防に従事する人。

―しょ【―署】消防を職務とする公(おおやけ)の機関。

しょう‐ぼう【焼亡】セウバウ （名・自スル）焼け失(う)せること。焼けてなくなること。焼亡(しょうもう)。「建物はことごとく―した」

じょう‐ほう【上方】ジャウハウ 上のほう。「―修正（＝当初の予測より、予算や利益などを高く設定し直すこと）」↔下方

じょう-ほう【定法】きまった規則。きまり。また、慣例としていつも行うきまった方法。「―どおり事を進める」

じょう-ほう【乗法】〔数〕掛け算。↔除法
じょう-ほう【常法】①一定して変わらない法則。きまり。②通常の方法。

じょう-ほう【情報】事柄の内容・事情の報告。事件などのようすの知らせ。また、判断や行動のよりどころとなる、種々の媒体から得る知識。インフォメーション。「―源」「―網」

―かがく【―科学】情報の形態・伝送・処理・蓄積などの理論や技術を研究・応用する学問。特に、コンピューターによる情報処理技術などを研究する分野。

―か-しゃかい【―化社会】情報の価値が高まり、その収集・処理技術が発達して、人々の活動に大きな影響を与えるようになった社会。情報社会。

―きかん【―機関】情報の収集・調査や諜報活動などを行う国家機関。アメリカのCIAや日本の内閣情報調査室など。

―こうかい-せいど【―公開制度】行政機関が保有する情報を、広く国民の前に明らかにする制度。

―さんぎょう【―産業】情報の取り扱いに関連する各種の産業。特に、コンピューター関連の情報サービス産業。

―しょり【―処理】〔情報〕コンピューターなどを用いて多くの情報を整理・計算処理して、必要な情報を得ること。

―もう【―網】情報を細大漏らさず迅速にやりとりするためにはりめぐらされた経路・組織。情報ネットワーク。

じょう-ぼく【上木】（名・他スル）（文字などを版木に彫りつけることから）書籍を出版すること。上梓。

じょう-ぼく【縄墨】①すみなわ。②規則。規範。標準。

しょう-ほん【正本】①根拠となる原本。正本。②芝居、特に歌舞伎の脚本。③浄瑠璃・長唄などの詞章にふしまわしを記した版本。④省略のない本。丸本。完本。

しょう-ほん【抄本】①原本の一部を抜き書きした書物。②原本である書類の一部分を写しとった文書。「戸籍―」↔謄本 参考 ①は、「鈔本」とも書く。

しょう-ほん【証本】証拠となる書物。根拠となる確かな本。

じょう-ぼん【上品】〔仏〕極楽浄土に往生する際の九つの等級のうち、上位の三つである上品上生・上品中生・上品下生の総称。⇩九品

しょう-ま【消磨】（名・自他スル）すりへること。また、すりへらすこと。「気力が―する」

しょう-まい【正米】〔経〕①実際に取り引きされる米。②現在ある米。

じょう-まい【上米】上等の米。

じょう-まえ【錠前】戸や扉・ふたなどにつけて開かないようにする金具。錠。

しょうま-きょう【照魔鏡】①悪魔の本性をうつしだすという鏡。②社会や人物の隠れた本性をうつしだすもの。

しょう-まく【漿膜】〔生〕体腔の内面や内臓の表面をおおっている薄い膜。腹膜・胸膜など。

しょう-まん【小満】二十四気の一つ。陽暦で五月二十一日ごろ。夏
じょう-まん【冗漫】（名・形動ダ）表現や構成にむだな部分が多くてしまりのないこと。また、そのさま。「―な文章」

しょう-み【正味】①余分なものをとりさった中身。また、その目方や数量。正目。「―四〇〇グラム」②本当のもの。本当のところ。真実。③掛け値なしの値段。また、仕入れ値段。

しょう-み【賞味】（名・他スル）味わいながら食べること。

―きげん【―期限】比較的いたみにくい加工食品の品質と味が保持されるとする期限。⇩消費期限
じょう-み【上巳】→じょうし(上巳)

じょう-み【情味】①味わい。おもむき。「田園生活の―」②人間らしい心のあたたかみ。人情味。「―ある判決」

しょう-みつ【詳密】（名・形動ダ）漏れているところがなく、細かく詳しいこと。また、そのさま。「―な調査」

じょう-みゃく【静脈】〔生〕肺や体の末梢部から血液を心臓に運ぶ血管。↔動脈
―けつ【―血】〔生〕体の各毛細血管部で二酸化炭素や老廃物をとり入れ、静脈を流れて心臓へ戻り、肺動脈を経て肺に至る血液。↔動脈血
―りゅう【―瘤】〔医〕血行障害などにより静脈の一部が拡張してふくれあがったもの。下肢・食道などに発症する。

しょう-みょう【小名】〔日〕①鎌倉・室町時代、領地が大名より少ない領主。②江戸時代、大名の中で、石高の比較的少ない諸侯。

しょう-みょう【声明】〔仏〕仏前でふしをつけて仏徳をたたえる声楽。平安時代に日本で発展した仏教音楽。梵唄。


しょう-みょう【称名・唱名】（名・自スル）〔仏〕仏の名号をとなえること。

じょう-みょう【定命】〔仏〕持って生まれた寿命。

じょう-みょう【常命】人間のふつうの寿命。

じょう-みん【常民】世間一般の人々。庶民。「―文化」参考 特に、民俗学者の柳田国男が、民俗を伝承する一般の人々を指して用いた。

しょう-む【省務】各省の事務。

しょう-む【商務】商業上の事務。

じょう-む【乗務】（名・自スル）交通機関に乗って、運転や乗客の世話などの業務をすること。「一日おきに―する」

―いん【―員】乗務を行う人。「客室―」

じょう-む【常務】①日常の事務。②「常務取締役」の略。

―とりしまりやく【―取締役】株式会社で、日常の経営業務の執行を担当する役職。また、その人。常務。

しょうむ-てんのう【聖武天皇】（七〇一〜七五六）奈良時代の第四五代天皇。文武天皇の第一皇子。七二四（神亀元）年即位。仏教を厚く信仰し、東大寺や諸国の国分寺を建立。

しょう-め【正目】正味の目方。中身の目方。正味。

しょう-めい【正銘】（由緒正しい銘がある意で）本物であること。「正真―」

しょう-めい【証明】（名・他スル）証拠となるものや論理によって、事柄の正当性・真偽を明らかにすること。「身分―書」「無実を―する」

しょう-めい【照明】■（名・他スル）灯火で照らして明るくすること。また、その灯火。「間接―」「―器具」■（名）舞台や撮影の効果をあげるために使う人工的な光線。また、その使い方。「―係」

―だん【―弾】空中で炸裂して強い光を放つ発光弾。

じょう-めい【上命】国家・天子の命令。

しょう-めつ【生滅】（名・自スル）生まれることと死ぬこと。生じることと滅びること。「―滅已（=生死を超越すること）」

しょう-めつ【消滅】（名・自他スル）消えてなくなること。また、消してなくすこと。「自然―」「権利が―する」

しょう-めん【正面】①まむかい。まっすぐ前。「―攻撃」

「ーを向く」②物の前面にあたる側。建物などの表側。「ー玄関」③相撲で、土俵の北側。

ーを切る 遠慮のない、はっきりとした態度をとる。「正面切って要求する」

ーしょうとつ【ー衝突】（名・自スル）①（乗り物などが）真正面からぶつかり合うこと。②（考えなどがくいちがって）双方がまともにぶつかって争うこと。

じょう-めん【上面】ジャウ 上側の面。うわべ。↔下面

じょう-めん【定免】ヂャウ 〔日〕江戸時代の徴税法の一つ。豊凶に関係なく、過去数年ないし十数年の平均収穫高を基準に年貢率を定めるもの。享保年間以後普及。「ー法」

じょう-めん【◦尉面】能面の一種。老翁の相を表すもの。

しょう-もう【消耗】セウ（名・自他スル）①物を使い減らすこと。また、使ってなくなること。「電池のーが激しい」②体力や気力などを使い果たすこと。「体力のーを防ぐ」参考もとの読みは「しょうこう」。「しょうもう」は慣用読み。

ーせん【ー戦】たがいに物資・人員などを大量に投入しても勝負のつかない戦い。

ーひん【ー品】使う分だけ減っていく品物。紙・鉛筆など。

しょう-もう【焼亡】セウマウ（名・自スル）→しょうぼう（焼亡）

じょう-もく【条目】デウ 箇条書きにした規則・法令などの文書。また、その各項目。

しょう-もつ【抄物】セウ →しょうもの

しょう-も-ない【しょうも無い】シャウ 〔俗〕どうしようもない。くだらない。「ーやつ」語源「しょう」は「仕様」の転。

しょう-もの【抄物】セウ 室町時代、五山の僧や学者が漢籍・仏典などを講釈した記録や注釈書。抄物。

じょう-もの【上物】ジャウ 上等の品物。質のよいもの。

しょう-もん【声聞】シャウ 〔仏〕仏の教えを聞き、阿羅漢となることを目的とする小乗の仏道修行者。

しょう-もん【証文】証拠となる文書。証書。「借金のー」

ーの出し後れ 手遅れになって、効果のないこと。

しょう-もん【掌紋】シャウ てのひら全体にある皮膚の細かな隆起線。万人不同、終生不変で、個人の識別に用いられる。

しょう-もん【△蕉門】セウ 〔文〕俳人、松尾芭蕉の門人。

ーじってつ【ー十哲】〔文〕芭蕉門下の一〇人のすぐれた俳人。一般には榎本其角・服部嵐雪・向井去来・各務支考・杉山杉風・森川許六・志太野坡・内藤丈草・越智越人・立花北枝をさす。

じょう-もん【定紋】ヂャウ 家によってきまっている紋所。表紋。↔裏紋

じょう-もん【城門】ジャウ 城の門。城の出入り口。

じょう-もん【縄文】〔日〕土器の表面に縒ったひもを押しつけて施した、縄の筋目のような文様。

ーじだい【ー時代】〔日〕縄文土器の作られた時代。旧石器時代に続き、約一万三〇〇〇年前に始まり、紀元前四世紀ごろに弥生時代に移行したとされる。おもに狩猟・漁労・採集生活が営まれ、晩期には農耕が始まった。

ーどき【ー土器】〔日〕縄文時代の土器。低温で焼かれたため、黒褐色または茶褐色で厚手。縄目模様のものが多いことからの名。縄文式土器。

〔じょうもんどき〕

しょうもんき【将門記】シャウモンキ 平安中期の軍記物語。作者未詳。九四〇（天慶三）年成立か。平将門の乱の経過を漢文体で記述。軍記物語の先駆。将門記。

しょう-や【△庄屋】シャウ 〔日〕江戸時代、領主から任命されて、代官の下で村の行政事務を扱った者。多く、村の有力な本百姓が世襲した。参考おもに関西でいい、関東では名主といった。

しょう-やく【生薬】シャウ 動植物などの全体や一部を、そのままで、あるいは簡単な加工をして用いる薬。ドクダミ・ウコン・センブリや、麝香・熊の胆など。生薬。

しょう-やく【抄訳】セウ（名・他スル）原文の一部を翻訳すること。また、その翻訳したもの。↔全訳・完訳

しょう-やく【硝薬】セウ 火薬。

じょう-やく【条約】デウ 〔法〕国家間の合意によってとりきめた約束。また、その文書。参考条約の締結は調印・批准書の交換・寄託・登録・公表の手続きを経て行われる。

ーかいせい【ー改正】〔日〕幕末に諸外国と結んだ不平等条約を改正した、明治時代の外交交渉。一八九四（明治二十七）年治外法権撤廃に成功、一九一一（明治四十四）年関税自主権を完全回復した。

じょう-やど【上宿】ジャウ 上等の宿屋。

じょう-やど【定宿・常宿】ヂャウ・ジャウ いつも泊まる宿屋。

じょう-やとい【常雇〔い〕】ジャウヤトヒ 長期にわたって、続けて雇うこと。また、雇われた人。常傭。↔臨時雇い

じょうや-とう【常夜灯】ジャウヤ 一晩中ともしておく灯火。

しょう-ゆ【△醤油】シャウ 特有の香気のある褐色の液体調味料。大豆・小麦を原料とし、こうじ・食塩水を加えて発酵させてつくる。したじ。むらさき。

しょう-ゆう【小勇】セウ つまらない事にはやる勇気。↔大勇

じょう-ゆう【城△邑】ジャウイフ 城壁に囲まれた町。都市。

しょう-よ【賞与】シャウ ①ほうびとして金品を与えること。また、その金品。「ー金」②官公庁・会社などで、おもに六月・十二月に給料以外に支給する金銭。ボーナス。「夏のー」

じょう-よ【丈余】ヂャウ 一丈（約三メートル）あまり。「ーの立像」

じょう-よ【乗△輿】天皇の乗り物。また、天皇。

じょう-よ【剰余】あまり。残り。余分。余剰。「ー金」

ーかち【ー価値】〔経〕労働者の生産した価値から労働力の価値（賃金）を差し引いた残り。資本家が利潤として手に入れるもの。マルクス経済学の基本概念の一つ。余剰価値。

じょう-よ【譲与】ジャウ（名・他スル）物品や権利を人に無償で譲り与えること。「土地をーする」

しょう-よう【小用】セウ ①ちょっとした用事。「ーで出かける」②小便。「ーをたす」参考「こよう」ともいう。

しょう-よう【称揚・賞揚】シャウヤウ・シャウヤウ（名・他スル）ほめたたえること。ほめあげること。「善行をーする」

しょう-よう【商用】シャウ ①商売上の用事。「ーで出張する」②商業上で使うこと。「ー利用」「ー車」

しょう-よう【△逍△遥】セウエウ（名・自スル）気ままにぶらぶら歩くこと。そぞろ歩き。「湖畔をーする」

しょう-よう【賞用】シャウ（名・他スル）（品物などを）ほめながら使うこと。「ーの品」

しょう-よう【△慫△慂】（名・他スル）誘い勧めること。「選挙への出馬をーする」

しょう-よう【従容】（タル）〔文〕（形動タリ）ゆったりとして落ち着いているさま。「ーとして死につく」

じょう-よう【乗用】（名・他スル）乗り物として使うこと。

ーしゃ【ー車】人が乗るための自動車。

じょう-よう【常用】ジャウ（名・他スル）ふだん使うこと。続けていつも使うこと。「胃腸薬をーする」

―かんじ【―漢字】公文書や一般社会生活での漢字使用の目安として掲げられた二一三六字の漢字。それまでの当用漢字にかわって、一九八一(昭和五十六)年内閣告示され、二〇一〇(平成二十二)年に改定された。

―たいすう【―対数】《数》底が10の対数。⇩対数

じょうよう【常△傭】―(名・他スル)常にやとっていること。常雇い。

しょうようじゅりん【照葉樹林】― 亜熱帯から温帯にかけて分布する常緑広葉樹が多く占める樹林。

しょうよく【小欲・少欲・小△慾・少△慾】― 欲の少ないこと。小さな欲望。寡欲。↔大欲・多欲

じょうよく【情欲・情△慾】― 性的な欲望。

しょうらい【生来】―(名・副)→せいらい(生来)

しょうらい【招来】―(名・他スル)①招きよせること。「専門家を―する」②ある状態を引きおこすこと。「危機を―する」

しょうらい【松△籟】松に吹く風。また、その音。松韻。

しょうらい【将来】― 一(名)これから先。ゆくすえ。前途。「―を案じる」「―が楽しみだ」二(名・他スル)①(遠方から)持って来ること。「遠く天竺より―した経典」②ある状態をもたらすこと。招来。「混乱を―する」

―せい【―性】これから、よくなる見込み。可能性や発展性があって、前途に希望がもてる度合い。「―のある会社」

しょうらい【◦請来】―(名・他スル)外国から仏像や経典などを請い受けて持って来ること。「―の仏典」

じょうらく【上△洛】―(名・自スル)地方から京都へ行くこと。地方から都へのぼること。

しょうらん【笑覧】―(名・他スル)(つまらないものだと笑って見てくださいの意で)他人に自分のものを見てもらうことを謙遜していう語。「ご―ください」

しょうらん【照覧】―(名・他スル)①神仏がご覧になること。「神よ、ご―あれ」②はっきりと見ること。

しょうらん【詳覧】―(名・他スル)くわしく見ること。

じょうらん【上覧】―(名・他スル)天皇や身分の高い人がご覧になること。「―相撲」

じょうらん【△擾乱】―(名・自他スル)(世の中が)騒ぎ乱れること。また、乱し騒がすこと。「各地で―が生じる」

しょうり【小吏】― 地位の低い役人。小役人。

しょうり【小利】― わずかな利益。「―大損(=小利を得ようとしてかえって大損を招くこと)」↔大利

しょうり【勝利】(名・自スル)戦いや試合などに勝つこと。「―を収める」「闘争に―する」↔敗北

―とうしゅ【―投手】野球で、味方に勝ちをもたらした投手。勝ち投手。↔敗戦投手

しょうり【掌理】―(名・他スル)(事務などを)管理し、とりまとめること。「業務を―する」

じょうり【条理】― 物事のすじみち。道理。「―を尽くして説明する」

しょうり【△牆△籬】― 垣。まがき。

じょうり【常理】― ふつうの道理。不変の原理。

じょうり【情理】― 人情と道理。「―を尽くす」

じょうり【場裏・場△裡】― その場所や会場のうち。また、事の行われている範囲内。「国際―での協力」

じょうりく【上陸】―(名・自スル)陸に上がること。「―用舟艇」「台風が―する」

しょうりつ【勝率】全試合数に対する勝ち試合数の割合。

しょうりつ【△聳立】(名・自スル)高くそびえ立つこと。「―する山々」

しょうりゃく【省略】―(名・他スル)簡単にするために一部分をはぶくこと。「以下―」「敬称を―する」

しょうりゃく【商略】― 商売のかけひき。「―にたける」

じょうりゃく【上略】― 文章を引用するときなどに、前の部分をはぶくこと。前略。⇩中略・下略

しょうりゅう【小流】― 小さな流れ。小さな川。小川。

じょうりゅう【上流】― ①川の流れの、水源に近い方。川上。②社会的地位、経済力、教養などが高い階層。上層。「―社会」「―階級」(↔下流)

じょうりゅう【蒸留・蒸△溜】―(名・他スル)《化》液体を熱し、生じた蒸気を冷却して再び液体にすること。

―しゅ【―酒】醸造酒を蒸留してアルコール分を増した酒。ウイスキー・ウオツカ・焼酎など。

―すい【―水】蒸留して不純物をのぞいた水。

しょうりょ【焦慮】―(名・自スル)気があせっていらいらすること。また、その気持ち。「―にかられる」

しょうりょう【小量】一(名)わずかの量。少量。二(名・形動ダ)心の狭いこと。狭量。(↔大量)

しょうりょう【少量】少しの量。小量。「塩を―入れる」↔多量

しょうりょう【将領】首領。将軍。

しょうりょう【渉猟】(名・他スル)①広くさがし求めること。②広く書物を読みあさること。「文献を―する」

しょうりょう【商量】(名・他スル)するかしないか、損か得か、よいか悪いかなどについて、いろいろな場合を考えること。

しょうりょう【精霊】《仏》死者のたましい。霊魂。

―え【―会】→うらぼん

―おくり【―送り】《仏》盂蘭盆の最後に、送り火をたいて精霊を冥界に送る行事。たまおくり。秋

―だな【―棚】《仏》盂蘭盆に、位牌を安置し飲食物を供えて精霊をまつる棚。たまだな。盆棚。秋

―ながし【―流し】《仏》盂蘭盆に迎えた精霊を冥界に送りかえすため、最後に川や海に供物や灯籠を流す行事。秋

―ばった【―×飛蝗】《動》バッタ科の昆虫。体は緑色または灰褐色で細長く、頭はとがっている。こめつきばった。秋

―むかえ【―迎え】《仏》盂蘭盆の初日に、迎え火をたいて精霊を迎える行事。たまむかえ。秋

しょうりょく【省力】― 機械化や機構の簡素化などによって作業の手間や労力をはぶくこと。

―か【―化】(名・他スル)機械化・機構改革などによって作業の手間や労働力を減らすこと。「工程の―をはかる」

―のうぎょう【―農業】機械化・集団化・共同化などによって労力を節約して行う農業。

じょうりょく【常緑】― 植物の葉が一年中落葉しないで常に緑色をしていること。

―じゅ【―樹】《植》一年中緑色の葉をつけている木。マツ・スギ・ツバキなど。ときわぎ。↔落葉樹

しょうりん【照臨】―(名・自スル)①神仏が天にあって人間界を照らし見ること。②君主が天下を治めること。「万民を―する」③貴人の来訪の尊敬語。

しょうるい【生類】― いきもの。生物。動物。

じょうるい【城塁】― しろ。とりで。

じょうるり【浄瑠璃】― ①三味線に合わせて語る語り物の総称。②①の中で、特に義太夫節。

しょうれい【省令】―《法》行政事務について各省大臣が発する命令。法律・政令を施行するために出される。

しょう-れい【症例】シャウ 〔医〕その病気の症状の例。

しょう-れい【奨励】シャウ （名・他スル）それをするのはよいことだとして、すすめはげますこと。「スポーツをーする」

しょう-れい【瘴癘】シャウ 気候・風土のために起こる伝染性の熱病。マラリアなど。「ーの地」

じょう-れい【条令】デウ →じょうれい（条例）①

じょう-れい【条例】デウ ①箇条書きにした法令。②〔法〕地方公共団体が、その権限に属する事務に関して議会の議決を経て制定する法規。地方条例。参考 ①は、「条令」とも書く。

じょう-れい【定例】ヂャウ きまったならわし。しきたり。慣例。

じょう-れい【常例】ジャウ いつもの例。恒例(こうれい)。

じょう-れん【常連】ジャウ ①いつもきまって来る客。常客。「店のー」②いつもいっしょにいる仲間。

しょう-ろ【松露】担子菌類ショウロ科のきのこ。海岸の松林に生える。球状で、香気が高い。食用。春

じょうろ【×如雨露・×如露】草木に水をそそぎかける用具。じょろ。夏 語源 ポルトガル語のjorro からという。

しょう-ろう【檣楼】シャウ 艦船の帆柱上部の物見やぐら。

しょう-ろう【鐘楼】寺のかねつき堂。鐘楼(しゅろう)。

じょう-ろう【上臈】ジャウラフ →じゃうらふ

じょう-ろう【城楼】ジャウ 城の物見やぐら。

しょう-ろう-びょう-し【生老病死】シャウラウビャウ― 〔仏〕人間の免れることのできない四つの苦しみ。生まれること、老いること、病気をすること、死ぬこと。四苦。

しょう-ろく【抄録】セウ （名・他スル）必要な部分だけを抜き書きすること。また、その抜き書きしたもの。「論文のーを作る」

しょう-ろく【詳録】シャウ （名・他スル）くわしく記すこと。また、くわしい記録。「討議の内容をーする」

しょう-ろく【賞禄】シャウ 賞として与えられた給与。

じょう-ろく【丈六】ヂャウ ①〔仏〕立像での高さが一丈六尺（＝約四・八五メートル）の仏像。座像では高さが八尺（＝約二・四二メートル）のものをいう。②あぐらをかくこと。「膝(ひざ)をーに組む」語源 ②は、仏像の多くが足を組んで座っていることからいう。

しょう-ろん【詳論】シャウ （名・他スル）くわしく論じること。また、その論考。「日本史ー」↔概論

しょう-ろん-ぶん【小論文】セウ 自分の考えを筋道だてて述べる短い論文。

しょう-わ【小話】セウ ちょっとした話。小話(こばなし)。

しょう-わ【昭和】セウ 一九二六年十二月二十五日から一九八九年一月七日までの年号。大正の後、平成の前。

ーきち【ー基地】一九五七（昭和三十二）年、南極大陸の東オングル島に建設された日本の南極観測基地。

ーの-ひ【ーの日】国民の祝日の一つ。四月二十九日。激動と復興の昭和時代を顧(かえり)み、国の将来を考える日。昭和天皇の誕生日にあたる。

しょう-わ【笑話】セウ こっけいな内容の話。笑い話。

しょう-わ【唱和】シャウ （名・自スル）①一人が唱えたあと、その声に合わせて大勢が唱えること。「万歳をーする」「ごーください」②相手の作った詩歌にこたえて詩や歌を作ること。

じょう-わ【冗話】むだばなし。冗談。

じょう-わ【情話】ジャウ ①人情のこもった話。「下町ー」②恋愛の情や男女の情愛をえがいた話。

しょう-わくせい【小惑星】セウ 〔天〕おもに火星と木星との軌道間にあって、太陽をめぐる多数の小天体。小遊星。

しょうわてんのう【昭和天皇】セウワテンワウ （一九〇一〜一九八九）第一二四代天皇。大正天皇の第一皇子。名は裕仁(ひろひと)。一九二一（大正十）年摂政となり、一九二六年即位。一九四七（昭和二十二）年、日本国憲法により象徴天皇となる。

しょう-わる【性悪】シャウ （名・形動ダ）性質の悪いさま。また、その人。「ーな人間」

じょう-わん【上腕】ジャウ 肩とひじとの間の部分。上膊(じょうはく)。

しょ-えい【書影】書籍の外観。また、その画像。

しょ-えん【初演】（名・他スル）はじめて上演したり演奏したりすること。また、その上演や演奏。「本邦(ほんぽう)ー」

しょ-えん【所縁】因縁(いんねん)のあること。ゆかり。

じょ-えん【助演】（名・自スル）映画・演劇などで、主役を助けて出演すること。また、その人。↔主演

ショー〈show〉①見世物。興行。「ービジネス」②展示会。「自動車ー」③寸劇。軽演劇。

ーウインドー〈show window〉商品を陳列するガラス窓。飾り窓。

ーケース〈showcase〉商品を陳列する棚。

ーマン〈showman〉芸人。興行師。エンターテイナー。

ーマンシップ〈showmanship〉観衆・聴衆を喜ばせようとする芸人の精神。

ールーム〈showroom〉商品の陳列室。展示室。

じょ-おう【女王】ヂョワウ ①女の君主。また、王の后(きさき)。②内親王の宣下を受けない皇族の女子。③その分野で最高の、または第一人者の女性。「銀盤のー」参考「じょうおう」ともいう。

ーばち【ー蜂】〔動〕社会生活をしているハチの中で、卵を産む雌のハチ。ミツバチなどでは、群れの中に一匹だけいる。春

ジョーカー〈joker 道化師〉トランプの番外の札で、遊びによって種々の使い方のされる札。ばば。

ジョーク〈joke〉冗談。しゃれ。「ーをとばす」

ジョージア〈Georgia〉カフカス山脈南麓(なんろく)、黒海の東岸にある共和国。旧称グルジア。首都はトビリシ。

ジョーゼット〈georgette〉縒(よ)りの強い絹糸を使った薄い縮みの布地。女性用の夏の服地などに用いる。

ショーツ〈shorts〉〔服〕①たけの短いズボン。ショートパンツ。夏 ②女性用の短い下ばき。パンティー。

ショート〈short〉一（名）①長さ・時間の短いこと。「ーヘア」↔ロング ②卓球で、台の近くに位置し、速い動作で打ち返す短打法。↔ロング ③〈shortstop から〉野球で、遊撃手。二（名・自スル）〔物〕〈short circuit から〉電気回路の二点が、小さい抵抗でつながること。短絡。「配線がーする」

ーカット〈shortcut〉一（名）①短く切った女性の髪形。②〔情報〕コンピューターで、キーの組み合わせなどにより特定の動作を短縮して実行できる機能。二（名・自スル）近道すること。近道。参考 一①は、和製英語。英語ではshort hairという。

ーケーキ〈shortcake〉スポンジケーキの台の上に、クリームやイチゴなどのくだものをあしらった洋菓子。

ーショート〈short short story から〉気のきいた落ちがついているごく短い小説。

ーステイ〈short stay〉①（留学生などの）短期滞在。②在宅介護を受けている高齢者や障害者を、福祉施設で一時的にあずかる制度。

ートラック〈short-track speed skating から〉一周一一一・一二メートルの屋内トラックで競うスケート競技。

ーパンツ〈和製英語〉〔服〕たけの短いズボン。ショーツ。夏 参考 英語では shorts という。

ープログラム〈short program〉フィギュアスケートの競技種目の一つ。ジャンプ・ステップ・スピンなど定められた要素を取り入れた演技を、規定の時間内に行う。SP

ショートニング〈shortening〉おもに植物油を原料とした、半固形状の油脂。洋菓子やパンを作る際に用いられる。
ショービニスム〈フランス chauvinisme〉熱烈で極端な愛国主義。排外主義。語源ナポレオンを崇拝した勇敢なフランス兵ショーバン(Chauvin)の名による。
ショール〈shawl〉女性用の肩掛け。冬
ショーロンポー〈中国 小籠包〉中国料理の点心の一つ。ひき肉などの具材とゼリー状のスープを小麦粉の薄い皮で包み蒸したもの。
しょ-か【初夏】①夏の初め。初夏。夏 ②陰暦の四月。孟夏。夏
しょ-か【書架】書物を置く棚。本棚。「図書館の―」
しょ-か【書家】書道の専門家。
しょ-か【諸家】①その道にかけては専門家と認められ一派を立てている人々。②「諸子百家」の略。
しょ-が【書画】―グワ 書と絵画。「―骨董」
じょ-か【序歌】①序詞を用いた和歌。②序文がわりの和歌。
しょ-かい【初会】―クワイ ①はじめて会うこと。初対面。②はじめての会合。③遊女とその客がはじめて会うこと。
しょ-かい【所懐】―クワイ 心の中で考えている事柄。所感。「―を述べる」
しょ-かい【初回】―クワイ 第一回。最初の回。「―の攻撃」
じょ-かい【女戒】ヂョ― 女色についてのいましめ。
じょ-かい【女△誡】ヂョ― 女性の守るべきいましめ。
じょ-がい【除外】ヂョグワイ (名・他スル) ある規定や範囲のうちからはずすこと。とりのぞくこと。「メンバーから―する」
―れい【―例】例外。特例。
じょ-がい【除害】ヂョ― (名・自スル) 害になるものをのぞくこと。「排水の―施設」
しょ-がかり【諸掛〔か〕り】いろいろな費用。諸経費。
しょ-がく【初学】学問などをはじめて学ぶこと。また、その人。「―者」
じょ-がくせい【女学生】ヂョ― ①女子の学生・生徒。②旧制の高等女学校の生徒。
しょ-かつ【所轄】(名・他スル) 役所などが統括し、管理すること。また、その受け持ちの範囲。「―官庁」「―署」
じょ-がっこう【女学校】ヂョガクカウ ①教育の対象を女子のみとする学校。②「高等女学校(旧制の女子中等教育機関)」の略称。
しょ-かん【初刊】(名・他スル) はじめて刊行すること。また、シリーズで刊行されるものの最初の刊行物。
しょ-かん【所感】心に感じたこと。感想。所懐。「年頭―」
しょ-かん【所管】―クワン (名・他スル) ある事務を管理すること。また、その範囲。「法務省―の事項」
しょ-かん【書巻】―クワン 書物。書籍。
しょ-かん【書簡・書△翰】手紙。書状。「―文」「往復―」
―せん【―箋】手紙を書く用紙。便箋。
しょ-がん【所願】―グワン (神仏に)願っている事柄。願い。
じょ-かん【女官】ヂョクワン 宮中につかえる女性。官女。女官。
じょ-かん【叙官】―クワン (名・他スル) 官に任じること。任官。
しょ-き【初期】始まって間もない時期。「昭和―」↔末期
―か【―化】―クワ (名・他スル)〔情報〕①コンピューターで、各種の設定を使い始めの状態にすること。②光ディスクなどの記憶媒体を使用可能の状態にすること。フォーマット。
しょ-き【所期】(名・他スル) そうしようと思い定めておくこと。期待すること。「―の目的を達する」
しょ-き【書△几】書物をのせるつくえ。
しょ-き【書記】①文字を書き記すこと。②会議などの記録をとること。また、その役。「生徒会の―」③書記局の成員。
―きょく【―局】労働組合・政党などの団体で、一般事務を扱う機関。
―ちょう【―長】―チャウ 労働組合・政党などの団体で、書記局を統率する職。また、その人。
しょ-き【庶幾】(名・他スル)(「庶」も「幾」も願うの意)請い願うこと。「恒久の平和を―する」
しょ-き【暑気】夏の暑さ。夏 ↔寒気
―あたり【―△中り】夏の暑さに負けて体が弱ること。夏
―ばらい【―払い】―バラヒ 夏の暑さで弱った体を元気づけること。また、そのための行為や行事。夏
しょ-きゅう【初級】―キフ 学問・芸事・階級などのはじめの等級。物事の第一段階。「―者」「―英会話」↔上級
しょ-きゅう【初給】―キフ 初めてもらう給料。初任給。
じょ-きゅう【女給】ヂョキフ 大正から昭和初期、カフェやバーなどで客を接待した女性。
じょ-きゅう【叙級】―キフ (名・他スル) 官吏にある級を与えること。また、与えられた等級。
じょ-きょ【除去】ヂョ― (名・他スル) (じゃまなものなどを)とりのぞくこと。のぞきさること。「不純物を―する」
しょ-きょう【書経】―キャウ 中国の経書。五経の一つ。尭・舜から周にいたる王者とそれを補佐した人々の言辞を集めたもので、孔子の編という。「書」「尚書」とも。
しょ-ぎょう【所業・所行】―ゲフ・―ギャウ (好ましくない)行い。しわざ。ふるまい。「許しがたい―の数々」
しょ-ぎょう【諸行】―ギャウ〔仏〕因縁によりつくられたいっさいの存在。すべての移り変わるもの。有為。
―むじょう【―無常】―ムジャウ〔仏〕万物はつねに移り変わり生滅してとどまることのないこと。仏教の根本思想。
じょ-きょう【助教】―ケウ 大学・高等専門学校の教員で、教授・准教授に次ぐ職階。教育・研究を職務とする。参考二〇〇七(平成十九)年の学校教育法の改正により新設。
じょ-きょうじゅ【助教授】―ケウジュ「准教授」の旧称。
じょ-きょく【序曲】①〔音〕㋐歌劇などの導入部として演奏される曲。㋑単楽章の独立した管弦楽曲。②(比喩的に)物事のはじまり・前ぶれ。「破滅への―」
じょ-きん【除菌】ヂョ― (名・自他スル) 細菌を取り除くこと。
ジョギング〈jogging〉ゆっくり走ること。準備運動や健康法としてのゆるやかなランニング。
し-よく【私欲・私△慾】自分だけの利益をはかろうとする心。「私利―」
し-よく【△嗜欲・△嗜△慾】欲するままに好きなことをして楽しむこと。また、その欲情。

しょく【色】 教2 ショク・シキ いろ

(字義) ①いろ。いろどり。「色彩・色調・原色・彩色」②顔いろ。表情。顔かたちの美しさ。「喜色・容色」③男女間の欲情。「色欲・好色」④物のようす。きざし。「景色・秋色・特色」⑤(「シキ」と読んで)仏教で、感覚的・直覚的に識別しうるいっさいのもの。「色即是空」難読色斑

しょく【拭】 ショク高・シキ ふく中・ぬぐう中

(字義) ふく。よごれをふきとる。「拭浄・拭目・清拭・払拭」

しょく【食】 教2 ショク・ジキ高・シ くう・くらう高・たべる

(字義) ①たべる。くう。たべること。「食事・食前・食膳・食

肉・食費・飲食・会食・菜食・肉食・米食」②たべもの。かて。「食糧・主食・副食」③(「シ」と読んで)めし。ごはん。「疏食」④扶持を受ける。扶持。「食封・食禄」⑤やしなう。「食客」⑥欠ける。むしばむ。「月食・蚕食・日食・腐食」⑦まどわす。いつわる。「食言」 参考 ⑥は、「蝕」の書き換え字として用いる。 難読 食火鶏

しょく【食】 たべるもの。たべること。「―が進む」「―が細る」

しょく【埴】 ショク はに (字義) ①はに。ねば土。黄赤色の粘土。「埴土・埴輪」②ねばる。 難読 埴生・埴猪口

しょく【属】 (字義) →ぞく(属)

しょく【植】 教3 ショク・チ うえる・うわる
(字義) ①うえる。㋐うえつける。「植栽・植樹・植毛・植林・移植・定植・扶植」㋑活字を版に組む。「植字・誤植」②うわっているもの。草木。「植物」③開拓するために人を移住させる。定着させる。=殖。「植民・入植」 人名 うえ・たつ・たて・たね・なお

しょく【殖】 ショク中 ふえる中・ふやす中
(字義) ①ふえる。ふやす。㋐生物がふえる。「生殖・繁殖」㋑ふえて多くなる。利益などが増加する。「殖財・殖産・学殖・利殖」②人を移住させる。=植。「殖民」 人名 しげる・たね・ます・もち

しょく【続】 (字義) →ぞく(続)

しょく【触】【觸】 ショク中 ふれる中・さわる中
(字義) ①ふれる。さわる。「触手・触発・触角・感触・接触・一触即発」②さしさわる。「抵触」

しょく【飾】 ショク中・シキ かざる中
(字義) ①かざる。㋐ととのえ、きれいにする。「修飾・装飾・満艦飾」㋑外見をよくする。とりつくろう。「飾言・矯飾・虚飾・粉飾」②髪かざり。頭髪。「落飾」 人名 あきら・よし

しょく【嘱】【囑】 ショク中 たのむ
(字義) ①たのむ。いいつける。「嘱託・委嘱・懇嘱」②そそぐ。よせる。「嘱望・嘱目」

しょく【燭】 ショク・ソク ともしび
(字義) ①ともしび。かがり火。たいまつ。「燭影・燭台・華燭・紙燭・蠟燭」②てらす。てる。③光度の旧単位。「燭光」

しょく【織】 教5 ショク高・シキ おる
(字義) ①おる。機をおる。布をおる。「織布・織機・交織・手織・紡織」②組み立てる。「組織」 人名 おり・り

しょく【職】 教5 ショク・シキ つとめ
(字義) ①つかさどる。やくめ・つとめ。仕事。「職業・職務・休職・公職・辞職・就職・退職・定職・天職・内職・本職」②生計をたてるための仕事。いとなみ。「職人・職工・居職」③(「シキ」と読んで)律令制下の役所の名称。「中宮職・東宮職」 参考 「耺」「聀」は俗字。 人名 こと・つね・もと・よし・より

しょく【職】 ①仕事。また、その技能。「―をさがす」「手に―をつける」②担当する役目。また、その地位。「会長の―にある」

しょく【軾】 車の前部にある横木。しきみ。

しょく〔蜀〕〖世〗中国の国名。三国時代、劉備の建てた国。蜀漢。(二二一〜二六三)

しょ-く【初句】 ①和歌・俳句の第一句。②詩のはじめの句。

じょく【辱】 ジョク中・ニク はずかしめる高・かたじけない
(字義) ①はずかしめる。はずかしめられる。はじ。「屈辱・雪辱・恥辱・忍辱・侮辱」②相手の好意に感謝する謙譲語。かたじけなくする。「辱知・辱交」

しょく-あたり【食。中り】 食べ物による中毒。食中毒。

しょく-あん【職安】 「公共職業安定所」の略。

しょく-い【職位】 ①官職と官位。②組織における仕事上の地位。

しょく-いき【職域】 職業・職務の範囲・持ち場。職場。

しょく-いく【食育】 食に関する正しい知識と望ましい食習慣を身につけられるようにするための教育。

しょく-いん【職印】 職員・公務員が公務上用いる印。

しょく-いん【職員】 学校・会社・官庁などに勤務する人。
―ろく【―録】 職員の職名・姓名などをしるした名簿。

しょ-ぐう【処遇】 (名・他スル) 人を評価して、それ相応にもてなすこと。「冷たい―を受ける」「顧問として―する」

しょく-え【触穢】 病・死などのけがれにふれること。

しょく-えん【食塩】 精製した食用にする塩。「―水」

しょく-がい【食害・蝕害】 (名・他スル)〖農〗害虫や鳥獣などが農作物を食い荒らして害を与えること。また、その害。

しょく-がん【食玩】 (「食品玩具」の略) 子供むけの菓子などに、おまけとして付いている玩具。

しょく-ぎょう【職業】 暮らしをたてるために日常従事している仕事。生業。なりわい。「教師という―に就く」
―あんていじょ【―安定所】 「公共職業安定所」の略。
―いしき【―意識】 自分の職業に対する考えや自覚。また、ある職業に従事する者に特有の考え方・感覚・注意力。
―きょういく【―教育】 ある特定の職業に従事するために必要な知識・技能を与えるために行う教育。
―びょう【―病】〖医〗ある職業の特殊な作業・環境の影響を受けてかかる病気。鉱山労働者にみられる珪肺など。
―ふじん【―婦人】 社会に出て働く女性が少なかった時代に、職業についている女性をいった語。
―べつ-ろうどうくみあい【―別労働組合】 同一職種・職能の労働者が、事業所や職場に関係なく組織する労働組合。クラフトユニオン。

しょく-け【食気】 食欲。食い気。

しょく-げん【食言】 (名・自スル) (一度口から出した言葉を再び口に入れる意から) 前に言った事と違う事を言うこと。約束を破ること。「大臣が―する」

しょく-ご【食後】 食事のあと。「―のコーヒー」↔食前

しょく-さい【植栽】 (名・自スル) 草木を植えること。

しょく-ざい【食材】 料理の材料となる食品。「季節の―」

しょく-ざい【殖財】 財産をふやすこと。

しょく-ざい【贖罪】 (名・自スル) ①金品を出したり善行を積んだりして、犯した罪をつぐなうこと。罪ほろぼし。②〖基〗キリストが十字架にかかり、人類の罪をあがなったこと。

しょく-さいぼう【食細胞】〖生〗食作用を営む細胞の総称。白血球中の好中球やマクロファージなど。貪食細胞。

しょく-さよう【食作用】〖生〗細胞が小さな物質粒や細菌類などを取り込む作用。食細胞活動。貪食。

しょく-さん【殖産】 ①生産物をふやし、産業をさかんにすること。「―興業」②財産をふやすこと。

しょくさんじん〔蜀山人〕 →おおたなんぽ

しょく-し【食思】 食い気。食欲。「―不振」

しょく-し【食指】人さし指。

—が動く 食欲が起こる。転じて、ある物事に対して欲望や興味が起こる。【故事】春秋時代、鄭の子公が父の霊公に会いに行く途中、人さし指が動くのを同行した子家に見せて「この指が動くときは必ず珍味にありつけるのだ」と言い、参内したら料理人がすっぽんを調理していたという話からいう。〈左伝〉

しょく-じ【食事】(名・自スル) 人が毎日の習慣として食物を食べること。また、その食物。「—制限」「—をとる」

敬称(相手側)	謙称(自分側)
お食事　召し上がり物	粗餐　粗飯

しょく-じ【食餌】〘医〙食べ物。食物。

—りょうほう【—療法】ハフ〘医〙食物の成分・分量などを調節して、病気の治療を助ける方法。

しょく-じ【植字】(名・自スル) 活版印刷で、活字を原稿の指定どおりに並べて組むこと。組み版。「—工」

しょく-しつ【職質】「職務質問」の略。

しょく-しゅ【触手】〘動〙無脊椎動物の口のまわりにあるひも状の器官。触覚をもち、捕食などのはたらきをする。

—を伸ばす 目的とするものに向かって働きかける。

しょく-しゅ【触鬚】〘動〙昆虫や魚の口の近くにあるひげ。

しょく-しゅ【職種】職業や職務の種類。

しょく-じゅ【植樹】(名・自スル) 樹木を植えること。「—祭」「記念に—する」

しょく-じょ【織女】ヂヨ— ①機を織る女。はたおりめ。②「織女星」の略。㊎

—せい【—星】琴座の首星ベガの漢名。たなばたつめ。織り姫。㊎ ⇩七夕

しょく-しょう【食傷】シヤウ—(名・自スル) ①同じ食べ物を食べ続けてあきること。また、同じ物事の繰り返しでいやになること。「—気味」「その話には—している」②食あたり。

しょく-しょう【織匠】シヤウ— 織物師。はたおり。

しょく-しょう【職掌】シヤウ— 受け持つつとめ。役目。

—がら【—柄】つとめの関係上。役目上。

しょく-しん【触診】(名・他スル)〘医〙医者が患者の体に手で触れて診察すること。「腹部を—する」

しょく-じん【食人】人肉を食べること。人食い。

—しゅ【—種】人肉を食うといわれる種族。人食い人種。

しょく-じん【食甚・食尽・蝕甚】〘天〙日食または月食で、太陽または月が最も多く欠けた状態。また、その時刻。

しょく-ず【食酢】食用の酢。しょくす。

しょく・する【食する】シ(セ・サ)・シ・スル・スル・スレ・シロ(セヨ) ㊀(他サ変) たべる。くう。「米を—民族」㊁(自サ変)〘天〙ある天体の一部または全体が他の天体にさえぎられて見えなくなる。㊇しょく・す(サ変) 参考 ㊁は、「蝕する」とも書く。

しょく・する【嘱する】(他サ変) シ(セ・サ)・シ・スル・スル・スレ・セヨ ①頼む。頼りにする。望みをかける。「将来を—・される」②ことづける。㊇しょく・す(サ変)

じょく-せ【濁世】ヂヨク—〘仏〙にごり汚れた世。末世。だくせ。

しょく-せい【食性】摂取する食物の種類や食べ方などから見た、動物の習性。草食性・肉食性・雑食性や捕食性などに分ける。

しょく-せい【植生】〘地〙ある地域に集合して生育している植物の集団。

しょく-せい【職制】①職務を受け持つ上での制度。②(会社・工場などで)役付きの職員。管理職。また、その地位の人。

しょく-せいかつ【食生活】セイクワツ— 生活の中で、食物に関する方面のこと。「—の改善」

しょく-せき【職責】職務上の責任。「—を全うする」

しょく-せつ【触接】(名・自スル) ふれること。接触。

しょく-ぜん【食前】食事をする前。「—酒」↔食後

しょく-ぜん【食膳】①食べ物をのせる膳。料理をのせた膳。「—をにぎわす」②膳にのせて出す食べ物。料理。

しょくせん-き【食洗機】(「食器洗浄機」の略)汚れた食器を洗い乾燥させる電動式機械。食器洗い機。

じょく-そう【蓐草】サウ—(「蓐」はしとねの意)家畜小屋に敷くわらや枯れ草の類。

じょく-そう【褥瘡・蓐瘡】サウ— →とこずれ

しょく-だい【燭台】ろうそくを立てて火をともす台。

しょく-たく【食卓】食事をするときに使う脚付きの台。ちゃぶ台。テーブル。「—を囲む」「—につく」

—えん【—塩】食卓に置いて使う食塩。

しょく-たく【嘱託・属託】㊀(名・他スル) 頼んで仕事をまかせること。依嘱。「—殺人」㊁(名) 正式の職員としてでなく、ある業務を頼むこと。また、その頼まれた人。「—医」

しょ-くち【初口】物事のはじめ。いとぐち。

しょ-くち【諸口】①いろいろの口座・項目。②〘商〙簿記で、仕訳のときに勘定科目が二口以上にわたっていること。

じょく-ち【辱知】ある人と知り合いであることを光栄に思っていう謙譲語。「あの先生とは—の間柄です」

しょくちゅう-しょくぶつ【食虫植物】〘植〙捕虫葉で昆虫などを捕らえて消化吸収し、養分の一部とする植物。モウセンゴケ・ウツボカズラなど。食肉植物。

しょくちゅう-どく【食中毒】飲食物中に含まれる細菌・ウイルス・自然毒などによって起こる中毒。食あたり。

しょく-ちょう【職長】チヤウ— 職場の長。職工の長。

しょく-つう【食通】食べ物の味のよしあしについてくわしいこと。また、その人。グルメ。「彼はかなりの—だ」

しょく-てん【触点】〘生〙皮膚にあって、さわったことを感じる点。てのひら・足の裏、特に指先に多い。

しょく-ど【埴土】〘農〙粘土を五〇パーセント以上含む土。通気性と排水性が悪く、耕作には適さない。

しょく-どう【食堂】ダウ— ①食事をするための部屋。②比較的安い値段で客に料理を食べさせる店。「大衆—」

—しゃ【—車】列車内で、食事を提供する車両。はじまり 日本では、一八九九(明治三十二)年、山陽鉄道(のちの山陽本線)で営業したのが最初。二年後には、東海道線でも営業。

しょく-どう【食道】ダウ—〘生〙消化器官の一部で、咽頭と胃とを結ぶ管。成人で長さ約二五センチメートル。

しょくどう-らく【食道楽】ダウラク— →くいどうらく

しょく-にく【食肉】①動物の肉を食べること。肉食。「—獣」②人が食用にする肉。

—しょくぶつ【—植物】→しょくちゅうしょくぶつ

しょく-にん【職人】身につけた技術で物を製作する職業の人。大工・石工・左官など。「—芸」

—かたぎ【—気質】職人に特有の気質。自分の腕に自信があり、常に最高のものを提供しようとするがんこさをもち、仕事いちずで実直な性質。職人肌。

—はだ【—肌】→しょくにんかたぎ

しょく-のう【職能】①職務を遂行する能力。②職業のもつ機能。「—別組合」③そのもののはたらき。「文法上の—」

—きゅう【—給】キフ 従業員の職務遂行能力を判定して、一定の賃金率を適用する賃金形態。⇩職務給

しょく-ば【職場】勤め先。また、その中で各自が受け持って

働く場所。「―の仲間」
―けっこん【―結婚】同じ職場に勤める男女の結婚。
しょく-ばい【触媒】〘化〙それ自体は変化しないで、他の物質の化学反応の速度に影響を与える物質。
しょく-はつ【触発】㊀(名・自他スル)物にふれて爆発したり発射したりすること。「―機雷」㊁(名・他スル)物事にふれて、ある衝動・感情などを起こすこと。「師の言葉に―される」
しょく-パン【食パン】四角い型に入れて焼いた、特別の味つけをしていないパン。
しょく-ひ【食費】食事のためにかかる費用。
しょく-ひ【植皮】(名・自他スル)〘医〙皮膚の損傷した部分に、他から切り取った皮膚を移植すること。皮膚移植。
しょく-ひん【食品】食用にする品物。食料品。「健康―」
―てんかぶつ【―添加物】見た目をよくしたり、腐らないようにしたりするため、食品に混ぜるもの。甘味料・着色料・保存料など。食品衛生法によって規格や基準が定められている。
しょく-ふ【織布】織った布。
しょく-ふ【織婦】はたおり女。織女(しょくじょ)。
しょく-ふく【職服】①職務によってきめられた制服。②作業着。仕事着。
しょく-ぶつ【植物】光合成を行い、独立栄養(=外界から無機物をとり入れ、有機物を合成して栄養とすること)を営み、固着生活をする生物の総称。草木や苔類(こけるい)など。
―えん【―園】(エン)各種の植物を集め栽培して、その研究をしたり一般に見せたりする施設。はじまり 日本の近代植物園は、東京の小石川植物園が最初。幕府の御薬園(おやくえん)が前身で、一八七七(明治十)年に東京帝国大学附属となって公開された。
―しつ【―質】①植物体をつくっている物質。②→しょくぶつせい②(↔動物質)
―じょうたい【―状態】(ジャウタイ)脳の損傷により大脳に機能障害を起こし、自力での運動・食事や意思の疎通などができない状態が三か月以上続くこと。
―せい【―性】①植物特有の性質。「―器官」②植物からとったものであること。植物質。「―たんぱく質」(↔動物性)
―にんげん【―人間】植物状態にある人。
―ゆ【―油】植物の種子・果実などからとった油。
しょく-ぶん【食分・蝕分】〘天〙日食または月食の際の太陽や月の欠ける程度。
しょく-ぶん【職分】職務上の本分。役目。「―を果たす」
しょく-べに【食紅】食品に紅色をつけるための人工色素。
しょく-へん【食偏】漢字の部首名の一つ。「飲」「餌」などの「食」「飠」の部分。
しょく-ぼう【嘱望・属望】(バウ)(名・他スル)前途・将来にのぞみをかけること。期待すること。「将来を―されている」
しょく-み【食味】食べたときの味。食べ物の味。
しょく-みん【植民・殖民】(名・自スル)本国以外の土地に移住し、開拓や経済開発などの業にあたること。また、その移住民。「―政策」
―ち【―地】属領として本国の統治下にある国外の領地。
しょく-む【職務】担当している仕事。役目。つとめ。
―きゅう【―給】(キフ)企業のなかで、各種の職務を定義づけし、その評価によって賃金率を決める賃金形態。⇒職能給
―しつもん【―質問】(名・自スル)〘法〙警察官が職権により挙動不審な者を呼び止めて質問すること。職質。
しょく-めい【職名】職業・職務の名称。
しょく-もう【植毛】毛を植えつけること。
しょく-もく【嘱目・属目】(名・自スル)①期待して見守ること。目をつけること。「上司から―される」②目にふれること。「―吟(ぎん)(=俳諧(はいかい)で、目にふれたものを即興的によむこと)」
しょく-もたれ【食△靠れ】食物がよく消化されないで胃に残っていること。また、そのような感じ。食滞(しょくたい)。胃もたれ。
しょく-もつ【食物】食べ物。食い物。食品。
―せんい【―繊維】(センヰ)人間の消化酵素では消化困難な食物中の成分。植物の細胞壁成分であるセルロースなど。
―れんさ【―連鎖】生物界で、食うものと食われるものとの一連の関係。植物を草食動物が食い、その草食動物を肉食動物が食うといった関係をいう。
しょく-やすみ【食休み】(名・自スル)食事をしたあと、しばらく休むこと。食後の休み。
しょく-ゆ【食油】食用に使う油。食用油。
しょく-ゆう【食△邑】(イフ)領地。知行所(ちぎょうしょ)。
しょく-よう【食用】食物として用いること。また、そのもの。
―がえる【―△蛙】(ガヘル)〘動〙「うしがえる」の別名。
しょく-よく【食欲・食△慾】食べたいと思う欲望。食い気。「―不振」「―旺盛」「―をそそる」
しょく-りょう【食料】(レウ)①食べ物。②食事の代金。食費。⇒「使い分け」
―ひん【―品】食べ物となるもの。食品。主食を含めた肉・魚・野菜・果物など全般をいう。「―売場」
しょく-りょう【食糧】(リャウ)(ある日数・人数分の)食べ物。特に、主食となる食べ物をいう。⇒「使い分け」

使い分け「食料・食糧」
「食料」は、主食を含め肉・野菜・果物など食品全体の意で、「生鮮食料品」「食料を買う」などと使われる。
「食糧」は、米や麦などの穀物を中心とした主食の意や、人数・日数に合わせた必要な分の食べ物の意で、「食糧事情」「食糧難」「一週間分の食糧」などと使われる。

しょく-りん【植林】(名・自スル)山野に苗木を植えて森林にそだてあげること。「―事業」
じょく-れい【△縟礼】わずらわしい礼儀作法。「繁文(はんぶん)―」
しょく-れき【職歴】職業に関しての経歴。「―を問う」
しょく-ろく【食△禄】武士に与えられた俸給。俸禄(ほうろく)。扶持(ふち)。知行(ちぎょう)。
しょ-くん【諸君】(代)多くの人を指し示す語。みなさん。「同志―」用法 おもに同等または目下の相手に使う。
じょ-くん【叙勲】(名・他スル)(社会活動の諸分野で功労・功績のあった者に対して)勲等を授け、勲章を与えること。
しょ-け【所化】〘仏〙①教化(きょうげ)されること。また、教化される者。衆生(しゅじょう)。②僧侶(そうりょ)の弟子。修行僧。
しょ-けい【処刑】(名・他スル)刑罰に処すること。ふつうは死刑の執行をいう。
しょ-けい【初経】→しょちょう(初潮)
しょ-けい【書契】①文字を書き付けたもの。また、文字。②文字をしるした約束の手形。
しょ-けい【書△痙】〘医〙字を書くことを職業とする人に多く起こる病気。字を書こうとすると、手指がふるえたりこわばったりして、字を書くことが困難になる。
しょ-けい【諸兄】(代)多くの男性をさす語。軽い敬意をこめて呼びかけるときに用いる。みなさん。↔諸姉
しょ-げい【諸芸】いろいろの芸道。「―に通じる」
じょ-けい【女系】(ヂョ)女から女へと続く系統。また、母方の系統。「―家族」↔男系

じょ-けい【叙景】（名・他スル）自然の景色を詩文に表すこと。「―詩」

しょげ-かえ・る【×悄気―返る】（自五）すっかりしょげる。すっかり元気がなくなる。「しかられて―」

しょげ-こ・む【×悄気―込む】（自五）すっかりしょげてふさぎこむ。元気がなく沈みこむ。「テストに失敗して―」

しょ-けつ【処決】（名・他スル）①きっぱりと処置すること。処分すること。②覚悟を決めること。

しょ-げつ【初月】①はじめの月。第一回の月。②一月の異称。新年 ③その月にはじめて出る月。新月。

しょ-げつ【暑月】夏季。夏の季節。夏

じょ-けつ【女傑】知恵や勇気などの特にすぐれた女性。女丈夫。

しょ・げる【×悄気る】（自下一）がっかりして元気がなくなる。意気消沈する。「失恋して―」

しょ-けん【初見】①はじめて見ること。また、はじめて会うこと。「―の書物」②〔音〕はじめて見た楽譜ですぐ演奏または歌唱すること。「―で弾く」

しょ-けん【所見】①見た事柄。見た結果。「医師の―」②考え。意見。「―を述べる」

しょ-けん【書見】（名・自スル）読書。本を読むこと。「―台」

しょ-けん【諸賢】 一（名）多くの賢人。二（代）多数の読者や聴衆に対する敬称。皆様。諸彦。「読者―」

しょ-げん【初弦】陰暦で、月の上旬の弓張り月。上弦。

しょ-げん【緒言】書物などの前書き。はしがき。序文。参考「ちょげん」は慣用読み。

しょ-げん【諸△彦】（代）多数の男性に対する敬称。皆様。諸賢。「―のご助言を願う」

じょ-けん【女権】政治・社会・法律・教育などにおける女性の権利。「―の拡張」

じょ-げん【助言】（名・自スル）かたわらから言葉を添えて助けること。また、その言葉。口添え。助語。助言。アドバイス。「―を求める」

じょ-げん【序言】本の前書き。はしがき。序文。緒言。

しょ-こ【書庫】書物をしまっておく部屋・建物。

じょ-ご【助語】①→じょげん(助言) ②→じょじ(助字) ③→じょじ(助辞)

しょ-こう【初更】昔の時刻の名。一夜を五つに分けた、その第一。今の午後七時ごろから九時ごろ。戌の刻。一更。⇩付録「方位・時刻表」

しょ-こう【初校】印刷物の最初の校正刷り。また、最初の校正。「―が出る」

しょ-こう【諸公】 一（名）政治家など、身分の高い人々。「大臣―」二（代）多数の人に対する敬称。諸君。みなさん。

しょ-こう【諸侯】封建時代の領主たち。日本では諸大名。

しょ-こう【△曙光】①夜明けにさす太陽の光。②わずかに出てきた希望。明るいきざし。「解決への―が見えはじめる」

しょ-ごう【初号】①最初の号。第一号。②（「初号活字」の略）印刷に使う号数活字の中で最大のもの。

じょ-こう【女工】工場で働く女性をいった語。↔男工

じょ-こう【徐行】（名・自スル）乗り物などが、速度をおとしてゆっくり進むこと。「―運転」

じょ-ごう【除号】〔数〕割り算の符号。「÷」

じょこう-えき【除光液】マニキュアやペディキュアを取り除くための溶剤。エナメルリムーバー。

しょ-こく【諸国】ほうぼうの国。多くの国。「アジア―」

じょ-ことば【序◇詞】→じょし(序詞)②

ショコラ〈フランス chocolat〉チョコレート。ココア。

しょ-こん【初婚】はじめての結婚。↔再婚

じょ-ごん【助言】（名・自スル）→じょげん(助言)

しょ-さ【所作】①その場に応じた身のこなし。しぐさ。動作。「ちょっとした―に人柄が現れる」②「所作事」の略。

―ごと【―事】歌舞伎で、長唄を伴奏とする舞踊・舞踊劇。振り事。所作。

しょ-さい【所載】文章・記事などが本や新聞・雑誌などに掲載されていること。「先週号に―の記事」

しょ-さい【書斎】家庭で、読書や書き物をする部屋。

―は【―派】理論だけは説くが行動の伴わない人。

しょ-ざい【所在】①存在するところ。いる場所。ありか。「―地」「責任の―」「―をつきとめる」②すること。行い。

―な・い【―無い】（形）することがなくて退屈だ。手持ちぶさたである。「―・く過ごす」文しょざいな・し(ク)

じょ-さい【如才】てぬかり。ておち。

―な・い【―無い】（形）行き届いている。あいそがよく人の気をそらさない。「―応対」文じょさいな・し(ク)

じょ-さい【助祭】〔基〕カトリック教会で、司祭の次の位。

しょ-さつ【書冊】本。書物。書籍。

しょ-さつ【書札】かきつけ。また、手紙。

しょ-さん【初産】はじめての出産。初産・初産。

しょ-さん【所産】つくり出されたもの。うみ出された結果。「努力の―」

しょ-ざん【諸山】①ほうぼうの山。②ほうぼうの寺。

じょ-さん【助産】出産を助け、産婦・産児の看護や世話などをすること。

―し【―師】免許を受けて、出産の手助けや、妊産婦・新生児の保健指導を行う職業。また、その職業の女性。

―ぷ【―婦】「助産師」の旧称。古くは「産婆」といった。

じょ-さん【除算】割り算。除法。じょさん。↔乗算

しょ-し【処士】民間にあって、官につかえない人。

しょ-し【初志】はじめに立てた志。最初に心に決めたこと。

―かんてつ【―貫徹】はじめに立てた志を最後まで貫き通すこと。

しょ-し【所思】思うところ。心に考えていること。思い。「―の一端を述べる」

しょ-し【書史】①書物。②経書と史書。③書物の歴史。

しょ-し【書△肆】（「肆」は店の意）書店。本屋。「古―」

しょ-し【書誌】①特定の人や題目に関する書物の目録。②書物の体裁・内容・成立の特徴など。また、それらの記述。

―がく【―学】図書に関する学問。書物の体裁・内容・成立・伝来などを研究の対象とする。

しょ-し【庶子】①本妻以外の女性から生まれた子。②民法の旧規定で、本妻以外の女性から生まれ、父が認知した子。《↔嫡子》参考②は、現行の民法では、父が認知していない子も含めて「嫡出でない子」という。

しょ-し【諸子】 一（名）中国で、儒家（特に、孔子・孟子）以外で一派の学説を立てた人々。また、その学説。二（代）同輩、または目下の相手に呼びかける語。諸君。

―ひゃっか【―百家】中国の春秋戦国時代の多くの学者や学派の総称。諸家。

しょ-し【諸氏】（代）多くの人に対する敬称。みなさん。諸君。

しょ-し【諸姉】（代）多くの女性に対する敬称。みなさん。↔諸兄

しょ-じ【所持】（名・他スル）持っていること。身につけていること。「―金」「―品」「大金を―する」

しょ‐じ【書字】文字を書くこと。また、書いてある文字。
しょ‐じ【書辞】書中の言葉。
しょ‐じ【諸事】いろいろなこと。多くのこと。「―万端」
じょ‐し【女子】①娘。女の子。女児。②女性。〔↔男子〕
―と小人とは養い難し 女子と小人物とはものの道理をわきまえず、近づければ無遠慮となり、遠ざければうらみを抱くので、とかく扱いにくい。〈論語〉
じょ‐し【女史】社会的地位・名声のある女性。また、そういう女性の氏名の下に付ける敬称。
―だい【―大】（「女子大学」の略）女子を教育する大学。
じょ‐し【助詞】〔文法〕品詞の一つ。常に他の語の下に付いて用いられる語（付属語）で、活用のないもの。語と語との関係を示したり、細かな意味を添えたりする。学校文法では、口語は格助詞・副助詞・接続助詞・終助詞の四種とし、文語はそれに係助詞・間投助詞を加えた六種とする。
じょ‐し【序詞】①序のことば。はしがき。②〔文〕和歌などで、ある語を引き出すための前置きにする六音以上のことば。たとえば、「あしびきの山鳥の尾のしだり尾のながながし夜をひとりかも寝む」の「あしびきの山鳥の尾のしだり尾の」の部分で、「ながながし」を引き出す役目をしている。序詞。参考 枕詞と性質は似ているが、枕詞が五音を主とし、特定の語句に固定的に用いられるのに対して、序詞は音数・導く語句ともに不定。
じょ‐し【序詩】序として、はじめに添えた詩。プロローグ。
じょ‐じ【女児】女の子供。↔男児
じょ‐じ【助字】〔文法〕漢文で、文中や文末にあって補助的な意味を表す語。また、その文字。「於・于・也・哉・焉」など。助辞。助語。
じょ‐じ【序次】順序。次第。
じょ‐じ【助辞】①漢文の助字。助語。②国語の助詞。③国語の助詞と助動詞との総称。助語。
じょ‐じ【叙事】（詩文などにより）感情をまじえないで、事実・事件を客観的に述べること。↔叙情
―し【―詩】〔文〕歴史的事件や英雄の事跡などを叙述する詩。叙情詩・劇詩とともに詩の三大部門の一つ。エピック。
―たい【―体】叙事を主とする文体。
―ぶん【―文】事件の過程をありのままに叙述する文章。歴史・記録など。
しょ‐しき【書式】①証書や届け書などの、定まった書き方。「履歴書の―」②文書を書く方式。
しょ‐しき【諸式】①いろいろの品。諸品。「結納の―」②いろいろな品物の値段。物価。「―が高くなる」
しょ‐じく【書軸】文字を書いた掛け物。
しょし‐だい【所司代】〔日〕①室町幕府の侍所の長官であった所司の代理をつとめた者。京都の市政・検察をつかさどった。②「京都所司代」の略。
しょ‐しちにち【初七日】→しょなのか
しょ‐しつ【暑湿】暑くて湿度が高いこと。暑気と湿気。
じょ‐しつ【除湿】（名・自スル）空気中の湿気を取り除くこと。「―器」
しょ‐しゃ【書写】■（名・他スル）書き写すこと。「経文を―する」■（名）小・中学校の国語科の一分野。字を正しく書くことを目的として硬筆・毛筆による字の書き方を習うもの。
しょ‐しゃ【諸車】諸種の車。全部の車。「―通行止め」
しょ‐じゃく【書◇籍】→しょせき（書籍）
じょ‐しゃく【叙爵】（名・自スル）①爵位を授けられること。②昔、はじめて従五位下を授けられること。
しょ‐しゅ【諸種】いろいろの種類。種々。
じょ‐しゅ【助手】①研究や仕事の手助けをする人。アシスタント。②大学・高等専門学校で、研究・授業の補助を職務とする人。参考 二〇〇七（平成十九）年の学校教育法の改正により、②のうち研究・教育に従事する者は「助教」と改称。
―せき【―席】自動車などで、運転席の隣の席。
しょ‐しゅう【初秋】①秋の初め。初秋。早秋。「―の候」秋 ②陰暦の七月。孟秋。秋
しょ‐しゅう【所収】書物の中に収められていること。「全集―の作品」
しょ‐じゅう【所従】鎌倉・室町時代、農業・雑役労働に従事した隷属民。
じょ‐しゅう【女囚】女性の囚人。↔男囚
しょ‐しゅつ【初出】（名・自スル）最初に出ること。はじめて現れること。「―の漢字」
しょ‐しゅつ【所出】①生まれ。出生。「―を明らかにする」②物事の出どころ。出所。「盗品の―」
しょ‐しゅつ【庶出】本妻以外の女性から生まれること。また、その生まれた子。↔嫡出
じょ‐じゅつ【叙述】（名・他スル）物事の事情や考えなどを順序をたてて述べること。また、述べたもの。「歴史の―」
しょ‐しゅん【初春】①年の初め。初春。新年 ②春の初め。早春。春 ③陰暦の正月。孟春。春
しょ‐じゅん【初旬】月の初めの一〇日間。上旬。
しょ‐しょ【処処・所所】（名・副）ところどころ。あちこち。
しょ‐しょ【処暑】二十四気の一つ。暑さが終わる時期にあたる。陽暦で八月二十三日ごろ。秋
しょ‐しょ【諸所・諸処】多くの所。いろいろな所。ほうぼう。
しょ‐じょ【処女】①（家に処る女の意）男性とまだ性的接触のない女性。きむすめ。バージン。「はじめは―のごとく終わりは脱兎のごとし」②（名詞の上に付けて）㋐はじめて経験すること。㋑人がまだ足を踏み入れていないこと。「―峰」
―こうかい【―航海】新造船のはじめての航海。
―さく【―作】その作者の最初の作品。
―せいしょく【―生殖】→たんいせいしょく
―ち【―地】①まだ耕されたことのない自然のままの土地。②（比喩的に）まだ研究や調査の行われていない分野・方面。
―まく【―膜】処女の膣口にある膜。
―りん【―林】自然のままの森林。原生林。
しょ‐しょう【書証】〔法〕裁判で、書面に述べてある事柄を証拠資料とすること。⇩人証・物証
しょ‐じょう【書状】手紙。書簡。「―をしたためる」
じょ‐しょう【女将】旅館・待合・料理屋などの女主人。おかみ。にょしょう。
じょ‐しょう【序章】①論文・小説などの序にあたる章。最初の章。↔終章 ②（比喩的に）物事のはじまり。
じょ‐じょう【如上】上に述べたとおり。上述。前述。
じょ‐じょう【叙情・△抒情】（詩文などにより）自分の感情を述べ表すこと。↔叙事
―し【―詩】〔文〕自分の感情・情緒を表現する詩。叙事詩・劇詩とともに詩の三大部門の一つ。リリック。
―たい【―体】叙情を主とする文体。
―ぶん【―文】作者の感情などを主観的に述べ表す文章。
じょ‐じょうふ【女丈夫】気性が強くしっかりした女性。女傑。じょじょうぶ。
じょ‐しょく【女色】①女の色香。女性の性的魅力。「―に迷う」②女との情事。いろごと。「―におぼれる」参考「にょしょく」ともいう。

じょじょ-に【徐徐に】(副) ゆっくりと変化するさま。少しずつ。「―回復する」

しょ-しん【初心】 ①最初に心に決めたこと。最初の決意。「―にかえる」「―を貫く」 ②物事を始めたばかりで未熟なこと。初学。「―の人」 ③世なれないこと。うぶ。

―忘るべからず 物事を始めたときの純粋な気持ちをいつまでも持ち続けなければならないという教え。参考 世阿弥の能楽論書「花鏡」にある言葉。

―しゃ【―者】 はじめて物事を習う人。始めたばかりの人。

―しゃ-マーク【―者マーク】「初心運転者標識」の通称。普通自動車の運転免許取得後一年未満の運転者が、車両の前後に付けることを義務づけられている。若葉マーク。

しょ-しん【初診】 最初の診療。はじめての診察。「―料」

しょ-しん【初審】〔法〕裁判で、第一回の審判。一審。

しょ-しん【所信】 自分が信じるところ。信念。「―表明」

しょ-しん【書信】 たより。手紙。

しょ-じん【庶人】 一般大衆。庶民。庶人。

じょ-しん【女神】 女性である神。女神。

じょしん【女真】〔世〕一〇世紀以降中国東北地方に居住したツングース族の一派。一一一五年阿骨打が金を建国し、宋に対抗したが、モンゴル帝国に滅ぼされた。一七世紀にはヌルハチが後金を建国、のち清と改称し中国を統一。

じょ-すう【序数】 物の順序を表す数。「第一番」「一等」「一位」など。順序数。

―し【―詞】〔文法〕順序を表す数詞。「第一」「二番」など。

じょ-すう【除数】〔数〕割り算で、割るほうの数。↔被除数

じょ-すうし【助数詞】〔文法〕数を表す語に付けて、物の種類・性質を表す接尾語。「一本」「二台」における「本」「台」など。

しょ・する【処する】 シ(セ・サ)・シ・スル・スル・スレ・シロ(セヨ) ━(自サ変) その場に身を置く。対処する。「難局に―」「世に―道」 ━(他サ変) ①ふるまう。ある態度をとる。「乱世に正しく身を―」 ②処理する。「事を―」 ③刑罰を与える。「死刑に―」 文しょ・す(サ変)

しょ・する【書する】(他サ変) シ(セ・サ)・シ・スル・スル・スレ・シロ(セヨ) 文字などを書く。文しょ・す(サ変)

しょ・する【署する】(他サ変) シ(セ・サ)・シ・スル・スル・スレ・シロ(セヨ) 自分の名前を書きしるす。署名する。文しょ・す(サ変)

じょ・する【序する】(他サ変) シ(セ・サ)・シ・スル・スル・スレ・セヨ ①はしがきを書く。序文を書く。②順序を決める。文じょ・す(サ変)

じょ・する【叙する】(他サ変) シ(セ・サ)・シ・スル・スル・スレ・セヨ ①(位階・勲等などを)授ける。「従三位に―」 ②文章や詩歌などに述べ表す。叙述する。「久闊を―」 文じょ・す(サ変)

じょ・する【恕する】(他サ変) シ(セ・サ)・シ・スル・スル・スレ・セヨ 思いやりの心でもって許す。「罪を―」 文じょ・す(サ変)

じょ・する【除する】(他サ変) シ(セ・サ)・シ・スル・スル・スレ・シロ(セヨ) ①割り算をする。「一〇を五で―」 ②とりのぞく。とり去る。「草を―」 ③今までとは別の官職につかせる。文ぢょ・す(サ変)

しょ-せい【処世】 世渡り。世間で生活していくこと。「―術」

―くん【―訓】 処世のために役に立つ教訓。

しょ-せい【初生】 はじめて生まれること。生まれたばかりであること。「―雛(=生まれたばかりの鶏のひな)」

しょ-せい【所生】 ①生みの親。両親。②生んだ子。③生まれたところ。出生地。④生み出したものや作り出したもの。

―じ【―児】→しんせいじ

しょ-せい【書生】 ①「学生」の古い言い方。「―気分」 ②他人の家で世話を受け、家事などを手伝いながら勉強する者。

―っぽ 書生をさげすんでいう言葉。

―ろん【―論】 世の実情を無視して、理想や理論だけに基づいた未熟な議論。

しょ-せい【書聖】 非常にすぐれた書家。書道の名人。

しょ-せい【庶政・諸政】 各方面の政治。種々の政治。

しょ-せい【諸生】 多くの生徒や門弟。

じょ-せい【女声】〔音〕声楽で、女性の声。「―合唱」↔男声

じょ-せい【女性】 おんな。ふつう、成人の女子。婦人。↔男性 参考 明治時代以降用いられた。古くは「にょしょう」。

―てき【―的】(形動ダ) ダロ・ダッ(デ・ニ)・ダ・ナ・ナラ・○ (しとやか・やわらかいなど)いかにも女らしいとされる特徴をもつさま。↔男性的

じょ-せい【女婿・女壻】 娘の夫。娘むこ。

じょ-せい【助成】(名・他スル) 事業や研究などの完成を促進するために、おもに経済的な援助を行うこと。「国の―金」

じょ-せい【助勢】(名・自スル) 力をそえること。また、その人。すけだち。加勢。「―を拒む」

しょ-せき【書跡・書蹟】 書いた文字のあと。筆跡。

しょ-せき【書籍】 本。書物。書籍。

じょ-せき【除斥】(名・他スル) ①不要なものをのぞきしりぞけること。②〔法〕裁判官などが直接事件に関係がある場合、裁判の公正をはかるため、その事件の担当からはずすこと。

じょ-せき【除籍】(名・他スル) 名簿・戸籍・学籍などからその名を取り除くこと。「―処分」

しょ-せつ【所説】 自分が説くところ。また、その説。主張。

しょ-せつ【諸説】 ①いろいろの説。「これには―ある」 ②いろいろなうわさ。「―乱れとぶ」

―ふんぷん【―紛紛】(ト・タル) いろいろな臆測が乱れ飛び、真相がよくわからない状態。「―たるありさま」 文(形動タリ)

じょ-せつ【序説】 ①本論のいとぐちとなる論説。序論。②簡単な概論。やさしく書いた手引き書。「哲学―」

じょ-せつ【叙説】 言葉・文章に表して述べ説くこと。叙述。

じょ-せつ【除雪】(名・自スル) 積もった雪を取り除くこと。雪かき。「―車」「―作業」 冬

じょ-せつ【絮説】(名・自スル) くどくどと述べ説くこと。

しょ-せん【緒戦】 戦争や試合の始まったばかりのころの戦い。戦いの初め。「―を制する」 参考「ちょせん」は慣用読み。

しょ-せん【初戦】 最初の戦い・試合。第一戦。

しょ-せん【所詮】(副) 結局。つまるところ。詮ずる所。「―だめなものはだめ」「―かなわぬ夢だ」

じょ-せん【除染】(名・他スル) 放射性物質や有害物質による土壌・施設・衣服などの汚染を除去すること。

しょ-そ【初祖】 家系・流派の初代。

しょ-そう【所相】〔文法〕「受け身」のこと。

しょ-そう【諸相】 いろいろの姿。「現代文化の―」

しょ-ぞう【所蔵】(名・他スル) 自分の物としてしまって持っていること。また、そのもの。「―本」「名画を―する」

じょ-そう【女装】(名・自スル) 男性が女性の服装、または扮装をすること。↔男装

じょ-そう【助走】(名・自スル) 陸上・体操競技などで、勢いをつけるために踏み切り位置まで走ること。「―距離」

―ろ【―路】 助走を行う場所。

じょ-そう【助奏】(名・自スル)〔音〕伴奏つきの独奏・独唱に、さらに他の独奏楽器によって主旋律を補う演奏を加えること。また、その演奏。オブリガート。

じょ-そう【序奏】〔音〕楽曲の導入部として演奏される部分。

じょ-そう【除草】(名・自スル) 雑草を取り除くこと。草取り。夏

—ざい【—剤】〘農〙雑草を取り除くための薬剤。
じょ‐そう【除霜】ヂョサウ（名・自他スル）①農作物の霜の害を防ぐこと。②電気冷蔵庫で、冷凍室にできた霜を取り除くこと。
しょ‐そく【初速】〘物〙物体が運動を始めた瞬間の速さ。初速度。
しょ‐ぞく【所属】（名・自スル）ある事物・個人などが、ある組織や団体に属していること。「バレー部—の学生」「無—」
しょ‐ぞん【所存】心に思っていること。考え。つもり。「いっそう精進する—です」
じょそん‐だんぴ【女尊男卑】ヂョソン 女性をたっとび男性を低くみる態度や思想。↔男尊女卑
しょ‐た【諸他】他のいろいろのもの。
しょ‐た【諸多】いろいろと多くあるもの。
しょ‐たい【所帯・°世帯】一戸をかまえ、独立の生計をたてる単位。また、その暮らし。世帯（せたい）。「—を持つ」「—を構える」「—が苦しい」「男—（おとこじょたい）」参考本来は、一身に帯びるものの意で、官職・財産・身代（しんだい）などをいった。
—じ・みる【—染みる】（自上一）ミ・ミ・ミル・ミル・ミレ・ミロ(ミヨ)（結婚して）家庭中心の考え方や態度が身につき、はつらつとしなくなる。また、生活の苦労で若々しさを失う。文しょたいじ・む（上二）
—どうぐ【—道具】ダウ 一家をかまえて暮らすのに必要な道具。家具・台所道具など。「—をそろえる」
—もち【—持ち】①一家をかまえて暮らすこと。また、暮らしている人。②家計のやりくりのくふう。「—がいい」
—やつれ【—窶れ】（名・自スル）所帯をもって生活の苦労が絶えず、身なりや顔つきなどがやつれること。
しょ‐たい【書体】①文字の書きぶり。書風。「独特の—」②文字のいろいろな書き方。筆記体では楷書（かいしょ）・行書・草書など。活字体では明朝体・宋朝（そうちょう）体・ゴシック体・イタリック体など。

草書 進歩調和
行書 進歩調和
かい書 進歩調和
れい書 進歩調和
てん書 進歩調和
〔書体②〕

しょ‐だい【初代】職業・家・芸道などのある一つの系統の最初の人。また、その人の時代。元祖。「—大統領」「—菊五郎」
じょ‐たい【女体】ヂョ 女性のからだ。女体（にょたい）。
じょ‐たい【除隊】ヂョ（名・自スル）現役の兵士が、兵役を解除されること。↔入隊
しょ‐だいぶ【諸大夫】①昔、親王・摂関・大臣家などで事務的な仕事に従った人。②武家で五位の侍。
しょ‐たいめん【初対面】今まで一度も顔を合わせたことのない人とはじめて会うこと。初会。初見。「—の挨拶（あいさつ）をかわす」
しょ‐だち【初太刀】最初に切りつける太刀の一ふり。
しょ‐だな【書棚】書物をのせて並べておくための棚。本棚。
しょ‐だん【処断】（名・他スル）さばいてきめること。処置をつけること。「厳しく—を下す」
しょ‐だん【初段】柔道・剣道・囲碁・将棋などで与える段位の最初のもの。また、それを得た人。「柔道—」
じょ‐たん【助炭】わくに紙をはり、火鉢の上をおおって火持ちをよくするための用具。冬
しょ‐ち【処置】（名・他スル）①物事の取り扱いにきまりをつけること。また、その扱い。「—無し（=どうすることもできない）」「適切な—を講じる」②傷や病気の手当てをすること。「応急—」
しょ‐ちつ【書帙】①和本を包む布製のおおい。②書物。
しょ‐ちゅう【書中】手紙・書物・文書の中。また、手紙。「略儀ながら、—にて御礼申し上げます」
しょ‐ちゅう【暑中】①夏の暑いあいだ。夏↔寒中 ②夏の土用の一八日間。夏
—うかがい【—伺い】ウカガヒ →しょちゅうみまい
—きゅうか【—休暇】キウカ 夏休み。夏
—みまい【—見舞（い）】ミマヒ 夏の暑いときに知人などへ安否をたずねること。また、そのための手紙。暑中伺い。夏
じょ‐ちゅう【女中】ヂョ ①旅館・料理屋などで、応接や下働きなどをする女性。接客係。②他家に雇われて炊事や掃除などの用をする女性。お手伝いさん。メード。③婦人。女子。「お—」④仕官している女性。「御殿—」
じょ‐ちゅう【除虫】ヂョ（名・自スル）害虫を駆除すること。駆虫。
—ぎく【—菊】〘植〙キク科の多年草。花を乾燥させて蚊取り線香や殺虫剤の原料とする。夏
しょ‐ちょう【初潮】テウ〘生〙はじめて月経があること。また、はじめての月経。初経。
しょ‐ちょう【所長】チャウ（事務所・営業所など）「所」とよばれるところの長。
しょ‐ちょう【署長】チャウ（警察署・税務署など）「署」とよばれるところの長。
じょ‐ちょう【助長】チャウ（名・他スル）①成長させようと力を添えること。また、ある傾向を著しくさせること。「表現力を—する」「不安を—する」②不要な助力をして、かえって悪くすること。「—抜苗」語源②は、苗（なえ）を早く生長させようとして無理に引っぱり、抜いて枯らしてしまったという故事による。〈孟子〉
しょっ‐か【燭架】ショク ろうそく立て。燭台。
しょっ‐かい【職階】ショク 職務上の階級。職種や職務の内容・責任の重さなどによって定められる段階。
—せい【—制】〘社〙職階に基づく人事管理制度。
しょっ‐かく【食客】ショク ①自分の家に客として待遇し抱えておく人。②居候（いそうろう）。参考「しょっきゃく」ともいう。
しょっ‐かく【触角】ショク〘動〙昆虫やエビ・カニなどの頭部に対をなす細長い感覚器。触覚・嗅覚などを持つ。
しょっ‐かく【触覚】ショク〘生〙五感の一つ。皮膚感覚の一種で、物にふれたときに起こる感覚。
しょっ‐かん【食間】ショク 食事と食事の間。「—服用の薬」
しょっ‐かん【食感】ショク 食べ物を食べたときの感触。歯ごたえや舌ざわり。「さくさくした—」
しょっ‐かん【触感】ショク 物にさわったときの感じ。触覚。手ざわり。はだざわり。「なめらかな—」
しょっ‐き【食器】ショク 食事に使う器具や容器。
しょっ‐き【織機】ショク 織物を織る機械。はたおりき。機（はた）。
ジョッキ〈jug から〉ビールなどを飲むのに用いる、取っ手のついた大型のコップ。参考英語では(beer)mug という。
ジョッキー〈jockey〉①競馬の騎手。「花形—」②「ディスクジョッキー」の略。
しょっ‐きゃく【食客】ショク →しょっかく(食客)
しょっ‐きゅう【職給】ショクキフ 職務に応じて支払われる給料。
しょっ‐きり【初っ切り】①大相撲で、巡業や花相撲の余興として行うこっけい味のある相撲。②（転じて）物事のはじめ。
ショッキング〈shocking〉（形動ダ）ダロ・ダッ(デ)・ニ・ダ・ナ・ナラ・○ 心に衝撃を受けるさま。ぎょっとするようなさま。「—なニュース」
ショック〈shock〉①急な強い打撃。衝撃。「追突の—」②非常な驚きではげしく動揺すること。精神的打撃。「—から立ち直る」「—を受ける」③〘医〙全身の血液循環が悪化して、急激に血圧低下や体の機能の低下が起こること。

—し【—死】〘医〙「ショック③」の症状によって死ぬこと。

—りょうほう【—療法】ハウ ①〘医〙電流などの物理的な衝撃を与えて治療する方法。②(比喩ゆ的に)事態を打開するための手荒な方法。

しょっ-けん【食券】ショク 食堂などで発行する、飲食物と引き換えるための券。「—を買い求める」

しょっ-けん【職権】ショク 職務上与えられている権限。

—らんよう【—濫用・—乱用】職権を不当に用いること。特に、公務員の行為についていう。

しょっ-こう【織工】ショク 織物製造に従事する人をいった語。

しょっ-こう【職工】ショク ①職人。②工場で働く人をいった語。

しょっ-こう【△燭光】ショククワウ ①ともしびの光。②〘物〙光度の単位。燭しょく。現在は「カンデラ」を用いる。

しょっこう-の-にしき【△蜀江の錦】ショクカウ ①昔、中国の蜀しょくを流れる河川(＝蜀江)の流域から産出した精巧な美しい錦。②京都の西陣にしじんで織り出す錦の一種。

しょっ-こん【△蜀魂】ショク 「ほととぎす」の異名。夏

しょっ-ちゅう(副)しじゅう。たえず。「—忘れ物をする」

しょっ-つる【◇醢・汁・◇塩◇汁】ハタハタやイワシを塩漬けにし、しみ出た上澄みから作った調味料。秋田地方特産。

—なべ【—鍋】しょっつるで魚や野菜を煮る鍋料理。冬

しょって-た・つ【◇背◇負って立つ】自分の責任として困難なことを引き受ける。また、組織や集団の支えとなって活動する。「一家を—」

しょっ・てる【◇背◇負ってる】(自下一)テ・テ・テル・テル・テレ・テロ(テヨ) うぬぼれている。「—やつだ」語源「しょっている」の転。

ショット〈shot〉①発射。発砲。射撃。②㋐テニスやゴルフで、ひと打ち。また、その打球。「ナイス—」「ティー—」㋑バスケットボールで、シュート。③〘映〙映画で、切れめなく撮影されたひと続きの映像。カット。「ロング—」④写真などの一画像。「スナップ—」⑤(ウイスキーなど)強い酒の一口。「—グラス」

—ガン〈shotgun〉散弾を発射する銃。鳥や小動物の狩猟、クレー射撃などに使う。散弾銃。

しょっぱ・い(形)カロ・カッ(ク)・イ・イ・ケレ・○ 〘俗〙①しおからい。「—漬物」②しみったれている。けちだ。③困惑または迷惑して、顔をしかめるさま。「—顔をする」

しょっ-ぱな【初っ◇端】〘俗〙物事のいちばんはじめ。最初。初手。「—からミスをおかす」

しょっ-ぴ・く(他五)カ(コ)・キ(イ)・ク・ク・ケ・ケ 〘俗〙①むりにつれて行く。②犯罪の容疑者を警察署へ連行する。語源「しょびく」の転。

ショッピング〈shopping〉(名・自スル)買い物。また、買い物をすること。「—カート(＝客が商品を運ぶための手押し車)」

—センター〈shopping center〉各種の商店が集中している場所、または建物。

—モール〈shopping mall〉遊歩道や歩行者専用広場があり、多種多様の小売店を集めた大規模な商業施設。

ショップ〈shop〉店。小売店。「コーヒー—」

しょ-て【初手】(碁・将棋の最初の手の意から)はじめ。最初。

しょ-てい【所定】前もって定まっていること。「—の位置」

じょ-てい【女帝】ヂョ 女性の皇帝・天皇。女王。

しょ-てん【書店】書物を売る店。また、書物を出版する店。本屋。書房。書肆しょし。

しょ-てん【諸天】〘仏〙仏法を守護する天上界の神々。

しょ-てん【諸点】いろいろの点。いろいろの事柄。

しょ-でん【初伝】学問・芸道などで伝授される最初の段階のもの。初歩の伝授。

しょ-でん【所伝】文書や口伝えで伝えられてきたこと。また、その伝えられたもの。「当家—の古文書」

しょ-とう【初冬】①冬の初め。初冬はつふゆ。「—の候」冬 ②陰暦の十月。孟冬もうとう。冬

しょ-とう【初等】最初の等級。初歩。↔高等

—きょういく【—教育】ケウイク 小学校の教育。

しょ-とう【初頭】(ある時期・時代の)はじめのころ。「二〇世紀—」

しょ-とう【諸島】タウ 一定水域内に散在する島々。「南西—」

しょ-とう【△蔗糖】タウ サトウキビやサトウダイコンからとった砂糖。参考もとの読みは「しゃとう」。「しょとう」は慣用読み。

しょ-どう【初動】①最初の行動。「—捜査」②地震の初期微動。

しょ-どう【所動】他から働きかけられること。受け身。受動。

しょ-どう【書道】ダウ 毛筆と墨とで文字を書く芸術。

しょ-どう【諸道】ダウ ①いろいろの方面。万事。「貧は—の妨げ」②いろいろの芸道。諸芸。「—に通じる」

じょ-どうし【助動詞】〘文法〙①品詞の一つ。他の語の下に付いて用いられる語(付属語)で、活用のあるもの。叙述の意味を補ったり、話し手の判断を表したりする。②西洋語で、文中の他の動詞(本動詞)を補助する動詞。英語の will など。

しょ-とく【所得】①一定期間に得た収入・利益。賃金・利子など。「不労—」②自分のものとなること。また、そのもの。

—ぜい【—税】直接税の一つで、個人の一年間の所得に応じて一定の割合で課せられる国税。

しょ-とく【書△牘】手紙。書簡。書状。

しょ-なのか【初七日】〘仏〙人の死後七日目の忌日。また、その日に行う法要。初七日しょなぬか・しょしちにち。一七日いちしちにち。ひとなのか。(死んだ日を入れて数える。)

じょ-なん【女難】ヂョ 男が、女に関することで受けるわざわい。

じょ-にだん【序二段】相撲で、力士の階級の一つ。三段目の下、序の口の上の位。⇩三段目「参考」

しょ-にち【初日】①いちばんはじめの日。演劇や相撲などの興行・催し物の一日目。②相撲で、負け続けていた力士がはじめて勝つこと。「—を出す」

—カバー 新しい郵便切手の発行初日に、その切手をはり、当日の消印を押した封筒。参考カバーは封筒の意。

しょ-にゅう【初乳】〘生〙分娩べん後数日間に分泌される水のような半透明の乳。たんぱく質や免疫物質などを多く含む。

しょ-にん【初任】はじめて職に任じられること。

—きゅう【—給】キフ 職に就いてはじめての給料。

しょ-にん【諸人】ひとびと。多くの人。衆人。諸人しょじん。

じょ-にん【叙任】(名・他スル)位を授け、官職に任じること。

しょ-ねつ【暑熱】夏のきびしい暑さ。炎熱。炎暑。夏

しょ-ねん【初年】①最初の年。第一年。②ある期間の、はじめのころ。「昭和—」

—へい【—兵】軍隊入隊後、一年に満たない兵。新兵。

しょ-ねん【初念】はじめに思い立ったこと。初一念。初志。

しょ-ねん【所念】心に思いこんだこと。思い。

じょ-の-くち【序の口】①はじめ。物事のはじまり。また、程度が軽い段階であること。「寒さはまだ—だ」②相撲で、力士の階級の一つ。序二段の下で最下位。⇩三段目「参考」

じょ-の-まい【序の舞】マヒ ①能楽の舞の一種。序の部分がある静かで落ち着いた舞。②歌舞伎かぶなどの囃子はやしの一種。

しょ-は【諸派】①いろいろの党派。または、分派。②小さな党派の総称。

しょ-ば《俗》（「場所」の倒語）商売や興行を営む場所や縄張りをさす、やくざ・てきやなどの隠語。「―荒らし」
―だい【―代】露店・夜店などを出すときに払う場所代。

じょ-は-きゅう【序破急】キフ― ①雅楽の構成で、序（＝導入部）・破（＝展開部）・急（＝終結部）の三部分。速度変化、静から動、単純から複雑といった表現上の変化を構成する。また、芸能で、そのような構成・緩急の三区分。②物事の初めと中と終わり。物事の展開のようすをたとえていう。

しょ-はつ【初発】①はじめて発すること。はじまり。はじめ。しょほつ。「―患者」②始発。「―の電車」

しょ-ばつ【処罰】（名・他スル）罰すること。「―を受ける」

じょ-ばつ【除伐】ヂョ― 山林を育成するために、日当たり・通風を妨げている生育の悪い木や雑木(ぞうき)を切り除くこと。

しょ-はん【初犯】はじめて犯罪をおかすこと。また、その犯罪や犯罪人。↕再犯・重犯

しょ-はん【初版】書物の最初の版。また、その書物。第一版。↕再版・重版

しょ-はん【諸般】いろいろ。もろもろ。「―の事情」

ショパン〈Frédéric François Chopin〉（一八一〇〜一八四九）ポーランドの作曲家・ピアニスト。ソナタ・マズルカ・ポロネーズ・ワルツなど、繊細で優雅なピアノ曲を多く作曲。ピアノの詩人と呼ばれた。

じょ-ばん【序盤】①囲碁・将棋で、対局のはじめのころ。また、その盤面。「―を制する」②（転じて）引き続いて行われる物事の初期の段階。「総選挙の―戦」⇩中盤・終盤

しょ-ひ【諸費】いろいろな費用・経費。「―がかさむ」

しょび・く（他五）カ(コ)・キ(イ)・ク・ク・ケ・ケ →しょっぴく

しょ-ひつ【初筆】（署名などで）最初に書くこと。

じょ-ひつ【助筆】（名・他スル）他人の文章に筆を加えて、文章をよくすること。加筆。「―を乞(こ)う」

しょ-ひょう【書評】ヒヤウ― 書物、特に、新刊書の内容などを紹介・批評した文章。ブックレビュー。「―欄」

じょ-びらき【序開き】はじめ。いとぐち。発端。

ジョブ〈job〉①仕事。②《情報》コンピューターにおける作業の単位。

しょ-ふう【書風】文字の書きぶり。ふでつき。「おおらかな―」

しょ-ふく【書幅】文字の書いてある掛け軸。

じょ-ふく【除服】ヂョ―（名・自スル）喪の期間が終わって喪服をぬぐこと。また、喪が明けること。忌み明け。除服(じょぶく)。

しょ-ぶつ【諸物・庶物】いろいろの物。もろもろの事物。

しょ-ぶん【処分】（名・他スル）①処理すること。②捨てたり売却したりして始末すること。「廃棄―」③罰すること。処罰。「退学―」④《法》法規を適用して処置すること。「行政―」

じょ-ぶん【序文】書物などの巻頭にそえる文章。はしがき。序。↕跋文(ばつぶん)

しょ-へき【書癖】①読書を好む癖。また、本をむやみに集めたがる癖。②字の書きぐせ。ふでぐせ。

ショベル〈shovel〉→シャベル
―カー〈和製英語〉動力で動く大型のシャベルを備えた、土木・建築作業用の車両。パワーショベル。

しょ-へん【初編・初△篇】書物の最初の一編。第一編。

しょ-ほ【初歩】学問・技術などの最初の段階。「―的なミス」

しょぼ・い（形）カロ・カツ(ク)・イ・イ・ケレ・○《俗》期待以下で、がっかりさせられるさま。さえない。「―景品」

しょ-ほう【処方】ハウ―（名・他スル）《医》医者が患者の病気に応じた薬の名称やその調剤方法・用量・用法を示すこと。
―せん【―箋】《医》医者から患者・薬剤師などに与える調剤の指定書。薬の名称・用量・用法などが記してある。

しょ-ほう【書法】ハフ― 文字を書くときの方法。筆順など。

しょ-ほう【諸方】ハウ― あちこち。ほうぼう。「―から集まる」

しょ-ぼう【書房】バウ― ①書店。本屋。②書斎。

じょ-ほう【叙法】ハフ― 文章などの表現の方法。叙述法。

じょ-ほう【除法】ヂョハフ 《数》割り算。↕乗法

しょほう-じっそう【諸法実相】シヨホフジツサウ 《仏》存在するあらゆる現象が、そのまま真実の姿、実在であること。

しょぼ-く・れる（自下一）レ・レ・レル・レル・レレ・レロ(レヨ)《俗》元気がなく弱々しい感じになる。みじめなようすになる。「―・れた姿」

しょぼ-しょぼ（副・自スル）①小雨が勢いなく降り続くさま。「雨が―（と）降っている」②元気がなく、みすぼらしいさま。しょんぼり。「―（と）歩く」③目をはっきり開けていられずに、弱々しくまばたきをするさま。「寝不足で目を―させる」

しょぼ-た・れる（自下一）レ・レ・レル・レル・レレ・レロ(レヨ)《俗》①元気がなく気落ちしたようすになる。しょんぼりする。②びしょぬれになる。

しょぼ-つ・く（自五）カ(コ)・キ(イ)・ク・ク・ケ・ケ ①雨がしょぼしょぼ降る。②目がはっきり開かず力なくまばたきをくりかえす。「目を―・かせる」

じょ-ぼん【序△品】《仏》①経典の序の部分。②法華経(ほけきょう)二十八品(ほん)中の第一品。

じょ-まく【序幕】①演劇の最初の一幕。第一幕。②（転じて）物事のはじめ。はじまり。「事件の―」（↕終幕）

じょ-まく【除幕】ヂョ―（名・自スル）完成した銅像・記念碑などを披露するため、おおってある幕を取り去ること。「―式」

しょ-みん【庶民】一般の人々。大衆。「―生活」
―ぎんこう【―銀行】ギンカウ《俗》質屋。一六(いちろく)銀行。
―てき【―的】（形動ダ）ダロ・ダッ(デ・ニ)・ダ・ナ・ナラ・○ 庶民が親しみをもてるさま。気どりがなく気楽なさま。「―な店」

しょ-む【処務】事務をとりさばくこと。「―規程」

しょ-む【庶務】特定の名目のない種々雑多な事務。「―課」

しょ-めい【書名】書物の題名。「―索引」「―目録」

しょ-めい【署名】（名・自スル）自分の氏名を書きしるすこと。また、その書きしるした氏名。サイン。「―捺印(なついん)」「―運動」
参考「署名」は本来、本人が直筆で書くことをいう。「記名」は、他人の代筆、タイプ印書・印刷、ゴム印でもよい。

じょ-めい【助命】（名・自他スル）（殺されることになっている人の）命を助けること。「―を嘆願する」

じょ-めい【除名】ヂョ―（名・他スル）名簿から名前を取り除き、組織・団体の構成員としての資格をなくすこと。「―処分」

しょ-めん【書面】①文書や手紙の文面。②文書。手紙。「―で回答する」

しょ-もう【所望】マウ―（名・他スル）あるものがほしい、あることをしてほしいと望むこと。望み。願い。「―の品」「茶を―したい」

しょ-もく【書目】①書物の目録。②書物の題名。書名。

しょ-もつ【書物】書籍。本。図書。

しょ-や【初夜】①最初の夜。特に、結婚してはじめての夜。「新婚―」②夕方から夜中までの称。③一夜を初・中・後と三分した最初の称。今の午後七時ごろから午後九時ごろ。また、そのときに行う勤行(ごんぎょう)。

じょ-や【除夜】ヂョ― おおみそかの夜。十二月三十一日の夜。冬
―の-かね【―の鐘】一〇八の煩悩(ぼんのう)をとり去って新年を迎える意味をこめて、寺院において除夜の一二時をはさんで一〇八回つく鐘。百八の鐘。冬

じょ-やく【助役】①市・町・村などで、長を補佐し職務を代理した者。現在は副市町村長と改称。②駅長・所長などの次の位の役職で、その事務を助け、代行する人。

しょ-ゆう【所由】イウ― 基づくところ。よりどころ。ゆえん。

しょ-ゆう【所有】イウ―（名・他スル）自分のものとして持ってい

ること。また、持っているもの。「―地」「―者」

―けん【―権】〘法〙物を使用・収益・処分することのできる権利。「―を放棄する」

じょ‐ゆう【女優】ヂョイウ 女性の俳優。「主演―」↔男優

しょ‐よ【所与】与えられること。また、与えられるもの。特に、問題の解決条件として与えられるもの。与件。「―の条件」

しょ‐よう【初葉】エフ ある時代の初めの時期。初頭。

しょ‐よう【所用】①用事。用むき。「―のため早退する」②入用。「―があって金を借りる」

しょ‐よう【所要】エウ ある物事を行うために、必要なこと。また、必要なもの。「―時間」「―経費」

しょ‐り【処理】(名・他スル) 物事をとりさばいて始末すること。「事故―」「情報―」「汚水の―」「未―」

しょ‐りゅう【諸流】リウ ①多くの流れ。②いろいろの流派。

じょ‐りゅう【女流】ヂョリウ (文芸・芸術・技術などの分野で活躍している)女性。婦人。「―文学」「―画家」「―作家」

しょ‐りょう【所領】リヤウ 領有している土地。領地。

じょ‐りょく【助力】(名・自スル) 手助けすること。力ぞえ。「―を惜しまない」「―を仰ぐ」

しょ‐りん【書林】書物のたくさんある所。書店。出版社。

しょ‐るい【書類】書付。いろいろな文書。「重要―」

―そうけん【―送検】(名・他スル)〘法〙被疑者の身柄ではなく、取り調べ調書などを警察から検察庁に送致すること。

ショルダー〈shoulder〉肩。また、洋服の肩の部分。

―バッグ〈shoulder bag〉肩にかけて持つかばん。

じょ‐れい【除霊】ヂョ (名・自他スル) 取り憑いたとされる霊を祈禱などによって取り除くこと。

じょ‐れつ【序列】一定の基準で配列した順序。特に、地位・年齢・成績などの順序。「年功―」「―をつける」

じょ‐れん【如△簾】食器のおおいにする小さいすだれ。

じょ‐れん【鋤△簾】土砂・ごみなどをかき寄せる道具。長い柄の先に、竹製の箕に似たものや鉄製のくしを取りつけたもの。

じょ‐ろ【×如露】→じょうろ

しょ‐ろう【初老】ラウ ①老年にはいりかけた年ごろ。「―の男性」②もと、「四〇歳」の異称。「―を迎える」

しょ‐ろう【所労】ラウ 疲れや病気。

じょ‐ろう【女郎】ヂョラウ ①婦人。若い女。②遊女。おいらん。

―かい【―買い】カヒ 遊女を呼んで遊興すること。

―ぐも【―×蜘蛛】〘動〙コガネグモ科の大形のクモ。雌は雄より大きく、黄色地の腹部に青・緑などのしま模様がある。成体では下腹部に赤い斑紋がある。[夏]

しょ‐ろん【所論】論じ主張する事柄・意見。

しょ‐ろん【緒論】本論にはいる前の概括的な説明・議論。序論。[参考]「ちょろん」は慣用読み。

じょ‐ろん【序論】本論の前置きとして述べる論説。緒論。

しょ‐わけ【諸訳】①(特に、男女間の)種々こみ入った事情・事柄。②こまごました経費。

ジョン‐ブル〈John Bull〉典型的なイギリス人の俗称。イギリス人らしいイギリス人。「―精神」[語源]イギリスの作家アーバスノットの作品「ジョン=ブル物語」の主人公の名から。

しょんぼり(副・自スル) 気持ちが沈んで、元気がなくさびしげなさま。しょぼしょぼ。「試合に負けて―(と)帰ってくる」

しら‐【白】(接頭) ①「白い」の意を表す。「―菊」「―雪」②染めたり味をつけたりしない、生地のままである意を表す。「―木」「―焼き」

シラー〈Friedrich von Schiller〉(一七五九〜一八〇五) ドイツの詩人・劇作家。ドイツ古典主義文学の大家。詩「歓喜に寄す」、戯曲「群盗」「ウィルヘルム=テル」など。シルレル。

しら‐あえ【白◦和[え]・白△韲[え]】アヘ 豆腐と白みそや白ごまをすりまぜて、魚肉や野菜をあえた料理。「ごぼうの―」

じ‐らい【地雷】ヂ 地中に埋めておいて、人や車がその上に乗ると爆発するしかけの兵器。「―探知機」

じ‐らい【△爾来】(副) その時以来。それ以後。「―消息を聞かない」

しら‐いと【白糸】①白色の糸。②生糸。③「滝」の異称。

しら‐うお【白魚】ウヲ〘動〙近海にすむシラウオ科の硬骨魚。小形で細長く、鱗がなくて透明。春、産卵のために川をのぼる。食用。「―のような指(=色白ですんなりした細い指)」[春]

しら‐うめ【白梅】白い花が咲く梅。白梅(はくばい)。[春]

しら‐が【白髪】白くなった毛髪。白髪(はくはつ)。「―頭」「若―」[参考]常用漢字表付表の語。

―ぞめ【―染[め]】しらがを黒く染めること。また、それに用いる薬剤。

しら‐かし【白△樫】〘植〙ブナ科の常緑高木。山地に自生し、また、防風・防火用に栽植。材質はかたく、弾力に富んでいるので、薪炭・器具に用いる。果実はどんぐり。

しら‐かば【白△樺】〘植〙カバノキ科の落葉高木。やや高い山地に自生し、外側の樹皮は白色で、薄くはげる。材は細工用。しらかんば。かばの木。(しらかばの花[春])

しらかば【白樺】文芸雑誌。一九一〇(明治四十三)年創刊。一九二三(大正十二)年廃刊。同人は武者小路実篤・志賀直哉・有島武郎・里見弴・長与善郎ら。

―は【―派】〘文〙日本近代文学の一流派。雑誌「白樺」により、自然主義に抗して人道主義・理想主義を唱え、大正期の文壇を支配。武者小路実篤・志賀直哉など。

しらかばに…[俳句]〈白樺に 月照りつつも 馬柵の霧〉〈水原秋桜子〉赤城山の山上に立つと、秋の月の光が白樺の幹をこうこうと照らしている。しかし、牧場の柵の続いているあたりは、高原特有の霧が流れている。(霧[秋])

しら‐かべ【白壁】①漆喰で白く塗ったかべ。「―造り」②「豆腐」の女房詞。おかべ。

しら‐かみ【白紙】①白い紙。②何も書いてない紙。白紙(はくし)。

しら‐かゆ【白△粥】白米だけを煮たかゆ。

しらかわ‐よふね【白河夜舟】シラカハ ぐっすり眠り込んで、何が起こったかまったく知らないこと。[参考]「白河」は「白川」、「夜舟」は「夜船」とも書く。[語源]京を見たふりをする者が、京都の地名である白河のことを聞かれ、川の名と思い込んで、夜舟で通ったから知らない、と答えたことからという。

しら‐き【白木】①塗料を塗らない木地のままの材。「―の家具」②〘植〙トウダイグサ科の落葉小高木。山地に自生。葉は卵形・楕円形で、六月ごろ穂状に黄色の花をつける。種子から油がとれる。材は白く、細工物・薪炭などに用いる。

しらぎ【新羅】〘世〙古代朝鮮の一国。百済・高句麗とともに三国と称された。六七六年朝鮮最初の統一王朝をつくったが、九三五年高麗に滅ぼされた。しんら。

しら‐ぎく【白菊】白い花の咲く菊。また、その花。[秋]

し‐らく【刺絡】(名・自スル)→しゃけつ

しら‐くも【白△癬】〘医〙多く小児の頭にできる感染性皮膚病。「頭部白癬」の俗称。⇒白癬

しら・ける【白ける】(自下一) ケ・ケ・ケル・ケル・ケレ・ケロ(ケヨ) ①白く、色があせる。②興ざめする。気まずくなる。「座が―」[文]しら・く(下二)

しら・げる【◦精げる】(他下一) ゲ・ゲ・ゲル・ゲル・ゲレ・ゲロ(ゲヨ) ①玄米をついて白くする。精米する。②細工物などを、みがいて仕上げる。[文]しら・ぐ(下二)

しら‐こ【白子】 ①雄の魚の精巣。②先天的にメラニン色素が欠乏して皮膚や毛の白い人や動物。アルビノ。白子(しろこ)。夏

しら‐さぎ【白△鷺】 羽の色が純白なサギの総称。夏

しら‐さや【白△鞘】 白木で作った刀のさや。

しら‐じ【白地】(ヂ) ①かわら・陶器などのまだ焼かない段階のもの。②白い紙や布。白地(しろじ)。

しらし‐め・す【知らし◦食す】(他四)(古)→しろしめす

しら‐しら【白白】(副)①→しらじら① ②→しらじら③

―あけ【―明け】 夜がしだいに明けて、明るくなるころ。明け方。あかつき。しらじらあけ。

しら‐じら【白白】(副)①夜が明けてだんだん明るくなるさま。しらしら。「夜が―(と)明けてくる」②しらじらしいさま。「―とした気分」③いかにも白く見えるさま。しらしら。「―と輝く」

しらじら‐し・い【白白しい】(形)(カロ・カッ(ク)・イ・イ・ケレ・○) ①本心からでないことや、偽りであることが明らかなさま。見えすいているさま。しらばくれるさま。「―お世辞を言う」②知っていながら知らないふりをするさま。しらばくれるさま。「―態度をとる」③興がさめるさま。「―雰囲気」文しらじら・し(シク)

しらしらと… 和歌〔しらしらと 氷かがやき 千鳥なく 釧路(くしろ)の海の 冬の月かな〕〈石川啄木(いしかわたくぼく)〉白く海岸の氷が輝き、どこかで千鳥が鳴いている釧路の海を寒々と照らしている冬の月よ。

しら‐す【白子】 カタクチイワシなどの稚魚。春

―うなぎ【―△鰻】 冬から春にかけて川をのぼるウナギの稚魚。これを捕獲し、養殖に用いる。

―ぼし【―干し・―◦乾し】 カタクチイワシの稚魚を生のまま、またはゆでて干したもの。春

しら‐す【白州・白△洲】 ①白い砂の州。②庭・玄関前などの白い砂の敷きつめてある所。③(白い砂が敷いてあったところから)江戸時代の奉行所(ぶぎょうしょ)で、訴訟を裁き罪人を問いただした場所。転じて、奉行所。「お―」

しら‐す【白◦砂】 鹿児島湾周辺に分布する白色の火山灰や軽石の地層。やせ地で農耕にむかないうえ、土砂くずれを起こしやすい。参考「シラス台地」のようにふつう片仮名で書く。

しら‐ず【知らず】 ■(連語)①(「…は知らず」の形で)問題にしないでおく意を表す。…はさておいて。「余人は―」②(文頭に用いて)以下のことはわからないという意を表す。「―、生まれ死ぬる人、いづかたより来たりていづかたへか去る」〈方丈記〉■(名)(他の語の下について)それを気にしないさま、それがないと思えるさまを表す。「怖いもの―」「命―」「天井―」

じら・す【◦焦らす】(他五)(サ(ソ)・シ・ス・ス・セ・セ) 相手の待ち望んでいることをわざと遅らせて、相手をいらだたせる。自じ・れる(下一)

しらず‐しらず【知らず知らず・×不知不識】(副)知らないうちに。いつのまにか。「―涙が出てきた」「―眠ってしまった」

しらせ【知らせ・◦報せ】 ①知らせること。また、その内容。「合格の―」②何かが起こるようなきざし。前兆。「虫の―」
類語 通知・告知・報知・通報・情報・ニュース・快報・吉報・朗報・悲報・凶報・訃報(ふほう)・訃音(ふいん)・詳報・予報・確報・虚報・誤報・急報・速報・飛報・屢報(るほう)・風の便り

しら・せる【知らせる・◦報せる】(他下一)(セ・セ・セル・セル・セレ・セロ(セヨ)) 他の人が知るようにする。通知する。「急を―」文しら・す(下二)

しら‐た【白太】 木材で、樹皮に近い白色の部分。白身。辺材。↔赤身

しら‐たき【白滝】 ①白布を垂らしたように見える滝。②糸のように細長く作ったこんにゃく。糸ごんにゃくより細いもの。

しら‐たま【白玉】 ①白い玉。②真珠。③白玉粉で作っただんご。夏 ④(「白玉椿(しらたまつばき)」の略)白い花の咲くツバキ。春

―こ【―粉】 もち米を水でさらしてひいた粉。菓子の材料。

しら‐ちゃ【白茶】 うすい茶色。

しら‐ちゃ・ける【白茶ける】(自下一)(ケ・ケ・ケル・ケル・ケレ・ケロ(ケヨ)) 色があせて白っぽくなる。しらっちゃける。「―・けた壁紙」

しら‐つち【白土】 ①色の白い土。②陶土。③しっくい。

しらっ‐と(副・自スル)しらけたさま。また、そ知らぬふりをするさま。「―した雰囲気」「―した口調」

しら‐つゆ【白露】 露。草木の葉などにおいた白く光る露。秋

―の(枕)「け(消)」「置く」「たま」にかかる。

しらつゆに… 和歌〔白露に 風の吹きしく 秋の野は 貫きとめぬ 玉ぞ散りける〕〈後撰集 文屋朝康(ふんやのあさやす)〉草の葉においた白露に、しきりに風が吹いている秋の野原は、ちょうど、糸でつなぎとめていない玉が一面にとび散っているようだ。(白露のきらめくさまを玉に見立てたもの)(小倉百人一首の一つ)

しら‐とり【白鳥】 ①羽毛の白い鳥。②→はくちょう(白鳥)

しらとりは… 和歌〔白鳥は 哀(かな)しからずや 空の青 海のあをにも 染(そ)まずただよふ〕〈若山牧水(わかやまぼくすい)〉白鳥は哀しくはないのだろうか。空の青さにも、海の青さにも染まらずに、ひとり純白を保って浮かんでいる。

しら‐なみ【白波・白◦浪】 ①あわだって白く見える波。②盗賊。ぬすびと。語源②は昔、中国で黄巾(こうきん)の賊の残党が白波谷(はくはこく)に立てこもり、白波賊(はくはぞく)と呼ばれていたことによる。

―の(枕)「浜」「よる」「かへる」「うち」などにかかる。

―もの【白◦浪物】 盗賊を主人公とする歌舞伎(かぶき)狂言などの総称。河竹黙阿弥(もくあみ)の「青砥稿花紅彩画(あおとぞうしはなのにしきえ)」(白浪五人男)」「鼠(ねずみ)小僧」「三人吉三廓初買(さんにんきちさくるわのはつがい)」など。

しら‐に【白煮】 蓮根(れんこん)などの白い材料を、しょうゆを使わずに白く煮上げること。また、その煮たもの。「里芋の―」

しらぬ‐い【×不知◦火】(ヒ) 夏の夜、九州の八代(やつしろ)海や有明海で明滅する無数の火影。漁(いさ)り火の蜃気楼(しんきろう)によるという。秋

しらぬい‐がた【×不知◦火型】(シラヌヒ) 横綱土俵入りの型の一つ。四股(しこ)のあとにせり上がるときに両手を大きく横に広げる。↔雲竜型

しらぬ‐かお【知らぬ顔】(カホ) 知っていながら、知らないふりをする顔つき。また、その態度。しらんかお。しらんぷり。

―の半兵衛(はんべえ) 知っていながら、そ知らぬふりをしてすましていること。また、その人。「―をきめこむ」

しらぬ‐が‐ほとけ【知らぬが仏】 知れば平気でいられないが、知らないために、仏のように広い心でいられる。転じて、当人だけが知らないですましていることをあざけって言う。

しらぬひ(しらぬい)(枕)「筑紫(つくし)」にかかる。

しらぬ‐ひ【×不知‐火】(古)→しらぬい

しら‐は【白刃】 さやから抜いた刀。ぬきみの刀。

しら‐は【白羽】 矢羽(=矢につける鳥の羽)の白いもの。

―の矢(や)が立(た)つ ①多くの中から犠牲者として選び出される。②多くの中から特に選び出される。「リーダーとして彼に白羽の矢が立った」語源人身御供(ひとみごくう)を求める神が、望みの少女の家の屋根に白羽の矢を立てるという伝説から出た語。

しら‐は【白歯】 ①白く美しい歯。②(昔、歯を黒く染めた既婚の女性に対して)未婚の女性。

しら‐はえ【白×南風】 梅雨の明けるころに吹く南風。しろはえ。夏

しら‐ばく・れる(自下一)(レ・レ・レル・レル・レレ・レロ(レヨ)) 知っていながら知らないふりをする。しらを切る。しらばっくれる。

シラバス〈syllabus〉講義などの内容と計画を解説したもの。

しら‐はた【白旗】 ①白色の旗。特に、降伏のしるしを表す白

い旗。しろはた。「―を掲げる」②源氏の旗。

しら-はだ【白肌】①白く美しいはだ。②→しらなまず

しらはにの…【和歌】〔白埴の 瓶こそよけれ 霧ながら 朝はつめたき 水くみにけり〕〈長塚節〉清らかな白磁の瓶はよいものだなあ。霧が深くたちこめてはいるが、早朝の冷たい水をこの瓶にくんだことだ。

しら-はり【白張〔り〕】①「白張り提灯」の略。②昔、下僕が着た、のりを硬くつけた白布の狩衣。

―ぢょうちん【―提◇灯】白紙を張っただけのちょうちん。葬儀用。

しら-びょうし【白拍子】①平安末期に起こった歌舞。また、これを舞う遊女。②芸者。舞妓。③雅楽の拍子の一種。笏拍子だけで歌うもの。素拍子。

しら-ふ【×素面・×白面】酒に酔っていない平常な状態。素面。「―では恥ずかしくて言えない」

ジラフ〈giraffe〉→きりん(麒麟)①

シラブル〈syllable〉音節。

しらべ【調べ】①しらべること。調査。検査。「―もの」「下―」②罪を問いただすこと。尋問。とりしらべ。「―を受ける」③音楽の演奏。詩歌・音楽の調子。「妙なる笛の―」

―おび【―帯】二つの車輪にかけて、一方の回転を他方に伝えるためのベルト。調帯。

―がわ【―革】革で作った調べ帯。

―ぐるま【―車】調べ帯をかけて動力を伝える装置の車。ベルト車。

―の-お【―の緒】鼓の両面の縁にかけて胴に引き結ぶひも。打つときに締めたりゆるめたりして音の調子をとる。

しら・べる【調べる】(他下一)①知らないこと、よく分からないことなどを明らかにするために、参考となるものに当たったり実物を見たりする。また、そのようにして確かめる。「事故の原因を―」「電話番号を―」「携帯品を―」②異常なところがないか確かめる。点検する。「エンジンを―」「帳簿を―」③罪を明らかにするために問いただす。尋問する。「容疑者を―」④音律をととのえる。「琴の調子を―」⑤音楽を奏する。かなでる。「妙なる楽の音を―」文しら・ぶ(下二)

しら-ほ【白帆】白い帆。また、白い帆をかけた船。

しらみ【△虱・△蝨】《動》哺乳動物に寄生するシラミ目の昆虫の総称。宿主の体表から血を吸い、感染症を媒介する。夏

―つぶし【―潰し】(シラミを探してつぶすときのように)物事をかたっぱしからもれなく処理していくこと。「―に調べる」

しら・む【白む】(自五)①白くなる。②夜が明けて空が明るくなる。「東の空が―んでくる」③興がさめる。しらける。「座が―」

しら-やき【白焼〔き〕】魚などを何もつけずに焼くこと。また、焼いたもの。素焼き。「うなぎの―」

しら-ゆき【白雪】雪の美称。真っ白な雪。冬

しら-を-きる【しらを切る】知っていながら知らないと言い張る。しらばくれる。

し-らん【紫△蘭】《植》ラン科の多年草。本州中部以南に自生する。葉は茎の下部に互生し、笹の葉形。初夏に紫紅色の花を開く。塊茎は薬用。夏

しらん-かお【知らん顔】→しらぬかお

しらん-ぷり【知らんぷり・知らん振り】知っていても知らないようなそぶりをすること。語源「しらぬふり」の転。

しり【尻】(字義)→こう(尻)

しり【尻・△臀・△後】①[尻・臀]腰のうしろ下の部分。臀部。けつ。②[後・尻]㋐物のうしろ。あと。「人の―につく(=言われたとおりにやる)」㋑いちばんあと。「―から三番目」③[尻]物の底の部分。底面。「バケツの―」④[尻]物のすえ。末端。「言葉―」⑤[尻]㋐物事の結果。「帳簿の―を合わせる」㋑物事のよくない結果や影響。「―ぬぐい」「―をもっていく」

▼「尻」が下に付く語

(じり)糸― 川― 言葉― 塩― 台― 帳― 長― 鍋― 貿易― 幕― 眉― 目― 矢― (ちり)出っ― 長っ―

―が暖まる ひとところに長くいる。**―が重い** ①容易に動作をしようとしない。ぶしょうである。②動作がにぶい。**―が軽い** ①女が浮気であるさま。②動作が軽々しい。③気軽に物事をする。**―が来る** (他人のしたことの)苦情や後始末を持ち込まれる。**―が長い** 他人の家に行き、話し込んだりして長居をするさま。長っちりである。**―が割れる** 隠していた悪事が露見する。**―に敷く** 妻が夫を軽んじて思うままに従わせる。「女房の尻に敷かれる」**―に火がつく** 物事がさしせまってじっとしていられなくなる。**―に帆を掛ける** 急いで逃げ出す。**―を据える** 一つの場所にじっくり落ち着いてとどまる。腰を据える。**―を叩く** さいそくして早くやらせる。また、やる気が起こるように励ます。**―を拭う** (他人の失敗の)後始末をする。**―を端折る** ①着物のすそをまくって端を帯にはさむ。②物事の終わりのほうを省略する。**―を捲る** 本性をあらわして居直る。けつをまくる。**―を持ち込む** 後始末をつけるよう求める。責任をとるように相手にせまる。

し-り【私利】自分だけの利益。「―私欲」「―を図る」↔公利

じ-り【自利】①自分の利益。また、それを第一に求めること。②《仏》修行の功徳を自ら得ること。「―利他」

じ-り【事理】①物事のすじみち・道理。「―明白」②《仏》相対的な現象(=事)とその背後にある絶対的な真理(=理)。

シリア〈Syria〉(「シリア・アラブ共和国」の略)アジア西部、地中海に面する共和国。首都はダマスカス。

しり-あい【知〔り〕合い】たがいに面識・交際があること。また、その人。「古くからの―」

しり-あ・う【知〔り〕合う】(自五)たがいに知る。知り合いになる。「趣味を通して―」

しり-あがり【尻上〔が〕り】①あとのほうになるほど物事の状態がよくなること。「―に調子が出る」↔尻下がり ②語尾の音調が高くなること。「―の発音」↔尻下がり ③→さかあがり

しり-あし【◇後足・尻足】あとあし。うしろあし。**―を踏む** しりごみをする。ためらう。

シリアス〈serious〉(形動ダ)深刻なさま。重大なさま。まじめなさま。「―な主題」「―な局面」

しり-あて【尻当て】衣服で、ズボンなどのしりの部分を補強するために縫いつける布。居敷当て。

シリアル〈cereal〉コーンフレークやオートミールなど、穀物を加工した食品。

シリアル-ナンバー〈serial number〉①通し番号。②工業製品に付けられる固有の製造番号。シリアルコード。

シリーズ〈series〉①(体系・系列の意で)書物・映画・テレビなどで、内容に関連のある一続きのもの。「洋画の名作―」②スポーツで、特別の組み合わせの一連の試合。「日本―」

シリウス〈Sirius〉《天》大犬座の首星。冬空に輝く、最も明るい恒星で、マイナス一・五等星。日本名は「あおぼし」。

しり-うま【尻馬】①人の乗った馬のしり。②人のすることに便乗すること。「―に付く」

―に乗る 深く考えずに人の言動に同調して物事をする。

しり-え【◇後◇方】うしろのほう。後方。

しり-お【尻尾】しっぽ。

しり-おし【尻押し】(名・他スル) ①うしろから押すこと。特に、坂道を登る人や車、満員の乗り物に乗る人などを助勢するために押すこと。また、その人。②かげで助勢すること。うしろだてとなって助けること。後援。「医師会の―で当選する」

しり-おも【尻重】(名・形動ダ) 動作がにぶく、ものぐさなこと。また、そういう人。↕尻軽

しり-がい【△鞦】 馬具の一つ。馬の尾の下を回して鞍にかけるひも。語源「しりがき」の転。

しり-かくし【尻隠し】 自分のあやまちや悪事をかくすこと。

シリカ-ゲル〈silica gel〉〘化〙ガラス質の珪酸からなる無色あるいは白色の固体。乾燥剤・吸着剤などに用いる。

しり-からげ【尻絡げ・尻△紮げ】(名・自スル) 着物の後ろのすそをまくって、その端を帯にはさむこと。尻はしょり。

しり-がる【尻軽】(名・形動ダ) ①言動の軽はずみなこと。②女の浮気なこと。また、そういう女。「―女」③気軽にすぐ行動すること。また、そういう人。↕尻重

じ-りき【地力】― そのものが本来もっている力や能力。実力。「―を発揮する」

じ-りき【自力】 ①自分ひとりの力。独力。「―で脱出する」②〘仏〙自分の修行によって悟りを得ようとすること。《↕他力》

―ねんぶつ【―念仏】〘仏〙自分の力で極楽浄土に往生しようとして唱える念仏。

―もん【―門】〘仏〙自力によって悟りを開く宗門。自力宗。↕他力門

しりきり-ばんてん【尻切り半△纏】 丈が短くて、すそがしりの上までのはんてん。尻切れ半纏。

しり-きれ【尻切れ】 ①うしろのほうが切れていること。②中途で終わること。「話が―になる」③「尻切れ草履」の略。

―ぞうり【―草履】 ①古くなって、かかとがすり切れたぞうり。②かかとの部分がない短いぞうり。あしなか。

―とんぼ【―×蜻蛉】 物事が中途で切れて、あとが続かないこと。中途半端。「―の結末」

しり-くせ【尻癖】 ①大小便をよくもらす癖。②性的にみだらな癖。「―の悪い人」

しりくらえ-かんのん【尻食らえ観音】〘俗〙(困ったときは観音を念じるが、よくなると「尻食らえ」とののしる意)受けた恩を忘れてかえりみないこと。尻暗い観音。

しり-げ【尻毛】 しりに生えている毛。

―を抜く ①人がうっかりしているすきに不意に何かをして驚かす。②人をばかにしてだます。

シリコーン〈silicone〉→シリコン②

しり-こそばゆ・い【尻こそばゆい】(形) 意外なほめ方をされたときなど、はずかしかったり気がとがめたりして落ち着かない。文しりこそばゆ・し(ク)

しりこ-だま【尻子玉】 肛門の口にあると想像された玉。河童にこれを抜かれると放心状態になるといわれた。

しり-ごみ【◦後込み・尻込み】(名・自スル) ①あとじさりすること。②気後れして、あることをするのをためらうこと。

しり-ご・む【◦後込む・尻込む】(自五) ①うしろへ退く。あとじさりする。②ためらう。躊躇する。ひるむ。

シリコン〘化〙①〈silicon〉珪素。半導体の材料などに使われる。②〈silicone〉有機珪素化合物の重合体の総称。電気絶縁性・撥水性にすぐれ、熱の変化や酸・油に強い。シリコーン。「―樹脂」

―バレー〈Silicon Valley〉アメリカ合衆国カリフォルニア州サンフランシスコ湾岸の一地域。半導体メーカーやIT企業が集まっていることからの名。

しり-さがり【尻下がり】 ①あとになるほど物事の状態が悪くなること。②語尾の音調が低くなること。《↕尻上がり》

しり-ざや【尻△鞘】 太刀のさやをおおう毛皮のふくろ。

じり-じり 一(副) ①遅い動きで少しずつ状態が進むさま。じわじわ。「―(と)追いつめる」②太陽が強く照りつけるさま。「真夏の太陽が―(と)照りつける」③燃えにくい物が少しずつ焼けこげていくさま。④ベルなどが続けて鳴る音の形容。二(副・自スル) 心がしだいにいらだっていくさま。「―して待つ」

しり-すぼまり【尻△窄まり】 ①容器などの底またはうしろが細くなっていくこと。また、そのもの。「―の花瓶」②はじめは勢いがよくてしだいに衰えること。「成績が―になる」参考「しりすぼみ」「しりつぼみ」ともいう。

しりぞ・く【退く】(自五) 《中心義―後方に移動する》①後方へ下がる。ひき下がる。「一、二歩―」↕進む ②身分の高い人の前から後方へ移動しその場から出る。退出する。「御前を―」③官職をやめる。身を引く。引退する。「現役を―」④競技などで、負けてひき下がる。敗退する。⑤(冷静に、客観的に見るために)対象から離れる。距離をおく。「一歩―・いて見る」他しりぞ・ける(下一) 可能しりぞ・ける(下一)

しりぞ・ける【退ける・◦斥ける】(他下一) ①あとに下がらせる。遠ざける。「人を―・けて密談する」②追い返す。追い払う。「敵を―」「誘惑を―」③職をやめさせる。地位をおとす。「要職から―」④願いや申し入れをことわる。拒絶する。「要求を―」自しりぞ・く(五) 文しりぞ・く(下二)

じり-だか【じり高】― 〘経〙株の相場が少しずつじりじりと上がること。↕じり安

し-りつ【市立】 市が設立し運営・管理すること。また、その施設。「―図書館」参考「私立」と分けて「いちりつ」ともいう。

し-りつ【私立】 個人や民間団体が設立し運営・管理すること。また、その施設。「―大学」↕官立・公立 参考「市立」と分けて「わたくしりつ」ともいう。

じ-りつ【△而立】「三〇歳」のこと。語源「論語」に「三十而立(三十にして立つ)」とあることからいう。⇩年齢「参考」

じ-りつ【自立】(名・自スル) 他の助けや支配を受けずに自力でやっていくこと。ひとりだち。「―心」「親から―する」

―ご【―語】〘文法〙単語の文法上の二大別の一つ。単独で文節を構成することのできる単語。名詞・動詞・形容詞・形容動詞・副詞・連体詞・接続詞・感動詞の類。↕付属語

じ-りつ【自律】(名・自スル) 他からの支配や助力を受けずに、自分の規律に従って行動すること。「学問の―性」↕他律

―しんけい【―神経】〘生〙すべての内臓・腺・血管などを支配している不随意神経。生命維持に必要なはたらきを無意識的・反射的に調節する。交感神経と副交感神経がある。

―しんけい-しっちょうしょう【―神経失調症】〘医〙自律神経の調節異常によって、頭痛・めまい・発汗など種々の症状を示す状態。

じ-りつ【侍立】(名・自スル) 貴人のそばに従い立つこと。

しり-つき【尻付き】 ①しりのかっこう・ようす。こしつき。②人のうしろに従いつくこと。また、その人。従者。

しりっ-ぱしょり【尻っ端◦折】→しりはしょり

しりっ-ぽ【尻っ◦方】 ①しり。また、しっぽ。②うしろのほう。はしのほう。

しり-つぼみ【尻△窄み】→しりすぼまり

しり-とり【尻取り】 前の人の言った物の名の終わりの音を次の語のはじめに置いて、順番で物の名を言い合う言葉の遊戯。「あり・りす・すずめ・めじろ・ろば」のように続ける。

しり-ぬ・く【知〔り〕抜く】(他五) 何から何まで

よく知る。知りつくす。「業界の裏まで―」

しり-ぬぐい【尻拭い】― (名・他スル) 他人の失敗や不始末などの後始末をすること。「友人の借金の―をする」

しり-ぬけ【尻抜け】①見聞きしたことをすぐ忘れること。また、その人。②しめくくりのないこと。まとまりのつかないこと。③仕事に手ぬかりのあること。「―の契約書」

しり-はしょり【尻端◦折】(名・自スル) 着物のすそをまくって帯にはさむこと。しりからげ。しりっぱしょり。しりばしょり。

しり-びと【知り人】知りあい。知人。

じり-ひん【じり貧】― ①しだいに貧乏になっていくこと。少しずつ状態が悪くなっていくこと。「家計が―だ」②→じりやす

しり-め【尻目・◦後目】①ひとみだけを動かして、うしろを見やること。横目。流し目。「―に見る」②(「…を尻目に」の形で)問題にしないでかまわず行うさま。「報道陣を―に車に乗り込む」

―に掛ける 人をさげすみ、問題にしない。

しり-めつれつ【支離滅裂】(名・形動ダ) ばらばらで物事の筋道の立たないこと。また、そのさま。「―な意見」

しり-もち【尻餅】うしろに倒れてしりを地に打ちつけること。「―をつく」

し-りゃく【史略】簡単に書き記した歴史。また、その書物。「十八―」

じり-やす【じり安】― 《経》株の相場が少しずつじりじりと下がること。じり貧。↔じり高

し-りゅう【支流】― ①本流に注ぐ川。また、本流から分かれた川。えだがわ。分流。↔本流・主流 ②分派。↔主流 ③本家から分かれた家系。分家。

じ-りゅう【時流】― その時代の風潮・傾向。「―に乗る」

し-りょ【思慮】(名・他スル) 深く考えめぐらすこと。また、その考え。おもんぱかり。「―分別」「―に欠ける」

―ぶか・い【―深い】(形) 深く考え、慎重に判断し行動するさま。思慮のあるさま。「―行動」

し-りょう【史料】― 歴史の研究に必要な文献・遺物。

し-りょう【死霊】― 死者のたましい。また、死者の怨霊。死霊。↔生き霊

し-りょう【思量・思料】―・― (名・他スル) あれこれと思いはかること。考えること。「身の振り方を―する」

し-りょう【試料】― 《化》化学分析や、検査・試験などをしてみるための材料や見本。サンプル。「実験の―」

し-りょう【資料】― 研究・判断の基礎になる情報や材料。「―を収集する」

し-りょう【飼料】― 家畜の食料。えさ。「配合―」

じ-りょう【寺領】― 寺院の所有する領地。

し-りょく【死力】死を覚悟して出す強い力。死にものぐるいの力。必死の力。「―を尽くして戦う」

し-りょく【視力】物を見る目の能力。「―が衰える」

し-りょく【資力】資本や資金を出し得る力。財力。

じ-りょく【磁力】《物》磁気の、たがいに引きあう力。また、反発しあう力。磁気力。

し-りん【史林】(多くの)歴史の書物。

し-りん【四隣】①となり近所。あたり。②四方の国々。

し-りん【詞林】①詩文を集めた書。②文人の仲間。③辞書。

じ-りん【字林】漢字を多く集めて注釈した書物。字書。

じ-りん【辞林】言葉を多く集めて注釈した書物。辞書。

シリング〈shilling〉もと、イギリスの通貨単位。一シリングは、一ポンドの二〇分の一。

シリンダー〈cylinder〉蒸気機関や内燃機関の主要部をなす円筒部の称。この中で、蒸気の圧力や燃料の爆発力によりピストンが往復運動をする。気筒。

―じょう【―錠】円筒形をした鍵の本体を、ドアなどの内部に埋めこんでとりつける、戸締まり錠。

しる【汁】①物の内にある液。物からしぼりとった、または、しみ出た液。「レモンの―」②みそしる。すましじる。しるもの。「さつま―」③(他人の労力・犠牲で得る)利益。「うまい―を吸う」

し・る【知る・◦識る】■一(他五) ①(見聞・学習などによって)それが何か(呼び名・呼称)を理解し、それについての知識を得る。「花の名を―」②物事の存在や発生を意識でとらえる。認識する。「そんなこととは―・らなかった」「―・らぬが仏」③経験を通じて感じとる。さとる。「人の世の無常を―」④感覚を通じて体験する。味わう。「酒の味を―」⑤物事を理解する。精通する。「あの監督は野球を―・らない」⑥面識・つきあいがある。「あの人ならよく―・っている」⑦関心をもつ。関係する。関係がある。「ぼくの―・ったことではない」■二(他四)《古》①支配する。治める。「津の国に―所ありけるに」〈伊勢〉②つきあいがある。たがいを知る。「かれこれ、―、―・らぬ、送りす」〈土佐〉③見分ける。「飼ひける犬の、暗けれど主を―・りて、飛びつきたりける」〈徒然草〉自し・れる(下一) 参考「知る」はよくしる、十分にしる、「識る」はひとどおりしる意。語源 領しる(=治める・統治する・占有する)が原義。

―人ぞ知る その方面にくわしい一部の人だけがその存在や価値について知っている。

表現

〔類語〕	〔～する〕	〔慣用〕	〔ことわざ〕
▼解する・かみ分ける・心得る・悟る・存じる・通じる・つかむ・飲み込む・分かる・わきまえる	▼会得・確認・感知・関知・察知・熟知・承知・精通・探知・知悉・通暁・認識・認知・把握・予知・理解	▼(～知る)己を・恩を・勝手を・機を・知る人ぞ・足るを・天命を・情けを・恥を・身の程を・世を ▼飽くことを知らぬ・明日をも知れぬ・いざ知らず・言わずと知れた・得体が知れない・お里が知れる・推して知るべし・思わず知らず・数を知らず・知る由もない・酸いも甘いも知っている・前後も知らず・造詣が深い・底が知れない・高が知れる・人知れず・見ず知らず・我知らず	▼衣食足りて礼節を知る・一葉落ちて天下の秋を知る・一を聞いて十を知る・井の中の蛙大海を知らず・親の心子知らず・燕雀安んぞ鴻鵠の志を知らんや・五十にして天命を知る・子を持って知る親の恩・知らぬ顔の半兵衛・知らぬが仏・瀬を踏んで淵を知る・倉廩満ちて礼節を知る・手の舞い足の踏む所を知らず・故きを温ねて新しきを知る・目から鱗が落ちる・論語読みの論語知らず・我が身をつねって人の痛さを知れ

じ-るい【地類】― ①同族の一種。地縁のある家々。古い分家や遠い親戚のことをいう。②地上に存在する万物。

じ-るい【字類】漢字を音や意義で類別したもの。

シルエット〈フランス silhouette〉①輪郭の内側を黒くぬった画像。②影。影絵。影法師。③服飾で、衣服の立体的な輪郭。

シルキー〈silky〉(形動ダ) 絹のように柔らかいさま。光沢のある、すべすべしたさま。「―なタッチ」

シルク〈silk〉絹。絹糸。絹布。

―スクリーン〈silk screen〉孔版印刷の一つ。木や金属の枠に張った絹・ナイロンなどの細かい織り目を通してインクを定着させる印刷法。プラスチック・ガラス・金属などにも印刷できるため、インテリアデザイン・看板・標識などに広く用いられる。

―ハット〈silk hat〉高い円筒形をした男子の洋式礼装用の帽子。縁はややそり上がり、表面は光沢のある黒色の絹でおおってある。絹帽。

〔シルクハット〕

―ロード〈Silk Road〉《世》中央アジアを横断する、古代の東西交易路の呼び名。中国特産の絹がタリム盆地の南縁の西域南道、北縁の天山南路または天山山脈の北側の天山北路を通って、ローマまで輸出されたのでいう。当時の文化・民俗・物資などの東西移動の重要幹線であった。絹の道。

しる-く【°著く】(副)はっきりと。「夜目(よめ)にも―見える」

しる-こ【汁粉】あずきのあんを水でのばし、砂糖を加えて煮た汁に、もち・白玉(しらたま)などを入れた食べ物。「懐中―(かいちゅうじるこ)」

ジルコニウム〈zirconium〉《化》金属元素の一つ。中性子の衝撃に強く、吸収もしにくいので、合金が原子炉の燃料棒などに用いられる。元素記号 Zr

ジルコン〈zircon〉ジルコニウムの珪酸(けいさん)塩鉱物。ダイヤモンドのようなつやがあり種々の色をもつ。美しいものは宝石となる。

しるし【印・°標】①他と区別するための符号。「目―(めじるし)」「―をつける」②証明するもの。形となってあらわれるもの。「愛の―」「平和の―」③気持ちを表す品物。「感謝の―です」

▼「印」「標」が下に付く語
(じるし)合い印　馬印　荷印　墓標(はかじるし)　旗印　船印　無印　目印　矢印

―ばかり【―°許り】いささか。ほんの少し。「―のお礼」

―ばんてん【―半△纏】襟や背中などに屋号・紋・氏名などを染めぬいたはんてん。はっぴ。

しるし【首・×首級】討ち取った証拠としての敵のくび。首級(しゅきゅう)。「―をあげる」

しるし【°徴】①きざし。徴候。「回復の―」②ききめ。

しるし【°験】①ききめ。効能。②神仏のご利益(りやく)。霊験(れいげん)。

しる-し【°著し】(形ク)(古)はっきりしている。いちじるしい。

-じるし【印】(接尾)ある語に付けて、その語のさし示す内容を遠回しに表す。「丸―(=お金)」

しる・す【°印す・°標す】(他五) サ(ソ)・シ・ス・ス・セ・セ ①しるしをつける。②形を残す。「足跡を―」可能しる・せる(下一)

しる・す【記す】(他五) サ(ソ)・シ・ス・ス・セ・セ ①書きとめる。記録する。「手帳に―」「日記を―」②書きあらわす。著述する。③記憶にとどめる。銘記する。「心に―」可能しる・せる(下一)

ジルバ 社交ダンスの一種。アメリカで流行し、第二次世界大戦後、日本に広まった。テンポが速く動きの奔放なもの。語源米語 jitterbug の発音を聞き、それを日本語にうつした語。

シルバー〈silver〉①銀。銀製品。②銀色。「―グレー」③他の語に付いて、高年齢であることを表す。「―産業」

―ウイーク〈和製英語〉九月下旬の、祝日が多く連休の続く期間。春のゴールデンウイークに対していう。秋

―シート〈和製英語〉電車やバスなどで、老人・妊婦や身体の不自由な人のための優先席。参考英語では priority seat や courtesy seat などという。はじまり一九七三(昭和四十八)年、国鉄(現JR)中央線に銀色の布の座席を設けたのが最初。一九九七(平成九)年、JR東日本が「優先席」に改称。

しる-べ【°導・°標】①手引き。みちびき。「先生の教えを―とする」②道案内をすること。また、その人やもの。「道―」

しる-べ【知る辺】知りあい。知人。「―をたよる」

しる-もの【汁物】①吸いもの。②料理で、汁を主としたもの。

シルレル〈Schiller〉→シラー

しる-わん【汁△椀】汁物などを盛る椀。

ジレ〈フランス gilet〉《服》①チョッキ。ベスト。②女性がスーツなどの下に着る、胸に飾りのある胴衣。参考「ジレー」ともいう。

し-れい【司令】(名・他スル)軍隊・艦隊などを指揮・統率すること。また、その人。「―官」「―部」

―とう【―塔】(タフ)①軍艦や航空基地などで、艦長・司令官などが指揮をとる塔。②組織・集団の中心となって指揮をとる部署、または人。「チームの―」

し-れい【死霊】→しりょう(死霊)

し-れい【指令】(名・他スル)(官庁・団体などで)上部から下部に発する指図・命令。「―を下す」

し-れい【△砥△礪】一(名)といし。二(名・他スル)①研ぎ磨くこと。②修養すること。はげみ努力すること。

じ-れい【事例】①前例になる事実。「―に照らして考える」②一つ一つの場合のそれぞれの実例。ケース。「―調査」

じ-れい【辞令】①応対の言葉。形式的なあいさつ。「外交―」②官職・役職などの任免や勤務内容の変更を書いて本人に渡す文書。「―が下りる」

しれ-ごと【°痴れ言】おろかな言葉。たわごと。

しれ-ごと【°痴れ事】おろかなこと。ばかげたこと。

じれ-こ・む【°焦れ込む】(自五) マ(モ)・ミ(ン)・ム・ム・メ・メ 《俗》いらだつ。

し-れつ【歯列】歯ならび。歯なみ。「―矯正」

し-れつ【△熾烈】(名・形動ダ)(「熾」は火の勢いが強い意)勢いが盛んで激しいこと。また、そのさま。「―をきわめる」

じれった・い【°焦れったい】(形) カロ・カッ(ク)・イ・イ・ケレ・○ 物事が思うようにならず、いらだたしい。はがゆい。「―・くて見ていられない」文じれった・し(ク)

しれっ-と(副・自スル)何事もなかったかのように平然とふるまうさま。「―した顔をする」

ジレッタント〈dilettante〉→ディレッタント

しれ-もの【°痴れ者】①ばか者。おろか者。②一つのことに心を打ちこんで夢中になっている人。「風流の―」

し・れる【知れる】(自下一) レ・レ・レル・レル・レレ・レロ(レヨ) ①(人に)知られる。「名の―・れた人」②(自然に)わかる。「気心が―」「高(たか)が―・れている」他し・る(五)文し・る(下二)

しれた事(こと) わかりきったこと。言うまでもないこと。

じ・れる【°焦れる】(自下一) レ・レ・レル・レル・レレ・レロ(レヨ) 思うようにならなくて、いらだつ。「なかなか来ないので―」他じら・す(五)

しれ-わた・る【知れ渡る】(自五) ラ(ロ)・リ(ッ)・ル・ル・レ・レ 多くの人々に広く知られるようになる。「うわさが―」

し-れん【試練・試△煉】信仰心・実力・信念などの程度をためすこと。また、その際の苦難。「―にたえる」「今が―の時だ」

ジレンマ〈dilemma〉①二つの相反した事柄の板ばさみになってどちらとも決められず進退きわまること。「―に陥る」②《論》大前提として二つの仮定をし、小前提でこれを認めるかまたは否定して結論する、三段論法の特殊な形式。両刀論法。参考「ディレンマ」ともいう。

しろ【代】①ある用をするもの。「のり―」「ぬい―」②かわり。代用。「形―(かたしろ)」③代金。「飲み―」④田。「苗―(なわしろ)」「―かき」

しろ【白】①雪のような色。何色にも染まっていない色。白色。②碁石の白い石。また、それを持つ人。↔黒 ③紅白に分かれたときの白組。④犯罪容疑のないこと。無実のたとえ。「この事件では彼は―だ」↔黒

しろ【城】①敵を防ぐために堅固に築いた建造物。②(比喩(ひゆ)的に)他人の侵入を許さない、その人の独自の世界・領域。「自分の―に閉じこもる」

しろ-あと【城跡】昔、城のあったところ。城址(じょうし)。

しろ-あめ【白△飴】水あめを煮つめ、練って白色にしたもの。

しろ-あり【白蟻】〘動〙シロアリ目の昆虫の総称。形はアリに似るが、不完全変態類に属する。体色は白または淡黄色。群れをなして社会生活をし、木材・建物・地中などに巣を作り、木材や建物などを食害する。夏

しろ-あわ【白泡】①口から出す白い泡。②白い、水の泡。

しろ-あん【白餡】白いんげん・白ささげなどで作る白いあん。

しろ・い【白い】(形) カロ・カッ(ク)・イ・イ・ケレ・○ ①白色である。②紙などに何も書いていないさま。「ノートの―部分」③よごれていない。また、けがれがない。潔白である。↔黒い 文しろ・し(ク)

―歯を見せる 笑顔を見せる。にっこり笑う。**―目** 悪意のこもった目つき。冷淡な目。「―で見る」**―物** ①雪。「―がちらつく」②しらが。「髪に―がまじる」③おしろい。

し-ろう【屍蠟】― 長い間水中などに置かれた死体が、蠟状に変化したもの。脂肪の蠟化による。

じ-ろう【耳漏】↓みみだれ

じ-ろう【痔瘻】―〘医〙痔疾の一種。肛門付近に穴があいて、うみ状のものが出る病気。あなじ。

しろ-うお【白魚・素魚】―〘動〙ハゼ科の小形の海魚。透明な淡黄色で体の下部に赤色の小点がある。春、河口にのぼり産卵。食用。シラウオとは別種。春

しろ-うと【素人】(「しろひと」の音便)①そのことを専門や職業としていない人。また、そのことに経験が浅く、未熟な人。「―考え」②芸者・遊女・ホステスなどでない、一般の女性。「―娘」《↔玄人》参考常用漢字表付表の語。

―くさ・い【―臭い】(形) カロ・カッ(ク)・イ・イ・ケレ・○ (手並みや方法などが)いかにも素人らしくつたない。「―芝居」

―げい【―芸】職業としてではなく、趣味でする芸。

―ばなれ【―離れ】(名・自スル) 素人とは思えないほど、そのことに熟練していること。「―した腕前」

―め【―目】専門家でない人の評価。「―にもわかる」

しろ-うま【白馬】①毛色の白い馬。白馬。②にごり酒。どぶろく。

しろ-うり【白瓜】〘植〙ウリ科の一年草。マクワウリの変種。果実は夏から秋に熟し、表面は白色。漬物用。アサウリ。夏

しろ-おび【白帯】白色の帯。特に、柔道・空手などで段位を持たない初心者が用いる白色の帯。また、初心者。↔黒帯

しろ-かき【代掻き】水田に水を入れて土をかきならし、種まきや田植えの準備をすること。夏

しろ-がすり【白絣・白飛白】白地に黒・紺などのかすりのある模様。また、その織物。夏

しろ-がね【白金・銀】①ぎん。「―づくりの太刀」②銀色。ぎんのように白く光る色。「―の峰」③銀貨。

しろ-き【白酒】新嘗祭や大嘗祭のときに黒酒とともに神前に供えた白い酒。↔黒酒

し-ろく【四六】①四と六。②四と六の積、二四。

―じ-ちゅう【―時中】(名・副)二四時間中。一日中。転じて、いつも。常に。「―出歩いている」語源昔の「二六時中」にならって使われるようになった語。

―ばん【―判】書物の寸法の規格の一つ。縦六寸二分(一八・八センチメートル)、横四寸二分(一二・七センチメートル)で、B6判よりわずかに大きい。

―べんれいたい【―駢儷体】〘文〙漢文の一体。四字と六字の句をならべ、対句を多く用いる美文体。四六駢儷文。駢儷体。四六文。参考中国で、特に六朝時代から唐代にかけて盛んに行われた。李白の「春夜桃李の園に宴するの序」は、その典型とされる。

し-ろく【四緑】陰陽道で、九星の一つ。木星。本位は東南。⇩九星

しろ-くま【白熊】〘動〙北極地方にすむクマ科の猛獣。大形のクマで、全身白色。成長すると黄色みをおびる。魚やアザラシなどを捕食する。北極熊。冬

しろ-くりげ【白栗毛】馬の毛色で、うすく黄ばんだ栗色。

しろ-くろ【白黒】①白と黒。「目を―させる(=驚いて、または苦しんで目をきょろきょろさせる)」②物事のよしあし。是と非。無罪と有罪。黒白。「―をはっきりさせる」③写真・映画などで、色彩のついていないもの。モノクローム。「―映画」

しろ-こ【白子】↓しらこ②

しろ-ざけ【白酒】白くて濃厚な、甘味の強い酒。蒸したもち米・こうじを味醂または焼酎と混ぜて発酵させたあと、すりつぶして作る。ひな祭りに供える。春

しろ-ざとう【白砂糖】― 精製した白色の砂糖。

しろ-じ【白地】― 布などの地色の白いこと。また、その物。夏

しろ-した【白下】(白砂糖にする前の下地の意)半流動性の粗製の砂糖。白下糖。

しろしめ・す【知ろし食す】(他四)〘古〙(「しらしめす」の転)①お治めになる。②お知りになる。

しろ-しょうぞく【白装束】― 白ずくめの服装。また、その服装をしていること。神事や凶事に多く用いられる。

しろ-じろ【白白】(副)いかにも白いさま。「―(と)した雪原」

じろ-じろ(副)目を離さないで無遠慮に見つめるさま。「人の顔を―(と)見る」

しろ-ずみ【白炭】①胡粉・石灰などで白く色をつけた、茶の湯で用いる枝炭。②↓かたずみ

しろ-た【代田】田植え前の田。田植えの準備のできた田。夏

しろ-たえ【白妙・白栲】― ①カジノキの皮の繊維で織った白い布地。②白い色。「―の布」

しろ-タク【白タク】〘俗〙白いナンバープレートの自家用車で、無認可のタクシー営業をするもの。

しろたへ-の【白妙の・白栲の】―〘枕〙「衣」「そで」「たもと」「ひも」「帯」「たすき」「雲」「雪」「波」などにかかる。

シロップ〈オランダ siroop〉砂糖や水あめを煮つめた液。また、それに果汁や香料などを加えた液。

しろ-っぽ・い【白っぽい】(形) カロ・カッ(ク)・イ・イ・ケレ・○ ①白みがかっている。白みを帯びている。②しろうとくさい。

しろ-つめくさ【白詰草】〘植〙マメ科の多年草。葉は卵形をした三枚の複葉。春から夏に白色の花を球状につける。牧草・肥料用。つめくさ。クローバー。オランダゲンゲ。春 参考四つ葉のものは幸運を呼ぶといわれる。

しろ-なまず【白癜】―〘医〙皮膚色素の欠乏により大小の白い斑紋ができる皮膚病。尋常性白斑。しらはだ。

しろ-ナンバー【白ナンバー】〘俗〙(白いナンバープレートであることから)自家用車の俗称。また、そのナンバープレート。

しろ-ぬき【白抜き】染色や印刷で、地色を白く抜いて文字や図形を示すこと。また、そうした文字や図形。

しろ-ねずみ【白鼠】①毛色の白いネズミ。大黒天の使いといわれた。大黒ねずみ。②〘動〙ネズミ科の哺乳動物。ドブネズミの改良品種で、ふつうは全身白色。体長は約二〇センチメートル。実験用。ラット。③主家に仕える忠実な使用人・番頭など。↔黒ねずみ 語源③は、①が大黒天に仕えたという言い伝えから。また、①の鳴き声が「ちゅう」であることからともいう。

しろ-ねり【白練り】①白い練り絹。②白い練り羊羹。

しろ-バイ【白バイ】おもに交通取り締まりにあたる警察官が乗る、白く塗ったオートバイの俗称。はじまり一九一八(大正七)年、警視庁で誕生した赤色のオートバイ(赤バイ)が前身、

一九三六(昭和十一)年に白に変更されたのが最初。

しろ-はた【白旗】→しらはた①

しろ-ば・む【白ばむ】(自五)マ(モ)・ミ(ン)・ム・ム・メ・メ 白みを帯びる。

しろ-ぶどうしゅ【白△葡△萄酒】ブダウシュ 透明に近い淡黄色のぶどう酒。果皮やその他の搾りかすを除いたぶどう果汁を醸造したもの。白ワイン。⇩赤葡萄酒

しろ-ぼし【白星】①白くて丸形または星形のしるし。②相撲の星取り表で、勝ちを表すしるし。転じて、勝つこと。手柄。成功。「—をあげる」(↔黒星)

シロホン〈xylophone〉〘音〙木琴もっきん。シロフォン。

しろ-み【白身】①卵のなかみの透明な部分。卵白。↔黄身 ②魚肉・獣肉の白い部分。また、肉が白い色の魚。↔赤身 ③材木の白い部分。辺材。白太しらた。↔赤身

しろ-みず【白水】ミヅ 米をとぐときに出る、白くにごった水。

しろ-みそ【白味△噌】こうじを多く使い、塩を少なく、熟成期間を短くして作ったみそ。色が白くて甘い。

しろ-みつ【白蜜】①白砂糖を煮つめたみつ。②(黒砂糖のみつに対して)はちみつ。

しろ-むく【白無△垢】上着から下着まで白一色の着物。「—の花嫁衣装」

しろ-め【白目】①眼球の白い部分。「—をむく」↔黒目 ②冷淡な目つき。白い目。白眼はくがん。「人を—で見る」

しろ-め【白△鑞】錫すずと鉛との合金。錫の接着や銅の容器のさび止めなどに用いた。

しろ-もの【代物】①商品。品物。②代金。③ある評価の対象となる、人や物。「世に二つとない—」「困った—」

しろもの-かでん【白物家電】冷蔵庫・洗濯機・エアコン・電子レンジなどの家庭用電気製品の総称。参考当初は白色の製品が多かったことによる。

じろり-と(副)目玉を動かして鋭く見るさま。けわしい目つきでにらむさま。じろっと。「—にらむ」

し-ろん【史論】歴史に関する評論・理論。

し-ろん【至論】だれもが納得する至極もっともな意見。

し-ろん【私論】個人的な意見・論説。「—をひかえる」

し-ろん【詩論】詩に関する評論・理論。

し-ろん【試論】①試みに述べた論説。②小論。

じ-ろん【持論】ヂ 日ごろから主張している意見。持説。

じ-ろん【時論】①その時代の世論。②時事に関する議論。

しわ【△皺・△皴】(皮膚・紙・布などの)表面がたるんだりちぢんだりしてできた細かい筋目。「—が寄る」「—になる」

し-わ【史話】歴史・史実に関する話や随想的評論。

し-わ【私話】ひそひそばなし。私語。内緒話。

し-わ【詩話】詩や詩人に関する話・評論。

しわ・い【△吝い】(形)カロ・カツ(ク)・イ・イ・ケレ・○ けちである。しみったれだ。文しわ・し(ク)

しわがれ-ごえ【△嗄れ声】シハガレゴエ かれた声。しゃがれ声。

しわが・れる【△嗄れる】シハガル (自下一)レ・レ・レル・レル・レレ・レロ(レヨ) 声がかれたようになる。しゃがれる。文しはが・る(下二)

しわ-くちゃ【△皺くちゃ】(形動ダ)ダロ・ダッ(デ・ニ)・ダ・ナ・ナラ・○ ひどくしわが寄っているさま。「顔を—にして笑う」「—なズボン」

し-わけ【仕分け・仕訳】(名・他スル)①品物などを用途・性質などの種類別に分けること。分類。「手紙を県別に—する」②〘商〙簿記で、取り引きをその性質によって借方・貸方に分け、さらにそれぞれを適当な勘定科目に分けて記入すること。

し-わ・ける【仕分ける】(他下一)ケ・ケ・ケル・ケル・ケレ・ケロ(ケヨ) 種類別に分ける。分類整理する。「郵便物を—」文しわ・く(下二)

し-わざ【仕業】したこと。行い。「だれの—だろう」用法多くはありがたくない、非難したくなるようなよくない行いをいう。

じわ-じわ(副)①物事がゆっくりと確実に進んでいくさま。「—(と)人気が出る」「—(と)追いつめる」②水などが少しずつしみ出るさま。「汗が—(と)出る」

しわす【師走】シハス 陰暦の十二月。太陽暦の十二月についてもいう。冬 参考常用漢字表付表の語。

じわっ-と(副)ゆっくりと進行したり力が加わったりするさま。また、液体がにじみ出るさま。じわりと。「—汗がにじむ」

しわ-のばし【△皺伸ばし】(名・自スル)①しわをのばすこと。②老人の気晴らし。「—に落語を聞く」

しわ-ばら【△皺腹】しわの寄った、老人の腹。「—を切る」

しわ-ぶき【△咳(き)】シハ せき。せきばらい。冬

しわ-ぶ・く【△咳く】シハ (自五)カ(コ)・キ(イ)・ク・ク・ケ・ケ せきをする。せきばらいをする。

しわ-ほう【指話法】ハフ 指で文字の形などを表して話をする方法。耳の不自由な人との対話などに用いる。

しわ-ほう【視話法】ハフ 発音の際の口の動きやのどの運動を図に表し、発音法を習わせる方法。発音障害者に行う。

しわ・む【△皺む】(自五)マ(モ)・ミ(ン)・ム・ム・メ・メ しわが寄る。しわだつ。しなびる。他しわ・める(下一)

しわ・める【△皺める】(他下一)メ・メ・メル・メル・メレ・メロ(メヨ) しわを寄せる。自しわ・む(五)文しわ・む(下二)

しわ-よせ【△皺寄せ】(名・他スル)①しわを寄せること。②ある物事の結果生じた矛盾や不利な点を他に押しつけること。また、そのようにして及んだ悪影響。「円高の—をくう」

じ-わり【地割(り)】ヂ (名・自他スル)土地を割り振ること。地所の区画。「宅地の—」「露店の—」

じわり(副)物事が少しずつ進行したり、圧迫したりするさま。「—と攻め寄る」

しわ・る【△撓る】(自五)ラ(ロ)・リ(ッ)・ル・ル・レ・レ 弾力のあるものが、力を加えられてたわむ。折れずに柔らかにしなう。「雪で枝が—」

じ-われ【地割れ】ヂ (日照り・地震などのため)地面に割れ目ができること。また、その割れ目。

しわん-ぼう【△吝ん坊】バウ けちんぼう。しみったれ。

し-をり【枝折り・△栞】しおり (古)→しおり(枝折り)

し-を・る【枝折る・△栞る】しおる (他四)(古)木の枝を折って道しるべとする。転じて、道案内をする。

しん【心】教2 シン こころ　丶 心 心 心

(字義)①こころ。精神。意識。思慮。「心境・心情・心理・虚栄心・虚心・人心・善心・童心・本心・野心」②心臓。「心肝・心悸しんき・心筋・強心剤」③本心。まごころ。「衷心」④まん中。まん中にあるもの。重要な部分。「心髄・心棒・核心・中心」難読心許こころばかり・心算つもり・心太ところてん 人名きよ・ご・ごり・さね・し・なか・み・むね・もと

しん【心】①こころ。精神。②本心。また、本性。「—からほれる」「—の強い人」③中心。まん中にあるもの。「バットの—」④鉛筆の中にあって物を書く部分。⑤衣服の形くずれを防ぐために布の中に入れるもの。参考②以下は「芯」とも書く。

しん【申】教3 シン㊥ もうす・さる・のびる　丨 冂 日 日 申

(字義)①もうす。述べる。申し上げる。「申告・申請・具申・上申・追申・内申」②のびる。のばす。=伸。「屈申」③十二支の第九。さる。時刻では今の午後四時ごろ、方位では西南西。難読申楽さるがく・庚申こうしん 人名あきら・しげる・のぶ・み・もち

しん【伸】シン㊥ のびる㊥・のばす㊥・のべる㊥　亻 亻 仴 伯 伸

(字義)①のびる。のばす。引きのばす。「伸長・伸張・屈伸」↕屈・縮 ②述べる。「追伸」［人名］ただ・のぶ・のぶる・のぼる・ひろむ

しん【臣】㊇4 シン・ジン おみ
(字義)①家来。しもべ。「臣下・臣妾・臣道・家臣・奸臣・旧臣・近臣・功臣・重臣・人臣・忠臣」②たみ。人民。「臣民」［人名］お・おか・おん・きむ・きん・しく・しげ・たか・とみ・み・みつ・みる

しん【臣】㊀(名)主君に仕える者。家来。㊁(代)主君に対して臣下が自分をいう語。「―が忠節の心」

しん【芯】シン㊥
(字義)①物の中心部分。②ほそい(細藺)。イグサ科の多年草。とうしんぐさ。灯火のしんに用いる。また、そのしん。

しん【身】㊇3 シン み
(字義)①み。からだ。肉体。「身軀・身心・身体・渾身・全身・長身・病身」②われ。おのれ。みずから。「身計・身代・献身・自身・修身・単身・分身・立身」③世。「後身・前身」［難読］身上・身柱・身動ぐ・身形・身罷る ［人名］これ・ただ・ちか・のぶ・みる・もと・よし

しん【辛】シン㊥ からい㊥・つらい・かのと
(字義)①からい。からみ。「香辛料・酸辛」②つらい。苦しい。「辛艱・辛苦・辛抱」③十干の第八。かのと。「辛亥革命」［難読］辛夷・辛辣

しん【辰】人 シン たつ
(字義)①日。日がら。時。「佳辰・嘉辰・吉辰・良辰」②日・月・星の総称。特に星。「辰宿・三辰・星辰・北辰」③十二支の第五。たつ。時刻では今の午前八時ごろ、方位では東南東。［人名］とき・のぶ・のぶる・よし

しん【信】㊇4 シン まこと
(字義)①まこと。うそを言わないこと。「信義・信実・忠信・背信」②疑わない。㋐相手を信じて疑わない。「信用・信頼」㋑自分を信じて疑わない。「信条・信念・確信・自信」③信仰する。「信心・狂信・篤信・迷信」④しるし。「信号」⑤たより。手紙。「信使・信書・音信・花信・書信・電信・来信」⑥「信濃の国」の略。「信越・信州」［難読］信天翁 ［人名］あき・あきら・こと・さだ・さね・しげ・しの・ただ・ちか・とき・とし・のぶ・のぼる・まさ・みち

しん【信】①人をあざむかないこと。②疑わないこと。信頼すること。「―をおく」③信仰すること。信心。「―をおこす」
―を問う 信用または信任するかどうかを尋ねる。「選挙で国民の―」

しん【侵】シン㊥ おかす㊥
(字義)おかす。㋐すすむ。しだいにはいりこむ。「侵食」㋑他の領分にはいる。他の主権を害する。かすめとる。「侵害・侵入・侵犯・侵略・不可侵・来侵」

しん【津】シン㊥ つ
(字義)①つ。㋐みなと。船着き場。㋑渡し場。②岸。がけ。③しる。つば。「津液」④あふれる。「興味津津」⑤うるおう。［難読］津浪 ［人名］みち・みなと

しん【神】㊇3【人 神】シン・ジン かみ・かん㊥・こう㊥
(字義)①かみ。㋐天の神。天地万物を支配する宗教的な存在。神の総称。「神人・神体・神霊・海神・鬼神・七福神・水神・天神・雷神」㋑人知でははかり知ることのできない霊妙なはたらき。「神技・神通力・神速・神秘・入神」②こころ。精神。「神経・神髄・失神・放神」③「神戸」の略。「阪神」［難読］神憑り・神無月・神嘗祭・神神しい・神馬・神佑・神籬・神酒・神子・神輿 ［人名］か・かむ・きよ・しの・たる・みわ

しん【神】①人知でははかり知れない霊妙なはたらき。「―に入った技」②精神。「―を悩ます」

しん【唇】シン㊬ くちびる㊥
(字義)くちびる。「唇音・唇歯・口唇・紅唇・朱唇・丹唇」［参考］もと「脣」がくちびるの意で、「唇」は驚く意であったが、通じて用いる。

しん【娠】シン㊥ はらむ
(字義)はらむ。みごもる。「妊娠」

しん【振】シン㊥ ふる㊥・ふるう㊥・ふれる㊥
(字義)①ふる。ふり動かす。「振鈴・三振」②ふるう。㋐揺れ動く。「振子・振動」㋑盛んになる。「振興・不振」㋒おののく。「振駭」③むかし。「振古」［人名］おさむ・とし・のぶ・ふり

しん【晋】人 シン すすむ
(字義)前に進む。進みでる。「晋謁」［人名］あき・くに・し・じ・すす・のぶ・ひろし・ゆき

しん〔晋〕〘世〙中国の国名。①周代の諸侯の国。韓・魏・趙の三国に分かれた。(前一一〇六〜前三七六) ②司馬炎が魏を滅ぼして建てた国。西晋。(二六五〜三一六) ③司馬睿が西晋の滅亡後江南に移って建てた国。東晋。(三一七〜四二〇) ④五代のとき、石敬瑭が建てた国。後晋または石晋という。(九三六〜九四六)

しん【浸】シン㊥ ひたす㊥・ひたる㊥
(字義)①ひたす。水につける。ひたる。水につかる。「浸漬・浸水」②しみる。水がしみこむ。「浸潤・浸透」③しだいに。「浸漸」［参考］「滲」の書き換え字として用いる。

しん【真】㊇3【人 眞】シン ま・まこと
(字義)①まこと。ほんとう。うそやいつわりがない。正しい。「真実・真理・正真・迫真」②自然のまま。生まれつき。「真性・純真・天真」③書法の一つ。楷書。「真書・真行草」［難読］真田・真摯・真逆・真砂・真面目・真魚・真似 ［人名］あき・あつし・さだ・さね・ただ・ただし・ちか・なお・まき・まさ・ます・まな・み・みち・よし

しん【真】①本物。まこと。「―に迫る」②楷書。「―行草」

しん【秦】人 シン はた
(字義)応神天皇の時代に機織りを伝えて帰化した漢民族の子孫に与えられた姓。［難読］秦皮 ［人名］しげ

しん〔秦〕〘世〙中国の国名。①戦国時代の七雄の一つ。前二二一年始皇帝がはじめて天下を統一したが、三代一五年で滅亡。②前秦。五胡十六国の一つ。(三五一〜三九四) ③後秦。五胡十六国の一つ。(三八四〜四一七) ④西秦。五胡十六国の一つ。(三八五〜四三一)

しん【針】㊇6 シン はり
(字義)はり。㋐ぬいばり。「運針・針小棒大」㋑医療用のはり。=鍼。「針灸・針術」㋒はりのように細く先のとがったもの。「針葉樹・磁針・秒針」［難読］針魚・針槐・針孔

しん【晨】(人) シン とき・あした (字義) ①二十八宿の一つ。房星の別名。②とき。時刻。③あした。あさ。夜明け。④鶏が夜明けを告げる。「晨起・晨鐘・晨旦・晨夜・早晨・霜晨」「晨牝・晨婦」 人名 あき・あきら・とよ

しん【深】 教3 シン ふかい・ふかまる・ふかめる (字義) ふかい。㋐水がふかい。「深淵・深海」㋑おくふかい。「深奥・深山」㋒内容のある。「深意・深遠」㋓ねんごろな。こまやかな。「深契・深情」㋔はなはだしい。「深秀・深憂」㋕濃い。「深紅・深緑」㋖夜がふける。「深更・深夜」㋗あさはかでない。「深重」《↔浅》 難読 深沓・深山・深雪 人名 じん・とお・ふかし・み

しん【紳】 シン 中 (字義) ①ふとい帯。高貴の人が礼装に用いる帯。「縉紳」②身分の高い人。「紳商・貴紳」③教養のある人。「紳士」 人名 のぶ

しん【進】 教3 シン すすむ・すすめる (字義) すすむ。㋐前にすすむ。前にでる。「進行・進出・行進・前進・突進・猛進」↔退 ㋑のぼる。下から上にあがる。「進級・栄進・昇進・特進」㋒よくなる。向上する。業績があがる。「進化・進境・進捗・進歩・日進・躍進」㋓ささげる。たてまつる。「進上・進呈」㋔申し上げる。「進言・勧進」㋕推薦する。「進賢・進士」 人名 す・すすみ・なお・のぶ・みち・ゆき

しん【森】 教1 シン もり (字義) ①樹木のしげるさま。「森森」②樹木の多いこと。転じて、物の多いこと。「森林・森羅万象」③おごそかなさま。「森厳」④しずかなさま。「森閑」 人名 しげる・ひろし

しん【診】 シン 中 みる 中 (字義) みる。病状をしらべる。「診察・診療・往診・回診・検診・打診・来診」 人名 み

しん【寝】【寢】(人) シン 中 ねる 中・ねかす 中 (字義) ①ねる。横になる。病気で床につく。「寝食・寝息・仮寝・午寝・就寝」②へや。居室。「寝殿・正寝・内寝」 難読 寝穢い・寝刃

しん【寝】 ねむり。寝ること。「―に就く」

しん【慎】【愼】(人) シン 中 つつしむ 中 (字義) つつしむ。㋐うやうやしくする。「慎言・慎重・謹慎」㋑いましめる。「戒慎」 人名 しず・ちか・のり・まこと・みつ・よし

しん【新】 教2 シン あたらしい・あらた・にい (字義) ①あたらしい。あらた。あたらしいもの。「新穀・新年・新緑・最新・斬新」②あらたに。はじめて。「新刊・新参・新生・新設」③あらたにする。あらためる。「一新・革新・刷新」 難読 新墾田・新巻き・新地・新湯・新発意・新羅・新嘗祭 人名 あきら・すすむ・ちか・はじめ・よし・わか

しん【新】 ①新しいこと。また、新しいもの。②(「新暦」の略)太陽暦。「―の正月」↔旧

しん〔新〕《世》中国の国名。王莽が前漢を倒して建国。豪族・農民の反乱の中で滅亡。(八〜二三)

しん【榛】(人) シン はしばみ (字義) ①はしばみ。カバノキ科の落葉低木。②雑木がむらがり生える。また、そのさま。＝蓁。「榛荊・榛荒・榛榛・榛叢・榛蕪・榛穢・棘榛」③やぶ。雑木林。「榛莽・榛草」④はんのき。はりのき。カバノキ科の落葉高木。 人名 はり・はる

しん【槇】【槙】(人) シン・テン まき (字義) ①まき。マキ科の常緑高木。②こずえ。

しん【賑】(人) シン にぎわう (字義) ①にぎわう。富む。栄える。「殷賑・富賑」②にぎわす。恵む。貧しいものに施しをする。「賑救・賑恤・施賑」

しん【審】 シン 中 つまびらか (字義) ①つまびらか。くわしい。「審正・詳審・精審」②つまびらかにする。㋐しらべて明らかにする。「審議・審理」㋑しらべただす。正・不正を見分ける。「審査・審判・審美眼・審問・球審・主審」 人名 あき・あきら

しん【請】(字義)→せい(請)

しん【震】 シン 中 ふるう 中・ふるえる 中 (字義) ①ふるう。㋐ふるえる。雷がひびき万物がふるえる。「震響・震動・雷震」㋑大地がゆれ動く。「震災・激震・地震・微震」②ふるえおそれる。おののく。「震駭・震撼」 人名 おと・なり・なる・のぶ

しん【薪】 シン 中 たきぎ 中 (字義) ①たきぎ。まき。「薪水・薪炭・臥薪嘗胆」②しば。雑木。雑草。

しん【親】 教2 シン・おや・したしい したしむ・みずから (字義) ①おや。父母。「親子・親権・親父・両親」↔子 ②みうち。血縁関係にあるもの。「親戚・親類・近親・肉親・六親」③したしい。むつまじい。仲よくつきあう。「親愛・親交・親善・親睦・親密・懇親・和親」↔疎 ④みずから。㋐自分から。自分で。「親書・親展」㋑天子みずからすることに用いる語。「親耕・親政」 難読 親族・親仁・親不知 人名 いたる・ちか・ちかし・なる・み・みる・もと・よしみ・より

しん【親】 ①親しいこと。親しみ。②身内。近親者。「大義―を滅す」

―は泣き寄り、他人は食い寄り (通夜や葬儀に、血縁の者は死者をいたんでやってくるが、他人は酒食のもてなしを目あてにやってくるということから)肉親は何事にも誠意をもって助けてくれるが、他人は当てにならないということ。

しん〔清〕《世》中国最後の王朝。一六一六年、女真人(満州族)が建て、はじめ後金と称し、一六三六年から清と号した。一六四四年、明の滅亡後北京に入城し、のち中国全土を統一した。アヘン戦争以後動揺し、辛亥革命によって一九一二年、一二代で滅んだ。

じん【人】 教1 ジン・ニン ひと (字義) ①ひと。人間。「人口・人心・人相・悪人・賢人・古人・商人・成人・仙人・善人・美人」②ひとがら。性質。「人格・人品」③たみ。庶民。「人民」④下位の官吏。位の低い役人。家来。⑤人々の。「人役・人君・人主・人臣」⑥人の形をしたもの。「人魚・人形」 難読 人怖じ・人攫い・人魂・人伝 人名 きよ・さね・たみ・と・に・ひとし・ふと・むと・め

-じん【人】(接尾)人を職業や国籍・出身地などによって呼ぶときに用いる語。「経済―」「アメリカ―」「信州―」

じん【刃】 ジン 高・ニン は 中・やいば

(字義)①は。やいば。はもの。武器。「凶刃・堅刃・刀刃・白刃」②きる。きりころす。「刃傷(にんじょう)・自刃」

じん【仁】 教6 ジン・ニ㊥・ニン

(字義)①思いやり。いつくしみ。「仁愛・仁慈・寛仁」②儒家思想でいう人道の根本。他を思いやり、いつくしむ徳。「仁義・仁徳(じんとく・にんとく)・至仁」③ひと。「御仁(ごじん)」④果実の核の内部。「杏仁(きょうにん・あんにん)」 難読 仁王(におう) 人名 きみ・きむ・さと・さね・しのぶ・ただし・と・とよ・のり・ひさし・ひと・ひとし・ひろし・まさ・まさし・み・めぐみ・やすし・よし

じん【仁】 ①儒教の理想で、いっさいの諸徳の根元であるまごころと慈愛を内容とする美徳。②思いやり。情け深いこと。「―の心が厚い」③ひと。「りっぱなご―」④〘動・植〙細胞の核内にある小体。

じん【壬】 人 ジン・ニン みずのえ (字義)①みずのえ。十干の第九。②はらむ。③へつらう。「壬人(じんじん)」④大きい。 人名 あきら・つぐ・み・みず・よし

じん【壬】 十干の第九。みずのえ。

じん【尽】【盡】 人 ジン㊥ つくす㊥・つきる㊥・つかす㊥・ことごとく

(字義)①つくす。あますことなく出しつくす。「尽善・尽力・蕩尽(とうじん)」②つきる。なくなる。「尽年・竭尽(けつじん)」③ことごとく。すべて。全部。「一網打尽」④みそか。つごもり。「尽日」 人名 じ

じん【迅】 ジン㊥ はやい

(字義)①はやい。すみやか。「迅疾(じんしつ)・迅速・軽迅」②はげしい。「迅雷・獅子奮迅(ししふんじん)」 人名 とき・とし・はや

じん【臣】 (字義)→しん(臣)

じん【甚】 ジン高 はなはだ㊥・はなはだしい㊥

(字義)はなはだしい。はなはだ。非常な。「甚大・甚適・劇甚・幸甚・深甚」 人名 しげ・たね・とう・ふか・やす

じん【神】 (字義)→しん(神)

じん【訊】 人 ジン・シン たずねる・とう (字義)①たずねる。とう。問いただす。問い調べる。おとずれる。「訊責・訊問・問訊」②つげる。いさめる。③とがめる。④たより。「音訊」⑤治める。

じん【陣】 ジン(ヂン)㊥

(字義)①軍隊の配置。軍隊の行列。「陣容・陣列・堅陣・布陣」②軍隊・兵士などのいる所。「陣営・陣地」③いくさ。戦争。戦場。「陣雲・出陣・戦陣」④ひとしきり。にわか。「陣痛・一陣」 人名 つら・ぶる

じん【陣】 ヂン ①軍勢を配置している所。また、その配置。「背水の―」「―を構える」②いくさ。「大坂冬の―」③一つの集団。「報道―」

じん【尋】 ジン㊥ たずねる㊥・ひろ

(字義)①たずねる。㋐さがし求める。たずねきわめる。「尋繹(じんえき)・尋究・温尋」㋑ききただす。「尋問」㋒おとずれる。「訪尋」②ひろ。両手を左右にひろげた長さ。中国では八尺、日本では六尺(約一・八二メートル)。「千尋・万尋」③つね。なみの。ふつうの。「尋常」 人名 ちか・つね・のり・ひさ・ひつ・ひろし・みつ

じん【稔】 人 ジン・ネン・ニン みのる (字義)①みのる。みのり。②穀物が一度みのる期間。一年。「五稔」 人名 しん・とし・なり・なる・なるみ・のり・み・みね・ゆたか

じん【腎】 ジン㊥

(字義)①腎臓。五臓(心・腎・肝・肺・脾(ひ))の一つ。「腎盂(じんう)・腎炎・腎腸・副腎」②かなめ。たいせつなところ。「肝腎」

ジン〈gin〉洋酒の一種。トウモロコシ・大麦・ライ麦などを原料として、ネズ(=ヒノキ科の常緑低木)の果実などで香味をつけた、アルコール度の強い蒸留酒。「―トニック」

しん-あい【信愛】 ■(名・他スル)信じて、いつくしむこと。■(名)信仰と愛。

しん-あい【親愛】 (名・形動ダ・他スル)親しみ愛するさま。人に親しみを感じ、愛情をいだいているさま。「―の情」「―なる友」

じん-あい【仁愛】 他人にかけるめぐみ。いつくしみ。思いやり。

じん-あい【塵埃】 ヂン ①ちりやほこり。②けがれたこの世。俗世間的なもの。「世の―を逃れる」

しん-あん【新案】 新しい考案。新しいくふう。また、それによってできたもの。「実用―」「―特許」

しん-い【心意】 こころ。意思。

しん-い【神威】 ヰ 神の威光・力。「―をおそれる」

しん-い【神異】 人間わざでないふしぎなこと。「―が現れる」

しん-い【神意】 神のこころ。神のおぼしめし。神慮。

しん-い【真意】 ①ほんとうの気持ち。「相手の―をさぐる」「―をはかりかねる」②ほんとうの意味。「事の―を明らかにする」

しん-い【深意】 内に秘められた深い意味。「―を悟る」

しん-い【瞋恚】 〘仏〙激しく怒り憎むこと。忿怒(ふんぬ)。三惑・三毒・三煩悩・十悪の一つ。瞋恚(しんに)。「―の炎(ほむら)」

じん-い【人為】 ヰ 人間のすること。人間のしわざ。「―の及ばぬ世界」

―てき【―的】 (形動ダ)ダロ・ダッ(デ)・ニ・ダ・ナ・ラ・○ 自然のままでなく、人の手が加わるさま。「―に雪を降らす」「―な災害」

―とうた【―淘汰】 タウ 生物を長年月にわたって飼育・栽培し、品種改良の目的にかなった形質をそなえたものだけを選び残していくこと。人為選択。↔自然淘汰

しん-いき【神域】 ヰキ 神社の区域内。神社の境内。

しん-いき【震域】 ヰキ 地震の際に、震動を感じる区域。

しん-いり【新入り】 新たに仲間にはいること。また、はいった人。新参。「―の部員」

しん-いん【心因】 疾患・障害などの原因のうち、心理的・精神的な面の原因。「―性の胃腸障害」

しん-いん【神韻】 ヰン 詩文などの芸術作品がもつ、人間わざとは思えないすぐれたおもむき。「―を帯びた作品」

―ひょうびょう【―縹渺】 ヘウベウ (タル)(「縹渺」は広くて果てしないさまの意)芸術作品などが、高いおもむきをもち、きわめてすぐれているさま。文(形動タリ)

しん-いん【真因】 (事件などの)ほんとうの原因。「―を探る」

じん-いん【人員】 ヰン ある集団を構成する人数。あたまかず。「―整理」「―をそろえる」

じん-う【腎盂】 〘生〙腎臓の中にあり、尿管の上端の扇状に広がっている部分。尿を膀胱(ぼうこう)へ送る。「―炎」

しん-うち【真打〔ち〕】 落語・講談などの寄席(よせ)で、最後に出演する、最も芸のすぐれた人の称。また、落語家・講談師などの最高の資格。「―昇進披露」

しん-うん【進運】 進歩・向上に向かう傾向。「国家の―」

しん-えい【真影】 実物そのままにうつした肖像。特に、写真。「祖師の―」「御―」

しん-えい【新鋭】 新しく進出して勢いの鋭く盛んなこと。また、その人や物。新進気鋭。「期待の―」↔古豪

しん-えい【親衛】 エイ 天子・国家元首などの身辺を護衛する

こと。「―隊」

じん-えい【人影】 人の姿。人かげ。

じん-えい【陣営】 ①陣地。陣。「味方の―」②対立する勢力の一方の側。また、その集まり。「保守―と革新―」

しん-えつ【親閲】（名・他スル）最高の地位の者が直接検閲・閲兵すること。「―式」

しんえつ【信越】 信濃と越後。長野・新潟県地方。

しん-えん【心猿】【仏】（猿がわめき騒ぐのは制しがたいことから）欲情・煩悩のおさえがたいこと。⇒意馬心猿

しん-えん【神苑】 神社の境内。また、そこにある庭園。

しん-えん【深淵】 ①深いふち。②（比喩的に）物事の奥深い所。「人生の―をのぞく」

―に臨む 深いふちの上にさしかかったときのように、危険な事態に直面する。「深淵に臨み薄氷を踏む心地」

しん-えん【深遠】（名・形動ダ）内容や意味が、はかり知れないほど奥深いこと。また、そのさま。「―な思想」「―な意義」

じん-えん【人煙】 ①人家のかまどから立つけむり。「―まれなる奥地」②人の住んでいるけはい。

じん-えん【腎炎】【医】腎臓の炎症性疾患。腎臓炎。

しん-おう【心奥】 心の奥底。「―の思い」

しん-おう【深奥】（名・形動ダ）奥深いこと。また、そのさま。深遠。また、奥深い所。「学問の―を究める」

しん-おう【震央】【地質】地震の震源の真上の地点。

じん-おく【人屋】 人の住む家。人家。

しん-おん【心音】【生】心臓の鼓動する音。

しん-おん【唇音】 くちびるで空気の流れを調節する発音。両唇音（p・b・m・w）と歯唇音（f・v）とがある。

しん-か【心火】 火のように激しく燃えたつ感情・心。怒り・嫉妬・憎しみなど。「―を燃やす」

しん-か【臣下】 主君に仕える者。家来。

しん-か【神火】 ①人知をこえた不思議な火。②神社などで、清浄な火。

しん-か【神歌】 ①神の徳をたたえる歌。②今様の一種。平安時代から鎌倉時代に行われた神に関する内容の謡物。

しん-か【真価】 ほんとうの値うち。「―を発揮する」「―を問う」

しん-か【深化】（名・自他スル）物事の程度が深まること。また、深めること。「両国の対立が―する」「思索の―」

しん-か【進化】（名・自スル）①生物が長い年月の間に変化し、種類も多くなっていくこと。②事物がしだいに質的に向上していくこと。退行的な変化も含まれる。（↔退化）

―ろん【―論】 生物は単純な原始生物から長い年月を経て進化してきたという考え方。ダーウィンの説が知られる。

じん-か【人家】 人の住む家。「―が密集する」

シンカー〈sinker〉野球で、投手の投げたボールが、打者の近くで急に沈むように落ちる変化球。

シンガー〈singer〉歌手。声楽家。「ジャズ―」

―ソングライター〈singer-songwriter〉ポピュラー音楽で、自分で作詞・作曲をした歌を歌う歌手。SSW

しん-かい【深海】 ①深い海。②【海】水深二〇〇メートル以上の深さの海。「―魚」（↔浅海）

しん-かい【新開】 荒れ地を新たに切り開くこと。また、そうして切り開いた農地や宅地。

―ち【―地】 ①新しく切り開いた土地。②新しく開けて市街となった所。

しん-がい【心外】（名・形動ダ）予想や期待を裏切られて腹立たしく感じたり残念に思ったりすること。また、そのさま。「こんな結果になるとは―だ」

しん-がい【侵害】（名・他スル）他人の権利・利益などを不当に奪ったりそこなったりすること。「既得権―」「人権―」

しん-がい【震駭】（名・自スル）驚き恐れてふるえること。

じん-かい【人界】 人の世。人間世界。

じん-かい【塵芥】 ちりあくた。ごみ。「―処理場」

じん-かい【塵界】 けがれた世の中。俗世間。俗界。「―に身を置く」「―を離れた山里」

じん-がい【人外】 人の住む世界の外。「―境（＝俗世を離れた所）」

じん-がい【塵外】 世俗を離れた所。塵界の外。

じんかい-せんじゅつ【人海戦術】（波が寄せるように）多人数を次々に繰り出し、数の力で敵を圧倒する戦術。転じて、多人数を動員して物事を処理する方法。

しん-がお【新顔】 新たに仲間に加わった人。新しく出てきた人。「―の会員」「―の俳優」↔古顔

しん-かき【真書き】 楷書の細字を書くための穂先の細い筆。真書筆。

しん-かく【神格】 神の格式。また、神の地位・資格。

―か【―化】（名・他スル）ある人間や事物を神性のあるものとみなすこと。神化。「英雄を―する」

しん-がく【心学】 ①江戸時代、神・儒・仏の教えを調和・総合し、平易に説いた庶民的学問。石田梅岩らが唱えた。石門心学。②儒教の一派で、心を修養することを重視する学問。中国の哲学者、王陽明・陸象山らが唱えた。

しん-がく【神学】 キリスト教の教理・実践を研究する学問。

しん-がく【進学】（名・自スル）上級の学校に進むこと。「大学に―する」春

―こう【―校】 レベルの高い上級学校への進学のため、受験教育に重点を置いている学校。「県内有数の―」

じん-かく【人格】 ①人柄。人の品性。「―をみがく」②【心】知的な面と情意的な面を総合した、人間精神の全体的構造。「二重―」③自律的・道徳的な行為の主体としての個人。「―を無視する」④【法】法律上の権利・義務を有する主体。

―か【―化】（名・他スル）人間以外の事物を、あたかも感情や意志のある人間のようにみなすこと。擬人化。

―けん【―権】 生命・身体・自由・名誉・プライバシーなど、人格やそれにまつわる利益に関する権利。

―しゃ【―者】 人格のすぐれたりっぱな人。

―しゅぎ【―主義】 哲学や倫理学で、人格に絶対の価値をおく立場。

―しん【―神】 人格をそなえた神。神を擬人化したもの。日本やギリシャの神話の神々がその例。

じん-がさ【陣笠】 ①昔、足軽・雑兵などが陣中でかぶとの代わりにかぶった笠。また、それをかぶった人。②幹部をとりまく下っぱの党員や代議士。「―議員」

〔じんがさ①〕

しん-がた【新型・新形】 従来のものとは違う新しい型・形式。「―の車」

しん-がっこう【神学校】 キリスト教神学を研究し、教会の教職者を養成する学校。

しん-かなづかい【新仮名遣〔い〕】 →げんだいかなづかい

しん-かぶ【新株】【経】株式会社が増資のときに新しく発行する株式。子株。↔旧株

シンガポール〈Singapore〉マレー半島南端にある都市国家。島国で共和国。語源 サンスクリット語に由来し、「獅子の町」の意。

しん-から【心から】(副) 心の底から。本心から。「―喜ぶ」
しん-がら【新柄】 反物・服地などの新しい柄。
しん-がり【◦殿】(「後駆(しりがり)」の音便) ①軍隊が退却する際、その最後部にいて、敵の追撃を防ぐこと。また、その部隊。「―をつとめる」②隊列・序列・順番などの最後。「―に控える」
しん-かん【心肝】 ①心臓と肝臓。②心。心の底。「―に徹する」「―を寒からしめる(=恐怖を抱かせる)」
しん-かん【神官】―クワン 神社で、神をまつり神事にたずさわる人。かんぬし。神職。
しん-かん【信管】―クワン 弾丸・爆弾などを起爆させる装置。
しん-かん【◦宸△翰】 天子がみずから書いた文書。
しん-かん【新刊】 新しく書物を刊行すること。また、新しく刊行した書物。「―書」「―広告」
しん-かん【新歓】―クワン 新人・新入生を歓迎すること。「―コンパ」
しん-かん【新館】―クワン 従来の建物とは別に、新しく建てたほうの建物。↔旧館
しん-かん【震△撼】(名・自他スル) ふるえ動くこと。また、ふるい動かすこと。「世界を―させた大事件」
しん-かん【森閑・深閑】(タル)(ト) ひっそりと静まり返っているさま。「―とした屋敷」文(形動タリ)
しん-がん【心眼】 物事の真実の姿を鋭く見ぬく心のはたらき。「―を開く」「―に映る」
しん-がん【心願】―グワン 心の中で神仏に願いを立てること。また、その願い。「―を立てる」
しん-がん【真△贋】 本物とにせ物。「―を見分ける」
じん-かん【人間】 人との交わりの場。世間。社会。人間(にんげん)。
―到(いた)る所(ところ)青山(せいざん)あり(世の中、どこで死んでも骨を埋(うず)める場所はあるという意から)大望を成就するために故郷を出て大いに活躍するのがよい。人間(にんげん)到る所青山あり。
しんかん-かくは【新感覚派】〔文〕日本近代文学の一流派。大正末期から昭和初期にかけ、雑誌「文芸時代」によった横光利一(よこみつりいち)・川端康成(かわばたやすなり)らの一派で、表現技法の面にさまざまな、しかも大胆な工夫を試みて感覚の新しさを示した。
しん-かんせん【新幹線】 日本の鉄道幹線で、主要都市の間を高速で結ぶ鉄道。「東海道―」
しん-き【心気】 心もち。気分。「―をくだく」「―が衰える」
―しょう【―症】―シャウ〔医〕実際は病気でないのに、心身の不調で病気だと思い込んで不安になる状態。ヒポコンデリー。
しん-き【心△悸】〔生〕心臓の動き。心臓の鼓動。
―こうしん【―△昂進・―△亢進】―カウシン〔医〕心臓の鼓動が激しく速くなる状態。
しん-き【心機】 心のはたらき。心の動き。心もち。
―いってん【―一転】(名・自スル) 何かをきっかけとして気持ちが(よいほうに)すっかり変わること。「―してやり直す」
しん-き【辛気】(名・形動ダ) 心がはればれしないこと。また、そのさま。
―くさ・い【―臭い】(形) カロ・カッ(ク)・イ・イ・ケレ・○ 思いどおりにならなかったり、おっくうに感じられたりして気がめいるさま。くさくさするさま。「―仕事」文しんきくさ・し(ク)
しん-き【神気】 ①万物のもととなる気。②こうごうしいおもむき。「―が漂う」③心身の勢い。気力。④精神。心。
しん-き【神機】 人知でははかり知ることのできないようなすぐれたはかりごと。霊妙なはたらき。「―縦横」
しん-き【振起】(名・他スル) ふるいおこすこと。盛んにすること。
しん-き【新奇】(名・形動ダ) 変わっていて目新しく珍しいこと。また、そのさま。「―をてらう」「―な趣向」
しん-き【新規】 ■(名) ①新しい規則。②(多く「御新規」の形で)新しい客。■(名・形動ダ) 新しく事をすること。また、そのさま。「―採用」「―に購入する」
―蒔(ま)き直(なお)し 改めて最初からやり直すこと。「―をはかる」
しん-き【新△禧】 新年を祝うこと。新年の喜び。「恭賀(きょうが)―」
しん-ぎ【心木】 ①車の軸。心棒。②物事の中心となるもの。
しん-ぎ【心技】 精神面と技術面。「―一体」
しん-ぎ【神技】 人間の力では及ばないすぐれたわざ。神業(かみわざ)。
しん-ぎ【信義】 約束を守り、義務を果たすこと。「―に厚い」
しん-ぎ【真偽】 まことといつわり。ほんとうかうそか。「―を確かめる」
しん-ぎ【真義】 まことの意義。ほんとうの意味。
しん-ぎ【◦清規】〔仏〕禅宗で、寺内の日常生活における動作・作法をきめた規則。
しん-ぎ【審議】(名・他スル) 物事を詳しく調べ、その可否を討議すること。「―会」「議案を―する」
―かん【―官】―クワン 省庁で、所掌事務の一部を総括・整理する職員。
じん-き【人気】 →にんき(人気)②
じん-ぎ【仁義】 ①儒教で、道徳の根本とする仁(=慈愛の情)と義(=道理にかなうこと)。②人の踏み行うべき道。他人に対してなすべき礼儀。義理。「―を欠く」③(「辞儀」から転じて)㋐やくざ仲間などの間で初対面のときに行われる、特殊なあいさつ。「―をきる」㋑やくざや博徒の社会に特有の道徳・おきて。
じん-ぎ【神△祇】 天の神と地の神。天地の神々。天神地祇(てんじんちぎ)。「―官」
じん-ぎ【神器】「三種の神器」の略。しんき。
しんき-げん【新紀元】 新しい時代のはじまり。「―をひらく」
しんぎこう-は【新技巧派】―ギカウハ〔文〕日本近代文学の一流派。大正初期、第四次「新思潮」によった芥川龍之介(あくたがわりゅうのすけ)・菊池寛(きくちかん)・久米正雄(くめまさお)らを中心に、自然主義に対して表現の技巧を重視した。新思潮派。
しんき-じく【新機軸】―ヂク 今までのものとはまったく異なる新しい方法・計画・くふう。「―を打ち出す」
ジンギス-カン【成吉思汗】 →チンギスハン
―なべ【―鍋】 羊肉と野菜などを鉄なべにのせ、焼いて食べる料理。また、その料理に用いる鉄なべ。冬
しんぎ-たい【心技体】 武道やスポーツで重んじられる、精神・技術・体力の三つの要素。「―を兼ね備える」
しん-きゅう【進級】―キフ(名・自スル) 児童・生徒などの学年や、スポーツ・稽古事(けいこごと)などの等級が上へ進むこと。「―祝い」
しん-きゅう【新旧】―キウ ①新しいことと古いこと。新しいものと古いもの。「―交代の時期」②新暦と旧暦。
しん-きゅう【△鍼△灸・針△灸】―キウ はりと灸(きゅう)。「―術」
シンギュラリティー〈singularity〉人工知能が人間の知能と融合、または追い越す転換期。技術的特異点。
しん-きょ【新居】 新しい住居。新宅。「―を構える」↔旧居
じん-きょ【腎虚】 漢方の病名。房事過多などにより、腎水(=精液)が枯渇しておこる衰弱症。
しん-きょう【心境】―キャウ その時々の気持ち・心の状態。「―に変化をきたす」「複雑な―」「―を語る」
―しょうせつ【―小説】―セウセツ〔文〕作者が日常生活をもとにして、その心境を描いた一人称形式の小説。
しん-きょう【信教】―ケウ ある宗教を信仰すること。「―の自由」参考「信教の自由」は、どのような宗教を信じても自由であり、そのために差別や迫害を受けないこと。基本的人権の一つ

で、日本では憲法第二〇条で保障されている。

しん-きょう【神橋】神殿や神社の境内などにかけた橋。

しん-きょう【神鏡】｜ ①三種の神器の一つである八咫鏡(やたのかがみ)。②神霊としてまつる鏡。

しん-きょう【進境】｜ 進歩・上達のぐあいや程度。また、進歩して到達した境地。「―著しい」

しん-きょう【新教】｜〔基〕「プロテスタント」の日本での通称。↔旧教

しん-ぎょう【心経】｜ →はんにゃしんぎょう

じん-きょう【人境】人が住んでいる所。人里。

じん-きょう【仁侠・任侠】｜ →にんきょう

じん-きょう【塵境】ちりで汚れた世界。俗世間。

しん-ぎょう-そう【真行草】｜ ①漢字の書体で、真書(楷書(かいしょ))・行書・草書の総称。②絵画・礼法・生け花・造園などの用語。「真」は正格、「草」は自由で風雅な形、「行」はその中間をいう。

しん-きょく【新曲】新しく作られた歌曲・楽曲。

しん-きょく【神曲】イタリアの詩人ダンテの長編叙事詩。一三〇七―一三二一年作。地獄編・煉獄(れんごく)編・天国編からなる壮大な作品。神の愛による魂の救済と至福の境地を描く。

しんき-ろう【蜃気楼】〔気〕大気の温度が場所によって異なるとき、海面や地表付近の空気の密度に違いが生じて光線が異常に屈折し、砂漠や海上の空中などに実際にはそこにない物体の像が現れる現象。海市(かいし)。春

しん-きん【心筋】〔生〕心臓壁の大部分を構成する特殊な筋肉。横紋筋に属するが、機能上は不随意筋である。

―こうそく【―梗塞】〔医〕心筋の一部への血液の供給が絶たれ、そのために心筋が壊死(えし)を起こす病気。

しん-きん【伸筋】〔生〕関節をのばす働きをする筋肉の総称。

しん-きん【信金】「信用金庫」の略。

しん-きん【真菌】菌類の一つ。ふつう、かび・きのこ・酵母菌の類をいう。真菌類。

しん-きん【宸襟】(「宸」は天子の意)天子の心。

しん-きん【親近】㊀(名・自スル)近づいて親しみなじむこと。㊁(名)①みうち。近親。「―者」②そば近く仕える者。側近。

―かん【―感】身近な親しい感じ。「―を抱く」

しん-ぎん【呻吟】(名・自スル)苦しみうめくこと。苦しみうなること。うめき。「病苦に―する」

しん-く【辛苦】(名・自スル)つらく苦しいこと。つらい目にあい、苦しむこと。「艱難(かんなん)―」「幾多の―をなめる」

しん-く【真紅・深紅】濃い紅色。まっか。「―の優勝旗」

シンク〈sink〉台所などの流し。「キッチン―」「ダブル―」

しん-ぐ【寝具】寝るときに使用する用具。まくら・ふとん・ねまきなど。夜具。寝道具(ねどうぐ)。

じん-く【甚句】俗謡の一種。七・七・七・五の四句からなる。

ジンク〈zinc〉〔化〕亜鉛。「―版」

しん-く-い【身口意】〔仏〕身体的行動(=身)と言語(=口)と精神作用(=意)のこと。人間のいっさいの行動をいう語。

しんくい-むし【心喰い虫】｜〔動〕果実や野菜の芯(しん)などに穴をあけてはいり、食害するガの幼虫の総称。

しん-くう【真空】①〔物〕空気などの物質がまったく存在しない空間。「―パック」②実質のない、からっぽの状態。また、作用や影響がまったく及ばない空間・状態。「―地帯」

―かん【―管】〔物〕真空度の高いガラス管または金属管にいくつかの電極を封入した装置。検波・増幅・整流・発振など広く用いられたが、現在は半導体にとって代わられた。

―ポンプ 密封した容器内の気体を排除して真空状態をつくるためのポンプ。

しん-ぐう【新宮】本宮(ほんぐう)から神霊を分けてもらって建てた神社。若宮(わかみや)。今宮(いまみや)。↔本宮

じん-ぐう【神宮】①神の宮殿。やしろ。②格式の高い神社の称。熱田神宮・明治神宮など。③特に、伊勢神宮(いせじんぐう)。

ジンクス〈jinx〉縁起の悪いもの。また、縁起をかつぎ、ある場合には必ずこうなると信じこまれている事柄。「―を破る」「―にとらわれる」参考 英語ではよいほうには使われない。

シンク-タンク〈think tank〉広範囲な分野の専門家を結集して研究・開発や調査・分析をし、その知識や技術を企業や公共団体に提供する組織。頭脳集団。

しん-ぐみ【新組(み)】印刷のため、新しく版を組むこと。

シングル〈single〉①単一。一人用のもの。「―ベッド」「ホテルの―を予約する」↔ダブル ②「シングルヒット」の略。③→シングルス ④〈single-breasted から〉〔服〕洋服の上着などで、前の合わせ目が浅く、ボタンが一列のもの。↔ダブル ⑤(「シングル幅」の略)洋服地で、幅が約七一センチメートルのもの。↔ダブル ⑥ウイスキーなどの量で、約三〇ミリリットルのカップ一杯分。↔ダブル ⑦「シングル盤」の略。⑧ゴルフで、ハンディキャップが一桁(ひとけた)であること。「―プレーヤー」⑨独身者。

―キャッチ〈single-handed catching から〉(名・他スル)野球などで、片手でボールをとること。シングル。

―ばん【―盤】①二から三曲程度を収めたCD。CDシングル。②直径一七センチメートルで一分間四五回転のEPレコード盤。

―ヒット〈和製英語〉野球で、一塁まで行ける安打。単打。↔ロングヒット 参考 英語では single という。

―マザー〈single mother〉一人で子供を育てている母親。未婚の母親や母子家庭の母親など。

―ライフ〈single life〉一人暮らし。独身生活。

シングルス〈singles〉テニス・卓球・バドミントンなどで、競技者が一対一で行う試合。単試合。シングル。↔ダブルス

ジングル-ベル〈Jingle Bells〉(鈴をりんりん鳴らすの意)アメリカの民謡の一つ。クリスマスのころに歌われる明るい曲。

シンクロ〈synchro〉㊀(名)「シンクロナイズドスイミング」の略。㊁(名・自他スル)「シンクロナイズ」の略。

シンクロトロン〈synchrotron〉〔物〕加速器の一種。荷電粒子を電場と磁場のはたらきによって円軌道で加速し、きわめて高い運動エネルギーを与えることができる。

シンクロナイズ〈synchronize〉(名・自他スル)①同時に起こること。また、起こすこと。シンクロ。②映画で、別々に収録された映像と音声とを合わせること。③写真で、シャッターとフラッシュを連動させること。シンクロ。

シンクロナイズド-スイミング〈synchronized swimming〉「アーティスティックスイミング」の旧称。シンクロ。

しん-くん【神君】①神のように恩徳の大きい君主。②徳川家康の死後の敬称。

しん-ぐん【進軍】(名・自スル)軍隊が前進すること。

じん-くん【人君】(天界の神に対して地上の)君主。

じん-くん【仁君】仁徳の高い君主。情け深い君主。

しん-け【新家】①分家。別家。新家(しんや)。②慶長(一五九六―一六一五年)以後新しく立てられた公家(くげ)。花園(はなぞの)・武者小路(むしゃのこうじ)など。

しん-けい【神経】①〔生〕身体各部の機能を統率したり、そのための刺激伝達路となったりするひも状の器官。「―細胞」②ものを感じ取ったり考えたりする心のはたらき。「―をとがらせる」「無―」

—か【—家】つまらない小事を気に病む人。神経質な人。

—ガス 毒ガスの一つ。神経伝達機能を阻害して筋肉を麻痺させ、窒息死させる。タブン・サリン・VXガスなど。

—かびん【—過敏】(名・形動ダ) ちょっとした刺激にもすぐ反応する、精神の不安定な状態。

—けいとう【—系統】〘生〙中枢神経系と末梢神経系の総称。

—しつ【—質】(名・形動ダ)〘医〙ささいなことに過敏になり、繊細で情緒が不安定になりやすい性質。一般には、気にしなくてもよいような細かいことまで気にしすぎる性質。「—な人」

—しょう【—症】〘医〙心配やショック、心身の過労などの状況が重なり、それが原因となって引き起こされる神経の機能障害。ノイローゼ。

—すいじゃく【—衰弱】①〘医〙過労などが原因で、神経系に障害を受けたとき起こる疾患。不眠・耳鳴り・記憶力障害などを起こす。②トランプ遊びの一つ。裏返しに広げた札をめくり、同じ数のものを二枚ずつさぐりあてるもの。

—せん【—戦】過度な宣伝・謀略などの心理的な方法で相手の神経を刺激して疲労させ、戦意を失わせる戦法。

—つう【—痛】〘医〙神経の経路にそって発作的に起こる激しい痛みの症状。「座骨—」「肋間—」

しん-けい【△晨鶏】(「晨」は朝の意)夜明けを告げる鶏。

じん-けい【仁恵】いつくしみ。めぐみ。「—を施す」

じん-けい【陣形】戦闘するときの隊形。陣立て。

じん-けい【仁兄】(代)(手紙などで)同輩の男性を親しんで呼ぶ敬称。貴兄。

しんけいこう-はいく【新傾向俳句】〘文〙明治の末から河東碧梧桐を中心として起こった新しい作風の俳句。五・七・五の定型を破り、季題趣味を脱しようとした。のちに自由律俳句へ展開。

しん-げき【進撃】(名・自スル) 前進して敵を攻撃すること。「快—」「破竹の—」

しん-げき【新劇】〘演〙従来の歌舞伎や新派劇に対し、明治末期に西洋の近代劇の影響を受けて生まれた新しい演劇。

しん-けつ【心血】精神と肉体のすべて。全精力。

—を注ぐ 全身全霊を傾けてある事にうちこむ。

しん-げつ【新月】①陰暦で、月の第一日。朔。②陰暦の月のはじめに細く出る月。特に、陰暦八月三日の月。[秋] ③東の空に輝きはじめた月。

じん-けつ【人傑】知力・才能が非常にすぐれた人。傑物。

しん-けん【神剣】①神から授かった剣。神に供える剣。②霊妙な剣。特に、三種の神器の一つである天叢雲剣。

しん-けん【神権】①神の権威。②神から授けられた神聖な権力。「—政治」

しん-けん【真剣】━(名) 木刀・竹刀に対して、本物の刀剣。━(形動ダ) 本気で物事にとりくむさま。「—な顔つき」[文](ナリ)

—しょうぶ【—勝負】①本物の刀剣を使って勝負を決めること。②本気で他と争ったり物事に対処したりすること。

しん-けん【親権】〘法〙父母がその未成年の子供に対して持つ、保護・監督・教育や財産の管理をする権利・義務の総称。

—しゃ【—者】未成年の子供に対して親権を行う者。原則として父母があたり、父母が離婚した場合などは、協議、または家庭裁判所の審判によって、父母のうちの一方があたる。

しん-げん【進言】(名・他スル) 上の人に意見を申し述べること。「上司に—する」「—を受け入れる」

しん-げん【△箴言】教訓・戒めの意を持つ短い言葉。格言。

しん-げん【震源】①〘地質〙地球内部の地震の発生した場所。地震の起点。「—地」②事件やうわさのもとになるもの。

しん-げん【森厳】(形動ダ) 重々しくおごそかなさま。「—な神域」[文](ナリ)

じん-けん【人絹】(「人造絹糸」の略)絹糸をまねて、綿花・木材パルプのセルロースをとかして作った糸。レーヨン。

じん-けん【人権】人間が生まれながらに持っている、生命・自由・平等などに関する権利。「—擁護」

—じゅうりん【—△蹂△躙】人権をふみにじること。特に、公権力が基本的人権を侵すこと。人権侵害。

しん-けんざい【新建材】新しい素材・製法でつくった建築材料。プリント合板・石膏ボードなど。

しん-げんじつは【新現実派】〘文〙大正後期の文壇の主流に共通した傾向。近代個人主義の立場に立って現実を再認識していこうという考え方で、芥川龍之介・菊池寛・山本有三・広津和郎・葛西善蔵・宇野浩二・佐藤春夫らが代表。理知主義。新現実主義。

じんけん-ひ【人件費】諸経費のうち、給料・手当など、人の労働に対して支払われる費用。

しんげん-ぶくろ【信玄袋】厚紙の底を付け、口をひもでくくるようにした布製の大きな手さげ袋。合切袋。

しん-こ【振古】(「振」「古」ともに昔の意)大昔。太古。

しん-こ【真個】まこと。ほんとう。「—の偉才」

しん-こ【新古】新しいことと古いこと。また、そのもの。新旧。

しん-こ【新◦香】→しんこう(新香)

しん-こ【△糝粉】①白米を粉にしたもの。細かいものを上糝粉という。②(「糝粉餅」の略)①を水でこね、蒸してついた餅。「—細工(=糝粉餅を花や動物などの形にして彩色したもの)」

しん-ご【身後】死んだあと。死後。没後。

しん-ご【神語】①神のお告げ。神託。②神聖な言葉。

しん-ご【新語】新しくつくられたり使われ出したりした言葉。新造語。

じん-ご【人後】他人のあと。他人の下位。

—に落ちない 他人にひけを取らない。他人に負けない。

じん-ご【人語】①人間の言葉。②人の話し声。

しん-こう【信仰】(名・他スル) 神や仏などを信じ敬うこと。「—心」「—があつい」

しん-こう【侵攻】(名・自他スル) 他の領土に侵入して、攻めること。「隣国の—を受ける」

しん-こう【侵△寇】(名・他スル) 他の領土に侵入して、害を与えること。「大軍による—を開始する」

しん-こう【振興】(名・自他スル) 学術・産業などが盛んになること。また、盛んにすること。「産業の—を図る」

しん-こう【深更】夜ふけ。真夜中。深夜。「—に及ぶ」

しん-こう【深厚】(名・形動ダ) ①気持ちや情が深く厚いこと。また、そのさま。②意味や内容が奥深いこと。また、そのさま。

しん-こう【進行】━(名・自スル) ①前に進んでいくこと。「—中の列車」②状態や程度が次の段階に移ること。「病状が—する」━(名・自他スル) 物事がはかどること。また、はかどらせること。「工事が—する」「会議を—する」

—けい【—形】①〘文法〙過去・現在・未来の一定時に行われている途中の動作を述べる形。日本語では、「扉は開かれつつある」「仕事をしている」のように、「〜つつある」「〜ている」などで表す。英語では、be動詞の後に動詞の原形にingを添えた形(現在分詞)を置いて表される。②ある事態が目下進行中であること。「二人の仲は—だ」

しん-こう【進攻】(名・自他スル) 進軍して敵を攻めること。

しん-こう【進航】カウ (名・自スル) 船が進み行くこと。

しん-こう【進貢】(名・他スル) みつぎものを献上すること。

しん-こう【進講】カウ (名・他スル) 天皇・皇族などの前で学問などを講義すること。

しん-こう【新考】カウ 新しい考え。新研究。

しん-こう【新香】カウ (新しく漬けた香の物の意)香の物。漬物。こうこ。しんこ。おしんこ。

しん-こう【新興】既成のものに対して、新しく興ること。「―勢力」「―住宅地」

―げいじゅつ-は【―芸術派】〔文〕日本近代文学の一流派。一九三〇(昭和五)年に結成された「新興芸術派倶楽部」を中心に、プロレタリア文学に対抗し、芸術の自律性の確保を主張した。川端康成・舟橋聖一らが代表。

―しゅうきょう【―宗教】既成の宗教に対して、近現代に新しくできた宗教。新宗教。「―の教祖」

しん-こう【親交】カウ 親しくつきあうこと。親密な交際。「多くの国と―を結ぶ」「彼とは―がある」

しん-ごう【信号】ガウ (名・自スル) ①遠く隔たった双方が、形・色・光・音などの約束された符号で合図し、意思を通じさせること。また、その符号や合図。「手旗―」「―を送る」②鉄道・道路などで、交通の規制をする機械。信号機。シグナル。

(はじまり) 道路で使われる信号機は、一八六八年、ロンドンで馬車の交通整理のために設置されたガス灯式のものが最初。日本では、一九三〇(昭和五)年、東京の日比谷交差点に電気式のものが初めて設置された。

しん-ごう【神号】ガウ 神の称号。大神・明神・天神など。

じん-こう【人口】①一国または一定の地域に住む人の数。「―統計」②世間の人の口。世間のうわさ。

―に膾炙する (「膾」はなます、「炙」はあぶり肉の意で、いずれも人に賞味されることから)広く世間の評判や話題になる。

―せいたい【―静態】一定時点における人口、および人口内容の状態。↔人口動態

―どうたい【―動態】一定期間における人口および人口内容の変化の状態。↔人口静態 (参考) 変動の要因は出生・死亡・離婚・転出・転入・寄留など、国勢調査の対象事項。

―みつど【―密度】ある地域の単位面積当たりの人口。ふつう、一平方キロメートル当たりの人口で表す。「―が高い」

じん-こう【人工】人間の力で作り出すこと。また、自然のものに人が手を加えること。「―林」「―甘味料」↔自然・天然

じん-こう【沈香】ヂンカウ ①〔植〕ジンチョウゲ科の常緑高木。熱帯アジアの産。材は香料用。②①を地中で腐敗させて製する天然の香料。上質のものを伽羅という。

―も焚かず屁もひらず すぐれたこともしないが別に害にもならない。平々凡々なことのたとえ。

じん-こう【塵劫】ヂンコフ ①〔仏〕(「塵点劫」の略)はかりしれないほど長い時間。永劫。②極小の数と極大の数。

じんこう-えいせい【人工衛星】エイセイ ロケットによって打ち上げられ、地球のまわりを公転する人工物体。(はじまり) 一九五七年にソ連が打ち上げたスプートニク一号が最初。日本では、一九七〇(昭和四十五)年打ち上げの「おおすみ」が最初。

じんこうえいよう-ほう【人工栄養法】ハフ ①病気などで口から食物をとれない場合、静脈などに生理的食塩水・ブドウ糖液などを注入し、栄養分を補給すること。②〔保〕母乳以外の、おもに牛乳や粉乳などで乳児を育てること。

じんこう-ききょう【人工気胸】〔医〕(「人工気胸療法」の略)人工的に胸膜腔内に空気を入れて肺を収縮させる、肺結核の治療法。現在ではあまり行われない。

じんこう-ご【人工語】国際的な共通語とすることを目的として人為的に作られた言語。エスペラントなど。人工言語。

じんこう-こうう【人工降雨】カウ 雲の中にドライアイス・ヨウ化銀などをまき、人工的に雨を降らせること。また、その雨。

じんこう-こきゅう【人工呼吸】コキフ 〔医〕仮死状態や呼吸困難に陥った人を蘇生させるため、人為的方法で肺に空気を出入りさせ、呼吸を回復させる方法。

じんこう-じしん【人工地震】ヂシン 研究のために、ダイナマイトや火薬などを使って人工的に起こす地震。

じんこう-しば【人工芝】芝の代用にする、合成繊維を用いた芝状の敷物。野球場・テニスコートなどで用いられる。

じんこう-じゅせい【人工受精】〔保〕母体外に取り出した卵子に精子を人為的に結合させ、受精卵を子宮に着床させること。体外受精。

じんこう-じゅせい【人工授精】〔保〕雄から採取した精子を雌の生殖器に注入し人為的に受胎をはかること。

じんこう-じゅふん【人工授粉】花粉を人為的にめしべに付け、受粉させること。「リンゴの―」

じんこう-しんぱい【人工心肺】〔医〕心臓手術のとき、一定時間心臓と肺のはたらきを代わって行う機械装置。

じんこう-ちのう【人工知能】→エーアイ

じんこう-てき【人工的】(形動ダ) ダロ・ダッ(デ・ニ)・ダ・ナ・ナラ・○ 人間の力で作り出すさま。また、自然のものに人間が手を加えるさま。「―に雪を降らせる」

じんこう-とうせき【人工透析】〔医〕半透膜を利用して、腎不全患者の血液を浄化する治療法。

じんこう-にく【人工肉】小麦や大豆のたんぱく質などを加工して肉の味や食感を与えたもの。また、動物からとった細胞を培養して作った肉。

じんこう-にんしんちゅうぜつ【人工妊娠中絶】〔医〕胎児を人為的に母体外に取り出し、妊娠を中絶すること。母体保護法により、一定の条件のもとに認められている。

じんこう-わくせい【人工惑星】ロケットによって地球の引力圏外に打ち上げられ、太陽のまわりを公転する人工物体。

しん-こきゅう【深呼吸】コキフ (名・自スル) 肺に空気を多量に出し入れさせるため、息を深く吸ったり吐いたりすること。

しんこきんわかしゅう【新古今和歌集】シンコキンワカシフ 鎌倉初期の第八勅撰和歌集。後鳥羽上皇の院宣により藤原定家・藤原家隆らが撰進。一二〇五(元久二)年成立。所収一九七八首。歌風は藤原俊成の唱えた幽玄体をさらに発展させ、艶麗・象徴的。体言止め・初句切れ・三句切れ・本歌取りなど技巧的にも洗練の極にある。新古今集。

しん-こく【申告】(名・他スル) 申し出ること。特に、官庁などに報告したり届け出たりすること。「確定―」「―もれ」

しん-こく【神国】神が開き守護する国。神州。もと、日本の美称。「―日本」

しん-こく【新穀】その年に収穫した穀物。特に、新米。

しん-こく【親告】(名・他スル) ①本人がみずから告げること。②〔法〕被害者自身が告訴すること。

―ざい【―罪】〔法〕公訴にあたって、被害者などの告訴・告発・請求を要する犯罪。器物損壊罪・名誉毀損罪など。

しん-こく【深刻】(形動ダ) ダロ・ダッ(デ・ニ)・ダ・ナ・ナラ・○ ①容易に解決できそうにない事態に強く心がとらわれるさま。「―な顔をする」「―に悩む」②事態が切迫して重大なさま。「―な事態」〔文〕(ナリ)

―しょうせつ【―小説】セウセツ 〔文〕日清戦争後に現れた小説の一傾向。深刻・悲惨な社会の姿を写実的に描いた。広津柳浪の「変目伝」「今戸心中」など。悲惨小説。

じん-こつ【人骨】人間の骨。

じんこっ-き【人国記】ジンコク ①国別または都道府県別にその地方の有名な出身者を論評した書物。②各地の風俗・人情・地理などを国別に記した書物。

しん-こっちょう【真骨頂】コッチヤウ そのもの本来の真実の姿や価値。真面目(しんめんもく)。「―を発揮する」

シンコペーション〈syncopation〉〖音〗強拍部と弱拍部の位置を入れかえて、リズムの規則的流れに変化をもたせる技法。ジャズに多く用いられる。切分法。

しん-こん【心根】こころ。こころね。心底。

しん-こん【心魂】こころ。たましい。精神。「―を傾ける」
―に徹(てっ)す 深く心にしみこむ。

しん-こん【身根】〖仏〗六根(ろっこん)の一つ。触覚の生じる器官。⇩六根

しん-こん【身魂】体と心。全身全霊。「―をなげうつ」

しん-こん【新婚】結婚したばかりであること。「―旅行」

しん-ごん【真言】〖仏〗①仏・菩薩(ぼさつ)の真実の言葉。②密教で、梵語(ぼんご)で唱える仏への祈願の呪句。③「真言宗」の略。
―しゅう【―宗】〖仏〗仏教の一宗派。空海(くうかい)が中国から密教を伝えて開いたもの。大日如来(だいにちにょらい)を礼拝の根本とし、仏の絶対的境地を説き、陀羅尼(だらに)(=梵文(ぼんぶん)そのままの文章)の力による即身成仏(そくしんじょうぶつ)を本旨とする。密宗。

しん-さ【審査】(名・他スル) その人や物について詳しく調べて、優劣・採否などを定めること。「―員」「裁判官の国民―」

しん-ざ【神座】神霊のある所。神体を安置する場所。

しん-さい【神祭】神道(しんとう)の法式によって行う祭り。

しん-さい【震災】①地震による災害。②特に、一九二三(大正十二)年の関東大震災、一九九五(平成七)年の阪神・淡路大震災、二〇一一(平成二十三)年の東日本大震災をいう。

しん-さい【親祭】(名・自スル) 天皇がみずから神を祭り、儀式を執り行うこと。

しん-さい【親裁】(名・他スル) 天皇がみずから裁決を下すこと。「―を仰ぐ」

しん-ざい【心材】材木の、幹の中心部。赤身。↔辺材

しん-ざい【浸剤】細かく砕いた生薬(しょうやく)に熱湯を注ぎ、成分を浸出させて服用する薬。また、その薬液。振り出し。

じん-さい【人才】才能があり役立つ人。人材。

じん-さい【人災】人間の不注意や怠慢などが原因で起こる災害。↔天災

じん-ざい【人材】有能で役に立つ人。人才。「―を発掘する」「―の登用」
―はけん-ぎょう【―派遣業】ゲフ 自己の雇用する労働者を他企業の求めに応じて派遣し、そこで就業させる事業。

しん-さく【振作】(名・自他スル) 奮い起こすこと。盛んにすること。また、盛んになること。「士気を―する」

しん-さく【真作】本当にその人が作った作品。↔贋作(がんさく)・偽作

しん-さく【新作】(名・他スル) 新しく作品を作ること。また、その作品。「―の発表」↔旧作

しん-さつ【診察】(名・他スル) 医者が患者の体を調べたり症状を質問したりして、病気や病状を判断すること。「―室」

しん-さつ【新札】①新しく発行された紙幣。②未使用の真新しい紙幣。

しん-さん【心算】心の中の計画。心づもり。「―が狂う」

しん-さん【辛酸】つらく苦しいこと。苦しい思い。
―を嘗(な)める つらく苦しい経験をする。

しん-さん【神算】思いもよらないような非常にすぐれたはかりごと。「―をめぐらす」「―鬼謀」

しん-ざん【神山】①神を祭ってある山。②神や仙人の住むといわれる山。③霊山。神聖な山。

しん-ざん【深山】奥深い山。奥山。深山(みやま)。「―幽谷(ゆうこく)」

しん-ざん【新参】新たに仕えること。仲間に加わって間もないこと。また、その人。新入り。「―者」↔古参

しん-し【伸子】布の洗い張りや染色のとき、布の両端に弓形にわたして布が縮まないように張るのに用いる竹製の棒。

しん-し【臣子】臣下であり子である者。また、臣下。

しん-し【振子】↓ふりこ

しん-し【真姿】ほんとうの姿。

しん-し【唇歯】①唇と歯。②利害関係の密接な間柄。
―ほしゃ【―輔車】(「輔」はほお骨、「車」は歯茎の意)利害関係が密接で、たがいに助け合わなければ成り立たない間柄であること。〈左伝〉

しん-し【真摯】(名・形動ダ) まじめでひたむきなこと。また、そのさま。「―な態度」

しん-し【紳士】①教養・気品があって礼儀正しい男性。ジェントルマン。↔淑女 ②上流社会の男性。「―貴顕」③成人男性の敬称。「―服」
―きょうてい【―協定】ケフテイ ①非公式の国際協定。②正式な手続きを経ず、たがいに相手を信頼して結ぶ取り決め。
―てき【―的】(形動ダ)ダロ・ダッ(デ)・ニ・ダ・ナ・ナラ・〇 紳士らしく相手の立場を尊重し、礼儀正しいさま。「―に事を運ぶ」
―ろく【―録】社会的地位のある人の氏名・住所・職業・経歴などを収録した名簿。

しん-し【進士】①昔の中国の官吏登用試験(=科挙)の科目。また、その合格者。②律令(りつりょう)制で、式部省の課した試験に合格した者。文章生(もんじょうしょう)。参考「しんじ」ともいう。

しん-し【新史】新しく書かれた歴史。

しん-し【新誌】①新しい雑誌。②新しい地誌や風俗記録。

しん-し【親子】親と子。親子(おやこ)。

しん-し【参差】(タル) ①長短があって、ふぞろいなさま。②たがいに入りまじるさま。③食い違っているさま。文(形動タリ)

しん-じ【心耳】①心で聞くこと。「心眼―」「―を澄ます」②〖生〗心臓の左右心房の一部分をなす耳殻様(じかくよう)の突出部。一般に、「心房」の意で用いられる。

しん-じ【心事】心の中で思ったり考えたりする事柄。心中。

しん-じ【臣事】(名・自スル) 臣下として仕えること。

しん-じ【芯地・心地】チ 帯・襟・洋服などのしんにして型崩れのないようにする、麻や木綿(もめん)の堅い布地。

しん-じ【信士】〖仏〗①仏門にはいった在俗の男性。うばそく。②男性の戒名に付ける称号。(↔信女(しんにょ))

しん-じ【神事】神を祭る儀礼。祭り。
―のう【―能】神社で神事として行われる能。

しん-じ【神璽】①天皇の印(いん)。御璽(ぎょじ)。②三種の神器の一つである八尺瓊曲玉(やさかにのまがたま)。③三種の神器の総称。

しん-じ【新字】①新しく作られた文字。特に、新字体。②教科書などで初めて習う漢字。新出文字。

じん-し【人士】地位や教養のある人。士人。

じん-じ【人事】①人間のなしうる事柄。「―を尽くす」②個人の地位や職務など一身上に関する事柄。「―課」③人間社会に関する事柄。特に、俳句の季語の分類の一つで、天文・地理・動植物以外のもの。「―句」
―を尽(つ)くして天命(てんめい)を待(ま)つ 人間の力としてできるだけの努力をし、その結果は運命にまかせる。

―いん【―院】 国家公務員法によって設けられた中央の人事行政機関。国家公務員の職階・任免・給与・試験など、人事行政の調整を行い、国会および内閣に対しては公務員の給与などについて「人事院勧告」を行う。

―ふせい【―不省】 昏睡状態に陥ること。意識不明になること。「―に陥る」

じん-じ【仁慈】 慈しみ。恵み。思いやり。「―の心」

しんじ-いけ【心字池】 日本庭園の池で、草書の「心」の字をかたどって造られたもの。

しん-しき【神式】 神道のしきたりによる儀式。「―結婚」

しん-しき【新式】(名・形動ダ) これまでにない新しい様式や型であるさま。↔旧式

シンジケート〈syndicate〉①〔経〕カルテルの高度化した独占の形態。商品の共同販売を行うために、加盟企業が設けた合同組織。②大規模な犯罪組織。「麻薬―」

―だん【―団】〔経〕公債や社債引き受けのために銀行・金融業者によって結成される連合体。引受シンジケート団。シ団。

しんじ-こ・む【信じ込む】(他五) すっかり信じて疑わない。完全に信用する。「絶対に勝つと―」

しんし-しゃ【新詩社】〔文〕一八九九(明治三十二)年、与謝野鉄幹を中心におこった詩歌人の結社。雑誌「明星」を発行して歌壇革新に寄与した。東京新詩社。⇒明星

しん-じたい【新字体】 一九四九(昭和二十四)年に告示された当用漢字字体表で、それまでの正字体に代わって新しく採用された漢字の字体。新字。「讀」「櫻」に対する「読」「桜」など。⇒旧字体

しんしちょう【新思潮】 文芸雑誌。一九〇七(明治四十)年小山内薫によって創刊され、以後断続的に十数次にわたって刊行。芥川龍之介・菊池寛らの活躍した第三次・第四次が特に有名。⇒新技巧派

しん-しつ【心室】〔生〕心臓の下半分を占め、心房から送られた血液を動脈に送り出す部分。左右の部屋に分かれている。⇒心臓(さしえ)

―さいどう【―細動】〔医〕心室の筋肉が不規則に収縮し、血液が送り出せない状態。不整脈の一つ。

しん-しつ【寝室】 寝るときに使う部屋。寝間。ねや。

しん-じつ【信実】(名・形動ダ) まじめでいつわりのないこと。「―を尽くす」

しん-じつ【真実】 ㊀(名・形動ダ) うそやいつわりのない本当のこと。まこと。また、そのさま。「―を語る」↔虚偽 ㊁(副) ほんとうに。まことに。「―あなたが好きだ」

―み【―味】 真実であるという感じ。本当らしさ。「―のない話」

しん-じつ【親昵】(名・自スル) 親しみなじむこと。昵懇。「―の間柄」

じん-じつ【人日】 五節句の一つ。陰暦正月七日。七草。[新年]

じん-じつ【尽日】 ①一日じゅう。朝から晩まで。終日。②月の終わりの日。みそか。「八月―」③一年の最終日。おおみそか。

しん-しゃ【深謝】(名・自他スル) ①深く感謝し礼を言うこと。「お心遣いを―いたします」②心からわびること。

しん-しゃ【新車】 新しい車。特に、新しい自動車。

しん-しゃ【親炙】(名・自スル) 親しく接して、その感化を受けること。「先生に―する」

しん-じゃ【信者】 ①その宗教を信仰している人。信徒。②(比喩的に)ある人や、主義・思想などの信奉者。

じん-しゃ【仁者】 ①仁徳のそなわった人。②情け深い人。

じん-じゃ【神社】 神をまつってある建物。社。お宮。

ジンジャー〈ginger〉①〔植〕ショウガ科の多年草。インド・マレー諸島の原産。夏から秋に白色で香気のある花を開く。②ショウガの根、またはそれを干して粉にしたもの。

―エール〈ginger ale〉清涼飲料水の一種。炭酸水にショウガの風味をつけたもの。

しん-しゃく【斟酌】(名・他スル) ①相手の事情や心情をくみとり、ほどよく取り計らうこと。酌量。「被告人の生いたちを―する」②照らし合わせて適当に取捨・処置すること。「双方の主張を―する」③控えめにすること。遠慮。「―はいらぬ」

しん-しゃく【新釈】(名・他スル) 新しい解釈。

じん-しゃく【人爵】 人の定めた爵位・官禄などの栄誉。↔天爵

しん-しゅ【神酒】 神に供える酒。おみき。

しん-しゅ【進取】 進んで新しい事をしようとすること。積極的に物事に取り組むこと。「―の気性に富む」↔退嬰

しん-しゅ【新酒】 その年の新米で醸造した酒。[秋] ↔古酒

しん-しゅ【新種】 ①新しく発見されたり、または新たに改良されたりした生物の種類。「蝶の―を発見する」②今までに類のない新しいもの。「―の商売」

しん-じゅ【神授】 神からさずかること。「王権―説」

しん-じゅ【神樹】 ①神霊が宿るという木。神木。②神社の境内にある木。神木。

しん-じゅ【真珠】 貝類、特にアコヤガイの殻の中にできる光沢のある玉。宝石として珍重される。パール。「―の首飾り」

―がい【―貝】 ↓あこやがい

しん-じゅ【新樹】 初夏のみずみずしい若葉の樹木。[夏]

しん-じゅ【親授】(名・他スル) 天皇・貴人がみずからさずけること。「―式」「勲章を―される」

じん-しゅ【人種】 ①人類を体格・皮膚の色・毛髪などの身体的特徴によって分類した種別。「黄色―」②人を生活様式や職業・趣味などによって分けたもの。「サラリーマンという―」

じん-じゅ【人寿】 人間の寿命。「―が果てる」

しん-しゅう【神州】 神国。かつて日本で使われた自国の美称。「―男児」

しん-しゅう【真宗】「浄土真宗」の略。

しん-しゅう【新秋】 ①秋の初め。初秋。「―の候」[秋] ②陰暦七月の別称。

しん-しゅう【新修】(名・他スル) 書物を新しく編修すること。また、その書物。

しんしゅう【信州】「信濃の国」の異称。

しん-じゅう【心中】(名・自スル) ①相愛の者どうしがこの世で添えないことを悲観していっしょに自殺すること。情死。②二人以上の者がいっしょに自殺すること。「親子―」「無理―」③人に対して義理をたてること。④(比喩的に)ある物事と運命をともにすること。「会社と―した社員」⑤〔古〕相愛の者どうしが、愛情の変わらぬ誓いとして、指をつめたり誓紙を取り交わしたりすること。[参考]「しんちゅう」と読めば別の意になる。

―だて【―立て】 他人への義理や約束、また恋人への愛情をあくまで守り通すこと。「主への―」

―もの【―物】〔演〕情死を扱った浄瑠璃および歌舞伎狂言。

しん-じゅう【臣従】(名・自スル) 臣下として従うこと。

しんじゅうてんのあみじま【心中天網島】 江戸中期の浄瑠璃。近松門左衛門作。一七二〇(享保五)年初演。紙屋治兵衛と遊女小春とが心中した実際の事件を脚色したもの。近松の世話物の一つ。

しん-しゅく【伸縮】(名・自他スル) 伸びたり縮んだりすること。伸ばしたり縮めたりすること。「―自在」「―性に富む」

しん-しゅつ【侵出】(名・自スル) 他の勢力範囲に侵入していくこと。「隣国に―する」

しん-しゅつ【浸出】(名・他スル) 固体を液体に浸して成分を溶かし出すこと。「―液(=浸出した成分を含む液)」

しん-しゅつ【進出】(名・自スル) 勢力を拡張したり新分野や新方面に進み出たりすること。「海外―」「決勝戦に―する」

しん-しゅつ【新出】(名・自スル) (教科書などで)初めて出てくること。「―漢字」

しん-しゅつ【△滲出】(名・自スル) 液体などが外へにじみ出ること。「血液が―する」

―せい-たいしつ【―性体質】〘生〙乳幼児のうち、皮膚や粘膜が過敏で、湿疹などのできやすい体質。

しん-じゅつ【心術】①心の持ち方。心ばえ。②〘哲〙動機の生じるもととなる持続的な意志や思考のしかた。

しん-じゅつ【△鍼術・針術】漢方医術の一種。金・銀・白金などの細い針を患部に刺して、病気を治療する方法。はり。

しん-じゅつ【△賑△恤・振△恤】貧困者や被災者に金品を施すこと。「―金」

じん-じゅつ【仁術】人に仁徳を施す方法。「医は―」

しんしゅつ-きぼつ【神出鬼没】鬼神のように自由自在に出没し、所在が容易につかめないこと。「―の怪盗」

しん-じゅ-ぶつ【神儒仏】神道(しんとう)と儒教と仏教。

しん-しゅん【新春】正月。新年。初春。[新年]

しん-じゅん【浸潤】(名・自スル) ①水分などがしみとおってぬれること。②思想や勢力が人々の間にしだいにしみ込んでいくこと。「自由主義思想の―」③〘医〙結核菌・癌(がん)細胞などが体の組織内で増殖して広がること。「肺―」

しん-しょ【心緒】心の動く筋道。また、思いのはしばし。心持ち。[参考]「しんちょ」は慣用読み。

しん-しょ【臣庶】臣下と庶民。

しん-しょ【信書】個人間の手紙。書簡。「―の秘密」

しん-しょ【真書】漢字を崩さずに書く書体。楷書(かいしょ)。

しん-しょ【新書】①小型で、手軽な読み物やわかりやすく書かれた教養ものをおさめた叢書(そうしょ)。②新刊の書籍。

―ばん【―判】本の判型の一種。縦約一八センチメートル、横約一一センチメートルの小型で手軽な判型。

しん-しょ【親書】■一(名・他スル) 自分で手紙を書くこと。また、その手紙。■二(名) 天皇・元首などの手紙。「大統領の―」

しん-しょ【親署】(名・自スル) 君主がみずから署名すること。また、その署名。

しん-じょ【神助】神のたすけ。神佑(しんゆう)。「天佑(てんゆう)―」

しん-じょ【寝所】寝る所。寝室。寝間。

しん-じょ【△糝△薯・真△薯】魚肉や鶏肉などのすり身に、すりおろした山芋や小麦粉などを加えて蒸した食品。しんじょう。

じん-しょ【陣所】(―ヂン) 軍兵が宿営する所。陣屋。陣営。

じん-じょ【仁△恕】(「恕」は思いやり、許すことの意) ①情け深くて思いやりがあること。②あわれんで罪を許すこと。

しん-しょう【心証】①〘法〙訴訟事件の審理において、事件の事実関係について裁判官が持つ認識。②ある人の言動が相手の心に与える印象。「―を害する」

しん-しょう【心象】(―シャウ) 見聞きしたことがもとになり、心の中に浮かんでくる像や姿。イメージ。「―風景」

しん-しょう【身上】(―シャウ) ①財産。身代。「―をつぶす」「―を築く」②暮らし向き。また、家計のやりくり。「―の苦労」[参考]「しんじょう」と読めば別の意になる。

―もち【―持〔ち〕】①金持ち。資産家。②家計のやりくり。「―がいい」

しん-しょう【辛勝】(名・自スル) 試合などで、かろうじて勝つこと。「一点差で―する」↔楽勝

しん-しょう【真症】(―シャウ) →しんせい(真性)①

しん-しょう【紳商】(―シャウ) 教養や品格のあるりっぱな商人。

しん-じょう【心情】(―ジャウ) 心中の思い。気持ち。「―を汲(く)む」

―てき【―的】(形動ダ)(ダロ・ダッ(デ)・ニ)・ダ・ナ・ナラ・○) 理性的な面ではなく、感情や感覚に関するさま。「彼の行動は―には理解できる」

しん-じょう【身上】(―ジャウ) ①身の上。一身に関すること。「―調査」「―書」②取り柄。本領。「正直が彼の―だ」[参考]「しんしょう」と読めば別の意になる。

しん-じょう【信条】(―デウ) ①かたく信じ守っている事柄。モットー。「政治的な―」②信仰の教義。「―を守る」

しん-じょう【真情】(―ジャウ) ①真心。いつわりのない心。「―を吐露(とろ)する」②実際の状態。実情。「―を知る」

しん-じょう【進上】(―ジャウ) (名・他スル) 相手に物を差し上げること。進呈。「―品」

じん-しょう【人証】〘法〙裁判で、証人・鑑定人・当事者などの証言による証拠。人的証拠。人証(にんしょう)。⇩書証・物証

じん-じょう【尋常】(―ジャウ) (名・形動ダ) ①ふつうのようす。並み。あたりまえ。「―な行動ではない」②見苦しくないようす。すなおなさま。殊勝。「―に勝負しろ」

―いちよう【―一様】(―イチヤウ) (名・形動ダ) あたりまえで、他となんら変わらないこと。「―でない態度」

―か【―科】(―クワ)「尋常小学校」の通称。

―しょうがっこう【―小学校】(―セウガクカウ) 旧制の小学校の称。一八八六(明治十九)年の小学校令で、四年制の義務教育として満六歳以上の児童を入学させた。一九〇七年から六年制。一九四一(昭和十六)年、国民学校初等科と改称。一九四七(昭和二十二)年より小学校となる。

しんしょう-しゃ【身障者】(―シンシヤウ)「身体障害者」の略。

しんしょう-ひつばつ【信賞必罰】(―シンシヤウ) 賞すべき功労のある者には必ず賞を与え、罪過のある者は必ず罰すること。賞罰を厳正にすること。

しんしょう-ぼうだい【針小棒大】(―シンセウ) (針ほどのものを棒のように大きく言うことから)小さなことをおおげさに言うこと。

しん-しょく【神色】心と顔色。精神状態の表れた顔色。「―自若(じじゃく)(=大事にあっても顔色も変えないさま)」

しん-しょく【侵食・侵△蝕】(名・他スル) ①他の領域をしだいにおかし、むしばむこと。「人の領分を―する」②→しんしょく(浸食)

しん-しょく【神職】神事に奉仕する職。神主(かんぬし)。神官。

しん-しょく【浸食・浸△蝕】(名・他スル) 水・風・氷河などが地表や岩石を徐々に削り取ること。侵食。「―作用」「波が海岸を―する」

しん-しょく【寝食】寝ることと食べること。日常の生活。「―を共にした仲」

―を忘(わす)れる 物事に熱中する。「寝食を忘れて学ぶ」

しん-じょたい【新所帯・新◇世帯】新しく構えた家庭。新婚の家庭。新所帯(あらじょたい)。「―をもつ」

しん-しりょく【深視力】遠近感や立体感を捉える視力。

しん・じる【信じる】(他上一)(ジ・ジ・ジル・ジル・ジレ・ジロ(ジヨ)) ①ほんとうのことだと思う。疑うことなく正しいと思う。「マスコミの報道を―」「サンタクロースはいると―・じていた」②まちがいのないものと認める。信用する。信頼する。「彼を―・じて経営をまかせよう」③信仰する。[語源]サ変動詞「しんずる」の上一段化。

しん-じる【進じる】(他上一)ジ・ジ・ジル・ジル・ジレ・ジロ(ジヨ) ↓しんずる(進ずる) 語源 サ変動詞「しんずる」の上一段化。

しん-しん【心身・身心】こころとからだ。精神と肉体。

―しょう【―症】(シャウ)〔医〕心理的要因や精神的なストレスによって身体に変調をきたす症状。

しん-しん【心神】こころ。精神。

―こうじゃく【―耗弱】(カウジャク)〔法〕心神喪失より程度は軽いが、精神障害があり、自分の行為の結果についての判断力が著しく減退していること。刑法上、刑が減軽される。

―そうしつ【―喪失】(サウシツ)〔法〕精神障害のため善悪の識別力を欠き、自分の行為にまったく責任を持ちえないこと。刑法上、処罰されない。

しん-しん【△搢紳・△縉紳】(「搢(縉)」ははさむ、「紳」は帯で、束帯のときに笏(しゃく)を帯にはさむ意)官位・身分の高い人。

しん-しん【新進】新しくある分野に進出してきたこと。また、その人。「―作家」

―きえい【―気鋭】その分野の新人で、気力にあふれ、活躍がめざましいこと。また、その人。「―の学者」

しん-しん【津津】(タル) たえずわき出るさま。次々とあふれ出るさま。「興味―」文(形動タリ)

しん-しん【深深】(タル) ①ひっそりと静まり返っているさま。「―と夜がふける」②寒さが身にしみるさま。「―たる夜気」文(形動タリ)

しん-しん【森森】(タル) 樹木がうっそうと茂っているさま。「―たる杉木立」文(形動タリ)

しん-しん【△駸△駸】(タル) (馬が速く走るさまから)時や物事が速く進むさま。「―たる進歩」文(形動タリ)

しん-じん【神人】①神と人。②神のように万能で気高い人。また、神通力(じんつうりき)のある人。③仙人。④〔基〕キリスト。

しん-じん【信心】(名・他スル) 神や仏を信仰すること。また、その心。「不―」「―深い人」

しん-じん【真人】まことの道をおさめた人。完全な人格のそなわった人。また、仏や仙人の別称。

しん-じん【深甚】(名・形動ダ) 意味や気持ちが非常に深いこと。また、そのさま。甚深。「―なる謝意を表す」

しん-じん【新人】①新しくその社会に現れた人。「思想界の―」↕旧人 ②新しく仲間入りした人。「―戦」↕旧人 ③〔世〕クロマニョン人などの化石現生人類。

類語 新入り・新参・新米・新前・駆け出し・新顔・ニューフェース・フレッシュマン・ルーキー

じん-しん【人心】人々の心。特に、多くの人の心。「―を惑わす」「―をつかむ」

じん-しん【人臣】君主に仕える身分の人。臣下。「位(くらい)―を極める(=臣下として最高の位にのぼる)」

じん-しん【人身】①人間の体。②個人の身分。身の上。

―こうげき【―攻撃】私生活や一身上の事柄をとりあげて個人を攻撃すること。

―じこ【―事故】(電車や自動車などで)人が負傷したり死亡したりする事故。「車で―を起こす」

―ばいばい【―売買】人間を物のように売買すること。

じん-しん【甚深】(名・形動ダ) 意味などが奥深いこと。また、そのさま。深甚。

じん-しん【仁心】情け深い心。思いやりのある心。

じん-じん【仁人】仁徳のある人。恵み深い人。仁者。

じんじん-ばしょり(ヂンヂン) 着物の背縫いのすそをつまんで帯の結び目の下に挟み込むこと。語源「爺端折(じじばしより)」の転。

しん-しんりしゅぎ【新心理主義】〔文〕精神分析をもとに、潜在意識、すなわち「意識の流れ」の描出に重点をおく文学上の立場。ジョイス、ウルフ、プルーストらがその代表。日本では昭和初期、伊藤整(せい)、堀辰雄(たつお)らが提唱・実践した。

しん-じんるい【新人類】既成のものとは異なる価値観や生活感覚を持つ若者世代を、「新種の人類」という意味をこめていう語。参考 一九八〇年代半ばからいわれた語。

しん-すい【心酔】(名・自スル) ①物事に夢中になって我を忘れること。②ある人を心から慕い敬うこと。「鷗外(おうがい)に―する」

しん-すい【浸水】(名・自スル) 水につかること。水がはいり込むこと。また、はいり込んだ水。「―家屋」「床下に―する」

しん-すい【進水】(名・自スル) 新しく造った船がはじめて水上に浮かぶこと。「―式」

しん-すい【深△邃】(名・形動ダ) 奥深いこと。また、そのさま。「―な学問の道」

しん-すい【薪水】①たきぎと水。②煮炊き。炊事。

―の労(ろう) ①たきぎを採り水をくむ骨折り。炊事の労。②人に仕えて骨身を惜しまず働くこと。「―をとる」

しん-すい【親水】①釣りや川遊びなどで、水に親しむこと。「―公園」②水に溶けやすいこと。「―性クリーム」

しん-ずい【心髄】①中心にある髄。②物事の中枢。中心。「思想の―」③心底。

しん-ずい【真髄・神髄】(精神と骨髄の意から)物事の本質。根本。その道の奥義(おうぎ)。「芸の―をきわめる」

じん-すい【尽△瘁】(名・自スル) (「瘁」は病み疲れる意)力を尽くして苦労すること。骨折ること。「難民の救済に―する」

じん-ずい【神水】①神前に供える水。②霊験のある水。参考「しんすい」「じんすい」ともいう。

しん-すう【真数】〔数〕対数 $n=\log_a N$ において、Nを対数nの真数という。⇔対数

じん-すけ【甚助】〔俗〕多情な、または嫉妬(しっと)深い性質。また、そういう性質の男。「―を起こす(=やきもちを起こす)」

じんずう-りき【神通力】(ジンツウ) ↓じんつうりき

しん-ずる【信ずる】(他サ変)ジ(ゼ)・ジ・ズル・ズル・ズレ・ジロ(ゼヨ) ↓しんじる(信じる) 文しん・ず(サ変)

しん-ずる【進ずる】ジ(ゼ)・ジ・ズル・ズル・ズレ・ジロ(ゼヨ) 一(他サ変) 人に物を差し上げる。進上する。二(補動サ変)(動詞の連用形+「て」を受けて)…てさしあげる。「一筆書いて―・ぜよう」文しん・ず(サ変)

しん-せい【心性】①天性。生まれつき。②心のあり方。精神。「日本人の―」

しん-せい【申請】(名・他スル) 役所や属する組織の機関に許可・認可などを願い出ること。「―書」「ビザを―する」

しん-せい【△辰星】①時刻測定の基準となる恒星。②中国で、水星。

しん-せい【神性】①神の性質・属性。②心。精神。

しん-せい【神政】為政者が神または神の代理者として国を治める政治。神権政治。

しん-せい【神聖】(名・形動ダ) 清らかで尊いこと。けがれがなくおかしがたいこと。また、そのさま。「―な場所」

―かぞく【―家族】↓せいかぞく

しん-せい【真正】(名・形動ダ) まちがいなく、それであること。「―な愛情」

しん-せい【真性】①〔医〕(類似の症状を示すほかの病気と区別して)確かにその病気であること。真症。「―コレラ」↕仮性 ②ありのままの性質。天性。

しん-せい【新生】(名・自スル) ①新たに生まれ出ること。②(信仰などによって)生まれ変わった心で新生活にはいること。

―じ【―児】〘医〙生まれてから四週間までの乳児。初生児。
―だい【―代】〘地質〙地質時代中、最も新しい時代。約六六〇〇万年前から現在まで。被子植物と哺乳(ほにゅう)類の全盛時代で、末期には人類が出現した。古第三紀・新第三紀・第四紀に分けられる。
―ぶつ【―物】(neoplasm の訳語)〘医〙腫瘍(しゅよう)。「悪性―(=癌(がん))」
しん-せい【新声】①新しい言葉や意見。②新しい歌曲。
しん-せい【新制】新しい制度。特に、第二次世界大戦後の新しい学校教育の制度。「―大学」↔旧制
しん-せい【新政】新しい政治およびその体制。「明治の―」
しん-せい【新星】①新しく発見された星。②〘天〙突然光度が増して輝き、ある期間ののちもとの明るさにもどる恒星。変光星の一つ。③ある社会、特に芸能界などに新しく現れて急に人気を集めた人。「演劇界の―」
しん-せい【親征】(名・自スル)君主がみずから軍を率いて敵を討つこと。また、その征討。
しん-せい【親政】(名・自スル)君主がみずから政治をとり行うこと。また、その政治。
じん-せい【人世】人の住む世。世の中。浮き世。世間。
じん-せい【人生】①人間がこの世に生きていくこと。人間の生活。「―の岐路」②人がこの世に生きている期間。人の一生。「―七十古来稀(まれ)なり」
―**意気(いき)に感(かん)ず** 人は金や名誉ではなく人の意気に感じて事をなすものだ。〈魏徴・述懐〉―**のための芸術(げいじゅつ)** 芸術は、人生の幸福のためのもの、また人生に役立つものでなければならない、という芸術観。トルストイらが主張。⇩芸術至上主義
―かん【―観】(クワン)人生を送るうえでの意義・目的・価値・手段などについての考え方。「―を改める」
―くん【―訓】人生をどう生きていくかについての教え。
―こうろ【―行路】(カウロ)人の一生を旅にたとえた語。
―は【―派】〘文〙芸術は、人生のためのものだとする一派。トルストイなど。⇩人生のための芸術
じん-せい【人性】人間が本来もっている性質。
じん-せい【仁政】民衆に対して思いやりのあるよい政治。「―を施す」「―を布(し)く」
じん-ぜい【人税】所得や財産の所有者である個人や法人に課せられる税。所得税・法人税など。⇩物税

しんせい-がん【深成岩】〘地質〙火成岩のうち、マグマが地下の深い所で少しずつ冷却固結したもの。花崗(かこう)岩など。
しん-せいしゅ【新清酒】→ごうせいしゅ
しん-せいめん【新生面】学問・芸術などの新しい方面。新分野。「―を開く」
しん-せかい【新世界】①新しく発見された地域。特に、南北アメリカ大陸。新大陸。②新しく活動する場所。新天地。
しん-せき【臣籍】(明治憲法下において)皇族以外の臣民としての身分。「―降下」
しん-せき【真跡・真△蹟】その人が書いたと認められる筆跡。真筆。「芭蕉(ばしょう)の―」
しん-せき【△晨夕】あしたとゆうべ。朝晩。
しん-せき【親戚】その人の家族以外で、血筋や縁組などでつながった一族。親類。
じん-せき【人跡】人の足跡。人の通った跡。「―まれな山中」
―みとう【―未踏】(タフ)まだ人が一度もはいったり通ったりしたことがないこと。「―の地」「―の秘境」
シンセサイザー〈synthesizer〉〘音〙楽器の一つ。電子回路を用いてさまざまな音を合成する装置。シンセ。
しん-せつ【臣節】臣下として守るべき節操・道義。
しん-せつ【深雪】深く積もった雪。深雪(みゆき)。㊇
しん-せつ【新設】(名・他スル)組織・機関や設備などを新たに設けること。「学校を―する」
しん-せつ【新雪】新しく降り積もった雪。㊇
しん-せつ【新説】①今までにない新しい主張や学説。「―を立てる」↔旧説 ②初めて聞く話。
しん-せつ【親切】(名・形動ダ)相手に対して思いやりがあってやさしいこと。また、そのさま。「不―」「―な人」
―ぎ【―気】他人に親切にしようとする気持ち。
―ごかし(名・形動ダ)自分の利益をはかっていながら、表面はいかにも親切らしく見せかけるさま。「―に世話をする」
しんせっき-じだい【新石器時代】(シンセキキ―)〘日・世〙磨製石器や土器を使い、農耕や牧畜の開始とほぼ同じころ始まった時代。日本では縄文時代がこれに当たる。↔旧石器時代
しん-ぜる【進ぜる】(他下一)(ぜ・ぜ・ぜる・ぜる・ぜれ・ぜろ(ぜよ))→しんずる(進ずる)
しん-せん【神仙】神や仙人。神通力(じんつうりき)を持った仙人。

しん-せん【神占】神に祈って神意をうかがい、おみくじなどで吉凶を予知すること。
しん-せん【神泉】①霊妙な泉。②神社の境内にある泉。
しん-せん【神△饌】神前に供える酒食。神供(じんく)。供物(くもつ)。
しん-せん【深浅】①深いことと浅いこと。深さ。②色が濃いことと薄いこと。濃淡。
しん-せん【新△撰】新たに編纂(へんさん)すること。また、その書物。「―和歌集」
しん-せん【新選】新しく選ぶこと。新しく選ばれたもの。
しん-せん【新鮮】(形動ダ)(ダロ・ダッ(デ・ニ)・ダ・ナ・ラ・〇)①魚肉や野菜などの食物が新しくてみずみずしいさま。「―な魚」②よごれがなくきれいなさま。「―な空気」③物事に従来の考え方や慣行にとらわれない新しさが感じられるさま。「―な感覚」㊫(ナリ)
しん-ぜん【神前】神の前。神社の前。「―結婚」
しん-ぜん【浸染】(名・自他スル)①染料などがしみこみそまること。ひたしそめること。②しだいに感化すること。また、感化されること。参考「しんせん」ともいう。
しん-ぜん【親善】国や団体がたがいに理解を深め、仲よくして友好を深めること。「―使節」「―試合」
じん-せん【人選】(名・自スル)ある目的を遂行するのにふさわしい人を選ぶこと。「―に当たる」「―を誤る」
じん-ぜん【△荏△苒】(タル)物事がはかどらず長引くさま。何もしないまま月日が移り行くさま。「―と日を送る」㊫(形動タリ)
しんせんいぬつくばしゅう【新撰犬筑波集】(シンセンイヌツクバシフ)→いぬつくばしゅう
しんせんつくばしゅう【新撰菟玖波集】(シンセンツクバシフ)室町後期の連歌集。宗祇(そうぎ)らの撰(せん)。一四九五(明応四)年成立。心敬(しんけい)・宗祇らの作約二〇〇〇句を収める準勅撰集。
しん-ぜん-び【真善美】〘哲〙人間最高の理想とされる三つの価値概念。認識上の真、倫理・道徳上の善、芸術上の美。
しん-そ【神祖】①偉大な功のあった先祖の敬称。②天照大神(あまてらすおおみかみ)の尊称。江戸時代には徳川家康の敬称。
しん-そ【親疎】したしさと、うとさ。したしい人と疎遠な人。
しん-ぞ【新造】→しんぞう(新造)㊁
しん-そう【神葬】(サウ)神式で行う葬式。神式葬。
しん-そう【真相】(サウ)事件などで、人に知られていないほんとうのすがたや事情。「―究明」「―を知る」
しん-そう【深窓】(サウ)広い屋敷の中の奥深い部屋。「―の令

嬢」「ーに育つ(=世間の苦労を知らずたいせつに養育される)」

しん-そう【深層】 深い層。奥深く隠れた部分。「ー心理」

ーすい【ー水】 →かいようしんそうすい

しん-そう【新装】 サウ (名・他スル) 設備や外観などを新しく装ったり飾り付けたりすること。「ー開店」「ー成った競技場」

しん-ぞう【心像】 ザウ 外的な刺激によってではなく、想像や記憶などによって直観的に思い描かれた表象。心象。イメージ。

しん-ぞう【心臓】 ザウ ㊀(名) ①〔生〕全身の血液循環系の原動力である器官。人間では両肺の間の前下部にある袋状のもので、大きさはこぶし大。②組織や物事の中心部。「都市機能のー部」㊁(名・形動ダ)(「心臓が強い」の意で)ずうずうしいこと。また、そのさま。あつかましいさま。「なかなかのーだ」

〔心臓㊀①〕

ーに毛が生えている 恥知らずで極度にあつかましいさま。鉄面皮だ。心臓が強い。

ーべんまく-しょう【ー弁膜症】 シヤウ 〔医〕心臓の弁膜の機能が妨げられ、正常な血液循環が行われなくなる病気。

ーまひ【ー麻△痺】 心臓が突然機能しなくなること。

しん-ぞう【新造】 ザウ ㊀(名・他スル) 新しく造ること。また、造ったもの。「ー船」㊁(名)(多く上に「ご」を付けて)若い人妻の敬称。新造しんぞ。明治・大正期まで用いられた。「ごーさん」

じん-ぞう【人造】 ザウ (自然なものに似せて)人間が造ること。人工的に造ること。また、造ったもの。「ー皮革」↔天然

ーけんし【ー絹糸】 →じんけん(人絹)

ーこ【ー湖】 発電・上水道・灌漑などのために人工的に造った湖。

ーせんい【ー繊維】 ヰセン 化学繊維。合成繊維。

ーにんげん【ー人間】 →ロボット①

ーバター マーガリン。

じん-ぞう【腎臓】 ザウ 〔生〕腹腔の後部、脊柱の両側に二つある、ソラマメ形の器官。血液の濾過・尿の生成を行う。

ーえん【ー炎】 →じんえん(腎炎)

しん-そく【神速】 (名・形動ダ) 人間わざとは思えないほど、非常に速いこと。また、そのさま。「ー果敢に攻める」

しん-ぞく【真俗】 〔仏〕①仏道の真実の道理(=真諦)と世間的な道理(=俗諦)。②僧侶と俗人。

しん-ぞく【親族】 血縁および姻戚関係にある人々。法律上は六親等内の血族、配偶者、三親等内の姻族(=婚姻によってつながる人々)。「ー会議」⇩下段の図

じん-そく【迅速】 (名・形動ダ) 物事の進め方や動作がたいへん速いこと。また、そのさま。すみやか。「ーに処理する」

しん-そくぶつしゅぎ【新即物主義】 〔文〕一九二〇年代の末ごろからドイツにおこった芸術運動。冷静な知的関心をもって事物に対し、客観的・合理的にとらえようとした。代表作家は、ブレヒト、ケストナーら。ノイエザッハリヒカイト。

しん-そこ【心底・真底】 ㊀(名) 心の奥底。本心。「ーから願う」㊁(副) 心から。ほんとうに。「ーほれている」

しん-そつ【真率】 (名・形動ダ) 正直で飾り気のないさま。「ーな態度」

しん-そつ【新卒】 その年、新たに学校を卒業する、または卒業したこと。また、その人。「ーを採用する」

じんた 宣伝やサーカスの人寄せなどに市中を練り歩く、小人数の吹奏楽隊。語源 ジンタッタ、ジンタッタと聞こえるからという。

じん-だ【△糂△粏・△糝◇汰】 ①ぬかとこうじに塩を加えてならした食品。じんだみそ。②ぬかみそ。

しん-たい【身体】 人間のからだ。肉体。

ーけんさ【ー検査】 ①〔保〕身体の発育状態や健康状態を調べる検査。②服装や持ち物などを調べること。

ーしょうがい-しゃ【ー障害者・ー障△碍者】 シヤウガイ 手足の運動や視覚・聴覚・言語・平衡機能などに障害のある人。身障者。

ーしょうがいしゃ-ほじょけん【ー障害者補助犬】 シヤウガイシヤ 身体障害者の生活を助けるよう訓練された犬。盲導犬・介助犬・聴導犬の総称。

ーはっぷ【ー髪膚】 (身体と頭髪と膚の意)からだ全体。全身。「ーこれを父母に受く」

しん-たい【神体】 神社などで神霊の宿るものとして祭られ、礼拝の対象となるもの。古来、鏡・剣・玉など。みたましろ。

しん-たい【真◇諦】 〔仏〕絶対的な真理。真諦しんてい。

しん-たい【進退】 ㊀(名・自スル) 進むことと退くこと。㊁(名) ①いちいちの動作。立ち居振る舞い。「挙措ー」②職にとどまることとやめること。去就。「出処ー」

ー谷まる 進むことも退くこともできず、どうにもならない困難な状態に追い込まれる。進退これ谷まる。〈詩経〉

ーうかがい【ー伺(い)】 ウカガヒ 職務上の過失などのあったとき、責任をとって辞職するかどうか上役の判断を仰ぐこと。また、その文書。

ーりょうなん【ー両難】 リヤウナン 進むことも退くことも両方とも困難なようす。

しん-たい【新体】 新しい体裁・様式。

ーし【ー詩】 〔文〕明治初期に西洋の詩の影響によってつくられた、新しい詩の形態。従来の漢詩に対していう。七五調などの文語定型詩が中心。語源 外山正一らの「新体詩抄」から用いられた。

▼親族

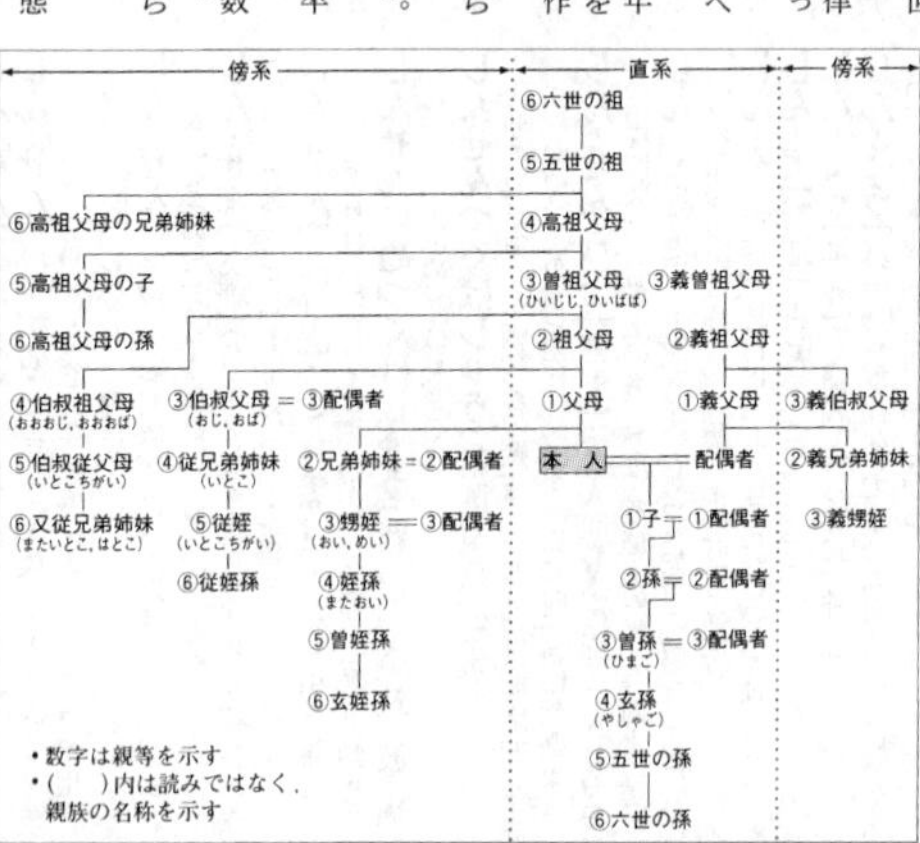

しん-だい【身代】①一身に属するいっさいの財産。資産。身上（しんしょう）。「ーを築く」②暮らし向き。生計。「ーがよい」

ーかぎり【ー限り】①破産。②江戸時代、役所が債務者の財産すべてを債権者に与えて債務にあてた強制執行。

しん-だい【寝台】寝るための台。ベッド。

ーしゃ【ー車】①列車で、寝台を設備した客車。②病人を運ぶための寝台を設備した自動車。（はじまり）①は日本では、一九〇〇（明治三十三）年、山陽鉄道（現在の山陽本線）で走った一等寝台車が最初。同年、東海道線でも営業開始。

じん-たい【人体】人間のからだ。「ー模型」「ー実験」

じん-たい【△靭帯】〔生〕脊椎（せきつい）動物の骨格を連結する結合組織。弾力性のある繊維からなる。「ーを切る」

じん-だい【人台】衣服の製作や陳列に用いる人の胴の模型。ボディー。

じん-だい【甚大】（名・形動ダ）程度が非常に大きいこと。また、そのさま。「被害ー」

じん-だい【神代】神々が支配したという時代。神代（かみよ）。日本では神武天皇即位以前の世。

ーすぎ【ー杉】古代に土中や水中に埋もれた杉。工芸品や装飾品材に使われる。

ーもじ【ー文字】神代に日本で使われていたという文字。後世の偽作であるとされている。

じん-だいこ【陣太鼓】（ヂン）昔、陣中で軍勢の進退を知らせる合図として打ち鳴らした太鼓。

しんたいししょう【新体詩抄】（シンタイシセウ）明治前期の詩集。外山正一（とやままさかず）・矢田部良吉・井上哲次郎共著。一八八二（明治十五）年刊。訳詩一四編と、創作詩五編とから成る。形式は七五調で、叙事詩が多い。近代詩の源流となった書。

しん-たいそう【新体操】（タイサウ）ボール・縄・リボン・輪・棍棒（こんぼう）を使って、伴奏音楽に合わせて演技する舞踊体操。（はじまり）女子の第一回世界選手権は、一九六三年ブダペスト（ハンガリー）で開催。オリンピックの正式種目になったのは、ロサンゼルス大会（一九八四年）から。

じん-だいめいし【人代名詞】→にんしょうだいめいし

しん-たいりく【新大陸】一五世紀末以後、ヨーロッパ人の探検によって新しく発見された大陸。南北アメリカ・オーストラリアなど。新世界。↔旧大陸

しん-たく【信託】（名・他スル）①相手を信用して任せ頼むこと。「国民のーにこたえる」②〔法〕一定の目的に従って他人に財産の管理や処分を任せるために、その者に財産権を移転すること。「ー業務」「ー財産」

ーがいしゃ【ー会社】（グヮイシャ）〔商〕金銭その他の財産を委託者の意志に従って管理・運用することを仕事とする企業。

ーぎんこう【ー銀行】（ギンカウ）〔商〕銀行の一種。普通銀行のうち、信託業務を主要業務とするもの。

ーとうち【ー統治】〔社〕国際連合の監督下で、その信託を受けた国が非自治地域に対して行う統治。一九九四年のパラオ独立により信託統治領は事実上消滅。

しん-たく【神託】神のお告げ。託宣。「ーが下る」

しん-たく【新宅】①新築した家。新しい住居。↔旧宅 ②本家から分かれた家。分家。別家。

しん-たつ【申達】（名・他スル）上級の役所から下級の役所に対して文書で指令を出すこと。

しん-たつ【進達】（名・他スル）下級の役所から上級の役所へ上申書の類を取り次ぐこと。「ー書」

シンタックス〈syntax〉〔文法〕語を組み合わせて文を作るときの規則の総体。また、その研究をする文法論の一部門。統辞論。統語論。構文論。

じん-だて【陣立〔て〕】（ヂン）戦場における軍勢の配置や編制。陣構え。「ーを整える」

しん-たん【心胆】心。肝（きも）ったま。

ーを寒（さむ）からしめる 心の底から驚き恐れさせる。

しん-たん【深△潭】深いふち。深淵（しんえん）。

しん-たん【震旦】古代中国の異称。震旦（しんだん）。

しん-たん【薪炭】たきぎとすみ。燃料。

しん-だん【神壇】神霊をまつる壇。祭壇。かみどこ。

しん-だん【診断】（名・他スル）①医師が患者を診察して病気の本体を知り病状を判断すること。「健康ー」②（転じて）物事の欠陥の有無を調べて判断すること。「企業ー」

ーしょ【ー書】医師が診断結果を記載した証明書。

しん-ち【神知・神△智】霊妙不可思議な知恵。

しん-ち【真知・真△智】真理を悟って得た真の知恵。

しん-ち【新地】①新しく居住地となって開けた土地。新開地。②新しく得た領地。③（多く新開地にできたことから）遊郭。遊里。「ー通い」

じん-ち【人知・人△智】人間の知恵。人間の知識。「ーの及ばぬところ」

じん-ち【陣地】（ヂン）攻防のために軍隊が陣を構えている所。

しん-ちく【新築】（名・他スル）家などを新しく建築すること。また、その家。「ー祝い」「家をーする」

じん-ちく【人畜】①人間と畜類。②人情味がなく品性下劣な人をののしっていう語。

ーむがい【ー無害】①人にも動物にも害を与えないこと。②（転じて）平凡で他になんら影響を及ぼさないこと。

しん-ちしき【新知識】進歩した新しい知識。また、それを持つ人。「ーを吸収する」

しん-ちゃ【新茶】その年の新芽を摘んで製した茶。[夏]

しん-ちゃく【新着】（名・自スル）品物などが新たに到着したこと。また、そのもの。「ーの雑誌」「ー情報」

しん-ちゅう【心中】心のうち。胸中。「ー穏やかでない」

しん-ちゅう【身中】体の中。「獅子（しし）ーの虫」

しん-ちゅう【真△鍮】（チウ）〔化〕銅と亜鉛の合金。黄金色でさびにくく展性・延性に富む。機械や器具の用材。黄銅（おうどう・こうどう）。

しん-ちゅう【進駐】（名・自スル）軍隊が他国の領土内にはいって一定期間とどまること。「ー軍」

しん-ちゅう【新注・新△註】新しい注釈。↔古注

しん-ぢゅう【心中】（じゅう）〔古〕→しんじゅう（心中）⑤

じん-ちゅう【尽忠】忠義を尽くすこと。「ー報国」

じん-ちゅう【陣中】（ヂン）①陣地の中。②戦争のさなか。

ーみまい【ー見舞〔い〕】（ミマヒ）①戦場の軍人をたずねて励まし、その苦労をいたわること。②忙しく仕事などをしている人をたずねて労をねぎらうこと。また、そのとき持参する酒や料理。

じん-ちゅう【△塵中】（ヂン）①ちりの中。②俗世間。

しん-ちょ【心緒】→しんしょ（心緒）

しん-ちょ【新著】新しく書いた書物。新しい著作。↔旧著

しん-ちょう【伸長・伸△暢】（チャウ）（名・自他スル）長さや力などが伸びること。また、伸ばすこと。「学力のー」

しん-ちょう【身長】（チャウ）背の高さ。

[類語]背丈・背（せい）・丈・身丈・身の丈・上背（うわぜい）

しん-ちょう【伸張】（チャウ）（名・自他スル）長さや勢力などが伸びひろがること。また、おしひろめること。「勢力をーする」

しん-ちょう【深長】（チャウ）（名・形動ダ）意味が深くて含みのあること。また、そのさま。「意味ー」

しん-ちょう【△晨朝】（テウ）①早朝。あけがた。②〔仏〕朝の勤

め。朝の勤行。晨朝。

しん-ちょう【◇清朝】―テウ ①中国の清国の朝廷。また、その時代。⇩清 ②→せいちょう(清朝)

しん-ちょう【新調】―テウ ㊀(名・他スル)衣服などを新たに作ったり買いととのえたりすること。また、そのもの。「背広を―する」㊁(名)(音楽などの)新しい調子。新しい曲。

しん-ちょう【慎重】(名・形動ダ)十分に考え注意深く物事をすること。軽々しく行動しないさま。「―を期する」「―に運転する」↔軽率

じんちょう-げ【◇沈丁◇花】―ヂンチャウ 〔植〕ジンチョウゲ科の常緑低木。中国原産。葉は厚く、長楕円形で互生。早春に内面が白色、外面が赤色または白色の香りの強い小花を開く。観賞用。沈丁。沈丁花。春 語源 その香りが、沈香と丁子香を兼ねるほどだというのでこの名がある。

〔じんちょうげ〕

しん-ちょく【進捗】(名・自スル)物事が進みはかどること。「―状況」

しん-ちん【深沈】(タル)①落ち着いてものに動じないさま。「―とした態度」②夜のふけゆくさま。しんしん。文(形動タリ)

しんちん-たいしゃ【新陳代謝】(名・自スル)①古いものが新しいものと入れかわること。代謝。「指導部の―がすすむ」②→たいしゃ(代謝)②

しん-つう【心痛】(名・自スル)心配して心を痛めること。「―の種」

じん-つう【陣痛】―ヂン ①〔医〕子供が生まれるときに、反復する子宮の収縮で、周期的に起こる腹部の痛み。②(比喩的に)物事を完成する直前の困難や苦しみ。

じんつう-りき【神通力】何事も自由自在にできる不思議な力。じんずうりき。

しん-づけ【新漬〔け〕】新しく漬けた漬物。↔古漬け

しん-てい【心底】心の底。本心。「―を見抜く」

しん-てい【真諦】→しんたい(真諦)

しん-てい【進呈】(名・他スル)人に物を差し上げること。進上。「粗品―」

しん-てい【新帝】新しく位についた天子。

しん-てい【新訂】(名・他スル)書物の内容などを新たに訂正すること。「―版の発行」

じん-てい【人定】①〔法〕本人であることを確認すること。②人が定めること。「―法」③人の寝静まる時刻。人定。

―しつもん【―質問】〔法〕公判の最初に、法廷に出頭した者が被告人本人に間違いないことを確認するために、裁判官が氏名・住所・年齢などを質問すること。

―じんもん【―尋問】〔法〕公判で、証人尋問の初めに、証人が間違いなく本人であることを確認するために、裁判官が氏名・住所・年齢などを質問すること。

しんてい-し【心停止】(名・自スル)〔医〕心臓の機能が停止すること。また、その状態。

ジンテーゼ〈ドイ Synthese〉〔哲〕弁証法において、対立矛盾するテーゼ(定立)とアンチテーゼ(反定立)とが総合され、統一されること。総合。「統合」または「合」とも訳される。

しん-てき【心的】(形動ダ)ダロ・ダッ(デ)・ニ・ナ・ナラ・◯ 心に関するさま。「―要因」↔物的

じん-てき【人的】(形動ダ)ダロ・ダッ(デ)・ニ・ナ・ナラ・◯ 人に関するさま。「―資源」「―な交流」↔物的

―しょうこ【―証拠】〔法〕裁判で、証人・被告人・当事者本人などの供述を証拠とすること。人証。↔物的証拠

シンデレラ〈Cinderella〉①(灰だらけの娘の意)ヨーロッパの童話の主人公の少女名。まま母に虐待されるが、ガラスの靴が縁となって王子と結婚し幸運をつかむ。②思いがけない幸運に恵まれた人。「―ストーリー」

しん-てん【伸展】(名・自他スル)勢力や事業などが伸びひろがること。また、伸ばしてひろげること。「勢力が―する」

しん-てん【神典】①神の事跡や神代のことなどを記した書。②神道の聖典。「古事記」など。

しん-てん【進展】(名・自スル)ある事柄が時の経過とともに進行し、展開してゆくこと。また、進歩し発展すること。「めざましい―がある」

しん-てん【親展】手紙の脇付で、宛名の本人が直接開封することを求める意の語。直披。親披。

しん-でん【神田】神社に付属している田で、その収穫を祭祀や造営などの費用にあてるもの。

しん-でん【神殿】①神をまつる建物。神社の本殿。②宮中三殿の一つで、天神地祇と旧八神殿の神をまつる殿舎。

しん-でん【新田】新しく開墾した田地。「―を開く」

しん-でん【寝殿】①寝殿造りの中央にある建造物。おもて御殿。正殿。②昔、天皇が日常寝起きした御殿。南殿。

―づくり【―造〔り〕】〔建〕平安時代、貴族の住宅に用いられた建築様式。中央に南面して寝殿があり、コの字形に対の屋、釣殿などを廊下でつなぐ。

① 寝殿 ② 東の対 ③ 西の対
④⑤ 釣殿

〔しんでんづくり〕

しん-でん【親電】一国の元首が自分の名で打つ電報。

しんでん-ず【心電図】―ヅ〔医〕心臓の筋肉を動かす電気信号を体表から導いて、その時間的変化をグラフに記録したもの。心臓病の診断に使う。ECG

しん-てんち【新天地】新しい世界。新たに生活または活躍をする場所や環境。「―でのご活躍をお祈りします」

しんてん-どうち【震天動地】(天を震わし地を動かす意で)異変や大事件が起こること。驚天動地。「―のできごと」

しん-と【信徒】ある宗教を信仰している者。信者。

しん-と【新都】新しく定められた都。↔旧都

しん-と【新渡】海外から新たに渡来したこと。また、そのもの。

しん-と(副・自スル)静まり返っているさま。物音一つしないさま。「教室が一瞬―する」

しん-ど【心土】表土の下層にあって耕作に関係しない土。

しん-ど【深度】深さの程度。「―一〇〇〇メートルの海底」

しん-ど【進度】物事の進行の程度。進みぐあい。「授業の―」

しん-ど【震度】ある場所における地震の強さの程度。参考 日本では、震度計の値を用いて、震度0・1・2・3・4・5弱・5強・6弱・6強・7の一〇段階に分ける。⇩次ページの表

じん-と(副・自スル)①深く感動して、涙があふれ出そうに感じられるさま。「胸に―くるせりふ」②痛みや寒さなどで感覚がまひしたように感じられるさま。「寒さで指先が―する」参考「じいんと」ともいう。

じん-ど【△塵土】―ヂン ①ちりと土。②取るに足りないもの。

しんど・い(形)カロ・カッ(ク)・イ・イ・ケレ・◯ 〔方〕(関西方言「しんど」を形容詞

化したもの)骨が折れて苦しい。めんどうだ。つらい。「―仕事」

しん-とう【心頭】 心。心中。「怒り―に発する」

―を滅却すれば火もまた涼し (無念無想の境地にあれば、火さえも熱いと感じなくなるということから)どんな困難も、心の持ち方しだいで苦しみとは感じなくなる。参考 織田信長勢に火攻めにされた甲斐の恵林寺の僧快川が、死に臨んで発した偈という。

しん-とう【神灯】 神前に供える灯火。みあかし。

しん-とう【神道】 タウ― 〔宗〕古来の国家的・民族的な神を敬い、先祖崇拝を根本とする日本固有の宗教。かんながらの道。

しん-とう【浸透・滲透】 (名・自スル) ①液体がしみとおること。しみ込んで広がること。「水が―する」②考え方・習慣などが広く行きわたること。「民主主義が―する」③〔化〕濃度の異なる二つの溶液が半透膜(=小さな分子だけを通す膜)を隔てて接するとき、濃度の薄い液体の溶媒(水など)が濃い液体のほうへ拡散する現象。

―あつ【―圧】 〔化〕「浸透③」の現象が起こる際、半透膜に隔てられた両側に生じる圧力の差。

しん-とう【振盪・震盪】 タウ― (名・自他スル) 激しく揺れ動くこと。また、激しく揺り動かすこと。「脳―」

しん-とう【新刀】 タウ― 新しい刀。特に、慶長年間(一五九六―一六一五年)以後に作られた日本刀の総称。↔古刀

しん-とう【新党】 タウ― 新しい政党・党派。「―結成」

しん-とう【親等】 〔法〕親族間で親疎の関係を区別する等級。親・子は一親等、祖父母・孫・兄弟姉妹は二親等、曽祖父母・曽孫・おじおば・おいめいは三親等。⇩親族(表)

しん-どう【臣道】 ダウ― 臣下の守るべき道。

しん-どう【神童】 才能が非常にすぐれて賢い子供。

しん-どう【振動】 (名・自スル) ①物が振れ動くこと。「建物が―する」②〔物〕物体の位置や光・電気の量が一定の値を中心に周期的に変化すること。

しん-どう【新道】 ダウ― 新しく開いた道。↔旧道

しん-どう【震動】 (名・自スル) ふるえ動くこと。「爆音で窓ガラスが―する」

じん-とう【人頭】 ①人のあたま。②人数。人口。

―ぜい【―税】 各個人に対して一律に同額を課する税。

じん-とう【陣頭】 ヂン― ①戦陣の先頭。「―指揮」②(転じて)仕事や活動の場の第一線。「―に立つ」

じん-どう【人道】 ダウ― ①人が人として踏み行うべき道。人倫。「―にもとる行為」②道路で、人が歩くように定められた部分。歩道。↔車道

―しゅぎ【―主義】 博愛的精神をもって、人類全体の幸福の実現を目指そうとする立場。ヒューマニズム。

―てき【―的】 (形動ダ) ダロ・ダッ(デ・ニ)・ダ・ナ・ナラ・○ 人道主義の立場に立って物事を行うさま。「―な見地に立つ」

じん-どう【仁道】 ダウ― 人の踏み行うべき道。仁の道。

しん-とく【神徳】 神の威徳。神の偉大な恵み。

しん-どく【真読】 (名・他スル) 〔仏〕経文を、省略しないで全部読むこと。↔転読

じん-とく【人徳】 その人にそなわっている徳。にんとく。「―のある人」

じん-とく【仁徳】 誠実で思いやりのある、慈しみの徳。

じん-とり【陣取り】 ヂン― 二組に分かれて相手の陣地を取り合う子供の遊び。「―合戦」

じん-ど・る【陣取る】 ヂン― (自五) ラ(ロ)・リ(ッ)・ル・ル・レ・レ ①陣地を構える。「山を背にして―」②場所を占める。「真ん中に―」

シンドローム 〈syndrome〉→しょうこうぐん

シンナー 〈thinner〉 塗料を薄めたり、衣服のしみ抜きに使ったりする有機系の混合溶剤。揮発性で引火しやすい。

しん-ない【新内】 〔音〕(「新内節」の略)浄瑠璃の一派。江戸中期、豊後節から分かれて鶴賀若狭掾・鶴賀新内が語り出した艶麗で哀調をおびた曲節。「―流し」

しんなり (副・自スル) やわらかく、しなやかなさま。「タマネギをいためて―(と)させる」

しん-に【瞋恚】 →しんい(瞋恚)

しん-に【真に】 (副) ほんとうに。まことに。「―心の美しい人」

じん-にく【人肉】 人間の肉。

しん-にち【親日】 外国または外国人が、日本と親しくすること。また、日本に好意を持つこと。「―家」↔排日・反日

しん-にゅう【之繞】 漢字の部首名の一つ。「通」「遡」などの「辶」「辶」の部分。しんにょう。

―を掛ける 程度をはなはだしくする。事をおおげさにする。輪を掛ける。

しん-にゅう【侵入】 ニフ― (名・自スル) (他人の家や他国の領土などに)不法にはいり込むこと。無理にはいり込むこと。「不法―」⇩「使い分け」

▼《震度階級》と状況(気象庁震度階級関連解説表より抜粋)

《0》人は揺れを感じないが、地震計には記録される。

《1》屋内で静かにしている人の中には、揺れをわずかに感じる人がいる。

《2》屋内で静かにしている人の大半が揺れを感じる。眠っている人の中には、目を覚ます人もいる。電灯などのつり下げた物がわずかに揺れる。

《3》屋内にいる人のほとんどが揺れを感じる。眠っている人の大半が目を覚ます。棚の食器類が音を立てることがある。電線が少し揺れる。

《4》ほとんどの人が驚く。歩いている人のほとんどが揺れを感じる。眠っている人のほとんどが目を覚ます。電灯などのつり下げた物は大きく揺れ、棚の食器類は音を立てる。不安定な置物が倒れることがある。電線が大きく揺れる。自動車の運転中に、揺れに気付く人がいる。

《5弱》大半の人が恐怖をおぼえる。電灯などのつり下げた物は激しく揺れ、棚の食器類や書物が落ちることがある。不安定な置物の大半が倒れ、固定していない家具が移動することがある。まれに窓ガラスが割れて落ちることがある。電柱が揺れるのがわかる。道路に被害の生じることがある。

《5強》大半の人が行動に支障を感じる。棚の食器類や書物で落ちるものが多くなる。テレビが台から落ちることがある。固定していない家具が倒れることがある。補強されていないブロック塀が崩れることがある。据え付けが不十分な自動販売機が倒れることがある。自動車の運転が困難となり、停止する車もある。

《6弱》立っていることが困難になる。固定していない家具の大半が移動し、倒れるものもある。ドアが開かなくなることがある。壁のタイルや窓ガラスが破損・落下することがある。

《6強》立っていることができず、はわないと動くことができない。揺れに翻弄され、動くこともできず、飛ばされることもある(震度7でも同様)。固定していない家具のほとんどが移動し、倒れるものが多くなる。壁のタイルや窓ガラスが破損・落下する建物が多くなる。補強されていないブロック塀のほとんどが崩れる。

《7》固定していない家具のほとんどが移動したり倒れたりし、飛ぶこともある。壁のタイルや窓ガラスが破損・落下する建物がさらに多くなる。補強されているブロック塀も破損するものがある。

しん-にゅう【浸入】ニフ（名・自スル）（水などが）ひたしはいること。⇩「使い分け」

使い分け「侵入・浸入」
「侵入」は、他人の土地や他国の領土に強引にはいる意で、「国境を越えて侵入する」「家宅侵入」などと使われる。「浸入」は、液体がひたしはいる意で、「泥水が家屋に浸入する」のように使われる。

しん-にゅう【進入】ニフ（名・自スル）進んで行ってはいること。「車の一禁止」

しん-にゅう【新入】ニフ 新しくはいること。また、その人。新入り。「一生」「一社員」

しん-にゅう【△滲入】ニフ（名・自スル）しみ込むこと。

しん-にょ【信女】〘仏〙①仏門にはいった在俗の女性。うばい。②女性の戒名に付ける称号。（↔信士）

しん-にょ【神女】女神。天女。

しん-にょ【真如】〘仏〙宇宙万物の本体で、永久不変かつ現実そのものである絶対的な真理。法性。実相。

しん-にょう【△之△繞】ネウ → しんにゅう（之繞）

しん-にん【信任】（名・他スル）その人の人格や適性などを信用して事をまかせること。「一を得る」「一が厚い」「不一」

—じょう【一状】ジャウ 正当な使いであることを証明する文書。特に、外交使節が正式な資格を持つことを証明する文書。

—とうひょう【一投票】トウヘウ ①選出された役員などを信任するか否かを問う投票。②内閣の不信任案が提出された時、国会が時の内閣を信任するか否かを決定する投票。

しん-にん【新任】（名・自他スル）新しく任に就くこと。また、就けること。あらたに就任した人。「一の先生」

しん-にん【親任】（名・他スル）明治憲法下で、天皇がみずから官に任命したこと。「一官」

しん-ねこ〈俗〉男女が人目を避けて仲むつまじく語らうこと。

しんねり-むっつり（名・副・自スル）〈俗〉性質・態度が陰気で、はきはきせず無口であるさま。「一した男」

しん-ねん【信念】かたく信じて疑わない心。「一をつらぬく」

しん-ねん【新年】新しい年。年の初め。新春。[新年]

しん-のう【心△嚢】ナウ 〘生〙心臓を包む袋状の膜。心膜。

しん-のう【親王】ワウ 古くは天皇の兄弟・皇子。現在では嫡出の皇子および嫡男系嫡出の皇孫男子の称。↔内親王
じん-のう【人皇】ワウ 神武天皇以後の天皇。人皇。

じんのうしょうとうき【神皇正統記】ジンワウシャウトウキ 南北朝時代の歴史書。北畠親房著。一三三九（延元四）年成立。神代から後村上天皇までの事跡を記し、吉野朝廷（南朝）の正統性を主張したもの。

しん-の-はしら【心の柱】〘建〙塔や殿堂などを建てるとき、その中央のいしずえの上に立てる柱。しんばしら。

しん-ぱ【新派】①新しい流派。「一をおこす」②〘演〙「新派劇」の略。（↔旧派）

—げき【一劇】〘演〙歌舞伎に対して明治中期におこった新演劇。当代の世相を題材としたもの。

シンパ「シンパサイザー」の略。共鳴者。支持者。特に共産主義運動や急進的・革命的運動などの後援者。

じん-ば【人馬】人と馬。「一一体」

しん-ぱい【心肺】心臓と肺。しんはい。「一機能」

—ていし【一停止】〘医〙心臓と呼吸が停止した状態。

しん-ぱい【心配】㊀（名・自他スル・形動ダ）気にかけて思いわずらうこと。気がかり。「一性」「一のたね」「親に一をかける」㊁（名・自他スル）世話をすること。「就職の一をする」

しん-ぱい【神拝】（名・他スル）神をおがむこと。

じん-ぱい【△塵肺】ヂン 〘医〙粉塵を長年吸いこんだために肺機能の低下を起こす病気。多くは職業的疾患で、粉塵の種類によって珪肺・石綿肺などがある。塵肺症。

じん-ばおり【陣羽織】ヂン 昔、陣中で、武士がよろいや具足の上に着たそでなしのはおり。具足羽織。

〔じんばおり〕

しん-ぱく【心拍・心△搏】心臓の拍動。心臓の収縮運動。「一数があがる」

シンパサイザー〈sympathizer〉→シンパ
シンパシー〈sympathy〉同情。共感。「一を感じる」

しん-ばつ【神罰】神がくだす罰。天罰。「一が下る」

しん-ぱつ【進発】（名・自スル）部隊が出発すること。

しんはなつみ【新花摘】江戸後期の俳諧句文集。与謝蕪村の代表的な著作。一七九七（寛政九）年刊。

ジンバブエ〈Zimbabwe〉アフリカ大陸南部の内陸部にある共和国。首都はハラレ。

しんばり-ぼう【心張り棒】戸締まりを厳重にするために戸や窓の内側にななめに渡すつっかい棒。「一を支う」

シンバル〈cymbals〉〘音〙打楽器の一種。金属の円盤で、二枚を打ち合わせたり、スティックで打ったりして鳴らす。

しん-ばん【新盤】新しく売り出されたレコードやCD。

しん-ぱん【侵犯】（名・他スル）他国の領土や権利などをおかすこと。「領空一」

しん-ぱん【信販】「信用販売」の略。「一会社」

しん-ぱん【新版】①新しく出版された本。新刊。②（内容を一部訂正するなどして）版を新しくした本。↔旧版
しん-ぱん【審判】（名・他スル）①事件を審理し判決すること。「海難一」②運動競技で、勝敗・優劣や反則の有無などを判定すること。また、その人。「一員」③キリスト教などで、神がこの世をさばくこと。「最後の一」[参考]①②は「しんぱん」ともいう。

しん-ぱん【親藩】〘日〙江戸時代、大名の家格の一つ。徳川氏の一門で大名になったもの。特に、尾張・紀伊・水戸を御三家とよぶ。⇩外様・譜代
しん-び【審美】美と醜とを識別すること。

—がく【一学】「美学①」の古い呼び方。

—がん【一眼】美しいものと醜いものとを見分ける能力。

しん-ぴ【心皮】〘植〙種子植物で雌蕊を構成する、特殊な分化をした葉。シダ植物の大胞子葉にあたる。

しん-ぴ【神秘】（名・形動ダ）人間の知恵では理解できない不思議なこと。また、そのさま。「一のベール」「生命の一」

—しゅぎ【一主義】直観や瞑想によって絶対的・超越的な存在を認識できるとする宗教・哲学上の傾向。また、霊的な存在や神秘性を対象とした文芸上の傾向。

—てき【一的】（形動ダ）ダロ・ダッ（デ・ニ）・ダ・ナ・ナラ・○ 人間の知恵でははかり知れない不思議なさま。「一な美しさ」

しん-ぴ【真皮】〘生〙脊椎動物の表皮の下の結合組織層。皮膚を形成し、血管や神経終末器官・汗腺などがある。

しん-ぴ【真否】真実と真実でないこと。本当かうそかということ。「うわさの一を確かめる」

じん-ぴ【靭皮】〘植〙植物体の外皮の内側にある柔らかい部分。また、そこからとれる繊維。

シンビジウム〈ラテ Cymbidium〉〘植〙ラン科シュンラン（シンビジウム）属の総称。園芸上は洋ランおよびその交配種をいう。

しん-ぴつ【△宸筆】（「宸」は天皇の意）天皇の筆跡。

しん-ぴつ【真筆】 その人自身の筆跡。真跡。↕偽筆

しん-ぴつ【親筆】（高貴の人が）みずから書いた筆跡。

しん-びょう【神△廟】 神霊を祭った建物・所。

しん-ぴょう【信△憑】（名・自スル）信頼してよりどころとすること。確かであるとして頼ること。「―するに足る証拠」

―せい【―性】 信用してあてにできる度合い。信頼度。「―に欠ける」「―に乏しい」

しん-ぴん【神品】 人間わざとは思えないほどすぐれた作品。また、その気高い品位。

しん-ぴん【新品】 使っていない新しい品物・製品。

じん-ぴん【人品】 その人に備わっている品格や気品。また、風采や物腰。「―卑しからぬ人物」⇩人柄「ちがい」

しん-ぶ【深部】 深い部分。奥深いところ。「心の―」

しん-ぷ【神父】〘基〙カトリック教会の司祭。また、その敬称。

しん-ぷ【神符】 神社が発行する護符。おふだやお守り。

しん-ぷ【新婦】 結婚したばかりの女性。花嫁。↕新郎

しん-ぷ【新譜】 新しい曲譜。また、それによって吹き込まれたレコードやCD。「今月の―」

しん-ぷ【親父】 父親。父。「御―様」

ジン-フィーズ〈gin fizz〉カクテルの一種。ジンに炭酸水・レモン汁・砂糖などを入れ、混ぜ合わせたもの。ジンフィズ。

しん-ぷう【新風】 新しい傾向やり方。「―を吹き込む」

じん-ぷう【陣風】 とつぜん激しく吹きおこる風。はやて。

シンフォニー〈symphony〉〘音〙交響曲。

しん-ぷく【心服】（名・自スル）心から尊敬し従うこと。「師に―する」

しん-ぷく【心腹】 ①胸と腹。②心の中。「―に落ちる（＝納得がゆく）」③心中をうちあけて頼りにすること。「―の友（＝親友）」

しん-ぷく【臣服】（名・自スル）臣下として服従すること。

しん-ぷく【信服・信伏】（名・自スル）信じて従うこと。

しん-ぷく【振幅】〘物〙振動する物体の、静止またはつりあいの位置から振動の極点までの距離。ふりはば。「振り子の―」

しん-ぷく【震幅】 地震計にあらわれた地震の揺れ幅。

しん-ふぜん【心不全】〘医〙心臓の機能が衰弱し、血液の循環に支障をきたす病気。

じん-ふぜん【腎不全】〘医〙腎臓の機能が低下し、老廃物が体内に蓄積される病気。

しん-ぶつ【神仏】 ①神と仏。「―を敬う」②神道と仏教。

―こんこう【―混交・―混△淆】〘宗〙日本固有の神道と外来宗教の仏教とを調和融合すること。奈良時代に始まる。神仏習合。⇩本地垂迹説

じん-ぶつ【人物】 ①ひと。「登場―」②人柄。人品。「好―」③すぐれた人。人材。逸材。「彼はなかなかの―だ」④人間を題材として描いた絵。人物画。⇩人柄「ちがい」

シンプル〈simple〉（形動ダ）単純で、むだなところがないさま。飾りけがなく簡素なさま。「―なデザイン」

しん-ぶん【新聞】 政治・経済・社会などに関する出来事や論評を、広く伝達するための定期刊行物。おもに日刊。（はじまり）一八七一（明治四）年、横浜で発行された「横浜毎日新聞」が、日本人による日刊新聞の最初。洋紙一枚の活版印刷であった。

―きしゃ【―記者】 新聞記事の取材・執筆・編集などの仕事をする人。

―し【―紙】 ①新聞のこと。②新聞として印刷された紙。

―じれい【―辞令】 官吏や企業の幹部などの任免を、辞令の出る前に新聞が予想して報道すること。特に、うわさだけで実際には辞令が出なかったときなどにいう。

―だね【―種】 新聞記事の材料となる事件や問題。特に、社会面（三面記事）の材料。「―になる」

じん-ぶん【人文】 人類社会の文化・文物。おもに「自然」に対していう。人文。

―かがく【―科学】 自然科学に対して、人類文化に関する学問の総称。狭義には、自然科学・社会科学に対して、哲学・文学・歴史学など。

―しゅぎ【―主義】 ルネサンス時代にイタリアにおこった思想。中世的な教会中心の世界観に対して、ギリシャ・ローマを手本に人間的な文化の建設を主張する。人本主義。

―ちりがく【―地理学】 産業・交通・文化などの人文現象を、環境や地域の違いという観点から研究する学問。

じん-ぷん【人△糞】 人間の排泄した大便。

しん-ぶんすう【真分数】〘数〙分子が分母よりも小さい分数。⇩仮分数・帯分数

しん-ぺい【新兵】 新しく入営した兵。↕古兵

じん-べい【甚平】 夏に用いる、身たけがひざぐらいの広そでの着物。男性用の室内着。甚兵衛。じんべ。[夏]

しん-へいみん【新平民】 一八七一（明治四）年に平民に編入された、それまで賤民扱いされていた人々を不当に差別して呼んだ俗称。

じん-べえ【甚◇兵◇衛】 ―↓じんべい

しん-ぺん【身辺】 身のまわり。「―調査」「―整理」

しん-ぺん【神変】 人知でははかりがたい不可思議な変化。

しん-ぺん【新編】 新しく編集すること。新しく編成すること。また、その編集・編成したもの。

しん-ぽ【進歩】（名・自スル）物事がしだいによいほうや望ましい状態に進んで行くこと。「科学技術の―」↕退歩

―てき【―的】（形動ダ）①進歩する方向にあるさま。②旧来の物事を改め新しくしようとする思想や行動・態度のみられるさま。「―な政策」

しん-ぼう【心房】〘生〙心臓内部の上半部。左右の部屋に分かれ、血液を静脈から受けて心室に送る。⇩心臓（さしえ）

―さいどう【―細動】〘医〙心房が不規則に興奮する状態。それに伴い心室の収縮も不規則になる。

しん-ぼう【心棒】 ①（車輪やこまなど）回転するものの軸となる棒。②（比喩的に）活動の中心となるもの。

しん-ぼう【辛抱】（名・自他スル）つらいことをじっとがまんすること。たえしのぶこと。「もう少しの―だ」

―づよ・い【―強い】（形）がまん強い。よく辛抱するさま。「―性格」[文]しんばうづよ・し（ク）

―にん【―人】 辛抱強い人。がまん強くよく働く人。

しん-ぼう【信望】 信用と人望。「人々の―が厚い」

しん-ぼう【神謀】 神のはかりごと。また、神業のように人の考え及ばないようなすぐれたはかりごと。

しん-ぼう【深謀】 奥深い見通しを持ったはかりごと。

―えんりょ【―遠慮】 遠い先のことまで深く考えてたてた周到綿密な計画。深慮遠謀。「―をめぐらす」

しん-ぽう【信奉】（名・他スル）（ある教えや主義などを）かたく信じて従うこと。「―者」「師の説を―する」

しん-ぽう【神宝】 ①神聖な宝物。②神社の宝物。

しん-ぽう【新法】 ①新しい法令。「―の制定」②新しい方法。（↕旧法）

じん-ぼう【人望】 周囲の多くの人々から寄せられる尊敬と信頼。「―を集める」「―がある」

しん-ぼく【臣僕】 けらい。しもべ。

しん-ぼく【神木】 ↓しんじゅ（神樹）

しん-ぼく【親睦】（名・自スル）たがいに親しみ仲よくするこ

と。「―会」「―をはかる」「―を深める」

シンポジウム〈symposium〉定められたテーマについて、何人かの意見の発表と、それに対する参会者の質問によって研究討論をする会。「古代史の―」

しん-ぼち【新◦発◦意】〘仏〙新たに仏道の修行をしようと決心した者。新たに仏門にはいった者。しんぼっち。しぼち。

じん-ぼつ【陣没・陣△歿】ヂン―(名・自スル)戦地で死ぬこと。戦死。戦没。

しん-ぼとけ【新仏】〘仏〙死んで仏として祭られたばかりの人。また、死後、はじめての盂蘭盆で祭られる霊。新仏(あらぼとけ)。

シンボリズム〈symbolism〉→しょうちょうしゅぎ

シンボリック〈symbolic〉(形動ダ)ダロ・ダッ(デ・ニ)・ダ・ナ・ナラ・〇 象徴的であるさま。「―なできごと」

シンボル〈symbol〉①象徴。「―マーク」②記号。しるし。

しん-ぼん【新盆】→にいぼん

しん-ぽん【新本】①新しい本。↕古本(こほん・ふるほん)②新刊の本。

じんぽん-しゅぎ【人本主義】→じんぶんしゅぎ

しん-まい【神米】神に供える、洗い清めた米。洗米(せんまい)。

しん-まい【新米】①その年にとれた米。秋 ↕古米(こまい)②新しく仲間入りした者。新たに仕事を始めて日が浅く、まだなれていない者。「―の店員」語源 ②は「新前(しんまえ)」の転。

しん-まえ【新前】―マヘ→しんまい(新米)②

しん-まく【心膜】→しんのう(心嚢)

じん-まく【陣幕】ヂン―陣屋に張り巡らす幕。

じんま-しん【△蕁麻△疹】〘医〙急にかゆみを感じて皮膚に赤い発疹(はっしん)を生じる病気。飲食物や薬品、物理的刺激などによって起こる。

しん-マルサスしゅぎ【新マルサス主義】〘経〙マルサスの唱えた早婚禁止や結婚延期による道徳的人口抑制に対し、受胎調節などによる人工的産児制限を主張する考え方。

しん-み【新味】新しみ。新しい趣。「―に乏しい企画」

しん-み【親身】■一(名)ごく近い血縁の人。肉親。身内。■二(名・形動ダ)肉親のように親切なさま。また、そうした心づかいをすること。「―になって世話をする」

しん-みせ【新店】新しく開いた店。

しん-みち【新道】①新しくひらかれた道。新道(しんどう)。②町家の間などにつけた細い道。小路(こうじ)。

しん-みつ【親密】(名・形動ダ)非常に仲のよいこと。とても親しいさま。「―の度を加える」「―な関係」↕疎遠

じん-みゃく【人脈】ある組織や集団の中などで、利害関係や主義主張などで結びついた人々のつながり。

しん-みょう【身命】―ミヤウ→しんめい(身命)

しん-みょう【神妙】―メウ ■一(名)世にも不思議であること。■二(形動ダ)ダロ・ダッ(デ・ニ)・ダ・ナ・ナラ・〇 ①けなげで感心なさま。殊勝なさま。「―な心がけ」②すなおでおとなしいさま。「―な顔つき」文(ナリ)

じんみらい-さい【尽未来際】〘仏〙無限の未来のはて。未来永久。用法 誓願を立てるときなどに使う。

しんみり(副・自スル)①心静かで落ち着いたさま。しみじみ。「―(と)語る」②心が沈んでもの悲しいさま。「―(と)した通夜」

しん-みん【臣民】君主国における国民。特に、明治憲法下における天皇・皇族以外の国民。

じん-みん【人民】国家・社会を構成している人々。国民。

―さいばん【―裁判】社会主義国家などで、裁判所と関係なく、人民の代表が行う裁判。

―せんせん【―戦線】〘社〙ファシズムと戦争に反対する団体や政党が、主義・主張を超えて結集した共同戦線。

じんむてんのう〔神武天皇〕ジンムテンワウ 記紀系譜上の第一代天皇。名は神日本磐余彦尊(かむやまといわれひこのみこと)。日向(ひゅうが)(宮崎県)から瀬戸内海を経て大和(やまと)(奈良県)にはいり、紀元前六六〇年に畝傍(うねび)の橿原宮(かしはらのみや)で即位したという。

しん-め【新芽】新しくもえ出た芽。若芽。「―が吹く」

じん-め【神◦馬】神社に奉納された馬。神馬(しんめ・じんば)。

しん-めい【身命】からだといのち。身命(しんみょう)。「―を投げうつ」

―を賭(と)する 生命を投げうつ。命をかける。

しん-めい【神名】神の名。神社の名。神名(じんみょう)。

しん-めい【神明】かみ。「天地―に誓う」

―づくり【―造〔り〕】〘建〙神社建築様式の一種。柱は掘っ立て式で千木(ちぎ)は高く、屋根はかやぶきで左右切り妻。かつお木がつく。伊勢(いせ)神宮本殿の様式が代表的。

正面　側面

〔しんめいづくり〕

じん-めい【人名】人の名。「―事典」「―録」

―ようかんじ【―用漢字】常用漢字のほかに戸籍上の人の名前に用いることのできる漢字。⇩巻末付録「人名用漢字一覧」

じん-めい【人命】人のいのち。「―救助」

シンメトリー〈symmetry〉(名・形動ダ)左右の均整・調和がとれていること。左右対称。または、それに似た形。「―土器」↕アシンメトリー

じん-めん【人面】人の顔。

―じゅうしん【―獣心】ジウシン 人の顔をしてはいるが、心はけもののような者。恩義や情け・恥などを知らない冷酷非情な人をののしっていう語。人面(にんめん)獣心。

しん-めんぼく【真面目】→しんめんもく

しん-めんもく【真面目】①本来の姿やありさま。真価。「―を発揮する」②まじめ。実直。参考「しんめんぼく」ともいう。

しん-モス【新モス】(「新モスリン」の略)純毛のモスリンに似せてつくられた綿織物。

しん-もつ【進物】人に差し上げる品物。贈り物。「御―」

しん-もん【神文】神に誓う文。誓文(せいもん)。

しん-もん【審問】(名・他スル)①事情を明らかにするために詳しく問い尋ねること。②〘法〙裁判所が審理のために関係者に陳述の機会を与えて尋問すること。

じん-もん【人文】→じんぶん

じん-もん【陣門】ヂン―陣営の門。軍門。陣屋の出入り口。

―に降(くだ)る 敵に敗れて降参する。

じん-もん【尋問・△訊問】(名・他スル)(裁判官・警察官などが)取り調べのため口頭で問いただすこと。「人定―」

しん-や【深夜】まよなか。よふけ。「―営業」「―番組」

しん-や【新家】①新しく建築した家。②分家。

じん-や【陣屋】ヂン―①衛兵の詰め所。②軍兵の宿営する場所。③城のない小藩の大名の居所。④郡代・代官の役所。

しん-やく【新約】①新しい約束。②「新約聖書」の略。(↕旧約)

―せいしょ【―聖書】〘基〙キリスト教の聖典の一つ。二七巻。イエス＝キリストの生涯や弟子たちの伝道の記録などが記されている。新約全書。↕旧約聖書

しん-やく【新訳】新しい翻訳(ほんやく)。また、その書物。↕旧訳

しん-やく【新薬】新しくつくられ、売り出された薬。

しん-ゆう【心友】イウ― たがいに心の中まで知り合った友人。

しん-ゆう【神△祐・神△佑】イウ― 神のたすけ。神助。「―天助」

しん-ゆう【深憂】イウ― 深いうれい。なみなみならぬ心配。

しん-ゆう【親友】— 心からうちとけた親しい友人。「無二の―」

しん-よ【神△輿】→みこし(御輿)

しん-よう【信用】 一 (名・他スル) 確かだと信じて受け入れること。「他人を―する」 二 (名) ①評判がいいこと。信頼されること。「―がある」「―を落とす」 ②「信用取引②」の略。

―がし【―貸〔し〕】 借主を信用して無担保・無保証で金品を貸すこと。

―きんこ【―金庫】〘商〙信用金庫法に基づく、個人または中小企業専門の金融機関。主として会員のための預金・資金の貸し付け・手形割引・内国為替などの業務を行う。信金。

―くみあい【―組合】(「信用協同組合」の略)中小企業の組合員に対して、必要な資本を貸したり、預金の便宜をはかる機関。信組。

―じょう【―状】〘商〙銀行が取引先、特に輸入業者の依頼によって発行し、その信用保証により、輸入業者の支払いに責任をもつことを表示した証書。LC

―とりひき【―取引】〘経・商〙①証拠金を預託し、証券会社から現金や株券を借りて行う株式売買。マージン取引。②売買した代金の支払いを後日に行う取引。クレジット。

―はんばい【―販売】〘商〙買い手を信用し、代金後払いで商品を先渡しにする販売方法。クレジット販売。信販。

じん-よう【陣容】— ①陣がまえ。陣形。「―を立て直す」 ②(チーム・団体などの)構成や顔ぶれ。「豪華で多彩な―」

しんよう-じゅ【針葉樹】— 〘植〙マツ・モミ・スギなど、針のような形の葉をもつ裸子植物の樹木の総称。↔広葉樹

しん-らい【信頼】(名・他スル) 信じてたよりにすること。信用して任せること。「―にこたえる」「―を裏切る」

しん-らい【新来】 新しく来ること。また、その人。「―の客」

じん-らい【迅雷】 急に鳴り出すはげしい雷。「疾風―」

しん-らつ【辛辣】(名・形動ダ)(味がひりひりとからい意から)言った内容や言い方が非常にてきびしいさま。「―な批評」

しんら-ばんしょう【森羅万象】—(「森羅」は限りなく並ぶ意)宇宙の中に存在するすべてのもの。万物。

しんらん【親鸞】(一一七三―一二六二) 鎌倉前期の僧。浄土真宗の開祖。法然に師事し、その思想を継承しつつさらに展開させ、絶対他力の信仰と悪人正機説を唱えた。著に「教行信証」「愚禿鈔」など。唯円編「歎異抄」は彼の法語集。

しん-り【心理】 心の状態やはたらき。精神現象。「群集―」

―がく【―学】 人間や動物の心の動き、意識の流れ、無意識など精神現象を研究する学問。

―しょうせつ【―小説】〘文〙作中人物の感情や心理の分析を手法とした小説。フランスを中心に発展した。代表的な作家は、スタンダール、ジョイス、プルーストら。

―てき【―的】(形動ダ) 心のはたらきに関するさま。「―距離」「―な負担」

―びょうしゃ【―描写】 文学作品などで、人物の心の微妙な移り変わりを描きだすこと。「すぐれた―」

―りょうほう【―療法】→せいしんりょうほう

しん-り【心裏・心△裡】 心のうち。心の底。「―に残る」

しん-り【真理】 ①正しい道理。「不変の―」 ②〘哲〙いかなる場合にも通用する妥当な知識や認識。

しん-り【審理】(名・他スル) ①事実や事のすじみちを調べて処理すること。②〘法〙裁判のもとになる事実関係や法律関係を裁判所が調べること。「高等裁判所が―する」

しん-りき【心力】→しんりょく(心力)

じん-りき【人力】 ①人間の力。人力。 ②「人力車」の略。

―しゃ【―車】 人を乗せ、車夫がひっぱって走る日本特有の二輪車。明治・大正時代に盛んに用いられた。人力。力車。腕車。 (はじまり) 一八六九(明治二)年、旧福岡藩士和泉要助らが発明、翌年連名で出願して官許を得たのが最初。以後急激に普及した。

〔じんりきしゃ〕

しんり-そうしゅぎ【新理想主義】— 〘哲〙自然主義や唯物論への反動として一九世紀後半におこった、精神の優位を説く哲学的傾向。文芸では、自然主義への反動としておこった精神的傾向をさし、日本では白樺派に代表される。

しん-りゃく【侵略・侵△掠】(名・他スル) 他国に攻め入って領土などを奪い取ること。「―戦争」「―者」

じん-りゅう【人流】— 移動する人々の流れ。「―の減少」

しん-りょ【心慮】 考え。思い。思慮。

しん-りょ【神慮】 神の心。神意。「―にかなう」

しん-りょ【深慮】 深い考え。「―をめぐらす」↔浅慮

―えんぼう【―遠謀】→しんぼうえんりょ

しん-りょう【神領】— 神社に付属している土地。

しん-りょう【診療】—(名・他スル) 診察し治療すること。「―所」「―報酬」

しん-りょう【新涼】— 秋の初めのすずしさ。「―の候」 秋

しんりょう-ないか【心療内科】〘医〙神経症や心身症など、身体疾患に心理的要因が関わる症状を扱う医学の一分科。内科的治療と精神療法とを用いる。

しん-りょく【心力】 心のはたらき。精神力。心力。

しん-りょく【神力】 神の威力・通力。神力。

しん-りょく【深緑】 茂った草木の濃いみどり。ふかみどり。

しん-りょく【新緑】 初夏のころの若葉のみずみずしいみどり。「―の候」「―のもえる季節」 夏

じん-りょく【人力】 人間の能力。人間の能力。人力。

じん-りょく【尽力】(名・自スル)(ある事を実現するために)力をつくすこと。ほねおり。「町の発展のために―する」

しん-りん【森林】 多くの木が密生する所。もり。「―地帯」

―よく【―浴】 森林を散策し、樹木の香気を浴びたり清浄な空気を吸ったりして、精神的なやすらぎを得ること。

しん-りん【親臨】(名・自スル) 天皇・皇族など高貴な人がその場に臨席すること。

じん-りん【人倫】 ①人としてふみ行うべき道。人道。「―に背く行為」 ②親子・夫婦・長幼など、人と人との間柄の秩序。 ③人間。人々。

しん-るい【進塁】(名・自スル) 野球で、一塁または二塁の走者が次の塁に進むこと。

しん-るい【親類】 その人の家族以外で、血筋や縁組などでつながった一族。親戚。「―縁者」

―がき【―書〔き〕】 親類の人々の住所・氏名・続き柄などを書いた書類。

―づきあい【―付き合い】 ①親類間の交際。②親類どうしのような親しい交際。

じん-るい【人類】 人間。他の動物と区別して呼ぶ言葉。「―の歴史」⇩人「ちがい」

―あい【―愛】 人種を超えた、人類全体への普遍的な愛。

―がく【―学】 人類の起源や人種の相違・特徴、人類の形成する文化・社会などについて研究する学問。

しん-れい【心霊】 霊魂。たましい。「―術」「―写真」
―げんしょう【―現象】 (虫の知らせ・テレパシーなど)現代の科学では説明できない、不可思議な精神現象。
しん-れい【神霊】 ①神のみたま。②霊妙な徳。
しん-れい【浸礼】〘基〙全身を水にひたす洗礼。バプテスマ。
しん-れい【振鈴】 (合図のため)鈴をふって鳴らすこと。また、その鈴。
しん-れき【新暦】 太陽暦。陽暦。↕旧暦
じん-れつ【陣列】 陣の配置。軍勢の配列または編制。
しん-ろ【針路】 ①飛行機や船の進む方向。「―を東にとる」②自分の進むべき方向。⇩「使い分け」
しん-ろ【進路】 ①進んでいく道。ゆくて。「台風の―」↕退路 ②人が将来進んでいく方向。「―を決める」⇩「使い分け」

> 使い分け 「針路・進路」
> 「針路」は、船舶や航空機の、羅針盤の針が示す方向の意で、「針路を誤る」「針路を西にとる」などと使われる。
> 「進路」は、車などが進んでいく道の意で、「進路を妨げる」「進路を開く」などと使われる。また、比喩的に、「卒業後の進路」「進路指導」などと使われる。

しん-ろう【心労】 (名・自スル) あれこれと心配して心を痛めること。精神的な疲労。気苦労。「―が重なる」
しん-ろう【辛労】 (名・自スル) たいへんな骨折り。苦労。「―辛苦」
しん-ろう【新郎】 結婚したばかりの男性。花婿。↕新婦
じん-ろう【塵労】 ①俗世間でのわずらわしい苦労。②〘仏〙煩悩。
じん-ろく【甚六】〘俗〙おろかな者。おひとよし。「総領の―(=大事に育てられ、おっとりしている長男をあざけっていう語)」
しん-ロマンしゅぎ【新ロマン主義】〘文〙二〇世紀初頭、ドイツ・オーストリアを中心に自然主義に対抗しておこった文学思潮。芸術至上主義的・耽美的傾向をもつ。日本では明治末期から大正期における、小説家の永井荷風・谷崎潤一郎、詩人の北原白秋・木下杢太郎らの文学傾向をさす。新浪漫主義。ネオロマンチシズム。
しん-わ【神話】 ①部族・氏族・民族の神々や英雄の活躍する話を中心に、天地の創造、超自然の存在などを系統立てて説明する説話や伝説。「ギリシャ―」②(根拠もなく)人々に絶対的なものだと信じられている事柄。「不敗―が崩れる」
しん-わ【親和】 (名・自スル) ①たがいに親しみあい仲よくすること。親睦。②〘化〙異なる物質がよく化合すること。
―りょく【―力】 ①化学反応において、各種の元素間にはたらいて結合を起こさせる力。②人と人とが引きつけ合う力。

す ス

五十音図「さ行」の第三音。「す」は「寸」の草体。「ス」は「須」の草体の旁の部分。

す【子】 (字義) →し(子)
す【主】 (字義) →しゅ(主)
す【守】 (字義) →しゅ(守)
す【州】 (字義) →しゅう(州)
す【素】 (字義) →そ(素)
す【州・洲】 水の流れによって堆積した土砂が、川・湖・海などの水面上に現れた所。「中―」「三角―」「砂―」
す-【素】 (接頭) ①(名詞に付いて)ありのままの、そのものだけの、の意を表す。「―顔」「―手」「―焼き」「―泊まり」「―うどん」②(形容詞などに付いて)程度がはなはだしい意を表す。「―早い」「―ばしこい」「―っ頓狂」③(多く、人に関する語に付いて)平凡な、みすぼらしいなどの意を表す。「―浪人」「―寒貧」
す【素】 ありのままの状態。「―の姿」「―が出る」
す【須】 ス㊥・シュ まつ・もちいる
(字義) ①ひげ。あごひげ。②もちいる。必要とする。「須要・必須」③しばし。少しの間。「須臾」 難読 須弥山 人名 ず・もち・もとむ・ゆき
す【数】 (字義) →すう(数)
す【巣】 ①獣・鳥・虫などのすみか。「ハチの―」②人の住む所。「愛の―」③悪者たちが集まり本拠とする所。「盗賊の―」④獲物を待ち伏せするため、クモが糸を出して張った網。
す【酢・醋】 酢酸を主成分とする、酸味のある液体調味料。
す【簀】 ①竹・葦などを粗く編んだ敷物。すのこ。②すだれ。
す【鬆】 ①大根・ゴボウなどの内部にできる多くの細かい穴。また、煮え過ぎた豆腐などに生じる泡のような穴。「―のはいったプリン」②鋳物の内部にできた空洞。
す【簾】 すだれ。「御―」
す【馬尾】 (細工に用いる馬の尾の毛。もと、それを用いたところから)釣り糸。
す【為】 (自他サ変)〘古〙①ある動作や行為がなされる。ある動作や行為をする。②他のさまざまな自動詞の代用をする語。「時雨いたくして」〈源氏〉
す (助動-下二型) セ・セ・ス・スル・スレ・セヨ 〘古〙→せる(助動)
ず【図】 教2 **【圖】** ズ(ツ)・ト はかる㊥
(字義) ①はかる。計画する。くふうする。はかりごと。「意図・企図」②㋐え。えがく。絵画。「図画・絵図・構図」㋑説明図。「図表・設計図」㋒地図。「海図・天気図」③書物。「図書」 難読 図図しい・図体 人名 のり・みつ
ず【図】 ①物の形状・位置・関係などを、線・点・模様などを用いて示したもの。図面。図形。「―で示す」②絵画。「山水の―」③人や物事のようす。ざま。「見られた―ではない」
―に当たる 予想どおりに事が運ぶ。思うつぼにはまる。
―に乗る 調子にのりつけあがる。思いどおりになり調子づく。

語源 法会の際、僧の唱える「声明」で転調するところを「図」といい、そこをうまく歌うことを「図に乗る」といったことから調子がいいという意味となり、のちにつけあがるという意味が加わったという。

ず【豆】 (字義) →とう(豆)
ず【事】 (字義) →じ(事)
ず【頭】 (字義) →とう(頭)
ず【頭】 あたま。
―が高い いばっていて横柄である。無礼で尊大である。
ず 打ち消しの助動詞「ぬ」の連用形。「どこにも寄ら―、帰る」
ず (助動-特殊型) ザラ・ズ(ザリ)・ズ・ヌ(ザル)・ネ(ザレ)・ザレ 〘古〙打ち消しの意を表す。「立ちしなふ君が姿を忘れ―は」〈万葉〉 用法 活用語の未然形に付く。
す-あえ【酢和え・酢韲え】 野菜や魚介などを酢であえること。また、酢であえた料理。
す-あげ【素揚げ】 (名・他スル) 材料に粉や衣をつけずに油で揚げること。また、揚げたもの。
す-あし【素足】 ①靴下・足袋などをはいていない、むき出しの足。②履物をはいていない足。はだし。夏

す-あな【巣穴】 動物がすみかとする穴。

す-あま【素甘】 粳(うる)の粉を水でこねて蒸し、白砂糖を加えてついた紅白の餅菓子(もちがし)。州浜(すはま)。

す-あわせ【素△袷】アハセ 襦袢(じゅばん)を着ないで、素肌に袷(あわせ)を着ること。夏

ず-あん【図案】ヅ 美術・工芸品を作る際、形や色などを美的に組み合わせ、図に表したもの。デザイン。

すい【水】 教1 スイ みず

(字義)①みず。「水泳・水分・雨水・海水」②水のある所。河川・湖沼など。「水辺・湖水・山水・治水」③形状や外見が水に似たもの。「水銀・水晶」④水溶液。「化粧水・炭酸水」⑤五行の一つ。⑥「水素」の略。「水爆・炭水化物」⑦七曜の一つ。「水曜」または「水曜日」の略。難読 水黽(あめんぼ)・水馬(あめんぼ)・水夫(かこ)・水鶏(くいな)・水母(くらげ)・水団(すいとん)・水脈(みお)・水分(みくまり)・水垢離(みずごり)・水洟(みずばな)・水門(みと)・水無月(みなづき)・水面(みなも)・水泡(みなわ)・水沫(みなわ)・水雲(もずく) 人名 お・たいら・な・なか・み・みな・みの・ゆ・ゆき・ゆく

すい【水】 ①「水曜」の略。②《俗》砂糖味だけの氷水。

すい【出】(字義)→しゅつ(出)

すい【吹】 スイ㊥ ふく㊥

(字義)①ふく。息をはく。風が動く。②管楽器をふき鳴らす。「吹奏・吹笛・鼓吹」難読 吹聴(ふいちょう)・吹雪(ふぶき)・吹螺貝(ほらがい) 人名 かぜ・ふき・ふけ

すい【垂】 教6 スイ たれる・たらす

(字義)①たれる。㋐ぶらさがる。たらす。「垂下・懸垂」㋑上から下に示す。「垂訓・垂範」②なんなんとする。もう少しでなろうとする。「垂死」難読 垂迹(すいじゃく)・垂涎(すいえん)・垂髪(すべらかし)・垂乳根(たらちね)・垂木(たるき)・垂氷(たるひ)・垂水(たるみ) 人名 しげる・たり・たる・たれ

すい【炊】 スイ㊥ たく㊥・かしぐ

(字義)飯をたく。食物を煮たきする。「炊爨(すいさん)・炊事・炊飯・一炊・自炊」

すい【帥】 スイ㊥・ソツ ひきいる

(字義)①(軍隊を)ひきいる。＝率。「帥先(そっせん)」②軍をひきいる長。将軍。「元帥・将帥」人名 そち・つかさ

すい【粋】【粹】 人 スイ㊥ いき㊥

(字義)①まじりけがない。最もすぐれた部分。「純粋・精粋」②世間・人情に通じ、物わかりがよい。さばけている。「粋人・無粋」人名 きよ・ただ

すい【粋】 ㊀(名)まじりけがなく、最もすぐれたもの。「技術の―を集める」㊁(名・形動ダ)①世間や人情に通じ、ものわかりがよく洗練されているさま。「―な扱い」②花柳界・芸人社会の事情に通じて、あかぬけているさま。「―な人」⇨粋(いき)「参考」

―が身(み)を食(く)う 粋人だともてはやされていると、その道にふけって身を滅ぼすことになる。

すい【衰】 スイ㊥ おとろえる㊥

(字義)よわる。勢いがしだいになくなる。「衰弱・衰世・衰退・衰亡・老衰」↔盛

すい【彗】 人 スイ・ケイ・エ(ヱ) ほうき

(字義)①はく。はらう。「彗掃(すいそう)」②ほうき。③ほうきぼし。「彗星・妖彗(ようすい)・流彗」④あかるい。さとい。＝慧。人名 さとし

すい【推】 教6 スイ おす㊥

(字義)①前方におす。おし進める。「推敲(すいこう)・推進」②おしはかる。「推測・推理・推量・邪推・類推」③おし上げる。選んですすめる。「推挙・推奨・推薦」

すい【酔】【醉】 人 スイ㊥ よう㊥

(字義)よう。㋐酒によう。薬物によって感覚を失う。「酔狂・酔態・宿酔・泥酔・麻酔」㋑心をうばわれる。「心酔」

すい【◇椎】(字義)→つい(椎)

すい【遂】 スイ㊥ とげる㊥・ついに

(字義)①とげる。なしとげる。「遂行・完遂・既遂・未遂」②(「ついに」と読んで)漢文で、事柄がそのまま進行することを示す助字。人名 かつ・とおる・なり・なる・みち・もろ・やす・ゆき・より

すい【睡】 スイ㊥ ねむる

(字義)いねむりする。眠る。「睡魔・睡眠・昏睡(こんすい)・熟睡」

すい【翠】 人 スイ みどり

(字義)①かわせみの雌。「翠羽・翡翠(ひすい)」②みどり。「翠玉・翠黛(すいたい)」人名 あきら

すい【穂】【穗】 人 スイ(高) ほ㊥

(字義)ほ。穀物の茎の先に花・実のついたもの。また、穂の形のもの。「稲穂(いなほ)・花穂・初穂(はつほ)」人名 お・のり・ほう・みのる

すい【◇誰】 スイ だれ㊥・たれ・た

(字義)①だれ。たれ。た。疑問・反語の人代名詞。㋐だれが…か。疑問・反語の意を表す。㋑姓名などをといただす。「誰何(すいか)」②これ。発語の助字。「誰昔(すいせき)」

すい【錘】 人 スイ つむ・おもり

(字義)①はかりのおもり。分銅(ふんどう)。「鉛錘」②つむ。糸をつむぐ道具。紡績機械の部品。よりをかけながら糸を巻きとる棒。「紡錘」

すい【錐】 人 スイ きり

(字義)①きり。小さい穴をあける工具。「立錐」②小さいこと、わずかなことのたとえ。「錐指・錐力」③幾何学で、円や多角形を底面とする、先端のとがった形。「錐体・円錐・三角錐」

す・い【酸い】(形)カロ・カッ(ク)・イ・イ・ケレ・○ 酢のような味がある。酸味がある。すっぱい。文す・し(ク)

―も甘(あま)いも噛(か)み分(わ)ける 豊富な人生経験によって世の中の複雑な事情や微妙な人情に通じ、分別がある。

ずい【随】【隨】 人 ズイ㊥ したがう

(字義)①あとからついていく。ともをする。「随行・追随・付随」②条件にしたがう。意のままになる。「随意・夫唱婦随」難読 随神(かんながら)・随身(ずいじん) 人名 あや・みち・ゆき・より

ずい【瑞】 人 ズイ しるし

(字義)①天が下すめでたいしるし。めでたい。「瑞雲・瑞祥・瑞兆・吉瑞・慶瑞・祥瑞」②「瑞典(スウェーデン)」「瑞西(スイス)」の略。難読 瑞籬(みずがき)・瑞穂(みずほ) 人名 あや・しず・す・すい・たま・まこと・み・みず・みつ・もと・ゆたか・よし

ずい【髄】【髓】 ズイ㊥

(字義)①骨の内部にある軟らかな組織。「骨髄」②高等動物の中枢神経。「延髄・脊髄(せきずい)・脳髄」③植物の茎の中心部。「髄虫(ずいむし)」④物事の中心部。最も重要な部分。要点。奥義。「髄脳・心髄・神髄・精髄」人名 あや・すね・なか・ゆき・より

ずい【髄】 ①〔生〕動物の骨の内部にある軟らかい組織。②〔植〕植物の茎の中心部にある軟らかい組織。③中心。奥義。

ずい【△蕊・△蘂】〔植〕花の雄蕊(おしべ)と雌蕊(めしべ)の総称。しべ。

ずい【隋】〖世〗中国の王朝の名。五八一年北周の楊堅(文帝)が建国し、南朝の陳を滅ぼして全土を統一した。都は大興城(長安)。反乱が各地で起こり、六一八年に滅亡。

すい‐あ・げる【吸(い)上げる】スヒ (他下一) ゲ・ゲ・ゲル・ゲレ・ゲロ(ゲヨ) ①吸いこんで上へあげる。「ポンプで水を—」②他人の利益を取り上げる。「子会社の利益を—」③一般の人や部下などの意見を取り上げる。「社員の声を—」文すひあ・ぐ(下二)

すい‐あつ【水圧】水の及ぼす圧力。「—が低い」

すい‐い【水位】ヰ 一定の基準面から測った河川・湖沼・海・ダムなどの水面の高さ。「—計」「—が上がる」

すい‐い【推移】(名・自スル)①移り変わること。「事態の—を見守る」②時がたつこと。「時間が—する」

ずい‐い【随意】(名・形動ダ)思いのままであること。束縛・制限のないさま。「ご—にお取りください」

—きん【—筋】〖生〗意志のままに動かすことのできる筋肉。骨格筋・舌など。↔不随意筋

—けいやく【—契約】入札などの競争によらないで、適当と思われる相手方と契約を結ぶこと。

すい‐いき【水域】ヰキ 水面上の一定の区域。「危険—」

ずい‐いち【随一】第一。多くの同類の中で最もすぐれていること。「当代—」「球界—の強打者」

スイーツ〈sweets〉甘い菓子。多く、洋菓子をいう。

スイート〈suite〉ホテルで、寝室・居間などがそろった続き部屋。「—ルーム」

スイート〈sweet〉(形動ダ) ダロ・ダッ(デ・ニ)・ダ・ナ・ラ・○ ①甘く、おいしいさま。②かわいらしいさま。③快いさま。甘美なさま。

—スポット〈sweet spot〉ゴルフのクラブやテニスのラケットなどで、有効なボールを打つのに最もよい点。

—ハート〈sweetheart〉愛人。恋人。

—ピー〈sweet pea〉〖植〗マメ科のつる性一年草または越年草。葉は羽状複葉で、小葉は下部二枚、他は巻きひげとなる。蝶形の白・淡紅・紫色などの花を開く。品種が多く観賞用。春

〔スイートピー〕

—ホーム〈sweet home〉①楽しい家庭。②新婚家庭。参考②は和製英語。

—ポテト〈sweet potato〉①サツマイモ。②サツマイモを蒸して裏ごしし、バター・牛乳・砂糖などをまぜて焼いた洋菓子。

ずい‐いん【随員】ヰン (外交使節などの)高官に付き従って行き、その仕事を補佐する人。「特使の—」

ずい‐う【瑞雨】穀物の生長を助けるめでたい雨。慈雨。

すい‐うん【水運】水路による交通・運送。↔空運・陸運

すい‐うん【衰運】おとろえていく運命・傾向。↔盛運

ずい‐うん【瑞雲】吉兆となるめでたい雲。祥雲。

すい‐えい【水泳】(名・自スル)スポーツや遊びとして水の中を泳ぐこと。夏

すい‐えき【膵液】〖生〗膵臓から十二指腸に分泌される消化液。たんぱく質・脂肪・炭水化物などの消化酵素を含む。

すい‐えん【水煙】①水けむり。水しぶき。②仏塔などの相輪の上部にある火炎状の飾り。火と称するのをきらい、火災を調伏する意で「水」の字を用いたという。⇒九輪(さしえ)

すい‐えん【垂涎】(名・自スル)→すいぜん

すい‐えん【炊煙】炊事の煙。かまどから立ち上る煙。

すい‐えん【膵炎】〖医〗膵臓の炎症の総称。膵臓炎。

ずい‐おう【瑞応】人の善行に応えて天が下すという、めでたいしるし。吉兆。

すい‐おん【水温】ヲン 水の温度。「—計」

すい‐か【水火】クワ ①水と火。②洪水と火災。「—の難」③水におぼれ、火に焼かれるような苦しみ。④非常に仲の悪いこと。「—の仲」

—も辞せず どんな危険や苦しみも恐れず、いとわない。

すい‐か【水禍】クワ 水による災難。水害や溺死など。「—に遭う」

すい‐か【西瓜】クワ〖植〗ウリ科のつる性一年草。アフリカ原産。葉は長卵形で深く裂け、茎は長く地上をはって巻きひげがある。初夏に淡黄色の合弁花を開く。雌雄異花。果実は大きな球形または楕円形で、水分が多く甘い。秋

すい‐か【垂下】(名・自他スル)たれ下がること。たらすこと。

すい‐か【誰何】(名・他スル)「だれか」と声をかけて名を聞くこと。「門衛に—される」

すい‐か【燧火】クワ ①切り火。打ち火。②のろし。

すい‐がい【水害】洪水や高潮などによる被害。水禍。夏

すい‐がい【透垣】(「すきがき」の音便)間をすかして作った細い板や竹などの垣根。透垣。

すい‐かく【酔客】→すいきゃく

すい‐かずら【忍冬】スヒカヅラ〖植〗スイカズラ科のつる性木本。日本各地に自生。葉は卵形で対生。初夏に芳香のあるらっぱ状の白花を開き、のち、黄変する。茎・葉は薬用。忍冬。夏

すい‐がら【吸(い)殻】スヒ 吸ったたばこの燃えさしや灰。

すい‐かん【水干】①糊を使わず、水につけて板に張り、干した布。②狩衣に似た形の衣服。襟を組み紐で結びとめ、丈が短く裾を袴の中に着込む。庶民の普段着だったが、のち公家や武家でも用いるようになった。

〔水干②〕

すい‐かん【吹管】クワン〖化〗鉱物の鑑定に用いる金属製の管。口にあてて、空気を炎に吹きつけ鉱物を熱する。

すい‐かん【酔漢】酒に酔った男。酔っ払い。

すい‐がん【酔眼】酒に酔ったときのとろりとした目付き。「—朦朧(=酒に酔ってはっきりものが見えない状態)」

すい‐がん【酔顔】酒に酔った顔。

ずい‐かん【随感】感じたまま。折にふれて感じた思い。感想。

すい‐き【水気】①みずけ。湿り気。②水蒸気。水煙。③水腫。むくみ。

すい‐き【酔気】酒に酔ったさま。また、酒気。

ずい‐き【芋茎・芋苗】サトイモの葉柄。干したものはいもがらといい、食用にする。秋

ずい‐き【随気】きまま。わがまま。気随。

ずい‐き【随喜】(名・自スル)①〖仏〗他人の善行を見て、心に喜びを生じること。②心から喜びありがたがること。

—の涙 ありがたさのあまりにこぼす涙。

ずい‐き【瑞気】めでたい雲気。めでたく神々しい雰囲気。

すい‐きゃく【酔客】酔っ払い。酔人。酔客。

すい‐きゅう【水球】キウ 一チーム七人で泳ぎながらボールを相手ゴールに入れ、得点を争う競技。ウオーターポロ。夏

すい‐ぎゅう【水牛】ギウ〖動〗ウシ科の哺乳動物。形は牛に似て角が長く、灰黒色。水辺にすみ、暑い日中には好んで水中にはいる。角は印材などに用いられる。バッファロー。

すい‐きょ【推挙・吹挙】(名・他スル)適任者としてその人を推薦すること。推輓。「役員に—される」

すい‐ぎょ【水魚】水と魚。

—の交わり 非常に親密な交際・友情のたとえ。【故事】蜀

くょの劉備が新参の諸葛孔明と親密なため、古参の武将の関羽や張飛たちが不満をもらしたとき、劉備が「二人の間柄は水と魚のようなもので、たがいに離れがたい仲である」と言ったことからいう。〈三国志〉⇨三顧・出廬

すい-きょう【水郷】→すいごう

すい-きょう【酔狂】（名・形動ダ）①物好き。不思議なほどに好奇心の強いさま。「ーにもほどがある」②酒に酔って狂ったようになっているさま。参考①は「粋狂」とも書く。

すい-ぎょく【△翠玉】→エメラルド

すい-きん【水△禽】〔動〕湖沼・河川・海やその水辺で生活をする鳥類の総称。水鳥。冬

すい-ぎん【水銀】〔化〕金属元素の一つ。常温で液体である唯一の金属。銀白色で重い。温度計・気圧計などに使用。有毒。元素記号Hg

ーとう【ー灯】水銀蒸気を満たした真空管の放電による発光を利用する装置。照明・医療用などに使われた。参考有毒性のため、現在は製造禁止。

すい-くち【吸〔い〕口】①（器具などの）口で吸う部分。②吸い物に浮かべて香味を添えるもの。ユズの皮・木の芽など。

すい-くん【垂訓】弟子などに教訓を説き示すこと。また、その教訓。「山上のー（＝キリストが弟子たちに説いた教え）」

すい-ぐん【水軍】①水上や海上でいくさをする軍隊。②中世、海上に勢力を持っていた地方豪族の武士団。「村上ー」

すい-けい【水刑】刑罰の一種。水責め。

すい-けい【水系】川を中心とする流水の系統。本流とその支流、およびそれに付属する湖・沼なども含む。「利根川ー」

すい-けい【推計】（名・他スル）計算によってだいたいの見当をつけること。推算。「得票数をーする」

ーがく【ー学】確率論に基づき、一部の標本から推定して全体の状態を知ろうとする学問。推測統計学。

すい-げつ【水月】①水と月。②水面に映る月影。

すい-けん【水圏】〔地〕地球の表面上で、水によって占められている部分。大部分は海洋で地表面積の約七割を占める。

すい-げん【水源】①河川の水の流れ出てくるもと。みなもと。「ー涵養林」②用水の供給源。

ーち【ー地】水源のある所。

ーち【ー池】水源になっている池。

ずい-げん【△瑞験】めでたいしるし。瑞相。瑞験。

すい-こ【出△挙】〔日〕律令制のころ、政府または地方豪族が、利息を付けて稲などの財物を貸し付けた制度。

すい-こう【水行】（名・自スル）水路を行くこと。↔陸行

すい-こう【水耕】（名・自スル）土を使わず、必要な養分を溶かした水で植物を栽培すること。水栽培。「ー法」

すい-こう【推考】（名・他スル）おしはかって考えること。

すい-こう【推△敲】（名・他スル）詩や文章の字句や表現を何度も練り直すこと。「ーを重ねる」「文章をーする」

【故事】唐の詩人賈島は「僧は推す月下の門」の一句を得たが、「僧は推す」を「僧は敲く」にするかどうかで迷い、詩文の大家韓愈に教えを請うたところ、韓愈は「僧は敲く」のほうがよいと言ったことからいう。〈唐詩紀事〉

すい-こう【遂行】（名・他スル）物事をなしとげること。「任務をーする」

すい-ごう【水郷】水辺の町や村。特に、川や湖のほとりの景色のよい所。水郷。

ずい-こう【随行】（名・自スル）目上の人に付き従って行くこと。お供をすること。また、その人。随伴。「総理にーする」

ずい-こう【△瑞光】めでたいことの起こるきざしの光。

すいこでん【水滸伝】中国、明代の長編小説。作者は施耐庵とも羅貫中とも。成立年未詳。四大奇書の一つ。梁山泊を根城にする一〇八人の豪傑の武勇伝。

すい-こ・む【吸〔い〕込む】（他五）①気体や液体などを吸って中に入れる。吸い入れる。「息をー」②人や物を中に引き入れたり、包み込んだりする。「闇にー・まれる」

すい-こん【水根】〔植〕浮水植物が水中に出す根。水中根。

すい-さい【水彩】「水彩画」の略。↔油彩

ーが【ー画】〔美〕洋画の一種。水で溶いた絵の具で描いた絵。水絵。

すい-さつ【推察】（名・他スル）他人の気持ちや事情をおしはかること。思いやること。「胸中御ー申しあげます」

すい-さん【水産】海・川・湖・沼などから産すること。また、その物。「ー加工品」↔陸産

ーぎょう【ー業】水産物の捕獲・養殖・加工などをする事業。

ーちょう【ー庁】水産業に関する行政にあたる、農林水産省の外局の一つ。

ーぶつ【ー物】海・川・湖・沼からとれる魚・貝・海藻など。

すい-さん【炊△爨】（名・自スル）（「炊」も「爨」も飯をたく意）飯をたくこと。炊事。「飯盒ー」

すい-さん【推参】■（名・自スル）自分の方から勝手におしかけて行くこと。訪問することの謙称。■（名・形動ダ）さしでがましいこと。無礼なこと。また、そのさま。「ー者」

すい-さん【推算】（名・他スル）いちいち数えないで推定でおおまかに数量を算出すること。推計。「収穫量をーする」

すい-ざん【衰残】おとろえ弱り果てること。「ーの身を嘆く」

すいさん-か【水酸化】〔化〕ある物質が水酸化物イオンと結合すること。「ー物」

ーカリウム〔化〕潮解性の強い白色の固体。水溶液は強いアルカリ性を示す。強い腐食性があり劇薬。せっけん・ガラスなどの原料。苛性カリ。

ーカルシウム〔化〕酸化カルシウム（＝生石灰）に水を加えてつくる白色の粉末。強塩基で化学工業用・土壌中和用。また、モルタル・漆喰などに用いる。消石灰。

ーナトリウム〔化〕潮解性の強い白色の固体。最も強い塩基で、水溶液は強いアルカリ性を示す。せっけんなどの原料。苛性ソーダ。

すいさん-き【水酸基】〔化〕酸素と水素各一原子からなる一価の基（－OH）。ヒドロキシ基。

すい-し【水死】（名・自スル）水におぼれて死ぬこと。溺死。

すい-し【出師】（「師」は軍隊の意）軍隊を出すこと。出兵。

すい-し【垂示】教え示すこと。垂示。

すい-し【垂死】今にも死にそうな状態。瀕死。

すい-じ【炊事】（名・自スル）食物を煮炊きすること。

ずい-じ【随時】（名・副）①そのときどき。「ー会議をひらく」②いつでも。「応募はー受付」

すい-しつ【水質】水の成分や性質・純度。「ー検査」

ずい-しつ【髄質】〔生〕動物の器官で、表層部と内部の機能や構造が異なる場合の内部組織。↔皮質

すい-しゃ【水車】①水の流れを利用して羽根車を回転させ、動力を得る装置。製粉用のみずぐるまや発電用の水力タービンなど。②灌漑などのために水路に設け、足で踏んで車を回し田畑に水を送り込む装置。

すい-じゃく【垂△迹】（名・自スル）〔仏〕（古くは「すいしゃく」とも）衆生を救うために、仏や菩薩が仮に神や人間の姿となってこの世に現れること。本地垂迹。

すい-じゃく【衰弱】(名・自スル) おとろえ弱ること。力を失っていくこと。「身体の―がひどい」「神経が―する」

すい-しゅ【水腫】〘医〙体の組織内に多量のリンパ液・漿液(しょうえき)などがたまること。

ずい-じゅう【随従】(名・自スル) ①(身分の高い人に)付き従うこと。また、その人。お供。②他人の言うことを受け入れ、それに従うこと。

すい-じゅん【水準】①物事の一定の標準。また、価値や能力などを定めるときの一定の基準。レベル。「生活―」「―以下の学力」②地形や建物などの高低や水平の度合いなどをはかり定めること。みずもり。「―測量」③「水準器」の略。

―き【―器】〘物〙面の水平を測定する道具。水平器。

―ぎ【―儀】三脚の上に、水準器付きの望遠鏡をのせた測量機器。水準測量に用いる。

ずい-じゅん【随順】(名・自スル) 相手の言うことに逆らわずに従うこと。「命令に―する」

ずい-しょ【随所・随処】いたるところ。どこでも。「不備な点が―に見られる」

すい-しょ【水書】(名・自他スル) 泳ぎながら扇などに文字や絵を書くこと。

すい-しょう【水晶】シャウ〘地質〙石英の一種で、六角柱状の結晶。ふつうは無色透明だが、不純物が混じると、黒水晶・紫水晶などとなる。印材・装身具・光学器械などに利用。

―たい【―体】〘生〙眼球の虹彩(こうさい)のうしろにある凸レンズ形の透明体。光線を屈折させ、網膜に像を結ばせる作用をする。⇒眼球(さしえ)

すい-しょう【推奨】シャウ(名・他スル) 物や人のすぐれた点をほめて、人にすすめること。「―品」

すい-しょう【推賞・推称】シャウ・ショウ(名・他スル) すぐれた点をとりあげて他人に向かってほめること。「口を極めて―する」

すい-じょう【水上】ジャウ ①海・川・湖などの水の上。水面。「―スキー」↔陸上 ②水のほとり。水辺。「―公園」

―きょうぎ【―競技】キャウギ 競泳・飛び込み競技・水球など、水上で行われる競技の総称。

―けいさつ【―警察】河川・湖・運河・港湾などにおける警備、防犯などにあたる警察。

―スキー スキー状の板をはき、モーターボートにつけたロープに引っ張られて、水面を滑走するスポーツ。

ずい-しょう【△瑞祥・△瑞象】シャウ めでたいことが起こるしるし。吉兆。瑞兆(ずいちょう)。祥瑞(しょうずい)。

すい-じょうき【水蒸気】水が蒸発してできる気体。蒸気。

すい-しょく【水色】①水の色。②川・湖・海などの景色。

すい-しょく【水食・水△蝕】(名・他スル)〘地質〙雨水・流水・波などが地表を浸食すること。「―作用」

すい-しょく【衰色】おとろえた容色。おとろえたさま。

すい-しょく【△翠色】みどりいろ。みどり。

すい-しん【水深】水面から底またはある点までの深さ。

すい-しん【垂心】〘数〙三角形の各頂点からそれぞれ対辺に下ろした三本の垂線の交点。

すい-しん【推進】(名・他スル) ①物を前に進ませること。②目標に向けて物事をおし進めること。「改革を―する」

―き【―機】原動機によって推力を起こし、船・飛行機などを進める装置。プロペラ・スクリューなど。

すい-じん【水神】水をつかさどる神。水の神。水天。

すい-じん【粋人】①世間や人情に通じ、物わかりのよい人。特に、花柳界・芸人社会の事情に通じた人。通人。②風流を好む人。

すい-じん【酔人】酒に酔った人。酔客。

ずい-じん【随身】■一(名・自スル) 目上の人に付き従うこと。また、その人。■二(名) 平安時代、身分の高い人の外出のとき武装して護衛にあたった武官。参考 ■二は「ずいしん」ともいう。

スイス〈フランス Suisse〉ヨーロッパ中部にある連邦共和国。山国で、南部をアルプス山脈が走る。首都はベルン。永世中立国。語源 一三世紀末に同盟を結び独立の原点となった原初三州の一つ、シュビーツから。参考「×瑞西」とも書く。

すい-すい(副) ①気持ちよく軽快に進むさま。「魚が―(と)泳ぐ」②滞りなく進むさま。「仕事が―(と)はかどる」

すい-せい【水生・水△棲】水中に生育すること。水中にすむこと。「―の昆虫」↔陸生

―しょくぶつ【―植物】〘植〙全体または一部が、水中で生育する植物の総称。

すい-せい【水声】水の流れる音。水の音。「谷川の―」

すい-せい【水性】①水に溶ける性質。水溶性。「―インク」②水の性質。水質。

すい-せい【水星】〘天〙太陽系の惑星の一つ。太陽に最も近い位置にある。公転周期は約八八日。

すい-せい【水勢】水の流れる勢い。「―が増す」

すい-せい【衰世】おとろえた世。徳のすたれた世。末世。

すい-せい【衰勢】衰えた勢い。勢いの衰えたさま。退勢。

すい-せい【△彗星】〘天〙太陽を焦点として、楕円(だえん)・放物線などの軌道を描いて公転する天体。太陽に近づくと白い尾を長く引く。ほうきぼし。参考 昔、この星が現れると、よくないことが起こる前触れと信じられ、恐れられた。

―の如(ごと)く現(あらわ)れる それまで知られていなかった人が、その才能によって急に世間に知られる。

すいせい-がん【水成岩】〘地質〙岩石のかけらや、生物の遺骸(いがい)などが水底に沈積してできた岩石。堆積(たいせき)岩。

すいせい-むし【酔生夢死】(酒に酔ったように、また夢を見ているように)ぶらぶらと何もせずに、むだに一生を過ごすこと。

すい-せん【水仙】〘植〙ヒガンバナ科の多年草。葉は鱗茎(りんけい)から生じ、長い。早春に白や黄色の六弁花を開く。観賞用。冬

すい-せん【水洗】(名・他スル) 水で洗うこと。水で洗い流すこと。「―式」

―べんじょ【―便所】水の力で大便や小便を洗い流す構造の便所。水洗式便所。

すい-せん【垂線】〘数〙ある一つの直線または平面に、垂直に交わる直線。その交点を垂線の足という。垂直線。

すい-せん【推薦】(名・他スル) よいと思う人や物事を他人にすすめること。「―入学」「―状」「委員に―する」類語 推挙・推奨・推輓(すいばん)・自薦・他薦

すい-ぜん【垂△涎】(名・自スル) ①食べたくて思わずよだれを垂らすこと。②ひどく欲しがること。「マニアの―の的(まと)」参考「すいえん」は慣用読み。

すい-そ【水素】〘化〙非金属元素の一つ。単体は物質中で最も軽い無色・無臭・無味の気体。酸素と化合すると水になる。元素記号H

―イオン〘化〙水溶液中にあって酸性を示す原因をなす一価の陽イオン。

―ばくだん【―爆弾】水素による熱核融合のエネルギーを利用した爆弾。非常な高温と高圧とを要するので、原子爆弾を起爆剤とする。水爆。

すい-そう【水草】サウ ①みずくさ。②水と草。

すい-そう【水葬】サウ(名・他スル) 遺体を水中に葬ること。

すい-そう【水槽】サウ 水をためておく入れ物。特に、魚を飼う

ための容器。

すい-そう【吹奏】(名・他スル) 管楽器で演奏すること。

——がく【—楽】〘音〙管楽器を中心に打楽器を加えた編成で演奏される合奏音楽。(はじまり) 一八六九(明治二)年、横浜で、薩摩藩の藩士たちがイギリス人フェントンから軍楽の指導を受けて演奏したのが日本の吹奏楽の始まりとされる。

すい-ぞう【△膵臓】ザウ — 〘生〙消化腺の一つ。胃の後方にあり、膵液を分泌して十二指腸に送る。血糖調節ホルモンであるインスリンを分泌する。

ずい-そう【随想】サウ — あれこれと心に浮かぶままの考え。また、それを書きとめた文章。「—録」

ずい-そう【△瑞相】サウ — ①めでたいことが起こるしるし。吉兆。②福々しい人相。めでたい人相。

すい-そく【推測】(名・他スル) 今までに得た知識や資料をもとにして、物事をおしはかり考えること。「原因を—する」

類語 読み・見当・当て・推量・推察・予想・予期・予測・目算・臆測・類推・揣摩臆測・拝察・高察・賢察・明察・憫察・忖度・邪推・勘繰り・当て推量・当てずっぽう

すい-ぞく【水族】水中にすむ動物の総称。

——かん【—館】クワン 水中にすむ動物を収集・飼育し、一般の人に見せたり研究したりする施設。(はじまり) 日本では、一八八二(明治十五)年、東京の上野動物園に設けられたものが最初。「観魚室」と呼ばれ、淡水魚中心の小規模なものであった。

すい-そん【水村】水辺にある村。水郷。

すい-たい【衰退・衰△頽】(名・自スル) おとろえ退歩していくこと。おとろえてかつての面影を失うこと。「—の一途をたどる」

すい-たい【酔態】ひどく酒に酔ったさま。「—を演じる」

すい-たい【推戴】(名・他スル) おしいただくこと。団体などの長として、上にいただき仕えること。「会長として—する」

すい-たい【△翠△黛】①緑色のまゆずみ。また、それを付けた美しいまゆ。美女の形容。②緑色にかすむ山。

すい-たい【△錐体】〘数〙平面上の円や多角形などの図形上にある各点と、平面外の一定点とを結ぶ直線によって作られる立体。円錐・角錐など。

すい-たく【水沢】水がたまって、草の生え茂った所。さわ。

すい-だし【吸〔い〕出し】スヒ — ①吸い出すこと。②(「吸い出し膏薬」の略)できものの膿を吸い出すためにはる膏薬。

すい-だ・す【吸〔い〕出す】スヒ — (他五) サ(ソ)・シ・ス・ス・セ・セ 中のものを吸って外へ出す。「膿を—」

すい-だま【吸〔い〕玉】スヒ — 膿などを吸い出すための器具。ガラス容器の一端にゴム球を付けたもの。すいふくべ。

すいたらし・い【好いたらしい】(形) カロ・カツ(ク)・イ・イ・ケレ・○ 好感がもてる。好ましい。

すい-だん【推断】(名・他スル) おしはかって断定すること。

すい-ち【推知】(名・他スル) おしはかって知ること。

すい-ちゅう【水中】水の中。「—カメラ」

——か【—花】クワ 水に入れると草花の形に開く造花。夏

——めがね【—眼鏡】水中に潜るときや泳ぐときに使う眼鏡。水眼鏡。ゴーグル。夏

——よくせん【—翼船】船体の下部に翼が付いていて、その揚力で船体を浮き上がらせて高速で走る船。

すい-ちゅう【水柱】柱のように立ち上った水。水柱。

すい-ちょう【水鳥】テウ — ①みずどり。水禽。②「酒」の異名。語源 ②は、「酒」の字が「氵(=水)」に「酉」であることから。

ずい-ちょう【△瑞兆】テウ — めでたいきざし。吉兆。瑞祥。

ずい-ちょう【△瑞鳥】テウ — めでたいことの起こるきざしとされる鳥。鶴・鳳凰など。

すいちょう-こうけい【△翠帳紅△閨】スイチヤウ — (緑のとばりと紅のねやの意)身分の高い女性の寝室。

すい-ちょく【垂直】(名・形動ダ) ①〘数〙直線と直線、直線と平面、平面と平面がたがいに直角に交わるさま。②水平面に直角の方向であること。鉛直。↔水平

——しこう【—思考】シカウ 問題の解決にあたり、従来の考えや常識の枠の中で結論を導き出す考え方。↔水平思考

——せん【—線】→すいせん(垂線)

——とび【—跳び】助走をつけずに、立ったその場で真上に跳び上がること。体力測定などに用いられる。

すい-つ・く【吸〔い〕付く】スヒ — (自五) カ(コ)・キ(イ)・ク・ク・ケ・ケ ①吸ってくっつく。「赤子が乳房に—」②ぴったりくっつく。「磁石に—」

すいつけ-たばこ【吸〔い〕付け×煙草】スヒツケ — すぐ吸えるように、吸って火をつけてから人に渡すたばこ。

すい-つ・ける【吸〔い〕付ける】スヒ — (他下一) ケ・ケ・ケル・ケル・ケレ・ケロ(ケヨ) ①吸うように引き付ける。「磁石が鉄を—」②吸いながらたばこに火をつける。③いつも吸い慣れている。文すひつ・く(下二)

スイッチ〈switch〉一(名) ①電流を流したり止めたりする装置・器具。開閉器。「—を切る」②鉄道の転轍機。ポイント。二(名・他スル) 他のものに切り替えること。「投手を—する」

——バック〈switchback〉(名・自スル) 列車が急勾配の斜面を上り下りするとき、前後の進行方向を交互に変え、ジグザグ形になって進むこと。また、そのしくみ。

——ヒッター〈*switch-hitter〉野球で、左右いずれの打席でも打つことのできる打者。

すいっちょ →うまおい③

すい-づつ【吸〔い〕筒】スヒ — 昔、酒や水を入れて持ち歩いた筒形の入れ物。今の水筒。

すい-てい【水底】川・海・湖沼などの水の底。みなそこ。

すい-てい【推定】(名・他スル) ①周囲の状況からおしはかって決めること。「年俸は—一億円」②〘法〙不明瞭な事実を、反対の証拠のない限り正当と仮定すること。「—無罪」

すい-てき【水滴】①水のしたたり。しずく。「窓に—がつく」②すずりに差す水を入れておく器。水差し。

すい-てん【水天】①水と空。海と空。②〘仏〙水をつかさどり西方を守る神。水神。「—宮」

——ほうふつ【—△彷△彿】ハウフツ 遠い海上などの水と空がひと続きになっていて、境界が見分けにくいこと。

すい-でん【水田】水を引き入れた田。水田。たんぼ。↔陸田

ずい-と(副) 勢いよくまっすぐに進み出るさま。遠慮なく一気に。「—前に出る」

すい-とう【水痘】〘医〙小児のウイルス性感染症。発熱し、全身に丘疹・水疱が混在してみられる。水疱瘡。

すい-とう【水筒】飲み水などを入れて持ち歩く容器。

すい-とう【水稲】タウ — 〘農〙水田で栽培する稲。↔陸稲

すい-とう【出納】タフ — (名・他スル) 金銭または物品を出し入れすること。支出と収入。「—係」

——ぼ【—簿】〘商〙金銭や物品の出し入れを記入する帳簿。

すい-どう【水道】ダウ — ①水源から水を引いて飲料水・工業用水として供給する施設。上水道。「—を引く」②海が陸地に挟まれて、狭くなっている所。海峡。「紀伊—」③船の通る航路。船路。

すい-どう【△隧道】ダウ — トンネル。隧道。

ずいとく-じ【随徳寺】あとのことはかまわずに姿をくらますこと。「—をきめこむ」参考 そのままにして行く意の「ずいと行く」を

寺の名のようにもじった言い方。「いちもくさん」を山号になぞらえて「一目山随徳寺」ともいう。

すいとり-がみ【吸〔い〕取り紙・吸取紙】スヒトリ— インクで書いた直後の紙面に押しつけて、余分なインクを吸い取る紙。

すい-と・る【吸〔い〕取る】スヒ—（他五）ラ(ロ)・リ(ツ)・ル・ル・レ・レ ①吸い出して取る。吸い込ませて取る。「汗を—素材」②他人の利益や金銭を無理やり取り上げる。「かせいだ金を—・られる」

すい-とん【水団】小麦粉に水を加えて団子状にしたものを、野菜などと汁で煮た食べ物。

すい-なん【水難】①洪水や高潮などによる災難。水害。②水上での災難。沈没・座礁ざしょう・難破・溺死できしなど。

すい-にょう【△夊・△繞】ネウ— 漢字の部首名の一つ。「変」「夐」などの「夂」「夊」の部分。

すい-のう【水△嚢】ナウ— ①食品の水を切るためのふるい。水こし。②ズック製の携帯用バケツ。

ずい-のう【髄脳】ナウ— ①脳みそ。脳髄。②骨髄と脳。③物事のきわめて重要な部分。④和歌の法則・奥義おうぎを記した書物。

すい-のみ【吸〔い〕飲み・吸〔い〕△呑み】スヒ— 病人が寝たまま水・薬液などを飲むための、吸い口の長いきゅうす形の容器。

すい-は【水波】①水と波。②波。

すい-ば【酸葉・酸°模】〘植〙タデ科の多年草。葉・茎はともに紅紫色を帯び、酸味があり、若いものは食用。初夏に淡緑色の小花を穂状に付ける。雌雄異株しゅ。すかんぽ。[春]

すいばい-か【水媒花】クワ— 〘植〙水生植物で、花粉が水を仲立ちとして受粉するもの。セキショウモ・クロモなど。⇩虫媒花・鳥媒花・風媒花

すい-ばく【水爆】「水素爆弾」の略。

すい-はん【水飯】乾飯ほしいや柔らかく炊いた飯を水に浸したもの。水飯みずめし。[夏]

すい-はん【炊飯】（名・自スル）飯をたくこと。

—き【—器】電気やガスで自動的に飯をたき上げる器具。[はじまり]一九五五（昭和三十）年に、たき上がると自動でスイッチが切れる「自動式電気釜」が東京芝浦電気（現在の東芝）から初めて発売された。

すい-はん【垂範】（名・自スル）手本を示すこと。「率先—」

すい-ばん【水盤】生け花で使う底の浅く平たい花器。[夏]

すい-ばん【推△輓・推△挽】（名・他スル）（「推」はうしろから車を押す、「輓」「挽」は前から引く意）適任者として人を推薦すること。推挙。「部長に—する」

ずい-はん【随伴】（名・自他スル）①供として付き従うこと。また、付き従えること。「社長に—する」②ある物事に伴って、他の事柄が起こること。「—現象」

すい-ひ【水肥】〘農〙液状の肥料。液肥。水肥みずごえ。

すい-び【衰微】（名・自スル）おとろえ弱ること。衰退。

すい-ひつ【水筆】穂に芯しんのない筆。根元まで墨汁を含ませて書くことができる。

ずい-ひつ【随筆】見聞・感想などを、形式にとらわれず自由に書いた文章。エッセイ。漫筆。随録。「—家」

すい-ふ【水夫】船乗り。特に、雑役に従事する船員。かこ。

すい-ふく【推服】（名・自スル）ある人を心から尊敬し従うこと。心服。「先達として—する」

すい-ふろ【水風呂】（蒸し風呂などに対して）湯を沸かして入浴する、ふつうのふろ。据え風呂。↔蒸し風呂

すい-ぶん【水分】物に含まれている水。また、その度合い。水気みずけ。「—補給」

ずい-ぶん【随分】■（副）程度がふつう以上であるさま。はなはだ。たいそう。「—（と）暑い」■（形動ダ）ダロ・ダッ(デ・ニ)・ダ・ナ・ナラ・〇 相手の言動が非難に値するさま。ひどいさま。「—な話だ」[文]（ナリ）

すい-へい【水平】（名・形動ダ）①静止した水面のように平らであること。また、そのさま。②地球の重力に対して直角をなす方向。↔垂直

—しこう【—思考】カウ 問題の解決にあたり、従来の考えや常識にとらわれず、いろいろな観点から手掛かりを得ようとする新しい考え方。↔垂直思考 [参考]旧来の垂直思考に対応してマルタ出身の心理学者デボノが提唱した思考法。

—せん【—線】①〘物〙地球上で重力の方向と垂直に交わる直線。②海上はるか遠く、水と空の境のように見える線。

—どう【—動】〘地質〙地震その他で、前後左右に揺れ動く運動。↔上下動 [参考]地震で、震源地が遠いときの揺れ方。

—めん【—面】①静止している水面。それに平行な面。②〘物〙地球の重力の方向に垂直な平面。

すい-へい【水兵】海軍の兵士。

—ふく【—服】水兵の軍服。または、その上着の形に似せた女性・子供用の服。セーラー服。

すいへい-しゃ【水平社】一九二二（大正十一）年、被差別部落民の差別の撤廃・解放を目的として結成された全国組織。第二次世界大戦中に消滅したが、戦後、部落解放全国委員会（のち、部落解放同盟と改称）として再発足。

すい-へん【水辺】川・湖・海などに近い所。水辺みずべ。

すい-ほ【酔歩】酒に酔った者の乱れた足取り。千鳥ちどり足。「—蹣跚まんさん（=酔ってよろよろ歩くさま）」

すい-ほう【水泡】ハウ— ①水のあわ。水泡みなわ。②消えやすくはかないこと。また、はかなく頼りないもののたとえ。

—に帰きする せっかくの努力がむだになってしまう。

すい-ほう【水△疱】ハウ— 〘医〙皮膚の表面にできる水ぶくれ。

すい-ぼう【水防】バウ 洪水や高潮などの害を防ぎ止めること。

すい-ぼう【衰亡】バウ—（名・自スル）おとろえほろびること。衰滅。「国家の—」↔興隆

すいぼく-が【水墨画】グワ— →すみえ①

すい-ぼつ【水没】（名・自スル）地上にあった物、特に建造物が水の中に隠れてしまうこと。「ダムの湖底に—した村」

すい-ま【水魔】水害のおそろしさを魔物にたとえた語。

すい-ま【睡魔】眠気を魔物にたとえた語。「—に襲われる」

ずい-まく【髄膜】〘生〙脳と脊髄せきずいを包む薄い膜。硬膜・くも膜・軟膜の三層になっている。脳脊髄膜。

すい-まつ【水△沫】①水のあわ。②水しぶき。飛沫ひまつ。

—えん【—炎】→のうせきずいまくえん

すい-みつ【水密】水槽・管・船腹などで、水圧に耐えて、液体が漏れないようになっている状態。「—隔壁」

すいみつ-とう【水蜜桃】タウ— 〘植〙バラ科の落葉小高木。モモの一品種。果実は水気が多く甘い。水蜜。[秋]

すい-みゃく【水脈】①地下水の流れる道。「—をさぐる」②船の通る道。水路。水道。みお。

すい-みん【睡眠】（名・自スル）①ねむること。ねむり。「十分に—をとる」②（転じて）活動をやめていること。「—状態」

—やく【—薬】ねむるために飲む薬。ねむり薬。

スイミング〈swimming〉水泳。「—クラブ」

すい-む【水霧】きり。特に、川ぎり。

ずい-む【瑞夢】めでたいしるしを表す夢。縁起のよい夢。

ずい-むし【髄虫・△螟虫】〘動〙昆虫類のメイガ科の幼虫で、稲など草木の茎の中にはいって食い荒らす害虫。一般にはニカメイガの幼虫をいう。螟虫めいちゅう。

すい-めい【水明】澄みきった水が日光に照らされてはっきりと美しく見えること。「山紫—の地」

すい-めい【吹鳴】(名・他スル)（高々と）吹き鳴らすこと。

すい-めつ【衰滅】(名・自スル) おとろえほろびること。衰亡。

すい-めん【水面】水の表面。水の上。「―に映る月」

―か【―下】①水の中。②物事の、表面には現れないところ。隠れて見えないところ。「―で交渉する」

すい-もの【吸(い)物】スヒ 野菜・魚介などを入れたすまし汁。

すい-もん【水門】貯水池や水路などに取り付け、その開閉によって水の流れや量を調節する門。

すい-やく【水薬】液体の飲み薬。水薬(みずぐすり)。

すい-よ【酔余】酒に酔ったあと。酔ったあげく。「―の戯れ」

すい-よ【睡余】ねむりからさめたあと。

すい-よう【水溶】水にとけること。水にとけていること。

―えき【―液】ある物質を水にとかした液体。

すい-よう【水曜】エウ 曜日の一つ。火曜日の翌日。水曜日。

すい-よう【衰容】やせ衰えた容姿。

すいよう-えき【水様液】スイヤウ ①水のような無色透明の液体。②〔生〕目の角膜と水晶体の間を満たす透明な液。

すい-よく【水浴】(名・自スル) 水をあびること。水あび。

すい-よ・せる【吸(い)寄せる】スヒ (他下一) セレ・セロ(セヨ) セ・セ・セル・セル・ ①吸って、また吸うようにして物を近くへ寄せる。「磁石で鉄を―」②人の心・注意・視線などを引き付ける。「視線を―」文すひよ・す(下二)

すい-らい【水雷】爆薬を容器に詰め、水中で爆発させて敵の艦船を破壊する兵器。魚雷・機雷など。「―艇(てい)」

すい-らん【翠嵐】緑に包まれた山の気。

すい-らん【翠巒】緑におおわれた連山。

すい-り【水利】①水上輸送に便利なこと。②水を利用して田畑の灌漑(かんがい)や飲料水にあてること。水の利用。「―権」

すい-り【推理】(名・他スル) わかっている事実をもとにして、まだわかっていない事をおしはかること。「犯人を―する」

―しょうせつ【―小説】セウセツ〔文〕主として犯罪に関する謎(なぞ)を、推理によって解いていく道筋のおもしろさを主眼とする小説。探偵(たんてい)小説。ミステリー。

ず-いり【図入り】ヅ 絵図・挿し絵などがはいっていること。

すい-りく【水陸】水と陸。水上と陸上。「―両用車」

すい-りゅう【水流】リウ 水の流れ。

すい-りゅう【垂柳】リウ「しだれやなぎ」の異名。垂楊(すいよう)。

すい-りゅう【翠柳】リウ 青々とした柳。翠楊(すいよう)。

すい-りょう【水量】リヤウ 水の分量。水かさ。「―が増す」

すい-りょう【推量】リヤウ 一(名・他スル) 物事のありさま・事情や他人の心中などをおしはかること。推測。推察。「相手の気持ちを―する」「当て―(ずいりょう)」 二(名)〔文法〕口語の助動詞「う」「よう」、文語の助動詞「む」「むず」などが表す意味の一つ。確かでないことを予想したり想像したりする意を表す。

すい-りょく【水力】水の力。水の勢い。特に、水の落下・流れなどの運動によって起こるエネルギー。

―はつでん【―発電】水力を利用して発電機を駆動し、電力を起こすこと。

すい-りょく【推力】物体をおし進める力。推進力。

すい-りょく【翠緑】緑色。

―ぎょく【―玉】→エメラルド

すい-れい【水冷】エンジンなどを水で冷やすこと。↔空冷

すい-れん【水練】水泳の術。また、その練習。「畳(たたみ)の上の―(=理屈や方法を知るだけで、実際の役に立たないこと)」

すい-れん【睡蓮】〔植〕スイレン科の多年生水草。葉は馬蹄(ばてい)形で水面に浮かび、葉柄は長い。夏の昼に白や赤などの花が開き夜間は閉じる。ハスに似るが少し小さい。観賞用。未草(ひつじぐさ)。夏

〔睡蓮〕

すい-ろ【水路】①水を流し送るための道。送水路。「農業用―」②水・潮の流れる道。③船が通る道。航路。④競泳で、各選手が泳ぐように定められたプールのコース。「短―」

すい-ろう【衰老】ラウ 年をとり心身がおとろえること。

すい-ろん【水論】旱魃(かんばつ)のときなどに、水田に引く水の分配について争うこと。水争い。水喧嘩(みずげんか)。夏

すい-ろん【推論】(名・他スル) すでにわかっている事実から未知の問題をおしはかり論じること。また、単に推理すること。「事実関係を―する」

スイング〈swing〉一(名・他スル) ①揺り動かすこと。②㋐野球・ゴルフなどで、バット・クラブなどを振ること。また、その振り。「フル―」㋑ボクシングで、腕を横から大きく振って相手を打つこと。 二(名・自スル)〔音〕ジャズに特有な、軽快で躍動的なリズム感。また、そのリズムに乗って演奏したり踊ったりすることや、その演奏スタイル。参考「スウィング」とも書く。

すう【枢】【樞】スウ㊥ とぼそ

(字義)①とぼそ。開き戸を回転する軸、また軸受けの穴。②かなめ。物事の中心。「枢機・枢軸・枢要・中枢」人名 かなめ・たる

すう【崇】スウ㊥ たっとい・たっとぶ・あがめる

(字義)①高い山。②たっとい。「崇高・崇厳(すうごん)」③たっとぶ。あがめる。「崇敬・崇拝・尊崇」人名 かた・し・たか・たかし・たけ

すう【嵩】人 スウ かさ (字義)①たかい。「嵩高」②かさ。分量。人名 たか・たかし・たけ

すう【数】数2【數】スウ・ス㊥・ズ高 かず・かぞえる

(字義)①かぞえる。計算する。「計数・算数」②いくつかの。「数回・数行・数人」③かず。「数学・数字・数量・員数(いんずう)・回数・個数・多数・点数・度数・人数(にんずう・にんず)」④「数学」の略。「理数科」⑤めぐりあわせ。運命。「数奇(すうき・さっき)・命数・暦数」⑥はかりごと。計略。「術数」⑦しばしば。たくさん。難読 数多(あまた)・数寄屋(すきや)・数奇屋(すきや) 人名 のり・ひら・や

すう-【数】(接頭) 二つか四つの、または、五つか六つくらいの数を漠然と表す。いくつかの。「―万人」

すう【数】①かず。数えられる量。②〔数〕狭義には、自然数のこと。広義には、複素数のこと。③運命。また、物事のなりゆき。「勝つも負けるも自然の―である」

すう【雛】人 スウ・ジュ・ス ひな (字義)①ひな。㋐ひよこ。「雛禽(すうきん)」㋑鳥の子。「雛鶯(すうおう)・鳳雛(ほうすう)」②動物の子。「雛虎(すうこ)」③幼少で一人前にならない者。「雛僧(すうそう)・雛孫(すうそん)」④ひな。㋐ひな人形。「内裏雛(だいりびな)」㋑名詞に冠して、小さい、愛らしい意を表す。「雛菊(ひなぎく)」㋒実物より小さい見本・模型。「雛型(ひながた)」難読 雛罌粟(ひなげし)

す・う【吸う】スフ (他五) ワ(オ)・イ(ッ)・ウ・ウ・エ・エ ①気体や液体を、鼻または口から体の中へ引き入れる。「たばこを―」「甘い汁を―(=自分は苦労しないで、人を使って利益をむさぼる)」②物を口に引き入れるようにして含む。「赤ん坊が指を―」③空気とともに中に引き入れる。「掃除機でごみを―」④しみ込ませる。吸収する。「海綿が水を―」可能 す・える(下一)

スウェーデン〈Sweden〉ヨーロッパ北部、スカンジナビア半島東部を占める立憲君主国。首都はストックホルム。

―リレー〈Swedish relay から〉陸上競技の一種目で、

四人の走者が、一〇〇メートル、二〇〇メートル、三〇〇メートル、四〇〇メートルの順で異なる距離を継走するリレー。

スウェット〈sweat 汗〉〘服〙①伸縮性にすぐれ、汗をよく吸収する厚手の生地。②①の生地でできたシャツやズボン。

——スーツ〈sweat suit〉運動の際に着るスウェット生地のシャツとズボン。トレーニングスーツ。

すう-がく【数学】数量および空間の性質や関係などを研究する学問。代数学・解析学・幾何学などの総称。

すう-き【枢機】①最もたいせつなところ。大事な事柄。要点。②重要な政務。「国政の—にたずさわる」

——きょう【—卿】〘基〙(cardinal の訳語)ローマカトリック教会で、教皇の最高顧問。司教の中から選ばれて、教会の行政や教皇の選挙に携わる。カーディナル。枢機卿すうきけい。

すう-き【数奇】(名・形動ダ)①(「数」は運命、「奇」はめずらしいの意)ふしあわせ。不運・不幸の繰り返されるさま。数奇さっき。「—な生涯」②運命のめまぐるしく変わるさま。「—な運命」

参考「すき」と読めば別の意になる。

すう-けい【崇敬】(名・他スル)あがめ敬うこと。「—の念」

すう-こう【崇高】(名・形動ダ)気高くて尊いこと。また、そのさま。「—な理念」

すう-こう【趨向】物事がある方向に動いてゆくこと。また、その方向。なりゆき。動向。傾向。趨勢。「時代の—」

すう-こく【数刻】数時間。「—前」

すう-し【数詞】〘文法〙数量や順序を表す単語。五・十・百・一つ・二本・三番・第一回など。参考 国文法では体言(名詞)の一類として取り扱われる。

すう-じ【数字】①数を表す文字。漢数字・アラビア数字・ローマ数字など。②統計や計算など、数で表される事柄や知識。「—に強い」「売り上げの—が悪い」

すう-じ【数次】数回。数度。「—にわたって交渉を重ねる」

すう-しき【数式】〘数〙数・量を表す数字や文字を計算記号で結び、全体が数学的な意味をもつもの。式。「—で表す」

すう-じく【枢軸】活動の中心となるたいせつなところ。特に、政治・権力の中心。「都市機能の—をなす部分」

——こく【—国】〘日・世〙第二次世界大戦前から大戦中にかけて、日本・ドイツ・イタリアを中心に連合国に対抗した諸国家。語源 一九三六年、イタリアのムッソリーニが演説の中で、ドイツ・イタリアの提携関係を枢軸と表現したことからいう。

すう-すう(副・自スル)①風がすきまを通りぬけるさま。②うすら寒く感じるさま。「足下が—する」③軽い寝息の音を表す語。

ずうずう-し・い【図図しい】(形)人に遠慮せず、自分勝手であつかましい。「—人だ」文ずうづう・し(シク)

ずうずう-べん【ずうずう弁】東北地方などの方言で、ジ・ジュウとズ・ズウが近い音で発音される点からいう俗称。

すう-せい【趨勢】物事の移りゆく勢いや世の中の動き。時のなりゆき。動向。趨向。「時代の—」

すう-た【数多】数の多いこと。あまた。たくさん。

す-うたい【素謡】囃子はやしや舞を伴わない謡。

ずう-たい【図体】体。なり。(多く、大きな体をさす。)「—ばかり大きい」

すう-だん【数段】■一(名)二、三段から五、六段ほどの段数。■二(副)他に比較して、程度や段階にかなりの差があるさま。ずっと。数等。「—すぐれている」

スーダン〈Sudan〉アフリカ北東部、ナイル川中流域にある共和国。首都はハルツーム。

すう-ち【数値】①〘数〙代数で、式中の文字に与えられた数。また、式中の文字にあてはまる数。②計算・測定して出した数。

すう-ちょくせん【数直線】〘数〙原点および基本単位を定め、直線上に基本単位の整数倍の目盛りをつけたもの。ふつうは、原点0の右側を正、左側を負とする。

スーツ〈suit〉同じ布地で作った一そろいの洋服。男性の背広上下や三つぞろい、また女性の上着とスカートの一そろいなど。

——ケース〈suitcase〉衣服などをいれる旅行かばん。

すう-てき【数的】(形動ダ)数に関わるさま。「—優位(=スポーツで、味方の人数が相手より多いこと)」

すう-とう【数等】(副)他に比較して、程度や段階にかなりの差があるさま。ずっと。数段。「—劣る」

す-うどん【素饂飩】汁だけをかけた、具のないうどん。かけうどん。主に関西でいう。

スーパー〈super〉①(接頭語的に用いて)「超…」「高級な」「上の」など、特にすぐれているの意を表す。「—スター」「—カー」②「スーパーマーケット」の略。③「スーパーインポーズ」の略。「字幕—」④「スーパーヘテロダイン」の略。

——インポーズ〈superimpose〉〘映〙映画やテレビの画面に、翻訳したせりふや解説文の文字を付けること。また、その文字。字幕。スーパー。

——コンピューター〈supercomputer〉超高速で演算処理ができるコンピューター。科学技術計算用。スパコン。

——バイザー〈supervisor〉監督者。管理者。

——ヘテロダイン〈superheterodyne〉電波受信の一方式。受信した高周波を低い周波数に下げ、増幅したのち検波するもの。ラジオ受信機などに用いられる。スーパー。

——マーケット〈supermarket〉食料品や日用雑貨など多種類の商品をそろえ、セルフサービス方式で販売する大規模小売店。スーパー。はじまり 一九三〇年、アメリカのマイケル・カレンが創始。日本では、一九五三(昭和二十八)年、セルフ方式を採用した東京青山の紀ノ国屋が最初という。

——マン〈superman〉超人。けたはずれの能力を持った人。

すう-はい【崇拝】(名・他スル)心から尊び敬うこと。「偶像—」「英雄を—する」

スープ〈soup〉西洋料理で、肉・野菜などを煮出した汁。また、それをもとに作った汁物。ソップ。「ポタージュ—」「コンソメ—」

スーブニール〈フランス souvenir〉→スーベニア

スーベニア〈souvenir〉①記念品。②思い出。③土産物。参考「スーブニール」ともいう。

——ショップ〈souvenir shop〉観光地の土産物店。

すうみつ-いん【枢密院】〘日〙明治憲法下での天皇の最高諮問機関。一八八八(明治二十一)年、大日本帝国憲法の草案審議のため設置されたことに始まり、一九四七(昭和二十二)年、日本国憲法施行とともに廃止された。

ズーム〈zoom〉①「ズームレンズ」の略。②映画・テレビなどで、ズームレンズを用いて被写体の像を拡大したり、縮小したりする操作。「—アップ」「—イン」

——レンズ〈zoom lens〉ファインダーと直結し、焦点を合わせたまま焦点距離を連続的に変えて、視野を広げたり狭めたりすることのできるレンズ。ズーム。

すう-よう【枢要】(名・形動ダ)いちばんたいせつなさま。非常に大事なところ。かなめ。中枢。「—な地位にある」

すう-り【数理】①〘数〙数学上の理論。②(転じて)計算。

すう-りょう【数量】数と量。また、数で表した量。

——けいき【—景気】〘経〙価格の上昇を伴わずに、生産量・販売量が増大して景気がよくなる状況。

すう-れつ【数列】〘数〙一定の規則にしたがって数を順に一列

に並べたもの。等差数列・等比数列など。

すえ【末】 スヱ ①物の先。端。「木の枝の―」②終わり。果て。「年の―」「考えあぐねた―」③将来。行く先。「―が楽しみな子」④一番年下の子。「―の妹」⑤子孫。「平家の―」⑥和歌の下の句。⑦重要でないこと。取るに足りないこと。「―の―」⑧道徳がすたれ人心のすさんだ時期。末世。「世も―だ」

ず-え【図会】 ヅヱ 特定の種類の図画を集めたもの。「名所―」

ず-え【図絵】 ヅヱ 絵。図画。

スエード 〈フランス suède〉子やぎや子牛の裏皮を毛羽立たせた、柔らかいなめし革。「―の手袋」

すえ-おき【据〔え〕置き】 スヱ― ①ある場所に設置すること。②そのままの状態にしておくこと。「定価―」③貯金・債券などで、ある期間払いもどしや償還をしないでおくこと。「―の期間」

すえ-お・く【据〔え〕置く】 スヱ― (他五) カ(コ)・キ(イ)・ク・ク・ケ・ケ ①その場所に設置しておく。②変更せずそのままの状態にしておく。「料金を―」③貯金・債券などで、ある期間払いもどしや償還をしないでおく。

すえ-おそろし・い【末恐ろしい】 スヱ― (形) カロ・カッ(ク)・イ・イ・ケレ・○ 将来どうなるか予想もつかなくてこわい。「―子」文すゑおそろ・し(シク)

すえ-き【須恵器・◇陶器】 スヱ― 『日』古墳時代後期から平安時代にかけてつくられた、朝鮮半島渡来の技術による灰黒色で硬い土器。祝部土器。

すえ-こ【末子】 スヱ― →すえっこ

すえ-ごたつ【据〔え〕△炬△燵】 スヱ― →ほりごたつ

すえ-しじゅう【末始終】 スヱ― (副) のちのちまで。いつまでも。

すえ-ずえ【末末】 スヱズヱ ①さきざき。のちのち。「―のことを憂える」②子孫。③身分の低い者。しもじも。

すえ-ぜん【据〔え〕膳】 スヱ― ①すぐ食べられるように食膳を調えて人の前に出すこと。また、その膳。「上げ膳―」②他人がすぐに仕事などに着手できるように、準備を完了しておくこと。

―食わぬは男の恥 女性から持ち掛けてきた情事に応じようとしないのは男の恥である。

すえ-たのもし・い【末頼もしい】 スヱ― (形) カロ・カッ(ク)・イ・イ・ケレ・○ 将来に期待が持てる。将来有望である。「―子供たち」文すゑたのも・し(シク)

すえ-つ-かた【末つ方】 スヱ― ①末のころ。②末のほう。参考「つ」は「の」の意にあたる古い格助詞。

すえ-つ・ける【据〔え〕付ける】 スヱ― (他下一) ケ・ケ・ケル・ケレ・ケロ(ケヨ) 道具や機械などを、ある場所に動かないように設置する。「エアコンを―」文すゑつ・く(下二)

すえっ-こ【末っ子】 スヱッ― 兄弟姉妹のうちで最後に生まれた子。末子。「―の甘えん坊」

すえつむ-はな【末摘花】 スヱツム― →べにばな

すえ-ながく【末長く・末永く】 スヱ― (副) この先いつまでも。「―お幸せに」

すえ-の-よ【末の世】 スヱ― ①道徳がすたれ人心のすさんだ世。末世。②後世。のちの世。③晩年。

すえ-ひろ【末広】 スヱ― ①末のほうにゆくにしたがって広がっていること。②扇。扇子。祝い物にするときの呼び名。夏③「中啓」の異称。④物事がしだいに栄えること。「―の発展を祈る」参考「末広がり」ともいう。

すえ-ひろがり【末広がり】 スヱ― →すえひろ

すえひろがり【末広がり】 スヱヒロガリ 狂言の曲名。末広がり(=扇)を買いに行った太郎冠者が傘を売りつけられて帰り主人にしかられるが、歌を歌って主人の機嫌を取るという筋。

すえ-ふろ【据〔え〕風呂】 スヱ― 大きなおけにかまどを据え付けたふろ。すえぶろ。水風呂。

すえ-もの【据〔え〕物】 スヱ― 飾りに据えておくもの。置物。

すえ-もの【◇陶物】 スヱ― 焼き物。陶器。

す・える【△饐える】 (自下一) エ・エ・エル・エル・エレ・エロ(エヨ) 飲食物が腐って酸っぱくなる。「―・えたにおい」文す・ゆ(下二)

すえる【据える】 スヱル (字義) →きょ(据)

す・える【据える】 スヱ (他下一) エ・エ・エル・エル・エレ・エロ(エヨ) ①物をある場所にしっかりと置く。備え付ける。設置する。「機械を―」「灸を―」②人をある場所に座らせる。「客を上座に―」③人をある地位につける。「会長に―」④落ち着かせる。長い間同じ所に置く。しっかりと動じないものにする。「腰を―(=座りこんで動かない。また、物事に専念する)」「目を―」「腹に―・えかねる(=がまんできない)」⑤印を押す。「判を―」文す・う(下二)

す-おう【素△襖・素△袍】 スアヲ― 直垂に似た衣服の名。布地は麻で、定紋を付ける。室町時代に始まり、もとは下級武士の普段着であったが、江戸時代には武士の礼服となった。

〔素襖〕

す-おう【蘇◇芳・蘇◇方】 スハウ― ①『植』マメ科の落葉低木。インドおよびマレー原産。四月ごろ黄白色の花を開く。心材から赤色染料をとる。(すおうの花 春)②黒みを帯びた赤色。

すおう【周防】 スハウ 旧国名の一つ。現在の山口県東半部。防州。

す-おどり【素踊〔り〕】 スヲドリ 日本舞踊で衣装・かつらをつけず、男子は袴、女子は着流しの紋服で踊ること。また、その踊り。

ず-おも【頭重】 ヅ― ①頭が重苦しいこと。②他人になかなか頭を下げない態度。頭が高いこと。③『経』相場が上がりぎみでいながら、なかなか上がらないでいる状態。

すか (俗) ①当てが外れること。「―を食う」②くじなどの外れ。

ず-が【図画】 ヅグワ 図と絵。また、単に絵。

スカート 〈skirt〉①女性の洋装で、腰から膝あるいは足首あたりまでを包む筒形の衣服。「タイト―」②障害物をよけるために、車両の前下部をおおうもの。

スカーフ 〈scarf〉防寒や装飾のために、頭をおおったり首に巻いたりする薄い布。冬

スカーレット 〈scarlet〉濃い紅色。緋色。

スカイ 〈sky〉空。空中。天。「―ブルー」

―ダイビング 〈skydiving〉飛行機から飛び出して滑空したのち、パラシュートを開いて陸上に降下するスポーツ。姿勢や目標点に着地する正確度を競う。

―ライン 〈skyline〉①地平線。②山・建物などが、空を背景として描く輪郭線。③山の尾根を切り開いて造ったドライブウエー。「伊豆―」参考③は和製英語。

ず-かい【図解】 ヅ― (名・他スル) 図を使って説明すること。

ず-がい【頭蓋】 ヅ― →とうがい(頭蓋)

―こつ【―骨】 →とうがいこつ

スカウト 〈scout〉■一(名・他スル) 有望な新人や有能な人材を探して引き抜いてくること。また、それを仕事とする人。■二(名)「ボーイスカウト」「ガールスカウト」の略。

す-がお【素顔】 ―ガホ ①化粧をしていない顔。地顔。②飾っていないありのままの姿・状態。「―のアメリカ」

すが-がき【◇清△掻き・△菅△垣】 ①和琴の弾き方の一つ。すべての弦を一度に弾き、一本だけ余韻を残す。②江戸時代、遊女が張り見世に出るときに弾いた三味線の曲。

す-がき【素描き】 デッサン。素描。

す-がくれ【巣隠れ】 鳥などが巣に隠れること。[春]

すかさ-ず【透かさず】(副) 間をおかないで、すぐにある行動をとるさま。すぐさま。「—反論する」

すかし【透かし】 ①すきまを作ること。また、その部分。「欄間の—」②紙を光にすかすと見える模様や文字。「千円札の—」

—おり【—織〔り〕】 すけて見えるように薄く織った絹織物。すき織り。絽(ろ)・紗(しゃ)など。

—べ【—屁】《俗》音をたてないでする屁(へ)。すかしっぺ。

—ぼり【—彫〔り〕】 彫刻の一種。板・金属板などをくりぬいて図案を表したもの。また、その細工。

すか・す(自五) サ(ソ)・シ・ス・ス・セ・セ《俗》気どる。すます。「—・した男」

すか・す【賺す】(他五) サ(ソ)・シ・ス・ス・セ・セ ①なだめる。機嫌をとる。「おどしたり—・したりして承知させる」②言いくるめてだます。[可能]すか・せる(下一)

すか・す【空かす】(他五) サ(ソ)・シ・ス・ス・セ・セ 空腹にする。腹ぺこにする。すかせる。「腹を—」[自]す・く(五)

すか・す【透かす】(他五) サ(ソ)・シ・ス・ス・セ・セ ①すきまを作る。「雨戸を—」②まばらにする。間引く。「木の枝を—」③物を通してその向こうにあるものを見る。「ガラス窓を—・して見る」④《俗》音をたてないで屁(へ)をする。[自]す・く(五)[可能]すか・せる(下一)

すか-すか(形動ダ) ダロ・ダッ(デ・ニ)・ダ・ナ・ナラ・○ すきまの多いさま。「実が—になったリンゴ」「客席が—だ」[文](ナリ)

ずか-ずか(ヅカヅカ)(副) 無遠慮に、または荒々しく進み出るさま。「土足で—(と)上がりこむ」

すがすが・し・い【清清しい】(形) カロ・カッ(ク)・イ・イ・ケレ・○ さわやかで気持ちがよい。爽快(そうかい)なさま。「—朝」[文]すがすが・し(シク)

すがた【姿】 ①体の全体的な形。外観からとらえたかっこう。「—のいい人」②物の全体的な形。「富士は—が美しい」③みなり。ふうさい。「和服—」④存在。身。「—をくらます」⑤ありさま。様相。「世の—」

▼「姿」が下に付く語
艶(あで)—　後ろ—　絵—　立ち—　旅—　寝—　初—　晴れ—

—を消(け)す ①いなくなる。②眼前から物事が見えなくなる。

—かたち【—形】 身なりと顔かたち。みめかたち。容姿。

—み【—見】 全身を映す大きい鏡。

—やき【—焼〔き〕】 魚などをそのままの姿で焼いた料理。

す-がたり【素語り】 三味線(しゃみせん)の伴奏なしで、浄瑠璃(じょうるり)を語ること。

すか-たん《俗》(西日本で用いられる) ①当てが外れること。見当違い。すか。「—をくらう」②へまをした人をののしっていう語。まぬけ。「このーめ」

スカッシュ〈squash〉①果汁をソーダ水でうすめ、砂糖を加えた飲み物。「レモン—」②四方を壁で囲まれたコートで壁に向かってボールを交互に打ち合う、テニスに似た室内球技。

すかっ-と(副・自スル) さっぱりして気持ちがいいさま。「気分が—する」

すが-め【眇】 ①斜視。やぶにらみ。②片目が悪いこと。③横目。流し目。

すが・める【眇める】(他下一) メ・メ・メル・メル・メレ・メロ(メヨ) ①片目を細くして見る。「ためつ、—・めつながめる」②片目を細くし、または片目をつぶって、もののねらいを定める。[文]すが・む(下二)

すがやか【清やか】(形動ダ) ダロ・ダッ(デ・ニ)・ダ・ナ・ナラ・○ 気持ちがさっぱりしてすがすがしく感じるさま。「—な高原の朝」[文](ナリ)

-すがら(接尾)(おもに名詞に付いて副詞的に用いて) ①通して。初めから終わりまでずっと。「夜も—(=一晩中)」②ついでに。その途中。「道—」③そのまま。それだけ。「身—」

-ずから(ヅカラ)(接尾)(名詞に付いて副詞的に用いて)「その人自身の…によって」の意を表す。「口—伝える」「手—渡す」

ず-がら【図柄】(ヅ) 図案の模様(もよう)。

スカラシップ〈scholarship〉奨学金。給費。また、それを受ける資格。

スカラップ〈scallop 帆立貝〉《服》洋裁で、襟(えり)・袖口・裾などの縁を波形にすること。また、その縁飾り。

すがり-つ・く【縋り付く】(自五) カ(コ)・キ(イ)・ク・ク・ケ・ケ 頼りとする人や物に懸命に取りつく。しがみつく。「母親に—」

スカル〈scull〉左右両側のオールを一人または二人でこぐ、細長くて軽い競技用ボート。また、その競技。

〔スカル〕

すがる【蜾蠃】《動》①「じがばち」の古称。②「あぶ」の別名。③「鹿(しか)」の別名。[秋]

—おとめ【—乙女】(ヲトメ) じがばちのように腰の細い美しい少女。

すが・る【縋る】(自五) ラ(ロ)・リ(ッ)・ル・ル・レ・レ ①頼りとする人や物などにつかまってはなすまいとする。「杖(つえ)に—」「母の手に—・って泣く」②他人の同情や援助を求める。また、それに頼る。「人の情けに—・って生きる」[可能]すが・れる(下一)

すが・れる【末枯れる】(自下一) レ・レ・レル・レル・レレ・レロ(レヨ) ①冬が近づいて、草木などの葉先・こずえが枯れ始める。「菊が—」②人の盛りが過ぎておとろえる。[文]すが・る(下二)

すがわらでんじゅてならいかがみ【菅原伝授手習鑑】(スガハラデンジュテナラヒカガミ) 竹田出雲(いずも)・並木千柳(せんりゅう)(宗輔(そうすけ))・三好松洛(みよししょうらく)らの合作。一七四六(延享三)年初演。菅原道真(みちざね)の配流(はいる)に取材した時代物。

すがわらのみちざね【菅原道真】(スガハラノミチザネ)(八四五〜九〇三) 平安前期の学者・政治家。藤原時平との政争に敗れ大宰権帥(だざいのごんのそち)に左遷され、配所で没した。詩文にすぐれ、後世、天満天神と称され、学問の神として信仰される。史書「三代実録」の撰(せん)に参与。詩文集に「菅家文草(かんけぶんそう)」「菅家後集」。

ず-かん【図鑑】(ヅ) 同類のものを系統的に集めて、写真や絵を中心に解説した本。「動物—」「植物—」

スカンク〈skunk〉《動》イタチ科の哺乳(ほにゅう)動物。南北アメリカにすむ。体色は黒く、背に白い縞(しま)や斑紋(はんもん)がある。危険が迫ると肛門腺(こうもんせん)から強い悪臭のある液体を放つ。

スカンジナビア〈Scandinavia〉(「スカンジナビア半島」の略)ヨーロッパ北部、大西洋とバルト海・ボスニア湾にはさまれた半島。スカンディナビア。

ずかん-そくねつ【頭寒足熱】(ヅカン) 頭を冷やし、足を暖かくすること。このようにして寝るとよく眠れ、体によいという。

す-かんぴん【素寒貧】(名・形動ダ)《俗》非常に貧乏で何も持っていないさま。また、その人。一文なし。

すかんぽ【酸模】→すいば

すき【犂】 牛や馬などに引かせて土を掘り返す農具。からすき。

すき【隙・透き】 ①物と物とのわずかな間。すきま。「わりこむ—もない」②ひま。いとま。「仕事の—をみてまた来ます」③気のゆるみ。ゆだん。「—のない構え」

すき【鋤】 手に持って土を掘り起こす農具。

〔鋤〕

すき【好き】(名・形動ダ) ①気に入った人や物に心がひかれること。また、そのさま。「—なタイプ」↔嫌い ②ものずき。好事(こうず)。「—者(もの)」③気まま。好き勝手。「—なことを言う」④色ごのみ。好色。

—こそ物(もの)の上手(じょうず)なれ 好きであれば熱心にやるので自然に上達するものである。[参考]反対のことば—下手の横好き

すき【△漉き】 紙をすいて作ること。「手ーの和紙」

すき【数奇・数寄】 ①風流・風雅の道。また、それを好むこと。②茶の湯・和歌などの道。また、それを好むこと。参考「好き」から。「数奇」「数寄」は当て字。

―を凝(こ)らす 風流な工夫を、心をこめていろいろとほどこす。

-すぎ【過ぎ】（接尾）①（時・年齢などを表す名詞に付いて）それを過ぎていること。「昼ー」「五〇ーの男」②（動詞の連用形に付いて）物事の程度が度を越えていること。「言いー」「飲みー」

すぎ【杉】（字義）→さん（杉）

すぎ【杉】〘植〙ヒノキ科の常緑高木。日本特産。幹は直立し葉は針状。春に単性花を開き、果実は丸い。建築や器具材として用いる。（すぎの実 秋）

スキー〈ski〉①両足につけて雪の上をすべって進む、二本の細長い板状の用具。冬 ②①をつけて滑走する運動・競技。「ー場」冬 参考 ②は、英語では skiing という。はじまり 日本への本格的な導入は、一九一一（明治四十四）年、オーストリアのレルヒ少佐が、新潟県高田連隊の青年士官に指導したのが最初。

スキーム〈scheme〉計画。また、その枠組み。「事業ー」

スキーヤー〈skier〉スキーをする人。冬

すき-いれ【△漉き入れ】 文字や模様がすかしとして見えるような紙をすいて作ること。また、その紙。

すき-うつし【透き写し】（名・他スル）→しきうつし①

すき-おこ・す【△鋤き起〔こ〕す】（他五）サ(ソ)・シ・ス・セ・セ すきで土を掘り起こす。「畑をー」

すき-おり【透き織〔り〕】 →すかしおり

すぎ-おり【杉折〔り〕】ヲリ― 杉の薄板を折って作った四角の箱。菓子・料理などを入れる。

すき-かえし【△漉き返し】ガヘシ― 古紙などを水にとかし、すきなおして再生すること。また、再生した紙。宿紙(すくし)。

すき-かえ・す【△漉き返す】カヘス―（他五）サ(ソ)・シ・ス・セ・セ 古紙などを水にとかし、すきなおして再び紙をつくる。

すき-かえ・す【△鋤き返す】カヘス―（他五）サ(ソ)・シ・ス・セ・セ すきで土を掘り返す。「畑をー」

すき-かげ【透き影】 ①物のすきまから、または薄い物を通して透けて見える姿・形。②物のすきまや物を通してもれる光。

すき-かって【好き勝手】（名・形動ダ）自分の気の向くままにふるまうこと。また、そのさま。「ーなことをする」「ーを言う」

すき-きらい【好き嫌い】キラヒ― 好きと嫌い。好悪(こうお)。転じて、えり好み。より好み。「ーが激しい」

すき-ぐし【△梳〔き〕△櫛】 髪をすくのに使う歯の細かいくし。

すぎ-ごけ【杉△苔】〘植〙蘚(せん)類のスギゴケ科のコケ植物の総称。湿地に群生し、形がスギの小枝に似る。雌雄異株(しゆ)。

すき-ごころ【好き心】 ①物好きな心。②好色な心。

すき-ごころ【数奇心・数寄心】 風流心。風流を好む心。

すき-ごと【好き事】 ①物好きな行為。②好色な行い。

すき-このみ【好き好み】 趣味。嗜好(しこう)。

すき-この・む【好き好む】（他五）マ(モ)・ミ(ン)・ム・ム・メ・メ 「好く」を強めて言う語。特に好む。特に望む。「ー・んで苦労しなくても」

すぎ-さ・る【過ぎ去る】（自五）ラ(ロ)・リ(ッ)・ル・ル・レ・レ ①通り過ぎてしまう。「台風がー」②過去になってしまう。「ー・った青春」

すき-しゃ【好き者】 →すきもの

すき-しゃ【数奇者・数寄者】 風流な人。特に、茶道をたしなむ人。

すき-ずき【好き好き】 人によって、好みがちがうこと。「蓼(たで)食う虫もー」

ずき-ずきヅキヅキ（副・自スル）傷・はれものなどが脈を打つようにひどく痛むさま。ずきんずきん。「頭がー（と）痛む」

すきずき・し【好き好きし】（形シク）〘古〙①色好みらしい。好色めいている。②風流・風雅である。③物好きである。

スキゾ〈schizo〉（スキゾフレニア（schizophrenia）の略）①統合失調症。②ひとつのことにこだわらず、自己中心的で他人との深いかかわりを避けようとする心理傾向。↔パラノ

すぎた-げんぱく【杉田玄白】（一七三三‐一八一七）江戸中期の蘭医(らんい)。若狭(わかさ)（福井県）小浜藩医の子。前野良沢(りょうたく)らとオランダの解剖図譜を翻訳した「解体新書」を一七七四（安永三）年刊行。著に「蘭学事始(ことはじめ)」など。

スキット〈skit〉（外国語会話の練習などに用いる）寸劇。

すきっ-ぱら【◦空きっ腹】 →すきはら

スキップ〈skip〉■一（名・自スル）かわるがわる片足で軽くとびはねながら進むこと。■二（名・他スル）一部を飛ばして先へ進むこと。「曲のイントロをーする」

すぎ-ど【杉戸】 杉の大きな板を張った戸。杉の板戸。

すき-とお・る【透き通る・透き◦徹る】トホル―（自五）ラ(ロ)・リ(ッ)・ル・ル・レ・レ ①物を通して、中や向こう側が見える。透明である。「水が底までー」②声や音が澄んではっきり聞こえる。「ー・った声」

すき-どこ【△鋤床】〘農〙水田の作土の下の粘土質の土壌。水田の水もちをよくする土層。

すぎ-な【杉菜】〘植〙トクサ科の多年生シダ植物。原野・路傍などに広く見られる。早春に胞子茎としてツクシを生じ、淡緑色の胞子を生じて増える。薬用。ツクシは食用ともする。春

すぎ-ない【過ぎない】 …以上のものでない。…であるだけのことだ。「ほんの子供にー」用法「…にすぎない」の形で用いて、断定を強める。語源 上一段動詞「過ぎる」の未然形「過ぎ」＋打ち消しの助動詞「ない」

スキニー〈skinny やせこけた〉（名・形動ダ）衣服が体にぴったりフィットするようにデザインされているさま。また、その衣服。「ーデニム」

すぎ-ばし【杉箸】 杉の木をけずって作ったはし。

すき-はら【◦空き腹】 腹がへっていること。空腹。すきばら。すきっぱら。「ーをかかえる」

すぎはら-がみ【杉原紙】 コウゾを原料とした和紙。奉書紙に似るが、やや薄くやわらかい。杉原(すぎはら・すいばら)。

すき-ぶすき【好き不好き】 好きと嫌い。

すき-へん【△耒偏】 漢字の部首名の一つ。「耕」「耗」などの「耒」の部分。らいすき。

すき-ほうだい【好き放題】ハウダイ―（名・形動ダ）勝手気ままにやりたいようにすること。また、そのさま。「ーにさせておく」

すき-ま【透き間・隙間・◦空き間】 ①物と物との間のわずかな空間。「ドアのー」②あき時間。ひま。③ゆだん。てぬかり。

―かぜ【―風】 ①戸・障子などのすきまから吹き込む風。冬 ②（比喩(ひゆ)的に）親しかった者どうしの間に、感情のへだたりができることにいう。「夫婦の間にーが吹き出す」

―さんぎょう【―産業】サンゲフ 大企業などがまだ進出していない、小さな市場や分野を対象とする産業。ニッチ産業。

すき-み【◦剝き身】 薄くそぎ切った魚肉などの切り身。

すき-み【透き見】（名・他スル）物のすきまからのぞいて見ること。のぞき見。

スキミング〈skimming すくい取ること〉磁気記録情報を不正に読み取り、クレジットカードなどを偽造すること。

スキム-ミルク〈skim milk〉脱脂粉乳。脱脂乳。

すき-め【透き目・隙目】 すきま。

すき-もの【好き者】 ①物好きな人。好事家(こうずか)。②好色家。参考「すきしゃ」ともいう。

すぎ-もの【過ぎ者】 その者にとって不相応にすぐれた人。「あ

の奥さんは彼には—だ」

すき-や【数寄屋・数奇屋】〘建〙①茶室。茶の湯のための茶席・水屋・勝手などの整った一棟の建物。②茶室風の建物。参考「数寄屋」「数奇屋」は、常用漢字表付表の語。

—づくり【数寄屋造〔り〕】 茶室風の建て方。また、茶室風に造った建物。

—ぼうず【数寄屋坊主】 江戸時代、幕府の茶の湯に関することをとりしきった、坊主頭の役人。茶坊主。

すき-やき【△鋤焼〔き〕】 牛肉などをネギや豆腐・しらたきなどと、しょう油・砂糖・みりんなどで味付けして煮焼きしながら食べる、なべ料理。冬 語源 昔、鋤の上にのせて肉を焼いたからとも、すき身（薄切り）の肉を焼いたからともいう。

スキャット〈scat〉〘音〙ジャズなどで、歌詞の代わりに「ダバダバ」など意味のない音節で即興的に歌うこと。また、その歌。

スキャッブ〈scab〉ストライキを行っているとき、組合の統制を破って仕事をする人。スト破り。

スキャナー〈scanner〉絵や写真、文字などを画像として読み取ったデータをコンピューターに取り込む装置。「—にかける」

スキャン〈scan〉（名・他スル）スキャナーを用いて絵や写真、文字などを、コンピューターなどで使える画像データとして読み取ること。

スキャンダラス〈scandalous〉（形動ダ）スキャンダルにつながるようなさま。世間を騒がすようなさま。「—な記事」「—な事件」

スキャンダル〈scandal〉①よくないうわさ。醜聞。「芸能界の—」②汚職などの不祥事。「—にまきこまれる」用法 ①は特に、性愛に関することについていうことが多い。

スキャンティー〈scanties〉〘服〙非常に短いパンティー。

スキューバ〈scuba〉（self-contained underwater breathing apparatus から）自給式水中呼吸装置。圧縮空気をつめたボンベと調節弁付き呼吸装置がセットになった潜水用具。参考 商標名はアクアラング。

—ダイビング〈scuba diving〉スキューバを使って行う潜水。

ず-きょう【△誦経】（名・自スル）声を出して経をよむこと。誦経。

スキル〈skill〉身につけた技能。「—アップ」

す・ぎる【過ぎる】（自上一）①近づき去って行く。通過する。「自動車が目の前を—」②ある地点を経て行く。「丘を—・ぎて行く道」③時間がたつ。経過する。「引っ越して三年が—」④ある時間をこえる。「約束の時間が—」⑤物事が終わる。過ぎ去る。「嵐が—」⑥度を越す。「冗談が—」⑦まさる。分を越える。「身に—・ぎたおほめの言葉」⑧（動詞の連用形、形容詞・形容動詞の語幹などに付いて）その事柄の程度・限度を越える。「よくばり—」「難し—」「礼儀を知らな—」⑨（「…にすぎない」の形で）断定を強める。⇩過ぎない 他すご・す（五）文す・ぐ（上二）

すぎたるは猶及ばざるが如し 何事も程度を越すのは足りないのと同じでよくないことである。〈論語〉

スキルス-がん【スキルス△癌】〘医〙線維組織を形成しながら広がる悪性度の高い癌。胃癌に見られる。硬性腺癌。

すぎ-わい【×生業】 暮らしを立てるための職業。なりわい。

スキン〈skin〉①肌。皮膚。②皮革。③コンドームのこと。

—ケア〈skin care〉肌の手入れ。

—シップ〈和製英語〉肌のふれ合い。特に、親子の肌のふれ合いを通じて情操を養おうとすること。参考 英語では physical（または bodily）contact を用いる。

—ダイビング〈skin diving〉水中眼鏡・シュノーケル・足ひれなどの装備をつけて、水中にもぐるスポーツ。

—ヘッド〈skinhead〉丸坊主に剃り上げた頭。

ず-きん【頭巾】 頭または頭と顔をおおう、袋状で布製のかぶりもの。「防災—」冬

す・く【◦空く】（自五）①まばらになる。中のものが少なくなる。「電車が—」「腹が—」②つかえていたものがなくなりさっぱりする。「胸の—ような当たり」③手があく。ひまになる。「手が—」他すか・す（五）

す・く【透く】（自五）①すきまができる。②物を通して見える。すける。「裏が—・いて見える」他すか・す（五）

す・く【好く】（他五）①物事に心を寄せる。このむ。「登山は—・かない」②愛情を感じる。好感をもつ。「人に—・かれる」「—・かんやつだ」《↔嫌う》

す・く【◦剝く】（他五）うすく切る。そぎとる。「魚肉を—」可能す・ける（下一）

す・く【△梳く】（他五）（髪を）くしでとかす。くしけずる。「髪を—」可能す・ける（下一）

す・く【◦結く】（他五）網を編む。「網を—」可能す・ける（下一）

す・く【△漉く・◦抄く】（他五）紙・海苔などをつくるために、水にとかした原料を簀の上にうすく平らに広げる。「和紙を—」可能す・ける（下一）

す・く【△鋤く】（他五）すきで土を掘り返す。「田を—」可能す・ける（下一）

すぐ【◦直ぐ】 ■一（副）①時間の離れていないさま。ただちに。「—（に）行く」「もう—できる」②距離の離れていないさま。ごく近く。「駅は—そこだ」■二（形動ダ）①形のまっすぐなさま。②心の正しく素直なさま。文（ナリ）参考 ■二は文語的な用法。

-ずく（接尾）（名詞に付いて）「…という手段（だけ）による」「…に物を言わせる」の意を表す語。「力—」「金—」「相談—」

ずく【△銑】「銑鉄」の俗称。

ずく【×木菟】→みみずく

すくい【△掬い・◦抄い】 すくいあげること。「どじょう—」

—なげ【△掬い投げ】 相撲の技の一つ。まわしを取らずに相手の脇に腕を差し入れ、すくいあげるように投げる技。

すくい【救い】 ①救うこと。助けること。「—の手をさしのべる」②暗い気持ちや苦しみから解放させるもの。「—のない世」

—ぬし【—主】 ①救ってくれた人。②〘宗〙救世主。メシア。キリスト教ではイエス＝キリストを指す。

すくい-あ・げる【△掬い上げる】（他下一）ものをすくって、上にあげる。文すくひあ・ぐ（下二）

すくい-がた・い【救い難い】（形）①助けることがむずかしい。②手の施しようがない。どうしようもない。「—頑迷さ」文すくひがた・し（ク）

スクイズ〈squeeze しぼり取る〉「スクイズプレー」の略。

—プレー〈※squeeze play〉野球で、バントによって三塁走者を生還させる攻撃法。スクイズ。

す-く・う【巣くう】（自五）①鳥や虫などが巣をつくる。巣をつくってすむ。「軒先に—ツバメ」②好ましくない者がたまり場をつくって居着く。「盛り場に—暴力団」③よくない考えや病気などが、心や体内にはびこる。「悪い考えが—」

すく・う【△掬う・◦抄う】（他五）①液状・粉状のものを、手や容器で軽くかすめるようにして取り出す。しゃくる。「水を—・って飲む」②液体の中などから物をくみ取る。「金魚を—」「灰汁を—」③下から上へすばやく払うように持ち上げる。

さらう。「足を―・われる」可能すく・える(下一)

すく・う【救う】(他五) ①力を貸して、危険・困難・貧苦などの状態から抜け出させる。助ける。「国を―」「遭難者を―」②罪悪や悪い習慣から抜け出させる。「悪の道から少年を―」③悩みを取り除き、精神的な安定が得られるようにする。「信仰に―・われる」可能すく・える(下一)

スクーター〈scooter〉①両足をそろえ腰掛けて乗る小型自動二輪車。②子供の乗り物で、ハンドルを持ち、車輪をつけた板に片足をのせ、他方の足で地面を蹴って走らせるもの。

スクーナー〈schooner〉マストが二本以上あり、縦帆(=マストの片側にだけ張る帆)を装備した帆船。スクーネル。

スクープ〈scoop〉(名・他スル) 新聞・雑誌などで他社を出し抜いて重大ニュースを報道すること。また、その記事。特種。「―映像」「重大事件を―する」

スクーリング〈schooling 学校教育〉通信教育を受けている学生・生徒が一定期間受ける、面接授業。「夏期の―」

スクール〈school〉学校。学園。「英会話―」

―カラー〈和製英語〉①その学校のもつ独特な気風。校風。②その学校を象徴する色。

―ゾーン〈和製英語〉児童・生徒の通学路に設けた、登校・下校時の自動車の交通規制区域。

―バス〈school bus〉通園・通学用のバス。

―ライフ〈school life〉学校生活。

スクエア〈square〉①正方形。四角形。②方形の広場や区画。

―ダンス〈square dance〉二人ずつ四組が方形をつくって踊るアメリカのフォークダンス。

す-ぐき【酸茎・酢茎】 スグキナ(カブの一種)を、葉と根をつけたまま塩漬けにし、発酵させた漬物。京都の名産。冬

すぐ-さま【◇直様】(副) ただちに。すぐに。「―行動に移す」

すぐ・す【過ぐす】(他四)《古》→すごす

すく-すく(副) 勢いよく成長するさま。「子は―(と)育つ」

すく-せ【◇宿世】《仏》①生まれる前の世。前世。②前世からの因縁。宿縁。参考「しゅくせ」ともいう。

すくな・い【少ない】(形) 数量が小さい。程度が少ししかない。わずかである。「利益が―」↔多い 文すくな・し(ク)

すくなから-ず【少なからず】(副) 数量や程度が少なくないさま。はなはだ。しばしば。「―驚かされた」語源文語形容詞「少なし」の未然形「少なから」+打ち消しの助動詞「ず」

すくなく-とも【少なくとも】(副) ①少なくみても。うちわに見積もっても。「―五人の応援が必要だ」②ほかのことはともかく、せめて。「―謝罪くらいすべきだ」語源形容詞「少ない」の連用形「少なく」+接続助詞「とも」

すくな-め【少な目】(名・形動ダ) やや少ないくらいの分量や程度。「支出を―に見積もる」↔多目

ずく-にゅう【×木菟-入】 太っていてにくにくしい僧や坊主頭の人をののしって言う語。

すく-ね【◇宿△禰】《古》①天武天皇の代に定められた八色の姓の第三の姓の称。②上代、人名の下に付けて貴人などを親しみ尊んでいう敬称。

すくま・る【△竦まる】(自五) すくむ。ちぢまる。

すくみ-あが・る【△竦み上がる】(自五) 恐ろしくてちぢみあがる。「刃物を向けられて―」

すく・む【△竦む】(自五) ①緊張や恐ろしさで体がこわばって動けなくなる。恐れちぢこまる。「足が―」②体をちぢめて小さくなる。「恥ずかしさで身が―」他すく・める(下一)

-ずくめ【◇尽くめ】(接尾)(名詞に付いて)それればかりであることを表す語。「結構―」「いいこと―」「黒―の服装」

すく・める【△竦める】(他下一) 体の一部などをちぢませる。「首を―」自すく・む(五) 文すく・む(下二)

すくよか【◇健よか】(形動ダ) ①健康ですくすくと育つさま。体や心がしっかりして丈夫なさま。すこやか。②《古》きまじめであるさま。③《古》無愛想なさま。文(ナリ)

スクラッチ〈scratch〉①ひっかくこと。こすること。「―カード」②ゴルフやボウリングで、ハンディキャップをつけないこと。「―プレーヤー」③ターンテーブル上のレコードを手で動かし、針でこすった音を出すこと。

スクラップ〈scrap 破片・断片〉一(名・他スル) 新聞・雑誌の記事などを切り抜くこと。また、その切り抜き。「特集記事を―する」二(名) くず鉄。「車を―にする」

―アンド-ビルド〈scrap and build〉①生産性の悪い設備を取り除き、能率的な設備を新設すること。②組織を新設する際、既存の組織を廃止すること。

―ブック〈scrapbook〉新聞・雑誌などの切り抜きをはっておく帳面。

スクラム〈scrum〉①ラグビーで、両チームの前衛が低く肩を組んで、中のボールを足で後方へかきだすために押し合うこと。軽い反則のあった地点で組み合い、攻守の起点になる。②デモ行進などで、大勢が横の人と腕や肩を組み合わせて列を作ること。転じて、かたく団結すること。「―を組んで行進する」

スクランブル〈scramble〉①敵機を迎撃するために戦闘機を緊急出動させること。緊急発進。「―をかける」②傍受されないよう電波信号を変調すること。特に有料放送で行うことをいう。「―放送」

―エッグ〈scrambled egg〉洋風のやわらかい炒り卵。

―こうさてん【―交差点】 全車両の通行を一時止めて、歩行者がどの方向へも自由に横断できる交差点。

す-ぐり【酸◇塊】《植》①スグリ科の落葉低木。実は赤褐色に熟し、食用。(すぐりの実 夏) ②スグリ科の落葉低木の総称。

スクリーニング〈screening〉(名・他スル) ①ふるいにかけて選別すること。②《医》集団の中から特定の病気の疑いがある人を簡単な検査などで選別すること。また、その検査。

スクリーン〈screen〉①仕切り。ついたて。「バック―」②映画の映写幕。銀幕。転じて、映画。③テレビ・コンピューターなどの画面。④写真製版で用いる、網目状の線を引いたガラス板。

―ショット〈screenshot〉《情報》コンピューターなどの表示画面を画像として保存すること。また、その画像。スクリーンキャプチャー。プリントスクリーン。

―セーバー〈screen saver〉《情報》コンピューターの画面で、操作しない時間が続いたときに焼きつきを防ぐために、自動的に動く画像を表示するプログラム。

スクリプター〈scripter〉テレビ・映画で、撮影現場での進行記録係。

スクリプト〈script〉①映画・放送用の台本。「―ライター」②欧文活字の書体の一種。手書き文字に似せたもの。

スクリュー〈screw らせん〉船のプロペラ型推進器。

すぐ・る【◇選る】(他五) 多くの中からすぐれたものを選びとる。「精鋭を―」可能すぐ・れる(下一)

すぐれ-て【優れて・◇勝れて】(副) 特に。きわだって。特別に。とりわけ。「―政治的な問題である」

すぐれ-もの【優れ物・◇勝れ物】 同種の物の中で特に性能などがすぐれている物。

すぐ・れる【優れる・◦勝れる】(自下一) レ・レ・レル・レル・レレ・レロ(レヨ) ①他よりまさる。「—・れた作品」「話術に—」②調子がいい。よい状態である。「気分が—・れない」「天候が—・れない」文すぐ・る(下二) 用法 ②は、ふつう打ち消しの形で用いる。類語 抜きんでる・秀でる・ずば抜ける・図抜ける・勝る・長じる・長ける・傑出する・卓出する・卓絶する・卓越する・卓抜する・特出する・穎脱する

スクロール〈scroll 巻物〉(名・他スル) コンピューターなどの画面で、巻物を巻くように表示内容を上下・左右に動かすこと。

スクワット〈squat しゃがむ〉(名・自スル) ①上半身を垂直にのばした状態で膝を屈伸させる運動。②パワーリフティング(=重量挙げの一種)で、バーベルを両肩にかついで立ち、しゃがんで再び立ちあがる競技。

-すけ【助】(接尾) 人名めかして言い、人の特徴をとらえたり調子を合わせたりする語。「ねぼ—」「飲み—」「合点承知の—」

すけ【助】①助けること。手伝うこと。また、その人。「—手」②芝居や寄席での応援出演、または代演。③《俗》女。情婦。

すけ【×次官】【日】律令制における四等官の第二位。長官の下、判官の上。役所により「助」「亮」「輔」「弼」「佐」「介」などの字をあてる。

すげ【▵菅】【植】カヤツリグサ科の多年草の総称。湿地・水辺に生え、花は穂状。葉は細長く、笠・蓑などの材料。夏

ず-けい【図形】ヅ— ①図の形。②【数】図式やグラフ。③【数】立体や面、線や点などの集合。

スケーター〈skater〉スケートをする人。冬

スケート〈skate〉①靴の底に金属製のブレード(刃)を取りつけて氷の上を滑るのに用いる用具。冬 ②①を使って行う運動・競技。アイススケート。冬 ③ローラースケート。参考 ②は、英語では skating という。はじまり 日本では、一八七七(明治十)年、札幌農学校のアメリカ人教師ブルックスが米国よりスケート用具を持参して滑ったのが最初という。

フィギュアスケート　アイスホッケー　スピードスケート　(スラップスケート)
〔スケート①〕

—ボード〈skateboard〉前後に車輪をつけた細長い板。立ったまま乗り、地上を滑走する。また、これを用いて行うスポーツ。スケボー。

—リンク〈skating rink から〉スケートをするための、氷を張った広い場所。スケート場。アイスリンク。冬

スケープゴート〈scapegoat〉他人の罪を負う身代わりの者。いけにえ。参考 古代ユダヤで、贖罪のために山羊に罪を負わせて原野に放ったことに始まる。〈旧約聖書〉

スケール〈scale〉①物事の大きさ。規模。「雄大な—」②度量。「—の大きい人」③物差し。目盛り。尺度。④【音】音階。

すげ-か・える【◦挿げ替える】カヘル(他下一) エ・エ・エル・エル・エレ・エロ(エヨ) ①さしこんだりはめこんだりして、新しい物に取り替える。「げたの鼻緒を—」②ある役職にある人を交替させる。「社長の首を—」文すげか・ふ(下二)

すげ-がさ【▵菅▵笠】スゲの葉で編んだ笠。夏

〔すげがさ〕

スケジュール〈schedule〉日程。予定。また、それを記した表。「—を組む」

すけ-すけ【透け透け】(名・形動ダ) さえぎる物が薄かったり粗かったりして中が見える状態であるさま。「—のブラウス」

ずけ-ずけ ヅケヅケ (副) 無遠慮にものを言うさま。つけつけ。「言いにくいことを—(と)言う」

すけそう-だら【×助宗▵鱈】→すけとうだら

すけ-だち【助太刀】(名・自スル) ①昔、あだうちなどの手助けをしたこと。②加勢・手助けをすること。また、その人。

スケッチ〈sketch〉(名・他スル) ①写生すること。また、その絵。素描。「モデルを—する」②その場の情景などを簡単な文章にまとめること。また、その文章。「正月風景を—した記事」

—ブック〈sketchbook〉写生帳。

すけっ-と【助っ◦人】(「すけびと」の音便) ①争いごとの加勢をする者。②仕事の手助けをする者。「—の外国人選手」

すけ-て【助手】助ける人。加勢をする人。

すけとう-だら【×介党▵鱈】【動】タラ科の海産硬骨魚。マダラに似るがやや細い。食用。すけそうだら。冬 参考 卵巣を塩漬けにしたものを「たらこ」という。

すげ-な・い (形) カロ・カッ(ク)・イ・イ・ケレ・○ 思いやりがなく、そっけない。冷淡である。「—返事」「—・く断られる」文すげな・し(ク)

すけ-ばん【助番】①当番がいなくて代わりを務めること。また、その人。②《俗》不良少女仲間の長。女番長。

すけ-べえ【助◦兵◦衛】ベヱ (名・形動ダ) 好色なさま。また、そのような人。助平。すけべ。

—こんじょう【—根性】コンジヤウ ①色好みの性質。②利益を得ようとしていろいろな事に手を出したがる欲張りな心。

スケボー「スケートボード」の略。

す・ける【透ける】(自下一) ケ・ケ・ケル・ケル・ケレ・ケロ(ケヨ) 物を通して中や向こうが見える。「肌の—ブラウス」文す・く(下二)

す・ける【◦助ける】(他下一) ケ・ケ・ケル・ケル・ケレ・ケロ(ケヨ) 助ける。手伝う。文す・く(下二)

す・げる【◦挿げる】(他下一) ゲ・ゲ・ゲル・ゲル・ゲレ・ゲロ(ゲヨ) ①はめこむ。さしこむ。「こけしの首を—」②穴などにさし通して結びつける。「げたの鼻緒を—」文す・ぐ(下二)

スケルツォ〈イタ scherzo〉【音】急速で軽快な三拍子の曲。

スケルトン〈skeleton 骸骨〉①建造物や船などの骨組み。②内部の構造がすけて見えること。「—タイプの時計」③ガスストーブなどの燃焼板。④そりにうつぶせで一人で乗り、氷上を滑走する競技。

す-けん【素見】見るばかりで買わないこと。また、その人。ひやかし。

スコア〈score〉①競技の得点。得点記録。②【音】総譜。

—ブック〈scorebook〉試合経過記録表。得点表。

—ボード〈scoreboard〉得点掲示板。スコアボード。

スコアラー〈scorer〉スポーツ競技・試合の記録係。

スコアリング-ポジション〈scoring position〉野球で、ヒットが一本出れば出塁している走者がホームインすることが可能な塁。二塁または三塁。得点圏。

すご・い【◦凄い】(形) カロ・カッ(ク)・イ・イ・ケレ・○ ①恐ろしい。気味が悪い。「—顔でにらむ」②はなはだしい。程度が大きい。「—・く暑い」「—勢い」③非常にすぐれている。「—記録」文すご・し(ク)
用法 話し言葉において②の程度を表す場合は、「すごい降ってきた」「すごい速い」などと、連体形を連用修飾にも用いる。
変遷 古語「すごし」は本来、物事の程度がはなはだしく普通でないさま、心に衝撃を与えるほどのぞっとするような感じを表した。それゆえ、③のようによい意にも、①のように悪い意にも用いられるようになった。現代語では、受けた衝撃の強烈さを感覚的に表現する用い方が多い。

ず-こう【図工】ヅ― ①図画と工作。小学校の教科の一つ。②図を描く職人。

すご-うで【◇凄腕】他の人のできないことをやってのけるすぐれた腕前。「―の刑事」

スコープ〈scope〉①(多く複合語の形で)見る道具・器械。「ファイバー―」「ドアー―」②照準器。「ライフル―」③能力・理解・活動などの範囲。視野。

スコール〈squall〉①熱帯地方で、強風を伴っておそってくる局地的なはげしいにわか雨。②急に起こる強風。突風。

スコーン〈scone〉小麦粉にベーキングパウダー・バター・牛乳などを加えて焼いた小型のパン。イギリスでは、ジャム・クリームなどを添えてお茶の時間に食べる。

すこし【少し】(副) 数量・程度などのわずかなさま。ちょっと。「もう―ください」「―は考えなさい」

――く(副) すこし。わずかに。参考 形容詞に類推した語形。

――も(副) いささかも。ちっとも。「―寒くない」用法 あとに打ち消しの語を伴う。

すご・す【過〔ご〕す】(他五) ①時間を費やす。「恐怖の一夜を―」②暮らす。日を送る。「東京で三年を―」③適当な程度を越える。越す。やりすぎる。「酒を―」「度を―・したいたずら」「どうぞお―・しください(=楽な気分で楽しく召し上がれ、と相手にすすめる言い方)」④(動詞の連用形の下に付いて)㋐そのままにしておく。「見―」「人をやり―」㋑その限度を越える。「寝―」自す・ぎる(上一) 文すぐ・す(四) 可能すご・せる(下一) 語源「すぐす」の転。

表現〈擬声・擬態語〉ぬくぬくと・のうのうと・のほほんと・あたふたと・ばたばた・ぼうっと・ぼやぼや・ふらふら・ぶらぶら・だらだら・ごろごろ

〈慣用表現〉大過なく・悠然と・悠々と・悠々自適に・泰然と・泰然自若と・便々と・食うや食わずで

すご-すご【◇悄◇悄】(副) しょんぼりして元気なくその場を離れるさま。「―(と)帰る」

スコッチ〈Scotch スコットランドの〉①(「スコッチウイスキー」の略)スコットランド産のウイスキー。②(「スコッチツイード」の略)スコットランド産の毛糸・毛織物。また、これに似せた斜め織りの毛織物。

スコットランド〈Scotland〉イギリス、グレートブリテン島の北部地方。

スコップ〈オラ schop〉土・砂などを掘ったり物をすくったりするのに使う、柄の付いた道具。シャベル。

すこぶる【◇頗る】(副) ①たいそう。非常に。「この料理は―うまい」②(古)少しばかり。③(古)かなり多く。

――つき【―付〔き〕】(俗)「すこぶる」という語が上に付くほどずばぬけていること。「―の美人」

すご-み【◇凄み】ぞっとするような恐ろしい、気味悪い感じ。おどすような恐ろしい態度や文句。「―をきかせる」

すご・む【◇凄む】(自五) 相手をおどすような恐ろしいようすをみせる。「刃物をちらつかせて―」

す-ごもり【巣籠〔も〕り】①鳥などが巣にこもること。②(俗)外出を控えて家にいること。「―需要」

す-ごも・る【巣籠〔も〕る】(自五) 鳥が巣の中にはいったままでいたり、虫が土中にもぐったままでいたりする。

すこやか【健やか】(形動ダ) ①健康で元気なさま。「―に育つ」②心が健全なさま。「―な精神」文(ナリ)

スコラ-てつがく【スコラ哲学】〈ラテ schola〉中世ヨーロッパの教会付属学校(スコラ)で研究されたキリスト教哲学。キリスト教の教義をアリストテレス哲学によって体系化した。スコラ学。煩瑣哲学ともいう。

すご-ろく【◇双六】①さいころを振って、そこに出た目の数で、振り出しから順々に駒を進め、上がりの速さを競う遊び。上がり双六。新年 ②盤上に白黒の駒を並べ、さいころの目の数によって、敵陣内に早く駒を入れることを争う遊び。盤双六。

スコンク〈※ skunk〉試合で、一点もとれずに負けること。ゼロ敗。零敗。

すさ【△苆・×寸莎】壁土に混ぜてつなぎとする、わら・麻・紙などを細かく切ったもの。

ず-さ【◇従◇者】(古)供。従者。

す-さき【州崎】州が長く水中につき出て、みさきとなった所。

す-ざく【◇朱△雀】玄武・青竜・白虎とともに四神の一。南方の神。朱雀。

すさび【◇遊び】心の向くままにするなぐさみごと。「手―」

すさ・ぶ【◇荒ぶ】(自五) ①荒れくるう。はなはだしくなる。すさむ。「風が吹き―」②(生活・心などが)荒れてうるおいがなくなる。健全でなくなる。すさむ。「生活が―」「芸が―」

すさ・ぶ【◇遊ぶ】(自五) 心のおもむくままになぐさみごとをする。「笛を吹き―」

すさまじ・い【◇凄まじい】(形) ①はげしい勢いで恐ろしいほどである。「―人気」「―食欲」「―形相」②常識をはなはだしく逸脱してひどい。「これが入選作とは―話だ」文すさま・じ(シク) 語源 動詞「すさむ」に対応する形容詞。

【変遷】古語「すさまじ」は、古くは白々とした冷たさである意を表した。平安時代には、物事の不調和な状態に対する不快感を表すようになり、「興ざめだ・殺風景だ・荒涼としている」などの意となった。さらに中世以降①②の意が生まれ、現代語ではもっぱらこの意で用いられる。

すさ・む【◇荒む】(自五) →すさぶ(荒ぶ)

すさ・る【◇退る】(自五) あとへさがる。しりぞく。

ず-さん【△杜△撰】ヅ― (「撰」は、詩文を作る意) 一(名) 詩や文章に誤りが多いこと。典拠などがいいかげんなこと。二(名・形動ダ) 物事のしかたがぞんざいでいいかげんなこと。また、そのさま。「―な計画」参考「ずざん」とも読む。

【故事】北宋の杜黙の作る詩は律(=作詩の規則)に合わないものが多かったという話によるという。〈野客叢書〉

すし【△鮨・△鮓・×寿司】①酢・塩・砂糖で味つけした飯に魚・貝・野菜・海苔などを添えた食品。にぎりずし・ちらしずし・まきずしなど。夏 ②古くは、魚介類を塩漬けにして自然発酵させたもの。鮒ずしなど。なれずし。夏 はじまり にぎりずしはすしの中では歴史が浅く、文政年間(一八一八―一八三〇)に江戸両国の華屋与兵衛、または、江戸深川の堺屋松五郎によって考案されたという説がある。

-すじ【筋】スヂ (接尾) ①(数を表す語に付いて)細長いものを数える語。「一―の道」②(場所を表す語に付いて)その場所に沿ったあたり。「東海道―」「街道―」

すじ【筋】スヂ ①細長く続いているもの。「一本の―を引く」②物語や芝居などの話の内容。話の骨格。「話の―」③物事の道理。すじみち。「―を通す」④筋肉の繊維。「―をちがえる」⑤植物の繊維。「―の多い野菜」⑥血統。血のつながり。⑦技芸の素質。「碁の―がよい」⑧具体的にその名を示さず、話の拠り所などをぼかしていう語。「確かな―からの情報」⑨囲碁・将棋で最も理にかなった打ち方・指し方。手筋。「―のいい手」

▼「筋」が下に付く語

青― 粗― 家― 粋― 売れ― 大― 大手― 買手― 川― 客― 首― 毛― 主― 消息― 背― 千― 其の― 太刀― 為― 血― 手― 鼻― 腹― 一― 二― 本―

町― 万― 水― 道― 横―

ず-し【図示】ヅ ― (名・他スル) 図に書いて示すこと。

ず-し【△厨子】ヅ ― ①〘仏〙仏像または経巻などを安置する観音開きの箱。②観音開きのついた、物を入れる戸棚。

すじ-あい【筋合〔い〕】スヂアヒ 筋道立った理由や根拠。きちんと筋の通った関係。「こちらから謝る―はない」

すじ-かい【筋交い】スヂカヒ ①ななめに交差していること。ななめ。はすかい。「―に向き合う」②建物の強度を増すために、柱と柱との間にななめにとりつける木材。

すじ-か・う【筋交う】スヂカフ (自五) ワ(オ)・イ(ッ)・ウ・ウ・エ・エ ①ななめに行き違う。または、交差する。②ななめに向かい合う。

すじ-がき【筋書〔き〕】スヂ ― ①演劇・映画・小説などのあらすじを書いたもの。梗概(こうがい)。②前もって仕組んだ計画。「―どおりに事が運ぶ」

すじ-がね【筋金】スヂ ― 補強するために、物にはめたり入れたりする金属製の線や棒。

――いり【―入り】①補強のための筋金がはいっていること。②身体・精神が十分にきたえられ堅固なこと。「―の選手」

ず-しき【図式】ヅ ― ①物事の関係を説明するために書かれた図。②〘哲〙概念の関係を示す符号。描図の様式。シェーマ。

すじ-ぐも【筋雲】スヂ ― 「巻雲(けんうん)」の俗称。

すじ-こ【筋子】スヂ ― サケ・マスの卵を卵巣ごと塩漬けにした食品。ほぐして塩漬けにしたものをイクラという。すずこ。秋

すじ-だて【筋立て】スヂ ― 物語や劇などの話の筋の組み立て。あらすじ。

すじ-ちがい【筋違い】スヂチガヒ 一 (名・形動ダ) ①ななめ。すじかい。「―に座る」②道理にはずれているさま。また、手続きが違っていること。「―な要求」③見当ちがい。「彼をうらむのは―だ」二 (名) 急激・不自然な動きなどで筋肉を痛めること。

すし-づめ【△鮨詰〔め〕】― 鮨を折り箱にぎっしりつめたように、多くの人や物がすきまなくはいっていること。「―の通勤電車」

すじ-ば・る【筋張る】スヂ ― (自五) ラ(ロ)・リ(ッ)・ル・ル・レ・レ ①体の表面に筋がたくさん浮き出る。「足が―」②話や態度などが堅苦しくなる。「―・った話」

すじ-ぼね【筋骨】スヂ ― ①筋と骨。筋肉と骨格。「―を抜かれたよう(＝病気や疲労でぐったりしたさま)」②軟骨(なんこつ)。

すじ-みち【筋道】スヂ ― ①物事の道理。条理。「―を通す」②物事を行うときの手続き。順序。「一定の―をふむ」

すじ-むかい【筋向〔か〕い】スヂムカヒ 道などをはさんでななめに向かい合っていること。すじむこう。「―の家」

すじ-むこう【筋向〔こ〕う】スヂムカウ →すじむかい

すじ-め【筋目】スヂ ― ①物を折ったときにできる線。折り目。「ズボンの―」②家系。血すじ。家柄。③すじみち。「―を通す」

すし-めし【△鮨飯】すし用に合わせ酢で味つけした米飯。

す-じょう【素性・素姓】ジャウ ― ①血すじ。家柄。生まれ。また、育ちや経歴。②来歴。由緒(ゆいしょ)。「―のわからない品」

ず-じょう【図上】ヅジャウ 地図や図面の上。「―演習」

ず-じょう【頭上】ヅジャウ 頭の上。「―注意」

ずしり (副) →ずっしり

すじ-ろん【筋論】スヂ ― 物事の筋道を通すことを最も重視する立場での論理。

すす【△煤】①煙や炎の中にふくまれる黒い炭素の粉。②①や、ほこりが混じり合って天井や壁についたもの。「―を払う」

すず【鈴】金属製や陶製の中空の球の中に、小さい玉を入れて振り鳴らすもの。「―をころがすような声(＝澄んだ美しい声)」

すず【△錫】〘化〙金属元素の一つ。銀白色でやわらかく、さびにくい。ブリキ・はんだ・すず箔(はく)などに使用。元素記号 Sn

ず-ず【◇数◇珠】→じゅず

すず-かけ【鈴掛・△篠懸】①→すずかけのき ②修験者(しゅげんじゃ)が衣服の上に着る麻の衣。

――のき【―の木】〘植〙スズカケノキ科の落葉高木。樹皮が大きくはげて斑(まだら)ができる。葉は掌状で互生し、秋に鈴に似た丸い実をつける。庭木や街路樹などにする。プラタナス。

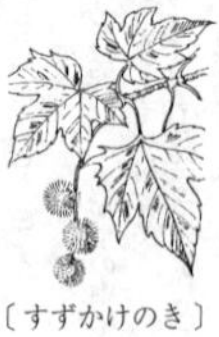

〔すずかけのき〕

すず-かぜ【涼風】涼しい風。特に、夏の終わりごろに吹く涼しい風。涼風(りょうふう)。夏

すすき【◇薄・△芒】〘植〙イネ科の多年草。山野に自生し、秋、黄褐色の長い穂(＝尾花(おばな))を出す。秋の七草の一つ。かや。尾花。秋 ⇩秋の七草(さしえ)

すすぎ【◇濯ぎ】①すすぐこと。②足を洗うための水や湯。

すずき【△鱸】〘動〙スズキ科の海産硬骨魚。背は青灰色、腹は銀白色。食用。出世魚で幼魚を「こっぱ」、若魚を「せいご」、やや成長すると「ふっこ」と呼ぶ。秋

すすきだきゅうきん【薄田泣菫】ススキダキフキン (一八七七～一九四五) 詩人・随筆家。岡山県生まれ。明治後期の象徴派詩人。詩風は格調高く古典的・浪漫的。詩集「暮笛(ぼてき)集」「白羊宮」など。

すずきみえきち【鈴木三重吉】スズキミヘキチ (一八八二～一九三六) 小説家・童話作家。広島県生まれ。叙情的・唯美的な小説「千鳥」「小鳥の巣」「桑の実」などを発表。児童雑誌「赤い鳥」を創刊。

すす・ぐ【△漱ぐ】(他五) ガ(ゴ)・ギ(イ)・グ・グ・ゲ・ゲ うがいをする。「口を―」可能 すす・げる(下一)

すす・ぐ【◇濯ぐ】(他五) ガ(ゴ)・ギ(イ)・グ・グ・ゲ・ゲ ①水でよごれを洗い落とす。そそぐ。「洗濯物を―」②恥・不名誉などをとり除く。汚名をぬぐい去る。雪辱(せつじょく)する。そそぐ。「恥を―」可能 すす・げる(下一) 参考 ②は、「◇雪ぐ」とも書く。

すす・ける【△煤ける】(自下一) ケ・ケ・ケル・ケル・ケレ・ケロ(ケヨ) ①すすがついて黒くなる。「鍋(なべ)が―」②古くなって、うす黒くよごれる。「障子が―」文 すす・く(下二)

すずし【×生絹】練っていない生糸(きいと)で織った織物。

すずし・い【涼しい】(形) カロ・カッ(ク)・イ・イ・ケレ・○ ①適度に冷ややかで快い。「―風」②すっきりしていてすがすがしい。きよらかだ。「―目もと」「―柄の着物」文 すず・し(シク)

――かお【―顔】実際はその事に関係があるのに、自分には関係ないかのようにそ知らぬふりをして澄ましているようす。「―をする」

すずしろ【×蘿蔔・×清白】「だいこん」の古名。春の七草の一つ。新年 ⇩春の七草(さしえ)

すす-たけ【△煤竹】①すすけて赤黒くなった竹。②すすはらいに使う、先端に枝葉のついた竹。冬 参考「すすだけ」ともいう。

すすど・い【◇鋭い】(形) カロ・カッ(ク)・イ・イ・ケレ・○ 抜け目がなく、すばしこい。文 すすど・し(ク)

すずな【△菘】「かぶら」の古名。春の七草の一つ。新年 ⇩春の七草(さしえ)

すず-なり【鈴◇生り】(鈴がたくさんついている神楽鈴(かぐらすず)のように)①木の実や果実などがいっぱい実っていること。「―の柿」②多くの人が一か所に群がっていること。「―の観客」

すす-はき【△煤掃き】→すすはらい 冬

すす-はらい【△煤払い】ハラヒ ― 屋内のすすやほこりを払って掃除(そうじ)をすること。多くは年末に行う。すすはき。冬

すす-ぼこり【△煤△埃】すすの混じったほこり。

すすみ【進み】①進むこと。また、その程度。②進歩。上達。

すずみ【涼み】すずむこと。納涼(のうりょう)。「夕―」「―に出る」夏

――だい【―台】屋外で涼むための腰掛け台。縁台。夏

すすみ・でる【進み出る】(自下一)デ・デ・デル・デル・デレ・デロ(デヨ) 進んで前へ出る。「一歩前にー」参考 古くは「すすみい・づ(下二)」。

すす・む【進む】(自五)マ(モ)・ミ(ン)・ム・ム・メ・メ 《中心義ー前方に移動する》①前へ出る。前へ行く。前進する。「先頭に立ってー」↔退く ②よくなる。進歩する。上達する。「文化のーんだ国」↔遅れる ③はかどる。進捗する。「工事がー」④地位や階級が高くなる。のぼる。昇進する。「地位がー」⑤順序や段階などがあがる。「学年がー」「決勝へー」⑥何かを積極的にしようとする。意欲がわく。「気のーまない話」⑦物事などの勢いが盛んになる。「食がー」「病勢がー」⑧時計の示す時刻が正しい時刻よりも先を示す。「時計が五分ー」↔遅れる ⑨乗りだす。「政界にー」他すす・める(下一) 可能すす・める(下一)

類語 前進する・直進する・急進する・突進する・猪突猛進する・邁進する・驀進する・躍進する

表現〈擬声・擬態語〉すいすい・ずんずん・ぐんぐん・とんとん・どんどん・ぼつぼつ・じりじり・じわじわ・のろのろ

〈慣用表現〉とんとん拍子に

すず・む【涼む】(自五)マ(モ)・ミ(ン)・ム・ム・メ・メ 涼しい風にあたって、暑さを避ける。「木陰でー」夏 可能すず・める(下一)

すず-むし【鈴虫】《動》スズムシ科の昆虫。黒褐色で体長は二センチメートルたらず。雄は秋にリーンリーンと鳴く。秋 参考 平安時代には今の松虫を鈴虫といった。

すずめ【△雀】①《動》スズメ科の小鳥。人家近くにふつうに見られる。背と頭が茶色、腹は灰白色。稲などの穀物を食うが、害虫も食う。②(①は、とびまわりよくさえずるので)おしゃべりな人、またあちこちの事情にくわしい人のたとえ。

ーの涙 ごくわずかな量のたとえ。「ーほどの見舞い金」**ー百まで踊り忘れず** 幼いときに身についた習慣は年をとっても忘れないものである。

ーいろ【ー色】雀の羽の色のような、茶褐色。

ーいろ-どき【ー色時】夕方。たそがれどき。

ーおどり【ー踊[り]】郷土舞踊の一種で、編み笠をかぶり、雀の模様の着物を着て奴の姿で踊るもの。

ーずし【ー△鮨】鮒や小鯛を背開きにし、腹に飯をつめたすし。夏 語源 形が雀のようにふくらんでいることからいう。

ーばち【ー蜂】《動》①スズメバチ科の昆虫。女王蜂の体長は四センチメートルに達し、日本産のハチ類中最大。腹部は黒色に黄の縞があり、強い毒性の針を持つ。オオスズメバチ。俗称クマンバチ。春 ②スズメバチ亜科のハチの総称。

ーやき【ー焼[き]】①雀を照り焼きにしたもの。②(形がふくらすずめに似ることから)背開きにした鮒のつけ焼き。

すす・める【進める】(他下一)メ・メ・メル・メル・メレ・メロ(メヨ) ①前へ出す。前のほうへ動かす。「船をー」「ひざをー」②地位や階級を上げる。昇進させる。「位をー」③物事をはかどらせる。「工事をー」④事柄や内容をさらに先へ進行させる。「合理化をー」⑤時計の針を、先の時刻を示すよう動かす。「時計を五分ーめておく」自すす・む(五) 文すす・む(下二) ⇨「使い分け」

すす・める【勧める・◦奨める】(他下一)メ・メ・メル・メル・メレ・メロ(メヨ) ①そうするように言う。うながす。「進学をー」②飲食するようにうながす。「酒をー」③使用するようにうながす。「座ぶとんをー」文すす・む(下二) ⇨「使い分け」

すす・める【薦める】(他下一)メ・メ・メル・メル・メレ・メロ(メヨ) 人や事物のすぐれている点を挙げ、その採用をうながす。推薦する。推挙する。「友人を委員にー」文すす・む(下二) ⇨「使い分け」

使い分け **「進める・勧める・薦める」**

「**進める**」は、前のほうに移動させる意で、「車を進める」「時計の針を進める」「会議を進める」などと使われる。

「**勧める**」は、他人の心を動かすように話したり、他人に何かをするように話したりする意で、「入団を勧める」「食事を勧める」「購入を勧める」などと使われる。

「**薦める**」は、ある人物や物事をほめて採用するように話す意で、「相談相手として薦める」「入選作として薦める」などと使われる。

すずやか【涼やか】(形動ダ)ダロ・ダッ(デ・ニ)・ダ・ナ・ナラ・〇 涼しそうであるさま。さわやかなさま。「ーな笑み」文(ナリ)

すず-らん【鈴△蘭】《植》キジカクシ科の多年草。葉は楕円形で根生。初夏、芳香のある釣り鐘形の白い小花を穂状につける。北海道や本州の高原などに生える。君影草。夏

ーとう【ー灯】鈴蘭の花をかたどった電灯。

すずり【△硯】水を入れて墨をするための道具。石またはかわらでつくる。「ーで墨をする」語源「すみすり」の転。

ーばこ【ー箱】すずり・筆・墨・水入れなどを入れておく箱。

ーぶた【ー蓋】①すずり箱のふた。昔、花や果物、酒のさかななどをのせるのにも用いた。②祝いの席で、口取り肴をのせるふた。また、その口取り肴。

すすり-あ・げる【△啜り上げる】(自他下一)ゲ・ゲ・ゲル・ゲル・ゲレ・ゲロ(ゲヨ) ①出かかった鼻水を吸い込む。鼻すすりをする。②しゃくりあげる。「ーげて泣く」文すすりあ・ぐ(下二)

すすり-な・く【△啜り泣く】(自五)カ(コ)・キ(イ)・ク・ク・ケ・ケ すすりあげて泣く。声をおさえてしのび泣く。「部屋の隅でー」

すす・る【△啜る】(他五)ラ(ロ)・リ(ッ)・ル・ル・レ・レ ①口に吸い入れる。「みそ汁をー」②鼻水を吸い込む。可能すす・れる(下一)

すずろ【◦漫ろ】(形動ナリ)(古)①なんとなく心がひかれるさま。②思いがけないさま。③なんの関係もないさま。④興趣のないさま。⑤むやみやたらであるさま。

すすん-で【進んで】(副)心に思ったことを自分から積極的にしようとするさま。「ー事にあたる」

ず-せつ【図説】(名・他スル)図や写真などを用いて説明すること。また、説明した書物。

すそ【裾】(字義)→きょ(裾)

すそ【裾】①衣服の下部のふち。「ズボンのー」②山のふもと。「山ー」③川下。④髪の毛のえりくびに近い端。「ーを刈り上げる」⑤物の末。下のほう。「カーテンのー」

ず-ぞう【図像】①《仏》仏・菩薩の像などを白描で表したもの。広義では仏画・仏像一般をいう。②《美》主題・象徴など何らかの意味内容をもつ画像。キリスト教におけるイコンなど。「ー学」

すそ-うら【裾裏】着物のすその裏。また、そこにつける布。

すそ-がり【裾刈り】頭髪のえりくびに近い所を刈ること。

すそ-ご【裾濃】同じ色で、下になるにつれて濃くした着物の染め方。

すそ-さばき【裾△捌き】和服を着たとき、すそが乱れないようにうまく取り扱うこと。また、その身のこなし。「美しいー」

すそ-の【裾野】①山のふもとの、ゆるやかに傾斜して広がっている野原。「富士のー」②(比喩的に)活動の及ぶ範囲などをいう。「俳句愛好家のーが広がる」

すそ-まわし【裾回し】着物のすそから胴裏にかけてつける布。すそとり。八掛。

すそ-もよう【裾模様】衣服のすそにつけた模様。また、すそに模様をつけた着物。⇩総模様

すそ-よけ【裾◦除[け]】→けだし(蹴出し)

ず-だ【頭△陀】《仏》①衣食住に対する欲望をはらいのける

修行。②特に、僧が、行く先々で食を乞(こ)い、野宿などしながら仏道を修行すること。また、その僧。③「頭陀袋(ずだぶくろ)」の略。

スター〈star〉①星。②人気のある俳優・歌手・選手。花形。

—システム〈star system〉映画・演劇などで、人気スターを中心にすえて客を集めようとする興行のしかた。

—ダム〈stardom〉人気スターの地位。「—にのしあがる」

—プレーヤー〈star player〉人気選手。花形選手。

スターター〈starter〉①競技などで、出発の合図をする人。②航空機や自動車などのエンジンの始動機。

スターティング-メンバー〈和製英語〉競技で、試合開始時の出場選手。先発メンバー。スタメン。参考 英語では starting lineup または starters という。

スタート〈start〉(名・自スル)出発。開始。また、出発点。

—アップ〈startup〉①始動。開始。②新規に事業を始めること。特に、新しい技術や考え方を用いて急成長を遂げようとするものをいう。「—企業」

—ダッシュ〈和製英語〉①競走などで、スタート直後の全力疾走。②物事の開始直後に、全力で突進すること。

—ライン〈starting line から〉競走などで、走者の出発する位置に引いた線。転じて、物事の出発点。「—につく」

スターリン〈Iosif Vissarionovich Stalin〉(一八七九 一九五三)ソ連の政治家。レーニンの後継者としてソビエト連邦を建設した政治的・理論的指導者。死後、その独裁政治をフルシチョフらによって批判された。

スターリング〈sterling〉イギリスの貨幣のこと。ポンド。

スタイ 乳幼児用のよだれかけ。

スタイリスト〈stylist〉①服装やおしゃれにいつも気を配る人。②俳優やモデルの髪形や服装を指導・選定する職業の人。③文章にこる人。美文家。参考 ①は和製英語。②は、英語では coordinator または hair stylist などという。

スタイリッシュ〈stylish〉(形動ダ)ダロ・ダッ(デ・ニ)・ダ・ナ・ナラ・○ しゃれているさま。粋(いき)なさま。「—な装い」

スタイル〈style〉①姿。体つき。かっこう。「—がよい」②服装・頭髪などの型。「ヘア—」③文体。作風。「こった—の小説」④美術・建築などの様式。型。⑤行動の様式や考え方。「生活の—」参考 ①は、英語では figure という。

—ブック〈stylebook〉洋服などの型を図示した本。

スタウト〈stout〉イギリス風の苦味の強い黒ビール。夏

すだ・く【◦集く】(自五)カ(コ)・キ(イ)・ク・ク・ケ・ケ (古くは「群がって騒ぐ」の意)虫がたくさん草むらで鳴く。「秋の夜に—虫」

> **ちがい**「すだく」・「鳴く」
> 草むらでしきりに虫が鳴いているのを、「野も狭(せ)にすだく虫の声」のように言い表す。「すだく」は「鳴く」に似た意味の語ということになるが、「鳴く」は一匹でも「鳴く」ことがあるが、「すだく」は多くのものが鳴く、あるいは、集まり音を立てるという意味の語であり、古くは「万葉集」の中に例がある。のちに、「集まる」と「音を出す」とは別の語で表すよう分けられた概念となるが、古くはそれを複合した一語の概念で表していたことになる。

スタグフレーション〈stagflation〉〖経〗不景気にもかかわらずインフレが進行する現象。語源 スタグネーション(stagnation 景気停滞)とインフレーション(inflation)との合成語。

す-だこ【酢△蛸】ゆでたタコを酢(す)につけた料理。

すた-こら(副)急ぎ足で行くさま。「—逃げる」

スタジアム〈stadium〉観覧席を持つ大規模な運動競技場。野球場・サッカー場・陸上競技場など。

スタジオ〈studio〉①録音や放送設備のある部屋。②写真の撮影室。映画・テレビの撮影所。③芸術家の仕事部屋。

すた-すた(副)わきめもふらず足早に歩くさま。「—(と)歩く」

ずた-ずた【◦寸◦寸】(形動ダ)ダロ・ダッ(デ・ニ)・ダ・ナ・ナラ・○ 細かくきれぎれになったさま。「—に切り裂く」「心が—になる」文(ナリ)

す-だち【酢△橘】〖植〗ミカン科の常緑低木。徳島県原産。果実は多汁で酸味が強く風味があり、調味用として用いる。秋

す-だち【巣立ち】巣を離れること。巣立つこと。巣離れ。春

す-だ・つ【巣立つ】(自五)タ(ト)・チ(ッ)・ツ・ツ・テ・テ ①ひなどりが成長して巣から飛びたつ。巣離れする。②親もとを離れ、または学校を卒業して社会に出る。「学窓を—」

スタッカート〈イタリア staccato〉〖音〗一音符ごとに音を切って、歯切れよく歌ったり演奏したりすること。音符の上または下に「・」を付けて示す。↔レガート

スタッドレス-タイヤ〈studless tire〉鋲(びょう)(=スタッド)を用いず、ゴムの成分・溝の形状を通常と変えてスリップしにくくした積雪時用のタイヤ。

スタッフ〈staff〉①一つの仕事を大勢で行うときの全担当者。「編集—」②企業で、企画・調査など参謀的な役割をはたす部門。↔ライン ③映画・放送などで、出演者以外の制作者。

す-だて【△簀立〔て〕】海中に簀(す)を立てまわしておき、満潮時に入った魚を干潮時にとらえる漁法。また、その仕掛け。

スタティック〈static〉(形動ダ)ダロ・ダッ(デ・ニ)・ダ・ナ・ナラ・○ 静的であるさま。静止しているさま。↔ダイナミック

ずだ-ぶくろ【頭△陀袋】ヅダ ①〖仏〗修行して歩く僧が僧具・経文(きょうもん)・布施などを入れて首にかける袋。②死者を葬る際、その首にかける袋。③何でもはいるようなだぶだぶの袋。

ずた-ぼろ(名・形動ダ)〖俗〗(ずたずたでぼろぼろの意)①物がひどく破れたりいたんだりしているさま。「—の服」②心身がひどく打ちのめされているさま。「身も心も—だ」

す-だま【×魑魅・◦霊】①山林、木石などに宿っているとされる精霊。ちみ。②人の霊魂。

スタミナ〈stamina〉体力。持久力。精力。「—不足」

スタ-メン〖俗〗「スターティングメンバー」の略。

すたり【廃り】すたれること。すたれ。「はやり—」

すた・る【廃る】(自五)ラ(ロ)・リ(ッ)・ル・ル・レ・レ ①→すたれる ②価値が下がる。名誉や面目がそこなわれる。「ここであきらめては男が—」

すだれ【△簾】細くけずった竹や葦(あし)などを並べて糸で編んだもの。部屋のしきりや日よけなどに使う。夏

すたれたる… 和歌〔廃れたる　園に踏み入り　たんぽぽの　白きを踏めば　春たけにける〕〈北原白秋(きたはらはくしゅう)〉(懐かしい故郷に久しぶりに戻ってみると)すっかり庭は荒れ果てていた。その庭の中にはいって、たんぽぽの白い冠毛(一説に白い花)を踏むと、ああ春が深まったのだとしみじみと思うことだ。

すたれ-もの【廃れ物】①不用になったもの。廃品。②はやらなくなったもの。参考「すたりもの」ともいう。

すたれ-もの【廃れ者】①おちぶれた人。②役に立たない人。参考「すたりもの」ともいう。

すた・れる【廃れる】(自下一)レ・レ・レル・レル・レレ・レロ(レヨ) ①行われなくなる。使われなくなる。②衰える。勢いがなくなる。「商売が—」③はやらなくなる。「—・れた曲」文すた・る(下二)

スタン-ガン〈stun gun〉(「スタン」は気絶させるの意)高電圧で相手にショックを与える護身用の電流銃。

スタンザ〈stanza〉〖文〗詩の一つの単位をなす行の集まり。節。連。ふつうは韻(いん)を踏んだ詩句四行以上から成る。

スタンス〈stance〉①ゴルフや野球で、球を打つときの足の開

きぐあいや位置。「オープン―」②立場。姿勢。「自由な―」

スタンダード〈standard〉(名・形動ダ) 標準的であること。また、そのさま。標準。基準。「―な型」

――ナンバー〈standard number〉〔音〕軽音楽、特にジャズで、いつの時代にもすたれずに好んで演奏される曲目。

スタンダール〈Stendhal〉(一七八三～一八四二) フランスの小説家。鋭い社会批判と恋愛心理の深い分析にすぐれ、近代リアリズム文学の先駆となった。代表作「赤と黒」「パルムの僧院」など。

スタンディング-オベーション〈standing ovation〉観客が一斉に立ち上がって拍手喝采(かっさい)すること。

スタント〈stunt〉①離れ技。曲芸。映画などで、人目を引く危険なアクション。②「スタントマン」の略。

――カー〈stunt car〉自動車を使って行う曲芸。また、曲芸用の自動車。

――マン〈stuntman〉映画などで、危険な演技を俳優に代わって行う人。スタント。

スタンド〈stand〉①階段式の競技観覧席。「アルプス―」②立ったまま飲食する店。「コーヒー―」③駅や街路などにある売店。「新聞―」④物を載せたり立てたりするための台。「ブック―」⑤「電気スタンド」の略。⑥「ガソリンスタンド」の略。

――イン〈stand-in〉〔演〕映画やテレビなどで、俳優の役を代わりにつとめる人。吹き替え。替え玉。

――プレー〈和製英語〉競技者などが、観衆から拍手を受けようとして行う派手な動作。また、人の関心をひくためにわざとらしくふるまう行為。参考 英語では grandstand play という。

スタン-バイ〈stand-by〉■一(名・自スル) いつでも行動できる状態で待機すること。■二(名) ①放送で、準備完了を示す合図。②予備番組。また、その出演者。

スタンプ〈stamp〉①印判。特に、名所や旧跡などで記念に押すゴム印。「―台」②消印。③切手。印紙。

――ラリー〈和製英語〉決められたコースを回りながら、各所に置いてあるスタンプの印影を集めるゲーム。

スチーム〈steam〉①蒸気。湯気。「―アイロン」②蒸気を使った暖房装置。冬

スチール〈steal〉(名・自スル) 野球で、盗塁。「ホーム―」

スチール〈steel〉はがね。鋼鉄。「―製品」

――ギター〈steel guitar〉〔音〕ハワイアンやカントリー音楽などで用いられる、鋼鉄製の弦を使用したギター。横にねかせ、金属棒をすべらせて音高を変える。

スチール〈still〉①映画・演劇などの一場面を撮影した宣伝用の写真。スチール写真。②(映画・動画に対して) 静止画像。

スチュワーデス〈stewardess〉旅客機内で乗客の世話をする女性乗務員の旧称。参考 現在は、男女とも「客室乗務員」「フライトアテンダント」「キャビンアテンダント」などと呼ぶ。はじまり 日本では、一九三一(昭和六)年、東京航空輸送社が三名を採用したのが最初。当時、エアガールと称した。

スチロール〈ドイツ Styrol〉ベンゼンとエチレンによって作られる、無色で芳香性のある引火性液体。スチロール樹脂・発泡スチロール・合成ゴムの原料。スチレン。

――じゅし【―樹脂】〔化〕合成樹脂の一種。スチロールが原料。絶縁体や家庭用品に使用。ポリスチレン。スチレン樹脂。

すっ-【素っ】(接頭) 下にくる語の意味を強める語。…そのもの。「―ぱだか」「―飛ばす」「―とんきょう」

ずつヅツ (副助) (数量・程度を表す名詞や助詞などに付けて) ①同じ数量を割り当てる意を表す。「りんごを二つ―与える」②同じ数量を繰り返す意を表す。「カードを一枚―めくる」

ず-つう【頭痛】ヅ― ①頭が痛むこと。また、その痛み。②苦労。なやみ。心配。「―の種」

スツール〈stool〉背もたれやひじかけのない小型の腰掛け。

すっからかん(名・形動ダ)《俗》まったくからっぽなこと。また、そのさま。何一つ残っていないさま。「財布が―になる」

すっかり(副) 残りなく。すべて。完全に。「宿題は―終わった」「―忘れていた」「―春になった」

ず-つき【頭突き】ヅ― 自分の頭で相手の頭や胸などを強く突くこと。「―を食らわせる」

ズッキーニ〈イタリア zucchini〉〔植〕西洋カボチャの一種。北アメリカ南部・メキシコ原産。果皮は緑色か黄色で、果実の形はキュウリに似る。若い果実を食用とする。

すっきり(副・自スル) 気にかかる点やよけいな物がなく、さっぱりして気持ちのよいさま。「胸が―(と)した」「―(と)した文章」

ズック〈オランダ doek〉①麻糸や木綿糸で織った厚い布。テントや帆布などに使う。②①で作った靴。ズック靴。

すっく-と(副) 勢いよく立ち上がるさま。まっすぐに立っているさま。「―立ち上がる」語源「すくと」の転。

ずっ-こ・ける(自下一) ケ・ケ・ケル・ケル・ケレ・ケロ(ケヨ)《俗》①的はずれで間の抜けたことをする。はめをはずす。「―・けたことを言うやつだ」②だらしなくずり落ちる。「ズボンが―」③拍子抜けする。

ずっしり(副) 重い手ごたえのある感じ。ずしり。「―(と)重い財布」

すった-もんだ【擦った揉んだ】(名・自スル)《俗》議論などがもつれること。もめること。「―のあげく可決された」

すってん-ころり(副)《俗》勢いよく転倒するさま。すってんころりん。「―ところぶ」

すってんてん(名・形動ダ)《俗》持っていた金や物がまったくなくなること。また、そのさま。「かけごとに負けて―になる」

すっと(副・自スル) ①すばやく動作を行うさま。「―席を立つ」②わだかまりが消え、気持ちがさっぱりするさま。「胸が―する」

ずっと(副) ①大きな差や隔たりがあるさま。「この品物のほうが―いい」②その状態が長く続くさま。「先週から―雨が降りどおしだ」③ためらわずに進むさま。「―奥のほうへはいる」

すっとこ-どっこい《俗》相手をののしっていう語。「この―め」

すっ-と・ぶ【素っ飛ぶ】(自五) バ(ボ)・ビ(ン)・ブ・ブ・ベ・ベ《俗》①物が勢いよく飛ぶ。「はずみでメガネが―」②飛ぶように急いで行く。「―・んで現場に駆けつける」

すっ-とぼ・ける【素っ惚ける】(自下一) ケ・ケ・ケル・ケル・ケレ・ケロ(ケヨ)《俗》まったく知らないふりをする。「―・けてもだめだ」

すっ-とんきょう【素っ頓狂】トンキヤウ(名・形動ダ) ひどく場違いなことや調子はずれの言動を突然するさま。また、その人。「―な声を出す」「この―め」

すっぱ・い【酸っぱい】(形) カロ・カツ(ク)・イ・イ・ケレ・○ 酸味がある。すい。「口が―・くなるほど言う(=同じことを何度も言う)」

すっ-ぱだか【素っ裸】①まったく何も着ていないこと。真っぱだか。②財産などが何もなくなってしまうこと。裸一貫。「―になって出直す」

すっぱ-ぬ・く【×素っ破-抜く】(他五) カ(コ)・キ(イ)・ク・ク・ケ・ケ《俗》人の秘密や隠し事などを不意に人前にあばき出す。「密約を―」

すっぱり(副) ①みごとに断ち切るさま。「―(と)二つ割りにする」②きれいさっぱり思い切るさま。続けていたことを、すっかりやめてしまうさま。「―(と)縁を切る」

すっ-ぴん【素っぴん】《俗》女性・役者などが、まったく化粧していないで素顔のままであること。「寝起きで―の顔」

すっ-ぽか・す(他五) サ(ソ)・シ・ス・ス・セ・セ《俗》なすべきことをしないでそのままにほうっておく。約束をやぶる。「約束を―・される」

すっぽ-ぬ・ける【すっぽ抜ける】(自下一) ケ・ケ・ケル・ケル・ケレ・ケロ(ケヨ) ①はまっていた物などが、すっぽりと抜ける。「靴がー」②野球で、球が指にかからず、投球がねらいをはずれる。「カーブがー」

すっぽり(副)①上からすっかりかぶさるさま。「町がー(と)雪をかぶる」②物がそっくりはまったり、はずれたりするさま。「穴にー(と)足がはまる」

すっぽん【△鼈】①〘動〙スッポン科に属するカメの総称。淡水にすむ。甲羅は灰緑色や黄褐色で軟らかい。物によくかみつき、なかなか離れない。食用。②歌舞伎劇場の花道にある切り穴。役者を花道にせり上げるのに用いる。せり穴。

すっ-ぽんぽん(名・形動ダ)《俗》衣服を何も身に着けていないこと。また、そのさま。素っ裸。

す-で【素手】手に何もつけないこと。手に何も持たないこと。「ーで立ち向かう」

ステアリング〈steering〉①自動車の方向変換装置。「パワーー」②自動車のハンドル。

ステイ〈stay〉(名・自スル)とどまること。滞在。「ホームー」

―オン-タブ〈stay-on tab〉缶入り飲料で、開けたあとも缶から外れずに内側に押し込まれるタイプの口金。

スティグマ〈stigma〉不名誉とみなされる印。特に、ある特徴や属性をもつ個人・集団に対して向けられる差別や偏見などの負の印象・評価をいう。烙印。「社会的ー」

すて-いし【捨〔て〕石】①日本庭園で、趣を添えるために所々に据える石。②土木工事で、水勢を弱めるために水底に投入する石。③囲碁で、作戦としてわざと相手に取らせる石。④今はむだに見えるが、のちの利益のために行う投資や行為。

スティック〈stick〉①棒状のもの。「ドラムー(=ばち)」「リップー(=口紅)」②ホッケー・アイスホッケーの打球棒。

すて-いん【捨〔て〕印】証書などで、字句の訂正や加除が発生した場合に備えて、欄外に押しておく印。

すて-うちわ【捨〔て〕×団扇】ウチハ ―秋になって涼しくなり、人に忘れられてその辺に投げ置かれているうちわ。秋

すて-うり【捨〔て〕売り】(名・他スル)損を覚悟で、安く売ること。投げ売り。「ーに相場なし」

ステーキ〈steak〉肉類の厚い切り身を網や鉄板の上で焼いた料理。特に、牛肉の場合の「ビーフステーキ」をいう。

ステークス〈stakes 賭け競馬〉競馬で、馬主が払った出馬登録料などが賞金に加算される特別レース。

ステークホルダー〈stakeholder〉(企業活動などの)利害関係者。顧客、株主、社員、取引先、地域社会など。

ステージ〈stage〉①舞台。演壇。また、舞台での演技や演奏。「ーに立つ」②物事の段階。「ライフー」

ステーショナリー〈stationery〉文房具。

ステーション〈station〉①駅。停車場。②特定の仕事をする場所。「サービスー」③放送局。「キーー」

ステータス〈status〉社会的地位や身分。「ーが高い」

―シンボル〈status symbol〉社会的な地位や身分の高さの象徴となるもの。

ステートメント〈statement〉政府・政党・団体などが公式に方針・見解を発表する声明。また、声明書。

ステープラー〈stapler〉→ホッチキス

ステープル-ファイバー〈staple fiber〉紡績用に、化学繊維を短く切断したもの。また、それを用いた糸・織物。スフ。

すて-お・く【捨〔て〕置く】(他五) カ(コ)・キ(イ)・ク・ク・ケ・ケ そのままにしてほうっておく。放置する。「報告をー」

すて-おぶね【捨〔て〕小舟】ヲブネ ―①乗り捨てた舟。②(比喩的に)たよりのない身の上。

すて-がな【捨〔て〕仮名】→おくりがな②

すて-がね【捨〔て〕金】①使っても役に立たない、捨てたと同然の金。むだ金。②利益や返済を期待しないで貸す金。

すて-がね【捨〔て〕鐘】時を知らせる鐘をつく前に三度、注意のために鳴らす鐘。(京阪地方では一度。)

す-てき【×素敵】(形動ダ) ダロ・ダッ(デ・ニ)・ダ・ナ・ナラ・○ すばらしくて心ひかれるさま。特にすぐれているさま。「ーな服」「ーな人」文(ナリ)

すて-ご【捨〔て〕子・捨〔て〕◇児・◇棄〔て〕子・◇棄〔て〕◇児】親が子供を置き去りにして捨てること。また、その子供。

すて-ぜりふ【捨〔て〕×台詞】①立ち去るときに言い放ち、相手をおどしたりさげすんだりする言葉。「ーを吐く」②役者が舞台でその場かぎりに言う、脚本にないせりふ。アドリブ。

ステッカー〈sticker〉簡単にはれる小紙片。標識・宣伝・装飾などの用途で、電車・自動車・窓などにはられる。

ステッキ〈stick〉洋風のつえ。棒。「ーをつく」

ステッチ〈stitch〉〘服〙刺繍・縫い物・編み物などの針目。また、縫い方や刺し方の技法。「クロスー」

ステップ〈step〉■一(名)①歩み。足どり。歩調。特に、ダンスの足どり。「ーを踏む」②列車やバスなどの乗降口にある踏み段。「ノンーバス」③三段跳びで、二番目の跳躍。④登山で、氷壁や雪の斜面などを登り降りするときにつくる足場。「ーを切る」⑤物事をすすめる際の、一段階。「事業拡大のワンー」■二(名・自スル)足を踏み出すこと。

―アップ〈step up〉(名・自スル)上の段階にあがること。段階をふんで上に進んでいくこと。

―バイ-ステップ〈step by step〉一歩ずつ着実に段階を追って前進すること。

―ファミリー〈stepfamily〉子連れで再婚するなどして、血縁でない親子・兄弟などが含まれる家族。

ステップ〈steppe〉中央アジア一帯に広がる乾燥した草原。広義には、北米のプレーリーや、南米のパンパなどをもいう。

ステディー〈steady〉(名・形動ダ)決まった相手とだけ交際すること。また、その相手。

すててこ男性用の下着で、膝の少し下までのズボン下。夏

すて-どころ【捨〔て〕所】捨てるのに適した場所や時期。

すで-に【既に・△已に】(副)①以前に。今までに。もう。「ーご承知でしょうが」②今となってはもはや。「ー手遅れだ」③まぎれもなく。現に。まさに。「親に頼ることがーまちがっている」

すて-ね【捨〔て〕値】採算を考えない安い値段。「ーで売る」

すて-ばち【捨〔て〕鉢】(名・形動ダ)どうにでもなれという気持ちになること。やけくそ。自暴自棄。「ーになる」

すて-ぶち【捨〔て〕扶◇持】(捨てたつもりで)役に立たない者に与える禄米や給料。

すて-み【捨〔て〕身】身を捨てるほどの覚悟で事にあたること。命がけですること。また、その態度。「強敵にーで立ち向かう」

す・てる【捨てる・◇棄てる】(他下一) テ・テ・テル・テル・テレ・テロ(テヨ) ①いらないものとして自分の所有から離す。「ごみをー」「武器をー」↔拾う ②かまわないでおく。それがどうなってもよいとほうっておく。放置する。「ー・ておけない事態」③放棄する。「権利をー」④愛情がなくなり、交際を断って見放す。見限る。「恋人をー」⑤大切なものを犠牲にする。投げ出す。「命をー覚悟」⑥出家する。「世をー」⑦乗り物から降りて使わない。「タクシーをー・てて歩く」文す・つ(下二)

ステルス〈stealth〉①航空機・ミサイルなどをレーダーに探知されにくくすること。「ー戦闘機」②《俗》人に気づかれないようにひそかにすること。「ーマーケティング」「ー値上げ」

ステレオ〈stereo〉①立体。②立体感を出すために、音を二

つ以上のスピーカーで再生する方式。また、その音響装置。↔モノラル

―スコープ〈stereoscope〉立体写真を見るための装置。実体鏡。立体鏡。立体写真装置。

―タイプ〈stereotype〉①印刷の鉛版。ステロ版。②(転じて)行動様式や考え方が型にはまって画一的であること。紋切り型。「―の発想」参考「ステロタイプ」ともいう。

ステロイド〈steroid〉〘生〙動植物体に広く分布する、ステロイド核をもつ有機化合物の総称。化学合成したものは炎症を抑える薬品などに使用される。「―剤」

ステン-カラー〈和製語〉〘服〙洋服の襟の形の一つ。ワイシャツの襟のように首のうしろがやや高く、前は首に沿って折り返した襟。語源フランス語 soutien と英語 collar との合成語。

ステンシル〈stencil〉型紙から図柄や文字を切り抜き、上から刷毛(はけ)などで絵の具や染料を塗って形を刷り出す技法。また、その型紙。

ステンド-グラス〈stained glass〉色ガラスを組み合わせて、模様や絵などを表した板ガラス。参考ゴシック建築(特に教会)の窓に多く用いられた。

ステンレス〈stainless steel(さびない鋼鉄の意)から〉〘化〙鉄とニッケル・クロムの合金。さびにくく熱に強い。台所用品などに広く利用される。

スト「ストライキ」の略。

す-ど【△簀戸・△簾戸】①竹や細い木の枝で目をあらく編んでつくった戸。②よし戸。夏

ストア〈store〉店。商店。「チェーン―」

ストア-がくは【ストア学派】〈ギリシャ stoa〉〘哲〙ギリシャ哲学の一派。人間は理性的に生きるべきであると説き、禁欲的な生活をその目標とした。初期のゼノン、中期のパナイティオス、後期のセネカなどが知られる。

ストイシズム〈stoicism〉〘哲〙欲望を超越して、感情に動かされず、厳粛な態度で生きていくという主義。禁欲主義。

ストイック〈stoic〉(ストア学派の哲学者の意から)■(名)禁欲主義者。■(形動ダ)ダロ・ダッ(デ)・ニ・ダナ・ナラ・○ 欲望を超越して感情に動かされないさま。禁欲的。「―な生活態度」

す-どうふ【酢豆腐】知ったかぶり。半可通(はんかつう)。語源食通(しょくつう)ぶっている若旦那(わかだんな)に「酢豆腐」といつわって、くさった豆腐を食わせてからかうという落語から出た語。

ストーカー〈stalker そっと忍び寄る人〉関心を持った特定の相手にしつこくつきまとう人。「―行為」

す-どおし【素通し】(ドホシ) ①先方がすっかり見えること。「―のガラス」②度のついていないレンズをはめた眼鏡。

ストーブ〈stove〉室内に置く暖房器具。電熱・石炭・石油・ガス・まきなどを用いる。冬

―リーグ〈和製英語〉〘俗〙プロ野球のシーズンオフに球団間で行われる、選手の争奪戦。参考英語では hot-stove league という。

ストーマ〈stoma〉〘医〙人工肛門。人工膀胱(ぼうこう)。

ストーム〈storm〉①嵐。②学生が寄宿舎や街頭などで、深夜に騒ぎ歩くこと。特に、旧制高校の学生が行ったものをいう。

す-どおり【素通り】(ドホリ)(名・自スル)立ち寄らないで通り過ぎること。「店の前を―する」「重要な問題を―する」

ストーリー〈story〉①物語。話。「子供むきの―」②物語や劇などの話のすじ。すじ書き。「映画の―」

ストール〈stole〉女性用の長い肩掛け。

ストッキング〈stockings〉長靴下。特に、女性用の薄い長靴下。

ストック〈stock〉■(名・他スル)品物などをためておくこと。また、その品。在庫。「食料を―する」■(名)①スープ・ソースの材料にする、肉や骨などの煮出し汁。スープストック。②株券。③〘経〙ある一時点に存在する財貨の総量を示す概念。↔フロー ④→あらせいとう

―オプション〈stock option〉〘経〙企業の役員や従業員に与えられた自社株購入権。あらかじめ決められた価格で自社の株式を購入できる。

ストック〈ドイツ Stock〉スキー用のつえ。

ストッパー〈stopper〉①動きや回転をとめるもの。停止装置。②野球で、相手の攻撃を食いとめる救援投手。③サッカーやバレーボールで、守備の中心選手。センターバックやブロッカー。

ストップ〈stop〉■(名・自他スル)止まること。止めること。停止。「連勝に―をかける」■(名)停止信号。(↔ゴー)

―ウオッチ〈stopwatch〉競技などの所要時間を秒以下まで正確にはかるための小型の時計。

ストマイ「ストレプトマイシン」の略。

す-どまり【素泊〔ま〕り】食事をしないで寝るだけの宿泊。

スト-やぶり【スト破り】→スキャップ

ストライカー〈striker〉サッカーで、積極的にシュートをうって得点をあげる選手。「エース―」

ストライキ〈strike〉①労働者が会社あるいは職域で、一定の要求を認めさせるために団結して仕事を放棄すること。同盟罷業(ひぎょう)。スト。②学生・生徒が団結して授業を放棄すること。同盟休校。スト。

ストライク〈strike〉①野球で、投手の投球が、打者の肩の上部とズボンの上部との中間線からひざがしらの下までの間の高さで、ホームベース上の空間を通るもの。ほかに、空振りやツーストライク以前のファウルなどもストライクに数えられる。↔ボール ②ボウリングで、第一投で一〇本のピンを全部倒すこと。

―ゾーン〈strike zone〉①野球で、投球がストライクと判定される範囲。②〘俗〙恋愛や好みの対象とする範囲。

ストライド〈stride〉陸上競技、スケート競技などで、歩幅が大きいこと。また、その歩幅。「―走法」

ストライプ〈stripe〉洋服などの縞(しま)。縞模様。

ストラップ〈strap〉①〘服〙洋服・下着などの、肩つりひも。②かばん・カメラ・携帯電話などの、つりひも。

ストラテジー〈strategy〉戦略。「―ゲーム」「投資―」

ず-どり【図取り】(ヅ)(名・他スル)物の形を図に書くこと。

ストリート〈street〉通り。街路。「メーン―」

―ガール〈street girl〉街娼(がいしょう)。

―チルドレン〈street children〉住む家がなく、路上で物売りや物乞(ものご)いなどをして生活する子供たち。

ストリーミング〈streaming〉〘情報〙インターネットで、動画や音声などのデータを受信しながら即時に順次再生すること。また、その配信形態。「ライブ―」

ストリーム〈stream〉(液体や気体などの)流れ。「ジェット―」「メーン―(=主流)」「―配信(=ストリーミングでの配信)」

ストリキニーネ〈オランダ strychnine〉〘化〙マチン(=マチン科の植物)の種子などに含まれるアルカロイド。にがみと猛毒をもつ。神経刺激剤用。ストリキニン。

ストリップ〈strip 裸になる〉(「ストリップショー」の略)踊り子が舞台の上で衣装を次々にぬいでゆくのを見せる演芸。

ストリングス〈strings〉〘音〙弦楽器。弦楽器の演奏者。

ストレージ〈storage〉〘情報〙ハードディスクやフラッシュメモリーなど、デジタル情報を記録・保存する記憶装置。「オンライン―」「―容量」

ストレート〈straight〉[一]（名・形動ダ）①まっすぐなさま。「―な髪」②言い方が率直であるさま。「表現が―すぎる」[二]（名）①続けざま。連続。「―勝ち」②野球で、直球。③ボクシングで、相手を一直線に突くような打ち方。④上級学校の入学試験に一回で合格すること。⑤強い洋酒などを生のままで飲むこと。参考[二]②は、英語ではfastballという。

―コース〈straight course〉競走で、直線走路。

―パーマ〈straight permanent から〉頭髪を直毛にするためのパーマ。

ストレス〈stress〉①《医》精神的・物理的な外部からの刺激に対し、防衛しようとして体内で起こる適応反応。一般には、その原因となる精神的緊張や負担をもいう。「―がたまる」②語の中で強く発音される部分。強勢。

ストレッチ〈stretch〉①競技場・競馬場などの直線コース。「ホーム―」②（「ストレッチ体操」の略）筋肉や関節などをのばす柔軟体操。準備運動や腰痛・肩痛などの防止に有効とされる。ストレッチング。③伸縮性に富む布地。「―素材」

ストレッチャー〈stretcher〉患者を横にしたまま運ぶ、車輪の付いた移動用寝台。担架車。

ストレプトマイシン〈streptomycin〉《医》土中の放線菌の一種から得られる抗生物質。結核・肺炎・チフス・赤痢など細菌性疾患に有効だが、難聴などの副作用がある。ストマイ。

ストロー〈straw わら〉飲み物を吸うための細長いくだ。古くは麦わらを用い、現在はプラスチックなどが使われる。

―ハット〈straw hat〉麦わら帽子。

ストローク〈stroke〉①テニス・ゴルフで、ボールを打つこと。また、ゴルフで打数の単位。②ボートで、オールで水をかくこと。また、そのひとかき。③水泳で、手で水をかくこと。また、そのひとかき。④機械で往復運動の一動作。行程。「フォー―機関」

ストロフルス〈ラテン strophulus〉《医》じんましんに似た乳幼児の皮膚疾患。強いかゆみを伴う。

ストロベリー〈strawberry〉いちご。

ストロボ〈strobo〉写真撮影用の閃光装置。電子放電を用いて高い光度を得る。連続使用が可能。（もと商標名）

ストロンチウム〈strontium〉《化》金属元素の一つ。銀白色。核分裂の際発生する放射性同位元素のストロンチウム九〇は半減期が約二九年で、人体内にはいると骨髄の造血機能を破壊する。元素記号 Sr

すとん（副）あまり大きくない物などが下に落ちるさま。また、そのときに立てる音を表す語。「―と尻もちをつく」

すな【砂】岩石の細かい粒。また、その集まり。まさご。すなご。

―を嚙ます 相撲で、相手を投げたおす。**―を嚙むよう** なんのおもしろみもなく、あじけないことのたとえ。「―な思い」

すな-あそび【砂遊び】子供が砂で遊ぶこと。

すな-あらし【砂嵐】砂漠などで吹く、砂を多く含む強風。

スナイパー〈sniper〉狙撃手。狙撃兵。

すな-え【砂絵】白砂や五色の砂を少しずつ地面に落としながら描く絵。江戸時代に行われた大道芸。

す-なお【素直】（形動ダ）①穏やかで逆らわないさま。ひねくれたところがなく純真なさま。「―な性格」②くせがないさま。「―な演技」「―な髪」文（ナリ）

すな-かぶり【砂◦被り】相撲で、土俵に最も近い見物席。語源 土俵の砂がかかるほど近いという意から出た語。

すな-ぎも【砂肝】→さのう②

すな-けむり【砂煙】砂が舞い上がって煙のように見えるもの。

すな-ご【砂子】①すな。まさご。②金銀の箔の粉末。蒔絵やふすま紙・色紙などに吹きつけるもの。

すな-じ【砂地】砂ばかりの土地。砂の多い所。砂地。

スナック〈snack〉①「スナックバー」の略。②軽い食事。③（「スナック菓子」の略）ポテトチップ・ポップコーンなど、手軽に食べられる袋菓子。

―バー〈snack bar〉軽い食事もできる酒場。スナック。参考 英語では「軽食堂」の意。「酒場」の意では単に bar や pub などという。

スナッチ〈snatch〉重量挙げの一種目。バーベルを頭上まで一気に持ち上げ、立ち上がって静止する。⇩ジャーク

スナップ〈snap〉①凹凸を合わせて服などの合わせ目をとめる対の金具。ホック。②野球の投球やゴルフのスイングなどの際、手首の力をきかせること。③「スナップショット」の略。

―ショット〈snapshot〉ある瞬間をとらえて動く被写体を手早く写真にとること。また、その写真。スナップ。

すな-どけい【砂時計】細い口から砂を少しずつ落とし、落ちた砂の量で時間をはかるしかけの時計。砂漏。

〔すなどけい〕

すな-どり【◦漁り】[一]（名・自スル）魚や貝をとること。いさり。りょう。[二]（名）漁師。漁民。

すな-ど・る【◦漁る】（他四）《古》魚や貝をとる。漁をする。

すな-ば【砂場】①公園や運動場などの一画を区切って、中に砂を入れた場所。②砂地。砂の採取場。

すなはち【◦即ち】《古》[一]（名）その時。そのころ。[二]（接）言いかえれば。そこで。そのような時は。[三]（副）すぐに。たちまち。

すな-はま【砂浜】砂地の浜辺。

すな-はら【砂原】砂地が広がっている所。

すな-ぶくろ【砂袋】→さのう

すな-ぶろ【砂風呂】温泉場などで、蒸気で熱せられた砂に全身を埋めてあたためる設備。砂湯。

すな-ぼこり【砂◦埃】細かい砂のほこり。砂塵。

すな-やま【砂山】砂でできている山。砂丘。

すなわち（接）①【◦即ち】とりもなおさず。言いかえると。つまり。「母の姉―伯母」②【◦則ち】（「…すれば」の形の句を受け、必ずあとの事柄が起こることを示す）そういうときには（いつでも）。「事業をすれば―成功する」③【◦乃ち】そこで。そして。「―戦いは終わった」

スニーカー〈sneakers〉ゴム底の運動靴。

ず-ぬ・ける【図抜ける・頭抜ける】（自下一）ずば抜ける。「成績が―・けている」並外れる。とび抜けてすぐれている。

すね【◦臑・◦脛】膝から足首までの部分。はぎ。

―に傷持つ やましいことがある。人に知られては困ることがある。「―身」**―を齧る** →おやのすねをかじる

すね-あて【◦臑当て・◦脛当て】①野球の捕手やホッケーの選手などが、すねを保護するために付ける用具。②鎧の付属具の一つで、すねを保護する武具。

スネークウッド〈snakewood〉《植》クワ科の高木。ブラジル原産。蛇のようなまだら模様がある。材はかたくステッキ用。

すね-かじり【◦臑◦齧り・◦脛◦齧り】親などから学費や生活費をもらって暮らすこと。また、その人。すねっかじり。

すね-ごと【◦拗ね言】すねて言う言葉。

ず-ねつ【頭熱】頭部に熱気があること。のぼせ。

すね-もの【◦拗ね者】①ひねくれて、世間の人と交わらない人。世をすねた人。②よくすねる人。つむじまがり。

す・ねる【◦拗ねる】（自下一）素直に従わないでぐずぐずとひねくれた態度をとる。「世を―」文す・ぬ（下二）

ず-のう【図囊】 地図などを入れて腰に下げる、箱形をした小型の革かばん。

ず-のう【頭脳】 ①脳。②物事を判断する脳のはたらき。知能。知力。「—明晰」「—プレー」③集団や組織の中心となる人。首脳。また、特に知力のすぐれた人。「社の—といえる人物」

—ろうどう【—労働】 主として知力や判断力を使って行う労働。↕筋肉労働・肉体労働

スノー〈snow〉雪。「—ガン(=人工雪製造機)」

—タイヤ〈snow tire〉雪道や凍結した道を、チェーンなしでも滑らずに走行できるよう、溝を深くしたタイヤ。

—ボート〈snowboat〉雪上を負傷者や荷物をのせて運ぶための、ボートの形をしたそり。

—ボード〈snowboard〉幅広の一枚の板に両足を固定して横向きに乗り、雪の上を滑る競技。また、その板。

—モービル〈snowmobile〉動力付きの小型雪上用そり。前輪はスキー、後輪は駆動するキャタピラになっている。冬

〔スノーモービル〕

す-の-こ【簀の子】 ①竹や葦を並べて編んだもの。②木や竹などの薄板を少しずつ間をおいて打ち付けた台。「—板」③(「すの子縁」の略)竹や細長い板を少しずつすきまをあけて並べて作った縁。

スノッブ〈snob〉上品ぶったり知識や教養をひけらかしたりして気取る人。俗物。

スノビズム〈snobbism〉上品ぶったり教養人を気取ったりする俗物根性。

す-の-もの【酢の物】 魚・貝・海藻・野菜などを合わせ酢で味付けした料理。

スパ〈spa〉温泉。また、温泉のある保養施設。

スパーク〈spark〉(名・自スル) 放電によって火花が飛ぶこと。また、その火花。閃光。

スパークリング-ワイン〈sparkling wine〉発泡性ワイン。液中に炭酸ガスを含むワインの総称。シャンパンなど。

スパート〈spurt〉(名・自スル) 競走・競泳・ボートレースなどで、ある地点から全速力を出すこと。「ラストーをかける」

スパーリング〈sparring〉ボクシングで、防具を付けグローブをはめて、実戦と同じように行う試合形式の練習。「公開—」

スパイ〈spy〉(名・他スル) ひそかに敵や相手の情勢・機密を探り調べること。また、それをする人。間諜。「産業—」

—ウェア〈spyware〉〔情報〕利用者に気づかれずに不正に個人情報などを収集して外部に送信するプログラム。

スパイク〈spike〉■一(名) ①競技用の靴の底に付ける滑り止めの金具。②(「スパイクシューズ」の略)底に①を付けた競技用の靴。■二(名・他スル) ①バレーボールで、ネットぎわに上がった味方のボールを、ジャンプして相手コートに強く打ち込むこと。②競技中に「スパイク■一①」で相手の選手を傷つけること。

—タイヤ〈和製英語〉雪道や凍った道を、チェーンなしでも自動車が走行できるよう、滑り止めの鋲を付けたタイヤ。現在、日本では使用が法的に規制されている。

スパイシー〈spicy〉(形動ダ)(ダロ・ダッ(デ・ニ)・ダ・ナ・ナラ・○) 香辛料のもつ香りや辛みがきいているさま。「—なカレー」

スパイス〈spice〉香辛料。薬味。「—をきかせる」

スパイラル〈spiral〉①螺旋。螺旋形。②フィギュアスケートで、片足を後方に上げ、螺旋を描いて滑ること。③連鎖的な変動や悪循環。「デフレ—」

スパゲッティ〈イタリア spaghetti〉パスタの一つ。小麦粉を原料に作った、細長い棒状で穴のない麺。

す-ばこ【巣箱】 鳥に営巣や産卵をさせるために人が作った箱。ミツバチの巣を収めた箱にもいう。春

す-ばしこ・い(形)(カロ・カッ(ク)・イ・イ・ケレ・○) すばやい。敏速である。すばしっこい。「—・く動き回る」文すばしこ・し(ク)

す-ばしっこ・い(形)(カロ・カッ(ク)・イ・イ・ケレ・○) →すばしこい

すぱ-すぱ(副) ①たばこを続けざまに吸うさま。「—(と)吸う」②ものを続けて軽快に切るさま。「大根を—(と)切る」③ためらうことなく、簡単に物事をするさま。「—(と)処理する」

ずば-ずば(副) ①遠慮なく、また容赦なく、ものを言ったり事を行ったりするさま。「欠点を—(と)指摘する」「速球を—(と)投げ込む」②刃物などで次々と何かを切るさま。

す-はだ【素肌・素膚】 ①おしろいなどを付けていない肌。②下着を着ていない肌。「—にティーシャツを着る」

す-はだか【素裸】 体に何も着ていないこと。すっぱだか。夏

スパッツ〈spats〉①足首やすねに巻く覆い。脚絆。②伸縮性があり、腰から脚首までをぴったり覆うタイツ。レギンス。

すぱっ-と(副) ①切れ味よく、一気に断ち切るさま。「端を—切り落とす」②ためらわずに思い切るさま。「—やめる」

ずばっ-と(副) ①ためらいなしに、ものを言ったり行ったりするさま。「弱点を—言い当てる」②矢などが深く突き刺さるさま。

スパナ〈spanner〉〔工〕ボルトやナットを回して締め付けたり取り外したりする工具。レンチ。

〔スパナ〕

す-ばなし【素話】 ①酒・食事・菓子などを出さずに、話だけをすること。②鳴り物のはいらない落語。

す-ばなれ【巣離れ】(名・自スル) →すだち(巣立ち)

ずば-ぬ・ける【ずば抜ける】(自下一)(ケ・ケ・ケル・ケル・ケレ・ケロ(ケヨ)) ふつうよりとび抜けてすぐれている。ず抜ける。「—・けた記憶力」

す-はま【州浜・洲浜】 ①海中に州が突き出て、海岸線が入り組んでいる浜。②「州浜台」の略。③→すあま

—だい【—台】「州浜①」をかたどった台に木・岩・花や鶴亀などをあしらったもの。めでたい宴席の飾り物。島台。

〔すはまだい〕

スパム〈spam〉宣伝などの目的で不特定多数に大量に送られる電子メール。迷惑メール。スパムメール。

す-ばや・い【素早い】(形)(カロ・カッ(ク)・イ・イ・ケレ・○) 動作や反応が非常に早い。「—対応」文すばや・し(ク)

すばらし・い【素晴らしい】(形)(カロ・カッ(ク)・イ・イ・ケレ・○) ①たいそう見事である。すぐれている。「この絵は—できばえだ」「—景色の地」②よい程度がはなはだしい。ものすごい。「—・く速い電車」文すばら・し(シク)

ずばり(副) ①核心を的確について言うさま。確実に言い当てるさま。「欠点を—(と)言う」②物を勢いよく切るさま。

すばる【昴】〔天〕牡牛座にあるプレアデス散開星団の和名。肉眼では六つの星が見える。二十八宿の一つ。六連星。語源 星が一まとまりになっている(=統ばる)意から。

スバル 文芸雑誌。一九〇九(明治四十二)—一九一三(大正二)年刊。旧「明星」系の石川啄木・吉井勇・木下杢太郎らが同人として活躍し、耽美主義的傾向を示した。

スパルタ-しき【スパルタ式】 徹底的に鍛える厳格な訓練や教育のしかた。語源 古代ギリシャのスパルタ(Sparta)で行われた、勇士を育成するための厳しい教育方法から出た語。

スパン〈span〉①梁(はり)・橋梁(きょうりょう)などの、支柱と支柱との間の距離。支間。②航空機の両翼端間の距離。③時間的な間隔。期間。「五、六年の―でとらえる」

ず-はん【図版】ヅ 雑誌や書籍の中に印刷された図。

スパンコール〈spangle から〉舞台衣装などに縫い付けて装飾とする、金属やプラスチック製の小片。光を反射して輝く。

スピーカー〈speaker〉①ラジオ・テレビ・オーディオ装置などで、電気信号を音声に変えて出す装置。②「ラウドスピーカー」の略。③話し手。シンポジウムなどの講師。

スピーチ〈speech〉人前でする話。演説。「テーブル―」

スピーディー〈speedy〉(形動ダ)ダロ・ダッ(デ・ニ)・ダ・ナ・ナラ・〇 敏速なさま。物事をてきぱきとこなすさま。「―な仕事ぶり」

スピード〈speed〉①速力。速度。速さ。②速いこと。

―アップ〈speedup〉(名・自スル)速さを増すこと。また、能率をあげること。「―をはかる」

―ガン〈speed gun〉野球で、投手の球速を測る機器。自動車のスピード違反検挙にも使う。レーダーガン。

―スケート〈speed skating から〉一定の距離を滑り、そのタイムを争うスケートの競技。

す-びき【巣引き】(名・自スル)飼い鳥が、巣箱の中などで巣を作り、ひなを育てること。

ず-ひき【図引き】ヅ 図面を書くこと。また、書く人。

す-びつ【°炭△櫃】(古)四角な据え火鉢。また、いろりとも。

スピッツ〈ドイ Spitz〉(動)イヌの一品種。白色で毛は長く小形。顔や耳はとがっている。番犬・愛玩(あいがん)用。日本では、日本スピッツのことをいうことが多い。

ず-ひょう【図表】ヘウ ヅ 数量的な法則や関係を線・数字の表などを用いて、見やすく表したもの。グラフ。ダイヤグラム。

スピリチュアル〈spiritual〉■一(形動ダ)ダロ・ダッ(デ・ニ)・ダ・ナ・ナラ・〇 精神や魂、霊に関わるさま。「―な世界」■二(名)米国で生まれた、宗教的性質をもつ民衆歌謡。霊歌。⇨ゴスペル

スピリッツ〈spirits〉ジン・テキーラ・ウオツカなど、アルコール度数の高い蒸留酒。

スピリット〈spirit〉精神。魂。「フロンティア―」

スピロヘータ〈ラテン spirochaeta〉①らせん形をなして回転運動をする細菌の総称。②梅毒の病原体トレポネマ-パリズムの通称。

スピン〈spin〉(名・自スル)①旋回。回転。②フィギュアスケートで、一点に片足立ちして回ること。③飛行機の、錐(きり)もみ降下。④テニス・卓球・ゴルフなどで、球に回転を与えること。⑤自動車で、急ブレーキなどのため車体が横すべりすること。

―オフ〈spin-off〉①企業が一部門を独立させ、事業を分離すること。②映画・ドラマなどで、脇役を主役に据えるなどした派生的作品。

スピンドル〈spindle〉①高速回転する機械の主軸。②(「スピンドル油」の略)心棒などにさす粘度の低い潤滑油。③錘(つむ)。紡錘(ぼうすい)。

スフ「ステープルファイバー」の略。

ず-ふ【図譜】ヅ 動植物などを図に描いて分類・説明した書物。画譜。「高山植物―」

ずぶ(副)まったく。まるっきり。「―の素人」用法 多く「ずぶの」の形で用いる。

スフィンクス〈Sphinx〉①古代エジプトやアッシリアで、王宮・神殿・墳墓などの守り神として飾った人面獅子(しし)身の巨大な石像。②ギリシャ神話の怪物。体は獅子、顔は女性で、翼を持つ。

〔スフィンクス①〕

スプートニク〈ロシア Sputnik 衛星〉ソ連が一九五七年に打ち上げた、人類最初の人工衛星の名。⇨人工衛星

スプーン〈spoon〉①さじ。②ゴルフのクラブでウッドの三番。

―レース〈egg-and-spoon race から〉さじ形のものの上にボールなどをのせ、落とさないようにして走る競技。

す-ぶた【酢豚】中国料理の一つ。下味を付けて揚げた角切りの豚肉と野菜をいため、甘酢あんをからめたもの。

ず-ぶと・い【図太い】ヅ(形)カロ・カッ(ク)・イ・イ・ケレ・〇 たいていの事ではびくともしない。また、ずうずうしい。「神経が―」文 づぶと・し(ク)

ずぶ-ぬれ【ずぶ△濡れ】すっかりぬれること。びしょぬれ。

スプラウト〈sprout〉食用とする植物の新芽。もやし、かいわれ大根、豆苗(とうみょう)など。

す-ぶり【素振り】木刀・竹刀(しない)やバット・ラケットなどを、練習のために空(くう)で振ること。

スプリット-タイム〈split time〉中・長距離競走で、一定距離ごとに要した時間。「五キロメートルごとの―」

ずぶり-と(副)①とがったものを勢いよく突き刺すさま。「矢が―刺さる」②水やぬかるみに沈みこむさま。「泥田に―はいる」

スプリング〈spring〉①ばね。「―のきいたベッド」②春。③「スプリングコート」の略。

―キャンプ〈spring camp〉野球などで、ペナントレース開幕の前に行う春季合宿練習。

―コート〈和製英語〉春・秋に着る、薄手の外套(がいとう)。春 参考 英語では topcoat という。

―ボード〈springboard〉①体操競技の踏み切り板。②物事の発展・飛躍へのきっかけ。また、水泳の飛び込み板。

スプリンクラー〈sprinkler〉①畑や庭などへの散水装置。②天井などに取り付ける消火装置。火災がおこると、その熱で自動的に水を吹き散らす。

スプリンター〈sprinter〉短距離走者。短距離泳者。

スプリント〈sprint〉①短距離を全力疾走すること。また、全力で泳ぐこと。また、そのレース。②自転車競技で、二―四人の選手がトラックを二周または三周して着順を競う種目。

スプレー〈spray〉(名・他スル)液体に圧力をかけ、霧状に噴出させて吹きつけること。また、霧吹き。噴霧器。「ヘア―」

スプロール〈sprawl〉大都市の宅地が、無秩序・無計画に郊外に広がっていくこと。「―現象」

すべ【°術】方法。しかた。「なす―を知らなかった」

スペア〈spare〉①予備。予備品。「―タイヤ」②ボウリングで、二投目に一投目の残りのピンを全部倒すこと。「―をとる」

スペアリブ〈spareribs〉豚の骨付き肋肉(あばらにく)。ロースト・バーベキューや煮込みにする。

スペイン〈Spain〉ヨーロッパ南西部イベリア半島の大部分を占める立憲君主国。首都はマドリード。イスパニア。参考「×西班牙」とも書く。

―かぜ【―風邪】(医)一九一八年から翌年にかけて世界的に流行したインフルエンザ。感染力が強く、全世界で多数の死者を出した。語源 スペインで最初に流行が報じられたことから。

スペース〈space〉①空間。空いている場所。「収納―」②字間。行間。間隔。「―をあけて組む」③新聞・雑誌などの紙面。④宇宙空間。

―シャトル〈space shuttle〉アメリカ航空宇宙局

（NASA）が開発した、宇宙空間と地球を何度も往復することが可能な有人宇宙船。二〇一一年運行を終了した。

スペード〈spade〉トランプで、黒い剣のマーク（♠）。また、その札。

す-べからく【◦須く】（副）当然。ぜひとも。「―努力すべし」用法 漢文訓読から生まれた語で、多くあとに「べし」を伴う。語源 サ変動詞「す」に助動詞「べし」のク語法「べからく」の付いたもの。

スペキュレーション〈speculation〉①投機。思わく。②トランプの札で、スペードのエース。

すべ-くく・る【統べ◦括る】（他五）ラ(ロ)・リ(ッ)・ル・ル・レ・レ 取りまとめる。「今までの議論を―」

スペクタクル〈spectacle〉すばらしい見もの。壮観。「―映画(=仕掛けが大掛かりで壮大・豪華な見せ場の多い映画)」

スペクトル〈フランス spectre〉《物》可視光線が分光器によって分解されたときにできる、波長の順に並んだ色帯。

ずべ-こう【ずべ公】《俗》不良少女。

スペシャリスト〈specialist〉専門家。特定の分野でのすぐれた能力や技術の持ち主。「品質管理の―」

スペシャル〈special〉（形動ダ）ダロ・ダッ(デ・ニ)・ダ・ナ・ナラ・○ 特別なさま。特製であるさま。「―ゲスト」「―ランチ」

すべ-すべ（副・自スル）物の表面がなめらかなさま。「―した肌」

スベタ《俗》醜い女性。また、女性をののしって言う語。語源 ポルトガル語 espada(スペード)から。スペードが点にならない札であることによる。

スペック〈spec〉（specification の略）機械などの構造・性能を表示した仕様書。また、その仕様。「ハイ―のパソコン」

すべ-っこ・い【滑っこい】（形）カロ・カッ(ク)・イ・イ・ケレ・○ なめらかであるさま。すべすべした感じである。「丸く―石」

すべ-て【全て・◦凡て・◦総て】㊀（名）全体。全部。いっさい。「―を失う」㊁（副）ことごとく。何もかも。「―白状する」

―の道みち**はローマに通**つう**ず**（ローマ帝国の隆盛時、世界各地からの道がローマに通じていたことから）どのような手段をとっても、行き着く目的は一つであるということ。また、一つの真理は、あらゆることに適用できるということ。

すべ-な・い【◦術無い】（形）カロ・カッ(ク)・イ・イ・ケレ・○ なすべき手段や方法がない。しかたがない。文 すべな・し(ク)

すべらか【滑らか】（形動ダ）ダロ・ダッ(デ・ニ)・ダ・ナ・ナラ・○ すべすべしてなめらかなさま。文（ナリ）

すべらかし【×垂髪】→おすべらかし

すべら-ぎ【×天皇】《古》（古くは「すべらき」）天皇。天子。すめらぎ。すめらみこと。

すべら・す【滑らす】（他五）サ(ソ)・シ・ス・ス・セ・セ 滑るようにする。滑らせる。「足を―」「口を―(=うっかりしゃべる)」自 すべ・る(五)

すべり【滑り】滑ること。滑るときのぐあいや調子。「―が悪い」

―だい【―台】高い所から滑りおりて遊ぶ設備。

―だし【―出し】①滑り始め。②物事の初め。出だし。「開幕から順調な―」

―どめ【―止め】①滑らないようにするためのもの。「―に砂をまく」②志望校に落ちたときに備えて、合格できそうな他の学校を受験すること。また、その学校。

すべり-こ・む【滑り込む】（自五）マ(モ)・ミ(ン)・ム・ム・メ・メ ①滑って、または滑るようにしてはいる。「列車がホームに―」②時間すれすれに間に合う。「始業時刻ぎりぎりに―」③野球で、走者が滑って塁にはいる。「二塁に―」

すべり-だ・す【滑り出す】（自五）サ(ソ)・シ・ス・ス・セ・セ ①滑り始める。②活動が始まる。進行し始める。「計画が順調に―」

スペリング〈spelling〉欧米の言語などの字のつづり方。つづり。スペル。

すべ・る【滑る・△辷る】（自五）ラ(ロ)・リ(ッ)・ル・ル・レ・レ ①接触している面の上をなめらかに動く。「戸がよく―」「スケートで氷の上を―」②足もとなどがつるつるして踏みとどまれず、不安定である。「―って転ぶ」③手でつかもうとした物の表面が滑らかでつかみそこなう。「手が―って落とす」④（「口がすべる」「筆がすべる」の形で）うっかり言ったり書いたりする。⑤《俗》試験に落第する。⑥《俗》笑わせようとしてしたことが受けずに終わる。不合格となる。「冗談が―」他 すべら・す(五) 可能 すべ・れる(下一)

すべったの転ころ**んだのと** あれこれつまらないことをうるさく言うさま。「―騒ぐんじゃないよ」

す・べる【統べる・◦総べる】（他下一）ベ・ベ・ベル・ベル・ベレ・ベロ(ベヨ) ①一つにまとめる。②治める。支配する。「国を―」文 す・ぶ(下二)

スペル〈spell〉→スペリング

スポイト〈オランダ spuit〉インクや薬液などを少量ずつ吸い上げて他に移すのに使う器具。ガラス管の一端にゴム袋が付いている。

スポイル〈spoil〉（名・他スル）だめにすること。損なうこと。特に、人を甘やかして、だめにすること。「子供を―する」

ず-ほう【図法】ヅハフ 図の描き方。特に、地図を描く方法。

スポーク〈spoke〉自転車などの車輪の中心と外側の輪との間に張ってある放射状の細い棒。輻や。

〔スポーク〕

スポークスマン〈spokesman〉政府や団体の意見を、報道機関などへ発表する広報担当者。代弁者。スポークスパーソン。「ホワイトハウスの―」

スポーツ〈sports〉球技・陸上・登山・水泳などの運動競技。また、楽しみや健康維持などのために行う運動。

―ウエア〈sportswear〉スポーツに適した服。運動着。

―カー〈sports car〉実用車に対して、運転を楽しむために運動性能を重視してつくられた乗用車。

―がり【―刈〔り〕】四角い輪郭に短く刈りあげた髪形。

―シャツ〈sport shirt〉スポーツ用のシャツ。また、スポーティーな感じのするシャツ。

―ドリンク〈和製英語〉清涼飲料水の一種。運動時などに、水分やミネラル分を補給するための飲み物。

―の-ひ【―の日】国民の祝日の一つ。十月の第二月曜日。スポーツを楽しみ、他者を尊重する精神を培うための日。二〇二〇(令和二)年に「体育の日」から改称。

―マン〈sportsman〉運動愛好家。運動競技選手。

―マンシップ〈sportsmanship〉運動選手としてふさわしい、正々堂々と競技する精神や態度。「―にのっとる」

スポーティー〈sporty〉（形動ダ）ダロ・ダッ(デ・ニ)・ダ・ナ・ナラ・○ 軽快で活動的なさま。「―な服装」↔ドレッシー

スポ-こん【スポ根】《俗》（「スポーツ」と「根性」から）漫画やドラマなどで、主人公がスポーツに打ちこみ、困難にもくじけず奮闘するさまを描いたもの。

す-ぼし【素干し・素◦乾し】→かげぼし

ず-ぼし【図星】ヅ― ①（的まとの中心の黒い点の意から）目当ての所。核心。急所。「―を指す(=核心を指摘する)」②人の指摘したことが確かにそのとおりであること。「君の予測は―だ」

スポット〈spot〉①場所。地点。「人気の―」②「スポットライト」の略。③「スポットアナウンス」の略。「―広告」④空港で、

飛行機への乗客の乗降などを行う駐機位置。

―アナウンス〈spot announcement から〉ラジオ・テレビなどで、番組の間の短時間に放送するニュースや広告など。

―ライト〈spotlight〉①舞台の一部の人や物だけを特に集中して照らす照明。また、その光線。「―をあびる」②(転じて)注目。「―を当てる(=一つの事柄に特に注目する)」

すぼま・る【窄まる】(自五) ラ(ロ)・リ(ッ)・ル・ル・レ・レ →すぼむ

すぼ・む【窄む】(自五) マ(モ)・ミ(ン)・ム・ム・メ・メ ①先が細く狭くなる。「先の―・んだズボン」②縮む。しぼむ。「風船が―」③勢いが衰える。「気力が―」他すぼ・める(下一)

すぼ・める【窄める】(他下一) メ・メ・メル・メル・メレ・メロ(メヨ) すぼむようにする。「肩を―」自すぼ・む(五) すぼま・る(五) 文すぼ・む(下二)

ずぼら(名・形動ダ) だらしなくいいかげんなさま。「―な性格」

す-ぼり【素掘り】地面を掘る作業で、周囲が崩れるのを防ぐ工事を行わず、そのまま掘り下げること。

ズボン〈フランス jupon〉洋服で、下半身にはく外衣。股から下は左右に分かれている。スラックス。「半―」

―した【―下】ズボンの下にはく下着。すててこなど。

―つり【―吊り】ズボンが落ちないように肩からつるすベルト。サスペンダー。

スポンサー〈sponsor〉①資金を出して援助してくれる人。②民間放送で、放送番組を提供する広告主。

スポンジ〈sponge〉①海綿。②①を模して合成樹脂などで作ったもの。クッションや食器洗いなどに使う。

―ケーキ〈sponge cake〉卵・小麦粉・砂糖などを混ぜ、スポンジ状にふわりと軽く焼いた洋菓子。

―ボール〈和製英語〉軟式野球用のゴム製のボール。参考 英語では rubber ball という。

スマート〈smart〉(形動ダ) ダロ・ダッ(デ・ニ)・ダ・ナ・ナラ・〇 ①体つきや物の形がすらりと整っているさま。「―な体型」②洗練されているさま。「―な会話」③〔情報〕高性能で多機能であるさま。「―ウオッチ」参考 ①は、英語では slender や slim などという。

―フォン〈smartphone〉パソコンと同等の機能を持つ多機能携帯電話。スマートホン。スマホ。

すまい【住〔ま〕い】住むこと。また、住んでいる家。住居。「閑静な―」「仮―」

スマイル〈smile〉微笑。ほほえみ。

すま・う【住まう】(自五) ワ(オ)・イ(ッ)・ウ・ウ・エ・エ 住んでいる。住む。「豪邸に―」可能すま・える(下一)

す-まき【簀巻〔き〕】①簀で物を巻き包むこと。また、その物。②昔の私刑の一種。体を簀で巻いて水中に投げ込むもの。

すまし【澄まし】①気どること。「―顔」②「澄まし汁」の略。③酒席で、杯を洗いすすぐ水。参考 ②は、「清し」とも書く。

―じる【―汁・清し汁】出し汁に塩・しょうゆなどでうすめに味をつけた透明な吸い物。おすまし。「とうふの―」

すま・す【済ます】(他五) サ(ソ)・シ・ス・ス・セ・セ ①物事をしとげる。終える。「宿題を―」「借金を―」②一応解決したことにする。それでよいことにする。「金で―」「ひとごとでは―・されない」「用件は電話で―」自す・む(五) 可能すま・せる(下一)

―や【―屋】いつもすましている人。気どり屋。

すま・す【澄ます・清ます】サ(ソ)・シ・ス・ス・セ・セ ■一(他五) ①液体の濁りをなくす。「水を―」②(「耳を」「目を」などの下に付けて)雑念を払って感覚を集中する。「心を―」自す・む(五) ■二(自五) ①(動詞の連用形の下に付いて)すっかり…する。完全に…する。「本人になり―」②気どる。自分は関係がないという態度をとる。「つんと―」参考 ■二①は、「済ます」とも書く。

すま・せる【済ませる】(他下一) セ・セ・セル・セル・セレ・セロ(セヨ) →すます(済ます)

スマック〈smack 風味・香り〉薄いチョコレートで包み、筒状などに固めたアイスクリーム。アイススマック。

スマッシュ〈smash〉(名・他スル) 卓球・テニスなどで、ボールを相手コートに上から急角度で強く打ち込むこと。

―ヒット〈smash hit〉興行や商品販売で、まずまずの当たり。大ヒットの意で使う場合もある。

すま-ない【済まない】謝罪・依頼などの意を表すときに言う語。申し訳ない。「迷惑をかけて―」「―が席をはずしてくれ」語源 動詞「すむ」の未然形「すま」+打ち消しの助動詞「ない」

すま・ふ【争ふ・辞ふ】(自四)《古》①あらそう。抵抗する。②辞退する。断る。

スマホ「スマートフォン」の略。

すみ【炭】①生木を蒸し焼きにして作った燃料。木炭。「―をつぐ」冬 ②木などが焼けて黒く残ったもの。「―になる」

すみ【隅・角】中央から離れた、かどや端の部分。「町の―から―まで」「四―」

―に置けない 思いのほか才能や技量があって無視できない。あなどれない。「あれでなかなか―男だ」

> **ちがい**「隅」・「角」
>
> 「隅」「角」は、多角形の端にある、辺と辺が交わったところを表す点で共通する。多角形の中に視点を置いてこの場所を指す場合に「隅」といい、「教室の隅に荷物を置く」「重箱の隅」などと使われる。多角形の外からこの場所を指す場合には「角」を用い、「机の角に指をぶつける」などという。また、「角」は「二つ目の角を右に曲がる」のように、単に線の折れ曲がるところを指す場合もある。

すみ【墨】①書画をかく材料。良質のすすをにかわで練り、香料などを入れて固めたもの。また、それを硯ですってできる黒色の汁。②黒い色。墨色。③「墨縄」の略。④イカやタコが吐き出す黒い汁。⑤すす。「鍋底の―」

―の衣 黒い僧衣。**―を打つ** 木材などに墨縄で線を引く。**―を流したよう** 真っ黒、真っ暗なさま。「―な空」

すみ【済〔み〕】すむこと。終わったこと。⇩済み

す-み【酸味】すっぱい味。酸味。

-ずみ【済〔み〕】(接尾)(多く、名詞に付いて)そのことが終わったことを表す語。「使用―」「予約―」「検閲―」

すみ-あら・す【住み荒〔ら〕す・住荒す】(他五) サ(ソ)・シ・ス・ス・セ・セ 家や部屋などを住人が汚したりいためたりする。「―・した家」

すみ-いと【墨糸】→すみなわ

すみ-いれ【墨入れ】①→すみつぼ(墨壺)① ②墨で書き入れること。

すみ-いろ【墨色】書いたり染めたりした墨の色のぐあい。墨色。

すみ-うち【墨打ち】墨縄で木材や石材に直線を引くこと。

すみ-え【墨絵】①墨だけで描いた絵。水墨画。②墨で輪郭だけを描いた絵。白描画。

すみ-か【住〔み〕処・栖】(「処」は所の意) 住居。住まい。「終の―」

すみ-か・える【住〔み〕替える】(他下一) エ・エ・エル・エル・エレ・エロ(エヨ) ①住む所を替える。「都心に―」②奉公人や芸者が奉公先を替える。文すみか・ふ(下二)

すみ-がき【墨書き・墨描き】(名・他スル) 日本画で、色を付ける前に墨で線を描くこと。また、墨だけで描いた絵。

すみ-かご【炭籠】→すみとり

すみ-がね【墨金】 曲尺(かねじゃく)。曲がりがね。

すみ-がま【炭窯・炭△竈】 生木(なまき)を蒸し焼きにして炭を作るかまど。炭焼きがま。图

すみ-き・る【澄(み)切る】(自五)ラ(ロ)・リ(ッ)・ル・ル・レ・レ わずかの濁りもなく澄む。「―・った空気」「―・った心境」

すみ-こみ【住(み)込み・住込】 雇い主や師匠の家・職場などに住み込むこと。また、その人。「―の従業員」↔通い

すみ-こ・む【住(み)込む】(自五)マ(モ)・ミ(ン)・ム・ム・メ・メ 雇い主や師匠の家・職場などに住んで働いたり学んだりする。「書生として―」

すみ-ずみ【隅隅】 あちこちの隅。あらゆる隅。あらゆる方面。「部屋の―」「―まで知り尽くす」

す-みそ【酢味△噌】 酢・みりん・砂糖などを加えたみそ。あえものなどに用いる。「ワカメの―あえ」

すみ-ぞめ【墨染(め)】 ①黒く染めること。また、墨のように黒い色。②黒い僧衣。「―の衣」③黒やねずみ色の喪服(もふく)。

すみだがわ【隅田川】(スミダガハ) 室町前期の能の曲名。観世元雅(かんぜもとまさ)作。人買いにさらわれたわが子をたずねてきた狂女が隅田川にたどり着き、子の死を知って悲しむという筋。

すみ-だわら【炭俵】(ダハラ) 炭を詰める俵。炭が詰まった俵。图

すみ-つき【墨付(き)】 ①墨の付きぐあい。②筆跡(ひっせき)。③→おすみつき

すみ-つぎ【墨継ぎ】 ①筆に含ませた墨が少なくなったとき、新たに墨を含ませて書き続けること。②短くなった墨をするときに、手を汚さないように墨を挟むもの。墨柄(すみづか)。

すみ-つ・く【住(み)着く】(自五)カ(コ)・キ(イ)・ク・ク・ケ・ケ 住居が定まって、落ち着いてその場所に住む。居着く。「のら猫が―」

すみ-っこ【隅っこ】《俗》「隅」のくだけた言い方。隅のほう。

すみ-つぼ【炭△壺】 →ひけしつぼ

すみ-つぼ【墨△壺】 ①墨汁を入れるつぼ。墨入れ。②大工が直線を引くのに使う道具。墨池(ぼくち)に墨汁をしみこませた綿を入れ、糸巻き車に巻いた糸(墨縄(すみなわ))をその中を通して引き出し、材の上にぴんと張り渡して指ではじいて線を付ける。

〔墨壺②〕

すみ-てまえ【炭手前】(テマヘ) 茶道で、炉に炭をついだり、炭火をかきたてたりする際の作法。

すみ-とり【炭取(り)】 炭俵などから小出しにした炭を入れて置く器。炭入れ。炭かご。图

すみ-ながし【墨流し】 水面に墨汁や顔料(古くは墨だけ)を落として模様を作り、それを紙や布に写して染め付けること。また、その模様。墨流し染め。

すみ-な・す【住(み)成す】(自五)サ(ソ)・シ・ス・ス・セ・セ ①そこを住みかとする。②…のように住む。「風流に―」

すみ-な・れる【住(み)慣れる・住(み)△馴れる】(自下一)レ・レ・レル・レル・レレ・レロ(レヨ) 長く住んでその家や土地に慣れる。「―・れた家」文すみな・る(下二)

すみ-なわ【墨縄】(ナハ) 墨壺(すみつぼ)に付いている糸。木材・石材などに直線を引くのに使う。墨糸。⇒墨壺②

すみのえの… 和歌〔住江の　岸に寄る浪(なみ)　夜さへや　夢のかよひ路(ぢ)　人目よくらむ〕〈古今集　藤原敏行(ふじわらのとしゆき)(朝臣)〉(昼間は人目をはばかって会えないのはしかたがないのだが)どうして夜までも夢の中の通い路であの人は人目を避けているのだろうか。せめて夢にでも会いたいのに。(第二句までは「寄る」と同音の「夜」を導く序詞。小倉百人一首の一つ)

すみ-び【炭火】 木炭でおこした火。图

すみ-ぶくろ【墨袋】 イカの体内で、墨を蓄えている内臓。

すみ-ませ-ん【済みません】(「すまない」の丁寧語)謝罪や依頼などの意を表すときにいう語。語源 動詞「すむ」の連用形「すみ」＋助動詞「ます」の未然形「ませ」＋打ち消しの助動詞「ぬ」の転じた「ん」

すみ-やか【速やか】(形動ダ)ダロ・ダッ(デ・ニ)・ダ・ナ・ナラ・○ すばやいさま。時間的に間をおかないさま。「―に処置する」文(ナリ)

すみ-やき【炭焼(き)】 ①生木(なまき)を蒸し焼きにして炭を作ること。また、それを仕事にする人。「―小屋」图 ②肉や魚などを炭火で焼くこと。また、その料理。

すみれ【△菫】 ①《植》スミレ科の多年草。山野に自生し、葉は長楕円(だえん)形で根元から生じる。春、濃紫色まれに白色の花を開く。春 ②《植》スミレ科スミレ属の植物の総称。世界に約五〇〇種、日本に五〇種ほどある。③「すみれいろ」の略。

―いろ【―色】 スミレの花のような濃い紫色。

すみ-わけ【住み分け・△棲み分け】《動》生活様式の似た二種以上の生物が、同じ地域に分布せず、すむ場を分け合って共存する現象。参考 生態学者今西錦司がカゲロウ類の幼虫の生態研究から提唱した概念。

すみ-わた・る【澄(み)渡る】(自五)ラ(ロ)・リ(ッ)・ル・ル・レ・レ 空や水などが一面に澄む。「―・った秋の空」

す・む【住む・△棲む】(自五)マ(モ)・ミ(ン)・ム・ム・メ・メ ①【住】所を決めて、そこで生活する。「田舎に―」「妻と―」②【棲】動物が巣を作って生活する。「水中に―虫」可能 す・める(下一)

すめば都(みやこ) 長年住むとどんな所でもよく思えてくるものだ。

す・む【済む】(自五)マ(モ)・ミ(ン)・ム・ム・メ・メ ①物事が終わる。かたづく。「仕事が全部―」②その場の用が足りる。不十分ながら解決する。「人の手を借りずに―」「電話で―話」③(「気が済む」の形で)満足する。納得がいく。「気が―まで話す」④(多く打ち消しの語や反語を伴って)他人に対して申し訳が立つ。「謝って―問題ではない」「お手数をおかけして―・みません」他 すま・す(五)

す・む【澄む】(自五)マ(モ)・ミ(ン)・ム・ム・メ・メ ①(視覚的に)濁りがなくなって透きとおる。清らかである。すっきりする。「池の水が―」「―・んだ瞳(ひとみ)」「空が―」②(聴覚的に)声や音がさえる。「―・んだ笛の音」③迷いや邪念がなくなる。「―・んだ心境」④濁音でなく清音である。「―・んで発音する」(↔濁る)他 すま・す(五)

スムージー〈smoothie〉果物や野菜などを乳製品や氷と一緒にミキサーで攪拌(かくはん)した飲み物。

スムーズ〈smooth〉(形動ダ)ダロ・ダッ(デ・ニ)・ダ・ナ・ナラ・○ 物事がつかえないで順調に進むさま。滑らか。スムース。「会議が―に進行する」

すめ-がみ【△皇神】《古》①皇室の祖先にあたる神。②一般の神々の尊称。

す-めし【酢飯】 すし用に、酢や砂糖を加えた米飯。鮨飯(すしめし)。

すめら-【△皇】(接頭)《古》神や天皇に関する言葉に付ける尊称。すべら。「―みこと」

すめら-ぎ【×天皇】《古》→すべらぎ

すめら-みこと【×天皇】《古》→すべらぎ

す-めん【素面】 ①剣道で、面(めん)を着けないこと。②酒に酔っていないときの顔。しらふ。

ず-めん【図面】(ヅ) 建築物・土木工事・機械などの構造や設計などを具体的に示した図。「―をひく」「城の―」

すもう【相撲・×角力】(スマフ) ①まわしをつけた裸(はだか)の二人が土俵内で取り組み、相手を倒すか土俵の外に出すかして勝負を争う競技。日本の国技といわれる。秋 ②「相撲取り」の略。「お―さん」参考「相撲」は、常用漢字表付表の語。

―にならない 実力や技術が違いすぎて勝負にならない。

―とり【―取(り)】 相撲を取るのを職業とする人。力士。

スモーキング〈smoking〉たばこを吸うこと。喫煙(きつえん)。「ノー―」「―エリア」

スモーク〈smoke〉①煙。②舞台・映画などで、ドライアイスなどを使って出す煙。③(smoked から)煙でいぶした、燻製の、の意を添える。「ーハム」「ーチーズ」

ーサーモン〈smoked salmon から〉鮭の燻製。

すーもぐり【素潜り】 潜水器具などを使わないで、水中に潜ること。

すーもじ【酢文字】「すし」の女房詞。「おー」夏

スモック〈smock〉〔服〕①ゆったりした上っ張り。画家の仕事着や幼児の遊び着。②手芸の技法の一つで、布に細くたたんだひだ山を寄せて美しくかがること。スモッキング。

スモッグ〈smog〉都市で、工場などから出る煤煙や車の排気ガスが、気象条件によって霧状に立ちこめたもの。「光化学ー」冬 語源 smoke(煙)とfog(霧)との合成語。

すーもも【△李】〔植〕バラ科の落葉小高木。葉は長楕円形。早春、白い花を開く。果実はモモに似て丸く、食用。夏

スモン【SMON】〈subacute myelo-optico-neuropathy から〉〔医〕亜急性脊髄視神経症。下痢・腹痛に続いて足底のしびれが始まり、下半身が動かなくなり、失明することもある。キノホルム剤の服用によると考えられている。

すーやき【素焼〔き〕】 ①陶磁器を、上薬をかけないで低い温度で焼くこと。また、その焼き物。「ーの皿」②→しらやき

すやーすや(副)気持ちよく眠るさま。「ー(と)眠る」

すーよみ【素読み】(名・他スル)①→そどく ②原稿と照らし合わせずに、校正刷りだけを読みながら校正すること。

すら(係助)極端な事柄を例示し、それ以外を類推させる意を表す。さえ。「あの彼でー気づかなかったほどだ」用法 体言、体言に準ずるもの、また、それに格助詞が付いたものに付く。参考 副助詞とする説もある。

スラー〈slur〉〔音〕楽譜で二つ以上の高さの異なる音を滑らかに演奏せよという意味を表す弧線。連結線。

スライス〈slice〉一(名・他スル)①薄く切ること。また、切った一片。「ーチーズ」②テニスや卓球で、球を切るように打って逆回転を与えること。二(名・自スル)ゴルフで、打った球が打者の利き腕の方向にそれていくこと。↔フック

スライダー〈※slider〉野球で、投手の利き腕と反対方向へ滑るように水平に曲がる変化球。

スライディング〈sliding〉(名・自スル)①滑り込むこと。②野球で、走者が塁に滑り込むこと。滑り込み。「ヘッドー」

ーシステム〈sliding system〉賃金や年金を、生計費指数・消費者物価指数などの変動に応じて自動的に上げ下げする方式。スライド制。

スライド〈slide〉一(名・自他スル)①滑ること。滑らせること。前後にずらすこと。②ある数量に対応して他の数量を増減すること。「賃金を物価にーさせる」二(名)①幻灯。フィルムを拡大投影する映写機。また、それに用いるフィルム。②「スライドグラス」の略。

ーグラス〈和製英語〉顕微鏡で、見ようとする物をのせる透明なガラス板。スライド。

ーショー〈slide show〉複数の画像を連続して表示すること。また、プレゼンテーションソフトなどがもつそのような機能。

ーせい【ー制】→スライディングシステム

ずらか・る(自五) ラ(ロ)・リ(ッ)・ル・ル・レ・レ 〔俗〕逃げる。行方をくらます。「ひとまずー・ろう」可能 ずらか・れる(下一)

ずら・す(他五) サ(ソ)・シ・ス・ス・セ・セ ①物を滑らすようにして少し位置を動かす。「机をー」②一度決定した日時や日程を他に移す。「開催時期をー」自 ず・れる(下一) 可能 ずら・せる(下一)

すらーすら(副)物事がとどこおりなく進むさま。「英文をー(と)読む」

ずらーずら(副)多数の人や物、言葉などが並び続くさま。「実例をー(と)挙げる」

スラッガー〈※slugger〉野球で、強打者。

スラックス〈slacks〉ズボン。

スラッシュ〈slash〉文章などで、区切りを示したり「または」の意を示したりするのに用いる斜線の記号。「/」

スラップ-スケート〈slap skate〉靴のかかとと刃とが離れる構造の、スピードスケート用の靴。クラップスケート。⇩スケート①(さしえ)

スラップスティック〈slapstick〉(道化師が相手役をたたく棒の意から)どたばた喜劇。スラップスティックコメディー。

スラブ〈Slav〉ヨーロッパの東部から中部に居住し、スラブ語系統の言語を用いる諸民族の総称。ロシア人・チェコ人など。

スラム〈slum〉大都市で貧しい人々が集まって住む区域。貧民街。貧民窟。「ー街」

すらり-と(副)①物事がとどこおりなく進むさま。「難問をー解決する」②ほっそりしてかっこうのいいさま。「ーした体形」③刀などを滑るように抜くさま。「太刀をー抜き放つ」

ずらり-と(副)多数の人や物が並ぶさま。「商品がー並ぶ」

スラローム〈slalom〉①スキーの、回転競技。②オートバイなどの、蛇行運転。

スラング〈slang〉特定の社会や仲間内だけで通用する特殊な言葉。俗語。卑語。

スランプ〈slump〉①一時的に心身の調子が崩れ、能力を発揮できない状態。不調。「ーに陥る」②一時的な不況。

すり【刷〔り〕】 印刷すること。印刷したもの。また、その具合。

すり【×掏摸】 人ごみなどで、他人の懐中や手荷物からこっそりと金品を抜き取ること。また、そうする人。巾着切り。

ずり【△砕】 ①鉱石や石炭とともに掘り出された価値のない石。ぼた。②土木工事で出た岩石や土砂。

ずりーあが・る【ずり上がる】(自五) ラ(ロ)・リ(ッ)・ル・ル・レ・レ 少しずつずって上がる。「シャツがー」

すりーあし【△摺り足】 足の裏を床や地面から離さず、するようにして静かに歩くこと。「ーで歩く」

すりーあわ・せる【擦り合わせる・△摺り合わせる】(他下一) セ・セ・セル・セル・セレ・セロ(セヨ) ①物と物とをこすり合わせる。「二枚の板をー」②複数の案や意見を突き合わせて調整する。「双方の意見をー」文 すりあは・す(下二)

スリー〈three〉三。三つ。

ークォーター〈three-quarter 四分の三〉①野球で、投手が腕を斜め上から振り下ろす投法。②ラグビーで、センターとウイングの四人のバックス選手。スリークォーターバック。

ーサイズ〈和製英語〉バスト・ウエスト・ヒップのサイズ。

ーシーズン-コート〈three-season coat〉〔服〕秋・冬・春の三つの季節を通して着られるコート。

ーディー【3D】(three-dimensional の略)三次元。立体的な空間。「ー映画」

スリーピング-バッグ〈sleeping bag〉寝袋。

スリーブ〈sleeve〉洋服の袖。「ノー」

スリープ〈sleep〉①眠ること。睡眠。②電子機器で、消費電力を抑えるために機能を一時的に停止した状態。「ーモード」

すりーうす【◦磨り臼】 上下二つのうすをすり合わせて、おもに籾殻を取るのに用いるうす。ひきうす。からうす。とうす。

すりーえ【△摺り餌・△擂り餌】 ヱ— 川魚・糠・小松菜などを混ぜてすりつぶした小鳥の餌。

ずりーお・ちる【ずり落ちる】(自上一) チ・チ・チル・チル・チレ・チロ(チヨ) ずって

落ちる。ずれて下がる。「眼鏡が―」[文]ずりお・つ(上二)

すり-おろ・す【◇磨り下ろす・△擂り下ろす】(他五) サ(ソ)・シ・ス・ス・セ・セ おろし金などにこすり合わせて細かくする。「りんごを―」

すり-か・える【△掏り替える・◇摩り替える】(他下一) エ・エ・エル・エル・エレ・エロ(エヨ) 人にわからないようにこっそり取りかえる。「中身を―」「話を―」[文]すりか・ふ(下二)

すり-ガラス【◇磨りガラス】金剛砂などで表面をすり、不透明にしたガラス。曇りガラス。つや消しガラス。

すり-きず【擦り傷・擦り△疵】①皮膚をすりむいてできた傷。擦過傷。②何かでこすって物の表面にできた傷。

すり-きり【擦(り)切り・◇摩り切り・△摺り切り】粒状・粉状のものを量るとき、容器のふちと同じ高さで平らにならすこと。「大さじで―一杯」

すり-き・る【擦(り)切る・◇摩り切る】(他五) ラ(ロ)・リ(ツ)・ル・ル・レ・レ ①こすって切る。②金を使い果たす。[自]すりき・れる(下一)

すり-き・れる【擦(り)切れる・◇摩り切れる】(自下一) レ・レ・レル・レル・レレ・レロ(レヨ) 擦れ合って切れる。こすれて減る。「コートの袖口が―」[他]すりき・る(五)[文]すりき・る(下二)

すりこ-ぎ【△擂(り)粉木】すり鉢で物をすりつぶすのに使う棒。当たり木。連木。「山椒の木の―」

すり-こみ【刷(り)込み】〘動〙生後間もない時期の鳥類や哺乳類にみられる一種の学習。最初に目にしたものを親と思いこみ追随する現象などをいう。刻印づけ。インプリンティング。

すり-こ・む【刷(り)込む】(他五) マ(モ)・ミ(ン)・ム・ム・メ・メ 印刷面に、他の要素を加えて刷る。「社名を―・んだ手帳」

すり-こ・む【擦(り)込む・◇摩り込む】 マ(モ)・ミ(ン)・ム・ム・メ・メ ㊀(他五) ①すってまぜ入れる。「みそにごまを―」②こすってしみ込ませる。「傷口に薬を―」㊁(自五) へつらう。おべっかで取り入る。

ずり-さが・る【ずり下がる】(自五) ラ(ロ)・リ(ツ)・ル・ル・レ・レ 少しずつずって下がる。ずり落ちる。「ズボンが―」

すり-つ・ける【擦(り)付ける・◇摩り付ける】(他下一) ケ・ケ・ケル・ケル・ケレ・ケロ(ケヨ) こすり付ける。なすり付ける。「猫が頰を―」[文]すりつ・く(下二)

スリット〈slit 細長い裂け目〉①〘服〙袖口やスカートの裾に施す切れ込み。②光・分子・電子・原子などの流れを制限する細長いすきま。細隙。「―カメラ(=スポーツや競馬の着順判定などに使われる特殊カメラ)」

スリッパ〈slippers〉足の先半分を入れて履く室内履き。

スリップ〈slip〉㊀(名・自スル) すべること。特に、自動車のタイヤが走行中に滑ること。「雨の日は―事故が多い」㊁(名) ①女性用の下着の一種。肩ひもでつるして洋服の滑りをよくするために着る。②書籍にはさみ込む、短冊形の注文伝票。[参考]㊀で、自動車のタイヤが滑る場合、英語では skid という。

―オン〈slip-on〉ひもや留め具がなく、簡単に履いたり脱いだりできる靴。スリッポン。

すり-つぶ・す【◇磨り潰す・△擂り潰す】(他五) サ(ソ)・シ・ス・ス・セ・セ ①すって細かくする。「ごまを―」②財産を使い果たす。

スリッポン〈slip-on〉→スリップオン

スリナム〈Suriname〉南アメリカ北東部にある共和国。首都はパラマリボ。

すり-ぬか【◇磨り△糠】もみがら。

すり-ぬ・ける【擦(り)抜ける・△摺り抜ける】(自下一) ケ・ケ・ケル・ケル・ケレ・ケロ(ケヨ) ①狭い所や大勢の人の間をぶつからないように通り抜ける。「人ごみを―」②その場をまぎらしてなんとか免れる。「ピンチを―」[文]すりぬ・く(下二)

すり-ばち【△擂(り)鉢】みそやごまなどをすりこぎですりつぶすのに用いる鉢。当たり鉢。

すり-ばん【擦り半】(「擦り半鐘」の略)近火であることを知らせるため半鐘を続けざまに打ち鳴らすこと。また、その音。

すり-ひざ【◇磨り膝】膝頭で床をすりながら進むこと。

すり-へら・す【◇磨り減(ら)す】(他五) サ(ソ)・シ・ス・ス・セ・セ ①こすって物の形を少しずつ小さくする。「靴の底を―」②ひどく使って機能を弱める。「神経を―」[自]すりへ・る(五)

すり-ほん【刷り本・△摺り本】①版木で刷った本。版本。②刷り上がったままでまだ製本していない印刷物。

すり-み【△擂(り)身】魚肉をたたいてすりつぶしたもの。

スリム〈slim〉(形動ダ) ダロ・ダッ(デ・ニ)・ダ・ナ・ナラ・〇 ほっそりしたさま。細身であるさま。「―な体」

すり-む・く【擦(り)◇剝く】(他五) カ(コ)・キ(イ)・ク・ク・ケ・ケ 他の物にこすって、表皮をはがす。「ひざを―」[自]すりむ・ける(下一)

すり-む・ける【擦(り)◇剝ける】(自下一) ケ・ケ・ケル・ケル・ケレ・ケロ(ケヨ) 他の物とこすれて表皮がはがれる。「ころんでひじが―」[他]すりむ・く(五)[文]すりむ・く(下二)

すり-もの【刷り物】印刷した物。印刷物。「―を配る」

ず-りょう【◇受領】(前任者から事務の引き継ぎを受け、執務する意)平安時代、任国に実際におもむいて支配した国司の長官。受領。

すり-よ・る【擦(り)寄る・◇摩り寄る】(自五) ラ(ロ)・リ(ツ)・ル・ル・レ・レ ①すれ合うほど近寄る。②座ったまま近寄る。にじりよる。③下心や依頼心を持って人や組織に近づく。「権力に―」

スリラー〈thriller〉映画・劇・小説などで、スリルを感じさせる作品。「―映画」

スリランカ〈Sri Lanka〉インド南方、インド洋上のセイロン島をしめる民主社会主義共和国。一九七二年に「セイロン」から改称。首都はスリジャヤワルダナプラコッテ。

スリリング〈thrilling〉(形動ダ) ダロ・ダッ(デ・ニ)・ダ・ナ・ナラ・〇 人をひやっと、またはぞっとさせるさま。スリルのあるさま。「―な場面」

スリル〈thrill〉ひやっと、またはぞっとするような感じ。身ぶるいするほど、ひやひやはらはらする感じ。戦慄。「―満点」

す・る【刷る・△摺る】(他五) ラ(ロ)・リ(ツ)・ル・ル・レ・レ ①形木(=物の形を彫刻した板)に布を当て、模様を染め付ける。②版木や活字版などにインクや絵の具などを付けて、字や絵を紙にうつし出す。印刷する。「版画を―」「新聞を―」[可能]す・れる(下一)

す・る【△剃る】(他五) ラ(ロ)・リ(ツ)・ル・ル・レ・レ 「そる」のなまった言い方。「ひげを―」[可能]す・れる(下一)

する【◇為る】 シ(セ・サ)・シ・スル・スル・スレ・シロ(セヨ) 《中心義―意志をもってその行為を行う》㊀(他サ変) ①物事を行う。「勉強を―」②ある役割を務める。「父の代理を―」③(意志と関係なく、また意志に反して)ある状態を実現させる。「病気を―」「大失敗を―」④(「…にする」の形で)人や事物を別の性質・状態にかえる。ある位置に付ける。「彼を真人間に―」「失敗を糧に―」「財産を灰に―」⑤思う。見なす。「その日を楽しみに―」㊁(自サ変) ①ある状態になる。「びっくり―」②ある状態が起こっているのが感じられる。「地響きが―」「寒けが―」「大きな音が―」③その値段である。「五万円も―眼鏡」④時間がたつ。「あと一時間―と彼が来る」⑤(「…(よ)うとする」の形で)㋐意志・決意を表す。「今にも立ち去ろうと―」「戦争をやめようと―」㋑今にもある状態になりそうだという意を表す。「船が沈もうと―」「涙がこぼれようと―」⑥(「…としては」「…とすれば」の形で)「…の立場からは」の意を表す。「私としては賛成できない」「彼にすれば怒るのは当然だ」⑦体に関連する語につけて、その器官のはたらきを表す。「目に―」「口に―」㊂(補動サ変) ①(動詞の連用形に助詞「は」「も」「さえ」「でも」などを伴ったものに付いて)その動詞またはその動詞の打ち消しの意を強める。「知りもしないくせに」「聞かれでもしたらたいへんだ」②（「お…する」の形で）動作の及ぶ相手を敬って謙譲表現をつくる。「道をお教えー」「お招きー」「おうかがいー」文す（サ変）参考体言と合して複合サ変動詞をつくる。「勉強する」「努力する」。また、「信ずる」「命ずる」のように「ずる」と濁る場合がある。サ変動詞になるのは、通常「する」が動きを表す語につく（「運転する」「借金する」）場合が多いが、「お茶する」「塩コショウする」のようにそうでない場合もある。

―事ことなす事こと すること全部。「ーみな失敗に終わる」

尊敬語	謙譲語	丁寧語
なさる	いたす	します
あそばす	つかまつる	いたす　いたします
される		

ちがい「お（動詞）する」・「お（動詞）になる」

「お持ちする」は相手の荷物を自分が持つ意の謙譲の言い方、「お持ちになる」は相手が自分で荷物を持つ意の尊敬の言い方である。「する」はだれか・何かの動作をいう語であり、「なる」は自然にその事態が生じたの意を表す語である。日本語では、その人のしたことだと指示することで、その人を敬う気持ちのなくなる場合が多い。「お…する」が謙譲の意味になり、「お…になる」が尊敬の意味に分かれたのは、そのような理由によると考えられる。

す・る【△掏る】（他五）ラ(ロ)・リ(ッ)・ル・ル・レ・レ 他人が身につけている金品をこっそりと抜き取る。「財布をー」可能す・れる（下一）

す・る【擦る・○摩る・磨る】（他五）ラ(ロ)・リ(ッ)・ル・ル・レ・レ ①［擦・摩］物と物とを強く触れ合わせて動かす。こする。「マッチをー」②おしつぶして細かく砕く。「すり鉢でみそをー」「ごまをー（＝へつらう）」③［磨］研ぎ下ろす。みがく。「やすりでー」「墨をー」④（俗）賭け事などで、お金や財産を使い果たす。「競馬でー・ってしまった」可能す・れる（下一）参考②は、「△擂る」とも書く。

ずる【△狡】 ずるいこと。悪賢く行動すること。横着をすること。また、そういう人。「ー休み」「ーをきめこむ」「ーをする」

ず・る ラ(ロ)・リ(ッ)・ル・ル・レ・レ 一（自五）滑って動く。ずれる。ずれて下がる。「積み荷がー」二（他五）引きずる。「足をー・って歩く」

ずる・い【△狡い】（形）カロ・カッ(ク)・イ・イ・ケレ・○ 自分が得になるように、不正な手段を用いたり、するべきことをしないでうまく立ち回ったりするさま。悪賢い。「やり方がー」文ずる・し（ク）

スルー〈through〉一（名・他スル）サッカーなどで、パスを受けると見せかけて別の味方選手に通すこと。二（名・自スル）（俗）聞き流すこと。とりあわないこと。無視。

するが〔駿河〕旧国名の一つ。現在の静岡県中部。駿州すんしゅう。

ずる-がしこ・い【△狡賢い】（形）カロ・カッ(ク)・イ・イ・ケレ・○ 自分だけが得するように、巧みに悪知恵をはたらかせるさま。悪賢い。

ずる・ける【△狡ける】（自下一）ケ・ケ・ケル・ケル・ケレ・ケロ(ケヨ) ①横着をする。怠ける。「宿題をー」②緩んでだらしなくなる。「ひもがー」

する-する（副）滑らかに動いたり、進んだりするさま。「ー（と）木に登る」

ずる-ずる（副・形動ダ）①物が引きずられたり、滑り落ちたりするさま。「袋をー（と）引っぱる」②決まりがつかず、長引くさま。「期限をー（と）延ばす」③汁などを音を立ててすするさま。「洟はなをー（と）すする」④しまりのないさま。「帯がーになる」

―べったり（名・形動ダ）惰性で、ある状態が続くさま。「ーな（の）関係」

スルタン〈アラビア sultān〉イスラム教国の君主の称号。サルタン。

ズルチン〈ドイツ Dulzin〉〔化〕人工甘味料の一つ。蔗糖しょとうの約三〇〇倍の甘みがある。有害とされ現在は使用禁止。

する-と（接）①そうすると。そこで。「少女が出てきた。ー彼は走り寄った」②それでは。そうだとすると。「ー今日は休みかな」

するど・い【鋭い】（形）カロ・カッ(ク)・イ・イ・ケレ・○ ①先がとがっている。「ー槍やり」②よく切れる。鋭利である。「ー刃物」③勢いが激しい。激しく迫ってくる。「ー攻撃」「ー目つき」④頭のはたらき・判断力・感覚がすぐれていて的確である。「勘がー」「ー観察力」「ー聴覚の持ち主」文するど・し（ク）

スルフォンアミド〈sulfonamide〉→サルファざい

するめ【△鯣】 イカを裂いて内臓を除き、干した食品。あたりめ。

―いか【―×烏賊】〔動〕スルメイカ科の軟体動物。暖流域にすむ。胴は長円錐えんすい形で、肉ひれは三角形。食用。夏

するり-と（副）動きが抵抗なくなめらかなさま。「わずかなすきまをー抜ける」

ずれ ①ずれること。位置や時間などがずれている状態・程度。「印刷のー」②食い違い。「二人の意見にーがある」

すれ-あ・う【擦れ合う・○摩れ合う】アフ（自五）ワ(オ)・イ(ッ)・ウ・ウ・エ・エ 物の面が、他の物とたがいにすれる。「袖そでがー」

スレート〈slate〉屋根・壁・天井などの材料とする粘板岩の薄い板。人造のものはセメントに繊維などを混ぜてつくる。

ずれ-こ・む【ずれ込む】（自五）マ(モ)・ミ(ン)・ム・ム・メ・メ 予定していた期間に終わらず、次の時期にくい込む。「着工が来年にー」

すれ-すれ（名・形動ダ）①いまにも触れ合いそうなほど近いさま。「地面ーに飛ぶ」②もう少しで限度を越すさま。きわどいさま。「反則ー」「終電車にーで間に合う」

すれ-ちがい【擦れ違い】チガヒ すれ違うこと。行き違うこと。

すれ-ちが・う【擦れ違う】チガフ（自五）ワ(オ)・イ(ッ)・ウ・ウ・エ・エ ①たがいに触れ合うほど近くを、反対の方向に通り過ぎる。「列車がー」②会えるはずが会えないで終わる。行き違う。③たがいの意見や気持ちが、かみ合わない。「議論がー」

すれっ-からし【擦れっ枯〔ら〕し】（名・形動ダ）世間でもまれて悪賢くなっているさま。また、その人。擦れ枯らし。

スレッド〈thread 糸・筋道〉〔情報〕インターネット上の掲示板などで、特定の話題に関連した一連の発言。スレ。

す・れる【擦れる・○摩れる】（自下一）レ・レ・レル・レル・レレ・レロ(レヨ) ①触れ合って動く。「葉がー」②こすれる。こすれていたむ。「袖口そでぐちがー」③世間でもまれて悪賢くなる。文す・る（下二）

ず・れる（自下一）レ・レ・レル・レル・レレ・レロ(レヨ) ①正しい位置から少しはずれる。「屋根がわらがー」②基準・標準からはずれてくいちがう。「時代感覚がー・れている」他ずら・す（五）文ず・る（下二）

スレンダー〈slender〉（形動ダ）ダロ・ダッ(デ)(ニ)・ダ・ナ・ナラ・○ ほっそりしたさま。やせ型でまっすぐ伸びたさま。「ーな体つき」

ず-ろう【△杜漏】ヅ（名・形動ダ）（杜撰ずさん脱漏だつろうの意）粗雑で手ぬかりの多いこと。また、そのさま。「ーな計画」

す-ろうにん【素浪人】ラウニン 貧しい浪人。浪人を卑しめて言う語。

スロー〈slow〉（名・形動ダ）速度の遅いこと。動作がのろいさま。緩やか。「ーテンポ」「ーボール」↔クイック

―スターター〈slow starter〉出足の遅い人。調子が出て実力を発揮するのに時間がかかる人。

―ダウン〈slow down〉（名・自他スル）速度が落ちること。また、落とすこと。減速。「ペースがーする」

―フード〈slow food〉地域の伝統的な食材や食文化を守り、消費者に味の教育を進めるなどして質のよい食生活を送ろうという運動。また、そのような食べ物。語源イタリアで「ファーストフード」に対してつくられた語。

―モー（名・形動ダ）〔俗〕（「スローモーション」の略）動作や反応の遅いこと。また、そのさま。

―モーション〈slow-motion〉①緩慢な動作や反応。②高速度撮影したフィルムをふつうの速さで映写し、画像をゆっくりした動きに見せるもの。また、その技法。

スロー〈throw〉投げること。特にスポーツで、球や槍(やり)を投げること。「アンダーー」「フリーー」

―イン〈throw-in〉サッカー・バスケットボールなどで、相手がラインの外に出したボールをコート内に投げ入れること。

―フォワード〈throw forward〉ラグビーの反則の一つ。ボールを前方に投げ出したりパスしたりすること。

スローガン〈slogan〉団体や組織などが、その主義・主張を短い言葉で言い表したもの。標語。「ーを掲げる」

ズロース〈drawers〉女性用のゆったりした下ばき。

スロープ〈slope〉傾斜。斜面。勾配(こうばい)。「ゆるやかなー」

ず-ろく【図録】ヅ― 説明のための図や絵を主体とした書物。

スロット〈slot 細長いすき間〉①自動販売機などの、料金の投げ入れ口。②コンピューターで、拡張ボードなどを差し込むための溝穴。③「スロットマシン」の略。

―マシン〈slot machine〉コインを入れてレバーを引き、回転させた複数の絵柄が止まったときの組み合わせでコインが出てくる自動賭博(とばく)機。スロット。

スロットル〈throttle〉絞り弁。エンジンなどで、ガソリンや蒸気の流れを調節するための弁。「ーレバー」

スロバキア〈Slovakia〉ヨーロッパ中部にある共和国。首都はブラチスラバ。

スロベニア〈Slovenia〉ヨーロッパ中部にある共和国。首都はリュブリャナ。

すわ スハ（感）突然のできごとに驚いて発する声。さあ。あっ。「ー一大事とかけつける」

すわ-こそ スハ―（感）「すわ」を強めて言う語。

スワジランド〈Swaziland〉「エスワティニ」の旧称。

スワップ〈swap 交換〉〔商〕デリバティブ取引の一つ。債務を一定期間、等価の異なる通貨や異なる種類の金利での支払いに交換する取り引き。為替や金利の変動によるリスクを抑えるために行う。スワップ取り引き。

すわ-や スハ―（感）「すわ」を強めて言う語。

すわり【座り・△坐り】①座ること。「ー心地」②物を置いたときの安定度。「ーが悪い」参考 ②はふつう「据わり」と書く。

―こみ【―込み】座って動かないこと。労働争議などで、要求が通るまである場所に座り続けて動かないこと。

―だこ【―×胼胝】いつも正座しているために、足の甲や踝(くるぶし)のあたりにできるたこ。

すわり-こ・む【座り込む・△坐り込む】（自五）マ(モ)・ミ(ン)・ム・ム・メ・メ ①はいり込んで座る。②座ったままその場を動かずにいる。

すわる【据わる】（字義）→きょ(据)

すわ・る【座る・据わる・△坐る】（自五）ラ(ロ)・リ(ッ)・ル・ル・レ・レ ①ひざを折り曲げて席に着く。いすに腰掛ける。「ざぶとんにー」「床にー」②ある地位・位置などにつく。「社長のいすにー（=社長になる）」③外部から力が加わっても動揺しなくなる。「肝(きも)がー」「腹がー」④じっとして動かなくなる。「酔って目がー」⑤揺らいだりせず、安定する。「赤ん坊の首がー」可能 すわ・れる（下一）参考 ③④⑤はふつう「据わる」と書く。

類語 座する・正座する・端座する・跪座(きざ)する・静座する・胡座(あぐら)をかく・着席する・腰掛ける・腰を下ろす・横座りする・平らにする・独座する・対座する・円座する・車座になる

表現 〈擬声・擬態語〉どっかと・どっかり・でんと・ちょこんと・ちょこなんと・ぺたりと・ぺたっと・きちんと
〈慣用表現〉根が生えたように・寸分の隙(すき)もなく・身を投げるように

スワン〈swan〉白鳥。冬

すん【寸】教6 スン　一　寸　寸

（字義）①→次項①。「三寸(ずん)」②ごく少しのたとえ。「寸暇・寸刻・寸志・寸前・寸断・寸分(すんぶん・すんぷん)」③長さ。「寸法」難読 寸莎(すさ)・寸寸(ずたずた)・寸胴切(ずんどぎ)り 人名 き・ちか・のり

すん【寸】①尺貫法の長さの単位。一尺の一〇分の一。一分(ぶ)の一〇倍。かね尺では約三・〇三センチメートル。「一尺二ー」②長さ。寸法。「ーが詰まる（=丈が短くなる）」

すん-い【寸意】自分の志の謙称。寸志。寸心。

すん-いん【寸陰】わずかな時間。寸刻。寸時。「ーを惜しむ」

すん-か【寸暇】わずかな暇。小閑。「ーを惜しんで働く」

すん-かん【寸感】ちょっとした感想。「観劇ー」

ずん-ぐり（副・自スル）太く短いさま。太って背の低いさま。

―むっくり（副・自スル）「ずんぐり」を強めて言う語。背が低くて太っているさま。「ーした人」

すん-げき【寸隙】わずかな暇。わずかなすき。「ーを突く」

すん-げき【寸劇】軽い内容のごく短い劇。コント。

すん-げん【寸言】短いが深い意味を含んだ言葉。

すん-ごう【寸△毫】ガウ―（「毫」は細い毛の意）ほんのわずか。寸分。「ーも疑う余地はない」

すん-こく【寸刻】わずかな時間。寸時。寸陰。「ーを惜しむ」

すん-し【寸志】①自分の志の謙称。わずかな志。寸意。寸心。「ーを表す」②自分の贈り物の謙称。心ばかりの贈り物。

すん-じ【寸時】わずかな時間。寸刻。寸陰。「ーも休まず」

すん-しゃく【寸尺】①わずかな長さ。②丈。寸法。長さ。

すん-しゃく【寸借】わずかな金品を借りること。また、少しの期間借りること。

―さぎ【―詐欺】ちょっと借してくれといって人から金品をだまし取ること。また、その人。

すん-しょ【寸書】短い手紙。自分の手紙の謙称。寸簡。寸楮(すんちょ)。「ーを呈する」

すん-しん【寸心】自分の志の謙称。わずかばかりの気持ち。寸意。寸志。

ずん・ず【△誦ず】（他サ変）〔古〕（和歌・詩文・経などを）声を出して読む。吟ずる。口ずさむ。誦(ず)する。

ずん-ずん【寸寸】（名・副）きれぎれ。ずたずた。「ーに切る」

ずん-ずん（副）速く進行するさま。ぐんぐんはかどるさま。「先に立ってー歩く」「仕事がーはかどる」

すん-ぜん【寸前】ちょっと前。すぐ前。直前。「発車ー」

すんぜん-しゃくま【寸善尺魔】（一寸の善事と一尺の悪事の意から）世の中にはよいことが少なく悪いことが多いというたとえ。

すん-たらず【寸足らず】（名・形動ダ）寸法が足りないこと。ふつうより短いこと。また、そのさま。「ーの服」

すん-だん【寸断】（名・他スル）細かくずたずたに断ち切ること。「大雨で道路がーされる」

すん-ちょ【寸△楮】短い手紙。自分の手紙の謙称。寸書。参考「楮」はこうぞで、紙を作る原料であることからいう。

すん-づまり【寸詰〔ま〕り】（名・形動ダ）寸法が足りないこと。また、その物。「ーのズボン」

すん-てつ【寸鉄】①小さい刃物。「身にーも帯びず（=まったく武器を持たない）」②警句。警語。

―人(ひと)を刺(さ)す 警句が人の急所を突く。

すんで-に【◇既に】（副）（「すでに」を強めた語）もう少しのところで。すんでのところで。「—車にひかれるところだった」

すんで-の-こと-に【◇既の事に】もう少しのところで。危うく。すんでのところで。「—火事になるところだった」

すん-ど【寸土】ごくわずかな土地。寸地。「—を争う」

ずん-どう【◇寸胴】（名・形動ダ）①上から下まで同じ太さであること。また、そのさま。「—の体型」②→ずんどぎり②

ずんど-ぎり【◇寸◇胴切り】①輪切り。ずんぎり。②竹製で筒形の花入れ。ずんどう。③古木の幹を水平に切り、根のほうを残して茶室の庭に置いて飾るもの。

すん-どめ【寸止め】空手などで、攻撃の拳や蹴りなどを相手に当たる寸前で止めること。

すんなり（副・自スル）①すらりとしてしなやかなさま。「—（と）した足」②物事が抵抗なく進行するさま。「—（と）話が決まる」

すん-びょう【寸秒】ベウ ごくわずかな時間。寸刻。「—を争う」

すん-びょう【寸描】ベウ 短時間のうちに簡単に描写すること。また、その描写したもの。スケッチ。「政界—」

すん-ぴょう【寸評】ビヤウ（名・他スル）短くまとめた批評。

すん-ぶん【寸分】（名・副）（一寸一分の意から）ほんの少し。ごくわずか。寸分。「—の差」「—違わず」

ずんべら-ぼう バウ（名・形動ダ）《俗》①凹凸のないこと。また、そのさま。のっぺらぼう。「—な顔」②行いがなげやりでしまりがないさま。また、その人。「この、—め」

すん-ぽう【寸法】パフ ①長短の度合い。長さ。「洋服の—をとる」②手順。段取り。「こうすれば楽にもうかる—だ」

すん-わ【寸話】短い話。ちょっとした話。「文壇—」

せ セ

五十音図「さ行」の第四音。「せ」は「世」の草体。「セ」は「世」の草体の略体。

せ【世】（字義）→せい（世）

せ【施】（字義）→し（施）

せ【瀬】（字義）→らい（瀬）

せ【瀬】①歩いて渡れるほど川の流れが浅い所。浅瀬。↔淵 ②川の流れが速い所。早瀬。③時機。機会。「逢う—」「浮かぶ—がない」④ある人の置かれている立場。「立つ—がない」

せ【◇兄・◇夫・背】《古》女性から夫・兄弟・恋人などの男性を親しんで呼んだ語。「沓はけわが—」〈万葉〉↔妹

せ【背】①せなか。「荷を—に負う」↔腹 ②うしろ。背面。背部。「壁を—にして立つ」③山の尾根。「山の—」④身長。背丈。せい。「—が高い」

—に腹は代えられない さしせまった大事のためには、ほかのつごうなどかまっていられないことのたとえ。—を向ける ①うしろ向きになる。「壁に—」②とりあわない。無関心な態度をとる。また、そむく。「世間に—」「親の意見に—」

せ【◇畝】尺貫法の土地の面積の単位。一反の一〇分の一。三〇歩（＝三〇坪）。約九九・二平方メートル。

ぜ【是】ぜ㊥ これ・この　日 旦 早 早 昰 是

（字義）①よい。道理に合っている。「是非・是是非非」↔非 ②㋐正しいと認める。正す。「是正・是認」㋑正しいと認められた方針。「国是・社是」③これ。この。かく。指示する語。「如是我聞」人名 し・すなお・ただ・ただし・つな・ゆき・よし

ぜ【是】道理に合ったこと。一般によいと認められること。↔非

—が非でも 何がなんでも。なんとしても。ぜひとも。「—勝ちたい」用法「ぜひ」と同じ意味であるが、それをさらに強く言い表す語。あとに願望・命令・決意の表現を伴う。

ぜ（終助）軽く念を押したり、強く指示したりするときに用いる。「さあ、行こう—」用法 用言・助動詞の終止形に付く。おもに男性の用いるぞんざいな言い方で、目上の人には用いない。

ぜあみ【世阿弥】（一三六三？—一四四三？）室町前期の能役者・謡曲作者。父観阿弥の死後、観世座を継いで能楽を大成。演技・評論に活躍。その芸風は幽玄を基本とする。謡曲「高砂」、能楽論「風姿花伝（花伝書）」「花鏡」など。

せい【井】教4 セイ㊥・ショウ（シャウ）㊥ い　一 二 ナ 井

（字義）①いど。地面を掘って水などをくみあげる所。「井泉・井底・鑿井・油井」②いげたの形。いげたのように整っている。「井然・井田法・天井」③（人の生活に井戸が必要であったことから）人家の集まった所。まち。「市井」人名 きよ

せい【世】教3 セイ・セ よ　一 十 廿 廿 世

（字義）①個人が社会的に活動する期間。三〇年。「世代・不世出」②（家系の相続を表して）代。㋐一代。家督を相続して一人が当主である期間。一君主が在位して統治する期間。「治世」㋑帝位や血統の相続の数を示す。代。また、その代の人。「二世・隔世遺伝・万世一系」㋒代々の相続。父から子につぎつぎと伝えること。「世子・世襲」③（時代の区分を表して）㋐人の一生。一代。「一世・終世・前世」㋑時代。一まとまりの期間。「世紀・隔世」㋒歴史上区分した時代。「近世・中世」㋓地質年代で、「紀」の下の区分。「更新世」④社会生活を営む所。人の世。世の中。「世界・世間・世相・世論・時世・出世・人世」難読 世帯・世阿弥 人名 つぎ・つぐ・つね・とき・とし

-せい【世】（接尾）家系・王位などが祖先から何代目かを表す語。「二—」「ナポレオン三—」「九—の孫」

せい【◇丼】セイ どんぶり㊥・どん㊥　一 二 ナ 井 丼

（字義）①いど。＝井。②どんぶり。「天丼」

せい【正】教1 セイ・ショウ（シャウ） ただしい・ただす・まさ・かみ　一 丅 下 正 正

（字義）①ただしい。㋐まちがいない。ほんとうの。まっすぐ。かたよらない。「正直・正解・正義・公正」㋑正しい形の。きちんとした。「正方形・端正」㋒本物の。真の。「正体・正真正銘」㋓まむかい。おもて。「正面・正門」②まさに。ただしく。ぴったりちょうど。「正午・正反対」③正式の。主となる。㋐本すじの。本来の。「正式・正統」㋑おもな。中心となるもの。「正客・正会員」㋒同じ位の中で上級のもの。「正三位」↔従 ④ただす。正しくする。「改正・矯正・是正・訂正」⑤かみ。長。「検事正・僧正」⑥暦法で歳首の標準。年の初め。「正月・賀正」難読 正鵠・正麩・正面 人名 あき・あきら・おさ・きみ・さだ・たか・ただし・つら・なお・のぶ・はじめ・まこと・まさし・まさる・みち・よし

せい-【正】（接頭）①正しい形の、きちんとした、の意を表す。「—方形」②正式の、主となる、の意を表す。「—社員」

せい【正】①正しいこと。まちがっていないこと。正道。「—を踏む」↔邪 ②正式のもの。主となるもの。「—副二通の書類」③正反対の性質の一方。㋐《数》実数の値が零より大きいこと。プラス。「—の数」「—の符号」↔負 ㋑《物》陽電気の性質。「—の電荷」↔負 ④《哲》弁証法の発展段階において、反となる概念のもとの状態。テーゼ。定立。「—反合」

せい【生】 教1 セイ・ショウ(シャウ)・いきる・いかす・いける・うまれる・うむ・おう中・はえる・はやす・き中・なま

(字義) ①はえる。芽が出る。「群生・自生」②㋐うまれる。「生誕・生来」↕死 ㋑うまれつき。「生得・再生・出生・誕生」㋒うむ。作り出す。「生産・生殖・生成・生母」㋓おこる。世に現れる。できる。「生起・発生」③そだつ。「生育・生長」④㋐いきる。いきていること。「生活・生息・生存・寄生・野生」㋑いきているまま。いきながら。「生還・生別」㋒いかす。「生殺」㋓いきいきした。「生気・生色」㋔くらし。生活。「生業・厚生・民生」⑤㋐いのち。生命。生命のある間。一生。「終生・人生・余生」㋑(「ジョウ」と読んで)生命のあるもの。生物。「生類・衆生・殺生」⑥なま。㋐新鮮な。加工していない。「生糸・生鮮」㋑未熟の。なれていない。「生硬・生熟・生兵法」⑦㋐読書や勉学をする人。「生徒・学生・書生」㋑生徒。学生。「一年生・優等生」⑧男子のへりくだった自称。「小生・老生」⑨他人に対する敬称。「先生」 難読 生憎・生け贄・生薬・生粋・生姜・生薑・生絹・生齧・生業・生血 人名 あり・いく・うまる・え・おい・おき・こ・すむ・せ・たか・なり・なる・の・のう・のり・ふ・ぶ・ふゆ・み・よ

-せい【生】(接尾) ①㋐植物の生存期間を示す。「多年—」㋑何年間生長したかを示す。「二〇年—の松」②学生・生徒の意を表す。「大学—」「上級—」③(手紙の署名などで)男子が自分をへりくだって名前に添える語。「内田—」

せい【生】 ㊀(名) ①生きていること。生存。「—の喜び」↕死 ②いのち。生命。「この世に—を受ける(=生まれる)」③暮らし。生活。「—をいとなむ」④いきもの。生物。「—を哀れむ」㊁(代)男子のへりくだった自称。小生。「—らが喜び」

せい【成】 教4 セイ・ジョウ(ジャウ)高 なる・なす

(字義) なす。なる。㋐なしとげる。作りあげる。できあがる。「成就・成功・完成・作成・編成・落成」㋑育てあげる。育つ。みのる。「成育・成熟・成人・成長・養成」㋒できあがった。「成果・成句・成文法」 難読 成仏・成吉思汗 人名 あき・あきら・おさむ・さだ・さだむ・しげ・しげる・しょう・なり・のり・はかる・ひで・ひら・ふさ・まさ・みち・みのる・よし

せい【西】 教2 セイ・サイ にし

(字義) ①にし。太陽の沈む方角。「西部・西方・関西・鎮西」↕東 ②西方へ行く。「西遊・西征・西下」↕東 ③「西洋」をいう。「西欧・西暦・泰西」④「西班牙」の略。「米西戦争」 難読 西瓜 人名 あき・し・せ

せい【声】 教2【聲】 セイ・ショウ(シャウ)高 こえ・こわ

(字義) ①㋐おと。ひびき。「渓声」㋑人のこえ。鳥獣の鳴きごえ。「声楽・声調・音声・笑声・肉声」②声を出す。ことばを出す。「声援・声優」③音楽のふし。音階。「五声」④うわさ。世間の評判。「声望・悪声・名声」⑤中国語のアクセント。声調。「四声」⑥漢字の字音における語頭の子音。 難読 声色・声高・声音・声明 人名 おと・かた・たか・ちか・な・のぶ・もり

せい【制】 教5 セイ

(字義) ①たち切る。切ってしたてる。作る。=製。「制作」②㋐とりきめ。さだめ。きまり。おきて。「制定・制度・制服・規制・法制」㋑組織の形式・体裁。「体制」③(接尾語的に用いて)制度。「旧制・共和制・定時制・帝制・六三三制」④おさえる。㋐おしとどめる。禁止する。適度でやめる。「制限・制止・禁制・自制・抑制」㋑支配する。治める。「制御・制空権・制覇・先制・専制・統制」 人名 いさむ・おさ・おさむ・さだ・すけ・ただ・ただし・のり

せい【姓】 セイ中・ショウ(シャウ)中 かばね

(字義) ①一族。血すじ。同じ祖先から出た一族を表す語。また、家柄を示す「氏」と混同される。「姓氏」②かばね。日本で古く、貴族の家柄・職分を表した称号。「氏姓制度」③みょうじ。氏族または家の固有の名。「姓名・改姓・同姓」

せい【姓】 ①氏。みょうじ。「—は田中です」②→かばね(姓)

せい【征】 セイ中 ゆく・うつ

(字義) ①ゆく。旅に出る。「征客」②㋐戦いに出かける。「征戦・遠征・出征・長征」㋑反逆者や外敵を攻め討つ。討伐する。「征討・征伐・征服」 難読 征矢・征箭 人名 いく・いさお・おさむ・さち・しょう・すすむ・そ・ただ・ただし・ただす・とも・まこ・まさ・まさし・もと・ゆき

せい【性】 教5 セイ・ショウ(シャウ)中 さが

(字義) ①人の生まれつき。自然にそなわる性質。「性根・性格・性質・天性・本性」②㋐物事の性質・傾向。「性能・属性・特性」㋑…の(…する)性質をもつ意。「悪性・急性・酸性・中性・陽性」③男女・雌雄の区別。また、それに関する本能。「性別・性欲・女性・男性」 人名 なり・もと

-せい【性】(接尾) 事物の名に添えて、「…としての性質」「…する性質」の意を示す。「植物—の油」「社会—」「生産—」

せい【性】 ①生まれつきの性質。たち。本性。「人の—は善である」②心の本体。心の作用。心。③性別。男女・雌雄の区別。④性別・生殖に関する本能。セックス。「—に目覚める」⑤〔文法〕(gender の訳)インドヨーロッパ語族に属する言語の、名詞・代名詞などにある、男性・女性・中性の文法上の区別。

せい【青】 教1 セイ・ショウ(シャウ)高 あお・あおい

(字義) ①あお。あおい。空の色や草の色などにいう。「青天・群青・緑青」②五行説で、東方・春の色。年若い意。「青春・青年」 難読 青蠅・青柳・青銅・青黛 人名 お・きよ・しげる・はる

せい【斉】【齊】 人 セイ中 ひとしい・ととのえる

(字義) ①ひとしい。ととのう。大小がなく、そろう。でこぼこがない。そろえる。「斉唱・斉整・一斉・均斉」②ととのえおさめる。「修身斉家」 人名 あき・あきら・いつき・おさむ・きよ・さい・ただ・ただし・とき・とし・なお・なり・ひとし・まさ・むね・よし

せい【斉】〔世〕中国の国名。①周代、山東省地方にあった国。(?〜前三七九)②戦国時代の七雄の一つ。秦に滅ぼされた。田斉。(前三七九〜前二二一)③南北朝時代の南朝の一国。南斉。(四七九〜五〇二)④南北朝時代の北朝の一国。北斉。(五五〇〜五七七)

せい【政】 教5 セイ・ショウ(シャウ)高 まつりごと高

(字義) ①まつりごと。領土・人民を統治する。「政治・政事・行政・国政・参政権・市政・施政・善政・内政」②物事をおさめ処理する。「家政・財政」 難読 政所 人名 おさ・かず・きよ・こと・すなお・ただ・ただし・なり・のぶ・のり・まさ・まさし・まん・ゆき

せい【星】 教2 セイ・ショウ(シャウ)中 ほし

(字義) ①ほし。宇宙間の天体。多くは、太陽と月以外の目に見える天体を指す。「星雲・衛星・火星・金星・恒星・水星・彗星・遊星・流星・惑星」②つきひ。時の流れ。「幾星霜」③重要な地位にある人のたとえ。「巨星・将星」[人名]とし

-せい【星】(接尾) ほしの名を示す。「北極—」

せい【牲】 セイ㊥ いけにえ
(字義) 神を祭るとき供える生きた動物。いけにえ。「犠牲」

せい【省】 教4 セイ・ショウ(シャウ) かえりみる㊥・はぶく
(字義) ①(「セイ」と読んで)かえりみる。㋐注意してよく見る。調べる。「省察」㋑ふりかえって自分を考える。「三省・内省・反省」㋒父母親族の安否をたずねる。「帰省」②はぶく。へらす。「省筆・省略」③(「ショウ」と読んで)中央政府の上級官庁。㋐中国で昔、宮中の役所。「尚書省」㋑昔、日本で太政官制の中央官庁。「八省・民部省」㋒国家行政組織のため内閣の下におく中央官庁。「省議・省令・各省・財務省」④(「ショウ」と読んで)中国の、最上級の地方行政区画。「省政府・河北省」[人名]あき・あきら・かみ・さとる・み・みる・よし

せい【凄】 セイ㊥ すさまじい・すごい
(字義) ①はださむい。涼しい。「凄然」②ものさびしく寒々とする。「凄涼」③すさまじい。ものすごい。「凄艶・凄惨・凄絶」

せい【栖】 人 セイ す・すむ
(字義) ①す。鳥の巣。「栖鴉」②すみか。③すむ。すみかとする。やすむ。「栖息」[人名]すみ [参考]「棲」は別体。

せい【逝】 セイ㊥ ゆく高・いく高
(字義) 遠くへ行ってしまう。㋐行く。去って行く。「逝者」㋑人が死ぬ。「逝去・急逝」

せい【晟】 人 セイ・ジョウ(ジャウ) あきらか
(字義) ①あきらか。日が照って明るい。②さかん。③ひかり。[人名]あき・あきら・しげる・ぜい・てる・のぼる・まさ

せい【情】(字義)→じょう(情)

せい【°済】(字義)→さい(済)

せい【清】 教4 セイ・ショウ(シャウ)高・シン きよい・きよまる・きよめる・すずしい
(字義) ①きよい。きよらか。↔濁 ㋐水がにごっていない。すんでいる。すむ。「清水・清水・清流」㋑けがれがない。くもりがない。いさぎよい。「清純・清貧・清廉」②すずしい。すがすがしい。「清涼・清冷」③きよめる。さっぱりと整理する。「清算・清掃・粛清」④「清音」の略。↔濁 [難読]清朝・清清しい・清白・清まし汁 [人名]きよ・きよし・きよむ・さや・し・すが・すみ・すむ・せ

せい【盛】 教6 セイ㊥・ジョウ(ジャウ)高 もる・さかる㊥・さかん㊥
(字義) ①もる。物を器にいっぱいにする。②さかり。さかん。栄えて勢いがよい。「盛夏・盛況・盛大・盛典・全盛・繁盛・隆盛」↔衰 [難読]盛者 [人名]さかえ・さかり・しげ・しげる・たけ・と・とし・まさ・みつ・もり・よし

せい【婿】 セイ高 むこ㊥
(字義) むこ。むすめの夫。「女婿」[参考]「聟」は俗字。

せい【惺】 人 セイ
(字義) ①さとい。賢い。②さとる。道理を理解する。「惺悟」[人名]あきら・さとし・さとる

せい【晴】 教2 セイ はれる・はらす
(字義) はれる。青空が出る。よい天気。「晴天・晴朗・快晴」↔雨 [人名]あき・あきら・きよ・きよし・てる・なり・はる

せい【棲】 人 セイ すむ
(字義) ①鳥の巣。ねぐら。動物がすむ。「棲息」②人が住む。すみか。特に、隠れ住む。「隠棲・同棲・幽棲」[参考]「栖」は別体。

せい【甥】 人 セイ・ショウ(シャウ) おい
(字義) ①おい。姉妹の生んだ子。今は、兄弟姉妹の息子。「甥姪」②むこ。娘の夫。「甥舅」

せい【貰】 人 セイ・シャ もらう
(字義) ①もらう。㋐贈り物を受ける。㋑助力を受ける。㋒さそわれる。②つけで物を買う。「貰貸」③ゆるす。「貰赦」

せい【勢】 教5 セイ・セ いきおい
(字義) ①いきおい。他に影響を与える力。「勢威・勢力・威勢・火勢・気勢・権勢」②物事のなりゆき。ようす。「運勢・形勢・姿勢・時勢・情勢・趨勢・大勢」③人数。兵力。「大勢・軍勢・多勢」④睾丸。「去勢」⑤「伊勢の国」の略。「勢州・紀勢本線」[難読]勢子 [人名]なり

せい【勢】 ①いきおい。力。②軍勢。兵力。「敵の—五万騎」

せい【歳】(字義)→さい(歳)

せい【靖】 人 セイ やすい
(字義) 静か。安らか。静める。治める。「靖安・靖国」[人名]おさむ・きよ・きよし・しず・しずか・ただ・のぶ・はる・やす・やすお・やすし

せい【聖】 教6 セイ・ショウ(シャウ) ひじり
(字義) ①㋐知識・人格が完成し、道理をきわめた最高の人。もと、儒教の語で、古代の偉大な帝王や孔子をいうことが多い。「聖賢・聖人・亜聖・至聖・大聖」㋑のち一般に、知識・道徳がすぐれ、世の中で尊敬される人。徳の高い人。宗教・道徳の創始者をいうことが多い。「三聖・四聖」②仏教で、迷いを去り、悟りを得た人。高徳の僧。「聖衆・聖人」③それぞれの道で最もすぐれた人。「楽聖・詩聖・書聖・俳聖」④けがれなく崇高で冒しがたい。「神聖」⑤㋐天子の尊称。「聖上・先聖・列聖」㋑天子に関する事物に冠する敬称。「聖業・聖旨・聖断・聖徳」⑥けがれなく尊い。㋐キリスト教で、清く尊い。「聖書・聖母」㋑一般に、宗教的に尊い。「聖火・聖地」⑦清酒の異名。↔賢 [人名]あきら・きよ・きよし・さと・さとし・さとる・しか・せっ・たか・たかし・たから・とおる・とし・のり・まさ・よさ

せい【聖】 ■一■(名)(Saint の訳語)キリスト教で、聖人の名に冠する語。「—ヨハネ」■二■(形動ナリ)けがれなく尊いさま。「—なる地」

せい【誠】 教6 セイ まこと㊥
(字義) 言葉と心が一致する。言葉や行いに、うそがない。真実の心。「誠意・誠実・誠心・至誠・忠誠」[人名]あき・あきら・かね・さと・さね・しげ・すみ・たか・たかし・たね・とも・なが・なり・なる・のぶ・のり・まさ・み・もと・よし

せい【精】 教5 セイ・ショウ(シャウ)㊥ くわしい
(字義) ①米をついて白くする。白くした米。白い。「精白・精米」②くわしい。↔粗 ㋐細かい。「精細・精粗・精緻・精密」㋑くわしく。「精解・精算・精通・精読」㋒細かく巧み。「精巧・精妙」③純粋なもの。よりぬき。最もすぐれたもの。「精鋭・精華・精悍・精髄」④念入りにする。純良なものにする。「精製・精錬」⑤㋐生命の根本の力。元気。「精根・精力」㋑元

気・精力を十分はたらかすこと。「精進・精励・研精・不精」㋒男性の生殖力のもと。「精液・精子」㋓万物生成のもと。「精気」⑥物のはたらきの核心となる力。ふしぎな力をもつもの。「精霊・精魂・精神」人名 あき・あきら・きよ・きよし・くわし・しげ・しら・すぐる・すみ・ただ・ただし・つとむ・ひとし・まこと・まさ・まさし・もり・やす・よし

せい【精】 ①心身の力。元気。精力。「―も根もつきはてる」②自然のものに宿るたましい。精霊。「森の―」③まじりけのないもの。純粋な部分。

―を出す 熱心に行う。一生懸命にやる。「仕事に―」

せい【製】 教5 セイ つくる

（字義）①布をたって衣服を仕立てる。②つくる。品物・詩文などを作る。また、その作り。「製作・製造・官製・作製・私製・精製・粗製」人名 のり

-せい【製】（接尾）「…で作られたもの」の意を表す。㋐地名に付けて、そこで作られたことを示す。「スイス―の時計」㋑材料の名に付けて、それで作られたことを示す。「布―のかばん」

せい【誓】 セイ㊥ ちかう㊥

（字義）かたい約束の意志を言明する。また、神仏に約束する。かたい約束の言葉。「誓言・誓詞・誓文・誓約・宣誓」

難読 誓湯 人名 せん・ちかい

せい【静】 教4【靜】 セイ・ジョウ（ジャウ）㊥ しず・しずか・しずまる・しずめる

（字義）①しずか。㋐じっとして動かない。「静止・静養・安静」㋑音がしない。ひっそりしている。「静寂・静粛・閑静」②おだやか。さわぎたてない。しずめる。「静穏・静観・鎮静・平静・冷静」

難読 静寂 人名 きよ・しずか・ちか・つぐ・ひで・やす・やすし・よし

せい【静】 しずかなこと。動かないこと。「動中の―」

せい【請】 セイ㊥・シン㊎・ショウ（シャウ） こう㊎・うける㊥

（字義）こう。願い求める。たのむ。「請願・請求・起請・懇請・申請・普請」難読 請負・請来

せい【整】 教3 セイ ととのえる・ととのう

（字義）正しくそろえる。よくそろう。「整然・整頓・整理・端整・調整」人名 おさむ・ただし・なり・のぶ・ひとし・まさ・よし

せい【醒】 セイ㊥ さめる

（字義）①酒の酔いからさめる。②目ざめる。「半醒」③夢からさめる。「夢醒」④心の迷いがはれる。「覚醒」

せい【錆】（人） セイ・ショウ（シャウ） さび

（字義）さび。㋐金属の表面が酸化してできる金属の化合物。㋑悪い結果。報い。

せい【背】 身長。背丈。「―比べ」語源「せ」の転。

せ-い【所為】（多くは悪い）結果を引き起こすもとになった原因・理由。「他人の―にする」「年の―か疲れやすい」語源「所為」の音読「そゐ」の転じたもの。

ぜい【税】 教5 ゼイ

（字義）昔、統治者が人民から取りたてた穀物・布・金銭。年貢。今は、国家や地方公共団体が、国民から強制的に徴収する金銭。「税金・税務署・関税・国税・租税・地方税」人名 おさむ・ちから・みつぎ

ぜい【税】 国や地方公共団体が、公的な費用にあてるために国民・住民から強制的に取りたてる金銭。税金。租税。

ぜい【説】（字義）→せつ（説）

ぜい【贅】 ぜいたく。むだなおごり。「―を尽くす」「―を競う」

せい-あ【井蛙】（井戸の中にすむ蛙の意から）考えや知識のせまい人をあざけって言う語。井の中の蛙。語源「荘子」の「井蛙もって海を語るべからず」から出た語。

―の見 見識がせまいこと。

せい-あい【性愛】 性的な愛欲。

せいあく-せつ【性悪説】〘哲〙中国の荀子が唱えた、人の本性はもともと悪であるとする説。後天的な修養により善を実現することを説いた。↔性善説

せい-あつ【制圧】（名・他スル）威力で相手の力や動きをおさえつけ、支配下に置くこと。「武力で反対派を―する」

せい-あつ【征圧】（名・他スル）征服して押さえこむこと。「癌の―」

せい-あん【成案】 できあがった案・文案。「―を得る」↔草案・試案

せい-い【西夷】（西方の野蛮人の意）①昔、中国で西方の異民族を軽蔑して呼んだ語。②江戸時代末期に、西洋人を見下して言った語。

せい-い【勢威】 人をおそれ従わせる勢い。権勢と威力。「―をふるう」

せい-い【誠意】 私欲を離れ、いつわりなく、心をこめて対処する気持ち。真心。「―を示す」「―に欠ける」「―ある態度」

せい-いき【西域】 昔、中国人が、中国の西方地域をさして呼んだ語。狭義ではタリム盆地をさす。西域。

せい-いき【声域】〘音〙ある人が出すことのできる、声の高低の範囲。女声をソプラノ・メゾソプラノ・アルト、男声をテノール・バリトン・バスに分ける。「―が広い」

せい-いき【聖域】 ①侵してはならない神聖な区域。「―を侵す」②ふれたり問題にしたりしてはならないとされる事柄・領域。「学問の自由という―」

せい-いく【生育】（名・自他スル）植物などが生え育つこと。生み育てること。「稲の―状態」⇩「使い分け」

せい-いく【成育】（名・自スル）人・動物などが育つこと。成長すること。「―歴」⇩「使い分け」

> **使い分け**「生育・成育」
>
> 「生育」は、生まれ育つこと、育てることの意で、「苗の生育に適した土壌」「農作物が生育する」などと、主として植物に関して使われる。
>
> 「成育」は成長すること、一人前に育つことの意で、「稚魚の成育法」「子供が順調に成育する」などと、主として動物や人間に関して使われる。

せいい-たいしょうぐん【征夷大将軍】〘日〙①平安時代、蝦夷征討のために任ぜられた令外官。②鎌倉時代の源頼朝以後、武家政権の首長として幕府を開き、政治・武力の実権をとった者の職名。将軍。

せい-いつ【斉一】（名・形動ダ）（「斉」は、ひとしい意）みな一つにそろっていること。また、そのさま。「条件が―になる」

せい-いっぱい【精一杯】（名・副）その人にできるすべてであること。力のかぎり。「ノルマをこなすのが―だ」「―努力する」

せい-いん【正員】 正式な資格のある人員。↔客員

せい-いん【成因】 物事のできあがる原因。「火山の―」

せい-いん【成員】 団体や組織を構成する人々。構成員。メンバー。「劇団の―」

せい‐いん【声韻】―ヰン 声とひびき。音韻。

せい‐う【晴雨】晴れと雨。晴天か雨天か。

―けい【―計】〘気〙気圧の高低によって気象を観測する器械。気圧計。バロメーター。

セイウチ〈ロシア sivuch〉〘動〙北極海に群棲(ぐんせい)するセイウチ科の大形食肉哺乳(ほにゅう)動物。体は茶褐色で、四肢はひれ状、長い牙(きば)がある。雄は体長三メートル、体重一トン以上に達する。海馬。参考「×海象」とも書く。

〔セイウチ〕

せい‐うん【青雲】①青い空。②高位。高官。

―の志(こころざし) 立身出世して高位につこうとする功名心。「―を抱いて故郷を出る」

せい‐うん【星雲】〘天〙薄い雲のように輝いて見える天体。ガスや宇宙塵(じん)などの集まり。かつては銀河系内星雲と銀河系外星雲とに分けられていた。現在では前者を星雲、後者を銀河と呼ぶ。

せい‐うん【盛運】栄える運命。さかんな運命。↔衰運

せい‐えい【清栄】手紙文で、相手の健康と繁栄を祝う挨拶(あいさつ)の言葉。「貴家(きか)ますますご―の段大慶(たいけい)に存じます」

せい‐えい【精鋭】(名・形動ダ)勢いが強く、鋭い力や気力に満ちあふれているさま。また、その人、特に兵。「少数―」

せい‐えき【精液】〘生〙雄(おす)の生殖器から分泌する精子を含んだ液。人間では射精によって尿道から排出される。

せい‐えん【正塩】〘化〙多塩基酸の水素原子を、すべて金属で置き換えた塩。塩化ナトリウム・硫酸カルシウムなど。

せい‐えん【声援】―エン(名・他スル)声をかけて応援すること。言葉をかけて励ますこと。「―を送る」「沿道の人々が―する」

せい‐えん【盛宴】出席者が多く、盛大な宴会。

せい‐えん【製塩】(名・自スル)海水や岩塩などから食塩をつくること。「―法」

せい‐えん【凄艶】(形動ダ)ダロ・ダッ(デ・ニ)・ダ・ナラ・○(女性の姿などが)ぞっとするほどあでやかで美しいさま。「―な姿」文(ナリ)

せい‐おう【聖王】―ワウ 徳が高く、りっぱな政治をする王。

せい‐おう【西欧】①ヨーロッパの西部。西ヨーロッパ。↔東欧 ②(東洋に対して)西洋のこと。欧州。ヨーロッパ。

せいおうぼ【西王母】セイワウボ 中国古代の伝説上の仙女。長寿を与えるといわれ、不老長寿を願う漢の武帝に三〇〇〇年に一度実る仙桃(せんとう)を与えたという。

せい‐おん【清音】①清らかな音色。澄んだ音色。②日本語で、濁点や半濁点を付けない仮名が表す音。五十音図のガ・ザ・ダ・バ(パ)行に対する、カ・サ・タ・ハ行の音。⇒濁音・半濁音

せい‐おん【声音】こえ。音声。

せい‐おん【聖恩】天子から受ける恩恵。皇恩。

せい‐おん【静穏】―ヲン(名・形動ダ)静かでおだやかなこと。また、そのさま。「―な日々を送る」

せい‐か【生花】―クワ ①自然の生きた花。↔造花 ②いけばな。

せい‐か【正価】かけねのない値段。正札(しょうふだ)。「―販売」

せい‐か【生家】その人が生まれた家。実家。さと。

せい‐か【正貨】―クワ〘経〙それ自身実質上の価値をもつ貨幣。金本位制度の国では金貨と金地金。本位貨幣。

せい‐か【正課】―クワ 学校教育で、正規の課業・科目。

せい‐か【成果】―クワ なしとげたよい結果。「十分な―をあげる」

せい‐か【声価】世間での評判。名声。「―が高まる」

せい‐か【青果】―クワ 青物(野菜)と果物。青果物。「―市場」

せい‐か【斉家】家庭を整えおさめること。「修身―」

せい‐か【盛夏】夏の最も暑い時期。夏のさかり。真夏。「―の候」夏

せい‐か【聖火】―クワ ①神にささげる神聖な火。②オリンピックの期間中、中央会場で燃やし続ける、ギリシャで採火した火。「―リレー」はじまり ②は、一九二八(昭和三)年、第九回アムステルダム大会から。聖火リレーは第一一回ベルリン大会が最初。

せい‐か【聖歌】〘音〙神をたたえる宗教歌。特に、キリスト教において用いられる宗教歌。「―隊」

せい‐か【精華】―クワ その物事の真価を表すいちばんすぐれているところ。真髄。「古代建築の―」

せい‐か【製菓】―クワ(業務として)菓子をつくること。「―会社」

せい‐か【製靴】―クワ(業務として)靴をつくること。「―業」

せい‐か【請暇】休暇を願い出ること。また、その休暇。

せい‐か【△臍下】へその下。下腹。

―たんでん【―丹田】人間のへその少し下のところ。ここに力を入れると気力と健康が得られるという。

せい‐が【清雅】(名・形動ダ)清らかで上品なこと。また、そのさま。「―な作風」

せい‐かい【正解】(名・自他スル)①正しい解答や解釈をすること。また、その答えや解釈。「―を出す」②結果としてよい選択であること。「中止の判断は―だった」

せい‐かい【政界】政治または政治家の社会。「―の黒幕」

せい‐かい【盛会】―クワイ 盛大でにぎやかな会合。「―のうちに幕を閉じる」

せい‐かい【精解】(名・自他スル)くわしく解釈すること。くわしい解釈。詳解。精義。

せいかい‐けん【制海権】国家が軍事・通商などの面で、権益確保のため一定範囲の海上を支配する力。⇒制空権

せいがいは【青海波】①〘音〙雅楽の曲の一つ。唐楽で、盤渉(ばんしき)調。二人で舞い、舞人は波に千鳥の模様の袍(ほう)を着て鳥兜(とりかぶと)をかぶり、千鳥の螺鈿(らでん)の太刀(たち)を帯びる。②(①の衣装に用いることから)波形の染め模様。また、同様の模様の名。

〔せいがいは②〕

せい‐かがく【生化学】―クワガク 生物の構成物質・生命現象を化学的方法で研究する学問。生物化学。

せい‐かく【正格】①規則にかなっていて正しいこと。②〘文法〙「正格活用」の略。(↔変格)

―かつよう【―活用】クワツヨウ〘文法〙動詞の活用の種類のうち、五十音図の配列にそった活用で、口語の五段・上一段・下一段、文語の四段・上一段・上二段・下一段・下二段の各活用。↔変格活用

せい‐かく【正確】(名・形動ダ)正しく、たしかなこと。まちがいのないこと。また、そのさま。「―を期する」「―な判断」「不―」

せい‐かく【性格】①考え方・行動・感じ方などにあらわれる、その人特有の気質の傾向。パーソナリティー。「やさしい―」「―の不一致」②その物事に特有の性質や傾向。「この事件の―」

―いじょう【―異常】ジヤウ 知能はふつうであるが感情・意思の面に問題があり、社会生活への適応が困難な状態。

―はいゆう【―俳優】ハイイウ 個性的な性格の人物を巧みに演じる俳優。また、その人の個性が特徴とされる俳優。

―びょうしゃ【―描写】ベウシャ 小説や戯曲などで、人物の性格をえがき出すこと。「すぐれた―」

せい‐かく【政客】政治にたずさわる人。政治家。政客(せいきゃく)。

せい‐かく【製革】生皮(なまかわ)をなめして、なめし革にすること。

せい-かく【精確】（名・形動ダ）細かい点までくわしくて確かなこと。精密で正確なこと。また、そのさま。「―な資料分析」

せい-がく【声楽】〔音〕（多く西洋のクラシック音楽で）人間の声による音楽。うた。「―家（=歌手）」↔器楽

せい-がく【聖楽】 キリスト教の宗教音楽。

ぜい-がく【税額】 税金の額。「追徴―」

せいが-け【清華家】セイグワ―〔日〕公卿の家格の一つ。五摂家につぎ、大臣・大将を経て太政大臣にもなれる家柄。

せい-かげき【正歌劇】〔音〕一八世紀にイタリアで盛行した、神話や英雄伝説に材を取ったオペラ。オペラセリア。

せい-かぞく【聖家族】〔基〕幼児イエス=キリスト、聖母マリア、養父ヨセフの三人の家族。神聖家族。

せい-かつ【生活】クワツ―（名・自スル）①生きて活動していること。「昆虫の―」②人が社会で暮らしていくこと。経済的に暮らしを立てていくこと。暮らし。「―が楽になる」「切りつめて―する」

―か【―科】クワ 小学校低学年の教科の一つ。体験を通じて、地域の人々や身近な社会・自然に関心をもち、生活に必要な習慣や技能を身に付けることを目標とするもの。

―きゅう【―給】キフ 最低限の生活を保障するという基準で労働者に支払われる給与。生活賃金。↔能率給

―きょうどうくみあい【―協同組合】ケフドウクミアヒ（「消費生活協同組合」の略）地域や職域の組合員で構成され、消費者の生活の改善などを目的とし、生活に必要な物資の共同購入などを行う団体。生協。コープ。

―く【―苦】 少ない収入で生活していく上での苦しみ。「―にあえぐ」

―しゅうかん-びょう【―習慣病】シフクワンビヤウ〔医〕食事・飲酒・喫煙・運動などの日常の生活習慣がその発症・進行に大きく関係する、糖尿病・心臓病・癌・脳卒中などの病気。かつての「成人病」にかわる呼称。

―すいじゅん【―水準】 その時代、その社会での消費生活の高低の程度。「―が高い」

―せっけい【―設計】 将来の暮らしを見通して立てる計画。「老後の―」

―なん【―難】 物価高や収入減などのため、生活が苦しくなること。「―に陥る」

―ねんれい【―年齢】 誕生した日を起点とする、暦の上での年齢。満年齢と数え年がある。暦年齢。↔精神年齢

―はいすい【―排水】 人間の日常生活に伴って、台所・浴室などから河川や下水道などに排出される水。

―はんのう【―反応】ハンオウ〔医〕生物体の生きているときにだけある皮下出血・炎症・化膿などの反応。法医学で死体検証に利用される。生体反応。

―ひ【―費】 暮らしていくために必要な費用。生計費。

―ほごほう【―保護法】ホゴハフ〔法〕国が、生活に困っているすべての国民に対して必要な保護を行い、健康で文化的な最低限度の生活を保障して、その自立を助けることを目的とする法律。一九五〇（昭和二十五）年制定。

―ようしき【―様式】ヤウシキ ある時代や集団において共有される、衣食住などの日常生活の一定のありかた。

せい-かっこう【背格好・背△恰好】カクカウ―・カツカウ― 身長や体つき。せかっこう。「―が似ている」

せい-かん【生還】クワン―（名・自スル）①非常に危険な状態を切りぬけて、生きて帰ってくること。「戦場から―する」②野球で、走者が本塁に帰り得点すること。ホームイン。

せい-かん【性感】 性的な感覚・快感。

せい-かん【清閑】（名・形動ダ）世の中のわずらわしさから離れ、清らかで静かなこと。また、そのさま。「―な生活」

せい-かん【盛観】クワン― 盛大で見ごたえのある、すばらしいながめ。「式は―だった」

せい-かん【精△悍】（形動ダ）ダロ・ダッ(デ・ニ)・ダ・ナ・ナラ・○ 動作や顔つきが鋭くて活力にあふれているさま。「―な顔つき」文（ナリ）

せい-かん【精管】クワン―〔生〕精子を精巣から精嚢に送る管。輸精管。

せい-かん【静観】クワン―（名・他スル）自分は行動しないで、なりゆきを静かに見守ること。「事態を―する」

せい-がん【正眼・青眼】 剣道で、相手の目に刀の切っ先を向けて構えること。中段の構え。「―に構える」

せい-がん【青眼】 人を喜び迎える気持ちを表した目つき。↔白眼 ⇩白眼視「故事」

せい-がん【晴眼】 見える目。はっきり見える目。

―しゃ【―者】（視覚障害者に対し）目の見える人。

せい-がん【誓願】グワン― ■一（名・他スル）神仏に誓いを立て、祈願すること。願かけ。■二（名）〔仏〕仏・菩薩がすべての生き物の苦しみを救おうとしてたてた誓い。「弥陀の―」

せい-がん【請願】グワン―（名・他スル）①〔法〕国民が、国会や内閣・地方公共団体に、希望や要求を文書で申し述べること。「―デモ」②心から願い出ること。

ぜい-かん【税関】クワン― 空港・港または陸続きの国境などで、輸出入の貨物の取り締まり・関税徴収などの事務を行う役所。

せい-き【正気】 ①正しい意気。正しい気風。②天地間にみなぎる明るく正しい力。参考「しょうき」と読めば別の意になる。

せい-き【生気】 生き生きとした力。活気。「―のない目」

せい-き【世紀】 ①西暦で、一〇〇年を一区切りとして数える時代の単位。また、一〇〇年。センチュリー。「二一―」②（「世紀の…」の形で）一世紀に一度しか現れないようなこと・もの。「―の大発見」③ひとまとまりの時代。「科学の―」

―まつ【―末】 ①世紀の末期。②一九世紀末のヨーロッパで、それまでの信仰や権威が揺らぎ、人々が心のよりどころを失い、懐疑・享楽などの退廃的傾向がみられた時期。また、そのような傾向の現れる、ある社会の没落期。「―文学」

―まつ-てき【―末的】（形動ダ）ダロ・ダッ(デ・ニ)・ダ・ナ・ナラ・○ 世紀末のように退廃的であるさま。「―な様相を呈する」

せい-き【生起】（名・自スル）現象や事件が現れ起こること。「次々と―する事件」

せい-き【正規】 規則などで正式に決められていること。正式の規定。「―の手続き」

せい-き【西紀】 →せいれき

せい-き【性器】 動物、特に人間の生殖器官。生殖器。

せい-き【△旌旗】 旗。特に、軍陣で使用した旗。幟。

せい-き【清規】 →しんぎ（清規）

せい-き【盛期】 物事のさかりの時期。「収穫の―」「最―」

せい-き【精気】 ①物事をしとげる心身の根気。生命の活力。「―がみなぎる」②万物を生む根源の気。③精神。たましい。

せい-ぎ【正偽】 正しいことと、いつわり。

せい-ぎ【正義】 ①人が行うべき正しいすじみち。正しい道理。「―を行う」②言葉の正しい意味。正しい意義。

―かん【―感】 正義を尊び、悪を正そうとする気持ち。「―に駆られる」

―かん【―漢】 正義を重んじる気持ちの強い男。

せい-ぎ【盛儀】 盛大な儀式。盛典。「町をあげての―」

せい-ぎ【精義】 くわしい意義。くわしく解釈すること。

せい-きゃく【政客】 →せいかく（政客）

せい-きゅう【性急】キフ―（名・形動ダ）気ぜわしく事の進行を

急ぐこと。また、そのさま。せっかち。気みじか。「―に事を運ぶ」

せい-きゅう【制球】キウ｜野球で、投手が思うところにボールを投げられること。コントロール。「―力」「―が乱れる」

せい-きゅう【請求】キウ｜(名・他スル)(正当な権利として)金銭や物を要求すること。「資料を―する」

―けん【―権】〖法〗特定の人に一定の行為を要求できる権利。債権・損害賠償権など。

―しょ【―書】代金の支払いを求める文書。

せい-きょ【逝去】(名・自スル)人の死を、敬意をもっていう言葉。「ご―を悼む」

せい-きょ【盛挙】さかんで雄大な事業・行事・企画。

せい-ぎょ【生魚】①生きている魚。②新鮮な魚。鮮魚。

せい-ぎょ【成魚】十分に成長した魚。↔稚魚・幼魚

せい-ぎょ【制御・制禦・制馭】(名・他スル)①相手や感情をおさえつけて、自分の思うままにあやつること。「欲望を―する」②機械やシステムなどをその目的に適した状態で働くように操作すること。コントロール。「自動―」

せい-きょう【生協】ケフ｜「生活協同組合」の略。

せい-きょう【正教】ケウ｜①正しい教え。また、正しい宗教。↔邪教 ②→せいきょうかい

せい-きょう【政教】ケウ｜①政治と宗教。「―分離」「―一致」②政治と教育。

せい-きょう【盛況】キヤウ｜催し物などが非常にさかんなありさま。人が大勢集まって活気のあるようす。「会は―を呈する」

せい-きょう【清興】上品な遊び。風流な楽しみ。特に、他人の楽しみを、敬意をもっていう言葉。「ご―のところ」

せい-きょう【聖教】ケウ｜聖人の教え。神聖な教え。特に儒教、キリスト教。

せい-きょう【精強】キヤウ｜(名・形動ダ)特にすぐれていて強いこと。また、そのさま。「―を誇る」

せい-ぎょう【正業】ゲフ｜社会的に認められているまともな仕事。かたぎの職業。「―につく」

せい-ぎょう【生業】ゲフ｜暮らしていくための職業。なりわい。「文筆を―とする」

せい-ぎょう【成業】ゲフ｜(名・自スル)学業・事業などをなしとげること。

せい-ぎょう【盛業】ゲフ｜事業や商売などがさかんなこと。さかんな事業や商売。「―を祝う」

せい-きょういく【性教育】ケウイク｜少年・少女に、性についての正しい道徳や科学的な知識を身につけさせる教育。

せい-きょうかい【正教会】ケウクワイ｜〖基〗中世にローマカトリックと分離し、ヨーロッパ東部にひろまったキリスト教の一派。ギリシャ正教会・ロシア正教会など。東方正教会。

せい-きょうと【清教徒】ケウト｜〖基〗一六世紀後半、イギリス国教会に残るカトリック的要素に反抗して起こった新教徒の一派。信仰上・生活上の謹厳・純潔を重んじた。ピューリタン。

せい-きょく【正極】〖物〗①電池で、電位の高い側の極。電子を受け取る側の極。プラスの電極。電気分解や真空管ではふつう陽極という。②磁石の、北をさす極。(↔負極)

せい-きょく【政局】①(そのときどきの)政治・政界の動向や情勢。政情。「混迷する―」②政界内部の勢力争いが表面化し、首相の進退などがとりざたされる状況。「―になる」

せい-ぎょく【青玉】→サファイア

せい-きん【精勤】(名・自スル)仕事や学業を熱心につとめること。休まずに出席・出勤すること。「―賞」

ぜい-きん【税金】租税として納める金銭。税。

せいきん-は【星菫派】〖文〗星や菫に託して、恋愛や甘い感傷を詩歌にうたった浪漫主義文学者の一派。明治三十年代、与謝野鉄幹・晶子夫妻を中心とする雑誌「明星」によって活躍した人々をさす。明星派。

せい-く【成句】①二語以上からなるひとまとまりの言葉。「口がすべる」「さじをなげる」など。慣用句。イディオム。②昔から広く世間の人に知られ、使われている詩文の句やことわざ・格言。成語。「三顧の礼」「時は金なり」など。「故事―」

せいくう-けん【制空権】国家が軍事・通商などの面で、権益確保のため一定範囲の空域を支配する力。⇩制海権

せい-くらべ【背比べ】(名・自スル)身長を比べること。

せい-くん【正訓】漢字の正しい訓。特に、上代の文献、主として「万葉集」の用字法で、漢字本来の意味にあたる訓によって日本語を表すもの。「天地」と書いて「あめつち」と読む類。

せい-くん【請訓】(名・自スル)外国駐在の大使・公使・使節などが、本国政府に指示・命令を求めること。↔回訓

せい-けい【正系】正しい系統・血筋。正統。↔傍系

せい-けい【生計】経済的に暮らしを成り立たせるための方法・手段。「―を立てる」

―ひ【―費】生活に必要な費用。生活費。

せい-けい【成形】(名・他スル)形をつくること。形成。「射出―」「―肉」

せい-けい【成型】(名・他スル)素材を型にはめて、一定の形に作ること。「―加工」

せい-けい【西経】〖地〗イギリスのグリニッジ天文台を通る子午線を零度として、西へ一八〇度までの経度。↔東経

せい-けい【政経】政治と経済。「―学部」

せい-けい【整形】■(名・他スル)形を整えること。「―手術」■(名)「整形外科」の略。

―げか【―外科】ゲクワ｜〖医〗骨格・関節・筋肉などの機能障害を予防・治療する外科。参考「形成外科」とは分野が異なる。

せい-けつ【清潔】(名・形動ダ)①よごれがなく、きれいなこと。また、そのさま。「―な服装」②ごまかしやうしろぐらいところのないこと。また、そのさま。「―な政治」(↔不潔)

せい-けん【生絹】生糸で織った絹織物。生絹・すずし。

せい-けん【成犬】成長した犬。生殖が可能な犬。

せい-けん【政見】政治家として政治を行うに際して持っている意見。「―放送」

せい-けん【政権】①政府を構成し、政治を行う権力。「―の座につく」「―交代」②政府。「軍事―」

せい-けん【聖賢】①聖人と賢人。「―の教え」②清酒(=聖)と濁酒(=賢)をたとえていう言葉。

せい-げん【正弦】→サイン(sine)

せい-げん【西諺】西洋のことわざ。

せい-げん【制限】(名・他スル)許すことのできる範囲や限界を定めること。また、定められた範囲や限界。「速度―」「無―」「入場を―する」

せい-げん【誓言】(名・自スル)→せいごん

ぜい-げん【税源】税金を徴収する源泉となる、個人や法人の所得や財産。

ぜい-げん【贅言】(名・自スル)むだな言葉。よけいな言葉。また、それを言うこと。贅語。「―を要しない」

せいご【鮬】〖動〗スズキ(=魚の名)の満一年ぐらいの若魚。秋

せい-ご【生後】生まれてからのち。「―六か月」

せい-ご【正誤】①正しいことと誤っていること。「―を見分ける」②誤りをなおして正しくすること。訂正。「―表」

せい-ご【成語】①昔から人々に知られ、よく引用される詩文の語句や格言。成句。「故事―」②二つ以上の語が結合して

一語となった語。熟語。

ぜい-ご【贅語】むだな言葉。贅言(ぜいげん)。

せい-こう【生硬】(カウ)(名・形動ダ)文章・表現・態度などが未熟でかたい感じがすること。また、そのさま。「―な表現」

せい-こう【正鵠】→せいこく

せい-こう【成功】(名・自スル)①物事がねらいどおりにうまくいくこと。目的を達すること。「―をおさめる」「不―」↔失敗 ②社会的地位や富を得ること。立身出世すること。「―者」

せい-こう【性交】(カウ)(名・自スル)性的に交わる行為。交接。交合。セックス。

―ほうしゅう【―報酬】(ホウシウ)依頼の段階で約束する、成功すれば支払われるという報酬。

せい-こう【政綱】(カウ)政府や政党の政治上の重要な方針。政治の大綱。

せい-こう【性行】(カウ)人の性質と日ごろの行い。「―不良」

せい-こう【性向】(カウ)性質の傾向。気質。「消費―」

せい-こう【清光】(クワウ)清らかな光。特に、月の清い光。

せい-こう【清香】(カウ)清らかなかおり。よいかおり。

せい-こう【盛行】(カウ)(名・自スル)さかんに行われること。

せい-こう【精巧】(カウ)(名・形動ダ)つくりや細工などが細かく、たくみにできていること。また、そのさま。「―な観測機器」

せい-こう【精鋼】(カウ)精錬した鋼鉄。

せい-こう【製鋼】(カウ)(名・自スル)鋼鉄を作ること。「―所」

せい-ごう【正号】(ガウ)〔数〕正の数であることを表す「+」の記号。プラス。↔負号

せい-ごう【整合】(ガフ)(名・自他スル)①きちんと整って合うこと。また、整えて合わせること。「―の美」②理論の内部に矛盾(むじゅん)がないこと。「―性」③〔地質〕二種以上の地層が時間的にほぼ連続して堆積(たいせき)していること。

せいこう-い【性行為】(カウヰ)性欲を満たすための行為。特に、性交。「―感染症」

せいこう-うき【晴好雨奇】(セイカウ)晴天にも雨天にもそれぞれ異なったおもむきがあって、景色のよいこと。語源 中国の詩人蘇軾(そしょく)の詩の一節「水光瀲灩(れんえん)として晴れて方(まさ)に好し、山色空濛(くうもう)として雨も亦(また)奇なり」による。

せいこう-うどく【晴耕雨読】(セイカウ)(名・自スル)(晴れた日は畑に出て耕作し、雨の日は家にいて読書するように)自由な境遇を楽しみながら生活すること。「―の日々」

せい-こうかい【聖公会】(コウクワイ)〔基〕イギリス国教会を母体とするキリスト教の教派。

せいこう-とうてい【西高東低】(セイカウ)〔気〕日本付近の気圧配置の型の一つ。西のシベリア方面の気圧が高く、東のオホーツク海方面の気圧が低い。日本海側は雨か雪、太平洋側は晴天率の高い典型的な冬型の気圧配置。↔東高西低

せいこう-ほう【正攻法】(ハフ)奇策などを用いないで、正々堂々とまともに攻める方法。「―でいく」

せい-こく【正鵠】(「鵠」は弓の的の中央の黒点の意)物事のねらいどころ。要点。急所。参考「せいこう」は慣用読み。

―を射(い)る 物事の要点を正しく押さえる。核心をつく。正鵠を得る。

せい-こつ【整骨】骨折した骨や脱臼(だっきゅう)した関節などを治療すること。ほねつぎ。接骨。「―院」

ぜい-こみ【税込〔み〕】支払金額や所得金額に税金が含まれていること。また、税金を含んだ金額。

せい-こん【成婚】結婚が成り立つこと。「ご―を祝す」

せい-こん【精根】心身を活動させる精力と根気。「―が尽きる」

せい-こん【精魂】物事にうちこむ精神・魂(たましい)。「―こめて作る」「―を傾ける」

せい-ごん【誓言】(名・自スル)ちかいの言葉をいうこと。また、その言葉。誓言(せいげん)。

せい-さ【性差】男女の性別によって生じる差異。男女差。

せい-さ【精査】(名・他スル)細かい点までくわしく調べること。

せい-ざ【正座・正坐】(名・自スル)足をくずさず膝を折ってそろえ、姿勢正しくすわること。端座。「―して話を聞く」

せい-ざ【星座】〔天〕天球上の恒星をその見かけの位置により区分けして、神話の人物や動物などに見たてて名をつけたもの。現在は八八座ある。

―ず【―図】(ヅ)〔天〕星座を記入した天球図。

せい-ざ【静座・静坐】(名・自スル)呼吸を整え、心を落ち着けて静かにすわること。「―法」

せい-さい【正妻】法律で認められた正式の妻。本妻。

せい-さい【生彩・精彩】①表情・動作などが生き生きとしていること。「―を放つ」「―を欠く」②[精彩]美しい色彩。

せい-さい【制裁】(名・他スル)規律や取り決めなどにそむいた者をこらしめること。また、そのこらしめや罰。「―を加える」

せい-さい【精細】(名・形動ダ)細かいところまでくわしいこと。また、そのさま。「―な注解」

せい-ざい【製材】(名・自スル)山から切り出してきた丸木を板や角材などに加工すること。「―所」「―業」

せい-ざい【製剤】薬剤をつくること。また、その薬品。製薬。

せい-さく【制作】(名・他スル)①芸術作品を作り出すこと。「卒業―」②演劇・映画・放送番組などを企画立案し作ること。プロデュース。「日米共同―」参考 ②は「製作」とも書く。⇒「使い分け」

せい-さく【製作】(名・他スル)機械・道具などの物品を作ること。「自動車の部品を―する会社」⇒「使い分け」

> 使い分け「制作・製作」
> 「制作」は、自分の思うとおりに作りあげる意で、主として美術・音楽・放送・映画などの作品を作るときに用い、「絵画の制作」「番組制作」などと使われる。
> 「製作」は、実用的な物品を作る意で、「机の製作」「機械の製作」などと使われることが多い。また、映画・演劇・番組などを作る場合にも、「製作」を用いることがある。

せい-さく【政策】政治上の方針・案。また、方針を実行するための方策。「外交―を決める」

せい-さつ【制札】昔、禁令などを書いて道ばたなどに立てたふだ。立てふだ。高札。

せい-さつ【省察】(名・他スル)自分で自分の生活・行為などについて反省して考えること。省察(しょうさつ)。「自己を―する」

せい-さつ【精察】(名・他スル)くわしく観察して考えること。

せいさつ-よだつ【生殺与奪】相手を生かすも殺すも、与えるも奪うも、自分の思うままにすること。「―の権を握る」

せい-さん【生産】(名・他スル)人間が生活に必要な物品を作り出すこと。「―性」「―者」「自動車を―する」↔消費

―かかく【―価格】〔経〕原料費・賃金など生産に要した費用(費用価格=原価)に平均利潤を加えた価格。

―かんり【―管理】(クワンリ)〔社〕①生産についての計画や調整などの管理。②労働争議の一方法。労働者が経営権を手中に収めて、直接生産・業務を管理すること。業務管理。

―ざい【―財】〔経〕新たな生産物を生産するために使われる財。原料・機械・労働など。↔消費財

―しゃ【―者】生産を行う者。↕消費者

―しゃ‐かかく【―者価格】〘経〙生産者が生産物を流通業者などに売るときの値段。↕消費者価格

―せい【―性】〘経〙生産のために投入された労働・資本などの量と、生産物の量との割合。生産の能率。「―向上運動」

―だか【―高】生産した物の総量。また、それを金額に換算したもの。産出量。生産額。

―てき【―的】(形動ダ)ダロ・ダッ(デ・ニ)・ダ・ナ・ナラ・○ 何かを新しく作り出す力や意欲があるさま。直接に生産に役立つさま。「―な考え」

―りょく【―力】物を生産する力。生産手段と人間(労働力)とからなる。「―の上昇」

せい‐さん【正△餐】正式の献立による料理・食事。ディナー。

せい‐さん【成算】物事を行うときの成功する見通し。なしとげる見込み。「明日の試合には勝つ―がある」

せい‐さん【青酸】〘化〙シアン化水素。無色の気体またはその水溶液。猛毒。有機化合物の合成に使用。

―カリ〘化〙シアン化カリウム。白色針状の結晶で、猛毒。めっき剤などに使用。

せい‐さん【凄惨】(名・形動ダ) まともに見られないほど、むごたらしいさま。すさまじく悲惨なさま。「―な事故現場」

せい‐さん【清算】(名・他スル) ①おたがいの貸し借りを計算して始末をつけること。②〘法〙相互の債権債務を差し引いて受け渡し関係の結末をつけること。③〘法〙会社・組合などが解散後に行う財産の整理。④過去のよくない事柄・関係に結末をつけること。「今までの関係を―する」⇒「使い分け」

―とりひき【―取引】現物の受け渡しをせず、差額の授受だけでの決済も認める取り引き方法。

せい‐さん【精算】(名・他スル) 細かく計算すること。また、費用などを細かく計算し直して、過不足などの支払いをすませること。「―所」⇒「使い分け」

使い分け「清算・精算」
「清算」は、物事を整理する、物事にきまりをつける意で、「借金を清算する」「過去を清算する」などと使われる。
「精算」は、過不足をはっきりさせるために細かく正確に計算する意で、「旅費を精算する」「運賃を精算する」などと使われる。

せい‐さん【聖△餐】〘基〙キリストの最後の晩餐(ばんさん)にちなみ、キリストの肉としてのパン、血としてのぶどう酒を信者が受ける儀式。聖晩餐。聖餐式。

せい‐ざん【青山】①死んで骨を埋める地。墳墓(ふんぼ)の地。「人間(じんかん)到(いた)る所―あり」②樹木の青々と茂っている山。

せい‐さんかくけい【正三角形】〘数〙三つの辺の長さが等しい三角形。三つの内角はすべて六〇度。

せい‐し【世子・世嗣】貴人のあとつぎである子。世つぎ。

せい‐し【正史】①国家が編修した正式の歴史書。↕外史・野史 ②中国の紀伝体による歴史書。

せい‐し【生死】生きることと死ぬこと。生きているか、死んでいるかということ。生き死に。生死(しょうじ)。「―にかかわる」「―不明」

せい‐し【正使】使者の中で最上位の人。↕副使

せい‐し【正視】㊀(名・他スル) まともに見ること。真正面から見ること。「―にたえない」㊁(名)〘医〙網膜上に正しい像ができること。正常な視力をもった目。⇩近視・遠視・乱視

せい‐し【制止】(名・他スル) 人の言動を押さえとどめること。「発言を―する」

せい‐し【姓氏】①姓(かばね)(血筋)と氏(うじ)(家柄)。②名字(みょうじ)。氏姓。

せい‐し【青史】歴史。歴史書。記録。語源 昔、中国で紙のなかったころ青竹の札(ふだ)に文字を書いたことからいう。

せい‐し【聖旨】天子の考えや意見の尊称。天子のおぼしめし。

せい‐し【精子】〘生〙雄性の生殖細胞。卵(らん)と結合して新個体を作る。精虫。↕卵子

せい‐し【静止】(名・自スル) じっとして動かないこと。物体がその位置をかえないこと。「―衛星」「―画像」

せい‐し【製糸】糸を作ること。特に、繭から生糸をとること。「―工場」「―業」

せい‐し【静思】(名・自他スル) 心を落ち着けて静かに思うこと。静かにじっと考えること。「―黙考」

せい‐し【製紙】パルプなどから紙を作ること。「―工場」

せい‐し【誓紙】誓いの言葉を書いた紙。誓書。起請文(きしょうもん)。

せい‐し【誓詞】ちかいの言葉。誓言(せいげん・せいごん)。

せい‐し【整枝】〘農〙果樹・庭木・街路樹などのむだな枝を切り、木の形を整えたり栽培管理したりすること。「―作業」

せい‐じ【正字】①正統とされる、字画の正しい文字。↕俗字・略字 ②正しい字。

―ほう【―法】ハフ →せいしょほう

せい‐じ【青磁】鉄分を含み、焼くと青緑色または薄黄色を呈する上薬をかけて焼いた高級磁器。「―の壺(つぼ)」

せい‐じ【政事】政治上の事柄。政治上の仕事。

せい‐じ【政治】ヂ ①国家を治めること。主権者が立法・司法・行政などの諸機関を通して国家を運営し、国民の生活を守ること。まつりごと。「民主―」②集団における権力の獲得・維持や、それを行使する活動に関係ある現象。

―か【―家】①議員や大臣など、政治にたずさわる人。「―を志す」②万事に巧みで、かけひきや根回しの上手な人。やり手。「なかなかの―だ」

―がく【―学】政治について研究する学問。

―けっしゃ【―結社】政治的な目的で作られ、政治活動をする団体。政党など。政治団体。

―しょうせつ【―小説】セウセツ〘文〙政治上の事件などを題材とする小説。また、政治思想の普及・宣伝を目的とする小説。日本では明治十年代に流行。作品に矢野龍渓(りゅうけい)「経国美談」、東海散士「佳人之奇遇(かじんのきぐう)」などがある。

―てき【―的】(形動ダ)ダロ・ダッ(デ・ニ)・ダ・ナ・ナラ・○ ①政治に関するさま。政治上の。「―関係」②理論や原則だけによらないで、実情に即して柔軟に物事を処理するさま。「―配慮」③かけひきによって動くさま。かけひきがうまいさま。「―手腕」

―とうそう【―闘争】トウサウ〘社〙労働者や労働組合などが社会体制の変革などを求めて、政治権力に対して行う闘争。

―はん【―犯】国の政治の秩序を侵害する犯罪。広くは、政治的な動機による犯罪。また、その犯人。国事犯。

―りょく【―力】政治的な手腕や力量。「―のある人」

せい‐じ【盛事】大規模でさかんな事業や行事。

せい‐じ【盛時】①その人の若くて元気な時。血気さかんな時。②国または物事の勢いのさかんな時期。

セイシェル〈Seychelles〉→セーシェル

せい‐しき【正式】(名・形動ダ) 正しいやり方。規定どおりの方式。また、それに合っていること。本式。「―の試合」「―な手続きを踏む」↕略式

せい‐しき【制式】定められた様式。きまり。

せい‐しき【清△拭】(名・他スル)〘医〙入浴できない病人・老人などの、体をふいて清潔にすること。

せい‐しき【整式】〘数〙代数式の一つ。いくつかの文字や数の

積として表される単項式、または単項式の和である多項式のことをいう。

せい-しつ【正室】 ①正妻。本妻。(おもに身分の高い人にいう。)↕側室 ②表座敷。

せい-しつ【声質】 その人に特有の声の質。

せい-しつ【性質】 ①その人に生来備わり、感情や行動に表れ出る心のありようやその傾向。たち。性分。「穏やかなー」②事物がもっている、他と区別される特徴。特性。「冷えると固まるーがある」

せい-じつ【誠実】(名・形動ダ) 言葉や行動に真心がこもっていること。また、そのさま。「ーな人柄」「ーに生きる」

せい-じにん【性自認】 自分の性別をどのように自覚・認識しているかということ。ジェンダーアイデンティティー。

せいし-ぼさつ【勢至△菩△薩】〘仏〙阿弥陀三尊の一つ。阿弥陀如来の右わきの菩薩。知恵を示す。勢至。

せい-しめんたい【正四面体】〘数〙四つの面がすべて合同な正三角形でできている四面体。

せい-じゃ【正邪】 正しいことと不正なこと。また、正しい人と悪い人。「ー曲直」

せい-じゃ【生者】 生きている者。命のある者。生者。↕死者

せい-じゃ【聖者】 聖人。偉大な信仰者。特に、キリスト教で殉教者や偉大な信徒。聖徒。

せい-しゃえい【正射影】〘数〙一点からある直線または平面上に下ろした垂線の足。また、図形上のすべての点から下ろした垂線の足の集合。

せい-じゃく【静寂】(名・形動ダ) 静かでひっそりしていること。また、そのさま。「ーを破る」

ぜい-じゃく【△脆弱】(名・形動ダ) もろくて弱いこと。また、そのさま。「ーな身体」「ーな地盤」

せい-しゅ【清酒】 米を原料とする日本特有の澄んだ酒。日本酒。↕濁酒

せい-じゅ【聖寿】 天子の年齢や寿命の尊称。

せい-しゅう【清秋】 ①空が澄んでさわやかな秋。㊎秋 ②陰暦八月の異称。㊎秋

せい-じゅう【西△戎】(「戎」は未開地の住民の意)古代中国人が西方のチベット族やトルコ族などの異民族をいった語。

ぜい-しゅう【税収】 国や地方公共団体が税金を徴収して得る収入。「ーの不足」

せい-しゅく【星宿】 昔、中国で天球を二八区(=二十八宿)に分類した、その星座。

せい-しゅく【静粛】(名・形動ダ) 物音や声をたてずに、静かにつつしんでいること。また、そのさま。「ごーに願います」

せい-じゅく【成熟】(名・自スル) ①農作物が十分に実りうれること。②人間の心身が十分に成長すること。「ーした肉体」③情勢や機運がちょうどよい時機になること。「機運がーする」

せい-しゅつ【正出】 →ちゃくしゅつ

せい-しゅん【青春】 人生の春にあたる、若い時代。青年期。「ー時代」

せい-じゅん【正△閏】 ①平年と閏年。②(「閏」は、正統でないの意)正統なものと正統でないもの。「南北朝ー論」

せい-じゅん【清純】(名・形動ダ) 人の性質や心などが清らかでけがれのないこと。また、そのさま。「ーな少女」

せい-しょ【正書】 漢字の書体の一つで、楷書のこと。

ーほう【ー法】 言葉の正しい書き表し方。その国の国語についての標準的な表記法。また、その体系。正字法。

せい-しょ【青書】(青表紙のついているところから)イギリスで、議会や枢密院の公表する報告書。⇩白書

せい-しょ【清書】(名・他スル) 下書きなどを、きれいに書き直すこと。浄書。「原稿をーする」

せい-しょ【盛暑】 夏のいちばん暑いさかりの時節。盛夏。

せい-しょ【聖書】 ①〘基〙キリスト教の聖典。バイブル。「旧約聖書」と「新約聖書」とがある。②聖人の著した書物。聖典。

せい-しょ【誓書】 ちかいの言葉を書いた文書。誓紙。

せい-じょ【聖女】 清らかで高潔な女性。神聖な女性。特に信仰に身をささげた女性。

せい-じょ【整除】(名・他スル)〘数〙ある整数を他の整数で割ったとき、商が整数となり余りがないこと。割り切れること。

せい-しょう【斉唱】(名・他スル) ①〘音〙二人以上の人が声をそろえて同じ旋律を歌うこと。「国歌ー」②大勢でいっしょにとなえること。「万歳ー」

せい-しょう【制勝】(名・自スル) 相手をおさえて勝つこと。

せい-しょう【政商】 政治家と結びついて、特権的な利益を得ている商人。

せい-しょう【清祥】 手紙文で、相手が幸福に暮らしていることを喜ぶ挨拶の語。「ごーのこととお喜び申し上げます」

せい-しょう【清勝】 手紙文で、相手が健康に暮らしていることを喜ぶ挨拶の語。健勝。「益々ごーの段」

せい-じょう【正常】(名・形動ダ) 異常がなくふつうなこと。おかしなところ、変わったところのないこと。また、そのさま。ノーマル。「ー化」「ーな考え」「ダイヤがーになる」↕異常

せい-じょう【性状】 ①人の性質と行い。②物の性質と状態。「水銀のー」

せい-じょう【性情】 ①性質と心情。②気だて。「穏やかなー」

せい-じょう【政情】 政治の情勢やなりゆき。政界の状況。「ー不安」

せい-じょう【清浄】(名・形動ダ) 清らかでけがれのないこと。また、そのさま。清浄。「ーな空気」↕不浄

ーやさい【ー野菜】 下肥を使わず化学肥料で栽培した野菜。現在は、無農薬野菜や水耕栽培の野菜をいう。

せい-じょう【聖上】 天子の尊称。

せいじょう-き【星条旗】(the Stars and Stripes の訳語)アメリカ合衆国の国旗。独立当初の州の数を表す一三本の赤と白の横線を配し、左上の青地に現在の州の数である五〇の白星を描いたもの。

せいしょうなごん〔清少納言〕(生没年未詳)平安中期の文学者。清原元輔の娘。一条天皇の皇后定子に仕え、鋭い感覚と機知を誇る随筆「枕草子」を書いた。家集に「清少納言集」。

せい-しょうねん【青少年】 青年と少年。若者。

せい-しょく【生色】 生き生きとした顔色や元気なようす。「ーを失う」

せい-しょく【生食】(名・他スル) 食べ物をなまのままで食べること。なましょく。「野菜をーする」

せい-しょく【生殖】(名・自スル)〘生〙生物が、種の維持・繁栄のために自分と同じ種の新しい個体をつくること。有性生殖と無性生殖がある。

ーき【ー器】〘生〙生物の、有性生殖を営む器官。性器。

ーさいぼう【ー細胞】〘生〙有性生殖の場合の雄性の精子と雌性の卵、無性生殖の場合の胞子などの細胞。

せい-しょく【声色】 ①話すときの声と顔色。「ーをやわらげる」②人のようす。態度。「ーを改める」③音楽の楽しみと女色。「ーにふける」

せい-しょく【青色】青い色。

せい-しょく【聖職】①神聖な職務。神官・僧・教師など。②〔基〕教会の司祭・牧師・宣教師などの職。「—者」

せい-しん【生△辰】生まれた日。誕生日。誕辰。

せい-しん【生新】(名・形動ダ)生き生きとして新鮮なこと。また、そのさま。「—な感動」

せい-しん【成心】ある立場や見方にとらわれた考え。固定観念。先入観。「—を捨てて、素直に見る」

せい-しん【西進】(名・自スル)西へ進むこと。↔東進

せい-しん【星△辰】(「辰」は天体の意)星。星座。

せい-しん【清新】(名・形動ダ)すがすがしく新鮮なこと。新しさにあふれ、さわやかなこと。また、そのさま。「—の気がみなぎる」

せい-しん【誠心】いつわりのない心。真心。「—誠意」

せい-しん【精神】①思考や感情をつかさどると考えられる人間の心。心のはたらき。「—統一」↔肉体 ②気力。気構え。「強い—」③物事を支えている根本の心・趣旨。「建学の—」

—一到(いっとう)何事(なにごと)か成(な)らざらん 精神を集中して行えば、どんなことでもできないことはない。〈朱子語類〉参考類似のことば—思う念力(一念)岩をも通す

せい-じん【成人】(名・自スル)成長して一人前の大人になること。また、その人。日本では満一八歳以上をさす。「—式」「りっぱに—する」参考二〇二二(令和四)年四月に、それまでの満二〇歳以上から変更された。

—きょういく【—教育】ケウイク〔社〕すでに社会に出て一人前に働いている成人に対して行う社会教育。

—の-ひ【—の日】国民の祝日の一つ。成人になった人を祝う日。一月の第二月曜日。新年

—びょう【—病】ビャウ〔医〕壮年期以後にかかりやすい病気の総称。高血圧症・癌(がん)・心臓病・糖尿病など。⇒生活習慣病

せい-じん【聖人】①人徳が非常にすぐれた理想的な人物。聖者。ひじり。「—君子」②(濁酒を「賢人」というのに対して)「清酒」の別称。

せいしん-えいせい【精神衛生】エイセイ〔保〕精神障害などの予防・発見・治療と、精神的健康の保持向上をはかること。メンタルヘルス。

せいしん-か【精神科】クワ〔医〕精神疾患を専門に扱う、医学の一分科。

せいしん-かがく【精神科学】クワガク 人間の精神活動に基づく文化現象を研究する学問の総称。心理学・倫理学・言語学・歴史学・社会学・法学など。

せいしん-かんてい【精神鑑定】〔法〕刑事事件の被告の責任能力の有無を判断するため、その精神状態を診察する司法鑑定。

せいしん-しゅぎ【精神主義】物質よりも精神を重んじる考え方。「—者」↔物質主義

せいしん-しょうがい【精神障害】シャウガイ 精神病などにより精神が正常でなく、好ましくない状態の総称。

せいしん-てき【精神的】(形動ダ)ダロ・ダッ(デ・ニ)・ダ・ナ・ナラ・〇 精神に関するさま。「—な援助」↔物質的・肉体的

せいしん-ねんれい【精神年齢】①〔心〕知能検査で測定した知能の発達程度を、年齢(=暦年齢)に換算したもの。↔生活年齢 ②〔俗〕実年齢とは関係なく、その人の考え方や行動からみた、成長や老化の程度。「—が若い」

せいしん-はくじゃく【精神薄弱】→ちてきしょうがい

せいしん-びょう【精神病】ビャウ〔医〕幻覚・妄想や明白な異常行動を呈する精神の病的な状態の総称。

せいしん-ぶんせき【精神分析】〔心〕夢や空想などに現れる精神状態を分析して、無意識的に抑圧された潜在的欲望を見いだす心理学の方法。フロイトらが主唱。

せいしんぶんれつ-びょう【精神分裂病】ビャウ →とうごうしっちょうしょう

せいしん-りょうほう【精神療法】レウハフ〔医〕精神作用によって心身の疾患を治療しようとする方法。精神療法家との面接・対話を通じて、精神分析・暗示および説得・作業などの手段を用いて行う療法。心理療法。サイコセラピー。

せいしん-りょく【精神力】精神の力。その人の行動を支えるもととなる気力・意志の力。「強い—を持つ」

せいしん-ろうどう【精神労働】ラウドウ 頭脳を使う知的労働。事務・教育・研究・管理など。↔肉体労働・筋肉労働

せいしん-ろん【精神論】すべては精神力しだいとする考え方。多く、理由や根拠なしに、屈しない精神力さえあれば諸事情を克服できるとする考えを否定的にいう。「—をふりかざす」

せい-ず【星図】ヅ〔天〕天球上の恒星・星雲の位置や明るさを地図のように平面に記した図。

せい-ず【製図】ヅ(名・他スル)機械・建築物・工作物などを製作するための図面を書くこと。また、その図面。

せい-すい【清水】きれいなすき通った水。清水(しみず)。↔濁水

せい-すい【盛衰】物事がさかんになることと、おとろえること。「栄枯—」

せい-すい【聖水】〔基〕カトリック教会や正教会などで、洗礼やミサなどに用いる神聖な水。

せい-すい【静水】静止して動かない水。↔流水

せい-すい【精粋】不純な部分を除いたいちばんよいところ。

せい-ずい【精髄】物事のいちばんすぐれたたいせつなところ。神髄。「日本文学の—」

せいすいしょう【醒睡笑】セイスイセウ 江戸初期の仮名草子。安楽庵策伝(あんらくあんさくでん)作。一六二三(元和九)年成立。笑話・奇談一〇〇〇余を収録。のちの小咄(こばなし)・落語に影響を与えた。

せい-すう【正数】〔数〕零より大きい数。↔負数

せい-すう【整数】〔数〕一、二、三のような自然数と、それにマイナスをつけた負数、および零の総称。

せい・する【制する】(他サ変)シ(セ)・サ・シ・スル・スル・スレ・シロ(セヨ) ①人の言動をおさえとどめる。おさえしずめる。「発言を—」②激しい感情などをおさえる。「怒りを—」③支配する。「過半数を—」「機先を—」④定める。制定する。「条例を—」文せい・す(サ変)

せい・する【征する】(他サ変)シ(セ)・サ・シ・スル・スル・スレ・シロ(セヨ) 服従しないものをうち負かす。征伐する。「反乱軍を—」文せい・す(サ変)

せい・する【製する】(他サ変)シ(セ・サ)・シ・スル・スル・スレ・シロ(セヨ) 物品をつくる。こしらえる。「家具を—」文せい・す(サ変)

ぜい・する【△贅する】(自サ変)シ(セ・サ)・シ・スル・スル・スレ・シロ(セヨ) よけいなことを言う。むだ口をきく。「多言を—」文ぜい・す(サ変)

せい-せい【生成】(名・自他スル)物が生じてできること。また、生じさせること。「化合物の—」

—ぶんぽう【—文法】パフ〔文法〕アメリカのチョムスキーが一九五〇年代に唱えた文法理論。文を生みだす文法ということで、言語には表層構造と深層構造とがあり、後者には各国民の考えに共通なものがあるとする。変形生成文法。変形文法。

せい-せい【精製】(名・他スル)①原料を一次加工したものからさらに純良なものを作りあげること。「砂糖の—」②念を入れて作ること。「当社の—品」↔粗製

せい-せい【生生】(タル)①生き生きとしたさま。「—たる草木」②物が次々に生じ、育つさま。文(形動タリ)

—るてん【—流転】(名・自スル)万物が次から次へと生

じて絶えず変化していくこと。生生流転。

せい-せい【◇済◇済】(トタル) 多くて盛んなさま。「多士―(=すぐれた人材が多くそろっているさま)」文(形動タリ) 参考「さいさい」は慣用読み。

せい-せい【清清・晴晴】(副・自スル) さっぱりしてすがすがしいさま。気分が晴れるさま。「試験がすんで―(と)する」

せい-ぜい【精精】(副) ①多く見積もっても。たかだか。「仕入れ価格は―一〇〇〇円ぐらいだろう」②力の及ぶ限り。せいいっぱい。できるだけ。「―努力しよう」

ぜい-せい【税制】租税に関する制度。「―改革」

ぜい-せい【税政】(「税務行政」の略)税務に関する行政。

ぜい-せい【△噬△臍】(自分のへそをかもうとしてもとどかない意から)どうにもならないことを悔やむこと。後悔すること。臍を噬(=嚙)むこと。

【故事】楚の文王が申を討とうとして鄧に立ち寄ったとき、鄧の臣たちが「将来わが国を滅ぼす者は文王に違いない。いま彼を討たなければあとで臍をかむでしょう」と進言したが主君は聞き入れず、やがて鄧は楚に滅ぼされたことからいう。〈左伝〉

せいせい-どうどう【正正堂堂】―(トタル) ①やり方や態度が正しくりっぱなさま。「―と戦う」②(軍隊などの)陣容が整って意気盛んなさま。「―の行進」文(形動タリ)

せい-せき【成績】①学業・試験などの成果を評価したもの。「―表」②事業や仕事などのなしとげられた結果。「売り上げ―」

せい-せき【聖跡・聖△蹟】①神聖な遺跡や史跡。②天皇に関係のある史跡。行幸地や都のあったところなど。

せい-せつ【正接】→タンジェント

せい-せつ【性説】中国の学問で、人間の本性についての論説。性善説・性悪説・性善悪混合説など。

せい-ぜつ【凄絶】(名・形動ダ) たとえようもなくすさまじいこと。また、そのさま。「―な事故現場」

せい-せっかい【生石灰】―〘化〙「酸化カルシウム」の俗称。

せい-せん【生鮮】(名・形動ダ) 魚・肉・野菜などの食品が、新鮮で生きがいいこと。また、そのさま。「―食料品」

せい-せん【征戦】遠くに出かけて行って、敵と戦うこと。

せい-せん【政戦】政治上の争い。政界における争い。

せい-せん【聖戦】神聖な目的のための戦争。⇩ジハード

せい-せん【精選】(名・他スル) 念入りに調べて、特によいものだけを選びだすこと。よりすぐること。「―問題集」

せい-ぜん【生前】その人が生きていたとき。在世中。存命中。「―のおもかげ」「―贈与」↔死後

せい-ぜん【西漸】(名・自スル) だんだん西方へ移り進むこと。「文化の―」↔東漸

せい-ぜん【井然】(トタル) ①(「井」の字のように)縦横の道路できちんと区画されたさま。②→せいぜん(整然) 文(形動タリ)

せい-ぜん【凄然】(トタル) ①寒いさま。冷たいさま。②ものさびしく、いたましいさま。文(形動タリ)

せい-ぜん【整然】(トタル) きちんと整っているさま。秩序正しいさま。井然。「―と並ぶ」「理路―」文(形動タリ)

せい-せんしょくたい【性染色体】〘生〙性の決定に関係する遺伝子をもつ染色体。人間ではX染色体を二本もつのが女性、X染色体とY染色体を各一本ずつもつのが男性。

せいぜん-せつ【性善説】〘哲〙中国の孟子が唱えた、人の本性はもともと善であるとする説。↔性悪説

せい-そ【世祖】一系統の祖先。特に、中国で、王朝初期の皇帝の尊号。

せい-そ【精粗】細かいこととあらいこと。くわしいことと大ざっぱなこと。「論に―の差がある」

せい-そ【清△楚】(形動ダ) 飾り気がなく、清らかでさっぱりしているさま。「―な服装」文(ナリ)

せい-そう【正装】―(名・自スル) 儀式や訪問などのための正式の服装。また、それを着ること。「―して参列する」↔略装

せい-そう【成層】積み重なって層をなすこと。「―火山」

―けん【―圏】〘気〙対流圏の上、気温がほぼ一定する地上約一〇―五〇キロメートルの領域に位置する大気圏。

せい-そう【政争】―政治上の主義・主張などに関する政界での争い。特に、政治権力の奪い合い。

せい-そう【星霜】―年月。歳月。「幾―を重ねる」

せい-そう【清爽】―(名・形動ダ) すがすがしくさわやかなこと。また、そのさま。「天地に―の気がみちる」

せい-そう【清掃】―(名・他スル) きれいにそうじをすること。

せい-そう【盛◇粧】―(名・自スル) はでに化粧すること。厚化粧。

せい-そう【盛装】―(名・自スル) はなやかに着飾ること。また、その服装。「―した貴婦人」

せい-そう【△悽△愴】―(名・形動ダ・タルト) 非常にいたましいさま。「戦いが―をきわめる」

せい-そう【精巣】―〘生〙動物の雄の生殖器官。精子をつくり雄性ホルモンを分泌する。哺乳類では睾丸ともいう。

せい-ぞう【聖像】―①聖人の像または絵。②〘基〙キリストまたは聖母の像や絵。

せい-ぞう【製造】―(名・他スル) 物品をつくること。原材料を加工して商品をつくること。「―業」「部品を―する」

せい-そく【正則】(名・形動ダ) 正しい規則。また、規則どおりであるさま。正規。↔変則

せい-そく【生息・△棲息・△栖息】(名・自スル) 生きて生活すること。(ある場所に)動物が生活していること。「山中に―する熊」用法「棲息」「栖息」は、動物の場合に多く使われる。

せい-ぞく【正続】書物や映画などの、正編と続編。

せい-ぞろい【勢△揃い】―(名・自スル) ①ある目的で、関係者みんなが一か所に寄り集まること。「親族が―する」②軍勢がそろうこと。

せい-ぞん【生存】(名・自スル) 生き続けて存在すること。生き残っていること。生存。「事故の―者」

―きょうそう【―競争】①生物が、生存し、子孫を残そうとして、同種または異種の個体間で起こす争い。②人間社会で、生活や地位の存続をめぐって生じる争い。

せい-たい【正体】正字の字体。↔略体

せい-たい【正対】(名・自スル) 真正面に向き合うこと。「困難な問題と―する」

せい-たい【生体】生きているもの。生物の生きたままのからだ。「―反応」↔死体

―いしょく【―移植】〘医〙生きている人間から組織や臓器を提供してもらい、他人の体に移しかえること。

―にんしょう【―認証】指紋や虹彩・静脈など各人固有の身体的特徴を、あらかじめ登録したデータと照合して本人確認に用いる技術。バイオメトリクス認証。

せい-たい【生態】生物が、自然界に生きている状態。また、人間など、社会生活を営むもののありのままのようす。「ライオンの―」「現代の学生の―」

―がく【―学】生物の生態、また環境や他の生物との関係などを研究する、生物学上の一分野。エコロジー。

―けい【―系】一定の地域に生息する生物群と、それにかかわる環境をひとまとまりとしてとらえた概念。エコシステム。

せい-たい【成体】 成熟して生殖が可能な生物の個体。

せい-たい【声帯】 〔生〕人ののどの中央部にある発声器官。弾力のある左右一対の筋性のひだからできている。

―もしゃ【―模写】 有名人の声や鳥獣の鳴き声などをまねすること。また、その芸。声色(こわいろ)。はじまり 喜劇俳優古川緑波(ろっぱ)の造語。一九二六(大正十五)年、第一回ナヤマシ会(＝無声映画の弁士によるバラエティーショー)の舞台で、それまでの「声色」に代えて用いたのが最初。

せい-たい【青苔】 青い色をしたこけ。青ごけ。

せい-たい【青黛】 ①青いまゆずみ。また、それでかいたまゆ。②濃い青色。黒みを帯びた青。

せい-たい【政体】 ①国家の政治形態。君主制・共和制・民主制など。②統治権の運用形式によって区別される政治形態。立憲政体と専制政体とがある。

せい-たい【聖体】 ①天子の体の尊称。玉体。②〔基〕キリストの体。また、それを象徴する聖なるパンとぶどう酒。「―拝領」

せい-たい【静態】 静止して動かない状態。また、仮にある時点で静止したと考えたときの状態。「―統計(＝ある事柄の一定時点での状態に関する統計)」↔動態

せい-たい【整体】 手技によって、脊椎(せきつい)・骨格のゆがみを矯正し、体調の改善や健康増進をはかること。「―師」

せい-たい【臍帯】 →さいたい(臍帯)

せい-だい【正大】(名・形動ダ) 正しく堂々としていること。また、そのさま。「公明―な選挙」

せい-だい【盛大】(名・形動ダ) 集会や儀式などが、大がかりで、はなばなしく行われること。また、そのさま。「―な歓迎会」

せい-だい【聖代】 すぐれた天子の治める時代。聖世。

せい-たか【背高】(名・形動ダ) 身長の高いさま。また、その人。「―のっぽ」

―あわだちそう【―泡立草】(アワダチサウ) 〔植〕キク科の多年草。荒れ地や線路脇などに生える。二メートルほどの高さになり、秋に黄色の花が咲く。北アメリカからの帰化植物。秋

せい-たく【請託】(名・他スル) 力のある立場の人に、特別の配慮を内々で頼みこむこと。「―を受ける」

せい-だく【清濁】 ①澄んでいることと濁っていること。②正と邪。善と悪。③清音と濁音。

―併(あわ)せ呑(の)む 度量が大きく、善悪の区別なくあるがままを受け入れる。

ぜい-たく【贅沢】(名・形動ダ) ①必要以上に金や物などを費やして事を行うこと。また、そのさま。「―な生活」「―三昧(ざんまい)(＝思うままに贅沢すること)」②その人の身にすぎていること。また、そのさま。「―な悩み」

せい-たけ【背丈】 →せたけ

せい-だ・す【精出す】(自五) 一生懸命に努力する。よく励む。精を出す。「家業に―」

せい-たん【生誕】(名・自スル) 人が生まれること。誕生(たんじょう)。「―一〇〇年」参考 ふつう著名な人に用いられる。

せい-たん【製炭】(名・自スル) 木炭を作ること。炭焼き。

せい-だん【星団】 〔天〕密集した恒星の集団。散開星団と球状星団がある。ヒアデス星団・プレアデス星団など。

せい-だん【政談】 ①政治に関する談話や議論。「―会」②政治や裁判事件などをもとにした講談。「大岡(おおおか)―」

せい-だん【清談】 政治・商売などの話に対し、俗世間を離れた、趣味・芸術・学問などの高尚で上品な話。故事 中国の魏(ぎ)・晋(しん)時代に、世相に失望した人たちが俗事をすてて山林に逃れ、老荘思想を奉じて、高尚な学問や俗世間から脱した風流を論じた。「竹林(ちくりん)の七賢」が有名。

せい-だん【聖断】 天子の裁断。天子の決断。「―を仰ぐ」

せい-だん【聖壇】 神をまつる祭壇。

せいたん-きょく【聖譚曲】 →オラトリオ

せいたん-さい【聖誕祭】 →クリスマス

せい-ち【生地】 その人の生まれた土地。出生地(しゅっしょうち)。

せい-ち【聖地】 ①〔宗〕神仏や聖人に関係のある神聖な土地。キリスト教のエルサレム、イスラム教のメッカなど。「―巡礼」②ある物事や関係者にとって重要な場所。「高校野球の―」

せい-ち【精緻】(名・形動ダ) くわしく細かいさま。注意が行き届いて緻密なさま。精密。「―をきわめた調査」

せい-ち【整地】(名・自他スル) 建築や耕作のために土地をならすこと。「―作業」

ぜい-ちく【筮竹】 易(えき)の占いに使う五〇本の細い竹製の棒。

せい-ちゃ【製茶】 茶の葉を飲料用に加工すること。また、その茶。「―業」春

〔ぜいちく〕

せい-ちゃく【正嫡】 本妻から生まれた子。

せい-ちゅう【正中】 ①物の中心。真ん中。「―線」②考えにかたよりのないこと。中正であること。「政治的には―を保つ」③〔天〕天体が真南、または真北に来ること。天体が天の子午線を通過すること。

せい-ちゅう【成虫】 〔動〕昆虫の成体。成長して生殖能力をもつようになった昆虫の個体。↔幼虫

せい-ちゅう【掣肘】(チウ) (名・他スル) (人の肘(ひじ)を掣(ひ)いて行動を妨げる意から)そばからあれこれと干渉して他人の行動の自由を妨げること。「―を加える」

せい-ちゅう【誠忠】 心から忠義を尽くすこと。「―の人」

せい-ちゅう【精虫】 →せいし(精子)

せい-ちょう【生長】(チャウ) (名・自スル) 草や木などが育っていくこと。生えて大きくなること。⇒「使い分け」

せい-ちょう【成長】(チャウ) (名・自スル) ①人や動物などが育って成熟すること。大人になっていくこと。②規模が大きくなること。発展すること。「経済―」「―産業」⇒「使い分け」

類語 育ち・成育・成熟・成人・発育・生い立ち・肥立ち

―かぶ【―株】 ①将来の発展が予想される会社の株。②(転じて) 将来有望な人。「同期生の―」

> 使い分け「生長・成長」
> 「生長」は、植物などが生えて大きくなる意で、「植木の苗が生長する」「生長の速い木」などと使われる。
> 「成長」は、動物などが育って大きくなる意で、「子供がすくすく成長する」のように使われる。また、比喩(ひゆ)的に「経済成長率」「企業の成長」なども使われる。

せい-ちょう【正調】(テウ) 正しい調子。特に民謡で、正統とされる歌い方。「―黒田節」↔変調

せい-ちょう【成鳥】(テウ) 成長した、生殖能力のある鳥。

せい-ちょう【声調】(テウ) ①話す時や歌う時の声の調子。②詩歌の調子。③(中国語などの)一語中の音の上がり下がり。

せい-ちょう【性徴】 男女・雌雄(しゆう)の性別を示す体の特徴。「第二次―」

せい-ちょう【政庁】(チャウ) 政務を取り扱う官庁。

せい-ちょう【清朝】(テウ) 「清朝活字」の略。

―かつじ【―活字】(クヮツジ) 活字の書体の一種。毛筆の楷

書に似た字体のもの。清朝体。

せい-ちょう【清澄】(名・形動ダ) 清く澄んでいること。また、そのさま。「一な空気」

せい-ちょう【清聴】(名・他スル) 他人が自分の話を聞いてくれることを敬っていう語。「ご一を感謝します」

せい-ちょう【静聴】(名・他スル) 静かにして聞くこと。「ご一願います」

せい-ちょう【整腸】 腸のはたらきを正しい状態に整えなおすこと。「一剤」

せい-ちょう【整調】 一(名・他スル) 調子を整えること。二(名)ボート競技で、コックス(=舵手)と向かい合って、こぎ手全員の調子を整える役の人。

せい-つう【精通】(名・自スル) ①その物事についてくわしく、また十分に知っていること。「歌舞伎に一している」②〘生〙男子のはじめての射精。

せい-てい【制定】(名・他スル) 法律・規則などを、作り定めること。「憲法を一する」

せい-てき【政敵】 政治上、対立している相手。政治上の敵。「一を倒す」

せい-てき【清適】 心身がさわやかで安らかなこと。「ご一の段」用法 多く手紙文で、相手が健康で無事なことを祝っていう。

せい-てき【性的】(形動ダ) 性や性欲に関するさま。「一な魅力」

—しこう【—指向】 その人の恋愛・性愛がどの性別を対象とするのかということ。

—しょうすうしゃ【—少数者】 性的指向が多数派と異なったり、性の自己認識が生物学的な性と一致しなかったりする人々の総称。同性愛者、両性愛者、トランスジェンダーなど。セクシャルマイノリティー。⇩エルジービーティー

せい-てき【静的】(形動ダ) 静止して動きのないさま。「一なとらえ方」↔動的

せい-てつ【西哲】 西洋のすぐれた哲学者や思想家。

せい-てつ【聖哲】 聖人や哲人。知徳がすぐれ、物事の道理によく通じている人。「古今の一」

せい-てつ【製鉄】(名・自スル) 鉄鉱石から銑鉄および各種鋼材を作ること。「一所」はじまり 日本の近代製鉄は、一八五七(安政四)年大島高任によって、岩手県釜石に築かれた洋式高炉が最初という。

せい-てん【青天】 晴れわたった青空。「一のもと」

—の霹靂(青空に突然起こる雷鳴の意から)思いがけず起こる突発的事件。突然の変事。

—はくじつ【—白日】 ①よく晴れた天気。②潔白でうしろぐらいところのないこと。また、疑いが晴れ無実が明らかになること。「一の身になる」

せい-てん【盛典】 盛大な祝典。さかんな儀式。盛儀。

せい-てん【晴天】 晴れた空。また、よい天気。「一にめぐまれる」↔雨天

せい-てん【聖典】 ①〘宗〙その宗教で最も神聖とされる、教義の根本が記された書物。キリスト教における聖書、イスラム教におけるコーランなど。②聖人の書いた書物。

せい-でん【正殿】 ①宮殿の中心となる表御殿。②拝殿に対して、神社の本殿。③京都御所内の「紫宸殿」の別称。

せい-てんかん【性転換】(名・自スル) ①雄または雌の生物個体が、発生・発育の過程で、反対の性機能をもつようになること。②手術や性ホルモンの投与によって、人為的に別の性の外見的特徴を身体に与えること。性別変更をすること。

せい-でんき【正電気】→ようでんき

せい-でんき【静電気】〘物〙物の表面などに静止している電気。摩擦電気など。また、それにともなう電気的現象。

せい-てんし【聖天子】 徳の高い天子。聖帝。

せいでん-ほう【井田法】 中国の周代に行われたとされる土地制度の一つ。一里四方の田を「井」の字形に九等分し、周囲の八区を八家に分け、中央の一区は公田とし、八家が協力して耕してその収穫を税にあてる方法。

せい-と【生徒】 学校などで教えを受ける者。特に、中学校・高等学校で教育を受ける者。「一会」

せい-と【征途】 戦争や試合などに出かける道。「一につく」

せい-と【聖徒】〘基〙①キリスト教徒。②キリスト教の聖人。

せい-ど【西土】 西方の国。日本でインドや西洋などをさす語。

せい-ど【制度】 社会、または国や団体などを運営していくために定められたしくみやきまり。「封建一」「社会保障一」

せい-ど【精度】 計測器・機械などの正確さや精密さの程度。

せい-とう【正当】(名・形動ダ) 正しくて、道理にかなっていること。また、そのさま。「一化する」「一な理由」↔不当

—ぼうえい【—防衛】〘法〙急に不正な害を受けたとき、自己または他人の権利を守るためにやむをえず相手に害を加える行為。法律上の責任を問われない。

せい-とう【正答】(名・自スル) 正しい答え。また、正しく答えること。「一率」↔誤答

せい-とう【正統】 同じもとから分かれたものの中で、いちばん正しいとされる血筋や系統。特に、始祖の教えや学説を忠実に受けついでいること。「一派」↔異端

せい-とう【征討】(名・他スル) 従わないものを、兵を出して攻め討つこと。征伐。「一軍」

せい-とう【青鞜】 女流文学者。また、女性の解放を主張する女性知識人。参考 bluestocking の訳語。一八世紀中ごろ、ロンドンの文学的サロンに集まった女性たちの一員が青い靴下をはいていたことからいう。

—は【—派】 ①一九一一(明治四十四)年、平塚らいてうを中心に機関誌「青鞜」を発刊、「青鞜社」を結成して、女性の解放を主張し、新思想を宣伝した女流文学者の一派。②一八世紀中ごろ、イギリスに起こった、女性参政権運動の一派。

せい-とう【政党】 政治上、同じ理念や目的をもつ人々が党を組み、その政策の実現を図るために組織する政治団体。「保守一」「一を結成する」

—せいじ【—政治】 二つ以上の政党があり、その中のある政党が内閣を組織して政権を担当する政治のしくみ。

—ないかく【—内閣】 政党の党首が首相となり、閣僚の全員または大半がその政党員である内閣。

せい-とう【精糖】 粗糖を精製した白砂糖。↔粗糖

せい-とう【製糖】(名・自スル) サトウキビやサトウダイコンなどから砂糖を作ること。「一工場」

せい-どう【生動】(名・自スル) 書画などが力強く生き生きとして躍動的なこと。「気韻一」

せい-どう【正道】 正しい道理。また、それに従った正しいやり方。「一を歩む」↔邪道

せい-どう【制動】(名・他スル) 運動体、特に車輪などを止めたり、また速力を抑えたりすること。「一機(=ブレーキ)」

せい-どう【青銅】〘化〙銅と錫との合金。鋳造しやすく、美術品や機械部品の製造などに広く用いられる。ブロンズ。

—きじだい【—器時代】〘世・日〙石器時代と鉄器時代との中間で、青銅で作った器具を使用した時代。参考 中国では殷・周時代がこれにあたる。日本では弥生文化期に鉄器と同時に伝来したので、独立した青銅器時代は存在しない。

せい‐どう【政道】①政治の道。政治のやり方。

せい‐どう【聖堂】①儒教で、孔子をまつった堂。聖廟。「湯島の―」②キリスト教で、教会堂。

せい‐どう【精銅】精錬した銅。また、銅を精錬すること。

せいどういつせい‐しょうがい【性同一性障害】人が、自分の生物学的な性に違和感を持ち、別の性に属していると認識している状態。心の性と体の性が一致しないこと。二〇〇四(平成十六)年七月から、性別変更が法律的に可能になった。GID

せい‐とく【生得】生まれつき。生得。「―の権利」

せい‐とく【聖徳】①天子の徳。②最もすぐれた徳。

せい‐どく【西独】旧ドイツ連邦共和国。西ドイツ。

せい‐どく【精読】(名・他スル) 細かいところまで注意して読むこと。じっくり丁寧に読むこと。熟読。「古典の―」↔濫読

せい‐とん【整頓】(名・他スル) 散らかっている物をきちんとかたづけること。「整理―」

せい‐なる【聖なる】(連体) 神聖な。「―教え」

せい‐なん【西南】西と南の中間の方角。↔東北

―せんそう【―戦争】【日】一八七七(明治十)年に起こった、西郷隆盛を擁した鹿児島士族を中心とする、明治政府への最大・最後の士族反乱。西南の役。

せい‐にく【生肉】なまの肉。また、新鮮な食用肉。

せい‐にく【精肉】精選した上等な肉。「―店」

ぜい‐にく【△贅肉】体に必要以上についた肉や脂肪。転じて、余分なものをたとえてもいう。「―がつく」「―をそぎ落とす」

せい‐にゅう【生乳】搾ったままで、殺菌などの処理をしていない牛などの乳。

せい‐ねん【生年】①生まれた年。↔没年 ②生まれてからその時まで経過した年数。生年。「―二〇歳になる」

―がっぴ【―月日】生まれた年月日。

せい‐ねん【成年】人の知能・身体が大人として十分に発達したとみなされる年齢。現在の日本の法律では満一八歳。また、その年齢に達した人。成人。「―に達する」↔未成年

―こうけんせいど【―後見制度】【法】判断能力が衰えている高齢者や知的障害者などを、財産管理などで法的に保護すると同時に、本人の自己決定権を擁護しようとする制度。二〇〇〇(平成十二)年施行。

せい‐ねん【青年】年の若い男女。若者。二〇歳前後から三〇歳くらいまでの者で、多く男性をさしていう。「文学―」「―実業家」「血気さかんな―」

―がっきゅう【―学級】【社】市町村が勤労青年を対象として設ける教育機関。

―き【―期】【保】一四、五歳ごろから二四、五歳ごろまでの時期。身体の成熟や自我のいちじるしい発達などがみられる。

せい‐ねん【盛年】若く、元気なさかりの年ごろ。若盛り。「―重ねて来らず(=盛年は一生に二度と来ないから、その時期をたいせつにしなければいけない)」

せい‐のう【性能】機械などが仕事をするうえでもっている性質と能力。「高―」「―のよい機械」

せい‐のう【精農】農事について、常に改良に熱心な農民。

せい‐は【制覇】(名・自他スル) ①競争に勝って権力をにぎること。「東国を―する」②競技などで優勝すること。「全国―」

せい‐は【政派】政党の中にできる党派や派閥。「政党―」

せい‐はい【成敗】成功と失敗。成否。「―は時の運」

せい‐ばい【成敗】(名・他スル) ①処罰すること。こらしめること。「けんか両―」②昔、罪人などを打ち首にしたこと。

せい‐はく【精白】(名・他スル) 米や麦をついて皮を取りのぞき白くすること。「―米」

せい‐ばく【精麦】(名・自スル) 麦をついて皮を取り精白すること。また、その麦。

せい‐はつ【整髪】(名・自スル) (おもに男性の)髪を刈るなどして形を整えること。理髪。調髪。「―料」

せい‐ばつ【征伐】(名・他スル) 反逆者や悪人などを攻めうつこと。討伐。征討。「逆賊を―する」

せい‐はん【正犯】【法】刑法上、犯罪行為をみずから実行する者。主犯。↔従犯

せい‐はん【製版】(名・自スル) 印刷用の版面を作ること。

せい‐ばん【生△蕃】未開地などに住み、征服者などの教化に服さない先住民。特に、台湾の先住民族のうち、漢民族に同化しなかったものをさした呼称。↔熟蕃

せい‐はん‐ごう【正反合】【哲】ドイツの哲学者ヘーゲルの弁証法における論理展開の三段階。定立(正)・反立(反)・総合(合)の過程を示す語。

せい‐はんたい【正反対】(名・形動ダ) まったく反対なこと。完全に逆なこと。また、そのさま。「―な性格」

せい‐ひ【正否】正しいことと正しくないこと。「―をみきわめる」

せい‐ひ【成否】成功するか失敗するかということ。成敗。「―のかぎを握る」

せい‐び【精微】(名・形動ダ) 細かいところまでよく整っていること。また、そのさま。精緻。「―を尽くす」

せい‐び【整備】(名・自他スル) いつでも使えるように整えておくこと。また、整っていること。「法体系の―」「飛行機を―する」

せい‐ひつ【静△謐】(名・形動ダ) 世の中がおだやかに治まっていること。静かで落ち着いていること。また、そのさま。「―な世」

せい‐ひょう【青票】国会で、記名投票の際に案件に反対の意を表する議員が投じる青色の票。青票。↔白票

せい‐ひょう【製氷】(名・自スル) 人工的に氷を作ること。

せい‐びょう【性病】主として性行為によって感染する病気。梅毒・淋病などの総称。花柳病。

せい‐びょう【聖△廟】聖人をまつった堂。特に、孔子の廟と菅原道真の廟をいう。

せい‐びょう【精兵】①→せいへい ②弓をひく力の強いこと。また、その人。↔小兵

せい‐ひれい【正比例】(名・自スル)【数】二つの変数のうち、一方が二倍、三倍になるにつれて、他方も二倍、三倍になるような二つの変数の間の関係。比例。↔反比例

せい‐ひん【正賓】一座の中心となる客。主賓。

せい‐ひん【清貧】行いが潔白で、あえて富を求めず、貧しさに安んじていること。「―に甘んじる」

せい‐ひん【製品】おもに商品として製造した物品。「乳―」

せい‐ふ【正負】①【数】正数と負数。②【数】正号と負号。プラスとマイナス。③【物】陽極と陰極。プラスとマイナス。

せい‐ふ【政府】国の政治を行う最高機関。日本では、内閣と内閣が統轄する行政機関の総体。「―高官」

せい‐ぶ【西部】①(国・地域の中で)西のほうの部分。「関東―」↔東部 ②アメリカ合衆国のミシシッピ川以西の地域。

―げき【―劇】アメリカ合衆国の西部開拓時代の人々を題材とした映画やテレビドラマ。ウエスタン。

せい‐ぶ【声部】【音】楽曲のハーモニーを構成する、それぞれの声および楽器の受け持つ部分。パート。ソプラノ・アルトなど。

せい‐ふう【西風】①西から吹く風。西風。↔東風 ②(古代中国の五行説で、「秋」は「西」にあたるところから)秋風。

せい‐ふう【清風】さわやかなすがすがしい風。「一陣の―」
参考 多く、「政界に―を吹きこむ」など比喩的に用いる。

せい-ふく【正副】 正と副。正式のものとその補助となるもの。「—二名の委員長」「—二通」

せい-ふく【制服】 ある集団に属する人が着るように定められている服装。ユニホーム。「警察官の—」↔私服

せい-ふく【征服】(名・他スル) ①従わない相手を武力などで従わせること。「敵を—する」②困難に打ち勝って、目的を果たすこと。「エベレストを—する」

せい-ふく【清福】 清らかな、精神上の幸福。「ご—をお祈りします」用法 手紙文などで、相手の幸福を祈って用いる。

せい-ふく【整復】(名・他スル) 骨折や脱臼(だっきゅう)などを正常な状態になおすこと。「—師」

せい-ぶつ【生物】 生命をもち、活動したり繁殖したりするもの。動植物の総称。いきもの。「—学」↔無生物

—たようせい【—多様性】(タヤウセイ) 多種多様な生き物が存在すること。また、それらが生きるさまざまな生態系があること。

—へいき【—兵器】 細菌やウイルスなどの病原体を散布し、その感染性・有害性を利用して加害殺傷する兵器。

せい-ぶつ【静物】 ①静止して動かないもの。多く、絵画の題材となる花・果物・器物などをいう。②「静物画」の略。

—が【—画】(グワ) 花・果物・器物などの静物を描いた絵。

ぜい-ぶつ【△贅物】 ①むだで余計なもの。②ぜいたくなもの。

せい-ふん【製粉】(名・他スル) 穀物をひいて粉を作ること。特に、小麦から小麦粉を作ること。「—所」

せい-ぶん【正文】 ①国際条約の条文で、解釈の基準となる特定国の言語の文章。②説明や注釈に対して、文書の本文。

せい-ぶん【成分】 ①ある化合物や混合物を構成している元素や物質。「食品の—表」②〔文法〕文を構成しているそれぞれの部分。主語・述語・修飾語・補語・接続語・独立語。学校文法では一文節相当。参考 ②には、「主語」を入れて考えるのが一般的であるが、日本語では、主語を省く考え方もある。

せい-ぶん【成文】 文章に書き表すこと。また、その文章。

—か【—化】(クワ) (名・他スル) 慣習として行われていたことや話し合いで決められたことなどを、文章に書き表すこと。

—ほう【—法】(ハフ) 〔法〕文書の形式で公布された法。成文律。制定法。↔不文法

せい-ぶんかいせい【生分解性】 物質が自然界の微生物により分解される性質。「—プラスチック」

せい-へい【精兵】 選びぬかれた強い兵士。精鋭。精兵(せいびょう)。

せい-へき【性癖】 性質の中でのかたより。主として、悪いくせ。「変わった—がある」

せい-べつ【生別】(名・自スル) 生きていて別れたままになること。いきわかれ。「幼時に母と—する」↔死別

せい-べつ【性別】 男女・雌雄の区別。「—を問わない」

せい-へん【正編・正△篇】 書物の主要な部分として編集されたもの。本編。また、続編に対して、最初に編まれた書物。

せい-へん【政変】 政治上の変動。特に、政権が急に交替すること。内閣や政府が突然変わること。「—が絶えない国」

せい-ほ【生保】「生命保険」の略。

せい-ぼ【生母】 生みの母。実の母。実母。↔養母

せい-ぼ【聖母】 ①聖人の母。②〔基〕キリストの母マリア。マドンナ。「—像」

せい-ぼ【歳暮】 ①年の暮れ。年末。歳末(さいまつ)。歳暮(さいぼ)。冬 ②一年の感謝をこめて年末におくる贈り物。おせいぼ。「—の品」

せい-ほう【西方】(ハウ) 西の方角・方面。西方(さいほう)。↔東方

せい-ほう【製法】(ハフ) 物品を作る方法。製造法。

せい-ぼう【声望】(バウ) 名声と人望。よい評判。「—が高い」

せい-ぼう【制帽】 ある集団に属する人がかぶるように定められた、色や形の決まった帽子。「制服—」

ぜい-ほう【税法】(ハフ) 租税の賦課や徴収に関する法律。

せいほう-けい【正方形】(セイハウ—) 〔数〕四つの辺の長さが等しく、四つの角が直角である四辺形。⇒長方形

せい-ほく【西北】 西と北の中間の方角。にしきた。北西。↔東南

せい-ぼく【清△穆】 清らかでやすらかなこと。手紙文で相手の無事を喜ぶ意に使う言葉。「ご—の段お喜び申し上げます」

せいぼつ-ねん【生没年・生△歿年】 生まれた年と死んだ年。生没。「—未詳」

せい-ホルモン【性ホルモン】〔生〕動物の生殖腺(せいしょくせん)から分泌され、生殖器官の発育・機能維持、および脊椎(せきつい)動物では第二次性徴を発現させる内分泌物。

せい-ほん【正本】 ①転写本や副本のもとの本。原本。↔副本 ②〔法〕公文書の謄本で、原本と同一の効力を有するもの。

せい-ほん【製本】(名・他スル) 印刷物などをとじて表紙をつけ、書物の形に仕上げること。「論文を—する」

せい-まい【精米】(名・自他スル) 玄米をついて外皮を取り、白くすること。また、その米。精白米。白米。「—所」

せい-みつ【精密】(名・形動ダ) 細かいところまで注意が行きとどき、くわしく正確であるさま。「—検査」「—な理論」

—きかい【—機械】 複雑なしくみをもち、誤差が非常に少なく精度の高い機械。測定機器・特殊工作機械の類。

せい-みょう【精妙】(メウ) (名・形動ダ) 細かいところまで、すぐれてたくみなこと。また、そのさま。「—な技術」

せい-む【政務】 政治上の仕事。行政事務。

—かん【—官】(クワン) →だいじんせいむかん

—じかん【—次官】(ジクワン) 大臣を助けて政務に参与した特別職の国家公務員。二〇〇一(平成十三)年廃止。かわって副大臣・大臣政務官がおかれた。

ぜい-む【税務】 租税の賦課と徴収に関する行政事務。

—しょ【—署】 国税の賦課と徴収に関する事務を取り扱う、国税庁の地方出先機関。

せい-めい【生命】 ①いのち。生物に内在していると考えられている、生物が生物として存在できる原動力であるもの。「新しい—が誕生する」②ある方面で活動する際の原動力となるもの。「政治—を絶たれる」③物事の存立や維持をささえる最もたいせつなもの。「信用は会社の—だ」

—かがく【—科学】(クワガク) 生命現象を、生物学・医学・化学・物理学・農学などあらゆる分野にわたって総合的に研究しようとする学問。ライフサイエンス。

—せん【—線】 ①生死の分かれ目となる重大な限界線。存立のために、絶対に侵されてはならない境界線。「—を守る」②手相占いで、寿命に関係があるという手のひらのすじ。

—ほけん【—保険】 保険契約をしている人が死亡または一定期日まで生存したとき、保険金が支払われる保険。生保。

—りょく【—力】 生き続ける力。生きようとする力。

せい-めい【声名】 よい評判。名声。

せい-めい【声明】(名・自他スル) 意見や立場を公(おおやけ)に発表すること。特に、政治・外交上の意見を公表すること。また、その意見。「共同—」参考「しょうみょう」と読めば別の意になる。

せい-めい【姓名】 姓(=名字(みょうじ))と名前。氏名。

—はんだん【—判断】 姓名の文字の画数や音韻などによって、運勢・吉凶を判断すること。

せい-めい【盛名】 さかんな名声。よい評判。「—をとどろかす」

せい-めい【清明】 一(名・形動ダ) 清く明らかなこと。また、そのさま。「—な月の光」二(名) 二十四気の一つ。春分後一

五日目。太陽暦で四月四、五日ごろ。[春]

せい-めん【生面】①今まで見られなかった方面。新境地。新生面。「―を開く」②初めて会うこと。初対面。「―の客」

せい-めん【製麺】めん類を製造すること。「―業」

せい-もく【井目・聖目・星目】①碁盤の線上にしるした九つの黒い点。②囲碁で、弱いほうの人があらかじめ①に黒石を九つ置くこと。また、その対局。

ぜい-もく【税目】租税の種目。所得税・法人税など。

せい-もん【正門】正面の門。表門。↔裏門

せい-もん【声門】〔生〕喉頭にあって、左右の声帯の間にある、息の通る部分。発声器のはたらきをする。

せい-もん【声紋】人の音声を周波数分析装置で縞模様の図に表したもの。指紋と同じく個人によって特徴があるため、犯罪捜査などに利用される。「―鑑定」

せい-もん【誓文】誓いの言葉を記した文書。誓紙。

――ばらい【―払〔い〕】近世以来、陰暦十月二十日に京都の商人・遊女が四条京極の冠者殿に参り、商売上うそをついた罪を払うために祈った行事。また、関西地方でこの日の前後に商店が行う格安の大売り出し。[秋]

せい-や【征野】戦場。戦野。

せい-や【星夜】星の光り輝く夜。星月夜。

せい-や【清夜】涼しくすがすがしい夜。

せい-や【聖夜】クリスマスの前夜。クリスマスイブ。[冬]

せい-や【静夜】静かな夜。

せい-やく【成約】（名・自スル）契約が成立すること。

せい-やく【制約】（名・他スル）制限や条件をつけて、自由にさせないこと。また、その制限や条件。「―を受ける」

せい-やく【誓約】（名・他スル）誓って約束すること。また、その約束。「―書」

せい-やく【製薬】薬品をつくること。製剤。また、その薬品。「―会社」

せい-ゆ【声喩】音声や物音などを言葉にしてまねること。また、そのまねたもの。「ニャーニャー」「ガタガタ」など。擬声。

せい-ゆ【聖油】〔基〕カトリックで、洗礼などの儀式に用いる神聖な香油。

せい-ゆ【精油】■一（名）植物の葉・花・果実・根などから採取して精製した油状の香料。薄荷油、樟脳油など。芳香油。■二（名・自スル）石油を精製すること。また、精製した石油。

せい-ゆ【製油】（名・自スル）①原油を精製・加工して灯油・ガソリンなどの石油製品をつくること。②圧搾・抽出などの方法で動植物体から食用油・香油などをつくること。

せい-ゆう【西遊】（名・自スル）西方、特に西洋へ旅すること。西遊。

せい-ゆう【声優】ラジオドラマ・外国映画の吹きかえ・アニメなどに、声だけで出演する俳優。

せい-ゆう【政友】政治上の意見を同じくする仲間。

せい-ゆう【清遊】（名・自スル）①俗事を離れて、旅行や自然を楽しむこと。また、そのような風流な遊び。「箱根に―する」②（手紙文で）相手を敬って、その「旅行」や「遊び」をいう言葉。「ヨーロッパにご―の由」

せい-よ【声誉】よい評判。名声。「―を博す」

せい-よう【西洋】ヨーロッパ・アメリカの諸国の総称。欧米。泰西。↔東洋

せい-よう【静養】（名・自スル）心身を静かに休めること。また、心身を休めて病気や疲れをいやすこと。「別荘で―する」

せい-よう【整容】形・姿を整えること。姿勢を正すこと。

せい-よく【制欲・制慾】（名・自スル）欲情・欲望をおさえとどめること。禁欲。

せい-よく【性欲・性慾】肉体的な欲望。性的欲望。肉欲。

せい-らい【生来】（名・副）①生まれつき。「―の正直者」②生まれて以来。[参考]「しょうらい」ともいう。

せい-らい【清籟】木々を渡るすがすがしい風の音。

せい-らん【青嵐】→あおあらし

せい-らん【清覧】（手紙文で）相手が見ることを敬っていう言葉。高覧。「一度ご―ください」

せい-らん【晴嵐】①晴れた日に山にかかる霞。②晴れた日に吹きわたる山風。

せい-り【生理】①生命を営むうえで生物体に起こる諸現象。また、その原理。「―現象」②月経。メンス。「―不順」

――がく【―学】生物の生理、特に人体の生活機能・生活現象を研究する学問。生物学の一分野。

――きゅうか【―休暇】労働基準法などにより、月経時の女子労働者に一定の条件のもとに与えられる休暇。

――てき【―的】（形動ダ）①体の組織や機能の面に関するさま。「―食塩水(=体液と似た濃度の食塩水)」②理屈ではなく感覚的にそうであるさま。本能的。「―嫌悪感」

せい-り【整理】（名・他スル）①乱れた状態にあるものをきちんと整えること。かたづけること。「―整頓」「本棚を―する」「論点を―する」②むだなものをとりのぞくこと。「人員―」

ぜい-り【税吏】税金に関する事務を扱う役人。収税官吏。

せいり-がく【性理学】中国宋代の儒学の一派。人間の本性(=生まれつきの徳性)としての理を発現するために、物の理をきわめなければならないと説く。朱子が大成した。宋学。

ぜいり-し【税理士】税理士法による資格をもち、税務に関する相談に応じたり、税務を代理したりすることを業とする人。

せい-りつ【成立】（名・自スル）物事がなりたつこと。一つのまとまりをもったものとしてでき上がること。また、まとまること。「方程式が―する」「商談が―する」

ぜい-りつ【税率】課税対象に対して、税金を課する割合。課税率。「―を引き上げる」

せい-りゃく【政略】①政治上の策略。②物事を有利に導くためのかけひき。策略。

――けっこん【―結婚】政治上の策略や経済的利益のために、当事者の意思を無視してさせる結婚。

せい-りゅう【青竜】①玄武・白虎・朱雀とともに四神の一。東方をつかさどる神。青竜。②青い竜。

――とう【―刀】なぎなた状の昔の中国の武器。柄に竜の装飾がつく。青竜偃月刀。また一般に、刀身が湾曲した、幅の広い中国の刀。柳葉刀を指していう。

せい-りゅう【清流】澄んだ水の流れ。↔濁流

せい-りゅう【整流】（名・他スル）〔物〕電気の交流を直流に変えること。「―器」

せい-りょう【声量】人の声の大きさ・豊かさの程度。「―の豊かな人」

せい-りょう【清涼】（名・形動ダ）さわやかですずしいこと。また、そのさま。「―感」

――いんりょう【―飲料】飲むと清涼な感じのする、アルコール分を含まない飲み物の総称。清涼飲料水。[夏]

――ざい【―剤】①気分をさわやかにする薬。②人の気持ちをさわやかにするようなできごとや物事。「一服の―となる」

せい-りょう【精良】（名・形動ダ）すぐれてよいこと。また、そのさま。「―な品質」

せいりょう-でん【清涼殿】平安京内裏の建物

の一つ。昔、天皇が日常居住した御殿。清涼殿。

せい-りょく【勢力】 他の力をおさえ自分の思いどおりにできる力。また、その力をもつもの。「―伯仲」「―を伸ばす」

せい-りょく【精力】 心身の活動力。活力。また、性的な力。「仕事に―を注ぐ」

―ぜつりん【―絶倫】（名・形動ダ）精力、特に性的な力がなみはずれて強いこと。また、そのさま。

―てき【―的】（形動ダ）ダロ・ダッ(デ・ニ)・ダ・ナ・ナラ・○ 元気で活力にあふれるさま。「―に働く」

せい-るい【声涙】 声と涙。

―倶に下る 感情が激して、涙を流しながら語る。

せい-れい【生霊】 ①たましい。特に、生きている人の怨霊。いきりょう。②生物の霊長。人類。人民。

せい-れい【制令】 制度と法令。おきて。

せい-れい【政令】〘法〙憲法および法律の規定を実施するため、または法律の委任を受けて、内閣が制定する命令。

―してい-とし【―指定都市】 政令によって指定された人口五〇万人以上の市。都道府県から権限を委譲されるなど、行政上の特例が認められている。指定都市。

せい-れい【清麗】（名・形動ダ）清らかでうるわしいこと。また、そのさま。

せい-れい【聖霊】〘基〙父である神、その子のキリストとともに三位一体の第三位を占めるもので、神意によって精神活動を起こさせる神の霊。

せい-れい【精励】（名・自スル）学業や仕事などに熱心に励み努めること。「―恪勤」「職務に―する」

せい-れい【精霊】〘宗〙①万物の根源をなすと考えられる、万物に宿る魂。精。②死者の霊魂。精霊。

せい-れき【西暦】 キリストが誕生したとされる年を元年にして年を数える年代の数え方。西洋暦。西洋紀元。西紀。記号 A.D.

せい-れつ【凄烈】（名・形動ダ）すさまじくはげしいこと。また、そのさま。「戦いは―を極めた」

せい-れつ【整列】（名・自スル）きちんと列をつくって並ぶこと。「校庭に―する」

せい-れつ【清△冽】（形動ダ）ダロ・ダッ(デ・ニ)・ダ・ナ・ナラ・○ 水などが清く澄んで冷たいさま。「―な流れ」文（ナリ）

せい-れん【清廉】（名・形動ダ）心が清く私欲のないこと。また、そのさま。「―潔白」「―な人物」

せい-れん【精練】（名・他スル）①動植物の天然繊維から脂肪や蠟分などのまじり物をとり除いて品質を高めること。②よく訓練してきたえあげること。精錬。「よく―された兵」

せい-れん【精錬】（名・他スル）①鉱石などからまじり物をとり除いて、純度の高い金属にすること。②→せいれん（精練）②

せい-れん【製錬】（名・他スル）鉱石から含有金属をとり出し、精製して地金にすること。冶金。「鉄鉱を―する」

せい-ろ【◦蒸◦籠】 →せいろう（蒸籠）

せい-ろう【青楼】 遊女屋。妓楼。

せい-ろう【晴朗】（名・形動ダ）空が晴れて、気持ちよいこと。また、そのさま。「天気―」

せい-ろう【◦蒸◦籠】 ①鍋や釜にのせて、下からの湯気で食物を蒸す容器。木製の円形または方形の枠の底に簀を敷いた器。せいろ。②そばを盛る、底に簀を張ったもの。せいろ。

ぜい-ろく【△贅六】 江戸っ子が上方（関西）の人をあざけって呼び表した言葉。才六。ぜえろく。

せい-ろん【正論】 正しい議論。道理にかなった意見。「―を吐く」↔曲論

せい-ろん【政論】 時の政治に関する議論や意見。

セイロン〈Ceylon〉「スリランカ」の旧称。

ゼウス〈ギリ Zeus〉ギリシャ神話の最高の神。ローマ神話のジュピターに当たる。

せ-うと【◦兄◦人】（古）（「せひと」の音便）①女性が男の兄弟を呼ぶ語。↔妹 ②兄。

セージ〈sage〉〘植〙シソ科の多年草。葉は薬用のほか西洋料理の香辛料として用いる。ヤクヨウサルビア。

セーシェル〈Seychelles〉アフリカ大陸の東、インド洋上の島々からなる共和国。首都はビクトリア。セイシェル。

セーター〈sweater〉毛糸などで編んだ上着。ふつう、頭からかぶって着るものをいう。スウェーター。冬

せえ-の（感）力を入れて何かを行うときのかけ声。多く、複数の人が同時に動作を開始するときの合図の声。

セーフ〈safe 安全な〉①野球で、走者または打者が塁に生きること。②テニスなどで、打球が規定の線内にはいること。③うまくいくこと。間に合うこと。「発車寸前ぎりぎり―」（↔アウト）

―ガード〈safeguard〉WTO（世界貿易機関）協定に基づく緊急輸入制限。特定品目の輸入増加によって国内産業が重大な打撃を受けた場合などに発動される。

セーブ〈save〉（名・他スル）①抑制すること。行動をひかえること。「食べる量を―する」②野球で、救援投手が味方のリードを守りきること。「―ポイント」③〘情報〙コンピューターで、データを保存すること。

セーフティー〈safety〉安全。「―ゾーン（=安全地帯）」

―ネット〈safety net〉①転落を防ぐ安全網。②社会や個人の危機に対して安全を保障する制度や措置。雇用保険や生活保護、金融の保護機構などをいう。

―バント〈和製英語〉野球で、打者自身が一塁に生きるために行うバント。

セーム-がわ【セーム革】 ガハ カモシカ・シカ・ヤギなどの皮を動植物油でなめした柔らかな革。シャミ。シャモア。

セーラー〈sailor〉①船員。水兵。②「セーラー服」の略。

―ふく【―服】 水兵の着る軍服。または、その形に似せた女学生の通学服や子供の服。水兵服。はじまり 日本では、一九二〇（大正九）年に京都の平安女学院が女学生の制服として最初に採用したといわれる。

セーリング〈sailing〉①帆を張った船での航行。帆走。②ヨットやウインドサーフィンなどで、帆走の技術や速さを競うスポーツ。

セール〈sale〉商店の売り出し。「開店記念―」

セールス〈sales〉販売。特に、外交販売。「―に回る」

―エンジニア〈sales engineer〉製品の技術的な専門知識を生かして外交販売をする技術者。

―トーク〈sales talk〉物を売り込むときの話術。

―ポイント〈和製英語〉①商品を売る際、特に強調する特長や利点。②（比喩的に）特に魅力となるような美点、長所。「―は明るい性格だ」参考 英語では selling point という。

―マン〈salesman〉外交販売員。外交員。

せおい-なげ【背負い投げ】 セオヒ 柔道で、相手の体を引きつけ、自分の背にのせて肩越しに投げる技。しょいなげ。「―を食う（=土壇場になって相手にそむかれたりしてひどい目にあう）」

せ-お・う【背負う】 オフ（他五）ワ(オ)・イ(ッ)・ウ・ウ・エ・エ ①人や物を背にのせる。「子供を―」②苦しい仕事や重い責任などを引き受ける。「借金を―」可能 せお・える（下一）

類語 しょう・負う・おぶう・おんぶする・担ぐ・担う

せ-おと【瀬音】 浅瀬を流れる水音。川の水が流れる音。

せ-およぎ【背泳ぎ】→はいえい

セオリー〈theory〉理論。学説。また、きまったやり方。「―どおりの攻撃」

せ-かい【世界】①地球上のすべての地域・国々。「―地図」②世の中。人の世。「未知の―にとびだす」③同類のものや人が形成する、ある特定の範囲の領域・分野や社会。「科学の―」「職人の―」④芸術作品に描かれた、特有の場。また、作品から感じられる、芸術家の人間像。「近松の―」⑤宇宙。⑥〔仏〕衆生(しゅじょう)の住むところ。「沙婆(しゃば)―」参考 仏教で、「世」は過去・現在・未来を、「界」は東・西・南・北・上・下をいう。

―いさん【―遺産】(サン) ユネスコが採択した条約に基づいて登録され、人類共通の財産として保護することを規定された、すぐれた価値をもつ文化遺産・自然遺産および複合遺産。

―かん【―観】(クヮン) ①世界や人生の本質・意義・価値についての見方や考え方。②《俗》作品などに表現された、ある雰囲気をもった世界。

―ぎんこう【―銀行】(ギンカウ) 〔経〕国連の専門機関である「国際復興開発銀行」と「国際開発協会」の総称。開発途上国への開発資金の融資などを行う。本部はアメリカのワシントンにある。世銀。

―こっか【―国家】(コクカ) →せかいれんぽう

―せいふ【―政府】世界連邦が実現された場合の政府。

―たいせん【―大戦】世界的規模で行われる大戦争。㋐第一次世界大戦。一九一四年七月に勃発(ぼっぱつ)し、一九一八年十一月休戦。欧州大戦。㋑第二次世界大戦。一九三九年九月ドイツと英仏との間の開戦に始まり、一九四五年八月、日本の降伏により終結した史上最大の世界戦争。

―てき【―的】(形動ダ)(ダロ・ダッ(デ・ニ)・ダ・ナ・ラ・○) ①世界中で評価されているさま。「―名作」②全世界に関係あるさま。「―規模」

―ぶんがく【―文学】①世界の文学。②全人類の共有財産として普遍性のある文学。ゲーテの提唱に基づく。

―ぼうえききかん【―貿易機関】(ボウエキキクワン) →ダブリューティーオー(WTO)

―ほけんきかん【―保健機関】(ホケンキクワン) →ダブリューエッチオー(WHO)

―れんぽう【―連邦】(レンパウ) 世界全体を一つの国家に組織し、戦争や対立をなくすことを目指す理想的国家。世界国家。

せ-がき【施餓鬼】〔仏〕餓鬼道に落ちて飢餓に苦しんでいる衆生(しゅじょう)や無縁の死者のために行う供養。施餓鬼会(せがきえ)。秋

せか・す【◦急かす】(他五)(サ(ソ)・シ・ス・セ・セ) 急がせる。せかせる。「仕事を―」自 せ・く(五)

せか-せか (副・自スル) あわただしそうで落ち着かないさま。「―(と)話す」「―(と)歩く」

せか・せる【◦急かせる】(他下一)(セ・セ・セル・セル・セレ・セロ(セヨ)) →せかす

せ-かっこう【背格好・背△恰好】(カクカウ・カツカウ) 背の高さや体つき。せいかっこう。「―がそっくりな兄弟」

せが・む (他五)(マ(モ)・ミ(ン)・ム・ム・メ・メ) むりに頼む。強く求める。ねだる。「おみやげを―」可能 せが・める(下一)

せがれ【△倅・△悴】①自分のむすこのことを、へりくだっていう語。「うちの―」②他人のむすこや年少の男をくだけた気持ちで、また卑しめていう語。「小―」③陰茎の隠語。

せ-がわ【背革・背皮】(ガハ) 洋装本の背にはった革。また、そのような製本の方法。

セカンド〈second〉①二番目。第二の。②野球で、二塁。セカンドベース。また、二塁手。③→セコンド② ④自動車などの変速ギアの二段目。セコンド。

―オピニオン〈second opinion〉〔医〕主治医の診断や治療法について、別の医師の意見を聞くこと。

―ハウス〈second house〉別荘。別宅。

―バッグ〈和製英語〉大型バッグの中に入れる補助的な小型バッグ。小物などを入れる。単独に持つ場合もある。

―ハンド〈secondhand〉中古。おふる。セコハン。

―ライフ〈和製英語〉第二の人生。特に、定年退職後の人生をいう。

せき【夕】教1 セキ㊥ ゆう・ゆうべ ノ ク タ
(字義) 日ぐれがた。「夕日・夕暮・旦夕(たんせき)・日夕」↔朝 難読 夕餉(ゆうげ)・夕星(ゆうずつ)・夕陽(ゆうひ) 人名 ゆ

せき【◦尺】(字義) →しゃく(尺)

せき【斥】セキ㊥ しりぞける ノ 厂 戶 斤 斥
(字義) ①しりぞける。押しのける。「斥力・排斥・擯斥(ひんせき)」②うかがう。ようすをさぐる。「斥候(せっこう)」③さす。ゆびさす。「指斥」人名 かた

せき【石】教1 セキ・シャク・コク㊥ いし 一 厂 不 石 石
(字義) ①いし。いわ。岩のかけら。「石材・石塊・隕石(いんせき)・化石・岩石・鉱石・磁石(じしゃく)・大理石・宝石・墓石」②いしばり。治療に用いる石の針。「薬石」③㋐かたいものや感情のないもののたとえ。「金石・木石」㋑多くて値打ちのないもの。「瓦石(がせき)・玉石混交」④(「コク」と読んで)容積の単位。一石は一〇斗。⑤時計の軸受けなどの宝石や、トランジスターなどを数える語。「二一石」⑥「石見(いわみ)の国」の略。「石州」難読 石蓴(あおさ)・石塊(いしくれ)・石首魚(いしもち)・石(いそ)の上(かみ)・石斑魚(うぐい)・石女(うまずめ)・石榴(ざくろ)・石楠花(しゃくなげ)・石鹼(せっけん)・石蕗(つわぶき)・石竜子(とかげ) 人名 あつ・いわ・かた

せき【汐】人 セキ しお
(字義) しお。うしお。㋐夕しお。「潮汐」㋑ひきしお。人名 きよ

せき【赤】教1 セキ・シャク㊥・あか・あかい・あからむ・あからめる 一 + 土 方 赤 赤
(字義) ①あか。あかい。「赤光(しゃっこう)・赤面・丹赤」②まごころ。「赤心」③㋐はだか。むきだし。「赤子・赤裸裸」㋑何もない。「赤貧」④共産主義。「赤化」難読 赤魚鯛(あこうだい)・赤熊(しゃぐま)・赤口(しゃっく)・赤棟蛇(やまかがし) 人名 か・はに・はにう・わに

せき【昔】教3 セキ㊥・シャク㊥ むかし 一 艹 廾 昔 昔
(字義) むかし。遠い過去。以前。いにしえ。「昔日・昔人・往昔・古昔・今昔(こんじゃく)(こんせき)」↔今 人名 つね・とき・ひさ・ふる

せき【析】セキ㊥ さく 十 木 杉 析 析
(字義) ①木をさき割る。②解く。分解する。「析出・解析・分析」

せき【席】教4 セキ むしろ 亠 广 庐 庳 席
(字義) ①むしろ。草や竹で編んだ敷物。「席巻(せっけん)・枕席(ちんせき)」②座る場所。「客席・座席・上席・末席」③多くの座席を設けた場所。会場。「席上・席料・会席・酒席」④寄席(よせ)。「席亭」人名 すけ・のぶ・やす・より

せき【席】①座る場所。座席。「―を外(はず)す」「―を蹴(け)る(=怒ってその場から立ち去る)」②人が集まって何かをする場所。会場。「祝いの―を設ける」③寄席(よせ)。また、その演芸。「お笑いを一―申し上げます」

―の暖(あたた)まる暇(いとま)もない 一か所にじっとしているひまもないほど動き回っている。非常に忙しいことのたとえ。**―を改(あらた)める** 話し合いの場所や宴会の会場などを別の所に変える。

せき【脊】 セキ㊥ せ

（字義）①せ。㋐せぼね。「脊柱・脊椎」㋑せぼねのように、中央が高くなっているところ。「山脊」②すじ（理）。すじみち。条理。

せき【隻】 セキ㊥

（字義）ひとつ。㋐ただ一つ。「隻影」㋑片一方。対になるものの片方。「隻眼・隻手」↔双 ㋒ほんの少し。「隻句・片言隻語」㋓対になるものの片方を数える語。「隻数・一隻」人名 そう

-せき【隻】（接尾）①対になっているものの一方を数える語。「屏風一一」②船を数える語。「タンカー五一」

せき【寂】（字義）→じゃく（寂）

せき【惜】 セキ㊥・シャク おしい㊥・おしむ㊥

（字義）おしむ。㋐残念がって心を痛める。「惜春・惜別・哀惜・痛惜」㋑愛して大事にする。また、けちけちする。「惜陰・不惜身命」

せき【戚】 セキ㊥ いたむ

（字義）①斧。「干戚」②いたむ。悲しむ。「哀戚・休戚」③うれえる。「憂戚」④親しむ。みうち。一族。「姻戚・遠戚・縁戚・外戚・親戚」

せき【責】 教5 セキ・シャク せめる

（字義）①せめる。とがめる。「呵責・譴責・叱責」②せめ。なすべきつとめ。義務。「責任・責務・言責・重責・職責」

難読 責付

せき【責】 しなければならないつとめ。「一を果たす」

せき【跡】 セキ㊥・シャク あと㊥

（字義）①㋐足あと。「人跡・足跡・追跡」㋑物の通ったあと。「軌跡・航跡」②筆のあと。書きぶり。「書跡・筆跡・墨跡」③㋐物事の行われたあとかた。「遺跡・旧跡・形跡・古跡・痕跡・史跡・事跡」㋑神仏が現すしるし。「奇跡」④のちに伝える名前や伝統。「名跡・門跡」参考「迹」「蹟」の書き換え字。

せき【碩】 人 セキ

（字義）①大きい。㋐形が大きい。「碩果・碩鼠」㋑盛んな。㋒すぐれている。りっぱな。「碩学・碩言・碩儒・碩人・碩徳」②石のようにかたい。＝石。「碩交」人名 おお・ひろ・ひろし・みち・みつ・みつる・ゆたか

せき【潟】 教4 セキ かた

（字義）①かた。ひがた。遠浅の海岸で、潮が引くと現れる所。②しおち。塩分を含んだ土地。③かた。㋐砂丘などで外海とへだてられて、細い水路で海に通じている湖沼。㋑いりえ。浦。湾。

せき【積】 教4 セキ・シャク つむ・つもる

（字義）①㋐つむ。つみ重ねる。集める。「積材・積算・集積・蓄積」㋑つもる。集まり重なる。たまる。「積雲・積雪・鬱積・堆積・累積」㋒長い間につもり重なった。「積年・積弊」②㋐掛け算の答え。「相乗積」㋑面や空間の大きさ。広さ。かさ。「体積・面積・容積」人名 あつ・かず・かつ・さ・さね・つね・つみ・もち・もり

せき【積】 ①《数》二つ以上の数、または式を掛け合わせて得た数値、または式。②土地・平面の広さ。面積。

せき【錫】 人 セキ・シャク・シ すず

（字義）①すず。金属元素の一つ。銀白色で光沢をもちさびにくい。ブリキ・はんだ・器物などに用いる。②道士や僧侶の持つ杖。「錫杖・巡錫」③たまう。たまもの。「錫命・九錫」人名 あとう・たまう・たもう・ます

せき【績】 教5 セキ つむぐ

（字義）①つむぐ。まゆ・綿・麻などから繊維を引き出して糸にする。「紡績」②物を作りあげるわざ。仕事。また、なしとげた結果。いさお。「業績・功績・事績・実績・成績・戦績」人名 いさ・いさお・おさむ・さね・つぐ・つみ・なり・のり・もり

せき【蹟】 人 セキ あと

（字義）物事の行われたあと。「旧蹟・古蹟・史蹟・書蹟・筆蹟・墨蹟」参考「跡」は同字で書き換え字。「蹟」は「跡」の②③の意味で用いられる。

せき【籍】 セキ㊥・ジャク ふみ

（字義）①ふみ。文書。書物。「典籍・史籍・書籍・書籍」②人別・戸別・地別などを記録した公式の帳簿。団体の一員たる資格。「学籍・軍籍・原籍・国籍・戸籍・僧籍・本籍」人名 もり・より

せき【籍】 ①戸籍。「一を抜く」②学校・団体に登録され、その一員たる資格を有すること。「医学部に一を置く」

せき【咳】 のどや気管の粘膜が刺激されて、反射的に起こる短くて強い呼気。しわぶき。冬

せき【堰】 水流をせきとめたり、取水や水量の調節のために、水路や流水口に築いた、しきりとなる構造物。

―を切る おしとどめられていたものなどがいちどきに外に出る。物事が急に激しい状態になる。「せきを切ったように話しだす」

せき【関】 ①関所。「安宅の一」②さえぎり止めるもの。へだて。「人目の一（＝恋のじゃまをする人目）」

-ぜき【関】（接尾）十両以上の力士のしこ名に付ける敬称。

せき-あく【積悪】 悪事を積み重ねること。また、その積み重ねた悪事。積悪。「一の余殃（＝悪事を積み重ねると、その報いとして子孫にまでわざわいが及ぶこと）」↔積善

せき-あ・げる【咳き上げる】（自下一）ゲ・ゲ・ゲル・ゲル・ゲレ・ゲロ（ゲヨ） ①悲しみや怒りが胸を突き上げる。また、しゃくりあげて泣く。②しきりにせきこむ。「苦しそうに一」文せきあ・ぐ（下二）

せき-あ・げる【塞き上げる】（他下一）ゲ・ゲ・ゲル・ゲル・ゲレ・ゲロ（ゲヨ） 水の流れをせき止めて、水かさを増す。文せきあ・ぐ（下二）

せき-いり【席入［り］】 茶会の席にはいること。また、そのときの作法。座入り。

せき-い・る【咳き入る】（自五）ラ（ロ）・リ（ッ）・ル・ル・レ・レ 激しくせきをする。せきこむ。「ひとしきり一」

せき-いん【石印】 石に彫った印。

せき-いん【惜陰】（「陰」は時間の意）①年月の過ぎるのを惜しむこと。②少しの時間も惜しんで励むこと。

せき-うん【積雲】《気》夏の炎天下、上昇気流により盛り上がる塊状の雲。底は平らで上部はドーム形。わた雲。記号 Cu

せき-えい【石英】《地質》二酸化珪素からなる造岩鉱物。純粋な結晶を水晶とよぶ。陶磁器・ガラスなどの原料。

せき-えい【隻影】 ただ一つのものの姿。片影。「一も見えず」

せき-えん【積怨】 積もり積もったうらみ。「一を晴らす」

せき-が【席画】 集会または客の前などで依頼によって即席で絵を描いてみせること。また、その絵。

せきがい-せん【赤外線】《物》波長が、目に見える赤色光よりも長く、マイクロ波よりは短い電磁波。透過性が強いために赤外線写真・医療・近距離通信などに利用する。熱作用が大きいので熱線ともいう。⇩紫外線

―しゃしん【―写真】 赤外線に感光するフィルムを用い

た写真。遠方や暗いところの物体などを写すことができる。

せき-がき【席書〔き〕】集会や宴会の席上などで即興的に書画を書くこと。また、その書画。

せき-がく【△碩学】(「碩」は大きい意)学問が広く深いこと。また、その人。大学者。大家。

せき-がし【席貸〔し〕】料金をとって座敷や会場を貸すこと。また、その商売。貸席。

せき-が-はら【関ケ原】その後の運命を決定づけるほど重要な戦いや場面。「天下分け目の―」[語源]一六〇〇(慶長五)年、徳川方と豊臣(とよとみ)方が関ケ原(岐阜県南西部の地名)で天下分け目の戦いをしたことから。

せき-がん【隻眼】①片目。独眼。↔双眼 ②(多く「一隻眼」の形で)独自のすぐれた見識。「一―を有する」

せき-ぐん【赤軍】(「労農赤軍」の略)一九一八年から一九四六年までの、ソ連の正規軍の通称。

せき-ご【隻語】わずかな言葉。隻句。「片言(へん)―」

せき-こ・む【△咳き込む】(自五)マ(モ)・ミ(ン)・ム・ム・メ・メ 続けざまに激しくせきをする。せきいる。「むせて―」

せき-こ・む【◦急き込む】(自五)マ(モ)・ミ(ン)・ム・ム・メ・メ 心が急いであせる。心がせく。「―・んでたずねる」

せき-さい【積載】(名・他スル)車や船などに荷物を積み込むこと。積み載せること。「―量」

せき-ざい【石材】土木・建築・彫刻などの材料とする石。

せき-さく【脊索】〘生〙脊索動物の発生の初期に見られる、軟骨に似た構造をもつ体の軸をなす器官。原索動物では終生もつが、脊椎(せきつい)動物では発生途中のみで、脊柱がとってかわる。

―どうぶつ【―動物】〘動〙動物分類上の名称。原索動物と脊椎(せきつい)動物との総称。

せき-さん【積算】(名・他スル)①数を次々に加えて、その時々の総計を計算すること。累計。「支出を―する」②費用を見積もって計算すること。見積もり。「経費を―する」

せき-し【赤子】①赤ん坊。あかご。ちのみご。②(天皇・国王などに対してその子という意で)人民。国民。

せき-じ【昔時】昔の時。往時。昔日(せきじつ)。「―をしのぶ」

せき-じ【席次】①成績・地位の順位。「―が上がる」②座席の順序。席順。「会合の―をきめる」

せき-しつ【石室】①石で造った部屋。いわや。②古墳内の、棺を納めた石造りの部屋。

せき-じつ【昔日】昔の日々。往日(おうじつ)。昔時。「―のおもかげもない」

せき-しゅ【赤手】手に何も持たないこと。素手(すで)。徒手。

―くうけん【―空拳】(「赤手」を強めた言葉)→としゅくうけん

せき-しゅ【隻手】片手。「―の声(=禅の公案の一つ。両手を打って鳴る音は耳で聞くことができるが、片手を打って鳴る音は、心で聞かなければ聞こえないという意)」↔双手

せき-じゅうじ【赤十字】(ジフジ) ①白地に赤く十字を表した赤十字社または救護班の記章。②博愛の精神に基づき、平時には一般の災害・病気などの救護・予防、戦時には傷病者の救護などを行う国際協力団体。一八六三年、スイス人アンリ・デュナンの提唱により発足。赤十字社。[はじまり]日本赤十字社の前身は、一八七七(明治十)年、西南戦争にあたり佐野常民らが設立した博愛社。明治二十年日本赤十字社と改称。

せき-しゅつ【析出】(名・自他スル)〘化〙溶液から固体成分が分離して出てくること。また、固体成分を取りだすこと。

せき-しゅん【惜春】春が過ぎるのを惜しむこと。「―賦(ふ)」[春]

せき-じゅん【石△筍】〘地質〙鍾乳(しょうにゅう)洞の天井から水に溶けた石灰質が床にしたたり続けて、たけのこ状に固まったもの。

せき-じゅん【席順】①座席の順序。「会議での―」②成績・地位の順位。席次。

せき-しょ【関所】①昔、交通の要所や国境に設けて、通行人や通過物を調べた場所。関(せき)。②(転じて)通りぬけるのが困難な所。難関。

―やぶり【―破り】江戸時代、通行手形を持たず、不法に関所を越えること。また、その罪や人。

せき-じょう【席上】(ジャウ) ①集会や会合などの場。「会議の―で意見を述べる」②座席の上。

せき-しょく【赤色】①赤い色。あか。②(赤い旗を用いるところから)共産主義の意。「―革命」

―テロ 共産主義者が革命の手段として行う暴力行為。↔白色テロ

せき-しん【赤心】いつわりのない心。まごころ。誠意。赤誠。

せき-ずい【脊髄】〘生〙脊椎(せきつい)動物だけにある、脳とつながる中枢神経系の器官。脊柱の中にある長い管状のもの。知覚・運動・刺激の伝達・反射機能などをつかさどる。

―まく【―膜】〘生〙脊髄を包む薄い膜で、硬膜・くも膜・軟膜の三重の膜になっている。脊髄の髄膜。⇩髄膜

せき-すん【◦尺寸】→しゃくすん

せき-せい【赤誠】少しのいつわりもない心。まごころ。赤心。

せきせい-いんこ【背黄青△鸚△哥】〘動〙インコ科の小鳥。オーストラリア原産。原種は緑色に黒の斑点(はんてん)がある。青黄・青・灰・白などの品種がある。愛玩(あいがん)用。

せき-せき【寂寂】(タル) ものさびしいさま。ひっそりとしたさま。寂寂(じゃくじゃく)。「―たる幽谷」[文](形動タリ)

せき-せつ【積雪】降り積もった雪。「―量」[冬]

せき-ぜん【積善】善行を積み重ねること。また、その積み重ねた善行。積善(しゃくぜん)。「―の余慶」↔積悪

―の家(いえ)には必(かなら)ず余慶(よけい)あり よい行いを積んだ家には、必ずその報いとして幸福が訪れる。

せき-ぜん【寂然】(ト/タル) ものさびしいさま。寂然(じゃくねん)。「―たる古寺」[文](形動タリ)

せき-ぞう【石造】(ザウ) 石で造ること。また、そのもの。石づくり。「―建築」

せき-ぞう【石像】(ザウ) 石材を彫り刻んで造った像。

せき-ぞく【石△鏃】(石器時代の)石で作った矢じり。

せき-だ【席駄・◦雪駄】→せった

せき-だい【席代】→せきりょう(席料)

せき-だい【席題】短歌や俳句の会などで、その場で出す題。即題。↔兼題

せき-た・てる【◦急き立てる】(他下一)テ・テ・テル・テル・テレ・テロ(テヨ) 強く促して急がせる。「借金の返済を―」[文]せきた・つ(下二)

せき-たん【石炭】古代の植物が地中に埋没し、長い年月の間に地熱・圧力などによって炭化してできた可燃性の岩石。泥炭・褐炭・瀝青(れきせい)炭・無煙炭の総称。燃料・化学工業用。[冬]

―ガス 石炭を空気に触れさせずに熱したときに生じるガス。燃料・灯火用。

―がら【―殻】石炭を燃やしたあとに残る燃えがら。

―さん【―酸】〘化〙コールタールの分留、またはベンゼンの化学合成によって得られる無色針状の結晶。特有の臭気を放つ。防腐・消毒用のほか、染料・火薬・合成樹脂などの原料として用いられる。フェノール。

せき-ち【◦尺地】わずかな土地。寸土。尺土。尺地(しゃくち)。

せき-ちく【石竹】〘植〙ナデシコ科の多年草。夏の初め、ナデシコに似た紅・白などの花を開く。品種が多い。からなでしこ。[夏]

せき-ちゅう【石柱】 石でつくったはしら。石のはしら。

せき-ちゅう【脊柱】 〘生〙高等動物の体の中軸をなす骨格。人間では三二—三四個の脊椎骨(せきついこつ)よりなる。背骨(せぼね)。

せき-ちん【赤沈】 「赤血球沈降速度」の略。

せき-つい【脊椎】 〘生〙脊柱(せきちゅう)を形成する骨。人間では三二—三四個。脊椎骨(せきついこつ)。椎骨。

—カリエス 〘医〙脊椎が結核菌によっておかされる病気。結核性脊椎炎。

—どうぶつ【—動物】 〘動〙動物分類上の名称。背骨を中軸にして体を支えている動物。魚類・両生類・爬虫(はちゅう)類・鳥類・哺乳(ほにゅう)類などが含まれる。

せき-てい【石庭】 岩や石を中心に構成された日本庭園。

せき-てい【席亭】 寄席(よせ)の経営者。転じて、寄席。

せき-てつ【◇尺鉄】 →しゃくてつ

せき-とう【石塔】(タフ) ①石造りの仏塔。②石造りの墓。

せき-どう【赤道】(ダウ) ①〘地〙地球の南北両極間を二等分する大円。緯度の基準線(赤道が零度)。②〘天〙天球上の想像線で、地球の赤道面と天球との交線。天の赤道。

—さい【—祭】 船舶が赤道を通過するときに行う祭り。

せきどうギニア【赤道ギニア】(セキダウギニア)〈Equatorial Guinea〉アフリカ大陸西岸の大陸部のムビニとギニア湾上のビオコ島の両州からなる共和国。首都はマラボ。

せき-とく【◇尺◬牘】(「牘」は方形の木札)手紙。書状。尺牘(せきどく・しゃくどく)。

せき-とく【◬碩徳】(「碩」は大きい意)徳の高い人。特に、高徳の僧。

せき-とく【積徳】 よい行いを積むこと。また、積もった徳行。

せき-と-して【寂として】(副)物音もせず、ひっそりしたさま。静まりかえって。「—声なし」

せきとめ-こ【◬堰止め湖】 〘地質〙山崩れや火山の噴出物などにより川がせきとめられてできた湖。富士五湖・中禅寺湖など。堰塞(えんそく)湖。

せき-と・める【◇塞き止める・◬堰き止める】(他下一)(メ・メ・メル・メル・メレ・メロ(メヨ)) ①水の流れなどを、さえぎり止める。「川を—」②物事の進行や勢いを抑え止める。文せきと・む(下二)

せき-とり【関取】 十両以上の力士の敬称。

せき-にん【責任】 ①しなくてはならないつとめ。「—を果たす」「無—」②悪い結果が生じたとき、その原因にかかわった者として損失や罰などを引き受けること。「事故の—をとる」「—を転嫁する」③〘法〙自分の行為について負わされる法律的な義務や制裁。「刑事—」「—能力」

—かん【—感】 責任を重んじ、それを果たそうとする心。「—が強い人」

—しゃ【—者】 ある組織または仕事の責任を負う人。

せき-ねつ【赤熱】(名・自他スル)真っ赤になるまで熱すること。また、熱せられて真っ赤になること。「—した鉄の棒」

せき-ねん【積年】 積もり積もった長い年月。多年。「—のうらみを晴らす」

せきのこの… 俳句〔咳の子の なぞなぞあそび きりもなや〕〈中村汀女(なかむらていじょ)〉咳(せき)が出て床についている子のために母の私がなぞなぞ遊びの相手をつとめていると、いつもの遊び友だちがいなくてさびしいせいか、いつまでたっても放してくれない。ほんとうにきりのないことだ。(咳 冬)

せき-の-やま【関の山】 できうる最大限度。せいぜい。精いっぱい。「がんばっても六〇点をとるのが—だ」

せき-はい【惜敗】(名・自スル)試合や勝負に惜しくも負けること。「一点差で—する」

せき-ばく【寂◬寞】(タル)ひっそりとしてものさびしいさま。寂寞(じゃくまく)。「—たる山中」文(形動タリ)

せき-ばらい【◬咳払い】(バラヒ)(名・自スル)注意をひいたり、のどの調子を整えたりするために、わざと咳(せき)をすること。

せき-はん【赤飯】 小豆(あずき)またはささげともち米を蒸したごはん。祝い事などの時にたく。おこわ。あずきめし。「—をたく」

せき-ばん【石版】 板状の石灰岩に脂肪性インクで版を作る平版印刷の一種。また、その印刷物。リトグラフ。「—画」

せき-ばん【石盤・石板】 ①→スレート ②石筆で文字や絵をかくための、粘板岩の薄い板。学習用具として使われた。

せき-ひ【石碑】 ①あることを記念して石に文字を刻み、そのゆかりの土地に建てたもの。いしぶみ。②墓石。墓碑。

せき-ひつ【石筆】 ①蠟石(ろうせき)を筆の形に作ったもの。石盤に文字や絵をかくのに用いた。②黒または赤の粘土を固めた筆。書画をかくのに用いる。

せき-ひん【赤貧】 非常に貧しいこと。極貧(ごくひん)。

—洗(あら)うが如(ごと)し 洗い流したように所有物が何もなく、きわめて貧しいさま。「赤貧洗うがごとき生活」

せき-ふ【石◬斧】 斧(おの)の形をした古代の石器。

せき-ぶつ【石仏】 石で造った、または岩に彫りつけた仏像。石仏(いしぼとけ)。

せき-ぶん【積分】(名・他スル)〘数〙与えられた関数を導関数とするような関数を求めること。微分の逆演算。

—がく【—学】 〘数〙積分法およびそれに関連した理論・応用について研究する数学の一分科。

せき-へい【積弊】 長い間に積もり積もった悪いならわし。積年の弊。「—を除く」

せき-べつ【惜別】 別れを惜しむこと。「—の情」「—の辞」

せき-ぼく【石墨】 →こくえん(黒鉛)

せき-まつ【席末】 席次・序列のいちばん最後。末席。「—を汚(けが)す(=席に連なることを謙遜(けんそん)していう語)」

せき-む【責務】 責任と義務。果たすべきつとめ。「—を果たす」

せき-めん【赤面】(名・自スル)恥ずかしくて顔を赤くすること。また、その顔。「—の至り」

せき-もり【関守】 関所を守る役人。関所の番人。

せき-もん【石門】 石造りの門。

せき-や【関屋】 関所の役人の住む番小屋。

せき-やま【関山】 関所のある山。

せき-ゆ【石油】 ①地中にある、炭化水素を主成分とする液状で燃えやすい混合物。太古(たいこ)の生物体が地中で変質してできたと考えられている。採取したままのものを原油といい、これを精製してガソリン・灯油・軽油・重油などを作る。燃料・有機化学工業用原料などとして用いる。②特に、灯油。「—ストーブ」

—かがく【—化学】(ガクワ)〘工〙石油や天然ガスを原料として種々の合成繊維や合成樹脂などを作る化学。

—にゅうざい【—乳剤】 〘化〙水に石油と乳化剤のせっけんをまぜた乳濁状の薬剤。害虫駆除・消毒用。

セキュリティー〈security〉①安全性。治安。防犯。「—を強化する」②(国家の)安全保障。③有価証券。

—ホール〈security hole〉〘情報〙コンピューターのOSやソフトウェアで、安全性に問題がある不具合や欠陥。

せき-よう【夕陽】(ヤウ) 夕日。入り日。

せ-ぎょう【施行】(ギヤウ)(名・他スル)〘仏〙善根・功徳(くどく)を積むために、僧や貧民に物をほどこすこと。布施の行(ぎょう)。ほどこし。

せき-ら【赤裸】(名・形動ダ)→せきらら

せき-らら【赤裸裸】(名・形動ダ)①包み隠しのないさま。むきだし。「—な告白」②体に何も着ていないさま。まるはだか。

せきらん-うん【積乱雲】〘気〙夏、巨大な峰状をなして立ちのぼり、しばしば雷雨や雹を伴う雲。急激な上昇気流により生じる。入道雲。かみなり雲。記号 Cb 夏

せき-り【赤痢】〘医〙赤痢菌および赤痢アメーバによって大腸がおかされる感染症。夏

せ-ぎり【背切り】→せびらき

せき-りょう【席料】レウ ― 席を借りる料金。席代。

せき-りょう【脊梁】リャウ ― 背骨。脊柱。

せき-りょう【責了】レウ ―（「責任校了」の略）最終的な訂正の責任を印刷所が負うものとして、校正を終了すること。

せき-りょう【寂寥】レウ ―（名・トタル）ものさびしくわびしいさま。「―感がただよう」

せき-りょく【斥力】〘物〙二つの物体がたがいにはねかえす力。同じ極性の電気や磁気をおびた物体間などに働く。反発力。↔引力

せき-りん【赤燐】〘化〙暗赤色の粉末状のリン。黄燐のように簡単には発火せず、無毒。マッチ・花火などの原料。

せき-れい【鶺鴒】〘動〙セキレイ科のセキレイ属・イワミセキレイ属の鳥の総称。水辺にすみ、ほっそりした長い尾を上下に振って歩く。いしたたき。秋

せき-ろう【石蠟】ラフ ― →パラフィン①

せき-わけ【関脇】（大関の脇の意）相撲で、大関の下、小結の上の位。三役の一つ。

せき-わん【隻腕】片腕。隻手。

せ・く【咳く】（自五）カ(コ)・キ(イ)・ク・ク・ケ・ケ 咳をする。「激しく―」

せ・く【急く】（自五）カ(コ)・キ(イ)・ク・ク・ケ・ケ ①急いで、心があせる。「気が―」②激しくなる。急になる。「息が―」他せか・す（五）

せいては事をし損じる あせって急ぐとかえって失敗するということ。参考 類似のことば―急がば回れ

せ・く【堰く・塞く】（他五）カ(コ)・キ(イ)・ク・ク・ケ・ケ ①流れなどをさえぎり止める。「水を―」②〘古〙（人の間を）さえぎって会わせない。

せ-ぐくま・る【跼る】（自五）ラ(ロ)・リ(ッ)・ル・ル・レ・レ 背を丸くして体を前にかがめる。かがむ。「物陰に―」語源「背くぐまる」の転。

セクシー〈sexy〉（形動ダ）ダロ・ダッ(デ・ニ)・ダ・ナ・ナラ・○ 性的魅力のあるさま。肉感的。「―な声」

セクシャル〈sexual〉（形動ダ）ダロ・ダッ(デ・ニ)・ダ・ナ・ナラ・○ 性に関するさま。性的。また、性的なものを感じさせるさま。セクシュアル。

―ハラスメント〈sexual harassment〉性的いやがらせ。特に、職場などで相手の嫌がる性的な言動をとることをいう。セクハラ。

―マイノリティー〈sexual minority〉→せいてきしょうすうしゃ

セクシュアリティー〈sexuality〉性に関すること。性的特質。性自認・性的指向・性行動など。セクシャリティー。

セクショナリズム〈sectionalism〉部門や派閥などの別を偏重する排他的な立場や考え方。セクト主義。縄張り主義。

セクション〈section〉①組織内の部門。特に、会社・役所・団体などの局・部・課・係など。②分割された部分・区画。また、項目、文章などの章・節、新聞の欄など。

―ペーパー〈section paper〉方眼紙。

セクター〈sector〉①（社会や経済における）特定の分野。部門。「第三―」「不動産―」②〘情報〙コンピューターの記憶媒体上の区切り・単位。セクタ。「不良―」

セクト〈sect〉党派・学派・宗派など、ある組織内で主義・主張を同じくする者の集団。派閥。分派。「―主義」

セク-ハラ「セクシャルハラスメント」の略。

セグメント〈segment〉①分けられた部分。区分。②業種別や地域別などに区分した企業の財務状況。「事業―」③市場分析などで、共通する属性で分けた顧客グループ。

せぐり-あ・げる【せぐり上げる】（自下一）ゲ・ゲ・ゲル・ゲル・ゲレ・ゲロ(ゲヨ) しゃくりあげる。せきあげる。文せぐりあ・ぐ（下二）

セクレタリー〈secretary〉秘書。書記。

せぐろ-いわし【背黒鰯】〘動〙「かたくちいわし」の別称。秋

せ-けん【世間】①人がかかわりあっている場としての世の中。また、世の中の人々。「―の口がうるさい」「―を騒がす」②自分の交際・活動範囲。「―が広い」③〘仏〙人や動物などの生き物と、それが生活する世界。

―を狭くする 人の信用をなくし、交際範囲を狭くする。

―し【―師】世間になれて悪がしこく、世わたりのうまい人。

―しらず【―知らず】（名・形動ダ）経験が浅く世の中の事情をよく知らないさま。また、その人。「―の若者」

―ずれ【―擦れ】（名・自スル）世の中でもまれて、世わたりに慣れ、悪がしこくなること。「―した男」

―てい【―体】世間の人々に対する体面・体裁。「―を気にする」「―が悪い」

―なみ【―並〔み〕】（名・形動ダ）世間一般と同じ程度であること。また、そのさま。ふつうのレベル。「―の暮らし」

―ばなし【―話】世間のできごとやありさまなどについての気楽な会話。「―に花が咲く」

―ばなれ【―離れ】（名・自スル）世間の常識や慣習などにまったく無頓着な考え方や行動をとること。「―した生活」

ぜ-げん【女衒】江戸時代、女性を遊女屋に売る手引きを職業とした人。

せけんむねさんよう〔世間胸算用〕江戸中期の浮世草子。井原西鶴作。一六九二（元禄五）年刊。大晦日を背景に町人生活の悲喜劇を描いた短編二〇から成る。

せ-こ【兄子・夫子・背子】〘古〙①女性から夫・兄弟・恋人など親しい男性を呼ぶ語。②男性どうしが親しんで呼ぶ語。

せ-こ【世故】世間の実情や風俗・習慣など。「―にたける（＝世間の事情に通じ、世わたりがうまい）」

せ-こ【勢子】狩りのとき、鳥・獣を誘い出したり追い込んだりする役の人。冬

せこ・い（形）カロ・カッ(ク)・イ・イ・ケレ・○〘俗〙考え方、やり方がみみっちい。けちくさい。「―手口」

セコイア〈ラテン Sequoia〉〘植〙ヒノキ科の常緑高木。北米太平洋岸地方の山地に自生する。高さ一二〇メートル、直径一〇メートルほどにもなる巨木。建築用。

せ-こう【施工】（名・自他スル）工事を行うこと。施工。「―期間」

せ-こう【施行】カウ ―（名・他スル）→しこう（施行）

―ず【―図】ヅ 工事を行う場合の基礎となるくわしい図面。

セコハン〈secondhand から〉中古。おふる。

セコンド〈second〉①秒。また、時計の秒針。②ボクシングで、選手の介添え役。セカンド。③→セカンド④

せ-さい【世才】世間のことに通じている才。世わたりの才。

せ-さく【施策】→しさく（施策）参考「せさく」は「試作」などと区別するための慣用読み。

セザンヌ〈Paul Cézanne〉（一八三九～一九〇六）フランスの画家。後期印象派の巨匠で、二〇世紀絵画の父と呼ばれる。風景・静物を知的に構成した。代表作「サント・ヴィクトワール山」。

セ-し【セ氏】〘物〙（「セ氏温度」の略）一気圧における水の氷点を零度、沸点を一〇〇度として、その間を一〇〇等分した温度目盛り。摂氏。セルシウス温度。記号℃ 語源 考案者で

あるスウェーデンのセルシウスの中国語表記「摂爾修」による「摂氏温度」の略から。⇩華氏(かし)

せ-じ【世事】 世俗のさまざまな事柄。俗事。「—にうとい」

せ-じ【世辞】 相手にとり入ろうとして言う、あいそのよい言葉。本心からではないほめ言葉。おせじ。「—をいう」「お—がうまい」

セシウム〈cesium〉《化》金属元素の一つ。銀白色でやわらかく、空気中で酸化して燃える。光電管に使用。人工的な同位体のセシウム一三七は放射性が高く、有害。元素記号 Cs

せし・める（他下一）メ・メ・メル・メル・メレ・メロ(メヨ) うまく立ち回ったりだましたりして自分の物にする。「まんまと金を—」文せし・む(下二)

せ-しゅ【施主】 ①寺や僧に金品をほどこす人。②葬儀・法事などを主催する人。③建築や土木工事の依頼者。施工主。

せ-しゅう【世襲】シフ (名・他スル) その家の格式・地位・財産・仕事などを子孫が代々受けつぐこと。「—制」

せ-じゅつ【施術】(名・自スル) ①手術などの治療行為を施すこと。②美容行為や理学療法などを施すこと。参考 多く①は「しじゅつ」という。⇩施術(しじゅつ)

せ-じょう【世上】ジャウ 世間。世の中。「—のうわさ」

せ-じょう【世情】ジャウ ①世間の事情。世の中のありさま。「—にうとい」②世間の人情。

せ-じょう【施錠】ヂャウ (名・自他スル) 錠に鍵をかけること。

せ-じん【世人】 世間の人。世の中の人。「—注視の的となる」

せ-じん【世△塵】ヂン 世の中の煩わしい事柄。俗事。世塵(せいじん)。

せ-すじ【背筋】スヂ ①背中の中心線。背骨に沿ったくぼんだ部分。「—を伸ばす」②着物の、背骨にあたるたての縫い目。

—が寒(さむ)くなる 恐ろしくてぞっとする。

ゼスチャー〈gesture〉→ジェスチャー

セスナ〈Cessna〉アメリカのセスナ社製の軽飛行機。転じて、軽飛行機一般をさす。

せ-ぜ【世世】 多くの時代。世々(よよ)。代々。「生々(しょうじょう)—(=生まれかわり死にかわり、いつまでも)」

ぜ-せい【是正】(名・他スル) 悪いところを正しくなおすこと。「格差を—する」

せせく・る（他五）ラ(ロ)・リ(ッ)・ル・ル・レ・レ《俗》→せせる

せせ-こまし・い（形）カロ・カッ(ク)・イ・イ・ケレ・○ ①せま苦しくてきゅうくつである。「—家の中」②こせこせとして気持ちにゆとりがない。「—考え方」文せせこま・し(シク)

セセッション〈secession〉フランスのアールヌーボーなどの影響を受け、一九世紀末ドイツ・オーストリアに興った絵画・建築・工芸上の新芸術運動。虚飾を排し、機能性・合理性を重視するモダニズムを生んだ。分離派。ゼツェシオン。

ぜぜ-ひひ【是是非非】 公平無私の立場で、よいことはよいとして賛成し、悪いことは悪いとして反対すること。「—主義」

せせらぎ【×細流】 水が浅瀬を流れる音。また、音をたてて流れる、小さなまたは浅い水の流れ。「小川の—」

せせら-わら・う【◦冷ら笑う・◦嘲ら笑う】ワラフ (他五) ワ(オ)・イ(ッ)・ウ・ウ・エ・エ 小ばかにしてひややかに笑う。冷笑する。「鼻で—」

せせり-ばし【△挵り箸】 箸(はし)でいろいろな料理をあちこちとつつきまわすこと。

せせ・る【△挵る】(他五) ラ(ロ)・リ(ッ)・ル・ル・レ・レ ①先の細い物でつつきほじくる。「歯を—」②いじる。もてあそぶ。「火箸(ひばし)で炭を—」

せ-そう【世相】サウ 世の中のありさま。世間のようす。世態(せたい)。「—を映し出す事件」

せ-ぞく【世俗】 ①世の中のならわし。②世の中。俗世間。また、世間の人。「—的(=世間一般に見られるさま。俗なさま)」

せ-そん【世尊】《仏》仏、特に釈迦(しゃか)の尊称。

せ-たい【世帯】 同じ家で、生計をともにしている一家。所帯。「二—が同居する」

—ぬし【—主】 世帯の中心となる人。所帯主。

せ-たい【世態】 世の中のようす。世情。世相。「—人情」

せ-だい【世代】 ①同時代に生まれた人々。ある年齢層。ジェネレーション。「若い—」②親・子・孫と続いていく、それぞれの代。「三—が同居する」

—こうたい【—交代】カウタイ ①《動・植》同一生物種が異なる生殖様式(たとえば、有性生殖と無性生殖)を行う世代を順序正しく交互に繰り返して、代を重ねる現象。植物では、シダ・コケ、動物では、クラゲ・アリマキなどにみられる。②年をとった年齢層から、若い世代に変わること。「政界の—」

せ-たけ【背丈】 ①せいの高さ。身長。背丈(せいたけ)。②着物のたけの長さ。「—をつめる」

セダン〈sedan〉四人から六人乗りの、座席が前後二列で室内に荷室をもたない箱型乗用車。

せ-ち【節】(字義)→せつ(節)

せ-ち【世知・世△智】 世間のことにうまく対処する才能。世わたりの知恵。「—にたける」

せち【◦切】(形動ナリ)《古》①はなはだしいさま。ひたすら。②おもしろい。すばらしい。③非常にたいせつである。

せち-え【節会】ヱ 昔、朝廷で節日(せちにち)その他公事(くじ)のある日に行われた宴。節(せち)。「白馬(あおうま)の—」

せち-がら・い【世知辛い・世△智辛い】(形) カロ・カッ(ク)・イ・イ・ケレ・○ ①人情がうすく、暮らしにくい。「—世の中」②計算高くて抜けめがない。打算的でお金にこまかい。「—やつ」文せちがら・し(ク)

せち-にち【節日】 →せっく

せつ【切】 教2 セツ・サイ⊕ きる・きれる

(字義)①㋐きる。刃物できる。きれる。「切開・切断・切腹」㋑こする。きしる。「切歯」②さしせまる。あわただしい。「切迫」③㋐しきりに。強く。ひたすら。「切愛・切望・痛切」㋑ぴったり合う。重要な。「大切・適切」㋒ねんごろ。ゆきとどいた。「切切・懇切・親切」④すべて。「一切(いっさい)・合切(がっさい)」難読 切支丹(キリシタン)・切羽(せっぱ)

せつ【折】 教4 セツ おる・おり・おれる

(字義)①㋐たち切る。=断。㋑分ける。分断する。「折衷・折半」②おる。曲げる。おれる。曲がる。「曲折・屈折」③くじく。くじける。「挫折(ざせつ)・折伏(しゃくぶく)」④なじる。責める。「折檻(せっかん)・面折」⑤死ぬ。「夭折(ようせつ)」難読 折敷(おしき)・折角(せっかく)・折板(へぎいた)

せつ【刹】(字義)→さつ(刹)

せつ【拙】 セツ⊕ つたない⊕

(字義)①つたない。へた。「拙速・拙劣・巧拙・古拙・稚拙」↔巧 ②自分のことを謙遜(けんそん)していう語。「拙作・拙者・拙僧・拙宅・拙著・拙文・愚拙」

せつ【拙】 ■(名) つたないこと。へた。■(代) 自称の人代名詞。近世、遊里などで太鼓持ちなどが自分をへりくだって用いた。

せつ【窃】【竊】 セツ⊕ ぬすむ・ひそかに

(字義)①ぬすむ。こっそり取る。「窃取・窃盗・剽窃(ひょうせつ)」②ひそかに。そっと。「窃笑・窃窃」

せつ【屑】 人 セツ くず・いさぎよい

(字義)①くず。細かくちぎれて不用になったもの。また、役にたたないもの。「玉屑」②こまごました。ささいな。「屑雨・屑然」③いさぎよい。快く思う。④かえりみる。気にかける。「屑意」人名 きよ

せつ【殺】（字義）→さつ（殺）

せつ【接】 教5 セツ・ショウ（セフ） つぐ高・まじわる

（字義）①㋐まじわる。まじえる。「間接・直接」㋑つぐ。つなぐ。続く。連なる。「接合・接着・密接・溶接・隣接・連接」㋒ふれる。「接岸・接触・接吻(せっぷん)」②会う。もてなす。「接客・接待・引接(いんせつ)・応接・面接」③近づく。「接近・接戦・近接」④受ける。引きつぐ。「接受・接収」難読 接骨木(にわとこ)

せつ【設】 教5 セツ もうける

（字義）並べる。置く。そなえつける。作る。建てる。「設営・設置・設備・設立・開設・仮設・建設・敷設」人名 おき・のぶ

せつ【雪】 教2 セツ ゆき・すすぐ

（字義）①ゆき。ゆきがふる。「雪渓・雪景・雪中・降雪・新雪・積雪・白雪・吹雪(ふぶき)」②白い色や潔白のたとえ。「雪白」③すすぐ。ぬぐう。洗い清める。「雪冤(せつえん)・雪辱(せつじょく)」難読 雪花菜(おから)・雪隠(せっちん)・雪崩(なだれ)・雪洞(ぼんぼり)・雪解(ゆきげ)・雪消(ゆきげ)・雪礫(ゆきつぶて)人名 きよ・きよみ・きよむ・そそぐ

せつ【摂】【△攝】 セツ㊥・ショウ（セフ） とる・かねる

（字義）①とる。手に持つ。とり治める。とり入れる。「摂取・摂受(せつじゅ・しょうじゅ)・包摂」②かねる。兼務する。代理する。「摂家(せっけ)・摂政(せっしょう)・兼摂」③やしなう。「摂生・摂養」④「摂津(せっつ)の国」の略。「摂州」人名 おさむ・かぬ・かね・しずか・せ・たもつ

せつ【節】 教4 【△節】 セツ・セチ高 ふし

（字義）①ふし。㋐竹のくぎりのふくらみ。「枝葉末節」㋑木の枝の出る所。また、こぶ状のもの。「結節」㋒動物体のふし。骨と骨の結合部。「関節・体節・節足動物」㊁物事のくぎり。詩歌・文章の一くぎり。「音節・楽節・章節・文節」㋔音楽の調子。ふし。「節奏・曲節」②㋐けじめ。きまり。「節度・礼節」㋑みさお。誠意や主義をかたく守ること。「節義・節操・苦節・忠節・貞節」㋒ほどあい。適度。ほどよくする。「節制・調節」㊁ひかえめにする。倹約する。「節倹・節水・節約」③㋐時候の区分・変わりめ。「節季・節分・季節・二十四節気」㋑とき。おり。時期。時代。「時節・当節」㋒祝日。「節会(せちえ)・節句・佳節・天長節」④割り符。昔、君命をうけた使者が帯びた信任のしるし。「節刀・使節・符節」参考「節」は「ノット」としても用いた。人名 お・さだ・たか・たかし・たけ・とき・とも・のり・ふ・ほど・まこと・みさ・みさお・みね・もと・よ・よし

せつ【節】 ①文章や詩の一くぎり。「章」を分けたもの。②誠意や主義をかたく守ること。節操。節義。忠節。「―を曲げる」「―を屈する」③とき。おり。ころ。「その―は失礼いたしました」④《文法》文の成分でその内部が主語・述語からなるもの。クローズ。

せつ【説】 教4 セツ・ゼイ高 とく

（字義）①とく。㋐意味や道理をときあかす。意見や主張をのべる。「説明・演説・解説・概説・細説・詳説・力説」㋑ときさとす。教える。納得させる。「説教・説得・説論」②㋐話の内容。意見。説かれた解釈・理論・主張など。「異説・学説・旧説・新説・俗説・地動説・定説・論説」㋑うわさ。「巷説(こうせつ)・風説」㋒はなし。「説話・小説・伝説」人名 あき・かぬ・かね・こと・つぐ・とき・のぶ・ひさ

せつ【説】 ある物事に対する意見。主張。「新しい―を立てる」

せつ【△癤】《医》皮脂腺(ひしせん)や毛嚢(もうのう)に化膿(かのう)菌が感染して起こる疾患。赤くはれ、痛みが強い。顔の癤は面疔(めんちょう)という。

ぜつ【舌】 教6 ゼツ㊥ した

（字義）①した。口中にある、発声を助けたり、味を知覚したりする器官。「舌先・舌端」②ことば。「舌戦・舌鋒(ぜっぽう)・饒舌(じょうぜつ)・毒舌・筆舌・弁舌」

ぜつ【絶】 教5 ゼツ たえる・たやす・たつ

（字義）①たつ。㋐たち切る。中止する。とぎれる。やめる。「絶交・絶食・断絶・中絶・途絶」㋑こばむ。ことわる。「拒絶・謝絶」㋒たやす。たえる。なくする。なくなる。滅ぼす。滅びる。「絶命・絶滅・気絶・根絶・悶絶(もんぜつ)」②へだてる。遠く離れた。「絶海・絶境・隔絶」③比べるものがない。最高の。すぐれた。「絶景・絶世・絶対・絶品・冠絶・卓絶・超絶」④この上なく。きわめて。「絶叫・絶賛」⑤漢詩の一形式。絶句。五言または七言の四句からなる。「五絶・七絶」人名 たえ・たと・とう

せつ-あく【拙悪】（名・形動ダ）下手で、できの悪いこと。また、そのさま。「―な文」

せつ-えい【設営】（名・他スル）ある目的に使う施設・建物・会場などを、前もって造ること。「ベースキャンプを―する」

せつ-えん【雪△冤】（ヱン）―（名・自スル）（「雪」はすすぐの意）無実の罪をはらし、身の潔白を示すこと。「―を果たす」

せつ-えん【節煙】（名・自スル）たばこを吸う量を減らすこと。

ぜつ-えん【絶縁】（名・自スル）①縁を切ること。「―状」②《物》不導体によって電流や熱の伝導を断ち切ること。

―たい【―体】《物》電気や熱を伝えない物体。不導体。ゴム・エボナイト・ガラス・陶磁器など。

ぜつ-おん【舌音】 舌の先を歯や歯ぐきにつけて発音する音。t・d・nなど、タ行・ナ行・ラ行の音。

せっ-か【赤化】（セキクヮ）（名・自他スル）（「せきか」の音便）①赤くなること。また、赤くすること。②（赤旗を旗印とすることから）共産主義化すること。

せっ-か【接架】 →かいか（開架）

ぜっ-か【舌禍】（クヮ）― ①自分の発言がもとで自分が受けるわざわい。「―事件」②他人の悪口・中傷などで受けるわざわい。

ぜっ-か【絶佳】（名・形動ダ）（景色が）非常に美しいこと。また、そのさま。「風光―」

せっ-かい【切開】（名・他スル）切り開くこと。特に、患部の皮膚・組織・器官などを治療のために切り開くこと。「―手術」

せっ-かい【石灰】（セキクヮイ）生石灰(せいせっかい)（酸化カルシウム）・消石灰（水酸化カルシウム）の総称。石灰(いしばい)。

―がん【―岩】《地質》炭酸カルシウムが主成分の堆積(たいせき)岩。サンゴなどの死骸(しがい)や水中の炭酸カルシウムからできる。石灰石。

―すい【―水】《化》消石灰（水酸化カルシウム）の水溶液。無色透明・アルカリ性で、炭酸ガスを通すと濁る。

―ちっそ【―窒素】《化・農》カーバイド（炭化カルシウム）を窒素中で強く熱することで生成される黒灰色の粉末。窒素肥料および農薬とする。

―にゅう【―乳】《化》微粒子状の消石灰（水酸化カルシウム）を水に溶かした乳白色の液体。消毒剤。工業用。

せっ-かい【石塊】（セキクヮイ）石の塊(かたまり)。石ころ。

せつ-がい【殺害】（名・他スル）→さつがい

せつ-がい【雪害】 降雪・なだれなどによる災害・被害。

ぜっ-かい【絶海】 陸地から遠く離れた海。「―の孤島」

せっ-かく【石△槨】（セキクヮク）古墳時代、棺と副葬品を納めた石造りの室。

せっ-かく【◦刺客】（セキ）―→しかく（刺客）

せっ-かく【折角】(副) ①そのことのためにことさら力を尽くすさま。骨を折って。わざわざ。「―がんばったのに」「―の好意がむだになった」「―だが遠慮しておく」②めったにないことをたいせつに思うさま。「―の遠足だから晴れてほしい」③十分に気をつけて。せいぜい。「―ご静養ください」

せっ-かち (名・形動ダ) 物事の先を急いで落ち着きのないさま。また、そうした性格の人。「―な人」

類語 性急・短気・気早・気短

せっ-かっしょく【赤褐色】 赤みがかった褐色。

せっ-かん【石棺】 石造りの棺。特に、古墳時代のもの。

せっ-かん【折△檻】(名・他スル) きびしく戒めたり、叱ったりすること。特に、体に痛みを与えてこらしめること。

【故事】漢の成帝がよこしまな張禹を信任したとき、朱雲が死を恐れずに強く成帝をいさめたため、その怒りに触れ、御殿から引きずり下ろされそうになったが、檻にすがって動かず、ついに檻が折れてしまったことから。〈漢書〉

せっ-かん【摂関】 摂政と関白。

―せいじ【―政治】 〘日〙平安中期、藤原氏が天皇の外戚(=母方の親類)として摂政・関白を独占し、天皇に代わって政治の実権をとった政治形態。

せつ-がん【切願】 (名・他スル) 心をこめてひたすら願うこと。「完成を―する」

せつ-がん【接岸】(名・自スル) 船舶が岸壁や陸地に横づけになること。「船が―する」

せつがん-レンズ【接眼レンズ】〘物〙顕微鏡・望遠鏡などの、目に接する側のレンズ。対眼レンズ。↔対物レンズ

せっ-き【石器】 原始時代、人類が石で作った道具。

―じだい【―時代】〘世・日〙金属器時代の前、人類が石で器具を作り、使用していた時代。人類文化史上の最古の時代で、大きく旧石器・新石器時代に区分される。

せっ-き【節気】 陰暦でいう、季節の変わり目。また、それを示す、立春から大寒に至る二十四の日。二十四気。二十四節気。⇩二十四気

せっ-き【節季】(「季」は末の意で季節の終わりの意) ①十二月の末。歳末。年末。「―大売り出し」冬 ②商店の盆と暮れの決算期。「―仕舞い(=節季の総勘定)」「―払い」

せつ-ぎ【拙技】 ①下手なわざ。下手な技術。↔巧技 ②自分のわざをへりくだっていう語。

せつ-ぎ【節義】 節操と道義。人としての正しい道。「―にもとる行為」

ぜつ-ぎ【絶技】 非常にすぐれたわざ。

せっ-きゃく【隻脚】 片足。

せっ-きゃく【接客】(名・自スル) 客に接して応対したりもてなしたりすること。「―態度」

―ぎょう【―業】 飲食店や旅館、美容・理容などの、客と応対しサービスする職業。

せっ-きょう【説教】 (名・自スル) ①宗教の教えを説くこと。また、その話。「牧師の―」②ものの道理を教え聞かせること。教訓的な話や注意・忠告をすること。「子供に―する」

せっ-きょう【説経】 (名・自スル)〘仏〙僧侶が経典の内容を説いて人を導くこと。

―ぶし【―節】 説経に歌謡の要素が加わり、簓や三味線を伴奏に演じられた語り物。説経浄瑠璃。

ぜっ-きょう【絶叫】 (名・自スル) ありったけの大声で叫ぶこと。また、その声。「恐ろしさに―する」

ぜっ-きょう【絶境】 人里から遠く離れた土地。

せっ-きょく【積極】 進んで物事を行うこと。↔消極

―せい【―性】 進んで物事をしようとする性質。「―に欠ける」「―に富む」

―てき【―的】(形動ダ) 物事に対し、進んで働きかけようとするさま。「―な性格」↔消極的

せっ-きん【接近】(名・自スル) ①近寄ること。近づくこと。「台風が―する」②内容や程度の差が縮まること。「力が―する」③親しくなること。「二つの国が―する」

せつ-ぎん【拙吟】 ①下手な詩歌。また、下手な歌い方。②自分の詩歌や歌い方の謙称。

せ-つ-く【◦責付く】(他五) ↓せっつく

せっ-く【節句・節供】 季節の変わり目を祝う年中行事。また、その日。人日(一月七日)・上巳(三月三日)・端午(五月五日)・七夕(七月七日)・重陽(九月九日)の五節句があり、今日では特に桃の節句(三月三日)と端午の節句をさす。節日・せつじつ。

―ばたらき【―働き】 節句などの人の休むときにわざと忙しそうに働くこと。「なまけ者の―」

ぜっ-く【絶句】 ■(名) 漢詩の種類の一つ。起・承・転・結の四句からなる。一句の字数により五言絶句・七言絶句の区別がある。■(名・自スル) 言葉につまって、話やせりふが中途で切れること。「あまりのことに―する」

せつ-ぐう【接遇】(名・自スル) 仕事の上で、客と応対すること。応接。接待。

セックス〈sex〉①性。男女の別。②性交。また、性欲。

―アピール〈sex appeal〉性的魅力。

―レス〈sexless〉病気などの事情がないのに、夫婦の間などで性行為のないこと。

せっ-くつ【石窟】 岩にできているほらあな。また、岩をくりぬいてつくったほらあな。岩屋。

せっ-け【摂家】 摂政・関白に任命される資格のあった家柄。摂関家。⇩五摂家

ぜっ-け【絶家】(名・自スル) 相続する人がなく、家が絶えること。また、その家。ぜっか。

せっ-けい【石径・石△逕】 石の多い小道。

せっ-けい【設計】(名・他スル) ①土木・建築・機械製作などの計画を、図面などに具体的に表すこと。「―図」「家を―する」②人生や生活などの計画を立てること。「生活―」

せっ-けい【雪渓】 高い山の斜面や谷などで、夏でも雪が消えないで残っている所。夏

せっ-けい【雪景】 雪げしき。

ぜっ-けい【絶景】 非常にすぐれた景色。

せっけい-もじ【△楔形文字】 ↓くさびがたもじ

せつげつ-か【雪月花】 雪と月と花。日本の代表的な自然美。せつげっか。

せっ-けっきゅう【赤血球】 〘生〙血液の主成分の一つ。ヘモグロビンと呼ばれる血色素を有し、体の組織に酸素を送り込み老廃物を運び去る働きをする。⇩白血球

―ちんこうそくど【―沈降速度】 〘医〙血液と抗凝固薬とをガラス管に入れて立てて放置した時の、赤血球が沈んでいく速さ。病気の診断や経過観察に有用。血沈。赤沈。

せっ-けん【石△鹸】 あかや汚れを落とすために使う、水にとけやすい洗剤の一種。油脂に水酸化ナトリウム溶液を加えて熱した液に、食塩などをとかして作る。シャボン。

せっ-けん【席◦巻・席△捲】 (名・他スル) (むしろを巻く意から) 広い地域をかたはしから攻め取ること。また、激しい勢いで、自分の勢力範囲に収めること。「市場を―する」

せっ-けん【接見】(名・自スル) ①身分の高い人が、公式に

人を迎え入れて会うこと。引見。「国王―の儀」②〔法〕弁護人などが拘束されている被疑者・被告人と面会すること。

せっ-けん【節倹】(名・自他スル) むだを省いて出費をおさえること。倹約。

せつ-げん【切言】(名・自他スル) 言葉を尽くし、心をこめて相手に忠告をすること。また、その言葉。「親友に―する」

せつ-げん【雪原】①高山・極地などで、積もった雪が解けないでいる広い地域。②雪が積もった広い所。雪野原。图

せつ-げん【節減】(名・他スル) 使う金銭や物などの量をきりつめて減らすこと。「経費を―する」

ゼッケン 競技に出場する選手や馬などが、背や胸につける番号を書いた布。また、その番号。語源ドイツ語のDecke(馬の鞍下(くらした)に敷く毛布の意)からともいわれるが、未詳。

ぜつ-ご【絶後】①これから先、二度と同じような例は起こらないと思われること。「空前―」②息が絶えたあと。

せっ-こう【石工】(セキ)― 石に細工をする職人。石工(いしく)。

せっ-こう【斥候】(セキ)― 敵のようすや地形などの状況をひそかに探り調べること。また、それを行う兵士。

せっ-こう【石△膏】(セキカウ)〔化〕天然に産する、硫酸カルシウムからなる結晶。セメントの原料や、焼いて彫刻などの材料とする。「―ボード」

せっ-こう【拙攻】 野球などで、下手な攻撃。「―を重ねる」

せっ-こう【拙稿】(カウ)― 自分の書いた原稿の謙称。

せっ-こう【摂行】(カウ)― (名・他スル) ①代わって事を行うこと。②かけもちで事を行うこと。

せつ-ごう【接合】(ガフ)― (名・自他スル) ①つなぎ合わさること。つなぎ合わせること。「―部分」②細胞どうしがくっついて新しい個体を作ること。繊毛虫類や藻類などにみられる。

ぜっ-こう【絶交】(カウ)― (名・自スル) 交際をたちきること。断交。「友人と―する」

ぜっ-こう【絶好】(カウ)― 何かをするのにこの上なく都合がよいこと。「―の機会」

ぜっこうちょう【絶好調】(カウテウ)― (名・形動ダ) 調子や具合が非常によいこと。また、そのさま。「投手陣が―だ」

せっ-こく【石刻】(セキ)― 石に彫刻すること。また、その彫刻。

せっ-こつ【接骨】〔医〕折れた骨やはずれた関節をつなぎ、治療すること。ほねつぎ。整骨。「―医」

ぜっ-こん【舌根】①舌のつけね。②〔仏〕六根(ろっこん)の一つ。味覚器官としての舌。⇩六根

せっ-さく【切削】(名・他スル) 金属などを切りけずること。

せっ-さく【拙作】①できの悪い作品。②自分の作品の謙称。

せっ-さく【拙策】①まずい計画・策略。②自分の計画・策略の謙称。

せっさ-たくま【切△磋△琢磨・切△瑳△琢磨】(名・自スル) (石や玉などを切りみがく意から)知徳をみがくこと。また、友人などが、たがいに励まし合ってともに向上すること。

せつ-ざん【雪山】①雪の積もった山。雪山(ゆきやま)。また、一年じゅう雪の消えない山。②「ヒマラヤ山脈」の別称。雪山(せっせん)。

ぜっ-さん【絶賛・絶△讃】(名・他スル) この上なくほめること。「―を博する」「演奏を―する」

せっ-し【摂氏】→セし

せつ-じ【接辞】〔文法〕語構成要素の一つ。接頭語と接尾語。

せつ-じ【説示】(名・他スル) わかるように説き示すこと。

せつ-じつ【節日】→せっく

せつ-じつ【切実】(形動ダ)(ダロ・ダッ(デ・ニ)・ダ・ナラ・○) ①自分自身に直接関係があって、ゆるがせにできないさま。「―な要求」②身にしみて感じるさま。「健康のありがたさを―に感じる」文(ナリ)

せっ-しゃ【接写】(名・他スル) 写真で、レンズを被写体に接近させて写すこと。「花を―する」

せっ-しゃ【摂社】 本社に縁の深い神を祭ってある神社で、格式が本社と末社の間に位置するもの。⇩本社・末社

せっ-しゃ【拙者】(代) 自称の人代名詞。多く、武士が謙称として用いた。

せっし-やくわん【切歯△扼腕】(名・自スル) 歯をくいしばり、自分で自分の腕をにぎりしめること。非常にくやしがったり、激しく怒ったりすることにいう。「好機を逸して―する」

せっ-しゅ【拙守】 野球などで、下手な守備。↔好守

せっ-しゅ【窃取】(名・他スル) こっそり盗み取ること。

せっ-しゅ【接種】(名・他スル)〔医〕病気の予防などのために、ワクチンを人工的に移植すること。「予防―」

せっ-しゅ【摂取】(名・他スル) ①外部からとり入れて自分のものとすること。「食物を―する」「異文化を―する」②〔仏〕阿弥陀仏(あみだぶつ)が慈悲によって衆生(しゅじょう)を受け入れ救うこと。

せっ-しゅ【節酒】(名・自スル) 飲む酒の量を減らすこと。

せつ-じゅ【接受】(名・他スル) 公文書などを受け取ること。また、外交使節などを受け入れること。

せっ-しゅう【接収】(シフ)― (名・他スル) 国家や軍などが個人の所有物を権力をもって取りあげること。「―家屋」

せっしゅう【雪舟】(セッシウ)(一四二〇―一五〇六) 室町中期の画僧。備中(びっちゅう)(岡山県)生まれ。日本水墨画家の最高峰。気品のある個性的な筆致で、主として山水を描いた。代表作「山水長巻」。

せつ-じゅつ【説述】(名・他スル) 考えを説き述べること。

せつ-じょ【切除】(ヂヨ)― (名・他スル) 外科手術で、悪い部分を切り取って除くこと。「患部を―する」

せっ-しょう【折衝】― (名・自スル) (敵の衝(つ)いてくるほこ先を折る意から)利害の相反する者の間で、問題解決のためにかけひきや話し合いをすること。また、そのかけひき。「外交―」

せっ-しょう【殺生】(シヤウ)― 一(名・他スル)〔仏〕五悪の一つ。生き物を殺すこと。二(名・形動ダ) むごいこと。残酷なこと。また、そのさま。「そんな―な」

―きんだん【―禁断】(仏教の教えに基づき、一定の地域で)鳥・獣・魚などの捕獲・殺生を禁止すること。

せっ-しょう【摂政】(シヤウ)― ①君主に代わって政治を行うこと。また、その人。②〔日〕女帝・幼帝のとき、その天皇に代わって国政を行った職。③〔日〕明治以降、天皇が未成年のとき、または病気や事故などにより大権の行使や国事行為をなしえない場合に、皇室典範(てんぱん)に基づいてそれを代行する者。

ぜっ-しょう【絶唱】(シヤウ)― 一(名) 非常にすぐれた詩歌。二(名・他スル) 力いっぱい歌い上げること。

ぜっ-しょう【絶勝】 景色が非常にすぐれていること。また、その土地。「―の地」

せつじょう-しゃ【雪上車】(セツジヤウ)― 雪や氷の上を走れるようにキャタピラなどを装備した車。图

せっ-しょく【接触】(名・自スル) ①近づいて触れること。「―事故」②他の人と交渉をもつこと。「犯人と―する」

せっ-しょく【摂食】 食物をとること。「―障害」

せっ-しょく【節食】(名・自スル) 健康や美容のために、食事の量を適度におさえること。「肥満解消のために―する」

せつ-じょく【雪辱】(名・自スル)(「雪」はすすぐ意)勝負事などで、前に負けて受けた恥をすすぐこと。「―を果たす」

ぜっ-しょく【絶食】(名・自スル) まったく食物をとらないこと。「二日間―する」⇩断食「参考」

セッション〈session〉会議や演奏など、人が集まってする活動。また、その期間。「ジャム―」

せっ-すい【節水】(名・自スル) 水の使用量を節約すること。

せっ・する【接する】シ(セ・サ)・シ・スル・スル・スレ・シロ(セヨ) ■(自サ変) ①物と物とが離れないで隣り合う。隣接する。「庭に―畑」②人に会う。応対する。「人に―ときの心構え」「親しく―機会をもつ」③物事に出あう。出くわす。事柄にふれる。「名作に―」「訃報(ふほう)に―」④《数》曲線・直線・曲面・平面が他の曲線・曲面と一点においてふれる。「円に―直線」■(他サ変) ①他のものとふれるようにする。「軒を―」「国境を―」「両端を―」②近くへ寄せる。くっつける。「膝(ひざ)を―・して語る」「踵(きびす)を―」文せっ・す(サ変)

せっ・する【摂する】シ(セ・サ)・シ・スル・スル・スレ・シロ(セヨ)(他サ変) ①代わって行う。代理する。「政務を―」②かけもちで行う。兼務する。③自分の中にとり入れる。摂取する。「栄養を―」文せっ・す(サ変)

せっ・する【節する】(他サ変) シ(セ・サ)・シ・スル・スル・スレ・シロ(セヨ) ①ひかえめにして、ちょうどよい程度にする。「酒を―」②制限して節約する。「出費を―」文せっ・す(サ変)

ぜっ・する【絶する】(自他サ変) シ(セ・サ)・シ・スル・スル・スレ・シロ(セヨ) ①(上に「…に」「…を」を伴って)範囲をはるかにこえる。かけはなれる。「古今に―傑作」「言語に―(=言葉では言い表せない)」「想像を―困難」②関係をたち切る。なくす。「音信を―」文ぜっ・す(サ変)

せっ-せい【摂生】(名・自スル) 健康に気を配り、何事も度をこさないようにして生活すること。「―に努める」「不―」

せっ-せい【節制】(名・他スル) 欲望を適度におさえること。何事も度をこさないようにすること。「酒を―する」

せつ-ぜい【節税】(名・自他スル) 法律の許す範囲内で、納税負担の軽減をはかること。

ぜっ-せい【絶世】この世で比べるものがないほどすばらしいこと。「―の美女」

せつ-せつ【切切】(タル) ①思いが強く胸にせまるさま。「―と胸にせまる」②思いや情がこもっていて、人の心に訴えかけるさま。「―とさとす」文(形動タリ)

せっせ-と (副) 休まず一生懸命に。「―かたづける」

せっ-せん【拙戦】下手な戦いや試合。

せっ-せん【接戦】(名・自スル) ①力量が同じくらいで勝敗がなかなか決まらない戦い。せり合った戦い。「―を演じる」②近寄って戦うこと。接近戦。

せっ-せん【接線・切線】《数》曲線・曲面に接する直線。

せっ-せん【雪線】《地》万年雪が残っている場所の下方限界を示す線。

せつ-ぜん【截然】(タル) 区別がはっきりしているさま。「―たる差がある」文(形動タリ) 参考「さいぜん」は慣用読み。

ぜっ-せん【舌戦】言葉で戦うこと。論戦。「―を繰り広げる」

せっ-そう【節奏】《音》音楽の節(ふし)やリズム。

せっ-そう【節操】(サウ) 正しいと信じる主義・主張などをかたく守って変えないこと。みさお。「―を守る」「―がない」

せっ-そう【拙僧】(代) 僧が自分をさす謙称。愚僧。

せっ-そく【拙速】(名・形動ダ) 仕上がりは悪いが、仕事の速いこと。また、そのさま。「―に過ぎる」↔巧遅(こうち)

せつ-ぞく【接続】(名・自他スル) つながること。つなぐこと。「電車の―が悪い」「水道管を―する」

―ご【―語】《文法》文の成分の一つ。前の表現を受けて、あとの表現につなげるもの。接続詞や副詞の一部がそのはたらきをする。

―し【―詞】《文法》品詞の一つ。文頭・文中にあって自立語で活用がなく、主語や修飾語となることがなく、単独で前の表現があとの表現にどのような意味で続くかを表す語。「そして」「また」「されど」など。

―じょし【―助詞】《文法》助詞の分類の一つ。用言・助動詞に付いて、前の叙述とあとの叙述との意味上の関係を示す助詞。「て」「ながら」「けれども」など。

ぜっ-そく【絶息】(名・自スル) 息が絶えること。死ぬこと。

せっそく-どうぶつ【節足動物】《動》無脊椎(むせきつい)動物の一門で、体は多数の体節からなり、表面がかたい外骨格でおおわれている一群の動物。体は左右同形で、頭部・腹部・胸部などに分けられる。種類が非常に多く、昆虫類・多足類・クモ類・甲殻類などが含まれる。

せっ-た【雪◇駄・雪◇踏】竹の皮のぞうりの裏に牛革をはり、かかとのほうに金物を打ったはきもの。せきだ。

セッター〈setter〉①バレーボールで、スパイクをする選手にトスを上げて攻撃させる役割をする選手。②《動》犬の一品種。イギリス原産。狩猟犬として使われ、獲物を見つけると伏せ(=セット)をする。

せっ-たい【接待】(名・他スル) 来客をもてなして世話をすること。食事や湯茶をふるまうこと。「得意先を―する」

類語 接伴・歓待・供応・饗応(きょうおう)・待遇・もてなし・あしらい

せつ-だい【設題】(名・自スル) 問題または題目を設けること。また、設けた問題や題目。設問。

ぜっ-たい【舌苔】《医》舌の表面にできる白色や黒褐色のコケ状のもの。消化器疾患・熱病などのときに多く見られる。

ぜっ-たい【絶対】■(名) ①何物にも比較できないこと。「―の真理」↔相対 ②少しも条件・制約を加えられないこと。「社長の命令は―だ」③→ぜったいしゃ ■(副) ①無条件で。なにがなんでも。「―反対だ」「―合格する」②決して。「―ありえない」用法■②はあとに打ち消しの語を伴う。

―あんせい【―安静】《医》病気やけがが重いとき、寝たままで静かに療養していなければならない状態。

―おんかん【―音感】《音》ある音を聞いたとき、その音の高さを他の音と比較しないで識別できる感覚・能力。

―おんど【―温度】(ドヲン)《物》セ氏零下二七三・一五度を零度としてセ氏と同じ目盛りで測った温度。絶対温度の零度は物理的に考えられる最低温度。単位はケルビン。記号K

―し【―視】(名・他スル) 比較できるもののない存在であると見ること。絶対的なものとみなすこと。「法律を―する」

―しゃ【―者】《哲》何者にも制約されず、無条件に存在する独立した実在。神・実体・精神など。

―しゅぎ【―主義】①《世》王権への集権化が進んだ政治形態。一六～一八世紀のヨーロッパに見られ、行政・軍事・司法の分野で君主が絶対的な権力をにぎった。②《哲》絶対的な真理・価値の存在を主張する立場。↔相対主義

―すう【―数】他との比較でなく、それ自体の数。「志願者の―が増加する」

―たすう【―多数】議決などで大多数をしめること。

―ち【―値】《数》a が実数のとき、その正負の符号を取り去った数。$|a|$ で表す。

―てき【―的】(形動ダ) ダロ・ダッ(デ・ニ)・ダ・ナ・ナラ・○ 何物にも比較できない存在・状態であるさま。「―な強さ」↔相対的

―に (副) →ぜったい(絶対)■

―りょう【―量】(リヤウ) ①他との比較でなく、それ自体の量。②どうしても必要とする量。「―が足りない」

ぜつ-だい【舌代】→しただい

ぜつ-だい【絶大】(名・形動ダ) 程度がこの上もなく大きいこと。また、そのさま。「―な支援」「―な権力」

ぜったい-ぜつめい【絶体絶命】(名・形動ダ)(「絶体」

も「絶命」も、九星術で凶星の名）追いつめられ、どうにも逃れようのない立場・状態にあること。また、そのさま。「―のピンチ」

せっ-たく【拙宅】自分の家の謙称。「―にお寄りください」

せつ-だん【切断・△截断】（名・他スル）物をたち切ること。

ぜっ-たん【舌端】①舌の先。舌頭。②もの言い。弁舌。
―火を吐く 言葉鋭く論じたてる。

せっ-ち【接地】→アース

せっ-ち【設置】（名・他スル）設備・機関を設けること。「自動販売機を―する」「委員会を―する」

せっ-ちゃく【接着】（名・自他スル）物と物とをくっつけること。また、物と物とがくっつくこと。
―ざい【―剤】物と物とをはり合わせるのに用いる物質。糊・膠のほか、強力な合成樹脂製のものなどがある。

せっ-ちゅう【折衷・折中】（名・他スル）いくつかの異なるものや意見などから、それぞれよいところをとり、適当に合わせて一つにすること。「和洋―」「―案」

せっ-ちゅう【雪中】雪の降る中。また、積もった雪の中。

せっ-ちょ【拙著】自分の著作の謙称。

ぜっ-ちょう【絶頂】①山のいただき。頂上。「富士の―」②物事の程度の最高のところ。最高の状態。「幸福の―」

せっ-ちん【雪◦隠】（「せついん」の連声）便所。かわや。
―だいく【―大工】《俗》（「雪隠」をつくる以外の仕事はできないの意で）下手な大工を軽蔑していう語。
―づめ【―詰〔め〕】①将棋で、盤の隅に王を追い込んで詰めること。②相手を逃げ場のない所へ追いつめること。

せっつ〔摂津〕旧国名の一つ。現在の大阪府北西部と兵庫県南東部にまたがる。摂州。

せっ-つ・く【◦責っ付く】（他五）しきりに催促する。「早くするよう―」〔語源〕「せつく」の転。《俗》せきたてる。

せっ-てい【設定】（名・他スル）①物事をするにあたって必要なことを新たに設けたり定めたりすること。「物語の舞台を―する」②法律上、新たに権利を生じさせること。「抵当権の―」

セッティング〈setting〉（名・他スル）①装置などを配置すること。「テーブルを―する」②物事を準備したり、新たに設けたりすること。設定。「会談を―する」

せっ-てん【接点・切点】①《数》ある曲線または曲面と、その接線あるいは接平面とが接する点。②二つのものが接するところ。また、一致するところ。「二人の―をさぐる」

せつ-でん【節電】（名・自スル）電力の使用を節約すること。

ぜっ-てん【絶△巓】山のいただき。絶頂。

セット〈set〉■（名）①道具などの一組。一そろい。「コーヒー―」②テニス・卓球・バレーボールなどで、一試合中の一勝負。「第三―」③映画で、撮影の背景となる建物・街路などの装置。また、演劇の舞台装置。「―を作って撮影する」■（名・他スル）①髪形を整えること。「髪を―する」②配置や設定をすること。また、準備すること。「テーブルを―する」③機械などをある状態に調整すること。「タイマーを七時に―する」
―アップ〈set up〉（名・他スル）《情報》ソフトウェアやハードウェアなどを使える状態にすること。
―オール〈和製英語〉テニス・卓球・バレーボールなどで、勝ちとったセットの数がたがいに同じであること。
―プレー〈set play〉サッカーのフリーキック・コーナーキック、ラグビーのスクラムなど、反則などで中断した試合を再開する所定のプレー。
―ポイント〈set point〉テニス・卓球・バレーボールなどで、各セットの勝負を決める最後の一点。
―ポジション〈set position〉野球で、投手が打者に投球する直前にとる姿勢。軸足を投手板に接し、ボールを両手で体の前に保持し、完全に静止する。
―リスト〈set list〉《音》コンサートなどで演奏する曲の一覧。セトリ。

せつ-ど【節度】言葉や行動などの、ゆきすぎのないちょうどよい程度。「―を守る」

せっ-とう【窃盗】（名・他スル）他人の金銭・品物をこっそり盗むこと。また、その人。「―罪」

せつ-どう【雪洞】登山で、露営のために雪中に掘る横穴。

ぜっ-とう【舌頭】①舌の先。舌端。②口先。弁舌。

ぜっ-とう【絶倒】（名・自スル）①笑いくずれること。「抱腹―」②感情がたかぶって倒れるばかりの状態になること。

せっとう-ご【接頭語】《文法》語構成要素の一つ。単語の前に付いて意味を添えるもの。「さ夜」の「さ」、「か弱い」の「か」など。↔接尾語

ゼット-き【Z旗】万国船舶信号によるローマ字信号旗の一つ。黄・黒・赤・青の四色でできていて、Zを表す。
―を掲げる 重大な局面で、関係者全員に全力を尽くすことを要求する。〔語源〕日露戦争の日本海海戦で、決戦に際して旗艦が総員の決起を促して掲げたことからいう。

せっ-とく【説得】（名・他スル）よく話して、納得させること。「―にあたる」「両親を―する」
―りょく【―力】相手を説きふせて、納得させる力。「―がある」「―に欠ける」

せつ-な【刹那】《仏》きわめて短い時間。↔劫 〔語源〕梵語クシャナ(kṣaṇa)の音訳。「倶舎論」によれば、一度指をはじく時間の六五分の一というきわめて短い時間。
―しゅぎ【―主義】将来を考えず、一時的な快楽だけを求める生き方。また、現在の一瞬を充実させようとする考え方。
―てき【―的】（形動ダ）目の前の快楽だけを追い求めるさま。「―な喜び」

せつ-な・い【切ない】（形）寂しさ、悲しさ、恋しさなどで、胸がしめつけられるようにつらく感じられるさま。「―思いをする」〔文〕せつな・し(ク)

せつ-なる【切なる】（連体）心からの。ひたすらの。「―願い」〔語源〕文語形容動詞「切なり」の連体形から。

せつ-に【切に】（副）強く思うさま。心から。ひたすら。「ご来場を―望みます」〔語源〕文語形容動詞「切なり」の連用形から。

せっ-ぱ【切羽】刀の鍔の、柄に接するところと鞘に接するところにはめる薄い金物。
―つま・る【―詰〔ま〕る】（自五）さしせまって、どうにもならないぎりぎりのところにいたる。最後のどたん場になる。「―・ってうそを言う」〔語源〕「切羽」がつまると刀身が抜き差しならなくなることから、身動きがとれない非常事態をいう。

〔切羽〕

せっ-ぱ【説破】（名・他スル）論じて相手を言い負かすこと。また、相手を説きふせること。

せっ-ぱく【切迫】（名・自スル）①期限や事態がさしせまること。おしつまること。「締め切り日が―する」②何か重大なことが起こりそうな緊張した状態になること。「―した雰囲気」

せっ-ぱく【雪白】（名・形動ダ）①雪のように白いこと。また、そのさま。純白。②心や行いにやましいところがないさま。

せっ-ぱん【折半】（名・他スル）金銭や品物を半分ずつに分けること。二等分。「費用を―する」

せっ-ぱん【接伴】（名・自スル）客をもてなすこと。接待。

ぜっ-ぱん【絶版】 一度出版した書籍の、以後の印刷・発行をやめること。
せつ-び【設備】（名・他スル）必要な建物・道具・機械などを備えつけること。また、備えつけたもの。「―が整った病院」
―しきん【―資金】《経》企業で、工場・ビル・機械など固定的・耐久的な生産設備に投下される資金。↔運転資金
―とうし【―投資】《経》資本を工場・機械などの固定的な設備に投下すること。
せっ-ぴ【雪△庇】 山の稜線（りょうせん）や絶壁で、風下に突き出た庇（ひさし）状の雪の層。冬
ぜつ-び【絶美】（名・形動ダ）この上なく美しいこと。「風光―」
せつび-ご【接尾語】《文法》語構成要素の一つ。単語のあとに付いて意味を添えたり、品詞を転成させたりする。「中村さん」の「さん」、「悲しさ」の「さ」、「春めく」の「めく」など。↔接頭語 参考 接尾語が付いた語の品詞は、その接尾語の文法上の性質で決まる。
せっ-ぴつ【拙筆】 ①下手な筆跡。②自分の字の謙称。
ぜっ-ぴつ【絶筆】 ①その人が生前、最後に書いた文章・絵画など。②筆をとめて、あとを書かないこと。筆を断つこと。
せっ-ぴょう【雪氷】 雪と氷。
ぜっ-ぴん【絶品】 この上なくすぐれた品物・作品。
せっ-ぷ【節婦】 みさおをかたく守る女性。貞節な女性。
せっ-ぷく【切腹】（名・自スル）自分で腹を切って死ぬこと。はらきり。割腹。特に、江戸時代、武士に科せられた死罪の一種。斬首（ざんしゅ）よりも体面を保つやり方とされた。
せっ-ぷく【説伏】（名・他スル）相手を説きふせること。
せっぷ-の-うたがい【窃△鈇の疑い】（ウタガヒ）疑いの目で見だすと無実の人も怪しく見えることのたとえ。【故事】昔、中国で斧（おの）（＝鈇）をなくした男が、隣家の子を怪しんでその動作・態度をながめるといかにも盗んだ当人に思われたが、間もなくその斧が見つかると、今度はその子のどこからも窃盗をするような感じを受けなかったという説話による。〈列子〉
せつ-ぶん【拙文】 ①下手な文章。②自分の文章の謙称。
せつ-ぶん【節分】 ①季節の変わり目。立春・立夏・立秋・立冬の前日。②特に、立春の前日。豆まきをして邪気を払うなどの行事を行う。冬
せっ-ぷん【接△吻】（名・自スル）愛情・親愛などの気持ちをこめて、相手の唇・手などに自分の唇でふれること。口づけ。キス。
ぜっ-ぺき【絶壁】 切り立っているがけ。懸崖（けんがい）。
せっ-ぺん【切片】 ①きれはし。「標本の―」②《数》座標平面上の直線がx軸と交わる点のx座標、y軸と交わる点のy座標の総称。
せっ-ぺん【雪片】 降る雪のひとひら。冬
せつ-ぼう【切望】（バウ）（名・他スル）心から望むこと。熱望。「平和な世界を―する」
せっ-ぽう【説法】（ポフ）（名・自スル）①《仏》仏教の教義を説くこと。②教えさとすこと。いろいろと言いきかせること。
ぜつ-ぼう【絶望】（バウ）（名・自スル）希望をまったく失うこと。望みがまったくなくなること。「人生に―する」
ぜっ-ぽう【舌△鋒】（「鋒」はほこ先の意）とがったほこ先のように、鋭い弁舌。「―鋭く迫る」
せつ-まい【節米】（名・自スル）米の消費量を節約すること。
ぜつ-みょう【絶妙】（メウ）（名・形動ダ）この上なく巧みであること。また、そのさま。「―のタイミング」
ぜつ-む【絶無】（名・形動ダ）まったくないこと。皆無（かいむ）。「失敗の可能性は―に等しい」
せつ-めい【説明】（名・他スル）ある事柄の内容・理由・意義などをわかりやすく述べること。説きあかすこと。「事情を―する」
―せきにん【―責任】 行政機関や企業が、社会に対して事業計画や収支などについて情報公開をする責任。アカウンタビリティー。
ぜつ-めい【絶命】（名・自スル）命が絶えること。死ぬこと。
ぜつ-めつ【絶滅】 ㊀（名・自スル）ほろびて絶えること。特に、生物の種（しゅ）などがほろびること。「―種」㊁（名・他スル）ほろぼし根絶やしにすること。「犯罪を―する」
―きぐしゅ【―危惧種】 絶滅の危機に瀕（ひん）している生物の種。国際的には国際自然保護連合（ＩＵＣＮ）が、日本では環境省が認定を行う。
せつ-もう【雪盲】（マウ）《医》積雪の反射による強い紫外線の作用によって起こる目の炎症。雪眼炎。雪目（ゆきめ）。冬
せつ-もん【設問】（名・自スル）問題や質問を作って出すこと。また、その問題や質問。「―に答える」
せつ-もん【説文】 ①漢字の成り立ちと原義とを説明すること。②「説文解字（せつもんかいじ）」の略。
せつもんかいじ【説文解字】 中国の、現存する最古の字書。後漢の許慎（きょしん）の撰（せん）。一〇〇年ごろ成立。九千余字を部首別に分類し、字義・字形などを解説したもの。説文（せつもん）。
せつ-やく【節約】（名・他スル）費用・時間・労力・エネルギーなどを、むだのないようにきりつめること。「経費の―」
せつ-ゆ【説諭】（名・他スル）悪い行いを改めるように教えさとすこと。「―のうえ放免する」
せつ-よう【切要】（エウ）（名・形動ダ）きわめてたいせつなこと。また、そのさま。「―な案件」
せつ-よう【節用】 ①費用などを節約すること。②（「節用集」の略）室町・江戸時代に広く使われた、いろは引きの国語辞書。
せつ-り【摂理】 ①自然界を支配している法則。「自然の―」②《基》人間を最後に善へ導く神の意志。
せつ-り【節理】 ①物事のすじみち。道理。②《地質》マグマの冷却や地殻変動などによって生じる岩石の規則正しい割れ目。
せつ-りつ【設立】（名・他スル）学校・会社・団体などの組織を新しくつくること。「会社を―する」
ぜつ-りん【絶倫】（名・形動ダ）能力がふつうの人よりとびぬけてすぐれていること。また、そのさま。「精力―」
セツルメント〈settlement〉貧しい人が住む区域で、住民と接してその生活の向上をはかる社会運動。また、そのための託児所・診療所などの施設。隣保事業。
せつ-れい【雪△嶺】 雪をいただいている山の峰。冬
せつ-れつ【拙劣】（名・形動ダ）下手でおとること。また、そのさま。「―な文章」↔巧妙
せつ-ろく【節録】（名・他スル）事柄を適度にはぶいて書きとめること。また、その書きとめたもの。
せつ-ろん【切論】（名・他スル）心をこめて強く論じること。また、その論。「計画の意義を―する」
せつ-ろん【拙論】 ①下手な議論。②自分の議論・論文の謙称。
せつ-わ【説話】 語られた話。物語。特に、神話・伝説・民話など、人々の間に語り伝えられた話。「仏教―」
―ぶんがく【―文学】《文》神話・伝説・民話などを素材とする文学の総称。「今昔物語集」「宇治拾遺物語」など。
せ-と【瀬戸】 ①せまい海峡。②「瀬戸際」の略。③「瀬戸物」の略。
せ-ど【背戸】 家の裏門。裏口。背戸口。また、家の裏手。
せ-どう【世道】（ダウ）世の人の守るべき正しい道。「―人心」

せどう-か【◦旋頭歌】〔文〕上代の和歌の一体。上三句と下三句がともに五・七・七からなる六句形式のもの。

せと-ぎわ【瀬戸際】ギハ ①勝敗・成否・生死などの重大な分かれ目。せと。「生死の―に立つ」②瀬戸と外海との境目。

せと-ひき【瀬戸引き】鉄製の器具の表面にほうろう質を焼きつけること。また、その製品。ほうろうびき。せとびき。

せと-もの【瀬戸物】陶磁器の通称。やきもの。もともとは、愛知県瀬戸市とその近郊で産する陶磁器。瀬戸。瀬戸焼。

せ-な【◦背】背中。背。

せ-なか【背中】①人や動物の、胸・腹とは反対側の外面。背。②うしろ。背後。「壁を―にして立つ」

―あわせ【―合〔わ〕せ】アハセ ①二人、または二つの物がたがいに背と背を合わせた状態であること。「―に座る」↔向かい合わせ ②物事が裏表の関係にあること。「運・不運は―」③仲が悪いこと。「―で暮らす」

ぜに【銭】①金属製の貨幣。特に、銅・鉄製の小額貨幣。②金銭全般の俗称。かね。「―勘定」語源 字音「セン」の転。

ぜに-あおい【銭△葵】アフヒ〔植〕アオイ科の越年草。高さ六〇―九〇センチメートル。葉は互生、円形でてのひらのような形に浅い切れ込みがある。晩春、淡紫色の五弁花をつける。夏

ぜに-いれ【銭入れ】小銭を入れるもの。財布・がまぐちの類。

ぜに-がた【銭形】①銭の形。②銭の形の紙。神前に供える。

ぜに-かね【銭金】銭とかね。金銭。また、損得。

ぜに-がめ【銭亀】〔動〕イシガメやクサガメの子の呼称。夏

ぜに-ごけ【銭△苔】〔植〕ゼニゴケ科の苔類。日陰の湿地に群生。緑色の葉状体をなして広がる。雌雄異株。

ぜに-さし【銭差し・銭△緡】銭の穴に通してまとめるのに用いたひも。さし。

ぜに-たむし【銭田虫】〔医〕田虫のうち、小さい水疱と円形の紅斑のできるものの俗称。

セニョーラ〈スペイン señora〉①既婚の女性の名前の前に付ける敬称。②既婚の女性。夫人。奥様。

セニョール〈スペイン señor〉①成人の男性の名前の前に付ける敬称。②成人の男性。だんな。ご主人。

セニョリータ〈スペイン señorita〉①未婚の女性の名前の前に付ける敬称。②未婚の女性。令嬢。お嬢さん。

ぜ-にん【是認】(名・他スル) よいと認めること。また、そのとおりと認めること。「彼の行動を―する」↔否認

せ-ぬい【背縫い】ヌヒ 衣服の背筋の部分を縫い合わせること。また、その縫い目。

せ-ぬき【背抜き】上着の背中の部分に裏地をつけないこと。また、そのように仕立てた上着。

セネガル〈Senegal〉アフリカ大陸西岸にある共和国。首都はダカール。

ゼネ-コン〈general contractor から〉土木工事から建設までいっさいを請け負う大手の総合建設業者。

ゼネ-スト「ゼネラルストライキ」の略。

ゼネラリスト〈generalist〉幅広い分野の知識や能力をもつ人。ジェネラリスト。

ゼネラル〈general〉①(多く複合語の形で用いて)「全体的」「全般の」「一般の」の意を表す。「―マネージャー」②総督。将軍。参考「ジェネラル」とも。

―ストライキ〈general strike〉全産業あるいは一産業の労働者が全国的規模でいっせいに行うストライキ。一地域の各産業がいっせいに行うストライキにもいう。総同盟罷業。ゼネスト。

ゼネレーション〈generation〉→ジェネレーション

せ-の-きみ【◦兄の君・◦夫の君・背の君】〔古〕男性に対する敬称。特に、夫を呼ぶ敬称。

せ-のび【背伸び】(名・自スル) ①つま先を立て、背を伸ばして背丈を高くすること。「―して物を取る」②(比喩的に)実力以上のことをしようとすること。「体面を気にして―する」

セパード〈shepherd〉→シェパード

せば-ま・る【狭まる】(自五) ラ(ロ)・リ(ッ)・ル・ル・レ・レ 広がりが狭くなる。また、隔たりが小さくなる。「道幅が―」「距離が―」↔広まる 他せば・める(下一)

せば・める【狭める】(他下一) メ・メ・メル・メル・メレ・メロ(メヨ) 広がりを狭くする。また、隔たりを小さくする。「調査の範囲を―」「間隔を―」↔広げる 自せばま・る(五) 文せば・む(下二)

セパレーツ〈separates〉上下に分かれていて、別々に組み合わせて着られる衣服。また、上下に分かれた女性用水着。

セパレート〈separate 分離する〉ステレオ装置・家具などで、いくつかに分けて組み合わせて使えるタイプのもの。

―コース〈separate course〉陸上競技などで、各選手の走るべきコースの分けられている走路。↔オープンコース

せ-ばんごう【背番号】バンガウ スポーツ選手などのユニホームの背中に付ける番号。

せ-ひ【施肥】(名・自スル)〔農〕作物に肥料を与えること。

ぜ-ひ【是非】■一(名) 物事のよいことと悪いこと。「―の分別がつかない」「―を問う」■二(名・他スル) 物事のよしあしを論じること。■三(副) なにとぞ。必ず。「―おいでください」用法 三はあとに願望・決意・命令の表現を伴う。

―に及ばず いいも悪いもない。やむをえない。**―も無い** やむをえない。しかたがない。

セピア〈sepia イカの墨〉黒茶色。また、黒茶色の絵の具。

ぜひ-とも【是非とも】(副)「是非三」を強めた語。どうしても。なんとしても。「―行ってみたい」

せ-ひょう【世評】ヒヤウ 世間の評判。「―を気にする」

せ-びょうし【背表紙】ベウシ 書物の、綴じ込みのある背の部分をおおう表紙。

せ-びらき【背開き】魚を包丁で背のほうから切り、腹側の皮を残して開くこと。また、そうした魚。背切り。背割り。

せび・る(他五) ラ(ロ)・リ(ッ)・ル・ル・レ・レ しつこくせがんで金品をむりにもらおうとする。ねだる。「こづかいを―」可能せび・れる(下一)

せ-びれ【背△鰭】〔動〕魚類の背にあるひれ。

せびろ【×背広】男性が平常着る洋服。男性のスーツ。折り襟の上着(・チョッキ)・ズボンからなる。語源 civil clothes(=市民服)の音訳からなど諸説ある。参考 チョッキまで同一の生地でできているものを「三つ揃い」という。

せ-ぶし【背節】カツオの背の肉で作った、かつおぶし。雄節。

せ-ぶみ【瀬踏み】(名・自他スル) ①川を渡る前に足を踏み入れて瀬の深さを測ってみること。②物事をする前に、ちょっとようすを試してみること。「先方の出方を―する」

ゼブラ〈zebra〉〔動〕シマウマ。

―ゾーン〈和製英語〉横断歩道などを示す、路面に縞模様を描いたところ。

せ-ぼね【背骨】→せきちゅう(脊柱)

せ-まい【施米】(名・自スル) 僧や貧しい人に米を施し与えること。また、その米。

せま・い【狭い】(形) カロ・カッ(ク)・イ・イ・ケレ・○ ①面積が小さい。中を自由に動く余裕がない。「―部屋」②幅が小さく、そこを通り抜けて先へ行きにくい。「―道」③広く行きわたっていない。「利用範囲が―」「交際が―」④物の見方・考え方などの広がりがない。ゆとりがない。「視野が―」「心が―」(↔広い) 文せま・し(ク)

せまき-もん【狭き門】 ①入学や就職などで、競争率が高くて合格するのが難しい状況のたとえ。②〘基〙天国の救いに至る道のけわしいことのたとえ。

せまきもん〔狭き門〕フランスの作家ジードの小説。一九〇九年作。精神的な愛を求める恋人たちが、肉体的な愛との矛盾に苦しみ、不幸な結末を迎える。叙情味に富む青春小説。

せま-くるし・い【狭苦しい】（形） 狭くて窮屈である。「—部屋」

せま・る【迫る・逼る】 ㊀（自五）①間が狭くなる。狭まる。「両岸が—」②すぐそばまで近づく。「台風が—」「核心に—」③その時が近づく。「夕闇が—」「締め切りが—」④困る。窮乏する。⑤胸がしめつけられる。苦しくなる。「胸に—思い」⑥いかにもそれに近い状態になる。「真に—」㊁（他五）強いる。むりに求める。「復縁を—」「必要に—・られて金を借りる」 可能 せま・れる（下一）

セミ-〈semi-〉（接頭）（多く名詞に付いて）「半ば」「準」などの意を表す。「—プロ」「—ファイナル」

せみ【蟬】〘動〙セミ科の昆虫類の総称。雄は腹部にある発音器で鳴く。幼虫は数年から十数年土中にいて、七、八月ごろ羽化して成虫となり、二、三週間で寿命を終える。夏

ゼミ「ゼミナール」の略。

せみ-くじら【背美鯨】〘動〙セミクジラ科の哺乳動物。北太平洋などにすむ。全長約一七―一八メートル。頭にこぶ状の突起がある。冬

セミコロン〈semicolon〉欧文の句読点の一種。「;」

せみ-しぐれ【蟬時雨】 たくさんのセミがしきりに鳴き立てるさまを「時雨」の音にたとえていう。夏

セミ-ダブル〈和製英語〉ダブルベッドよりやや狭い二人用のベッド。

セミドキュメンタリー〈semidocumentary〉 放送・映画などで、事実をもとにいくらかの脚色をほどこした作品。

セミナー〈seminar〉→ゼミナール

ゼミナール〈ドイツ Seminar〉①大学の、授業の形式の一つ。指導教授の下、特定の問題についての発表・討論が比較的小人数で行われる。演習。セミナー。ゼミ。②小人数を対象とした講習会・研修会。セミナー。「経営—」

セミ-ばん【セミ判】〈semi-brownie から〉写真用フィルムで、ブローニー判の半分の大きさの型。四・五センチメートル×六センチメートルのもの。

セミファイナル〈semifinal〉①スポーツで、準決勝戦。②ボクシング・プロレスなどで、メーンイベントの前の試合。

セミプロ〈semiprofessional から〉アマチュアでありながら、技量が本職並みであるか、また、なかば職業化していること。また、その人。「ゴルフの腕前は—級だ」

ゼム-クリップ〈Gem clip〉針金を長楕円の渦巻き状にした挟み金具。伝票や書類をまとめるのに用いる。（商標名）

せ-むし【傴僂】 背骨が曲がって、前かがみになる病気。また、その病気の人。（差別的な意がある）

せめ【攻め】 攻めること。攻撃。「—に転じる」↔守り

せめ【責め】 ①こらしめるために与える肉体的・精神的苦痛。「—を食う」②引き受けなければならないつとめ。責任。「—を負う」「—を果たす」

せめ-あ・う【攻め合う】（自五） たがいに相手を攻める。「両軍が激しく—」

せめ-あ・う【責め合う】（自五） たがいに相手を非難する。「おまえが悪いと—」

せめ-あぐ・む【攻め倦む】（自五） いくら攻めてもうまくいかないで、もてあます。「強敵を前に—」

せめ-い・る【攻め入る】（自五） 敵の陣中に攻め込む。「敵陣へ奥深く—」

せめ-うま【責め馬・攻め馬】 馬を乗りならすこと。競走馬を調教すること。また、乗りならした馬。

せめ-おと・す【攻め落〔と〕す】（他五） 攻めて敵の城や陣を奪い取る。「総攻撃して—」

せめ-おと・す【責め落〔と〕す】（他五） ①責めて、承知させる。②責めて白状させる。「容疑者を—」

せめ-か・ける【攻め懸ける】（他下一） 攻め寄る。「大軍で—」 文 せめか・く（下二）

せめぎ-あ・う【鬩ぎ合う】（自五） たがいに対立して争う。「主導権をめぐり—」

せめ-く【責め苦】 責めさいなまれる苦しみ。「地獄の—」

せめ・ぐ【鬩ぐ】（古くは「せめく」）㊀（自五） たがいに恨み争う。「兄弟牆に—（=うちわげんかをする）」㊁〘古〙（他四） 責めさいなむ。恨む。

せめ-くち【攻め口】 攻め方。攻撃の方法。また、攻め入るところ。せめぐち。「—を研究する」「—を探す」

せめ-こ・む【攻め込む】（自五） 攻めて敵地にはいる。攻め入る。「一気に—」

せめ-さいな・む【責め苛む】（他五） いじめ苦しめる。むごく責める。「良心に—・まれる」

セメスター〈semester〉年二学期制の、一学期。

せめ-だいこ【攻め太鼓】 昔の戦いで、攻撃の合図に打ち鳴らした太鼓。

セメダイン〈Cemedine〉接着剤の一つ。（商標名）

せめ-た・てる【攻め立てる】（他下一） 激しく攻撃する。「休まず—」 文 せめた・つ（下二）

せめ-た・てる【責め立てる】（他下一） きびしく責める。激しく非難する。また、しきりに催促する。「失敗を—」「借金取りに—・てられる」 文 せめた・つ（下二）

せめ-つ・ける【責め付ける】（他下一） きびしく責める。「相手の不注意を—」 文 せめつ・く（下二）

せめ-て【攻め手】 ①攻める側。攻める人。②攻撃の手段・方法。「—を考える」

せめ-て（副） 最小限の願望を表す。不満足ではあるがそれだけは。やむをえなければこれだけでも。「—命だけは助けてください」【変遷】間隔をおかない・さし迫るの意の動詞「迫む・責む」の連用形に「て」が付いたもの。原義である「他に迫り他を責める」の意から、平安時代には「しいて・無理に・たって」の意で用いられ、さらに「はなはだしく・非常に・切実に・熱心に」の意も生じた。中世以降、「少なくとも・せいぜい」の意が生じ、現代語ではもっぱらこの意味で用いられる。

せめて-も（副）「せめて」を強めたいい方。「死者の出なかったことが—の救いだ」 用法 多く「せめてもの」の形で用いられる。

—の事 不満足な中で、わずかに慰めとなる事柄。

せめ-どうぐ【責め道具】 拷問の道具。責め具。

せめ-ぬ・く【攻め抜く】（他五） ①徹底的に攻める。攻め通す。「最後まで—」②敵の陣・城を攻め落とす。

せめ-のぼ・る【攻め上る】（自五） 都に向かって進撃する。「京へ京へと—」

せめ-よ・せる【攻め寄せる】（自下一） 攻めて敵陣近くまで押し寄せる。「大軍が—」 文 せめよ・す（下二）

せ・める【攻める】（他下一） ①（戦争や試合などで）押し寄せて戦いをしかける。攻撃する。「城を—」「相手の弱点を—」↔守る ②〘俗〙大胆・挑発的にする。「—・た発言」 文

せ・む(下二)

せ・める【責める】(他下一) メ・メ・メル・メレ・メロ(メヨ) ①欠点・欠陥をもとに非難する。とがめる。なじる。「人の過失を―」「わが身を―」②きびしく催促する。「『期日を守れ』と―・められる」③要求をかなえてほしいと強く言う。せがむ。「息子に―・められて車を買う」④馬を乗りならす。「荒馬を―」文せ・む(下二)

セメン ①「セメント」の略。②「セメン円」の略。

セメン-えん【セメン円】エン― セメンシナから作る回虫駆除薬。サントニン。セメン。

セメン-シナ〈ラテ semen cinae〉〘植〙キク科の多年草。中央アジアで栽培。つぼみを干して回虫駆除薬サントニンを作る。

セメント〈cement〉石灰岩と粘土を砕いて焼いたもの。水を加えて放置すると硬化する。土木建築用の材料。セメン。

せ-もたれ【背△凭れ】 椅子(いす)の、背中をもたせかける部分。

せ-もつ【施物】 僧や貧しい人に恵み与える品物。施物(せぶつ)。

せ-やく【施薬】(名・自スル) 薬を与えること。また、その薬。「―院(=貧しい病人に薬を与え治療した施設)」

せ-よ【施与】(名・他スル) 人に品物を恵み与えること。また、その品物。

ゼラチン〈gelatine〉〘化〙動物の骨や皮などからつくられる、透明の固体。にかわをさらに精製したもの。熱湯に溶け、冷えるとゼリー状に固まる。止血・製薬・製菓などに使用。

ゼラニウム〈geranium〉〘植〙フウロソウ科の小低木状多年草。南アフリカ原産。夏に赤・白などの小花を開く。園芸品種が多く、観賞用。テンジクアオイ。夏

セラピー〈therapy〉治療。療法。特に、薬剤や外科手術などによらない、精神療法や物理療法など。

セラピスト〈therapist〉治療士。療法士。特に、精神療法や物理療法の専門家。

セラミックス〈ceramics〉陶磁器・ガラス・ほうろう・セメント製品などの総称。参考 最近では、さまざまな特性をもつ新しい陶器素材の意味に使うことが多い。⇨ファインセラミックス

せり【△芹】〘植〙セリ科の多年草。小川・水田・湿地に自生。葉は芳香があり、複葉で互生。夏、白い花を開く。食用。春の七草の一つ。春(芹の花 夏・芹焼(せりやき) 冬)⇨春の七草(さしえ)

せり【◦迫り】〘演〙劇場で、花道や舞台の床の一部を切り抜き、そこに俳優や大道具をのせて上下させるようにした装置。

せり【競り・△糶】 ①(動詞「競る」の連用形から)競ること。競うこと。②競り売り。競売。「―にかける」③行商。

せり-あい【競り合い】アヒ― せりあうこと。また、その競争。「―に勝つ」

せり-あ・う【競り合う】アフ―(自他五) ワ(オ)・イ(ッ)・ウ・ウ・エ・エ たがいにわずかの差で競い合う。負けまいとして競い争う。「トップを―」

せり-あ・げる【◦迫り上げる】(他下一) ゲ・ゲ・ゲル・ゲレ・ゲロ(ゲヨ) ①下からしだいに押し上げる。「ジャッキで車体を―」②〘演〙劇場で、せり出しを使って俳優や大道具を舞台に押し上げる。「大道具を舞台に―」文せりあ・ぐ(下二)

せり-あ・げる【競り上げる】(他下一) ゲ・ゲ・ゲル・ゲレ・ゲロ(ゲヨ) 競り売りで、買い手がたがいに競争して値段をしだいに高くする。「値を―」文せりあ・ぐ(下二)

ゼリー〈jelly〉果汁・砂糖・ゼラチンなどをいっしょに煮溶かして、冷やし固めた菓子。ジェリー。

せり-いち【競(り)市・△糶(り)市】 競り売りをする市場。

セリウム〈cerium〉〘化〙金属元素の一つ。鋼状で延性・展性に富む。空気中ではセ氏一六〇度で発火するので、ライターの石などに用いる。元素記号 Ce

せり-うり【競(り)売り・△糶(り)売り】(名・他スル) ①多くの買い手に値段を競争させて売ること。最も高い値段を付けた者に売る場合と、売り手が最初に高値を付けて買い手が付くまで下げていく場合とがある。競り。「―にかける」②行商。

せり-おと・す【競り落(と)す】(他五) サ(ソ)・シ・ス・ス・セ・セ 競売で、最高の値段を付けて品物を手に入れる。「五〇〇万円で―」

せり-がい【競(り)買い・△糶(り)買い】ガヒ―(名・他スル) ①多くの買い手が競争して最高の値段を付けた人が買うこと。②複数の売り手に値段を下げさせていって、最低の値段を申し出た売り手から買うこと。

せり-か・つ【競り勝つ】(自五) タ(ト)・チ(ッ)・ツ・ツ・テ・テ せりあった末に勝つ。「僅差で―」

せり-だし【◦迫り出し】〘演〙劇場で、花道や舞台の床の一部を切ってその部分を上下させ、奈落(ならく)(舞台下)から舞台へ俳優や大道具を押し上げて出すこと。また、その装置。迫(せ)り。

せり-だ・す【◦迫り出す】 サ(ソ)・シ・ス・ス・セ・セ ■一(他五) ①押し出すようにして上へ、あるいは前へ出す。②〘演〙劇場で、せり出しを使って俳優や大道具を舞台に押し出す。■二(自五) 前に出る。突き出る。「腹が―」

せりふ【×台詞・×科白】 ①俳優が劇中で言う言葉。「―を覚える」②言いぐさ。言い分。文句。「それが親に向かって言う―か」③決まり文句。「彼の得意の―が出た」

――まわし【―回し】シマハ せりふを言うときの言い方。

せり-もち【◦迫り持ち】→アーチ①

せ-りょう【施療】レウ―(名・自スル) 病気やけがを治療すること。特に、貧しい人などを無料で治療すること。「―院」

セル〈cell〉①細胞。②電池。電解槽。③〘情報〙表計算ソフトで、表を構成するます目の一つ。

セル〈オラ serge (セルジ)から〉細い梳毛糸(そもうし)で織った薄い和服用の毛織物。夏

せ・る【競る・△糶る】(他五) ラ(ロ)・リ(ッ)・ル・ル・レ・レ ①たがいに勝とうとして競う。「首位を―」②物の売買にあたって、買い手が競って値段をつり上げる。また、売り手が値段を下げていく。「たがいに値段を―」③行商する。

せる(助動―下一型) セ・セ・セル・セレ・セロ(セヨ) 〈**中心義―他者が意図的に起こした動きであることを示す**〉①使役の意を表す。「使いに行か―」「代筆さ―」②(「…せていただく」「…せてもらう」の形で)相手の指示を受けてする意で自分の行為を謙遜(けんそん)していう。「休ませていただく」「わけを聞かせてもらおう」③(「せられる」の形で)高い尊敬の意を表す。「殿下はご多忙であらせられる」用法 五段動詞の未然形、サ変動詞の未然形「さ」に付く。③は文語的表現として用いられる。⇨させる(助動)

セル-が【セル画】グワ―(もとセルロイドを用いたことから)透明なシートにえがいたアニメの原画。

セルビア〈Serbia〉バルカン半島中央部にある共和国。ユーゴスラビア連邦共和国が解体してセルビア・モンテネグロとなるが、二〇〇六年モンテネグロが分離独立。首都はベオグラード。

セルフ-〈self〉(接頭)(多く名詞に付いて)「自分自身で」「自動的に」の意を表す。「―レジ(=レジで、購入品の精算を客が自分で行うしくみのもの)」

セルフ-ケア〈self-care〉健康を自分で管理すること。

セルフ-コントロール〈self-control〉■一(名・自スル) 自分で自分の感情や行動を制すること。自制。「―が上手だ」■二(名) 自動制御。「―システム」

セルフ-サービス〈self-service〉店員・従業員に代わって客が自分で必要なことを行うシステム。食堂や商店で、飲食物や品物を客が自分で選び取ったり運んだりするなど。セルフ。

セルフ-タイマー〈self-timer〉カメラで、一定時間後に

自動的にシャッターを切る装置。タイマー。

セルライト〈cellulite〉皮下脂肪に老廃物が付着して塊となり、皮膚の表面に凹凸としてあらわれたもの。

セルロイド〈celluloid〉〘化〙ニトロセルロースに樟脳を混ぜてつくった合成樹脂。加工が容易で、おもちゃ・文房具などに用いられたが、引火しやすいので今はあまり用いられない。

セルロース〈cellulose〉多糖類の一種。植物細胞の細胞膜の外側にある細胞壁の主成分。繊維素。セルローズ。

セレクション〈selection〉選択。選抜。

セレクト〈select〉(名・他スル) より分けること。選択。

―ショップ〈和製英語〉複数のブランドの商品を独自に選んで仕入れ、販売する小売店。

セレナーデ〈ドイツ Serenade〉〘音〙①愛する人の窓の下で夜歌う恋の歌曲。また、そうした場所で奏する楽曲。②器楽を主とする甘美で軽快な小組曲。小夜曲。夜曲。セレナード。

セレブ〈celeb〉名士。著名人。セレブリティー。

セレモニー〈ceremony〉儀式。式典。

―ホール〈ceremony hall〉葬儀を専門に行う式場。葬祭場。

セレン〈ドイツ Selen〉〘化〙非金属元素の一つ。硫黄に似た化学的性質をもつ。半導体・光電池・赤色ガラスの着色などに用いる。セレニウム。元素記号 Se

セロ〈cello〉→チェロ

ゼロ〈zero〉①零。数の起点。「0」②数量がまったくないこと。また、まったく何もないこと。「―からの出発」「―回答(=要求にまったく応じていない回答)」

ゼロ-エミッション〈zero emission〉環境汚染や温暖化につながる廃棄物をゼロに近づけようとする考え方。

ゼロさい-じ【ゼロ歳児】生後一年未満の乳児。

ゼロ-サム〈zero-sum〉合計するとゼロになること。誰かが得をしたら他の人がその分損をすること。「―ゲーム」

ゼロ-はい【ゼロ敗】競技会などで、一点も取れずに敗れること。零敗。スコンク。「―を喫する」

セロハン〈cellophane〉〘化〙ビスコースから作った、薄い透明なフィルム状のもの。装飾材料・包装用。セロファン。

―テープ〈和製英語〉セロハンの片面に接着剤を付けた接着用テープ。

ゼロ-ベース〈zero-base〉前提を設けず、物事を白紙の状態から検討すること。「予算を―で見直す」

セロリ〈celery〉〘植〙セリ科の一年草または越年草。ヨーロッパ原産。強い香気があり、葉は羽状複葉。夏・秋に白色の小花を開く。食用。オランダミツバ。セルリ。冬

せ-ろん【世論】世間一般の意見。世間の大多数を占めている意見。「―調査」「―の動向に従う」参考「輿論」の書き換えとして使われ、慣用的に「よろん」とも読む。

せ-わ【世話】■(名・他スル)①気を配ってめんどうをみること。「病人の―をする」②間に立って取り持つこと。「嫁を―する」■(名)①日常的、庶民的なこと。「歌舞伎の―物」②世間でよく口にする話や言葉。下世話。「―にくだいて(=格式ばらずに)言う」③手数がかかること。やっかい。「―をかける」

―が無い ①手数がかからない。「そうするほうが世話がなくてよい」②あきれてどうしようもない。「規則を決めた当人が守らないのだから―」 **―が焼ける** 手数がかかってめんどうである。「―子だ」 **―になる** 援助を受ける。人のやっかいになる。「親戚の―」 **―を焼く** めんどうをみる。「子供の―」

せわ-きょうげん【世話狂言】〘演〙風俗・人情などを題材にした歌舞伎狂言。世話物の芝居。↔時代狂言

せわし・い【◇忙しい】(形)①いそがしい。多忙である。せわしない。「―毎日」②次から次へと動作が行われて落ち着かない。せわしない。「―・く手を動かす」文せは・し(シク)

せわし-な・い【◇忙しない】(形)→せわしい 文せはしな・し(ク)

せわ-ずき【世話好き】(名・形動ダ)人のめんどうをみるのが好きなさま。また、その人。「―な人」

せ-わた【背◇腸】①サケの背骨に沿ってつく腎臓。また、それでつくった塩辛。めふん。②エビの背にある黒い筋状の腸。

せわ-にょうぼう【世話女房】夫の身の回りの世話や家庭内の仕事をまめまめしく切りまわす妻。

せわ-にん【世話人】組織・会合などの事務処理をし、運営する役目の人。世話役。「―を務める」

せわ-ば【世話場】〘演〙歌舞伎などで、農家や町人の家の日常生活、特に貧しい生活を演じる場面。

せわ-もの【世話物】〘演〙浄瑠璃・歌舞伎などで、当時の事件から取材して風俗・人情などを写し出したもの。特に、江戸時代の町人社会に取材したもの。↔時代物

せわ-やき【世話焼き】①好んで、また、必要以上に人の世話をすること。また、そういう人。②世話人。

せわ-やく【世話役】→せわにん

せ-わり【背割り】①→せびらき②衣服の背中の下のほうを縫い合わせないでおく仕立て方。③柱などの干割れを防ぐため、裏側などに割れ目を入れておくこと。

せをはやみ… 和歌〔瀬をはやみ 岩にせかるる 滝川の われても末に 逢はむとぞ思ふ〕〈詞花集 崇徳院〉川の瀬の流れが速いので、岩にせき止められる急流は二つに分かれ、そしてすぐにまた合流するように、今あなたと別れても、いつかはきっと一緒になろうと思う。(小倉百人一首の一つ)

せん【千】 教1 セン ち

(字義)①数の名。百の一〇倍。「千円・千億」②数の多いこと。「千人力・千客万来・千差万別・一騎当千」参考「仟」「阡」は同字。金銭証書などで、金額を記載するときに「千」の代わりに大字として用いる。難読 千木・千種・千千・千歳・千尋・千代・千万 人名 かず・じ・ゆき

せん【仟】①百の一〇倍。②数の多いこと。「―のわび言」

せん【川】 教1 セン かわ

(字義)かわ。陸地を流れる自然の水路。「河川・山川・大川」難読 川獺・川面・川原

せん【仙】 セン㊥

(字義)①不老不死の術を修めた人。「神仙・仙女・仙人」②凡俗を超越した人。また、歌や詩の天才。「歌仙・詩仙」参考「僊」は異体字。難読 仙人掌 人名 たかし・なり・のり・ひさ・ひで・ひと

せん【占】 セン しめる㊥・うらなう㊥

(字義)①うらなう。兆候を見て吉凶を判断する。「占星・占筮・占卜」②しめる。㋐ひとりじめする。「独占」㋑自分のものにする。「占拠・占有・占領」人名 うら・しむる・しめ

せん【先】 教1 セン さき・まず

(字義)①さき。さきだつ。㋐進んでいくさき。前方。「先途・先方」↔後 ㋑さきがけ。進むものの頭。「先頭・先鋒・機先・率先」↔後 ㋒さきに。さきに立つ。「先駆・先行」↔後 ②時間

的にさきだつ。㋐あらかじめ。前もって。「先見・先入」㋑他より早く。さきだって導く。「先生・先達」㋒両者のうちで早いほう。一足さき。「先攻・先着」㋓この前の。「先妻・先代」㋔なくなった。「先師・先父」㋕以前。これまで。過去。「先刻・先日」㋖昔。はじめ。「先人・先祖・祖先」③さきにする。重んじる。「先議・先務・優先」難読 先限(さきぎり)・先頃(さきごろ)・先帝(せんだい)・先達(せんだって) 人名 すすむ・はじめ・ひろ・ゆき

せん【先】 ①前。以前。「ーから知っていた」②順序が前であること。相手よりさき。「ーを取る」③囲碁・将棋で、先に打ち始めるほう。先手。先番。「ーで指す」

ーを越す 相手に先んじてする。機先を制する。

せん【尖】人 セン とがる (字義) ①とがる。先が鋭い。「尖鋭・尖塔」②先。とがったはし。「尖端・尖兵」

せん【串】◇ セン・カン(クヮン) くし㊥ (字義) ①くし。物を突き通すための竹や鉄の細長い棒。②つらぬく。うがつ。「串通」③手形。「串子」④親しみなれる。また、親しくしている人。「串戯」

せん【宣】 教6 セン のべる・のる・のたまう (字義) ①のべる。㋐はっきり述べる。意志を示す。「宣言・宣戦」㋑広める。広く告げ知らせる。「宣教・宣伝」②のたまう。みことのり。天子や神の言葉。「宣下・宣旨・宣命・口宣・託宣」人名 あきら・かつ・しめす・すみ・たか・つら・とおる・のぶ・のぶる・のり・ひさ・ひろ・ひろむ・ふさ・むら・よし

せん【専】 教6【專】人 セン もっぱら㊥ (字義) ①もっぱら。もっぱらにする。いちずに。それだけをやる。「専心・専念・専門」②㋐ひとりじめにする。ひとりで自由にできる。独断でする。「専制・専売・専有」㋑わがまま勝手。「専横・専恣」③「専門学校」の略。「高専」人名 あつし・たか・のぶ・まこと・もろ

せん【染】 教6 セン㊥・ゼン そめる・そまる・しみる㊂・しみ㊂ (字義) ①そめる。布などを色水にひたして色をつける。「染色・染織・浸染・捺染」②そまる。色がつく。影響される。うつる。「汚染・感染・伝染」

せん【泉】 教6 セン いずみ (字義) ①㋐いずみ。地中からわき出る水。水源。「泉水・温泉・源泉・鉱泉・井泉・冷泉」㋑「温泉」の略。「塩類泉・炭酸泉」②めいど。死後にゆく世界。「泉下・九泉・黄泉」③「和泉の国」の略。「泉州」人名 い・いず・きよし・ずみ・み・みず・みぞ・もと

せん【洗】 教6 セン あらう (字義) あらう。すすぐ。洗い清める。「洗剤・洗浄・洗滌・洗濯・洗脳・洗面・洗礼・水洗・筆洗」人名 きよし・よし

せん【浅】 教4【淺】 セン㊥ あさい (字義) あさい。㋐水面から底までが近い。「浅海・浅水」㋑色がうすい。あわい。「浅紅・浅緑」㋒あさはか。深みがない。「浅学・浅薄・浅慮・浮浅」(↔深) 難読 浅葱(あさぎ)・浅傷(あさで)

せん【穿】人 セン うがつ (字義) ①うがつ。㋐穴をあける。「穿孔・穿耳」㋑身につける。はく。㋒掘る。㋓突き通す。「貫穿」㋔細かく追求する。「穿鑿」②穴。「方穿」

せん【茜】人 セン あかね (字義) ①あかね。アカネ科の多年生つる草。根から赤色染料をとる。「茜草」②あか。あかね色。「茜袖・茜染」

せん【扇】 セン㊥ おうぎ㊥・あおぐ (字義) ①とびら。「門扇」②おうぎ。うちわ。「扇形・扇子・軍扇・団扇・鉄扇」③㋐あおぐ。「扇風機」㋑あおりたてる。おだてる。=煽。「扇情・扇動」

せん【栓】 セン㊥ (字義) 穴につめる木のほぞ。穴や管の口などをふさぐもの。「血栓・消火栓」

せん【栓】 ①穴やびんの口をふさぐために詰めたりおおったりする物。「ビールびんのーを抜く」②ガス管などの出口に取り付ける開閉装置。コック。「ガスのーを閉める」

せん【閃】人 セン ひらめく (字義) ぴかりと光る。瞬間的に現れる。「閃光・一閃・電閃」

せん【旋】 セン㊥ めぐる・かえる (字義) ①めぐる。㋐ぐるぐるまわる。「旋回・旋盤・斡旋・周旋・螺旋」㋑うねる。変化する。「旋律」②かえる。「凱旋」難読 旋頭歌(せどうか)・旋毛(つむじ)・旋風(つむじかぜ)

せん【船】 教2 セン ふね・ふな (字義) ふね。ふつう、大きなふねをいう。「船体・船舶・貨物船・艦船・客船・商船・連絡船」難読 船渠(せんきょ)・船首(みよし)

せん【釧】人 セン うでわ・くしろ (字義) ①うでわ。腕にはめる飾りのある輪。ブレスレット。②くしろ。古代の装飾品で腕にはめるもの。人名 たまき

せん【揃】人 セン きる・そろい・そろえる・そろう (字義) ①きる。切りそろえる。「揃刈」②そろえる。そろう。必要な物をすべて集める。形や色を同じに整える。③そろい。同じような物が一つにまとまっている。

せん【戦】 教4【戰】人 セン・いくさ㊥ たたかう・おののく (字義) ①たたかう。たたかい。㋐武器をとってたたかう。いくさ。「戦争・戦闘・開戦・合戦・激戦・交戦・市街戦・接戦・野戦」㋑争う。競争。試合。「選挙戦・対抗戦・名人戦・論戦」②おののく。恐れふるえる。「戦慄・戦戦恐恐」

せん【煎】 セン㊥ いる㊥ (字義) ①煮出す。煮る。「煎汁・煎茶・煎薬」②いる。あぶる。焼く。「煎餅・香煎」

せん【羨】 セン㊂・ゼン・エン うらやむ㊥・うらやましい㊥ (字義) ①うらやむ。ほしがる。「羨慕・羨望」②あまり。残り。「羨溢」③のびる。④墓道。「羨道・羨門」人名 のぶ・よし

せん【腺】 セン㊥ (字義) 体内でさまざまな物質を分泌する器官。「汗腺・前立腺・乳腺・扁桃腺・涙腺」参考「腺」は国字だが、中国でも使用する。

せん【腺】 生理的に必要な分泌や排泄を行う器官。

せん【詮】 セン㊥ (字義) くわしく真理を説きあかす。くわしく調べる。「詮議・詮

索・所詮」

せん【詮】①効果。かい。「怒ってもーのないこと」②手段。すべ。⇩詮(せん)ない

せん【践】【踐】セン㊥ ふむ
(字義)①足でふむ。歩く。行く。「践履」②ふみ行う。「践言・践行・実践」③位につく。「践位・践祚(せんそ)」人名 ふみ・ゆき

せん【箋】セン㊥ ふだ
(字義)①ふだ。書物にはって注釈などをしるす紙片。「付箋」②古典につけた注釈。「箋注」③詩や手紙を書くための紙。「便箋・用箋」④なふだ。名刺。⑤文体の名。上奏文に用いる。

せん【銭】教6【錢】セン ぜに㊥
(字義)①ぜに。貨幣。おかね。「銭湯・一文銭・金銭・古銭・銅銭」②貨幣の単位。円の一〇〇分の一。「一銭銅貨」

せん【銭】貨幣の単位。㋐円の一〇〇分の一。現在では利子計算および外国為替相場の計算に使う。「一円五〇ー」㋑昔、貫の一〇〇〇分の一。一文(もん)。

せん【銑】人 セン ずく
(字義)鉄鉱石から採った純度の低い鉄。鋳鉄。鋳物材料・製鋼原料。「銑鉄・白銑」人名 さね

せん【撰】人 セン えらぶ
(字義)①詩や文を作る。「撰文」②書物を編集・著述する。「撰述・撰進・撰著・私撰・新撰・精撰・勅撰」③えらぶ。＝選。

せん【潜】【潛】セン㊥ ひそむ㊥・もぐる㊥・くぐる
(字義)①くぐる。水中にもぐる。「潜航・潜水」②ひそむ。かくれる。外に現れない。「潜入・潜伏」③心をひそめる。心を落ち着ける。「潜心・沈潜」人名 すみ

せん【線】教2 セン
(字義)①糸すじ。糸。「線形・線状」②すじ。細長い糸状のもの。「線香・線条・架線・銅線」③面の上にえがくすじ。「線描・曲線・実線・直線・点線・破線」④さかい目。「境界線・死線・前線」⑤道すじ。「路線」

せん【線】①細長いすじ状のもの。また、物の輪郭。「ーを引く」「体のーを強調する」②《数》位置と長さがあって、幅や厚さのない図形。直線や曲線のこと。③交通機関の道筋。路線。「国道一号ー」「東海道ー」④物事を進める上での方針・筋道。「そのーでいこう」⑤一定の基準。「合格のーに達する」「いいーいっている」⑥相手や対象から受ける力強さや重厚さの感じ。「ーの細い人」

せん【選】教4 セン えらぶ
(字義)えらぶ。＝撰。㋐多くの中からえらびとる。より分ける。えらび出す。「選出・選抜・当選・入選・予選」㋑えらび出されたもの。「唐詩選」人名 かず・すぐる・のぶ・ひとし・よし・より

せん【選】えらぶこと。選択。選考。「ーにもれる」

せん【遷】セン㊥ うつる
(字義)うつる。うつす。㋐高い所に上る。昇進する。㋑場所を変える。移転する。「遷宮(せんぐう)・遷都・孟母(もうぼ)三遷」㋒官位・地位を下げる。「左遷」㋓移り変わる。「遷易・変遷」㋔人の死をいう。「遷化(せんげ)」人名 のぼる

せん【薦】セン㊥ すすめる㊥・こも
(字義)①こも。むしろ。敷物。②すすめる。人を選び推す。「自薦・推薦・他薦」難読 薦被(こもかぶり) 人名 しげ・すすむ・のぶ

せん【繊】【纖】人 セン㊥
(字義)①㋐細い。小さい。か弱い。「繊細・繊弱・繊毛」㋑「繊維」の略。「化繊」②細くしなやか。ほっそりして美しい。「繊指・繊手」

せん【鮮】セン㊥ あざやか㊥・すくない
(字義)①新しい。とれたてである。「鮮魚・新鮮・生鮮」②あざやか。きわだって美しい。「鮮明・鮮烈」③少ない。「鮮少」人名 あきら・き・まれ・よし

せん【蟬】人 セン・ゼン せみ
(字義)①せみ。セミ科の昆虫類の総称。「蟬冠・寒蟬・蜩蟬(ちょうぜん)」②セミの羽のように薄い絹織物。「蟬鬢(せんびん)」③長く続く。「蟬聯(せんれん)」④美しい。「蟬娟(せんけん)」

ぜん【全】教3 ゼン まったく・すべて・まっとうする
(字義)①きずや欠点のない。そろっている。無事。「全知・全能・安全・完全・十全・万全・保全」②すべての。全体の。「全国・全部」③㋐まったく。ことごとく。みな。すべて。残らず。「全快・全集・全書・全勝・全然・全滅」㋑まことに。最も。「全盛」人名 あきら・うつ・たけ・たもつ・とも・のり・はる・まさ・まさし・また・まもる・みつ・やす・よし

ぜん-【全】(接頭)①…のすべて。全体。「ー日本」②あらゆる。すべての。「ー学生」③みんなで。全部で。「ー八巻」

ぜん【前】教2 ゼン まえ・さき
(字義)①まえ。さき。㋐進む方向。先頭や正面のほう。「前部・前方・眼前・最前・面前・門前」↔後 ㋑すすむ。「前進・前途」↔後 ㋒さきだつ。「前駆・前哨(ぜんしょう)」↔後 ②時間的にさきだつ。㋐ある時より早い。「以前・食前」㋑ある事物にさきだつ。「前座・前文」㋒まえもって。あらかじめ。「前借・前提」㋓二つのうちの早いほう。中ほどより早い。「前期・前者」㋔一つまえの。「前日・前夜」㋕これまで。過去。「前人・前例・空前・従前」難読 前山(さきやま)・前栽(せんざい) 人名 くま・すすむ・ちか

ぜん-【前】(接頭)①一つまえの。「ー社長」②…より以前。「ー近代的」③紀元前。「ー五世紀」

-ぜん【前】(接尾)「…のまえ」の意を表す。「紀元ー」「使用ー」

ぜん【前】今より前。以前。「ーに申しましたとおり」

ぜん【善】教6 ゼン よい
(字義)①よい。道徳に合っている。りっぱな。よいこと。「善言・善行・善政・善人・善良・最善・慈善・十善・勧善懲悪」↔悪 ②よいとする。「独善」③うまく。じゅうぶん。「善戦・善用」④仲のよい。親しむ。「善隣・親善」難読 善知鳥(うとう) 人名 さ・ただし・たる・よし・ら

ぜん【善】道徳のおきてに合っていること。一般に、人間が幸福になるための行為をいい、意志の基準となるもので、同時に人間の行為の目標となるもの。↔悪
ーに強(つよ)い者(もの)は悪(あく)にも強(つよ)い 善を熱心に行う人は逆に悪にも夢中になりやすい。**ーは急(いそ)げ** よいことは機会を逃さず急いでせよ。

ぜん【然】教4 ゼン・ネン しか・しかり

（字義）①もえる。＝燃。②しかり。㋐そのとおり。そうだと認める。「然諾・然否」㋑そう。そのまま。「已然・自然・天然・当然・必然・本然・未然」㋒形容の熟語を作る接尾字。「公然・寂然・全然・泰然・断然・超然・同然・漠然・憤然・平然・茫然・猛然・悠然」難読 然有らぬ・然為れば・然許り・然程・然迄・然様・然し・然然

-ぜん【然】（接尾）（名詞に付いて）「…らしい」「…のような」の意を表す。「学者―としている」

人名 なり・ね・のり

ぜん【禅】【禪】 ゼン㊥

ネ ネ ネ゛ 袦 褝 禅

（字義）①天子の行う天のまつり。「封禅」②天子が位をゆずる。「禅譲」③㋐「禅那（＝梵語 dhyāna の音訳）」の略。精神を統一して真理をさとること。静慮。「禅機・禅定・座禅」㋑禅定を行う。「禅室・禅門」㋒禅宗。座禅を主とする仏教の宗派。また、その修行。「禅僧・禅林・参禅・野狐禅」

人名 よし

ぜん【禅】〘仏〙①迷いを断ち、精神を統一して我を忘れ、真理を体得すること。禅定。②禅宗。③座禅。

ぜん【漸】 ゼン㊥・ザン ようやく

氵 汀 浐 渖 漸 漸

（字義）①ひたす。水がしみこむ。②しだいに進む。「漸近線・漸進・漸漸・東漸」③ようやく。しだいしだいに。「漸次・漸増」

人名 すすむ・つぐ

ぜん【漸】 物事がゆるやかに進行・変化すること。「―をもって及ぶ（＝だんだんに至る）」

ぜん【膳】 ゼン㊥

月 月⺌ 胖 胖 膳 膳

（字義）①調理した食物。料理。「膳部・御膳」②料理をのせて出す台。また、その料理。「饗膳・食膳・配膳・本膳」

-ぜん【膳】（接尾）①椀に盛った飯の杯数を数える語。「ご飯を二―」②箸を一対ずつ数える語。

ぜん【膳】 ①飲食物を載せる台。おぜん。「―を並べる」②飯と菜をそろえて出す料理。「本―」

ぜん【繕】 ゼン㊥ つくろう㊥

糸 糹 糸䒑 紓 絆 繕

（字義）悪くなった箇所をなおす。修理する。「営繕・修繕」

ぜん-あく【善悪】 よい事と悪い事。また、善人と悪人。

せん-い【船医】 航海中の船に乗り、船員・船客の傷病の治療をする医師。

せん-い【戦意】 戦おうとする意志や気持ち。闘志。「―喪失」

せん-い【遷移】（名・自スル）状態などが移り変わること。「画面―図」「植生の―」

せん-い【繊維】 ①〘生〙生物体を組織する、細い糸のような物質。動物の神経・筋、植物のほとんど全体を構成する。②きわめて細い糸状の物資で、織物や紙などの原料。「化学―」

参考 ①は、医学では「線維」と書くことが多い。

―こうぎょう【―工業】 天然繊維・化学繊維を加工して糸や織物をつくる工業。紡績・織物工業。

―せいひん【―製品】 繊維を原料として製造した品。衣料品・織物など。

ぜん-い【善意】 ①善良な心。人のためになるようにと思う心。「―でした行為」②ある事柄のよい面だけを見ようとする心。よい意味。「―に解釈する」③〘法〙法律で問題となる事実を知らずにそのことをする人の意思。「―の第三者」（↔悪意）

せん-いき【戦域】 戦闘の行われている地域。「―の拡大」

ぜん-いき【全域】 ①ある地域の全体。「東北地方―」②ある分野・領域の全体。「社会科学の―」

せん-いつ【専一】（名・形動ダ）一つのことだけに力を注ぐこと。もっぱらとすること。また、そのさま。専一。「御自愛―に」

せん-いん【船員】 船舶の乗組員。船乗り。

ぜん-いん【全員】 一つの集団に属するすべての人。総員。

ぜんいん-ぜんか【善因善果】〘仏〙よい行いには、必ずよい果報があるということ。↔悪因悪果

せん-うん【戦雲】 戦争の始まりそうな気配。「―国をおおう」

せん-えい【先鋭・尖鋭】（名・形動ダ）①先が鋭くとがっていること。また、そのさま。②考え方・行動などが急進的であること。また、そのさま。「―な分子」

―か【―化】（名・自スル）考え方や行動などが急進的になること。過激になること。「―した思想」

せん-えい【船影】 船のすがた。

ぜん-えい【前衛】 ①軍隊で、警戒・攻撃のために配置する最も前方の部隊。↔後衛 ②テニス・バレーボールなどで、おもに味方コートの前の方で守備・攻撃する役割の者。↔後衛 ③芸術運動などで、伝統的な手法を打破し、まったく新しいものを創造しようとすること。また、その人々。「―絵画」「―書道」⇩ アバンギャルド ④階級闘争で、先進的・指導的集団。

―てき【―的】（形動ダ）ダロ・ダッ（デ・ニ）・ダ・ナ・ナラ・○ 政治闘争・社会運動・芸術運動などの第一線に立って、急進的であるさま。

せん-えき【戦役】 戦争。戦い。「日露の―」

せん-えつ【僭越】（名・形動ダ）自分の立場や権限を越えて出過ぎること。さしでがましいこと。また、そのさま。「―ですが、申しあげます」

せん-えん【遷延】（名・自他スル）のびのびになること。長引くこと。また、のびのびにすること。「会議が―する」

せん-おう【専横】（名・形動ダ）ほしいままにふるまうこと。わがままで横暴なこと。また、そのさま。「―なふるまい」

ぜん-おう【全欧】 ヨーロッパ全体。

せん-おく【千億】 ①一億の千倍。②無限に多い数。無数。

ぜん-おん【全音】〘音〙全音階における半音の二倍の音程。ハ調のドとレ、レとミなどの音程。↔半音

ぜん-おんかい【全音階】〘音〙一オクターブを五つの全音と二つの半音とに分割した七音の音階。半音の位置によって長音階と自然的短音階とに分けられる。↔半音階

ぜん-おんぷ【全音符】〘音〙音の長さを表す基準となる音符。四分の四拍子で四拍の長さを持つ。記号○

せん-か【泉下】（黄泉の下の意）死者が行くという地下の世界。冥土。あの世。「―の人となる（＝死ぬ）」

せん-か【専科】 ①専門の科目。②その学校の本科の課程に対して、一部分を特に学習する課程。別科。

せん-か【船架】 船を、修理のために陸上に引き上げる装置。

せん-か【戦火】 ①戦争によって起こる火災。兵火。「―を受ける」②（銃・砲などの火器を用いた）戦争。「―を交える」

せん-か【戦果】 戦争によって上げた成果。また、闘争・競技などで上げた成果・成績。「赫々たる―を収める」

せん-か【戦渦】 戦争による混乱。「―に巻き込まれる」

せん-か【戦禍】 戦争による被害・災難。「―を逃れる」

せん-か【選科】 規定の学科中、一科または数科を選んで学習する課程。また、本科に準じる課程。「―生」

せん-か【選歌】（名・自スル）多くの中からよい歌を選ぶこと。また、選んだ歌。

せん-が【線画】 線だけで描いた絵。線描画。

ぜん-か【全科】 全部の科目・学科。全教科。

ぜん-か【全課】 ①全教科。すべての課目。②全部の課。

ぜん‐か【前科】クワ ①〘法〙以前に犯罪をおかして刑罰を受けた経歴があること。「―者もの」②(比喩ひゆ的に)以前にした好ましくない行為や失敗。「借りた本をなくした―がある」
ぜん‐か【禅家】→ぜんけ
せん‐かい【仙界】仙人の住む世界。また、仙人の住んでいるような、俗界を離れた清らかな所。仙境。仙郷。
せん‐かい【浅海】①浅い海。②〘海〙海岸から比較的近い、水深約二〇〇メートルまでの海域。(⇔深海)
せん‐かい【旋回】クワイ (名・自スル)①円を描いてくるくる回ること。②航空機が左や右に進路を変えること。「右に―する」
せん‐がい【選外】グワイ 選にもれること。作品などが入選しないこと。「―佳作」
ぜん‐かい【全会】クワイ その会に出席している人全部。その会全体。「―一致」
ぜん‐かい【全快】クワイ (名・自スル)病気や傷がすっかり治ること。「―祝い」
ぜん‐かい【全開】(名・自他スル)①完全に開くこと。いっぱいにあけること。「窓を―にする」②最大限の力を出すこと。「エンジンを―にする」
ぜん‐かい【全壊・全潰】クワイ (名・自スル)建物などが、すっかり壊れること。「―家屋」⇔半壊
ぜん‐かい【前回】クワイ この前の回。一つ前の回。
せん‐がき【線描き】線で物の形を表す絵の描き方。日本画の描き方などに見られる。線描せんびょう。
せん‐かく【仙客】①仙人。②「鶴つる」の別名。
せん‐かく【先覚】①人に先がけて物事の道理や世の移り変わりをさとって事をなした人。「―者」②学問・見識のある先輩。
せん‐がく【先学】その人より先にその学問を研究した人。先輩の学者。「―の研究に負う」⇔後学
せん‐がく【浅学】学問・知識が浅く未熟であること。参考 自分の学識をへりくだっていう場合が多い。
―ひさい【―非才・―菲才】学問・知識が浅く、才能も乏しいこと。「―の身ですが」参考 自分の学識や才能をへりくだっていう場合が多い。
ぜん‐かく【全角】和文活字一字分にあたる正方形の大きさ。⇔半角
ぜん‐がく【全学】一つの大学の全体。「―集会」
ぜん‐がく【全額】金額の全部。「―を負担する」
ぜん‐がく【前額】ひたい。おでこ。「―部」
ぜん‐がく【禅学】〘仏〙禅宗の学問。禅の教義の研究。
ぜんがく‐れん【全学連】「全日本学生自治会総連合」の略称。全国各大学の学生自治会の連合機関。一九四八(昭和二十三)年に結成され、学生運動の中心となった。
せんか‐し【仙花紙・泉貨紙】センクワ ①くず紙をすきかえした粗悪な洋紙。②こうぞですいた厚手の強い和紙。包装や袋用。
せんかた‐な・い【◦為ん方無い・詮方無い】(形)カロ・カッ(ク)・イ・イ・ケレ・○ なすべき方法・手段がない。どうしようもない。「今さら悔やんでも―」文せんかたな・し(ク) 参考「せん」はサ変動詞「す」の未然形「せ」+推量の助動詞「ん」
せん‐かん【専管】クワン (名・他スル)一手に管理すること。また、その管理を受けること。「―水域(=沿岸国が漁業や資源の排他的権利を主張する水域)」
せん‐かん【戦艦】①戦争用の船。軍艦。戦闘艦。②軍艦の一種。排水量が大きく、多数の大口径砲を搭載した堅牢けんろうな大型軍艦。第二次世界大戦末まで艦隊の主力であった。
せん‐かん【潜函】土木・建築の基礎工事をする際、地中に沈める鉄筋コンクリートの箱。圧縮空気を送って地下水を防ぎながら、その中で作業をする。ケーソン。
せん‐かん【選管】クワン「選挙管理委員会」の略。
せん‐かん【潺湲】クワン (タル)①水のさらさら流れるさま。また、その音の形容。②涙がしきりに流れるさま。文(形動タリ)
せん‐がん【洗眼】(名・自スル)〘医〙水または薬液などで目を洗うこと。「―薬」
せん‐がん【洗顔】(名・自スル)顔を洗うこと。「―クリーム」
ぜん‐かん【全巻】クワン ①幾巻かで一まとまりとなる書物や映画フィルムなどの全部。②その書物・映画の全体。
ぜん‐かん【全館】クワン ①一つの館全体。「―空調」②すべての館。
ぜん‐かん【前官】クワン ①前に任じられていた官職。②前にその官職にあった人。前任者。
―れいぐう【―礼遇】もと、国務大臣・枢密院すうみついん議長・宮内くない大臣・内大臣で、特に功労のあった者に対し、退官後も在任中と同じ待遇を与えたこと。
ぜんがん‐じょうたい【前◦癌状態】ジヤウタイ 〘医〙癌になる確率が高い病的状態。肝臓癌に対する肝硬変など。
せん‐き【◦疝気】漢方で、下腹の痛む病気。疝病せんびょう。
―すじ【―筋】スヂ ①疝気のときに痛む筋肉。②主流から外れた系統。傍系。③筋道をまちがえること。
せん‐き【戦記】戦闘・戦争の記録。「太平洋―」
―ものがたり【―物語】→ぐんきものがたり
せん‐き【戦旗】戦争のときに軍隊が立てる旗。
せん‐き【戦機】戦いを始めるのに適当な時機。戦う機運。
せん‐ぎ【先議】(名・他スル)二院制議会で、一院が他院より先に法案を審議すること。「―権」
せん‐ぎ【◦僉議】(名・他スル)(「僉」は、すべて・皆みなの意)多人数で評議すること。衆議。
せん‐ぎ【詮議】(名・他スル)①評議して物事を明らかにすること。②罪人を取り調べること。
ぜん‐き【前記】(名・他スル)前の部分にしるすこと。また、前の部分でしるしたもの。「―のとおり」⇔後記
ぜん‐き【前期】①ある期間をいくつかに分けた、最初の期間。「明治―」⇔後期 ②当期のすぐ前の期間。「―繰越金」
ぜん‐き【禅機】〘仏〙禅の修行によって得られる力。
せん‐きゃく【先客】先に来ている客。「―がある」
せん‐きゃく【船客】船の乗客。
せんきゃく‐ばんらい【千客万来】多くの客がひっきりなしに来ること。
せん‐きゅう【仙宮】仙人が住む宮殿。
せん‐きゅう【船級】キフ 一定の基準に基づいて、船舶に付与される等級。保険契約や売買の際の国際基準になる。
せん‐きゅう【選球】キウ (名・自スル)野球で、打者が投手の投げた球のボールとストライクを選び分けること。「―眼」
せん‐きょ【占居】(名・他スル)ある場所を占めていること。
せん‐きょ【占拠】(名・他スル)ある場所を占めて立てこもり、他人のはいりこむのを認めないこと。「不法に―する」
せん‐きょ【船◦渠】→ドック①
せん‐きょ【選挙】(名・他スル)①定められたルールに従って、代表や役員などを選出すること。②〘法〙選挙権を持つ者が、議員や自治体の長などを投票で選出すること。「市長の―」
―うんどう【―運動】選挙の際、特定の候補者の当選を目的として行う演説・広告・勧誘などの行為。
―かんり‐いいんかい【―管理委員会】クワンリヰヰンクワイ 〘法〙公職の選挙に関する一切の事務を管理する機関。選管。
―く【―区】議員を選出する単位として分けられた区域。

―けん【―権】〔法〕選挙の際に投票できる権利。特に、公職につく者を選挙する権利。日本国憲法および公職選挙法では、原則として満一八歳以上の国民が有するとする。参考二〇一五(平成二七)年の公職選挙法改正に伴い、満二〇歳以上とされていた選挙権年齢が引き下げられた。

せん-ぎょ【鮮魚】いきのいい魚。新鮮な魚。「―店」

せん-きょう【仙境・仙郷】仙人の住む所。また、俗界を離れた清らかな地。仙界。

せん-きょう【宣教】(名・自スル)〔基〕神の教えを広めること。伝道。布教。

―し【―師】宗教を広める人。特にキリスト教を異教徒に伝え広めるために外国へ派遣される人。伝道師。

せん-きょう【船橋】→ブリッジ②

せん-きょう【戦況】戦争・戦闘の状況。戦局。

せん-ぎょう【専業】もっぱらその仕事だけに従事すること。また、その職業や事業。

―しゅふ【―主夫】職を持たず、家事に専念する主夫。

―しゅふ【―主婦】職を持たず、家事に専念する主婦。

―のうか【―農家】農業による収入だけで生計を立てている農家。↔兼業農家

せん-ぎょう【賤業】いやしい職業。

ぜんきょう-せん【前胸腺】〔動〕昆虫の幼虫とさなぎの前胸部にある内分泌器官。脱皮や蛹化・成虫化に関係する前胸腺ホルモンを分泌する。

せん-きょく【戦局】戦争や勝負のなりゆき。戦況。

せん-きょく【選曲】(名・自他スル)多くの楽曲の中から一つ、あるいはいくつかの曲を選び出すこと。

せん-きょく【選局】(名・他スル)視聴する放送局を選ぶこと。チューニング。

ぜん-きょく【全曲】①ある曲の全体。②すべての曲。

ぜん-きょく【全局】①全体のなりゆき。全体の局面。「―を見渡す」②将棋・囲碁で、対局のはじめから勝負がつくまでの全体。③ある局の全体。また、すべての局。

せん-ぎり【千切り・繊切り】野菜などをごく細長く刻む切り方。また、切ったもの。繊。千六本。「大根の―」

せん-きん【千金】①千両。転じて、多額の金銭。「―を投じる」②(比喩的に)非常に大きな価値。

▼「千金」が下に付く語

値― 一字― 一攫― 一刻― 春宵一刻直―

せん-きん【千鈞】(「鈞」は重さの単位で、一鈞は三〇斤)非常に重いこと。また、きわめて価値の高いこと。

―の重み きわめて高い価値や権威があること。

ぜん-きん【前金】→まえきん

ぜん-きんだいてき【前近代的】(形動ダ)古めかしくて、現代的でないさま。「―な企業経営」

せん-く【先駆】(名・自スル)①馬に乗って行列などを先導すること。また、先導する者。前駆。②人に先んじて物事をすること。また、その人。先駆け。「その分野での―となる」

―しゃ【―者】他の人に先んじて物事を行う人。パイオニア。「斯界の―」

せん-く【選句】(名・自スル)多くの中からよい俳句を選ぶこと。また、選んだ俳句。「一句だけ―する」

ぜん-く【前駆】(名・自スル)→せんく(先駆)①

―しょうじょう【―症状】〔医〕ある病気になる前触れとして起こる症状。

せん-ぐう【遷宮】(名・自スル)〔宗〕神殿の改築・修理の前後に神霊を仮殿または本殿へ移すこと。また、その儀式。

せん-くち【先口】先の順番。先に申し込んだもの。↔後口

ぜん-くつ【前屈】(名・自他スル)上体などを前に曲げること。また、曲がっていること。「長座体―」↔後屈

せん-くん【先君】①先代の主君。②死んだ父。また、祖先。

せんぐん-ばんば【千軍万馬】①多くの兵士と軍馬。②多くの戦場に出て戦いの経験の豊富なこと。転じて、社会での経験が豊かで場慣れしていること。「―の強者」

せん-げ【宣下】(名・自他スル)天皇が言葉を述べること。宣旨が下ること。宣旨を下すこと。

せん-げ【遷化】(名・自スル)(この世の教化を終えてあの世へ移り変わる意から)高僧が死ぬこと。

ぜん-け【禅家】〔仏〕①禅宗。②禅宗の寺。③禅宗の僧。

せん-けい【扇形】①→おうぎがた②〔数〕一つの円弧と、その弧の両端を通る二つの半径で囲まれた図形。「―グラフ」

せん-けい【船型】船の形。また、船の外側の形を表す模型。

ぜん-けい【全形】①全体の形。②完全な形。

ぜん-けい【全景】全体の眺め・景色。「山頂からの街の―」

ぜん-けい【前掲】(名・他スル)前に掲げたこと。また、先に述べたこと。「―の資料によれば」

ぜん-けい【前景】①手前に見える景色。②絵画・写真などで、手前のほうにある景物。また、舞台の手前のほうに配する舞台装置。↔後景

ぜん-けい【前傾】(名・自スル)体が前に傾くこと。「―姿勢」

ぜんけい-どうぶつ【蠕形動物】〔動〕動物分類上の俗称で、蠕動によって運動する動物の総称。環形動物・扁形動物などを含む。

せん-けつ【先決】(名・他スル)先に決めること。また、先に決めるべきこと。「―すべき案件」

せん-けつ【専決】(名・他スル)その人だけの考えで決定し処理すること。「部長の―事項」

せん-けつ【潜血】〔医〕糞便中に認められる胃腸からの微量の出血。肉眼ではわからず、化学的検査によって証明される。

せん-けつ【鮮血】体から出たばかりの真っ赤な血。

せん-げつ【先月】今月の前の月。前月。

せん-げつ【繊月】細い月。三日月などをいう。

ぜん-げつ【前月】①ある月の前の月。②先月。

せんげ-もとまろ【千家元麿】(一八八八一九四八)詩人。東京生まれ。白樺派に属し、人道主義的な詩人として、庶民の日常生活を素朴に楽天的にうたった。詩集「自分は見た」「虹」など。

せん-けん【先見】(名・他スル)先がどうなるかを、前もって見抜くこと。「―性」

―の明 何事かが起こる前に、それを見とおす見識。

せん-けん【先遣】(名・他スル)先に派遣すること。「―隊」

せん-けん【先賢】昔の賢人。先哲。前賢。「―の教え」

せん-けん【浅見】①あさはかな意見・考え。②自分の意見・考えの謙称。「いささか―を述べたい」

せん-けん【専権】自分の思うままに権力をふるうこと。また、思うままに事をする権利。「首相の―事項」

せん-けん【嬋娟・嬋妍】(タル)〔文〕(形動タリ)姿があでやかで美しいさま。「―たる美女」

せん-げん【宣言】(名・他スル)個人・団体・国家などがその主張・方針などをはっきりと公に発表すること。「独立を―する」

ぜん-けん【全権】①委任された事柄を処理するいっさいの権限。「―を付与する」②すべての権力。「―を掌握する」③「全権委員」「全権大使」の略。

―いいん【―委員】〔法〕外交交渉、特に条約の締結

などについて、常設の大使・公使とは別に、国家から全権委任状を与えられ条約に署名調印する権限を持つ委員。

―たいし【―大使】→とくめいぜんけんたいし

ぜん-けん【前件】①前に述べた、あるいは記した箇条。前にとりあげた物件・事件。②〘論〙「もしAならば、Bである」のような形の判断で、条件(もしAならば)を示す部分のこと。↔後件

ぜん-げん【前言】①前に言った言葉。「―を取り消す」「―を翻す」②昔の人の言葉。「―往行(=古人の言葉と行い)」

ぜん-げん【漸減】(名・自他スル)しだいに減ること。また、少しずつ減らすこと。「出生率が―する」↔漸増

せんけん-てき【先験的】(形動ダ)ダロ・ダッ(デ・ニ)・ダ・ナ・ナラ・○〘哲〙経験に先立つさま。後天的な経験によらないで、先天的に認識するさま。アプリオリ。「―意識」

せんげん-てき【選言的】(形動ダ)ダロ・ダッ(デ・ニ)・ダ・ナ・ナラ・○〘論〙「AまたはB(またはC)」という形式で表される文または命題であるさま。「―三段論法」

せんげん-ばんご【千言万語】非常に多くの言葉。「―を費やす」

せん-こ【千古】①大昔。②永遠。永久。「―不滅の名言」

―ふえき【―不易】永遠に変わらないこと。「―の真理」

せん-ご【先後】■(名)時間や順序のさきとあと。前後。「―を乱す」■(名・自スル)順序が逆になること。「手順が―する」

せん-ご【戦後】①戦争の終わったあと。「―処理」②特に、第二次世界大戦の終わったあと。《↔戦前》

―は【―派】→アプレゲール

ぜん-こ【全戸】①すべての家。②うちじゅう。一家全員。

ぜん-こ【前古】昔。いにしえ。

―みぞう【―未曽有】いまだかつて一度もあったためしのないこと。古今未曽有。「―の大災害」

ぜん-ご【前後】■(名)①まえとあと。㋐空間上のまえとうしろ。「―左右」㋑時間上の後先。「冬休み―」②物事の後先・順序。筋道。道理。「―のわきまえもつかない」③(数詞の下に付いて)だいたいその数値に近いこと。ほど。内外。「五〇人―」■(名・自スル)①間をおかず続くこと。「兄と弟が―して帰った」②順序が逆になること。「話が―する」

―を忘れる 自分の置かれている状況がわからなくなる。

―ふかく【―不覚】前後のことがわからなくなるほど、正体がなくなること。「酔って―になる」

ぜん-ご【善後】事件などの後始末をうまくすること。「―処置」用法 ふつう単独では用いない。

―さく【―策】後始末をうまくするための方策。「―を講じる」

せん-こう【先考】カウ 亡くなった父。亡父。

せん-こう【先行】カウ(名・自スル)①先に行くこと。先立つこと。「―車」「実力より人気が―する」②先に行うこと。また、先に行われていること。「―投資」

せん-こう【先攻】(名・自スル)スポーツなどで、先に攻撃すること。また、先に攻撃するほう。先攻め。↔後攻・先守

せん-こう【穿孔】(名・自スル)①穴をあけること。穴があくこと。また、その穴。「―機」②〘医〙潰瘍などにより、胃や腸に穴があくこと。

せん-こう【専行】カウ(名・他スル)自分だけの判断で行うこと。また、勝手に行うこと。「独断―する」

せん-こう【専攻】(名・他スル)ある学問の分野を専門に研究すること。また、その分野。「近代経済学を―する」

せん-こう【閃光】クヮウ 瞬間的にひらめく光。「―を放つ」

―でんきゅう【―電球】デンキウ 写真撮影用の閃光を出す電球。フラッシュ。

せん-こう【戦功】戦争で立てた手柄。武勲。軍功。

せん-こう【潜行】カウ(名・自スル)①水中をもぐって進むこと。②人目をしのんだり、権力の目から隠れたりして行動すること。「地下に―する」

せん-こう【選考・銓衡】カウ(名・他スル)(多くの中から)人物・才能・適否などを調べて、適任者やそれに最適のものを選ぶこと。「書類―」「後任を―する」

せん-こう【遷幸】カウ(名・自スル)①天皇が他の土地に都を移すこと。②天皇・上皇が都から他の場所に行くこと。

せん-こう【線香】カウ 香りのよい草木の粉を松やになどで固めて線状にしたもの。火をつけて仏前に供える。「―をあげる」

―はなび【―花火】①こよりの先に火薬をひねり込んだ小さな花火。夏 ②(比喩的に)最初ははなばなしくても、すぐに衰えてしまうもの。また、はかないもの。

せん-こう【潜航】カウ(名・自スル)①潜水艦などが水中をもぐって進むこと。②ひそかに航行すること。

せん-こう【選鉱】クヮウ(名・自スル)〘地質〙掘り取った鉱石を選別して純度の高いものを得ること。

せん-こう【繊巧】カウ(名・形動ダ)細工が繊細で巧みなこと。

せん-こう【鮮紅】あざやかな紅色。「―色」

ぜん-こう【全校】カウ ①一つの学校の全体。その学校の職員・生徒の全部。「―生徒」②全部の学校。「県内の―」

ぜん-こう【前項】カウ ①前の項目・箇条。②〘数〙二つ以上の項のうち、前の項。《↔後項》

ぜん-こう【善行】カウ よい行い。「―を積む」↔悪行

ぜん-ごう【前号】ガウ 定期刊行物などで、その号の前の号。

ぜん-ごう【善業】ゴフ〘仏〙よい果報をもたらすよい行い。善根。↔悪業

せん-こく【先刻】(名・副)①さきほど。さっき。「―出かけました」↔後刻 ②とっくに。すでに。「―御承知のはずです」

せん-こく【宣告】(名・他スル)①公式に告げること。当人にとって重大なことを言い渡すこと。「不治の病と―される」②〘法〙裁判での判決を言い渡すこと。「無罪を―する」

せん-ごく【戦国】国が乱れて武将たちが武力によって勢力を争っている世の中。「―の英雄」

―じだい【―時代】①〘日〙応仁の乱(一四六七―一四七七年)後の、約一世紀の間、全国に戦国大名が割拠して争った時代。幕府は弱体化し、下剋上・弱肉強食の風潮が世を支配した。②〘世〙中国の晋が韓・魏・趙に三分されて(前四〇三年)から秦の統一(前二二一年)までの時代。おもな諸侯は王を称し、いわゆる戦国の七雄が覇を争った。

ぜん-こく【全国】一つの国全体。国内全部。「―規模」

―く【―区】全国を一区とする選挙区。比例代表制導入(一九八三年)以前、参議院選挙で行われた。

―し【―紙】全国の読者を対象に発行される新聞。

せんごく-どおし【千石通し・千石簁】ドホシ〘農〙傾斜した網目のふるいに穀物を流し、穀粒に混じったぬかやもみがらなどをふるい落としたり、良否を選別したりする農具。万石通し。

せんごく-ぶね【千石船】江戸時代の、米千石ぐらいを積むことのできる大型の和船。千石積み。

せん-こつ【仙骨】仙人のような、世俗を超越した骨相。非凡な風貌・人相。また、その人。

せん-こつ【仙骨・薦骨】〘生〙骨盤の後壁を構成する骨の一つ。五個の仙椎という骨からなる。

ぜん-こん【善根】〘仏〙よい果報をもたらすよい行い。善業。「―を積む」

せん-ざ【遷座】（名・他スル）神体や仏像または天皇などの座を他の場所へ移すこと。「一式」

ぜん-ざ【前座】①落語や講談などで、真打ちの前に演じること。催し物や講演などで、正規の番組に先だって出演すること。また、その人。「一を務める」「一試合」②落語家の格付けで①を行う最下位のもの。

センサー〈sensor〉温度・圧力・光などを感知する装置。さまざまな物理量を検出・計測して、信号処理を可能にする。

せん-さい【先妻】その男性の、以前に妻であった女性。前妻。↔後妻

せん-さい【浅才】①あさはかな才。「非学一」②自分の才能の謙称。

せん-さい【戦災】戦争による災害。「一にあう」

せん-さい【繊細】（名・形動ダ）①ほっそりとして上品なさま。また、細くてかよわそうで美しいさま。「一な指」②感情や感性などがこまやかで鋭いさま。デリケート。「一な感覚」

せん-ざい【千載】千年。また、長い年月。千歳。

一いちぐう【一一遇】千年に一度しかめぐりあえないほどまれなこと。「一の好機」

せん-ざい【◇前栽】①庭先に植えた草木。庭の植え込み。②草木を植え込んだ庭。

せん-ざい【洗剤】衣類や食器などを洗浄するために用いる物質。石鹼・合成洗剤など。洗浄剤。「中性一」

せん-ざい【潜在】（名・自スル）表面に出ないで内にひそんで存在すること。「一能力」「一的」↔顕在

一いしき【一意識】〘心〙表面には現れないが、奥底にひそんでその人の行動や考えに影響を与える心のはたらき。

一しつぎょう【一失業】失業統計に表れない失業。家業に従事したり不安定な職についたりしているが、希望の職業でなく、実質的な失業にあたる状態。

ぜん-さい【前妻】→せんさい（先妻）

ぜん-さい【前菜】（正式の料理で）最初に出される軽い料理。フランス料理のオードブルなど。

ぜん-ざい【善△哉】■一（名）関西では、つぶしあんのしるこ。関東では、餅に濃いあんをかけたもの。■二（感）〘古〙よいことをほめる言葉。参考 二は、訓で読んで「よきかな」ともいう。

せんざいわかしゅう【千載和歌集】第七勅撰和歌集。藤原俊成の撰。一一八八（文治四）年に成立。所収一二八八首。新旧の歌風を統一して、幽玄・余情を重んじ「新古今和歌集」への道を開いた。千載集。

せん-さく【△穿△鑿】（名・他スル）①穴をうがち掘ること。②細かいことまで探り調べること。細かいことまでとやかく言いたてること。「一好きの人」「過去を一する」

せん-さく【詮索】（名・他スル）細かい点までしつこく調べ求めること。「事実を一する」

センサス〈census〉①人口調査。国勢調査。②住宅・交通・農業など、種々の分野について国が行う統計調査。

ぜん-さつ【禅刹】〘仏〙禅宗の寺。禅寺。

せんさ-ばんべつ【千差万別】（名・形動ダ）さまざまな種類があって、そのそれぞれが違っていること。千差万別。「人の好みは一だ」

ぜん-ざん【全山】①一つの山全体。②すべての山。③（規模の大きい）一つの寺の全体。

せん-し【先史】文献が残っていない昔。有史以前。前史。

一じだい【一時代】文献史料のない時代。↔歴史時代

せん-し【先師】①亡き先生・師匠。②昔の賢人。参考 古くは「せんじ」ともいった。

せん-し【△穿刺】（名・自スル）〘医〙体液や組織を採取するために体に針を刺すこと。

せん-し【戦士】①戦闘に参加する兵士。「無名一」②ある事業・活動などの最前線で活躍する人。「企業一」「平和の一」

せん-し【戦史】戦争の経過を記した歴史。

せん-し【戦死】（名・自スル）戦場で戦って死ぬこと。

せん-じ【宣旨】昔、天皇の言葉を下に伝えること。また、その文書。参考 詔勅に比べて、簡単な手続きのもの。

せん-じ【戦時】戦争をしている時。戦争中。「一下」↔平時

ぜん-し【全姿】全体の姿。全容。

ぜん-し【全紙】①紙の大きさの基準であるA判・B判などの規格に合わせて切ったままの大きい紙。全判。②新聞などの紙面全体。③すべての新聞。「一をあげて報道する」

ぜん-し【前史】①ある史実の原因を説明する、それ以前の歴史。「第二次世界大戦一」②ある時代の前半の歴史。③先史。有史以前。

ぜん-し【前肢】まえあし。↔後肢

ぜん-じ【全治】（名・自スル）→ぜんち（全治）

ぜん-じ【善事】①よい行い。②めでたいこと。（↔悪事）

ぜん-じ【禅師】〘仏〙①禅僧の敬称。②昔、高徳の禅僧が朝廷から賜った尊号。

ぜん-じ【漸次】（副）だんだん。しだいに。「一快方に向かう」

せんじ-ぐすり【煎じ薬】薬草などを煮出して飲む薬。湯薬。

ぜん-じだい【前時代】一つ前の時代。「一の様式」

一てき【一的】（形動ダ）（ダロ・ダッ(デ・ニ)・ダ・ナ・ナラ・○）一つ前の時代のように古めかしいさま。時代遅れであるさま。「一なやり方」

せんじ-だ・す【煎じ出す】（他五）（サ(ソ)・シ・ス・ス・セ・セ）茶・薬草などを煮出して、求める成分を出す。「薬を一」

せん-しつ【船室】船の中の部屋。船客用の部屋。キャビン。

せん-じつ【先日】この間。過日。「一来（=この間から）」

類語 過日・過般・先般・この間・この前・先頃・先だって

ぜん-しつ【禅室】〘仏〙①座禅をする部屋。②禅僧の居間。③住持の敬称。④身分の高い人で僧となった人の敬称。

ぜん-じつ【前日】ある日の、すぐ前の日。

ぜんじつ-せい【全日制】→ぜんにちせい

せんじ-つ・める【煎じ詰める】（他下一）（メ・メ・メル・メル・メレ・メロ(メヨ)）①成分がすっかり出尽くすまで煮る。②行き着くところまで考え抜く。「一・めれば自分の問題だ」文 せんじつ・む（下二）

センシティブ〈sensitive〉（形動ダ）（ダロ・ダッ(デ・ニ)・ダ・ナ・ナラ・○）①感受性が鋭く、感じやすいさま。敏感なさま。「一な少年」②微妙で扱いがむずかしいさま。「一な問題」

せんし-ばんこう【千思万考】（名・自スル）さまざまに思い考えること。また、その考え。「一の末」

せんし-ばんこう【千紫万紅】①いろいろの色。②さまざまな色の花が咲き乱れること。また、その花。

せんし-ばんたい【千姿万態】種々異なった姿や形。

センシビリティー〈sensibility〉感受性。人情や物事の機微を感じとる力。センシビリティ。「一に欠ける」

センシブル〈sensible 分別がある〉（形動ダ）（ダロ・ダッ(デ・ニ)・ダ・ナ・ナラ・○）感受性が強いさま。感覚が鋭いさま。

せんじもん【千字文】中国、梁の周興嗣撰の韻文。四言古詩二五〇句の一千字から成る。中国・日本で習字の手本として広く用いられた。

せん-しゃ【洗車】（名・自スル）自動車や鉄道車両などの車体の汚れを洗い流すこと。

せん-しゃ【戦車】装甲した車体に火砲や機関銃などの火器

を備え、キャタピラで走る戦闘用車両。タンク。[はじまり]イギリス陸軍が開発し、一九一六年、第一次世界大戦でフランス北部ソンムの会戦において使用されたのが最初。

せん-じゃ【△撰者】①作品を選んで詩集や歌集などを作る人。「勅撰集の━」②古い書物・文章などの作者。

せん-じゃ【選者】多くの作品の中からよいものを選ぶ人。「俳句の━」

ぜん-しゃ【前車】前を進む車。前に行った車。↔後車

━の覆るは後車の戒め 前の者の失敗は後の者の戒めになる。[参考]類似のことば━殷鑑遠からず・人のふり見てわがふり直せ。**━の轍を踏む**（「轍」はわだちの意）前の者と同じ失敗を後の者が繰り返すことのたとえ。前轍を踏む。

ぜん-しゃ【前者】すでに述べた二つの事柄のうち、前のほうのもの。↔後者

せん-じゃく【繊弱】（名・形動ダ）細くてかよわいこと。また、そのさま。「━な体質」

ぜん-しゃく【前借】（名・他スル）→まえがり

せんしゃく-ていしょう【浅酌低唱】（名・自スル）軽く酒を飲みながら、小声で歌などを口ずさむこと。

せんじゃ-ふだ【千社札】千社参りの人が参詣のしるしに社殿の柱や天井などにはる小形の紙札。

せんじゃ-まいり【千社参り】多くの神社にお参りして祈願すること。また、その人。千社詣で。

せん-しゅ【先守】（名・自スル）スポーツなどで、先に守備すること。また、先に守備するほう。後攻め。後攻。↔先攻

せん-しゅ【先取】（名・他スル）先に手に入れること。先取り。特に、競技で、相手より先に点をとること。「━点」

━とっけん【━特権】→さきどりとっけん

せん-しゅ【船主】船の持ち主。船主。

せん-しゅ【船首】船体の先端部。へさき。みよし。↔船尾

せん-しゅ【腺腫】〔医〕腺組織の上皮細胞から生じる良性腫瘍。脳下垂体・甲状腺・乳腺・卵巣・胃腸などに多い。アデノーマ。

せん-しゅ【△僭主】①非合法手段で君主の位を奪った者。勝手に帝王を称する人。②〔世〕特に、古代ギリシャで、民衆を味方にして、非合法手段で政権をとった独裁者。タイラント。

せん-しゅ【選手】選ばれて競技に出場する人。「プロ野球の━」

━けん【━権】試合や競技での最優秀選手または最優秀団体に与えられる資格。また、それを決める大会。「世界━」

━むら【━村】オリンピックなどで、出場選手などの宿泊施設を設けた区域。

せん-しゅ【繊手】（女性の）かぼそくしなやかな手。

せん-しゅう【千秋】千年。転じて、長い年月。「一日━の思い（=待ちこがれて一日が千年のように長く思われること）」

━ばんぜい【━万歳】千年万年。永遠。また、長寿を祝う言葉。せんしゅうばんざい。

━らく【━楽】演劇・相撲などの興行の最後の日。楽。[語源]「千秋楽」は雅楽曲の一つで、常に法会の最後にこれを奏したことからいう。

せん-しゅう【先週】今週の前の週。前週。

せん-しゅう【専修】（名・他スル）その部門だけをもっぱら学びおさめること。「ピアノ━の学生」

━がっこう【━学校】職業や実生活に必要な能力の養成を目的とした学校のうち、修業年限や在籍者数など一定の基準を満たしているもの。⇒各種学校

せん-しゅう【△撰修】（名・他スル）書物・文書を著すこと。また、編集すること。

せん-しゅう【△撰集】（名・他スル）詩歌や文章などを選び集めて編集すること。また、その書物。せんじゅう。

せん-しゅう【選集】一定の意図で、ある人の、または多くの人の作品の中から、いくつかの著作を選んで編集した書物。「近代小説━」

せんしゅう【泉州】「和泉の国」の異称。

せん-じゅう【先住】①先にその場所に住んでいること。「━民族」②今の住職に対して、先代の住職。↔後住

━みん【━民】征服者や移住民が占有・支配する以前から、その土地に住んでいた民族。先住民族。

せん-じゅう【専従】（名・自スル）もっぱらある一つの仕事に従事すること。また、その人。「組合━者」

せん-じゅう【煎汁】薬草を煮出した汁。煎じ汁。

ぜん-しゅう【全集】①個人の書いたものを全部集めた書物。「鷗外━」②同種類・同時代などの一定の範囲の著作を全体にわたって集めた書物。「美術━」

ぜん-しゅう【禅宗】〔仏〕仏教の一派。座禅によって仏教の真髄を体得することを目的とする。中国で広まり、日本へは鎌倉時代、栄西・道元によって伝えられ盛んになった。臨済宗・曹洞宗・黄檗宗の三派がある。

せんじゅ-かんのん【千手観音】〔仏〕六（あるいは七）観音の一つ。一〇〇〇本の手を備え衆生を広く救うという。千は広大無辺の意で、四二本の手を持つ像が多い。

せん-しゅつ【選出】（名・他スル）多くの人の中から選び出すこと。「役員を━する」

せん-じゅつ【仙術】仙人が行う術。仙人になるための術。

せん-じゅつ【先述】（名・自スル）前に述べたこと。また、その事柄。前述。「━したとおり」↔後述

せん-じゅつ【戦術】①戦いに勝つための具体的な手段や方法。「━を練る」②ある目的を達するための具体的な手段や方法。「販売━会議」⇒戦略

せん-じゅつ【△撰述】（名・他スル）書物などを著すこと。述作。著作。

ぜん-じゅつ【前述】（名・自スル）前に述べたこと。また、その事柄。先述。「━のように」↔後述

せん-しゅん【浅春】春の初めごろ。早春。「━のみぎり」[春]

せん-しょ【選書】一定の意図で、多くの著作からいくつかを選んで作った一連の書物。

せん-じょ【仙女】→せんにょ

せん-じょ【△剪除】（名・他スル）切って取り除くこと。

ぜん-しょ【全書】ある方面に関する著述を広く集めた書物。また、そのシリーズ。「古典━」「六法━」

ぜん-しょ【前書】①前に書いた文章・書物。②前に出した手紙。

ぜん-しょ【善処】[一]（名・自他スル）問題・事態などを適切に処理すること。「━を約束する」「しかるべく━する」[二]（名）〔仏〕極楽浄土。[参考][二]は、「善所」とも書く。

せん-しょう【先勝】[一]（名・自スル）何回か戦う試合で、先に勝つこと。[二]（名）（「先勝日」の略）陰陽道で、何事も早い時間にすれば勝つという日。急用・訴訟などをするのによいとされる。六曜の一。先勝ち。

せん-しょう【先△蹤】先人が残した行いのあと。先例。

せん-しょう【戦勝・戦△捷】（名・自スル）戦いや試合に勝つこと。「━国」↔戦敗

せん-しょう【戦傷】軍人が戦争で受けた傷。「━者」

せん-しょう【△僭称】（名・他スル）身分をこえた称号を勝手

にとなえること。また、その称号。「王を—する」

せん-しょう【選奨】シャウ— (名・他スル) よいもの、優秀なものを選んで、人にすすめること。「優良図書の—」

せん-しょう【鮮少・尠少】セウ— (名・形動ダ) 非常に少ないこと。また、そのさま。わずか。

せん-じょう【洗浄・洗滌】ジャウ・デウ— (名・他スル) 水や消毒液などで、よごれを洗い流すこと。「胃を—する」参考「洗滌」のもとの読みは「せんでき」。「せんじょう」は慣用読み。

せん-じょう【扇情・煽情】ジャウ— (名・自スル) 情欲や感情をあおりたてること。「—的なポスター」

せん-じょう【戦場】ヂャウ— 戦闘が行われる場所。戦地。

せん-じょう【僭上】ジャウ— (名・形動ダ) 身分や立場をこえて勝手なふるまいをすること。分を過ぎておごりたかぶること。また、そのさま。僭上。「—の限りを尽くす」

せん-じょう【線上】ジャウ— ①線の上。②当落・合否などの分かれめの状態にあること。「当落—」

せん-じょう【線条】デウ— すじ。線。

—こん【—痕】 銃から発せられた弾丸についた、すじ状のあと。銃ごとに異なり、弾を発射した銃を特定できる。「—が一致する」

ぜん-しょう【全勝】(名・自スル) 試合や勝負に全部勝つこと。「—優勝」↕全敗

ぜん-しょう【全焼】セウ— (名・自スル) 火事で建物や家財などが全部焼けてしまうこと。まる焼け。「—家屋」

ぜん-しょう【前生】シャウ— 〘仏〙前の世。ぜんせ。↕後生

ぜん-しょう【前哨】セウ— 軍陣の前方に、警戒や偵察のために配置する部隊。また、その勤務。

—せん【—戦】 ①本隊間の戦闘に先立ち、前哨の間で行われる小さな戦い。②本格的な活動の前にする手はじめの活動。

ぜん-じょう【禅定】ヂャウ— 〘仏〙①心のはたらきを静めて、精神を集中すること。また、その心の状態。瞑想。「—に入る」②霊山に登って修行すること。

ぜん-じょう【禅譲】ジャウ— ①古代中国の易姓革命の思想で、天子がその位を世襲でなく有徳者に譲ること。⇩放伐 ②天子が位を譲ること。③権力の座を話し合いで他に譲ること。

せんじょう-ち【扇状地】センジャウ— 〘地〙山地から流れた河川が平地に出るところに、砂礫や土砂が堆積してできた、勾配のある扇形の地形。盆地に多く見られる。

ぜんしょう-とう【前照灯】ゼンセウ— 自動車・電車・船などの前部にあって、前方を照らすあかり。ヘッドライト。↕尾灯

せん-しょく【染色】(名・他スル) 糸や布などを染めること。染料で色付けすること。また、染めた色。

—たい【—体】〘生〙細胞内に存在し、遺伝子(DNA)を含む構造体。動物・植物では、核分裂をするときに光学顕微鏡でみられ、塩基性色素に染まりやすい短い棒状の構造体。数や形は生物種によって決まっている。

せん-しょく【染織】 布を染めることと織ること。「—作家」

ぜん-しょく【前職】 前についていた職業・職務。また、以前にその職にあった人。↕現職

せん・じる【煎じる】(他上一) ジ・ジ・ジル・ジル・ジレ・ジロ(ジヨ) 薬草や茶などを煮て求める成分を出す。語源サ変動詞「せんずる」の上一段化。

せん-しん【先進】 文化・経済・技術などで、進歩や発展の度合いが他より先に進んでいること。また、進んでいる人。↕後進

—こく【—国】 国土開発・経済開発や産業・文化などが他国より進んでいる国。↕開発途上国

せん-しん【専心】(名・自スル) 一つの物事だけに心を集中すること。専念。「一意—」

せん-しん【撰進】(名・他スル) 詩歌や文章などを作ったりえりすぐったりして、天皇に差し出すこと。

せん-しん【線審】 テニスやサッカーなどで、ボールが規定の線の外に出たか出ないかを判定する審判員。ラインズマン。

せん-じん【千尋・千仞】(「尋」「仞」ともに長さの単位)非常に高いこと。また、深いこと。「—の谷」

せん-じん【先人】 ①昔の人。前人。「—の業績をしのぶ」↕後人 ②祖先。また、亡父。

せん-じん【先陣】ヂン— ①本陣の前方に配された陣。先鋒。さきて。↕後陣 ②一番乗り。さきがけ。「—争い」

せん-じん【戦陣】ヂン— ①戦いの陣中。戦場。②戦いの陣立て。戦法。「—をしく」

せん-じん【戦塵】ヂン— 戦場の塵やほこり。転じて、戦争の騒乱。「—をのがれる」

ぜん-しん【全身】 体全体。「—運動」「—美容」

—ぜんれい【—全霊】 心身の力のすべて。「—を傾ける」

ぜん-しん【前身】 ①以前の身分。前歴。「—を明かす」②組織・団体などの現状になる以前の姿。「当社の—は国営企業だ」③〘仏〙この世に生まれ変わる前の体。(↕後身)

ぜん-しん【前進】(名・自スル) ①前へ進むこと。↕後進 ②進歩すること。「解決に向けて一歩—する」(↕後退)

ぜん-しん【善心】 ①善良な心。②〘仏〙菩提心。

ぜん-しん【漸進】(名・自スル) 段階を追ってだんだんと進むこと。しだいに進歩すること。「—的改革」「—主義」↕急進

ぜん-じん【全人】 知識・感情・意志・肉体の調和した完全な人。全人格者。「—教育」

ぜん-じん【前人】 今より前の人。昔の人。先人。↕後人

—みとう【—未踏・—未到】タフ・タウ 今までだれも足を踏み入れたり到達したりしていないこと。「—の偉業」

せんしん-ばんく【千辛万苦】(名・自スル) さまざまの苦しみや難儀を体験すること。また、その辛苦。「—の末に成功する」

せん-す【扇子】 竹の骨に紙をはった折りたたみ式の、あおいで涼をとるための道具。おうぎ。すえひろ。「—であおぐ」夏

センス〈sense〉物事の微妙な感じを解する心のはたらき。感覚。「音楽の—がない」「—のいい服装」

せん-すい【泉水】 ①庭にある池。②わきみず。泉の水。

せん-すい【潜水】(名・自スル) 水中にもぐること。「—服」

—かん【—艦】 軍艦の一種。水中にもぐったまま進んで、敵の艦船を偵察したり魚雷などで攻撃したりする。

—し【—士】 水中にもぐって作業をする職業の人。フロッグマン。潜水夫。

—びょう【—病】ビヤウ 〘医〙高圧の水中深くから急に通常の気圧の所に出たときに起こる病気。筋肉や関節の痛み、耳鳴り、呼吸困難、運動麻痺などの症状がある。減圧症。

—ぼかん【—母艦】 潜水艦に軍需品や燃料・食糧などを補給し、潜水艦隊の指揮にあたる軍艦。

ぜん-すう【全数】 全部の数量。全部の数。「—調査」

せん-すじ【千筋】スヂ— 細い縦じまの模様。また、その織物。

せん-すべ【為ん術】 なすべき手立て。なすすべ。参考「せん」はサ変動詞「す」の未然形「せ」+推量の助動詞「ん」

—な・い(形) カロ・カッ(ク)・イ・イ・ケレ・○ 現状では、なんの手立てもできない。どうしようもない。

せん・する【宣する】(他サ変) シ(セ・サ)・シ・スル・スル・スレ・シロ(セヨ) 広く公に告げる。宣言する。「開会を—」文せん・す(サ変)

せん・する【僭する】(他サ変) シ(セ・サ)・シ・スル・スル・スレ・シロ(セヨ) 身分をこえて出すぎたふるまいをする。文せん・す(サ変)

せん・する【撰する】(他サ変) シ(セ・サ)・シ・スル・スル・スレ・シロ(セヨ) 書物を著す。

また、よい詩歌や文章などを選んで、書物を編集する。「歌集を—」文せん・す(サ変)

せん・ずる【煎ずる】(他サ変) ジ(ゼ)・ジ・ズル・ズル・ズレ・ジロ(ゼヨ) →せんじる

せんずる-ところ【詮ずる所】いろいろ検討した結果として行き着くところ。結局。「—、失敗するのは明らかだ」

ぜん-せ【前世】《仏》三世の一つ。この世に生まれる以前の世界。さきの世。前世。⇩後世・来世・現世

せん-せい【先生】①自分を教えてくれている人。また、その人の敬称。②教員・医師・芸術家・学者・政治家などの敬称。③学芸にすぐれた人。また、その人の敬称。④他人を少しからかっていう言葉。「—、今日もご機嫌だ」

せん-せい【先制】(名・他スル) 先に手を打って相手をおさえること。機先を制すること。「—攻撃」「—点」

せん-せい【専制】権力をもつ者が他の意見を聞かず、物事を自分の思うままに決めて行うこと。「—君主」

—せいじ【—政治】国家のすべての権力を支配者がにぎり、人民の意思を無視して行われる独断的な政治。専政。

せん-せい【専政】「専制政治」の略。

せん-せい【宣誓】(名・自他スル) ①自分の誠意や決意を示すための誓いの言葉を述べること。また、その言葉。「選手—」②法廷や議会などで、証人が真実を述べることを誓うこと。

せん-せい【潜性】遺伝する対立形質のうち、次の世代に現れず、潜在して子孫に現れる性質。劣性。↔顕性

せん-ぜい【占筮】(名・他スル) 筮竹で吉凶を占うこと。

ぜん-せい【全盛】勢いが最も盛んであること。時期的にいちばんさかえていること。「—期を過ぎる」「—を極める」

ぜん-せい【前世】①→ぜんせ ②昔。前の時代。

ぜん-せい【善政】人民のためになるよい政治。「—をしく」↔悪政

ぜん-せいき【前世紀】その世紀の一つ前の世紀。また、古い昔。「—の遺物」

せんせい-じゅつ【占星術】占いの一種。星占い。星の運行などによって人の運命や国家の将来などを占うこと。

せん-せいりょく【潜勢力】表面に現れないで内部にひそんでいる勢力。「大きな—を有する」

センセーショナル〈sensational〉(形動ダ) ダロ・ダッ(デ・ニ)・ダ・ナ・ナラ・○ 人々の強い関心を引くさま。扇情的。「—な報道」

センセーション〈sensation〉人々の強い関心を集めること。大評判。大騒ぎ。「—を巻き起こす」

せん-せき【泉石】泉水と庭石。庭の池と石。

せん-せき【船籍】船舶原簿に登録されている、船舶の所属地を示す籍。「—不明の船」

せん-せき【戦跡】戦いの跡。かつて戦いのあった土地。

せん-せき【戦績】戦いや試合などの成績。「—をあげる」

ぜん-せつ【前説】①前に述べた説。「—のとおり」②前人の説。「—をくつがえす」

せん-せん-【先先】(接頭) 前のその前。前前。「—週」

せん-せん【先占】(名・他スル) ①他人より先に自分のものとすること。②《法》所有者のない動産(野生の鳥獣・魚類など)を他人より先に占有すること。

せん-せん【宣戦】(名・自スル) 相手国に対して、戦争の開始を宣言すること。また、その宣言。「—布告」

せん-せん【戦線】①戦いの最前線。また、戦闘を行っている場所。「—を縮小する」②政治運動や社会運動の闘争の場。「統一—をしく」

せん-せん【閃閃】(タル) きらめくさま。きらきら。また、ひらめくさま。文(形動タリ)

せん-せん【潺潺】(タル) 浅い川の水がさらさらと流れるさま。また、その音の形容。「—と流れる水」文(形動タリ)

せん-ぜん【戦前】①戦争の起こる前。②特に、第二次世界大戦の起こる前。「—の日本」(↔戦後)

—は【—派】→アバンゲール

ぜん-せん【全線】①ある交通機関のすべての路線。「—開通」②戦いの行われている最前線の全体。「—にわたる総攻撃」

ぜん-せん【前線】①敵と直接に接する陣地のあるところ。第一線。②《気》不連続線の一種。性質の異なる二つの気団の境界面と地表とが交わる線。「梅雨—」

ぜん-せん【善戦】(名・自スル) 強敵に対して全力を尽くしてよく戦うこと。「—むなしく惜敗する」

ぜん-ぜん-【前前】(接頭) 前のその前。先先。「—列」

ぜん-ぜん【全然】(副) ①少しも。まったく。まるっきり。「—意に介さない」②《俗》非常に。断然。とても。「—いい」

用法 ①はあとに打ち消しや否定的意味の語を伴う。

【変遷】「全然」は江戸後期に中国の白話小説から移入された語で、「まったく」という振り仮名を付して用いられた。明治になってからも、「すっかり」「まるで」「そっくり」などの振り仮名を付して使われた。音読みの「全然」が広まるのは明治後期で、夏目漱石の「吾輩は猫である」(明治三十八年)などに見られる。もとは肯定表現にも否定表現にも使われたが、昭和初期ごろにはあとに否定的意味の語を伴うようになった。現在ではその呼応もくずれ、「とても」「非常に」の意でも用いられる。

せんせん-きょうきょう【戦戦恐恐・戦戦兢兢】(タル) よくない事が起こるのを恐れてびくびくするさま。「内心—としている」文(形動タリ)

せん-そ【践祚】(名・自スル) 皇嗣が皇位を継ぐこと。

せん-ぞ【先祖】①家系の初代の人。②その家系の、今生きている人より前の代々の人々。祖先。「—の墓参り」↔子孫

—がえり【—返り】生物が進化の過程で失ったと考えられる形質が、子孫に出現する現象。帰先遺伝。隔世遺伝。

せん-そう【船倉・船艙】船の甲板の下にある、貨物を積んでおく所。船倉。

せん-そう【船窓】船のまど。「—からの眺め」

せん-そう【戦争】■一(名・自スル) 武力によって争うこと。特に、国家間の武力による闘争。■二(名) 社会生活上の、混乱した状態や激しい競争。「受験—」「交通—」

—はんざいにん【—犯罪人】国際法で定められた戦争法規に違反した者。第二次世界大戦後、戦勝国によって平和・人道に対する罪が加えられた。戦犯。

—ぶんがく【—文学】《文》戦争や戦争体験を主題とする文学。

せん-ぞう【潜像】《化》写真で、まだ現像しないフィルムなどの感光部分における映像。現像するまで肉眼では見えない。

ぜん-そう【前奏】①《音》主要部または歌唱部の前の、導入として演奏される伴奏の部分。②何かが始まる前ぶれ。

—きょく【—曲】①《音》歌劇や組曲などで導入的に演奏される曲。のちには、独立して作曲される自由な形式の小曲ともなった。プレリュード。②(比喩的に)前ぶれ。きざし。

ぜん-そう【禅僧】《仏》禅宗の僧。座禅の修行をする僧。

ぜん-ぞう【漸増】(名・自他スル) しだいに増えること。また、少しずつ増やすこと。「事故が—する」↔漸減

せんそうとへいわ〔戦争と平和〕ロシアの作家トルストイの長編小説。一八六四—一八六九年作。ナポレオンのロシア侵入を背景に、ロシアの貴族社会の生態を活写する。

ぜんそう-ほう【漸層法】《文》修辞法の一つ。関連のあ

る語句を重ね用いて文の調子をしだいに強めていき、最高潮のところで読者に最も深い感動を与えようとする方法。

せん-そく【栓塞】→そくせん(塞栓)

せん-そく【船側】船の側面。ふなばた。ふなべり。

せん-ぞく【専属】(名・自スル)一つの会社・団体などだけに属して、他には属さないこと。「—契約」「劇団—の俳優」

ぜん-そく【△喘息】〘医〙発作的にせきが出て呼吸困難になる病気。気管支喘息。

ぜん-そくりょく【全速力】出せるかぎりの速さ。最大限の速力。フルスピード。全速。「—を出す」

ぜん-そん【全損】①全部の損失。まるぞん。②〘法〙損害保険の被保険物(船舶・家屋・家財など)の全部が滅失すること。

センター〈center〉①中央。中心。「—に位置する」②ある分野の専門的・総合的な機能が集まっている所。中心となる施設や機関。「医療—」「配送—」③野球で、中堅。また、中堅手。「—フライ」④球技で、中央の位置。また、そこを守る者。「—フォワード」

——ポール〈center pole〉競技場のスタンドや広場などの中央に立てた、旗を掲げるための柱。

——ライン〈center line〉①競技場やコートを中央で二分する線。②道路の中央で、車の進行方向を区別する線。

せん-たい【船体】①船全体。また、その姿や形。「美しい—」②付属物や積載物を除いた、船舶の本体。

せん-たい【船隊】二隻以上の船から成る隊。「輸送—」

せん-たい【戦隊】軍艦や戦闘機で編成した戦闘部隊。

せん-たい【△蘚△苔】〘植〙コケ。

——しょくぶつ【—植物】→こけしょくぶつ

せん-だい【先代】①当主の前の代。前の代の主人。②同じ芸名などを受け継いでいる人の、一つ前の代の人。「—歌右衛門」③現代より以前の世。前の世。前代。

せん-だい【先。帝】先代の天子。先帝。

せん-だい【船台】船を建造・修理するときに船体をのせる台。

ぜん-たい【全体】■一(名)①すべての部分を含むひとまとまりの事物。全部。「クラス—」↔部分 ②体の全部。■二(副)①もともと。元来。「—君が悪い」②(「一体全体」の略で、強い疑問の気持ちを表す)そもそも。「—どういうことだ」

——しゅぎ【—主義】〘社〙個人は全体(国家・民族など)の部分にすぎないとし、個人の自由や権利よりも国家・民族の利益が優先される政治上の考え方や体制。ファシズムやナチズムなどに代表される。↔個人主義

ぜん-だい【前代】前の時代。先代。↔後代

——みもん【—未聞】今までに聞いたこともない珍しいこと。「—の出来事」

せんだい-ひら【仙台平】①宮城県仙台地方特産のはかま地用絹織物。②①で作ったはかま。

せん-たく【洗濯】(名・他スル)①よごれた衣類などを洗うこと。「—機」②(比喩的に)日ごろの苦労や憂さを忘れて、思いきり息抜きや気ばらしをすること。「命の—」

せん-たく【選択】(名・他スル)いくつかの中から適切なものを選ぶこと。「—科目」「取捨—する」

——し【—肢】一つの質問に対して、その中から選び出すように用意されたいくつかの答え。また、選びうるいくつかの方法。

ぜん-だく【然諾】(名・他スル)引き受けること。承諾。

——を重んじる いったん引き受けたことは必ずやりとげる。

せん-だつ【先達】①その道によく通じていて、他を導く者。「教育界の—」②〘仏〙修験者が山にはいって修行するときに先導する者。③一般に、案内人。「—をつとめる」参考「せんだち」ともいう。

せん-だつ【△蟬脱】(名・自スル)①古い因習や束縛から抜け出すこと。②俗世間を超越すること。語源「蟬蛻(=蟬の抜けがら)」の誤読からできた語。

せん-だって【先達て】(名・副)このあいだ。先ごろ。先日。

ぜん-だて【膳立て】(名・自他スル)①膳を並べ、食事の用意をすること。②(ふつう上に「お」をつけて)物事がうまく運ぶように準備をすること。「会談のお—をする」

ぜん-だま【善玉】①善人。②人にとってよいはたらきをもたらすもの。「—コレステロール」(↔悪玉)語源江戸時代の草双紙などで、顔を示す丸の中に「善」の字を書いて善人であることを表したことからいう。

センタリング〈centering〉①サッカーなどで、サイドライン近くから中央のゴール前にいる味方の選手にボールをパスすること。②ワープロソフトなどで、文字や行を中央にそろえること。

せん-たん【先端・△尖端】①とがった物の先。「錐の—」②(転じて)時代や流行のさきがけ。「流行の—を行く」

——ぎじゅつ【—技術】最も進んだ高度な科学技術の総称。ハイテクノロジー。ハイテク。

せん-たん【戦端】戦争のきっかけ。「—を開く」

せん-たん【選炭】(名・自スル)掘り出した石炭から不純物を取り除き、用途別に分けること。また、その作業。

せん-だん【専断・△擅断】(名・形動ダ・他スル)自分だけの考えで勝手に物事を決めること。また、そのさま。「人事を—する」

せん-だん【△栴△檀】〘植〙①センダン科の落葉高木。葉は羽状複葉で互生。五・六月に淡紫色の小花を開く。果実は薬用、材は建築・器具用。おうち。②「びゃくだん」の別名。(栴檀の花 夏・栴檀の実 秋)

——は双葉より芳し (「せんだん②」は芽を出したころからよい香りを放つように)大成する人は、幼いときから人並みはずれてすぐれたところがあることのたとえ。

せん-だん【船団】行動を共にする船舶の集団。「—を組む」

ぜん-だん【前段】前のひとくぎり。前の段。↔後段

せん-ち【泉地】砂漠で地下水がわき出るところ。オアシス。

せん-ち【戦地】戦争をしている地。戦場。また、軍隊が出征している地。「—に赴く」

センチ〈フランス centi〉①単位の前に付けて、その一〇〇分の一であることを表す語。記号 c ②「センチメートル」の略。

——メートル〈フランス centimètre〉長さの単位。メートルの一〇〇分の一。センチ。記号 cm 参考「△糎」とも書く。

センチ(形動ダ)ダロ・ダッ(デ・ニ)・ダ・ナ・ナラ・○「センチメンタル」の略。「お—になる」

ぜん-ち【全治】(名・自スル)病気や傷などが完全になおること。全治。「—一か月の重傷」

ぜん-ち【全知・全△智】完全な知恵。神のような知恵。

——ぜんのう【—全能】どんなことでもすべて知り、すべて行うことができる能力。絶対の知能。「—の神」

ぜんち-し【前置詞】〘文法〙西洋語の品詞の一つ。名詞・代名詞の前に置いて、他の語との関係を示す。英語のat,ofなど。

ぜん-ちしき【善知識】〘仏〙仏道へ教え導いてくれる人。

センチメンタリスト〈sentimentalist〉物事に感じやすく、涙もろい人。感傷家。

センチメンタリズム〈sentimentalism〉感情におぼれやすく、感傷に傾きがちな態度。感傷主義。

センチメンタル〈sentimental〉(形動ダ)ダロ・ダッ(デ・ニ)・ダ・ナ・ナラ・○ 物事に感じやすく涙もろいさま。感傷的。センチ。「—な年ごろ」

せん‐ちゃ【煎茶】 ①茶の葉に湯を注いで香りと味を出した飲み物。また、その茶葉。②玉露と番茶の間の中級の緑茶。
せん‐ちゃく【先着】(名・自スル) 先に着くこと。「―順」
せん‐ちゅう【船中】 船の中。船内。
せん‐ちゅう【戦中】 戦争の最中。特に、第二次世界大戦が行われていた間。戦時中。
―は【―派】 第二次世界大戦のさなかに青年時代を過ごし、戦争にまきこまれて育った世代。
センチュリー〈century〉一〇〇年。世紀。
せん‐ちょう【船長】―(チャウ) ①船の乗組員の長。船の運航を指揮し、船員を監督する者。キャプテン。②船首から船尾までの長さ。
ぜん‐ちょう【全長】―(チャウ) その物の全体の長さ。
ぜん‐ちょう【前兆】―(テウ) 何か事の起こる前ぶれ。きざし。「地震の―」
せん‐つう【△疝痛】〖医〗腹部の臓器の病気によって起こる、激しい発作性の腹痛。
ぜん‐つう【全通】(名・自スル) 道路や鉄道・バスなどの路線が、始発点から最終目的地まで開通すること。全線開通。
せん‐て【先手】 ①囲碁・将棋で、先に打ったり指したりすること。また、その人。「―で指す」②機先を制すること。人に先んじて行うこと。「―必勝」「―をとる」(↔後手(ごて))
せん‐てい【先帝】 先代の天子。先帝(せんだい)。
せん‐てい【△剪定】(名・他スル) 果樹などの生育や結実をよくしたり、庭木の形を整えたりするために、枝の一部を切り取ること。刈りこみ。「庭木を―する」[春]
せん‐てい【船底】 船の底。ふなぞこ。
せん‐てい【選定】(名・他スル) 選び定めること。「―図書」
ぜん‐てい【前庭】 ①家の前の庭。まえにわ。②〖生〗内耳の一部で、平衡感覚をつかさどる器官。⇩耳(さしえ)
ぜん‐てい【前提】 ①ある事が成り立つために前もって示された条件。「全員出席を―に会を開く」②〖論〗推理のもととなる仮定の判断。または、既知の命題。
せん‐でき【洗△滌】(名・他スル) →せんじょう(洗浄)
ぜん‐てき【全摘】(名・他スル)〖医〗(「全摘出」の略)外科手術で、臓器や組織の全体を切り除くこと。「胃を―する」
ぜん‐てき【全的】(形動ダ)(ダロ・ダッ(デ・ニ)・ダ・ナ・ナラ・○) 全部そうであるさま。全面的。「―に信頼する」

せん‐てつ【先哲】 昔のすぐれた学識者。先賢。「―の教え」
せん‐てつ【△銑鉄】〖化〗溶鉱炉で鉄鉱石からつくられた、まだ炭素を多く含む鉄。鋳物や鋼の原料に使う。ずく。
ぜん‐てつ【前△轍】 前を行く車のわだち(=車輪のあと)。
―を踏(ふ)む 前の人の失敗を後の人が繰り返すことのたとえ。前車の轍を踏む。轍を踏む。
ぜん‐でら【禅寺】 禅宗の寺。禅林。禅院。
せん‐てん【先天】 生まれつき身に備わっていること。↔後天
[参考]「易経」にある語で、天に先だつ意。
―せい【―性】〖医〗生まれつき備わっている性質。「―疾患」↔後天性
―てき【―的】(形動ダ)(ダロ・ダッ(デ・ニ)・ダ・ナ・ナラ・○) ①生まれつき身に備わっているさま。「―な疾病(しっぺい)」②→アプリオリ(↔後天的)
せん‐てん【旋転】(名・自他スル) くるくる回ること。また、くるくる回すこと。
せん‐でん【宣伝】(名・他スル) ①主張や商品価値などを広く人々に知らせて、理解・共鳴・支持を得ようとすること。ピーアール。「―カー」「テレビで―する」②物事を大げさに言いふらすこと。「あることないこと―してまわる」
ぜん‐てんこう【全天候】 すべての天候に対応できること。「―型テニスコート」
センテンス〈sentence〉文。
せん‐と【遷都】(名・自スル) 首都を他の土地へ移すこと。
セント〈cent〉アメリカ合衆国・カナダなどの貨幣単位。一ドルの一〇〇分の一。記号 c.
セント〈Saint〉(キリスト教で、人名の上に付けて)聖徒・聖者の意を表す。聖。セイント。略号 St. S.
せん‐ど【先度】(名・副) せんだって。先ごろ。
せん‐ど【先途】 ①勝敗やなりゆきを決する分かれ目。せとぎわ。「ここを―と戦う」②落ち着くさき。行き着くさき。
せん‐ど【繊度】 繊維や紡績糸の太さを表す語。[参考] 番手(ばんて)・デニールなどで示す。
せん‐ど【鮮度】 生鮮食品などの新鮮さの度合い。「―を保つ」
ぜん‐と【前途】 ①目的地までの道のり。「―程遠し」「―遼遠(りょうえん)」②行く末。将来。「―洋々」「―多難」
ぜん‐ど【全土】 国土全体、またはその地方全体。「日本―」
せん‐とう【仙◦洞】 ①(仙人の住居の意から)上皇の御所。院の御所。仙洞御所。②(転じて)上皇。院。

せん‐とう【先登】 ①まっ先に到着すること。また、先に立って行うこと。②まっ先に敵城に攻めのぼること。一番乗り。
せん‐とう【△尖塔】―(タフ) 先のとがった塔。
せん‐とう【先頭】 並んでいるものの、いちばん前。いちばん先。トップ。「―に立つ」「―を切る」
せん‐とう【戦闘】(名・自スル) 軍隊などが兵器を使って敵と戦うこと。「―を交える」
―いん【―員】(ヰン) 直接戦闘に参加する人。
―き【―機】 おもに空中戦用の小型・高速の軍用飛行機。
―ぼう【―帽】 旧日本軍が戦時に用いた略式の布製軍帽。また、第二次世界大戦中の日本で、男子が着用した同形の帽子。
せん‐とう【銭湯・洗湯】―(タウ) 料金をとって入浴させる浴場。公衆浴場。ふろ屋。湯屋。
せん‐どう【先導】―(ダウ)(名・他スル) 先に立って導くこと。案内すること。「―車」「―をつとめる」
せん‐どう【扇動・△煽動】(名・他スル) そそのかしたりあおったりして人の心を動かし、ある行動を起こすようにしむけること。アジテーション。「大衆を―する」
せん‐どう【船頭】 ①小舟をこぐのを職業とする人。②和船の船長。
―多(おお)くして船(ふね)山(やま)に上(のぼ)る 指図する人間が多くて統一を欠き、かえって目的と違った結果になるたとえ。
せん‐どう【△羨道】―(ダウ)〖日〗(「羨」は墓道の意)横穴式古墳で、入り口(羨門)から棺を置く玄室に通じる道。羨道(えんどう)。
ぜん‐どう【△顫動】(名・自スル) 小刻みにふるえること。
ぜん‐とう【全島】―(タウ) ①島全体。「―避難」②すべての島。
ぜん‐とう【前頭】 頭の、前の部分。前頭部。↔後頭
―よう【―葉】(エフ)〖生〗大脳の中心を左右に走る溝より前方の部分。新皮質の一部で、思考・判断など高度な精神作用をつかさどる。
ぜん‐とう【漸騰】(名・自スル) 物価や相場がだんだん高くなること。「相場の―が続く」↔漸落
ぜん‐どう【善導】―(ダウ)(名・他スル) 教えさとして、よいほうへ導くこと。「青少年を―する」
ぜん‐どう【禅堂】―(ダウ) 禅宗で、僧が禅の修行をする堂。
ぜん‐どう【△蠕動】[一](名・自スル) うごめくこと。[二](名)「蠕動運動」の略。

―うんどう【―運動】〘生〙筋肉の交互の伸縮によって、収縮波が徐々に移行する筋肉運動。ミミズなどの移動や高等動物の消化管に見られる。

せんどき-じだい【先土器時代】〘日〙更新世に属し縄文時代に先行する原始文化の時代。打製石器が使用され、土器の製作はまだ行われていない。無土器時代。

セントクリストファー-ネービス〈Saint Christopher and Nevis〉カリブ海の東方、リーワード諸島のセントキッツ島とネービス島からなる、英国王を元首とする立憲君主国。首都はバセテール。

セント-バーナード〈Saint Bernard〉〘動〙犬の一品種。スイス原産の大型犬。救助犬として使われ、特に雪山での遭難者救助で知られる。

セントビンセント-グレナディーン-しょとう〔セントビンセント・グレナディーン諸島〕―ショタウ〈Saint Vincent and the Grenadines〉カリブ海の東方、ウィンドワード諸島中の島々からなる、英国王を元首とする立憲君主国。正式名称はセントビンセント及びグレナディーン諸島。首都はキングスタウン。

セントラル-ヒーティング〈central heating〉建物の一か所に熱源装置を設けて温水や温風を送り、建物全体の暖房を行う方法。中央暖房。

セントラル-リーグ〈Central League〉日本のプロ野球リーグの一つ。六球団が所属。セリーグ。↕パシフィックリーグ

セントルシア〈Saint Lucia〉カリブ海の東方、ウィンドワード諸島中の島国で、英国王を元首とする立憲君主国。首都はカストリーズ。語源イタリア・ナポリの守護神で、ナポリ民謡「サンタルチア」でも知られる聖ルチアの名にちなむ。

ゼントルマン〈gentleman〉→ジェントルマン

せん-ない【船内】船のなか。船中。

せん-な・い【詮ない】(形)カロ・カッ(ク)・イ・イ・ケレ・○ (そうしたところで)しかたがない。無益である。「―こととあきらめる」文せんな・し(ク)

せん-なり【千成り・千◦生り】数多く群がって実がなること。また、そのもの。「―びょうたん」

ぜん-なん【善男】〘仏〙信心深い男性。

―ぜんにょ【―善女】〘仏〙仏法に帰依した男女。信心深い人々。

ぜん-に【禅尼】〘仏〙在家のまま、仏門に入った女性。↕禅門

せん-にく【鮮肉】新鮮な食用肉。生肉。

ぜんにち-せい【全日制】高等学校の通常課程。昼間、三年間の課業をする。全日制。↕定時制

せんにち-て【千日手】将棋で、同じ指し手が繰り返されて勝負の決まらない手。参考同じ局面を四回繰り返すと千日手になる。無勝負で、改めて先手と後手をかえて指しなおす。

せんにち-まいり【千日参り】―マヰリ →せんにちもうで

せんにち-もうで【千日詣で】―マウデ ①千日間続けて、祈願のために神社や寺院に参拝すること。千日参り。②その日一日の参拝が千日分のご利益があるとされる参拝。陰暦七月十日の観世音参拝など。千日参り。秋

せん-にゅう【潜入】―ニフ (名・自スル) こっそりとはいりこむこと。人に知られないようにもぐりこむこと。「敵地に―する」

せんにゅう-かん【先入観】センニフクワン ある事柄に関して以前から持っている思いこみ。先入見。先入主。「―にとらわれる」用法自由な考え方や判断をさまたげる場合にいう。

せんにゅう-しゅ【先入主】センニフ― 先入観。

せん-にょ【仙女】女の仙人。仙女。

ぜん-にょ【善女】〘仏〙信心深い女性。「善男―」

せん-にん【仙人】①山中に住み、不老不死の法を修め、神通力をもつという想像上の人物。②無欲で世間ばなれした人。

せん-にん【先任】先にその任務や地位についていること。また、その人。「―の教授」↕後任

せん-にん【専任】かけもちでなく、もっぱらその仕事だけを担当すること。また、その人。「―講師」↕兼任

せん-にん【選任】(名・他スル) 適切な人を選んで、その職務につかせること。「会長を―する」

ぜん-にん【前任】以前にその任務についていたこと。また、その人。「―者から仕事を引き継ぐ」↕後任

ぜん-にん【善人】善良な人。行いの正しい人。↕悪人

せんにん-ばり【千人針】武運と無事を祈って、布に千人の女性が赤糸で一針ずつ縫って千個の縫い玉をつくり、出征兵士に贈ったもの。

せんにん-りき【千人力】①千人分の力。力がきわめて強いこと。②千人の助力を得たように心強いこと。「君がいれば―だ」

せん-ぬき【栓抜き】びんのせんや口金をぬくのに使う器具。

せん-ねつ【潜熱】①内部にこもって表面にあらわれない熱。②〘物〙物体の状態が変化するときに吸収または放出される熱。融解熱・気化熱など。

せん-ねん【先年】今よりも何年か前のある年。「―の大火」

せん-ねん【専念】(名・自スル) 一つのことに没頭すること。また、一つのことに心を集中すること。専心。「事業に―する」

ぜん-ねん【前年】その前の年。また、去年。↕翌年

せん-のう【先王】―ワウ (「せんおう」の連声) ①前代の君主。②昔の聖王。

せん-のう【洗脳】―ナウ (名・他スル) (brainwashing の訳語) ①第二次世界大戦後の中国で、共産主義への思想改造を行ったこと。②(転じて)ある思想を繰り返し吹きこむなどして、その人の思想を根本的に改造すること。

ぜん-のう【全納】―ナフ (名・他スル) 納めるべき金銭や品物を一度に全部納めること。「授業料を―する」↕分納

ぜん-のう【全能】何でもなしうる能力。「全知―の神」

ぜん-のう【前納】―ナフ (名・他スル) 代金や料金などを前もって納めること。「購入代金を―する」↕後納

ぜんのけんきゅう〔善の研究〕ゼンノケンキウ 哲学書。西田幾多郎著。一九一一(明治四十四)年刊。主観と客観の対立の根底に存在する純粋経験について論じたもの。

せんのりきゅう〔千利休〕センノリキウ (一五二二―一五九一) 安土桃山時代の茶人。宗易とも。和泉(大阪府)生まれ。侘び茶の大成者で、千家流茶道の開祖。織田信長・豊臣秀吉に仕えたが、秀吉の命により自刃した。

ぜん-ば【前場】〘商〙取引所で、午前の立ち会い。↕後場

ぜん-ぱ【全波】すべての波長の電波。オールウエーブ。

せん-ばい【専売】(名・他スル) ①特定の人が独占して売ること。②国家が特定の商品の生産または販売を独占すること。

―とっきょ【―特許】―トクキヨ ①〘法〙「特許」の旧称。②〘俗〙特にその人が得意にしていること。特技。おはこ。

せん-ぱい【先輩】①年齢・学問・地位・経験などが先に進んでいる人。「人生の―」②同じ学校や勤め先などに先にはいった人。「大学の―」(↕後輩)

せん-ぱい【戦敗】戦いや試合に負けること。敗戦。↕戦勝

ぜん-ぱい【全敗】(名・自スル) 試合や勝負に全部負けること。「リーグ戦に―する」↕全勝

ぜん-ぱい【全廃】(名・他スル) 行われていたことを全部廃止すること。「現行の制度を―する」

せん-ぱく【浅薄】(名・形動ダ) 学問や考えが浅くて、薄っぺ

らなこと。また、そのさま。あさはか。「―な知識」

せん-ぱく【船舶】 船。特に、大きな船。

ぜん-はく【前△膊】 →ぜんわん

せんば-こき【千把◦扱き・千歯◦扱き】 〘農〙元禄(げんろく)期（一六八八―一七〇四年）に考案された脱穀用農具。櫛(くし)の歯状のところに稲の穂先をひっかけて、もみをしごき落とす。

せん-ばつ【選抜】 (名・他スル) 多数の中からよいものをよりぬくこと。選び出すこと。「―チーム」「試験で―する」

せん-ぱつ【先発】 (名・自スル) ①先に出発すること。また、その人。「―隊」↔後発 ②野球などで、試合の最初から選手として出場すること。「―投手」

せん-ぱつ【染髪】 (名・自スル) 髪の毛を染めること。

せん-ぱつ【洗髪】 (名・自スル) 髪の毛を洗うこと。「―料」

せんば-づる【千羽鶴】 ①折り鶴を糸でたくさんつないだもの。多く、病気の全快や事の成就などの願かけに用いる。②たくさんの鶴を染め出した模様。

せんぱ-ばんぱ【千波万波】 次々と押し寄せてくる波。

せん-ばん【千万】 ①(接尾語的に用いて)この上もないこと。はなはだしいこと。「迷惑―」「無礼―」②(副詞的に用いて)さまざまであるさま。いろいろと。「―配慮する」

せん-ばん【千番】 ①千回。千度。②順番が千であること。

―に一番(いちばん)の兼(か)ね合(あ)い 千回試みても一回成功するかどうかわからないほど難しいこと。非常に困難なこと。

せん-ばん【先晩】 先日の晩。先夜。

せん-ばん【先番】 先にする順番。また、その順番に当たること。特に、囲碁で、先手のこと。

せん-ばん【旋盤】 〘工〙工作機械の一つ。材料を回転させながらこれに刃物(バイト)をあてて切断・切削・穴開け・ねじ切りなどの加工をする機械。木工用と金工用とがある。「―工」

せん-ばん【線番】 針金・電線などの太さを示す番号。線番号。ワイヤーゲージ。

せん-ぱん【先般】 先ごろ。過日。「―来」↔今般

せん-ぱん【戦犯】 「戦争犯罪人」の略。

ぜん-はん【前半】 二つに分けたうちの、前の半分。ぜんぱん。「月の―」↔後半

―せん【―戦】 競技・試合・リーグ戦などの前半の部分。↔後半戦

ぜん-ぱん【全般】 ある事柄の全体。全体にわたる事柄。

ぜん-はんき【前半期】 一期間を二分したうちの、前の半期。上(かみ)半期。↔後半期

ぜん-はんせい【前半生】 人の一生において、前の半分。↔後半生

せん-び【船尾】 船体の後端部。とも。「―灯」↔船首

せん-び【戦備】 戦争の備え。「―を整える」

せん-ぴ【先非】 過去に犯したあやまち。前非(ぜんぴ)。

せん-ぴ【戦費】 戦争にかかる費用。「―の調達」

ぜん-び【善美】 ■一(名) 善と美。よいものと美しいもの。■二(名・形動ダ) 美しくりっぱであること。また、そのさま。「―を尽くした建築」

ぜん-ぴ【前非】 過去のあやまち。先非(せんぴ)。「―を悔いる」

せん-びき【線引き】 (名・自他スル) ①線を引くこと。②計画の規模・範囲などを図面上に線を引いて示すこと。「市街化区域の―」③ある基準で区切ること。「合法か違法かの―」

せん-ぴつ【染筆】 (名・自スル)(筆に墨や絵の具を含ませて)書や絵をかくこと。揮毫(きごう)。

―こぎって【―小切手】 →おうせんこぎって

せん-びょう【線描】 ベウ 物の形を線だけで描くこと。また、その絵。せんがき。「―画」

せん-ぴょう【選評】 ビヤウ (名・他スル) 多くの中からよい作品を選んで批評すること。また、その批評。選後評。「―会」

ぜん-ぴょう【全△豹】 ベウ (ヒョウの皮全体の模様の意から)物事の全体のようす。全貌(ぜんぼう)。「一斑(いっぱん)をもって―をトす(ぼくす)」(=物事の一部分を見て全体をおしはかる)

ぜん-ぴょう【前表】 ベウ ①前に示した表。②前兆。きざし。

せん-びょうし【戦病死】 ビヤウシ (名・自スル) 戦争に行って病気で死ぬこと。

せんびょう-しつ【腺病質】 センビヤウ 〘医〙体格が貧弱で神経過敏、すぐ風邪をひくなどの(子供の)虚弱体質。

せん-びん【先便】 前回のたより。前便。前信。↔後便

せん-びん【船便】 →ふなびん

せん-ぶ【先負】 (「先負日(せんぶにち)」の略)陰陽道(おんようどう)で、何事も早い時間にすれば負けるという日。急用・訴訟などに悪いとされる。六曜の一。先(せん)負け。

せん-ぶ【宣△撫】 (名・他スル) 占領地で、占領政策の方針を人々に理解させて、人心を安定させること。「―工作」

せん-ぷ【先夫】 その女性の、以前に夫であった男性。前夫。

せん-ぷ【宣布】 (名・他スル) ①政府などが、世間一般に広く知らせること。公布。②広く世間にゆきわたらせること。

ぜん-ぶ【全部】 ①物事のすべて。すべての部分を含む全体。副詞的にも用いる。「話を―聞く」「―君の責任だ」↔一部 ②ひとそろいになっている書物などのすべて。

ぜん-ぶ【前部】 前の部分。前のほう。「車の―」↔後部

ぜん-ぶ【膳部】 膳に載せて出す料理。食膳。

ぜん-ぷ【前夫】 →せんぷ(先夫)

せん-ぷう【旋風】 ①〘気〙うずまいて起こる強い風。その激しいものを竜巻(たつまき)という。つむじ風。②(比喩(ひゆ)的に)大きな反響を呼び起こすような突発的なできごと。「学界に―を巻き起こす」

せんぷう-き【扇風機】 モーターで羽根を回転させ、風を起こす機械。ファン。夏

せん-ぷく【船幅】 最も広い所で測った、船体の幅。

せん-ぷく【船腹】 ①船の、胴体にあたる部分。②船の、貨物を積み込む部分。また、積み込める能力。③(輸送力・隻数を表すときに用いて)船舶。船腹量。「―数が足りない」

せん-ぷく【潜伏】 (名・自スル) ①人目につかないように、こっそりと隠れて暮らしていること。「―中の犯人」②病気に感染しているが、まだ症状が現れないこと。「風邪の―期間」

―き【―期】 病原体が体内にはいりこんでから症状が現れるまでの期間。

ぜん-ぷく【全幅】 ①幅いっぱい。②あらんかぎり。最大限。「―の信頼を寄せる」

せん-ぶり【千振】 〘植〙リンドウ科の一年草または越年草。山野に自生。秋、紫色のすじのある白い合弁花を開く。根・茎は苦みが強く、古くから胃腸薬とされる。秋 語源 千回煎(せん)じて振り出してもまだ苦いという意から。

せん-ぶん【△撰文】 (名・自スル) 碑文などの文章を作ること。また、その文章。「記念碑の―」

せん-ぶん【線分】 〘数〙直線上の二点の間の限られた部分。

ぜん-ぶん【全文】 一つの文章の全体。「―を掲載する」

ぜん-ぶん【前文】 ①前記の文。②手紙文の最初に書く、時候のあいさつなどの文句。③法令・規約などの前書き。

せんぶん-ひ【千分比】 →せんぶんりつ

せんぶん-りつ【千分率】 全体を一〇〇〇としたとき、それに対する割合。千分比。パーミル。記号‰

せん-べい【煎餅】 小麦粉・米粉などをこね、薄くのばして味つ

けして焼いた菓子。「瓦―」「塩―」

――ぶとん【―布団・―蒲団】綿が少なくて薄く、かたい粗末なふとん。「―にくるまって寝る」

せん-ぺい【尖兵・先兵】①軍隊が前進するとき、行動部隊の前方を進んで警戒する小部隊。また、その兵士。②(比喩的に)他に先がけて、また先頭に立って物事をする人や機関。

ぜん-べい【全米】①アメリカ合衆国全体。「―陸上競技選手権」②南北アメリカ大陸全体。

せん-べつ【選別】(名・他スル)一定の基準で選び分けること。「不良品を―する」

せん-べつ【餞別】転任・引っ越しなどをする人や遠くへ旅立つ人に、別れを惜しむ意をこめて金銭や品物を贈ること。また、その贈り物。はなむけ。「―を贈る」

せん-べん【先鞭】人より先に着手すること。「―をつける」【故事】匈奴と戦った晋の劉琨が好敵手の祖逖への手紙で、「君が私より先に馬に鞭打って先駆けの功名を立てはしないかといつも気がかりだ」と言ったことから。〈晋書〉

ぜん-ぺん【全編・全篇】詩・文章・書物・映画など、一つの作品の全体。「―に流れる思想」

ぜん-ぺん【前編・前篇】書物や映画などで、二つまたは三つに分かれたもののうち、最初の編。⇩中編・後編

せんぺん-いちりつ【千編一律・千篇一律】(名・形動ダ)(多くの詩がみな同じ調子で作られている意から)どれもみな同じようで、変化がなくおもしろみのないさま。「―の作品」

せんぺん-ばんか【千変万化】(名・自スル)非常に変化の多いこと。さまざまに変わること。「―の様相」

せん-ぼう【羨望】(名・他スル)うらやましく思うこと。うらやましがる思い。「―の的となる」

せん-ぽう【先方】①相手の人。「―に問い合わせる」↔当方 ②前の方向。むこう。「―に見える山なみ」

せん-ぽう【先鋒】①戦闘、あるいは行動や主張などで、先頭に立って進んだり活躍したりする者。「急―」②柔道・剣道・相撲の団体戦で、最初に戦う者。

せん-ぽう【旋法】〔音〕旋律の基礎となる音列を、主音の位置や音程関係などから分類したもの。西洋中世の教会旋法など。

せん-ぽう【戦法】戦闘や試合などでの戦い方。

ぜん-ぼう【全貌】物事の全体のようす。全容。「事件の―が判明する」

ぜん-ぽう【前方】前の方向。「―に海が見える」↔後方

ぜん-ほうい【全方位】すべての方角。あらゆる方面。

――がいこう【―外交】特定の国に限定せず、どの国とも友好関係を保とうとする外交。

せんぼう-きょう【潜望鏡】潜水艦などで、潜航中に水面上を見るのに用いる反射式望遠鏡。ペリスコープ。

ぜんぽうこうえん-ふん【前方後円墳】〔日〕古墳の一形式。前部が方形、後部が円形の日本独特の古墳。一般に遺体は後円部に埋葬、前方は祭壇とされる。

せん-ぼうちょう【線膨張・線膨脹】〔物〕固体の長さが、温度の変化に伴って伸縮する現象。↔体膨張

せん-ぼく【占卜】うらない。卜占。

せん-ぼつ【戦没・戦歿】(名・自スル)戦場で死ぬこと。「戦死」のやや改まった言い方。「―者」

ぜん-ぽん【善本】①すぐれた内容の本。②書誌学で、保存がよく本文の系統の正しい写本や版本。

せん-まい【洗米】①洗った米。②神にそなえる米。饌米。

せん-まい【饌米】神前にそなえるための洗った米。

ぜんまい【薇】〔植〕ゼンマイ科の多年生シダ植物。山地・原野に自生する。早春に出る若葉はうず状で綿毛におおわれ、食用。葉は羽状複葉で、胞子葉は春早く別にのびる。春

〔薇〕

ぜんまい【発条・撥条】弾力のある帯状の鋼をうずまき状にしたもの。玩具・時計などの動力に用いる。うずまきばね。「―を巻く」「―仕掛け」

――ばかり【―秤】→ばねばかり

せんまい-づけ【千枚漬〔け〕】聖護院かぶらを薄く切って、こんぶ・塩・みりんなどで漬けたもの。京都の名産。

せんまい-どおし【千枚通し】(何枚も重ねた紙を刺し通す意)紙に穴をあけるきり。

ぜんまいの…【俳句】〔ぜんまいの のの字ばかりの 寂光土〕〈川端茅舎〉ひとむらのぜんまいがまだ薄茶色の綿をかぶって赤ん坊の手のような「の」の字形の芽をもたげている。その上に明るい春の日がふりかかり、あたりは仏の慈悲の光が照らす寂光浄土を思わせる。(ぜんまい 春)

せんまい-ばり【千枚張〔り〕】何枚も重ねて張って厚くすること。また、厚くしたもの。

せん-まん【千万】①万の一〇〇〇倍。②非常に数の多いこと。「―言を費やしても言いつくせない」「―人といえども吾往かん(=反対が多くとも自分の信じる道を進もう)」

――むりょう【―無量】数えきれないほど多いこと。「―の思い」

ぜん-み【禅味】禅独特の趣。俗気をはなれた枯淡な味わい。

せんみつ-や【千三つ屋】①(本当のことは千のうち三つだけの意から)うそつき。②(話がまとまるのは千のうち三つぐらいの意から)土地の売買や貸金の仲介をする人や職業の俗称。

せん-みょう【宣命】(勅命を宣べ伝える意)天皇の命令を伝える和文体の文書。宣命体で書かれた詔勅。

――がき【―書〔き〕】上代、祝詞や宣命に用いた文章表記の様式。ほぼ国語の語序に従い、体言・用言の語幹などは漢字の訓を用いて大きく、用言の語尾・助詞・助動詞などは漢字の音を用いた万葉仮名で小さく書くのを原則とする。

――たい【―体】宣命書きで記す祝詞や宣命などの文体。また、その表記様式。宣命書き。

せん-みん【賤民】最下層の身分とされ、差別された人民。江戸時代の「えた」「非人」など。

せん-みん【選民】神から選ばれ、他民族を神に導く使命を持つ民族。ユダヤ民族がみずからをさしていう。「―思想」

せん-む【専務】①「専務取締役」の略。②主としてその事務にあたること。また、その役。

――とりしまりやく【―取締役】株式会社で、社長を補佐して業務全体を総括的に見る取締役。

せん-めい【鮮明】(名・形動ダ)鮮やかではっきりしていること。鮮やかで明るいこと。また、そのさま。「―な記憶」「不―」

せん-めい【闡明】(名・他スル)今まではっきりしなかった道理や意義を明らかにすること。「教義を―する」

ぜん-めい【喘鳴】呼気・吸気が気管を通るとき、ぜいぜい、ひゅうひゅうと音を出すこと。また、その音。

せん-めつ【殲滅】(名・他スル)(「殲」はみな殺しの意)全滅させること。みな殺しにすること。「敵を―する」

ぜん-めつ【全滅】(名・自他スル)すべてほろびること。残らずほろぼすこと。「台風で稲が―する」

せん-めん【洗面】（名・自スル）顔を洗うこと。

—き【—器】洗面や手洗いに用いる湯水を入れる器。

—じょ【—所】①洗面や化粧の設備を備えた場所。②便所のことを婉曲(えんきょく)に表現する語。

せん-めん【扇面】①扇の表面。扇の地紙(じがみ)。「—古写経」②扇。せんす。

ぜん-めん【全面】すべての面。あらゆる方面や部門。「—禁止」「—にわたる修正」

—てき【—的】（形動ダ）ダロ・ダッ(デ・ニ)・ダ・ナ・ナラ・◯ 物事のあらゆる面にわたるさま。「—に手直しする」

ぜん-めん【前面】前の面。表のほう。「—に出す」

せん-もう【旋毛】うずまいた毛。つむじげ。

—ちゅう【—虫】〘動〙寄生虫の一種。哺乳(ほにゅう)動物の小腸内に寄生する。白色糸状で、体長は雌三—四ミリメートル、雄一・五ミリメートルほど。幼虫は筋肉中にひそむ。人体にはおもに豚の生肉から感染する。

せん-もう【繊毛】①非常に細い毛。わたげ。②〘生〙細胞の表面にある細い毛状の突起。「—運動」

せん-もう【△譫妄】マウ〘医〙軽く意識が混濁したり、幻覚を見たりする意識障害。

ぜん-もう【全盲】マウ 両眼の視力が完全にない状態。

せん-もん【専門】特定の分野をもっぱら担当・研究すること。また、その仕事や学問。「—職」「医療を—とする」

—か【—家】特定の分野をもっぱら担当・研究して、その道の経験や知識に富む人。エキスパート。「犯罪心理の—」

—がっこう【—学校】ガクカウ ①専門課程を置く専修学校の称。高等学校卒業者を入学させる。②専門学校令に基づいて設立され、中等学校卒業者に専門的な学術・技芸を授けた旧制の学校。

—ご【—語】ある分野でだけ用いられる言葉。専門用語。術語。テクニカルターム。

ぜん-もん【前門】前の門。表門。↔後門
—の虎(とら)後門(こうもん)の狼(おおかみ) 一つの災いや危険をのがれたと思ったら、またすぐに次の災いや危険にであうこと。参考「前門に虎を拒(ふせ)ぎ、後門に狼を進む」ともいう。〈趙弼(ちょうひつ)「評史」〉

ぜん-もん【禅門】〘仏〙①禅宗。②在家のまま、仏門にはいった男性。↔禅尼
ぜん-もんどう【禅問答】モンダフ ①禅宗の僧が行う、修行のための問答。②（①は論理が飛躍しているように受けとられることから）真意のつかみにくい問答やとぼけた受け答え。


せん-や【先夜】先日の夜。先晩。「—以来」

せん-や【戦野】戦場となっている野原。また、戦場。

ぜん-や【前夜】①昨日の夜。②ある特定の日の前日の夜。③ある事件が起こる直前。「革命—」

—さい【—祭】特定の行事や記念日などの、その前夜に行う催し。「授賞式の—」↔後夜祭
せん-やく【仙薬】①飲めば仙人になるという不老不死の薬。②不思議によくきく薬。霊薬。

せん-やく【先約】①ある約束を申し込まれたとき、それより前にすでに交わしていた約束。「今夜は—がある」②以前からの約束。前約。「—を果たす」

せん-やく【煎薬】せんじ出して飲む薬。せんじぐすり。

ぜん-やく【全訳】（名・他スル）原文全部を訳すこと。また、その訳文。完訳。↔抄訳
ぜん-やく【前約】→せんやく(先約)②
ぜん-ゆ【全癒】（名・自スル）病気がすっかりなおること。全快。

せん-ゆう【占有】イウ（名・他スル）①自分のものとすること。「市場—率」②〘法〙民法では、自己のためにする意思をもって物を所持すること。「—権」

せん-ゆう【専有】イウ（名・他スル）自分だけのものとすること。「—面積」「部屋を—する」↔共有
せん-ゆう【戦友】イウ 戦地でともに戦った仲間。

せんゆう-こうらく【先憂後楽】センイウ 支配者は民衆に先だって天下を憂え、民衆の生活を安楽にしたのちに楽しむべきだということ。語源 范仲淹(はんちゅうえん)の「岳陽楼記」から出た語。

せん-よう【占用】（名・他スル）（公共の場所・建物などを）特定の人が独占して使用すること。「河川敷を—する」

せん-よう【専用】（名・他スル）①特定の人だけが用いること。「大統領—機」↔共用 ②あることのためだけに使うこと。「果物—のナイフ」③それだけを使うこと。「自社製品を—する」

せん-よう【宣揚】ヤウ（名・他スル）盛んであることを世の中にはっきりと示すこと。「国威—」

ぜん-よう【全容】全体のすがた。全部のようす。全貌(ぜんぼう)。「事件の—を解明する」

ぜん-よう【善用】（名・他スル）よいことに用いること。上手に用いること。「余暇の—」↔悪用

ぜん-ら【全裸】何も身につけていないこと。まるはだか。

ぜん-らく【漸落】（名・自スル）物価や相場がだんだん下がること。「相場が—する」↔漸騰(ぜんとう)

せん-らん【戦乱】戦争による混乱。また、戦争。

せん-り【千里】①一里の一〇〇〇倍。②非常に遠い所。

—の駒(こま) 一日に千里を走るというすぐれた馬。才能のずば抜けた人をたとえていう。千里の馬。

—がん【—眼】遠い所のできごとや将来のこと、あるいは人の心の中を直感的に見通す能力。また、その能力をもつ人。

せん-り【戦利】①戦争での勝利。②戦争で奪い取ること。

—ひん【—品】戦争で敵からとりあげた物品。

せん-り【△賤吏】地位の低い役人。

せん-りつ【旋律】〘音〙楽音の高低・長短の変化が音楽的なまとまりをもって連続する、音の流れ。節(ふし)。メロディー。

せん-りつ【戦慄】（名・自スル）恐れで体がふるえること。おののきふるえること。「—が走る」「—すべき事件」

ぜんりつ-せん【前立腺】〘生〙男性生殖器の一部。膀胱(ぼうこう)の下にあって射精管と尿道の始まりの部分を囲む器官。精子の運動を活発にする液を分泌する。

せん-りゃく【戦略】①戦いに勝つための総合的・長期的な準備や方策。「—を練る」②政治・社会運動や企業経営などで、成功を収めるための大局的な計略。「経営—」⇨戦術
ぜん-りゃく【前略】①文章を引用する場合、前の部分を省略すること。↔後略 ②手紙で、前書きの挨拶(あいさつ)を省くときの語。結びには「草々(そうそう)」「不一(ふいつ)」「不備」などを用いる。

せん-りゅう【川柳】リウ〘文〙雑俳の一つ。江戸時代中ごろから盛んになった五・七・五の一七字の短詩。季語や切れ字の制約がなく、こっけい・機知・風刺を特色とする。⇨柄井(からい)川柳
ぜんりゅう-ふん【全粒粉】ゼンリフ 小麦などを、表皮や胚芽(はいが)を取り除かずひいて粉にしたもの。

せん-りょ【千慮】いろいろと考えをめぐらすこと。

—の一失(いっしつ) 賢者でも、多くの考えの中にはまちがいもあるということ。また、十分に配慮しても生じる、思わぬ失敗。

せん-りょ【浅慮】考えが浅いこと。あさはかな考え。↔深慮
せん-りょう【千両】リャウ ①一両の一〇〇〇倍。②非常に価値の大きいこと。非常に高価なこと。③〘植〙センリョウ科の常緑の小低木。冬に小球形の赤・黄の実を熟す。縁起のよい木として正月の生け花などに用いられる。图

—ばこ【—箱】江戸時代、金貨などを収納した木箱の俗称。多く、小判千両を入れたのでこの名がある。

—やくしゃ【—役者】①(千両の給金をとる役者の意)格式が高く、芸が特にすぐれた人気俳優。②はなばなしい活躍をしてかっさいを博する人のたとえ。

せん-りょう【占領】(名・他スル)①一定の場所をひとりじめにすること。「一人で部屋を—する」②国家が外国の一定の地域を武力で自国の支配下におくこと。「—軍」

せん-りょう【染料】〔化〕繊維・皮革・紙などを染めつける有色の有機化合物。天然染料と合成染料がある。

せん-りょう【選良】選び出されたりっぱな人。特に、「代議士」の別称。

せん-りょう【線量】〔物〕放射線の量。照射された量を示す照射線量、物質に吸収された量を示す吸収線量などがある。放射線量。「—計」

ぜん-りょう【全量】全体の重量または容量。

ぜん-りょう【善良】(名・形動ダ)人の性質がよいこと。正直で素直なこと。また、そのさま。「—な市民」

ぜんりょう-せい【全寮制】学校や会社などで、学生・生徒や社員全員に寮での生活を義務づける制度。

せん-りょく【戦力】①戦争を遂行する力。「—を増強する」②組織などで物事を遂行する力。また、そのための人員。「即—」「—外」

ぜん-りょく【全力】出せるかぎりの力。「—を尽くす」

—とうきゅう【—投球】(名・自スル)①野球で、投手が全力をふりしぼって球を投げること。②(比喩的に)一つのことにひたむきになること。全力で物事に取り組むこと。

ぜん-りん【前輪】前の車輪。「—駆動」↔後輪

ぜん-りん【善隣】隣の国または隣の家と仲よくすること。また、仲のよい隣国や隣家。「—外交」「—の誼」

ぜん-りん【禅林】禅宗の寺院。禅寺。

せん-るい【蘚類】〔植〕コケ植物の一類。スギゴケ・ミズゴケなど。⇒苔植物

せん-れい【先例】①以前からのしきたり。「—を破る」「—にならう」②以前にあった同じような例。前例。「—を参照する」③将来、同種の物事の基準となるような例。「後日の—とする」

せん-れい【洗礼】①〔基〕信者になるときに受ける儀式。②ある物事について初めて経験すること。「プロの—を受ける」

せん-れい【船齢】船の、進水してからの年数。

せん-れい【鮮麗】(形動ダ)あざやかで美しいさま。「—な画面」「—な色彩」文(ナリ)

ぜん-れい【全霊】持っている精神力のすべて。「全身—」

ぜん-れい【前例】前にあった同種の例。先例。「—がない」

せん-れき【戦歴】戦争に参加した経歴。また、試合などの、勝敗についての経歴。「輝かしい—」

ぜん-れき【前歴】これまでの経歴。

せん-れつ【戦列】戦争に参加する部隊の列。転じて、競技や闘争などのために組まれた組織。「—に加わる」「—を離れる」

せん-れつ【鮮烈】(形動ダ)あざやかで強い刺激を与えるさま。「—な印象を受ける」

ぜん-れつ【前列】前方の列。前の列。↔後列

せん-れん【洗練・洗煉】(名・他スル)磨きあげて、あかぬけした品のあるものにすること。「—された文章」「—された趣味」

ぜん-れん【前聯】①漢詩の律詩の第三・四句。頷聯。②二節に分かれた新体詩の前の節。

せん-ろ【線路】汽車・電車などが通る道。軌道。レール。

せん-ろく【選録】(名・他スル)選んで記録すること。

せん-ろっぽん【千六本・繊六本】大根などを細長く刻む切り方。また、切ったもの。千切り。語源 繊蘿蔔(=細長く切った大根)の唐音「せんろぽ」の転という。

ぜん-わ【禅話】禅に関する話。禅の講話。

ぜん-わん【前腕】腕の、ひじから手首までの部分。前膊。

そ ソ

五十音図「さ行」の第五音。「そ」は「曽」の草体。「ソ」は「曽」の上画。

そ【且】(字義)→しょ(且)

そ【狙】ソ㊥ ねらう㊥・さる　(字義)①さる(猿)。大ざるの一種。「狙猴」②ねらう。うかがう。「狙撃・狙詐」

そ【阻】ソ㊥ はばむ㊥・けわしい　(字義)①けわしい。けわしい所。「険阻」②はばむ。おしとどめる。じゃまする。へだてる。さえぎる。「阻害・阻隔・阻止」

そ【祖】教5【人】【祖】ソ おや　(字義)①先祖。家系の初代。また、初代から父までの総称。「祖先・祖宗・皇祖・高祖・父祖」②じじ。父の父。「祖父・外祖・曽祖父」③ある物事をはじめた人。「祖師・開祖・元祖」④もととして受け継ぐ。「祖述」⑤道中の安全を守る神。「道祖神」難読 祖母 人名 さき・のり・はじめ・ひろ・もと

そ【祖】①先祖。②ある物事を始めた人。開祖。元祖。「近代医学の—」

そ【租】ソ㊥　(字義)①ねんぐ。田畑の収穫の一部を官へ納めさせたもの。「租庸調・地租・田租」②税金。「租税・公租」③土地を借りる。「租界・租借」人名 つみ・みつぎ・もと

そ【素】教5 ソ・ス㊥ もと　(字義)①しろぎぬ。白い。染色していない。「素衣・素面」②㋐ありのまま。加工していない。飾りがない。「素材・素地・素朴・簡素・質素」㋑簡単な。手のこまない。「素食・素本」㋒ただの。肩書きなどのない。「素浪人・素封家」③㋐もと。もとになるもの。それ以上わりきれないもと。「素因・素数・元素・要素」㋑作用のもとになる物質。「酵素・色素・葉緑素」㋒(接尾語的に用いて)元素。「酸素・水素・炭素・窒素」④もとから。元来。つねづね。「素行・素養・平素」難読 素地・素面・素人・素寒貧・素性・素姓・素っ破・素敵・素麺 人名 しろ・しろし・すなお・つね・はじめ

そ【措】ソ㊥ おく　(字義)①すえおく。さしおく。しまつする。「措辞・措置・措定」②ふるまい。動作。「挙措」

そ【粗】ソ㊥ あらい㊥　(字義)①あらい。こまかでない。大ざっぱ。念入りでない。「粗雑・粗大・粗野・精粗」↔精 ②(接頭語的に用いて)他人に贈る物などにつける謙称。「粗餐・粗品・粗酒粗肴」③そまつな。十分手を加えていない。「粗食」難読 粗玉・粗目・粗忽・粗朶

そ【組】 教2 ソ くむ・くみ
（字義）①くみひも。印鑑などにつける平たいひも。また、ひもを編む。②物をくみたてる。くみたて。「組閣・組織・組成・改組」③「組合」の略。「単組・労組」

そ【疏】 人 ソ・ショ とおす
（字義）①とおす。ふさがったものを切り通す。通る。「疏水・疏通」②箇条書きにする。箇条ごとに説きあかす。㋐手紙。上奏文。「疏状・上疏」㋑書物の注をさらに解説したもの。「義疏・注疏」参考「疎」と同義であるが、慣用的に使いわける。①は「疎」を用いることもある。

そ【疎】 ソ㊥・うとい㊫・うとむ㊫ あらい・まばら
（字義）①あらい。㋐まばら。間がすいている。「疎密・過疎・空疎」↔密 ㋑大ざっぱ。おろそか。いいかげん。「疎略・疎漏」↔密 ②うとい。親しくない。遠い。うとんじる。遠ざける。「疎遠・疎外」↔親

そ【訴】 ソ㊥ うったえる㊥
（字義）①上に申し出てさばきを願う。「訴願・訴訟・控訴・告訴・直訴・上訴」②不満を申し立てて同情を求める。「哀訴・愁訴」

そ【塑】 ソ㊥
（字義）土をこねて形を作る。土人形。「塑像・彫塑」

そ【想】（字義）→そう（想）

そ【楚】 人 ソ いばら
（字義）①いばら。群生する低木。②あざやかなさま。さっぱりしているさま。「楚楚・清楚」

そ【楚】《世》中国の国名。①戦国時代の七雄の一つ。長江中流地方を領有。秦に滅ぼされた。（?〜前二二三）②五代十国の一つ。長沙を本拠として建国。南唐に滅ぼされた。（九〇七〜九五一）

そ【遡】【遡】 ソ㊫ さかのぼる㊥
（字義）①水流にさからってのぼる。「遡行・遡流」②過去にさかのぼる。「遡及・遡及」参考「遡」は許容字体。

そ【◇錯】（字義）→さく（錯）

そ【礎】 ソ㊥ いしずえ㊫
（字義）柱の下にすえる土台石。土台。「礎材・礎石・基礎・定礎」人名 い・もと・もとい

そ【蘇】 人 ソ・ス よみがえる
（字義）①しそ。薬味・染料にする草。「紫蘇」②生きかえる。よみがえる。「蘇生」③「ソビエト」の略。「日蘇」難読 蘇芳・蘇方

そ【◇夫・△其】（代）《古》①中称の指示代名詞。それ。②他称の人代名詞。その人。

そ（終助）《古》（「な…そ」の形で）禁止を表す。「月な見たまひそ」〈竹取〉用法 副詞「な」＋動詞連用形（ただしカ変・サ変は未然形）＋「そ」の形で使われる。「な」のない形でも使われた。

ぞ【曽】（字義）→そう（曽）

ぞ ■一（終助）意味を強めたり、念を押したり、それと言い切ったりする。「今日は寒いぞ」「なまけてはならぬぞ」用法 用言・助動詞の終止形に付く。目上の人に向かっては使わない。多く男性が用いる。■二（副助）①強めの意を表す。「ここぞというとき」「よくぞ無事であった」「知る人ぞ知る」②（疑問の語に添えて）不定の意を強める。不確実の意を表す。「だれぞに渡しておいてくれ」用法 体言または副詞に付く。■三（係助）《古》いくつかの中からとり立てて強く指示する意を表す。「吹き来る風は花の香ぞする」〈古今〉用法 (1)主語や連用修飾語となる種々の語に付く。用言・助動詞には連体形に付く。（連用修飾語とその被修飾語の間に用いられるとき、連用形に付くことがある。）(2)文語では、「ぞ」が文中にある場合、それを受ける結びの活用語は連体形となる。(3)奈良時代には、清音「そ」も使われた。

そ-あく【粗悪】（名・形動ダ）粗末な作りで、質の悪いこと。また、そのさま。「ーな商品」

そ-あん【素案】 原案にするための、もとになる案。

そい〘動〙フサカサゴ科の魚の総称。本州以北の沿岸に生息。釣りの対象となり、食用。

そ-い【素意】 前々からの思いや願い。

そ-い【粗衣】 粗末な衣服。「ー粗食に甘んじる」

そ-い【疎意】 うとんじる心。きらって遠ざける気持ち。

そ-いつ【△其◇奴】（代）《俗》①他称の人代名詞。その人を見下げて、また、乱暴に言う語。「ーはどこのだれだ」②中称の指示代名詞。事物などをさす場合の「それ」を乱暴に言う語。「ーははばかげている」「ーをくれ」語源「そやつ」の転。

そい-と・げる【添〔い〕遂げる】（自下一）ゲ・ゲ・ゲル・ゲル・ゲレ・ゲロ(ゲヨ) ①困難を乗り越えて夫婦になる。「周囲の反対を押し切ってー」②夫婦として一生を過ごす。文そひと・ぐ（下二）

そい-ね【添〔い〕寝】（名・自スル）寝ている人のそばに寄りそって寝ること。そいぶし。「赤ん坊にーする」

そい-ぶし【添い△臥し】（名・自スル）→そいね

そ-いん【素因】 ①事の起こる原因。もと。②《医》その病気にかかりやすい、体の素質。

そ-いん【訴因】《法》検察官が起訴状に記した犯罪事実。訴訟を起こした原因。

そ-いん【疎音】 長い間便りをしないこと。無音。

そ-いんすう【素因数】《数》ある整数を素数ばかりの積の形になおしたときの各素数。

そう【双】【雙】 ソウ（サウ）㊥ ふた㊥
（字義）①ふたつ。二つそろいの。対になっている。「双眼鏡・双肩・双生児・双眸」↔隻 ②ならぶ。肩をならべる。「無双」難読 双六 人名 すけ・なみ・ならぶ・ふ・ふたば

-そう【双】（接尾）二つで一組のものを数える語。対。「屏風一ー」

そう【◇爪】 ソウ（サウ） つめ㊥・つま㊥
（字義）①手足の指のつめ。②敵を防ぐ頼みとなるもの。「爪牙」難読 爪弾き・爪楊枝

そう【争】 教4【争】人 ソウ（サウ） あらそう
（字義）物をとりあう。うばいあう。優劣をきそう。たたかう。あらそう。「争奪・争闘・競争・政争・戦争・闘争・紛争・論争」

そう【壮】【壯】 人 ソウ（サウ）㊥ さかん
（字義）①気力・体力がさかんな年ごろの若者。「壮者・壮丁・壮年・少壮」②さかん。㋐体力が強い。「壮健・強壮」㋑血気さかん。勇ましい。「壮図・壮烈・悲壮・勇壮・大言壮語」㋒りっぱで大きい。「壮観・壮大・壮麗・豪壮」㋓さかんにする。「壮行」人名 あき・お・さかえ・さかり・たけ・たけし・つよし・まさ・もり

そう【壮】 サウ さかんなこと。りっぱなこと。「その意気をーとする」

そう【◇扱】 ソウ（サフ）・キュウ（キフ） あつかう㊥
（字義）①おさめる。とりいれる。「扱排」②さしはさむ。＝挿。③あつかう。あつかい。④こく。しごく。

そう【早】 教1 ソウ(サウ)・サッ㊥ はやい・はやまる・はやめる

(字義) はやい。㋐時刻がはやい。「早暁・早朝」↕晩 ㋑時期がはやい。「早春・早晩・時期尚早」↕晩 ㋒年が若い。はやすぎる。「早熟・早年」↕晩 ㋓すみやか。急である。「早速・早急・早早」 難読 早乙女・早少女・早苗・早蕨・早稲・早生 人名 さ・さき

そう【宋】 人 ソウ

(字義) →次項。 人名 おき・くに

そう〔宋〕《世》中国の国名。①周代の諸侯国の一つ。(?～前二八六) ②南北朝時代の南朝最初の王朝。劉宋。(四二〇～四七九) ③九六〇年、趙匡胤が建てた王朝。一一二七年、金の侵入により都を臨安に移したので、それ以前を北宋、以後を南宋という。一二七九年、元に滅ぼされた。

そう【走】 教2 ソウ はしる

(字義) ①はしる。㋐かける。足早にゆく。「走破・走路・快走・競走・疾走・帆走・暴走・奔走」 ㋑にげる。「脱走・逃走・遁走・敗走」 ②はしらせる。早く動かす。「走筆」 ③走りづかい。召使。「走狗・走卒」

そう【宗】(字義) →しゅう(宗)

そう【奏】 教6 ソウ かなでる㊄・もうす

(字義) ①すすめる。上にさし出す。②もうす。天子に申しあげる。また、その書状。「奏上・奏聞・執奏・上奏」 ③かなでる。音楽を演奏する。「奏楽・奏鳴曲・演奏・合奏・協奏曲・吹奏・独奏」 ④なしとげる。「奏功」 人名 すすむ

そう【相】 教3 ソウ(サウ)・ショウ(シャウ)㊥ あい・みる・たすける

(字義) ①あい。㋐たがいに。ともに。「相互・相思」 ㋑続いて。次々にうけつぐ。「相続・相伝」 ②すがた。かたち。ありさま。「相好・相貌・異相・形相・実相・真相・手相・人相・面相・様相」 ③みる。㋐念を入れてよく見る。㋑うらなう。「観相」 ④(「ショウ」と読んで)たすけ。補佐役。君主をたすける人。大臣。「相国・宰相・首相」 ⑤「相模の国」の略。「相州・武相」 難読 相生い・相伴・相撲・相応しい 人名 あう・あき・さ・すけ・そ・たすく・つとむ・とも・はる・まさ・み

そう【相】 サウ ①外面にあらわれたかたち。すがた。ありさま。外見。「憤怒の―」 ②ものにあらわれた運勢や吉凶などのしるし。人相・手相・家相・地相など。「女難の―」

そう【草】 教1 ソウ(サウ) くさ

(字義) ①くさ。「草原・草本・雑草・水草・毒草・牧草・薬草・野草・緑草」 ②くさはら。野原。「草宿」 ③仕官せずにいること。在野。「草茅・草莽・草野」 ④草ぶきの。そまつな。「草庵・草堂」 ⑤草わけ。物のはじまり。「草創・草味」 ⑥いそがしいさま。あわてるさま。=怱。「草草・草卒」 ⑦詩歌・文章の下書き。また、下書きをすること。「草案・草稿・起草」 ⑧書体の一つ。行書をくずしたもの。「草書・草体・真行草」 難読 草臥れる・草履・草石蚕・草鞋 人名 かや・しげ・やす

そう【荘】〔人 莊〕 ソウ(サウ)㊥・ショウ(シャウ) おごそか

(字義) ①おごそか。おもおもしい。「荘厳・荘重」 ②さかん。=壮。③別宅。しもやしき。「山荘・別荘」 ④中世、貴族や社寺の有した、租税の免除された田地。「荘園・荘司」 ⑤大きな店。「銭荘・茶荘・旅荘」 ⑥いなか。村里。「漁荘・村荘」 ⑦「荘子」の略。「老荘」 参考 ④は、「庄」を用いることもある。 人名 これ・さこう・たか・たかし・ただし・まさ

-そう【荘】 サウ (接尾) 旅館・アパートなどの名に添える語。

そう【送】 教3 ソウ おくる

(字義) ①おくる。おくりとどける。「送信・送達・送付・運送・護送・転送・発送・郵送・輸送」 ②見おくる。見おくり。「送葬・送別・歓送・葬送」

そう【倉】 教4 ソウ(サウ) くら

(字義) ①くら。穀物その他の物を入れておく所。「倉庫・倉廩・営倉・官倉・穀倉」 ②にわか。あわてる。「倉皇・倉卒」

そう【捜】〔人 搜〕 ソウ(サウ)㊥ さがす㊥

(字義) さがす。さぐる。さがし求める。「捜検・捜査・捜索」

そう【挿】〔插〕 ソウ(サフ)㊥ さす㊥

(字義) さす。さしこむ。さしはさむ。「挿入・挿話」 難読 挿頭

そう【桑】 ソウ(サウ)㊄ くわ㊥

(字義) くわ。葉は蚕の飼料となる。「桑園・桑田・扶桑」 人名 さ

そう【巣】 教4〔人 巢〕 ソウ(サウ)㊄ す

(字義) ①す。㋐樹上の鳥のす。動物のすみか。「営巣・燕巣・帰巣・蜂巣」 ㋑盗賊や悪者のかくれが。「巣窟」 ㋒むらがり集まる所。「病巣・卵巣」 ②すくう。すごもる。「巣居」

そう【掃】 ソウ(サウ)㊥ はく㊥

(字義) ①ほうきではく。はらい清める。「掃除・掃拭・清掃」 ②すっかりはらいのぞく。「掃射・掃討・掃滅・一掃」 難読 掃墨 人名 のぶ

そう【曹】 ソウ(サウ)㊥ つかさ・ともがら

(字義) ①つかさ。㋐裁判をつかさどる官。「法曹」 ㋑役人。属官。「曹司」 ②自衛隊・旧陸海軍の階級の一つ。「曹長・軍曹・陸曹」 ③部屋。つぼね。「曹子・曹司」 ④ともがら。仲間。…たち。「児曹・爾曹」 難読 曹達 人名 とも・のぶ

そう【曽】〔人 曾〕 ソウ㊥・ゾ㊥・ソ かつて

(字義) ①かつて。これまでに経験がある。「曽遊・未曽有」 ②かさなる。直系親族の三親等を表す語。「曽祖父・曽祖母・曽孫」

そう【爽】 ソウ(サウ)㊥ さわやか㊥

(字義) ①さわやか。すがすがしい。「爽快・爽涼・颯爽」 ②あきらか。夜があけて明るい。「爽旦・昧爽」 ③群をぬいてすぐれている。「俊爽」 人名 あきら・さ・さや・さやか・さわ

そう【窓】 教6 ソウ(サウ) まど

(字義) ①まど。採光や通風のために壁にあけたまど。「窓下・窓辺・蛍窓・獄窓・車窓」 ②(まどがあるところから)部屋。学舎。「学窓・同窓」

そう【創】 教6 ソウ(サウ) つくる・きず・はじめる

(字義) ①きず。切りきず。「創痍・創傷・軽創・重創・刀創」

②いまでなかった物事をはじめる。はじめてつくる。はじめ。「創作・創始・創設・創造・創立・草創・独創」人名 そ・つくる・はじむ・はじめ・まさ

そう【喪】 ソウ(サウ)中 も中・うしなう

(字義) ①も。人の死後、近親者が一定期間中、物忌みして悲しみの意を表す礼。とむらいの礼。「喪服・喪礼・喪中・心喪・大喪・服喪」②うしなう。なくす。ほろびる。「喪失・喪心・敗喪」

そう【惣】 人 ソウ

(字義) そうじて。すべて。＝総。人名 おさむ・そ・のぶ・ふさ・みな

そう【湊】 人 ソウ あつまる・みなと

(字義) ①あつまる。あつめる。「輻湊」②みなと。船着き場。③皮膚のきめ。「湊理」人名 あつむ・すすむ

そう【瘦】【痩】 人 ソウ高・シュウ(シウ) やせる中

(字義) やせる。やせほそる。「痩軀・痩身・老痩」

そう【葬】 ソウ(サウ)中 ほうむる高

(字義) ほうむる。人の死後、遺体または遺骨を土中におさめる。また、その儀式。とむらい。「葬儀・葬式・火葬・土葬・埋葬」

そう【装】 教6【裝】人 ソウ(サウ)・ショウ(シャウ)中 よそおう高

(字義) ①よそおう。㋐飾る。みばえをととのえる。化粧する。「装飾・装身具・改装・新装・塗装」㋑とりつける。しかける。「装置・装塡・装備」②よそおい。㋐衣服。身なり。身じたく。「装束・衣装・盛装・服装・扮装・変装」㋑飾りととのえること。「外装・表装」

そう【装】 サゥ よそおい。したく。みじたく。「―を凝らす」

そう【僧】【僧】 人 ソウ中

(字義) →次項。「僧籍・僧徒・高僧・禅僧」難読 僧都

そう【僧】 出家して仏道を修める人。法師。「密教の―」類語 僧侶・坊さん・坊主・和尚・法師・出家・比丘・雲水・住職・住持・上人・寺僧・沙門・桑門・新発意

そう【想】 教3 ソウ(サウ)・ソ高 おもう・おもい

(字義) 心の中に思いうかべて考える。「想起・想見・想像・想念・回想・懐想・空想・幻想・構想・妄想・予想・連想」

そう【想】 サゥ 文学・芸術などの作品についての構想。「小説の―を練る」

そう【蒼】 人 ソウ(サウ) あおい

(字義) ①あお。あおい。草の青い色。こい青色。「蒼海・蒼穹・蒼天・蒼白・蒼浪」②草木のおい茂っているさま。「鬱蒼」③年老いたさま。頭髪にしらがのまじっているさま。「蒼猿・蒼枯・老蒼」④あわてるさま。＝倉・怱。「蒼惶・蒼卒」人名 しげる・たみ

そう【層】 教6【層】人 ソウ

(字義) ①重なる。上下幾重にも重なる。重なったもの。「層雲・層畳・層層・地層」②重なりの一つ一つ。「下層・上層・電離層」③特に地層をいう。「洪積層・断層」④二階以上重ねた建物。たかどの。「層閣・層楼・高層」⑤社会階級。地位・立場・年齢などから見た人の集団。「若年層・中間層・読者層・上層階級」

そう【層】 ①厚みをもって平たく幾重にも重なっているもの。重なり。「厚い雲の―」「―をなす」②地層。「粘土の―」③人々を職業・地位・能力などによって分けた集合体。階層。「選手の―が厚い」「幅広い―の支持を得る」

そう【槍】 人 ソウ(サウ)・ショウ(シャウ) やり

(字義) ①やり。長い柄の先に細長い刃をつけた武器。「槍幹・槍手」②突き進む。③草を刈る道具。④鉄砲。

そう【漕】 人 ソウ(サウ) こぐ

(字義) ①こぐ。舟をこいで進める。「漕手・漕艇・競漕・力漕」②はこぶ。舟で貨物をはこぶ。「漕運・運漕・回漕」

そう【漱】 人 ソウ すすぐ

(字義) ①くちすすぐ。口中を洗う。うがいをする。うがい。＝嗽。「盥漱・含漱・漱石枕流」②すすぐ。水で汚れを洗いおとす。水中でふるい清める。「漱浣・漱玉・漱濯」人名 きよし・そそぎ

そう【総】 教5【總】人 ソウ すべる・すべて・ふさ

(字義) ①一つにあつめ束ねる。ひとまとめにする。くくる。「総括・総合・総髪」②全体をおさめる。「総轄・総理」③すべての。全体の。「総数・総力」④ふさ。糸を束ねて先をばらばらに散らした飾り。⑤「上総の国」「下総の国」の略。「総州・総武・房総」難読 総角 人名 あき・あつむ・おさ・さ・そ・たかし・とし・のぶ・みち

そう【綜】 人 ソウ すべる

(字義) ①すべくくる。一つにまとめ合わせる。「綜括・綜合」②あつまる。「錯綜」③へ。機織りの道具で、たて糸を通し、整えるもの。参考 ①は書き換え字として「総」を用いる。人名 おさ

そう【聡】 人 ソウ さとい

(字義) 耳がよく聞こえる。さとい。かしこい。「聡敏・聡明・明聡」人名 あき・あきら・さ・さと・さとし・さとる・と・とき・とし・とみ

そう【遭】 ソウ(サウ)中 あう中

(字義) めぐりあう。でくわす。「遭遇・遭難・遭逢」

そう【噌】 人 ソウ(サウ)

(字義) ①かまびすしい。うるさい。②「味噌」は、大豆を煮てこうじと塩をまぜて発酵させた調味料。

そう【槽】 ソウ(サウ)中 おけ

(字義) ①かいばおけ。家畜の飼料を入れるおけ。「槽櫪・馬槽」②液体を入れる器。「水槽・浴槽」③おけの形をしたもの。「歯槽」

そう【◇箱】 サゥ (字義) →しょう(箱)

そう【踪】 ソウ中 あと

(字義) あと。あしあと。ゆくえ。「踪跡・失踪」

そう【操】 教6 ソウ(サウ) みさお高・あやつる中・とる

(字義) ①とる。手に持つ。「操觚・操筆」②あやつる。うまく使いこなす。「操業・操作・操縦・体操」③みさお。固く守って変えないこころざし。「操行・操守・情操・節操・貞操・風操」人名 あや・さお・まもる・みさ・もち

そう【燥】 ソウ(サウ)中 かわく

(字義) かわく。かわかす。湿気の少ないこと。「乾燥・風燥・高燥低湿」

そう【霜】 ソウ(サウ)高 しも中

(字義) ①しも。㋐水蒸気が地上のものに付着して凍ったもの。「霜葉・霜露・降霜・晩霜」㋑しものようにきびしい。「霜節・風霜・秋霜烈日」㋒しものように白い。「霜髪・霜毛」②一年の経

過。年月。「星霜」

そう【叢】（人）ソウ くさむら　（字義）①くさむら。やぶ。＝藪そう。「叢林・淵叢」②むらがる。㋐草が集まりしげる。「叢生・叢茂」㋑ひと所により集まる。集める。集めたもの。「叢書・叢話・談叢・論叢」〔難読〕叢雲むらくも・叢雨むらさめ

そう【贈】（字義）→ぞう(贈)

そう【騒】【騷】（人）ソウ（サウ）㊥ さわぐ㊥　（字義）①さわぐ。やかましく乱れさわぐ。さわぎ。「騒動・騒乱」②さわがしい。そうぞうしい。「騒音・騒然・物騒」③漢詩の一体。転じて、詩歌・風流。「騒客・騒人・風騒」

そう【騒】サウ　漢詩の一体。中国の戦国時代、楚その屈原くつげんの「離騒」に始まったもの。騒体。楚辞体。

そう【◇繰】ソウ（サウ）　くる㊥　（字義）①紺色のきぬ。②冠の垂れひも。③糸をくる。繭まゆから糸をとる。「繰糸」

そう【藻】ソウ（サウ）㊥　も㊥　（字義）①も。水中にはえる植物の総称。水草。「藻類・海藻・水藻」②あや。かざり。転じて、修辞に富んだ詩文。「藻思・詞藻・辞藻・文藻」

-そう【△艘】サウ（接尾）比較的小さい船を数える語。

そう【△箏】サウ〔音〕桐きりの胴に一三本の弦を張った和楽器。こと。箏の琴こと。「—曲」

そ-う【◇左右】サ—　①みぎとひだり。さゆう。②状況。ようす。③便り。知らせ。「吉—きっそう(＝よい知らせ)」

そ・う【沿う】ソフ（自五）ワ(オ)・イ(ツ)・ウ・ウ・エ・エ　①長く続いているもののそばから離れない状態を保つ。「海岸に—・った国道」②定められた物事に従う。基準から外れないで行動する。「既定方針に—・って実施する」〔可能〕そ・える(下一)⇩「使い分け」

そ・う【添う・◇副う】ソフ（自五）ワ(オ)・イ(ツ)・ウ・ウ・エ・エ　①今までのものがさらによくなるようにつけ加わる。加味される。「一段と趣が—」②そばから離れずにいる。つき従う。よりそう。「代理人として—・って行く」③夫婦となる。一緒になる。つれそう。「二人を—・わせる」④ぴったりする。「どうも気持ちが—・わない」⑤かなう。適応する。「期待に—」〔他〕そ・える(下一)〔可能〕そ・える(下一)⇩「使い分け」

〔使い分け〕「沿う・添う」

「沿う」は、離れないようにする意で、「川に沿って歩く」「上部団体の方針に沿う」などと使われる。

「添う」は、相手のそばにいる、つき従う、また、期待や目的にうまく合う意で、「夫に添う」「受験生に付き添う母親」「ご要望には添いかねます」などと使われる。

そうサウ　㊀(副)①そのように。「—思います」②(下に打ち消しの表現を伴って)それほど。「—難しくない」㊁(感)①相手の発言に対し、肯定・同意や軽い疑いの意を表す。「—、そのとおりです」「—、とても信じられないね」②思いついて言い出すときに発する語。「—、あれは去年の夏でした」〔語源〕「然さ」の転。

—は問屋とんやが卸おろさない（そんな安い値段では、問屋が品物を卸売りしないの意から）そんなに都合よくはいかないものだ。

ぞう【造】（教5）ゾウ（ザウ）　つくる・いたる　（字義）①つくる。つくり上げる。つくり。「造営・造園・造形・造反・造林・改造・贋造がんぞう・建造・醸造・製造・創造・築造・鋳造・捏造ねつぞう」②いたる。きわめる。「造詣ぞうけい」③あわただしい。にわかな。「造次顛沛ぞうじてんぱい」〔人名〕ぞ・なり・み

ぞう【象】ザウ（字義）→しょう(象)

ぞう【象】ザウ〔動〕ゾウ科の哺乳ほにゅう動物の総称。陸生動物のうち最大で、インドゾウ(アジアゾウ)・アフリカゾウ・マルミミゾウの三種があり、草食性。鼻は円筒状で長く、自由に物をつかむことができる。上あごに二本の長い牙きばをもつ。

ぞう【像】（教5）ゾウ（ザウ）　かたち・かたどる　（字義）①すがた。かたち。ようす。「映像・虚像・実像・想像・未来像」②似すがた。似顔。神仏・人・動物などに似せて、つくったり描いたりしたもの。「影像・画像・肖像・聖像・塑像・彫像・銅像・仏像」〔人名〕かた・しょう・すえ・たか・のり・み

ぞう【像】ザウ　①物のかたち。すがた。また、神仏・人・動物などの姿をまねた彫刻や絵画。「青銅の—」②〔物〕光の反射・屈折などによってうつる物体のかたち。「—を結ぶ」

ぞう【増】（教5）【增】（人）ゾウ　ます・ふえる・ふやす　（字義）①ます。ふえる。ふやす。「増加・増大・急増・激増・漸増・倍増」↔減　②おごりたかぶる。「増上慢・増長」〔人名〕なが

ぞう【増】多くなること。ふえること。「前年比三割の—」↔減

ぞう【憎】【憎】（人）ゾウ㊥　にくむ㊥・にくい㊥・にくらしい㊥・にくしみ㊥　（字義）にくむ。ねたみそねむ。にくしみ。きらう。いやがる。「憎愛・憎悪ぞうお・愛憎・怨憎」〔難読〕生憎あいにく

ぞう【雑】ザフ（字義）→ざつ(雑)

ぞう【蔵】（教6）【藏】（人）ゾウ（ザウ）　くら㊥・おさめる・かくす　（字義）①おさめる。内にしまいたくわえる。「蔵書・蔵本・所蔵・貯蔵・秘蔵」②かくす。しまいこむ。「蔵匿ぞうとく・腹蔵・埋蔵」③くら。物をしまっておく所。「経蔵きょうぞう・土蔵・宝蔵」④仏教で、すべてを包括するもの。教典。また、その書庫。「虚空蔵こくうぞう・三蔵・地蔵・大蔵経」〔難読〕蔵人くろうど・くらうど〔人名〕お・おさむ・ただ・とし・まさ・よし

ぞう【蔵】ザウ　所有していること。所蔵。「個人の—」「近代美術館—」

ぞう【贈】【贈】（人）ゾウ㊥・ソウ㊥　おくる㊥　（字義）おくる。㋐金品をおくり与える。おくりもの。「贈呈・贈与・贈賄・寄贈きぞう・きそう・受贈」㋑死後、朝廷から官位をおくる。また、その官位の上につける語。「贈位・追贈・贈正三位」

ぞう【臓】（教6）【臟】（人）ゾウ（ザウ）　（字義）はらわた。体腔たいこう内におさめられている諸器官。「臓器・臓物ぞうもつ・肝臓・五臓・心臓・腎臓じんぞう・内臓・肺臓・脾臓ひぞう」

そう-あい【相愛】サウ—　たがいに愛し合うこと。「相思—」

ぞう-あく【増悪】（名・自スル）病状が進んで悪化すること。

そう-あげ【総揚げ】（名・他スル）そこにいるすべての芸者・遊女を座敷に呼んで遊ぶこと。

そう-あたり【総当〔た〕り】①参加するすべての相手と試合をすること。「—戦」②くじ引きで、からくじのないこと。

そう-あん【草案】サウ—　文章・規約などの下書き。原案。草稿。「条約の—を作成する」↔成案

そう-あん【草△庵】サウ—　くさぶきの小さな家。わらぶき・かやぶきの粗末な家。くさのいおり。「—を結ぶ」

そう‐あん【創案】―（名・他スル）それまでになかったものを初めて考え出すこと。また、その考え。「彼の―した方法」

そう‐あん【僧△庵】僧の住むいおり。

そう‐い【相違】（名・自スル）比べ合わせて違いがあること。異なること。「事実と―する」参考「相異」とも書く。
―ない …にきまっている。まちがいない。「犯人は彼に―」

そう‐い【創△痍】―①刀などで受けた傷。切り傷。創傷。「満身―」②手ひどく受けた損害。

そう‐い【創意】―新たなものを作り出そうとする気持ち。また、独創的な新しい思いつき。「―工夫」「―を凝らす」

そう‐い【僧衣】僧の着る衣服。法服。僧衣。

そう‐い【僧位】―朝廷から贈られた、僧の位階。僧の位。法印・法眼・法橋など八階級あった。

そう‐い【総意】全員の意思や意向。「国民の―に基づく」

ぞう‐い【贈位】―（名・自スル）生前の功績によって死後に位階を贈ること。また、その位階。

そう‐いう（連体）そのような。そんな。「―話は聞かない」

そう‐いっそう【層一層】（副）「いっそう」を強めて言う語。いよいよ。ますます。「状況は―悪化する」

そう‐いん【僧院】―①僧の住居である建物。寺。寺院。②修道院。

そう‐いん【総員】―ある集団に属するすべての人員。全員。「―一〇〇名」

ぞう‐いん【増員】―（名・自他スル）人員・定員が増えること。また、増やすこと。「職員を―する」↔減員

そううつ‐びょう【△躁鬱病】〘医〙躁状態（＝気分が爽快で活動性の亢進した状態）と鬱状態（＝気分が沈み意欲の低下した状態）とが交互に出現する精神障害。双極性障害。

そう‐うら【総裏】洋服の全体に、裏地を付けたもの。

そう‐うん【層雲】〘気〙下層雲の一種。高度二〇〇〇メートル以下の低い所に水平の層をなす霧のような雲。霧雲。記号 St

そう‐え【僧◦衣】→そうい（僧衣）

ぞう‐えい【造営】―（名・他スル）神社・仏閣・宮殿などを建てること。「本殿を―する」

ぞうえい‐ざい【造影剤】―〘医〙X線写真では像が現れにくい臓器などのX線診断をしやすくするために用いる薬品。バリウム化合物・ヨード製剤など。

ぞう‐えき【増益】（名・自他スル）①利益がふえること。「増収―」↔減益 ②増し加わること。増し加えること。

そう‐えん【桑園】桑を植えた畑。桑畑。

そう‐えん【△蒼鉛】―→ビスマス

ぞう‐えん【造園】（名・自スル）庭園・公園などを造ること。「―業」

ぞう‐えん【増援】―（名・他スル）手助けする人数を増やすこと。人数を増やして援助すること。「―部隊を送る」

ぞう‐お【憎悪】―（名・他スル）激しくにくみきらうこと。「―の念をいだく」

そう‐おう【相応】―（名・自スル・形動ダ）ふさわしいこと。つりあうさま。相当。「実力―の結果」「身分不―な暮らし」

そう‐おく【草屋】①くさやわらで屋根をふいた家。わらや。②粗末な家。転じて、自分の家の謙称。

そう‐おん【△宋音】→とうおん（唐音）

そう‐おん【相恩】―先祖代々恩を受けること。「―の主家」

そう‐おん【騒音・△噪音】―①騒がしい音。うるさく感じられる音。「―防止」②〘物・音〙振動が不規則であったりきわめて短い間だけであったりして、特定の高さの定まらない音。非楽音。↔楽音 参考 ②は多く「噪音」と書く。

そう‐か【宗家】→そうけ（宗家）

そう‐か【挿花】花をいけること。いけばな。

そう‐か【喪家】―喪中の家。
―の狗（喪中の家で、悲しみのために家人が餌を与えるのを忘れてしまった犬という意から）元気がなく、やせおとろえている人。また、失意の人。〈史記〉

そう‐か【僧家】①僧の住む家。寺院。②僧。参考「そうけ」ともいう。

そう‐が【爪牙】―①つめときば。「―をとぐ」②人に害を与える行為。「―にかかる（＝犠牲となる）」③手足となって働く家来。頼みとなる家来。「―の臣」

そう‐が【挿画】挿絵。

そう‐が【装画】書物の装丁に使われている絵。

ぞう‐か【造化】①宇宙・万物を創造する神。造物主。②天地万物。宇宙。大自然。「―の妙」

ぞう‐か【造花】紙・布・ビニールなどで生花に似せて作った、人工の花。↔生花

ぞう‐か【増加】（名・自他スル）数量や程度が増えること。また、増やすこと。「―の一途をたどる」「人口―」↔減少

ぞう‐か【雑歌】―〘文〙和歌の部立ての一つ。「万葉集」では相聞・挽歌に属さない歌のすべて。「古今集」以下の勅撰集では、四季・恋・賀・羇旅などのどれにも分類できない歌。雑の歌。くさぐさの歌。

そう‐かい【壮快】（名・形動ダ）元気さかんで気持ちのよいこと。勇ましくこころよいこと。また、そのさま。「―な気分」

そう‐かい【桑海】―（桑田変じて滄海となるの意で）桑畑が変わって青海原になるように、世の中が激しく移り変わること。

そう‐かい【爽快】（名・形動ダ）さわやかでこころよいこと。また、そのさま。「―感」「―な目覚め」

そう‐かい【掃海】―（名・他スル）船舶の安全航行のために、海中にある機雷などの危険物を取り除くこと。「―艇」

そう‐かい【△滄海・△蒼海】―青い海。大海。
―の一粟（大海の中の一粒の粟の意から）広大なものの中のきわめて小さいもの。天地間において、人間の小さくはかないことのたとえ。参考 類似のことば―大海の一滴・大海の一粟。
―変じて桑田となる（青海原が桑畑に変わる意から）世の中の変遷が激しいことのたとえ。桑田変じて滄海となる。滄桑の変。滄海桑田。

そう‐かい【僧階】僧の階級。⇩僧位

そう‐かい【総会】―ある団体の関係者全員が参加する会合。その団体の最高議決機関となる。「株主―」「生徒―」
―や【―屋】わずかな持ち株で株主総会に出席し、いやがらせをして金銭を得たり、その会社から金をもらって他の株主の発言を封じたりすることを常習としている人。

そう‐がい【窓外】窓の外。「―の風景」

そう‐がい【霜害】―秋の早霜、春の遅霜などによって農作物・樹木などが受ける害。

そう‐がかり【総掛〔か〕り】①全員で協力して事にあたること。総動員。「家中―で準備する」②総攻撃。③要した費用の総計。

そう‐かく【総画】―一つの漢字の画数の合計。「―索引」

そう‐かく【騒客】―詩歌・文章を作る人。風流人。騒人。

そう‐がく【△宋学】中国、宋の時代に確立した儒学。特に、南宋の朱子が集大成した朱子学をさす。

そう‐がく【奏楽】（名・自他スル）音楽を演奏すること。また、演奏される音楽。

そう-がく【総額】 全体を合計した額。全額。「―表示」

ぞう-がく【増額】(名・他スル) 金額や数量を増やすこと。また、増やした金額・数量。「予算の―をはかる」↔減額

そう-かつ【総括】―(名・他スル) ①全体をひとまとめにすること。統括。「各意見を―する」②一連の活動や運動を、反省・評価してまとめること。「今年度の活動を―する」

―しつもん【―質問】 審議される議案全般にわたり総合的に行う質問。

―てき【―的】(形動ダ) 個々のものをひとまとめにするさま。全般にわたるさま。「―な意見」

そう-かつ【総轄】(名・他スル) 全体をとりしまること。全体をとりまとめること。「―責任者」「事務を―する」

そう-がな【草仮名】― 漢字(万葉仮名)の草書体をさらにくずした仮名字体。これをさらに簡略化したものが平仮名。

そうか-へいきん【相加平均】―《数》いくつかの数を全部加え、その個数で割って得る数。算術平均。↔相乗平均

そう-がら【総柄】 布地などの全体に模様がついていること。また、その布地。「―の着物」

そう-かん【壮観】(名・形動ダ) 規模が大きく雄大なさま。また、そのながめ。偉観。「冬山の景色は―だ」

そう-かん【相姦】―(名・自スル) 社会通念上関係を結ぶことが許されない間柄の男女が肉体関係を結ぶこと。「近親―」

そう-かん【相関】(名・自スル) 二つ以上のものがたがいに関係し合っていること。「―図」「―する二つの問題」

―かんけい【―関係】 一方が変化すると、それに応じて他方も変化するような関係。「二つの事柄は―にある」

そう-かん【送還】―(名・他スル) 人を送り返すこと。「強制―」「本国に―する」

そう-かん【創刊】―(名・他スル) 雑誌・新聞などの定期刊行物を新しく刊行すること。発刊。「―号」↔廃刊

そう-かん【僧官】― 朝廷から与えられた、僧の官名。僧正・僧都・律師など。

そう-かん【総監】 軍隊・警察など大きな組織の事務や人員の全体を統率し監督する役。また、その人。「警視―」

そう-がん【双眼】― 両方の目。両眼。↔隻眼

―きょう【―鏡】 二つの望遠鏡を平行に並べ、両眼にあてて遠くを拡大して見るようにした光学器具。

ぞう-かん【増刊】(名・他スル) 雑誌などの定期刊行物で、定期以外に刊行すること。また、そのもの。「臨時―」「―号」

ぞう-がん【象眼・象嵌】―(名・他スル) ①金属・陶器・木材などの表面に模様を刻んで金銀などをはめこむこと。また、その作品。「―細工」②印刷で、鉛版の修正する部分をくり抜き、別の活字などをはめて訂正すること。

そう-き【早期】― 早い時期。初めのころ。「癌の―発見」

そう-き【爽気】― ①さわやかな気分。すがすがしい心持ち。②さわやかな大気。㊍秋

そう-き【想起】―(名・他スル) 過去にあったことを思い起こすこと。「事件を―する」

そう-き【総記】 ①全体をまとめた記述。②十進分類法による図書分類目の一つ。特定の分野には分類できない百科事典・新聞・雑誌などが属する。

そう-ぎ【争議】― ①たがいに自分の意見を主張して争い論じ合うこと。「家庭―」②「労働争議」の略。「―行為」

―けん【―権】《法》労働者が、使用者に労働条件の改善などを認めさせるために、団結してストライキなどの争議行為を行う権利。団体行動権。憲法で保障される労働三権の一つ。

そう-ぎ【葬儀】― 死者をほうむる儀式。葬式。とむらい。

そうぎ〔宗祇〕→いいおそうぎ

ぞう-き【造機】― 機関・機械の設計や製造。

ぞう-き【雑木】― 用材にならない種々雑多な木。主としてたきぎや炭にする。また、いろいろな樹木。雑木。

―ばやし【―林】 種々雑多な木が混じって生えている林。

ぞう-き【臓器】―《生》内臓の諸器官。

―いしょく【―移植】《医》機能の損なわれた臓器を取り除き、他から正常な臓器を移植すること。

そう-きゅう【早急】(名・形動ダ)→さっきゅう(早急)

そう-きゅう【送球】― ㊀(名・自スル) ①野球で、野手が他の野手にボールを投げること。②サッカー・バスケットボールなどで、ボールをパスすること。㊁(名)「ハンドボール」のこと。

> **ちがい**「送球」・「投球」
> ともに野球で、選手が球を投げるのを表す語。「送球」は野手間で球を投げることをいい、throw に当たる。「投球」は投手が打者に対して球を投げることをいい、pitch に当たる語である。

そう-きゅう【蒼穹】― 青空。大空。蒼天。

ぞう-きゅう【増給】―(名・自他スル) 給料が増えること。また、給料を増やすこと。↔減給

そうきゅう-きん【双球菌】―《医》球形の細菌が二つ対になってつながったもの。肺炎双球菌など。

そう-きょ【壮挙】― 大きな目的をもった勇ましい計画や行動。壮図。雄図。「太平洋横断の―」

そう-ぎょ【草魚】―《動》コイ科の淡水魚。体長一―二メートルに達する。雑食性で水草を好む。

そう-きょう【躁狂】 狂ったように騒ぐこと。

そう-ぎょう【早暁】 夜が明けるころ。明け方。払暁。

そう-ぎょう【創業】(名・自スル) 事業を始めること。起業。「―者」「―三十周年記念」

そう-ぎょう【僧形】― 頭髪をそり、衣や袈裟をつけた僧の姿。僧の身なり。僧体。

そう-ぎょう【操業】(名・自スル) 機械などを動かして作業すること。「自転車―」「工場の―を停止する」

―たんしゅく【―短縮】(名・自スル)《経》生産過剰による価格の低下や利潤の減少を防ぐために、機械の一部をとめたり操業時間を短くしたりして、生産を減らすこと。操短。

ぞう-きょう【増強】―(名・他スル) 力・人員・設備などを増やしてはたらきをより強くすること。強化。「体力―」

そう-きょういく【早教育】 学齢に達する前や通常より早い段階から行う教育。早期教育。

そう-きょく【箏曲】―《音》箏による楽曲。琴の曲。

そうきょく-せん【双曲線】―《数》平面上の二定点(焦点)F、F′からの距離の差が一定になる点の軌跡。

F′　F

〔そうきょくせん〕

そう-ぎり【総桐】 全体が桐材でできていること。また、そのもの。「―の簞笥」

そう-きん【送金】(名・自スル) 金銭を送ること。また、その金銭。「―が途絶える」

―かわせ【―為替】《商》現金の代わりに送金手形を送って、銀行や郵便局を通じて支払う方式。並為替。

ぞう-きん【雑巾】― ふきそうじで、床などのよごれをふきとるための布。「―がけをする」

そうきん‐るい【走▵禽類】→そうちょうるい

そう‐く【走▵狗】（狩りでえものを追い立てる犬の意で）人の手先となって働く者をいやしめていう語。「権力の—となる」

そう‐く【瘦▵軀】やせたからだ。痩身。「長身—」

そう‐ぐ【葬具・喪具】葬儀に用いる道具。葬式用具。

そう‐ぐ【装具】①化粧の道具。②武装用具・登山用具・医療用具など、装備として身につける道具。「登山用—」

そう‐くう【▵蒼空】青空。大空。蒼天。

そう‐ぐう【遭遇】（名・自スル）思いがけない人や事柄に出会うこと。偶然に出くわすこと。「敵と—する」「危険に—する」

用法 ふつう、よくないことに出会ったときにいう。

そう‐くずれ【総崩れ】戦闘などで、陣形が乱れてばらばらになること。また、試合・競技などで、あるグループの全員が負けること。「大関陣が—になる」

そう‐くつ【巣窟】悪者や賊などが隠れ住んでいる場所。隠れ家。ねじろ。「悪の—」

そう‐ぐるみ【総ぐるみ】全員が一体となること。全員が一致団結して行動すること。「島民—の防災訓練」

そう‐ぐん【総軍】すべての軍隊。全軍。総軍勢。

そう‐け【宗家】一族一門の本家。また、芸道などで、一派の正統を伝える中心の家。家元。宗家。「茶道の—」

そう‐け【僧家】→そうか(僧家)

ぞう‐げ【象牙】ゾウのきば。上あごにある長大な二本の門歯。古来、彫刻や工芸の材として珍重された。アイボリー。

—の‐とう【—の塔】俗世間から離れてひたすら研究や芸術の生活を送る、孤高の境地。また、学究生活や大学の研究室などの閉鎖的社会。語源 一九世紀のフランスの文芸評論家サント＝ブーブが、詩人ビニーの態度を批評して言った、la tour d'ivoire の訳語。

そう‐けい【早計】早まった考え。軽はずみな判断。「今の段階であきらめるのは—だ」

そう‐けい【総計】（名・他スル）全部の数を合計すること。また、その数。総数。総和。「—を出す」↔小計

そう‐げい【送迎】（名・他スル）人を送ったり迎えたりすること。送り迎え。「—バス」「車で—する」

ぞう‐けい【造形・造型】（名・自スル）絵画・彫刻・建築など、形のあるものを造ること。

—びじゅつ【—美術】形・色・明暗などがあって視覚に訴える美術の総称。絵画・彫刻・建築・装飾など。造形芸術。

ぞう‐けい【造詣】学問・芸術・技術などのある分野に関して広い知識と深い理解をもっていること。「書に—が深い」

ぞうげかいがん【象牙海岸】→コートジボワール

そうけ‐だ・つ【総毛立つ】（自五）（寒さやおそろしさなどのために）ぞっとして全身に鳥肌が立ったようになる。身の毛がよだつ。「見るだけで—」

ぞう‐けつ【造血】（名・自スル）生理的なはたらきによって、体内で血液をつくりだすこと。「—機能」「—細胞」「—剤」

—き【—器】〔生〕体内で血液をつくる器官。血球、特に赤血球をつくる器官。骨髄・脾臓など。

ぞう‐けつ【増血】（名・自スル）体内の血液を増やすこと。血液が増えること。「—作用」

ぞう‐けつ【増結】（名・他スル）列車にさらに車両をつないで台数を増やすこと。「車両を—する」

そう‐けっさん【総決算】（名・自他スル）①収入・支出の全部をある時期のしめくくりとして計算すること。「今年度の—」②物事をしめくくって結末をつけること。「長年の研究の—」

そう‐けん【双肩】左右の肩。両肩。また、責任・任務などを担うもののたとえ。「優勝を—に担う」「国の将来は若者の—にかかっている」

そう‐けん【壮健】（名・形動ダ）元気でじょうぶなこと。また、そのさま。「身体—」

そう‐けん【送検】（名・他スル）〔法〕被疑者や捜査書類・証拠物件などを警察から検察庁へ送ること。「書類—」

そう‐けん【創見】それまでにない独創的な考えや見解。「—に富む」

そう‐けん【創建】（名・他スル）建物や組織を初めてつくること。「二〇〇年前に—された社」

そう‐けん【想見】（名・他スル）想像して考えてみること。

そう‐けん【総見】（名・他スル）演劇・相撲などを後援団体が全員で見物すること。総見物。「稽古—」

そう‐げん【草原】①一面に草の生えている野原。「大—」②草本植物だけが生育している原野。ステップ・サバンナなど。

ぞう‐げん【造言】つくりごと。うそ。デマ。「—蜚語」

ぞう‐げん【雑言】→ぞうごん

ぞう‐げん【増減】（名・自他スル）増えることと減ること。また、増やすことと減らすこと。「人口の—」

そう‐こ【倉庫】品物などを保管・貯蔵する建物。くら。

そう‐こ【操▵觚】筆をとって詩文を作ること。文筆に従事すること。参考「觚」は古代中国で文字を書き付けた木の札。

—かい【—界】文筆家や新聞・雑誌の記者の社会。言論の世界。ジャーナリズム。

そう‐ご【壮語】（名・自スル）意気さかんな言葉。えらそうなことを言うこと。また、その言葉。壮言。「大言—」

そう‐ご【相互】①たがいに働きかけがあること。「—作用」「—乗り入れ」②かわりばんこ。交互。「—に発言する」

—がいしゃ【—会社】〔商〕社員の相互保険を目的とする特殊な会社形態。非営利法人。相互保険会社。

—ぎんこう【—銀行】〔商〕一九五一（昭和二十六）年に制定された「相互銀行法」に基づき、おもに無尽業務などを行った銀行。一九九三（平成五）年に廃止。

—ふじょ【—扶助】たがいに助け合うこと。「—の精神」

ぞう‐ご【造語】新しい言葉をつくること。また、その言葉。ふつう既成の単語や造語成分を組み合わせてつくる。

—せいぶん【—成分】一つの単語が二つ以上の意味単位に分けられる場合、その一つ一つの単位。「共同」の「共」と「同」、「近づく」の「ちか」と「つく」など。

そう‐こう【壮行】旅立つ人の前途を祝し、はげますこと。「—会」

そう‐こう【走向】〔地質〕傾斜した地層面と水平面との交線のとる方向。傾斜とともに地層の位置を示す。

そう‐こう【走行】（名・自スル）自動車などが走ること。「—距離」

そう‐こう【奏功】（名・自スル）物事をなしとげ、目的どおりの結果が得られること。功を奏すること。「説得が—する」

そう‐こう【奏効】（名・自スル）ききめが現れること。よい結果をうむこと。「新人の起用が—した」

そう‐こう【草稿】下書き。草案。原稿。「脚本の—」

そう‐こう【装甲】（名・自スル）①よろい・かぶとに身を固めること。武装すること。②敵弾を防ぐために、船体・車体などに鋼鉄板を張ること。また、そのもの。「—車」

そう‐こう【▵艙口】船の上甲板にある貨物の出し入れ口。艙口。ハッチ。

そう‐こう【操行】日常の行い。品行。素行。「—がいい」

そう‐こう【霜降】二十四気の一つ。霜の降りはじめるころ

で、陽暦では十月二十三日ごろにあたる。秋

そう-こう【糟糠】①酒かすと米ぬか。②粗末な食物。

—の-つま【—の妻】貧しい時から苦労を共にしてきた妻。【故事】後漢の光武帝が、未亡人の姉の湖陽が再婚を望んだ高官の宋弘に「富めば妻を易う(=とりかえる)ということわざがある」と語りかけたとき、宋弘は「糟糠の妻は堂より下さず(=離縁できません)」と答えたことからいう。〈後漢書〉

そう-こう【然う斯う】(副・自スル) あれやこれや。何やかや。とやかく。「—しているうちに」

そう-こう【倉皇・蒼惶】(トタル) あわただしいさま。あたふたとあわてるさま。「—として退出する」文(形動タリ)

そう-ごう【相好】人の顔かたち。顔つき。表情。

—を崩す 今までの表情を変えて、にこにこする。

そう-ごう【僧号】僧になって、俗名にかえてつける名。

そう-ごう【総合・綜合】(名・他スル) ①いろいろなものを一つにまとめること。「皆の意見を—する」②〔哲〕認識を拡大すること。また、弁証法においてたがいに矛盾する概念をより高い概念に止揚すること。(↔分析)

—がくしゅう【—学習】学校教育で、特定の教科や科目に限定せず、総合的に行う学習。

—げいじゅつ【—芸術】各種の芸術の要素を総合した芸術。オペラ・演劇・映画など。

—ざっし【—雑誌】政治・経済・文学・諸科学など、社会活動の多くの分野に関する評論・創作などをのせた雑誌。

—しょく【—職】企業におけるコース別人事制度で、総合的な業務にあたる職。昇進に限度がない。↔一般職

—だいがく【—大学】各種の学部をもつ大学。ユニバーシティー。↔単科大学

ぞう-ごう【贈号】(名・自スル) 死後に称号をおくること。また、その称号。おくりな。諡号。

そう-こうげき【総攻撃】(名・他スル) 全軍がいっせいに攻撃すること。また、大勢がいっせいに非難すること。「—をかける」

そう-こく【相克・相剋】(名・自スル) ①対立するものがたがいに争うこと。「肉親間の—」②五行説で、木は土に、土は水に、水は火に、火は金に、金は木に勝つこと。↔相生

そう-こん【爪痕】つめのあと。つめあと。災害などが残した被害のあと。「雪崩の—」

そう-こん【早婚】世間一般よりも若い年齢で結婚すること。↔晩婚

そう-こん【創痕】刃物などの切り傷のあと。

そう-ごん【荘厳】一(名・形動ダ) おごそかでりっぱなこと。いかめしく荘重なこと。また、そのさま。「—な儀式」二(名・他スル) →しょうごん一

ぞう-ごん【雑言】いろいろの悪口。ぞうげん。「悪口—のかぎりをつくす」

そうこん-もくひ【草根木皮】草の根と木の皮。漢方で薬剤として使うものの称。そうこんぼくひ。

そう-さ【走査】①対象となる物を装置を用いて画像データとして読み取ること。スキャン。②テレビやファクシミリで、画像を多くの点に分解し、その濃淡を電流の強弱にかえて送信すること。また受信の際、逆の操作で画像を再現すること。

—せん【—線】画像を構成している多くの点を一定の順序で連ねた線。

そう-さ【捜査】(名・他スル) ①さがして取り調べること。②〔法〕捜査機関が、犯人を発見し、犯罪の証拠などを収集して調べること。「強制—」「事件を—する」

そう-さ【操作】(名・他スル) ①機械などを操って動かすこと。「遠隔—」②物事を自分のつごうのいいように操ること。うまくやりくりして処理すること。「帳簿を—する」

ぞう-さ【造作・雑作】①手間がかかること。手数。めんどう。「何の—もなくできた」「無—」②もてなし。ごちそう。

—な・い【—無い】(形) たやすい。かんたんだ。「この仕事をかたづけるのは—ことです」文ざうさな・し(ク)

そう-さい【相殺】(名・他スル) (「殺」は、へらす意) ①差し引きゼロにすること。帳消しにすること。「貸し借りを—する」②〔法〕たがいに同種の債務があるとき、たがいの債務を差し引いて消滅させること。参考「そうさつ」は誤読。

そう-さい【葬祭】葬式と祖先の祭り。「冠婚—」

そう-さい【総裁】党派・団体などの長として全体をまとめつかさどる職務。また、その人。「日本銀行—」

そう-ざい【総菜・惣菜】日常の食事のおかず。副食物。

そう-さく【捜索】(名・他スル) ①ゆくえのわからない人や物をさがし求めること。「—隊」②〔法〕裁判所や捜査機関が被疑者や証拠物を発見するために、人の身体・物件・住居などについて強制的にさがし調べること。「家宅—」

そう-さく【創作】(名・他スル) ①新しいものを最初に作り出すこと。「—料理」②文学作品やその他の芸術作品を作ること。また、その作品。「—活動」③つくりごと。うそ。作り話。「この話は彼の—だ」

ぞう-さく【造作】一(名) ①建物内部の装飾や建具。②〔俗〕顔のつくり。目鼻立ち。顔かたち。「—が整っている」二(名・他スル) ①つくること。②家を建てること。参考「ぞうさ」と読めば別の意になる。

ぞう-さつ【増刷】(名・他スル) (一度印刷したあとに)追加して印刷すること。増し刷り。重刷。

そう-ざらい【総浚い】(名・他スル) ①それまでに習ったこと、学んだことを全部復習すること。②演劇・音楽などで、公演前に出演者全員で行う最終的なけいこ。総げいこ。

そう-ざん【早産】(名・自他スル) 胎児が予定より早い時期に産まれること。月足らずで出産すること。参考妊娠二二週から三七週未満の分娩をいう。

ぞう-さん【増産】(名・他スル) 生産高を増やすこと。「部品を—する」↔減産

ぞうざん-うんどう【造山運動】〔地質〕褶曲や隆起・沈降などによって山脈を形成してゆく地殻の変動。

そう-し【壮士】①血気さかんな男子。壮年の男子。②明治時代の、自由民権運動の活動家。「—芝居」③定職につかず、人の依頼を受けて脅迫や談判などをする男。

—げき【—劇】「壮士②」が自由民権思想の宣伝のために始めた演劇。一八八八(明治二十一)年に自由党壮士の角藤定憲が上演。のち、川上音二郎がうけついで新派劇の母体となった。壮士芝居。書生芝居。

そう-し【相思】たがいに恋しく思い合うこと。

—そうあい【—相愛】たがいに恋しく思い、愛し合っていること。「—の仲」

そう-し【草紙・草子・双紙・冊子】①綴じた書物。②仮名書きの書物の総称。日記・物語・歌書など。③絵を主とした、また、絵入りの通俗的な小説。室町時代から江戸初期にかけてさかんに出版された「草双紙」「御伽草子」「浮世草子」など。④紙を綴じて作った習字の練習帳。「手習い—」

そう-し【創始】(名・他スル) その物事を最初に始めること。また、物事の始まり。「—者」

そうし【荘子】(生没年未詳) 中国、戦国時代の思想家。荘子は尊称。名は周。宋の人。老子の無為自然の思想を発

展させた。老子と合わせて老荘とならび称される。著書「荘子」。[参考]「曽子(そうし)」との混同を避けて「そうじ」とも読む。

そうし〔曽子〕→そうしん(曽参)

そう-じ【走時】《地質》地震波が、震源から観測点に到達するのに要した時間。

そう-じ【草字】—(サウ) 草書体の文字。

そう-じ【相似】—(サウ) (名・自スル) ①《数》一つの図形を拡大または縮小して移動すると、他の図形と完全に重ね合わせることができる関係にあること。「—形」②姿・形などが、たがいによく似ていること。③《動・植》異種の生物の器官で、発生の起源は別であるが、形態や機能が似ていること。鳥類のつばさと昆虫のはねなど。⇩相同

そう-じ【送辞】去って行く人を送る言葉。特に、卒業式で、在校生が卒業生におくる言葉。↕答辞

そう-じ【掃除】(サウヂ) (名・他スル) 掃いたり拭いたりして、ごみ・よごれをとり去ってきれいにすること。清掃。「部屋を—する」「—機」「大—」

ぞう-し【◇曹司】—(ザウ)《古》①中古以後の宮中または諸役所などの役人や女官の部屋。つぼね。②まだ独立していない部屋住みの貴族の子弟。「御(おん)—」

ぞう-し【増資】(名・自スル) 資本金を増やすこと。↕減資

ぞう-し【贈△諡】死後、その人の徳をたたえて称号をおくること。また、その称号。おくりな。

ぞう-じ【造次】—(ザウ) ①あわただしいこと。②わずかなひま。

—てんぱい【—顛△沛】(「顛沛」はつまずき倒れる意)わずかの間。つかのま。[語源]「論語・里仁」から出た語。

そう-しき【相識】—(サウ) たがいに相手を知っていること。また、その人。顔見知り。知りあい。「—の仲」

そう-しき【葬式】—(サウ) 死んだ人をほうむる儀式。「—を出す」[類語]葬儀・葬礼・弔い・野辺の送り・密葬・仮葬・本葬・葬送

そう-しき【総指揮】全体を取り仕切り、指図すること。「製作—」

ぞう-しき【雑色】—(ザフ)《日》①院・御所・摂関家などに属して雑役についた無位の役人や召使。②蔵人所(くろうどどころ)に置かれた下級職員。③鎌倉・室町時代に幕府の雑役についていた者。

そう-じしょく【総辞職】(名・自スル) 全員がそろって辞職すること。特に、内閣総理大臣とすべての国務大臣がそろって辞職すること。「内閣—」

そう-した—(サウ) (連体) そのような。そんな。そういう。「—場合のことも考えておかなければならない」[語源]副詞「そう」+サ変動詞「する」の連用形「し」+完了の助動詞「た」

そう-しつ【宗室】①一門の本筋となる家。本家。②皇族。

そう-しつ【喪失】—(サウ) (名・他スル) なくすこと。失うこと。「記憶—」「自信を—する」[用法]おもに抽象的・精神的な事柄に用いられる。

そう-して【◇然うして】—(サウ) (接) それから。そして。さらに。「友達と食事をした。—映画を見た」

そうじ-て【総じて】(副) 全体的にいうと。おおよそ。概して。「作柄は—平年並みだ」

そう-じまい【総仕舞〔い〕】—(ジマヒ) (名・他スル) ①全部をすますこと。②全部を売り切ること。また、買い切ること。

そう-じめ【総締め】①全体をまとめた計算。総計。②全体を統率すること。また、その人。

そう-しゃ【壮者】—(サウ) 働きざかりの人。壮年の人。

そう-しゃ【走者】①走る人。走り手。ランナー。「リレーの第二—」②野球で、出塁した人。ランナー。「—一掃の三塁打」

そう-しゃ【奏者】①楽器を演奏する人。「オルガン—」②天皇・上皇に奏上(そうじょう)する人。また、将軍家・大名家などで、主君に諸事を取り次ぐ役職の人。

そう-しゃ【相者】—(サウ) 人相を見る人。人相見。相者(そうじゃ)。

そう-しゃ【掃射】—(サウ) (名・他スル) 機関銃などで、なぎ払うように左右に連続して撃つこと。「機銃—」

そう-しゃ【操車】—(サウ) (名・自スル) 列車・電車・バスなどの、車両の編成・入れ替えなどをすること。「—場」

ぞう-しゃ【増車】(名・自他スル) 車両の台数や運行本数を増やすこと。「タクシーを—する」↕減車

そう-しゅ【双手】—(サウ) 両方の手。もろ手。↕隻手

そう-しゅ【宗主】おおもととして尊ばれる長。

—けん【—権】一国が他国の内政・外交を管理する権力。

—こく【—国】従属国に対する宗主権を持っている国。

そう-しゅ【△漕手】—(サウ) 舟やボートをこぐ人。こぎ手。

そう-しゅ【操守】—(サウ) 一度心にきめたことをかたく守って変えないこと。節操。みさお。

そう-じゅ【送受】(名・他スル) 送ることと受けとること。送信と受信。「画像データを—する」

—しん【—信】(名・他スル) 信号や電子メールなどを送ったり受けたりすること。

ぞう-しゅ【造酒】—(ザウ) 酒をつくること。酒造。

そう-しゅう【早秋】(サウシウ) 秋の初め。初秋。[秋]

そう-しゅう【爽秋】(サウシウ) さわやかで心地よい秋。「—の候」

そう-しゅう〔相州〕(サウシウ)「相模(さがみ)の国」の異称。

そう-じゅう【操縦】—(サウ) (名・他スル) ①機械などを思うとおりに操って動かすこと。特に、航空機を動かすこと。「—士」②人を自分の思うままにあやつり動かすこと。「部下の—がうまい」

—かん【—△桿】航空機を操縦するための棒形の装置。

ぞう-しゅう【増収】—(シウ) (名・自スル) 収入や収穫高が増えること。「—を図る」「米の—」↕減収

そう-しゅうにゅう【総収入】—(シウニフ) 全体の収入。総収。

ぞう-しゅうわい【贈収賄】—(シウワイ) 賄賂(わいろ)を贈ることと受け取ること。贈賄と収賄。

そう-じゅく【早熟】—(サウ) (名・形動ダ) ①年齢の割に精神・身体の発育が早いさま。ませていること。早成。「—な子供」②果物・穀物がふつうより早く熟すこと。わせ。↕晩熟

そう-しゅつ【創出】—(サウ) (名・他スル) 物事を新たにつくりだすこと。「新たな文化の—」

そう-しゅつ【△簇出】(名・自スル) むらがり出ること。ぞくしゅつ。「戦後に—した新しい主義主張」

そう-じゅつ【△槍術】—(サウ) 槍(やり)を使う武術。

そう-しゅん【早春】—(サウ) 春の初め。初春。浅春。[春]

そう-しょ【草書】—(サウ) 漢字の書体の一つ。行書をさらにくずしたもの。草体。草字。⇩書体(さしえ)

そう-しょ【△叢書・双書】—(ソウ)・—(サウ) 続けて刊行する同型・同種類の書物。シリーズ。[参考]「双書」は代用字。

ぞう-しょ【蔵書】—(ザウ) 書物を所蔵すること。また、その書物。蔵本。「—家(=多くの書物を所有する人)」

そう-しょう【宗匠】—(シヤウ) 文芸・技芸に熟達し、師として人に教える人。特に、和歌・俳句・茶道・生け花などの師匠。

そう-しょう【相承】—(サウ) (名・他スル) 学問・技術などを次々に受け継いで、伝えること。そうじょう。「師資—」「父子—」

そう-しょう【相称】—(サウ) たがいにつりあいがとれていること。特に、左右または上下が対応する形になっていること。対称。シンメトリー。「左右—」

そう-しょう【創傷】(サウシヤウ) 刃物などで体に受けたきず。

そう-しょう【総称】(名・他スル) ある共通点をもついくつか

のものをひとまとめにして呼ぶこと。また、その呼び名。「大衆的な演芸・娯楽を—して芸能という」

そう-じょう【奏上】ジャウ—（名・他スル）天皇・国王などに申し上げること。上奏。奏聞（そうもん）。

そう-じょう【相生】サウジャウ 五行説で、木から火が、火から土が、土から金が、金から水が、水から木が生じること。相生（そうしょう）。↔相克

そう-じょう【相乗】サウ—（名・他スル）〘数〙二個以上の数をかけ合わせること。また、その積。

—こうか【—効果】カウクワ 相乗作用によって得られる効果。

—さよう【—作用】いくつかの要因が重なって、単にそれぞれのはたらきを合わせたものより大きな効果をもたらすこと。

—せき【—積】〘数〙二つ以上の数をかけ合わせた数値。

—へいきん【—平均】〘数〙n個の数を全部かけ合わせた積のn乗根。幾何平均。↔相加平均

そう-じょう【葬場】サウヂャウ 葬式をする所。葬儀場。斎場。

そう-じょう【僧正】ジャウ—〘仏〙僧の階級の一つ。僧都（そうず）の上に位する最上位。のち大僧正・僧正・権（ごん）僧正に分かれた。

そう-じょう【層状】ジャウ— 幾重にも重なって、層をなしている状態。「—の雲」

そう-じょう【騒△擾】サウゼウ（名・自スル）さわぎ乱れること。さわぎを起こし、世の中の秩序を乱すこと。騒動。騒乱。

—ざい【—罪】→そうらんざい

ぞう-しょう【増床】シヤウ—（名・自他スル）①病院などのベッド数を増やすこと。②売り場などの床面積を広げること。

ぞう-しょう【蔵相】ザウシヤウ 大蔵省の長官。大蔵大臣。

そうしよう-しょくぶつ【双子葉植物】サウシエフ—〘植〙被子植物中、胚（はい）に二枚の子葉があるもの。葉の多くは広葉で、網状葉脈。茎は維管束が輪状に並び、肥大成長する。バラ科・キク科など。双子葉類。↔単子葉植物

そうじょう-の-じん【△宋△襄の仁】ソウジャウ— 無用の情けをかけること。無益な思いやり。【故事】宋の襄公が、大敵の楚（そ）と戦ったとき、家臣が、敵がまだ陣を構えないうちに攻撃するように進言したが、襄公は「君子は人の困難につけこんで苦しめてはならない」と言った。このため機を失って、逆に楚に破られてしまったことからいう。〈左伝〉

そうしょう-ひん【装粧品】サウシヤウ— 装身具・化粧品・化粧用具などの総称。小間物。

ぞうじょう-まん【増上慢】ゾウジャウ— ①〘仏〙悟っていないのに、悟りを得たと思っておごりたかぶること。また、その人。②自分の力を過信してつけあがること。また、その人。「—な態度」

そう-しょく【草食】サウ—（名・自スル）草をおもな食物とすること。「—動物」⇩肉食・雑食

—どうぶつ【—動物】〘動〙草などの植物質を常食とする動物。⇩肉食動物

そう-しょく【装飾】サウ—（名・他スル）美しく見えるようによそおいかざること。かざりつけ。「室内—」「—品」

—おん【—音】〘音〙旋律音につけ加える装飾的な音。

そう-しょく【僧職】①僧としての職務。また、僧という職業。「—をはなれる」②寺の住職。

ぞう-しょく【増殖】（名・自他スル）①ふえること。ふやすこと。②〘生〙生物の細胞・組織や個体が細胞分裂または生殖によってふえること。「細胞が—する」

そうし-るい【双△翅類】サウシ—〘動〙昆虫類ハエ目（双翅目）に属する虫の一群の総称。後翅は退化し、一対の前翅のみで飛ぶもの。カ・ハエなど。

そう-しん【送信】（名・他スル）電信や電話などで、通信のための信号を送り出すこと。「メールを—する」↔受信

そう-しん【喪心・喪神】サウ—（名・自スル）①気を失うこと。失神。気絶。②気ぬけしてぼんやりすること。放心。「落胆—」

そう-しん【痩身】やせた体。痩軀（そうく）。

そう-しん【総身】体全体。全身。総身（そうみ）。

そう-しん【曽参】（前五〇五～?）中国、春秋時代の儒学者。孔子の弟子の一人。尊称は曽子。魯（ろ）の人。孝行で名高い。

—人（ひと）を殺（ころ）す どんなうそやうわさでもたび重なれば、ついには人がそれを信じるようになるというたとえ。【故事】曽参の一族の者が殺人を犯したとき、人が「曽参が人を殺した」と曽参の母に告げたが母は息子を信じて取りあげない。二度目も同様で機（はた）を織り続けたが、三度目には機の杼（ひ）を投げだし垣を越えて駆けつけたという話による。〈戦国策〉

そう-じん【騒人】サウ— 風流を解する詩人・文人。騒客（そうかく）。

ぞう-しん【増進】（名・自他スル）（体力・能力・活動力などを）増し進めること。増加進歩すること。「学力—」↔減退

そうしん-ぐ【装身具】サウシン— 体や衣服につけて飾りとするもの。指輪・ネックレス・ブローチなど。アクセサリー。

そう-ず【挿図】サフヅ 書物などの文章中に入れる図。さしえ。

そう-ず【◇添◇水】ソフヅ →ししおどし② 秋

そう-ず【僧都】ヅ—〘仏〙僧の階級の一つ。僧正に次ぐ位。

そう-すい【送水】（名・自スル）ポンプや水道などで水を他の場所へ流し送ること。「—管」

そう-すい【総帥】全軍をひきいて指揮する人。総大将。

ぞう-すい【増水】（名・自スル）水かさが増えること。↔減水

ぞう-すい【雑炊】ザフ— 米飯に野菜・卵・魚介などを具として加え、しょうゆやみそで味をつけて煮たもの。おじや。冬

そう-すう【総数】全体の数。すべての数。総計。

そう-すかん【総すかん】（「すかん」は「好かん」の意）全員にきらわれること。「仲間から—をくう」

そう・する【奏する】（他サ変）シ(セ・サ)・シ・スル・スル・スレ・シロ(セヨ) ①演奏する。「舞楽を—」②（「功（効）を奏する」の形で）うまくなしとげる。成果をあげる。「窮余の策が功を—」③天皇に申し上げる。奏上する。文そう・す(サ変)

そう・する【相する】サウスル（他サ変）シ(セ・サ)・シ・スル・スル・スレ・シロ(セヨ) 物事の形やありさまを見て、吉凶などを判断する。また、人相・手相・家相などを見てうらなう。文さう・す(サ変)

そう・する【草する】サウスル（他サ変）シ(セ・サ)・シ・スル・スル・スレ・シロ(セヨ) 草稿を書く。原稿を書く。下書きする。「祝辞を—」文さう・す(サ変)

ぞう・する【蔵する】ザウスル（他サ変）シ(セ・サ)・シ・スル・スル・スレ・シロ(セヨ) ①しまっておく。所蔵する。「価値ある美術品を—」②中に含みもつ。「問題を—」文ざう・す(サ変)

そう-せい【双生】サウ— 同時に二人の子を生むこと。また、生まれること。

—じ【—児】ふたご。「一卵性—と二卵性—」

そう-せい【早世】サウ—（名・自スル）若くして死ぬこと。早死に。若死に。夭折（ようせつ）。早逝。「—を悼む」

そう-せい【早生】サウ— ①植物などがふつうより早く生長すること。わせ。↔晩生 ②早く生まれること。

—じ【—児】早産で生まれた子。早産児。

そう-せい【早成】サウ— ①早くできあがること。早くなしとげること。↔晩成 ②早く心身が発達すること。早熟。

そう-せい【早逝】サウ—（名・自スル）若くして死ぬこと。若死に。早死に。早世。

そう-せい【奏請】（名・他スル）天皇に申し上げて、許可を願うこと。

そう-せい【創世】サウ— 神が世界を初めてつくること。また、世

界のできたはじめ。

―き【―記】①創世に関する記録。②旧約聖書の第一巻。天地万物と人間の創造、諸民族の起源などを記したもの。

そう-せい【創生】サウ（名・他スル）新たに生み出すこと。新たにつくりだすこと。「地方―」

そう-せい【創成】サウ（名・自他スル）初めてできあがること。また、初めてつくりだすこと。「映画の―期」

そう-せい【創製】サウ（名・他スル）（商品などを）初めてつくりだすこと。「明治初年―の品」

そう-せい【△蒼生】サウ 人民。あおひとぐさ。語源 草木が青々と生い茂る意から、人民の多いことにたとえたもの。

そう-せい【△叢生・△簇生】（名・自スル）①草木などがむらがりはえること。群生。②〔医〕歯が重なるようにはえること。また、その状態。乱ぐい歯。

そう-ぜい【総勢】①軍勢やある一団の全体の人数。全員。総員。「―五〇名」②全体の軍勢。総軍。

ぞう-せい【造成】ザウ（名・他スル）人がすぐに使えるように、手を加えてつくりあげること。「―地」「宅地を―する」

ぞう-ぜい【増税】（名・自他スル）税額を増やすこと。↔減税

そう-せき【送籍】（名・自スル）民法の旧規定で、婚姻・養子縁組などによって、戸籍を相手の家の戸籍に移すこと。

そう-せき【僧籍】僧・尼としての籍・身分。所属する宗派に登録された籍。「―にはいる（=出家する）」

そう-せき【踪跡】足跡。あとかた。ゆくえ。「―をくらます」

そうせき-うん【層積雲】〔気〕高度二〇〇〇メートル以下に現れる、層状をなす白または灰色の雲。記号 Sc

そう-せつ【創設】サウ（名・他スル）ある機関・施設などを新たにつくること。創立。創建。「学校を―する」

そう-せつ【総説】（名・他スル）全体の要旨をまとめて説くこと。また、その説。総論。

そう-せつ【霜雪】サウ ①霜と雪。②（比喩的に）白くなった毛髪やひげ。「頭に―を置く」

そう-ぜつ【壮絶】サウ（名・形動ダ）この上なく勇ましく激しいこと。また、そのさま。「―をきわめる戦い」「―な最期を遂げる」

ぞう-せつ【増設】（名・他スル）施設・設備などを、今まであるものに加えて設けること。「学部の―」「メモリーを―する」

そう-ぜん【△愴然】サウ（タル）悲しみいたむさま。文（形動タリ）

そう-ぜん【△蒼然】サウ（タル）①色が青いさま。「―たる月光」②古びて色のあせたさま。古めかしいさま。「古色―」③夕暮れのうす暗いさま。「暮色―」文（形動タリ）

そう-ぜん【騒然】サウ（タル）①がやがやとさわがしいさま。「場内が―となる」②不穏なさま。「物情―たる世」文（形動タリ）

ぞう-せん【造船】ザウ（名・自スル）船を造ること。「―所」

そう-せんきょ【総選挙】①議員や委員の全員を一時に選ぶこと。②衆議院議員の定数全員についての選挙。

そう-そう【草草・△匆△匆】サウサウ・ソウソウ 一（名・形動ダ）①簡略なこと。また、そのさま。てみじか。②あわただしいこと。また、そのさま。「―の間」③もてなしなどが、急なために丁寧でないさま。「どうもお―さまでございます」二（名）（手紙の終わりに書いて）走り書きをして、十分意をつくせないことをわびる意の挨拶語。用法 二は、「前略」「冠省」などに対応して用いる。

そう-そう【草創】サウサウ ①事業や物事のはじめ。草分け。「―期」②寺や神社を初めて建てること。

そう-そう【葬送・送葬】サウ・サウ（名・他スル）葬式で死者を墓地まで見送ること。野辺の送り。「―曲」

そう-そう【△怱△怱・△忩△忩】（形動ナリ・形動タリ）〔古〕（「そうぞう」とも）①あわただしいさま。いそがしいさま。②忙しさのために、簡略にするさま。

そう-そう【早早】サウサウ（副）①急ぐさま。はやばやと。急いで。「―に去る」②すぐに。…になってすぐ。「来月―（に）できあがる」

そう-そう【◇然う◇然う】サウサウ 一（副）①そのようにばかり。それほど。「―長居もできない」②そんなにたびたび。「―お断りもできない」用法 あとに否定表現を伴う。二（感）①相手に同意する気持ちを表す語。「―、そのとおりだ」②思い出したときに発する語。「―、そんなことがありましたね」

そう-そう【△淙△淙】（タル）水がさらさらと流れるさま。また、その音の形容。「―と流れ行く春の川」文（形動タリ）

そう-そう【層層】（タル）かさなりあっているさま。「―と連なる山々」文（形動タリ）

そう-そう【△蒼△蒼】サウサウ（タル）①青々と見えるさま。「―たる天」②草木が青々としげっているさま。「―たる樹海」文（形動タリ）

そう-そう【△錚△錚】サウサウ（タル）①人物が特にすぐれてりっぱなさま。「―たる顔ぶれ」②よくきたえた金属や琴・琵琶などの音が、さえてよくひびくさま。「―とした琴の音」文（形動タリ）

そう-ぞう【創造】サウザウ（名・他スル）①新しいものを初めてつくりだすこと。「―力」「新しい文化を―する」↔模倣 ②神が宇宙・万物をつくること。「天地―」

そう-ぞう【想像】サウザウ（名・他スル）①実際に経験しないことやできないことを、心の中で思いうかべること。②〔心〕既知の事実・観念を材料として、新しい事実・観念をつくるはたらき。

ちがい「想像」・「理想」・「空想」

「想像」とは現実にはないことを、考えて思い描く心理作用である。その中で、絶対に理論的に現実化しないことを考えるのが「空想」である。理論的に起こり得る最上の状態が「理想」である。しかし、「理想」であったことが「空想」に終わることはあり得る。また、「空を飛ぶ」「月に行く」など「空想」であったことが現実化したという例もある。

そうぞう-し・い【騒騒しい】サウザウ（形）カロ・カッ(ク)・イ・イ・ケレ・○ ①物音や人の声が大きくてやかましい。「会場内が―」②世の中が落ち着かず、不穏だ。「―世の中」文さうざう・し（シク）

【変遷】索漠の「索」を重ねた「索索」を形容詞化した「さくさくし」の音便形の「さうざうし」が別の古語としてあったが、これは「当然あるはずのものがなく心が満たされない、さびしい」の意。一方、室町時代末に、「あわただしい」の意の「忩忩」が形容詞化した「そうぞうし」が生じ、「騒騒しい」の字が当てられた。現代語の意は、こちらに由来する。

そうそう-の-へん【△滄桑の変】サウサウ（「滄桑」は「滄海桑田」の略）青い海が桑畑に変じるように、世の中の移り変わりの激しいこと。

そう-そく【相即】サウ（名・自スル）①〔仏〕万物はその真実の姿において一つにとけあって一体であること。②二つの事柄が密接に関係して区別できないこと。「―不離の関係」

そう-そく【総則】全体に共通して基本となる法則。「民法―」↔細則

そう-ぞく【宗族】本家と分家をあわせた全体。一族。一門。

そう-ぞく【相続】サウ（名・他スル）①跡目や財産などを受けつぐこと。②〔法〕人の死亡により、その人に関する財産的権利・義務の一切を一定の血縁者が受けつぐこと。「遺産―」

―ぜい【―税】相続・遺贈などによって取得した財産に対して課される国税。

そう-ぞく【僧俗】僧侶と俗人。僧とふつうの人。

そう-そつ【倉卒・草卒・△匆卒・△怱卒】 (名・形動ダ) あわただしく忙しいこと。急なこと。また、そのさま。「―の間」

そう-そふ【曽祖父】 祖父母の父。ひいおじいさん。

そう-そぼ【曽祖母】 祖父母の母。ひいおばあさん。

そう-そん【曽孫】 孫の子。ひまご。ひこ。ひいまご。ひこまご。

そう-だ【操△舵】 (名・自スル) かじをあやつって、思うとおりの方向に船を進ませること。船のかじをとること。「―手」

そうだ ［一］(助動-形動型) 様態(そういうようすだという意)を表す。「彼は成功し―」「とてもうれし―」「物わかりがよさそうな人」 ［二］(助動-形動型) 伝聞(他から伝え聞く意)を表す。「きょうは中止する―」「彼はまったく知らない―」 用法 ［一］は動詞・動詞型活用の助動詞の連用形、形容詞・形容動詞の語幹(形容詞「ない」「よい」には、語幹に「さ」を付けた形)、助動詞「たい」「ない」の語幹相当の「た」「な」に付く。［二］は用言・助動詞の終止形に付く。 参考 ［一］で、仮定形「そうなら」は、「ば」を伴わず、そのままでも仮定の意味を表す。一語の助動詞とせず、「そう」(形式名詞または接尾語)と「だ」(助動詞)とに分ける説もある。

そう-たい【早退】 (名・自スル) 定刻より早く退出すること。早引け。早引き。「―届」

そう-たい【相対】 ①向き合っていること。対立すること。②あるものが他のものとたがいの関係・比較において成り立ち、存在すること。他と切りはなしては考えられないこと。↔絶対

―しゅぎ【―主義】 〘哲〙真理や価値などは、それ自体で成立するのではなく、何らかの観点と相対的にのみ存在すると主張する立場。↔絶対主義

―せい-りろん【―性理論】 〘物〙物理学者アインシュタインがたてた理論。たがいに一定速度で運動する観測者に対して同じ物理法則が成り立つという原理をもとにしてたてた「特殊相対性理論」と、これを一般化し、すべての観測者にとっても法則が同じになることから重力現象を説明した「一般相対性理論」とをいう。

―てき【―的】 (形動ダ) 物事が他との関係・比較において成り立ち、存在しているさま。↔絶対的

―ひょうか【―評価】 個人の学力や能力などを、一定の集団内での相対的位置によって評価する方法。

そう-たい【草体】 草書の書体。漢字を最もくずした字体。

そう-たい【僧体】 僧の姿。僧形。法体。↔俗体

そう-たい【総体】 ［一］(名) 物事のすべて。全体。「物事を―としてとらえる」 ［二］(副) ①だいたいにおいて。総じて。「今年は―作柄が悪い」②元来。もともと。「―彼は勤勉だ」

そう-だい【壮大】 (名・形動ダ) 大きくてりっぱなこと。また、そのさま。「気宇―」「―な構想」

そう-だい【総代】 関係者全員の代表。「卒業生―」

ぞう-だい【増大】 (名・自他スル) 増えて大きくなること。増やして大きくすること。「利益が―する」

そう-だか【総高】 すべてを合わせた数量・金額。総額。

そうだ-がつお【×宗太△鰹・×惣太△鰹】 〘動〙サバ科ヒラソウダ・マルソウダの二種の総称。体長約四〇センチメートル。カツオに似るが、腹部に縞はない。

そう-だち【総立ち】 怒り・興奮・好奇心などで、その場の者がみないっせいに立ち上がること。「満場―となる」

そう-たつ【送達】 (名・他スル) ①送り届けること。②〘法〙司法機関が、訴訟上の書類を当事者や関係者に送ること。

そう-だつ【争奪】 (名・他スル) 争って奪い合うこと。「優勝旗の―戦」

そう-たん【争端】 争いのいとぐち。争いの発端。

そう-たん【操短】 (名・自スル) 「操業短縮」の略。

そう-だん【相談】 (名・自他スル) ある問題について、考えを述べあったり、他人の意見を聞いたりすること。話し合い。「―に乗る」「―がまとまる」「悩みを―する」

―やく【―役】 ①企業などで、運営上の諸問題について助言または調停などをする人。また、その役職。②相談相手。

そう-だん【△叢談】 いろいろの話を集めたもの。「先哲―」

ぞう-たん【増反・増◇段】 (名・自他スル) 〘農〙農作物の作付け面積を増やすこと。↔減反

ぞう-たん【増炭】 (名・自スル) 石炭の産出量を増やすこと。

そう-ち【送致】 (名・他スル) ①送り届けること。②〘法〙関係書類や被疑者などをほかの場所へ送ること。

そう-ち【痩地】 やせた土地。養分の少ない土地。↔沃地

そう-ち【装置】 (名・他スル) 機械・道具・設備などを備えつけること。また、そのしかけ・設備。「換気―」「舞台―」

ぞう-ち【増置】 (名・他スル) さらに増やして設置すること。

ぞう-ちく【増築】 (名・他スル) 今までの建物に新しい部分を建て加えること。建て増し。「―工事」「離れを―する」

そう-ちゃく【早着】 (名・自スル) 予定の時刻より早く着くこと。↔延着

そう-ちゃく【装着】 (名・他スル) ①身につけること。②器具などをとりつけること。「タイヤにチェーンを―する」

そう-ちょう【早朝】 朝早いうち。「―の出発」

そう-ちょう【△宋朝】 ①中国の宋の朝廷。また、その時代。②「宋朝活字」の略。

―かつじ【―活字】 活字の字体の一種。楷書体で肉が細い。中国の宋時代の活字を模したもの。

そう-ちょう【荘重】 (名・形動ダ) おごそかで重々しいこと。また、そのさま。「―なメロディー」

そう-ちょう【曹長】 旧陸軍で、下士官の階級の最上位。軍曹の上の位。

そう-ちょう【総長】 ①全体の業務を管理する役。また、その人。長官。「事務―」②一部の総合大学での学長の通称。

ぞう-ちょう【増長】 (名・自スル) ①程度が次第に強くなること。はなはだしくなること。「反抗心が―する」②高慢になること。つけあがること。「ほめるとすぐ―する」

ぞう-ちょう【増徴】 (名・他スル) 税金などを今までよりも多くとりたてること。

そうちょう-るい【走鳥類】 〘動〙翼が退化し、発達した脚で速く走る鳥の総称。ダチョウ・ヒクイドリなど。走禽類。平胸類。

そう-で【総出】 全員がそろって出ること。また、出かけること。「一家―の出迎え」

そう-てい【壮丁】 ①成年に達した一人前の男子。壮年の男。②労役や兵役にあたる成年男子。

そう-てい【送呈】 (名・他スル) 人に物を送って、差し上げること。「著書を―する」

そう-てい【装丁・装△幀・装△釘】 (名・他スル) ①書物をとじて表紙をつけ、一冊の本としての体裁を整えること。装本。②書物の表紙や外箱などのデザイン。

そう-てい【装△蹄】 (名・他スル) 馬や牛に蹄鉄をつけること。

そう-てい【想定】 (名・他スル) ある状況や条件を仮に考えること。また、その考え。「地震を―した避難訓練」「―外」

そう-てい【△漕艇】 ボートをこぐこと。また、その競技。

ぞう-てい【贈呈】 (名・他スル) 人に物を差し上げること。進

呈。「記念品を—する」

そうです ■一(助動-特殊型)○・ソウデシ・ソウデス・「そうだ□一」の丁寧語。「うれし—ね」⇩そうだ(助動)「用法」■二(助動-特殊型)○・ソウデシ・ソウデス・(ソウデス)・○・○「そうだ□二」の丁寧語。「たいへんよい—」「あすは雪が降る—」⇩そうだ(助動)「用法」参考 一語の助動詞とせず、「そう」(形式名詞または助動詞「そうだ」の語幹相当部分)と「です」(助動詞)とに分ける説もある。

そう-てん【争点】— 訴訟や論争などで、争いの中心となる重要な点。「裁判の—」

そう-てん【早天】— 早朝。明けがた。また、夜明けの空。

そう-てん【装塡】—(名・他スル) 中につめこんで装置すること。「フィルムを—する」「ライフルに弾丸を—する」

そう-てん【△蒼天】— ①青空。大空。蒼穹。②春の空。③天帝。

そう-てん【総点】総計した得点。総合得点。

そう-てん【霜天】— 霜のおりた日の、冬の空。

そう-でん【相伝】—(名・他スル) 代々伝えること。代々受け継ぐこと。「父子—」

そう-でん【送電】(名・自スル) 電力を送ること。「—線」↔受電

そう-でん【桑田】— 桑畑。

—変じて滄海となる(桑畑が青々とした海に変わってしまう意から)世の中が、激しく移り変わること。滄海変じて桑田となる。滄桑の変。

そう-と【壮図】— 非常に意気さかんで勇ましい計画。規模の大きなはかりごと。壮挙。雄図。「宇宙旅行の—を抱く」

そう-と【壮途】— 希望に満ちた勇壮な門出。「南極探検の—に就く」

そう-と【僧徒】僧の仲間。僧たち。

そう-とう【双頭】— 頭が二つ並んでついていること。両頭。「—の鷲」「—政治(=支配者が二人いる政治形態)」

そう-とう【争闘】—(名・自スル) 争い、たたかうこと。闘争。「両派が—する」

そう-とう【相当】■一(名・自スル) ①あてはまること。該当。「条件に—する者」②つりあうこと。ふさわしいこと。相応。「能力に—する給料」■二(副・形動ダ) 程度がふつうよりははなはだしいさま。かなり。「今夜は—寒くなる」「—な苦労をする」

——すう【—数】①それにふさわしい数。②かなりの数。「けが人が—出た」

そう-とう【掃討・掃△蕩】(名・他スル) 敵や賊などをすっかりうち払うこと。すっかり払い除くこと。「—作戦」

そう-とう【想到】(名・自スル) 考えた末に思い至ること。

そう-とう【総統】①全体をまとめて管理すること。また、その役職。②ナチス-ドイツの最高職。ヒトラーの用いた称号。③中華民国政府の最高職。

そう-どう【相同】—《動・植》異種の生物間で器官を比較したとき、見かけの形やはたらきはちがっていても、発生の起源が同じであるもの。鳥類のつばさと哺乳類の前肢など。⇩相似

そう-どう【草堂】①草ぶきの家。藁屋。また、庵。②自分の家の謙称。また、書斎の号としても用いられる。

そう-どう【僧堂】—《仏》禅宗で、僧が座禅し起居する建物。禅堂。

そう-どう【騒動】— 大勢の人が騒ぎたてて秩序を乱すこと。また、もめごと。紛争。「—を起こす」「お家—」

ぞう-とう【贈答】—(名・他スル) 物品・詩歌・手紙などを贈ることと、その返しをすること。「—品」「—歌」

そう-どういん【総動員】—(名・他スル) ある目的のために全員をかり出して事に当たらせること。「署員—で調べる」

そうとう-しゅう【曹◇洞宗】—《仏》禅宗の一派。鎌倉時代、道元が中国の宋から伝えた。

そうどう-せん【双胴船】— 甲板の下に船体が二つ平行に並んでいる構造の船。

そう-どうめいひぎょう【総同盟罷業】— ↓ゼネラルストライキ

そう-とく【総督】①全体を監督すること。また、その役。②植民地などで、政務・軍務両面をとりしまる長官。「—府」

そう-トンすう【総トン数】①トン数の合計。②船舶の全容積をトンの単位で表したもの。一〇〇立方フィートを一トンとする。参考 軍艦の場合には「排水トン」を使う。

そう-なめ【総△嘗め】①被害がすべてのものに及ぶこと。「猛火が町を—にした」②対抗する相手全部を負かすこと。「対戦チームを—にする」③ほとんどすべての賞やタイトルを獲得すること。「主要タイトルを—にする」

そう-なん【遭難】—(名・自スル)(山や海などで命にかかわるような)災難にあうこと。事故にあうこと。「雪山で—する」

そう-に【僧尼】僧と尼。仏門にはいった男女。

ぞう-に【雑煮】— 野菜・肉類などを具にした汁にもちを入れたもの。おもに新年を祝って食べる。新年

そう-にゅう【挿入】(名・他スル) 中にさしこむこと。間にはさみこむこと。「—歌」「本文中に図を—する」

——く【—句】《文法》文の直接の構成から遊離して、ことわり書きや補足などのために文中に入れられた句。はさみこみ。

そう-にょう【◇爪△繞】漢字の部首名の一つ。「爬」などの「爪」の部分。

そう-にょう【走△繞】— 漢字の部首名の一つ。「起」「趣」などの「走」の部分。

ぞう-にん【雑人】— 身分の低い者。

そう-ねん【壮年】— 働きざかりの年ごろ。また、その年ごろの人。三〇代から五〇代前半の人をさす。壮齢。「—期」

そう-ねん【想念】— 心に浮かぶ考えや思い。

そう-は【争覇】—(名・自スル) ①支配者の地位を争うこと。「政権の—」②競技などで優勝を争うこと。「—戦」

そう-は【走破】(名・自スル) 予定した道のりを全部走り通すこと。「耐久レースを—する」

そう-は【△搔△爬】—(名・他スル)《医》体内の組織をけずり取ること。特に、子宮内膜搔爬(人工妊娠中絶)をいう。

そう-ば【相場】— ①商品のその時々の値段。市価。時価。「金の—が上がる」②《商・経》現物取引をせずに、市価の変動によって利益を得ようとする取り引き。「—に手を出す」③世間一般の評価。通念。「嘘はばれるものと—が決まっている」

ぞう-は【増派】(名・他スル) 軍隊・代表などを、今までより人数を増やして派遣すること。「兵員を—する」

-そう-ばい【層倍】(接尾)(数を表す語に付いて)倍の意を表す。「薬九—(=薬屋のもうける額が大きいこと)」

ぞう-はい【増配】(名・他スル) ①《経》株主に対する利益配当の率を増やすこと。②配給量を増やすこと。(↔減配)

そう-はく【△蒼白】—(名・形動ダ) 顔から血の気が引いて青白く見えること。また、そのさま。「顔面—になる」

そう-はく【△糟△粕】— ①酒かす。かす。②よいところを取り去った残り物。不用物。「古人の—をなめる(=古人の残した形式だけにこだわって、その精神に至らないこと)」

そう-はつ【双発】— 発動機を二基備えていること。↔単発

——き【—機】発動機を二基備えた飛行機。

そう-はつ【早発】—(名・自スル) ①定刻より早く出発する

こと。↔遅発 ②〘医〙早い時期、若い時に発病すること。

そう‐はつ【総髪】 江戸時代の男子の結髪(けっぱつ)の一つ。月代(さかやき)をそらずに髪を後ろで束ねたもの。医者・儒者・山伏などが結った。束ねずに後ろに垂らしたものにもいう。

〔総髪〕

ぞう‐はつ【増発】(名・他スル) ①乗り物の運行回数を増やすこと。「臨時列車を―する」②紙幣などの発行量を増やすこと。

そう‐ばな【総花】 ①料理屋などで、客が使用人一同に出す祝儀。②関係者にもれなく利益を与えること。「―的人事」

そう‐はん【相反】サウ(名・自スル) たがいに反対であること。一致しないこと。「利益―」

そう‐ばん【早晩】サウ(副) 遅かれ早かれ。いつかは。そのうち。「―誤りに気づくだろう」

ぞう‐はん【造反】ザウ(名・自スル) 組織や体制に逆らうこと。反逆。謀反(むほん)。「不平分子が―する」参考 中国の文化大革命で多用された言葉で、日本でも一般化した。

―ゆうり【―有理】イウ 反逆にも道理があるということ。

ぞう‐はん【蔵版】ザウ 書物の版木や紙型を所有していること。また、その版木や紙型。

そう‐び【壮美】サウ ①(名・形動ダ) 雄大で美しいこと。また、そのさま。「―な宮殿」②気高い美しさ。

そう‐び【装備】サウ(名・他スル) 必要とする武器・備品・付属品などをととのえ備えること。また、そのもの。「登山の―」

そう‐び【薔薇】サウ バラ。バラの花。夏

ぞうひ‐びょう【象皮病】ザウヒビヤウ 〘医〙足や陰囊(いんのう)がふくれあがって硬くなり、皮膚が象の皮のように厚くなる病気。リンパ節に糸状虫(フィラリア)が寄生したために起こることが多い。

そう‐ひょう【総評】ヒヤウ(名・他スル) 全体にわたるまとめの批評。「選考委員長に―をお願いする」

そう‐びょう【走錨】ベウ(名・自スル) 船がいかりをおろしたまま強風や強い潮流などによって流されること。

そう‐びょう【宗廟】ベウ ①祖先の霊をまつる所。みたまや。②皇室の祖先の霊をまつる所。伊勢(いせ)神宮など。

そう‐びょう【躁病】サウビヤウ 〘医〙気分が高揚し、身体的・精神的活動性が亢進(こうしん)した状態。躁鬱病(そううつびょう)の躁の状態。もしくは躁状態のみ発現するもの。

ぞう‐ひょう【雑兵】ザフヒヤウ 身分が低く取るに足りない歩兵。

ぞう‐ひん【贓品】ザウ →ぞうぶつ

ぞう‐びん【増便】(名・自他スル) 航空機・船舶・バスなどの定期便の回数を増やすこと。「年末年始には―する」

そう‐ふ【送付・送附】(名・他スル) 品物や書類などを送り届けること。「案内書を―する」

そう‐ふ【総譜】〘音〙各楽器・各声部の譜が同時に見られるように、一つにまとめて記した楽譜。おもに指揮者用。スコア。

ぞう‐ふ【臓腑】ザウ はらわた。内臓。五臓六腑(ごぞうろっぷ)。

そう‐ふう【送風】(名・自スル) 風を吹き送ること。「―機」

そう‐ふく【双幅】サウ 二つで一組になる掛け物。対幅(ついふく)。

そう‐ふく【僧服】 僧の着る衣服。僧衣。

ぞう‐ふく【増幅】(名・他スル) ①〘物〙振幅を増大させること。電流や電圧を入力時より大きくすること。「―器」②(比喩(ひゆ)的に)物事の程度・大きさなどを増大させること。「闇(やみ)が不安感を―する」

ぞう‐ぶつ【贓物】ザウ 〘法〙盗みなどの犯罪行為によって得た他人の財物。贓品。贓物(ぞうもつ)。

ぞうぶつ‐しゅ【造物主】ザウブツ 天地の万物を創造した者。造化の神。造物者。天帝。

そう‐へい【僧兵】〘日〙中古から中世にかけて、武器をもち戦闘に従事した寺院の私兵。下級僧侶(そうりょ)が主体だった。特に、延暦(えんりゃく)寺・興福寺・園城(おんじょう)寺などの僧兵が有名。

ぞう‐へい【造兵】ザウ 兵器を製造すること。「―廠(しょう)」

ぞう‐へい【造幣】ザウ 貨幣をつくること。

―きょく【―局】 財務省を主務官庁とする、貨幣の鋳造(ちゅうぞう)などを行う独立行政法人。

ぞう‐へい【増兵】(名・自他スル) 兵力を増やすこと。派遣する兵士の数を増やすこと。

そう‐へき【双璧】サウ ①一対の宝玉。②ならび称される二つのすぐれたもの、または人。「現代歌壇の―」

そう‐べつ【送別】(名・他スル) 別れていく人を送ること。「―会」「―の辞」
類語 壮行・歓送・見送り

そう‐べつ【総別】(副) 総じて。おおよそ。だいたい。

ぞう‐ほ【増補】(名・他スル) 書物の内容を新しく増やしたり補ったりすること。「改訂―版」

そう‐ほう【双方】サウハウ 両者。両方。「―の言い分を聞く」

そう‐ほう【走法】ハフ 陸上競技などでの、走り方。「ピッチ―」

そう‐ほう【奏法】ハフ 楽器演奏のしかた。「ギターの―」

そう‐ぼう【双眸】サウ 二つのひとみ。両眼。「―炯炯(けいけい)(=両眼が鋭く光ること)」

そう‐ぼう【怱忙】バウ 非常に忙しいこと。「―の間(かん)」

そう‐ぼう【相貌】サウバウ ①顔かたち。容貌(ようぼう)。顔つき。「恐ろしい―」②物事のようす。ありさま。「深刻な―を呈する」

そう‐ぼう【僧坊・僧房】バウ 〘仏〙寺院に付属した、僧がふだん生活する建物。

そう‐ぼう【想望】サウバウ(名・他スル) ①思い慕うこと。思慕。②心に思い描いて待ち望むこと。

そう‐ぼう【蒼氓】サウバウ(「氓」は民(たみ)の意)人民。

そう‐ぼう【蒼茫】サウバウ(ト・タル) 文(形動タリ) 見渡す限り青々として広いさま。「―たる海原(うなばら)」

ぞう‐ほう【増俸】(名・自スル) 俸給を増やすこと。↔減俸

ぞう‐ほう【蔵鋒】ザウ 筆法の一つ。起筆などで、毛筆の穂先があらわれないように書くこと。↔露鋒(ろほう)

ぞう‐ぼう【像法】ザウボフ 〘仏〙正法(しょうぼう)(=釈迦(しゃか)の入滅後五〇〇年、一説に一〇〇〇年)の次の一〇〇〇年間。信仰が形式に流れ、悟りは得られないという。⇩正法「参考」

そうほう‐こう【双方向】サウハウカウ 通信などで、送り手と受け手が、一方的ではなくたがいに伝達しあうこと。「―通信」

ぞう‐ぼく【雑木】ザフ →ぞうき(雑木)

そう‐ほん【草本】サウ ①〘植〙茎がやわらかで木質化せず、実を結ぶと、全部または地上部が枯れてしまう植物。くさ。↔木本(もくほん) ②草稿。下書き。

―たい【―帯】〘植〙高山帯などで、主として草本植物が生育している地帯。多く、夏にお花畑となる所。

そう‐ほん【送本】(名・自他スル) 書物を送ること。

ぞう‐ほん【造本】ザウ(名・自他スル) 印刷・製本・装丁などをして本をつくること。また、その設計と作業。「丈夫な―」

ぞう‐ほん【蔵本】ザウ 所蔵している書物。蔵書。

そう‐ほんけ【総本家】 一族の大もとをなす本家。宗家(そうけ)。

そう‐ほんざん【総本山】 ①〘仏〙一宗の各本山を総轄する寺。②(比喩(ひゆ)的に)その流派・学派・団体などの大もと。

そう‐まい【草昧】サウ(「昧」は道理にくらい意)世の中が未開で、人知も文化もまだ十分発達していないこと。「―の世」

そう‐まくり【総捲り】(名・他スル) ①かたはしから全部ま

くること。②残らずとりあげること。全部批評していくこと。残らず暴露していくこと。「現代日本文学ー」

そうま-とう【走馬灯】切り絵をほどこした内枠が回転して、外枠に写し出された影絵が動いて見えるつりどうろう。まわりどうろう。かげどうろう。「思い出がーのように浮かぶ(=次々に脳裏に現れる)」[夏]

〔そうまとう〕

そうま-やき【相馬焼】サウマ 福島県の相馬地方で産する陶器。走馬が描かれている。

そう-み【総身】体じゅう。全身。「大男ーに知恵が回りかね」

そう-む【総務】官庁や会社などで、組織全体の運営に関する事務を処理すること。また、その役。「ー課」

ーしょう【ー省】シャウ 中央行政官庁の一つ。行政機関の管理や公務員の人事行政・地方自治・消防・通信事業・郵政事業などの事務を扱う。二〇〇一(平成十三)年、総務庁・自治省・郵政省を統合して発足。

そうむ-けいやく【双務契約】サウム 〔法〕当事者がたがいに対価としての義務を負う契約。売買・雇用など。↔片務契約

そう-めい【△滄△溟】サウ 青々とした広い海。青海原。

そう-めい【△聡明】(形動ダ) ダロ・ダッ(デ)・ニ・ダ・ナ・ナラ・〇 (「聡」は耳が、「明」は目がさとい意)頭のはたらきが鋭いさま。かしこいさま。賢明。「ーな人」[文](ナリ)

そうめい-きょく【奏鳴曲】→ソナタ

そう-めつ【掃滅・△剿滅】サウ (名・他スル) 完全に滅ぼしてしまうこと。「ー作戦」「残った敵をーする」

そう-めん【◇素麺】小麦粉をこね、線状に細くのばして乾燥させた食品。「流しー」[参考]古くは「◇索麺」と書いた。

そう-もう【草△莽】サウ マウ (「莽」はくさむらの意)民間。在野。

ーの臣(しん) 官につかず民間にある人。在野の人。

そう-もく【草木】サウ 草と木。植物。「山川(さんせん)ー」

そう-もくろく【総目録】全部にわたって書いてある目録。

ぞう-もつ【雑物】ザフ 種々雑多な物。

ぞう-もつ【臓物】ザウ はらわた。内臓。特に、食用とする牛・豚・鳥・魚などのはらわた。もつ。

そう-もよう【総模様】モヤウ (女性の和服で)全体に模様のあること。また、そのもの。「ーの訪問着」⇩裾(すそ)模様

そう-もん【奏聞】(名・他スル) 天皇に申し上げること。奏上。

そう-もん【相聞】サウ 〔文〕雑歌(ぞうか)・挽歌(ばんか)とともに、「万葉集」の部立ての一つ。唱和・贈答の歌で、特に恋愛の歌が多い。「ー歌」

そう-もん【桑門】サウ 僧。出家。沙門(しゃもん)。

そう-もん【僧門】僧の社会。仏門。「ーに入る(=僧となる)」

そう-もん【総門】①外構えの正門。②禅宗の寺で、表門。

そう-やく【創薬】サウ 病気に有効な物質を発見したり作り出したりして、新しい薬を開発・製造すること。

そう-ゆう【曽遊】イウ 前に行ったことがあること。「ーの地」

ぞう-よ【贈与】(名・他スル) ①金銭や品物などを贈り与えること。②〔法〕自分の財産を無償で相手に与える契約。

ーぜい【ー税】個人間の財産贈与の際に、受け取った側に課せられる税金。

そう-よう【△搔△痒】サウ ヤウ かゆいところをかくこと。「隔靴(かっか)ー(=急所に触れずもどかしいこと)」

ぞう-よう【雑用】ザフ ①細々した用事。雑用(ざつよう)。②細々した費用。雑費。

そう-よく【双翼】サウ ①左右の翼。②陣形の左右に位置する部隊。

そう-らん【争乱】サウ 争いごとによって秩序が乱れること。また、争いによって起こった騒ぎ。「ーの世」

そう-らん【奏覧】(名・他スル) 天皇にご覧に入れること。

そう-らん【総覧・△綜覧】㊀(名・他スル) 全体に目を通すこと。通覧。「報告書をーする」㊁(名) 関係事項をひとまとめにした書物や表。「学校ー」

そう-らん【総△攬】(名・他スル) 一手ににぎりおさめること。「国務をーする」

そう-らん【騒乱】サウ 事変などが起こって社会の秩序が乱れること。また、その騒ぎ。騒動。「ーが起こる」

ーざい【ー罪】〔法〕多数の人間が集合して暴行や脅迫を行い、治安を乱す罪。騒擾(そうじょう)罪。

そう-り【層理】〔地質〕堆積物(たいせきぶつ)の内部に形成される成層構造。堆積物や堆積速度などの変化によって生じる。

そう-り【総理】㊀(名・他スル) 全体をとりまとめて管理すること。また、その役。㊁(名)「内閣総理大臣」の略。

ーだいじん【ー大臣】「内閣総理大臣」の略。

ーふ【ー府】内閣総理大臣を長とした行政機関。栄典・恩給・統計・人事行政に関する事務や他の行政機関に属さない事務を扱った。二〇〇一(平成十三)年「内閣府」に移行。

ぞう-り【草履】ザウ 底が平たく、鼻緒(はなお)のあるはきもの。藁(わら)・竹の皮を編んで作ったものやビニール・ゴム製のものなどがある。「ゴムー」[参考]常用漢字表付表の語。

ーとり【ー取(り)】昔、武家で主人の草履(ぞうり)を持って、供をした下男。草履持ち。

ーむし【ー虫】繊毛虫類ゾウリムシ科に属する単細胞の微生物。体は平たい長楕円(ちょうだえん)形で、池や沼・水たまりなどにすむ。分裂・接合によって増殖する。

そう-りつ【創立】サウ (名・他スル) 学校・会社などを初めて設立すること。創設。「ー記念日」

そう-りょ【僧侶】出家して仏道にはいった人。僧。坊さん。

そう-りょう【送料】レウ 金銭や品物を送るのに必要な料金。送り賃。「ー込みの代金」

そう-りょう【爽涼】サウ リヤウ (名・形動ダ) 外気がさわやかで、涼しいこと。また、そのさま。「ーの気」「ーの秋」[秋]

そう-りょう【総量】リヤウ 全体の分量や重量。

ーきせい【ー規制】公害防止のため、一定地域あたりで排出される公害物質の総量を規制すること。

そう-りょう【総領・△惣領】リヤウ ①家の跡目を継ぐ者。あとつぎ。②最初に生まれた子。長男または長女。「ー息子」

ーの甚六(じんろく) 長男・長女は大事に育てられるために、弟や妹に比べてお人好(ひとよ)しでおっとりしていることが多いということ。

ぞう-りょう【増量】リヤウ (名・自他スル) 分量が増えること。また、増やすこと。「薬をーする」↔減量

そうりょう-じ【総領事】リヤウジ 領事の中で最上級の者。⇩領事

そう-りょく【走力】走る力。走る能力。

そう-りょく【総力】すべての力。組織などの持っているあらゆる方面の力。「ーをあげてたたかう」

ーせん【ー戦】持っている全体の力を出し尽くす戦い。

そう-りん【相輪】サウ 〔仏〕五重の塔や三重の塔の屋根の上にある、金属でつくられた飾り。水煙・九輪(くりん)・露盤などからなる。一般に、九輪ともいう。⇩九輪

そう-りん【倉△廩】サウ くら。米ぐら。

ー実(み)**ちて礼節**(れいせつ)**を知**(し)**る** 生活が安定してはじめて礼節を重んじる余裕ができる。〈管子〉[参考]類似のことばー衣食足り

て礼節を知る

そう-りん【△叢林】（「叢」はむらがる意）①木の群がり立っている林。②〘仏〙寺院。特に、禅寺。僧林。

ぞう-りん【造林】ザウ—（名・自スル）樹木を植え育てて森林を造ること。「—事業」

ソウル〈soul〉①魂。霊魂。②「ソウルミュージック」の略。

—フード〈soul food〉①アメリカ南部のアフリカ系アメリカ人の伝統的な料理。②その地域の人々に長く愛好されている料理。

—ミュージック〈soul music〉〘音〙一九六〇年代にリズムアンドブルース（=ジャズやブルースから発展した音楽）を母胎として発達した、アメリカの黒人音楽。ソウル。

ソウル〈Seoul〉大韓民国の首都。朝鮮半島の中央部、漢江下流に位置する。政治・経済・文化・交通の中心。

そう-るい【走塁】（名・自スル）野球で、走者が塁から塁へ走ること。ベースランニング。「好—」

そう-るい【藻類】サウ—水中に生活し、葉緑素を有し、独立栄養を営む生物の通称。地衣などの内部で生活するものもある。緑藻・褐藻・紅藻・珪藻けいそう・車軸藻など。食用にしたり、医薬・肥料に用いたりする。

そう-れい【壮齢】サウ—元気があり働きざかりの年ごろ。壮年。

そう-れい【壮麗】サウ—（名・形動ダ）大きくりっぱで美しいこと。また、そのさま。「—な御殿」

そう-れい【葬礼】サウ—葬式。葬儀。とむらい。

そう-れつ【壮烈】サウ—（名・形動ダ）意気盛んで勢いの激しいこと。勇ましくりっぱなこと。また、そのさま。「—な最期」

そう-れつ【葬列】サウ—①死者を墓地まで送る人の列。野辺の送りをする人の列。②告別式に参列する人の列。

そう-ろ【走路】①競走に使われる道。コース。「—妨害」②逃げ道。「—を断たれる」

そう-ろ【草△廬】サウ—①草ぶきのいおり。②自分の家の謙称。

そう-ろ【草露】サウ—草におくつゆ。転じて、はかないことのたとえ。「—の命」

そう-ろ【霜露】サウ—しもとつゆ。

—の病やまい 寒さにおかされて起こる病気。霜露の疾しっ。

そうろ・う【候】サフラフ・サウラフ（自四・補動四）→さうらふ

そう-ろう【早老】サウラウ年齢のわりに早くふけること。

そう-ろう【早漏】サウ—性交時に射精が異常に早く起こること。

そう-ろう【△滄浪・△蒼浪】サウラウ①青々とした波。②老いて髪の乱れるさま。

そう-ろう【△蹌△踉】サウラウ（ト・タル）足もとがよろめくさま。「—として夜道をたどる」文（形動タリ）

そうろう-ぶん【候文】サフラフ—・サウラフ—文の結びの「…ます」「…です」にあたるところを「候」で止める文語体の文章。参考公用文・書簡に用いられた。

そう-ろん【争論】サウ—（名・自スル）言い争うこと。論争すること。「—が絶えない」

そう-ろん【総論】全体の概要を述べた論。総説。「—賛成、各論反対」↔各論

そう-わ【挿話】サフ—文章・物語などの中途にはさまれた、本筋と直接関係のない短い話。逸話。エピソード。

そう-わ【総和】全体の数や量を集計した和。総計。

そう-わ【△叢話】（「叢」はむらがる意）種々の話を集めたもの。

ぞう-わい【贈賄】（名・自スル）賄賂わいろを贈ること。「—罪」↔収賄

そうわ-き【送話器】電話機で、話す声を送るために音波の振動を電気的振動に変える装置。↔受話器

そえ【添え・◇副え】ソヘ①添えること。また、添えたもの。おまけ。②補助。ひかえ。つきそい。③おかず。副食物。

そえ-がき【添〔え〕書き】ソヘ—（名・自他スル）①書画などに由来などを書き添えること。また、その文句。②→おってがき

そえ-ぎ【添〔え〕木・◇副え木】ソヘ—①植木などに支えとしてあてがう木。②骨折などをしたとき、患部を固定するためにあてがう板。副木ふくぼく。

そえ-じょう【添〔え〕状】ソヘジャウ事情や趣旨を書いて、使いの者や品物などに添えてやる手紙。添え手紙。添え文ぶみ。

そえ-ぢ【添〔え〕乳】ソヘ—（名・自スル）乳児に添い寝して乳を飲ませること。

そえ-てがみ【添〔え〕手紙】ソヘ—→そえじょう

そえ-もの【添〔え〕物】ソヘ—①主となるものに、つけ加えたもの。また、添えられただけの存在。「彼は単なる—に過ぎない」②商品についているおまけ。景品。③主食に添えて食べるもの。

そ・える【添える・◇副える】ソヘル（他下一）エ・エ・エル・エル・エレ・エロ（エヨ）①あるものに、今までよりよくするものをつけ加える。「手紙を—・えて渡す」「口を—」「興を—」②つき従わせる。つける。「供の者を—・えて外出させる」自そ・う（五）文そ・ふ（下二）

そ-えん【疎遠】エン—（名・形動ダ）行き来や便りがなく親しみがうすくなること。また、そのさま。「関係が—になる」↔親密

ソーク-ワクチン〈Salk vaccine〉〘医〙アメリカの医師ソークが開発した急性灰白髄炎（ポリオ）の予防接種ワクチン。

ソーサー〈saucer〉ティーカップなどの下に置かれる受け皿。

ソーシャリスト〈socialist〉社会主義者。ソシアリスト。

ソーシャリズム〈socialism〉社会主義。ソシアリズム。

ソーシャル〈social〉（他の外来語の上に付いて）社会の。社会的。社交的。ソシアル。

—ダンス〈social dance〉社交ダンス。ソシアルダンス。

—ダンピング〈social dumping〉〘経〙不当な低賃金・長時間労働などにより生産費を著しく引き下げた商品を、海外市場に安値で売ること。

—ディスタンス〈social distance〉（感染症予防などのために取る）人と人との間の距離。社会的距離。

—ネットワーキング-サービス〈social networking service〉→エスエヌエス

—メディア〈social media〉〘情報〙利用者が情報を発信し、利用者どうしでコミュニケーションを取りながら形成されていくメディア。SNSや画像・動画共有サービスなど。

—ワーカー〈social worker〉社会福祉事業に専門職として従事する人。社会福祉士。

ソース〈sauce〉西洋料理に用いる液状の調味料。また、特に「ウースターソース」のこと。

ソース〈source〉情報などのみなもと。出所。「ニュース—」

ソーセージ〈sausage〉味つけしたひき肉を豚や牛などの腸につめ、ゆでたり薫製にしたりした食品。腸詰め。

ソーダ〈オラ soda〉①〘化〙ナトリウム塩の総称。ふつう炭酸ソーダ（炭酸ナトリウム）をさす。②「ソーダ水」の略。参考「×曹達」とも書く。

—ガラス〈オラ soda glas〉〘化〙ケイ砂・炭酸ソーダ（炭酸ナトリウム）・石灰石などを原料として作る、ふつうのガラス。

—すい【—水】水に炭酸ガスをくわえた清涼飲料水。シロップで味をつけたものもある。夏

—ばい【—灰】バヒ〘化〙炭酸ナトリウムの工業的呼称。

ソート〈sort〉（名・他スル）①分類すること。②〘情報〙コンピューターで、データを五十音順など一定の基準に従って並べ換えること。

ゾーニング〈zoning〉(土地や空間を)用途や目的に応じて区分けすること。

ソープレス-ソープ〈soapless soap せっけん分を含まないせっけん〉合成洗剤の一種。硬水でも使える中性洗剤。

ソーホー【SOHO】〈small office home office から〉パソコンなどの情報通信機器を活用した、小規模な事務所や自宅で働く勤務形態。また、その仕事場。

ソーラー〈solar〉(他の語の上に付いて)太陽の、太陽エネルギーを利用した、の意を表す。「―システム(=太陽光熱を利用して、発電や給湯などを行う設備)」「―パネル」

―カー〈solar car〉太陽電池を動力源とする自動車。

―ハウス〈solar house〉太陽電池など、太陽の熱や光を家庭での冷暖房・給湯などに利用できる設備のある住宅。

ソール〈sole〉①足の裏。②靴やゴルフのクラブなどの底面。

ソールド-アウト〈sold out〉売り切れ。完売。

ゾーン〈zone〉地帯。地域。区域。範囲。「ストライク―」

そ-か【粗菓】(クワ) そまつな菓子。用法 人に菓子をすすめたり贈ったりするときにへりくだっていう語。

そ-か【△楚歌】中国の楚その国の歌。⇒四面楚歌

そ-かい【租界】もと、中国の開港都市に設けられ、外国人が独自の行政権・警察権を行使していた居留地域。第二次世界大戦中にすべて返還された。

そ-かい【素懐】(クワイ) つね日ごろの願い。「―を遂げる」

そ-かい【疎開】(名・自他スル)空襲・火災などの被害を少なくするため、都市の人・物資・施設を地方へ分散すること。「学童―」

そ-がい【阻害・阻△碍】(名・他スル)じゃまをすること。さまたげること。「発育を―する」「意欲を―する」

そ-がい【疎外】(グワイ)(名・他スル)①よそよそしくしてのけものにすること。「―感」②「自己疎外」の略。

そ-かく【阻隔】(名・自他スル)じゃまをして、間をへだてること。また、へだたりができること。

そ-かく【組閣】(名・自スル)内閣を組織すること。

そ-かく【疎隔】(名・自他スル)親しみが薄れへだたりができること。また、へだたりをつくること。「現実との―」

そ-がひ【◇背◇向】(がい)(古)うしろのほう。後方。背面。

そがものがたり【曽我物語】南北朝時代の軍記物語。作者・成立年代未詳。曽我兄弟が苦心の末、父の仇工藤祐経を富士の裾野で討つ話。人形浄瑠璃・歌舞伎などの演目である「曽我物」の題材となった。

そ-がん【訴願】(グワン)(名・他スル)〔法〕もと、違法または不当な行政処分の取り消しや変更などを上級行政官庁に求めること。現在の法規定では「不服申立て」という。

そぎ-いた【◇削ぎ板・△枌板】木を薄くそいでつくった板。屋根をふくのに用いる。

そぎ-おと・す【◇削ぎ落〔と〕す・◇殺ぎ落〔と〕す】(他五)(サ(ソ)シ・ス・セ・セ) けずり取る。けずり落とす。「脂身を―」

そぎ-だけ【◇削ぎ竹・◇殺ぎ竹】そいで先をとがらせた竹。

そ-きゅう【訴求】(キウ)(名・自スル)広告・宣伝で、買ってもらうように相手に働きかけること。「―効果」「―対象」

そ-きゅう【遡及・△溯及】(キフ)(名・自スル)過去にさかのぼって影響・効力を及ぼすこと。「―力」「二年前まで―して適用する」参考「さっきゅう」は慣用読み。

そ-ぎょう【祖業】(ゲフ) 祖先のひらいた事業。祖先から代々伝えられてきた仕事・事業。「―を継ぐ」

そく【即】【卽】(人) ソク すなわち・つく (中)

(字義)①すなわち。とりもなおさず。「空即是色・色即是空」②つく。近づく。くっついて離れない。「即位・即応・即物・不即不離」③すぐに。ただちに。すぐその場で。「即座・即席・即効・即刻」人名 あつ・ただ・ちかし・ひと・みつ・より

そく【即】■(接)すなわち。とりもなおさず。二つの事柄の間にはさみ、それらが一体で別々ではないことを示す。「努力―成功」■(副)時間をおかないですぐに。「集合したら―出発」

そく【束】(教4) ソク たば・つか

(字義)①たばねる。ひとまとめにする。「束帯・束髪・結束・約束」②縛る。自由にさせない。「束縛・拘束」難読 束子 人名 き・さと・つかね

-そく【束】(接尾)①たばねたものを数える語。㋐稲一〇把。㋑半紙一〇帖(=二〇〇枚)。②矢の長さの単位。親指を除いた指四本の幅。「一二―の矢」③一〇〇ずつをひとまとめにして数える語。

そく【足】(教1) ソク あし・たりる・たる・たす

(字義)①あし。㋐人間・動物のあし。くるぶしから先、また、股から下。「足力・足下・蛇足・土足・頭寒足熱」㋑物をささえている、足の形に似たもの。「鼎足」㋒物の下の部分。根本。ふもと。「山足」②あるく。足でゆく。あゆみ。「遠足・駿足・鈍足・発足」③たりる。十分である。「具足・充足・満足」④たす。加える。「補足」⑤門弟。弟子。「逸足・高足」難読 足掻く・足利・足枷・足忠実・足袋 人名 たらし・たり・なり・みつ・ゆき

-そく【足】(接尾)はきものひとそろいを数える語。「靴二―」

そく【促】 ソク うながす (中)

(字義)①うながす。せきたてる。「促進・促成・催促・督促」②さしせまる。近づく。「促迫」③つまる。「促音」④すみやか。「促歩」人名 ちか・ゆき

そく【則】(教5) ソク のり・すなわち・のっとる

(字義)①きまり。さだめ。おきて。「会則・規則・原則・社則・準則・鉄則・罰則・法則」②のっとる。手本としてならう。「則天去私」人名 つね・とき・みつ

-そく【則】(接尾)箇条・項目を数える語。「就業心得八―」

そく【息】(教3) ソク いき

(字義)①いき。呼吸。「喘息・嘆息・窒息・長息」②生存する。生活を続ける。「消息・生息・棲息」③やすむ。「安息・休息」④終わる。やむ。やめる。「息災・姑息・終息」⑤利子。「利息」⑥むすこ。子供。「息女・息子・令息」人名 いぶき・おき・き・やす

そく【捉】 ソク とらえる (中)

(字義)①とらえる。つかまえる。「把捉・捕捉」②手に取る。にぎる。「捉髪」

そく【速】(教3) ソク はやい・はやめる・はやまる・すみやか (中)

(字義)①はやい。すみやか。すみやかに。㋐物理的にはやい。「速達・速球・快速・急速・神速・迅速」↔遅 ㋑動作がすばやい。すぐ。「速断・速決・早速・敏速」↔遅 ②はやさ。「速度・速力・音速・高速・時速・秒速・風速」難読 速歩 人名 ちか・つぎ・とう・とし・はやし・はやみ・めす

そく【側】教④ ソク がわ・そば・かたわら
(字義) ①そば。かたわら。「側聞・側近・君側」②かわ。物の片面。「側壁・側面・舷側(げんそく)」③そばだてる。「側耳・側目」④ほのか。「側聞」難読 側女(そばめ)・側妻(そばめ)

そく【測】教⑤ ソク はかる
(字義) ①水の深さをはかる。物の広さ・高さ・長さ・大きさなどをはかる。「測定・測量・観測」②おしはかる。推量する。「臆測・推測・不測・予測」人名 ひろ

そく【塞】(字義) →さい(塞)

そ・ぐ【◇削ぐ・◇殺ぐ】(他五) ガ(ゴ)・ギ(イ)・グ・グ・ゲ・ゲ ①斜めにけずり落とす。先がとがるように切る。「竹を―」②髪の毛の末を切り落とす。「毛先を―」③薄く切る。けずり取る。切り落とす。「脂身を―」④へらすようにする。すっかりなくすようにする。「興味を―」「気勢を―」自 そ・げる(下一) 可能 そ・げる(下一)

ぞく【俗】ゾク 中
(字義) ①ならわし。風習。習慣。「旧俗・習俗・美俗・風俗・良俗」②世の中。㋐実生活。実社会。ありきたりの。「俗事・俗世間・世俗・通俗・凡俗」㋑出家した人に対し、仏門にはいらない一般の人。また、その社会生活。「俗人・俗界・帰俗・還俗(げんぞく)・在俗」③程度が低く卑しいこと。「俗悪・俗物・低俗・卑俗」↔雅 人名 みち・よ

ぞく【俗】㊀(名・形動ダ) ①世間一般に行われていること。ありふれていること。また、そのさま。「―なたとえ」「―に言うお役所仕事」②品がなく安っぽいこと。また、そのさま。「―な人間」㊁(名) ①風俗。ならわし。「古(いにしえ)の―」②仏門にはいらない世間一般の人。また、その生活。「―を捨て仏に入る」

ぞく【族】教③ ゾク やから
(字義) ①やから。㋐同じ祖先から分かれた血つづきの者。身うち。「族人・族類・家族・血族・親族」㋑社会的に同一の血統・階級集団に属することを表す。「貴族・士族・民族」㋒なかま。同類。「種族」②むらがりあつまる。＝簇。「族生」人名 えだ・つぎ・つぐ

ぞく【属】教⑤【屬】ゾク・ショク つく
(字義) ①つく。つき従う。部下。「属性・属官・属国・所属・専属・服属・付属・隷属(れいぞく)」②みうち。なかま。同類。「金属・尊属」③そそぐ。そばだてる。「属耳(しょくじ)・属目(しょくもく)」④たのむ。託する。＝嘱。「属託(しょくたく)・属望(しょくぼう)」人名 つら・まさ・やす

ぞく【属】〘動・植〙生物分類上の単位。科の下で、種の上。

ぞく【粟】人 ゾク・ショク・ソク あわ
(字義) ①もみ。米の外皮をとらないもの。「粟米」②穀物。五穀の総称。「倉粟」③扶持米(ふちまい)。④あわ。イネ科の一年草。五穀の一つ。⑤あわつぶのように小さいもの。「粟粒」

ぞく【△粟】①穀類。また、扶持米(ふちまい)。②あわ。

―を食(は)む 仕官して俸禄(ほうろく)をもらう。

ぞく【続】教④【續】ゾク・ショク つづく・つづける・つぐ
(字義) ①つづく。つづける。つなぐ。「続行・継続・後続・持続・接続・連続」②つづいて。次々と。「続続・陸続」③つづき。「続編・続日本紀(しょくにほんぎ)」難読 続飯(そくい) 人名 つぎ・ひで

ぞく【賊】ゾク 中
(字義) ①そこなう。傷を負わせる。殺す。「賊害」②ぬすびと。わるもの。「賊徒・海賊・山賊・盗賊」③むほん人。反逆者。「賊軍・賊臣・逆賊・国賊」

ぞく【賊】①ぬすびと。「―が押し入る」②君主または国家にそむく者。「―を討つ」

ぞく-あく【俗悪】(名・形動ダ) 下品で低級なこと。また、そのさま。「―な趣味」「―番組」

そく-あつ【側圧】〘物〙流体が容器または物体の側面に加える圧力。

そく-い【即位】(名・自スル) ①君主・国王・天皇が位につくこと。↔退位 ②天皇が①の大礼を行うこと。

そく-い【◇続◇飯】ヒ 飯粒を練りつぶして作ったのり。

そく-いん【△惻隠】(「惻」も「隠」も、心が痛むの意)哀れむこと。かわいそうに思うこと。同情。「―の情」

そぐ・う ソグフ (自五) ワ(オ)・イ(ッ)・ウ・ウ・エ・エ よく似合う。適する。「彼に―・わない発言」用法 多く打ち消しの形で用いる。⇩そぐわない

ぞく-うけ【俗受け】(名・自スル) 一般大衆に好かれること。通俗的な評判を得ること。「―をねらう」

そく-えい【即詠】(名・他スル) その場で即座に詩歌をよむこと。また、その詩歌。即吟。「―の歌」

ぞく-えい【続映】(名・他スル) その映画が好評のため、上映期間を予定より延期して上映を続けること。「次週も―する」

そく-えん【測鉛】綱の先に鉛をつけた、水深をはかる器具。

ぞく-えん【俗縁】〘仏〙俗人としての縁故。特に、僧の出家前の親類・縁者。

ぞく-えん【続演】(名・他スル) 芝居などが好評のため、予定興行期間を延長して上演を続けること。「好評―中」

そく-おう【即応】(名・自スル) ①すぐさま物事に対応すること。「―態勢をとる」②なりゆきや情勢にぴったり当てはまること。「時代の要求に―する」

そく-おん【促音】日本語で、「はっきり」「ラッパ」などの「っ」「ッ」で書き表す音節。つまる音。

そくおん-びん【促音便】〘文法〙音便の一つ。「思いて→思って」「打ちて→打って」「取りて→取って」などのように、「い」「ち」「り」などが促音に変わるもの。⇩音便(表)

そく-が【側△臥】グワ (名・自スル) ①脇(わき)を下にして横向きに寝ること。②だれかのかたわらに寝ること。

そく-が【側芽】〘植〙茎の主軸から分かれてできる芽。種子植物で葉のつけ根にできるものは腋芽(えきが)ともいう。↔頂芽

ぞく-が【俗画】グワ 俗っぽい絵画。通俗画。

ぞく-がい【賊害】(名・他スル) 人を殺傷すること。

ぞく-がく【俗学】浅薄で程度の低い学問。通俗的な学問。

ぞく-がく【俗楽】(雅楽などに対して)民衆の間で発生・発達した音楽。三味線(しゃみせん)音楽や俗謡などをいう。

ぞく-がら【続柄】「つづきがら」を読みかえた語。

ぞく-がん【俗眼】普通の人の目のつけ所。俗人の見方。

ぞく-ぎいん【族議員】ギヰン 特定の業界や団体の利益のために、関係省庁や政策決定に影響力を行使する国会議員。語源 建設族・農林族・国防族などとよばれることから。

そく-ぎん【即吟】(名・他スル) その場で出された題について、即座に詩歌をよむこと。また、その詩歌。即詠。

ぞく-ぐん【賊軍】支配者、特に朝廷にそむいた軍勢。反逆者の軍勢。「勝てば官軍負ければ―」↔官軍

ぞく-け【俗気】世俗的な名誉や利益にひかれる心。俗っぽさ。ぞっけ。ぞっき。「―が出る」

そく-げん【塞源】(名・自スル) 悪の起こるみなもとをふさぐこと。「抜本―」

ぞく-げん【俗言】①世間でふだん使われている言葉。俗語。

②世間のとりざた。世間のうわさ。
ぞく-げん【俗△諺】 世間で使われていることわざ。俚諺(りげん)。
ぞく-ご【俗語】 ①改まった文章・会話での使用がはばかられる、卑俗な言葉やくだけた言葉。スラング。②詩文に用いる言葉(=雅語)でなく、ふだんの日常会話に用いる言葉。口語。
そく-ざ【即座】 何かがあったその場ですぐ物事にかかること。すぐその場。「—に対応する」
そく-さい【息災】（名・形動ダ）（仏の力で災いを息(や)める意から）健康で無事なこと。また、そのさま。「無病—」
——えんめい【—延命】 災いをなくし、命をのばすこと。
ぞく-さい【俗才】 俗事を上手にやってのける才能。世才。
ぞく-さい【続載】（名・他スル）続けて掲載・記載すること。
そく-さん【速算】（名・他スル）そろばんや暗算などで、すばやく計算すること。「—早見表」
そく-し【即死】（名・自スル）事故などで、その場ですぐ死ぬこと。「事故で—する」
そく-じ【即事】 眼前の事柄。その場のこと。
そく-じ【即時】 時間をおかずにその行為にかかること。すぐさま。即刻。「—抗告」「—採用する」
ぞく-し【賊子】 ①親不孝な子。②むほん人。「乱臣—」
ぞく-じ【俗字】 通俗に用いられる、正式な字体でない字。「恥」「隙」が正字であるのに対して、「耻」「隟」の類。↔正字
ぞく-じ【俗耳】 世人の耳。一般の人の耳。
——に入(い)り易(やす)い 一般の人に受け入れられやすい。
ぞく-じ【俗事】 世間的な身の回りの雑事。「—にかまける」
そく-しつ【側室】 身分の高い人のめかけ。そばめ。↔正室
そく-じつ【即日】 すぐその日。当日。「—開票」
そく-しゃ【速写】（名・他スル）写真などをすばやく写すこと。
そく-しゃ【速射】（名・他スル）銃砲をすばやくたて続けに発射すること。
——ほう【—砲】(ハウ) たて続けに発射できる機能を持つ火砲。
ぞく-じゅ【俗儒】 見識がせまく、低俗な学者。
そく-しゅう【束△脩】(シウ)（束ねた干し肉の意。中国で進物としたことから）入門のとき、謝礼として師に差し出す金品。
ぞく-しゅう【俗臭】(シウ) 富や名誉に執着するなどの下品な気風。俗っぽい感じ。俗気。「—芬々(ふんぷん)たる人」
ぞく-しゅう【俗習】(シフ) 世俗の風習。世間一般の習慣。
ぞく-しゅつ【続出】（名・自スル）同じような事柄が次々と引き続いて現れること。「けが人が—する」
ぞく-しゅつ【△簇出】（名・自スル）「そうしゅつ(簇出)」の慣用読み。
そく-じょ【息女】(ヂヨ) 身分ある人のむすめ。また、他人のむすめの敬称。「御—」
ぞく-しょ【俗書】 ①卑俗な書物。②品格のない筆跡。
ぞく-しょう【俗称】 ①世間一般で使われている名称。通称。通り名。②僧の出家前の名。また、仏教徒の生前の名。俗名(ぞくみょう)。
ぞく-しょう【賊将】(シヤウ) 賊軍の大将。
ぞく-じょう【俗情】(ジヤウ) ①世俗の人情。「—に通じる」②名利や愛憎にとらわれる心。
そく-しん【促進】（名・他スル）物事が円滑に進行したり盛んになったりするようにしむけること。「販売—」「雇用の—を図る」
そく-しん【測深】（名・他スル）水の深さをはかること。
ぞく-しん【俗信】 民間で行われている、迷信に近い信仰。うらない・まじない・禁忌など。
ぞく-しん【賊臣】 主君にそむく家来。
ぞく-しん【続伸】（名・自スル）〘経〙株価や相場などが、引き続いて上がること。続騰。↔続落
ぞく-じん【俗人】 ①世俗のありふれた人。世人。②名利などにとらわれて風流を解さない人。③僧でない人。在家(ざいけ)。
ぞく-じん【俗△塵】(ヂン) 世間のわずらわしいこと。「—を避ける」
ぞく-じん【属人】 ①人に属すること。②〘法〙人を基準として考えること。
——か【—化】(クワ)（名・自スル）業務などが特定の人に依存し、他の人に分からなくなること。
——しゅぎ【—主義】〘法〙国の内外のどこにいようと自国民に本国法を適用すべきであるとする主義。↔属地主義
そくしん-じょうぶつ【即身成仏】(ジヤウブツ)〘仏〙人間が生きた身体のまま仏になるという思想。おもに真言宗で説く。
そく・す【即す】（自五）(サ(ソ)・シ・ス・ス・セ・セ) →そくする(即する) 語源 サ変動詞「そくする」の五段化。
ぞく・す【属す】（自五）(サ(ソ)・シ・ス・ス・セ・セ) →ぞくする(属する) 語源 サ変動詞「ぞくする」の五段化。
そく・する【即する】（自サ変）(シ(セ・サ)・シ・スル・スル・スレ・シロ(セヨ)) その条件・状況などにぴったり合うようにする。適合する。「現実に—・して対処する」文 そく・す（サ変）⇩「使い分け」
そく・する【則する】（他サ変）(シ(セ・サ)・シ・スル・スル・スレ・シロ(セヨ)) ある事柄を基準として従う。のっとる。文 そく・す（サ変）⇩「使い分け」

> 使い分け「即する・則する」
> 「**即する**」は、物事が実際の状況にぴったり合っている、適合している意で、「時代に即する」「能力に即したやり方」「変化に即して対応する」などと広く使われる。
> 「**則する**」は、ある事柄を基準としてそれに従う、のっとる意で、「法律に則する」「基準に則して採点する」などと使われる。

ぞく・する【属する】（自サ変）(シ(セ・サ)・シ・スル・スル・スレ・シロ(セヨ)) ①その体系・種類のなかにある。「ライオンはネコ科に—」「旧聞に—」②集団などの構成員となっている。所属する。「経理課に—」「主流派に—」文 ぞく・す（サ変）
ぞく・する【賊する】（他サ変）(シ(セ・サ)・シ・スル・スル・スレ・セヨ) 害をなす。そこなう。「民を—」文 ぞく・す（サ変）
ぞく-せ【俗世】 →ぞくせい(俗世)
そく-せい【即製】（名・他スル）その場ですぐ作ること。「—の料理」
そく-せい【促成】（名・他スル）植物などの生長を、人工的に早めること。
——さいばい【—栽培】〘農〙花や野菜類を温室や温床で栽培し、ふつうの田畑で栽培するよりも早く収穫する栽培法。↔抑制栽培
そく-せい【速成】（名・自他スル）物事が短期間に仕上がること。また、仕上げること。「—教育」「技術者を—する」
ぞく-せい【俗世】 俗世間。この世の中。俗界。俗世(ぞくせ)。
ぞく-せい【俗姓】 僧の出家前の姓。俗姓(ぞくしょう)。
ぞく-せい【族制】 家族・親族・氏族などのように、血縁関係で結びつく社会組織の仕組み。
ぞく-せい【属性】 ①そのものに備わっている性質。②〘哲〙あるものに固有な性質。その性質を欠けば、そのものではなくなるような性質。
ぞく-せい【△簇生・族生】（名・自スル）→そうせい(叢生) 参考「簇生」のもとの読みは「そうせい」。「ぞくせい」は慣用読み。
そく-せき【即席】 ①その場ですぐにすること。「—で作詩する」②手間のかからないこと。「—料理」

そく-せき【足跡】 ①あしあと。歩いたあと。「—をしるす」②なしとげた仕事。業績。「偉大な—を残す」

ぞく-せけん【俗世間】 一般の人の住む世の中。俗世。

ぞく-せつ【俗説】 世間一般に言い伝えられている説。[用法]確かな根拠がなく、信頼性に欠けるという意で使うことが多い。

そく-せん【側線】 ①鉄道で、運転に使う本線以外の線路。操車用・引き込み用など。②〘動〙魚類・両生類の幼生などの体側にある線状の感覚器。水流や水圧などを感じとる。

そく-せん【塞栓】 〘医〙血管やリンパ管がつまってふさがること。また、そのつまった物質。栓塞(せんそく)。「—症」

そくせん-そっけつ【速戦即決】ソクケツ— 勝負を一気に決めること。また、短時間で物事の決着をつけること。

そく-せんりょく【即戦力】 訓練をしなくてもすぐに使える戦力。「—となる人材」

ぞく-そう【俗僧】 世俗的な利欲をもった僧。生臭坊主。

そく-そく【△惻△惻】(タル) いたましいさま。心から悲しみいたむさま。「—として胸を打つ」[文](形動タリ)

ぞく-ぞく (副・自スル) ①寒けを感じるさま。「熱があって—する」②恐怖などでぞっとするさま。③期待やうれしさなどで身ぶるいしそうに気持ちが高ぶるさま。「—するほどうれしい」

ぞく-ぞく【続続】(副) あとからあとから続くさま。次々。「救援物資が—(と)到着する」

そく-たい【束帯】 昔、貴人が朝廷の儀式や公事(くじ)に着用した正式の服装。「衣冠—」

〔そくたい〕

そく-だい【即題】 ①その場で答えさせる問題。②歌会・句会などで、題を出し、その場で詩歌・句を作らせること。また、その題。席題。↔兼題

ぞく-たい【俗体】 ①僧でない、ふつうの人の姿。↔僧体・法体(ほったい) ②風流でないこと。また、詩や和歌が通俗的なこと。

そく-だく【即諾】(名・他スル) その場ですぐに承諾すること。「依頼を—する」

そく-たつ【速達】 ■一(名・自他スル) 早く届くこと。また、早く届けること。■二(名)(「速達郵便」の略)別料金を取って、一般の郵便物より早く配達する郵便。

そく-だん【即断】(名・他スル) すぐその場で決めること。「—即決」

そく-だん【速断】(名・他スル) ①早まった判断をすること。「—は禁物だ」②すばやく判断すること。「—を要する」

ぞく-だん【俗談】 俗世間でのいろいろな話。世間話。

そく-ち【測地】(名・自他スル) 土地を測量すること。

ぞく-ち【属地】 ①付属している土地。②〘法〙土地を基準として考えること。

——しゅぎ【—主義】〘法〙土地を基準として、外国人であっても、その領土内の行為にはすべてその国の法律が適用されるべきであるとする主義。↔属人主義

ぞく-ちょう【族長】チヤウ— 一族の長。一家の長。

ぞく-ちょう【続△貂】テウ— すぐれた人物のあとに、つまらない者が続くこと。多くは、他の人がし残した仕事を受け継いですることをへりくだっていう。[語源]冠の飾りにする貂(てん)の尾が足りなくなって、犬の尾で代用したという中国の故事による。

ぞくっ-と (副・自スル) 恐怖や期待、寒けなどのために、身ぶるいするさま。「恐ろしさで背筋が—する」

ぞくっぽ・い【俗っぽい】(形)カロ・カッ(ク)・イ・イ・ケレ・○ 通俗的である。品がない。「—歌」「—趣味」

そく-てい【測定】(名・他スル) 長さ・重さ・時間などの量を、器具や装置を用いてはかること。「体力—」

そく-てん【側転】(名・自スル) 体操で、開脚し腕をあげた姿勢から、側方に両手をついて一回転すること。側方転回。

ぞく-でん【俗伝】 世間一般に通用している言い伝え。

そくてん-きょし【則天去私】〘文〙「天意につき従って、私心を捨て去る」の意。夏目漱石(そうせき)晩年の人生観。

そく-ど【速度】 ①物事の進んでいく速さ。スピード。「—制限」②〘物〙運動している物体の位置の変化を表す量。大きさと方向とをもったベクトル量の一つで、その大きさは、単位時間に進んだ距離で示す。「光—」

——けい【—計】 運動体の速度を自動的に示す計器。

そく-ど【測度】 角度・寸法などをはかること。

ぞく-と【賊徒】 ①盗賊の仲間。②国家にそむく者ども。

そく-とう【即答】タフ—(名・自スル) その場ですぐ返事をすること。「—を避ける」

そく-とう【速答】タフ—(名・自スル) すみやかに答えること。

そく-どう【側道】ダウ— 幹線道路に沿って設けられた道。

ぞく-とう【続投】(名・自スル) ①野球で、試合中、投手が交替せずにさらに投球を続けること。②ある役職などについている人が、交替せずにその職務を続けること。「現社長が—する」

ぞく-とう【続騰】(名・自スル)〘経〙物価や相場などが、引き続いて上がること。続伸。「株価が—する」↔続落

そく-どく【速読】(名・他スル) 本などの文章を速く読むこと。

ぞく-に【俗に】(副) 世間で。ふつう一般に。「—いう女の勘」

そく-ねつ【足熱】 足をあたためること。「頭寒(ずかん)—」

ぞく-ねん【俗念】 世俗的な考え。利益や名誉などを求める心。「—を去る」

そく-のう【即納】ナフ—(名・他スル) その場ですぐに納めること。

そく-ばい【即売】(名・他スル) 展示会などで、展示した品物をその場ですぐ売ること。「展示—会」

ぞく-はい【俗輩】 世俗的な名誉や利益しか考えない人たち。低俗なやから。

そく-ばく【束縛】(名・他スル) 制限や条件を加えて、行動の自由を奪うこと。「—を受ける」「自由を—する」

そくばく【×若干】(名・副) →そこばく

そく-はつ【束髪】 ①髪を束ねて結うこと。②明治から大正期にかけて流行した女性の洋髪の一種。頭の上か襟(えり)の所で髪を束ねる髪形。

ぞく-はつ【続発】(名・自スル) 同じような事柄が次々と続いて起こること。「事件が—する」

〔そくはつ②〕

ぞく-ばなれ【俗離れ】(名・自スル) 考えや行動などが世俗の欲得を離れていること。世間離れ。浮き世離れ。

そ-くび【素首】 首をののしって乱暴に言う語。そっくび。

そく-ひつ【速筆】 ものを書くのが速いこと。↔遅筆

ぞく-ぶつ【俗物】 世間的な名誉や利益にばかり心を奪われている、つまらない人物。「—根性」「あの男は—だ」

そくぶつ-てき【即物的】(形動ダ)ダロ・ダッ(デ・ニ)・ダ・ナ・ナラ・○ ①主観を交えず、実際の事物に即しているさま。「—な描写」②物質的なものや現実の利害を中心に考えるさま。「—な時代」

そく-ぶん【側聞・△仄聞】(名・他スル)(「側」も「仄」もほのかの意)うすうす聞くこと。うわさに聞くこと。「—するところでは」

ぞく-へい【賊兵】 賊軍の兵。

そく-へき【側壁】 側面の壁。側面を仕切る壁。

ぞく-へん【続編・続△篇】 書物・映画・演劇などで、正編や

本編の続きの編。

そく-ほ【速歩】 足ばやに歩くこと。早足。

そく-ほう【速報】（名・他スル）すばやく知らせること。また、その知らせ。「選挙—」

ぞく-ほう【続報】（名・他スル）前の報告に引き続いて、その後を知らせること。また、その報告。「事件の—がはいる」

そく-みょう【即妙】 メウ—（名・形動ダ）（「当意即妙」の略）その場でとっさにうまい知恵が浮かぶこと。機転がきくこと。また、そのさま。「—の答え」

ぞく-みょう【俗名】 ミヤウ— ①〔仏〕僧の出家前の名。↔法名 ②〔仏〕一般人の生存中の名。↔戒名・法名 ③正式の名でなく世間で用いられている呼び名。俗称。通称。

ぞく-む【俗務】 世間のわずらわしい仕事。

ぞく-めい【俗名】 ①→ぞくみょう ②通俗的な名声。

ぞく-めい【賊名】 盗人、または、反逆者であるという名や評判。「—を着せられる」

そく-めん【側面】 ①物体の左右の表面。物体の前後・上下以外の面。「顔の—」 ②〔数〕（角錐・円錐・角柱・円柱などの）立体の上面・底面以外の面。③わきの方面。横側。「—攻撃」 ④いろいろな性質の中のある一面。「複雑な—がある」

—かん【—観】 クワン 側面からの客観的な観察。

そく-もん【足紋】 足の裏の皮膚にある、多くの線からできている模様。また、それが物についた跡。

そく-や【即夜】 すぐその夜。当夜。

ぞく-よう【俗用】 ①俗世間でのわずらわしい用事。「—に追われる」 ②正式ではないが、世間で行われている用い方。

ぞく-よう【俗謡】 エウ— 世間一般の人々の間でうたわれるはやり歌。多く、小唄・民謡などをさす。

ぞく-らく【続落】（名・自スル）〔経〕株価や相場などが、引き続いて下がること。↔続伸・続騰

ソクラテス〈Socrates〉（前四七〇〜前三九九）古代ギリシャの哲学者。よく生きることを求め、自己の無知を自覚することが真の知であると説いた。国教の神々を否定したとして毒杯刑に処せられた。

ぞく-り【俗吏】 凡俗の役人。つまらない役人。

ぞく-り【属吏】 配下の役人。また、地位の低い役人。下役。

ぞく-りゅう【俗流】 リウ— 俗人の仲間。「—にくみせず」

ぞく-りゅう【粟粒】 リフ— ①あわつぶ。②きわめて小さいもの。

ぞく-りょ【俗慮】 世間的な生活の中で生じる心配・欲望。

そく-りょう【測量】 リヤウ—（名・他スル）①建物・土地などの高さ・深さ・長さ・面積・距離などをはかること。②地表のある部分の位置・形状・面積などをはかって実測図を作ったり、逆に図上で計画した点や線を実際の地表に示したりする技術。

ぞく-りょう【属僚】 レウ— 下役の仲間。下級役人。下僚。

ぞく-りょう【属領】 リヤウ— ある国に付属している領地。ある国の支配下にある領土。

そく-りょく【速力】 ものが動く速さ。スピード。「全—」「—を落とす」

そく-ろう【足労】 ラウ— 足を運ぶこと。「ご—をかける」 用法 多く上に「ご」を付けて、人に来てもらうことを敬って言う。

ぞく-ろん【俗論】 俗世間のくだらない議論・意見。

そぐわ-ない ソグハ— つり合わない。似合わない。「現実に—意見」「その場に—服装」 語源 五段動詞「そぐう」の未然形「そぐわ」＋打ち消しの助動詞「ない」

そ-けい【素馨】〔植〕モクセイ科の常緑低木。ジャスミンの一種で、夏から秋に咲く芳香のある白い花から香油をとる。夏

そ-けい【粗景】 そまつな景品。用法 景品を出す側がへりくだっていう語。

そ-けい【鼠蹊】 ももの つけねの内側。鼠蹊部。

そ-げき【狙撃】（名・他スル）ねらいうつこと。「—兵」

ソケット〈socket〉電球などの口金をねじこむ受け口。

そ・げる【殺げる・削げる】（自下一）ゲ・ゲ・ゲル・ゲル・ゲレ・ゲロ(ゲヨ) けずりとられたようになる。「ほおが—」 他そ・ぐ(五) 文そ・ぐ(下二)

そ-けん【素絹】 ①練らない絹。生絹。②（「素絹の衣」の略）①でつくった僧衣。

そ-けん【訴権】〔法〕個人が司法機関・裁判所に対し、訴訟を提起し、判決を求めることのできる権利。判決請求権。

そ-げん【遡源・溯源】（名・自スル）物事の大本にさかのぼること。「本義に—する」 参考「さくげん」は慣用読み。

そこ【底】 ①容器やくぼんだもののいちばん下の部分。「なべの—をさらう」「海の—」 ②地面より下の深い所。「地の—」 ③積み重ねたものの最下層。「積み荷の—」 ④物事のきわまる所。限界。「不景気も—が見えた」「—が知れない」 ⑤そのものの奥深くにあって、外からはうかがい知れないもの。「心の—から慕う」 ⑥〔経〕相場が下がりきった所。底値。「株価が—をうつ」↔天井

—が浅い 内容に深みがない。また、力量がない。「—学問」

—を突く ①〔経〕相場が下がりきる。②たくわえが尽きる。「預金が—」

—を割る ①本心を隠さず明かす。「底を割って話す」 ②〔経〕相場が底値と思われた値より下がる。

そ-こ【其処・其所】（代）①中称の指示代名詞。㋐相手のいる場所。また、その範囲。「—は危ない」 ㋑今、話題になった場所・事態。そのこと。その点。「—におもしろみがある」 ②〔古〕対称の人代名詞。そなた。おまえ。やや目下の者に用いる。

そ-ご【祖語】 同じ系統の言語の中で、もとになっていると考えられる言語。イタリア語、フランス語などに対するラテン語など。

そ-ご【齟齬】（名・自スル）（上下の歯がくいちがう意から）意見や物事がくいちがって合わないこと。「意見に—をきたす」

そこ-あげ【底上げ】（名・他スル）最低の数値を今までより引き上げて、全体の水準を高めること。「賃金を—する」

そこ-い【底意】 心の奥底に秘めた考え。下心。心の奥。「彼の—をはかりかねる」

そこ-いじ【底意地】 イヂ— 心の奥に隠し持つ意地。「—が悪い」

そこ-いら【其処いら】 ㊀（代）中称の指示代名詞。そのへん。そのあたり。そこら。「—にあるだろう」 ㊁（名）おしはかった数量、程度を漠然と表す。そのくらい。そこら。「一万円か—の値段だ」

そこ-いれ【底入れ】〔経〕相場が下がりきって、それよりも下がる見込みがないというほど安値になること。「景気の—」

そ-こう【素行】 カウ— 平素の行い。平生の品行。「—調査」

そ-こう【粗肴】 カウ— そまつな酒のさかな。「粗酒—」 用法 料理を人にすすめるときにへりくだっていう語。

そ-こう【粗鋼】 カウ— 製鋼炉で製造されたままの、加工していない鋼。「—の生産量」

そ-こう【遡江・溯江】 カウ—（名・自スル）川をさかのぼること。特に、中国の長江をさかのぼること。

そ-こう【遡行・溯行】 カウ—（名・自スル）流れをさかのぼって行くこと。「岸に沿って—する」

そ-こう【遡航・溯航】 カウ—（名・自スル）水流をさかのぼって航行すること。

そこ-かしこ【其処彼処】（代）あちらこちら。ほうぼう。「—にごみが落ちている」

そこ-がた・い【底堅い】（形）カロ・カッ(ク)・イ・イ・ケレ・○〔経〕相場がさらに下がりそうでいて下がらないさま。

そこ-きみわる・い【底気味悪い】（形）カロ・カッ(ク)・イ・イ・ケレ・○ なんとなく気味が悪い。「にやにやと—く笑う」 文そこきみわる・し(ク)

そ-こく【祖国】①自分の生まれた国。先祖代々住み続けた国。母国。②その民族が分かれ出た、もとの国。本国。

そ-こ-こ【△其◇処△此◇処】(代) あちらこちら。いたる所。「ーにビルが建つ」

そこ-しれない【底知れない】どこまであるかわからない。限度がわからない。「ー力を見せる」

-そこそこ (接尾) (数量を表す語に付いて)その数量に達するか達しないかの程度であることを表す。「二〇歳ーの男」

そこ-そこ (副) ①十分とはいえないが、いちおうの程度であるさま。「ーのできばえ」②(多く「…もそこそこに」の形で) 前のことを十分しないうちに急いで次の行動にとりかかるさま。「食事もーに家をとび出す」

そこ-ぢから【底力】ふだんは隠れているが、いざというときに出る力。「ーを発揮する」

そ-こつ【粗△忽】㊀(名・形動ダ) そそっかしいこと。また、そのさま。おっちょこちょい。軽はずみ。「ー者」㊁(名) 軽率な不注意で起こした失敗・あやまち。粗相。「ーをわびる」

そこ-づみ【底積み】①船の重心を下げるため船底に積む荷物。底荷。②積み荷のいちばん下に積むこと。また、その荷物。

そこ-で【△其◇処で】(接) ①(前の話を受けて)そのとき。それだから。「ーお願いしたい」②(話題を転じて)さて。ところで。「ーひとつ相談だが」

そこ-な【△其◇処な】(連体)《古》そこにいる。そこの。「ー人」[用法]多く、相手を見下す意で用いる。[語源]「そこなる」の転。

そこな・う【損〔な〕う】(他五) ワ(オ)・イ(ッ)・ウ・ウ・エ・エ ①よい物に傷をつける。損傷を与える。こわす。「器物をー」②物事の状態を悪くしたり正常でなくしたりする。害する。「機嫌をー」「美観をー」③(動詞の連用形に付いて) ㋐それをなしとげないままで終わる。しくじる。しそんじる。「獲物を撃ちー」㋑機会を失う。「夕食を食べー」「名画を見ー」[参考]②は「◇害う」とも書く。

そこ-なし【底無し】①底がないこと。また、そう思われるほど深いこと。「ー沼」②際限のないこと。「ーの飲んべえ」

そこ-に【底荷】船の重心を下げ、安定させるために船底に積みこむ荷物。底積み。バラスト。

そこ-ぬけ【底抜け】㊀(名) 底のないこと。また、そのもの。㊁(名・形動ダ) ①しまりがないこと。また、そのさま。②際限がないこと。また、そのさま。「ーのお人好し」「ーに明るい」

そこ-ね【底値】《経》相場で、下がり切った値段。「ーで買う」

そこ・ねる【損ねる】(他下一) ネ・ネ・ネル・ネル・ネレ・ネロ(ネヨ) ①体調や人の気分を悪くする。「健康をー」「機嫌をー」②(動詞の連用形に付いて) ㋐しそんじる。「絶好球を打ちー」㋑機会を失う。「六時の飛行機に乗りー」[文]そこ・ぬ(下二)

-そこのけ【△其◇処◇退け】(接尾) (名詞に付いて)その道の専門家をしのぐほどすぐれている意を表す。「玄人ーの腕前」

そこはか-と-なく (副) はっきりとした理由もなく。どこがどうということもなく。「ー哀れをさそう」「花の香がー漂う」

そこ-ばく【×若干】(名・副) 漠然とそれほど多くない数量を表す。いくらか。いくつか。そくばく。「ーの金を与える」

そこ-ひ【底△翳・×内障眼】《医》眼球内の異常により視力の減退する疾患の俗称。白内障・緑内障などをいう。

そこ-びえ【底冷え】(名・自スル) 寒さがきびしく、体のしんまで冷えること。「ーのする夜」[冬]

そこ-びかり【底光り】(名・自スル) 表面的な輝きでなく、奥底から光が出ているようであること。また、その光。深みのある技芸・実力についてもいう。「ーする柱」「ーのする演技」

そこびき-あみ【底引〔き〕網・底△曳〔き〕網】引き網の一種。海底を引きずるようにして、魚類をとる袋網。トロールなど。「ー漁」

そこ-もと【△其◇処◇許】(代)《古》①中称の指示代名詞。そこ。②対称の人代名詞。そなた。同輩または目下の者に対して用いる。

そこ-ら【△其◇処ら】㊀(代) (「ら」は接尾語)中称の指示代名詞。そのあたり。そのへん。そこいら。「ーを散歩する」「そんじょーー」㊁(名) (「…かそこら」「…やそこら」の形で)そのくらいの数量・程度を表す。そこいら。「三〇分かーで着く」

そこら (副)《古》たくさん。数多く。非常に。

そこ-われ【底割れ】(名・自スル)《経》低迷の続く景気や相場が、さらに一段と悪化すること。「景気のー」

そ-さい【△蔬菜】野菜。青物。

そ-ざい【素材】①物をつくるもとになる材料。「旬のーを使った料理」②芸術作品として形づくられる以前の、具体的な創作の材料・題材。「神話にーを求める」

そ-ざい【礎材】土台とする材料。基礎材料。

ソサエティー〈society〉①社会。社交界。②会。協会。

そ-ざつ【粗雑】(名・形動ダ) あらっぽくていいかげんなこと。また、そのさま。「ーな扱い」「考え方がーだ」

そ-さん【素△餐】(「素」はむなしいの意)才能がなく功績もないままむなしく禄を受けること。徒食。「尸位ー」

そ-さん【粗△餐】そまつな食事。客をもてなす食事の謙称。「ーを差し上げたく存じます」

そ-し【阻止・△沮止】(名・他スル) さまたげてくいとめること。「暴徒の乱入をーする」

そ-し【祖師】《仏》一宗派を開いた高僧。宗祖。開祖。

そ-し【素子】電気回路や機械回路の中で、独立のはたらきをする構成要素。コンデンサー・トランジスター・ICなど。

そ-し【素志】平素からの志。かねてからの思い。宿志。「ーをつらぬく」

そ-じ【素地】ー したじ。基礎。土台。「ーはできている」

そ-じ【措辞】詩歌・文章などで、文字・言葉の用い方や配置。

そじ〔楚辞〕中国、楚の詩人屈原とその流れをくむ人々の詩集。前漢の劉向が編んだとされ、後漢の王逸が自作の一巻を加えて一七巻とする。神話・伝説をふくむ荘重な長編叙事詩が多く、屈原の「離騒」は代表作。

ソシアリスト〈socialist〉→ソーシャリスト

ソシアリズム〈socialism〉→ソーシャリズム

ソシアル〈social〉→ソーシャル

ソシオメトリー〈sociometry〉集団内の人間関係を量的に測定し、集団の構造や状態を知る方法。

そ-しき【組織】㊀(名・他スル) ①組み立てること。構成。②個々の物や人が集まって、それぞれの役割が相互に関係を持ちながら、秩序ある全体を構成すること。また、その構成された集団。「社会ー」「組合をーする」㊁(名)《生》同一の形態をもち、同一の生理作用をする一群の細胞の集団。「神経ー」

ーてき【ー的】(形動ダ) ダロ・ダッ(デ・ニ)・ダ・ナ・ナラ・○ 目的・性質に応じて決まった秩序をもち、全体として有機的なつながりやまとまりをもっているさま。「ーな犯罪」

ーひょう【ー票】選挙で、ある団体がまとまって特定の政党や候補者に投じる票。

ーろうどうしゃ【ー労働者】労働組合に加わっている労働者。

そ-しつ【素質】①生まれつき備わっている性質。資質。天分。②将来発展するもととなる性質や能力。「バレリーナのーがある」

そ-して【△而して・◇然して】(接)「そうして」の短縮形。

そ-しな【粗品】そまつな品物。粗品。「ー進呈」[用法]人に品物を贈るときにへりくだっていう語。

そ-しゃく【△咀△嚼】(名・他スル) ①食物をよくかみくだくこと。②文章や物事の意味をよく考えて正しく理解し味わうこと。「原文を―する」

そ-しゃく【租借】(名・他スル)〘法〙ある国が他の国の領土の一部を借りて、一定期間統治すること。「―地」「―権」

そ-しゅ【粗酒】そまつな酒。「―粗肴(そこう)」用法 人にすすめる酒をへりくだっていう語。

そ-しゅう【△楚囚】(シウ)―(他国にとらわれた人。捕虜。囚人。とりこ。「左伝」の故事から)敵国にとらわれた楚(そ)の国の人の意。

そ-じゅつ【祖述】(名・他スル) 先人の考えを受け継ぎ、それをもとにして述べること。「師の説を―する」

そ-しょう【訴訟】(名・自スル)〘法〙裁判所に紛争解決のため法律の適用を求める手続き。裁判所に裁判を請求すること。

そ-じょう【△俎上】(ジヤウ)― まないたの上。

――に載(の)せる 話題や議論・批評の対象として取り上げる。

――の魚(うお) 相手の思うままになるしかない運命や状態のたとえ。まないたの鯉(こい)。

そ-じょう【訴状】(ジヤウ)―〘法〙民事訴訟で、訴訟内容を書いて裁判所に出す書類。

そ-じょう【遡上・△溯上】(ジヤウ)―(名・自スル) 流れをさかのぼって行くこと。「鮭(さけ)の―」

そ-しょく【粗食】(名・自スル) そまつな食物。また、それを食べること。「粗衣―」↔美食

そ-しら-ぬ【そ知らぬ】(連体) 知っているのに知らないふりをするさま。「―ふりをする」「―顔」

そしり【△謗り・△譏り・△誹り】 そしること。非難の言葉。「軽率の―は免れない」「―を受ける」

そし・る【△謗る・△譏る・△誹る】(他五) ラ(ロ)・リ(ッ)・ル・ル・レ・レ 他人を悪く言っておとしめる。非難する。誹謗(ひぼう)する。「みずからを省みず人を―」可能 そし・れる(下一) 参考「謗」は口先するどく攻撃する意。「譏」は人の落ち度を見つけて悪く言う意。「誹」は人の非を指摘して非難する意。

そ-しん【祖神】 祖先を神として祭ったもの。祖先である神。

そ-すい【疎水・△疏水】 給水・灌漑(かんがい)・運搬・発電などのために、土地をきり開いて作った水路。

そ-すう【素数】〘数〙一またはその数自身のほかには約数をもたない二以上の正の整数。二・三・五・七・一一・一三…など。

そ-せい【組成】(名・他スル) いくつかの要素や成分を合わせて組み立てること。また、その組み立て。「大気の―」

そ-せい【粗製】 製品を粗雑につくること。また、そのもの。「―品」↔精製

――らんぞう【―濫造・―乱造】(ランザウ)(名・他スル) 質の悪い製品をやたらに多くつくること。

そ-せい【塑性】→かそせい

そ-せい【△蘇生・△甦生】(名・自スル) ①息の止まったものが息を吹き返すこと。生き返ること。「人工呼吸で―する」②しおれていたものが元気をとりもどすこと。「雨で草木が―する」

そ-ぜい【租税】〘法〙国家または地方公共団体がその経費にあてるため、国民などから強制的に徴収する金銭。国税と地方税とがある。税。税金。

そ-せき【礎石】 ①建物の柱の下にすえる土台石。いしずえ。②物事の基礎。「事業の―を築く」

そ-せん【祖先】 ①家の血筋としてさかのぼれる最古の人。②その家の今の代より前の人々。③現在あるものの、もとのもの。「人類の―」(↔子孫)

そ-そ (副) ①風のしずかに吹くさま。そよ。②物の軽く動く音。

そ-そ【△楚△楚】(ト)(タル) 清らかで美しいさま。かれんなさま。「―たる美人」文(形動タリ) 用法 多く若い女性に対して用いる。

そ-そう【阻喪・△沮喪】(サウ)―(名・自スル) 気力がくじけ勢いがなくなること。気落ち。「意気―する」

そ-そう【祖宗】(君主の始祖と中興の祖の意)今の代より前の代々の君主。

そ-そう【粗相】(サウ)―(名・自スル) ①不注意やそそっかしさによって、あやまちをおかすこと。しそこない。粗忽(そこつ)。「とんだ―をいたしました」②大小便をもらすこと。「子供が―する」

そ-ぞう【塑造】(ザウ)― 粘土などで彫刻の原型をつくること。

そ-ぞう【塑像】(ザウ)― 粘土・石膏(せっこう)などでつくった像。

そそ・ぐ【注ぐ・△灌ぐ】 ガ(ゴ)・ギ(イ)・グ・グ・ゲ・ゲ 一(自五) ①流れていって一緒になる。流れこむ。「川が湾に―」②雨などが降りかかる。「庭石に―雨」③光などがさしこむ。「太陽がさんさんと―」二(他五) ①上に持ち上げた容器から液体を流して、下のものに入れる。流しこむ。「茶わんに湯を―」②液体を流しかける。「植木に水を―」「火に油を―」③目・心・力などを集中する。「全力を―」「愛情を―」④こぼす。「花にも涙を―」可能 そそ・げる(下一) 参考「注」はもと川が流れこむ意で、広くつぎうつす意。「灌」は水をそそぎかける意。室町時代までは「そそく」と清音。

そそ・ぐ【◇濯ぐ・◇雪ぐ】(他五) ガ(ゴ)・ギ(イ)・グ・グ・ゲ・ゲ ①水でよごれを洗い落とす。すすぐ。「口を―」②恥や不名誉などを除き去る。汚名をぬぐい去る。すすぐ。「汚名を―」可能 そそ・げる(下一)

そ-ぞく【△鼠族】 病原体を広げるなど、人に有害なネズミの総称。ねずみ族。「―・昆虫の駆除」語源「すすぐ」の転という。

そ-ぞく【△鼠賊】 小盗人(こぬすびと)。こそどろ。

そそ-くさ (副・自スル) あわただしく落ち着かないさま。せわしないさま。「―(と)立ち去る」

そそけ-だ・つ【そそけ立つ】(自五) タ(ト)・チ(ッ)・ツ・ツ・テ・テ ①けばだつ。そそける。「髪が―」②恐れや寒さで、身の毛がよだつ。

そそ・ける (自下一) ケ・ケ・ケル・ケル・ケレ・ケロ(ケヨ) 髪の毛がほつれて乱れる。「―・けた髪」文 そそ・く(下二)

そそっかし・い (形) カロ・カッ(ク)・イ・イ・ケレ・○ 落ち着きや慎重さがなく、早合点や失敗が多い。そそかしい。「―人」文 そそか・し(シク) 類語 軽々しい・うっかり・軽はずみ・おっちょこちょい・迂闊(うかつ)・軽率・軽忽(けいこつ)・粗忽(そこつ)・早計・短絡的・軽佻浮薄(けいちょうふはく)・上調子

そそのか・す【唆す】(他五) サ(ソ)・シ・ス・ス・セ・セ さそいすすめる。特に、おだてて悪いことをする気にさせる。「悪事を―」可能 そそのか・せる(下一) 類語 教唆(きょうさ)する・指嗾(しそう)する・挑発する・嗾(けしか)ける・扇動する・煽(あお)る・そそる・焚(た)き付ける・アジる

そそり-た・つ【そそり立つ】(自五) タ(ト)・チ(ッ)・ツ・ツ・テ・テ 高くそびえ立つ。「―霊峰富士」

そそ・る (他五) ラ(ロ)・リ(ッ)・ル・ル・レ・レ 興味・関心・感情などを強くよび起こさせる。「好奇心を―」「涙を―」可能 そそ・れる(下一)

そぞろ【◇漫ろ】(副・形動ダ) ①はっきりした理由もなく、状況・周囲につられて無意識に心が動くさま。なんとなく。「―(に)涙を流す」②落ち着かないさま。「気も―になる」文(ナリ)

――あるき【―歩き】(名・自スル) 気の向くままにあてもなくゆっくりと歩くこと。「―を楽しむ」

――ごころ【―心】 そわそわと落ち着かない心。「―がわく」

――ごと【―言】 とりとめもない話。わけもなく、気のすすむままに話す話。すずろごと。「―を言う」

そ-だ【粗△朶】 切り取った木の枝。たきぎなどにする。

そ-だい【粗大】(名・形動ダ) あらくて大まかなこと。また、そのさま。

―ごみ【―△塵】 家庭からごみとして出される大型の廃棄物。大型電気製品や家具など。

そだち【育ち】 ①育つこと。成長。②育ち方。素性。おいたち。「氏より―」「―がいい人」③（接尾語的に用いて）そうした環境・育てられ方で成長したこと。「南国―」「お坊ちゃん―」

―ざかり【―盛り】 子供の体がめざましく成長する時期。伸び盛り。

そだ・つ【育つ】（自五）タ(ト)・チ(ツ)・ツ・ツ・テ・テ ①動植物などが大きくなる。成長する。「元気な子に―」「苗が―」②内容・能力・資質などがのびる。発展する。「若手が―」「大企業に―」㊉他 そだ・てる（下一）

そだて-あ・げる【育て上げる】（他下一）ゲ・ゲ・ゲル・ゲル・ゲレ・ゲロ(ゲヨ) 育てて一人前にする。「女手一つで―」㊉文 そだてあ・ぐ（下二）

そだて-の-おや【育ての親】 ①親として育ててくれた人。養父母。養い親。「生みの親より―」②ある物事の育成・発展に尽くした人。「高校野球の―」《↔生みの親》

そだ・てる【育てる】（他下一）テ・テ・テル・テル・テレ・テロ(テヨ) ①動植物を成長・成育させる。養育する。「三人の子供を―」②教え導く。しつける。「弟子を―」③物事が発展するよう努める。「地場産業を―」㊉自 そだ・つ（五）㊉文 そだ・つ（下二）

そち【◇帥】 →そつ（帥）

そ-ち【措置】（名・他スル） 始末がつくようとりはからうこと。処置。「適切な―をとる」

そ-ち【△其◇方】（代）《古》①中称の指示代名詞。相手のいるほう。そっち。②対称の人代名詞。おまえ。目下の者に対して用いる。「―の名は」

そち-こち【△其◇方△此◇方】（代） あちらこちら。ほうぼう。「公園の―で遊ぶ子供」

そ-ちゃ【粗茶】 そまつな茶。「―ですが」㊉用法 茶を人にすすめるときにへりくだっていう語。

そち-ら【△其◇方】（代）（「ら」は接尾語）①中称の指示代名詞。㋐相手のいる方角。また、相手のいる場所。「―に伺います」㋑相手の近くにあるもの。「―を見せてください」②対称の人代名詞。相手またはその家族を丁寧にいう。「―はお変わりありませんか」㊉参考「そっち」よりも改まった丁寧な言い方。

そつ【卒】 ㊉教4 ソツ・シュツ おわる

亠 亣 亣 䘒 卒 卒

（字義）①㋐おわる。おえる。「卒業」㋑「卒業」の略。「大学卒」②下級の兵士。ごく下級の職員。「卒伍・獄卒・従卒・兵卒」③にわか。あわてる。「卒爾・卒然・卒倒・倉卒」④（「シュツ」と読んで）死ぬ。「卒去・昭和九年卒」㊉難読 卒塔婆・卒都婆 ㊉人名 たか

そつ【率】 ㊉教5 ソツ㊥・リツ ひきいる

亠 亠 玄 玄 泫 率

（字義）①ひきいる。先立ちみちびく。ひきつれる。「率先・引率・統率」②にわか。あわただしい。軽はずみ。「率爾・率然・軽率」③かざりけがない。すなお。「率直・真率」④すべて。はてまでみんな。「率土」⑤（「リツ」と読んで）わりあい。程度。「円周率・確率・死亡率・打率・比率・利率」㊉難読 率塔婆・率都婆 ㊉人名 のり・より

そつ ①手ぬかり。落ち度。②むだ。むだがない。無益。

―が無い 手ぬかりがない。むだがない。「何をしても―」

そつ【◇帥】 律令制で、九州大宰府の長官。そち。

そ-つい【訴追】（名・他スル）《法》①検察官が刑事事件について公訴を提起し維持すること。②裁判官や人事院の人事官の弾劾を申し立て、罷免を求めること。

そ-つう【疎通・△疏通】（名・自スル）①とどこおりなく通じること。②両者の意見がたがいに通じあい、わからない点や誤解などのないこと。「意思の―をはかる」

そつ-えん【卒園】（名・他スル） 幼稚園・保育園などの課程を終えること。「―式」↔入園

そっ-か【足下】 ㊀（名）①足の下。足もと。②手紙で、宛名のわきに書いて相手を敬う語。㊁（代）対称の人代名詞。手紙などで、対等以下の相手に対する敬称。あなた。貴殿。

ぞっ-か【俗化】（名・自スル） 世俗の風にそまっていやしくなること。俗っぽくなってゆくこと。通俗化。「名勝地が―する」

ぞっ-か【俗歌】 世間で流行している歌。はやり歌。俗謡。

ぞっ-かい【俗界】 俗人が住んでいる世の中。俗世間。

ぞっ-かい【俗解】 学問的ではないがわかりやすい解釈。

ぞっ-かい【続開】（名・他スル） 中断した会議を、同一の議題で引き続いて開くこと。「休憩をはさんで委員会を―する」

そっ-かん【速乾】 すぐに乾くこと。「―性の接着剤」

ぞっ-かん【俗間】 世俗の間。一般の人が住んでいる世間。民間。

ぞっ-かん【属官】 下級の役人。属吏。

ぞっ-かん【続刊】（名・他スル） 書物などを引き続いて刊行すること。また、その書物。

そっ-き【速記】（名・他スル）①すばやく書くこと。②速記術で書くこと。また、その技術。「―者」

―じゅつ【―術】 特定の符号によって人の話す言葉を聞きながら書き取り、それをあとで普通の文字に書きなおす技術。㊉はじまり 西洋の方式を学んだ田鎖綱紀が、一八八二（明治十五）年に「日本傍聴記録法」を発表、講習会を開設したのが日本の速記術の始まり。

―ろく【―録】 速記したものを普通文に書きなおした文書。

ぞっ-き【俗気】 →ぞくけ

ぞっき-ぼん【ぞっき本】（「ぞっき」は「殺ぎ」の転で、値を殺ぐ、減らす意）定価で売れないため、見切り品として安値で売られる単行本や月遅れの雑誌。

そっ-きゅう【速急】（名・形動ダ） すみやかなさま。至急。早急。「―に手を打つ」

そっ-きゅう【速球】 野球で、投手が打者に投げる速度の速い球。スピードボール。「豪―」↔緩球

そっ-きょ【卒去】（名・自スル） 昔、四位・五位の人が死ぬこと。また、一般に身分の高い人が死ぬこと。㊉参考 もとの読みは「しゅっきょ」。「そっきょ」は慣用読み。

そっ-きょう【即興】 ①その場で起こった興味。座興。②体験した感興をすぐに詩歌に作ったり歌ったりすること。「―で曲を作る」

―きょく【―曲】《音》即興的な楽曲の構想に基づく器楽の小曲。アンプロンプチュ。

―し【―詩】《文》その場で浮かんだ詩興を即座に歌う詩。

そつ-ぎょう【卒業】（名・他スル）①学校で所定の課程を終えて、その学校を出ること。「―式」㊉春 ↔入学 ②一定の段階を体験して通過すること。「ピアノの初歩は―した」

―ろんぶん【―論文】 大学の卒業に際し、学生が提出して審査を受ける研究論文。卒論。

そっきょうしじん【即興詩人】 デンマークの作家アンデルセンの小説。一八三五年刊。イタリアの詩人アントニオと歌姫アヌンチャタの悲恋を描く。森鷗外の翻訳が知られる。

ぞっ-きょく【俗曲】 三味線などに合わせて酒の席で歌うような大衆的な歌謡。都都逸・端唄など。

そっ-きん【即金】 物を買うとき、その場で現金を払うこと。また、その金銭。「―で買う」

そっ-きん【側近】ソク— 身分の高い人や権力者などのそば近くに仕えること。また、その人。「—政治」「首相の—」

ソックス〈socks〉足首ぐらいまでの短い靴下。

そっ-くび【素っ首】 首をののしって乱暴にいう語。そくび。

そっくり ━(副) まるまる。全部。「財布の中身を—盗まれる」━(形動ダ)ダロ・ダッ(デ・ニ)・ダ・ナ・ナラ・○ よく似ているさま。「母親に—だ」

そっくり-かえ・る【反っくり返る】カヘル (自五) ラ(ロ)・リ(ッ)・ル・ル・レ・レ (「そりくり返る」の音便) ①うしろのほうにそり曲がる。そり返る。「板が—」②体をうしろにそらして他を見下すような態度をとる。「—・って歩く」

ぞっ-け【俗気】ゾク— →ぞくけ

そっ-けつ【即決】ソク— (名・他スル) その場ですぐに決定すること。「即断—」「速戦—」「採否を—する」

—さいばん【—裁判】〔法〕軽微で明白な事件に対し、被告が有罪を認めた場合、原則として一回の公判で即日に判決を言い渡す裁判。

そっ-けつ【速決】ソク— (名・他スル) すばやく決めること。

そっけ-な・い【素っ気ない】(形) カロ・カッ(ク)・イ・イ・ケレ・○ 思いやりがない。すげない。「—返事」文そっけな・し(ク)

そっ-こう【即行】ソクカウ (名・他スル) すぐに実行すること。「計画を—する」

そっ-こう【即効】ソクカウ すぐききめが現れること。「—薬」

そっ-こう【速攻】ソク— ━(名・他スル) すばやく攻撃すること。━(名・副)《俗》すばやくするさま。すぐにするさま。「—(で)返信する」

そっ-こう【速効】ソクカウ はやくききめが現れること。「—性の肥料」↔遅効

そっ-こう【側溝】ソク— 排水などのために道路や線路のわきに作られたみぞ。「タイヤが—にはまる」

そっ-こう【測光】ソククワウ 光の強さを測定すること。「—器」

ぞっ-こう【続行】ゾクカウ (名・他スル) 続けて行うこと。「試合を—する」

ぞっ-こう【続稿】ゾクカウ 原稿をさらに続けて書くこと。また、その原稿。

そっこう-じょ【測候所】ソクコウ— 地方気象台の下部組織で、その地域の気象や地震・火山現象などを観測する所。現在は多く特別地域気象観測所へ移行。

そっ-こく【即刻】ソク— (副) その場ですぐ。即時に。ただちに。「—中止せよ」

ぞっ-こく【属国】ゾク— 他の国に支配されている国。従属国。

ぞっ-こん《俗》━(副) 心の底から。まったく。「—ほれこむ」━(形動ダ)ダロ・ダッ(デ・ニ)・ダ・ナ・ナラ・○ 心底ほれこんでいるさま。「彼女に—だ」

そっこん-こつ【足根骨】ソクコン— 〔生〕足首の下方にある七個の小さい不規則な短骨の総称。跗骨ふこつ。

そつ-じ【卒△爾・率△爾】(形動ダ)ダロ・ダッ(デ・ニ)・ダ・ナ・ナラ・○ にわかなさま。突然なさま。「—ながらお尋ねします」文(ナリ)

そつ-じゅ【卒寿】(「卒」の俗字「卆」が九十と読めることから)九〇歳。また、九〇歳の祝い。⇩賀

そっ・す【卒す】(自サ変)《古》→しゅっす

そっ-せん【率先】(名・自スル) 人に先がけてすること。進んで行うこと。「—して実行する」

—すいはん【—垂範】 みずから進んで手本を示すこと。

そつ-ぜん【卒然・率然】(副) だしぬけなさま。突然に起こるさま。「—と逝ゆく」

そっ-ち【△其。方】(代) 中称の指示代名詞。そちら。用法くだけた場で用い、改まった場では「そちら」を用いる。

—のけ【—。退け】 ①かまわないでほうっておくこと。他に熱中してかえりみないこと。「仕事を—にして出歩く」②本職をしのぐほどすぐれていること。そこのけ。「プロも—の腕前」

そっ-ちゅう【卒中】〔医〕急激な脳血管の障害(出血・血栓)のために突然倒れ、昏睡こんすい状態になったり運動麻痺まひを起こしたりする疾患。一般に脳卒中と同義に用いる。

そっ-ちょく【率直】(形動ダ)ダロ・ダッ(デ・ニ)・ダ・ナ・ナラ・○ 飾りけがなく、ありのままなさま。「意見を—に述べる」文(ナリ)

そっ-と【率土】 国土のはて。辺土。率土そつど。「—の浜ひん(=陸地のはて)」

そっ-と(副) ①静かに。「—ふたをとる」②ひそかに。こっそり。「—抜け出る」③そのままに。手をふれずに。「—しておく」

ぞっ-と(副・自スル) 恐怖・寒さなどで体がふるえあがるさま。「—する話」

—しない《俗》あまり感心しない。おもしろくない。「—作品」

そっ-とう【卒倒】タウ— (名・自スル) 急に意識を失って倒れること。昏倒こんとう。「強いショックで—する」

そつ-どく【卒読】(名・他スル) ざっと急いで読み終えること。

そつ-にゅう【卒乳】(名・自スル) 乳児が成長して、乳ちちを飲まなくなること。授乳の時期が終わること。

そっ-ぱ【反っ歯】(「そり歯」の音便) 上の前歯が前にそって出ていること。また、その歯。出っ歯。

ソップ〈オランダ sop〉①スープ。②相撲で、やせ形の力士。↔あんこ 語源 ②はスープに用いる鶏とりがらを連想させることから。

そっ-ぽ【。外。方】 正面でないよそのほう。わき。よそ。ほか。

—を向むく ①よそのほうを向く。②無視・無関心の態度をとる。また、協力・援助などをしない態度をとる。

そで【袖】 ①衣服の腕をおおう部分。また、和服のたもと。「—で目頭をぬぐう」「ない—は振れない(=ないものはどうしようもない)」②正面からみて建物・垣根・門などの両脇りょうわきの部分。左右のはり出し。③机の脇の引き出し部分。「片—の机」④舞台の左右両端。「ステージの—で待機する」⑤昔の牛車ぎっしゃや輿こしなどの出入り口の左右のはり出し部分。

—に縋すがる 同情や助けを請う。**—にする** 冷淡に扱う。じゃまにしてかえりみない。**—振ふり合あうも多生(他生)たしょうの縁えん** 道で見知らぬ人と袖を触れ合わせる程度のちょっとしたできごとも、すべて前世からの深い因縁で起こるものだということ。「袖すり合うも多生(他生)の縁」とも。**—を絞しぼる** (涙でぬれた袖をしぼる意から)涙を流して泣く。**—を連つらねる** 大勢が連れ立って行く。また、行動をともにする。「袖を連ねて辞職する」**—を通とおす** 衣服、特に新しい衣服を着る。「一度も袖を通していない」**—を引ひく** ①そっと注意する。②そっと誘う。

そ-てい【措定】(名・他スル)〔哲〕ある判断・命題を推論によらずに主張すること。また、推論の対象として規定すること。

そで-うら【袖裏】 衣服の袖の裏。また、そこに用いる布地。

ソテー〈フランス sauté〉少量の油で肉や魚を軽くいため焼くこと。また、その料理。「ポーク—」

そで-がき【袖垣】 門の脇などに添えて作った低い垣根。

そで-ぐち【袖口】 袖の端はしの手首の出る部分。

そで-ぐり【袖△刳〔り〕】〔服〕洋服の身ごろの、袖をつけるためにくり取った部分。アームホール。

そで-ごい【袖乞い】ゴヒ— (名・自スル) 人から金品をもらって歩くこと。また、その人。ものもらい。こじき。

そで-しょう【袖章】シヤウ— 制服の袖に付け、他人が見て階級・任務などがわかるようにする記章。

そで-たけ【袖丈】 袖の長さ。和服では、たもとの長さ。

そで-だたみ【袖畳み】 和服の略式の畳み方。着物の背を内にして両袖を合わせ、その袖を折り返して畳むこと。

そ-てつ【蘇鉄】〘植〙ソテツ科の常緑低木。暖地に生育。葉は大形の羽状複葉で、幹の頂に叢生する。雌雄異株。種子は卵形で赤く、食用・薬用とするが有毒物質を含むので注意が必要。観賞用。夏

〔そてつ〕

そで-つけ【袖付け】衣服で袖が身ごろに接続する部分。また、袖を身ごろに縫いつけること。

そで-なし【袖無し】①袖のない衣服。ノースリーブ。②袖のない羽織。冬

そで-の-した【袖の下】（隠すように袖の下からわたす意から）わいろ。「—を使う」

そで-びょうぶ【袖屛風】— 袖をかかげて顔をおおいかくすこと。

そ-てん【素点】成績評価のもととなる点数。段階に分けたり平常点を加えたりしていない、答案を採点しただけの点数。

そと【外】①仕切りや囲みなどで区画されていないほうの部分。そとがわ。「土俵の—に出す」「ラインの—に出る」②表にあらわれた部分。そとがわ。外面。「感情を—に出さない」③建物の外部。戸外。屋外。「—は風が強い」「福は内、鬼は—」④自分の所属する社会や家庭でない、別のところ。よそ。「仕事を—へ出す」「—で食事する」「情報が—へもれる」（↕内・中）

そ-と（副）（古）①静かに。そっと。②ちょっと。少し。

そと-あるき【外歩き】（名・自スル）外を出歩くこと。特に、セールス・勧誘などの仕事で外を出歩くこと。外回り。

そ-とう【粗糖】— 精製していない砂糖。↕精糖

そとうば【卒塔婆・率塔婆】→そとば

そと-うみ【外海】入り江・湾・岬などの外に広がる海。外洋。外海。↕内海

そと-がけ【外掛け】相撲で、相手のまわしを引きつけ、足を相手の足の外側からひっかけて倒す技。↕内掛け

そと-がこい【外囲い】— 建物・庭などの外側の囲い。垣根・塀など。

そと-がま【外釜】風呂釜が浴室の外にある風呂。↕内釜

そと-がまえ【外構え】— 家の外部のつくりやようす。門や塀・垣根などのつくり。「—のりっぱな家」

そと-がわ【外側】— ①物や仕切りの外のほう。外部。外面。「囲いの—」②ある範囲の、中心から遠いほう。「地球よりの—の軌道を回る惑星」（↕内側）

そ-どく【素読】（名・他スル）書物の内容の理解を第一義とせず、文字だけを追って音読すること。素読み。特に、漢文学習でいう。「論語の—」

そと-すう【外数】全体の合計数に含まれない、補足的な数値。↕内数

そと-ぜい【外税】表示されている価格に消費税が含まれず、別途課せられること。また、その税額表示方式。↕内税

そと-づけ【外付け】機械などで、機能拡張のための装置を別に付けること。また、その装置。「—のハードディスク」

そと-づら【外面】①ものの外側の面。外面。②世間や外部の人に見せる顔つきや態度。「—がいい」↕内面

そと-で【外出】（名・自スル）→がいしゅつ

そと-のり【外法】箱・ますなどを、その容器の厚みを加えた外側で測った寸法。↕内法

そとば【卒塔婆・率塔婆・卒都婆・率塔婆】〘仏〙①仏舎利（=仏骨）を安置する塔。②供養のため、墓石のうしろに立てる塔形の細長い板。参考 梵語の音訳から。「そとうば」ともいう。

〔そとば②〕

そと-ぶろ【外風呂】屋外に作ってある風呂。また、（自分の家でわかす風呂に対して）もらい湯や銭湯。↕内風呂

そと-ぼり【外堀・外濠・外壕】城の外を囲むほり。また、二重になっているほりのうち、外側のほり。↕内堀

—を埋める ある目的を達成するために、まず、まわりの障害となるものを取り除く。

そと-まご【外孫】嫁に行った娘の生んだ子供。外孫。↕内孫

そと-また【外股】足の先を外に向けて歩く歩き方。↕内股

そと-まわり【外回り・外廻り】— ①敷地・建物などの外側の周囲。「—の手入れをする」②会社などで、外部の取引先などを回り歩くこと。また、その人。「—の仕事」③外側の経路に沿って回ること。特に、そのような路線。「山手線の—」↕内回り

そと-み【外見】外から見たようす。外見。外観。みかけ。

そと-むき【外向き】①外側に向いていること。「—の力が加わる」↕内向き ②内にこもらず、外部の物事に目を向けていること。「—の志向」↕内向き ③内実とは別に、世間に対してそう示すこと。表向き。「—の理由付け」

そと-ゆ【外湯】温泉場の旅館で、その旅館の外部に設けてある浴場。外風呂。また、そうした共同浴場。↕内湯

そと-わ【外輪】足の先を外側に向けて歩く歩き方。外股。↕内輪

そと-わく【外枠】外側の枠。↕内枠

ソナー〈sonar〉（sound navigation and ranging から）音波を利用して、水中の潜水艦・機雷・魚群・海底の地形などを探知する機器。水中音波探知機。

そなえ【備え】①起こるかもしれない危険や困難に対しての準備をしておくこと。「万全の—」②攻撃などに対する守りの準備。または、その態勢。防御。「—を固める」

—あれば憂いなし 前から準備しておけば、万一の事が起こっても心配することはない。

そなえ-つ・ける【備え付ける】（他下一）ケ・ケ・ケル・ケル・ケレ・ケロ(ケヨ) その場所に必要なものを設備しておく。「スプリンクラーを—」文そなへつ・く（下二）

そなえ-もの【供え物】— 神仏に供える物。供物。お供え。

そな・える【供える】（他下一）エ・エ・エル・エル・エレ・エロ(エヨ) 神仏や貴人の前に物をさしあげる。「神前におみきを—」文そな・ふ（下二）

そな・える【備える・具える】（他下一）エ・エ・エル・エル・エレ・エロ(エヨ) ①将来起こりうる事態に対処できるよう心構えをしておく。前もって用意・準備する。「地震に—」②（設備や装置を）そろえ整えておく。「最新機器を—・えた施設」③生まれつき持つ。「よい素質を—・えている」④必要なものを不足なく持っている。「条件を—」自そなわ・る（五）文そな・ふ（下二）⇨備わる「参考」

ソナタ〈イタ sonata〉〘音〙器楽曲の形式の一種。三または四楽章からなる独奏曲。奏鳴曲。

そなた【其方】（代）①中称の指示代名詞。そっち。そちらの方。②対称の人代名詞。目下の相手を指す語。おまえ。用法 古語の感じが伴う語で、日常ではあまり用いない。

ソナチネ〈イタ sonatine〉〘音〙簡単な形式のソナタ。

そ-なれ【磯馴れ】海岸の木が地面に傾いて生えること。また、その木。

—まつ【磯馴れ松】海岸で、強い風のために枝や幹

が地面に低く傾いて生えている松。

そなわ・る【備わる・◇具わる】(ソナハル)(自五)(ラ(ロ)・リ(ッ)・ル・ル・レ・レ) ①設備や装置が用意されている。「冷暖房の—・った部屋」②しぜんと身についている。「徳が—」「気品が—・っている」③必要な事物が不足なく調う。「資格が—」他そな・える(下一) 参考「備」はよく用意されている意。「具」は物のそろっている意。

そ-にん【訴人】(名・自スル) 訴え出た人。また、人を訴え出ること。告訴人。

そねざきしんじゅう〔曽根崎心中〕(ソネザキシンヂユウ) 江戸中期の浄瑠璃(じょうるり)。近松門左衛門(ちかまつもんざえもん)作。一七〇三(元禄十六)年初演。平野屋の手代(てだい)徳兵衛と遊女お初の情死事件を脚色したもので、世話浄瑠璃の最初の作品。

ソネット〈sonnet〉《文》西欧の叙情詩の一形式。一三世紀ごろイタリアに始まり諸国に伝わった一四行詩。短詩。

そねのよしただ〔曽禰好忠〕(生没年未詳) 平安中期の歌人。丹後(たんご)の掾(じょう)だったので、曽丹(そたん)とも呼ばれた。「古今集」以来の型を破った清新で特異な歌風。家集「曽丹集」。

そねみ【◇嫉み】ねたむこと。ねたみ。嫉妬(しっと)。

そね・む【◇嫉む】(他五)(マ(モ)・ミ(ン)・ム・ム・メ・メ) 自分よりすぐれていたり恵まれていたりする人をうらやみ、憎む。嫉妬(しっと)する。ねたむ。「同僚の成功を—」可能そね・める(下一)

その【園・△苑】①果樹・草花などを植えるひと囲いの地。庭園。②ある特定の場所。何かが行われる所。「女の—」

そ-の【△其の】[一](連体) ①相手側にある事物・人を指し示す。「—本をください」②相手が話題にした事柄に関する意を表す。「—人に会いましたよ」③前に述べた事柄を受ける意を表す。「交番があります。—手前です」④ある範囲・程度をばくぜんと示す。「—くらいにしておけ」[二](感) 言葉がつまったときに、次の言葉までのつなぎとして発する語。「まことに—、申し訳ありませんが」参考 文語では代名詞「そ」と格助詞「の」に分ける。

そのいしに… 和歌〔その石に 君もしばらく 坐(すわ)りたまへ その小さきは 蕗(ふき)の若萌(わかもえ)〕〈土屋文明(つちやぶんめい)〉 その石にあなたもしばらくお座りなさい。そのそばに小さく芽を出しているのは、蕗の若々しい芽生えです。

その-う【園◇生】(フ)— 植物を栽培する園。

その-うえ【△其の上】(ウヘ)—(接) さらに。それに加えて。かつ。「遅刻して、—宿題まで忘れた」

その-うち【△其の内】(副) ①近いうち。近日。「—おじゃまします」②そうこうする間。やがて。「—(に)泣き出すぞ」

その-かみ【△其の上】今では過ぎ去ってしまったその時。そのころ。その昔。いにしえ。

その-かわり【△其の代わり】(カハリ)—(接) それとひきかえに。「遊びに行ってもいいが、—帰ったら勉強しなさい」

その-ぎ【△其の儀】そういうわけ。また、そのこと。その件。「—は確かに承知しました」

その-くせ【△其の癖】(接) それなのに。それにもかかわらず。「弟は気が弱い。—よくけんかをする」

その-ご【△其の後】それからのち。あれ以後。「—の経緯」

そのこはたち… 和歌〔その子二十 櫛(くし)にながるる 黒髪の おごりの春の うつくしきかな〕〈与謝野晶子(よさのあきこ)〉 その娘は今まさに芳紀二〇歳。くしけずると、豊かに流れるかのように波うつみどりの黒髪、その娘ざかりを誇る青春のなんと美しくすばらしいことであろうか。(「その子」は作者自身)

ソノシート〈Sonosheet〉レコードの一種。薄いビニール製などの簡単なもの。(商標名)

その-じつ【△其の実】(副) ほんとうは。実際は。「困ったような顔をしているが、—喜んでいる」

その-すじ【△其の筋】(スヂ)— ①話題となっている方面・事柄。また、その専門の道。「—の権威」②その事を取り扱う役所。当局。特に、警察。「—からお達しがあった」

その-せつ【△其の節】①話題となっている、その折。「—はよろしくお願いします」②話し手と聞き手が共に理解している、あのとき。「—はお世話になりました」

その-た【△其の他】それ以外のもの。そのほか。「—大勢」

その-て【△其の手】①そのやりくち。その計略。「—は食わない」②そのような種類。「—の商品は置いていない」

—は桑名(くわな)の焼(や)き蛤(はまぐり) そんなやり口にはだまされない。参考「その手は食わない」に地名「桑名」をかけて、その名物「焼き蛤」を添えたしゃれ。

その-でん【△其の伝】《俗》そのやり方・考え方。「—でやろう」

その-ば【△其の場】①何かが起こった場所・場面。「たまたま—に居合わせる」②即座。「—で回答する」

—かぎり【—限り】その場だけのことで、あとに関係がないこと。「—の約束」

—しのぎ【—△凌ぎ】→そのばのがれ

—のがれ【—逃れ】その場だけをとりつくろって、切りぬけようとすること。一時のがれ。その場しのぎ。「—の言い訳」

その-はず【△其の△筈】そうであって当然なこと。もっともなこと。「それも—」

そのひ-かせぎ【△其の日稼ぎ】一定の職がなく、日によって場所や職をかえて稼ぐこと。

そのひ-ぐらし【△其の日暮らし】①その日その日の収入で日々の暮らしをたてるという余裕のない生活。②将来に対する理想や計画を持たず、なんとなく毎日を送ること。

その-ふ【園◇生】(フ)—《古》→そのう

その-ぶん【△其の分】①それに応じた程度。「給料は増えたが、—責任が重くなった」②その状態。「—なら、勝てるだろう」

その-へん【△其の辺】①そのあたり。「—にあるはずだ」②その程度。それぐらい。「—でやめなさい」③(前の事柄を受けて)そのことに関係すること。そういったこと。「—の事情は知らない」

その-ほう【△其の方】(ハウ)—(代)《古》対称の人代名詞。おまえ。そち。用法 目下の者に対して近世以前に用いられた。

その-まま【△其の△儘】(名・副) ①状態などを変えずにするさま。もとのまま。「—じっとしている」「焼かずに—食べられる」②よく似ているさま。そっくり。「父親—の顔だち」③引き続いてすぐに。すぐさま。「帰ると—ふとんにもぐりこんだ」

その-みち【△其の道】①専門である、その方面・分野。「—の権威」②《俗》色事に関する方面。

その-むかし【△其の昔】むかし。ずっと昔。「昔、昔、—」

その-もの【△其の物】①他のなにものでもなく問題になっている、当のもの。「テストに—ずばりが出る」②(体言に付き接尾語的に用いて)㋐それ自体。「薬品—は無害だ」㋑(上の体言を強調して)それ以外の何ものでもないこと。「誠実—の人」

そば【△岨】→そわ

そば【◇側・◇傍】①近くの所。付近。かたわら。わき。「—にいる人」②(動詞に付いて「…そばから」の形で)その動作が行われてから間をおかないこと。…するとすぐに。「習う—から忘れる」参考「側」は片寄った所の意。「傍」は人のそば近く仕える意。

そば【×蕎麦】①《植》タデ科の一年草。中央アジア原産。茎は赤く、葉は三角形で互生。夏ソバと秋ソバに大別され、初夏と秋に白色・淡紅色の花を開く。種子からそば粉をとる。秋(蕎麦刈り 冬・蕎麦の花 秋) ②そ

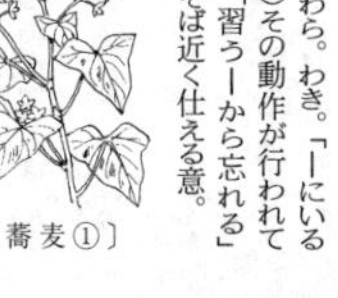
〔蕎麦①〕

ば粉を水でこねて延ばし、細長く切った食品。そば切り。「もり―」「手打ち―」③中華そば。「焼き―」

ソバージュ〈フラ sauvage 野性的〉女性の髪形の一つ。毛先の方から細かいパーマをかけ、ウエーブをつけたもの。

そば-がき【×蕎麦△掻き】そば粉を熱湯で練って粘り気を出した食品。削り節・醤油などをつけて食べる。そばねり。冬

そば-かす【×雀斑】顔面などの皮膚に出る褐色の斑点。

そば-かす【×蕎麦△滓】→そばがら

そば-がら【×蕎麦-殻】ソバの実をとったあとのから。枕などにつめる。そばかす。

そば-きり【×蕎麦-切り】→そば(蕎麦)②

そば-こ【×蕎麦-粉】ソバの実をひいてつくった粉。

そば-そば・し【稜稜し】(形シク)(古)①角だつさま。②よそよそしい。仲が悪い。

そば-だ・つ【△峙つ・△聳つ】(自五) 周囲より一段と高くそびえ立つ。「―山」

そば-だ・てる【△欹てる・△敧てる】(他下一) 一方の端を高くして傾ける。転じて、注意力をそのほうへ集中させる。「枕を―(=寝たまま耳をすまして聞く)」「耳を―(=よく聞きとろうと注意を向ける)」文そばだ・つ(下二)

そば-づえ【◇側△杖・◇傍△杖】ヅヱ (けんかのそばにいて、つえに打たれる意から)自分に関係のないことにまきこまれ、思わぬ災難にあうこと。まきぞえ。とばっちり。「―を食う」

そば-づかえ【◇側仕え】ヅカヘ (名・自スル) 主君や身分の高い人のそば近く仕えること。また、その人。近侍。そばづとめ。

そば-ねり【×蕎麦-練り】→そばがき

そば-まんじゅう【×蕎麦△饅◇頭】マンヂュウ そば粉で皮を作ったまんじゅう。

そば-みち【◇岨道】けわしい山道。

そば-め【◇側目】わきから見ること。第三者として見ること。また、そうして見たようす・感じ。

そば-め【◇側◇妻・◇側女・△妾】本妻以外の妻。めかけ。

そば・める【◇側める】(他下一) 横に向ける。そむける。「目を―」文そば・む(下二)

そば-やく【◇側役】そば近く仕える者。また、その役。

そば-ゆ【×蕎麦-湯】①そばをゆでたあとの湯。そばつゆに入れて飲む。②そば粉を熱湯でとかしたもの。冬

そば-ようにん【◇側用人】【日】江戸幕府の職名。将軍のそばに仕えてその命を老中に伝え、また老中の上申を将軍に取り次ぐなどする重職。

そ-はん【粗飯】そまつな食事。「―を用意しております」用法 客に食事をすすめるときにへりくだっていう語。

そ-ばん【礎盤】柱と礎石の間に置かれた石や木の盤。双盤。

ソビエト〈ロシア Soviet 会議〉①ソ連の評議会。労働者・農民・兵士の代表で構成されていた。②(「ソビエト社会主義共和国連邦」の略)一九一七年のロシア革命によってできた世界最初の社会主義国。一九九一年崩壊。ソビエト連邦。ソ連。

そび・える【△聳える】(自下一) 高く立つ。そばだつ。「高く―山」他そびやか・す(五) 文そび・ゆ(下二)

そびやか・す【△聳やかす】(他五) ことさら高く上げて目立たせる。「肩を―(=いばるさま)」自そび・える(下一)

そ-びょう【素描】ベウ (名・他スル) →デッサン

そ-びょう【粗描】ベウ (名・他スル) おおざっぱに描写すること。

そびら【◇背】(古)背中。うしろ。

-そび・れる(接尾)(動詞の連用形に付いて、下一段活用の動詞をつくる)そうする機会をのがす。…しそこねる。「寝―」「言い―」

そ-ひん【粗品】→そしな

そ-ふ【祖父】父や母の父親。おじいさん。↔祖母

敬称(相手側)	謙称(自分側)
おじい様 御祖父様 祖父君 御隠居様	祖父 年寄 隠居

そ-ふ【粗布】織り目のあらい布。粗末な布。

ソファー〈sofa〉背もたれがあり、クッションのきいた長椅子。「―ベッド」

ソフィスティケート〈sophisticate〉(名・他スル) 都会的に洗練すること。「―された身なり」

ソフィスト〈sophist〉①【哲】詭弁学派。詭弁家。②好んで理屈をこねる人。

そ-ふく【粗服】そまつな衣服。

ソフト〈soft〉■一(名)①「ソフト帽」の略。②「ソフトクリーム」の略。③「ソフトボール」の略。④「ソフトウエア」の略。↔ハード ■二(名・形動ダ) 感触や印象などが、やわらかなこと。また、そのさま。「―な肌ざわり」「―なもの言い」↔ハード

―ウェア〈software〉①【情報】コンピューターで、システムを処理・運用するプログラムのこと。ソフト。②機器類において、扱われる情報など、無形のもの。ソフト。(↔ハードウエア)

―カラー〈soft collar〉ワイシャツなどの、糊をほとんどつけていないやわらかい襟。

―クリーム〈soft ice cream から〉固く凍らせていないクリーム状のアイスクリーム。夏

―ドリンク〈soft drink〉アルコール分を含まない飲みものの総称。清涼飲料水など。

―フォーカス〈soft focus〉写真で、焦点をぼかして、画像をやわらかな感じにする技術。また、その写真。

―ぼう【―帽】フェルト製のやわらかい中折れ帽子。ソフト。

―ボール〈※ softball〉野球のボールよりやや大形のやわらかいボール。また、それを用いて行う野球に似た競技。

〔ソフトぼう〕

―ランディング〈soft landing〉①飛行物体がゆるやかに着陸すること。軟着陸。②物事がおだやかに安定状態に移ること。特に、過熱した景気をゆるやかに減速させ、落ち着かせること。(↔ハードランディング)

そ-ふぼ【祖父母】祖父と祖母。

ソフホーズ〈ロシア sovkhoz〉ソ連にあった大規模な国営農場。ソホーズ。⇒コルホーズ

ソプラノ〈イタリア soprano〉【音】①女声の最高音域。また、その音域の歌手。②同じ型の楽器で最も高い音を出すもの。「―リコーダー」参考 少年のほぼ同じ声域はボーイソプラノという。

そ-ぶり【素振り】表情や動作などに現れたようす。気配。「知らない―をする」参考「すぶり」と読めば別の意になる。

そ-ぼ【祖母】父や母の母親。おばあさん。↔祖父

敬称(相手側)	謙称(自分側)
おばあ様 御祖母様 祖母君 御隠居様	祖母 年寄 隠居

そ-ほう【粗放・疎放】ハウ (名・形動ダ) 大まかで、細かい点にいい加減なこと。綿密でないこと。また、そのさま。「―な性格」

―のうぎょう【―農業】ゲフ【農】単位面積当たりの労力・経費が少なく、収穫量も少ない自然にまかせた農業。↔集約農業

そ-ぼう【粗暴】（名・形動ダ）乱暴であらあらしいこと。また、そのさま。「ーなふるまい」

そほう-か【素封家】 代々続いた家柄で、財産家。金持ち。

そ-ぼく【素朴・素△樸】（名・形動ダ）①飾りけがなくありのままなこと。また、そのさま。「ーな人柄」②考え方などが単純なさま。また、原始的なこと。「ーな疑問をもつ」

そぼ-そぼ（副）雨が少量ずつ降るさま。しょぼしょぼ。

そぼ・つ【△濡つ】（自四・自上二）《古》（古くは「そほつ」）①ぬれる。うるおう。「ぬれー」②雨などが静かに降る。

そぼ-ぬ・れる【そぼ△濡れる】（自下一）レ・レ・レル・レル・レレ・レロ(レヨ) びしょびしょにぬれる。ぬれそぼつ。文そぼぬ・る（下二）

そぼ-ふ・る【そぼ降る】（自五）ラ(ロ)・リ(ッ)・ル・ル・レ・レ 雨がしとしとと降る。「ー雨」

そぼろ ①物が乱れ、こんがらかったさま。「ー髪（がみ）」②蒸してほぐした魚肉やひき肉などを味つけして炒（い）った食品。おぼろ。

そ-ほん【粗△笨】（名・形動ダ）あらけずりで雑なこと。また、そのさま。粗雑。「ーな計画」

そま【△杣】 ①「そまやま」の略。②「そまぎ」の略。③「そまびと」の略。参考「杣」は国字。

そま-いり【△杣入り】 そま木を切りにそま山にはいること。

そま-ぎ【△杣木】 そま山に生えている木。また、そま山から切り出した材木。そま。

そま-ごや【△杣小屋】 そまびとの小屋。きこりの小屋。

そま-だし【△杣出し】 そま木をそま山から切り出すこと。

そ-まつ【粗末】（名・形動ダ）①品質や作りなどが劣っていること。また、そのさま。「ーな衣服」②大事にすべきものなどをおろそかに扱うこと。むだに使うこと。また、そのさま。「お金をーにしてはいけない」⇩御（お）粗末

そま-びと【△杣人】 そま木を切る職業の人。きこり。そま。

そま-やま【△杣山】 材木を切り出すために木を植えつけた山。

ソマリア〈Somalia〉アフリカ大陸東岸に位置する連邦共和国。首都はモガディシュ。

そま・る【染まる】（自五）ラ(ロ)・リ(ッ)・ル・ル・レ・レ ①色がしみこんで別の色になる。「赤くー」「朱（あけ）にー（＝血だらけになる）」②悪い影響を受ける。感化される。「悪にー」他そ・める（下一）

そ-まん【疎慢・粗慢】（名・形動ダ）やり方がいいかげんでしまりのないこと。また、そのさま。おろそか。「ーな生活態度」

そ-みつ【粗密・疎密】 あらいことと、細かいこと。精粗。

そ・む【染む】（自五）マ(モ)・ミ(ン)・ム・ム・メ・メ ①→そまる ②強くひきつけられる。心にかなう。「気にー・まない（＝気に入らない）」「意にー・まない（＝意にそわない）」用法 ②は、打ち消しの形で用いる。

そむ・く【背く・△叛く】（自五）カ(コ)・キ(イ)・ク・ク・ケ・ケ ①上位者や社会のきまりに逆らう行為をする。反逆する。「主君にー」「決められた方針にー」②予想・期待に反する。「親の期待にー」③約束に反する。「公約にー」④背を向ける。「太陽にー・いて立つ」⑤離れていく。「恋人にー・かれる」⑥世を捨てる。出家する。「世にー」他そむ・ける（下一）可能そむ・ける（下一）語源「背向く」の意から。「面向く（赴く）」の対。

そむ・ける【背ける】（他下一）ケ・ケ・ケル・ケル・ケレ・ケロ(ケヨ) そのものを正視することができなくて、顔や視線を別のほうへ向ける。そらす。「惨状に目をー」「顔をー」自そむ・く（五）文そむ・く（下二）

ソムリエ〈フランス sommelier〉レストランなどで、客の相談にのり、ワインを選び提供する専門職。また、その人。

そめ【染め】 染めること。また、染まりぐあいや染め色。「ーが落ちる」

-ぞめ【初め】（接尾）（動詞の連用形に付いて）①その年初めて、また生まれて初めてする意を表す。「書きー」「食いー」②できあがって最初にする意を表す。「橋の渡りー」

そめ-あがり【染〔め〕上がり】 染め終わること。また、染め終わったできばえ。「あざやかなー」

そめ-あ・げる【染〔め〕上げる】（他下一）ゲ・ゲ・ゲル・ゲル・ゲレ・ゲロ(ゲヨ) 染めて仕上げる。染め終える。「いい色にー」文そめあ・ぐ（下二）

そめ-いと【染〔め〕糸】 染めた糸。色糸。

そめい-よしの【染井◇吉野】ソメヰ 《植》サクラの一種。花の色は淡紅白色。全国各地で多く見られる。春 語源 近世末、江戸の染井（＝現在の東京都豊島区巣鴨（すがも）付近）の植木屋が作り出したことからの名という。

そめ-いろ【染〔め〕色】 染めた色。「あざやかなーに仕上がる」

そめ-かえ【染〔め〕替え・染〔め〕◇更え】カヘ 一度染めてある布を別の色に染めなおすこと。また、そうしたもの。

そめ-かえ・す【染〔め〕返す】カヘス（他五）サ(ソ)・シ・ス・ス・セ・セ 色のあせたものを、もとの色、または別の色に染める。染め直す。

そめ-がた【染〔め〕型】 ①染め出す模様。②染め出す模様の型。また、その型紙。

そめ-かわ【染〔め〕革】カハ 色や模様を染めつけた革。

ぞめ・く【◇騒く】（自五）カ(コ)・キ(イ)・ク・ク・ケ・ケ うかれさわぐ。うかれ歩く。

そめ-こ【染〔め〕粉】 粉になっている染料。

そめ-だ・す【染〔め〕出す】（他五）サ(ソ)・シ・ス・ス・セ・セ 染めて、色・模様などをあらわし出す。「紋様をー」

そめ-つけ【染〔め〕付け】 ①染めつけること。また、その色や模様。②藍色の模様を染め出した布、または小袖。③藍色の模様を焼きつけた磁器。青絵。染めつけ焼き。

そめ-つ・ける【染〔め〕付ける】（他下一）ケ・ケ・ケル・ケル・ケレ・ケロ(ケヨ) 染めて色や模様を出す。文そめつ・く（下二）

そめ-なおし【染〔め〕直し】ナホシ（名・他スル）染めなおすこと。また、そうしたもの。

そめ-なお・す【染〔め〕直す】ナホス（他五）サ(ソ)・シ・ス・ス・セ・セ →そめかえす

そめ-ぬき【染〔め〕抜き】 模様を地の色のまま残し、他の部分を染めること。また、その模様。「ー紋」

そめ-ぬ・く【染〔め〕抜く】（他五）カ(コ)・キ(イ)・ク・ク・ケ・ケ ①十分に染める。「藍でー」②模様・紋・文字などの部分を白色または地色のままに残して、他の部分を染める。「家紋をー」

そめ-もの【染〔め〕物】 布・着物などを染めること。また、染めた物。

そめ-もよう【染〔め〕模様】モヤウ 染め出した模様。

そめ-もん【染〔め〕紋】 生地に染め抜いてつけた紋。染め抜き紋。⇩書き紋・縫い紋

-そ・める【初める】（接尾）（動詞の連用形に付き、下一段活用の動詞をつくる）…し始める。はじめて…する。「咲きー」「明けー」

そ・める【染める】（他下一）メ・メ・メル・メル・メレ・メロ(メヨ) ①色や模様をつける。色をしみこませる。「髪をー」「夕日が空を赤くー」②墨や絵の具を含ませてかく。「筆をー（＝書画をかく。また、かき始める）」③（恥ずかしさなどで）顔を赤くする。「頬（ほお）をー」④深く思いを寄せる。「心をー」⑤（「手を染める」の形で）物事をし始める。「悪事に手をー」自そま・る（五）文そ・む（下二）

そめ-わけ【染〔め〕分け】 ①種々の色に染め分けること。また、そのもの。②花びらが染め分けたように違った色になる花。

そめ-わ・ける【染〔め〕分ける】（他下一）ケ・ケ・ケル・ケル・ケレ・ケロ(ケヨ) 二色以上に色分けして染める。文そめわ・く（下二）

そ-も【◇抑】（接）前の事柄を受けて、次の事柄を言いおこし問題にするのに用いる語。そもそも。いったい。「ー、彼は何者ぞ」用法 日常の会話・文章ではふつう使わない。

そ-もう【△梳毛】羊毛などを梳すいて短い繊維を除き、長さの一様な繊維を平行にそろえること。また、そうした毛。「ー機」

そも-さん【◇作△麼◇生】(副)《仏》(禅宗の問答で、問いかけて相手の返事をうながす言葉)どうだ。いかに。

そ-もじ【△其文字】(代)《古》(「そなた」の「そ」に「もじ」を付けた女房詞にょうぼうことば)対称の人代名詞。そなた。あなた。おまえ。

そも-そも【◇抑】㊀(名)事の起こり。はじめ。「ーの始まりは…」㊁(副)もともと。はじめから。「あなたがーいけないのだ」㊂(接)ある事柄を説き起こすときに用いる語。いったい。さて。元来。「ー科学というものは…」

そ-や【◇征矢・◇征△箭】いくさに用いる矢。

そ-や【粗野】(形動ダ) ダロ・ダッ(デ・ニ)・ダ・ナ・ナラ・○ 言動などがあらあらしく品がないさま。「ーなふるまい」文(ナリ)

ぞ-や《古》①疑問の語とともに用いられ、疑問のままうち捨てておくことを表す。…であるか。「いづくのーと問ひ」〈蜻蛉〉「『…いかになりにけむ』といつーのたまはせし」〈源氏〉②感動をもって強く指示する意を表す。…だなあ。「いとまなきほどー(=ひまのないときでねえ)」〈源氏〉③相手に念を押して確かめる意を表す。…だぞ。…だよ。「そりゃ雲助の身持ちー」〈浄・丹波与作〉語源①は、係助詞「ぞ」+係助詞「や」。②③は、係助詞「ぞ」+間投助詞「や」

そや・す(他五) サ(ソ)・シ・ス・ス・セ・セ おだてる。そそのかす。「ほめー」

そ-やつ【△其◇奴】(代)他称の人代名詞。相手の近くの人や話題にしている人を乱暴に、またはののしっていう語。そいつ。

そよ(副)かすかに風が吹くさま。かすかに風が吹き、物が動くさま。そそ。「ー(と)吹く風」「ーともしない」

そ-よう【素養】ーヤウ ふだんから身につけている教養・学問・知識・技術。「ーがある」「ーに欠ける」

そ-よう-ちょう【租庸調】ーテウ《日》律令りつりょう制における主要な税制。「租」は口分田で収穫された稲の一部、「庸」は労役に代わる布など、「調」は特産物(絹・糸・綿など)を納めるもの。

そよが・す【◇戦がす】(他五) サ(ソ)・シ・ス・ス・セ・セ 風が吹いてかすかに物をゆり動かす。そよそよと音を立てさせる。「若葉を一風」自そよ・ぐ(五)

そよ-かぜ【◇微風】そよそよと静かに吹く風。微風びふう。「春のー」

そよ・ぐ【◇戦ぐ】(自五) ガ(ゴ)・ギ(イ)・グ・グ・ゲ・ゲ 風に吹かれて木の葉などがそよそよとゆれる。そよそよと音を立てる。「風にー葦あし」他そよが・す(五)

そよ-そよ(副)風が静かに吹くさま。また、風に吹かれて物がかすかな音をたててゆれるさま。「秋風がー(と)吹く」「すすきがー(と)揺れる」

そよ-ふ・く【そよ吹く】(自五) カ(コ)・キ(イ)・ク・ク・ケ・ケ 風がそよそよと吹く。「ー風」

そよ-め・く(自五) カ(コ)・キ(イ)・ク・ク・ケ・ケ (「めく」は接尾語)そよ風や衣きぬずれなどで、そよそよと静かな音がする。「竹の葉がー」

そら-【空】(接頭)(名詞・動詞・形容詞に付いて)①「確かな根拠がなく」「なんとなく」の意を表す。「ー頼み」「ー恐ろしい」②「あてのない」「かいのない」の意を表す。「ー頼み」「ー覚え」③「うその」「見せかけの」「実体がない」の意を表す。「ー寝」「ー耳」「ーとぼける」

そら【空】①地上のはるか上方に広がる空間。天空。「ーを仰ぐ」②空中。「ーに浮かぶ雲」③天候。空模様。「ひと雨来そうなーだ」④本拠地を遠く離れた場所や境遇。「旅のー」⑤心。心持ち。「その時は生きたーもなかった」⑥心が他のことに奪われてうつろなこと。「うわのー」⑦うそ。いつわり。「ーを使う(=そらとぼける)」⑧暗記していること。「ーで言う」

そら(感)相手に注意をうながしたりするときに発する語。「ー、見ろ」用法 ふつう、同輩以下に用いる。

ゾラ〈Emile Zola〉(一八四〇―一九〇二)フランスの小説家。科学的方法を導入して近代リアリズム小説を創始し、自然主義文学の代表者となった。代表作「居酒屋」「ナナ」など。

そら-あい【空合〔い〕】ーアヒ ①空のようす。空模様。「降り出しそうなーだ」②(比喩ひゆ的に)物事のなりゆき。雲ゆき。

そら-いびき【空△鼾】眠ったふりをしてかくいびき。

そら-いろ【空色】①晴れた空の色。うす青色。②空模様。

そら-うそぶ・く【空△嘯く】(自五) カ(コ)・キ(イ)・ク・ク・ケ・ケ ①相手をこばかにしたような態度をとる。②わざと何気ないふうをよそおう。

そら-おしみ【空惜しみ】ーヲシミ (名・他スル)惜しくもないのに惜しいふりをすること。

そら-おそろし・い【空恐ろしい】(形) カロ・カッ(ク)・イ・イ・ケレ・○ いいようもなく恐ろしい。むしょうに恐ろしい。「考えるだけでもー話だ」「ゆく末がー」文そらおそろ・し(シク)

そら-おぼえ【空覚え】①書物の文句などをすっかりおぼえていること。暗記。②確かでない記憶。うろおぼえ。

そら-ごと【空言・◇虚言】いつわりの言葉。うそ。

そら-ごと【空事・◇虚事】いつわりのこと。つくり事。「絵ー」

そら-じに【空死〔に〕】(名・自スル)死んだふりをすること。

そら・す【反らす】(他五) サ(ソ)・シ・ス・ス・セ・セ うしろにそるようにする。弓なりに曲げる。「胸をー」自そ・る(五)

そら・す【◇逸らす】(他五) サ(ソ)・シ・ス・ス・セ・セ ①向かうべき方向からはずれるようにする。「注意をー」「目をー」②他の事に言いまぎらす。「話をー」③とらえそこなう。逃がす。のがす。「好機をー」④人の機嫌をそこなう。気まずい思いをさせる。「人をー・さない」自そ・れる(下一) 可能そら・せる(下一) 用法④は、下に打ち消しの語を伴う。

そらぞらし・い【空空しい】(形) カロ・カッ(ク)・イ・イ・ケレ・○ ぐあいの悪いときなどに知らないふりをするさま。うそであることが見えすいているさま。「ーおせじを言う」文そらぞら・し(シク)

そら-だき【空◇薫〔き〕・空△炷〔き〕】どこから匂におうかわからないように香こうをたきくゆらすこと。また、その香り。

そら-だのみ【空頼み】(名・他スル)あてにならないことを頼みにすること。「ーに終わる」

そら-どけ【空解け】結んだひもや帯などが自然に解けること。

そら-とぼ・ける【空△惚ける】(自下一) ケ・ケ・ケル・ケル・ケレ・ケロ(ケヨ) 知っているのにわざと知らないふりをする。しらばくれる。そらっとぼける。「知っているのにー」文そらとぼ・く(下二)

そら-なき【空泣き】(名・自スル)いつわって泣いているふりをすること。うそ泣き。泣きまね。「ーにだまされる」

そら-なみだ【空涙】悲しいふりをして流す涙。うそ泣きの涙。

そら-に【空似】血のつながりもないのに、顔や姿がよく似ていること。「他人のー」

そら-ね【空音】①本当らしくまねた鳴き声。鳴きまね。「鶏とりのー」②実際には鳴っていないのに聞こえるように感じる音。③そらごと。うそ。「ーを吐く」

そら-ね【空寝】(名・自スル)寝たふりをすること。うそ寝。たぬき寝入り。

そら-ねんぶつ【空念仏】信心がないのに念仏を唱えること。また、唱えるふりをすること。空念誦そらねんじゅ。空念仏からねんぶつ。

そら-はずかし・い【空恥ずかしい】ーハヅカシイ (形) カロ・カッ(ク)・イ・イ・ケレ・○ なんとなく恥ずかしい。文そらはづか・し(シク)

そら-へんじ【空返事】相手の言うことをよく聞かず、いいかげんにする返事。空返事からへんじ。生返事なまへんじ。

そら-ぼめ【空◇誉め】(名・他スル)口先だけでほめること。

そら-まめ【空豆・◇蚕豆】《植》マメ科の越年草。さやは大き

く長楕円だえん形で密毛を生じ、上(空)のほうに向かってつく。種子は食用。夏(そらまめの花 春)

そら-みつ【枕】「やまと」にかかる。「そらにみつ」とも。

そら-みみ【空耳】①実際にはしない音や声が聞こえたように感じること。②聞こえてもわざと聞こえないふりをすること。

そら-め【空目】①実際には見ていないものを見たように思うこと。②見て見ないふりをすること。③瞳を上に向けること。上目うわめ。「—づかい」

そら-もよう【空模様】モヤウ ①天気のようす。天候。空合い。「怪しい—」②(比喩ひゆ的に)物事のなりゆき。形勢。雲ゆき。「険悪な—になる」

そら-ゆめ【空夢】①実際はそうならなかった夢。②実際に見もしないのに、見たように勝手につくりあげた夢。

そら-よろこび【空喜び】喜んだことが期待はずれに終わること。ぬかよろこび。「—に終わる」

そら-わらい【空笑い】ワラヒ (名・自スル)おかしくもないのに笑うこと。つくり笑い。

そらん・じる【諳んじる】(他上一) ジ・ジ・ジル・ジル・ジレ・ジロ(ジヨ) 書いてあるものを見ないでそのとおりに言えるように覚える。暗誦あんしょうする。「論語を—」語源サ変動詞「そらんずる」の上一段化。

そらん・ずる【諳んずる】(他サ変) ジ(ゼ)・ジ・ズル・ズル・ズレ・ジロ(ゼヨ) →そらんじる 文そらん・ず(サ変)

そり【橇】雪や氷の上をすべらせ、人や荷物を運ぶ乗り物。冬

そり【反り】①弓なりに曲がること。また、曲がった形。②刀のみねの、そった部分。また、その曲がりぐあい。

—が合あわない (刀身のそりと鞘さやが合わない意から)たがいの気が合わない。「彼とは—」

そり-かえ・る【反り返る】カヘル (自五) ラ(ロ)・リ(ッ)・ル・ル・レ・レ ①ひどくそる。そってうしろに曲がる。「板が—」②いばって体をそらし、見下すようにする。ふんぞりかえる。「—・って笑う」

そり-がたな【反り刀】刀身のそっている刀。

そり-こみ【剃り込み】ひたいの生え際などを深く剃ること。また、剃った箇所。「—を入れる」

ソリスト〈フランス soliste〉①独唱家。独奏家。②バレエで、単独で踊る踊り手。第一舞踊手。

ソリッド-ステート〈solid-state〉【物】真空管に対して、固体の性質を利用した電子回路。トランジスター・ダイオード・ICなど。

そり-はし【反り橋】中央を高く、弓なりにつくった橋。太鼓たいこ橋。そりばし。

そり-み【反り身】体をうしろにそらすこと。また、その姿勢。「—になって球をよける」

そ-りゃく【疎略・粗略】(形動ダ) ダロ・ダッ(デ・ニ)・ダ・ナ・ナラ・○ おろそかで投げやりなさま。いいかげん。ぞんざい。「—に扱う」文(ナリ)

そ-りゅうし【素粒子】リフシ【物】物質または場を構成する基礎となる最も微細な粒子。電子・陽子・陽電子・反陽子・中性子・中間子などの総称。

ソリューション〈solution〉問題の解決。解決策。

そ-りょう【素量】リヤウ【物】ある物の量の最小単位。

そ-りん【疎林】木がまばらに生えている林。↔密林

そ・る【反る】(自五) ラ(ロ)・リ(ッ)・ル・ル・レ・レ ①体や体の一部が弓なりにうしろへ曲がる。「指が—」②まっすぐな物や平たい物が弓なりに曲がる。「板が—」他そら・す(五) 可能そ・れる(下一)

そ・る【剃る】(他五) ラ(ロ)・リ(ッ)・ル・ル・レ・レ かみそりなどで、髪やひげを根元から切り落とす。剃すする。「ひげを—」可能そ・れる(下一)

ゾル〈ドイツ Sol〉【化】流動性をもつコロイド溶液。⇩ゲル(Gel)

ソルビン-さん【ソルビン酸】【化】炭素数五の不飽和脂肪酸。食品の防腐剤・防かび剤に用いる。

ソルフェージュ〈フランス solfège〉【音】楽譜を読んだり音階を聞き取ったりする能力を養う、音楽の基礎的な訓練。

ゾルレン〈ドイツ Sollen〉【哲】そうあるべきこと。当然しなければならないこと。当為とうい。ゾレン。↔ザイン

それ【其(れ)】■(代)中称の指示代名詞。相手側の事物を指し示す語。①相手の近くにあるもの。「—を取ってください」②相手が今していること。「—が終わったらちょっと来てくれ」③相手が話題にした事物。「—はよかった」④前に述べた人・事物。「道で出あった男、—が犯人だった」⑤話題中のある時点。その時。「—以来彼は姿を見せない」■(感)注意したり、元気づけたりするときに発する語。そら。「—行け」

—かあらぬか ①そのせいかどうかわからないが。②はたしてそれか、あるいはそれではないか。**—でいて** それでいながら。にもかかわらず。「仕事には厳しい。—ふだんはやさしい人だ」**—となく** はっきりと言わず、遠まわしに。「—注意する」**—と(は)なしに** 具体的にそれと指すことなく。「—打診する」**—にしても** そうであっても。それはそれとしても。「—彼の行動は理解できない」**—につけても** 前述の事柄に関連してあとの事柄を述べるときに用いる。そのことと関連しても。「—ご迷惑をおかけしました」**—はさておき** 話題を転じるときに用いる。ところで。閑話休題。**—はそうと** 今までの話題を中断し、他の話題に移るときに用いる。ところで。「—、例の件はどうなっていますか」**—はそれとして** それはそれでよいとして。それは別として。**—見みたことか** 注意や忠告を無視して失敗した相手に言う言葉。それ見ろ。

それ【◇夫(れ)】(接)【古】文の書き出し、または話題の転換などに用いる言葉。いったい。そもそも。

それ-がし【◇某】(代)【古】①自称の代名詞。わたくし。②不定称の代名詞。だれそれ。某ぼう。なに。なにがし。

それ-から(接)①その次に。そして。そのあと。「家に帰って、—勉強した」②その上。それに加えて。また。「コーヒー、—ケーキもください」

それ-きり【其(れ)切り・其(れ)◇限り】(副)それかぎり。そのまま。それっきり。「—なんの連絡もない」

それ-こそ■(連語)「それ」を強調して言う語。「—私が考えていたことだ」■(副)以下に述べることを強調して言う語。まさしく。「事故でも起こしたら、—取り返しがつかない」

それ-しき【其(れ)式】物事の程度を軽くみる意を表す。それくらい。その程度。「—のことでめそめそするな」

それ-しゃ【其(れ)者】①その道によく通じている人。くろうと。②(くろうとの女性の意)芸者・遊女など。「—上がり」

それ-そうおう【其(れ)相応】サウオウ (名・形動ダ)それにふさわしいこと。それにつり合うこと。また、そのさま。「—の代償をはらう」「—のお礼」

それ-ぞれ【其(れ)其(れ)・◇夫(れ)◇夫(れ)】(名・副)(代名詞「それ」を重ねた語)二つ以上のものの一つ一つ。おのおの。めいめい。「考えは—(に)異なる」

それ-だま【◇逸れ弾・◇逸れ玉】ねらいがはずれて、よそへ飛んでゆく弾丸。流れだま。「—にあたる」

それ-で(接)①(前の話を条件として受けて)それだから。そういうわけで。「風邪かぜをひいた。—休んだ」②(前の話を受けつつ、新しい話題に転じて)そこで。「—、実は相談だが」③(相手の話をうながす気持ちで)それから。そして。「—、どうした」

それ-では(接)①そういうわけなら。それなら。「反対が多い。—やめよう」②(物事の初めや終わりの区切りをつける場合など

に用いて)では。「—、これで終わります」

それ-でも (接) そうであっても。それにもかかわらず。「失敗するかもしれない。—私はやる」

それ-どころ【△其(れ)◦処】 そのような軽い程度。それくらいのこと。「引っ越したいが、忙しくて—ではない」 用法 多く、あとに打ち消しの語を伴う。

それ-とも (接) あるいは。もしくは。「行きますか、—やめますか」 用法 前の部分、うしろの部分とも疑問の形になる。

それ-なのに (接) そうであるのに。それにもかかわらず。「彼のせいで失敗した。—平然としている」

それ-なら (接) そういうわけなら。それでは。「—話は別だ」

それ-なり 一 (名・副) その状態のまま。そのまま。それきり。「—になる」「話は—さ」 二 (名) それ相応に評価できること。それはそれで。「—の役割を果たした」「—におもしろい」

それ-に (接) その上。さらに。「ひまがない。—金もない」

それ-は【△其(れ)は】 (副) (強調する意で)非常に。とても。「—美しい人でした」 用法 さらに強めると「それはそれは」となる。

それ-ほど【△其(れ)程】 (副) ①そんなに(まで)。「—帰りたいのなら帰ってもよい」 ②思っていたほど。「彼は—頼りにならない」「—寒くない」 用法 ②は、あとに打ち消しの語を伴う。

それ-も【△其(れ)も】 (接) 前に述べたことに補足の説明を加えることを表す。「目標を達成した。—一人で」

それ-や【◦逸れ矢】 ねらいがはずれて他の方へ飛んでゆく矢。流れ矢。

それ-ゆえ【△其(れ)故】ユヱ (接) それだから。だから。

そ・れる【◦逸れる】 (自下一) レ・レ・レル・レル・レレ・レロ(レヨ) 思いがけない方向へ行く。たどるべき道筋などからはずれる。「弾(たま)が—」「話がわき道に—」 他 そら・す(五) 文 そ・る(下二)

ソれん【ソ連】 →ソビエト②

そろ【◦候】 (古)(「さうらふ」の転)丁寧の意を表す。…でございます。 参考 室町時代以降の語。

ソロ 〈イタリア solo〉 ①(音)独唱。独奏。また、独奏曲。独奏楽。「ピアノ—」 ②ダンスやバレエなどで、一人で演じること。 ③単独であること。「—ホームラン」「—キャンプ」

ゾロアスター-きょう【ゾロアスター教】ケウ 〔宗〕紀元前六〇〇年ごろ、ゾロアスター(Zoroaster)を開祖として古代ペルシャにおこった宗教。最後の審判の思想は、ユダヤ教・キリスト教に影響を与えた。拝火教。祆教(けんきょう)。

-そろい【△揃い】ソロヒ (接尾) (和語の数詞に付いて)いくつかで一組になったものを数える語。そろえ。「道具一(ひと)—」

そろい【△揃い】ソロヒ ①同じ物が二つ以上そろっていること。また、同じ材料などでできていること。「—の浴衣(ゆかた)」 ②全部が集まってそろうこと。「お—の皆さん」

—ぶみ【—踏み】 相撲で、力士がそろって土俵に上がり、四股(しこ)を踏むこと。「三役—」

-ぞろい【△揃い】ゾロヒ (接尾) (名詞に付いて)同様のものがそろうこと。「力作—の新年号」

そ-ろう【疎漏・粗漏】 (名・形動ダ) いいかげんで、手ぬかりのあること。また、そのさま。「—のないようにする」

そろ・う【△揃う】ソロフ (自五) ワ(オ)・イ(ッ)・ウ・ウ・エ・エ ①必要なものが全部ある状態になる。人数などが集まる。「用具が—」「役者が—(=必要な人物が全員集まる)」 ②形や状態・程度が同じである。一致する。「つぶが—(=質のすぐれたものが集まっている)」「歩調が—」 ③整然と並ぶ。「くつが—・っていない」 他 そろ・える(下一)

そろいも揃(そろ)って 同類のものばかりが集まっているさま。多く、悪い意味合いで用いる。「—曲者(くせもの)だ」

そろ・える【△揃える】ソロヘル (他下一) エ・エ・エル・エル・エレ・エロ(エヨ) そろうようにする。「書類を—・えて申請する」「足並みを—(=考えや行動を同じようにする)」 自 そろ・う(五) 文 そろ・ふ(下二)

そろ-そろ (副) ①静かにゆっくりと。そろりそろり。「—(と)部屋を出る」 ②ある時間やある状態になりかけているさま。まもなく。やがて。「—昼になる」「—出かけましょう」

ぞろ-ぞろ (副) ①多くのものが連なって動くさま。「—(と)ついて行く」「虫が—(と)わく」「新事実が—(と)出てくる」 ②帯・着物などをだらしなく引きずるさま。「裾(すそ)を—(と)引きずる」

ぞろっぺえ (名・形動ダ)《俗》だらしなく、物事をきちんとしないさま。また、その人。ぞろっぺ。「—な男だ」

そろ-ばん【◦算盤・×十露-盤】 ①古くから中国や日本などで使用されている、枠の中のくしざし状の珠(たま)を上下させて計算する道具。 ②計算。損得の計算。勘定。「読み書き—」

—が合(あ)う 計算が合う。転じて、採算がとれる。「—仕事だ」

—をはじく 損か得かを考える。「何にでも—男だ」

—ずくヅク 何事も損得を考えて、損をしないようにする態度。計算ずく。「—ではできない仕事だ」

—だか・い【—高い】 (形) カロ・カッ(ク)・イ・イ・ケレ・○ 損か得かを何より先に考え金銭に細かいさま。勘定高い。 文 そろばんだか・し(ク)

ぞろ-め【ぞろ目】 ①ふった二つのさいころの目(数)がそろうこと。 ②同じ数字が並ぶこと。また、二桁以上の数ですべての桁が同じ数になること。

ソロモンしょとう〈ソロモン諸島〉ソロモンショタウ 〈Solomon〉 太平洋南西にある、多数の島々からなる立憲君主国。首都はガダルカナル島のホニアラ。

ぞろり-と (副・自スル) ①多くの人や物が連なったり集まったりするさま。「壇上に—並ぶ」 ②着物を長く引きずるように着たさま。また、くずれた感じに着流したさま。「縞(しま)の着物を—着流す」

そわ【△岨】ソハ 切りたったがけ。絶壁。岨(そば)。

そわ・せる【添わせる】ソハセル (他下一) セ・セ・セル・セル・セレ・セロ(セヨ) ①添うようにさせる。「介護者を—」 ②夫婦にする。 文 そは・す(下二)

そわ-そわソハソハ (副・自スル) 気持ちや態度が落ち着かないさま。「—して仕事が手につかない」

そわ-つ・くソハ (自五) カ(コ)・キ(イ)・ク・ク・ケ・ケ 落ち着きがなくなる。そわそわする。「気持ちが—」

そわ・る【添わる】ソハル (自五) ラ(ロ)・リ(ッ)・ル・ル・レ・レ 加わる。「品格が—」

ソワレ 〈フランス soirée〉 ①夜会。また、夜会服。 ②演劇・音楽会などの夜間の興行。↔マチネー

そん【存】 教6 ソン・ゾン

(字義) ①ある。物が現にある。生きている。「存在・依存・現存・生存」↔亡 ②(「ゾン」と読んで)保ち持つ。完全な状態で保持する。「存命・保存」 ③(「ゾン」と読んで)考える。考え。思う。「存念・異存・所存」 ④安否を問う。見舞う。「存問」 人名 あきら・あり・ありや・ある・さだ・すすむ・たもつ・つぎ・なが・のぶ・のり・まさ・やす・やすし

そん【村】 教1 ソン むら

(字義) ①むら。むらざと。いなか。「村邑(そんゆう)・村落・村里・漁村・山村・農村」 ②地方公共団体の一つ。「村長・村議会・町村」 難読 村夫子(そんぷうし) 人名 すえ・つね

そん【孫】 教4 ソン まご

(字義) まご。子の子。血すじをうけつぐもの。「玄孫・子孫・曽孫(そうそん)・嫡孫(ちゃくそん)・末孫・子子孫孫」 人名 さね・ただ・ひこ・ひろ・ゆずる

そん【尊】 教6 ソン・たっとい・とうとい・たっとぶ・とうとぶ・みこと ｜ 艹 芇 酋 尊 尊
（字義）①とうとい。地位や身分が高い。「尊貴・尊厳・至尊」↔卑 ②たっとぶ。とうとぶ。「尊敬・尊重・自尊心」↔卑 ③おごり高ぶる。「尊大」④相手や貴人に関する言葉の上に付ける敬称。「尊顔・尊父」⑤仏などの名の下に付ける尊称。「釈尊・不動尊」⑥（「みこと」と読んで）神・貴人の名の下に付ける尊称。「日本武尊（やまとたけるのみこと）」人名 たか・たかし・まこと・よし

そん【巽】 人 ソン たつみ ｜ （字義）①そなえる。②したがう。うやうやしい。つつしむ。「巽言」③ゆずる。へりくだる。＝遜。「巽与」④易（えき）の八卦（はっけ）の一つ。⑤たつみ。南東の方角。「巽位（そんい）」人名 はじめ・ゆく・ゆずる・よし

そん【損】 教5 ソン そこなう㊥・そこねる㊥ ｜ 扌 扣 扣 捐 捐 損
（字義）①そこなう。傷つける。いためこわす。「損壊・損傷・毀損（きそん）・破損」②利益のない。利を失う。「損害・欠損」↔得・益 ③失う。「損失・損亡」④へる。へらす。「損耗（そんもう）（こうもう）・減損」

そん【損】（名・形動ダ）利益を失うこと。不利益をこうむること。また、そのさま。「三〇万円の一」「一な性格」↔得

そん【遜】［遜］ ソン㊥ へりくだる・ゆずる ｜ 子 孫 孫 孫 孫 遜 遜
（字義）①へりくだる。ゆずる。自分をおいて人をすすめる。「遜譲・謙遜・不遜」②及ばない。おとる。ひけをとる。「遜色」参考「遜」は許容字体。

そん【噂】 人 ソン うわさ ｜ （字義）①集まってしゃべる。「噂議」②うわさ。うわさをする。

そん【樽】 人 ソン たる ｜ （字義）たる。酒・しょうゆなどを入れておく木製の容器。「樽杓（そんしゃく）・樽酒」

そん【鱒】 人 ソン・ゾン ます ｜ （字義）ます。サケ科の魚。「虹鱒（にじます）・養鱒場」

ぞん【存】（字義）→そん（存）

ぞん-い【存意】 思うところ。考え。意見。「一を表明する」

そん-えい【村営】 村が経営すること。

そん-えい【尊影】 相手の写真・肖像などの敬称。

そん-えき【損益】 損失と利益。損得。

—かんじょう【一勘定】カンヂャウ〔商〕決算にさいして純利益・欠損を算出するために設けられる集合勘定。

そん-か【尊家】 相手の家の敬称。貴家。

そん-かい【村会】クワイ「村議会（＝地方公共団体としての村の議決機関）」の旧称・通称。「一議員」

そん-かい【損壊】クワイ（名・自他スル）そこないこわすこと。そこないこわれること。「家屋の一」「器物一」

そん-がい【損害】 ①そこなうこと。そこなわれること。②利益の失われること。また、失われた利益。損失。「一を受ける」

—ほけん【一保険】 偶然の事故による財産上の損害を補塡（ほてん）する保険。火災保険・海上保険など。損保。

ぞん-がい【存外】グワイ（名・副・形動ダ）思いのほか。案外。「やってみると一難しい」

そん-かん【尊翰・尊簡】 相手の手紙の敬称。尊書。

そん-がん【尊顔】 身分の高い人や相手の顔の敬称。「御一を拝する」

そん-き【尊貴】（名・形動ダ）とうといさま。また、その人。

そん-き【損気】 損をまねく心。参考「短気は損気」の形で用いられる。ごろを合わせて「損」に「気」を添えた語。

そん-ぎ【村議】（「村議会議員」の略）村の議決機関である村議会を構成する議員。村会議員。

そん-きょ【蹲踞・蹲居】（名・自スル）①うずくまること。②相撲・剣道で、つま先立ちでかかとの上に腰を落ちつけ、両膝（ひざ）を開いて背筋をのばした姿勢。③昔、身分の高い人が通行するとき、両膝を折ってうずくまり、頭を下げた礼。

そん-ぎり【損切り】（名・自他スル）〔経〕（損失を少なくとどめるために）含み損が生じた投資商品を売って損失を確定すること。ロスカット。

そん-きん【損金】 損をして失ったお金。↔益金

ソング〈song〉歌。曲。小歌。「コマーシャル一」「テーマ一」

そん-けい【尊兄】 一（名）他人の兄の敬称。令兄。二（代）対称の人代名詞。ほぼ同輩の男性どうしがおもに手紙で用いる、相手に対する敬称。貴兄。大兄。

そん-けい【尊敬】（名・他スル）他人の人格・行為などをたっとび敬うこと。「一の念をいだく」「私の一する人」

—ご【一語】〔文法〕敬語の一つ。相手や目上の人の動作・状態・所有物などを敬って言う言葉。動詞では、その主語に対する敬意が表される。「召し上がる」「いらっしゃる」など。

そん-げん【尊厳】（名・形動ダ）とうとくおごそかなこと。また、そのさま。「生命の一」

—し【一死】 死期の迫った人に対し、手段を講じて命を保たせようとはせずに、できるだけ自然のままにして死を迎えさせること。人間の尊厳を保つとされる死。⇒安楽死

そん-こう【損耗】カウ →そんもう（損耗）

そん-こう【尊公】（代）対称の人代名詞。男性どうしが手紙の中などで用いる、相手に対する敬称。あなた。貴公。貴君。

そん-ごう【尊号】ガウ とうとんで呼ぶ称号。特に、天皇・太上天皇（だいじょうてんのう）・皇后・皇太后などの称号。

そん-ざい【存在】（名・自スル）①人・事・物などが現にそこにあること、いること。また、あるもの。「神の一」「貴重な一」②〔哲〕現実をこえたところの根本にあること。また、あるもの。ザイン。↔当為（とうい）

—かん【一感】 ①独自の個性によって、確かにその人がそこにいると強く印象づける感じ。「一のある役者」②そこに確実に存在しているという感じ。

—りゆう【一理由】イウ〔哲〕ある事象を存在させている根拠。レーゾンデートル。

—ろん【一論】〔哲〕存在する個々の事物の特殊な性質ではなく、あらゆる存在に普遍の性質を研究する哲学の一分野。

ぞん-ざい（形動ダ）ダロ・ダッ（デ）・ニ・ダ・ナ・ナラ・○ 物事のやり方や扱い方、言葉づかいなどが乱暴で投げやりなさま。「一に扱う」文（ナリ）
類語 いい加減・投げ遣（や）り・等閑・ゆるがせ・なおざり・雑・粗雑・粗略・おろそか・いけぞんざい

そんし【孫子】 ①（生没年未詳）中国、春秋時代の兵法家。名は武。呉王闔閭（こうりょ）の参謀であったという。②中国兵法の代表的古典書。①の著という。単なる戦略書でなく、国政・人事の機微についても触れ、非凡な見解を示す。

そん-じ【損じ】 ①傷つくこと。また、痛んだ部分。②（動詞の連用形に付いて）しそこなうこと。「書き一は許されない」

ぞん-じ【存じ】 すでに知っていること。承知。「ご一の方はいらっしゃいますか」用法 ふつう、上に「ご」を付けて用いる。⇒ご存じ

—の外（ほか） 思いのほか。案外。「一、おとなしい人だ」

—より【一寄り】 ①考えていること。思いつき。意見。②知り合い。なじみ。「一の店がございます」

ぞんじ-あ・げる【存じ上げる】（他下一）ゲ・ゲ・ゲル・ゲレ・ゲロ（ゲヨ）「知る」「思う」の謙譲語。「お名前は一・げております」「ご多忙のこと一・げます」文ぞんじあ・ぐ（下二）

そん-しつ【損失】（名・他スル）①そこない失うこと。「人材の

―」②利益・財産などを失うこと。また、その額。損害。「―を補塡する」「莫大な―を被る」《↕利益》

そん-じゃ【尊者】①上流の人。身分の高い人。②目上の人。③知徳の備わった人・僧。

そん-じゅく【村塾】村人の子弟を教育する塾。

そん-しょ【尊書】相手の手紙の敬称。お手紙。尊翰。

そん-しょう【尊称】尊敬の意をこめた呼び名。↕卑称

そん-しょう【損傷】(名・自他スル)物や人体がこわれ、傷つくこと。また、こわし、傷つけること。「機体が―する」

そん-じょう【尊△攘】「尊皇(王)攘夷」の略。

ぞん-じょう【存生】(名・自スル)《仏》生きながらえること。生きていること。生存。存命。

そん-しょく【遜色】劣っていること。見劣り。「―がない」

そんじょ-そこら【そんじょ△其◇処ら】(「そんじょ」は接頭語で、強めの意を表す)そのあたり。付近。そこいら。「―では見られない逸品」

そん・じる【損じる】(ジ・ジ・ジル・ジル・ジレ・ジロ(ジヨ)) ■一(他上一)①いためる。こわす。「家具を―」②悪くする。失う。そこなう。「名声を―」「機嫌を―」③(動詞の連用形に付いて)しくじる。…しそこなう。「書き―」語源サ変動詞「そんずる」の上一段化。■二(自上一)いたむ。こわれる。「屋根が―」

ぞん・じる【存じる】(自上一)(ジ・ジ・ジル・ジル・ジレ・ジロ(ジヨ))→ぞんずる 語源サ変動詞「ぞんずる」の上一段化。

そん-しん【尊信】(名・他スル)とうとび信頼・信仰すること。

そん-すう【尊崇】(名・他スル)神仏などを心から敬いあがめること。「―を集める」

そん・する【存する】(シ(セ・サ)・シ・スル・スル・スレ・シロ(セヨ)) ■一(自サ変)①ある。存在する。「疑念が―」②生きながらえる。生存する。「地球に―あらゆる生物」③残っている。「記憶に―」■二(他サ変)保つ。残しとどめる。「旧態を―」文そん・す(サ変)

そん・する【損する】(他サ変)(シ(セ・サ)・シ・スル・スル・スレ・シロ(セヨ))損をする。㋐利益を失う。「相場で―」㋑むだをする。「まわり道をして―」「心配して―・した」↕得する 文そん・す(サ変)

そんして得とくとれ 一時は損をしても、あとで結果的に得になるようにせよ。

そん・ずる【損ずる】(自他サ変)(ジ(ゼ)・ジ・ズル・ズル・ズレ・ジロ(ゼヨ))→そんじる 文そん・ず(サ変)

ぞん・ずる【存ずる】(自サ変)(ジ(ゼ)・ジ・ズル・ズル・ズレ・ジロ(ゼヨ))①「考える」「思う」の謙譲語・丁寧語。「ありがたく―・じます」②「知る」「承知する」の謙譲語。「そのことは―・じております」文ぞん・ず(サ変)

そん-ぞう【尊像】①神仏・貴人の像。②他人の像の敬称。

そん-ぞく【存続】(名・自他スル)引き続いて存在すること。また、長く残しておくこと。「企業の―をはかる」

そん-ぞく【尊属】父母と同等か、それより上の世代の血族。父母・祖父母などの直系尊属と、おじ・おばなどの傍系尊属に分けられる。「直系―」「―殺人」↕卑属

そん-たい【尊体】①神仏・貴人の像。②他人の身体や肖像の敬称。おからだ。ご肖像。

そん-だい【尊大】(名・形動ダ)傲慢で、横柄なこと。また、そのさま。「―な態度」「―にかまえる」

―ご【―語】話し手自身を上位において、尊大な態度を表す言葉。「おれさま」「くれてやる」など。

そん-だい【尊台】(代)対称の人代名詞。目上の相手に対する敬称。あなた様。貴台。用法手紙文などで用いる。

そん-たく【△忖度】(名・他スル)他人の気持ちをおしはかること。推察。また、俗に上位者の意向にそうように行動すること。「相手の心中を―する」「政治家に―した発言」

そん-たく【尊宅】相手の家の敬称。お宅。貴宅。尊家。

そん-ち【存置】(名・他スル)制度・機関・設備などを今までどおり残しておくこと。「死刑制度を―する国」↕廃止

ぞん-ち【存知】(名・他スル)知っていること。承知。

そん-ちょう【村長】地方公共団体としての村を代表し、行政事務をとりまとめる責任者。

そん-ちょう【尊重】(名・他スル)とうといもの、価値あるものとしてたいせつに扱うこと。「相手の意見を―する」

ゾンデ〈ドイツ Sonde〉①「ラジオゾンデ」の略。②→しょうそくし

そん-どう【村童】村の子供。

そん-どう【村道】①村の中を通る道。②村の費用でつくり維持・管理されている道路。

そん-どう【尊堂】■一(名)相手の家の敬称。お宅。■二(代)対称の人代名詞。相手に対する敬称。あなた様。用法手紙文などで用いる。

そん-とく【損得】損と得。損失と利益。損益。「―を度外視する」「―勘定」

そん-な(形動ダ)(ダロ・ダッ(デ・ニ)・ダ・(ナ)・ナラ・○)そのような。さような。「―ことは知らない」用法文章や改まった会話では、多く「そのような」を用いる。⇩あんな「用法」

―こんな そんなことやこんなこと。あれやこれや。「―で遅れた」

ぞん-ねん【存念】心にとめて忘れないこと。いつも思っていること。所存。存じ寄り。「―を申し述べる」

そん-のう【尊皇・尊王】天皇・皇室をとうとぶこと。天皇を国体の中心と考えること。「―派」

―じょうい【―△攘△夷】《日》江戸時代末期におこった思想。天皇をたっとぶ尊王論と外国人の排撃を主張する攘夷論が結合して展開した。勤王攘夷。尊攘。「―運動」

そん-ぱい【存廃】存続することと廃止すること。「施設の―を検討する」

そん-ぴ【存否】①存在するかどうかということ。あるかないか。②健在かどうかということ。安否。「被害者の―を問う」

そん-ぴ【尊卑】とうといことと卑しいこと。身分などの高いものと低いもの。

ゾンビ〈zombie〉(ブードゥー教(=西インド諸島で行われる宗教)で)呪術によって生き返った死体。

そんぶ〔孫武〕→そんし①

そん-ぷ【尊父】他人の父の敬称。

そん-ぷうし【村夫子】田舎の学者。田舎の物知り。また、見識の狭い学者を軽蔑して言う語。「―然とした人」

ソンブレロ〈スペイン sombrero〉スペインやメキシコなどで用いられる、麦わらまたはフェルト製の、つばが広く中央の高い帽子。

そんぶん〔孫文〕(一八六六―一九二五)近代中国の革命家。字は逸仙。号は中山。広東省の人。三民主義を提唱。辛亥革命(一九一一年)に際して臨時大総統となったが、袁世凱および軍閥の圧迫を受けて退陣し、日本に亡命。のち中国国民党を結成して全国統一の軍事行動に移ろうとしたが、北京で病死した。

ぞん-ぶん【存分】(副・形動ダ)思うまま。十分。「思う―遊ぶ」「―な報酬」「―にこらしめる」

そん-ぽ【損保】「損害保険」の略。

そん-ぼう【存亡】存在し続けるか滅ぶかということ。「国の―にかかわる重大事」

―の機き 存続するか滅ぶかの重大なとき。危急存亡の秋とき。

そん-ぼう【損亡】→そんもう(損亡)

そん-みん【村民】村の住民。村人。

そん-めい【尊名】 相手の名前の敬称。お名前。芳名。

そん-めい【尊命】 相手の命令の敬称。ご命令。おおせ。

ぞん-めい【存命】(名・自スル) この世に生きていること。「父の—中はお世話になりました」

そん-めつ【存滅】 存在することと滅びること。

そん-もう【損亡・損毛】マウ—・モウ— 損害を受けて利益を失うこと。損失。欠損。損亡(そんぼう)。

そん-もう【損耗】(名・自他スル) 使って減ること。使い減らすこと。「タイヤが—する」 参考 もとの読みは「そんこう」。「そんもう」は慣用読み。

そん-ゆう【村△邑】イフ— 村。村里。

そん-よう【尊容】 神仏や貴人の尊い容姿。転じて、相手の顔や姿の敬称。「—を拝する」

そん-らく【村落】 農村・漁村などの集落。村。村里。「—が点在する」

そん-り【村吏】 村役場の職員。村の役人。

そん-り【村里】 村落。村里(むらざと)。

そん-りつ【存立】(名・自スル) 存在し、成り立つこと。「国家の—」

そん-りつ【村立】 村が設立し、運営管理すること。また、その施設。「—図書館」

そん-りょ【尊慮】 相手の考えの敬称。おぼしめし。尊意。

そん-りょう【損料】レウ— 衣類や器物などを借りたときに支払う代金。使用料。借賃。「—を払う」

た タ

五十音図「た行」の第一音。「た」は「太」の草体。「タ」は「多」の上画。

た【太】(字義) →たい(太)

た【他】 教3 タ ほか

(字義) ほか。よそ。別の。ちがった。ほかの人。「他意・他郷・他国・他人(たにん)・自他・排他・利他」↔自 難読 他人事(ひとごと)・他所(よそ) 人名 おさ・ひと

た【他】 ①ほか。別。ほかの物事。「—に例を見ない」 ②自分以外の人。他人。「—を責める」 ③ほかの所。よそ。「—を捜す」

た【多】 教2 タ おおい

(字義) 多い。たくさん。いろいろな。「多感・多彩・多種・多数・幾多(いくた)・過多・雑多」↔少・寡 人名 おおし・おおの(姓)・かず・とみ・な・なお・まさ・まさる

た【多】 ①数が多いこと。「—をたのんでほこる」 ②(「多とする」の形で)大いに感謝したりほめたりすべきこと。「労を—とする」

た【汰】 タ㊥・タイ

(字義) ①水で洗って選び分ける。悪いものを取り去る。「沙汰(さた)・洗汰・淘汰(とうた)」 ②波。大波。 ③すぎる。通りすぎる。 ④おごる。分を越えてぜいたくをする。「汰侈(たいし・たし)・奢汰(しゃたい・しゃた)」 人名 きよ・きよし・なみ・やす

た【人詑】 タ ほこる・わびる

(字義) ①ほこる。大言をはく。また、大言をはいて人をあざむく。 ②驚きあやしむ。「詑異」 ③わびる。謝罪する。

た【◇駄】(字義) →だ(駄)

た-(接頭) 動詞・形容詞の上に添えて語調を強め整える。「—ばしる」「—ばかる」「—やすい」

た【田】 稲を植える耕地。水田と陸田とがある。「—を耕す」

た【◇誰】(代)《古》不定称の人代名詞。だれ。たれ。「あれは—そ」 用法 多く「たが」「たそ」の形で用いられる。

た(助動-特殊型) タロ・○・タ・タ・タラ・○ 《中心義—そこに述べた内容を、話し手が実際のことと確認したことを示す》 ①過去の事態に用いる。「きのう映画を見—」「若い時は元気だっ—」 ②完了の事態に用いる。「今、帰っ—ところだ」 ③その状態が存続していることに用いる。「壁にかけ—絵」「汚れ—手」 ④(文末以外で用いられて)未来のある時点で起こることをいう。「みんな寝**たら**出かけよう」「雨の降っ—ときに使おう」 ⑤強め・詠嘆の意を表す。「きょうは何曜だっ—かしら」「ああ、そうだっ—」 ⑥軽い命令の意を表す。「さあ、どい—、どい—」 用法 用言・助動詞(「ぬ」「そうだ(伝聞)」を除く)の連用形に付く。①は多く過去の時点を表す副詞的な語とともに用いられる。その語のない文ではその経験を以前にしたことがあるという意になることが多い。③④は、従属文の中で用いられ、文末に使われることはない(③は極めてまれに例がある)。「た」は、ガ行・ナ行・バ行・マ行の五段活用動詞に付くときは「泳いだ」「読んだ」のように「だ」と濁る。仮定形「たら」は、「ば」を伴わず、そのままでも仮定の意を表す。

> **ちがい 「た」・「ている」**
> 「た」は助動詞であり、「ている」は助詞「て」に動詞「いる」の複合した語である(一語の助動詞とする説もある)。「昨日、僕らは勝った」「昨日、僕らは勝っている」と、どちらもほぼ同じ意味で使われることもある。「た」が古語の「てあり」(現代語の「ている」にあたる)の転である「たり」から出た語であるから、「た」「ている」がほぼ同じ意味で使われるのも当然である。一方、「た」は「今降っている」のような意味には使わず、「ている」は「今着いた」や「明日起きたときに」の「た」に当たる使い方はしない。「た」がある時点でその実現を確認するの意味を表すのに対し、「ている」は実現した事態がその時点まで及ぶの意味を表すという違いから生じたことである。

だ【打】 教3 ダ・チョウ(チャウ) うつ

(字義) ①うつ。㋐ぶつ。たたく。「打撃・打撲・打擲(ちょうちゃく)・殴打・痛打・乱打」 ㋑野球で、ボールをうつこと。「打席・打率・安打・犠打・代打・本塁打」 ②動詞に冠してその動作をする意を表す。「打開・打算」 ③ダースを表す。「一打(いちダース)」 難読 打打(ちょうちょう)・打っ裂(さ)き羽織(ばおり)・打(う)ち歩(ぶ)・打

だ【妥】 ダ㊥

(字義) ①おだやか。穏便。「妥当」 ②ゆずりおれあう。「妥協・妥結」 人名 やす・やすし

だ【人陀】 ダ・タ

(字義) ①ななめ。平らでない。「陂陀(はだ)」 ②仏教で、梵語(ぼんご)の音訳字。「陀羅尼(だらに)・阿弥陀(あみだ)・頭陀(ずだ)・仏陀(ぶっだ)」

だ【唾】 ダ㊥ つば㊥・つばき

(字義) ①つば。つばき。「唾液」 ②つばをはく。「唾手」 ③にくむ。軽蔑する。「唾棄」

だ【人舵】 ダ かじ

(字義) 舟や飛行機などのかじ。「舵手・舵輪・操舵・転舵」

だ【蛇】(字義) →じゃ(蛇)

だ【堕】【墮】 ダ㊥ おちる

(字義) ①おちる。おとす。「堕胎・堕落」②おこたる。なまける。＝惰。「堕弱・怠堕」

だ【惰】ダ㊥ おこたる

(字義) ①気力がゆるみおこたる。なまける。「惰気・惰弱・惰眠・怠惰・遊惰・懶惰」②今までの状態・勢いをそのまま続ける。慣性。「惰性・惰力」

だ【人楕】ダ・タ

(字義) ①長円形。小判形。「楕円」②細長い容器。③細長い。参考「橢」が正字。

だ【駄】ダ㊥・タ

(字義) ①牛馬に荷を負わせる。「駄賃・駄馬」②牛馬に背負わせた荷物。「荷駄」③馬一頭に背負わせる目方。三六貫(一三五キログラム)を一駄とする。④はきもの。「足駄・下駄・雪駄」⑤→次項。「駄作」

だ-【駄】(接頭)(名詞に付いて)「つまらない」「粗悪な」の意を表す。「一句」「一犬」「一菓子」

だ(助動-形動型)ダロ・ダッ(デ)・ダ・(ナ)・ナラ・○ 断定の意を表す。「あれが富士山だ」参考 活用形のうち「な」「なら」は、文語の断定の助動詞「なり」の残存形。語源「にてあり」→「であり」→「であ」→「だ」と変化したもの。用法 体言・体言に準ずる語および助詞(の・ほど・から・など・まで・だけ・くらい・ばかり、など)に付く。未然形「だろ」・仮定形「なら」は、動詞・形容詞・動詞型の助動詞・形容詞型の助動詞・特殊型の助動詞(ぬ・た)の連体形に付く。「だ」「である」はともに断定の意を表すが、「だ」は会話語的で、「である」は文章語的。連体形「な」は、助詞「の」「ので」「のに」に連なる場合にだけ用いる。仮定形「なら」は、「ば」を伴わず、そのままでも仮定の意を表す。

た-あい【他愛】他人を愛すること。自己の利益よりもまず他人の利益や幸福を願うこと。利他。愛他。「一主義」↔自愛

たあい-な・い(形)カロ・カッ(ク)・イ・イ・ケレ・○ →たわいない

ダーウィン〈Charles Robert Darwin〉(一八〇九〜一八八二) イギリスの生物学者。自然選択・適者生存の進化論を唱え、一八五九年「種の起源」を刊行。社会思想にも大きな影響を与えた。

ダーク〈dark〉(名・形動ダ) 暗いこと。色調が黒っぽいこと。

―スーツ〈dark suit〉濃紺などの、黒っぽい色調の男性用の背広上下一揃い。

―ホース〈dark horse〉①競馬で、どれだけの実力があるかわからないが、活躍しそうな馬。穴馬。②(転じて)実力ははっきりしないが、有力とみられる競争相手。

ターゲット〈target〉①標的。的。また、販売対象。「一をしぼる」②〔物〕電子機械で、電子やイオンなどをあてる電極。

ダーシ〈dash から〉→ダッシュ㊀①

-ダース【°打】(接尾)(「ダズン(dozen)」のなまり)一二個を一組として品物を数える単位。「鉛筆一一」

タータン-チェック〈和製英語〉多くの色を使った格子縞の織物。また、その格子縞。参考 英語では tartan という。もとスコットランドで、氏族を表す紋章や飾りとして用いたもの。

ダーツ〈darts〉①〔服〕洋裁で、布を人体に合わせて立体的に仕立てるための縫いつまみ。②的に矢(＝ダート)を投げて競う室内ゲーム。投げ矢遊び。

ダーティー〈dirty〉(形動ダ)ダロ・ダッ(デ・ニ)・ダ・ナ・ナラ・○ よごれたさま。不潔な。卑劣な。不正な。「一な金」「一な手口」「一なイメージ」

タートルネック〈turtleneck〉セーターなどの、首に添う筒状の高いえり。とっくり。参考「タートル」は海亀の意。

ターニング-ポイント〈turning point〉曲がり角。分岐点。変わり目。転機。「人生の一」

ターバン〈turban〉①インドのシーク教徒や、イスラム教徒などの男性が頭に巻く布。②①に似た婦人帽。

〔ターバン①〕

ダービー〈Derby〉①競馬で、イギリスのロンドン郊外エプソムで毎年行われるサラブレッド三歳馬の特別レース。また、これにならって世界各国で行われているレース。「日本一」夏 ②首位争い。競争。「ホームラン一」「ハーラー一」はじまり ①は、一七八〇年初開催。名称は、創始者の一人である第一二代ダービー卿エドワード・スミス・スタンレーにちなむ。「日本ダービー」の始まりは一九三二(昭和七)年。

タービン〈turbine〉回転軸の周りにたくさんの羽根を持ち、そこに高速度のガス・蒸気・水などの流体を受けて回転する機械の総称。発電機やエンジンに用いられる。

ターボ〈turbo〉(「ターボチャージャー」の略)排気ガスを利用してタービンを回し、シリンダー内に混合気を送り込む装置。

―ジェット〈turbojet〉航空用ジェットエンジンの一種。前方からとり入れた空気を圧縮して燃料と混ぜて燃焼させ、生じたガスでタービンを回し、後方に噴射して推力を得る。

―プロップ〈turboprop〉航空用ジェットエンジンの一種。ジェットのタービンで回したプロペラの推力とジェットの直接推力とを合わせ備える。輸送機に多く使われる。

ターミナル〈terminal〉①→たんし(端子)②空港の機能の中心部で、航空管制塔・管理事務所・税関・サービス施設などのある所。ターミナルビル。③多くの交通路線が集まって発着する所。鉄道やバスの終着駅または始発駅。「バス一」④〔情報〕コンピューターの端末装置。

―ケア〈terminal care〉→しゅうまつきいりょう

ターム〈term〉①用語。特に、術語。専門用語。「テクニカル一」②期間。学期。

ダーリン〈darling〉いとしい人。最愛の人。夫婦や恋人どうしで愛情を込めて呼びかけるときの言葉。

タール〈tar〉〔化〕石炭や木材を乾留するときにできる、黒色の濃い粘液。コールタール・木タールなど。塗料・防腐用。

ターン〈turn〉(名・自スル)①回ること。回転。②進路を変えること。方向転換。「U一」③水泳で、プールの端でコースを折り返すこと。「クイック一」

―テーブル〈turntable〉①レコードプレーヤーの回転盤。②鉄道や駐車場の転車台。③電子レンジの回転台。

―パイク〈turnpike〉有料高速道路。

たい【大】(字義)→だい(大)

たい【太】教2 タイ・タ ふとい・ふとる・はなはだ

(字義) ①はなはだ。非常に。「太古・太平」②非常に大きい。＝大。「太鼓・太洋・太陽」③はじめ。おおもと。「太初・太祖」④最も尊いもの。最上位に位するもの。「太閤・太子・太政官」⑤人を尊んで言うときに添える語。「太公」⑥ふとい。ふとる。「肉太・丸太」難読 太神楽・太夫・太棹 人名 うず・お・おう・おお(姓)・しろ・たか・と・ひろ・ひろし・ふとし・まさる・ます・み・もと

たい【代】(字義)→だい(代)

たい【台】(字義)→だい(台)

たい【体】教2【體】タイ・テイ㊥ からだ

(字義) ①からだ。「体格・体軀・五体・肢体・姿体・身体・人体・肉体・女体・裸体」②もの。形あるもの。「体積・液体・固

体・物体」③かたち。かた。形式・形態をととのえたもの。「体系・体制・形体・国体・字体・書体・政体・天体・文体」④おおもと。中心になるもの。「実体・主体・正体・本体」⑤ようす。外観。「体面・体裁・人体・風体」［人名］なり・み・みる・もと

-たい【体】（接尾）神仏の像や遺体を数える語。「仏像二―」

たい【体】①からだ。身体。「―をかわす」②相撲や武術などで、体勢。「―が残る」③まとまった形式・形態。かたち。てい。「会議の―を成さない」④もととなる本体。実体。「名は―を表す」

たい【対】（教3）【對】タイ・ツイ（中）こたえる

（字義）①向かい合う。向き合わせになる。「対座・対面」②相手。向こう側。「対岸・対象」③相手になる。はりあう。「対決・対抗・対戦・敵対・反対」④くらべる。比較。「対照・対比」⑤つりあう。等しい。「対称・対等」⑥こたえる。応じる。「対応・対処・応対」⑦（「ツイ」と読んで）そろい。二つで一組のもの。「対句・好一対」⑧「対馬の国」の略。「対州」［人名］ひとし

-たい【対】（接頭）…に対するの意を表す。「―前年比」

たい【対】①性質が反対であること。また、そのもの。対。「―をなす」②双方に優劣や上下の差がないこと。対等。「―で戦う」③試合などの相手を示す。「赤組―白組」④（二つの数の間にはさんで）比を表す。「3―2」⑤→たいのや。「西の―」

たい【◇汰】（字義）→た（汰）

たい【苔】（人）タイ こけ

（字義）こけ。蘚苔類・地衣類などの俗称。「青苔・舌苔・蒼苔」

たい【殆】（人）タイ あやうい・ほとんど

（字義）①あやうい。危険な。「危殆」②あやぶむ。気づかう。③ほとんど。㋐…に近い。…に似ている。㋑すんでのことで。㋒おそらく。たぶん。㋓おおかた。ほぼ。④疲れる。「疲殆」⑤なまける。＝怠。［人名］ちか

たい【耐】タイ（中）たえる（中）

（字義）①たえしのぶ。がまんする。「耐寒・耐乏・忍耐」②もちこたえる。「耐火・耐久・耐震・耐水・耐熱」［人名］たう

たい【待】（教3）タイ まつ

（字義）①まつ。まちうける。「待機・待避・待望・期待」②もてなす。遇する。「待遇・歓待・招待・接待・優待」［難読］待ち惚け ［人名］なが・まち・みち

たい【怠】タイ（中）おこたる（中）・なまける（中）

（字義）おこたる。なまける。たるむ。「怠惰・怠慢・倦怠」

たい【胎】タイ（中）はらむ

（字義）①おなかの子。「胎児」②はらむ。身ごもる。妊娠。「胎生・胎動・懐胎・受胎・堕胎」③子供を宿す所。子宮。「胎内・胎盤・母胎」④はじめ。きざし。きざす。「胎動・胚胎」［人名］はら・み・もと

たい【退】（教6）タイ しりぞく・しりぞける

（字義）①しりぞく。うしろへ下がる。「退却・退去・後退」↔進 ②しりぞける。遠ざける。「退治・撃退」③かえる。去る。「退出・早退・敗退」④やめる。辞する。「退学・退職・引退・脱退・勇退」⑤おとろえる。へる。「退化・退歩・衰退・沈退」⑥ゆずる。へりくだる。「辞退」⑦色があせる。＝褪。「退色」［難読］退く・退っ引きならない・退け際 ［人名］のき

たい【帯】（教4）【帶】（人）タイ おびる・おび

（字義）①おび。㋐衣服をしめるために腰にまくもの。「束帯・着帯」㋑物にまきつけるもの。「包帯」②㋐おび状の地域。あたり。「一帯・火山帯・湿地帯」㋑地球上の区域。「温帯・寒帯・熱帯」③おびる。㋐腰につける。身につける。「帯出・帯刀・携帯」㋑持つ。付属して持つ。「帯青色・帯電体・妻帯・所帯・世帯」④連れていく。「帯同」⑤行動を共にする。「連帯」［人名］たて・たらし・よ

たい【泰】タイ（中）やすい

（字義）①やすらか。落ち着いている。「泰然・泰平・安泰」②おごる。おごり。「驕泰」③おおきい。ひろい。「泰河」④はなはだ。＝太。「泰初・泰西」⑤中国第一の名山の名。「泰山」［人名］あきら・とおる・ひろ・ひろし・やす・やすし・ゆたか・よし

たい【堆】タイ（中）・ツイ うずたかい

（字義）うずたかく盛り上げること。また、その盛り上げたもの。「堆積・堆土・堆肥」

たい【袋】タイ（高）ふくろ（中）

（字義）布・紙・皮などで作って中に物を入れるようにしたもの。ふくろ。「皮袋・風袋」

たい【逮】タイ（中）およぶ

（字義）①およぶ。追いつく。達する。「逮夜」②追いかける。追いかけつかまえる。「逮捕」

たい【替】タイ（中）かえる（中）・かわる（中）

（字義）①かえる。とりかえる。かわる。「交替・代替」②すたれる。ほろぶ。「替廃・興替・衰替・廃替・隆替」

たい【貸】（教5）タイ（中）かす

（字義）かす。金品をあとで返してもらう約束で用立てる。かし。「貸借・貸費・貸与・賃貸」↔借

たい【隊】（教4）タイ

（字義）①指揮・統制のとれた兵の集まり。「隊伍・隊長・騎兵隊・軍隊・部隊」②くみ。多数の人の統一された組織。「隊商・隊列・楽隊・探検隊・編隊」

たい【隊】整列した集まり。隊列。「―を組む」

たい【滞】【滯】（人）タイ（中）とどこおる（中）

（字義）①とどこおる。はかどらない。つもりたまる。「滞貨・滞納・渋滞・沈滞・停滞・留滞」②とどまる。「滞欧・滞在」

たい【碓】（人）タイ うす

（字義）うす。からうす。足や水力できねを動かして穀物をつく道具。

たい【態】（教5）タイ

（字義）①すがた。さま。ようす。「旧態・嬌態・形態・事態・状態・世態・容態」②心がまえ。身がまえ。「態勢・態度」③わざと。ことさらに。［難読］態と・態態 ［人名］かた

たい【黛】（人）タイ まゆずみ

（字義）①まゆずみ。眉をかく青黒色の墨。「黛黒・黛墨・粉黛」②かきまゆ。まゆずみでかいた眉。「黛眉・黛面」③女性の眉。④濃い青色。青黒色。「黛鬟・黛樹・黛色・翠黛」

たい【戴】タイ（中）いただく

（字義）①頭上にのせる。「戴冠式・不倶戴天」②ありがた

くうける。「頂戴」③上の者からおしいただく。「推戴・奉戴」

たい【△鯛】タヒ〘動〙タイ科の硬骨魚の総称。多くは紅色で、種類が多い。真鯛は色彩が美しく味がよいため魚類中の王とされ、「めでたい」に音が通じるので、祝宴の料理に使われる。

―の尾より鰯の頭 大きい集団の低い地位にいるより、小さい集団でもその長になるほうがいい。参考 類似のことば―鶏口となるも牛後となるなかれ

た-い【他意】①別の考え。隠している別の意図。「―はない」②ふたごころ。異心。「―をいだかない」

タイ〈tie〉①「ネクタイ」の略。「―ピン」②記録・得点が同じこと。「五対五の―スコア」③〘音〙楽譜で、同じ高さの二つの音符を結ぶ弧線。二つを一音として演奏することを示す。

タイ〈Thai〉インドシナ半島の中央部にある立憲君主国。首都はバンコク。

たい（助動―形容型）タカロ・タカツ(タク)・タイ・タイ・タケレ・○ ①希望する意を表す。自分の動作の実現を希望する。「海で泳ぎ―」「本を読み―」「水が飲み―」②（尊敬の助動詞とともに用いた「…れたい」の形で）相手を敬いつつ、その動作の実現を希望する。「すぐに出発され―」参考「ございます」「存じます」に連なるときは、連用形「たく」のウ音便形「とう」も用いる。「お許しが(お許しを)いただきとう存じます」用法 動詞・動詞型活用の助動詞の連用形に付く。

だい【乃】人 ダイ・ナイ すなわち（字義）①すなわち。そこで。「乃至」②なんじ。おまえ。「乃父」難読 乃公 人名 いまし・おさむ・の・のぶ・ゆき

だい【大】教1 ダイ・タイ おお・おおきい・おおいに　一ナ大

（字義）①大きい。↕小 ㋐形・規模が大きい。「大火・大海・大戦・大木・巨大・広大・壮大・長大・肥大」㋑程度が並はずれていること。「大勝・大変・重大・甚大・絶大」㋒勢いが強く大きい。「大国・大敵・強大・事大主義」㋓気持ちがゆたかで大きい。「大度・寛大・大慈大悲」㋔りっぱな。すぐれた。「大器・大人物・偉大」㋕重要な。責任の重い。「大事・大役」②非常にたくさんの。「大挙・大軍・大群・大漁・多大・莫大・膨大」↕小 ③完全な。「大悟・大成」④おおすじ。全体。「大局・大系」⑤根本の。最も重要な。「大本・大義」⑥ほぼ。おおよそ。おおまか。「大概・大体・大略」⑦大きくする。おごる。「大言・拡大・誇大・尊大」⑧位の高い。㋐いちばん上に位するもの。「大将・大統領」㋑地位・身分の高い。「大身・大臣」⑨ある名に冠して美称または敬称とする。「大兄・大師・大内裏」⑩仏教で、宇宙・世界を構成する根本要素。「四大」⑪「大学」の略。「私大・女子大・短大」難読 大人・大臣・大人・大王・大仰・大晦・大祓・大政所・大晦日・大凡・大連・大八洲・大凡・大童・大鋸屑・大原女・大蛇・大蚊・大角豆・大旆・大夫・大宰府・大蒜・大和 人名 お・おい・おおき・き・た・だい・たか・たかし・たけ・たけし・とも・なお・なが・はじめ・はる・ひさ・ひろ・ひろし・ひろむ・ふと・ふとし・まさ・まさる・もと・ゆたか

だい-【大】（接頭）（名詞に付けて）①大きいの意を表す。「―会社」「―家族」②美称または敬称とする。「―日本」「―先輩」③状態・程度などがはなはだしい意を表す。「―失敗」「―好き」「―奮発」「―増発」

-だい【大】（接尾）ほぼその大きさである意を表す。「実物―」

だい【大】①大きいこと。大きいもの。「声を―にする」②↓だいのつき《↕小》

―なり小なり 大きいにしろ小さいにしろ。程度に差こそあれ。**―の字**「大」の字に似た形。特に、人が手足を広げた姿。「―になって寝る」**―は小を兼ねる** 大きいものは、小さいものの代わりにも使える。

だい【内】（字義）↓ない(内)

だい【代】教3 ダイ・タイ かわる・かえる・よ・しろ 中　ノイ仁代代

（字義）①かわる。かわってする。かえる。かわりの。「代打・代理・交代・城代・所司代・名代」②品物・労力とひきかえに支払う金。「代価・代金・足代」③世。㋐時世。「近代・現代・後代・古代・時代・上代・前代・当代」㋑当主の地位にある期間。また、継承の順位。「初代・世代・代代・累代・歴代」㋒王朝。「唐代」④地質時代の大区分。「古生代」難読 代掻き・代赭 人名 とし・のり・より

-だい【代】（接尾）①王位・地位・家督などの継承の順位を数える語。「八―将軍」②年齢のだいたいの範囲を示す。「二〇―」③時代・時期のだいたいの範囲を示す。「一九九〇年―」④（名詞に付いて）その代金の意を表す。「タクシー―」

だい【代】①王位・地位・家などを継承している期間。「―が替わる」②世代。時代。「孫子の―」③代金。「お―はあとで」

だい【台】教2【臺】ダイ・タイ うてな　ムム台台台

（字義）①うてな。高く作って辺りを見渡せるようにしたもの。「天文台・灯台・番台・舞台」②高く平らな土地。「台地・高台」③物をのせるもの。「台座・縁台・鏡台・燭台・飯台」④基礎となるもの。「台帳・台本・土台」⑤他人への敬称。「台翰・貴台・尊台」⑥天子や皇族に対する敬語。「台命・台臨」⑦中央政府の役所。また、その高官。「弾正台」⑧「擡」に借りて用いる。もたげる。「台頭」⑨「颱」に借りて用いる。暴風。「台風」難読 台詞・台子 人名 もと

-だい【台】（接尾）①機械や車などを数える語。「三―の車」②値段や数量などのだいたいの範囲を示す。「一万円―」「五〇番―」③小高い平地や高い建物の意を表す。「駿河―」

だい【台】①物をのせるもの。「―の上に置く」②土台。基礎。もと。「つぎ木の―」

だい【弟】（字義）↓てい(弟)

だい【第】教3 ダイ・テイ　⺮竹竺笃第

（字義）①ついで。順序。「次第」②やしき。邸宅。＝邸。「第宅・聚楽第」③試験。昔、中国の官吏登用試験である科挙を第といったことによる。「及第・落第」参考「才」は俗字。人名 くに・つき

だい-【第】（接頭）順序を表すために数字に付ける語。「―一位」「―三者」「―一印象」

だい【醍】人（字義）↓てい(醍)

だい【題】教3 ダイ　早早是是題題

（字義）①ひたい。転じて、あたま。書物などの巻頭。「題言・題詞・題辞」②見出し。名号。「題名・題目・御題・表題・副題」③思考・議論などの中心になる事柄。問われて解決を求められている事柄。「題材・課題・議題・兼題・宿題・主題・命題・問題」④ある事柄について詩文を書きしるす。「題画・題詩」⑤品さだめをする。「品題」人名 みつ

-だい【題】（接尾）問題を数える語。「全部で五―」

だい【題】①文章・詩歌・書物・講演などの内容や主題を短い言葉で掲げたもの。題名。「―を付ける」②問題。問い。

だい-あく【大悪】大きい悪事。ひどい悪人。極悪。

ダイアグラム〈diagram〉↓ダイヤグラム

たい-あたり【体当〔た〕り】（名・自スル）①自分のからだを相手にぶつけること。「―をくわせる」②捨て身で物事に取り組

むこと。全力で事に当たること。「—の覚悟」「—の演技」

たい-あつ【耐圧】圧力にたえること。「—力」

タイ-アップ〈tie-up〉(名・自スル) 協同で物事をすること。提携。「—広告」

だい-あみ【台網】定置網の一種。規模が大きく、マグロ・ブリなどをとるのに用いる。

ダイアモンド〈diamond〉→ダイヤモンド

ダイアリー〈diary〉日記。日記帳。日誌。

ダイアル〈dial〉→ダイヤル

ダイアローグ〈dialogue〉対話。会話。劇や問答体の小説などで、二人以上の人物の会話の部分。↕モノローグ

たい-あん【大安】(「大安日」の略) 陰陽道で、旅行・結婚・移転などすべてによいとする日。六曜の一つ。大安。「—吉日」

たい-あん【対案】相手の案に対して、別にもち出す案。「—を準備する」

だい-あん【代案】ある案に対する代わりの案。「—を示す」

たい-い【大尉】— もと、陸海軍で将校の階級の一つ。尉官の最上の級。少佐の下。参考 旧海軍では「だいい」と称した。

たい-い【大意】文章や話の、おおよその意味。「—をくみとる」「—をつかむ」

たい-い【体位】— ①体格・健康・運動能力などの基準からみたからだの状態。「—の向上」②からだの位置や姿勢。「—を変える」

たい-い【退位】— (名・自スル) 君主・国王・天皇が位を退くこと。↕即位

だい-い【代位】— (名・自スル) ①他人に代わってその地位につくこと。②〔法〕ある人の法律上の地位に他人が代わって立つこと。

だい-い【題意】①表題の意味。②問題または出題の意味。

たい-いく【体育】健全なからだや運動能力を養う教育。特に、学校で、運動や競技の実技や理論を教える教科。

—かい【—会】大学などで、運動部が相互の連携を目的として組織する会。

—かい-けい【—会系】— 体育会に属する人にみられる性格・気質。上下関係に厳しく、精神力や根性を重んじるさまなどをいう。

—かん【—館】屋内で運動競技を行うための建物。

—の-ひ【—の日】もと国民の祝日の一つ。一九六四(昭和三十九)年の東京オリンピック開催を記念して設けられた。参考 二〇二〇(令和二)年より「スポーツの日」となる。

だい-いち【第一】㊀(名) ①順序の最初。いちばん初め。「—試合」②最もすぐれていること。「世界—」③最も重要なこと。「安全—」㊁(副) まず一番に。何よりも。そもそも。「—危険だ」

—いんしょう【—印象】ある物事や人物に接して最初に受けた感じ。「—がよい」

—ぎ【—義】最も根本的でたいせつな意義。最も価値ある事柄。「—の問題」

—じ-さんぎょう【—次産業】— 〔経〕農業・林業・水産業など、自然を利用して原料や食料を生産する産業部門。一次産業。参考 イギリスの経済学者コーリン=クラークによる産業分類方法。⇩第二次産業・第三次産業

—じ-せかいたいせん【—次世界大戦】→せかいたいせん㋐

—にん-しゃ【—人者】ある社会・分野で最もすぐれた人。「日本画の—」

—にんしょう【—人称】→じしょう(自称)㊁

—りゅう【—流】最高の等級に属すること。最もすぐれていること。また、その人や物。一流。「—の実業家」

だいいっしゅ-ゆうびんぶつ【第一種郵便物】— 内国通常郵便物の一つ。封書・郵便書簡をいう。また、第二種から第四種までの郵便物に該当しないもの。

だい-いっしん【第一審】〔法〕最初に訴訟を受理した裁判所の審理。始審。一審。

だい-いっせん【第一線】①戦場で敵と直接相対する所。最前線。「—の部隊」②その分野で最も実質的で活発な活動をしているところ。直接事にあたる場。「—に立つ」「—を退く」

だい-いっぽ【第一歩】①歩き始めるときの最初のあゆみ。②何かを始めるときの最初の段階。「新事業への—を踏み出す」

たいい-ほう【対位法】〔音〕独立した二つまたはそれ以上の旋律を同時に組み合わせる作曲法。コントラプンクト。

たい-いん【大隠】世俗を脱して真に悟りきった隠者。

—は市に隠る 真に悟った隠者は、山奥などよりかえって市中にあって俗事にかかわらず超然と生活している。

たい-いん【太陰】(太陽に対して)月のこと。

—たいよう-れき【—太陽暦】— 月の満ち欠けを基準とし、太陽の運行を考えあわせてつくられた暦。ふつう陰暦と呼ばれる。日本の旧暦・ギリシャ暦・ユダヤ暦など。

—れき【—暦】月の満ち欠けを基準としてつくられた暦。広義には太陰太陽暦も含める。陰暦。旧暦。↕太陽暦

たい-いん【退院】— (名・自スル) ①病気などで入院していた人が、全快するなどして病院から出ること。↕入院 ②議員が、衆議院・参議院から退出すること。↕登院

たい-いん【隊員】— 隊に属してこれを構成している人。

だい-いん【代印】(名・自スル) 本人の印の代わりに別の人が自分の印を押すこと。また、その印。代理人の印。

ダイ-イン〈die-in〉核兵器の開発・使用などに抗議の意志を表すためのデモンストレーションの一つ。参加者が地面に「死んだ」ように寝ころぶこと。語源「すわり込み」〈sit-in〉から出た語。

ダイイング-メッセージ〈dying message〉推理小説などで、殺人事件の被害者が死の間際に残したメッセージ。

たい-う【大雨】ひどく降る雨。豪雨。大雨。↕小雨

だい-うちゅう【大宇宙】— (人間を「小宇宙」というのに対して)宇宙そのもの。広大な宇宙。マクロコスモス。↕小宇宙

たい-うん【頽運】おとろえる気運。傾く運。衰運。

たい-えい【退嬰】進んで新しいことをしようとする意気ごみのないこと。しりごみすること。↕進取

—てき【—的】(形動ダ) 進んで新しいことをする意気ごみのとぼしいさま。「—な姿勢」

だい-えい【題詠】あらかじめ題を設けて詩歌をよむこと。また、その詩歌。

たい-えき【体液】〔生〕動物の体内を循環して組織・細胞を浸している液体の総称。血液・リンパ液および組織液など。

たい-えき【退役】(名・自スル) 兵役を退くこと。「—将校」

たい-えつ【大悦】大いに喜ぶこと。大喜び。「—至極」

ダイエット〈diet〉(名・自スル) 健康保持や肥満防止・美容などのために、食事の量や種類を制限すること。「—食品」

だい-えん【大円】— ①大きな円。②〔数〕球をその中心を通る平面で切ったとき、切り口に現れる円。(↕小円)

だい-えん【代演】(名・自スル) 予定されていた人に代わって出演すること。

たい-おう【対応】(名・自スル) ①たがいに向き合うこと。二つの物事が相対する関係にあること。「—する二辺」②相手の動き

や状況に応じて行動すること。「新たな—を迫られる」「—策」③つり合うこと。見合っていること。「収入に—した支出」

—ご【—語】 相対する関係にある語。⇩対義語・対語

たい‐おう【滞欧】（名・自スル）ヨーロッパに滞在すること。

だい‐おう【大王】ワウ 王の敬称。「アレクサンドロス—」

だい‐おう【大黄】ワウ 〘植〙タデ科の多年草。初夏に淡黄緑色の花を開く。根茎から健胃剤や下剤を作る。

だい‐おうじょう【大往生】ワウジヤウ（名・自スル）苦痛や心の乱れがなく、安らかに死ぬこと。また、りっぱな死に方。「眠るがごとき—を遂げる」

ダイオード〈diode〉〘物〙電気が一定の方向にのみよく流れる整流作用をもつ電子素子。一般に半導体ダイオードをいう。

ダイオキシン〈dioxin〉（「ポリ塩化ジベンゾダイオキシン」の略）塩素化合物の一種。強い発がん性がある。除草剤の製造過程やごみ焼却施設から検出される。

たい‐おん【体温】ヲン 〘生〙人や動物のからだの温度。

—けい【—計】 体温をはかる器具。検温器。

だい‐おん【大恩】 大きな恩。深い恵み。厚恩。「—ある師」

だい‐おんじょう【大音声】オンジヤウ 遠くまで響きわたる大きな声。大声。「—をはりあげる」

たい‐か【大火】クワ 大きな火事。大火災。「—に見舞われる」

たい‐か【大家】 ①学問や芸術などの分野で、その道の権威と認められている人。巨匠。「英文学の—」②大きな家。③富んだ家。また、りっぱな家柄。大家。

たい‐か【大過】クワ 大きなあやまち。ひどい過失。「—なく勤めあげる」↔小過 用法 多く、あとに打ち消しの語を伴う。

たい‐か【大△廈】 大きな建物。「—高楼」

—の倒れんとするは一木の支うる所にあらず 大勢が傾きかけているときには、とても一人の力では支えることができない。参考 類似のことば—大樹の将に倒れんとするは一縄のつなぐところにあらず

たい‐か【大禍】クワ ①大きなわざわい。②（「大禍日」の略）陰陽道で、大悪日として建築・旅行・葬送などを忌む日。

たい‐か【対価】 労力・財産などを与えた報酬として受け取る財産上の利益。「労働の—」

たい‐か【耐火】クワ 火に燃えにくいこと。高熱に耐えること。「—金庫」

—けんちく【—建築】 〘建〙柱・梁・壁・屋根などが不燃性の材料でできている建築物。

—れんが【—△煉瓦】グワン 〘化〙耐火粘土をおもな原料とする、高熱に強いれんが。工業用の窯や炉などに用いる。

たい‐か【退化】クワ（名・自スル）①進歩していたものが以前の状態にあともどりすること。「文明の—」②個体発生や進化の過程で、生物体のある器官や組織などのはたらきが衰え、縮小したり消失したりすること。「—現象」（↔進化）

たい‐か【滞貨】クワ（名・自スル）①売れ行きが悪いために、商品がたまること。また、その商品。ストック。「—一掃」②輸送しきれないで、貨物がたまること。また、その貨物。

たい‐が【大我】 ①〘哲〙宇宙の本体としての唯一絶対の真理。②〘仏〙（「我」は自在の意）個人の狭い考えや執着を離れた自由自在の境地。真我。（↔小我）参考「だいが」ともいう。

たい‐が【大河】 幅が広く、水量の豊かな大きな川。

—しょうせつ【—小説】セウセツ 〘文〙フランスに始まった大長編小説。人間を、社会・時代などの大河のような流れの中にとらえ、時に幾世代にもわたって描く小説。「ジャン＝クリストフ」「チボー家の人々」など。

タイガ〈ロシア tayga〉北半球の亜寒帯に広がる針葉樹林帯。特に、シベリアのものをいう。

だい‐か【台下】 ①台の下。高楼の下。②身分の高い人の敬称。③敬意を表して手紙の宛名に書き添える脇付の語。

だい‐か【代価】 ①品物の値段。代金。「—を支払う」②あることをするために生じた損害や犠牲。「尊い命を—として払う」

だい‐が【題画】グワ 絵に詩や文を書き添えること。また、その絵。

たい‐かい【大会】クワイ ①多人数による盛大な会合。「スポーツ—」②ある組織の全体的な会合。「組合—」

たい‐かい【大海】 おおうみ。おおうなばら。大洋。

—の一粟（大海の中の一粒の粟の意から）広大な所にきわめて小さいもののあるたとえ。参考 類似のことば—滄海の一粟・大海の一滴・九牛の一毛。**—は芥を選ばず**（大海がどんなごみ・塵をも受け入れるように）心が広く、よく人を受け入れることのたとえ。参考 類似のことば—泰山は土壌を譲らず・河海は細流を選ばず

たい‐かい【退会】クワイ（名・自スル）所属していた会から退き、会員をやめること。「—届」↔入会

たい‐がい【大害】 大きな損害や災害。

たい‐がい【大概】 ㊀（名）①ほとんど大部分。だいたい。「—のことは知っている」②物事の大筋。あらまし。「事件の—を語る」③度をこさない程度。ほどほど。いいかげん。「冗談も—にしろ」㊁（副）たいてい。おおよそ。「—わかりそうなものだ」「土曜は—家にいる」

たい‐がい【体外】グワイ 身体の外部。↔体内

—じゅせい【—受精】 ①水生動物に多い、母体外での受精。②卵子を母体外に取り出し人工的に受精させること。

たい‐がい【対外】グワイ 外部または外国に対すること。「—試合」「—政策」↔対内

だい‐がえ【代替え】ガヘ ほかのもので代えること。また、代わりにしたもの。代替。「—の品」

たい‐かく【台閣】 ①たかどの。楼閣。②一国の政治を行う中央政府。内閣。「—に列する」参考「だいかく」ともいう。

たい‐かく【体格】 骨格・筋肉・肉づきなど身体の外観的形態。からだのかっこう。からだつき。「—がいい」

たい‐がく【退学】（名・自スル）生徒が卒業前に学校をやめること。また、学校が生徒をやめさせること。退校。「—処分」

だい‐がく【大学】 学校教育法で規定された、学術研究・教育の最高機関である学校。最高学府。卒業すると学士の学位を得る。⇩大学校

—いん【—院】ヰン 大学卒業者がさらに深い研究をするための機関。修士課程と博士課程とがある。

—ノート 大判の筆記帳。ふつうはB5判横書き。語源 大学生の筆記用に作られたことからいう。

だいがく【大学】 中国の経書。作者未詳。春秋時代に成立か。四書の一つ。政治と道徳の関係を論じたもので、もと「礼記」の一編。

たいかく‐せん【対角線】 〘数〙多角形の同じ辺上にない二つの頂点を結ぶ線分。また、多面体では同じ面上にない二つの頂点を結ぶ線分。

だい‐かぐら【◦太神楽】 ①伊勢大神宮で行われた神楽。太太神楽。②雑芸の一種。獅子舞・品玉・皿回しなどの曲芸。代神楽。新年

ダイカスト〈die-casting から〉鋳造法の一種。とかした金属を圧力で型に流し込み鋳物を造る方法。ダイキャスト。

だい‐かぞく【大家族】 ①多人数の家族。②一家族の親子以外に直系・傍系血族とその配偶者をも含む家族。

だい-かつ【大喝】（名・自スル）大声でどなりつけたり、しかりつけたりすること。また、その声。「—一声」

だい-がっこう【大学校】ガクカウ— 学校教育法によらず、大学程度の教育を行う学校。行政官庁所管のものが多い。防衛大学校・気象大学校など。

たいか-の-かいしん【大化改新】タイクワ— 《日》六四五(大化元)年に始まる政治改革。中大兄皇子・中臣鎌足が中心となって蘇我氏を倒し、公地公民制に基づく中央集権国家の樹立をめざした。

だい-がわり【代替〔わ〕り】ガハリ—（名・自スル）君主・一家のあるじ・経営者などの代がかわること。次の代にかわること。

たい-かん【大旱】ひどいひでり。大ひでり。夏

—の雲霓を望むが如し（「霓」は虹の意）ひでり続きのときに、雨の降る前兆である雲や虹が出るのを待ち望むように、ある物事の現れるのを切に待ちこがれること。〈孟子〉

たい-かん【大官】クワン— 地位の高い官職。また、その地位にある人。高官。「政府の—」↔小官

たい-かん【大患】クワン— ①大きい心配事。「天下の—」②重い病気。大病。

たい-かん【大観】クワン— ■一（名・他スル）全体を広く見渡すこと。大局から判断すること。「時勢を—する」■二（名）①雄大なながめ。偉観。②→たいかん（大鑑）

たい-かん【大鑑】その一冊だけで、ある部門のすべてがわかるようにまとめられた本。大全。大観。「囲碁—」

たい-かん【体幹】体の主要な部分。（骨格や筋肉の付き方からとらえた）胴体。「—を鍛える」

たい-かん【体感】■一（名・他スル）からだに感じること。また、その感じ。「自然を—する」■二（名）内臓に加えられた刺激による吐き気や空腹などの感覚。

—おんど【—温度】ヲンド 人間のからだが感じる寒暖の度合いを数量的に表したもの。

たい-かん【退官】クワン—（名・自スル）官職をやめること。

たい-かん【耐寒】寒さに耐えること。「—訓練」

たい-かん【戴冠】クワン— 国王・皇帝が即位後初めて頭にそのしるしである冠をいただくこと。

—しき【—式】国王・皇帝が戴冠する儀式。

たい-がん【大願】グワン— ①大きな望み。②《仏》仏が衆生を救おうとする願い。本願。参考「だいがん」ともいう。

—じょうじゅ【—成就】ジャウジュ（名・自スル）かねてからの大きな望みがかなうこと。

たい-がん【対岸】向こう岸。「—を望む」

—の火事自分には無関係で被害が及ぶおそれのないこと。

たい-がん【対顔】（名・自スル）人と顔を合わせること。対面。

だい-かん【大寒】二十四気の一つ。小寒と立春の間、陽暦で一月二十日ごろ。一年のうちで最も寒いころにあたる。冬

だい-かん【代官】クワン— ①ある官職の代行者。②《日》室町時代、守護代・地頭代の称。③《日》江戸時代、幕府の直轄地を支配し、年貢の徴収や民政をつかさどった役人。

だい-がん【大願】グワン— →たいがん（大願）

だい-がん【代願】グワン—（名・自スル）本人に代わって神仏などに祈願すること。また、その人。

だいかんみんこく〔大韓民国〕朝鮮半島の南部に位置する共和国。韓国。首都はソウル。

たい-き【大気】《気》地球を取り巻いている空気全体。

—おせん【—汚染】ヲセン 人間の生産・消費活動によって生じた、一酸化炭素・二酸化硫黄・窒素酸化物などの物質による空気の汚染。人間生活や生態系に重大な影響を及ぼす。

—けん【—圏】《気》大気の存在する範囲。気圏。

たい-き【大器】①大きい入れ物。②大きな器量。すぐれた才能。また、その持ち主。偉大な人物。「未完の—」（↔小器）

—ばんせい【—晩成】大人物はふつうの人よりも遅れて大成するということ。

たい-き【待機】（名・自スル）準備を整えて機会・時期などを待っていること。「ベンチで—する選手」

—じどう【—児童】保育所などへの入所を申請しているが、満員などのために入所できないでいる児童。

たい-ぎ【大義】①人がふみ行うべきたいせつな道義。特に、君主・国家に対してつくすべき道。「—を守る」②重要な意義。

—親を滅す（「親」は血縁の意）国家・君主の大事のためには、父子兄弟の関係をも無視する。大義のためには私情を捨てる。【故事】春秋時代、衛の大夫の石碏は、子の石厚が逆臣の州吁に荷担して君主を討ったとき、人に命じて石厚を反逆者として殺害させた。この事件の記録者が石碏の行為を認めて「大義親を滅す」と書いたことからいう。〈左伝〉

—めいぶん【—名分】①人として、また臣民として、守らなければならない節義と本分。②何かをするよりどころとなる、正しくもっともな理由。「—が立つ」

たい-ぎ【大疑】大きな疑い。深い疑問。

—は大悟の基大きな疑いを抱くことは悟りにいたる基である。迷わぬ者に悟りなし。

たい-ぎ【大儀】■一（名）重大な儀式。「皇室の—」■二（名・形動ダ）①骨の折れること。また、そのさま。くたびれてだるいさま。「階段をのぼるのも—だ」②他人の、特に目下の者の骨折りをねぎらう語。ご苦労。「お役目—であった」

たい-ぎ【体技】相撲・柔道・レスリング・ボクシングなど、肉体をじかに使って勝負を決する競技の総称。

だい-ぎ【台木】①つぎ木をするとき、つぎ穂の台にする木。つぎ台。②物の台にする木。

だい-ぎ【代議】（名・他スル）①他人に代わって論議すること。「—員」②国民から選ばれた議員が、国民を代表して政治を論議すること。

—し【—士】国民から選ばれ、国民を代表して国政を論議する人。特に、衆議院議員の通称。

—せいど【—制度】議会を設け、代議士がそこで国民の意思を代表した意見を述べあって政治を行う制度。議会制度。

だい-きぎょう【大企業】キゲフ— 大きな企業。↔小企業

たいぎ-ご【対義語】①意味が互いに反対の関係にある語。「表」と「裏」、「始め」と「終わり」、「出る」と「入る」など。反対語。反義語。反意語。対語・対語。アントニム。↔同義語 ②対比的・対照的な意味に使われる語。対語。「春」と「秋」、「泣く」と「笑う」など。

だい-きち【大吉】①運勢や縁起が非常によいこと。↔大凶 ②（「大吉日」の略）非常に縁起のよい日。

だい-きぼ【大規模】（名・形動ダ）規模の大きいこと。また、そのさま。「—な造成工事」

たい-きゃく【退却】（名・自スル）状況が不利になってあとへ退くこと。「総—」「敵が—する」

たい-ぎゃく【大逆】主君・親を殺すなど、人の道にはずれた、この上もなく悪い行い。大逆。「—罪」

—むどう【—無道】ダウ はなはだしく人の道にそむき、道理にはずれること。また、その行い。「—のふるまい」

たい-きゅう【耐久】キウ— 長くもちこたえること。長持ちすること。「—性」「—消費財（＝長期の使用に耐える家具や電化製品など）」

だい-きゅう【大弓】ふつうの弓。長さは七尺五寸(＝約二・二五メートル)。↔半弓

だい-きゅう【代休】休日に出勤した代わりにとる休暇。

たい-きょ【大挙】㊀(名) 大きいくわだて。「未踏峰征服の―」㊁(名・自スル) 大勢がそろって事に当たること。副詞的にも用いる。「―して押しかける」「代表団が―来日する」

たい-きょ【太虚】①おおぞら。虚空。②(中国古代の思想で)限界も形もない、人間の感覚を超えた宇宙の本体。

たい-きょ【退去】(名・自スル) 立ちのくこと。「―命令」

たい-きょう【胎教】胎児によい影響を与えるように、妊婦が精神の安定を保ったり、美しいものを見聞きしたりすること。

たい-きょう【滞京】(名・自スル) みやこに滞在すること。特に、東京に滞在すること。

たい-ぎょう【大業】①大きな事業。「国家統一の―」②帝王の事業。

たい-ぎょう【怠業】(名・自スル) →サボタージュ①

だい-きょう【大凶】①運勢や縁起が非常に悪いこと。↔大吉 ②この上もない罪悪。また、それを犯した大悪人。参考 ②は「大△兇」とも書く。

だい-きょう【大△饗】①盛大な宴会。また、ごちそう。②昔、宮中で行われた定例または臨時の大きな宴会。

だい-きょうじ【大経師】①昔、朝廷の御用で経文や仏画を表装した職人の長。②経師屋。表具師。

たい-きょく【大曲】規模の大きな楽曲。↔小曲

たい-きょく【大局】広く全体を見渡した場合の、物事のなりゆき・情勢。「―を見通す」「―的見地」

たい-きょく【対局】(名・自スル) (正式に)相対して囲碁を打ったり、将棋をさしたりすること。

たい-きょく【対極】反対の極・極点。「―をなす」

たいきょく-けん【太極拳】中国古来の拳法。ゆるやかな動作を主とし、健康体操としても広く普及している。

だい-きらい【大嫌い】(形動ダ) 非常にいやであるさま。ひどくきらうさま。「―な奴」↔大好き

タイ-きろく【タイ記録】〈tie〉競技などで、それまでに出ている最高記録と同じ記録。「日本―」

たい-きん【大金】多額のお金。「―を投じる」「―をはたいて買う」

たい-きん【退勤】(名・自スル) 勤務を終えて、勤め先を出ること。↔出勤

だい-きん【代金】品物の代価として買手が売手に払う金。

―ひきかえ【―引換】代金の支払いと品物の引き渡しを同時に行うこと。代引き。

たい-く【体△軀】からだ。からだつき。「堂々とした―」

たい-ぐ【大愚】①非常に愚かなこと。また、その人。↔大賢 ②自分のことをへりくだっていう語。

だい-く【大工】おもに木造家屋の建築や修理をする職人。また、その仕事。「―の棟梁」「日曜―」

たい-くう【対空】敵の空襲に対抗すること。「―射撃」

たい-くう【滞空】(名・自スル) 飛行機などが空中を飛び続けること。「―時間」「―記録」

たい-ぐう【対偶】①二つで一そろいのもの。つい。②字句が相対する一そろいの句。対句。③〖数・論〗「AならばBである」という命題に対して、「BでないならばAでない」の形の命題。

たい-ぐう【待遇】(名・他スル) ①客などをもてなすこと。「至れり尽くせりの―」②ある地位に応じた取り扱い。「国賓―」③職場での地位や給与など、勤務者への取り扱い。「―がよい」

類語 優遇・厚遇・殊遇・礼遇・知遇・寵遇・冷遇・薄遇

―ひょうげん【―表現】話し手が、話し相手や話題の人物を、上下・親疎などの関係の別でとらえ、尊敬・軽侮・親愛などの気持ちに応じて言葉を使い分ける言語表現。

たい-くつ【退屈】(名・自スル・形動ダ) ①物事にあきていやになること。また、そのさま。「―な話」②ひまで時間をもてあますこと。また、そのさま。「―をまぎらす」「―しのぎ」

たい-ぐん【大軍】多数の軍勢。兵数の多い軍隊。「敵の―」

たい-ぐん【大群】動物などが多く集まってつくる大きなむれ。「ハチの―」

たい-け【大家】財産のある家。また、りっぱな家柄。大家。

たい-げ【退下】身分の高い人の前からさがること。

たい-けい【大系】同種のものを系統だてて集めた一群の書物。「古典文学―」

たい-けい【大計】大規模な計画。「国家百年の―を立てる」

たい-けい【大慶】非常にめでたく喜ばしいこと。「―至極に存じあげます」

たい-けい【体刑】①直接からだに与える刑罰。②〖法〗懲役・禁固など、身体の自由を束縛する刑罰。自由刑。

たい-けい【体形】①からだのかたち。「―がくずれる」②かたち。形態。

たい-けい【体系】個々別々のものを一定の原理に基づいて系統的に統一した組織。すじみちをつけてまとめられた知識・理論の全体。システム。「日本語の―」「―づける」

―てき【―的】(形動ダ) 体系が整っているさま。組織的・系統的なさま。システマティック。「―な知識」

たい-けい【体型】人のからだつきを、特徴で分けたもの。体格の型。やせ型・肥満型など。「―に合った服装」

たい-けい【隊形】戦闘などで、目的にしたがって配列する部隊の形。横隊・縦隊など。「戦闘―を整える」

たい-けい【大兄】(代) 対称の人代名詞。同輩またはやや年長の男性に対する敬称。あなた。貴兄。↔小弟 用法 男性どうしがおもに手紙で使う。

だい-けい【台形】〖数〗一組の対辺が平行な四辺形。梯形。

だい-げいこ【代稽古】芸能や武道で、師匠や師範に代わって弟子を教えること。また、その人。

たい-けつ【対決】(名・自スル) ①両者が相対してどちらが正しいか、すぐれているかなどを決すること。「両雄の―」②困難な問題に立ち向かうこと。「多くの難問と―する」

たい-けん【大圏】地球の中心を通る平面が地球表面とまじわってつくる円。

―コース 大圏に沿った航路。地球表面上の二点を結ぶ最短距離の航路。大圏航路。

たい-けん【大権】明治憲法で定められていた天皇の統治権。

たい-けん【大賢】非常に賢いこと。また、その人。↔大愚

―は愚なるが如し 真に賢い人は、知識をひけらかさないために一見愚かなように見える。大知は愚の如し。

たい-けん【体験】(名・他スル) 自分が実際に経験すること。また、その経験。「―談」「―入学」

たい-けん【帯剣】(名・自スル) 剣を腰に下げること。また、腰に下げた剣。帯刀。佩刀。

たい-げん【大言】㊀(名) 堂々たる意見。㊁(名・自スル) えらぶって大げさに言うこと。高慢な言葉。高言。「―を吐く」

―そうご【―壮語】(名・自スル) 実力以上に大きなことを言うこと。また、その言葉。「―してはばからない」

たい-げん【体言】〖文法〗事物本体をいう語で、事物の動作・作用・状態などを表す用言に対する語。学校文法では、自

立語で、活用がなく主語となるもの。助詞・助動詞を伴って種々の文節となる。名詞・代名詞・数詞の総称。↕用言

―どめ【―止め】〘文〙修辞法の一つ。和歌・俳諧などで、体言で句の最後を終わらせるもの。

たい-げん【体現】(名・他スル) 思想・理念など抽象的なことを具体的な形に現すこと。「理想の―」

だい-けん【大検】(「大学入学資格検定」の略)合格者に大学入学資格を認定する検定試験。現在は「高等学校卒業程度認定試験(高認)」に移行。

だい-げん【代言】■(名・他スル) 本人に代わって弁論すること。■(名)(「代言人」の略)「弁護士」の旧称。「三百―」

だい-げん【題言】書物などの巻頭の言葉。また、書画・碑文などの上に書く言葉。題辞。題詞。

たい-こ【大呼】(名・自スル) 大声で呼ぶこと。

たい-こ【太古】遠い昔。有史以前の大昔。

たい-こ【太鼓】①〘音〙打楽器の一つ。木や金属でできた胴の片面、または両面に革を張って、ばちや手で打って鳴らすもの。「―を打つ」②「たいこもち」の略。③「たいこむすび」の略。

―を叩く 人の言うことに調子を合わせて機嫌をとる。

―いしゃ【―医者】医術が劣っていて、太鼓持ちのように口先で患者の機嫌をとって世渡りする医者。

―ばし【―橋】半円形に中央が高くそっている橋。

―ばら【―腹】「太鼓①」の胴のように、丸くふくれた腹。

―ばん【―判】大きな判。転じて、間違いがないという保証。「―を押す(=確かであることを保証する)」

―むすび【―結び】女性の帯の結び方の一種。結びめを「太鼓①」の胴のように大きくふくらませた結び方。おたいこ。

―もち【―持〔ち〕】①宴席で客の機嫌をとり結び、座をにぎわすことを業とする男。幇間。②(転じて)口先で人の機嫌をとってうまく世渡りをする人。「社長の―」

たい-ご【大悟】(名・自スル) ①物事をはっきり理解すること。②〘仏〙悟りを開くこと。煩悩が解けて真理を悟ること。参考「だいご」ともいう。

―てってい【―徹底】(名・自スル)〘仏〙完全に悟りに達し、少しの迷いもないこと。

たい-ご【対語】■(名)(対となる語の意)①熟語で、相対する概念の語で構成されたもの。「夫婦」「紅白」「東西」など。対語。②→たいぎご ■(名・自スル) 向かい合って話すこと。

たい-ご【隊△伍】きちんと隊を組んで並んだ組。「―を組む」

だい-ご【△醍△醐】〘仏〙牛や羊の乳を精製した濃厚で甘い美味の液。乳酪で最上の味とされる。

―み【―味】①醍醐のようなうまい味。仏の教法にもたとえる。②物事の本当のよさ。深い味わい。「スポーツの―」

たい-こう【大公】①ヨーロッパで、君主の一族の男子の称。②ヨーロッパで、小国の君主の称。「―国」

たい-こう【大功】大きな手柄。大きな功績。殊勲。「―を立てる」

たい-こう【大行】りっぱな仕事。大事業。

―は細謹(細瑾)を顧みず 大事業をなしとげようとする者は、小さな事や欠点などを気にかけない。【故事】天下を争う漢の沛公と楚の項羽が鴻門で会見した際、危機迫る沛公に家来の樊噲が逃げるように勧めたところ「暇乞いをのべてから」と言ったので、樊噲が「大事の前には少しの非礼などかまっていられない」と言ったことからいう。〈史記〉

―てんのう【―天皇】①天皇の死後、まだ諡が付けられない間の尊称。②前の天皇。

たい-こう【大効】非常なききめ。大きな効力。

たい-こう【大綱】①根本的な事柄。おおもと。「憲法の―」②大要。あらまし。「計画の―は以下の通り」

たい-こう【太后】太皇太后、または皇太后の称。

たい-こう【太△閤】①摂政、または太政大臣の尊称。②関白を退いてからも、政治を行う資格を有する者、または、関白をその子に譲った者の称。③豊臣秀吉の称。

たい-こう【対向】(名・自スル) 向きあうこと。「―車」

たい-こう【対抗】■(名・自スル) たがいにはり合うこと。競うこと。「クラス―」■(名) 競馬や競輪などで、優勝候補に次ぐ力があり、優勝を争うと予想される馬・選手。「―馬」

たい-こう【対校】■(名) 学校と学校とがたがいに競争すること。「―試合」■(名・他スル) ①古典などで、二種以上の写本をくらべ合わせて、字や語句などの異同を調べること。「諸本を―する」②校正刷りと原稿とを照合すること。

たい-こう【体△腔】〘生〙動物の体壁と内臓との間にある空所。参考医学では「たいくう」という。

たい-こう【退行】(名・自スル) ①あとにさがること。②過去の発達段階にもどること。退化。③〘心〙困難な状況におかれたときに、自分を守ろうとして幼稚な発達段階にもどること。④〘天〙惑星が天球上を西に向かって運行すること。逆行。⑤銀行員が仕事を終えて銀行を出ること。また、退職すること。

たい-こう【退校】(名・自スル) ①生徒が卒業前に学校をやめること。また、やめさせられること。退学。「―処分」②下校。

だい-こう【代行】(名・他スル) 当人に代わって行うこと。また、その人。「職務を―する」「学長―」

だい-こう【代講】(名・自他スル) 本来行うべき人に代わって講義や講演をすること。また、その人。

だい-こう【△乃公】(代) 自称の人代名詞。おれさま。わがはい。男性が自分自身を尊大に言う語。

―出でずんば このおれさまが出なければ、他のだれにそれができるものかの意。「―の意気込み」

だい-ごう【大剛】この上もなく強いこと。また、その人。大剛。

だい-ごう【大豪】①偉大な豪傑。②大金持ち。大富豪。

だい-ごう【題号】書物などの表紙に記した書名。表題。

たいこう-しょく【退紅色・△褪紅色】うすももいろ。淡紅色。

たい-こうたいごう【太皇太后】先々代の天皇の皇后。また、当代の天皇の祖母で、皇后であった人。

たいこう-ぼう【太公望】①中国周代の賢臣、呂尚の別名。②釣りの好きな人。釣り人。【故事】渭水の岸で悠々と釣りをしていた呂尚が周の文王に見いだされ、「あなたこそ、わが太公(=祖父)が周のために待ち望んでいた賢人だ」として重用されたことから、太公望と呼ばれたという話による。〈史記〉

たい-こく【大国】①国土の広い国。②国力の強大な国。「経済―」(↕小国)

たい-ごく【大獄】重大な犯罪事件で、多くの人が捕らえられること。「安政の―」

だい-こく【大黒】①「大黒天」の略。②僧の妻の俗称。

―ずきん【―頭巾】「大黒天②」のかぶっているような円形で平たく、ふちのふくれ出たずきん。冬

―てん【―天】①三宝(=仏・法・僧)を守る、怒りの相をしたインドの神。戦闘の神、また食物の神。②七福神の一。ずきんをかぶり、右手に打出の小づちを持ち、左肩に大きな袋をかついでいる福徳の神。大黒さま。⇩七福神(さしえ)

ーばしら【ー柱】①日本家屋の中央にある最も太い柱。②一家や団体の中心になってそれを支える人のたとえ。「一家のーとして働く」

たいこく-しょく【帯黒色】黒みをおびた色。黒ずんだ色。

だいごく-でん【大極殿】昔、大内裏(だいだいり)の中心となっていた御殿。天皇が政務をとり、新年・即位などの大礼を行った所。

だい-ごれつ【第五列】敵の中にはいって味方の軍事行動を有利に導く人や部隊。スパイ。第五部隊。語源スペイン内乱でフランコ派が四部隊をもってマドリードを攻撃したとき、市内にも味方する第五の部隊がいると言ったことによる。

だい-こん【大根】①《植》アブラナ科の越年草。根は白く太い円柱状で長い。食用。春に淡紫色または白色の花をふさ状につける。春の七草の一つ。すずしろ。冬②「大根役者」の略。

ーおろし【ー下ろし・ー卸[し]】①大根をすりおろしたもの。②大根などをすりおろす道具。おろしがね。

ーやくしゃ【ー役者】芸が未熟で下手な俳優をあざけっていう語。だいこん。

たい-さ【大佐】もと、陸海軍で将校の階級の一つ。佐官の最上級。少将の下、中佐の上。

たい-さ【大差】大きなちがい。また、得点や距離などの非常に大きく開いた差。「ーがつく」「ーで勝つ」「ー無い」↔小差

たい-ざ【対座・対△坐】(名・自スル)向かいあってすわること。「客とーする」

たい-ざ【退座】(名・自スル)①座席を立ってその場から去ること。退席。②芝居などで、属する一座をやめること。

だい-ざ【台座】①物を据えておく台。②仏像を安置する台。

たい-さい【大才】すぐれた才能。大きな器量。↔小才

たい-さい【大祭】①大きな祭り。重要な意義をもつ盛大な祭り。②皇室で天皇がみずからとり行う祭り。

たい-ざい【滞在】(名・自スル)よそへ行って、そこにある期間とどまること。逗留(とうりゅう)。「アメリカに一か月ーする」

だい-ざい【大罪】重い罪。重大な罪。重罪。大罪(たいざい)。

だい-ざい【題材】芸術作品や学問研究などの主題を表現するもととなる材料。「小説のー」「ーを選ぶ」

たい-さく【大作】①すぐれた作品。傑作。②大規模な作品。

たい-さく【対策】相手の言動や事態のなりゆきに応じてとる手段や方法。「ーを立てる」「ーを講じる」

だい-さく【代作】(名・他スル)本人に代わって作品や論文などを作ること。また、その作品。

たい-さつ【大冊】厚い書物。大きい書物。↔小冊

たい-さつ【大刹】大きな寺。大刹(たいせつ)。

たい-さん【退散】(名・自スル)①集まった人々が散り散りに立ちのくこと。その場から引きあげること。「早々にーする」②逃げ去ること。「悪霊ー」

たい-さん【耐酸】《化》酸におかされにくいこと。「ー性」

たい-ざん【大山・太山】大きな山。

たいざん【泰山】①中国の山東省にある名山。古跡・名勝・寺院が多い。②高くて大きな山。

ー鳴動(めいどう)して鼠(ねずみ)一匹(いっぴき) 前触れの騒ぎだけが大きくて、その結果はたいしたこともないことのたとえ。

ーほくと【ー北斗】泰山と北斗星。転じて、一つの専門分野で、最も仰ぎ尊ばれる人。泰斗。権威。

だい-さん【代参】(名・自スル)当人に代わって神仏に参詣(さんけい)すること。また、その人。

だい-さん【第三】①順序の三番目。②当事者以外のもの。

ーかいきゅう【ー階級】(カイキフ)フランス革命当時のブルジョア(市民)・職人・農民などの総称。第三身分。参考第一階級の聖職者、第二階級の貴族に対抗した身分。

ーごく【ー国】その事柄に直接関係していない国。

ーじ-さんぎょう【ー次産業】(サンゲフ)《経》サービスを生産する産業部門。商業・運輸通信業・金融保険業・公務・サービス業など。三次産業。⇒第一次産業・第二次産業

ーしゃ【ー者】そのことに直接関係していない人。「ーを巻きこむ」↔当事者

ーしゅ-ゆうびんぶつ【ー種郵便物】(イウビンブツ)内国通常郵便物の一つ。毎年四回以上定期に発行される刊行物で、承認を受けて開封で送る郵便物。

ーせいりょく【ー勢力】たがいに対立する二大勢力のどちらにも属さない勢力。

ーせかい【ー世界】アジア・アフリカ・ラテンアメリカ地域の開発途上国。参考東西冷戦期に資本主義先進国を「第一世界」、社会主義諸国を「第二世界」と呼んだことからの呼称。

ーセクター〈sector 区域・分野〉国や地方公共団体と民間との共同出資による事業体。おもに地域開発などを行う。参考第一セクターは公企業、第二セクターは民間企業。

ーていこく【ー帝国】ヒトラーを支配者とするナチス統治下のドイツ。一九三三年に成立し、一九四五年解体。参考 Das Dritte Reich の訳語。神聖ローマ帝国、ビスマルク時代のドイツ帝国に次ぐ三番目の帝国の意。

ーにんしょう【ー人称】→たしょう(他称)

ーのひ【ーの火】原子力のこと。参考第一の火は、原始人の発見した火。第二の火は、蒸気機関またはダイナマイト。また、石炭・石油を第一、電気を第二とする説もある。

たいさん-ぼく【泰山木・大山木】《植》モクレン科の常緑高木。北アメリカ原産。葉は厚く長楕円(ちょうだえん)形で、裏面に茶色の毛がある。初夏に白色大形で芳香のある花を開く。(たいさんぼくの花夏)

〔たいさんぼく〕

たい-し【大旨】だいたいの内容。大意。

たい-し【大志】大きいこころざし。大きな望み。「ーをいだく」

たい-し【大使】①「特命全権大使」の略。②天子の命を受けた使者。

ーかん【ー館】(クワン)「特命全権大使」が、その駐在国において公務を執る公館。参考国際法によれば、大使派遣国の領土と同一視され、駐在国の主権外に在るものとされている。

たい-し【太子】①皇位を継承する皇子。皇太子。東宮。②聖徳太子(しょうとくたいし)のこと。

たい-じ【対△峙】(ヂ)(名・自スル)①高い山などが向かい合ってそびえること。②人や軍勢がにらみ合ったまま動かないでいること。「両軍がーする」

たい-じ【胎児】哺乳(ほにゅう)類の母親の胎内で育っている子供。

たい-じ【退治】(ヂ)(名・他スル)害を与えるものを取り除くこと。敵をほろぼすこと。「鬼ー」「白蟻(しろあり)ー」

だい-し【大姉】《仏》女性の戒名につける称号。⇒居士(こじ)

だい-し【大師】《仏》①偉大な師。仏・菩薩(ぼさつ)または高徳の僧を敬っていう。②朝廷から高僧に賜る号。③特に、弘法(こうぼう)大師(=空海)をいう。

ーこう【ー講】(カウ)《仏》①天台宗で、伝教大師(=最澄)の忌日六月四日に行う法会(ほうえ)。六月会(みなづきえ)。②真言宗で、弘法(こうぼう)大師(=空海)の報恩のために行う法会。③陰暦十一月二

十三日の夜から二十四日にかけて行われる民間行事。小豆がゆなどを食べる。冬

だい-し【台紙】スクラップ・写真などをはるとき土台とする紙。

だい-し【台詞】せりふ。

だい-し【第四】順序の四番目。四回目。だいよん。

—かいきゅう【—階級】(カイキフ) →だいよんかいきゅう

—しゅ-ゆうびんぶつ【—種郵便物】(イウビンブツ) →だいよんしゅゆうびんぶつ

だい-し【題詞】①→だいじ(題辞) ②和歌の前書き。歌の成立事情などを記す。詞書(ことばがき)。

だい-し【題詩】①きまった題をもとに詩を作ること。また、その詩。②書物の巻頭に記す詩。巻頭詩。

だい-じ【大字】①大きく表記した文字。大文字。②証書などで漢数字の「一、二、三、十」などの代わりに用いる「壱、弐、参、拾」などの文字。

だい-じ【大事】㊀(名)①重大な事件。深刻な事柄。「国の—」「—に至る」↔小事 ②大がかりな仕事。大事業。「—を控える」㊁(形動ダ)(ダロ・ダッ(デ)・ニ・ダ・ナ・ラ・○) ①重要なさま。「—な用件」②たいせつに扱うさま。「—に使う」「どうぞお—に」文(ナリ)

—の前(まえ)の小事(しょうじ) ①大事をやりとげる前は小事にも油断してはいけない。②大事をやりとげるためには小事にこだわっていられない。**—を取(と)る** 用心して慎重に物事を行う。

—な・い (形)(カロ・カッ(ク)・イ・イ・ケレ・○) さしつかえない。たいしたことはない。心配するほどのことはない。文だいじな・し(ク)

だい-じ【大慈】〔仏〕仏の広大無辺のいつくしみ。

—だいひ【—大悲】〔仏〕仏や菩薩(ぼさつ)の広大無辺な慈悲。特に、観世音菩薩(かんぜおんぼさつ)の慈悲の深いことをいう。

だい-じ【題字】書物の初めや絵画、石碑などの上に題として記す文字。

だい-じ【題辞】書物の初めや絵画、石碑などの上に書く言葉。題詞。

ダイジェスト〈digest〉(名・他スル)著作物などの内容を要約すること。また、要約したもの。「—版」

だい-しきょう【大司教】(シケウ)〔基〕カトリックで、いくつかの教会を統轄する教区の最高位の聖職者。

だい-しぜん【大自然】偉大ではかり知れない自然。「—の猛威」

たい-し-た【大した】(連体)①たいそうな。非常な。驚くほどの。「—人気だ」「—男だ」②それほどの。とりたてていうほどの。「—問題ではない」用法②はあとに打ち消しの語を伴う。

たい-しつ【体質】①生まれながらのからだの性質。また、その人の性向。「アレルギー—」「ねばり強い—」②組織や機構などにしみこんでいる性質。「古くさい—の企業」

たい-しつ【対質】(名・自スル)〔法〕訴訟で、被告人・証人などの証言に食い違いのある場合、両者を相対させて聞きただすこと。対質尋問(じんもん)。

たい-しつ【退室】(名・自スル)部屋を出ること。↔入室

たい-しつ【耐湿】湿気の影響を受けにくいこと。「—性」

だい-しっこう【代執行】(シッカウ)〔法〕行政上の義務を行わない者に代わって、行政機関がその義務を行うか、第三者に行わせ、その費用を義務者から徴収すること。強制執行の一つ。

たい-して【大して】(副)とりたてていうほど。それほど。あまり。「—もうからない」用法あとに打ち消しの語を伴う。

たい-しぼう【体脂肪】(シバウ) からだの中にある脂分。「—率(=体重に占める脂肪重量の割合)」

たい-しゃ【大社】①大きな神社。名高い神社。また、もと神社の格式で第一等の神社。②特に、出雲(いずも)大社。

—づくり【—造〔り〕】〔建〕神社建築で、最古の様式。方形で、切り妻造り。出雲(いずも)大社本殿に代表される。

〔たいしゃづくり〕

たい-しゃ【大赦】〔法〕恩赦の一種。国の慶事などに際し、政令で定めた罪について、有罪の言い渡しの効力を失わせたり公訴権を消滅させたりする処分。

たい-しゃ【代赭】①赤鉄鉱を粉末状にした赤褐色の顔料。②(「代赭色」の略)赤褐色。茶色を帯びただいだい色。

たい-しゃ【代謝】(名・自スル)①古いものと新しいものが入れ替わること。「新陳—」②〔生〕生物が体内に取り入れた物質を化学変化によって生命維持に必要な物質やエネルギーに変換すること。物質交代。

たい-しゃ【退社】(名・自スル)①会社をやめること。退職。↔入社 ②勤務時間が終わって、会社から出ること。「—時刻」↔出社

だい-しゃ【代車】点検や修理に出して一時的に自動車がない期間に、代わりに使う自動車。

だい-しゃ【台車】①鉄道車両などで、車体を支えて走行するための、台枠・車軸・車輪・ばねなどからなる部分。②物を運搬するための手押し車。

だい-しゃ【第舎】やしき。邸宅。

だい-しゃ【題者】①〔仏〕宗論(=宗派の根本の教義の議論)で題を出す僧。②詩歌の会で、題を出す者。

だい-じゃ【大蛇】大きなへび。おろち。

たい-しゃく【貸借】㊀(名・他スル)貸すことと借りること。かしかり。「—関係」㊁(名)〔商〕簿記の貸方と借方。

—たいしょうひょう【—対照表】(タイセウヘウ)〔商〕企業の一定時期の財政状態を明らかにするため、借方に資産、貸方に負債などを対照して示した一覧表。バランスシート。

たいしゃく-てん【◦帝釈天】〔仏〕梵天(ぼんてん)とともに仏法を守護するという神。

だい-しゃりん【大車輪】①大きい車輪。②器械体操で、鉄棒を両手で握り、体をまっすぐに伸ばしたまま大きく回転する技。③一生懸命に力を尽くして事に当たること。「—で働く」

たい-しゅ【大酒】(名・自スル)おおざけ。おおざけを飲むこと。

たい-しゅ【太守】①昔、親王の任国と定められていた上総(かずさ)(千葉県)・常陸(ひたち)(茨城県)・上野(こうずけ)(群馬県)三国の守(かみ)の称。②江戸時代の大名。領主。③中国で、漢代の郡の長官。

たい-じゅ【大儒】すぐれた儒者。

たい-じゅ【大樹】①大きな木。「寄らば—のかげ(=頼るならばしっかりしたものに頼るべきだ)」②「征夷(せいい)大将軍」の別称。

だい-しゅ【大衆】〔古〕寺院に所属した多くの僧。僧徒。

たい-しゅう【大衆】①多数の人々。②勤労者など社会の大多数を占める一般の人々。民衆。「—の支持を受ける」

—うんどう【—運動】広い範囲の人々が、一定の政治的・社会的目的を達成するために集団を結成して行う運動。

—か【—化】(クヮ)(名・自他スル)一般の人々に広く行きわたり、おこなわれるようになること。また、そのようにすること。「高等教育の—」

—せい【—性】一般の人々に親しまれ、受け入れられやすい性質。「—に欠ける」

—てき【—的】(形動ダ)(ダロ・ダッ(デ)・ニ・ダ・ナ・ラ・○) 一般の人々に受け入れられるさま。庶民的。「—な娯楽」

—ぶんがく【—文学】〔文〕多数の読者を対象とした娯楽性の強い文学。通俗文学。

たい-しゅう【体臭】シウ 　からだから出る汗や脂などの分泌物が発散するにおい。からだのにおい。

たい-じゅう【体重】ヂュウ 　からだの重さ。「―測定」

だい-じゅう【台十】ジフ 　（「台十能」の略）下に台をとりつけた十能。

たい-しゅつ【退出】（名・自スル）身分の高い人の前や役所など、改まった場所からひきさがること。

たい-しゅつ【帯出】（名・他スル）備えつけの物品を持ち出すこと。「禁―」「図書の―を禁ずる」

〔だいじゅう〕

たい-しょ【大所】 小さなことにこだわらない、広い見地。

―こうしょ【―高所】カウショ 細かいことにはとらわれず、広く大きな観点から物事をとらえる立場。「―から判断する」

たい-しょ【大書】（名・他スル）①字などを大きく書くこと。②ある事柄をことさらに強調して書くこと。

たい-しょ【大暑】 ①きびしい暑さ。酷暑。②二十四気の一つ。陽暦で七月二十三日ごろ。一年中で最も暑いころ。夏

たい-しょ【太初】 天地の開けた初め。世界の初め。太始。

たい-しょ【対処】（名・自スル）ある事態や状況の変化に対応して適切な処置をとること。「緊急事態に―する」

たい-しょ【対蹠】（「蹠」は足の裏の意）向かい合わせた足の裏のように、正反対の位置にあること。参考 もとの読みは「たいせき」。「たいしょ」は誤読に基づく慣用読み。

―てき【―的】（形動ダ）ダロ・ダッ（デ・ニ）・ダ・ナ・ラ・○ 正反対であるさま。

―てん【―点】 地球表面上の一地点に対し、地球の中心をはさんで反対側にあたる地点。

だい-しょ【代書】[一]（名・他スル）本人に代わって手紙や文書を書くこと。代筆。[二]（名）（「代書人」の略）本人に代わって書類を作成する職業の人。行政書士・司法書士の旧称。

だい-しょ【代署】（名・自他スル）本人の代わりに署名をすること。また、その署名。

だい-じょ【大序】〔演〕時代物の浄瑠璃の第一段の初めの部分。また、歌舞伎で、最初に演じる狂言。特に、「仮名手本忠臣蔵」の第一段をいう。

たい-しょう【大正】シヤウ 一九一二年七月三十日から一九二六年十二月二十五日までの年号。明治の後、昭和の前。

―ごと【―琴】〔音〕大正の初めに発明された、二本の金属の弦と鍵盤を備えた琴。現在は五弦または六弦が一般的。

たい-しょう【大将】シヤウ ①全軍を指揮・統率する者。「総―」②昔、近衛府の長官。左右一名ずつおかれた。③もと、軍隊で将官の最上位。④一群のかしら。首領。「お山の―」⑤他人を親しみ、またはからかって呼ぶ語。「よう―、元気かい」

たい-しょう【大笑】セウ（名・自スル）おおいに笑うこと。大笑い。「呵々―する」

たい-しょう【大勝】（名・自スル）大差で勝つこと。圧倒的な勝利。大勝利。「―を博する」↔大敗

たい-しょう【大詔】セウ 天皇が国民へ告げる言葉。みことのり。「―渙発」

たい-しょう【大賞】シヤウ 最優秀者に与える賞。グランプリ。

たい-しょう【対症】シヤウ 〔医〕症状に対処すること。

―てき【―的】（形動ダ）ダロ・ダッ（デ・ニ）・ダ・ナ・ラ・○ ①〔医〕病気の原因に対してでなく、あらわれている症状に対して処置するさま。②抜本的な解決策をとらずに表面的な状況にだけ間に合わせに対処するさま。「―な対策」

―りょうほう【―療法】レウハフ ①〔医〕表面的にあらわれた症状に対して行う治療。高熱に解熱剤、疼痛に鎮痛剤を用いる類。②根本的に解決するのではない、その場だけを考えた間に合わせの処置。

たい-しょう【対称】 ①対応していてつり合いがとれていること。②〔文法〕人称の一つ。話し手が話しかける相手をさしていう代名詞。第二人称。二人称。「きみ」「あなた」など。↔自称・他称 ③〔数〕一つの点・直線・面に関して、その両側にある二つの図形上の各点がたがいに向き合う位置にあること。シンメトリー。⇒「使い分け」

たい-しょう【対象】シヤウ ①ある行為や事柄の目標となるもの。相手。「―年齢」「補償の―外」②〔哲〕われわれに対立して存在し、心の向けられる相手。意識によってとらえられる客観。⇒「使い分け」

たい-しょう【対照】セウ [一]（名・他スル）照らし合わせること。見くらべること。「本文と―する」[二]（名）くらべ合わせたとき、それぞれの特徴や違いが際立つこと。また、そのような取り合わせ。コントラスト。「―の妙」「好―」⇒「使い分け」

―てき【―的】（形動ダ）ダロ・ダッ（デ・ニ）・ダ・ナ・ラ・○ 二つの物事の違いが際立っているさま。「二人の性格は―だ」

> 使い分け「対称・対象・対照」
> 「対称」は、物と物とが対応していて、つり合っている意で、「左右対称の図形」「点対称」などと使われる。
> 「対象」は、ある事柄・活動の目標や相手となるものの意で、「小学生を対象とした読み物」「研究の対象」などと使われる。
> 「対照」は、同種のものをくらべ合わせる意で、「対照的な作風」「古文と現代文とを対照する」などと使われる。

たい-しょう【隊商】シヤウ 多数で隊を組んで砂漠などを往来する商人の一団。キャラバン。「砂漠を行く―」

たい-じょう【体状】ジヤウ 形。姿。ありさま。

たい-じょう【退場】ヂヤウ（名・自スル）会場・競技場やその場から去ること。また、演劇の舞台などから立ち去ること。「選手団―」↔入場・登場

だい-しょう【大小】セウ ①大きいことと小さいこと。また、大きいものと小さいもの。「事の―を問わず」②大刀とわきざし。大刀と小刀。③大鼓と小鼓。④大の月と小の月。

だい-しょう【代将】シヤウ →じゅんしょう

だい-しょう【代償】シヤウ（名）①他人に与えた損害のつぐないとして、相応する金品や労力をさし出すこと。また、さし出すもの。「―を払う」②目的を達成する代わりとして払う犠牲。「勝つための―」「大きな―を伴う」

だい-じょう【大乗】〔仏〕（大きな乗り物の意）いっさいの衆生を救済するための実践にはげみ、仏となることを目指す仏教。大乗仏教。上乗。↔小乗

―てき【―的】（形動ダ）ダロ・ダッ（デ・ニ）・ダ・ナ・ラ・○ ①大乗の教えにかなうさま。②私情や眼前の狭い立場にとらわれず、広い視野をもつさま。大局的。「―見地」

だいじょう-え【大嘗会】ダイジヤウヱ →だいじょうさい

だいじょう-かん【太政官】ダイジヤウクワン 〔日〕①律令制における行政の中央最高機関。②一八六八（明治元）年の政体書により設置された明治新政府の最高官庁。一八八五年廃止され、内閣制度にかわった。だじょうかん。

だいじょう-さい【大嘗祭】ダイジヤウ 天皇が即位後初めて行う新嘗祭。新穀を神々に献ずる一代一度の大きな儀式。大嘗会。冬

だいじょう-だいじん【◇太政大臣】 ①律令制で太政官の長官。②明治初期の太政官制の最高官職。だじょうだいじん。

だい-じょうだん【大上段】 ①刀・竹刀などを両手で頭の上に高くふりあげる構え。②(比喩的に)おおげさに相手を威圧するような態度。「規約を—にふりかざす」

だいじょう-てんのう【◇太上天皇】 天皇が位を譲ったのちの尊称。太上皇。上皇。だじょうてんのう。

だい-じょうふ【大丈夫】 りっぱな男子。ますらお。だいじょうぶ。参考 女性の場合は「女丈夫」という。

だい-じょうぶ【大丈夫】 一(名)→だいじょうふ 二(副・形動ダ) しっかりしていて危なげがないさま。まちがいなく、確かなさま。「彼なら—、上手にやる」「ぬらしても—な時計」

たいじょう-ほうしん【帯状△疱△疹】 《医》帯状疱疹ウイルスの感染によって起こる、ヘルペスの一種。末梢神経に沿って痛みを伴った水疱性の発疹ができる。

だい-じょうみゃく【大静脈】 《生》血管の一つ。体の各部からの血液を集めて心臓の右心房に送る上・下二本の太い静脈。↔大動脈

だい-しょうり【大勝利】 大きな差をつけて勝つこと。

たい-しょく【大食】(名・自スル) たくさん食べること。大食い。「無芸—」↔小食

—かん【—漢】 大食いする人。大飯食らい。

たい-しょく【退色・△褪色】(名・自スル) 日光に当たるなどして色があせること。また、さめた色。「—しやすい色」

たい-しょく【耐食・耐△蝕】 腐食しにくいこと。「—性」

たい-しょく【退職】(名・自スル) 勤めていた職をやめること。「—金」「定年で—する」↔就職

たい-しょく【△黛色】 ①まゆずみの色。②遠くに見える山や樹木などの青黒い色。黛青。

たい-しょっかん【大織冠】 ①古代、大化改新後に制定された冠位の最高位。のちの正一位にあたる。②(ただ一人①に任命された)藤原鎌足の別称。

だい-じり【台尻】 小銃の銃床の、肩に当てる部分。

たい-じる【退治る】(他上一) 退治する。うちほろぼす。語源 名詞「退治」を動詞化した語。

たい-しん【大身】 身分の高いこと。位が高く、家禄の多いこと。また、その人。「—の旗本」↔小身

たい-しん【対審】(名・他スル) 《法》対立する当事者に法廷でそれぞれの主張をぶつけさせて審理すること。民事訴訟では口頭弁論、刑事訴訟では公判手続きをいい、公開が原則。

たい-しん【耐震】 地震に対してこわれにくいこと。「—構造」

たい-じん【大人】 ①体の大きい人。巨人。↔小人 ②成人。おとな。だいにん。↔小人 ③徳の高い人。度量のある人。「—の風格」↔小人 ④身分や地位の高い人。↔小人 ⑤師・学者・父などに対する敬称。大人。

たい-じん【対人】 他人に対すること。「—関係」

—きょうふしょう【—恐怖症】 《医》人と会うことや人前に出ることなどに強い不安を感じる精神状態。

たい-じん【対陣】(名・自スル) 敵味方の両軍が、たがいに向かい合って陣をしくこと。

たい-じん【退陣】(名・自スル) ①陣地を後方へ下げること。②責任ある地位からしりぞくこと。「首脳部の—」

だい-しん【代診】(名・他スル) 担当の医師に代わって診察すること。また、その人。代脈。

だい-じん【大尽】 ①大金持ち。資産家。富豪。「お—」②昔、遊里で大金を使って遊んだ上客。

—あそび【—遊び】 遊里などで、金にまかせて遊ぶこと。

—かぜ【—風】 大金持ちらしいそぶり。「—を吹かす」

だい-じん【大臣】 ①内閣を構成する閣僚。国務大臣。②昔の職制で国政の最高機関である、太政官の上官。太政大臣・左大臣・右大臣・内大臣のこと。

だいしん-いん【大審院】 明治憲法のもとでの最上級の裁判所。今の最高裁判所にあたる。

—せいむかん【—政務官】 国務大臣を助け、特定の政策・企画に加わり政務を処理する特別職の国家公務員。

だい-じんぐう【大神宮】 ①天照大神を祭った宮。伊勢の皇大神宮(=内宮)のこと。②伊勢の皇大神宮と豊受大神宮(=外宮)の総称。伊勢神宮。

だい-しんさい【大震災】 大地震による災害。「関東—」

だい-じんぶつ【大人物】 度量の大きなりっぱな人。偉大な人物。↔小人物

だい-す【台子】 正式の茶の湯に用いる棚。風炉・茶碗・茶入れ・建水などをのせる。

ダイス〈dice〉 さいころ。また、さいころを用いて行う勝負事。

ダイス〈dies〉《工》丸棒の外側に雄ねじを刻む、雌ねじ状の工具。雄ねじ切り。⇩タップ①

だい-ず【大豆】 《植》マメ科の一年草。古くから栽培。葉は三枚の小葉からなる複葉。夏、白色または紫紅色の蝶形の花をつける。種子は食用で、とうふ・みそなどの原料。秋

—ゆ【—油】 大豆からしぼった油。食用のほか、塗料・せっけんの原料などに用いる。

たい-すい【大酔】(名・自スル) 酒にひどく酔うこと。

たい-すい【耐水】 水がしみ通らないこと。また、水につかってもくさったり変質したりしないこと。「—性」「—ベニヤ板」

たい-すう【大数】 ①大きな数。多数。②おおよその数。概数。また、あらまし。大概。

たい-すう【対数】《数》1以外の正数 a と正数 N および実数 n の間に $a^n=N$ という関係があるとき、n を「a を底とする N の対数」といい、$n=\log_a N$ で表す。このとき、N をこの対数の真数という。

だい-すう【代数】 ①「代数学」の略。②経過した世代の数。

—がく【—学】《数》数の代わりに文字を記号として用い、数の性質や関係などを研究する学問。

だい-すき【大好き】(形動ダ) 非常に好きであるさま。「—な先生」「スポーツが—だ」↔大嫌い

タイ-スコア〈tie score〉 スポーツで、同点であること。タイ。

たい・する【対する】(自サ変) ①二つ以上のものが向かい合う。向き合う。「男女がテーブルをはさんで—」②対照される。対になっている。「陰に—陽」③相手をする。応対する。「客に—態度が悪い」④対抗する。敵対する。対峙する。「西軍に—東軍」⑤自分に向けられた働きかけに応じる。こたえる。「要望に—・して善処する」⑥それに向けてなされる。「行政に—意見」⑦仕上げたものの量や質に応じる。くらべる。「労働に—・して安すぎる賃金」文 たい・す(サ変)

たい・する【体する】(他サ変) 教えや忠告を守るように心がけて行動する。「親の意を—」文 たい・す(サ変)

たい・する【帯する】(他サ変) 刀などを身につけて持つ。おびる。「武器を—」文 たい・す(サ変)

だい・する【題する】(他サ変) ①題をつける。「『こころ』と—小説」②題字・題辞を書く。文 だい・す(サ変)

たい-せい【大成】 一(名・他スル) ①完全になしとげること。「近代医学の—者」②多くのものを集め、一つにまとめること。また、まとめたもの。集大成。「万葉集—」二(名・自スル) 専門

の分野で才能を伸ばして一流になること。すぐれた業績をあげること。「作曲家としてーする」

たい-せい【大声】 大きな声。おおごえ。「ーを発する」

——しっこ【ー疾呼】(名・他スル) 大声で激しく呼ぶこと。

たい-せい【大政】 天下の政治。

——ほうかん【ー奉還】(ホウクワン)〘日〙一八六七(慶応三)年、江戸幕府の一五代将軍徳川慶喜(よしのぶ)が政権を朝廷に返上したこと。

たい-せい【大勢】 ①おおよその形勢。だいたいのようす。「反対意見がーを占める」②世のなりゆき。「天下のーに従う」

たい-せい【大聖】 非常に徳の高い聖人。

たい-せい【対生】(名・自スル)〘植〙葉が茎の各節に二枚ずつ相対してつくこと。⇩互生・輪生

たい-せい【体制】 ①器官・組織などの分化の程度や配置などから見た、生物体の基本構造。②社会や団体の組織のしくみ・様式。政治支配の様式。「資本主義ー」③社会を支配する既存の勢力や秩序。「ー側」⇩「使い分け」

たい-せい【体勢】 からだの構え。姿勢。⇩「使い分け」

たい-せい【態勢】 ある物事に対していつでも何かができる身がまえ。対応する姿勢。「受け入れー」⇩「使い分け」

> [使い分け]「体制・体勢・態勢」
> 「体制」は、国家・社会・組織のしくみ・様式の意で、特にある政治権力の支配下における社会の状態をいう。「社会主義体制」「党の体制を固める」「反体制運動」などと使われる。
> 「体勢」は、体を動かす際の構え・姿勢の意で、「体勢が崩れる」「体勢を立て直す」などと使われる。
> 「態勢」は、ある物事・状況に対処する前もっての身がまえや態度の意で、「量産態勢にはいる」「観光客の受け入れ態勢を整える」などと使われる。また、「体制」と「態勢」については、一般に前者が長期的なものに使われるのに対して、後者は一時的、臨時的なものに使われる。

たい-せい【胎生】〘動〙子が母体の中で、胎盤を通して栄養を供給されながらある程度発育し、個体として生まれること。カモノハシなどの単孔類を除く哺乳(ほにゅう)類にみられる。↔卵生

たい-せい【耐性】 環境条件や薬物などに対して対抗しうる性質。「ストレスへのーがある」「ー菌」

たい-せい【退勢・頽勢】 勢いが弱まり衰えるさま。衰勢。

たい-せい【泰西】(西の果ての意)西洋。西洋諸国。「ー名画」↔泰東

たい-せい【黛青】 まゆずみのような青色。遠山などの青黒い色の形容に用いられる。

だい-せいどう【大聖堂】(セイダウ) →カテドラル

たいせいよう【大西洋】(タイセイヤウ) 東はヨーロッパとアフリカ、西は南北両アメリカ、南は南極海、北は北極海に囲まれた、太平洋につぐ大洋。世界の海洋面積の約四分の一を占める。

たい-せき【対席】(名・自スル)①向かい合った席につくこと。また、その席。②たがいに同時に同じ場所に出席すること。

たい-せき【体積】〘数〙立体が空間の中で占めている量。

たい-せき【対蹠】 →たいしょ(対蹠)

たい-せき【退席】(名・自スル) 会合や式場などで席を立ってその場から去ること。退座。「途中でーする」

たい-せき【堆石】 ①高く積まれた石。②氷河によって運ばれて、重なり積もった石。

たい-せき【堆積】(名・自スル)①うずたかく積もり重なること。「廃棄物がーする」②〘地質〙岩石の破片や土砂などが風や川などによって運ばれ、一か所にたまること。「ー作用」

——がん【ー岩】〘地質〙岩石の破片や生物の遺骸(いがい)などが積もり、固化してできた岩石。砂岩・石灰岩など。水成岩。

たい-せき【滞積】(名・自スル) 貨物の運搬や処理すべき事柄などがとどこおってたまること。つかえたまること。

たい-せつ【大雪】 ①ひどく降る雪。多く積もった雪。おおゆき。②二十四気の一つ。陽暦で十二月七日ごろ。[冬]

たい-せつ【大節】 ①国家・君主に対する節義。大義。②重大な事件。大きなできごと。

たい-せつ【体節】〘生〙動物体の主軸にそって前後に一定の間隔で繰り返される構造単位。

たい-せつ【大切】(形動ダ)(ダロ・ダッ(デ・ニ)・ダ・ナ・ナラ・○) ①重要であるさま。貴重であるさま。「この点がーだ」「ーな書物」②心を配って丁寧に扱うさま。「お体をーに」[文](ナリ)

たい-せん【大戦】 ①大規模な戦争。②「第一次世界大戦」または「第二次世界大戦」の略。

たい-せん【対戦】(名・自スル) 戦争や競技などで、たがいに相手となって戦うこと。「ー国」「ー成績」「強豪チームとーする」

たい-ぜん【大全】 ①完全に備わっていること。十全。②その事に関係ある事物をもれなく集めた書物。大鑑。「釣魚(ちょうぎょ)ー」

たい-ぜん【泰然】(タル) 落ち着いていて物事に動じないさま。「ーとかまえる」[文](形動タリ)

——じじゃく【ー自若】(タル) ゆったりと落ち着きはらって、物事に動じないさま。[文](形動タリ)

だい-せん【題簽】 題名を書いて和漢書の表紙にはりつける細長い紙片。また、書物の題字。

だい-せんきょく【大選挙区】 選出議員定数が二名以上の広い地域の選挙区。⇩小選挙区・中選挙区

だい-ぜんてい【大前提】 ①〘論〙三段論法で、二つの前提中、根本となるほうの第一の前提。↔小前提 ⇩三段論法 ②物事が成り立つ上で根本となる条件。「資金集めがーだ」

たい-そ【太祖】 中国や朝鮮で、王朝を興した初代帝王の廟号(びょうごう)。「宋(そう)のー(=趙匡胤(ちょうきょういん))」

たい-そう【大宗】 ①物事の大本となるもの。根本。②ある方面での最高の権威者。「洋画のー」

たい-そう【大喪】(サウ) ①旧制で、天皇が大行天皇・太皇太后・皇太后・皇后の喪(も)に服すること。②天皇の葬儀。大喪の礼。

たい-そう【大葬】(サウ) 天皇・太皇太后・皇太后・皇后の葬儀。

たい-そう【体操】(サウ) ①身体の発育、健康の増進、体力の増強などのために行う、身体各部分の規則的な運動。「柔軟ー」②「体操競技」の略。③教科の「体育」の旧称。

——きょうぎ【ー競技】(ギャウ) 徒手または器具を用いて体操技術を競う競技。男子は床運動・跳馬・鞍馬(あんば)・鉄棒・平行棒・吊り輪の六種目、女子は床運動・跳馬・段違い平行棒・平均台の四種目。体操。[はじまり] オリンピックでは、一八九六年の第一回大会から正式種目。日本は、一九三二(昭和七)年のロサンゼルス大会から参加。

たい-そう【大層】 [一](副) 物事の程度がはなはだしいさま。非常に。たいへん。「ー元気がいい」「今日はー暑い」[二](形動ダ)(ダロ・ダッ(デ・ニ)・ダ・ナ・ナラ・○) おおげさなさま。りっぱであるさま。「ーなことを言うな」[文](ナリ) [参考]「御」を前につけると、皮肉をこめた意となる。⇩御大層

——らし・い(形)(カロ・カッ(ク)・イ・イ・ケレ・○) いかにもおおげさであるさま。「ー言い方」[文]たいそうら・し(シク)

たい-ぞう【退蔵】ザウ―（名・他スル）物品を使ったり売りに出したりしないで、ひそかにしまっておくこと。「―物資」

だい-そう【代走】（名・自スル）野球で、塁に出ている選手に代わって走ること。また、その人。ピンチランナー。

だいぞう-きょう【大蔵経】ダイザウキャウ《仏》仏教の聖典の総称。一切経（いっさいきょう）。

だい-そうじょう【大僧正】ソウジャウ―《仏》僧の階級の最高位。

たい-そく【大息】（名・自スル）大きな息をすること。ため息をつくこと。「悲しみ嘆いて―する」

たい-そく【体側】からだの側面。

たい-ぞく【大賊】たいへんな悪事をする賊。大泥棒。

だい-そつ【大卒】（「大学卒業（者）」の略）大学を卒業した者。また、大学を卒業していること。

だい-それた【大それた】（連体）とんでもない。世間の道理や常識からはずれた。「―ことをしでかす」「―望みを抱く」

たい-だ【怠惰】（名・形動ダ）なすべきこともせず、なまけること。また、そのさま。「―な生活」↔勤勉
だい-だ【代打】野球で、それまで出場していた選手に代わって打つこと。また、その人。ピンチヒッター。

だい-たい【大体】■一（名）おおよそ。事柄のあらまし。「話の―をつかむ」■二（副）①総じて。概して。「宿題は―済んだ」「試験は―よくできた」②そもそも。元来。「―君の態度が悪い」

類語 大部分・大抵・あらかた・おおかた・大概・十中八九・九分通り・九分九厘
だい-たい【大隊】①軍隊編制上の一単位。連隊の下、中隊の上、二―四個中隊からなる。②多人数で組織した部隊。

だい-たい【大腿】（△腿）《生》ふともも。もも。「―筋」

―こつ【―骨】《生》大腿部にある長大な骨。

―しとうきん【―四頭筋】《生》大腿の前面にある、四つの部分からなる大きな筋肉。膝関節（しつかんせつ）をのばす働きをする。

だい-たい【代替】（名・他スル）他の物で代えること。だいがえ。「―地」「―品」「―エネルギー」

だい-だい【△橙・×臭橙】①《植》ミカン科の常緑小高木。暖地に栽培。初夏、白い花を開く。果実は橙黄（とうこう）色で正月の飾りに用いる。图（橙飾る 新年）②「橙色（だいだいいろ）」の略。

―いろ【△橙色】赤みがかった黄色。オレンジ色。

だい-だい【代代】何代も続いていること。歴代。「先祖―」


たいだい-し【怠怠し】（形シク）《古》あるまじきことだ。

だいだい-てき【大大的】（形動ダ）ダロ・ダッ（デ・ニ）・ダ・ナ・ナラ・○ 非常に大がかりに物事を行うさま。「新製品を―に宣伝する」

だい-だいり【大内裏】平城京・平安京の皇居と諸官庁のある区域。宮城。参考 皇居のみを「内裏」というのに対していう。

だい-たすう【大多数】全体の中で、占める割合がその全体に近い数であること。また、その数。「―の賛成を得る」

たい-だん【対談】（名・自スル）二人の人がある事柄について向かい合って話し合うこと。「テレビで―する」

たい-だん【退団】（名・自スル）劇団・球団・青年団など、「団」と名のつく団体からぬけること。「円満に―する」↔入団
だい-たん【大胆】（名・形動ダ）度胸があって物事を恐れないこと。また、そのさま。思い切って物事をするさま。「―な発言」「―にも立ち向かう」「―なデザイン」↔小胆
類語 豪胆・放胆・剛腹・太っ腹・図太い
―ふてき【―不敵】（形動ダ）ダロ・ダッ（デ・ニ）・ダ・ナ・ナラ・○ 度胸があって何ものも恐れないさま。「―な笑い」「―なやつ」文（ナリ）

だい-だんえん【大団円】ダンヱン―（「団円」は完結の意）演劇・小説・事件などで、最後の場面。めでたく解決して終わる場面。「―を迎える」

たい-ち【大知・大△智】非常にすぐれた知恵。仏の知恵。また、それをもった人。だいち。↔小知
―は愚（ぐ）の如（ごと）し すぐれた知恵のある人は、奥深くてりこうぶらないので一見おろか者のように見える。大賢は愚なるが如し。

たい-ち【対地】空中から地上に対すること。「―攻撃」

たい-ち【対置】（名・他スル）ある物や事と対照するように置くこと。相対するように置くこと。「二つを―して比較する」

だい-ち【大地】天に対して、万物をはぐくみ、人間の生活を支える地面。また、広くて大きい土地。「―の恵み」

だいち〔大地〕アメリカの女性作家パール＝バックの長編小説。一九三一―一九三五年作。中国の農村を舞台に、貧農から身を起こして大地主となった王龍（ワンロン）一家の歴史を描く。

だい-ち【代地】代わりの土地。代替え地。替え地。

だい-ち【台地】周囲より一段と高く表面が平らな地形。

だい-ち【代置】（名・他スル）ある物の代わりに置くこと。

たい-ちょ【大著】①すぐれた著作。②ページ数や冊数の多い著作。↔小著 ③他人の著作の敬称。

たい-ちょう【体長】チャウ― 動物などのからだの長さ。


たい-ちょう【体調】テウ― からだの調子。「―を崩す」

たい-ちょう【退庁】チャウ―（名・自スル）勤務を終えて、役所から退出すること。「―時刻」↔登庁
たい-ちょう【退潮】テウ―（名・自スル）①潮の引くこと。引き潮。②（比喩（ひゆ）的に）勢力の衰えること。「社運の―」

たい-ちょう【隊長】チャウ― 一隊の頭（かしら）。一隊をひきいる者。

だい-ちょう【大腸】チャウ―《生》小腸に続く消化器の最終部で、肛門（こうもん）までの管状の器官。盲腸・結腸・直腸に分けられる。おもに水分の吸収を行い、糞（ふん）を形成する。

―えん【―炎】《医》大腸の炎症。下腹部の痛みと激しい下痢を伴う。急性と慢性とがある。大腸カタル。「潰瘍（かいよう）性―」

―きん【―菌】《医》人や動物の腸内にいる細菌の一つ。血液中や尿路系に侵入した場合、病原になることがある。

だい-ちょう【台帳】チャウ― ①売買や事務の記録の元になる帳簿。「土地―」②芝居の脚本。台本。

たいちょう-かく【対頂角】タイチャウ―《数》二直線が交わるときにできる四つの角のうち、向かい合う二つの角。

タイツ〈tights〉伸縮性のある生地で腰から足先まで密着するように作られた衣服。バレエ・体操用。また、防寒用。

だい-つう【大通】遊興の道によく通じていること。また、その人。大の通人。

たい-てい【大抵】（名・副）①ある物事のほとんど。おおかた。大概。「―の人」「休日は―家にいる」②たぶん。おそらく。「―大丈夫だろう」③ふつう。ひととおり。なみなみ。「―のことでは驚かない」④度をこさない程度。ほどほど。大概。「うそも―にしろ」

用法 ③は、あとに打ち消しの語を伴う。

たい-てい【大帝】すぐれた帝王。「帝王」「天子」の尊称。

たい-てい【退廷】（名・自スル）法廷を退出すること。「―を命じる」↔出廷・入廷
たい-てき【大敵】①大勢の敵。②手ごわい敵。強敵。「油断―」（↔小敵）

たい-てき【対敵】（名・自スル）敵軍に立ち向かうこと。また、その立ち向かう相手。

たい-てん【大典】①宮中などの重大な儀式。大礼。「即位の―」②重大な法典。すぐれた法律。大法。

たい-てん【退転】（名・自スル）①《仏》修行を怠けて、それまでに得た境地を失いあともどりすること。「不―」②移り変わって前より悪くなること。③落ちぶれてその土地から立ちのくこと。

たい-でん【帯電】(名・自スル)〔物〕物体が電気を帯びること。「摩擦で物体は—する」

だい-てん【大篆】漢字の書体の一つ。中国、周の史籀が作ったといわれる。小篆の前身をなす。籀文。⇩篆書

たい-と【泰斗】「泰山北斗」の略。

タイト〈tight〉[一](形動ダ)ダロ・ダッ(デ・ニ)・ダ・ナ・ナラ・○ ①ぴったりと体などについているさま。「—なズボン」②(予定などが)ぎっしり詰まっているさま。「—なスケジュール」[二](名)「タイトスカート」の略。

—スカート〈tight skirt〉腰から脚の線にぴったり合った細身のスカート。

たい-ど【大度】心が広いこと。大きな度量。雅量。「広量—」

たい-ど【堆土】高く積み重なった土。堆積土。

たい-ど【態度】①人や物事に対しての心の動きが、表に現れたもの。身ぶり。そぶり。挙動。「落ち着いた—をとる」②事に応じる構え方。身構え。心構え。「強硬な—」「—を決める」

だい-と【大都】(名)①大きな都。大都。②中国、元の首都。現在の北京。

たい-とう【台頭・擡頭】(名・自スル)(頭をもち上げる意)①勢力を増して進出してくること。「新人の—」「軍国主義が—する」②上奏文などで、高貴な人に関する語を次行に送り、ふつうの行よりも一字または二字高く書いて敬意を表すこと。⇩欠字②

たい-とう【対当】(名・自スル)①向かい合うこと。②つり合うこと。「—の額」

たい-とう【対等】(名・形動ダ)双方に優劣・上下などの差のないこと。また、そのさま。同等。「—の立場」「—につきあう」

—の-かんけい【—の関係】〔文法〕二つ(以上)の文節が、意味上対等の内容で結び付いていること。多く、その一まとまり(連文節)で主語・述語・修飾語などになる。「梅と桜が(咲いた)」「(北国の冬は)長くて寒い」「すなおで明るい(子供)」など。

たい-とう【帯刀】(名・自スル)刀を腰に帯びること。また、その刀。佩刀。「名字—」

—ごめん【—御免】江戸時代、武士以外の者が家柄または特別の功労により帯刀を許されたこと。

たい-とう【泰東】(東の果ての意)東洋。↔泰西

たい-とう【頽唐】①くずれ衰えること。②道徳的で健全な気風がなくなり、不健全な傾向に進んでゆくこと。退廃。

たい-とう【駘蕩】(タル)①のどかでおだやかなさま。「春風—」②のびのびとして大きなさま。「—たる大河の流れ」文(形動タリ)

たい-どう【胎動】(名・自スル)①〔生〕母胎内で胎児が動くこと。②内部で新たに物事が動きはじめること。また、それが表面化するきざし。「新時代の—」

たい-どう【帯同】(名・他スル)いっしょに連れて行くこと。「部下を—する」

だい-とう【大刀】大きな刀。↔小刀

だい-どう【大同】[一](名・自スル)多数の人がまとまること。[二](名)だいたい同じであること。「小異を捨てて—につく」

—しょうい【—小異】細かい点は異なるがだいたい同じであること。大差ないこと。似たりよったり。「どれも—だ」

—だんけつ【—団結】(名・自スル)多くの党派やグループが、大きな目的達成のために小さな立場の違いを捨てて団結すること。「—して国難にあたる」

だい-どう【大道】①幅の広い道路。大通り。また、その道ばた。②人の守るべき正しい道。根本の道理。大道。「—廃れて仁義あり」

—げい【—芸】道路や広場などで通行人を相手に演じる、曲芸・手品や物売りの口上などの芸。

だい-どうみゃく【大動脈】①〔生〕血管の一つ。心臓の左心室から出る動脈の本幹。↔大静脈②(転じて)交通の重要な幹線。「日本の—である東名高速道路」

だい-とうりょう【大統領】①共和制国家の元首。一定の任期をもって公選される。②役者などを、ほめたり親しみをこめたりして呼ぶ掛け声。「待ってました、—」

たい-とく【体得】(名・他スル)よく理解して自分のものにすること。体験を通して身につけること。「こつを—する」

たい-どく【胎毒】乳幼児の頭や顔にできる皮膚病の通称。参考母胎内の毒が感染したものといわれていた。

だい-とく【大徳】〔仏〕徳の高い僧。大徳。

だい-どく【代読】(名・他スル)本人に代わって読むこと。「祝辞を—する」

だい-とこ【大。徳】〔古〕→だいとく

だい-どころ【台所】①家庭で、食物を調理する部屋。勝手。キッチン。②金銭上のやりくり。家計。「—が苦しい」

タイトル〈title〉①映画・書物などの表題。見出し。②映画の字幕。③称号。肩書き。④選手権。また、その保持者の資格。「—を失う」

—マッチ〈title match〉ボクシング・レスリングなどで、選手権を争う試合。

—ロール〈title role〉オペラや演劇などで、題名と同じ名前の主役。「ハムレット」のハムレット役など。

たい-ない【体内】身体の内部。↔体外

—どけい【—時計】生物の体内にもともと備わっていると考えられる、時間測定の機能。生物時計。

たい-ない【対内】内部または国内に対すること。↔対外

たい-ない【胎内】母親の、子をみごもる腹の中。胎中。

だい-なごん【大納言】①太政官の次官。右大臣の次位。亜相。②〔植〕(「大納言小豆」の略)アズキの一品種。つぶが大きく、色が濃い。

だい-なし【台無し】(名・形動ダ)物事がすっかりだめになること。いたんだりよごれたりして、回復不能な状態になること。また、そのさま。「背広が—になる」「彼の一生も—だ」

ダイナマイト〈dynamite〉〔化〕ニトログリセリンを珪藻土・綿火薬などに吸収させて作った爆薬。一八六六年、スウェーデンの化学者ノーベルが発明。

ダイナミクス〈dynamics〉①力学。「市場経済の—」②〔音〕音の強弱の表現。

ダイナミズム〈dynamism〉力強さ。活力。「自然の—に驚嘆する」

ダイナミック〈dynamic〉(形動ダ)ダロ・ダッ(デ・ニ)・ダ・ナ・ナラ・○ 力強く活気のあるさま。躍動的。「—な表現」↔スタティック

ダイナモ〈dynamo〉〔物〕発電機。

ダイナモの…和歌〔ダイナモの 重き唸りの ここちよさよ あはれこのごとく 物を言はまし〕〈石川啄木〉発電機の重々しく力強いうなりのなんと快いことか。ああ、自分もこのように思いのままにものを言いたいものだ。

だい-なん【大難】大きな災難。非常な困難。「—がふりかかる」↔小難

だい-に【大弐】律令制で、大宰府の次官。帥の下。

だい-に【第二】順序の二番目。二回目。

—ぎ【—義】(「第一義」に対して)根本的でないこと。それほ

ど重要でないこと。「―的な問題」

―**くみあい**【―組合】既存労働組合の脱退者や未加盟従業員により企業内に新たに組織された組合。二組。

―**げいじゅつ**【―芸術】前近代的・遊戯的という点で、第二義的とされる芸術。桑原武夫が俳句をさして言った。

―**じ-さんぎょう**【―次産業】《経》鉱業・製造業・土木建築業など、原料を加工して二次的生産を行う産業部門。二次産業。⇩第一次産業・第三次産業

―**じ-せいちょう**【―次性徴】《保》動物の雌雄を特徴づける性質のうち、成熟につれて現れる差異。ニワトリのとさか、ライオンのたてがみ、人の声がわり、男性のひげ、女性の乳房・皮下脂肪などの類。

―**じ-せかいたいせん**【―次世界大戦】→せかいたいせん㋑

―**しゅ-ゆうびんぶつ**【―種郵便物】内国通常郵便物の一つ。郵便葉書をいう。

―**しん**【―審】《法》第一審の判決に対して不服のある場合に、上級裁判所が行う二度目の審理。二審。控訴審。

―**にんしょう**【―人称】→たいしょう(対称)②

たい-にち【対日】日本に対すること。「―感情」

たい-にち【滞日】(名・自スル) 外国人が日本に滞在すること。「観光目的で―する」

だいにち-にょらい【大日如来】《仏》真言宗の本尊。宇宙の実相を仏格化した根本の仏。毘盧遮那仏。

だい-にゅう【代入】(名・他スル)《数》式や関数の中の文字または変数を、他の数・式などで置き換えること。

たい-にん【大任】重要な任務。重い役目。大役。「―を果たす」

たい-にん【退任】(名・自スル) 任務を退くこと。↕就任

だい-にん【大人】(入場料や運賃などの区分で)おとな。たいじん。⇩小人・中人

だい-にん【代人】本人の代わりの人。代理人。名代。「―をたてる」

だい-にん【代任】(名・他スル) 本人に代わって任務につくこと。また、その人。

ダイニング〈dining〉①食事。②「ダイニングルーム」の略。

―**キッチン**〈和製英語〉食堂をかねた台所。DK

―**ルーム**〈dining room〉食堂。

たい-ねつ【耐熱】高熱に耐えて変質しないこと。「―ガラス」

だい-ねつ【大熱】①体温が非常に高くなること。高熱。②ひどい暑さ。炎熱。

だい-ねんぶつ【大念仏】《仏》①大勢が集まって唱える念仏。②融通念仏宗で、大声で唱える念仏。

だい-の【大の】(連体) ①一人前の。りっぱな。「―男」「―大人」②はなはだしい。非常な。「―好物」「―苦手」

たい-のう【滞納・怠納】(名・他スル) 納めるべき金銭や物品を期限が過ぎても納めないこと。「授業料を―する」

だい-のう【大脳】《生》脳の最上位にある部分。左右の半球に分かれ表面には多数のひだがあり、高等な精神作用を営む。高等動物ほど発達し、人間では脳の大部分を占める。

―**ひしつ**【―皮質】《生》大脳の表面の、神経細胞が集まった灰白色の部分。精神機能を営む神経中枢がある。

だい-のう【大農】①「大農経営」の略。②広い田畑をもつ百姓。豪農。↕小農

―**けいえい**【―経営】広大な耕地で機械などを用いて行う、大規模な農業経営。

だい-のう【代納】(名・他スル) ①本人に代わって納めること。②金銭の代わりに物で納めること。

だい-の-じ【大の字】手足を左右に広げて伸ばし、「大」の字の形のように身を横たえた姿。「畳の上に―になる」

だい-の-つき【大の月】一月の日数が、太陽暦で三一日、陰暦で三〇日ある月。太陽暦で、一・三・五・七・八・一〇・一二の各月。大。↕小の月

たい-の-や【対の屋】寝殿造りで、寝殿(=正殿)の左右(=東西)・うしろ(=北)に造った離れ屋。対。⇩寝殿造り(さしえ)

たい-は【大破】(名・自他スル) 修理できないくらいひどくこわれること。また、こわすこと。「機体が―する」↕小破

だい-ば【台場】江戸時代の末期、海からの敵を防ぐのに要害の地に設けた砲台。「品川―」

ダイバー〈diver〉①潜水士。②水泳の飛び込み種目の選手。③(レジャーとして)潜水をする人。④スカイダイビングをする人。スカイダイバー。

ダイバーシティー〈diversity〉多様性。特に、集団内で人種・性別・年齢・国籍などが多様であること。ダイバーシティ。

たい-はい【大杯・大盃】大きなさかずき。

たい-はい【大旆】①日・月と昇り竜・降り竜を描いた大きな旗。昔、中国で天子や将軍が用いた。②堂々とした旗印。

たい-はい【大敗】(名・自スル) 大差で負けること。さんざんに敗れること。「―を喫する」↕大勝

たい-はい【退廃・頽廃】(名・自スル) ①荒れはてること。衰えすたれること。荒廃。「文化の―」②気風や道徳などが乱れ、不健全になること。頽唐。「―した生活」

―**てき**【―的】(形動ダ) 道徳的に乱れて不健全なさま。デカダン。「―な生活」

たい-はい【帯佩】(名・他スル) ①刀などを身に帯びること。また、その姿。②武術・技芸などの作法や身構え。身のこなし。

だい-ばかり【台秤】物を台にのせて、重さをはかるはかり。

たい-はく【大白】大きなさかずき。大杯。酒を満たした杯。

たい-はく【太白】①「太白星」の略。②(「太白糸」の略)太い絹糸。③精製した白砂糖。④(「太白飴」の略)③で練り固めた白色の固いあめ。⑤《植》サツマイモの一品種。

―**せい**【―星】「金星」の別称。

だいはち-ぐるま【大八車・代八車】(八人の代わりをする車の意)木製で大型の、二輪の荷車。大八。

〔だいはちぐるま〕

だいはち-げいじゅつ【第八芸術】(文学・音楽・絵画・演劇・建築・彫刻・舞踊に次ぐ八番目に現れた芸術の意)映画。特に、無声映画。

たい-ばつ【体罰】肉体に直接苦痛を与える罰。「―を加える」

だい-ばつ【題跋】①題辞と跋文。②あと書き。跋文。

たい-はん【大半】半分以上。大部分。「―を占める」

たい-はん【大藩】領地の広い藩。石高の多い藩。↕小藩

たい-ばん【胎盤】《生》妊娠した哺乳類の子宮内で、臍帯を介して母体と胎児との物質交換を行う盤状の器官。

だい-ばん【台盤】昔、宮中や貴族の家などで食器・食物をのせた四脚の台。

―**どころ**【―所】①台盤を置く所。宮中では清涼殿の一室で、女房の詰め所。臣下の家では食物を調理する所。台所。②身分の高い人の奥方の称。御台所。

だい-ばんじゃく【大盤石・大磐石】①大きな岩。②物

事が堅固でゆるぎないこと。「―のかまえ」

だい-はんにゃきょう【大般若経】(ハンニヤキヤウ)〘仏〙(「大般若波羅蜜多経」の略)空の思想を説く般若経典の集大成で、全六〇〇巻よりなる。唐の玄奘訳。

たい-ひ【対比】(名・他スル)①二つのものを比べて違いを見ること。「両者の案件を―する」②二つの性質が異なるものを並べたとき、その違いが際立っていること。コントラスト。「明暗の―」

たい-ひ【待避】(名・自スル)①危険などを避けて、安全な所で待つこと。「緊急―所」②列車が、他の列車の通過するのを別の線路にはいって待つこと。「―線」⇩「使い分け」

たい-ひ【退避】(名・自スル)現在いる場所から移動して、危険などを避けること。「―訓練をする」「―命令」⇩「使い分け」

> 使い分け 「待避・退避」
> 「待避」は、もと、列車の通過をやり過ごすために待ちあわせる意で、転じて何かが通り過ぎるのを避けて待つ意を表す。「待避駅」などと、おもに交通用語として使われる。
> 「退避」は、危険を避けるために別の場所へ移る意で、「病人を退避させる」のように使われる。

たい-ひ【堆肥】〘農〙わら・ごみ・落ち葉・農産物のかすなどを積み重ね、水や下肥などをかけて腐らせた肥料。積み肥。

たい-ひ【貸費】(名・自スル)学資などの費用を貸し与えること。「―奨学生」

たい-び【大尾】最後。終わり。結末。終局。

だい-ひ【大悲】〘仏〙衆生を苦しみから救う仏の大きな慈悲。「大慈―」

だい-びき【代引き】(「代金引き換え」の略)代金と引き換えに品物を渡すこと。だいひき。

タイピスト〈typist〉タイプライターを打つ職業の人。

だい-ひつ【代筆】(名・他スル)手紙・書類などを、本人に代わって書くこと。また、その書いたもの。↔直筆・自筆

たい-ひょう【体表】(ヘウ)からだの表面。

たい-びょう【大病】(ビヤウ)重い病気。大患。「―を患う」

たい-びょう【大△廟】(ベウ)①君主の祖先の霊を祭ってある所。みたまや。霊廟。②「伊勢神宮」の尊称。神廟。

だい-ひょう【大兵】(ヒヤウ)体が大きくたくましいこと。また、その人。大兵。↔小兵

だい-ひょう【代表】(ヘウ)(名・他スル)①多数のもの、特に団体・組織に代わってその意思を述べたり、他との交渉にあたったりすること。また、その人。「学校―」②一つ、または一部分で全体の性質・特徴を表すこと。また、そのもの。「若者を―する発言」③その分野で最もすぐれていると評価されて選ばれたもの。「日本を―する選手」

―さく【―作】ある作者の作品のうち、その作風を最もよく表し、世間に認められている作品。

―しゃ【―者】代表する者。代表権をもつ者。

―てき【―的】(形動ダ)(ダロ・ダッ(デ・ニ)・ダ・ナ・ナラ・〇)性質・特徴・内容などにおいて、全体を代表するさま。「―な作品」「―な意見」

―とりしまりやく【―取締役】取締役のうち、取締役会または株主総会で選任され、会社を代表する権限を与えられた人。

タイピン〈tiepin〉ネクタイピン。

だい-ひん【代品】代わりの品物。代用品。代物。

タイピング〈typing〉(名・他スル)コンピューターやタイプライターなどのキーを打って、文字を入力すること。「タッチ―(=キーボードを見ないでキーを打つこと)」

ダイビング〈diving〉①水に飛び込むこと。水泳の飛び込み競技。〔夏〕②潜水。「スキン―」③「スカイダイビング」の略。④飛行機の急降下。⑤宙に身を躍らせること。「―キャッチ」

たい-ふ【大夫】①律令制で、五位の通称(古くは一位から五位までの敬称)。たゆう。⇩大夫②大名の家老の別称。③中国の周代の職名。卿の下、士の上。

たい-ぶ【大部】①書物のページ数や冊数の多いこと。大冊。「―の新作」②大部分。おおかた。

たい-ぶ【退部】(名・自スル)野球部・テニス部など「部」と名のつく団体から抜けること。「―届を出す」↔入部

タイプ〈type〉■一(名)①型。型式。「新しい―の車」②人をある共通した特性によって分けた型。類型。「芸術家―」③「タイプライター」の略。■二(名・他スル)タイプライターで打つこと。

―ライター〈typewriter〉指でキーをたたき、文字を紙面に打ち出す器械。欧文用と和文用とがある。タイプ。(はじまり)一八七四(明治七)年、アメリカのレミントン商会が現在の形の基本となるものを実用商品化。和文タイプは、一九一五(大正四)年杉本京太が発明。

だい-ふ【△乃父】(「乃」はなんじの意)■一(名)他人の父。一般に父。■二(代)父が子に対して自分を言う自称。

だい-ぶ【大夫】(「たいふ」と区別するためとも)昔、律令制で、職および坊の長官。

ダイブ〈dive〉(名・自スル)①水に飛び込むこと。また、水中に潜ること。②飛行機が急降下すること。③宙に身を躍らせること。

だい-ぶ【大分】(副)数量・程度などがかなり大きいさま。そうとう。だいぶん。「参加者も―集まった」「病気も―よくなった」

たい-ふう【台風・△颱風】〘気〙北太平洋の南西部に発生する熱帯低気圧で、最大風速が毎秒一七・二メートル以上に発達した暴風雨。夏の終わりから秋の初めに発生することが多く、中国・日本などをおそう。タイフーン。〔秋〕〔参考〕熱帯低気圧のうち、カリブ海やメキシコ湾上などに発生するものをハリケーン、インド洋に発生するものをサイクロンという。

―いっか【―一過】(クイツクワ)台風が通り過ぎたあとに晴天になること。転じて、騒動のあとの落ち着いて穏やかな状態をいう。

―がん【―眼】→たいふうのめ

―の-め【―の目】①〘気〙台風の中心付近に生じる、無風で雲のない静かな区域。台風眼。②大きくゆれ動く事態の中で中心となる勢力や人物。

タイフーン〈typhoon〉→たいふう

だい-ぶきん【台布巾】食卓をふくためのふきん。だいふきん。

だい-ふく【大福】①大いに富んで福の多いこと。大きな幸運。②「大福餅」の略。

―ちょう【―帳】(チヤウ)商家で、収入・支出を記した帳面。元帳。台帳。

―もち【―餅】餡を餅の皮で包んだ和菓子。大福。

たい-ぶつ【対物】物に対すること。「―信用(=担保物件に基づく信用)」「―保険」

―レンズ〘物〙顕微鏡・双眼鏡・望遠鏡などの筒先にあって、物体に面して装置されたレンズ。通常、数枚の組み合わせレンズが用いられる。↔接眼レンズ

だい-ぶつ【大仏】〘仏〙大きな仏像。ふつうは一丈六尺(=約四・八メートル)以上のものをいう。「奈良の―」

だい-ぶつ【代物】代わりの品物。代品。

だい-ぶぶん【大部分】(名・副)全部に近い程度。ほとんど全部。おおかた。大半。「―の人」「―完成している」↔一部分

タイブレーク〈tiebreak〉テニスで、ゲームカウントが六対

六になった場合に行う延長ゲーム。二ポイント以上の差をつけて、七ポイント先取した方をそのセットの勝者とする。

だい-ぶん【大分】(副)→だいぶ(大分)

たい-ぶんすう【帯分数】《数》ある整数と真分数の和として表された数。$1\frac{1}{3}$など。⇩仮分数・真分数

たい-へい【大兵】多くの兵士。大軍。「—を率いる」

たい-へい【太平・泰平】(名・形動ダ)世の中がよく治まっていて平和なこと。また、そのさま。「天下—」「—の世」

—らく【太平楽】①雅楽の舞の一つ。②勝手なことを言ってのんきなこと。また、その言動。「—を並べる」

たいへいき〔太平記〕南北朝時代の軍記物語。小島法師の作という。一四世紀後半に成立。主として南北朝の争乱を南朝側の立場から勇壮華麗な和漢混交文で叙述。

たいへいよう〔太平洋〕西はアジア・オーストラリア、東は南北両アメリカ、南は南極、北は北極海に囲まれた世界最大の大洋。世界の海洋面積の約二分の一を占める。〔語源〕スペインの航海家マゼランが初めてここを横断したとき、「平穏な海(Mare Pacificum)」と呼んだことから。

—せんそう【—戦争】第二次世界大戦のうち、アジア・太平洋地域での、アメリカ・イギリス・中国など連合国と日本との戦争。一九四一(昭和十六)年十二月の開戦から、一九四五(昭和二十)年八月ポツダム宣言の受諾まで。日本側の名称は大東亜戦争。

たい-べつ【大別】(名・他スル)おおまかに分けること。だいたいの分類。「夏物と冬物に—する」↔細別・小別

たい-へん【大変】■一(名)大きな変事。重大なできごと。一大事。「国家の—」■二(形動ダ)ダロ・ダッ(デ)・ニ・ダ・ナ・ナラ・○ ①程度のはなはだしいさま。「連休はどこも—な人出だ」②非常な苦労や努力を要するさま。「後片付けが—だ」〔文〕(ナリ)■三(副)非常に。はなはだ。たいそう。「—失礼いたしました」

たい-へん【大編・大篇】叙述の長い雄大な詩文、または著書。大作。長編。

たい-へん【対辺】《数》三角形で、一つの頂点に相対する辺。四角形以上の多角形では、一つの辺に相対する辺。

たい-べん【胎便】《医》胎児の大腸の中にできる便。出生後三六時間以内に排出される。かにばば。かにくそ。

だい-へん【代返】(名・自スル)学校で出席をとるとき、欠席者に代わって返事をすること。「—を頼む」

だい-べん【大便】肛門からの排出物。糞。便。くそ。

だい-べん【代弁・代辨】(名・他スル)①本人に代わって弁償すること。「保護者が損害を—する」②本人に代わって物事を処理すること。また、その人。「—業」

だい-べん【代弁・代辯】(名・他スル)本人に代わって話したり、意見を言ったりすること。「市民の意見を—する」

—しゃ【—者】当事者に代わって述べる人。「民衆の—」

たい-ほ【退歩】(名・自スル)物事の状態がそれまでより悪くなること。後退。「運動能力が—する」↔進歩

たい-ほ【逮捕】(名・他スル)警察・検察などが犯人・被疑者などを捕らえること。「現行犯で—する」

—じょう【—状】《法》被疑者を拘束するために、検察官・司法警察官の請求により裁判官の出す令状。

たい-ほう【大法】重要な法律。重いおきて・法規。

たい-ほう【大砲】大きな弾丸を発射する兵器。

たい-ぼう【大望】→たいもう(大望)

たい-ぼう【耐乏】物の乏しいのを耐えしのぶこと。

たい-ぼう【待望】(名・他スル)あることを待ち望むこと。待ちこがれること。「—の雨が降る」「強い指導者を—する」

だいぼう-あみ【大謀網】定置網の一種。垣網と袋網からなり、垣網で魚群を誘導し、袋網に入れてとる。

たい-ぼうちょう【体膨張・体膨脹】《物》固体の体積が、温度の変化に伴って増減すること。↔線膨張

たい-ぼく【大木】大きな木。巨木。大樹。「松の—」

タイポグラフィー〈typography〉活版印刷術。特に、文字の大きさや書体・配列などの、デザイン上の構成や表現。

たい-ほん【大本】第一の根本。おおもと。「日本経済の—」

だい-ほん【台本】テレビ・ラジオ・映画・演劇などの脚本。出演者のせりふや動作などが書かれたもの。「上演—」

だい-ほんえい【大本営】もと、戦時に、天皇のもとにおかれ陸海軍を指揮した最高機関。

だい-ほんざん【大本山】《仏》総本山の下、本山の上に位する大寺。一宗一派の末寺を管轄するもの。また、一宗派で最高位の寺院。

たい-ま【大麻】①《植》「麻」の漢名。②伊勢神宮または諸社が授けるおふだ。③幣の尊称。おおぬさ。④麻から製した麻薬。「—を取り締まる」⇩マリファナ

—ゆ【—油】麻の種子からとった油。

タイマー〈timer〉①タイムスイッチ。「—付きラジオ」②「セルフタイマー」の略。③ストップウオッチ。④競技などの、計時係。

たい-まい【大枚】《俗》大きい金額。たくさんのお金。「—をはたいて買う」

たい-まい【玳瑁・瑇瑁】《動》熱帯・亜熱帯の海にすむウミガメ科のカメ。甲羅は「べっこう」として珍重されたが、現在は商取引が禁止されている。

たい-まつ【×松明】(「焚松」の音便)松のやにの多い部分や竹・葦などを束ね、火を点じて照明具としたもの。まつ。

たい-まん【怠慢】(名・形動ダ)気をゆるめてなまけること。また、そのさま。仕事などをおこたるさま。「職務—」

たい-みそ【鯛味噌】なめみその一種。煮た鯛の身をみそにすりまぜた食品。

だい-みゃく【代脈】(代わって脈をとる意から)担当の医師に代わって患者を診察すること。また、その人。代診。

だい-みょう【大名】①《日》平安末期から戦国時代にかけて、私有の田地や広い領地を支配した武士の通称。②《日》江戸時代、将軍に直属した知行一万石以上の武士。③(接頭語的に用いて)お金があってぜいたくなこと。「—気分」

—ぎょうれつ【—行列】①《日》江戸時代、大名が参勤交代など公式の旅行をするときの、規定どおりに整えた大規模な行列。②大勢の供を従えて出向くことのたとえ。

—りょこう【—旅行】大名が行う旅行のように、豪華でぜいたくな旅行。

だい-みょうじん【大明神】熱心に信仰する神の尊称。「稲荷—」

タイミング〈timing〉ある動作・行動を起こすのにちょうどよい時機・瞬間。「—がいい」「—が合う」「—をはずす」

タイム〈thyme〉《植》シソ科の常緑小低木。南ヨーロッパ原産。香辛料・薬用として用いる。立麝香草。

タイム〈time〉①時間。時刻。「ランチ—」②《音》拍子。速度。③競走や競泳などの競技で、一定距離に要する時間。「—をはかる」④スポーツの試合中などでの一時休止。また、その要求。「—をかける」

だい-む【代務】(名・他スル)他人に代わって事務を扱うこと。

タイム-アウト〈time-out〉スポーツで、作戦の指示などのために取られる試合の一時休止時間。試合時間には含まれない。タイム。

タイム-アップ〈time is up から〉規定の時間がきて、試合などが終了すること。

タイム-カード〈time card〉会社などで、タイムレコーダーに挿入して出勤・退出の時刻を記録するカード。

タイム-カプセル〈time capsule〉後世の人に伝えるため、その時代の特徴ある品物や記録を入れ、決めた年月の間地中に埋めておく容器。

タイムキーパー〈timekeeper〉運動競技の時間をはかる人。また、放送番組製作時に時間の計測・記録をする人。

タイム-スイッチ〈time switch〉設定した時間になると、電流が自動的に切れたり流れたりするようにした装置。タイマー。

タイム-スパン〈time span〉ある時からある時までの時間の幅。期間。「長い—で考える」

タイム-スリップ〈和製英語〉ＳＦなどで、現在の時間の流れから外れて過去や未来あるいは別の時間の流れに移動すること。

タイムテーブル〈timetable〉①列車・飛行機などの時刻表。②学校の授業の時間割り。予定表。

タイム-トライアル〈time trial〉スポーツで、一定の距離を個別に走り、かかった時間によって順位を決める競技。ＴＴ

タイム-トラベル〈time travel〉ＳＦなどで、時間の流れを超えて過去や未来に行き来すること。

タイム-マシン〈time machine〉過去や未来に自由に行き来することができるという、想像上の機械。

タイム-ラグ〈time lag〉ある事柄に対する反応が遅れて起こる際の、時間のずれ。

タイムリー〈timely〉(形動ダ)(ダロ・ダッ(デ・ニ)・ダ・ナ・ナラ・〇) ちょうど適切なときに行われるさま。適時であるさま。「—な発言」「—な企画」

—ヒット〈timely hit〉野球で、走者を生還させ得点できた安打。適時打。適時安打。

タイム-リミット〈time limit〉前もって定められた時間の限度。制限時間。

タイム-レース〈time race〉陸上競技などで、着順ではなく、記録時間によって順位を定める方式。

タイム-レコーダー〈time recorder〉会社などで、出勤・退出の時刻をカードに記録する機械。

-だいめ【代目】(接尾)王位・地位・家などを継承して何番めに当たるかを数える語。「三—の社長」「五—菊五郎」

だい-め【台目・大目】①昔、田一町についてその収穫の四分の一を税として引いたこと。②茶室の畳で、台子(だいす)を置くために畳一枚の四分の一を切りとったもの。

たい-めい【大命】君主・国王や天皇の命令。「—降下」

たい-めい【待命】(名・自スル)①命令を待つこと。②〘法〙公務員などが身分はそのままで決まった職務についていないこと。

だい-めい【題名】書物や作品につけられた標題。タイトル。

だい-めいし【代名詞】①〘文法〙(pronoun の訳語)品詞の一つ。固有の名称の代わりに人・事物・場所・方向などを指し示していう語。「私・ぼく・あなた・きみ・彼・彼女」などの人称代名詞と、「これ・ここ・それ・そっち・あれ・あちら・どれ・どこ・なに」などの指示代名詞とがある。自立語で、活用がなく、助詞を伴い主語となり得るという機能が名詞と共通することから名詞に含まれるとされる。②際だった特色をいってそのものを指す語。「勤勉が日本人の—だった」参考 代名詞という名称は、西欧語にならったもの。日本語では、話し手とそのものとの関係を指し示す語であり、代名詞の名称は適切でなく、指示詞が妥当とする説もあるが、一般には代名詞が用いられる。

たい-めん【体面】世間に対し、社会的地位に応じて保とうとする表向きの立場。面目。体裁(ていさい)。「—を保つ」「—を汚す」

たい-めん【対面】(名・自スル)①顔と顔とを合わせること。会うこと。「親子の—」②向かい合うこと。「—して座る」

—こうつう【—交通】(カウツウ) 歩道と車道の区別のない道路で、人は右側、車は左側を通るため、道の同じ側で人と車とが向かい合って通行すること。

たい-もう【大望】(マウ) 大きな望み。能力や身分をこえた望み。大望(たいぼう)。「—をいだく」

たい-もう【体毛】からだに生えている毛。

だい-もく【題目】①書物・論文・作文などの題。題名。②討論・研究などの問題や事項。主題。③→おだいもく①④→おだいもく②

だい-もつ【代物】代金。代価。転じて、銭(ぜに)。お金。

だい-もん【大門】寺などの外構えの大きな正門。大きな門。

だい-もん【大紋】①大形の紋。②大形の紋を五か所に染め抜いた直垂(ひたたれ)。大名が礼装に使った。

だい-もん【代紋】暴力団の組の紋。

だい-もんじ【大文字】①大きな文字。②㋐(「大文字山(だいもんじやま)」の略)京都市郊外の如意ヶ岳(にょいがたけ)の西にある山。㋑八月十六日の夜、大文字山の中腹に「大」の字の形にたく送り火。大文字焼き。大文字の火。秋

たい-や【逮夜】〘仏〙忌日(きにち)や葬式の前夜。宿忌。

タイヤ〈tire〉車輪の外側につけるゴム製の輪。「トラックの—」

ダイヤ ①「ダイヤグラム②」の略。「臨時—」②「ダイヤモンド①」の略。「—の指輪」③トランプで、赤いひし形のマーク(◆)。また、その札。参考「ダイア」ともいう。

たい-やき【△鯛焼き】(タヒ) 鯛の形の鉄型に水に溶いた小麦粉を流し込み、中に餡(あん)などを入れて焼いた菓子。

たい-やく【大厄】①厄年のうちで、最も注意すべきであるとされる年。数え年で男の四二歳、女の三三歳。②大きな災難。

たい-やく【大役】責任の重い役目。大任。「—を果たす」

たい-やく【大約】(名・副) おおまかなさま。おおよそ。大略。

たい-やく【対訳】(名・他スル) 原文(原語)とそれを訳したものを見比べやすく並べて示すこと。また、その訳文。

だい-やく【代役】劇・放送・組織などの中で、本来の人に代わってその役・役割を果たすこと。また、その人。「—を立てる」

ダイヤグラム〈diagram〉①図表。図形。図式。②列車などの運行表。ダイヤ。参考「ダイアグラム」ともいう。

ダイヤモンド〈diamond〉①〘地質〙最高級の宝石の一つ。炭素を成分とした無色透明な結晶で、美しい光沢をもち、多くは八面体。鉱物中で最も硬い。研磨剤・ガラス切りなどにも利用される。金剛石。ダイヤ。②野球場での内野。各塁を結んだ正方形の区域。参考「ダイアモンド」ともいう。

—ダスト〈diamond dust〉気温がきわめて低いときに、空気中の水蒸気が細かい氷の結晶となり、日光を反射しながら空中を漂う現象。細氷(さいひょう)。

ダイヤル〈dial〉■一(名)ラジオや計器類の目盛り盤。「—を合わせる」■二(名・自スル)電話機の回転式数字盤。また、それを回して電話をかけること。参考「ダイアル」ともいう。

—イン〈和製英語〉多数の電話をもつ会社などで、交換台を通さずに、個々の電話を直接呼び出せる方式。

たい-ゆう【大勇】見かけだけでない、本当の勇気。↔小勇

—は怯(きょう)なるが如(ごと)し 真に勇気のある者は、むやみに人と争わないので、一見臆病(おくびょう)者のように見える。**—は闘(たたか)わず** 真に勇気のある者は自信があるのでむやみに人と争わない。

たい-よ【貸与】(名・他スル)貸し与えること。「制服の—」

たい-よう【大洋】(ヤウ) ①大海。おおうみ。②〘地〙大陸を囲む

広大な海。太平洋・大西洋・インド洋、また、これに北極海・南極海を加えたもの。

たい-よう【大要】エウ 特にたいせつな部分。あらまし。おおむね。概要。「事件の―を話す」

たい-よう【太陽】ヤウ ①〘天〙太陽系の中心で、巨大な高温のガス球をなす恒星。地球に一日の変化、季節の変化をもたらし、生物を育む。地球からの距離約一億四九六〇万キロメートル、直径約一三九万キロメートル(地球の約一〇九倍)、質量は地球の約三三万倍。自転周期は赤道付近で約二七日。表面温度は約六〇〇〇度。日輪。②(比喩(ひゆ)的に)心を明るくするもの。希望を与えるもの。「心に―を持つ」

―けい【―系】〘天〙太陽を中心に運行する天体の集団。太陽と、水星・金星・地球・火星・木星・土星・天王星・海王星の八惑星や、衛星・彗星(すいせい)・小惑星などからなる。

―ぞく【―族】既成の秩序や倫理にとらわれず、奔放に行動する戦後派の青少年を呼んだ語。語源 石原慎太郎の小説「太陽の季節」から出た語。

―でんち【―電池】〘物〙半導体を利用して太陽光のエネルギーを電気エネルギーに変える装置。

―とう【―灯】〘医〙太陽光線に似た、紫外線を含んだ光を出す医療用・殺菌用の電灯。

―ねん【―年】〘天〙太陽が春分点を通過した後、再び春分点を通過するまでの時間。三六五・二四二二日。約一年。

―れき【―暦】地球が太陽を一周する時間を一年と定めた暦。陽暦。↔太陰暦 参考 一年を三六五日とし、四年目ごとに三六六日とする。⇨太陰太陽暦

―ろ【―炉】放物面鏡で太陽の光を焦点に集め、その高温を利用する装置。

たい-よう【体様・態様】ヤウ ようす。ありさま。「勤務の―」

たい-よう【耐用】機械・施設などが、長時間の使用などに耐えて役立つこと。「―年数」

だい-よう【代用】(名・他スル) 本来使うものの代わりに別のものを用いること。また、そのもの。「空き缶を花瓶に―する」

―かんじ【―漢字】当用・常用漢字表にない漢字に代えて用いる漢字。「下剋上(げこくじょう)」を「下克上」と書き換えるときの「克」など。代用字。

―ひん【―品】本来使うものの代わりに用いる品物。

たいようしゅう【大洋州】タイヤウシウ →オセアニア

たいようのないまち【太陽のない街】タイヤウノナイマチ 徳永直(すなお)の小説。一九二九(昭和四)年発表。印刷工場の争議を多角的な視点からとらえ、プロレタリア文学に新生面を開いた。

たい-よく【大欲・大△慾】大きな欲望。非常に欲の深いこと。また、その人。大欲(だいよく)。↔小欲

―は無欲(むよく)に似(に)たり ①大きな野望をもつ人は小さな利益には目も向けないから、かえって欲がないように見える。②ひどく欲の深い人は欲のために判断を誤って損をしやすく、結局は欲のない人と同じ結果になる。

だい-よん【第四】順序の四番目。第四(だいし)。

―かいきゅう【―階級】カイキフ (第三階級の次の意で)無産階級・労働者階級のこと。プロレタリアート。

―き【―紀】〘地質〙地質時代の新生代のいちばん新しい時代。約一七〇万年前から現代までをいう。

―しゅ-ゆうびんぶつ【―種郵便物】イウビンブツ 内国通常郵便物の一つ。通信教育用教材・盲人用点字・学術刊行物・農産物種子などを内容とする、開封で送る郵便物。

たいら【平ら】タヒラ 一(形動ダ) ダロ・ダッ(デ・ニ)・ダ・ナ・ナラ・○ ①高低・でこぼこのないさま。平たいさま。「―な道」②気持ちなどが穏やかなさま。「気持ちを―にする」③正座をやめ、楽な姿勢で座るさま。「お―になさい」文(ナリ) 二(名)(地名の下に付けて)山あいの平地。「磐城(いわき)―」参考 二は、「だいら」と濁ることが多く、送り仮名「ら」を省く。

たいらか【平らか】タヒラカ (形動ダ) ダロ・ダッ(デ・ニ)・ダ・ナ・ナラ・○ ①たいらなさま。平坦(へいたん)なさま。「―な道」②世の中や心の中が安らかに落ち着いているさま。穏やか。「心中―でない」文(ナリ)

たいら・ぐ【平らぐ】タヒラグ (自五) ガ(ゴ)・ギ(イ)・グ・グ・ゲ・ゲ 戦争や反乱などが治まる。平和になる。「世が―」

たいら・げる【平らげる】タヒラゲル (他下一) ゲ・ゲ・ゲル・ゲル・ゲレ・ゲロ(ゲヨ) ①反対勢力などを負かして従わせる。平定する。「敵を―」②残らず食べてしまう。「ごちそうを―」文 たひら・ぐ(下二)

たいらのきよもり【平清盛】タヒラノキヨモリ (一一一八〜一一八一) 平安末期の武将。忠盛(ただもり)の長男。保元(ほうげん)・平治の両乱に功をあげ、太政(だいじょう)大臣に昇進。娘徳子を高倉天皇の中宮とし、勢力を伸ばした。徳子の生んだ安徳天皇を皇位につけ独裁政権を確立したが、翌年源氏が蜂起(ほうき)し、戦況不利のうちに病死した。

たい-らん【大乱】戦乱・革命などで、世の中がひどく乱れること。「天下―のきざし」

たい-らん【台覧】身分の高い人が見ることの尊敬語。「―の栄に浴する」

タイラント〈tyrant〉①〘世〙古代ギリシャで、独裁的な支配者。僭主(せんしゅ)。②暴君。圧制者。

たい-り【大利】大きな利益。↔小利

だい-り【内裏】①天皇の住む御殿を中心とする建物。皇居。宮中。また、遠まわしに天皇をさす。②「内裏雛(だいりびな)」の略。

―びな【―△雛】天皇・皇后の姿に似せて作った男女一対のひな人形。内裏様。内裏。春

だい-り【代理】(名・他スル) 本人に代わって物事を処理すること。また、その人。「社長の―で行く」「―人」

―しゅっさん【―出産】〘医〙子供ができない夫婦などの依頼により、第三者の女性が代わって出産すること。

―てん【―店】委託を受けた商品の取り引きや会社の営業の代理・仲介をする店。エージェンシー。「広告―」

だい-リーグ【大リーグ】→メジャーリーグ

だい-りき【大力】非常に強い力。また、その力を持つ人。「―無双」

たい-りく【大陸】①地球上の広大な陸地。ユーラシア(ヨーロッパ・アジア)・アフリカ・南アメリカ・北アメリカ・オーストラリア・南極の各大陸がある。②日本から中国をさしていう語。「―に渡る」③イギリスからヨーロッパ大陸をさしていう語。

―せい-きこう【―性気候】〘気〙大陸内部に多く見られる気候型。空気が乾燥して降雨量が少なく、気温の変化の差が大きい。内陸性気候。↔海洋性気候

―だな【―棚】大陸周辺で海底の傾斜がゆるやかで、平均の深さが二〇〇メートルまでの区域。沿岸水の影響を受け、漁業上・鉱業上最も重要な所。陸棚。

―てき【―的】(形動ダ) ダロ・ダッ(デ・ニ)・ダ・ナ・ナラ・○ ①大陸特有の状態・性質であるさま。「―な風物」「―気候」②小さいことにこだわらず、おおらかなさま。「―な性格」

だいり-せき【大理石】〘地質〙石灰岩が変成作用を受けてできた結晶質の岩石。建築・装飾・彫刻などに利用。マーブル。語源 中国雲南省大理に産したところからこの名がある。

たい-りつ【対立】(名・自スル) 反対の考え・立場のものが張り合って譲らないこと。「―候補」「意見が―する」

―けいしつ【―形質】遺伝で、同時に現れることのない対(つい)の関係となる形質。

たい-りゃく【大略】 物事のおおよその内容。概要。大体。「企画案のー」「ー認める」用法 副詞的にも用いる。

たい-りゅう【対流】― 《物》熱が伝わる形式の一つ。気体・液体の一部を熱するとその部分が密度を減じて上昇し、熱せられない部分が下に向かって流れることで起こる循環運動。

―けん【―圏】 《気》成層圏の下に位置する大気圏の最下層。地表から約一四、五キロメートルの範囲。日射によって対流が起こり、雲の発生・降雨・降雪などの気象現象が生じる。

たい-りゅう【滞留】―(名・自スル) ①旅先などにある期間とどまること。滞在。逗留。「二か月京都にーする」②情報や物の流れなどがとどこおること。停滞。「物資のー」

たい-りょう【大猟】― 狩猟で、獲物の多いこと。↕不猟

たい-りょう【大量】― ㊀(名) 量が多いこと。多量。「ー生産」㊁(名・形動ダ) 心が広く寛大なこと。大きな度量。「ーの人」(↕小量)

たい-りょう【大漁】― 漁で、獲物の多いこと。豊漁。「ーでにぎわう」↕不漁

―き【―旗】 大漁のときに漁船に立てる旗。大漁旗。

たい-りょう【退寮】―(名・自スル) 居住していた寮・寄宿舎から出ること。↕入寮

たい-りょく【体力】 身体に備わっている力。作業や運動をする能力。病気などに対する抵抗力。「ーをつける」「ー測定」

たい-りん【大輪】 咲いた花の直径がふつうより一段と大きいもの。大輪。「ーの菊」

たい-りん【台臨】(名・自スル) 皇后・皇太后・太皇太后および皇族が、その場に来ることの尊敬語。

タイル〈tile〉 壁や床に張りつける薄板。おもに陶磁器製。

たい-るい【苔類】 《植》コケ植物の一群。多くは、ゼニゴケ・ジャゴケなど扁平な葉状体。⇩苔植物

たい-れい【大礼】 皇室の重大な儀式。特に、即位の礼。

―ふく【―服】 明治期などに、宮中の重大な儀式のときに高官などが着用した礼服。

たい-れい【頽齢】(「頽」はおとろえる意)老齢。年寄り。

ダイレクト〈direct〉(形動ダ) 間に介在するものがなく、直接的なさま。「ーな反応」「ーキャッチ」

―メール〈direct mail〉 個人あてに直接郵送する広告。宛名広告。DM

たい-れつ【隊列】 隊を組んで作った列。「ーを組む」

たい-ろ【退路】 退却する道。逃げ道。「ーを断つ」↕進路

たい-ろう【大老】― 《日》江戸幕府の最高の役職名。常置ではなく、必要に応じて老中の上に置かれ、将軍を補佐した。

だいろっ-かん【第六感】―(五感以外の感覚の意)理屈をこえて、物の本質を鋭く感じ取る心のはたらき。直感。

たい-ろん【対論】(名・自他スル) 両者が向かい合って、または対立する立場で議論すること。また、その議論。

たい-わ【対話】(名・自スル) 向かい合って話をすること。また、その話。「親子のー」「住民とーする」

だい-わり【台割〔り〕】 ①雑誌・書籍の印刷で、一度に印刷される一枚の紙面へのページの割り振り。②雑誌・書籍の編集で、冊子内の各ページの内容を割り振ること。また、その表。台割表。

たいわん【台湾】 沖縄諸島の南西方、中国大陸の福建省の東方に位置する島。中心都市は台北。

―ぼうず【―坊主】― ①頭髪が丸く抜ける禿頭病の俗称。②春先に台湾北部の東シナ海に発生する温帯低気圧を言った呼び名。太平洋岸に大雪をもたらすことがある。

た-いん【多淫】(名・形動ダ) 性的欲望がさかんなこと。

ダイン〈dyne〉《物》CGS単位系の力の単位。質量一グラムの物体に一センチメートル毎秒毎秒の加速度を生じさせる力が一ダインで、一ニュートンの一〇万分の一。記号 dyn ⇩ニュートン

た-う【多雨】 雨がよく降ること。雨量が多いこと。「高温ー」

た-うえ【田植〔え〕】― 苗代で育てた稲の苗を、初夏のころ耕作田に移し植えること。夏

―うた【―歌】 田植えのときに歌う民謡。夏

た-うち【田打ち】 春先、田植えに先だって、田の土をすき返すこと。春

ダウ-へいきん【ダウ平均】(「ダウ式平均株価」の略)アメリカのダウ-ジョーンズ(Dow Jones)社が始めた算出方法による株式の平均価格。株価の連続性がとらえやすい。ダウ。

タウン〈town〉 町。都会。「ーミーティング」

―ウエア〈town wear〉 街着。外出着。

―し【―誌】 都市の一定地域の催し物や生活情報をおもな内容とする雑誌。タウン情報誌。

ダウン〈down〉 ㊀(名・自他スル) ①下がること。また、下げること。「年収がーする」↕アップ ②ボクシングなどで、リングに倒れること。また、倒すこと。ノックダウン。③野球で、アウトを数える語。ダン。「ツーー」㊁(名・自スル) 病気や過労でへたばること。寝込むこと。「風邪でーする」

―タウン〈downtown〉 都市で、銀行・会社・商店などの建ち並ぶ商業地区。繁華街。

―ロード〈download〉(名・他スル)《情報》ネットワークで結ばれたコンピューターから、情報やデータを端末機に転送すること。↕アップロード

ダウン〈down〉 水鳥の羽毛。「ージャケット」

ダウン-しょうこうぐん【ダウン症候群】― 《医》染色体異常症の一つ。知能障害を伴うことが多い。一九世紀末にイギリスの医師ダウン(Down)が発見した。

たえ【妙】(形動ダ) 不思議なまでにすぐれているさま。霊妙なさま。「ーなる笛の音」文(ナリ) 用法 文語「たえなり」の連用形「たえに」や、連体形「たえなる」の形で使われることが多い。

たえ-い・る【絶え入る】(自五) 息が絶える。死ぬ。「ーような声」

たえ-がた・い【耐え難い・堪え難い】―(形) がまんしきれない。こらえにくい。「ー寒さ」文たへがた・し(ク)

だ-えき【唾液】《生》唾液腺から口腔内へ分泌される液。消化酵素の唾液アミラーゼなどを含む。つば。つばき。

―せん【―腺】《生》口の中にあって唾液を分泌する腺。舌下腺・顎下腺・耳下腺の三種よりなる。唾腺。

たえ-しの・ぶ【耐え忍ぶ・堪え忍ぶ】―(他五) つらさ・苦しさをじっとがまんする。こらえる。「屈辱をー」

たえ-ず【絶えず】(副) 常に。いつも。不断に。「ー努力する」

たえ-だえ【絶え絶え】(形動ダ) とぎれとぎれに続くさま。また、今にも絶えそうなさま。「息もーだ」文(ナリ)

たえ-て【絶えて】(副) 少しも。いっこうに。「その後ー消息がない」用法 あとに打ち消しの語を伴う。

たえ-は・てる【絶え果てる】(自下一) ①まったく絶える。なくなってしまう。「望みがー」②息が絶えて死ぬ。文たえは・つ(下二)

たえ-ま【絶え間】 続いていたものがとぎれている間。「雨のー」「ーない努力」

た・える【耐える・堪える】(自下一) ①つらさや苦しさを我慢する。こらえる。「孤独にー」②他からの作用・

圧力に負けないで持ちこたえる。「風雪に―」③…に値する。「鑑賞に―作品」「見るに―えない番組」④その心理状態に我慢できる。「遺憾に―えない」文たふ(下二) 用法 ④は、多く打ち消しの語を伴って不可能の意で用いる。「感にたえない」は「感にたえる(=深く感動する)」と同義に用いる。⇩「使い分け」

表現
〔類語〕▼抑える・頑張(がん)る・堪(こら)える・凌(しの)ぐ・忍ぶ・制する・泣く・踏みとどまる・踏ん張る・持ちこたえる
〔～する〕▼隠忍自重・我慢・堪忍・堅忍・受忍・辛抱・忍苦・忍従・忍耐・痩せ我慢
〔慣用〕▼唇を噛(か)む・涙を呑(の)む・歯を食いしばる・目をつぶる
〔ことわざ〕▼石の上にも三年・臥薪嘗胆(がしんしょうたん)・韓信の股(また)くぐり・ならぬ堪忍するが堪忍・忍の一字

使い分け「耐える・堪える」
「耐える」は、他からの作用や圧力に負けないで持ちこたえる、こらえるの意で、「重圧に耐える」「風雪に耐える」「困苦欠乏に耐える」「長時間の使用に耐える」などと使われる。ただし、これらの場合、「堪える」を使ってもよい。
「堪える」はこのほか、「重役の任に堪える」「聞くに堪えない中傷」などと、あることに値する意を表す。

た・える【絶える】(自下一) エ・エ・エル・エル・エレ・エロ(エヨ) ①続いていたものがある所で切れてなくなる。やむ。とぎれる。「音信が―」②尽きる。なくなる。「血統が―」「息が―(=死ぬ)」③関係が切れる。「二人の仲が―」文た・ゆ(下二)

だ-えん【△楕円・△橢円】エン ①細長い円。小判形の円。長円。②〘数〙平面上の二定点(=焦点(しょうてん))F、F′からの距離の和が一定であるような点の軌跡。長円。

―けい【―形】楕円の形。小判形。長円形。

〔だえん②〕

たお・す【倒す】タフ (他五) サ(ソ)・シ・ス・ス・セ・セ ①立っているものに力を加えて一気に横にする。「瓶を―」「木を―」②転ばせる。「押して人を―」③国家・政府などを存続できなくさせる。また、相手をある地位・状態にいられなくする。くつがえす。滅ぼす。つぶす。「幕府を―」「競争会社を―」④競技などで相手を負かす。「横綱を―」⑤人や動物を殺す。「一刀のもとに―」⑥借りを返さないで損をさせる。「借金を踏み―」自たお・れる(下一) 可能 たお・せる(下一) 参考 ⑤は「△仆す」「△斃す」「△殪す」とも書く。

たおやか タヲヤカ (形動ダ) ダロ・ダッ(デ・ニ)・ダ・ナ・ナラ・○ しなやかで優美なさま。しとやかで美しいさま。「―にしなう枝」「―に舞う」文(ナリ)

たおや-め【手◦弱女】タヲヤ しなやかで美しい女性。美しくやさしい女性。手弱女(たわやめ)。↔益荒男(ますらお)

―ぶり【―振〔り〕】〘文〙「古今集」に代表される、平安和歌の優美・繊細で女性的な歌風。江戸時代、賀茂真淵(かものまぶち)が最初に用いた語。手弱女(たわやめ)振り。↔益荒男振(ますらおぶ)り

タオル〈towel〉①布の表面に糸の輪を織り出した厚手の綿織物。タオル地。②①で作った西洋風の手ぬぐい。「バス―」

―を投(な)げる ボクシングで、選手のセコンドが負けを認め、リングにタオルを投げ入れて試合の放棄を表明すること。転じて、見込みがないとあきらめて中途でやめること。

―ケット〈和製英語〉タオル地製の、上掛けに用いる寝具。語源 towel と blanket(=毛布)との合成語。

た-お・る【手折る】タヲル (他五) ラ(ロ)・リ(ッ)・ル・ル・レ・レ ①花や枝を手で折り取る。「桜を―」②(比喩(ひゆ)的に)女性を自分のものにする。

たお・れる【倒れる】タフレル (自下一) レ・レ・レル・レル・レレ・レロ(レヨ) 《中心義―自分を支える力がなくなり通常の姿勢・状態が保てなくなる》①立っていることができずに横になる。「台風で鉄塔が―」②転ぶ。「敷居でつまずいて―」「自転車に乗ったまま―」③権威を失い、これまでの力が振るえなくなる。くつがえる。滅びる。「内閣が―」④勝負で負かされる。不覚をとって負ける。「三振に―」⑤経営が不振で破産する。つぶれる。「会社が―」⑥病気で寝込む。「母が心労で―」⑦病気や事故などで死ぬ。「凶弾に―」他たお・す(五) 文たふ・る(下二) 参考 ⑦は「△仆れる」「△斃れる」「△殪れる」とも書く。

表現〈擬声・擬態語〉ばたりと・ばたんと・ばたっと・ばったり・どっと・どてんと・どでっと・がくっと・ごろっと・ばたばた・ばたりばたり・ばったばった・へたへた・へなへな

たおれて後(のち)やむ 死ぬまで物事をやりとおす。

たか【高】①(接頭語的に用いて)高さの高いこと。「―下駄(げた)」「―望み」②数量や金額。「取り引きの―に応じて割引する」③武士の知行(ちぎょう)の額。禄高(ろくだか)。「―十万石の大名」④程度。値打ち。高く見積もった限度。「―の知れた人物」⑤→だか

―が知(し)れる たいしたことのない程度とわかる。

―を括(くく)る たいしたことはないと見くびる。あなどる。「相手は子供と―」

語源「高」は収穫や収入などの数量や金額のことで、「括(くく)る」はひとまとめにすること。「高を括る」とは、数量をまとめる、あらかじめ計算するの意。転じて、せいぜいその程度だろうと安易に予測する、あなどるという意で用いられるようになった。

たか【△鷹】〘動〙タカ科の猛禽(もうきん)類のうち、中形以下のものの総称。他の鳥獣を捕食する。古くから慣らして鷹狩りに使用した。トビ・ノスリ・クマタカなどの類。図 ⇩鷲(わし)

―は飢(う)えても穂(ほ)を摘(つ)まず 高潔な者はどんなに困っても不正な金品は受けないというたとえ。語源 鷹が穀類を食わない習性から言われたもの。

た-か【多寡】クワ 多いか少ないか。多少。「金額の―は問わない」

たが【△箍】おけ・たるなどの周囲に巻いて、締めつけるための竹や金属製の輪。

―が緩(ゆる)む 年を取ったり緊張が緩んだりして、締まりがなくなる。「組織の―」

〔たが〕

-だか【高】(接尾)①数量。「生産―」「漁獲―」②金額。「売上―」「残―」③(金額を表す語に付いて)その金額だけ高い意を表す。「五円―の相場」↔安(やす)(接尾)

だ-が (接)前に述べたことと対立する内容を述べるときに用いる語。しかし。けれども。「美しい花だ。―枯れやすい」

たか-あがり【高上〔が〕り】(名・自スル)①高い所に上がること。「雲雀(ひばり)の―」②上座に座ること。③費用が見込みより高くつくこと。

たか-あしだ【高足駄】足駄の歯の高いもの。高下駄。

ダ-カーポ〈イタリア da capo〉〘音〙曲の最初に戻ってもう一度演奏することを指示する語。略号 D.C.

たか-あみ【高網】鳥網の一種。冬から春に、カモなどの集まる湿地にしの竹を立て並べ、もちをぬった糸を張り渡したもの。

た-かい【他界】㊀(名・自スル)(ほかの世界へ行く意から)死後の世界。また、死ぬこと。「祖父は八〇歳で―した」㊁(名)

〘仏〙人間界以外の領域。

たか・い【高い】（形）カロ・カッ（ク）・イ・イ・ケレ・○《中心義—基準となる位置よりも上方である》①下端より上端までの隔たりが大きい。「背が—」↕低い ②上方の位置にある。「国旗が—・く揚がる」「頭が—（=横柄で無礼である）」↕低い ③それまでより進んだ位置に行っている。程度が進んでいる。「—見識を持つ」「目が—（=物を見分ける力がすぐれている）」「気位が—」「地位が—」↕低い ④代金の多くかかる値段だ。高価だ。高額だ。「都会の地価は—」↕安い ⑤音・声の振動数が多い。「風邪で—声が出ない」↕低い ⑥声・音が大きくやかましい。「しっ、声が—」↕低い ⑦広く世に知られている。「評判が—」⑧率・度数・数値などが大きい。「熱が—」「出席率が—」↕低い ⑨（上に「お」を付けて）えらぶっている。「お—・くとまる（=気位が高い。人を見下したような態度を見せる）」 文たか・し（ク）

たがい【互い】タガヒ ①相対するものの両方。かかわり合うものの一つ一つ、一人一人。特に、自分と相手。「—の利益を考える」②同様の立場にあること。「迷惑はお—さまだ」

—せん【互（い）先】 囲碁で、同等の強さの者どうしの対戦で、たがいに代わる代わる先番（=先手）になること。相先。

—ちがい【—違い】チガヒ 異なる二つのものが一つおきになること。また、双方から一つおきに入りまじること。交互。「—になる」「—に並べる」「—に足を出す」

—に（副）双方が、相手に対して同じことをするさま。双方が同じ状態にあるさま。「—助け合う」「—挨拶を交わす」

だ-かい【打開】（名・他スル）物事の行き詰まりを切り開くこと。解決の道を見いだすこと。「—策」「難局を—する」

たか-いびき【高△鼾】 音の大きいいびき。また、大きいいびきをかいてよく眠っていること。「—をかく」

たが・う【◇違う】タガフ（自五）ワ（オ）・イ（ッ）・ウ・ウ・エ・エ ①食い違う。一致しない。「事、志と—」「案に—・わず」②外れる。背く。「法に—行為」 他たが・える（下一）

たが・える【◇違える】タガヘル（他下一）エ・エ・エル・エル・エレ・エロ（エヨ）①違わせる。合わないようにする。「方法を—」②決めたことを破る。「約束を—」 自たが・う（五） 文たが・ふ（下二）

たか-が【高が】（副）とりたてて言い立てるほどのことではないさま。せいぜい。たかだか。「—子供のけんかだ」

たか-がり【△鷹狩（り）】 飼いならした鷹やはやぶさを飛ばして鳥や小獣を捕らえる狩猟。鷹野。放鷹。 冬

た-かく【多角】 ①角の多いこと。②いろいろの方面にわたっていること。「—的に検討する」

—か【—化】クワ（名・自スル）多方面・多分野にわたるようにすること。「事業の—を図る」

—けい【—形】〘数〙三つ以上の線分で囲まれた平面図形。三角形・四角形など。多辺形。たかっけい。

—けいえい【—経営】 同じ経営者・企業が、違った方面のいくつかの事業を並行して行うこと。

た-がく【多額】 金額の多いこと。高額。「—納税者」↕少額

たか-ぐもり【高曇（り）】 雲が空高くにかかって曇っていること。「—の空」

たか-げた【高下◇駄】 歯の高い下駄。足駄。高足駄。

たか-さ【高さ】 ①高いこと。また、その程度。「金利の—」②物の上下の長さ。丈。「机の—」

たかさご【高砂】 室町初期の謡曲。世阿弥作。老翁と老婦を取り合わせた脇能物。婚礼などのときによくうたわれる。

たかさごの… 和歌〔高砂の 尾上の桜 咲きにけり 外山の霞 たたずもあらなむ〕〈後拾遺集 権中納言〉大江匡房〉高い山の峰の頂の桜が咲いたことだ。里近い山の霞よ、どうか立ちこめないでほしい。せっかくの花が見えなくなってしまうから。（小倉百人一首の一つ）

だ-がし【駄菓子】—グワシ 安価で庶民的な菓子。「—屋」

たか-しお【高潮】—シホ 台風や低気圧などの影響で、潮位が異常に高まる現象。また、そのときの高い波。 秋

たか-しまだ【高島田】 女性の日本髪の一つ。島田まげの根を高く上げて結ったもの。たかまげ。「文金—」

〔たかしまだ〕

たか-じょう【△鷹匠】—ジャウ 江戸時代、鷹を飼いならして訓練し、将軍・大名などの鷹狩りに従った人。 冬

たか-し・る【高知る】（他四）《古》①りっぱに治める。②りっぱに作る。「高天の原に千木—・りて」〈祝詞〉

たかせ-ぶね【高瀬舟】 川船の一つ。昔は底の深い小舟で、後世のものは底が浅く平らな大形の船。高瀬（=浅瀬）でもこげるように作った荷物運搬用の舟。

たかせぶね【高瀬舟】 森鷗外の小説。一九一六（大正五）年作。弟を殺した男と、男を高瀬舟に乗せて護送する町奉行所同心との会話を通じて、安楽死の問題を扱った短編。

たか-だい【高台】 周囲よりも高く平らな台状の土地。

たか-だか【高高】（副）①目立って高いさま。「手を—と挙げる」②声を高く張り上げるさま。「—と朗唱する」③十分に見積もっても。せいぜい。「—一万円の出費にすぎない」

たかたか-ゆび【高高指】 中指。

たか-ちょうし【高調子】—テウシ ①声などの調子が高いこと。「—でしゃべりまくる」②〘経〙相場が上がり気味のこと。

だ-かつ【蛇△蝎・蛇△蠍】 へびとさそり。転じて、ひどく恐れ嫌われるもののたとえ。「—のごとく忌み嫌う」

たか-つき【高△坏】 食物を盛るための足付きの台。こしだか。

〔たかつき〕

だ-がっき【打楽器】—ガクキ〘音〙打ったり振ったりして音を出す楽器の総称。太鼓・ドラムなど。パーカッション。⇩管楽器・弦楽器

たか-て【高手】 ひじから肩までの間。たかうで。

—こて【—小手】 両手をうしろに回してひじを曲げ、首から縄をかけて厳重に縛ること。

たか-どの【高殿】 高く造った御殿。高楼。

たか-とび【高飛び】（名・自スル）犯罪者などが遠くへ逃げること。「海外へ—する」

たか-とび【高跳び】 陸上競技で、走り高跳び・棒高跳びなど、バー（=横木）の上を跳び、その高さを競う競技。

たか-とびこみ【高飛（び）込み】 水泳で、高さ五メートル、七・五メートル、一〇メートルの台から水中に飛び込み、そのフォームの美しさ・正確さを競う競技。

たか-どま【高土間】 旧式の歌舞伎劇場で、桟敷と平土間との中間の客席。平土間より一段高い。二重土間。

たか-な【高菜】〘植〙アブラナ科の越年草。カラシナの一品種。葉・茎に辛味があり、漬物などにする。 夏

たか-なみ【高波】 高く打ち寄せる波。大波。「—にさらわれる」

たか-な・る【高鳴る】（自五）ラ（ロ）・リ（ッ）・ル・ル・レ・レ ①音が高く鳴り響く。②期待や喜びなどで胸がどきどきする。「胸が—」

たか-ね【高音】 ①音・声などの高い調子。②高低二種の三

味線の合奏で、高い音のほう。

たか-ね【高値】①値段の高いこと。高い値段。②《経》株取引で、その日の、またはある期間の最も高い値。(↔安値)

たか-ね【高▵嶺・高根】高い峰。高い山の頂。「富士の―」

―おろし【―▵颪】高い峰から吹き下ろす風。

―の-はな【―の花】遠くから眺めるだけで手の届かないもののたとえ。高貴なものや高価なものなどをいう。

たがね【▵鏨・▵鑽】はがねで作ったのみ。金属の彫刻・切断、岩石の破壊などに用いる。

たが・ねる【▵綰ねる】(他下一)いくつかのものをまとめて一つにする。束ねる。「紙を―」[文]たが・ぬ(下二)

たか-の【▵鷹野】鷹を使って鳥などを狩ること。鷹狩り。[冬]

たか-のぞみ【高望み】(名・自他スル)身分・立場・能力などからみてかなえられそうもない望みを持つこと。また、その望み。

たか-の-つめ【▵鷹の爪】《植》①トウガラシの一品種。果実は先のとがった円錐形で、赤くて辛い。香辛料にする。②ウコギ科の落葉小高木。初夏、枝先に黄緑色の小花をつける。材は箸・下駄などの原料になる。

たか-は【▵鷹派】相手と妥協せず、強硬に事に対処して自分の主張を通そうとする考えの人々の一派。↔鳩派

たかはしのむしまろ〔高橋虫麻呂〕(生没年未詳)奈良時代の万葉歌人。伝記不詳。伝説と旅の歌が多く、特に美女伝説や浦島伝説に取材した長歌は有名。

たか-ばなし【高話】(名・自スル)大声で話をすること。

たかはまきょし〔高浜虚子〕(一八七四～一九五九)俳人・小説家。愛媛県生まれ。正岡子規に師事し、俳誌「ホトトギス」を主宰。客観写生・花鳥諷詠を主張し、写生文の小説も知られる。句集「虚子句集」「五百句」、小説「俳諧師」など。

たかはり-ぢょうちん【高張〔り〕◦提◦灯】長いさおの先に高く取り付けたちょうちん。高提灯。高張り。

〔高張り提灯〕

たか-ひく【高低】高い所と低い所。でこぼこ。「―がある」

たか-びしゃ【高飛車】(名・形動ダ)相手の言い分を聞かず頭ごなしにおさえつけるさま。また、その態度。「―に出る」[語源]将棋で、飛車を自陣の前方におく高圧的な戦法から。

たか-ふだ【高札】→こうさつ(高札)①②

たか-ぶ・る【高ぶる・▵昂る】(自五)①気分が高まる。興奮する。「神経が―」「気が―」②偉そうにする。横柄にふるまう。「おごり―」

たか-ぼうき【高▵箒・◦竹▵箒】→たけぼうき

たかま-が-はら【高◦天〔が〕原】古代の伝承で、天照大神が支配し、多くの神々が住む天上界。たかまのはら。

たか-まきえ【高▵蒔絵】蒔絵技法の一つ。いろいろな模様を漆などで盛り上げた上に蒔絵をほどこしたもの。

たか-まくら【高枕】①(警戒をといて)安心して眠ること。②(日本髪が型くずれしないように)高く作ったまくら。

たかまつづか-こふん【高松塚古墳】《日》奈良県高市郡明日香村にある白鳳時代の装飾古墳。極彩色の壁画が描かれた石室がある。一九七二(昭和四十七)年発見。

たか-ま・る【高まる】(自五)(物音・気分・雰囲気・程度などが)高くなる。盛り上がる。「評判が―」「関心が―」「緊張が―」↔低まる [他]たか・める(下一)

たか-み【高み】高い所。高くなっている所。「―から見下ろす」↔低み [参考]「高見」と書くのは当て字。

―の-けんぶつ【―の見物】①高い場所から騒ぎなどを見下ろすこと。②第三者の立場から事のなりゆきを傍観すること。「―を決め込む」

たか-みくら【高◦御◦座】①中古以来、即位・朝賀などの儀式の際、宮殿の中央に飾った天皇の座席。②天皇の位。

たかむらこうたろう〔高村光太郎〕(一八八三～一九五六)詩人・彫刻家。高村光雲の子。東京生まれ。一九一四(大正三)年、詩集「道程」を刊行し、口語自由詩を完成。ほかに「智恵子抄」「典型」など。彫刻はロダンの影響を受けた。

たか-め【高目】(名・形動ダ)基準・予想よりいくぶん高いこと。「―の直球」「値段が―だ」↔低目・安目

たか・める【高める】(他下一)(物音・程度・度合いなどを)高くする。強める。「声を―」「教養を―」「効率を―」↔低める [自]たかま・る(五) [文]たか・む(下二)

たがやさん【×鉄刀木】《植》マメ科の常緑高木。東南アジア原産。葉は羽状複葉で互生。花は黄色。材は家具や楽器用。

たがや・す【耕す】(他五)作物を植えたり種をまいたりするために、田畑を掘り返し土をやわらかくする。[春] [可能]たがや・せる(下一) [語源]「田返す」の転。

たかやまちょぎゅう〔高山樗牛〕(一八七一～一九〇二)評論家・思想家。山形県生まれ。東京大学在学中、小説「滝口入道」を書いて注目され、以後浪漫的な日本主義者として活躍。評論「美的生活を論ず」など。

たか-ゆか【高床】柱を立て、その上に床を張った建物。「―式倉庫」

たか-ようじ【高▵楊枝】食後にゆったりとつまようじを使うこと。満腹したようすを示す。「武士は食わねど―」

たから【宝・◦財】①金銀珠玉など珍しくて価値のある品物。財宝。②かけがえのない物や人。「子―」③(「お宝」の形で)金銭。お金。

―の-もちぐされ【―の持ち腐れ】すぐれた品物や才能を持ちながら、それを生かす機会や方法のないこと。

―くじ【―▵籤】都道府県・指定都市などが財政補助のために売り出す、賞金が当たるくじ。当籤金付き証票。[はじまり]一九四五(昭和二十)年十月、戦後の復興資金調達のため「政府第一回宝籤」として発売されたのが、宝くじの名の最初。

―ぶね【―船】米俵や宝を積み、七福神を乗せた帆掛け船。近世以後、この絵を正月二日の夜、まくらの下に敷いて、よい初夢を見るまじないにした。[新年]

―もの【―物】宝とするもの。たいせつなもの。宝物。

だ-から(接)①前に述べたことを原因・理由として述べる文の文頭におく語。そういうわけで。それゆえ。「彼はなまけた。―失敗した」②先に言っていたり分かっていたりした状況になったときに言う語。「―前から言っていたのに」[語源]助動詞「だ」＋接続助詞「から」

たからいきかく〔宝井其角〕→えのもときかく

たから-か【高らか】(形動ダ)音・調子などを高く張り上げるさま。「らっぱが―に鳴る」「平和を―に宣言する」[文](ナリ)

たかり【◦集り】《俗》人をおどかして金品を取り上げること。また、その人。「ゆすり・―の罪」

たか・る【◦集る】(自五)①(好奇心にかられて)群がり集まる。「見せ物に人々が―」②えさなどに集まっている。取り付く。「虫が―」「はえが―」③《俗》人をおどかして、金品を出すようにし向ける。また、おごってくれるようねだる。「先輩に―」

た-がる(助動-五型)希望するようすを示している意を表す。「菓子を食べ―」「歌わせ―」[語源]助動詞「たい」の語幹に相当する「た」＋接尾語「がる」。[用法]動詞・動詞型活用の語の連用形に付く。接尾語とする説もある。

たか-わらい【高笑い】ワラヒ— (名・自スル) まわりを気にせず、大きい声で笑うこと。また、その笑い。哄笑(こうしょう)。

た-かん【多感】(名・形動ダ) ちょっとしたことにも感じやすいこと。また、そのさま。感受性の鋭いさま。感傷的で敏感なさま。「—な年ごろ」

だ-かん【兌換】クワン— (名・他スル) 紙幣や銀行券を正貨(金・銀貨など)と引き換えること。

—けん【—券】《商・経》所有者からの要求がありしだい、正貨、特に金と引き換える義務を負った銀行券。兌換銀行券。

—しへい【—紙幣】《商》所有者が希望すれば、発行者が正貨と交換することを約束した紙幣。↔不換紙幣

たかん-しょう【多汗症】シヤウ— 《医》汗を多量に分泌する症状。また、その体質。全身性と局部性がある。

たき【滝】(字義) →ろう(滝)

たき【滝】①高いがけなどから急角度に流れ落ちる水流。また、それのある所。夏 ②《古》(古くは「たぎ」)急流。早瀬。

た-き【多岐】(名・形動ダ) (道がいくつにも分かれている意から)事柄が多方面に分かれていること。「問題は—にわたる」

た-ぎ【多義】一つの語に多くの意味があること。「—語」

だ-き【唾棄】(名・他スル) (つばをはき捨てる意から)さげすみ嫌うこと。軽蔑(けいべつ)すること。「—すべき行為」

だ-き【舵機】船の進む方向を決める機械。かじ。

だ-き【惰気】だらける心。なまけ心。「—満々」

だき-あ・う【抱〔き〕合う】アフ— (自五) ワ(オ)・イ(ツ)・ウ・ウ・エ・エ たがいに体を抱え合う。「肩を—・って喜ぶ」

たき-あが・る【炊き上〔が〕る・炊上る】(自五) ラ(ロ)・リ(ツ)・ル・ル・レ・レ 米が煮えて飯としてできあがる。炊いてできあがる。「ごはんがふっくらと—」他たきあ・げる(下一)

たき-あわせ【炊き合〔わ〕せ・炊合せ】アハセ— 魚介や肉、野菜を別々に煮たあと、一つの器に盛り合わせたもの。

だき-あわせ【抱き合〔わ〕せ・抱合せ】アハセ— 異なるものを組み合わせること。「—販売」「—で売る」

だき-あわ・せる【抱き合〔わ〕せる・抱合せる】アハセル— (他下一) セ・セ・セル・セル・セレ・セロ(セヨ) 異なるものを組み合わせる。特に、ものを販売するとき、売れゆきの悪い品物をよく売れる品物と組み合わせる。「売れ残りを—・せて売る」文だきあは・す(下二)

たきおちて… 俳句 〔滝落ちて　群青(ぐんじょう)世界　とどろけり〕〈水原秋桜子(みずはらしゅうおうし)〉熊野の那智(なち)の滝が激しく大きな音を立てて落ち、その音が滝壺(たきつぼ)や杉木立のあたりの群青一色の世界にとどろいている。(滝 夏)

たき-おとし【焚き落〔と〕し・焚落し】たきぎを焚(た)いたあとに残る火。おき。おき火。

だき-かか・える【抱き抱える】カカヘル— (他下一) エ・エ・エル・エル・エレ・エロ(エヨ) 倒れたり落ちたりしないように、腕を回して支え持つ。「けが人を—」文だきかか・ふ(下二)

だき-かご【抱〔き〕籠】→ちくふじん

たき-がわ【滝川】ガハ— 山中の川などの急流。早瀬。激流。

たき-ぎ【薪】燃料にする、細い枝や細く割った木。まき。

—のう【—能】①奈良春日(かすが)大社への奉納に、陰暦二月に七日間、興福寺で薪をたいて行われた神事能。現在は五月に行われる。薪猿楽(たきぎさるがく)。②①にならって、社寺などで行う夜間の野外能。春(夏)

だき-ぐせ【抱き癖】乳幼児の、抱かれていないと機嫌の悪くなるくせ。「—がつく」

たき-ぐち【滝口】①滝の水の落ち始める所。②清涼殿の東北にある、御溝水(みかわみず)の落ち口。③(②に詰め所があったことから)皇居を警備した武士。滝口の武士。

たき-ぐち【焚〔き〕口】かまど・ストーブ・ボイラーなどの、火をたきつけたり燃料を投げ入れたりする口。

たきこみ-ごはん【炊〔き〕込み御飯】魚介や肉、野菜などを入れ、味付けをして炊いた御飯。「山菜の—」

だき-こ・む【抱〔き〕込む】(他五) マ(モ)・ミ(ン)・ム・ム・メ・メ ①腕を回して抱え込む。②(悪い計画の)仲間に引き入れる。「警備員を—」

たきざわばきん【滝沢馬琴】タキザハバキン— →きょくていばきん

タキシード〈tuxedo〉男子の夜会用の略式礼服。生地(きじ)は黒ラシャなどで、黒の蝶(ちょう)ネクタイを用い、燕尾(えんび)服の代用とする。語源 一九世紀末、ニューヨーク州タキシード・パークにあるカントリー・クラブの会員が着用したことに由来する。

たき-し・める【焚〔き〕染める】(他下一) メ・メ・メル・メル・メレ・メロ(メヨ) 香をたいて、その香りを衣服などにしみこませる。「香を着物に—」文たきし・む(下二)

だき-し・める【抱〔き〕締める】(他下一) メ・メ・メル・メル・メレ・メロ(メヨ) 締め付けるように強く抱く。「わが子を—」文だきし・む(下二)

だき-すく・める【抱〔き〕竦める】(他下一) メ・メ・メル・メル・メレ・メロ(メヨ) きつく抱いて相手が身動きできないようにする。「背後から—」文だきすく・む(下二)

たき-だし【炊〔き〕出し・焚〔き〕出し】事故や災害などのときに、被災者や現場の人たちに飯をたいて配ること。

たき-たて【炊〔き〕立て】飯などが、炊きあがったばかりであること。「—のごはん」

たぎ・つ【滾つ】(自四)《古》①水が激しい勢いで流れる。②感情が高ぶる。

だき-つ・く【抱〔き〕付く・抱〔き〕着く】(自五) カ(コ)・キ(イ)・ク・ク・ケ・ケ 両手を相手の体に回してしがみつく。「子供が母親に—」

たき-つけ【焚〔き〕付〔け〕】まきや炭に火をつけるための燃えつきやすい材料。乾(かわ)いた木の葉や紙など。

たき-つ・ける【焚〔き〕付ける】(他下一) ケ・ケ・ケル・ケル・ケレ・ケロ(ケヨ) ①火をつけて燃やし始める。「風呂(ふろ)を—」②おだてたり、そそのかしたりして、あることをするようにしむける。けしかける。「不満分子を—・けてデモを行う」文たきつ・く(下二)

たき-つせ【滝つ瀬】(古くは「たぎつせ」)谷川などの急流。また、滝。

たき-つぼ【滝壺】滝の水が落ち込んで深くなっているところ。夏

だき-と・める【抱〔き〕留める】(他下一) メ・メ・メル・メル・メレ・メロ(メヨ) 抱くようにして押しとどめたり、受け止めたりする。「子供を胸に—」文だきと・む(下二)

たきのおとは… 和歌 〔滝の音は　絶えて久しく　なりぬれど　名こそ流れて　なほ聞こえけれ〕〈拾遺集　大納言(右衛門督公任(うえもんのかみきんとう))〉水がかれて滝の音が聞こえなくなってから、長い年月がたってしまったのに、滝の評判は流れ伝わって、今もなお世に知られていることだ。(滝のほとりの御殿で知られた京都大覚寺で詠んだ歌。小倉百人一首の一つ)

たき-のぼり【滝登り】滝を泳ぎ登ること。「鯉(こい)の—」

たき-び【焚〔き〕火】①暖をとるために燃やす火。特に、庭などで落ち葉や木ぎれなどを集めて燃やすこと。冬 ②かがり火。

たき-ぼうよう【多岐亡羊】バウヤウ— (「岐」は、分かれ道の意)学問の道が多方面に分かれているため、真理がとらえにくいこと。転じて、方針が多くて、どれを選ぶべきか迷うこと。【故事】中国古代の学者、楊子(ようし)の隣家から逃げた一頭の羊を大勢で追いかけたが、分かれ道が多く見失った。これを知った楊子は学問の道もまた同じだと嘆いたという話による。〈列子〉

たき-もの【焚〔き〕物】たいて燃料とするもの。まき。たきぎ。

たき-もの【◦薫〔き〕物】 ①いろいろの香をまぜ合わせて作った練り香。②香をたいて、その香りをくゆらすこと。

だ-きゅう【打球】 野球やゴルフなどで、打ったボール。

た-きょう【他郷】 故郷以外のよその土地。他国。異郷。

た-ぎょう【他行】（名・自スル）よそへ行くこと。外出。

だ-きょう【妥協】（名・自スル）対立する意見をたがいが譲り合ってまとめること。折り合い。「—の余地はない」「—の産物」

—てん【—点】 対立する二者の折り合いがつくところ。「—を探る」

た-きょく【多極】 中心となるものや同勢力のものがいくつもあり、たがいに対立している状態。「—外交」

—か【—化】（名・自スル）まとまっていた勢力が複数に分散し、互いに対立する状態になること。「国際政治の—」

たぎ・る【△滾る】（自五）①水が逆巻いて激しく流れる。「谷川が—」②煮えたつ。「湯が—」③激しい感情がわきあがる。「血潮が—」

たきれんたろう〔滝廉太郎〕（一八七九～一九〇三）明治時代の作曲家。東京生まれ。東京音楽学校助教授として多くの佳曲を発表し、天才とうたわれた。作品「荒城の月」「花」など。

たく【宅】 教6 タク いえ

（字義）すみか。住居。「宅地・居宅・家宅・旧宅・私宅・自宅・社宅・住宅・妾宅・新宅・拙宅・邸宅・別宅・本宅」 人名 いえ・おり・たか・たくら（姓）・やか・やけ

たく【宅】 ①（自分の）家。住まい。②妻が他人に向かって夫をいう語。「—が申しますに」③（上に「お」を付けて）相手の家または相手の人をいう。「お—の庭」

たく【人託】 タク

（字義）①手に物をのせる。物をのせる台。「托鉢・茶托」②たのむ。まかせる。＝託。「托生・托送・委托・嘱托」

たく【択】【擇】 タク えらぶ 中

（字義）よいものを選び取る。より分ける。「択一・択抜・採択・選択」 人名 えらむ

たく【沢】【澤】 タク さわ 中

（字義）①さわ。水がたまって草の生えている湿地帯。「山沢・沼沢」②水けをおびる。うるおう。転じて、豊富の意。「潤沢・贅沢」③うるおい。めぐみ。「遺沢・恩沢・恵沢・徳沢」④つや。「光沢・色沢」 難読 沢瀉・沢庵・沢山 人名 ます

たく【卓】 タク つくえ 中

（字義）①机。テーブル。「卓子・卓上・卓球・円卓・食卓」②ぬき出る。㋐他よりも高い。「卓然・卓立」㋑すぐれている。ひいでる。「卓越・卓抜・卓見・超卓・特卓」 難読 卓袱・卓袱台 人名 あきら・すぐる・たか・たかし・たつ・つな・とお・ひで・まこと・まさる・もち

たく【卓】 机。テーブル。「—を囲む」

たく【拓】 タク ひらく 中

（字義）①ひらく。荒地・未開地などを開発する。「拓殖・拓地・開拓」②刷る。碑文などの文字や図柄などを写し取ること。「拓本・魚拓・手拓」 人名 ひらき・ひろ・ひろし・ひろた・ひろむ

たく【度】（字義）→ど（度）

たく【人啄】 タク ついばむ

（字義）①ついばむ。鳥がくちばしで物をつついて食う。「啄害・啄木・飲啄」②くちばし。③たたく。門などをたたく。また、その音。「啄啄・剝啄」④書法の名。永字八法の七番目の筆法。 難読 啄木鳥 人名 あや・たか・みがく

たく【託】 タク かこつける 中

（字義）①たのむ。頼りにしてあずける。まかせる。「託送・託付・委託・依託・寄託・嘱託・信託」②かこつける。ことよせる。「仮託」③神仏のおつげ。「託宣・神託」 人名 より

たく【人琢】【人琢】 タク みがく

（字義）（玉を）みがく。転じて、努力・苦心してりっぱなものに仕上げる。「切磋琢磨」 人名 あや・たか

たく【濯】 タク あらう 中

（字義）あらう。すすぐ。「濯洗・洗濯・漱濯」 人名 あろう

たく【△鐸】 ①鈴の一種。大型で、やや平たく、青銅または銅製。②風鈴。 参考 ①は中国で昔、法令を知らせるときに用い、文事には木鐸、武事には金鐸を用いたという。

た・く【炊く】（他五）水につけた米などを火にかけて煮る。かしぐ。「飯を—」 自 た・ける（下一） 可能 た・ける（下一）

た・く【△焚く】（他五）①火を燃やす。また、火にくべて燃やす。「落ち葉を—」②かまどや炉などで燃料を燃やす。「ふろを—」③香をくゆらす。「香を—」 可能 た・ける（下一） 参考 ③は「◦薫く」「△炷く」とも書く。

タグ〈tag〉①下げ札。値札や荷札の類。②《情報》コンピューターで、文書の構造・レイアウトや文字の書式などを指示する文字列。③《情報》データを分類したり検索したりする際に目印とする単語やフレーズ。「ハッシュー」

だく【諾】 ダク うべなう 中

（字義）①「はい」と答える。「はいはい」と人に従う。「唯唯諾諾」②承知する。うけあう。「諾否・快諾・許諾・受諾・承諾」

だく【諾】 承知したと答えること。

だく【濁】 ダク 中・ジョク（ヂョク） にごる 中・にごす 中

（字義）①にごる。にごり。澄んでいない。「濁酒・濁水・濁流」↔清 ②けがれる。よごれみだれる。けがす。「濁世・汚濁・混濁」③言動をあいまいにする。④「濁音」の略。「鼻濁・連濁」↔清 難読 濁声・濁酒・濁醪

だ-く【駄句】 下手な句。つまらない俳句。また、自作の俳句を謙遜していう語。「—をひねる」

だ・く【抱く】（他五）①腕で胸に抱え持つ。かかえる。「赤ん坊を—」②肉体関係をもつ。 可能 だ・ける（下一） 語源 「いだく」の転。

> **ちがい 「抱く」・「かかえる」**
>
> 「抱く」「かかえる」は、腕の全体と胸などを使って何かを持つ様子を表す点で共通する。「赤ん坊を抱く／大きい荷物をかかえる」
>
> そのような持ち方をする動機として、「抱く」は大切なものを落とさないように注意深く持つことを含意し、「かかえる」はものが大きいあるいは重いためにそのような持ち方をせざるをえない状況であることを含意する。したがって、両方の動機が存在する状況では「病気の子どもを抱きかかえてベッドへ連れて行く／高価な壺を胸に抱きかかえて運ぶ」のように「抱く」と「かかえる」を構成要素とする「抱きかかえる」という複合動詞が用いられることがある。

ダグアウト〈dugout〉→ダッグアウト

だく-あし【跑足】 馬術で、馬が前脚を高く上げてやや足早に歩くこと。だく。

たく-あん【沢庵】「たくあんづけ」の略。たくわん。

―づけ【―漬(け)】 生干しにした大根をぬかと塩で漬けたもの。

たぐい【類い・比い】 ①並ぶもの。釣り合うもの。同程度のもの。「―まれな逸材」 ②同じ種類。同じようなもの。仲間。「米や麦の―」 参考「類」は似たものの集まり、「比」は並べて比べられるものの意。 語源 動詞「たぐう」の連用形の名詞化。

だく-い【諾意】 承諾する意志。請け合う気持ち。「―を示す」

たく-いつ【択一】 二つ以上のもののうちから、どれか一つを選ぶこと。「二者―」

たく-いつ【卓逸】 他と比べて、突出してすぐれていること。卓越。「意趣―」

たぐ・う【類う・比う】（自五） 同等のものとして並ぶ。似合う。相当する。「―ものなし」 他 たぐ・える(下一)

たく-えつ【卓越】（名・自スル） 群を抜いてすぐれていること。秀でていること。「―した能力」

だく-おん【濁音】 日本語で、仮名に濁点を付けて表す音。ガ・ザ・ダ・バ行の各音節。清音・濁音の間にはハ行音とバ行音を除き、無声・有声の違いという関係がある。⇩清音・半濁音

―ぷ【―符】 →だくてん

たく-さん【沢山】（名・副・形動ダ） ①数量の多いさま。あまた。「―の花」 ②もうそれ以上は要らないさま。十分。「小言はもう―だ」 ③(名詞の下に付いて、多く「だくさん」と濁り)それが多い・十分である状態を表す。「盛り―の行事」

たく-じ【託児】 乳幼児を預けて世話をしてもらうこと。

―しょ【―所】 乳幼児を預かり、保護者に代わって保育にあたる施設。⇩保育所

たくし-あ・げる【たくし上げる】（他下一） 衣服のそで・すそなどを手でまくり上げる。「ズボンのすそを―」 文 たくしあ・ぐ(下二)

タクシー〈taxi〉 駅前・路上などで客を乗せ、走行距離・時間によって料金を取る、営業用貸し切り自動車。「―を拾う」 はじまり 日本では、一九一二(大正元)年、東京有楽町に設立された「タクシー自働車株式会社」が、アメリカのフォード社が製造したT型フォード六台で営業を開始したのが最初。

たく-しき【卓識】 すぐれた考え。りっぱな意見。卓見。

たくし-こ・む【たくし込む】（他五） ①手繰り寄せて手元に集める。②衣服のすそやはみ出した部分を、ズボンやスカートの中に手で押し込んだり帯の下にはさみこんだりする。「ワイシャツのすそを―」

だく-しゅ【濁酒】 日本酒の一種。かすをこしていないため、白くにごっている酒。にごり酒。どぶろく。↔清酒

たく-しゅつ【卓出】（名・自スル） 才能や技能などが、際立ってすぐれていること。傑出。卓絶。卓抜。「―した手腕」

たく-しょ【謫所】 罪を得て流されている所。配所。

たく-しょう【托生・託生】【仏】他のものに頼って生きること。「一蓮―(=行動・運命を共にすること)」

たく-じょう【卓上】 机やテーブルの上。「―日記」

―えんぜつ【―演説】 →テーブルスピーチ

たく-しょく【拓殖】（名・自スル） 未開の土地を開拓し、そこに人が住みつくこと。開拓と植民。

たく-しん【宅診】（名・自他スル） 医師が自宅で患者を診察すること。内診。↔往診

たく・す【託す・托す】（他五） →たくする 語源 サ変動詞「たくする」の五段化。

だく-すい【濁水】 にごった水。↔清水

たく・する【託する・托する】（他サ変） ①人に頼んで任せる。委託する。「後事を―」 ②用件・品物などを人にことづける。「手紙を―」 ③他のもの・方法を借りてする。かこつける。ことよせる。「思いを歌に―」 文 たく・す(サ変)

だく・する【諾する】（他サ変） 承知する。聞き入れる。文 だく・す(サ変)

だく-せ【濁世】 →じょくせ

だく-せい【濁声】 にごった声。だみ声。

たく-せつ【卓説】 とびぬけてすぐれた意見・説。「名論―」

たく-ぜつ【卓絶】（名・自スル） 比べるものがないほど非常にすぐれていること。卓出。卓抜。「―した技能の持ち主」

たく-せん【託宣】 ①神が人の口を借りたり、夢の中に現れたりして伝える意志。お告げ。神託。②→ごたくせん②

たく-ぜん【卓然】（タル） まわりよりとびぬけているさま。非常にすぐれているさま。「―たる才」 文（形動タリ）

たく-そう【宅送】（名・他スル） 品物や荷物を家まで送ること。「旅先から土産物を―する」

たく-そう【託送】（名・他スル） 人に頼んで物を送ること。

だく-だく【諾諾】（タル） 人の言うままになるさま。「唯唯―」「―として従う」 文（形動タリ）

たく-ち【宅地】 住宅の敷地。また、住宅を建てるための土地。「―を造成する」

だく-てん【濁点】 仮名の右上に付けて濁音を表すしるし。「ざ」「ザ」などの「゛」。濁音符。にごり。

タクト〈ドイツ Takt〉【音】 ①指揮棒。②拍子。節。

―を振る 演奏などの指揮をする。

ダクト〈duct〉 冷暖房・換気のために空気を送る管。送風管。送水管・ガス管などの配管もいう。

たく-はい【宅配】（名・他スル） 商品・新聞・雑誌・荷物などを戸別に配達すること。「―サービス」「―業者」

―びん【―便】 運送会社が請け負って、依頼者から届け先まで小荷物を迅速に運ぶ仕組み。

たく-はつ【托鉢】（名・自スル） 僧が修行のため鉢を持って家々を回り、米や銭の喜捨を受けること。乞食。「―僧」

たく-ばつ【卓抜】（名・自スル・形動ダ） 他に抜きんでてすぐれていること。卓絶。卓出。「―なアイデア」

だく-ひ【諾否】 承知と不承知。承知するかしないかということ。「―を問う」

タグボート〈tugboat〉 港湾の中などで他の船を引いて出入港を助ける小型船。引き船。

たく-ぼく【啄木】 →きつつき

たく-ほん【拓本】 石碑や器物などの文字や模様を、墨を使ってそのまま和紙や布に写しとったもの。石摺り。搨本。

たく-ま【琢磨】（名・他スル）（玉などを研ぎ磨く意から）学芸や技術などを練り磨くこと。「切磋―」

たくまし・い【逞しい】（形） ①体格がよく、いかにも力がありそうである。頑強である。「筋骨隆々と―」 ②意志が強く、どのような障害にもくじけない。「―生き方」 ③意気や勢いが盛んである。「商魂―」 文 たくま・し(シク)

たくましゅう・する【逞しゅうする】（他サ変）（「たくましくする」の音便）思う存分にする。じゃまされずに思いのままにする。「想像を―(=勝手にあれこれ想像する)」 文 たくましう・す(サ変)

タグ-マッチ〈tag match〉 →タッグマッチ

たくみ【工・匠】 手や道具を使って工作物を作る職人。特に、大工。「飛騨の―」

たくみ【巧み】 ㊀(形動ダ)〔ダロ・ダッ(デ・ニ)・ダ・ナ・ナラ・〇〕物事を上手になしとげるさま。手ぎわのいいさま。「―なハンドルさばき」㊁(名)①細かく手を入れた技巧や意匠。「―をこらす」②企て。たくらみ。

たく・む【◇巧む・◇工む】(他五)〔マ(モ)・ミ(ン)・ム・ム・メ・メ〕①工夫する。技巧をこらす。「―・まざるユーモア」②策略をめぐらす。企てる。たくらむ。「悪事を―」可能たく・める(下一)

たくらみ【◇企み】 たくらむこと。「―に気づく」
類語 目論見・企て・謀・計略・策略

たくら・む【◇企む】(他五)〔マ(モ)・ミ(ン)・ム・ム・メ・メ〕(よくないことを)計画する。企てる。「陰謀を―」「ひともうけを―」可能たくら・める(下一)

たぐり-あ・げる【手繰り上げる】(他下一)〔ゲ・ゲ・ゲル・ゲル・ゲレ・ゲロ(ゲヨ)〕両手を交互に動かして引き上げる。「ロープを―」文たぐりあ・ぐ(下二)

たぐり-こ・む【手繰り込む】(他五)〔マ(モ)・ミ(ン)・ム・ム・メ・メ〕両手を交互に動かして手元に引き入れる。「網を―」

たく-りつ【卓立】(名・自スル)ほかのものよりもとびぬけて高く立つこと。また、目立ってすぐれていること。「―する技量」

だく-りゅう【濁流】〔リウ〕にごった水の流れ。↔清流

たぐり-よ・せる【手繰り寄せる】(他下一)〔セ・セ・セル・セル・セレ・セロ(セヨ)〕両手を交互に動かして手元に引き寄せる。「網を―」文たぐりよ・す(下二)

たく・る(他五)〔ラ(ロ)・リ(ッ)・ル・ル・レ・レ〕①強引に奪い取る。ひったくる。②衣服のそでやすそなどをまくる。③(動詞の連用形の下に付いて)乱暴にする意を表す。「塗り―」可能たく・れる(下一)

た-ぐ・る【手繰る】(他五)〔ラ(ロ)・リ(ッ)・ル・ル・レ・レ〕①綱・帯など長く連なる物を、両手を交互に動かして手元へ引く。「ロープを―」②時間・行動・話の筋などの順を追ってもとのほうへたどる。「記憶を―」可能たぐ・れる(下一)

だく・る【駄句る】(自五)〔ラ(ロ)・リ(ッ)・ル・ル・レ・レ〕《俗》下手な俳句を作る。
語源 名詞「駄句」を動詞化した語。

だく-ろう【濁浪】〔ラウ〕(あらしや降雨のあとの)にごった波。

たく-ろん【卓論】 すぐれた議論や意見。卓説。「―を吐く」

たくわえ【蓄え・◇貯え】〔タクハヘ〕あとで使えるように、集めてしまっておくこと。また、そのもの。「―が底をつく(=なくなる)」

たくわ・える【蓄える・◇貯える】〔タクハヘル〕(他下一)〔エ・エ・エル・エル・エレ・エロ(エヨ)〕①物品や金銭などを、のちの用のためにためておく。「小金を―」②力や知識・教養などを、のちのために養ったり身につけたりする。「知識を―」③髪やひげを生やしておく。「ひげを―」文たくは・ふ(下二)参考「蓄」は少しずつ寄せ集めておく意、「貯」は使い切らずに、のちのためにしまっておく意。

たく-わん【沢◇庵】 →たくあん

たけ【丈】 ①立っている物や生き物の高さ。「身の―」②長さ。「着物の―」③ある限り。全部。「心の―を述べる」

たけ【竹】 ①《植》イネ科タケ亜科の大形常緑で木質茎の多年生植物の総称。茎には地上茎と地下茎とがあり、円筒形・中空で節がある。茎は器具・楽器・細工用、若芽の筍は食用。真竹・孟宗竹など種類が多い。②笛・尺八などのように竹を材料とした管楽器の称。

―を割ったよう (竹はまっすぐに割れることから)物事にこだわらず、さっぱりした気性のたとえ。「―な性格」

たけ【岳・◇嶽】 高い山。また、その頂上。だけ。

たけ【◇茸】 きのこ。「松―」秋

た-け【他家】 よその家。ほかの家。「―に嫁ぐ」↔自家

だけ(副助)①限定を表す。㋐それと限る意。限定。「私―が知っている」㋑(「ないだけ」の形で)「表面上…しないにすぎない」の意を含む限定。「口に出して言わない―のことだ」②限度といってよいほどの大きな程度を表す。「よくあれ―がまんしたものだ」③(「だけに」「だけの」の形で)それに十分に相応する意を表す。「苦労した―にものわかりがよい」「勉強した―のことはある」④(格助詞「に」の付いた「だけに」の形で)「…だからなおさら」の意を表す。「期待していた―に失望も大きい」語源 名詞「たけ(丈)」から転じた語。用法 種々の語(体言、用言・助動詞の連体形、副詞など)に付く。

た-げい【多芸】(名・形動ダ)多くの芸や技を身につけていること。また、そのさま。「―多才」「―な人」↔無芸

―は無芸 多芸の人は特技がないから芸がないのに等しい。

たけ-うま【竹馬】 ①二本の竹に付けた足掛かりに左右の足を掛けて乗り、竹の上部を握って歩く子供の遊具。高足。冬 ②馬に見立てて、子供たちがまたがって遊び回る竹の棒。竹馬。

〔たけうま①〕

たけ-がき【竹垣】 竹で作った垣根。

たけ-がり【◇茸狩〔り〕】 きのこ狩り。きのことり。秋

たけ-かんむり【竹冠】 漢字の部首名の一つ。「筆」「管」などの「⺮」の部分。

だ-げき【打撃】 ①強く打つこと。「―を加える」②野球で、打者が投手の投げた球を打つこと。バッティング。「―戦」「―率」③精神的な痛手。ショック。「友人の死に―を受ける」④損害。被害。「作物が霜のために大きな―を受けた」

たけ-ぐし【竹串】 竹でできた串。

たけ-くらべ【丈比べ】(名・自スル)背比べ。高さ比べ。

たけくらべ 樋口一葉の小説。一八九五―一八九六(明治二十八―二十九)年発表。吉原遊郭付近という環境に育った少年少女の、ほのかな愛の目覚めを描いた作品。

たけ-ごうし【竹格子】〔ガウシ〕竹で作った格子。

たけ-ざいく【竹細工】 竹を材料として工芸品などを作ること。また、その細工物。

たけ-ざお【竹◇竿】〔ザヲ〕竹で作ったさお。竹のさお。竹竿。

たけ・し【◇猛し】(形ク)(古)①力が強い。②勢いが盛んだ。勢いが激しい。③気が強い。勇ましい。④すぐれてよい。えらい。

たけ-す【竹◇簀】 竹で作ったすのこ。

たけだ-いずも【竹田出雲】(二世)〔タケダイヅモ〕(一六九一―一七五六)江戸中期の浄瑠璃作者。竹本座座元。時代物が得意で、義理人情を強調。浄瑠璃最盛期をもたらした。作品「菅原伝授手習鑑」「仮名手本忠臣蔵」など。

たけだけ-し・い【◇猛◇猛しい】(形)〔カロ・カッ(ク)・イ・イ・ケレ・〇〕①勇ましくて強い。勇猛だ。「―顔つき」②ずぶとい。ずうずうしい。「盗人―」文たけだけ・し(シク)

たけちのくろひと【高市黒人】(生没年未詳)奈良時代の万葉歌人。持統・文武両天皇に仕え、すぐれた叙景歌を残した。客観的・瞑想的な歌風。

た-けつ【多血】 ①体内に血液の多いこと。血の気が多いこと。②感動・怒りなどを感じやすく、抑えが利かないこと。「―漢」

―しつ【―質】《心》ヒポクラテスの体液説に基づく気質の四分類の一つ。快活で社交性に富むが、性急で忍耐力に欠ける気質。⇩胆汁質・粘液質・憂鬱質

だ-けつ【妥結】(名・自スル)対立する両者がたがいに譲ったり掛け合ったりして、話がまとまること。「交渉が―する」

たけ-づつ【竹筒】 竹を横に切って作った筒。たけづっぽう。

だ-けど(接)「だけれども」の略。「車がほしい。―お金がない」

たけとりものがたり【竹取物語】 平安前期にできた日

本最古の物語。作者・成立年代未詳。竹取の翁が竹の中から得て育てた美女かぐや姫をめぐる求婚物語。

たけ-とんぼ【竹×蜻蛉】竹をプロペラのように削り、中央に差し込んだ柄を両手ですり合わせ、回転させて飛ばすおもちゃ。

たけなわ【△酣・△闌】(名・形動ダ) ①物事の最も盛んな時。また、そのさま。「宴―」「秋は今―である」②《古》盛りを少し過ぎて衰えかけた時。また、そのさま。参考「酣」は酒宴の最中の意。「闌」は酒宴や物事の半分を過ぎたことの意。類語 最中・最中・盛り・只中・真っ最中・真っ盛り・真っ只中

だけ-に→だけ③

たけ-の-こ【竹の子・△筍】①竹の地下茎から出る若芽。食用。「雨後の―(=似たような物事が次々と現れ出ることのたとえ)」夏 ②「竹の子医者」の略。③「竹の子生活」の略。

―いしゃ【―医者】(やぶ医者にも至らない意で)未熟な医者をあざけっていう語。

―せいかつ【―生活】たけのこの皮をはぐように衣類や家財などを一品ずつ売って生活費にあてる、苦しい暮らし。

たけ-の-そのう【竹の園◇生】①竹の生えている園。竹やぶ。②《古》皇族の別称。語源 ②は、中国の漢代、梁の孝王の御苑に竹を植え、修竹園と名づけたことから出た語。

たけ-べら【竹△箆】竹で作ったへら。

たけ-ぼうき【竹△箒・竹△帚】竹の小枝を束ねて作ったほうき。たかぼうき。

たけ-みつ【竹◇光】①竹を削って刀身のように作ったもの。②切れない刀をあざけって言う語。なまくら。

たけもとぎだゆう〔竹本義太夫〕(一六五一〜一七一四) 江戸前期の浄瑠璃太夫。摂津(大阪府)生まれ。義太夫節の開祖。大坂に竹本座を創設。近松門左衛門と提携して名声を博し、義太夫節は浄瑠璃節の代名詞になった。

たけ-やぶ【竹△藪】竹の多く生えているところ。竹林。

―に矢を射る 手ごたえのないむだなことのたとえ。

たけ-やらい【竹矢来】割らない竹を粗く組んで高く作った囲い。

たけ-やり【竹△槍】竹ざおの先をとがらせ、槍の代用にしたもの。

たけり-た・つ【△哮り立つ】(自五) (獣などが)荒々しくほえる。「野獣が―」

たけり-た・つ【◇猛り立つ】(自五) 激しく興奮する。「群衆が―」

たけ・る【△哮る】(自五) (猛獣などが)ほえさけぶ。恐ろしげにほえる。「虎が―」

たけ・る【◇猛る】(自五) ①荒々しくあばれる。荒れ狂う。「海が―」②興奮して勇み立つ。「―心」

た・ける【炊ける】(自下一) 水につけた米などが煮えて、食べられる状態になる。「飯が―」他たく(五)

た・ける【◇長ける】(自下一) 資質・才能が十分に備わる。優れている。長じる。「才―けた女性」「商売に―」「世故に―(=世情に通じ、世わたりがうまい)」文た・く(下二)

た・ける【△闌ける】(自下一) ①盛りに達する。「秋も―」「日が―」②盛りがいくらか過ぎる。「年―け、足腰も弱くなる」文た・く(下二)

だ-けれども(接) あとの事柄が前の事柄に反していることを示す。だけれど。だけど。だけども。「気持ちはわかる。―がまんしてほしい」語源 助動詞「だ」+接続助詞「けれども」

たけ-を【◇猛◇男・◇猛◇夫・丈◇夫】―《古》強く勇敢な男。

た-けん【他見】他人が見ること。よそ目。また、他人に見せること。「―を許さず」「―をはばかる」

た-げん【他言】(名・他スル)→たごん

た-げん【多元】物事の根源・要素が多くあること。↔一元

―てき【―的】(形動ダ) 一つの物事が数多くの要素から成り立つさま。「―に考える」

―ほうそう【―放送】二つ以上の地点や放送局を結んで、一つの番組を構成する放送。

―ろん【―論】《哲》統一的な一つのものによってではなく、複数の存在・原理によって世界の成立を説明しようとする立場。⇩一元論・二元論

た-げん【多言】(名・自スル) 口数が多いこと。多言。「―を弄する」「―を要しない」↔寡言

だ-けん【駄犬】雑種の犬。つまらない犬。雑犬。

たこ【凧】(字義)→次項。参考「凧」は国字。

たこ【△凧】竹などの骨組みに紙またはビニールを張り、糸を付け、風を利用して空中に揚げる遊具。いかのぼり。「―揚げ」春

たこ【△蛸・×章魚】《動》軟体動物頭足類八腕目の一群の総称。海底の岩間にすみ、カニや貝などを食う。体は頭と胴と腕からなり、二列に並んだ吸盤をもつ八本の腕は口を取り囲んでいる。種類が多く、食用。マダコ・イイダコなど。夏

たこ【×胼胝】皮膚の一部が絶えず刺激を受けて、かたく厚くなったもの。胼胝。「耳に―ができる(=同じことを何度も聞かされてうんざりする)」「ペン―」参考 他の語に付くと「だこ」となる。

た-ご【田子】《古》水田の仕事をする人。農民。

たご【×担桶】水、または、肥料を入れてかつぐおけ。「こえ―」

たこ-あし【△蛸足】タコの足のように、一箇所からあちらこちらに分かれていること。「―配線」

た-こう【多幸】(名・形動ダ) しあわせに恵まれること。また、そのさま。「ご―を祈ります」↔薄幸

だ-こう【蛇行】(名・自スル) 蛇の進むように、道・川・進み方などが、S字状にうねっていること。「―運転」

たこう-しき【多項式】《数》二つ以上の単項式を加法または減法の記号で結び付けた式。↔単項式

タゴール〈Rabindranāth Tagore〉(一八六一〜一九四一) インドの詩人・思想家。戯曲・小説のほか東西文化の交流に努めた。一九一三年ノーベル文学賞受賞。代表詩集「ギーターンジャリ」。

た-こく【他国】①よその国。外国。↔自国 ②故郷でない土地。他郷。

だ-こく【打刻】(名・他スル) ①金属などに数字や記号を刻むこと。「製造番号を―する」②タイムレコーダーで時刻を記すこと。「出勤時刻を―する」

た-こくせき【多国籍】複数の国に籍をもつこと。また、さまざまな国の人や物が組み合わさって構成されていること。「―軍」「―料理」

―きぎょう【―企業】複数の国にその国の国籍を持つ子会社・系列会社があり、世界各地で資源開発や生産・販売活動を行う企業。世界企業。

タコグラフ〈tachograph〉自動車に取り付け、走行速度・運転時間などを記録する装置。運行記録計。

たご-さく【田△吾作・田五作・田子作】(いつも、こえたごを担いでいる意から)農民や田舎の人を軽蔑していう語。

た-ごし【手△輿・×腰輿】前後二人で、手で腰のあたりまで持ち上げて運ぶ輿。手輿。腰輿。

タコス〈スペイン tacos〉メキシコ料理の一つ。とうもろこしの粉を薄焼きにしたトルティーヤにひき肉・野菜などの具とサルサを包んで

食べる。

たこ-つぼ【蛸壺】①海中に沈めてタコをとらえる、素焼きのつぼ。夏 ②戦場に掘った一人用の塹壕(ざんごう)。

たこ-にゅうどう【蛸入道】ニフダウ ①タコの異名。②(タコの丸い胴を頭と見立てて)坊主頭の人をあざけっていう語。たこ坊主。

たごのうら〔田子浦〕駿河(するが)湾北部、静岡県富士市の海岸一帯。富士山を望む景勝地。山部赤人の歌で名高い。

たごのうらに… 和歌〔田子の浦に うち出(い)でて見れば 白妙(しろたへ)の 富士の高嶺(たかね)に 雪は降りつつ〕〈新古今集 山部赤人(やまべのあかひと)〉田子の浦の見晴らしのよい所に出て見ると、まっ白な富士の高嶺に雪はしきりに降っていることだ。(「万葉集」では「田子の浦ゆ(=田子の浦から)うち出でて見れば真白にぞ不尽の高嶺に雪は降りける」とある。小倉百人一首の一つ)

たこ-の-き【蛸の木】〔植〕タコノキ科の常緑高木。小笠原諸島などの暖地に自生。幹に多数の気根を生じる。葉は長披針(ひしん)形で先端がとがる。雌雄異株(いしゅ)。果実はパイナップル状で、熟すると赤黄色となる。葉で籠(かご)や帽子を編む。

たこ-はいとう【蛸配当】ハイタウ 株主に配当をするだけの利益が上がらなかった株式会社が、うその利益をつくり上げてむりな配当をすること。たこはい。語源 タコは空腹になったとき、自分の足を食うとされることから出た語。

たこ-べや【蛸部屋】賃金の上前(うわまえ)をはねたり、逃げようとする者に暴力をふるったりして、監禁同様に労働者を働かせた飯場(はんば)。

たこ-ぼうず【蛸坊主】バウズ →たこにゅうどう

タコメーター〈tachometer〉回転速度計。自動車のエンジンなどの回転数を示す計器。

たこ-やき【蛸焼〔き〕】水に溶いた小麦粉を型に流し、刻んだタコやネギなどを加えて球状に焼いた食べ物。

タコ-ライス〈和製語〉沖縄料理の一つ。タコスの具材とサルサを米飯にのせたもの。

た-こん【多恨】恨む心や悔やむ心の多いこと。「多情ー」

た-ごん【他言】(名・他スル)言ってはならないことを、他人に話すこと。他言(たげん)。「ー無用」「ーをはばかる」

た-さい【多才】(名・形動ダ)才能が多方面にわたって豊かなこと。また、そのさま。「多芸ー」「博学ー」「ーな人」

た-さい【多彩】(名・形動ダ)①色とりどりで美しいこと。また、そのさま。②種々さまざまあってはなやかなこと。また、そのさま。「ーな顔ぶれ」「ーな催し」

た-ざい【多罪】①罪の多いこと。②(罪の多い意から)無礼または過失などをわびる手紙文の言葉。多謝。「妄言(もうげん)ー」

ださ・い(形)カロ・カツ(ク)・イ・イ・ケレ・○〈俗〉言動・服装・好みなどが、野暮(やぼ)ったくて魅力のないさま。「ー格好」

だ-ざい【堕罪】罪におちいること。罪人になること。

だざいおさむ〔太宰治〕ダザイヲサム(一九〇九〜一九四八)小説家。青森県生まれ。「日本浪曼派(にほんろうまんは)」同人。特異な才能と戯作(げさく)風な文章で人間の内面の真実を追究。戦後、流行作家になったが、自殺。代表作「斜陽」「人間失格」など。

だざい-ふ【°大宰府】〔日〕律令(りつりょう)制下、平安時代末まで筑前(ちくぜん)の国(福岡県)に置かれた役所。九州・壱岐(いき)・対馬(つしま)を治めて外交・国防にあたり、「遠(とお)の朝廷(みかど)」と呼ばれた。

た-さく【多作】(名・他スル)作家・芸術家が、次々と多くの作品を作ること。「ーで知られる作家」↔寡作(かさく)

だ-さく【駄作】つまらない作品。愚作。

た-さつ【他殺】他人に殺されること。「ー死体」↔自殺

た-さん【多産】①子供や卵をたくさん産むこと。「ー系」②作物がたくさんとれること。「ー地帯」

た-ざん【他山】①ほかの山。②ほかの寺。

ーの石(いし) 自分の品性や知徳をみがくのに役立つ、他人のよくない言行。語源「他山の石以(もっ)て玉を攻(おさ)むべし(=よその山から採った粗悪な石でも、砥石(といし)にして玉をみがくことができる)」〈詩経・小雅〉に由来する語。

だ-さん【打算】(名・他スル)損か得かを勘定すること。利害を見積もること。「ーがはたらく」

ーてき【ー的】(形動ダ)ダロ・ダッ(デ・ニ)・ダ・ナ・ナラ・○ 物事をする際、自分にとって損か得かを第一に考えるさま。「ーな考え」

たし【足し】不足を補うもの。「腹のーにする」

た-し【他志】隠している他の考え。ふたごころ。

た-し【他紙】ほかの新聞。

た-し【他誌】ほかの雑誌。

た-し【多士】多くのすぐれた人材。「ー済済(せいせい)」

たし(助動-形ク型)タカラ・タク(タカリ)・タシ・タキ(タカル)・タケレ・○〈古〉希望する意を表す。…たい。…てほしい。「家にありたき木は松・桜」〈徒然草〉参考 口語の「たい」の古語形。

た-じ【他事】その人には関係のないほかのこと。別事。よそごと。「ーながらご安心ください」

た-じ【多事】①仕事が多いこと。忙しいこと。「ー多端(=仕事が多くて多忙なこと)」②事件が多く世間が騒がしいこと。「ー多難」

だし【出し・×出汁】①だし汁をとるもとになるもの。小魚・昆布・かつおぶしなど。「味噌汁(みそしる)のー」②「だし汁」の略。③自分の目的や利益のために利用する人や物事。手段。方便。「人をーに使う」「子供をーにして欠席する」

だし【山車】祭りのとき、飾り物などをして引き回す車。やま。だんじり。夏 参考 常用漢字表付表の語。

だし-いれ【出し入れ】(名・他スル)出すことと入れること。出したり入れたりすること。「ー自由な口座」

だし-おしみ【出し惜しみ】ヲシミ(名・他スル)出すのを惜しむこと。出し渋ること。「金をーする」

だし-おし・む【出し惜しむ】ヲシム(他五)マ(モ)・ミ(ン)・ム・ム・メ・メ 金銭や品物・力などを、出すのを惜しむ。出し渋る。「会費をー」

たしか【確か・°慥か】一(形動ダ)ダロ・ダッ(デ・ニ)・ダ・ナ・ナラ・○ ①正確・明確であるさま。間違いないさま。「ーな証拠」「ーにそう言った」②しっかりしていて信用できるさま。安全なさま。「彼の仕事ならーだ」「体は衰えても気はーだ」文(ナリ) 二(副)絶対とは言えないが、ほぼ間違いないの意。記憶が間違っていなければ。多分。「ー去年のことだった」用法 形容動詞「たしか」は、やや確信に欠ける場合に用いる。

たしか・める【確かめる・°慥かめる】(他下一)メ・メ・メル・メル・メレ・メロ(メヨ) はっきりしない点を深く調べて明瞭(めいりょう)にする。念を押して確かかどうか見届ける。「答えをー」「出席者の数をー」文 たしか・む(下二)

だし-がら【出し殻】①だし・薬草などを煮出したかす。②煎(せん)じ出したあとの茶の葉。茶殻。

た-しき【多識】(名・形動ダ)多くの物事を知っていること。知識の広いこと。また、そのさま。博識。「博学ー」

タジキスタン〈Tajikistan〉中央アジアのパミール高原に位置する共和国。首都はドゥシャンベ。

だし-き・る【出し切る】(他五)ラ(ロ)・リ(ッ)・ル・ル・レ・レ すべてを出してしまう。あるものを出し尽くす。「力をー」

だし-こんぶ【出し昆布】出し汁をとるのに使う昆布。出し昆布(こぶ)。

たし-ざん【足し算】〔数〕二個またはそれ以上の数を加え合

わせる計算。寄せ算。加算。加法。↕引き算

だし-しぶ・る【出し渋る】(他五) 金銭や品物などを、出すまいとする。出し惜しむ。「経費を―」

だし-じる【出し汁】かつおぶし・昆布・小魚などを煮出したうまみのある汁。だし。

たし-せいせい【多士。済。済】(名・タル) すぐれた人物がたくさんいること。多士済済。「―の顔ぶれ」

たじ-たじ(副・形動ダ) 気おくれして引き下がるさま。たじろぐさま。「質問攻めにあって―になる」

たじ-たなん【多事多難】事件が次々起こり、困難なことが多いこと。「前途は―だ」

た-しつ【多湿】(名・形動ダ) 湿度の高いこと。また、そのさま。「高温―」

た-じつ【他日】ほかの日。あす以降の別の日。「―を期す」

たしなみ【△嗜み】①芸事などの心得。「お茶の―がある」②心がけ。用意。「ふだんの―」③慎み。節度。「―のない人」

たしな・む【△嗜む】(他五) ①芸事などの習得を心がける。習って身に付ける。「お琴を―」②いつも好んで親しむ。「酒を―」③言動を慎む。可能たしな・める(下一)

たしな・める【△窘める】(他下一) よくない言動や態度に対して、穏やかに注意する。「無作法を―」文たしな・む(下二)

だし-ぬ・く【出し抜く】(他五) 相手のすきに付け込んだりだましたりして、自分が先に何かをする。「他社を―」

だし-ぬけ【出し抜け】(名・形動ダ) 突然なこと。また、そのさま。不意なさま。「―に飛び出す」「―の発言」

たじま【但馬】旧国名の一つ。現在の兵庫県北部。但州。

たし-まえ【足し前】(特に金額などの)不足を補う分。補い。足し。「―にいくらか出す」

だし-もの【出し物・。演〔し〕物】芝居その他の興行で、上演する作品。演目。「今月の―」

た-しゃ【他社】他の会社・神社など。

た-しゃ【他者】自分以外の人。ほかの者。

た-しゃ【多謝】(名・自他スル) ①深く感謝すること。心から礼を言うこと。②深く謝罪すること。丁寧にあやまること。多罪。「妄言―」参考②は「多罪」の誤用から。

だ-しゃ【打者】野球で、バッターボックスに立って投手の投げる球を打つ人。バッター。「―一巡の猛攻」

だ-じゃく【惰弱・△懦弱】(名・形動ダ) ①意志が弱くいくじのないこと。また、そのさま。「―な精神」②体力の弱いこと。また、そのさま。「―な肉体」

だ-じゃれ【駄△洒。落】へたでつまらないしゃれ。「―をとばす」

た-しゅ【多種】種類が多いこと。

―**たよう**【―多様】(名・形動ダ) 種類などがいろいろであること。さまざま。多彩。「人の考えは―である」

た-しゅ【多趣】①おもむきの多いこと。②多趣味。

だ-しゅ【△舵手】船のかじをとる人。操舵手。かじとり。

た-しゅう【他宗】ほかの宗旨。他の宗派。↕自宗

た-じゅう【多重】いくつも重なり合っていること。「―債務」「―衝突」

―**じんかく**【―人格】一人の人の中に異なる複数の人格が存在し、それぞれ別に現れること。解離性同一性障害。

―**ほうそう**【―放送】ラジオ・テレビなどの一つの放送波に、二種類の音声や画面を同時に送信する放送形式。音声多重放送・文字多重放送など。

た-しゅつ【他出】(名・自スル) よそへ行くこと。外出。

た-しゅみ【多趣味】(名・形動ダ) 趣味とするものが多いこと。また、そのさま。「―な人」↕無趣味

だ-じゅん【打順】野球で、攻撃するときの打席にはいる順番。バッティングオーダー。「好―」「―を決める」

た-しょ【他所】その場所とは違ったところ。よその土地。

た-しょう【他生】〔仏〕今生から、過去や未来の生をいう称。前世と来世。

―**の-えん**【―の縁】→たしょうのえん(多生の縁)

た-しょう【他称】〔文法〕人称の一つ。話し手・聞き手以外の人をさす代名詞。第三人称。三人称。「あのかた」「かれ」など。↕自称・対称

た-しょう【多少】■一(名) 多いことと少ないこと。多寡。「金額の―は問わない」■二(副) いくらか。少々。「―ちがう」

た-しょう【多生】①〔仏〕多くの生死を繰り返して何度も生まれ変わること。②多数を生かすこと。「一殺―の剣(=一人を殺すことによって多数を生かす剣)」

―**の-えん**【―の縁】〔仏〕この世に生を受ける前の多くの生を経る間に結ばれた因縁。前世で結ばれた縁。「袖振り合うも―」参考「他生の縁」とも書く。

た-しょう【多祥】めでたいことの多いこと。多幸。「御―の段およろこび申し上げます」参考多く、手紙文で用いられる。

た-しょう【多照】日の照る時間の多いこと。「高温―」

た-じょう【多情】(名・形動ダ) ①感情が豊かなこと。また、そのさま。物事に感じやすいさま。「―多感」②愛情が変わりやすいこと。また、そのさま。移り気。「―な人」

―**たこん**【―多恨】(名・形動ダ) 物事に感じやすいためにうらみも多いこと。また、そのさま。

―**ぶっしん**【―仏心】感じやすく移り気だが、薄情なことはできない性質。

だじょう-かん【。太政官】→だいじょうかん

だじょう-だいじん【。太政大臣】→だいじょうだいじん

だじょう-てんのう【。太上天皇】→だいじょうてんのう

た-しょく【多色】色が多いこと。

―**ずり**【―刷り】印刷インクを三色以上使った印刷。また、その印刷物。「―のグラビア」

た-しょく【多食】(名・他スル) たくさん食べること。大食。

たじろ・ぐ(自五) 相手の勢いに圧倒されてひるむ。気おくれしてためらう。「相手の剣幕に―」

た-しん【他心】別の考え。ふたごころ。他意。他志。

だ-しん【打診】(名・他スル) ①〔医〕指で患者の体をたたき、音によって内臓の状態を診断したり、つちでたたいて腱反射を調べたりすること。②相手の意向をさぐるために、それとなく当たってその反応をみること。「相手の考えを―する」

たしん-きょう【多神教】〔宗〕同時に多くの神をみとめ、これを崇拝する宗教。↕一神教

た・す【足す】(他五) ①すでにあるものに増し加える。「二に二を―」↕引く ②足りないものを補う。「加湿器に水を―」③(多く「用をたす」の形で)㋐用事をかたづける。「ついでに用を―」㋑大小便をすませる。可能た・せる(下一)

たず【田。鶴】→たづ

だ・す【堕す】(自五) →だする

だ・す【出す】(他五) 《中心義―ある境界の内側にあったものをその外側に移動させる》①外へ移す。それまであった所を発して他にむけて移動させる。「ポケットから小銭を―」「手紙を―」「嫁に―」「船を―」②人の前にそれを示す。また、そ

れを与える。「食事を―」「ひまを―」③多くの人に見られる所に示す。「全国紙に意見を―」「証拠を―」④それまでなかった所に動かす。新たに始める。「大通りに店を―」「声を―」⑤体内に蓄えたものを言動で示す。「力を―・し合う」「声を―」⑥心の中の動きを表に示す。「落胆を顔に―」「不満を口に―」⑦物事を生じさせる。発する。「火事を―」「赤字を―」⑧勢いなどが生じたり加わったりする。「元気を―」「スピードを―」⑨(動詞の連用形の下に付いて)その動作を始める。「話し―といつも長い」自でる(下一) 可能だ・せる(下一) 語源「いだす」の転。

た-すう【多数】 物の数や人数の多いこと。「―派」↕少数 類語無数・数々・幾多・たくさん・一杯・数多(あまた)・どっさり

―けつ【―決】 会議などで、賛成者の多い意見を全体の意見として物事を決定すること。「―で決める」

だ-すう【打数】 野球で、打席数から四球・死球・犠牲打・打撃妨害などを受けた回数を差し引いた数。打撃数。

たすか・る【助かる】(自五)(ラ(ロ)・リ(ッ)・ル・ル・レ・レ) ①危険や死からのがれる。命拾いをする。「命が―」②労力・費用・苦痛などが少なくてすみ、らくである。「手間が省けて―」他たす・ける(下一)

たすき【△襷】 ①和服のそでをたくしあげるため、肩から脇(わき)の下へ通し、背中で交差させて結ぶひも。「帯に短し、―に長し」(=中途半端で役に立たないこと)②一方の肩から他方の腰に斜めにかけた細い輪状の布。「駅伝競走の―」③ひもや線が斜め十文字になっているもの。また、その模様。参考「襷」は国字。

―がけ【―掛〔け〕】 ①たすきをかけた姿。たすきをかけて一心に立ち働く姿。「―で働く」②輪状のものを一方の肩から斜めにかけること。「バッグを―にする」③斜めに交差させること。また、その形や模様。

た-ずき【×方便・×活計】(ツキ) 生活を支える手段。方法。生計。たつき。「くらしの―を求める」

タスク〈task〉①課せられた仕事。任務。②《情報》コンピューターで処理される仕事の単位。

―フォース〈task force〉①軍隊で、任務遂行のために編制された部隊。任務部隊。②課題解決のために組織されたチーム。

たすけ【助け】 ①たすけること。「人に―を求める」②たすけるもの。「仕事の―になる」「生活の―」

―を借(か)りる 手伝ってもらう。助力や助言を受ける。

―ぶね【―船】 ①水上で遭難した船や人を救助する船。救助船。②困っているときに貸す力。助力。「―を出す」

たす・ける【助ける】(他下一)(ケ・ケ・ケル・ケル・ケレ・ケロ(ケヨ)) ①危険や死からのがれさせる。救う。救助する。「おぼれかかった人を―」②力を添えて手伝う。助力する。援助する。「家業を―」③金品を渡して経済的援助をする。「物資を送って罹災者(りさいしゃ)を―」④状態や何かのはたらきがよりよくなるようにする。うながす。「青少年の健全な成長を―」「消化を―薬」自たすか・る(五) 文たす・く(下二)

表現

〔類語〕	〔〜する〕	〔慣用〕	〔ことわざ〕
▼救い出す・救う・助(す)ける・手伝う	▼援護・援助・応援・介助・加勢・荷担・救援・救護・救済・救出・救助・後援・支援・助成・助勢・助命・助力・扶助・幇助(ほうじょ)・保護・補佐・補助・味方 ▼アシスト・後押し・サポート・助太刀・力添え・バックアップ・フォロー	▼相身互い・陰になり日向になり・片肌を脱ぐ・片棒を担ぐ・助け船を出す・力になる・力を貸す・手を貸す・手を差し伸べる・一肌脱ぐ・持ちつ持たれつ	▼窮鳥懐(ふところ)に入れば猟師も殺さず・唇滅びて歯寒し・芸は身を助ける・小の虫を殺して大の虫を助ける・親(しん)は泣き寄り他人は食い寄り・捨てる神あれば拾う神あり・旅は道連れ世は情け・敵に塩を送る・天は自ら助くる者を助く・渡る世間に鬼はない

たずさ・える【携える】(タヅサヘル)(他下一)(エ・エ・エル・エル・エレ・エロ(エヨ)) ①手にさげたり身につけたりして持つ。「書類を―」②連れていく。「子を―・えて家を出る」③(「手を携える」の形で)たがいに手をとる。ともに行動する。「手を―・えて努力する」文たづさ・ふ(下二)

たずさわ・る【携わる】(タヅサハル)(自五)(ラ(ロ)・リ(ッ)・ル・ル・レ・レ) 従事する。かかわりあう。「研究に―」「編集に―」可能たずさわ・れる(下一)

ダスター〈duster〉①ほこりを払う布。雑巾(ぞうきん)。②→ダストシュート ③「ダスターコート」の略。

―コート〈和製英語〉ほこりよけに着る、薄手の生地の軽いコート。参考英語では duster または dustcoat という。

ダスト-シュート〈和製英語〉高層の集合住宅やビルなどにとりつけられた、ごみ捨て用の投げ入れ口。ダスター。

たずね-びと【尋ね人】(タヅネ) 行方をさがし求められている人。消息が不明でさがしている人。

たずね-もの【尋ね物】(タヅネ) たずねさがしている品物。

たずね-もの【尋ね者】(タヅネ) →おたずねもの

たず・ねる【訪ねる】(タヅネル)(他下一)(ネ・ネ・ネル・ネル・ネレ・ネロ(ネヨ)) 人に会うためにその居所に行く。見るためにある場所におもむく。文たづ・ぬ(下二) 参考「尋ねる」とも書く。⇩「使い分け」 類語行く・訪れる・訪(おとな)う・訪問する・往訪する・伺(うかが)う・見舞う・立ち寄る

尊敬語	謙譲語	丁寧語
いらっしゃる	うかがう　あがる	訪ねます
お訪ねになる	参る　参上する	参る　参ります
訪ねられる	推参する	

たず・ねる【尋ねる】(タヅネル)(他下一)(ネ・ネ・ネル・ネル・ネレ・ネロ(ネヨ)) ①所在のわからないものをさがし求める。「転居先を―」②不明な事を人に問う。質問する。「解き方を先生に―」「道を―」③先例や道理を考え求める。「往事を―・ねて変遷を見る」「芸道の奥義を―」文たづ・ぬ(下二) 参考②は「△訊ねる」とも書く。⇩「使い分け」

使い分け「訪ねる・尋ねる」
「訪ねる」は、人や場所をおとずれる意で、「親友を訪ねる」「文学碑を訪ねる」などと使われる。
「尋ねる」は、筋道をたてて聞きただしさがし求める、考究する意で、「落とし物を尋ねる」「疑問点を先生に尋ねる」「尋ね人」などと使われる。

だ・する【堕する】(自サ変)(シ(セ・サ)・シ・スル・スル・スレ・シロ(セヨ)) よくない傾向や状態におちいる。「マンネリズムに―」文だ・す(サ変)

た-ぜい【多勢】 人数の多いこと。多人数。↕無勢(ぶぜい)

―に無勢(ぶぜい) 少数の者が多数の者を相手にしては、とてもかなわないこと。

だ-せい【惰性】 ①いままでの勢いや習慣。「―に流される」②→かんせい(慣性)

だせい-せっき【打製石器】(セキキ) 《世・日》石を打ち欠いてつくった石器。日本では旧石器時代から弥生(やよい)時代まで用いられた。⇩磨製石器

だ-せき【打席】 野球で、打者が投手の球を打つために立つ場所。バッターボックス。また、打者としてそこに立つこと。「―数」

た-ぜり【田芹】（多く田に生じるところから）「せり」の異称。

た-せん【他薦】（名・他スル）他の者が推薦すること。「自薦ーを問わず」⇔自薦

た-せん【多選】 選挙で、同じ人が何度も選出されること。「知事のーを禁止する」

だ-せん【打線】 野球で、打者の陣容や打順。「強力ー」

だ-せん【唾腺】 →だえきせん

た-そ【誰そ】《古》だれか。だれだ。

た-そがれ【黄昏】 ①夕暮れ。くれがた。「ーどき」②《比喩ゆ的に》盛んな時を過ぎ終わりに近づくころ。「人生のー」 語源 薄暗くて「誰たそ彼」とたずねる意からできた語。⇩かわたれ

たそが・れる【黄昏れる】（自下一）①日が暮れて薄暗くなる。②人生の盛りを過ぎる。③《俗》物思いにふける。 語源「たそがれ」を動詞化した語。

だ-そく【蛇足】 ①よけいなもの。無用なもの。②他人がしたことに自分が付け加えることをへりくだっていう言葉。「ーながら申し上げます」
故事 楚その国で、主人から酒をもらった召使たちが、蛇の絵を一番早く描いた者が飲むという賭かけをしたが、すばやく描き上げた男が調子に乗って蛇に足を描き添えたため、その間に絵を描き上げた男に酒を飲まれてしまったという話による。〈戦国策〉

たそく-るい【多足類】《動》節足動物のうち、多数の足をもつ、ムカデ・ヤスデ・ゲジの類の総称。

た-た【多多】（副）数が多いさま。たくさん。「誤りはーある」

ーますます弁べんず（「弁」は、処理する意）①手腕・才能が豊かで、仕事が多ければ多いほどりっぱに成しとげる。②多ければ多いほど都合がよい。故事 漢の高祖が韓信かんしんに向かって、「私は幾人の兵の将になれるか」と尋ねると、韓信は「陛下は十万人の大将がせいぜいです」と言う。高祖が「では、おまえはどうか」と問うと、韓信が「私は多多ますます弁ずです」と答えたことからいう。〈漢書〉

ただ【只】 無料。無報酬。「本をーでもらった」「ーで働く」

ーより高たかいものはない ただで物をもらうと、返礼に金がかかったり義理ができたりして、結局高くついてしまう。

ただ【徒】 ㊀（名）①取り立てて言うほどのことがないこと。特別でないこと。ふつう。「ーの人」「ーの風邪」②そのまま何事もないこと。無事。「ーでは済まない」㊁（副）取り立てて他に何もないままに。むなしく。むだに。「ーぼんやりと日を過ごす」参考「只」とも書く。

ーでさえ ふつうでさえ。そうでなくとも。**ーならぬ** ふつうでない。ひととおりでなくたいへんな。「ーできごと」

ただ【直】（副・形動ナリ）《古》①まっすぐ。②直接。じかに。③じきに。すぐ。④あたかも。まるで。

ただ【唯・只】（副）（多く「だけ」「ばかり」「のみ」あるいは「…しか…ない」などの語を下に伴って、「それ以外にない」という限定の意を表す）①もっぱら。そのことだけ。「ー泣くばかり」②ひたすら。せつに。「ー無事を祈るだけだ」③数量を表す語の上に付けて、その少ない意を強める。わずかに。たった。「ー一人」

ただ【但】（接）念のために言うと。ただし。「ー、例外もある」

だ-だ【駄駄】 甘えてわがままを言うこと。「ーをこねる」

ダダ〈フランス dada〉①「ダダイスム」の略。②「ダダイスト」の略。

た-だい【多大】（名・形動ダ）非常に多いこと。程度のはなはだしいこと。また、そのさま。「ーの成果」「ーな損害を受ける」

だ-たい【堕胎】（名・自スル）人工的に胎児を流産させること。

だ-だいこ【大太鼓】 →おおだいこ①

ダダイスト〈フランス dadaïste〉ダダイスムを奉じる人。ダダ。

ダダイスム〈フランス dadaïsme〉二〇世紀の文芸・美術運動の一つ。第一次世界大戦中スイスで起こった。社会不安を背景に、既成の価値観や論理性と芸術形式を否定し、自由な発想と表現を尊重したもの。ダダ。

ただ-いま【只今・唯今】 ㊀（名）いま。現在。「ーの時刻」㊁（副）①いますぐ。「ー参ります」②たった今。ほんの少し前。「ー出発しました」㊂（感）外から帰ったときの挨拶あいさつの言葉。「お父さん、ー」

ただ-うど【徒人・直人】《古》「ただびと」の音便。

たたえ-ごと【称え言・称え辞】 ほめたたえることば。ほめことば。賛辞。

たた・える【称える】（他下一）ほめあげる。称揚する。称賛する。「優勝をー」文たた・ふ（下二）

たた・える【湛える】（他下一）①液体でいっぱいにする。満たす。「満々と水をーえた湖」②感情を顔に表す。「満面に笑みをー」文たた・ふ（下二）

たたかい【戦い・闘い】 ①戦うこと。いくさ。戦争。「関ケ原のー」②試合。競争。③闘争。抵抗。「難病とのー」

たたかい-がまえ【門構え・鬥】 漢字の部首名の一つ。「鬨」「鬪」などの「鬥」の部分。とうがまえ。

たたか・う【戦う・闘う】（自五）①たがいに相手を負かそうとして争う。戦争をする。「死力を尽くしてー」「槍やりでー」「名人戦でー」②利害の対立する者どうしが、自分の主張を通そうと努力する。「反対党とー」③困難や障害などに負けまいと努力する。「貧苦とー」他たたかわす（五）可能たたかえる（下一）語源「叩たたきあう」から転じた語。⇩「使い分け」

> 使い分け「戦う・闘う」
> ともに「勝ち負けを争う」という意味では一致しているが、「戦う」は、武力で勝敗を争う意で、「賊軍と戦う」「銃砲を用いて戦う」などと使われる。
> 「闘う」は、「戦」より小さい争いでたがいに攻めあう意、また、抽象的に、ある対象に負けないよう抵抗する意を表し、「難病と闘う」「権力と闘う」などと使われる。

たたかひに… 和歌〔たたかひに 果てにし子ゆゑ 身に沁しみて ことしの桜 あはれ散りゆく〕〈釈迢空しゃくちょうくう〉戦争で命を散らせたわが子を思うゆえに、今年はいつにもまして桜の花の散ってゆくのが身にしみてあわれに感じられることだ。（作者の養嗣子しし折口春洋おりくちはるみは、昭和二十年に戦死した）

たたき【叩き・敲き】 ①たたくこと。「肩ー」②昔、罪人をむちなどでたたいた刑罰。③魚・鳥獣の肉を細かくたたいた料理。「アジのー」④カツオなどの表面を焙あぶり、薬味とともにたたいて刺身にした料理。⑤→たたき(三和土)⑥《俗》強盗。

ーうり【叩き売(り)】 露天商人が、商品をのせた台を棒でたたき、口上を述べたりしながらしだいに値を下げて安く売ること。転じて、投げ売り。安売り。「バナナのー」

ーだい【叩き台】 審議し検討するための、もとになる案。「審議のー」

ーだいく【叩き大工】 仕事の未熟な大工。

たたき【三和土】 赤土・石灰・砂などを混ぜて突き固めた、台所や玄関などの土間。コンクリートのものもいう。

たたき-あ・げる【叩き上げる】 ㊀（他下一）たたいて作りあげる。㊁（自下一）きたえられ、努力や苦労を重ねて一人前になる。「下積みからーげた演技派」文たたきあ・ぐ（下二）

たたき-おこ・す【叩き起(こ)す】（他五）①戸をたたいて眠っている人をおこす。「夜中にー・される」②眠っ

ている人をむりにおこす。「電話のベルでー・される」

たたき-こ・む【叩き込む】(他五) ①たたいて入れる。力まかせに打ち込む。ぶち込む。「くいをー」②乱暴に投げ入れる。「川にーぞ」③しっかり覚え込ませる。徹底的に教え込む。「技術をー」「頭にー」

たたき-だ・す【叩き出す】(他五) ①たたいて、また、乱暴に追い出す。「あばれる客をー」②金属を槌でたたいて模様を打ち出す。③《俗》大きな記録や数値を出す。「決勝点をー」「最高売上高をー」

たたき-つ・ける【叩き付ける】(他下一) ①強く投げつける。「コップを床にー」「ーような雨」②(憤然と)物を乱暴に手渡す。「辞表をー」文たたきつ・く(下二)

たたき-なお・す【叩き直す】(他五) ①曲がったものをたたいてまっすぐにする。②性行や心をきたえて正しくする。「腐った根性をー」

たたき-のめ・す【叩きのめす】(他五) 立ち上がれなくなるほど、ひどい打撃を与える。徹底的にやっつける。

たた・く【叩く・敲く】(他五) ①手や手に持った物を動かして目当ての物を打つ。なぐる。ぶつ。はたく。「肩をー」「棒でー」②打って音を出す。「手をー」「ドアをー」「太鼓をー」「門をー(=入門させて欲しいと求める)」③相手の悪い点を突いて責める。非難する。論難する。「新聞にー・かれる」④相手がどう反応するか、その考えなどをさぐる。打診する。問う。「識者の意見をー」⑤激しくきたえる。鍛錬する。「弟子をー・いて芸をしこむ」⑥買い手が売値より安い値段を言うなどしてやりとりし、売値をまけさせる。値切る。「足もとを見てー」⑦何度も打って柔らかくしたり細かくしたりする。「肉をー」⑧(多く「口をたたく」の形で)しゃべる。「むだ口をー」可能たた・ける(下一)

参考「叩」は軽く音がするくらいにたたく意。「敲」は「叩」より強くたたく意。

たたけば埃が出る どんな者でも細かく詮索すれば、過去の悪事や醜行・弱みなどが出てくる。「ー身の上」

ただ-ごと【◇徒事・△只事・◇唯事】ふつうのこと。あたりまえのこと。「ーではない」用法 多く、あとに否定の表現を伴う。

ただし【但し】(字義) →たん(但)

ただし【但し】(接) 前に述べたことに、条件や例外などを言い添えるときに用いる語。「入場料一〇〇〇円、ー子供は半額」

ーがき【ー書〔き〕】書き出しに「但し」という語を用いて、その本文の説明・例外・条件などを書き添えること。また、その文。「ーをつける」

ただし・い【正しい】(形) ①道徳・法律・道理などにかなっている。真理にかなっている。「ー行為」「ー考え」②基準に合っていて乱れない。きちんとしている。「主述の関係はー」「礼儀ー・くすわる」③正確である。「ー知識」文ただ・し(シク)

ただ・す【正す】(他五) ①まちがっているものをなおす。基準・法律・道理などに合うようにする。あるべき姿や形にする。「誤字・脱字をー」②ゆがみをなおしてきちんとする。「威儀をー」「えりをー(=改まった態度になる)」可能ただ・せる(下一)

ただ・す【糺す・◇糾す】(他五) 事実を問い調べる。よしあしを明らかにする。吟味する。「罪をー」「理非曲直をー」「もとをー・せば彼が悪い」可能ただ・せる(下一)

ただ・す【◇質す】(他五) 質問する。尋ねて確かめる。「方針をー」「真意をー」可能ただ・せる(下一)

たたずまい【△佇まい】立っているようす。また、自然にかもしだされるようす・雰囲気。風情。「家のー」「閑静なー」

たたず・む【△佇む】(自五) しばらく立ちどまっている。じっと立っている。「窓辺にー」可能たたず・める(下一)

ただち-に【直ちに】(副) ①時間をおかずに。すぐに。即座に。「ー出発する」②じかに。直接に。「窓外はー崖だ」

だだっ-こ【×駄駄っ子】だだをこねてききわけのない子供。

だだっ-ぴろ・い【だだっ広い】(形) むやみに広い。度外れて広い。「ー部屋」

ただ-なか【◇直中・△只中】①まんなか。中心。「群衆のーにわけ入る」②さいちゅう。さなか。「戦争のー」

ただ-に【△啻に】(副) 単に。ただ。「ー偉大な政治家であるのみならず、すぐれた詩人でもあった」用法 多く、あとに「のみならず」「ばかりでなく」などの語を伴う。

ただ-のり【△只乗り】(名・自スル) 料金を払わずに乗り物に乗ること。また、それをする人。無賃乗車。⇩薩摩守

ただ-ばたらき【△只働き】①報酬なしで働くこと。②働いてもその効果が出ないこと。

ただ-びと【◇徒人・◇直人】《古》①ふつうの人間。②臣下。③官位の低い人。④僧でない人。俗人。

たたみ【畳】①わらを芯にして、上敷き用の藺草のござでおおった和室の厚い敷物。②古くは「むしろ」「うすべり」の類の総称。③草履・下駄などの表につける薄い敷物。

ーの上の水練 →たたみすいれん

ーいわし【ー鰯】カタクチイワシの稚魚を海苔のようにすきかためて干した食品。

ーおもて【ー表】藺草の茎をよこ糸とし、麻糸をたて糸として織ったござ。畳の表につける。

ーがえ【ー替え】(名・自スル) 畳表を新しくとりかえること。表替え。「部屋のーをする」冬

ーすいれん【ー水練】畳の上で水泳の練習をするように、方法や理屈を知っているだけで実際には役に立たないこと。

たたみ-か・ける【畳(み)掛ける】(他下一) 相手に余裕を与えないで続けざまに行う。「攻撃をー」「質問をー」文たたみか・く(下二)

たたみ-こ・む【畳(み)込む】(他五) ①たたんで中へ入れる。「新聞にちらしをー」②心の中にしまいこむ。十分に了解する。「教えを胸にー」③たたみかける。

たた・む【畳む】(他五) ①折り返して重ねる。広がっているものを折って小さくする。「着物をー」「紙を四つにー」②開いているものを閉じる。すぼめる。「傘をー」「扇をー」③そこで続けていた今までの生活や商売をやめる。かたづける。「店をー」④外へあらわさないよう心中に秘める。「自分の胸一つにー」⑤《俗》打ったり叩いたりして相手が抵抗できなくなるまで痛めつける。殺す。「やつをー・んでしまえ」可能たた・める(下一)

ただ-もの【△只者・◇徒者】ふつうの人。なみの人。凡人。「彼はーではない」用法 多く、あとに否定の表現を伴う。

ただよ・う【漂う】(自五) ①空中や水面に浮かんで揺れ動く。「水面に木の葉がー」②ある雰囲気や香りがその場に広がる。「妖気がー」③あてもなくさまよう。うろうろする。

ただよわ・す【漂わす】(他五) 漂うようにする。「小舟をー」「微笑をー」「妖気をー」自ただよ・う(五)

たたら【×踏鞴】足でふんで風を吹き送る大きなふいご。また、それを用いた日本古来の製鉄法。

ーを踏む ①たたらを踏んで風を送る。②勢いあまってよろめき、転ぶまいと足踏みする。

たたり【△祟り】①神仏・怨霊などがもたらす災い。「悪霊のー」②ある行為の結果として受ける悪い報い。「あとのーがおそろしい」

ーめ【ー目】たたりにあうとき。災難にあうとき。「弱り目に

—(＝不運の上に不運が重なること)」

たた・る【△祟る】(自五) ラ(ロ)・リ(ッ)・ル・ル・レ・レ ①神仏や怨霊(おんりょう)などが災いをする。②ある事が原因で悪い結果になる。「無理が—」

ただれ【△爛れ】 ただれること。ただれた部分。「—目」

ただ・れる【△爛れる】(自下一) レ・レ・レル・レル・レレ・レロ(レヨ) ①皮膚や肉が炎症などを起こしてくずれる。「傷口が—」②物事におぼれてすさんだ状態になる。荒れる。「—・れた生活」文ただ・る(下二)

た-たん【多端】(名・形動ダ) 事件の多いこと。また、用事や仕事が多く忙しいこと。「国事—」「多事—」

たち【◇達】(字義)→たつ(達)

-たち【◇達】(接尾)(人や動物を示す語に付いて)複数を表す。「子供—」「私—の町」参考「ども」「ら」よりも丁寧な語。古くは身分の高い人に用い、敬意を含んだ。最近は、「花たち」「品物たち」のように、人・動物以外にも擬人化して用いることもある。

たち-【立ち】(接頭)(動詞に付けて)語調を強める。「—至る」

たち【◇質】 ①生まれつきの性質や体質。「万事に気をつかう—の人」②物事の性質。しつ。「—の悪い病気」

たち【◇館】 ①貴人や官吏などの宿舎。邸宅。②小規模な城。参考「たて」ともいう。

たち【太刀・×大刀】 ①奈良時代、刀剣の総称。②平安時代以後、儀式や戦陣で使った刃渡り六〇センチメートル以上の長いかたな。刃を下に向けて腰に下げる。参考「太刀」は、常用漢字表付表の語。①は「大刀」、②は「太刀」と書きわける。

たち-あい【立(ち)会い】アヒ ①証人・参考人などとしてその場にいて見守ること。また、その人。「弁護士の—を求める」②《商》取引所に会員が一定時刻に集合して、株券などの売買取引を行うこと。

—えんぜつ【立会演説】 違う意見をもつ人々が、同じ場所でかわるがわる演説して、聴衆に訴えること。「—会」

—にん【立会人】 後日の証拠のため、その場に立ちあう人。「—を立てて折衝する」

たち-あい【立(ち)合い】アヒ ①たがいに向かい合って勝負すること。「真剣での—」②相撲で、仕切りから立ち上がること。また、その瞬間。「鋭い—」

たち-あ・う【立(ち)会う・立(ち)合う】アフ(自五) ワ(オ)・イ(ッ)・ウ・ウ・エ・エ ①証人・参考人などとして目的の場所に臨んで見守る。「開票に—」②たがいに向かい合って勝負する。「互角に—」

たち-あおい【立△葵・△蜀△葵】アフヒ《植》アオイ科の越年草。高さ二・五メートルぐらい。葉は心臓形で浅く五裂し互生。初夏に紅・白・紫色などの花をつける。観賞用。はなあおい。夏

たち-あがり【立(ち)上がり】 ①立ち上がること。立ち上がったところ。②物事をし始めたところ。「投手の—を攻める」

たち-あがり【裁(ち)上がり】 衣服地を裁ち終わること。また、そのできばえ。「—がきれいだ」

たち-あが・る【立(ち)上がる】(自五) ラ(ロ)・リ(ッ)・ル・ル・レ・レ ①すわったり寝たりしていた者が起き上がる。「椅子(いす)から—」②上の方へ立つ。「煙が—」③行動を開始する。「救援に—」④勢いをとりもどす。力をもりかえす。「失意の底から—」⑤相撲で、力士が勝負を始める。⑥《情報》コンピューターが起動する。

たち-あ・げる【立(ち)上げる】(他下一) ゲ・ゲ・ゲル・ゲル・ゲレ・ゲロ(ゲヨ) ①新しく組織や企画などをはじめる。「プロジェクトを—」②《情報》コンピューターを使用できる状態にする。起動させる。

たち-い【立(ち)居・◇起(ち)居】ヰ 立ったりすわったりすること。転じて、日常の動作。「—が不自由だ」

—ふるまい【—振(る)舞い・—振舞】フルマヒ 立ったりすわったりする日常の動作。身のこなし。「優雅な—」

たち-いた【裁(ち)板】 布地や紙などを裁断するとき、台として用いる板。裁ち物板。

たち-いた・る【立(ち)至る】(自五) ラ(ロ)・リ(ッ)・ル・ル・レ・レ (「たち」は接頭語)重大な事態や状況になる。「容易ならぬ段階に—」

たち-いり【立(ち)入り】 立ち入ること。はいりこむこと。

—きんし【立入禁止】 立ち入ることを禁止すること。

たち-い・る【立(ち)入る】(自五) ラ(ロ)・リ(ッ)・ル・ル・レ・レ (「たち」は接頭語)①(関係のない者が)ある場所の中へはいる。「実験室に—」②(物事に)深くはいりこむ。「—・って言えば」③他人のことに深くかかわる。干渉する。「私生活に—」

たち-うお【太刀魚】ウヲ《動》タチウオ科の硬骨魚。体長は約一・五メートルに達し、全体が銀白色で体型は細長く、太刀に似る。食用。秋

たち-うち【太刀打ち】(名・自スル) ①刀を抜いて切り合うこと。②張り合って互角に勝負すること。

—できない かなわない。「彼にはとても—」

たち-うり【立(ち)売り・立売】(名・他スル) 駅の構内や道端などに立って物を売ること。また、その人。「新聞の—」

たち-えり【立(ち)襟】 外側へ折らずに、首に沿って立ち上がっている襟のこと。つめえり。スタンドカラー。

たち-おうじょう【立(ち)往生】ワウジヤウ(名・自スル) (もと、立ったまま死ぬことの意)途中で行きづまって動きがとれなくなること。「列車が大雪で—する」「質問攻めにあって—した」

たち-おくれ【立(ち)遅れ・立(ち)後れ】 立ちおくれること。「公害対策の—」

たち-おく・れる【立(ち)遅れる・立(ち)後れる】(自下一) レ・レ・レル・レル・レレ・レロ(レヨ) ①おくれて立つ。立つ時機を失う。②物事を始めるのがおくれる。後手になる。「準備が—」③進歩・発展がおくれている。おとる。「技術開発が—・れている」文たちおく・る(下二)

たち-およぎ【立(ち)泳ぎ】(名・自スル) 水泳で、水面から顔を出して体を立てた姿勢で、おもに足を使って泳ぐこと。

たち-かえ・る【立(ち)返る】カヘル(自五) ラ(ロ)・リ(ッ)・ル・ル・レ・レ (「たち」は接頭語)(もとの所・状態に)かえる。もどる。「原点に—」

たち-かぜ【太刀風】 刀を振ったとき起こる風。切り合いの激しい勢い。

たち-かた【立方】(地方(じかた)に対して)舞い踊る役目の人。

たち-がれ【立(ち)枯れ】(名・自スル) 草木が立ったまま枯れること。また、その草木。「—の松」

—びょう【—病】ビヤウ《農》土壌中の病菌のために、茎や葉が急にしぼんで枯れる病気。ナス・タバコ・ムギなどに発生する。

たち-かわ・る【立(ち)代(わ)る】カハル(自五) ラ(ロ)・リ(ッ)・ル・ル・レ・レ (「たち」は接頭語)いれかわる。交代する。「彼と—」

たち-き【立(ち)木】 地面に生えている樹木。

たち-ぎえ【立(ち)消え】 ①火が途中で消えること。②物事がいつのまにか途中でやめになること。「計画が—になる」

たち-ぎき【立(ち)聞き】(名・他スル) 物陰などに立ち止まって、人の話を盗み聞きすること。「こっそり—する」

たち-き・る【断(ち)切る・断(ち)△截る】(他五) ラ(ロ)・リ(ッ)・ル・ル・レ・レ ①二つ以上に切り離す。「布を—」②つながりを切って関係をなくす。「腐れ縁を—」「未練を—」③相手の行動などをさえぎり封じる。「退路を—」参考①は「裁ち切る」とも書く。

たち-ぎれ【裁(ち)切れ・裁(ち)◇布】 衣服などを仕立てるために裁ったきれ。

たち-ぐい【立(ち)食い】グヒ(名・他スル) 立ったままで物を食うこと。「—そば」

たち-ぐされ【立(ち)腐れ】(名・自スル) ①立ち木などが、立ったままで腐ること。「—した稲」②建物などが、手入れをしな

いために荒れはてていること。

たち-くらみ【立〔ち〕暗み・立〔ち〕△眩み】(名・自スル) 急に立ち上がったときなどにめまいがすること。たちぐらみ。

たち-げいこ【立〔ち〕稽古】〘演〙本読みが終わったあと、各俳優が扮装(ふんそう)なしでしぐさや表情をつけてする練習。

たち-こ・める【立〔ち〕込める・立〔ち〕◇籠める】(自下一) メ・メ・メル・メル・メレ・メロ(メヨ) 煙・霧などがあたり一面をおおう。「一面に霞(かすみ)が—」「悪臭が—」文たちこ・む(下二)

たち-さき【太刀先】①刀の切っさき。②相手に向かう勢い。

たち-さばき【太刀△捌〔き〕】刀の使いぶり。刀の使い方。

たち-さ・る【立〔ち〕去る】(自五) ラ(ロ)・リ(ッ)・ル・ル・レ・レ 立ってその場所を去る。立ち退く。「いそいでその場を—」

たち-さわ・ぐ【立〔ち〕騒ぐ】(自五) ガ(ゴ)・ギ(イ)・グ・グ・ゲ・ゲ ①立ってさわぐ。また、さわぎたてる。わいわいさわぐ。「聴衆が—」②波が激しく立って音をたてる。「波が—」

たち-しょうべん【立〔ち〕小便】―セウベン 道端など便所以外の場所で、立ったままの姿勢で小便をすること。

たち-すがた【立〔ち〕姿】①立っている姿。②舞を舞う姿。

たち-すく・む【立〔ち〕△竦む】(自五) マ(モ)・ミ(ン)・ム・ム・メ・メ 驚きや恐ろしさで、立ったまま動けなくなる。「燃えあがる火を見て—」

たち-すじ【太刀筋】―スヂ 刀の使い方。また、刀を使う素質。

たち-せき【立〔ち〕席】①劇場で、椅子は用意されず立ったままで見る席。立ち見席。②座席指定の列車などを、立つことを条件に利用すること。「—で行く」

たち-つく・す【立〔ち〕尽〔く〕す・立尽す】(自五) サ(ソ)・シ・ス・ス・セ・セ いつまでも立ち続ける。最後まで立ちとおす。「呆然(ぼうぜん)と—」

たち-づめ【立〔ち〕詰め】立ち続けていること。立ちどおし。「朝から—だ」

たち-どおし【立〔ち〕通し】―ドホシ 立ち続けていること。立ちづめ。「—で足が棒になる」

たちどころ-に【立〔ち〕所に】(副) ただちに。すぐに。その場で。「難問を—解決する」

たち-どま・る【立ち止〔ま〕る・立止る】(自五) ラ(ロ)・リ(ッ)・ル・ル・レ・レ 歩くのをやめてとまる。あゆみをとめる。「掲示板の前で—」

たち-とり【太刀取〔り〕】①昔、切腹のときに介錯(かいしゃく)をした人。②昔、刑場で死刑囚の首を切った人。③→たちもち②

たち-なお・る【立〔ち〕直る】―ナホル (自五) ラ(ロ)・リ(ッ)・ル・ル・レ・レ ①倒れそうになったものが、またしっかりと立つ。「傾いた姿勢が—」②もとのよい状態にもどる。「事故のショックから—」「経営が—」

たち-なら・ぶ【立〔ち〕並ぶ】(自五) バ(ボ)・ビ(ン)・ブ・ブ・ベ・ベ ①並んで立つ。「ビルが—」②肩を並べる。匹敵する。「腕の確かさでは彼に—者がない」

たち-の・く【立〔ち〕退く】(自五) カ(コ)・キ(イ)・ク・ク・ケ・ケ ①住んでいた家や場所を引き払ってよそへ移る。「借家を—」②今いる場所から離れて移る。「群集を—・かせる」参考「立ち退く」は、常用漢字表付表の語。

たち-のぼ・る【立〔ち〕上る】(自五) ラ(ロ)・リ(ッ)・ル・ル・レ・レ (煙やほこりなどが)高く上方へ上がる。空へ上がる。「煙が—」

たち-ば【立場】①立っている所。足場。②その人の置かれている境遇や状況。「つらい—に立たされる」③その人の、ものの見方や考え方のよりどころ。観点。「反対の—をとる」「政治的—」

たち-ばさみ【裁〔ち〕△鋏】布地を裁断するためのやや大型のはさみ。

たち-はだか・る【立ちはだかる】(自五) ラ(ロ)・リ(ッ)・ル・ル・レ・レ ①相手の前に手足を広げて立って、行く手をさえぎる。「暴漢の前に—」②障害になるものが行く手をじゃまする。「困難が—」

たち-はたら・く【立〔ち〕働く】(自五) カ(コ)・キ(イ)・ク・ク・ケ・ケ (「たち」は接頭語)体を動かして忙しく働く。「かいがいしく—」

たちばな【△橘】①〘植〙ミカン科の常緑小高木。日本固有種。六月ごろ白色花を開く。果実は酸味が強く食用にはならない。にほんたちばな。秋(たちばなの花夏・たちばな飾る新年)②「みかん」「柑子(こうじ)」の古名。

たちばなあけみ【橘曙覧】(一八一二〜一八六八)江戸末期の歌人・国学者。姓は井手とも。号は志濃夫廼舎(しのぶのや)など。越前(福井県)の人。生活に即した万葉調の歌を詠んだ。歌集「志濃夫廼舎歌集」。

たち-ばなし【立〔ち〕話】(名・自スル) 立ったまま話をすること。また、その話。「往来で—する」

たち-ばん【立〔ち〕番】(名・自スル) 立って見張りをすること。また、その人。「—を交替する」

たち-びな【立〔ち〕△雛】男(お)びなと女(め)びな一対の、立ち姿のひな人形。

たち-ふさが・る【立〔ち〕塞がる】(自五) ラ(ロ)・リ(ッ)・ル・ル・レ・レ 前に立って行く手をさえぎる。じゃまをする。「両手を広げて—」「困難が—」

たち-ふるまい【立ち振〔る〕舞い・立〔ち〕振舞】―フルマヒ ①→たちいふるまい ②長途の旅行に先立って、親しい者を招いてする宴会。たちぶるまい。

たち-まさ・る【立〔ち〕勝る】(自五) ラ(ロ)・リ(ッ)・ル・ル・レ・レ (「たち」は接頭語)他にくらべてはるかにすぐれている。「世人に—器量」

たち-まち【△忽ち】(副) 非常に短い時間に事の行われるさま。また、突然起こるさま。またたく間に。にわかに。「—売り切れる」「空が—暗くなる」

たちまちに…和歌〔たちまちに 君の姿を 霧とざし 或(あ)る楽章を われは思ひき〕〈近藤芳美(こんどうよしみ)〉恋人を見送っていると、たちまち深い霧が君のうしろ姿をおおいかくしてしまい、その時私は、ある(シンフォニーの)楽章を思い出していた。

たちまち-の-つき【立〔ち〕待ちの月】(「立ち待ち」は月が出るのを立ったまま待つ意)陰暦十七日の夜の月。立ち待ち月。秋 ⇩居待ちの月・寝待ちの月

たち-まよ・う【立〔ち〕迷う】―マヨフ (自五) ワ(オ)・イ(ッ)・ウ・ウ・エ・エ 立ちのぼった霧や煙などがあたりにただよう。「—霧」

たち-まわり【立〔ち〕回り】―マハリ ①歩きまわって立ち寄ること。②〘演〙芝居・映画で、乱闘や切り合いを演じること。また、その場面。殺陣(たて)。③つかみあい。けんか。「—を演じる」

—さき【—先】外出した人が出先で立ち寄る所。また、逃走中の犯罪者・容疑者が立ち寄る場所。「—で逮捕する」

たち-まわ・る【立〔ち〕回る】―マハル (自五) ラ(ロ)・リ(ッ)・ル・ル・レ・レ ①あちこち歩きまわる。②(犯人・容疑者が)ある場所に立ち寄る。「実家に—」③人々の間をまわって自分に有利になるように工作する。「うまく—」④〘演〙芝居などで、乱闘や切り合いを演じる。

たち-み【立〔ち〕見】①立ったままで見ること。また、その場所。「映画の—をする」②芝居で、一幕ごとの料金を払って立ったままで見ること。また、その席。一幕見。幕見。

—せき【—席】舞台に最も遠く、立ったままで見る席。

たち-むか・う【立〔ち〕向〔か〕う・立向う】―ムカフ (自五) ワ(オ)・イ(ッ)・ウ・ウ・エ・エ (「たち」は接頭語)①向き合って立つ。「岩壁に—」②てむかいする。対抗する。「強敵に—」③困難な物事に正面からとりくんで処理しようとする。「難問に—」

たち-もち【太刀持〔ち〕】①昔、武家で主君の太刀を持ってつき従った小姓。②横綱の土俵入りに太刀を持って従う力士。たちとり。

たち-もど・る【立〔ち〕戻る】(自五) ラ(ロ)・リ(ッ)・ル・ル・レ・レ (「たち」は接頭語)もどる。まいもどる。立ち返る。「本来の姿に—」

たち-もの【断〔ち〕物】 神仏に願をかけ、一定期間、特定の飲食物をとらないこと。また、その飲食物。「塩断ち」「茶断ち」など。

たち-もの【裁〔ち〕物】 布や紙などを特定の型に裁断すること。また、裁断されたもの。

たち-やく【立〔ち〕役】〘演〙歌舞伎で、善人になる主役級の役者。敵役・女役に対する役柄。

たち-ゆ・く【立〔ち〕行く】(自五) ①すぎ行く。経過する。「年が―」②生活の道がたつ。暮らしや商売が成り立っていく。「借金がかさんで店が―・かない」

だ-ちょう【△駝鳥】テウ〘動〙ダチョウ科の鳥。鳥類中最大で、アフリカの草原などにすむ。くちばしは短くて平たく、首は長い。翼は退化して飛べないが、足は長大で走るのが速い。

たち-よみ【立〔ち〕読み】(名・他スル) 店先で、本や雑誌などを買わずに立ったまま読むこと。「―お断り」

たち-よ・る【立〔ち〕寄る】(自五) ①近くに寄る。近寄る。「木かげに―」②目的地へ行く途中、ある所に寄る。「帰り道に、本屋に―」

たちわかれ… 和歌〔立ち別れ いなばの山の 峰に生ふる まつとし聞かば 今帰りこむ〕〈古今集 中納言〉在原行平〉あなたと別れて因幡の国(鳥取県)へ出向いて行きますが、その国の稲葉山の峰に生えている松の、その名のように、あなたが私を待つと聞いたならば、すぐに帰って来ましょう。(国守赴任のときの歌。小倉百人一首の一つ)

たち-わざ【立〔ち〕技・立〔ち〕業】 柔道やレスリングなどの格闘技で、立った姿勢でかける技の総称。↔寝技

たち-わた・る【立〔ち〕渡る】(自五) (雲・霧などが)一面におおう。一面に広がる。「朝霧が川面に―」

たち-わ・る【断〔ち〕割る】(他五) 切って割る。切りさく。「薪を―」

だ-ちん【駄賃】(駄馬で品物を運ぶ際の運賃の意から)労力に対する報酬。特に、使い走りや手伝いの礼として子供に与える金品。「お―」「行きがけの―(=ついでに何かをすること)」

たちん-ぼう【立ちん坊】バウ ①長い間、立ったままでいること。立ちづめ。立ちんぼ。②昔、坂のある道ばたなどに立っていて、通る車のあとおしなどをして手間賃をかせいだ人。

たつ【達】 教4 タツ・タチ ダチ

十 土 ‥ 幸 達 達

〔字義〕①とおる。道が通じる。ゆきわたる。「四通八達」②とどく。とどける。着く。「達意・送達・伝達・到達・配達」③たっし。しらせ。文書・命令・上申などを相手に伝えること。「達示・下達・申達・通達」④なしとげる。十分にゆきとどいた状態になること。「達成・栄達・顕達・発達」⑤すぐれる。十分に極める。「達人・達筆・熟達・上達・先達・先達・練達」難読 達引き・達磨 人名 いたる・かつ・さと・さとし・さとる・しげ・すすむ・ただ・たて・と・とお・とおる・のぶ・ひろ・みち・よし

たつ【△辰】 ①十二支の第五。②昔の時刻の名。今の午前八時ごろ、およびその前後約二時間。③方角の名。ほぼ東南東。

たつ【竜】 →りゅう(竜)

た・つ【立つ】(自五) タ(ト)・チ(ッ)・ツ・ツ・テ・テ 〘中心義―活動できる姿勢に自分からなる〙①足で支えて体を垂直にする姿勢をとる。おきあがる。「椅子から―」「山頂に―」「教壇に―(=教員となる)」②細長い物が何かの上にそれと垂直、または垂直に近い状態で位置する。「両側に―いちょう並木」「旗が―」「怒った猫の毛が―」③つきささる。「的に矢が―」「とげが―」④低い所から高い所へ動いてゆく。「煙が―」⑤鳥が飛び上がって去る。「鴫―沢」⑥ある位置・場所を離れ去る。出発する。「五時に東京を―」⑦勇気を出して行動をおこす。「正義のために―」「選挙に―」⑧設けられる。開かれる。「市が―」⑨時がすぎる。「あれからもう五年も―」⑩新しい季節になる。「春―日」⑪風・霧・泡などの現象が生じる。「秋風の―ころ」「ほこりが―」「波が―」「波風が―(=不和が生じる)」⑫戸・障子がしめられている。「戸が―」⑬音・声がよくひびく。「よく―声だ」⑭感情が高ぶる。激する。「気が―」⑮世間に広く知られるようになる。「うわさが―」「人目に―」⑯そこなわれずに保たれる。「面目が―」⑰はたらきがすぐれている。「腕の―職人」「筆が―」⑱用にたえる。「役に―」⑲やってゆける。その仕事で世を渡ることができる。「生計が―」「医師として―」⑳考え方が安定する。「三十にして―」㉑筋道が通る。なりたつ。「言いわけが―」㉒確かなものになる。「見通しが―」㉓割り算で、商が出る。「八を四で割ると二が―」㉔燃えつきる。「炭火が―」㉕(他の動詞の連用形の下に付いて)さかんに…する。「湯がにえ―」「熱戦にわき―」他 た・てる(下一) 可能 た・てる(下一) 参考 ⑥は「◇発つ」、⑦は「◇起つ」、⑨は「◇経つ」とも書く。

たっているものは親でも使え 立っているなら親であっても用事を頼んでよい。(そばの人に用を頼むときの言い訳。)

表現

〔～する〕	〔慣用〕	〔ことわざ〕
▼起立・決起・出立・出発・直立・佇立・奮起・乱立・林立	▼(～立つ)間に・上に・腕が・男が・顔が・角が・気が・蹶然と・先に・背負って・薹が・波風が・腹が・筆が・弁が・目に・役に ▼居ても立っても居られない・立つ瀬がない・歯が立たない ▼〈擬声・擬態語〉すっくと・すっと・ぬっと・ぱっと・ひょいと	▼彼方立てれば此方が立たぬ・石に立つ矢・後悔先に立たず・白羽の矢が立つ・立っているものは親でも使え・立つ鳥跡を濁さず・立てば芍薬座れば牡丹歩く姿は百合の花(=美人の姿の形容)・這えば立て立てば歩めの親心・火のない所に煙は立たぬ・待たぬ月日は経ちやすい・両雄並び立たず

た・つ【建つ】(自五) タ(ト)・チ(ッ)・ツ・ツ・テ・テ 建造物がつくられる。「家が―」「ビルが―」「銅像が―」他 た・てる(下一)

た・つ【◇経つ】(自五) タ(ト)・チ(ッ)・ツ・ツ・テ・テ 時が経過する。「月日の―のが早い」

た・つ【断つ・絶つ】(他五) タ(ト)・チ(ッ)・ツ・ツ・テ・テ ①断 つながりを切りはなす。切る。断ち切る。「鎖を―」「雑草の根を―」「電源を―」②続いてきた物事を終わらせる。なくす。「国交を―」「悪を―」③縁を切る。「兄弟の縁を―」④断 進む道を妨げる。さえぎる。へだてる。「逃げ道を―」⑤断 特定のものの飲食をやめる。「茶を―」「酒を―」⑥断 それまで続いていた物事をやめる。「筆を―」可能 た・てる(下一) ⇨「使い分け」

使い分け「断つ・絶つ」

「断つ」は、形あるものの場合に多く用いて、続いているものを途中で切りはなす意を表し、「退路を断つ」「食を断つ」「思いを断つ」などと使われる。

「絶つ」は、形のないものの場合に多く用いて、続いているものをそれ以上は続けない意を表し、「交際を絶つ」「命を絶つ」「消息を絶つ」などと使われる。

た・つ【裁つ】(他五) タ(ト)・チ(ッ)・ツ・ツ・テ・テ 衣服を仕立てるために布地を切る。「服地を―」可能 た・てる(下一)

たづ【田鶴】(たず)（古）（多く歌語として用いて）「つる」の異名。

だつ【脱】ダツ㊥ ぬぐ㊥・ぬげる㊥　丿 刀 月 月' 月'' 脱

（字義）①ぬぐ。とる。「脱衣・脱帽」↔着 ②取り除く。抜き取る。「脱穀・脱臭」③ぬけ出す。離れる。「脱却・脱出・解脱(げだつ)・洒脱(しゃだつ)・離脱」④はずれる。「脱臼(きゅう)・脱線・逸脱」⑤ぬける。ぬかす。もれおちる。「脱字・脱落・脱漏・剝脱(はくだつ)」

だつ【奪】ダツ㊥ うばう㊥　大 衣 夲 奆 奪 奪

（字義）むりに人から取る。うばう。「奪還・奪取・強奪・剝奪(はくだつ)・掠奪(りゃくだつ)」

-だ・つ（接尾）（名詞に付いて五段動詞をつくり）「…のようになる」「…めく」「…がかる」の意を表す。「殺気―」「紫―」

たつ-い【達意】伝えようとすることが他の人によくわかるように述べること。「―の文」

だつ-い【脱衣】（名・自スル）衣服を脱ぐこと。「―場」↔着衣

だつ-えい【脱営】（名・自スル）兵士が営舎から逃げ出すこと。「―兵」

だっ-かい【脱会】(クワイ)（名・自スル）会を脱退すること。会員をやめること。「方針になじめず―する」↔入会

だっ-かい【奪回】(クワイ)（名・他スル）奪われたものを取りかえすこと。うばい返すこと。奪還。「優勝旗を―する」

たっ-かん【達観】(クワン)（名・他スル）①広く全体を見通すこと。「世界情勢を―する」②細事にこだわらず、真理を見通すこと。超然として動じない心境になること。「人生を―する」

たつ-がん【達眼】物事の真実を見抜くすぐれた眼力。「―の士」

だっ-かん【奪還】(クワン)（名・他スル）→だっかい（奪回）

た-つき【×方便・×活計】（古）→たずき

だっき【妲己】中国、殷(いん)の紂王(ちゅうおう)の妃。いわゆる「酒池肉林」の生活にふけり、紂王とともに周の武王に殺された。毒婦の代表とされる。

だっ-きゃく【脱却】（名・自他スル）好ましくない状態などから抜け出ること。また、すて去ること。ぬぎすてること。「スランプから―する」「旧習を―する」

たっ-きゅう【卓球】(タクキウ)長方形の卓の中央を網で仕切り、二人または四人の競技者が卓をはさんで相対し、ラケットでボールを打ち合う室内競技。ピンポン。テーブルテニス。

だっ-きゅう【脱臼】(キウ)（名・自スル）骨の関節がはずれること。「股関節―」

たっ-きょ【△謫居】(タク)（名・自スル）罪のため、遠方に流されて住むこと。遠い所へ流されていること。また、その住まい。

だっ-きょ【脱去】（名・自スル）ぬけ出ること。のがれ去ること。

ダッキング〈ducking〉（名・自スル）ボクシングで、上体をひょいとかがめて相手の攻撃をかわすこと。

タック〈tuck〉〘服〙布地をつまんで縫いつけたひだ。

タッグ〈tag〉①「タッグマッチ」の略。②タッグマッチを行うチーム。転じて、協力して物事を行うチーム。「―を組む」

―マッチ〈tag match〉プロレスで、二人または三人以上が一組になり、タッチで交代しながら行う試合。タグマッチ。

ダッグアウト〈dugout〉野球場で、選手や監督の控えている所。ベンチ。ダグアウト。語源ベンチが半地下式になっているので、ダッグアウト（=塹壕(ざんごう)）という軍隊用語から転用された。

タックス〈tax〉税金。租税。「―フリー（=免税。非課税）」

―ヘイブン〈tax haven〉外国企業に対して税率がゼロかそれに等しい国や地域。多国籍企業や富裕層が租税回避のために利用する。租税回避地。参考 haven は避難所の意。

ダックスフント〈ドイ Dachshund〉〘動〙ドイツ原産の犬の一品種。四肢が短く胴が長い。もとは猟犬、現在は愛玩(あいがん)用。

た-づくり【田作り】①田を耕すこと。②→ごまめ 新年 参考「たつくり」ともいう。

タックル〈tackle〉（名・自スル）①ラグビーなどで、ボールを持った相手にとびついて前進をはばむこと。②相手の下半身などに組みついて倒すこと。

だっ-け →け（終助）

たっ-け →け（終助）

たっ-けい【△磔刑】(タク)はりつけの刑。はりつけ。たくけい。

たっ-けん【卓見】(タク)すぐれた意見や考え。卓識。

たっ-けん【達見】道理を十分にみきわめた意見や見識。「―に富む」

だっ-こ【抱っこ】（名・他スル）（幼児語）だくこと。だかれること。「母親に―してもらう」「おんぶに―」

だつ-ご【脱誤】字がぬけていたり、まちがっていたりすること。

たっ-こう【卓効】(タクカウ)薬などのすぐれたききめ。

だっ-こう【脱肛】(カウ)〘医〙直腸の下端の粘膜が肛門(こうもん)の外部に出た状態。

だっ-こう【脱稿】(カウ)（名・自他スル）原稿を書き終えること。「論文を―する」↔起稿

だっ-こく【脱穀】（名・自スル）①刈り取った穀物の実を穂からとること。②穀粒からもみがらを取り去ること。もみすり。

だつ-ごく【脱獄】（名・自スル）囚人が刑務所から逃げ出すこと。破獄。「―囚」

だっ-さい【△獺祭】詩文を作るとき、多くの参考書をひろげ並べること。また、詩文に多くの典故を引くこと。語源「獺祭魚(だつさいぎょ)」の略。獺(かわうそ)が捕らえた魚を岸に並べるさまが、魚を祭るように見えることから出た語。

だっ-さく【脱柵】（名・自スル）①家畜が牧場の柵を抜け出すこと。②軍隊で、兵士が営舎から逃げ出すこと。脱営。

だつ-サラ【脱サラ】（名・自スル）（「サラ」は「サラリーマン」の略）サラリーマンをやめ、独立して新たに事業を始めること。

たっ-し【達し・達示】官庁から国民や管下の役所へ通知すること。また、その通知。ふれ。「―書き」「お―がある」

だっ-し【脱脂】（名・自スル）脂肪分を取り去ること。

―にゅう【―乳】牛乳から脂肪分を取りのぞいたもの。

―ふんにゅう【―粉乳】脱脂乳を乾燥して粉末にしたもの。アイスクリーム・菓子などに広く用いられる。スキムミルク。

―めん【―綿】脂肪分や不純物をぬき去り、消毒・精製したわた。医療・衛生用。

だつ-じ【脱字】書いたり印刷したりした文章で、ぬけ落ちた文字。ぬけ字。「誤字―」

たっ-しき【達識】広く物事の道理に精通した識見。すぐれた見識。達見。「―の士」

たっ-しゃ【達者】（形動ダ）ダロ・ダッ(デ・ニ)・ダ・ナ・ナラ・〇 ①物事に熟達しているさま。「芸―」「英語が―だ」②丈夫で元気なさま。「―に暮らす」③体のある部分のはたらきのすぐれているさま。「口―」「足が―だ」④したたかで抜け目がないさま。「世渡りが―だ」文（ナリ）

だっ-しゅ【奪取】（名・他スル）うばいとること。「政権を―する」

ダッシュ〈dash〉■一（名）①文章で、句と句の間に入れて接続や言い換えを示す「―」の符号。ダーシ。②（数学などで）ローマ字、数字などの右肩に用いる「′」の記号。「a′」など。■二（名・自スル）競技などで全力疾走すること。突進すること。「スタート―」参考■一②は、英語では prime といい、a′は「エープライム」

と読む。

―ボード〈dashboard〉自動車で、フロントガラスの下の、計器類などをとりつけるところ。

だっ-しゅう【脱臭】シウ (名・自スル) においを取り去ること。「―剤」

だっ-しゅつ【脱出】(名・自スル) 危険な、あるいはがまんできない場所や状況からぬけ出ること。「危機を―する」「国外―」

だっ-しょく【脱色】(名・自他スル) ついている色、または、染めてある色をぬくこと。「―剤」

たつ-じん【達人】①学問や技芸に深く通じている人。「剣の―」②広く道理に通じ、人生を達観している人。

だっ-すい【脱水】(名・自スル) ①物質中の水分を取りのぞくこと。②体内の水分が過度に欠乏すること。「―症状」③〔化〕化合物中の水素と酸素を水として取り去ること。

たっ・する【達する】シ(セ)・シ・スル・スル・スレ・シロ(セヨ) 《中心義―そこまで行こうとした所・地位・段階にまで行く》■(自サ変) ①及ぶ。到達する。行き着く。とどく。至る。「屋根に―ほど雪が積もる」「目標額に―」②深く通じる。熟達する。「名人の域に―」■(他サ変) ①成しとげる。果たす。「目的を―」②命令や通知などを告げ知らせる。「命令を―」文たっ・す(サ変)

だっ・する【脱する】シ(セ)・シ・スル・スル・スレ・シロ(セヨ) 《中心義―好ましくない状態から離れるようにする》①ぬけ出る。まぬかれる。「敵の包囲から―」「危機を―」②程度や段階を出ている。「初心者の域を―」③ぬける。また、ぬかす。もらす。「組織を―」「文字一字分を―」文だっ・す(サ変)

たつ-せ【立つ瀬】(人前での)立場。面目。
―がない 自分の立場がない。面目が立たない。

たっ-せい【達成】(名・他スル) 目的をなしとげること。「目標を―する」「悲願を―する」

だつ-ぜい【脱税】(名・自スル) 納めなければならない税金を、不正な手段を講じて納めないですますこと。

だっ-せん【脱線】(名・自スル) ①電車などの車輪が線路からはずれること。「―事故」②話や行動が本筋からはずれること。「話が―する」

だっ-そ【脱△疽】〔医〕血栓などにより、体の組織の一部が壊死(えし)して脱落する状態。壊疽(えそ)。

だっ-そう【脱走】(名・自スル) ひそかにぬけ出して逃げること。「―兵」

だつ-ぞく【脱俗】(名・自スル) 世俗的な気風からぬけ出ること。俗っぽさを超えること。「―の境地」「―した生き方」

たった(副) ただ。わずか。ほんの。「―三人」語源「ただ」の転。

―いま【―今】(副) ①「今」といってもよいくらいの、ほんの少し前の時。今しがた。「―出かけた」②今すぐ。「―出て行け」

たつた-あげ【竜田揚げ】肉や魚に醤油(しょうゆ)とみりんで下味を付け、かたくり粉をまぶして油で揚げた料理。語源揚げ色が紅色であることから、紅葉の名所の竜田川にちなんでいう。

だっ-たい【脱退】(名・自スル) 所属している団体や組織などをやめること。ぬけること。「―届」↔加入・加盟

だっ-たい【奪胎・脱胎】(名・自スル) 他人の詩・文の趣意をとり、形式だけを変えること。「換骨(かんこつ)―」

たつた-ひめ【竜田姫・立田姫】秋をつかさどる女神。秋 語源竜田山が奈良の西にあり、西は五行説(ごぎょうせつ)で秋にあたることから出た語。⇩佐保姫(さおひめ)

タッチ〈touch〉■(名・自スル) ①ふれること。さわること。「―の差(=わずかの差)」②関係すること。「事件には一切―していない」■(名) ①ピアノ・コンピューターなどのキーの押しぐあい。②絵画・文章などの筆づかい。筆致。「あらい―で描く」③彫刻で、のみやへらの使い方。④手ざわり。「柔らかい―の布地」⑤「タッチライン」の略。

―アウト〈和製英語〉野球で、野手が塁を離れた走者の体に球をふれてアウトにすること。参考英語ではtag (out)という。

―タイピング〈touch typing〉キーボードのキーを見ないで文字を打つこと。ブラインドタッチ。

―ダウン〈touchdown〉(名・自スル) ①アメリカンフットボールで、ボールを持って相手側ゴールラインを越えて得点すること。②ラグビーで、防御側の選手が味方のインゴールでボールを地面につけること。

―パネル〈touch panel〉〔情報〕指やペンで触れて操作する、コンピューターの入力装置。

―ライン〈touchline〉ラグビー・サッカーなどの競技場で、ゴールラインと直角に交わる両サイドの縦の線。タッチ。

だっ-ちゃく【脱着】(名・他スル) とりつけたりはずしたりすること。着脱。「―自在」

たっ-ちゅう【◇塔◇頭】〔仏〕(塔の頭(ほとり)の意) ①禅宗の寺院で、祖師などの塔(=墓)がある所。②本寺の境内にある小院。

だっ-ちょう【脱腸】チャウ 〔医〕腹壁の裂け目から、腹膜をかぶったまま腸などの腹部内臓がはみ出る症状。ヘルニア。

ダッチ-ロール〈Dutch roll〉航空機の、機首が振れたり機体が横揺れしたりして蛇行を繰り返す不安定な飛行状態。

たっ-つけ【裁(っ)着け】はかまの一種。下部をももひきのように仕立てたもの。もと旅行用。現在は、相撲で呼び出しなどが着用する。裁っ着け袴(ばかま)。

たって(副) しいて。むりに。ぜひ。せつに。「―の願い」

たって(接助) 逆接(=順当でない事態が下に続くこと)の仮定条件を表す。①「たとしても」「ても」の意。「泣い―むだだ」「金なんかなく―いい」②前の事柄を述べつつ、そのままでは認められないの意を表す。「としても」「といっても」の意。「行こうっ―行かせない」用法①は用言・助動詞(形容動詞とその同型活用の助動詞を除く)の連用形に付く。②は体言・用言・助動詞の終止形に付く。多く、前に促音を伴い「ったって」となる。語源助動詞「た」に格助詞「とて」の付いた「たとて」の転。参考①は、ガ行五段活用動詞のイ音便形、ナ行・バ行・マ行五段活用動詞の撥(はつ)音便形に付くときは「だって」となる。

だって■(係助) ①特別のように見えても他と同様であって例外でない、という意を表す。「子供に―できる」「一日―休まない」「君も困るだろうが、ぼく―困るよ」②疑問詞に付け、すべてが同様である意を示す。「どこに―ある」「だれ―困る」用法種々の語(体言・副詞・助詞など)に付く。■(終助) 他人から伝え聞いたという意を表す。「明日は休み―」「こんなことがわからないん―」語源断定の助動詞「だ」に格助詞「とて」の付いた「だとて」の転。■(接) 前言に対して反論したり、言いわけや理由を述べたりする意を表す。「―、できないものは仕方がない」「彼は信用できない。―平気でうそをつくんだ」

だっ-と【脱△兎】(=逃げて行くうさぎ」の意から) 非常にすばやいもののたとえ。「―のごとく逃げる」「―の勢い」

たっと・い【尊い・貴い】(形) カロ・カッ(ク)・イ・イ・ケレ・○ →とうとい

だっ-とう【脱党】タウ (名・自スル) 所属する党派からぬけること。「方針に反対して―する」↔入党

たっと・ぶ【尊ぶ・貴ぶ】(他五) バ(ボ)・ビ(ン)・ブ・ブ・ベ・ベ →とうとぶ

たつ-とり【立つ鳥】飛び立つ鳥。
―跡(あと)を濁(にご)さず (飛び立つ水鳥があとを濁さないように)立ち去るとき、あとが見苦しくないようにするべきだということ。

た-づな【手綱】馬のくつわにつけ、手に持って馬をあやつる綱。「―を引く」「―をしめる(=気の緩みや勝手な言動を戒める)」

たつ-の-おとしご【竜の落〔と〕し子】〘動〙ヨウジウオ科の海産硬骨魚。体は骨質板でおおわれ直立したまま泳ぐ。雄は腹部に育児嚢があり、雌の産みつけた卵をかえす。形が竜に似ていることからこの名がある。海馬・うみうま。

〔たつのおとしご〕

たっ-ぱ【立っ端・建っ端】①建物や構造物の高さ。②〘俗〙背の高さ。「ーがある(=背が高い)」

タッパーウェア〈Tupperware〉食品などを保存するためのポリエチレン製の密閉容器。タッパー。(商標名)

だっ-ぱん【脱藩】(名・自スル) 江戸時代、武士が自分の藩をぬけ出て、藩士から浪人となること。

だっ-ぴ【脱皮】(名・自スル) ①〘動〙節足動物や両生類・爬虫類などが、成長するにつれて古い外皮をぬぎ捨てること。②それまでの古い考え方やしきたりを捨てて新しいものに変わること。「近代国家にーする」

たっ-ぴつ【達筆】(名・形動ダ) 文字を上手に書くこと。また、その字。能筆。「ーの手紙」↔悪筆

タップ〈tap〉①〘工〙穴の内側に雌ねじを切りこむ工具。⇨ダイス(dies) ②水道の蛇口。③電気を電気器具などに分けてとるための中間のさしこみ。「テーブルー」

タップ〈tap〉■一(名) 床を踏み鳴らすこと。また、「タップダンス」の略。■二(名・他スル) (タッチパネルを)指で軽くたたくこと。

ーダンス〈tap dance〉金具を打ちつけた靴の爪先やかかとで、リズミカルに床を踏み鳴らしながら踊るダンス。タップ。

たっぷり (副・自スル) ①数量やゆとりがたくさんあるさま。十分なさま。「時間はーある」「ー(と)した服」②(名詞を直接受け、接尾語的に用いて)十分あるさまを表す。「栄養ー」

ダッフル-コート〈duffel coat〉〘服〙前をトッグル(=輪に通して固定させる留め木)で留める、フードつきの短めのコート。

〔ダッフルコート〕

たつ-ぶん【達文】巧みに表現された文章。筋道だったわかりやすい文章。達意の文章。

だつ-ぶん【脱文】ぬけ落ちている文句や文章。

だっ-ぷん【脱糞】(名・自スル) 大便をすること。

たつ-へん【立偏】漢字の部首名の一つ。「竣」「端」などの「立」の部分。

たつ-べん【達弁・達辯】(名・形動ダ) 弁舌のさわやかなこと。また、そのさま。よどみのない話しぶり。能弁。

だつ-ぼう【脱帽】(名・自スル) ①帽子をぬぐこと。②相手の力量や行為に敬意を表すること。「彼の努力にはーするよ」

だっ-ぽう【脱法】ハフ 法律の条文の隙をついて、悪いことを行うこと。法の網をくぐること。「ー行為」

たつ-まき【竜巻】〘気〙積雲や積乱雲の下で地上から雲に向かってのびる、はげしいうず巻き状の上昇気流。水・砂・木・人畜・家屋などを空中に巻き上げ、大きな被害をもたらす。

たつ-み【辰巳・巽】①方角の名。南東。②(江戸城の南東に当たることから)江戸深川の遊里。

だつ-もう【脱毛】(名・自他スル) 毛のぬけること。また、美容などの目的で、要らない毛をぬくこと。「ー症」「ー剤」

だつ-らく【脱落】(名・自スル) ①(あるべきものが)ぬけ落ちること。「字句のー」②仲間についていけなくなること。落伍。「ー者」「先頭集団からーする」

だつ-りゃく【奪略・奪掠】(名・他スル) 力ずくでうばい取ること。略奪。「金品をーする」

だつ-りゅう【脱硫】リウ 天然ガスや石油、ガソリンなどに含まれる硫黄分・硫黄化合物を取り除くこと。

だつ-りょく【脱力】(名・自スル) 体の力がぬけること。「ー感」

だつ-りん【脱輪】(名・自スル) ①自動車などが、路肩などから車輪を踏みはずすこと。②走行中の自動車や飛行機などの車輪がはずれること。

だつ-ろう【脱漏】(名・自スル) あるべきものがぬけ落ちていること。ぬけ。もれ。遺漏。「写本にーがある」

たて-【立〔て〕】(接頭) (役目などを表す名詞に付いて)席次が第一である意を表す。筆頭の。「ー役者」「ー行司」

-たて【立〔て〕】(接尾) (動詞の連用形に付いて)その動作が終わって間もない意を表す。…したばかり。「ペンキ塗りー」「炊きーのご飯」

たて【盾・楯】①戦闘で、敵の矢や弾丸、刀や槍などを防ぐ板状の武具。②他に対して自分を防ぎ守る手段にするもの。「法律をーに反論する」③表彰のために贈る、①を模したもの。

〔盾①〕

ーに取る 言いがかりや口実の材料にする。「規約をー」**ーの半面** 物事の一面だけを見てかたよった判断を下すたとえ。**ーの両面を見よ** 物事は表と裏の両面からよく見たうえで、正しい判断を下せ。**ーを突く** 反抗する。てむかう。たて突く。「親にー」

たて【縦・竪】①(水平の方向に対して)上下・垂直の方向。「物をーに置く」「首をーにふる(=承知する)」②(左右に対して)前後の方向。「ー二列に並ぶ」③南北の方向。「市内をーに走る道路」④立体・平面のいちばん長い部分・方向。「手ぬぐいをーに裂く」⑤組織などで、年齢・階級などの上下の関係。「ーのつながりが強い」(↔横)

たて【館】→たち(館)

たて【殺陣】〘演〙演劇や映画で、切り合いや捕り物などの格闘の型。たちまわり。「ー師」

たで【蓼】〘植〙①タデ科の植物の総称。イヌタデ・ハナタデなど。②ヤナギタデの通称。タデ科の一年草。辛味のある葉や茎を刺身のつまや蓼酢(=葉をすって混ぜ合わせた酢)にする。夏

ー食う虫も好き好き 辛いタデを好んで食う虫もあるように、人の好みはさまざまである。

-だて【立〔て〕】(接尾) ①(動詞の連用形や名詞などに付いて)故意に、また、ことさら…する意を表す。「隠しーをする」「忠義ー」②(数を表す語に付いて)㋐車につける牛馬の数や、船につける櫓の数を表す。「二頭ーの馬車」「八挺ー」㋑演劇・映画などで、一回に上演する数を表す。「三本ー上映」㋒政策や方針などの数を表す。「当面は二本ーでゆく」

-だて【建〔て〕】(接尾) ①家などの建て方を表す。「三階ー」「平家ー」「一戸ー」②(通貨単位に付けて)その通貨で価格表示されることを表す。「ドルー債券」

だて【伊達】(名・形動ダ) ①意気・男気をことさらに見せようとすること。「ー男」②人目を引こうと外見をかざること。みえをはること。「ーの薄着」「ーに(=見かけだけ)年を取ってはいない」

たて-あな【縦穴・竪穴】地面に垂直に掘った穴。↔横穴

ーじゅうきょ【竪穴住居】ヂュウキョ〘日・世〙地表に浅く穴を掘り、丸太などを骨組みとして屋根をふいた住居。日本では縄文・弥生・古墳時代に広く行われた。

たて-あみ【建〔て〕網・立〔て〕網】一定の魚群の通路にしかけ、魚を袋網に導き捕らえる定置網。

たて-いた【立〔て〕板】立てかけてある板。

—に水(みず) すらすらとよどみなく話すことのたとえ。

たて-いと【縦糸・◇経糸】織物の縦の方向に通っている糸。↕横糸

たて-うす【立(て)臼】地上にすえてもちなどをつくうす。

たて-うり【建(て)売り】売る目的で家を建て、販売すること。また、その家。「—住宅」

たて-えぼし【立(て)△烏◇帽子】頭頂部を立てたままで、折らないえぼし。⇩烏帽子(えぼし)(さしえ)

たて-おやま【立(て)×女形】ヲヤマ— 歌舞伎(かぶき)で、一座の最高位の女形役者。

たて-か・える【立(て)替える】カヘル— (他下一) エ・エ・エル・エル・エレ・エロ(エヨ) 一時、他人にかわって金を支払う。「友人の会費を—」文 たてか・ふ(下二)

たて-か・える【建(て)替える】カヘル— (他下一) エ・エ・エル・エル・エレ・エロ(エヨ) 家などをこわして新しく建てる。建て直す。「校舎を—」文 たてか・ふ(下二)

たて-がき【縦書(き)】文字を上から下に縦に並べて書くこと。↕横書き

たて-か・ける【立(て)掛ける】(他下一) ケ・ケ・ケル・ケル・ケレ・ケロ(ケヨ) 立てて他に寄せかける。「壁に看板を—」文 たてか・く(下二)

たて-がみ【△鬣】ライオンの雄や馬などの首筋に生えている、ふさふさとした長い毛。

たて-かん【立(て)看】「立て看板」の略。

たて-かんばん【立(て)看板】壁・塀・電柱などに立てかけておく看板。たてかん。

たて-ぎょうじ【立(て)行司】ギヤウジ— 相撲の行司のうちで、最高位の人。

たて-き・る【立(て)切る】(他五) ラ(ロ)・リ(ッ)・ル・ル・レ・レ ①戸・障子などをすっかりしめきる。「雨戸を—」②一つの態度や考えを最後まで押し通す。「義理を—」

たて-ぐ【建具】屋内を仕切る戸・ふすま・障子など。「—店」

たて-ぐみ【縦組(み)】印刷などで、各行を縦に読むように文字を並べる組み方。↕横組み

たて-こう【立(て)坑・縦坑・△竪坑】カウ— 垂直にほりさげた坑道。↕横坑

たて-ごと【△竪琴】→ハープ

たて-こ・む【立(て)込む】(自五) マ(モ)・ミ(ン)・ム・ム・メ・メ ①ある場所に多数の人が集まってこみ合う。「場内が—」②用事が一度に重なる。「仕事が—」

たて-こ・む【建(て)込む】(自五) マ(モ)・ミ(ン)・ム・ム・メ・メ 家がぎっしり立ち並ぶ。「住宅が—・んだ地域」参考「立て込む」とも書く。

たて-こ・める【立(て)込める・立て◇籠める】(自下一) メ・メ・メル・メル・メレ・メロ(メヨ) 煙やにおいなどがあたりをおおう。たちこめる。

たて-こも・る【立て籠(も)る・立籠る】(自五) ラ(ロ)・リ(ッ)・ル・ル・レ・レ ①戸などをとざして家や部屋から出ないでいる。「書斎に—」②城などにこもって敵を防ぎ守る。籠城(ろうじょう)する。

たて-し【×殺陣-師・立(て)師】俳優に切り合いや乱闘の型を指導する人。

たて-じく【縦軸】ヂク— 〘数〙平面上の直交座標で、縦方向にとった座標軸。y軸。↕横軸

たて-じとみ【立(て)△蔀】寝殿造りで、庭先などに立てて目隠しとしたついたて形のしとみ。屋内用のものもある。

たて-じま【縦△縞・△竪△縞】(織物で)縦方向に平行した筋状の模様。また、そういう織物。「—のユニホーム」↕横縞(よこじま)

たて-しゃかい【縦社会】シヤクワイ— 役職・階級などの上下関係が重視される社会。

たて-つ・く【盾突く・△楯突く】(自五) カ(コ)・キ(イ)・ク・ク・ケ・ケ (目上の人に)反抗する。はむかう。たてをつく。「親に—年ごろ」

たて-つけ【立(て)付け】戸・障子などの開閉のぐあい。「—の悪い雨戸」

たて-つづけ【立(て)続け】短い間に同じことが続くこと。続けざま。「事故が—に起こる」

たて-つぼ【立坪】土・砂利などの体積を量る単位で、六尺(=約一・八メートル)立方をいう。立坪(りゅうつぼ)。

たて-つぼ【建坪】建物が占める土地の坪数。法律上は建築面積という。参考 二階・三階などを足した総坪数をいう場合は、延べ坪(法律上は延べ面積)という。

たて-とお・す【立(て)通す】トホス— (他五) サ(ソ)・シ・ス・ス・セ・セ 一つの態度や考えを最後まで守り貫く。「義理を—」

たて-なお・す【立(て)直す】ナホス— (他五) サ(ソ)・シ・ス・ス・セ・セ ①倒れたり悪くなったりしたものをもとの状態にもどす。「体勢を—」②それまでの計画などを改めて新しくする。

たて-なお・す【建(て)直す】ナホス— (他五) サ(ソ)・シ・ス・ス・セ・セ 家などをこわして新しく建てる。建て替える。「家を—」

たて-なが【縦長】(名・形動ダ) 縦に長いこと。↕横長

たて-なみ【縦波】〘物〙音波などのように、媒質の振動の方向が、波の進行方向と同一方向にある波動。↕横波

たて-ぬき【◇経◇緯】①織機のたて糸とよこ糸。②縦と横。

たて-ね【建値・立(て)値】〘商〙製造業者が卸売り業者に対して設定する販売価格。ある商品の標準価格をさす場合もある。建値段。「—制」

たて-ば【立(て)場・建(て)場】①(「杖(つえ)を立てて休む場所」の意)江戸時代、街道筋でかごかきや人夫が休憩した場所。②廃品回収業者の、その日集めた品物を買いとる問屋。

たて-ひき【立(て)引き・◇達引き】意地をはりあうこと。

たて-ひざ【立(て)膝】(名・自スル) 片方のひざを立ててすわること。また、その姿勢。「—をつく」

たて-ぶえ【縦笛・△竪笛】〘音〙縦に持って吹く笛の総称。尺八・クラリネット・リコーダーなど。↕横笛

たて-ふだ【立(て)札】規則・命令・通達などを書いて多くの人の見る所に立てる木のふだ。「立入禁止の—」

たて-ぶみ【立(て)文・△竪文】書状の形式の一つ。手紙を礼紙(らいし)で巻き、さらに白紙で縦に包み、上下を折ったもの。

たて-まえ【◇点前】マヘ— 茶道で、抹茶をたてる作法。おてまえ。

たて-まえ【建(て)前】マヘ— ①むねあげ。「新築の—」②表向きの方針や原則。「—と本音は違う」参考 ②は「立前」とも書く。

だて-まき【×伊達-巻(き)】①女性が和服の着くずれを防ぐために帯の下にしめる、幅のせまい帯。だてじめ。②魚肉のすり身をまぜた卵の厚焼きをうずまき形に巻いた食品。

たて-まし【建(て)増し】(名・他スル) いままでの建物に新たな部分を建て加えること。また、その建て加えた部分。増築。

たてまつ・る【奉る】㊀(他五) ラ(ロ)・リ(ッ)・ル・ル・レ・レ ①神仏や貴人に差し上げる。献上する。「神前に祝詞(のりと)を—」②形式的に高く位置づける。まつりあげる。「会長に—」可能 たてまつ・れる(下一) ㊁(他四)〘古〙「与ふ」「やる」の謙譲語。差し上げる。㊂(補動五)(動詞の連用形に付いて)自分の行為をへりくだって相手への敬意を表す。…申しあげる。「古希を祝い—」

たて-むすび【縦結び】二度結んだ結び目のはしが、ひもと平行にならずに縦になるように結ぶこと。また、そう結んだもの。

だて-めがね【×伊達-眼鏡】外見を飾るためにかける度のない眼鏡。

たて-もの【建物】人が住んだり、仕事をしたり、物を入れたりするために建てられたもの。建築物。建造物。

たて-や【建屋】設備や作業場を収容する建物。「原子炉—」

たて‐やく【立(て)役】「立て役者」の略。

たて‐やくしゃ【立(て)役者】①一座の中心となる役者。②物事の中心となって活躍する重要な人。「優勝への―」

たて‐ゆれ【縦揺れ】(名・自スル)①船や飛行機が垂直に揺れること。ピッチング。②地震で上下に揺れること。(↔横揺れ)

‐だてら(接尾)(身分などを表す名詞に付いて)不相応である、の意を表す語。「子供―に生意気を言う」

た・てる【立てる】(他下一)テ・テ・テル・テル・テレ・テロ(テヨ) ①まっすぐに起き上がらせる。おこす。「倒れた看板を―」②長い物などを直立または直立に近い状態になるように置く。すえつける。「旗を―」③つきさした状態にする。「とげを―(=人の心を刺激する意にも使う)」④波・風などをおこす。「ほこりを―」「波風を―(=不和を生じさせる)」⑤湯気・泡などを出す。「泡を―」⑥感情を高ぶらせる。「腹を―」⑦高くのぼらせる。「煙を―」⑧声・音を高くひびかす。「爆音を―・てて飛行機が飛ぶ」⑨さし向ける。出す。行かせる。「使者を―」⑩はっきり示す。「誓いを―」⑪さだめる。きめる。「方針を―」⑫新しく設ける。おこす。「制度を―」「異説を―」⑬祈りをこめる。「願がんを―」⑭世間に広める。「うわさを―」⑮耳・目などをそばだたせる。「聞き耳を―」⑯抹茶まっちゃに湯を入れ、茶筅ちゃせんでかきまぜる。茶の湯をする。「茶を―」⑰戸・障子をしめる。「戸を―」⑱人をある地位・位置にすえる。「会長に―」「候補者に―」⑲権威・地位・面目を保たせる。「先輩を―」⑳用に使う。「役に―」㉑世渡りをする。「生計を―」「身を―」㉒押し通す。「操みさおを―」㉓とがらせる。するどくする。「のこぎりの目を―」㉔湯・風呂ふろをわかす。「風呂を―」㉕(動詞の連用形の下に付いて)はげしく…する。「わいわい騒ぎ―」「あれこれ言い―」自た・つ(五) 文た・つ(下二) 参考 ⑯は「◇点てる」、⑰は「◇閉てる」とも書く。⇒「使い分け」

た・てる【建てる】(他下一)テ・テ・テル・テル・テレ・テロ(テヨ) ①建物を造る。②国家や都市、組織などをおこす。「王朝を―」自た・つ(五) 文た・つ(下二) 参考「立てる」とも書く。⇒「使い分け」

使い分け「立てる・建てる」
「立てる」は、横になっているものを縦にまっすぐにする意のほか、今までなかったものをはっきり現れるようにする、発生させる、ある位置や役割につかせる意として広く用いられ、「アンテナを立てる」「計画を立てる」「手柄を立てる」「波風を立てる」「顔を立てる」「証人に立てる」などと使われる。
「建てる」は、建造物を造る意で、「家を建てる」「銅像を建てる」などのほか、「国を建てる」「新会社を建てる」など国家をおこす意や、新しい組織をつくる意でも使われる。

たて‐わり【縦割(り)】①物をたてに割ること。②上下関係を中心に組織化されていること。「―行政」

だ‐てん【打点】①野球で、打者が安打・犠打・四球・死球などによって味方にもたらした得点。「勝利―」②テニスやバレーボールなどで、球を打つ位置。

だ‐でん【打電】(名・自他スル)電報・無電を打つこと。「記事を―する」

だ‐てんし【堕天使】〔宗〕キリスト教で、悪魔のこと。もとは天使であったが、神の怒りを買って天上界を追われた。

たとい【×仮令・×縦令】タトヒ (副)→たとえ(仮令)

た‐どう【他動】①他から働きかけること。他に働きかけること。「―的」②「他動詞」の略。↔自動

だ‐とう【打倒】タウ (名・他スル)うちたおすこと。うち負かすこと。「敵を―する」

だ‐とう【妥当】タウ (名・自スル・形動ダ)判断や処理に無理がなく、適切でふさわしいこと。また、そのさま。「―な処置」

―せい【―性】(道理や実情などに)適切にあてはまる性質。「―を欠く」

タトゥー〈tattoo〉入れ墨。刺青。文身。

たとう‐がみ【◇畳紙】タタウ (「たたみがみ」の音便)①たたんでふところに入れておき、詩歌の下書きや鼻紙などに用いたもの。ふところがみ。たとう。②厚手の紙に渋・うるしなどを塗って折り目をつけたもの。和服などを包むのに用いる。たとう。

た‐どうし【他動詞】〔文法〕働きかける対象のある動作・作用を表す動詞。「(戸を)開ける」「(腕を)折る」「(芽を)出す」など。右の定義によらず、だれかの意図によって成り立つ内容を表す動詞とする説もある。英語などでは、目的語を必要とし、受け身形となり得る動詞をいう。日本語では、目的語が明確でないので、この定義は当てはまらない。↔自動詞 ⇒自動詞「参考」

たとえ【例え・◇喩〔え〕・◇譬〔え〕】タトヘ ①たとえること。また、たとえられた事柄。比喩ひゆ。「―に引く」②同じような例。「―をあげる」

―ばなし【―話】ある物事にたとえていう話。寓話ぐうわ。

たとえ【×仮令・×縦令】タトヘ (副)もし。かりに。たとい。「―雨が降っても出かける」用法 あとに「でも」「ても」「とも」などを伴う。

たとえ‐ば【例えば】タトヘ (副)①例をあげて説明すれば。「好きなこと。―水泳」②もし。かりに。「―大金があったら」

たと・える【例える・◇喩える・◇譬える】タトヘル (他下一)エ・エ・エル・エル・エレ・エロ(エヨ) (わかりやすく説明するために)よく似た物事や具体的な事柄を引き合いに出して言う。「散る桜の美しさを雪に―」文たと・ふ(下二)

た‐どく【多読】(名・他スル)本を数多く読むこと。

たどたど‐し・い(形)カロ・カッ(ク)・イ・イ・ケレ・○ 話し方や動作がなめらかでなく、ぎこちない。「―英語」「―足取り」文たどたど・し(シク)

たどり‐つ・く【▲辿り着く】(自五)カコ・キ(イ)・ク・ク・ケ・ケ 道をたずねさがしながら、また、苦労してやっと目的地に着く。「山頂に―」

たど・る【▲辿る】(他五)ラ(ロ)・リ(ッ)・ル・ル・レ・レ ①知らない所をたずねながら行く。「地図を―・って行く」②道や川などにそって進む。「家路を―」③筋道を追って考えたり、手がかりをもとに探し求めたりする。「話の筋を―」「犯人の足取りを―」「記憶を―」④歩きにくい所を、時間や手間をかけながら進む。「いばらの道を―」⑤物事がある方向へ進む。「没落の一途を―」「会議は平行線を―」可能 たど・れる(下一)

た‐どん【◇炭団】①炭の粉を球状に練り固めた燃料。冬 ②〈俗〉相撲で、黒星。

たな【棚】(字義)→ほう(棚)

たな【棚】①板などを水平にわたした、物をのせる所。「―をつる」②植物のつるをはわせるために、木や竹を組んで支柱などに取り付け、高い所に水平に張り渡したもの。「藤ふじの―」③山の傾斜のゆるやかになった所。④陸地からゆるい傾斜で続いている海底。「大陸―だな」

―から牡丹餅ぼたもち 思いがけない得をすることのたとえ。たなぼた。

―に上あげる うちすてておく。不都合なことにわざとふれないでおく。「自分のことは棚に上げて人を非難する」

たな【◇店】①みせ。商店。商家。②貸家。借家。「―子」

たな‐あきない【棚商い・◇店商い】アキナヒ 店をかまえて商売すること。

たな‐あげ【棚上げ】(名・他スル)①商品の需給調節のため、商品を貯蔵して市場に出さないこと。②ある問題の解決・処理を一時保留して先へのばすこと。「増税案を―する」

たな‐うけ【◇店請け】借家人の身元を保証すること。また、その人。「―状」

たな-おろし【◦店卸〔し〕・棚卸〔し〕】(名・自他スル) ①決算や整理のために手持ちの商品・製品などの数量を調べ、その価額を見積もること。②他人の欠点などを一つ一つ数えあげて指摘すること。

たな-こ【◦店子】家を借りて住む人。借家人。↕大家

たなご【△鱮】〘動〙①コイ科タナゴ類の淡水産硬骨魚の総称。②①の一種。形は平たく一対のひげがある。産卵期には雄は腹部などが赤みをおびる。雌はカラス貝などに産卵する。にがぶな。

た-な-ごころ【◦掌】(「手の心」の意)てのひら。
―を返す ①物事が簡単にできるたとえ。②態度や考えが急に変わるたとえ。「―ような扱い」**―を指す** (掌中のものを指し示すように)物事が明白で疑問がないことのたとえ。

たな-ざらえ【棚△浚え】(名・自他スル) 整理のため、在庫品をすべて安く売ること。たなざらい。「デパートの―」

たな-ざらし【◦店△晒し】①商品が売れないで店先などにいつまでも置かれていること。また、その商品。売れ残り。②取り組むべき問題が未解決のまま放置されていること。「―の案件」

たな-だ【棚田】山や丘などの斜面に階段状につくった田。

たな-だて【◦店立て】(名・他スル) 家主が借家人に貸家からの退去を求めること。「―をくう」

たな-ちん【◦店賃】家賃。

タナトス〈ギリシャ Thanatos〉①ギリシャ神話で、死を擬人化した神。②〘心〙死に向かおうとする本能・衝動。参考②は精神分析学の創始者フロイトの用語で、エロス(=生の本能)と並び、人間の二大本能とされる。

たな-ばた【七夕・棚機】①(「たなばた祭り」の略)五節句の一つ。陰暦七月七日の夜、天の川の東西にある織女星と牽牛星が年に一度会うという中国の伝説に基づく行事。願いごとを書いた短冊を笹につけたり、女子の手芸の上達を祈ったりする。星祭り。しちせき。秋 ②「たなばたつめ」の略。参考「七夕」は、常用漢字表付表の語。
―つ-め【―津女】(「つ」は「の」の意の古い助詞)①機を織る女。織女。②織女星。琴座の首星ベガのこと。秋

たな-び・く【棚引く】(自五) 雲・霞・煙などが横に長く漂う。「春霞が―」

たな-ぼた【棚△牡◦丹】「棚からぼたもち」の略。

たな-もの【◦店者】商家の使用人。番頭や手代・丁稚など。おたなもの。

た-なれ【手△馴れ】〘古〙①手によくなれること。持ちなれていること。②(馬などの)動物を飼いならしてあること。

た-なん【多難】(名・形動ダ) 困難や災難などの多いこと。また、そのさま。「前途―」「多事―」

たに【谷・◦渓】①山と山との間のくぼんだ所。「深い―」②くぼんで①に似た形や状態をした所。「気圧の―」「景気の―」

だに【×壁蝨・△蟎・△蜱】①〘動〙節足動物のダニ目に属する小虫の総称。種類は多く、動物や人に寄生して血を吸うものや、感染症を媒介するものなどもある。夏 ②(比喩的に)他人にくっついて金品をせびり取るようなきらわれ者。「町の―」

だに (係助)〘古〙意味の軽いものをあげ、言外に重いものを類推させる意を表す。さえも。でも。せめて…なりと。参考副助詞とする説もある。

たに-あい【谷◦間】谷の中。谷間。

たに-おり【谷折り】紙などを、折り目が内側になるように折ること。↕山折り

たに-かぜ【谷風】〘気〙昼間、谷間や平地から山頂に向かって山の斜面を吹き上がる風。↕山風

たに-がわ【谷川】谷間を流れる細い川。渓流。

た-にく【多肉】〘植〙葉・茎・実が水分を貯え厚いこと。
―か【―果】〘植〙果肉が厚く柔らかくて汁の多い果実。ナシ・ミカン・スイカなど。液果。湿果。
―しょくぶつ【―植物】〘植〙茎や葉が水分を多く含み、肥厚している植物の総称。サボテン・リュウゼツランなど。
―よう【―葉】〘植〙水分を多く含んで肥厚した葉。

たに-ぐく【谷△蟇】〘古〙「ひきがえる」の古称。

たにぐちぶそん〔谷口蕪村〕→よさぶそん

たにざきじゅんいちろう〔谷崎潤一郎〕(一八八六〜一九六五)小説家。東京生まれ。「刺青」「麒麟」などの耽美主義・悪魔主義の作品で文壇に登場。「痴人の愛」などで官能の世界を描いたが、のちに日本古典の伝統美に傾倒し、「源氏物語」の現代語訳を完成。ほかに「春琴抄」「細雪」など。

た-にし【田△螺】〘動〙タニシ科の巻き貝の総称。多く水田や池沼にすむ。殻は円錐形で薄く、なめらかで暗緑褐色。卵胎生。食用のほか、養魚などの餌とする。春

たに-そこ【谷底】谷の最も深い所。たにぞこ。

たに-ふところ【谷懐】周りを山に囲まれた谷あい。

たに-ま【谷間】①山から見た谷の中。谷あい。②(比喩的に)高いものに挟まれた低い部分。谷のような所。また、周囲から取り残された所。「ビルの―」「景気の―」

たに-まち【谷町】相撲で、力士の後援者のこと。語源明治の末ごろ、大阪谷町筋の相撲好きの医者が、力士からは治療代をとらなかったことから出た語という。

たに-わたり【谷渡り】ウグイスなどが、谷から谷に渡って鳴くこと。また、その声。春

た-にん【他人】①自分以外の人。「―まかせ」②親族でない人。「赤の―」③その事に関係のない人。「―は口を出すな」
―の疝気を頭痛に病む (「せんき」は漢方で下腹の痛む病気)無関係なことによけいな心配をすることのたとえ。**―の空似** 血縁のない人でありながら、顔かたちがよく似ていること。**―の飯を食う** 他人の家に寄食するなどして、実社会の経験を積む。
―あつかい【―扱い】(名・他スル) 親しい間柄なのに、他人同様によそよそしく待遇すること。
―ぎょうぎ【―行儀】(名・形動ダ) 親しい間柄なのに、他人のようによそよそしくして打ち解けないこと。また、そのさま。「―な挨拶はぬきだ」

た-にんずう【多人数】人数が多いこと。大勢。たにんず。↕少人数

たぬき【△狸】①〘動〙イヌ科の哺乳動物。山野に穴を掘ってすみ、小動物・木の実などを食う。夜行性。毛は一般に黄褐色で黒みを帯びる。古くから人をばかすと信じられた。毛は毛筆、毛皮は防寒用。ムジナともいう。冬 ②他人をだます人。ずるい人。③「たぬきねいり」の略。④「たぬきそば」「たぬきうどん」の略。
―うどん【―△饂△飩】掛けうどんに、揚げ玉などを加えたもの。
―おやじ【―親◦父】年とった悪賢い男をののしっていう語。
―じる【―汁】①タヌキの肉を大根や牛蒡とともにみそで煮た汁。②こんにゃく・あずきなどをみそで煮た汁。
―そば【―×蕎麦】掛けそばに、揚げ玉などを加えたもの。
―ねいり【―寝入り】(名・自スル) 眠ったふりをすること。空寝。
―ばやし【―△囃子】夜、どこからともなく聞こえてくる祭囃子。俗に、タヌキが打つ腹鼓という。
―も【―藻】〘植〙タヌキモ科の多年生水草。羽状に裂けた

葉に多数の捕虫嚢(ほちゅうのう)があって水中の小さな昆虫やミジンコなどを捕食する食虫植物。夏、水面に黄色の花を開く。

たね【種】①植物の発芽のもとになるもの。種子。実(み)や果物の核(さね)。「朝顔の—」②動物が生まれるもとになるもの。精子。「—付け」③血統。血筋。血統を受け継ぐ子。「一粒—(だね)」④物事の発生するもと。原因。「頭痛の—」「紛争の—になる」⑤文芸・新聞記事などの材料。ねた。「うわさの—」⑥手品などの仕掛け。「—も仕掛けもない」⑦料理などの材料。ねた。「おでんの—」⑧ものの質。「客—」参考③は「△胤」とも書く。

—が割(わ)れる 仕掛けやくわだてが明らかになる。**—を宿(やど)す** 妊娠する。

だ-ね 相手に同意を求めたり、相手の発言に同調したりする意を表す。「今日はいい天気—」「そう—」語源断定の助動詞「だ」＋終助詞「ね」

たね-あかし【種明〔か〕し】(名・自スル)①手品などの仕掛けを説明すること。②隠されていた仕組みや事情を解き明かすこと。「事件の—をする」

たね-あぶら【種油】菜種からしぼった油。菜種油。灯火用・食用。

たね-いた【種板】写真の原板。撮影用のセルロイドまたはガラス製の板。乾板。たねばん。

たね-いも【種芋】種として土に植える芋。春

たね-うし【種牛】牛の改良や繁殖のために飼う雄牛。

たね-うま【種馬】馬の改良や繁殖のために飼う雄馬。

たね-おろし【種下ろし】種まき。春

たねがしま【×種子島】火縄銃の別称。参考一五四三(天文十二)年、ポルトガル人が鹿児島南方の種子島に渡来して伝えたことによる。

たね-がみ【種紙】①蚕の蛾(が)に卵を産みつけさせる紙。蚕卵紙(さんらんし)。蚕紙。春②写真や日光写真の印画紙。

たね-がわり【種変〔わ〕り】(ガハリ) →たねちがい

たね-ぎれ【種切れ】もとにする材料・品物などがすっかりなくなること。「話が—になる」

たね-せん【種銭】①銭を鋳造するとき、鋳型を作るのに用いる模型。母銭(ぼせん)。②貯金や投資、博打(ばくち)の元手になる金。

たね-ちがい【種違い】(チガヒ) 兄弟姉妹で、母親が同じで父親が違うこと。種変わり。

たね-つけ【種付け】(名・自スル)家畜の繁殖や品種改良のために、良種の雄を雌と交配すること。春

たね-とり【種取り】①種子を採取すること。秋②子を生ませるために動物を養っておくこと。また、その動物。

たね-び【種火】いつでも火をおこしたり、燃やしたりできるように用意してある小さい火。「—をつける」

たね-ほん【種本】講義や著作のよりどころにする自著以外の書物。「論文の—」

たね-まき【種△蒔き】(名・自スル)①種をまくこと。春 播種(はしゅ)。②八十八夜前後に、稲のもみを苗代(なわしろ)にまくこと。春

たねまくひと【種蒔く人】文芸雑誌。一九二一—一九二三(大正十—十二)年に刊行。プロレタリア文学運動の先駆をなした。小牧近江(おうみ)・金子洋文(ようぶん)らが中心。

たね-もの【種物】①草木の種子。物種(ものだね)。種。春②汁物のそばまたはうどんに、卵・肉・てんぷらなどを入れてあるもの。③氷水にシロップ・あずきなどを入れてあるもの。

た-ねん【他念】ほかのことを考える心。ほかの思い。余念。「—なく働く」

た-ねん【他年】将来の、ある年。後年。

た-ねん【多年】多くの年月。長年。積年。「—にわたる研究」

—せい【—生】〔植〕植物体の全部または地下部が二年以上生存すること。

—せい-そうほん【—生草本】(サウホン)〔植〕多年生の植物。冬になって地上部は枯れても、地下にある根や茎が残っていて、翌春芽が出て伸びるもの。多年生植物。多年草。

—そう【—草】(サウ) →たねんせいそうほん

だの (副助)全体の代表として、いくつかの事柄を列挙し、その他にも並列できる事柄があるという意味を示す。「会議—残業—多忙な日を過ごす」「行く—行かない—と言って騒いでいた」語源断定の助動詞「だ」＋格助詞「の」。用法種々の語(名詞、用言・助動詞の終止形、副詞、助詞など)に付く。参考並立助詞とする説もある。

た-のう【多能】(名・形動ダ)①才能の多いさま。なんでもよくできるさま。多才。「多芸—」②多くの機能をそなえているさま。

たのうだ-ひと【頼うだ人】〔古〕自分の頼みとする人。主人。用法狂言などに多く用いられる言葉。

たのし・い【楽しい】(形)(カロ・カッ(ク)・イ・イ・ケレ・○) 愉快な状態が続いて、心が浮き浮きする感じである。満ち足りてここちよい。「—一日を過ごす」文たの・し(シク)

たのしみ【楽しみ】㊀(名)楽しむこと。また、楽しいと思う物事。特に、心を慰める趣味や娯楽。「老後の—」「—をもつ」㊁(形動ダ)(ダロ・ダッ(デ・ニ)・ダ・ナ・ナラ・○) 楽しいであろうと、待ち遠しく思われるさま。「連休が—だ」「将来が—な子」

たのし・む【楽しむ】(他五)(マ(モ)・ミ(ン)・ム・ム・メ・メ) ①楽しいと感じて、喜ぶ。愉快に感じる。「余暇を—」②好きなことをして、慰めにする。娯楽にする。「音楽を—」③将来のことに期待をかけ、待ち望む。「子供の成長を—」可能たのし・める(下一)

だ-のに (接)それなのに。なのに。「六時に会う約束をした。—彼は来なかった」用法先行の事柄に反した、あるいはそこから予期されない結果などを述べる場合に用いる。

たのみ【頼み】①頼むこと。また、その内容。「—を聞く」②あてにすること。頼りにするもの。「空—(だのみ)」「彼は—になる」

—の綱(つな) 頼りとしてすがるもの。あてにしているもの。「君だけが—だ」

たのみ-こ・む【頼み込む】(他五)(マ(モ)・ミ(ン)・ム・ム・メ・メ) 聞き入れてくれるよう熱心に人に頼む。「就職を—」

たのみ-すくな・い【頼み少ない】(形)(カロ・カッ(ク)・イ・イ・ケレ・○) 頼りになりそうにない。心細い。文たのみすくな・し(ク)

たの・む【頼む】㊀(他五)(マ(モ)・ミ(ン)・ム・ム・メ・メ) ①ある事柄を求めて相手に願う。依頼する。「秘密にするように—」「講演を—」②仕事や用事をまかせる。ゆだねる。「代行を—」「留守を—」③力としてあてにする。たよる。「師と—人」「神仏を—」可能たの・める(下一)㊁(他下二)〔古〕たよらせる。あてにさせる。

た-の-も【田の△面】田のおもて。田の表面。

たのもう【頼もう】(タノマウ)(感)(「たのまむ」の音便)昔、武士などが他家を訪問して案内を請うときに言った言葉。

たのもし・い【頼もしい】(形)(カロ・カッ(ク)・イ・イ・ケレ・○) しっかりしていて頼りになるように見える。期待がもてて心強い。「—青年」「将来が—」文たのも・し(シク)

たのもし-こう【頼△母子講】(カウ) 金融を目的とする相互扶助組織。掛け金を出し合って、入札・抽選などで順番にまとまった金額を融通するもの。たのもし。無尽(むじん)。

た-は【他派】ほかの流派・党派・宗派。↔自派

-たば【束】(接尾)たばねたものを数える語。「ネギ三—」

たば【束】細長い物や平たい物をひとまとめにしてくくったもの。「紙の—」「—になってかかる」

だ-は【打破】(名・他スル)①悪習や障害などを取り除くこと。

「悪弊を—する」②相手を打ち破ること。「敵を—する」

だ-ば【駄馬】①荷を付けて運ばせる馬。荷馬。②下等な馬。

た-ばい【多売】(名・他スル) たくさん売ること。「薄利—」

た-ばかり【◦謀り】①よくない相談。②計画的に人をあざむくこと。謀略。「—事」

た-ばか・る【◦謀る】(他五)(「た」は接頭語) 計略を用いてあざむく。だます。「敵に—・られた」

たばこ【×煙草・△莨】〈ポルトガル tabaco〉①〘植〙ナス科の一年草。南アメリカ原産。葉は卵形で先端がとがり、互生。葉はニコチンを含み喫煙・殺虫剤用。②①の葉を乾かして作った嗜好品。「—をのむ」「—を吸う」

—せん【—銭】たばこを買うための金。また、たばこ一箱代ほどの、わずかな金。小遣い銭やわずかな謝礼などにいう。

—ぼん【—盆】火入れ・灰吹きなどキセルを使うときの喫煙具をのせた盆。

〔たばこぼん〕

た-ばさ・む【手挟む】(他五) ①手やわきに挟んで持つ。「弓矢を—」②(刀剣類を)腰に差す。「両刀を—」

た-ばし・る【た走る】(自四)《古》(「た」は接頭語)ほとばしる。勢いよく飛び散る。

タバスコ〈スペイン Tabasco〉タバスコ(赤唐辛子の一種)に酢・塩などを加えた辛いソース。(商標名)

た-はた【田畑・田△畠】田と畑。耕作地。田畑。

た-はつ【多発】㊀(名・自スル) 多く発生すること。「交通事故—地帯」㊁(名) 発動機を複数備えていること。「—機」

たばね【束ね】①束にまとめること。また、まとめたもの。「—髪」②まとめ役。統率者。「村の—」

たば・ねる【束ねる】(他下一) ①束にする。「稲を—」②組織や団体の中心となって全体をまとめる。統率する。「一座を—」「村人を—」文たば・ぬ(下二)

たはむれに… 和歌〔たはむれに 母を背負ひて そのあまり 軽きに泣きて 三歩あゆまず〕〈石川啄木〉ふざけ半分に、母を背負ってみたものの、そのあまりの軽さに胸が詰まり思わず涙があふれて、三歩と歩けなかった。なんと母の年老いたことだろう。(「父母のことを歌ふの歌」四〇首を泣きながら作ったという中の一つ)

たび【度】①その時。折。「この—はお世話さまでした」②(同じ体験をする)その時ごと。「その歌を聞く—に思い出す」③回数。「—重なる不幸」④(数詞の下に付いて)度数を示す。「ひと—」

たび【旅】(名・自スル) 自宅を離れて、遠方の地へ行くこと。旅行。「一人—」「—に出る」

—の空 旅先。**—の恥は搔き捨て** 旅先では知人もいないし、長くいるわけでもないから、恥ずかしいようなことをしても平気だ。**—は道連れ世は情け** 旅には道連れがあるのが心強い。同じように、世の中を渡るにはたがいに情けを掛け合うことがたいせつだ。

たび【足袋】おもに和装のときに足首から下に履く、爪先が二つに分かれた袋状の履物。冬 参考 常用漢字表付表の語。

だび【△荼△毘・△荼△毗】〘仏〙火葬。

—に付す 火葬にする。「遺体を—」

たび-あきない【旅商い】(名・自スル) 旅をしながら商売をすること。行商。

たび-あきんど【旅◦商◦人】旅商いをする人。行商人。

タピオカ〈tapioca〉トウダイグサ科のキャッサバの根茎からとるデンプン。菓子の材料にする。

たび-かさな・る【度重なる】(自五) 何度も同じことが続いて起こる。「同じ事故が—」

たび-がらす【旅△烏】定住地がなく、旅から旅へとさすらう人。また、よその土地から来た人をいやしめていう語。

たび-げいにん【旅芸人】各地を回って興行する芸人。

たび-こうぎょう【旅興行】各地を回ってする芝居・相撲・サーカスなどの興行。

たび-ごころ【旅心】①旅先で味わうしみじみとした心持ち。旅情。②旅に出たいと思う心。「—がわく」

たび-ごろも【旅衣】《古》旅行するときの服装。

たび-さき【旅先】旅の途中。また、その土地。旅行先。「—から便りをする」

たび-じ【旅路】旅行の道筋。旅行の途中。旅行。

たび-じたく【旅支度】①旅行に出掛けるための準備。「—をととのえる」②旅行するときの服装。旅ごしらえ。旅装束。

たび-しょ【旅所】→おたびしょ

たび-しょうぞく【旅装束】旅行をするときの服装。

たび-すがた【旅姿】旅行するときの服装や準備を調えた姿。

タピストリー〈tapestry〉→タペストリー

たび-そう【旅僧】旅をしている僧。各地を修行しながら巡り歩く僧。行脚僧。

たび-だち【旅立ち】旅行に出ること。門出。「新たなる—」

たび-だ・つ【旅立つ】(自五) ①旅に出発する。「ヨーロッパに—」②死ぬ。「天国に—」

たび-たび【度度】(副) 幾度も。しばしば。「—注意される」

たび-どり【旅鳥】〘動〙北方の繁殖地と南方の越冬地を往復する途中、ある地域を一時期通る渡り鳥。シギ・チドリなど。

たび-にっき【旅日記】旅行中のできごとを記した日記。

たび-にん【旅人】各地を渡り歩くやくざ・侠客・香具師など。渡り鳥。旅がらす。

たび-ね【旅寝】(名・自スル) 旅行先で寝ること。旅枕。

たび-はだし【足袋△跣】下駄・草履などをはかず、足袋のままで地面を歩くこと。「—で駆け出す」

たび-びと【旅人】旅行をしている人。旅行者。

たび-まくら【旅枕】旅行先で寝ること。旅寝。

たび-まわり【旅回り】(芸人・商人などが)興行や行商のために、各地を旅して歩くこと。「—の一座」

たび-やくしゃ【旅役者】各地を巡って芝居をする役者。

たび-やつれ【旅△窶れ】(名・自スル) 旅の疲れでやつれること。また、そのようす。「—した顔」

た-びょう【多病】(名・形動ダ) 病気がちなこと。また、そのさま。「才子—(=才人はとかく病気がちだということ)」

たびらこ【田平子】〘植〙キク科の越年草。水のない田や湿地に葉を広げて叢生し、春に黄色の頭状花を開く。若葉は食用。春の七草の一つ「ホトケノザ」の別名。かわらけな。新年

ダビング〈dubbing〉(名・他スル) ①収録された映像や音声を、他のテープやディスクなどに再録すること。②映画や放送で、せりふ・音楽・効果音などを合成して一本に編集すること。

ダ-ビンチ〈da Vinci〉→レオナルド-ダ-ビンチ

タフ〈tough〉(形動ダ) 肉体的にも精神的にも頑強なさま。ねばり強いさま。「驚くほど—な男」「—な神経」

タブ〈tab〉〘情報〙①ワープロソフトなどで、特定の位置までカーソルを移動する機能。また、そのためのキー。②ひとつのウインドー内に複数表示した画面を切り替えるときにクリックする、つまみ状の部分。

だ-ふ【△懦夫】おくびょうな男。意気地なし。

タブー〈taboo〉禁忌。㋐神聖なもの、汚れたものに触れることや、特定の行為を禁じる宗教的・社会的禁制。㋑忌み嫌っ

て、避けなければならないとされる事柄。禁句。禁制。「あの人の前で甘いものの話はーだ」語源もとはポリネシア語のtapuで、南太平洋諸島ポリネシア人の宗教儀礼から出た語。

タフ-ガイ〈tough guy〉たくましい男。強健な男。

た-ぶさ【髻】髪の毛を束ねて結んだところ。もとどり。

タフタ〈フランス taffetas〉《服》光沢のある薄地の絹織物。よこ糸が太いのでうねが見える。おもに婦人服に用いる。

だぶ-だぶ（副・自スル・形動ダ）①水などがいっぱいはいっていて揺れ動くさま。「タンクの水がー(と)音を立てる」②水分などが多すぎるさま。「しょうゆをーにかける」③衣服が不釣り合いなほど大きいさま。ぶかぶか。「ーのズボン」④太りすぎてしまりのないさま。「腹の肉がーしている」

だぶ-つ・く（自五）カ(コ)・キ(イ)・ク・ク・ケ・ケ ①水などがいっぱいはいっていて揺れ動く。「飲みすぎて腹がー」②衣服が大きすぎてぶかぶかする。③(お金や品物などが)出回りすぎて余る。「資金がー」

た-ぶね【田舟】水田で肥料や稲などを運ぶ、平底の小舟。

だふ-や【だふ屋】《俗》(「だふ」は札を逆さにした隠語)入場券や乗車券などを手に入れ、高く転売して利益を得る者。

たぶらか・す【誑かす】（他五）サ(ソ)・シ・ス・ス・セ・セ うまいことを言ってあざむく。だましまどわす。「人をー」可能たぶらか・せる(下一)

ダブリュー【W】①〈woman の頭文字〉「女性」を表す略号。⇔M ②〈west の頭文字〉「西」を表す符号。③《化》タングステンの元素記号。④電力の単位ワットを表す記号。

ダブリュー-エッチ-オー【WHO】〈World Health Organization から〉世界保健機関。保健衛生に関する問題について、国際間の協力を目的とした国連の専門機関の一つ。事務局はジュネーブ。

ダブリュー-シー【WC】〈water closet から〉便所。

ダブリュー-ティー-オー【WTO】〈World Trade Organization から〉世界貿易機関。世界貿易の自由化とその体制維持・強化を目的とした国際機関。ガット(GATT)を発展解消し、一九九五年に設立。事務局はジュネーブ。

ダブル〈double〉①二重・二部・二個・二倍などの意。②二人用のもの。「ーベッド」③《服》「ダブルブレスト」の略。「ーの上着」④「ダブル幅」の略。⑤ウイスキーなどの量で、約三〇ミリリットルのグラス二杯分。(⇔シングル)

ーキャスト〈double-casting から〉《演》一つの役に二人の俳優を割り当て、交替で出演させること。

ークリック〈double-click〉(名・他スル)《情報》マウスのボタンを二度続けて押すこと。

ースクール〈和製英語〉同時に二つの学校に通うこと。大学に通いながら資格取得のために専門学校に通うなど。

ースコア〈和製英語〉競技・試合などで、一方の得点が他方の得点の二倍となること。「ーで大敗する」

ースタンダード〈double standard〉対象によって異なる基準を使い分けて判断・評価すること。二重基準。

ースチール〈double steal〉野球で、二人の走者が同時に次の塁をねらって走ること。重盗。

ーはば【一幅】生地の幅が約一・四二メートルのもの。シングル幅の二倍ある。ダブル。

ーパンチ〈和製英語〉(ボクシングで、一方の手で連続して二回打つことから)ショックや被害が二つ重なること。「地震に高潮とーを受けた」参考英語ではdouble blowという。

ーブッキング〈double-booking〉①指定席やホテルの部屋などの予約を二重に受け付けてしまうこと。②日時が重なる二つの約束をしてしまうこと。

ープレー〈double play〉野球で、一連のプレーで二つのアウトを奪うこと。併殺。重殺。ゲッツー。

ーブレスト〈double-breasted から〉《服》洋服の上着の前部が深く重なっていて、ボタンが二列のもの。ダブル。

ーヘッダー〈doubleheader〉野球で、同じチームどうしが、同一球場で同じ日に試合を二回すること。

ーベッド〈double bed〉二人用の寝台。

ダブ・る（自五）ラ(ロ)・リ(ッ)・ル・ル・レ・レ ①同じ事物が重なる。二重になる。「物がーって見える」「説明がー」②映画などで、映像が重なって現れる。「画像がー」③留年する。落第する。④野球で、併殺にうちとる。語源「ダブル(double)」を動詞化した語。

ダブルス〈doubles〉テニス・卓球・バドミントンなどで、競技者が二人ずつ組んで行う試合。複試合。⇔シングルス

タブレット〈tablet〉①錠剤。②鉄道の単線区間での通行票。③《情報》小型の板状で、指などで液晶画面に触れることで操作できるコンピューター。「ーPC」

タブロイド〈tabloid〉ふつうの新聞紙の半分の大きさ。また、その型の新聞。タブロイド判。

タブロー〈フランス tableau〉《美》①(板・カンバスに描かれ額縁に入った)絵。②完全に仕上がった絵画作品。参考タブローを描くまでの準備のための習作はエチュード(étude)、写生による覚え書きはエスキス(esquisse)(スケッチ)、素描はデッサン(dessin)やクロッキー(croquis)と呼ばれる。

た-ぶん【他聞】他人に聞かれること。「ーをはばかる」

た-ぶん【多分】■(名・形動ダ)①数・量・程度が多いこと。「ごーの礼をはずむ」「ーに主観のまじった意見」②多くの例。「ごーにもれず」■(副)十中八九。おそらく。たいてい。「ー無事だろう」用法■は、多くあとに推量の語を伴う。

だ-ぶん【駄文】①つまらない文章。②自分の文章の謙称。

た-ぶん【多聞】物事を多く聞き知っていること。

たべ-あわせ【食べ合(わ)せ】→くいあわせ①

たべ-かけ【食べ掛け】途中まで食べたこと。また、その食べ物。「ーのパン」

たべ-かす【食べ滓】①食べ残した物。あとに残った食べられない部分。食べ残し。②口の中に残っている食べ物のかす。

たべ-ごろ【食べ頃】食べて最もおいしい時期・ころあい。「桃がーになる」

たべ-ざかり【食べ盛り】成長期で食欲の盛んな時期。また、その年ごろの子供。

たべず-ぎらい【食べず嫌い】→くわずぎらい

タペストリー〈tapestry〉麻や絹などのたて糸に色糸を織り込んで絵模様を織り出したつづれ織り。壁掛けなどに用いる。タピストリー。

たべ-つ・ける【食べ付ける】（他下一）ケ・ケ・ケル・ケル・ケレ・ケロ(ケヨ) 食べ慣れている。「ーけない物を食べて腹を壊す」文たべつ・く(下二)

たべ-もの【食べ物】食べるもの。食物。

た・べる【食べる】（他下一）ベ・ベ・ベル・ベル・ベレ・ベロ(ベヨ) ①口に入れた食物をかんで腹に入れる。食う。②暮らしを立てる。「どうにかーべていく」文た・ぶ(下二)用法「食べる」はもと謙譲語。現在は「食う」の丁寧語に使い、「食う」は乱暴な感じを伴うことが多い。語源下二段活用の「賜ぶ(給ぶ)」から出た「いただく」の意の謙譲語。⇩食う「ちがい」

尊敬語	謙譲語	丁寧語
召しあがる あがる	いただく 頂戴する	食べます いただく　いただきます

だべ・る【駄弁る】（自五）ラ(ロ)・リ(ッ)・ル・ル・レ・レ《俗》むだ話をする。「一時間もーってしまった」語源「駄弁」を動詞化した語。

たｰへん【田偏】 漢字の部首名の一つ。「町」「略」などの「田」の部分。

たｰべん【多弁】（名・形動ダ）口数の多いこと。おしゃべり。「説明に—を費やす」「酔うと—になる」

だｰべん【駄弁】 むだなおしゃべり。むだ口。「—を弄(ろう)する」

たへんｰけい【多辺形】 →たかくけい

たぼ【△髱】 ①日本髪のうしろに張り出している部分。たぼ髪。たぶ。つと。②《俗》若い女性。

だｰほ【拿捕】（名・他スル）（「拿」は捕まえる意）捕らえて自由を奪うこと。特に、軍艦などが他国の船舶を捕らえること。「領海侵犯で—する」

たｰほう【他方】 ハウ 一（名）ほかの方面。別の方向。もう一方。「—の言い分も聞く」二（副）とはいうものの一方では。別の面から見ると。「口は悪いが、—やさしいところもある」

たｰぼう【多忙】 バウ（名・形動ダ）非常に忙しいこと。また、そのさま。「—をきわめる」「—な毎日」

たｰぼう【多望】 バウ（名・形動ダ）将来性があること。望みがあること。また、そのさま。「前途—な青年」

だｰぼう【打棒】 野球で、バットでボールを打つこと。打撃。

たほうｰとう【多宝塔】 タフ《仏》上層が円形で下層が方形になっている二重の仏塔。「石山寺の—」

たｰほうめん【多方面】 ハウメン（名・形動ダ）多くの部門・方面。「—にわたる活躍」

だｰぼく【打撲】（名・他スル）体を物に打ちつけたりたたいたりすること。「—傷」「全身—」

だぼｰだぼ（副・自スル・形動ダ）①衣服などが釣り合わないほど大きいさま。「—のズボン」②液体が大量に注がれるさま。「醬油(しょうゆ)を—(と)かける」

だぼｰはぜ【だぼ△鯊】《動》小形のハゼ類でチチブ・ドロメなどの俗称。地方によってはゴリ・ドンコなどともいう。夏

だｰぼら【駄◇法△螺】《俗》いいかげんでおおげさな、根拠のない話。くだらない大言。「—を吹く」

だｰほん【駄本】 くだらない本。読む価値のない書物。

たまｰ【玉】（接頭）「美しい」「たいせつな」「玉製の」などの意を表す。「—垣」「—砂利」

たま【玉】 ①球状に磨いた宝石や真珠など。転じて、美しいもの、たいせつなもの、高貴なものをたとえていう語。「—をみがく」「掌中の—」「—の肌」②球形のもの。また、それに似たもの。㋐丸い形のもの。「あめ—(だま)」「目の—」㋑そろばんで計算するとき、上下に動かし数を示すもの。「—をはじく」㋒うどんやそばなどのひとかたまり。「うどん二—」㋓「たまご②」の略。「かき—」㋔めがねやカメラのレンズ。㋕水滴。「露の—」㋖《俗》睾丸(こうがん)。③《俗》芸者など客商売の女性。また、美しい女性。「上—(じょうだま)」④《俗》人をあざけっていう語。「人をだませるような—じゃない」参考 ①、②㋑は、「◇珠」とも書く。

—に瑕(きず) 完全と思われるものの中にあるほんのわずかの欠点。

—磨(みが)かざれば光(ひかり)なし（どんな宝石でも研磨しなければ美しい輝きは出ない、ということから）素質のある人間も、努力・修練しなくてはその力を発揮できない。**—を転(ころ)がすよう** 非常に美しい声のたとえ。

たま【◇偶・◇適】（名・形動ダ）めったにないこと。また、そのさま。まれ。「—の休み」「—に訪ねる」

たま【球】 ①野球・卓球・テニス・ビリヤードなどで使うボール。「—を投げる」「—をつく」②電球。「電気の—が切れる」参考 ②は、「玉」とも書く。

たま【弾】 弾丸。「鉄砲の—」参考「玉」とも書く。

たま【霊・◇魂】 ①たましい。霊魂。「御(み)—」②空中を飛ぶ燐火(りんか)。

だま 小麦粉などを水などで溶いたときに、溶けきらずにできるかたまり。ままこ。ままこだま。「—になる」

たまｰあし【球足】 球技で、球の進む速さ。また、その距離。「—が速い」

たまｰいし【玉石】 川や海にある丸い石。庭や石垣に使う。

たまｰ・う【◇賜う・◇給う】 タマフ ワ(オ)・イ(ッ)・ウ・ウ・エ・エ 一（他五）「与える」の尊敬語。お与えになる。授ける。くださる。「お言葉を—」二（補動五）（多く命令形で）相手の動作に対して、軽い敬意や親しみをこめて命令する意を表す。「取ってくれ—・え」用法 二はおもに男性が、同輩または目下の者に対して用いる。

たまｰおくり【霊送り・◇魂送り】《仏》盂蘭盆(うらぼん)の終わり（陰暦七月十六日ごろ）に、送り火をたいて、祭った霊を送り返す仏事。精霊(しょうりょう)送り。秋 ↔霊(たま)迎え

たまｰがき【玉垣】 神社のまわりの垣。神垣。みずがき。

だまかｰ・す【△騙かす】（他五）サ(ソ)・シ・ス・ス・セ・セ《俗》だます。「彼はなかなか—・せない」可能 だまか・せる（下一）

たまｰかずら【玉△鬘】 カヅラ 一（名）①上古、つる草、または玉を紐(ひも)に通して頭にかけた飾り。②髪の少ないときに補うもの。かもじ。二《枕》→たまかづら（玉鬘）

たまかつま【玉勝間】 江戸後期、本居宣長(もとおりのりなが)の随筆集。一七九五（寛政七）—一八一二（文化九）年刊。宣長の学問・文学・思想などを知るための好資料。

たまｰかづら【玉◇葛】 カヅラ《枕》「長し」「はふ」などにかかる。

たまｰかづら【玉△鬘】 カヅラ《枕》「かく」「かげ」にかかる。

たｰまき【◇環】（「手(た)巻き」の意）古代の腕飾りの一つ。玉や貝などに紐(ひも)を通して腕に巻いたもの。

たまｰきはる【×魂極る】 タマキワル《枕》「いのち」「うち」「いく世(よ)」「吾(わ)」などにかかる。

たまｰぎわ【球際】 ギハ 球技で、ボールを処理するのがむずかしい、ぎりぎりのところ。「—に強い」

たまｰぐし【玉串】 ①木綿(ゆう)（＝楮(こうぞ)の皮を裂いてつくった糸）または紙などを付けて、神前にささげる榊(さかき)の枝。「—奉奠(ほうてん)」②「榊(さかき)」の美称。

たまｰくしげ【玉△櫛△笥】 一（名）「櫛笥(くしげ)（＝くしを入れる箱）」の美称。二《枕》「ふた」「箱」「ひらく」「あく」「奥」「覆(おほ)ふ」「身」などにかかる。

〔たまぐし①〕

たまｰくら【手枕】 腕をまくらにすること。てまくら。

だまくらかｰ・す【△騙くらかす】（他五）サ(ソ)・シ・ス・ス・セ・セ《俗》だます。あざむく。「善人を—」可能 だまくらか・せる（下一）

たまｰ・げる【◇魂◇消る】（自下一）ゲ・ゲ・ゲル・ゲル・ゲレ・ゲロ(ゲヨ)《俗》びっくりする。驚く。肝(きも)をつぶす。「値段を聞いて—」

たまｰご【卵】 ①《動》鳥・魚・昆虫などの雌が産み、それからその子がかえる生殖細胞。②鶏(にわとり)の卵。鶏卵。「—料理」③修業中の人。また、未成熟なもの。「医者の—」参考 ①は、生物学用語では「らん」と発音する。②は、「玉子」とも書く。

—に目鼻(めはな)（卵に目や鼻を付けたような）色白でかわいらしい顔立ちのたとえ。用法 おもに女性や子供の顔についていう。

—いろ【—色】 ①鶏卵の卵黄の色。薄黄色。②鶏卵の殻の色。白茶色。

—ざけ【—酒】 鶏卵と砂糖を加えて温めた酒。体を温めて眠りを誘い、かぜに効くとされる。冬

—どうふ【—豆腐】 鶏卵をだし汁で溶き、箱形の容器に入れて豆腐状に蒸したもの。

—とじ【—△綴じ】 トヂ 溶いた鶏卵を煮物や汁物の仕上げ

に入れて、野菜・肉などをとじた料理。

―やき【―焼〔き〕】 ①鶏卵をかきまぜて味を付けて焼いた料理。②①を作るときに使う、底が平らな四角いフライパン。

たま-さか【◇偶さか・◇適さか】（名・副）①偶然であるさま。思いがけず。「―旧友に出会う」「―にめぐりあったチャンス」②めったにないさま。まれ。「―の事故」

たま-ざん【◇珠算】→しゅざん

たましい【魂・◇霊】タマシヒ ①動物の肉体に宿り、精神のはたらきのもとをなすと考えられているもの。霊魂。「死者の―」②心。精神。気分。「―を入れかえる(＝心を改める)」

だまし-うち【△騙し討ち】 相手を油断させておいて、不意に討つこと。だましてひどい目にあわせること。「―にあう」

だまし-え【△騙し絵】―エ〘美〙①鑑賞者の錯覚によって、いろいろな形に見えるようにかかれた絵。②実物と錯覚するほど精密にかかれた絵。トロンプルイユ。

だまし-こ・む【△騙し込む】（他五）マ(モ)・ミ(ン)・ム・ム・メ・メ うまくだます。すっかりだます。「巧みに相手を―」

たましずめ-の-まつり【×鎮魂の祭〔り〕】タマシヅメ― 昔、陰暦十一月の新嘗祭の前日、天皇・皇后などの魂を鎮め、御代の長久を祈るために宮中で行われた儀式。たましずめ。冬

だまし-だまし【△騙し△騙し】（副）本質的な解決をせずに、間に合わせの方法でその場をしのぐさま。「古い自動車を―動かす」

たま-じゃり【玉砂利】 粒のそろった大きめの砂利。

だま・す【△騙す】（他五）サ(ソ)・シ・ス・ス・セ・セ ①うそを本当だと思い込ませる。あざむく。たぶらかす。「善人を―」②なだめすかす。気持ちをまぎらす。「泣く子を―」③調子をみながら上手に扱う。可能 だま・せる（下一）

類語 欺く・誑かす・欺瞞する・瞞着する・騙かす・騙くらかす・担ぐ・引っ掛ける・はめる・陥れる・乗せる・誑す・騙る・ごまかす・まるめこむ・一杯食わせる・ペテンに掛ける・口車に乗せる・詐術に掛ける

たま-ずさ【玉△梓・玉◇章】―ヅサ 手紙の美称。消息。

たま-たま【◇偶◇偶・◇適◇適】（副）①偶然に。ふと。「―事件現場にいた」②まれに。たまに。「―しか顔を見せない」参考「偶」はふと出会う意。「適」はちょうどそこへ行きあう意。

たま-だれ【玉垂れ】 玉で飾ったすだれ。また、すだれの美称。

たま-つき【玉突き】 ①→ビリヤード ②(①の玉のように)追突された車が前の車に次々に追突すること。「―衝突」

たま-つくり【玉作り・玉造り】 玉を磨いて細工すること。また、その職人。玉すり。

たま-てばこ【玉手箱】 ①浦島太郎が竜宮城から持ち帰ったという箱。「開けて悔しい―(＝期待が裏切られてがっかりすることのたとえ)」②秘密にして大切にしまっておくもの。

たま-どめ【玉留め】 裁縫で、縫い終わりに糸の端を玉に結んでとめること。

たま-な【玉菜・球菜】「キャベツ」の異名。夏

たま-に【◇偶に・◇適に】（副）回数が非常に少ないさま。まれであるさま。「―しか会わない」

たま-ねぎ【玉△葱】〘植〙ヒガンバナ科の多年草。地下の鱗茎は平たい球形で食用。オニオン。夏 葉は細長い円筒形。

たま-の-あせ【玉の汗】 大粒の汗。夏

たま-の-お【玉の緒】―ヲ ①玉を貫いた紐。②(魂をつなぎ止めておく緒の意から)命。生命。

たま-の-こし【玉の△輿】 ①富貴の人の乗るりっぱな輿。②「玉の輿に乗る」の略。

―に乗る 女性が富貴な男性と結婚して、よい身分になる。

たま-の-さかずき【玉の杯・玉の△盃】―サカヅキ 宝玉で作った杯。美しい杯。

―底無きがごとし 外見はりっぱでも実際の役に立たないことのたとえ。〈韓非子〉

たま-のり【玉乗り・球乗り】 大きな玉の上に乗って、足でその玉を転がしながらする曲芸。また、その芸をする人。

たまのをよ… 和歌〔玉の緒よ 絶えなば絶えね ながらへば 忍ぶることの 弱りもぞする〕〈新古今集 式子内親王〉わが命よ。絶えるというなら絶えてしまえ。このまま生きながらえていたら、耐え忍ぶ気力も弱り果てて、恋の思いが表にあらわれ出てしまうかもしれないから。(小倉百人一首の一つ)

たま-ばはき【玉△箒】 ①「ほうきぐさ」の別称。②昔、正月の初子の日に蚕室の掃除に使ったほうき。③(憂いを払うことから)「酒」の別称。

たま・ふ【◇賜ふ・◇給ふ】タマウ《古》■一(他四)「与ふ」「授く」「呉る」などの尊敬語。お与えになる。くださる。■二(他下二)「受く」また「飲む」「食ふ」の謙譲語。いただく。■三(補動四)①(動詞の連用形の下に付いて)尊敬の意を表す。…なさる。お…になる。②(尊敬の助動詞「す」「さす」「しむ」の下に付いて)高い尊敬の意を表す。お…あそばす。■四(補動下二)(「思ふ」「見る」「聞く」などの連用形の下に付いて)聞き手を敬って自己の動作を謙遜・卑下する意を表す。…させていただく。…せていただく。存じます。参考 ■二■三■四は、「給ふ」と書く。

たま-へん【玉偏】 漢字の部首名の一つ。「球」「現」などの「王」の部分。

たま-まつり【霊祭〔り〕・◇魂祭〔り〕】〘仏〙死者の霊をまつること。また、その行事。昔は十二月晦日に行われ、後世は七月中旬または八月中旬に行われる。盂蘭盆。お盆。秋

たま-むかえ【霊迎え・◇魂迎え】―ムカヘ〘仏〙盂蘭盆の初め(陰暦七月十三日ごろ)に、迎え火をたいて死者の霊を家に迎える仏事。精霊迎え。秋 ↔霊送り

たま-むし【玉虫・×吉丁虫】 ①〘動〙タマムシ科の甲虫。体は三―四センチメートルの長楕円形で金緑色に赤紫色の縦線があり、美しい光沢をもつ。夏 ②「玉虫色①」の略。

―いろ【―色】(玉虫の羽は見る方向によっていろいろ違う色に見えることから)①光線の具合で緑色に見えたり紫色に見えたりする染色や織り色。②ある事柄が、立場や見方によって、多様に解釈できること。「―の表現」

たま-むすび【玉結び】 ①裁縫で、縫い始めに糸が布から抜けないよう糸の端に玉を結んで作ること。②→こまむすび

たま-も【玉藻】《古》「藻」の美称。

たま-もく【玉目・玉△杢】 渦巻き状をしたきれいな木目。

たま-もの【◇賜物・◇賜】 ①くださったもの。賜ったもの。「神からの―」②よいことや努力をしたことによって得るよい結果。また、他から得たよい結果。おかげ。「努力の―」

たま-や【霊屋】 ①霊魂をまつる建物。霊廟。「徳川家のお―」②《古》葬式の前にしばらく遺体を納めておく所。

たま-ゆら【玉◇響】（副）《古》ほんのしばらくの間。しばし。

たま-よけ【弾◇除け・玉◇除け】 弾丸の命中を防ぐこと。また、防ぐもの。「―のお守り」

たまら-な・い【◇堪らない】（形）カロ・カツ(ク)・イ・イ・ケレ・○ ①がまんができない。「苦しくて―」②持ちこたえられない。「この泥道では靴が―」③この上なくよい。こたえられない。「―・くおもしろい」

たまり【△溜〔ま〕り】 ①たまること。たまった所。「水―」「人―」②控え室。また、相撲の土俵下で行司・力士などが控えているところ。「土俵の東の―」③みそのもろみからしみ出る汁。生醤油の一種。④「溜まり醤油」の略。

―じょうゆ【―醤油】 大豆・塩・水だけを原料として発酵させた濃厚なしょうゆ。たまり。

―ば【―場】 仲間などが、頻繁に集まる場所や店。

たまり-か・ねる【堪り兼ねる】(自下一) がまんしきれなくなる。「―・ねて大声を出す」文たまりか・ぬ(下二)

だまり-こく・る【黙りこくる】(自五) いつまでも黙ったままでいる。おし黙る。「―・ったまま一言も発しない」

だまり-こ・む【黙り込む】(自五) まったく黙ってしまう。一言も発しなくなる。「急に―」

たま・る【堪る】(自五) こらえる。がまんできる。用法「―・ったものではない」「あいつの言いなりになって―ものか」とあとに打ち消し・反語の語を伴う。

たま・る【溜まる】(自五) ①少しずつものが集まっていって、そこにある量が増える。「汚水が―」「ごみが―」「金が―」②仕事などが処理されないで多く残る。「宿題が―」「郵便物が―」他た・める(下一) 参考①で、金銭の場合は「貯まる」とも書く。

だま・る【黙る】(自五) ①口から言葉を発するのをやめる。何も言わずにいる。「うるさい。―・れ」「泣く子も―」②何のはたらきかけもしないでいる。「―・って見逃す」可能だま・れる(下一)

類語 黙す・沈黙する・黙止する・黙秘する・押し黙る・緘黙する・口をつぐむ・無言になる・だんまりをきめ込む・口にチャックをする・しんとする

たまわ・る【賜る・(賜わる)・給わる】(他五) ①「もらう」「うける」の謙譲語。いただく。「来賓から祝辞を―」②「与える」「くれる」の尊敬語。くださる。「陛下がお言葉を―」

たみ【民】 ①国家・社会を形成している人。人民。②(君主・王侯に対して)臣民。③一般の人々。「―の声」

ダミー〈dummy〉 ①射撃・撮影・実験などで、人の代わりに使う人体模型。②替え玉。身代わり。③《経》資本や経営の実権が同一なのに、別会社に見せかけてある会社。ダミー会社。④洋服店で衣服を着せて飾っておく人形。マネキン。⑤ラグビーなどで、パスすると見せかけて相手を惑わせすり抜けるプレー。

だみ-え【濃絵・彩絵】 壁などの大きい画面に、金銀や岩絵の具を濃厚に塗った装飾画。安土桃山時代に盛行した。

たみ-くさ【民草】(たみの多いことを草にたとえていう語)たみ。人民。青人草。たみぐさ。

だみ-ごえ【訛声・濁声】 ①濁った感じの声。②なまりのある声。

だ-みん【惰眠】 なまけて眠ること。また比喩的に、何もしないで月日を送ること。

―を貪る 働かず、また、努めずにだらしなく暮らす。

た・む【回む】(自上二)《古》まわる。巡る。

ダム〈dam〉 発電・灌漑・貯水・治水などのために、河川をせき止め、水をためてつくった施設。堰堤。

た-むけ【手向け】 ①神仏や死者の霊に物をささげ供えること。また、その供え物。「―の花」②旅行や別れのときのせんべつ。はなむけ。「―の言葉」③《古》(そこで道の神に供え物をしたことから)峠。

―ぐさ【―草】 手向けにする物。神仏にささげ供える物。

―の-かみ【―の神】 昔、旅行している人が道中の安全を祈った神。道のかたわらなどにある道祖神。

た-む・ける【手向ける】(他下一) ①神仏や死者の霊に物をささげる。「仏前に花を―」②旅行や別れのときにはなむけをする。せんべつを贈る。文たむ・く(下二)

ダム-サイト〈dam site〉 ダムの建設用地。

た-むし【田虫】《医》白癬菌の寄生により起こる皮膚病の一種。丘疹や水疱を生じ、かゆみを伴う。⇩白癬

ダムダム-だん【ダムダム弾】 小銃弾の一種。着弾すると弾頭の鉛が破裂して人体に大きな被害をおよぼす。非人道的だとして一八九九年にハーグ平和会議にて使用禁止が決定。語源 最初にイギリスがインドのダムダム(dumdum)兵器廠で作ったことから。

たむろ・する【屯する】(自サ変) 仲間などが群れ集まる。「街角に不良が―」

ため《俗》対等・同等であること。また、同じ年齢であること。「―口」

ため【為】 ①役に立つこと。利益になること。「人の―になる仕事」「情けは人の―ならず」②目的。「生計を立てる―に働く」③理由。原因。「病気の―に欠席する」④関係あること。…にとって。…に関して。「会社の―に必要な人」用法②③④は、常に用言の連体形や「…の」などの連体修飾語を受けて用いられる。(形式名詞)。

―にする 自分の利益を期待する下心をもって、事を行う。「―親切な行為」

ため【溜〔め〕】 ①ためること。ためておく所。「膝に―を作る」②糞尿・汚水などをためておく所。こえだめ。

だ-め【駄目】 一(名) ①囲碁で、白石・黒石の境にあってどちらの地にもならない所。「―詰まり」②演劇などで、演出上の注文。「―出し」「―が出る」二(形動ダ) ①やっても何の効果もないさま。無益。むだ。「いくらやっても―だ」「―でもともと」②してはいけないさま。「動いては―だ」③できないさま。不可能なさま。「水泳はまるっきり―だ」④劣等であるさま。悪い。「―なやつ」⑤機能が停止するさま。また、使いものにならないさま。「機械が―になる」文(ナリ)

―を押す (囲碁で、駄目押しの手を打つことから)ほぼ間違いないことを、念を入れてさらに確かにする。⇩駄目押し

語源「駄目」とは囲碁で、勝負に関係のない目ということであり、その「駄目」を詰めてふさぐことを「駄目を押す」という。勝負が決定しているのに、どれくらいの差があるのかを確かめるため「駄目」に碁石を並べることが、念のために確かめる、念を押すという意になった。

―を出す 欠点や禁止事項を指摘して再考をうながす。特に、演出者が演技者に注文をつけてやり直させる。

ため-いき【溜〔め〕息】 失望・心配・感心などをしたときに大きくつく息。「―をつく」「―が出る」

ため-いけ【溜〔め〕池】 防火や灌漑用の水をためておく人工の池。

ダメージ〈damage〉 損害。損傷。痛手。「―を与える」「―ヘア(=傷んだ髪の毛)」

ため-おけ【溜〔め〕桶】 ①肥料などを入れておいたり、運んだりするおけ。②雨水をためておくおけ。

だめ-おし【駄目押し】(名・自スル) ①囲碁で、地をはっきりさせるために、駄目に石を置いて詰めること。②さらに念を入れて確かめること。「―の電話をかける」③競技で、ほとんど勝ちが決まってから、さらに得点を加えること。「―のホームラン」

ため-がき【為書き】 書画の落款に、依頼主の名や、それを書いた理由を書き添えること。また、そのもの。

ため-ぐち【ため口】《俗》同じ年齢の者に話すようなくだけた口調や言葉遣い。「―をきく」

ため-こ・む【溜め込む】(他五) (金銭を)ためてたくわえる。さかんにためる。「しこたま―」

ためし【◦例・◦様】 先例。前例。「勝ったーがない」

ためし【試し・◦験し】 ためしてみること。こころみ。「ーに書いてみる」「おー」

ーぎり【ー斬り】 昔、刀剣の切れ味をためすために、人や犬猫などを実際に斬ったこと。

ーざん【ー算】〘数〙計算の正否を確かめる計算。検算。

ため・す【試す】(他五)サ(ソ)・シ・ス・ス・セ・セ 真偽・良否・実力などを、実際に当たって確かめてみる。調べてみる。実験してみる。「力量をー」「性能をー」 可能 ため・せる(下一)

ため-すじ【◦為筋】スヂ ― 利益に結びつき、ためになる方面。また、利益をもたらす客すじ。おためすじ。

だめ-だし【駄目出し】 ①演劇などで、監督や演出家が俳優の演技に注文をつけ、改めさせること。②他人の行為や仕事の欠点を指摘し、やり直しを命じること。

ためつ-すがめつ【矯めつ△眇めつ】(「矯め」「眇め」はともに片目をつぶってねらいを定める意)いろいろな方向からよく見るさま。「ーして観察する」

ためながしゅんすい【為永春水】(一七九〇〜一八四三)江戸後期の人情本作者。江戸(東京都)生まれ。「春色梅児誉美(しゅんしょくうめごよみ)」「春色辰巳園(たつみのその)」などで人情本の第一人者となったが、風俗を乱すとして天保の改革の際に処罰され、病没。

ため-に【◦為に】(接)それゆえに。そのために。

だめ-もと【駄目元】〘俗〙(「駄目で元々」の略)試みて失敗しても、試みなかった場合と同じであると考えて、ともかく実行してみるということ。「うまくいかなくてもーでやってみよう」

ためら・う【×躊躇う】タメラフ(自他五)ワ(オ)・イ(ッ)・ウ・ウ・エ・エ 決心がつかず、ぐずぐずする。躊躇(ちゅうちょ)する。「返事をー」

た・める【△溜める】(他下一)メ・メ・メル・メル・メレ・メロ(メヨ) ①目的をもって多く集める。たくわえる。「小金(こがね)をー」「タンクに雨水をー」②処理をとどこおらせて量を多くする。「ストレスをー」「宿題をー」 自 たま・る(五) 文 た・む(下二) 参考 ①で、金銭の場合は「◦貯める」とも書く。

た・める【矯める・△揉める・△撓める】(他下一)メ・メ・メル・メル・メレ・メロ(メヨ) ①曲げたりまっすぐにしたりして目的の形に整える。「枝をー」「角(つの)をーめて牛を殺す」②悪い性質やくせを改める。矯正する。「悪習をー」③いつわる。ゆがめる。「事実をーめて伝える」④(弓・鉄砲などで)片目をつぶってねらいをつける。また、じっと見る。「よくーめて撃つ」 文 た・む(下二)

た-めん【他面】 ━(名)ほかの平面。ほかの方面。「ーから考える」 ━(副)ほかの方面から見ると。一方。

た-めん【多面】 ①多くの平面。②多くの方面。「ーにわたる」

ーたい【ー体】〘数〙四つ以上の平面多角形で囲まれた立体。四面体・六面体など。

ーてき【ー的】(形動ダ)ダロ・ダッ(デ・ニ)・ダ・ナ・ナラ・○ いろいろの部門や方面などにわたっているさま。「ーに検討する」

たも【◦給も・◦賜も】〘古〙…(して)ください。「許してー」 語源 尊敬語「たもる」の命令形「たもれ」の転。

たも-あみ【△攩網】 魚をすくい取る、柄の付いた小形の網。たも。

た-もう【多毛】 毛深いこと。「ー症」

たもう-さく【多毛作】〘農〙同じ田畑で一年に三回以上作物を作り、収穫すること。

た-もくてき【多目的】(名・形動ダ)同時に多くの目的をもつこと。一つの物が多様な目的に使われるさま。「ーホール」

〔たもあみ〕

たも・つ【保つ】(他五)タ(ト)・チ(ッ)・ツ・ツ・テ・テ ある状態が変化しないように長くもち続ける。保持する。「名声をー」「温度を一定にー」「秩序をー」 可能 たも・てる(下一)

たもと【△袂】 ①和服のそでの下方の、袋のようになった部分。また、和服のそで。「ーをしぼる(=ひどく泣き悲しむ)」②山のふもと。③そば。きわ。かたわら。「橋のー」

ーを分(わ)かつ 関係を断って行動を別にする。絶交する。

ーくそ【ー△糞】 和服のたもとの底にたまるごみ。

だ-もの【駄物】〘俗〙とるに足りないもの。品質の悪いもの。

た-もり【田守】 稲田の番をすること。また、その人。秋

た-もん【他門】 ①〘仏〙他の宗門・宗派。②他の一門。

たや・す【絶やす】(他五)サ(ソ)・シ・ス・ス・セ・セ ①続いていたものを続かないようにする。絶つ。「子孫をー」②なくなったままにする。切らす。「火種をー」 自 た・える(下一) 可能 たや・せる(下一)

たやす・い【×容易い】(形)カロ・カッ(ク)・イ・イ・ケレ・○(「た」は接頭語)①簡単にできる状態にある。容易だ。「ーく答えられる」②軽々しい。軽率である。「ーく引き受ける」 文 たやす・し(ク)

たやまかたい【田山花袋】タヤマクワタイ(一八七一〜一九三〇)小説家。群馬県生まれ。西欧自然主義の影響を受け、一九〇七(明治四十)年に「蒲団(ふとん)」を発表、島崎藤村の「破戒」とともに自然主義への道を開いた。作品はほかに「生」「田舎(いなか)教師」など。

た-ゆう【◦大◦夫・太◦夫】タイフ ― ①→たいふ① ②能・狂言・浄瑠璃(じょうるり)その他の諸芸で、上位にある人。③歌舞伎(かぶき)の女形。④最上位の遊女。

ーもと【ー元】 演劇・演芸の興行主。江戸時代には座元(=劇場の持ち主)が兼ねた。

たゆ・し【△弛し・△懈し】(形ク)〘古〙①疲れて元気がない。だるい。②気が利かない。感受性が鈍い。

たゆた・う【×揺蕩う】タユタフ(自五)ワ(オ)・イ(ッ)・ウ・ウ・エ・エ ①ゆらゆらと漂う。「波にー小舟」②決心がつかないでぐずぐずする。ためらう。「ー心」

たゆみ【△弛み】 気がゆるむこと。なまけること。「ーない努力」

たゆ・む【△弛む】(自五)マ(モ)・ミ(ン)・ム・ム・メ・メ 気がゆるむ。だらける。なまける。「ーまぬ努力」「うまずーまず」 用法 多くあとに打ち消しの語を伴う。

た-よう【他用】 ①ほかの用事。「ーで外出する」②ほかのことに使用すること。また、他人が使用すること。「ーに供する」

た-よう【多用】 ━(名・他スル)多く用いること。「外来語をーする」 ━(名)用事の多いこと。多事。「ごー中恐れ入ります」

た-よう【多様】ヤウ ―(名・形動ダ)いろいろであること。変化に富んでいること。また、そのさま。「多種ー」「ー性」↔一様

類語 多種・種々・さまざま・雑多・いろいろ・とりどり

た-よく【多欲・多◦慾】(名・形動ダ)欲望の多いこと。また、そのさま。欲張り。↔少欲・寡欲(かよく)

たより【便り】 ①音信。手紙。情報。「ーをよこす」「風のーに聞く」「花のー」②便利。便宜。「交通のーがよい」

たより【頼り】 何かのときに、あてにすること。たのみとする人や物。「地図をーに歩く」「ーにされる」

ーがい【ー×甲斐】ガヒ 頼りにするだけの価値。頼っただけの効果。「ーのない人」

ーな・い(形)カロ・カッ(ク)・イ・イ・ケレ・○ ①頼るものがない。心細い。「ー身の上」②頼りにならない。あてにならない。「彼ではー」「ー英語力」 文 たよりな・し(ク)

たよ・る【頼る】(自他五)ラ(ロ)・リ(ッ)・ル・ル・レ・レ その力をたのみにする。あてにして寄りかかる。「杖(つえ)にー」「勘にー」「先輩をー」 可能 たよ・れる(下一)

た-よわ・し【手弱し】(形ク)〘古〙(「た」は接頭語)か弱い。

たら【△鱈】〘動〙寒流にすむタラ科の硬骨魚の総称。マダラ・スケトウダラなど。食用。冬 参考「鱈」は国字。

たら ■一（副助）軽い親しみ・非難などの意をこめて、話題を提出する。「お姉さんー、急に笑い出すんですもの」「するっー、する」「騒々しいっーない」用法 体言、活用語の終止形・命令形に付く。「ん」で終わる語以外の語に付くときは、前に促音を伴い、「ったら」の形となることもある。語源「といったら」の転。■二（終助）①自分の言うことが相手に認められないことへのいら立ちを述べる。「静かにしろっー」「いやだっー」②おだやかに相手の意向を問いかけ、また、誘いかける意を表す。「そろそろお出かけになっー」参考 五段活用のイ音便形・撥音便形に付くときは「だら」と濁る。用法 ①は体言、活用語の終止形・命令形に付く。「ん」で終わる語以外の語に付くときは、前に促音を伴った「ったら」の形となる。②は活用語の連用形に付く。語源 ①は「といったら」の転。②は助動詞「た」の仮定形「たら」の転。

ダラー〈dollar〉→ドル

たらい【盥】湯水を入れて洗濯などに用いる丸く平たい容器。洗面器より大形のものをいう。語源「手洗い」の転。

ーまわし【ー回し】（名・他スル）（足でたらいを回す曲芸から）あること・物・人を次々とほかの人や場所に送り回すこと。「患者をーにする」「政権のー」

だら-かん【だら幹】《俗》（「堕落した幹部」の意）労働組合や政党などで、地位を利用して私利私欲をはかる指導者。

だ-らく【堕落】（名・自スル）①《仏》仏道を信じる心を失い悪行をなすこと。「ー僧」②品性が卑しくなり、身をもちくずすこと。「ーした生活」③物事が誠実さや節操を失って悪い状態になること。「政治のー」

-だらけ（接尾）（体言に付いて）そのものが多くあるさま。また、そのものにまみれたさま。「借金ー」「どろー」「血ー」「いいことー」用法 多く、好感がもてないようすについていう。

だら・ける（自下一）ケ・ケ・ケル・ケル・ケレ・ケロ(ケヨ) ①締まりがなくなる。緩む。「気持ちがー」②なまける。おこたる。「ー・けて仕事をためる」

たら-こ【鱈子】タラの卵巣。特に、スケトウダラの卵巣を塩漬けにした食品。冬

だらし 物事のけじめがしっかりしていること。締まり。「ーのない服装」用法 あとに打ち消しの語を伴う。語源「しだら」の倒語。

ーな・い（形）カロ・カッ(ク)・イ・イ・ケレ・○ ①態度や気持ちに締まりがない。「ー生活」「金にー男」②体力がなく弱々しい。いくじがない。「ー負け方」③きちんとしていない。乱雑である。「ーかっこう」語源「しだらなし」の転。

類語 しどけない・むさくるしい・ずぼら・ふしだら・自堕落・不品行・放恣・放埒・締まりがない・身持ちが悪い

-たらし・い（接尾）（名詞や形容詞・形容動詞の語幹に付いて形容詞をつくる）…のような（よくない）感じがする。「貧乏ー」「未練ー」「長ー」「嫌みっー」

たらし-こ・む【誑し込む】（他五）マ(モ)・ミ(ン)・ム・ム・メ・メ《俗》うまくだます。だまして、まるめ込む。「甘い言葉でー」

たら・す【垂らす】（他五）サ(ソ)・シ・ス・ス・セ・セ ①上から下へぶら下げるようにする。「釣り糸をー」②液体を少しずつ落とす。したたらせる。「よだれをー」自 た・れる（下一）可能 たら・せる（下一）

たら・す【誑す】（他五）サ(ソ)・シ・ス・ス・セ・セ ①甘い言葉でだます。たぶらかす。「女をー」②すかしなだめる。

-たらず【足らず】（接尾）①名詞に付いて、量やはたらきが十分でないことを表す。「月ー」「寸ー」「舌ーな物言い」②数詞に付いて、その数量に満たない意を表す。「五分ーで到着した」

たらず-まえ【不足前】不足分。補充分。たしまえ。

たら-たら（副）①液体がしたたり落ちるさま。「冷や汗がー（と）流れる」②好ましくないことを長々と述べるさま。「不平ー」③動作などがゆっくりしているさま。「ー歩くな」

だら-だら（副・自スル）①粘性の液体がとぎれずに伝わり流れるさま。「血がー（と）流れる」②ゆるやかな傾斜が続くさま。「ー（と）した坂」③長々と続いたり、動作がのろのろしていたりして締まりのないさま。「ー（と）したスピーチ」「ーした態度」

たらち-ね【垂乳根】（古）①母。②両親。③父。

ーの（枕）「母」、また平安時代以降「親」にかかる。

たらちねの… 和歌〔垂乳根の 母が釣りたる 青蚊帳を すがしといねつ たるみたれども〕〈長塚節〉久しぶりに帰郷した夏の夜、老いた母が吊ってくれた青蚊帳を、いかにもすがすがしく感じ、心の安まる思いで寝たことだ。蚊帳は少したるんではいたけれど。

タラップ〈オランダ trap〉船や飛行機の乗り降りに使うはしご段。

だらに【陀羅尼】《仏》翻訳しないでそのまま唱えられる梵語の呪文。神秘的な力を持つとされる。

たら-の-き【楤の木】《植》ウコギ科の落葉低木。山野に自生。夏、白い小花をつける。若芽・若葉は山菜として食用。

たら-の-め【楤の芽】タラノキの若芽。春の山菜の一種で食用。春

たらば-がに【鱈場蟹・多羅波蟹】《動》タラバガニ科の甲殻類。北方の海にすむ。体は暗紫色でとげがある。肉は食用で、多く缶詰にする。冬 参考 形はカニに似るがヤドカリの一種。タラのとれる所にすむのでこの名がある。

たら-ふく【鱈腹】（副）《俗》腹いっぱい食べるさま。「飯をー食う」

だらり（副）①力なく垂れ下がるさま。「腕をーと下げる」②だらだらと締まりのないさま。「のんべんー」

ーの-おび【ーの帯】女性の帯の結び方の一つ。だらりと両端が長く垂れ下がるように結ぶ。江戸時代に流行、現在は祇園の舞妓などが結ぶ。

たら-れば《俗》もしこうだったら、もしああしていればと、事実に反する仮想を言うこと。「ーの話をしてもむなしいだけだ」

タランテラ〈イタリア tarantella〉《音》イタリアのタラント地方から起こったという、八分の六拍子または八分の三拍子のテンポの速い舞踏曲。また、その曲に合わせて踊るダンス。

-たり【人】（接尾）和語の数詞に付いて、人数を数える語。「三ー」「四ー」

たり（接助）①動作・作用の並列を表す。「出ーはいっーする」「とんだりはねーたり大騒ぎする」②例としてあげ、他にも同様の事柄があるのを暗示する意を表す。「壁に落書きをしーしてはいけない」③軽い命令や勧誘の意を表す。「さあ、早く帰っー帰っー」参考 ガ行五段活用動詞のイ音便形、ナ行・マ行・バ行五段活用動詞の撥音便形に付くときは、「だり」と濁る。用法 活用語の連用形に付く。動作・作用を並列するときは、一般に「…たり…たり」のように「たり」も並列するが、最近は最後の「たり」が省かれることもある。語源 文語の完了の助動詞「たり」の転。

たり《古》■一（助動-ラ変型）タラ・タリ・タリ・タル・タレ・タレ ある事態があって、その状態で続いている意を表す。「梅の花咲きたる苑の」〈万葉〉「たそがれ時におはし着きー」〈源氏〉用法 動詞・助動詞の連用形に付く。原則として、ラ変には付かない。語源「てあり」の転。■二（助動-形動タリ型）タラ・タリ(ト)・タリ・タル・タレ・タレ 断定の意を表す。「忠盛いまだ備前守ーし時」〈平家〉用法 体言に付く。語源「とあり」の転。参考 ■二は、現代語でも「男たる者、決めたことはやり通す」などと用いることがある。

ダリア〈dahlia〉《植》キク科の多年草。メキシコ原産。夏から秋にかけて紅・紫・黄・白色などの大形の花を開く。品種が多く、観賞用。天竺牡丹。ダリヤ。夏

たり-かつよう【タリ活用】《文法》文語形容動詞

の活用の一つ。語尾が「たら・たり／と・たり・たる・たれ・たれ」と活用する。「堂々と＋あり」「悠然と＋あり」などの形の約。⇩ナリ活用

た-りき【他力】①他人の助力。②《仏》仏・菩薩の力。特に、浄土宗・浄土真宗では、阿弥陀仏の、すべての人を救おうという本願の力。（↔自力）

—ほんがん【—本願】①《仏》阿弥陀仏の、衆生を救済しようとする誓願のはたらき。また、それを頼って極楽往生すること。②転じて、単に他人まかせで自分は何もやらないこと。他人の力や助力をあてにすること。

—もん【—門】《仏》他力によって極楽往生を求める宗門。浄土宗・浄土真宗などの宗門。他力宗。↔自力門

た-りつ【他律】自分の意志によってではなく、他からの命令・強制・束縛などによって行動すること。↔自律

だ-りつ【打率】野球で、打数に対する安打の割合。打撃率。

た-りゅう【他流】—（武芸・芸事などで）自分の流派以外の流儀。他派。

—じあい【—試合】ほかの流儀の人とする試合。また、他校・他の組織などのチームや人とする試合。

た-りょう【多量】（名・形動ダ）量が多いこと。また、そのさま。「出血—」↔少量

だ-りょく【打力】①打つ力。②野球で、打撃の能力。

だ-りょく【惰力】①惰性の力。「—で走る」②従来の習慣。

た-りる【足りる】（自上一）①分量などが必要なだけはある。十分である。「予算が—」「努力が—・りない」②価値・資格がある。「信頼するに—人物」「とるに—・りない事柄」③間に合う。役に立つ。「電話で用が—」参考四段動詞「たる」の上一段化。「（舌）足らず」（未然形）・「（共に語るに）足る（人物）」（連体形）のように五段活用に用いることもある。

たる【樽】（酒・しょうゆ・漬物などを入れておく）ふたのある、おけに似た円筒形の木製容器。「酒—」「一斗—」

た・る【足る】（自五）①足りる。「工夫が—・らぬ」②満足する。「—を知る」⇩たりる

ダル〈dull〉（形動ダ）動作が鈍く不活発なさま。また、雰囲気が退屈で沈滞しているさま。「—な気分」

だる・い【怠い・懈い】（形）疲れや病気で体に力がなく、動かすのがおっくうである。「足が—」文だる・し（ク）

たる-がき【樽柿】空になった酒だるに渋柿を詰めておき、その酒気で渋を抜いて甘くした柿。たる抜き。秋

たる-き【垂木・棰】《建》屋根板を支えるために棟から軒に渡す木。⇩桁（さしえ）

タルク〈talc〉→かっせき

タルタル-ソース〈tartar sauce〉マヨネーズに、タマネギ・ピクルス・パセリ・ゆで卵などを刻んだものを混ぜ合わせたソース。

タルト〈フランス tarte〉パイの一種。生地を浅い皿状の型に敷いて焼き、果物やクリームなどをのせたもの。

たる-ぬき【樽抜き】→たるがき

たる-ひ【垂氷】（古）氷柱。冬

たる-ひろい【樽拾い】—昔、酒屋が得意先の空きだるを集めて歩いたこと。また、それをする小僧。

だるま【達磨】①（生没年未詳）中国禅宗の開祖。菩提達磨。南インドの仏僧で、六世紀初めごろ中国に渡り、河南省の少林寺で九年間壁に面して座り、悟りを開いた。達磨大師。（達磨忌冬）⇩面壁九年②①の座禅姿にかたどった張り子のおもちゃ。底に重りを入れて、倒しても起き上がるようにしたもの。開運の縁起物とする。③②のように丸い形のものや全体が赤いもの。「—ストーブ」「雪—」「火—」

たるみ【弛み】たるむこと。また、たるんでいる程度。

たる-み【垂水】（古）垂れ落ちる水。滝。

たる・む【弛む】（自五）①ぴんと張っていたものがゆるむ。「綱が—」②張りつめていた気持ちがだらける。緊張感が薄れる。「—・んだ精神」

たれ【垂れ】①垂れること。また、垂れているもの。「帯の—」②しょうゆ・みりん・みそなどを混ぜて煮詰めて作った、焼き物や煮物に用いる調味料。「焼き鳥の—」③漢字を構成する部分の一つ。やまいだれ（疒）・がんだれ（厂）など。④（名詞に付いて）人を悪くいう意に添える語。「しみっ—」「ばか—」

たれ【誰】（代）→だれ（誰）（代）

だれ【誰】（字義）→すい（誰）

だれ【誰】（代）不定称の人代名詞。㋐不定の、または不明の人をさすときに用いる語。「—でもいい」「—と来たのか」㋑名前などを尋ねるときに用いる語。「彼は—ですか」参考古くは「たれ」。

だれ-か【誰か】（代）不定称の人代名詞。はっきりわからない人をさす語。「—が言ったこと」

だれ-がし【誰がし・誰某・某】（代）不定称の人代名詞。それと名を示さず、また、わざとぼかしていう語。だれそれ。なにがし。

たれ-がみ【垂れ髪】（少女などの）結わずに下に垂らした髪。

だれ-かれ【誰彼】（代）不定称の人代名詞。不特定の複数の人をさす語。あの人この人。「—の別なく声をかける」

だれ-ぎみ【だれ気味】（名・形動ダ）①物事の調子や雰囲気などが緊張を欠いていること。また、そのさま。「—の会議」②《経》相場が下がる傾向にあること。

たれ-こ・む【垂れ込む】（他五）《俗》密告する。「警察に—」

たれ-こ・める【垂れ込める・垂れ籠める】（自下一）①（雲などが）低くおおい広がる。「雨雲が—」②とばり・すだれなどを下げて、その中に閉じこもる。文たれこ・む（下二）

たれ-さが・る【垂れ下がる】（自五）下の方に向かって垂れる。「しっぽが—・った犬」

だれ-しも【誰しも】「だれも」を強めた言い方。だれでも。だれであっても。「—が知っている事実」参考「し」は強意の助詞。

だれ-それ【誰某】（代）不定称の人代名詞。特にだれとはっきりさし示さない言い方。ある人。「—が言っていた話」

たれ-ながし【垂れ流し】①大小便を無意識にしてしまうこと。②汚水や廃液を処理せずに川などに流し捨てること。

だれ-ひとり【誰一人】どの人も一人として。「—知らない人はいない」用法あとに打ち消しの語を伴う。

たれ-まく【垂れ幕】垂れ下げた幕。「—を下げる」

たれ-め【垂れ目】目じりが垂れ下がっていること。また、その目。下がり目。

た・れる【垂れる】㊀（自下一）①一端を上方で支え、他端が重さで下がる。下へ下がる。「幕が—」「花房が—」②しずくなどの液体がしたたり落ちる。「雨水が軒から—」他たらす（五）㊁（他下一）①上端で支えて下に下がるようにする。垂らす。「釣り糸を—」「深く頭を—」②目下の人に与える。また、示す。「教えを—」「範を—」③後の世に残す。とどめる。「名を後世に—」④《俗》大小便や屁をする。「小便を—」⑤《俗》よくないことを言う。「文句を—」文た・る（下二）

だ・れる（自下一）①締まりがなくなる。緊張が緩む。「気分が—」②飽きがくる。おもしろみがなくなる。「物語の筋が—」③《経》相場が下がって活気がなくなる。

たれをかも…和歌「誰をかも 知る人にせむ 高砂の 松も昔の 友ならなくに」〈古今集 藤原興風〉いった

いだれを気心の知れた友としたらいいのか。昔の友は皆この世を去り、私と同じに年老いたものは高砂の松だけだが、それとても思うように語り合える昔からの友ではないのだから。（小倉百人一首の一つ）

タレント〈talent〉①天賦てん。才能。技量。②ラジオ・テレビなどに出演する芸能人や知名人。「テレビ—」

タロ-いも【タロ芋】〘植〙サトイモ科の多年生植物。熱帯地方で食用として栽培。サトイモはこの類。参考「タロ（taro）」はポリネシア語。

た-ろう【太郎】ラウ ①長男。また、多く長男に付ける名。「一姫二—」②いちばん大きな、またはすぐれたものに付ける語。「坂東ばんどう—（=利根川とねがわ）」③（古）物事の初めをいう語。「—月（=正月）」語源「太」ははじめ、「郎」は男子で、長男の意。

—かじゃ【—冠者】クワジャ 狂言の役柄で代表的な人物。従者として登場し、おもにこっけいな言動をする者。

だろ-う 推量する意を表す。「あしたは晴れる—」用法体言・副詞・助詞（の・ほど・から・など・まで・だけ・くらい・ばかり、など）および動詞・形容詞・助動詞の連体形に付く。語源断定の助動詞「だ」の未然形「だろ」＋推量の助動詞「う」

タロット〈tarot〉七八枚一組で、二二枚の絵入りの寓意ぐうい札と五六枚の数位札からなるカード。占いやゲームに使用する。タロー。タロットカード。

タワー〈tower〉塔。また、塔状の高層建築物。「東京—」

—マンション〈和製英語〉超高層の集合住宅。タワマン。

たわい-な・い（形）カロ・カッ(ク)・イ・イ・ケレ・○ ①とりとめない。取るにたりない。「—おしゃべり」②手ごたえがない。張り合いがない。「—・く負ける」③正体がない。「—・く眠りこける」④幼く分別がない。「—しぐさ」参考「たあいない」ともいう。文たわいな・し（ク）

たわけ【戯け】タハケ ①おどけ、ふざけること。また、ふざけた言動。「—を言うな」②「たわけもの」の略。「この—」

—もの【—者】愚か者。ばか者。

たわ・ける【戯ける】タハケル（自下一）ケ・ケ・ケル・ケル・ケレ・ケロ(ケヨ) ふざける。ばかなことをする。「—・けたことを言うな」文たは・く（下二）

たわ-ごと【戯言】タハ ふざけた言葉。ばかげた言葉。妄語。

たわ-ごと【戯事】タハ たわけたしわざ。ふざけた行い。

たわし【束子】タハシ わらやシュロの幹を包む繊維などを束ねて作った、器物を洗いみがくのに用いる道具。

たわみ【撓み】①たわむこと。また、その度合い。②〘物〙細長い棒や板などが湾曲した形。また、その程度。

たわ・む【撓む】（自五）マ(モ)・ミ(ン)・ム・ム・メ・メ 棒状の物や木の枝などが、力を加えられてそり曲がる。しなう。「雪で枝が—」「天秤棒てんびんぼうが—」他たわ・める（下一）

たわむれ【戯れ】タハムレ ①たわむれること。ふざけること。また、軽い気持ちですること。「—に歌を詠む」②性的な軽いいたずら。

たわむ・れる【戯れる】タハムレル（自下一）レ・レ・レル・レル・レレ・レロ(レヨ) ①遊び興じる。「まりに—子猫」②興に任せてふざける。「軽口をたたき合って—」③相手にみだらなことをする。文たはむ・る（下二）

たわ・める【撓める】（他下一）メ・メ・メル・メル・メレ・メロ(メヨ) 棒状の物や木の枝などを、一方、または両端から力を加えてそり曲げる。「枝を—」自たわ・む（五）文たわ・む（下二）

たわや-め【手弱女】→たおやめ

—ぶり【—振り】→たおやめぶり

たわら【俵】タハラ わらなどを編んでつくった、米・炭などを入れる円筒状の入れ物。「米—こめだわら」「炭—すみだわら」

たわらや-そうたつ【俵屋宗達】タハラヤ ソウタツ（生没年未詳）江戸初期の画家。姓は野々村とも。大胆な構図と特異な技法で装飾的な新様式を開いた。代表作「風神雷神図屏風びょうぶ」など。

タワリシチ〈ロシア tovarishch〉同志。仲間。

たわわ（形動ダ）ダロ・ダッ(デ・ニ)・ダ・ナ・ナラ・○ 枝などが下方にしなうさま。たわむほどであるさま。「桃が—に実る」文（ナリ）

た-ゐ【田居】たい（古）①たんぼ。田。②いなか。人里。

たん【丹】タン㊥ あか・に　丿 冂 冂 丹

（字義）①赤い色。に。「丹朱・丹唇・丹頂」②よくねった薬。不老不死の薬。転じて、丸薬の名に用いられる。「丹薬」③まごころ。「丹心・丹精・丹念」④「丹波たんばの国」「丹後たんごの国」の略。「丹州」人名あかし・あきら・まこと

たん【反】（字義）→はん（反）

たん【反・段】①反物の長さの単位。並幅の布一反は、鯨尺くじらじゃくで二丈六尺（=約九・八メートル）、または二丈八尺（=約一〇・六メートル）。ふつう大人の着物一着分の長さ。端たん。②土地の面積の単位。一反は三〇〇坪（=約九九二平方メートル）。一町の一〇分の一。③（古）距離をはかる単位。一反は六間けん（=約一一メートル）。

たん【旦】タン㊥・ダン㊥ あした　丨 冂 日 日 旦

（字義）①あさ。早朝。夜明け。「旦夕たんせき・旦暮・早旦・明旦」②おり。とき。「一旦」③第一日。「元旦・月旦・歳旦」難読旦那だんな 人名あき・あきら・あけ・あさ・ただし

たん【但】タン ただし㊥　亻 亻 仴 伯 但

（字義）①ただ。それだけ。=単。②ただし。補足的に条件・例外などを添える語。「但し書き」③「但馬たじまの国」の略。「但州」

たん【坦】人 タン　（字義）①たいら。㋐地面が平らか。「平坦」㋑心が安らか。「坦懐」②広く大きい。「坦坦」人名あきら・かつ・しずか・たいら・ひら・ひろ・ひろし・ひろむ・やす・やすし・ゆたか・わたる

たん【担】教6【擔】タン かつぐ高・になう高　一 扌 扌 扣 担 担

（字義）①になう。かつぐ。「担架・担荷」②ひき受ける。責任をもつ。「担当・担任・負担・分担」③肩をもつ。味方する。助ける。「加担・荷担」難読担桶たご 人名ひろし・ゆたか

たん【単】教4【單】人 タン　丶 丷 𭕄 当 当 単

（字義）①ひとつ。一人。ただひとつである。「単一・単身・単数・単独」↔複 ②ひとつと数えられる最も基礎になるもの。「単位・単元・単語」③ひとえ。「単衣たんい・単弁」④複雑でない。まじりけがない。「単純・単調・簡単」⑤書きつけ。「菜単・伝単」難読単ひとえ・単衣ひとえ 人名いち・ただ

たん【段】（字義）→だん（段）

たん【炭】教3 タン すみ　丶 山 山 屵 岸 炭

（字義）①すみ。㋐木をむし焼きにして作った燃料。「黒炭・木炭」㋑古代の植物が地中に埋没したもの。石炭。「炭鉱・炭田・泥炭」②元素の名。炭素。「炭化・炭酸・炭水化物」難読炭櫃すびつ・炭斗すみとり・炭団たどん

たん【胆】【膽】タン㊥ きも　丿 刀 月 肌 胆 胆

（字義）①きも。㋐消化器官の一つ。「胆石・胆嚢たんのう・臥薪嘗胆がしんしょうたん」㋑きもっ玉。度胸。勇気。「胆勇・胆力・豪胆・大胆・落胆」②こころ。まごころ。「肝胆・魂胆・心胆」人名い

たん【胆】きもっ玉。度胸。

—が据すわる 物事に動じない。肝きもが据わる。**—斗との如ごとし**（「斗」は斗枡ますの意）きもっ玉の大きいこと。非常に大胆

なこと。胆甕(かめ)のごとし。**―を練る** 物事に動じないように修練する。

たん【耽】(人) タン ふける (字義)ふける。度をすごして熱中する。「耽溺(たんでき)・耽読・耽美」

たん【探】教6 タン さぐる(中)・さがす (字義)手さぐりでさがす。さがし求める。ようすをうかがいさぐる。しらべきわめる。「探求・探検・探索・探勝・探知・探偵・探訪・内探」難読 探湯(くかたち)

たん【淡】タン(中) あわい(中) (字義)①味や色などがうすい。「淡紅・淡彩・淡味・濃淡」↔濃 ②あっさりしてこだわらない。情や欲がうすい。「淡淡・淡泊・枯淡・恬淡(てんたん)・冷淡」↔濃 ③塩気がない。「淡湖・淡水」④「淡路(あわじ)の国」の略。「淡州」難読 淡海(あわうみ)・淡雪(あわゆき)・淡竹(はちく) 人名 あう・あわし・あわじ・ま

たん【◇堪】(字義)→かん(堪)

たん【湛】(人) タン・チン たたえる・しずむ (字義)①たたえる。水が満ちている。満ちあふれる。「湛然・湛湛」②厚い。深い。「湛露」③やすらか。④しずむ。「湛溺(たんでき)」⑤落ち着いている。⑥どろ。「湛濁(ちんだく)」⑦ふける。おぼれる。「湛楽」人名 あつし・きよ・たたう・たたえ・ふかし・やす・やすし・よし

たん【短】教3 タン みじかい (字義)①みじかい。長さがたりない。たけがひくい。距離が近い。時間が長くない。「短冊(たんざく)・短日・短針・短編」②つたない。劣る。「短所・短慮・一長一短」(↔長) 人名 とも

たん【短】みじかいところ。不足するところ。欠点。短所。「長を取り―を補う」↔長

たん【嘆】【嘆】(人) タン(中) なげく(中)・なげかわしい(中) (字義)①なげく。なげき。ためいきをつく。「嘆傷・嘆息・慨嘆・愁嘆・長嘆・悲嘆」②感心する。ほめたたえる。「嘆賞・嘆美・詠嘆・感嘆・驚嘆・賛嘆・賞嘆」

たん【端】タン(中) はし(中)・は(高)・はた(中) (字義)①はし。㋐さき。すえ。「端倪(たんげい)・下端・先端・末端・両端」㋑はじめ。いとぐち。「端緒・戦端・発端(ほったん)」②事。事柄。「多端・万端」③正しい。きちんとよく整っている。「端座・端正」難読 端折(おつま)る・端折(はしよ)る 人名 ただ・ただし・ただす・なお・はじめ・まさ・もと

たん【端】①いとぐち。きっかけ。「―を発する(=その物事がきっかけとなって始まる)」②→たん(反)①

たん【綻】タン(中) ほころびる(中) (字義)①ほころびる。ほころび。㋐縫い目がほどける。「綻裂」㋑事がやぶれる。だめになる。「破綻」㋒つぼみが開く。「綻花」②ほころびを縫う。

たん【歎】(人) タン なげく・なげき (字義)①なげく。なげき。㋐ため息をつく。㋑いきどおる。「慨歎」㋒いたみ悲しむ。②歌声を長くのばす。「一倡三歎(いっしょうさんたん)」③ほめたたえる。「称歎」

たん【誕】教6 タン (字義)①むやみと大言をはく。でたらめを言う。でたらめ。「誕妄・虚誕・荒誕・妄誕」②わがまま。ほしいまま。「放誕」③子をうむ。うまれる。「誕生・誕辰(たんしん)・降誕・生誕」人名 のぶ・ひろし

たん【壇】(字義)→だん(壇)

たん【檀】(人)(字義)→だん(檀)

たん【鍛】タン(中) きたえる(中) (字義)きたえる。㋐金属を熱して打ちきたえる。「鍛造・鍛冶(たんや・かじ)」㋑物事に習熟させる。また、体や精神を強くする。「鍛錬」人名 かじ・きたう・きたえ

たん【箪】(人) タン はこ (字義)①はこ。竹で編んだ小箱。②飯を入れる竹製のまるい容器。わりご。「箪瓢(たんぴょう)」③ひさご。「瓢箪(ひょうたん)」④「箪笥(たんす)」は、衣服を入れる家具。

たん【△痰】のど・気管から出る粘液性の分泌物。

タン〈tongue〉舌。特に、料理に用いる牛や豚などの舌の肉。「―シチュー」

だん【旦】(字義)→たん(旦)

だん【団】教5 **【團】**(人) ダン・トン(高) (字義)①まるい。まるいもの。まるめたもの。「団子・団扇(だんせん・うちわ)・炭団(たどん)・布団(ふとん)」②まどか。円満。「団欒(だんらん)・大団円」③集まる。集まり。かたまり。「団結・団地・一団・集団」④組織ある人の集まり。軍の組織。「団体・楽団・軍団・劇団・師団・兵団・旅団」難読 団栗(どんぐり)・団居(まどい) 人名 あつ・まどか・まる

だん【男】教1 ダン・ナン おとこ(中) (字義)①おとこ。「男子・男児・男性・男装・美男(びなん)」↔女 ②わかもの。「丁男」③むすこ。「次男・嫡男(ちゃくなん)・長男」④五等爵(公・侯・伯・子・男)の第五位。「男爵」難読 男鰥(おとこやもめ)・男波(おなみ) 人名 おと

だん【段】教6 ダン・タン (字義)①しきり。わかち。区分。「段落・分段」②ひときわ。いっそう。「一段・格段」③きざはし。だんだん。だんだんになったもの。「段階・段丘・階段・下段・上段」④手だて。方法。「手段」⑤武道・囲碁・将棋などの技量を表す等級。「段位・昇段・有段者」⑥織物の単位。＝端・反。「段物(たんもの)」⑦田畑の広さの単位。＝反。「段別(たんべつ)」

だん【段】①上下にくぎること。また、そのくぎり。「上の―」②台をずらして重ねた形になっているもの。階段。だんだん。「―を上る」③囲碁・将棋・武道などの技量を表す等級。「初―」④文章・手紙・口上などの一くぎり。「四つの―に分ける」⑤局面。場合。段階。「この―に及んで」⑥こと・次第の意。「無礼の―平(ひら)にお許しください」⑦歌舞伎(かぶき)・浄瑠璃(じょうるり)などの場面のくぎり。「三―目」

だん【断】教5 **【斷】**ダン たつ(中)・ことわる (字義)①たつ。たち切る。切り離す。「断腸・断頭台・断髪・裁断・寸断・切断・一刀両断」②小さく切り離されたもの。「断片・断編」③とぎれる。絶える。「断水・断絶・間断・中断」④やめて廃する。ほろぼす。「断食(だんじき)・断念・禁断・言語道断(ごんごどうだん)」⑤きっぱりきめる。決定を下す。「断言・断定・英断・果断・決断・診断・専断・速断・独断・判断」⑥ことわる。わけを述べる。わびる。人名 さだ・さだむ・たけし・とう

だん【断】決定。最後の決断。「―を下す」

だん【弾】【彈】(人) ダン(中) ひく(中)・はずむ(中)・たま(中)・はじく・ただす (字義)①たま。銃砲などのたま。「弾丸・弾痕(だんこん)・弾薬・実弾・照明

弾・爆弾・砲弾」②はずむ。はじく。はねる。はねかえす。「弾性・弾力」③うちたたく。「弾圧」④ひく。鍵盤(けんばん)楽器・弦楽器を演奏する。「弾琴・弾奏・連弾」⑤ただす。罪を問う。「弾劾(だんがい)・糾弾・指弾」[難読]弾機(ばね) [人名]ただ

だん【暖】[教6] ダン・あたたか・あたたかい・あたたまる・あたためる

(字義)①あたたかい。「暖地・暖流・温暖・春暖」②あたためる。＝煖(だん)。「暖房・暖炉」(↔冷) [難読]暖簾(のれん)・暖気(のんき) [人名]あた・あつ・はる・やす

だん【暖・△煖】あたたかなこと。あたたかみ。「ーを取る」

だん【談】[教3] ダン かたる

(字義)①かたる。はなす。「談合・談笑・閑談・相談・対談・面談」②はなし。「談話・怪談・奇談・講談・雑談・美談・漫談」[人名]かた・かたり・かぬ・かね

だん【談】はなし。談話。「後日ー」

だん【壇】ダン㊥・タン㊦

(字義)①一段高くして設けた場所。「壇上・花壇・教壇・祭壇・雛壇(ひなだん)・仏壇」②芸術家など、ある専門的な仲間の社会。「楽壇・歌壇・画壇・劇壇・詩壇・俳壇・文壇」

だん【壇】一段高く設けた場所。「ーにのぼる」

だん【檀】[人] ダン・タン まゆみ

(字義)①まゆみ。ニシキギ科の植物。また、香木の名。「黒檀(こくたん)・紫檀(したん)・栴檀(せんだん)・白檀(びゃくだん)」②「檀那(だんな)(＝梵語(ぼんご)Dāna の音訳)」の略。施主。「檀家・檀徒」③僧・寺院などの意。「檀林」

だん【灘】[人] ダン・タン なだ

(字義)①川の流れの急で危険な所。はやせ。「灘響・灘声(たんせい)」②なだ。潮流が激しく波の荒い海。「玄界灘」[人名]はやせ

たん-あたり【反当〔た〕り・◇段当〔た〕り】収穫や肥料などの、田畑の一反についての量。「ーの収穫高」

だん-あつ【弾圧】(名・他スル)政治権力や武力で反対勢力を強く抑えつけること。「言論をーする」

だん-あん【断案】①案を決定すること。また決定した案。「ーを下す」②〘論〙三段論法で、前提から得た最後の結論。

たん-い【単位】ヰ ― ①〘数〙数量を計る基準とする数、または量。メートル・グラムなど。②組織を構成する基本的なまとまり。「クラスーで行動する」③高等学校や大学での学習の基準量。「卒業に必要なーを取る」

―けい【―系】基本単位とそこから導かれる一連の単位の体系。国際単位系、MKS単位系、CGS単位系など。

だん-い【段位】ヰ ― 武道・囲碁・将棋などの技量を表す位。

だん-い【暖衣・△煖衣】衣服をたくさん着てあたたかくすること。また、あたたかい衣服。

―ほうしょく【―飽食】ハウショク あたたかい衣服を着、飽きるほど食べること。満ち足りた生活のたとえ。飽食暖衣。

たんいしょう【歎異抄・歎異鈔】タンイセウ →たんにしょう

たんい-せいしょく【単為生殖】タンヰ ― 〘動・植〙卵(らん)が受精することなく発生を始め、個体を生じること。動物ではアリマキ・ミジンコ、植物ではシロバナタンポポ・ドクダミなどに見られる。単為発生。単性生殖。処女生殖。

たん-いつ【単一】(名・形動ダ)①ひとつ、または一人だけであること。また、そのさま。「ー行動」②それだけで、まじりもののないこと。また、そのさま。「ー民族」

―くみあい【―組合】クミアヒ 一企業だけで組織する労働組合。また、それらを支部・分会などとしてもつ産業別組合。

だん-いん【団員】ヰン ― 団体に所属している人。団体を構成している人。「消防ー」「青年ー」

だん-う【弾雨】雨のように激しく飛んでくる弾丸。「砲煙ー」

だん-うん【断雲】ちぎれ雲。

だん-おつ【△檀◇越】ヲツ ― 〘仏〙(梵語(ぼんご)の音訳)寺や僧に金品の施しをする信者。施主(せしゅ)。檀那(だんな)。檀家(だんか)。檀越(だんおち)。

たん-おん【単音】①音声を分解して得られる最小の単位。音節を構成する個々の母音と子音など。②ハーモニカで、音の出る穴が一列であるもの。↔複音

―もじ【―文字】一字が一単音を表す表音文字。ローマ字・アラビア文字など。音素文字。⇩音節文字

たん-おん【短音】短くひびく音。「カー」に対する「カ」など。↔長音

たん-おんかい【短音階】〘音〙全音階の一つ。ラを主音として、主音と第三音の音程が短三度(＝間に半音三つ分の音程があること)である音階。ラ・シ・ド・レ・ミ・ファ・ソ・ラと並ぶ音階。↔長音階

たん-か【丹花・丹華】クワ ― 赤い花。紅色の花。「ーの唇(＝美人の唇の赤く美しいたとえ)」

たん-か【担架】病人や負傷者を寝かせたまま運ぶ道具。二本の棒の間に厚い布を張り、前後を持って運ぶ。

たん-か【炭化】クワ ― (名・自スル)〘化〙①有機化合物が分解して、炭素を主とする物質になること。「土中でーする」②炭素との化合物であることを表す語。「ーカルシウム(＝カーバイド)」

たん-か【単価】商品一個または一単位あたりの値段。

たん-か【△啖△呵】①勢いがあって歯切れのいい言葉。「ーを切る」②香具師(やし)などが商品を売るときの口上。「ー売り」

たん-か【短歌】〘文〙和歌の一形式。五・七・五・七・七の五句三十一音からなる。みそひともじ。歌。和歌。↔長歌(ちょうか)

たん-か【△譚歌】①神話・伝説などの物語から材料をとった叙事詩。譚詩(たんし)。②物語風な歌曲。バラード。

だん-か【△檀家】〘仏〙その寺に墓地をもっていて、葬儀・法要などを依頼し、布施などをする家や信徒。

タンカー〈tanker〉液体貨物を船倉内に積んで運ぶ船の総称。一般には、オイルタンカーをいう。油槽船。油送船。

たん-かい【△坦懐】クワイ ― 胸にわだかまりがなく、心が広く平静で穏やかなこと。「虚心ー(＝先入観をもたず、心が広く平静であること)」

だん-かい【団塊】クワイ ― かたまり。「ーの世代(＝第二次世界大戦後数年間のベビーブーム時に生まれた世代)」

だん-かい【段階】①物事の進展する過程での一くぎり。順序。「準備のー」「ーをふむ」②上下の差。等級。「ーをつける」

だん-がい【断崖】きりたった険しいがけ。「ー絶壁」

だん-がい【弾劾】(名・他スル)(公の)責任ある立場の人の不正や罪をあばき責任を追及すること。「ー演説」「ー裁判」

―さいばんしょ【―裁判所】〘法〙非行などのため罷免の訴追をうけた裁判官に対する裁判をする所。国会に設けられ、衆参両院の議員各七名で組織する。

たんか-か【単花果】タンクワクワ 〘植〙一個の花が成熟してできた果実。リンゴ・モモなど。

だん-かざり【段飾り】雛(ひな)人形などを、段に組んだ台の上に並べ飾ったもの。

たんか-だいがく【単科大学】タンクワ ― 一学部だけの大学。教育大学・商科大学・工業大学・医科大学など。カレッジ。↔総合大学

ダンガリー〈dungaree〉(インドのダンガリーで作った綿布から)デニムに似た薄地の綿布。作業服や遊び着用。「ーシャツ」

たん-がん【単眼】〘動〙昆虫類・クモ類・多足類などに見られる、簡単な構造の小さな目。↔複眼

たん-がん【単願】グワン (名・他スル) 受験のとき、一つの学校または一つの学部・学科だけに願書を出すこと。専願。↔併願

たん-がん【嘆願・歎願】グワン (名・他スル) 事情を訴えてその願いごとがかなうように頼むこと。「一書」

だん-かん【断簡】 きれぎれになった(古い)文書、または手紙。「一零墨(ぼく)(=きれぎれになった文書や手紙、古人の筆跡)」

だん-がん【弾丸】グワン ①銃・砲につめて発射するたま。②古代中国で、はじき弓に使った小さいたま。③非常に速いもののたとえ。「一ライナー」

たん-き【単記】(名・他スル) 投票などで、一枚の用紙に一人の名前だけを書くこと。↔連記

一こくし-の-ち【一黒子の地】 はじき弓のたまやほくろのように、きわめて小さく狭い土地。

一とうひょう【一投票】トウヘウ〘法〙一枚の投票用紙に一人の候補者名を記入して投票する選挙方法。↔連記投票

たん-き【単騎】 ただ一人だけで馬に乗っていくこと。一騎。

たん-き【短気】(名・形動ダ) 我慢が足りなくて、すぐに腹を立てること。また、そのさま。きみじか。「一をおこす」

一は損気(そんき) 短気をおこすと結局は損をするということ。

たん-き【短期】 短い期間。「一借入金」↔長期

一かしつけ【一貸付】 返済期限の短い貸し付け。

一だいがく【一大学】 修業年限が二年または三年の大学。短大。

だん-き【暖気】 ①暖かい気候。②暖かい空気。暖かみ。

だん-ぎ【談義・談議】(名・自スル) ①〘仏〙仏教の教義を説くこと。また、その話。説法。「一の座」②物事の道理や意義を説いて教えさとすこと。また、その話。「教育一」③たいくつでつまらない話。お談義。「下手(へた)の長一」

たん-きゅう【探求】キウ (名・他スル) さがし求めて手に入れようとすること。たずね求めること。⇩「使い分け」

たん-きゅう【探究】キウ (名・他スル) 物事の真の姿・本質などを研究し見きわめようとすること。⇩「使い分け」

> 使い分け 「探求・探究」
> 「探求」は、さがし求める意で、「災害の原因を探求する」「由来を探求する」「平和の探求」などと使われる。
> 「探究」は、物事の本質を研究し、見きわめる意で、「芸術の本質を探究する」「真理を探究する」などと使われる。
> しかし、両者の意味は非常に近く、「人生の意義をたんきゅうする」のような場合はどちらも用いられるが、前者は追求、後者は考究の意を含む。

だん-きゅう【段丘】キウ〘地質〙河岸・海岸・湖岸に沿って、地盤の隆起・水の浸食作用などによってできた階段状の地形。

だん-きょう【断橋】ケウ こわれた橋。

たん-きょり【短距離】 ①距離が短いこと。②「短距離競走」の略。③競泳で、二〇〇メートル以下の競技種目。(↔中距離・長距離)

一きょうそう【一競走】キャウソウ 陸上競技で、一〇〇メートル・二〇〇メートル・四〇〇メートル競走の総称。短距離。

だん-きん【断琴】 琴(こと)の弦を断ち切ること。

一の交(まじ)わり 非常に親密な交友。⇩知音(ちいん)「故事」

だん-きん【弾琴】 琴(こと)をひくこと。

だんきん-の-まじわり【断金の交わり】マジハリ きわめてかたい友情。断金の契り。語源 易経の「二人が心を合わせればその鋭さは金属をも断ち切る」との言葉から出た語。

たん-く【短句】 ①短い句。字数の少ない句。②連歌・俳諧(はいかい)(連句)で、五・七・五に対して七・七の句。(↔長句)

たん-く【短躯】 背が低いこと。↔長軀(ちょうく)

タンク〈tank〉①水・ガス・石油などをたくわえておく容器。「ガスー」②戦車。参考 ②は、イギリスで開発されたとき、秘密保持のためタンク(水槽)と呼ばれたことによる。

一トップ〈tank top〉ランニングシャツに似た、首や肩が大きく露出するデザインのシャツ。

一ローリー〈tank lorry〉ガソリン・液化ガスなどの液体を運搬するタンクを備えたトラック。タンク車。

ダンク-シュート〈和製英語〉バスケットボールで、球をバスケットの真上から強くたたき込むシュート。ダンクショット。ダンク。

タングステン〈tungsten〉〘化〙金属元素の一つ。灰白色できわめて硬く、融点が金属中で最も高い。電球のフィラメントや合金材料などに用いられる。ウォルフラム。元素記号W

たん-ぐつ【短靴】 足首までの浅い靴。↔長靴(ながぐつ)

だん-ぐるま【段車】〘工〙動力をベルトで伝導する装置の一種。直径のちがう調べ車を階段状に一体に組み合わせたもの。

ダンケ〈ドイ danke〉(感) ありがとう。

たん-けい【短径】 →たんじく

たん-けい【短檠】 背の低い燭台(しょくだい)。火皿が柱の中途にあって、下の台が箱になっている。

たん-けい【端渓】(「端渓硯(たんけいけん)」の略) 端渓(中国広東(カントン)省肇慶(ちょうけい)付近の地名)で産する石で作った、良質のすずり。

たん-げい【端倪】 一(名) 物事の初めと終わり。二(名・他スル) 物事のなりゆきを推しはかること。「一すべからず(=推測することができない。はかり知れない)」

だん-けい【男系】 男のほうの血筋。父方の系統。↔女系

だん-げつ【端月】「正月」の異称。新年

だん-けつ【団結】(名・自スル) 多くの人が、同じ目的のもとに信頼し合い、しっかりとまとまること。「一致一」「固い一」

一けん【一権】〘法〙労働者が働く条件を改善するために労働組合を結成し、それに加入する権利。憲法で保障され、団体交渉権・争議権(団体行動権)とともに労働三権の一つ。

たん-けん【探検・探険】(名・他スル) 未知の地域を実地にさぐり調べること。危険をおかして調査すること。「南極一隊」

たん-けん【短見】 考えが浅くてつまらない意見。浅見(せんけん)。

たん-けん【短剣】 ①短いつるぎ。②時計の短針。(↔長剣)

たん-げん【単元】 ある主題のもとにまとめられた教材や学習活動の一区分。ユニット。「新しい一にはいる」

たん-げん【端厳】(名・形動ダ) 姿や態度がきちんとしていて威厳のあること。また、そのさま。「一な姿」

だん-げん【断言】(名・自他スル) はっきりと言い切ること。明言。「まちがいないと一する」

たん-こ【淡湖】 淡水の湖。↔塩湖・鹹湖(かんこ)

たん-ご【単語】〘文法〙文法上、まとまった意味・機能を持ち、文(直接には文節)を構成する言語の最小単位。語。

たん-ご【端午】(「端」は初め、「午」は五の音通で、五月初めの五日の意) 五節句の一つ。五月五日の節句。ショウブとヨモギを軒に飾って邪気を払い、粽(ちまき)や柏餅(かしわもち)を食べる。男子の節句とされ、成長を祝って鯉幟(こいのぼり)を立て武者人形を飾る。端午の節句。菖蒲(しょうぶ)の節句。重五(ちょうご)。現在は「こどもの日」として国民の祝日の一つ。夏

たんご【丹後】 旧国名の一つ。現在の京都府の北部。丹州。

タンゴ〈tango〉〘音〙一九世紀末にアルゼンチンに起こり世界に広まった舞踏曲。また、それに合わせて踊るダンス。リズムは四分の二拍子で情熱的。アルゼンチンタンゴとヨーロッパ化したコンチネンタルタンゴに大別される。

だん-こ【断固・断△乎】(タル) きっぱりとした意志をもって押し切るさま。「—として拒否する」「—たる態度」文(形動タリ)

だん-ご【団子】①米・麦などの粉を水でこねて小さくまるめ、蒸したりゆでたりした食品。「きび—」②①に似た形。「—鼻」

—に目鼻(めはな) まるい顔を団子になぞらえた語。

—むし【—虫】(動)オカダンゴムシ科の節足動物。石の下などの湿った所にすみ、危険にあうと体を団子状に丸める。

たん-こう【単行】(カウ) ①一人で行くこと。②単独で行うこと。③一回だけ行うこと。用法 多く他の語と複合して用いられる。

—ほう【—法】(ハフ)(法)特殊な狭い範囲の事柄について定められた法律。「会社法」「少年法」など。

—ぼん【—本】全集・叢書(そうしょ)などの一冊としてでなく、それだけ単独に出版された本。

たん-こう【炭坑】(カウ) 石炭を掘り出すために掘ったあな。

たん-こう【炭鉱・炭△礦】(クワウ) 石炭を掘り出す鉱山。

たん-こう【探鉱】(クワウ) 鉱床・石炭層・石油層などをさがし求めること。地質学的方法・物理探査などがある。

たん-こう【鍛工】金属を熱し、打ってきたえること。また、その職人。鍛冶(かじ)。

だん-こう【団交】(カウ)「団体交渉」の略。

だん-こう【男工】工場で働く男性をいった語。↔女工

だん-こう【断交】(カウ)(名・自スル) つき合いをやめること。特に、国家間の交流を断つこと。国交断絶。

だん-こう【断行】(カウ)(名・他スル) 反対や困難などをおしきって、また思いきって事を行うこと。「熟慮—」「値上げを—する」

だん-ごう【談合】(ガフ)(名・自スル) ①話し合うこと。相談。②競争入札のとき、関係者が入札前に話し合って請負(うけおい)業者や入札価格などを決めておくこと。

—ずく(ヅク) 話し合いのうえで行うこと。相談ずく。参考 古くは「だんこう」。

だんこう-きょうそう【断郊競走】(ダンカウキヤウソウ) →クロスカントリー

たんこう-しき【単項式】(タンカウ)(数) 数といくつかの文字の積として書かれている式。$2a$, $-5xy^2$ など。↔多項式

たんこう-しょく【淡紅色】うすいくれない色。

たんこう-しょく【淡黄色】(タンクワウ) うすい黄色。

だん-ごく【暖国】一年中気候の暖かな国、または地方。

たん-こぶ【たん△瘤】(俗)こぶ。こぶたん。「目の上の—」

だん-こん【男根】男性の生殖器。陰茎。ペニス。

だん-こん【弾痕】弾丸や砲弾の当たったあと。

たん-さ【探査】(名・他スル) さぐり調べること。「—衛星」

たん-さ【嘆△嗟・△歎△嗟】(名・自スル) なげくこと。嗟嘆(さたん)。

たん-ざ【単座・単△坐】一人用の座席。座席が一つであること。一人乗り。「—戦闘機」

たん-ざ【端座・端△坐】(名・自スル) 姿勢を正してきちんとすわること。正座。「—して話を聞く」

だん-さ【段差】①(囲碁・将棋など段位のある勝負事で)段位による能力の差。②段のように高低の差のある所。

ダンサー〈dancer〉ダンスを踊るのを仕事とする人。舞踊家。「バック—(=主役となる歌手などの後ろでダンスを踊る人)」

たん-さい【淡彩】あっさりとした彩色。あわいいろどり。

—が【—画】(グワ) 淡彩をほどこした絵。墨で描いた絵の一部にだけ彩色をしたものの類。

たん-さい【短才】①才能が劣っていること。また、その人。②自分の才能の謙称。

だん-さい【断裁】(名・他スル) 紙などをたちきること。「—機(=製本所などで、寸法に合わせて紙をたちきる機械)」

だん-ざい【断罪】■一(名・自スル) 罪をさばくこと。有罪の判決を下すこと。「厳しく—する」■二(名) 昔、罪人の首を切った刑罰。打ち首。斬罪。

たん-さいぼう【単細胞】(サイバウ) ①単一の細胞。②(俗)単純な反応・思考をする人間をからかいの気持ちでいう語。

—せいぶつ【—生物】一個体が一つの細胞からできている生物。原生動物・細菌・珪藻(けいそう)など。

たん-さく【単作】(農) 同じ耕地に一年間に一回、一種類の作物を作ること。一毛作(いちもうさく)。「—地帯」

たん-さく【探索】(名・他スル) さがしたずねること。さぐり求めること。「古書の—」「犯人を—する」

たん-ざく【短冊・短△尺】(「冊」は文字を書く紙の意) ①字を書いたり、しるしとして物につけたりする細長い紙。②和歌・俳句・絵などを書くのに用いる細長い厚紙。③(「短冊形(たんざくがた)」の略)①のような長方形の形。「大根を—に切る」参考「たんじゃく」ともいう。

たん-さつ【探察】(名・他スル) さがし調べること。

タンザニア〈Tanzania〉アフリカ大陸東岸にある連合共和国。首都はダルエスサラーム(法律上はドドマ)。

たん-さん【単産】(「産業別単一労働組合」の略) 産業別に組織される労働組合。

たん-さん【炭酸】(化) ①二酸化炭素が水にとけて生じる弱い酸。水中のみに存在し、化合物として水溶液から取り出すことはできない。②「炭酸水」の略。

—ガス →にさんかたんそ

—カルシウム(化) カルシウム塩の溶液に炭酸ナトリウムを加えて得られる白色の沈殿物。天然に産出する石灰石・大理石・方解石・貝殻などの主成分。工業・肥料などに広く使用。

—し【—紙】複写紙。カーボン紙。カーボンペーパー。

—すい【—水】(化) 二酸化炭素の水溶液。炭酸泉として天然に湧出し、製造もされる。清涼飲料などに用いる。夏

—すいそ-ナトリウム【—水素ナトリウム】(化) 炭酸ナトリウムの水溶液に二酸化炭素を吹きこむことで得られる、無色の粉末。水に少し溶け、弱いアルカリ性を示す。消火剤・洗剤・医薬などに用いる。重曹(じゅうそう)。重炭酸ソーダ。

—せん【—泉】炭酸を多量に含む温泉・鉱泉。

—ソーダ →たんさんナトリウム

—どうかさよう【—同化作用】(ドウクワサヨウ) 緑色植物や一部の細菌が二酸化炭素をとり入れて有機化合物を合成するはたらき。光エネルギーを用いる光合成と、化学エネルギーを用いる化学合成とに大別される。炭素同化作用。

—ナトリウム(化) ナトリウムの炭酸塩。白い粉末あるいは結晶をなし、水溶液は強いアルカリ性。せっけん・ガラスなどの製造原料。結晶は洗濯ソーダ、白色粉末はソーダ灰という。炭酸ソーダ。

たん-ざん【炭山】石炭が出る鉱山。

たん-し【短資】短期貸付の資金。企業の運転資金など、一年未満で回収される資金。

たん-し【短詩】短い詩。短い形式の詩。

たん-し【端子】電池・電気回路・電気機器などの接続のため、電流の出入り口にとりつけた金具。ターミナル。

たん-し【△譚詩】物語形式の詩。バラード。

だん-し【男子】①男の子。男児。「—が生まれる」②男性。男。また、一人前の男。「—の本懐」(↔女子)

だん-し【△檀紙】和紙の一種。厚手で白くちりめんじわがある。文書・包装・表具用。参考 現在は楮(こうぞ)を原料とするが、古くは「檀(まゆみ)」の樹皮を材料としたといわれ、この名がある。また、陸奥(みちのく)の名産なので、みちのく紙ともいわれた。

だん-じ【男児】①男の子供。↔女児 ②男性。また、りっぱな男。「日本―」

たん-しあい【単試合】→シングルス ↔複試合

タンジェント〈tangent〉〔数〕三角関数の一つ。直角三角形の一つの鋭角について、その角と直角に挟まれた辺に対する対辺の比。正接。記号 tan ⇒三角関数

たん-じかん【短時間】短い時間。↔長時間

たん-しき【単式】①単純な方式。単一の形式。②「単式簿記」の略。(↔複式)

―ぼき【―簿記】〔商〕現金収支など財産の変動のみを対象とし、取引の貸借や損益などを記載に含めない簿記。家計簿など。↔複式簿記

だん-じき【断食】(名・自スル) 一定の期間を決めて食物を断つこと。「―の行」 参考「断食」は宗教的修養や祈願・抗議を目的とするなど積極的な行為としての意味あいが強く、「絶食」は病気の治療などのためにやむをえず食事をとらないという意味あいが強い。

たんしきん-るい【担子菌類】有性生殖により胞子(担子胞子)を形成する菌類。体は多数の菌糸からなり、菌糸には細胞壁でできたしきりがある。シイタケ・マツタケなど。

たん-じく【短軸】〔数〕楕円の二つの軸のうち、短いほうの軸。短径。↔長軸

だんじ-こ・む【談じ込む】(他五) 意見や苦情・抗議などを強く申し入れる。「隣家に―」

たん-じじつ【短時日】わずかの日数。「―で仕上げる」

たん-しつ【丹漆】赤いうるし。「―で仕上げた椀」

たん-しつ【炭質】木炭や石炭などの品質。

たん-じつ【短日】昼の短い冬の日。冬

―しょくぶつ【―植物】〔植〕一日のうちの暗い時間の長さが一定時間をこえると花をつける植物。キク・コスモスなど。↔長日植物

たん-じつげつ【短日月】わずかな期間。短期間。

だんじ-て【断じて】(副) ①決して。ぜったいに。「―許さない」②きっと。必ず。きっぱり。「―勝つ」 用法 ①はあとに打ち消しの語を伴う。

―行えば鬼神もこれを避く きっぱりと決意して実行に移せば、それを妨げることのできるものはない。〈史記〉

たん-しゃ【単車】オートバイ・スクーターなどの、エンジン付き二輪車。

たん-しゃ【炭車】炭鉱で、石炭を運ぶ車。

たん-シャ【単舎】→たんシャリベツ

たん-じゃく【短◦冊・短尺】→たんざく

だん-しゃく【男爵】①もと、五等爵(公・侯・伯・子・男)の第五位。②(「男爵芋」の略)ジャガイモの一品種。語源 ②は明治末年アメリカから導入した川田龍吉男爵にちなむ。

たん-シャリベツ【単×舎利別】(「舎利別」はオランダ siroop の当て字)白砂糖を蒸留水に溶かして作る液。薬剤の調味用。単シロップ。単舎。

だん-しゅ【断酒】(名・自スル) 酒をたつこと。禁酒。

だん-しゅ【断種】(名・自スル)〔医〕手術によって生殖能力を失わせること。

たん-しゅう【反収・◦段収】〔農〕一反(=約一〇アール)当たりの農作物の平均収穫高。

たん-じゅう【胆汁】〔生〕肝臓で作られ、胆嚢に一時蓄えられたのち十二指腸に送られる苦い消化液。肝胆汁。

―しつ【―質】〔心〕ヒポクラテスの体液説に基づく気質の四分類の一つ。刺激に対する感情の反応がすぐに表れる型で、短気で怒りっぽい。胆液質。⇒多血質・粘液質・憂鬱質

たん-じゅう【短銃】ピストル。拳銃。

だん-しゅう【男囚】男性の囚人。↔女囚

たん-しゅく【短縮】(名・自他スル) 時間・距離・規模などが短く縮まること。また、縮小すること。「労働時間を―する」「操業―」↔延長

たん-じゅん【単純】(名・形動ダ) ①しくみが簡単なさま。「―な構造」↔複雑 ②まじりけのないさま。「―林」③考え方が一面的で浅いさま。「―な男」

―さいせいさん【―再生産】〔経〕同一の規模で繰り返される再生産。

たん-しょ【短所】劣っている点。欠点。↔長所

たん-しょ【端緒】物事のいとぐち。てがかり。「問題解決の―をつかむ」参考「たんちょ」は慣用読み。

だん-じょ【男女】男性と女性。男女(なんにょ)。

―七歳にして席を同じゅうせず 七歳にもなれば男女の別をわきまえ、みだりになれ親しんではならない。語源「七年にして男女席を同じゅうせず、食を共にせず」から出た語。〈礼記〉参考「七歳」は「ななさい」とも読む。

―きょうがく【―共学】男女を同一の学校・同一の学級で、教育の内容や基準に差をつけずに学習させること。また、その制度。共学。

―こようきかいきんとう-ほう【―雇用機会均等法】〔法〕採用・昇進・教育訓練・定年など、あらゆる雇用の分野で、男女の均等な機会と待遇の確保を目的とする法律。一九八五(昭和六十)年に成立。

―どうけん【―同権】男性と女性が法律上同等の権利をもち、社会生活のうえで差別されることのないこと。

たん-しょう【単勝】競馬や競輪などで、一着だけを当てること。「―式」↔連勝

たん-しょう【探勝】(名・自スル) 景色のよい所を歩き、その景色を味わい楽しむこと。「―会」

たん-しょう【短小】(名・形動ダ) 短くて小さいこと。また、そのさま。また、背が低いさま。「軽薄―」↔長大

たん-しょう【短章】短い詩歌。短い文章。

たん-しょう【嘆傷・△歎傷】(名・他スル) なげきいたむこと。なげき悲しむこと。

たん-しょう【嘆賞・△歎賞・嘆称・△歎称】(名・他スル) 感心してほめたたえること。「―の的となる」

たん-じょう【誕生】(名・自スル) ①人などが生まれること。出生。生誕。「第二子が―する」②生後満一年目の日。「―を過ぎた幼児」③新しい組織・制度・施設などができること。「新駅が―する」

―せき【―石】その月に生まれた人が身につけると、幸福になるなどといわれている宝石。たとえば、一月ガーネット、二月アメシスト、三月アクアマリン、四月ダイヤモンド、五月エメラルド、六月真珠、七月ルビー、八月サードニックス、九月サファイア、十月オパール、十一月トパーズ、十二月トルコ石など。

―び【―日】①生まれたその日。②生まれた日と月日が同じ日。誕生記念の日。バースデー。

だん-しょう【男△娼】男性の同性愛の対象となって金銭を得る者。陰間。

だん-しょう【断章】①詩や文章の断片。②(「断章取義」の略)他人の詩や文章の一部を勝手に取って、自分の詩や文章に用いること。

だん-しょう【談笑】(名・自スル) 心やすく話したり笑ったりすること。笑いながらうちとけて話しあうこと。「―のひととき」

だん-じょう【壇上】ジャウ― 演説や講演などをする壇の上。

たんしよう-しょくぶつ【単子葉植物】タンシエフ― 〘植〙被子植物中、胚(はい)の子葉が一枚の植物群。ふつう葉は細長く、平行葉脈。茎は維管束が散在し、肥大成長しない。イネ科・ユリ科など。単子葉類。↔双子葉植物

たんしょう-とう【探照灯】タンセウ― →サーチライト

たん-しょく【単色】①まじりのない単一の色。②太陽光線がプリズムを通過して生ずる七色の一つ一つ。「―光」

たん-しょく【淡色】淡くて薄い色。

―やさい【―野菜】(緑黄色野菜に対して)カロテンの少ない、多くは淡い色の野菜。大根・白菜・キャベツ・タマネギなど。

だん-しょく【男色】男性の同性愛。男色(なんしょく)。

だん-しょく【暖色】暖かい感じを与える色。赤・黄・だいだい系統の色。温色。↔寒色

だんじり【×檀尻・×車楽・×楽車】(大阪府・兵庫県などで)祭礼に引いて歩く屋台。山車(だし)。

たん-じる【嘆じる・△歎じる】(他上一) ジ・ジ・ジル・ジル・ジレ・ジロ(ジヨ) ①なげく。いたみ悲しむ。また、いきどおる。「政治の腐敗を―」②ほめる。感心する。語源 サ変動詞「たんずる」の上一段化。

だん-じる【断じる】(他上一) ジ・ジ・ジル・ジル・ジレ・ジロ(ジヨ) ①判断をくだす。断定する。「責任はないものと―」②罪などをさばく。裁断する。「罪を―」語源 サ変動詞「だんずる」の上一段化。

だん-じる【弾じる】(他上一) ジ・ジ・ジル・ジル・ジレ・ジロ(ジヨ) 弦楽器をかなでる。「琴を―」語源 サ変動詞「だんずる」の上一段化。

だん-じる【談じる】(他上一) ジ・ジ・ジル・ジル・ジレ・ジロ(ジヨ) ①話す。語る。「政治を―」②相談する。③かけ合う。談判する。「賃上げを―」語源 サ変動詞「だんずる」の上一段化。

たん-しん【丹心】まごころ。赤心。丹誠。「ただ―あるのみ」

たん-しん【単身】自分一人。身一つ。「―で渡米する」

―ふにん【―赴任】(名・自スル) 遠方へ転勤する際に、家族を伴わず一人で赴任すること。

たん-しん【短信】短い手紙。短い知らせ。短いニュース。

たん-しん【短針】時計の、時(じ)を示す短いほうの針。時針(じしん)。短剣。↔長針

たん-しん【誕△辰】生まれた日。誕生日。

たん-じん【炭△塵】ヂン― 炭坑内にただよう細かい石炭の粉。

たん-す【△簞△笥】衣服その他の品を収納・整理しておく家具。木製・箱形で、ひきだしや戸がついている。

ダンス〈dance〉西洋風の舞踏。踊り。「―ミュージック」「社交―」

―パーティー〈dance party〉大勢が集まりダンスを楽しむ催し。舞踏会。

―ホール〈dance hall〉①社交ダンス用の諸設備がある有料の遊戯場。②舞踏室。はじまり ①は、一九一八(大正七)年、横浜鶴見(つるみ)の遊園地、花月園に開設されたのが最初という。昭和初期に全盛期を迎えた。

たん-すい【淡水】塩分をほとんど含まない水。まみず。「―湖」↔鹹水(かんすい)

―ぎょ【―魚】〘動〙池・川・湖などの淡水にすむ魚類。コイ・フナ・メダカなど。↔鹹水魚(かんすいぎょ)

だん-すい【断水】(名・自他スル) 水道の給水が止まること。また、止めること。「工事で―する」

たんすいか-ぶつ【炭水化物】タンスイクワ― 〘化〙炭素・水素・酸素の化合物。糖類の別称で、でんぷん・セルロース・グリコーゲンなどの総称。主要栄養素の一つ。含水炭素。糖質。

たんすい-しゃ【炭水車】蒸気機関車の後部に連結され、石炭と水を積む付随車両。

たん-すいろ【短水路】水泳で、コースの長さが二五メートル以上、五〇メートル未満のプールのこと。ふつう二五メートルのプールをさす。↔長水路

たん-すう【単数】①一つ。物の数がただ一つであること。②〘文法〙西洋語などで、事物や人の数が一つであることを表す文法形式。(↔複数)

たん-ずる【嘆ずる・△歎ずる】(他サ変) ジ(ゼ)・ジ・ズル・ズル・ズレ・ジロ(ゼヨ) →たんじる 文たん・ず(サ変)

だん-ずる【断ずる】(他サ変) ジ(ゼ)・ジ・ズル・ズル・ズレ・ジロ(ゼヨ) →だんじる(断じる) 文だん・ず(サ変)

だん-ずる【弾ずる】(他サ変) ジ(ゼ)・ジ・ズル・ズル・ズレ・ジロ(ゼヨ) →だんじる(弾じる) 文だん・ず(サ変)

だん-ずる【談ずる】(他サ変) ジ(ゼ)・ジ・ズル・ズル・ズレ・ジロ(ゼヨ) →だんじる(談じる) 文だん・ず(サ変)

たん-せい【丹青】①赤と青。②絵の具の色。彩色。「―の妙を尽くす」③彩色した絵。絵画。

たん-せい【丹誠】うそや偽りのない誠実な心。まごころ。丹心。赤心。「―をこめる」

たん-せい【丹精】(名・自スル) 心をつくして丁寧に物事をすること。「―をこらす」「―して作った菊」

たん-せい【単性】〘動・植〙①雌あるいは雄の一方だけの生殖器官をもつこと。②雌雄の一方の性の子孫だけを生じる性質。ミツバチが単為生殖により雄のみを生じる現象など。

―か【―花】クワ 〘植〙一つの花の中に、雌しべ・雄しべの一方だけしかない花。または両方あっても一方しか機能しない花。マツ・キュウリなど。↔両性花

―せいしょく【―生殖】→たんいせいしょく

たん-せい【嘆声・△歎声】なげいたり感心したりして発する声やため息。「―をもらす」

たん-せい【端正・端整】(名・形動ダ) ①行儀や姿などが整っていること。また、そのさま。「―な身のこなし」②容貌(ようぼう)が整って美しいこと。また、そのさま。「―な顔だち」

たん-ぜい【担税】租税を負担すること。「―者」

だん-せい【男声】〘音〙声楽で、男性の声。「―合唱」↔女声

だん-せい【男性】おとこ。ふつう、成年の男子。↔女性

―てき【―的】(形動ダ) ダロ・ダッ(デ・ニ)・ダ・ナ・ナラ・○ (たくましい・荒々しいなど)いかにも男らしいとされる特徴をもつさま。↔女性的

―び【―美】成人男性のもつ美。男らしい美しさ。

だん-せい【弾性】〘物〙外部から力を加えられて変形した物体が、力を取り去ると再びもとの状態にもどる性質。「―率」

―たい【―体】〘物〙弾性を示す物体。ゴムなどのように、弾性を示す変形の限界が特に大きい物体をいうこともある。

たん-せき【旦夕】①朝夕。明け暮れ。②始終。③今晩か明朝かというほどに時機の切迫しているさま。「命(めい)―に迫る」

たん-せき【胆石】〘医〙胆汁(たんじゅう)の成分から形成された結石。

―しょう【―症】シャウ 〘医〙胆管または胆囊(たんのう)に結石ができる病気。

たん-せき【△痰△咳】たんとせき。また、たんを伴うせき。

だん-せつ【断切・断△截】(名・他スル) 紙などを断ち切ること。切断。

だん-ぜつ【断絶】(名・自他スル) 継続してきたものや関係などが絶えること。また、絶やすこと。断ち切ること。「家系の―」「世代間の―」「国交が―する」

たん-せん【単線】①一本の線。②一つの軌道を列車・電車が上下線共用すること。また、その軌道。単線軌道。(↔複線)

たん-ぜん【丹前】綿を入れた広袖(ひろそで)のゆったりとした着物。

防寒用の冬の部屋着として、ふつう男性が用いる。どてら。㊇冬

たん-ぜん【端然】(タル) 姿勢などがきちんとして整っているさま。「—と座る」文(形動タリ)

だん-せん【断線】(名・自スル) 線が切れること。特に、電線・電話線が切れること。「—箇所」

だん-ぜん【断然】(副・タル) ①きっぱりとするさま。堅く決心して動じないさま。「—実行する」「—たる態度」②他とかけ離れて違うさま。「飛行機が—速い」③決して。断じて。「—そんな事はしていない」用法 ③はあとに打ち消しの語を伴う。

たん-そ【炭疽】〔医〕炭疽菌によって起こる伝染病。牛・羊・馬などに多く発生し、敗血症を引き起こす。人に感染することもある。炭疽病。脾脱疽。

たん-そ【炭素】〔化〕非金属元素の一つ。ダイヤモンドや黒鉛のような遊離状態でも存在する。高温では容易に酸素と化合するので酸化物の還元、金属精錬などに利用。元素記号C

—せんい【—繊維】〔化〕合成繊維を不活性ガス(=化学反応を起こしにくい気体)の中で焼成し、炭化したもの。強度が高く弾性も大きい。複合材料として航空機やスポーツ用品などに用いられる。カーボンファイバー。

—どうかさよう【—同化作用】→たんさんどうかさよう

たん-そ【嘆訴・歎訴】(名・他スル) なげき訴えること。事情を話して、同情をこうこと。愁訴。

たん-そう【炭層】〔地質〕地層中にある石炭の層。

たん-ぞう【鍛造】(名・他スル)〔工〕鉄や鋼を熱し、ハンマーで打ち延ばしていろいろな形に造ること。「—機械」

だん-そう【男装】(名・自スル) 女性が男性の服装、または扮装をすること。「—の麗人」↔女装

だん-そう【断想】 折にふれて浮かぶ断片的な思い。

だん-そう【断層】 ①〔地質〕地層に割れ目ができ、それにそって両側にずれが生じる現象。また、その地層のずれ。「活—」②(比喩的に)考え方や意見などの、ずれ。「世代間の—」

—さつえい【—撮影】〔医〕X線などを用いて、身体の任意の断面を撮影すること。

だん-そう【弾奏】(名・他スル) 弦楽器を演奏すること。

だん-そう【弾倉】 連発式の小銃やピストルなどの、弾丸を納めておく部分。マガジン。

たん-そく【探測】(名・他スル) 天体・深海・気象などを、機器を使って観測すること。「—気球」

たん-そく【短足】 足が短いこと。

たん-そく【嘆息・歎息】(名・自スル) どうにもならず、ためいきをつくこと。非常になげくこと。「長—」「—をもらす」

だん-ぞく【断続】(名・自スル) とぎれたり続いたりすること。「—的に雨が降る」

だんそん-じょひ【男尊女卑】 男性をたっとび女性を低くみる態度や思想。↔女尊男卑

たん-だ【単打】→シングルヒット↔長打

たん-だ【短打】 ①野球で、バットを短く持って確実に打つこと。②単打。シングルヒット。

たん-たい【単体】 ①単一の物体。複数あるうちの一つを切り離したときの一つ。「—決算」②〔化〕ただ一種の元素からなる純粋な物質。金・銀・鉄・硫黄・酸素・水素など。

たん-だい【探題】 ①詩歌の会で、参加者がくじで引き当てた題により詩歌をよむこと。さぐりだい。②〔仏〕仏教の論議のときに、論題を選び進行させ、問答の当否を判定する僧。③〔日〕鎌倉・室町幕府の職名。重要な地方の政務・訴訟・軍事をつかさどった。鎌倉幕府では六波羅・長門・鎮西の各探題、室町幕府では九州・奥州・羽州の各探題があった。

たん-だい【短大】「短期大学」の略。

だん-たい【団体】 ①仲間。集まり。「—旅行」②〔社〕共通の目的をもって集まった人たちの集団。各種の公法人・私法人・政党・結社・組合・クラブなど。「政治—」

—きょうやく【—協約】〔法〕使用者と労働者との間、団体と団体との間に結ばれる契約。労働協約など。

—こうしょう【—交渉】 労働組合の代表者が労働条件改善のための要求を、使用者と話し合うこと。団交。

—こうしょう-けん【—交渉権】〔法〕労働者の団体が使用者と労働条件について話し合いをする権利。団結権・争議権(団体行動権)とともに労働三権の一つ。

だん-たい【暖帯】〔地〕温帯のうち、亜熱帯に接する地域。年平均気温がセ氏一三―二一度。「—林」

たんだい-しんしょう【胆大心小】 大胆でしかも注意深くなければならないということ。

だん-だら【段だら】 ①段がいくつもあること。②「段だら縞」の略。③「段だら染め」の略。

—じま【—縞】 横じまを一つ一つ違った色にした織物。

—ぞめ【—染(め)】 布の横じまを一つ一つ違った色に染めること。また、その模様。段染め。

たん-たん【坦坦】(タル) ①土地や道路が平らなさま。「道が—と続く」②特に変わったこともなく、平穏に過ぎるさま。「—とした生活」文(形動タリ)

たん-たん【眈眈】(タル) 鋭い目つきで獲物を見るさま。また、野心をもって機会をねらうさま。「虎視—」文(形動タリ)

たん-たん【淡淡】(タル) ①味・色などがあっさりしているさま。「—とした味」②平静で物事にこだわらないさま。「—と語る」文(形動タリ)

たん-たん【潭潭】(タル) 水がたっぷりとたたえられているさま。文(形動タリ)

だん-だん【段段】 ㊀(名) ①階段。「—を上る」②一つ一つの事。それぞれ。「失礼の—、お許しください」㊁(副) 順を追って。しだいに。「—(と)近くなる」

—ばたけ【—畑】 山や丘の斜面を階段状に切り開いてつくった畑。

だん-だん【団団】(タル) ①まるいさま。「—たる月」②露などが多く集まっているさま。「露—」文(形動タリ)

だんだん-こ【断断固・断断乎】(タル) (「断固」を強めていう語)強くきっぱりとするさま。「—として戦う」文(形動タリ)

タンタンメン〈中国 担担麺〉中国四川料理の一つ。ラー油やごまを入れたスープにひき肉などを加えた麺料理。

たん-ち【探知】(名・他スル) 隠れているものなどを、さぐり知ること。「魚群—機」

だん-ち【段ち】(名・形動ダ)〔俗〕「段違い」の略。

だん-ち【団地】 一定区域に住宅・工場などが集団となって建っている所。「工業—」参考 単に団地という場合は住宅団地をさすことが多い。はじまり 一九五五(昭和三十)年に設立された日本住宅公団が建設し、翌年入居者を募集した大阪府堺市の金岡団地が公団住宅の団地の最初。

だん-ち【暖地】 気候の暖かい土地。↔寒地

だん-ちがい【段違い】(名・形動ダ) ①二つのものの程度に、比べ物にならないほどの差があること。また、そのさま。「—に強い」②設けてある二つの物の高さが違うこと。「—の棚」

—へいこうぼう【—平行棒】 高さの違う二本の固定された平行棒を使って演技をする女子の体操競技種目。また、その用具。

たん-ちゃ【△磚茶】（「磚」はれんがの意）粉砕した緑茶・紅茶の茶葉を蒸して薄板状におし固めたもの。けずって煮出して飲む。シベリアやモンゴルなどで常用する。磚茶ちゃ。

だん-ちゃく【弾着】 銃砲のたまがとどくこと。また、その所。着弾。

—きょり【—距離】 ①弾丸の発射点から到着点までの距離。②銃砲のたまのとどく最大距離。着弾距離。

たん-ちょ【単著】 一人で書いた著書。↔共著

たん-ちょ【端緒】 →たんしょ（端緒）

たん-ちょう【丹頂】チャウ ①いただきが赤いこと。②〔動〕ツル科の大形の鳥。全身は純白で、頭上には赤い皮膚が現れ、額・ほおから首にかけて、また風切り羽の一部が黒い。日本では北海道にすむ。特別天然記念物。丹頂鶴たんちょうづる。[新年]

たん-ちょう【単調】テウ（名・形動ダ）単純で変化に乏しいこと。また、そのさま。一本調子。「—な生活」「—なリズム」

たん-ちょう【探鳥】テウ 自然に棲息せいそくする鳥の生態などを観察すること。バードウオッチング。「—会」

たん-ちょう【短調】テウ〔音〕短音階による調子。↔長調

だん-ちょう【団長】チャウ 団体の長・代表者。「応援—」

だん-ちょう【断腸】チャウ はらわた（=腸）がちぎれるほどつらく悲しいこと。「—の思い」

【故事】昔、中国で晋しんの武将桓温かんおんが舟で三峡にさしかかったとき、部下の者が猿の子をつかまえた。母猿は岸伝いにこれを追い、やっと舟に飛び移ったが、そのまま息絶えた。その腹をさいてみたら腸がずたずたにちぎれていたことからいう。〈世説新語〉

だん-つう【×段通・×緞通】（中国語の「毯子ダンツ（=もうせん）」の当て字）じゅうたんに似た、敷物用の厚い織物。綿・麻・羊毛などを原料とする。

だん-つく【旦つく】〔俗〕（親しい者どうしで）自分の夫（=旦那だんな）を軽んじていう語。「うちの—」

たん-つば【△痰唾】 ①たんとつば。②たん。

たん-つぼ【△痰△壺】 たんやつばを吐き入れる容器。痰吐き。

ダンテ〈Dante Alighieri〉（一二六五〜一三二一）イタリアの詩人。フィレンツェ生まれ。早逝した理想の女性ベアトリーチェのことをうたった詩集「新生」を編み、晩年には、大叙事詩「神曲」を完成。

たん-てい【探偵】 ■一（名・他スル）こっそりとさぐり調べること。■二（名）人から頼まれて、ひそかに他人の行動や犯罪事件を調べることを職業とする人。「私立—」

—しょうせつ【—小説】セウセツ →すいりしょうせつ

たん-てい【短艇・端艇】 ボート。小舟。

だん-てい【断定】（名・他スル）①はっきりと判断を下すこと。また、その判断。「ここは—を避けたい」「犯人は彼だと—する」②〔文法〕判断を表す言い方。口語では、名詞または「連体形＋の」の形に助動詞「だ」を付けて表す。文語では、名詞または連体形に助詞「なり」を付けて表す。

ダンディー〈dandy〉（名・形動ダ）男性の身なりがおしゃれで態度が洗練されたさま。また、そのような男性。「—な紳士」

たん-てき【端的】（形動ダ）ダロ・ダッ（デ）・ニ・ダ・ナ・ナラ・○ ①明白なさま。はっきりしたさま。「良否が—に現れる」②てっとりばやく要点をとらえるさま。「—な表現」「—に言えば」[文]（ナリ）

たん-でき【△耽溺】（名・自スル）ある対象に夢中になっておぼれること。特に、酒や不健全な遊びにふけること。「酒色に—する」

たん-てつ【鍛鉄】 ①鉄を打って不純物を除き強くすること。また、強くした鉄。②→れんてつ②

たん-でん【丹田】 漢方医学で、へそから少し下のあたり。全身の精気が集まるとされる。「臍下せいか—」

たん-でん【炭田】 採掘できる石炭層が分布し、採掘が行われている地域。

たん-と（副）〔俗〕たくさん。どっさり。多量に。「—お食べ」

だん-と【△檀徒】〔仏〕檀家だんかの人。

たん-とう【担当】タウ（名・他スル）仕事や任務を受け持つこと。また、その人。「—者」「経理を—する」

たん-とう【短刀】タウ 短い刀。短剣。↔長刀ちょうとう

だん-とう【断頭】 首を切り落とすこと。首切り。

—だい【—台】 罪人の首を切り落とす台。ギロチン。「—の露と消える」

だん-とう【弾頭】 砲弾などの先の、爆発する部分。「核—」

だん-とう【暖冬】 平年より暖かい冬。「—異変」[冬]

だん-どう【弾道】ダウ 打ち出された弾丸が空中に描く曲線。

—だん【—弾】 ロケットで高い高度に打ち上げ、目標に落下させるミサイル。弾道ミサイル。

たんとう-ちょくにゅう【単刀直入】タンタウチヨクニフ（名・形動ダ）（単身で敵陣に切り込む意から）文章や話で、前置きや遠まわしな表現を抜きにして、直接本題にはいること。また、そのさま。「—に用件を切り出す」

たん-どく【丹毒】〔医〕皮膚の傷口から、おもに連鎖球菌が侵入して起こる急性の炎症。

たん-どく【単独】（名・形動ダ）ただ一つであること。ただ一人であること。また、そのさま。「—行動」

たん-どく【△耽読】（名・他スル）本を夢中になって読むこと。読みふけること。「文学書を—する」

だん-トツ【断トツ】〔俗〕（「断然トップ」の略）他を圧倒的に引き離してトップに立っていること。「—の成績をあげる」

だん-どり【段取り】 物事を進める順序や方法を定めること。また、定めたもの。手順。「—をつける」「—が悪い」

タンドリー-チキン〈tandoori chicken〉鶏肉をスパイスとヨーグルトに漬け込み、タンドールと呼ばれる壺形つぼがたの窯かまで焼いたインド料理。タンドーリチキン。

だん-な【△檀那・旦那】 ①［檀那］〔仏〕（梵語ぼんごの音訳）寺や僧に金品の施しをする信者。檀越だんおつ。檀家。檀徒。②自分の夫または他人の夫を呼ぶ語。「—様はいらっしゃいますか」③めかけや芸者が生活の面倒をみてくれる人をさす語。また、その男性。④商人が男の客を呼ぶ語。また、商家で、家人や雇い人がその主人をさす語。⑤目上の男性に対していう語。「—衆」

[参考] ①は、もとは布施ふせの意。

—げい【旦那芸】 大家たいけや商店の主人などが趣味として習い覚えた芸事。殿様芸。

—でら【△檀那寺】 自分の家が檀家として属している寺。菩提寺ぼだいじ。

たん-なる【単なる】（連体）ただの。ただそれだけの。「それは—うわさだった」「—いたずらにすぎない」

たん-に【単に】（副）ただ。ひとえに。わずかに。「—事実を述べたにすぎない」[用法] あとに「のみ」「だけ」「まで」などの助詞、あるいは「…にすぎない」などの打ち消しの語を伴うことが多い。

たんにしょう【歎異抄・歎異鈔】タンニセウ 鎌倉中期の仏教書。成立年不詳。浄土真宗の開祖親鸞しんらんの教説を、その死後弟子の唯円ゆいえんが集録したものといわれる。

たん-にん【担任】（名・他スル）①任務または事務を受け持つこと。また、その人。②学校で、学級や教科などを受け持つこと。また、その教師。「—の先生」

タンニン〈tannin〉〔化〕植物の樹皮・果実などから抽出して得られる渋みのある淡黄色の粉末。インキや染料などの原料、またなめし剤にも利用される。

だん-ねつ【断熱】（名・自スル）熱の伝わるのをさえぎること。「―材」

たん-ねん【丹念】（形動ダ）ダロ・ダッ(デ・ニ)・ダ・ナ・ナラ・○ 細部まで注意深く念を入れてするさま。入念。「―な仕事」「―に調べる」文（ナリ）

だん-ねん【断念】（名・他スル）希望していたことを、やむをえずきっぱりとあきらめること。「進学を―する」

たん-のう【胆△囊】ナウ 〘生〙肝臓の下にあって、肝臓から分泌される胆汁を一時たくわえる袋状の臓器。

たん-のう【堪能】㊀（名・形動ダ）学芸・技術などにすぐれていること。「語学に―な人」㊁（名・自スル）十分満足すること。「舞台を心ゆくまで―した」参考㊀は「かんのう」の慣用読み。語源㊁は「足たんぬ（満ち足りた）」の転といわれる。

たんば【丹波】旧国名の一つ。現在の京都府の中部と兵庫県の一部。丹州。

たん-ぱ【短波】〘物〙波長が一〇―一〇〇メートル、周波数三―三〇メガヘルツの電波。電離層の下層で反射して遠くまで伝わるので、遠距離通信（海外放送・国際通信）などに使用される。⇩中波・長波

たん-ばい【探梅】（名・自スル）冬、早咲きの梅の花を探し求めて観賞して歩くこと。「―行」冬

たん-ぱい【炭肺】〘医〙塵肺症の一種。炭塵を吸うことによって起こる慢性の呼吸器病。炭坑労働者に多い。たんはい。

たん-はき【△痰吐き】たんを吐いて入れる容器。痰壺。

たん-ぱく【△蛋白】①卵の白身。卵白。②「蛋白質」の略。

―しつ【―質】〘化〙動植物体の主要成分をなす化合物で、炭素・酸素・窒素などを含む主要栄養素。消化酵素や希塩酸で加水分解され、種々のアミノ酸を生じる。

たん-ぱく【淡泊・淡白】（名・形動ダ）①味・色などがしつこくないこと。あっさりしているさま。「―な味」↔濃厚 ②性質や態度がさっぱりしていること。物事にこだわらず、欲のないさま。「金に―な人」

―せき【―石】→オパール

だん-ばしご【段△梯子】広い踏み板をつけて階段状に作ったはしご。

たん-ぱつ【単発】①発動機を一基しか備えていないこと。↔双発 ②一発ずつ発射すること。「―銃」↔連発 ③（転じて）それだけで終わって、後に続くもののないこと。「―ドラマ」

たん-ぱつ【短髪】短く切った頭髪。↔長髪

だん-ぱつ【断髪】（名・自スル）①髪を短く切ること。「力士の―式」②首筋のあたりで短く切った女性の髪形。昭和初期に流行した。ボブ。

タンバリン〈tambourine〉〘音〙打楽器の一つ。円形のわくの片面に革を張り、周囲に二枚合わせの金属円板をつけたもの。革をたたいたり、振って円板を鳴らしたりする。タンブリン。

たん-パン【短パン】（「短いパンツ」の意）ショートパンツ。半ズボン。

だん-ぱん【談判】（名・自スル）物事を取り決めるために、たがいに話し合うこと。かけあい。「ひざづめ―」「直―」

たんび【◦度】「たび」の撥音化した語。「見る―に驚く」

たん-び【△耽美】美を最高のものと考え、それを重んじてひたりきること。「―的」

―しゅぎ【―主義】〘美・文〙一九世紀後半、ヨーロッパにおこった文芸思潮。人生の目的を美の追求におき、理性よりも官能や感覚を重視する立場。唯美主義。

―は【―派】〘文〙耽美主義の立場にたつ一派で、フランスのボードレール、イギリスのワイルドらが代表。日本では永井荷風、谷崎潤一郎ら。唯美派。

たん-び【嘆美・△歎美】（名・他スル）感心してほめること。

たん-ぴ【単比】〘数〙一つの比。2：3や4：7など。↔複比

だん-ぴつ【断筆】（名・自スル）執筆活動をやめること。

たん-ぴょう【短評】ピャウ 短い批評。寸評。

だん-びら【段平】〘俗〙幅の広い刀。また、単に刀。

たん-ぴれい【単比例】〘数〙二つの量のうち、一方が他の量の増減に比例または反比例して変動すること。二つの量の関係だけを取りだして考えた単純な比例関係をいう。

たん-ぴん【単品】①一個あるいは一種類の品物・商品。②セットになっている品物のうちの一つ。「―では売らない」

ダンピング〈dumping〉〘経〙①特定商品を国内よりも安い価格で外国市場に売り込むこと。②採算を度外視して安売りすること。投げ売り。不当廉売。

-たんぶ【反歩・◦段歩】（接尾）田畑を反（＝約九九二平方メートル）で数えるときに付ける語。「水田五―」

ダンプ-カー〈和製英語〉トラックの一種。荷台を傾斜させて土砂などの積み荷をすべりおろす装置がついている大型のトラック。ダンプ。参考英語では dump truck という。

たん-ぷく【単複】①単一と複雑。②単数と複数。③テニス・卓球・バドミントンなどで、シングルスとダブルス。④競輪・競馬などで、単勝と複勝。

だん-ぶくろ【段袋・◦駄袋】①布製の大きな袋。荷物袋。②幕末から明治初期に、兵が着用した太くゆったりしたズボン。

タンブラー〈tumbler〉底のひらたい、大型のコップ。

タンブリング〈tumbling〉体操で、マット上で行う跳躍・転回などを連続的に行う運動。

たん-ぶん【単文】〘文法〙主語・述語の関係を基準とした文の構造の一つ。主語と述語の関係が一回しか成立しない文。「花は咲き、鳥は歌う」（重文）などとちがい、「花が咲く」のような文。⇩複文・重文

たん-ぶん【探聞】（名・他スル）さぐって聞き出すこと。

たん-ぶん【短文】短い文。短い文章。↔長文

たん-ぺい【短兵】①短い兵器。刀剣の類。②（ふつうの槍を長兵というのに対して）手槍のこと。

―きゅう【―急】キフ（形動ダ）ダロ・ダッ(デ・ニ)・ダ・ナ・ナラ・○（刀などの短い武器を持って急に敵に迫る意から）にわかに行動に出るさま。だしぬけ。「そう―に言われても困る」文（ナリ）

だん-ぺい【団平】港湾・運河・河川などで荷物の運送にあたる幅の広い平底の和船。団平船。

たん-べつ【反別・◦段別】①田畑を一反ごとに分けること。また、一反を単位とすること。②町・反・畝・歩によって測る田畑などの広さ。

―わり【―割〔り〕】田畑の反別を基準として割り当てられる租税。

ダンベル〈dumbbell〉→あれい

たん-べん【単弁】〘植〙一重の花弁。「―花」↔重弁

たん-ぺん【短編・短△篇】詩・小説・映画などの短い作品。「―小説」↔長編

だん-ぺん【断片】きれはし。きれぎれになったものの一つ。「記憶の―」

―てき【―的】（形動ダ）ダロ・ダッ(デ・ニ)・ダ・ナ・ナラ・○ 全体としてのまとまりがなく、きれぎれであるさま。「―な感想」「―に語る」

だん-ぺん【断編・断△篇】文章のきれぎれになった一部分。

たん-ぼ【×田圃】田になっている土地。田。「―道」

たん-ぼ【旦暮】①朝と晩。明け暮れ。②わずかな時間。

たんぽ綿などをまるくして革や布などで包んだもの。けいこ用の

槍の先につけたり、拓本をとるときに墨をつけたりする。

たん-ぽ【担保】 ㊀〘法〙債権を保証するため、債務者が債務を履行しない場合に備えて、あらかじめ債権者に提供するもの。抵当。かた。「土地を—に金を借りる」㊁(名・他スル)あることによってそれに保証を与えること。「調査の客観性を—する」

たん-ぽ【◦湯◦婆】 ゆたんぽ。冬 参考「たんぽ」は唐音。

たん-ぼう【探訪】 バウ(名・他スル)社会の実態や事件の真相などを、現地に出向いてさぐること。「—記事」

だん-ぼう【暖房・煖房】 バウ(名・他スル)部屋の中を暖めること。また、その装置。「床—」冬 ↔冷房

だん-ボール【段ボール】 ①波状にしたボール紙の片面または両面に、平らなボール紙をはりつけたもの。②(「段ボール箱」の略)①で作った包装・運送用の箱。はじまり ①は、一八五〇年代のイギリスで、帽子の裏地として波状に折り目のついた紙を用いたのが起源で、包装材・緩衝材として開発されたのは一八七〇年代のアメリカが最初。日本では、一九〇九(明治四十二)年から国産化。

たんぽぽ【×蒲公英】 〘植〙キク科タンポポ属の植物の総称。多年草で、野原に自生。きざみの多い披針形の葉を根元から叢生する。春に黄色または白色の頭状花を開く。果実は白色の冠毛をそなえて風に散る。若葉は食用。春

たんぽぽの… 俳句〈蒲公英の かたさや海の 日も一輪〉〈中村草田男〉たんぽぽが海風に負けることなく小さな黄色い花を、くっきりと新鮮なかたさをみせて咲かせている。ふと目を上げると、海上の太陽もまた一輪の花のように、さんさんと春の光を放っている。(蒲公英 春)

タンポン 〈ドイ Tampon〉〘医〙①消毒した脱脂綿・ガーゼを丸めたもの。傷口などにさしいれて、止血や分泌物の吸収に用いる。綿球。②月経時に使用する、綿を棒状に固めたもの。

たんほんい-せい【単本位制】 タンホンヰ—〘経〙単一の金属を本位貨幣とし、他を補助貨幣とする制度。金本位制・銀本位制などがある。↔複本位制

たんま 〘俗〙子供の遊びなどで、一時的な中断を求めるときに言う語。タイム。「ちょっと—」

だん-まく【段幕】 紅白・黒白などの布を、横に交互に縫い合わせた幕。

だん-まく【弾幕】 幕を張ったように、連続的に多数の弾丸をいっせいに発射すること。「—を張る」

たん-まつ【端末】 ①はし。終わり。②〘情報〙通信ネットワークの末端にあって、利用者が直接操作して通信に使う機器や装置。「通信—」「タブレット—」

だん-まつま【断末魔・断末摩】 〘仏〙死にぎわ。臨終。また、その苦しみ。「—の叫び」参考「末魔」は梵語の音訳。身体の急所で、これを傷つけると激痛を伴って死ぬとされる。

たんまり (副)〘俗〙たくさん。十分。「—(と)もうける」

だんまり【◦黙り】 ①ものを言わないこと。また、その人。「—をきめこむ」②〘演〙歌舞伎で、二人以上の登場人物が暗やみの中で無言でさぐり合いやからみ合いの動作をすること。また、その場面。語源「だまり」の転。

たん-み【淡味】 あっさりした味わい。また、趣。

たん-めい【短命】 (名・形動ダ)寿命が短いこと。若くして死ぬこと。また、そのさま。「—の人」「—な政権」↔長命

だん-めつ【断滅】 (名・自他スル)滅び絶えること。絶やして滅ぼすこと。

タンメン 〈中国 湯麺〉中華そばの一種。塩味のスープにいためた野菜を加えた麺料理。

だん-めん【断面】 ①物の切り口の面。切断面。「木材の—」②物事をある視点からみたとき、そこに表れる状態。「現代社会の一—」

—ず【—図】 ヅ 物体を一つの平面で切断したと仮定し、その内部構造をかき表した図。「建造物の—」

たん-もの【反物】 ①和服用の織物地の総称。呉服。「—屋」②一反になっている織物。ふつう、大人用和服一着分になっている。「—を仕立てる」

だん-もの【段物】 〘演〙能・箏曲・浄瑠璃・日本舞踊など、邦楽で用いられる一種の分類名。種目により内容は異なるが、一般に「…段」という段構造をもつ曲目をさしている。

たん-や【短夜】 短い夜。夏の夜をいう。短夜。↔長夜

たん-や【鍛冶】 (名・他スル)金属を熱し、打ちきたえること。鍛冶。

だん-やく【弾薬】 銃砲にこめる弾丸と発射させる火薬。

たん-ゆう【胆勇】 大胆さと勇気のあること。「—を備えた男」

だん-ゆう【男優】 イウ 男性の俳優。↔女優

たん-よう【単葉】 エフ ①〘植〙一枚の葉身からなる葉。カエデ・サクラなどの葉。②飛行機で、主翼が左右各一枚であること。「—機」(↔複葉)

たん-らく【短絡】 (名・自他スル)①〘物〙電気回路がショートすること。②物事の関係を、本質をみきわめたり筋道をたどったりしないで、性急に結びつけて論じること。「—的な発想」

だん-らく【段落】 ①文章中のひとまとまりのくぎり。文章の切れめ。「—に分ける」②物事のくぎり。「仕事も一—ついた」

だん-らん【団△欒】 (名・自スル)①親しい者が集まって和やかに過ごすこと。親密な楽しい集まり。「一家—」②集まって車座に座ること。円居。

たん-り【単利】 〘経〙単利法で計算される利息・利率。↔複利

—ほう【—法】 ハフ 利息を元金にくり入れず、最初の元金だけに対して利息を計算していく方法。↔複利法

たん-りゃく【胆略】 大胆さと知略をかね備えていること。

だん-りゅう【暖流】 リウ〘海〙熱帯・亜熱帯の海域から発するため、水温が周辺の海水よりも高温であるような海流。ふつう、高緯度に向かって流れる。日本海流(黒潮)・対馬海流・メキシコ湾流など。↔寒流

たん-りょ【短慮】 (名・形動ダ)①考えの浅はかなさま。「—なふるまい」②きみじかなこと。短気。「—を起こす」

たん-りょく【胆力】 物に動じない気力。度胸。きもっ玉。「—のある人物」

だん-りょく【弾力】 ①〘物〙外力で変形した物体がもとの形にもどろうとする力。はねかえす力。②状況に応じて柔軟に対応できる力。融通のきくこと。「計画に—をもたせる」

—せい【—性】 ①外力で変形した物体がもとの形にもどろうとする性質。弾性。「—に富む」②状況に応じて柔軟に対応できる性質や力。「—のある計画案」

—てき【—的】 (形動ダ)ダロ・ダッ(デ・ニ)・ダ・ナ・ナラ・○ 状況に応じて柔軟に適応できる状態にあるさま。「規則を—に運用する」

だんりん-は【談林派・△檀林派】 〘文〙江戸前期、西山宗因を中心としておこった俳諧の一派。保守的な貞門に対し、自由で新奇な俳諧をこころみた。

たん-れい【淡麗】 (名・形動ダ)酒の味や香りに癖がなく、すっきりとしていること。また、そのさま。「—辛口」

たん-れい【端麗】 (名・形動ダ)姿や形がきちんと整っていて美しいこと。また、そのさま。「容姿—」

だん-れつ【断裂】 (名・自他スル)繋がっていたものが断ち裂かれること。また、断ち裂くこと。「アキレス腱を—する」

たん‐れん【鍛錬・鍛練】(名・他スル) ①金属を打って強くすること。②激しいけいこを積んで、心身や技能をみがくこと。「―を積む」「身心を―する」

だん‐ろ【暖炉・煖炉】 火をたいて部屋を暖める装置。特に、壁に作り付けた炉をいう。冬

だん‐ろん【談論】(名・自スル) 談話と議論。

―ふうはつ【―風発】(名・自スル) 話や議論が活発に行われること。

だん‐わ【談話】(名・自スル) ①くつろいで話をすること。また、その話。「―室」②責任ある人が形式ばらずに述べる意見。「首相の―」

ち チ

五十音図「た行」の第二音。「ち」は「知」の草体。「チ」は「千」の変体。

ち【地】 教2 チ・ジ(チ) つち

(字義) ①つち。大地。陸地。土地。「地面(じめん)・地上・山地・湿地・平地・盆地」↔天 ②ある目的・用途のために設けられた土地。「地所(じしょ)・耕地・宅地・田地・農地・墓地」③くに。領し治める土地。「地頭(じとう)・封地・領地」④所。場所。一帯の土地。「地域・地方・外地・産地・聖地・内地・僻地(へきち)」⑤身分。境遇。位置。「地位・地歩・窮地・死地」⑥もちまえ。生まれつき。土台。「地金(じがね)・地声(じごえ)・生地(きじ)・下地(したじ)」⑦着実。派手さのないこと。「地味(じみ)・地道(じみち)」⑧その土地の。「地酒(じざけ)・地卵(じたまご)・地元(じもと)」⑨衣服の材料になる織物。「服地・浴衣地(ゆかたじ)」 難読 地方(じかた)・地下(じげ)・地団太(じだんだ)・地団駄(じだんだ)・地均(じなら)し 人名 くに・ただ

ち【地】 ①地面。地上。大地。「ツバキの花が―に落ちる」↔天 ②土地。地方。「景勝の―」③場所。「安住の―」④領土。「―を接する両国」⑤位置。立場。境遇。「師弟、その―をかえる」⑥書物・荷物・掛け軸などの下の部分。「天―無用」↔天

―に足(あし)の着(つ)いた 考えや行動などが現実的で堅実であるさま。

―に落(お)ちる 盛んだった権威や名声が衰えてすたれる。

―を掃(はら)う すっかりなくなってしまう。「道義の念が―」

ち【弛】(字義) →し(弛)

ち【池】 教2 チ いけ

(字義) ①いけ。「池亭・池畔・魚池・貯水池」②城のまわりのほり。「金城湯池(きんじょうとうち)」③水などをためておく所やもの。「硯池(けんち)・電池・墨池・濾過池(ろかち)」

ち【治】(字義) →じ(治)

ち【治】 ①世の中がよく治まっていること。②政治。

―に居(い)て乱(らん)を忘(わす)れず 太平の世にあっても油断することなく、戦乱のときに備えている。

ち【知】 教2 チ しる

(字義) ①しる。心に感じわかる。さとる。わきまえる。「知覚・知識・感知・察知・周知・承知・認知・予知」②相手を親しみ知る。知り合い。「知音(ちいん)・知己(ちき)・知遇・知人・知友・旧知」③しらせる。しらせ。「通知・報知」④つかさどる。おさめる。「知行(ちぎょう)・知事・知政」⑤さとい。物事をよく知りわきまえていること。ちえ。＝智。「知恵・知者・知能・英知・奸知(かんち)・奇知・機知・才知・頓知(とんち)」 参考「智」の書き換え字。 難読 知(しろ)し食(め)す 人名 あき・あきら・おき・かず・さと・さとし・じ・しり・ちか・つぐ・とし・とも・のり・はる

ち【知】 道理または理性に基づいて物事を判断するはたらき。「―、情、意」

ち【値】 教6 チ ね・あたい㊥

(字義) ①あたい。㋐ね。物のねだん。ねうち。「価値」㋑数の大きさ。「近似値・数値・絶対値・平均値」②あう。ゆきあう。「値遇」 人名 あう・あき・あきら

ち【恥】 チ㊥・はじる㊥・はじ㊥ はじらう㊥・はずかしい㊥

(字義) ①はじ。やましく思う。はじる。はずかしく思う。「恥辱・羞恥(しゅうち)・破廉恥・廉恥」②人間のかくし所。「恥骨・恥部」 参考「耻」は俗字。

ち【致】 チ㊥ いたす㊥

(字義) ①来させる。招く。「招致・誘致・拉致(らち・らっち)」②一つに合わさる。「一致・合致」③至らせる。最後の所までゆきつく。＝至。「致死・致命傷」④きわめる。きわめつくす。「致知・極致」⑤官を辞すること。「致仕・致政」⑥おもむき。ありさま。「雅致・風致」 人名 いたる・おき・とも・のり・むね・ゆき・よし

ち【智】 チ ちえ

(字義) ①ちえ。頭のはたらき。「智慧(ちえ)・智能・叡智(えいち)・機智・才智・世智」②さとい。賢い。③ちえのある人。ものしり。「智者・智将」 参考 同音の「知」に書き換える。 人名 あきら・さかし・さと・さとし・さとる・とし・とみ・とも・のり・まさる・もと

ち【智】 ①ちえ。頭のはたらき。「―を磨く」②はかりごと。たくらみ。「―をめぐらす」

ち【遅】【遲】 チ㊥・おくれる㊥ おくらす㊥・おそい㊥

(字義) ①おそい。㋐のろい。時間がかかる。ぐずぐずする。「遅疑・遅速・遅滞・遅遅・巧遅」↔速 ㋑動作がにぶい。「遅鈍」↔速 ㋒ゆるやか。「遅緩」②おくれる。おそくなる。時機を失う。「遅延・遅刻・遅配」 人名 まつ

ち【痴】【癡】 チ㊥ おろか

(字義) ①おろか。頭がにぶい。「痴愚・痴鈍・音痴・白痴」②色欲に迷う。「痴情・情痴」③物事に執着して夢中になる。「書痴」 難読 痴(し)れ者(もの)

ち【稚】 チ㊥ わかい

(字義) ①おさない。いとけない。子供っぽい。「稚気・稚拙・幼稚」②おさない者。「稚児(ちご)・丁稚(でっち)」 難読 稚児(やや)・稚鰤(わらさ) 人名 のり・まさ・わか・わく

ち【置】 教4 チ おく

(字義) ①物をおく。すえる。「置換・安置・倒置・配置」②とめおく。「拘置・留置」③始末する。かたをつける。「処置・措置(そち)」④備えつける。「設置」⑤やめる。すておく。「放置」 人名 おき・き・やす

ち【馳】 チ・ジ はせる

(字義) ①はせる。㋐馬車を速く走らせる。「馳駆・馳車・馳走」㋑追いかける。「馳逐」㋒伝わる。広まる。「馳説(ちぜい)・馳名」㋓心を向ける。「馳思」②ほどこす。

ち【質】(字義) →しつ(質)

ち【緻】 チ㊥

(字義) こまかい。きめがこまかい。念入りである。「緻密・精緻」

ち【千】 ①せん。一〇〇〇の一〇倍。「ー年」②数の多いこと。「ー代」

ち【血】 ①血液。「ーを流す」②血筋。血統。「ーを引く」③血気。血の気。情熱。「青春のーが沸く」「ーが上る」

ーが通う 事務的でなく、人間的な思いやりがある。**ーが騒ぐ** 興奮してじっとしていられない。**ーで血を洗う** ①悪事に悪事で対処する。②殺傷に対しては殺傷で報復する。「ー抗争」③血族がたがいに争う。**ーと汗の結晶** たいへんな努力によって得た成果。**ーとなり肉となる** ①よく吸収されて栄養になる。②知識などが十分身について、のちの活動に役立つようになる。**ーの雨を降らす** 大勢の人間を殺傷してあたりを血まみれにする。**ーの出るよう** 非常な苦労や努力をするようす。血のにじむよう。**ーは争えない** 血統上の特質は隠しようがない。**ーは水よりも濃い** 血縁関係にある者は他人よりもきずなが強い。**ーも涙もない** 冷酷で、人間らしい思いやりがまったくない。**ー湧き肉躍る** 興奮して全身に活力がみなぎる。**ーを受ける** 血筋を引く。**ーを見る** 争いごとで死傷者が出る。**ーを分ける** 親子・兄弟など血縁の関係にある。

ち【乳】 ①ちち。ちぶさ。「ー飲み子」②(その形が乳首に似ていることから)旗・幕・羽織・わらじのふちにつけて、ひもなどを通す小さな輪。③つり鐘の表面にある、いぼ状の突起。

ち-あい【血合(い)】 アヒ 魚肉の背身と腹身の間にある赤黒い部分。魚類に特有の筋肉で、マグロ・カツオなどに多い。

チアガール 〈和製英語〉→チアリーダー

チアノーゼ 〈ドイツ Zyanose〉〘医〙血液中の酸素濃度が低下したために皮膚や粘膜が青紫色になる状態。

チアリーダー 〈cheerleader〉運動競技などで、そろいの衣装で派手な動きをする、女子の応援団員。チアガール。

ち-あん【治安】 国家・社会の秩序が整っておだやかなこと。

ち-い【地衣】 「地衣類」の略。

ち-い【地位】 ヰ くらい。身分。所属する集団や社会においてそのものが占める位置・役割。「社会的ー」「高いーにつく」

ち-い【地異】 地上に起こる異変。地震・台風・洪水・津波や火山の噴火など。「天変ー」

ち-いき【地域】 ヰキ ある基準で区切られた、一定範囲の土地。

ーしゃかい【ー社会】 クワイ ある一定の地域に成立する生活共同体。コミュニティー。

ち-いく【知育】 知識や知能を高めるための教育。

チーク 〈cheek〉①ほお。②ほおべに。

ーダンス 〈和製英語〉ほおを寄せあって踊るダンス。

チーク 〈teak〉〘植〙クマツヅラ科の落葉高木。東南アジア原産。葉は楕円形。材は暗褐色で堅く、船舶・建築用。

ちいさ・い【小さい】 チヒサイ (形) カロ・カッ(ク)・イ・イ・ケレ・〇 ①面積・体積・長さなどがわずかである。「ー家」②数量・程度・金額がわずかである。「損害がー」「ー声」③年齢が少ない。幼い。「ーころの思い出」④重要でない。「ーあやまち」⑤度量がせまい。「人物がー」(↔大きい) 文ちひさ・し(ク)
類語 ちっちゃい・ちっぽけ・小振り・極小・最小・短小・微小・矮小・微細

ちいさくなる 相手への恐れや遠慮から、言動を控え自分を目立たなくする。縮こまる。「失敗してー」

ちいさ-な【小さな】 チヒサ (連体) 小さい。「ー靴」「ー問題」↔大きな 参考「手の小さな人」のように、述語の性質もあるところから、連体形だけが使われる形容動詞とする説もある。

チーズ 〈cheese〉牛などの乳に酵素を加えて、たんぱく質を凝固させ、発酵させた食品。乾酪。

チーター 〈cheetah〉〘動〙ネコ科の猛獣。アフリカなどの草原にすむ。ヒョウに似て、体は淡黄褐色で、小さな黒斑がある。哺乳類中最も速く走り、最高時速一一〇キロメートルにも達するという。チータ。

チーフ 〈chief〉組織の責任者。集団の長。主任。

チープ 〈cheap〉(名・形動ダ) 安いこと。安っぽいこと。

チーム 〈team〉競技・仕事などを共同で行う一組・一団体。

ープレー 〈team play〉団体競技や仕事などで、チーム全体の成績を優先させて各人が協力し合うこと。↔個人プレー

ーワーク 〈teamwork〉一つの集団が共同して行う統制のとれた動作や作業。共同作業。また、そのための連帯・結束。「ーがいい」

ちい-るい【地衣類】 ヰ 菌類と藻類との共生体生物の総称。菌類はおもに子嚢菌類、まれに担子菌類で、藻類はシアノバクテリア(藍藻)類か緑藻類。胞子または粉芽でふえる。リトマスゴケ・ウメノキゴケ・サルオガセなど。地衣。

ち-いん【知音】 ①自分をよく理解してくれる、真の友人。親友。②知人。
故事 古代中国で、琴の名手の伯牙が演奏すると、親友の鍾子期はその音色から伯牙の心境をぴたりと言い当てた。鍾子期の死後、伯牙はもう自分の琴を理解してくれる人物はいないと嘆いて、琴を破り弦を断ち切ったという話による。断琴の交わり。〈呂氏春秋〉

ち-うみ【血膿】 血の混じっているうみ。

ち-え【千重】 ヘ 数多く重なること。

ち-え【知恵・智慧】 エ 物事を考え、判断し、適切に処理する能力。「ーをしぼる」「入れー」

チェア 〈chair〉一人用の背のあるいす。

ーパーソン 〈chairperson〉議長。司会者。参考「チェアマン」の言いかえ語。

ーマン 〈chairman〉→チェアパーソン

チェイサー 〈chaser〉アルコール度数の高い酒を飲むときに、口直しに飲む水や軽い酒。チェーサー。

チェーホフ 〈Anton Pavlovich Chekhov〉(一八六〇〜一九〇四)ロシアの劇作家・小説家。はじめ、世紀末に生きる小市民や知識人の暗い憂愁の世界を描き、のち、未来の生活を期待する人間の心理を追究。小説「決闘」、戯曲「かもめ」「三人姉妹」「桜の園」など。

チェーン 〈chain〉①くさり。②自転車やオートバイで、ペダルやエンジンの動力を車輪に伝達するくさり。③自動車のタイヤに装着して、積雪時の滑り止めに用いるくさり。④経営・資本などが同一の映画館・商店・ホテルなどの系列。「ー店」

ーストア 〈chain store〉〘商〙同一の資本のもとに、多数の店舗を管理・経営する組織。連鎖店。チェーン店。

ーソー 〈chain saw〉動力鋸の一種。チェーン状の鋸歯を小型エンジンなどで回転させて樹木などを切る。

ーメール 〈chain mail〉受け取った人から複数の人へ連鎖的に転送を繰り返すように仕向ける電子メール。

ちえき-けん【地役権】 〘法〙物権の一つ。他人の土地を、通行や引水など自分の便益のために利用する権利。契約により設定される。地役。

チェコ 〈Czech〉中部ヨーロッパにある共和国。首都はプラハ。

ちえこしょう【智恵子抄】 チエコセウ 高村光太郎の詩集。一九四一(昭和十六)年刊。妻智恵子への純愛を歌った書。

ちえ-しゃ【知恵者】 チエ 分別があり、工夫することにすぐれている人。知恵のよくはたらく人。

チェス 〈chess〉西洋将棋。盤上に並べた白黒各六種類十

六個ずつの駒を交互に動かし、相手のキングを詰めるゲーム。

チェスト〈chest〉①胸部。胸。②衣料などを収納する、ふたつきの大型の箱。整理だんす。

ちぇすと(感)気合いをかけるときの掛け声。参考 鹿児島地方の方言に由来し、江戸末期に流行した。

ちえ-だて【知恵立て】チエ—(名・自スル)自慢そうに知恵のあるところを見せつけること。

ちぇっ(感)物事が期待通りに進まず残念に思うときや、いまいましく思うときなどに発する語。ちぇ。ちっ。「—、惜しかったな」

チェッカー〈checkers〉①縦横八列の市松模様の盤上で、赤黒各一二枚の丸い駒を斜め前に一つずつ進め、直前にある相手の駒を飛び越して取り合うゲーム。②市松模様。格子縞。チェック。

チェック〈check〉■一(名)①小切手。「トラベラーズ—」②格子縞。市松模様。「タータン—」■二(名・他スル)①点検・照合をすること。性能や状態、不具合などを調べ確かめること。また、それがすんだ印。「在庫数とリストを—する」「品質—」「—リスト」②チェスで、王手をかけること。また、その宣言。

—アウト〈checkout〉(名・自スル)ホテルなどで料金を精算して部屋を引き払うこと。↔チェックイン

—イン〈checkin〉(名・自スル)①ホテルなどで泊まる手続きをすること。↔チェックアウト ②飛行機の乗客が搭乗手続きをすること。

—オフ〈checkoff〉使用者が組合員の賃金から組合費を天引きし、組合に一括して渡す制度。

—ポイント〈checkpoint〉①調査や確認作業などの際に、特に注意すべき点。②通過を確認する地点。検問所。点検所。「—を通過する」

—メート〈checkmate〉チェスで、王手詰み。また、その宣言。チェックメイト。

ちえ-なみ【千重波】チヘ—幾重にも重なっている波。

ちえ-ねつ【知恵熱】チエ—〔医〕乳歯の生えるころの小児にみられる一時的な発熱。

ちえ-の-わ【知恵の輪】チエ—いろいろな形の輪を、知恵をはたらかせてつないだりはずしたりして遊ぶおもちゃ。

ちえ-ば【知恵歯】チエ—→おやしらず②

ちえ-ぶくろ【知恵袋】チエ—①ある限りの知恵。「—をしぼる」②仲間の中で、特に知恵のある人。

ちえ-まけ【知恵負け】チエ—(名・自スル)知恵があるために、考え過ぎてかえって失敗すること。

チェリー〈cherry〉①さくらんぼ。桜桃。夏 ②桜の木。

チェリオ〈cheerio〉(感)別れや乾杯のときに言う言葉。

チェロ〈cello〉〔音〕バイオリンに似た大型で低音の弦楽器。セロ。

〔チェロ〕

ち-えん【地縁】同じ土地に住むことによって生じる社会的関係。

ち-えん【遅延】(名・自スル)予定よりも期日・時間が遅れたり、長引いたりすること。「電車が—する」

チェンジ〈change〉(名・自他スル)①交換。交替。②変えること。変更。「モデル—」③野球での攻守の交替や、バレーボール・テニスなどでのコートの交替。参考 ③は英語ではchange of endsという。

—アップ〈change-up〉野球で、投手が打者のタイミングをはずすために、速球と同じ投球動作で緩いボールを投げること。また、そのボール。

チェンバロ〈イタリア cembalo〉→ハープシコード

ち-おん【地温】ヂヲン—地表、または地中数メートルまでの温度。

ち-か【地下】①地面の下。「—一階」↔地上 ②死後の世界。冥土。あの世。③官憲などの目からかくれた所。非合法な社会・政治運動などが行われる場。「—活動」

ち-か【地価】①土地の売買価格。「—高騰」②〔法〕固定資産課税台帳に記載された、課税標準となる土地の価格。

ち-か【治下】ある政権の支配のもとにあること。統治下。

ちかい【誓い】チカヒ 誓うこと。また、その言葉。「—を立てる」

—の-ふね【—の船】仏が衆生を救って悟りの彼岸に渡そうとする誓いを、船にたとえていう語。弘誓の船。

ち-かい【地界】①土地の境。②地上の世界。

ち-かい【地階】建造物で、地面より下につくられた階。

ちか・い【近い】(形)カロ・カツ(ク)・イ・イ・ケレ・○ ①距離・時間のへだたりが小さい。「駅に—店」「—うちに伺います」②血縁関係のへだたりが小さい。「—親類」③親しい。親密である。「—仲」④内容や程度・数量が同じくらいである。「不可能に—」「二万人—参加者」⑤近視である。「目が—」(↔遠い)文 ちか・し(ク)
類語 直ぐ・手近・間近・身近・至近・指呼の間・咫尺の間・目と鼻の間・目と鼻の先・鼻の先・目睫の間

ちがい【違い】チガヒ 違うこと。相違。また、その度合い。

▼「違い」が下に付く語
言い— 行き— 入れ— 打ち— 御門— 思い— 思わく— 勘— 聞き— 食い— 桁— 心得— 筋— 擦れ— 互い— 種— 段— 手— 場— 畑— 腹— 人— 一足— 打っ— 方角— 骨— 間— 目— 眼鏡— 行き— 了見—

—だな【—棚】和室で、二枚の板を左右段違いに作り付けた飾りの棚。主として、床の間の脇や書院などに作る。

〔ちがいだな〕

—な・い(形)カロ・カツ(ク)・イ・イ・ケレ・○(「…に違いない」の形で)間違いない。決まっている。「明日は天気に—」文 ちがひな・し(ク)

—め【—目】①違っているところ。くいちがい。②筋交いに組んだところ。

ち-がい【稚貝】ガヒ—貝類で、浮遊性幼生期を終え、貝の形態を備え砂や岩に定着して間のないもの。

ちかいのひ… 俳句〔地階の灯 春の雪ふる 樹のもとに〕〈中村汀女〉ビル街の夜の舗道に地階からの明かりがぼおっとさしている。その光に照らし出されて、街路樹の根もとに春の淡雪が舞い落ちている。(春の雪 春)

ちがい-ほうけん【治外法権】チグワイハフケン〔法〕一定の外国人が滞在国の法律・統治権の支配を免れる国際法上の特権。外国の元首・外交官やその家族、領海内の外国軍艦、駐留軍隊などについて認められる。

ちか・う【誓う】チカフ(他五)ワ(オ)・イ(ッ)・ウ・ウ・エ・エ 神仏や相手の人に、何かを必ず実行すると固く約束する。また、自分の心の中で固く決意する。「神に—」「将来を—った人」「心に—」可能 ちか・える(下一)

ちが・う【違う】チガフ(自五)ワ(オ)・イ(ッ)・ウ・ウ・エ・エ ①比較する他のものと同じでない点がある。異なる。「気質が—」「意見が—」②正しいものと合わない。誤る。まちがっている。「前と話が—」「約束が—」「答えが—」③あるべき状態からはずれる。「首の筋が—って痛い」④(関西地方の方言で、助詞「と」の下に付いて)…ではない。「やったのは君と—か」他 ちが・える(下一)参考 形容詞の語形に類推して「ちがくない」「ちがくて」のような崩れた言い方をすることもある。④は、くだけた言い方で「ちゃう」ともなる。

ちか-うんどう【地下運動】秘密に組織された社会・政治団体がひそかに行う非合法的な活動。地下活動。

ちが・える【違える】(他下一) エ・エ・エル・エル・エレ・エロ(エヨ) ①同じでなくする。別なものとする。かえる。たがえる。「今までとやり方をー」「約束をー」②理解・判断をまちがえる。誤る。③異常な状態にする。「足首の筋をー」④人の間柄を悪いものにする。「二人の仲をー」自ちが・う(五) 文ちが・ふ(下二)

ちか-おとり【近劣り】(名・自スル) 近くで見ると、遠くから見た場合より劣って見えること。↕近勝り

ちか-がい【地下街】 駅などの地下につくられた商店街。

ちかく【近く】 ■一(名) ①近い所。近所。「ーに住んでいる」↕遠く ②近い過去。「ーはその例をみない」③(接尾語的に)数詞に付いてそれに近いことを表す。「すでに二年ーになる」■二(副) 近いうちに。近々。「ー伺います」

ち-かく【地核】〖地質〗地球の中心部を占める、高温・高圧の部分。地心。

ち-かく【地殻】〖地質〗地球の表層部。陸地と海底部分とで厚さが異なり、陸地で三〇—四〇キロメートル、海底で約六キロメートル。花崗岩・玄武岩などからなる。「ー変動」

ち-かく【知覚】(名・他スル) ①知って理解すること。②〖心〗視覚・聴覚・味覚・嗅覚・触覚などの感覚器官を通して、外界の事物を認識し、また自分の身体状態を知るはたらき。

—しんけい【—神経】〖生〗感覚器官の受けた外からの刺激を中枢神経に伝える末梢神経。感覚神経。↕運動神経

ち-がく【地学】 ①地球と、地球をつくる物質を研究する学問の総称。地球物理学・地質学・鉱物学など。②地理学の旧称。参考 高等学校の科目では、①に天文学・気象学なども含める。

ちか-けい【地下茎】〖植〗地中にある茎。養分の貯蔵や繁殖のための器官となる。形により根茎(ハスなど)・球茎(サトイモなど)・塊茎(ジャガイモなど)・鱗茎(ユリなど)に分けられる。

ちか-ごろ【近頃】 ■一(名) このごろ。最近。■二(副)(「ちかごろになく」の意から)「はなはだ」「非常に」の意の古風な表現。「それはー迷惑な」

ちかし・い【近しい・◇親しい】(形) カロ・カツ(ク)・イ・イ・ケレ・○ 親密な関係である。「ー間柄」文ちか・し(シク)

ちか-しげん【地下資源】 地下に埋まっている資源。鉱産物など人類に有用な天然資源。

ちか-しつ【地下室】 建造物で、地下につくった部屋。

ちか-すい【地下水】 地中の土砂・岩石のすきまを満たしたり流れたりしている水。

ちか-そしき【地下組織】 非合法な社会・政治運動を秘密に行う組織。

ち-がたな【血刀】 人などを切って血のついている刀。

ちか-ちか(副・自スル) ①目が刺激されて断続的に痛むさま。「目がーする」②光が明滅するさま。「星がー(と)またたく」

ちか-ぢか【近近】(副) ①時間的にそれほど先ではないさま。近いうちに。近々。「ー出発する予定です」②距離の非常に近いさま。「ーと見る」

ちか-づき【近付き】 親しくなること。知り合うこと。知り合い。「おーのしるしに」「ーになる」

ちか-づ・く【近付く】(自五) カ(コ)・キ(イ)・ク・ク・ケ・ケ ①時間・距離などの差が少なくなる。接近する。せまる。間近になる。「夏がー」「車がー」②親しくなろうとする。交際を求める。「変人なのでー人もいない」③めざす事物に近い状態になる。せまる。「理想にー」「名人の域にー」(↕遠ざかる) 他ちかづ・ける(下一) 可能ちかづ・ける(下一)

> **ちがい 「近づく」・「近寄る」**
> 「近づく」「近寄る」は、人が自ら意志を持って対象物の近くへ行く動作を表す点で共通し、「人だかりに近づく/近寄る」などという。
> 一方、抽象的な対象との概念的な距離を短くすることを表す場合には「近づく」のみが用いられる。「真実に近づく」「努力を重ね、一歩ずつ夢に近づく」
> また、人の意志的な動作でない場合にも「近寄る」は使われず、「近づく」のみが使われる。これには、「電車が駅に近づく」のように、物の移動によりもう一つの物との距離が短くなる場合や、「夏が近づく」のように、何かまでの時間的な隔たりが短くなる場合がある。

ちか-づ・ける【近付ける】(他下一) ケ・ケ・ケル・ケル・ケレ・ケロ(ケヨ) ①近くに寄せる。「目をー」↕遠ざける ②そばへ寄せて親しむ。「隣人をー・けない」↕遠ざける ③めざす事物に近い状態にする。「本物にー」自ちかづ・く(五) 文ちかづ・く(下二)

ちかっ-て【誓って】(副) 神仏の名にかけて。必ず。決して。「ー悪いことはいたしません」

ちか-てつ【地下鉄】(「地下鉄道」の略)市街地などの地下にトンネルを掘って敷設された鉄道。メトロ。サブウエー。はじまり 日本の本格的な地下鉄は、一九二七(昭和二)年、東京地下鉄道株式会社により、浅草・上野間が開通したのが最初。大阪では梅田・心斎橋間が一九三三(昭和八)年に開通。

ちか-どう【地下道】—ダウ 地下につくられた道路・通路。

ちか-ば【近場】 近い場所。比較的近いと思われる所。

ちか-ま【近間】 近い所。近辺。

ちか-まさり【近勝り・近◇優り】(名・自スル) 近くで見ると、遠くから見た場合よりまさって見えること。↕近劣り

ちかまつもんざえもん【近松門左衛門】チカマツモンザエモン (一六五三—一七二四) 江戸中期の歌舞伎狂言・浄瑠璃作者。号は巣林子など。越前(福井県)生まれ。名優坂田藤十郎と組んで歌舞伎脚本を書き、のち竹本義太夫と提携して浄瑠璃に進出し、名作を生んだ。世話物にすぐれる。代表作「曽根崎心中」「心中天網島」など。

ちか-まわり【近回り】—マハリ ■一(名・自スル) 近道を通ること。↕遠回り ■二(名) 近所。近い所。ちかま。

ちか-みち【近道】(名・自スル) ①他の道より目的地に早く着ける道。また、その道を通ること。↕遠道 ②てっとり早く目的を達成するための手段・方法。早道。「英語上達のー」

ちか-め【近目】 ■一(名) ①近眼。近視。↕遠目 ②(比喩的に)判断力の浅はかなこと。■二(名・形動ダ) ふつうよりやや近いこと。「ーの速球」↕遠目 参考 ■二はふつう「近め」と書く。

ち-がや【茅・茅萱・×白茅】〖植〗イネ科の多年草。原野や土手に自生。葉は細く長い。春、「つばな」「ちばな」といわれる、白い毛のある花穂をつける。茎葉で屋根などをふいた。秋

ちか-よ・せる【近寄せる】(他下一) セ・セ・セル・セル・セレ・セロ(セヨ) 近づける。↕遠のける 自ちかよ・る(五) 文ちかよ・す(下二)

ちか-よ・る【近寄る】(自五) ラ(ロ)・リ(ッ)・ル・ル・レ・レ ①近くに行く。接近する。↕遠のく ②親しくする。関係をもつ。「あの男にはーな」他ちかよ・せる(下一) ⇩近づく「ちがい」

ちから【力】《中心義—外敵にうち勝ち、心や体のはたらきを支え、活発な動きを続けさせる源》①自分や他を動かす筋肉のはたらき。「腕にーを入れる」「ーが強い」「ーを出す」②〖物〗運動を起こしたり、止めたりなど、物体の状態に変化を起こさせる作用の源。「蒸気のー」③知識や技能を使いこなす能力。学力。「英語のーをつける」④何かをしようとしたときの助け。尽力。ほねおり。おかげ。「彼のーで私は出世できた」⑤なお続けよ

うとする思い。気力。精力。精根。「—のある限り」⑥頼り。よりどころ。「—とたのむ」⑦効力。ききめ。効験。「病気も薬の—で治った」⑧権力。勢力。「—で抑えつける」「—関係」⑨勢い。意気ごみ。「—のこもった演説」

—及ばず 努力したが力が足りない。「—敗退する」 —に余る 自分の能力で処理できる程度をこえている。手に余る。 —になる 人のために尽力する。助ける。 —を入れる 特に努力する。 —を得る 助けによって活気づく。 —を落とす がっかりする。失望する。 —を貸す 助力する。手伝う。

ちから-あし【力足】①力をこめた足。②相撲で、四股。

ちから-いし【力石】力だめしにかかえあげる石。神社の境内などに置かれる。

ちから-いっぱい【力一杯】(副) 力の限りを出して。「—戦う」

ちから-おとし【力落〔と〕し】がっかりすること。気落ち。「このたびはさぞお—のことでしょう」用法 ふつう上に「お」を付けて、慰めの言葉として用いる。

ちから-がみ【力紙】①相撲で、力士が体をふき清めるのに使う紙。化粧紙。②力が強くなるように祈って嚙み、仁王像などに投げつける紙。③とじ目や合わせ目を補強する紙。

ちから-こぶ【力△瘤】①ひじを曲げて力を入れたときにできる、二の腕の筋肉のもり上がり。②熱心に尽力すること。「—を入れる」

ちから-こぶし【力拳】力を入れて握ったこぶし。げんこつ。

ちから-しごと【力仕事】強い力を要する仕事。肉体労働。

ちから-ずく【力ずく】—ヅク ①力いっぱい事に当たること。②暴力や権力などによって、強引に事を行うこと。腕ずく。

ちから-ずもう【力相撲】—ズマウ・—ズマフ 技よりも力に頼ってとる相撲。また、十分に力を出し合ってとった相撲。

ちから-ぞえ【力添え】—ソヘ (名・自スル) 力を貸して助けること。助力。援助。「お—を願います」

ちから-だのみ【力頼み】頼りになるものと心強く思うこと。

ちから-だめし【力試し】体力や能力などをためすこと。

ちから-つ・きる【力尽きる】(自上一) 力を使い果たし、最後まで全うできなくなる。「ゴール手前で—・きた」文ちからつ・く(上二)

ちから-づ・く【力付く】(自五) 元気になる。勇気が出る。「応援に—」他ちからづ・ける(下一)

ちから-づ・ける【力付ける】(他下一) 元気が出るように励ます。自ちからづ・く(五) 文ちからづ・く(下二)

ちから-づよ・い【力強い】(形) ①力があふれているさま。「—握手」②頼もしく安心である。心強い。「仲間がいるので—」文ちからづよ・し(ク)

ちから-ぬけ【力抜け】(名・自スル) がっかりして力がうせること。

ちから-ぬの【力布】衣服で、力のかかる部分が破れたりほつれたりしないよう、補強のために裏側から当てる布。

ちから-ぶそく【力不足】(名・形動ダ) それを果たすだけの能力が足りないこと。また、そのさま。

ちから-まかせ【力任せ】(名・形動ダ) 加減しないで出る限りの力を出すこと。また、そのさま。「—にひっぱる」

ちから-まけ【力負け】(名・自スル) ①力そのものが劣っていて負けること。②力を入れすぎてかえって負けること。

ちから-みず【力水】—ミツ 相撲で、力士が土俵に上がるときに口をすすぐ水。化粧水。「—をつける」

ちから-もち【力持〔ち〕】力の強いこと。また、その人。「縁の下の—」

ちから-もち【力餅】食べると力が出るといわれる餅。山越えなどのときに持って行った。

ちから-わざ【力業】①強い力を頼りに行うわざ。「—でねじふせる」②体力のいる仕事。力仕事。肉体労働。

ち-かろ【地火炉】—クワロ いろり。地火炉。

ち-かん【△弛緩】—クワン (名・自スル) →しかん(弛緩)

ち-かん【置換】—クワン (名・他スル) ①物どうしやその位置や順序などを置き換えること。「漢数字を算用数字に—する」②〘数〙n 個のものの一つの順列を他の一つの順列に並べかえること。③〘化〙化合物中の一原子または原子団を、他の原子または原子団で置き換えること。

ち-かん【痴漢】①おろかな男。②混雑した乗り物や人気のない所などで、女性に性的ないたずらをする男。

ち-き【地気】①動植物の生育を助ける大地の力。②地面から立ち上る水蒸気。③気候。風土。④土中の空気。

ち-き【知己】①自分の心をよく理解してくれる人。親友。「—を得る」②知人。知り合い。

ち-き【稚気・△穉気】子供っぽい気分や気質。「—愛すべし」

ち-ぎ【千木】〘建〙古代の建築や神社建築で、屋根の棟の両端に交差して組み合わせた長い二本の木。

ちぎ（千木）
かつおぎ（鰹木）
〔千木〕

ち-ぎ【地△祇】地の神。国土の神。国つ神。「天神—」↕天神

ち-ぎ【遅疑】(名・自スル) 疑い迷ってぐずぐずすること。「—逡巡」

ち-きゅう【地球】—キウ 〘天〙太陽系の惑星の一つ。太陽系の内側から三番目にある惑星で、人類が住む。大気で包まれ、一日の周期で自転し、一年の周期で公転する。衛星として月をもつ。赤道半径が約六三七八キロメートル、極半径が約六三五七キロメートルのやや南北につまった回転楕円体をなす。表層から内部へ向かって地殻・マントル・地核からなる。

—おんだんか【—温暖化】—ヲンダンクワ 二酸化炭素などの温室効果ガスの蓄積によって、全世界の平均気温が長期的に上昇してゆく現象。

—ぎ【—儀】地球をかたどった模型。球体の表面に世界地図を描き、回転できるように作ったもの。

—ぶつりがく【—物理学】地震・海洋・気象・天文など、地球全体やその各部分の物理現象を研究する学問。

ちきゅう-せつ【地久節】—チキウ 皇后の誕生日の旧称。⇩天長節

ち-ぎょ【池魚】池の中にすむ魚。

—の殃 思いがけない災難にあうたとえ。まきぞえにあうこと。特に、火事で類焼にあうこと。【故事】宋の桓司馬が宝珠を持って逃げる途中でこれを池に投げ込んだので、王が池の水を汲み干して探したため池の魚がみな死んだのでいう。〈呂氏春秋〉また、城門の火事を消すために池の水を汲み干したので、池の魚がみな死んでしまったことからともいう。〈杜弼〉

ち-ぎょ【稚魚】卵からかえってまもない魚。↕成魚

ち-きょう【地峡】—ケフ 〘地〙二つの大陸をつなぐ狭い陸地の部分。パナマ地峡・スエズ地峡の類。

ち-ぎょう【知行】—ギヤウ ■一(名・他スル) 封建時代、土地を支配すること。■二(名) 近世、幕府や大名が家臣に俸給として与えた土地。また、のちには扶持。禄。

ち-きょうだい【乳兄弟】—キヤウダイ 血のつながりはないが、同じ人の乳で育った者どうしの関係。

から—ちきよ

ちきり【×扛秤】昔、一貫目(三・七五キログラム)以上の重さをはかる大きなさおばかり。ちき。ちぎ。ちぎり。ちぎばかり。

ちぎり【契り】①約束。誓い。②体の交わり。「一夜の―」③前世からの因縁。「二世の―」

―を結ぶ ①たがいに固く約束をする。②体を交える。

ちぎりおきし… 和歌〔契りおきし させもが露を 命にて あはれ今年の 秋もいぬめり〕〈千載集 藤原基俊〉お約束くださった、させも草に置く露のようなお言葉を命の綱と頼りにしておりましたのに、その甲斐もなく、ああ今年の秋もむなしく過ぎてゆくようでございます。(古歌「なほ頼めしめぢが原のさせも草我が世の中にあらん限りは」を引き合いに、約束が果たされないことをなげく歌。小倉百人一首の一つ)

ちぎりきな… 和歌〔契りきな かたみに袖を しぼりつつ 末の松山 波越さじとは〕〈後拾遺集 清原元輔〉私たちは固く約束をしましたね。おたがいに涙に濡れた袖をしぼりしぼりして、古歌にいう末の松山を波が越すことがないように、私たちの仲も決して永遠に心変わりはすまいと(それなのにあなたは心変わりしたのですね)。(小倉百人一首の一つ)

ちぎ・る【契る】(他五) ①固く約束する。②変わらぬ愛情を誓い合う。夫婦の約束を結ぶ。③体の交わりをする。

ち-ぎ・る【千切る】(他五) ①手でねじって切りはなす。「つきたての餅を―」②手先で細かく切り裂く。「紙を―」③(動詞の連用形に付いて)あることを非常に強く行う意を表す。「ほめ―」自ちぎ・れる(下一) 可能ちぎ・れる(下一)

ちぎれ-ぐも【千切れ雲】ちぎれたようにはなれて浮かぶ雲。

ち-ぎ・れる【千切れる】(自下一) ①ねじられたり、強く引っ張られたりして切れる。「―・れんばかりにしっぽを振る」②細かく裂ける。「ずたずたに―・れた布」他ちぎ・る(五) 文ちぎ・る(下二)

チキン〈chicken〉①鶏のひな。②鶏肉。かしわ。③《俗》臆病者。「―レース」

―ライス〈和製英語〉飯を鶏肉・タマネギとともにいためて、トマトケチャップ・塩・こしょうなどで調味した料理。

ち-ぎん【地銀】「地方銀行」の略。

ちく【竹】教1 チク たけ
(字義)①たけ。「竹馬・竹林・松竹梅・石竹・破竹」②ふえ。笙など。「糸竹管弦」③文字を書きつける竹片。「竹簡・竹帛」難読 竹篦・竹刀・竹柏 人名 たか

ちく【畜】チク中・キク
(字義)①家畜・にわとりなどを飼う。「畜産・畜養・飼畜・牧畜」②人間が飼う動物。「畜類・家畜」

ちく【逐】チク中 おう
(字義)①追う。追いはらう。追いまわす。「逐電・逐鹿・駆逐・放逐」②きそう。あらそう。「角逐」③順を追う。順々に何かをする。「逐一・逐次・逐条」

ちく【筑】人 チク・ツク
(字義)①琴に似た弦楽器の一種。竹で打ち鳴らす。②「筑後の国」「筑前の国」の略。「筑州」難読 筑紫・筑波

ちく【蓄】チク中 たくわえる中・ためる
(字義)たくわえる。ためる。たくわえ。「蓄財・蓄積・蓄電池・含蓄・貯蓄・備蓄」人名 おき

ちく【築】教5 チク きずく・つく
(字義)①建造物をたてる。きずく。「築城・築造・改築・建築・構築・新築・造築・増築」②土をつきかためる。「築山・版築」難読 築地・築山

ちく【築】建築以来の年数を表す語。「―四〇年」

ち-く【地区】①ある一定の区域。「―代表」②特定の目的で区切られた一定の地域。「文教―」

ち-く【△馳駆】(名・自スル) ①馬を走らせること。また、かけ回ること。「戦場を―する」②奔走すること。

ち-ぐ【痴愚】おろかなこと。ばか。

ちく-いち【逐一】(副) 一つ一つ順を追って。いちいちくわしく。すべて。「―審議する」「―申し上げる」

ち-ぐう【知遇】学識・技能・人格を認められて厚く待遇されること。「―を得る」

ちくおん-き【蓄音機】レコード盤に録音した音を再生する装置。
はじまり 一八七七年、アメリカでエジソンが製作・発表した「フォノグラフ」が蓄音器の最初とされる。日本では、明治末年から本格的に国産化。

〔ちくおんき〕

ちく-かん【竹簡】古代中国で、紙の発明以前に文字を書くのに用いた竹の札。また、これを革ひもで編んで作った書籍。

ちく-けん【畜犬】犬を飼うこと。また、飼い犬。

ちく-ご【逐語】翻訳・解釈などで、一語一語原文に忠実に進めること。

―やく【―訳】一語一語原文に忠実に翻訳すること。また、その訳したもの。逐字訳。

ちくご〔筑後〕旧国名の一つ。現在の福岡県南部。筑州。

―がわ〔―川〕熊本・大分・福岡・佐賀を流れ、有明海に注ぐ九州第一の大河。筑紫次郎。

ち-ぐさ【千草】①いろいろな草。多くの草。「庭の―」秋 ②(「千草色」の略)緑がかった薄い青色。もえぎ色。

ち-ぐさ【千◇種】種類の多いこと。いろいろ。さまざま。

ちく-ざい【蓄財】(名・自スル) お金や財産をためること。また、ためた財産。「―家」

ちく-さつ【畜殺】(名・他スル) 肉・皮などをとるため、家畜を殺すこと。屠殺。

ちく-さん【畜産】家畜を飼い、肉や卵・乳製品など人間生活に有用なものを生産・加工する産業。「―業」

ちく-し【竹枝】①竹の枝。②《文》㋐中国の楽府の一体。㋑その土地の風俗・人情をうたった民歌。

ちく-し【竹紙】①竹の幹の内側にあるうすい皮。②主として中国産の竹の繊維を材料とし、書画に用いる紙。唐紙。

ちく-じ【逐次】(副) 順を追って次々に。順々。順次。「―説明する」

ちく-じつ【逐日】(副) 日を追って。日がたつにしたがって。

ちく-しゃ【畜舎】家畜を飼育するための建物。家畜小屋。

ちく-しょう【畜生】シヤウ 一(名)《仏》鳥獣虫魚の総称。けだもの。二(感) 人をののしって、また、怒ったときやくやしいときに発する言葉。ちきしょう。「―、いまに見ていろ」

―どう【―道】ダウ ①《仏》六道の一つ。死者が生前の悪業によって、鳥・けものに生まれ変わり、苦しみを受けるという世界。②道徳上許されない肉親間などでの情事。

ちく-じょう【逐条】デウ 箇条の順を追って一つ一つ進めること。「―審議」

ちく-じょう【築城】ジヤウ (名・自スル) 城をきずくこと。

ちく-せき【蓄積】(名・自他スル) たくわえていくこと。たまっ

て増えること。また、そのもの。「知識の―」「富の―」

ちくぜん【筑前】 旧国名の一つ。現在の福岡県北西部。筑州。

―に【―煮】 鶏肉を根菜類・こんにゃくなどと油でいため、だし汁・醬油・砂糖で煮たもの。筑前の郷土料理。がめ煮。

ちくぞう【蓄蔵】ザウ (名・他スル) たくわえてしまっておくこと。「倹約を心がけて―する」

ちくぞう【築造】ザウ (名・他スル) 石や土を積み重ねて、城や堤防などをきずくこと。

チクタク〈ticktack〉(副) 時計の秒針が動く音を表す語。チックタック。

ちくたん【竹炭】 竹を焼いて作った炭。燃料のほか、消臭や除湿などに使われる。たけずみ。

ちくちく (副・自スル) ①針など先のとがったもので、繰り返し刺すさま。また、そのような痛みを感じるさま。「―(と)縫う」「セーターが―する」②相手に精神的な痛みを与える物言いを繰り返してするさま。「―(と)いやみを言う」

ちくてい【築庭】 (名・自スル) 庭園をつくること。造園。

ちくてい【築堤】 (名・自スル) 堤防をきずくこと。また、その堤防。

ちくでん【逐電】 (名・自スル) 逃げてゆくえをくらますこと。参考 電(いなずま)を逐(お)うように急ぐ意から。「ちくてん」ともいう。

ちくでん【蓄電】 (名・自スル)〔物〕電気をたくわえること。

―き【―器】 →コンデンサー①

―ち【―池】〔物〕充電して繰り返し使用できる電池。バッテリー。充電池。はじまり 一八五九年、フランス人のプランテが鉛蓄電池を開発したのが原点。日本での国産化は、一八九五(明治二十八)年ごろから。

ちくねん【逐年】 (副) 年を追って。毎年。年々。

ちくのうしょう【蓄膿症】シヤウ〔医〕副鼻腔に炎症が起きて、慢性的にうみがたまる病気。慢性副鼻腔炎。蓄膿。

ちくば【竹馬】 たけうま。

―の友 (ともに竹馬で遊んだころからの友の意)幼友達。

ちくはく【竹帛】 (昔、中国で、竹の札や帛に文字を書いたことから)書物。特に、歴史書。「―に名を垂れる(=後世に残るような業績を上げる)」

ちぐはぐ (形動ダ)(ダロ・ダッ(デ・ニ)・ダ・ナ・ナラ・○) ①くいちがっているさま。「言うことが―だ」②一組となるべき二つ以上のものがそろっていないさま。「―な靴下」文(ナリ)

ちくはくかい【竹柏会】クワイ〔文〕佐佐木信綱を中心とした短歌結社。一八九八(明治三十一)年に機関誌「心の花」を創刊。同人は木下利玄・川田順・九条武子など。

ちくはつ【蓄髪】 (名・自スル) 一度髪をそり落とした人が、再び髪をのばすこと。用法 僧が還俗した場合にいう。

ちくび【乳首】 ①ちぶさの先の少し突き出たところ。乳頭。ちちくび。②乳児にくわえさせる、①の形をしたゴム製品。

ちくふじん【竹夫人】 夏の夜、涼しく寝るために、抱いたり手足をよせかけたりする竹のかご。抱きかご。夏

ちくりと (副) ①針など先のとがったもので瞬間的に刺すさま。また、そのような痛みを感じるさま。「―刺す」②相手に精神的な痛みを与える物言いをするさま。「―いやみを言う」

ちくりょく【畜力】 車や耕具などを引く家畜の労働力。

ちくりん【竹林】 竹やぶ。たけばやし。

―のしちけん【―の七賢】 中国の晋代、世俗をさけて竹林に集まり清談をしたという七人の隠者。阮籍・嵆康・山濤・向秀・劉伶・阮咸・王戎の七人。

ちくる (他五)(ラ(ロ)・リ(ッ)・ル・ル・レ・レ)〔俗〕告げ口をする。

ちくるい【畜類】 ①家畜。②けだもの。

ちくろく【逐鹿】 (名・自スル) ①帝位・政権・地位を得ようとして争うこと。②議員選挙に立候補して争うこと。「―戦」語源 鹿を逐うの意で、鹿を帝位にたとえた中国の故事から。⇒中原に鹿を逐う

ちくわ【竹輪】 魚肉をすりつぶして竹などのくしに棒状につけて、焼いたり、蒸したりした食品。語源 切り口が竹の輪に似るところからいう。

―ぶ【―麩】 小麦粉をこねて、竹輪の形に似せて蒸した食品。おでんなどの具材にする。

チゲ〈朝鮮語〉キムチや肉・魚介・野菜・豆腐などを煮込んだ朝鮮の鍋料理。

ちけい【地形】 地表面の形態。海・陸・山川など土地の高低・傾斜などのありさま。参考「じぎょう」と読めば別の意になる。

―ず【―図】ヅ〔地質〕地表の起伏・形態・水系の配置などを示した縮尺図。

チケット〈ticket〉切符。入場券・乗車券など。ティケット。

ちけむり【血煙】 人などを切ったときに、切り口から血がほとばしり出るのを煙にたとえていう語。「―を上げて倒れる」

ちけん【地検】 ①→けんち(検地)②「地方検察庁」の略。

ちけん【知見】 ①知ることと見ること。また、見て知識を得ること。②知識。見識。「狭い―」③〔仏〕悟り。真実の知恵。

ちけん【治験】〔医〕①治療の効果。②臨床試験によって、薬などの効果・安全性を検定すること。「―薬」

ちけんしゃ【地権者】 土地を使用収益する権利を持つ者。

ちご【稚児】 ①ちのみご。乳児。②子供。小児。③昔、貴族の家や寺院などに召し使われた少年。④神社の祭礼や寺の法会の行列に着飾って加わる子供。⑤男色の相手となる少年。参考 常用漢字表付表の語。

ちこう【地溝】〔地〕ほぼ平行な二つの断層崖の間に生じた細長い低地。「―帯」

ちこう【知行】カウ 知識と行い。知ることと行うこと。

―ごういつせつ【―合一説】ガフイツ 知(認識)と行(実践)とはつねに表裏一体であり、真の認識は実践によって得られるものであるとする王陽明の説。知行合一。

ちこう【治効】カウ 治療の効果。

ちこう【遅効】カウ 少し時間がたってからききめが現れること。「―性肥料」⇔速効

ちこく【治国】 国を治めること。「―平天下(=国を治め、天下を平和にすること)」

ちこく【遅刻】 (名・自スル) 定められた時刻におくれること。

ちこつ【恥骨】〔生〕骨盤の正面に位置する左右一対の骨。

チコリ〈chicory〉〔植〕キク科の多年草。地中で軟白栽培した葉を、サラダなどにして食べる。キクニガ。アンディーブ。

ちさ【×萵苣】 →ちしゃ(萵苣)

ちさい【地裁】「地方裁判所」の略。

ちざい【知財】「知的財産」の略。

ちさん【治山】 防災のために植林などをして山を整備すること。「―治水」

ちさん【治産】 ①生活の手段をたてること。②〔法〕自分の財産を管理、処分すること。「禁―」

ちさん【遅参】 (名・自スル) 定められた時刻におくれて来ること。遅刻して来ること。

ちさんちしょう【地産地消】チセウ 地元の産物をその地元で消費すること。

ちし【地史】 地球または特定地域の発達・変遷の歴史。

ちし【地誌】 ①「地誌学」の略。②ある地域の自然・社会・文

化などの地理的現象を記した書物。

ち-し【知歯・△智歯】〘生〙第三大臼歯(だいきゅうし)。親知らず。

ち-し【致仕】㊀(名・自スル)(「致」は返す、「仕」は官職の意)官職をやめること。辞職。㊁(名)(昔、中国の官吏は七〇歳になると退官を許されたことから)「七〇歳」の別称。参考 古文では「ちじ」。

ち-し【致死】死にいたらせること。「過失―罪」「―量の毒」

ち-じ【知事】都・道・府・県の長。任期四年で公選される。

ち-しお【血潮・血△汐】―シホ ①流れ出る血。②体内を流れる血。また、熱血・熱情のたとえ。「熱い―がみなぎる」

ちし-がく【地誌学】各地方の自然・社会・文化など地理的現象を研究する学問。

ち-しき【知識】①ある物事について知っていること。また、その内容。「豊富な―を持つ」「―を得る」②〘仏〙知徳のすぐれた僧。高僧。善知識。参考 ②はふつう「△智識」と書く。

―かいきゅう【―階級】―カイキフ 知的労働に従事する階級。知識層。インテリゲンチア。インテリ。

―じん【―人】知識・教養のある人。

―よく【―欲】知識を求める欲望。

ち-じき【地磁気】〘地質〙地球のもっている磁気とそれのつくる磁場との総称。地球は南極近くにN極、北極近くにS極をもつ一つの大きな永久磁石のようになっている。地球磁気。

ち-じく【地軸】―ヂク ①〘地質〙地球の南北両極を結ぶ軸。公転軌道面に対して約六六・五度傾く。地球はこれを中心として自転する。②大地をささえていると想像された軸。

ち-しつ【地質】〘地質〙地殻を構成する土地・岩石・地層の性質・状態。「―調査」

―がく【―学】〘地質〙地球の組織・構造とその変動、および地球で起こる諸現象とその歴史などについて研究する学問。

―じだい【―時代】〘地質〙地球ができてから現在までの時代。先カンブリア代・古生代・中生代・新生代に区分される。

ち-しつ【知△悉】(名・他スル)(「悉」はことごとくの意)知りつくすこと。詳しく知っていること。「社会情勢を―している」

ち-じつ【遅日】春になって昼が長く、日の暮れるのがおそく感じられること。また、そういう時節。遅き日。春

ち-しぶき【血◦繁吹き・血×飛沫】刃物で切られた傷口から飛び散る血。「―を浴びる」

ちしま-かいりゅう【千島海流】―カイリウ →おやしお

ち-しゃ【知者・△智者】①道理をよくわきまえている人。②知恵のある人。賢者。

ち-しゃ【治者】国をおさめる人。統治者。

ちしゃ【×萵苣】〘植〙キク科の一年草または越年草。葉は食用。結球するものもある。夏に黄色の頭状花を開く。サラダ菜・レタスなどの種類がある。萵苣(ちさ)。春

ち-しゅ【置酒】(名・自スル)酒盛りをすること。酒宴。

ち-しょう【池沼】―セウ 池と沼。

ち-しょう【地象】―シャウ 地震・山くずれなど、大地に起こる現象。↔天象

ち-しょう【知将・△智将】―シャウ 知略にたけた大将・将軍。

ち-じょう【地上】―ジャウ ①地表。地面の上。↔地下 ②この世。現世。「―の楽園」

―けん【―権】〘法〙物権の一つ。他人の土地に建物や樹木などを所有するためにその土地を使用できる権利。

―デジタルテレビ-ほうそう【―デジタルテレビ放送】―ハウソウ 地上の電波塔からデジタル信号で送信される電波を使ったテレビ放送。地デジ。

―は-ほうそう【―波放送】―ハウソウ 衛星放送に対して、地上にある設備から各家庭に電波を送信するシステム。

ち-じょう【△笞△杖】―ヂャウ ①むちとつえ。②笞刑(ちけい)と杖刑(じょうけい)。昔の刑罰で、むちで打つ刑とつえで打つ刑。

ち-じょう【痴情】―ジャウ 愛欲にまどう心。

ち-じょう-い【知情意】―ジャウ 人間の精神的活動における、三つの基本的なはたらき。知性・感情・意志の三つをさす。

ち-じょく【恥辱】体面や名誉を傷つけること。はずかしめ。はじ。「―を受ける」

ちし-りょう【致死量】―リャウ それ以上の量を用いると人や動物を死にいたらせる、薬物などの限界量。

ち-しん【地心】①地球の中心。②→ちかく(地核)

ち-じん【地神】地の神。地祇(ちぎ)。国つ神。↔天神

ち-じん【知人】互いに知っている人。知り合い。知己。

ち-じん【痴人】おろかな人。ばか者。

―夢(ゆめ)を説(と)く (おろかな者が自分の見た夢を話す意)言うことにまとまりがなく、話のつじつまが合わないことのたとえ。

ち-ず【地図】―ヅ 地表の形状や事物を、一定の約束に従って縮尺し、記号・文字などを用いて平面上に表した図。

ち-すい【治水】(名・自スル)川の水の流れを制御して水害を防ぎ、用水の便をはかること。「―工事」

ち-すい-か-ふう-くう【地水火風空】―クワ 〘仏〙万物を形づくるという五つの元素。五大。

ち-すじ【血筋】―スヂ ①血統。血続き。「徳川の―をひく」②肉親の関係。血縁関係。③血液のめぐる筋道。血管。

ち・する【治する】シ(セ・サ)・シ・スル・スル・スレ・シロ(セヨ) ㊀(自サ変)①おさまる。②病気がなおる。㊁(他サ変)①おさめる。②整える。律する。③病気をなおす。いやす。文ち・す(サ変) 参考「じする」ともいう。

ち-せい【地勢】土地の形勢。地形。「―図」

ち-せい【治世】①治まっている世の中。太平の世。↔乱世 ②君主として世を治めた期間。在位の期間。

ち-せい【知性】人間のもつ思考・判断の能力。感情や意志に対して、特に高度の抽象的・概念的な認識能力。

―てき【―的】(形動ダ) ダロ・ダッ(デ・ニ)・ダ・ナ・ナラ・〇 知性のあるさま。

ちせい-がく【地政学】国の政治や軍事・外交政策などについて、地理的条件から研究する学問。

ち-せき【地積】土地の面積。

ち-せき【地籍】土地の所在・面積・所有権などの記録。

ち-せき【治績】政治上の功績。

ち-せつ【稚拙】(名・形動ダ)未熟でへたであること。また、そのさま。「―な字」

ち-そ【地租】〘法〙田・畑・山林など土地の価格をもとに税率を決めた租税。現在、固定資産税に吸収されている。

ち-そう【地相】―サウ ①土地の形勢・方角などによって吉凶を判断すること。②土地のありさま。地形。

ち-そう【地層】〘地質〙砂・小石・泥・生物体などが積み重なってできた堆積(たいせき)岩の層の重なり。

ち-そう【△馳走】(名・他スル)(支度(したく)するために走り回る意から)食事などを出して客をもてなすこと。供応。また、そのために出されるような、ぜいたくでおいしい料理。「夕食をご―になる」「ご―が並ぶ」用法 多く、「ごちそう」の形で用いる。

ち-そく【遅速】遅いことと速いこと。「―は問わない」

ち-ぞめ【血染め】血に染まって真っ赤になること。

チター〈ドイツ Zither〉〘音〙弦楽器の一種。五本の旋律弦と三〇―四〇本の和音弦とを張った、南ドイツ・オーストリア・スイスなどの民族楽器。

ち-たい【地帯】ある程度の広がりをもち、一定の特徴で区切られた地域。「非武装―」「無法―」

ち-たい【遅滞】(名・自スル) おくれてはかどらないこと。期日よりもおそくなること。「―なく届ける」

ち-たい【痴態】 ばかげたふるまい。「―を演ずる」

ち-だい【地代】 →じだい(地代)

チタニウム〈titanium〉→チタン

ち-たび【千度】 幾度もくり返すこと。千回。「百度(もも)たび―」

ち-だらけ【血だらけ】(名・形動ダ) 一面に血がついていること。また、そのさま。血まみれ。

ち-だるま【血◇達磨】 赤いだるまのように、全身血だらけになること。「―になる」

チタン〈ドイツ Titan〉《化》金属元素の一つ。地殻中に化合物として分布。軽くてさびにくく、合金は航空機材などに、酸化物は白色顔料として用いられる。チタニウム。元素記号 Ti

ち-だん【地壇】 中国で、天子が土地の神を祭った祭壇。

ちち【父】《中心義―親のうち、男性のほう》①男親。↕母 ②(比喩的に)ある物事を創始した人。また、その分野に偉大な業績を残した人。「交響曲の―ハイドン」③《基》三位一体の位格(=父・子・精霊)を備えた唯一の神。

類語 (子から父に)お父様・お父さん・おとっつぁん・父さん・父ちゃん・おっとう・パパ・父上。(他人に自分の父を)父・父親・親父・家父。(夫の父)舅・義父。(妻の父)舅・義父・岳父。(その他)男親・継父・養父・実父・厳父・慈父・老父・亡父

敬称(相手側)	謙称(自分側)
お父様　(お)父上(様) (お)父君　御尊父(様) 御親父(様)	父　父親

ちち【乳】 ①哺乳類が、子を保育するために雌の腹部や胸部にある乳腺から分泌する白色の液。乳汁。②ちぶさ。

ち-ち【致知】 ①朱子学で、物事の道理をきわめ知識を広めること。②陽明学で、本来的な心のはたらきを明らかにすること。⇩格物致知

ち-ち【遅遅】(ト・タル) ①進み方のおそいさま。ゆっくり。「―として進まない」②日が長くのどかなさま。「春日―」文(形動タリ)

ち-ぢ【千千】(名・形動ダ) ①数がたいへん多いこと。また、そのさま。「―の情け」②さまざま。いろいろ。「―に心が乱れる」

ちち-うえ【父上】 父の敬称。↕母上

ちち-おや【父親】 父である親。男親。父。お父さん。↕母親

ちち-かた【父方】 父の血統に属していること。父の血続き。「―の祖母」↕母方

ちぢか・む【縮かむ】(自五) マ(モ)・ミ(ン)・ム・ム・メ・メ 身体や手足の指先が、寒さなどでちぢんで動作がにぶくなる。「指先が―」

ちち-ぎみ【父君】(他人の)父の敬称。↕母君

ちち-くさ・い【乳臭い】(形) カロ・カッ(ク)・イ・イ・ケレ・○ ①乳のにおいがする。②子供っぽい。幼稚である。未熟である。文ちちくさ・し(ク)

ちち-くび【乳首】 →ちくび①

ちち-く・る【乳繰る】(自五) ラ(ロ)・リ(ッ)・ル・ル・レ・レ ひそかに会って情を交わす。また、いちゃつく。

ちち-ご【父御】 昔、相手の父に用いた敬称。てて御。↕母御

ちぢこま・る【縮こまる】(自五) ラ(ロ)・リ(ッ)・ル・ル・レ・レ 寒さなどで、または、いじけたりかしこまったりして、体を丸めるようにして小さくなる。「先生の前で―」可能ちぢこま・れる(下一)

ちちなし-ご【父無し子】《俗》①父に死なれ、母だけに育てられる子。②父親のわからない子。参考「てなしご」ともいう。

ちち-の-ひ【父の日】 父の愛や労苦に感謝する日。六月の第三日曜日。夏 ↕母の日

ちち-ばなれ【乳離れ】(名・自スル) →ちばなれ

ちち-はは【父母】 父と母。両親。

ちぢま・る【縮まる】(自五) ラ(ロ)・リ(ッ)・ル・ル・レ・レ ①各構成部分が小さくなった結果、全体が小さくなる。短くなる。縮小する。「寒さで体が―」②時間や距離が短くなる。差が少なくなる。短縮する。「寿命が―」「点差が―」他ちぢ・める(下一)

ちぢみ【縮み】 ①縮むこと。②「縮み織り」の略。夏

―おり【―織〔り〕】 撚りの強いよこ糸を用いて、表面に小さなしわが出るようにした織り方。また、その織物。ちぢみ。

チヂミ〈朝鮮語〉朝鮮料理の一つ。水で溶いた小麦粉に野菜や魚介などをまぜ、平たく焼いたもの。参考「チジミ」とも書く。

ちぢみ-あが・る【縮み上がる】(自五) ラ(ロ)・リ(ッ)・ル・ル・レ・レ ①すっかり縮む。②恐れ・驚き・寒さなどで、身がすくみ小さくなる。

ちぢ・む【縮む】(自五) マ(モ)・ミ(ン)・ム・ム・メ・メ ①全体が小さくなる。狭くなる。短くなる。縮まる。「セーターが―」「身の―思い」②しわがよる。「―・んだ布地」③時間や距離が短くなる。差が少なくなる。縮まる。「寿命が―」他ちぢ・める(下一)

ちぢ・める【縮める】(他下一) メ・メ・メル・メル・メレ・メロ(メヨ) ①部分を小さくして全体を小さくする。短くする。「丈を―」「工期を―」②しわをよせる。③ひっこめる。身をすくめる。「首を―」④差を少なくする。自ちぢま・る(五) ちぢ・む(五) 文ちぢ・む(下二)

ち-ちゅう【地中】 地面の中。大地の中。地下。

ち-ちゅう【池中】 池の中。

ちちゅうかい【地中海】 ①北はヨーロッパ、南はアフリカ、東はアジアの大陸に囲まれた東西に細長い内海。ジブラルタル海峡で大西洋と、スエズ運河で紅海と、ダーダネルス海峡・ボスポラス海峡で黒海と通じる。②一般に大陸間や陸地内に深くはいり込んだ海のこと。北極海・アメリカ地中海など。

ちぢら・す【縮らす】(他五) サ(ソ)・シ・ス・ス・セ・セ 縮れた状態にする。「髪を―」自ちぢ・れる(下一)

ちぢれ-げ【縮れ毛】 縮れた毛。縮れっ毛。「―の犬」

ちぢ・れる【縮れる】(自下一) レ・レ・レル・レル・レレ・レロ(レヨ) ①しわがよって、縮まる。②髪の毛などが細かく巻いて波状になる。「髪の毛が―」他ちぢら・す(五) 文ちぢ・る(下二)

ちちろ-むし【ちちろ虫】 コオロギの異称。秋

ちつ【秩】 チツ㊥・チチ

(字義) ①ついで。順序。次第。「秩序」②役人の俸給。扶持。「秩米・秩禄」人名 きよし・さとし・たけお・ちず・つね

ちつ【窒】 チツ㊥

(字義) ①ふさぐ。とじる。「窒塞」②ふさがる。つまる。「窒息」③元素の名。「窒化・窒素」

ちつ【帙】 紙質の柔らかい和本のいたみを防ぐために包むおおい。厚紙に布などを張ってつくる。

ちつ【膣】《生》女性生殖器の一部。外陰部から子宮に続く管状の器官。

チッキ〈check から〉鉄道で、旅客から預かって送る手荷物。また、その預かり証。参考 国鉄では、一九八六(昭和六十一)年に廃止。

ちっ-きょ【蟄居】(名・自スル)(「蟄」は虫が地中にこもる意) ①閉じこもって、外出しないこと。②江戸時代、武士に科した刑の一種。閉門のうえ、一室に謹慎させるもの。

-チック(接尾)《俗》(体言に付いて)それらしい状態であることを表す。「乙女―」「アニメ―」

チック〈フランス tic〉《医》顔面・首の部分・肩などが不随意にけいれんする症状。チック症。

チック（「コスメチック」の略）男子の整髪用の固形油。

ち-つけ【乳付け】生まれた子にはじめて乳を飲ませること。また、その乳を飲ませる女性。

ちっこ・い（形）（カロ・カッ(ク)・イ・イ・ケレ・○）《俗》小さい。

ちっ-こう【竹工】― 竹を加工して作る工芸品。また、その技術または職人。

ちっ-こう【築港】（名・自スル）船舶の出入りや停泊に必要な工事をして港をつくること。また、その港。

ちつ-じょ【秩序】物事の正しい順序・筋道。特に、社会の組織・構成を整った状態に保つためのきまり。「社会―」

ちっ-そ【窒素】《化》非金属元素の一つ。無色・無味・無臭の気体で、水に溶けにくい。空気の体積の約八割を占める。化合物は肥料・火薬などの原料。元素記号N

―ひりょう【―肥料】《農》窒素分を多く含んだ肥料。肥料の三要素の一つで、植物の生長をうながす。硫酸アンモニウム・石灰窒素・尿素などの無機肥料と、大豆かす・油かす・魚かすなどの有機肥料とがある。⇩カリ肥料・燐酸肥料

ちっ-そく【窒息】（名・自スル）固形物で気管が詰まったり、有毒ガスを吸入したりして呼吸が止まること。「―死」

ちっちゃ・い（形）（カロ・カッ(ク)・イ・イ・ケレ・○）《俗》小さい。

ち-つづき【血続き】血筋の続いていること。また、その間柄。

ちっ-と（副）《俗》ほんの少し。ちょっと。語源「ちと」の転。

―やそっと（多くあとに打ち消しの語を伴って）ほんの少しばかり。ちょっとやそっと。「―のことでは驚かない」

―も（副）少しも。少しの間も。「舟は―進まない」「―じっとしていない」用法 あとに打ち消しの語を伴う。

チップ〈chip〉①トランプやルーレットなどで賭け金の代わりに使う賭け札。②（木材などを）薄く細かく切ったもの。パルプの原料になる。③野菜の薄い輪切り。「ポテト―」④《物》集積回路を作りつけた半導体基板の小片。「マイクロ―」

チップ〈tip〉①心づけ。祝儀。茶代。「―をはずむ」②野球で、ボールがバットをかすること。ファウルチップ。

ちっ-ぷく【蟄伏】（名・自スル）①ヘビ・カエル・虫などが、冬の間地中にこもっていること。②世を離れ引きこもっていること。

ちっぽけ（形動ダ）（ダロ・ダッ(デ・ニ)・ダ・ナ・ナラ・○）《俗》取るに足りないほど小さいさま。「―な望み」文（ナリ）

ちつ-ろく【秩禄】①官位に基づいて与えられる俸禄。扶持。②明治政府が華族・士族に与えた家禄と賞典禄。

ち-てい【地底】大地の底。土の下の深い所。

ち-てい【池亭】池のほとりにある休息・見晴らし用の小屋。

ち-てい【治定】（名・他スル）国を治め定めること。

ち-てき【知的】（形動ダ）（ダロ・ダッ(デ・ニ)・ダ・ナ・ナラ・○）知性のあるさま。知識に関係あるさま。「―水準」「―労働」

―ざいさん【―財産】《法》発明や著作物、商標など、人間の知的活動によって生み出される、財産的価値を持つもの。知財。

―ざいさんけん【―財産権】《法》知的財産を所有・支配する権利。特許権・著作権・商標権など。知的所有権。無体財産権。

―しょうがい【―障害】知的能力の発達が平均水準以下である状態。そのために、社会生活上の適応行動に困難を生じるもの。精神薄弱に代わる名称。

―しょゆうけん【―所有権】→ちてきざいさんけん

ち-デジ【地デジ】「地上デジタルテレビ放送」の略。

ち-てん【地点】地上のある一定の場所・位置。「落下―」

ち-と（副）少し。ちょっと。わずかの間。「―お尋ねしますが」

ち-とう【池塘】― ①池のつつみ。②湿原にある池沼。

―春草の夢 池のほとりでまどろんだ春の日の夢。青春時代の楽しくはかない夢。〈朱熹・偶成〉

ち-とう【池頭】池のほとり。池畔。

ちどう-せつ【地動説】《天》地球は他の惑星と同じく太陽の周囲を公転するという学説。コペルニクスが唱えた。↔天動説

ち-とく【知得】（名・他スル）知って自分のものとすること。

ち-とく【知徳】知識と道徳。知恵と徳行。学識と人格。

ち-とせ【千◇歳】①千年。②長い長い年月。

―あめ【―飴】七五三の祝いに、松竹梅・鶴亀などの絵を描いた袋に入れて売る、紅白の棒状のさらしあめ。冬

ち-どめ【血止め】傷口の出血を止めること。また、その薬。

ち-どり【千鳥】《動》水辺にすむチドリ科の鳥の総称。くちばしは短く、足の指は三本のものが多い。冬 語源 海辺を数千羽が群がって飛ぶところからこの名がある。

―あし【―足】左右の足を踏み違えて歩くこと。特に、酒に酔ってよろめきながら歩くこと。また、その足どり。語源 千鳥の歩き方に似ているところからいう。

―がけ【―掛け】①ひもなどを斜めに交差させること。②《服》糸を斜めに交差させてかがること。千鳥ぐけ。千鳥かがり。

―ごうし【―格子】千鳥が連なって飛んでいる形に似せた格子縞。

ち-どん【遅鈍】（名・形動ダ）動作や反応がのろくて鈍いこと。また、そのさま。

ち-なまぐさ・い【血△腥い】（形）（カロ・カッ(ク)・イ・イ・ケレ・○）①血のにおいがするさま。②流血を見るようなむごたらしさであるさま。「―事件」文ちなまぐさ・し（ク）

ちなみ-に【◇因みに】（接）前の事柄に関連して、補足説明を加えることを示す。ついでに言えば。「―申しますと」

ちな・む【◇因む】（自五）（マ(モ)・ミ(ン)・ム・ム・メ・メ）ある事柄との縁によって、何かを行う。ことよせる。つながる。関連する。「こどもの日に―・んだ催し物」

ち-にく【血肉】→けつにく

ち-にち【知日】外国人が、日本の事情に通じていること。

ちぬ【×茅渟】→くろだい

ち-ぬ・る【血塗る】（自五）（ラ(ロ)・リ(ッ)・ル・ル・レ・レ）（昔、中国でいけにえの血を祭器に塗るなどして神を祭ったことから）刀剣類に血を塗る。転じて、人を殺傷する。「刃に―（=人を殺す）」「―・られた歴史（=戦いなどで多くの血が流れた過去）」

ち-ねつ【地熱】《地質》地球内部の熱。地熱。「―発電」

ち-のう【知能・△智能】思考し判断する能力。頭のはたらき。

―けんさ【―検査】知識・理解力・記憶力・注意力などの能力の程度をはかり、それを数値で示す検査。メンタルテスト。

―しすう【―指数】知能検査の結果として出た精神年齢を、実際の年齢で割って一〇〇倍した数値。一〇〇を標準とする。IQ

―はん【―犯】《法》詐欺・横領・背任など、知能をはたらかせて行う犯罪。また、その犯人。↔強力犯

ち-のう【知△嚢・智△嚢】―（「嚢」はふくろの意）体じゅうに知恵が詰まっていること。また、そのような人。知恵袋。

ち-の-うみ【血の海】あたり一面に広がった血を海にたとえていう語。「事件現場は―だった」

ち-の-け【血の気】①血が通っているようす。血色。「―が引く」②感情のままにすぐに反応する気力。血気。

―が多い ①若くて元気がいい。②かっとなりやすい。

ち-の-なみだ【血の涙】涙がかれて血が出るほど、ひどく悲しんで泣くことのたとえ。また、それほどの悲しみ。血涙。

チノ-パンツ〈chino pants〉チノクロス（＝厚手の綾（あや）織り綿布）で仕立てたズボン。チノパン。チノ。

ちのみ-ご【乳飲〔み〕子・乳△吞〔み〕子】乳児。赤ん坊。

ちの-みち【血の道】①血の通る道。血管。血脈。②生理時・産褥（さんじょく）時などの女性にみられる頭痛やめまいなどの諸症状の俗称。血の病。

ち-の-めぐり【血の巡り】①血液の循環。②《俗》頭のはたらき。「—が悪い男だ」

ち-のり【血△糊】べとべとして粘り気のある血。また、物に粘り付いた血。「—が付く」

ち-の-り【地の利】土地の形勢や位置が、ある事をするのに有利なこと。「—を得て勝つ」

ち-の-わ【△茅の輪】茅（ちがや）を編んで作った輪。それをくぐり抜けることで身の汚れが清められるといわれ、夏越（なごし）・年越（としこし）の祓（はらえ）などで用いる。「—くぐり」夏

ちば【千葉】関東地方南東部の県。県庁所在地は千葉市。

ち-はい【遅配】（名・自他スル）決められた期日より配達・支給などがおくれること。「郵便物の—」「給料が—する」

ち-ばし・る【血走る】（自五）ラ(ロ)・リ(ッ)・ル・ル・レ・レ（興奮・熱中・不眠などで）目が充血して赤くなる。「—・った目」

ち-はつ【遅発】（名・自スル）定刻よりおくれて出発すること。↔早発

ち-はつ【△薙髪】（名・自スル）→ていはつ

ち-ばなれ【乳離れ】（名・自スル）①乳児が成長して乳を飲まなくなること。また、その時期。離乳。②子供が成長し、自立心をもって、親から離れていくこと。「—しない息子」参考「ちちばなれ」ともいう。

ちはや-ぶる【千早振る】《枕》「神」「社（やしろ）」などにかかる。

ちはやぶる… 和歌〔ちはやぶる 神代（かみよ）もきかず 竜田川（たつたがは） からくれなゐに 水くくるとは〕〈古今集 在原業平朝臣（ありわらのなりひらあそん）〉いろいろと不思議なことがあったという神代にさえもこんなことがあったとは聞いたことがない、竜田川が（散った紅葉で）濃い紅色に水をくくり染めにするなんて。（小倉百人一首の一つ。百人一首では第五句を「水くぐるとは」とし、「もみじの一面に散り敷いた下を水がくぐって流れるとは」の意とも解する）

ち-はらい【遅払〔い〕】ハラヒ 給与や代金の支払いが予定よりおくれること。ちばらい。

ち-はん【池畔】池のほとり。池のはた。池頭。

ち-ばん【地番】土地登記簿に登記するため、一筆（＝登記簿上の一区画）の土地ごとに付けた番号。

ちび（名・形動ダ）《俗》①背の低いこと。また、その人。↔のっぽ ②年の幼いこと。また、その人。ちびっ子。③（名詞の上に付いて）すり減っているさまを表す。「—下駄（げた）」「—筆」

ちび-ちび（副）少しずつ。ちびりちびり。「酒を—（と）飲む」

ち-ひつ【遅筆】文章などを書くのがおそいこと。↔速筆

ちびっ-こ【ちびっ子】《俗》幼い子供。ちび。

ちび-ふで【△禿筆】先端の毛がすり切れた筆。禿筆（とくひつ）。

ち-ひょう【地表】ヘウ 地球・土地の表面。

ち-びょう【乳△鋲】ビヤウ 門扉の装飾として打ち付けてある、丸くふくらんだ金具。

ちびり-ちびり（副）少しずつ。ちびちび。「酒を—（と）やる」

ち・びる【△禿びる】（自上一）ビ・ビ・ビル・ビル・ビレ・ビロ(ビヨ) 先がすり切れて減る。「—・びた鉛筆」文ち・ぶ（上二）

ち・びる（他五）ラ(ロ)・リ(ッ)・ル・ル・レ・レ《俗》①けちけちする。出し惜しむ。「金を—」②小便などを少し漏らす。「小便を—」

ち-ひろ【千◦尋】①一尋（ひろ）の千倍。②非常な長さ・深さ。

ち-ぶ【恥部】①人に見られたり知られたりすると恥ずかしい部分。「組織の—をさらけ出す」②陰部。

ち-ぶさ【乳房】《生》哺乳（ほにゅう）動物の雌の胸部または腹部にある、乳を出す隆起した器官。乳房（にゅうぼう）。乳（ちち）。

チフス〈ドイツ Typhus〉《医》チフス菌の体内への侵入によって起こる細菌感染症。「腸—」「パラ—」

ち-ぶつ【地物】①地上にある自然物や人工的なすべての物体。②軍隊で、戦闘時、地上にあって敵から身を隠す物。

ち-ふぶき【地吹雪】→じふぶき

ち-へい【地平】①大地の平らな面。②→ちへいせん①

—せん【—線】①大地の果てが空と接するように見える線。地平。②《地質・天》観測者の地点を通る鉛直線に垂直な平面が、天球と交わる所に成り立つ交線。

—めん【—面】《地質》地球上のある地点において、鉛直線に垂直な平面。

ち-へい【治平】世の中が治まって平穏なこと。泰平。

チベット〈Tibet〉中国の南西部、インドの北にある自治区。南北をヒマラヤ・クンルン両山脈に区切られた平均標高約四〇〇〇メートル以上の高原地帯。区都はラサ。

—ぶっきょう【—仏教】ブッケウ《宗》七世紀、インドからチベットへ伝わり発展した仏教の一派。チベットを中心にモンゴル・ブータンなどで信仰される。ラマ教。

ち-へど【血◦反吐】胃から吐き出す血。また、そのかたまり。

ち-へん【地変】土地の変動。地震・噴火や土地の陥没・隆起など。地異。「天災—」

ち-ほ【地歩】社会や組織の中で占める自分の地位・立場。「—を固める」「—を占める」

ち-ほう【地方】ハウ ①国内または地球上の、一定の地域。「関東—」「熱帯—」②首都およびそれに準ずる大都市を除く地域。田舎。↔中央

ち-ほう【痴△呆】ハウ 正常であった知的能力が、後天的な脳障害・疾患によって低下した状態。認知症。

ち-ぼう【知謀・智謀】知恵のあるはかりごと。知略。

ちほう-ぎょうせい【地方行政】チハウギヤウセイ 都道府県・市町村など地方公共団体が行う行政。

ちほう-ぎんこう【地方銀行】チハウギンカウ《商》本店が地方都市にあり、一地方に主たる営業基盤をもつ普通銀行。地銀。↔都市銀行

ちほう-けんさつちょう【地方検察庁】チハウケンサツチヤウ《法》地方裁判所・家庭裁判所に対応して置かれる検察庁。地検。

ちほう-こうきょうだんたい【地方公共団体】チハウ 一定の地域とそこの住民に対して、国から与えられた自治権を行使して、行政事務を行う団体。都道府県・市町村などの普通地方公共団体と、特別区・地方公共団体の組合・財産区などの特別地方公共団体とがある。地方自治体。地方団体。

ちほう-こうふぜい【地方交付税】チハウカウフゼイ 国が地方公共団体に交付する財政援助資金。地方財政の格差是正を目的とする。

ちほう-こうむいん【地方公務員】チハウコウムヰン 県庁や市役所の職員、公立学校の教員など、地方公共団体の公務に従事する職員。⇩国家公務員

ちほう-さいばんしょ【地方裁判所】チハウ《法》下級裁判所の一つ。原則的には第一審裁判所。各都府県に一か所と北海道に四か所で、全国五〇か所に置かれている。地裁。

ちほう-し【地方紙】チハウ 発行地を中心に、限られた地域を対象として発行される新聞。全国紙に対していう。地方新聞。

ちほう-じちたい【地方自治体】チハウ →ちほうこうきょうだんたい

ち‐ほう‐しょく【地方色】 チハウ― その地方の自然・風俗・方言などが生み出す独特の感じ。郷土色。ローカルカラー。

ち‐ほう‐ぜい【地方税】 チハウ― 地方公共団体が徴収する租税の総称。都道府県税と市町村税とからなる。↔国税

ち‐ほう‐ちょうかん【地方長官】 チハウチヤウクワン 明治憲法下における、府県知事・東京都長官・北海道長官の総称。

ち‐ほう‐ばん【地方版】 チハウ― 中央に本社のある新聞社が、特に、地方読者のためにその地方に関係ある記事を載せた紙面。

ち‐ほう‐ぶんけん【地方分権】 チハウ― 〔法〕政治の権力を中央政府に集中せずに、地方公共団体に分散すること。↔中央集権

チボーけのひとびと［チボー家の人々］フランスの作家マルタン=デュ=ガールの大河小説。一九二二―一九四〇年刊。チボー家の兄弟である現実主義者アントワーヌと理想主義者ジャックを中心に、第一次世界大戦前後のフランスの若い世代の苦悩と運命とを描く。

チマーゼ〈ドイ Zymase〉〔化〕糖類を分解してアルコールと二酸化炭素をつくる酵素群の総称。

ちま・う チマフ 《俗》「てしまう」のくだけた言い方。「行っ―」「忘れ―」語源 接続助詞「て」に五段動詞「しまう」が付いた「てしまう」の転。⇒ちゃう

ち‐まき【△粽】 もち米や米粉・葛粉などを笹などの葉に包んで蒸したもち。端午の節句に縁起物として食べる。夏

ち‐また【△巷】（「道股」の意）①分かれ道。また、分かれ目。②街路。また、町中。にぎやかな所。世間。「―の声」③ある物事の起こっている場所。まっただ中。「戦火の―」

ちま‐ちま（副）《俗》小さくまとまっているさま。ちんまり。「―（と）した字」

ち‐まつり【血祭（り）】 出陣の際、味方の士気を高めるため、捕虜やスパイなどを殺すこと。また、戦場で、最初の敵を討ち取ること。「―に上げる」語源 昔、中国で、いけにえをささげ、その血で軍神を祭り、出陣したことからいう。

ち‐まなこ【血眼】 ①怒りなどで血走った目。②一つのことに夢中になって狂奔すること。「―になって探す」

ち‐まみれ【血△塗れ】（名・形動ダ）身体・衣服などが一面血に染まること。また、そのさま。血だらけ。「全身―になる」

ち‐まめ【血豆】 強く挟んだり打ったりしたときに、皮下の内出血によって皮膚にできる赤黒い豆状のもの。

ち‐まよ・う【血迷う】 マヨフ （自五）ワ(オ)・イ(ッ)・ウ・ウ・エ・エ 恐れや怒りなどのため、逆上して理性を失う。「―・った行動」

ち‐み【地味】 土質のよしあし。その土地の農作物の生産力。「―が肥えている」参考「じみ」と読めば別の意になる。

ち‐みち【血道】 血の通う道。血脈。

―を上げる 恋愛や道楽などに夢中になる。のぼせあがる。

ち‐みつ【緻密】（名・形動ダ）①きめの細かいこと。「―な織り」②細かいところまで配慮のゆき届いていること。「―な計画」

ち‐みどろ【血みどろ】（名・形動ダ）①血がついてどろどろであること。血にまみれていること。また、そのさま。②（比喩的に）血にまみれるような苦しみを味わうさま。「―の争い」

ち‐みもうりょう【△魑△魅△魍△魎】 マウリヤウ （「魑魅」は山中の怪物、「魍魎」は水中の怪物）さまざまな化け物。

ち‐みゃく【地脈】 ①地層の連なった筋。②地下水の通路。

チムニー〈chimney〉①煙突。②登山用語で、岩壁に縦に走っている、人の体がはいるほどの裂け目。

ち‐めい【地名】 土地の名称。「―の由来」

ち‐めい【知名】 世間に名の知れていること。

―ど【―度】 世間に名が知られている程度。「―が高い」

ち‐めい【知命】「五〇歳」のこと。語源「論語‐為政」に「五十にして天命を知る」とあることからいう。⇒年齢「参考」

ち‐めい【致命】 生命にかかわること。命を失うこと。

―しょう【―傷】 シャウ ①命取りの傷。「頭の傷が―だ」②再起できない原因となる痛手。「過大な投資が―だった」

―てき【―的】（形動ダ）ダロ・ダッ(デ・ニ)・ダ・ナ・ナラ・○ ①命が危ういさま。「―な傷」②取り返しがつかないほど重大なさま。「―なミス」

ち‐もう【恥毛】 人間の外陰部に生えている毛。陰毛。

ち‐もく【地目】〔法〕おもな用途によって分類した土地の種類。田・畑・宅地・山林・池沼・鉱泉地など二三種に区分される。

ち‐もん【地文】 ①山・川・丘陵・湖沼など大地のありさま。地文。②「地文学」の略。

―がく【―学】 自然地理学の旧称。地学・気象学・海洋学などの総称。地文。地文学。

ちゃ【茶】 教2 チャ・サ(中)　一 艹 艹 艾 茶 茶

（字義）①ちゃの木。「茶園・茶畑」②飲料用に加工された茶葉。「新茶・煎茶・番茶・抹茶・緑茶」③茶葉を用いて作った飲み物。「茶代・茶店・喫茶」④茶をたてて飲む作法。「茶道・茶巾」⑤黒みを帯びた赤黄色。「茶色・茶褐色・海老茶」⑥おどけ。ふざけ。「茶番・茶目っ気」

ちゃ【茶】 ①《植》茶の木。ツバキ科の常緑低木。中国・日本原産。秋に白い花を付ける。葉は楕円形で飲料用。「―摘み」②①の若葉・芽を採取し、蒸して乾燥した飲料用品。③②に湯を注いで出した飲み物。「お―を飲む」④抹茶をたてること。茶の湯。⑤「茶色」の略。「―の靴」

―にする ①ひと休みする。②ばかにする。ちゃかす。**―を挽く** 芸妓・遊女などが客を取れずにひまでいる。

チャージ〈charge〉■一（名・自他スル）①充電や燃料補給をすること。②ICチップを組み込んだカードなどに入金すること。③スポーツで、体当たりなどで相手を妨害すること。また、ラグビーで、相手のキックしたボールに向かって体を投げかけること。■二（名）（レストランやホテルなどの）料金。「テーブル―」

チャーシュー〈中国 叉焼〉中国料理の焼き豚。「―麺」

チャーター〈charter〉（名・他スル）船・飛行機・バスなどを一定期間借り切ること。「―便」

チャーチ〈church〉キリスト教の教会。教会堂。

チャーチル〈Sir Winston Leonard Spencer Churchill〉（一八七四～一九六五）イギリスの政治家。第二次世界大戦では首相として連合国の勝利に貢献。画家・文筆家としても知られる。

チャート〈chart〉①地図。海図。②図表。グラフ。「フロー―」「ヒット―」「株価―」

チャーハン〈中国 炒飯〉中国料理の一種。飯を肉・卵・野菜などとともにいためて、味付けした料理。焼き飯。

チャーミング〈charming〉（形動ダ）ダロ・ダッ(デ・ニ)・ダ・ナ・ナラ・○ 人をひきつける美しさのあるさま。魅力的。「―な目」

チャーム〈charm〉■一（名・他スル）人の心をひきつけること。「―ポイント」■二（名）ネックレスやバッグにつける小さな装飾品。

チャールストン〈Charleston〉両膝を付けたまま、足を左右に跳ね上げて踊る軽快なダンス。また、そのリズム。一九二〇年代、アメリカ南部の町チャールストンに起こった。

チャイ〈chai〉インドなどで飲まれる、紅茶を牛乳で煮出し、砂糖・香辛料を加えた飲料。

チャイコフスキー〈Pyotr Il'ich Chaikovskii〉（一八四〇～一八九三）ロシアの作曲家。独特の旋律美と哀愁のただよう叙情的作風により、ロシア音楽を世界的に普及させた。バレエ音楽「白鳥の湖」「くるみ割り人形」「眠れる森の美女」、交響曲「悲

愴」など。

チャイナ ①〈China〉中国。②〈china〉陶磁器。

—タウン〈Chinatown〉中国国外にある中国人街。中華街。

チャイム〈chime〉①音階に調律した一組の鐘。また、それによる音楽。②①の音に似た、合図や呼び出しに用いる装置。

チャイルド-シート〈child seat〉自動車に幼児を乗せる際に、安全確保のために取り付ける専用の座席。六歳未満の幼児に着用が義務づけられている。

ちゃ-いろ【茶色】 黒みがかった赤黄色。茶。

ちゃいろ・い【茶色い】（形）カロ・カッ(ク)・イ・イ・ケレ・○ 茶色である。

ちゃ・う 《俗》「ちまう」のさらにくだけた言い方。「試験に落ち—・った」語源 接続助詞「て」に五段動詞「しまう」が付いた「てしまう」の転。⇩ちまう

ちゃ-うけ【茶請け】 茶を飲むときに添えて出す菓子や漬物など。茶菓子。茶の子。用法 多く「お茶請け」の形で使う。

ちゃ-うす【茶臼】 茶の葉をひいて抹茶をつくる石うす。

チャウダー〈chowder〉魚介類と野菜などを煮込んだ、具の多いスープ。「クラムー(＝二枚貝と野菜を煮込んだスープ)」

ちゃ-えん【茶園】—茶の木を栽培している畑。茶畑。春

チャオ〈イタリア ciao〉（感）親しい者どうしが交わす挨拶の言葉。おはよう。こんにちは。さよなら。

ちゃ-か【茶菓】—茶と菓子。茶菓。

ちゃ-かい【茶会】—客を招いて煎茶または抹茶を供する集まり。茶の湯の会。茶会。

ちゃ-がけ【茶掛け】 茶室の床に掛ける書画の掛け物。

ちゃ-がし【茶菓子】— 茶に添えて出す菓子。茶請け。

ちゃ-かす【茶△滓】 葉茶を煎じたあとのかす。茶殻。

ちゃか・す【×茶化す】（他五）サ(ソ)・シ・ス・ス・セ・セ まじめな話を冗談のようにしてしまう。からかう。また、ごまかす。「人の話を—」「—・して逃げ出す」可能 ちゃか・せる(下一)

ちゃか-ちゃか（副・自スル）言動に落ち着きがないさま。せわしないさま。「—(と)した性格」

ちゃ-かっしょく【茶褐色】 黒みを帯びた茶色。焦げ茶。

ちゃ-がま【茶釜】 茶の湯に使う、口の狭い湯わかしがま。

ちゃ-がゆ【茶△粥】 茶を煎じた汁で煮たかゆ。

ちゃ-がら【茶殻】 葉茶を煎じ出した残り。茶かす。

ちゃ-き【茶気】 ①茶道の心得。②風流を好む気質。浮世離れしている気質。③いたずら気分。ちゃめっけ。

ちゃ-き【茶器】 ①茶を入れる容器。②茶道具一般の総称。

ちゃき-ちゃき 《俗》正統であること。生粋。「—の江戸っ子」語源「嫡嫡」の転。

ちゃ-きん【茶巾】 ①茶の湯で、茶碗をふく麻などのふきん。②「茶巾ずし」の略。③「茶巾絞り」の略。

—しぼり【—絞り】 ゆでるなどしてすりつぶしたイモなどの材料をふきんで包み、絞り目を付けた食べ物。ちゃきん。

—ずし【—△鮨】 薄焼き卵を茶巾のようにして五目ずしを包み、干瓢などで結んだもの。ちゃきん。

ちゃく【◇著】（字義）→ちょ(著)

ちゃく【着】 教3 チャク・ジャク(チャク)高 きる・きせる・つく・つける

丷 䒑 䒑 羊 羊 着

（字義）①きる。衣服・帽子・靴などを身につける。「着衣・着帽」↕脱 ②つく。つける。㋐くっつく。「膠着・付着・密着」㋑心について思い切れない。「愛着・執着」㋒住みつく。「土着」㋓目をつける。「着眼・着目」㋔思いつく。「着意・着想」㋕仕事にかかる。「着手・着工」㋖きまりがつく。「落着」㋗座る。「着座・着席」㋘自分のものにする。「着服」③とどく。ゆきつく。「着陸・先着・到着」④落ち着いている。「着実・沈着」⑤囲碁で、石をおくこと。「敗着」⑥きもの。「普段着」

-ちゃく【着】（接尾）①衣服を数える語。「冬服一—」②到着の順序を数える語。「第一—」「同—」

ちゃく【着】 到着すること。「五時—」「東京—」↕発

ちゃく【嫡】 チャク㊥・テキ

女 女 女 妒 嫡 嫡

（字義）①本妻。正妻。「嫡妻」②よつぎ。あととり。本妻の生んだ子で、家を継ぐ者。「嫡子・嫡出子・嫡男」↕庶 ③直系の血筋。正統。「嫡流」

ちゃく-い【着衣】（名・自スル）身に着けている衣服。また、服を着ること。「—を取る」↕脱衣

ちゃく-い【着意】（名・自スル）①注意すること。気をつけること。②くふうをこらすこと。着想。アイデア。

ちゃく-えき【着駅】 ①列車・電車などの到着先の駅。②荷物を届ける先の駅。《↕発駅》

ちゃく-がん【着岸】（名・自スル）船が岸に着くこと。

ちゃく-がん【着眼】（名・自スル）あることをするのに、特定のところに目をつけること。着目。また、目のつけどころ。

—てん【—点】 目のつけどころ。注目した部分。「—がよい」

ちゃく-ざ【着座】（名・自スル）座席に着くこと。着席。

ちゃく-さい【嫡妻】 本妻。正妻。嫡室。

ちゃく-し【嫡子】 ①本妻から生まれた、跡継ぎとなる子。また、家督を相続する者。②嫡出子。《↕庶子》

ちゃく-しつ【嫡室】 本妻。正妻。嫡妻。

ちゃく-じつ【着実】（名・形動ダ）落ち着いて確実に物事を処理すること。危なげのないこと。また、そのさま。「—な歩み」

ちゃく-しゅ【着手】（名・自スル）物事に手をつけること。取り掛かること。「新しい事業に—する」

ちゃく-しゅつ【嫡出】 正式に結婚した夫婦の間に生まれること。正出。↕庶出

—し【—子】〘法〙法律上正式に結婚した夫婦の間に生まれた子。↕非嫡出子

ちゃく-じゅん【着順】 目的地やゴールに到着した順序。

ちゃく-しょう【着床】—（名・自スル）哺乳類の受精卵が、胚となって子宮壁に付着し、胎盤が形成されること。

ちゃく-しょく【着色】（名・自スル）物に色をつけること。また、その色。「—料」

ちゃく-しん【着信】（名・自スル）郵便・通信などが届くこと。また、その知らせや通信。「メールが—する」↕発信

ちゃく-すい【着水】（名・自スル）鳥や飛行機などが、空中から水面に降りること。↕離水

ちゃく・する【着する】 シ(セ・サ)・シ・スル・スル・スレ・シロ(セヨ) ■一（自サ変）①着く。届く。到着する。②くっつく。付着する。③執着する。■二（他サ変）着る。身に着ける。文 ちゃく・す(サ変)

ちゃくせい-しょくぶつ【着生植物】〘植〙土に根を下ろさず、岩石や樹木に付着して生育する植物。コケ植物・シダ植物・ラン科植物などに多い。

ちゃく-せき【着席】（名・自スル）座席に着くこと。着座。

ちゃく-せつ【着雪】（名・自スル）雪が電線や枝などに付着すること。また、その雪。

ちゃく-せん【着船】（名・自スル）船が港に着くこと。また、その港に着いた船。

ちゃく-そう【着装】—（名・他スル）①(衣服などを)身に着けること。②(器具・部品などを)取り付けること。装着。

ちゃく-そう【着想】— 思い浮かんだ新しい考えやくふう。思い付き。アイデア。「奇抜な—」

ちゃく-そう【嫡宗】 ①同族中の本家。宗家。②正系。正統。参考「てきそう」とも読む。

ちゃく-そん【嫡孫】 嫡子から生まれた嫡子。

ちゃく-たい【着帯】（名・自スル）妊婦が妊娠五か月目の戌の日に腹帯（岩田帯）を締めること。また、その儀式。

ちゃく-だつ【着脱】（名・他スル）装備や部品などをつけたりはずしたりすること。また、衣服を着たり脱いだりすること。脱着。「―しやすい舞台衣装」

ちゃく-だん【着弾】（名・自スル）発射されたたまや爆弾が、ある地点や物に達すること。また、そのたま。

ちゃく-ち【着地】（名・自スル）①地面に降り着くこと。着陸。②体操競技で、演技を終えて床面に降り立つこと。また、スキーのジャンプ競技、陸上のハードル競技などで、飛躍したのちに雪面や地面に降り立つこと。

ちゃく-ちゃく【嫡嫡】 嫡子から嫡子へと家を継いでいくこと。正統の家筋。嫡流。

ちゃく-ちゃく【着着】（副）物事が順序よくはかどるさま。「工事が―と進む」

ちゃく-なん【嫡男】 正妻の生んだ男の子。嫡出の長男。嫡子。

ちゃく-に【着荷】（名・自スル）「ちゃっか」の重箱読み。

ちゃく-にん【着任】（名・自スル）任地に到着すること。新しい任務に就くこと。「―の挨拶」↔離任

ちゃく-はつ【着発】（名・自スル）①到着と出発。発着。②弾丸が目標物に届いた瞬間に爆発すること。「―信管」

ちゃく-ばらい【着払い】―バラヒ 配達された品物の代金や送料を受取人が支払うこと。「宅配便を―で送る」

ちゃく-ひつ【着筆】（名・自スル）①筆を紙などにつけること。文章を書き始めること。②字や文章の書きぶり。書き方。

ちゃく-ひょう【着氷】（名・自スル）①水蒸気や水滴が物の表面に凍りつくこと。特に、航行中の飛行機や船などに氷がつくこと。また、その氷。②スケート競技などで、ジャンプをして氷面に降り立つこと。

ちゃく-ふく【着服】（名・他スル）①衣服を着ること。また、その衣服。②他人の金品を、こっそり盗んで自分のものとすること。「公金を―する」

ちゃく-メロ【着メロ】（「着信メロディー」の略）携帯電話などで、着信を知らせる曲。（商標名）

ちゃく-もく【着目】（名・自スル）特に目をつけること。着眼。「その事業の将来性に―する」

ちゃく-よう【着用】（名・他スル）衣服や装身具を身に着けること。「式服を―する」「シートベルトを―する」

ちゃく-りく【着陸】（名・自スル）飛行機などが空から地上に降りること。「胴体―」↔離陸

ちゃく-りゅう【嫡流】―リウ ①本家の系統。正統の血筋。「源氏の―」②正統の流派。

ちゃく-りょう【着料】―レウ ①身に着けて着るもの。②衣服を与える代わりに支給する金銭。③黄八丈の幅の狭いもの。

チャコ〈chalk のなまり〉服地裁断などのとき、布地に印を付けるのに使うチョーク。

チャコール-グレー〈charcoal gray〉黒みがかった灰色。消し炭色。

ちゃ-こし【茶△漉し】 茶殻をこすのに用いる、竹や金属製の、小さな網に柄の付いた道具。

ちゃ-さじ【茶△匙】 ①コーヒー・紅茶などを飲むときに使う、小形のさじ。ティースプーン。②→ちゃしゃく①

ちゃ-じ【茶事】 茶の湯の会。また、茶の湯に関する事柄。

ちゃ-しつ【茶室】 茶の湯のための部屋・建物。数寄屋。

ちゃ-しぶ【茶渋】 茶碗などに付く、茶の煎じ汁のあか。

ちゃ-しゃく【茶△杓】 ①抹茶をすくい取る小さな細長いさじ。茶さじ。②茶がまの湯をくみ取るひしゃく。茶びしゃく。

ちゃ-じん【茶人】 ①茶道に通じた人。茶の湯の好きな人。②風流な人。

ちゃ-せき【茶席】 ①茶の湯の会の席。②茶室。②茶会。

ちゃ-せん【茶△筅】 ①茶道具の一つ。抹茶をたてるとき、かき回して泡を立てる竹製の道具。②「茶筅髪」の略。

〔ちゃせん①〕

―がみ【―髪】 ①昔の男子の髪の結い方。髪をつむじの所で束ね、もとどりを糸で巻いて立て、先を茶筅のようにしたもの。②江戸時代の女性の髪の結い方。髪を切り下げて結び、先を散らしたもの。

ちゃ-だい【茶代】 ①茶店などで休んだときに払う、茶や席料などの代金。②心付けの金。チップ。

ちゃ-たく【茶△托】 茶を客に出すときに、湯飲み茶碗をのせる小さい受け皿。

ちゃ-だち【茶断ち】（名・自スル）神仏にかけた願い事がかなうように、ある期間茶を飲まないこと。「―を誓う」

ちゃ-だな【茶棚】 茶道具などをのせてしまっておく棚。

ちゃ-だんす【茶△箪△笥】 茶器・食器などを入れておく、棚や引き出しのある家具。

ちゃち（形動ダ）ダロ・ダッ(デ・ニ)・ダ・ナ・ナラ・○《俗》安っぽく、貧弱なさま。「―な細工」「―な言い訳」

ちゃ-ちゃ【×茶茶】 人の話の途中に入れるからかいの言葉。冷やかし。「―を入れる」

ちゃっ-か【着火】―クワ（名・自他スル）火がつくこと。また、火をつけること。「―装置」

―てん【―点】 空気中で物に熱を加えたとき、自然に燃え始める最低温度。発火点。

ちゃっ-か【着荷】―チヤク（名・自スル）荷物が着くこと。また、着いた荷物。着荷。

ちゃっかり（副・自スル）抜け目なくずうずうしいさま。「自分の分は―(と)確保している」

ちゃっ-きょう【着京】―チヤクキヤウ（名・自スル）東京または京都に着くこと。

ちゃっ-きん【着金】―チヤク 送金が着くこと。代金が届くこと。

チャック 一（名）「ファスナー」の元商標名。ジッパー。二（名・自他スル）《俗》固く閉じる。「口に―をする」

チャック〈chuck〉工具・工作物を固定する回転万力。

ちゃ-づけ【茶漬〔け〕】 ①飯に熱い茶やだし汁をかけたもの。「―をかっこむ」②ありあわせの粗末な食事。

ちゃっ-けん【着剣】―チヤク（名・自スル）小銃の先に銃剣をつけること。

ちゃっ-こう【着工】―チヤク（名・自スル）工事に着手すること。「―式」

ちゃ-づつ【茶筒】 茶の葉を入れておく円筒形の容器。

チャット〈chat おしゃべり・雑談〉コンピューターのネットワーク上で、複数の人が交信し、文字で会話をすること。

ちゃ-つぼ【茶△壺】 茶の葉をたくわえておく陶製などのつぼ。

ちゃ-つみ【茶摘み】 茶の木から若芽や若葉を摘むこと。また、その人。[春]

―うた【―歌】 茶を摘みながら歌う民謡。[春]

ちゃ-てい【茶亭】 茶店。掛け茶屋。

ちゃ-てい【茶庭】 茶室に付属している庭園。灯籠や飛び

石などが茶室と一体となって造られた庭。露地。茶庭。

チャド〈Chad〉アフリカ大陸のほぼ中央部にある共和国。首都はウンジャメナ。

ちゃ-どう【茶道】ダウ ― 茶をたてる作法を通じて礼儀作法を修め、精神修養をする道。茶の湯の道。茶道。

ちゃ-どうぐ【茶道具】ダウグ ― 茶の湯に使う道具。茶器。

ちゃ-どころ【茶所】茶の名産地。

ちゃ-の-こ【茶の子】①茶を飲むときに添えて出す菓子。茶請け。②彼岸会や仏事の供物・配り物。③農家などで、朝食前の軽い食事。④物事が容易なこと。⇩お茶の子

ちゃ-の-ま【茶の間】①家族が食事をしたりくつろいだりする部屋。「―での一家団欒」②茶室。

ちゃ-のみ【茶飲み】①よく茶を飲むこと。また、その人。②(「茶飲み茶碗」の略)茶を飲むのに用いる茶碗。

―ともだち【―友達】①寄り合って茶を飲みながら世間話などをする親しい友達。②年老いてから結婚した相手。

―ばなし【―話】茶を飲みながらする気楽な世間話。

ちゃ-の-ゆ【茶の湯】客を茶室に招き、抹茶をたててすすめる作法。茶道。また、その会。茶会。

ちゃ-ば【茶葉】緑茶・紅茶・中国茶などの、飲料用に加工した茶の葉。茶葉。

ちゃ-ばおり【茶羽織】丈が腰までの、女性用の短い羽織。もと、茶人が着た。

ちゃ-ばこ【茶箱】①茶の葉を詰めるための箱。湿気を防ぐため内側に錫などを張る。②野外で茶をたてる折の茶道具を入れて持ち運ぶ箱。

ちゃ-ばしら【茶柱】番茶などを茶碗についだとき、縦に浮かぶ茶の茎。俗に、よい事の前兆とされる。「―が立つ」

ちゃ-ばたけ【茶畑】茶の木を植えてある畑。春

ちゃ-ばつ【茶髪】《俗》茶色の髪の毛。茶色に染めた髪。

ちゃ-ばな【茶花】茶席に飾る生け花。

ちゃ-ばなし【茶話】気楽な茶飲み話。茶話。

ちゃ-ばら【茶腹】茶をたくさん飲んだときの腹ぐあい。

―も一時 茶を飲んだだけでもしばらくは空腹をしのげるように、わずかなものでも一時しのぎにはなること。

ちゃ-ばん【茶番】①茶の用意や給仕をする役。客に茶をたてて出す役。②「茶番狂言」の略。③「茶番劇②」の略。

―きょうげん【―狂言】ゲンキャウ《演》身ぶり・手まね・だじゃれなどで、おどけたことを演じる座興の芝居。

―げき【―劇】①茶番狂言。②あさはかで底の見えすいた行為やできごとのたとえ。「とんだ―だ」

ちゃ-びしゃく【茶◦柄◦杓】茶の湯で、釜から湯をくみ取るのに使う小さいひしゃく。茶杓。

ちゃ-びん【茶瓶】①茶を煎じる釜や土瓶。(「やかん」をさすこともある。)②茶道具を一そろい入れて持ち運ぶ道具。③《俗》はげ頭をあざけっていう語。「―頭」

チャプスイ〈中国 雑砕〉中国料理の一つ。肉や貝と野菜を混ぜていため、スープで煮てかたくり粉でとろみを付けたもの。

ちゃぶ-だい【◦卓◦袱台】短い脚の付いた食事用の台。

ちゃぶ-や【◦卓◦袱屋】もと、横浜・神戸など貿易港をもつ町に発達した外国人や船員相手の小料理屋。

チャペル〈chapel〉キリスト教の礼拝堂。おもに学校・病院などに付属しているものについていう。

ちゃ-ほ【茶舗】製茶を売る店。茶屋。

チャボ《動》ニワトリの一品種。小形で足が短く、尾が長い。愛玩用。天然記念物。参考「×矮鶏」とも書く。

ちゃ-ほうじ【茶焙じ】ハウジ ― 葉茶を火にかけてあぶる道具。

ちゃ-ぼうず【茶坊主】バウズ ― ①昔、武家に仕えて茶の湯をつかさどる役をつとめた者。頭をそっていたので坊主という。②(①に権力者の威を借りる者が多くいたことから)権力者にへつらう者をののしっていう語。

ちや-ほや(副・他スル)おだてて機嫌をとり、甘やかすさま。お世辞を言うさま。「―されていい気になる」

ちゃ-ぼん【茶盆】茶碗・茶瓶などをのせる盆。

ちゃ-み【茶味】①茶道の味わい。②風雅な趣。

ちゃ-みせ【茶店】通行人が休んで、茶を飲んだり菓子を食べたりする道端の店。掛け茶屋。

ちゃ-め【×茶目】(名・形動ダ)子供っぽく無邪気にふざけるさま。また、その人。「お―な娘」

―っけ【―っ気】子供っぽいいたずらを好むと感じられるようす。「―がある人」

ちゃ-めし【茶飯】①茶の汁で炊き、塩気を加えた飯。②しょうゆと酒を加えて炊いた飯。桜飯。

ちゃ-や【茶屋】①製茶を売る店。葉茶屋。茶舗。②茶店。③客に飲食・遊興をさせる店。「―遊び」④相撲場・芝居小屋などで、客を案内したり、料理を出したりする店。相撲茶屋・芝居茶屋など。

―ざけ【―酒】茶屋や料亭などで飲む酒。

ちゃら《俗》貸し借りをなしにすること。なかったことにすること。「その話は―にしよう」

ちゃら-い(形)カロ・カッ(ク)・イ・イ・ケレ・○《俗》ちゃらちゃらしたようすである。

ちゃら-ちゃら(副・自スル)①小さな金属やかたい物が触れ合う音の形容。「小銭が―(と)鳴る」②よどみなくしゃべりたてるさま。「―(と)よくしゃべる」③格好がはでで安っぽいさま。態度が軽薄にみえるさま。「―(と)したやつ」

ちゃらっ-ぽこ《俗》でたらめ。また、でたらめを言う人。

ちゃらん-ぽらん(名・形動ダ)《俗》無責任でいいかげんなこと。また、そのさま。「―に暮らす」「―な男」

ちゃり《俗》(「ちゃりんこ」の略)自転車。「ママ―(=もと婦人用とされた一般自転車)」参考 多く「チャリ」と片仮名で書く。

ちゃり【×茶利】①おどけた文句や動作。②人形浄瑠璃で、こっけいな段・場面。また、こっけいな語り方・演技。

チャリティー〈charity〉慈善。

―ショー〈charity show〉慈善事業に純益を寄付することを目的として開催する劇・演奏会などの催し。慈善興行。

ちゃ-りょう【茶寮】レウ ― →さりょう

ちゃりんこ《俗》①自転車。②子供のすり。

チャルメラ〈ポルト charamela〉《音》らっぱに似た木管楽器。表に七個、裏に一個の指穴がある。屋台の中華そば屋などが吹いて歩く。

〔チャルメラ〕

チャレンジ〈challenge〉(名・自スル)いどむこと。挑戦。「難関校受験に―する」

チャレンジャー〈challenger〉挑戦者。特に、選手権保持者に挑戦する資格を得た者。

ちゃ-わ【茶話】気楽な茶飲み話。茶話。「―会」

ちゃ-わん【茶◦碗】茶を飲んだり、飯を食べたりするのに使う陶磁器。「湯飲み―」「飯―」「―酒」

―むし【―蒸し】ふた付きの茶碗に鶏肉や銀杏などを入れて卵をだしでといた汁を注ぎ、蒸してかためた日本料理。

-ちゃん(接尾)人名や人を表す語に付けて、親しんで呼ぶときに用いる語。「花子―」「お母―」語源「さん」の転。

ちゃん【◦父】《俗》父親を呼ぶ語。参考 江戸時代以降、庶民の間で用いられた。

チャン【×瀝青】→ピッチ

ちゃんこ‐なべ【ちゃんこ鍋】力士が作る独特の鍋料理。肉・魚介類・つみれ・野菜などを入れ、水たきのようにしたり、だし汁に味をつけ、汁ごと食べたりする。ちゃんこ。ちゃんこ料理。

チャンス〈chance〉機会。好機。「絶好の―」

ちゃんちゃら‐おかし・い ―ヲカシイ（形）カロ・カッ(ク)・イ・イ・ケレ・○《俗》まったく問題にならないほどばからしい。笑止千万だ。

ちゃんちゃん‐こ 綿のはいった、そでなしの羽織。冬

ちゃん‐と（副・自スル）①きちんとしているさま。整っているさま。「―した服装」②確かなさま。間違いのないさま。「品物が―届く」③まじめでしっかりしているさま。「―した理由」

チャンネル〈channel〉①ラジオ・テレビなどで、各放送局に割り当てられた電波の周波数帯。②テレビ受像機の、放送局を選ぶためのつまみやボタン。③（情報や伝達の）経路。筋道。

ちゃん‐ばら《俗》（「ちゃんちゃんばらばら」の略）映画・演劇で、刀でわたり合うこと。また、剣劇。「―映画」

チャンピオン〈champion〉優勝者。選手権保持者。転じて、第一人者。

―シップ〈championship〉選手権。

チャンプ〈champ〉チャンピオン。

ちゃん‐ぽん 一（名・形動ダ）《俗》別種のものをまぜこぜにすること。「ワインと日本酒を―に飲む」二（名）めん・肉・野菜などをスープで煮こんだ中華風料理の一種。長崎の名物料理。

ち‐ゆ【治癒】（名・自スル）病気・けがなどが治ること。類語 平癒・快復・快気・平復・本復・快癒・全快・全癒・全治・根治

ち‐ゆう【知友】―イウ たがいに心をよく知り合っている友。

ち‐ゆう【知勇・智勇】知恵と勇気。「―兼備」

ちゅう【丑】人 チュウ(チウ) うし （字義）十二支の第二。うし。時刻では今の午前二時ごろ、方位では北北東。難読 丑寅うしとら・丑満うしみつ 人名 ひろ

ちゅう【中】教1 チュウ・ジュウ なか・あたる・うち （字義）①なか。うち。㋐まんなか。「中央・中心・正中」㋑内部。「胸中・市中・車中・腹中」㋒ある時期の間。物事のまだ終わりきらないうち。「寒中・忌中・最中・道中」㋓距離・時間などのなかほど。「中間・中秋・中旬・中途・中腹・中路」㋔なかま。「講中こうじゅう・連中」㋕並み。ふつう。「中型・中流」②ほどよい。かたよらない。「中正・中道・中庸・中立・中和」③あたる。㋐まとにあたる。「必中・命中・百発百中」㋑予想と事実とが一致する。「的中・適中」㋒体をそこなう。「中毒」④「中国」の略。「米中仏」⑤「中学校」の略。「中二」難読 中心なかご・中山道なかせんどう・中稲なかて 人名 あつる・かなめ・すなお・ただ・ただし・な・なかば・のり・ひとし・まさ・みつ・みつる・よし

‐ちゅう【中】（接尾）①…の間。うち。「来月―」「十―八九」②…をしている間。最中。「授業―」③なか。「海水―」

ちゅう【中】①なかほど。並み。ふつう。「―ぐらい」「―の品」「上―下」②かたよらないこと。中庸。「―を取る」

ちゅう【仲】教4 チュウ なか 中 （字義）①なか。まんなか。四季のまんなかの月。＝中。「仲秋」↔孟もう・季 ②四人兄弟（伯仲叔季）の二番目。「仲兄・伯仲」③人と人との間柄。「仲介・仲裁・仲間なかま・恋仲こいなか」難読 仲人なこうど 人名 つぎ・なかし・のぶ・のり

ちゅう【虫】教1【蟲】チュウ むし （字義）むし。人・獣・鳥・魚以外の動物の総称。「虫類・益虫・回虫・害虫・寄生虫・駆虫・甲虫・昆虫・草虫・虫様突起」難読 虫螻むしけら・虫唾むしず

ちゅう【沖】教4 チュウ おき 高 （字義）①水がわき動く。②むなしい。「沖虚」③とぶ。高くとび上がる。「沖天」④深い。奥深い。「深沖」⑤やわらぐ。「沖気・沖和」⑥おさない。「沖弱・幼沖」⑦おき。海・湖・川などの岸から遠く離れた所。参考「冲」は別字であるが、「沖」の俗字としても用いられる。難読 沖醤蝦おきあみ 人名 なか・ふかし

ちゅう【◇肘】チュウ(チウ) ひじ 中 （字義）①ひじ。上腕と前腕をつなぐ関節の外側。「肘腋ちゅうえき」②ひじをとらえてとめる。おさえる。「掣肘せいちゅう」

ちゅう【宙】教6 チュウ(チウ) （字義）①そら。大空。天。空間。②過去から現在へとつながる無限の時間。「宇宙」↔宇 人名 おき・ひろ・ひろし・みち

ちゅう【宙】チウ ①大空。天。また、地面から離れた所。空中。「―を飛ぶ」「―に舞う」「―に迷う」「計画が―に浮く（＝中途半端なままとどこおる）」②暗記していること。見たり聞いたりしないで言うこと。そら。「―で答える」

ちゅう【忠】教6 チュウ （字義）①まこと。まごころ。「忠信・忠誠」②臣下が主君に真心を尽くして仕える。「忠義・忠孝・孤忠・尽忠じんちゅう・誠忠」③まじめ。まめやか。「忠実」難読 忠実まめ 人名 あつ・あつし・きよし・すなお・ただ・ただお・ただし・ただす・つら・なり・のり・まこと

ちゅう【抽】チュウ(チウ) ぬく・ひく 中 （字義）①ぬく。抜き出す。「抽出・抽象」②ひく。引き出す。「抽籤ちゅうせん」難読 抽斗ひきだし

ちゅう【注】教3 チュウ そそぐ （字義）①そそぐ。㋐水をかける。つぐ。「注水・注入」㋑心や目をむける。「注意・注目・傾注」㋒あつめる。「集注」②くわしく解釈する。本文の間に書き入れて、その意味を解説する。＝註。「注解・注記・注釈・脚注・頭注・評注」③たのみあつらえる。「注文」④知らせる。「注進」参考「註」の書き換え字。難読 注連しめ・注連縄しめなわ

ちゅう【注・△註】書物の中の字句に付けた説明。注解。

ちゅう【昼】教2【△晝】人 チュウ(チウ) ひる （字義）ひる。㋐日の出から日没まで。「昼夜・昼間ひるま・ちゅうかん・白昼」↔夜や ㋑まひる。正午。「昼食・昼飯ひるめし・ちゅうはん」難読 昼行灯ひるあんどん・昼餉ひるげ 人名 あき・あきら

ちゅう【柱】教3 チュウ はしら （字義）①はしら。屋根や梁はりをささえる材木。垂直に立てられたもの。「円柱・石柱・鉄柱・電柱・門柱」②物のささえとなるもの。「柱石・柱礎ちゅうそ・支柱」人名 じ・よし

ちゅう【紐】人 チュウ(チウ)・ジュウ(ヂウ) ひも （字義）①ひも。物をたばねる細い綱。「紐帯ちゅうたい・じゅうたい」②結ぶ。ゆわえる。また、結び目。「解紐」③かなめ。「枢紐すうちゅう」難読 紐育ニューヨーク 人名 くみ

ちゅう【衷】チュウ 中 （字義）①なか。かたよらない。ほどよい。＝中。「衷正・折衷」

②心の中。真心。＝忠。「衷情・衷心・苦衷」人名 あつ・ただ・ただし・まこと・よし

ちゅう【酎】 チュウ(チウ)㊥

(字義) ①三度かもした濃い酒。「芳酎」②「焼酎」のこと。

ちゅう【紬】 人 チュウ(チウ) つむぎ

(字義) ①つむぐ。繭や綿から糸を引き出す。「紬緝・紬績」②つむぎ。つむぎ織り。くずまゆや真綿をつむいだ太糸で織った絹織物。「紬緞・紬布」③つづる。つづり集める。④引き出す。抜く。＝抽。「紬繹・紬次」人名 あつ

ちゅう【厨】 人 チュウ・ズ(ツ) くりや

(字義) ①台所。料理場。「厨人・厨房・庖厨」②はこ。たんす。「厨子」

ちゅう【註】 人 チュウ

(字義) 本文の行間や欄外で字句の意味を明らかにする説明。＝注。「註記・註釈・脚註・頭註・評註」参考 同音により「注」に書き換える。

ちゅう【鋳】【人鑄】 チュウ(チウ)㊥ いる

(字義) いる。金属を溶かして型に流しこみ、器物をつくる。「鋳物・鋳造・改鋳・私鋳・新鋳」人名 い・しゅう・じゅう

ちゅう【駐】 チュウ㊥ とどまる

(字義) とどまる。とどめる。㋐車馬などをとめる。「駐車・駐輦」㋑滞在する。「駐蹕・駐留」㋒任地にとどまる。「駐在」㋓軍隊が一か所にとどまる。「駐屯・進駐」

ちゅう【△誅】 罪ある者を殺すこと。「天ー」「ーに伏する」

‐ぢゅう【中】 (接尾)「じゅう」と書くのが本則。→じゅう(中)

ちゅう‐い【中位】 ヰ ー なかほどの順位・位置。

ちゅう‐い【中尉】 ヰ ー もと、陸海軍で将校の階級の一つ。尉官の第二位。大尉の下、少尉の上。

ちゅう‐い【注意】 (名・自スル) ①心をとめること。心を集中すること。「虫の生態をーして観察する」②気をつけるよう戒めること。忠告。「厳重にーする」③用心。警戒。「火の始末にーを怠らない」「不ー」④《心》意識作用を集中すること。

―じんぶつ【―人物】 不良性または危険性をもっとして警察や監督官署などから行動を監視されている人。

―ほう【―報】 風雨・地すべり・高潮・洪水などによって、災害が起こるおそれがあることを、気象庁・気象台が知らせる予報。「特別警報」「警報」に次ぐもの。「大雨ー」

―りょく【―力】 一つのことに気持ちを集中し続ける力。「ーが散漫だ」

ちゅう‐いん【中陰】 →ちゅうう

チューイン‐ガム 〈chewing gum〉南アメリカ産サポジラの樹液チクルや、酢酸ビニル樹脂などの合成樹脂に甘味料・香料などを混ぜて固めた、口中でかみながら味わう菓子。ガム。

ちゅう‐う【中有】 《仏》人が死んで次の生を受けるまでの期間。ふつう、四九日間とされる。中陰。

ちゅう‐えい【中衛】 エイ ー 九人制バレーボールで、前衛と後衛とを連結する競技者。また、ラグビーなどのハーフバック。

ちゅう‐おう【中央】 アウ ー ①中心。真ん中。②中心的な機能を果たすところや機関。③首都。↔地方

―ぎんこう【―銀行】 ギンカウ 《商》一国の金融のしくみの中枢となる銀行。通貨を発行する権限を持ち、国内の銀行に資金を供給し、金融の統制を行う。日本の日本銀行、アメリカの連邦準備銀行、イギリスのイングランド銀行など。

―しゅうけん【―集権】 シフケン 《法》政治の権力が中央政府に統一集中していること。↔地方分権

―ぶんりたい【―分離帯】 高速道路などで、対向する車線を区分するため、その間に設けた帯状の小高い地帯。

―ろうどういいんかい【―労働委員会】 ラウドウヰヰンクワイ 厚生労働省の外局で、二つ以上の都道府県にわたる、または重大な労働争議の斡旋・調停・仲裁などを行う機関。中労委。

ちゅうおう【中欧】 中部ヨーロッパ。オーストリア・ハンガリー・チェコ・スロバキアなどの地域。

ちゅうおうアジア【中央アジア】 チユウアウアジア ユーラシア大陸中央部の大草原をなす地帯。中国西部(チベット・新疆ウイグル自治区・モンゴル高原)からカザフスタン・ウズベキスタン・トルクメニスタン・キルギス・タジキスタンの各共和国にわたる。

ちゅうおうアフリカ【中央アフリカ】 チユウアウアフリカ アフリカ大陸中央部にある共和国。首都はバンギ。

ちゅうおうアメリカ【中央アメリカ】 チユウアウアメリカ 南北アメリカの中間にある、メキシコ以南パナマまでの諸国の地域。火山が多い。中米。

ちゅう‐おし【中押〔し〕】 囲碁で、勝敗がすでに明らかな場合、劣勢の側が負けを宣言して対局を中途でやめること。

ちゅう‐おん【中音】 ①高くも低くもない音。②《音》ソプラノに次ぐ高さの女声声域。中高音。アルト。

ちゅう‐か【中華】 クワ ー ①(「中」は世界の中心、「華」は文化的にすぐれているの意)漢民族が自負心から自国・自民族を呼ぶ称。「ー思想」②「中華料理」の略。「昼食はーにしよう」

―そば【―×蕎麦】 小麦粉に卵・塩・梘水(＝炭酸カリウムなどを溶かした液)などを入れて練り、細く切った中国風の麺。また、その料理。ラーメン。

―りょうり【―料理】 レウリ 中国特有の調理法の料理。四川料理・広東料理・上海料理・北京料理などに大別される。中国料理。中華。

ちゅう‐か【仲夏】 (「仲」は中の意)陰暦五月の別称。夏

ちゅう‐かい【仲介】 (名・他スル) 両方の間にはいって話をまとめること。仲立ち。「ーの労をとる」

ちゅう‐かい【注解・△註解】 (名・他スル) 注を付けて解釈すること。また、その解釈したもの。「『徒然草』のー」

ちゅう‐かい【△厨△芥】 台所から出る、野菜・魚などのくず。

ちゅう‐がい【中外】 グワイ ー ①内と外。②国内と国外。

ちゅう‐がい【虫害】 害虫のために作物などが受ける損害。

ちゅう‐がえり【宙返り】 チウガヘリ (名・自スル) ①体を空中で回転させること。とんぼ返り。②飛行機が空中で垂直方向に輪を描いて飛ぶこと。

ちゅう‐かく【中核】 物事の中心となる重要な部分。「組織のーをなす人」

ちゅう‐がく【中学】 「中学校」の略。

ちゅう‐がくねん【中学年】 学校で、中級の学年。ふつう小学校の三、四年生をさす。⇩低学年・高学年

ちゅうかじんみんきょうわこく【中華人民共和国】 チユウクワジンミンキヨウワコク アジア大陸の中・東部を占める社会主義国。首都は北京。中国。

ちゅう‐がた【中形・中型】 ①大きくも小さくもない中ぐらいの形。②中ぐらいの形の模様を染めた浴衣地。

ちゅう‐がっこう【中学校】 ガクカウ ①小学校修了者を対象に義務教育としての普通教育を施す学校。修業年限は三年。中学。②旧制で、尋常小学校を卒業した男子に高等普通教育を施した学校。修業年限は五年。旧制中学。

ちゅう‐かん【中間】 ①二つのものの間。また、真ん中。「ー地点」②なかほど。また、途中。「ー発表」

―かんりしょく【―管理職】 クワンリショク 管理職のうち、最

高首脳部の下にあって、ある部門を管理する責任者。ふつう、会社では部長・課長などをさす。

―し【―子】〘物〙素粒子の一つ。質量が電子と陽子・中性子とのほぼ中間にあるもので、湯川秀樹(ひでき)が理論的に導いた素粒子。現在は多くの種類の中間子が発見されている。メソン。

―しゅくしゅ【―宿主】〘動〙寄生生物が幼生期と成体期とで宿主を変える場合、幼生期に寄生する動物。

―しょうせつ【―小説】(セウセツ)〘文〙純文学と通俗的な大衆文学との中間に位置する小説。第二次世界大戦後のいわゆる風俗小説をいう。

―しょく【―色】①主要な原色の中間の色。紫・黄緑など。②純色(=まじりけのない色)に灰色をまぜた、やわらかい色。

―ほうこく【―報告】研究や調査などの最後の成果を待たず、途中で経過を発表し報告すること。また、その報告。

―よみもの【―読(み)物】総合雑誌で、論文と小説との中間程度の随筆風の読み物。

ちゅう‐かん【忠△諫】(名・自スル) 忠義の心でいさめること。

ちゅう‐かん【昼間】(チウ) ひるの間。昼間(ひるま)。「―部」↔夜間

ちゅう‐き【中気】→ちゅうぶう

ちゅう‐き【中期】①中間の時期。中ほどの時期。「平安時代の―」②長期と短期の中ほどの長さの期間。「―目標」

ちゅう‐き【注記・△註記】(名・他スル) 注を書き記すこと。また、注を書き記したもの。

ちゅう‐ぎ【忠義】(名・形動ダ) 主人・君主や国家に対して真心をもって仕えること。また、そのさま。「―者」

―だて【―立て】(名・自スル) 忠義を立て通すこと。また、忠義を尽くしているようにふるまうこと。

ちゅう‐きゃく【注脚・△註脚】本文中に小さく二行に割って書き入れた注釈。割り注。[語源]二行で書き入れることから「脚」と言われた。

ちゅう‐きゅう【中級】(キフ) 中くらいの等級・程度。

ちゅう‐きゅう【△誅求】(キウ) (名・他スル) 人民をきびしく責めて税金などを取り立てること。「苛斂(かれん)―」

ちゅう‐きょう【中共】「中国共産党(=中華人民共和国の政党名)」の略。

ちゅう‐きょう【中京】(チユウキヤウ) 「名古屋」の別称。東京・西京(さいきょう)(=京都)に対する呼び名。

―こうぎょうちたい【―工業地帯】(コウゲフチタイ) 〘地〙名古屋を中心とする、日本三大工業地帯の一つ。自動車工業、石油化学工業、繊維工業、窯業などが盛ん。

ちゅう‐きょり【中距離】①距離が中くらいであること。②「中距離競走」の略。③競泳で四〇〇・八〇〇メートルのこと。(↔短距離・長距離)

―きょうそう【―競走】(キヤウソウ) 陸上競技で、八〇〇・一五〇〇メートルの競走。中距離。

ちゅう‐きん【忠勤】まじめに勤め励むこと。「―を励む」

ちゅう‐きん【鋳金】(チウ) 金属を鋳型(いがた)に溶かし込んで器物などを造ること。また、その技術。鋳造。

ちゅうきんとう【中近東】中東と近東。西南アジア地域。

ちゅう‐くう【中空】①空のなかほど。中空(なかぞら)。中天。「―に浮かぶ月」②中がからであること。がらんどう。「古木の―の幹」

ちゅう‐ぐう【中宮】①平安初期までは、皇后・皇太后・太皇太后の称。②醍醐(だいご)天皇以後、皇后の別称。③一条天皇以後、二后並立のとき、皇后と同格のきさきの称。

ちゅう‐くらい【中位】(クラヰ) (名・形動ダ) 程度が中間であること。また、そのさま。なかほど。ちゅうぐらい。「―の大きさ」

ちゅう‐くん【忠君】君主や天皇に真心をもって尽くすこと。「―愛国」

ちゅう‐けい【中啓】(「啓」は、開く意)扇の一種。親骨の上端を外へ反らし、たたんでもなかば開いているように作った儀式用のもの。末広(すえひろ)。

〔中啓〕

ちゅう‐けい【中継】(名・他スル) ①中間で受け継ぎ、他に渡すこと。中継ぎ。「―所」「二塁手の―プレー」②「中継放送」の略。「生(なま)―」

―ぼうえき【―貿易】〘経〙輸入した品物を、そのまま、または保税工場で加工して、再輸出する貿易。普通、関税は免除される。中継ぎ貿易。

―ほうそう【―放送】(ハウソウ) ①放送局以外の場所から、放送局を中継ぎして放送すること。②よその放送局の放送を、中継ぎして放送すること。

ちゅう‐けい【仲兄】二番目の兄。次兄。

ちゅう‐けん【中堅】①集団の中心になって活躍する、中くらいの地位の人。また、堅実な業績を上げている中規模の団体。「文壇の―作家」「―企業」②精鋭を集めた大将直属の軍隊。③野球で、二塁ベースの後方、外野の中央。センター。また、そこを守る人。中堅手。④剣道や柔道などの団体戦で、出場順が真ん中の選手。

―しゅ【―手】野球で、外野中央を守る選手。センター。

ちゅう‐けん【忠犬】飼い主に忠実な犬。

ちゅう‐げん【中元】①陰暦七月十五日の称。盂蘭盆(うらぼん)の日。[秋]②①のころに行う、世話になった人などへの贈り物。

ちゅう‐げん【中原】①広い野原の中央。②漢民族のおこった黄河中流域。③天下の中心地。また、覇権を争う場。

―に鹿(しか)を逐(お)う ①(天下を中原に、帝王を鹿にたとえて)群雄が帝王の位を得ようとして争う。②多くの人がたがいに争って、ある地位や政権を得ようとする。

ちゅう‐げん【中間・仲間】(「中間男」の略)中世、武家・公家・寺院などで雑用をする召使。身分は侍(さむらい)と小者(こもの)の間。近世は足軽と小者の間に位する。

ちゅう‐げん【忠言】真心をもっていさめる言葉。

―耳(みみ)に逆(さか)らう 忠告の言葉は耳に痛くなかなか受け入れにくい。[語源]「良薬は口に苦くして病に利あり、忠言は耳に逆らいて行いに利あり」から出た語。〈孔子家語―六本〉

ちゅう‐こ【中古】①→ちゅうぶる ②時代区分の一つ。上古と近古との中間。主として平安時代をさす。「―の文学」

―しゃ【―車】使い古してあるがまだ使える車。「―販売」

―ひん【―品】使って、少し古い品物。中古。セコハン。

ちゅう‐こう【中耕】(カウ) (名・他スル)〘農〙日光や空気を通し発育をうながすため、生育中の作物の間を浅く耕すこと。

ちゅう‐こう【中興】(名・他スル) 衰えたものを再び栄えさせること。「―の祖(=ある物事の中興をなしとげた人)」

ちゅう‐こう【忠孝】(カウ) 主人・主君への忠義と親への孝行。

ちゅう‐こう【鋳鋼】(チウカウ) 溶かして鋳型(いがた)に入れて固めた鋼(はがね)。鋳造した鋼鉄。

ちゅうこう‐しょく【昼光色】(チウクワウ) 蛍光灯などの、太陽光線に似せた人工の光の色。

ちゅうこう‐ねん【中高年】(チユウカウ) 中年と高年。四〇歳前後から六〇歳代までをいう。

ちゅう‐こく【中刻】昔の時制で、一刻(=今の二時間)を上・中・下に三分した中間の時刻。「午(うま)の―」⇒上刻・下刻

ちゅう‐こく【忠告】(名・自他スル) 相手のよくない点などを真心をこめて説きいさめること。また、その言葉。「―に従う」

ちゅう‐ごく【中国】①国の中央。②「中国地方」の略。③

「中華人民共和国」の略。

ちゅうごく-ちほう【中国地方】(チュウゴク チハウ) 本州の西南部の地方。岡山・広島・山口・鳥取・島根の五県からなる。

ちゅう-ごし【中腰】腰を上げかけて立った姿勢。「—になる」

ちゅう-こん【忠魂】①忠義の精神。②忠義を尽くして死んだ人の魂。「—碑」

ちゅう-さ【中佐】もと、陸海軍で将校の階級の一つ。佐官の第二位。大佐の下、少佐の上。

ちゅう-ざ【中座】(名・自スル) 集まりの途中で席をはずすこと。「—して電話をかける」

ちゅう-さい【仲裁】(名・他スル) ①第三者が争いの間にはいって和解させること。法的には、紛争当事者の同意により、第三者が介入して紛争を解決すること。②〔法〕労働争議解決の一方法。労働委員会に設けられる仲裁委員会が、労使双方から事情をきいて裁定を下すこと。⇩斡旋(あっせん)・調停

ちゅう-ざい【駐在】(名・自スル) ①派遣された公務員・社員などがその任地にとどまって勤務すること。「商社の海外—員」②「駐在所②」の略。また、「駐在所②」の巡査。

—しょ【—所】①駐在する所。②巡査が受け持ちの区域に住み、職務に従事する所。巡査駐在所。

ちゅう-さつ【△誅殺】(名・他スル) 罪をとがめて殺すこと。

ちゅう-さつ【駐△箚】(名・自スル) 公務員が外国に派遣されて任地に滞在すること。特に、大使・公使などについていう。

ちゅう-さん【昼△餐】(チウ—) 昼食。昼飯。

ちゅうさん-かいきゅう【中産階級】(—カイキフ) 資本家階級(有産階級)と労働者階級(無産階級)の中間の階級。また、そこに属する人々。プチブル。

ちゅう-し【中止】(名・他スル) 中途でやめること。また、予定されていたことをとりやめること。「雨天—」「会議を—する」

—ほう【—法】(ハフ) →れんようちゅうしほう

ちゅう-し【注視】(名・他スル) じっと見つめること。注意して見ること。「各界の—を浴びる」「株価の動きを—する」

ちゅう-じ【中耳】〔生〕聴覚器官の一部。鼓膜の内側にある空間部の鼓室と、鼓室と咽頭(いんとう)をつなぐ管状の耳管からなる。外耳からの音波を振動に変え内耳に伝える。⇩外耳・内耳

—えん【—炎】〔医〕細菌などの感染から起こる中耳の炎症。耳痛・耳鳴り・発熱・聴力障害などの症状がみられる。

ちゅう-じき【昼食・中食】(チウ— チュウ—) 昼の食事。昼食(ちゅうしょく)。

ちゅう-じく【中軸】(—ヂク) ①物の中央を貫く軸。中心。②組織などの中心になる人・役割。「チームの—打者」

ちゅう-じつ【忠実】(名・形動ダ) ①目上の人や仕事に対して、真心をもって務めること。また、そのさま。「—な家来」②誤りなく、そっくりそのとおりに行うさま。「ルールに—に従う」

ちゅう-しゃ【注射】(名・他スル) 注射器で、薬液を生物体の組織や血液に注入すること。「—を打つ」

—き【—器】薬液を体内に注入するための器具。先に付いた針を体に刺し、筒状の容器に入った薬液を注入する。

ちゅう-しゃ【駐車】(名・自スル) 自動車などをとめておくこと。パーキング。「—場」「路上に—する」参考 道路交通法では、車両等が継続的に停止することや、運転者が車両等を離れてただちに運転できない状態にあることをいう。⇩停車

ちゅう-しゃく【注釈・△註釈】(名・他スル) 注を加えて本文の説明・解釈をすること。また、その注。「—書」

ちゅう-しゅう【中秋】(—シウ) ①陰暦八月十五日の異称。「—の名月」秋 ②→ちゅうしゅう(仲秋)

ちゅう-しゅう【仲秋】(—シウ) (「仲」は中の意) 陰暦八月の別称。中秋。秋

ちゅう-しゅつ【抽出】(チウ—) (名・他スル) ①多くのものの中から抜き出すこと。「無作為に—する」②固体または液体中のある成分を溶媒に溶かし出すこと。「エキスを—する」

ちゅう-しゅん【仲春】(「仲」は中の意) 陰暦二月の別称。春

ちゅう-じゅん【中旬】月の十一日から二十日までの称。月のなかほどの一〇日間。月なかば。⇩上旬・下旬

ちゅう-じょ【忠△恕】真心があって、思いやりが深いこと。

ちゅう-しょう【中称】〔文法〕指示代名詞の区分の一つ。聞き手側の事物・場所・方角などをさすもの。「それ」「そこ」「そちら」など。↔近称・遠称 ⇩こそあど(表)

ちゅう-しょう【中傷】(—シャウ) (名・他スル) 故意に根拠のない悪口を言って、他人の名誉を傷つけること。「相手を—する」

ちゅう-しょう【抽象】(チウシャウ) (名・他スル) 種々の具体的なものの中から、共通している性質だけを抜き出して、一つの概念を作りあげること。↔具象・具体

—が【—画】(—グワ) 事物を写実的に描くのではなく、自己の観念に基づいて線・色・形などで表現する絵画。

—げいじゅつ【—芸術】〔美〕写実による芸術を排して、色や形などの造形要素で抽象的に表現する近代美術の傾向。第一次世界大戦後に発生。前衛美術(アバンギャルド)の一つ。アブストラクトアート。アブストラクト。

—てき【—的】(形動ダ)(ダロ・ダッ(デ・ニ)・ダ・ナ・ナラ・〇) ①個々のものから共通している性質を抜き出してとらえるさま。②物事が現実から離れ、具体性を欠いているさま。「説明が—だ」↔具象的・具体的

ちゅう-じょう【中将】(—ジャウ) ①もと、陸海軍で将校の階級の一つ。将官の第二位。大将の下、少将の上。②律令(りつりょう)制で、近衛府(このえふ)の次官のうち、少将より上位のもの。

ちゅう-じょう【柱状】(—ジャウ) 柱のような形。「—節理(=溶岩などに生じる柱状の割れ目)」

ちゅう-じょう【衷情】(—ジャウ) 真心。本心。「—を訴える」

ちゅうしょう-きぎょう【中小企業】(チュウセウキゲフ) 資本金や従業員数などが中規模または小規模の企業。

ちゅう-しょく【昼食】(チウ—) 昼の食事。昼飯。昼食(ちゅうじき)。

ちゅう-しん【中心】①真ん中。中央。②〔数〕円周上または球面上のすべての点から等距離にある点。③非常に大事な所・もの・人。かなめ。「経済の—地」「話題の—」

—かく【—角】〔数〕円の二つの半径によって作られる角。

—きあつ【—気圧】〔気〕低気圧・高気圧の中心部の気圧。中心示度。

—じんぶつ【—人物】集団の中心となって活動する人。

—せん【—線】〔数〕二つの円(球)の中心を通る直線。

ちゅう-しん【中震】気象庁の旧震度階級の一つ。現在の震度4に相当する。

ちゅう-しん【忠心】忠義を尽くす心。

ちゅう-しん【忠臣】忠義な家来。↔逆臣

ちゅう-しん【忠信】忠義と信実。真心を尽くし、いつわりのないこと。

ちゅう-しん【注進】(名・他スル) 事件が起きたとき、その内容を急いで目上の者に報告すること。「ご—に及ぶ」

ちゅう-しん【衷心】心の底。本当の気持ち。本心。「—よりおわびします」

ちゅう-すい【虫垂】〔生〕大腸の一部で、盲腸(もうちょう)の下にぶら下がるようについている、細い管状の小突起。参考「虫様突起」は旧称。

—えん【—炎】〔医〕虫垂の炎症性疾患。急性と慢性とがあり、下腹部に激痛を伴う。俗に盲腸炎という。

ちゅう-すい【注水】(名・自スル) 水を注ぎ入れること。

ちゅうすい-どう【中水道】(ダウ)― 雨水や生活排水などを浄化処理して、水洗便所や散水などの雑用に再利用するための水道設備。上水道・下水道に対していう。

ちゅう-すう【中枢】 物事の中心となるいちばん大事なもの・所。「国家の―機関」「組織の―を担う」

―しんけい【―神経】〘生〙脳や脊髄(せきずい)など、知覚・運動などの機能を統御・調節する神経の総称。↔末梢(まっしょう)神経

ちゅう・する【沖する・冲する】(自サ変) シ(セ・サ)・シ・スル・スル・スレ・セヨ 空高くあがる。「天に―噴煙」文ちゅう・す(サ変)

ちゅう・する【注する・註する】(他サ変) シ(セ・サ)・シ・スル・スル・スレ・セヨ ①本文の文章や語句を取り出して説明を加える。②書き記す。文ちゅう・す(サ変)

ちゅう・する【誅する】(他サ変) シ(セ・サ)・シ・スル・スル・スレ・セヨ 罪のある者を殺す。悪人を攻めほろぼす。「逆臣を―」文ちゅう・す(サ変)

ちゅう-せい【中世】〘日・世〙時代区分の一つ。古代と近世(近代)との中間の時代。日本では一般に鎌倉・室町時代、ヨーロッパでは四―五世紀から一五世紀中ごろまで。

ちゅう-せい【中正】(名・形動ダ) 一方にかたよらず、正しいこと。偏見のないこと。また、そのさま。「―を欠く」

ちゅう-せい【中性】 ①中間の性質。②〘化〙酸性でもアルカリ性でもないこと。③〘文法〙文法上の性の一つ。男性・女性に対するもの。⇒性(せい)⑤ ④性格や言動などが、男性とも女性ともつかないこと。「―的な魅力」

―し【―子】〘物〙素粒子の一つ。陽子よりごくわずかに質量が大きく、陽子とともに原子核を構成する。電気的に中性。ニュートロン。

―し【―紙】 中性または弱アルカリ性の紙質を持った洋紙。劣化しやすい酸性紙に対して、保存性が高い。⇒酸性紙

―しぼう【―脂肪】(バウ) 生物のエネルギーを貯蔵する脂質。動物では、皮下や臓器の表面に脂肪組織として存在する。

―せんざい【―洗剤】 合成洗剤の一つ。水溶液中で中性を示す。食器や動物性繊維などを洗うのに用いる。

ちゅう-せい【忠誠】 国家・君主・組織など、自分が仕えているものに真心を尽くすこと。「―心」「―を尽くす」

ちゅう-ぜい【中背】 中くらいの背たけ。「中肉―」

ちゅうせい-だい【中生代】〘地質〙地質時代の区分の一つ。古生代と新生代の間で、約二億五〇〇〇万年前から約六六〇〇万年前までの期間。古い順に三畳紀・ジュラ紀・白亜紀に三分される。アンモナイト・爬虫(はちゅう)類・シダ類などが栄えた。

ちゅう-せき【沖積】〘地質〙河川の流れで運ばれた土砂などが河口や川岸に積もり重なること。「―平野」

―せい【―世】「完新世」の旧称。

ちゅう-せき【柱石】(「はしら」と「いしずえ」の意から)国や組織などの支えとなる重要な人物。「国家の―」

ちゅう-せつ【忠節】 君主や国家などに尽くす節義。

ちゅう-ぜつ【中絶】(名・自他スル) ①中途で絶えること。途中でやめること。「研究が―する」②「人工妊娠中絶」の略。

ちゅう-せん【中線】〘数〙三角形の頂点とその対辺の中点とを結ぶ線分。

ちゅう-せん【抽選・抽籤】(チウ)― (名・自スル) くじを引くこと。くじ引き。「―で決める」「―会」

ちゅう-せんきょく【中選挙区】 選出議員定数を三―五名程度とする選挙区。大選挙区の一種で、小選挙区との中間的なもの。

ちゅう-そ【注疏・註疏】 本文を詳しく説明すること。また、その説明。詳しい注釈・注解。「論語―」

ちゅう-ぞう【鋳造】(チウザウ) (名・他スル) 金属を溶かし、鋳型(いがた)に入れて器具をつくること。「鐘を―する」

ちゅう-そつ【中卒】(「中学校卒業(者)」の略)中学校を卒業していること。また、その人。

ちゅう-そん【中尊】〘仏〙中央の尊像。三尊中の阿弥陀如来(あみだにょらい)、五大明王中の不動明王など。

チューター〈tutor〉①家庭教師。②(大学の)個人指導の教官。③研修会の講師。

ちゅう-たい【中退】(名・自スル) (「中途退学」の略)修了年限に至る途中で学校を退学すること。「大学を―する」

ちゅう-たい【中隊】 軍隊編制上の単位。大隊の下位で、ふつう三、四個の小隊からなる。

ちゅう-たい【紐帯】(チウ)― (ひもと帯の意)二つのものを堅く結びつける大事なもの。紐帯(じゅうたい)。「両国間の強固な―」

ちゅう-だん【中段】 ①なかほどの段。②剣道・槍術(そうじゅつ)などで、刀や槍(やり)の切っ先を相手の目に向けて、上段と下段の中間に構えること。正眼。「―の構え」⇒上段・下段

ちゅう-だん【中断】(名・自他スル) 続いているものが途中でたち切れること。また、たち切ること。「会議を―する」

ちゅう-ちょ【躊躇】(チウ)― (名・自他スル) ためらうこと。決心がつかず迷うこと。「―なく引き受ける」

ちゅう-ちょう【惆悵】(チウチヤウ) (タル) いたみ悲しむさま。嘆きうらむさま。「―たる思い」文(形動タリ)

ちゅうっ-ぱら【中っ腹】(名・形動ダ) 心の中で怒りをおさえながらむかむかしていること。また、そのさま。

ちゅう-づり【宙吊り】(チウ)― 空中にぶら下がった状態。

ちゅう-てつ【鋳鉄】(チウ)― 鋳物(いもの)用の鉄合金。参考二・一―三・六パーセント程度の炭素と、ケイ素・マンガンなどを含む。

ちゅう-てん【中天】 ①天の中心。天心。②大空。中空。

ちゅう-てん【中点】〘数〙一つの線分または有限曲線を二等分する点。まんなかの点。二等分点。

ちゅう-てん【沖天・冲天】 天高く昇ること。「―の勢い」

ちゅう-と【中途】 ①道中の中ほど。途中。「―で引き返す」②進行している物事の半ば。途中。「―退学」

―はんぱ【―半端】(名・形動ダ) ①物事がきちんと終わっていないこと。また、そのさま。「仕事が―なままだ」②徹底していないこと。どっちつかずなこと。「―な態度」

ちゅう-とう【中等】 中くらいの程度・等級。上等と下等、また、高等と初等との間。「―教育」

ちゅう-とう【仲冬】(「仲」は中の意)陰暦十一月の別称。冬

ちゅう-とう【柱頭】 ①〘建〙柱の頭部。特に西洋建築で、柱の上部の彫刻のある部分。②〘植〙被子植物のめしべの先端部で、花粉のつく所。

ちゅう-とう【偸盗】(タウ)― 物をぬすむこと。また、ぬすびと。参考もとの読みは「とうとう」。「ちゅうとう」は慣用読み。

ちゅうとう【中東】〈Middle East の訳語〉ヨーロッパから見て、近東と極東との中間の地域。もとはトルコ・インド間の地域をさし、現在では近東とほぼ等しく、イラン・イラク・サウジアラビア・イスラエル・トルコ・エジプトなどを含む西アジアからアフリカ北東部をさす。↔極東・近東

ちゅう-どう【中道】(ダウ)― ①一方にかたよらず中庸・中正であること。「―を歩む」②なかほど。物事の中途。「人生の―」

ちゅう-どく【中毒】(名・自スル) ①飲食物・薬物・ガスなどの毒により、身体の機能障害を起こすこと。「アルコール―」②〘俗〙それなしではいられないこと。「活字―」

チュートリアル〈tutorial〉①(学校教育などで)少人数

指導または個別指導。②〘情報〙コンピューターのソフトウェアなどの基本的な操作方法を解説するプログラム・教材。

ちゅう-とろ【中とろ】 マグロの腹身の、脂肪のやや多い部分。

ちゅう-とん【駐屯】（名・自スル）軍隊が、ある土地にとどまっていること。駐留。「—地」「外国に—する兵士」

チューナー〈tuner〉ラジオやテレビなどの受信機で、特定の周波数に同調させるための装置。

ちゅう-なごん【中納言】 太政官（だいじょうかん）の次官。大納言の下。

ちゅう-なんべい【中南米】 中央アメリカと南アメリカ。

ちゅう-にかい【中二階】 一階と二階の中間につくられた階。普通の二階より少し低くつくられた二階。

ちゅう-にく【中肉】 ①ほどよい肉づき。「—中背（ちゅうぜい）」②食用の肉で、並肉よりもやや品質のよい肉。

ちゅう-にち【中日】〘仏〙彼岸の七日間の真ん中の日。春分または秋分の日。「彼岸の—」春

ちゅう-にち【駐日】 日本に駐在すること。「—ドイツ大使」

ちゅう-にゅう【注入】 ニフ（名・他スル）①液体を注ぎ入れること。「オイルを—する」②人や事物をどんどん送り込むこと。「予算の大部分を—する」③知識を詰めこむこと。「—教育」

ちゅう-にん【中人・仲人】 ①結婚の仲立ちをする人。なこうど。②争いごとなどを仲裁する人。③〔中人〕（入場料や運賃などの区分で）成人と幼児の中間の、おもに小・中学生のこと。⇩大人（だいにん）・小人（しょうにん）

チューニング〈tuning〉（名・他スル）①ラジオやテレビの受信機で、特定の周波数に同調させること。②楽器などの調律や調整をすること。③自動車などの機械を整備すること。

ちゅう-ねん【中年】 四〇歳前後から五〇代後半くらいまでの年齢。また、その年齢の人。青年と老年の間。「—太（ぶと）り」

ちゅう-のう【中脳】 ナウ〘生〙脳の一部分。視覚・聴覚の中枢がある。

ちゅう-のう【中農】 中規模の農業を営む農家・農民。

ちゅう-のり【宙乗り】 チウ（名・自スル）歌舞伎（かぶき）などで、空中に役者の身をつり上げる演出・仕掛け。宙づり。

ちゅう-は【中波】〘物〙波長一〇〇〜一〇〇〇メートル、周波数三〇〇〜三〇〇〇キロヘルツの電波。ラジオ放送や船舶の無線などに利用。⇩短波・長波

チューバ〈tuba〉〘音〙金管楽器の一つ。大型で、金管楽器のうち最も低い音を出す。

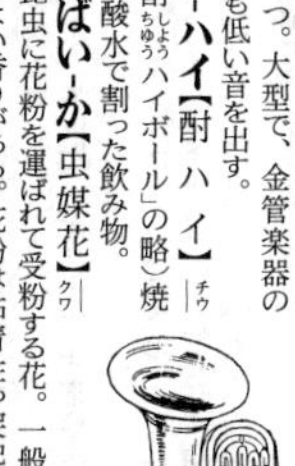

〔チューバ〕

ちゅう-ハイ【酎ハイ】 チウ（「焼酎（しょうちゅう）ハイボール」の略）焼酎を炭酸水で割った飲み物。

ちゅうばい-か【虫媒花】 クワ〘植〙昆虫に花粉を運ばれて受粉する花。一般に花冠が大きく、蜜（みつ）やよい香りがある。花粉は粘着性や突起があって虫の体につきやすい。サクラ・アブラナ・リンゴなど。⇩水媒花・鳥媒花・風媒花

ちゅう-ばつ【△誅伐】（名・他スル）罪ある者を攻めうつこと。

ちゅう-はば【中幅】 ①反物（たんもの）の、大幅と小幅との中間の幅のもの。四五センチメートルくらいの幅の布。②（「中幅帯」の略）約二六センチメートル幅の丸帯。

ちゅう-はん【昼飯】 チウ 昼に食べる飯。昼食。昼飯（ひるめし）。

ちゅう-ばん【中盤】 ①囲碁・将棋で、勝負のなかほどの本格的な戦いが展開される局面。②（転じて）物事がなかほどまで進んだ段階。「選挙戦も—にはいる」⇩序盤・終盤 ③サッカーなどで、攻撃と守備の選手の間の位置。

ちゅう-び【中火】 料理で、強火と弱火との間の、中くらいの強さの火。「—で煮る」

ちゅう-ぶ【中部】 ①中央に位置する部分。中央部の地域。「ヨーロッパ—に位置する国」②「中部地方」の略。

チューブ〈tube〉①管。筒。②練った薬・絵の具などを入れ、押し出して使うすず・合成樹脂製の管状容器。③タイヤの中にある、空気を入れるゴムの管。「自転車の—」

ちゅう-ぶう【中風】〘医〙脳出血などで運動神経がまひし、全身または半身不随になる病気。ちゅうぶ。ちゅうふう。中気。

ちゅう-ふく【中腹】 山頂とふもととの中ほど。「山の—」

ちゅうぶ-ちほう【中部地方】 チハウ 本州の中央部の地方。新潟・富山・石川・福井・岐阜・長野・山梨・愛知・静岡の九県からなる。

ちゅう-ぶらりん【宙ぶらりん・中ぶらりん】 チウ・チユウ（名・形動ダ）①空中にぶら下がっているさま。②どっちつかずで中途半端なさま。「—な立場」

ちゅう-ぶる【中古】 少し古くなっているがまだ使えるもの。やや古いこと。中古（ちゅうこ）。セコハン。「—の自動車」

ちゅう-ぶん【△籀文】 チウ →だいてん

ちゅう-へい【駐兵】（名・自スル）兵をある地点にとどめておくこと。また、その兵。

ちゅうべい【中米】 →ちゅうおうアメリカ

ちゅう-へん【中編・中△篇】 ①長編と短編の中間の分量の作品。②書物・映画などで、三つの編に分かれたもののうち、真ん中のもの。⇩前編・後編

ちゅう-ぼう【△厨房】 バウ 台所。調理場。キッチン。

ちゅう-ぼく【忠僕】 忠実な下僕。忠義な下男。

ちゅう-ぼそ【中細】 中くらいの太さ。「—のペン先」

ちゅう-ぼん【中△品】〘仏〙極楽浄土に往生する際の九つの等級のうち、中位の三つである中品上生（じょうしょう）・中品中生（ちゅうしょう）・中品下生（げしょう）の総称。⇩九品（くほん）

ちゅう-みつ【△稠密】 チウ（名・自スル・形動ダ）一地域に家屋や人口などが密集していること。また、そのさま。「人家の—する区域」「人口の—な都市」参考「ちょうみつ」は慣用読み。

ちゅう-めつ【△誅滅】（名・他スル）罪ある者をほろぼすこと。

ちゅう-もく【注目】（名・自他スル）注意して見ること。気をつけたり、心を寄せたりすること。「—に値する」「—の的」

ちゅう-もん【中門】 ①神社や寺で、楼門と拝殿との間にある門。②寝殿造りで、表門の内、東西の対（たい）の屋から泉殿や釣殿（つりどの）に通じる廊のなかほどにある門。③茶室の庭の内露地（うちろじ）に出入りするための門。中くぐり。

ちゅう-もん【注文・△註文】（名・他スル）①品物を希望どおりに作らせたり、送らせたりすること。「洋服を—する」②依頼をする際、希望や条件を示すこと。「—をつける」

—しょ【—書】〘商〙買い主が、売り主に対して取引条件を記入して、商品の買い入れを申し込む書類。

—ながれ【—流れ】 注文を受けて整えた品が、注文主に引き取られないままであること。また、その品。

ちゅう-や【中夜】 ①夜半。真夜中。②「冬至（とうじ）」の別称。③一夜を初・中・後と三分したときの真ん中の称。今の午後九時ごろから午前三時ごろ。

ちゅう-や【昼夜】 チウ 一（名）昼と夜。「—を問わず（＝昼も夜も区別なく）」二（副）昼も夜も。日夜。「—仕事に励む」

—を舎（お）かず 昼も夜も区別なく。少しも休まないで。「—勉強する」**—を分（わ）かたず** 昼夜の区別なく。絶えず。

—おび【—帯】〘服〙表と裏とを異なった布で仕立てた女

帯。腹合わせ帯。⇩丸帯

—けんこう【—兼行】ケンカウ 昼も夜も休まず続行すること。「—で仕上げる」

ちゅう-ゆ【注油】(名・自スル) 油を注ぎ入れること。機械などに油をさすこと。「歯車の軸に—する」

ちゅう-ゆう【忠勇】(名・形動ダ) 忠義で勇気のあること。また、そのさま。「—無双の兵」

ちゅう-よう【中庸】(名・形動ダ) 一方にかたよらず穏当なこと。また、そのさま。「—を得る(=ほどよく調和がとれている)」

ちゅうよう【中庸】四書の一つ。もと「礼記(らいき)」の一編。孔子の孫の子思(しし)の作という。儒教を総合的に解説した書で、天人合一・中庸の徳を強調する。

ちゅう-よう【中葉】エフ ①(「葉」は時代の意)ある時代の中ごろ。「明治の—」②あまり薄くもなく厚くもない鳥の子紙。

ちゅうよう-とっき【虫様突起】チュウヤウ 「虫垂」の旧称。

ちゅう-らふ【中臈】ラフ (古)①平安時代、後宮に仕える内侍(ないし)以外の中級の女官。上臈(じょうろう)と下臈(げろう)との中位。②江戸城大奥の女官の一つ。また、大名の奥女中。

ちゅう-りく【誅戮】(名・他スル) 罪ある者を殺すこと。

ちゅう-りつ【中立】①対立する両者の間に立ち、どちらにもかたよらず味方も敵対もしないこと。「—の立場」②〔法〕戦争に参加しない国家の、国際法上の地位。交戦国のいずれをも援助しないことを原則とする。局外中立。

—こく【—国】他国間の紛争や戦いに参加せず、局外に立ってどちらにも味方しない国。「永世—のスイス」

チューリップ〈tulip〉〔植〕ユリ科の多年草。小アジア原産で、オランダで品種改良された。鱗茎(りんけい)は卵形。茎は直立し、葉は大きく披針(ひしん)形。春、鐘形の赤・白・黄色などの六弁花を開く。観賞用。鬱金香(うこんこう)。[春]

ちゅう-りゃく【中略】文章などで、中間をはぶくこと。⇩上略・下略

ちゅう-りゅう【中流】リウ ①川の川上と河口とのなかほどの流れ。②社会的地位・生活の程度が中ぐらいの階層。「—家庭」「—意識」

ちゅう-りゅう【駐留】リウ (名・自スル) 軍隊が一定期間ある土地にとどまること。「—軍」「外国に—する」

ちゅう-りょう【忠良】リヤウ (名・形動ダ) 忠義で善良なこと。また、そのさま。「—な臣民」

ちゅう-りょう【柱梁】リヤウ ①柱とうつばり(=棟(むね)を受ける木)。②頼みにできること。また、頼みにできる人。

ちゅう-りょく【注力】(名・自スル) 力をそそぐこと。「商品開発に—する」

ちゅう-りん【駐輪】(名・自スル) 自転車をとめておくこと。「—場」

ちゅう-れい【忠霊】忠義を尽くして死んだ人の霊。忠魂。

ちゅう-れつ【忠烈】忠義心が非常に強いこと。

ちゅう-れん【注連】しめなわ。しめかざり。しめ。

ちゅう-れん【駐輦】(「輦」は天子の乗り物の意)天子が車をとめること。また、行幸先に滞在すること。

ちゅう-ろう【中老】ラウ ①(昔、四〇歳を初老といったのに対して)五〇歳くらいの人。②武家で、家老の次席。③武家の奥女中で、老女の次の位の女性。

ちゅう-ろう【中臈】ラフ →ちゅうらふ

ちゅう-ろう【柱廊】ラウ 柱と屋根だけの、壁のない廊下。

ちゅうろう-い【中労委】ラウヰ 「中央労働委員会」の略。

ちゅう-わ【中和】(名・自他スル) ①違った性質のものが融合して、それぞれの特性を失うこと。②一方にかたよらず調和のとれていること。「—政策」③〔化〕酸と塩基とが反応して塩(えん)と水とを生じること。「酸とアルカリが—する」

チューン〈tune〉■一(名・他スル) 機械などを調整すること。■二(名) 楽曲。「ポップ—」「サマー—」

—ナップ〈tune-up〉(名・他スル) 機械を調整して性能を上げること。特に、自動車のエンジンなどを整備して出力・性能を向上させること。チューンアップ。

チュニジア〈Tunisia〉アフリカ大陸北部にあり、地中海に臨む共和国。首都はチュニス。

チュニック〈tunic〉〔服〕①七分丈の女性用の上着。チュニックコート。②古代のギリシャ人・ローマ人が着た、ひざまであるシャツのような服。

ち-よ【千代・千世】千年。また、非常に長い年月。「—に八千代(やちよ)に」

ちょ【猪】[人]**【猪】**[人] チョ いのしし

(字義) いのしし。いのこ。「猪突・猪勇」[難読]猪首(いくび)・猪牙船(ちょきぶね)・猪口(ちょこ)・猪口才(ちょこざい) [人名]い・いの・お・しし

ちょ【著】[教6]**【著】**[人] チョ・チャク あらわす㊥・いちじるしい㊥

(字義) ①あらわす。明らかにする。書物に書きあらわす。「著作・著者・著書・共著・新著・編著・名著」②あらわれる。目立つ。名高くなる。「著聞・著名」③いちじるしい。明らか。「顕著」④(「チャク」と読んで)㋐着る。「著衣」㋑つく。「到著・付著」[用法]④は、ふつう「着」を用いる。[人名]あき・あきら・つぎ・つぐ

ちょ【著】書物を書きあらわすこと。また、その書物。

ちょ【貯】[教5] チョ たくわえる

(字義) たくわえる。積み備える。「貯金・貯蔵・貯蓄」[人名]おさむ・もる

ちょ【緒】(字義) →しょ(緒)

ちょ【緒】物事のはじめ。いとぐち。「—につく(=物事が始まる)」[参考]もとの読みは「しょ」。「ちょ」は慣用読み。

ちょ【箸】◇ チョ・チャク はし㊥

(字義) ①はし。食物や物をはさむ二本の細い棒。②いちじるしい。=著。③着る。④ねばりつく。[人名]あき・あきら・つく

ちょ【儲】[人] チョ もうける

(字義) ①たくわえる。蓄え。②皇太子。もうけのきみ。「儲位・皇儲」③たたずむ。④利益を上げる。「儲利」

チョイス〈choice〉(名・他スル) 選ぶこと。選択。

ちょい-ちょい ■一(副)(俗)たび重なるさま。たびたび。ちょくちょく。「練習を—休む」■二(感) 民謡などでのはやし言葉。

ちょい-と(俗) ■一(副) ちょっと。「—具合が悪い」■二(感)(女性が)気安く人に呼びかけるときに使う語。「—、あんた」

ちょい-やく【ちょい役】(俗) 演劇・映画などで、ほんのちょっと出るだけの、出演時間がきわめて少ない役。端役。

ちょう【丁】[教3] チョウ(チャウ)・テイ㊥ ひのと

(字義) ①ひのと。十干の第四。「丁亥(ていがい)・丁卯(ていぼう)」②働きざかりの男。二〇歳以上の若者。「丁年・壮丁」③律令(りつりょう)制で、課役の対象となる成年男子。よぼろ。「丁役・仕丁(じちょう)」④しもべ。下男。「園丁・使丁」⑤「丁丁(ちょうちょう)」は、激しく打ち合う音の形容。「丁丁発止」⑥書物の一枚。表裏二ページ分。「丁数・落丁・乱丁」⑦偶数。「丁半」↔半 ⑧豆腐・飲食物などを数える語。[難読]丁度(ちょうど)・丁髷(ちょんまげ)・丁幾(チンキ)・丁稚(でっち)・丁抹(デンマーク) [人名]あつ・さとる・つよし・のり

-ちょう【丁】チャウ (接尾) ①市街地の区画。「本町一一目」②→ちょう(町)③ ③和綴じの書物の一枚。紙の表裏二ページが一丁。④豆腐を数える語。⑤(一人前の)料理・飲食物を数える語。「天井一一」

ちょう【丁】チャウ (ばくちで)さいころの目の偶数。↕半

ちょう【弔】チョウ(テウ)㊥ とむらう㊥

(字義) とむらう。死者の霊を慰める。遺族を見舞い、くやみを述べる。「弔慰・弔辞・弔問・哀弔・敬弔・慶弔・追弔」

ちょう【庁】教⑥【人廳】チョウ(チャウ)

(字義) 役所。役人が事務を取りあつかう場所。「庁舎・官庁・県庁・道庁・都庁・府庁」

ちょう【庁】チャウ ①国家行政組織法で、各省や内閣府に属する外局。「文化一」「気象一」「国税一」②役所。「県一」

ちょう【兆】教④ チョウ(テウ) きざす(高)・きざし(高)

(字義) ①うらない。うらなう。「占兆」②きざし。前ぶれ。=徴。「兆候・吉兆・前兆」③数の多いこと。また、人民。「兆民・億兆」[人名] とき・よし

ちょう【兆】テウ ①きざし。物事の前ぶれ。「好転の一」②億の一万倍。「一一円」

ちょう【町】教① チョウ(チャウ) まち

(字義) まち。市街地。家が多く集まっている所。「町家・町人・町民」

ちょう【町】チャウ ①地方公共団体の一つ。まち。「村」より大きく町制を敷くもの。②都市の小区分の呼称。「永田一」③距離の単位。一町は六〇間。約一〇九メートル。丁。④面積の単位。一町は一〇反。三〇〇〇坪。約九九・二アール。

ちょう【長】教② チョウ(チャウ) ながい・おさ

(字義) ①ながい。㋐長さがながい。「長蛇・長髪」↕短 ㋑たけがながい。「長身」↕短 ㋒距離が遠い。「長征・長途」↕短 ㋓時が久しい。「長期・長久」↕短 ②おさ。かしら。「長官・家長・首長・総長・部長」③はじめ。一番目。「長兄・長女」④目上。年上。「長上・長老・年長」⑤まさる。すぐれる。「長所・長大」↕短 ⑥そだつ。大きくなる。「生長・成長」⑦のびる。のばす。「延長・助長・増長」⑧むだ。あまり。「長物・冗長」⑨「長門の国」の略。「長州・薩長」[人名] いえ・おさむ・たけ・たけし・たつ・つかさ・つね・ながし・のぶ・ひさ・ひさし・まさ・まさる・ます・みち [難読] 長官・長雨・長刀・長押・長閑

ちょう【長】チャウ ①集団の最高責任者。おさ。かしら。「一家の一」②すぐれている点。よい点。長所。「一日の一」「一を取り短を補う」↕短 ③最もすぐれているもの。「百薬の一」

ちょう【挑】チョウ(テウ)㊥ いどむ㊥

(字義) ①いどむ。しかける。そそのかす。「挑戦・挑発」②かかげる。③はねあげる。

ちょう【重】(字義) →じゅう(重)

ちょう【帳】教③ チョウ(チャウ) とばり

(字義) ①とばり。㋐たれまく。室内にたらして仕切りにする布。「開帳・帳帷・帳幕・几帳・紙帳」㋑ひきまく。まんまく。「緞帳」②ちょうめん。書いたり貼ったりするための紙を綴じたもの。「帳尻・帳簿・帳面・台帳・通帳」[人名] はる

-ちょう【帳】チャウ (接尾) ちょうめん。「日記一」「写真一」

ちょう【張】教⑤ チョウ(チャウ) はる

(字義) ①ひろげる。「拡張・伸張」②おおげさに言う。「誇張」③言いはる。「主張」④ふくれる。=脹。「膨張」⑤でかける。「出張」⑥「尾張の国」の略。「張州」[人名] つよ・とも

-ちょう【張】チャウ (接尾) ①琴・弓など、弦を張ったものを数える語。②幕・蚊帳など、張りめぐらすものを数える語。

ちょう【彫】チョウ(テウ)㊥ ほる㊥

(字義) ①ほる。きざむ。=雕。「彫金・彫刻・彫琢・木彫」②しぼむ。おとろえる。=凋。「彫尽・彫落」

ちょう【眺】チョウ(テウ)㊥ ながめる㊥

(字義) ながめる。ながめ。遠く見わたす。「眺望・遠眺」

ちょう【釣】チョウ(テウ)(高) つる㊥

(字義) 魚をつる。魚つり。「釣果・釣魚」[難読] 釣瓶

ちょう【頂】教⑥ チョウ(チャウ) いただく・いただき

(字義) ①いただき。㋐あたまの最上部。「灌頂・骨頂・頂門一針」㋑こうべ。頭。「頂光・円頂・丹頂」㋒物の最高部。「頂上・頂点・山頂・絶頂・登頂」②いただく。頭上にのせる。もらう。「頂戴・頂礼」[人名] かみ

ちょう【鳥】教② チョウ(テウ) とり

(字義) 動物のとりの総称。「鳥類・白鳥・野鳥」[難読] 鳥瞰・鳥渡・鳥羽絵・鳥屋・鳥黐

ちょう【人喋】チョウ(テフ)・トウ(タフ) しゃべる

(字義) ①しゃべる。口数多く話す。「喋喋」②血を流す。③盟約を結ぶ。

ちょう【◇塚】【塚】チョウ つか㊥

(字義) ①つか。墓。土を盛り上げた墓。②盛り土。③おか。

ちょう【朝】教② チョウ(テウ) あさ・あした

(字義) ①あさ。あした。「朝食・朝陽・今朝・早朝・明朝・翌朝」↕夕・暮 ②天子が政治をとるところ。宮中。「朝廷・王朝」③天子。「朝家・天朝」④天子の治めている世。また、その期間。「朝代・皇朝・聖朝・南北朝・六朝」⑤まみえる。天子におめにかかる。「朝賀・朝貢・参朝」⑥国家。「異朝・本朝」⑦「朝鮮」の略。「日朝」[難読] 朝餉・朝月夜・朝臣 [人名] かた・さ・つと・とき・とも・のり・はじめ

-ちょう【朝】テウ (接尾) ①一人の天子の在位する期間。「玄宗一」②一王朝の継続する期間。「唐一」「平安一」

ちょう【人脹】チョウ(チャウ) ふくれる

(字義) ①ふくれる。㋐腹がはる。「脹満」㋑物がふくれて大きくなる。「膨脹」②はれる。皮膚がはれる。「腫脹」

ちょう【貼】チョウ(テフ)㊥・テン はる㊥

(字義) ①はる。はりつける。「貼付」②借金の抵当にする。「典貼」③添える。「補貼」④ぴたり合う。「貼切」⑤ちょう。薬の包みを数える語。

-ちょう【貼】テフ (接尾) 紙に包んだ粉薬を数える語。

ちょう【超】チョウ(テウ)㊥ こえる㊥・こす㊥

(字義) こえる。㋐限度をすぎる。「超過・出超・入超」㋑かけ離れる。遠ざかる。「超然・超俗」㋒すぐれる。ぬきんでる。「超越・

超人」人名 おき・き・たつ・とおる・ゆき

ちょう-【超】テウ（接頭）程度がそれ以上である。とびぬけている。また、かけ離れている意を表す。「―満員」「―国家主義」

ちょう【牒】人 チョウ（テフ）ふだ ―（字義）①ふだ。文書を書きつけた、薄く小さな木札。書きつけ。文書。「牒牘・符牒」②うつしぶみ。回状。官庁で次々と回す文書。「官牒」③僧になることを許可した証書。「度牒」

ちょう【腸】教6 チョウ（チャウ）はらわた ―（字義）①→次項。「大腸・直腸・盲腸・羊腸・十二指腸」②こころ。感情。「腸断・愁腸・断腸」

ちょう【腸】チャウ 消化器の一部。胃の幽門から肛門までの細長く屈曲した管状の器官。小腸と大腸の総称。はらわた。

ちょう【跳】チョウ（テウ）㊥ はねる㊥・とぶ㊥・おどる ―（字義）①とぶ。はねあがる。「跳躍・跳梁・高跳」②おどる。おどらす。こおどりする。「跳身・跳舞」

ちょう【徴】【人徴】チョウ㊥ しるし・めす ―（字義）①しるし。㋐きざし。「徴候・瑞徴」㋑あらわれ。めじるし。「象徴・特徴・変徴」㋒ききめ。証拠。「徴験」②召し出す。かり集める。「徴兵・徴用」③取りたてる。「徴収・追徴」④明らかにする。「明徴」人名 あき・あきら・きよし・すみ・よし

ちょう【徴】きざし。前ぶれ。徴候。「衰徴の―」

ちょう【暢】人 チョウ（チャウ）のびる ―（字義）①のびる。㋐のび育つ。「暢茂・伸暢」㋑のびのびする。「暢達」②文章や言語がすらすらとよどみなく通る。「流暢」難読 暢気 人名 いたる・かど・とおる・なが・のぶ・のぼる・まさ・みつ・みつる

ちょう【肇】人 チョウ（テウ）はじめる ―（字義）はじめる。「肇国・肇始」人名 こと・ただ・ただし・とし・はじむ・はじめ・はつ

ちょう【蔦】人 チョウ（テウ）つた ―（字義）つた。ブドウ科のつる性植物。「蔦蘿・蔦葛」

ちょう【嘲】チョウ（テウ）㊥ あざける㊥ ―（字義）あざける。からかう。ばかにして笑う。「嘲笑」難読 嘲笑う・嘲笑ら笑う

ちょう【潮】教6 チョウ（テウ）しお ―（字義）①しお。うしお。㋐海水の満ち引き。「干潮・満潮・潮干狩り」㋑みちしお。㋒朝しお。㋓海水の流れ。「潮流・親潮・黒潮」②時世の流れ・傾向。「思潮・風潮」難読 潮汁・潮騒 人名 うしお・み・みつる

ちょう【澄】チョウ㊥ すむ㊥・すます㊥ ―（字義）すむ。水などがすきとおって清い。空などに曇りがない。音がさえる。「澄高・清澄・明澄」人名 きよ・きよし・きよむ・すみ・すむ・すめる・とおる

ちょう【蝶】人 チョウ（テフ）―（字義）→次項。「胡蝶・白蝶」

ちょう【△蝶】テフ《動》鱗翅目に属する昆虫の一群の総称。全身が鱗粉・鱗毛でおおわれ、色彩の美しい二対の大きな羽をもつ。螺旋状の口器をもち、昼間活動して花の蜜や樹液を吸う。完全変態をする。種類が多い。ちょうちょう。春

―よ花よ 子供を非常にかわいがるさま。「―と育てられる」

ちょう【調】教3 チョウ（テウ）しらべる・ととのう㊥・ととのえる㊥ ―（字義）①ととのう。つりあいがとれる。「調和」②ととのえる。㋐ほどよくする。「調整・調節」㋑とりそろえる。「調達」㋒作る。「調製・調理」㋓訓練する。「調教・調馬・調練」㋔仲直りさせる。「調停」㋕音律をととのえる。「調律」③しらべる。「調査・調書」④しらべ。音楽・詩歌・文章などのいきおい・おもむき・音色。「調子・音調・曲調・高調・短調・長調・低調」⑤物事の進みぐあい。「順調・不調・変調」⑥力をあわせる。「協調・同調」⑦のろう。悪魔を従わせる。「調伏」⑧律令制での税目の一つ。絹・糸・綿など土地の産物を納めるもの。「調布・租庸調」人名 しげ・つぎ・つぐ・なり・みつぎ

-ちょう【調】テウ（接尾）①《音》その音が主音となった音階の調子。「ト―」「変ロ長―」②字句の音数による調子。「七五―」③そのものの特徴的なおもむき。「万葉―」「復古―」

ちょう【聴】【人聽】チョウ（チャウ）㊥ きく㊥・ゆるす ―（字義）①きく。㋐音声をきく。「聴覚・視聴」㋑説教・演説などをきく。「聴講・聴衆・静聴・傍聴」㋒念を入れてきく。くわしくきく。「聴取・謹聴・傾聴・拝聴」②ゆるす。ききいれる。「聴許・聴納」人名 あき・あきら・さとし・とし

ちょう【懲】【人懲】チョウ㊥ こりる㊥・こらす㊥・こらしめる㊥ ―（字義）こらす。こらしめる。こりるように制裁を加える。「懲役・懲戒・懲罰・膺懲・勧善懲悪」

ちょう【寵】人 チョウ めぐむ ―（字義）①めぐむ。いつくしむ。かわいがる。「寵愛・寵幸・愛寵・恩寵」②君主のお気に入り。「寵姫・寵臣」

ちょう【△寵】特にかわいがること。気に入ること。「―を得る」

ちょう【鯛】人 チョウ（テウ）たい ―（字義）たい。タイ科の海魚の総称。「鯛網・真鯛」

-ちょう【△挺】チャウ（接尾）①細長いもの（墨・ろうそく・銃・すき・くわ・櫓・三味線など）を数える語。「猟銃三―」②駕籠・人力車などを数える語。「一―の駕籠」

ちょう【△疔】チャウ 細菌感染によってできるはれもの。癤。

ちょう【趙】テウ《世》中国の国名。戦国時代の七雄の一つ。韓・魏とともに晋を三分して建国。（前四〇三）

ちょう-あい【丁合〔い〕】チャウアヒ 製本の工程で、印刷された紙をページ順にそろえること。「―を取る」

ちょう-あい【帳合〔い〕】チャウアヒ ①現金・商品と帳簿とを照合して確認すること。②帳簿に収支を記入すること。

ちょう-あい【△寵愛】（名・他スル）特別に目をかけ愛すること。「―を受ける」

ちょう-あく【懲悪】悪をいましめこらすこと。「勧善―」

ちょう-い【弔意】テウ ― 死者を悼みなげく気持ち。「―を表す」

ちょう-い【弔慰】テウヰ（名・他スル）死者をとむらい、遺族をなぐさめること。「―金」

ちょう-い【朝衣】テウ ― 朝廷に出仕するときに着る衣服。朝服。

ちょう-い【朝威】テウヰ 朝廷の威光・威力。

ちょう-い【潮位】テウヰ《海》潮の干満によって変化する海面の高さ。

ちょう-いん【調印】テウ ―（名・自スル）条約・交渉などで、双方の代表者が文書に書いたその内容を承認したしるしとして、署名や捺印をすること。「―式」「条約に―する」

ちょうウラン-げんそ【超ウラン元素】テウウラン ―《化》原子番号がウランの九二より大きい元素の総称。すべて人工放射

性元素。

ちょう-えき【懲役】〘法〙自由刑(=自由を奪う刑罰)の一つで、刑務所に入れて労役に服させる刑。有期と無期とがある。

ちょう-えつ【超越】—(名・自他スル) ①ある程度や基準をはるかに超えること。②ある生活や心境などから抜け出し、より高い境地にあって物事に煩わされないこと。「世俗を—する」

ちょう-えん【長円】—→だえん

ちょう-えん【腸炎】—〘医〙腸の粘膜に起こる炎症。急に腹痛を生じ、下痢を起こす。腸カタル。

ちょう-おん【長音】— 母音を長くのばして発音される音。「おかあさん」の「かあ」、「カ」に対する「カー」など。↕短音

ちょう-おん【調音】— ■一(名・自スル) 音声学で、音声を出すために発音器官が必要な運動をしたり、位置をとったりすること。■二(名・他スル) 楽器の音調をととのえること。調律。

ちょう-おん【聴音】— (名・自スル) 音を聞き取ったり、聞き分けたりすること。

—き【—機】 飛行機・潜水艦などの出す音を聞き取り、その位置や進行方向などを知る機械。⇩ソナー

ちょう-おんかい【長音階】—〘音〙全音階の一つ。階名でドを主音とし、第三音と第四音、第七音と第八音の間が半音で、その他の各音の間が全音程をなす音階。↕短音階

ちょう-おんそく【超音速】— 空気中を音が伝わる速度よりはやい速度。「—旅客機」⇩音速・マッハ

ちょう-おんぱ【超音波】—〘物〙振動数が毎秒二万回以上の音波。人の耳には聞こえない。指向性をもち、海深測定・魚群探知のほか、化学工業・医療などにも利用される。

ちょう-か【弔花】 死者をとむらうために供える花や花輪。

ちょう-か【弔歌】— 死者をとむらう詩歌。挽歌。

ちょう-か【町家】— ①町人の家。特に、商家。②町の中にある家。町家。

ちょう-か【長歌】—〘文〙和歌の一形式。五・七の句を繰り返して連ね、終わりを五・七・七で結ぶ歌。奈良時代に栄え、平安時代には衰えた。長歌。↕短歌

ちょう-か【釣果】 魚釣りの成果。釣った獲物の量。

ちょう-か【朝家】— 皇室。王室。朝家。

ちょう-か【超過】 (名・自スル) 数量・時間などが決められた限度をこえること。「—料金」「予算を—する」

—きんむ【—勤務】(名・自スル) 決められた勤務時間をこえて仕事をすること。超勤。「—手当」

ちょう-が【頂芽】—〘植〙茎や枝の先端に出る芽。↕側芽

ちょう-が【朝賀】— ①昔、元日に皇太子以下諸臣が大極殿に集まって、天皇に年賀を申し上げた儀式。②①から、元日の拝賀。新年 ⇩参賀

ちょう-かい【町会】 ①(「町内会」の略)町民の自治組織。②「町議会(=町の議決機関)」の略。また、その旧称。

ちょう-かい【朝会】 学校や会社の朝の集会。朝礼。

ちょう-かい【潮解】— (名・自スル)〘化〙固体が大気中の水分を吸収して、それに溶解すること。「塩化カルシウムの—」

ちょう-かい【懲戒】(名・他スル) ①不正不当な行為をこらしめ戒めること。「—解雇」②公務員の義務違反に対して国や公共団体が与える制裁。「—免職」

ちょうかい-ぼへん【朝改暮変】— →ちょうれいぼかい

ちょう-かく【弔客】— 死者をとむらいに来る人。弔客。

ちょう-かく【頂角】—〘数〙三角形の底辺に対する角。

ちょう-かく【聴覚】— 五感の一つ。音を感じとる感覚。

ちょう-カタル【腸カタル】— →ちょうえん(腸炎)

ちょう-かん【長官】 官庁の、特に外局で最高の地位。また、その位にある人。「宮内庁—」

ちょう-かん【鳥瞰】— (名・他スル)(「瞰」は見下ろす意) 高い場所や空中から見下ろすこと。また、高い立場から全体を見わたしてとらえること。俯瞰。「山頂から下界を—する」

—ず【—図】 高所から地表を見下ろしたように描いた風景図や地図。鳥目絵。俯瞰図。

ちょう-かん【朝刊】— 日刊新聞で、朝、発行されるもの。↕夕刊

ちょう-かん【腸管】〘生〙動物が食物を吸収・消化・排泄する器官の総称。ふつう、口に始まり肛門に終わる。

ちょう-かん【聴官】 →ちょうき(聴器)

ちょう-き【弔旗】— 弔意を表して掲げる旗。国家の凶事の際、黒布をつけたり、半旗にしたりして掲げる国旗。

ちょう-き【長期】— 長い期間。「—に及ぶ」↕短期

—よほう【—予報】〘天〙向こう一か月間・三か月間などの、長い期間にわたる天気予報。

ちょう-き【聴器】— 音を聞く器官。聴覚器。聴官。

ちょう-き【寵姫】 君主が特に愛する女性。愛妾。

ちょう-ぎ【朝議】— 朝廷の評議。

ちょう-きゃく【弔客】— →ちょうかく(弔客)

ちょう-きゅう【長久】 長く続くこと。「武運—を祈る」

ちょう-きゅう【長球】〘数〙回転楕円体の一種。楕円形の長軸を軸として一回転させたときに生じる立体。↕扁球

ちょう-きゅう【重九】— →ちょうよう(重陽)

ちょう-きょ【聴許】— (名・他スル) 目上の人が願いなどを聞きとどけること。聞き入れて許すこと。

ちょう-ぎょ【釣魚】— 魚をつること。魚つり。

ちょう-きょう【調教】 (名・他スル) 馬・犬・猛獣などを訓練すること。「競走馬を—する」

—し【—師】 調教を職業としている人。

ちょう-きょり【長距離】— ①距離が長いこと。「—電話」②「長距離競走」の略。③競泳で、一五〇〇メートルのこと。(↕短距離・中距離)

—きょうそう【—競走】 陸上競技で、三〇〇〇・五〇〇〇・一万メートル競走の総称。長距離。

ちょう-きん【彫金】— たがねを用いて金属に彫刻をほどこすこと。また、その技術。「—の技法」

ちょう-きん【超勤】— 「超過勤務」の略。「—手当」

ちょう-きん【朝覲】— (「覲」は謁見の意) ①中国で、諸侯または属国の王が皇帝に拝謁したこと。②天皇が、太上天皇または皇太后の御所に行幸すること。

ちょう-ぎん【丁銀】—〘日〙江戸時代の秤量銀貨の一つ。なまこ形で、一枚四三匁(約一六〇グラム)内外。種類により銀の含有率が異なり、計量して使用した。

ちょう-く【長句】— ①字数の多い句。特に、漢詩で、五言に対して七言の句。②連歌・俳諧で、五・七・五の句。《↕短句》

ちょう-く【長駆】— (名・自スル) ①遠くまで馬に乗って走ること。遠乗り。②長い距離を一気に走ること。

ちょう-く【長軀】— 背が高いこと。長身。↕短軀

ちょう-けい【長兄】— いちばん年上の兄。

ちょう-けい【長径】— →ちょうじく

ちょうけい-うかい【長頸烏喙】— 首が長く口のとがった人相。忍耐力があり艱難をともにするにはよいが、残忍で安楽をともにするには適さない性質という。語源 中国、越王勾践の人相から出た言葉。〈史記〉

ちょう-けし【帳消し】― ①金銭の勘定がすんで、帳面に記入されている金高を消すこと。債務が消えること。棒引き。「借金を―にする」②たがいに差し引いて損得・功罪・貸し借りなどの残りのないこと。「失敗を―にする手柄を立てる」

ちょう-けつ【長欠】― (名・自スル)(「長期欠席」「長期欠勤」の略)学校や勤務を長期間休むこと。「病気で―する」

ちょう-けっかく【腸結核】― 〔医〕肺結核患者が結核菌を含んだたんをのみ込んだために起こる腸の結核。

ちょう-けん【長剣】― ①長い刀剣。②時計の長針。(↔短剣)

ちょう-けん【朝見】― 臣下が宮中で天子に拝謁すること。

ちょう-げん【調弦】― (名・自他スル)〔音〕弦楽器の弦の音律をととのえること。「ギターの―」

ちょう-げんじつしゅぎ【超現実主義】― →シュールレアリスム

ちょう-ご【重五】 陰暦五月五日の端午の節句。夏

ちょう-こう【兆候・徴候】―・― 何かが起こる前ぶれ。きざし。しるし。「噴火の―がある」「景気回復の―」

ちょう-こう【長江】 ①長い川。②中国第一の大河。青海省南部に発源し中国大陸の中央部を経て東シナ海に注ぐ。全長約六三〇〇キロメートル。揚子江。

ちょう-こう【長考】 (名・自スル)長時間考えこむこと。「―に沈む」

ちょう-こう【長講】 長時間におよぶ講演や講談。

ちょう-こう【彫工】― 彫刻を職業とする人。彫り師。

ちょう-こう【朝貢】― (名・自スル)外国の使いが来朝して朝廷に貢ぎ物を差し出すこと。

ちょう-こう【調光】 (名・他スル)照明の明るさを調節すること。「―装置」

ちょう-こう【調香】 (名・自スル)香水などの香りを作り出すために、さまざまな種類の香料を調合すること。「―師」

ちょう-こう【聴講】 (名・他スル)講義を聞くこと。「―生」「大学の授業を―する」

ちょう-ごう【調合】 (名・他スル)薬品など、二種類以上のものを決められた分量どおり混ぜ合わせること。「火薬の―」

ちょうこう-ぜつ【長広舌】― 長々としゃべること。また、その話。長舌。「―をふるう」

ちょうこうそう-ビル【超高層ビル】― 階数の非常に多いビル。通常、一〇〇メートルを超す高さのものをいう。参考一九六三(昭和三十八)年に三一メートルの高度制限が撤廃されてから建設可能となった。

ちょう-こく【彫刻】― (名・自他スル)木・石・金属などに物の形・文字などを彫り刻むこと。彫り刻んで像をつくること。また、その作品。「―家」

ちょう-こく【超克】― (名・自他スル)困難をのりこえ、それにうちかつこと。「苦境を―する」

ちょう-こっかしゅぎ【超国家主義】 極端な国家主義。ウルトラナショナリズム。⇩国家主義

ちょう-こん【長恨】― 長く忘れることのできないうらみ。

ちょうごんか〔長恨歌〕 唐の詩人白居易(白楽天)の叙事詩。八〇六年成立。一二〇句から成る七言古詩で、唐の玄宗皇帝が妃の楊貴妃を失った悲しみをうたったもの。

ちょう-さ【調査】― (名・他スル)物事を明らかにするために調べること。「世論―」「学術―」「信用を―する」

ちょう-ざ【長座・長△坐】― (名・自スル)①人の家を訪問して、長時間そこにいること。長居。②両足をまっすぐ前に伸ばした体勢で床などに座ること。「―位」

ちょう-ざい【調剤】― (名・自他スル)薬剤を調合すること。「―師」「―薬局」

ちょう-ざめ【△蝶△鮫】― 〔動〕チョウザメ科の硬骨魚の総称。体は細長く、四本の口ひげと五列にならんだ硬いうろこをもつ。春、産卵のため川をさかのぼる。卵巣の塩づけは、キャビアとして珍重される。参考軟骨魚のサメとは別種。

ちょう-さん【重三】 陰暦三月三日の上巳の節句。春

ちょう-さん【朝△餐】― 朝の食事。朝食。朝飯。

ちょうさん-ぼし【朝三暮四】― 目先の差異や利害にばかりこだわって、結局は同じであることに気がつかないたとえ。また、口先でうまく話して人をだますたとえ。

【故事】宋の国の狙公が、飼っている猿たちにトチの実を「朝に三つ夕方に四つ与えよう」と言ったら猿が大いに怒ったので、「では朝に四つ夕方に三つではどうか」と言うと、猿はたいへん喜んだという説話による。〈列子〉

ちょうさん-りし【張三△李四】― 身分もなく有名でもない人。平凡な人々。参考張氏の三男、李氏の四男の意。張・李は中国ではありふれた姓。〈伝灯録〉

ちょう-し【弔詞】― くやみのことば。弔文。弔辞。

ちょう-し【弔詩】― とむらいの詩。

ちょう-し【長子】― その夫婦の最初の子。また特に、長男。「―相続」↔末子

ちょう-し【長姉】― いちばん年上の姉。

ちょう-し【△銚子】― ①徳利。「お―をつける」②酒をさかずきにつぐときに使う、木製や金属製の長い柄のついた器。

ちょう-し【調子】― ①〔音〕音律の高低。「琴の―を合わせる」②音声の強さ。語調。口調。「激しい―で食ってかかる」③字句の言い回し。論調。「原文の―を生かした翻訳」④ぐあい。状態。「体の―がよい」⑤きっかけ。なりゆき。「ふとした―で思い出す」⑥物事の進む勢い。はずみ。「ようやく―が出てきた」

―がいい 場に合わせて立ち回るのがうまい。**―に乗る** ①物事にはずみがついて順調に進む。②おだてや勢いに乗り、いい気になって物事を行う。「ほめられて―」**―を合わせる** ①音の高低や速さなどを合わせる。②相手の出方に合わせる。

―づ・く【―付く】(自五) ①勢いがよくなる。はずみがつく。②得意になってうわつく。「―・いて反発を買う」

―はずれ【―外れ】(名・形動ダ) ①正しい音律・音階からはずれたさま。「―の歌」②言動が周囲と違っていて不調和なさま。参考「調子っぱずれ」ともいう。

―もの【―者】(上に「お」を付けて) ①おっちょこちょいですぐ調子に乗る人。②いい加減に他人に調子を合わせる人。

ちょう-し【聴視】― 聞くことと見ること。視聴。「―者」

―かく【―覚】 聴覚と視覚。視聴覚。

ちょう-じ【丁子・丁字】― 〔植〕フトモモ科の常緑高木。熱帯地方で栽培。葉は楕円形で、秋に白または淡紅色の花を開く。つぼみを乾燥させて香料に利用。また、つぼみなどから油をとり、薬用・香料とする。クローブ。

ちょう-じ【弔事】― 死亡・葬儀などのとむらいごと。↔慶事

ちょう-じ【弔辞】― くやみの言葉。葬儀の席などで、死者をとむらうために読む文。弔詞。弔文。「―を述べる」

ちょう-じ【△寵児】 ①特別にかわいがられる子供。②世間でもてはやされている人。花形。人気者。「時代の―」

ちょう-じが【超自我】― 〔心〕精神分析で、自分のなかにあって、自分の行動を無意識的に統制するもう一つの自我。上位自我。参考フロイトの用語。

ちょう-じかん【長時間】― 長い時間。↔短時間

ちょう-じく【長軸】チャウヂク《数》楕円(だえん)の二つの軸のうち、長いほうの軸。長径。↔短軸

ちょう-しぜん【超自然】テウ ― 自然界の法則を超えた神秘的なこと。また、そのもの。「―現象」

――しゅぎ【―主義】《哲》人間の理性や経験ではつかむことのできない「神」、「絶対」などをその根本におく考え方。

ちょうじつ-しょくぶつ【長日植物】チャウジツ ―《植》一日のうちの暗い時間の長さが一定時間より短くなると花をつける植物。アヤメ・ホウレンソウ・アブラナなど。↔短日植物

ちょう-じめ【帳締め】チャウ ― 帳面につけた金額を総計算し、収支勘定を合わせること。決算。

ちょう-しゃ【庁舎】チャウ ― 官公庁の建物。

ちょう-じゃ【長者】チャウ ― ①金持ち。「億万―」②人の上に立つ者。また、年長者。目上の人。

――の万灯(まんとう)より貧者(ひんじゃ)の一灯(いっとう) →ひんじゃのいっとう

ちょう-しゅ【聴取】チャウ ―(名・他スル)①聞きとること。特に、事情や状況を詳しく聞きとること。「事情―」②ラジオを聞くこと。「―者」

――りつ【―率】あるラジオ番組が聞かれている割合。

ちょう-じゅ【長寿】チャウ ― ①寿命が長いこと。長生き。長命。「―の家系」「不老―」②長く続くこと。「―番組」

ちょう-しゅう【長袖】チャウシウ ― ①ながそで。長いそでの着物。②長いそでの衣服を着た人。特に、僧・公卿(くぎょう)など。体を動かして働くことのない、非生産的な人々をあざけっていう語。

ちょう-しゅう【徴収】シウ ―(名・他スル)①法規などに基づいて、国や公共団体が税金や手数料を取り立てること。「源泉―」②一定の範囲の人からお金を集めること。「会費を―する」

ちょう-しゅう【徴集】シフ ―(名・他スル)(「徴」は召(め)す意)①国家が兵役として、人を強制的に呼び集めること。「学徒動員で―される」②物や金を取り立てること。「貴金属を―する」

ちょう-しゅう【聴衆】チャウ ― 演説・講演・音楽などを聞きに集まった人々。「―の喝采(かっさい)を浴びる」

ちょうしゅう【長州】チャウシウ 「長門(ながと)の国」の異称。

ちょう-じゅう【弔銃】テウ ― 現役の軍人や高位の人の死をとむらうために、儀仗(ぎじょう)兵が小銃で空砲をいっせいに撃つこと。

ちょう-じゅう【鳥獣】テウジウ 鳥とけだもの。禽獣(きんじゅう)。

ちょう-じゅう【聴従】チャウ ―(名・自スル)他人の言うことを聞き入れて従うこと。命令に従うこと。

ちょうしゅうえいそう【長秋詠藻】チャウシウエイサウ 藤原俊成(しゅんぜい)の家集。一一七八(治承二)年成立。俊成が皇太后宮大夫であったので、皇后宮を「長秋宮」と称するのにちなんでの名。

ちょうじゅうぎが【鳥獣戯画】テウジウギグワ 絵巻物。四巻。国宝。京都高山寺(こうざんじ)蔵。平安末期から鎌倉時代にかけての作。鳥獣や人物の遊戯のさまを軽妙に描いた白描画(=墨絵)の傑作。鳥羽(とば)僧正作とされるが、確証はない。鳥獣人物戯画。

ちょう-しょ【長所】チャウ ― 性質やはたらきで、すぐれているところ。美点。「―を伸ばす」↔短所

――は短所(たんしょ) 長所を過信すると、かえって失敗のもとになる。

ちょう-しょ【調書】テウ ― ①取り調べて明らかになった点を記載した文書。②《法》訴訟手続きの経過中、法定の事実を記し後日の証拠・裁判の資料とする公文書。「―をとる」

ちょう-じょ【長女】チャウヂョ 娘のうち、最初に生まれた子。

ちょう-しょう【弔鐘】テウ ― 死者をとむらうために鳴らす鐘。

ちょう-しょう【長△嘯】チャウセウ ―(名・自スル)声を長く伸ばして詩や歌をうたうこと。

ちょう-しょう【徴証】ある結論を導き出す根拠・証拠。

ちょう-しょう【嘲笑】テウセウ ―(名・他スル)ばかにして笑うこと。あざけり笑うこと。「―の的となる」

ちょう-しょう【△寵△妾】セフ ― 気に入りのめかけ。愛妾(あいしょう)。

ちょう-じょう【長上】チャウジャウ 年上の人。また、目上の人。

ちょう-じょう【長城】チャウジャウ ①長く続いている城壁。②「万里(ばんり)の長城」の略。

ちょう-じょう【重畳】デフ 一(名・自スル)いくえにも重なり合うこと。「山岳―」二(名・形動ダ)よいことが重なって、この上なく満足なこと。また、そのさま。「ご無事で―です」

ちょう-じょう【頂上】チャウジャウ ①山のいただき。てっぺん。「富士山の―」②この上ないこと。絶頂。「人生の―をきわめる」

――かいだん【―会談】クワイダン →きょうとうかいだん

ちょうじょう-げんしょう【超常現象】テウジャウゲンシャウ 科学では証明することができない、常識をこえた現象。

ちょう-しょく【朝食】テウ ― 朝の食事。朝飯。

ちょう-しょく【調色】テウ ―(名・自他スル)①絵の具を調合して、望みどおりの色を作ること。②写真で、印画紙の画像の色調を、化学的処理によって他の色に変えること。

ちょう-じり【帳尻】チャウ ― ①帳簿記入の最後の所。②決算の結果。転じて、物事のつじつま。「―が合う」「―を合わせる」

ちょう-じる【長じる】チャウジル(自上一)ジ・ジ・ジル・ジル・ジレ・ジロ(ジヨ) ①成長する。育つ。「―に及んで才能を発揮する」②すぐれる。まさる。うまくなる。「音楽に―」③年が上である。年長である。「彼に―こと三歳」語源サ変動詞「ちょうずる」の上一段化。

ちょう-しん【長身】チャウ ― 背の高いこと。また、その人。「―痩軀(そうく)の人」

ちょう-しん【長針】チャウ ― 時計の、分(ふん)を示す長いほうの針。分針(ふんしん)。長剣。↔短針

ちょう-しん【調進】テウ ―(名・他スル)注文品をととのえて納入すること。

ちょう-しん【聴診】チャウ ―(名・他スル)医師が体内の呼吸音・心音などを聞いて、病気診断の手がかりとすること。

――き【―器】《医》医師が、心臓・肺臓・気管支などの音を聞きとって、病気の有無または状態を調べる器具。

ちょう-しん【△寵臣】 主君の気に入りの家来。

ちょう-じん【釣人】テウ ― つりをする人。釣り師。

ちょう-じん【鳥人】テウ ― すぐれた飛行家、また、すぐれたスキーのジャンプ選手のたとえ。

ちょう-じん【超人】テウ ― ①普通の人間とはかけはなれた能力のある人。スーパーマン。②《哲》(ドイツ Übermensch の訳語)ドイツの哲学者ニーチェの説いた、人間の理想的典型。人間がその可能性を極限まで実現した存在で、キリスト教に代わり民衆を導くべきものとされる。

――てき【―的】(形動ダ)ダロ・ダッ(デ・ニ)・ダ・ナ・ナラ・○ 人間ばなれしてすぐれているさま。「―な体力」

ちょう-しんけい【聴神経】チャウ ―《生》聴覚を受けもつ脳神経。

ちょう-しんせい【超新星】テウ ―《天》大きな恒星が消滅するときに大爆発をおこし、きわめて明るく光る現象。

ちょうしん-るこつ【彫心△鏤骨】テウシン ―(名・自スル)(心に彫りつけ、骨にちりばめる意から)非常に苦心して詩文などを作ること。「―の作品」

ちょう-ず【◇手◇水】テウヅ ①手や顔を洗い清めること。また、その水。「―を使う」②便所。手洗い。語源「てみず」の転。

――ば【―場】①便所のそばの手を洗う所。②便所。

――ばち【―鉢】手洗い用の水を入れておく鉢。

ちょう-すいろ【長水路】チャウ ― 水泳で、コースの長さが五〇メートル以上のプールのこと。↔短水路

ちょう-すう【丁数】 チャウ ― ①二で割れる数。偶数ぐうすう。②おもに和とじの書物・帳面の紙の枚数。表裏二ページが一丁。

ちょう・する【朝する】 テウスル (自サ変) シ(セ・サ)・シ・スル・スル・スレ・セヨ ①宮中に参内さんだいする。②朝廷にみつぎ物を献上する。文てう・す(サ変)

ちょう・する【弔する】 テウスル (他サ変) シ(セ・サ)・シ・スル・スル・スレ・セヨ 死をいたんでくやみを述べる。とむらう。「友の死を―」文てう・す(サ変)

ちょう・する【徴する】 (他サ変) シ(セ・サ)・シ・スル・スル・スレ・シロ(セヨ) ①取り立てる。徴収する。「税を―」②呼び出す。召し集める。「兵を―」③証拠や根拠を求める。「史実に―」④要求する。求める。「意見を―」文ちょう・す(サ変)

ちょう・する【△寵する】 (他サ変) シ(セ・サ)・シ・スル・スル・スレ・セヨ 特別に愛しいつくしむ。かわいがる。文ちょう・す(サ変)

ちょう・ずる【長ずる】 チャウズル (自サ変) ジ(ゼ)・ジ・ズル・ズル・ズレ・ジロ(ゼヨ) →ちょうじる 文ちゃう・ず(サ変)

ちょう-せい【町制】 チャウ ― 地方公共団体としての町の権限・機関の設定などに関する制度。

ちょう-せい【町政】 チャウ ― 地方公共団体としての町の政治。

ちょう-せい【長生】 チャウ ― (名・自スル) 長生きすること。長寿を保つこと。長命。「不老―」

ちょう-せい【長征】 チャウ ― 一(名・自スル) 長い距離にわたって遠征すること。二(名)〔世〕一九三四年から一九三六年にかけて、紅軍(=中国共産党軍)が国民党軍の包囲から逃れるために行った大移動。

ちょう-せい【長逝】 チャウ ― (名・自スル) 死ぬこと。死去。

ちょう-せい【朝政】 テウ ― 朝廷で行う政治。

ちょう-せい【調製】 テウ ― (名・他スル) 注文に合う品をととのえ作ること。「いかようにも―します」

ちょう-せい【調整】 テウ ― (名・他スル) ほどよい状態にすること。ぐあいよくととのえること。「時間の―」「音量を―する」

ちょう-ぜい【徴税】 (名・自スル) 税金を取り立てること。

ちょう-せき【長石】 チャウ ― 〔地質〕鉱物の一種。火成岩の主成分。陶磁器の原料や肥料・火薬・ガラスなどの製造に用いる。

ちょう-せき【朝夕】 テウ ― 一(名) ①朝と夕方。あさゆう。②朝夕の食事。二(副) ふだん。明けても暮れても。いつも。

ちょう-せき【潮△汐】 テウ ― 〔海〕(「潮」は「朝しお」、「汐」は「夕しお」の意)ふつう一日に二回ずつの満潮と干潮が起こる現象。約一二時間二五分を周期として海面が昇降する。月および太陽の引力に起因する。しおの干満。

ちょう-せつ【調節】 テウ ― (名・他スル) つりあいをとること。物事をととのえてぐあいよくすること。「音量の―」「温度を―する」

ちょう-ぜつ【超絶】 テウ ― (名・自スル) ほかと比較にならないほど、とびぬけてすぐれていること。「―した技巧」

ちょう-せん【挑戦】 テウ ― (名・自スル) ①戦いをいどむこと。「―状」②困難な物事に立ち向かうこと。「記録への―」

ちょうせん〔朝鮮〕 テウセン アジア大陸東部の半島。現在、北緯三八度線を境として北に朝鮮民主主義人民共和国、南に大韓民国がある。

―あさがお【―朝顔】 アサガホ 〔植〕ナス科の一年草。熱帯アジア原産。葉は卵形。夏から秋にアサガオに似た白色の花を開き、果実は球形で表面に短いとげがある。種子は有毒。葉はぜんそくの薬にする。まんだらげ。夏

―にんじん【―人◦参】 〔植〕ウコギ科の多年草。中国・朝鮮の原産。葉は掌状複葉で葉柄が長い。晩春、緑白色の小形の五弁花を開く。根は白色で強壮剤とする。高麗こうらい人参。

―みんしゅしゅぎじんみんきょうわこく〔―民主主義人民共和国〕 朝鮮半島の北部に位置する人民共和国。北朝鮮。首都はピョンヤン。

ちょう-ぜん【△悵然】 チャウ ― (ト)(タル) 失意や絶望に悲しみなげくさま。うらみなげくさま。「―たる思い」文(形動タリ)

ちょう-ぜん【超然】 テウ ― (ト)(タル) 物事にこだわらないで、ゆうゆうとしているさま。世俗にとらわれないさま。文(形動タリ)

ちょう-そ【重△祚】 (名・自スル) いちど退位した天皇が再び皇位につくこと。重祚じゅうそ。

ちょう-そ【彫塑】 テウ ― ①彫刻と塑像そぞう。②彫刻の原型である像を粘土などで作ること。また、その像。

ちょう-そう【鳥葬】 テウサウ 遺体を、山頂などに運んで、鳥に啄ついばませる葬り方。参考体に宿る神々が天に帰るのを助けるという信仰に基づき、ゾロアスター教徒やヒマラヤ奥地に残る習俗。

ちょう-ぞう【彫像】 テウザウ 木・石などを彫り刻んで作った像。

ちょう-そく【長足】 チャウ ― ①長い足。②はやあし。おおまた。③物事の進み方がはやいこと。

―の進歩しんぽ わずかの間に非常に進歩すること。「―を遂げる」

ちょう-ぞく【超俗】 テウ ― 世間離れしていること。俗世間の物事にこだわらないでゆうゆうとしていること。「―の人」

ちょう-そん【町村】 チャウ ― ①町と村。②地方公共団体としての町ちょうと村そん。「―合併」

ちょう-だ【長打】 チャウ ― 野球で、二塁打以上の安打。ロングヒット。「好機に―がでる」↔単打

ちょう-だ【長蛇】 チャウ ― ①長くて大きな蛇。②蛇のように長く連なること。「―の列」

―を逸いっする 惜しい獲物や人、好機などを取り逃がす。

ちょう-たい【調帯】 テウ ― →ベルト②

ちょう-だい【帳台】 チャウ ― ①平安時代、寝殿の母屋もやに一段高く台を設けて、四隅に帳とばりをたらした座席。身分の高い人の座、また寝所に用いた。②町家の主人の居間。

ちょう-だい【頂戴】 チャウ ― (名・他スル) ①「もらうこと」の謙譲語。いただくこと。「贈り物を―する」②「食べる」「飲む」の謙譲語。いただく。「十分に―しました」③「くれ」「売ってくれ」の意で、物をさいそくする語。ください。「お茶を―」④(動詞の連用形＋「て」の形に付いて)おだやかな命令の意を表す。…してください。「早くして―」用法③④は、同輩以下の者などに親しみをもって用いたり、女性や子供が用いたりすることが多い。参考本来、目上の人などから、ありがたくいただく意の謙譲語。③④は、その「いただきたい」が「ください」の意に転じたもの。

―もの【―物】 いただき物。頂戴した品物。「―の菓子」

ちょう-だい【長大】 チャウ ― (形動ダ) ダロ・ダッ(デ・ニ)・ダ・ナ・ナラ・○ 長く大きいさま。また、背が高く大きなさま。「―な河」↔短小 文(ナリ)

ちょう-たいそく【長大息】 チャウ ― (名・自スル) 長くて大きなため息をつくこと。また、そのため息。「落胆して―する」

ちょう-たく【彫△琢】 テウ ― (名・他スル) ①宝石などを刻んで、みがくこと。②(比喩ひゆ的に)文章を入念に練り上げること。

ちょう-たつ【△暢達】 チャウ ― (名・形動ダ) のびのびとしているさま。のびやか。「―な文字」

ちょう-たつ【調達】 テウ ― (名・他スル) 必要とする金品などを集めととのえること。また、その金品を届けること。ちょうだつ。「物資の―」「資金を―する」

ちょう-だつ【超脱】 テウ ― (名・自スル) 世情や俗事にとらわれない高い境地にいること。「世間から―する」

ちょう-たん【長短】 チャウ ― ①長いことと短いこと。長いものと短いもの。また、長いか短いか。長さ。「―を比べる」②長所と短所。「―相補う」③余っていることと足りないこと。

ちょう-たん【長嘆・長△歎】 チャウ ― (名・自スル) →ちょうたんそく

ちょう-たんそく【長嘆息・長△歎息】 チャウ ― (名・自スル)

長いため息をつくこと。また、そのため息。長嘆。「天を仰いでーする」

ちょう-たんぱ【超短波】—《物》波長が一—一〇メートル、周波数三〇—三〇〇メガヘルツの電波。レーダー・FM放送などに利用。VHF

ちょう-チフス【腸チフス】—《医》腸チフス菌の感染で起こる急性の熱性疾患。

ちょう-ちゃく【◇打△擲】—（名・他スル）人を打ちたたくこと。なぐること。「わけもなくーする」

ちょう-ちょう【町長】地方公共団体としての町を代表し、その行政管理をする立場にある人。

ちょう-ちょう【長調】《音》長音階による調子。↔短調

ちょう-ちょう【△喋△喋】（名・副・自スル）しきりにしゃべるさま。「ーと弁じる」

—なんなん【—△喃△喃】（タル）（「喃喃」は小声でささやくさま）男女がむつまじく楽しげに語り合うさま。文（形動タリ）

ちょう-ちょう【△蝶△蝶】「ちょう」のくだけた言い方。ちょうちょ。

ちょう-ちょう【丁丁・◇打◇打】（副）物を続けて打ちたたく音を表す語。

—はっし【—発止】（副）①刀などでたがいに激しく打ち合うさま。また、打ち合う音。「ー（と）切り合う」②激しく議論をたたかわすさま。「ー（と）わたり合う」

ちょう-ちん【◇提◇灯】—細い割り竹を円形にしたものを骨とし、それに紙をはってかこい、中にろうそくを立てて用いる照明具。折りたたみできるように作られている。「ー行列」

—に釣り鐘（形は似ているが、大きさにも重さにも大きな差があることから）まったくつり合わないことのたとえ。

—きじ【—記事】あるものを良く見せるために誇張して書かれた記事。

—もち【—持ち】①ちょうちんを持って行列の先頭を歩くこと。また、その人。②人の手先になって、その人の宣伝をして回ること。また、そういう人をあざけって言う語。

—や【—屋】①ちょうちんを作り、売る人。また、その店。②《俗》（ちょうちん屋がちょうちんに字を書くときのように）毛筆で、一度書いた字をなぞって形を整えること。また、その人。

ちょう-つがい【△蝶◇番】①開き扉や箱のふたを柱や本体に取りつけ、そこを軸として開閉できるようにする金具。蝶番。②（比喩的に）体の関節。「腰のー」

ちょう-つけ【帳付〔け〕】—（名・自スル）①帳簿に記入すること。また、その仕事をする人。②買った品とその値段を帳面につけておいてもらい、月末などにまとめて支払うこと。付け。

ちょう-づけ【丁付〔け〕】—書物に枚数やページ数を順に記入すること。ページ付け。

参考「ちょうづけ」ともいう。

ちょう-づめ【腸詰〔め〕】—→ソーセージ

ちょう-づら【帳面】—①帳簿に記載した事柄。②表面上の数字・計算。帳面づら。「ーを合わせる」

ちょう-てい【長△汀】—長く続くなぎさ。「ー曲浦」

ちょう-てい【朝廷】—天子が国の政治をとる場所。

ちょう-てい【調停】—（名・他スル）①対立する両者の間に立って争いをやめさせること。②《法》裁判所その他の公の機関が間に立って、当事者双方の譲歩により和解させること。③《法》労働争議解決の一方法。当事者間での解決が困難なとき、調停委員会が調停案を作り、双方に受諾を勧告すること。⇩斡旋・仲裁

ちょう-てき【朝敵】—朝廷の敵。天子に反逆する賊。

ちょう-てん【頂点】—①山の最高の地点。いただき。頂上。②最高の状態。絶頂。「喜びはーに達した」「政界のーにのぼりつめる」③《数》多角形で隣りあう二辺の交わる点。また、多面体で三つ以上の平面の交わる点。「三角形のー」

ちょう-でん【弔電】—くやみの電報。「ーを打つ」

ちょう-でんどう【超伝導・超電導】—《物》特定の温度（絶対温度数一〇度近辺）以下に冷えると一部の金属やセラミックスで電気抵抗が完全に消失する現象。

ちょう-と【長途】—長い道のり。「ーの旅」

ちょう-と【丁と】—（副）物と物とがぶつかり合う音を表す語。「相手の太刀をー払う」

ちょう-ど【調度】—①日常使用する身の回りの道具類。「ー品」②武家で、弓矢のこと。

ちょう-ど【丁度】—（副）①二つの物事が、時間的に重なって行われるさま。まさに。折よく。ほどよく。「そこにーバスが来た」「ー君のうわさをしていたところだ」②過不足なく一致するさま。きっちり。ぴったり。「ー一万円持っている」③さながら。まるで。「ー絵のような風景」

ちょう-とう【長刀】—長い刀。大刀。↔短刀

ちょうどう-けん【聴導犬】—聴覚障害者を介助するため、電話や警報など生活に必要な音を聞き分けて知らせるように訓練を受けた犬。身体障害者補助犬の一つ。

ちょう-とうは【超党派】—複数の政党がそれぞれの利害・政策をこえて協力しあうこと。「ーの使節団」

ちょう-どきゅう【超△弩級】—同類の物よりずばぬけて強く大きいこと。「ーの台風」語源イギリスの戦艦ドレッドノート号より速力・砲力などのすぐれた戦艦をさした「超弩級艦」から出た語。⇩弩級

ちょう-とじ【帳△綴じ】—①紙をとじて帳面を作ること。また、その人。②帳面をとじる錐。③江戸時代、一月四日または十一日に商家でその年に用いる諸帳簿をとじて作り、その祝いをしたこと。帳祭り。帳祝い。新年

ちょう-とっきゅう【超特急】—①特急よりさらに速い列車。②物事を非常に速く処理すること。「ーで仕上げる」

ちょうな【◇手△斧】—木材の粗削りに使う、鍬形の大工道具。手斧。語源「ておの」の転じた「ちょうの」の転。

〔ちょうな〕

ちょう-ない【町内】—同じ町の中。「ー会」

ちょう-なん【長男】—息子のうち、最初に生まれた子。長子。

ちょう-にん【町人】—《日》江戸時代の社会階層の一つ。一般に、都市居住の商人・職人。

—もの【—物】《文》浮世草子で、特に町人の経済生活を主題にした作品の類。井原西鶴の「日本永代蔵」「世間胸算用」など。

ちょう-ネクタイ【△蝶ネクタイ】—蝶の形に結んだネクタイ。

ちょう-ねんてん【腸捻転】—《医》腸がねじれて閉塞を起こす病気。激しい腹痛・嘔吐などを起こす。

ちょう-のうりょく【超能力】—科学的には説明できない超自然的な能力。テレパシー・透視・念力など。「ー者」

ちょう-は【長波】—《物》波長一キロメートル以上、周波数三〇—三〇〇キロヘルツの電波。船舶の通信や気象通信などに利用。⇩中波・短波

ちょう-ば【丁場・町場】—①宿駅と宿駅との間の距離。

「長ー」②工事・仕事などの受け持ち区域。

ちょう-ば【帳場】チャウ 商店や旅館などで、帳付けや金銭の出納・勘定などをする所。「ーに座る」

ちょう-ば【跳馬】テウ 体操用具の一つで、馬の背の形をした台。また、それを用いて、飛び越しの技術を競う体操競技。

ちょう-ば【嘲罵】テウ（名・他スル）あざけりののしること。

ちょうばい-か【鳥媒花】テウバイクワ〔植〕鳥に花粉を運ばれて受粉する花。ツバキ・サザンカなど。⇩水媒花・虫媒花・風媒花

ちょう-はつ【長髪】チャウ 長くのばした頭髪。↔短髪

ちょう-はつ【挑発・挑撥】テウ（名・他スル）相手を刺激して事件や欲情などを引き起こすようにしむけること。「ー行為」「ーに乗る」「ー的な服装」

ちょう-はつ【徴発】（名・他スル）戦時などに軍が物品を強制的に取り立てること。また、人を強制的にかり集めること。

ちょう-はつ【調髪】テウ（名・自スル）髪を刈りそろえたり結ったりして、形をととのえること。理髪。「ー料」

ちょう-ばつ【懲罰】（名・他スル）不正や不当な行為をした人をこらしめて罰すること。また、その罰。「ーを受ける」

ちょう-はん【丁半】チャウ ①偶数（丁）と奇数（半）。②二個のさいころをふり、合計が偶数か奇数かで勝負を決めるばくち。

ちょう-び【掉尾】テウ →とうび

ちょうび-けい【長尾鶏】チャウビ →おながどり

ちょう-ひょう【帳票】チャウヘウ 帳簿・伝票などの総称。

ちょう-ひょう【徴表・徴標】ヘウ ある事物を他の事物と区別するしるしとなる特徴・性質。メルクマール。

ちょう-ひょう【徴憑】①証明の材料。よりどころ。②〔法〕犯罪に関する事実を証明する根拠となる材料。

ちょう-ふ【貼付】テフ（名・他スル）糊などではりつけること。「切手をーする」参考「てんぷ」は慣用読み。

ちょう-ぶ【町歩】チャウ 田畑・山林の面積を町を単位として数えるときの語。一町歩は約九九・一七アール。

ちょう-ふく【重複】（名・自スル）同じ物事が重なること。重なり合うこと。重複。「ーをさける」「ーした表現」

ちょう-ふく【朝服】テウ →ちょうい（朝衣）

ちょう-ぶく【調伏】テウ（名・他スル）①〔仏〕㋐心と身を調和させて欲望や悪行に打ちかつこと。㋑（おもに真言宗・天台宗で）仏に祈って悪魔や敵をしずめること。②人をのろい殺すこと。

ちょう-ぶつ【長物】チャウ 場所をとるばかりで役に立たないもの。じゃまなもの。むだなもの。「無用のー」

ちょう-ぶん【弔文】テウ 人の死をとむらう文。弔詞。弔辞。

ちょう-ぶん【長文】チャウ 長い文。長い文章。↔短文

ちょう-へい【徴兵】国家が国民に兵役義務を課し、一定期間兵役につかせること。「ー制」はじまり 日本では、一八七三（明治六）年の徴兵令に始まり、大日本帝国憲法（明治二十二年発布）にもりこまれ国民の義務となった。新憲法下で廃止。

ちょう-へいそく【腸閉塞】チャウ〔医〕腸管内がつまって腹痛・嘔吐・便通停止などの通過障害を起こす病気。

ちょう-へき【腸壁】チャウ 腸の内壁。

ちょう-へん【長編・長篇】チャウ 詩・小説・映画などの、長い作品。↔短編

ーしょうせつ【ー小説】セウセツ〔文〕構想が雄大・複雑で登場人物も多い、長い小説。

ちょう-べん【調弁】テウ（名・他スル）①必要とする物をととのえそろえること。②軍隊が現地で食糧を調達すること。

ちょう-ぼ【帳簿】チャウ 会計・営業・事務などの必要事項を記入する帳面。「ーをつける」

ちょう-ぼ【朝暮】テウ 朝と夕暮れ。朝夕。また、明け暮れ。

ちょう-ぼ【徴募】（名・他スル）（兵などを）つのり集めること。

ちょう-ほう【弔砲】テウハウ 高位の人や現役の軍人の死をとむらうために発する礼砲。

ちょう-ほう【重宝】㊀（名・他スル・形動ダ）便利で役に立つこと。また、そのさま。調法。「この辞典はーだ」㊁（名）貴重な宝。たいせつな宝物。重宝。「家代々のー」

ちょう-ほう【調法】㊀テウ（名・他スル・形動ダ）→ちょうほう（重宝）㊀ ㊁テウボフ（名）〔仏〕調伏するための修法。

ちょう-ほう【諜報】テフ 相手方のようすをひそかにさぐって知らせること。また、その知らせ。「ー活動」「ー員」

ちょう-ぼう【眺望】テウバウ（名・他スル）景色を広くながめ見渡すこと。また、そのながめ。見晴らし。「山頂からのーを楽しむ」

ちょうほう-けい【長方形】チャウハウ〔数〕四つの内角がすべて直角である四辺形。矩形。参考 数学では正方形も含む。

ちょう-ほん【張本】チャウ 事件・悪事などの起こるもと。また、そのもとになった人。張本人。「事件のー」

ーにん【ー人】事件・悪事などを起こすもとになった人。

ちょう-ぼん【超凡】テウ（名・形動ダ）凡人よりはるかにすぐれていること。ぬきんでているさま。非凡。「ーな頭脳」

ちょう-まい【超邁】テウ とびぬけてすぐれていること。

ちょう-み【調味】テウ（名・自スル）食べ物にほどよく味をつけること。また、食べ物の味をよくすること。

ーりょう【ー料】レウ 調味に使う材料。しょうゆ・塩・みそ・砂糖など。

ちょう-みつ【稠密】テウ（名・自スル・形動ダ）→ちゅうみつ

ちょう-みん【町民】チャウ 町に住んでいる人。町の住民。

ちょう-むすび【蝶結び】テフ 羽を開いた蝶の形にリボン・ひも・ネクタイなどを結ぶこと。また、その結び方。

ちょう-め【丁目】チャウ 町を細かい区域に分けた単位。番地より大きい。「銀座四ー」

ちょう-めい【町名】チャウ 町の名前。

ちょう-めい【長命】チャウ（名・形動ダ）寿命の長いこと。長生きをすること。また、そのさま。長寿。「ーの家系」↔短命

ちょう-めい【澄明】（名・形動ダ）空気・水などが澄みきって明るいこと。また、そのさま。「山頂のーな空気」

ちょう-めん【帳面】チャウ 物事を書きとめておくために、何枚かの紙をとじ合わせたもの。ノート。「ーにつける」

ーづら【ー面】①帳面に書いてある事柄。②表面上の数字・計算。帳面づら。「ーを合わせる」

ちょう-もく【鳥目】テウ（昔の銭は中央に穴があって、その形が鳥の目に似ていたところから）銭。また、一般に金銭。

ちょう-もと【帳元】チャウ 興行などで、経理のすべてを取り仕切る役目。また、その人。

ちょう-もん【弔問】テウ（名・他スル）死者の遺族をたずねて悔やみを述べること。「ー客」「遺族をーする」

ちょう-もん【聴聞】チャウ（名・他スル）①〔仏〕説教・法話などを聞くこと。②行政機関が、行政上の決定を行う場合、広くその利害関係者などから意見を聞くこと。「ー会」③信者の懺悔を聞くこと。

ちょうもん-の-いっしん【頂門の一針】チャウモン（頭の上に一本の針をさす意から）人の急所をおさえ、適切に戒めること。また、その戒め。痛いところをつく教訓。

ちょう-や【長夜】チャウ ①秋または冬の長い夜。夜長。秋 ↔短夜 ②夜通し。③〔仏〕凡夫が悟りを得ずに迷っている間を、長い夜にたとえていう語。

ーの飲いん 夜通し酒を飲み、夜が明けても戸を閉めたまま酒宴を続けること。長夜の宴。〈韓非子〉

ちょう-や【朝野】テウ ①朝廷と民間。政府と民間。官民。「―の名士が集う」②天下。全国。「―をあげて祝う」

ちょう-やく【調薬】テウ（名・自スル）薬を調合すること。調剤。

ちょう-やく【跳躍】テウ 一（名・自スル）とびはねること。とびあがること。「―力」二（名）陸上競技の走り高跳び・走り幅跳び・三段跳び・棒高跳びの総称。跳躍競技。

ちょう-よう【長幼】チャウエウ 年上と年下。年長者と年少者。

―の序（じょ） 年長者と年少者の間にある社会慣習上の順序。

ちょう-よう【重用】（名・他スル）人を重い地位や役職にとりたてて用いること。重用（じゅうよう）。「技術者を―する」

ちょう-よう【重陽】ヤウ 五節句の一つ。陰暦九月九日の菊の節句。重九（ちょうきゅう）。「―の宴」秋 語源 易で「九」を陽の数の最上とし、月と日にこの数が重なるのでいう。

ちょう-よう【貼用】テフ（名・他スル）はりつけて使うこと。

ちょう-よう【徴用】（名・他スル）戦時などに国家が国民を強制的に動員して、兵役以外の一定の業務に従事させること。また、物品などを徴発して用いること。

ちょう-らい【朝来】テウ（副）朝からずっと引き続いているさま。「―の雨」

ちょう-らく【凋落】テウ（名・自スル）①草木の花などがしおれて落ちること。②落ちぶれること。「―の一途をたどる」

ちょう-り【調理】テウ（名・他スル）①食物を料理すること。「―法」②物事をとりさばき、ととのえおさめること。

―し【―師】 調理師法によって、都道府県の知事から免許を与えられ、「調理①」の業務を行う人。

ちょう-りつ【町立】チャウ 町が設立し、運営管理すること。また、その施設。「―図書館」

ちょう-りつ【調律】テウ（名・他スル）音 楽器の調子をそれぞれ標準の音に合わせてととのえること。調音。「ピアノの―」

ちょう-りゅう【潮流】テウリウ ①海 海水の流れ。特に、潮の干満にともなう海水の流れ。②世の中のなりゆき。時勢の動き。「時代の―に乗る」

ちょう-りょう【跳梁】テウリヤウ（名・自スル）①おどり上がり、はね回ること。②悪者などがはびこり、勝手気ままに行動すること。「―跋扈（ばっこ）」「無法者が―する」

ちょう-りょく【張力】チャウ ①引っぱる力。張りのびる力。②物 一物体内の任意の面に垂直にはたらき、その両側の部分を引き離すようにはたらく力。「表面―」

ちょう-りょく【潮力】テウ 海 潮の満ち引きの水位の差によって生じるエネルギー。「―発電」

ちょう-りょく【聴力】チャウ 音を聞きとる能力。「―検査」

ちょう-るい【鳥類】テウ 動 脊椎（せきつい）動物中の一類。温血・卵生で、角質のくちばしを持ち、全身羽毛でおおわれている。前肢は翼となり、多くのものは空を飛ぶ。

ちょう-れい【朝礼】テウ 学校や会社などで、朝、全員が集まって挨拶（あいさつ）や伝達などをする行事。朝会。

ちょうれい-ぼかい【朝令暮改】テウレイ（朝に出した命令を夕方には改め変える意から）命令・法令がたえず変わって一定しないこと。あてにならないこと。朝改暮変。

ちょう-れん【調練】テウ（名・他スル）兵士を訓練すること。

ちょう-ろ【朝露】テウ ①あさつゆ。②人生のはかなさのたとえ。

ちょう-ろう【長老】チャウラウ ①年をとった人の敬称。特に、その道で経験を積み、指導的な立場にある人。「政界の―」②仏 高僧。名僧。③仏 住持または先輩の僧。④基 教会の信徒を代表し、一般信徒を指導する人。

ちょう-ろう【嘲弄】テウ（名・他スル）ばかにしてからかうこと。「失態を演じて―される」

ちょう-わ【調和】テウ（名・自スル）いろいろの要素や条件が、よくつりあうこと。「―がとれる」「―を保つ」

ちょうわ-き【聴話器】チャウワ →ほちょうき

チョーク〈chalk〉①白墨（はくぼく）。②→はくあ②

ちよ-がみ【千代紙】 いろいろの模様を色刷りした手工用の和紙。折り紙・箱の上張りなどに使う。

ちょき じゃんけんで、二本の指を立てて出す拳（けん）。はさみ。「ぱあ」に勝ち、「ぐう」に負ける。

ちょき-ぶね【猪牙船】 江戸時代、隅田（すみだ）川で遊里通いの客の運搬や、市中の水路での舟遊びなどに広く用いられた、屋根のない小さな櫓（ろ）舟。細長く、船足が速い。ちょき。

ちょ-きん【貯金】（名・自他スル）①金銭をたくわえること。特に、郵便局（ゆうちょ銀行）などに金銭をあずけ、ためること。また、その金銭。「―箱」②俗 野球などのリーグ戦で、勝ち数が負け数を上まわっているときの、その差。勝ち越した試合の数。参考 ①は、銀行ではふつう「預金」という。

ちょく【直】 教2 チョク・ジキ（ヂキ） ただちに・なおす・なおる・あたい・すぐ

（字義）①まっすぐ。「直進・直線・垂直」↔曲 ②すなお。「直情・剛直・実直・正直・率直」↔曲 ③じかに。ただちに。「直接・直売」④あたる。相当する。あたい。ねだん。＝値。「安直・高直（こうじき）」⑤番にあたる。とのい。当番。「宿直・当直・日直」難読 直談判（じかだんぱん）・直火（じかび）・直様（すぐさま）・直人（ただうど）・直中（ただなか）・直会（なおらい）・直衣（のうし）・直隠（ひたかく）し・直垂（ひたたれ）・直向（ひたむ）き・直面（ひためん） 人名 すなお・ただし・ただす・ちか・なおき・なおし・なが・ね・のぶる・ま・まさ

ちょく【直】 一（名）正しいこと。まっすぐなこと。「理非曲―」↔曲 二（名・形動ダ）①直接であること。他を介さないで行うさま。「生産者との―の取り引き」②気軽なさま。安直なさま。

ちょく【勅】〔敕〕 チョク㊥ みことのり

（字義）みことのり。天子の言葉・命令。「勅語・勅命・詔勅・神勅・奉勅」人名 すすむ・ただ・て・とき・のり

ちょく【勅】 天皇のおおせ。天子の命令。みことのり。

ちょく【捗】 チョク㊥ はかどる

（字義）はかどる。仕事がすすむ。「進捗」

ちょ-く【猪口】 →ちょこ

ちょく-えい【直営】（名・他スル）（製造元・生産者などが）直接経営すること。「製造元―の店」

ちょく-おう【直往】ワウ（名・自スル）わき目もふらずまっすぐに行くこと。ためらわずに進むこと。「―邁進（まいしん）」

ちょく-おん【直音】 日本語で、仮名一字で書き表される音。拗音（ようおん）・促音（そくおん）・撥音（はつおん）以外の音。

ちょく-がく【勅額】 天皇直筆の額。また、勅賜の額。

ちょくがん-じ【勅願寺】チョクグワン 天皇の発願（ほつがん）によって建てられた寺。東大寺・薬師寺など。

ちょく-げき【直撃】（名・他スル）①爆弾や砲弾などが直接当たること。「―弾」②直接襲うこと。「台風の―を受ける」

ちょく-げん【直言】（名・他スル）思うことを遠慮なくありのままに言うこと。また、その言葉。「上役へ―する」

ちょく-ご【直後】 ①事の起こったそのすぐあと。②人や事物のすぐあとの位置。「この語はその―の語を修飾する」（↔直前）

ちょく-ご【勅語】 天皇の言葉。特に、明治憲法下で、天皇が公式に発した意思表示。「教育―」

ちょく-さい【直裁】（名・他スル）ただちに裁決すること。ま

た、直接自分でさばくこと。「―を仰ぐ」
ちょく-さい【直△截】(名・形動ダ)→ちょくせつ(直截)
ちょく-さい【勅裁】 天皇がみずから裁決すること。
ちょく-し【直視】(名・他スル)①目をそらさないでまっすぐに見つめること。「相手の顔を―する」②物事をありのままに見ること。「現実を―する」
ちょく-し【勅旨】 天皇の意思。
ちょく-し【勅使】 天皇の使者。
ちょく-しゃ【直写】(名・他スル)ありのままを写すこと。
ちょく-しゃ【直射】(名・他スル)①光線などがまともに照らすこと。じかに照らしつけること。「―日光」②直線的な低い弾道で飛ぶように弾丸を発射すること。「―砲」↔曲射
ちょく-しょ【勅書】 詔勅の形式の一つ。明治憲法下で、天皇の意思を表し、特定の人や機関に交付された公文書。
ちょく-じょ【直叙】(名・他スル)想像や感情などを交えず、ありのままを述べること。言葉を飾らず事実を表現すること。
ちょく-じょう【直上】ジヤウ 一(名)すぐ上。真上。二(名・自スル)まっすぐ上にのぼること。「―する炎」(↔直下)
ちょく-じょう【直情】ジヤウ 偽りのない感情。ありのままの感情。「―を述べる」
―けいこう【―径行】ケイカウ(名・形動ダ)感情をおさえずに自分の思ったとおりに行動すること。また、そのさま。「―の人」
ちょく-じょう【勅△諚】ヂヤウ 天皇の命令。勅命。
ちょく-しん【直進】(名・自スル)まっすぐに進むこと。また、ためらわずに進むこと。「車が―する」
ちょく-せつ【直接】(名・副)間に隔てるものがなく、じかに接するさま。じかにかかわること。「本人から―聞く」↔間接
類語 じか・じきじき・ダイレクト・直ちょく
―こうどう【―行動】カウドウ 目的をとげるために、規範や手続きを無視して、力ずくなどの手段をとること。「―に出る」
―ぜい【―税】〘経〙税金の負担者から直接徴収する税。所得税・法人税・固定資産税・住民税など。↔間接税
―せんきょ【―選挙】〘社〙有権者が、被選挙人を直接投票によって選挙すること。↔間接選挙
―てき【―的】(形動ダ)ダロ・ダッ(デ・ニ)・ダ・ナ・ナラ・○ 直接であるさま。じか。「―な表現を避ける」↔間接的
―わほう【―話法】ハフ 話し手が、他人の発言をそのままの形で引用する形式。「友人から『すぐ行く』と電話があった」「彼は『ぼくは大学生です』と言った」など。↔間接話法
ちょく-せつ【直△截】(名・形動ダ)①ただちに裁決すること。直覚的に判断すること。「―な処置」②まわりくどくなく、きっぱりしていること。「―簡明」参考「ちょくさい」は慣用読み。
ちょく-せん【直線】①まっすぐのすじ。まっすぐな線。↔曲線②〘数〙二点間を最短距離で結ぶ線。
ちょく-せん【勅△撰】(名・他スル)①天皇・上皇がみずから詩歌・文章を選ぶこと。②天皇・上皇の命令によって詩歌などを選び編集すること。また、編集したもの。「―集」↔私撰
―わかしゅう【―和歌集】ワカシフ〘文〙勅命または院宣によって編纂した和歌集。「古今和歌集」以下、「新続古今和歌集」まで総称して「二十一代集」という。参考三代集＝古今・後撰・拾遺。八代集＝三代集および後拾遺・金葉・詞花・千載・新古今。十三代集＝新勅撰・続後撰・続古今・続拾遺・新後撰・玉葉・続千載・続後拾遺・風雅・新千載・新拾遺・新後拾遺・新続古今。二十一代集＝八代集と十三代集。
ちょく-ぜん【直前】①事の起こるそのすぐ前。「発表の―」②人や事物のすぐ前の位置。目の前。(↔直後)
ちょく-そう【直送】(名・他スル)相手へ直接送ること。「産地―のりんご」
ちょく-そうろ【直走路】 陸上競技で、走路のまっすぐな部分。また、その走路。ストレートコース。
ちょく-ぞく【直属】(名・自スル)直接所属すること。その支配下・指揮下・監督下にあること。「―の部下」
ちょく-だい【勅題】①天皇の出す詩歌の題。特に、新年の歌会始めの題。②天皇直筆の額。勅額。
ちょく-ちょう【直腸】チヤウ〘生〙大腸の最終部で、上端はS状結腸に続き、下端は肛門に至る部分。
ちょく-ちょく(副)〘俗〙そのことが、ある時間的間隔をおいてたびたび行われるさま。ちょいちょい。「―海外に行く」
ちょく-つう【直通】(名・自スル)乗り換えや中継なしで、目的地や相手にまっすぐ通じること。「―電話」「都心に―する」
ちょく-とう【直答】タフ(名・自スル)①人を通してでなく直接答えること。直答じきとう。②すぐに返答すること。即答。
ちょく-どく【直読】(名・他スル)漢文を返り点に従って訓読しないで、上から下へそのまま音読すること。
ちょく-はい【直配】(名・他スル)生産者が消費者に直接に配給・配達すること。「注文品を―する」
ちょく-ばい【直売】(名・他スル)販売業者を通さずに、生産者が消費者に直接に売ること。「産地―」
ちょく-はん【直販】 途中の販売経路を省いて、生産者が消費者に直接販売すること。「メーカー―の商品」
ちょく-ひ【直披】(「披」は開く意)手紙の脇付わきづけで、宛名の本人が直接に開封してくださいの意。親展。直披じきひ。
ちょく-ひつ【直筆】 一(名)書画を、筆をまっすぐに立てて書くこと。「懸腕―」二(名・他スル)事実をありのままに書くこと。また、その文章。↔曲筆 参考「じきひつ」と読めば別の意になる。
ちょく-ふう【勅封】 天皇の命令によって封印すること。
ちょく-ほうたい【直方体】チヨクハウ〘数〙六個の長方形で囲まれた立体。直六面体。
ちょく-めい【勅命】 天皇の命令。みことのり。
ちょく-めん【直面】(名・自スル)ある物事に直接対すること。その事態にじかに面すること。「難局に―する」
ちょく-もう【直毛】 まっすぐで癖のない毛。ストレートヘア。
ちょく-やく【直訳】(名・他スル)原文の語句を一語一語忠実に翻訳すること。↔意訳
ちょく-ゆ【直喩】 修辞法の一種。あるものが他のものに似ているということを「あたかも」「ようだ」「みたいに」「ごとく」などを使って直接表現する方法。明喩めいゆ。「花のように美しい顔」など。↔隠喩いんゆ・暗喩あんゆ
ちょく-ゆ【勅諭】 明治憲法下で、天皇みずからが下した告諭。訓辞的な意味あいをもつ。「軍人―」
ちょく-ゆしゅつ【直輸出】(名・他スル)商社などの仲介を経ず、直接に輸出すること。↔直輸入
ちょく-ゆにゅう【直輸入】ユニフ(名・他スル)商社などの仲介を経ず、直接に輸入すること。↔直輸出
ちょく-りつ【直立】(名・自スル)①まっすぐに立つこと。「―の姿勢」②高くそびえること。「―する岩壁」
―ふどう【―不動】 まっすぐに立って身動きしないこと。「―の姿勢」
ちょく-りゅう【直流】リウ 一(名・自スル)まっすぐに流れること。また、まっすぐな流れ。二(名)〘物〙回路の中を常に一定方向に流れる電流。↔交流
ちょく-れい【勅令】①天子・君主の命令。②明治憲法下で、帝国議会を通さずに、天皇の大権によって発せられた命令。

ちょく‐れつ【直列】①縦一直線に並ぶこと。②《物》（「直列接続」の略）電池・抵抗器などを、異なった極どうし順次一列に連結すること。↔並列

［ちょくれつ②］

ちょ‐げん【緒言】→しょげん（緒言）

ちょこ【△猪◇口】①酒をついで飲む陶製の小さな器。さかずき。②前菜などを盛るさかずき形の器。語源「ちょく」の転。

―ざい【―才】（名・形動ダ）《俗》こなまいきなさま。こざかしいさま。また、そのような人。「―なやつめ」

チョコ「チョコレート」の略。「板―」

ちょこ‐ちょこ（副・自スル）①（幼児などが）小股で歩いたり走り回ったりするさま。②落ち着きなく動き回るさま。「―しないで座れ」③たびたびくり返すさま。ちょくちょく。「―顔を見せる」④簡単に処理するさま。「仕事を―っとやっつける」

ちょこっ‐と（副）《俗》物事の程度や量がわずかであるさま。ちょっと。「―寄り道をする」

ちょこなん‐と（副）小さくかしこまっているさま。ちょこんと。「―座る」

ちょこ‐まか（副・自スル）《俗》落ち着かず、細かにめまぐるしく動き回るさま。ちょこちょこ。「―（と）動く」

チョゴリ〈朝鮮 赤古里〉朝鮮の民族衣装の上着。丈が短く、筒袖で、胸元に結び紐がある。男女とも同形。下に、男子はズボン状のパジ、女子はスカート状のチマを着る。

チョコレート〈chocolate〉①カカオの実をいって粉にしたもの。また、それにミルク・バター・砂糖・香料などを混ぜて練り固めた菓子。②（「チョコレート色」の略）濃いあずき色。こげ茶色。はじまり日本では、一八七八（明治十一）年ごろ、東京両国の菓子店風月堂が半製品から製造、販売したのが最初という。

ちょこん‐と（副）①小さな動作をするさま。「―頭を下げる」②小さくかしこまっているさま。ちょこなんと。「―座っている」

ちょ‐さく【著作】（名・自他スル）書物を書き著すこと。また、その書物。著述。「多数の―がある」

―か【―家】ものを書くことを職業にしている人。著述家。

―けん【―権】《法》著作物を、その著作者が独占的に利用できる権利。その種類は、複製・翻訳・演奏・上映などを含む。知的財産権・無体財産権の一つ。著作者の死後一定期間存続する。コピーライト。

―しゃ【―者】その著作をした人。著作物の作者や編者。

―ぶつ【―物】著作者が著作したもの。文芸・学術・美術・音楽・建築・写真などの範囲に属し、それらを通して思想・感情を創造的に表現したもの。

ちょ‐じゅつ【著述】（名・自他スル）書物を書き著すこと。また、その書物。著作。「―業」

ちょ‐しゃ【著者】その書物を書いた人。著作者。作者。

ちょ‐しょ【著書】書き著した書物。著作。

ちよじょ【千代女】→かがのちよ

ちょ‐すい【貯水】（名・自スル）水をためておくこと。また、たくわえた水。「―量」「―槽」

―ち【―池】灌漑・上水道・発電などに利用する水をためておく人工の池。

ちょ‐せん【緒戦】→しょせん（緒戦）

ちょ‐ぞう【貯蔵】（名・他スル）物をたくわえておくこと。「―庫」「米を―する」

ちょ‐だい【著大】（名・形動ダ）いちじるしく大きいこと。

ちょ‐たん【貯炭】（名・自スル）石炭をたくわえること。また、たくわえた石炭。「―量」

ちょ‐ちく【貯蓄】（名・自他スル）金銭をたくわえること。また、たくわえた金銭。「結婚に備えて―する」

ちょっ‐か【直下】㊀（名）真下。すぐ下。「赤道―」「―型地震」「―を見おろす」㊁（名・自スル）まっすぐに下がること。一直線に下ること。「急転―」（↔直上）

ちょっ‐かい《俗》①よけいな口出しや手出しをすること。また、からかい半分に言い寄ること。「―を出す」「―を掛ける」②猫などが片方の前足で物をかきよせるような動作をすること。

ちょっ‐かく【直角】（名・形動ダ）《数》二つの直線が交わって、隣り合う角が等しいときの、その一つの角の大きさ。九〇度の角。また、九〇度であるさま。

―さんかくけい【―三角形】《数》一つの内角が直角である三角形。

ちょっ‐かく【直覚】（名・他スル）経験や推理などによらず、直接的に対象を理解すること。直観。「―的判断」

ちょっ‐かつ【直轄】（名・他スル）直接に管理すること。直接に支配すること。「―地」「政府が―する事業」

ちょっ‐かっこう【直滑降】スキーで、山の斜面をまっすぐにすべり降りること。

ちょっ‐かん【直感】（名・他スル）論理的な考察によらず、瞬間的に物事の本質や全体を感じとること。「危険を―する」⇒直観「参考」

ちょっ‐かん【直△諫】（名・他スル）上位の相手に遠慮せず、率直にいさめること。「主君に―する」↔諷諫

ちょっ‐かん【直観】（名・他スル）思考や推理などの思惟作用によらず、直接に物事の本質や全体をとらえること。また、とらえた内容。直覚。参考「直観」があくまで対象をとらえる認識の能力をいうのに対し、「直感」は、もっと瞬間的で、俗に第六感といわれるような感受性に基づく点で異なる。

―てき【―的】（形動ダ）考えることなくすぐに物事の本質や全体をとらえるさま。直覚的。「―に理解する」

ちょっ‐かん【勅勘】天皇のとがめ。勅命による勘当。

ちょっ‐き【直帰】（名・自スル）外出先から職場に戻らず、そのまま帰宅すること。「直行―」

チョッキ〈ポルト jaque から〉上着の下、ワイシャツなどの上に着る袖のない短い胴着。ベスト。

ちょっ‐きゅう【直球】①野球で、投手が打者に対して、変化をつけずに投げるまっすぐな球。ストレート。②（比喩的に）率直にまっすぐ向かうこと。（↔変化球）

ちょっ‐きょ【勅許】天皇の許し。勅命による許可。

ちょっ‐きり（副）《俗》①過不足のないさま。ちょうど。きっかり。「一〇〇〇円―の品物」②はさみで断ち切るさま。ちょきり。ちょきん。

ちょっ‐きん【直近】すぐ近く。現時点、またはその場所に最も近いこと。「―三か月の売上額」

ちょっ‐くら（副）《俗》ちょっと。ちょいと。「―行ってくる」

ちょっ‐けい【直系】①祖先からずっと親子の関係でつながっている系統。②師弟・派閥などの関係で、直接に系統をうけつぐこと。また、その人や組織。「―の弟子」（↔傍系）

―そんぞく【―尊属】《法》自分より上の世代の直系の血族。父母・祖父母・曽祖父母など。

―ひぞく【―卑属】《法》自分より下の世代の直系の血族。子・孫・曽孫など。

ちょっ‐けい【直径】《数》円または球の中心を通って、円周または球面に両端を有する線分。さしわたし。

ちょっ‐けつ【直結】（名・自他スル）間にものを置かずに直接結びつくこと。また、結びつけること。「生活に―した政治」

ちょっ-こう【直交】(チョクカウ) (名・自スル)《数》直線と直線、平面と平面、または直線と平面が直角に交わること。

ちょっ-こう【直行】(チョクカウ) ■一 (名・自スル) ①まっすぐに行くこと。寄り道をせずに行くこと。「現場に―する」②思ったとおりに行うこと。■二 (名) 曲がったところのない正しい行い。「―の士」

ちょっ-こう【直航】(チョクカウ) (名・自スル) 船・飛行機が途中でどこにも寄らないで目的地へまっすぐ行くこと。「―便」

ちょっ-と【×一寸・×鳥渡】 ■一 (副) ①少しの時間。しばらく。「―待ってください」②分量・程度が少ないさま。わずか。「―調べてみます」④かなり。ある程度。「―いける口」⑤たやすく。簡単に。「―解けない問題」⑥まったく。とても。「―常識では考えられない」■二 (感) 気軽な呼びかけの言葉。もしもし。「―、忘れ物よ」用法 ■一の⑤⑥はあとに打ち消しの語を伴う。

―やそっと (あとに打ち消しの語を伴って)ほんの少し。少しばかり。「ちょっと」に語呂(ごろ)を合わせて意味を強めた語。「―の努力ではできない」

―した (連体) ①わずかな。ほんのちょっとの。「―思いつき」②ある程度評価できる。相当な。「彼は―腕前だ」

―み【―見】 ちょっと見た感じ・ようす。「―はなかなかいい」

ちょっぴり (副)《俗》ほんの少しばかり。「―からい」

チョップ 〈chop〉①羊・豚などの、あばら骨つきの厚切りの肉片。「ラム―」②テニスで、球の下側を切るようにして逆回転を与える打ち方。③プロレスで、手刀で打つこと。「空手―」

ちょ-とつ【△猪突】 (名・自スル) 猪(いのしし)がまっすぐ走るように、向こう見ずに突き進むこと。

―もうしん【―猛進】(マウシン) (名・自スル) ある目的に向かって、向こう見ずに突き進むこと。

ちょび-ひげ【ちょび△髭】 鼻の下にわずかに生やしたひげ。

ちょ-ぶん【著聞】 世間によく知られること。

ちょぼ【◇点】 ①しるしに打つ点。ぽち。②歌舞伎(かぶき)で、地の文を浄瑠璃(じょうるり)節で語ること。また、それを語る人。ちょぼ語り。参考 ふつう、「チョボ」と片仮名で書く。

ちょぼ-ぐち【ちょぼ口】 小さくすぼまった口。おちょぼ口。

ちょぼ-ちょぼ ■一 (副) 物がところどころにわずかにあるさま。「髭(ひげ)が―(と)生える」■二 (形動ダ)(ダロ・ダッ(デ・ニ)・ダ・ナ・ナラ・○) (同じことを記す場合に略して点(=ちょぼ)を打ったことから)両者とも同程度でたいした差がないさま。「兄弟の成績は―だ」

ちょ-めい【著名】 (名・形動ダ) 名前が世に広く知られていること。また、そのさま。有名。「―人」

ちょ-めい【著明】 (名・形動ダ) きわめてはっきりしているさま。

チョリソ 〈スペイン chorizo〉香辛料をきかせた辛みの強い、スペインの豚肉ソーセージ。チョリソー。

ちょ-りつ【△佇立】 (名・自スル) たたずむこと。「―する人影」

ちょろ・い (形)(カロ・カッ(ク)・イ・イ・ケレ・○)《俗》①容易だ。簡単だ。「こんな仕事は―」②考えなどが安易だ。浅はかだ。「―男」③きびしさが足りない。手ぬるい。「―やり方」

ちょろぎ【×草石蚕】《植》シソ科の多年草。白い巻貝状の塊茎を梅酢などに漬けて正月料理などに用いる。

ちょろ-ちょろ (副・自スル) ①少量の水が流れているさま。「水道の水が―(と)出る」②炎が小さく出ているさま。「火が―(と)燃える」③小さいものがせわしく動き回るさま。「ネズミが―(と)走り回る」

ち-よろづ【千◇万】(よろず)―《古》限りなく多いこと。無数。

ちょろまか・す (他五)(サ(ソ)・シ・ス・ス・セ・セ)《俗》①人の目をごまかして盗む。「店の品を―」②金額や数量をごまかして利益を得る。「釣り銭を―」可能 ちょろまか・せる(下一)

ちょ-ろん【緒論】 →しょろん(緒論)

ちょん ■一 (副) ①物をたやすく切るさま。「―と切りおとす」②拍子木の音。「―と鳴る」■二 (名)《俗》①(芝居の幕切れに打つ拍子木の音から)物事の終わり。おしまい。「―になる」②しるしに打つ点。句読点など。③解雇。解職。くび。「―にされる」④少し。ちょっと。

―の-ま【―の間】 ほんのわずかな間。

チョンガー 《俗》独身の男性。語源 「総角(=未成年の男子のまだ結髪しない髪形)」の朝鮮語音〈chong gak〉から。

ちょん-ぎ・る【ちょん切る】 (他五)(ラ(ロ)・リ(ッ)・ル・ル・レ・レ) むぞうさに切る。「ひもを―」

ちょんぼ (名・自スル)《俗》うっかりして失敗をおかすこと。「仕事で―した」

ちょん-まげ【◇丁△髷】 近世の男子の髪形の一つ。後頭部で束ねた髪を前へ折り曲げたもの。「―を結う」

ちらか・す【散らかす】 (他五)(サ(ソ)・シ・ス・ス・セ・セ) ①物をあちらこちらに雑然と放りだしておく。「部屋を―」②(動詞の連用形の下に付いて)やたらに…する。荒々しく…する。「書き―」「食い―」自 ちらか・る(五) 可能 ちらか・せる(下一)

ちらか・る【散らかる】 (自五)(ラ(ロ)・リ(ッ)・ル・ル・レ・レ) 物が整理・整頓されずにばらばらになった状態にある。「ごみが―」「部屋が―」他 ちらか・す(五)

ちらし【散らし】 ①散らすこと。また、そのもの。「模様を―に染める」②広告・宣伝の字句を印刷した紙片。「特売の―を配る」③「散らし鮨(ずし)」の略。④「散らし書き」の略。⑤かるたで、取り札をまき散らして取るやり方。

―がき【―書き】 色紙・短冊(たんざく)などに、行をととのえずに和歌や文を散らして書くこと。

―がみ【―髪】 まとめずにそのままうしろに垂れ下げておく女性の髪形。

―ずし【―△鮨】 すし飯の上に魚介・卵焼きなどを並べたすし。また、きざんだ具をまぜたすし。ちらし。夏

ちら・す【散らす】 (他五)(サ(ソ)・シ・ス・ス・セ・セ) ①一か所に集まっていたものをばらばらにして、あちこちにあるようにする。散った状態にする。「花を―雨」「くもの子を―」「火花を―」②はれや痛みなどを、手術によらずに薬でおさえる。「盲腸炎を―」③心を他にむける。「気を―」④(動詞の連用形に付いて)やたらに…する。「どなり―」自 ち・る(五) 可能 ちら・せる(下一)

ちら-ちら (副・自スル) ①細かいものが舞い落ちるさま。「雪が―(と)降る」②光が明滅しながら弱く光るさま。「いさり火が―(と)する」③物が現れたり消えたりするさま。「人影が―(と)見える」④少しずつ聞こえてくるさま。「―(と)うわさを耳にする」⑤くり返し視線を走らせるさま。「―(と)ようすをうかがう」

ちらつか・せる (他下一)(セ・セ・セル・セル・セレ・セロ(セヨ)) ほんの一部分を見せたりほのめかしたりする。「刃物を―」文 ちらつか・す(下二)

ちらつ・く (自五)(カ(コ)・キ(イ)・ク・ク・ケ・ケ) ①細かいものが舞うように降る。「雪が―」②光が明滅しながら弱く光って見える。「遠く町の明かりが―・いている」③見えたり隠れたりする。「面影が―」

ちらっ-と (副) 一瞬見たり感じたりするさま。ちらりと。「―画面に映る」「―思い出す」

ちらば・る【散らばる】 (自五)(ラ(ロ)・リ(ッ)・ル・ル・レ・レ) ①ものが乱雑に散り乱れる。「おもちゃが―」②一か所にあったものが離れ離れになって、あちこちに広く存在する。「卒業生が全国に―」

ちら-ほら (副・自スル) ①まばらにあるさま。「―(と)人々が集まってきた」②ときたまあるさま。「うわさが―(と)聞こえてくる」

ちらり (副) ①すばやく見たり見えたりするさま。「横目で―と見る」「本心が―と見えた」②ちょっと耳にはいるさま。「―と小耳

にはさんだ話」

――ほらり (副) ちらほら。「―(と)雪が降る」

ち-らん【治乱】 世の中が治まることと乱れること。「―興亡」

ちり 鍋料理の一種。魚肉・豆腐・野菜などを鍋で煮て、ポン酢(ず)じょうゆなどで食べる料理。ちり鍋。「ふぐ―」[冬]

ちり【塵】 ①ほこり。ごみ。「―を払う」②俗世間のわずらわしさや精神的なけがれ。「うき世の―」③ほんのわずかなこと。「―ほどもない」④値打ちのないもの。「―のわが身」

――も積(つ)もれば山(やま)となる わずかなものも積もり重なれば大きなものになるというたとえ。

ち-り【地利】 ①地形・地勢上の利点。地の利。②土地から生じる利益。地代。③土地の産物から生じる利益。

ち-り【地理】 ①土地のようす・事情。「―に明るい」「―不案内」②《地》地球上の山川・海陸・気候・人口・都市・産業・交通などの状態。また、それについての教科や学問。「―学」

チリ〈Chile〉南アメリカ南西部に位置し、太平洋岸に沿って細くのびる共和国。首都はサンティアゴ。

ちり-あくた【塵芥】 ①ちりやごみ。くず。②つまらないもの。値打ちのないもの。「―のように扱われる」

ちり-がみ【塵紙】 ①鼻紙やトイレットペーパーに使う紙。塵紙(ちりし)。②楮(こうぞ)の外皮のかすで製したそまつな紙。

ちりけ【身柱・天柱】 ①灸(きゅう)をすえるつぼの一つ。両肩の中央、うなじの下の部分。②《医》頭に血がのぼる幼児の病気。

ちり-し・く【散(り)敷く】 (自五) カカ(コ)・キ(イ)・ク・ク・ケ・ケ 花や木の葉が散って、あたり一面に敷きつめたようになる。「落ち葉―山道」

チリ-しょうせき【チリ硝石】 セウセキ《地質》南米のチリで多く産する硝酸ナトリウムを主成分とする鉱石。窒素肥料・硝酸などの原料。

チリ-ソース〈chili sauce〉トウガラシなどの香辛料を加えてつくる辛みの強いトマトソース。

ちり-ちり (副・自スル・形動ダ) 毛や繊維が縮れているさま。また、焼けて縮れるさま。「パーマを―にかける」

ちり-ぢり【散り散り】 (名・形動ダ) ほうぼうに散らばること。別れ別れになること。また、そのさま。「仲間が―になる」

ちり-づか【塵塚】 ちりやごみを捨てる所。はきだめ。

ちり-とり【塵取(り)】 掃き集めたごみをすくいとる道具。

ちり-なべ【ちり鍋】 →ちり

ちり-のこ・る【散り残る】 (自五) ラ(ロ)・リ(ッ)・ル・ル・レ・レ 他が散ったあとに散らずに残る。「桜の花が―・っている」

ちり-の-よ【塵の世】 けがれたこの世。浮き世。濁世。

ちり-ば・める【鏤める】 (他下一) メ・メ・メル・メル・メレ・メロ(メヨ) ①彫って金銀・宝石などを一面にはめ込む。「宝石を―・めた冠」②所々にはめ込む。「文章に美辞麗句を―」[文]ちりば・む(下二)

ちり-はらい【塵払い】 ハラヒ 竹の柄(え)に布や紙を細くさいて束ねた、ほこりを払う用具。ちりはたき。はたき。

ちり-ひじ【塵泥】 ヒヂ《古》①ちりと泥。ちりあくた。②つまらないもの。とるに足りないもの。

ちり-めん【縮緬】 布面に細かなしぼを出した絹織物。たて糸によりのない生糸、よこ糸にはよりの強い生糸を用いて平織りにし、ソーダを入れたせっけん液で煮沸し縮ませたもの。

――がみ【―紙】 ちりめんに似た小じわをつけた紙。

――じゃこ【―雑魚】 カタクチイワシなどの稚魚を煮て干した食品。ちりめんざこ。[春]

――じわ【―皺】 ちりめんのように細かいしわ。

ち-りゃく【知略・智略】 才知のすぐれたはかりごと。知謀。才略。「―に富んだ人物」

ち-りょ【知慮・智慮】 ①かしこい考え。②考えはかる能力。先を見通す能力。「―才覚」「―が浅い」

ち-りょう【治療】 レウ (名・他スル) 病気・けがをなおすための手当てをすること。療治。「―法」「歯を―する」

ち-りょく【地力】 作物を生育させる土地の能力。

ち-りょく【知力・智力】 知恵のはたらき。「―と体力」

ちり-れんげ【散り蓮華】 散ったハスの花弁に似た形のスプーン。多くは陶製で、中華料理などに使う。れんげ。

ち・る【散る】 (自五) ラ(ロ)・リ(ッ)・ル・ル・レ・レ (中心義―一か所に固まっていたものが離れてゆく) ①花や葉が茎や枝から離れて落ちる。「桜の花が―」②まとまっていたものがわかれて、あちこちにあるようになる。離れ離れになる。「群衆が―」「ガラスの破片が―」③はれものや熱などがおさまる。「できものが―」④広い範囲に及ぶ。広がる。「噂(うわさ)が―」「インクが―(=にじむ)」⑤心が一か所に集中せず、あちこちに向く。「気が―」⑥雲や霧が広がって消える。「雲が―」⑦(比喩(ひゆ)的に)いさぎよく戦って死ぬ。また、敗退する。「異郷で花と―」[他]ちら・す(五)

ち-るい【地塁】《地質》ほぼ平行な二つの断層にはさまれた地域が隆起するか、またはその両側が沈下して生じた高地。

チルド〈chilled〉食品を新鮮なまま保存するため、凍結しないセ氏〇度前後の低温で冷蔵すること。「―ビーフ」

ち-れい【地霊】 大地に宿るという霊的な存在。

ちろり【銚釐】 酒の燗(かん)をつける、銅などで作った筒形容器。注ぎ口と取っ手がある。

〔ちろり〕

チロリアン-ハット〈Tyrolean hat〉アルプスのチロル地方で用いるフェルト製の帽子。縁が狭く飾りひもがついている。チロル帽。

ち-わ【痴話】 恋人・愛人どうしがたわむれてする話。むつごと。転じて、情事。

ちわ-げんか【痴話喧嘩】 ゲンクワ 恋人や夫婦などの間で愛情の問題でおこるけんか。

ちん【沈】 チン㊥・ジン(ヂン)・シン しずむ㊥・しずめる㊥ 氵 氵 沪 沙 沈
(字義) ①しずむ。しずめる。㋐水面から水底に向かって落ちてゆく。「沈下・沈没・撃沈・轟沈(ごうちん)・自沈」⇔浮 ㋑気がしずむ。心が重い。「沈鬱(ちんうつ)・沈痛・消沈」㋒おちぶれる。「沈淪(ちんりん)」㋓とどこおる。「沈滞」②おぼれる。物事に深入りする。「沈酔・沈溺(ちんでき)」③落ち着いている。しずか。「沈静・沈着・沈沈・沈思黙考」[難読]沈菜(キムチ)・沈香(じんこう)・沈丁花(じんちょうげ) [人名]うし

ちん【枕】 チン・シン まくら㊥ 十 木 木 杪 枕
(字義) ①まくら。㋐寝るときに頭の下に置く物。「枕肱(ちんこう)・枕上・枕頭・高枕」㋑前置きの話。②見下ろす。のぞむ。

ちん【珍】 チン㊥ めずらしい㊥ 一 丅 王 玗 珍
(字義) ①めずらしい。㋐類の少ない。めったにない。「珍客・珍品・珍味」㋑変わっている。こっけいな。「珍奇・珍説・珍妙」㋒思いがけない。「珍事」㋓貴重な。とうとい。「珍貴・珍蔵」②大事にする。「珍重・袖珍(しゅうちん)」[人名]いや・うず・くに・くる・たか・のり・はる・よし

ちん【珍】 (名・形動ダ) 珍しいこと。他と変わっていておもしろいさま。「山海の―」「―とするに足る」

ちん【朕】 チン㊥ 刀 月 月' 朕 朕 朕
(字義) われ。秦(しん)の始皇帝以後の天子の自称。

ちん【朕】 (代) 天皇・帝王の自称。日本では一九四七(昭和

二十二)年、国会開会式で「わたくし」に変わるまで用いられた。

ちん【砧】(人)チン きぬた　(字義)①きぬた。布を柔らかくするために木づちで布を打つ台。「砧声・寒砧・秋砧」②受け台。㋐わらを打つ台。㋑人や物を切る台。人名 きぬ

ちん【陳】チン㊥・つらねる ならべる・のべる　(字義)①つらねる。ならべる。つらなる。ならぶ。「陳列・出陳」②のべる。申したてる。「陳述・陳情・具陳」③古い。古いもの。「陳腐・新陳代謝」難読 陳者(のぶれば) 人名 かた・つら・のぶ・のぶる・のり・ひさ・むね・よし

ちん〔陳〕『世』中国の王朝の名。南北朝時代、南朝の一つで建康を都としたが、隋(ずい)に滅ぼされた。(五五七～五八九)

ちん【椿】(人)チン・チュン つばき　(字義)①ちゃんちん(香椿)。センダン科の中国原産の落葉高木。若芽は香気がある。②中国の古代にあったという霊木。「大椿」③長寿にたとえる。「椿寿」④父をいう。「椿萱(ちんけん)・椿庭」⑤つばき。ツバキ科の常緑高木で、早春、美しい花をつける。⑥不意のできごと。「椿事(ちんじ)」難読 椿象(かめむし) 人名 しゅん

ちん【賃】教6 チン　(字義)①やとい人に与える報酬の金銭。仕事や労力に対する報酬。「賃金・賃銭・労賃」②物を借りたり使用したりする代価。損料。「賃貸・運賃・家賃」

ちん【鎮】【鎭】(人)チン㊥ しずめる㊥・しずまる㊥　(字義)①しずめる。㋐おさえつける。「鎮圧・鎮撫(ちんぶ)」㋑安んじる。「鎮護・鎮魂」②おさえ。㋐おもし。おさえとなるもの。「風鎮・文鎮」㋑一地方の治安にあたるもの。「鎮台・藩鎮」㋒ある分野での中心的存在。「重鎮」人名 おさむ・しげ・しずむ・しずめ・しん・たね・つね・なか・まさ・まもる・やす・やすし

ちん【狆】『動』犬の一品種。小形で額(ひたい)が高く、目が大きく、体毛が長い。毛色は黒と白、茶と白など。愛玩(あいがん)用。

ちん【亭】庭園などに建てた休憩や眺望のための小屋。あずまや。参考「ちん」は唐音。

ちん-あげ【賃上げ】(名・自スル) 賃金、特に基本給を引き上げること。「―要求」↔賃下げ

ちん-あつ【鎮圧】(名・他スル) 反乱・暴動などを武力でおさえしずめること。「反乱軍を―する」

ちん-うつ【沈鬱】(名・形動ダ) 気分が沈んでふさぎこむこと。元気のないこと。また、そのさま。「―な表情」

ちん-か【沈下】(名・自スル) 沈み下がること。「地盤―」

ちん-か【鎮火】―クワ (名・自他スル) 火事の火が消えておさまること。また、火事を消すこと。「―に手間取る」↔出火

ちん-がし【賃貸し】(名・他スル) 使用料をとって物を貸すこと。賃貸(ちんたい)。「部屋を―する」↔賃借り

ちん-がり【賃借り】(名・他スル) 使用料を払って物を借りること。賃借(ちんしゃく)。「建物を―する」↔賃貸し

ちん-き【沈毅】(名・形動ダ) 落ち着いていて、物事に動じないこと。また、そのさま。沈着剛毅(ごうき)。「―果断の人」

ちん-き【珍奇】(名・形動ダ) 珍しく、変わっているさま。

チンキ〈オランダ tinctuur から〉〔医〕生薬をアルコールに溶かした液。「ヨードー」参考「×丁幾」とも書く。

チンギス-ハン〈Chinggis Khan〉(一一六七?～一二二七) モンゴル帝国の始祖。幼名テムジン(鉄木真)。全モンゴルを統一し、一二〇六年ハンの位についた。中央アジア・インド・ヨーロッパ・中国にわたる大遠征に成功し、大帝国を建設。成吉思汗(ジンギスカン)。

ちん-きゃく【珍客】珍しい客。珍客(ちんかく)。「―到来」

ちん-きん【沈金】蒔絵(まきえ)細工の一つ。漆器に絵などを細く毛彫りにして、金粉や金箔(きんぱく)をはめこむもの。

ちん-ぎん【沈吟】■(名・他スル) 静かに口ずさむこと。「和歌を―する」■(名・自スル) じっと考え込むこと。

ちん-ぎん【賃金・賃銀】労働の報酬として支払われる金銭。「―体系」「安い―で働く」

―カット〔社〕労働者がストライキをした場合などに、その時間に相当する一定額を使用者が賃金から差し引くこと。また、業績不振などを理由に、労働者の賃金を減額すること。

―ベース 企業別・産業別・地域別などで表される、労働者一人当たりの平均賃金。

ちん-くしゃ【狆くしゃ】《俗》(狆(ちん)がくしゃみをしたような顔の意から)目・鼻・口が中央に集まったような、くしゃっとした顔。みにくい顔や不美人の形容。

ちんけ(形動ダ) ダロ・ダッ(デ・ニ)・ダ・ナ・ナラ・○ 《俗》ひどく劣っていて、取るに足りないさま。程度の低いさま。「―な奴(やっ)」語源 さいころばくちで、一の目を「ちん」ということから。

チンゲンサイ〈中国 青梗菜〉アブラナ科の中国野菜。葉は杓子(しゃくし)状で葉先は緑色、葉柄は肉厚で淡緑色。

ちん-ご【鎮護】(名・他スル) 乱や外敵をしずめて災いから国家を守ること。「―国家」

ちん-こう【沈降】―カウ (名・自スル) ①土地などが沈み下がること。沈下。②沈んで底にたまること。沈殿。「赤血球―速度」

―かいがん【―海岸】〔地〕地盤の沈下によってできた海岸地形の総称。リアス海岸など。沈水海岸。

ちん-ころ【狆ころ】①「狆(ちん)」の異名。②子犬。

ちん-こん【鎮魂】死者の魂をなぐさめしずめること。「―祭」

―か【―歌】①鎮魂(たましずめ)の祭りのときに歌った歌。②→ちんこんきょく

―きょく【―曲】〔基〕死者の魂をしずめるためのミサの音楽。また、その大声楽曲。鎮魂歌。鎮魂ミサ曲。レクイエム。

ちん-ざ【鎮座】(名・自スル) ①神霊がその地に落ち着くこと。②《俗》どっかりと場所を占めていることをからかっていう語。「床の間に―する置物」

ちん-さげ【賃下げ】(名・自スル) 賃金、特に基本給を引き下げること。「従業員一律の―」↔賃上げ

ちん-し【沈子】網や釣り針を水中に沈めるためのおもり。

ちん-し【沈思】(名・自スル) 深く考えこむこと。

―もっこう【―黙考】―モクカウ (名・自スル) 黙って深く考えこむこと。

ちん-じ【珍事・椿事】①珍しく変わったできごと。②思いがけない事件。変事。一大事。参考 ②は多く「椿事」と書く。

ちん-しごと【賃仕事】手内職のような、仕事の量によって賃金の支払われる仕事。「―で家計を補う」

ちん-しゃ【陳謝】(名・他スル) 事情を述べてわびること。

ちん-しゃく【賃借】(名・他スル) 賃料を払って物を借りること。ちんがり。「―権」↔賃貸(ちんたい)

ちん-しゅ【珍種】珍しい種類。また、そのもの。「―の虫」

ちん-じゅ【鎮守】①その地を守る神。また、それを祭る神社。「―の杜(もり)」②兵士を駐留させてその地域を守ること。「―府」

ちん-じゅう【珍什】―ジフ 珍しい道具・器物。

ちん-じゅう【珍獣】―ジウ 生息数の少ない珍しい動物。

ちん-じゅつ【陳述】■(名・他スル) ①口頭で意見を述べること。また、その述べた内容。②〔法〕訴訟当事者が裁判所に対し、事実または法律上の主張を口頭または書面で述べること。■(名)〔文法〕話し手の態度・判断などに基づいて、文としての

まとまりを与えるはたらき。（何が陳述を表すかは諸説ある）

—ふくし【—副詞】〔文法〕推量・打ち消し・仮定など、一定の限られた表現と呼応する副詞。叙述副詞。「おそらく（…だろう）」「少しも（…ない）」「もし（…なら）」など。

ちん-しょ【珍書】手に入れにくい珍しい書物。珍籍。珍本。

ちん-じょう【陳状】ジャウ ①ようすを述べた文書。②鎌倉・室町時代、訴訟のときに被告の出した答弁書。

ちん-じょう【陳情】ジャウ（名・他スル）行政機関などに実情を述べて、対策を考えてくれるように要請すること。「—団」

ちん-じる【陳じる】（他上一）ジジ・ジル・ジレ・ジロ（ジヨ） ①申し述べる。②言い張る。主張する。語源サ変動詞「ちんずる」の上一段化。

ちん-すい【沈酔】（名・自スル）酒に酔いつぶれること。

ちん・ずる【陳ずる】（他サ変）ジ（ゼ）・ジ・ズル・ズレ・ゼヨ →ちんじる 文ちん・ず（サ変）

ちん-せい【沈静】（名・自スル・形動ダ）落ち着いて静かなこと。静かになること。また、そのさま。「物価が—する」

ちん-せい【鎮静】（名・自他スル）騒ぎや興奮した気持ちがしずまり落ち着くこと。また、しずめて落ち着かせること。

—ざい【—剤】〔医〕中枢神経系の機能の興奮をしずめるための薬。精神安定剤など。

ちん-ぜい【鎮西】（奈良時代に、一時大宰府を鎮西府と改称したことから）「九州地方」の別称。

ちん-せき【沈積】（名・自スル）河川や海水などによって運ばれてきた土砂などが、水底に沈み積もること。

ちん-せき【◇枕席】（枕と敷物の意から）寝床。寝室。「—に侍る（＝女性が男性と共寝をする）」

ちん-せき【珍籍】→ちんしょ

ちん-せつ【珍説】①珍しい話。珍談。②変わった意見。また、ばかげた意見。「—を吐く」

ちんせつゆみはりづき【椿説弓張月】江戸後期の読本。曲亭（滝沢）馬琴作。一八〇七—一八一一（文化四—八）年刊。伊豆大島に流されてからの源為朝の生涯を、勧善懲悪の思想を基調にして伝奇的に描いた作品。

ちん-せん【沈潜】（名・自スル）①水中深くしずむこと。②落ち着いて深く考えること。また、深く没頭すること。「研究に—する」③心の奥深くひそむこと。「憎悪が—する」

ちん-せん【賃銭】仕事の報酬・物の使用に対する対価としての金銭。賃金。

ちん-ぞう【珍蔵】ザウ（名・他スル）珍しいものとして、たいせつにしまっておくこと。「マニア—の品」

ちん-たい【沈滞】（名・自スル）①活気がなく意気が揚がらないこと。「—ムード」②一つの所にとどまって動かないこと。

ちん-たい【賃貸】（名・他スル）賃料を取って物を貸すこと。ちんがし。「—住宅」↔賃借

ちん-だい【鎮台】①一地方を守るために置かれた軍隊。また、その長。②明治初期、各地に設置された陸軍の軍団。のち師団に改組。③（「鎮台兵」の略）②に属した兵。

ちん-たいしゃく【賃貸借】相手にあるものを使用させ、これに対して相手が賃料を支払う契約。賃貸借契約。

ちんたら（副・自スル）〔俗〕積極的に取り組まずにいつまでもだらしなく続けるさま。「—しないでまじめにやれ」

ちん-だん【珍談】珍しい話。こっけいな話。「—奇談」

ちんちくりん（名・形動ダ）〔俗〕①背丈の低い人をあざけっていう語。②背丈に比べて着物の寸法が短いこと。また、そのさま。つんつるてん。

ちん-ちゃく【沈着】㊀（名・形動ダ）落ち着いて、あわてないこと。また、そのさま。「冷静—」「—な行動をする」㊁（名・自スル）物が底にたまって付着すること。「色素が—する」

ちん-ちょう【珍重】（名・他スル）①珍しいものとしてたいせつにすること。「古来—される品」②〔古〕めでたいこと。祝うべきこと。

ちんちょう-げ【沈丁◇花】チンチャウ →じんちょうげ

ちん-ちん ㊀（名・自スル）①犬が前足を上げ、うしろ足だけで立つこと。②→ちんちんもがもが ㊁（名）（幼児語）陰茎のこと。㊂（副）①鉄びんなどの湯が煮えたぎるさま。「やかんが—（と）音をたてている」②鈴・鉦などの鳴る音。

—かもかも〔俗〕好き合う二人が仲よく戯れるさま。また、それをからかう語。

—でんしゃ【—電車】（運転士や車掌が合図のために「ちんちん」と鐘を鳴らすことから）市街地を走る路面電車。

—もがもが 片足で飛び歩く遊び。けんけん。ちんちん。

ちん-ちん【沈沈】（タル）静かに夜のふけてゆくさま。ひっそりしたさま。「夜が—とふける」文（形動タリ）

ちん-つう【沈痛】（名・形動ダ）深い悲しみや心配ごとで心を痛め、暗く沈んでいること。また、そのさま。「—な面持ち」

ちん-つう【鎮痛】痛みをしずめること。「—作用」

—ざい【—剤】〔医〕神経に作用して痛みをしずめる薬。

ちん-てい【鎮定】（名・自他スル）力で反乱や暴動などをしずめること。反乱などがしずまりおさまること。「反乱を—する」

ちん-でん【沈殿・沈◇澱】（名・自スル）①液体中の混じり物が底に沈みたまること。「—物」②〔化〕温度変化や化学反応によって、溶液中の溶質や不溶性の物質が固体となって液中に現れる現象。

ちん-と（副）落ち着いてとりすましたさま。「子供が座敷に—座っている」

ちん-とう【◇枕頭】まくらもと。枕上。「—の書（＝愛読書）」

ちん-とう【珍答】タフ 変わったこっけいな答え。↔珍問

ちん-とう【陳◇套】タウ（名・形動ダ）古くさいこと。陳腐。

ちんどん-や【ちんどん屋】人目を引く服装で、三味線・鉦・太鼓・クラリネットなどの楽器を鳴らして町をねり歩き、宣伝・広告をする職業。また、その人。ひろめ屋。東西屋。

ちん-にゅう【◇闖入】ニフ（名・自スル）（「闖」はいきなりはいる意）断りなしに不意にはいり込むこと。「会場に—する」「—者」

ちん-ば【◇跛】①片足が不自由で、歩行の釣り合いがとれないこと。また、その人。（差別的な意がある）②→かたちんば

チンパニー〈イタリア timpani〉→ティンパニー

チンパンジー〈chimpanzee〉〔動〕ヒト科チンパンジー属の類人猿。熱帯アフリカの森林中にすむ。サル類の中で最も知能がすぐれているものの一種。体長一・五メートル程度、毛は黒色。黒猩々。

ちんぴら〔俗〕①一人前でもないのに、大物ぶって生意気にふるまう者をあざけっていう語。②不良の少年少女。③下っぱの暴力団員。

ちん-ぴん【珍品】珍しい品物。珍物。「—をそろえた店」

ちん-ぶ【鎮◇撫】（名・他スル）反乱・暴動などをしずめ、人民を安心させること。「反乱軍を—する」

ちん-ぷ【陳腐】（名・形動ダ）古くさいこと。ありふれていてつまらないこと。また、そのさま。「—な表現」

ちん-ぶつ【珍物】珍しい物。珍品。

ちん-ぶん【珍聞】珍しい話。珍しいうわさ話。「—奇聞」

ちんぷん-かんぷん【×珍紛漢紛】（名・形動ダ）わけのわからないこと・言葉。また、そのさま。ちんぷんかん。「—な話」

ちん-べん【陳弁】（名・他スル）申し開きをすること。事情を

話して弁解すること。「—につとめる」「百方—する」

ちん-ぽう【珍宝】 珍しい宝物。特に、珠玉などの総称。

ちん-ぼつ【沈没】(名・自スル) ①船が水中に沈むこと。「—船」②(俗)酒に酔いつぶれること。

ちん-ぽん【珍本】 珍しい内容の本。手にはいりにくい本。珍書。珍籍。「—をあさる」

ちんまり(副・自スル) 小さくまとまっているさま。「—(と)座る」

ちん-み【珍味】 珍しい味。めったに味わえないおいしい食べ物。「山海の—」

ちん-みょう【珍妙】メウ (名・形動ダ) 変わっていておかしいこと。また、そのさま。「—な姿」

ちん-むるい【珍無類】(名・形動ダ) 他に類のないほど風変わりなこと。ひどく滑稽なこと。また、そのさま。「—の衣装」

ちん-めん【沈湎】(名・自スル) 飲酒などにおぼれ、すさんだ生活をすること。「酒色に—する」

ちん-もく【沈黙】(名・自スル) ①だまりこんで口をきかないこと。「—を守る」②一切の活動をやめて静かにしていること。「長い—を破って新作を発表する」

—は金、雄弁は銀 雄弁をふるうよりも、黙っているほうが勝るということ。雄弁は銀、沈黙は金。

ちんもくの… 和歌〔沈黙の われに見よとぞ 百房の 黒き葡萄に 雨ふりそそぐ〕〈斎藤茂吉〉(敗戦の日以来、変わりゆく祖国日本の姿を沈痛な思いでながめて過ごすのみで)じっと重苦しい心をいだきながら沈黙を続けている私に、この姿を見よとばかりに黒く熟してぎっしりと房を垂れている葡萄、その上に冷たい秋の雨が降り注いでいる。

ちん-もち【賃餅】 手間賃をとって餅をつくこと。また、その餅。图

ちん-もん【珍問】 変わった質問。まとはずれな質問。「—奇問」↔珍答

ちん-ゆう【沈勇】(名・形動ダ) 落ち着いていて、勇気のあること。また、そのさま。「—の士」

ちん-ゆう【珍優】イウ こっけいな演技を得意とする俳優。

ちん-りょう【賃料】レウ 賃貸借契約で、借りる側が対価として支払う金銭。地代・家賃・レンタル料など。

ちん-りん【沈淪】(名・自スル) ①深く沈むこと。②落ちぶれ果てること。淪落。「不幸な境遇に—する」

ちん-れつ【陳列】(名・他スル) 人々に見せるために物品を並べること。ずらりと並べておくこと。「—ケース」「商品を—する」

ちん-ろうどう【賃労働】ラウドウ 賃金をもらって働くこと。賃金労働。

つ ツ

五十音図「た行」の第三音。「つ」は「川」の草体。「ツ」は「川」の変体。

つ【通】(字義) →つう(通)

つ【都】(字義) →と(都)

-つ(接尾) 九以下の和語の数詞に付けて物を数える語。年齢を表すこともある。「一—」「九—」

つ【津】 ①船着き場。港。②渡し場。

つ(格助)(古)(上代語) 連体格を示す。…の。「天—風」

つ(接助)(「…つ…つ」の形で)その動作がくり返される意を表す。…たり…たり。「行き—戻り—する」「ため—すがめ—」語源文語助動詞「つ」の転。用法動詞の連用形に付き、多く文章語で用いる。

つ(助動-下二型)(テ・テ・ツ・ツル・ツレ・テヨ)(古) ①完了の意。だれかがそうするようにして、そうなったことをいう。…た。…てしまう。…てしまった。「(犬は)死にければ陣の外に引き捨て—」〈枕草子〉②意味を強め、確かめの意を表す。確かに…だ。きっと…する。「親のため、妻子のためには、恥をも忘れ、盗みもし—べきことなり」〈徒然草〉用法活用語の連用形に付く。参考「つ」と「ぬ」との違いは、「つ」が意志的・動作的であるのに対して、「ぬ」は自然的・状態的であることにあるとされる。

ツアー〈tour〉①周遊。観光旅行。また、団体旅行。「ヨーロッパ—」「バス—」②小旅行。遠足。「スキー—」③巡業。遠征試合。「バンド初の全国—」

—コンダクター〈tour conductor〉団体旅行の添乗案内人。添乗員。ツアコン。

ツァー〈ロシア tsar'〉帝政時代のロシア皇帝の称号。ツァーリ。ツァール。語源ラテン語のカエサル(Caesar)から出た語。

ツァラトゥストラはかくかたりき【ツァラトゥストラはかく語りき】 ドイツの哲学者ニーチェの哲学書・思想詩。一八八三—一八八五年作。ペルシャのゾロアスター教の開祖ツァラトゥストラ(Zarathustra)が、大衆に説教するという形で書かれた哲学的叙事詩。

つい【対】(字義) →たい(対)

-つい【対】(接尾) 二つで一組のものを数える語。「一—の翼」

つい【対】 ①二つそろって一組となっているもの。「—の屏風」「—になる」②対句。

つい【追】 教3 ツイ おう

(字義) ①おう。㋐おいかける。「追撃・追跡・追尾・急追」㋑おいはらう。「追放」㋒たずねもとめる。「追及・追求・追究」㋓あとをしたう。「追随・追慕」㋔過去にさかのぼる。「追憶・追想」②おって。㋐あとから行う。死後にする。「追贈・追悼」㋑つけくわえる。「追加・追記・追伸・訴追」難読追風(おいて)・追而書(おってがき)・追儺(ついな・おにやらい)

つい【椎】 ツイ中・スイ つち・しい

(字義) ①つち。物をたたく工具。=槌・鎚。「鉄椎」②うつ。たたく。つちでたたく。「椎撃・椎砕・椎殺・椎打・椎破」③せぼね。「椎骨・脊椎」④にぶい(鈍)。おろか。のろま。「椎鈍・椎魯」⑤飾らないさま。素朴である。「椎政・椎朴・椎輪」⑥しい。ブナ科の常緑高木。難読椎茸(しいたけ) 人名し

つい【槌】 人 ツイ つち

(字義) ①つち。物をたたく柄のある工具。=椎。「木槌」②つちで打つ。

つい【墜】 ツイ中 おちる

(字義) ①おちる。おとす。「墜死・墜落・撃墜」②失う。名誉や権威をなくす。「失墜」

つい-(接頭)(古)(「つき」の転)動詞に付いて語調を強め、「ちょっと」「そのまま」「突然」などの意を表す。「—居る」

つい【◦終・◦遂】ツヒ 終わり。最後。特に、人生の終わり。最期。「—の住みか」「—の別れ」

つい(副) ①そうする気がないのに思わずそうしてしまうさま。思わず。うっかり。「—笑ってしまった」②時間・距離などが近いさま。ほんの。ちょっと。「—さっき」「—そこまで」

ツイード〈tweed〉太い羊毛を綾織りまたは平織りにした目の粗い感じの毛織物。「—のジャケット」

ついえ【費え】ツヒエ ①費用。経費。かかり。「—がかさむ」②むだな出費。むだづかい。

つい・える【費える】(自下一) ①(むだに使われて)へる。乏しくなる。「金がー」②むだに時が過ぎる。「むなしく時間がー」他ついやす(五) 文つひゆ(下二)

つい・える【◇潰える】(自下一) ①こわれる。くずれる。「堤防がー」②戦いに敗れて総くずれになる。「軍勢がもろくもー」③(希望や計画などが)だめになる。「優勝の夢がー」文つひゆ(下二)

つい-おく【追憶】(名・他スル) 過去のことや亡くなった人のことを思い出してなつかしむこと。追懐。追想。「ーにふける」

つい-か【追加】(名・他スル) あとから増やすこと。つけ加えて不足を補うこと。「ー注文をする」
類語 付加・添加・追補

―よさん【―予算】〘法〙本予算成立後、緊急な経費の必要に応じて、追加して組まれる予算。補正予算の一つ。

つい-かい【追懐】―(名・他スル) 過ぎ去った昔をなつかしく思いしのぶこと。追憶。追想。「ーの念」

つい-がさね【◇衝重ね】 ヒノキの白木で作った折敷(=低いふちのついた薄板製の角形の盆)に台をつけたもの。昔、食器や供物をのせるのに用いた。語源「つきがさね」の転。

ついかん-ばん【椎間板】〘生〙椎骨と椎骨との間にある円板状の軟骨組織。「ーヘルニア(=椎間板の内部の組織が飛び出して神経を圧迫する状態)」

つい-き【追記】(名・他スル) 書きもらしたことなどをあとから書き加えること。また、その文。「補足事項をーする」

つい-きそ【追起訴】(名・他スル)〘法〙ある被告人の刑事事件の第一審審理中に、新たに判明した同一被告人の他の犯罪を併合審理するため、検察官が追加して起訴すること。

つい-きゅう【追及】―(名・他スル) ①追いつめて責任などを問いただすこと。②逃げる者を追うこと。⇩「使い分け」

つい-きゅう【追求】―(名・他スル) ほしいものをどうしても手に入れようと追い求めること。「利潤のー」⇩「使い分け」

つい-きゅう【追究・追窮】―・―(名・他スル) わからないことや不確かなことをどこまでも調べて明らかにしようとすること。⇩「使い分け」

> 使い分け「追及・追求・追究」
> 「追及」は、あとから追いつく、また、追いつめる意で、「後続の走者の追及をかわして一着になる」「責任を追及する」「犯人を追及する」などと使われる。
> 「追求」は、目的物を手に入れるために、どこまでも追いかけてゆく意で、「利益を追求する」「権力の追求」などと使われる。
> 「追究」は、実体・事実などがよくわかっていない物事を奥深くまで明らかにするためにたずねきわめる意で、「真理を追究する」「本質の追究」などと使われる。つまり、「追求」と「追究」については、もとめるものが「利益」や「快楽」の場合は「追求」を、「真実」や「本質」の場合は「追究」を用いるわけであるが、この使い分けは必ずしもはっきりしない。

つい-きゅう【追給】―(名・他スル) 給与の不足分などをあとから払うこと。また、その給与。追い払い。

つい-く【対句】〘文〙詩や文章で、類似の構造をもち、意味が相互に対応するようにして並べた二つの句。「言うは易く、行うは難し」など。

つい-げき【追撃】(名・他スル) 逃げる敵を追いかけて攻撃すること。「敵をーする」

つい-ご【対語】→たいご(対語)㊀

つい-こう【追考】―(名・他スル) あとになって、以前の物事について考えること。考えを加えること。

つい-ごう【追号】― 死後におくる称号。おくり名。諡号。

つい-こつ【椎骨】〘生〙脊柱を形成する骨で、頸椎・胸椎・腰椎・仙椎・尾椎に分かれる。人間では総計三二―三四個。脊椎。脊椎骨。

つい-し【追試】 ①他人が以前に行った実験を、もう一度そのとおりにやって確かめてみること。②「追試験」の略。

つい-し【追諡】 死後におくり名をおくること。また、その名。

つい-し【墜死】(名・自スル) 高い所から墜落して死ぬこと。

つい-じ【◇築地】― 柱をたて、板を芯にしてどろで塗り固め、瓦で屋根をふいた塀。古くは土だけでつくった。「ー塀」語源「築泥」の転。

〔ついじ〕

つい-しけん【追試験】 病気・事故などで試験を受けられなかった者や不合格者に対し、後日特別に行う試験。追試。

つい-しゅ【◇堆朱】 朱漆を厚く塗り重ねた上に、山水・花鳥・人物などを浮き彫りにしたもの。「ーの盆」

つい-じゅう【追従】(名・自スル) 人の言ったことやしたことのあとにつき従うこと。「人の意見にーする」参考「ついしょう」と読めば別の意になる。

つい-しょう【追従】(名・自スル) へつらうこと。おべっかを使うこと。「おーを言う」「ー笑い」参考「ついじゅう」と読めば別の意になる。

つい-しん【追伸・追申】 手紙などで、本文のあとに付け足す文。追って書き。また、その文の初めに書く語。二伸。追白。

つい-ずい【追随】(名・自スル) 人のあとをついて行くこと。まねること。「他のーを許さない(=まねできないほどすぐれている)」

ツイスト〈twist〉①ひねること。ねじること。②ロックのリズムにあわせて腰をひねって踊るダンス。

つい-せき【追跡】(名・他スル) (逃げる者の)あとを追いかけること。あとをつけること。「犯人をーする」

―ちょうさ【―調査】(名・他スル) 人物や物事のその後の動静や経過などを継続して調べること。「卒業生のー」

つい-ぜん【追善】(名・他スル)〘仏〙死者の冥福を祈るため、仏事・善事などを行うこと。追福。「ー供養」「ー興行」

つい-そ【追訴】(名・他スル) はじめ訴えたことに、さらに別の事柄を追加して訴えること。また、その訴え。

つい-ぞ【◇終ぞ】―(副) いまだかつて。かつて一度も。「ー見かけたことがない」用法 あとに打ち消しの語を伴う。

つい-そう【追走】(名・他スル) 前を行くもののあとを追って走ること。「先頭を行く走者をーする」

つい-そう【追送】(名・他スル) ①(不足分を)すぐあとから送ること。「説明書をーする」②行く人を見送ること。

つい-そう【追想】―(名・他スル) 過去のできごとや亡くなった人をなつかしく思いしのぶこと。追憶。追懐。

つい-ぞう【追贈】(名・他スル) 国家の功労者などに、死後、官位や勲章などを贈ること。

つい-たいけん【追体験】(名・他スル) 他人の体験を読んだり聞いたりして、自分の体験として生き生きととらえること。「主人公の行動をーする」

つい-たち【一日・朔】 月の第一日。↕晦・三十日 語源「月立ち」の転。参考「一日」は、常用漢字表付表の語。

つい-たて【◇衝立】(「衝立障子」の略)室内に立てて、仕切りや外からの目かくしにする家具。

つい-ちょう【追弔】テウ―（名・他スル）死者の生前をしのんでとむらうこと。「―会ぇ」

つい-ちょう【追徴】（名・他スル）あとから不足額を取り立てること。「―額」

―きん【―金】〔法〕①行政法上、税金など納付しなければならない金額を納付しない場合に、義務者から徴収する金銭。②刑法上、犯罪行為から得た物などについて、消費されたりしていて没収できないときに徴収する金銭。

つい-つい（副）（副詞「つい」を重ねて強めた語）不本意ながらそうしてしまうさま。うっかり。「―夜ふかしをしてしまう」

つい-て【就いて】（「…について」の形で）①…に関して。②…ごとに。「一件に―一〇〇〇円の手数料」語源「つきて」の転。

―は（接）①したがって。それゆえ。よって。「―各位の御協賛を願う」②そのことに関しては。「―のちほどご連絡します」

ついで【◦序で】①ある事を他の事といっしょに行うことができるよい機会。「―があって立ち寄る」②順序。順番。

―に（副）あることをする機会を利用して。その折に。「出かけた―郵便を出す」

つい-で【次いで・◦尋いで】（接）（「つぎて」の音便）それから。その次に。「―質疑応答にはいる」

ついて-まわ・る【付いて回る】マハル―（自五）ラ(ロ)・リ(ッ)・ル・ル・レ・レ 離れずについてくる。つきまとう。「悪いうわさが―」

つい・てる【付いてる】（自下一）テ・テ・テル・テル・テレ・テロ(テヨ)《俗》（幸運がついているの意）運がいい。幸運である。「今日は―・てない」語源「ついている」の転。

つい-と（副）①いきなり。突然。つと。「―立つ」②すばやく。「―通りすぎる」

つい-とう【追討】タウ―（名・他スル）賊などを追いかけて討つこと。討っ手をさし向けて討ちとること。「平家―の命を下す」

つい-とう【追悼】タウ―（名・他スル）死者の生前をしのんで、その死を悲しむこと。「―の言葉」「―式」

つい-とつ【追突】（名・自スル）前を進むものにうしろから突き当たること。「―事故」

つい-な【追△儺】昔、宮中で大みそかの夜、悪鬼を追い払った儀式。節分の豆まきはこれの転じたもの。鬼やらい。冬

つい-に【◦遂に・◦終に】ツヒ―（副）①長い時間の経過や、さまざまな出来事があったのちに最終的にある事態になるさま。終わりには。結局。とうとう。「―成功した」②いまだかつて。一度も。最後まで。ついぞ。「―姿を見せなかった」用法②は、あとに打ち消しの語を伴う。

つい-にん【追認】（名・他スル）過去にさかのぼって、その事実を認めること。「現状の―」

つい-のう【追納】ナフ―（名・他スル）あとから不足分を追加して、納めること。「保険料を―する」

つい-はく【追白】→ついしん

つい-ば・む【△啄む】（他五）マ(モ)・ミ(ン)・ム・ム・メ・メ 鳥がくちばしで物をついて食う。「餌ぇを―」語源「突き食はむ」の転。可能ついば・める（下一）

つい-ひ【追肥】《農》作物の生育途中に養分を補うためにほどこす肥料。おいごえ。↔元肥もとごえ

つい-び【追尾】（名・他スル）動くもののあとをつけて行くこと。追跡。「標的を―するミサイル」

つい-ぶ【追◦捕】（名・他スル）①賊を追いかけて捕らえること。②奪い取ること。没収。参考「ついほ」「ついふく」ともいう。

つい-ふく【対幅】一対になっている書画の掛け軸。対軸。

つい-ふく【追福】（名・他スル）→ついぜん

つい-ほ【追補】（名・他スル）出版物などで、あとから一部分を補うこと。「資料を―する」

つい-ぼ【追慕】（名・他スル）遠くへ去った人や死んだ人、あるいは過去のことなどを思い出して慕うこと。「―の念がつのる」

つい-ほう【追放】ハウ―（名・他スル）①追いはらうこと。しめ出すこと。「国外―」②一定の理由のもとに不適当と認めた人を、ある地位・公職から退けること。パージ。「公職―」

つい-や・す【費やす】ツヒヤス（他五）サ(ソ)・シ・ス・ス・セ・セ ①使ってなくす。使い減らす。消費する。「財産を―」②むだに使う。浪費する。「時間を―」自つい・える（下一）可能ついや・せる（下一）

つい-らく【墜落】（名・自スル）高い所から落ちること。「飛行機が―する」

つい-ろく【追録】（名・他スル）あとから書き加えること。また、書き加えたもの。

ツイン〈twin ふたご〉①対っいになったもの。「―ベッド」「―タワー」②（「ツインルーム」の略）ホテルで、シングルベッドを二つ備えてある部屋。

つう【通】教2 ツウ・ツ高 とおる・とおす・かよう

一 マ 乃 肙 甬 通

（字義）①とおる。㋐一方から、他方へ行く。「通関・通行・不通」㋑すぎる。「通過」㋒ゆきわたる。「通貨・通風・流通」㋓とどこおりなく行われる。「便通・融通ゆうずう」㋔とおす。つらぬく。「開通・貫通」㋕あきらかにする。くわしく知る。「通暁つうぎょう・精通」②かよう。ゆききする。「通学・通勤・交通」③かよわせる。㋐親しくまじわる。「通好・文通」㋑ひそかに情をかわす。「姦通かんつう・私通・密通」④知らせる。「通告・通知・通牒つうちょう」⑤ぐるになる。「通謀・内通」⑥あまねく。どこにもある。「普通」⑦全体にわたる。「通釈・通読」⑧自在にはたらく。「神通力・変通」⑨外国人相互の意思を伝える。「通訳」⑩さばけて粋いきである。「通人・大通」難読 通草あけび 人名 なお・ひらく・みち・みつ・ゆき

-つう【通】（接尾）手紙や文書を数える語。「履歴書二―」

つう【通】㊀（名・形動ダ）①ある物事の事情にくわしいさま。また、その人。「情報―」「相撲―」「彼は落語の―だ」②人情の機微や花柳界の事情・遊びなどに通じさばけているさま。また、その人。「―なはからい」㊁（名）神通力。通力。

つう【痛】教6 ツウ いたい・いたむ・いためる

亠 广 疒 疒 痟 痛

（字義）①いたむ。㋐肉体がいたみを感じる。「痛苦・痛痒つうよう・頭痛・腹痛」㋑心がいたむ。なやむ。心配する。「心痛・沈痛・悲痛」②いたく。ひどく。はなはだしく。「痛飲・痛快・痛烈」

ツー〈two〉二。二つ。「―アウト」

つう-いん【通院】ヰン―（名・自スル）病気やけがの治療のために、病院に通うこと。「―治療」

つう-いん【通韻】ヰン―①五十音図の同段の音がたがいに通じて用いられること。「けむり」と「けぶり」、「さびしい」と「さみしい」の類。通音つうおん。②漢詩で、二種類以上の類似する韻をたがいに通じて用いること。「東」「冬」「江」を通じて用いるなど。

つう-いん【痛飲】（名・他スル）おおいに酒を飲むこと。酒をいやというほど飲むこと。「旧友に会い―する」

つう-うん【通運】荷物を運ぶこと。運送。「―事業」

つう-おん【通音】①五十音図の同行の音がたがいに通じて用いられること。「あめ」と「あま」、「うつせみ」と「うつそみ」の類。②→つういん（通韻）①

つう-か【通貨】クワ―《商・経》法律によって一国内で流通手段・支払い手段としての通用を認められている貨幣。

―しゅうしゅく【―収縮】シウシュク →デフレーション

―ぼうちょう【―膨張】バウチヤウ →インフレーション

つう-か【通過】クワ―（名・自スル）①通り過ぎること。止まらず

に通って行くこと。「特急が―する」②物事が無事に通ること。「予選―」③議案が可決されること。「法案が国会を―する」

―ぎれい【―儀礼】人の一生における誕生・成人・結婚・死亡などに伴う儀礼・習俗。また、そのような人生の節目。

つう‐かあ（名・形動ダ）《俗》（「つうと言えばかあ」の略）気心の知れた者どうしで、ちょっと話をすればすぐわかり合えること。また、そういう間柄であること。「彼とは―の仲だ」

つう‐かい【通解】（名・他スル）文章全体にわたって解釈すること。また、解釈したもの。通釈。「源氏物語―」

つう‐かい【痛快】クワイ（名・形動ダ）たいそう愉快なこと。晴れ晴れとした気持ちになること。また、そのさま。「―なできごと」

つう‐かく【痛覚】《生》皮膚や身体内部で痛みを感じる感覚。

つう‐がく【通学】（名・自スル）学業のため学校に通うこと。「―路」「自転車―」

つう‐が・る【通がる】（自五）ラ(ロ)・リ(ッ)・ル・ル・レ・レ その道に通じているようにふるまう。通人ぶる。通ぶる。

つう‐かん【通巻】クワン 全集・叢書（そうしょ）・雑誌などで、第一巻または第一号から通して数えた巻数。「―百号記念」

つう‐かん【通患】クワン →つうへい

つう‐かん【通関】クワン 輸出入の際、貨物が正規の手続きを経て税関を通過すること。「―手続き」

つう‐かん【通観】クワン（名・他スル）全体を通してひととおり見ること。全般を見渡すこと。「日本産業史を―する」

つう‐かん【痛感】（名・他スル）強く心に感じること。身にしみて感じること。「自分の力不足を―する」

つう‐き【通気】内と外との空気を通わせること。また、一定の場所に空気を送りこむこと。通風。「―性をよくする」「―孔」

つう‐ぎょう【通暁】ゲウ ㊀（名）夜通し。徹夜。㊁（名・自スル）非常にくわしく知りぬいていること。「古代史に―する」

つう‐きん【通勤】（名・自スル）勤め先に通うこと。「―電車」

つう‐く【痛苦】痛みと苦しみ。非常な苦しみ。苦痛。

つう‐けい【通計】（名・他スル）全体を通して計算すること。また、その合計。総計。通算。

つう‐げき【痛撃】（名・他スル）はげしく攻撃すること。強い打撃を与えること。「敵に―を与える」

つう‐げん【通言】①一般に使用されている言葉や言い回し。ふつうの言葉。通語。②通人の使う言葉。粋（いき）な言葉。

つう‐げん【痛言】（名・他スル）手きびしく言うこと。また、耳にいたいほどの痛烈な言葉。「―を浴びる」

つう‐こう【通交・通好】カウ（名・自スル）親しく交わりを結ぶこと。特に、国家間で親しく交際すること。「―条約」

つう‐こう【通行】カウ（名・自スル）①通ること。行き来すること。往来。「―止め」②世間一般に行われること。「―の貨幣」

つう‐こう【通航】カウ（名・自スル）船舶が通行すること。

つう‐こく【通告】（名・他スル）（公（おおやけ）に決まったことを）文書などで知らせること。また、その知らせ。通知。「最後―」

つう‐こく【痛哭】（名・自スル）たいそう嘆き悲しむこと。「―の極み」「天を仰いで―する」

つう‐こん【痛恨】（名・他スル）非常に残念がること。ひどくうらみに思うこと。「千載の―事」「―の極み」

つう‐さん【通算】（名・他スル）（ある期間の）全体にわたっての計算をすること。また、その計算したもの。通計。「―成績」

つう‐し【通史】一時代または一地域に限らず、全時代・全地域にわたって書きしるした総合的歴史。「日本―」

つう‐じ【通じ】①他人の考えをさとること。わかり。「―がはやい」②大便が出ること。便通。「―がない」「お―」

つう‐じ【通事・通詞・通辞】①通訳。特に、江戸幕府の通訳官。「長崎―」②間にたって取り次ぐこと。また、その人。

つう‐じつ【通日】一月一日から通して数えた日数。

つうじ‐て【通じて】（副）全体としてみて。総じて。

つうじ‐てき【通時的】（形動ダ）ダロ・ダッ(デ・ニ)・ダ・ナ・ナラ・○ ある現象を時間の順序に従ってとらえようとするさま。⇔共時的

つう‐しゃく【通釈】（名・他スル）文章を全体にわたって解釈すること。また、解釈したもの。通解。「―徒然草（つれづれぐさ）」

つう‐しょう【通宵】セウ（名・副）夜通し。一晩じゅう。

つう‐しょう【通称】正式名ではないが、世間一般に通用している名称。とおり名。

つう‐しょう【通商】シャウ（名・自スル）外国と交通し商業取引をすること。貿易。交易。「―条約」

―さんぎょうしょう【―産業省】サンゲフシャウ「経済産業省」の旧称。通産省。

―じょうやく【―条約】デウヤク《経》二国間における関税・輸出入制度など通商関係の基本的条件を規定した条約。

つう‐じょう【通常】ジャウ 特別ではなく、ふつうであること。通例。「―の生活」用法 副詞的にも用いる。「通常八時閉店」

―こっかい【―国会】コククワイ《社》日本国憲法に従い毎年一回定期的に召集される国会の常会。一月中に召集され会期は一五〇日間。⇒臨時国会・特別国会

ツー‐ショット〈two-shot〉①写真・映画などで、二人だけを写すこと。②二人だけでいること。参考 ②は和製英語。

つう・じる【通じる】ジ・ジ・ジル・ジル・ジレ・ジロ(ジヨ) ㊀（自上一）①道筋がつながる。達する。「隣村に―道」「山奥にまでバスが―」②遠い先まで届く。とおる。「すみずみにまでよく―声」③相手まで届く。「思いが―」「言葉が―」「電話が―」④及ぶ。ゆきわたる。通用する。「世間に―レベル」⑤くわしく知っている。「内情に―」「フランス語に―・じている」⑥つながりがあって、共通する部分がある。「この二つの文字は―・じて用いられる」⑦たがいに理解し合う。「近隣諸国と―」⑧ひそかに交わる。内通する。「敵方と―」⑨不義の交わりをする。密通する。「人妻と―」㊁（他上一）①ある地点まで至らせる。とおす。「山頂まで道を―」「鉄道を―」②伝える。「その旨を―」③そこに届くようにする。通わせる。「友情を―」「よしみを―」④なかだちにする。「友達を―・じて依頼する」⑤（「…をつうじて」の形で）長い期間や広い範囲にわたる。「四季を―・じて見られる」語源 サ変動詞「つうずる」の上一段化。⇒伝わる「ちがい」

つう‐しん【通信】（名・自スル）①ようすを知らせること。便り。知らせ。「学級―」②郵便・電信・電話・インターネットなどで意思や情報を伝達すること。「―データ」

―いん【―員】ヰン 新聞社や放送局などから派遣され、地方・国外の担当地域の事件・状況を知らせる役目の人。

―えいせい【―衛星】ヱイセイ マイクロ波による遠距離通信の中継局となる人工衛星。放送にも用いる。CS

―きかん【―機関】クワン 郵便・電信・電話など、通信を取り扱う機関。

―きょういく【―教育】ケウイク 通学が困難な人のために、郵便・放送・インターネットなどの通信手段を用いて行う教育。大学・高校・社会通信教育の三つがある。

―しゃ【―社】新聞社・雑誌社・放送局などにニュースを供給する会社。

―はんばい【―販売】（名・自スル）広告・放送・インターネットなどの通信と、郵便・宅配便などの輸送手段を組み合わせて、宣伝・受注・発送・集金を行う販売方法。通販。

―ぼ【―簿】→つうちひょう

―もう【―網】マウ 新聞社・通信社などがニュースを集めるために、各地に網の目のように張りめぐらした通信組織。

つう-しん【痛心】（名・自スル）心を痛めること。ひどく心配すること。心痛。「―に堪えない」

つう-じん【通人】①ある物事に非常にくわしい人。もの知り。②世情に通じ、さばけた人。人情の機微に通じた人。「食の―」③花柳界の事情に明るい人。粋人(すいじん)。粋人。

つう・ずる【通ずる】（自他サ変）ジ(ゼ)・ジ・ズル・ズレ・ジロ(ゼヨ) →つうじる 文つう・ず（サ変）

つう-せい【通性】同類のものが共通してもっている性質。「鳥類の―」↔特性

つう-せき【痛惜】（名・他スル）人の死などを心から惜しんで残念に思うこと。「―の思い」「―の念に堪えない」

つう-せつ【通説】■（名）世間一般に通用している説。「―に従う」■（名・他スル）全般にわたって解説すること。

つう-せつ【痛切】（形動ダ）ダロ・ダッ(デ・ニ)・ダ・ナ・ラ・○ 強く身にしみて感じるさま。「力不足を―に感じる」文（ナリ）

つう-そく【通則】①一般に適用される規則。②全般にわたる規則。

つう-ぞく【通俗】（名・形動ダ）①世間一般にありふれていること。また、そのさま。世間なみ。②世間一般に通じること。だれにもわかりやすいこと。また、そのさま。「―に堕する」

―しょうせつ【―小説】セウセツ 一般大衆が楽しめるよう、芸術性よりも娯楽性に重きをおいた小説。大衆小説。

―てき【―的】（形動ダ）ダロ・ダッ(デ・ニ)・ダ・ナ・ラ・○ だれにもわかりやすく、一般大衆の気に入るさま。「―な映画」

つう-だ【痛打】（名・他スル）①痛手となる打撃を相手に与えること。また、その打撃。「弱点を―する」②野球で、強烈な一打を放つこと。また、その打撃。「―を浴びせる」

つう-だい【通題】俳諧(はいかい)などで、一座を通じて同一の題でよむこと。また、その題。

つう-たつ【通達】■（名・他スル）告げ知らせること。特に、上位機関が、指示事項を通知すること。また、その知らせ。「政府―」■（名・自スル）ある物事に深く通じていること。「二か国語に―する」

つう-たん【痛嘆・痛歎】（名・他スル）ひどく悲しみ嘆くこと。「突然の不幸を―する」

つう-ち【通知】（名・他スル）告げ知らせること。また、その知らせ。「採用―」

―ひょう【―表】ヘウ 学校が各児童・生徒の学業成績・身体状況・出欠席などを保護者に知らせる文書。通信簿。

―よきん【―預金】〔商〕預けてから一定期間は据え置き、引き出す場合には予告することを条件としている銀行預金。

つう-ちょう【通帳】チャウ 預貯金・掛け売り・掛け買い・配給などの、月日・金額・数量などを記入しておく帳面。かよい帳。

つう-ちょう【通牒】テフ（名・他スル）①書面で通知すること。また、その書面。②「通達□」の古い言い方。③〔法〕国際法上、国家の一方的意思表示を内容とする文書。「最後―」

つう-つう（名・形動ダ）①事情や気心がよく通じ合っているさま。「―の仲」②情報などがつつ抜けであるさま。

つう-てい【通底】（名・自スル）複数の思想や事柄が根底で共通部分を持っていること。「両者の作品に―する主題」

つう-てん【痛点】〔生〕皮膚面に点在する、痛みを感じる点。

つう-でん【通電】（名・自他スル）電流を通すこと。

つう-どう【通洞】鉱山で、地表から鉱床に達するように設けられた坑道。鉱山の主要坑道。

つう-どく【通読】（名・他スル）初めから終わりまで読み通すこと。ひととおり読むこと。「『坊っちゃん』を―する」

ツートン-カラー〈和製英語〉調和のよい二色や、同系の濃淡二色を組み合わせた配色。参考 英語では two-tone という。

つう-ねん【通年】年間を通じて行うこと。「―の授業」

つう-ねん【通念】世間一般に共通した考え。「社会―」

つう-ば【痛罵】（名・他スル）手ひどくののしること。「―を浴びる」

ツーバイフォー-こうほう【ツーバイフォー工法】コウハフ (two-by-four method の訳)〔建〕木造家屋の建築工法の一つで、二インチ(=約五・〇八センチメートル)×四インチの断面の木材を枠とし、これに合板を張って壁や床にするもの。柱は使わず壁面で支える。枠組み壁工法。

つう-はん【通販】「通信販売」の略。

ツー-ピース〈two-piece〉〔服〕上着と、スカートまたはズボンで一組になった洋服。↔ワンピース

つう-ふう【通風】（名・自スル）風を通すこと。また、風を通して空気を入れかえること。風通し。「―孔」

つう-ふう【痛風】〔医〕尿酸塩が軟骨部・皮下・腎臓などに沈着して、急性関節炎発作を起こす病気。

つう・ぶる【通ぶる】（自五）ラ(ロ)・リ(ッ)・ル・ル・レ・レ →つうがる

つう-ふん【痛憤】（名・他スル）ひどく腹を立てること。

つう-ぶん【通分】（名・他スル）〔数〕分母の異なる二つ以上の分数または分数式の値を変えずに、各分母を同じにすること。

つう-へい【通弊】一般に共通してみられる弊害。全般にわたってみられるよくない点。通患。「社会の―」「―を打破する」

つう-べん【通弁・通辯】（名・他スル）「通訳」の旧称。

つう-ほう【通宝】（世間に通用する宝の意）①昔、貨幣(かへい)の面に鋳つけた語。「寛永―」②通貨。貨幣。

つう-ほう【通報】（名・他スル）急を要する情報などを知らせること。また、その知らせ。「気象―」「警察に―する」

つう-ぼう【通謀】（名・自スル）二人以上の者が、たがいに示し合わせて悪事などを計画すること。共謀。

つう-ぼう【痛棒】①〔仏〕座禅で、心の定まらない者を打つ棒。②手ひどい非難・叱責(しっせき)。手痛い打撃。「―を食らわす」

つう-めい【通名】世間一般に通じる名称。通称。

つう-やく【通訳】（名・自他スル）使用する言語が異なるために話の通じない人々の間に立って、両方の言葉を訳し伝えること。また、その人。通弁。「同時―」

つう-ゆう【通有】イウ 同類のものが共通して持っていること。「―性」「日本人に―の考え方」

つう-よう【通用】（名・自スル）①一般に用いられ、また、認められていること。「そんな考えは世間に―しない」②いずれにも用いられること。「両者に―する規定」③正式、また有効であると認められること。「切符の―期間」④いつも出入りすること。

―ぐち【―口】ふだん出入りする戸口。

―もん【―門】関係者がふだんの出入りに用いる門。

つう-よう【痛痒】ヤウ ①痛みとかゆみ。②精神的な苦痛や物質的な損害。「―を感じない(=少しの利害・影響も受けない)」

つう-らん【通覧】（名・他スル）全体にわたってひととおり目を通すこと。「研究書目録を―する」

つう-りき【通力】〔仏〕超人的で不思議な能力。神通力。

ツーリスト〈tourist〉旅行者。観光客。

―ビューロー〈tourist bureau〉旅行相談所。観光案内所。

ツーリズム〈tourism〉①観光業。②観光旅行。「エコ―」

ツーリング〈touring〉①観光やレジャーのための旅行。②オートバイや自転車、自動車で遠出をすること。遠乗り。

ツール〈tool〉①工具。道具。用具。「—ボックス」②〘情報〙コンピューターで、ある特定の作業に利用するソフトウェア。

つう-れい【通例】■(名)一般のしきたり。ふつうの例。慣例。「世間の—」■(副)ふつう。通常。「—一〇時閉店です」

つう-れつ【痛烈】(名・形動ダ)たいそう激しいこと。手きびしいこと。また、そのさま。「—に批判する」「—なヒットを放つ」

つう-ろ【通路】行き来するための道路。通り道。

つう-ろん【通論】①ある事柄全般にわたる議論。「法学—」②世間一般に認められている議論。定論。

つう-ろん【痛論】(名・他スル)批判的な見地できびしい意見を述べること。また、その意見。「—を浴びせる」

つう-わ【通話】■(名・自スル)電話で話をすること。「—料」■(名)電話で話すときの一定時間の単位。「—数」

つえ【△杖】(ツヱ)①手に持って歩行の助けとする、木や竹などの細い棒。「—をつく」②頼みとするもの。「わが子を—と頼む」③昔、罪人を打つのに用いた棒。

—とも柱(はしら)とも 非常に頼りにすることのたとえ。「—頼む人」

—を曳(ひ)く つえを持って歩く。散歩する。また、旅をする。

ツェツェ-ばえ【ツェツェ△蠅】(バヘ)—〘動〙ツェツェバエ科の昆虫の総称。熱帯アフリカに分布する。人畜から血を吸い睡眠病を媒介する。語源「ツェツェ」はアフリカのバントゥー語に由来。

つえ-はしら【△杖柱】(ツヱ)—①つえと柱。②非常に頼りにするものや人のたとえ。「—と頼む」

つか【塚】(字義)→ちょう(塚)

つか【塚】①土を高く盛った墓。また、単に墓。「無縁—(むえんづか)」②土などを小高く盛り上げた所。「一里—(いちりづか)」

つか【◦束】①昔の長さの単位。四本の指を並べたほどの長さ。②〘建〙(「束柱(つかばしら)」の略)梁(はり)と棟(むね)との間や床下などに立てる短い柱。⇩桁(けた)(さしえ)③製本したときの本の厚み。「—見本」

つか【◦柄】①刀剣・弓などの、手で握る部分。②筆の軸。

つが【△栂】〘植〙マツ科の常緑高木。山地に自生。高さは三〇メートルに達する。材はかたく、家具・パルプ・建築用。とが。

つか-あな【塚穴】死者を埋葬するための穴。墓穴。

つかい【使い・遣い】(ツカヒ)①(命じられて外向きの)用を足すこと。「—に行く」②用を足す人。他へつかわす人。使者。「—を出す」③神仏の命令などを伝える動物。つかわしめ。「狐(きつね)は稲荷(いなり)の—だ」④(名詞の下に付いて)それを使うこと。また、その人や使い方。「猛獣—」

▼「使い」「遣い」が下に付く語
(つかい)子供の使い 人形遣い 荷前(のさき)の使い 蛇遣い 棒遣い 魔法使い 召使 (づかい)息遣い 上目遣い 仮名遣い 金遣い 気遣い 小遣い 心遣い 言葉遣い 小間使 声遣い 走り使い 人使い 筆遣い 文使い 無駄遣い 目遣い 両刀遣い

つがい【◦番い】(ツガヒ)①二つ組み合わせて一組になること。また、そのもの。対(つい)。②めすとおす。雌雄。めおと。夫婦。「小鳥を—で飼う」③(「番い目」の略)合わせめのところ。関節。

つかい-あるき【使〔い〕歩き】(ツカヒ)—(名・自スル)用事を言いつかってあちこち歩くこと。また、その人。

つかい-がって【使い勝手】(ツカヒ)—使うときのぐあいのよしあし。使いやすさの程度。「—のよい道具」

つかい-こな・す【使いこなす】(ツカヒ)—(他五)(サ(ソ)・シ・ス・ス・セ・セ)自由自在に使う。十分に役立たせて使う。「新しい機械を—」

つかい-こみ【使〔い〕込み・遣〔い〕込み】(ツカヒ)—(名・他スル)公金や他人の金銭をかってに私用に使うこと。

つかい-こ・む【使〔い〕込む・遣〔い〕込む】(ツカヒ)—(他五)(マ(モ)・ミ(ン)・ム・ム・メ・メ)①公金や他人の金銭をかってに私用に使う。「顧客の金を—」②予算以上に金銭を使う。「—・んで足が出る」③長い間使って、それになじむ。「—・んだ道具」

つかい-さき【使〔い〕先・遣〔い〕先】(ツカヒ)—①使いに行った所。使いの出先。②金銭などの使いみち。

つかい-すて【使〔い〕捨て】(ツカヒ)—①少し使っただけで、用が済んだら捨ててしまうこと。「人材を—にする」②使い終わると、そのまま捨ててしまうように作られているもの。「—のライター」

つかい-だて【使〔い〕立て】(ツカヒ)—(名・他スル)人に用事を頼んで働かせること。「お—して申し訳ない」

つかい-つ・ける【使〔い〕付ける・遣〔い〕付ける】(ツカヒ)—(他下一)(ケ・ケ・ケル・ケル・ケレ・ケロ(ケヨ))使いなれる。よく使う。「—・けた文房具」文つかひつ・く(下二)

つかい-て【使〔い〕手・遣〔い〕手】(ツカヒ)—①使う人。特に、上手に使う人。「槍(やり)の—」②金銭をむやみに使う人。

つかい-で【使いで】(ツカヒ)—使ってもなかなかなくならない、また、十分使ったと感じるほどの量の多さ。「—がある」

つかい-な・れる【使〔い〕慣れる】(ツカヒ)—(自下一)(レ・レ・レル・レル・レレ・レロ(レヨ))いつも使っていて使いやすくなる。使いつける。「—・れたペン」

つかい-ばしり【使〔い〕走り】(ツカヒ)—(名・自スル)言いつけられた用を足すために、あちこち出かけること。また、その人。つかいはしり。つかいっぱしり。「—に出される」

つかい-はた・す【使い果〔た〕す・使果す・遣い果〔た〕す・遣果す】(ツカヒ)—(他五)(サ(ソ)・シ・ス・ス・セ・セ)全部使ってしまう。「貯金を—」

つかい-ふる・す【使〔い〕古す】(ツカヒ)—(他五)(サ(ソ)・シ・ス・ス・セ・セ)古くなるまで長い間使いつづける。「—・された表現」

つかい-みず【使い水】(ツカヒミヅ)雑用に使う水。

つかい-みち【使い道・使い◦途】(ツカヒ)—①使う方法。「お金の—を知らない」②使う方面。用途。「この品物は—がない」

つかい-もの【使い物・遣い物】(ツカヒ)—①使って役に立つもの。「—にならない」②贈り物。進物(しんもつ)。「お—」

つかい-りょう【使い料】(ツカヒレウ)①使用料。「一時間の—は五〇〇〇円だ」②使うためのもの。「一部は私の—だ」

つかい-わけ【使〔い〕分け】(ツカヒ)—(名・他スル)事の性質・条件・目的などに応じて、うまく区別して使うこと。「本音(ほんね)と建て前の—」「言葉の—」

つかい-わ・ける【使〔い〕分ける】(ツカヒ)—(他下一)(ケ・ケ・ケル・ケル・ケレ・ケロ(ケヨ))①同じものを、目的に応じて異なった使い方をする。「相手によって態度を—」②それぞれのものを場面や目的に応じてうまく区別して使う。「三か国語を—」文つかひわ・く(下二)

つか・う【使う】(ツカフ)(他五)(ワ(オ)・イ(ッ)・ウ・ウ・エ・エ)①何かをするのに役立たせる。用いる。使用する。「万年筆を—」②他人を働かせる。「人をあごで—」③(金銭・時間・物を)消費する。ついやす。「石油を—」「体力を—」④言葉をあやつる。「ことわざを—・って表現する」⑤材料・手段として用いる。「粘土を—・って作る」「居留守(いるす)を—」⑥それを役立ててある特定の行為をする。「うちわを—」「弁当を—(=食べる)」「産湯(うぶゆ)を—」可能つか・える(下一)⇩「使い分け」

つか・う【遣う】(ツカフ)(他五)(ワ(オ)・イ(ッ)・ウ・ウ・エ・エ)①神経をはたらかせる。「他人に気を—」②動かして役立てる。あやつる。機能させる。「文五郎の—・った人形」可能つか・える(下一)⇩「使い分け」

> 使い分け「使う・遣う」
> 「使う」は、人を働かせる、何かを目的のために利用する意で、「作業員を使う」「機械を効率よく使う」「時間を有効に使う」など広く一般的に用いられる。

「遣う」は、もとは「つかわす」という意味で、物事を役に立つように工夫して用いる意に転じ、「人形を遣う」「気を遣う」「仮名を遣う」「心を遣う」「お金を遣う」など、きまった言い方に用いられる。

つが・う【◇番う】ツガフ（自五）ワ(オ)・イ(ッ)・ウ・ウ・エ・エ ①二つのものが組み合う。②交尾する。つるむ。他つが・える（下一）

つかう-まつ・る【仕うまつる】つかう—（自四）《古》（「仕へまつる」の転）→つかまつる

つかえ【◇支え・△閊え】ツカヘ 物事のさしさわり。とどこおり。

つかえ【△痞え】ツカヘ 胸・のどなどがふさがった感じになり苦しいこと。「胸の—がおりる」

つか・える【◇支える・△閊える】ツカヘル（自下一）エ・エ・エル・エル・エレ・エロ(エヨ) 先へ進もうとしても妨げるものがあって進めなくなる。とどこおる。「頭が鴨居に—」「言葉が—」「渋滞で車が—」文つか・ふ（下二）参考「閊」は国字。

つか・える【仕える】ツカヘル（自下一）エ・エ・エル・エル・エレ・エロ(エヨ) ①（主君・主人・親など）目上の人のそばにいてその用をする。「国王に—」②役所につとめる。「宮中に—」文つか・ふ（下二）

つか・える【△痞える】ツカヘル（自下一）エ・エ・エル・エル・エレ・エロ(エヨ) 胸・のどなどがふさがったような感じになる。「胸が—」文つか・ふ（下二）

つが・える【◇番える】ツガヘル（他下一）エ・エ・エル・エル・エレ・エロ(エヨ) ①二つのものを組み合わせる。「雌雄を—」②弓の弦に矢をあてがう。「弓に矢を—」自つが・う（五）文つが・ふ（四）

つか-がしら【◇柄頭】刀の柄の先の部分。また、そこに付ける金具。かしら。

つかさ【◇司・◇官】《古》①役所。官庁。②役人。官吏。つかさびと。③役目。つとめ。官職。

—めし【—召し】《古》（「司召しの除目」の略）平安時代、在京の官を任命すること。また、その任命の行事。

つかさ-ど・る【◇司る・◇掌る】（他五）ラ(ロ)・リ(ッ)・ル・ル・レ・レ（官を取る意から）①職務として行う。担当する。「民事を—」②支配・管理する。「平衡感覚を—器官」参考「司」は中心となってする、おさめる意。「掌」はまとめる意。

つか・す【尽かす】（他五）サ(ソ)・シ・ス・ス・セ・セ すっかりなくす。出し尽くす。「あいそを—」

つかず-はなれず【付かず離れず・◇即かず離れず】密着しすぎもせず、離れすぎもせず、ほどよい距離や関係をたもつこと。不即不離。「—の関係にある」

つか-つか（副）遠慮したりためらったりせず、勢いよく進み出るさま。ずかずか。「—（と）歩みよる」

つかぬ-こと【付かぬ事】前の話と関係のないこと。だしぬけのこと。唐突なこと。「—をおたずねしますが」用法突然問いかけたり、急に話題を変えたりする場合に用いる。

つか・ねる【◇束ねる】（他下一）ネ・ネ・ネル・ネル・ネレ・ネロ(ネヨ) ①多くのものを一つにたばねる。「わらを—」②腕を組み合わす。こまぬく。「手を—（＝腕を組んだまま何もしないで見ている）」文つか・ぬ（下二）

つか-の-ま【◇束の間】わずかの間。「—の幸福」

つかま・える【捕まえる】ツカマヘル（他下一）エ・エ・エル・エル・エレ・エロ(エヨ) 動き回っていたものを、自分の所から逃げて行けないようにする。とりおさえる。捕らえる。「犯人を—」「カブトムシを—」自つかま・る（五）文つかま・ふ（下二）

つかま・える【△摑まえる・◇捉まえる】ツカマヘル（他下一）エ・エ・エル・エル・エレ・エロ(エヨ) 動いて行けないよう、しっかりにぎる。そこにとどめる。「袖を—」「機会を—」自つかま・る（五）文つかま・ふ（下二）

つかま・す【△摑ます】（他五）サ(ソ)・シ・ス・ス・セ・セ →つかませる

つかま・せる【△摑ませる】（他下一）セ・セ・セル・セル・セレ・セロ(セヨ) ①わいろを受けとらせる。「金を—」②だまして悪い品物を買わせる。「盗品を—・せられた」文つかま・す（下二）

つかまつ・る【◇仕る】㊀（他五）ラ(ロ)・リ(ッ)・ル・ル・レ・レ「する」「行う」の謙譲語。いたす。「お相手を—」㊁（補動五）（動詞の連用形、漢語サ変動詞の語幹に付いて）「する」の謙譲語。「参上—・ります」㊂（自四）《古》「仕ふ」の謙譲語。お仕え申し上げる。語源「つかうまつる」の転。

つかま・る【捕まる】（自五）ラ(ロ)・リ(ッ)・ル・ル・レ・レ 逃げて行けないような状態にされる。捕らえられる。つかまえられる。とらわれる。「スピード違反で—」他つかま・える（下一）

つかま・る【△摑まる・◇捉まる】（自五）ラ(ロ)・リ(ッ)・ル・ル・レ・レ 体を支えようとして手でしっかりにぎる。「電車のつり革に—」他つかま・える（下一）つか・む（五）可能つかま・れる（下一）

つかみ【△摑み】①手でつかむこと。「なべ—」②《俗》聞き手・聴衆の関心をひきつけること。また、そのために最初に出す話題。

—あらい【—洗い】ヒアラ 布地をいためないように、こすり合わせないでつかむようにして洗うこと。

—がね【—金】（「一摑みしただけの金額」の意）使途の細かい計算もせず大ざっぱに相手に渡す金。つかみきん。

—どころ【—所】①つかむところ。つかむべきところ。とらえどころ。②理解・評価などをする場合の、手がかりとなる部分。とらえどころ。つかまえどころ。「—のない話」

—どり【—取り】（名・他スル）①一度につかめる分だけを取ること。「濡れ手で粟の—（＝苦労もしないで大きな利益を得ること）」②無造作に握り取ること。

つかみ-あ・う【△摑み合う】—アフ（自五）ワ(オ)・イ(ッ)・ウ・ウ・エ・エ 取っ組み合ってけんかをする。

つかみ-かか・る【△摑み掛（か）る】（自五）ラ(ロ)・リ(ッ)・ル・ル・レ・レ 激しい勢いで相手に組みつく。「—・らんばかりの勢い」

つかみ-だ・す【△摑み出す】（他五）サ(ソ)・シ・ス・ス・セ・セ ①つかんで取り出す。「箱の中からボールを—」②無造作につかまえて外に出す。つまみだす。

つか-みほん【◇束見本】書籍の出版に先立ち、束（厚み）などの仕上がりを確認するために同じ用紙・ページ数でつくる見本。

つか・む【△摑む・△攫む】（他五）マ(モ)・ミ(ン)・ム・ム・メ・メ ①物を手の中に入れて持つ。握る。「てすりを—」「胸ぐらを—」②手に入れる。「チャンスを—」③物事の重要点が何であるかを理解する。「こつを—」自つかま・る（五）可能つか・める（下一）

つか・る【漬かる】（字義）→し（漬）

つか・る【漬かる】（自五）ラ(ロ)・リ(ッ)・ル・ル・レ・レ ①液体の中にはいる。転じて、ある状態にひたりきる。「海水に—」「怠惰な世界に—」②漬物が食べごろになる。「いい味に—」他つ・ける（下一）参考①は「◇浸かる」とも書く。

つかれ【疲れ】疲れること。くたびれ。疲労。「旅の—が出る」

つか・れる【疲れる】（自下一）レ・レ・レル・レル・レレ・レロ(レヨ) ①（長く運動したり、働いたりして）それ以上、体を動かす力がなくなる。働きが弱くなる。「長時間の読書で目が—」②長く使ったためにいたんだり型がくずれたりする。「—・れた洋服」文つか・る（下二）

類語くたびれる・疲労する・困憊する・へばる・ばてる・伸びる・ぐったりする・気疲れする・気骨が折れる

表現〈擬声・擬態語〉くたくたに・へとへとに〈慣用表現〉綿のように・足が棒のように

つか・れる【△憑かれる】（自下一）レ・レ・レル・レル・レレ・レロ(レヨ) 鬼神・悪霊などが乗り移って、それに言動が支配されるようになる。「霊に—」「—・れたように仕事に没頭する」文つか・る（下二）

つかわし-め【使わしめ】ツカハシ— 神仏の使いであるといわれる動物。稲荷の狐、春日の鹿など。

つかわ・す【遣わす】ツカハス サ(ソ)・シ・ス・ス・セ・セ 一(他五) ①(目下の者を)行かせる。派遣する。「使者を—」②目下の者に与える。「ほうびを—」 二(補動五)(動詞の連用形＋「て」を受けて)目下の者に対して恩恵的にする意を表す。…してやる。「助けて—」

つき-【突き】(接頭)(動詞に付いて)その動作を強める語。「—進む」「—つける」

つき【突き】①突くこと。②剣道で、相手ののどを突くわざ。③相撲で、相手の胸や肩を平手で突くわざ。突っぱり。「—押し」

-つき【付〔き〕・◇附〔き〕】(接尾)①(おもに体に関係ある名詞に付いて)そのありさま・ようすを表す。「顔—」「目—」「腰—」②そのものが付いていることを表す。「懸賞—」「土地—の物件」③(多く「…づき」の形で地位・役職などの語に付いて)そこに付き従い所属する意を表す。「社長—」「本部—」

つき【付き・◇附き】①つくこと。つきぐあい。「—のいい糊(のり)」②(「お付き」の形で)つき従うこと。つきそい。「お—の人」③火のつきぐあい。「—の悪いマッチ」④運。好運。「—が落ちる」

つき【月】①《天》天体の一つで、地球の衛星。地球からの距離は約三八万キロメートル。太陽と地球との位置関係によって、満ち欠けして見え、自転しながら約一か月で地球の周囲を回る。秋 ②暦の上で、一年を一二に区分した一つ。「大の—」③①の光。「—が明るい」④妊娠期間。「—が満ちて生まれる」

—と鼈(すっぽん) (どちらも丸いという点では似ているが、実体は大きく違うことから)二つのものの差が非常に大きいこと。**—に叢雲(むらくも)花(はな)に風(かぜ)** よい状態はとかく長続きしないというたとえ。

類語

暦日	季節・春	季節・夏	季節・秋	季節・冬
新月・三日月・上弦の月・弓張り月・弦月・半月・満月・望月(もちづき)・十六夜(いざよい)・立ち待ちの月・居待ちの月・寝待ちの月・臥(ふ)し待ちの月・下弦の月	おぼろ月	—	十三夜・十五夜・満月・名月・望月・芋名月(いもめいげつ)・栗名月(くりめいげつ)・豆名月・雨月(うげつ)・二十三夜・無月(むげつ)	寒月

つき【△坏】《古》飲食物などを盛る器。高坏・蓋坏などがある。

つき【△槻】①《植》ニレ科の落葉高木で、ケヤキの一変種。②「けやき」の古名。つきのき。

つき【付き・就き】(動詞「つく」の連用形。「…につき」の形で)①…のため。…という理由で。「日曜日に—休業」②…ごとに。…について。「一人に—二枚配る」③…に関して。…について。「その点に—後日説明します」

つき【尽き】尽きること。おしまい。終わり。はて。「運の—」

つぎ【次】①順序や段階などで、すぐあとに続くこと。また、そのもの。「—の期間」②宿場。宿駅。「東海道五十三—」

つぎ【継ぎ】①衣服などの破れに小布を当ててつくろうこと。また、その当てる布。「—を当てる」②《古》跡継ぎ。世継ぎ。

つき-あい【付〔き〕合い】アヒ ①交際すること。付き合うこと。「彼とは長い—だ」②交際上の義理。「—で出席する」

つき-あ・う【付〔き〕合う】アフ (自五) ワ(オ)・イ(ッ)・ウ・ウ・エ・エ ①互いに行き来して親しい関係を保つ。交際する。「異性と—」②義理や社交上の必要から行動をともにする。「一杯—・えよ」

つき-あかり【月明〔か〕り】明るい月の光。また、月の光で明るいこと。秋

つき-あげ【突〔き〕上げ】①下から突いて上に押し上げること。②下位の者が上位の者にある行動をとるように強く働きかけること。「部下からの—を食う」

つき-あ・げる【突〔き〕上げる】(他下一) ゲ・ゲ・ゲル・ゲル・ゲレ・ゲロ(ゲヨ) ①下から突いて上に押し上げる。「こぶしを—」②下位の者が上位の者にある行動をとるよう圧力をかける。「幹部を—」文つきあ・ぐ(下二)

つぎ-あし【継ぎ足】器具などの足の継ぎたしたもの。

つき-あたり【突き当〔た〕り・突当り】道や廊下などの行き止まり。それ以上前に進めない所。「—を左へ曲がる」

つき-あた・る【突き当〔た〕る・突当る】(自五) ラ(ロ)・リ(ッ)・ル・ル・レ・レ ①ぶつかる。衝突する。②それ以上前に進めない所まで来る。「—・って右に曲がる」③障害に直面して事が進まなくなる。行きづまる。「交渉は壁に—・った」他つきあ・てる(下一)

つき-あ・てる【突〔き〕当てる】(他下一) テ・テ・テル・テル・テレ・テロ(テヨ) ①ぶつける。②目標を探し当てる。見つけ出す。「犯人の隠れ場所を—」自つきあた・る(五) 文つきあ・つ(下二)

つき-あわ・す【突き合〔わ〕す・突合す】アハス (他五) サ(ソ)・シ・ス・ス・セ・セ →つきあわせる

つぎ-あわ・す【継ぎ合〔わ〕す】アハス (他五) サ(ソ)・シ・ス・ス・セ・セ →つぎあわせる

つき-あわ・せる【突き合〔わ〕せる・突合せる】アハセル (他下一) セ・セ・セル・セル・セレ・セロ(セヨ) ①両者を同席させて言い分を聞きただす。「原告と被告とを—」②二つのものを近くに向かい合わせる。「鼻を—」③二つのものを照合する。「原本と—」文つきあは・す(下二)

つぎ-あわ・せる【継ぎ合〔わ〕せる】アハセル (他下一) セ・セ・セル・セル・セレ・セロ(セヨ) ①継いで一つにする。接合する。「水道管を—」②縫い付けて一つにする。「端切れを—」文つぎあは・す(下二)

つき-うごか・す【突〔き〕動かす】(他五) サ(ソ)・シ・ス・ス・セ・セ 強い刺激を与えて、そうしたいという気にさせる。「一時の感情に—・される」

つき-うす【△搗き臼】穀物やもちなどを杵(きね)でつく臼。

つぎ-うま【継ぎ馬】昔、街道を旅するときに宿場で乗り継いで行った馬。宿継(しゅくつ)ぎの馬。駅馬。伝馬(てんま)。

つき-おくり【月送り】①その月にしなければならないことを順に次の月に延ばすこと。②毎月発送すること。

つき-おくれ【月遅れ・月後れ】①旧暦のある月日の行事などを、新暦のその月日に行わず、一か月遅らせること。また、その遅らせた行事。「—のお盆」②月刊誌などで、発売中のものよりも前の号。「—の雑誌」

つき-おと・す【突き落〔と〕す・突落す】(他五) サ(ソ)・シ・ス・ス・セ・セ ①突いて高い所から下に落とす。「谷底に—」②悪い地位・境遇・気持ちなどに陥らせる。「不幸のどん底に—・される」③相撲で、上手を相手のわきや背に当て、相手の体を傾けさせて、斜め下へ突いて倒す。

つき-かえ・す【突〔き〕返す】カヘス (他五) サ(ソ)・シ・ス・ス・セ・セ ①突いて元に戻す。また、対抗してこちらからも突く。②差し出されたものを、受け取らずにすげなく返す。突っ返す。「企画書を—」

つき-かげ【月影】①月の光。「—さやか」②月の姿。③月光でできる人や物の影。④《古》月光に照らされた人や物の姿。秋

つき-がけ【月掛〔け〕】毎月一定の金額を積み立てること。また、その積立金。「—の貯金」

つき-がた【月形】弓張り月の形。半月形。半円形。

つぎ-がみ【継ぎ紙】①継ぎ合わせた紙。②(歌や物語の言葉などを書く紙で)彩りの変化や立体感を表すために、色や質の異なる紙を継ぎ合わせて一枚にしたもの。

つき-がわり【月代〔わ〕り】ガハリ ①次の月になること。②一か月ごとに交代すること。「—のメニュー」

つぎ-き【接ぎ木】(名・他スル)〘植〙植物の芽や枝を同種または近縁の他の植物の枝や幹に接ぐこと。春

つき-きず【突(き)傷】とがったもので突いてできた傷。

つき-ぎめ【月◇極(め)】一か月を単位としていくらと決めること。また、その約束。「ー契約」「ー駐車場」

つき-きり【付(き)切り】常にそばに付き添うこと。付きっきり。「ーで看病する」

つき-き・る【突(き)切る】(他五) ラ(ロ)・リ(ッ)・ル・ル・レ・レ ①いっきに横切る。突っ切る。②突き通す。貫く。③突いて切る。

つぎ-ぎれ【継(ぎ)切れ】衣服の継ぎに使う布きれ。

つき-くさ【月草・×鴨跖草】「つゆくさ」の古名。秋

つき-くず・す【突(き)崩す】クヅス (他五) サ(ソ)・シ・ス・ス・セ・セ ①積み上げられたものを突いて崩す。②突入して敵の防備を打ち破る。また、弱点などを突いて安定した状態を乱す。「論拠をー」

つき-げ【月毛・△鴾毛】馬の毛色の名。葦毛のやや赤みがかった毛色。また、その馬。

つき-ごし【月越し】あることが翌月にかかること。

つき-こ・む【突(き)込む】(自他五) マ(モ)・ミ(ン)・ム・ム・メ・メ →つっこむ

つぎ-こ・む【◇注ぎ込む】(他五) マ(モ)・ミ(ン)・ム・ム・メ・メ ①液体を器などにそそぎ入れる。②ある事のために多くの費用・人などを投入する。「趣味に金をー」「新規事業に人手をー」

つき-ごろ【月頃】数か月このかた。この数か月来。

つぎ-ざお【継(ぎ)△竿】ザヲ 何本かをつなぎ合わせて使う釣りざお。

つぎ-ざお【継(ぎ)△棹】ザヲ 収納や持ち運びがしやすいように、さおを継ぎ合わせて組み立てる三味線。

つき-さ・す【突(き)刺す】(他五) サ(ソ)・シ・ス・ス・セ・セ 先のとがったもので突いて刺す。「魚を銛でー」自つきささ・る(五)

つき-じ【◇築地】ヂ 海や沼などを埋めて造った土地。

つき-したが・う【付(き)従う・付(き)◇随う】シタガフ (自五) ワ(オ)・イ(ッ)・ウ・ウ・エ・エ ①あとについて行く。お供をする。「社長にー」②部下になる。服従して言うままになる。「権力者にー」

つき-じまい【月仕舞い】ジマヒ 月の終わり。月末。

つき-しろ【月代】①月。秋 ②→さかやき①

つき-しろ【月白】月が出ようとするとき、東の空がほんのりと明るく白く見えること。秋

つき-ずえ【月末】ズヱ 月の終わり。月末。↔月初め

つき-すす・む【突(き)進む】(自五) マ(モ)・ミ(ン)・ム・ム・メ・メ まっしぐらに進む。「目標に向かってー」

つき-せ・ぬ【尽きせぬ】尽きることのない。「ー涙」「ー思い」

つき-そい【付(き)添い】ソヒ 世話をするために、そばに付いていること。また、その人。「ー人」

つき-そ・う【付(き)添う】ソフ (自五) ワ(オ)・イ(ッ)・ウ・ウ・エ・エ 世話をするために、そばに付いている。「病人にー」

つぎ-だい【接ぎ台・継ぎ台】①接ぎ木の台にする木。台木。春 ↔接ぎ穂 ②踏み台。

つき-たお・す【突(き)倒す】タフス (他五) サ(ソ)・シ・ス・ス・セ・セ 強く突いて倒す。突いて転ばす。「相手をー」

つき-だし【突(き)出し】①突き出すこと。特に相撲で、相手の胸のあたりを突いて土俵の外へ出すわざ。②料理屋や酒場などで最初に出す、軽い料理。お通し。

つき-だ・す【突(き)出す】(他五) サ(ソ)・シ・ス・ス・セ・セ ①相手を突いて外へ出す。「部屋の外へー」「土俵外にー」②前のほうへ勢いよく出す。乱暴に出す。「こぶしをー」③犯人などを警察に引き渡す。「交番にー」④体の一部を前に出す。「腹をー」⑤(自動詞的に)前方や上のほうへとびだす。「ー・したひさし」

つぎ-た・す【継ぎ足す】(他五) サ(ソ)・シ・ス・ス・セ・セ あとから加えて増やす。足して長くする。「お茶をー」「竿をー」参考 液体の場合は、ふつう「◇注ぎ足す」と書く。

つき-た・てる【突(き)立てる】(他下一) テ・テ・テル・テル・テレ・テロ(テヨ) ①とがったものを突いて差し込む。突きさして立てる。「杭をー」②激しい勢いで突く。文つきた・つ(下二)

つき-たらず【月足らず】胎児が一〇か月に満たないうちに生まれること。また、その子。早生児。「ーで生まれる」

つき-づき【月月】毎月。月ごと。「ーの支払い」

つぎ-つぎ【次次】(副) あとからあとから続くさま。次から次へと。「ー(に)スタートを切る」「ー(と)作品を発表する」

つきづき・し【付き付きし】(形シク)〘古〙似つかわしい。ふさわしい。好ましい。「炭もてわたるも、いとー」〈枕草子〉

つきっ-きり【付きっ切り】→つききり

つき-つ・ける【突(き)付ける】(他下一) ケ・ケ・ケル・ケル・ケレ・ケロ(ケヨ) ①突然目の前に勢いよく差し出す。「刃物をー」②強い態度で差し出す。「抗議文をー」文つきつ・く(下二)

つき-つ・める【突(き)詰める】(他下一) メ・メ・メル・メル・メレ・メロ(メヨ) ①最後まで追究する。究極まで考えて物事の真相を見きわめる。「問題点をー」②いちずに思い詰める。「あまりー・めて考えるな」文つきつ・む(下二)

つぎ-て【継ぎ手】①→つぎめ① ②鉄材・木材などをつなぐための接合具。ジョイント。③家業・家督を継ぐ人。跡取り。「ーがいない」④囲碁で、離れた石をつなぐために打つ手。

つき-・でる【突(き)出る】(自下一) デ・デ・デル・デル・デレ・デロ(デヨ) ①突き破って出る。「釘がー」②ある部分が他よりも前方または外側へ出る。「日本海にー・でた半島」文つきい・づ(下二)

つき-とお・す【◇吐き通す】トホス (他五) サ(ソ)・シ・ス・ス・セ・セ 最後まで言い張る。「うそをー」

つき-とお・す【突(き)通す】トホス (他五) サ(ソ)・シ・ス・ス・セ・セ 突いて裏まで通す。貫く。「針をー」自つきとお・る(五)

つき-とお・る【突(き)通る】トホル (自五) ラ(ロ)・リ(ッ)・ル・ル・レ・レ 突き抜ける。「矢がー」他つきとお・す(五)

つき-とば・す【突(き)飛ばす】(他五) サ(ソ)・シ・ス・ス・セ・セ 荒々しく突いたりぶつかったりしてはね飛ばす。「通行人をー」

つき-と・める【突(き)止める】(他下一) メ・メ・メル・メル・メレ・メロ(メヨ) よく調べてはっきりさせる。調べて探り出す。「真相をー」「隠れ家をー」文つきと・む(下二)

つき-な・し【付き無し】(形ク)〘古〙①取り付きようがない。手がかりがない。②似つかわしくない。ふさわしくない。

つき-なみ【月並(み)・月◇次】■一(名・形動ダ) 新鮮さがなく型どおりで平凡なこと。また、そのさま。「ーな表現」■二(名) ①毎月定期的に行うこと。「ーの会合」②「月並俳句」の略。

ーかい【月並(み)会】クワイ 毎月、日を決めて開く会。月例の会。特に、俳句の会。

ーちょう【月並調】テウ〘文〙江戸末期、月並み会などで作られた、型にはまった新味のない俳句や俳風。⇩月並俳句

ーはいく【月並俳句】〘文〙新味のない陳腐な俳句。月並発句。月並み。参考 もと、正岡子規がみずから革新した新派俳句に対し、伝統的な旧派の俳句をさしていった称。

つきにほえる〔月に吠える〕萩原朔太郎の処女詩集。一九一七(大正六)年刊。近代的な心理の陰影を、口語を自在に駆使して表現し、大正詩壇に反響をもたらした。

つき-ぬ・く【突(き)抜く】(他五) カ(コ)・キ(イ)・ク・ク・ケ・ケ 突いて向こう側に出す。突き通す。貫く。「板をー」自つきぬ・ける(下一)

つきぬけて… 俳句〔つきぬけて 天上の紺 曼珠沙華〕〈山口誓子〉天空まで突き抜けるように晴れわたった、紺一色の秋の空。地上には曼珠沙華が咲いていてー紺と真

紅のあざやかな対比よ。(曼珠沙華 秋)

つき-ぬ・ける【突(き)抜ける】(自下一)ケ・ケ・ケル・ケレ・ケロ(ケヨ) ①突き破って向こう側へ出る。「壁を―」②まっすぐ通り抜ける。「広場を―」他つきぬ・く(五) 文つきぬ・く(下二)

つき-の-かつら【月の△桂】 中国の伝説で、月に生えているという、かつらの大木。月桂(げっけい)。秋

つき-の・ける【突(き)◇除ける】(他下一)ケ・ケ・ケル・ケレ・ケロ(ケヨ) 突きとばすように荒々しくどける。文つきの・く(下二)

つぎ-の-ま【次の間】 ①おもな座敷の隣にある小部屋。控えの間。「―付き」②主君のいる部屋の次の部屋。「―に控える」

つき-の-もの【月の物】 月経。月役(つきやく)。月の障り。

つき-の-わ【月の輪】 ①月。特に、満月。月輪(げつりん)。秋 ②満月のように円い形。③月の輪熊(ぐま)の、のどにある半月形の白い部分。④(仏教で)袈裟(けさ)の胸のあたりに付ける輪状のもの。

―ぐま【―熊】《動》クマ科の哺乳(ほにゅう)動物。日本では主として本州に分布する。全身黒色で、のどに半月形の白い斑紋(はんもん)がある。胆嚢(たんのう)は「熊の胆(い)」と呼び、薬用。冬

つぎ-は【継ぎ端】 →つぎほ②

つぎ-ば【継ぎ歯】 ①→さしば① ②すり減った下駄(げた)の歯に継ぎ足しをすること。また、その継ぎ足した部分。つぎは。

つぎ-はぎ【継ぎ◇接ぎ】 ①衣服の破れた部分に布切れを当ててつくろうこと。また、そのもの。「―だらけの服」②他から少しずつ寄せ集めてつなぎ合わせること。「―だらけの論文」

つぎ-はし【継ぎ橋】 川中にいくつも柱を立て、上に板を継いで渡した橋。

つき-はじめ【月初め】 月の初め。↔月末(つきずえ)

つき-は・てる【尽き果てる】(自下一)テ・テ・テル・テレ・テロ(テヨ) まったくなくなる。全部使い尽くす。「精根―」文つきは・つ(下二)

つきはなされし… 和歌〔つき放されし 貨車が夕光(ゆふかげ)に 走りつつ 寂しきまでに とどまらずけり〕〈宮柊二(みやしゅうじ)〉連結から突き放された一両の貨車が、夕暮れの光の中を、その姿に寂しさを感じるまでに走り続け、停止しない。(貨車の入れ換え風景)

つき-はな・す【突(き)放す】(他五)サ(ソ)・シ・ス・ス・セ・セ ①突いて離れさせる。強く押しやる。②冷たく扱う。関係を断つ。「兄弟にも―・された」③感情をまじえずに扱う。「わが子を―・して見る」

つき-ばらい【月払(い)】―バラヒ (名・他スル) ①毎月一回、期日を決めて支払うこと。②→げっぷ(月賦)

つき-ばん【月番】 一か月ごとに交替で当番をすること。また、その当番の人。「町内会の―」

つき-ひ【月日】 ①月と太陽。日月。②時間。年月。歳月。

つき-びと【付き人・◇附き人】 おもに芸能人・力士(十両以上)などに付き添って身の回りの世話をする人。付け人。

つき-べつ【月別】 一か月ごとに区分すること。「―計算」

つき-べり【△搗(き)減り・△舂(き)減り】(名・自スル) 米などを精白するとき量が減ること。また、その減った分量。

つき-へん【月偏】 漢字の部首名の一つ。「服」「朕」などの「月」の部分。参考 月偏の「月」は横の二線が左側にだけ接し、肉の字形が変わった肉月の二線は両側に接するのが本来の形であるが、常用漢字表では、ともに両側に接して区別していない。

つぎ-ほ【接ぎ穂・継ぎ穂】 ①接ぎ木をするとき台木に接ぐ枝や芽。春 ↔接ぎ台 ②途切れた話を続ける手掛かり・きっかけ。継ぎ端(は)。「話の―を失う」

つき-まいり【月参り】―マヰリ (名・自スル) 毎月一回欠かさず寺や神社にお参りすること。月もうで。

つき-まと・う【付(き)△纏う】―マトフ (自五)ワ(オ)・イ(ッ)・ウ・ウ・エ・エ うるさくついてまわる。いつまでも離れないでいる。「子供が―」「不安が―」「怪しい人に―・われる」

つき-まわり【月回り・月△廻り】―マハリ ①月ごとに回ってくる当番。②その月の運勢。めぐり合わせ。「―がいい」

つき-み【月見】 ①月をながめ賞すること。観月。特に、陰暦八月十五日、九月十三日の月をながめ、めでること。秋 ②(「月見そば」「月見うどん」の略)かけそば・かけうどんに生卵を落としたもの。③すりおろした山芋に生卵の黄身を落としたもの。

―そう【―草】サウ《植》①アカバナ科の越年草。北アメリカ原産。夏の夕方、白い四弁花を開き、翌朝しぼむと紅色になる。夏 ②オオマツヨイグサ・マツヨイグサの俗称。夏

つきみれば… 和歌〔月見れば 千々(ちぢ)にものこそ 悲しけれ わが身一つの 秋にはあらねど〕〈古今集 大江千里(おおえのちさと)〉月を見ているとさまざまに思い乱れて、まことにもの悲しい気持ちになる。私一人のために来た秋ではないのに、まるで私一人を悲しませる秋のように感じられることだ。(小倉百人一首の一つ)

つぎ-め【継ぎ目】 ①物と物とをつなぎ合わせた所。つなぎ目。継ぎ手。②関節。「膝(ひざ)の―」③跡継ぎ。家督相続人。

つき-めいにち【月命日】 故人が死んだ日と同じ日。同じ月の同じ日をいう祥月命日以外の、毎月めぐってくる命日。

つき-もうで【月詣(で)】―マウデ (名・自スル) →つきまいり

つき-もど・す【突(き)戻す】(他五)サ(ソ)・シ・ス・ス・セ・セ ①向かってきたものを、逆に突いて元へ戻す。突き返す。「土俵の中央へ―」②差し出されたものを受け取らずに返す。「レポートを―」

つき-もの【付き物・附き物】 ①あるものに当然付属するはずのもの。付属品。「―のねじがない」②常に、ある物事に付いて回るもの。「アスリートにけがは―だ」

つき-もの【△憑き物】 人に乗り移り異常な言動をさせるという霊。もののけ。「―が落ちる」

つぎ-もの【継ぎ物】 ①衣服などの破れに継ぎをすること。また、そうする必要のあるもの。②器物の破損部をつないで補修すること。また、その器物。

つき-やく【月役】 月経。月のもの。月の障り。

つき-やとい【月雇(い)】―ヤトヒ ①一か月限りの契約で雇うこと。また、その雇われた人。②月々の給料を決めて雇うこと。また、その雇われた人。

つき-やぶ・る【突(き)破る】(他五)ラ(ロ)・リ(ッ)・ル・ル・レ・レ ①突いたり激しく当たったりして破る。「ふすまを―」②突進して敵陣を破る。突破する。

つき-やま【築山】 庭園に山をかたどって、土砂や石を小高く盛り上げた所。参考 常用漢字表付表の語。

つき-ゆび【突(き)指】(名・自スル) 指先を強く物にぶつけるなどして指の関節を痛めること。

つき-よ【月夜】 月が照って明るい夜。秋 ↔闇夜(やみよ)

―に釜(かま)を抜(ぬ)かれる (明るい月夜に、釜を盗まれる意から)きわめて不注意なこと。油断の度がひどいこと。**―に提灯(ちょうちん)** 無益なこと、不必要なことのたとえ。

―がらす【―△烏】 ①月夜に浮かれて鳴くカラス。②(転じて)夜遊びをする人。

つき-よみ【月読み】《古》「月」の別称。月読(つくよ)み。秋 語源 夜を支配する月の神である月読命(つきよみのみこと)から転じたもの。

つ・きる【尽きる】(自上一)キ・キ・キル・キレ・キロ(キヨ) ①徐々に減っていって、なくなる。「資産が―」「話の種が―」「運が―」②続いているものが終わる。「町並みが―」「あいそが―」③(「…に尽きる」の形で)極限に達する。きわまる。「お見事の一語に―」「役者冥利(やくしゃみょうり)に―」他つく・す(五) 文つ・く(上二)

つき-わり【月割(り)】 ①月の数に分けること。数量・金額

などの一か月あたりの平均。②月賦。「―で支払う」

つ・く【付く・◇附く】(自五) カ(コ)・キ(イ)・ク・ク・ケ・ケ 《**中心義―別の所から来たものが他のものの表面に触れ、そこから離れない状態になる**》①別々のものがいっしょになる。㋐くっつく。付着する。「インクが洋服に―」「着衣に匂いが―」㋑そこまで動いて行き、そこから離れない状態になる。根が生える。「挿し木が―」②その跡が残る。㋐残る。「傷が―」㋑記される。「帳簿に―・いている」③あとから加わる。付随する。㋐付き添う。「お供が―」㋑あとに従う。「社長に―・いて行く」㋒味方する。「弱いほうに―・いて応援する」㋓それまでなかった設備が備わる。「空調設備が―」㋔余分に加わる。付加する。「利子が―」㋕自分のものとなる。加わる。「学力が―」㋖感覚器官に感じられる。感じる。「目に―(=目立つ意にもいう)」「鼻に―(=あきあきする意にもいう)」④新しい状態が生じる。「知恵が―」「物心が―」⑤情意・判断が現れる。㋐そのような気持ちになる。「自信が―」㋑考え・注意がはたらく。わかる。「気が―(=正気になる意にもいう)」⑥初めて起こる。㋐通じる。「道が―」㋑きっかけから起こる。「調子が―」「加速が―」⑦物事が定まる。結果が現れる。㋐目的が達せられる。決まる。「かたが―(=決着する)」㋑定まる。「見当が―」㋒物事の代償・勘定がそうなる。「一つ五〇〇円に―」「高く―」⑧適度になる。「お燗(かん)が―」⑨(多く「ついている」の形で)幸運にめぐまれる。「今日は―・いている」他つ・ける(下一) 参考①は「着く」とも書く。⇨「使い分け」

つ・く【就く】(自五) カ(コ)・キ(イ)・ク・ク・ケ・ケ ①位に昇る。「名人位に―」②その状態になる。「眠りに―」「帰途に―」③ある場所にいるようになる。「巣に―」④ある位置に身を置き、職務に従事する。「教職に―」⑤従う。「師に―・いて学ぶ」⑥(「…について」の形で)…に関して。「仏に―・いての講話」⑦(「…につき」の形で)㋐理由を表す。…のため。「喪中に―・き」㋑…ごとに。「一通に―・き五〇〇円の手数料を頂く」他つ・ける(下一) 可能つ・ける(下一) 参考①で「帝位」の場合は「◇即く」とも書く。⑤は「付く」とも書く。⇨「使い分け」

つ・く【着く】(自五) カ(コ)・キ(イ)・ク・ク・ケ・ケ ①めざしていた場所に到達する。至る。到着する。「駅に―」②送り先に届く。到着する。「宅配便が―」③伸ばした先が届いて触れる。達する。「手が床に―」④場所を占める。すわる。「座に―」⑤くっつく。付着する。「しみが―」⑥密着する。「糊(のり)でぴったり―」他つ・ける(下一) 可能つ・ける(下一) 参考④は「就く」、⑤⑥は「付く」とも書く。⇨「使い分け」

使い分け「付く・就く・着く」

「付く」は、別々のものが離れない状態になる、ある物事に他の物事が付随して発生する、あるはたらきがそこに起こる意で、「服に泥が付く」「味方に付く」「利息が付く」「学力が付く」「気が付く」などと使われる。

「就く」は、ある地位や場所に身を置く、ある仕事に従事する、ある人や状況に従う意で、「王位に就く」「床(とこ)に就く」「教職に就く」「先輩に就いて学ぶ」などと使われる。

「着く」は、ある場所に到着する、ある場所に位置を占める意で、「目的地に着く」「手紙が着く」「席に着く」などと使われる。ただし、密着する意のときは、「しみが付く」とも「しみが着く」とも書けるように、「付く」と「着く」との区別は必ずしも明確でない場合もあり、「知恵がつく」「けりがつく」などと、平仮名で書くことも多い。

つ・く【◇点く】(自五) カ(コ)・キ(イ)・ク・ク・ケ・ケ ①電気製品にスイッチがはいり、作動する。明かりがともる。「電灯が―」②火が燃え始める。また、火が燃え移る。他つ・ける(下一)

つ・く【漬く】(自五) カ(コ)・キ(イ)・ク・ク・ケ・ケ ①水にひたる。②漬物がほどよく食べごろになる。漬かる。「このぬか漬けはまだ―・いていない」他つ・ける(下一) 参考①は「◇浸く」とも書く。

つ・く【△憑く】(自五) カ(コ)・キ(イ)・ク・ク・ケ・ケ 神仏・もののけなどが人に乗り移る。とりつく。「狐(きつね)が―」「霊が―」

つ・く【◇吐く】(他五) カ(コ)・キ(イ)・ク・ク・ケ・ケ ①息などを吐き出す。「ため息を―」②口に出して言う。「嘘(うそ)を―」可能つ・ける(下一)

つ・く【突く】(他五) カ(コ)・キ(イ)・ク・ク・ケ・ケ 《**中心義―狭い範囲の場所に強い力を加え、鋭く押し刺激する**》①鋭い先端を中に押し込む。「針で指を―・いた」②棒状のものの先を打ち当てて音を出させる。「釣り鐘を―」③細長いものの先で強く押す。「指を―」「ところてんを―」「判を―」④倒れないように、棒状のものを支えとなる所につける。「手を―」「杖(つえ)を―」「ひざを―」⑤相手の弱点や盲点などを攻撃する。襲う。「敵の不意を―」「意表を―」⑥地面などに打ちつけて、何度も弾ませる。「手まりを―」⑦心や感覚を強く刺激する。「哀れが胸を―」「鼻を―におい」⑧勢いよく突き抜ける。「雲を―山々」「意気天を―」⑨障害になるものを、ものともしないで行う。「嵐を―・いて出発する」⑩将棋で、盤上の歩を前方に一つ進める。「歩を―」可能つ・ける(下一) 参考②は「△撞く」、⑤⑦⑧⑨は「◇衝く」とも書く。

つ・く【△搗く・△舂く】(他五) カ(コ)・キ(イ)・ク・ク・ケ・ケ 米などをきねで強く打って精白したり、もちを作ったりする。「玄米を―」「もちを―」可能つ・ける(下一)

つ・く【◇築く】(他五) カ(コ)・キ(イ)・ク・ク・ケ・ケ 土石を積み上げて固める。

つ・ぐ【次ぐ】(自五) ガ(ゴ)・ギ(イ)・グ・グ・ゲ・ゲ ①間をあけず、すぐ後に続く。「他国に―・いで入場する」「不幸に―不幸」②地位や程度がそのすぐ下である。「社長に―実力者」

つ・ぐ【告ぐ】(他下二)「告げる」の文語的な言い方。

つ・ぐ【◇注ぐ】(他五) ガ(ゴ)・ギ(イ)・グ・グ・ゲ・ゲ 器に物を入れる。特に、液体を器にそそぎ入れる。「お茶を―」可能つ・げる(下一)

つ・ぐ【接ぐ】(他五) ガ(ゴ)・ギ(イ)・グ・グ・ゲ・ゲ ①つなぎ合わせる。「骨を―」②接ぎ木をする。「木に竹を―(=取って付けたようで調和の取れないことのたとえ)」可能つ・げる(下一)

つ・ぐ【継ぐ】(他五) ガ(ゴ)・ギ(イ)・グ・グ・ゲ・ゲ ①今まで続けてきた人がやめたあとを受けて続ける。継承する。相続する。「家業を―」②中断しないようあとへ続ける。「言葉を―」「夜を日に―・いで(=昼夜兼行で)」③受けて身に持つ。伝受する。「師から秘伝を―」④切れたもの、短いものをつなぎ合わせる。「ひもを―」⑤破れたものに、継ぎを当ててつくろう。「ほころびを―」⑥なくならないよう必要なだけ補う。添え加える。「炭を―」可能つ・げる(下一) 参考①は「◇嗣ぐ」とも書く。

-づ・く【付く・◇附く】(接尾) ①しだいにその状態になっていく、また、ますますその度合いが強くなる意を表す。「調子―」②その状態が習慣的になる意を表す。「このごろ勉強―・いてきた」参考名詞に付いてカ行五段活用動詞をつくる。

つくえ【机】読書や、書きものに用いる脚付きの台。ふづくえ。

つくし【×土筆】〔植〕スギナの胞子茎。早春、筆の先のような形をして生える。食用。つくしんぼ。つくづくし。春

つくし【筑紫】①「筑前(ちくぜん)・筑後(ちくご)」の古称。②「九州」の古称。

―じろう【―次郎・―二郎】(ジラウ)「筑後(ちくご)川」の別称。⇩坂東(ばんどう)太郎・四国三郎

-づくし【尽(く)し】(接尾)(名詞の下に添えて)その同類のもの全部を挙げる意を表す。「国―」「貝―の料理」

つく・す【尽(く)す】(他五) サ(ソ)・シ・ス・ス・セ・セ ①なくなるまですべて使い切る。あるだけ出す。「死力を―」「手を―・して探す」②できる

限りのことをして限度にまで達する。きわめる。「贅を―」③人のために献身する。尽力する。「国の発展に―」「社会のために―」④すべて表現する。「筆舌に―・しがたい」⑤〈動詞の連用形の下に付いて〉すっかり…する。すべて…する。「食べ―」「知り―」自つ・きる(上一) 可能つく・せる(下一)

つくだ【△佃】①現在耕作されている田。②《日》荘園領主・荘官・地頭などの直営地。語源「作り田」の転。

―に【―煮】小魚・貝・海藻などを、しょうゆ・みりん・砂糖などで味濃く煮詰めた保存食品。語源もと、江戸の佃島で製造されたことからいう。

つく-づく【◇熟】(副)①念を入れて。じっくり。よくよく。「写真を―(と)眺める」②深く感じたり、身にしみて思ったりするさま。「―(と)いやになる」③《古》寂しそうなさま。つくねんと。

つくつく-ぼうし【つくつく法師】《動》セミ科の昆虫。体は暗緑色で黒斑があり、透明な羽を持つ。晩夏から秋にかけて、オーシイツクツクと鳴く。法師ぜみ。秋

つぐない【償い】つぐなうこと。また、そのための物品・金銭や行為。「罪の―」

つぐな・う【償う】(他五) ①相手に与えた損失を金品で埋め合わせる。弁償する。「損害を―」②犯した罪やあやまちを金品や労役で埋め合わせる。可能つぐな・える(下一)

つくね【△捏ね】魚のすり身や鶏のひき肉などを、卵・片栗粉などとまぜ、こねて丸めたもの。串焼きやおでんなどに用いる。

つくね-いも【△捏芋・×仏掌薯】《植》ナガイモの一品種。塊茎は手のこぶしに似た形で、食用。とろろいも。秋

つく・ねる【△捏ねる】(他下一) こねあげる。手でこねて丸くする。「泥を―」「餡を―」文つく・ぬ(下二)

つくねん-と(副)何もしないでぼんやりしているさま。一人寂しそうにしているさま。「―座っている」

つくばい【△蹲(い)】茶室の庭先や縁先に据える石の手水鉢。語源手を洗うために、つくばうことからいう。

つくば・う【△蹲う】(自五) うずくまる。しゃがむ。「墓の前に―」

つくばしゅう〔菟玖波集〕南北朝時代の連歌集。二条良基・救済の撰。一三五六(正平十一)年成立。連歌発生期から当代までの作を集成した最初の連歌集。

つくばねの…和歌〔筑波嶺の　峰より落つる　みなの川　恋ぞつもりて　淵となりぬる〕〈後撰集　陽成院〉筑波山の峰から流れ落ちる男女川が、はじめはわずかな水がやがて深い淵となるように、ほのかに思いそめた私の恋心もつもりつもって今では淵のように深くなったことだ。(小倉百人一首の一つ)

つくば-の-みち【筑波の道】《古》「連歌」の別称。連歌の道。語源「新治筑波を過ぎて幾夜か寝つる　日日並べて夜には九夜日には十日を」という日本武尊と御火焼翁との問答歌を連歌の初めとすることからいう。

つく-ぼう【突(く)棒】江戸時代、罪人を捕らえるための道具の一つ。長い木の柄の先に歯のついたT字形の鉄製の頭部を付け、犯人の袖などに絡み付けたもの。

つぐみ【△鶫】《動》ツグミ科の小鳥。背面は黒褐色、顔と胸腹部は黄白色で黒の斑紋がある。秋にシベリアなどから渡来する。虫や木の実などを食う。秋 参考「鶫」は国字。

つぐ・む【△噤む】(他五) 口を閉じる。黙る。「口を―」(=黙る)」可能つぐ・める(下一)

つくも-がみ【×九十九-髪】老女の白髪。

つく-よみ【◇月読み】《古》→つきよみ

つくり【△旁】漢字を構成する一部。左右を組み合わせてできた漢字の右側の部分。「親」の「見」、「話」の「舌」など。↕偏

つくり【作り・造り】①つくること。つくる人。また、つくられたもの。「酒―日本一」「国―」「書院―」②物のできばえ。つくりぐあい。「気の利いた―」「店の―がモダンだ」③体つき。「小―な人」④飾りぐあい。よそおい。化粧。「顔の―に手間取る」「若―」⑤さしみ。つくり身。「鯛の(お)―」⑥わざとすること。虚構。「―笑い」「―話」⑦耕作。栽培。「花―を楽しむ」用法他の語の下に付くときは、「づくり」と濁ることが多い。

▼「作り」「造り」が下に付く語

(つくり)御作り　懸け造り　玉造り　罪作り　庭造り　花作り　(づくり)校倉造り　粗造り　家・や作り　生け作り　一木造り　一夜造り　糸作り　春日造り　切り妻造り　小作り　格子造り　権現造り　書院造り　寝殿造り　神明造り　数寄屋造り　大社造り　田作り　手作り　流れ造り　荷造り　八幡造り　人作り　細作り　役作り　寄せ木造り　寄せ棟造り　若作り

つくり-あ・げる【作り上げる・造り上げる】(他下一) ①完全につくってしまう。完成させる。「夜を徹して―」②いかにも本物・真実のように見せかける。でっちあげる。「偽の報告書を―」文つくりあ・ぐ(下二)

つくり-おき【作り置き】作って保存すること。あとで使えるよう作っておくこと。また、そのもの。「―のカレー」

つくり-か・える【作り替える】(他下一) ①それまでのものの代わりに新しく作る。「入れ歯を―」②すでにあるものに手を加えて、別なものに作り上げる。「劇場映画をテレビドラマに―」文つくりか・ふ(下二)

つくり-がお【作り顔】わざとつくろい飾った顔つき。本心からではない、不自然な顔つき。「―でとぼける」

つくり-かた【作り方】①作る方法。製法。②できぐあい。

つくり-ごえ【作り声】わざとこしらえて出す声。また、他人に似せた声。↕地声

つくり-ごと【作り事】真実らしく作り上げた事柄。うそ。

つくり-ざかや【造り酒屋】酒を醸造して売る店。

つくり-じ【作り字】①国字。和字。②勝手に作った文字。うそ字。

つくり-だ・す【作り出す・造り出す】(他五) ①つくり始める。「五時から料理を―」②生産する。製造する。「毎月二万台の車を―」③それまでにない新しいものをつくる。創造する。発明する。「新しいシステムを―」

つくり-た・てる【作り立てる】(他下一) 人目を引くように飾る。はでに装う。文つくりた・つ(下二)

つくり-つけ【作り付け・造り付け】家具などを壁や床に固定してつくること。また、そのもの。「―の本棚」

つくり-な・す【作り成す】(他五) あるものに作り上げる。作って、それらしくする。「本物そっくりに―」

つくり-ばなし【作り話】実際にはないことをいかにも本当らしく作った話。うその話。

つくり-み【作り身】①魚の切り身。②さしみ。

つくり-もの【作り物】①本物や実物に似せて作ったもの。人造のもの。「―の花」②架空の事柄。「―の話」③農作物。④能・狂言の舞台装置としての山・川・家・立ち木などの道具。

つくり-ものがたり【作り物語】①作り話。フィクション。②平安時代の物語の一形式。伝承や漢籍などに基づいた、虚構性・伝奇性の強い物語。「竹取物語」「うつほ物語」など。

つくり-わらい【作り笑い】(名・自スル) おかしくもないのに、わざと笑うこと。また、あいそ笑い。

つく・る【作る・造る】(他五) ①材料を使って何かを世に出す。こしらえる。製作する。製造する。建造する。「人

形を―」「家を―」「夕食を―」「酒を―」②新しい組織を組み立てる。結成する。おこす。「会社を―」「組合を―」③言葉や音楽・絵画などの作品を通して心を表す。「物語を―」「詩を―」④産む。「子供を―」⑤まとまった額の金銭を手元に持つ。「財産を―」⑥融通をつけてこしらえる。「ひまを―」「期日までに金を―」⑦りっぱな人物に育てる。養成する。「人材を―」「(りっぱな)人間を―」⑧見た目をととのえる。化粧する。「顔を―」⑨聞く人が間違えるような、別の人に似せた声を出す。まねる。「声を―」⑩表面をとりつくろう。「笑顔を―」「しなを―」⑪今までなかったものを生み出す。「流行を―」「新記録を―」「新しい文化を―」⑫農作物をこしらえる。耕作する。栽培する。「畑を―」「果物を―」⑬ある状態・事態を引き起こす。ある形にする。「罪を―」「列を―」⑭(「時をつくる」の形で)おんどりが鳴いて朝を知らせる。「おんどりが時を―」 可能 つく・れる(下一) 参考 ⑪は「創る」と書くこともある。⇩「使い分け」

> 使い分け 「作る・造る」
> 「作る」は、規模の小さいものや抽象的で無形のものをこしらえる意で、「着物を作る」「料理を作る」「詩を作る」「規約を作る」「計画を作る」など広く一般的に使われる。
> 「造る」は、おもに規模の大きい、工業的なもの、形のあるものをこしらえる意で、「客船を造る」「庭園を造る」「硬貨を造る」「しょうゆを造る」などと使われる。ただし、両者をはっきりと使い分けることはむずかしく、「作る」を後者の意に用いても間違いとはいえない。

つくろい【繕い】ツクロヒ ①修理すること。「―物」②よそおいととのえること。「身―」「毛―」「羽―」 参考 名詞の下に付くときは、「…づくろい」と濁ることが多い。

つくろ・う【繕う】ツクロフ (他五) ワ(オ)・イ(ッ)・ウ・ウ・エ・エ ①修繕する。壊れたものや破れたものを直す。「ほころびを―」②飾りととのえる。「身なりを―」③不都合な点を隠し、表面的にととのえる。「世間体を―」「その場を―」 可能 つくろ・える(下一)

-つけ【付け・◇附け】(接尾)(動詞の連用形に付いて)常にそのことをしなれている意を表す。「掛かり―の医者」「行き―の店」

つけ【付け・◇附け】①勘定書き。請求書。「―が回ってくる(=よくないことや無理をした報いが、あとになって現れる)」②あとでまとめて支払うことにして帳簿につけておくこと。また、その支払い方法。「―で買う」「―がたまる」③歌舞伎などで、動作を印象づけるために、役者の動作に合わせて拍子木で床に置いた付け板を打つこと。また、その拍子。

っけ (終助) →け(終助)

つげ【告げ】(多く上に「お」を付けて)託宣。「神のお―」

つげ【×黄楊・×柘植】《植》ツゲ科の常緑小高木。暖地に自生。また、観賞用として庭に植える。葉は楕円形で対生。早春に淡黄色の小花を開く。材質は堅く、印材・くし・将棋の駒・そろばんの珠などに用いる。ほんつげ。(つげの花 春)

-づけ【付(け)】(接尾)①付けること。また、付けたもの。「糊―」「位置―」②その「日付」である意を添える。「四月一日―で転任する」

-づけ【漬(け)】(接尾)①漬けること。また、漬けた物。「茶―」「ぬか―」②(比喩的に)毒されていること。「薬―になる」

つけ-あい【付(け)合い・付合】アヒ ― 連歌・俳諧で、二人以上で五・七・五の長句と七・七の短句を付け合わせること。

つけ-あが・る【付け上がる】(自五) ラ(ロ)・リ(ッ)・ル・ル・レ・レ いい気になって思い上がる。つけ込んで増長する。「黙っていると―」

つけ-あわせ【付(け)合わせ】アハセ ― 添えあしらうこと。あしらったもの。特に料理で、肉や魚に添える野菜や海藻など。

つけ-い・る【付け入る】(自五) ラ(ロ)・リ(ッ)・ル・ル・レ・レ 相手の弱みや好意などを巧みにとらえて、自分の利益をはかる。「―すきがない」

つけ-うま【付け馬】遊興飲食費の未払い金を受け取るために、客の家までついて行く店の人。付き馬。うま。

つけ-おち【付け落ち】→つけおとし

つけ-おとし【付け落(と)し】帳簿や書類などに書きとめておくべきものを書かないこと。記入もれ。付け落ち。

つけ-がみ【付け紙】文書中の必要な箇所にはる、しるしの紙。付箋。

つけ-がみ【付け髪】毛髪を補って付ける髪。添え髪。

つけ-ぎ【付け木】檜や杉などの薄い木片の端に硫黄を塗ったもの。昔、火を他の物に移すときに用いた。

つけ-く【付(け)句】連歌・俳諧の付け合いで、前句に付ける句。↕前句

つけ-ぐすり【付け薬】皮膚に付けたりはったりする外用薬。

つげ-ぐち【告げ口】(名・自他スル) 人の秘密やあやまちをこっそり他人に告げ知らせること。密告。「先生に―する」

つけ-くわ・える【付(け)加える】クハヘル ― (他下一) エ・エ・エル・エル・エレ・エロ(エヨ) あとから加え添える。付加する。「説明を―」 文 つけくは・ふ(下二)

つけ-げ【付け毛】見た目をよくするために、頭髪に付け加える毛。

つけ-げいき【付け景気】うわべだけよく見せかけた景気。から景気。「当座の―」

つけ-げんき【付け元気】見せかけの元気。から元気。

つけ-こ・む【付け込む】マ(モ)・ミ(ン)・ム・ム・メ・メ 一 (自五) 相手の弱みをとらえて、自分の利益をはかる。つけいる。「弱みに―」 二 (他五) 仕訳をせずに帳簿に書き入れる。「帳簿に金額を―」

つけ-こ・む【漬け込む】(他五) マ(モ)・ミ(ン)・ム・ム・メ・メ ①漬物を漬ける。②液状のものに浸して、その成分がよく染み込むようにする。

つけ-さげ【付け下げ】和服の模様の付け方の一つ。仕立てたときにすべての模様が上向きになるよう染織されたもの。略式の訪問着に用いられる。

つけ-じょう【付け状】ジヤウ ― ①添え状。添え手紙。②身分の高い人に手紙を差し出すとき、直接名指しにしては恐れ多いので、宛名をその側近の人にしたもの。

つけ-だい【付け台】握りずしを並べて客に出す台。付け板。

つけ-だし【付(け)出し】①売掛金の請求書。勘定書き。②相撲で、最下級の序の口から始めるのでなく、いきなり番付のある位置に格付けされること。また、その力士。「幕下―」

つけ-た・す【付け足す】(他五) サ(ソ)・シ・ス・ス・セ・セ すでにあるものに補い加える。追加する。「説明を―」

つけ-だ・す【付け出す】(他五) サ(ソ)・シ・ス・ス・セ・セ ①売掛金の請求書を書いて客に出す。②書き始める。「日記を―」③馬などの背中に荷物を付けて送り出す。

つけ-たり【付けたり・◇付】①本来の中心になるものに付け加えられた、副次的なもの。付録。添えもの。「私はほんの―です」②名目。口実。「病気見舞いは―だ」

つけ-つけ (副) 遠慮なしに、感情のままにものを言うさま。また、動作の無遠慮なさま。ずけずけ。「―(と)文句を言う」

つけ-どころ【付け所】注意を向けるべき点。「目の―がいい」

つけ-とどけ【付け届け・付届】(名・自スル) 義理や依頼・謝礼などのために贈り物をすること。また、その贈り物。

つけ-な【漬(け)菜】漬物用の菜。また、漬物にした菜。

つけ-ね【付け値】買い手が品物に付けた値段。↕言い値

つけ-ね【付け根】 主となる物につながっている根元の所。「腕の―」「枝の―」

つけ-ねら・う【付け狙う】―ネラフ（他五）ワ(オ)・イ(ッ)・ウ・ウ・エ・エ 常にあとをつけて目的を果たす機会をうかがう。「敵(かたき)を討とうと―」

つけ-び【付け火】 故意に火をつけること。放火。

つけ-ひげ【付け△髭】 人造のひげ。また、それを付けること。

つけ-びと【付け人】 →つきびと

つけ-ひも【付け△紐】 幼児などの着物の、胴のところに縫い付けてあるひも。

つけ-ぶみ【付け文】（名・自スル）恋文を渡すこと。恋文を送ること。また、その恋文。ラブレター。

つけ-ペン【付けペン】 軸にペン先をはめ込み、インクをつけながら書くペン。

つけ-まつげ【付け△睫】 化粧・仮装用などの人造のまつげ。

つけ-まわ・す【付け回す】―マハス（他五）サ(ソ)・シ・ス・ス・セ・セ どこまでもしつこくあとをつける。「怪しい男に―・される」

つけ-まわ・る【付け回る】―マハル（自五）ラ(ロ)・リ(ッ)・ル・ル・レ・レ しつこくつきまとう。いつもあとをつけて離れない。「母親のあとを―」

つけ-め【付け目】 ①自分のために利用できる相手の欠点やすき。「情にもろいところが―だ」②目当て。目的。ねらい。

つけ-めん【付け麺】 つけ汁につけて食べる中華そば。

つけ-もの【漬物】 野菜などを塩・ぬかみそ・酒かすなどに漬けた食品。香(こう)の物。

つけ-やき【付け焼〔き〕】 魚・肉などにしょうゆやみりんなどを付けて焼くこと。また、その焼いたもの。

つけ-やきば【付け焼〔き〕刃・付焼刃】 一時の間に合わせに知識・技能や態度などを身につけること。また、そのようなにわか仕込みの知識や態度。「―の英会話」 語源 鈍刀に鋼(はがね)の焼き刃だけを付け足したもの、が原義。表面はよく見えるがもろくてすぐにだめになってしまう意から。

つける【漬ける】（字義）→し（漬）

つ・ける【漬ける】（他下一）ケ・ケ・ケル・ケル・ケレ・ケロ(ケヨ) ①浸す。「水に―」②ぬかみそ・塩などに入れ、漬物にする。「大根を―」 自つか・る（五）つ・く（五） 文つ・く（下二） 参考 ①は「◇浸ける」とも書く。

つ・ける【付ける・◇附ける】（他下一）ケ・ケ・ケル・ケル・ケレ・ケロ(ケヨ) ①離れた所にあるものを持ってきて、表面を接していっしょにする。合わせる。㋐くっつける。ぴったり合わせる。「糊(のり)で―」㋑（薬品や化粧品などを）塗る。「薬を―」「口紅を―」②㋐あとを残す。「足跡を―」㋑あとに残るように記入する。「日記を―」③加える。㋐そばに居させる。付き添わせる。「お供を―」㋑添える。「味を―」㋒行き先が知りたくてあとを追う。尾行する。「あとを―・けて行く」㋓取り付ける。設置する。「エアコンを―」㋔さらに加える。「利子を―」㋕自分のものにする。「学力を―」㋖力などを加える。「勢いを―」④与える。決める。「名前を―」⑤新しい状態を生じさせる。「木々が葉を―」⑥注意を向ける。そそぐ。「気を―」「目を―」⑦いくつかあった中から一つに定めて事を終わらせる。しとげる。達成する。まとめる。「かたを―」「話を―」「けりを―」「見当を―」⑧連歌・連句で、あとの句をよんで前の句に続ける。付け句をする。「脇句(わきく)を―」⑨（動詞の連用形の下に付いて）…しなれる。いつも…する。「やり―・けている仕事」⑩（動詞の連用形の下に付いて）はげしく…する意を表す。「太陽が照り―」⑪（「…につけ」の形で）関連して。…につれて。…があるとそれに伴っていつも。「暑いに―・け、寒いに―・け、ふるさとがしのばれる」 自つ・く（五） 文つ・く（下二） 参考 ①⑥⑦は「着ける」とも書く。

つ・ける【◇点ける】（他下一）ケ・ケ・ケル・ケル・ケレ・ケロ(ケヨ) ①灯火をともす。「電灯を―」②電気器具を作動させる。「テレビを―」③火を燃やす。点火する。「ガスを―」 自つ・く（五） 文つ・く（下二）

つ・ける【就ける】（他下一）ケ・ケ・ケル・ケル・ケレ・ケロ(ケヨ) ①ある位置に身を置かせる。㋐地位に据える。「会長の座に―」㋑従事させる。「職に―」「任務に―」②㋐仲間にする。「味方に―」㋑指導を受けさせる。「先生に―・けて勉強させる」 自つ・く（五） 文つ・く（下二） 参考 ①で即位の場合は「◇即ける」とも書く。②は「付ける」とも書く。

つ・ける【着ける】（他下一）ケ・ケ・ケル・ケル・ケレ・ケロ(ケヨ) ①衣服などを身にまとう。身におびさせる。「はかまを―」②乗り物などをある場所に行きつかせる。「舟を岸に―」③体や物の一部分を動かして触れさせる。届かせる。「てのひらを地面に―」④その位置にいるようにさせる。「席に―」⑤体や物の一部を付着させる。「飾りを―」「バッジを―」 文つ・く（下二） 参考 ④⑤は「付ける」とも書く。

つ・げる【告げる】（他下一）ゲ・ゲ・ゲル・ゲル・ゲレ・ゲロ(ゲヨ) ①言葉で知らせる。情報を伝える。述べる。「来意を―」「時を―」②そのような状態になる。「風雲急を―」「終わりを―」 文つ・ぐ（下二）

-づ・ける【付ける】（接尾）（名詞に付いて下一段活用の動詞をつくる）そのような状態・性質を与える意を表す。「元気―」「関係―」「位置―」

-っこ（接尾）①（動詞の連用形に付いて）たがいにし合うことを表す。「水のかけ―」「にらめ―」②（名詞または動詞の連用形に付いて意味や調子を強め）「こと」の意味を表す。「うそ―」「慣れ―」「彼にはでき―ない」

-っこ・い（接尾）（名詞や性質・状態を表す語に付いて形容詞をつくる）その性質・状態を強く持つことを表す。「油―」「ねち―」「丸―」

つ-ごう【都合】―ガフ 一（名）なりゆき。具合。事情。「相手の―を聞く」 二（名・他スル）やりくりすること。工面すること。「お金を―する」 三（副）全体で。合わせて。「出席者は―九名」

つ-ごもり【△晦・×晦日】 陰暦で月の最後の日。みそか。月末。↕一日(ついたち) 語源「月隠(つきごもり)」の転。

つじ【辻】（人）つじ （字義）→次項。 参考「辻」は国字。

つじ【△辻】 ①道が十文字に交わる所。十字路。四つ辻(つじ)。交差点。②道筋。道端。路上。「―説法」

つじ-あきない【△辻商い】―アキナヒ 道端に店を出してする商売。辻(つじ)売り。大道商い。

つじ-うら【△辻◇占】 ①昔、町の四つ辻(つじ)で、通行人の言葉を聞いて吉凶を判断したこと。②紙片に吉凶を占った文句を書いて客に売った商売。また、その紙片。「―売り」③偶然あったことをもとに、吉凶を占うこと。

つじ-かご【△辻△駕◇籠】 昔、町の辻(つじ)で客をとって乗せたかご。町かご。

つじ-かぜ【△辻風】 →つむじかぜ

つじ-ぎみ【△辻君】 夜、道端に立って客を待つ娼婦(しょうふ)。

つじ-ぎり【△辻斬〔り〕】 昔、武士が刀の切れ味や腕前を試すため夜間道端で通行人を切ったこと。また、その武士。

つじ-ごうとう【△辻強盗】―ガウタウ 道端で通行人を襲う強盗。おいはぎ。

つじ-せっぽう【△辻説法】―セツポフ 道端で往来の人に仏法を説くこと。また、その仏法。

つじ-つま【△辻△褄】 合うはずの前後関係や道理。筋道。―が合(あ)う 筋道が通る。前後が矛盾しない。「話の―」 語源 裁縫で、「辻(つじ)」とは縫い目が十字に合うところで、「褄(つま)」とは着物の裾(すそ)の左右が合うところである。「辻」「褄」ともにきれいに合うべき部分で、「辻褄が合う」とは、合うべきものがきちんと合っている、転じて、筋道が通る意になった。

つじ-どう【△辻堂】― 道端に建ててある小さな仏堂。

つじ-ふだ【△辻札】― 昔、禁止事項などを箇条書きにして町角に立てた札。制札。高札。

つしま【対馬】旧国名の一つ。九州と朝鮮半島の間にある島で、現在の長崎県の一部。対州。

つた【△蔦】〘植〙ブドウ科のつる性落葉樹。巻きひげになった茎には吸盤があり、他の物に着生する。夏に黄緑色の小花を付け、秋に紅葉が美しく、壁や塀にはわせる。別名ナツヅタ。秋（つた若葉 春）

つたい-あるき【伝い歩き】― ①支えになる壁・手すりなどにつかまりながら歩くこと。②飛び石など、飛び飛びにある物の上をたどって歩くこと。

つた・う【伝う】（自五）ある物に沿って移動する。伝わる。「涙がほおを―」可能 つた・える（下一）

つたえ【伝え】①伝えること。②ことづけ。伝言。③言い伝え。伝説。「先祖からの―」

つたえ-き・く【伝え聞く】―（他五）①他人から聞く。うわさで聞き知る。「―ところでは」②昔から言い伝えられたこととして聞き知る。

つた・える【伝える】（他下一）①何があったかを言葉などで知らせる。「情報を―」②習得した学問・技芸などを教え授ける。伝授する。「秘訣を―」③譲りわたす。「財産を―」④他から持ってきて広める。「キリスト教を―」⑤次々と後代に知らせる。伝承する。「昔から―・えられてきた話」⑥取り次ぐ。伝言する。「よろしく―・えてください」⑦他に作用を及ぼす。伝播させる。「振動を―」「熱を―」自 つたわ・る（五）文 つた・ふ（下二）

つた-かずら【△蔦△葛・△蔦△蔓】〘植〙つる草の総称。秋

つたな・い【拙い】（形）①下手である。「―文章ですがよろしくお願いします」②能力が劣っている。愚かである。「―者ですが」③運が悪い。「武運―・く敗れる」文 つたな・し（ク）用法 ①②は自分をへりくだって用いることもある。変遷 古くは、能力・技術・運命・品格・身なりなどが劣っているさまを広く指した。現代語では、おもに①の「技術が劣っている」の意で用いる。③は、平安時代以来の「宿世つたなし（＝宿縁がよくない）」の意に由来する。

つた-もみじ【△蔦紅葉】― ①紅葉したツタの葉。秋 ②〘植〙山地に自生する、ムクロジ科の落葉高木。葉は対生で、掌状に浅く裂け、秋に黄葉する。花は淡黄色で晩春ふさ状に付く。材は運動具・楽器などに使われる。イタヤカエデ。

つたやじゅうざぶろう【蔦屋重三郎】（一七五〇～一七九七）江戸中期の出版業者。通称、蔦重。江戸（東京都）生まれ。黄表紙・洒落本・浮世絵の有名作品を出版した。

つたわ・る【伝わる】（自五）①人を介して何があったか知れる。広まる。「うわさが―」②次々と人から人に話される。「その土地に―話」③次々と受け継がれる。「代々―家宝」④もとあった所から何かを介して来る。伝来する。「仏教が―」⑤物に沿って進む。伝う。「てすりを―」⑥物を通って進み作用が及ぶ。伝播する。「電流が―」他 つた・える（下一）

> **ちがい**「伝わる」・「通じる」
>
> 「伝わる」「通じる」は、物理的な姿を持たないものの有する効力がある地点から別の地点に届くことを表すのに用いる点で共通する。「気持ちが｛伝わる／通じる｝」
>
> ただし、「通じる」は届いた先での効力の発揮を含意する（「つたない英語が相手に通じる」「これまでのやり方が通じない」）のに対して、「伝わる」は届いた先だけに着目するのではなく、何かを媒介にして徐々に力が発揮される範囲が広がっていく様子全体を表す（「カイロの熱が伝わる」「組織の末端まで情報が伝わる」）。

つち【土】①地球上の陸地の表面をおおう物質の総称。大地。地面。地上。②岩石が分解して粉末状になったもの。土壌。

―一升に金一升 地価の非常に高いことのたとえ。

―が付く 相撲で力士が負ける。**―を踏む** その場所を訪れる。**―となる** 死ぬ。死亡する。土になる。「異国の―」

つち【土】長塚節の長編小説。一九一〇（明治四十三）年東京朝日新聞に連載。北関東の自然を背景に、貧しい小作農民の生活を描く。近代農民文学の先駆的作品。

つち【槌・鎚・椎】物をたたくのに用いる柄のついた工具。金づち・木づちなど。ハンマー。参考「鎚」は金属製、「槌」「椎」は木製。

つち-いじり【土△弄り】― ①子供などが土をいじって遊ぶこと。土遊び。②趣味で庭の手入れや園芸などをすること。

つち-いっき【土一△揆】→どいっき

つちいばんすい【土井晩翠】→どいばんすい

つち-いみ【土忌（み）】陰陽道で、土公（＝土の神）のいる方角を犯して工事することを忌むこと。

つち-いろ【土色】土のような色。青みを帯びた黒い色。血の気のない顔色にいう。土気色。「恐怖で顔が―になる」

つちか・う【培う】（他五）（土で養う意）①根に土をかけて草木を育てる。栽培する。②養い育てる。「長年―・った技術」「公徳心を―」

つち-くさ・い【土臭い】（形）①土のにおいがする。②田舎風でやぼったい。どろ臭い。文 つちくさ・し（ク）

つち-ぐも【土×蜘蛛】→じぐも

つち-くれ【土◦塊】土のかたまり。土塊。

つちけ-いろ【土気色】→つちいろ

つち-けむり【土煙】土・砂が風に吹き上げられて煙のように見えるもの。つちけぶり。「車が―を上げて走る」

つち-つかず【土付かず】①相撲で、その場所中まだ一度も負けていないこと。②勝負・試合などで、まだ負けていないこと。

つち-の-え【△戊】（「土の兄」の意）十干の第五。⇩十干

つち-の-と【◦己】（「土の弟」の意）十干の第六。⇩十干

つち-ふまず【土踏まず】足の裏のくぼんだ所。

つち-へん【土偏】漢字の部首名の一つ。「城」「地」などの「土」の部分。

つち-ぼこり【土△埃】風で舞い上がっている細かい土。

つち-やき【土焼（き）】素焼きの土器。どやき。

つち-よせ【土寄せ】〘農〙株が倒れるのを防ぐためや除草のために、生育中の作物の根元に土を寄せること。「ネギの―をする」

つち-ろう【土△牢】― 地面を掘って地中に造ったろうや。

つつ【筒】①円くて長く、中が空いているもの。管。「竹の―」②銃身。砲身。③小銃。大砲。④井戸の外わく。井筒。

つつ（接助）①二つの動作・状態が同時に行われることを表す。㋐動作の反復する場合。…ては。「振り返り―行く」㋑動作・状態の継続している場合。…ながら。「一定の差を保ち―走る」㋒逆接の意のこもる場合。…ながらも。「悪いと知り―うそをつく」②（「つつある」の形で）動作・作用の継続を表す。…し続ける。「生活は年々向上し―ある」③〘古〙動作のくり返しを示す。「竹を取り―、よろづのことに使ひける」

〈竹取〉[用法]動詞・動詞型活用の助動詞の連用形に付く。文章語に多く用いる。

つっ-【突っ】（接頭）《俗》（「つき」の促音便形）「勢いよく」「強く」「急に」「一斉に」などの意を添える。「―ぱしる」「―ぱねる」

つつ-い【筒井】― 筒のように円く掘った井戸。

―づつ【―筒】①筒井の上の部分を円く囲んだわく。②幼なじみ。「―の仲（＝幼なじみ）」

つつ-うらうら【津津浦浦】（「津」は港、「浦」は入り江の意）全国いたる所。つづうらうら。「―に知れわたる」

つつ-おと【筒音】大砲や小銃の弾丸が発射されるときの音。

つっ-かい【突っ◇支い】カヒ ― 棒などを補助的に添えて物を支えること。また、その支えるもの。支え。つっぱり。つっかえ。

―ぼう【―棒】戸などが開いたり、物が倒れたりしないように支える棒。

つっ-かえ・す【突っ返す】カヘス ―（他五）サ(ソ)・シ・ス・ス・セ・セ →つきかえす

つっ-か・える【◇支える・△閊える】ツッカヘル（自下一）エ・エ・エル・エル・エレ・エロ(エヨ)「つかえる（支える）」の俗語的表現。「天井に頭が―」

つっ-かか・る【突っ掛［か］る】（自五）ラ(ロ)・リ(ッ)・ル・ル・レ・レ（「つきかかる」の音便）①あるものを目がけて突く。「獲物に―」②ぶつかる。突き当たる。ひっかかる。「椅子の脚に―」③争いをしかける。くってかかる。「上司に―」

つっ-かけ【突っ掛け】つま先にひっかけるようにして履く、手軽なサンダルなどの履物。

―ぞうり【―草履】ザウリ つま先にちょっとかけて無造作に履く草履。つっかけ。

つっ-か・ける【突っ掛ける】（他下一）ケ・ケ・ケル・ケル・ケレ・ケロ(ケヨ)（「つきかける」の音便）①履物を、つま先にちょっとかけて無造作に履く。「サンダルを―」②勢いよく何かにぶつける。「段差に足を―」③相撲の立ち合いで、呼吸が合わず相手より先に仕掛ける。[文]つっか・く（下二）

つつが-な・い【△恙無い】（形）カロ・カッ(ク)・イ・イ・ケレ・○ 病気がない。事故や異常がなく、無事である。「―・く暮らす」[文]つつがな・し（ク）

つつが-むし【△恙虫】〘動〙ツツガムシ科のダニの総称。野ネズミなどに寄生し、ツツガムシ病を媒介する。

―びょう【―病】ビヤウ〘医〙ツツガムシに刺されて起こる急性感染症。発熱・発疹・皮膚潰瘍などを生じる。

つづき【続き】①続くこと。つながり方。②あとに続く部分。「話の―」③（名詞の下に付いて）それがずっと続いていることを表す。「雨―」「日照り―」

▼「続き」が下に付く語

縁― 国― 御難― 地― 血― 手― 長― 引き― 陸―

―がら【―柄】親族としての相互の関係。続柄。

―もの【―物】何回か続いて完結する小説・ドラマなど。

つつ-ぎり【筒切り】円筒状の物を横に切ること。輪切り。

つっ-き・る【突っ切る】（他五）ラ(ロ)・リ(ッ)・ル・ル・レ・レ（「つききる」の音便）勢いよく横切る。まっすぐ通り抜ける。「敵陣を―」

つつ・く【◇突く】（他五）カ(コ)・キ(イ)・ク・ク・ケ・ケ ①軽く何回も突く。「前の人の背中を―」②箸やくちばしでくり返しつまみ取って物を食べる。「鳥がえさを―」「すき焼きを―」③そそのかす。けしかける。「若者を―・いて騒ぎを起こす」④欠点などを取りあげて問題にする。「人の短所を―」「重箱の隅を―」[可能]つつ・ける（下一）[参考]「つっつく」とも。[語源]「つきつく」の変化したもの。

つづ・く【続く】（自五）カ(コ)・キ(イ)・ク・ク・ケ・ケ ①ある事柄・状態が、途切れずに保たれる。持続する。継続する。「高熱が―」「体力の―限りがんばる」②ある事のあとにすぐ次の事が起こる。「不祥事が―」③他の物・事が切れ目なくつながる。接続する。「居間と台所が―」④次の段階・順位を占める。「首席に―者」⑤すぐあとに従う。「前に―・いて進む」[他]つづ・ける（下一）

つつ-ぐち【筒口】筒の口。筒先。銃砲の筒の先にもいう。

つづけ-がき【続け書き】筆を切らずに、続けて書くこと。また、その書いたもの。

つづけ-ざま【続け様】同じことを続けてくり返すこと。また、そのさま。「―に事故が起こる」

つづ・ける【続ける】（他下一）ケ・ケ・ケル・ケル・ケレ・ケロ(ケヨ) ①ある事柄・状態を途切れさせずに連ねる。持続させる。「毎朝、練習を―」②切れ目なく次のことをする。「英語に―・けて数学を勉強する」③つなげる。「居間と書斎を―」[自]つづ・く（五）[文]つづ・く（下二）

つっ-けんどん【突(っ)△慳貪】（名・形動ダ）とげとげしく無愛想に物事を言ったり行ったりするさま。「―な返事」

つっ-こみ【突っ込み】①突っ込むこと。②内面まで深く掘り下げること。「研究に―が足りない」③全部をひっくるめること。込み。「―で買う」「―値段」④漫才などで、話のおかしな点を指摘すること。また、その役の人。↔惚け

つっ-こ・む【突っ込む】（自五）マ(モ)・ミ(ン)・ム・ム・メ・メ（「つきこむ」の音便）**一**（自五）①激しい勢いで中へはいる。突進する。突入する。「トラックが民家に―」②内面に深く立ち入る。核心にふれる。「―・んだ質問」**二**（他五）①深く中へ入れる。「茂みに棒を―」②無造作に入れる。「着物を押し入れに―・んでおく」③深く追及する。つじつまの合わない点などを取り上げて問いただす。「内容の矛盾を―・まれる」④深くかかわりを持つ。「事件に首を―」

つつ-さき【筒先】①筒の先。筒口。②銃身・砲身の先。③消火ホースの先。また、消火のときにそれを持つ役の消防士。

つつ-ざき【筒咲き】花弁が筒の形をして咲くこと。また、その花。桐の花など。筒状花。

つつじ【×躑躅】〘植〙ツツジ科ツツジ属の植物の総称。常緑または落葉低木。春から夏にかけ、紅色・紫色・白色などの花を開く。山地に自生するほか公園・庭などに観賞用として栽植。ヤマツツジ・ミヤマキリシマなど。[春]

つつしみ【慎み・謹み】①つつしむこと。控え目な態度をとること。「―を忘れる」②《古》物忌み。

―ぶか・い【―深い】（形）カロ・カッ(ク)・イ・イ・ケレ・○ さしでがましいところがなく、礼儀正しく控え目なさま。「―態度」[文]つつしみぶか・し（ク）

つつし・む【慎む・謹む】（他五）マ(モ)・ミ(ン)・ム・ム・メ・メ ①あやまちのないように気をつける。慎重にする。「言動を―」②物事の度をこさないように控え目にする。「酒を―」③［謹］うやうやしくかしこまる。敬意を表す。⇩「使い分け」

つつしんで（「つつしみて」の音便）敬意を表して、うやうやしく。「―お見舞い申し上げます」

> [使い分け]「慎む・謹む」
> 「慎む」は、すべて内輪にして用心する、控え目にする意で、おもに心もちについていい、「深酒を慎む」「言葉を慎む」「身を慎む」などと使われる。
> 「謹む」は、自ら戒める、かしこまる意で、おもに態度についていい、ふつう「謹んで」の形で「謹んで敬意を表する」「謹んで聞く」などと使われる。

つつ-そで【筒袖】和服の、たもとがなくて、筒のようになっている袖。また、そういう袖の着物。つつっぽう。つつっぽ。

つっ-た・つ【突っ立つ】（自五）タ(ト)・チ(ッ)・ツ・ツ・テ・テ（「つきたつ」の音便）①まっすぐ立つ。勢いよく立つ。②何もしないで、ぼうっと立つ。「ぼんやり―・っていないで手伝え」[他]つった・てる（下一）

つっ-た・てる【突っ立てる】(他下一) テ・テ・テル・テル・テレ・テロ(テヨ) (「つきたてる」の音便) ①(先の鋭い物などを)力強く突き刺して立てる。②まっすぐ立てる。勢いよく立てる。自つった・つ(五)

つっ-つ・く【突っ突く】(他五) カ(コ)・キ(イ)・ク・ク・ケ・ケ →つつく

つつっ-ぽ【筒っぽ】《俗》つつその着物。つつっぽう。語源「筒っ袍(ぽう)」のつまったもの。

つつ-どり【筒鳥】《動》ホトトギス科の鳥。カッコウに似るがやや小さく、ポンポンと筒を打つような声で鳴く。初夏に飛来し、秋冬に南方に去る。ぽんぽんどり。夏

つつ-ぬけ【筒抜け】(筒の底が抜けて中の物がこぼれることから) ①話や秘密がそのまま他人の耳に漏れ伝わること。「計画は彼らに―だ」②(人の話などが)頭の中にとどまらずに通り抜けてしまうこと。素通り。「何を言っても右から左へ―だ」

つっ-ぱし・る【突っ走る】(自五) ラ(ロ)・リ(ッ)・ル・ル・レ・レ 《俗》(「つきはしる」の音便) ①勢いよく走る。「わきめもふらず―」②かってに先走って行動する。また、目的に向かってひたすら突き進む。「改革路線を―」

つっ-ぱな・す【突っ放す】(他五) サ(ソ)・シ・ス・ス・セ・セ (「つきはなす」の音便) ①勢いよく急に突き放す。②相手にせず、冷たくあしらう。「―・した目で見る」

つっ-ぱ・ねる【突っ撥ねる】(他下一) ネ・ネ・ネル・ネル・ネレ・ネロ(ネヨ) (「つきはねる」の音便) ①勢いよく突いてはね飛ばす。②相手の要求などをきっぱりと断る。「申し入れを―」文つっぱ・ぬ(下二)

つっ-ぱり【突っ張り】①突っ張ること。②倒れたり、外から開けられたりしないように戸などの内側から押しあてる棒や柱。③相撲で、相手の胸のあたりを平手で強く突いて押す技(わざ)。④《俗》不良がかって虚勢を張ること。また、その者。

つっ-ぱ・る【突っ張る】ラ(ロ)・リ(ッ)・ル・ル・レ・レ (「つきはる」の音便) 一(自五) ①(筋・皮・肉などが)強く張ってかたくなる。「顔が―」「欲の皮が―」②威勢よく見せようと無理をする。虚勢を張る。「―・って生きる」③あくまで言い張る。意地を張る。「妥協せずに―」二(他五) ①(棒などを押しあてて)支える。②腕や足を伸ばして力を入れる。「犬が脚を―・って動かない」③相撲で、相手の胸のあたりを平手で強く突いて押す。

つっ-ぷ・す【突っ伏す】(自五) サ(ソ)・シ・ス・ス・セ・セ (「つきふす」の音便) 急に、あるいは勢いよくうつぶせになる。「机の上に―」

つつまし・い【°慎ましい】(形) カロ・カッ(ク)・イ・イ・ケレ・○ (中心義―できるだけ自分を表に現さない、人目につかないようにする奥ゆかしさがある) ①控え目で遠慮深い。②質素である。つましい。「―生活」文つつま・し(シク) 語源「包む」に対応する形容詞。

つつましやか【°慎ましやか】(形動ダ) ダロ・ダッ(デ・ニ)・ダ・ナ・ナラ・○ つつましいさま。控え目なさま。「―にふるまう」文(ナリ)

つづまやか【°約まやか】(形動ダ) ダロ・ダッ(デ・ニ)・ダ・ナ・ナラ・○ ①狭く小さいさま。②簡略なさま。「―に書く」③慎み深いさま。④質素なさま。「―な生活」文(ナリ)

つづま・る【°約まる】(自五) ラ(ロ)・リ(ッ)・ル・ル・レ・レ ①縮まる。短くなる。②要約される。簡単になる。他つづ・める(下一)

つつみ【堤】①川・池・湖などの水があふれないように、岸に土を高く築いたもの。土手。堤防。②水をためた池。ため池。

つつみ【包み】①紙・ふろしきなどで包むこと。また、包んだ物。②物を包むのに用いるもの。ふろしきなど。「―が破れる」

―がね【包(み)金】(祝儀や謝礼のために)紙に包んで人に贈る金。包み金(きん)。「―を渡す」

―がまえ【―構え】ガマヘ 漢字の部首名の一つ。「包」や「勺」などの「勹」の部分。

―がみ【包(み)紙】物を包むのに用いる紙。包装紙。

つづみ【鼓】《音》①和楽器の一つ。中央がくびれた胴の両側に革を張った打楽器。革の面を手で打って音を出す。大小二種類ある。②革を張った打楽器の総称。

〔つづみ①〕

つつみ-かく・す【包み隠す】(他五) サ(ソ)・シ・ス・ス・セ・セ ①包んで見えないようにする。②秘密にして人に知られないようにする。「欠点を―」「真実を―・さず話す」

つつみちゅうなごんものがたり〔堤中納言物語〕日本最初の短編物語集。成立事情を異にする一〇編の短編と一つの断章から成る。編者・成立年代未詳。貴族社会の退廃的な面を、奇抜な構想で皮肉と笑いを交えて鋭く描く。

つつ・む【包む】(他五) マ(モ)・ミ(ン)・ム・ム・メ・メ ①物を中に入れてその全体を外から覆う。「菓子を紙に―」「赤の衣装に身を―」②外からはわからないように周りを囲む。隠す。「なぞに―・まれている」③(心の中に)入れて外に示さない。「―・みきれない喜び」④全体をある雰囲気が覆う。「熱気に―・まれる」⑤金銭を、のし袋などに入れて渡す。「お祝いに一万円―」可能つつ・める(下一)

つづ・める【°約める】(他下一) メ・メ・メル・メル・メレ・メロ(メヨ) ①縮める。短くする。②内容を要約する。簡単にする。「―・めて言えば」③節約する。「経費を―」自つづま・る(五) 文つづ・む(下二)

つつ-もたせ【×美人局】男女が共謀して、女性を他の男性と情交させ、それを種に相手から金銭などをゆすり取ること。

つづら【°葛】《植》ツヅラフジなど、つる性の植物の総称。

―おり【―折り・×九十九‐折り】ヲリ (「つづら」のつるのように)幾重(いくえ)にも折れ曲がっている山道・坂道。

―ふじ【―藤】フヂ《植》ツヅラフジ科の落葉つる植物。葉は卵円形。夏、葉のつけ根に淡緑色の小花を多数つける。雌雄異株(しゅ)。茎でかご・つづらを作る。薬用。おおつづらふじ。夏

つづら【×葛籠】ツヅラフジで編んだ、ふた付きの箱形のかご。衣服などを入れる。

〔葛籠〕

つづり【△綴り】①書類などをとじ合わせること。また、とじ合わせたもの。「ひと―の書類」②単語や文章などで、文字を連ねて書き表すこと。特に、単語を書き表す表音文字の配列。スペル。スペリング。

―かた【―方】①アルファベットなど、文字を連ねて書き表す方法。スペリング。「ローマ字の―」②もと、小学校の教科の一つ。今の作文。

つづり-あわ・せる【△綴り合(わ)せる】アハセル (他下一) セ・セ・セル・セル・セレ・セロ(セヨ) つなぎ合わせて一つにする。とじ合わせる。「書類を―」文つづりあは・す(下二)

つづ・る【△綴る】(他五) ラ(ロ)・リ(ッ)・ル・ル・レ・レ ①継ぎ合わせる。ひと続きにする。「破れを―」②詩歌・文章を作る。「日記を―」③アルファベットを連ねて単語を書く。可能つづ・れる(下一)

つづれ【△綴れ】①破れをつぎはぎした着物。ぼろ。「―をまとう」②「つづれおり」の略。③細く裂いた布地をよこ糸として織った織物。裂織(さきおり)。

―おり【―織〔り〕】綴(つづ)れ錦(にしき)に似せて、数種の色糸で模様を織り出した織物。帯地や肩掛けなどに用いる。

―にしき【―錦】絹の染め糸で花・鳥・風物などの模様を織り出したにしき。京都西陣の特産。つづれのにしき。

つて【°伝】①てづる。てがかり。縁故。「―を求める」②ことづて。ひとづて。「―に聞く」③ついで。便宜。

って 一(格助) ①「と」「という」の意を表す。「すぐ来い―言われた」「じょうずだ―ほめていた」「血筋―やつは争えない」②叙述の題目を示す。「彼―だれのこと」二(終助) ①他人の話を引用する意を表す。「和服が似合う―さ」「一緒には行けない―よ」②

他人の言葉をくり返して、問い返す意を表す。「なに、成功した─」③自分の考えとして相手に示す意を表す。「きみならうまくやれる─」㊁(接助)「…といって」の意で、あとに疑問や逆接の内容を続ける。「何だ─そう文句が多いのか」用法㊀は名詞またはそれに相当する言い切りの形に、㊁は文末に付く。

つと【△苞】①食品をわらなどで包んだもの。わらづと。「─にはいった納豆」②土地の産物。また、土産(みやげ)物。「家─(いえづと)」

つと(副)①突然に。急に。さっと。「─現れる」②じっと。動かないで。

つ-ど【都度】そのたびごと。毎回。「その─会費を払う」

つどい【集い】(ツドヒ) 集まること。また、集まってする催し物。「音楽の─」

つど・う【集う】(ツドフ)(自五)ワ(オ)・イ(ッ)・ウ・ウ・エ・エ (何かをするために)集まる。寄り合う。「一堂に─」

つと-に【△夙に】(副)①まえまえから。「─勇名をはせる」②幼時から。「─その才は注目されていた」③朝早く。早朝に。

つとま・る【務まる】(自五)ラ(ロ)・リ(ッ)・ル・ル・レ・レ 役目・役割を果たすことができる。「議長は私には─・らない」

つとま・る【勤まる】(自五)ラ(ロ)・リ(ッ)・ル・ル・レ・レ その職務にたえられる。つとめることができる。「健康だから─」

つとめ【務め】当然しなければならないこと。役目。任務。義務。責務。「納税は国民の─である」⇨「使い分け」

つとめ【勤め】①雇われて官公庁・会社などに通い、仕事をすること。また、その仕事。勤務。「─に出る」②→おつとめ②③芸者・娼妓(しょうぎ)などが客を相手にすること。⇨「使い分け」

─ぐち【─口】勤める所。就職する所。「─を探す」

─さき【─先】勤務する所。勤務先。「─に連絡する」

─にん【─人】官公庁・会社などに勤務している人。サラリーマン。

─むき【─向き】勤務に関する事柄。勤めのようす。また、勤務先。「─の事情」

使い分け「務め・勤め」

「務め」は、役目・任務・義務などの意で、「親の務めを果たす」「世話役としての務め」などと使われる。

「勤め」は、勤務・勤行(ごんぎょう)の意で、「役所勤めをする」「勤め人」「本堂で朝のお勤めをする」などと使われる。

つとめ-あ・げる【勤め上げる】(他下一)ゲ・ゲ・ゲル・ゲル・ゲレ・ゲロ(ゲヨ) 定められた期間を最後まで勤める。「定年まで無事─」

つとめ-て(古)①(何か事のあった)その翌朝。②早朝。

つとめ-て【努めて・◇勉めて】(副)努力をして。できるだけ。「─平静をよそおう」

【変遷】早朝をあらわす「夙(つと)」から派生した語。動詞「努(つと)む」は「早朝からことを行う・努力して行う」の意で用いられ、その連用形に「て」が付いた副詞「努めて」が派生した。現代語としては、「無理をしてでもそうする」という語感がある。

つと・める【努める・◇勉める】(自下一)メ・メ・メル・メル・メレ・メロ(メヨ) 力を尽くす。はげむ。努力する。「学習に─」「早起きに─」文つと・む(下二)⇨「使い分け」

つと・める【務める】(他下一)メ・メ・メル・メル・メレ・メロ(メヨ) 役目・役割を受け持つ。「議長を─」文つと・む(下二)⇨「使い分け」

つと・める【勤める】(自他下一)メ・メ・メル・メル・メレ・メロ(メヨ) ①官公庁・会社などに就職して仕事をする。勤務する。「役所に─」「かげひなたなく─」②仏道を修行する。勤行(ごんぎょう)をする。「朝夕仏前に─」③法事をいとなむ。「親の三回忌を─」④定められた期間、与えられた仕事を果たす。「二年の刑期を─・め終える」文つと・む(下二)⇨「使い分け」

使い分け「努める・務める・勤める」

「努める」は、力を尽くして行う、努力する意で、「解決に努める」「完成に努める」「弱みを見せまいと努める」などと使われる。

「務める」は、役目を受け持つ、役目をする意で、「受付を務める」「秘書を務める」「主役を務める」などと使われる。

「勤める」は、官公庁・会社などに通って仕事につく意で、「市役所に勤める」「商社に勤める」などと使われる。

つな【綱】①植物の繊維や針金などを長くより合わせた、太いしっかりしたなわ。ロープ。②(比喩(ひゆ)的に)頼みとするもの。「頼みの─」「命の─」③相撲の横綱。「─を張る(=横綱になる)」

ツナ〈tuna〉マグロ。特に、缶詰にしたマグロの肉。「─サラダ」

つながり【△繋がり】①つながること。つながったもの。②関係。きずな。「事件との─」「親子の─」

つなが・る【△繋がる】(自五)ラ(ロ)・リ(ッ)・ル・ル・レ・レ ①離れていたものがひと続きになる。続く。連なる。連結する。「二つの地域が鉄道で─」「電話が─」②二つ以上の人・物・事の間に関係・関連がある。かかわる。結びつく。「血の─・った人」「事件に─人」③切れそうであったものが切れずに終わる。「首が─(=免職・解雇からまぬかれる)」他つな・ぐ(五)つな・げる(下一)

つなぎ【△繋ぎ】①つなぐこと。つなぐもの。「顔─」②一つのことから次のことに移るまでの間を仮にうめるもの。「─に余興をする」③料理で、ねばり気のないものをまとめるための材料。「そばの─」④作業用の衣服で、上着とズボンがつながっているもの。

つなぎ-と・める【△繋ぎ留める】(他下一)メ・メ・メル・メル・メレ・メロ(メヨ) ①ひもや綱で結び付けて、離れないようにする。「舟を岸に─」②関係が切れないようにする。関心・興味が離れないようにする。「恋人の心を─」

つな-ぐ【綱具】綱で作った船具の総称。また、綱と結び合わされた滑車。

つな・ぐ【△繋ぐ】(他五)ガ(ゴ)・ギ(イ)・グ・グ・ゲ・ゲ ①切れたり離れたりしていたものをひと続きにする。連ねる。連繋(れんけい)する。「手を─」「電話を─」②途絶えそうであったものを続ける。持ちこたえさせる。たもつ。「命を─」「望みを─」③綱やひもで結んで離れないようにする。「舟を岸に─」「犬を鎖で─」自つなが・る(五)可能つな・げる(下一)

つな・げる【△繋げる】(他下一)ゲ・ゲ・ゲル・ゲル・ゲレ・ゲロ(ゲヨ) 離れていたものをつないでひと続きにする。「二本のひもを─」自つなが・る(五)

つな-そ【綱◇麻】→おうま

つな-で【綱手】船につないで引く綱。引き綱。

つな-とり【綱取り】①相撲で、大関が横綱の地位への昇進に挑戦すること。②運動会などで、複数の綱を取り合う競技。

つな-ひき【綱引(き)・綱△曳(き)】①一本の綱を二組に分かれて引っ張り合い、勝負を争う遊戯・競技。②一つのものを二者が争ってとり合うことのたとえ。「開催地誘致の─」

つ-なみ【津波・津△浪】〘地質〙地震や海底に起こった隆起・陥没、暴風などの衝撃によって発生する、非常に波長の長い波。高い波が急に海岸に押し寄せて陸地を浸す。

つな-わたり【綱渡り】①曲芸の一つ。空中に張った綱の上を渡り歩く軽業(かるわざ)。②危険をおかして行動することのたとえ。「毎日が─の資金繰り」

つね【常】①いつまでも変わらないこと。不変。②なみ。ふつう。「─の人」③世の中の道理。ならわし。ならい。「世の─」④ふだん。平素。「─と変わらぬ態度」

—無(な)し 変わりやすい。はかない。—ならず ①無常だ。変わりやすい。「常ならぬ人の世」②いつもと異なっている。ふつうでない。「悲しみ—」

つね-づね【常常】(名・副) ふだん。平生(へいぜい)。いつも。「—の心掛け」「—思う」

つね-に【常に】(副) いつも。ふだん。たえず。「—注意する」

つね-ひごろ【常日頃】(名・副) ふだん。いつも。「—の努力が実を結ぶ」

つね・る【抓る】(他五) ラ(ロ)・リ(ッ)・ル・ル・レ・レ つめや指先で皮膚をつまんでねじる。抓(つめ)る。「ほおを—」

つの【角】動物の頭部に堅く突き出たもの。また、物の表面や頭に突き出ているもの。「牛の—」「カタツムリの—」

—突(つ)っき合(あ)わせる 仲が悪くて、たえず争いあう。**—を折(お)る** それまでの強情な態度を改める。我を折る。**—を出(だ)す** 女性がやきもちをやく。**—を矯(た)めて牛(うし)を殺(ころ)す** (角の形を直そうとして、牛を殺してしまう意から)わずかな欠点を直そうとして、かえって全体をだめにすることのたとえ。

つの-がい【角貝】ガヒ〔動〕①ゾウゲツノガイ科の貝の一種。水深三〇—一〇〇メートルの泥底にすむ。殻は黄橙(きだいだい)色と白色があり、角状、円錐(えんすい)形の管となり、弓形にまがる。殻は貝細工に用いる。②ツノガイ類の貝の総称。

つの-がき【角書〔き〕】浄瑠璃(じょうるり)の名題(なだい)や歌舞伎(かぶき)の外題(げだい)、また書名などの上にその内容を二行に割って書くこと。また、その文字。

つの-かくし【角隠し】和風の婚礼で、高島田を結った花嫁が頭にかぶる飾りの布。表は白絹、裏は紅絹(もみ)。

〔つのかくし〕

つの-ぐ・む【角ぐむ】(自五) マ(モ)・ミ(ン)・ム・ム・メ・メ アシやススキなどの草木の芽が角のように出始める。春

つのごけ-るい【角苔類】〔植〕コケ植物の一群。ツノゴケ・アナナシツノゴケなど。⇩苔(こけ)植物

つの-ざいく【角細工】動物の角を材料とした細工。また、その細工をしたもの。

つの-だる【角樽】祝儀(しゅうぎ)の酒などを入れる、二本の角のように長い柄(え)のついた朱(黒)塗りの飾り用のたる。柄樽(えだる)。

つの-つきあい【角突き合い】ツキアヒ 仲が悪くて、よく衝突すること。「あの二人は—の仲だ」

つの-ぶえ【角笛】動物の角で作った笛。猟師や牧童などが用いる。

つの-へん【角偏】漢字の部首名の一つ。「解」「触」などの「角」の部分。

つの-また【角叉】スギノリ科の紅藻類。色は緑紅・紫紅など。形は扁平(へんぺい)な葉状で、先が二またに分かれている。波の荒い海の岩礁につく。糊(のり)にして漆喰(しっくい)に用いる。春

つのめ-だ・つ【角目立つ】(自五) タ(ト)・チ(ッ)・ツ・ツ・テ・テ たがいに感情を高ぶらせて衝突する。とげとげしくなる。目に角(かど)を立てる。

つの・る【募る】ラ(ロ)・リ(ッ)・ル・ル・レ・レ ㊀(自五) ますます激しくなる。高(こう)じる。「さびしさが—」㊁(他五) 広く呼びかけて集める。募集する。「参加者を—」「寄付金を—」

つば【唾】口中の唾液腺(だえきせん)から分泌(ぶんぴつ)される、無色の粘液。消化を助ける。唾(つばき)。唾液。

—を付(つ)ける 他人に取られないように、人より先に自分のものであることを他に示す。

つば【鍔・鐔】①刀剣の柄(つか)と刀身の間にはさむ平たい金具。②帽子のまわり、または前部にひさしのように出た部分。③釜(かま)のまわりにひさしのように突き出た部分。

つば-うち【鍔打〔ち〕】刀のつばを手で打つこと。刀を鞘(さや)から抜こうとするさまをいう。

つば-おと【鍔音】刀のつばで相手の刃物を受けとめる音。

つばき【唾】⇩つば(唾)

つばき【椿・山茶】〔植〕ツバキ科の常緑高木または低木でヤブツバキの園芸品種の総称。母種のヤブツバキは暖地に生え、葉は楕円(だえん)形で互生。早春に赤色の花を開く。種子から椿(つば)油をとる。園芸品種には種々の色や咲き方がある。春

—あぶら【—油】ツバキの種子からしぼりとる油。頭髪油として利用。また、食用・灯用。

つばき-ひめ【椿姫】フランスの作家デュマ=フィスの小説・戯曲。椿姫と呼ばれる娼婦(しょうふ)マルグリットの悲恋物語で、一八四八年に小説として発表。一八五二年に五幕物の戯曲に脚色。翌一八五三年にベルディが「ラ-トラビアータ」の題名で歌劇化。

つば-ぎわ【鍔際】ギハ ①⇩つばもと ②せとぎわ。

つばくら【燕】「つばくらめ」の略。春

つばくらめ【燕】ツバメの古称。春

つばくろ【燕】ツバメ。春 語源「つばくら」の転。

つばさ【翼】①鳥が空を飛ぶための器官で、前肢の変形したもの。はね。②航空機の翼(よく)。転じて、航空機。

つば・する【唾する】(自サ変) シ(セ・サ)・シ・スル・スル・スレ・シロ(セヨ) つばをはきかける。「天に—」

つば-ぜりあい【鍔迫り合い】ゼリアヒ ①たがいに相手の刀をつばで受けて押し合うこと。②互角の力で激しく争うこと。また、その争い。「—を演じる」

つ-ばな【茅花】チガヤ。また、その花穂。春

つばめ【燕】①〔動〕ツバメ科の小鳥の一群の総称。②①の一種。背面は紫黒色で腹は白い。尾は深く二つに裂ける。春、日本に渡来して軒下などに巣を営み、秋に南方へ渡る。つばくらめ。つばくら。つばくろ。春 ③〔俗〕年上の女性にかわいがられる若い男。「若い—」

—の-す【—の巣】アナツバメが海藻を唾液で固めて作る巣。中国料理の高級食材の一つ。燕窩(えんか)。燕巣(えんそう)。

つば-もと【鍔元】刀身とつばが接するところ。つばぎわ。

つばら【×委曲】(形動ナリ)〔古〕くわしいさま。

ツバル〈Tuvalu〉南太平洋、ポリネシア西部の島々からなる立憲君主国。首都はフナフティ。

つひ【◦終】ツイ〔古〕⇩つい(終)

-つぶ【粒】(接尾) 種子や丸薬など、小さくて丸いものを数える語。「三—の豆」

つぶ【粒】①小さくて丸いもの。「豆—」②集合体を構成する個々の人や物。また、その質や大きさ。「—をそろえる」③そろばんの珠(たま)。

—が揃(そろ)う (「穀物の粒がそろっている」という意から)集まった人や物がみな質がよく、すぐれている。「選手の—」

つぶ-あん【粒餡】小豆(あずき)の粒を残すように練ったあん。

つぶ-え【粒餌】エ 穀物の実をもとにした鳥のえさ。

つぶ-ぎん【粒銀】「豆板銀(まめいたぎん)」の俗称。

つぶさ-に【◦具に・◦備に・悉に】(副) ①細かくくわしいさま。「—述べる」②残らず。ことごとく。十分に。「—辛酸をなめる」参考「具・備」はもれなく、「悉」はことごとくの意。

つぶし【潰し】①押しつぶすこと。また、つぶしたもの。②金属製品をとかして地金(じがね)にすること。また、そのもの。③時間などをむだに費やすこと。「ひま—」「時間—」

—が利(き)く 本来の仕事をやめても、他の仕事ができる能力がある。語源 金属製品は、地金(じがね)にしても役立つことからいう。

―あん【―餡】小豆を煮て、皮ごと練ったあん。

―しまだ【―島田】女性の髪形の一つ。島田まげを押しつぶしたように、まげを低くした形。おしまげ。つぶしまげ。

―ねだん【―値段】①金属製品の地金としての値段。②製品などを廃品とした際の、原料や材料だけを考えた値段。

つぶ・す【潰す】(他五) サ(ソ)・シ・ス・ス・セ・セ ①周囲から力を加えて形を押しくずす。押さえつけてこわす。「空き缶を―」「おできを―」②組織が立ち行かなくなるようにする。破産させる。ほろぼす。「代々続いた家を―」「会社を―」③体面をきずつける。「顔を―」④本来のはたらきをなくさせる。役に立たないようにする。「のこぎりの目を―」「声を―」⑤他の物に変えて、前の物をなくす。「庭を―・して車庫にする」⑥心を平静ではなくする。「肝を―(=ひどく驚く。仰天する)」⑦一面におおって前の物をなくす。「墨でぬり―」⑧あいているところや時間をふさぎ埋める。「ひまを―」「穴を―」⑨金属の器物をとかして地金にする。いつぶす。「金の指輪を―」⑩せっかくあったものを役に立てずになくす。「チャンスを―」⑪家畜を料理するために殺す。「鶏を―」⑫酒を飲ませて正気を失わせる。「酔い―」自つぶ・れる(下一) 可能つぶ・せる(下一)

つぶ-ぞろい【粒▵揃い】ソロヒ すぐれた人や物がそろっていること。「―のチーム」「―のミカン」

つぶ-だ・つ【粒立つ】(自五) タ(ト)・チ(ツ)・ツ・ツ・テ・テ 表面に粒が出ている。たくさんの粒を生じる。

つぶ-つぶ【粒粒】■一(名) たくさんの粒状のもの。また、その一つ一つ。「虫に刺されて―ができる」■二(副) 粒立つさま。

つぶて【▵礫・×飛礫】投げるための小石。また、投げつけられた小石。「紙―」「なしの―(=返事のないこと)」

つぶやき【▵呟き】つぶやくこと。また、その言葉。「―声」

つぶや・く【▵呟く】(自五) カ(コ)・キ(イ)・ク・ク・ケ・ケ 口の中でひとりごとを言う。小声でぶつぶつ言う。「不満そうに―」

つぶ-より【粒◇選り】多くの中からよいものを選び抜くこと。また、その選ばれたもの。えりぬき。「―の品」

つぶ-ら【◇円〔ら〕】(形動ダ) ダロ・ダッ(デ・ニ)・ダ・ナ・ナラ・○ まるくてかわいらしいさま。「―なひとみ」文(ナリ)

つぶり【◇頭】あたま。かしら。つむり。

つぶ・る【▵瞑る】(他五) ラ(ロ)・リ(ッ)・ル・ル・レ・レ (多く「目をつぶる」の形で)①まぶたを閉じる。②見て見ぬふりをする。「一度だけは目を―・ろう」③死ぬ。可能つぶ・れる(下一) 参考「つむる」ともいう。

つぶ・れる【潰れる】(自下一) レ・レ・レル・レル・レレ・レロ(レヨ) ①周囲から強い力が加わり、押されて形がくずれる。押されてこわれる。「靴のかかとが―」②組織が立ち行かなくなる。ほろびる。倒れる。破産する。「会社が―」③面目が失われる。「顔が―」④だめになる。「予定が―」⑤本来のはたらきを失う。役に立たなくなる。「声が―」「刃が―」⑥非常に驚く。また、悲しみのあまり心がいたむ。「胸が―」⑦酔って正気を失う。「―まで飲む」⑧時がむだに過ぎる。「雑用で半日―・れた」⑨ふさがる。「穴が―」他つぶ・す(五) 文つぶ・る(下二)

-っぺ(接尾) 軽蔑または親しみの意を表す語。「田舎―」

つべ-こべ(副) 理屈や文句をあれこれとうるさく言うさま。「―(と)言うな」

つべた・い【◇冷たい】(形) カロ・カッ(ク)・イ・イ・ケレ・○ つめたい。

ツベルクリン〈ドイツ Tuberkulin〉《医》結核感染の有無を診断するための注射液。結核菌の培養液から作る。一八九〇年、コッホが創製。

―はんのう【―反応】ハンオウ《医》ツベルクリンを皮内(=真皮の中)に注射して、その反応から結核感染の有無を知る方法。

つぼ【坪】(字義)→へい(坪)

つぼ【坪】①土地の面積の単位。六尺平方。一間平方。約三・三平方メートル。歩。②土砂の体積の単位。六尺立方。約六・〇一立方メートル。③錦や印刷・製版の面積の単位。一寸平方。④タイル・皮革の面積の単位。一尺平方。

つぼ【▵壺】①口が小さく胴がふくらんでいる入れ物。②ばくちで、さいころを入れて伏せる器。壺皿。「―を振る」③深くくぼんだ所。穴。「滝―」④見込み。ずぼし。「思う―」⑤鍼・灸などの治療で、ききめのある所。⑥急所。要点。「―を押さえる」「―を心得る」「―をはずす」

―に嵌まる ①急所をついている。「つぼにはまった話」②見込んだとおりになる。ねらいどおりになる。「計画が―」「思う―」

-っぽ・い(接尾)(名詞や動詞の連用形に付いて形容詞をつくる)①そのものをたくさん含んでいる。「水―」「ほこり―」②その傾向が強い。「飽き―」「怒り―」「子供―」「哀れ―」

つぼうちしょうよう〔坪内逍遥〕ツボウチセウエウ (一八五九～一九三五) 評論家・小説家・劇作家。岐阜県生まれ。評論「小説神髄」と小説「当世書生気質」を発表して写実主義小説を提唱。教育者・英文学者としても大きな足跡を残した。戯曲「桐一葉」「役の行者」、翻訳「シェークスピア全集」など。

つぼ-がり【坪刈〔り〕】一坪(約三・三平方メートル)の稲や麦を刈り取り、それを基礎に全体の収穫量を推定すること。

つぼ-くち【▵壺口】①つぼの口。②口をつぼめてとがらすこと。また、つぼめた形の口。

つぼ-さうぞく【▵壺装束】ソウゾク《古》平安時代、中流以上の女性が徒歩で外出するときの服装。市女笠をかぶり、表着の褄を腰帯にはさむ。

つぼ-ざら【▵壺皿】①本膳料理などに用いる小さくて深い器。②ばくちで、さいころを入れて伏せる器。つぼ。

つぼ-せんざい【▵壺◇前栽・坪◇前栽】中庭の植えこみ。また、中庭。

つぼ-にわ【坪庭・▵壺庭】ニハ 屋敷内の、建物にかこまれた庭。中庭。

つぼね【◇局】宮殿内で、そこに仕える女性の私室として別々に仕切られた部屋。曹司。また、その部屋に住む女官。

つぼま・る【▵窄まる】(自五) ラ(ロ)・リ(ッ)・ル・ル・レ・レ →つぼむ(窄む)

つぼみ【▵蕾・▵莟】①花の開く前の、ふくらんだ状態のもの。「―がほころぶ」②将来が期待されるが、まだ一人前にならない年ごろの者。「―を散らす(=若くして死なせる)」

つぼ・む【▵窄む】(自五) マ(モ)・ミ(ン)・ム・ム・メ・メ 狭く小さくなる。つぼまる。すぼむ。「先の―・んだズボン」「花が―」他つぼ・める(下一)

つぼ・む【▵蕾む】(自五) マ(モ)・ミ(ン)・ム・ム・メ・メ (花が)つぼみを持つ。

つぼ・める【▵窄める】(他下一) メ・メ・メル・メル・メレ・メロ(メヨ) 狭く細くする。閉じて小さくする。すぼめる。「口を―」「傘を―」自つぼま・る(五)つぼ・む(五) 文つぼ・む(下二)

つぼ-やき【▵壺焼〔き〕】①「さざえのつぼやき」の略。春 ②つぼに入れて焼くこと。また、そのようにして焼いたもの。「―いも」

つま【爪】(字義)→そう(爪)

つま【◇夫】《古》昔、妻から夫、また恋人である男性を呼んだ称。おっと。

つま【妻】①夫婦のうちの女性のほう。夫の配偶者。「―をめとる」↔夫 ②料理に少量添える海藻・野菜の類。また、主となるものに添えるもの。「刺身の―」「話の―」③《建》切り妻造りや入母屋造りの屋根の側面の三角形の壁面。参考②は、仮名書きにする。③は、「◇端」とも書く。

類語(夫から妻に)…きみ・あなた。(他人に自分の妻を言うとき)…妻・妻・家内・女房・細君・うち・うちの者・連れ合い・ワイフ・かみさん、〔ぞんざいに、また、謙遜して〕愚妻・荊妻さい・山妻さんさい・うちのやつ・山の神。〔特別の感情をこめて〕愛妻・恋女房・ベターハーフ・糟糠そうこうの妻。〔他人が言うとき〕…奥様・奥さん・おかみさん・御内儀。〔その夫に向けて言うとき〕…奥さん・お宅・御妻女・御内儀・奥方。〔夫との関係から〕…先妻・前妻・後妻・内妻・亡妻。〔その他〕…夫人・令夫人・室・令室・令閨けい・新妻・老妻

敬称(相手側)	謙称(自分側)
奥様　御奥様　奥方様	家内　妻さい　細君　女房
御令室(様)　御令閨(様)	愚妻　荊妻けいさい　山妻さんさい
令夫人(様)　御内儀(様)	かみさん
御妻女　奥さん	
おかみさん	

つま【△褄】 着物の襟から裾すその、衽おくみのへりの部分。たてづま。
—を取とる ①褄を少し持ち上げて歩く。②芸者になる。

つま【◇端】 ①物のはしの部分。へり。はし。②→つま(妻)③

つま-いた【妻板】 物の側面に張る板。「戸袋の—」

つま-おと【爪音】 ①琴をひく音。②馬のひづめの音。

つま-お・る【◇端折る】 ヲル (他五) ラ(ロ)・リ(ッ)・ル・ル・レ・レ はしを折る。転じて、重要でない部分を省略する。はしょる。

つま-がけ【爪掛け】 ①→つまかわ ②雪国で使う、わらで作った雪ぐつ。

つま-かわ【爪革・爪皮】 カハ 下駄げた・足駄あしだの先にかけて泥や雨水を防ぐおおい。つまがけ。

〔つまかわ〕

つま-ぎ【爪木】 たきぎにする小枝。

つま-ぐし【爪△櫛】 歯の細かいくし。

つま-ぐ・る【爪繰る】 (他五) ラ(ロ)・リ(ッ)・ル・ル・レ・レ つめ、または指先で繰って動かす。「じゅずを—」

つま-こ【妻子】 妻と子。妻子さい。

つま-ご【爪◇籠・爪子】 雪国で使う、先端におおいを付けたわらじ。わらぐつ。[冬]

つま-ごい【妻恋〔い〕・◇夫恋〔い〕】 ゴヒ 夫婦または雌雄がたがいに相手を恋しがること。

つま-ごもる【妻◇隠る】 《枕》「屋上やかみ」「矢野」にかかる。

つま-さき【爪先】 足の指の先。
—あがり【—上〔が〕り】 しだいに上り坂になること。また、そうなっている坂。つまあがり。「—の山道」
—だ・つ【—立つ】 (自五) タ(ト)・チ(ッ)・ツ・ツ・テ・テ →つまだつ

つまさ・れる (自下一) レ・レ・レル・レル・レロ(レヨ) ①情に動かされる。ほだされる。「親の愛に—」②わが身にひきくらべて同情の念が起こる。「身に—話」[文]つまさ・る(下二)

つまし・い【◇倹しい】 (形) カロ・カッ(ク)・イ・イ・ケレ・○ 質素である。倹約である。「—暮らし」[文]つま・し(シク)

つま-しらべ【爪調べ】 琴などを演奏する前に、弦の調子・音色などを調整するために弾くこと。

つま-ず・く【△躓く】 ヅク (自五) カ(コ)・キ(イ)・ク・ク・ケ・ケ ①歩行中につま先が物にあたって、前方に倒れそうになる。よろめく。けつまずく。「石に—」②物事の中途で、障害にあって失敗する。「事業に—」[語源]「爪突つまつく」から。

つま-だ・つ【爪立つ】 (自五) タ(ト)・チ(ッ)・ツ・ツ・テ・テ 足のつま先で立って伸び上がるようにする。つま先立つ。「—って見る」

つま-だ・てる【爪立てる】 (自下一) テ・テ・テル・テル・テレ・テロ(テヨ) 足のつま先を立てて、伸び上がる。[文]つまだ・つ(下二)

つま-づ・く【△躓く】 「つまずく」と書くのが本則。→つまずく

つま-ど【妻戸】 〘建〙①家の端のほうにある開き戸。②寝殿造りの四すみにある両開きの板戸。裏口や中庭に出入りする戸。

つま-どい【妻問ひ】 ドヒ [古] ①異性を恋い慕って言い寄ること。②求婚すること。③男が妻・恋人のもとへ通うこと。

つま-ど・る【△褄取る】 (他五) ラ(ロ)・リ(ッ)・ル・ル・レ・レ 着物の褄つまを少し持ち上げたり、からげたりする。

つま-はじき【爪◇弾き】 (名・他スル) ①いみ嫌って仲間外れにすること。「—にあう」②親指に他の指先をかけてはじくこと。

つま-び・く【爪弾く】 (他五) カ(コ)・キ(イ)・ク・ク・ケ・ケ 三味線しゃみせん・ギターなどの弦楽器を指先ではじいて鳴らす。

つまびらか【◇詳らか・◇審らか】 (形動ダ) ダロ・ダッ(デ・ニ)・ダ・ナ・ナラ・○ 細かくくわしいさま。詳細。「真相は—でない」「原因を—にする」[文](ナリ) [参考]「詳」はくわしいさま、「審」はわからないものを明らかにするさまの意。

つまみ【摘み・◇撮み・△抓み】 ①つまむこと。また、その量。「一—の塩」②器具などの、つまんで持つ部分。取っ手。「なべのふたの—」③酒のさかなにする食べ物。おつまみ。つまみもの。
—あらい【—洗い】 アラヒ (名・他スル) 衣服などのよごれた部分だけをつまんで洗うこと。「ワイシャツを—する」
—ぐい【—食い】 グヒ (名・他スル) ①箸はしなどを使わずに指先でつまんで食べること。②ぬすみ食い。③《俗》公金の一部をこっそり使うこと。横領すること。
—な【—菜】 間引いて取った菜。つみな。[秋]
—もの【—物】 酒のさかなに出す簡単な食べ物。つまみ。

つまみ-だ・す【◇摘み出す・◇撮み出す】 (他五) サ(ソ)・シ・ス・ス・セ・セ ①つまんで取り出す。「米にまじる小石を—」②人などを手荒く追い出す。「暴れる客を店から—」

つま・む【◇摘む・◇撮む・△抓む】 (他五) マ(モ)・ミ(ン)・ム・ム・メ・メ ①指先や箸はしなどにはさんで持つ。「鼻を—」「ピンセットで—」②指や箸などで取って食べる。「すしを—」③大事なところを取り出す。かいつまむ。「要点を—んで話す」④(「つままれる」の形で)ばかされる。「狐きつねに—まれたような話」[可能]つま・める(下一) [語源]「爪つめ」の動詞化したものという。

つま-ようじ【爪△楊枝】 ヤウジ 歯の間にはさまったものをとったり、食べ物を刺したりするための小さいようじ。小ようじ。

つまら-な・い (形) カロ・カッ(ク)・イ・イ・ケレ・○ ①おもしろくない。興味・関心がもてない。「—話」②価値がない。「—人間」③取るに足りない。問題にならない。ちいさい。「—ミスをする」④張り合いがない。甲斐かいがない。「一生懸命働いても—」[参考]「つまらぬ」「つまらん」「つまんない」ともいう。

[類語] くだらない・味気ない・しがない・たわいない・興ざめ・退屈・無味・無味乾燥・些細ささい・瑣末さまつ・陳腐・味も素っ気もない・愚にもつかない・芸がない・取るに足りない・何の変哲もない・ぱっとしない・ろくでもない・埒らちもない

つまら-ぬ (連体) →つまらない

つまり【詰まり】 [一](名) ①つまること。「雨樋あまどいの—を直す」②行きつく所。終わり。「身の—」[二](副) 結局。要するに。すなわち。「—それが君の言いたいことか」「彼の故郷—山形」

▼「詰まり」が下に付く語
(つまり)どの— (づまり)金— 気— 寸— 手— どん— 鼻— 糞ふん— 行き—

つま・る【詰まる】 (自五) ラ(ロ)・リ(ッ)・ル・ル・レ・レ ①すきまなく物がはいる。いっぱいになる。「札束が—ったトランク」「日程が—」「鼻が—」②ふさがって通じなくなる。「下水管が落ち葉で—」「息が—」③追いつめられて動きがとれなくなる。窮する。「返事に—」「資金繰りに—」④短くなる。ちぢまる。「着物の丈が—」「差が—」「セーターの目が—」⑤窮屈である。「社長の前に出て気が—」⑥野球で、球威におされて打球の飛ぶ距離が短くなる。「—・っ

た当たり」⑦促音で発音される。他つ・める(下一)

―ところ【―所】(副)要するに。結局。

つみ【罪】■一(名)①道徳・法律にそむいた行い。犯罪。罪悪。「殺人の―を犯す」②仏教・キリスト教などで、教法を破る行為。「―を告白する」③刑罰。「―に服する」④過ちや悪いことを犯した責任。「―をかぶせる」■二(名・形動ダ)無慈悲なこと。思いやりのないさま。「―なことをする」

―が無(な)い 無邪気である。にくめない。「―話」

つみ【詰み】将棋で、王将の逃げ場がなくなること。

つみ-あ・げる【積〔み〕上げる】(他下一) ゲ・ゲ・ゲル・ゲル・ゲレ・ゲロ(ゲヨ) ①積んで高く重ねる。「荷物を―」②物事を順次に重ねて行う。「実績を―」③積み終わる。文つみあ・ぐ(下二)

つみ-いれ【摘〔み〕入れ】→つみれ

つみ-かえ【積〔み〕替え・積〔み〕換え】カヘ ①積んであった物を別の所に移して積むこと。②改めて積み直すこと。

つみ-かさな・る【積〔み〕重なる】(自五) ラ(ロ)・リ(ッ)・ル・ル・レ・レ 重なって高く積もる。いくえにも上に重なる。「落ち葉が―」「偶然が―」「疲労が―」他つみかさ・ねる(下一)

つみ-かさ・ねる【積〔み〕重ねる】(他下一) ネ・ネ・ネル・ネル・ネレ・ネロ(ネヨ) 積み上げる。いくえにも上に重ねる。「本を―」「討議を―」「努力を―」自つみかさな・る(五) 文つみかさ・ぬ(下二)

つみ-き【積〔み〕木】①材木を積むこと。また、積んだ材木。②種々の形をした木片を積み重ね、いろいろな物の形をつくる遊び。また、それに使うおもちゃ。

つみ-きん【積〔み〕金】→つみたてきん①

つみ-くさ【摘〔み〕草】春の野で若菜や草花をつむこと。春

つみ-ごえ【積〔み〕肥】→たいひ(堆肥)

つみ-こ・む【積〔み〕込む】(他五) マ(モ)・ミ(ン)・ム・ム・メ・メ 船・車・飛行機などに荷物を積み入れる。「トラックに資材を―」

つみ・する【罪する】(他サ変) シ(セ・サ)・シ・スル・スル・スレ・シロ(セヨ) 罪があるとして責め、罰する。処罰する。文つみ・す(サ変)

つみ-だ・す【積〔み〕出す】(他五) サ(ソ)・シ・ス・ス・セ・セ 船・車・飛行機などに荷物を積んで送り出す。出荷する。「船で製品を―」

つみ-たて【積〔み〕立て】①ある目的のために、金銭を積み立てること。②「積立金」の略。

―きん【積立金】①ある目的のために積み立てておく金銭。積み立て。積み金。②〖経〗企業が利益金の一部を蓄積しておくこと。また、その金銭。

つみ-た・てる【積〔み〕立てる】(他下一) テ・テ・テル・テル・テレ・テロ(テヨ) ある目的のために金銭を何回かに分けてたくわえる。「旅費を―」文つみた・つ(下二)

つみ-つくり【罪作り】(名・形動ダ)①生きものを殺したり無慈悲な行いをしたりすること。また、そのさま。②純真な人をだますような悪い行いをすること。また、そのさま。

つみ-とが【罪◇科】罪と、悪い行い。悪事と過失。罪過。

つみとばつ〔罪と罰〕ロシアの作家ドストエフスキーの小説。一八六六年作。金貸しの老婆を殺し、罪の意識におびえる学生ラスコーリニコフが娼婦(しょうふ)ソーニャの汚れない魂に救われる話。

つみ-と・る【摘〔み〕取る】(他五) ラ(ロ)・リ(ッ)・ル・ル・レ・レ ①植物の芽・花・実などを、指先でつまんで取る。②大きくなる前に取り除く。「チャンスの芽を―・られる」

つみ-な【摘〔み〕菜】芽を出したばかりの若菜をつみとること。また、その若菜。つまみな。間引き菜。秋

つみ-に【積〔み〕荷】船・車・飛行機などに積んで運ぶ荷物。また、その荷物を積み込むこと。「―をおろす」

つみ-のこし【積〔み〕残し】①積みきれずに一部を残すこと。また、その荷物や人。②(比喩(ひゆ)的に)処理しきれずに残すこと。「―の案件」

つみ-びと【罪人】罪を犯した人。罪人(ざいにん)。

つみ-ぶか・い【罪深い】(形) カロ・カッ(ク)・イ・イ・ケレ・○ 道徳や神仏の教えにそむいているさま。罪が重い。「―行い」文つみぶか・し(ク)

つみ-ほろぼし【罪滅ぼし】(名・自スル)犯した罪のつぐないのためによい行いをすること。「せめてもの―」

つみれ【摘◇入】すった魚肉に小麦粉などを混ぜ、こねて丸め、ゆでたり蒸したりした食品。語源「つみいれ」の転。

つむ【△錘・×紡錘】①糸巻きなどの心棒。②紡績(ぼうせき)機械の付属具。繊維を引き出してよりをかけ、糸にして巻き取る道具。

つ・む【詰む】(自五) マ(モ)・ミ(ン)・ム・ム・メ・メ ①すきまなくつまる。「目の―・んだ布」②将棋で、王将の逃げ道がなくなる。他つ・める(下一)

つ・む【摘む】(他五) マ(モ)・ミ(ン)・ム・ム・メ・メ ①指先ではさんで取る。「茶を―」②はさみなどで先を切り取る。髪や枝などを刈る。「枝を―」可能つ・める(下一)

つ・む【積む】(他五) マ(モ)・ミ(ン)・ム・ム・メ・メ 《中心義―すでにあるものの上にいくつも置き、高くしていく》①物を重ねる。「れんがを―」②物を、運ぶために船・車・飛行機などにのせる。「荷台に―」③金品を増やす。たくわえる。「金を―」④目的を果たすのに必要な金銭を用意する。「いくら金を―・まれてもしゃべらないよ」⑤人間性を成長させる行為を重ねる。修行や経験などを重ねる。「経験を―」自つも・る(五) 可能つ・める(下一)

つむぎ【△紬】つむぎ糸で織った絹布。「大島―」

―いと【―糸】くずまゆ、または真綿からつむいだ糸。

つむ・ぐ【紡ぐ】(他五) ガ(ゴ)・ギ(イ)・グ・グ・ゲ・ゲ 綿やまゆからその繊維を引き出し、よりをかけて糸にする。可能つむ・げる(下一)

つむじ【△飄・×旋風】「つむじかぜ」の略。

―かぜ【△飄・×旋風】〖気〗らせん状にうずを巻いて激しく吹き上げる風。旋風(せんぷう)。つじ風。

つむじ【×旋毛】頭の毛がうず巻きのように生えている所。

―を曲(ま)げる 不機嫌になりわざと反対する。ひねくれる。

―まがり【―曲〔が〕り】(名・形動ダ)性質がひねくれていて素直でないさま。また、そういう人。へそまがり。

つむり【◇頭】あたま。かしら。つぶり。おつむ。

つむ・る【△瞑る】(他五) ラ(ロ)・リ(ッ)・ル・ル・レ・レ →つぶる

つめ【爪】(字義)→そう(爪)

つめ【爪】①人間や動物などの、手足の指先の背にある表皮が変形して角質化したもの。②琴の弦を弾くつめ状の道具。琴づめ。③物を引っかけたりつったりするもの。こはぜ・鉤(かぎ)など。

―に火(ひ)をともす 極端に倹約して生活することのたとえ。

―を研(と)ぐ ①獣がつめを鋭くみがく。獲物を待ち構える。②野心を遂げようと、準備をととのえてチャンスをうかがう。

つめ【詰め】①すきまや容器などに詰めること。また、その詰めるもの。②はし。きわ。「橋の―」③物事の決着の近い、最終段階。最後の追いこみ。「―が甘い」④将棋で、勝利を決する最終の局面。「―をあやまる」⑤茶会で、末席に座る客。末客。

-づめ【詰〔め〕】(接尾)①物を詰めこんだ状態やそのものを表す。「缶―」「五個―」②それだけを押しつける意を表す。「理―」「規則―」③その場所で勤務する意を表す。「本庁―」④(動詞の連用形に付いて)その状態が続く意を表す。「働き―」

つめ-あと【爪痕】①つめをたてたあと。つめでひっかいたあと。②天災や戦争などの、被害のあと。「台風の―が残る」

つめ-あわせ【詰め合〔わ〕せ・詰合せ】アハセ 一つの入れ物に二種類以上の品を詰めること。また、その品物。

つめ-いん【爪印】印鑑の代わりに、親指の先に印肉や墨をつけて押すこと。また、押した印。爪判(つめばん)。爪形。拇印(ぼいん)。

つめ-えり【詰〔め〕襟】洋服で、立っている襟。また、その洋

服。学生服や軍服など。立ち襟。↕折り襟

つめ-か・ける【詰〔め〕掛ける】(自下一) ケ・ケ・ケル・ケル・ケレ・ケロ(ケヨ) 大勢の人が押し寄せる。「観衆が—」[文]つめか・く(下二)

つめ-がた【爪形】 ①つめのあと。②つめの形。③爪印(つめいん)。

つめ-かんむり【爪冠】 漢字の部首名の一つ。「爵」「爰」などの「⺤」「⺥」の部分。

つめ-きり【爪切り】 つめを切る道具。

つめ-き・る【詰〔め〕切る】 ラ(ロ)・リ(ッ)・ル・ル・レ・レ [一](自五) 待機して、そこに居続ける。[二](他五) いっぱいに詰めこんでしまう。

つめ-くさ【爪草】〘植〙ナデシコ科の一年草または越年草。葉は線形で鳥の爪(つめ)に似ている。春から夏にかけて白色五弁の小花を開く。道端や山野に自生。

つめ-くさ【詰草】「しろつめくさ」の別称。[春]

つめこみ-しゅぎ【詰〔め〕込み主義・詰込主義】 理解・応用力より、多くの知識の記憶・暗記を重んじる教育法。

つめ-こ・む【詰〔め〕込む】(他五) マ(モ)・ミ(ン)・ム・ム・メ・メ できるだけたくさん押し入れる。「かばんに荷物を—」「乗客を—」「知識を—」

つめ-しょ【詰〔め〕所】 勤務中、控えている所。「守衛の—」

つめ-しょうぎ【詰〔め〕将棋】—シャウギ 与えられた盤面と決められた駒(こま)を使い、王手を連続して、いかにして王将を詰めるかを考える将棋。

つめた・い【冷たい】(形) カロ・カッ(ク)・イ・イ・ケレ・○《中心義—それまで感じていたよりも格段に低い温度である》①触れて感じた温度が、すぐに離れたくなるほどに低い。ひややかだ。ひやっこい。「水が—」↕熱い ②冷淡だ。人情が薄い。思いやりがない。「世間の—目」「彼は—人だ」↕暖かい・温かい [文]つめた・し(ク)

つめ-の-あか【爪の△垢】 ①つめの間にたまったあか。②少ないもの、また、小さい物事のたとえ。「—ほども悪気はない」

—を煎(せん)じて飲(の)む すぐれた人に少しでもあやかろうとすることのたとえ。

—せんそう【—戦争】センサウ →れいせん(冷戦)①

つめ-ばら【詰〔め〕腹】 強制的に切腹させられること。転じて、強制的に辞職させられること。「—を切らされる」

つめ-ばん【爪判】 →つめいん

つめ-みがき【爪磨き】 つめの表面をきれいにみがくこと。また、その道具。

つめ-もの【詰〔め〕物】 ①鳥・魚・野菜などの内部に別の調理品を詰めこんだ料理。また、その詰めるもの。②輸送のとき、中の物がこわれないようにすきまに詰めこむもの。パッキング。③虫歯などの穴をうずめてふさぐもの。

つめ-よ・せる【詰〔め〕寄せる】(自下一) セ・セ・セル・セル・セレ・セロ(セヨ) 大勢の人が近くまで押し寄せる。[文]つめよ・す(下二)

つめ-よ・る【詰〔め〕寄る】(自五) ラ(ロ)・リ(ッ)・ル・ル・レ・レ 返答を求めたり抗議をしたりするために、激しく迫り寄る。「—・って抗議する」

つめ・る【△抓る】(他五) ラ(ロ)・リ(ッ)・ル・ル・レ・レ →つねる

つ・める【詰める】 メ・メ・メル・メル・メレ・メロ(メヨ)《中心義—すきまがなくなるように物を入れる》[一](他下一) ①すきまなく押し込む。入れていっぱいにする。「かばんに本を—」②あいた所がないようにする。ふさぐ。「ひざを—・めて座る」「席を—」③通じないようにする。とめる。「息を—」④短くする。ちぢめる。「ズボンのウエストを—」⑤少なくする。倹約する。「食費を—」⑥絶えず続ける。熱心に続ける。「根(こん)を—(=気力を尽くす)」「通い—」⑦細かい点まで十分に検討し尽くす。「話を—(=細かい点まで相談し、結論に近づかせる)」⑧将棋で、相手の王将の逃げ道をなくす。「銀を打って—」⑨(動詞の連用形の下に付いて)㋐きびしく迫る。限界まで迫る。「問い—」「追い—」㋑一面にある状態になる。「張り—」[自]つま・る(五) [二](自下一) 役目のため、ある場所に出向いて待機する。「監視所に—」[文]つ・む(下二)

つもごり【△晦】「つごもり」の音位転倒。

つもり【積〔も〕り・×心算】 ①前もって持っている考え。心組み。意図。「出席する—です」②実際にはそうでないのにそうであるような気持ち。「大臣になった—」「買った—」③見積もり。

つも・る【積〔も〕る】(自五) ラ(ロ)・リ(ッ)・ル・ル・レ・レ ①上方から落ちてきた物が順に重なって高くなる。「雪が—」「ちりも—・れば山となる」②(重なるようにして)たまる。「—恨み」[他]つ・む(五)

つや【艶】 ①なめらかな物の表面にあらわれる、落ち着いた美しい光。光沢。「—のある髪」②若々しく、張り・弾力のある美しさ。「—のある声」③おもしろみ。味わい。「—のある芸」④情事に関すること。

つ-や【通夜】〘仏〙①仏堂で終夜祈願すること。②死者を葬る前に、遺体を守ってそのかたわらで一夜を明かすこと。お通夜。

つや-ぐすり【艶薬】 →うわぐすり

つや-けし【艶消し】 [一](名・形動ダ) [二](名) つやをなくすこと。また、そのもの。「—塗料」[二](名・形動ダ) 色気やおもしろみのないさま。また、その言動。色消し。「—な話」

—ガラス すりガラス。曇りガラス。

つや-ごと【艶事】 情事に関すること。濡(ぬ)れ事。色事。

つや-だね【艶種】 情事に関する話題。

つやっ-ぽ・い【艶っぽい】(形) カロ・カッ(ク)・イ・イ・ケレ・○ なまめかしいさま。色っぽい。また、情事に関係のあるさま。「—話」

つや-つや (副)《古》①少しも。決して。いっこうに。②つくづく。じっと。[用法]①は、あとに打ち消しの語を伴う。

つや-つや【艶艶】(副・自スル) 光沢の美しいさま。「—(と)した肌」

つやつや-し・い【艶艶しい】(形) カロ・カッ(ク)・イ・イ・ケレ・○ 光沢があって美しい。つやつやしている。[文]つやつや・し(シク)

つや-ぶきん【艶布巾】 木製器具や廊下などをふいてつやを出すのに使うふきん。

つや-ぶみ【艶文】 恋文。艶書(えんしょ)。

つや-め・く【艶めく】(自五) カ(コ)・キ(イ)・ク・ク・ケ・ケ ①つやつやして美しく見える。②色気があってあだっぽく見える。「—・いた話」

つや-もの【艶物】 情事を題材とした浄瑠璃(じょうるり)。

つややか【艶やか】(形動ダ) ダロ・ダッ(デ・ニ)・ダ・ナ・ナラ・○ 光沢があって美しいさま。「—な黒髪」[文](ナリ)

つゆ【◇液・◇汁】 ①しる。水気。「果物の—」②吸い物。すましじる。「お—」③そば・うどんなどをつけるしる。「そば—」

つゆ【露】 [一](名) ①〘気〙大気中の水蒸気が冷えて凝結し、地上の物に付着した水滴。[秋] ②はかないこと、わずかなことのたとえ。「—の命」「—の世」「—ほどもない」③「涙」の文学的表現。「袖(そで)の—」[二](副) 少しも。まったく。「—知らず」[用法][二]は、あとに打ち消しの語を伴う。

つゆ【梅雨】 六月ごろ降り続く長雨。五月雨(さみだれ)。梅雨(ばいう)。また、その季節。六月十日ごろから七月十日ごろまで。[夏] [参考]常用漢字表付表の語。

つゆ-あけ【梅雨明け】 梅雨の期間が終わること。また、その日。出梅(しゅつばい)。[夏] ↕梅雨入り

つゆ-いり【梅雨入り】 梅雨の季節になること。入梅(にゅうばい)。梅雨の入り。ついり。[夏] ↕梅雨明け

つゆ-くさ【露草】〘植〙ツユクサ科の一年草。高さ三〇センチメートルほど。夏に青色の花を開くが、一日でしぼむ。つきくさ。ほたるぐさ。[秋] [参考]古くは花びらを染料とした。

つゆ-ざむ【梅雨寒】 梅雨の時季に訪れる、季節外れの寒さ。梅雨冷え。[夏]

つゆ-しぐれ【露時雨】 露がいっぱい降りて時雨(しぐれ)が降った

ようになること。秋

つゆ-じも【露霜】 秋の末ごろ、露が凍りかけて半ば霜のようになったもの。水霜(みずじも)。秋

つゆ-の-いり【梅雨の入り】 →つゆいり

つゆ-の-ま【露の間】 露が消えようとする少しの間。

つゆ-ばかり【露◇許り】(副)ごくわずか。ほんの少し。

つゆ-はらい【露払〔い〕】ハラヒ ①身分の高い人の先に立って導くこと。また、その人。②(転じて)人に先立って物事に着手すること。また、その人。「—を演じる」③相撲で、横綱の土俵入りのとき、先導として土俵に上がる力士。

つゆ-ばれ【梅雨晴〔れ〕】 ①梅雨が明けて晴れること。②梅雨の期間中に、一時的に晴れること。また、その晴れ間。夏

つゆ-びえ【梅雨冷え】 梅雨の季節の、急な冷え込み。梅雨寒(つゆざむ)。夏

つゆほど-も【露程も】(副)少しばかりも。少しも。「—知らない」「—疑わない」用法 あとに打ち消しの語を伴う。

つゆ-わけ【露分け】 ①草原など草の茂ったところの露をかき分けて行くこと。②先に立って物事をすること。

つよ・い【強い】(形)カロ・カッ(ク)・イ・イ・ケレ・○〈中心義—外からどんな力が及んでも屈せず、それに勝つ力がある〉①他から力が加わっても屈しない力がある。じょうぶである。「—体の持ち主」「地震に—建物」「意志が—」「気が—」②その方面ですぐれた力がある。その方面が得意である。「国語に—」③勝負ごとで、多くの相手に勝つ力がある。「将棋が—」④(程度が)高い。深い。「度の—眼鏡」⑤勢いや程度が激しい。きびしい。「—不満」「—く返事を迫られる」「風が—く吹く」⑥含まれる成分が多い。「—酒」「酸味が—」(↔弱い)文つよ・し(ク)

類語 逞(たくま)しい・手ごわい・激しい・強固・強靭(きょうじん)・強大・強力・頑強・屈強・頑丈・丈夫

つよ-がり【強がり】 実際は弱いのに強く見せかけること。また、その言葉・態度。「—を言う」

つよ-が・る【強がる】(自五)ラ(ロ)・リ(ッ)・ル・ル・レ・レ 実際は弱いのに、強そうなふりをする。強いように見せかけていばる。「弱いくせに—」

つよ-き【強気】(名・形動ダ)①積極的で強い態度に出るさま。また、その気持ち。「相手は—だ」「—で押す」②〔経〕相場が上がると予想すること。また、上がると予想して買う量を増すこと。「株式市況が—に転じる」(↔弱気)

つよ-ごし【強腰】(名・形動ダ)態度が強硬で、相手にゆずらないこと。また、そのさま。「—な姿勢」↔弱腰

つよ-ざいりょう【強材料】ザイレウ〔経〕相場を上げる原因になる事情や条件。好材料。上げ材料。↔弱材料

つよ-び【強火】 料理で、勢いの強い火。↔とろ火・弱火

つよ-ふくみ【強含み】〔経〕相場が上がり気味なこと。強含(つよぶくみ)。↔弱含み

つよ-ま・る【強まる】(自五)ラ(ロ)・リ(ッ)・ル・ル・レ・レ 強くなる。力や勢いが増してくる。「規制が—」↔弱まる 他つよ・める(下一)

つよ-み【強み】 ①強いこと。強さの度合い。「—を増す」②力として頼むもの。頼りになる点。「たくわえのあるのが—だ」↔弱み

つよ・める【強める】(他下一)メ・メ・メル・メル・メレ・メロ(メヨ) 強くする。力や勢いを増すようにする。「警戒を—」「抵抗力を—」↔弱める 自つよま・る(五)文つよ・む(下二)

つら【面】 ①〔俗〕顔。おもて。「—を貸せ」②表面。「上っ—」③面目。体面。「—汚し」用法 ①は、よい意味では使われない。

つら【連・◇列】〔古〕①並ぶこと。列。②仲間。同列のもの。

-づら【面】(接尾)〔俗〕①顔。「馬—」②物の表面。「川—」③それらしい顔つき・ようす。「学者—」「紳士—」用法 軽蔑(べっ)した感じで言う。

つら-あて【面当て】 快く思わない人の前で、故意に意地悪な言動をすること。また、その言動。あてつけ。「—を言う」

つら・い【◇辛い】(形)カロ・カッ(ク)・イ・イ・ケレ・○ ①それに耐えるのに強い力がいる。精神的・肉体的に苦痛である。苦しい。堪えがたい。「別れが—」「練習が—」②冷酷である。むごい。無情である。「—仕打ち」「—くあたる」③(動詞の連用形の下に付いて、「…づらい」とにごって)それをするのがむずかしい。それがしにくい。「言い—」「見—」文つら・し(ク)

つら-がまえ【面構え】ガマヘ (相手を威圧するような)顔つき。「ふてぶてしい—」「不敵な—」

つら-だし【面出し】(名・自スル)〔俗〕挨拶(あいさつ)に行くこと。顔を出すこと。顔出し。

つら-だましい【面魂】ダマシヒ 強い精神や気性があらわれている顔つき。一癖(ひとくせ)ある顔つき。「不敵な—」

つら-つき【面付き】 顔つき。顔のようす。「不愉快な—」

つら-つら【◇熟・△倩】(副)念を入れて見たり考えたりするさま。よくよく。つくづく。「—思うに」

つらな・る【連なる・◇列なる】(自五)ラ(ロ)・リ(ッ)・ル・ル・レ・レ ①(多くのものが)一列に並び続く。「街道筋に—民家」②つながる。末で一つになる。「本筋に—話」③関係が及ぶ。かかわる。「事件に—」④加わる。列席する。「会議に—」⑤集団・組織などの仲間にはいる。「調停委員に—」他つら・ねる(下一)参考「連」は一つずつあるものを順次に続ける意。「列」は順序正しく並ぶ意。

つら-にく・い【面憎い】(形)カロ・カッ(ク)・イ・イ・ケレ・○ 顔を見るだけでも憎らしい。小癪(こしゃく)だ。「—ほど落ち着いている」文つらにく・し(ク)

つらぬ・く【貫く】(他五)カ(コ)・キ(イ)・ク・ク・ケ・ケ ①端から端まで、また一方の側から反対側まで通す。貫通する。「弾丸が壁を—」②一つの事を最後までしとげる。「志を—」可能つらぬ・ける(下一)

つらね【連ね・◇列ね】〔演〕歌舞伎(かぶき)で、おもに荒事の主役が、自己紹介や物の趣意などを縁語・掛け詞(ことば)などを使って述べる長いせりふ。

つら・ねる【連ねる・◇列ねる】(他下一)ネ・ネ・ネル・ネル・ネレ・ネロ(ネヨ) ①多くのものを列をなすように配置する。「軒を—」②言葉を並べる。「美辞麗句を—」③引き連れる。「供を—」④つなぐ。続かせる。「一筆(ふで)に書き—」⑤仲間として加わる。「発起人に名を—」自つらな・る(五)文つら・ぬ(下二)

つら-の-かわ【面の皮】カハ 顔の表面の皮。「いい—だ(=とんだ恥さらしだ。割の悪い目にあったとき、自嘲(じちょう)的に発する語。失敗した他人をあざけるときにも使う)」

—が厚(あつ)い 厚かましい。ずうずうしい。**—を剝(は)ぐ** ずうずうしい人をやりこめる。正体をばらして恥をかかせる。

つら-はじ【面恥】ハヂ 面目を失うような恥。赤恥。

つら-み【◇辛み】 つらいこと。「恨み—を言う」

つら-よごし【面汚し】 所属する集団の名誉を傷つけること。面目を失わせること。また、その人。「クラスの—だ」

つらら【×氷柱】 軒・岩などからしたたる水滴が凍って棒のように垂れ下がったもの。氷柱(ひょうちゅう)。垂氷(たるひ)。冬

つら・れる【釣られる】(自下一)レ・レ・レル・レル・レレ・レロ(レヨ) ①目先の好ましいものに誘われて行動する。「おまけに—れて買う」②周りの動きに影響されて思わずする。「—れてふり返る」語源 五段動詞「つる」の未然形＋受身の助動詞「れる」

つり【△吊り】 ①ひっかけてぶら下げること。また、つり下げるもの。「ズボン—」②相撲で、相手のまわしに両手をかけて体を持ち上げること。

つり【釣り】 ①釣り針に魚をかけて捕らえること。魚釣り。②「釣り銭」の略。「—はいらない」

つり-あい【釣〔り〕合い・釣合】アヒ つりあうこと。平衡。均

衡。調和。バランス。「—がとれる」「不—」

つり-あ・う【釣〔り〕合う】—(自五) ①二つのものの力・重さ・性質などに差がなく安定している。平衡を保つ。「収支が—」 ②よく調和する。似合う。「背広とネクタイが—」

つりあわぬは不縁の基 身分・財産などのかけ離れた者どうしの結婚は、とかくうまくいかないことが多いということ。

つり-あが・る【釣〔り〕上がる・△吊〔り〕上がる】(自五) ①つられて上へ上がる。②上向きに引きつっている。「—・った目」 他つりあ・げる(下一)

つり-あ・げる【釣〔り〕上げる・△吊〔り〕上げる】(他下一) ①つって上へ上げる。「鉄骨をクレーンで—」 ②魚を釣ってとらえる。「大物を—」 ③上方へ引きつらせる。「目を—・げて怒る」 ④〔経〕相場・物価を人為的に高くする。「値段を—」 自つりあが・る(五) 文つりあ・ぐ(下二) 参考 ②は、「釣り上げる」と書く。

つり-いと【釣〔り〕糸】 魚を釣るときに使う糸。

つり-おと・す【釣〔り〕落〔と〕す】(他五) 魚などを釣り上げる途中で落とす。「—・した魚は大きい(=手に入れかけて失ったものは、特にすぐれているように思われて惜しい)」

つり-がき【釣〔り〕書〔き〕・△吊〔り〕書〔き〕】 ①系図。②縁談のときなどに取りかわす、家族や親類の身上書。

つり-かご【△吊〔り〕籠】 つり下げるかご。つるしたかご。

つり-かご【釣〔り〕籠】 釣った魚を入れるかご。びく。

つり-がね【釣〔り〕鐘】 寺院の鐘楼などにつるしてある大きな鐘。梵鐘。「—をつく」

——**そう**【—草】〔植〕①ツリガネニンジン・ホタルブクロなど、つりがね状の花をつける草の総称。②キキョウ科のツリガネニンジンの別称。夏

つり-がま【釣〔り〕釜】 五徳などを用いずに、自在鉤などにさげて用いる釜。春

つり-かわ【釣〔り〕革・△吊〔り〕革】— 乗り物で、立っている客が体を支えるためにつかまる、上からつり下げられた輪。

つり-ぐ【釣〔り〕具】 魚釣りに用いる道具。釣り道具。

つり-こ・む【釣〔り〕込む】(他五) ①うまいことを言ってひき入れる。「宣伝に—・まれる」 ②興味を起こさせて自然に相手をひきつける。「話に—・まれる」

つり-ざお【釣〔り〕△竿】— 魚釣りに使うさお。

つり-さが・る【釣〔り〕下がる・△吊〔り〕下がる】(自五) 上からつられて下がる。ぶら下がる。「鉄棒に—」 他つりさ・げる(下一)

つり-さ・げる【釣〔り〕下げる・△吊〔り〕下げる】(他下一) 上からつって下げる。ぶら下げる。つるす。「風鈴を—」 自つりさが・る(五) 文つりさ・ぐ(下二)

つり-しのぶ【釣〔り〕忍】 シノブの根茎を束ねていろいろの形に作り、軒などにつるして涼しい感じを出すもの。夏

つり-せん【釣〔り〕銭】 代価を上回る額の貨幣が支払われたとき、支払った人に戻す差額の金。つり。おつり。

つり-だい【釣〔り〕台】 物や人をのせ、棒でつるして二人でかついで運ぶ台。

つり-だし【△吊〔り〕出し】 相撲で、相手をつり上げてそのまま土俵の外へ出す技。

つり-だ・す【釣〔り〕出す・△吊〔り〕出す】(他五) ①つり始める。②だまして誘い出す。おびき出す。③相撲で、相手をつり上げてそのまま土俵の外へ出す。「両まわしをとって—」 参考 ③は、「吊り出す」と書く。

つり-だな【釣〔り〕棚・△吊〔り〕棚】 上からつり下げた棚。特に、床の間のわきなどに作り付けた棚。

つり-て【釣〔り〕手・△吊〔り〕手】 ①魚釣りをする人。②蚊帳などをつるためのひもや輪。参考 ①は、「釣り手」と書く。

つり-てんじょう【釣〔り〕天井・△吊〔り〕天井】— つるしておき、落とせば下の人を圧殺できるしかけの天井。

つり-どうろう【釣〔り〕灯籠】 軒先などにつるすどうろう。

つり-どこ【釣〔り〕床・△吊〔り〕床】 ①→ハンモック 夏 ②上のほうは床の間の形に作ってあるが、下に床板がなく、座敷の畳がそのまま続いている簡単な床の間。壁床。

つり-どの【釣殿】 寝殿造りで、池に面した建物。夏 ⇩寝殿造り(さしえ)

つり-ばし【釣〔り〕橋・△吊〔り〕橋】 橋脚を用いず、両岸から空中に張り渡したケーブルや綱で橋床をつり下げた橋。

つり-ばしご【釣〔り〕△梯子・△吊〔り〕△梯子】 物につりかけて用いる、綱などで作ったはしご。

つり-ばり【釣〔り〕針・釣〔り〕△鉤】 魚を釣るための、先が曲がっている針。

つり-ぶね【釣〔り〕船・釣〔り〕舟】 ①魚釣りに用いる船。また、釣りをしている船。②上からつるして使う舟の形をした花器。竹製が多い。参考 ②は「△吊り船(舟)」とも書く。

つり-ぼり【釣〔り〕堀】 池や堀に魚を飼っておき、料金をとって釣らせる所。夏

つり-め【△吊〔り〕目・△吊〔り〕◇眼】 目じりのつり上がった目。また、その目つき。上がり目。

つり-わ【△吊〔り〕輪・△吊〔り〕◇環】 つり下げた二本の綱の先に輪をつけた体操用具。また、それを用いて行う男子の体操競技。

〔つりわ〕

つる【鶴】(字義) →かく(鶴)

つる【鶴】〔動〕ツル科の鳥の総称。足・首・くちばしなどが長く、大形。湿地や草原に生息し雑食。地上に巣を営む。種類が多いが、ふつうタンチョウヅルをさす。長寿の象徴、吉祥の鳥とされる。ナベヅル・マナヅルなど。冬

——**の一声** 多くの人の言を圧する、有力者・権威者の一言。「—で決まる」 ——**は千年亀は万年** 長寿でめでたいことにいう。

つる【弦】 ①弓に張る糸。弓弦。弦。②琴・三味線などの弦楽器に張る糸。

つる【△鉉】 ①なべ・土瓶などに弓形に渡した取っ手。②枡の上に斜めに渡した鉄線。枡に入れたものをならすのに用いる。

つる【△蔓】 ①〔植〕つる植物の茎、または巻きひげの総称。細長く伸びて物にからみつき、または地をはう。「朝顔の—」 ②手がかり。つて。また、かねづる。③めがねの、耳にかける部分。

つ・る【△吊る】 ━(自五) ①上方に引っ張られたようになる。「目の—・った人」 ②筋肉が急に収縮して動かなくなる。ひきつる。「足が—」 ③一方に引かれて縮む。「縫い目の糸が—」 ━(他五) ①一端を上に固定してぶら下げる。つるす。つり下げる。「蚊帳を—」 ②相撲で、まわしに両手をかけて相手を持ち上げる。可能 つ・れる(下一) 参考 ━の②③は、「△攣る」とも書く。

つ・る【釣る】(他五) ①糸を伸ばし、その先にひっかけるようにして捕らえる。「魚を—」「トンボを—」 ②うまい言葉を言い、相手の気を引く。「甘い言葉で—」 可能 つ・れる(下一)

つる-おと【弦音】 矢を放ったときの、弓の弦の鳴る音。

つる-かめ【鶴亀】 ━(名) ツルとカメ。ともに長寿でめでたいとされる。━(感) 縁起直しに用いられる言葉。「ああ恐ろしや、—、—」

—ざん【—算】ツルとカメの合計数と、それらの足の合計数とから、それぞれの匹数を求めるたぐいの算数の問題。

つるぎ【剣】両刃の刀。剣(けん)。また、刀剣の総称。

—の-やま【—の山】〖仏〗地獄にあって、刃を上に向けた剣を植えてあるといわれる山。

つる-くさ【蔓草】〖植〗茎がつる状をなして他のものにからみつく草の総称。

ツルゲーネフ〈Ivan Sergeevich Turgenev〉(一八一八〜一八八三)ロシアの小説家。ロシアの現実を鋭く批判し、情趣豊かな社会心理小説を書いた。「猟人日記」「父と子」「処女地」など。

つるし【吊(る)し】①つるすこと。②〖俗〗(店先につるしてあるところから)既製服。または、古着。③「吊るし柿(がき)」の略。

—あげ【—上げ】①しばって上につり上げること。「—の刑」②ある人を大勢で問いつめて非を責めること。「—をくう」

—がき【—柿】渋柿(しぶがき)の皮をむき、軒先につるして甘味が出るまで日に当てて干したもの。ほしがき。秋

つるし-あ・げる【吊(る)し上げる】(他下一) ゲ・ゲ・ゲル・ゲル・ゲレ・ゲロ(ゲヨ) ①しばって上につり上げる。②大勢で特定の人を問いつめて非を責める。「責任者を—」文つるしあ・ぐ(下二)

つる・す【吊(る)す】(他五) サ(ソ)・シ・ス・ス・セ・セ ひも・綱などでつって垂れ下げる。つり下げる。「軒に柿(かき)を—」「洋服をハンガーに—」可能つる・せる(下一)

つる-つる 一(副・形動ダ・自スル)①表面のなめらかなさま。「—にみがく」②よくすべるさま。「—(と)すべる雪道」二(副)麺類(めんるい)などをなめらかにすするさま。「うどんを—(と)食べる」

つるのこ-もち【鶴の子餅】→とりのこもち

つる-はし【鶴嘴】土砂・岩石などを掘り起こすのに使う鉄製の道具。ツルのくちばしのように両端がとがり、中央に柄(え)がある。つるのはし。

〔つるはし〕

つるばみ【橡】①クヌギ、またはその実のどんぐりの古名。夏②どんぐりのかさを煮た汁で染めた色。濃いねずみ色。鈍色(にびいろ)。

つる-べ【釣瓶】縄やさおをつけて井戸の水をくみ上げるおけ。

—おとし【—落(と)し】(つるべを井戸に落とすときのように)垂直に速く落ちること。多く、秋の日の暮れやすいことにいう。「秋の日は—」秋

つるべ-うち【連べ打(ち)】鉄砲のうち手が多く並んで、たて続けに打つこと。比喩(ひゆ)的に、野球で連続して安打を浴びせること。参考「釣瓶打ち」と書くのは当て字。

つる・む(自五) マ(モ)・ミ(ン)・ム・ム・メ・メ (鳥獣などが)交尾する。さかる。

つる・む【連む】(自五) マ(モ)・ミ(ン)・ム・ム・メ・メ 連れ立つ。いっしょに行動する。「—・んで悪さをする」

つるや-なんぼく【鶴屋南北(四世)】(一七五五〜一八二九)江戸後期の歌舞伎(かぶき)狂言作者。江戸(東京都)生まれ。世相を写実的に描く生世話(きぜわ)物を確立。代表作「東海道四谷怪談」。

つるり-と(副)①表面がなめらかなさま。「—はげた頭」②すべるさま。「—すべって転ぶ」

つる-れいし【蔓茘枝】→にがうり

つれ【連れ】①行動を共にする者。仲間。同伴者。「—が待っている」②能楽・狂言で、シテ・ワキに伴って助演する人。シテヅレ。ワキヅレ。⇒仕手(して)・脇(わき) 参考②は、ふつう「ツレ」と書く。

-づれ【連れ】(接尾)①同伴の意を表す。「子供—」②軽蔑(けいべつ)または謙遜(けんそん)していう言葉。連中。風情(ふぜい)。「役人—」

つれ-あい【連(れ)合い】アヒ ①行動を共にする人。②連れ添う相手。配偶者。また、夫婦の一方が第三者に対して相手をいうときの称。

つれ-あ・う【連(れ)合う】アフ (自五) ワ(オ)・イ(ッ)・ウ・ウ・エ・エ ①行動を共にする。伴う。②連れ添う。「長年—・った妻」

つれ-こ【連(れ)子】再婚する人が、前の配偶者との間にできた子を連れてくること。また、その子。つれっこ。つれご。

つれ-こ・む【連(れ)込む】(他五) マ(モ)・ミ(ン)・ム・ム・メ・メ ①誘っていっしょに中にはいる。引っぱり込む。「路地裏に—・まれる」②愛人などを伴って旅館などにはいる。

つれ-しゅ【連(れ)衆】連れの人々。つれしゅう。

つれ-しょうべん【連れ小便】セウベン (名・自スル)いっしょに連れだって小便をすること。つれしょん。

つれ-そ・う【連(れ)添う】ソフ (自五) ワ(オ)・イ(ッ)・ウ・ウ・エ・エ 夫婦になる。二人でいっしょに暮らす。「末ながく—」

つれ-だ・す【連(れ)出す】(他五) サ(ソ)・シ・ス・ス・セ・セ 外に連れて出る。誘い出す。「散歩に—」

つれ-だ・つ【連(れ)立つ】(自五) タ(ト)・チ(ッ)・ツ・ツ・テ・テ いっしょに行く。「—・って買い物に行く」

つれっ-こ【連(れ)っ子】→つれこ

つれ-づれ【徒然】一(名・形動ダ)①することがなく退屈なさま。手持ちぶさたの状態。「—を慰める」②〖古〗ひとり物思いに沈み、物さびしいさま。二(副)〖古〗つくづく。よくよく。

つれづれぐさ【徒然草】鎌倉末期の随筆集。卜部兼好(うらべのかねよし)作。一三三〇(元徳二)年ごろ成立。無常観を基調に、自然・人生のさまざまな事象を人間味豊かに記す。

つれ-て【連れて】(「…につれて」の形で)ある動作や事柄に伴って他のことが起こることを表す。…にしたがって。…に応じて。「日がたつに—慣れる」語源下一段動詞「つれる」の連用形「つれ」+接続助詞「て」

つれ-な・い(形) カロ・カッ(ク)・イ・イ・ケレ・○ ①無情だ。薄情だ。冷淡である。「声をかけても、—・く行ってしまう」②よそよそしい。そ知らぬ顔をしている。「—仕打ち」「—そぶり」文つれな・し(ク)

変遷古語の「つれなし」は「連れ無し」の義とされ、「物事の関連・関係がないさま」をいった。それゆえ古くは、人間だけではなく自然現象に対しても用いた。現代語では、もっぱら人間関係における「冷淡さ・よそよそしさ」ばかりをいうようになった。

つれ-びき【連れ弾き】〖音〗琴・三味線(しゃみせん)などを二人以上でひくこと。特に、義太夫(ぎだゆう)の三味線でいう。

つ・れる【吊れる】(自下一) レ・レ・レル・レル・レレ・レロ(レヨ) ①一方に引っ張られたようにつり上がる。「目が—」②ひきつった状態になる。筋肉がけいれんして縮まる。「足の筋が—」③一方に引かれて縮まる。「糸が—」文つ・る(下二) 参考②③は、「攣(つ)れる」とも書く。

つ・れる【釣れる】(自下一) レ・レ・レル・レル・レレ・レロ(レヨ) 釣り針に魚がかかる。「よく—ポイント」文つ・る(下二)

つ・れる【連れる】一(他下一) レ・レ・レル・レル・レレ・レロ(レヨ) 同行者として伴う。「山に—・れて行く」二(自下一)(「…につれ(て)」の形で)そうなるにしたがって。…に応じて。…と共に。「年をとるに—・れて、気力がなくなる」「歌は世に—・れ」文つ・る(下二)

類語連れ立つ・引き連れる・引き具す・率いる・引率する・伴う・相伴う・同伴する・同行する・同道する・帯同する・道連れになる・お伴する

つわ-ぶき【石蕗・橐吾】ツハ 〖植〗キク科の多年草。暖地の海辺に自生。秋に黄色の頭状花を開く。観賞用。葉は腫(は)れ物・湿疹(しっしん)などの薬用。長い葉柄は食用。つわ。冬

つわ-もの【兵】ツハ ①武士。兵士。軍人。②勇士。ますらお。③その方面で傑出している者。猛者(もさ)。「—ぞろい」

つわり【悪阻】ツハリ 〖医〗妊娠の初期に、吐き気・食欲不振・食べ物に対する嗜好(しこう)の変化などを起こす症状。悪阻(おそ)。

つん-【突ん】(接頭)〖俗〗(「突き」の撥(はつ)音便形)動詞に付い

て、意味や語調を強める。「―のめる」「―ざく」

ツングース〈Tungus〉東シベリアや中国の東北部に分布する、ツングース諸語を話す民族の総称。多く遊牧・狩猟を営む。

つん-けん（副・自スル）不機嫌・無愛想で、態度がとげとげしいさま。「―した物の言い方」

つん-ざ・く【劈く・擘く】（他五）カ(コ)・キ(イ)・ク・ク・ケ・ケ（「つん」は接頭語）突いて裂く。激しい勢いで突き破る。「耳を―ような音」

つんつる-てん（名・形動ダ）《俗》①身長に対して衣服の丈が短く、手足が出ていること。また、丈の短い衣服を着たさま。「―の浴衣」②頭のすっかりはげたさま。

つん-つん（副・自スル）①すまして無愛想なさま。不機嫌でつっけんどんなさま。「―した応対」②強いにおいが鼻を刺激するさま。「―(と)鼻をつくにおい」

つん-と（副）①とりすましたさま。「―すました態度」②強いにおいが鼻を刺激するさま。「悪臭が―鼻をつく」③とがってつき出ているさま。「―した鼻」

つん-どく【積ん読】《俗》書物を買っても読まずにただ積んでおくこと。「―主義」語源「積んでおく」のしゃれ。

ツンドラ〈ロシア tundra〉ほとんど一年中凍結し、夏季にだけその表面がとけて湿地になり、わずかに蘚苔類・地衣類が生育する土地。カナダの北部、シベリア北部など。凍土帯。凍原。

つん-のめ・る（自五）ラ(ロ)・リ(ッ)・ル・ル・レ・レ《俗》（「つん」は接頭語）「のめる」を強めた語。前方へ勢いよく倒れる。「石につまずいて―」

つんぼ【聾】聴力を失っていること。また、その人。（差別的な意がある。以下の派生語も同様）

―さじき【―桟敷】①舞台に遠く、せりふのよく聞こえない観客席。②重要な事情を知らされない状態や立場。

て　テ

五十音図「た行」の第四音。「て」は「天」の草体。「テ」は「天」の略体。

て-【手】（接頭）①「手に持てる程度の」の意を表す。「―鏡」「―土産」②「自分の手でなした」の意を表す。「―漉き」「―料理」「お―植えの松」③「身のまわり用の」の意を表す。「―箱」「―回り品」④「手の動作の」の意を表す。「―早い」⑤（状態を表す語に付いて）意味を強める。「―ごわい」「―ぜま」

-て【手】（接尾）①（動詞の連用形に付いて）その動作をする人。「読み―」②品質・種類を表す。「奥―の稲」③位置・方向・程度などを表す。「右―の山、左―の川」「厚―の紙」参考 連濁して「で」となることもある。

て【手】①㋐人間の両肩から左右にのび出ている指先までの部分。肩・うで（上膊と下膊）・肘・手首・掌・指より成る。「―を伸ばす」㋑うでの肘から指先までの部分。「―をひねる」㋒手首から指先までの部分。てのひら。「―をたたく」㋓手の指。「―でつまむ」㋔動物の前肢をいう。「ハエが―をする」②器具などの取っ手。柄。「ひしゃくの―」③手段。方法。「うまい―がある」④計略。攻撃の方法の一定の型。「敵の―に乗る」「奥の―」⑤修正。訂正。仕事。細工。「先生の―がはいる」「―がこんでいる」⑥うでまえ。技量。「―が落ちる」⑦世話。手数。手間。「―をぬく」⑧筆跡。書体。「これは空海の―だ」⑨人手。働く人。「―が足りない」⑩手下。部下。「義経の―の者」⑪物事を処理する能力。「―に負えない」⑫種類。「この―の本は読まない」⑬共に何かしようとする関係。「―を結ぶ」「―を切る」⑭きず。負傷。「深―を負う」⑮位置。方向。「行く―をさえぎる」「山の―」⑯急に勢いよく現れるもの。「火の―があがる」⑰将棋・トランプなどで、手もとに持っている駒・札。「―には金・銀・飛・角」「いい―がつく」⑱植物のつるなどを巻きつかせるための木や竹。「朝顔に―を立てる」

―が上がる ①うでまえ・技量が上達する。②飲める酒の量が多くなる。**―が空く・―が空く** 仕事がかたづいて、ひまになる。**―が後ろに回る**（手をうしろにまわしてしばられる意）悪い事をして警察につかまる。**―が掛かる** 世話がやける。手数がかかる。「子供に―」**―が切れる** 関係がなくなる。縁が切れる。**―が切れるような** 紙幣のま新しくぴんとしているのを形容していう。「―新札」**―が込む** 細工が複雑で手間がかかっている。**―が付けられない** 手のほどこしようがない。処置のしようがない。**―が届く** ①当事者の能力の範囲内にある。「その値段なら私にも―」②細かい所まで処置・世話が行き届く。「すみずみまで―」③もう少しでその年齢に達する。「七〇に―」**―が無い** ①方法がない。やりようがない。「打つべき―」②人手不足である。働き手がない。**―が長い** 盗みぐせがある。手くせが悪い。**―が入る** ①犯罪捜査などで警察がその場に立ち入る。②仕事や作品が完成するまで書き込みや訂正がはいる。**―が離れる** ①仕事などが一段落して関係がなくなる。②子供などが成長して手数がかからなくなる。**―が早い** ①物事の処理が早い。②なぐるなどの暴力をすぐにふるう。③《俗》異性とすぐに関係を結ぶ。**―が塞がる** ある仕事をしていて他の事ができない。**―が回る** ①細かい点まで世話が行き届く。②警察などの犯人逮捕の手配がなされる。**―取り足取り** 十分に行き届いた世話をするさま。「―教える」**―に汗を握る** 危険または緊迫した状態を見て、はらはらする。**―に余る・―に負えない** 自分の力ではどうにも処理できない。もてあます。「―仕事」「―子」**―に入る** 物事に熟達している。「料理は手に入ったもの」**―に落ちる** ある人の所有物となる。支配下にはいる。**―に掛ける** ①自分で扱う。手掛ける。②世話をする。手しおにかける。③自分の手で人を殺す。**―に職を持つ** 生計が立てられるような技能を身につける。手に職をつける。**―に付かない** 他の事に心を奪われてその事に集中できない。「勉強が―」**―に手を取る** ①たがいに手をとりあう。②仲よく行動をともにする。**―に取るよう** 物事がはっきり見える、またはよくわかるさま。**―に乗る** 相手の思いどおりになる。相手の計略にかかる。**―の舞い足の踏む所を知らず** 有頂天になって喜ぶさま。小躍りするさま。**―も足も出ない**（物事が自分の能力以上で）自分の力ではどうにもできない。**―を上げる** ①手を振り上げる。なぐる。乱暴する。②自分の能力以上なので閉口してあきらめる。降参する。③上達する。**―を合わせる** ①てのひらを合わせておがむ。②心から頼む。感謝する。③（碁・将棋などの）手合わせをする。わざくらべをする。**―を入れる・―を加える** でき上がったものを修正・補足する。「原稿に―」**―を打つ** ①てのひらを打ち合わせて音を立てる。②契約やもめごとのとき、譲歩して解決をつける。③必要な処置・手段を講じる。「あらかじめ手を打っておく」**―を替え品を替え** 次々にさまざまな手段をとるさま。「―売り込む」**―を掛ける** ①自ら事にあたる。手がける。②手間・手数をかける。③手出しをする。盗みを働く。**―を貸す** 手伝う。援助する。**―を借りる** 手伝ってもらう。助力してもらう。**―を切る** 関係を絶つ。縁を切る。**―を下す** ①直接自分でする。②とりかかる。**―を組む** 仲間になり、協力して事にあたる。「ライバルと―」**―を拱く・―を拱く・―を束ねる** ①腕組みをする。②ある事態を何もしないで、ただぼんやりと見ている。傍観する。「ただ―ばかりだ」**―を締める** 商談・和解などの成立や、会合の終わりなどにこれを祝って、一同がしゃんしゃんと手を打つ。**—を染める** 物事をやり始める。また、その事にかかわる。「相場に—」**—を出す** ①関係する。「株に—」「別の女に—」②暴力をふるう。「先に—」③人の物をこっそり盗む。「店の物に—」**—を尽くす** あらゆる手段や方法を試みる。**—を付ける** ①使い始める。「貯金に—」②やり始める。着手する。「新分野に—」③目下の女性と関係を結ぶ。**—を取る** ①親愛の情で、相手の手を握る。②心をこめて事細かく教え導く。**—を握る** ①同盟を結ぶ。②仲直りをする。**—を抜く** ところどころ仕事の手数を省いていいかげんにする。**—を濡らさず** 自分は少しも骨を折らずに。直接そのことをしないで。**—を延ばす・—を広げる** 範囲を広げてやる。規模を大きくする。**—を引く** ①相手の手をとって導く。②関係を絶つ。「事業から—」**—を回す** ①手配を十分にする。②ひそかに手を尽くして働きかける。「裏から—」**—を焼く** もてあます。てこずる。「いたずらっ子に—」**—を汚す** 好ましくないことを自ら行う。**—を緩める** きびしかった態度を少しゆるやかにする。**—を煩わす** 人に世話をかける。「友人の—」**—を分かつ** 関係を絶って別れる。

て ■一(接助)《中心義—前に述べたことを確認し、それを前提にあとの内容に続ける》①前に続いて、次が起こることを示す。「起き—、顔を洗っ—、膳につく」②原因・理由を示す。…ので。「暑く—眠れない」③方法・手段を示す。「車に乗っ—行く」④並行する事態を示す。「二階は広く—明るい」⑤仮定の条件を示す。「人の本を覗い—はいけない」⑥逆接の関係を示す。「知ってい—知らない顔をする」「わかってい—、実行しない」⑦上の動詞を、各種の意味を添える補助動詞につなぐ。「持っ—いる」「着—みる」■二(終助)①(活用語の連用形に付き)軽い命令を表す。「早くし—」②やさしく問う意を表す。「この計算でき—」「これでよく—」■三(格助)それと指示する。「何—言ったか」「Aさん—人が来た」「来るっ—確かに聞いた」用法 動詞型・形容詞型活用の語の連用形に付く。二は会話語。二②は(文末の上がるイントネーションで)形容詞型活用の語に付くときは、「って」となることがある。多く女性が用いる。語源 三は格助詞「と」の転。参考 ガ行五段活用動詞のイ音便形、ナ行・マ行・バ行五段活用動詞の撥音便形に付くときは、「で」と濁る。「本を読んで知った」。

で【弟】(字義)→てい(弟)

で【出】 ①内から外へ、ある位置を移動すること。出かけること。現れること。また、出る度合いや状態。「人の—が多い」「水の—が悪い」②太陽・月が出ること。「日の—」↔入り ③(多く動詞の連用形に付き、下に「ある」「ない」を伴って)数量・分量などの多く感じられること。「食べ—がある」「使い—がない」④出勤。「遅—」⑤支出。「—をおさえ、入りをはかる」↔入り ⑥出どころ。産地。出身。「大学—の選手」⑦出演する順番や時間。「—を待つ」⑧物事のやり始め。でだし。「—の段階でつまずく」

で(接)①それで。そこで。「—、君はどうする」②だから。「病気だったのか。—、休んでいたのだね」用法 話し言葉に用いる。

で ■一(格助)《中心義—動きのあることが行われる場を示す》①動作の行われる場所を示す。「庭—遊ぶ」②手段・材料を示す。「船—行く」「木—作る」「新しいの—試す」③原因・理由・根拠・動機を示す。「病気—欠席する」④そうなる区切りの時点がいつかを示す。「明日—満二〇歳になる」「五時—閉める」⑤基準・数量を示す。「一日—一キロメートル進む」⑥状態やあり方を示す。「花嫁姿—立つ」「無名の作家—終わる」⑦あとの事の起こるもとを示す。「親子—決める」用法 体言、体言の資格を作る助詞「の」に付く。語源 格助詞「に」に接続助詞「て」が付いて変化した語。■二(接助)《古》打ち消し接続の意を表す。…ないで。…ずに。「もみぢ散ら—盛りなり」〈更級〉用法 用言・助動詞の未然形に付く。

> **ちがい 「で」・「に」**
>
> 「で」は「に」に「て」の付いた「にて」から変化した語。「で」と「に」のどちらも、場所を示す言葉のあとに使われる共通性があるが、「庭で遊ぶ」のように動きのある語に続くときは「で」を用い、「庭にいる」のように動きがなく存在を表す語に続くときは「に」を用いるという違いがある。

て-あい【手合〔い〕】 アヒ ①仲間。連中。多く、軽んじて言う。「あの—は相手にするな」②種類。「この—の品」③囲碁・将棋などの勝負。「角落ちの—で指す」

で-あい【出合〔い〕・出会〔い〕】 アヒ ①偶然にであうこと。めぐりあい。邂逅。②知りあった最初。「そもそもの—」③あいびき。密会。「—茶屋」④川・沢・谷などの合流点。

—がしら【—頭】 出あったとたん。出あった瞬間。「—の衝突事故」

で-あ・う【出合う・出会う】 アフ (自五) ワ(オ)・イ(ッ)・ウ・ウ・エ・エ ①(出かけて行って)人・物・事件などにあう。偶然に行きあう。めぐり会う。「知人にばったり—」「事故に—」「名画に—」②予想していなかった行為を受ける。「反撃に—」③出て争いの相手になる。

て-あか【手垢】 手のあか。また、人の手が触れてついたよごれ。「—にまみれた本」「—のついた(=使い古された)キャッチフレーズ」

て-あき【手明き・手空き】 仕事がなくひまなこと。また、その人。てすき。「—の人に手伝いを頼む」

て-あし【手足】 ①手と足。四肢。「—をのばす」②ある人の意のままに動くこと。また、その人。「—となって働く」

で-あし【出足】 ①出だしのはやさや状態。「—のいい車」「新商品の—は好調だ」②人出の程度。「客の—が鈍い」③相撲などで、相手のほうにふみ出す足の動き。「鋭い—で立つ」

てあしくち-びょう【手足口病】 ビヤウ 〔医〕乳幼児にみられる急性ウイルス性感染症。手・足・口の中に水疱ができる。

て-あそび【手遊び】 ①手にもって遊ぶこと。また、そのもの。おもちゃ。②退屈しのぎ。手遊び。③ばくち。賭博。

て-あたり【手当〔た〕り】 ①手にふれること。また、ふれた感じ。手ざわり。「さらさらした—」②手がかり。また、手ごたえ。

—しだい【—次第】(副)あれこれ区別しないで、手にさわるものはなんでもかまわないさま。「—(に)投げつける」

て-あつ・い【手厚い】(形) カロ・カッ(ク)・イ・イ・ケレ・○ もてなしや取り扱いが親切で丁寧である。ねんごろである。「—看護」「—・く葬る」文 てあつ・し(ク)

て-あて【手当〔て〕】 ■一(名)労働の報酬としての金銭。給料。また、基本給以外に支給される金。「住宅—」「月々の—」■二(名・他スル)①前もって用意しておくこと。準備。「人員を—する」②病気やけがなどに対する処置。治療。「応急—」「傷の—」参考 一は「手当」と書く。

テアトル〈フランス théâtre〉劇場。映画館。

て-あぶり【手焙り】 手を温めるのに使う小型の火鉢。冬

て-あみ【手編み】 機械を使わないで手で編むこと。また、編んだもの。「—のセーター」

て-あら【手荒】(形動ダ) ダロ・ダッ(デ・ニ)・ダ・ナ・ナラ・○ 手荒いさま。「荷物を—に扱う」文(ナリ)

て-あらい【手洗(い)】 アラヒ ㊀(名)①手を洗うこと。また、それに用いる湯水や器。②便所。「―に立つ」㊁(名・他スル)手で洗濯すること。

―ばち【―鉢】 手を洗う水を入れておく鉢。ちょうずばち。

て-あら・い【手荒い】(形) カロ・カッ(ク)・イ・イ・ケレ・○ 扱い方などが乱暴である。荒々しい。「―祝福を受ける」文てあら・し(ク)

で-ある そうと断定する意を表す。「彼は詩人―」語源断定の助動詞「だ」の連用形「で」+補助動詞「ある」用法多く、書き言葉や演説口調の話し言葉で用いる。

で-ある・く【出歩く】(自五) カ(コ)・キ(イ)・ク・ク・ケ・ケ 家を出てあちこちと歩き回る。家を出てほうぼうに出かける。「よく―人」

て-あわせ【手合(わ)せ】 アハセ (名・自スル)①相手になって勝負をすること。「将棋の―」②取り引きの契約をすること。

てい【丁】(字義)→ちょう(丁)

てい【丁】①十干の四番目。ひのと。②順位・組み分けなどの四番目。「甲乙丙(へい)―」

てい【汀】 人 テイ みぎわ・なぎさ
(字義)①みぎわ。なぎさ。波打ちぎわ。水ぎわの平地。「汀曲・汀沙(さ)・汀渚(しょ)・汀草・汀濘(ねい)」②す。中洲(なかす)。「汀洲(しゅう)」

てい【体】(字義)→たい(体)

てい【体・態】①姿。外から見えるようすや態度。「ほうほうの―で逃げる」②体裁。見た目。「―よくことわる」③(接尾語的に用いて)…のようす。…風。「職人―の男」

てい【低】 教4 テイ ひくい・ひくめる・ひくまる　亻亻亻仾低低
(字義)①ひくい。下のほうにある。↔高 ㋐高さがひくい。「低所・低地」㋑ねだんが安い。「低賃金・低廉(れん)」㋒声がひくい。音声が小さい。「低音・低唱」㋓温度・気圧などがひくい。「低温・低気圧」㋔程度がひくい。いやしい。「低級・低俗・低劣」②たれる。うなだれる。「低回・平身低頭」人名 さだ・ひら・ふか

てい【呈】 テイ㊥　口口口旦早呈
(字義)①さしだす。あらわししめす。「呈示・呈出・露呈」②さしあげる。たてまつる。「呈上・謹呈・進呈・贈呈」人名 しめ・すすむ

てい【廷】 テイ㊥　二千壬廷廷
(字義)①天子が政務をとる所。朝廷。宮中。「廷臣・宮廷・朝廷」②役所・裁判所。「出廷・法廷」人名 たか・ただ・なが

てい【弟】 教2 テイ㊥・ダイ・デ㊥ おとうと　丷丷当肖弟弟
(字義)①おとうと。きょうだいの中で年下の者。「異母弟・義弟・兄弟(きょうだい・けいてい)・愚弟・賢弟・舎弟」↔兄 ②年少者。「子弟」③門人。でし。「弟子(ていし・でし)・高弟・師弟」④自分の謙称。「小弟・少弟」人名 おと・くに・ちか・つぎ・ふと

てい【弟】 おとうと。「兄(けい)たり難(がた)く―たり難し」↔兄(けい)

てい【定】 教3 テイ・ジョウ(ヂャウ) さだめる・さだまる・さだか㊥　丶宀宀宁宇定
(字義)①さだめる。さだまる。㋐きめる。きまる。「定員・定期・定刻・改定・確定・協定・決定・裁定・断定・認定」㋑おさめる。しずまる。「安定・平定」㋒かわらない。「定見・一定・必定(ひつじょう)・不定(ふてい・ふじょう)」㋓動かない。「定着・固定」②さだめ。きまり。「定義・定理・規定」③仏教で、あらゆる考えを断って無念無想になること。「禅定(ぜんじょう)・入定(にゅうじょう)」難読 定業(じょうごう) 人名 さだむ・さだめ・つら・また・やす

てい【底】 教4 テイ そこ　广广庀底底
(字義)①そこ。㋐物の下部。「底流・海底・河底・基底・水底」㋑器物の奥の部分。「篋底(きょうてい)・船底」㋒なか。うち。「底力(そこぢから)・心底」㋓はて。きわみ。どんじり。「徹底・到底・払底(ふってい)」㋔下方、またはそこの部分。「底辺・底面・上底」②ゆきつく。いたる。「底止」③もと。土台になるもの。「底数・底本」難読 底翳(そこひ) 人名 さだ・ふか

てい【底】①「…のような」「…の程度」の意を表す。「この―の品」②数 ㋐底辺。底面。㋑aをn乗したらNになるというときのa。$n=\log_a N$におけるa。⇩対数

てい【抵】 テイ㊥ あたる　扌扌扌扌抵抵
(字義)①あたる。㋐ふれる。つき当たる。「抵触」㋑はりあう。さからう。「抵抗」㋒相当する。「抵当」②おおよそ。ひととおり。「大抵」

てい【邸】 テイ㊥ やしき　氏氏氐氐邸
(字義)やしき。大きくてりっぱな住居。「邸第(だい)・邸宅・官邸・公邸・私邸」人名 いえ

-てい【邸】(接尾)名字などに付けて、その人の邸宅や屋敷の意を表す。「徳川―」

てい【亭】 テイ㊥・チン　亠亠古亭亭
(字義)①しゅくば。やどや。「駅亭・旗亭・旅亭」②建物。あずまや。「席亭・池亭・茶亭」③高くそびえるさま。「亭亭」人名 たかし

-てい【亭】(接尾)①旅館・料理屋・寄席などの屋号に付ける。「末広―」②風流人などの居室の名に付ける。「時雨(しぐれ)―」③文人・芸人などの号に付ける。「三遊―」

てい【帝】 テイ㊥・タイ みかど　亠亠立产帝帝
(字義)①みかど。天子。君主。「帝位・帝王・皇帝」②天の神。「天帝」③神。五行の神。「帝釈天(たいしゃくてん)・炎帝」人名 ただ

-てい【帝】(接尾)帝位にある意を表す。「仁徳(にんとく)―」

てい【訂】 テイ㊥ ただす　言言言訂訂
(字義)①はかる。公平に相談する。②ただす。文字や文章のあやまりを正す。「訂正・改訂・校訂・補訂」③定める。約束する。「訂盟」人名 ただ

てい【貞】 テイ㊥ ジョウ(ヂャウ)　卜卜卢貞貞
(字義)①正しく誠がある。「貞実・貞臣・忠貞」②女性がみさおを守る。「貞淑・貞女」人名 さだ・ただ・ただし・ただす・つら・みさお

てい【庭】 教3 テイ にわ　广庐庄庭庭
(字義)①にわ。㋐敷地の内に、池や築山などを造り、草木を植えこんだ場所。「庭園・石庭・名庭」㋑建物の前の広場。門内の空地。「後庭・前庭」②家。家の中。「庭訓(ていきん)・家庭」人名 なお・ば

てい【悌】 人 テイ・ダイ
(字義)①年長者に対し、従順でよく仕える。「孝悌・仁悌」②兄弟の仲がむつまじいこと。「悌友・友悌」人名 とも・やす・やすし・よし

てい【挺】 人 テイ・チョウ(チャウ) ぬく・ぬきんでる
(字義)①ぬきんでる。進み出る。「挺身・挺進」②(「チョウ」と読んで)すき・くわ・銃など、手に持つ細長いものを数える語。人名 ただ・なお・もち

てい【逓】【遞】 テイ㊥ かわるがわる　厂戶后咠逓逓

(字義)①たがいに。かわるがわる。②かわる。いれかわる。③次から次へと伝え送る。「逓信・逓送・駅逓・郵逓」④しだいに。順々に。「逓加・逓減・逓増」

てい【釘】(人) テイ・チョウ(チャウ) くぎ (字義)①くぎ。金属や竹・木製のくぎ。②くぎを打つ。

てい【停】教5 テイ・チョウ(チャウ) とまる・とどまる (字義)①とどまる。とまる。とどめる。とめる。「停止・停車」②とどこおる。「停滞・停頓」③途中でやめさせる。「停学・停職・調停」人名 とどむ

てい【偵】テイ(中) うかがう (字義)①うかがう。ようすをさぐる。「偵察・内偵」②こっそり事情をさぐる人。「探偵・密偵」人名 たく

てい【梯】(人) テイ・タイ はしご (字義)①はしご。木のはしご。また広く、きざはし。階段。「梯衡・雲梯」②順をおって進むためのすじみち・手引き。「階梯」③もたれかかる。「突梯」難読 梯子(はしご) 人名 はし

てい【逞】(人) テイ たくましい (字義)①たくましい。㋐体ががっしりしていて頑強である。㋑勢いがさかんである。②たくましくする。思うままにふるまう。「逞欲・不逞」③満足する。④憂いをとく。⑤ゆるめる。人名 とし・ゆき・ゆた・よし

てい【堤】テイ(中) つつみ(中) (字義)つつみ。どて。水があふれないように、土を高く築いたもの。「堤防・突堤・防波堤」

てい【提】教5 テイ・ダイ さげる(中) (字義)①さげる。手にもつ。「提琴」②手をとりあって助ける。「提携」③もちだす。かかげて示す。「提案・提示・前提」④統べる。支配する。「提督」⑤梵語(ぼんご)の音訳。「菩提(ぼだい)」難読 提灯(ちょうちん)・提子(ひさげ)

てい【程】教5 テイ ほど(中) (字義)①きまり。規則。「程式・規程・教程」②一定の分量。仕事などの範囲。「課程・工程・日程」③ほど。ほどあい。「程度」④道すじ。道のり。距離。「過程・行程・道程・旅程」人名 たけ・のり・みな

てい【禎】(人)**【禎】**(人) テイ さいわい (字義)①めでたいしるし。「禎祥・禎瑞」②ただしい。＝貞。人名 さだ・さだむ・さち・ただ・ただし・つぐ・とも・よし

てい【艇】テイ(中) (字義)こぶね。幅がせまくて細長い舟。ボート。「艇身・艦艇・舟艇・小艇・短艇」

-てい【艇】(接尾)こぶね。ボート。「水雷ー」「救命ー」

てい【鼎】(人) テイ かなえ (字義)①かなえ。三本足の青銅製の器。「鼎銘・重鼎・鐘鼎」②三つそろう。三方に向かい合う。「鼎座・鼎談・鼎立」

てい【綴】(人) テイ・テツ つづる・とじる (字義)①つづる。㋐つなぎ合わせる。㋑つくろう。「補綴」㋒文章などを作る。「綴集・綴文」㋓連なる。「点綴」②とじる。重ねて合わせる。③つづり。とじ。書類などを重ね合わせてとじたもの。④集める。「綴学」難読 綴織(つづれおり)・綴代(とじしろ)・綴蓋(とじぶた)

てい【締】テイ(中) しまる(中)・しめる(中)・むすぶ (字義)①しまる。しめる。しめくくる。「結締」②むすぶ。取り決める。約束する。「締結・締盟・締約」

てい【鄭】(人) テイ・ジョウ(ヂャウ) (字義)①中国の春秋時代の国名。②中国の隋(ずい)末の国名。今の河南省洛陽(らくよう)市。③かさねる。ていねい。「鄭重」

てい【薙】(人) テイ・チ なぐ (字義)①なぐ。刀で横に払うように切る。「薙刀(ていとう)」②そる。髪の毛を切り落とす。「薙髪(ていはつ・ちはつ)」難読 薙刀(なぎなた)

てい【諦】テイ(中)・タイ あきらめる(中)・あきらか (字義)①あきらか。つまびらか。また、あきらかにする。「審諦」②真理。「真諦(しんたい・しんてい)」③悟り。「諦観」④あきらめる。断念する。「諦念」⑤泣く。「諦号」人名 あき・あきら

てい【蹄】(人) テイ ひづめ (字義)①ひづめ。牛・馬などの足の先にある角質のつめ。「蹄鉄・馬蹄」②うさぎを捕らえるわな。「蹄筌(ていせん)」

てい【醍】(人) テイ・タイ・ダイ (字義)①赤い色の澄んだ酒。②「醍醐(だいご)」は、㋐牛や羊の乳から造ったバターの類。㋑清酒。㋒仏法の尊い教え。㋓優れた人物のたとえ。

てい【鵜】(人) テイ う (字義)①う。川や海にすむウ科の水鳥。巧みに水をくぐり魚をとらえる。②がらんちょう。大形の水鳥。ペリカン。

でい【泥】デイ(高) どろ(中)・なずむ (字義)①どろ。㋐水気を含んだ柔らかい土。「泥土・泥濘(でいねい)・雲泥」㋑土。②どろ状のもの。「泥炭」③金や銀などの細粉をにかわでねったもの。「金泥・銀泥・朱泥」④南海にすむという虫の名。骨がなく、ぐにゃぐにゃしているので、ひどく酒に酔うたとえに用いる。「泥酔」⑤なずむ。こだわる。「拘泥」難読 泥障(あおり)・泥鰌(どじょう)・泥濘(ぬかるみ)

でい【禰】(人)**【祢】**(人) デイ・ネ・ナイ (字義)①父の廟(びょう)。また、廟にまつった父の称。「禰祖(でいそ)」②出征のときに持って行った位牌(いはい)。「公禰(こうでい)」③「禰宜(ねぎ)」は、㋐神職・神官の総称。㋑宮司(ぐうじ)・神主に次ぐ神職。

デイ〈day〉→デー

てい-あつ【低圧】①低い圧力。②低い電圧。(↔高圧)

てい-あつ【定圧】一定の圧力。

ディアナ〈Diana〉ローマ神話の女神。月の女神。また、狩猟の守護神。ギリシャ神話のアルテミスにあたる。ダイアナ。

ティアラ〈tiara〉宝石などをちりばめた、女性用の冠形の髪飾り。

てい-あん【提案】(名・他スル)議案や考えを提出すること。また、その議案や考え。「妥協案をーする」

てい-い【低位】ヰ 低い地位。低い位置。↔高位

てい-い【定位】ヰ (名・自スル)ある事物の位置・姿勢を一定にすること。また、その一定の位置・姿勢。

てい-い【帝位】ヰ 帝王の位。

ティー〈tea〉茶。紅茶。「レモンー」「ータイム」

ースプーン〈teaspoon〉茶さじ。

ーパーティー〈tea party〉茶と菓子などの軽い飲食物で催す会。茶話会。

ーバッグ〈tea bag〉薄い紙の小袋に、紅茶・緑茶などの葉を少量ずつ詰めたもの。そのまま熱湯にひたして用いる。

ールーム〈tearoom〉喫茶(きっさ)室。喫茶店。

ティー〈tee〉ゴルフで、各ホールの第一打を打つとき、ボールをのせるゴム・プラスチック・木などの小さな台。「ーショット」

ディー-エッチ-エー【DHA】〈docosahexaenoic

acid から〉〘化〙ドコサヘキサエン酸。不飽和脂肪酸の一種。マグロ・サバ・ブリなどの魚油に多く含まれる。血栓の防止や脳の機能の向上に効果があるといわれる。

ディー-エヌ-エー【DNA】〈deoxyribonucleic acid から〉〘生〙デオキシリボ核酸。アデニン、グアニン、シトシン、チミンの四種類の塩基などで構成される二重らせん構造の高分子化合物。生物の遺伝情報を伝達する遺伝子の本体。

―がた-かんてい【―型鑑定】 個人によって異なるDNAの塩基配列を調べて、個人の識別や親子の鑑別を行うこと。はじまり イギリスで起きた連続強姦(ごうかん)殺人事件の捜査で、一九八六年に初めて用いられ、犯人特定につながった。日本で実用化されたのは、一九八九(平成元)年。

ティー-エヌ-ティー【TNT】〈trinitrotoluene から〉〘化〙黄色粉末の高性能爆薬。トリニトロトルエン。

ディー-エム【DM】→ダイレクトメール

ディー-ケー【DK】→ダイニングキッチン

ティー-ケー-オー【TKO】→テクニカルノックアウト

ディー-ジェー【DJ】→ディスクジョッキー

ティー-シャツ〈T-shirt〉袖(そで)を広げた形がT字形をした、半袖の丸首シャツ。参考 多く「Tシャツ」と書く。第二次世界大戦中にアメリカ海軍で採用され、のちに一般に広がったとされる。

ティー-じょうぎ【T定規】(ヂヤウギ)― T字形の定規。製図に用いる大型のもの。丁(てい)定規。丁字定規。

ティー-じろ【T字路】→ていじろ

ディーゼル-エンジン〈diesel engine〉圧縮して高温になった空気に、軽油や重油などの燃料を霧状にして吹き込み、燃焼させる方式の内燃機関。ディーゼル機関。はじまり 一八九三年、ドイツの機械技術者ディーゼルがその理論を発表、一八九七年に実用機を開発したのが最初。

ディーゼル-カー〈diesel car〉ディーゼルエンジンを動力源として動く鉄道車両など。気動車。

ティーチ-イン〈teach-in〉学内討論集会。広く討論集会をさすこともある。

ティーチング-マシン〈teaching machine〉個人の学力に応じて段階的学習ができる教育機器。

ディー-ディー-ティー【DDT】〘医・化〙〈dichloro-diphenyl-trichloroethane から〉有機合成殺虫剤の一種。常温で無色の結晶。現在は使用禁止。

ディー-ティー-ピー【DTP】〈desktop publishing から〉パソコンなどを用いて、原稿の作成から編集・レイアウト・印刷など出版に必要な一連の作業を行うこと。

ティー-バック【Tバック】〈和製英語〉うしろから見るとT字形に見えるほど布地の少ない、腰につける下着や水着。

ディー-ピー-イー【DPE】〈developing, printing, enlarging の頭文字から〉写真の現像・焼き付け・引き伸ばし。また、その取り扱い店。

ティー-ピー-オー【TPO】〈time, place, occasion の頭文字から〉時・場所・場合。また、その三つの条件に応じた、服装や言葉づかいなどの使い分け。「―をわきまえる」

ディープ〈deep〉(形動ダ)(ダロ・ダッ(デ・ニ)・ダ・ナ・ナラ・○) ①奥深いさま。②特定の分野に深く入りこんでいるさま。「―な競馬ファン」

―キス〈deep kiss〉濃厚なキス。フレンチキス。

ティー-ブイ【TV】「テレビジョン」の略。

ディー-ブイ【DV】→ドメスティックバイオレンス

ディー-ブイ-ディー【DVD】〈digital versatile disc から〉映像や音声などをデジタルデータとして記録する光ディスク。CDと同じ直径一二センチの大きさで容量が大きい。デジタル多用途ディスク。

ディーラー〈dealer〉①(メーカーに対して)販売業者。②特約小売店。③自己勘定で有価証券を売買し、その差益を得る証券会社。④トランプの札の配り手。トランプの親。

てい-いん【定員】(ヰン)― 定められた人員。「車の―」

ティーン〈teen〉一〇代。また、一〇代の男女。「―向け映画」「ロー―(=一〇代前半(の男女))」

―エージャー〈teenager〉一〇代の男女。ふつう、一三歳から一九歳までの少年少女。ティーンネージャー。参考 英語で一三から一九は、語尾が -teen で終わることからいう。

てい-えん【庭園】(ヱン)― 庭。特に、手をかけて造った庭。

てい-おう【帝王】(ワウ)― ①君主国の元首。皇帝。②(比喩(ひゆ)的に)ある分野や世界で、絶対的な力をもって支配するもの。「音楽界の―」

―がく【―学】 君主など、人の上に立つ者が身につけるべき教養・見識・態度などの修養。

―しんけんせつ【―神権説】→おうけんしんじゅせつ

―せっかい【―切開】〘医〙自然な出産が困難なとき、妊婦の腹壁および子宮壁を切開して胎児を取り出す手術。

ディオニソス〈Dionysos〉ギリシャ神話の酒の神。ローマ神話のバッカス。ディオニュソス。

―がた【―型】 文化や芸術の、激情的・陶酔的・動的な傾向。哲学者ニーチェが命名した文化の類型。↔アポロ型

てい-おん【低音】 ①低い音・声。↔高音 ②〘音〙男声の最低音域、または楽曲の最低音部。バス。ベース。

てい-おん【低温】(ヲン)― 低い温度。↔高温

―さっきん【―殺菌】 セ氏六〇―七〇度の温度で反復加熱する殺菌法。牛乳など高温では変質するものに行う。

てい-おん【定温】(ヲン)― 一定の温度。

―どうぶつ【―動物】→こうおんどうぶつ ↔変温動物

てい-おん【△綴音】 言語音で、二つ以上の単音が合わさってできた音。綴音(てつおん)。

てい-か【低下】(名・自スル) ①低くなること。下がること。「気温の―」↔上昇 ②程度が悪くなること。「能率の―」↔向上

てい-か【定価】 ある商品の、決めてある値段。「―販売」

てい-か【逓加】(名・自他スル) しだいに増えること。また、しだいに増やすこと。逓増。↔逓減

てい-かい【低回・△低△徊】(クワイ)―(名・自スル) 思索にふけりながら、ゆっくり行ったり来たりすること。

―しゅみ【△低△徊趣味】〘文〙自然主義の反動として、夏目漱石(そうせき)が高浜虚子の「鶏頭」序文で唱えた文学的態度。俗世間を離れて、余裕のある静観的な態度で自然・芸術・人生をながめ、東洋的な詩的境地にひたろうとするもの。

―は【△低△徊派】→よゆうは

てい-かい【停会】(クワイ)―(名・自他スル) 会議を一時中止すること。

ていかいはつ-こく【低開発国】→はってんとじょうこく

てい-かく【底角】〘数〙三角形の底辺の両端の内角。

てい-がく【低額】 少ない金額。「―所得者」↔高額

てい-がく【定額】 一定の金額。決まった値段。「―貯金」

てい-がく【停学】 学校が、校規に違反した学生・生徒に罰として科す一定期間の登校停止処分。「―処分」

てい-がくねん【低学年】 学校で、下級の学年。おもに小学校で一・二年生をいう。⇩中学年・高学年

でい-かざん【泥火山】(クワザン)―〘地質〙地中からガスや水とともにどろが噴出してできた、小形の火山状の丘。

てい-かん【定款】〖法〗社団法人(公益法人・各種会社・協同組合など)の目的・組織・業務などに関する根本規則。また、それを記載した文書。

てい-かん【諦観】(名・他スル)①はっきりと本質を見きわめること。②世俗の無常をさとり、超然とした態度でいること。「人生を―する」

でい-がん【泥岩】〖地質〗堆積岩の一つ。泥が堆積し固まってできたもの。

てい-き【定期】①いつからいつまでと決められている一定の期間・期限。また、あることが行われる日時が一定していること。「―公演」「―刊行物」②「定期乗車券」の略。「―入れ」③「定期預金」の略。

――けん【―券】「定期乗車券」の略。

――じょうしゃけん【―乗車券】一定期間内、一定区間で有効な割引乗車券。定期券。定期。パス。(はじまり)鉄道では、一八八六(明治十九)年、新橋・横浜間で、上等・中等の乗客向けに発売したのが最初。

――せん【―船】一定の航路を定まった時刻に運航して人や物を運ぶ船。

――とりひき【―取引】(取引所で)一定期限後に商品の受け渡しをする取り引き。

――びん【―便】ある特定の場所と場所の間で、定期的に行う連絡や輸送。また、その交通機関。

――よきん【―預金】〖商〗一定の期限まで引き出さない約束で銀行などに預ける預金。定期。

てい-き【提起】(名・他スル)ある場に訴訟や問題を持ち出すこと。「問題―」「方針を―する」

てい-ぎ【定義】(名・他スル)ある概念の内容やある言葉の意味を、他と区別できるようにはっきりと限定すること。また、それを述べたもの。「ある概念を―する」

てい-ぎ【提議】(名・他スル)会議などに論議や議案を提出すること。また、その論議や議案。「―を可決する」

てい-きあつ【低気圧】①〖気〗周囲に比べて、気圧が低い区域。水蒸気の量や温度の変化によって起こり、風は渦巻き状に吹きこみ、上昇気流をもち、雲を生じ、雨を降らせる。↔高気圧 ②〈俗〉(比喩的に)よくない変動の前の不穏な状態や、人の不機嫌なことのたとえ。「今日の彼は―だ」

てい-きゅう【低級】(名・形動ダ)等級や品質・程度の低いこと。また、そのさま。「―な趣味」↔高級

てい-きゅう【定休】会社や商店などが、月ごとまたは週ごとに日を決めて休むこと。また、その休みの日。「―日」

てい-きゅう【涕泣】(名・自スル)(「涕」は涙の意)涙を流して泣くこと。泣涕。

てい-きゅう【庭球】→テニス

てい-きょう【帝京】①天子のいる都。帝都。②天帝の住む天上。

てい-きょう【提供】(名・他スル)①自分のもっているものを、他の人の役に立てるために差し出すこと。「資料を―する」②企業などがスポンサーとして放送番組に出資すること。

てい-きん【庭訓】(庭での教えの意から)家庭の教育。家庭でのしつけ。〔故事〕孔子が庭を走り過ぎる子の伯魚を呼びとめて「詩や礼を学ばなければ、世に出てりっぱに語り、正しく生きることはできない」と諭したことからいう。〈論語〉

てい-きん【提琴】→バイオリン

てい-ぎん【低吟】(名・他スル)低い声で吟じること。↔高吟

てい-きんり【低金利】安い金利。利率の低いこと。「―の融資」

テイクアウト〈takeout〉→テークアウト

てい-くう【低空】地面に近い空間。空の低い所。↔高空

――ひこう【―飛行】(名・自スル)①飛行機などが、地上近くや海面近くを飛ぶこと。②(比喩的に)成績や業績が、ずっと低迷していること。「―が続く経済」

ディクテーション〈dictation〉書き取り。耳で聞いた単語や文章を文字にすること。特に、外国語の書き取り試験。

て-いけ【手生け・手◦活け】(名・他スル)自分で花を直接生けること。「―の花」

デイ-ケア〈day care〉〖保〗高齢者や心身に障害のある人を福祉施設で昼間だけ預かり、リハビリテーションや入浴・食事の世話などをすること。デーケア。⇒デイサービス

てい-けい【定形】一定の形。目的などによって決められた形。

――がいゆうびんぶつ【―外郵便物】第一種郵便物のうち、定形郵便物以外のもの。

――ゆうびんぶつ【―郵便物】第一種郵便物のうち、大きさや重さが、定められた限度内のもの。

てい-けい【定型】(詩歌などの)一定の型。決まった型。

――し【―詩】〖文〗音数、句数、配列の順序などが一定している詩歌。和歌・俳句・ソネットなど。↔自由詩・不定型詩

てい-けい【梯形】→だいけい

てい-けい【提携】(名・自他スル)(手にさげて持つ意から)たがいに助けあい共同で物事を行うこと。タイアップ。「技術―」

てい-けつ【貞潔】(名・形動ダ)貞操がかたく、行いが潔白なこと。また、そのさま。「―を通す」

てい-けつ【締結】(名・他スル)〖法〗契約または条約や協定をとりむすぶこと。「条約を―する」

てい-けつあつ【低血圧】〖医〗血圧が正常値より低い状態。↔高血圧

ティケット〈ticket〉→チケット

てい-けん【定見】一定の見識。自分自身のしっかりした考えや意見。「無―」「―がない」

てい-げん【低減】(名・自他スル)①減ること。また、減らすこと。「負担の―を図る」②値段が安くなること。また、値段を安くすること。「販売価格を―する」

てい-げん【逓減】(名・自他スル)しだいに減ること。また、しだいに減らすこと。漸減。「輸出量が―する」↔逓加・逓増

てい-げん【提言】(名・他スル)(会議などで)自分の考えや意見を示すこと。また、その考えや意見。「原案の修正を―する」

ていげん-てき【定言的】(形動ダ)(ダロ・ダッ(デ・ニ)・ダ・ナ・ナラ・○)〖論〗一つのことを無条件に主張するさま。断言的。

――はんだん【―判断】〖論〗「AはBである」のように、無条件に断定する判断。

てい-こ【艇庫】ボートを入れておく倉庫。

てい-ご【亭午】(「亭」は至る意)正午。まひる。

てい-こう【抵抗】[一](名・自スル)外からの力に対して逆らうこと。権力や体制などにはむかうこと。「無―」「むだな―はやめろ」[二](名)①精神的に反発すること。素直に受け入れたくない気持ち。「それをするには―がある」②〖物〗他からの力の作用に対して、それとは反対の方向に作用する力。「空気の―」③〖物〗導体が電流の通過を拒む力。「電気―」

――うんどう【―運動】占領軍や圧制に対して戦う民衆の解放運動。レジスタンス。

――き【―器】回路の途中で電流を制限する器具。

――りょく【―力】外部からの力をはね返そうとする力。特に、病気や病原体に耐え得る力。「体に―がある」

ちがい「抵抗」・「反抗」
「抵抗」は、自分たちに加えられる不当な圧力をはねのけて、自分たちの主張が通る自由な生活を持ちたいという思いから行う反対行動をいい、他国による侵略や抑圧的な体制に立ち向かおうとする行動などがそれである。「反抗」は、自分の置かれた状況に対する不満から、目上の者や現在の習慣などに反する行動をとることをいう。

てい-こう【定稿】カウ｜補足や訂正がすんで完成した原稿。
てい-ごう【帝号】ガウ｜皇帝の称号。
てい-こく【定刻】決められた時刻。「—に出発する」
てい-こく【帝国】①皇帝の統治する国家。「ローマ—」②（「大日本帝国」の略）「日本」の旧称。「—陸海軍」
—しゅぎ【—主義】国家が自国の領土・勢力範囲を拡張するため他国を侵略しようとする傾向。特に、一九世紀末ごろから当時の先進諸国が行った侵略的・対外膨張的な政策。
—だいがく【—大学】一八八六（明治十九）年公布の帝国大学令により設立された官立大学。一九四七（昭和二十二）年、新制大学の発足とともに廃止、国立大学となった。
ていこくぶんがく〔帝国文学〕文芸雑誌。一八九五（明治二十八）年、高山樗牛・井上哲次郎・上田万年・上田敏らが中心となって創刊した東京帝国大学文科関係の機関誌。内容は文芸の諸分野にわたり、アカデミズムに基づく高踏的色彩が強かった。一九二〇（大正九）年廃刊。
てい-ざ【鼎坐・鼎座】（名・自スル）（「鼎」の三本の脚のように）三人が向き合ってすわること。
でい-さ【泥砂・泥沙】①どろとすな。②どろ。
デイ-サービス〈和製英語〉在宅介護を受ける高齢者や障害者がデイサービスセンターなどに通って受ける、食事・入浴・訓練などの福祉サービス。日帰り介護。デーサービス。⇩デイケア
てい-さい【体裁】①外から見た、物の形やありさま。外見。「—の悪い洋服」②他人に見られたときの、自分の状態についての感じ。世間体。みえ。「—をつくろう」③一定の、形・形式。「文書の—を整える」④うわべを飾った言葉。「お—を言う」
—ぶ・る【—振る】（自五）ラ(ロ)・リ(ッ)・ル・ル・レ・レ（「ぶる」は接尾語）みえをはったりもったいぶったりする。「—・った態度」
てい-さつ【偵察】（名・他スル）敵や相手の情勢や動きなどをひそかに探ること。「—機」「敵状を—する」
ていざん-たい【低山帯】→さんちたい
てい-し【弟子】師匠から教えを受ける人。でし。
てい-し【底止】（名・自スル）終わりまで行きついて止まること。
てい-し【停止】（名・自他スル）①動いていたものが途中で止まること。途中で止めること。「エンジンが—する」②続けていたことをやめること。やめさせること。「営業—」「貸し出しを—する」
てい-じ【丁字】「丁字形」の略。
—けい【—形】「丁」の字のような形。丁形。丁字。
—じょうぎ【—定規】ギヤウ→ティーじょうぎ
—たい【—帯】丁字形の包帯。陰部などに用いる。
—ろ【—路】丁字形に交わっている道路。T字路。
てい-じ【呈示】（名・他スル）（証明書などを）差し出して見せること。「身分証明書を—する」[参考]現在、法令や新聞では「提示」を用いる。
てい-じ【低次】低い次元。程度や段階が低いこと。「—の欲求」↕高次
てい-じ【定時】①一定の時刻。定刻。「—に出社する」②一定の時期。定期。「—に刊行する」
—せい【—制】夜間または特別の時間・時期に授業を行う高等学校の課程。「—高校」↕全日制
てい-じ【逓次】①順を追うこと。順次。②順番。順序。
てい-じ【提示】（名・他スル）差し出して見せること。「原案を—する」⇩呈示「参考」
てい-じ【綴字】言語の音声を表音文字で書きつづること。また、その文字。つづり字。綴字。「—法」
てい-しき【定式】一定の方式・儀式。「—化」
てい-じげん【低次元】（名・形動ダ）次元が低いこと。程度が低く劣っていること。また、そのさま。「—な話」
てい-しせい【低姿勢】相手に対して下手に出たり、へりくだった態度をとったりすること。「—に出る」↕高姿勢
てい-しつ【低湿】（名・形動ダ）土地が低くて湿気の多いこと。また、そのさま。「—地帯」↕高燥
てい-しつ【帝室】天皇や帝王の一家。皇室。王室。
てい-じつ【定日】一定の日。あらかじめ定められた日。期日。
てい-しゃ【停車】（名・自スル）自動車・電車などが止まること。また、止めること。「急—」「急行が—する駅」↕発車[参考]道路交通法では、人の乗降や貨物の積み下ろしなどのため、車両等が短時間停止することをいう。⇩駐車
—じょう【—場】ヂヤウ 汽車・電車などが発着し、乗客の乗り降り、貨物の積み下ろしなどをする施設。駅。ていしゃば。
てい-しゃく【梯尺】実物の長さと図上の物の長さとの比。地図の縮尺。比例尺。
てい-しゅ【低首】（名・自スル）うなだれること。
てい-しゅ【亭主】①家の主人。店主。あるじ。②夫。「—持ち」③茶席で、客に茶の接待をする人。主人。
—の好きな赤烏帽子（烏帽子はふつう黒であることから）異様なものでも主人が好むなら家人はそれに従うものだ。
—かんぱく【—関白】クワンパク《俗》家庭内で夫が大きな権力を持ち、非常にいばっていること。↕嬶天下
てい-しゅ【艇首】ボートなどの先の部分。舳先。
てい-じゅ【庭樹】庭に植えてある木。庭木。
てい-しゅう【定収】シウ｜（「定収入」の略）一定期間ごとに決まって得られる収入。
てい-じゅう【定住】ヂユウ｜（名・自スル）ある場所に住居を定めてそこに住みつくこと。「—の地」
てい-しゅうは【低周波】シウハ｜《物》周波数（振動数）の比較的小さい振動・波動。↕高周波
ていしゅ-がく【程朱学】中国の北宋の程顥・程頤の兄弟と南宋の朱熹の唱えた儒学。宋学。
てい-しゅく【貞淑】（名・形動ダ）女性のみさおがかたく、しとやかなこと。また、そのさま。「—な妻」
てい-しゅつ【呈出】（名・他スル）①ある状態を現し示すこと。「不測の事態を—する」②差し出すこと。提出。
てい-しゅつ【提出】（名・他スル）ある場に、問題・意見・証拠・議案・書類などを差し出すこと。「法案を—する」
てい-じょ【貞女】ヂヨ｜みさおのかたい女性。貞婦。
てい-しょう【低唱】シヤウ｜（名・他スル）低い声で歌うこと。声をひそめて唱えること。「歌を—する」↕高唱
てい-しょう【定昇】（「定期昇給」の略）毎年、一定の時期に給料が上がること。
てい-しょう【提唱】シヤウ｜（名・他スル）①意義・主義・意見などを他人に説き示して呼びかけること。「会議の開催を—する」②《仏》禅宗で、宗旨の大綱を示し、説法すること。
てい-じょう【呈上】ジヤウ｜（名・他スル）贈り物などとして差し上げること。進呈。「粗品—」

てい-じょう【定常】ジヤウ― (名・形動ダ) つねに一定していて変わらないこと。また、そのさま。

―は【―波】〘物〙波動が進行せず一定の場所で振動をくり返している波。定在波。「波長の短い―」

てい-じょう【庭上】ジヤウ― 庭の表面。庭のあたり。庭先。

でい-じょう【泥状】ジヤウ― どろどろした状態。

てい-しょうがい【低障害】シヤウガイ― →ローハードル

てい-しょう-バス【低床バス】テイシヤウ― 床面を低くし、乗降口との段差を小さくしたバス。⇩ノンステップバス

てい-しょく【定食】 飲食店などで、複数の料理の組み合わせがあらかじめ決まっている食事。「刺身―」

てい-しょく【定植】(名・他スル)〘農〙苗を苗床から移して本式に植えつけること。↕仮植

てい-しょく【抵触・△牴触・△觝触】(名・自スル) ①触れること。②さしさわること。法律やきまりなどに違反すること。「法に―する」③くい違うこと。矛盾すること。「前言に―する」

てい-しょく【定職】 一定の職場で一定の収入が得られるような決まった職業。「―につく」「―がない」

てい-しょく【停職】 公務員などの懲戒処分の一つ。一定期間、職務につくことをさしとめること。その間は無給。

ていしょく-はんのう【呈色反応】ハンオウ― 〘化〙発色または変色のおこる化学反応。定性分析などに利用される。

てい-しん【廷臣】 朝廷に仕え、官に任じられた役人。

てい-しん【貞心】 貞節な心。みさおをかたく守る心。

てい-しん【逓信】 音信・電信を順次にとりついで伝えること。「―省(=もと、郵便・通信をとりしきった中央官庁)」

てい-しん【△挺身】(名・自スル) みずから進んで犠牲的に事にあたること。「―隊(=命がけで重要な任務にあたる部隊)」

てい-しん【△挺進】(名・自スル) 他よりぬきんでて進むこと。「敵陣に―する」

てい-しん【艇身】 ボートの全長。「一―の差」

てい-じん【△梯陣】チン― 艦隊の陣形の一。旗艦の右または左後方の斜線上に後続艦が並ぶ形。

でい-すい【泥水】 どろの混じったにごり水。どろ水。

でい-すい【泥酔】(名・自スル) 正体をなくすほどひどく酒に酔うこと。「―状態」

ディスインフレーション〈disinflation〉〘経〙インフレーションから抜け出したがデフレーションには陥っていない状態。

てい-すう【定数】 ①決められた一定の数。「衆議院議員の―」②〘数〙ある条件下で一定の値をとる数。常数。↕変数 ③自然科学で、状態の変化の間を通じて一定の値を保つ量。常数。「万有引力―」「弾性―」④〘仏〙定まった運命。命数。

ディスカウント〈discount〉割引。値引き。

―ストア〈discount store〉商品を大量に仕入れたりメーカーから直接買い付けたりして、安い価格で販売する店。ディスカウントショップ。

―セール〈discount sale〉安売り。

ディスカッション〈discussion〉(名・自他スル) いろいろな意見を出して、話し合うこと。討議。討論。「パネル―」

ディスク〈disk, disc 円盤〉①レコード。②円盤状の情報記憶媒体の総称。ハードディスク、コンパクトディスクなど。

―ジョッキー〈disk jockey〉①ラジオ放送の音楽番組などで、音楽をかけながら、合間に曲の解説や軽い話などをする人。また、その番組。②クラブやディスコなどで、楽曲を選んだり再生したりする人。参考「DJ」ともいう。

ディスクロージャー〈disclosure〉〘経〙企業が投資家などに対し、事業内容や財務内容を開示すること。情報開示。

ディスコ〈フランス discothèque から〉レコード・CDや生演奏の音楽を流して客に自由な踊りを楽しませるダンスホールの一種。

テイスト〈taste〉①味。味わい。②趣味。好み。参考「テースト」ともいう。

ディストピア〈dystopia〉ユートピア(=理想的な社会)と反対の社会。多く、管理が徹底され、自由が抑圧された社会として描かれる。

ディスプレー〈display〉①展示。陳列。特に、商品などの飾り付け。「ウインドー―」②〘情報〙コンピューターなどで、画面に文字や像を映し出す出力装置。モニター。③動物が求愛や威嚇(かく)のために特定の姿勢や動作をすること。

ディスポーザー〈disposer〉台所から出る生ごみを、細かく砕いて下水へ流せるようにする電気器具。

てい・する【呈する】(他サ変) シ(セ・サ)・シ・スル・スル・スレ・シロ(セヨ) ①ある状態を現す。示す。「活況を―」②差し上げる。差し出す。「自著を―」「苦言を―」文てい・す(サ変)

てい・する【訂する】(他サ変) シ(セ・サ)・シ・スル・スル・スレ・シロ(セヨ) ①ただす。訂正する。なおす。②定める。結ぶ。「交わりを―」文てい・す(サ変)

てい・する【△挺する】(他サ変) シ(セ・サ)・シ・スル・スル・スレ・シロ(セヨ) 他より先んじて進む。進んで差し出す。「身を―・して守る」文てい・す(サ変)

ディス・る(他五) ラ(ロ)・リ(ッ)・ル・ル・レ・レ 〘俗〙侮辱する。悪口を言う。語源 disrespect の短縮形「ディス(dis(s)侮辱する)」を動詞化した語。

てい-せい【低声】 低い声。小声。↕高声

てい-せい【訂正】(名・他スル) 文章や言葉の誤りなどを正しく直すこと。「―箇所」「発言を―する」

てい-せい【帝政】 帝王が治める政治・政体。「―ロシア」

ていせい-ぶんせき【定性分析】〘化〙物質の成分元素や成分イオンなどの種類をしらべるための化学分析。↕定量分析

てい-せき【定積】 一定の面積または体積。

てい-せつ【定説】 確定した説。正しいと認められている説。

てい-せつ【貞節】(名・形動ダ) 貞操。特に、妻が夫に対して貞操を保つこと。また、そのさま。「―を守る」「―をくつがえす」

てい-せん【△汀線】 海面・湖面と陸地との境の線。みぎわ線。参考 干潮時と満潮時の汀線の中間が海岸線。

てい-せん【停船】(名・自スル) 船の航行を止めること。船が止まること。「―命令」

てい-せん【停戦】(名・自スル) 双方の合意により、戦闘行為を一時的に中止すること。「―協定」⇩休戦「ちがい」

てい-ぜん【庭前】 庭先。

てい-そ【定礎】 建築工事の始めとして土台石をすえること。建築工事を始めること。「―式」

てい-そ【提訴】(名・自スル) 訴訟を起こすこと。訴え出ること。「裁判所に―する」

てい-そう【貞操】サウ― 配偶者や特定の恋人以外の人と性的関係を持たないこと。古くは、女性にだけいった。「―観念」

てい-そう【逓送】(名・他スル) ①人の手から手へ順々に送ること。②宿場から宿場へ順に送ること。③郵送すること。

てい-ぞう【逓増】(名・自他スル) しだいに増えること。また、しだいに増やすこと。逓加。「収穫量が―する」↕逓減

てい-そく【低速】 速度がおそいこと。「―で進む」↕高速

てい-そく【定則】 定められている規則。

てい-ぞく【低俗】(名・形動ダ) 低級でいやしいこと。下品で俗っぽいこと。また、そのさま。「―な趣味」↕高尚(こうしょう)

ていそく-すう【定足数】 会議で、議事を進行し議決するのに必要な、構成員の最小限の出席者数。「―に達する」参考

衆参両議院では総議員の三分の一以上。

てい-たい【停滞】（名・自スル）物事が一つの所にとどまって通過または進行しないこと。はかどらないこと。「景気が—する」

—ぜんせん【—前線】〔気〕前線のうち、ほぼ同じ位置にとどまっているもの。梅雨前線・秋雨前線など。

て-いた・い【手痛い】（形）カロ・カッ(ク)・イ・イ・ケレ・○　受けた痛手の程度がひどい。「—打撃を受ける」文ていた・し(ク)

てい-だい【帝大】「帝国大学」の略。

てい-たく【邸宅】広くてりっぱな家。やしき。「大—」

てい-たらく【体たらく・×為体】ありさま。状態。ようす。かっこう。「なんというーだ」用法 多く、非難や自嘲を含んで言う。語源「たらく」は、断定の助動詞「たり」のク語法。

てい-だん【△梯団】大部隊の輸送・行軍の際に便宜上数個の部隊に分けた、それぞれの部隊。

てい-だん【△鼎談】（名・自スル）（「鼎」の三本の脚のように）三人で向かい合って話をすること。また、その話。

でい-たん【泥炭】〔地質〕湿地や浅い沼などに枯死した水生植物や苔などが堆積し、それがある程度炭化したもの。質は粗悪。土状で熱量が低い。「—地」

てい-ち【低地】低い土地。周りに比べて低い土地。↔高地

てい-ち【定置】（名・他スル）一定の場所に設置しておくこと。

—あみ【—網】一定の場所に設置して魚をとる網。沖に張り出した垣網と、魚がはいる袋網とからなる。建網・定置網や簗などの定置漁具を水中に設置して行う漁業。

—ぎょぎょう【—漁業】定置網や簗などの定置漁具を水中に設置して行う漁業。

てい-ち【偵知】（名・他スル）ようすを探り知ること。探知。

てい-ちゃく【定着】（名・自他スル）①ある場所や位置にしっかり定まって動かないこと。「その土地に—する」②ある考えや学説などが広く社会に認められたものとなること。「新語が—する」③写真で、現像した乾板・印画紙などの感光性を除くこと。

—えき【—液】写真で、「定着③」に用いる溶液。

でい-ちゅう【泥中】どろの中。

—の蓮（どろ水の中に咲くはすの花の意）悪い環境にあっても、それに影響されないで清純を保っていることのたとえ。

てい-ちょう【丁重・△鄭重】（名・形動ダ）態度や扱いが礼儀正しく丁寧で、真心がこもっているさま。「—なもてなし」

—ご【—語】〔文法〕敬語の一つ。話し手・書き手が、自分側の動作や物事を、聞き手・読み手に対して改まって述べるもの。「いたす」「申す」「参る」や、「愚息」「弊社」「拙著」など。参考「謙譲語Ⅱ」ともいう。

てい-ちょう【低調】テウ（名・形動ダ）①内容が不十分なさま。水準の低いさま。「—な応募作品」②勢いのふるわないさま。盛り上がりに欠けるさま。「—な出足」

ティッシュ-ペーパー〈tissue paper〉薄くやわらかで上質なちり紙。ティッシュ。

て-いっぱい【手一杯】（名・形動ダ）その事をする以上の余裕のないこと。また、そのさま。精一杯。「この仕事だけで—だ」

ディップ〈dip〉野菜やクラッカーなどにつけて食べるペースト状のソース。

てい-てい【廷丁】「廷吏」の旧称。

てい-てい【亭亭】（タル）木などが高々と、まっすぐにそびえているさま。「—たる杉の大木」文（形動タリ）

ディテール〈detail〉①部分。細部。②〔美〕作品全体に対して、部分。部分画。参考「デテール」ともいう。

てい-てつ【△蹄鉄】馬のひづめの底に打ちつけ、ひづめの磨滅・損傷を防ぐU字形の鉄。馬蹄。鉄蹄。

てい-てん【定点】位置の定まっている点。一定の点。

—かんそく【—観測】クワンソク ①国際的に定められた海洋上の地点で、連続的に行われた気象および海洋観測。②ある物事や現象について、継続的に調査を行うこと。

てい-でん【逓伝】（名・他スル）①人から人へと順々に伝え送ること。②宿場から宿場へと順々に送ること。また、そのための車馬や人足。

てい-でん【停電】（名・自スル）電気の供給が一時止まること。また、それにより電灯が消えること。

てい-と【帝都】皇居のある都市。

てい-ど【低度】（名・形動ダ）程度の低いこと。また、そのさま。↔高度

てい-ど【程度】①物事の分量・価値・性質などを判断する場合の大小・優劣・強弱などの、ほどあい。「けがの—」「—の低い本」「三メートル—の高さ」「この—の熱には耐える」②適した度合い。許される限度。「小学生の—をこえた問題」

—ふくし【—副詞】〔文法〕副詞の一種。事物の性質や状態の程度を限定する意を表す。動詞・形容詞・形容動詞のほか、副詞やある種の名詞（上・下・右・左など）を修飾する。「たいそう」「もっと」「少し」など。

—もんだい【—問題】根本にかかわることでなく、その程度がどうであるかが問題になる事柄。程度によりけりであるということ。「倹約するといっても、—だ」

デイト〈date〉（名・自スル）→デート

でい-ど【泥土】①どろ。水にとけた土。②価値のないもの。

てい-とう【低頭】（名・自スル）頭を下げること。頭を下げて礼をすること。「ひたすら—してわびる」

てい-とう【抵当】タウ ①借金を返せない場合には自由に処分してよいと認めて、借り手が貸し手に差し出す財産や権利。かた。担保。「土地を—に入れる」②〔法〕抵当権の目的物。

—へいしん【—平身】（名・自スル）→へいしんていとう

—けん【—権】〔法〕債権者が、債務の担保に供された物件を債務者に残したままにしておき、債務が弁済されない場合にはその物件から優先的に弁済を受けることができる権利。

—ながれ【—流れ】借金などを返せないため、抵当物が債権者の所有物となること。また、その物。

てい-とく【提督】艦隊の司令官。海軍の将官。

てい-とん【停頓】（名・自スル）物事が順調に進まず、ゆきづまること。「交渉が—する」

ディナー〈dinner〉正式の食事。正餐。特に、晩餐。

—ショー〈和製英語〉ホテルなどで、食事をとりながら楽しむショーやコンサート。

てい-ない【廷内】法廷のうち。

てい-ない【邸内】やしきのなか。

てい-ない【庭内】庭のうち。庭中。

てい-ねい【丁寧・△叮△嚀】（名・形動ダ）①礼儀正しく、こまやかに心配りをすること。また、そのさま。「—な言葉遣い」「—に挨拶する」②細かいところまで気をつけて念入りに扱うこと。また、そのさま。「—に調べる」「—な仕事」

類語 丹念・入念・念入り・細密・綿密・緻密・丁重・慇懃・懇ろ

—ご【—語】〔文法〕敬語の一つ。話し手・書き手が、聞き手・読み手に対して敬意を表すために、表現のしかたを丁寧にする言葉。「そうです」「話します」「お暑くなって参りました」の「です」「ます」「お」「参ります」など。

でい-ねい【泥△濘】ぬかるみ。どろ道。「—と化す」

てい-ねん【丁年】①一人前の年齢。満二〇歳。成年。「—に達する」②一人前の男子。

てい-ねん【定年・停年】 官庁や会社などで、退官・退職するよう定められた年齢。「―退職」「―を迎える」

てい-ねん【諦念】 ①道理がわかりさとる心。②あきらめの心。

てい-のう【低能】(名・形動ダ) 知能のはたらきがふつうより劣ること。また、その人。

ディバイダー〈dividers〉〘工〙線分を分割したり寸法を写しとったりするのに用いる、コンパスに似た製図用具。分割器。

てい-はく【停泊・碇泊】(名・自スル) 船がいかりをおろしてとまること。「港に―する」

てい-はつ【剃髪】(名・自スル) 髪をそり落とすこと。特に、髪をそり落として仏門にはいること。薙髪(ちはつ)。「―式」

デイ-パック〈day pack〉→デーパック

てい-ばん【定番】 流行とは無関係に一定の需要があり、安定して売れる商品。定番商品。「白のワイシャツは―だ」語源 商品番号(品番)が固定していることから。

でいばん-がん【泥板岩】 →けつがん(頁岩)

ティピカル〈typical〉(形動ダ)ダロ・ダッ(デ)・ニ・ダ・ナ・ラ・○ 典型的であるさま。代表的。「―な特徴」

てい-ひょう【定評】ヒャウ よいとして世間の人々に広く定着している評判・評価。「―のある作品」

てい-ふ【貞婦】 みさおのかたい女性。貞女。

ディフェンス〈defense〉スポーツで、防御・守備。また、防御する側。「―がかたい」↔オフェンス

ディベート〈debate〉あるテーマについて、肯定側と否定側の二組に分かれて行う討論。

ディベロッパー〈developer〉①都市開発業者。宅地開発業者。②写真の現像液。参考「デベロッパー」ともいう。

てい-へん【底辺】 ①〘数〙三角形で、頂点に対する辺。また、台形で平行な二つの辺。②(比喩(ひゆ)的に)社会や集団での最下層。「―に生きる人々」

てい-ぼう【堤防】バウ 水害を防ぐために、海岸や河岸沿いに土・石・コンクリートなどで築いた土手。つつみ。「―が決壊する」

てい-ぼく【低木】〘植〙丈の低い木。一般に高さ三メートル以下の低い木をさす場合と、人間の背丈以下をいう場合とがある。ツツジ・ナンテンなど。↔高木 参考 旧称は「灌木(かんぼく)」。

てい-ほん【定本】 ①古典などの異本を比較検討して、最も原本に近く、類書中の標準となるよう整えられた本。「―万葉集」②著者の加筆・訂正が済んだ決定版の本。

てい-ほん【底本】 翻訳・校訂・校合(きょうごう)などをする際、よりどころになる本。参考「定本」と区別するため「そこほん」ともいう。

てい-まい【弟妹】 弟と妹。↔兄姉(けいし)

てい-めい【低迷】(名・自スル) ①雲が低くさまよいただようこと。「暗雲―」②悪い状態が長く続き、そこからなかなか抜け出せないこと。「景気が―する」

てい-めい【定命】 天から定められた運命。また、生まれつき定まっている命。じょうみょう。

てい-めい【締盟】 同盟または条約を結ぶこと。「―国」

てい-めん【底面】 ①底の面。②〘数〙多面体の底の面。参考 柱体・錐体(すいたい)では、側面でない面をさす。

ディメンション〈dimension〉次元(じげん)。

てい-もう【剃毛】(名・自他スル) 体毛を剃(そ)ること。

てい-もん【貞門】〘文〙江戸初期、松永貞徳(ていとく)を中心に起こった俳諧(はいかい)の一派。形式を尊び、言語上の機知・滑稽(こっけい)を重んじた。古風。

てい-やく【締約】(名・自スル) 契約または条約を結ぶこと。

てい-ゆ【提喩】 修辞法の一種。代表的な一つで全体を表したり、全体をいう語でその中の一つを表したりすること。「小町」で美人を、「黄門」で水戸光圀(みつくに)をさすようなこと。

てい-よう【提要】エウ 要領・要点を掲げて示すこと。また、示した書物。「論理学―」

てい-よく【体良く】(副) 差し障りのないようにうまくつくろって。体裁(ていさい)よく。「―断られた」「―追い払う」

てい-らく【低落】(名・自スル) 下がること。下落すること。特に、評判・価値・物価などが下がること。「人気の―」↔高騰

て-いらず【手入らず】 ①手数のかからないこと。②一度も使っていないこと。また、そのもの。「―の着物」③一度も手入れをしていないこと。④〘俗〙未婚の女子。生娘(きむすめ)。

ティラミス〈イタリア tiramisù〉イタリアの菓子の一種。コーヒーやリキュールをしみこませたスポンジケーキに、マスカルポーネ(=イタリア特産のチーズ)を合わせたクリームを重ねてつくる。

てい-り【廷吏】 裁判所で、法廷の雑務を行う職員。

てい-り【低利】 金利の低いこと。安い利子。↔高利

てい-り【定理】〘数〙公理や定義に基づいて真であると証明された命題。「ピタゴラスの―」⇩公理

で-いり【出入り】 ㊀(名・自スル) ①出たりはいったりすること。ではいり。「人の―が多い」②親しくその家を訪れること。また、得意先として、よくその家や会社などを訪れること。「―の業者」㊁(名) ①支出と収入。収支。「―のはげしい月」②超過と不足。増減。「参加者には多少の―がありそうだ」③突き出たりはいり込んだりしていること。「―の多い海岸線」④もめごと。けんか。「女―(=女性に関するもめごと)がたえない」

デイリー〈daily〉日刊の。毎日の。デーリー。参考 多く、新聞の名に用いられる語。

てい-りつ【低率】(名・形動ダ) 比率の低いこと。また、その比率。「―の利息」↔高率

てい-りつ【定立】(名・他スル)〘哲〙ある判断を導き出すための論理を展開する上で、その前提としてある命題を立てること。また、その命題。主張。テーゼ。↔反定立

てい-りつ【定律】 ①はっきりと定められた法律。規則。②〘物〙自然現象における因果関係の法則。

てい-りつ【定率】 一定の比率。「―税」

てい-りつ【鼎立】(名・自スル)(「鼎(かなえ)」は三本脚(あし)であることから)三つの勢力がたがいに対立すること。「―する三国」

てい-りゅう【底流】リウ ①海や川などの底のほうの水の流れ。②表面には現れないが、その根底に動いている気分・感情・勢力など。「事件の―にある社会不安」

てい-りゅう【停留】リウ (名・自スル) とまること。

―じょ【―所】 バス・路面電車などが客の乗り降りのためにとまる一定の場所。停留場。

でい-りゅう【泥流】リウ 山崩れや火山の爆発によって、大量の泥土が斜面を流れ下る現象。

てい-りょう【定量】リヤウ 一定の分量。

―ぶんせき【―分析】〘化〙化学分析の一つ。物質中の成分の量や割合を求める分析法。↔定性分析

てい-るい【涕涙】(「涕」も「涙」もなみだの意)なみだ。「―頬をつたう」

て-いれ【手入れ】(名・他スル) ①よい状態を保つために、修理や修繕をしたり、手をかけて世話したりすること。「道具の―」「―の行き届いた庭」②〘俗〙犯人の検挙や犯罪の捜査などのために、現場に警察官が踏み込むこと。「警察の―を受ける」

てい-れい【定例】 ①いつもの決まったしきたりやならわし。②定期的に特定の日時を定めて行われるもの。「―会」↔臨時

ディレクター〈director〉①映画の監督。演劇の演出者。放送番組をつくるスタッフの指揮をとる人。②〘音〙指揮者。

ディレクトリー〈directory〉〘情報〙コンピューターに記憶されたファイルの管理情報を記録した部分。フォルダー。

てい-れつ【低劣】(名・形動ダ) 程度や品位が低く劣っていること。また、そのさま。「―な趣味」

てい-れつ【貞烈】(名・形動ダ) みさおをきびしく守っていること。また、そのさま。

ディレッタンティズム〈dilettantism〉専門家としてではなく、趣味として学問や芸術を楽しむこと。道楽。

ディレッタント〈dilettante〉学問や芸術などを、専門家としてではなく趣味として楽しむ人。好事家(こうずか)。ジレッタント。

てい-れん【低廉】(名・形動ダ) 値段の安いこと。安価。「―な価格」

ディレンマ〈dilemma〉→ジレンマ

てい-ろん【定論】人々が広く正しいと認めている論。定説。

ティンパニー〈(イタリア) timpani〉〘音〙打楽器の一種。オーケストラに使う半球形の太鼓。チンパニー。

〔ティンパニー〕

て-うえ【手植え】(ウエ)―その人の手で植えること。また、その植えられたもの。「お―の松」

て-うす【手薄】(名・形動ダ) ①手元に物や金銭などが少ないこと。「在庫が―になる」②人手が不十分なこと。「警備が―だ」

デウス〈(ポルトガル) Deus〉(キリシタンの用語で)万物の創造主である神。天主。

て-うち【手打〔ち〕】①契約や和解の成立したしるしに、関係者が手を打ち鳴らすこと。手じめ。転じて、契約や和解をすること。「―式」②そばやうどんなどを機械によらないで手で打って作ること。また、そのそばやうどん。「―そば」③昔、武士がみずから手を下して、落ち度のあった家臣や町人を切り殺したこと。「―にする」 参考 ③は「手討ち」とも書く。

てえ(テヘ)《俗》「という」のつづまった語。「浅草―ところはたいへんな人出でして」

デー〈day〉(他の語と複合して) ①昼間。日中。「―ゲーム」②その催しの行われる日。「防災―」 参考「デイ」ともいう。

テークアウト〈takeout〉飲食店で、調理された食べ物を買って持ち帰ること。テイクアウト。↔イートイン

テークオーバー-ゾーン〈takeover zone〉陸上競技のリレーで、バトンを受け渡す区域。発走線の前後一〇メートルに引かれた白線の間をいう。

テークオフ〈takeoff〉①飛行機などの離陸。②離陸期。経済成長の飛躍的発展段階。

テーク-バック〈take back〉ゴルフ・テニス・野球などで、ボールを打つ前にクラブ・ラケット・バットなどを後方に引く動作。

デー-ケア〈day care〉→デイケア

デー-ゲーム〈day game〉野球などで、昼間に行われる試合。↔ナイター・ナイトゲーム

デー-サービス〈和製英語〉→デイサービス

デージー〈daisy〉〘植〙ヒナギク。春

テーゼ〈(ドイツ) These〉①〘哲〙弁証法の基本的な用語。論証の第一段階として、まず初めの根拠となる立脚点。定立。正・反・合の正。↔アンチテーゼ ②論題。提案。③政治活動の綱領。

データ〈data〉①推論や判断のよりどころとなる情報や材料。資料。「―を集める」「実験―」②〘情報〙コンピューターで扱えるように文字や数値で表された情報。「―処理」

―つうしん【―通信】〘情報〙ネットワークでつないだコンピューターどうしで通信や情報処理を行うこと。

―バンク〈data bank〉〘情報〙いろいろなデータの蓄積・整理・更新などを行い、利用者の要求に応じて情報を提供する機関。時にはデータベースと同じ意味にも使われる。

―ベース〈database〉〘情報〙コンピューターで扱うデータを効率的に利用できるように収集・統合したもの。DB

デート〈date〉■一(名) 日付。年月日。■二(名・自スル) 日時を約束して好意を持つ者どうしが会うこと。「―コース」 参考「デイト」ともいう。

デー-パック〈day pack〉(日帰り用の)小型のリュックサック。デイパック。

テーピング〈taping〉(名・他スル) スポーツ選手などが、けがの予防や患部の保護のために、関節や筋肉にテープを巻くこと。

テープ〈tape〉①紙・布・ゴムなどの、幅が狭くて長い、帯状のもの。②陸上競技の競走で、ゴールの目標として、決勝線上一・二二メートルの高さに張る布・ひも。「―を切ってゴールインする」③録音機・通信機などに用いる磁気帯。細い帯に塗った磁性体に信号を記録する。磁気テープ。「―にふきこむ」

―カット〈和製英語〉(名・自スル) 開通式や落成式などの式典で、張り渡したテープをはさみで切って祝賀の意を表すること。また、その儀式。

―デッキ〈tape deck〉磁気テープの録音・再生装置。録音にはマイクを、再生にはアンプやスピーカーを接続する。

―レコーダー〈tape recorder〉磁気テープを利用して、音声信号を録音、また、再生する装置。

テーブル〈table〉①扁平(へんぺい)な台と長い脚をもつ洋風家具。椅子と組んで、食卓や応接・会議などに用いられる。卓。「メーン―」「交渉の―につく」②一覧表。「タイム―」

―クロス〈tablecloth〉テーブルに掛ける布。テーブルかけ。

―スピーチ〈和製英語〉結婚披露宴や祝賀会などの会食の席で行う簡単な演説。卓上演説。 参考 英語では speech という。会食後に行うものは after-dinner speech という。

―センター〈和製英語〉食卓や応接用テーブルの中央に置く飾りの布。 参考 英語では centerpiece という。

―タップ〈table tap〉長いコードがついてプラグの差し込み口が複数ある、移動用のコンセント。

―チャージ〈和製英語〉レストランなどで、飲食代とは別に支払う席料。 参考 英語では cover charge という。

―テニス〈table tennis〉卓球。ピンポン。

―マナー〈table manners〉西洋式の食事の作法。

テー-ベー【TB】〈(ドイツ) Tuberkulose から〉肺結核。

テーマ〈(ドイツ) Thema〉①作品・研究などの主題。題目。「論文の―を決める」②〘音〙楽曲の中心となる旋律。主旋律。

―しょうせつ【―小説】(セウセツ)〘文〙一定の明確な主題が提示され、作中のすべての要素がそれに集中されるように構成された小説。菊池寛の提唱による。主題小説。

―ソング〈和製語〉映画・放送番組などの主題歌。 語源 ドイツ語 Thema と英語 song との合成語。

―パーク〈和製語〉特定のテーマをもとに設けた大規模なレジャー施設。 語源 ドイツ語 Thema と英語 park との合成語。

―ミュージック〈和製語〉映画・放送番組などの主題曲。 語源 ドイツ語 Thema と英語 music との合成語。

デーモン〈demon〉悪魔。鬼神。悪霊。

テーラー〈tailor〉紳士服専門の仕立屋。「―メード」

デーリー〈daily〉→デイリー

テール【°両】〈tael〉(「両」に対する英語での称) ①中国の重さの単位。約三七グラム。②中国の銀貨の旧単位。

テール〈tail〉①尾。しっぽ。「ポニーー」②(自動車などの)後部・後尾。

――エンド〈tail end〉競技などで最下位。びり。

――ライト〈taillight〉→テールランプ

――ランプ〈tail lamp〉電車・自動車などの後部に付けてある明かり。尾灯。テールライト。

て-おい【手負い】― 傷を受けること。また、傷を受けた人や動物。「ーの熊」

て-おくれ【手後れ・手遅れ】 処置すべき時機をのがして、解決・回復の見込みがなくなること。「病気がーになる」

で-おく・れる【出遅れる】(自下一) 出るのがおそくなる。物事を開始するのが遅れる。「就職活動にーー」

て-おけ【手△桶】― 手で持つための取っ手の付いているおけ。

て-おし【手押し】 機械や牛馬の力でなく人の手で押すこと。また、手で押すしかけになっているもの。「ー車」

て-おち【手落ち】 物事を進めるときの手続きややり方に欠点や不足があること。また、その欠点や不足。手ぬかり。

デオドラント〈deodorant〉防臭。臭い止め。防臭剤。

て-おどり【手踊〔り〕】― ①すわって、手ぶりだけでおどる踊り。②歌舞伎舞踊で、小道具を持たずに素手でおどる踊り。③大勢がそろって同じ手ぶりでおどる踊り。盆踊りなど。

て-おの【手△斧】― ①→ちょうな ②片手でもつ小型のおの。

て-おり【手織〔り〕】 機を使って、手で織ること。また、その織物。「ーの布」

でか《俗》刑事を意味する隠語。語源 明治時代、刑事の着用した「角袖」を逆に言って、その初めと終わりの音をとったもの。

デカ〈フランス déca〉単位の前に付けて、その一〇倍であることを表す語。記号 da「ーリットル」「ーメートル」

て-がい【手飼〔い〕】― 自分で、または自宅で動物を飼うこと。また、その動物。「ーの犬」

でか・い(形)《俗》大きい。でっかい。「態度がーー」

で-がいちょう【出開帳】― 《仏》寺院の本尊などを他の場所に持ち出して公開すること。春 ↔居開帳

て-かがみ【手鏡】 手に持って使う、柄のついた小さな鏡。

て-かがみ【手◇鑑】(「手」は文字、「鑑」は手本の意)古筆の鑑定・保存用に、代表的な古人の筆跡を集めてとじた本。

て-がかり【手掛〔か〕り・手懸〔か〕り】 ①よじ登ったりするときに手をかける所。②捜索や調査を進めるよりどころとなるもの。事態進展のきっかけ。「有力なーをつかむ」

で-かか・る【出掛〔か〕る】(自五) いまにも出ようとする。少し出始める。「月がーー」「言葉がのどまでーー」

て-かき【手書き】 文字を巧みに書く人。能筆家。

て-かぎ【手△鉤】 ①小形のとび口。②荷物や魚をひきあげるときに用いる、柄つきのかぎ。

て-がき【手書き】 印刷などではなく、手で書くこと。また、手で書いたもの。「ーの年賀状」

て-かけ【手掛け・手懸け】 ①(障子・いす・器具などの)持つために手をかける所。②《俗》(手にかけて愛する者の意から)めかけ。参考 ②は、「△妾」とも書く。

で-がけ【出掛け】 ①出かけようとする時。でしな。「ーに客があった」②出てすぐの途中。出たついで。「散歩のーに立ち寄る」

て-が・ける【手掛ける・手懸ける】(他下一) 直接自分の手でその事を処理する。「長年ーけた仕事」文 てが・く(下二)

で-か・ける【出掛ける】(自下一) ①出て行く。でむく。「買い物にーー」②出ようとする。「家をーけたところで夕立にあう」文 でか・く(下二)

て-かげん【手加減】 一 (名)手でにぎったりさわったりした感じで、分量や程度などのだいたいをはかること。「ーではかる」二 (名・自他スル) 物事を、相手やその場の状況に応じて適当に調節して取り扱うこと。手心。「ーを加える」参考 二は、きびしさの度合いを緩める場合に用いることが多い。

て-かご【手籠】 手にさげる小さなかご。

でかし-た【出◇来した】 →でかす②

て-かず【手数】 →てすう

でか・す【出◇来す】(他五)《俗》①できるようにする。作り出す。やらかす。「大失態をーー」②(「でかした」の形で)やってのける。うまくなしとげる。「よくぞーした」

て-かせ【手△枷】 ①罪人などの手にはめて動かせないようにする刑具。②(比喩として)行動の自由を束縛するもの。「肉親の情がー足枷となる」

で-かせぎ【出稼ぎ】(名・自スル) 一定期間、家や家族と離れて他の土地に行って働くこと。また、その人。「ーに行く」冬

て-がた【手形】 ①《商・経》手形法による約束手形と為替手形のこと。定まった金額を一定の日時と場所において支払うことを約束または委託する有価証券。「ー払い」②手に墨をぬって白紙に押しつけたもの。または、それを押した証拠文書。③昔、関所を通過するための証書。往来手形。

――とりひき【―取引】《商》為替手形・約束手形などによって売買取引を行うこと。

――わりびき【―割引】《経》「手形①」をその支払期日以前に現金にしようとするとき、銀行などがその記載金額から支払期日までの利子を差し引いた価格でその手形を買い取ること。

で-かた【出方】 ①物事への対処のしかた。態度。でよう。「相手のーをうかがう」②劇場や相撲茶屋などの興行場で、観客の案内その他の用にあたる男。

て-がた・い【手堅い】(形)(「て」は接頭語)①やり方が確実であぶなげない。地味にこつこつやるさま。「ー商売」②《経》相場に下落の気配がない。文 てがた・し(ク)

て-がたな【手刀】 てのひらの側面で物を切るようにする動作。「ーを切る(=相撲で勝ち力士が懸賞金を受けるときの動作)」

で-がたり【出語り】《演》歌舞伎で、浄瑠璃太夫と三味線弾きが舞台の席に出、姿を見せて演奏すること。

デカダン〈フランス décadent〉(名・形動ダ) 退廃的なさま。虚無的。また、退廃的な生活を送る人。「ーな生活」

デカダンス〈フランス décadence〉①一九世紀末、フランスを中心に起こった文芸・芸術上の一傾向。虚無的・耽美的で官能的刺激を追い求めた。ボードレール、ベルレーヌ、ランボーなどがその代表。退廃派。②退廃的・虚無的な生活態度。

てか-てか(副・形動ダ・自スル) つやつやと光るさま。「ー(と)した顔」

でか-でか(副)《俗》並はずれて大きく目立つさま。「自分の名をー(と)書く」語源 形容詞「でかい」の語幹を重ねた言い方。

て-がみ【手紙】 ①用件などを書いて他人に送る文書。書状。書簡。「ーを書く」「ーを出す」②(「はがき」に対して)封書。

類語 文・便り・玉梓・書簡・書状・消息・手翰・手書・信書・親書・懇書・封書・尊翰・芳翰・鳳声・寸紙・寸簡・寸牘・レター

敬称(相手側)	謙称(自分側)
お手紙　御書状　御懇書 貴書　貴信　貴簡　貴翰 貴札　尊書　尊翰　芳書 芳信　芳翰　芳墨　鳳声	寸書　寸簡　寸楮

デカメロン〈Decameron〉イタリアの作家ボッカチオの短編小説集。一三四八―一三五三年作。一〇人の男女がそれぞれ一日に一つずつ話をし、一〇日間で一〇〇の物語となったという形をとる。人間感情が自然のままに物語られ、特に好色的色彩が濃い。近代小説の先駆とされる。別名「十日物語」。

て-がら【手柄】 人からほめたたえられるようなすぐれた働き。「―を立てる」
類語 功・勲・成功・功績・勲功・偉功・殊勲・偉勲・巨歩

―がお【―顔】 自分のてがらを自慢するような得意げな顔つき。自慢顔。誇り顔。

て-がら【手◇絡】 日本髪のまげの根元に飾る色染めの布。

で-がらし【出△涸らし】 茶・コーヒーなどの、何度も入れて味や香りがうすくなったもの。「―のお茶」

てか・る（自五）ラ(ロ)・リ(ッ)・ル・ル・レ・レ《俗》てかてか光る。てかてかする。

て-がる【手軽】（形動ダ）ダロ・ダッ(デ・ニ)・ダ・ナ・ナラ・〇 手数のかからないさま。簡単なさま。「―な方法」文（ナリ）

て-がる・い【手軽い】（形）カロ・カッ(ク)・イ・イ・ケレ・〇 たやすい。手数がかからない。「―・くすます」文てがる・し（ク）

デカルト〈René Descartes〉（一五九六―一六五〇）フランスの哲学者・数学者。ベーコンとともに近代哲学の祖とされる。懐疑から出発して「我思う、ゆえに我あり」の命題に到達し、理性論を確立。また、解析幾何学を創始した。著書「方法序説」など。

て-がわり【手替〔わ〕り】 仕事をかわってすること。また、その人。交替。代人。

デカンタ〈decanter〉ワインなどを入れて食卓で用いるガラス製の瓶。デキャンタ。

てき【的】 教4 テキ まと
（字義）①まと。㋐弓のまと。「射的・標的」㋑めあて。目標。「金的・目的」②あたる。急所にふれる。「的中・的例・端的」③ただしい。たしか。「的確・的当」④あきらか。あざやか。「的然」
人名 あきら・いくは(姓)・まさ

-てき【的】（接尾）①（名詞に付いて）傾向・性質・状態を示す。㋐…についての。…に関する。「政治―」「科学―」㋑…のような。…の性質を有する。「病―」「現実―」「悲劇―」㋒…している。…の状態にある。「徹底―」「合法―」②英語の -tic の音訳字。「浪漫―」③（人名・職業名の一部に付いて）親しみや軽蔑を表す。「取り―（＝最下級の力士）」「泥―（＝泥棒）」

てき【迪】 人 テキ みち
（字義）①すすむ。②みち。道徳。③導く。「啓迪」人名 すすむ・ただ・ただし・ただす・ひら・ふみ

てき【荻】 人 テキ おぎ
（字義）①おぎ。イネ科の多年草。湿地に自生する葦に似た草。「荻花・荻蘆」②かわらははこ。キク科の多年草。

てき【笛】 教3 テキ ふえ
（字義）ふえ。竹のくだに穴をあけた、吹き鳴らす楽器。「笛声・汽笛・警笛・鼓笛」

てき【◇嫡】（字義）→ちゃく（嫡）

てき【摘】 テキ㊥ つむ㊥
（字義）①つまみだす。「摘出・指摘」②えらびとる。抜き出す。「摘記・摘要」③あばく。えぐりだす。「摘抉・摘発」

てき【滴】 テキ㊥ しずく㊥・したたる㊤
（字義）①したたる。水がしたたり落ちる。しずくとなって落ちる。「滴下・滴水」②したたり。しずく。「雨滴・水滴・点滴」

-てき【滴】（接尾）液体のしずくを数える語。「二、三―」

てき【適】 教5 テキ ゆく・かなう
（字義）①ゆく。おもむく。「適従」②かなう。㋐よい。ほどよい。「適温・適切・適当」㋑ふさわしい。あてはまる。「適応・適合・適役・適材適所」㋒あたる。「適中」③こころよい。気に入る。「快適」④たまたま。偶然。難読 適適 人名 あつ・あり・かのう・まさ・ゆき・より

てき【敵】 教6 テキ かたき㊥
（字義）①かたき。あだ。恨みをもち、害をなすもの。「敵意・敵愾心・怨敵・仇敵・宿敵・朝敵」②戦争や試合の相手。「敵軍・敵国・敵兵」③あたる。㋐つりあう。ひとしい。「匹敵」㋑てむかう。争う。対抗する。「敵手・敵対・不敵・無敵」
難読 敵娼 人名 とし

てき【敵】 ①争い・競争・試合などの相手。「―にうしろを見せる」「彼はもう僕の―ではない」↔味方 ②害をなす存在。「女性の―」「ぜいたくは―だ」

―は本能寺にあり 本当の敵は、いま戦っている相手ではなく、別にある。ほかに目的があるように見せかけておいて、真の目的をねらうたとえ。参考「敵本主義」の語源。【故事】明智光秀が中国地方の毛利勢を攻めると称して途中から進路を変え、「わが敵は本能寺にあり」と言って、京都本能寺に宿泊中の主君織田信長を討った事変からいう。

てき【擢】 人 テキ・タク ぬく・ぬきんでる
（字義）①ぬく。引き抜く。また、取り去る。「擢出」②抜きん出る。㋐選び出して用いる。「擢進・擢用・抜擢」㋑秀でる。「擢秀」㋒高くそびえる。

テキ（「ビフテキ」の略）→ビーフステーキ

でき【溺】 デキ㊥ おぼれる㊥
（字義）おぼれる。㋐水におぼれる。「溺死」㋑苦境におちいる。㋒ふける。物事に熱中する。「溺愛・耽溺」

でき【出来】 ①できること。また、できたもの。「今―の物」②できぐあい。できばえ。「―のよい生徒」③みのり。収穫。「米の―がよい」④取引所で、売買取引が成立すること。「―高」

でき-あい【溺愛】（名・他スル）やたらにかわいがること。「孫を―する」

でき-あい【出来合〔い〕】 すでにできていること。また、そのもの。既製。「―の服で間に合わせる」「―の総菜」↔誂え

でき-あ・う【出来合う】（自五）ワ(オ)・イ(ッ)・ウ・ウ・エ・エ よい仲になる。ひそかに情を通じる。

でき-あがり【出来上〔が〕り】 ①完成すること。作り終わったもの。「―寸法」②できばえ。できぐあい。「いい―だ」

でき-あが・る【出来上〔が〕る】（自五）ラ(ロ)・リ(ッ)・ル・ル・レ・レ ①すべて作り終わった状態になる。完成する。「作品が―」②《俗》酒にすっかり酔っていい機嫌の状態になる。
類語 仕上がる・成る・できる・完成する・成就する・竣工する・落成する

でき-あき【出来秋】 稲がよく実る秋のころ。実りの秋。秋

てき-い【敵意】 敵対して害を加えようとする心。「―をいだく」

テキーラ〈スペイン tequila〉リュウゼツランの茎の汁を発酵させて製した、アルコール分の強い蒸留酒。メキシコ特産。

てき-えい【敵影】 目で確認した敵の姿。敵がいる徴候。

てき-おう【適応】（名・自スル）①ある状況によく合うこと。また、合うように行動すること。「環境に―する」「―障害」②生物が環境に応じて、器官の構造や機能を変化させること。

—しょう【—症】シャウ 〘医〙特定の薬や治療法で治癒ちゆが期待できる病気。

—しょうがい【—障害】シャウガイ 〘医〙ストレスが原因となり、心身に何らかの症状が現れて社会生活に支障をきたした状態。

—せい【—性】ある条件や状況にうまく応じる性質や能力。「—に富む生物」

てき-おん【適温】ヲン ちょうどよい温度。

てき-か【滴下】(名・自他スル) 液体がしずくとなってしたたること。また、しずく状にしたたらせて落とすこと。てっか。

てき-か【摘果】クワ (名・自スル)〘農〙良質な果実を得るために、多くなりすぎた幼い果実を間引くこと。てっか。

てき-が【摘芽】(名・自スル)〘農〙果樹や作物のむだな芽を摘みとること。芽掻めかき。

てきがい-しん【敵▵愾心】敵に対して持つ怒りの気持ち。敵と戦おうとする心。「—を燃やす」

てき-かく【的確・適確】(名・形動ダ) まちがいなく確実なこと。本質をぴたりとついていること。また、そのさま。てっかく。⇒「使い分け」

> 使い分け「的確・適確」
> 「的確」は、的まとをはずれないで確かなことの意で、「的確な表現」「的確な判断」「的確な答え」「的確に把握する」など広く一般的に使われる。
> 「適確」は、法律の文章などで、よくあてはまって確かなことの意で、「適確な措置をとる」のように使われる。

てき-かく【適格】(名・形動ダ) 必要な資格を備えていること。きまった格式にかなうこと。また、そのさま。てっかく。「教育者として—な人」↔欠格

てき-がた【敵方】敵のほう。敵側に属する人。「—につく」

てき-かん【敵艦】敵の軍艦。

て-きき【手利き】腕前のすぐれていること。また、その人。腕きき。「—の職人」

てき-ぎ【適宜】(形動ダ・副) ①その場の状況にぴったり合っているさま。適当なさま。「—な処置をとる」②その時その場で各自が好きなようにするさま。「—時間をつぶす」

てき-ぎょう【適業】ゲフ その人の能力や性格に合った職業。

でき-ぐあい【出来具合】グアヒ でき上がりのようす。できばえ。

てき-ぐん【敵軍】敵の軍隊。敵の軍勢。↔友軍

てき-げん【適言】その場の状況にぴったり当てはまる言葉。

てき-ごう【適合】ガフ (名・自スル) ある条件や事情などに、うまく当てはまること。「条件に—する」「時代に—する」

てき-こく【敵国】戦争をしている相手の国。

でき-ごころ【出来心】その場でふと起こった悪い考え。「—で盗んでしまった」用法 悪いことをした言いわけなどに用いる。

でき-ごと【出来事】世間で起こるいろいろな事柄や事件。また、ふいに起こった事故や事件。「学校での—」

てき-さい【適才】その物事に適した才能。

てき-ざい【適材】その仕事に適した才能をもつ人物。「監督として—だ」

—てきしょ【—適所】人を、その性格や才能に適した地位や任務につけること。「—の人員配置」

てき-さく【適作】その土地に適した作物。

テキサス-ヒット〈*Texas leaguer's hit から〉野球で、弱い当たりのフライが、内野手と外野手との中間に落ちて安打となったもの。ぽてんヒット。テキサス。語源 アメリカの、テキサスリーグの選手がよく打ったことからという。

てき-し【敵視】(名・他スル) 敵とみなして憎むこと。「周囲を—する」

てき-じ【適時】ちょうどよい時。待ち望んでいたその時。

—だ【—打】タイムリーヒット。適時安打。

でき-し【溺死】(名・自スル) おぼれて死ぬこと。水死。

てき-しつ【敵失】おもに野球で、相手の守備の失策。

てきしゃ-せいぞん【適者生存】生存競争において、外界の状況や環境に適応した生物だけが生き残ること。

てき-しゅ【敵手】①競争相手。ライバル。「好—」②敵の手。敵の支配下。「—に落ちる」

てき-しゅう【敵襲】シフ 敵がおそってくること。「—に備える」

てき-じゅう【適従】(名・自スル) 頼って従うこと。

てき-しゅつ【摘出】(名・他スル) ①つまみ出すこと。②該当する部分をとり出すこと。「要点を—する」③悪事などをあばき出すこと。「不正を—する」④〘医〙患部や異物をえぐり出すこと。「ポリープを—する」参考 ③④は、「▵剔出」とも書く。

てき-しょ【適所】その人に適した地位や仕事。「適材—」

てき-しょう【敵将】シャウ 敵の大将・将軍。

てき-じょう【敵情・敵状】ジャウ 敵のようす。「—をさぐる」

てき-しょく【適職】その人の能力や性格に合った職業。

てき-しん【摘心・摘芯】(名・自スル)〘農〙実や花を大きくするため、果樹や草花の、茎や枝の先を摘み取ること。

てき-じん【敵陣】ヂン 敵の陣地。敵の陣営。敵営。

て-きず【手傷・手◇創・手▵疵】戦いで受けた傷。「—を負う」

テキスタイル〈textile〉織物。布地。繊維。「—デザイン」

テキスト〈text〉①教科書。教材として用いる本。テキストブック。②原典。底本。③講義などの概要書。

—ファイル〈text file〉〘情報〙文字データだけで構成された情報のひとまとまり。

—ブック〈textbook〉授業・講座などの教科書。

デキストリン〈dextrin〉〘化〙白または黄色の粉末で、デンプンを酵素・酸などで分解する途中に生じる炭水化物。水溶液は粘性が強いので、のりなどに用いる。糊精こせい。

てき・する【適する】(自サ変) シ(セ・サ)・シ・スル・スル・スレ・シロ(セヨ) ①対象や目的にぴったりと当てはまる。よく合う。「子供に—・した本」「山地に—・した農作物」②ある物事をするのにふさわしい資格・条件・能力などをそなえている。適性がある。「営業職に—・した人」文てき・す(サ変)

てき・する【敵する】(自サ変) シ(セ・サ)・シ・スル・スル・スレ・シロ(セヨ) ①敵どうしとして対立する。敵対する。「衆寡—・せず(=少人数では多人数にかなわない)」②つりあう。匹敵する。「彼に—選手はいない」文てき・す(サ変)

てき-せい【適正】(名・形動ダ) 適切で正しいこと。また、そのさま。「—な価格」

てき-せい【適性】ある事柄によく合った性質・素質。「指導者としての—に欠ける」

—けんさ【—検査】人がどのような方面に適した性質・素質をもっているかを調べる検査。「進学—」

てき-せい【敵性】敵と見なされる性質。戦争法規の範囲内で、交戦国が攻撃・破壊などの加害行為を行ってもよいと認められる性質。「—国家」

てき-せい【敵勢】①敵の勢い。②敵の軍勢。てきぜい。

てき-せつ【適切】(名・形動ダ) ちょうどよく当てはまること。その場にふさわしいこと。また、そのさま。「—な助言」

てき-ぜん【敵前】敵の前。敵の陣地の前。「—上陸」

でき-そこな・い【出来損〔な〕い】ソコナヒ ①でき上がりが完全でないもの。不出来。「―の服」②性質や能力が劣っている人をののしっていう語。「あいつは―だ」

てき-たい【敵対】(名・自スル) 敵として、また敵意をもって対抗すること。はむかうこと。「両国は―関係にある」

でき-だか【出来高】①でき上がった総量。「―払い(=できあがった仕事量に応じて賃金を払うこと)」②農作物の収穫の総量。「米の―」③《経》取引市場で、売買取引の成立した総量。「―のランキング」

でき-たて【出来立て】でき上がったばかりのこと。また、そのもの。「―のほやほや」

てき-だん【敵弾】敵の発射する弾丸。

てきだん-とう【△擲弾筒】小型で筒形の歩兵用火器。手榴弾(てりゅうだん)や信号弾などを発射するために用いる。

てき-ち【適地】その事やその物に適した土地。「―栽培」

てき-ち【敵地】敵国の土地。敵の勢力内の土地。

てき-ちゅう【的中】(名・自スル) ①的(まと)に当たること。命中。②予想などがうまく当たること。「占いが―する」参考 ②は「適中」とも書く。

てき-ちゅう【敵中】敵のなか。「―突破」

てき-てい【滴定】《化》容量分析で、試料溶液に、これと反応する既知の濃度の試薬をビュレットを用いて滴下し、反応に要した試薬量から計算により試料溶液の濃度を知ること。

てき-てき【滴滴】(ト・タル) しずくがしたたり落ちるさま。ぽたぽた。「―たるしずく」文(形動タリ)

てき-ど【適度】(名・形動ダ) 適当な程度。ほどよいこと。また、そのさま。「―の運動」

てき-とう【適当】タウ ━ (名・形動ダ・自スル) ある状態・性質・要求などに、ほどよく当てはまること。ふさわしいこと。また、そのさま。「―な大きさ」「不―」「―する答えをさがす」━ (名・形動ダ) 悪くはない程度にその場をしのいで事をすますこと。また、そのさま。いい加減。「―にあしらう」

類語 適切・適正・好適・最適・適度・適格・手頃(てごろ)・似合い・頃合(ころあ)い・程々・好(い)い加減・ぴったり

てき-にん【適任】(名・形動ダ) その任務によく適しているさま。また、その人の才能・性質に適した任務。「―者」

てき-はい【敵背】敵の背後。敵のうしろ。

でき-ばえ【出来映え・出来栄え】でき上がったようす。出来具合。「すばらしい―だ」

てき-ぱき(副・自スル) 物事を手ぎわよく処理するさま。「仕事を―(と)片づける」

てき-はつ【摘発】(名・他スル) 悪事などをあばき、社会に公表すること。「脱税を―する」

てき-ひ【適否】適するか適さないか。向き不向き。適不適。「―を判断する」

て-きびし・い【手厳しい】(形) カロ・カッ(ク)・イ・イ・ケレ・○ 批評・要求・指導などが、手かげんなしできわめてきびしいさま。「―指摘を受ける」↔手緩(てぬる)い 文てきび・し(シク)

てき-ひょう【適評】ヒヤウ 適切な批評。ふさわしい批評。

でき-ぶつ【出来物】才能や人格のすぐれた人。りっぱな人。

てき-ふてき【適不適】適するか適さないか。適否。

でき-ふでき【出来不出来】できばえのよいことと悪いこと。できばえのよしあし。「作品に―がある」

てき-へい【敵兵】敵軍の兵隊。敵の兵士。

てき-ほう【適法】ハフ (名・形動ダ) 法にかなっていること。また、そのさま。合法。「―行為」↔違法

でき-ぼし【出来星】急に出世したり金持ちになったりすること。また、その人。成り上がり。成金。

でき-ぼつ【溺没】(名・自スル) おぼれて死ぬこと。

てきほん-しゅぎ【敵本主義】目的は他にあるように見せかけておいて、急に方向を変えて本来の目標をねらうようなやり方。語源「敵は本能寺(ほんのうじ)にあり」から出た語。

てき-めん【△覿面】(名・形動ダ) 即座に効果や報いの現れること。また、そのさま。「効果が―に出る」「天罰―(=悪事の報いがすぐ現れること)」

でき-もの【出来物】皮膚が炎症などによりふくれ上がったりうみをもったりしたもの。吹き出物。腫(は)れ物。おでき。

てき-やく【適役】その役に適していること。また、その人に適した役。はまり役。「議長には彼が―だ」

てき-や【的屋】香具師(やし)。「―の口上」

てき-やく【適薬】その病気をなおすのに適した薬。

てき-やく【適訳】原語・原文によく当てはまった訳語・訳文。

てき-よう【適用】(名・他スル) 法律・規則・方法などを当てはめて用いること。「少年法の―を受ける」

てき-よう【摘要】エウ 要点を抜き出して書くこと。また、その書いたもの。「講義の―」

てき-りょう【適量】リヤウ ちょうどよい分量。

で-き・る【出切る】(自五) ラ(ロ)・リ(ッ)・ル・ル・レ・レ すっかり出てしまう。出つくす。「意見が―」他だしき・る(五)

で・きる【出来る】(自上一) キ・キ・キル・キル・キレ・キロ(キヨ) 《中心義―自然の成り行きにしたがってある事物や事態が現れる》①作られる。製造される。生産される。「米が―」「木で―・きたおもちゃ」②仕上がる。完成する。「したくが―」③生じる。発生する。「用事が―」「子供が―」④可能である。なしうる。「私にも―」「よく理解―」⑤すぐれた能力がある。「勉強の―子」⑥修養を積んでいる。人柄が円満である。「よく―・きた人物」⑦《俗》恋人として深い関係になる。ひそかに結ばれる。「あの二人は―・きている」参考「家ができる」「宿題ができる」など、「できる」の対象となる格は、「が」で表すのが一般的であったが、「治療をできる」「同じことをできる人は少ない」のように「を」で表す例も見られるようになってきた。文で・く(上二)

―だけ 力の及ぶ限り。可能な限り。「―のことはした」

てき-るい【敵塁】敵陣のとりで。

て-ぎれ【手切れ】①今までのたがいの関係を絶つこと。縁を切ること。「―話」②「手切れ金」の略。

―きん【―金】縁を切るとき相手に渡すお金。

で-ぎれ【出切れ】裁(た)ち余りの布。裁ちくず。

てき-れい【適例】よく当てはまる例。適切な例。「―を示す」

てき-れい【適齢】その規定や条件に当てはまる年齢。「結婚―期(=結婚するのにちょうどよいと思われる年ごろ)」

て-ぎれい【手奇麗・手△綺麗】(形動ダ) ダロ・ダッ(デ・ニ)・ダ・ナ・ナラ・○ 手ぎわよくきれいに仕上げるさま。「―な仕事ぶり」文(ナリ)

でき-レース【出来レース】《俗》前もって示し合わせて結果が決められている、形だけの勝負や競争。

てき-ろく【摘録】(名・他スル) 要点をかいつまんで抜き書きすること。また、その記録。「講演内容を―する」

て-ぎわ【手際】ギハ ①物事を処理する方法やうでまえ。手並み。「仕事の―がよい」②仕上がり。できばえ。「すばらしい―だ」

で-ぎわ【出際】ギハ 外に出ようとするおり。でしな。でがけ。

て-きん【手金】→てつけきん

てく《俗》(「てくてく歩き」の略) 徒歩で行くこと。

テク「テクノロジー」の略。「ハイ―」

でく【×木偶】①木彫りの人形。②操り人形。転じて、役に立たない人をののしっていう語。でくのぼう。

てーぐし【手△櫛】櫛の代わりに手の指を使って髪をとかすこと。「—で髪を整える」

テクシー《俗》てくてくと歩いて行くこと。徒歩。語源「てくてく歩く」の「てく」を「タクシー」に掛けたしゃれ。

てぐす【×天蚕糸】(「天蚕糸(てぐすいと)」の略)ヤママユ(=蛾(が)の一種)の幼虫の絹糸腺(けんしせん)から作った白色透明の細い糸。釣り糸などに用いる。てんさんし。現在は、類似の合成繊維製のものにもいう。

てぐすね-ひ・く【手ぐすね引く】十分用意をして待ち構える。「—・いて待つ」

語源「くすね(薬煉)」は粘着力が強い松脂(まつやに)を油で煮て練り混ぜたもので、弓の弦(つる)などに塗りこめて補強するのに用いる。戦いの前に「くすね」を手に取り、弓の弦や自分の手にも引いて(塗って)敵を待ち構えたことから、何事に関しても十分に用意をして待ち構える、という意が生まれた。

てーくせ【手癖】手の癖。特に、盗みをする癖。

—が悪(わる)い 人のものを盗む癖がある。転じて、女癖が悪い。

でーぐせ【出癖】外出する癖。やたらに外出したがる性質。

てーくだ【手管】人を巧みにだます手ぎわ。人の心を操る技術。「手練(てれん)—」

てーぐち【手口】①犯行のやりかた。「盗みの—」②《経》株式で、売買した銘柄・数量。また売り手と買い手。「—情報」

でーぐち【出口】外へ出る口。↔入り口

—ちょうさ【—調査】テウサ 報道機関が、選挙結果の予測のために、投票所の出口で、投票をすませた選挙人に、どの政党・候補に投票したかを質問して行う調査。

てく-てく(副)歩き続けるさま。「遠くまで—(と)行く」

テクニカラー〈Technicolor〉《映》カラー映画の一方式。三原色プリント法を使い、色彩の鮮明さが特長。(商標名)

テクニカル〈technical〉(形動ダ)ダロ・ダッ(デ・ニ)・ダ・ナ・ナラ・○ 技術的。学術的。専門的。

—ターム〈technical term〉術語。専門用語。

—ノックアウト〈technical knockout〉ボクシングなどで、両者の技量に大差がある場合や負傷により競技続行が危険な場合などに、試合を中止してレフェリーが勝敗を決めること。TKO

テクニシャン〈technician〉技巧にすぐれた人。技巧派。

テクニック〈technique〉技術。技巧。「すぐれた—」

テクノクラート〈technocrat〉技術者・科学者出身の行政官・官僚。技術官僚。テクノクラット。

でく-の-ぼう【×木偶の坊】バウ ①操り人形。でく。②役に立たない人、気のきかない人をののしっていう語。でく。

テクノポリス〈和製英語〉高度技術集積都市。先端技術の学術研究機関を中核に、関連産業を集めた地方都市をつくろうとする構想によるもの。

テクノロジー〈technology〉科学技術。広く人間生活に必要なものを供給する科学的方法のすべてをさす。

てーくばり【手配り】(名・自スル)人を各方面に配して準備すること。てはい。

てーくび【手首】腕とてのひらのつながっている部分。うでくび。

てーくらがり【手暗がり】自分の手で光がさえぎられて手もとが暗くなること。また、その位置。「—になる」

てーぐり【手繰り】①糸などを手でくること。たぐり。②一人の手から他の人へ順ぐりに渡すこと。③仕事をくり合わせること。都合。④「手繰り網」の略。

—あみ【手繰〔り〕網】引き網の一種。二隻の船で引き網を引き、海底の魚類を囲んで捕らえるもの。

てく・る(自五)ラ(ロ)・リ(ッ)・ル・ル・レ・レ《俗》てくてく歩く。語源「てくてく」の「てく」を動詞化した語。

てーぐるま【手車】①子供の遊戯。二人が両手を差しちがえに組み合わせ、その上に人をのせるもの。②人の手で動かす車。特に、土砂を運ぶ手押しの一輪車。猫車。③→れんしゃ

デクレッシェンド〈イタリア decrescendo〉《音》楽曲の強弱の変化を示す語。だんだん弱く発声・演奏せよの意。decresc.または＞の記号で示す。↔クレッシェンド

でーくわ・す【出△交わす・出△喰わす・出◦会す】クハス(自五)サ(ソ)・シ・ス・ス・セ・セ ばったり出会う。偶然に行き会う。でっくわす。「知人に—」「災難に—」

でーげいこ【出稽古】(名・自スル)①芸事などで、師匠が弟子の家などに行って教えること。出教授。②力士がよその部屋へ出向いてけいこをつけてもらうこと。

てーこ【△梃子・△梃】支点を軸として自由に回転できるようにした棒。小さい力を大きい力に変える。槓桿(こうかん)。レバー。「—の原理」

—でも動(うご)かない ①どんな手段を用いても動かない。②いくら説得しても決心や考えを変えない。「一度決めたら—」

でこ【◦凸】①ひたい。特に、突き出たひたい。おでこ。②出っぱっていること。突き出ているもの。

てこ-いれ【△梃入れ】(名・自スル)①《経》相場の下落を人為的にくいとめること。②不調の状態を打開し、全体が順調に運ぶように外部から援助すること。「景気の—」

てーごころ【手心】事情に応じて適当に扱うこと。ほどよく加減をすること。手加減。「—を加える」

でーこさく【出小作】他村に行って小作をすること。また、その農民。

てこず・る【×手古△摺る】(自五)ラ(ロ)・リ(ッ)・ル・ル・レ・レ 扱いが面倒で、もて余す。処置に困る。「事件の解決に—」「子供に—」

てーごたえ【手応え】ゴタヘ ①打ったり突いたり切ったりしたとき、手に受ける感じ。「確かな—がある」②働きかけたことに対する相手の反応。張り合い。「—のない人」

でこ-でこ(副)①大きくもり上がったさま。②見苦しく飾りたてるさま。ごてごて。

てーごと【手事】《音》箏曲(そうきょく)や地唄(じうた)で、歌詞のない器楽だけの間奏の部分。

でこ-ぼう【◦凸坊】バウ ①おでこや頭の大きい子供。②いたずら盛りの男の子をふざけて呼ぶ語。

でこ-ぼこ【凸凹】(名・自スル・形動ダ)①物の表面に高低があって平らでないこと。また、そのさま。「—道」②ふぞろいで平均していないこと。また、そのさま。参考 常用漢字表付表の語。

てーごま【手駒】①将棋で、手持ちのこま。もちごま。②意のままになる手下・部下。

てーごめ【手込め・手◦籠め】暴力をふるって危害を加えること。特に、暴力で女性をおかすこと。強姦(ごうかん)。

てこ-まい【手古舞】マヒ (江戸時代から)祭礼で、山車(だし)やみこしの前駆として男装の芸妓(げいぎ)が舞った舞。鉄棒と黒骨の扇とを持ち、木遣(きや)りを歌いながら練り歩くもの。また、その女性。

デコラ〈Decola〉合成樹脂で加工した化粧板。テーブル・パネルなど家具の材料。(商標名)

デコルテ〈フランス décolleté〉①首から胸元にかけての部分。②襟ぐりが大きくあいていること。また、襟ぐりの大きな女性用のイブニングドレス。ローブデコルテ。

デコレーション〈decoration〉飾り。装飾。

—ケーキ〈和製英語〉スポンジケーキを台にして、クリーム・チョコレート・果実などで飾った大型のケーキ。クリスマス・誕生日

などに供される。参考 英語では decorated cake という。

て-ごろ【手頃】(名・形動ダ) ①大きさ・重さが手に持つのにちょうどいいこと。また、そのさま。「―な石」②当人の能力・要求などにちょうど合っていること。また、そのさま。「―な値段」

て-ごわ・い【手。強い】ゴハイ (形) カロ・カッ(ク)・イ・イ・ケレ・○ 相手にして手に余る。強くてなかなか勝てない。「―相手」文てごは・し(ク)

テコンドー〈朝鮮 跆拳道〉韓国で生まれた格技。空手に似るが、防具を着け、蹴り技を中心とする。

デザート〈dessert〉食後に出す菓子・果物など。

―コース〈和製英語〉正式の洋食で、デザートの出る過程。

て-ざいく【手細工】①手先でする細工。②しろうとの細工。

デザイナー〈designer〉デザインを考案することを職業とする人。「インテリアー」「服飾ー」

デザイン〈design〉(名・他スル) 建築・工業製品・商業美術・装飾などの分野で、意匠・図案。また、それを考案すること。「都市ー」「グラフィックー」「シンプルなー」

で-さかり【出盛り】①季節の作物がたくさん出回ること。また、その時期。②人がおおぜい出ること。また、その時期。

で-さか・る【出盛る】(自五) ラ(ロ)・リ(ッ)・ル・ル・レ・レ ①季節の野菜・果物などがたくさん出回る。②見物人などがおおぜい出る。

て-さき【手先】①手の先。指先。また、その使い方。「―が器用だ」②人に使われる者。手下。「―となって働く」

で-さき【出先】①外出先。出張先。②「出先機関」の略。

―きかん【―機関】キクワン 政府・中央官庁・会社などが地方や外国に設けた支部・出張所などの機関。

て-ぎょう【手作業】サゲフ 機械を使わずに手を使って行う作業。

て-さぐり【手探り】(名・自他スル) ①目で見ないで、手先の感覚をたよりに物や進路をさぐること。「―で進む」②見通しや手がかりのないまま、ようすをさぐりながら物事を進めること。

て-さげ【手提げ】手にさげて持つ袋・かばんなど。「―袋」

―きんこ【―金庫】手にさげて持ち運べる小型の金庫。

て-さばき【手△捌き】手で物を扱い処理すること。また、そのやり方や手つき。「あざやかなーでカードをあやつる」

テザリング〈tethering〉《情報》携帯電話などを介して、他のコンピューター機器をインターネットに接続すること。

て-ざわり【手触り】ザハリ 手に触れた感じ。「―がやわらかい」

で-し【弟子】師から教えを受ける人。↔師匠

類語 門弟・門人・門下生・教え子・愛弟子(まなでし)・直弟子(じきでし)・内弟子・相弟子・兄弟弟子・兄弟子・弟弟子・又弟子・孫弟子・高弟・高足

デシ〈フランス déci〉単位の前に付けて、その一〇分の一であることを表す語。記号 d 「―リットル」

でし-いり【弟子入り】(名・自スル) 弟子になること。入門。

て-しお【手塩】シホ ①好みで適当に用いるように各人の食膳(しょくぜん)に備えた小量の塩。②「手塩皿(てしおざら)」の略。

―に掛(か)ける 自分で世話をしてたいせつに育てる。

語源 「手塩」は、古くは膳(ぜん)の不浄を払うものとして置かれた塩で、のちに自分の好みに応じて料理の味付けを調整する塩をいう。「手塩に掛ける」は手塩を用いること、つまり自分の手で直接世話をすることから、さらに、自分でたいせつに育てるという意になった。

―ざら【―皿】手塩や香の物などを盛る小皿。おてしょ。

で-しお【出潮】シホ 月の出とともに満ちてくる潮。いで潮。さし潮。↔入り潮

デシグラム〈フランス décigramme〉質量の単位。グラムの一〇分の一。記号 dg

て-しごと【手仕事】手先でする仕事。手職。手細工。

て-した【手下】ある人の支配下で、命令のままに行動する者。

類語 手先・子分・部下・配下・家来・手の者

デジタル〈digital〉ある連続する量やデータなどを整数などの数値で段階的に表現する方式。特に、コンピューターで扱うためにデータを二進数で表すこと。ディジタル。↔アナログ

―カメラ〈digital camera〉フィルムを用いず、光をデジタル信号に変換して画像を生成し記録するカメラ。デジカメ。

―デバイド〈digital divide〉インターネット等の情報通信技術の恩恵を受けられる人と受けられない人の間に生じる格差。情報格差。デジタルディバイド。

―どけい【―時計】針でなく、数字で時刻を示す時計。

―ほうそう【―放送】ハウソウ 画像・音声情報などを、デジタル信号にして送信する放送システム。

て-じな【手品】巧妙な仕掛けと手さばきで人の注意をそらし、不思議なことをして見せる芸。奇術。「―の種」

デシベル〈decibel〉音や振動などの強さの単位。物理的な量を、基準値との比の対数を用いて表す。記号 dB

て-じまい【手仕舞〔い〕】ジマヒ 《経》必要な転売・買い戻しなどの処置を済ませ、信用取引の取引関係を完了させること。

て-じめ【手締〔め〕】物事の成立や成就を祝って、関係者が掛け声とともに拍子を合わせて手を打つこと。手打ち。

デシメートル〈フランス décimètre〉長さの単位。メートルの一〇分の一。記号 dm

て-じゃく【手酌】自分で酌をして酒を飲むこと。独酌。

で-しゃばり【出しゃばり】(名・形動ダ) 出しゃばること。また、その人。「あのーめ」

で-しゃば・る【出しゃばる】(自五) ラ(ロ)・リ(ッ)・ル・ル・レ・レ 自分に関係のないことに口を出したり、出なくてもいいところへ出たりする。「なにかというとすぐー」

デジャ-ビュ〈フランス déjà vu〉一度も経験したことがないのに、かつてどこかで経験したように感じること。既視感。デジャブ。

て-じゅん【手順】物事をする順序。段取り。「―を踏む」

て-じょう【手性】シャウ 手先の仕事の上手、下手。字の巧拙。「―がいい」

て-じょう【手錠】ヂヤウ 罪人などの手首にはめて腕の自由を奪う、錠のついた金属製・革製の輪。「―をかける」

でしょ-う デセ 「だろう」の丁寧な言い方。語源 丁寧な断定を表す助動詞「です」の未然形「でしょ」＋推量の助動詞「う」⇩だろう

て-しょく【手△燭】持ち歩くための柄をつけた小さな燭台。てじょく。

て-しょく【手職】手先の技術でする仕事。また、その技術。

で-しょく【出職】求めに応じて外に出かけて仕事をする職業。鳶(とび)職、左官、庭師など。↔居職(いじょく)

デシリットル〈フランス décilitre〉容積の単位。リットルの一〇分の一。記号 dl

で-じろ【出城】本城のほかに、要害の地に設けた小規模の城。↔根城(ねじろ)

デシン(「クレープデシン(フランス crêpe de Chine のなまり)」の略) 薄くやわらかなちりめん風の絹織物。婦人の洋服生地用。

です(助動-特殊型) デシヨ・デシ・デス・(デス)・○・○ 丁寧な断定の意を表す。「ここは学校ーよ」「今晩は寒いーね」参考 形容詞の丁寧形は連用形に「ございます」を付けた「高うございます」の形が用いられたが、現在は「高いです」の形も用いられる。用法 名詞および助詞(の・ほど・から・など・まで・だけ・くらい・ばかり、など)に付く。未然形「でしょ」に限り、動詞・形容詞・動詞型の助動詞・形容詞型の

助動詞・特殊型の助動詞(ます・た・ぬ)の連体形に付く。連体形「です」は、ふつう助詞「ので」「のに」を伴い、「ですので」「ですのに」となる場合にだけ用いられる。
【変遷】「でござります」→「でござんす」→「であんす」→「でんす」→「でえす」→「です」と変化したとする説、「にてさうらふ」→「でさうらふ」→「でさう」→「でそう」→「です」と転じたとする説など諸説ある。動詞の終止形につく「〜するです」などの形は、古い言い方や方言で用いられるが、現在の共通語では避けられ、「行くです」は「行きます」という。

でず-いらず【出ず入らず】出入り・増減のないこと。過不足がなくちょうどよいこと。損得のないこと。「―の状態」

でず-いり【°手数入り】(「手数」はわざの意)相撲で、横綱の土俵入りのこと。参考 不知火(しらぬい)型(攻めの型)と雲竜(うんりゅう)型(防ぎの型)とがある。

て-すう【手数】①仕事に要する、労力・時間。てかず。「―を省く」②てまのかかること。てかず。「お―をかけました」

―りょう【―料】(レウ) 手数をかけた行為に対する謝礼として支払う金銭。

て-ずから【手ずから】(ヅ)(副) 自分の手で。自分で。「―苗木をお植えになる」

て-すき【手透き・手隙】格別これといった仕事もなくひまなこと。手があくこと。ひま。「―の者を集める」

て-すき【手°漉き】手で紙をすくこと。また、その紙。

で-すぎ【出過ぎ】出過ぎること。

で-ずき【出好き】(名・形動ダ) 外出が好きなこと。また、その人。

で-す・ぎる【出過ぎる】(自上一) ギギ・ギル・ギレ・ギロ(ギヨ) ①適当な、あるいは決まった程度や限度を超えて出る。余分に出る。「スピードが―」②さしでがましいことを言ったりしたりする。出しゃばる。「―・ぎたまねをする」文です・ぐ(上二)

デスク〈desk〉①机。特に、事務用の机。②新聞社・雑誌社・放送局などの編集責任者。

―トップ〈desktop〉①机上用。特に、卓上で使用するパソコンなどの機器。「―型パソコン」②〘情報〙コンピューターを起動したときに現れる基本画面。

―ワーク〈desk work〉机に向かってする仕事。事務・文筆活動など。

て-すさび【手°遊び】時間つぶしの簡単な作業。手なぐさみ。てずさみ。「―の家庭菜園」

て-すじ【手筋】(スヂ) ①てのひらのすじ。手相。②書画・芸事などの天分・素質。「―がいい」③囲碁・将棋などの、ある局面での決まった手の打ち方。「―を読む」④〘経〙売手・買手の種類。

テスター〈tester〉〘物〙電気機器・電気回路の電圧・電流・抵抗などを測定する小型の計器。

で-ずっぱり【出ずっぱり】(ヅツパリ) 〘俗〙芝居などで、一人の俳優がすべての劇または場面に出演していること。転じて、ある期間ずっと外出していたり、その場に出続けたりすること。

テスト〈test〉(名・他スル) ①試験。検査。「期末―」②(本番に対して)前もって試みに行うこと。「―飛行」

―ケース〈test case〉①先例となるような試験的な試み。試験台。②判例として残る訴訟事件。

―パイロット〈test pilot〉試験飛行をする操縦士。

―パターン〈test pattern〉テレビの受像機の調整や性能の測定のために放送される図形。

デスペレート〈desperate〉(形動ダ) ダロ・ダッ(デ・ニ)・ダ・ナ・ナラ・〇 自暴自棄のさま。やぶれかぶれ。絶望的。

て-ずま【手妻】(ヅマ) 「てづま」と書くのが本則。→てづま

デス-マスク〈death mask〉死者の顔から型をとって、石膏(せっこう)などで作った仮面。死面。

デス-マッチ〈和製英語〉格闘技で、一方が戦えなくなるまで行う勝負。また、勝負がつくまで戦い続ける試合。死闘。

て-すり【手°摺[り]】橋・階段などで、つかまったり転落を防止したりするために、腰ぐらいの高さに設けた横木。欄干(らんかん)。

て-ずり【手刷り】(名・他スル) ①刷毛(はけ)と馬楝(ばれん)を用いて木版を一枚一枚刷ること。また、その印刷物。②印刷機械を手で動かして刷ること。また、その印刷物。

て-ずれ【手擦れ】手で何度もさわったために、表面がすれていたむこと。また、そのいたんだ所。「―のした本」

て-せい【手製】自分の手で作ること。また、そのもの。手作り。「―のクッキー」

て-ぜい【手勢】その人が直接率いる軍勢。

デセール〈フランス dessert〉①デザート。②フランス菓子の一種。やわらかく焼いたビスケットの類。

て-ぜま【手狭】(名・形動ダ) その場所が、使うのにせまいこと。また、そのさま。「―な部屋」「家が―になる」

で-せん【出銭】支出される金銭。出費。

て-そう【手相】(サウ) 人の運勢を表しているという、てのひらのすじなどのようす。「―を見る」

で-ぞめ【出初[め]】①初めて出ること。特に、新年に初めて出ること。②「出初式(でぞめしき)」の略。

―しき【出初式】正月に消防士などが出そろって、消火演習や消火に関係あるはしご乗りの型などを行う儀式。新年

で-そろ・う【出°揃う】(ソロフ) (自五) ワ(オ)・イ(ッ)・ウ・ウ・エ・エ その場に出るはずのものが残らず出る。「役者が全員―」

て-だい【手代】①昔、商家で番頭の下、丁稚(でっち)の上の使用人。②主人の代理。支配人の代理。③江戸時代、代官・郡代に属した下級役人。

て-だし【手出し】(名・自スル) ①自分のほうから先にけんかなどをしかけること。②はたから不必要な世話をやくこと。かまうこと。「余計な―をするな」③ある事柄に自分からかかわること。「株に―をして失敗する」

で-だし【出出し】物事の最初。すべり出し。「好調な―」

て-だすけ【手助け】(名・他スル) 人の仕事を手伝うこと。また、その人。「父の店を―する」

て-だて【手立て・手°段】とるべき方法・手段。方策。術(すべ)。「―を講じる」「―がない」

で-たて【出立て】出たばかりであること。また、そのもの。「学校を―の新人」

でたとこ-しょうぶ【出た°所勝負】(ばくちで、出たさいころの目で勝負を決めることから)前もって計画や見通しを立てず、その場の状態・なりゆきで事を決めること。行き当たりばったり。「こうなったら―だ」

て-だま【手玉】①手首などにつけて飾る玉。②→おてだま①

―に取(と)る 人を思うままにあやつる。もてあそぶ。

でたら-め【×出鱈目】(名・形動ダ) いいかげんですじの通らないこと。言動が出まかせであること。また、そのさま。「―を言う」

て-だれ【手足れ・手°練】技芸・武術などに熟練してすぐれていること。てきき。てだり。語源「手足(だり)」の転。

デタント〈フランス détente〉対立する二国間の緊張緩和。

て-ぢか【手近】(名・形動ダ) ①手の届くほどすぐそばにあること。また、そのさま。「―に辞書を置く」②身近で、日常的なこと。また、そのさま。「―な例」

て-ちがい【手違い】(チガヒ) 手順・手続きをまちがえること。ゆきちがい。「―で連絡が遅れる」

て-ちょう【手帳・手△帖】チャウ・テフ 予定やメモなどを記す小さな帳面。「警察ー」「ーに書きとめる」

てつ【迭】テツ㊥ かわる・かわるがわる （字義）かわる。かわりあう。「迭起・交迭・更迭」

てつ【姪】人 テツ めい （字義）①めい。兄弟の娘。②おい。兄弟の息子。③兄弟姉妹の子の総称。「姪孫」

てつ【哲】テツ㊥ （字義）①物事の道理に通じていること。道理を明らかにすること。「哲学・哲理・明哲」②見識が高く道理をきわめていること。また、その人。「哲人・賢哲・聖哲・先哲」③「哲学」の略。「印哲・西哲・中哲」 人名 あき・あきら・さと・さとし・さとる・のり・よし

てつ【鉄】教3**【鐵】**テツ くろがね （字義）①金属の一つ。くろがね。「鉄筋・鉄鉱・鉄骨・鋼鉄・砂鉄・製鉄」②武器。刃物。「寸鉄」③かたくて動かない。「鉄則・鉄壁」④「鉄道」の略。「私鉄・電鉄」 難読 鉄漿(おはぐろ)・鉄(かね)・鉄沓(かなぐつ)・鉄敷(かなしき)・鉄渋(かなしぶ)・鉄梃(かなてこ)・鉄床(かなとこ)・鉄輪(かなわ)・鉄刀木(たがやさん)・鉄葉(ブリキ) 人名 かね・きみ・とし・まがね

てつ【鉄】①〔化〕金属元素の一つ。硬くて延性・展性に富み、用途は広い。元素記号 Fe ②非常にかたくて、おかしがたいことのたとえ。「ーの意志」「ーのカーテン」

ーは熱(あつ)いうちに打(う)て （鉄は熱してやわらかいうちに鍛えることから）人は若いうちに鍛練すべきである。また、物事を行うべき時機を逃してはいけない。

てつ【徹】テツ㊥ とおる （字義）①とおる。とおす。つらぬきとおす。「徹底・一徹・貫徹・透徹・徹頭徹尾」②夜どおし。「徹宵・徹夜」③取り去る。取り払う。＝撤。「徹回・徹兵」 人名 あきら・いたる・おさむ・とお・ひとし・みち・ゆき

てつ【撤】テツ㊥ すてる （字義）①すてる。やめる。取りのぞく。「撤回・撤去・撤廃」②ひきあげる。「撤退・撤兵」

てつ【△轍】①車輪が通った跡。わだち。②〔比喩(ひゆ)的に〕先人の行ったあと。先例。

ーを踏(ふ)む 前の人の失敗をそのまくり返すたとえ。

てつ-あれい【鉄亜鈴】鉄製の亜鈴。腕の筋肉などをきたえるための運動用具。

てつ-あん【鉄案】動かすことのできない決定した案。確固とした意見。断案。

て-ついで【手。序で】他の仕事のついで。

てつ-いろ【鉄色】赤みまたは緑色を帯びた黒色。

てつ-おなんど【鉄。御納戸】ねずみ色を帯びたあい色。

てっ-か【鉄火】クワ 一（名）①真っ赤に焼いた鉄。焼き金。②「鉄火巻き」の略。③「鉄火丼(てっかどんぶり)」の略。④（「鉄火打ち」の略）ばくち打ち。⑤刀剣と鉄砲。二（名・形動ダ）（女性が）気性が激しく威勢がよいこと。また、そのさま。「ーな姐御(あねご)」

ーどんぶり【ー丼】すし飯の上にマグロのうすい切り身を並べ、焼きのりとワサビを添えた丼飯。鉄火。鉄火どん。

ーば【ー場】ばくちを打つ場所。賭場(とば)。

ーまき【ー巻(き)】マグロを芯(しん)にしたのり巻き。鉄火。

ーみそ【ー味△噌】炒(い)り豆・刻みごぼうなどをまぜて、油でいためたなめみそ。

てっ-かい【撤回】クワイ （名・他スル）一度提出・公示などしたものを取り消すこと。ひっこめること。「命令をーする」

でっか・い（形）カロ・カッ(ク)・イ・イ・ケレ・〇（俗）「でかい」を強めていう語。

てっ-かく【的確・適確】テキ （名・形動ダ）→てきかく（的確）

てっ-かく【適格】テキ （名・形動ダ）→てきかく（適格）

てつ-がく【哲学】①世界・人生・事物の究極のあり方や根本原理を理性によって探究する学問。②自分自身の経験から得た人生観や世界観。「人生ー」

て-つかず【手付かず】手をつけていないこと。使っていないこと。「ーの金」「自然がーのまま残る」

てつ-かぶと【鉄△兜】戦場で敵の攻撃から頭部を守るためにかぶる鋼鉄製の帽子。

てっ-かん【鉄管】クワン 鉄製のくだ。

て-づかみ【手△摑み】器具を用いずに、直接手でつかむこと。

て-つき【手付き】物事を行うときの手の動かし方。手さばき。「ーがあやしい」「あざやかなー」

てっ-き【鉄器】鉄で作った器具類。

ーじだい【ー時代】〔世・日〕石器時代・青銅器時代につぎ、鉄器を使用した時代。 参考 日本では、弥生(やよい)時代に青銅器とほぼ同時に伝来したので独立した鉄器時代は存在しない。

てっ-き【鉄騎】①鉄のよろいかぶとをつけた騎馬武者。②勇敢な騎兵。

てっ-き【摘記】テキ （名・他スル）記事・記録の中から要点をかいつまんで記すこと。また、その記事。「議事の要点をーする」

てっ-き【適帰】テキ （名・自スル）（「適」は行く、「帰」は身を寄せるの意）行って落ち着くこと。行って身を寄せること。「ーする所を知らない（＝落ち着き場所がわからない）」

てっ-き【適期】テキ あることをするのに適当な時期。

てっ-き【敵機】テキ 敵軍の飛行機。「ーの来襲」

デッキ〈deck〉①船の甲板(かんぱん)。「ーブラシ（＝甲板の清掃などに用いる、長い柄(え)のついたブラシ）」②列車・車両の出入り口の床(ゆか)の部分。③「テープデッキ」の略。

ーチェア〈deck chair〉木や金属のわくに帆布などを張った、折りたたみ式の椅子(いす)。船の甲板(かんぱん)や庭園で用いる。

てっ-きょ【撤去】（名・他スル）施設・設備などを取り払うこと。「ー作業」

てっ-きょう【鉄橋】ケウ 鉄で造った橋。特に、鉄道用の橋。 はじまり 日本では、一八六八（明治元）年、長崎のくろがね橋が最初。鉄道橋では、一八七四（明治七）年、大阪・神戸間の鉄道開業に際し、当時の十三(じゅうそう)川・神崎川・武庫川に最初に架けられた。

てっ-きり（副）確かにそうだと信じこむさま。「ー彼だと思った」 用法 多く、判断と事実がくい違った場合に用いる。

てっ-きん【鉄琴】〔音〕打楽器の一種。小形の鉄板を音階順に並べ、ばちでたたいて演奏するもの。

てっ-きん【鉄筋】①コンクリート建築の張力を強化するために、芯(しん)に入れる鉄棒。②「鉄筋コンクリート」の略。 参考 「鉄骨」は単体で建造物の骨組みとなる鉄材。

ーコンクリート 「鉄筋①」を骨組みとし、まわりにコンクリートを流し固めたもの。また、その建築様式・建造物。

テック〈technical center から〉①オートバイなどの運転練習コース。②乗り物中心の遊園地。

テックス〈texture から〉①パルプなどを押し固めて作った板。天井・壁などの材料として用いられる。②織物。生地。

で-つく・す【出尽〔く〕す】（自五）サ(ソ)・シ・ス・ス・セ・セ 残らず全部出てしまう。「議論がー」

て-づくね【手△捏ね】ろくろを使わず、指先だけで粘土をこねて陶器を作ること。また、その陶器。手びねり。

て-づくり【手作り・手造り】 自分で作ること。手ずから作ること。また、そのもの。手製。「—のパン」

て-つけ【手付〔け〕・手◇附〔け〕】「手付金」の略。

—きん【手付金】 売買・請負・貸借などの契約が成立した際、実行の保証として前もって支払う金。手付け。手金。

てっ-けつ【剔抉】 テキ— (名・他スル) ①えぐること。ほじりだすこと。②悪事や不正をあばくこと。「汚職を—する」

てっ-けつ【鉄血】 鉄と血、すなわち兵器と兵士。軍備。兵力。語源 ビスマルクが、ドイツの統一は政治家の言論でなく、鉄と血によって達成されると宣言したことからいう。

てっ-けん【鉄拳】 かたくにぎりしめたこぶし。にぎりこぶし。げんこつ。「—を見舞う」「—制裁(=罰としてげんこつでなぐること)」

てっ-こう【手っ甲】 カフ— 手の甲をおおい保護する布や革製のもの。農作業などのときに用いる。古くは武具として、また旅行にも用いた。てこう。「—脚絆」

〔手っ甲〕

てっ-こう【鉄工】 ①鉄材を使ってする工作。「—所」②鉄の製錬、鉄器の製造に従事する職工。

てっ-こう【鉄鉱】 クワウ— 《地質》鉄の原料となる鉱石。

てっ-こう【鉄鋼】 カウ— 鉄と鉄合金(はがね・鋳鉄)の総称。「—の生産量」

てつ-ごうし【鉄格子】 ガウシ— ①鉄でできた格子。「—のはまった窓」②刑務所。牢獄。

てっ-こつ【鉄骨】 建造物の骨組みに用いられる鉄材・鋼材。

てっ-さ【鉄鎖】 ①鉄で作ったくさり。②(転じて)きびしい束縛のたとえ。

てつ-ざい【鉄材】 工業・建築などに使われる鉄製の材料。

てつ-ざい【鉄剤】 《医》鉄を成分とした薬剤。貧血治療薬。

てっ-さく【鉄柵】 鉄製のさく。

てっ-さく【鉄索】 鉄の太い針金をより合わせた綱。ケーブル。

てっ-さん【鉄傘】 鉄骨で造った丸屋根。

てつ-ざん【鉄山】 鉄鉱の出る山。鉄鉱を掘り出す山。

デッサン〈フランス dessin〉(名・他スル)《美》木炭・鉛筆・ペンなどを使って、物の形や明暗を線で平面に描き取ること。また、その絵。素描。

てつ-じ【綴字】 →ていじ(綴字)

てっ-しゅう【撤収】 シウ— ■一(名・他スル) 取り去ってしまいこむこと。「テントを—する」■二(名・自スル) 引きあげること。特に、陣地などを取り去って軍隊が退くこと。「前線から—する」

てっ-しょう【鉄漿】 シャウ— おはぐろ。かね。

てっ-しょう【徹宵】 セウ— (名・自スル) 夜どおし起きていること。徹夜。夜明かし。「—して捜索にあたる」

てつ-じょう【鉄条】 デウ— 鉄製の太い針金。

—もう【—網】 マウ 外敵の侵入や捕虜の脱走などを防ぐために、有刺鉄線を網のようにはりめぐらした障害物。

てっ-しん【鉄心】 ①鉄のように堅固な精神。鉄腸。「—石腸(=何事にも屈しない強い心)」②物の中に入れた鉄の芯。③コイルの中に入れた鉄片。参考 ②③は、「鉄芯」とも書く。

てつ-じん【哲人】 ①哲学者。大思想家。②知恵・学識が深く、道理に通じすぐれた思想をもっている人。

てつ-じん【鉄人】 体や力が鉄のように強い人。「—レース(=トライアスロン)」

てっ・する【徹する】(自サ変) シ(セ・サ)・シ・スル・スル・スレ・シロ(セヨ) ①深く貫き通る。「骨身に—」「眼光紙背に—(=読解力の鋭いこと)」②ある態度・方針を貫き通す。徹底する。「清貧に—」「裏方に—」③ある時間の初めから終わりまでその事を通す。「夜を—・して語り明かす」文てっ・す(サ変)

てっ・する【撤する】(他サ変) シ(セ・サ)・シ・スル・スル・スレ・シロ(セヨ) 取り除く。取り払う。「陣を—」文てっ・す(サ変)

てっ-せき【鉄石】 ①鉄と石。②心などがかたくてしっかりしていること。「—心(=鉄や石のようにかたい意志)」

てつ-せん【鉄泉】 炭酸鉄・硫酸鉄を多く含んでいる鉱泉。

てっ-せん【鉄扇】 骨を鉄で作った扇。武士が持ったもの。

てっ-せん【鉄線】 ①鉄の針金。「有刺—」②《植》キンポウゲ科のつる性木質の多年草。葉は掌状で複葉。夏に白または青紫色の大形六弁花を開く。観賞用。鉄線花。クレマチス。夏

てっ-せん【撤饌】(名・自他スル) 神前の供え物をさげること。

てっ-そう【鉄窓】 サウ— 鉄格子をはめた窓。転じて、牢獄。刑務所。

てっ-そく【鉄則】 動かすことのできないきびしい規則・法則。

てっ-たい【撤退】(名・自スル) 引きあげること。特に、軍隊などが陣地などを取り払って退くこと。「赤字の事業から—する」

て-つだい【手伝い】 ツダヒ— 他人の仕事を手助けすること。また、その人。「家事の—」

て-つだ・う【手伝う】 ツダフ— ワ(オ)・イ(ッ)・ウ・ウ・エ・エ ■一(他五) 他人の仕事を助ける。手助けする。「家業を—」■二(自五) ある原因のうえにさらに別の原因が加わって影響を与える。「若さも—・って暴走する」参考 常用漢字表付表の語。

でっ-ち【◇丁稚】 昔、商家などに奉公した少年のこと。小僧。

でっち-あ・げる【捏ち上げる】(他下一) ゲ・ゲ・ゲル・ゲル・ゲレ・ゲロ(ゲヨ) 《俗》①実際にはないことをあるように作り上げる。捏造する。「話を—」②いいかげんに体裁だけを整えてむりに作り上げる。「作品を一晩で—」

てっ-ちゅう【鉄柱】 鉄の柱。

てっ-ちょう【鉄腸】 チャウ— 堅固な意志。鉄心。鉄石心。

てっ-ちり(「てつ」は、フグの俗称「鉄砲」の略で、「当たれば死ぬ」のしゃれ)フグのちり鍋。ふぐちり。

でっ-ちり【出っ◇尻】《俗》しりが大きくつきでていること。また、そのしりや、その人。でじり。「鳩胸—」

てっ-つい【鉄槌・鉄鎚】 ①大きなかなづち。ハンマー。②強いこらしめ。きびしい制裁。

—を下す きびしく処罰する。制裁を加える。

て-つづき【手続〔き〕】 事を行うのに踏まなければならない事務上の処置。また、その順序や方法。「入学の—」

で-づっぱり【出突っ張り】「でずっぱり」と書くのが本則。→でずっぱり

てっ-てい【鉄蹄】 ①→ていてつ②駿馬のひづめ。

てっ-てい【徹底】(名・自スル)(底まで貫きとおるの意)①考え方、行動、態度などが中途半端でなく一つに貫かれていること。「—した保守主義者」②すみずみまで、十分にゆきわたること。「趣旨を—させる」「不—」

—てき【—的】(形動ダ) ダロ・ダッ(デ・ニ)・ダ・ナ・ナラ・○ 徹底するさま。とことんまでするさま。「真相を—に究明する」

てっ-とう【鉄桶】 ①鉄製のおけ。②防備や団結などが、非常に堅固なことのたとえ。「—の陣」

—水を漏らさず 防備や団結などが堅固で、少しのすきもないたとえ。

てっ-とう【鉄塔】 タフ— 鉄でできた塔。特に、高圧送電線を支えるための鉄製の塔。

てつ-どう【鉄道】 ダウ— レールをしいてその上に車両を運行させ、人や貨物を輸送する交通機関。また、その施設の総称。

―けいさつたい【―警察隊】鉄道施設内の治安維持にあたる警察。国鉄の「鉄道公安職員」が、JR移行時に警察組織に吸収されて成立。

―こうさいかい【―弘済会】(コウサイクワイ) 国鉄の公傷退職者や殉職者の遺族を救済するために設けられた財団法人。

―ばしゃ【―馬車】明治時代、レール上を運行した乗り合い馬車。

―もう【―網】(マウ) 網の目のように四方八方に通じる鉄道。

てっとう-てつび【徹頭徹尾】(副) 初めから終わりまで、同じ考え、行動、態度を貫くさま。あくまでも。「―反対する」

デッド-エンド〈dead end〉行き止まり。袋小路(ふくろこうじ)。

デッド-スペース〈dead space〉建物の中などで、有効に利用されていない空間。「―を活用する」

デッド-ヒート〈dead heat〉①競走・競泳などで、二者以上がほとんど同時にゴールにはいり、勝負の決めにくい状態。②激しいせり合い。接戦。「―を演じる」

デッド-ボール〈dead ball〉①野球で、投手の投げたボールが、打者の体や着衣に触れること。死球。②ドッジボール。参考 ①は和製英語。英語ではhit by a pitchという。

デッドライン〈deadline〉①最後の線。越えてはならない線。限界線。死線。②最終期限。新聞・雑誌などの原稿のしめきり時間。

てっとり-ばや・い【手っ取〔り〕早い】(形)(カロ・カッ(ク)・イ・イ・ケレ・○) ①てばやい。すばやい。「―・くかたづける」②するのに手間がかからない。「―方法をとる」

デッドロック〈deadlock〉①交渉などのゆきづまり。②(lock を rock と混同して)暗礁。「―に乗り上げる」

てつ-の-カーテン【鉄のカーテン】第二次世界大戦後、ソ連・東欧の社会主義国が西欧の自由主義国に対してとった秘密主義的態度を障壁としてたとえた語。参考 一九四六年、イギリスの政治家チャーチルの演説中の言葉。

でっ-ぱ【出っ歯】上の前歯が反って前に出ていること。また、そのような歯。でば。そっぱ。

てっ-ぱい【撤廃】(名・他スル) それまでの制度や法規などをとりやめること。「制限を―する」

てっ-ぱつ【鉄鉢】①僧が托鉢(たくはつ)するときに用いる鉄製の鉢。てっぱち。②鉄製のかぶとの鉢。かなばち。

でっ-ぱ・る【出っ張る】(自五)(ラ(ロ)・リ(ッ)・ル・ル・レ・レ) つきでる。でばる。

てっ-ぱん【鉄板】①鉄の板。②(俗)確実で間違いないこと。「―のねた」「競輪の―レース」

―やき【―焼〔き〕】加熱した鉄板の上で、肉・野菜などを焼いて食べる料理。

てっ-ぴ【鉄扉】鉄製のとびら。

てっ-ぴつ【鉄筆】①謄写版の原紙に文字を書くときなどに使う、先のとがった鉄製のペン。②印判を彫るときの小刀。また、印判を彫ること。

てつ-びん【鉄瓶】注ぎ口とつるのある、鋳鉄製の湯わかし器。

てっぷ-の-きゅう【轍△鮒の急】(キフ)―(「轍」は「わだち」で、車が通った車輪の跡。わだちの水たまりであえぐ鮒(ふな)の意から)さし迫った困窮や危機のたとえ。

〔故事〕荘子が貧乏で食糧に困り監河侯(かんかこう)に借用を申し入れたとき、「近く年貢をとりたてるからその年貢がはいったら貸そう」と遠まわしに断られたので、怒った荘子が「来る途中、わだちの水たまりの鮒が私に今すぐの助けを求め後日では日干しになると言っていた」と風刺したことからいう。〈荘子〉

でっぷり(副・自スル) 太っているさま。「―(と)した体つき」

てつ-ぶん【鉄分】物質中に含まれる成分としての鉄。かなけ。

てっ-ぷん【鉄粉】鉄の粉。

てっ-ぺい【撤兵】(名・自スル) 派遣している軍隊を引き揚げること。「占領地から―する」↔出兵

てっ-ぺき【鉄壁】①鉄板を張った壁。堅固な城壁。②堅固な守り。「―の守備陣」「金城―」

てっ-ぺん【◇天辺】①いただき。山・建物や頭などのいちばん高い所。「山の―」②最高。最上。

てっ-ぺん【鉄片】鉄のきれはし。鉄のかけら。

てつ-ぼう【鉄棒】①鉄製の棒。かなぼう。②二本の柱の間に鉄製の棒を横にわたして固定した器械体操用具。また、それを用いて行う男子の体操競技。

てっ-ぽう【鉄砲】(パウ) ①火薬の爆発力で弾丸を発射する兵器の総称。現在では、ふつう小銃をいう。②据(す)え風呂(ふろ)にとりつけて火をたく、金属製の筒形のかま。③相撲で、手で相手の胸を強烈に突きとばす技。また、柱などを左右の手で突いて行うけいこ。④(「鉄砲巻き」の略)かんぴょうを芯にした細いのり巻き。⑤きつね拳(けん)の手の一つ。鉄砲を撃つしぐさをするもの。⑥(当たると死ぬということから)フグの俗称。「―汁」

―だま【―玉】①鉄砲の弾丸。②行ったままもどってこないこと。また、そういう人。「―の使い」③黒くて大きいあめだま。

―ぶろ【―風呂】「てっぽう②」を桶(おけ)にとりつけたふろ。

―みず【―水】(ミヅ) おもに山間部で、豪雨のために、土砂を含んだ濁流がはげしい勢いで流れ下るもの。

―ゆり【―×百合】〔植〕ユリ科の多年草。初夏、白い大形の漏斗(ろうと)状の花が咲き、芳香がある。夏

て-づま【手妻】①手先。手先の仕事。②手品。奇術。「―つかい」

て-づまり【手詰〔ま〕り】①とるべき手段がなくなって困ること。特に、金銭の工面ができなくなること。「交渉が―になる」②囲碁・将棋などで、打つべき手がなくなること。

て-づま・る【手詰〔ま〕る】(自五)(ラ(ロ)・リ(ッ)・ル・ル・レ・レ) ①手段が尽きて困る。②金銭の融通に困る。

てつ-むじ【鉄無地】(ムヂ)―鉄色で模様のない織物。

て-づめ【手詰〔め〕】きびしく詰めよること。「―の談判」

てつ-めんぴ【鉄面皮】(名・形動ダ)(「鉄のような面(つら)の皮」の意から)恥知らずであつかましいさま。また、そのような人。厚顔。「―の男」

てつ-や【徹夜】(名・自スル) 夜通し寝ないこと。夜明かし。

て-づよ・い【手強い】(形)(カロ・カッ(ク)・イ・イ・ケレ・○) てきびしい。強硬である。てごわい。文 てづよ・し(ク)

で-づら【出面・出◇頰】①顔出しをすること。②日雇い労働者の賃金。出面(でめん)。

てつ-り【哲理】哲学上の原理。人生や世界の本質にかかわる、奥深い道理。「人生の―」

て-づり【手釣〔り〕】さおを使わず、釣り糸を直接手に持って魚を釣ること。

てつ-りん【鉄輪】①鉄製の輪。かなわ。②列車の車輪。

て-づる【手△蔓】①たよることのできる縁故。また、その人。つて。「―を頼りに上京する」②物事の手がかり。「―がつく」

てつ-ろ【鉄路】①鉄道線路。レール。②鉄道。

てつ-わん【鉄腕】鉄のように強い腕。また、その腕力。

てて【◇父】ちち。父親。「―親」

デテール〈detail〉→ディテール

てて-なし-ご【◇父無し子】①父親のわからない子。私生児。②父親に死に別れた子。

て-どうぐ【手道具】(ダウグ)― 身の回りの道具・調度。

で-どこ【出◇所・出◇処】「でどころ」の変化した語。

で-どころ【出所・出。処】 ①物事が出てきた元の所。出所(しゅっしょ)。「金のー」②出るべき場所や場合。「ーを待つ」③出口。

デトックス〈detox〉体内の有毒物・老廃物を排出させること。解毒。

テトラ-パック〈Tetra Pak〉(「テトラ」はギリシャ語で「四つの」の意)牛乳などを入れる正四面体の紙製容器。(商標名)

テトラポッド〈tetrapod〉四方に足が突き出た形の、コンクリート製の防波用ブロック。(商標名)

〔テトラポッド〕

て-とり【手取〔り〕】 ①相撲で、技(わざ)のたくみなこと。また、その人。②他人をうまくあやつること。また、その人。

て-どり【手取〔り〕】 ①収入のうち税金や経費などをさし引いた残りの、実際に手にはいる金額。②素手でつかまえること。③手で糸を繰り取ること。参考②は「手捕り」とも書く。

テトロドトキシン〈tetrodotoxin〉フグの毒の主成分。

テトロン〈Tetoron〉ポリエステル系繊維の一種。しわになりにくく、水に強い。衣類や漁網などに使われる。(商標名)

テナー〈tenor〉【音】①男声の最高音域。また、その音域の歌手。テノール。②楽器で、声楽のテナーに相当する音域のもの。「ーサックス」

て-ないしょく【手内職】 手先を使ってする内職。

て-なおし【手直し】(ナホシ)(名・他スル)具合の悪いところや不完全な部分に少し手を加えて直すこと。修正。「原案のー」

で-なお・す【出直す】(ナホス)(自五)(サ(ソ)・シ・ス・ス・セ・セ)①一度もどって改めて出る。「明日またー」②最初からやり直す。「一からー」

て-なが【手長】 ①手の長いこと。また、その人。②盗みぐせのあること。また、その人。

―ざる【―猿】【動】テナガザル科の類人猿の一群の総称。東南アジアの森林にすむ。尾がなく、前足が胴より長い。ギボン。

て-なぐさみ【手慰み】 ①退屈をまぎらすために、手先で物をもてあそぶこと。手すさび。「ーに絵をかく」②ばくち。

て-なし【手無し】 ①手や腕のないこと。②方法や手段のないこと。③着物の袖(そで)なし。④農作物で、つるのない品種。

て-なず・ける【手。懐ける】(ナヅケル)(他下一)(ケ・ケ・ケル・ケル・ケレ・ケロ(ケヨ))①(動物を)なつかせる。なつけて親しませる。「猛獣をー」②(人を)うまく扱って、自分の思うとおりに動くようにする。「部下をー」文てなづ・く(下二)

て-なべ【手鍋】 鉉(つる)のあるなべ。

―提(さ)げても 好きな男と夫婦になれるならどんな貧乏な生活をしてもかまわない、の意。

て-なみ【手並〔み〕】 うでまえ。技量。「おーを拝見する」

て-ならい【手習い】(ナラヒ)(名・自スル)①習字。②芸事や学問の修業。けいこ。「六十のー」

て-ならし【手慣らし・手△馴らし】(名・自スル)手に使いならすこと。また、何回かためしてみて慣れておくこと。

て-な・れる【手慣れる・手△馴れる】(自下一)(レ・レ・レル・レル・レレ・レロ(レヨ))①使いなれる。「ーれた道具」②しなれていて、上手にできる。熟練する。「ーれた仕事」文てな・る(下二)

テナント〈tenant〉ビルの一部を借りる借り主。また、その借りて設けられた店や事務所など。「ー募集」

デニール〈denier〉生糸やナイロンの糸の太さを表す単位。一デニールは長さ四五〇メートルで、重さ〇・〇五グラムのもの。記号D

テニス〈tennis〉長方形のコートの中央をネットで仕切り、これを隔てて相対した二人または四人の競技者がラケットでボールを打ち合う競技。庭球。

―コート〈tennis court〉テニスの競技場。庭球場。

デニッシュ〈Danish デンマーク風の〉(「デニッシュペストリー」の略)パイ状の生地でつくる、デンマーク風の菓子パン。

てに-てに【手に手に】(副)めいめいの手に。てんでに。「ー小旗を持つ」

てに-は【×弖爾波・×手爾波】「てにをは」の別称。

デニム〈denim〉【服】①あや織りで厚地のじょうぶな綿布。作業服や子供服などに用いる。②①の生地で作ったズボン。ジーンズ。

て-にもつ【手荷物】 手回りの荷物。

て-に-を-は【×弖爾乎波】 ①【文法】漢文を訓読するときに補読する助詞・助動詞・接尾語・用言の語尾などの総称。江戸時代には、主として助詞・助動詞を、明治以後は助詞を指した。てには。②「てにをは」の使い方。転じて、話のつじつま。「ーが合わない」語源漢文訓読に用いたヲコト点のうち、漢字の四隅の点を左下から右回りに読むと「て」「に」「を」「は」となるものがあり、それによったもの。

て-ぬい【手縫い】(ヌヒ)機械などを使わず手でぬうこと。また、手でぬったもの。

て-ぬかり【手抜かり】 注意が行き届かず、手続き・処置などが不十分なこと。「ーなく調査する」

て-ぬき【手抜き】(名・自他スル)しなければならない手数をはぶくこと。「工事にーがある」

て-ぬぐい【手拭い】(ヌグヒ)手や顔などをふきぬぐう、薄い長方形の木綿(もめん)のきれ。ふつう、長さ三尺(=約九〇センチメートル)。

て-ぬけ【手抜け】 手ぬかり。

て-ぬる・い【手。緩い】(形)(カロ・カツ(ク)・イ・イ・ケレ・〇)①扱い方が寛大すぎる。きびしくない。なまぬるい。「ー処罰」↔手厳しい ②することがのろい。まだるっこい。「仕事がー」文てぬる・し(ク)

て-の-うち【手の内】 ①てのひら。②手並み。うでまえ。「ー拝見」③権力・勢力などの及ぶ範囲内。「もはや敵陣は味方のーにある」④心の中にもっている考えや計画。「ーを明かす」

て-の-うら【手の裏】 てのひら。

―を返(かえ)す 態度をがらりと変える。てのひらを返す。

テノール〈ドイ Tenor〉→テナー①

て-の-こう【手の甲】(カフ)手首から指のつけ根までの、手をにぎったとき外側になる面。「ーで涙をぬぐう」

デノテーション〈denotation〉①文字通りの意味。②→がいえん(外延)《↔コノテーション》

て-の-ひら【手の平・。掌】 手首から先の、にぎったとき内側になる面。手のうら。たなごころ。

―を返(かえ)す 態度をがらりと変える。手の裏を返す。

デノミネーション〈denomination〉【経】通貨単位の呼称を変更すること。特に、インフレが進んで表示金額が大きくなった際に呼称単位を切り下げること。たとえば、今の一〇〇円を新一円と呼ぶなど。デノミ。参考英語で「通貨単位の呼称変更」はredenominationという。

て-の-もの【手の者】 手下。配下。部下。

て-は(接助)①前に述べたことを取りたててあとに続ける。「泣いーいけない」「言っーみたが断られた」②くり返し起こることをいう。「書いー消す」「寄せー返す波」語源接続助詞「て」＋係助詞「は」

て-ば【手羽】(「手羽肉」の略)鶏肉で羽のつけ根部分の肉。

てば ■(副助)①非難などの意をこめて、話題を提示する。「おねえさんー、ひどいことを言う」②前に言われたことを取り上げていう。「やりとげたっーかっこうはいいけど」■(終助)注意を促したり、語気を強めたりする意を表す。「ねえ、おにいさん—」「すぐ行くっ—」用法 一は体言、二は体言、用言・助動詞の終止形に付く。「ん」で終わる語以外の語に付くときは、前に促音を伴った形「ってば」が用いられる。くだけた場での会話語。語源「といえば」の転。

で-は【出端】 ①出るはずの機会。出るきっかけ。「—を失う」②出ようとするとたん。出しな。③出るための便。交通の便。④芝居・能楽などで、役者が登場するときに奏する囃子や唄。

では（接）（「それでは」の略）①そういうわけなら。「—、こうしよう」②区切りをつけることを示していう語。「—さようなら」

で-ば【出刃】「出刃包丁」の略。

で-ば【出場】（「出場所」の略）①出るべき場面や場所。「—の少ない芝居」②出てくる所。産地。出所。

で-ば【出歯】→でっぱ

デパート〈department store から〉多種類の商品を販売する大規模な小売店。百貨店。

て-はい【手配】（名・自他スル）①段取りし、準備すること。手くばり。「会場の—」②犯罪捜査や犯人逮捕のため、必要な指令を出したり人員を配置したりすること。「指名—」

——し【—師】 日雇いの自由労働者をとり仕切る人。仕事のあっせんや人員配置などをする。

デ-はい【デ杯・デ△盃】→デビスカップ

デバイス〈device〉《情報》①コンピューターに接続して使う周辺機器。マウスやモニターなど。「入力—」②コンピューターやスマートフォンなどの電子機器。「モバイル—」

で-はいり【出入り・出△這入り】ハヒリ（名・自スル）①出たり、はいったりすること。でいり。「人の—が激しい」②数量の過不足があること。増減。でいり。③金銭の支出と収入。

でば-かめ【出歯亀】《俗》女ぶろをのぞき見するなどの変質者。語源 明治時代ののぞきの常習者、出っ歯の池田亀太郎という男のあだ名からいう。

て-ばこ【手箱】 身の回りの小道具などを入れておく箱。

てば-さき【手羽先】 鶏肉で、手羽の先のほうの部分。

て-ばしこ・い【手△捷い】（形）カロ・カッ(ク)・イ・イ・ケレ・○ 手先のはたらきが敏捷である。することが早い。てばやい。文てばしこ・し(ク)

て-はじめ【手始め・手初め】 物事にとりかかる第一歩。しはじめ。しょっぱな。「—に参考文献を読む」

で-はじめ【出始め・出初め】 物の出たはじめ。出たばかり。

て-はず【手△筈】 前もって決めておく手順・段取り。「作業の—をととのえる」

で-はず・れる【出外れる】ハヅレル（自下一）レ・レ・レル・レル・レレ・レロ(レヨ) 町や村のはずれに出る。文ではづ・る(下二)

て-ばた【手旗】 ①手に持つ小さい旗。②手旗信号（=右手に赤、左手に白の小旗を持ち、それを動かして一定の形を表し通信する信号）。また、そのための紅白一組の旗。

デパ-ちか【デパ地下】《俗》デパート地下階の食品売り場。

て-ばな【手鼻】 紙などを使わず、指先で片方の鼻の穴をふさいで鼻汁を吹き出して鼻をかむこと。「—をかむ」

で-はな【出◇端】 出ようとしたとき。物事を始めたとたん。でばな。参考「出鼻」とも書く。

——を挫く 物事を始めようとした矢先にじゃまをして、意気込みをなくさせる。出はなを折る。

で-ばな【出花】 番茶・煎茶に湯をそいだばかりの香りのよいところ。「鬼も十八、番茶も—（=どんな娘でも娘ざかりの年ごろには美しく見える）」

で-ばな【出鼻】 ①山の端や岬のつき出た所。②→ではな

て-ばなし【手放し】 ①手を放すこと。「—で自転車をこぐ」②手をかけずそのままにしておくこと。③批判や制限などをしないこと。無条件。「—でほめる」④他人の思わくなどを考えず露骨なこと。おおっぴらなこと。「—でのろける」

て-ばな・す【手放す】（他五）サ(ソ)・シ・ス・ス・セ・セ ①手から放す。②自分の物を人手にわたす。「家を—」③手もとにいた者を遠方へやる。「娘を—」④仕事を中断する。「—ことができない仕事」

て-ばなれ【手離れ】（名・自スル）①幼児が成長して親の手がかからなくなること。「子供が—する」②物ができ上がって手を加える必要がなくなること。「仕事の—がおそい」

でば-ぼうちょう【出刃包丁・出刃△庖丁】バウチヤウ 魚・鳥を骨ごと切るのに用いる、刃の峰が厚く、先のとがった幅の広い包丁。出刃。

て-ばや【手早】（名・形動ダ）てばやいこと。すばやいこと。また、そのさま。「—に準備する」

て-ばや・い【手早い】（形）カロ・カッ(ク)・イ・イ・ケレ・○ 物事をするのがはやい。すばやい。「用件を—・くかたづける」文てばや・し(ク)

で-ばやし【出△囃子】 ①歌舞伎舞踊などで、囃子方が舞台に出て雛壇に並んで演奏すること。②寄席で、芸人が高座に上がるときに演奏する囃子。

で-はら・う【出払う】ハラフ（自五）ワ(オ)・イ(ッ)・ウ・ウ・エ・エ 人や物が、残らず全部出てしまう。「家の者が—」「在庫が—」

で-ば・る【出張る】（自五）ラ(ロ)・リ(ッ)・ル・ル・レ・レ ①外につき出る。出っぱる。②仕事や用事のために出向く。出張する。「現地に—」

で-ばん【出番】 ①仕事・舞台などに出る番。「—を待つ」②（転じて）出て、活躍すべき場面。「—がない」

て-びかえ【手控え】ビカヘ ①心覚えに手もとに書きひかえておくこと。また、そのもの。メモ。②予備として手もとにとっておくこと。また、そのもの。「—の品」③ひかえめにすること。

て-びか・える【手控える】ビカヘル（他下一）エ・エ・エル・エル・エレ・エロ(エヨ) ①忘れないように記録しておく。「集合時刻を手帳に—」②予備として残しておく。③行動をひかえめにする。「仕入れを—」

て-びき【手引〔き〕】 一（名・他スル）①手を引いて連れてゆくこと。また、その人。②みちびき。案内。案内人。「内部の者の—」③初心者の指導。手ほどき。また、それをする書物。「学習の—」 二（名）手づる。つて。「先輩の—で入社する」

デビス-カップ〈Davis Cup〉アメリカのデービスが寄贈した、テニスの男子国別対抗試合の優勝国に与える大銀杯。また、それを争う試合。一九〇〇年から始められた。デ杯。

デビット-カード〈debit card〉商品を購入する際に、代金が利用者の預金口座から即時に引き落とされて決済されるカード。

て-ひど・い【手◇酷い】（形）カロ・カッ(ク)・イ・イ・ケレ・○ てあらい。容赦ない。むごい。「—仕打ち」文てひど・し(ク)

デビュー〈フランス début〉（名・自スル）新人が初めて舞台や文壇などに出ること。初舞台。初登場。「華々しく—する」

て-びょうし【手拍子】ビヤウシ ①手を打ってとる拍子。「—をとる」②囲碁・将棋で、よく考えずにはずみで手を進めること。

デビル〈devil〉悪魔。サタン。

て-びろ・い【手広い】（形）カロ・カッ(ク)・イ・イ・ケレ・○ ①家・場所などが広い。②関係したり扱ったりする範囲が広い。「—交際」「—・く商売をする」文てびろ・し(ク)

でぶ（名・形動ダ）《俗》太っているさま。また、そういう人。

て-ふうきん【手風琴】→アコーディオン

デフォルト〈default〉①《経》債務者が契約通りに債務を返済できなくなること。債務不履行。「国債の—」②《情報》コンピューターで、あらかじめ設定されている動作条件。初期設定。③《俗》特別ではない、ふつうの状態であること。デフォ。

デフォルメ〈フランス déformer〉（名・他スル）〖美〗近代美術の手法で、作家がみずからの主観によって、対象や素材を誇張したり変形したりして表現すること。デフォルマシオン。

て-ふき【手拭き】手などをぬぐう布・紙。「おー」

て-ぶくろ【手袋】手にはめて防寒・装飾・作業用とする、手の形に合わせた袋状のもの。布・毛糸や革で作る。冬

——を投げる（西洋の風習で、決闘を申し入れるしるしとしたところから）相手に絶交を申し入れる。断交を宣言する。

で-ぶしょう【出不精・出無精】（名・形動ダ）外出をめんどうがるさま。また、そのような性質の人。「ーな人」

て-ぶそく【手不足】（名・形動ダ）人手の足りないこと。また、そのさま。人手不足。「三人ではーだ」

て-ふだ【手札】①名刺。名札。②トランプや花札などで、各自が手に持っているふだ。③「手札型」の略。

——がた【ー型】写真の大きさで、縦一〇・八センチメートル、横八・二五センチメートルのもの。手札判。

で-ふね【出船】船が港を出ること。また、その船。↔入り船

て-ぶら【手ぶら】（名・形動ダ）手に何も持たないこと。特に、手土産などを持たないで他家を訪問すること。から手。「ーで出かける」

て-ぶり【手振〔り〕】①手を動かすかっこう。手を動かして意思・感情などを表そうとすること。手つき。「身ぶりー」②〖経〗取引所で会員の代理として手を振って意思表示をし、売買取引に従事すること。また、その人。市場代理人。

て-ぶれ【手ぶれ】写真を撮るとき、カメラを持つ手が動いてしまうこと。また、そのために画像がぼけること。「ー補正機能」

デフレ「デフレーション」の略。↔インフレ

——スパイラル〈deflationary spiral から〉〖経〗（「スパイラル」は螺旋の意）物価下落と景気後退が悪影響を及ぼし合い、経済成長率が低下し続けて不況が深まる現象。

デフレーション〈deflation〉〖経〗物価水準が継続的に下落する現象。金詰まりとなって企業活動が沈滞し、失業者が増加する。デフレ。↔インフレーション

テフロン〈Teflon〉〖化〗弗素樹脂の一つ。ポリテトラフルオロエチレンの商標名。「ー加工のフライパン」⇩弗素樹脂

て-ぶんこ【手文庫】手もとに置いて、手紙・書類などを納めておく箱。

で-べそ【出臍】突き出ているへそ。

デベロッパー〈developer〉→ディベロッパー

て-へん【手偏】漢字の部首名の一つ。「打」「投」などの「扌」の部分。参考 手偏の文字は、手または手に関することを表す。

て-べんとう【手弁当】①自分で弁当を持って働きに出ること。また、その弁当。「毎日ーで通う」②無報酬で奉仕的に働くこと。「ーで手伝う」

で-ほ【出穂】〖農〗稲・麦などの穂が出ること。また、出た穂。

デポ〈フランス dépôt〉①登山・スキーなどで、荷物を一時置いておく所。②倉庫。貯蔵所。③デパートなどの商品の配送所。

て-ぼうき【手箒】片手で用いる、柄の短いほうき。

で-ほうだい【出放題】（名・形動ダ）①出るにまかせること。また、そのさま。「水をーにしておく」②口から出るままにしゃべること。また、そのさま。出まかせ。でたらめ。「ーを言う」

デポジット〈deposit〉預かり金。保証金。「ー方式（＝缶入りや瓶入りの飲料を販売する際、預かり金を上乗せし、空き缶・空き瓶返却時に預かり金を返す方式）」

て-ほどき【手解き】（名・他スル）学問・技芸などの初歩を教えること。「ーを受ける」

て-ほん【手本】①模範となる書画などを書いた本。「習字のー」②模範。規準となる型。様式。「人のーとなる」

て-ま【手間】①手数。労力。また、手数をかける時間。「ーがかかる」「ーを省く」②「手間仕事」の略。③「手間賃」の略。

デマ（「デマゴギー」の略）①政治的目的で流す虚偽の情報。②事実に反する悪宣伝。いいかげんなうわさ話。「ーを飛ばす」

て-まえ【手前】■一（名）①自分の前。基準となる物より自分に近い所。こちら。「ポストのーで曲がる」②他人に対する体裁。面目。「世間のー」③腕前。手腕。技量。「おー拝見」④茶の湯の作法・様式。「結構なおー」「炭ー」■二（代）①自称の人代名詞。自分の謙称。わたくし。「ーどもの店」②対称の人代名詞。（やや軽蔑して）目下の人に使う。おまえ。てめえ。参考 一④は「点前」とも書く。

——がって【ー勝手】（名・形動ダ）自分勝手なこと。わがままなこと。また、そのさま。「ーな言い分」

——みそ【ー味噌】自分で自分のことをほめること。自慢。語源 自家製の味噌の味を自慢する意からいう。

で-まえ【出前】飲食店が料理を注文先まで配達すること。また、その料理。仕出し。「ーをとる」

——もち【ー持〔ち〕】出前を注文先に持ち運ぶ人。

で-まかせ【出任せ】（名・形動ダ）口から出るままにいいかげんなことを言うさま。また、その言葉。「口からーを言う」

て-まき【手巻〔き〕】①自分で巻いて作ること。また、そのもの。「ーずし」②時計などのねじを手で回し、ぜんまいを巻くこと。また、その仕掛け。「ーの時計」↔自動巻き

て-まくら【手枕】腕を曲げて枕にすること。たまくら。

デマゴーグ〈ドイツ Demagog〉扇動政治家。民衆扇動家。

デマゴギー〈ドイツ Demagogie〉→デマ

て-まさぐり【手弄り】（名・他スル）手先でもてあそぶこと。手慰み。

てま-しごと【手間仕事】①手間のかかる仕事。②手間賃をとってする仕事。賃仕事。「わずかな報酬のー」

てま-だい【手間代】→てまちん

てま-ちん【手間賃】仕事にかかった時間や仕上がり高に応じて払う労働賃金。工賃。手間代。

で-まど【出窓】〖建〗建物の壁面より外側へつき出ている窓。張り出し窓。

てま-ど・る【手間取る】（自五）ラ(ロ)・リ(ッ)・ル・ル・レ・レ 思っていたより時間・労力がかかる。「調査にー」

て-まね【手真似】手のしぐさで物事のまねをすること。「ーで教える」

て-まねき【手招き】（名・他スル）手を振ってこちらに来るように合図すること。

てま-ひま【手間暇・手間隙】手間とひま。労力と時間。「ーかけた料理」

て-まめ【手忠実】（名・形動ダ）①労を惜しまずまじめに働くこと。また、そのさま。②手先が器用なこと。また、そのさま。

て-まり【手鞠・手毬】手でついて遊ぶまり。綿をしんにして色糸で巻いたもの。または、ゴムまり。新年

——うた【ー歌】手まりをつくときに歌うわらべ歌。新年

てまりうた… 俳句〔手毬唄　かなしきことを　うつくしく〕〈高浜虚子〉正月の晴れ着を着た女の子たちが昔から伝わる手毬唄を歌いながら、無心に毬をついている。その歌は悲しくあわれな内容の歌であるが、女の子たちは清らかな声で美しく歌っている。（手毬唄 新年）

で-まる【出丸】本城から張り出して築いた城郭。

て-まわし【手回し・手廻し】①手で回すこと。「ーの蓄音機」②準備。用意。手配。「ーがいい」

て-まわり【手回り・手△廻り】マハリ｜身の回り。手もと。また、手の届くあたりに置いて使うもの。「―品」

で-まわ・る【出回る・出△廻る】マハル｜(自五) ラ(ロ)・リ(ッ)・ル・ル・レ・レ ①品物が生産地から市場へ行きわたる。「メロンが―」②その品物があちこちで見られるようになる。「粗悪品が―」

デマンド〈demand〉要求。需要。「オン―出版」

デミグラス-ソース〈フランス sauce demi-glace から〉肉・野菜などを煮こみ、酒や小麦粉を加えて調味した褐色のソース。シチューやステーキなどに用いる。ドミグラスソース。

て-みじか【手短】(形動ダ) ダロ・ダッ(デ・ニ)・ダ・ナ・ナラ・○ 簡単・簡略で、要領を得ているさま。「―に話す」

て-みず【手水】ミヅ｜①手洗いの水。ちょうず。②手についた水。③餅(もち)つきで、捏(こ)ね取りが湿りを与えること。また、その水。

で-みず【出水】ミヅ｜河川の水量が非常に増えること。また、あふれること。大水。洪水(こうずい)。出水(しゅっすい)。夏(秋)

で-みせ【出店】①本店から分かれてできた店。支店。分店。②道ばたに出した店。露店。「祭りの―」

デミタス〈フランス demi-tasse〉小形のコーヒーカップ。また、それで飲むコーヒー。

て-みやげ【手土産】手にさげて持って行く簡単な土産。

て-むかい【手向〔か〕い】ムカヒ｜(名・自スル) 手向かうこと。

て-むか・う【手向〔か〕う】ムカフ｜(自五) ワ(オ)・イ(ッ)・ウ・ウ・エ・エ 腕力・武力などで立ち向かう。反抗する。さからう。「上級生に―」

で-むかえ【出迎え】ムカヘ｜出迎えること。また、その人。

で-むか・える【出迎える】ムカヘル｜(他下一) エ・エ・エル・エル・エレ・エロ(エヨ) 出て行って迎える。「客を―」文でむか・ふ(下二)

で-む・く【出向く】(自五) カ(コ)・キ(イ)・ク・ク・ケ・ケ 目的の場所に自分のほうから出かけて行く。「指定の場所へ―」

で-め【出目】ふつうより眼球が外側に飛び出ている目。

て-めえ【手◇前】メヘ｜(代) ①自称の人代名詞。自分。「―のことは―でやる」②対称の人代名詞。おまえ。相手を口汚くいう語。「―の出る幕じゃない」語源「てまえ」の転。

でめ-きん【出目金】眼球が突き出ている金魚の一品種。夏

デメリット〈demerit〉短所。欠点。不利な点。↔メリット

て-も(接助) ①逆接の仮定条件を表す。「いくら言っ―、だめだろう」「たとえおかしく―、笑ってはいけない」②逆接の確定条件を表す。「押し―引い―動かない」「いくら断っ―ついてきた」「悲しく―、泣かなかった」用法 動詞・形容詞・助動詞の連用形に付く。参考 ガ行五段活用動詞のイ音便形、ナ行・マ行・バ行五段活用動詞の撥(はっ)音便形に付くときは、「でも」と濁る。語源 接続助詞「て」に係助詞「も」の付いたもの。

でも-(接頭)《俗》①(「あれでも」の意)「未熟な」「名ばかりの」「にせもの」の意を添える。「―医者」「―紳士」②(「…にでもなるか」の意)しかたなくその職についている意。「―教師」

デモ(「デモンストレーション」の略)要求や抗議をかかげ、集団で行う示威運動。「―行進」「―隊」

でも ㊀(接) それはそうだが。しかし。「それは正しい。―こうも言える」㊁(係助) ①極端な例を示して、他の場合を類推させる。「子供―知っている」②だいたいの事柄を示す。「お茶―飲もうか」「何か言い残したこと―あるのか」③(不定称代名詞に付いて)すべての場合にあとの事柄の成り立つ意を表す。「なん―いただく」「だれ―よい」④(あとに命令・願望・仮定を表す語を伴って)「せめて…なりとも」「…だけでも」の意を表す。「少し―食べなさい」「一目―会いたい」用法 ㊁は種々の語(体言、副詞、用言・助動詞の連用形、助詞など)に付く。語源 ㊁は助動詞「だ」の連用形「で」に係助詞「も」の付いたもの。

デモーニッシュ〈ドイツ dämonisch〉(形動ダ) ダロ・ダッ(デ・ニ)・ダ・ナ・ナラ・○ 悪魔や鬼神にとりつかれたようなさま。悪魔的。超自然的。

デモクラシー〈democracy〉①民主主義。②民主政体。

デモクラティック〈democratic〉(形動ダ) ダロ・ダッ(デ・ニ)・ダ・ナ・ナラ・○ 民主主義的。民主的。デモクラチック。

でも-しか-(接頭)《俗》(「…にでもなるか」「…にしかなれない」の意)しかたなくその職についたが、能力や意欲に乏しい意を表す。「―先生」

て-もち【手持〔ち〕】金や品物を現在手もとに持っていること。また、そのもの。「―の金」

――ぶさた【―無沙汰】(名・形動ダ) することがなくて退屈なこと。手が空いていて、間がもてないこと。また、そのさま。

デモ-テープ〈demo tape〉音楽作品の売り込み・宣伝などのために制作した録音テープ。

て-もと【手元・手◇許】①手の届く範囲。自分のそば。「本を―に置く」②物の、手に持ったり握ったりする部分。③手の動かし方。手さばき。「―が狂う」④箸(はし)。「お―」⑤(「手元金」の略)手近にあるお金。所持金。懐具合。「―不如意(ふにょい)」

で-もどり【出戻り】女性が離婚して実家に帰っていること。また、その女性。

て-も-なく【手もなく】(副) 少しの手数もかからずに。いとも簡単に。容易に。「相手に―ひねられる」

で-もの【出物】①(割安に)売り出されたもの。特に、不動産・中古品・骨董(こっとう)などについていう。「よい―がある」②できもの。はれもの。③《俗》おなら。屁(へ)。「―はれもの所きらわず」

て-もり【手盛〔り〕】①自分で飯や食べ物を盛ること。②自分の都合のよいようにとりはからうこと。⇩お手盛り

デモ・る(自五) ラ(ロ)・リ(ッ)・ル・ル・レ・レ《俗》示威運動をする。デモ行進をする。語源「デモ」を動詞化した語。

デモンストレーション〈demonstration〉①→デモ ②宣伝などのために、性能や威力を実演すること。「新車の―」③スポーツ大会などで、正式種目以外の公開演技や競技。

て-やり【手△槍】柄(え)が細くて短い槍(やり)。

デューティー-フリー〈duty-free〉免税。特に、関税のかからないこと。「―ショップ(=免税店)」

デュープ〈duplicate から〉複製。複写。おもに写真原板・録画テープなどについていう。

デュエット〈duet〉〔音〕①二重唱。二重奏。また、その曲。②二人が一組になって行う演技やショー。

デュオ〈イタリア duo〉〔音〕①二重唱。二重奏。②芸などを行う二人組。

てよ(終助) ①命令や依頼をやわらかくする。「隠さずに言っ―」「あれ買っ―」②考えを伝えて、相手に注意を求める。「知らなくっ―」用法 多く、女性や子供が会話に使う言葉。形容詞型活用の連用形に付くときは「ってよ」となることがある。語源 終助詞「て」＋間投助詞「よ」

で-よう【出様】ヤウ｜①出るようす・方法。でかた。②対応のしかた。態度。「相手の―によってはこちらにも考えがある」

てら【寺】①仏像を安置し、僧または尼が住んで仏道修行や仏事を行う建物。寺院。②(延暦(えんりゃく)寺を「山」というのに対して)園城(おんじょう)寺(=三井寺(みいでら))の称。③「寺銭」「寺子屋」の略。

テラ〈tera〉単位の前に付けて、その一兆倍であることを表す語。記号T「一―バイト」

てらい【△衒い】テラヒ｜自分の知識や才能をことさらにひけらかすこと。「―のない文章」

てら・う【△衒う】テラフ｜(他五) ワ(オ)・イ(ッ)・ウ・ウ・エ・エ 自分の学問・知識・才能などを誇る。自分にすぐれた点があるかのように見せびらかす。「奇を―」可能 てら・える(下一)

てら-おとこ【寺男】― 寺で、墓守りや雑役をして働く男。

てら-こ【寺子】 寺子屋に入門した子供。

―や【―屋】 江戸時代の庶民の教育機関。町人の子供に読み・書き・そろばんなどを教えた。

てら-こしょう【寺小姓】― 寺の住職に仕えた少年。

テラコッタ〈イタリア terracotta〉(焼いた土の意) ①粘土を素焼きにして作った器・塑像などの総称。②建築装飾の材料として用いる素焼きの陶器。

てら-ざむらい【寺侍】― 江戸時代、格式の高い寺院に仕えて事務をとった武士。

てらし-あわ・せる【照〔ら〕し合〔わ〕せる】― (他下一) 異同などを確かめるため、両方を見くらべる。照合する。「原稿と―」文てらしあは・す(下二)

テラス〈terrace〉①洋風建築で、家屋から床と同じぐらいの高さで外部に張り出した部分。露台。②台地。高台。特に、登山で岩壁にある狭い棚状の部分。

―ハウス〈和製英語〉各戸庭付きで長屋式の集合住宅。

てら・す【照〔ら〕す】(他五) ①光をあてて明るくする。「足もとを―」「海面にライトを―」②見くらべて調べる。「規則に―・して処理する」自て・る(五) 可能てら・せる(下一)

てら-せん【寺銭】 ばくちなどで、その場所の借賃として貸元または席主に払う金銭。てら。

てらだとらひこ〔寺田寅彦〕(一八七八〜一九三五) 物理学者・随筆家。筆名は吉村冬彦、藪柑子。東京生まれ。東京大学教授。地球物理学などの研究のかたわら、俳句や科学随筆に独自の境地を開いた。随筆集「冬彦集」「藪柑子集」など。

デラックス〈deluxe〉(形動ダ) 豪華なさま。ぜいたくなさま。高級なさま。「―な住宅」

てら-てら(副・形動ダ・自スル) つやがあって、表面が光るさま。てかてか。「―(と)した顔」

てら-ほうし【寺法師】― 園城寺(=三井寺)の僧。参考 延暦寺の僧を「山法師」というのに対していう。

てら-まいり【寺参り】― 寺に行って仏・墓などを拝むこと。寺もうで。

てり【照り】 ①照ること。光ること。②晴天。ひでり。↔降り ③つや。光沢。「煮物に―を出す」

テリア〈terrier〉『動』小形猟犬の一品種の総称。イギリス原産。動作がすばやくかしこい。現在は多く愛玩用。テリヤ。

てり-あ・う【照〔り〕合う】― (自五) ①たがいに照る。②照応する。たがいに対応する。

てり-あめ【照り雨】 日が照っているのに降る雨。天気雨。

デリート〈delete〉(名・他スル) 削除すること。特に、コンピューターの画面上の文字などを削除・消去すること。「―キー」

テリーヌ〈フランス terrine〉ペースト状にした肉・魚・野菜に香辛料などを加えて型に入れ、蒸し焼きにした料理。冷やして薄切りにし、前菜として供する。

てり-かえし【照〔り〕返し】― ①照り返すこと。また、その光。「―が強い」②電灯・ランプなどの背面につける反射鏡。

てり-かえ・す【照〔り〕返す】― (自他五) 光線や熱を反射する。また、光線や熱が反射する。

てり-かがや・く【照〔り〕輝く】(自五) 光り輝く。明るく美しく輝く。「朝日に―雪原」

デリカシー〈delicacy〉心や感情の繊細さ。微妙な心づかい。優美さ。「―に欠ける」「―のない人」

デリカテッセン〈ドイツ Delikatessen〉調理済みの洋風総菜。また、それを売る店。デリカ。デリ。

デリケート〈delicate〉(形動ダ) ①繊細なさま。敏感で心づかいの細やかなさま。「―な乙女心」②微妙で扱いがむずかしいさま。「―な問題」

てり-こ・む【照〔り〕込む】(自五) ①日光が強くさし入る。②日照りが長く続く。

てり-つ・ける【照〔り〕付ける】(自下一) 日光が激しく照る。「真夏の太陽が―」文てりつ・く(下二)

テリトリー〈territory〉①領土。なわばり。勢力圏。②(学問などの)専門領域。③(販売員などの)割り当て地域。

てり-は【照り葉】 ①紅葉して美しく日に照り映えている木・草の葉。秋 ②「照り葉狂言」の略。

―きょうげん【―狂言】 『演』江戸末期に流行した民間演芸の一つ。能狂言を歌舞伎風にくずし、俄狂言や当世風の俗謡などを加味したもの。

てり-は・える【照〔り〕映える】(自下一) 光を受けて美しく輝く。「夕日に―紅葉」文てりは・ゆ(下二)

デリバティブ〈derivative〉『商』債券・株式などの本来の金融商品から派生した金融取引。先物取引・オプション取引・スワップ取引などがある。金融派生商品。

デリバリー〈delivery〉配達。配送。「―サービス」

てり-ふり【照り降り】 ①晴天と雨天。②平穏と不穏。

―あめ【―雨】 照ったり降ったりして、定まりのない天気。

てり-やき【照〔り〕焼き・照焼】 魚の切り身や鳥肉などを、みりんとしょうゆを混ぜた汁につけて、つやよく焼くこと。また、焼いたもの。「ブリの―」

て-りゅうだん【手榴弾】― 手で投げる小型の爆弾。手榴弾。手投げ弾。

て-りょうり【手料理】― 自分で作った料理。手作りの料理。「―でもてなす」

デリンジャー-げんしょう【デリンジャー現象】― 『物』太陽面の爆発により数分から数十分にわたり、地球大気上層の電離層がかき乱され、短波の遠距離無線通信が障害を受ける現象。参考 アメリカのDellingerが発見した。

て・る【照る】(自五) ①日光や月光が光る。「日が―」②美しく光る。つやつやとする。「夕日に―紅葉」③晴れる。「―日曇る日」他てら・す(五)

でる【出る】(自下一) ①いる位置を内から外へ移す。境界の外に行く。「屋外に―」「海外に―」↔入る ②見える位置に現れる。「月が―」「怒りが顔に―」「いつもの癖が―」③出発する。出かける。「八時に家を―」「駅から電車が―」④そこから立ち去りよそへ行く。去る。離れる。卒業する。「故郷を―」「大学を―」⑤出席する。出勤する。出頭する。「会社に―」「授業に―」⑥その催しに姿を現す。参加する。出場する。出演する。立候補する。「競技会に―」「テレビに―」「選挙に―」⑦出版される。「新刊書が―」⑧掲載される。「新聞に君の名がでている」⑨店に並べられた商品が、買い手がついて店の外に行く。売れる。「この品はよくでます」⑩発生する。生じる。湧く。「芽が―」「温泉が―」「火が―」「あくびが―」⑪産出する。生産される。「石炭が―」⑫源を発する。系統を引く。「この言葉は英語からでたものだ」⑬ある場所へ行く。通じる。「駅へ―道」⑭結果としてそうなる。「運命がどう―か試す」⑮新しく加わる。「スピードが―」⑯超過する。「足が―(=赤字になる)」⑰増水する。あふれる。「長雨で水がでた」⑱与えられる。「やっとおひまがでた」他だ・す(五) 文づ(下二)い・づ(下二)

―杭は打たれる ①能力がすぐれて目立つ人は、とかく憎まれて、じゃまされる。②でずぎたふるまいをすると他から制裁される。参考 類似のことば―高木は風に折らる。

―所へ出る どちらの言い分が正しいかを決するため、法廷・警察など公の場に訴え出る。「出る所へ出て決着をつけよう」

表現

〔類語〕	〔～する〕	〔慣用〕	〔ことわざ〕
▼現れる・生まれる・去る・生じる・立ち去る・発つ・出かける・載る・離れる・引き払う・列する・湧く	▼外出・現出・支出・出演・出勤・出現・出場・出陣・出席・出立・出頭・出馬・出発・卒業・退去・退室・退出・退場・登場・輩出・発生・列席・露出	▼(～出る)明るみに・足が・裏目に・上手に・顔から火が・口をついて・地金が・下手に・精が・叩けば埃が・出る所へ・喉から手が・ぼろが・右に・芽が ▼ぐうの音も出ない・血の出るような・手も足も出ない・出たとこ勝負・出る幕がない	▼青は藍より出でて藍より青し・一頭地を抜く・嘘から出た実・鬼が出るか蛇が出るか・出る杭は打たれる・嚢中の錐・ひょうたんから駒が出る・身から出た錆

デルタ〈delta〉①ギリシャ文字の四番目の文字。大文字は「Δ」、小文字は「δ」。②(①の大文字と形が似ていることから)三角州。「―地帯」

てるつきの… 和歌〔照る月の 冷さだかなる あかり戸に 眼は凝らしつつ 盲ひてゆくなり〕〈北原白秋〉今夜は月が照っている。月の光の冷たさがあかり戸を通してもはっきりわかる。そのあかり戸に目をこらしてじっと見つめているのだが、こうしている間にも刻一刻と私は盲目になってゆくのだ。(昭和十二年ごろ、目を病んで入院していた折の作)

てるてる-ぼうず【照る照る坊主】 晴天を祈って軒下などに下げておく紙製または布製の人形。

てれ-かくし【照れ隠し】 はずかしさ・気まずさを人前でとりつくろって隠そうとすること。「―に笑う」

てれ-くさ・い【照れ臭い】(形)カロ・カッ(ク)・イ・イ・ケレ・○ はずかしくてきまりが悪い。「自分から言うのは―」文てれくさ・し(ク)

デレゲーション〈delegation〉代表団。派遣団。

テレコ《俗》「テープレコーダー」の略。

でれ-すけ【でれ助】《俗》好色でだらしのない男。

テレスコープ〈telescope〉望遠鏡。

テレタイプ〈Teletype〉送信側がキーボード入力して送信すると、相手側の受信機が自動的に印字を行う電信機。印刷電信機。テレプリンター。(商標名)

テレックス〈telex〉相手を電話回線で呼び出し、テレタイプで直接交信を行うしくみ。また、その装置。加入者電信。

でれっ-と(副・自スル)しまりがなく、だらしのないさま。

でれ-でれ(副・自スル)態度や言動にしまりがなく、だらしのないさま。「女に―(と)する」

テレパシー〈telepathy〉通常の感覚によらず、思考や感情が直接他人に伝達されること。精神感応。

テレビ「テレビジョン」の略。「液晶―」「―ゲーム」

テレビジョン〈television〉画像を電気信号に変換して遠方に送り、受信機で再生して視聴する方式。また、その受信装置。テレビ。略号TV はじまり日本では、一九二六(大正十五)年、浜松高等工業学校助教授の高柳健次郎が「イ」の文字をブラウン管に映し出したのが最初。本放送開始は、一九五三(昭和二十八)年二月のNHK。

テレビン-ゆ【テレビン油】〈ポルトガル terebinthina から〉針葉樹、特に松の樹脂を蒸留して作る揮発性芳香油。染料・塗料製造、油絵の具の溶剤用。

テレポーテーション〈teleportation〉念力などによって自身や物体を瞬間移動させること。テレポート。

テレポート〈teleport〉①高度な情報通信基地。また、その機能を備えた都市。②→テレポーテーション

テレホン〈telephone〉電話。電話機。テレフォン。

―カード〈和製英語〉公衆電話で、硬貨のかわりに使用できる料金先払いの磁気カード。テレカ。はじまり日本では、一九八二(昭和五十七)年に発売されたのが最初。

テレマーク〈telemark〉スキーで、板を前後にずらし、ひざを深く曲げて腰をおとし回転・急停止をする技術。また、ジャンプ競技でのそのような着地姿勢。語源ノルウェーの地名から。

てれ-や【照れ屋】 はにかみやすい人。すぐはずかしがる人。

て・れる【照れる】(自下一)レ・レ・レル・レル・レレ・レロ(レヨ) はずかしがる。はにかむ。きまり悪そうにする。「ほめられて―」

テレワーク〈telework〉情報通信技術を活用し、自宅など職場から離れた所で仕事をする勤務形態。リモートワーク。

て-れん【手練】 人をだます手段。人をあやつりだます技巧。参考「しゅれん」と読めば別の意になる。

―てくだ【―手管】 あの手この手とたくみに人をだます技巧・手段。「―に長けている」参考「手練」「手管」は同義語。

テロ「テロリズム」「テロル」の略。「自爆―」

テロップ〈telop〉テレビの画面に文字や写真を重ねて映し出す装置。また、その文字や写真。「―を流す」参考 television opaque projector の略。

テロリスト〈terrorist〉テロリズムの信奉者。暴力主義者。

テロリズム〈terrorism〉思想的・政治的な目的を果たすために、暴力・暗殺・破壊活動などの手段を用いる主義。暴力主義。また、その行為。テロ。

テロル〈ドイツ Terror 恐怖〉暴力的手段に訴えて政治的敵対者におどしをかけること。テロ。

でろれん-さいもん【でろれん祭文】 門付けの説経祭文の一種。また、その芸人。語源語りの合いの手に「でろれんでろれん」と口三味線を入れたことから。

でわ【出羽】 旧国名の一つ。現在の秋田県の大部分と山形県。羽州。

て-わけ【手分け】(名・自スル)何人かが一つの事をそれぞれに分担して行うこと。「―して片付ける」

て-わざ【手技】 柔道で、手のはたらきを主として相手を投げる技の総称。背負い投げ・体落としなど。

て-わざ【手業】 手先の仕事。手仕事。「―にすぐれる」

て-わたし【手渡し】(名・他スル)手渡すこと。

て-わた・す【手渡す】(他五)サ(ソ)・シ・ス・ス・セ・セ ①手から手へと渡す。「バケツを―」②相手に直接渡す。「辞令を―」

てん【天】 教1 テン あめ 高・あま　一 二 チ 天

(字義)①あめ。あま。大空。「天空・天上・暁天・秋天・青天・中天」↔地 ②時節。時候。「天気・天候・雨天・炎天・荒天・晴天・曇天」③万物を支配しているもの。造物主。「天帝」④帝王。また、帝王に関する敬称。「天顔・天覧」⑤自然の道。大自然の力。「天災・天然」⑥生まれつき。「天性・天賦・先天的」⑦めぐりあわせ。境遇。時勢。「天運・回天・楽天」⑧仏教で、人間界の上にある世界。また、そこにいる仏神。「天魔・四天王・吉祥天」⑨キリスト教で、神の国。「天国・天主・在天・昇天」難読天晴・天離る・天地・天皇・天皇・天尊・天蚕糸・天辺・天狗・天竺・天手古舞・天道・天道虫・天平・天秤・天麩羅・天一神・天鵞絨 人名かみ・そら・たか・たかし

てん【天】 ①地上からはるかに遠い無限に高い所。大空。「―を仰ぐ」↔地 ②天地万物の支配者。天帝。造物主。③人力で

はどうすることもできない大自然の力。運命。天命。「運を―にまかせる」④生まれつき。自然に備わったもの。天性。⑤キリスト教で、神の国。天国。⑥仏教で、天上界のこと。⑦書物・荷物・掛け軸などの上部。「―地無用」↔地 ⑧初め。頭。のっけ。「―からばかにしている」⑨物事を三段階に分けたときの最上級の等級を示す。「―・地・人」⑩「てんぷら」の略。「えび―」

―高く馬肥ゆる 秋空が高く澄み渡ってすばらしい天気であり、馬は肥えてたくましくなる。(「秋」を修飾する慣用句。) **―に口なし人を以て言わしむ** 天は口がないから天意を人の口から言わせる。民衆の声は天の声である。 **―に唾する** (上を向いてつばを吐けば、そのつばは自分の顔に落ちてくることから)他人に害を加えようとしてかえって自分に災いを招くこと。 **―にも昇る心地** うれしくてたまらない気持ち。 **―は二物を与えず** 一人の人間には、それほどいくつもの才能や長所が与えられるものではない。すぐれた長所を合わせもつことはむずかしい。 **―は自ら助くる者を助く** 天は、他人の助けをあてにせず自分で努力する者を助け、幸福にしてくれるものだ。 **―を衝く** ①天にとどくほど高い。「―ような大木」②勢いがさかんである。「意気―」 **―を摩する** 天に達するほどに高くそびえる。

てん【辿】(人) テン たどる　(字義) ①ゆっくり歩く。②たどる。㋐さがし求める。㋑知らない所を道を尋ねながら行く。㋒すじみちを追ってゆっくり考えを進める。

てん【典】(教4) テン ふみ・のり　(字義) ①ふみ。書物。「典籍・経典・古典・字典・辞典・仏典」②のり。㋐規則。法律。「教典・法典」㋑手本。基準。「典範・典例」③正しい。「典雅」④儀式。「典礼・祭典・式典」⑤しきたり。よりどころ。「典拠・典故・出典」⑥あつかい。とりはからい。「恩典・特典」⑦つかさどる。担当する。「典獄・典薬」 難読 典侍(すけ) 人名 おき・すけ・つかさ・つね・みち・もり・よし・より

てん【店】(教2) テン みせ　(字義) みせ。品物を並べて売る所。「店舗・商店・売店・露店」 難読 店請(たなうけ)・店子(たなこ)・店晒し(たなざらし)・店賃(たなちん)・店者(たなもの)

てん【点】(教2)**【點】** テン　(字義) ①くろぼし。ぽち。㋐目印につける小さい円。また、その形のもの。「灸点・黒点・斑点」㋑字の読み方、文の区切りなどを示す符号。「返り点・句読点・訓点・朱点・濁点」㋒文字の画のうちで、線でないもの。「点画」②評価する。㋐競技・答案などの優劣の程度を数字で表す。「点数・及第点・最高点・採点・得点・評点・満点」㋑詩文の評価を原稿に書き入れる。「点者・批点」③一つ一つ調べる。「点検・点呼」④しるしをうつ。てんでかく。「点睛・点描」⑤一定の場所を示す。「拠点・終点・地点・盲点」⑥事柄の一部分を示す。「欠点・弱点・重点・要点・論点」⑦限度を示す。「氷点・沸点」⑧火をつける。「点火・点灯」⑨さす。つぐ。「点眼・点茶」⑩うなずく。「点頭」 参考 「奌」は俗字。 難読 点てる(たてる)・点前(てまえ)

-てん【点】(接尾) ①得点・評点を表した数に付ける。「一〇〇―」②品物を数えるときに数量の下に付ける。「衣類数―」「応接五―セット」③場所・事柄を示す。「出発―」「問題―」

てん【点】 ①小さな目じるし。ぽち。②文の切れ目を示すために打つしるし。特に、読点。③漢文の返り点。「訓―」④漢字の字画の一つ。「犬」などの「、」。⑤答案などの評点。評価。「―がからい」⑥運動競技の得点。⑦特に問題となる事柄。「その―が問題だ」⑧〔数〕位置があって大きさのないもの。二直線の交わるところ。⑨灸をすえるのによい所。灸点。

てん【展】(教6) テン のべる　(字義) ①のべる。広げる。開く。「展開・展巻・展性・親展」②のびる。広がる。進む。「進展・発展」③ならべる。つらねる。「展示・展覧」④ながめる。みる。「展望」⑤ころがる。「展転」⑥「展覧会」の略。「絵画展・写真展」 人名 のぶ・ひろ

てん【添】 テン(中) そえる(中)・そう(中)　(字義) そえる。つけ加える。増す。「添加・添乗・添付・加添・増添」 人名 そえ

てん【淀】(人) テン・デン よど・よどむ　(字義) ①よど。よどみ。水の流れが滞ってよどんだ所。②よどむ。㋐水が滞って流れない。㋑水底に沈んでたまる。㋒口ごもる。

てん【転】(教3)**【轉】**(人) テン・ころがる・ころげる・ころがす・ころぶ・うたた　(字義) ①まわる。まわす。㋐めぐる。ぐるぐるまわる。めぐらす。「転回・横転・空転・公転・自転・反転」㋑ころがる。ころがす。「転倒・転覆」②ころぶ。たおれる。ひっくりかえる。「転倒・転覆」③うつる。うつす。㋐場所が変わる。「転居・転校・移転」㋑方向・ようすなどが変わる。「転換・転向・暗転・一転・流転」㋒官職などが変わる。「転勤・転任・栄転」㋓はこびうつす。「転送・運転」㋔かきうつす。「転記・転載・転写」㋕なすりつける。「転嫁」④移り変わる。「転訛・転変・変転」 難読 転た寝(うたたね)・転柿(ころがき)・転寝(ごろね) 人名 ひろ

てん【塡】 テン(中) ふさぐ　(字義) ふさぐ。うめる。みたす。「塡塞・充塡・装塡・補塡」

てん【殿】 (字義) →でん(殿)

てん【顚】(人) テン いただき・たおれる　(字義) ①いただき。㋐頭のてっぺん。脳天。「顚毛」㋑山頂。㋒物の最上部。②もと。はじめ。「顚末」③たおれる。たおす。㋐さかさまになる。「顚倒・造次顚沛」㋑ころがり落ちる。「顚隕・顚墜」④正気でない。「顚狂・風顚」

てん【纏】(人) テン・デン まとう・まつわる・まとい　(字義) ①まとう。身につける。②まつわる。㋐からみつく。㋑つきまとう。③まとい。竿の先にさまざまな飾りをつけたもの。 人名 まき・まとむ・まとめ

てん【貂】〔動〕イタチ科の哺乳動物。森林にすみ、肉食で夜間に小動物や小鳥を捕食する。毛皮は珍重される。 冬

てん【篆】 →てんしょ(篆書)

でん【田】(教1) デン た　(字義) ①た。はたけ。「田租・田地・水田・美田・良田」②土地。「田園・田野」③いなか。「田翁・田家」④田畑の形をした場所。「塩田」⑤特定の産物を出す広い地域。「炭田・油田」⑥狩り。「田猟」 難読 田舎(いなか)・田作(ごまめ)・田吾作(たごさく)・田鶴(たず)・田螺(たにし)・田の面(たのも)・田圃(たんぼ)・田麩(でんぶ) 人名 ただ・みち

でん【伝】(教4)**【傳】**(人) デン・テン・つたわる・つたえる・つたう　(字義) ①つたえる。つたわる。㋐さずける。ゆずりわたす。「伝授・伝来・家伝・口伝・直伝・秘伝・父子相伝」㋑つぐ。つづく。「伝統・伝法・遺伝」㋒ひろまる。ひろめる。「伝染・伝道・伝播・喧伝・宣伝」㋓語りつぐ。「伝言・伝達・史伝」②つたえ。㋐言いつたえ。「伝奇・伝説」㋑うわさ。「伝聞」③一代記。伝記。「英雄伝・自叙伝・自伝」④経書の注解。「古事記伝・

春秋左氏伝」⑤宿場。馬継ぎ場。「伝馬・駅伝」難読 伝手 人名 ただ・ただし・つぐ・つとむ・のぶ・のり・よし

でん-【伝】（接頭）書画工芸などについての、またはその作者についての言いつたえ。「―雪舟」「―弘法大師筆」

でん【伝】①人の生涯の事績を記したもの。伝記。「福翁自―」②やり方。手段。得意な方法。「いつもの―でいこう」

でん【佃】人 デン・テン つくだ ―（字義）①田畑を耕す農夫。小作人。「佃戸」②田畑を耕す。「佃具・佃作」③狩り。「佃漁」④つくだ。開墾した田。

でん【殿】デン中・テン中 との中・どの中・しんがり ―（字義）①との。㋐高大な建物。「殿堂・祭殿・神殿・仏殿」㋑天子・皇族の住まい。「殿上・殿中・宮殿」㋒貴人の住居。「御殿・寝殿」②貴人の尊称。人の敬称。「殿下・貴殿」③しんがり。最後尾。「殿軍・殿後」人名 あと・すえ

-でん【殿】（接尾）①大きな建物や社寺の下に添える語。「宝物―」「清涼―」②法名の院号の下に添える敬称。

でん【電】教2 デン いなずま ―（字義）①いなずま。いなびかり。「電撃・電光」②電気。「電灯・電流・感電・送電・停電・発電・放電」③「電信」「電報」の略。「外電・祝電・打電・弔電」④「電車」の略。「市電・終電」人名 あきら・ひかり

でん【鮎】人 デン・ネン なまず・あゆ ―（字義）①なまず。淡水魚の一つ。＝鯰。②あゆ。淡水魚の一つ。「鮎鮨・若鮎」難読 鮎魚女

でん-あつ【電圧】《物》二点間の電位の差。電位差。単位はボルト。記号V

―けい【―計】《物》二点間の電位差を測定する計器。ボルトメーター。

てん-い【天意】神の意志。また、自然の道理。

てん-い【転位】―（名・自他スル）位置が変わること。また、位置を変えること。「星の―」

てん-い【転移】（名・自他スル）①場所が移ること。また、場所を移すこと。②《医》病原体や腫瘍細胞などが体内の他の場所へ移り、そこではじめの病巣と同様の変化を起こすこと。「癌がんが―する」

でん-い【電位】―《物》電界内の一点に、基準の点から単位電気量をはこぶのに要する仕事。ふつう、単位はボルト。記号V

―さ【―差】→でんあつ

てん-いた【天板】机や棚の上面の板。天板。甲板。

てんいち-じん【天一神】→なかがみ

てんい-むほう【天衣無縫】（名・形動ダ）（天人の着物に縫い目がないように）技巧の跡がなく、しかも完全で美しい詩文などのたとえ。転じて、天真爛漫な人柄のたとえ。

【故事】昔、中国で郭翰という青年が、夏の夜、庭にいると空から美しい織女が降りてきた。よく見るとその着物に縫い目がない。尋ねると、織女は「天人の着物はもともと針や糸で縫ったものではないのです」と答えたという話による。〈霊怪録〉

てん-いん【店員】―（名）商店に勤めている人。

てん-いん【転院】―（名・自スル）患者が、入院している病院から別の病院に移ること。

でん-う【殿宇】御殿。殿堂。

てん-うん【天運】①自然のめぐり合わせ。天の与えた運命。天命。「―が尽きる」②天体の運行。

てん-えん【展延】（名・自他スル）広がり延びること。また、広げ延ばすこと。「銅は―性に富む」

でん-えん【田園】―①田と畑。②田舎。郊外。

―しじん【―詩人】田園の自然美・情趣をうたう詩人。

―とし【―都市】大都市の郊外に、田園美を計画的に取り入れて造られた都市。

でん-おう【田翁】―①年をとった農夫。②田舎の老人。

てん-おん【天恩】①天のめぐみ。②天子の恩。朝恩。

てん-おん【転音】語が連なって熟語をつくるときの音の変化。「ふね（船）」と「ぬし（主）」が複合して「ふなぬし」となる類。

てん-か【天下】①天の下の全世界。また、一国全体。国中。「―統一」②世間。この世の中。「―太平」③国を支配する権力。「―をねらう」④思いのままにふるまうこと。「かかあ―」⑤（「天下の」の形で）並ぶもののないこと。「―の横綱」⑥江戸時代の将軍。「―様」参考「てんが」ともいう。

―は回り持ち 運命・貴賤・貧富などは固定したものではなく、各人に順に回るものであるということ。**―晴れて** 世間に遠慮することなく、おおっぴらに。公然と。**―を取る** 一国の政治を自分の自由にできる地位につく。政権をにぎる。

―いっぴん【―一品】世の中にたった一つというほど、すぐれていること。また、そのもの。「―の味」

―ごめん【―御免】だれにも遠慮することなくふるまえること。公認されていること。

―とり【―取〔り〕】国の政権をにぎること。また、その人。

―わけめ【―分け目】天下の支配権を取るか取られるかの分かれ目。勝敗・優劣の決まる重大な分かれ目。「―の戦い」

てん-か【点火】―（名・自スル）火をつけること。また、爆発物などの、発火の操作をすること。「ストーブに―する」

てん-か【転化】―（名・自スル）ある状態から別の状態・物に変わること。「糖分がブドウ糖に―する」

てん-か【添加】（名・自他スル）ある物に何かがつけ加わること。また、ある物に何かをつけ加えること。「食品―物」

てん-か【転訛】―（名・自スル）言葉の音がなまって、別の音に変わること。また、その音。

てん-か【転嫁】（名・他スル）自分の責任や罪などを他人になすりつけること。「責任―」

てん-が【天河】あまのがわ。銀河。天漢。秋

てん-が【典雅】（名・形動ダ）正しくみやびやかなこと。整っていて上品なさま。「―な舞」

でん-か【伝家】その家に代々伝わること。

―の-ほうとう【―の宝刀】―①家に代々伝わる名刀。②いざというときにだけ使う手段。とっておきの方法。

でん-か【殿下】天皇・三后や国王を除く、皇族・王族に対する敬称。「妃―」参考 古くは「てんが」ともいい、摂政・関白・将軍の敬称として用いた。

でん-か【電化】―（名・自他スル）熱源・光源・動力源に電力を使うようにすること。「―製品」「全線を―する」「オール―」

でん-か【電火】―いなびかり。いなずま。

でん-か【電荷】《物》物体のおびている電気。また、その量。すべての電気現象のもととなるもの。荷電。

てん-かい【天界】《仏》天上の世界。天上界。てんがい。

てん-かい【展開】（名・自他スル）①大きく広がること。また、大きく広げること。「眼下に美しい風景が―する」②停滞することなく次々に発展すること。「論旨の―」③軍隊や体操などで、密集していたものがばらばらに散らばること。「兵が―する」④《数》積の形の式を、単項式の和の形に改めること。⑤《数》立体の表面を切り開いて一平面上に広げること。「―図」

てん-かい【転回】―（名・自他スル）くるりと回って向きが変わること。また、くるりと回って向きを変えること。回転。「車

が急ーする」「コペルニクス的ー」

てん‐がい【天外】グワイ ①天の外。はるかな空。②非常に遠い所、または非常に高い所。また、思いがけない場所。「奇想ー」

てん‐がい【天涯】①空の果て。②故郷を遠く離れた所。

ーこどく【ー孤独】この広い世界に身寄りの者が一人もなく、独りぼっちなこと。「ーの身の上」

てん‐がい【天蓋】〘仏〙①棺・導師・仏像などの上にかざす笠(かさ)状の装飾。②虚無僧(こむそう)のかぶる深い編み笠。⇨虚無僧(さしえ)③祭壇やベッドなどの上につけたおおい。

でん‐かい【電界】→でんば

でん‐かい【電解】(名・他スル)「電気分解」の略。

ーしつ【ー質】〘化〙水に溶かしたときに電離してイオンを生じ、その水溶液を電流が通るようにする物質。酸・塩など。

てん‐かく【点画】クワク 漢字を形づくる点と線。

てん‐がく【転学】(名・自スル)生徒・学生が学業の途中で他の学校、または学部へ移ること。

でん‐がく【田楽】①民間舞楽の一つ。もと田植え祭りなどに行われた芸能で、平安時代に娯楽として演じられた。鎌倉・室町時代にかけて田楽の能に発展し、やがて能楽の大成に影響を与えた。[春]②「田楽豆腐」の略。③「田楽焼き」の略。

ーざし【ー刺し】田楽豆腐をくしに刺すように、刀や槍(やり)などで真ん中を刺し通すこと。芋ざし。

ーどうふ【ー豆腐】豆腐をくしに刺して、みそをぬって火であぶった料理。[春]

ーやき【ー焼(き)】魚類・野菜などをくしに刺して、みそをぬって焼いた料理。[春]

てん‐かす【天△滓】てんぷらを揚げるときに出る、ころものかす。揚げ玉。

てんか‐ふん【天花粉・天△瓜粉】テンクワ キカラスウリの根からとった白い粉。あせも・ただれの予防などに使う。[夏]

てん‐から(副)(「てん」は天で頭の意。多く、下に打ち消しの表現を伴って)初めから。頭から。まったく。全然。てんで。「ー考えていない」「ー問題にしていない」

テンガロン‐ハット〈ten-gallon hat〉アメリカのカウボーイなどがかぶる、山が高くつばが広い帽子。[語源]この帽子で一〇ガロンの水がくめるということから。

てん‐かん【天漢】あまのがわ。銀河。天河(てんが)。[秋]

てん‐かん【展観】クワン(名・他スル)展示して広く一般に見せること。展覧。「秘宝をーする」

てん‐かん【転換】クワン(名・自他スル)物事の性質・方針や傾向がそれまでと別の方向に変わること。また、変えること。「気分ー」「方向ー」「発想をーする」

ーしゃさい【ー社債】〘商・経〙所有者の希望によって、一定の条件のもとに株式への転換ができる社債。

てん‐かん【△癲△癇】〘医〙全身のけいれんや意識障害などの発作を起こす慢性の脳疾患。

てん‐がん【天眼】何でも見通せる力をもった目。てんげん。

ーきょう【ー鏡】キャウ 人相見や手相見のもつ、柄(え)のついた大形の凸レンズ。

ーつう【ー通】何でも見通すことのできる神通力。

てん‐がん【天顔】天子の顔。竜顔。

てん‐がん【点眼】(名・自他スル)目薬を目にさすこと。

てん‐き【天気】①気象状態。空模様。「ーが悪い」②よい天候。晴れ。「おー続き」③天子の機嫌。④〘俗〙人の機嫌。「おー屋(=気まぐれな人)」

ーあめ【ー雨】日がさす中に降る雨。きつねの嫁入り。

ーず【ー図】ヅ〘気〙一定時刻における気象状態を、記号や等圧線などを用いて地図上に表したもの。[はじまり]日本では、一八八三(明治十六)年に、東京気象台(気象庁の前身)が作成し毎日発行するようになったのが最初。翌年から天気予報が発表された。ドイツ人クニッピングの指導による。

ーよほう【ー予報】〘気〙先々のある期間のある地域における天気の状態を予測して知らせること。

> **[ちがい]「天気」・「天候」・「気候」**
> いずれも晴れ・曇り・雨など、ある場所における大気の状態を示し、意味の近い語である。その中で「今日の天気」「冬の天候」「一年間の気候」のように使われる。空模様は一日一日変化するが、その動きを意識したときは「天気」で、ほぼ一日単位の大気の状態をいうときに多く使い、少し長い期間の単位となると「天候」、さらに長期にわたるときは「気候」となる。「当地の冬の天気」というと「冬」の間の一日一日の空模様の移り変わりが主眼で、冬は全体的に寒く、雪が多いなどという場合は「当地の冬の天候」という。三〇年間の平均値を「気候値」などというのも同じである。

てん‐き【天機】①天の秘密。天地自然の神秘。「ーをもらす(=重大な秘密をもらす)」②生まれつきの性質・才能。「ーを現す」③天子の機嫌。「ーをうかがう」

てん‐き【転帰】〘医〙病気が経過したその結果。「死のーをとる」

てん‐き【転記】(名・他スル)記載されている事項を他の帳簿などに書きうつすこと。「元帳にーする」

てん‐き【転機】ある状態から他の状態へ移るきっかけ。「あのできごとが一つのーとなった」「人生のー」

てん‐ぎ【典儀】典礼。儀式。

てん‐ぎ【転義】語の本義から転じた意味。↔原義・本義

でん‐き【伝奇】怪奇や幻想に富んだ話。「ー物語」

ーしょうせつ【ー小説】セウセツ〘文〙①伝奇的趣味を帯びた小説。②中国唐代の、奇談・逸話を題材とした短編小説。

でん‐き【伝記】個人の一生の事跡を記した記録。

でん‐き【電気】①〘物〙発電体に電気作用を起こさせるもとなるもの。たとえば、かわいたガラス棒を絹布でこすると紙片などをひきつけるが、こうした現象を起こさせるもと。陽電気(正)と陰電気(負)の二種類がある。②電灯。「ーを消す」

でん‐き【電器】(「電気器具」の略)電気を利用した器具。テレビ・冷蔵庫などの、電気製品。「家庭ー店」

でん‐き【電機】電力を使って動かす機械。電気機械。

テン‐キー〈和製英語〉〘情報〙キーボードで、数字と演算記号を入力するキーをまとめた部分。[語源]ten と key との合成語。

でんき‐うなぎ【電気△鰻】〘動〙南米のアマゾン川などの淡水にすむデンキウナギ科の硬骨魚。体長は約二メートル。尾部の下方に、強力な発電器官をもつ。シビレウナギ。

でんき‐かいろ【電気回路】クワイロ〘物〙電流の流れる通路。

でんき‐がま【電気釜】電熱を利用して飯をたく器具。電気炊飯器。

でんき‐きかんしゃ【電気機関車】キクワンシャ 電気を動力として運行する機関車。EL

でんき‐じどうしゃ【電気自動車】蓄電池などの電力を動力源として走行する自動車。EV

でんき‐スタンド【電気スタンド】机の上や寝室などに置く、台つきの電灯。

でんき‐ていこう【電気抵抗】テイカウ〘物〙電流の流れにくさの度合いを示す値。抵抗。単位はオーム。記号Ω

でんき-どけい【電気時計】 電力によって動く時計。

でんき-ぶんかい【電気分解】(名・他スル)〘化〙電解質溶液に二個の電極を入れて電流を通し、電極の表面に化学変化を起こさせ、その成分を分解させること。電解。

てんき-ぼ【点鬼簿】(「鬼」は死者の意)死者の姓名を記した帳面。過去帳。

でんき-メス【電気メス】 高周波電流を用いて、組織を切開したり止血したりする手術用具。

でんき-めっき【電気×鍍金】〘化〙電気分解によるめっき法。めっきする金属イオンを含む電解質溶液に陽極を入れ、電気分解によって陰極としてその中に入れた金属表面にめっき材を付着させる。電鍍。

てん-きゅう【天球】―〘天〙地球上の観測者を中心として仮想した、無限大の半径をもつ球体。

―ぎ【―儀】〘天〙天球上の恒星・星座などの位置・軌道を記した、地球儀のような形の模型。

でん-きゅう【電球】― 電気を通すと発熱発光するタングステンなどの光源体を内部にもつ、うすいガラスの球。

てん-きょ【典拠】 確かな根拠。言葉や文章のもとになった、文献などのよりどころ。出典。

てん-きょ【転居】(名・自スル) 住居を変えること。引っ越し。

てん-ぎょう【転業】―(名・自スル) 職業・商売を変えること。転職。「喫茶店に―する」

でんき-ようせつ【電気溶接・電気△熔接】 電気抵抗の熱やアーク放電の熱を利用した、金属の溶接法。

でんぎょう-だいし【伝教大師】 →さいちょう(最澄)

でん-きょく【電極】〘物〙電場をつくるため、または電流を流すために設ける一対の導体。電池では、電流が流出する側を正極(プラス)、流入する側を負極(マイナス)とする。

でんき-ろ【電気炉】 電熱を利用して金属をとかす炉。製鉄・製鋼用。電炉。

てん-きん【天金】 洋とじの書物の製本で、上部の小口だけに金箔をつけたもの。

てん-きん【転勤】(名・自スル) 同じ会社・官庁などで、勤務地が変わること。「地方の支社に―する」

てん-く【転句】 漢詩で、絶句の第三句。転。⇩起承転結

てん-ぐ【天△狗】 ①想像上の怪物。姿は人に似て深山にすみ、鼻が高く赤い顔をし、自由に空中を飛ぶという。②(①の鼻が高いということから)うぬぼれること。高慢なこと。また、その人。

―になる いい気になって、得意げに自慢する。

―たけ【―△茸】 テングタケ科の大形の毒きのこ。かさの表面は褐色で白色のいぼがあり、柄は白色中空、下端にかぶら状のつぼがある。はえとりたけ。ひょうたけ。㊙秋

てん-くう【天空】 頭上高く広がっている空。大空。

―かいかつ【―海△闊】(名・形動ダ) 空や海のように、度量が大きくこだわらないこと。また、そのさま。「―な人柄」

てん-ぐさ【天草】 テングサ科の紅藻類。浅海の岩の上に着生する。ところてん・寒天の原料。まくさ。ところてんぐさ。夏

デング-ねつ【デング熱】〈ドイツ Denguefieber〉〘医〙東南アジア・南米に多くみられるウイルス感染症。蚊によって媒介される熱帯性疾患。高熱を発し、関節や筋肉が痛む。

でんぐり-がえし【でんぐり返し】― でんぐりがえること。でんぐりがえり。

でんぐり-がえ・る【でんぐり返る】―(自五) ①地に手をつき、体を前またはうしろに一回転する。②ものの位置や状態がひっくり返る。「世の中が―ような事件」

でん-ぐん【殿軍】 軍隊で、最後部の部隊。しんがりの部隊。

てん-けい【天恵】 天のめぐみ。神の慈悲・助け。天恩。

てん-けい【天啓】 天の導き。神の教え・啓示。「―が下る」

てん-けい【典型】 同類のものの中で、最もよくその特徴を表しているもの。模範・代表例となるようなもの。「大社造りの―」

―てき【―的】(形動ダ) 同類のものの中で、最もよくその特徴を備えているさま。「―なスポーツマン」

てん-けい【点景・添景】 風景画・風景写真などで、趣を出すためにそえられる人物・動物など。

でん-げき【電撃】 ①強い電流を体に受けた時に感じる衝撃。②急に攻撃すること。行動が突然ですばやいこと。「―作戦」

てん-けつ【転結】 漢詩で、絶句の転句と結句。「起承―」

てん-けん【天険・天△嶮】 山などの、地勢のけわしい所。自然の要害。「―の地」

てん-けん【天△譴】 天のとがめ。天罰。

てん-けん【点検】(名・他スル) 誤りや異常などがないかを一つ一つ調べること。「車両の―」

てん-げん【天元】 ①万物が生育するみなもと。自然の大もと。②天子。君主。③碁盤の中央にある黒点(=星)。

でん-げん【電源】 ①電気コードのさしこみ口など、電流をとり入れるもと。「―を切る」②発電機・蓄電器など電力を起こし供給するみなもと。「―開発」

てん-こ【典故】 よりどころとなる故事。典例故実。故実。

てん-こ【点呼】(名・他スル) ひとりひとり名を呼んで人数がそろっているかを確かめること。「―をとる」

てん-ご【転語】 本来の語から意義や形が転じてできた語。

てん-こう【天工・天功】 自然のはたらき。

てん-こう【天候】 ある期間の天気の状態。⇩天気「ちがい」

てん-こう【転向】―(名・自スル) ①立場・方針や方向などを変えること。「プロに―する」②特に、左翼思想の者が弾圧などによって、その主義を放棄すること。「―作家」

―ぶんがく【―文学】〘文〙左翼思想からの転向を取り扱った文学。一九三五(昭和十)年前後から多く現れた。中野重治の「第一章」、島木健作の「生活の探求」など。

てん-こう【転校】―(名・自スル) 児童・生徒・学生が、それまで通学していた学校から他の学校に移ること。「―生」

でん-こう【電光】― ①稲光。稲妻。②電灯の光。

―けいじばん【―掲示板】 電球や発光ダイオードを格子状に多数配列し、その点滅で文字や図を表示する装置。

―せっか【―石火】(稲妻の光や、火打ち石を打ったときにひらめく火花の意から)①きわめて短い時間。②行動・動作のすばやいさまのたとえ。「―の早業」

―ニュース 電光掲示板を使って一連の文字を順繰りに移動させ、ニュースを知らせる装置。また、そのニュース。

てん-こく【△篆刻】(名・他スル) 石・木・金属などの印材に文字を刻むこと。印刻。語源 多く篆書体を使うことからいう。

てん-ごく【天国】 ①〘基〙神や天使が住むとされる、天上の理想的な世界。人間の死後の霊が祝福を受けるという。②(比喩的に)心配や苦しみのない楽しい世界・環境。楽園。「歩行者―」(↔地獄)

てん-ごく【典獄】「刑務所長」の旧称。

てん-こつ【天骨】 ①生まれつき。天性。②生まれつきの才能。また、それが備わっていること。

てんこ-もり【てんこ盛り】〘俗〙飯を食器に山盛りに盛りつけること。

でん-ごん【伝言】(名・他スル) 人に頼んで、用件を相手に伝えること。また、その言葉。ことづけ。ことづて。「―を頼む」

―ばん【―板】 駅など人の多く出入りする所に備えられ、

一般の人々が個人的な用件の連絡に利用できる黒板。

てん‐さ【点差】点数の差。得点の差。「―が広がる」

てん‐さい【天才】生まれつき備わっている、並はずれてすぐれた才能。また、その才能を持つ人。「―児」「―的」「野球の―」

てん‐さい【天災】洪水・地震・落雷などの自然現象によって起こる災害。「―地変」↔人災

てん‐さい【天際】空のきわ。大空の果て。

てん‐さい【△甜菜】→さとうだいこん

てん‐さい【転載】(名・他スル)すでに刊行された出版物の文章・写真などを他の刊行物にのせること。「無断―を禁ずる」

てん‐ざい【点在】(名・自スル)あちこちに散らばってあること。「―する農家」

てん‐さく【添削】(名・他スル)他人の詩歌・文章・答案などを、けずったり書き加えたりして直すこと。「通信―」

てん‐さん【天蚕】→やままゆ

てん‐さん【天産】天然に産出すること。また、そのもの。

―ぶつ【―物】天然に産出するもの。鉱産物・林産物・海産物など。

でんさん‐き【電算機】(「電子計算機」の略)→コンピューター

てん‐し【天子】(天の代理として国を治める者の意から)一国の君主。天皇。

てん‐し【天使】①〔宗〕神の使者。神意を人間に伝え、人間の祈りを神に伝えるという。エンジェル。②(比喩(ひゆ)的に)清らかな心を持ち、やさしくいたわり深い人。「白衣の―」

てん‐し【天資】生まれつきの性質や才能。天質。「―英明」

てん‐し【天賜】①天からたまわること。また、たまわったもの。②天子からたまわること。また、たまわったもの。

てん‐し【展△翅】(名・他スル)昆虫の標本を作るとき、蝶(ちょう)などの羽を広げて固定させること。「―板」

てん‐じ【典侍】女官の位。㋐昔、内侍司(ないしのつかさ)の次官。ないしのすけ。㋑明治以降、宮中に仕える最高位の女官。

てん‐じ【点字】視覚障害者が指でさわって読む文字や符号。突起した六つの点を一定の方式に組み合わせたもの。

―ブロック 視覚障害者の歩行を助けるため、駅のホームや歩道などに敷設する突起のついた板。踏んだ感触で位置や方向を知るようになっている。視覚障害者誘導用ブロック。(はじまり)三宅精一によって考案され、一九六七(昭和四十二)年、県立岡山盲学校近くの国道交差点に敷設されたのが最初。色は現在の黄色ではなく灰色であった。

てん‐じ【展示】(名・他スル)品物・作品・資料などを並べて一般の人々に見せること。「―会」

てん‐じ【△篆字】篆書(てんしょ)体の文字。⇩篆書

でん‐し【電子】〔物〕素粒子の一種。原子を構成する非常に小さい粒子で、電荷は負。その絶対値を電気素量といい、電気量の最小単位。エレクトロン。

―オルガン〔音〕電気的な発振回路によっていろいろな楽器の音を出す鍵盤楽器。ハモンドオルガン・エレクトーンなど。

―おんがく【―音楽】〔音〕シンセサイザーなどの電子音響機器を用いて作曲・演奏する音楽。

―か【―化】(クヮ)(名・他スル)〔情報〕紙の書籍・文書などをデジタルデータに変換すること。また、業務をコンピューター上・ネットワーク上で管理・処理できるようにすること。「カルテの―」

―けいさんき【―計算機】→コンピューター

―けいじばん【―掲示板】〔情報〕コンピューターのネットワーク上に設けられた掲示板。不特定多数の人が自由にメッセージを見たり書き込んだりできる。BBS

―けんびきょう【―顕微鏡】(ケンビキヤウ)〔物〕光線の代わりに電子線(=多数の電子の流れ)を用いた顕微鏡。光学レンズの代わりに電子レンズを用い、数十万倍の倍率が得られる。(はじまり)一九三一年、ベルリン工科大学のルスカらが初めて製作。日本では、一九三九(昭和十四)年ごろから国産化が進められた。

―こうがく【―工学】電子の運動による現象や、半導体や磁性体を用いた応用技術に関する学問。エレクトロニクス。

―じしょ【―辞書】辞書のデータを内蔵した小型の専用コンピューター。また、インターネットで内容を検索できる辞書。

―しゅっぱん【―出版】文字や画像などの情報をデジタルデータに編集・加工し、ソフトの形やインターネットなどを介して配布・販売する出版。

―しょせき【―書籍】コンピューターや携帯端末のディスプレーに表示して読む、デジタルデータに加工された書籍。

―ブック →でんししょせき

―マネー〔情報〕ICカードやインターネット上などで決済する、デジタルデータ化した通貨。また、その決済システム。電子通貨。

―メール〔情報〕コンピューターのネットワークを通じて文字情報・画像・データなどを通信するシステム。また、そのシステムを介して送受信されるメッセージ。Eメール。メール。

―ゆうびん【―郵便】(ユウビン)文書をファクシミリで相手先地区の郵便局に送り、そこから宛先へ配達する郵便サービス。

―レンジ マイクロ波を利用した加熱調理器具。

でん‐じ【田地】(デ)→でんち(田地)

でん‐じ【電磁】電気と磁気がたがいに作用しあうこと。

―き【―気】①電流によって起こる磁気。②電気と磁気。

―は【―波】〔物〕電場および磁場の周期的変化がたがいに影響しあって伝わり広がる波動。そのうち比較的波長が長く、ラジオ・テレビ・携帯電話などに使われるものを電波という。

てん‐じく【天△竺】(ヂク)(もと、高い所・空の意)①中国・日本などで、「インド」の古称。②ある語に添えて、外国、遠方の地、舶来などの意を表す。「―牡丹(ぼたん)」③「てんじくもめん」の略。

―あおい【―△葵】(アフヒ)〔植〕「ゼラニウム」の別名。(夏)

―ねずみ【―△鼠】〔動〕テンジクネズミ科の哺乳(ほにゅう)動物。ペルー原産。尾はほとんどなく、毛の色には種々のものがある。通常、モルモットといわれ、医学の実験動物に使われる。

―もめん【―木綿】地の厚い平織りの綿布。シーツ・足袋(たび)などの裏地などに使う。てんじく。

―ろうにん【―浪人】(ラウニン)住所不定の浮浪人。(参考)「天竺」は「逐電(ちくでん)」を逆に言った語の当て字という。

でんじ‐しゃく【電磁石】〔物〕軟鉄心にコイルを巻きつけたもの。電流を流すと磁場を生じて軟鉄が磁化される。モーター・ベルなどに利用される。電気磁石。

てん‐しつ【天質】生まれつきの性質・才能。天資。天性。

てん‐じつ【天日】太陽。日輪。

てんじてんのう【天智天皇】(テンヂテンワウ)(六二六～六七一)白鳳(はくほう)時代の第三八代天皇。舒明(じょめい)天皇の皇子で、名は葛城(かずらき)皇子・中大兄(なかのおおえ)の皇子。蘇我(そが)氏を倒し、大化改新を断行。六六八(天智七)年即位。都を近江(おうみ)(滋賀県)の大津に移し、近江令(りょう)の公布、戸籍の作成などに尽力した。

てん‐しゃ【転写】(名・他スル)文章や絵などを他から写しとること。「原本から―する」

てん‐じゃ【点者】和歌・連歌・俳諧(はいかい)などで、評点をつけ優劣をきめる人。判者。

でん‐しゃ【田舎】いなか。いなかの家。

でん‐しゃ【田者】農夫。田夫。田舎(いなか)者。

でん-しゃ【伝写】(名・他スル) 書物を次々に写し伝えること。一度写したものを、さらに写しとること。

でん-しゃ【電車】電力によって走行する鉄道車両。

でん-しゃ【殿舎】御殿。やかた。殿堂。

てん-しゃく【天爵】(官位はないが)生まれつき備わっている高い徳や気品。↔人爵

てん-しゃく【転借】(名・他スル) 人が他から借りているものを、さらに別の人が借りること。又借り。↔転貸

てんしゃ-にち【天赦日】(天が赦(ゆる)す日の意) 陰暦で、一年中で極上の吉日としている日。春の戊寅(つちのえとら)、夏の甲午(きのえうま)、秋の戊申(つちのえさる)、冬の甲子(きのえね)の日。

てん-しゅ【天主】①〘仏〙帝釈天(たいしゃくてん)・毘沙門天(びしゃもんてん)など、諸天の主たるもの。②〘基〙天にいる神。上帝。天帝。

——きょう【—教】(ケウ)「カトリック教」の古い呼び名。

てん-しゅ【天守】城の本丸に、特に高く築かれた物見やぐら。天守閣。

——かく【—閣】「てんしゅ(天守)」に同じ。

〔天守〕

てん-しゅ【店主】店の主人。店の経営者。

てん-じゅ【天寿】天から授かった寿命。自然の寿命。天命。「—を全(まっと)うする」

てん-じゅ【天授】①天から授かること。また、授かったもの。②生まれつき。天性。「—の才」

でん-じゅ【伝受】(名・他スル) 伝え受けること。↔伝授

でん-じゅ【伝授】(名・他スル) その道の奥義・秘伝などを伝え授けること。「古今(こきん)—」↔伝受

てん-じゅう【転住】(デュウ)(名・自スル) 他に移り住むこと。

てん-じゅう【塡充】(名・他スル) あいている所をいっぱいにつめふさぐこと。充塡(じゅうてん)。

でん-しゅう【伝習】(シフ)(名・他スル) 伝えられ習うこと。特に、学問・技術などを教えられて習うこと。

てん-しゅく【転宿】(名・自スル) 他の宿所に移ること。

てん-しゅつ【転出】(名・自スル) ①行政区の異なる他の土地へ移っていって、そこの住民となること。「—届」↔転入 ②他の職場へ転任すること。「支社へ—する」

てん-しょ【添書】㊀(名) ①使いの者に持たせたり、贈り物などに添えたりする手紙。添え状。②紹介状。㊁(名・自スル) 書類などに、気づいたことなどを書き添えること。また、その書き添えたもの。そえがき。

てん-しょ【篆書】漢字の書体の一つ。楷書(かいしょ)・隷書(れいしょ)のもとになった形で、大篆と小篆とがある。篆。⇒書体(さしえ)

てん-じょ【天助】天の助け。神の助け。「神佑(しんゆう)—」

でん-しょ【伝書】①秘伝を記した文書。②代々伝わっている書物。③手紙を運び伝えること。

——ばと【—鳩】帰巣性(きそうせい)を利用し、遠隔地からの通信文を運ぶように訓練された鳩(はと)。

てん-しょう【天象】(シャウ) ①天体の現象。「—儀(=プラネタリウム)」↔地象 ②天空のようす。空模様。天候。

てん-しょう【典章】(シャウ) おきて。規則。のり。

てん-しょう【転生】(シャウ)(名・自スル) 生まれ変わること。転生(てんせい)。「輪廻(りんね)—」

てん-じょう【天上】(ジャウ) ㊀(名) ①空の上。空。天。②この上もないこと。無上。③「天上界②」の略。㊁(名・自スル) ①天にのぼること。②死ぬこと。昇天。

——かい【—界】①〘仏〙六道の一つ。人間界の上にあり、最もすぐれた果報を受ける者が住むという世界。天道(てんどう)。↔下界 ②天上にあるという世界。天界。

——てんげ-ゆいがどくそん【—天下唯我独尊】天地間(=この世)に自分より尊いものはないの意で、釈迦(しゃか)が生まれたとき言ったという語。参考「天下」は「てんが」とも読む。

てん-じょう【天井】(ジャウ) ①部屋上部の仕切り。室内の保温や装飾などのために屋根裏を覆い隠して張った薄い板。「—裏」②ものの内部のいちばん高い所。③景気や相場の上がりきった所。「—値」↔底

——知(し)らず 相場や物価などが高騰して、どこまで上がるかわからないこと。——を打(う)つ 相場が最高値になって止まる。

——がわ【—川】(ガハ)〘地〙川の流れが運ぶ土砂が両側の堤防の間に堆積(たいせき)し、河床がまわりの平地よりも高くなった川。

——さじき【—桟敷】劇場で、舞台から遠い後方最上階に設けられた低料金の見物席。

てん-じょう【天壌】(ジャウ) 天と地。あめつち。

——むきゅう【—無窮】天地とともに、永遠に続くこと。

てん-じょう【添乗】(名・自スル) 旅行会社の職員などが、世話役として団体旅行に付き添うこと。「—員」

てん-じょう【転乗】(名・自スル) 他の乗り物に乗りかえること。

てん-じょう【殿上】(ジャウ) ①宮殿または殿堂の上。②「殿上の間(ま)」の略。③昇殿を許されること。④「殿上人」の略。

——の-ま【—の間】清涼殿にある殿上人の詰め所。

——びと【—人】殿上の間にのぼることを許された四位・五位の人の一部、および六位の蔵人(くろうど)。雲上人(うんじょうびと)。↔地下(じげ)

てん-じょう【纏繞】(ゼウ)(名・自スル) つる草などが他の物にまつわりつくこと。まきつくこと。「—草(そう)」

でん-しょう【伝承】(名・他スル) 風習・信仰・伝説などを受け継いで伝えること。また、その伝えられた事柄。「民間—」

でん-しょう【伝誦】(名・他スル) 古い物語や歌謡などを読んだり節(ふし)をつけたりして口伝えに伝えること。

でん-じょう【電場】(ヂャウ) →でんば

てん-しょく【天職】(天から授かった職の意) ①自分の天性に合った職業。②神聖な職務。特に、天子が国を治める職。

てん-しょく【転職】(名・自スル) 職業を変えること。転業。

でん-しょく【電飾】イルミネーションやネオンサインなど、多数の電球または放電管の発光による装飾。

テンション〈tension〉①(精神的な)緊張。また、不安。②〘俗〙気分の高まり。「—が下がる」

てん・じる【転じる】(自他上一)(ジ・ジ・ジル・ジル・ジレ・ジロ(ジヨ)) ①方向や状態が変わる。移る。また、変える。移す。「攻勢に—」「進路を—」「目を北に—」②回る。また、回す。語源 サ変動詞「てんずる」の上一段化。

てん・じる【点じる】(他上一)(ジ・ジ・ジル・ジル・ジレ・ジロ(ジヨ)) ①火をともす。明かりをつける。「ろうそくに火を—」②茶をたてる。③滴などをたらす。注ぐ。「目薬を—」④点をつける。特に、漢文に訓点をつける。語源 サ変動詞「てんずる」の上一段化。

てん-しん【天心】①空の真ん中。②天帝の心。天子の心。

てん-しん【天真】自然のままの心情。生まれつきの性質。

——らんまん【—爛漫】(名・形動ダ) 自然のままの性質が飾りけなく言動に表れるさま。純粋で無邪気なさま。

てん-しん【点心】①〘仏〙昼食前の少量の食事。また、禅家で昼食の意。②茶うけの菓子。③中国料理で、肉まん・シューマイなどの軽食や菓子。参考「てんじん」ともいう。

てん-しん【転身】(名・自スル) 身分や職業、また主義や生

活方針などを変えること。「実業家に―する」「―をはかる」

てん-しん【転進】（名・自スル）進路を変えること。（軍隊などが）方向を変えて別の目的地に進むこと。参考 旧軍隊では「退却」の語を忌み嫌って、代わりに用いた。

てん-じん【天人】天と人。天意と人事。「―ともに許さず」

てん-じん【天神】①天上の神。天の神。↕地祇・地神 ②菅原道真を祭った天満宮。また、菅原道真のこと。③江戸時代、太夫に次ぐ位の遊女。④《俗》梅干しの実。

―ひげ【―△髭】菅原道真の肖像画に見られるような、両はしの下がった口ひげ。

でん-しん【田紳】（「田舎紳士」の略）紳士ぶっているがやぼったく、やはり田舎者という感じの男。

でん-しん【電信】電波や電流を利用した通信。通信機を用いて文字や写真などを電気的符号に変えて送る。

―ばしら【―柱】①電信・電話・電気などの送電線を支える柱。電柱。②《俗》やせて背の高い人をからかっていう語。

テンス〈tense〉→じせい（時制）

てん-すい【天水】①空と水。②雨水。

―おけ【―△桶】防火用に雨水をためておくおけ。

てん-すい【点水】①水をさすこと。②水さし。

てん-すう【点数】①評点・得点を表す数。「―を稼ぐ（＝相手に気に入られるようにふるまって、自分の評価を高くする）」②物品の品数。「出品―」

でん-すけ【伝助】《俗》①いんちきとばくの総称。特に、文字盤の上で水平にとりつけた棒を回転させて、止まった所を当たりとするとばく。でんすけとばく。②携帯用の小型録音機の俗称。

てん・ずる【転ずる】（自他サ変）ジ(ゼ)・ジ・ズル・ズレ・ジロ(ゼヨ) →てんじる（転じる）文てん・ず（サ変）

てん・ずる【点ずる】（他サ変）ジ(ゼ)・ジ・ズル・ズレ・ジロ(ゼヨ) →てんじる（点じる）文てん・ず（サ変）

てん-せい【天成】①自然にできあがること。「―の要害」②生まれつき、そのようにできていること。「―の学者」

てん-せい【天性】生まれつきの性質。「―の楽天家」

てん-せい【点△睛】→がりょうてんせい

てん-せい【展性】《物》打撃・圧搾などにより薄く広げのばすことのできる金属の性質。金・銀・銅などは展性が大。⇩延性

てん-せい【転生】（名・自スル）次の世で別の形のものに生まれ変わること。転生。

てん-せい【転成】（名・自スル）①性質の違う他のものに変わること。②《文法》ある品詞に属する語が意味・用法を転じて他の品詞に変わること。「動詞の連用形から―した名詞」

でん-せい【電請】（名・他スル）外交官・使節などが本国政府に、電報で訓令を請求すること。

でんせい-かん【伝声管】汽船・航空機などで使われる、管の一端で話した声が他端で聞ける装置。

てん-せき【典籍】書籍。書物。本。

てん-せき【転籍】（名・自スル）本籍・学籍などを他に移すこと。移籍。「結婚して―する」

でん-せつ【伝説】特定の人や事物と結びつけて、昔から人々に語り伝えられてきた話。言い伝え。「義経―」

テンセル〈Tencel〉パルプを原材料として精製したセルロース繊維。柔らかく丈夫で、肌ざわりがよい。（商標名）

てん-せん【点線】点を連ねてできた線。

てん-せん【転戦】（名・自スル）あちこち場所を変えて戦ったり試合をしたりすること。「トーナメントで各地を―する」

てん-ぜん【△恬然】（トタル）（「恬」は安らかの意）動じないで平気なさま。平然。「―として恥じない」文（形動タリ）

でん-せん【伝染】（名・自スル）①《医》病原体が他から体の内部に侵入して、一定の症状を起こすこと。②移り染まること。特に、習慣・悪い性質などが移り広まること。「眠気が―する」

―びょう【―病】《医》感染症の中で、個体から個体、特に人から人に伝染して流行する病気の総称。

でん-せん【伝線】（名・自スル）ストッキングなどの小さなほころびが線状に広がること。

でん-せん【電△閃】①電光がひらめくこと。いなずまが光ること。②刀がいなずまのように速くひらめくこと。

でん-せん【電線】電流を導く金属線。

てん-そ【天祖】天皇の先祖。ふつう天照大神をいう。

てん-ぞ【典◇座】《仏》禅宗で、修行僧のために料理や食事などをつかさどる役僧。参考「座」は唐音。

でん-そ【田租】昔、田地に課した租税。

てん-そう【◇伝奏】（名・他スル）平安末期以降、天皇・上皇に、親王家・摂家・社寺・武家などからの奏請をとりついだ職。また、そのとりつぎのこと。でんそう。

てん-そう【転送】（名・他スル）送られてきたものをさらに他へ送ること。「郵便物を転居先へ―する」「データを―する」

でん-そう【伝送】（名・他スル）①順々に伝え送ること。②電気信号などを送ること。

でん-そう【電送】（名・他スル）電流や電波によって、遠く離れた所に写真の像や文字のデータなどを送ること。

―しゃしん【―写真】電流または電波によって遠く離れた所に送られた写真の像。

てん-そく【天測】（名・他スル）（「天体観測」の略）六分儀などで天体の位置を観測し、現在地の経度や緯度を知ること。「―器械」

てん-そく【店則】その店で定めた規則。

てん-そく【△纏足】昔、中国で幼女の足に布を固く巻きつけて足が大きくならないようにした風習。また、その足。

てん-ぞく【転属】（名・自他スル）①原籍をほかに移すこと。②所属が変わること。また、所属を変えること。

てん-そん【天孫】①天の神の子孫。②日本神話で、天照大神の子孫。特に、その孫とされる瓊瓊杵尊。

―こうりん【―降臨】「古事記」「日本書紀」が伝える神話で、天照大神の命を受けて、瓊瓊杵尊が高天原から日向の高千穂に天降ったということ。

てん-たい【天体】《天》銀河・星雲・恒星・惑星など、宇宙空間に存在する物体・物質の総称。「―観測」

―ぼうえんきょう【―望遠鏡】天体の観測に用いる望遠鏡。屈折望遠鏡と反射望遠鏡がある。広くは可視光以外の電磁波を観測するものも含む。

てん-たい【転貸】（名・他スル）人から借りたものを、さらに他の人に貸すこと。又貸し。↕転借

てん-だい【天台】「天台宗」の略。

―ざす【―座主】《仏》比叡山延暦寺の最高位の僧職で、天台宗の首長。

―しゅう【―宗】《仏》大乗仏教の一宗派。法華経を根本経典とする。六世紀ごろ中国で大成され、平安初期に最澄（伝教大師）によって日本に広められた。

てん-だい【△椽大】たるき（＝屋根を支える横木）の大きさ。

―の筆たるきのような大きな筆。転じて、見事な大文章。堂々たる大論文。「―を揮う」【故事】晋の王珣が、たるきのような大きな筆を授けられた夢を見て、大文章を書く前兆であろうと思っていたら、果たして武帝が死去し、その弔辞や贈り名などを執筆する大役を命じられたことからいう。〈晋書〉

てん-たいしゃく【転貸借】（名・他スル）賃借人が、土地・家屋などの賃借物をさらに第三者に貸すこと。又貸し。
てん-たく【転宅】（名・自スル）住宅を移ること。引っ越し。転居。「このたび左記に―いたしました」
でん-たく【田宅】①田地と宅地。②田畑と家屋敷。
でん-たく【電卓】（「電子式卓上計算機」の略）電子回路を使った小型の計算機。
でん-たつ【伝達】（名・他スル）命令・指示・連絡事項などを伝え知らせること。「―事項」
デンタル〈dental〉「歯の」「歯科の」の意を表す。「―ケア」「―クリニック」
てん-たん【恬淡・恬澹】（名・タトル）あっさりしていて物事にこだわらないこと。また、そのさま。「無欲―」「―たる態度」
でん-たん【伝単】（中国語から）宣伝びらのこと。
でん-たん【電探】（「電波探知機」の略）→レーダー
てん-ち【天地】①天と地。あめつち。②世界。世の中。「新―を開拓する」③本や荷物などの上と下。
―かいびゃく【―開闢】世界のでき始め。「―以来」
―しんめい【―神明】天地の神々。「―に誓って」
―むよう【―無用】「上下を逆さにしてはならない」という意の注意書き。貨物や荷物などの外側に記す。
てん-ち【転地】（名・自スル）病気療養などのために、住む土地を変えること。「―療養」
でん-ち【田地】田。田として利用する土地。田地。
でん-ち【電池】化学変化などによって放出するエネルギーを直接電気エネルギーとして取り出す装置。乾電池・蓄電池など。
でん-ちく【電蓄】（「電気蓄音機」の略）電気的に音を増幅・調整する装置のある蓄音機。
てん-ち-じん【天地人】①天と地と人。宇宙の万物。三才。②三段階に分けて、その順位を示す言葉。
てんちてんのう【天智天皇】（テンチテンワウ）→てんじてんのう
てん-ちゃ【点茶】抹茶をたてること。
てん-ちゅう【天誅】①天の下す刑罰。天罰。②天に代わって悪人の罪をせめて、罰を加えること。「―を加える」
てん-ちゅう【転注】漢字の六書の一つ。漢字の本来の意味を他の意味に転じて用いること。音楽の意の「楽」をたのしむ意の「楽」に用いる類。
でん-ちゅう【殿中】御殿の中。特に、江戸時代には将軍の居所。
でん-ちゅう【電柱】→でんしんばしら①
てん-ちょう【天頂】（チャウ）①〔天〕地球上の観測地点における鉛直線が天球と交わる点。天頂点。②てっぺん。頂上。
てん-ちょう【天朝】（テウ）朝廷または天子の敬称。
てん-ちょう【天聴】（チャウ）天皇が聞くこと。また、知ること。「―に達する」
てん-ちょう【転調】（テウ）（名・自他スル）〔音〕楽曲の進行中、それまでの調子を他の調子に変えること。また、変わること。
てんちょう-せつ【天長節】（テンチャウ）「天皇誕生日」の旧称。国民の祝日制定前の呼称。春 ⇩地久節
てんちょう-ちきゅう【天長地久】（テンチャウチキウ）天地が滅びることのないように、物事が永久に続くこと。
てん-で（副）①全然。まるっきり。はじめから。てんから。「―話にならない」②〔俗〕非常に。とても。「―大きい」用法 ①は、あとに打ち消しや否定的な意の語を伴う。
てん-てい【天帝】①天を支配する神。造物主。②〔宗〕ユダヤ教・キリスト教で、神。天主。ヤハウェ。③〔仏〕帝釈天。
てん-てい【点綴】（名・自他スル）①物がほどよく散らばっていて全体の調和がとれていること。「沿道に―する家々」②散らばっているものをうまく綴り合わせること。参考 慣用読みで「てんてつ」ともいう。
でん-てい【電停】路面電車の停留所。
てん-てき【天敵】自然界で、ある生物に対して、捕食者や寄生者となる他の種の生物。カエルに対するヘビなどの類。
てん-てき【点滴】①しずく。水のしたたり。特に、あまだれ。「―石を穿つ」→あまだれいしをうがつ ②〔医〕「点滴注射」の略。「―を打つ」
―ちゅうしゃ【―注射】〔医〕静脈注射法の一種。薬液や血液を滴下させ、注射針によって静脈内に注入する方法。栄養分の補給や輸血に用いる。点滴。
てんてこ-まい【天手古舞】（マヒ）（名・自スル）（「てんてこ」という太鼓の音に合わせて慌ただしく舞う姿から転じて）非常に忙しくて落ち着くひまのないこと。「―の忙しさ」
てん-てつ【点綴】（名・自他スル）「てんてい（点綴）」の慣用読み。
でん-てつ【電鉄】（「電気鉄道」の略）電気を動力として車両を運行する鉄道の総称。おもに私鉄の名称としていう。
てんてつ-き【転轍機】鉄道で、車両の進路を切り替えるために線路の分岐点に設けてある装置。ポイント。転路機。
てんで-に（副）めいめいに。思い思いに。各自。「―世界の旗を持つ」「―好きなことをする」語源「手に手に」の転。
てん-てん【輾転】（名・自スル）①転がること。②寝返りをうつこと。
―はんそく【―反側】（名・自スル）悩みごとなどで眠れずにいく度も寝返りをうつこと。
てん-てん【点点】（副）①あちこちに散っているさま。「沖に白帆が―と見える」②しずくなどがしたたり落ちるさま。
てん-てん【転転】（副・自スル）①次々と移り行くさま。「―と住所を変える」②転がっていくさま。「ボールが―と転がる」
でんでん-だいこ【でんでん太鼓】柄のある小さな張り子の太鼓の左右に、鈴や玉のついた糸をたらし、柄を振ると鈴や玉が鼓面に当たって鳴るしかけのおもちゃ。
てんでん-ばらばら（形動ダ）（ダロ・ダッ（デ・ニ）・ダ・ナ・ナラ・○）各人がそれぞれ勝手に行動するさま。まとまりのないさま。「―な考え」
でんでん-むし【蝸牛】→かたつむり 夏
てん-と【奠都】（名・自スル）都をある地に定めること。
テント〈tent〉屋外で雨露・寒暑を防ぐために支柱をたてて張る布などの幕。天幕。また、それで作った仮設の小屋。夏
でん-と【電鍍】〔化〕「電気鍍金」の略。
でん-と（副）〔俗〕どっしりと腰をすえているさま。また、大きく重々しいものが置かれているさま。「―構える」「―柱が立つ」
てん-とう【天道】（タウ）①天地を支配する神。天道。②太陽。「お―さま」
てん-とう【店頭】店さき。店の前。「―で販売する」
―しじょう【―市場】（シヂャウ）〔商〕非上場証券の売買を行う、証券取引所以外の市場。証券会社の店頭で取り引きされる。第三市場。
てん-とう【点灯】（名・自他スル）明かりをつけること。「ライトを―する」↔消灯
てん-とう【点頭】（名・自スル）うなずくこと。承知すること。
てん-とう【転倒・顛倒】（タウ）■（名・自他スル）逆さになること。また、逆さにすること。「本末―」「主客―」■（名・自スル）①ころんでたおれること。横だおしになること。「道で―し、けがをした」②狼狽すること。あわてること。動転。「気が―する」
てん-どう【天堂】（ダウ）①天上にあって神・仏の住むという殿

堂。②《仏》天上界。③《基》天国。

てん-どう【天道】ダウ ①天地自然の道理。自然の法則。「―是か非か」②天地を支配する神。天帝。天道(てんとう)。③《仏》六道の一つ。天人の住む世界。天界。④《天》天体の運行する道。

でん-とう【伝灯】《仏》師から弟子へと仏法を受け伝えて絶やさないこと。

でん-とう【伝統】ある社会や集団の中で、長年にわたり形成され、受け伝えられてきたならわし・様式・傾向など。「―を守る」

―しゅぎ【―主義】①価値ある不変のものとして受けつがれてきた伝統を尊重する立場。また、その考え方。②《哲》一九世紀初期のフランス哲学の一派。真理は、カトリックの宗教的伝統の中においてこそ、発見し得るものだとする立場。

でん-とう【電灯】電力を光源とした灯火。電気灯。「懐中―」はじまり 日本では、一八七八(明治十一)年、東京の電信中央局開業の祝宴でアーク灯を点灯したのが最初。

でん-どう【伝動】(名・他スル) 動力を機械の他の部分、または他の機械に伝えること。「―装置」

でん-どう【伝道】ダウ (名・自スル)《宗》(おもにキリスト教で)教義を伝え広めて信仰を促すこと。

―し【―師】教義を教え広める人。特に、キリスト教の布教をする者で正教師の資格のない者。

でん-どう【伝導】ダウ (名・自スル) ①伝えみちびくこと。②《物》熱または電気が物体内を移り伝わっていく現象。「―体」

でん-どう【殿堂】ダウ ①広壮でりっぱな建物。「白亜の―」②ある分野の特にすぐれたものが集められている建物・施設。「美の―(=美術館)」「野球―入り」③神仏をまつってある建物。

でん-どう【電動】《物》電気を動力として動かすこと。「―式」

―き【―機】《工》電力によって回転運動を起こし、動力を得る機械。モーター。

てんどう-せつ【天動説】《天》地球は宇宙の中央に静止し、諸天体がその周囲をめぐるという説。古代・中世に信じられた宇宙観で、天文学の発達により否定された。↔地動説

てんとう-むし【天道虫・×瓢虫】テンタウ 《動》テントウムシ科の昆虫の一群の総称。背中が半球形の甲虫。多くは背面に斑点(はんてん)がある。カメノコテントウ・ナナホシテントウなど。夏

てん-どく【転読】(名・他スル)《仏》長い経文の初・中・終の数行と題名だけを読んで、全体を読むのに代えること。↔真読

てん-とじ【天△綴じ】トヂ 卵でとじたてんぷらそば、またはてんぷらうどん。

てん-と-して【△恬として】(副) 平然として。気にかけずに。「―恥じない」

てん-とり【点取り】①点をとること。②得点の多少によって勝敗・優劣を競うこと。「―ゲーム」

―むし【―虫】試験でよい点数をとることだけを目的にして勉強する学生・生徒を、軽蔑(べつ)していう語。

てん-どん【天丼】(「てんぷらどんぶり」の略)どんぶりに盛った飯の上にてんぷらをのせ、その上からたれをかけた料理。

てんなん-しょう【天南星】シャウ 《植》サトイモ科テンナンショウ属の多年草の総称。山野の林下に自生。花は多く雌雄異株(いしゅ)で、苞(ほう)の中に穂状につく。球茎は有毒だが漢方薬にもする。マムシグサ・ウラシマソウなど。(天南星の花 春)

てん-にゅう【転入】ニフ (名・自スル) ①他の学校から転校して入学すること。転入学。②行政区の異なる他の土地から移って来て、その土地の住民となること。↔転出

てん-にょ【天女】①女性の天人。「吉祥(きっしょう)―」②美しくやさしい女性のたとえ。

てん-にん【天人】天上界に住む者。多く女性の姿で表され、羽衣を着て天上を飛行し、歌舞にたくみとされる。

てん-にん【転任】(名・自スル) 他の勤務・任地に変わること。

でん-ねつ【電熱】《物》電流が電気抵抗のあるところを流れる際に発生する熱。

―き【―器】ニクロム線など電気抵抗の大きい導体に電流を通し、熱を生じさせる器具。冬

てん-ねん【天然】①人の手が加わらない自然のままの状態。「―の真珠」↔人工・人造 ②生まれつき。天性。③《俗》「天然ぼけ」の略。

―ガス 地中から天然に産する可燃性の有機ガスの総称。燃料・工業用原料などに利用。

―きねんぶつ【―記念物】種類が少なく学術上価値の高い動物・植物・地質鉱物、およびそれらの存在する地域で、法律によりその保存・保護を指定されているもの。

―しげん【―資源】天然に存在し、採取・加工などして生産や生活に利用できるもの。土地・水・水産物・鉱産物など。

―しょく【―色】①物が自然に備え持っている色。②映画・写真などで、写されたものが自然に近い色彩であること。

―とう【―痘】→とうそう(痘瘡)

―ぼけ【―△惚け・―△呆け】《俗》無自覚にとぼけた言動をして周囲の笑いを誘うこと。また、そのような人。天然。

てん-のう【天王】ワウ (「てんおう」の連声(れんじょう)) ①《仏》欲界の最下級の天を統率する四天王の称。②《仏》(「牛頭(ごず)天王」の略)薬師如来(やくしにょらい)の化身で、牛の頭をしている守り神。③中国で、天子の称。

―ざん【―山】勝敗を決する大事な機会。勝敗や運命の大きな分かれめ。語源 豊臣秀吉(とよとみひでよし)が天王山(=京都と大阪の間にある山の名)を先に占領したことにより、明智光秀(あけちみつひで)との戦いに勝利をおさめた史実から出た語。

―せい【―星】《天》太陽系の惑星の一つ。太陽系の内側から七番目に位置する。自転周期は〇・七一八日、公転周期約八四年。質量は地球の一四・六倍。

てん-のう【天皇】ワウ (「てんおう」の連声(れんじょう)) ①日本国憲法で、日本国および日本国民統合の象徴として規定される地位。また、その地位にある個人。その地位は、主権の存する日本国民の総意に基づくものとされ、国事行為を内閣の助言と承認により行うのみで国政に関する権能はもたない。明治憲法では大日本帝国の元首。②《俗》その世界で絶対的な権力をもつ人。「財界の―」

―きかんせつ【―機関説】キクヮンセツ 明治憲法の解釈として、国の主権は法人としての国家にあって、天皇はその最高機関にすぎないとする学説。美濃部(みのべ)達吉らが唱えた。

―せい【―制】天皇を君主とする政治体制。

―たんじょうび【―誕生日】タンジャウビ 国民の祝日の一つ。十二月二十三日。天皇の誕生を祝う日。

―へいか【―陛下】「天皇」の敬称。

でん-のう【電脳】ナウ 中国語で「コンピューター」のこと。「―都市」

てん-ば【天馬】①天上界で天帝が乗るという馬。②ペガサス。③非常にすぐれている馬。駿馬(しゅんめ)。

―空(くう)を行(ゆ)く 妨げるものもなく勢いよく進む。また、着想や手腕などが自由奔放(ほんぽう)なさま。

でん-ば【電場】《物》電荷の作用がはたらく空間。電界。電場(でんじょう)。

でん-ぱ【伝△播】(名・自スル) ①伝わり広まること。「文化が―する」②《物》波動が媒質の中を広がって伝わって行くこと。

でん-ぱ【電波】《物》電磁波のうち、波長が〇・一ミリメートル

以上のもの。通信・放送に用いる。

—たんちき【—探知機】→レーダー

—どけい【—時計】 標準時を示す電波(標準電波)を受信して、自動的に時刻の誤差を修正する時計。

—ぼうえんきょう【—望遠鏡】 天体からの電波を受信・観測する装置。

てん-ばい【転売】(名・他スル) 買ったものをさらに他へ売ること。またうり。「土地を—する」

てん-ぱい【顚沛】 ①つまずき倒れること。②とっさの間。短時間。「造次—(=わずかな間)」

テンパイ〈中国 聴牌〉(名・自スル) 麻雀で、あと一個必要な牌が手にはいれば上がれる状態にあること。

でん-ぱた【田畑】 田と畑。たはた。「田地—」

てん-ばつ【天罰】 天の下す罰。自然に受ける悪事の報い。

—てきめん【—覿面】 悪いことをすると、その報いとして天罰がすぐに現れること。

でん-ぱつ【電髪】 パーマネントウエーブの古い呼び方。

テンパ・る(自五)(ラ(ロ)・リ(ッ)・ル・ル・レ・レ)《俗》①麻雀で、テンパイになる。②せっぱつまって冷静さを失う。

てん-ぱん【典範】 手本としてのおきて・きまり。「皇室—」

てん-パン【天パン】(「パン(pan)」は平たい鍋の意)天火に入れて調理するのに用いる、四角い鉄製の容器。

でん-ぱん【伝搬】(名・自スル)《物》電波などの波動が広がり伝わって行くこと。

てん-ぴ【天日】 太陽の光、または熱。「—で干す」

てん-ぴ【天火】 中に入れた食品を、熱した空気で蒸し焼きにする箱形の調理器具。オーブン。

てん-びき【天引〔き〕】(名・他スル) ①給料などから前もって一定の額を引き去ること。「—貯金」②貸金から利子をあらかじめ引き去ること。

てんび-やく【点鼻薬】 鼻の炎症などをおさえるため、鼻腔に直接噴霧する薬。点鼻剤。

てん-びょう【点描】(名・他スル) ①《美》点の集合で風景・人物などを描き表す手法。「—画」②人物や物事の特徴的な部分をとり出して簡単に描くこと。「人物—」

でん-ぴょう【伝票】 銀行・会社・商店などで、取り引きの要件、金銭の収支などを記載する紙片。「売上—」

てんぴょう-じだい【天平時代】《日》文化史上、白鳳時代に続く時代。聖武天皇の天平年間(七二九—七四九年)を中心に、唐文化の影響を受けて建築・美術などの発達した時代。広く奈良時代全体をさすこともある。

てん-びん【天秤】 ①中央を支点とする梃子を用いたはかり。さおの両端に皿をつるし、一方に測定する物を、他方に分銅をのせて重さをはかる。②釣りで、道糸・鉤素・おもりを接続してもつれを防ぐ金具。③「てんびん棒」の略。

—に掛ける ①二つの物事の選択にあたって、優劣・損得などを比較する。「恋と金とを—」②両者のどちらになっても自分に都合がよくなるようにふたまたをかける。両天秤にかける。

—ぼう【—棒】 両端に荷をかけ、中央部を肩にかついでその荷を運ぶのに使う棒。

てん-ぴん【天稟】 生まれつきの才能・性質。天性。天資。

てん-ぷ【天賦】 生まれつき。もちまえ。天与。「—の才能」

てん-ぷ【添付】(名・他スル) 正規の書類のほかに、関連書類などを添えること。「証明書を—する」「—ファイル」

てん-ぷ【貼付】(名・他スル) はりつけること。参考 もとの読みは「ちょうふ」。「てんぷ」は慣用読み。

でん-ぶ【田麩】 蒸した魚肉を細かくほぐし、砂糖・醤油などで味をつけて煎った食品。

でん-ぶ【臀部】 体の、しりの部分。

でん-ぷ【田夫】 ①農夫。②田舎者。

—やじん【—野人】 教養のない粗野な人。

てん-ぷく【転覆・顚覆】(名・自他スル) ①車両・船などがひっくり返ること。ひっくり返すこと。②政府など、大きな組織が滅びること。また、滅ぼすこと。「独裁政権の—をはかる」

てん-ぶくろ【天袋】 押し入れや違い棚の、上部に設けた戸棚。↔地袋

てん-ぶつ【天物】 自然に産する物。天然の物。天産物。

てんぷら【×天麩羅】 ①魚介・肉・野菜などに、水で溶いた小麦粉のころもをつけて油で揚げた食品。②《俗》金・銀のめっきをしたもの。また、そのように見かけだけりっぱで中身のないもの。「—時計」「—学生」③関西で薩摩揚げのこと。語源 ポルトガル語 tempero(調理)からきたとする説、また「油」を、天麩羅と書き、それを音読したとする説などがある。

テンプレート〈template〉①図形や文字などがくりぬかれた、製図用の定規。②《情報》コンピューターで、文書の作成などに用いるひな型。

てん-ぶん【天分】(天から分け与えられたものの意から)①生まれつきの才能・性質。天性。天稟。「—に富む」②天から授かった身分。分際。③天から与えられた職分。天職。

でん-ぶん【伝聞】(名・他スル) ①直接にではなく人づてに聞くこと。聞きづたえ。「—するところでは」②《文法》人から伝え聞いたこととして述べる言い方。終止形接続の助動詞の「そうだ」(口語)、「なり」(文語)を付けて表す。

でん-ぶん【電文】 電報の文章。

でん-ぷん【澱粉】《化》炭水化物の一つ。葉緑素をもつ植物の種子・根・塊茎などに粒子状でふくまれる多糖類。精製したものは無味無臭の白色粉末。栄養素として重要。

—しつ【—質】 デンプンを多くふくんでいる物質。

テンペラ〈tempera〉顔料をにかわ・糊などと混ぜてつくった絵の具。また、それで描く絵。「—画」

てん-ぺん【天変】 天空に起こる異変。暴風・雷・月食など。

—ちい【—地異】 天変と地異(=地上に起こる異変)。天地間に起こる自然の異変。地震・暴風雨など。

てん-ぺん【転変】(名・自スル) 移り変わること。「有為—」

てん-ぼ【展墓】(名・自スル) 墓参り。墓参。秋

てん-ぽ【店舗】 商品を売るための建物。みせ。「貸—」

てん-ぽ【転補】(名・他スル) ある官職から他の官職につけること。転任させること。

てん-ぽ【塡補】(名・他スル) 不足や欠損を補いうめること。補塡。「損失分を—する」

テンポ〈イタリア tempo〉①《音》楽曲の演奏の速度。②物事の進んで行く速さ。「話の—が合わない」

てん-ぼう【展望】(名・他スル) ①広々と遠くまで見渡すこと。また、そのながめ。見晴らし。「—台」②広く、社会のできごとや将来性などを見渡すこと。「将来への—が開ける」

—しゃ【—車】 列車で、沿線の風景を眺めて楽しめるように、特別な設備を施した客車。

でん-ぽう【伝法】 一(名・自スル) ①《仏》師から弟子へ仏法を教え伝えること。②無理やりはいりこんで無料見物・無銭飲食をすること。また、その人。語源 ②は、江戸時代、浅草伝法院の下男が寺の威光を借りて境内の興行小屋に無断入場したことからいう。二(名・形動ダ) ①無法で荒っぽいさま。また、その人。②(女性が)勇みはだであるさま。また、その人。「—な口をきく」参考「でんぽう」ともいう。

―はだ【―肌・―◦膚】勇ましく威勢がよい気質。勇みはだ。でんぽうはだ。用法多く、女性についていう。

でん‐ぽう【電報】電信によって文字・符号を送受する通信。また、その通信文。「―を打つ」はじまり一八五四年、ペリー来日の際にアメリカの電信機が徳川幕府に献上され、一八六九(明治二)年、東京・横浜間で業務を開始。

―はっしんし【―発信紙】電報を依頼するとき、電文を書く所定の用紙。参考「頼信紙」は旧称。

てんぽう‐せん【天◦保銭】①(「天保通宝銭」の略)江戸幕府が一八三五(天保六)年以降鋳造した銅銭。②時勢おくれの人や、知恵の足りない人をあざけっていう語。語源②は、明治の初め、天保銭が八厘として通用し、一銭に満たなかったことからいう。

てん‐ぽん【点本】仮名・ヲコト点・返り点などの訓点をつけてある漢籍・仏典など。訓点本。付点本。

てん‐ま【天魔】《仏》人が善事をしようとするときや仏法の修行をしているときにこれを妨げる魔王。

てん‐ま【伝馬】①「伝馬船」の略。②律令制で、駅馬とは別に各郡に五頭ずつ置き公用にあてた逓送用の馬。戦国時代以降宿駅に備え、江戸幕府も主要街道に常備した。

―せん【―船】和船の一種。岸と本船との間を往復して荷物などを運送する小船。伝馬船。参考常用漢字表付表の語。

〔てんません〕

デンマーク〈Denmark〉北海につき出たユトランド半島と付近の群島からなる立憲君主国。首都はコペンハーゲン。語源昔のノルマン語に由来し、「デーン人(ノルマン人の一派)の領地」の意。参考「×丁抹」とも書く。

てん‐まく【天幕】①屋外で雨露を防ぐために張る幕。テント。夏②天井から垂れ下げて張り、飾りにする幕。「紅白の―」

てん‐まつ【△顛末】(「顛」は頂の意)物事の初めから終わりまでのなりゆき。一部始終。「事の―を話す」

てん‐まど【天窓】採光または換気のために屋根に設けた窓。

てんまん‐ぐう【天満宮】菅原道真をまつる神社。道真の学才にあやかり、学芸の上達を祈願する。天満神社。

てんむ‐てんのう【天武天皇】(？～六八六)第四〇代天皇。舒明天皇の皇子で、天智天皇の弟。名は大海人皇子。壬申の乱(六七二年)後、飛鳥の浄御原宮で即位。律令体制の強化につとめた。

てん‐めい【天命】①天の命令。天の与えた使命。「人事を尽くして―を待つ」②生まれたときから身に備わった運命。宿命。③天から与えられた寿命。天寿。「―を全うする」

てん‐めい【天明】明け方。夜明け。

でん‐めい【電命】電報での命令。

てんめい‐かいご【転迷開悟】(名・自スル)《仏》迷いを離れて悟りを開くこと。迷いからぬけ出て菩提心を起こすこと。

てん‐めつ【点滅】(名・自他スル)あかりがついたり消えたりすること。また、つけたり消したりすること。「ネオンが―する」

てん‐めん【△纏綿】■一(名・自スル)複雑にからみつくこと。まといつくこと。「思いが―する」■二(タルト)情が深くこまやかで、離れにくいさま。「情緒―」文(形動タリ)

てん‐もう【天網】悪事を見張るために、天が張りめぐらした網。

―恢恢疎にして漏らさず 天網は広大で、その目は粗いが、悪人をもらすことなく捕らえる。どんな小さな悪事でも、必ず天罰を受けるものだというたとえ。〈老子〉参考反対のことば―網呑舟の魚を漏らす

てん‐もく【天目】(「天目茶碗」の略)茶の湯に用いる抹茶茶碗の一種。浅く開いた、すりばち形のもの。

てんもく‐ざん【天目山】勝敗の分かれめ。どたんば。語源山梨県東部にある山名。武田勝頼が織田勢に攻められてこの地で自刃し、勝敗が決まったことから生まれた語。

てん‐もん【天文】天体の諸現象。

―がく【―学】天体の諸現象を観測し研究する学問。

―がくてき‐すうじ【―学的数字】天文学で扱うような桁はずれに大きな数。現実離れした非常に大きな数。

―だい【―台】天体の観測や研究に従事する施設・機関。

でん‐や【田野】①田畑と野原。野良。②田舎。

てん‐やく【典薬】昔、朝廷・幕府で医薬を取り扱った職。

てん‐やく【点訳】(名・他スル)ふつうの文字・文章を点字に直すこと。点字訳。「新聞を―する」

てん‐やく【点薬】(名・自スル)目に薬をさすこと。また、その薬。点眼薬。目薬。

てんや‐もの【店屋物】飲食店からとりよせる食べ物。

てんや‐わんや(名・自スル・形動ダ)《俗》大勢の人が勝手に騒ぎ立てて混乱すること。また、そのさま。「―の大騒ぎ」

てん‐ゆう【天△祐・天△佑】天の助け。天助。「―神助」

てん‐よ【天与】天から与えられたもの。天賦。「―の才能」

てん‐よう【転用】(名・他スル)本来の目的とは違った他の用途に使うこと。「農地を駐車場に―する」

てん‐らい【天来】天から来ること。また、この世のものとは思われないほど、すばらしいこと。「―の妙音」

てん‐らい【天△籟】①風の音。②非常にすぐれている詩歌。

でん‐らい【伝来】(名・自スル)①代々に受け伝わること。「先祖―の刀」②外国から伝わってくること。「仏教の―」

てん‐らく【転落・△顛落】(名・自スル)①転がり落ちること。「―事故」②落ちぶれること。③堕落すること。

てん‐らん【天覧】天皇が見ること。叡覧。「―試合」

てん‐らん【展覧】(名・他スル)作品・制作物などを並べて広く一般に見せること。「―に供する」

―かい【―会】芸術作品・制作物などを並べて、一般の人に見せ、鑑賞・宣伝などに供する会。

でん‐らん【電△纜】→ケーブル①

てん‐り【天理】天が万物を創造し、支配する自然の道理。

でん‐り【電離】(名・自スル)①《化》酸・塩基・塩類などを水に溶かしたとき、その一部が陽イオンと陰イオンに解離すること。②《物》中性原子が電子と陽イオンに分離すること。

―そう【―層】《気》大気圏上層で、電子密度が大きく電波を反射したり吸収したりする領域。地上約六〇キロメートルの高さにあるD層、一〇〇キロメートル付近のE層と二三〇キロメートルから数百キロメートルのF層に区別される。電離圏。

でん‐りゃく【電略】(「電信略号」の略)かつて電信に用いた略号。「至急」を「ウナ」とするなど。

でん‐りゅう【電流】《物》電気が導体内を流れる現象。一秒間に一クーロンの電気量が流れる場合を電流の単位とし、これを一アンペアという。記号A

てん‐りょう【天領】①天皇・朝廷の領地。②江戸時代、徳川幕府の直轄地。

でん‐りょく【電力】《物》単位時間に電流がする仕事の量。直流では電流と電圧の積で表す。単位はワット。記号W

てん‐れい【典礼】一定の儀式や礼儀。定まった儀礼。

てん‐れい【典例】よりどころとなる先例。「―にかなう」

てん‐れい【典麗】(名・形動ダ)整っていて美しいこと。また、そのさま。「―な山容」

でん-れい【伝令】 軍隊などで、命令を伝えること。また、その役の人・兵士。「―を走らせる」

でん-れい【電鈴】 電磁石によって鳴るしくみのベル。

てん-ろ【転炉】〔工〕鉄・銅などの精錬に用いる回転炉。洋ナシ形で耐火性に富む。

でん-ろ【電炉】「電気炉」の略。

でん-ろ【電路】〔物〕電流の通じる道。電気回路。

てんろ-き【転路機】 →てんてつき

でん-わ【電話】 ■一（名・自スル）電話機で通話すること。また、その通話。「―をかける」■二（名）「電話機」の略。

―き【―機】 音声を電流または電波に変えて遠方の地に送り、さらに音声に還元して通話させる装置。はじまり 一八七六年、アメリカのベルが発明。翌年日本に輸入され、一八九〇（明治二十三）年に最初の電話加入者の募集が行われた。

―ぐち【―口】 電話機の送話・受話をする部分。また、通話中の電話機のそば。「―に呼び出す」

―こうかんしゅ【―交換手】（カウクワンシュ） 通話しようとする人の電話回線を相手の線に接続する業務に従事する人。

―ちょう【―帳】（チャウ） 電話加入者の氏名・住所・電話番号を掲載した冊子。電話番号簿。はじまり 日本では、一八九〇（明治二十三）年、東京と横浜の一九七世帯が掲載された「電話加入者人名表」が最初。

と　ト

五十音図「た行」の第五音。「と」は「止」の草体。「ト」は「止」の省画。

と【土】（字義）→ど(土)

と【斗】 ト㊥ ます （字義）①容積の単位。一〇升。「斗酒・斗升・四斗樽(しとだる)」②ひしゃく。また、ひしゃくに似た形のもの。③星座の名。大熊(おおぐま)座。「泰斗・北斗七星」人名 け・とう・はかる・ほし

と【斗】 尺貫法の容積の単位。一升の一〇倍。一石(こく)の一〇分の一。約一八リットル。穀物・酒などをはかるのに用いた。

と【吐】 ト㊥ はく㊥ （字義）①はく。口からはき出す。「吐息(といき)・吐血・嘔吐(おうと)・呑吐(どんと)」↔呑 ②あらわす。もらす。「吐露」③音声。ことば。「音吐朗朗」難読 吐月峰(とげっぽう)

と【兎】 人 ト うさぎ （字義）①うさぎ。ウサギ科の哺乳(ほにゅう)動物。「狡兎(こうと)・脱兎」②月の別名。月にうさぎが住むという伝説から。「兎影・烏兎(うと)・玉兎」人名 う・うさ

と【図】（字義）→ず(図)

と【杜】 人 ト・ズ(ツ) やまなし・もり （字義）①やまなし。バラ科の落葉小高木。②ふさぐ。とじる。とざす。「杜絶・杜門」③森。神社の森。難読 杜若(かきつばた)・杜撰(ずさん)・杜漏(ずろう)・杜氏(とうじ・とじ)・杜鵑(ほととぎす)

と【妬】 ト㊥ ねたむ㊥・やく （字義）ねたむ。ねたみ。やく。やきもち。他人の成功をうらやみにくむ。「妬心・嫉妬」

と【度】（字義）→ど(度)

と【徒】 教4 ト かち・いたずら （字義）①かち。乗り物に乗らずに歩いて行く。「徒行・徒渉・徒歩」②手に何も持たない。素手(すで)。「徒手」③むだに。むなしく。何もしない。役に立たない。「徒食・徒労」④ともがら。仲間。「徒党・博徒(ばくと)・暴徒」⑤弟子。門人。「徒弟・信徒・生徒・仏教徒・門徒」⑥労役に服させる。囚人。「徒刑・囚徒」難読 徒事(あだごと)・徒桜(あだざくら)・徒(あだ)し心(ごころ)・徒名(あだな)・徒波(あだなみ)・徒花(あだばな)・徒士(かち)・徒歩(かち)・徒渡(かちわたり)・徒人(ただうど)・徒然(つれづれ)・徒口(むだぐち) 人名 ただ・とも

と【徒】 仲間。同類。ともがら。「無頼の―」

と【途】 ト㊥・ズ(ツ) みち （字義）①みち。みちすじ。道路。「途上・途中・帰途・三途(さんず)・前途・中途」②手段。方法。「途方・方途」難読 途轍(とてつ)もない 人名 とお

と【途】 みち。みちすじ。「帰国の―につく」

と【都】 教3 **【都】** 人 ト・ツ みやこ （字義）①みやこ。㋐天子の宮城のあるところ。「都城・旧都・古都・首都・遷都・帝都」㋑人口が多く繁華な土地。「都会・都市」②日本の地方行政区画の一つで、「東京都」のこと。「都庁・都民」③みやびやか。美しい。「都雅」④統(す)べる。まとめる。「都統・都督」⑤すべて。「都合」難読 都都逸(どどいつ) 人名 くに・さと・ひろ

と【都】 道・府・県とならぶ地方公共団体。東京都。

と【堵】 人 ト かき （字義）①かき。かきね。土を築いて外としきる囲い。「堵牆(としょう)・堵列」②いる所。すまい。「安堵(あんど)」③ふせぐ。「防堵」

と【渡】 ト㊥ わたる㊥・わたす㊥ （字義）①わたる。㋐川・海をわたる。「渡海・渡水」㋑通りすぎる。「過渡期」㋒世をわたる。くらす。「渡世」㋓外国へ行く。「渡航・渡米」㋔伝わる。移る。「渡来」㋕出て行く。「渡御(とぎょ)」②わたし。わたし場。「渡津(としん)・渡頭」③わたす。手わたす。「譲渡」難読 渡殿(わたどの)・渡座(わたまし) 人名 ただ・わたり

と【登】（字義）→とう(登)

と【塗】 ト㊥ ぬる㊥ （字義）①ぬる。ぬりつける。「塗装・塗布」②どろ。どろにまみれる。「塗炭」③みち。道路。「道聴塗説」難読 塗師(ぬし)・塗籠(ぬりごめ) 人名 みち

と【賭】 ト高 かける㊥ （字義）①かける。ばくちをする。かけごと。「賭場・賭博」②勝負をきそう。「賭書」難読 賭弓(のりゆみ)

と【頭】（字義）→とう(頭)

と【十】 一の一〇倍。とお。じゅう。「―月(つき)」

と【戸】 ①建物・部屋の出入り口や窓・戸棚などに取りつけて、開閉できるようにした建具。「―を開ける」②水流の出入りする所。水門(みと)。「由良(ゆら)の―」参考 ②は、「門」とも書く。

と【砥】 とし。「仕上げ―」

と（副）①ちょっと。ふと。「―見れば」②そのように。あのように。用法 ②は、副詞「かく」と対になって、慣用句を作る例がほとんどである。「とにも、かくにも」「とやかく」など。

と ■一（格助）①動作の共同者を示す。「…とともに」の意。「父―行く」②動作の対象を示す。「に」の意。「道で知らない人―出会った」③結果を示す。「に」の意。「秋も半ば―なった」④比較の基準を示す。「君の意見―は異なる」⑤比況の意を表す。「…のように」の意。「手足―頼む助手」⑥経過時間を示す。「三日

ーたたない」⑦認識の内容を示す。「悪かったー認める」「葉音を、待つ人の衣擦れー聞く」⑧引用を示す。「どんなこともできるーいう」⑨並列の意を表す。「空ー海ーの境」用法体言、体言の資格をつくる助詞「の」に付く。⑦⑧の「と」は文および文相当の語句を受ける。⑨の並列の「と」は、最後の「と」を省いてもよいが、次の例のように誤解を招くおそれのある場合には省いてはいけない。「甲と乙との弟に会う」。なお、⑨の「と」を並立助詞とする説もある。■(接助)①ある事態の起こる機会、またはそれに気づく機会を示す。「外に出るー日が暮れていた」②前に述べた事に続いて次の事が起こる意を表す。…するときはいつでも。「彼と会うー話し込んでしまう」「注意するー泣き出した」③順接の仮定条件を表す。「早く帰らないー心配するだろう」④逆接の仮定条件を表す。「どうしようーかまわない」用法用言・助動詞の終止形に付く。

ど【土】 教1 ド・ト つち

(字義)①つち。㋐どろ。どろつち。「土壌・土間・泥土・粘土・沃土」㋑大地。陸地。「土地」②くに。領地。「国土・本土・領土」③地方。「土豪・辺土」④ふるさと。「郷土」⑤その土地の。「土俗・土着・土民」⑥五行の一つ。「土用」⑦七曜の一つ。「土曜」または「土曜日」の略。⑧「土佐」の国」の略。「土州」⑨「土耳古」の略。難読土器・土筆・土塊・土壇場・土師器・土産・土竜 人名ただ・つつ・のり・は(姓)・はに・ひじ(姓)

ど【奴】 ド㊥・ヌ やつ・やっこ

(字義)①やっこ。㋐しもべ。人に使われる男女。「奴僕・奴隷・農奴」㋑武家の下男。中間。「奴凧」㋒江戸時代の男だて。「旗本奴・町奴」②やつ。㋐自分をいやしめていう語。「奴家」㋑他人をいやしめていう語。「守銭奴・売国奴」難読奴婢・奴原

ど【努】 教4 ド つとめる

(字義)つとめる。力をつくす。一心にはげむ。「努力」難読努努 人名ちから・つとむ

ど【度】 教3 ド・ト㊥・タク㊥ たび㊥・のり・はかる

(字義)①のり。きまり。法則。「度外・制度・法度」②ものさし。長さをはかる器具。「度量衡」③ほどあい。「度合・過度・限度・尺度・程度」④器量。人がら。ようす。「度胸・度量・襟度・態度」⑤たび。回数。「度数・今度・年度・頻度・毎度」⑥めもり。単位。「緯度・温度・角度・感度・経度・光度・高度・硬度・湿度・鮮度・濃度・密度」⑦㋐仏の道にはいらせる。救う。「済度」㋑僧となる。「度牒・得度」⑧はかる。おしはかる。「忖度」人名ただ・なが・のぶ・もろ・わたり・わたる

-ど【度】(接尾)①温度・角度・経度・緯度・アルコール含有量の割合などの単位を表す。「氷点下三ー」「直角は九〇ー」「北緯三八ー」②回数を数える語。「二ーと行かない」

ど【度】①程度。限度。「ーをこす」「ーが過ぎる」②回数。「ーを重ねる」③目盛り。「ーを読む」④めがねのレンズの強さ。「近視のーが進む」

ーを失う びっくりしてうろたえ取り乱す。

ど【怒】 ド㊥・ヌ いかる㊥・おこる㊥

(字義)いかる。㋐いきどおる。腹を立てる。「怒気・怒髪・激怒・憤怒・喜怒哀楽」㋑荒れ狂う。勢いの盛んなさま。「怒号・怒濤」人名いろ

ど-(接頭)《俗》①意味や調子を強める語。「ーえらい」「ーまんなか」「ー根性」②軽蔑してののしる意を添える。「ーけち」

ど(接助)(古)①逆接の確定条件を表す。…けれども。…だが。②逆接の一般条件を示す。ある条件が備わると、いつもそこから予想されることに反する事柄が起こることを表す。…ても。用法活用語の已然形に付く。

ドア〈door〉洋風の戸。とびら。「自動ー」「ーを閉める」

ど-あい【度合〔い〕】 程度。ほどあい。「緊張のー」

ドア-チェーン〈door chain〉ドアが一定以上開かないように、ドアの内側に付ける防犯用の鎖。

ど-あつ【土圧】 土砂の圧力。

ドア-ツー-ドア〈door-to-door〉①自宅の戸口から目的地の戸口までの所要時間をいう語。「会社までーで五〇分」②依頼主の戸口で受け取った荷物を送り先の戸口まで直接届ける運送配達方式。「ーの宅配便」③戸別訪問すること。

と-あみ【投網】 漁網の一種。円錐形で、上部に手綱、下部におもりを付け、水面に投げ広げて魚を上からおおいかぶせて捕る。「ーを打つ」参考常用漢字表付表の語。

と-ある(連体)ある。ちょっとした。「ー村を通りかかる」

とい【樋】 ①屋根を流れる雨水を受けて地上に流すために、屋根のへりにつける装置。とよ。「雨ー」②→ひ(樋)①

とい【問〔い〕】 ①問うこと。質問。「ーを発する」②問題。設問。「次のーに答えよ」(↔答え)

ど-い【土居】 ①城や家の周囲の土の垣。②土手。つつみ。

とい-あわせ【問い合〔わ〕せ・問合せ】 問い合わせること。たずねて確かめること。照会。「ーの手紙が殺到する」

とい-あわ・せる【問い合〔わ〕せる・問合せる】(他下一) わからないことや不審な点などを聞いて確かめる。照会する。文とひあは・す(下二)

と-いう【と言う】 ①…と人が呼んでいる。…と呼ばれている。「銀座ーところ」②(同じ語の間において)㋐それに属するものはすべての意を表す。「学校ー学校から資料をとりよせる」㋑強調する意を表す。「今日ー今日は逃がさない」③…にあたる。…にのぼる。「一〇億ー大金」④ある事柄を特に取り立てる意を表す。「いざーときの準備」

と-いえ-ども【と雖も】 …であっても。…とはいうものの。「名人ー時には誤る」⇩いえども

とい-かえ・す【問〔い〕返す】(他五) ①同じことを再び問う。たずね直す。「耳を疑いー」②相手の問いに答えないで、逆にこちらから聞き返す。「君こそ何をしていたのかとー」

とい-か・ける【問〔い〕掛ける】(他下一) ①声をかけてたずねる。質問をする。②質問をしはじめる。「ー・けて、ためらう」文とひか・く(下二)

と-いき【吐息】 がっかりしたり、ほっとしたりしたときに吐く、大きな息。ため息。「ーをもらす」「青息ー」

と-いし【砥石】 刃物などを研ぐのに用いる石。

と-いた【戸板】 雨戸の板。特に、人や物をのせて運ぶのに転用される場合にいう。「けが人をーで運ぶ」

とい-ただ・す【問〔い〕質す】(他五) ①たずねて不明・不審な点を明らかにする。「真相をー」②きびしく問いつめる。「意図をー」

ドイツ〈オランダ Duits〉ヨーロッパ中央部にある連邦共和国。第二次世界大戦後、西独(ドイツ連邦共和国)と東独(ドイツ民主共和国)とに分割されたが、一九九〇年十月にドイツ連邦共和国として統一された。首都はベルリン。語源自国ではドイチュラント(Deutschland)といい、「民衆の国」の意。参考「×独逸」

「×独乙」とも書く。

どーいつ【◇何◇奴】(代) ①不定称の人代名詞。不明・不特定の人をさす、ぞんざいな言い方。どのやつ。「ーもこいつも(=みんな)頼りにならない」 ②不定称の指示代名詞。不明・不特定の事物をさす、ぞんざいな言い方。「ーを買おうか」

どーいっき【土一△揆】〔日〕室町時代、年貢の減免や徳政令の発布などを目的とした、農民の武装蜂起。強訴。土一揆。

といーつ・める【問〔い〕詰める】(他下一) メ・メ・メル・メル・メレ・メロ(メヨ) 真実、あるいは納得のいく答えを言うまできびしく問いただす。詰問する。「だれがやったのかをー」 文 とひつ・む(下二)

どいばんすい〔土井晩翠〕(一八七一〜一九五二) 詩人・英文学者。本姓は「つちい」。仙台生まれ。漢文調の叙事詩に特色。詩集「天地有情」、翻訳「オデュッセイア」など。

トイメン〈中国 対面〉(麻雀で)自分の向かい側。また、その席にいる人。

といーや【問屋】 → とんや

トイレ 「トイレット」の略。

トイレット〈toilet〉洗面所。化粧室。便所。トイレ。参考 米国では、家庭用のものは bathroom、公共のものは restroom などが一般的。

ーペーパー〈toilet paper〉便所で使うために常置する紙。ふつう、巻き紙式になったものをいう。おとし紙。

とう【刀】教2 トウ(タウ) かたな

(字義) ①かたな。はもの。「刀剣・刀創・軍刀・執刀・小刀・大刀・短刀・彫刻刀・日本刀・抜刀・宝刀・名刀」 ②かたなの形をした古銭の名。「刀銭・刀幣」 難読 刀自・刀豆 人名 と・はかし・わき

とう【冬】教2 トウ ふゆ

(字義) ふゆ。四季の一つ。立冬から立春の前日まで。十二・一・二月。陰暦では十・十一・十二月。「冬季・冬眠・越冬・厳冬・初冬・晩冬」 難読 冬瓜・冬葱 人名 かず・と・とし

とう【当】教2【當】トウ(タウ) あたる・あてる・まさに

(字義) ①あたる。㋐つりあう。匹敵する。「相当・一騎当千」 ㋑あてはまる。道理にかなう。「穏当・正当・妥当・適当」 ㋒正しい。「当否」 ㋓むかいあう。「当面・当惑」 ㋔ひきうける。任務とする。「当事者・当番・担当」 ㋕えらびだされる。「当選・当籤」 ㋖くばる。わりあてる。「配当」 ②あたりまえ。そうあるべきこと。「当為・当然」 ③その。この。こちらの。「当該・当人・当方」 ④今の。現在の。さしあたっての。「当今・当座・当主」 ⑤しち。しちぐさ。「抵当」 難読 当限 人名 あつる・たえ・とし・まさ・まつ

とう【当】 タウ ①道理にかなっていること。「ーを得た答え」 ②さしあたって問題の対象になっていること。「ーの本人」

とう【灯】教4【燈】トウ ひ㊥・ともしび

(字義) ①ひ。ともしび。あかり。「灯火・灯明・点灯・電灯」 ②仏の教え。仏法が世の中の闇を照らすことをたとえていう。「伝灯・法灯」 難読 灯心蜻蛉・灯影

とう【投】教3 トウ なげる

(字義) ①なげる。㋐なげうつ。なげつける。「投球・投擲」 ㋑やめる。なげだす。あきらめる。「投降・投筆」 ②なげいれる。ほうりこむ。「投身・投錨」 ③よせる。送る。「投稿・投書」 ④出す。与える。「投資・投薬」 ⑤あてこむ。つけいる。「投機」 ⑥合う。「意気投合」 ⑦とどまる。泊まる。「投宿」 ⑧「投手」「投球」の略。「投飛・完投・好投」 難読 投網 人名 ゆき

とう【豆】教3 トウ・ズ(ツ) まめ

(字義) ①たかつき。食物などを盛る木製の祭器。②まめ。㋐穀物の一つ。「豌豆・黒豆」 ㋑特に、大豆をいう。「豆乳・豆腐」 ③小さいものの形容。「豆本」 ④「伊豆の国」の略。「豆州・駿豆」 難読 豆幹

とう【到】トウ(タウ)㊥ いたる

(字義) ①いたる。㋐遠方から来る。「到来」 ㋑行き着く。「到達・到着・殺到・着到」 ②とどく。極限に達する。「到底・到頭」 ③ゆきとどく。ぬかりがない。「周到・精到」 人名 ゆき・よし

とう【人宕】トウ(タウ)

(字義) ①ほらあな。洞窟。②度をこえる。③ほしいまま。「跌宕」

とう【東】教2 トウ ひがし

(字義) ①ひがし。太陽の出る方角。「東国・東方・河東・極東・江東・遼東」 ↔西 ②東方へ行く。「東上・東征」 ↔西 ③あずま。箱根から東方の国をいう。「東都・関東・坂東」 ④春。五行では東を春にあてる。「東宮・東風」 ⑤「東京」の略。「東名」 難読 東鑑・東屋・東雲 人名 あがり・あきら・あずま・こち・さき・はじめ・はる・ひで・もと

とう【人沓】トウ(タフ) くつ

(字義) ①くつ。はきものの総称。②すらすらしゃべる。「噂沓」 ③重なる。「重沓」 ④まじり合う。「雑沓」 ⑤むさぼる。「貪沓」 ⑥水があふれる。「沓潮」 人名 かず

とう【逃】トウ(タウ)㊥ にげる㊥・にがす㊥・のがす㊥・のがれる㊥

(字義) ①にげる。にがす。㋐のがれる。立ち去る。「逃走・逃亡」 ㋑さける。まぬかれる。「逃避」 ②かくれる。交わらない。「逃世」

とう【倒】トウ(タウ)㊥ たおれる㊥・たおす㊥

(字義) ①たおれる。「倒壊・倒産・卒倒・七転八倒」 ②たおす。「倒閣・倒幕・圧倒・打倒」 ③さかさま。「倒置・倒立・転倒」 ④ひどく。激しく。「一辺倒・驚倒・傾倒・抱腹絶倒」

とう【凍】トウ㊥ こおる㊥・こごえる㊥・いてる

(字義) ①こおる。「凍結・凍土・解凍・冷凍」 ②こごえる。寒さのために感覚が麻痺する。「凍死・凍傷」

とう【唐】トウ(タウ)㊥ から㊥

(字義) ①から。もろこし。中国の古称。また、ひろく外国の意。「唐人・唐土」 ②ほら。大言。「荒唐無稽」 ③大きい。④だしぬけ。「唐突」 ⑤つつみ。堤防。難読 唐衣・唐櫃・唐黍・唐土

とう〔唐〕 タウ 〔世〕中国の王朝の名。㋐李淵が隋に次いで建てた国。二〇代二八九年続いた。(六一八〜九〇七) ㋑五代の一つ。通称は後唐。(九二三〜九三六) ㋒五代十国の一つ。通称は南唐。(九三七〜九七五)

とう【人套】トウ(タウ)

(字義) ①長く大きい。②かさねる。かさね。衣服などの一そろい。「一套・外套」 ③おおう。「封套」 ④古くさい。ありきたり。「套語・旧套・常套」 ⑤くま。地形の折れ曲がった所。「河套」 人名 なが

とう【島】教3【人嶋】トウ(タウ) しま

(字義) しま。周囲を水でかこまれた陸地。「島嶼・遠島・

群島・孤島・無人島・離島・列島」

とう【党】教6【黨】トウ(タウ) なかま

(字義) ①なかま。ともがら。「党派・党類・徒党」②みうち。親戚(しんせき)。「族党」③政党。同じ主義主張に立つ人々の政治的団体。「党議・野党・与党」④生まれ故郷。「郷党」⑤やつ。人をいやしめていう語。「悪党」人名 あきら・くみ・とも・まさ

-とう【党】タウ (接尾) 政党などの団体を表す。「革新―」

とう【党】タウ ①なかま。集団。「―を組む」②政党。「―の方針」

とう【桃】トウ(タウ)㊥ もも㊥

(字義) もも。バラ科の落葉小高木。「桃葉・桃李(とうり)・桜桃・黄桃・白桃」人名 ちょう

とう【桐】人 トウ・ドウ きり

(字義) きり。キリ科の落葉高木。「桐油・梧桐(ごとう)」人名 ひさ

とう【納】タフ (字義) →のう(納)

とう【討】教6 トウ(タウ) うつ㊥

(字義) ①うつ。攻める。征伐する。「討幕・討伐・征討・追討」②たずねる。㋐きわめる。問いただす。「討議・討究・討論・検討」㋑さぐる。求める。「探討」

とう【透】トウ㊥・すく㊥・すかす㊥ すける㊥・とおす・とおる

(字義) ①すく。すかす。すきとおる。「透徹・透明」②とおる。とおす。「浸透」難読 透垣(すいがい) 人名 とお・すき・みち・ゆき・ゆく

とう【兜】人 トウ・ト かぶと

(字義) ①かぶと。戦いのときに頭を守るための鉄・革製の武具。②かぶりもの。頭巾(ずきん)。③かご。乗り物。

とう【悼】トウ(タウ)㊥ いたむ㊥

(字義) いたむ。㋐悲しむ。あわれに思う。「悼痛・悲悼」㋑人の死を惜しみ悲しむ。「悼辞・哀悼・追悼」

とう【桶】人 トウ・ヨウ おけ

(字義) ①おけ。水を入れる円筒形の容器。②ます。容積をはかる道具。

とう【盗】【盜】人 トウ(タウ)㊥ ぬすむ㊥

(字義) ①ぬすむ。人の物を取る。「盗掘・盗賊・窃盗(せっとう)」②ぬすびと。どろぼう。「怪盗・強盗・夜盗」難読 盗人(ぬすっと・ぬすびと)・盗汗(ねあせ)

とう【逗】人 トウ・ズ(ヅ) とどまる

(字義) ①とどまる。㋐滞在する。「逗留(とうりゅう)」㋑立ち止まる。「逗撓(とうとう)」②区切り。文章の切れ目。「句逗」③曲がって行く。④投げる。

とう【陶】トウ(タウ)㊥ すえ

(字義) ①すえ。焼きもの。せともの。土をこねて焼きものを作る。「陶物(すえもの)・陶器・陶窯(とうよう)・製陶」②人を教え導く。教化する。「陶冶(とうや)・薫陶(くんとう)」③たのしむ。よろこぶ。「陶酔・陶然」④うれえる。心がふさぐ。「陶鬱(とううつ)」人名 よし

とう【塔】トウ(タフ)㊥

(字義) ①(「卒塔婆(そとば)」の略)仏骨を安置する、仏寺の付属建造物。死者を埋葬したしるしに立てる木や石の細長い標(しるし)。「塔婆・石塔・仏塔・宝塔」②高い建造物。「鉄塔・無線塔」難読 塔頭(たっちゅう)

とう【塔】タフ ①高くそびえる建造物。②納骨や供養のため、または仏跡・霊地を表すために建てた高層建造物。「五重の―」

とう【搭】トウ(タフ)㊥

(字義) ①かける。つるす。かかる。「搭鉤(とうこう)」②のる。のせる。「搭載・搭乗・搭船」

とう【棟】トウ㊥ むね㊥・むな㊥

(字義) ①むね。屋根のいちばん高いところ。むなぎ。屋根のむねに使う木。「屋棟・高棟」②長いむねをもった建造物。また、それを数える語。「第二病棟」③主要な人物。かしら。「棟梁(とうりょう)」人名 すけ・たか・たかし・みね・むなぎ

-とう【棟】(接尾) 建物を数える語。「東の二―を建て替える」

とう【湯】教3 トウ(タウ) ゆ

(字義) ①ゆ。水をわかしたもの。「茶湯・熱湯」②ふろ。温泉。「湯治・銭湯」③せんじぐすり。「薬湯」難読 湯麺(タンメン)・湯中(ゆあた)り・湯帷子(ゆかたびら)・湯湯婆(ゆたんぽ)・湯桶(ゆとう)・湯女(ゆな)・湯熨(ゆのし)・湯槽(ゆぶね) 人名 のり

とう【痘】トウ㊥ もがさ

(字義) 皮膚に豆粒ほどの水ぶくれのできる熱性の病気。また、その水ぶくれ。ほうそう。「痘瘡(とうそう)・痘苗・牛痘・種痘・天然痘」難読 痘痕(あばた・いも)

とう【登】教3 トウ・ト のぼる

(字義) ①のぼる。高いところにあがる。物の上にのる。「登頂・登山・先登」②参上する。出仕する。「登院・登庁」③位につく。人を引きあげ用いる。位につかせる。「登用・登庸」④記録する。記載する。「登記・登載・登録」⑤みのる。成熟する。⑥「能登(のと)の国」の略。人名 たか・ちか・とみ・とも・なり・なる・のり・み・みのる

とう【答】教2 トウ(タフ) こたえる・こたえ

(字義) こたえる。返事をする。応ずる。こたえ。返事。「答案・答申・答弁・応答・回答・解答・即答・返答」↔問 人名 さと・とし・とみ・とも・のり

とう【等】教3 トウ ひとしい・ら・など

(字義) ①ひとしい。条件が同じ。ひとしくする。「等圧・等分・均等・同等・平等」②ら。など。同類の多数を表す語。「鳥獣等・我等(われら)」③なかま。ともがら。「等輩・等類」④階級。順位。「等級・上等・優等」難読 等閑(なおざり・とうかん) 人名 しな・たか・とし・とも・ひとし

-とう【等】(接尾) ①同類のものの代表例をあげ、他のものを省略するのに用いる語。など。ら。「高校生・大学生―の若者」②等級・順位を示す。「一―になる」

とう【筒】トウ㊥ つつ㊥

(字義) つつ。くだ。中がうつろなものの総称。竹のくだ。「円筒・水筒・封筒」人名 まる

とう【統】教5 トウ すべる㊥

(字義) ①すべる。一すじにまとめる。治める。「統一・統括・統轄・統率・総統」②すじ。おおすじ。ひとつづきになっているもの。血すじ。「系統・血統・皇統・正統・伝統」人名 おさ・おさむ・かね・すみ・すめる・つづき・つな・つね・のり・むね・もと

とう【董】人 トウ

(字義) ①ただす。とりしまる。「董理」②協議する。③おさめる。④「骨董(こっとう)」は、古い道具。人名 しげ・ただ・ただし・ただす・なお・のぶ・まこと・まさ・まさし

とう【道】 タウ (字義)→どう(道)

とう【稲】【稻】 人 トウ(タウ)㊥ いね㊥・いな㊥
(字義)いね。五穀の一つ。「稲田(いなだ)・稲苗・晩稲(おくて)・水稲・青稲・陸稲(りくとう・おかぼ)・早稲(わせ)」 難読 稲置(いなぎ)・稲叢(いなむら)・稲荷(いなり)・稲熱病(いもち・びょう)・稲架(はさ・はざ) 人名 さ・しね・ね

とう【読】 (字義)→どく(読)

とう【樋】 人 トウ とい・ひ
(字義)①木の名。②ひ。細長い木や竹をくりぬいて作った水を流すもの。③とい。屋根のへりにつけて雨水を受けるもの。

とう【踏】 トウ(タフ)㊥ ふむ㊥・ふまえる㊥
(字義)ふむ。足をおろして地におしつける。足ぶみする。あるく。実地にそこへ行く。「踏査・踏破・高踏・雑踏・人跡未踏」

とう【橙】 人 トウ(タウ) だいだい
(字義)だいだい。中国原産のミカン科の常緑小高木。

とう【糖】 教6 トウ(タウ)
(字義)①さとう。あめ。さとうきびなどから作った甘みの強い食品・調味料。「糖蜜(とうみつ)・砂糖・蔗糖(しょとう)」②→次項。「糖分・糖類・果糖・乳糖・麦芽糖・葡萄糖(ぶどうとう)」

とう【糖】 タウ 《化》水にとけて甘味を呈する炭水化物の総称。ブドウ糖・果糖・蔗糖(しょとう)(砂糖)など。

とう【頭】 教2 トウ・ズ(ヅ)・ト高 あたま・かしら㊥・こうべ
(字義)①あたま。かしら。こうべ。首から上の部分。「頭脳(ずのう)・頭部・叩頭(こうとう)・前頭部・低頭・禿頭(とくとう)」②髪の毛。頭髪。「白頭」③いただき。上端。「頭書・頭注」④物の先端。はじめ。「巻頭・陣頭・先頭・年頭・冒頭」⑤ほとり。あたり。付近。「駅頭・街頭・路頭」⑥かしら。かみ。多くの者を統率する人。親方。「頭目・頭領・蔵人頭(くろうどのとう)・地頭・番頭」⑦動物を数える語。「頭数」 難読 頭巾(ずきん)・頭垢(ふけ) 人名 あき・あきら・かみ

-とう【頭】 (接尾)牛馬などの動物を数える語。「馬五―」

とう【◦瞳】 (字義)→どう(瞳)

とう【謄】 トウ㊥ うつす
(字義)うつす。原本をそのまま書きうつす。うつし。「謄写・謄本」

とう【櫂】 人 トウ(タウ)・タク かい
(字義)①かい。かじ。さお。手でにぎって水をかいて船を進める道具。②さおさす。船をこぐ。「櫂歌(とうか)・櫂舟(とうしゅう)」③船。「孤櫂(ことう)」 人名 かじ

とう【藤】 トウ㊥ ふじ㊥
(字義)①かずら。つる状をなす植物の総称。「葛藤(かっとう)」②ふじ。マメ科の落葉低木。「藤花・藤棚(ふじだな)」③「藤原氏」の略。「源平藤橘(げんぺいとうきつ)」 難読 藤八拳(とうはちけん) 人名 かつら・つ・ひさ

とう【闘】【鬭】 トウ㊥ たたかう㊥
(字義)①たたかう。切り合い・撃ち合いをする。勝ちを争う。たたかい。争い。いくさ。「闘争・格闘・決闘・拳闘(けんとう)・死闘・争闘」②たたかわせる。「闘牛・闘鶏・闘犬」

とう【禱】 人 **【祷】** トウ(タウ) いのる
(字義)①いのる。いのり。福を求めて神にいのる。「禱祠(とうし)・祈禱(きとう)・祝禱・黙禱」②神のさいわい。③まつる。

とう【騰】 トウ㊥ あがる・のぼる
(字義)あがる。あげる。のぼる。のぼらせる。物価が高くなる。「騰貴・騰躍・高騰・沸騰」 人名 と

とう【◦薹】 タウ アブラナ・フキなどの花茎。
―が立(た)つ ①野菜が生長しすぎて、かたくて食べられなくなってしまう。②人の盛りの時期が過ぎる。

とう【◦籐】 《植》ヤシ科のつる性植物の総称。アジアの熱帯地方・台湾・オーストラリアなどに自生。雌雄異株(しゅ)。葉は羽状複葉。茎は籐(とう)細工用とし、いす・ステッキ・かごなどを作る。

と・う【問う】 トフ (他五) ワ(オ)・イ(ウ)・ウ・エ・エ ①わからないことやはっきりしないことを提示して、その答えを相手に求める。聞く。尋ねる。「名を―」②(責任・罪を)明らかにするためにただす。追及する。「責任を―」「殺人罪に―・われる」③こちらの求めた資格・条件などに相手が合うかどうか問題にする。「性別は―・わない」「指導力を―・われる」 可能 と・える(下一) 用法 ③は、多くあとに打ち消しの語を伴う。
―に落(お)ちず語(かた)るに落(お)ちる 問われたときには用心して言わないが、なにげなく話しているときは、自分から思わず本心をもらしてしまうものだ。

と・う【◦訪う】 トフ (他五) ワ(オ)・イ(ウ)・ウ・エ・エ おとずれる。たずねる。「旧友を―」 可能 と・える(下一)

どう【同】 教2 ドウ おなじ
(字義)①おなじ。一つのものである。「同一・同郷・異同」↔異 ②おなじくする。ともにする。事をともに行う。「同感・同行・共同・協同・混同」③あつまる。「合同・大同団結」④なかま。みな。「同志・一同」 難読 同胞(はらから) 人名 あつ・あつむ・とも・のぶ・ひとし

どう【洞】 ドウ㊥・トウ ほら㊥
(字義)①ほら。ほらあな。木の幹や岩などの、うつろになったところ。「洞窟(どうくつ)・洞穴(けつ・ほらあな)・虚洞・鍾乳洞(しょうにゅうどう)」②つらぬく。とおす。見識によって見とおす。「洞察・洞徹(どうてつ・とうてつ)」③あきらか。明るい。④ふかい。おくぶかい。 人名 あき・あきら・とおる・ひろ

どう【胴】 ドウ㊥
(字義)①大腸。腸。②身体の中間部。手足・頭をのぞいた部分。「胴体・胴中(どうなか)」

どう【胴】 ①手足・頭をのぞいた身体の中間部。内臓を蔵する。②物の中央部。㋐楽器の中空の部分。「三味線(しゃみせん)の―」㋑船の中腹。「―の間(ま)」㋒よろいや剣道の防具で、胸・腹部にあてるもの。③剣道で、胸や腹に打ち込むわざ。「―を一本とる」

どう【動】 教3 ドウ うごく・うごかす
(字義)①うごく。うごかす。位置を変える。うごき。「動向・動静・動揺・移動・運動・活動・激動・自動・蠢動(しゅんどう)・震動・微動・流動」②ふるまう。ふるまい。「動作(どうさ)・挙動・言動・行動」③はたらく。はたらきかける。「動員・動詞・動力」④かわる。みだれる。まどいみだれる。「動転・動乱・騒動・変動・暴動」 人名 いつ・つとむ

どう【動】 動くこと。動き。「―と静」

どう【堂】 教5 ドウ(ダウ)
(字義)①御殿。表座敷(おもてざしき)。客をもてなし、礼式をとり行う建物。「堂上・殿堂」②神仏をまつる建物。「堂塔・地蔵堂・聖堂・廟堂(びょうどう)・本堂」③大きい建物。多くの人を集める建物。「講堂・公会堂・食堂・礼拝堂」④さかんでりっぱなさま。「堂堂」⑤すまい。家。「草堂」⑥他人に対する敬称。「高堂・母堂」

堂」⑦屋号や雅号などに付ける語。「文祥堂・尾崎咢堂(がくどう)」人名 たか・ただし

どう【堂】(ダウ) ①神仏をまつる建物。②多くの人が集まる大きな建物。「公会―」

―に入(い)る 学術・技芸などがすぐれた段階に達している。また、すっかりなれて、自分のものとなっている。「堂に入った演説」

どう【萄】(人) ドウ(ダウ)・トウ(タウ) (字義)「葡萄(ぶどう)」は、ブドウ科のつる性落葉樹。夏から秋に房状の実をつける。

どう【童】(教3) ドウ わらべ㊥・わらわ (字義)①しもべ。(男の)めしつかい。②わらべ。わらわ。子供。「童子・童女・悪童・学童・児童・神童」人名 わか

どう【道】(教2) ドウ(ダウ)・トウ(タウ)㊞ みち・いう (字義)①みち。通りみち。人などが通行・往来するところ。行程。みちのり。「道程(どうてい・みちのり)・道路・軌道・公道・国道・水道・歩道」②人の守り行うべき道。教え。「道義・道徳・道理・王道・常道・人道・正道・仏道」③老子・荘子の教え。道教。「道家」④仏教。「入道」⑤方法。手段。また、専門の学芸・技術。「道場・棋道・芸道・剣道・茶道・柔道・武道」⑥みちびく。てびきをする。＝導。⑦いう。「道破・唱道・報道」⑧昔の行政上の区画。畿内(きない)のほかに八道をもうけた。「山陽道・東海道」⑨日本の地方行政区画の一つで、「北海道」のこと。「道産・道立」難読 道祖神(どうそじん・さえのかみ)・道産子(どさんこ)・道標(みちしるべ)・道程(みちのり) 人名 おさむ・おさめ・じ・ち・つな・つね・なおし・ね・のり・まさ・ゆき・より・わたる

どう【道】(ダウ) 都・府・県とならぶ地方公共団体。北海道。

どう【働】(教4) ドウ はたらく (字義)はたらく。仕事をする。活動する。作用する。はたらき。活動。作用。ききめ。「稼働(かどう)・実働・労働」参考「働」は国字。「仂(ろく)」は別字で、「働」の略字に用いるのは俗用。人名 つとむ

どう【銅】(教5) ドウ あかがね (字義)あかがね。金属元素の一つ。「銅貨・銅器・赤銅(しゃくどう)・青銅」難読 銅鑼(どら)

どう【銅】〔化〕金属元素の一つ。赤色で展性・延性に富み、熱・電気の良導体で用途が広い。あかがね。元素記号 Cu

どう【憧】(字義)→しょう(憧)

どう【撞】(人) ドウ・トウ(タウ)・シュ つく (字義)つく。㋐突き当てる。「撞球(どうきゅう)」㋑突き刺す。㋒突き進む。「撞入(とうにゅう)」㋓突き鳴らす。「撞木(しゅもく)」

どう【導】(教5) ドウ(ダウ) みちびく (字義)①みちびく。先に立って案内する。教えみちびく。みちびき。教え。「導師・導入・引導・教導・指導・先導・誘導」②つたえる。火や熱・電気などをつたえる。「導火線・導体」人名 おさ・ひとし・みち

どう【瞳】ドウ㊥・トウ ひとみ㊥ (字義)①ひとみ。「瞳孔」②無心に見るさま。「瞳焉(どうえん)」人名 あきら

どう【如何】(副) ①どのように。どんなふうに。いかに。「―したの」「―見てもおかしい」②いかが。「一杯―ですか」

とうあ【東亜】アジアの東部。日本・中国・朝鮮半島などを含む地域。東アジア。

どう-あく【獰悪】(ダウ) ―(名・形動ダ) 性質や姿などがねじけていて、荒々しく凶悪なこと。また、そのさま。「―な盗賊」

どう-あげ【胴上げ】(名・他スル)(祝福するために)大勢で一人の人を何回か宙にほうりあげること。「監督を―する」

とうあつ-せん【等圧線】〔気〕天気図上で、同気圧の地点を順に結んだ線。ふつう四ヘクトパスカルごとに記入される。

とう-あん【偸安】(安きを偸(ぬす)むの意)現在の安楽に甘んじて、将来を考えないこと。「―をむさぼる」

とう-あん【答案】(タフ) ― 問題に対する答え。また、それの書かれた用紙。「―を提出する」

どう-あん【同案】①同じ案。同じ考え。②その案。

とう-い【当為】(タウヰ)〔哲〕そうあるべきこと。当然そうしなくてはならないこと。ゾルレン。↔存在

とう-い【東夷】(東方の野蛮人の意)①昔、中国で、東方の異民族を軽蔑(けいべつ)して呼んだ語。②昔、京都の人が東国武士を呼んだ語。あずまえびす。③昔、「えぞ②」を呼んだ語。

とう-い【等位】(ヰ) ― ①くらい。等級。②等しい等級や位置。

とう-い【糖衣】(タウ) ― 丸薬などを飲みやすくするために外側に施す、糖分を含んだ被膜。「―錠(じょう)」

どう-い【同位】(ヰ) ― 同じ位置。同じ地位。

―かく【―角】〔数〕一直線 l が二直線 m、n と下図のように交わるときにできる角のうち、l から見て同じ側にある二つの角。なお、二直線が平行なとき同位角は等しい。

―げんそ【―元素】→どういたい

―たい【―体】〔物〕原子番号が同じで質量数が異なる原子。原子核内の陽子の数は同じで中性子の数が異なる。アイソトープ。同位元素。

〔どういかく〕

どう-い【同意】■(名)同じ意味。同義。■(名・自スル)他人の意見に賛成すること。「―を求める」「代替案に―する」

―ご【―語】同じ意味の語。同義語。シノニム。↔反意語

どう-い【胴衣】身体を保護するために、上半身につける袖のない服。胴着(どうぎ)。「救命―」

どう-い【胴囲】(ヰ) ― 胴回りの長さ。ウエスト。

とう-いす【籐椅子】籐(とう)の茎を編んで作ったいす。夏

とうい-そくみょう【当意即妙】(タウイ・ソクメウ)(名・形動ダ)その場にふさわしいように即座に機転をきかすこと。また、そのさま。「―の返事」

どう-いたしまして【どう致しまして】謙遜(けんそん)の気持ちから、相手の感謝や詫(わ)びの言葉などを、丁寧に打ち消して言う言葉。そんなことはありませんの意。

とう-いつ【統一】(名・他スル)多くのばらばらのものを一つにまとめ合わせること。組織あるものにまとめ支配すること。また、そのまとまり。「―を欠く」「天下を―する」

どう-いつ【同一】(名・形動ダ)①同じであること。「―人物」「―線上に並ぶ」②差別がないさま。平等。「―に扱う」

―し【―視】(名・他スル)同じものと見なすこと。

とう-いん【党員】(タウヰン) ある政党に属している人。

とう-いん【登院】(ヰン) ―(名・自スル)議員が衆議院・参議院に出席すること。↔退院

とう-いん【頭韻】(ヰン) ―〔文〕押韻(おういん)法の一つ。語頭または句頭を同じ韻でそろえること。また、その韻。↔脚韻

どう-いん【同韻】(ヰン) ― 語頭・句末などの韻が同じであること。また、その韻。

どう-いん【動因】 物事を引き起こす直接の原因。動機。

どう-いん【動員】―(名・他スル) ①ある目的のために人や物を集めること。②戦争のために、国内の資源や人員を政府が管理すること。③軍隊を平時編制から戦時編制に切り替えること。特に、戦争のために、兵士を召集すること。↔復員

どう-いん【導引】―①みちびくこと。道案内。②(大気を体内に導き入れる意で)道家で行う一種の養生法。手足や関節を屈伸し、呼吸を整えて長寿をはかる法をいう。③あんま。

どう-う【堂宇】―①堂の軒。②大きな建物。堂。

とう-うす【唐臼】―→すりうす

どう-うら【胴裏】 あわせ・綿入れなどの着物の、すそまわしを除いた胴の部分につける裏地。

とう-えい【冬営】 ①軍隊などが、陣地を設営して冬を越すこと。また、その陣営。②寒い冬を越す用意。

とう-えい【灯影】 ともしびの光。ほかげ。

とう-えい【投影】(名・他スル) ①物の上に姿・影を映すこと。また、その姿・影。②(転じて)ある物事の影響が他の事物に現れること。「母親の考えが子の言動に―される」③〔数〕立体に平行光線をあててできる影の形を想定するなどして、その形を平面上に描き出すこと。また、その図形。

―ず【―図】「投影③」の方法によって描かれた図形。

とう-えい【倒影】―水面などにさかさに映った影。倒景。

とうえんめい【陶淵明】(三六五 四二七) 中国、東晋の詩人。名は潜。字は淵明。号は五柳先生。江西省潯陽の人。政治的野心を捨てて郷里に隠遁し、自適の生活を送った。作品「帰去来辞」「桃花源記」など。

とう-おう【東欧】 ヨーロッパの東部。東ヨーロッパ。↔西欧

どう-おう【堂奥】 ①堂の奥のほう。②学芸・技術の最も深いところ。奥義。「―に入る」

どう-おや【胴親・◇筒親】 →どうもと①

とう-おん【唐音】―漢字音の一つ。平安時代の中ごろから江戸時代末までに伝えられた、宋・元・明・清などの中国音に基づくもの。「行灯」「鈴」など。室町時代以後「宋音」とも呼ばれ、合わせて「唐宋音」とも。唐音。⇩漢音・呉音・字音(表)

とう-おん【等温】―温度の等しいこと。また、等しい温度。

―せん【―線】〔気〕天気図上で、同一気温の地点を結んだ線。

どう-おん【同音】 ①同じ高さの音・声。②発音が同じもの。㋐仮名で、「じ」と「ぢ」、「ず」と「づ」など。㋑字音で、「支」「矢」「私」など。③声をそろえて言うこと。「異口―」

―いぎご【―異義語】 発音が同じで意味の違う語。「端」と「橋」と「箸」、「秋季」と「臭気」と「周期」などの類。

とう-か【刀架】―かたなを架けておく道具。かたなかけ。

とう-か【灯下】 ともしびのもと。「―に書をひもとく」

とう-か【灯火】―ともしび。あかり。

―親しむべき候 あかりの下で読書するのに適している涼しい秋の季節。

―かんせい【―管制】 戦時中、夜間の空襲などに備えて、室内のあかりが屋外にもれないようにすること。

とう-か【投下】(名・他スル) ①高い所から投げ落とすこと。「爆弾を―する」②事業に資金を出すこと。「資本―」

とう-か【桃花】 桃の花。

―の-せつ【―の節】 三月三日の桃の節句。上巳。〔春〕

とう-か【透過】―(名・自スル) ①すき通ること。②〔物〕光や放射線などが、物体の内部を通りぬけること。

とう-か【等価】 価値や価格が等しいこと。「―交換」

とう-か【△棹歌】―船頭のうたう歌。ふなうた。

とう-か【踏歌】―平安時代、舞人・楽人たちが、歌いながら足を踏みならして踊り歩いた宮中の正月の行事。男踏歌、女踏歌があった。

とう-か【糖化】(名・自他スル)〔化〕デンプンなどの炭水化物が、酸や酵素によりブドウ糖などの糖類に変わること。また、変えること。

とう-が【唐画】 ①中国、唐代の絵。②中国の絵。または、中国風の絵。からえ。

とう-が【陶画】 陶器に描いた絵。

どう-か【同化】 ■一(名・自他スル) 本来異なる性質や考え方が同じものに変わること。また、同じものに変えること。「―政策」■二(名・他スル) 知識などを完全に自分のものにすること。■三(名)〔動・植〕生物が外界から物質を取り入れ、化学変化を加えて自分の体の成分とするはたらき。「炭酸―作用」↔異化

どう-か【道家】―①中国の諸子百家の一つ。老子・荘子の「無為自然」の説を受けつぐ学派。②道教を修めた人。道士。

どう-か【道歌】―仏教・道徳や世渡りの教えなどをわかりやすく詠みこんだ教訓の和歌。

どう-か【銅貨】―硬貨の一種。銅で造った貨幣。銅銭。

どう-か(副) ①人に丁寧に頼んだり、物事の実現を強く願ったりする気持ちを表す。どうぞ。なにとぞ。「―許してください」②なんとか。どうにか。「もう少し―なりそうだ」③ふつうではないといぶかしく思うさま。「彼は―しているよ」④あやぶみ、同意しかねるさま。「それは―なあ」

―こうか やっとのことで。どうにかこうにか。「―間に合った」

―すると ①場合によっては。「―取り返しのつかないことになる」②ややもすれば。「―すぐ不機嫌になる」

どう-が【動画】―①連続的に再生される画像の集まりからなる、動いて見える映像。②→アニメーション ③アニメの制作で、動きの要所となる絵の間をつなぐ一連の動きを表した絵。

どう-が【童画】―①子供のための絵。②子供の描いた絵。児童画。

とう-かい【東海】 ①東方の海。②「東海地方」の略。③「東海道」の略。

とう-かい【倒壊・倒潰】(名・自スル) 建造物などが倒れてつぶれること。「―家屋」

とう-かい【△韜△晦】(名・自スル) ①自分の才能・地位・本心などをつつみかくすこと。②姿をくらますこと。

とう-がい【当該】―そのことに関係のあること。それを受け持っていること。「―部署」〔用法〕多く、連体詞的に用いる。

とう-がい【凍害】 農作物などが、寒さや霜のために受ける被害・損害。

とう-がい【等外】―きめられた等級からはずれていること。

とう-がい【頭蓋】〔生〕脊椎動物の頭および顔の総称。あたま。頭蓋。

―こつ【―骨】〔生〕頭蓋を形成する骨の総称。頭骨。頭蓋骨。

とうかいしぜんほどう【東海自然歩道】 東京の高尾山を起点として大阪の箕面山に至る、東海道とほぼ平行に設けられた長距離の自然遊歩道。

とうかいちほう【東海地方】 中部地方のうち、太平洋に面する地域。ふつう、静岡・愛知・三重の三県と岐阜県の南部をさす。

とうかいどう【東海道】 ①五畿七道の一つ。伊賀・伊勢・志摩・尾張・三河・遠江・駿河・甲

斐・伊豆・相模・武蔵・上総・下総・安房・常陸の一五か国。②五街道の一つ。江戸の日本橋から京都に至る街道で、五三の宿駅があった。

—ごじゅうさんつぎ【—五十三次】ゴジフサンツギ 江戸時代、江戸の日本橋から京都の三条大橋までの東海道にあった五三の宿駅。五十三次。

とうかいどうちゅうひざくりげ【東海道中膝栗毛】トウカイダウチユウヒザクリゲ 江戸後期の滑稽本。十返舎一九作。一八〇二(享和二)—一八一四(文化十一)年刊。弥次郎兵衛と喜多八が東海道旅行中に演じる滑稽な行状を描く。

とうかいどうよつやかいだん【東海道四谷怪談】トウカイダウヨツヤクワイダン 江戸後期の歌舞伎脚本。鶴屋南北作。一八二五(文政八)年初演。浪人民谷伊右衛門は容貌の醜くなった妻お岩を虐待し死に至らすが、これを恨んだお岩が幽霊となってたたるという筋。怪談劇の最高峰。四谷怪談。

とう-かく【当確】タウ—(「当選確実」の略)選挙の開票が終わらないうちに、当選が確実だと見込まれること。

とう-かく【倒閣】タウ—(名・自スル)内閣を倒すこと。

とう-かく【統覚】①〔哲〕多様な経験を総合し統一する作用・能力。②〔心〕物事を認知しようとしたときに、それが意識の中ではっきりと知覚されること。

とう-かく【頭角】獣などの頭の角。また、頭。

—を現す 才能や学識・技能のすぐれていることが、他より目立つようになる。「めきめきと—」

とう-がく【唐楽】タウ— ①中国、唐代の音楽。②昔、唐から伝来した音楽。③雅楽で、唐・天竺の楽に基づくもの。(三韓の楽に基づく高麗楽に対していう。)

どう-かく【同格】①身分・格式・資格などが同一であること。「主賓と—に扱う」②〔文法〕文中で他に対して同じ資格に立つ、二つ以上の語句の関係。「りんごの、大きなの」の類。参考 ②は、通常、対等の関係とされるものや、「杜の都、仙台」、「強い、たくましい(体)」などについていうこともある。

どう-がく【同学】同じ学校、または同じ先生について学ぶこと。また、その人。「—の士」

どう-がく【同額】同じ金額。同じ値段。

どう-がく【道学】ダウ— ①道徳を説く学問。②儒学。特に、宋学。③江戸時代の心学。④道家の学問。道教。

—せんせい【—先生】(道徳や道理ばかりを説いて)世事にうとい人をからかっていう語。

—てき【—的】(形動ダ)ダロ・ダッ(デ・ニ)・ダ・ナ・ナラ・○ 道徳や道理ばかりを説いて、融通のきかないさま。

どうか-せん【導火線】ダウクワ— ①点火した火が中の火薬を伝わっていくようにした線。爆薬などの口火をつけるのに用いる。②事件を引き起こすきっかけ。「その口論が事件の—となった」

とう-かつ【統括】—クワツ(名・他スル)別々になっているいくつかのものを一つにまとめること。「出された意見を—する」

とう-かつ【統轄】(名・他スル)多くの人や組織を統一して管理すること。「チェーン店を—する」

どう-かつ【恫喝】(名・他スル)おどしつけること。おどかし。

どう-がね【胴金】刀の鞘や槍の柄の中央部にはめる、輪の形をした金具。合わせ目が割れるのを防ぐ。

どう-がめ【胴亀】「すっぽん」の別称。

とう-から【疾うから】(副)(「とくから」の音便)早くから。ずっと前から。「—承知している」

とう-がらし【唐辛子・蕃椒】タウ—〔植〕ナス科の一年草。南アメリカ原産。葉は長卵形で互生。夏に白色花を開く。一般に果実は細長く、熟すと赤くなる。調味・香辛料。とんがらし。シシトウガラシやピーマンは変種。秋

とう-かん【投函】(名・他スル)①郵便物をポストに入れること。②何かを書きこんだ紙などをきめられた箱に入れること。

とう-かん【盗汗】タウ—〔医〕睡眠中に起こる発汗。ねあせ。

とう-かん【等閑】物事をいいかげんにすること。なおざりにすること。「—に付する」

—し【—視】(名・他スル)いいかげんに扱うこと。無視してほうっておくこと。「この問題を—してきた」

とう-かん【統監】(名・他スル)政治または軍事の全体を、まとめて監督すること。また、その官職。

とう-がん【冬瓜】〔植〕ウリ科のつる性一年草。葉は掌状に浅く裂け、互生。夏に黄色い花を開く。球形または長楕円形の大きな果実は緑白色で食用。とうが。秋

どう-かん【同感】(名・自スル)他の人と同じように感じること。また、同じ考えをもつこと。「まったく—である」

どう-かん【動感】動いているという感じ。「—に満ちた絵」

どう-かん【導管・道管】ダウクワン ①水・ガスなどを送る管。②〔植〕被子植物の維管束の木部にある管で、根から吸収した水分・養分を葉に送る通路となる細管。

どう-がん【童顔】子供の顔。また、子供っぽさの残る顔つき。

どう-かんすう【導関数・導函数】ダウクワンスウ・ダウ—〔数〕ある関数を微分して得られる関数。⇒微分

とう-き【冬季】冬の季節。「—オリンピック」⇒夏期「使い分け」

とう-き【冬期】冬の期間。「—講習」⇒夏期「使い分け」

とう-き【当季】タウ— この季節。

とう-き【当期】タウ— この期間。この時期。「—の業績は黒字」

とう-き【投棄】(名・他スル)不要の物として投げ捨てること。「廃棄物を不法に—する」

とう-き【投機】①不確かだが、当たれば利益の大きい事をねらう行為。②〔経〕商品・有価証券・土地などの、相場の変動を利用して利益を得るために行う商取引。

とう-き【党紀】タウ— 党の風紀・規律。「—を無視する」

とう-き【党規】タウ— 党の規則・規約。党の内規。「—違反」

とう-き【陶器】タウ— ①陶土その他で形をつくり、うわぐすりをかけて焼いた器。素地が焼き締まらず吸水性がある。薩摩焼・益子焼など。②陶磁器の総称。やきもの。せともの。

とう-き【登記】(名・他スル)〔法〕一定の事項を公の帳簿(登記簿)に記載し、民法上の権利や事実の存在を公示すること。

とう-き【騰貴】(名・自スル)物価・相場が上がること。↔下落

とう-ぎ【党議】タウ— ①政党内での討議。②党の決議。

とう-ぎ【討議】タウ—(名・自他スル)ある事柄について意見を述べあうこと。ディスカッション。「—を重ねる」

とう-ぎ【闘技】力・技を比べ合わせて勝ち負けを争うこと。

どう-き【同気】同じ気質。また、気の合った仲間。

—相求める 気の合う人たちは自然に親しみ集まる。

どう-き【同期】■一(名)①同じ時期。その時期・年度。「前年—」②入学・卒業・就職などが同じ年度であること。また、その仲間。■二(名・自他スル)〔情報〕複数のコンピューターの間などで、信号の周期やデータの内容を一致させること。

どう-き【動悸】心臓の鼓動がふだんより激しいこと。「胸がどきどきする」「—がする」

どう-き【動機】①意思決定や行動の直接原因となるもの。きっかけ。「犯行の—」②→モチーフ②

—せつ【—説】→どうきろん

—づけ【—付け】〔心〕人や動物に行動を起こさせ、目標

に駆り立てる心理的な過程。モチベーション。
—ろん【—論】〘哲〙行為を道徳的に評価する際、その基準を、その結果でなく動機に置くとする論。動機説。
どう-き【銅器】銅や青銅で作った器具。
どう-ぎ【同義】同じ意義・意味。同意。↕異義
—ご【—語】同じ意味の語。同意語。シノニム。「登山」と「山登り」、「安打」と「ヒット」など。↕対義語・反義語
どう-ぎ【胴着・胴◇衣】①上着と肌着の間に着る、防寒用の下着。また、胴の部分をおおう袖なしの衣服。胴衣。チョッキ。②胴を保護するための剣道の防具。
どう-ぎ【動議】会議中に、出席者が予定以外の事項について議題を提出すること。また、その議題。「緊急—」
どう-ぎ【道義】ダウ 人の守り行うべき正しい道。「—心」
とう-きび【唐△黍】タウ ①「とうもろこし」の異名。㊎秋 ②「もろこし(蜀黍)」の異名。
とう-きゅう【投球】キウ (名・自スル) ボールを投げること。特に野球で、投手が打者に対してボールを投げること。また、投げたボール。「全力—」⇩送球「ちがい」
とう-きゅう【討究】タウキウ (名・他スル) 深く研究すること。
とう-きゅう【等級】キフ ①上下・優劣の区別を示す段階。②〘天〙天体の明るさを表す階級。光の強さが二・五一二倍になるごとに等級は一つずつ減少する。
とう-ぎゅう【闘牛】ギウ ①牛と牛とをたたかわせる競技。また、それに用いる牛。牛合わせ。㊎春 ②闘牛士と猛牛との闘技。スペインや中南米などで行われる。「—場」
どう-きゅう【同級】キフ ①同じ等級。②同じ学級。「—生」
どう-きゅう【△撞球】キウ 玉つき。ビリヤード。
とう-ぎょ【統御】(名・他スル) 全体を統一的に支配、制御すること。「全軍を—する」
とう-ぎょ【闘魚】〘動〙雄のもつ闘争性が特に高い魚の総称。ベタ・チョウセンブナ・タイワンキンギョなど。㊎夏
どう-きょ【同居】(名・自スル) ①夫婦・親子などが、同じ家にいっしょに住むこと。↕別居 ②家族以外の者が同じ家にいっしょに住むこと。「—人」③(比喩的に)異質のものが同じ所にまじって存在すること。「希望と不安とが—する」
とうきょう〔東京〕トウキヤウ 日本の首都。関東地方南西部にあり、政治・経済・文化・教育・交通・商工業の中心地。
どう-きょう【同郷】キヤウ 郷里が同じであること。「—のよしみ」
どう-きょう【道教】ダウケウ 無為自然を説く老荘哲学に、他のさまざまの思想や宗教が加わって形成された中国の民間信仰。不老長生を求める多神教で、祈禱やまじないを行う。
どう-きょう【銅鏡】キヤウ おもに中国・朝鮮の古代、日本では弥生・古墳時代に製作された青銅製の鏡。円形で背に文様があり祭祀に用いられたとされる。
どう-ぎょう【同行】ギヤウ ①ともに信仰・修行をする仲間。②巡礼・参詣の道づれ。③文章や五十音図の同じ行。
どう-ぎょう【同業】ゲフ 同じ職業・業種。また、その人。
どう-ぎょう【童形】ギヤウ 昔、元服・結髪する前の稚児の姿。また、その子供。
とう-きょく【当局】タウ ①ある仕事・任務を担当・処理する機関。行政上の権限・責任を負う機関。「大学—」「検察—の発表」②「局」と名のつく機関が、自局をさす語。
とう-きょく【登極】(名・自スル) 天皇の位につくこと。即位。
とう-ぎり【当◇限】タウ 〘商〙定期取引で、現品の受け渡し期日を売買契約した月の末日とするもの。当月ぎり。⇩中限・先限
どう-ぎり【胴切り】(名・他スル) 胴部を横に切ること。筒切り。輪切り。
どう-きん【同△衾】(名・自スル)(「衾」は夜具の意)一つの夜具でいっしょに寝ること。特に、恋人どうしが関係を結ぶこと。共寝。
とう-く【投句】(名・自スル) 俳句を投稿すること。また、その俳句。「新聞に—する」
とう-く【倒句】タウ 意味を強めるために、通常の語順を逆にすること。また、その句。「出た、月が」「目指せ、平和を」など。
—ほう【—法】ハフ 倒句を用いて文を強める修辞法。
どう-ぐ【道具】ダウ ①物を作ったり仕事をしたりするのに用いる器具。「大工—」②一般の器具や家具。調度。「家財—」③能狂言や演劇の大道具・小道具。④体に備わっている部分の称。特に、目鼻だち。「顔の—が整っている」⑤他の目的のために利用されるもの。手段。方便。「交渉の—に使える情報」
—かた【—方】舞台や撮影などで必要な道具を取り扱う係。特に大道具を取り扱う人。
—だて【—立て】①必要な道具をそろえておくこと。②いろいろな準備・用意。
—ばこ【—箱】大工道具などを入れておく箱。
—や【—屋】古道具を扱う商売の人。古道具屋。
とう-ぐう【東宮・◇春宮】①皇太子の住む宮殿。②皇太子。㊂参考 皇太子の宮殿が皇居の東方に位置するところから。また、「東」は五行説で「春」に配されるので「春宮」とも書かれる。
とう-くつ【盗掘】タウ (名・他スル) 他人の所有地・古墳などを無断で掘って、鉱産物や埋蔵物を盗むこと。
どう-くつ【洞窟】ほらあな。洞穴。
とう-ぐわ【唐△鍬】タウグハ 頭部が鉄製で、柄が木のくわ。
どうくん-いじ【同訓異字】→いじどうくん
とう-け【当家】タウ この家。わが家。「—のあるじ」㊂用法 他人に対して、「こちら様」「お宅」の意で用いるときは「ご当家」という。

とうげ【峠】とうげ㊥

(字義)→次項。「峠道・倶利伽羅峠」㊂参考「峠」は国字。
とうげ【峠】タウゲ ①山道を上りつめた、上り下りの境目。また、山の高い所を越えて行く上り下りの坂道。「—の茶屋」②物事の絶頂期。最高潮の時。
—を越す いちばん盛んなときや最も困難・危険な時期が過ぎ去る。「暑さも—」「病気が—」
—しば【—芝】〘植〙ヒカゲノカズラ科の常緑のシダ植物。山林に自生。葉は披針形で枝に密生し、そのつけ根に胞子嚢を生じる。
どう-け【同家】①(今まで話題になっていた)その同じ家。②同じ本家から出た分家がたがいに呼ぶ言葉。
どう-け【×道化】ダウ 滑稽な言葉や動作で人を笑わせること。また、その人。「—者」「—芝居」
—し【—師】道化を職業としている人。ピエロ。
どう-け【道家】ダウ →どうか(道家)
とう-けい【刀△圭】タウ ①薬を盛るさじ。②医術。
—か【—家】医者。
とう-けい【東経】〘地〙イギリスの旧グリニッジ天文台を通る子午線を零度として、東へ一八〇度までの経度。↕西経
とう-けい【統計】(名・他スル)〘数〙集団を構成する個々の要素の分布を調べ、その集団の性質・状態などを数値で表すこと。また、表されたもの。「—をとる」「—を出す」
—がく【—学】〘数〙数量的比較を基礎として、事実を統

計的に観察し、処理する方法を研究する学問。
―てき【―的】（形動ダ）ダロ・ダッ(デ・ニ)・ダ・ナ・ナラ・○ 統計に関するさま。統計の上でいえるさま。「―数値」

とう-けい【闘鶏】 鶏と鶏とをたたかわせる競技。鶏合わせ。蹴合い。また、それに用いるシャモなどの鶏。春

とう-げい【陶芸】タウ― 陶磁器をつくる技芸・工芸。「―家」

どう-けい【同形】 形が同じであること。また、同じ形。

どう-けい【同系】 系統・系列が同じであること。また、同じ系統・系列。「―色」

どう-けい【同型】 型が同じであること。また、同じ型。

どう-けい【同慶】 自分にとっても、相手と同様にめでたく、喜ばしいこと。「ご―の至り」 用法 多く、「ご同慶」の形で手紙文に用いられる。

どう-けい【憧憬】（名・自スル）あこがれること。あこがれ。 参考 もとの読みは「しょうけい」。「どうけい」は慣用読み。

とう-けつ【凍結】 一（名・自スル）こおりつくこと。氷結。「路面が―する」 二 ①（名・他スル）資産・資金などの移動や使用を一定期間禁止すること。「資産を―する」 ②物事の処理や実行を一時的に保留の状態にすること。「移転計画を―する」

とう-げつ【冬月】 ①冬の季節。②冬の夜の月。寒月。

とう-げつ【当月】タウ― この月。今月。また、あることがあった、その月。

どう-けつ【同穴】 夫婦が死んで同じ墓穴に葬られること。「偕老―」「―の契り」

どう-けつ【洞穴】 ほらあな。洞窟。

どう・ける【×道化る】ダウ ケル（自下一）ケ・ケ・ケル・ケル・ケレ・ケロ(ケヨ) 滑稽なことをする。おどける。 語源 「道化」を動詞化した語。

とう-けん【刀剣】タウ― かたなとつるぎ。また、それらの総称。

とう-けん【倒懸】タウ― ①手足をしばってさかさにつるすこと。②（転じて）非常な苦しみのたとえ。「―の苦」

とう-けん【闘犬】 犬と犬とをたたかわせる競技。犬合わせ。また、それに用いる犬。

とう-げん【凍原】 →ツンドラ

とう-げん【桃源】タウ― →とうげんきょう

―きょう【―郷】キャウ 俗世を離れた安楽な別世界。理想郷。 語源 陶淵明の「桃花源記」から。⇩武陵桃源

どう-けん【同権】 等しい権利を有すること。「男女―」

どう-けん【洞見】（名・他スル）物事を見通すこと。洞察。

どう-げん【同源・同原】 同じ起源をもつこと。大もとが同じであること。「医食―」

どうげん〔道元〕ダウゲン（一二〇〇〜一二五三）鎌倉前期の禅僧。諡は承陽大師。日本曹洞宗の開祖。天台宗を修め、のち栄西の弟子明全に禅を学んだ。一二二三（貞応二）年宋に留学、帰国後越前（福井県）に永平寺を建立。著書「正法眼蔵」など。

とう-げんしつ【糖原質】タウ― →グリコーゲン

とう-ご【倒語】タウ― 発音の順序を逆にした言葉。隠語に多い。「たね（種）→ねた」「ばしょ（場所）→しょば」など。

とう-ご【頭語】 手紙の書き出しに使う言葉。「前略」「冠省」「拝啓」「謹啓」など。↕結語

どう-こ【銅△壺】 長火鉢などの中に置く、銅または鉄製の箱形の湯わかし器。

とう-こう【刀工】タウ― 刀剣を作る人。かたなかじ。刀匠。

とう-こう【灯光】クワウ― ともしびの光。あかり。

とう-こう【投降】カウ―（名・自スル）武器を捨てて、敵に降参すること。「―兵」

とう-こう【投稿】カウ―（名・自他スル）①読者が、新聞・雑誌などに掲載してもらうために原稿を送ること。また、その原稿。②インターネットで、SNSやウェブサイトに掲載するために文章や映像、写真などのデータを送信すること。また、その内容。

とう-こう【陶工】タウ― 陶磁器を作る職人。焼き物師。

とう-こう【登校】カウ―（名・自スル）授業を受けるために、学校に行くこと。「集団―」「不―」↕下校

―きょひ【―拒否】 →ふとうこう（不登校）

とう-こう【登高】カウ― ①高い所に登ること。②中国で陰暦九月九日に、丘に登って菊酒を飲み不老長寿を願う行事。秋

とう-ごう【投合】ガフ―（名・自スル）気持ちや意見が、たがいに一致すること。心がよく合うこと。「意気―する」

とう-ごう【等号】ガウ― 〘数〙二つの数・量・集合などが等しいことを表す記号。イコール。「＝」↕不等号

とう-ごう【統合】ガフ―（名・他スル）いくつかのものを一つにまとめ合わせること。「三つの部門を―する」

―しっちょうしょう【―失調症】シッテウシヤウ 〘医〙おもに思春期から青年期に発症する病因不明の精神疾患。幻覚や幻聴・妄想・意欲低下・拒食などを呈する。「精神分裂病」から改称。

どう-こう【同工】 細工や手ぎわが同じであること。

―いきょく【―異曲】 ①音曲・詩文などで、手法は同じであるが趣が異なること。②見かけが違うだけで、なかみは同じであること。「―のアイデアばかりだ」

どう-こう【同好】カウ― 趣味や好みが同じであること。「―会」

どう-こう【同行】カウ―（名・自他スル）連れだって行くこと。連れて行くこと。また、その人。みちづれ。「―を求める」

どう-こう【動向】カウ― 個人・組織・社会全体などの動きや傾向。「経済界の―」

どう-こう【銅鉱】クワウ― 〘地質〙銅を含む鉱石。赤銅鉱・黄銅鉱・硫銅鉱など。

どう-こう【瞳孔】 〘生〙眼球の虹彩の中央にある小さなあな。光線の強弱に応じて目にはいる光量を加減する。ひとみ。

―はんしゃ【―反射】 〘生〙光量により瞳孔が縮小・拡大を起こす反射。自律神経によって調節される。対光反射。

とうこう-き【投光器】トウクワウ― 反射鏡とレンズとを組み合わせて光線を平行に進ませ、特に一部分を明るく照らすようにした装置。ヘッドライト・スポットライト・サーチライトなど。

とうこう-せいてい【東高西低】トウカウ― 〘気〙日本付近の気圧配置の型の一つ。本州の東方海上の気圧が高く、西のシベリア方面の気圧が低い。夏に多い気圧配置。↕西高東低

とうこう-せん【等高線】トウカウ― 〘地〙地図上に地形・高度を表すために、標準海面から等しい高さの点をつらねて描かれた曲線。等高曲線。水平曲線。

とうごうへいはちろう〔東郷平八郎〕トウガウヘイハチラウ（一八四七〜一九三四）明治―昭和初期の海軍軍人。薩摩藩（鹿児島県）出身。日露戦争で連合艦隊司令長官として日本海海戦に勝利。

どう-ごえ【胴声】ゴヱ― →どうまごえ

とう-ごく【投獄】（名・他スル）牢や監獄に入れること。

とう-ごく【東国】 ①東方の国。②昔、京都からみて東の方にある国。特に、関東の称。

どう-こく【同国】 ①同じ国。②（話題にしている）その国。

どう-こく【△慟△哭】（名・自スル）悲しみのあまり大声をあげて泣くこと。

とう-こつ【△橈骨】タウ― 〘生〙前腕の二本の骨のうち、親指側にある長い骨。上端は上腕骨と、下端は手根骨と接している。

とう-こつ【頭骨】 〘生〙脊椎動物の頭部を形成する骨。

どうご-はんぷく【同語反復】 同じ意味を表す言葉の無

意味なくり返し。「暑い日は気温が高い」などの類。トートロジー。同義反復。

とう-ごま【唐胡麻】（タウ）〘植〙トウダイグサ科の多年性で低木状の植物。温帯では一年草。インドまたはアフリカ原産。夏から秋に花を開く。果実は球形でとげがある。種子からひまし油をとる。蓖麻。[秋]

とうご-ろん【統語論】→シンタックス

とう-こん【刀痕】（タウ）刀で切った傷のあと。かたなきず。

とう-こん【当今】（タウ）このごろ。近ごろ。現今。

とう-こん【痘痕】天然痘の瘡のあと。あばた。

とう-こん【闘魂】徹底的にたたかおうとする強い意気込み。

どう-こん【同根】①根本・源が同じであること。②同じ根から生じたもの。転じて、兄弟などをいう。

どう-こん【同梱】（名・他スル）ある荷物に、別の物をいっしょに梱包すること。

どうこん-しき【銅婚式】結婚後七年目に行う祝いの式。⇨結婚

とう-さ【等差】①等級の違い。格差。②等しい差。

―きゅうすう【―級数】（キフスウ）〘数〙級数の各項が等差数列であるもの。算術級数。⇩等比級数

―すうれつ【―数列】〘数〙数列の各項が常にそのすぐ前の項に一定数（公差）を加えて得られるもの。⇩等比数列

とう-さ【踏査】（タフ）（名・他スル）実際にその地に出かけて行って調べること。「史跡を―する」

とう-ざ【当座】（タウ）①その場。その席。②さしあたり。当分。一時。「―のやりくりには事欠きません」③「当座預金」の略。

―しのぎ【―凌ぎ】一時の間に合わせ。一時しのぎ。

―のがれ【―逃れ】なんとかその場だけとりつくろって切り抜けようとすること。

―よきん【―預金】〘商〙小切手・手形の支払い資金として預け入れておく銀行預金。引き出しには小切手・手形を用いる。無利子が原則。当座。

どう-さ【動作】①何かをするときの、体や手足の動き。「―がにぶい」「きびきびとした―」②機械やコンピューターのシステムなどが機能すること。「プログラムの―環境」

どう-さ【礬水・礬砂・陶砂】（ダウ）みょうばんを溶かした水とにかわ液を混ぜたもの。紙や絹地に引いて墨や絵の具などがにじむのを防ぐ。「―紙」

どう-ざ【同座・同坐】（名・自スル）①同じ席、同じ集まりにいあわせること。同席。②かかわり合いになること。まきぞえ。連座。③同じ演劇の団体。また、その団体に属していること。

どう-ざ【動座】貴人・神輿などの座所を他に移すこと。

とう-さい【当歳】（タウ）①当年。本年。今年。「―五〇」②生まれたその年。また、その年の生まれであること。数え年の一歳。「―馬」

とう-さい【統裁】（名・他スル）統率し決裁すること。

とう-さい【搭載】（タフ）（名・他スル）①船舶・貨車・飛行機に人員・荷物を積み込むこと。②兵器・機器・機能などを装備すること。「戦闘機を―した空母」「最新のソフトを―したパソコン」

とう-さい【登載】（名・他スル）①新聞・雑誌などに、文章などをのせること。掲載。②台帳・名簿などに公式に記録すること。記載。「新入生名簿に―する」

とう-ざい【東西】①東と西。②東洋と西洋。「古今―に通じる」③方角。転じて、世間の事柄。「―をもわきまえない」

―を失う①方角がわからなくなる。②途方に暮れる。**―を弁ぜず**物事を判断する能力がない。

―とうざい【―東西】興行物などで、口上のはじめに客をしずめ、注意を集めるために言う語。とざいとうざい。

―や【―屋】街頭や店頭で広告の口上を述べる者。広め屋。ちんどんや。[語源]口上のはじめに「東西東西」と言うところからきたもの。

どう-ざい【同罪】同じ罪。同じ責任。「二人とも―だ」

とう-ざいく【籐細工】籐の茎で細工すること。また、その細工品。

とう-さく【倒錯】（タウ）（名・自他スル）①さかさまになること。さかさまにすること。②本能や感情が、正常とされるものとは逆の形で現れ、社会的規範に反する行動を示すこと。「性的―」

とう-さく【盗作】（タウ）（名・他スル）他人の作品の一部または全部を、無断で自分のものとして使うこと。また、その作品。

とう-さつ【盗撮】（タウ）（名・他スル）相手に気づかれないよう隠れて撮影すること。盗み撮り。隠し撮り。

どう-さつ【洞察】（名・他スル）見抜くこと。見通すこと。洞見。「―力」

とう-さん【父さん】「お父さん」よりややくだけた言い方で、父を呼ぶのに使う言葉。↕母さん [参考]常用漢字表付表の語。

とう-さん【倒産】（タウ）（名・自スル）経営が行きづまって企業がつぶれること。「不況のため―が相次ぐ」

とう-ざん【当山】（タウ）①この山。②この寺。当寺。

とう-ざん【逃竄】（タウ）（名・自スル）逃げ隠れること。

とう-ざん【唐桟】（タウ）紺地に赤や浅葱などの色をたてじまに配した木綿の織物。元来は船来のものをいったが、現在はサントメ縞の総称。唐桟縞。⇩サントメ

どう-さん【動産】土地・建物以外の資産。現金・商品・株券・公社債券など、移転・引き渡しの容易なもの。↕不動産

どう-さん【道産】（ダウ）北海道の産。また、北海道の生まれ。

どう-ざん【銅山】銅の鉱石を埋蔵・産出する山。

とうさん-さい【唐三彩】（タウ）中国の唐代に作られた軟質の陶器。多く三色のうわぐすりで彩色されていることからの名。

とうさん-どう【東山道】（トウサンダウ）五畿七道の一つ。近江・美濃・飛驒・信濃・上野・下野・陸奥・出羽の八か国。一八六八（明治元）年に陸奥が磐城・岩代・陸前・陸中・陸奥に、出羽が羽前・羽後に分割され、一三か国となった。

とう-し【投資】（名・自スル）〘経〙利益を見込んで、ある事業に資本を投下すること。出資。「設備―」

―しんたく【―信託】〘経〙証券会社などが一般の投資家から集めた資金を、有価証券に投資し、その運用利益を投資家に還元するもの。元本の保証はない。投信。

とう-し【凍死】（名・自スル）寒さのためこごえて死ぬこと。[冬]

とう-し【唐紙】（タウ）もと、中国から輸入した書画や表装用の紙。竹の繊維を主原料にし、表面が粗いが墨の吸収がよい。

とう-し【透視】（名・他スル）①物の中や向こう側をすかして見ること。②〘心〙知覚作用でなく、特殊な感覚でものを認知すること。「―術」③〘医〙X線で身体内部を映し出して、検査や治療を行うこと。

―がほう【―画法】（グワハフ）遠近法によって、物体を目に見えるとおりの形に描く手法。透視図法。

とう-し【唐詩】（タウ）①中国の唐代の詩。②漢詩の総称。

とう-し【悼詞】（タウ）人の死を悲しみ弔う言葉。悼辞。弔辞。

とう-し【闘士】①戦いに従事する兵士。戦士。②闘争心に満ちている人。自らの主義・主張を貫くためにたたかう人。

とう-し【闘志】たたかおうとする気力。闘争心。ファイト。

とう-じ【刀自】（タウ）→とじ(刀自)

とう-じ【冬至】〘天〙二十四気の一つ。太陽が天球上で最も

南に寄り、北半球では夜が最も長い日。陽暦で、十二月二十一、二十二日ごろ。图↕夏至(げし)

とう-じ【当時】タウ— ①過去のある時点。そのころ。「維新の—」②現今。現在。当節。⇩現在「ちがい」

とう-じ【△杜氏】(「とし」の「と」の長母音化)酒を醸造する職人の長。また、酒を造る職人。さかとうじ。とじ。参考「杜」は酒の発明者杜康(とこう)の姓といわれる。

とう-じ【悼辞】タウ— 人の死を悲しみ弔う文章や言葉。悼詞。弔辞。「—を読む」

とう-じ【湯治】タウヂ (名・自スル) 温泉にはいって病気やけがの療養をすること。「—客」「—宿」

—ば【—場】湯治をする場所。温泉場。

とう-じ【答辞】タフ 式場などで、祝辞・式辞・送辞などに答えて述べる言葉。「—を述べる」↕送辞

とう-じ【△蕩児】タウ— 酒や女遊びにふける者。放蕩者(ほうとうもの)。

-どうし【同士】(接尾) 同じ性質・関係にある仲間。⇩「使い分け」

どう-し【同士】仲間。連れ。⇩「使い分け」

—うち【—討ち・—打ち】(名・自スル) 味方や仲間どうしが争うこと。

どう-し【同志】①主義・主張など志を同じくすること。また、その人。②同じ目的を持つ仲間。⇩「使い分け」

> 使い分け「同士・同志」
> 「同士」は、同じ仲間、連れの意を表し、また、接尾語として「男同士で話し合う」「乗用車同士の事故」「恋人同士」「似たもの同士」などと使われる。
> 「同志」は、同じ気持ち・意見・理想などを持っている人の意で、「同志をつのる」「同志の人々」「革命運動の同志」など使われる。

どう-し【同旨】同じ趣旨。

どう-し【同視】(名・他スル) 同じように見なすこと。同一視。

どう-し【動詞】〘文法〙品詞の一つ。自立語で活用があり、単独で述語となれるもの(用言)のうち、終止形がウ段の音(ただし、文語のラ変は「り」)で終わる語。事物の動作・作用・存在を表し、時の経過に伴ってその内容の変わる語。

どう-し【道士】ダウ— ①道義を体得した人。②〘仏〙仏道を修めた人。僧。③道教を修めた人。道人。道家。④仙人。

どう-し【導師】ダウ— 〘仏〙①衆生(しゅじょう)を救い導く者。仏や菩薩(ぼさつ)など。②法会(ほうえ)や葬儀のときに中心となる僧。

どう-じ【同字】同じ文字。特に、同じ漢字。「—別義」

どう-じ【同次】〘数〙多項式の各項の次数が同じであること。

どう-じ【同時】①同じ時刻や時期。②同じ時代。

—つうやく【—通訳】国際会議などで、話者が話すのとほぼ同時に聞き手の言語に訳し伝えること。また、その人。

—に(副) ①いちどきに。「三人—走り出す」②ほとんど時を同じくして行われるさま。「地震と—火災が起きた」③一方では。それとともに。「この本はおもしろいと—有益でもある」

—ろくおん【—録音】〘映〙画面の撮影と同時に音声も録音すること。シンクロナイズ。

どう-じ【童子・童児】子供。わらべ。

とう-しき【等式】〘数〙二つまたはそれ以上の式を等号で結び付けて、それが等しいことを示す関係式。↕不等式

とう-じき【陶磁器】タウ— 陶器と磁器。焼き物。

とうじ-しゃ【当事者】タウジ— その事や事件に直接関係のある人。「—に確認する」↕第三者

とうじ-せい【等時性】〘物〙周期運動の周期が等しいこと。特に、振幅の大小に無関係に周期が等しいことをいう。

とうしせん【唐詩選】タウシセン 中国唐代の詩人一二八人の代表作四六五首を選録した詩集。選者不明。一六世紀後半に成立。日本には江戸初期に伝わって流布した。

どうじ-だい【同時代】物事の行われるのが同じ時代であること。また、その時代。「—の文学作品」

とう-しつ【等質】(名・形動ダ) 全体のどの部分も性質・成分が同じであること。また、そのさま。均質。「—な溶液」

とう-しつ【糖質】タウ— 〘化〙炭水化物とその関連化合物との総称。「—制限」

とう-じつ【当日】タウ— その日。指定の日。「卒業式の—」

どう-しつ【同室】(名・自スル) 同じ部屋。また、同じ部屋に居住または宿泊すること。

どう-しつ【同質】(名・形動ダ) 質が同じであること。また、そのさま。「—の材料」「二つの問題は—だ」↕異質

どう-じつ【同日】①同じ日。「—同刻」②(話題にしている)その日。

—の論(ろん)ではない (日を同じくして論ずることはできないの意から)まったく違っていて、比べられない。同日の談ではない。

どう-して【×如何して】(副) ①どのような方法で。どのようにして。「—よいかわからない」「彼は—いるかしら」②なぜ。どのような理由で。「—欠席したの」③それどころか。「おとなしそうに見えるが、—あれでなかなかやり手だ」④強い感動を表す。いやはや。実際。「—たいした人気だ」⑤(多く、重ねて、感動詞的に用いて)前に述べたことや相手の言葉を強く打ち消す。「—、—、それどころではない」

—も(副) ①どんな困難をのりこえてでも。なんとしてでも。「—やり抜きたい」②どのようにしてみても。どうやっても。「—できない」③とかく。つい。「寒くなると—出不精になる」用法②は、あとに打ち消しの語を伴う。

とうしみ-とんぼ【灯△心×蜻蛉】「いととんぼ」の異称。夏

どう-じめ【胴締め】①胴を締めること。特に、レスリングの締め技の一つで、両足で相手の胴を挟んで締めること。②胴を締めるのに用いるひも・革など。特に、女性の用いる腰ひも。

とう-しゃ【当社】タウ— ①この会社。我が社。②この神社。

とう-しゃ【投射】(名・他スル) ①光を物体に当てること。「ライトで—する」②〘心〙自己の中にある気持ち・傾向・性質を、無意識のうちに他人や他のものに移しかえる心のはたらき。

とう-しゃ【透写】(名・他スル) 書画などを、上に重ねた薄紙に写しとること。すきうつしにすること。しきうつし。トレース。「模様を—する」

とう-しゃ【謄写】(名・他スル) ①書きうつすこと。②謄写版で印刷すること。

—ばん【—版】簡単な印刷機の一種。ろうびきの原紙に鉄筆で書いたりタイプライターで打ったりして字や絵の形の部分のろうを削り落とし、印刷インクを付けて刷るもの。がり版。はじまり原理はエジソンの発明とされ、日本では、一八九四(明治二十七)年、堀井新治郎が命名して発表。

どう-しゃ【同車】■(名) 同じ車。その車。■(名・自スル) いっしょに同じ車に乗ること。同乗。

どう-しゃ【堂舎】ダウ— (「堂」は大きな家、「舎」は小さな家の意)大小の家々。特に、仏堂や僧坊などの建物をさす。

どう-しゃ【道者】ダウ— ①巡礼。②道教を修めた人。道士。道人。③〘仏〙仏法を修行する人。また、仏道を修めた人。

どう-しゃ【導者】ダウ— 案内者。導く人。

どう-じゃく【△瞠若】ダウ—(タル) 驚いて目を見張るさま。「世

人を―たらしめる」文(形動タリ)

とう-しゅ【当主】タウ その家の現在の主人。「安田家の―」

とう-しゅ【投手】 野球で、打者に対してボールを投げる人。ピッチャー。「勝利―」

とう-しゅ【党首】タウ 政党などの最高責任者。「―会談」

とう-しゅ【頭首】 かしら。首領。頭目(とうもく)。

どう-しゅ【同種】 ①種類が同じであること。また、同じ種類のもの。↔異種 ②同じ人種。

―どうぶん【―同文】 人種も、用いる文字も同じであること。おもに日本と中国についていう。同文同種。

とう-しゅう【踏襲】タフシフ (名・他スル)それまでのやり方などを受け継いで、そのとおりにやっていくこと。「前任者の方針を―する」「前例の―」

どう-しゅう【同舟】シウ (名・自スル)同じ舟に乗り合わせること。また、その人。「呉越(ごえつ)―」

どう-しゅう【同宗】 ①同じ宗教・宗派。②(話題にしている)その宗教・宗派。

どう-しゅう【同臭】シウ ①同じにおい。②同じ趣味の仲間。同類。「―の徒」

どう-しゅう【銅臭】シウ (銅銭の悪臭の意で)財貨で官位を得た者、財貨を誇る富者などをののしっていう語。

とう-しゅく【投宿】 (名・自スル)(「投」はとどまるの意)旅館に泊まること。宿を取ること。宿泊。

どう-しゅく【同宿】 (名・自スル)同じ宿屋または下宿に、泊まり合わせたり、居合わせたりすること。また、その人。

とう-しゅつ【投出】 (名・他スル)投げ出すこと。

どう-しゅつ【導出】ダウ (名・他スル)みちびき出すこと。特に、論理的に結論をみちびき出すこと。

どう-じゅつ【道術】ダウ 道士や仙人の行う術。方術。

とう-しょ【当初】タウ はじめ。はじめのころ。最初。「入学―」

とう-しょ【当所】タウ ①この場所。この土地。当地。②「所」と名の付く機関や施設が自己をさしていう称。

とう-しょ【投書】 (名・自他スル)意見・要求・苦情などを書いて、関係機関に送ること。また、その文章。「―箱」「―欄」

とう-しょ【島△嶼】タウ (大きな島と小さな島の意)島々。島。

とう-しょ【頭書】 ■(名・他スル)書物の本文の上欄に注釈や解釈などを書き加えること。また、その注解。頭注。■(名)本文の初めに書き出した事柄。「―の件」

とう-じょ【倒叙】タウ ①時間的な流れを順次さかのぼって叙述すること。「―日本史」②推理小説で、犯人の側から犯罪の遂行を描くもの。「―ミステリー」

どう-じょ【童女】ヂョ 女の子。少女。童女(どうにょ)。

とう-しょう【刀匠】タウシャウ 刀を作る人。刀かじ。刀工。

とう-しょう【刀傷】タウシャウ 刀で切られた傷。かたなきず。

とう-しょう【凍傷】シャウ 〘医〙局部または全身が低温にさらされて受ける組織の傷害。冬

とう-しょう【闘将】シャウ ①闘志の盛んな大将。②(スポーツ・政治運動などで)先頭に立って精力的に活動する人。

とう-じょう【東上】ジャウ (名・自スル)西の地方から、東の都、特に東京へ行くこと。「―の途につく」↔西下(さいか)

とう-じょう【凍上】ジャウ (名・自スル)〘気〙寒地で、土中の水分が凍って地面が持ち上がること。しみあがり。冬

とう-じょう【搭乗】タフ (名・自スル)飛行機・船などに乗り込むこと。「―員」「―手続き」

とう-じょう【登場】ヂャウ (名・自スル)①その場や劇などの舞台、映画・小説などの場面に人物が現れ出ること。↔退場 ②新しいものや人物が公の場に現れ出ること。「新型車の―」

―じんぶつ【―人物】 文学作品や舞台、映画、または事件の中に出てくる人物。

どう-しょう【道床】ダウシャウ 鉄道のレールの枕木(まくらぎ)への荷重を受ける、砂利・砕石・コンクリートの層。参考 車両の重さを路盤上に均一に分散させたり振動を緩和したりするために敷く。

どう-じょう【同上】ジャウ 上に記したことや前に述べた事柄と同じであること。同前。「―の理由による」

どう-じょう【同乗】 (名・自スル)同じ乗り物にいっしょに乗ること。「―者」

どう-じょう【同情】ジャウ (名・自スル)他人の悲しみや苦しみなどを自分の事のように親身(しんみ)になって感じ、いたわること。

どう-じょう【堂上】ダウジャウ ①堂の上。②公家(くげ)の家格の一つで、昇殿を許された家柄。↔地下(じげ) ③広く、公卿(くぎょう)の称。参考「とうしょう」「どうしょう」ともいう。

―は【―派】 〘文〙近世宮廷歌人を中心とする和歌の流派。細川幽斎以来、二条家の歌学を古今(こきん)伝授によって伝承した。代表歌人は後水尾院(ごみずのおいん)、中院通勝(なかのいんみちかつ)、烏丸光広(からすまるみつひろ)など。↔地下派(じげは)

どう-じょう【道場】ダウヂャウ ①武芸を教授・修練する場所。②〘仏〙仏法を修行し、また仏道を説く所。

―やぶり【―破り】 武芸者が他流の道場に押しかけて試合をし、相手方をすべて打ち負かすこと。また、その武芸者。

どうしょう-いむ【同床異夢】ドウシャウ いっしょに住んでいながら、それぞれ別のことを考えていること。転じて、同じ行動をしていながら、それぞれの目的・目標が異なっていること。

とうじょう-か【筒状花】トウジャウクワ →かんじょうか(管状花)

とうじょう-か【頭状花】トウジャウクワ 〘植〙多数の小花がまとまって花茎の頂上に付く花。キク・タンポポ・アザミなど。

とう-しょく【当職】タウ その職務にたずさわっている人が自分を指していう語。

とう-しょく【灯△燭】 ともしび。灯火。

どう-しょく【同色】 同じ色。

どう-しょく【同職】 同じ職業・職務。

どう-しょくぶつ【動植物】 動物と植物。生物。

とう-じる【投じる】ジ・ジ・ジル・ジル・ジレ・ジロ(ジヨ) ■(自上一)①つけいる。つけこむ。乗じる。「人気に―」「機に―」②泊まる。宿る。投宿する。「旅宿に―」③降参する。投降する。「敵軍に―」④仲間として身を寄せる。「中立派に―」⑤うまく合う。一致する。「意気相(あい)―」「世人の好みに―」■(他上一)①投げる。投げ掛ける。「直球を―」「文壇に一石を―」②投げ込むように入れる。「獄に―」「動乱の渦中に身を―」③投票する。「一票を―」④与える。「えさを―」「薬を―」⑤投げ出す。あきらめる。「筆を―・じて嘆息する」⑥つぎこむ。投入する。「資本を―」語源 サ変動詞「とうずる」の上一段化。

どう-じる【同じる】ジ・ジ・ジル・ジル・ジレ・ジロ(ジヨ) (自上一)賛成する。同意する。味方する。語源 サ変動詞「どうずる」の上一段化。

どう-じる【動じる】ジ・ジ・ジル・ジル・ジレ・ジロ(ジヨ) (自上一)心の落ち着きを失う。動揺する。あわてる。「ものに―・じない男」語源 サ変動詞「どうずる」の上一段化。

とう-しろう【×藤四郎】シラウ 〘俗〙「素人(しろうと)」をさかさまにして人名のようにいった隠語。とうしろ。

-とうしん【頭身】 (接尾)頭部の長さと身長との割合を表す。「八―(=身長が頭部の長さの八倍に相当する)」

とう-しん【刀心】タウ 刀の、柄(つか)にはいる部分。なかご。

とう-しん【刀身】タウ 刀の、さやにはいっている刃の部分。

とう-しん【灯心・灯芯】 ランプやあんどんなどの芯。灯油に浸して明かりをともすのに用いる。藺(い)のずいや綿糸で作る。

とう‐しん【投身】(名・自スル) 自殺しようとして水中に身を投じたり、高い所から飛びおりたりすること。身投げ。「―自殺」
とう‐しん【投信】「投資信託」の略。
とう‐しん【東進】(名・自スル) 東へ進むこと。↔西進
とう‐しん【盗心】タウ ぬすみをしようとする心。泥棒根性。
とう‐しん【答申】タフ (名・自他スル) 上役や上級官庁の問いに答えて意見を申し述べること。「審議会の―」↔諮問(しもん)
とう‐しん【等身】人間の身長と同じぐらいの高さ。
――だい【―大】①彫像などが、人の身の丈と同じ大きさであること。「―の銅像」②飾らないありのままの姿。
とう‐しん【答信】タフ 返事の手紙。返信。
とう‐しん【等親】家族の階級的序列を表した語。妻から見て夫は一等親、夫から見て妻は二等親など。「親等」とは異なるが現在では混用されている。
とう‐じん【刀刃】タウ 刀の刃。また、刀剣。
とう‐じん【唐人】タウ ①中国人。②外国人。異国人。
――の寝言(ねごと) 何を言っているのかさっぱりわからない言葉。筋違いのことをくどくど言うことのたとえ。
とう‐じん【党人】タウ 党に属する人。党員。政党人。特に、その政党生え抜きの人。「―政治家」
とう‐じん【蕩尽】タウ (名・他スル) 財産などを使い果たすこと。すっかりなくすこと。「家産を―する」
どう‐しん【同心】■(名・自スル) 心を同じくすること。■(名) ①戦国時代、武家の下級の兵卒。②江戸時代、与力(よりき)の下で雑務や警察の仕事に従事した下級の役人。③円などで、中心が同じであること。
――えん【―円】エン 〘数〙同じ中心を持ち、半径の異なる二つ以上の円。
どう‐しん【童心】①子供のこころ。おさなごころ。「―を傷つける」②子供のような純真な心。「―に返る」
どう‐しん【道心】ダウ ①人として正しい道を踏み行おうとする心。道徳心。②〘仏〙仏道を信じる心。菩提心(ぼだいしん)。③〘仏〙一三歳または一五歳以上で仏門にはいった人。
どう‐じん【同人】①同一の人。その人。②同じ志を持つ人。同好の士。仲間。「―誌」参考「どうにん」ともいう。
――ざっし【―雑誌】文学・芸術などで、主義・傾向を同じくする人々が編集・発行する雑誌。同人誌。同人(どうにん)雑誌。
どう‐じん【同仁】平等に愛すること。「一視―(=すべての人を平等に見て愛すること)」
どう‐じん【道人】ダウ ①〘仏〙出家した人、または得道した人。僧。②道教を修めた人。道士。③俗事を捨て去った人。世捨て人。④書家などの号として用いられる語。
とうしん‐せん【等深線】〘地〙地図上で、海・湖沼の深さを表すために、水深の等しい点をつらねて描かれた曲線。同深線。
とう‐すい【透水】水がしみ通ること。「―層」
とう‐すい【陶酔】タウ (名・自スル) ①気持ちよく酒に酔うこと。②ある物事に心を奪われて、うっとりした気分に浸ること。「―境」「名曲に―する」
とう‐すい【統帥】(名・他スル) 軍隊を統率し指揮すること。
どう‐すい【導水】ダウ (名・自スル) 水を導き流すこと。
とう‐すう【頭数】(一頭・二頭と数える)動物の数。
どう‐すう【同数】数が同じであること。同じ数。「賛否―」
とう・ずる【投ずる】(自他サ変) ジ(ゼ)・ジ・ズル・ズル・ズレ・ジロ(ゼヨ) →とうじる 文とう・ず(サ変)
どう・ずる【同ずる】(自サ変) ジ(ゼ・ザ)・ジ・ズル・ズル・ズレ・ジロ(ゼヨ) →どうじる(同じる) 文どう・ず(サ変)
どう・ずる【動ずる】(自サ変) ジ(ゼ・ザ)・ジ・ズル・ズル・ズレ・ジロ(ゼヨ) →どうじる(動じる) 文どう・ず(サ変)
どう‐すん【同寸】寸法が同じであること。同寸法。「同形―」
とう‐ぜ【党是】タウ その政党が定めた党の基本方針。
どう‐せ(副) いずれにしても。どのようにしたところで。結局。「―だめだろう」用法すでに事態は定まっていると予想して、ふてくされたりなげやりになったり決めつけたりする気持ちで用いる。
とう‐せい【当世】タウ 現代。今の世。「―のはやり言葉」
――ふう【―風】(名・形動ダ) 今の世のはやり・風俗・風習。当世らしいありさま。今風。「―の身なり」
とう‐せい【東征】(名・自スル) 東方の敵を征伐すること。
とう‐せい【党勢】タウ 政党や党派の勢力。「―が拡大する」
とう‐せい【陶製】タウ 陶磁器でできていること。また、その物。
とう‐せい【統制】(名・他スル) ①ばらばらにならないよう、一つにまとめること。「組織の―」②(国家などが)一定の計画・方針のもとに規則をつくって規制すること。「物価―」「言論―」
――けいざい【―経済】〘経〙資本主義経済において、国家が生産・配給・価格などの経済活動に、ある制限を加えた経済の仕組み。戦争や恐慌(きょうこう)の際に行われる。↔自由経済
とう‐せい【等星】〘天〙明るさの等級による星の呼称。等級の数を付けて一等星、六等星などと表す。⇒等級②
とう‐せい【踏青】タフ 春の野に出て、萌(も)え出た青草を踏んで散歩すること。野遊び。春
とう‐せい【頭声】おもに頭部に共鳴させて出す、最も高い音域の声。↔胸声
とう‐せい【濤声】タウ 大きな波の音。
とう‐せい【騰勢】〘経〙相場・物価などが上がる勢い。また、その傾向。「株価は―にある」
どう‐せい【同姓】同じ姓。同じ名字(みょうじ)。「―同名」↔異姓
どう‐せい【同性】①男女・雌雄の性が同じであること。②男性から男性、女性から女性をさす言葉。「―から好かれる」③性質が同じであること。性質の同じもの。(↔異性)
――あい【―愛】同性の人どうしの恋愛・性行為。
どう‐せい【同棲】(名・自スル) 同じ家にいっしょに住むこと。特に、結婚していない恋人どうしがいっしょに生活すること。
どう‐せい【動静】人や物事のようすや動き。ありさま。「敵の―を探る」
どう‐ぜい【同勢】行動を共にする人々。また、その人数。
とうせいしょせいかたぎ【当世書生気質】タウセイショセイカタギ 坪内逍遙(しょうよう)の小説。一八八五―一八八六(明治十八―十九)年刊。当時の学生風俗を赤裸々に写実的に描く。
とう‐せき【投石】(名・自スル) 石を投げつけること。
とう‐せき【透析】①セロハン膜などの半透膜が、分子やイオンを通してコロイド粒子を通さない性質を利用して、コロイドや高分子溶液を精製する方法。②「人工透析」の略。
とう‐せき【党籍】タウ 党員としての籍。「―離脱」
とう‐せき【悼惜】タウ (名・他スル) 人の死をいたみ惜しむこと。
どう‐せき【同席】■(名・自スル) 同じ席・集まりに居合わせること。同座。「たまたま―する」■(名) 同じ席次や地位。
とう‐せつ【当節】タウ ちかごろ。このごろ。当今。「―の気風」
とう‐せん【当千】タウ 一人の力が千人に匹敵するほど強いこと。「一騎―のつわもの」参考古くは「とうぜん」ともいった。
とう‐せん【当選】タウ (名・自スル) 選び出されること。特に、選挙で選ばれること。「衆議院議員に―する」↔落選
とう‐せん【当籤】タウ (名・自スル) くじに当たること。
とう‐せん【東遷】(名・自スル) 東の方へ移ること。

とう‐せん【盗泉】 中国山東省にあった泉の名。参考 孔子は「盗泉」の「盗」の語を嫌い、その泉の水を飲まなかったという。⇩渇すれども盗泉の水を飲まず

とう‐せん【登仙】（名・自スル）①仙人になって天に上ること。また、仙人。「羽化ー」②貴人、特に、天皇の死去の敬称。

とう‐ぜん【陶潜】 →とうえんめい

とう‐ぜん【当然】（名・形動ダ・副）道理上、そうであるべきこと。または、そうすべきこと。「ーの理」

類語 あたりまえ・無論・至当・順当・尤も・妥当・自然・必然

とう‐ぜん【東漸】（名・自スル）だんだん東方へ移り進むこと。「仏教のー」↔西漸

とう‐ぜん【陶然】（タル）①気持ちよく酒に酔うさま。②われを忘れてうっとりするさま。「ーと見入る」文（形動タリ）

どう‐せん【同船】 一（名）①同じ船。②その船。二（名・自スル）同じ船に乗り合わせること。「ーの客」

どう‐せん【動線】 都市空間や建物内で、人や物が移動する経路を線で表したもの。設計などの際、機能性や居住性の指標とする。「ーを考慮した間取り」

どう‐せん【銅銭】 銅で作った貨幣。銅貨。

どう‐せん【銅線】 銅で作った針金。

どう‐せん【導線】〔物〕電流を流すための金属線。

どう‐ぜん【同前】 前に述べたのと同じであること。同上。

どう‐ぜん【同然】（名・形動ダ）同じであること。また、そのさま。同様。「紙くずーの株券」「これで勝ったもーだ」

とうせん‐かろ【冬扇夏炉】 →かろとうせん

どう‐ぞ（副）①（頼み願う気持ちを表す）なにとぞ。どうか。「ーよろしく」②（希望する気持ちを表す）なんとか。どうにか。「ー合格しますように」③（相手に勧めたり、許可したりする気持ちを表す）よかったら。いいから。「ーお使いください」

とう‐そう【刀創】 刀で斬られた傷。刀傷。

とう‐そう【逃走】（名・自スル）逃げ去ること。遁走。「その場からーする」

とう‐そう【党争】 党と党との争い。党派間の争い。

とう‐そう【凍瘡】〔医〕寒さのために体の末端部が血行不良となり、赤くはれ、かゆみを伴う症状。しもやけ。图

とう‐そう【痘瘡】〔医〕痘瘡ウイルスによる感染症。高熱・悪寒・頭痛・腰痛を伴う。発疹を生じ解熱後瘢痕を残す。予防は種痘でできる。一九八〇年、WHO（世界保健機関）はこの病気の絶滅を宣言した。天然痘。疱瘡。

とう‐そう【闘争】（名・自スル）①たたかい争うこと。②社会運動・労働運動などで、要求を通すためにたたかうこと。

どう‐そう【同窓】（同じ窓のもとで学ぶ意）同じ学校で、または、同じ先生について学んだこと。また、その人。「ー会」

どう‐ぞう【銅像】 銅で鋳造した像。記念像に多い。

はじまり 日本で最初の記念銅像は、一八八〇（明治十三）年完成の、金沢兼六園の日本武尊像。

とうそう‐おん【唐宋音】 →とうおん（唐音）

とうそう‐はちたいか【唐宋八大家】 中国の唐・宋時代のすぐれた八人の詩文家。唐の韓愈・柳宗元、宋の欧陽脩・王安石・曽鞏・蘇洵・蘇軾・蘇轍の八人。唐宋八家。

とうそうはっかぶんとくほん【唐宋八家文読本】 唐宋八大家の文集。清の沈徳潜編。一七三九年成立。明の茅坤の「唐宋八大家文鈔」と清の儲欣の「唐宋十大家全集録」を抜粋したもの。

とう‐そく【党則】 党の規則。党規。「ー違反」

とう‐そく【等速】 速度が等しいこと。同じ速度。

とう‐ぞく【盗賊】 ぬすびと。泥棒。偸盗。

どう‐ぞく【同族】 ①同じ血筋につながるもの。一族。一門。「ー意識」「ー会社」②同じ種族。

どう‐ぞく【同属】 同じ種属。同じ仲間。

どう‐ぞく【道俗】 出家した人と在家の人。僧と俗人。

どうそ‐じん【道祖神】〔宗〕路傍にあって、旅人の安全を守るとされる神。さいの神。さえの神。手向けの神。

どうそ‐たい【同素体】〔化〕単一の元素から成るが、外観や性質、原子の配列や結合のしかたが異なるもの。炭素からなる黒鉛とダイヤモンド、リンからなる黄燐と赤燐など。

とう‐そつ【統率】（名・他スル）集団内の多くの人々を一つにまとめて動かすこと。統御。「ーのとれた集団」

とう‐た【淘汰】（名・他スル）（洗ってより分ける意から）①よいものを取り、悪いものや適さないものを除くこと。②生存競争の結果、環境に適応しないものが滅び、適応するものだけが残ること。「自然ー」

とう‐だ【投打】 野球で、投げることと打つこと。投手力と打撃力。「ーのバランスのとれたチーム」

とう‐だい【当代】 ①現代。今の時代。「ー随一の人物」②その時代。当時。「ーの都の跡」③その家の現在の主人。当主。④現在の天皇。今上。

とう‐だい【灯台】 ①岬や港口などに築き、夜、灯光を放って、航海の安全をはかる設備。②昔の室内照明具。上に油皿を置き灯火をともす木製の台。灯明台。

はじまり 岬などに設置される灯台は、日本では、一八六九（明治二）年、東京湾入り口の観音崎に作られたものが最初。

ー下暗し（「灯台②」の真下はかえって暗いことから）身近な事柄はかえってわかりにくいたとえ。

〔灯台②〕

ーもり【ー守】「灯台①」の番をする人。

どう‐たい【同体】 ①同じ体。一体であること。「一心ー」↔異体 ②相撲で、両力士が同じ体勢で倒れたり、土俵外に同時に出たりして、勝敗を決めがたい状態であること。

どう‐たい【胴体】 ①胴。体の頭部・手足を除いた部分。②飛行機・船の中心部。「ー着陸」

どう‐たい【動体】 ①動いているもの。②流動体。流体。気体・液体をいう。

どう‐たい【動態】 動いている状態。活動し変化してゆくありさま。「人口ーの統計」↔静態

ーしりょく【ー視力】「動体①」を識別する目の能力。

どう‐たい【童体】 子供の姿。

どう‐たい【導体】〔物〕熱・電気を比較的よく通す物質の総称。銀・銅・アルミニウムなど。良導体。↔不導体

とうだい‐じ【東大寺】 奈良市にある華厳宗の大本山。奈良七大寺の第一。天平十五（七四三）年に渙発の聖武天皇の勅願により建立。本尊は盧舎那仏（奈良の大仏）。

どう‐たく【銅鐸】〔日〕弥生時代の、釣り鐘を偏平にした形の青銅器。表面に模様・絵画が描かれ、祭器として使われたとされる。近畿地方を中心に分布。

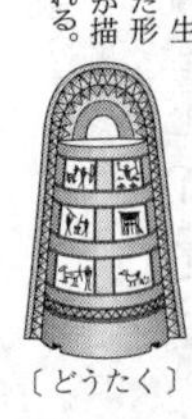
〔どうたく〕

とう‐たつ【到達】（名・自スル）目的の場所や、ある境地などに行き着くこと。「頂上にーする」「悟りの境地にーする」

とう‐だん【登壇】（名・自スル）（演説などをするために）壇上に上がること。↔降壇

どう‐だん【同断】（名・形動ダ）ほかと同じであること。前のと

おりであること。また、そのさま。同然。「以下—」

どう-だん【道断】ダウ (名・形動ダ) →ごんごどうだん

どうだん-つつじ【×満天星】〘植〙ツツジ科の落葉低木。暖地に自生、また観賞用に栽培。葉は倒卵形で互生、秋に紅葉する。春、つぼ状で下垂した白色の花を開く。どうだん。[春]

とう-ち【当地】タウ 自分が今いる、この土地。この地方。当所。[用法]相手の住む土地をいうときには、「ご当地」を用いる。

とう-ち【倒置】タウ (名・他スル) ①さかさまに置くこと。順序を逆にすること。②→とうちほう

—ほう【—法】ハフ 修辞法の一つ。意味を強めるために、主語・述語・修飾語などの順序を逆に配置すること。倒置。「吹くよ、春風、そよそよと」の類。

とう-ち【統治】(名・他スル) 統すべ治めること。主権者が国土・国民を支配し治めること。「全土を—する」

—けん【—権】国土・国民を治める権利。主権。

どう-ち【同地】①同じ土地。②その土地。「—で年を越す」

どう-ち【同値】値あたいが同じであること。等値。

どう-ち【動地】→きょうてんどうち

とう-ちさ【唐×萵苣】タウ「不断草ふだんそう」の異称。[夏]

とう-ちゃく【到着】タウ (名・自スル) 人・乗り物・物品などが目的地に着くこと。また、届くこと。「列車が—する」↔出発

どう-ちゃく【同着】同時に決勝点や目的地に着くこと。

どう-ちゃく【△撞着】(名・自スル) ①突き当たること。たがいにぶつかり合うこと。②前後がくいちがってつじつまが合わないこと。矛盾。「自家—」

とう-ちゅう【頭注・頭△註】書物などの本文の上に付ける注釈。頭書。↔脚注

どう-ちゅう【道中】ダウ ①旅行の途中。また、旅。②遊女が盛装して、くるわの中を練り歩くこと。花魁おいらん道中。

—き【—記】①旅の記録。旅行記。②旅行の案内記。

—ざし【—差〔し〕】江戸時代、庶民が旅行中に帯びた刀。ふつうの刀よりも少し短く、つかとさやに袋をかぶせた。

—すごろく【—◇双六】絵すごろくの一つ。東海道五十三次などの風景・風俗などを描いた、回りすごろく。[新年]

とうちゅう-かそう【冬虫夏草】カサウ 土中の昆虫やクモに寄生し、その体からきのこ(子実体しじつたい)を生じる菌類。冬は虫の姿に、夏は草に見えるところからの名。セミタケ・クモタケなど。

とう-ちょう【盗聴】タウチャウ (名・他スル) 他人の会話などを気づかれないように聞くこと。ぬすみ聞き。「—器」

とう-ちょう【登庁】チャウ (名・自スル) 役所に出勤すること。「新市長の初—」↔退庁

とう-ちょう【登頂】チャウ (名・自スル) 頂上にのぼること。登頂とちょう。「エベレストに—する」

とう-ちょう【頭頂】チャウ (頭の)いただき。「—骨」

どう-ちょう【同調】テウ 一(名) 同じ調子。二(名・自スル) ①他のものに調子を合わせること。他と態度・意見を同じくすること。「—者」②〘物〙電気回路の固有周波数を調節して、外部から加わる特定の周波数に共振させること。チューニング。

—あつりょく【—圧力】集団内で、多数派に合わせるようにさせる暗黙の働きかけ。

どう-ちょう【道庁】ダウチャウ (「北海道庁」の略) 北海道の行政事務を取り扱う役所。

どうちょう-とせつ【道聴塗説】ダウチャウ (道で人から聞いたことを、すぐにまたその道で他の人に話して聞かせる意。「塗」は「途」の意) ①善言を聞いても心にとどめておかないこと。②人の説をすぐ受け売りすること。また、いいかげんなうわさ話。[語源]「道に聴きて塗みちに説く」〈論語-陽貨〉による。

とう-ちょく【当直】タウ (名・自スル) 当番で、日直・宿直などにあたること。また、その人。「—の医師」

とう-ちりめん【唐△縮△緬】タウ 「メリンス」の別称。

とう-ちん【陶◇枕】タウ 陶磁製の、中が空洞のまくら。中に小石が一つ入れてあってカラカラと音がする。[夏]

とう-つう【△疼痛】ずきずき痛むこと。また、その痛み。

とう-つう【頭痛】→ずつう

どう-づき【胴突き】①土木建築で、地面を突き固めること。地形じぎょう。地固め。②地固めやくい打ちに用いる道具。やぐらの中央で丸太を引き上げては落下させて打ちつける。[語源]「どつき(土突き)」から変化したもの。

とう-てい【到底】タウ (副) どうしても。とても。「—間に合わない」「—理解できない」[用法]あとに打ち消しの語を伴う。

どう-てい【同定】(名・他スル) ①同一であると見定めること。②動植物の分類学上の所属を決定すること。「菌種の—」

どう-てい【童貞】①男性が、まだ女性と性的な関係をもっていないこと。また、その男性。②〘基〙カトリックの修道女。

どう-てい【道程】ダウ ①ある地点までの距離。みちのり。②ある事態や状態に達するまでの過程。「完成までの長い—」

どうてい〔道程〕テイ 高村光太郎の処女詩集。一九一四(大正三)年刊。作者の精神史を反映して、享楽主義的な前半と、ヒューマニストとして理想主義的な後半とから成る。

とう-てき【投×擲】一(名・他スル) ほうり投げること。なげうつこと。「手榴弾てりゅうだんを—する」二(名)(「投擲競技」の略) 砲丸投げ・やり投げ・円盤投げ・ハンマー投げの競技の総称。

どう-てき【動的】(形動ダ) ダロ・ダッ(デ)・ニ・ダ・ナラ・〇 動きのあるさま。生き生きしているさま。「実態を—にとらえる」↔静的

とう-てつ【透徹】(名・自スル) ①すき通ること。「—した大気」②筋道が通ってあいまいなところのないこと。「—した論理」

どう-でも (副) ①とりたてることもない意を表す。どうであっても。どのようにでも。「そんなことは—いい」「—してくれ」②自分の意志を強く通す意を表す。どうしても。どうあっても。「—行きます」

とう-てん【当店】タウ この店。わが店。「—自慢の料理」

とう-てん【東天】①東の空。②明け方の空。

—こう【—紅】①(東の空があかくなって夜が明けるのを告げる意) 夜明けに「とうてんこう」と聞こえる鶏にわとりの鳴く声。②〘動〙鶏の一品種。高知県の特産種で、声が美しく、長く鳴く。

とう-てん【読点】文の意味の切れ目に打つ点。てん。「、」⇩句点

とう-でん【盗電】タウ (名・自スル) 正規の契約をしないで、料金を払わずに電力を使うこと。

どう-てん【同点】同じ点数。同じ得点。「—決勝」

どう-てん【動天】天を動かすほど勢いの盛んなこと。「—驚地」

どう-てん【動転・動△顚】(名・自スル) ひどく驚くこと。びっくりして冷静さを失うこと。「気が—する」

とう-と【東都】東の都。特に、東京。

とう-ど【凍土】こおった土。また、その土地。「永久—」[冬]

とう-ど【唐土】タウ 昔、中国をさして呼んだ語。もろこし。

とう-ど【陶土】タウ 白色を帯びた純良な粘土。陶磁器や耐火れんがなどの原料となる。

とう-ど【糖度】タウ 果物などに含まれる糖分の割合。

どう-と【道途】ダウ みち。道路。また、行く道や来た道。

とうと・い【尊い・貴い】タフト (形) カロ・カッ(ク)・イ・イ・ケレ・〇 ①地位などが高い。「—お方」②手に入れにくく価値がある。たいせつだ。貴重だ。「—体験」「—意見」[文]たふと・し(ク) [参考]「たっとい」ともい

う。⇩「使い分け」

> 使い分け 「**尊い・貴い**」
> 「**尊い**」は「卑」の対。たいせつなものとして敬いとうとぶべきであるの意で、「尊い神」「尊い犠牲を払う」「平和の尊さを学ぶ」などと使われる。
> 「**貴い**」は、「賤」の対。それ自身の持つ価値や身分が高くてとうとぶべきであるの意で、「貴い体験」「貴い資料」などと使われる。

-とうとう【等等】（接尾）「等」を強めていう言葉。などなど。

とう-とう【到頭】―（副）最終的にある結果が現れるさま。ついに。結局。「―彼女は来なかった」

とう-とう【滔滔】（ト）（タル）①水の盛んに流れるさま。「―たる大河の流れ」②弁舌のよどみないさま。「―と説明する」③強い勢いである方向に向かうさま。「―たる時代の風潮」文（形動タリ）

とう-とう【蕩蕩】（ト）（タル）①広く大きなさま。広々としているさま。②穏やかなさま。「春日―たり」文（形動タリ）

とう-どう【当道】この道。自分の学ぶ道。自分の専門。

とう-どう【東道】―①東の道。②（「東道の主」の略）主人となって客の案内や世話をする者。

どう-とう【同等】（名・形動ダ）同じ等級・価値であること。また、そのさま。「―に扱う」

どう-とう【堂塔】寺の、堂と塔。「―伽藍」

どう-とう【道統】―（儒学の）教えを伝える系統。「―図」

どう-どう【同道】―（名・自他スル）いっしょに連れだって行くこと。同行。「両親に―する」「部下を―する」

どう-どう【堂堂】（ト）（タル）①雄大でりっぱなさま。いかめしくりっぱなさま。「―たる体格の男」②包み隠しのないさま。悪びれないさま。「正正―とたたかう」文（形動タリ）

どう-どう（感）馬や牛を落ち着かせたり止めたりするときの掛け声。

とうどう-ばつい【党同伐異】―（「党」は仲間を組む、「伐」はうつの意）事の是非・善悪を問わず常に自派に味方し、他派を攻撃すること。

どうどう-めぐり【堂堂巡り】―（名・自スル）①祈願のために、社寺の堂の周りを繰り返し回ること。②同じ場所をぐるぐる回ること。転じて、議論などが、繰り返されて進展しないこと。「議論が―になる」③議会における投票様式の一つ。議員が議席から壇上に進み出て順次投票することの俗称。

とう-どく【東独】旧ドイツ民主共和国。東ドイツ。

どう-とく【道徳】―①人が社会生活をする上で守るべき行為の規範。道義。「社会―」「不―」②小・中学校の教育課程の一つとして設けられている道徳教育の課程。

―てき【―的】（形動ダ）道徳に関するさま。また、道徳にかなっているさま。「―な見地」「―な判断」

とう-とつ【唐突】―（形動ダ）突然で違和感を与えるさま。だしぬけで場違いなさま。「―な申し出」文（ナリ）

とうと・ぶ【尊ぶ・貴ぶ】（他五）①尊いものとしてあがめる。敬う。「神を―」②（価値あるものとして）たいせつにする。尊重する。「平和を―」可能 とうと・べる（下一）参考「たっとぶ」ともいう。

とう-どり【頭取】①音頭をとる人。転じて、集団の長である人。頭立つ人。②銀行などの取締役の代表者。「銀行の―」③劇場で、楽屋の取り締まりをする人。

どう-とり【胴取［り］・筒取［り］】ばくちの場所を貸して、出来高の歩合を取ること。また、その人。胴元。胴親。

とう-な【唐菜】―〘植〙アブラナの一種。葉は薄緑色をし、大形で平滑。漬物にする。漬け菜。冬

どう-なか【胴中】①身体の胴の中ほど。②物の真ん中。

どう-なが【胴長】①からだに比して胴が長めであること。②胸当て・ズボン・靴がひとつながりになった防水性の作業着。釣りなどで着用する。ウェーダー。

とう-なす【唐茄子】―「カボチャ」の異称。秋

とう-なん【東南】東と南の中間の方角。南東。ひがしみなみ。↔西北

とう-なん【盗難】―金品を盗まれる災難。「―にあう」

とうなんアジア【東南アジア】アジア南東部、インドシナ半島とマレー諸島からなる地域の総称。ミャンマー・タイ・ベトナム・ラオス・カンボジア・マレーシア・シンガポール・フィリピン・インドネシア・ブルネイ・東ティモールの諸国がある。

とう-に【疾うに】（副）（「とう」は「疾く」の音便）早くから。ずっと前から。とっくに。「―出掛けましたよ」

どう-に-か（副）①かろうじて。どうやら。「―危機はのりこえた」②なんとか。「―してくれ」

―こうにか（副）「どうにか」を強めた言葉。やっと。まあどうやら。「―完成にこぎつけた」

どう-に-も（副）①どうやっても。「―手に負えない」②なんとも。「―困ったものだ」用法 ①は、あとに打ち消しの語を伴う。

とう-にゅう【投入】―（名・他スル）①物を投げ入れること。②資力や労力などをつぎ込むこと。「多額の資金を―する」

とう-にゅう【豆乳】ひき砕いた大豆に水を加え、煮てこした白い液。豆腐の原料となるほか、飲料にもする。

どう-にゅう【導入】―一（名・他スル）導き入れること。「外資の―」二（名）本論・主題に導く準備段階として、興味を起こさせ、方向づけをするための部分。「話の―部」

どう-にょう【導尿】〘医〙尿道口から膀胱までカテーテルを通して尿を排出させること。

とうにょう-びょう【糖尿病】〘医〙膵臓の機能異常からインスリンが不足して血糖値が上がり、尿の中に糖分を排出することが多い慢性疾患。

とう-にん【当人】―そのことに直接関係する人。その人。本人。「―と話をする」

どう-にん【同人】①同じ人。同一人物。②その人。問題の人物。③仲間。同好の人。参考「どうじん」ともいう。

―ざっし【―雑誌】→どうじんざっし

どう-ぬき【胴抜き】〘服〙和服で、下着の胴だけを別の布で仕立てること。また、その下着。

とうねつ-びょう【稲熱病】→いもちびょう

とう-ねん【当年】―①今年。本年。「―とって六〇歳」②（話題になっている）そのころ。その年。

どう-ねん【同年】①同じ年。「彼とは―入社だ」②同じ年齢。「―の友人」③前に述べた、その年。「―三月中学卒業」

どう-ねん【道念】―①道義心。②道を求める心。道心。求道心。③僧の妻。梵妻。大黒。

とう-の【当の】―（連体）ちょうどそれにあたる。その。問題の。「―本人」

どうの-こうの―（副）（不平不満を）あれこれ言うさま。何やかや。「今さら―（と）言われても困る」

どうのじ-てん【同の字点】踊り字の「々」のこと。「時々」「延々」などと用いて、同じ漢字の繰り返しであることを表す。⇩繰り返し符号（表）

どう-の-ま【胴の間】和船の中央部分の船室。

とう-の-むかし【°疾うの昔】（「とう」は「疾く」の音便）ずっと前。とっくの昔。「その人は―に退職した」

とう-は【党派】―①主義・主張などを同じくする人々の集団。党。「超―」②党の中の分派。

とう-は【踏破】―（名・他スル）困難な道のり、遠い行程などを最後まで歩き通すこと。「南極大陸を―する」

とう-ば【塔婆】―「卒塔婆」の略。

どう-は【道破】―（名・他スル）（「道」は言う意）物事の核心となる事柄を言い切ること。「事の真理を―する」

どう-はい【同輩】年齢・地位・経歴などを同じくする仲間。

どう-はい【銅△牌】賞として与える銅製のメダル。

とう-はいごう【統廃合】―（名・他スル）廃止や合併によって、組織などをひとつにまとめること。「研究施設の―」

とう-ばく【倒幕】―（名・自スル）幕府を倒すこと。

とう-ばく【討幕】―（名・自スル）幕府を攻め討つこと。

どう-ばち【銅鉢】①金銅製の鉢。②〘仏〙勤行のときに鳴らす銅製の鈴。

とうはち-けん【藤八拳】「狐拳」の異称。

とう-はつ【頭髪】頭の毛。髪の毛。

とう-ばつ【討伐】―（名・他スル）兵を出して敵対するものを攻め討つこと。「―隊」「反乱軍を―する」

とう-ばつ【党閥】―同じ党派の者が、その勢力を広め利益をはかるために結びついた集団。

とう-ばつ【盗伐】―（名・他スル）国や他人などが所有する山林の木や竹をひそかに切り取って盗むこと。

とう-はん【盗犯】―〘法〙窃盗または強盗などの犯罪。

とう-はん【登坂】（名・自スル）車両が上り坂を走行すること。登坂。

―しゃせん【―車線】上り坂の車道で、速度の遅くなる車両のために設けてある車線。

とう-はん【登△攀】（名・自スル）高い山や崖などをよじのぼること。登攀。「岩壁を―する」

とう-ばん【当番】―（順番に従って受け持つ仕事の）番にあたること。また、その人。「掃除―」↔非番

とう-ばん【登板】（名・自スル）野球で、ピッチャーがマウンドに立つこと。投手として出場すること。転じて、ある職務につくこと。「―予定」「元首相が再び―する」↔降板

どう-はん【同伴】（名・自他スル）連れだって行くこと。また、いっしょに連れていくこと。「夫人―」

―しゃ【―者】①同伴する人。連れ。②同じ道を歩く人。道連れ。また、思想上の共鳴者。「人生の―」

どう-ばん【銅板】銅を押し延ばして作った板。

どう-ばん【銅版】銅の板に彫刻、または薬品による腐食を施して作る印刷用の原版。「―印刷」

どう-ばん【銅盤】銅製のたらい。

トウバンジャン〈中国 豆板醬〉ソラマメを原料にした唐辛子入りの中国みそ。マーボー豆腐などの四川料理に多く用いる。

とう-ひ【当否】―適当であるかないかということ。また、正しいことと、正しくないこと。よしあし。当不当。「事の―はおく」

とう-ひ【逃避】―（名・自スル）対処すべき責任や苦難などに立ち向かわずに避けて逃げること。「現実からの―」

―こう【―行】世間をはばかり身を隠し、あちこち移り歩いたり隠れ住んだりすること。「恋の―」

とう-ひ【討△匪】―匪賊を討伐すること。

とう-び【△掉尾】―最後になって勢いのさかんなこと。また、最後。「大会の―を飾る」参考 もとの読みは「ちょうび」。「とうび」は慣用読み。

とうひ-きゅうすう【等比級数】―〘数〙級数の各項が等比数列であるもの。幾何級数。⇩等差級数

とうひ-すうれつ【等比数列】〘数〙数列の各項が常にすぐ前の項に一定数（＝公比）を掛けて得られるもの。⇩等差数列

どう-ひつ【同筆】筆跡が同じであること。同じ人の筆跡。

とう-ひょう【灯標】―船舶の座礁などを防ぎ、航路を指示する標識の一つ。点灯した浮標や灯船など。

とう-ひょう【投票】―（名・自スル）選挙や採決のとき、選出したい人の名や賛否を、規定の用紙に書いて定められた箱に入れること。「無記名―」「―で決める」「無―」

とう-びょう【投△錨】―（名・自スル）船がいかりを下ろすこと。船が停泊すること。↔抜錨

とう-びょう【痘苗】―〘医〙種痘に使うワクチン。天然痘の病原体を子牛の腹壁に接種して得る。

とう-びょう【闘病】―（名・自スル）病気の苦しみとたたかうこと。くじけずに、積極的に治療につとめること。「―生活」

どう-ひょう【道標】―通行人の便宜のために、その道の方向・行き先・距離などを書いて道端に立てたしるし。道標。

どう-びょう【同病】―同じ病気。また、同じ病気の人。

―相憐れむ 同じ病気、また、同じ悩みや苦しみをもつ者は、たがいに同情しあう。

とう-ひん【盗品】―ぬすんだ品物。「―故買」

とう-ふ【豆腐】水に浸した大豆をひき砕いて加熱し、その汁をこして、かすを取り去った豆乳に、にがりを加えて固めた食品。

―に鎹 手ごたえやききめのないことのたとえ。参考 類似のことば―糠に釘・暖簾に腕押し

―がら【―殻】豆腐のしぼりかす。うのはな。おから。

とう-ぶ【東部】（国・地域の中で）東のほうの部分。↔西部

とう-ぶ【頭部】頭の部分。また、物の先端部。

とう-ふう【東風】①ひがしかぜ。こち。↔西風 ②春風。

とう-ふう【唐風】―中国の唐の制度・風俗に似ていること。また広く、中国風。唐風。唐様。「―文化」

とう-ふう【党風】―党の気風。「―刷新」

どう-ふう【同封】（名・他スル）封書の中にいっしょに入れること。「―の書類」「切手を―する」

とう-ふく【当腹】―現在の妻から生まれたこと。また、その子。当腹。

とう-ふく【倒伏】―（名・自スル）稲・麦などが倒れること。

どう-ふく【同腹】①同じ母親から生まれたこと。また、その人。「―の兄弟」↔異腹 ②心を合わせること。同じ考えをもつこと。また、その人。「―一心の者」

どう-ぶく【胴服】①〘古〙「羽織」の古称。②→どうぎ（胴着）①

どう-ぶく【道服】―①道士の着る衣服。②昔、貴人がふだん着にした広袖で裳にひだのある上着。参考「どうふく」ともいう。

とう-ぶつ【唐物】―中国、その他の外国から渡来した品物。舶来品。唐物。

―や【―屋】舶来品を売る店。洋品店。

どう-ぶつ【動物】①従属栄養（＝ほかの動物や植物を有機物として体外からとり入れて栄養とすること）を営み、多くは自由に運動できる生物の総称。②人間以外の動物、特に獣類。

―えん【―園】各地の種々の動物を集め飼育して、一般に見物させる施設。はじまり 日本では、一八八二（明治十五）年、東京上野動物園の開園が最初。京都市動物園（一九〇三年）、大阪の天王寺動物園（一九一五年）と続く。

―がく【―学】動物について研究する学問。

―しつ【―質】①動物の体を組織する物質。たんぱく質・脂肪が多い。②→どうぶつせい②（↔植物質）

―せい【―性】①動物特有の性質。②動物からとったものであること。動物質。「―たんぱく質」（↔植物性）

―てき【―的】（形動ダ）①動物の性質を持っているさま。「―な勘」②性質や行いが理性的でなく、本能的なさま。「―な行動」

どう-ぶるい【胴震い】（名・自スル）寒さや恐怖・興奮などのために全身が震えること。「緊張のあまり―する」

とう-ぶん【当分】（名・副）しばらくの間。「―の間」

とう-ぶん【等分】（名・他スル）等しく分けること。均分。「―に分ける」「利益を―する」

とう-ぶん【糖分】あるものに含まれている糖類の成分。また、単に甘味。「―をひかえる」

どう-ぶん【同文】①同じ文章。「以下―」②同じ文字。特に、二つ以上の民族や国民の使用する文字が共通していること。例えば、日本と中国など。「―同種」

とう-へき【盗癖】衝動的にぬすみをしてしまう病的なくせ。ぬすみぐせ。「―がある」

とう-べん【答弁・答△辯】（名・自スル）質問に答えて説明すること。また、その答え。「国会―」「―を求める」

とうへん-ついほう【陶片追放】〘世〙古代ギリシャのアテネで、市民の秘密投票によって僭主になるおそれのある者を国外へ追放した制度。投票に陶片を用いたのでいう。オストラシズム。

とうへんぼく【×唐変木】〘俗〙気の利かない人やわからずやをののしっていう語。「この―め」

どう-ぼ【同母】母親が同じであること。同腹。↔異母

とう-ほう【当方】こちら。自分のほう。「―からお伺いします」↔先方

とう-ほう【東方】東の方角・方面。↔西方

とう-ぼう【逃亡】（名・自スル）逃げて身を隠すこと。「犯人が―する」

どう-ほう【同胞】①（同腹の者の意から）兄弟。姉妹。はらから。②同一国民。同一民族。参考「どうぼう」とも。

どう-ぼう【同房】同じ部屋。また、同じ部屋に住むこと。特に、刑務所の同じ監房。

とう-ほく【東北】①東と北の中間の方角。北東。ひがしきた。↔西南 ②「東北地方」の略。

とう-ぼく【倒木】たおれた木。

とう-ぼく【唐木】→からき

とう-ぼく【唐墨】中国製の墨。唐墨。

どう-ぼく【童僕】男の子であるしもべ。召使の少年。

とうほく-ちほう【東北地方】本州の東北部の地方。青森・秋田・岩手・宮城・山形・福島の六県からなる。奥羽地方。東北。

どう-ほこ【銅△鉾】〘日〙弥生時代に用いられた青銅製のほこ。実用性に乏しく、祭器であったとされる。

どう-ぼね【胴骨】①あばら骨。②度胸。肝っ玉。

とう-ほん【唐本】中国から渡来した書籍。漢籍。

とう-ほん【△搨本】石碑などに刻んである字を紙に写しとったもの。また、それを本にしたもの。拓本。

とう-ほん【謄本】①原本の内容の全部をそのまま写しとった文書。戸籍謄本など。↔抄本 ②「戸籍謄本」の略。

とうほん-せいそう【東奔西走】（名・自スル）事をなし遂げようと忙しくあちこち走り回ること。「資金ぐりに―する」

どう-まき【胴巻〔き〕】金銭などを入れる帯状の腹巻き。

どう-まごえ【胴間声】調子はずれの濁った太い声。胴声。「―を張り上げる」

とう-まる【唐丸】①〘動〙鶏の一品種。体が大きく羽は黒色。よい音色で長く鳴く。愛玩用。②「唐丸かご」の略。

―かご【―籠】①「唐丸①」を入れて飼育するのに用いる、竹で作ったつりがね型のかご。②江戸時代、重罪人を護送するのに用いた竹製のかご。形が①に似る。

〔とうまるかご②〕

どう-まる【胴丸】よろいの一種。胴を丸く囲む軽装のよろい。歩卒が用いた。

どう-まわり【胴回り】胴の周囲。また、その長さ。ウエスト。「―の寸法」

とう-み【唐△箕】〘農〙穀物の実と、粃・もみ殻・ちりなどを、羽根車を回して起こる風によって吹き分ける農具。

とう-みつ【糖蜜】①砂糖を製造するとき、結晶糖を分離した残りの液。飼料・肥料にするほか、アルコールなどの原料にも用いる。②砂糖を溶かした液。蜜。シロップ。

どう-みゃく【動脈】①〘生〙血液を心臓から体の諸器官に運ぶ血管。↔静脈 ②（比喩的に）主要な交通路。「空の―」

―けつ【―血】〘生〙肺で浄化され左心室から出て動脈管内を流れる血液。酸素に富み、鮮紅色をしている。↔静脈血

―こうか-しょう【―硬化症】〘医〙動脈の血管壁が弾性を失って硬くなった結果、支配臓器に血液の循環障害が起こる病気。動脈硬化。

―りゅう【―△瘤】〘医〙動脈硬化症や外傷などにより、動脈の一部が拡張しふくれあがったもの。

とう-みょう【灯明】神仏に供えるともしび。みあかし。

どう-みょう【同△苗】①同じみょうじ。同姓。②同族。

どうみょう-じ【道明寺】①（「道明寺糒」の略）もち米を蒸して、日に乾かした食品。熱湯をかけ柔らかくして食べる。兵糧・旅行用。②①の糒を粉にしたものを材料にして作った和菓子。語源 最初に道明寺（＝大阪府藤井寺市にある尼寺）で作られたところからいう。

とう-みん【冬眠】（名・自スル）〘動〙ある種の動物が、冬期に土・穴などの中で生活活動を低下させて眠った状態で冬を越すこと。ヘビ・カエル・クマなどにみられる。冬 ⇩夏眠

とう-みん【島民】島の住民。

とう-む【党務】政党・党派の事務。

とう-めい【透明】（名・形動ダ）すきとおっていること。よく光をとおすこと。また、そのさま。「無色―」「―なガラス」

どう-めい【同名】同じ名。「同姓―」

―いじん【―異人】名前が同じで人が違うこと。また、その人。

どう-めい【同盟】（名・自スル）国家・団体・個人などが、それぞれの間で共同の目的のために同じ行動をとることを約束すること。また、それによって生じる関係。「他国と―を結ぶ」

―きゅうこう【―休校】→ストライキ②

―じょうやく【―条約】二つ以上の国が、同盟のために結ぶ国際条約。

―ひぎょう【―罷業】→ストライキ①

どう-めいし【動名詞】〘文法〙西洋語で、動詞の変化形の一つ。動詞と名詞の機能を併せ持つもの。動詞状名詞。

とう-めつ【討滅】（名・他スル）うちほろぼすこと。

とう-めん【当面】一（名・自スル）現在直面していること。面と向かうこと。「―の問題」「難局に―する」二（名・副）さしあたり。今の場合。「―は静観する以外にない」

どう-も (副) ①(下に打ち消しの語を伴って)どうしても。どんなふうにしても。「—うまくできない」 ②まったく。なんとも。「—困ったことになった」 ③なんだか。どことなく。「—おかしいと思った」 ④相手に対する感謝・謝罪・祝福などの気持ちを述べる挨拶に用いる語。後半を略し、軽い挨拶語としても用いる。「—ありがとう」「—すみません」「いや、—、—」「わざわざ—」

どう-もう【童△蒙】(「蒙」は幼い意)幼くてものの道理のわからない者。子供。

どう-もう【△獰猛】(名・形動ダ) 荒々しくたけだけしいこと。性質が凶暴で残忍なこと。また、そのさま。「—な犬」

とう-もく【頭目】かしら。親方。首領。「山賊の—」

どう-もく【△瞠目】—(名・自スル) (感心したり驚いたりして)目をみはること。「彼の活躍は—に値する」

どう-もと【胴元・◇筒元】①ばくちの親。また、ばくちの席を貸して、出来高の歩合を取る人。胴親。胴取り。②全体をまとめる責任者。元締め。

どう-もり【堂守】— 堂の番をすること。また、その人。

とう-もろこし【×玉蜀黍】—〘植〙イネ科の一年草。茎は直立円柱状。葉は長大。夏、筒形の軸に黄色い実が列状につく。食用・飼料・工業原料用。とうきび。[秋]

どう-もん【同門】①同じ先生のもとで学ぶこと。また、学ぶ人。相弟子。②同じ流派に属すること。また、その人。

どう-もん【洞門】ほらあなの入り口。また、ほらあな。

とう-や【当夜】—①何かがあった、その夜。②今夜。

とう-や【陶冶】—(名・他スル) (陶器を焼くことと鋳物を作ることの意から)素質・才能を引き出し、育て上げること。人格を養成すること。薫陶。「人格を—する」

とう-やく【投薬】(名・自他スル) 医師が病気に適した薬を患者に与えること。「患者に—する」

とう-やく【湯薬】— 煎じ薬。煎薬。

どう-やく【同役】同じ役目。同じ役目の人。

どう-やら (副) ①どうにか。やっと。「—暮らしていける」 ②なんだか。なんとなく。「—雨らしい」

—こうやら (副) どうにかこうにか。「—間に合った」

とう-ゆ【灯油】①灯火用の油。ともしあぶら。②石油の原油を蒸留する際、揮発油に続いてセ氏一五〇—二〇〇度で出る油。ランプ用・燃料などにする。

とう-ゆ【△桐油】①アブラギリ(=落葉高木の一種)の種から製する乾性油。きりあぶら。②「とうゆがみ」の略。

—がみ【—紙】「桐油①」を塗った防水紙。油紙。

とう-ゆう【党友】①同じ党に属する仲間。②外部から党を支援する人。

どう-ゆう【同友】— 志を同じくする友。

どう-ゆう【同憂】— 同じ心配を持つこと。憂いをともにすること。また、その人。「—の士」

とう-ゆうし【投融資】〘経〙投資と融資。「財政—」

とう-よ【投与】(名・他スル) 医師が患者に薬を与えること。投薬。「新薬を—する」

とう-よう【当用】— さし当たり用いること。また、その用事。

—かんじ【—漢字】日常生活に用いるものとして、一九四六(昭和二十一)年に政府により定められた一八五〇字の漢字。一九八一(昭和五十六)年内閣告示の常用漢字がこれにかわった。⇩常用漢字

—にっき【—日記】さし当たっての用向きをしるす日記。

とう-よう【灯用】灯火に用いること。

とう-よう【東洋】— アジア、またアジアの東部および南部の総称。日本・中国・インド・タイ・インドネシアなど。「—文化」「—医学」↕西洋

とう-よう【盗用】—(名・他スル) 許可を得ずに他人のものを使うこと。「デザインの—」

とう-よう【陶窯】— 陶磁器を焼くかま。

とう-よう【登用・登庸】(名・他スル) 人をこれまでよりも上の地位に引き上げて使うこと。「人材の—」

どう-よう【同様】—(名・形動ダ) ①ようす・状態が同じであること。また、そのさま。「私も彼と—に考える」 ②(接尾語的に用いて)「…と同じぐらい(に)」「…と同じように」の意。同然。「彼—私も英語が話せない」「我が子—にかわいがる」

どう-よう【動揺】—(名・自スル) ①揺れ動くこと。「船体が—する」 ②不安な状態になること。心の落ち着きを失うこと。「突然の訃報に—する」

どう-よう【童幼】— 幼い子供。幼児。

どう-よう【童謡】— ①民間に歌いつがれてきた子供の歌。わらべ歌。②大正中期から昭和初期にかけて、鈴木三重吉・北原白秋・野口雨情・山田耕筰などを中心に作られた、子供のための歌。③子供が作ってうたう詩や歌。

どう-よく【胴欲・胴△慾】(名・形動ダ) 欲が深くて不人情なこと。また、そのさま。「—な人」[語源]「貪欲」の転。

とう-らい【当来】—〘仏〙来るはずの世。未来。来世。

とう-らい【到来】—(名・自スル) ①時節・時機の来ること。「チャンス—」 ②贈り物が届くこと。「—の品」

—もの【—物】よそからのいただき物。

とう-らく【当落】— 当選と落選。「—が判明する」

とう-らく【騰落】(物価などの)騰貴と下落。上がり下がり。

どう-らく【道楽】—(名・自スル) ①実利を目的としないで趣味として楽しむこと。また、その楽しみ。趣味。「食い—」 ②酒色やばくちなどにふけること。また、その人。「—息子」

—もの【—者】①酒色やばくちなどにこって、身持ちの悪い人。特に、ばくち打ち。②怠け者。

どう-らん【胴乱】①植物を採集して入れる円筒状または長方形の容器。トタンまたはブリキ製。②薬・印・たばこなどを入れて腰に下げる革製の四角な袋。

〔胴乱①〕

どう-らん【動乱】■一(名) 社会秩序が乱れ、暴動や紛争が起こること。また、その暴動や紛争。■二(名・自スル) 心が激しく乱れること。

とうらん-けい【倒卵形】— 卵のとがっているほうを下にしたような形。おもに植物の葉の形を示す。

とう-り【党利】— その政党・党派のための利益。「—優先」

—とうりゃく【—党略】— その政党・党派を利するだけのはかりごと。「—に走る」

とう-り【桃△李】— 桃と李。

—もの言わざれども下自ずから蹊を成す 徳のある人のもとには、黙っていても人が慕って自然に集まってくるものだ。[語源]花が美しく実もうまい桃や李の木の下には、招かなくても人が集まってくるために、自然に小道ができるという意味から出た言葉。〈史記〉

どう-り【道理】— 物事の正しい筋道。正しい論理。条理。わけ。「ものの—」「—を説く」「負ける—がない」

—で (副) (原因・理由がわかったとき、納得した意味で用いて)なるほどそれで。「彼は元水泳選手か。—泳ぎが達者だ」

とう-りつ【倒立】—(名・自スル) 手で体を支えて足をあげ、逆さに立つこと。逆立ち。「三点—」

どう-りつ【同率】同じ率・割合。「—首位」

とう‐りゃく【党略】党の利益のためにするはかりごと。

とう‐りゅう【当流】①(自派の流儀をさして)この流儀。②当代の流儀。今の世のやり方。

とう‐りゅう【逗留】(名・自スル) 旅先などでしばらくとどまること。滞在。「―先」「長―」

どう‐りゅう【同流】(名) ①同じ流れ。②同じ流儀。同じ流派。

とうりゅう‐もん【登竜門】(中国の黄河上流の竜門は急流の難所で、ここを登りきった鯉は竜になるという伝説から)そこを通れば立身出世ができるという難しい関門。「文壇への―」参考「竜門を登る」の本義を「登竜の門」と誤解したもの。【故事】後漢の李膺は厳正公平な政治家で人望があり、若い官僚の中で李膺に認められた者は人々から「竜門を登った」と名誉を称えられたことからいう。〈後漢書〉

とう‐りょう【当量】《化》一般に、ちょうど過不足なくたがいに反応し合う二つの物質の量のこと。ふつうは化学当量をさす。ほかに電気化学当量、熱の仕事当量がある。

とう‐りょう【投了】(名・自スル) 囲碁・将棋などで、一方が負けを認めて勝負が終わること。「―を告げる」

とう‐りょう【棟梁】①大工の頭。②一国・一族を支え率いる人。統率者。「武家の―」語源「棟」と「梁」はともに家を支える大事なものという意から出た語。〈南史〉

とう‐りょう【等量】等しい分量。「―に分ける」

とう‐りょう【統領】(名・他スル) 人々をまとめ治めること。また、その人。頭。首領。

とう‐りょう【頭領】ある団体のかしら。頭目。

どう‐りょう【同僚】同じ職場で働いている人。特に、同じ役目・地位についている人。「会社の―」

どう‐りょく【動力】機械を動かす力。水力・電力・原子力などのエネルギーを、原動機によって機械を動かす力に変えたもの。原動力。「―源」

―ろ【―炉】動力を生み出す原子炉。発電用原子炉・船舶用原子炉など。

とう‐りん【登臨】(名・自スル) ①高い所にのぼって下を見渡すこと。②帝位について、民を治めること。

どう‐りん【動輪】蒸気機関や原動機から直接動力を受けて回転を起こし、自動車や機関車を走らせる車輪。

とう‐るい【盗塁】(名・自スル) 野球で、走者が相手のすきをついて次の塁に進むこと。スチール。「二塁に―する」

とう‐るい【糖類】《化》「炭水化物」のこと。糖。

どう‐るい【同類】①同じ種類。②仲間。一味。

―こう【―項】①《数》多項式の各項のうち、係数以外の文字因数が同じである二つ以上の項。②同類の者。仲間。

とう‐れい【答礼】(名・自スル) 相手からの礼にこたえて礼をすること。また、その礼。返礼。「―訪問」

どう‐れい【同齢】同じ年齢。同い年。同年。

どう‐れつ【同列】①同じ列。②地位・程度・資格などが同じであること。「―には扱えない」「―に論じる」

とう‐ろ【当路】(重要な通路にあたる意から)政治的に重要な地位にあること。また、その人。「―の人」

どう‐ろ【道路】人や車などが通るための道。「幹線―」

―ひょうしき【―標識】交通の安全や便利をはかるために道路に設けられた標識。

とう‐ろう【灯籠】木・石・金属などで作った、中にあかりをともす灯火用具。庭先に据えたり軒先につるしたりする。秋
―ながし【―流し】盂蘭盆の終わりの日に、小さな灯籠に火をともして川や海に流す行事。秋
とう‐ろう【登楼】(名・自スル) ①高殿にあがること。②昔、遊女屋にあがって遊ぶこと。

とう‐ろう【蟷螂】《動》カマキリ。秋
―の斧 (カマキリが、「おの(前足)」を上げて大きな車に立ち向かう意から)力の弱い者が身のほども知らずに強い敵に立ち向かう、はかない、また無謀な抵抗のたとえ。

とう‐ろく【登録】(名・他スル) ①帳簿に記載すること。「会員として―する」②《法》一定の事項を公に証明するため、関係官庁などの特定の帳簿に記載すること。「住民―」

―しょうひょう【―商標】《商》特許庁の商標原簿に登録された商標。一〇年間の専用権が与えられている。

とう‐ろん【討論】(名・自他スル) 意見を述べ合って議論をたたかわせること。ディスカッション。「―会」

どう‐わ【童話】子供のために作られた物語。「―作家」

どう‐わ【道話】身近な例をあげて、人のふみ行うべき道を説いた話。主として心学の教訓的な話をいう。

どうわ‐きょういく【同和教育】被差別部落の人たちに対する不当な差別や蔑視をなくし、すべての人が真に自由・平等である社会の建設を目指す教育およびその活動。

とう‐わく【当惑】(名・自スル) どうしたらよいかわからず、困ること。途方にくれること。「ぶしつけな質問に―する」

どう‐わすれ【胴忘れ】(名・他スル) →どわすれ
と‐えい【都営】東京都が経営・管理すること。「―住宅」

とえ‐はたえ【十重二十重】幾重にも重なること。また、幾重にもとりまいていること。「―に取り囲む」参考 常用漢字表付表の語。

ど‐えら・い【ど偉い】(形) カロ・カッ(ク)・イ・イ・ケレ・○ (俗)(「ど」は接頭語) けたはずれである。とんでもない。「―間違いを犯す」

とお【十】①一の一〇倍。じゅう。②一〇歳。

とお‐あさ【遠浅】岸から遠い沖の方まで水が浅いこと。また、そのような所。「―の海」

とお‐あるき【遠歩き】(名・自スル) 遠方へ出歩くこと。

とお・い【遠い】(形) カロ・カッ(ク)・イ・イ・ケレ・○ ①距離のへだたりが大きい。「―国」↔近い ②今からの時間のへだたりが大きい。久しい。「―昔」↔近い ③血縁関係が薄い。「―親類」↔近い ④親しみが薄い。「―仲になる」↔近い ⑤程度や性質などが大きく離れている。「理想とは―・くかけはなれる」↔近い ⑥遠視である。「目が―」↔近い ⑦はたらきがにぶい。「気が―・くなる」「耳が―」文とほ・し(ク)

類語 遥か・遥々・僻遠・悠遠・遼遠・杳然
と‐おう【渡欧】(名・自スル) ヨーロッパに行くこと。

とお‐えん【遠縁】血縁の遠いこと。また、その人。「彼とは―にあたる」↔近縁
とお‐か【十日】①一日の一〇倍。十日間。十昼夜。②月の一〇番目の日。

―の菊 (菊は九月九日の節句の花であることから)時機におくれて役に立たないもののたとえ。参考 類似のことば―六日の菖蒲
とおから‐ず【遠からず】(副) 近いうちに。まもなく。「彼の夢は―実現するだろう」

トーキー〈talkie〉《映》画面に応じて音や声が聞こえるようになっている映画。発声映画。↔サイレント はじまり 日本の本格的トーキーは、一九三一(昭和六)年、松竹で製作された「マダムと女房」(五所平之助監督)が最初。

とお‐く【遠く】■(名) 遠い所。「―に出かける」↔近く ■(副) へだたりの大きいさま。はるかに。「彼には―及ばない」

―の親類より近くの他人 いざというときに頼りにな

るのは、離れて住む親類より近所に住む他人であるということ。

トーク〈talk〉話をすること。おしゃべり。「ー番組」

トーゴ〈Togo〉アフリカ西部、ギニア湾岸の共和国。首都はロメ。

とお-ざか・る【遠ざかる】トホ (自五) ラ(ロ)・リ(ッ)・ル・ル・レ・レ ①遠くに離れて行く。「足音がー」「危険がー」②疎遠になる。親しくなくなる。「つきあいがー」(↔近づく) 他 とおざ・ける(下一)

とお-ざ・ける【遠ざける】トホ (他下一) ケ・ケ・ケル・ケル・ケレ・ケロ(ケヨ) ①遠くに離れさせる。「周囲の人をー・けて話し合う」②親しまないようにする。うとんじる。「酒をー」(↔近づける) 自 とおざか・る(五) 文 とほざ・く(下二)

とおし【通し】トホシ ①通すこと。始めから終わりまで一貫して続いていること。「ー稽古げいこ」②昔、急ぎの場合、宿場で人馬をつぎかえたり宿泊したりせず、目的地に直行したこと。③→おとおし ④「通し狂言」の略。「ーで演じる」

ーうま【ー馬】昔、目的地まで馬を乗りかえしないで、ずっと続けて雇ったこと。また、その馬。

ーきっぷ【ー切符】①途中、異なる交通機関に乗っても、一枚で目的地まで通用する切符。②芝居やスポーツなどで、昼夜また数日にわたる興行・競技に続けて使える切符。

ーきょうげん【ー狂言】キャウゲン 《演》一つの狂言を最初から最後まで続けて上演すること。また、その狂言。

ーばしら【ー柱】二階建て以上の建物の柱のうち、一階から最上階まで途中で継がないで一本で通した柱。

ーばんごう【ー番号】バンガウ 始めから終わりまで一続きになっている番号。「ーを打つ」

ーや【ー矢】①遠くの的を射ること。また、その矢。②江戸時代、京都の三十三間堂で、その軒下(=六六間、約一二〇メートル)を、一昼夜矢を射通して矢数を競った大矢数おおやかず。

-どおし【通し】ドホシ (接尾)(動詞の連用形に付いて)ずっと続ける意を表す。…っぱなし。…づめ。「立ちー」「しゃべりー」

トー-シューズ〈toe shoes〉バレエをするときにはく、かかとがなく、つま先が固く平らになっている靴。

とお・す【通す】トホス (他五) サ(ソ)・シ・ス・ス・セ・セ ①ある地点からある地点まで行き着かせる。「町まで鉄道をー」「地下にパイプをー」②㋐行き着くように導く。案内して室内に入れる。「客を応接室にー」㋑飲食店などで、客の注文を帳場に知らせる。「注文をー」③貫通・浸透させる。㋐表から裏までつきぬけさせる。「針に糸をー」「一念、岩をもー」「ゴムは水をー・さない」㋑光などを通過させる。「ガラスは光をー」㋒湯や火などの中をくぐらせる。「火をー」「野菜を熱湯にー」④(考え・方針などを)最後まで押し進める。貫く。果たす。「筋をー」「要求をー」⑤(ある行為や状態を)始めから終わりまで続ける。㋐最後まで続ける。「独身をー」「全曲をー・して聞く」㋑書類などを全部見る。「新聞に目をー」⑥(審議などを経て)よしと認めさせる。「議案をー」⑦(人などの)通行を許す。「検問所をー」⑧(多く「…をとおして」の形で)仲立ちにする。「知人をー・して申し込む」「実践をー・して学ぶ」⑨(動詞の連用形の下に付いて)最後まで…し続ける。「歩きー」「やりー」自 とお・る(五) 可能 とお・せる(下一) 参考 ③㋐㋑は「◇透す」、④⑤は「◇徹す」とも書く。

トースター〈toaster〉薄切りの食パンを焼く電気器具。

トースト〈toast〉(名・他スル)食パンを薄く切って両面を軽く焼いたもの。また、食パンを焼くこと。「フレンチー」

とおせん-ぼう【通せん坊】トホセンバウ ①両手をひろげて通行を妨げる子供の遊び。②通路をふさいで交通をさえぎること。通行どめ。「倒木にーをされる」 参考「とおせんぼ」ともいう。

トータル〈total〉■一(名・他スル)合計すること。総計。■二(形動ダ) ダロ・ダッ(デ・ニ)・ダ・ナ・ナラ・○ 全体的。総体的。「ーに評価する」

トー-ダンス〈toe dance〉バレエで、つま先を立てて踊るダンス。

トーチ〈torch〉①たいまつ。特に、オリンピックの聖火リレーの走者が持つもの。「ーリレー」②懐中電灯。

ーランプ〈和製英語〉《工》携帯用バーナー。鉛管の加工など、広く加熱に用いる道具。

トーチカ〈ロシ tochka 点〉コンクリートで堅固に構築した戦場の防御陣地。内に銃火器などを設備し、敵の攻撃に備える。

とおっ-ぱしり【遠っ走り】トホッ (名・自スル) 遠方へ出かけること。「車でーする」

とお-で【遠出】トホ (名・自スル) 遠くへ出かけること。遠くへ旅行すること。「車で久々にーする」

トーテミズム〈totemism〉トーテム信仰を中心とする人々の社会組織、および宗教形態。⇨トーテム

トーテム〈totem〉ある社会集団で、その氏族と血縁関係を持つものとして神聖視される動植物。また、それを示す記号。

ーポール〈totem pole〉トーテムの形を描いたり彫刻したりした柱。北米先住民が、多く住居の前に立てる。

とおとうみ【遠江】トホタフミ (「とおつあわうみ」「とおつおうみ」の転)旧国名の一つ。現在の静岡県西部。遠州えんしゅう。

トート-バッグ〈tote bag〉(「トート」は、運ぶの意)口の開いた大きな角型の手提げ袋。

トートロジー〈tautology〉①→どうごはんぷく ②《論》個々の命題の内容にかかわりなく、常に真として成立する論理式。恒真式。

ドーナツ〈doughnut〉小麦粉に砂糖・卵・ベーキングパウダーなどをまぜてこね、輪形などにして油で揚げた洋菓子。

ーげんしょう【ー現象】ゲンシャウ 都市中央部の居住人口が減り、周辺部の人口が増大する現象。ドーナツ化現象。

ーばん-レコード【ー盤レコード】一分間四五回転の、中心の穴が大きくあいた小形レコード。

トーナメント〈tournament〉試合に勝ったチームや個人が準々決勝、準決勝へと順次進み、決勝戦の勝者を優勝とする方式。また、その試合。勝ち抜き戦。⇨リーグ戦

とお-なり【遠鳴り】トホ 音が遠くから鳴りひびくこと。また、その音。「潮しおのーが聞こえる」

とお-ね【遠音】トホ 遠くのほうから聞こえる音。

とお-の・く【遠。退く】トホ (自五) カ(コ)・キ(イ)・ク・ク・ケ・ケ ①遠ざかる。「足音がー」「チャンスがー」②疎遠になる。間遠まどおになる。「足がー(=ほとんど訪問しなくなる)」「客足がー」(↔近寄る) 他 とおの・ける(下一)

とお-の・ける【遠。退ける】トホ (他下一) ケ・ケ・ケル・ケル・ケレ・ケロ(ケヨ) 遠ざける。「人をー・けて話す」↔近寄せる 自 とおの・く(五) 文 とほの・く(下二)

とお-のり【遠乗り】トホ (名・自スル) 馬や車などに乗って遠くまで行くこと。「車でーする」

ドーパミン〈dopamine〉《生》神経伝達物質の一つ。快感・意欲・運動調節にかかわり、不足するとパーキンソン病などの運動障害を引き起こす。

とお-び【遠火】トホ ①遠方に見える火。また、その火。②火を近づけすぎないようにして加熱すること。「魚をーで焼く」

ドーピング〈doping〉運動能力を高めるために、スポーツ選手が興奮剤や筋肉増強剤などの薬物を使用すること。不正行為として禁止されている。「ー検査」

とお-ぼえ【遠△吠え】トホ (名・自スル) ①犬や狼おおかみなどが遠くまで聞こえるような声で長くひいてほえること。また、その声。②

（比喩的に用いて）自分より強い者に直接手向かわず、遠くや陰からののしったり、非難したりすること。「負け犬のー」

とお-まき【遠巻き】トホ 多くの人が近寄らずに遠くからとりまくこと。「けんかをーにして見る」

トーマス-マン〈Thomas Mann〉（一八七五〜一九五五）ドイツの小説家。一九〇一年に自身の一族の歴史をモデルとした長編「ブッデンブローク家の人々」を発表し、名声を得る。一九二九年にノーベル文学賞受賞。作品「魔の山」「ベニスに死す」など。

とお-まわし【遠回し】トホマハシ（名・形動ダ）直接的でなく、それとなく言ったり行動したりすること。また、そのさま。「ーにいう」

とお-まわり【遠回り】トホマハリ（名・自スル・形動ダ）①回り道になるほうの道を行くこと。「ーして行く」↔近回り ②手数がかかる方法によること。「ーなやり方」

とお-み【遠見】トホ 一（名・他スル）①遠くを見渡すこと。特に、遠方の敵のようすをうかがうこと。また、その人。②遠くから見ること。遠目。二（名）芝居で、遠方をえがいた背景。

とお-みち【遠道】トホ ①遠回りの道を行くこと。また、その道。↔近道 ②はるかな道のり。遠路。

とお-みみ【遠耳】トホ 遠くの音もよく聞きとれること。また、その耳。

ドーム〈dome〉丸屋根。丸天井。また、それを持った建築物。円蓋。「ー球場」

とお-め【遠目】トホ 一（名）①遠くから見ること。遠見。「夜目ー笠の内」②遠くまでよく見えること。「ーがきく」③遠視眼。↔近目 二（名・形動ダ）ふつうより少し遠いこと。また、そのさま。「ーの球」↔近目 参考 二は、ふつう「遠め」と書く。

とお-めがね【遠眼鏡】トホ →ぼうえんきょう

とお-や【遠矢】トホ 矢で遠くのものを射ること。また、その矢。

とお-やま【遠山】トホ 遠くに見える山。遠くにある山。

とお-やまざと【遠山里】トホ（都から）遠くはなれた山里。

とお-よせ【遠寄せ】トホ ①遠くからとりまいて攻めること。②歌舞伎で、①の軍勢を表現するときに打つ、攻めだいこ・ほら貝などの囃子。

ドーラン〈ドイツ Dohran〉舞台・映画・テレビなどで、俳優などが化粧に使う油性のおしろい。語源 製造会社の名から。

-とおり【通り】トホリ（接尾）（数詞に付いて）方式・種類・組み合わせなどの数を表す。「二ーの方法」

とおり【通り】トホリ ①車や人が往来する道。街路。道路。「表のー」②ゆきき。往来。「車のーがはげしい」③通過。流通。「風のーが悪い」④声や音などが伝わること。「声のーが悪い」⑤通用すること。評判のよいこと。「世間のーがよいやり方」⑥わかること。のみこみ。理解。「勘のいい人で話のーが早い」⑦内容・方法などがそれと同じ状態であること。「教えられたーだ」

-どおり【通り】ドホリ（接尾）①道路の名前に添える語。「銀座ー」②程度。くらい。「八分ー」③同じ状態であることを表す。「従来ー」「予想ー」

▼「通り」が下に付く語

（とおり）並ー 一ー （どおり）裏ー 大ー 表ー 型ー 九分ー 素ー 人ー 目ー 目抜きー 文字ー 元ー

ドーリア-しき【ドーリア式】〈Doric〉〔建〕古代ギリシャ建築の一様式。紀元前七世紀にギリシャ本土で成立。荘重さを特徴とする。パルテノン神殿がその代表。ドリス式。

〔ドーリアしき〕

とおり-あめ【通り雨】トホリ さっと降ってすぐにやむ雨。

とおり-いっぺん【通り一遍】トホリ（名・形動ダ）単に形式的に物事を行うだけで誠意がないこと。また、そのさま。「ーのあいさつ」

とおり-がかり【通り掛（か）り】トホリ 目的地に向かって通って行く途中。通りすがり。「ーの者」

とおり-かか・る【通り掛（か）る】トホリ（自五）ラ（ロ）・リ（ッ）・ル・ル・レ・レ たまたまその場所を通る。通りすがる。「ー・った友人を呼ぶ」

とおり-がけ【通り掛け】トホリ 通るついで。「ーに寄る」

とおり-こ・す【通り越す】トホリ（他五）サ（ソ）・シ・ス・ス・セ・セ ①通りすぎる。「家の前をー」②ある一定の程度を越える。「冷たいのをー・して痛くなる」

とおり-ことば【通り言葉】トホリ ①一般に広く通用する言葉。通言。②ある特定の仲間だけで通用する言葉。隠語。

とおり-すがり【通りすがり】トホリ ①たまたまそこを通りかかること。「ーの人」②通るついで。通りがかり。「ーに立ち寄る」

とおり-す・ぎる【通り過ぎる】トホリ（自上一）ギ・ギ・ギル・ギル・ギレ・ギロ（ギヨ） 通ってゆきすぎる。通りこす。「列車がー」文 とほりす・ぐ（上二）

とおり-そうば【通り相場】トホリサウバ ①世間でふつうになっている値段・値打ち。一般価格。通り値。「内金は一割がーだ」②一般的になっている評価。「かけごとは損をするというのがーだ」

とおり-な【通り名】トホリ 世間一般に通用している名。通称。

とおり-ぬけ【通り抜け】トホリ ある場所の中や路地などを通って向こう側へ出ること。また、その通路。「ー禁止」

とおり-ま【通り魔】トホリ 一瞬に通りすぎ、出会った人に危害を加えるという魔物。転じて、通りすがりに人に危害を加える悪人。「ー殺人」

とおり-みち【通り道】トホリ ①人や車の通る道。②目的の場所へ行くために通る道。「学校へのーに公園がある」

とお・る【通る】トホル（自五）ラ（ロ）・リ（ッ）・ル・ル・レ・レ ①一方からその場所を経由して他の方へ至る。通過する。「列車が鉄橋をー」「食べ物がのどをー」②ある所を過ぎて行く。かよう。「毎朝ー道」③（鉄道・道路・電線などの施設が）設置され開通する。開かれて通じる。「この町まで鉄道がー」④通用する。「そんなわがままはー・らない」⑤認められる。合格する。「意見がー」「試験にー」⑥筋が整っている。「鼻筋がー」⑦知れわたる。「その方面では名のー・った人」⑧わかる。理解される。「意味がよくー」⑨座敷に上がる。室内にはいる。「奥までおー・りください」⑩意向が伝わる。「先方に話がー」「注文がー」⑪物の内部や裏側まで達する。つきぬける。「雨が肌までー」⑫すみずみまでとどく。「よくー声」⑬透いて見える。透ける。「肌までー・って見える下着」他 とお・す（五）可能 とお・れる（下一）参考 ⑪⑫は「◇徹る」、⑬は「◇透る」とも書く。また、「通る」はまっすぐよどみなく達する意、「徹る」は突き抜けとおる意、「透る」は向こうまで透ける意。

トーン〈tone〉①全体的に感じる気分。調子。②色の調子。色調。③音の調子。音調。

ーダウン〈tone down〉（名・自他スル）勢いや調子が和らぐこと。また、和らげること。「発言がーする」

とおん-きごう【ト音記号】キガウ〔音〕五線譜の冒頭に記入し、第二線がト音であることを示す記号。ト音を示すGを図案化したもの。高音部記号。𝄞

と-か【都下】①都のうち。②東京都の中。③東京都の中で、二三区を除いた市町村。参考 ふつう③の意で用いられる。

と-か【渡河】（名・自スル）川をわたること。「ー作戦」

とか 一（副助）①一つに限定しないで並列する意。「地位ー名誉ーを重んじる」②伝聞など不確かな内容であることを表す。

「山田―いう人物」「退院した―いう話です」㊁(格助) 事実をあいまいにぼかしていう語。「お茶―飲む」[語源]格助詞「と」＋副助詞「か」[用法]種々の語(体言、用言・助動詞の終止形など)に付く。

とが【◇科・△咎】①あやまち。「だれの―でもない」②罪となる行い。罪。「盗みの―」⇩「使い分け」

> [使い分け]「科・咎」
> 「科」は、「罪科」と言うように、法律などを犯したことの意で、「盗みの科で罰せられる」のように使われる。
> 「咎」は、本義は天から下された災禍の意で、道理・約束などにそむいたことの意を表し、「電車の事故で遅刻したのなら、それは君の咎にはならない」のように使われる。

と-が【都雅】(名・形動ダ) みやびやかなさま。上品なさま。

と-かい【都会】クワイ ①人口が密集していて、文化活動や商工業がさかんでにぎやかなまち。都市。「大―」②(「都議会」の略)東京都の議決機関。「―議員」

と-かい【渡海】(名・自スル)(船で)海をわたること。渡航。

ど-かい【土△芥】①土とごみ。②値打ちのないもののたとえ。

ど-かい【土塊】クワイ 土のかたまり。土塊つちくれ。

ど-がい【度外】グワイ ①考えの外。②範囲・きまりの外。

―し【―視】(名・他スル) 自分の考えの中に入れないでおくこと。問題にしないこと。「もうけを―する」

と-かき【斗△搔き】ますに盛った穀類などを、ますのふちと同じ高さにならすために用いる短い棒。ますかき。

と-がき【ト書〔き〕】《演》脚本で、せりふ以外の役者の動作や感情、舞台の装置などを指定した部分。[語源]歌舞伎の脚本に、「ト泣く」「トよろしく思い入れ」などと書いたことからいう。

と-かく【×兎角】㊀(副・自スル) あれこれ。かれこれ。「彼には―うわさがたえない」「―するうちに」㊁(副) ①ややもすると。ともすれば。「そうしたことは―なおざりにしがちだ」②とにかく。何にせよ。「―この世はままならぬ」

と-かげ【×蜥蜴・×石竜子】《動》①トカゲ亜目の爬虫類の総称。②①の一種。日本全土に分布する。体は細長く足は短い。背面は褐色。体側に黒色の縦線がある。敵に襲われると尾を切断して逃げる。[夏]

―の尻尾切り 事件などの責任回避のために、上位の者が下位の事件関係者に罪をかぶせて逃れること。

とか・す【溶かす・◇融かす】(他五) サ(ソ)・シ・ス・ス・セ・セ ①熱などを加えて固体を液状にする。「鉄を―」「氷を―」②ある物質を液体の中に入れて均一な液状にする。「薬を水に―」[自]と・ける(下一)[可能]とか・せる(下一)[参考]「解かす」とも書く。①で、金属の場合は「△熔かす」「△鎔かす」とも書く。

とか・す【解かす・△梳かす】(他五) サ(ソ)・シ・ス・ス・セ・セ 乱れた髪にくしなどを入れてととのえる。くしけずる。「髪を―」[可能]とか・せる(下一)

どか・す【◇退かす】(他五) サ(ソ)・シ・ス・ス・セ・セ 物や人を他の場所に移し、その場所をあける。のかせる。どける。「荷物を―」[自]ど・く(五)[可能]どか・せる(下一)

ど-かた【土方】土木工事に従事する労働者。土工。

どかっ-と(副) ①物事が一時に集中して行われるさま。「金が―はいる」「雪が―降る」②重く大きい物が勢いよく落ちたりおろされたりするさま。「―腰をおろす」

どか-どか(副) ①一時に、大勢の者が無遠慮に勢いよく足音をたてて出入りするさま。「―(と)上がり込む」②物事が一時に集中するさま。「質問が―(と)くる」

とが-にん【◇科人・△咎人】罪を犯した人。罪人。

どか-べん【どか弁】(「土方弁当」の略)特別に大きい、飯が大量にはいる弁当箱。また、その弁当。

と-がま【◇利鎌】切れ味のよい鎌。とかま。

ど-がま【土△竈・土窯】①炭焼きがまの一つ。土で築き、木材が炭化したのち、密閉して火を消すもの。②(「土竈炭どがまずみ」の略)①で焼いた炭。質がもろくて火がつきやすい。

とがめ【△咎め】罪などを責めること。非難。処罰。「お―なし」

―だて【―立て】(名・他スル) 強く罪を責めること。「小さなミスもいちいち―する」

とが・める【△咎める】メ・メ・メル・メル・メレ・メロ(メヨ) ㊀(他下一) ①失敗や罪を非難する。「過ちを―」②あやしんで問いただす。「警官に―・められる」㊁(自下一) ①はれものや傷などを刺激して症状が悪くなる。「傷が―」②心に痛みを感じる。「気が―」「良心が―」[文]とが・む(下二)

どか-ゆき【どか雪】《俗》一時にたくさん降り積もる雪。

とがらか・す【△尖らかす】(他五) サ(ソ)・シ・ス・ス・セ・セ →とがらす

とがら・す【△尖らす】(他五) サ(ソ)・シ・ス・ス・セ・セ ①物の先を細く鋭くする。「鉛筆の芯を―」②(声などを)とげとげしくする。「声を―」③(心などを)過敏にする。「神経を―」[自]とが・る(五)

とがり【△尖り】とがること。また、とがった先。

―がお【―顔】ガホ 怒って口をとがらした顔。

―ごえ【―声】ゴヱ 怒ったり不平があったりするときなどに出す、とげとげしく鋭い声。

とが・る【△尖る】(自五) ラ(ロ)・リ(ッ)・ル・ル・レ・レ ①突き出た部分が細く鋭くなる。「―・った岩角」②神経過敏になる。態度や言葉が荒々しくなる。とげとげしくなる。「―・った物言い」[他]とがら・す(五)

ど-かん【土管】クワン (下水道などに使う)粘土を焼いて作った円管。

どかん(副) ①大きな爆発音や大砲の発射音などを表す語。「―と花火が打ち上がる」②大きく重い物が落ちたりぶつかったりする音やさまを表す語。③物事が一度に大きく変化したり、人が驚くことをしたりするさま。「―と一発勝負に出よう」

と-かんむり【戸冠】漢字の部首名の一つ。「房」「扇」などの「戸」の部分。戸垂とだれ。

とき【時】①過去・現在・未来と連続して推移してゆく現象。時間。「―のたつのは速い」②ある一時点。時刻。「―を知らせる」③時間の流れの中の、区切られたある期間。一時期。時代。「―の首相」「若い―の話」④定められた時刻。刻限。期限。「―は刻々とせまる」「締め切りの―」⑤季節。時候。「秋は一年中でいちばんよい―だ」⑥よい機会。好機。「―を待つ(＝うかがう)」⑦大事な時期。「危急存亡の―」⑧時勢。「―に従う」⑨時勢に合うこと。得意の時期。「―を得る」⑩いま話題となっていること。「―の人」⑪→じせい(時制)⑫(接続助詞的に用い、仮定的条件を表す)…場合(には)。「困った―には、相談にのる」[参考](1)⑦は「◇秋」とも書く。「国家存亡の秋とき」(2)⑫はふつう仮名書き。(3)昔は、一昼夜を十二支に配して十二等分し、一刻の前半・後半を初刻と正刻に分けた。のち、一刻を上・中・下に分けるようになった。また、日の出・日没を明け六つ・暮れ六つとし、午前と午後をそれぞれ九つから四つ半まで数える分け方も行われた。⇩付録「方位・時刻表」

―として たまに。ときには。「―道を誤る」

―ならぬ ①時節はずれの。「―寒さ」②思いがけない。不意の。「―訪問」

―は金かねなり 時間は金銭同様、貴重なものであるから、むだに費やしてはいけない。[参考]Time is money の訳。

―を移うつさず すぐさま。「―行動する」

―を選えらばず 時機・季節・時

刻にかかわりなく。いつでも。―を得る 時機にめぐりあって栄える。時流に乗る。―を稼ぐ 他の事で時間を引き延ばし、有利な情勢になるのを待つ。―を忘れる 時間が経つのも気づかないほど、楽しんだり集中したりする。夢中になる。

とき【◦斎】〖仏〗①僧の食事。②(法要・仏事のときに)寺で出す食事。③精進料理。

とき【△鴇・△鵇・×朱鷺】〖動〗トキ科の鳥。水辺にすみ、全身白色で、翼や尾羽などはわずかに淡紅色(鴇色)をおびる。前頭部は裸で赤く、肢も赤い。後頭部の羽はうしろにのびる。現在、日本では野生のものは絶滅。特別天然記念物。国際保護鳥。学名はニッポニアニッポン。秋 参考「鴇」は国字。

〔鴇〕

とき【鬨・×鯨波】昔、戦場で、士気をあげるために、戦闘の開始に際して大勢が一斉にあげた叫び声。また、戦いに勝ったときなどにも喜びの声として発した。ときの声。「―をつくる」

とぎ【△伽】①話の相手をして退屈をなぐさめること。また、そうする人。②昔、寝所にはべること。また、そうする人。夜とぎ。③看護すること。また、その人。

と-ぎ【都議】(「都議会議員」の略)東京都の議決機関である都議会を構成する議員。都会議員。

ど-き【土器】①うわぐすりを使わない素焼きの焼き物。かわらけ。②原始時代の土製の器物。「弥生―」

ど-き【怒気】おこった心持ち。「―を含んだ言葉」「―を帯びる」

とき-あか・す【解き明(か)す】(他五) サ(ソ)・シ・ス・ス・セ・セ 疑問点や問題点を解いて明らかにする。「宇宙の謎を―」

とき-あか・す【説き明(か)す】(他五) サ(ソ)・シ・ス・ス・セ・セ 言葉の意味や物事の意義を説明して明らかにする。「詩の意味を―」

とき-あらい【解き洗い】アラヒ (名・他スル) 着物の縫い糸をほどいて洗うこと。また、洗い張りをすること。↔丸洗い

とき-いろ【△鴇色】鴇の羽のような淡紅色。うすもも色。

とき-おこ・す【説き起(こ)す】(自五) サ(ソ)・シ・ス・ス・セ・セ (そのことから)説明を始める。「一から―」

とき-およ・ぶ【説き及ぶ】(自五) バ(ボ)・ビ(ン)・ブ・ブ・ベ・ベ そのことにまで説明が至る。そこまで説明する。「世界の大勢にまで―」

とき-おり【時折】ヲリ (副) ときどき。たまに。「―見かける」

とき-かた【解き方】①答えの出し方。証明の方法。「問題の―」②衣服やひもなどのほどき方。

とき-きか・せる【説き聞かせる】(他下一) セ・セ・セル・セル・セレ・セロ(セヨ) よくわかるように言い聞かせる。「道理を―」「諄々と―」文 とききか・す(下二)

とき-ぎぬ【解き◦衣】縫い糸をほどいた着物。

とき-ぐし【解き△櫛・△梳き△櫛】髪をとかすための歯の粗いくし。

とぎ-し【研(ぎ)師】刃物などをとぐ職業の人。研ぎ物師。

とき-しも【時しも】(副) ちょうどそのとき。おりしも。「―二月の寒い夜のことだった」

とぎ-しる【◦磨ぎ汁】米をといだときの白くにごった水。磨ぎ水。白水。とぎじる。

とぎ-すま・す【研ぎ澄(ま)す】(他五) サ(ソ)・シ・ス・ス・セ・セ ①刃物を十分にとぐ。②鏡などをみがいて、曇りのないようにする。③(比喩的に)精神や感覚の働きを鋭くする。「―・された感覚」

トキソイド〈toxoid〉〖医〗菌の抗原性を弱めずに、毒性を弱めたもの。ジフテリア・破傷風などの予防接種に用いる。

とぎ-だし【研ぎ出し】①石などの表面をとぎみがいて、光沢・模様を出すこと。②「研ぎ出し蒔絵」の略。

―まきえ【―△蒔絵】エ うるしをひいた上に絵を描いて金粉・銀粉をまき、乾燥した後にまたうるしをかけ、木炭で研いで下の金銀をほんのり出した蒔絵。

とき-たま【時◦偶】(副) ときどき。たまに。「―映画を見る」

とき-たまご【溶き卵】生卵を割って、黄身と白身とをよくかき混ぜたもの。

ど-ぎつ・い (形) カロ・カッ(ク)・イ・イ・ケレ・○ (「ど」は接頭語)非常に感じがきつい。強烈な感じを与える。「―色」「―化粧」用法 嫌悪感・不快感などを伴って使われることが多い。

とき-つ-かぜ【時津風】㊀(名)(古)(「つ」は「の」の意を表す格助詞)①潮が満ちるときに吹く風。②時節にかなって吹く風。順風。㊁(枕)「吹く」を含む地名「吹飯」にかかる。

とき-つ・ける【説き付ける】(他下一) ケ・ケ・ケル・ケル・ケレ・ケロ(ケヨ) よく説明して自分の意見に従わせる。説き伏せる。「友人を―・けて参加させる」文 ときつ・く(下二)

とき-どき【時時】㊀(名)その時その時。「―の草花」「―の状況」㊁(副)しばらく時間をおいて同じことが何回かくり返されるさま。「―見かける」⇩いちじ(一時)「参考」

類語 時折・折々・時たま・たま・たまさか・まま

どき-どき (副・自スル) (運動したあと、また不安・恐怖・期待などのために)激しく動悸のするさま。「心臓が―する」

とき-なし【時無し】①いつと決まった時がないこと。時節に関係なくいつでもあること。②「時無し大根」の略。

―だいこん【―大根】〖植〗ダイコンの一品種。肉が柔らかく、漬物に適する。早春から晩秋まで栽培できる。

とき-に【時に】㊀(副)①その時に。その時はまさに。ある特定の時を改めて強調する。「―昭和十六年」②ときどき。たまに。「―激することがある」㊁(接)話を改めるときに言う語。さて。ところで。「―今何時ですか」

―は たまには。場合によっては。「―叱ることもある」

とき-の-うじがみ【時の氏神】ウヂガミ ちょうどよい時に現れて仲裁などをしてくれる人。その時にとってありがたい人。

とき-の-うん【時の運】その時々の運命のまわり合わせ。「勝負は―」

とき-の-きねんび【時の記念日】毎年の六月十日。時間尊重の意識を高めるため、一九二〇(大正九)年制定。夏 参考 天智天皇十(六七一)年四月二十五日(太陽暦で六月十日)の漏刻設置を記念して定められた。

とき-の-ひと【時の人】①時勢にあって栄えている人。②その時、世間で話題になっている人。「一躍―となる」

とき-の-ま【時の間】少しのあいだ。つかのま。「―の命」

とき-はな・す【解き放す】(他五) サ(ソ)・シ・ス・ス・セ・セ 束縛を解いて、自由に動けるようにする。解き放つ。「人質を―」

とき-ふ・せる【説き伏せる】(他下一) セ・セ・セル・セル・セレ・セロ(セヨ) 筋道をたてて説明し自分の意見に従わせる。説得する。「親兄弟を―」文 ときふ・す(下二)

とき-ほぐ・す【解きほぐす】(他五) サ(ソ)・シ・ス・ス・セ・セ ①もつれたものや固く結ばれたものなどを解きわける。ときほごす。「髪を―」②入り組んだ物事を少しずつ解明していく。「難事件を―」③かたくなものや、こり固まったものをやわらげほぐす。「緊張を―」

とき-まい【◦斎米】僧の食事用に寺に施す米。

どぎ-まぎ (副・自スル) ひどくあわてるさま。とまどいうろたえるさま。「突然指名されて―する」

とぎ-みず【研ぎ水・◦磨ぎ水】ミヅ ①物をとぐときに使う水。②米をといだときの白くにごった水。磨ぎ汁。白水。

とき-めか・す (他五) サ(ソ)・シ・ス・ス・セ・セ 喜びや期待などに胸をどきどきさせる。心をおどらせる。「期待に胸を―」自 ときめ・く(五)

ときめき 喜びや期待などで胸がどきどきすること。

とき-め・く (自五) カ(コ)・キ(イ)・ク・ク・ケ・ケ 喜びや期待などのために胸がどきどきする。心がおどる。「心がー」他 ときめか・す(五)

とき-め・く【時めく】(自五) カ(コ)・キ(イ)・ク・ク・ケ・ケ 時勢にあって栄え、世間でもてはやされる。「今をー人」

ど-ぎも【度肝・度◇胆】(「ど」は接頭語)きも。
—を抜く ひどく驚かす。きもをつぶさせる。

とき-もの【解き物】 縫ってある着物などをほどくこと。また、その物。ほどきもの。

とぎ-もの【研ぎ物】 刃物や鏡などをとぎみがくこと。また、とぐ必要のある物。

ど-きゅう【△弩級】キフ 並外れて大きい等級。「ー艦」「超ー」 参考「弩」はイギリスの大型戦艦ドレッドノート号の頭文字に当てた漢字。一九〇六年の建造当時、画期的な大きさであったことから。

ドキュメンタリー〈documentary〉作りごとではなく実際に起こったことをありのままに記録すること。また、そのような記録映画・放送番組・記事など。「ー映画」

ドキュメント〈document〉記録。文献。文書。

とき-よ【時世】 時勢。時代。「ー時節」

と-ぎょ【渡御】(名・自スル) ①神輿が神社の外に出ること。お出まし。②天皇・皇后などがお出ましになること。

と-ぎょ【△蠹魚】「衣魚」の異名。

ど-きょう【度胸】 物事に動じない強い心。「ーがいい」

ど-きょう【読経】キャウ (名・自スル) 声を出して経文を読むこと。参考 常用漢字表付表の語。

と-きょうそう【徒競走】キャウソウ 一定の距離を走って速さをきそうこと。かけっこ。

どきり-と (副・自スル) 不意の驚き・恐れなどのために、一瞬動悸のするさま。どきんと。「一瞬ーする」

と-ぎれ【◇跡切れ・途切れ】 とぎれること。
—がち【—勝ち】(名・形動ダ) 何度もとぎれそうになりながら物事が続くこと。「ーに語る」
—とぎれ【◇跡切れ◇跡切れ・途切れ途切れ】(名・形動ダ) 途中で何度も切れること。また、切れながら続くさま。「ーに話す」「足跡がーに続く」

と-ぎ・れる【◇跡切れる・途切れる】(自下一) レ・レ・レル・レル・レレ・レロ(レヨ) 続いていた物事が途中で切れる。中断する。「人の往来がー」「話がー」「記憶がー」文 とぎ・る(下二)

ときわ【◇常△磐】トキハ ①永久に不変なこと。②木の葉が一年中緑で色が変わらないこと。常緑。語源「常磐(=どっしりと常に変わらない大きな岩)」の転。
—ぎ【—木】 松や杉などのように、一年中緑色の葉をつけている木。常緑樹。

とき-わ・ける【説き分ける】(他下一) ケ・ケ・ケル・ケル・ケレ・ケロ(ケヨ) よくわかるように説明する。「道理をー」文 ときわ・く(下二)

ときわず【◇常△磐津】トキハヅ (「常磐津節」の略)江戸中期に常磐津文字太夫の始めた浄瑠璃節。歌舞伎舞踊の伴奏音楽として発展した。

ときわづ【◇常△磐津】トキハヅ 「ときわず」と書くのが本則。→ときわず

と-きん【と金】 将棋で、歩が敵陣にはいって成ったもの。金将と同じ働きとなる。語源 歩が成ると、駒を裏返し、「と」と記された面を表にすることからいう。

と-きん【△兜巾・頭巾】 修験者のかぶる小さな黒いずきん。⇒修験者(さしえ)

と-きん【△鍍金】(名・他スル) →めっき

と-ぎん【都銀】「都市銀行」の略。

とく【匿】 トク㊥ かくれる・かくす
(字義) かくれる。逃げかくれる。ひそむ。かくす。おもてに出さない。「匿名・隠匿・蔵匿・秘匿」

とく【特】 教4 トク・ドク ひとり・ただ
(字義) ①ひとり。ひとつ。ただ。「特立」②ことに。とりわけ。他からひとつだけとびぬけている。すぐれているもの。「特異・特色・特性・奇特・独特」③雄牛。人名 こと・よし

とく【得】 教5 トク える・うる㊥
(字義) ①える。手に入れる。「得点・得票・獲得・拾得・取得・所得」②理解して自分のものとする。「得心・得度・会得・体得・納得」③利益をえる。もうけ。「得策・得分・利得・一挙両得」↔損 人名 あり・なり・のり・やす

とく【得】(名・形動ダ) 利益を得ること。もうけ。有利なこと。また、そのさま。「損してー取れ(=大きな利益を得るためには、小さな損などいとうな)」「ーな性分」↔損

とく【督】 トク㊥
(字義) ①見る。見はる。しらべる。ただす。とりしまる。とがめ責める。「督学・督軍・監督」②うながす。せきたてる。「督促」③ひきいる。統べる。「総督・提督」人名 おさむ・かみ・こう・すけ・すすむ・ただ・ただす・まさ・よし

とく【徳】 教4 **【△德】** トク
(字義) ①とく。修養によって身にそなわった品性。「徳義・徳性・威徳・有徳・高徳・人徳・仁徳・道徳」②とくを身につけた人。人格者。「大徳」③めぐむ。めぐみ。ありがたく思う。「徳沢・恩徳・聖徳」④もうけ。利益。=得。「徳用・五徳・十徳」難読 徳利 人名 あきら・あつ・あつし・あり・いさお・え・かつ・さと・ただし・とみ・なり・なる・のぼる・のり・めぐむ・やす・よし

とく【徳】 ①正しい道を行って体得した品性。「ーのある高僧」②人から信望を得る人柄や行い。「先生のーを慕う」③めぐみ。恩恵。慈悲。「ーをほどこす」「ーとする(=ありがたいと考える)」④利益。もうけ。得。「早起きは三文のー」

とく【読】(字義) →どく(読)

とく【篤】 トク㊥ あつい
(字義) ①あつい。てあつい。人情にあつい。熱心である。「篤志・篤実・篤農・懇篤」②病気が重い。「篤疾・危篤・重篤」人名 あつ・あつし・しげ・すみ

とく【△櫝】 木製のはこ。
—を買いて珠を還す 外形の美しさに惑わされて、中身の真価がわからないたとえ。故事 昔、楚の国の人が宝玉を売るために美しい木箱を作って、その中に宝玉を入れてこれを鄭の国へ売りに行ったが、鄭の客は外側の木箱だけを買って、肝心の中身の宝玉を返したという説話に基づく。〈韓非子〉

と・く【解く】(他五) カ(コ)・キ(イ)・ク・ク・ケ・ケ 《中心義—ゆるめて動きを自由にする》①結んだりしばったりしてあるものをゆるめてときはなす。ほどく。「帯をー」「旅装をー」↔結ぶ ②縫ってあるものや織ってあるものをといてはなす。「着物をーいて洗う」③禁止・制限・束縛を除いて自由にする。「交通規制をー」「包囲をー」④約束・契約などを取りやめにする。「契約をー」⑤任務・職務などをやめさせる。「任をー」⑥こわばった感情をほぐれさせる。「怒りをー」「緊張をー」⑦問題やなぞの答えを出す。筋道を

追って解答を出す。「設問を—」「暗号を—」⑧疑いなどをはらす。「誤解を—」⑨からまった物を分け離す。また、乱れた髪をくしですいて整える。「からまった毛糸を—」「髪を—」⑩《数》方程式で、未知数の値をすべて求める。不等式で、その不等式を成り立たせるような文字の値の範囲を求める。自とける(下一) 可能とける(下一) 参考⑨で、髪の場合は「△梳く」とも書く。

と・く【溶く・◇融く】(他五) カ(コ)・キ(イ)・ク・ク・ケ・ケ ①ある物質を液体にまぜ合わせて均一な液状にする。とかす。また、かきまぜて液状にする。「粉ミルクを湯で—」「卵を—」②熱して液体にする。自とける(下一) 参考「解く」とも書く。②で、金属の場合は「△熔く」「△鎔く」とも書く。

と・く【説く】(他五) カ(コ)・キ(イ)・ク・ク・ケ・ケ ①よくわかるように筋道をたてて説明する。解説する。「道を—」「意味を—」②道理を話して承知させる。教えさとす。「その非を—」 可能とける(下一)

とく【◇疾く】(副)《古》早く。急いで。「—去(い)ね」

と・ぐ【研ぐ・◇磨ぐ】(他五) ガ(ゴ)・ギ(イ)・グ・グ・ゲ・ゲ ①刃物を砥石(といし)や革などですって、切れるように鋭くする。「ナイフを—」②水に入れて、こすって洗う。「米を—」③みがいてつやを出す。「鏡を—」 可能とげる(下一)

どく【毒】 教5 ドク

(字義)①どく。生命や健康を害するもの。毒薬。どくを飲ませる。「毒牙(が)・毒気・毒物・害毒・中毒・梅毒・病毒・服毒・猛毒・有毒」②どくが体を害するように、人の心を傷つけそこなうもの。「毒手・毒舌・毒婦」

どく【毒】①生物の生命や機能を害するもの。「きのこの—にあたる」②毒薬。「—を盛る」③人の心を傷つけるもの。そのもののためにならないもの。「—のある言い方」「目の—」

—にも薬(くすり)にもならない 害にはならないが、利益にもならない。**—を仰(あお)ぐ** 毒薬を飲む。**—を食(く)らわば皿(さら)まで** ひとたび悪事に手を染めた以上は、徹底的に悪事をやり通す。**—を以(もっ)て毒(どく)を制(せい)す** 悪をとりのぞくために、他の悪を利用することのたとえ。

どく【独】 教5 **【獨】** ドク ひとり

(字義)①ひとり。相手がない。「独唱・独占・独行・孤独・単独」②人とちがっている。自分だけ。「独善・独特」③ひとり者。年老いて子のないもの。「独身・鰥寡孤独(かんかこどく)」④「独逸(ドイツ)」の略。「独語・日独」 難読 独活(うど)・独楽(こま)・独乙(ドイツ)・独擅場(どくせんじょう)・独鈷(とっこ) 人名 かつ

どく【読】 教2 **【讀】** ドク・トク・トウ よむ

(字義)①よむ。声をあげて書かれた文字をよむ。意味をよみとる。よみ。「読書・読誦(どくじゅ・どくしょう)・読解・愛読・購読・熟読・精読・素読・多読・通読・黙読・乱読・朗読」②文章のくぎり。「読点(とうてん)・句読(くとう)」 難読 読経(どきょう) 人名 おと・よし・よみ

ど・く【◇退く】(自五) カ(コ)・キ(イ)・ク・ク・ケ・ケ 身を動かしてその場所をあける。しりぞく。のく。「そこを—け」 他どかす(五) どける(下一) 可能どける(下一)

どく‐あたり【毒◇中り】(名・自スル)飲食物中の毒、薬物の毒にあたって健康を害すること。中毒。

とく‐い【特異】(名・形動ダ)きわだって他と違っていること。また、そのさま。「—な才能」

—たいしつ【—体質】《医》通常一般の人では反応しない食物・薬品などや刺激に対し、異常に反応する過敏性の体質。

とく‐い【得意】 一(名・形動ダ)①思いどおりになって満足すること。また、そのさま。「—の絶頂」↔失意 ②誇らしげに自慢するさま。「—になって話す」③自信があり、手慣れているさま。得手(えて)。「—な学科」「不—」 二(名)(商売などで)ひいきにしてくれること。また、そういう人。ひいき。顧客。「長年のお—」

—がお【—顔】ガホ 自慢そうな顔つき。したり顔。

—さき【—先】商売で、ひいきにしてくれる客すじ。つねに取り引きする相手。顧客。「—をまわる」

—まんめん【—満面】自慢そうなようすが顔いっぱいに満ち満ちていること。「—で報告する」

とく‐いく【徳育】人格や道徳心を養いそだてる教育。道徳教育。

とくいん‐がい【特飲街】接客婦をおく特殊飲食店が並んでいた繁華街。

ど‐ぐう【土偶】①土で作った人形。土人形。②《日》縄文時代にさかんに作られた素焼きの土製人形。女性像が多い。

どく‐えい【独泳】(名・自スル)①一人で泳ぐこと。②競泳などで、他を大きく引き離して先頭を泳ぐこと。

どく‐えき【毒液】毒を含んだ液体。毒汁(どくじゅう)。

どく‐えん【独演】(名・自スル)①(演芸などを)一人で演じること。「—会」②(転じて)他の人に口をさしはさませず一人で話し続けること。

どく‐おう【独往】ワウ 一人で行くこと。他人の力に頼らないで自主的に進むこと。「自主—」

どく‐が【毒牙】①毒液を出すきば。特に、毒蛇のきば。②悪辣(あくらつ)な手段やたくらみ。毒手。「悪徳商人の—にかかる」

どく‐が【毒△蛾】《動》①ドクガ科の昆虫。黄色で、前ばねに紫褐色の帯がある。幼虫・成虫ともに毒針毛をもち、触れると炎症を起こす。②ドクガ科のガの総称。

どく‐がい【毒害】(名・他スル)毒を飲ませて殺すこと。毒殺。

とく‐がく【督学】学事を監督すること。また、その人。

とく‐がく【篤学】(名・形動ダ)学問に熱心なさま。「—の士」

どく‐がく【独学】(名・自スル)学校に行ったり先生についたりしないで、一人で学ぶこと。「—で資格をとる」

どく‐ガス【毒ガス】毒性のある気体。一般に戦場で使われる有毒ガスの総称。「—弾」

とくがわいえみつ【徳川家光】トクガハ イヘミツ(一六〇四〜一六五一)徳川三代将軍。二代将軍秀忠(ひでただ)の次男。武家諸法度(ぶけしょはっと)の改訂、参勤交代制・鎖国体制の整備により、幕藩体制を確立した。

とくがわいえやす【徳川家康】トクガハ イヘヤス(一五四二〜一六一六)徳川初代将軍。幼名竹千代。諡(おくりな)は東照大権現(とうしょうだいごんげん)。三河(愛知県)岡崎城主松平広忠(ひろただ)の長男。関ケ原の合戦を経て、一六〇三(慶長八)年江戸に幕府を開いた。大坂冬・夏の陣で豊臣氏を滅ぼし、幕藩体制の基礎を固めた。

とくがわ‐じだい【徳川時代】トクガハ →えどじだい

とくがわみつくに【徳川光圀】トクガハ ミツクニ(一六二八〜一七〇〇)江戸前期の水戸藩主。水戸黄門と呼ばれた。諡(おくりな)は義公。儒学を奨励。江戸の藩邸に彰考館を設け、「大日本史」を編纂(へんさん)した。

どく‐がん【独眼】片目がつぶれていること。片目。隻眼(せきがん)。

—りゅう【—竜】①片目の英雄。②安土(あづち)桃山時代から江戸初期にかけての武将、伊達政宗(だてまさむね)のこと。

とく‐ぎ【特技】他の者よりもすぐれている特別の技能。得意な技能。「—を生かす」

とく‐ぎ【徳義】社会生活上守るべき道。道徳上の義務。

どく‐ぎょ【毒魚】毒を持っている魚。フグ・アカエイなど。

とく‐ぎょう【得業】ゲフ (学業などの)一定の課程を学び終えること。

どく‐ぎん【独吟】(名・自他スル)①一人で詩歌・謡曲などを

吟じること。②連歌や連句などで、他の人と付け合うことをしないで、一人でよむこと。また、その作品。

どく‐ぐち【毒口】いかにも毒々しい口ぶり。にくまれ口。悪たれ口。毒舌。

どく‐け【毒気】→どっけ

どく‐けし【毒消し】毒の作用を消すこと。解毒。また、その薬。解毒剤。どけし。(毒消し売り 夏)

どく‐ご【独語】一(名・自スル)ひとりごとを言うこと。また、ひとりごと。「ぶつぶつ―する」二(名)ドイツ語。

どく‐ご【読後】本などを読んだあと。「―感」

とくさ【×木賊】〔植〕(砥草の意)シダ植物トクサ科の常緑多年草。湿地に自生。地上茎は管状で節から鱗片状の葉がさやになってつく。茎はかたく、物をみがくのに使う。秋

〔とくさ〕

どく‐ざ【独座・独△坐】(名・自スル)一人ですわっていること。

とく‐ざい【△贖罪】(名・自スル)「贖罪」の誤読。⇩贖罪

どく‐さい【独裁】(名・自他スル)自分だけの考えで物事すべてを決めること。特に、ある個人または特定の団体や階級が全権力をにぎって支配すること。「―政治」「―者」

とく‐さく【得策】有利な方策。うまいやり方。「いま行動を起こすのは―ではない」

とく‐さつ【特撮】(「特殊撮影」の略)映画・テレビなどで、特殊な機器や技術を用いて撮影すること。現実にはありえないことや特殊な視覚効果を画面に表すために行われる。

どく‐さつ【毒殺】(名・他スル)毒を用いて殺すこと。毒害。

とく‐さん【特産】特にその地方で産出または生産されること。また、そのもの。「―品」

とく‐し【特旨】(天皇の)特別のおぼしめし。

とく‐し【特使】特別の任務をもった使者。特に、大統領や総理大臣の代理として外国に特別に派遣される使節。

とく‐し【篤志】ある事に対するあつい志。特に、公共の事業・慈善事業などに熱心で、協力・援助を惜しまないこと。「―家」

どく‐し【毒死】(名・自スル)毒によって死ぬこと。

どく‐し【読史】歴史書を読むこと。とくし。

どく‐じ【独自】(名・形動ダ)①他と違ってそれだけに特有なこと。また、そのさま。「日本―の文化」②自分一人。「―の判断」

とく‐しつ【特質】そのものだけがもつ特別の性質。特性。「日本文化の―」

とく‐しつ【得失】得ることと失うこと。利益と損失。損得。

とく‐じつ【篤実】(名・形動ダ)人情にあつく誠実なこと。

とくしま【徳島】四国東部の県。県庁所在地は徳島市。

とく‐しゃ【特赦】(名・他スル)〔法〕恩赦の一つ。有罪の言い渡しを受けた特定の者に対し、刑の執行を免除すること。

どく‐しゃ【読者】新聞・雑誌・書籍などを読む人。読み手。

どく‐じゃ【毒蛇】〔動〕毒牙から毒液を分泌する蛇の総称。熱帯地方に多く、日本では、ハブ・マムシなど。毒蛇。

どく‐しゃく【独酌】(名・自スル)一人で酒をついで飲むこと。「月を眺めて―する」

とく‐しゅ【特殊】(名・形動ダ)ふつうと違って特別であること。また、そのさま。「―な事例」↔一般・普遍

―がっきゅう【―学級】→とくべつしえんがっきゅう

―こう【―鋼】炭素のほかに、ニッケルやクロムなどを加えた硬度の高い鋼鉄。ステンレス鋼・高速度鋼など。

―さつえい【―撮影】→とくさつ

―ほうじん【―法人】国家的事業を行うため特別法によって設置される法人。日本放送協会(NHK)・日本中央競馬会(JRA)など。

とく‐しゅ【特種】特別の種類。

とく‐じゅ【特需】特別な方面からの需要。(おもに軍事関係の需要をいう。)「―景気」

どく‐しゅ【毒手】人を殺そうとする手段。また、悪辣な手段。「―に倒れる」

どく‐しゅ【毒酒】毒を入れた酒。

どく‐じゅ【読△誦】(名・他スル)〔仏〕声を出して経文を読むこと。読経。「法華経を―する」

とく‐しゅう【特集・特△輯】(名・他スル)(新聞・雑誌・テレビなどで)ある特別の問題を中心に編集すること。また、そうしたもの。「―記事」「憲法問題を―する」

どく‐しゅう【独修】(名・他スル)先生につかないで一人で修得すること。「フランス語を―する」

どく‐しゅう【独習】(名・他スル)先生につかないで一人で学習すること。「ギターを―する」

とく‐しゅつ【特出】(名・自スル)特にすぐれていること。ぬきんでていること。傑出。「―した頭脳」

どく‐しょ【読書】(名・自スル)書物を読むこと。「―三昧」(=心のままに読書にふけること)「―週間」

―さんとう【―三到】文章の真意を悟るには、声に出して読み(口到)、目でよく見(眼到)、心で読む(心到)の三つの秘訣によるということ。**―百遍意自ずから通ず** どんなに難しい書物でも、何度もくり返して読めばしぜんに内容が理解できる。

―じん【―人】①よく書物を読む人。②中国で、民間の学者や知識人の称。

とく‐しょう【特称】全体の中で、特別にそのものだけをさしていう名称。「楽聖」がベートーベンをさす類。

とく‐しょう【特賞】特別の賞。賞金。最高の賞。

とく‐じょう【特上】特に上等なこと。「―のにぎり」

どく‐しょう【独唱】(名・他スル)〔音〕(演奏会などで)一人で歌うこと。ソロ。「―曲」↔合唱

どく‐しょう【読△誦】(名・他スル)声を出して読むこと。

とく‐しょく【特色】ほかと違う点。また、ほかと比べて特にすぐれている点。「―を出す」「―のある作品」

とく‐しょく【△瀆職】(名・自スル)(職を瀆すの意)職権を利用して不正を行うこと。汚職。

とく‐しん【特進】(名・自スル)特別の扱いで昇進すること。「二階級―」

とく‐しん【得心】(名・自スル)相手の言うことを十分に理解して受け入れること。納得。「―がいく」

―ずく たがいが承知したうえですること。納得ずく。

とく‐しん【篤信】信仰心のあついこと。「―家」

とく‐しん【△瀆神】神の神聖さを瀆すこと。「―の罪」

とく‐じん【徳人】①徳のそなわった人。徳の高い人。②裕福な人。金持ち。参考「とくにん」ともいう。

どく‐しん【独身】配偶者のいないこと。また、その人。ひとり者。「生涯―をつらぬく」「―貴族」(=余裕のある独身者をいう語)

どく‐じん【毒刃】人に危害を加える者の用いる刃物。凶刃。

どくしん‐じゅつ【読心術】顔の表情や筋肉の細かな動きなどによって、相手の心の中を察知する技術。

どくしん‐じゅつ【読唇術】(耳の不自由な人などが)相手のくちびるの動きを読んで、その言葉を理解する技術。

どくじん‐とう【独。参湯】①朝鮮人参の煎じ薬

で、気つけの妙薬。②歌舞伎で、いつ上演してもよく当たる狂言。ふつう「仮名手本忠臣蔵」をいう。

どく-ず【読図】ツ―（名・自スル）地図・図面などを見て、その内容を読みとること。

とく-すき【特△漉き】特別に紙をすくこと。また、その紙。

とく・する【得する】（自サ変）シ(セ・サ)・シ・スル・スル・スレ・シロ(セヨ) もうける。利益を得る。「いい話を聞いて―・した」↕損する 文とく・す（サ変）

とく・する【督する】（他サ変）シ(セ・サ)・シ・スル・スル・スレ・シロ(セヨ) ①取り締まる。監督する。②ひきいる。統率する。「兵を―」③うながす。督促する。「納税を―」文とく・す（サ変）

どく・する【毒する】（他サ変）シ(セ・サ)・シ・スル・スル・スレ・シロ(セヨ) 悪い影響を与える。そこなう。「悪書は青少年の心を―」文どく・す（サ変）

とく-せい【特性】そのもの特有の性質。特質。「―を生かす」↕通性

とく-せい【特製】特別に製造すること。また、その品。特別製。「当店―の品」↕並製

とく-せい【徳性】道徳的意識。道徳心。「―を養う」

とく-せい【徳政】①人民にめぐみを与える政治。仁政。②〔日〕鎌倉末期から室町時代、売買や貸借の契約を破棄したこと。御家人の困窮救済のためや農民による土一揆の要求に応じ、幕府はしばしば徳政令を発した。

とく-せい【△瀆聖】神聖なものをおかし、瀆すこと。

どく-せい【毒性】有毒な性質。「―が強い」

とく-せつ【特設】（名・他スル）特別に設けること。「―会場」

どく-ぜつ【毒舌】辛辣な皮肉や悪口。「―家」

どく-ぜり【毒△芹】〔植〕セリ科の多年草。水辺に自生。葉は羽状複葉。高さ約一メートル。夏、白色の小花をつける。セリに似るが、タケノコ状の根茎がある。猛毒をもつ。春

とく-せん【特△撰】（名・他スル）①特に念を入れて作ること。また、そのもの。「―服地」②すぐれた品物として、特別に選び出すこと。また、そのもの。「―品」

とく-せん【特選】（名・他スル）①特別に選ぶこと。また、そのもの。「当地における―品」②（美術展・懸賞小説などで）他に比較して特にすぐれていると認めること。また、そのもの。

とく-せん【特薦】（名・他スル）特別に推薦すること。

とく-せん【督戦】（名・自他スル）部下を取り締まり励まして戦わせること。「兵を―する」

どく-せん【毒腺】〔動〕ヘビ・サソリ・クモ・ハチなどの、毒液を分泌する腺。

どく-せん【独占】（名・他スル）①一人じめにすること。「人気を―する」②〔経〕市場で、売手または買手が一人しかいない状態。また、特定の企業が資本力を集中し、市場を支配すること。「―資本」

――きんしほう【―禁止法】ハフ 〔法〕私的独占や不公正な取り引きを禁止し、公正かつ自由な競争を促進して消費者の利益を確保することを目的とした法律。一九四七（昭和二十二）年に制定された。独禁法。⇩公正取引委員会

どく-ぜん【独善】客観性がなく、自分だけが正しいと思いこむこと。ひとりよがり。「―に陥る」「―的」

どくせん-じょう【独△擅場】ヂヤウ―（「擅」はほしいままにする意）その人だけが思うままにふるまうことができる場面・場所。一人舞台。⇩独壇場

と-くそ【△砥△糞】砥石で刃物をといだときにたまる、あかのようなもの。

どく-そ【毒素】〔生〕生物体がつくりだす、強い毒性をもつ物質。動物の血液中にはいると毒性や抗原性を示す。

とく-そう【得喪】サウ― 得ることと失うこと。得失。

とく-そう【徳操】サウ― かたく守って変わらない道徳心。

どく-そう【毒草】サウ― 有毒成分を含む草。トリカブト・ドクゼリなど。

どく-そう【独走】（名・自スル）①一人だけで走ること。特に、競走や競技などで、他を大きく引き離して先頭を走ったり首位を保ったりすること。「―態勢にはいる」②（比喩的に）他人にかまわないで、自分だけ勝手な行動をとること。「軍部の―」

どく-そう【独奏】（名・他スル）〔音〕一人で楽器を演奏すること。ソロ。「―会」↕合奏 参考 伴奏がつく場合にもいう。

どく-そう【独創】サウ― 他人のまねでなく、独自に物事を新しくつくり出すこと。「―的」

――せい【―性】他人のまねでなく、独自に物事を新しくつくり出す能力や性質。「―に富む研究」

とく-そく【督促】（名・他スル）早くするようにうながすこと。せきたてること。特に、債務の履行を催促すること。「―状」

ドクター〈doctor〉①博士。「―コース」②医者。参考「ドクトル」ともいう。

――ストップ〈和製英語〉①ボクシングの試合中に選手が負傷したとき、医師の診断により、レフェリーが試合を中止させること。②（転じて）医者が患者に対して、行動に一定の制限を加えること。

とく-たい【特待】特別の待遇。

――せい【―生】成績・品行が優秀で、授業料免除・学費支給などの特別な待遇を受けている学生・生徒。

とく-だい【特大】特別に大きいこと。また、大きいもの。

とく-たく【徳沢】徳のめぐみ。恩沢。

どく-たけ【毒△茸】毒のあるきのこ。どくきのこ。秋

とくだしゅうせい【徳田秋声】（一八七一―一九四三）小説家。石川県生まれ。自然主義小説、のちに心境小説の作家として円熟した。作品「黴」「あらくれ」「仮装人物」など。

どく-だち【毒断ち】（名・自スル）病気のとき、体の害になる、または薬効のさまたげになる飲食物をさけること。

とく-だね【特種】新聞社・雑誌社などの記事で、ある社だけが特別に手に入れた情報。スクープ。「―をつかむ」

どくだみ【×蕺草】〔植〕ドクダミ科の多年草。陰地に群生。異臭がある。葉は互生し、心臓形。初夏に淡黄色の花をつける。漢方薬として用途が広く十薬とも呼ばれる。夏

どくだみも… 和歌〔どくだみも 薊の花も 焼けゐたり 人葬所の 天明けぬれば〕〈斎藤茂吉〉（母を焼いた）野辺に生えていたドクダミやアザミの花もいっしょに焼けてしまっていたよ。火葬場の夜が明けて明るくなってみると。（「赤光」の「死にたまふ母」一連五九首の中の一つ）

とく-だわら【徳俵】ダハラ― 相撲の土俵で、東西南北の中央に俵の幅だけ外側にずらして埋めてある俵。

とく-だん【特段】特別。格段。「―の配慮を賜る」

どく-だん【独断】（名・他スル）自分一人の考えで勝手に決めること。また、その判断。ひとりぎめ。「―と偏見に満ちた考え」

――せんこう【―専行】センカウ（名・自スル）自分一人の判断で勝手に事をすること。「規則を無視して―する」

――てき【―的】（形動ダ）ダロ・ダッ(デ・ニ)・ダ・ナ・ナラ・〇 人に相談したり十分に吟味・研究したりしないで、ひとりよがりの判断を下すさま。

どくだん-じょう【独壇場】ヂヤウ―「独擅場」の「擅」を「壇」と間違えて慣用となった語。⇩独擅場

と-ぐち【戸口】家の出入り口。

どく-ち【毒血】病毒を含んだ血。悪血。

とく-ちゅう【特注】（名・他スル）材質や形や作り方などに、特別に希望や条件をつけて作らせること。特別注文。「―の靴」

とく-ちょう【特長】チャウ そのものだけにある長所。特にすぐれている点。⇩「使い分け」

とく-ちょう【特徴】 そのものに固有の、特に目立つ点。⇩「使い分け」

> 使い分け 「特長・特徴」
> 「特長」は、特別すぐれている点の意で、おもによい意味の場合に用いられ、「特長を生かす」「本書の特長」「彼の特長はその統率力だ」などと使われる。
> 「特徴」は、ほかと比べたときに特に目立つ点の意で、よい意味にも悪い意味にも用いられ、「特徴のない顔」「犯人の特徴」「特徴的な現象」などと使われる。ただし、「一大とくちょう」のような場合は、両方使われる。

どく-づ・く【毒づく】(自五) カ(コ)・キ(イ)・ク・ク・ケ・ケ ひどくののしる。ひどく悪く言う。「酒を飲んで—」

とく-てい【特定】(名・他スル) 特にそれと指定すること。特にそれと決まっていること。「不—」「犯人を—する」

—ほけんようしょくひん【—保健用食品】 健康維持に役立つ成分を含むとして消費者庁から認められ、その保健機能の表示を許された食品。特保。

—ゆうびんきょく【—郵便局】イウビンキヨク 郵便局の一つ。明治政府が各地の有力者の協力を得て設置したのが始まり。特定局。現在は直営郵便局に移行。

とく-てん【特典】 特別の恩典。特別に与えられる待遇。「—に浴する」「初回購入—」

とく-てん【得点】(名・自スル) 競技・試験などで、得た点数。また、点をとること。「大量—」「無—」⇔失点

とく-でん【特電】 その新聞社に特別に送られてくる電報通信。海外特派員からの報道通信にいうことが多い。特別電報。

とく-と【篤と】(副) 念を入れて。じっくりと。「—思案する」

とく-ど【得度】(名・自スル)〘仏〙(迷いの世界から悟りの世界にはいる意) 髪をそって仏門にはいること。出家。「—式」

とく-とう【△禿頭】 はげた頭。はげあたま。

—びょう【—病】ビヤウ 〘医〙毛髪が脱落し、頭がはげる病気。脱毛症。禿髪症(とくはつしょう)。

とく-とう【特等】 一等よりも上の特別な等級。「—席」

とく-どう【得道】ダウ (名・自スル)〘仏〙仏道を修めて悟りを開くこと。悟道。

とく-とく【得得】(タル) 得意そうなさま。したり顔なさま。「—として語る」文(形動タリ)

どく-とく【独特】(形動ダ) ダロ・ダッ(デ・ニ)・ダ・ナ・ナラ・○ 他にはない特徴などを、そのものだけが持っているさま。「—な感性」文(ナリ)

どく-とく【独得】(形動ダ) ダロ・ダッ(デ・ニ)・ダ・ナ・ナラ・○ ①その人だけが会得し、他の者の及ばないさま。②→どくとく(独特) 文(ナリ)

どく-どく(副) 液体が盛んに流れ出るさま。「傷口から血が—(と)流れる」

どくどく-し・い【毒毒しい】(形) カロ・カッ(ク)・イ・イ・ケレ・○ ①いかにも毒を含んでいるようだ。「—色のきのこ」②にくにくしい。「—言い方」③けばけばしい。どぎつい。「—化粧」文どくどく・し(シク)

とくとみそほう【徳富蘇峰】(一八六三〜一九五七) 評論家。蘆花(ろか)の兄。熊本県生まれ。一八八七(明治二十)年「国民之友」を創刊し平民主義を主張、のち国家主義の論客として活躍。また、民間史学の開拓者で「近世日本国民史」の大著がある。

とくとみろか【徳富蘆花】トクトミロクワ (一八六八〜一九二七) 小説家。蘇峰(そほう)の弟。熊本県生まれ。人道主義的情熱と強烈な個性で、近代文学史上特異な地位を占める。小説「不如帰(ほととぎす)」「思出(おもいで)の記」、文集「自然と人生」など。

ドクトリン〈doctrine〉①政策上の基本原則を示した教書。②教義。教理。学説。

ドクトル〈ドイ Doktor〉→ドクター

とく-に【特に】(副) ことさら。とりわけ。特別に。「—暑い日」

とく-にん【特任】 特別に職務に任用すること。「—教授」

とく-にん【特認】(名・他スル) 特別に承認すること。「—校(=通学区域の制限がなく希望者が通学できる学校)」

とく-のう【篤農】 研究心に富む熱心な農業家。「—家」

とく-は【特派】(名・他スル) 特別に派遣すること。

—いん【—員】ヰン ①特別の任務を帯びて派遣された人。②(「海外特派員」の略) 外国のニュースを取材・報道するために派遣されている、新聞・放送・雑誌などの記者。

どく-は【読破】(名・他スル)(大部の、また難しい)書物を終わりまで読み通すこと。「長編小説を—する」

とく-はい【特配】(名・他スル) ①特別に配給すること。また、その配給。②株式の特別配当。

とく-ばい【特売】(名・他スル) ①特別に安く売ること。「—品」②入札なしで特定の人に売り渡すこと。

どく-はく【独白】(名・自スル) ①〘演〙劇中で、登場人物が心中の思いなどを相手なしで語ること。また、そのせりふ。モノローグ。②(転じて)ひとりごと。

とく-はつ【特発】(名・自他スル) ①電車・列車などを臨時に、特別に出すこと。②病気が、原因不明で突然起こること。

とく-ばん【特番】 テレビ・ラジオで、通常の番組とは別に特に作られた番組。特別番組。「報道—」

とく-ひつ【△禿筆】 ①穂先がすり切れた筆。ちびた筆。②自作の文章や書の謙称。「—を呵(か)す(=ちびた筆に息を吹きかける意から、へたな文章を書く)」

とく-ひつ【特筆】(名・他スル) 特に取りたてて記すこと。「—に値する」

—たいしょ【—大書】(名・他スル) 特に人目につくように大きく書くこと。「—すべき事柄」

どく-ひつ【毒筆】 その人を傷つけるために、皮肉や悪意をもって書きたてること。また、その文章。

とく-ひょう【得票】ヘウ (名・自スル) 選挙で票を得ること。また、得た票。「—率」

どく-ふ【毒婦】 邪悪な心を持ち、人を害する女。

とく-ふう【徳風】 仁徳による感化。参考 徳が人を教化するのを風が草をなびかせるさまにたとえていう語。

どく-ふく【独幅】 対(つい)になっていない、一幅だけの掛け物。

どく-ぶつ【毒物】 毒を含んでいる物質。「—が混入する」

とく-ぶん【得分】 ①自分のもらう分。わけまえ。取り分。②もうけ。利益。

どく-ぶん【独文】 ①ドイツ語で書かれた文章。②ドイツ文学。③(「独文学科」の略) 大学などで、ドイツ文学を研究する学科。独文科。

とく-べつ【特別】 ■(名・形動ダ) ふつう一般のものとは区別されること。また、そのさま。格別。「—に扱う」■(副) 一般のものと区別して扱うさま。とりたてて。特に。「今日は—寒い」

—かいけい【—会計】クワイケイ 国家および地方公共団体が、特別の事業を行う場合や特定の資金を運用する場合などに、一般会計とは別に設けられる会計。⇔一般会計

—く【—区】 東京都の二三区。他の都市の区と異なり、市に関する規定が適用され、市に準じる。

—こっかい【—国会】コククワイ 〘社〙衆議院解散による総選挙後三〇日以内に召集される国会。内閣が総辞職し、首班の

指名が行われる。特別会。⇩通常国会・臨時国会

―しえん-がっきゅう【―支援学級】シエンガクキフ 心身に障害のある児童・生徒の教育のために小・中および高等学校に設けられる学級。参考 二〇〇七(平成十九)年の学校教育法改正により、特殊学級から改称。

―しえん-がっこう【―支援学校】シエンガクカウ 障害のある児童・生徒に、幼稚園および小・中・高等学校に準じる教育を行う学校。二〇〇七(平成十九)年の学校教育法改正により、盲学校・聾(ろう)学校・養護学校は特別支援学校となった。

―しょく【―職】 大臣・大使・裁判官・知事など、一般公務員と異なり公務員法の適用を受けない公職。↔一般職

―ようご-ろうじんホーム【―養護老人ホーム】ヤウゴラウジンホーム 常時介護を必要とする、自宅での生活が困難な高齢者が、必要な介護を受けるための福祉施設。特養。

どく-へび【毒蛇】→どくじゃ

とく-ほ【特保】→とくていほけんようしょくひん

とく-ほう【特報】(名・他スル) 特別に報道すること。また、その報道・ニュース。「―を流す」

とく-ぼう【徳望】バウ 徳が高く、人望があること。「―がある」

どく-ぼう【独房】バウ 受刑者を一人だけ入れておく監房。独居房。

とく-ほん【読本】(絵本に対して読みものの本の意) ①旧制の小学校で用いた、国語科用の講読教科書。②一般向きの入門書、または解説書。「人生―」

ドグマ〈dogma〉①宗教上の教義。②独断。独断的な説。

どく-み【毒味・毒見】(名・自他スル) ①人にすすめる前に飲食物の毒の有無をためすこと。②料理の味かげんをみること。

とく-む【特務】 特殊な任務。特別の任務。「―機関」

どく-むし【毒虫】 毒を持っていて、刺されたり触れたりすると、人体が害を受ける虫。サソリ・ハチ・ドクガなど。

とく-めい【匿名】 自分の氏名を隠すこと。「―で投書する」

とく-めい【特命】 特別の命令・任命。「―を受ける」

―ぜんけんたいし【―全権大使】 外国に駐在し、その国との外交交渉や在住自国民の保護・監督にあたる最上級の外交使節。全権大使。大使。

―たんとうだいじん【―担当大臣】タンタウダイジン 内閣府におかれる国務大臣。官庁をまたぐ重要課題について総合的な政策を担当する。内閣府特命担当大臣。

とく-めん【特免】(名・他スル) (罪や債務などを) 特別に許すこと。また、免除すること。

とく-もく【徳目】 徳を分類して、そのそれぞれにつけた名。忠・孝・仁など。

どく-や【毒矢】 やじりに毒を塗った矢。

とく-やく【特約】(名・自スル) 特別の条件や利益を伴う契約をかわすこと。また、その契約。「―店」「運転者限定―」

どく-やく【毒薬】 微量でも激烈な作用があり、生命に危険をおよぼす薬品。劇薬より作用が激しい。青酸カリなど。

とく-ゆう【特有】イウ (名・形動ダ) そのものだけが特別に持っていること。また、そのさま。「ニンニク―のにおい」

とく-よう【特養】ヤウ 「特別養護老人ホーム」の略。

とく-よう【徳用】(名・形動ダ) 使って利益の多いこと。また、そのさま。値段の安いわりには有用なさま。「―品」

どく-よけ【毒◦除け】 中毒を予防すること。また、そのためのもの。どくけし。

とくり【徳利】 ①酒などを入れる、細長くて口のすぼまった容器。銚子(ちょうし)。②《俗》(①は水に入れるとすぐ沈むことから)水泳のできない人。かなづち。参考「とっくり」ともいう。

とく-りつ【特立】(名・自スル) ①多数の中で特にぬきん出ていること。②他に頼らないで、独立していること。

どく-りつ【独立】(名・自スル) ①他から離れて単独で存在していること。「―して建っている家」②他人の援助や束縛などから離れて、自分の力で行動したり生活したりすること。「―心」「親から―する」③一国が他国の干渉や支配を受けないで行政・司法・立法権を自由に行使できる状態。「―運動」「―権」

―かおく【―家屋】カヲク 一戸建ての家。一軒家。

―ぎょうせいほうじん【―行政法人】ギヤウセイハフジン 中央省庁の事務・事業のうち、特に国が行う必要がない部門などを、国の組織から切り離して、独立した法人格をもつ機関としたもの。国立の病院・研究所・美術館など。

―ご【―語】《文法》文の成分の一つ。他の文節と直接に結びつくことがなく、文の成分として比較的孤立しているもの。感動詞などのつくる文節をいう。

―こく【―国】 独立した主権を有する国家。

―さいさん-せい【―採算制】《経》一つの企業内で、各部門がそれぞれに独立して収支決算を行い、採算がとれるよう経営すること。

―じそん【―自尊】 人に頼らないで事を処し、自分の尊厳を保つこと。「―の精神」

―どっこう【―独行】ドクカウ 人に頼らないで、また人の意見に左右されないで、自分の信じるところを行うこと。独立独歩。

―どっぽ【―独歩】ドクホ ①→どくりつどっこう ②はっきりした特色があり、他のものと同じに扱えないこと。

―ふき【―不△羈】(「羈」は綱でつなぎとめる意) 他からの制約を受けないで、自分一人の判断で行動すること。

どく-りょう【読了】レウ (名・他スル) 読み終えること。

どく-りょく【独力】 自分一人の力。自力(じりき)。

と-ぐるま【戸車】 引き戸の開け閉めをしやすくするために、戸の上や下に取りつける小さな車輪。

とく-れい【特例】 特別に設けた例外。特別な例。「―措置」

とく-れい【督励】(名・他スル) 監督し励ますこと。「部下を―する」

とく-れん【得恋】(名・自スル) 恋がかなうこと。

とぐろ【△塒・×蜷局】 蛇などが体を渦巻き状に巻くこと。また、その状態。

―を巻(ま)く ①蛇などが体を渦巻き状に巻く。②腰を落ち着けて動こうとしないでいる。③ある場所に何人かが集まって、特に用もないのにたむろしている。「若者たちが公園で―」

どく-ろ【△髑△髏】 風雨にさらされ、白骨になった頭蓋(とうがい)骨。髑髏(しゃれこうべ・されこうべ)。

どく-わ【独話】(名・自スル) ①ひとりごと。また、ひとりごとを言うこと。独語。②講演など、大勢の前で一人が話すこと。

どくわ-じてん【独和辞典】 ドイツ語の単語や熟語などに、日本語で訳や説明をつけた辞典。

とげ【◦刺・△棘】 ①植物の茎や葉、また動物の体表などに生じる針のように先のとがった突起物。「バラの―」「ウニの―」②木のそげた先端などが、肌などに突き刺さったもの。「―を抜く」③人の心を刺すような意地の悪さ。「―のある言葉」

とけ-あ・う【溶け合う・◦融け合う】アフ (自五) ワ(オ)・イ(ツ)・ウ・ウ・エ・エ 二つ以上のものが、とけてまざり合う。

とけ-あ・う【解け合う】アフ (自五) ワ(オ)・イ(ツ)・ウ・ウ・エ・エ ①たがいに心の隔たりがなくなり、うちとける。「心が―」②示談で取り引きの契約を解く。

と-けい【徒刑】 ①《法》旧刑法で、重罪人に科した刑。男は島に送り、女は内地で労役につかせた。②懲役(ちょうえき)。徒罪。

と-けい【時計】時刻を示し、時間をはかるための器械。「腕ー」「柱ー」 参考 常用漢字表付表の語。

ーだい【ー台】上部に時計を取りつけた高い塔。

ーまわり【ー回り】リマハ 時計の針の進む方向に回ること。右回り。

とげ-うお【△棘魚】ウヲ ― 《動》トゲウオ科の小形の魚の総称。背びれの所にとげがある。わき水のある水の澄んだ場所にすみ、春、水草で作った巣に産卵する。イトヨ・トミヨ・ハリヨなど。

とけ-こ・む【溶(け)込む】(自五) マ(モ)・ミ(ン)・ム・ム・メ・メ ①液体や気体の中に、ほかの物質が完全に溶け混じる。②よそから来て、その場の雰囲気になじんで一体となる。「会の雰囲気にー」

ど-げざ【土下座】(名・自スル) 地面にひざまずいて礼をすること。「ーしてわびる」 参考 昔、大名や貴人の通行などの際に身分の低い者が行った。

とげ-だ・つ【◇刺立つ】(自五) タ(ト)・チ(ッ)・ツ・ツ・テ・テ ①とげが立つ。とげがつき出る。②(人間関係において)かどだつ。とげとげしくなる。

と-けつ【吐血】(名・自スル)《医》(消化器の出血のために)口から血を吐くこと。⇩喀血かっけつ

とげっ-ぽう【吐月峰】たばこ盆の灰吹き。 語源 静岡県にある吐月峰という山から産する竹で灰吹きを作ったことからいう。

とげとげ-し・い【◇刺◇刺しい】(形) カロ・カッ(ク)・イ・イ・ケレ・○ ①かどだっている。表情や態度が、ぎすぎすして意地の悪そうなさま。「ー言葉」②とげだっている。とがったさま。文 とげとげ・し(シク)

とげ-ぬき【◇刺抜き】とげを抜くこと。また、その用具。

と・ける【解ける】(自下一) ケ・ケ・ケル・ケル・ケレ・ケロ(ケヨ) ①もつれているもの、かたまり、結び目などがほぐれて離れる。ほどける。「帯がー」②怒り・恨み・高ぶりなどの感情がやわらぐ。「緊張がー」③制限・禁止などの束縛が除かれる。「謹慎がー」④職務などから離れる。「任務がー」⑤問題・疑問などが解き明かされる。答えが出る。「疑惑がー」⑥(「解く」の可能動詞)とくことができる。「君なら簡単にー」 他 と・く(五) 文 と・く(下二) ⇩「使い分け」

と・ける【溶ける・◇融ける】(自下一) ケ・ケ・ケル・ケル・ケレ・ケロ(ケヨ) 《中心義―外部からの力で少しずつもとの固い形が崩れてゆき、最後には形がなくなる》①液体の中に物質がまざり合って、均一の液体になる。「砂糖が水にー」②熱などによって、固体が液状になる。「バターがー」③対立がなくなって融和する。 他 とか・す(五)と・く(五) 文 と・く(下二) 参考「解ける」とも書く。②で、金属の場合は「△熔ける」「△鎔ける」とも書く。⇩「使い分け」

> 使い分け 「解ける・溶ける」
> 「**解ける**」は、もつれているものや固まっているもの、しこりとなっているものがほぐれて離れる意で、「結び目が解ける」「怒りが解ける」「禁止令が解ける」「任務が解ける」「なぞが解ける」などと使われる。
> 「**溶ける**」は、「塩が水に溶ける」「鉄が火に溶ける」などと、液体の中に物質がまざり合って均一になる、固体が熱などによって液状になるなどの意に使われる。また「クラスに溶け込む」などと、全体の中に融和する意でも使われる。

と・げる【遂げる】(他下一) ゲ・ゲ・ゲル・ゲル・ゲレ・ゲロ(ゲヨ) ①しようと思ったことを目的どおりしおおせる。果たす。成就させる。「思いをー」②最後にそのような結果になる。「非業の死をー」 文 と・ぐ(下二)

ど・ける【◇退ける】(他下一) ケ・ケ・ケル・ケル・ケレ・ケロ(ケヨ) 物や人を他に移して、その場をあける。「石をー」 自 ど・く(五) 文 ど・く(下二)

と-けん【△杜△鵑】「ほととぎす」の別名。 夏

ど-けん【土建】土木と建築。「ー業」

とこ【床】①寝るために寝具などをととのえたところ。寝床。「ーをとる」②ゆか。③畳の芯しん。④川の底。川床。⑤「床の間」の略。⑥床屋。⑦苗を育てる所。苗床。

ーに就つく ①寝床にはいる。寝る。②病気になって寝込む。「長らくー」

ーを上あげる ①ふとんなどの寝具をたたんでかたづける。②病気が治って、寝具をかたづける。「病が癒いえてー」

とこ【◇所】「ところ」のくだけた言い方。「そこんーが難しい」「いいーの坊ちゃん」「五〇〇円がー(=およそ五〇〇円ほど)買う」

ど-こ【◇何◇処・◇何◇所】(代) 不定称の指示代名詞。不明または不特定の場所をさしていう語。どの場所。どの点。「会場はーですか」「ーに行きますか」

ーとなく どこということはないが。どこか。なんとなく。「二人はー似ている」

ー吹ふく風かぜ 自分には関係がないかのように気にかけないさま。「親の意見もー」

ど-ご【土語】昔から使われている、その土地の言葉。

とこ-あげ【床上げ】(名・自スル) 長い病気や出産のあとで元気になり、寝床をとりはらうこと。また、その祝い。床ばらい。

とこ-いり【床入り】(名・自スル) ①寝床にはいること。②新婚夫婦がはじめて寝床を共にすること。

と-こう【徒行】カウ ― (名・自スル) 歩いて行くこと。

と-こう【渡航】カウ ― (名・自スル) 航空機や船で海外へ行くこと。「ーの手続き」

と-こう【×兎角】カウ ― (副・自スル) あれこれ。「ーするうちに昼になった」 語源「とかく」の転。

ど-こう【土工】①土を掘ったり、土砂を運んだりする土木工事。②土木工事に従事する労働者。

ど-こう【土侯】部族の有力者で、その土地を支配する者。首長。「ー国(=もと、イギリスの統治下にあった、インドやアラブ諸国などの中で、土侯の支配していた国)」

ど-こう【土△寇】土民の暴動。

ど-ごう【土豪】ガウ ― その土地の豪族。地方の勢力者。

ど-ごう【怒号】ガウ ― (名・自スル) ①怒って大声でどなること。また、その声。「やじとーがうずまく」②(比喩ひゆ的に)風や波が激しく音をたてること。また、その音。

どこ-か【◇何◇処か】はっきりわからない場所や点をさす語。「家の中のーにある」「ーおかしい」「母にー似た人」

とこ-かざり【床飾り】床の間の装飾。掛け軸・置物など。

とこ-がまち【床△框】床の間の前端につけた化粧横木。

とこ-さかずき【床杯・床△盃】サカヅキ ― 新婚夫婦が婚礼の後、寝所でさかずきをとりかわす儀式。

ドコサヘキサエン-さん【ドコサヘキサエン酸】→ディーエッチエー

とこし-え【常しえ・◇長しえ・×永久】ヘ ― いつまでも変わることのないこと。いつまでも続くこと。とこしなえ。「ーの愛」

とこ-しき【床敷(き)】①座敷などに敷くもの。②船床に敷く板。

とこし-なえ【常しなえ・◇長しなえ・×永久】ナヘ ― →とこしえ

とこ-すずみ【床涼み】夏の夜、戸外にゆかを設けて涼むこと。特に、京都の四条河原のそれが有名。

とこ-ずれ【床擦れ】(名・自スル) 衰弱した状態で長く病床についているとき、床にあたる体の部分がすれ、赤くただれて痛むこと。褥瘡じょくそう。

どこ-ぞ【◇何◇処ぞ】はっきりとはわからない場所をさす語。どこか。「ーおもしろい所はないか」

どこ-そこ【◇何◇処△其◇処】(代) 特にどこと限定しないで、漠然とある場所をさす語。「ーの名産品だそうだ」

とこ-だたみ【床畳】床の間に敷く畳。

とこ-とこ (副) せまい歩幅で足早に歩くさま。「—(と)歩く」

とこ-とわ【常×永久】(トハ)— いつまでも変わらないこと。永久に続くこと。「—の愛」

とこ-とん 一(名) 最後の最後。どんづまり。「—まで追求する」 二(副) 徹底的に。どこまでも。「—やる」

とこ-なつ【常夏】 ①一年中夏のような気候であること。「—の国ハワイ」 ②「なでしこ」の異名。 ③〘植〙セキチクの一変種。四季を通じて、多く濃紅色の花を開く。夏

とこ-なめ【常滑】〘古〙川底の石に水苔がつき、いつもなめらかになっている所。

とこ-の-ま【床の間】 日本建築で、座敷の上座の床を一段高くし、掛け軸・置物・生け花などを飾る所。

とこ-ばしら【床柱】 床の間の、部屋の中央寄りの側にある化粧柱。ふつう、銘木を用いる。「南天の—」

とこ-ばなれ【床離れ】(名・自スル) ①朝、寝床から起き出ること。「—が悪い」 ②病気が治って病床を離れること。

とこ-ばらい【床払い】(バラヒ)—(名・自スル) →とこあげ

とこ-はる【常春】 一年中春のような気候であること。

とこ-ぶし【常節】〘動〙ミミガイ科の巻き貝。形はアワビに似るが小形。食用。ながれこ。

とこ-みせ【床店】 ①商品を売るだけで、人が住まない簡単な店。②屋台店。出店。

とこ-や【床屋】 髪の毛をかったり、顔をそったりする職業。また、その店。理容店。理髪店。また、理容師。理髪師。

とこ-やま【床山】 ①歌舞伎役者などの髪を結い、鬘の手入れをする所。また、その職人。 ②力士の髪を結う職人。

とこ-やみ【常闇】〘古〙永久にまっくらなこと。常夜。

どこ-やら【◇何◇処やら】(副) ①はっきりしないがそんな感じであるさま。どことなく。どこか。「—奇妙だ」 ②場所が不定であるさま。「—で虫が鳴く」

とこ-よ【常世】〘古〙 ①永久にかわらないこと。 ②「常世の国」の略。

—の-くに【—の国】〘古〙 ①日本神話で、はるか海のむこうにあると考えられた異郷。 ②不老不死の楽土。 ③死後の国。黄泉の国。参考「常世」ともいう。

どこ-ら【◇何◇処ら】(代)(「ら」は接尾語)不定称の指示代名詞。どこいら。どのへん。「今ごろ—で何をしてるやら」

ところ【所・◇処】 ①場所。位置。「学校のある—」 ②地方。地域。「北陸は雪の多い—だ」 ③その土地。郷土。「—の古老に話を聞く」 ④住む所。居所。家。「友人の—に遊びに行く」 ⑤所属する社会・組織。「彼の—はもうかっている」 ⑥部分。箇所。点。「そこの—がどうしてものみこめない」 ⑦おり。際。場合。「今の—間に合っています」 ⑧ちょうどその時。ばかり。「私も今来た—だ」 ⑨(多く、数量を表す語に付いて)分量。程度。「これぐらいの—でがまんしてやる」「一〇〇〇円が—(=約一〇〇〇円)得した」 ⑩ようす。「見た—元気そうだ」 ⑪こと。「私の知る—ではない」 ⑫(「…の…するところとなる」の形で)受け身を表す。「敵の乗じる—となる(=敵に乗ぜられた)」 ⑬(「…ところの」の形で)連体修飾語を明らかにする。(西洋語の関係代名詞の翻訳から広まったもの。)「わたしの望む—のものは、地位ではない」 ⑭(「…たところ」の形で、接続助詞的に用いて)…した結果。「彼にたずねた—知らないそうだ」 ⑮(「どころ」と濁った形で)㋐(動詞の連用形に付いて)適当な部分・場所であることを表す。「見—」「とらえ—」「ふんばり—」 ㋑(名詞の下に付いて)産出する所であることを表す。「米—」「茶—」 ㋒(名詞・形容動詞の語幹に付いて)該当する者であることを表す。「きれい—」「一流—」 ㋓(あとに「…ではない」の形を伴って)その判断が適当でないことを表す。また、その判断の程度以上であることを表す。「泣く—の騒ぎではない」「体をこわして仕事—ではない」 ⇩どころか

—構わず 場所を考えずに。所嫌わず。「—大声を出す」

—変われば品変わる 土地がちがうと風俗・習慣・言語などもちがう。参考 類似のことば—難波の葦は伊勢の浜荻。 **—嫌わず** どこでもかまわず。所構わず。 **—を得る** ①その人にふさわしい地位や仕事について安定している。 ②よい時節に出あう。時勢に乗って思いのままにふるまう。

—え-がお【—得顔】(ガホ)— その役目や地位に満足して、得意そうにしているさま。得意顔。

—がき【—書〔き〕】 住所を書きしるすこと。また、その記入した住所。

—がら【—柄】 その土地特有の性質・ようす。場所がら。

—せまし【—狭し】(「狭し」は文語形容詞)場所が狭く感じられるさま。余地がなく窮屈なさま。「—と本を積む」

—どころ【—所】 あちらこちら。いくつかの場所。「—誤りがある」

—ばらい【—払〔い〕】(バラヒ) 江戸時代の刑罰の一つ。その居住地から追放し立ち入りを禁じること。

—ばんち【—番地】 所在の地名と番地。住所。

ところ【×野老】〘植〙ヤマノイモ科のつる性多年草。山野に自生。葉は心臓形で、夏、黄緑色の小花を穂状につける。根のひげを干し、正月の蓬莱飾りとする。オニドコロ。新年

ところ-が 一(接) 逆接の意を表す。そうであるのに。しかるに。「遠足の日を心待ちにしていた。—雨で中止になった」 二(接助) ①後に述べる事態の起こるきっかけを示す。…が。…したら。「試しに受験してみた—、みごとに合格した」 ②ある事から当然予想されたのとは異なる事柄が起こる、または、起こったことを示す。「言った—むだだった」 語源 形式名詞「ところ」に格助詞「が」が付いて一語化したもの。 用法 二は助動詞「た」の連体形に付く。また、「とこ」の形をとることもある。

どころ-か(接助) 先に述べた事を打ち消すことによって、あとに述べる事を強調する意を表す。「謝る—怒りだした」「好きな—顔も見たくない」 語源 形式名詞「ところ」(連濁のため「どころ」になる)に副助詞「か」が付いて一語化したもの。 用法 体言か用言・助動詞の連体形に付く。形容動詞には語幹にも付く。

ところ-せ・し【所◇狭し】(形ク)〘古〙 ①場所が狭い。 ②あふれるほどいっぱいである。 ③堂々としている。 ④窮屈だ。気づまりだ。 ⑤めんどうだ。

ところ-で 一(接)(話題をかえるときに言う語)それはそれとして。さて。「—どこへ行きましょうか」 二(接助) 逆接の仮定条件を表す。無益・無用の意を含むことが多い。「争った—問題は解決しない」 語源 形式名詞「ところ」に格助詞「で」が付いて一語化したもの。 用法 二は助動詞「た」の連体形に付く。

ところ-てん【×心太】 テングサの煮じるをこして型に入れ、ゼリー状に固めた食品。ところてん突きで突き出してひも状にし、酢・しょうゆ・からしなどで味つけして食べる。夏

—しき【—式】 ところてんを突くように、あとから押し出されるままに前へ進むこと。「—に送り出される卒業生」

とこ-わき【床脇】 床の間のかたわら。

—だな【—棚】 床わきに設けた棚。違い棚・袋戸棚など。

ど-こんじょう【ど根性】(コンジヤウ)—(「ど」は接頭語)何事にもくじけない強い根性。「—の持ち主」

とさ【土佐】 旧国名の一つ。現在の高知県。土州。

と-ざい【吐剤】〘医〙胃の内容物をはき出させるために用いる薬剤。催吐剤。

と-ざい【徒罪】 →とけい(徒刑)②

とさ‐いぬ【土佐犬】〘動〙①四国原産の中形の日本犬。天然記念物。四国犬。土佐闘犬。②高知県で、①と洋犬を交配させて作った大形の闘犬。土佐闘犬。土佐犬。

とさ‐え【土佐絵】 土佐派の絵画。また、その画風。

どざえもん【土左◇衛門】 水死体。溺死人。語源 水ぶくれして浮き上がった水死体を、江戸時代の力士、成瀬川土左衛門の太った姿にたとえたということから。

と‐さか【×鶏冠】 ニワトリなどの頭上にある、かんむりのような肉質の突起。

―に来る 〘俗〙(「頭に来る」の強調表現)怒りでかっとなる。

どさ‐くさ(名・副・自スル)用事や事件などでとりこんでいたり混乱していたりすること。また、そのさま。「戦後の―で行方知れずになる」

―まぎれ【―紛れ】 混乱・混雑につけこんで事を行うこと。「―に盗みをはたらく」

とざ・す【閉ざす・◇鎖す】(他五)①戸をしめて、錠をおろす。戸じまりをする。「門を―」②通れなくする。「道を―」③出入りができないようにして他との関係を絶つ。「国を―(=鎖国する)」「口を―(=何も言わないようにする)」「心を―」④閉じこめる。「雪に―・される」自と・じる(上一) 可能 とざ・せる(下一) 参考「閉ざす」は門の戸をかたくしめる意。「鎖す」は錠をおろして出られないようにする意。

と‐さつ【△屠殺】(名・他スル)(肉・皮などを取るために)牛・馬・豚などの家畜を殺すこと。畜殺。

と‐さつ【塗擦】(名・他スル)ぬりつけて、すりこむこと。

どさっ‐と(副)①重い物が落ちたり倒れたりしたときに立てる音。また、そのさま。どさりと。どっさり。どっと。「―雪が落ちる」②一度に多くの物が押し寄せてくるさま。どっさり。どっと。「―年賀状が届く」

とさにっき【土佐日記】 平安中期の日記。紀貫之作。九三四(承平四)年十二月、土佐守の任期を終えて船出し、翌年二月に帰京するまでを女性に仮託して仮名文で書いた旅日記。仮名書き日記の先駆。

とさ‐は【土佐派】 中世から近世にわたる代表的な日本画の一流派。大和絵の伝統を受けつぎ、風俗描写を主とする。

とさ‐ぶし【土佐節】 ①土佐(高知県)から産する良質のかつお節。②江戸浄瑠璃の一派。土佐少掾橘正勝の始めたもの。

と‐ざま【◇外様】 ①〘日〙武家時代、譜代の主従関係をもたない家臣。江戸時代では、関ケ原の戦いののちに徳川氏に臣従した大名をいう。幕政への参加は通常許されなかった。外様大名。⇩親藩・譜代 ②直系でないこと。また、その人。傍系。

どさ‐まわり【どさ回り】 ①(「どさ」は、地方・いなかの意)劇団などが、地方を公演して回ること。また、常設の劇場を持たない地方回りの劇団。②盛り場などを歩き回るよたもの。

と‐ざん【登山】(名・自スル)山にのぼること。山のぼり。「―家」夏 ↔下山

ど‐さん【土産】 ①その土地の産物。②みやげ。参考 古くは「とさん」。

どさん‐こ【◇道産子】 ①北海道産の馬。②北海道で生まれた人。

とし【年・◇歳】 ①太陽暦で、地球が太陽の周囲を一周する時間。一年。「―を越す」②年齢。「―をとる」「―がいく」

―に似合わぬ 年齢のわりにすぐれている。「―しっかり者」

―には勝てない 年をとると、気力はあっても体がいうことをきかなくなる。**―に不足はない** ①十分に長生きして、もう心残りはない。②何かをするのに年齢の点では十分だ。**―は争えない** 年をとると、まだ若いと気張っても心身の衰えがあらわれてしまう。**―を食う** 年をとる。年齢を重ねる。

と‐し【徒死】(名・自スル)むだ死に。犬死に。

と‐し【都市】 人口が多く、政治・経済・文化の中心をなす大きなまち。都会。「国際―」「地方―」

とじ【△綴じ】 重ねてつづり合わせること。また、つづり合わせたもの。「―糸」「仮―」「和―」

とじ【×刀自】 ①女性、おもに年輩の女性に対する敬称。②一家の主婦。語源「戸主」の転。参考「とうじ」ともいう。

と‐じ【△杜氏】 →とうじ(杜氏)

と‐じ【途次】 みちすがら。ある所へ行く途中。「上京の―」

と‐じ【徒△爾】(名・形動ダ)無益なこと。むだなこと。また、そのさま。「―に終わる」

どじ(名・形動ダ)〘俗〙まのぬけたへまをすること。また、そのような人。「―なやつだ」

―を踏む まぬけなことをする。へまをして失敗する。

とし‐あけ【年明け】 新年になること。また、年が明けたばかりのころ。「―早々」

とし‐うえ【年上】 年齢が他より多いこと。また、その人。年長。「―の人」↔年下

とし‐うら【年△占】 年の初めに一年の吉凶、特に農作の豊凶や天候を占うこと。

とし‐おとこ【年男】 ①昔、節分の豆まき、新年の門松立てや若水汲みなど、正月の行事を取りしきる役目を務めた男性。新年 ②生まれ年がその年の干支にあたる男性。節分の豆まき役などを務める。役男。冬

とし‐おんな【年女】 生まれ年がその年の干支にあたる女性。

とし‐がい【年×甲斐】 年をとっただけのねうち。年齢にふさわしい思慮や分別。「―もなくけんかをする」

とし‐かさ【年△嵩】(名・形動ダ)①他より年上であること。また、その人。「三つ―の姉」②高齢であること。「―の男性」

とし‐がしら【年頭】 仲間の中で、最も年上であること。また、その人。

とし‐ガス【都市ガス】 都市においてガス管によって供給される燃料用ガス。天然ガスや液化天然ガスなどを主原料とする。

どし‐がた・い【度し難い】(形)(「済度しがたい」の意)道理を言い聞かせても理解しようとしない。救いようがない。「―やつ」文 どしがた・し(ク)

とし‐かっこう【年格好・年△恰好】 外見から判断される年齢のほどあい。年ころ。「六〇前後の―だ」

とじ‐がね【△綴〔じ〕金】 物をとじるのに用いる金具。

とし‐がみ【年神・◇歳神】 →としとくじん

と‐じきみ【戸△閾】 しきい。

とし‐ぎんこう【都市銀行】〘商〙大都市に本店を置き、全国に支店網をもつ普通銀行。市中銀行。都銀。↔地方銀行

とし‐けいかく【都市計画】 都市生活に必要とされる区画・住居・交通・衛生・経済・文化などに関する改良計画。

とし‐ご【年子】 同じ母から生まれた一つ違いの兄弟姉妹。

としごい‐の‐まつり【×祈年の祭〔り〕】 →きねんさい

とし‐こし【年越〔し〕】(名・自スル)古い年を送って新年を迎えること。また、大みそかの夜。陰暦では節分の夜。冬

―そば【年越〔し〕×蕎麦】 大みそか、または節分の夜に、細く長くという縁起から食べるそば。冬

とし‐こっか【都市国家】 都市が政治的に独立して一国家を形成するもの。古代のメソポタミア・ギリシャ・ローマ・中

国、中世のヨーロッパなどに見られた。

とし-ごと【年◇毎】 年が改まるたび。毎年。としどし。

とじ-こ・む【△綴〔じ〕込む】トヂ (他五) マ(モ)・ミ(ン)・ム・ム・メ・メ ①とじてひとまとめにする。「ファイルに報告書を—」②とじた物にあとから別のものをとじ入れる。「必要書類を—」

とじ-こ・める【閉じ込める】トヂ (他下一) メ・メ・メル・メル・メレ・メロ(メヨ) 戸をしめるなどして外へ出られないようにする。「吹雪に—・められる」文とぢこ・む(下二)

とし-ごもり【年籠〔も〕り】《古》年末、特に大みそかの夜、社寺にこもって新年を迎えること。冬

とじ-こも・る【閉じ籠〔も〕る】トヂ (自五) ラ(ロ)・リ(ッ)・ル・ル・レ・レ 戸をしめるなどして内にこもる。家にばかりいて外に出ないでいる。ひきこもる。「部屋に—」「自分の殻に—」

とし-ごろ【年頃】 ①だいたいの年齢。年のころ。「同じ—の子供たち」②一人前の年齢。特に、女性の結婚適齢期。「—の娘」③ある傾向や性質をもちやすい年齢。「感じやすい—」④この数年間。数年来。多年。「—願ってきたこと」用法 ④は、副詞的にも用いる。

とし-した【年下】 年齢が他より少ないこと。また、その人。年少。↔年上

とじ-しろ【△綴〔じ〕代】トヂ とじるために残しておく、紙などのはしの部分。

とし-だか【年高】(名・形動ダ) 年をとっていること。また、そのさまや、その人。

とし-た・ける【年◇長ける】(自下一) ケ・ケ・ケル・ケル・ケレ・ケロ(ケヨ) 年をとる。年老いる。文とした・く(下二)

と-した-ことが【とした事が】(人などを表す語に付いて)その人が本来しそうにないことをしてしまったことを述べるときに用いる。…ともあろうものが。「私—、こんな失敗をするとは」

とし-だて【年立て】 年表。

ど-しつ【土質】 土の性質。

とし-つき【年月】 ①年と月。月日。歳月。ねんげつ。「—がたつ」②長い歳月。長い間。年来。「—の願い」

とし-づよ【年強】(名・形動ダ) 数え年で年齢をいう場合、その年の前半に生まれたこと。また、その人。↔年弱(よわ)

と-し-て ①…の資格・立場で。「県代表—出場する」「社会人—恥ずかしくないのか」②…のままにしておいて。「それはそれ—」③(あとに打ち消しの語を伴って)例外なくすべて。…も。「一つ—進まない」④…と思って。「走ろう—転んだ」

とし-でんせつ【都市伝説】《俗》現代の都市部などにおいて口伝えで広まる、根拠の不確かなうわさ話。

としとく-じん【◇歳徳神・年徳神】 その年の福徳や豊作をつかさどる神。この神のいる方角を吉とする。年徳。年神(としがみ)。

とし-どし【年年】 毎年。年ごと。ねんねん。

どし-どし(副) ①次から次へと切れめなく続くさま。どんどん。「—(と)ご応募ください」②遠慮なく活発に行うさま。また、荒々しく足音を立てるさま。「—(と)あがりこむ」

とし-とり【年取〔り〕】 ①年をとること。冬 ②大みそか、または節分に行う年越しの儀式。冬

とし-と・る【年取る】(自五) ラ(ロ)・リ(ッ)・ル・ル・レ・レ (多くの)年齢を加える。また、老いる。年寄りになる。「—・った両親」

とし-なみ【年波】(年が寄ることを波が寄ることにたとえて)年をとること。「寄る—には勝てない」

とし-なみ【年並〔み〕・年◇次】 ①年ごと。毎年。「—の行事」②いつもの年くらいであること。平年並み。

とし-の-いち【年の市・◇歳の市】 年の暮れに、正月用品を売る市。「—が立つ」冬

とし-の-うち【年の内】 今年のうち。年内。冬

とし-の-くれ【年の暮れ】 年の終わり。年末。年の瀬。冬

とし-の-こう【年の功】 年をとって経験の豊かなこと。また、その経験がものをいうこと。「亀の甲より—」

とし-の-ころ【年の頃】 だいたいの年齢。年頃(としごろ)。年のほど。「—二〇歳前後の青年」

とし-の-せ【年の瀬】 年の暮れ。年末。「—を越す」冬

とし-の-は【年の端】 年齢。年端(としは)。

とし-の-ほど【年の程】 およその年かっこう。年のころ。

とし-は【年端】 年齢のほど。年齢。年の端。「—もゆかぬ(=幼い)子」用法 幼い年齢の場合にいうことが多い。

とじ-ぶた【△綴〔じ〕蓋】トヂ こわれたのを修繕したふた。「われ鍋(なべ)に—」

とじ-ほん【△綴〔じ〕本】トヂ とじて作った本。冊子。

とし-ま【年◇増】 娘ざかりをすぎて少し年をとった女性。ふつうは三〇歳から四〇歳前後の女性をさす。「大—(おおどしま)」

と-じまり【戸締〔ま〕り】(名・自他スル) 戸や門をしめ、かぎなどをかけること。「厳重に—をする」

とし-まわり【年回り】マハリ ①年齢による運勢の吉凶。「今年は—がいい」②年のころ。年齢。

とじ-め【△綴〔じ〕目】トヂ とじ合わせたところ。

と-しゃ【吐△瀉】(名・他スル) 吐いたりくだしたりすること。嘔吐(おうと)と下痢。

ど-しゃ【土砂】 土と砂。「—崩れ」

—ダム 山崩れや土石流などによって流れこんだ土砂が川をせき止めてダムのようになったもの。河道閉塞。天然ダム。

—ぶり【—降り】 雨がはげしく降ること。また、その雨。

と-しゅ【斗酒】 一斗の酒。転じて、多量の酒。大酒。「—なお辞せず(=大酒を飲むことの形容)」

と-しゅ【徒手】 ①手に何も持たないこと。素手(すで)。②自分の力以外にたよるものがないこと。

—くうけん【—空拳】(「徒手」を強めた言葉)①手に何も持っていないこと。素手(すで)。②事業などを始めるのに、地位や資本などを持っていないこと。「—で事業を興す」

—たいそう【—体操】タイサウ 器械や器具などを使わずに行う体操。↔器械体操

と-しょ【図書】 書籍。書物。本。「推薦—」「—の目録」

—かん【—館】クワン 書物や資料・雑誌・新聞・フィルム・CDなどを集めて保管し、閲覧させたり貸し出したりする施設。

と-しょ【△屠所】 食肉用の家畜を殺して処理する所。屠場。

—の羊(ひつじ)(屠所に引かれて行く羊の意から)①刻々と死に近づくもののたとえ。②不幸にあってうちしおれている人のたとえ。

と-しょう【徒渉・渡渉】セフ (名・自スル) 川などを歩いて渡ること。かちわたり。

と-じょう【途上】ジャウ 目的とする場所や状態などに向かう途中。「帰宅—」「発展の—にある」

と-じょう【登城】ジャウ (名・自スル) 城に出仕すること。城に参上すること。↔下城

と-じょう【△屠場】ヂャウ →としょ(屠所)

ど-じょう【土壌】ジャウ ①《地質》岩石が崩壊・分解したものに、動植物がくさってできた有機物質の混じったもの。つち。「肥沃(ひよく)な—」②物事を成育させる基盤。「文化を育てる—」

ど-じょう【×泥△鰌】ヂャウ 《動》①泥質の湖沼や川・水田にすむドジョウ科の硬骨魚。体は円柱状で、背は暗緑褐色、腹は淡黄色。口に一〇本のひげがある。食用。(泥鰌汁 夏・泥鰌鍋(なべ) 夏・泥鰌掘る 冬)②ドジョウ科に属する淡水魚の総称。

—ひげ【—髭】 くちびるの上の両わきに生えた、うすくてま

ばらな口ひげ。

と-しょうじ【戸障子】―シャウジ 戸や障子。建具。

ど-しょうね【土性根】―シャウネ →どしょうぼね

ど-しょうぼね【土性骨】―シャウボネ （「ど」は接頭語）性質・性根を、強調またはののしっていう語。土性根。「―をたたき直す」

と-しょく【徒食】（名・自スル）（働きざかりの者が）働かないで、ぶらぶらと遊んで日を暮らすこと。居食い。座食。「無為―」

とし-より【年寄〔り〕】①年をとった人。老人。②室町時代以後、武家で政務にあずかる重臣。江戸幕府では老中、大名では家老。③江戸城大奥を取り締まった女中の重職。老女。④江戸時代、町村の住民の長。⑤日本相撲協会の評議員として、その運営や力士の養成などにあたる者。一定の条件を満たして引退した力士が年寄株を取得して襲名できる。

―の冷や水 老人が年に似合わないむりな仕事やあぶないことをするのを、ひやかしたり自らいましめたりするときにいう語。

とし-よ・る【年寄る】（自五）ラ(ロ)・リ(ッ)・ル・ル・レ・レ 年をとる。老いる。

とし-よわ【年弱】（名・形動ダ）①年齢の若いこと。また、その人。「―な者」②数え年で年齢をいう場合、その年の後半に生まれたこと。また、その人。↔年強

と・じる【閉じる】トヂ ジ・ジ・ジル・ジル・ジレ・ジロ(ジヨ) ■（自上一）①開いていたものがしまる。ふさがる。「扉が―」「幕が―」「まぶたが―」②行われていた行事が終わる。「会が―」他とざ・す（五）■（他上一）①開いていたものをしめる。ふさぐ。「目を―」「扉を―」②終える。終わらせる。「会を―」③商売などをやめる。「店を―」（↔開く）文と・づ（上二）

と・じる【綴じる】トヂ ジ・ジ・ジル・ジル・ジレ・ジロ(ジヨ) （他上一）①（紙などを）重ねてつづり合わせる。「書類を―」②料理で、溶いた卵などで、具をまとめ合わせる。「卵で―」文と・づ（上二）

どじ・るドヂ （他五）ラ(ロ)・リ(ッ)・ル・ル・レ・レ （俗）失敗する。しくじる。へまをする。「仕事を―・ってばかりいる」語源「どじ」を動詞化した語。

とし-わか【年若】（名・形動ダ）年齢の若いさま。また、その人。「―に見られる」

とし-わすれ【年忘れ】年の暮れに一年の苦労をねぎらうこと。また、そのために行う宴会。忘年会。冬

と-しん【妬心】ねたみ心。やきもち。嫉妬心。

と-しん【都心】都市の中心部。特に、東京都の中心地域。

と-じん【都人】都会に住む人。都会人。

と-じん【都塵】―ヂン 都会の雑踏・騒々しさ。「―にまみれる」

どしん（副）重い物が落ちたりぶつかったりする音。また、そのさま。「床に―と腰を下ろす」

ど-じん【土人】①その土地に生まれ住んでいる人。土着の人。②未開の地などの土着の民を軽侮していった語。

と-じんし【都人士】都会に住む人。みやこびと。

トス〈toss〉（名・他スル）①㋐野球などで、近くにいる味方の選手に下から軽く投げて送球すること。㋑バレーボールで、味方の選手が攻撃しやすい球を上げること。㋒テニス・卓球などで、サービスを行うために球を投げ上げること。②硬貨を投げて出た面の表裏によって物事を決めること。コイントス。

どす（俗）①（ふところに隠して持てるほどの）短刀。あいくち。②すごみ。「―のきいた声」

―を呑む 短刀などをふところに隠し持つ。

ど-すう【度数】①回数。また、物事の度合い。②温度・角度・アルコール含有量の割合などを示す数値。③《数》統計資料の標本の個数をいくつかの区間に分けたとき、各区間に属する標本の個数。

―ぶんぷ【―分布】《数》度数で表した標本の分布状態。

ドスキン〈doeskin 雌鹿の皮〉鹿の皮に似せた、つやのある高級な毛織物。主として礼服用。

どす-ぐろ・い【どす黒い】（形）カロ・カッ(ク)・イ・イ・ケレ・○ にごったように黒い。よごれて黒ずんでいる。「―血」文どすぐろ・し（ク）

どすこい（感）相撲甚句（＝力士が土俵上でうたう俗謡）の囃子ことば。語源「どっこい」の変化したものという。

どす-ごえ【どす声】―ゴヱ すごみのきいた声。にごった声。

ドストエフスキー〈Fyodor Mikhailovich Dostoevskii〉（一八二一〜一八八一）ロシアの小説家。処女作「貧しき人々」発表後シベリア流刑にあい、出獄後は心理主義的傾向の名作を多く残した。「罪と罰」「白痴」「カラマーゾフの兄弟」など。

トス-バッティング〈和製英語〉野球で、軽く投げたボールを軽く打ち返す、ミートを主としたバッティングの練習法。

と・する【賭する】（他サ変）シ(セ・サ)・シ・スル・スル・スレ・シロ(セヨ) （賭けごとをする意から）たいせつなものを犠牲にする覚悟で事に当たる。かける。「身を―・して戦う」文と・す（サ変）

ど・する【度する】（他サ変）シ(セ・サ)・シ・スル・スル・スレ・シロ(セヨ) ①《仏》迷っている衆生を悟りの世界に救い導く。済度する。②わけを言いきかせて理解させる。文ど・す（サ変）⇩度し難い

どすん（副）重い物が落ちたりぶつかったりする音。また、そのさま。「大木が―と倒れる」

-とせ【△年・△歳】（接尾）年数を数える語。「二―」「八―」

と-せい【都政】東京都の政治・行政。

と-せい【渡世】①世わたり。暮らし。②職業。生業。

―にん【―人】ばくちうち。やくざ。

ど-せい【土星】《天》太陽系の惑星の一つ。太陽系の内側から六番目に位置する。質量は木星についで大きく、偏平度は惑星中最大。周囲に環があり、六〇個以上の衛星を持つ。

ど-せい【土製】土で作ること。また、作ったもの。「―のなべ」

ど-せい【怒声】おこってどなる声。おこり声。「―がとびかう」

どせき-りゅう【土石流】―リウ《地質》土砂や岩石が地表水や地下水を含んで泥水状になり、谷や斜面を流れ下る現象。

と-ぜつ【途絶・△杜絶】（名・自スル）途中でふさがり絶えること。とだえること。「交通が―する」

と-せん【渡船】川や湖などで対岸へ渡るための船。渡し船。

―ば【―場】渡し船の発着する所。渡し場。

と-ぜん【徒然】（名・形動ダ）何もすることがなくて退屈なこと。また、そのさま。徒然。「―の日々」

と-そ【△屠△蘇】①（「屠蘇散」の略）山椒・桔梗・肉桂などを調合した一種の薬。②袋に入れた①を浸したみりん・酒。邪気を払うとして新年に飲む。おとそ。「お―気分（＝正月気分）」新年

と-そう【塗装】―サウ（名・他スル）装飾や防腐などのために塗料をぬったり吹き付けたりすること。「―工事」

ど-そう【土葬】―サウ（名・他スル）死体を焼かないでそのまま土中に埋葬すること。

ど-ぞう【土蔵】―ザウ 四面を土壁でつくったくら。土ぐら。

ど-そく【土足】①屋外を歩くはきものをはいたままの足。「―厳禁」②どろでよごれた足。

ど-ぞく【土俗】その土地に固有な風俗や習慣。

ど-ぞく【土賊】その土地の盗賊。

とそ-さん【△屠△蘇散】→とそ①

ど-だい【土台】■（名）①建築物の最下部にあって、上部の重みを支える基礎となるもの。特に、木造建築物で重みを支える最下部の材。②物事のもと。基礎。「組織の―を固める」■（副）はじめから。もともと。「それは―むりだ」「―なっていない」

と-だ・える【途絶える・◇跡絶える・△杜絶える】（自下一）エ・エ・エル・エル・エレ・エロ(エヨ) 続いていた物事が中途で絶える。とぎれる。「便

りが―」[文]とだ・ゆ(下二)

どた-キャン《俗》(「どた」は土壇場、「キャン」はキャンセルの略)直前になって約束を破棄すること。

どた-ぐつ【どた靴】《俗》大きすぎたり形がくずれたりして、はいて歩くとどたどたと大きな音をたてるような、ぶかっこうな靴。

と-だな【戸棚】 家具の一つ。三方を板などで囲い、中に棚を造り、前面を戸で開閉する物入れ。「食器―」

どた-ばた 一(副・自スル)①大きな足音をたてて走り回ったりして大さわぎするさま。「家の中で―するな」②あわてさわぐさま。「出発間際になって―する」 二(名)(「どたばた喜劇」の略)滑稽(こっけい)なせりふやおおげさな動きで客を笑わせる喜劇。

と-だれ【戸垂(れ)】→とかんむり

と-たん【途端】 ちょうどその瞬間、また、その直後。ひょうし。「駆け出した―呼びとめられる」

と-たん【塗炭】(泥にまみれ、火に焼かれるような)非常に苦しい境遇。「―の苦しみ」

トタン〈ポルトガル tutanaga から〉薄い鉄板に亜鉛をめっきしたもの。屋根・樋(とい)などに用いる。トタン板。亜鉛めっき鋼板。

どたん(副)重い物が倒れたり落ちたりする音。また、そのさま。どたり。「―と倒れる」

どたん-ば【土壇場】(首切り場の意から)せっぱつまった場合。進退きわまった場面。「―に追い込まれる」

とち【栃】[教4] とち　十 木 木' 朩 杤 栃

(字義)とち。ムクロジ科の落葉高木。[参考]「栃」は国字。

とち【栃・△橡】→とちのき

と-ち【土地】①つち。土壌。「やせた―」②地所。地面。「―つきの家」③領地。領土。④その所。その地方。「寒い―」

どち《古》同士。なかま。[用法]接尾語的にも用いる。

とち-がら【土地柄】 その土地のようす。その地方の風習や人情。ところがら。「気が荒いのは―だ」

とち-かん【土地勘・土地鑑】 その地域の地理や事情などに通じていること。「―がある」

とちぎ〔栃木〕 関東地方北部の県。県庁所在地は宇都宮(うつのみや)市。

とち-くる・う【とち狂う】―(クルフ)(自五) ワ(オ)・イ(ッ)・ウ・ウ・エ・エ 急に冷静な判断力を失う。

とち-ころがし【土地転がし】 土地を関係者の間で繰り返し転売し、地価をつりあげて利益をあげること。

とちっ-こ【土地っ子】《俗》その土地で生まれ育った人。

とち-の-き【栃の木・△橡の木】〔植〕ムクロジ科の落葉高木。山地に自生。葉は複葉で対生。初夏に白色で紅斑(こうはん)のある花を開く。街路樹として植えられ、材は器具用、種子は食べられる。とち。(とちの花[夏]・とちの実[秋])

とち-めん【栃麺】 トチノキの実の粉に米粉、または麦粉をまぜてこね、そばのようにした食品。

―ぼう【―棒】①とちめんをのばす棒。②うろたえあわてること。また、あわて者。「―を食う(=うろたえあわてる)」

ど-ちゃく【土着】(名・自スル)その土地に住みついていること。「―民」

と-ちゅう【途中】①目的地へ向かっていく間。「東京へ行く―」②物事を始めてまだ終わらないうち。中途。「話の―」

ど-ちゅう【土中】 つちのなか。「―に埋設する」

と-ちょう【ト調】―(テウ)〔音〕トの音を主音とする調子・音階。

と-ちょう【徒長】―(チャウ)(名・自スル)〔農〕肥料が多すぎたり日照が不足したりして、作物の葉や茎がむだに伸びること。

と-ちょう【都庁】―(チャウ)(「東京都庁」の略)東京都の行政事務を扱う役所。

と-ちょう【登頂】―(チャウ)(名・自スル)→とうちょう(登頂)

ど-ちょう【怒張】―(チャウ)(名・自スル)①ふくれあがること。「血管が―する」②肩などをいからせること。

どち-ら【◦何◦方】(代)(「ら」は接尾語)①不定称の指示代名詞。㋐不明または不特定の方向・場所などをさしていう語。どの方向。どっち。どの場所。どこ。「北は―ですか」「―にお住まいですか」㋑二つの物事のうちの一方。どっち。「―が好きですか」②不定称の人代名詞。どなた。だれ。「―さまですか」[参考]「どれ」「どこ」「どっち」「だれ」よりも丁寧な言い方。

とち・る(自五) ラ(ロ)・リ(ッ)・ル・ル・レ・レ《俗》①舞台や放送で、せりふなどをまちがえる。演技中にへまをやる。「せりふを―」②(あわてて)物事をやりそこなう。しくじる。「試験で―」

とつ【凸】 トツ[中]　丨 𠃌 㠯 凸 凸

(字義)でこ。まわりが低く中央が高く出ている。「凸版・凸面鏡・凹凸(おうとつ)」↔凹　[難読]凸凹(でこぼこ)・凸柑(ポンかん)　[人名]たかし

とつ【突】[突] トツ[中] つく[中]　丶 宀 穴 空 穾 突

(字義)①つく。ぶつかる。つきあたる。「激突・衝突」②つき出る。つき出す。ぬきんでる。つき出たもの。「突起・突堤・煙突」③にわかに。だしぬけに。急に。「突如・突然・唐突」

とつ【△咄】(感)①舌打ちをする音。ちょっ。ちぇっ。②驚きあやしんだり呼びかけたりするときに発する声。

とつ-おいつ(副・自スル)あれやこれやと思い迷うさま。「―しているうちに」[語源]「取りつ置きつ」の転。

とつ-おう【凸凹】―(アフ) でこぼこ。おうとつ。

とっ-か【特化】(トククワ)(名・自他スル)特別なものとなること。また、特に重点的に扱うこと。「地域に―したサービス」

とっ-か【特価】―(トク) 特別に割引した安いねだん。「―品」

とっ-か【徳化】(トククワ)(名・他スル)(自分の)徳によって多くの人々を正しく感化すること。「民衆を―する」

どっ-か【読過】(ドククワ)(名・他スル)①読み終わること。読了。②ついうっかり読み過ごすこと。「大事な点を―する」

トッカータ〈イタリア toccata〉〔音〕オルガンなどの鍵盤楽器のために自由な形式で作られた、即興的で技巧的な楽曲。

どっ-かい【読解】―(ドク)(名・他スル)文章を読んで、その内容を理解すること。「―力」「古典を―する」

とっかえ-ひっかえ【取っ換え引っ換え・取っ替え引っ替え】(トッカヘヒッカヘ)(副)(「とりかえひきかえ」の音便)あれこれと取りかえてみるさま。「―試着する」

とっ-かかり【取っ掛(か)り】(「とりかかり」の音便)物事に取りつく手がかり。物事のやりはじめ。「話の―がない」

とっ-かく【凸角】〔数〕二直角(一八〇度)より小さい角。

とっ-かく【突角】 つき出たかど。

どっか-と(副)①重い物を置くさま。「荷物を―おろす」②重々しく、またゆったりと腰をおろすさま。どっかり。「―すわる」

どっかり(副)①重い物を置くさま。どっかと。「机を―(と)すえる」②重々しく、また悠然と腰をおろすさま。どっかと。「ソファーに―(と)すわる」③物事が急に大きく増えたり減ったりするさま。どかっと。「収入が―(と)減る」

とっ-かん【△吶△喊】(名・自スル)(突撃するときなど)大勢の者がいっせいにときの声をあげること。

とっ-かん【突貫】―(クワン)(名・自スル)①突き通すこと。②物事を一気に仕上げること。「―工事」③ときの声をあげて敵陣に突撃すること。

とっ-き【突起】(名・自スル)部分的に突き出ていること。ま

た、そのもの。でっぱり。「—物」

とっ-き【特記】— (名・他スル) 特別に書き記すこと。特筆。「—事項」

どっ-き【毒気】— ①毒を含んだ気体。②→どっけ

とっ-きゅう【特急】— ①(「特別急行」の略)急行よりも途中での停車が少なく、速度も速い列車やバス。「—券」②特別に急ぐこと。「—で仕上げる」

とっ-きゅう【特級】— 一級の上の等級。最上級。「—品」

とっ-きょ【特許】— 〘法〙①特定の人のために新たに特定の権利を設定・付与する行政行為。②「特許権」の略。

—けん【—権】〘法〙特許法により特許を受けた発明を独占して使用できる権利。特許庁に登録され、存続期間は、原則として出願日から二〇年間。パテント。(はじまり) 一八八五(明治十八)年、高橋是清が起草の中心となり専売特許条例を制定したのが日本の実質的な近代特許制度の始まり。

—ちょう【—庁】 発明・実用新案・意匠・商標などに関する事務を担当する経済産業省の外局。

どっ-きょ【独居】— (名・自スル) 一人でいること。一人で住むこと。一人ずまい。「—老人」

どっきり (副・自スル) (「どきり」を強めた語)不意に驚かされ動悸が激しくなるさま。どきっと。

ドッキング〈docking〉(名・自スル) 宇宙船などが宇宙空間で結合すること。転じて、離れていた物が結合すること。

どっきん-ほう【独禁法】「独占禁止法」の略。

とっ-く【特区】— 地域活性化や経済成長を促すために、法的規制の緩和や税制の優遇などが適用される特別な地域。特別区域。

とっく【◇疾っく】(「疾く」の促音化)ずっと以前。「—の昔」

—に (副) ずっと前に。早くに。とうに。「—出かけました」

とつ・ぐ【嫁ぐ】(自五) よめに行く。よめ入りする。「次女が—」 可能 とつ・げる(下一)

ど-つ・く【ど突く】(他五) 《俗》(「ど」は接頭語)おどしや警告などのために、相手を強い力で突く。どづく。

ドック〈dock〉①船の建造や修理などを行うために築造される施設。船渠。②「人間ドック」の略。

ドッグ〈dog〉犬。「—フード」「—ラン(=犬をリードなしで走らせることができる運動場)」

と-つ-くに【◇外〔つ〕国】①日本以外の国。外国。異国。②畿内以外の国。参考「つ」は古い格助詞で「の」の意。

とっくみ-あい【取っ組み合い】— 組み合って争うこと。つかみあい。格闘。「—のけんかをする」

とっくみ-あ・う【取っ組み合う】— (自五) 組み合って争う。くみうちをする。「口論の末—」

とっ-く・む【取っ組む】(自五) →とりくむ

とっ-くり【◇徳利】①→とくり ②「とくり①」の形に似て、首に沿って筒状に伸びたセーターなどの襟。タートルネック。

とっくり (副) じっくり。とくと。十分。「—(と)考える」

とっ-くん【特訓】— (名・他スル) (「特別訓練」の略)いつも行う内容や量をはるかに超えた特別な訓練。「—を受ける」

どっ-け【毒気】— ①有毒な成分。②人の気持ちを傷つけるような感情。わるぎ。悪意。「—のある言葉」参考「どくけ」「どっき」ともいう。

—に当てられる 相手の非常識な、または気負った言動に直面して唖然とする。**—を抜かれる** 相手の態度におされたり驚いたりして、勢いこんでいた意気込みがそがれる。

とっ-けい【特恵】— 特別の恩恵やはからい。「—関税」

とつ-げき【突撃】(名・自スル) 敵陣に勢いよく突き進んで攻撃すること。「—隊」

とっ-けん【特権】— 特別の権利。ある特定の身分や地位の人だけがもっている権利。「—意識」「—を行使する」

—かいきゅう【—階級】 特権を有する人々。

とっ-こ【◇独△鈷】— ①〘仏〙密教で、煩悩を打ちくだくものとして用いる、両端のとがった金属製の仏具。②①のような紋様を織り出した厚地の織物。また、その紋様。参考「どっこ」「とこ」ともいう。

〔とっこ①〕

どっこい (感) ①重い物を持ち上げたり、腰をあげおろししたりするときの掛け声。どっこいしょ。②相手の出ばなをさえぎるときの掛け声。「—その手はくわないよ」

—しょ (感) ①→どっこい① ②民謡などの囃子ことば。

—どっこい (形動ダ) 《俗》力や勢いがほぼ互角であるさま。似たりよったり。とんとん。「実力はどちらも—だ」

とっ-こう【特効】 特によくきくこと。特別な効能。

—やく【—薬】 ある病気や傷に特別によくきく薬。

とっ-こう【特高】(「特別高等警察」の略)旧警察制度で、社会運動・思想・言論などを取り締まった警察。

とっ-こう【徳行】 道徳にかなった正しい行い。

とっ-こう【篤行】 まじめな行い。人情にあつい行い。

とっ-こう【篤厚】— (名・形動ダ) 人情のあついこと。親切で、誠実であること。また、そのさま。「—な人」

どっ-こう【独行】 (名・自スル) ①一人で行くこと。②独力で事を行うこと。「独立—の精神」

どっこう-せん【独航船】— 母船に従って出漁し、補給を受けながら漁獲を専門に行う小型船。

とっこう-たい【特攻隊】— (「特別攻撃隊」の略)太平洋戦争末期、飛行機や舟艇に爆弾を積み、敵艦に体当たり攻撃を行った日本軍の特別な部隊。特攻。

とっ-こつ【突△兀】(ト・タル) (「兀」は高いの意)岩や山などが突き出て高くそびえ立っているさま。「奇岩—」文(形動タリ)

とっ-さ【△咄△嗟】 ほんの一瞬。またたく間。「—の出来事」

とっ-さき【突先】 とがった先端。突き出た先。突端。

どっさり (副) 数量の多いさま。「お土産が—(と)ある」

ドッジ-ボール〈dodge ball〉二組にわかれてコート内でボールを投げ合い、より多く相手にあてたほうを勝ちとする球技。ドッチボール。参考 dodge は「打撃などから身をかわす」の意。(はじまり) 日本には、一九〇九(明治四十二)年、児童の球戯として最初に紹介され、当時は「デッドボール」と呼ばれた。

とっ-しゅつ【突出】(名・自スル) ①長く、高く、あるいは鋭く突き出ること。②突き破って飛び出すこと。「ガスの—事故」③他に比べて、きわだって目立つこと。「能力が—している」

とつ-じょ【突如】(副) だしぬけに。にわかに。突然。「—降りかかった災難」

とつ-じょう【凸状】— 中央が周囲より高く出ていること。また、そのさま。↕凹状

どっしり (副・自スル) ①重量感を感じるさま。「—(と)した石垣」②(行動などが)落ち着いて重々しいさま。「—(と)構える」

とっ-しん【突進】(名・自スル) 目標に向かって一気に突き進むこと。「ゴールへ—する」

とつ-ぜん【突然】(副) 不意なさま。いきなり起こるさま。「—現れる」「—の出来事」

類語 突如・唐突・忽然・忽焉・俄然・卒然・卒爾・倉卒・出し抜け・急・にわか・やにわに・不意・やぶから棒・突として

—し【—死】 健康そうに見える人が、外傷以外の原因で突

然死亡すること。急死。急逝。

—へんい【—変異】 形質が突然変化し、それが遺伝すること。遺伝子(DNA)の変化による遺伝子突然変異と、染色体異常による染色体突然変異がある。

とっ-たん【突端】 突き出た端(はし)。「岬の—」

どっ-ち【◦何◦方】(代)不定称の指示代名詞。「どちら」のくだけた言い方。「—がいいか」

—もどっち 両者とも大差なくあまりよくないさま。「大人気ない点では—だ」

—つかず【—付かず】(名・形動ダ)気持ちがどちらにもきまらず、あいまいなこと。また、そのさま。あやふや。「—の態度」

—みち【—道】(副)いずれにしても。結局は。どうせ。どのみち。「—それは無理だ」

とっ-ち・める(他下一)メメ・メル・メレ・メロ(メヨ)《俗》(取って締めるの意)厳しく追及する。また、やりこめる。「いたずらっ子を—」

とっちゃん-ぼうや【◦父っちゃん坊や】バウヤ《俗》大人でありながら、容貌や行動などに子どもっぽい面がある男性。

とっ-つかま・える【取っ捕まえる】ツカマヘル(他下一)エエ・エル・エル・エレ・エロ(エヨ)《俗》「つかまえる」を強めていう語。「どろぼうを—」自とっつかま・る(五)

とっ-つかま・る【取っ捕まる】(自五)ラ(ロ)・リ(ッ)・ル・ル・レ・レ《俗》「つかまる」を強めていう語。「逃げおくれて—」他とっつかま・える(下一)

とっ-つき【取っ付き】 ①初めて会ったときの感じ。第一印象。「—が悪い」②物事のしはじめ。「—からしくじる」③一番手前。「—の部屋」

とっ-つ・く【取っ付く】(自五)カ(コ)・キ(イ)・ク・ク・ケ・ケ →とりつく

とっ-て【取っ手・◦把手】 手で持って操作するのに便利なように器具につけた部分。つまみ。ハンドル。把手(はしゅ)。

とっ-て【取って】 ①年齢を数えるときにいう語。「当年—四〇歳」②(「…にとって」の形で)…の立場からすると。「子供には負担が大きい」参考ふつう、仮名書きにする。

とっ-てい【突堤】 岸から、海や川に突き出した細長い堤防。

とって-おき【取って置き】 いよいよのときまでたいせつにしまっておくこと。また、そのもの。とっとき。「—のワイン」

とって-かえ・す【取って返す】カヘス(自五)サ(ソ)・シ・ス・ス・セ・セ (「返す」を強めていう語)途中まで行って、急いで引き返す。「忘れ物に気づいて—」

とって-かわ・る【取って代〔わ〕る】カハル(自五)ラ(ロ)・リ(ッ)・ル・ル・レ・レ 今までのものに代わってその位置を占める。入れ代わる。「源氏が平家に—」

とってつけた-よう【取って付けたよう】ヤウ 言動がいかにもわざとらしいさま。不自然なさま。「—なおせじをいう」

とって-も(副)「とても」を強めていう語。「—おいしい」

ドット〈dot〉①点。ポイント。②印刷やコンピューター画面などで、文字や図形を表す構成要素となる小さな点。③水玉模様。

どっ-と(副)①人や物が一度に多く押し寄せるさま。「客が—押し寄せる」②大勢の人が一度に声をあげるさま。「聴衆が—笑う」③疲れが出たり、病気が急に重くなったりするさま。「—床につく」④急に倒れるさま。「その場に—倒れこむ」

とっ-とき【取っとき】 →とっておき

とつ-として【突として】(副)だしぬけに。突然。不意に。「—出現する」

とつ-とつ【咄咄】(タル)①(怒りのために)舌うちするさま。②(意外のことに)驚いて声を発するさま。文(形動タリ)

とつ-とつ【訥訥・吶吶】(タル)口ごもりながら話すさま。言葉つきがぎこちないさま。「—と話す」文(形動タリ)

—かいじ【—怪事】クワイジ きわめて奇怪なこと。また、非常にけしからぬこと。

とっと-と(副)《俗》急いで。さっさと。「—出て行け」

とっとり【鳥取】 中国地方北東部の日本海に面する県。県庁所在地は鳥取市。

とつ-にゅう【突入】ニフ(名・自スル)激しい勢いで突き入ること。「敵陣に—する」「ストに—する」

とっ-ぱ【突破】(名・他スル)①障害となるものを突き破ること。「敵陣を—する」②数量がある大きな基準を超えること。「売上が一億円を—する」

—こう【—口】 敵陣などを攻めるために最初に開けた入り口。転じて、難しい問題を解決するための手がかり。「—を開く」

トッパー〈topper〉女性用のゆったりした半コート。

とっ-ぱずれ【突っ外れ】パヅレ《俗》最も端の方。「村の—」

とっ-ぱつ【突発】(名・自スル)思いがけないことが不意に起こること。「—事故」「—性難聴」

とっ-ぱな【突◦端】 ①つき出た端(はし)。先端。突端(とったん)。「崖(がけ)の—」②最初。しょっぱな。「話の—」

とっ-ぱん【凸版】 印刷の版の様式の一つ。インクのつく面が他より突き出ている印刷版。⇒凹版・平版

—いんさつ【—印刷】 凸版を用いた印刷の総称。

とっ-ぴ【×突飛】(形動ダ)ダロ・ダッ(デ・ニ)・ダ・ナ・ナラ・○ 思いもよらないさま。常識とかけはなれているさま。奇抜。「—な行動」文(ナリ)

とっぴょうし-も-ない【突拍子もない】トッピヤウシ(「突拍子」は調子はずれの意)とてつもない。途方もない。度はずれである。「いきなり—声をあげる」

トッピング〈topping〉料理やケーキなどの上に味つけや飾りのための材料をのせること。また、その具材。「ピザの—」

トップ〈top〉①頂上。②先頭。首位。「—を切る」「—を走る」「—クラス」③組織・企業などの最高幹部。「—会談」④【服】上半身に着るもの。↔ボトム ⑤新聞で、紙面最上段の右にあたるところ。「第一面の—を飾る」⑥自動車などのチェンジレバーで、最高速を出すときに用いるギア。「—に入れる」参考⑥は、米国ではhigh (gear)という。

—コート〈topcoat〉①薄手の軽いコート。ふつう、合い着用。トッパー。②マニキュアの仕上げに塗る液。

—シークレット〈top secret〉最高機密。極秘。

—ダウン〈top-down〉組織の上層部で意思決定がなされ、下へ方針や命令が伝わる管理システム。↔ボトムアップ

—ニュース〈top news〉新聞の紙面の最上段に掲載する最も重要なニュース。トップ記事。

—マネージメント〈top management〉【経】企業の経営方針を決める最上層部。また、それによる経営管理。

—モード〈和製英語〉流行の最先端。最新流行。

—や【—屋】 週刊誌などのトップニュースになるような記事を書いて、雑誌社などに売り込むことを職業とする人。

—レス〈topless〉女性の衣服などで、上半身をあらわにしたデザインのもの。また、女性の、上半身裸の状態。

—レディー〈和製英語〉①社会の第一線で活躍する女性。②各国の大統領や首相の夫人。ファーストレディー。

とっ-ぷう【突風】 突然吹き起こる激しい風。急に強く吹き荒れて、すぐにおさまる風。「—にあおられる」

ドップラー-こうか【ドップラー効果】カウクワ【物】音・光などの波動発生源と観測者がたがいに近づいたり遠ざかったりすると、その振動数が増加または減少して観測される現象。列車の警笛が、列車の通過後、急に低い音に変わるたぐい。語源

一八四二年、オーストリアの物理学者ドップラー(Doppler)が発見したことからいう。

とっぷり (副) ①日がすっかり暮れるさま。「―(と)暮れる」 ②十分に覆われたり、つかったりするさま。「―(と)湯につかる」

どっぷり (副) ①液体を十分に含ませるさま。「筆に―(と)墨をつける」 ②湯水に十分に浸るさま。「首まで―(と)温泉につかる」 ③(比喩ひゆ的に)ある状態のなかにすっかりはまりこむさま。「悪の世界に―(と)つかる」

ドッペルゲンガー 〈ドイツ Doppelgänger〉 自分自身の姿を自分で見る幻覚。また、自分とそっくりな姿をした分身。

とつ-べん【訥弁・訥辯】 つかえたり口ごもったりする、ぎこちないしゃべりかた。「―の人」 ↕能弁

どっ-ぽ【独歩】ドク ホ (名・自スル) ①一人で歩くこと。②比べるものがないほどすぐれていること。「古今―の才」 ③自分一人の意志や力で事を行うこと。「独立―の精神」

とっぽ・い (形) カロ・カッ(ク)・イ・イ・ケレ・○ 《俗》きざで生意気なさま。「―男」

とつ-めん【凸面】 中央が盛り上がった面。↕凹面

―きょう【―鏡】キャウ 《物》反射面が凸である球面鏡。自動車のバックミラーなどに用いられ、実際より像は小さいが広い範囲がうつる。↕凹面鏡 ⇩球面鏡

とつ-レンズ【凸レンズ】 《物》中央が厚いレンズ。焦点外の物体は実像を、焦点内の物体は虚像をつくる。老眼鏡・拡大鏡などに用いる。↕凹レンズ

とて ㊀ (格助) ある言葉を引用して下につづける。…といって。…と思って。「一人旅―出かけた」「男のすなる日記といふものを、女もしてみむ―するなり」〈土佐〉 ㊁ (接助) ①逆接の仮定条件を表す。…したとしても。「負けた―悲しむに値しない」 ②原因・理由を表す。…なので。「知らぬこと―失礼しました」 用法 ①は、活用語の終止形、接続助詞「から」に付く。②は体言に付く。「…こととて」の形が多い。㊂ (副助) 例外ではないという意を表す。…もやはり。…だって。「おとうさん―、同じ思いだ」 用法 体言、体言の資格をつくる「の」に付く。 語源 格助詞「と」に接続助詞「て」が付いた語。

ど-て【土手】 ①水害や風害などを防ぐために、土を細長く積み上げて築いたつつみ。堤防。②カツオ・ブリなど大きな魚の背の部分の切り身で、刺身にする所。③歯のぬけたあとの歯ぐき。

と-てい【徒弟】 ①職人や商店などの見習いとして親方のもとに住み込んで奉公する者。②(芸道などの)弟子。

―せいど【―制度】 中世ヨーロッパの同業組合(=ギルド)で、手工業者の技能教育を、親方・職人・徒弟の階層秩序に基づいて行った制度。徒弟は一〇歳ごろから親方の家に住み込み技術を修得した。日本では年季奉公をいう。

ど-でか・い (形) カロ・カッ(ク)・イ・イ・ケレ・○ 《俗》(「ど」は接頭語)とてつもなく大きい。むやみに大きい。「―ことをしでかす」

どてっ-ぱら【土手っ腹】 《俗》相手の腹を乱暴にののしっていう語。「―に風穴をあけてやる」

とてつ-も-ない【途轍もない】 (「途轍」は、すじみち・道理の意)まったく理屈に合わない。途方もない。「―計画」

とて-も【迚も】 (副) ①どうやっても。とうてい。「―見込みはない」 ②程度がはなはだしいさま。非常に。たいへん。「この本は―おもしろい」 用法 ①は下に打ち消しの語を伴う。①②とも強めて「とっても」の形でも用いる。 参考 「迚」は国字。 【変遷】「とてもかくても」の省略形。古語では、①の意味でも、打ち消しの語を伴わない用法があった。近代以降は、芥川龍之介が『澄江堂雑記ちょうこうどうざつき』で「従来の用法は…必ず否定を伴つてゐる」と言っているように、打ち消しの語を伴うのがふつうとされた。打ち消しの語を伴わない②の用法は、明治以降に現れ、大正中期ごろから広まった。

―のことに いっそのこと。いっそ。むしろ。

どてら【縕袍】 綿を入れた、広袖ひろそでのゆったりとした着物。防寒用・寝巻用。丹前。冬

と-でん【都電】 東京都の経営する路面電車。

とと (幼児語) ①さかな。「お―」 ②鳥・鶏など。とっと。

とと【父】 (幼児語)ちち。とうさん。「―さま」 ↕母かか

とど【鯔】 ボラの最も成長したものの称。⇩とどのつまり

とど【胡獱】 《動》アシカ科の大形哺乳ほにゅう動物。北太平洋にすむ。雄は体長三メートル以上、体重一トン以上にもなる。

ど-ど【呶呶】 (名・自スル) くどくどと言うこと。「―を費やす」 参考 もとの読みは「どうどう」。「どど」は慣用読み。

ど-ど【度度】 (副) たびたび。しばしば。

どどいつ【都都逸】 俗曲の一つ。ふつう七・七・七・五の四句二六字からなり、口語を用いて男女の情愛をうたう。「潮来節いたこぶし」を母胎として、天保年間に、江戸の都都逸坊扇歌どどいつぼうせんかが完成させ、全国に広まった。

と-とう【徒党】タウ ある事をもくろんで集まる集団。

―を組くむ あることを行うために集団を作る。

ど-とう【怒濤】タウ 荒れ狂う大波。激しく打ち寄せる大波。「逆巻く―」「―のごとく押し寄せる」

と-どう-ふ-けん【都道府県】ダウ 東京都・北海道・京都府・大阪府と四三の県。市町村を包括する広域的な地方公共団体の総称。

トトカルチョ 〈イタリア totocalcio〉 (「トト」は合計、「カルチョ」はサッカーの意)プロサッカーの試合などで、その勝敗を予想して行う賭博とばく。

と-とく【都督】 ①全体をまとめひきいること。また、その人。統率者。総大将。②大宰帥だざいのそつまたは大宰大弐だいにの唐名。

と-どく【蠹毒】 ①害虫が食い荒らして害を与えること。②物事を内部からむしばみ壊すこと。

とどく【届く】 (字義) →かい(届)

とど・く【届く】 (自五) カ(コ)・キ(イ)・ク・ク・ケ・ケ ①(送った物が)目的の所に着く。「知らせが―」 ②(ある場所まで)達する。「手が―」 ③注意・配慮などがすみずみまでゆきわたる。「親の目が―」 ④(願いが)かなう。「思いが―」 他とど・ける(下一)

とどけ【届〔け〕】 ①とどけること。②書面または口頭で申し出ること。また、その書類。「出生―」「休暇の―」

―いで【―出〔で〕】 「とどけで」の文語。

―さき【―先】 届けて渡す相手側。

―で【―出】 役所・学校などに正式に申し出ること。

とどけ・でる【届け出る】 (他下一) デ・デ・デル・デル・デレ・デロ(デヨ) 所定のきまり・手続きにしたがって、役所・学校・会社などに申し出る。「被害を警察に―」

とどける【届ける】 (字義) →かい(届)

とど・ける【届ける】 (他下一) ケ・ケ・ケル・ケル・ケレ・ケロ(ケヨ) ①物を運んで、あるいは通信手段によって、先方に届くようにする。「荷物を―」「情報を―」 ②役所・学校・会社などに申し出る。届けを出す。「住所変更を―」 自とど・く(五) 文とど・く(下二)

とどこおり【滞り】トドコホリ とどこおること。とどこおったもの。

とどこお・る【滞る】トドコホル (自五) ラ(ロ)・リ(ッ)・ル・ル・レ・レ ①物事が順調に進まないで、つかえる。渋滞する。停滞する。「仕事が―」 ②期限が過ぎても返済・納付などがすまない。遅滞する。「払いが―」

ととの・う【整う・調う】トトノフ (自五) ワ(オ)・イ(ッ)・ウ・ウ・エ・エ ①調和がとれている。形がきちんとそろう。「―・った顔」 ②調子がよく合う。ぴったり合う。「足並みが―」 ③不足なくそろう。そなわる。「準備が―」「日用品は全部―・っている」 ④(相談ごとなどが)まと

まる。成立する。「縁談が―」他ととの・える(下一)

ととの・える【整える・調える】(他下一)《中心義―乱れた状態をなくし、全体が一つの考えで統一された美しさを現すようにする》①乱れていたものを秩序のある状態にする。「服装を―」「隊列を―」②調子をよくする。「コンディションを―」③不足のないように、そろえる。必要な事物を用意する。「資金を―」「準備を―」④(相談ごとを)まとめる。成立させる。「交渉を―」自ととの・う(五)文ととの・ふ(下二) ⇩「使い分け」

> 使い分け「整える・調える」
> 「整える」は、乱れたところのないように秩序正しくする、また、等しくそなわってきちんとならぶようにする意で、「室内を整える」「足並みを整える」「体裁を整える」「文章を整える」「調子を整える」などと使われる。
> 「調える」は、必要なものを過不足なくほどよくそろえる、また、物事をうまくまとめたり、成立させたりする意で、「嫁入り道具を調える」「旅行のしたくを調える」「料理の材料を調える」「縁談を調える」「示談を調える」などと使われる。

とど-の-つまり(副)あげくのはて。結局。「―がこの始末だ」用法多く、思わしくない結果にいう。語源成長するにつれて名の変わる魚「ボラ」の最後の名称「トド」に由来するという。

とど-まつ【椴松】《植》マツ科の常緑高木。北海道以北の山地に自生。葉は線形。材は建築・器具・パルプ用。とど。

とどま・る【◇止まる・◇留まる・◇停まる】(自五) ①時がたっても動こうとしないで前と同じ場所・地位に存在する。「敵軍は山頂に―・ったままだ」「現職に―」②(進んでいたものが)動かなくなる。とどこおる。「水の流れが―」③ある範囲・限度から出ないでいる。それだけで終わって、それ以外にならない。「解説するに―」「―ところを知らない」他とど・める(下一)可能とどま・れる(下一) 参考仮名書きが一般的だが、「止」はじっとして動かない意、「留」は一つ所に居続ける意、「停」は進んでいたものがはたととまる意に、それぞれあてることがある。

とどまれば…俳句〔とどまれば あたりにふゆる 蜻蛉かな〕〈中村汀女〉立ちどまると、いままでどこにいたのかあたりにとんぼが急にふえて、私のまわりを飛んでいるよ。(蜻蛉 秋)

とどめ【◇止め】人や動物を殺すとき、その死を確実なものとするためにのどや胸部を突き刺すこと。「―の一撃を加える」②最後の決定的な一撃を加えて、再起できないようにする。「大量得点で―」③(いちばんすぐれていて)それに限る。「夏はビールに―」

ど-どめ【土留め】土手やがけなどがくずれるのを防ぐために設けた、さくなどの施設。

とど・める【◇止める・◇留める・◇停める】(他下一) ①動こうとするもの、あるいは動いているものをとめる。「客を館内に―」「足を―」②後まで残す。「名残をを―」「記憶に―」③ある範囲・限度内で終わらせる。「出費を最小限に―」自とどま・る(五)文とど・む(下二) ⇩とどまる「参考」

とどろか・す【△轟かす】(他五) ①音を大きく鳴り響かせる。「爆音を―」②胸をどきどきさせる。「再会に胸を―」③名を広く世間に知らせる。「その名を天下に―」自とどろ・く(五)

とどろ・く【△轟く】(自五) ①音が大きく鳴り渡る。どよめき響く。「爆音が―」②胸がどきどきする。「期待に胸が―」③広く知れ渡る。「盛名が天下に―」他とどろか・す(五)

トナー〈toner〉コピー機やプリンターで、像を紙に写すための粉末状のインク。プラスチックの粉末に鉄粉をまぜて帯電するようにしたもの。

ドナー〈donor 寄贈者〉《医》臓器・組織の移植で、臓器や組織の提供者。↕レシピエント

―カード〈donor card〉死後の臓器提供の意思を示すカード。本人が記入して常に携帯する。

とな・える【◇称える】(他下一) 名づけて呼ぶ。称する。「みずから神と―」文とな・ふ(下二)

とな・える【唱える】(他下一) ①(詩やお経などの文句を)節をつけて言う。声をたてて読む。「念仏を―」②短い言葉を大声で叫ぶ。「万歳を―」③人に先立って言う。主張する。「新説を―」文とな・ふ(下二)

トナカイ〈アイヌ tonakkai〉《動》シカ科の大形の哺乳動物。北極地方のツンドラ地帯にすむ。体は灰茶色で、雌雄ともに枝分かれした角がある。参考「×馴鹿」とも書く。

〔トナカイ〕

どなた【◇何◇方】(代) ①不定称の人代名詞。「だれ」の敬称。「―さまですか」②《古》不定称の指示代名詞。どちら。

ど-なべ【土鍋】土製のなべ。

となり【隣】並び続いて相接していること。また、その家や場所。

―の疝気を頭痛に病む →たにんのせんきをずつうにやむ

―あわせ【隣り合〔わ〕せ・隣合せ】 ①たがいに隣り合っていること。「―に住む」②その影響を直接受けるほどの、すぐ近くにあること。「危険と―の作業」

―きんじょ【―近所】隣や近所。また、近所の人々。

―ぐみ【―組】第二次世界大戦中、国民統制のために作られた地域組織。町内・集落など一〇戸内外を単位とし、配給・動員・供出などを行った。

―づきあい【―付き合い】隣人とのつきあい。

となり-あ・う【隣〔り〕合う】(自五) たがいに隣接して並び合う。「席が―」他となりあわ・せる(下一)

となり-あわ・せる【隣り合〔わ〕せる・隣合せる】(他下一) たがいに隣になる。隣どうしになる。「席を―」自となりあ・う(五)文となりあは・す(下二)

どなり-こ・む【怒鳴り込む】(自五) 腹を立て、相手の所に出かけていって大声で抗議する。「隣家に―」

どなり-つ・ける【怒鳴り付ける】(他下一) 大声ではげしくしかる。「子供を―」文どなりつ・く(下二)

とな・る【隣る】(自五) 並び続いて相接する。

どな・る【怒鳴る】(自他五) ①大声を出す。叫ぶ。わめく。「よっぱらいが―」②大声でしかる。「いたずらをして―・られる」可能どな・れる(下一)

と-なん【斗南】北斗星より南。転じて、天下。

―の一人天下第一等の人物。【故事】唐の狄仁傑が、老いた母を持つ同僚の代わりに遠方に使者として向かうことを申し出たことを、時の識者が「北斗星より南では、これほどの賢人は彼だけである」と称えたことからいう。〈唐書〉

と-なん【図南】大事業をくわだてること。

―の翼 南方へ雄飛しようとする大志。大事業を起こそうとすることのたとえ。図南鵬翼。【故事】北海の鯤という大魚が化した鵬という巨鳥(=鯤・鵬は想像上の存在)が南海へ飛ぶときは、その翼で三千里の水面を打って九万里も舞い上がり、六か月も飛び続けるという寓話に基づく。〈荘子〉

とに-かく【×兎に角】(副) いろいろ事情はあるが、いずれにしても。何にせよ。ともかく。「—行ってみよう」

と-にち【渡日】(名・自スル) 外国から日本に来ること。来日。

トニック〈tonic〉①毛髪の滋養剤。「ヘアー」②炭酸水の一種。「ジン—」③〘音〙主音。

とにも-かくにも【×兎にも角にも】(副) いずれにしても。とにかく。「これで—一段落だ」

と-にゅう【吐乳】(名・自スル) 乳児が、飲んだ乳を吐くこと。

とねがわ【利根川】 源を群馬・新潟県境の大水上山に発し、関東平野を貫流して銚子で太平洋に注ぐ川。日本第二の長流で、流域面積は日本最大。古く、隅田川から東京湾に注いだが、江戸幕府の治水工事によって現在の川筋に変わった。坂東太郎。

とねり【×舎人】①昔、天皇・皇族に仕えて雑役に従事した官人。②貴人に従事した牛車の牛飼いや乗馬の口取りなど。

とねりこ【×秦皮・△梣】〘植〙モクセイ科の落葉高木。葉は羽状複葉で対生。春に淡緑色の小花をつける。木材は家具やバットなどの用材。乾燥させた樹皮は秦皮と呼ばれ、薬用。

との【殿】①貴人・主君の敬称。とのさま。②女性から男性をさしていう敬称。「—がた」③貴人の邸宅。やかた。

-どの【殿】(接尾) 儀式・手紙・文書などで、姓名・官職名の下につける敬称。

ど-の【◇何の】(連体) ある物事を不明または不定の物事として指し示す語。いずれの。「—品にしますか」「—山に登ろうか」

との-い【×宿直】— →とのゐ

ど-のう【土△嚢】— 土を入れた袋。陣地や堤防などに用いる。

との-がた【殿方】(女性が)男性をさしていう敬称。

との-ぐもり【との曇り】〘古〙空が一面に曇ること。たなぐもり。

と-の-こ【△砥の粉】砥石の粉末。また、黄土を焼いて作った粉。刀剣などをみがいたり、漆塗りの下地、板・柱の色づけなどに用いたりする。

との-ご【殿御】(女性が)夫や恋人をさしていう敬称。

との-さま【殿様】①貴人・主君の敬称。②江戸時代、大名・旗本の敬称。③経済的にゆとりがあり、世事にうとく、鷹揚、または横柄な人。

—がえる【—△蛙】〘動〙アカガエル科のカエルの一種。腹は白く、背は暗緑色か褐色で三条のしまがある。[春]

—げい【—芸】金や時間に余裕のある者がなぐさみにやる芸。だんな芸。

—しょうばい【—商売】 努力や工夫をしないで、のんきに、また偉そうに構えて行う商売の仕方をからかっていう語。

—ばった【—×蝗虫】〘動〙イネなどを害するバッタ科の昆虫。体は大形で、灰褐色ないし緑色。[秋]

との-ばら【殿原】(「ばら」は複数を表す接尾語)高貴な人々や男性たちに対する敬称。

どの-みち【◇何の道】(副) いずれにしても。どっちみち。「—彼には言わなければならない」

とのも-りょう【×主殿-寮】— ①律令制で、宮中の灯火・輿・輦車などを管理した役所。とのもりょう。とのもづかさ。②明治時代、宮殿の監守と警備の任にあたった宮内省の一局。

との-ゐ【×宿直】—〘古〙①夜間、宮中や役所に泊まって守衛をすること。②天子や貴人の寝所につかえること。

と-は ①格助詞「と」のはたらきを強める意を表す。「友達—いっても、昔のことだ」②問題になる物事を提示する。「世間—こういうものだ」③(多く「とは」に続く言葉を省略し)驚き・怒りなどを表す。「あれで大学生—」[語源] 格助詞「と」+係助詞「は」

と-ば【賭場】とばくをする所。ばくち場。

ど-ば【怒罵】(名・他スル) いかりののしること。

ど-ば【△駑馬】①足の遅い馬。↔駿馬 ②(比喩的に)才能のない人。「騏驎も老いては—に劣る(=すぐれた人も年を取るとふつうの人にも及ばなくなる)」

—に鞭打つ 能力のない者に実力以上のことをさせるたとえ。[用法] 多く、自分の努めはげむことをへりくだっていう。

トパーズ〈topaz〉〘地質〙宝石の一種。黄玉。

と-はい【徒輩】連中。やから。「あんな—とはつきあうな」

とは-いえ【とは言え】—(接続詞・接続助詞的に用いて)逆接条件を表す。…とはいっても。とはいうものの。「早めに到着した。—ゆっくりはできない」「年をとった—、若者には負けない」[語源] 格助詞「と」+係助詞「は」+文語動詞「言ふ」の已然形「言へ」から。

とば-え【◇鳥羽絵】— 江戸時代、日常生活から材料を取った、軽妙でこっけいな墨絵。ざれ絵。

と-ばく【賭博】金品をかけて勝負をすること。ばくち。

とば-くち【とば口】①入り口。「家の—」②物事のはじめ。

とばし【飛ばし】〘経〙証券会社の仲介などにより、値下がりした企業の株式や債券を一時的に決算期の異なる他の企業に転売して、決算上の損失の表面化を避けること。

ど-ばし【土橋】表面を土でおおった橋。

とばしり【△迸り】→とばっちり

とば・す【飛ばす】(他五) ①飛ぶようにする。「シャボン玉を—」②吹きあげて遠くに移動する。「帽子を—・される」③散らす。「泥水を—」④勢いよく射る。「矢を—」⑤急いで走らせる。「車を—」⑥順序を抜かして先にゆく。「二ページ—」⑦言い広める。「デマを—」⑧(大声で)言い放つ。「野次を—」「ジョークを—」⑨(遠隔地などに)左遷する。「支店に—・される」⑩あったものを一時になくす。「アルコール分を—」⑪(動詞の連用形に付いて)その動作をはげしくする意を表す。「叱り—」「売り—」[自]と・ぶ(五) [可能]とば・せる(下一)

ど-はずれ【度外れ】—(名・形動ダ) ふつうの程度や限度をはるかに超えていること。また、そのさま。「—の強さ」

ど-はつ【怒髪】激しい怒りのために、さか立った髪の毛。

—天を衝く ものすごい形相で怒る。

とばっちり【△迸り】〘俗〙①そばにいたために思いがけない災いがふりかかること。まきぞえ。「とんだ—を受ける」「—を食う」②水や泥などの飛び散ったもの。しぶき。[語源]「とばしり」の転。

ど-ばと【土△鳩・△鴿】〘動〙ハト科の鳥。野生のカワラバトを家禽化したものが再び野生化したもの。公園や社寺に多い。家鳩。

とばり【◇帳・△帷】①室内をへだてるためにたれさげる織物。たれぎぬ。②物をおおい隠して見えないようにするもの。「夜の—に包まれる(=夜になって暗くなり、あたりが見えなくなる)」

と-はん【登坂】(名・自スル) →とうはん(登坂)

と-はん【登△攀】(名・自スル) →とうはん(登攀)

と-ばん【塗板】チョークで文字や絵を書くために、黒・緑などに塗った板。黒板。

と-ひ【徒費】(名・他スル) むだに使うこと。また、むだづかい。浪費。むだな費用。「時間を—する」

と-ひ【都△鄙】都会と田舎。

とび【△鳶】①〘動〙タカ科の中形の鳥。翼長は約六〇センチメートルで、背面は暗褐色。海岸や平地に見られ、ピーヒョロロと鳴きながら空中を旋回する。とんび。②→とびしょく

—が鷹を生む 平凡な親からすぐれた子が生まれるたとえ。

[参考]反対の意味のことば—蛙の子は蛙・瓜の蔓に茄子はならぬ。—に油揚げをさらわれる →とんびにあぶらあげをさらわれる

ど-ひ【土△匪】害をなす土着民。土着の匪賊。

ど-ひ【奴△婢】下男と下女。奴婢。

とび-あがり【飛(び)上がり】①飛び上がること。②一足飛びに出世すること。③とっぴな行動をすること。また、その人。

とびあがり…【和歌】〔飛びあがり 宙にためらふ すずめの子 羽たたきて見をり その揺る枝を〕〈北原白秋〉枝から飛び上がった雀の子が、そのまま飛び去るのをためらうかのように宙で羽ばたきをしながら、今そこから飛び立って揺れている枝を見ている。

とび-あが・る【飛び上がる】(自五) ラ(ロ)・リ(ッ)・ル・ル・レ・レ ①飛んで高くあがる。空へまいあがる。「ヘリコプターがー」②はねあがる。(喜びや驚きで)おどりあがる。「ー・って喜ぶ」③通常の順序を飛びこえて進む。[参考]②は「跳び上がる」とも書く。

とび-ある・く【飛び歩く】(自五) カ(コ)・キ(イ)・ク・ク・ケ・ケ 忙しく方々を歩き回る。「金策にー」

とび-いし【飛(び)石】日本庭園などで、伝い歩くために少しずつ間をおいてならべた敷石。「ー伝いに茶室に行く」「ー連休(=あいだに平日をはさんで続く休日)」

とび-いた【飛(び)板】水泳で、飛び板飛び込みの踏み切りに用いる、ばねをきかせた板。スプリングボード。

—とびこみ【—飛(び)込み】水泳の飛び込み競技の一種目。水面から一メートルまたは三メートルの高さの飛び板から水中に飛び込み、そのフォームの美しさと正確さを競う。

とび-いり【飛(び)入り】(名・自スル)(予定していた以外の者が)不意に加わること。また、その人。「ーで一曲歌う」

とび-いろ【△鳶色】(「鳶」の羽の色から)茶褐色。

とび-うお【飛(び)魚】ウヲ [動]①トビウオ科の硬骨魚。背面は鉛青色、腹面は白い。体長は約三〇センチメートル。暖海にすみ、左右の長大な胸びれで海面上を滑空する。食用。②トビウオ科の海水魚の総称。[夏]

とび-お・きる【飛び起きる】(自上一) キ・キ・キル・キル・キレ・キロ(キヨ) 勢いよく起きあがる。はね起きる。「驚いてー」[文]とびお・く(上二)

とび-お・りる【飛び降りる・飛び下りる】(自上一) リ・リ・リル・リル・リレ・リロ(リヨ) ①走行中の乗り物から飛んでおりる。↔飛び乗る ②高い所から下へ飛ぶ。「二階からー」[文]とびお・る(上二)

とび-か・う【飛(び)交う】カフ (自五) ワ(オ)・イ(ッ)・ウ・ウ・エ・エ 飛びちがう。入り乱れて飛ぶ。「蛍がー」「うわさがー」

とび-かか・る【飛び掛(か)る】(自五) ラ(ロ)・リ(ッ)・ル・ル・レ・レ 勢いよく相手にとびつく。おどりかかる。「番犬が泥棒にー」

とび-きゅう【飛(び)級】キフ (名・自スル) 成績優秀者が、学年・課程を飛び越して上の学年・課程に進むこと。

とび-きり【飛(び)切り】[一](名)①飛びあがって敵を切ること。「天狗ーの術」②特にすぐれていること。「ーの上等品」[二](副)程度がずばぬけているさま。「ー安い」

とび-ぐち【△鳶口】柄の先にトビのくちばしのような鉄の鉤をつけた道具。材木などをひっかけて移動させるのに用いる。

〔とびぐち〕

とび-くら【飛(び)◦競】飛んで高さや距離を競争すること。とびっくら。

とび-こ【飛(び)子】トビウオの卵を塩漬けにした食品。

とび-こ・える【飛び越える・跳び越える】(他下一) エ・エ・エル・エル・エレ・エロ(エヨ) ①飛んで、その上を越える。「へいをー」②順序をとばして先に進む。「一階級ー」[文]とびこ・ゆ(下二)

とび-こ・す【飛び越す・跳び越す】(他五) サ(ソ)・シ・ス・ス・セ・セ ①飛んでその上を越す。「さくをー」②順序をとばして先に進む。

とび-こみ【飛(び)込み】①飛び込むこと。突然はいり込むこと。「ーの仕事」「ー営業」②「飛び込み競技」の略。

—きょうぎ【—競技】ギャウ 水泳で、一定の高さから水中に飛び込み、そのフォームの美しさと正確さを競う競技。高飛び込みと、飛び板飛び込みとがある。飛び込み。ダイビング。

—じさつ【—自殺】進んでくる電車などをめがけて飛び込んだり、水中に飛び込んだりして自殺すること。

—だい【—台】水泳の飛び込みをするため、高いやぐらに設けた台。飛び板飛び込みでは高さ一メートルと三メートルの二種、高飛び込みでは五メートルと七・五メートル、一〇メートルの三種がある。飛び台。[夏]

とび-こ・む【飛(び)込む】(自五) マ(モ)・ミ(ン)・ム・ム・メ・メ ①勢いよく中にはいる。身をおどらせてはいる。「虫が部屋にー」「プールにー」②進んで事件などにかかわり合う。身を投じる。「事件の渦中にー」③物事が突然やってくる。「臨時のニュースがー」

とび-しょく【△鳶職】①建築や土木工事で、高所での足場の組み立てや、基礎工事などを請け負って行う職人。とびの者。とび人足。とび。②江戸時代、町火消しに属した人足。

とび-だい【飛(び)台】①飛び込み台。②[経]相場で、大台のこと。一〇〇円が飛び台なら一〇五円を「百とび五円」という。

とび-だ・す【飛(び)出す】(自五) サ(ソ)・シ・ス・ス・セ・セ ①勢いよく外へ出る。「ホースから水がー」②突然出現する。「思いがけない証言がー」③(あるべき位置から)はみ出る。つき出る。「書棚から本がー・している」④組織や場所から急に去る。「家をー」

とび-た・つ【飛(び)立つ】(自五) タ(ト)・チ(ッ)・ツ・ツ・テ・テ ①飛んでその場を去る。飛びあがる。「飛行機がー」②(喜びや期待で)胸がおどる。そわそわする。「ー思い」

とび-ち【飛(び)地】ある行政区画の一部で、主地域から離れて他の行政区画の土地に囲まれた土地。

とび-ちが・う【飛び違う】チガフ (自五) ワ(オ)・イ(ッ)・ウ・ウ・エ・エ ①飛んで行きちがう。入り乱れて飛ぶ。飛びかう。「蛍がー」②かけはなれる。「各人の要求がー・っている」

とび-ち・る【飛び散る】(自五) ラ(ロ)・リ(ッ)・ル・ル・レ・レ 飛んで乱れ散る。飛散する。「火花がー」

とび-つ・く【飛(び)付く】(自五) カ(コ)・キ(イ)・ク・ク・ケ・ケ ①勢いよくとりつく。「愛犬がー・いてくる」②飛びあがってとりつく。「鉄棒にー」③強く心をひかれ、衝動的に手を出す。「流行にー」

トピック〈topic〉その時々の話題。「今週のー」

とび・でる【飛び出る】(自下一) デ・デ・デル・デル・デレ・デロ(デヨ) →とびだす

とび-どうぐ【飛(び)道具】ダウグ 遠くから飛ばして敵を撃つ武器。弓矢・鉄砲など。

とび-とび【飛び飛び】(名・副)①点々としてあるさま。「ーにしみがつく」②連続しないで間があいているさま。「ーに読む」

とび-にんそく【△鳶人足】→とびしょく

とび-ぬ・ける【飛(び)抜ける】(自他下一) ケ・ケ・ケル・ケル・ケレ・ケロ(ケヨ) ずばぬける。群を抜く。「ー・けて背が高い」[文]とびぬ・く(下二)

とび-の・く【飛び◦退く】(自五) カ(コ)・キ(イ)・ク・ク・ケ・ケ 瞬時に身をかわしてよける。「車にひかれまいとしてー」

とび-の-もの【△鳶の者】→とびしょく

とび-の・る【飛び乗る】(自五) ラ(ロ)・リ(ッ)・ル・ル・レ・レ ①勢いよく身をおどらせて乗る。「オートバイにー・って逃げる」②動いている乗り物などに飛びつくように乗る。「列車にー」↔飛び降りる

とび-ばこ【跳(び)箱・飛(び)箱】体操用具の一つ。下が広く上が狭い木製のわくを積み重ね、上部を革・布などでおおっ

た台をのせたもの。助走していろいろの方法で飛びこえる。

とび-はな・れる【飛び離れる】(自下一) レ・レ・レル・レル・レレ・レロ(レヨ) ①身をおどらせて離れる。飛びのく。②はるかに遠く離れる。文とびはな・る(下二)「―・れた島」③格段の違いがある。かけ離れる。

とび-は・ねる【飛び跳ねる】(自下一) ネ・ネ・ネル・ネル・ネレ・ネロ(ネヨ) 勢いよくはねる。とんだりはねたりする。「馬が―」文とびは・ぬ(下二)

とび-ひ【飛〔び〕火】■一(名・自スル) ①火事のとき、火の粉が飛び散って、離れた場所に燃え移ること。「―で類焼した」②意外なところへ事件などの影響が及ぶこと。「事件は思わぬところへ―した」■二(名)〔医〕「膿痂疹」の俗称。小児に生じやすい感染性の皮膚病。水疱を生じ、のち、かさぶたとなる。

とび-まわ・る【飛び回る】(自五) ラ(ロ)・リ(ッ)・ル・ル・レ・レ ①あちらこちらと空中を飛ぶ。「ミツバチが―」②走りまわる。はねまわる。「犬が―」③忙しくかけまわる。奔走する。「取材に―」

ど-びゃくしょう【土百姓】ビャクシャウ (「ど」は接頭語)農民をいやしめていう語。どんびゃくしょう。

ど-ひょう【土俵】ヘウ ①土を詰めた、たわら。②相撲の競技場。直径一五尺(約四・五メートル)の円形で、まわりを①で囲む。土俵場。③(比喩的に)ある事が行われる場。「同じ―で話す」

―を割る 相撲で、土俵の外に足が出て負ける。

―いり【―入〔り〕】 相撲で、力士が化粧まわしをつけ、土俵で行う儀式。参考横綱の土俵入りは手数入りともいう。

―ぎわ【―際】ギハ ①「土俵②」で、内と外との境目の部分。②(比喩的に)もう、あとのないぎりぎりのところ。勝ち負け・成否の決まる瀬戸際。どたんば。「交渉の―でふんばる」

とびら【扉】 ①開き戸の戸。②書物の見返しや口絵などの次のページ。書名・著者名などを記す。③雑誌で、本文がはじまる前の第一ページ。

―え【―絵】ヱ ①書物の扉に描く絵。②厨子などの開き戸に描く絵。

ど-びん【土瓶】 湯茶をいれたり、薬を煎じたりするのに用いる陶製の容器。注ぎ口と、つるがある。

―むし【―蒸し】 土瓶にマツタケ・鶏肉・白身の魚・野菜などを入れ、だし汁で煮た料理。

と-ふ【都府】 みやこ。都会。

と-ふ【塗布】(名・他スル)(薬品・塗料などを)塗りつけること。

と・ぶ【飛ぶ】(自五) バ(ボ)・ビ(ン)・ブ・ブ・ベ・ベ ①空中を移動する。空をかける。飛行する。飛翔する。「鳥が―」「成田からパリへ―」②うわさなどが短い時間で世間に広がる。「デマが―」③とび散る。「火花が―」④速く走る。大急ぎで行く。「現地に―」⑤途中を抜かして先へ進む。「ページが―・んでいる」⑥遠くへ逃げる。「犯人は外国に―・んだ」⑦あったものが消えてなくなる。「アルコール分が―」他とば・す(五) 可能と・べる(下一) ⇩「使い分け」

―鳥を落とす 権勢の盛んなさま。「―勢い」

と・ぶ【跳ぶ】(自五) バ(ボ)・ビ(ン)・ブ・ブ・ベ・ベ ①地上からはね上がる。「片足で―」②とび越える。「走り高跳びで二メートル―」「跳び箱を―」可能と・べる(下一) 参考「飛ぶ」とも書く。⇩「使い分け」

> 使い分け「飛ぶ・跳ぶ」
> 「飛ぶ」は、地上を離れて空中を移動する意のほか、もとあった場所や状態から切れて離れる、広く散る、広く伝わる、遠くまで一気に行くなどの意に用いられ、「飛行機が飛ぶ」「ボールが飛ぶ」「火の粉が飛ぶ」「うわさが飛ぶ」「アフリカに飛ぶ」「ページが飛ぶ」などと使われる。
> 「跳ぶ」は、地上からはね上がる、はね上がって越える意で、「カエルが跳ぶ」「障害物を跳ぶ」などと使われる。

ど-ぶ【◦溝】 汚水や雨水などを流すみぞ。「―をさらう」

どぶ-いた【◦溝板】 どぶをおおう板。下水板。

と-ふく【△屠腹】(名・自スル) 自ら腹を切って自殺すること。切腹。割腹。

と-ぶくろ【戸袋】 あけた雨戸や電車のドアなどを収納しておく所。

どぶ-づけ【どぶ漬〔け〕】 汁気の多いぬかみそ漬け。

どぶ-どろ【◦溝泥】 どぶの底にたまっているどろ。

どぶ-ねずみ【◦溝△鼠】 ①〔動〕ネズミ科の哺乳動物。大形で、どぶや下水道・水田の周辺などにすむ。背面は褐色。しちろうねずみ。②〔俗〕主人の目を盗んで悪い事をする使用人。

とぶ-ひ【飛ぶ火・△烽】〔古〕異変を知らせるために、夜は火をたき、昼は煙をあげて合図としたもの。のろし。

とぶら・い【◦弔い】トブラヒ →とむらい

とぶら・う【◦弔う】トブラフ (他五) ワ(オ)・イ(ッ)・ウ・ウ・エ・エ →とむらう

とぶら・う【◦訪う】トブラフ (他五) ワ(オ)・イ(ッ)・ウ・ウ・エ・エ ①安否を問う。見舞う。②おとずれる。

と-ふ-ろう【都府楼】 昔、筑前(福岡県)におかれた大宰府庁舎の大門の高楼。また、大宰府庁舎そのものをさす。

どぶろく【×濁酒・×濁醪】 蒸した米にこうじと水を加えて醸造しただけの、かすをこさない白濁した酒。にごりざけ。秋

ど-ふん【土墳】 土を小高く盛った墓。

どぶん(副) 重い物が水中に落ちる音の形容。どぼん。「―と風呂につかる」

どべ〔方〕(西日本で)びり。最下位。

と-べい【斗米】 ①一斗の米。②わずかな給料。

と-べい【渡米】(名・自スル) アメリカ合衆国へ行くこと。

ど-べい【土塀】 土を練り固めてつくった塀。

ど-へき【土壁】 土でぬったかべ。つちかべ。

と-ほ【徒歩】 乗り物に乗らないで、歩くこと。「―で行く」

とほ【杜甫】(七一二～七七〇) 中国、盛唐の詩人。字は子美、号は少陵。官名により杜工部とも呼ばれる。河南省生まれ。戦乱の世の悲惨や人生の哀愁をうたった。律詩体の完成者。李白と併称される大詩人で詩聖といわれる。詩文集「杜工部集」。

と-ほう【途方】ハウ (進むべき方向、めあての意)①取るべきみち。方法。手段。方針。②すじみち。道理。

―に暮れる どうしたらいいのかわからなくて、困りはてる。

―もない 道理にあわない。とんでもない。なみはずれている。

ど-ぼく【土木】 土砂・木材・鉄材・石材・セメントなどを使って道路・鉄道・港湾・橋などを建設する工事。「―工事」

ど-ぼく【奴僕】 →ぬぼく

とぼ・ける【△恍ける・△惚ける】(自下一) ケ・ケ・ケル・ケル・ケレ・ケロ(ケヨ) ①わざと知らないふりをする。しらばくれる。「―・けてもだめだ」②こっけいで間の抜けた言動をする。「―・けた顔」文とぼ・く(下二)

とぼし・い【乏しい】(形) カロ・カッ(ク)・イ・イ・ケレ・○ ①必要を満たすだけの量に足りない。「決断力が―」「―資源」②貧しい。「―中から融通する」文とぼ・し(シク)

とぼ・す【◦点す・◦灯す】(他五) サ(ソ)・シ・ス・ス・セ・セ →ともす

と-ぼそ【◦枢】 ①梁と敷居とにあけた穴。「とまら」をさし入れ、開き戸を回転させるためのもの。②戸。扉。

とぼ-とぼ(副) 力なく歩くさま。「夜道を―(と)帰る」

とほほ(感) 情けなくみじめな気持ちになったり、ひどく困ったりしたときに発する語。「―、どうしよう」

とほやまに… 俳句〔遠山に 日の当たりたる 枯れ野かな〕〈高浜虚子〉冬枯れの野が一面に続いて、その野の果てに山が連なっている。その遠い山々に冬の日が当たっている。

（枯れ野 冬）

とぼ・る【◦点る・◦灯る】（自五）ラ(ロ)・リ(ッ)・ル・ル・レ・レ →ともる

とま【△苫】 すげ・かやなどで編み、小舟や小屋などの上や周囲にかぶせて風雨をふせぐもの。

ど-ま【土間】 ①家の中の、床のない地面のままの所。「台所の—」②（昔の劇場で）舞台正面の一階のます形をした見物席。

と-まえ【戸前】マヘ 土蔵の入り口の戸のある所。また、その戸。転じて、土蔵を数えるのにもいう。「土蔵三—」

と-ます【◦斗】 漢字の部首名の一つ。「料」「斜」などの「斗」の部分。

と-ます【斗△枡】 一斗（＝約一八リットル）を量るます。

と-まつ【塗抹】（名・他スル）①塗りつけること。塗布。②塗り消すこと。塗りつぶすこと。また、悪事などをおおい隠すこと。

トマト〈tomato〉【植】ナス科の栽培一年草。南アメリカ原産で本来は多年草。葉は羽状複葉。赤く熟した実にはビタミンA・Cが多く含まれ、食用。多くの品種がある。あかなす。夏

—ケチャップ〈tomato ketchup〉トマトを煮つめ、塩・砂糖・香辛料などで調味したソース。

と-まどい【戸惑い・途惑い】マドヒ（名・自スル）とまどうこと。「—を覚える」「—を隠せない」

と-まど・う【戸惑う・途惑う】マドフ（自五）ワ(オ)・イ(ッ)・ウ・ウ・エ・エ どう対応してよいか迷う。まごつく。「急に質問されて—」

とま-ぶき【△苫△葺〔き〕】 苫で屋根をふくこと。また、その屋根。

とま-ぶね【△苫舟】 苫で屋根をふいた舟。こもぶね。

とま-や【△苫屋】 苫ぶきの小さな家。そまつな家。

と-まら【◦枢】 開き戸で、かまちの上下の端に突き出た部分。「とぼそ」にさし込んで、戸を支え、開閉の軸とする。

とまり【止〔ま〕り・留〔ま〕り】 物事の流れがそこでとまること。また、その所。終わり。終点。「三回戦—」「当駅—」

—ぎ【—木】 ①鳥かごや鳥小屋などに設けた、鳥のとまる横木。②バーなどで、カウンターの前に置く脚の高い椅子。

とまり【泊〔ま〕り】 ①宿泊すること。また、その場所。「—の客」②宿直。③船着き場。

—あけ【—明け】 宿直の夜の明けた日。宿直の翌日。

—がけ【—掛け】 その日のうちに帰らないで、外泊すること。また、その予定で出かけること。「—で遊びに行く」

—きゃく【—客】 とまる客。とまっている客。宿泊客。

—ばん【—番】 宿直の順番にあたること。宿直の当番。

とまり-こ・む【泊〔ま〕り込む】（自五）マ(モ)・ミ(ン)・ム・ム・メ・メ 帰宅せず、その場に宿泊する。「仕事で会社に—」

とま・る【止〔ま〕る・留〔ま〕る・◦停〔ま〕る】（自五）ラ(ロ)・リ(ッ)・ル・ル・レ・レ ①［止・停］（動いていたものが）動かなくなる。「時計が—」「バスが—」②［止・停］（続いていたことが）やむ。終わる。「痛みが—」③［止・停］通じなくなる。ふさがる。「水道が—」④［留］固定する。固着する。「鉄板はボルトで—・っている」⑤［止・留］（鳥や虫などが）物につかまってじっとする。つかまる。「スズメが枝に—」⑥［留］注目される。印象に残る。「目に—」「心に—」⑦ある態度をとる。「お高く—（＝えらぶって他を見下す態度をとる）」他と・める（下一）可能とま・れる（下一）

とま・る【泊〔ま〕る】（自五）ラ(ロ)・リ(ッ)・ル・ル・レ・レ ①自宅以外の所で夜を過ごす。宿泊する。「友人の家に—」②船が港にはいり、いかりを下ろしたり岸壁に係留したりしてとどまる。停泊する。「船が港に—」他と・める（下一）可能とま・れる（下一）

と-まれ（副）何にせよ。とにかく。語源「ともあれ」の転。

—かくまれ（副）どちらにしても。いずれにしても。「—無事に着いた」語源「ともあれかくもあれ」の転。

ど-まんじゅう【土△饅◦頭】マンヂユウ 土を丸く盛りあげた墓。

ど-まんなか【ど真ん中】《俗》（「ど」は接頭語）ちょうどまんなか。まんまんなか。「的の—に当たる」「日本の—」

とみ【富】 ①豊かな財産・財貨。「巨万の—」②有用な資源や物資。「自然の—に恵まれる」③→とみくじ

とみ-くじ【富△籤】 江戸時代に流行した一種の宝くじ。番号のはいった富札を胴元となる社寺などが売り出した。富。

とみ-こうみ【◦左見◦右見】カウミ（名・他スル）あっちを見たりこっちを見たりすること。「—して歩く」

ドミトリー〈dormitory〉相部屋の宿泊施設。

とみ-に【◦頓に】（副）にわかに。急に。「世評が—高まる」

ドミニカ〈Dominica〉①西インド諸島イスパニョーラ島の東側三分の二を占める共和国。正式名称はドミニカ共和国。首都はサントドミンゴ。②カリブ海の東方、ウィンドワード諸島中の島国。正式名称はドミニカ国。首都はロゾー。

ドミノ〈domino〉表面に賽の目を二つ並べた形の二八枚の牌を用いて遊ぶ西洋のゲーム。また、その牌。

—たおし【—倒し】タフシ 将棋倒しのように端の一つを倒せば次々と倒れるように、ドミノの牌を立て並べて倒す遊び。

とみ-ふだ【富札】 富くじで、番号をしるして人々に売る札。

とみもと-ぶし【富本節】 豊後節浄瑠璃の一派。常磐津節から分かれ、富本豊前掾が創始したもの。

と-みん【都民】 東京都の住民。

ど-みん【土民】 代々その土地に住む人たち。土着民。

と・む【富む】（自五）マ(モ)・ミ(ン)・ム・ム・メ・メ ①多くの財産を持つ。豊富である。裕福である。②（「…に富む」の形で）それをたくさん持つ。「独創性に—」「春秋に—（＝若く、将来が希望に満ちている）」

と・む【◦尋む】（他下二）《古》尋ねる。求める。さがす。

と-むね【と胸】「胸」を強めた言い方。どきどきする胸。

—を衝っく 驚く。心を強く打つ。「と胸を衝かれて絶句する」

とむらい【弔い】トムラヒ ①人の死をいたむこと。くやみ。「—の言葉」②葬式。「お—」③追善。法事。参考「とぶらい」ともいう。

—がっせん【—合戦】 死者のかたきを討って、その霊を慰めるための合戦。

とむら・う【弔う】トムラフ（他五）ワ(オ)・イ(ッ)・ウ・ウ・エ・エ ①人の死を悲しんでくやみを述べる。弔問する。「遺族を—」②死者の霊をなぐさめ、冥福を祈る法事を営む。「先祖を—」可能とむら・える（下一）参考「とぶらう」ともいう。

とめ【止め・留め】 ①とめること。また、とめるもの。「けんかの—にはいる」「通行—」②物事の終わり。参考①は他の語に付くときは「どめ」となる。

ドメイン〈domain〉①範囲・領域。②《情報》インターネット上の住所にあたるホームページアドレスやメールアドレスの文字列。ドメイン名。

とめ-おき【留〔め〕置き】 ①人を帰さないで、あるいは他にやらないでとめておくこと。留置。②差出人の指定で、郵便物を郵便局に一定期間保管しておくこと。「—郵便」

とめ-お・く【留〔め〕置く】（他五）カ(コ)・キ(イ)・ク・ク・ケ・ケ ①帰さないでそこにいさせる。「警察に—」②他へ移さずにそのまま置いておく。「郵便物を局に—」③忘れないようにそこにとどめる。「心に—」④打ち切りにしておく。やめたままにする。「工事を—」

とめ-おけ【留〔め〕△桶】ヲケ 江戸時代、銭湯に備えておいた、自分専用の楕円形のおけ。

とめ-おとこ【留〔め〕男】ヲトコ ①けんかなどの仲裁をする男。②宿屋の客引きをする男。

とめ-がき【留〔め〕書き】 ①書きとめておくこと。また、その文書。②手紙の末尾にそえる言葉。「敬具」「草々」など。

とめ-がね【留〔め〕金・止〔め〕金】物の合わせ目などが離れないようにつなぎとめる金具。「バッグのー」

とめ-く【止〔め〕句】和歌・俳句で忌み避ける句。禁句。

とめ-ぐ【留〔め〕具】物が動いたりはなれたりしないように固定する、小さな器具。「ネックレスのー」

ドメスティック〈domestic〉(形動ダ) ダロ・ダッ(デ・ニ)・ダ・ナ・ナラ・○ ①家庭的・家族的なさま。「ーな問題」②自国・国内に関するさま。

ーバイオレンス〈domestic violence〉家庭内暴力。特に、配偶者や恋人などから受ける暴力。DV

とめ-そで【留〔め〕袖】《服》①女性の和服で、振り袖に対してふつうの長さの袖の着物。また、その袖。↔振り袖 ②既婚女性が礼装に用いる、すそ模様のある紋付きの着物。

とめ-だて【留〔め〕立て】(名・他スル)(他人の行為を)ひきとめること。制止すること。「いらぬーをするな」

とめ-ど【止め◇処】(「処」は所の意)とどまるところ。はて。際限。「ーもなく涙がこぼれる」用法 多く、あとに「ない」を伴う。

とめ-ばり【留〔め〕針】①縫い物で、しるしや押さえとして仮にさしておく針。まち針。②物をさしとめる針。ピン。

とめ-ぶろ【留〔め〕風呂】→とめゆ②

とめ-へん【止〔め〕偏】漢字の部首名の一つ。「此」などの「止」の部分。

とめ-やく【留〔め〕役】けんかなどの仲裁をする役。また、その役をする人。

とめ-やま【止〔め〕山・留〔め〕山】近世、狩猟や木を切ることを禁じられた山。立て山。

とめ-ゆ【留〔め〕湯】①一度入浴した湯を翌日再び使うこと。また、その湯。②自分専用のふろ。個人ぶろ。とめぶろ。③江戸時代、湯銭を月ぎめに支払って随時入浴すること。

とめ-ゆ・く【◇尋め行く】(自四)(古)たずねて行く。

と・める【止める・留める・◇停める】(他下一) メ・メ・メル・メル・メレ・メロ(メヨ) 《中心義―先へ進もうとするものを力で抑えて動かなくする》①〔止・停〕(動いているものを)動かなくする。静止させる。「列車をー」「足をー」「箸をー」②〔止・留〕それをしないようにひきとめる。行かせないようにする。「出発をむりにー」「辞職をー」③〔止・停〕やめさせる。禁止する。「発言をー」「夜間外出をー」④〔止・停〕(続いていたことを)とだえさせる。中止させる。「痛みをー薬」「けんかをー」⑤〔止・停〕通じなくする。「水道をー」⑥〔留〕固定して離れないようにする。「書類をピンでー」⑦〔留〕目や耳を向ける。「目にー」⑧〔留〕あとに残るようにする。「心にー」自とま・る(五)文と・む(下二)

と・める【泊める】(他下一) メ・メ・メル・メル・メレ・メロ(メヨ) ①人に宿を貸す。宿泊させる。「団体客をー」②船を港にとどまらせる。船を停泊させる。「船を沖にー」自とま・る(五)文と・む(下二)

とも-【共】(接頭)(名詞に付いて)①ともに。いっしょに。「ー働き」「ー倒れ」②同じ。同類の。「ーぎれ」「ー襟」

-とも【共】(接尾)(名詞に付いて)①全部。みな。「三人ー不在」②上の事柄を含めて。…こみ。「送料ーで五〇〇円」

とも【友・△朋】①親しく交わる人。友人。ともだち。「竹馬のー」②志や目的などを同じくする人。「類はーを呼ぶ」

類語 友達・友人・仲良し・朋友・知友・知己・知音・友垣・親友・心友・良友・悪友・畏友・盟友・旧友・幼友達・馴染み・幼馴染み・古馴染み・竹馬の友・莫逆の友・金蘭の友・老友・茶飲み友達・校友・学友・級友・僚友・戦友

とも【供・伴】主たる人につき従って行くこと。また、その人。従者。「ーを連れる」「おーをする」

とも【△鞆】弓を射るとき、弦が手首を打たないように、左の手首に結びつけるまるい革製の道具。参考「鞆」は国字。

とも【△艫】船尾。ふなじり。↔舳先・舳

とも 一(接助)仮定条件を示し、その条件下であっても、その後の事態が進行する意を表す。たとえ…ても。「苦しくー初志は貫く」「少なくー三日はかかる」「親はなくー子は育つ」用法 動詞・動詞型活用の助動詞と助動詞「う」「ず」との終止形、形容詞・形容詞型活用の助動詞の連用形に付く。二(終助)強意を表す。「もちろん」の意を含む。「歩けるー」「結構だー」用法 活用語の終止形に付く。

-ども【共】(接尾)①(名詞に付いて)複数であることを表す。…たち。…ら。「男ー」②(人をさす語に付いて)相手に呼びかける語。「野郎ー」③(特定の第一人称に付いて)謙遜の意を表す。「私ー」用法 ②は、多く目下や見下す相手に用いる。

ども(接助)①逆接の確定条件を表す。…けれども。「声はすれー姿は見えず」「行けー行けー山また山」②(「…といえども」の形で)逆接の仮定条件を表す。たとえ…でも。「たとえ子供といえー手かげんはしない」「雨天といえー強行する」用法「行けども行けども」「といえども」などのような慣用的な表現に用いられる文語的な用語。

とも-あれ(副)いろいろな事情はあるにしても。とにかく。「何はー出発しよう」

とも-うら【共裏】《服》衣服で、表地と同じ布を裏地に使うこと。また、その布。

ともえ【△巴】トモエ ①水が渦を巻いて外へ回る形の模様。②紋所の名。①を図案化したもの。巴の数により、一つ巴・二つ巴・三つ巴がある。③物が円形を描くように回るさま。

ーなげ【ー投げ】柔道で、相手の体を引きながら自分の体をあおむけに倒し、足を相手の下腹にあててはね上げ、頭ごしに投げとばす技。

とも-えり【共襟】《服》その着物の表地と同じ布で襟をつけること。また、その襟。

とも-がき【友垣】ともだち。語源 交わりを結ぶのを、垣を結ぶのにたとえていったもの。

とも-かく【×兎も角】(副)①いずれにせよ。とにかく。「ー行ってみる」②それはさておき。それは別として。「冗談はー本論にはいろう」

とも-かせぎ【共稼ぎ】夫婦がともに働いて一家の生計をたてること。共働き。

ともがみな…和歌〔友がみな われよりえらく 見ゆる日よ 花を買ひ来て 妻としたしむ〕〈石川啄木〉友達がみな自分よりえらく見えてさびしい日よ。そんな日は花を買ってきて、妻とむつまじく過ごして、沈む気持ちをまぎらわすことだ。

とも-がら【◇輩】仲間。同類の人たち。

とも-ぎれ【共切れ・共◇布】《服》同一の布切れ。ともぬの。

とも-ぐい【共食い】グヒ ①同類の動物がたがいを食いあうこと。「ザリガニのー」②同じ商売や同類の人などがたがいに利益を得ようと争い、共に損をしたり不利になったりすること。

とも-し【◇灯】あかり。灯火。

ーび【◇灯・◇灯火】ともした火。あかり。語源「灯す」の連用形から。

とも-しらが【共白髪】夫婦がともに白髪になるまで長生きすること。

とも・す【◇点す・◇灯す】(他五) サ(ソ)・シ・ス・ス・セ・セ あかりをつける。とぼす。「ランプをー」自とも・る(五)可能とも・せる(下一)

とも-すると →ともすれば

とも-すれば どうかすると。ややもすると。ともすると。「ー怠けがちになる」

とも-ぞろい【供△揃い】ゾロヒ 供の人々をそろえること。また、その供の人々。ともぞろえ。

とも‐だおれ【共倒れ】 ―ダフレ（名・自スル）無理に競争し合ったり助け合ったりしたために、双方とも立ちゆかなくなること。「安売り競争でーする」

とも‐だち【友達】 親しく交わっている人。友人。「ーになる」「幼ー」参考 常用漢字表付表の語。

とも‐ちどり【友千鳥】 群れとんでいる千鳥。むらちどり。冬

とも‐づな【纜・艫綱】 船尾にあって船をつなぎとめる綱。―を解く 出帆する。船出する。

とも‐づり【友釣〔り〕】 縄張り意識の強い習性を利用した、アユの釣り方の一種。生きたおとりのアユを糸につないで泳がせ、他のアユをさそい寄せておとりアユの尾につけた針にかける。

とも‐ども【共共】（副）いっしょに何かをするさま。「夫婦ー」

ともな・う【伴う】 トモナフ（自他五）ワ(オ)・イ(ッ)・ウ・ウ・エ・エ ①ついて行く。つれて行く。「出張に部下をー」②同時にあわせ持つ。同時に別の事を生じさせる。「危険をー大事業」「権利には義務がー」

とも‐に【共に・倶に】（副）①そろって。いっしょに。「ー学ぶ」「苦楽をーする」②同時に。「うれしいとー寂しい」

―天を戴かず →ふぐたいてん

とも‐ね【共寝】（名・自スル）同じ寝床に寝ること。同衾。

とも‐ばたらき【共働き】（「共稼ぎ」の語感をきらってできた言い方）→ともかせぎ

とも‐びき【友引】 ①陰陽道でわざわいが友に及ぶとする方角。②六曜の一つで、何事も勝負がつかない日。俗に、①と結びつき「友を引く」として、この日に葬式を行うことを忌む。

とも‐びと【供人】 供の人。従者。

とも‐まち【供待ち】（名・自スル）従者が、主人の供をしてきて、入り口などで待っていること。また、そのための控え所。

とも‐まわり【供回り】 ―マハリ 供の人々。

ども‐り【吃り】 どもること。吃音。また、その人。

ど‐もり【土盛り】 運んできた土を盛りあげること。

ど‐もり【度盛り】 寒暖計などの度数を示す目盛り。

とも・る【点る・灯る】（自五）ラ(ロ)・リ(ッ)・ル・ル・レ・レ あかりがつく。灯火がつく。とぼる。「街灯がー」他とも・す（五）

ども・る【吃る】（自五）ラ(ロ)・リ(ッ)・ル・ル・レ・レ 言葉をなめらかに発音することができず、つかえたり同じ音を何度も繰り返したりする。

と‐や【鳥屋・塒】 ①鳥を飼っておく小屋。鳥小屋。②鷹の羽が夏の末から抜け、冬になって生えかわること。この間①にこもるところからいう。秋

どや《俗》（「やど（宿）」を逆さにした隠語）簡易旅館。

どや‐がい【どや街】《俗》簡易旅館が多くある区域。

どや‐がお【どや顔】 ―ガホ《俗》手柄を自慢するような得意げな顔つき。参考「どや」は関西方言で、「どうだ」の意。

とや‐かく【兎や角】（副）あれこれと。なんのかのと。とやこう。「細かいことをー言うな」

ど‐やき【土焼〔き〕】 すやき。つちやき。

とや‐こう ―カウ（副）→とやかく

どや・す（他五）サ(ソ)・シ・ス・ス・セ・セ《俗》①うつ。なぐる。突きとばす。「背中をー・される」②どなりつける。「頭からー・しつける」

どや‐どや（副）おおぜいが一度に騒がしくはいってくるさま。また、出ていくさま。「生徒が教室にー(と)はいってきた」

と‐やま【外山】 山の、人里に近いふもとのあたり。はやま。

とやま〔富山〕 中部地方北部にあり、日本海に面する県。県庁所在地は富山市。

と‐ゆう【都邑】 ―イフ ①都会と村。②都会。まち。

とよ‐あきつしま【豊秋津島】 日本国の美称。

とよ‐あしはら【豊葦原】 日本国の美称。

―の‐みずほのくに【―の瑞穂の国】 ―ミヅホノクニ 日本国の美称。

と‐よう【渡洋】 ―ヤウ（名・自スル）海洋を渡って行くこと。

ど‐よう【土用】 暦にしるされる雑節の一つ。陰陽五行説によるもの。陰暦の立夏・立秋・立冬・立春の前のそれぞれ一八日間をいう。今日では特に立秋前の夏の土用をさす。夏

―さぶろう【―三郎】 ―サブラウ 夏の土用にはいってから三日目。参考 この日の天候で、その年の豊凶を占った。

―なみ【―波】 夏の土用のころに起こる、うねりの大きい波。遠隔地の台風の影響などによる。夏

―ぼし【―干し】 →むしぼし

―やすみ【―休み】 夏休み。暑中休暇。

ど‐よう【土曜】 ―エウ 曜日の一つ。金曜日の翌日。土曜日。

とよとみひでよし〔豊臣秀吉〕（一五三七～一五九八）安土桃山時代の武将・政治家。幼名日吉丸、通称藤吉郎。本姓木下。のち羽柴、さらに豊臣と改姓。織田信長に仕え、信長の没後その後継者として天下統一を達成。近世封建制確立のための諸政策を実施する一方、華麗な桃山文化を開花させた。

どよ・む（自五）マ(モ)・ミ(ン)・ム・ム・メ・メ 音や声がひびき渡る。「雷がー」

どよめき ざわざわと騒ぐこと。声や音がひびき渡ること。

どよめ・く（自五）カ(コ)・キ(イ)・ク・ク・ケ・ケ ①音が鳴りひびく。「雷鳴がー」②大勢がざわざわと騒ぐ。「会場にー歓声」他どよも・す（五）

どよも・す（他五）サ(ソ)・シ・ス・ス・セ・セ 音や声を鳴りひびかせる。「砲声が辺りをー」自どよめ・く（五）

とら【虎】 ①〔動〕ネコ科の哺乳動物で肉食性の猛獣。アジア特産。体は黄褐色で黒い横じまがあり、腹部は白い。鋭い牙と爪を持つ。ベンガルトラ・シベリアトラなど九亜種ある。②《俗》酔っぱらい。「大ーになる」

―の威を借る狐 有力者の権威をうしろだてにしていばる小人物のたとえ。【故事】虎が狐を襲って食おうとすると、狐が「天帝が私を百獣の長とした。私のあとについて来て見よ」という。虎がそうすると、百獣はみな逃げた。虎は百獣が自分を恐れたとは気づかず、狐を恐れたと思ったことからいう。〈戦国策〉

―の尾を踏む 非常にあぶないことをするたとえ。―は死して皮を留め、人は死して名を残す 虎は死んでも毛皮が珍重されるように、人は死後も名誉・功績によって名を語り継がれる。―を野に放つ ①猛威のある者を、自由にその勢いをふるうことのできる状態におく。②害やわざわいをもたらす恐れのある者を野放しにするたとえ。

とら【寅】 ①十二支の第三。②昔の時刻の名。今の午前四時ごろ、およびその前後約二時間。③方角の名。ほぼ東北東。

どら 道楽。放蕩。「ー息子」用法 多く接頭語的に用いる。

ど‐ら【銅鑼】 青銅製で盆形の打楽器。ひもでつるし、ばちでたたいて鳴らす。合図などに使う。

〔銅鑼〕

と‐らい【渡来】（名・自スル）海外から海を渡ってくること。「南蛮ー」「ー人」

トライ〈try〉（名・自スル）①試みること。「新しい目標にーする」②ラグビーで、敵のゴールライン内の地面にボールをつけ、得点すること。

ドライ〈dry〉（形動ダ）ダロ・ダッ(デ・ニ)・ダ・ナ・ナラ・○ ①水気のないさま。乾燥。「ーな肌」↕ウエット ②義理人情にしばられず、何事も合理的に割りきるさま。「ーな考え方」↕ウエット ③洋酒で、辛口であるさま。「ージン」参考 ②は、英語ではbusinesslikeなどがこれにあたる。

―アイ〈dry eye〉〔医〕涙の分泌量が減少して眼球の表面が乾燥すること。痛み・かゆみ・充血などの症状が生じる。

—**アイス**〈dry ice〉炭酸ガスを冷却・圧縮して固体にしたもの。冷却に用いられる。(もと商標名)[夏]

—**カレー**〈和製英語〉ひき肉と野菜を炒(いた)め、そこにカレー粉を入れて味をつけ、飯にかけて食べる汁気のないカレー。また、カレー粉を加えた洋風の炒めご飯。

—**クリーニング**〈dry cleaning〉水を使わず、揮発性溶剤を使ってする洗濯。

—**フラワー**〈dried flower から〉飾りや観賞用として、人工的に乾燥させた草花。

—**フルーツ**〈dried fruit から〉保存や風味づけのために果物を乾燥させた食品。

—**ミルク**〈dried milk から〉粉ミルク。粉乳(ふんにゅう)。

トライアスロン〈triathlon〉一人で遠泳・自転車・長距離走の三種目のレースをつづけて行う競技。鉄人レース。

トライアル〈trial〉①試すこと。「新製品の無料—」②スポーツの試技や予選。「タイム—」

トライアングル〈triangle〉〘音〙打楽器の一つ。鋼鉄棒を三角形に曲げたもので、金属棒で打って鳴らす。

ドライバー〈driver〉①ねじまわし。②自動車などの運転者。③ゴルフで、最も飛距離が出るクラブ。一番ウッド。④〘情報〙コンピューターで、周辺機器を動かすためのソフトウェア。デバイスドライバー。[参考]①は、英語では screwdriver という。

ドライブ〈drive 自動車を運転する〉(名・自スル)①自動車などで遠乗りすること。「海沿いの道を—する」②テニスや卓球などで、ボールをこすり上げるようにして打ち、ボールに前方向の回転を与えること。「—がかかる」③機械を動かすこと。また、その装置。コンピューターでは、光ディスクなどの駆動装置。

—**イン**〈drive-in〉自動車を止めて食事・買い物・休憩などのできる道路沿いの施設。[参考]英語の drive-in は、乗車したままで目的を達しうる施設をいう。

—**ウエー**〈*driveway〉自動車道路。特に、観光・ドライブに適した道路。[参考]英語の driveway は、公道から玄関・車庫までの私道をいう。

—**スルー**〈drive-through〉自動車で乗り入れ、乗ったままで利用することのできる店や施設の方式。

—**マップ**〈和製英語〉自動車運転者用の道路地図。

—**レコーダー**〈和製英語〉走行中の自動車の車内外の映像や走行状況などを記録する車載装置。

ドライヤー〈dryer〉乾燥器。「ヘア—」

トラウマ〈ドイ Trauma〉〘心〙あとあとまでその影響が長く残る心理的な衝撃。精神的外傷。心的外傷。

とらえ-どころ【捕〔ら〕え所・捉え所】トラヘ— 判断などの基準となる手がかり。つかみどころ。「—のない人」

とら・える【捕〔ら〕える・捉える】トラヘル (他下一) エエ・エル・エル・エレ・エロ(エヨ) ①しっかりつかむ。「相手の腕を—」②よそへ行かせないようとりおさえる。つかまえる。「どろぼうを—」③逃がさず自分のものとする。目ざす対象をしっかり認識してつかむ。「チャンスを—」「敵機を—」[文]とら・ふ(下二)

とら-がしら【虎頭】→とらかんむり

とら-がり【虎刈り】(虎の縞(しま)模様のように)段がついてふぞろいな、頭髪の下手な刈り方。また、その頭。

とら-かんむり【虎冠】漢字の部首名の一つ。「虎」「虜」などの「虍」の部分。とらがしら。

ドラキュラ〈Dracula〉アイルランドの作家ブラム＝ストーカーの怪奇小説およびその主人公である吸血鬼の名。また、広く吸血鬼。

トラクター〈tractor〉トレーラーや農業機械などを引く原動機の付いた車両。牽引車(けんいんしゃ)。

とら-げ【虎毛】①虎の背のように、黄褐色の地に太く黒いしまのあるもの。虎斑(とらふ)。②馬の毛色の呼び方の一種。薄い黒地に、虎の毛のようなまだら模様のあるもの。

トラコーマ〈trachoma〉〘医〙細菌感染による結膜炎。放置すれば角膜をおかされ失明することもある。トラホーム。

どら-ごえ【どら声】ゴヱ 太くて濁った声。「—をはりあげる」

ドラゴン〈dragon〉竜。

ドラスティック〈drastic〉(形動ダ) ダロ・ダッ(デ・ニ)・ダ・ナ・ナラ・○ 思い切ったさま。徹底的。過激。「—な手段」

トラスト〈trust〉〘商・経〙企業の独占の一形態。市場の独占を目的に同一業種の企業が、その独立性を放棄して、資本の結合を軸に合同したもの。カルテルより結合の程度が高い。企業合同。⇒カルテル・コンツェルン

とら・せる【取らせる】(他下一) セ・セ・セル・セル・セレ・セロ(セヨ) 受けとらせる。目下の者に与える。「ほうびを—」[文]とら・す(下二)

トラック〈track〉①陸上競技場・競馬場などの競走路。↔フィールド ②「トラック競技」の略。③磁気テープやディスクなどで、情報や音が記録される帯状の部分。「サウンド—」

—**きょうぎ**【—競技】ギャウ 陸上競技で、トラックを使用して行う競技。短(中・長)距離競走・リレー・ハードルなど。トラック。↔フィールド競技

トラック〈*truck〉貨物運搬用の大型の荷台を持つ自動車。貨物自動車。

ドラッグ〈drag〉(名・他サ変)〘情報〙コンピューターで、ボタンを押したままマウスを移動させる操作。

—**バント**〈drag bunt〉野球で、打者がバットを引くようにして、一塁または三塁方向に球を軽く打つ打撃法。

ドラッグ〈drug〉①薬。医薬品。②麻薬。覚醒剤。

—**ストア**〈*drugstore〉薬品・化粧品・たばこ・雑貨などの日用品を売り、簡単な飲食などもできる米国式の店。

とら-つぐみ【虎△鶫】〘動〙ツグミ科の鳥。ツグミより体は大きく、雌雄とも黄色と褐色の三日月形の斑紋(はんもん)がある。夜中にヒー、ヒョーと細く気味の悪い鳴き声をたてる。ぬえ。[夏][秋]

トラッド〈trad〉(名・形動ダ)(traditional の略)伝統的なさま。特に、流行に左右されないオーソドックスな服装。

トラップ〈trap〉①いつも一定量の水がたまり、下水などから出る臭気の逆流を防ぐ装置。排水管の一部分をP字形・S字形・U字形などに曲げて作る。②クレー射撃で、標的の皿を飛ばす装置。③サッカーで、動いているボールを受け止め、自分のコントロール下におくこと。また、その技術。トラッピング。④罠(わな)。

Pトラップ
Uトラップ
〔トラップ①〕

トラディショナル〈traditional〉(形動ダ) ダロ・ダッ(デ・ニ)・ダ・ナ・ナラ・○ 伝統的・正統的であるさま。「—な仕立て」

とらぬたぬきの-かわざんよう【捕らぬ△狸の皮算用】カハザンヨウ— 不確実なことをあてにして計算や計画をすること。[語源]まだつかまえていない狸(たぬき)の皮の価を計算することからいう。

どら-ねこ【どら猫】〘俗〙うろついて盗み食いなどをする、飼い主のない猫。野良猫。

とら-の-お【虎の尾】ヲ— 〘植〙サクラソウ科の多年草。山野に自生。夏、白色の花を穂状に出す。おかとらのお。[夏]

とら-の-こ【虎の子】たいせつにして手放さないもの。「—の金(かね)」[語源]虎は子供をたいせつに育てることから。

とら-の-まき【虎の巻】①兵法の秘伝書。②芸道などの秘伝の書。③〘俗〙教科書の内容に即して解説・解答が示して

ある安直な参考書。あんちょこ。とらかん。語源中国の兵法書「六韜(りくとう)」の中の巻名「虎韜(ことう)の巻」から出た語。

トラバース〈traverse〉登山やスキーで、山の斜面などを横断すること。

とら-ひげ【虎△鬚】 虎のひげのように堅くつっぱったひげ。

トラピスト〈Trappist〉〘基〙一九世紀末にシトー会から独立したカトリック修道会の一派。

とら-ふ【虎◇斑】 →とらげ①

トラフ〈trough〉①〘地質〙地球の表面を覆うプレートの境にある海底峡谷。「駿河(するが)―」②〘気〙気圧の谷。

とら-ふぐ【虎×河豚】〘動〙フグ科の近海魚。体は肥えて背面は暗青色、腹面は白い。胸びれの後方に大きな黒斑(こくはん)が一つある。卵巣と肝臓に猛毒がある。食用として珍重される。冬

ドラフト〈draft, draught〉①(「ドラフト制」の略)プロ野球の全球団による新人選手選択制度。「―会議」②草稿。下書き。はじまり①は、日本では一九六五(昭和四十)年に制度化され、同年十一月に第一回会議を開催。

トラブル〈trouble〉①もめごと。いざこざ。紛争。「―を起こす」②故障。「エンジン―」

―メーカー〈troublemaker〉いつもいざこざや問題を引き起こす人。「社内の―」

トラブ・る(自五)(ラ(ロ)・リ(ッ)・ル・ル・レ・レ)《俗》①もめる。いざこざが生じる。「得意先と―」②機械などの不具合が生じる。「パソコンが―」語源「トラブル」を動詞化した語。

トラベラー〈traveler〉旅行者。

トラベラーズ-チェック〈traveler's check〉海外旅行者用の小切手。旅行先の銀行で現金化できる。

トラホーム〈ドイツ Trachom〉→トラコーマ

ドラマ〈drama〉①演劇。芝居。「ホーム―」②脚本。戯曲。「―を書く」③劇的な出来事。「野球は筋書きのない―だ」

ドラマー〈drummer〉〘音〙ドラムを演奏する人。

とらま・える【捕〔ら〕まえる】(他下一)(エ・エ・エル・エル・エレ・エロ(エヨ))《俗》つかまえる。とらえる。「どろぼうを―」語源「とらえる」と「つかまえる」とが混交してできた言い方。

ドラマチック〈dramatic〉(形動ダ)(ダロ・ダッ(デ・ニ)・ダ・ナ・ナラ・○)劇を見ているように、感動や緊張を感じさせるさま。劇的。「―な幕切れ」

ドラマツルギー〈ドイツ Dramaturgie〉①作劇法。演出法。②演劇論。

トラム〈tram〉路面電車。トラムカー。

ドラム〈drum〉①〘音〙洋楽で使う太鼓類の打楽器の総称。②円筒形の機械部品。

―かん【―缶】(クワン)油やガソリンなどの液体を入れる、金属製で円筒形の大きな容器。

どら-むすこ【どら息子】 なまけ者で品行のよくない息子。

どら-やき【◇銅△鑼焼〔き〕】 小麦粉・砂糖・卵をまぜて銅鑼(どら)の形に焼いた二枚の皮で、あんをはさんだ和菓子。

とらわれ【捕〔ら〕われ・◇囚われ】(トラハレ)とらわれること。また、その人。「―の身」

とらわ・れる【捕〔ら〕われる・◇囚われる】(トラハレル)(自下一)(レ・レ・レル・レル・レレ・レロ(レヨ))①つかまえられる。「敵に―」②ある考え方や物事にしばられる。拘束される。「慣習に―」文とらは・る(下二)

トランキライザー〈tranquilizer〉〘医〙精神安定剤。いらいらした気分や不安感を除く薬。

トランク〈trunk〉①旅行用の長方形の大型かばん。②乗用車などの後部にある荷物入れ。トランクルーム。

―ルーム〈和製英語〉①美術品や当面必要としない家財などを預かり保管する貸し倉庫。②→トランク②

トランクス〈trunks〉〘服〙競技などに用いる短いパンツ。また、同型の男性用下着。

トランシーバー〈transceiver〉送信機能と受信機能が一体となった携帯用無線通話機。

トランジスター〈transistor〉三極以上の電極を持つ、シリコン・ゲルマニウムなどの小型半導体増幅素子。ラジオ・小型テレビ・コンピューターなどに利用。「―ラジオ」はじまり一九四八年、アメリカのベル研究所で、三人の物理学者を中心に発明された。

トランシット〈transit〉水平角や高度をはかる測量機械。

トランジット〈transit〉飛行機で目的地に向かう途中、給油などのために経由地の空港に立ち寄ること。

トランス〈trance〉催眠状態。恍惚(こうこつ)・忘我の状態。

トランス〈transformer から〉変圧器。

トランスジェンダー〈transgender〉身体上の性が自身の認識する性と一致していない人。

トランプ〈trump 切り札〉西洋かるたの一種。ハート・ダイヤ・クラブ・スペード各一三枚と、ジョーカー一枚からなり、さまざまな遊び方がある。カード。参考英語では card(s)という。

トランペット〈trumpet〉〘音〙金管楽器の一つ。三個の弁があり、高音部をうけもつ。

〔トランペット〕

トランポリン〈trampoline〉体操用具の一種。弾力性のあるマットの上で跳躍し、宙返り・ひねりなどの演技を行う。(もと商標名)

とり-【取り】(接頭)動詞に付いて、語勢を強める語。「―乱す」「―こわす」

とり【取り】 ①(多く、他の語の下に付けて)㋐手に持つこと。取ること。また、その人。「借金―」㋑手に持って使いこなすこと。また、その人。「かじ―」②寄席(よせ)で、最後に出演する人。真打ち。転じて、最後を飾る出し物や出演者。「―をとる」

とり【△酉】 ①十二支の第一〇。②昔の時刻の名。今の午後六時ごろ、およびその前後約二時間。③方角の名。西。

とり【鳥】 ①鳥類の総称。②特に、ニワトリ。また、その肉。参考②は「◇鶏」とも書く。

―無(な)き里(さと)の蝙蝠(こうもり) すぐれた人のいない所では、とるにたりないものが幅をきかすことのたとえ。

どり《俗》鳥類の肺臓。

ドリア〈フランス doria〉ピラフなどの調理した米の上に、ホワイトソースをかけてオーブンで焼いた料理。

トリアージ〈フランス triage〉事故・災害などで多数の負傷者が出たときに、治療の緊急度に従って優先順位をつけること。

とり-あい【取〔り〕合い】(アヒ)奪いあうこと。

とり-あ・う【取〔り〕合う】(アフ)(他五)(ワ(オ)・イ(ッ)・ウ・ウ・エ・エ)①たがいに取る。「手を―」②奪いあう。争って取る。「子供たちがおもちゃを―」③まともに相手にする。「笑って―・わない」

とりあえ-ず【取〔り〕◇敢えず】(トリアヘ)(副)(「取るべきものも取らずに」の意)何はさておき。さしあたり。一応。まず第一に。「―行ってみよう」「右―ご返事まで」

とりあげ-ばば【取〔り〕上げ◇婆】《俗》助産師。産婆(さんば)。

とり-あ・げる【取〔り〕上げる】(他下一)(ゲ・ゲ・ゲル・ゲル・ゲレ・ゲロ(ゲヨ))①手に取って持ちあげる。ひろいあげる。「受話器を―」②採用する。意見や要求などを聞き入れる。また、特にとりたてて問題とする。「議題に―」③むりやりに奪いとる。没収する。徴収する。「おもちゃを―」④出産の手助けをする。「子供を―」文とりあ・ぐ(下二) 参考②は「採り上げる」とも書く。

ドリア-しき【ドリア式】〈Doric〉→ドーリアしき

とり‐あつかい【取〔り〕扱い】アツカヒ ― とりあつかうこと。処理すること。「―に注意」「―説明書」

とり‐あつか・う【取〔り〕扱う】アツカフ ―（他五）ワ(オ)・イ(ツ)・ウ・ウ・エ・エ ①処理する。担当する。「注文は営業部で―」「刑事事件として―」②手で持って、動かしたり使ったりする。「機械を―人」③応対する。待遇する。「家族同様に―」

とり‐あつ・める【取〔り〕集める】（他下一）メ・メ・メル・メル・メレ・メロ(メヨ) 種々のものを寄せ集める。「意見を―」文とりあつ・む（下二）

とり‐あみ【鳥網】木の枝などに張って、鳥をとらえる網。

とり‐あわせ【◇鶏合〔わ〕せ】アハセ ― 雄の鶏をたたかわせる競技。闘鶏（とうけい）。春

とり‐あわせ【取〔り〕合〔わ〕せ・取合せ】アハセ ― いろいろなものを調和よく組み合わせること。また、そのもの。「色の―が悪い」

とり‐あわ・せる【取り合〔わ〕せる・取合せる】アハセル ―（他下一）セ・セ・セル・セル・セレ・セロ(セヨ) うまく調和するように組み合わせる。「花を―・せて飾る」「食材をバランスよく―」文とりあは・す（下二）

ドリアン〈durian〉〘植〙アオイ科の常緑高木。マレー半島・東インド諸島に多く自生する果樹。果実は楕円（だえん）形で二〇―三〇センチメートルになる。果肉はクリーム状で甘く、特有のにおいがある。果物の王といわれる。

とり‐い【鳥居】ヰ ― 神社の参道の入り口の門。二本の柱の上に笠木（かさぎ）を渡し、その下に柱を連結する貫（ぬき）を入れたもの。

とり‐いそぎ【取り急ぎ】（副）とりあえず急いで。手紙などに用いる挨拶（あいさつ）の語。「―お返事まで」「―要用のみ」

トリートメント〈treatment〉①（「ヘアートリートメント」の略）毛髪の手入れ。また、そのための薬剤。②治療。手入れ。

ドリーム〈dream〉夢。また、空想。「アメリカン―」

とり‐い・る【取〔り〕入る】（自五）ラ(ロ)・リ(ツ)・ル・ル・レ・レ 目上の人などに、きげんをとって気に入られようとする。「上役に―」

とり‐いれ【取〔り〕入れ】中に物を収めること。特に、農作物の収穫。「用水の―口」「稲の―」参考 作物の場合は「◇穫り入れ」とも書く。

とり‐い・れる【取〔り〕入れる】（他下一）レ・レ・レル・レル・レレ・レロ(レヨ) ①取って中に入れる。とりこむ。「洗濯物を―」②農作物を収穫する。「稲を―」③他のよい点を受け入れ、自分のものとして役に立たせる。採用する。「彼の意見を―」文とりい・る（下二）参考 ②は「◇穫り入れる」、③は「採り入れる」とも書く。

とり‐うち【鳥打ち・鳥撃ち】①鳥を銃でうちとること。また、その人。②「鳥打ち帽」の略。

―ぼう【―帽】短いひさしのついた、平たい帽子。ハンチング。語源 狩猟のときに用いたことから。

〔とりうちぼう〕

トリウム〈thorium〉〘化〙放射性元素の一つ。銀白色で非常にやわらかい金属。原子炉の燃料として研究されている。元素記号 Th

とり‐え【取り柄・取り得】役に立つ点。とりたててよいところ。長所。「体が丈夫なことだけが―だ」

トリオ〈イタリア trio〉①〘音〙三重唱。三重奏。②〘音〙舞曲や行進曲などの中間部分。③三人組。「―を組む」

とり‐おい【鳥追〔い〕】オヒ ― ①田畑を荒らす鳥を追い払うこと。また、そのしかけ。②農家で正月十五日ごろ、田畑を荒らす鳥を追い払う歌をうたって家々を回る習俗。新年 ③江戸時代、正月に編み笠（がさ）をかぶり、三味線をひきながら鳥追い歌をうたって門付けをした女芸人。新年

とり‐お・く【取〔り〕置く】（他五）カ(コ)・キ(イ)・ク・ク・ケ・ケ とりのけて残しておく。しまっておく。「傍らに―」

とり‐おこな・う【執り行う・（執り行なう）】オコナフ ―（他五）ワ(オ)・イ(ツ)・ウ・ウ・エ・エ 行事や催しなどを改まって行う。「入学式を―」

とり‐おさ・える【取〔り〕抑える・取り押える・取〔り〕押〔さ〕える・取押える】オサヘル ―（他下一）エ・エ・エル・エル・エレ・エロ(エヨ) ①動きをとどめ、静める。「暴れ馬を―」②逃げようとするものをつかまえる。捕らえる。「犯人を―」文とりおさ・ふ（下二）

とり‐おどし【鳥◇威し】田畑を荒らす鳥をおどして追い払うためのしかけ。鳴子（なるこ）やかかし・空砲の類。秋

とり‐おと・す【取り落〔と〕す】（他五）サ(ソ)・シ・ス・ス・セ・セ ①手から物を落とす。手から誤って落とす。「椀（わん）を―」②失う。「一命を―」③（うっかり）もらす。抜かす。「名簿から―」

とり‐おや【取り親】①養育してくれる親。養い親。②（奉公人や養子の名義上の）仮親。

トリガー〈trigger〉銃の引き金。転じて、ある物事を引き起こすきっかけとなるもの。「事件の―となる」

とり‐がい【鳥貝】ガヒ ― 〘動〙ザルガイ科の二枚貝。殻は黄白色の円形で、外面に放射状の脈がある。食用。春

とり‐かえし【取〔り〕返し】カヘシ ― 取りもどすこと。もとの状態にもどすこと。「―がつかない」

とり‐かえ・す【取〔り〕返す】カヘス ―（他五）サ(ソ)・シ・ス・ス・セ・セ ①一度与えたり取られたりしたものを、ふたたび自分のものにする。取りもどす。「領土を―」②もとにもどす。ふたたび以前の状態にかえす。「信用を―」

とりかえばやものがたり〔とりかへばや物語〕トリカヘバヤモノガタリ 平安末期の物語。作者・成立年代未詳。女性的な兄と男性的な妹が男女の性をとりかえて育てられ仕官するが、さまざまな事件を経て本来の姿に戻り幸せになるという話。

とり‐か・える【取〔り〕替える・取〔り〕換える】カヘル ―（他下一）エ・エ・エル・エル・エレ・エロ(エヨ) ①今までの物を、新しい物や別の物にかえる。交換する。「電池を―」②自分の物を相手の物とかえる。交換する。「友人のラケットと―」文とりか・ふ（下二）

とり‐かか・る【取り掛かる】（自五）ラ(ロ)・リ(ツ)・ル・ル・レ・レ やり始める。着手する。「仕事に―」

とり‐かご【鳥籠】鳥を中に入れて飼うためのかご。

とり‐かこ・む【取〔り〕囲む】（他五）マ(モ)・ミ(ン)・ム・ム・メ・メ まわりをぐるりとかこむ。「やじうまが―」

とり‐かじ【取〔り〕△舵】カヂ ― ①船首を左へ向けるときのかじの取り方。「―いっぱい」②船の左舷（さげん）。《↔面舵（おもかじ）》

とり‐かた【捕〔り〕方】①罪人を捕らえる方法。②罪人を捕らえる役目の人。捕り手。

とり‐かたづ・ける【取〔り〕片付ける】（他下一）ケ・ケ・ケル・ケル・ケレ・ケロ(ケヨ) きちんと整理する。「部屋を―」文とりかたづ・く（下二）

とりがなく【◇鶏が鳴く】《枕》「東（あづま）」にかかる。

とり‐かぶと【鳥△兜】①〘植〙キンポウゲ科の多年草。山野に自生。秋に青紫色の鶏冠（とさか）状の花を開く。根は猛毒で、乾燥したものを附子（ぶし）と言い、薬用とする。秋 ②昔、舞楽で楽人・舞手が用いた鳳凰（ほうおう）の頭にかたどった冠。

〔とりかぶと①〕

とり‐かわ・す【取り交〔わ〕す】カハス ―（他五）サ(ソ)・シ・ス・ス・セ・セ やりとりする。交換する。「契約書を―」

とり‐き【取り木】枝のもとに傷をつけ、粘土・水苔（みずごけ）などを巻いたり、または、枝をまげて土中に埋めたりして根を生じさせ、のちに切りとって苗木をとる方法。取り枝。春

とり‐きめ【取〔り〕決め・取〔り〕◇極め】取り決めること。

決定事項。約束。契約。「—を結ぶ」

とり-き・める【取〔り〕決める・取〔り〕◇極める】(他下一) メ・メ・メル・メル・メレ・メロ(メヨ) 当事者が相談して、決定する。また、約束する。契約する。「条件を—」文とりき・む(下二)

とり-くず・す【取〔り〕崩す】—クヅス (他五) サ(ソ)・シ・ス・ス・セ・セ ①くずして取り去る。とりこわす。「廃屋を—」②たまっていたものを少しずつ使ってなくしていく。「貯金を—」

とり-くち【取〔り〕口】相撲で、相手と取り組む方法。相撲をとる手口。「うまい—」

とり-くみ【取〔り〕組み・取組】①取り組むこと。「仕事への—が早い」②〔取組〕相撲などの、組み合わせ。「好—」

とり-く・む【取〔り〕組む】(自五) マ(モ)・ミ(ン)・ム・ム・メ・メ ①物事を解決・処理するために、懸命に努力する。「環境問題に—」②たがいに組みつく。組み合う。③相手となって争う。特に、相撲をとる。「大関と—」

とり-けし【取〔り〕消し・取消】一度記載・陳述した事柄をあとから打ち消して、なかったことにすること。「予約の—」

とり-け・す【取〔り〕消す】(他五) サ(ソ)・シ・ス・ス・セ・セ 前に言ったり決めたりしたことをあとから打ち消して、なかったことにする。「前言を—」「合格を—」

とり-こ【◇虜・△擒】①戦闘の際、生け捕りにした敵。捕虜。②ある事に熱中したり心を奪われたりして、それから逃れられなくなること。また、そのような人。「恋の—になる」

とり-こ【取り粉】つきたてのもちを扱いやすくするために表面にまぶす、米などの粉。

とりこし-くろう【取り越〔し〕苦労・取越苦労】—クラウ (名・自スル) 先々のことをあれこれ考えて、余計な心配をすること。杞憂(きゆう)。とりこしぐろう。「いらぬ—をする」

とり-こ・す【取〔り〕越す】(他五) サ(ソ)・シ・ス・ス・セ・セ 決まっている時期を繰り上げる。期日を早める。「—・して式を行う」

トリコット〈フランス tricot〉毛糸・化繊などで編んだ、伸縮性のあるうね織りの織物。婦人服・手袋・下着などに用いる。

とり-こぼ・す【取〔り〕◇零す】(他五) サ(ソ)・シ・ス・ス・セ・セ (相撲などで)ふつうなら負けるはずのない相手に負ける。「下位力士に—」

トリコマイシン〈trichomycin〉〘医〙八丈島の土壌で発見された放線菌から得た抗生物質。原虫・真菌などに効く。

とり-こみ【取〔り〕込み】①取り込むこと。取って中に入れること。「洗濯物の—」②不意のできごとなどでごたごたすること。「お—中のところ失礼します」③「取り込み詐欺」の略。

—さぎ【—詐欺】商品を取り寄せ、代金を支払わないでだましとる詐欺。取り込み。

とり-こ・む【取〔り〕込む】マ(モ)・ミ(ン)・ム・ム・メ・メ 〓(自五) 不意のできごと・凶事・用事などがあって、ごたごたする。「ただ今—・んでおりまして」〓(他五) ①取って中に入れる。「洗濯物を—」②自分のものとする。「水墨画の技法を—」③人の機嫌をとってまるめ込む。「社長をうまく—」

とり-こ・める【取〔り〕◇籠める】(他下一) メ・メ・メル・メル・メレ・メロ(メヨ) ①押しこめる。内に入れて出さないようにする。「一室に—」②取り囲む。文とりこ・む(下二)

とり-ごや【鳥小屋】鳥を飼っておく小屋。特に、鶏舎(けいしゃ)。

トリコロール〈フランス tricolore〉三色。また、三色旗。特に、フランス国旗の青・白・赤の取り合わせ、また、その旗をいう。

とり-ころ・す【取〔り〕殺す】(他五) サ(ソ)・シ・ス・ス・セ・セ 怨霊(おんりょう)などがとりついて人の命を奪う。たたり殺す。

とり-こわ・す【取〔り〕壊す】—コハス (他五) サ(ソ)・シ・ス・ス・セ・セ 建物などをばらばらに壊す。「廃屋を—」

とり-ざかな【取〔り〕△肴】①一つの器に盛り、各自が取って食べる酒のさかな。②正式の日本料理で、最後に出す料理。

とり-さ・げる【取〔り〕下げる】(他下一) ゲ・ゲ・ゲル・ゲル・ゲレ・ゲロ(ゲヨ) いったん言い出した言葉や、申し出た訴え・願いなどを取り消す。「告訴を—」文とりさ・ぐ(下二)

とり-さし【鳥刺し】①竹ざおの先端にとりもちを付けて、小鳥を捕らえること。また、それをする人。②鳥肉の刺身。

とり-ざた【取〔り〕沙汰】(名・他スル) 世間でうわさをすること。また、そのうわさ。風評。「あれこれ(と)—される」

とり-さば・く【取〔り〕△捌く】(他五) カ(コ)・キ(イ)・ク・ク・ケ・ケ 適切に取り扱う。処理する。「もめごとを—」

とり-ざら【取り皿】食物を取り分けて入れる小皿。

とり-さ・る【取〔り〕去る】(他五) ラ(ロ)・リ(ッ)・ル・ル・レ・レ 取ってそこからなくす。取り除く。「垣根を—」「痛みを—」

とり-しき・る【取〔り〕仕切る】(他五) ラ(ロ)・リ(ッ)・ル・ル・レ・レ その物事を引き受け、責任をもって処理する。「店を—」

とり-しず・める【取〔り〕鎮める】—シヅメル (他下一) メ・メ・メル・メル・メレ・メロ(メヨ) 騒ぎなどをおさえて静かにさせる。「騒乱を—」文とりしづ・む(下二)

とり-しまり【取り締〔ま〕り・取締り】①取り締まること。また、それをする人。「交通違反の—」②「取締役」の略。

—やく【取締役】株式会社で、株主総会において選任され、委任を受けて会社の事業経営に参加する人。また、その役職。「代表—」

—やく-かい【取締役会】—クワイ 取締役全員によって組織され、会社の管理運営上の問題を決定する機関。

とり-しま・る【取〔り〕締まる・取締る】(他五) ラ(ロ)・リ(ッ)・ル・ル・レ・レ 不正や違反がないように管理・監督する。また、規則などに照らして厳しく処置する。「不正を—」「違反者を—」

とり-しらべ【取〔り〕調べ】取り調べること。「きびしい—」

とり-しら・べる【取〔り〕調べる】(他下一) ベ・ベ・ベル・ベル・ベレ・ベロ(ベヨ) 対象を詳しく調べる。特に、捜査機関が容疑者などから事情を詳しく聞き出す。「被疑者を—」文とりしら・ぶ(下二)

とり-すが・る【取〔り〕△縋る】(自五) ラ(ロ)・リ(ッ)・ル・ル・レ・レ 離れまいとして、しがみつく。「袖(そで)に—・って泣く」

とり-す・てる【取〔り〕捨てる】(他下一) テ・テ・テル・テル・テレ・テロ(テヨ) 取って捨てる。取り除く。「傷んだ所を—」文とりす・つ(下二)

とり-すま・す【取り澄〔ま〕す・取澄す】(自五) サ(ソ)・シ・ス・ス・セ・セ ことさらまじめそうに、すましたようすをする。きどる。「つんと—」

とり-せつ【取〔り〕説】《俗》(「取り扱い説明書」の略)電気製品などの使い方の説明書。

とり-そろ・える【取〔り〕△揃える】—ソロヘル (他下一) エ・エ・エル・エル・エレ・エロ(エヨ) いろいろともれなくそろえ集める。「いろいろのサイズを—」文とりそろ・ふ(下二)

とり-だか【取り高】①収入の額。また、分け前。「—が多い」②収穫の高。

とり-だ・す【取〔り〕出す】(他五) サ(ソ)・シ・ス・ス・セ・セ ①中から取って、外へ出す。「ポケットから財布を—」②選んで抜き出す。「よい物だけを—」

とり-たて【取〔り〕立て】①強制的に徴収すること。「—がきびしい」②引き立てること。抜擢(ばってき)。「社長の—で昇進する」③取ってまもない状態。取ったばかり。「—の野菜」

とり-た・てる【取〔り〕立てる】(他下一) テ・テ・テル・テル・テレ・テロ(テヨ) ①強制的に徴収する。「貸した金を—」②特に取り上げる。「—・てて言うほどのことはない」③引き立てる。目をかけて抜擢(ばってき)する。「よい地位に—」文とりた・つ(下二)

トリチウム〈tritium〉〘化〙水素の放射性同位体で質量数が三のもの。三重水素。

とり-ちが・える【取〔り〕違える】（他下一）①誤って他のものを取る。「履物を—」②誤って理解する。「問題の意味を—」文とりちが・ふ（下二）

とり-ちらか・す【取り散らかす】（他五）→とりちらす

とり-ちら・す【取り散〔ら〕す・取散す】（他五）あちこち乱雑に散らかす。取り散らかす。「部屋中を—」

と-りつ【都立】東京都が設立し管理、運営すること。また、その施設。「—高校」

とり-つき【取〔り〕付き】→とっつき

とり-つぎ【取〔り〕次ぎ】①取り次ぐこと。また、その人。「—を頼む」「電話の—」②「取次店」の略。

—てん【取次店】商品・製品を製造元から仕入れ、小売店などに売り渡す店。問屋などの類。

トリッキー〈tricky〉（形動ダ）巧妙で油断のならないさま。「—な動きのボクサー」

とり-つ・く【取〔り〕付く】（自五）①しっかりとつかまる。すがりつく。「裾に—」②とりかかる。着手する。「難事業に—」③怨霊などが乗り移る。「霊に—・かれる」④ある考えなどが頭から離れなくなる。「強迫観念に—・かれる」参考③④は「取り△憑く」とも書く。

—島もない　頼みとしてすがる所がない。相手が無愛想で親しく近づくきっかけがない。「—応対」

トリック〈trick〉①ごまかしの手段。たくらみ。策略。「—プレー」②〔映〕現実には不可能なことを、仕掛けや特殊撮影などで画面に表現する技術。「—撮影」

とり-つ・ぐ【取〔り〕次ぐ】（他五）①間に立って伝える。仲立ちとなって伝える。「来客を主人に—」②商品などの売買の仲介をする。中継ぎをする。

とり-つくろ・う【取〔り〕繕う】（他五）①間にあわせに修繕する。「破れた所を—」②不都合なことなどが表に出ないように、その場をうまく処理してすます。「その場を—」③うわべだけを飾って体裁よく見せる。「人前を—」

とり-つけ【取〔り〕付け】①取り付けること。「—が簡単な器具」②銀行などの金融機関が信用を失い、預金者が殺到して預金を引き出すこと。「—騒ぎになる」

とり-つ・ける【取〔り〕付ける】（他下一）①ある物を他の物やある場所に備え付ける。「クーラーを—」②いつもその店から購入する。③契約・約束などを自分の意向に沿うように成立させる。「了解を—」文とりつ・く（下二）

トリッピング〈tripping〉バスケットボールやサッカーなどで、足で相手をつまずかせること。反則の一つ。

トリップ〈trip〉①小旅行。②麻薬などによる幻覚状態。

ドリップ〈drip したたり〉コーヒーのいれ方で、コーヒーの粉に熱湯を注ぎ、ネルや濾紙で漉し出す方式。「—コーヒー」

とり-つぶ・す【取〔り〕潰す】（他五）組織などを消滅させる。特に、江戸時代、幕府が大名や旗本の家を断絶させ、所領を没収したことをいう。「雄藩を—」

とり-て【取〔り〕手】①物を受け取る人。②かるたなどで、札を取る人。↔読み手

とり-て【捕り手】罪人を捕らえる役目の人。捕り方。

とりで【△砦】①本城外の要所に構えた小さな城。②要塞。

とり-てき【取的】〔俗〕最下級の力士。ふんどし担ぎ。

とり-どく【取〔り〕得】取っただけ自分の利益になること。

とり-どころ【取〔り〕所】①取り柄。長所。②取っ手。

とり-とめ【取〔り〕留め】まとまり。しまり。「—のない話」

とり-と・める【取〔り〕留める】（他下一）なくさずにとどめる。「一命を—」文とりと・む（下二）

とり-どり（名・形動ダ）それぞれに違っていること。また、そのさま。さまざま。思い思い。「色—の帽子」

とり-なおし【取〔り〕直し】相撲で、勝負がはっきりしない場合、改めてもう一度勝負すること。「この一番—」

とり-なお・す【取〔り〕直す】（他五）①持ちかえる。持ち改める。「竹刀を—」②もとのように直す。改める。「気を—」③相撲で、改めて勝負をし直す。「物言いがついて—」④写真や複写などを改めてもう一度とる。「写真を—」参考④は「撮り直す」とも書く。

とりなし-がお【取〔り〕成し顔・執り成し顔】その場をうまくとりつくろおうとする態度や顔つき。

とり-な・す【取〔り〕成す・執り成す】（他五）①その場をうまくおさめる。よい状態になるように取り計らう。「座を—」②仲裁する。仲立ちする。「二人の仲を—」

とり-なわ【捕〔り〕縄】罪人を捕らえて縛る縄。捕縄。

とり-にが・す【取り逃〔が〕す・取逃す】（他五）捕らえようとして逃げられる。また、いったん捕らえたものに逃げられる。「好機を—」「犯人を—」

とり-にく【鳥肉・△鶏肉】食用にする鳥の肉。特に、ニワトリの肉。鶏肉。かしわ。チキン。

トリニダード・トバゴ〈Trinidad and Tobago〉西インド諸島東南端にある共和国。首都はポートオブスペイン。

とり-の-あと【鳥の跡】①文字。筆跡。また、手紙。②ぽつんぽつんと書いた下手な文字。語源中国の黄帝の時代に蒼頡という者が鳥の足跡を見て字をつくったという伝説による。

とり-の-いち【△酉の市】毎年十一月の酉の日に、鷲神社で行われる祭礼に立つ市。縁起物の熊手を売る。おとりさま。とりのまち。冬参考東京都台東区の鷲神社が有名。初めの酉の日を「一の酉」といい、以下「二の酉」「三の酉」と呼ぶ。

とり-の・ける【取〔り〕△除ける】（他下一）①取り除く。除き去る。「カバーを—」②取り出して別に残しておく。「注文数だけ—」文とりの・く（下二）

とり-の-こ【鳥の子】①卵。鶏卵。②ひな。ニワトリのひな。③（「鳥の子色」の略）鶏卵の殻のような色。淡黄色。④「とりのこがみ」の略。⑤「とりのこもち」の略。

—がみ【—紙】雁皮を主原料とする淡黄色の上質な和紙。

—もち【—餅】平たい鶏卵形の紅白のもち。祝儀用。鶴の子餅。

とり-のこ・す【取〔り〕残す】（他五）①全部は取らないで、一部を残す。「収集車がごみを—」②ほかの大勢は先へ進んで、一人または一部の者をそこに残す。置き去りにする。「時代に—・される」

とり-のぞ・く【取〔り〕除く】（他五）不要な物、じゃまな物などを取り出して別にする。取り去る。「不純物を—」

とり-のぼ・せる【取〔り〕×逆上せる】（自下一）（「とり」は接頭語）のぼせ上がる。逆上する。「—・せて分別を失う」文とりのぼ・す（下二）

とり-のまち【△酉の町・△酉の待】→とりのいち

とり-ばい【取〔り〕灰】かまどから取り出した灰。また、わらを焼いて作った灰。

とり-はからい【取〔り〕計〔ら〕い・取計い】取り計らうこと。処理。「親切な—」

とり-はから・う【取〔り〕計〔ら〕う・取計う】（他五）適切に判断してうまく処理する。「穏便に—」

とり-はぐ・れる【取りはぐれる】（他下一）

機会をのがして、取り損なう。取りっぱぐれる。「数人分の会費を―」

とり-はこ・ぶ【取〔り〕運ぶ】(他五) バ(ボ)・ビ(ン)・ブ・ブ・ベ・ベ 物事を順序よく進行させる。「とどこおりなく式典を―」

とり-ばし【取り箸】 料理・菓子などを、めいめいの皿に取り分けるときに用いる箸。

とり-はず・す【取〔り〕外す】ハヅス (他五) サ(ソ)・シ・ス・ス・セ・セ ①取り付けてあるものを外す。「網戸を―」②取り損ねる。

とり-はだ【鳥肌・鳥°膚】 寒さや恐怖などで毛穴が縮まり、鳥の毛をむしったあとのようにぶつぶつの出た皮膚。「―が立つ」

とり-はな・す【取〔り〕放す・取〔り〕離す】(他五) サ(ソ)・シ・ス・ス・セ・セ 持っている物をうっかりはなす。誤って落とす。「引き綱を―」

とり-はら・う【取〔り〕払う】ハラフ (他五) ワ(オ)・イ(ッ)・ウ・ウ・エ・エ すっかり取り除く。残らず除き去る。「不要になった足場を―」

トリビア〈trivia〉取るに足りない、つまらないこと。また、そういった雑学的な知識。

トリビアリズム〈trivialism〉本質を忘れ、末端のささいなことにとらわれる傾向。瑣末(さまつ)主義。「―に陥る」

とり-ひき【取〔り〕引き・取引】(名・自他スル) ①物品の売買行為や営利のための経済行為。「銀行―」「株を―する」②たがいの利益のために、条件を示して相手と駆け引きや約束をすること。「政治的―」「犯人と―する」

―じょ【取引所】 商品・有価証券などを大量に取り引きする常設の場所。「東京証券―」

とり-ひし・ぐ【取〔り〕°拉ぐ】(他五) ガ(ゴ)・ギ(イ)・グ・グ・ゲ・ゲ つかみつぶす。押しつぶす。ひしぐ。「鬼をも―勢い」

トリビュート〈tribute〉大きな功績や影響力をもつ人物に賞賛・尊敬などのしるしとして捧(ささ)げるもの。「―アルバム」

とり-ひろ・げる【取〔り〕広げる】(他下一) ゲ・ゲ・ゲル・ゲル・ゲレ・ゲロ(ゲヨ) ①物を取り出してそこへ広げる。「反物を―」②取り払って場所を広くする。拡張する。「道路を―」文とりひろ・ぐ(下二)

とり-ぶき-やね【取り△葺き屋根】 そぎ板を並べて竹や木でおさえ、重しに石を置いた粗末な屋根。

トリプシン〈ドイ Trypsin〉【生】膵液(すいえき)に含まれる、強力なたんぱく質分解酵素。

とり-ふだ【取〔り〕札】 かるたで、取るほうの札。新年 ↕読み札

トリプル〈triple〉三倍・三重などの意。

―クラウン〈triple crown〉→さんかんおう

―プレー〈triple play〉野球で、一連のプレーで三つのアウトをとること。三重殺。

ドリブル〈dribble〉(名・他スル) ①バスケットボール・ハンドボールで、ボールを手でつきながら進むこと。②サッカー・ラグビーで、ボールを小さくけりながら進むこと。③ホッケー・アイスホッケーで、ボールまたはパックをスティックでたたきながら進むこと。④バレーボールで、同じ選手が二度以上連続してボールに触れること。反則の一つ。

とり-ぶん【取り分】 自分の取るべき分。分け前。取り前。

とり-へん【△酉偏】 漢字の部首名の一つ。「酢」「酷」などの「酉」の部分。参考 十二支の動物名「鳥(鶏)」にあたるので「とりへん」と呼ぶが、本来「酒」に関する意味を表す部首で、「鳥」とは関係がない。鳥偏と区別して「ひよみのとり」ともいう。

とり-へん【鳥偏】 漢字の部首名の一つ。「鴃」「鴕」などの「鳥」の部分。

とり-ほうだい【取り放題】ハウダイ 取りたいだけ取れること。

トリマー〈trimmer〉犬や猫など、ペットの毛を刈る美容師。

とり-まえ【取り前】マヘ →とりぶん

とり-まき【取〔り〕巻き】 財力・権力・地位のある者などにいつもまつわりついて、利益を得ようとする人。「―の連中」

とり-まぎ・れる【取〔り〕紛れる】(自下一) レ・レ・レル・レル・レレ・レロ(レヨ) (「とり」は接頭語) ①当面の事柄にすっかり気をとられる。「忙しさに―」②まぎれこむ。「人込みに―」文とりまぎ・る(下二)

とり-ま・く【取〔り〕巻く】(他五) カ(コ)・キ(イ)・ク・ク・ケ・ケ ①周りを囲む。「見物人が―」②人にまつわりついて機嫌を取る。

とり-ま・ぜる【取〔り〕混ぜる】(他下一) ゼ・ゼ・ゼル・ゼル・ゼレ・ゼロ(ゼヨ) いろいろなものを一つに混ぜ合わせる。「大小―」文とりま・ず(下二)

とり-まと・める【取〔り〕△纏める】(他下一) メ・メ・メル・メル・メレ・メロ(メヨ) (「とり」は接頭語) ①いろいろなものを整理して一つにまとめる。「意見を―」②物事をまるくおさめる。「縁談を―」「紛争を―」文とりまと・む(下二)

とり-まわし【取〔り〕回し】マハシ ①手に取って回すこと。②とりなし。取り扱い。処理。③相撲で、まわし。

とり-まわ・す【取〔り〕回す】マハス (他五) サ(ソ)・シ・ス・ス・セ・セ ①手に取って回す。②ぐあいよく処理する。「事務を―」

とり-みだ・す【取〔り〕乱す】 サ(ソ)・シ・ス・ス・セ・セ 一(他五) 乱雑な状態にする。とり散らかす。「―・した部屋」二(自五) 心の平静を失って、乱れた言動をする。「訃報(ふほう)に接して―」

トリミング〈trimming〉(名・他スル) ①写真の引き伸ばしなどで、原画の一部を切りとって画面の構成を整えること。②【服】洋服の縁(ふち)どりをすること。また、その縁飾り。③犬・猫などの毛を刈り込んで形よくすること。

トリム〈trim〉①船の縦方向の傾斜。船首と船尾の喫水の差。②心身の調和を図ること。「―運動」

とり-むす・ぶ【取〔り〕結ぶ】(他五) バ(ボ)・ビ(ン)・ブ・ブ・ベ・ベ (「とり」は接頭語) ①約束・契約などをかたく決める。「条約を―」②仲立ちをする。取り持つ。「二人の仲を―」③へつらって機嫌を取る。「上役のご機嫌を―」

とり-め【鳥目】 夜盲症の俗称。語源 鳥の多くは夜には目が見えないと考えられていたことから出た語。

とり-もち【鳥△黐】 小鳥や昆虫などを捕らえるのに用いる、モチノキなどの皮から採った粘り気のある物質。

とり-もち【取〔り〕持ち】 ①両者の仲立ちをすること。また、その人。「先輩の―で仲直りする」②人をもてなすこと。接待。「座の―がうまい」

とり-も・つ【取〔り〕持つ】(他五) タ(ト)・チ(ッ)・ツ・ツ・テ・テ ①両者の間にはいって、その仲をとりなす。仲立ちをする。「スキーが―縁で結ばれる」②人の気をそらさないようにもてなす。「座を―」

とり-もど・す【取〔り〕戻す】(他五) サ(ソ)・シ・ス・ス・セ・セ いったん失ったものを再び自分のものとする。取り返す。「元気を―」

とり-も-なおさず【取りも直さず】ナホサズ (副) 前に述べたことが、次に述べることと一致する意を表す。言いかえると。そのまま。すなわち。「子の幸福は、―親の幸福だ」

とり-もの【捕〔り〕物】 罪人をとりおさえること。

とり-や・める【取り°止める】(他下一) メ・メ・メル・メル・メレ・メロ(メヨ) (「とり」は接頭語) 予定していた行動や行事を、つごうでやめる。中止する。「旅行を―」文とりや・む(下二)

ど-りゅう【土竜】 ①モグラ。②(地上の竜の意) 名馬。駿馬(しゅんめ)。竜馬(りゅうめ)。

トリュフ〈フラ truffe〉子嚢(しのう)菌類セイヨウショウロ科の、地下で育つきのこの総称。独特の芳香があり、豚などの嗅覚(きゅうかく)を利用して採取する。フォアグラ、キャビアとともに三大珍味。

と-りょう【斗量】リャウ ますではかる。液体や粉末の容量。

と-りょう【塗料】レウ 防腐や美化などのために、物体の表面に

塗る流動性の物質。ペンキ・ニス・うるしなど。

ど-りょう【度量】 リヤウ ― ①長さと容積。②ものさしと、ます。③他人の言動をよく受け入れる寛大な性質。「ーが大きい人」

ど-りょう-こう【度量衡】 リヤウカウ ― 長さと容積と重さ。また、それをはかる、ものさし・ます・はかり。「ーの単位」

ど-りょく【努力】(名・自スル) 力をつくして励むこと。「ー家」「たゆまずーする」

とり-よせ【鳥寄せ】 餌(えさ)・おとり・鳥笛などを使って、野鳥を呼び寄せること。

とり-よ・せる【取〔り〕寄せる】(他下一) セ・セ・セル・セル・セレ・セロ(セヨ) ①手もとに引き寄せる。②離れた所から届けさせる。「資料をー」「産地から直接ー」 文 とりよ・す(下二)

トリル〈trill〉《音》装飾音の一つ。ある音と、その音より二度上または下の音とを交互に速く演奏すること。また、その音。

ドリル〈drill〉①回転させて孔(あな)をあける錐(きり)。穿孔機(せんこうき)。鑿岩機(さくがんき)。②繰り返して練習すること。また、その教材。練習帳。「算数のー」

とり-わけ【取〔り〕分け】(副) ことに。特に。なかでも。なかんずく。「私はー国語が好きだ」

とり-わ・ける【取〔り〕分ける】(他下一) ケ・ケ・ケル・ケル・ケレ・ケロ(ケヨ) ①取って分ける。「料理を皿にー」②取って他と区別する。「不良品をー」 文 とりわ・く(下二)

ドリンク〈drink〉飲み物。飲むこと。「ソフトー」「ー剤」

と・る【取る】(他五) ラ(ロ)・リ(ッ)・ル・ル・レ・レ 《**中心義―それまで自分のものでなかったものを自分のものとして所有する状態にする**》①(置いてある物、離れている物を)手に持つ。つかむ。握る。自分のほうに持ってくる。「本を手にー」「塩をー・ってください」②動き回るものをつかまえる。とらえる。「魚をー」③他人の物を、その人の許可も得ずに自分のものとする。奪う。ぬすむ。「人の物をー」④不要な物を取り去る。除く。「雑草をー」⑤身につけている物をはずす。脱ぐ。「帽子をー」「腕時計をー」⑥要求して自分が使える範囲に置く。もらう。受ける。得る。「住民票をー」「休暇をー」⑦自分のものとする。所有する。「天下をー」⑧いくつかある中から自分の満足できるものを選びとる。「新卒をー」「どちらをーか」⑨全体の中からある部分をたくわえとして別にする。たくわえる。残しておく。「予備費としてー」⑩栄養物を体に取り入れる。食う。食べる。「昼食をー」⑪相手の気分がよくなるようにする。「機嫌をー」⑫(ある状態を)保つ。「バランスをー」⑬理解する。解釈する。「悪くー・られる」⑭作り出す。製する。「まゆから糸をー」⑮(人を)迎え入れる。「弟子をー」「息子に嫁をー」⑯(新聞・雑誌などを)定期的に買う。「新聞をー」⑰注文して持って来させる。「そばをー」⑱定め落ち着く。「宿をー」⑲定め設ける。「床(とこ)をー」⑳予約する。「指定席をー」㉑かるた遊びや相撲などをする。「相撲をー」㉒費やす。要する。「時間をー」㉓合わせととのえる。「拍子をー」㉔じかに確かな返答を受ける。「承認をー」「点呼をー」㉕数えたりはかったりする。「寸法をー」「タイムをー」「脈をー」㉖広い場所を占める。占有する。「場所をー」㉗(約束の上)出させて受納する。「家賃をー」㉘代価として受ける。「一回につき一〇〇円ー」㉙法に基づくとして国が命ずる。「息子を兵隊にー・られる」㉚召し上げる。没収する。「罰金をー」㉛引き受ける。身に負って行う。「責任をー」㉜身に負わされる。持たされる。受ける。「敵に不覚をー」㉝力あるものから、その一部を分けてもらう。移す。「火種をー」㉞自分の身に受けて増やす。積む。重ねる。「年をー」㉟記す。写す。「ノートをー」㊱(芸者・遊女などが)客を迎えて遊びの相手をする。「客をー」㊲形に合わせて型を作る。「靴の型をー」㊳(多く「…にとって」の形で)…の立場からすると。…として。「新人にはー・っては容易ではない」 自 と・れる(下一) 可能 と・れる(下一) 参考 ②は「◇獲る」、③は「◇奪る」「◇盗る」、⑤は「◇脱る」、⑩は「◇摂る」とも書く。⇩「使い分け」

―に足(た)りない 取りたてて言うだけの値打ちがない。問題にならない。「ー存在」 **―物(もの)も取(と)り敢(あ)えず** なにはさておき。大急ぎで。あわてて。「ー駆けつける」

と・る【執る】(他五) ラ(ロ)・リ(ッ)・ル・ル・レ・レ ①手に持って使う。扱う。「舟のかじをー」「筆をー」②事務などを行う。処理する。「事務をー」 可能 と・れる(下一) ⇩「使い分け」

と・る【採る】(他五) ラ(ロ)・リ(ッ)・ル・ル・レ・レ ①選んで、よいほうに決める。採用する。「新入社員をー」「決をー」②採集する。収穫する。「山菜をー」③(光線などを)導き入れる。「天窓から光をー」 可能 と・れる(下一) ⇩「使い分け」

と・る【捕る】(他五) ラ(ロ)・リ(ッ)・ル・ル・レ・レ 逃げようとするものをつかまえる。捕獲する。「魚をー」 自 と・れる(下一) 可能 と・れる(下一) ⇩「使い分け」

と・る【撮る】(他五) ラ(ロ)・リ(ッ)・ル・ル・レ・レ (写真や映画を)写す。撮影する。「写真をー」 自 と・れる(下一) 可能 と・れる(下一) ⇩「使い分け」

> 使い分け 「取る・執る・採る・捕る・撮る」
> 「**取る**」は、手で持つ、わがものとする意がもとであるが、それから派生したさまざまの意味にも「メモを取る」「洋服の汚れを取る」「相撲を取る」「連絡を取る」「年を取る」などと広く一般的に使われる。
> 「**執る**」は、物事をしっかりとつかんでとり行う意で、「指揮を執る」「結婚式を執り行う」などと使われる。
> 「**採る**」は、選んでとりあげる意で、「血を採る」「経験者を採る」「野草を採る」「積極策を採る」などと使われる。
> 「**捕る**」は、つかまえる意で、「虫を捕る」「生け捕る」などと使われる。
> 「**撮る**」は、カメラなどでうつす意で、「記録映画を撮る」「事故現場を撮る」などと使われる。
> ただし、「撮る」以外は、「取る」も用いられる。

ドル〈dollar から〉①アメリカ合衆国・カナダなどの貨幣の単位。一ドルは一〇〇セント。ダラー。記号は$、$ ②金銭。「ー箱」 参考 記号$の形に近い漢字「◇弗」ともあてる。

ど-るい【土塁】 土を盛り上げて築いた堤防状の防壁。

ドル-うり【ドル売り】 為替相場で、ドルの下落を見込んで、ドルを売却し他の通貨を買い入れること。↔ドル買い

ドル-がい【ドル買い】 ガヒ ― 為替相場で、ドルの上昇を見越し、ドル以外の通貨を売却しドルを買い入れること。↔ドル売り

トルク〈torque〉①回転軸の回りにはたらく力の大きさ。②原動機の回転力。「エンジンの最大ー」

トルクメニスタン〈Turkmenistan〉中央アジアの南西部、西はカスピ海に面し、南はイラン・アフガニスタンと接する共和国。首都はアシガバット。

トルコ〈ポルトガル Turco〉アジア西部、小アジア半島とバルカン半島南東部を占める共和国。首都はアンカラ。トゥルキエ。

―いし【―石】《地質》宝石の一つ。青・淡青緑色で不透明。トルコ玉。緑松石。ターコイズ。

―ぶろ【―風呂】 密室に蒸気を充満させて発汗を促す蒸しぶろ。トルコ人などイスラム教徒の間に古くから広まった。

―ぼう【―帽】 トルコ人がかぶっていた円錐(えんすい)台形の帽子。上部の中央にふさが付いている。

トルストイ〈Lev Nikolayevich Tolstoy〉(一八二八〜一九一〇) ロシ

アの小説家。「戦争と平和」「アンナ=カレーニナ」などの名作を書き、また人道主義的思想家としても大きな感化を及ぼした。評論「懺悔」「芸術とはなにか」、戯曲「生ける屍」など。

トルソー〈イタリア torso〉〔美〕頭や手足のない胴体だけの彫像。

トルティーヤ〈スペイン tortilla〉①メキシコ料理の一つ。トウモロコシの粉を水でといて薄く焼いたもの。肉や野菜などの具材をはさんで食べる。⇒タコス ②スペイン風のオムレツ。トルティージャ。

ドル-ばこ【ドル箱】①金を入れる箱。②大きな収入源となる人や物。また、資金の提供者。金箱。「―スター」

ドルメン〈dolmen〉巨大な石で作った墳墓の一種。新石器時代末期のものとされている。

〔ドルメン〕

どれ【◦何れ】㊀(代)不定称の指示代名詞。不明または不特定の物事をさしていう語。どのもの。どのこと。「―にしますか」「―を選んでもよい」㊁(感)①思い立って事をなすときなどに自分自身に向かって発する語。「―、出かけるとしよう」②相手に動作を促すときに発する語。「―、見せてごらん」

トレアドル-パンツ〈toreador pants〉(「トレアドル」は闘牛士の意)〔服〕八分丈で脚にぴったりした女性用ズボン。

どれい【土鈴】土を焼いて作った鈴。

どれい【奴隷】①昔、人間としての自由や権利が認められず、他人の私有財産として労働に服し、また、売買された人間。②あるものに心を奪われ、それに縛られている人。「金銭の―」

トレイル〈trail〉山野・森林のなかの小道。「―ランニング(=山野などを走るスポーツ)」

トレー〈tray〉①盆。盛り皿。②文書整理などに用いる、浅い箱。参考「トレイ」ともいう。

トレーシング-ペーパー〈tracing paper〉敷き写しをするのに用いる半透明の薄い紙。透写紙。トレペ。

トレース〈trace〉(名・他スル)①原図の上に半透明の薄紙をあて、敷き写しをすること。「設計図を―する」②跡をたどること。経過などを追跡すること。③登山で、踏み跡。

トレード〈trade 取り引き〉(名・他スル)①取り引き。貿易。②プロスポーツで、チーム間で選手を移籍・交換すること。「―に出す」

―オフ〈trade-off〉経済などで、何かを取れば別の何かを失う関係をいう語。「品質と価格の―」

―マーク〈trademark〉①登録商標。②その人を、他人に印象づける特徴。「―のえくぼ」

―マネー〈和製英語〉①取り引きする金。②プロスポーツで、選手の移籍に際してチーム間で取り引きされる金。移籍料。

トレーナー〈trainer〉①スポーツなどで、練習や体力づくり、体調管理の指導を行う人。②馬や犬などの調教師。③運動選手などが着る、厚手の長袖・丸首シャツ。参考③は、英語では sweat shirt という。

トレーニング〈training〉(名・自スル)練習。訓練。鍛錬。「ハードな―を積む」「イメージ―」

―ウエア〈和製英語〉スポーツ練習用の衣服。運動着。

―キャンプ〈training camp〉スポーツチームの合宿練習。また、それを行う場所や宿舎。

―シャツ〈和製英語〉スポーツ練習用のシャツ。

―パンツ〈和製英語〉スポーツ練習用の長ズボン。トレパン。

トレーラー〈trailer〉動力装置を持たず、他の牽引車に引っ張られて人や荷物を運搬する付属車。

―ハウス〈和製英語〉自動車で牽引される移動型住宅。

ドレス〈dress〉女性の衣服。婦人服。特に、礼装用の衣服。

―アップ〈dress up〉(名・自他スル)着飾ること。

―コード〈dress code〉その場にふさわしいものとして定められた服装のきまり。

―メーカー〈dressmaker〉おもに婦人服を仕立てる人。また、その店。洋裁師。洋裁店。

とれ-だか【取れ高】(農作物などの)取れた量。収穫量。

とれ-たて【取れ立て】収穫したばかりであること。「―野菜」

と-れつ【◬堵列】(名・自スル)(「堵」は垣の意)垣根のように横にずらりと立ち並ぶこと。人垣をつくること。また、その列。

トレッキング〈trekking〉登頂を目的とせず、山麓を歩き回り楽しむスポーツ。山歩き。「―を楽しむ」

ドレッサー〈dresser〉①洋服の着こなしの上手な人。「ベスト―」②大きな鏡の付いた化粧台。

ドレッシー〈dressy〉(形動ダ)ダロ・ダッ(デ・ニ)・ダ・ナ・ラ・〇 洋服の型やデザインなどが優美で柔らかい感じがするさま。↔スポーティー

ドレッシング〈dressing〉①身支度すること。着付け。また、服装。装飾。「―ルーム」②サラダなどにかける、酢・サラダ油・調味料などを合わせたソース。

トレ-パン →トレーニングパンツ

どれ-ほど【◦何れ程】(副)どのくらい。どんなに。「―苦しい思いをしたかわからない」「いったい―あるか見当もつかない」

ド-レ-ミ〈イタリア do re mi〉〔俗〕①七音音階の初めの三音。また一般に、音階。「―で歌える」②音楽の初歩。

トレモロ〈イタリア tremolo〉〔音〕同一音または高さの異なる二音を急速に反復して震わせた音。また、その音を出す奏法。

と・れる【取れる】(自下一)レレ・レル・レレ・レロ(レヨ) ①付いていたものが離れ落ちる。「ふたが―」②収穫物・捕獲物がある。「魚が―」③解釈される。理解される。「いろいろの意味に―」④好ましくない状態が消え去る。「疲れが―」⑤調和した状態になる。「釣り合いが―」⑥(「取る」の可能動詞)取ることができる。「しみが―・れない」他と・る(五) 文と・る(下二) 参考②で、動物の場合には「捕れる」「◦獲れる」、作物の場合には「採れる」「◦穫れる」とも書く。

と・れる【撮れる】(自下一)レレ・レル・レレ・レロ(レヨ) 写真に写る。「実物よりよく―・れている」他と・る(五)

トレンチ-コート〈trench coat〉前の合わせがダブルで、共布の肩当てとベルトの付いたコート。トレンチ。語源第一次世界大戦で、英国兵が塹壕(trench)内で着たことからの名。

トレンディー〈trendy〉(形動ダ)ダロ・ダッ(デ・ニ)・ダ・ナ・ラ・〇 流行の先端をいくさま。最新の。トレンディ。「―な服装」

トレンド〈trend〉流行。動向。傾向。「―カラー」

とろ マグロなどの肉の脂肪の多い部分。「中―」

とろ【◬瀞】川の、水が深くて流れの静かなところ。どろ。

と-ろ【吐露】(名・他スル)考えていることを包み隠さず述べること。「真情を―する」

どろ【泥】①水が混じって軟らかくなった土。「靴に―が付く」②「どろぼう」の略。「こそ―」

―を被る 他人の失敗の責任を自分一人で引き受ける。

―を塗る 面目を失わせる。恥をかかせる。「親の顔に―」

―を吐く 隠していた犯罪・悪事を白状する。

どろ-あし【泥足】泥で汚れた足。泥だらけの足。

とろ・い(形)カロ・カッ(ク)・イ・イ・ケレ・〇 ①頭のはたらきや行動などが鈍い。「―やつだ」②力や勢いが弱い。「火が―」文とろ・し(ク)

トロイカ〈ロシア troika〉ロシアの三頭立ての馬そり。雪のない季節は馬車とする。

—ほうしき【—方式】ハウシキ 有力者三人で事にあたるやり方や指導体制。

と-ろう【徒労】ラウ むだな骨折り。「努力が—に帰する」

どろ-うみ【泥海】 泥水で汚れた海。また、広いぬかるみのたとえ。「一面の—」「—と化す」

どろ-えのぐ【泥絵の具】エノグ 胡粉(ごふん)を混ぜた粉末状の安価な絵の具。水に溶いて用いる。

ドロー〈draw〉①スポーツの試合で、引き分け。「判定は—になる」②→ドローイング①

ドローイング〈drawing〉①製図。ドロー。②素描。

トローチ〈troche〉砂糖などを混ぜ合わせてドロップ状にした薬。一度に飲み込まず、口の中で少しずつ溶かす。トローチ剤。

トローリング〈trolling〉船を走らせ、船尾から釣り糸を流して、カジキ・マグロなどの大型の魚を釣る方法。

トロール〈trawl〉①「トロール網」の略。②「トロール漁業」の略。③「トロール船」の略。

—あみ【—網】 底引き網の一つ。トロール漁業に用いる、長さ二五メートルぐらいの三角形の袋網。

—ぎょぎょう【—漁業】ギョゲフ トロール船に大きな三角形の袋網を仕掛け、海底を引いて大量の魚を捕らえる漁業。

—せん【—船】 ウインチを備え、トロール網を引く漁船。

ドローン〈drone〉遠隔操作や自動操縦で飛ぶ、小型の無人航空機。

とろか・す【△蕩かす】(他五) サ(ソ)・シ・ス・ス・セ・セ ①金属などの固体を溶かす。②うっとりさせる。夢中にさせる。「心を—音楽」自とろ・ける(下一)

どろ-くさ・い【泥臭い】(形) カロ・カッ(ク)・イ・イ・ケレ・○ ①どろ特有の臭みがする。「このアサリは—」②服装・行動などが洗練されていなくてやぼったい。あか抜けしない。「—身なり」文どろくさ・し(ク)

とろ・ける【△蕩ける】(自下一) ケ・ケ・ケル・ケル・ケレ・ケロ(ケヨ) ①固体が溶けて液状になる。また、溶けて形がくずれる。「チーズが—」②心のしまりがなくなる。うっとりする。「甘い言葉に心が—」他とろか・す(五) 文とろ・く(下二)

どろ-じあい【泥仕合】ジアヒ たがいに相手の秘密や欠点などをあばき合い、醜く争うこと。また、その争い。「—を演じる」

どろ-た【泥田】 泥深い水田。

トロツキスト〈Trotskyist〉永続革命論を唱え、一国社会主義に反対する極左的立場の人。ロシアの革命家トロツキーの信奉者。

トロッコ〈truck から〉レールの上を走らせる、土木工事などで用いる手押し運搬車。

トロット〈trot〉①馬術の速歩(はやあし)。②→フォックストロット

どろっ-と(副・自スル) 液体に粘り気の強いさま。また、そのように見えるさま。どろりと。「—したソース」

ドロップ〈drop〉□一(名) 砂糖に香料などを加えて固めたあめ。□二(名・自スル) 野球で、投手の投げた球が打者の近くで落ちること。また、その球。ドロップカーブ。

—アウト〈dropout〉(名・自スル) ①体制や組織から脱落すること。また、学校を中途退学すること。②ラグビーで、防御側がドロップキックを行って競技を再開すること。

—キック〈dropkick〉サッカーやラグビーで、ボールを地面に落とし、跳ね返った瞬間に蹴(け)ること。

とろ-とろ(副・自スル・形動ダ) ①物が溶けて粘液状になったさま。「あめが—になる」②勢いが弱いさま。また、ゆっくり進行するさま。「いろりの火が—(と)燃える」「車が—(と)走る」③浅く眠るさま。「つい—(と)する」

どろ-どろ(名・副) ①雷(かみなり)などが響くさま。②芝居や落語などで、幽霊が出るときなどに小刻みに連続して打つ太鼓の音。

どろ-どろ【泥泥】(副・自スル・形動ダ) ①泥のように粘液状になっているさま。「—に溶ける」②泥まみれ。どろんこ。「—の靴」③(転じて)複雑にからみ合って、すっきりしないさま。「—(と)した人間関係」

どろ-なわ【泥縄】ナハ 事が起こってからあわててその対策を立てること。「—式」語源「泥棒を捕らえて縄をなう」から出た語。

どろ-ぬま【泥沼】 ①泥深い沼。②はまり込むとなかなか抜け出せないような悪い状態や境遇。「—の戦争」

どろ-の-き【泥の木・×白楊】〔植〕ヤナギ科の落葉高木。寒地に自生。雌雄異株(しゅ)。葉は広楕円(だえん)形。早春、尾状の花を付ける。材はマッチの軸木や経木にする。泥柳。デロ。

トロ-ばこ【トロ箱】(トロール漁の獲物を入れる箱から)海産物を入れて運ぶのに使う箱。多くは発泡スチロール製。

とろ-び【とろ火】 料理で、勢いの弱い火。弱火。↔強火

トロピカル〈tropical〉□一(形動ダ) ダロ・ダッ(デ・ニ)・ダ・ナ・ナラ・○ 熱帯地方の。熱帯的な。「—フルーツ」□二(名)〔服〕毛織物の一種。手触りのさらさらした薄手の平織り夏服地。

トロフィー〈trophy〉入賞記念品。優勝杯・盾など。

どろ-ぼう【泥棒・泥坊】ボウ・バウ (名・他スル) 人の物を盗むこと。また、盗む人。「—にはいられる」

—を捕(と)らえて縄(なわ)を綯(な)う 事が起きてしまってからあわてて対策をたてる。泥棒を見て縄を綯う。泥縄。

どろ-まみれ【泥。塗れ】(名・形動ダ) 全体に泥がついて汚れていること。また、そのさま。泥だらけ。「—の靴」

とろ-み 料理で、液状で少し粘りのある状態。「—をつける」

どろ-みず【泥水】ミヅ 泥が混じって濁った水。

—かぎょう【—稼業】カゲフ 芸者・娼妓(しょうぎ)などをして生計を立てる境遇。泥水商売。苦界(くがい)。

どろ-みち【泥道】 泥でぬかった道。どろんこ道。

どろ-やなぎ【泥柳・×白楊】 →どろのき

どろ-よけ【泥。除け】 車や自転車などの車輪の外側に付けて、車輪がはね上げる泥を防ぐもの。

トロリー-バス〈trolley bus〉空中に渡した架線から電力を得て道路を走るバス。無軌条電車。はじまり 日本での都市交通としては、一九三二(昭和七)年に、京都市が導入したのが最初。現在、日本の都市部ではすべて廃止。

とろり-と(副・自スル) ①やわらかく粘りのあるさま。「—した蜜(みつ)」②眠気を催すさま。また、浅く眠るさま。「—した目」

どろり-と(副・自スル) 液体などが濃く濁っていて、粘り気の強いさま。どろっと。「—したスープ」

とろろ【×薯蕷】 ①「とろろいも」の略。②「とろろじる」の略。

—いも【—芋】 すってとろろ汁をこしらえる芋。長芋・山芋など。とろろ。秋

—じる【—汁】 とろろ芋をすりおろし、すまし汁などでのばした料理。とろろ。「麦飯に—をかける」秋

とろろ-こんぶ【とろろ昆布】 ①褐藻類コンブ科の海藻の一種。藻体は細長い帯状で、やわらかく粘液が多い。食用。②コンブを薄く膜状に削った食品。とろろこぶ。

と-ろん【徒論】 実りのないむだな議論。

どろん(名・自スル)〔俗〕急に姿をくらますこと。「—を決め込む」語源 芝居で、幽霊の出入りの場面に太鼓をどろどろと打つことからいう。

ドロン-ゲーム〈drawn game〉引き分け試合。

どろんこ【泥んこ】□一(形動ダ) ダロ・ダッ(デ・ニ)・ダ・ナ・ナラ・○〔俗〕泥まみれのさま。「靴が—になる」□二(名) 泥。「—遊び」

とろん-と(副・自スル) 目つきに生気のないさま。「—した目」

トロンボーン〈trombone〉【音】金管楽器の一つ。U字形の管を組み合わせ、管の長さを伸縮させて、音の高さを変える細長いらっぱ。

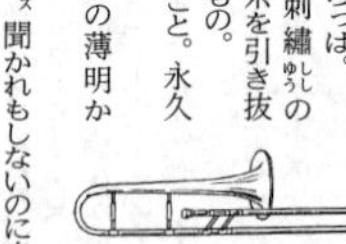
〔トロンボーン〕

ドロン-ワーク〈drawn work〉刺繡(ししゅう)の技法で、麻布などのよこ糸またはたて糸を引き抜き、残った部分を種々の模様にかがるもの。

とわ【×永久】(トハ) いつまでも変わらないこと。永久(えいきゅう)。「一の誓い」「一の眠り(=死)」

トワイライト〈twilight〉日没後の薄明かり。たそがれ。

とわず-がたり【問わず語り】(トハズガタリ) 聞かれもしないのに自分から話すこと。「一に語る」

とわずがたり【とはずがたり】(トハズガタリ) 鎌倉後期の日記文学。後深草院二条(源雅忠女(まさただのむすめ))著。一三一三(正和二)年以前の成立。後深草上皇の寵(ちょう)を受けての宮廷生活を述べた部分と、出家後の諸国遍歴を記述した部分とから成る。

ど-わすれ【度忘れ】(名・他スル)(「ど」は接頭語)よく知っているはずの物事をふと忘れて、どうしても思い出せないこと。どわすれ。「知人の名前を一する」

とん【屯】(トン㊥ たむろ) (字義) ①群がり集まる。一地点にとどまって守る。「屯営・屯所・屯田・駐屯」②重さの単位。トン。難読 屯倉(みやけ) 人名 みつ・むら・より

とん【団】(字義)→だん(団)

とん【沌】(人 トン) (字義) ①ふさがって水が流れない。②「沌沌(とんとん)」は、㋐水がうずまくさま。㋑愚かなさま。③「混沌・渾沌(こんとん)」は、形がなく物事の区別がつかないさま。

とん【惇】(人 トン・ジュン あつい) (字義) ①あつい。人情にあつい。「惇信」②まこと。まごころ。「惇樸(とんぼく)」 人名 あつ・あつし・すなお・つとむ・とし・まこと

とん【豚】(トン㊥ ぶた㊥) (字義) ①ぶた。家畜の一つ。「豚肉(とんにく・ぶたにく)・養豚」②愚か者のたとえ。「豚児」

とん【豚】ぶた。ぶた肉。「一カツ」「一汁」

とん【敦】(人 トン あつい) (字義) てあつい。人情があつい。てあつくする。「敦厚・敦朴(とんぼく)」 人名 あつ・あつし・あつみ・おさむ・たい・つとむ・つる・とし・のぶ

とん【遁】(人 トン のがれる) (字義) のがれる。にげる。のがれかくれる。かくれ去る。「遁世・遁走・隠遁」

とん【頓】(トン㊥ ぬかずく) (字義) ①頭を地につけておじぎをする。「頓首」②つまずく。やぶれくじける。「頓挫(とんざ)」③とどまる。とまる。「停頓」④おちつける。きちんとおく。「整頓」⑤とみに。急に。にわかに。「頓悟・頓死・頓知」⑥一気に。一度に。「頓服(とんぷく)」

トン〈ton〉①質量の単位。メートル法では、一トンは一〇〇〇キログラム。ヤードポンド法のうち、英トンは一トンが二二四〇ポンド(約一〇一六キログラム)、米トンは一トンが二〇〇〇ポンド(約九〇七キログラム)。記号 t ②容積の単位。船の一総トンは一〇〇立方フィート。貨物の一トンは四〇立方フィート。参考「屯・噸・瓲」とも書く。

どん【丼】(字義)→せい(丼)

どん【丼】「どんぶり」の略。「うなー」「天ー」

どん【呑】(人 ドン のむ) (字義) ①のむ。のみこむ。「呑海・呑舟」↔吐 ②ほかを侵略し支配する。「併呑」難読 呑噬(どんぜい)・呑気(のんき)

どん【貪】(ドン㊥・トン・タン むさぼる㊥) (字義) むさぼる。よくばる。よくばり。「貪欲・慳貪(けんどん)」

どん【鈍】(ドン㊥ にぶい㊥・にぶる㊥) (字義) ①にぶい。刃物の切れあじが悪い。「鈍刀」②とがっていない。角度が直角より大きく二直角(一八〇度)より小さい。「鈍角」③のろい。おろか。「鈍感・鈍重・愚鈍・魯鈍(ろどん)」↔鋭 難読 鈍色(にびいろ・にぶいろ)・鈍間(のろま)

どん【鈍】(名・形動ダ) 鈍いこと。のろいさま。愚かなこと。

どん【曇】(ドン㊥・タン くもる㊥) (字義) くもる。日が雲にかげる。くもり。「曇天・晴曇」

-どん (接尾) 商家などで、奉公人など目下の者を呼ぶとき、名の下に付ける語。「佐助(さすけ)ー」語源「殿(どの)」の転。

どん (俗) ■(副) ①太鼓の鳴る音や火薬の爆発する音などを表す語。「遠くでーという花火の音がする」②強く突いたりぶつかったりするさまを表す語。「ーと押される」■(名) サイレンの普及以前に、正午を知らせるために鳴らした空砲。午砲。

ドン〈スペイン don〉①スペイン・イタリアなどで、男性の名の前に付けて敬意を表す語。「ーキホーテ」②大立て者。首領。親分。「政界のー」

とん-えい【屯営】(名・自スル) 兵隊が集まり守っていること。また、その場所。陣営。「ー地」

トンガ〈Tonga〉南太平洋ポリネシア南西部にある島国で立憲君主国。トンガ王国。首都はヌクアロファ。

どん-か【鈍化】(クワ) (名・自他スル) にぶくなること。にぶくすること。「物価の上昇率がーする」

どん-かく【鈍角】【数】直角より大きく、二直角(一八〇度)より小さい角。↔鋭角

ーさんかくけい【ー三角形】【数】一つの内角が鈍角である三角形。↔鋭角三角形

とんかち「かなづち」の俗称。

とん-カツ【豚カツ】ぶた肉のカツレツ。ポークカツレツ。

とんがら-か・す【△尖らかす】(他五)(サ(ソ)・シ・ス・セ・セ)《俗》(「か」は接尾語)とがらす。「口をー」自とんがらか・る(五)

とんがら-か・る【△尖らかる】(自五)(ラ(ロ)・リ(ッ)・ル・ル・レ・レ)《俗》とがる。とんがる。「そんなにーな」他とんがらか・す(五)

とんがり-ぼうし【△尖り帽子】先のとがった円錐(えんすい)形の帽子。

とんが・る【△尖る】(自五)(ラ(ロ)・リ(ッ)・ル・ル・レ・レ)《俗》とがる。

どん-かん【貪官】(クワン) 賄賂(わいろ)などをほしがる欲の深い役人。

どん-かん【鈍感】(名・形動ダ) 感覚や感じ方がにぶいこと。また、そのさま。「ーな人間」↔敏感

どん-き【鈍器】①よく切れない刃物。↔利器 ②刃の付いていない凶器。棍棒(こんぼう)や石などの、固くて重みのある道具。

ドン-キホーテ〈スペイン Don Quijote〉スペインの作家セルバンテスの小説。一六〇五―一六一五年刊。妄想にとりつかれた郷士ドン=キホーテを主人公に、当時の世相を風刺した作品。

ーがた【ー型】ドン=キホーテを典型とする人間の類型の一つ。ひとりよがりの正義感にかられて、いたずらに無鉄砲な行動にはしるタイプ。↔ハムレット型

とん-きょう【頓狂】(キャウ) (名・形動ダ) 突然まぬけなことや調子外れの言動をすること。また、そのさま。「ーな声を出す」

トング〈tongs〉食べ物などをはさんでつかむV字形の道具。

どん-くさ・い【鈍臭い】(形)(カロ・カッ(ク)・イ・イ・ケレ・〇)《俗》間がぬけてい

る。まだるっこい。文どんくさ・し(ク)

どん-ぐり【団栗】〘植〙クヌギ・ナラ・カシなどの、椀形の殻にはいっている果実の俗称。特に、クヌギの実。秋

—の背比べ みんな平凡で似たり寄ったりであること。

—まなこ【—眼】まるくてくりくりした大きな目。

どん-けつ〘俗〙①尻の卑語。②最後。最下位。びり。

とん-ご【頓悟】(名・自スル)〘仏〙にわかに悟りを開くこと。

どん-こ【冬子・冬菇】冬季、かさの開ききらないうちに収穫した肉厚の椎茸。乾物は味がよく高級品。

どん-こう【鈍行】〔カウ〕〘俗〙(急行に対して)各駅に停車する列車・電車など。普通列車。↔急行

とん-こつ【豚骨】豚の骨。また、豚の骨を煮込んで作ったスープ。「—ラーメン」

どん-こん【鈍根】(名・形動ダ)才知がにぶいこと。また、そのような性質。↔利根

とん-ざ【頓挫】(名・自スル)勢いがにわかにくじけ弱ること。計画や事業の進行が急に止まること。「計画が—する」

とん-さい【頓才】臨機応変に機転の利く才。「頓知—」

どん-さい【鈍才】頭のはたらきがにぶい人。↔秀才

とん-し【頓死】(名・自スル)あっけなく死ぬこと。急死。

とん-じ【豚児】(おろかな子供の意)自分の息子を謙遜していう語。愚息。

とん-じ【遁辞】責任などを逃れようとしていう言葉。言い逃れ。逃げ口上。「—を弄する」

とん-しゃ【豚舎】豚小屋。

とん-じゃく【頓着】〔チャク〕(名・自スル)→とんちゃく

とん-しゅ【頓首】①手紙文の終わりに用いて敬意を表す語。「—再拝」「草々—」②昔の中国の礼式で、頭を地につくように下げる敬礼。

どん-じゅう【鈍重】〔デュウ〕(名・形動ダ)動作や反応がにぶくのろいこと。また、そのさま。「動作が—だ」

どんしゅう-の-うお【呑舟の魚】〔ドンシウノウヲ〕(舟をひとのみにするような大魚の意から)大人物のたとえ。大物。

とん-しょ【屯所】①兵士などが詰めている所。②「警察署」の旧称。

とんしょう-ぼだい【頓証菩提】〘仏〙すみやかに悟りを開くこと。仏前で唱え、死者の霊の成仏を祈る語。

どん-しょく【貪食】(名・他スル)むさぼり食うこと。

どん-じり〘俗〙一番終わり。最後。びり。「—に控える」

とん-じる【豚汁】ぶた肉のこま切れと野菜を入れたみそ仕立ての汁。豚汁。

どん-す【緞子】紋織物の一種。練り糸で織った地の厚い、光沢のある絹織物。「金襴—」参考「どん」「す」は唐宋音。

トン-すう【トン数】①重量をトン単位で表した数。⇩トン②軍艦の排水量。③商船の積載量。

とん-ずら(名・自スル)〘俗〙「逃げる」意の乱暴な言い方。参考「とん」は遁走、「ずら」は「ずらかる」の意。

どん・する【鈍する】(自サ変)〔シ(セ)・サ・シ・スル・スル・スレ・シロ(セヨ)〕頭のはたらきや感覚などがにぶくなる。「貧すれば—」文どん・す(サ変)

とん-せい【遁世】(名・自スル)①俗世間の雑事とのかかわりを断つこと。②世を捨てて、仏門に入ること。「出家—」

どん-ぜい【呑噬】(名・他スル)①のむことかむこと。②他国を攻めて領土を奪い取ること。

とん-そう【遁走】(名・自スル)逃げ走ること。逃走。

どん-そく【鈍足】走るのが遅いこと。また、その人。↔俊足

どん-ぞこ【どん底】いちばん底。それ以上落ちようにも落ちるところのない最悪の状態。「不幸の—からはいあがる」

とん-だ(連体)思いもかけない大変な。とんでもない。あきれた。「—災難でしたね」「—ご迷惑をおかけしました」

ドンタク〈オランダ zondag(=日曜日)から〉①日曜日。また、休日。②福岡市の祭り「博多どんたく」。春

とん-ち【頓知・頓智】その場に応じてとっさに出る知恵。機知。「—をはたらかせる」

とん-ちき【頓痴気】〘俗〙まぬけ。とんま。「この—め」

とん-ちゃく【頓着】(名・自スル)物事を深く気にかけること。気遣い。頓着。「何事にも—しない人」用法 多く、あとに打ち消しの語を伴って用いる。

どんちゃん-さわぎ【どんちゃん騒ぎ】(名・自スル)酒を飲み歌を歌って、おおいに騒ぐこと。また、そのような遊興。

どん-ちょう【緞帳】〔チャウ〕①厚くて重い、模様入りの幕。②劇場などで巻いてあげおろしする垂れ幕。

—しばい【—芝居】〔シバヰ〕昔、引き幕の使用が許されないで、垂れ幕を用いた下等な芝居。下手な芝居。

—やくしゃ【—役者】緞帳芝居に出る下級の役者。

とん-ちん-かん【頓珍漢】(名・形動ダ)〘俗〙言動が的外れで、ちぐはぐなさま。また、そういう人。「—な受け答え」

どん-つう【鈍痛】にぶく重苦しい痛み。↔激痛

どん-つく【鈍つく】①にぶいこと。にぶい人。②(「どんつく布子」の略)質の悪い木綿の綿入れ。

どん-づまり【どん詰〔ま〕り】〘俗〙①物事のその先がないぎりぎりの所。②道路が行きどまりの所。「路地の—」

とんでひにいる-なつのむし【飛んで火に入る夏の虫】待ちかまえる敵中に自分から飛びこむこと。みすみすわざわいに身を投じること。また、その人。「—とはお前のことだ」

とんでも-な・い(形)〔カロ・カッ(ク)・イ・イ・ケレ・○〕①思いも寄らない。あってはならない。「—ことをした」②(強く否定して)そんなことは決してない。「—、それは誤解だ」語源「途でもない」の転という。

とん-でん【屯田】兵士が、平時はその土地の警備にあたりながら農業に従事し、事あれば従軍した制度。

—へい【—兵】明治時代、北海道の開拓・警備にあたった農兵。

どん-てん【曇天】くもり。くもり空。

どんでん-がえし【どんでん返し】〔ガヘシ〕①物事が一変して逆の状態や結果になること。「—の判決」②〘演〙舞台上の大道具を場面の展開に合わせてうしろへひっくり返して、次のものに取りかえること。また、そういう仕掛け。がんどう返し。

とん-と【頓と】(副)①いっこうに。少しも。まったく。「—わからない」②すっかり。まったく。「—忘れていた」用法 ①はあとに打ち消しの語を伴う。

どん-と【呑吐】(名・他スル)のむことはくこと。入れたり出したりすること。「一日に数万人を—する駅」

どん-と(副)勢いよく突いたりぶつかったりするさま。また、勢いや力のあるさま。「—かかってこい」「物価が—上がる」

どんど 正月十五日に門松やしめ飾りなどを集めて焼く行事。とんど。どんど焼き。どんどん焼き。左義長。新年

どん-とう【鈍刀】〔タウ〕切れ味の悪い刀。なまくら刀。↔利刀

とん-とん 一(副)①続けて軽くたたく音。②調子よく物事がはかどるさま。「話は—(と)進んだ」二(形動ダ)〔ダロ・ダッ(デ・ニ)・ダ・ナ・ナラ・○〕二つのものにほとんど差がないさま。「収支が—になる」

—びょうし【—拍子】〔ビャウシ〕(名・形動ダ)調子よく物事が進行すること。また、そのさま。「事が—に運ぶ」

—ぶき【—葺〔き〕】屋根を、瓦やトタンなどでおおわないで、下地のこけら板だけでふくこと。また、その粗末な屋根。

どん-どん(副)①続けて強く打つ音。②物事がとどこおらず

に勢いよく進行するさま。「仕事が―はかどる」

―ばし【―橋】 踏めばどんどんと音がする木造の反り橋。

どんな (形動ダ) どのような。どういう。「―人か、よく知らない」参考 連用形「どんなに」の形で、その状態や程度などを強調する。「―につらかったことか」⇩あんな「用法」

とん-にく【豚肉】 ぶた肉。

トンネル〈tunnel〉 ■一 (名) 鉄道・道路・水路などのために、山腹・地中・海底などを掘り貫いてつくった通路。隧道。■二 (名・他スル) 野球で、野手がゴロの打球を取れず股の間からうしろにそらすこと。参考 ■二は和製英語。

―がいしゃ【―会社】 中間利益を得るために、帳簿上そこを通すだけの名目上の会社。ダミー会社。

どん-ぱち 《俗》(銃などを撃ち合う音から)戦争。抗争。

とんび【鳶】 ①→とび① ②袖口の広い、男子の和服用の外套。二重回し。とんびがっぱ。インバネス。冬

―に油揚げをさらわれる (今にも手にはいるはずだった)大事なものをふいに横あいから奪われることのたとえ。

どん-ぴしゃり (形動ダ) 少しの狂いもなく的中するさま。どんぴしゃ。《俗》ぴったり合うさま。「―のタイミング」

ドン-ファン〈スペイン Don Juan〉 スペインの伝説上の人物。希代の女たらしとして性格づけられ、好色漢の代名詞となっている。ドン＝ジュアン。

とん-ぷく【頓服】 (名・他スル)《医》解熱・鎮痛などのため、必要なときにそのつど服用すること。また、その薬。「―薬」

どん-ぶつ【鈍物】 頭のにぶい人。↔才物

とんぶり ホウキグサの実。また、それを乾燥させ加熱加工したもの。和え物や酢の物に用いる。秋田県特産。

どんぶり【丼】 (字義) →せい(丼)

どんぶり【丼】 ①「丼鉢」の略。②丼鉢に飯を盛り、具をのせた料理。③職人などの腹掛けの、前につけてある物入れ。

―かんじょう【―勘定】 計算もしないで大ざっぱに金を出し入れすること。語源 職人が「どんぶり③」に金を入れておいて、むぞうさに金の出し入れをしたことからいう。

―ばち【―鉢】 食物を盛る、深くて厚い陶製の鉢。

―めし【―飯】 どんぶり鉢に盛った飯。

とんぼ【×蜻蛉・×蜻蜓】 ①《動》トンボ目に属する昆虫の総称。一対の大きな複眼を持ち、胸部は太く腹部は細長い。二対の羽は膜質で、網状の脈がある。口はかむのに適し虫を食べる。幼虫は水中にいて「ヤゴ」といい、不完全変態をして成虫になる。秋 ②「とんぼがえり」の略。「―を切る(＝とんぼ返りをする)」

―がえり【―返り】 (名・自スル) ①手をつかずに空中で身体を回転させること。宙返りをすること。②目的地に着いてすぐ引き返すこと。「―の出張」語源 飛んでいるとんぼが急に身をうしろへ方向転換させることからいう。

とん-ま【×頓馬】 (名・形動ダ) 間が抜けていること。また、その人。

どん-ま【鈍麻】 (名・自スル) 感覚がにぶくなること。「神経が―する」

どん-ま【鈍磨】 (名・自スル) すり減ってにぶくなること。

ドン-マイ (感)〈Don't mind から〉スポーツで、失敗し落胆している者を励ます掛け声。「心配するな。大丈夫だ」の意。

とん-や【問屋】 《商》生産者から品物を買い、それを小売業者に卸すことを商売としている人、あるいは店。卸売業。問屋。「そうは―が卸さない(＝そう都合よくは運ばない)」

どん-よう【嫩葉】 (「嫩」は若い意)若葉。

どん-よく【貪欲・貪慾】 (名・形動ダ) 非常に欲の深いこと。また、そのさま。「知識を―に吸収する」参考 仏教では「とんよく」という。

どんより (副・自スル) ①空が曇って薄暗いさま。「―(と)した空」②清澄さを欠き濁っているさま。「―(と)した目」

どん-らん【貪婪】 (名・形動ダ) 非常に欲の深いこと。ひどく欲張ること。また、そのさま。「―な人」

どん-り【貪吏】 賄賂などを取る、欲の深い役人。

な ナ

五十音図「な行」の第一音。「な」は「奈」の草体。「ナ」は「奈」の省画。

な【那】 ナ㊥・ダ なんぞ
(字義) ①なんぞ。いかんぞ。＝奈・何。②かの。あの。「那箇」③どの。「那辺」④きわめて短い時間。「刹那」人名 くに・とも・ふゆ・やす

な【奈】 教4 ナ・ダイ
(字義) ①木の名。あかなし。からなし。②いかん。いかにせん。いかんぞ。難読 奈何

な【南】 (字義) →なん(南)

な【納】 (字義) →のう(納)

な【椰】 人 ナ・ダ
(字義) なぎ。マキ科の常緑高木。暖地の山に自生する。人名 なぎ

な【名】 ①他のものと区別するための、人・事・物に対する呼び方。名前。名称。「山の―」②姓名。「私の―は田中一郎です」③(姓に対して)個人を区別して呼ぶ名前。「姓は小川、―は正夫」④世間に知られている評判。名声。また、うわさ。「―のある人」⑤面目。名分。「武士の―が立たない」⑥(実質を伴わない)名目。「―ばかりの会長」⑦言いぐさ。口実。「自衛の―のもとに他国に侵攻する」⑧名義。「兄の―で金を借りる」

―が通る 世間によく知られる。評判になる。**―に(し)負う** ①名前どおりである。名にふさわしい。②名高い。有名である。**―に背く** 名声・評判に反する。**―は実の賓** 実際の徳が主で、名誉はその客である。徳があってこそ名誉がこれに伴うということ。**―は体を表す** 名前はそのものの実体をよく言い表す。**―を揚げる** 有名になる。**―を売る** 名が広く世間に知れわたるようにする。**―を惜しむ** 名をけがすまいとする。**―を借りる** ①他人の名義で自分の事をする。②表面上の口実とする。「慈善事業の名を借りた売名行為」**―を汚す** 名誉をきずつける。評判を落とす。**―を捨てて実を取る・―を取るより実を取れ** 表面上の名声を得るより、実質的な利益を得るほうがよい。参考 類似のことば―花より団子。**―を留める** 後世に名を残す。「歴史に―」**―を成す** 有名になる。**―を残す** 後世まで名声をとどめる。**―を馳せる** 世間に広く知れわたる。

な【菜】 ①葉・茎を食用とする野菜の総称。なっぱ。②あぶらな。

な【汝】 (代)《古》対称の人代名詞。なんじ。おまえ。汝。用法 自分より目下の者や親しい人に使う。

な (感) 相手に念を押したり、同意を求めたり、呼びかけたりする語。なあ。「―、いいだろう」用法 多く、男性が対等あるいはそれ以下の相手に言う語。

な ■一 (終助) ①禁止の意を表す。「あきらめる―」「彼に見せる―」②感動・詠嘆の意を表す。「静かだ―」⇩なあ(終助) ③念を押す意を表す。「これでいいか―」「あとで文句を言わない―」④命令・勧告の意を表す。「もう寝―」「早くし―」⑤独り言のように

つぶやく。「うまくできるといいー」「早く来ないかー」⑥《古》㋐自己の願望の意を表す。「潮もかなひぬ今はこぎ出(い)でー」〈万葉〉㋑相手への願望の意を表す。「君をめぐみ給(たま)はー」〈万葉〉用法①は動詞・動詞型助動詞の終止形に付く。②⑤は用言・助動詞の終止形、助詞に付く。③は用言・助動詞の終止形・命令形、助詞などに付く。④は用言・助動詞の連用形に付く。⑥は動詞・動詞型活用の助動詞の未然形に付く。㊂（格助）《古》（上代語）連体格を示す。…の。「大き海の水(み)ー底深く」〈万葉〉用法体言に付く。参考㊂の「な」は口語の「港」「源（みなもと）」「眼（まなこ）」などにそのなごりが認められる。

なあ（感）感動詞「な」の転。「ー、行こうよ」

なあ（終助）感動・詠嘆の意を表す。「きれいだー」用法用言・助動詞の終止形、助詞に付く。⇩な（終助）㊀②

ナース〈nurse〉①看護師。「ーセンター（＝看護師への就職先紹介や研修などを行う機関）」②乳母。保母。

ーコール〈和製英語〉入院患者が、必要なときに看護師を呼び出すための装置。また、その呼び出し。

ーステーション〈nurse station〉病院内の看護師の詰め所。

な-あて【名宛】手紙や荷物を出すときに指定する送り先の名。宛名(あてな)。

なあ-なあ（感動詞「なあ」を重ねた語）当事者がたがいにいいかげんな形で折り合いをつけること。なれあい。「ーですませる」

ナーバス〈nervous〉（形動ダ）ダロ・ダッ(デ・ニ)・ダ・ナ・ラ・○ 神経質なさま。神経過敏なさま。「ーな人」「ーになる」

ない【内】教② ナイ・ダイ㊥ うち　丨冂內内

（字義）①うち。一定の区域や範囲のなか。うちがわ。「内地・内面・国内・室内・体内・年内」⇔外 ②家のなか。家族や家庭の内部。妻。「内儀・内室・家内」③なかまうち。うちわ。「内戦・内紛」④うちうち。うちわで。ひそかに。「内規・内緒・内申・内定・内偵」⑤いれる。おさめる。「内服・内用薬」難読内法(うちのり)・内障眼(そこひ)・内裏(だいり) 人名ただ・ちか・のぶ・はる・まさ・みつ

-な・い（接尾）形容詞・形容動詞の語幹など、性質・状態を表す語に付いて形容詞化し、その意味を強める。「せつー」「はしたー」「せわしー」参考「滅相もー」「大層もー」のように「も」をはさむこともある。

な・い【亡い】（形）カロ・カッ(ク)・イ・イ・ケレ・○ 死んでいてこの世にいない。生存していない。文な・し（ク）用法「亡き父」のように、文語形容詞「亡し」の連体形「亡き」の形で使うことが多い。⇩亡き

な・い【無い】（形）カロ・カッ(ク)・イ・イ・ケレ・○ ①物・事が存在しない。「二つとー珍品」⇔ある ②所有しない。「金がー」⇔ある ③人が存在しない。「賛成者は一人もー」④行われない。起こらない。「連絡がー」「授業がー」⇔ある ⑤（形容詞・形容動詞型活用の語の連用形、助詞「は」「も」などの下に付いて）打ち消しを表す。「この本はよくー」「内心穏やかではー」文な・し（ク）参考⑤は自立語なので形容詞とする。打ち消しの助動詞とする説もある。

ー袖(そで)は振(ふ)れない　現実にないものはどうしようもない。

ちがい「ない」・「ある」

「ない」は不在を表し、存在を表す「ある」とは裏返しの関係になる。一方が動詞で、他方が形容詞になるのは論理的におかしいとも考えられるが、この二語の関係は、動詞と形容詞との意味の差に対応している。動詞は物事の動きという、時の変化に伴い変化する内容を表す語であり、形容詞は物事の状態という、持続性のある内容を表す語である。「ある」ものは変化するが、「ない」ものは変化しない。変化があるので「ある」は動詞になり、「ない」は形容詞になる。また、「ある」は、動きを表す他の動詞と異なり、存在という動きのない意味を表し、その点では形容詞に近い。「ある」は古語ではラ変の動詞「あり」で言い切りの形はイ段の語尾となるが、ラ変以外の動詞はウ段の語尾になる。この違いは、動きを表す一般の動詞と、存在という持続する内容を表すラ変動詞との意味の違いに対応しているといえる。

ない（助動-形容型）ナカロ・ナカッ(ナク)・ナイ・ナイ・ナケレ・○ 打ち消しの意を表す。「私は行かー」「ちっとも勉強しー」「正しいとは認められー」用法動詞・動詞型助動詞の未然形（サ変には未然形のうち「し」の形）に付く。参考同じ打ち消しの「ぬ」に比べて口頭語的である。助動詞「ない」と形容詞「ない」との違いは、形容詞の場合、「寒く（は）ない」「静かで（は）ない」のように助詞を介することができるのに対して、助動詞の場合、「行かはない」などのようには言えないところにみられる。打ち消しの推量の意を表すには「なかろう」よりも、「ないだろう」が用いられるのがふつう。

ない-あつ【内圧】内部から加えられる圧力。特に、自国民や組織内からの圧力。⇔外圧

ない-あん【内案】内々の案文。また、心のうちで練った考え。「ーを示す」

ない-い【内意】まだ公(おおやけ)に発表しない意見。内々の意向。

ナイーブ〈naive〉（形動ダ）ダロ・ダッ(デ・ニ)・ダ・ナ・ラ・○ 感じ方、性格などが純真で素朴なさま。素直で感じやすいさま。「ーな感性」参考英語ではunspoiledやinnocentなどという。英語のnaiveは「世間知らずの、単純な」という否定的な意味を表す。

ない-いん【内因】その物事の内部にある原因。⇔外因

ない-えつ【内謁】（名・自スル）内々に目上の人に会うこと。

ない-えつ【内閲】（名・他スル）内々で検閲すること。また、内々で閲覧すること。

ない-えん【内△苑】エン 宮中・神社の敷地の中庭。⇔外苑(がいえん)

ない-えん【内縁】①法律上の届け出をしていない夫婦関係。「ーの妻」②内側のへり。「容器のー」

ない-おう【内応】（名・自スル）内部の者がひそかに敵と通じること。

ない-おう【内奥】アウ 精神などの奥深いところ。「意識のー」

ない-か【内科】クワ 《医》主として内臓疾患について研究・診断し、手術によらず治療する、医学の一分科。⇔外科

ない-かい【内海】陸地によってほとんど囲まれている海。内海(うちうみ)。「瀬戸ー」⇔外海

ない-かい【内界】《哲》意識内の事柄の総称。心の中の世界。⇔外界

-ない-がい【内外】グワイ（接尾）数量を表す語に付いて、その数量に近い値であることを示す。前後。「一〇〇〇円ーの品」

ない-がい【内外】グワイ 内と外。内部と外部。国内と国外。

ない-かく【内角】①《数》多角形の頂点で隣り合う二辺が作る角のうち、その多角形の内部にある角。②野球で、ホームプレート上の打者に近い側。インコース。インサイド。《⇔外角》

ない-かく【内郭・内△廓】クワク 城や都市などの内側のかこい。内部を囲む塀。⇔外郭

ない-かく【内閣】国家行政を担当する最高機関で、内閣総理大臣と他の国務大臣とからなる合議制の機関。

ーかんぼう【ー官房】クワンバウ 内閣の補助機関の一つ。閣議事項の整理や内閣の庶務、情報の収集などにあたる。

ーかんぼう-ちょうかん【ー官房長官】クワンバウチヤウクワン 内閣官房の長官。内閣総理大臣を補佐し、内閣の庶務を統轄する。国務大臣が当たる。

―そうりだいじん【―総理大臣】 内閣の首長として行政部門を指揮監督する国務大臣。国会の議決によって指名され、天皇により任命される。他の国務大臣を任免でき、閣議を主宰する。首相。総理大臣。総理。

―ふ【―府】 中央行政官庁の一つ。内閣総理大臣を長とし、内閣の政策に関する基本的な方針の審議と発議を行う。その他、皇室・栄典制度・沖縄対策・北方対策などの事務を扱う。二〇〇一（平成十三）年、総理府・経済企画庁・沖縄開発庁を統合して発足。

―ほうせいきょく【―法制局】（ハフセイキョク） 閣議に付される法令の立案・審査などを行う内閣の補助機関。

ない-がしろ【蔑ろ】（名・形動ダ）（「無きが代」の音便）人や物事を軽く考えて眼中にないかのように扱うこと。また、そのさま。「規則を―にする」

ないか-てい【内火艇】（ナイクワ） 内燃機関によって走る小船。

ない-かん【内患】（クワン） 内輪のもめごと。国内の心配事。内憂。「―外憂」↔外患・外憂

ない-かん【内観】（クワン）（名・他スル）①〔仏〕自己の内心を静かに観察すること。②〔心〕自分自身の意識や心理状態を内面的に観察すること。内省。

ない-き【内記】 律令制で、中務省の職名。詔勅・宣命の起草、宮中いっさいの記録をつかさどった。↔外記

ない-き【内規】 ある集団や組織などで、内部的に定められた、運用上のとりきめや規則。「―を設ける」

ない-ぎ【内儀】 他人の妻の敬称。近世、特に、使用人のいるような町家の妻。おかみ。「大店のお―」

ない-ぎ【内議】 ①内々の評議。内密の相談。②内々のこと。内輪のこと。

ない-きゃく【内客】 うちうちの客。内輪の客。

ない-きょく【内局】 中央官庁の内部組織で、大臣・次官に直接監督を受ける局。↔外局

ない-きん【内勤】（名・自スル） 勤め先の所内で仕事をすること。また、その人。↔外勤

ない-くう【内宮】 三重県伊勢市にある皇大神宮。祭神は、天照大神。外宮と合わせて伊勢神宮が構成される。↔外宮

ない-げ【内外】〔古〕①奥向きと表向き。②内典と外典。内外典。③仏教と仏教以外の教え。

ない-けい【内径】 円筒・球状のものの内側の直径。↔外径

ない-けん【内見】（名・他スル） 公開しないで、内輪の者だけで見ること。内覧。

ない-けん【内検】 前もって内々に調べること。下検分。

ないげん-かん【内玄関】（ゲンクワン） →うちげんかん

ない-こう【内向】（カウ）（名・自スル） 心のはたらきが自分の内部にばかり向かうこと。「―的性格」↔外向

―がた【―型】 問題にぶつかったとき、自己主張をしたり発散したりできず、気持ちが内に向かう性格の類型。↔外向型

ない-こう【内攻】（名・自スル） ①〔医〕病気が体の表面に現れないで、内部に広がり悪化すること。②心の痛手や感情が外に表れず、心の内にこもること。「不満が―する」

ない-こう【内訌】 内部でのもめごと。内紛。うちわもめ。

ない-こう【内項】（カウ）〔数〕比例式 $a:b=c:d$ において b と c のこと。↔外項

ないごう-がいじゅう【内剛外柔】（ナイガウグワイジウ） →がいじゅうないごう

ない-こうしょう【内交渉】（カウセフ） 正式の交渉の前に行われる非公式の話し合い。下交渉。

ない-こく【内国】 国の内部。国内。「―航路」

―さい【―債】〔経〕国内で募集する公債や社債。内国公債。内債。↔外国債

ない-さい【内妻】 婚姻届を出していないが、実質的な夫婦として生活している妻。内縁の妻。

ない-さい【内済】（名・他スル） 表ざたにしないで内々に解決すること。

ない-さい【内債】〔経〕「内国債」の略。↔外債

ない-ざい【内在】（名・自スル）（原因や問題点などが）そのものの内部に存在すること。「原因は組織に―する」↔外在

ない-し【内侍】 昔、内侍司に仕えた女官の称。

―どころ【―所】 →かしこどころ①

―の-つかさ【―司】 昔、天皇のそばに仕え、後宮の礼式や事務を扱った役所。職員はすべて女性。

ない-し【乃至】（接）（「乃ち…に至るまで」の意から）①数量などの上と下との限界をあげて、その範囲を示す語。…から…まで。「三か月―六か月かかる」②または。あるいは。「南―南東の風」

ない-じ【内示】（名・他スル） 正式の発令の前に、内々に示すこと。非公式に示すこと。「人事異動の―がある」

ない-じ【内耳】〔生〕耳のいちばん奥にあり、音の感受と平衡感覚の受容器があるところ。迷路。⇒外耳・中耳

ない-じ【内事】 内部に関する事柄。うちうちのこと。↔外事

ナイジェリア〈Nigeria〉アフリカ西部、ギニア湾に臨む連邦共和国。首都はアブジャ。語源 国土を貫流する大河ニジェール川の名から。

ないし-きょう【内視鏡】（キャウ）〔医〕内臓や体腔の内部を観察する医療器具。食道鏡・胃鏡・気管支鏡などがあり、多くファイバースコープが使われる。はじまり 一九世紀初頭、ドイツの医師がろうそくの火を光源に用いて尿道や直腸などを直接観察する器具を開発。これが現代における内視鏡の原点という。

ない-しつ【内室】 貴人の妻の敬称。また、広く他人の妻の敬称。令室。用法「御内室」と、「御」を付けることが多い。

ない-じつ【内実】 ①内部の実情。「―は火の車だ」②〔副詞的に用いて〕ほんとうのところ。実際。「―困っている」

ない-しゃく【内借】（名・他スル） ①内密の借金。②受け取るべき金銭の一部を前もって借りること。内借。

ない-じゅ【内需】〔経〕国内の需要。「―拡大」↔外需

ないじゅう-がいごう【内柔外剛】（ナイジウグワイガウ） 気が弱い性質なのに、外に現れる態度は強そうに見えること。↔外柔内剛

ない-しゅうげん【内祝言】（シウゲン） 身内だけで行う婚礼。

ない-しゅっけつ【内出血】（名・自スル）〔医〕組織の内部や体腔内で出血すること。↔外出血

ない-しょ【内緒・内証】 ①人に知られないように秘密にしておくこと。「―話」②内輪の財政状態。暮らし向き。「―は苦しい」参考「ないしょう」ともいう。②は多く「内証」と書く。

―ごと【―事】 人に知られないように隠しておく事柄。秘密のこと。

ない-じょ【内助】 内部から援助すること。特に、妻が家庭にいて夫の働きを助けること。

―の-こう【―の功】 夫が外で十分な働きができるように、妻が家庭内で夫を助け協力すること。また、その功績。

ない-しょう【内証】 ①〔仏〕心のうちに仏法の真理を会得すること。内心の悟り。②他人の妻の敬称。内室。③→ないしょ

ない-じょう【内情】（ジャウ） 内部の事情。「―をよく知る人物」↔外情

ない-しょく【内食】 家で料理してする食事。中食・外

食に対していう。うちしょく。

ない-しょく【内職】(名・自スル) ①本職のほかにする仕事。②主婦などが家庭で家事の合間に行う賃仕事。③(俗)授業または仕事中などに、こっそりと他の勉強や仕事をすること。

ない-しん【内心】㊀(名・副) 心の中。心中。また、心の中で思うさま。「—ひやひやした」㊁(名)〔数〕三角形の各内角の二等分線の交点。三角形の内接円の中心。↔外心

ない-しん【内申】(名・他スル) 内々に申し述べること。

——しょ【—書】 内申すべき事項を記した書類。特に、進学などの際に、志願者について、その出身校が志望校などにあてて提出する、成績をふくめた人物調査報告書。

ない-しん【内診】(名・他スル)〔医〕①医者が自宅で診察すること。宅診。②腸内や女性の生殖器内を診察すること。

ない-じん【内陣】(ヂン) 神社・寺で、神体や本尊を安置する奥まった部分。↔外陣

ない-しんのう【内親王】(シンワウ) 古くは天皇の姉妹・皇女。現在では、嫡出の皇女および嫡男系嫡出の皇孫である女子。↔親王

ナイス〈nice〉(形動ダ)(ダロ・ダッ(デ・ニ)・ダ・ナ・ナラ・○) みごとなさま。じょうずなさま。「—ショット」参考 感動詞としても用いられる。

ない-すん【内寸】 箱などの、その厚みを除いてはかった内側の寸法。内法(うちのり)。↔外寸

ない-せい【内政】 国内の政治。「—問題」

——かんしょう【—干渉】(カンセフ) ある国の政治に他国が口をさしはさんで、その国の主権を侵害すること。

ない-せい【内省】(名・他スル) ①自分自身の考え方やふるまいなどをかえりみること。反省。②→ないかん(内観)②

ない-せき【内戚】 父方の親類。↔外戚(がいせき)

ない-せつ【内接・内切】(名・自スル)〔数〕①二つの円が一点で接し、かつ一方の円が他方の内側にあること。②多角形の各頂点または一つの円が、他の多角形の各辺と接していること。③多角形の各頂点が一つの円の周上にあること。(↔外接)

ない-せん【内戦】 同じ国民どうしが、国内でひきおこす戦争。

ない-せん【内線】 ①内側の線。②屋内にある電線。③会社や官庁などの内部に通じる電話。「—番号」(↔外線)

ない-そう【内争】(サウ) 内部で争うこと。内輪(うちわ)もめ。

ない-そう【内奏】(名・他スル) 内々に天皇に申し上げること。

ない-そう【内装】(サウ) 建物や乗り物などの内部の設備や装飾。また、それらを備えつけること。「—工事」↔外装

ない-ぞう【内蔵】(ザウ)(名・他スル) そのものの内部に持っていること。「—マイク」「複雑な問題を—する」

ない-ぞう【内臓】(ザウ)〔生〕動物の胸部・腹部の中にある諸器官の総称。「—疾患」

——しぼう【—脂肪】(バウ) 体脂肪のうち、内臓の周囲にたまる脂肪。生活習慣病を引きおこす原因の一つとされる。

ない-そん【内孫】 →うちまご ↔外孫(そとまご・がいそん)

ナイター〈和製英語〉野球など、夜間に電気照明の下で行われる試合。夏 ↔デーゲーム 参考 英語では night game という。ただし野球やアメリカンフットボールに関しては、nighter が使われることもある。

ない-だい【内題】 書物のとびらや本文の初めなどに書かれている書名。↔外題(げだい)

ない-だいじん【内大臣】 ①昔、左右大臣とともに一般政務をとった大臣。②一八八五(明治十八)年から一九四五(昭和二十)年まで、天皇の側近に仕え補佐を務めた大臣。

ない-だく【内諾】(名・他スル) 内々に承諾すること。「—を得る」

ない-たつ【内達】(名・他スル) 内々で通達すること。また、その通達。「—を受ける」

ない-だん【内談】(名・自他スル) 内密に話し合うこと。また、その相談・談話。

ない-ち【内地】 ①(戦争などによって得た領土に対して)本土。本国。↔外地 ②(外国などに対して)一国の領土内。国内。「—留学」↔外地 ③北海道・沖縄などで、本州をさしていう語。④〔地〕海岸から遠くはなれた内部の地方。内陸。

ない-ち【内治】(ヂ) 国内の政治。内政。

ナイチンゲール〈nightingale〉〔動〕ヒタキ科の小鳥。ヨーロッパ中・南部や中央アジアなどに分布し、昼も夜も美しい声で鳴く。さよなきどり。よなきうぐいす。

ない-つう【内通】(名・自スル) ①味方の者がひそかに敵と通じること。「—者」②ひそかに情を通わすこと。密通。

ない-てい【内定】(名・自他スル) 正式の発表の前に、内々に決まること。また、決めること。「就職が—する」

ない-てい【内庭】 建物に囲まれた庭。中庭。内庭(うちにわ)。

ない-てい【内偵】(名・他スル) 内密に相手の事情を探ること。「—捜査」「敵の動きを—する」

ない-てき【内的】(形動ダ)(ダロ・ダッ(デ・ニ)・ダ・ナ・ナラ・○) ①内部に存在して、外部に現れないさま。内部に関わるさま。内部的。「—要因」②精神面のはたらきに関するさま。「—生活」(↔外的)

ない-てん【内典】〔仏〕仏教の経典。仏典。↔外典(げてん)

ナイト〈knight〉①中世ヨーロッパの騎士。転じて、女性に親切でその護衛をする男性。②イギリスで、国家に功労のあった者に授けられる一代限りの爵位。サー(Sir)の称号を許される。勲爵士。

ナイト〈night〉夜。夜間。「オール—」

——キャップ〈nightcap〉①髪の乱れを防ぐために、寝るときにかぶる帽子。②寝酒(ねざけ)。

——クラブ〈nightclub〉客に酒・料理を出し、ショーを見せる、夜の社交場。

——ゲーム〈night game〉夜間試合。ナイター。↔デーゲーム

——ショー〈和製英語〉映画や演劇で、通常の興行の終了後、夜おそく行われる上映・上演。レイトショー。参考 英語では midnight show という。

——ラッチ〈night latch〉扉につける錠で、内側からはノブについたつまみやボタンを操作し、外側からは鍵(かぎ)を使うもの。

ないとう-めいせつ【内藤鳴雪】(一八四七〜一九二六) 俳人。東京生まれ。俳句を正岡子規(まさおかしき)に学び、日本派の長老として仰がれた。句風は平明温雅。「鳴雪句集」「鳴雪俳句集」など。

ないど-きん【内帑金】(「帑」は金庫の意)天皇所有の財貨。君主の手元金。

ない-ない【内内】㊀(名・形動ダ) こっそり行うこと。非公式であること。また、そのさま。内密。「—の話」「—に願います」㊁(副) 心の中でひそかに思うさま。「—心配していた」

ないねん-きかん【内燃機関】(キクワン)〔工〕燃焼室内で燃料を燃焼させ、その爆発の圧力を利用して動力を得る熱機関。燃料・構造の種類により、ガソリン機関・ディーゼル機関・ガスタービンなどの区別がある。

ない-はつ【内発】(名・自スル) 外からの刺激によらず、内部からの欲求に促されて自然に行動を起こしたり、ある状態にいたったりすること。「—的な行動」↔外発

ない-ひ【内皮】 ①内側の皮。↔外皮 ②〔植〕根・茎の皮層の最内層。一列の細胞層で中心柱を包んでいる。③〔生〕脊椎(せきつい)

動物の血管などの内壁をおおう単層の上皮細胞層。

ナイフ〈knife〉①西洋式の小型の刃物。②洋食用の小刀。

ない-ぶ【内部】①内側の部分。内面。②その団体・組織の中にあること。また、その人。「―事情」(↔外部)

―こくはつ【―告発】組織内の人間が、その組織が隠している不正行為を外部に知らせ訴えること。

ない-ふく【内服】(名・他スル)薬を飲むこと。内用。

―やく【―薬】飲み薬。内用薬。

ない-ふく【内福】(名・形動ダ)うわべはさほどにも見えないが、実際は裕福であること。また、そのさま。

ない-ふん【内紛】組織内部の紛争。内輪もめ。内訌。

ない-ぶん【内分】㊀(名)表ざたにしないこと。内聞。「―にすませる」㊁(名・他スル)〔数〕一つの線分をその線分上の一つの点で一定の比に分けること。「―点」↔外分

ない-ぶん【内聞】①(高貴な人が)非公式に耳にすること。「―に達する」②表ざたにしないこと。内分。「ご―に願います」

ない-ぶんぴつ【内分泌】〔生〕甲状腺・下垂体・副腎など、導管をもたない腺器官から、ホルモンが血液やリンパ液の中に直接送り出される作用。内分泌。↔外分泌

ない-へき【内壁】内側の壁。また、壁の内側の面。↔外壁

ない-へん【内変】内部の変化。国内の変事。

ない-へん【内編・内△篇】特に漢籍で、書物の内容の主要部分。↔外編

ない-ほう【内方】①内部のほう。内側。②他人の妻の敬称。内儀。内室。

ない-ほう【内包】㊀(名)〔論〕一つの概念の中に含まれる、事物が共通して持っている属性(意味・性質)の総称。コノテーション。↔外延 ㊁(名・他スル)内部に包みもっていること。うちに含んでいること。「危険を―する」

ない-ほう【内報】(名・他スル)内々に知らせること。また、その知らせ。

ない-まく【内幕】外からはわからない内部の事情。内幕。

ない-まぜ【△綯い交ぜ】(種々の色糸をまぜて一本により合わせる意から)いろいろなものが一つにまぜ合わさっていること。「期待と不安とが―になる」

ない-ま・ぜる【△綯い交ぜる】(他下一)①いろいろな色の糸をより合わせて一本のひもを作る。②いろいろなものをまぜ合わせる。「うそと真実を―」文なひま・ず(下二)

ない-みつ【内密】(名・形動ダ)表ざたにしないこと。また、そのさま。内緒。秘密。「この事は、どうかご―に願います」

ない-む【内務】国内の政務。「―省(=かつて存在した、内務行政を管轄した中央官庁)」↔外務

ない-めい【内命】(名・他スル)内々に命じること。また、その命令。「―を帯びる」

ない-めん【内面】①内側。内部を向いている面。②心のうち。精神・心理のはたらく方面。(↔外面)

―せいかつ【―生活】(他人が見ることのできる外面生活に対し)精神生活。内的生活。

―てき【―的】(形動ダ)内部に関するさま。内容面、精神面に関するさま。「―葛藤」↔外面的

―びょうしゃ【―描写】〔文〕作中人物の心理や感情の動きを描写すること。心理描写。

ないもの-ねだり【無い物ねだり】ないもの、とうてい手にはいらないものを欲しがること。また、できないことをせがむこと。

ない-や【内野】①野球で、本塁・一塁・二塁・三塁を結ぶ線の内側の区域。ダイヤモンド。②「内野手」の略。③(「内野席」の略)野球場の、一塁・三塁・本塁側の観覧席。(↔外野)

―しゅ【―手】野球で、内野を守る選手。一・二・三塁手と遊撃手。内野。広義では投手・捕手も含む。↔外野手

ない-やく【内約】(名・他スル)内々に約束すること。また、その約束。内輪のとりきめ。「―を結ぶ」

ない-ゆう【内憂】内部の心配事。国内の心配事。内患。↔外憂・外患

―がいかん【―外患】国内の心配事と外国からもたらされる心配事。内部的な問題と対外的な問題。

ない-よう【内用】㊀(名・他スル)〔医〕薬を飲むこと。内服。↔外用 ㊁(名)内々の用事。

―やく【―薬】飲み薬。内服薬。↔外用薬

ない-よう【内容】①形あるものの中につまっているもの。中身。「荷物の―を表示する」②言葉などで表現されている事柄。実質的な中身。「―の乏しい話」(↔形式)

―しょうめい【―証明】郵便物の特殊取扱の一つ。書留郵便物の内容・日付・差出人・宛先を謄本で証明するもの。

ない-らん【内乱】時の政府とこれに反対する国内の勢力との間に起こる武力による戦い。「―罪」

ない-らん【内覧】(名・他スル)一部の人たちが内々で見ること。内見。「―会」

ない-りく【内陸】〔地〕陸地のうち、海岸から遠く離れた地域。「―国」

ない-りん【内輪】内側の輪。特に、車がカーブを曲がるときの内側の車輪。「―差(=車が曲がるときにできる、内側後輪と内側前輪の軌跡の差)」↔外輪

―ざん【―山】〔地質〕カルデラや旧噴火口の中に新たに発生した火山群。中央火口丘。↔外輪山

ナイロン〈nylon〉石炭などを原料として作られる合成繊維。性質は絹に似て軽く弾力があり、じょうぶ。(もと商標名)

ナイン〈nine〉①九。②(九人一組で試合をするところから)野球の一チーム。また、その選手。「ベスト―」

な・う【△綯う】(他五)糸・ひも・わらなどを何本かより合わせて一本にする。「縄を―」可能な・える(下一)

ナウ〈now〉(形動ダ)〔俗〕いかにも現代的であるさま。「―な服装」参考 形容詞化した「ナウい」は一九八〇年代の流行語。

な-うて【名うて】(おもに「名うての」の形で)評判が高いこと。有名。「―の悪党」

ナウル〈Nauru〉太平洋上、赤道直下に位置する共和国。首都はヤレン。

なえ【苗】種子から伸び出たばかりの(草本性の)植物。特に、田に植える前の稲。

なえ-ぎ【苗木】樹木の苗。移植用の、小さな若木。

なえ-どこ【苗床】〔農〕種をまき作物の苗を育てる所。春

なえとり-うた【苗取[り]歌】民謡の一つ。農民が苗代から苗を取るときに歌う歌。夏

な・える【萎える】(自下一)①気力や体力が衰えて弱ってしまう。「手足が―」②植物がしおれる。しなびる。③着古して、着物がよれよれになる。文な・ゆ(下二)

なお【△尚・△猶】㊀(副)①やはり。まだ。「今―ご健在です」②そのうえに。ますます。「―悪いことに」③(「なお…ごとし」の形で、文章に用いて)あたかも。ちょうど。「過ぎたるは―及ばざるがごとし」㊁(接)(つけ加えて)さらに。また。「―申し添えますと」

なお-かつ【△尚且つ】(副)①そのうえにさらに。「頭がよく、―性格もよい」②それでもやはり。「止められても―行く」

なおき-さんじゅうご【直木三十五】(一八九一-一九三四)小説家。大阪生まれ。一九三〇(昭和五)年「南国太平記」で大

衆作家としての地位を確立。大衆文学の質的向上に貢献した。「直木賞」は彼の先駆的功績を記念する賞。

なおき-しょう【直木賞】ナホキシヤウ 直木三十五を記念して一九三五(昭和十)年に菊池寛主宰の文藝春秋社が設けた文学賞。毎年二回、大衆文芸の最優秀作に与えられる。

なお-さら【◇尚更】ナホ―(副)そのうえ。ますます。以前に比べていっそう。「隠されると―見たくなる」

なおざり【×等閑】ナホザリ(名・形動ダ)おろそかにすること。いいかげんにしてほうっておくこと。また、そのさま。「―な態度」

類語 等閑・粗雑・粗略・無造作・大ざっぱ・いい加減・おろそか・ゆるがせ・ずぼら

なおし【直し】ナホシ ①誤りを正しくすること。「原稿に―がはいる」②つくろいなおすこと。修繕すること。③(「直し酒」の略)品質の悪い酒などを加工しなおしたもの。

▼「直し」が下に付く語

色― 縁起― 給金― 癖― ロ― 験― 染め― 手― 取り― 本― 蒔き― 焼き― 遣り― 世―

なおし【×直衣】ナホシ→のうし(直衣)

なお・す【直す】ナホス(他五)サ(ソ)・シ・ス・ス・セ・セ《中心義―悪い状態にあったものがよくなるように、手を加えてよくする》①誤りを正しくする。「誤植を―」②悪い状態や不十分な状態をよくする。「機嫌を―」「服装を―」③修繕する。修理する。「家を―」④あるものをそれと同内容の別の形式に改める。「英語を日本語に―」「一里をメートルに―」⑤(動詞の連用形に付いて)もう一度…する。「書き―」自なお・る(五)可能なお・せる(下一)⇩「使い分け」

なお・す【治す】ナホス(他五)サ(ソ)・シ・ス・ス・セ・セ 病気やけがを治療して健康な状態にする。自なお・る(五)可能なお・せる(下一)⇩「使い分け」

使い分け「直す・治す」

「直す」は、悪いところをなくして、正しくする意で、「まちがいを直す」「機械を直す」「欠点を直す」などと広く一般的に使われる。

「治す」は、病気・けがを治療して正常な状態にする意で、「風邪を治す」「傷を治す」などと使われる。しかし、「治す」のかわりに「直す」を用いてもまちがいとはいえない。

なお-なお【◇尚◇尚・◇猶◇猶】ナホナホ(副)(「なお」を重ねて強めた言い方)①まだまだ。「―もの足りない」②いよいよ。さらにいっそう。③追って。つけ加えて。「―申し上げますが」

―がき【◇尚◇尚書(き)】 手紙などで、あとからつけ加えて書いた文。追って書き。追伸。

なお-も【◇尚も・◇猶も】ナホ―(副)そのうえいっそう。それでもやはり。依然として。「―走り続ける」

なお-もって【◇尚◇以て】ナホ―(副)なおさら。いっそう。なおのこと。「そうしてくだされば―好都合です」

な-おや【名親】→なづけおや①

なおらい【直◇会】ナホラヒ 神事の終了後に、神に供えた酒や食物をおろして参列者が行う宴会。

なお・る【直る】ナホル(自五)ラ(ロ)・リ(ッ)・ル・ル・レ・レ《中心義―悪い状態にあったものが、自然のなりゆきでよい状態になる》①誤っていたものが正しくなる。「誤字が―」②悪い状態や不十分な状態がなくなる。「機嫌が―」③修繕されてよくなる。「時計が―・った」④あるものが同内容の別の形式に改まる。「ローマ字表記が仮名書きに―」⑤正しくすわる。「そこへ―・れ」⑥しかるべき、また、よい場所におさまる。「本妻に―」他なお・す(五)

なお・る【治る】ナホル(自五)ラ(ロ)・リ(ッ)・ル・ル・レ・レ 病気がよくなる。健康になる。「風邪が―」他なお・す(五)

類語 癒える・治癒する・平癒する・快復する・本復する・平復する・快癒する・全癒する・全快する・全治する・根治する

な-おれ【名折れ】ナヲレ 名誉が傷つくこと。不名誉。「この事件は母校の―だ」

なおれ【直れ】ナホレ(感)(前にかけた号令の姿勢から)もとの姿勢に戻すときの号令。「前へならえ、―」

なか【中】 ①(物や境などで区切られたものの)その内側。その内部。「家の―」「袋の―」↔外 ②外から見えない部分。「心の―」③㋐(二つのものの)あいだ。中間。㋑中央。まんなか。三つのもののうちの二番目。「―の兄」④限られた範囲。「クラスの―で一番背が高い」⑤(物事が進行している)その最中。「あらしの―を行く」⑥(俗)昔、遊郭を指した語。特に、東京の吉原、大阪の新町について言った。

―に立つ 間にはいってとりもつ。仲介する。**―を取る** 中間をとる。中間の値をとる。

なか【仲】 あいだがら。人と人との関係。「―をとりもつ」「―がいい二人」

なが-あめ【長雨】 幾日も降り続く雨。霖雨。淫雨。

なか-い【仲居】ナカヰ ①旅館や料理屋などで、客の接待やその用をする女性。②江戸時代、将軍家や大名屋敷で、そこに勤める女性がいた奥の間。また、そこに勤めていた女性。おすえ。

なが-い【長居】ナガヰ―(名・自スル)同じ場所・訪問先などに長時間いること。長座。「―は無用」

なが・い【長い】(形)カロ・カッ(ク)・イ・イ・ケレ・○ ①物や空間のある点から他の点までの隔たりが大きい。「―距離」②時間の隔たりが大きい。時間がかかるさま。「―別れ」「夜が―・くなった」「―電話」③性格がのんびりしている。「気の―人」《↔短い》文なが・し(ク)

参考 ②は「永い」とも書く。⇩「使い分け」

類語 長たらしい・長々しい・長らく・長々・延々・長大・最長

―目で見る 物事を現状だけで判断せず、将来までの展望にたって気長に見守る。**―物には巻かれろ** 権力・勢力のある人間には、反抗するより服従するほうが得である。

使い分け「長い・永い」

「長い」は、連続しているものや時間について、ある端から他の端までの隔たりが大きいことを表すのに広く用いられ、「長い髪」「長い道」「長い手紙」「気が長い」「長い夜」「長い歴史」などと使われる。

「永い」は、特に時間的な隔たりが大きいことを表すときに、「永い眠りに就く」「永い別れ」「末永い交際」「永い春の一日」などと使われる。空間的な隔たりを「永い」で表すことはないが、時間的な隔たりは「長い」も「永い」も用いられる。ただし、「永い」には、永遠という感じや、使う人の主観的な気分がにじんでいる場合が多い。

ながい-かふう【永井荷風】ナガヰカフウ(一八七九～一九五九)小説家。別号断腸亭主人。東京生まれ。自然主義小説「地獄の花」を書き、のち耽美主義・享楽主義に転じた。江戸趣味、洗練された詩情と官能描写、反俗的文明批評などに彩られた独自の作風をもつ。小説「あめりか物語」「濹東綺譚」など。

なが-いき【長生き】(名・自スル)長く生きること。長寿。

なが-いす【長椅子】 何人も座れるように横に長く作ったいす。ソファーやベンチなど。

なが-いも【長芋・長△薯】〘植〙ヤマノイモ科のつる性多年草。一メートルにもなる塊根を「とろろ」などにして食用とする。秋

なか-いり【中入〔り〕】相撲・芝居・寄席などで、興行の中途でしばらく休憩すること。「―後の取組」

なが-うた【長唄】〘音〙①江戸時代に発生した、三味線に合わせてうたう長い俗謡。三代目杵屋喜三郎が曲風を統一。歌詞は謡曲・浄瑠璃からもとる。江戸歌舞伎の舞踊曲。江戸長唄。②端唄・小唄などに対して、やや古典的な三味線歌曲。上方長唄。

なが-うた【長歌】⇒ちょうか(長歌)

なか-うり【中売り】興行場内で、幕間などに飲食物を売り歩くこと。また、その人。

なが-え【△轅】馬車・牛車などの前に、牛や馬をつないだりするために長くさし出した二本の棒。⇩牛車(さしえ)

なが-え【長柄】長い柄。また、長い柄のついている器具や武具。「―のほうき」「―の槍」

なかえちょうみん【中江兆民】(一八四七～一九〇一)思想家。土佐(高知県)生まれ。ルソーの「民約論」を翻訳し民権思想を唱え、「東洋のルソー」と呼ばれた。著書「一年有半」など。

なかえとうじゅ【中江藤樹】(一六〇八～一六四八)江戸初期の儒者。近江(滋賀県)の生まれ。日本の陽明学の祖。郷里の仲間の教導に努め、近江聖人といわれた。著書「翁問答」など。

なが-おい【長追い】(名・他スル)逃げていく者を遠くまで追うこと。

なか-おち【中落ち】魚を三枚におろしたときの中骨の部分。また、そこに付いている肉。「マグロの―」

なが-お-どり【長尾◇鶏】→おながどり

なか-おもて【中表】布の表を内側にしてたたんだり、重ね合わせたりすること。「布地を―にして縫う」

なか-おれ【中折〔れ〕】(「中折れ帽子」の略)頂上が縦に折れくぼんでいる、つばのあるやわらかな紳士用の帽子。ソフト。

なか-おろし【仲卸】(「仲卸業者」の略)卸売市場で卸売業者から青果物・水産物・食肉などを仕入れ、市場内の店舗で一般の小売り業者や飲食店向けに販売する業者。

なか-がい【仲買】物品や権利の売買の仲介をし、利益を得ること。また、それを職業とする人。ブローカー。「―人」

なか-がみ【中神・×天一神】陰陽道で祭る神の一つ。常に八方を運行し、人の吉凶禍福をつかさどり、悪い方角をふさいでこれを守るという。この神のいる方角に出かけるときは「方違へ」をした。天一神。⇩方違へ

ながからむ…〔和歌〕〔長からむ 心も知らず 黒髪の 乱れてけさは ものをこそ思へ〕〈千載集 待賢門院堀河〉末永く変わらないとおっしゃってくださったお心のほどもわからず、お別れしたばかりの今朝の私は、寝乱れた黒髪さながらに心も乱れて、物思いに沈んでおります。(小倉百人一首の一つ)

なか-ぎり【中◇限】〘商〙定期取引で、現品の受け渡しを売買契約した翌月の末日とするもの。翌月ぎり。中限。⇩当限・先限

なが-ぐつ【長靴】膝のあたりまであるゴムまたは革製の長い靴。雨天や乗馬のときなどにはく。↔短靴

なか-ぐろ【中黒】①矢羽の切り斑の一種で、上下が白く中央が黒いもの。②語句の並列や縦書きの小数点を表すときなどに用いる点。なかてん。「・」

なか-ご【中子】①物の中央部。中心。②刃物・刀剣の柄の中にはいる部分。③ウリ類の中心にあるやわらかな種子の部分。④入れ子づくりで、中にはいるほうのもの。参考②は「◇茎」、「中◇心」とも書く。

なが-こうじょう【長口上】(あいさつなどを)長々と述べること。長広舌。「―に辟易する」

なが-ごと【長言】長々しい話。また、長たらしい文。

なか-ごろ【中頃】真ん中あたり。中間。「五月の―」

なが-さ【長さ】長いこと。また、その程度。「橋の―」「夜の―」

なが-ざ【長座】(名・自スル)長い間いること。長居。

ながさき【長崎】九州北西部の県。県庁所在地は長崎市。

なか-し【仲仕】港湾や河川で、船の荷を揚げおろしする労働者。「沖―」

ながし【流し】①流すこと。②物を洗うための設備。㋐台所で、食器などを洗う所。㋑浴場で、体を洗う所。③芸人などが、客を求めて歩くこと。また、その人。夏 ④タクシーが客を求めながら走ること。「―のタクシーを拾う」⑤浴場で、客の背中を流すこと。また、その人。「―をとる」はじまり 日本で、④の営業形態が始まったのは、一九二一(大正十)年から。

▼「流し」が下に付く語
着― 島― 精霊― 墨― 立ち― 垂れ― 灯籠― 吹き― 闇― 横―

―あみ【―網】水中の魚の通り道をさえぎる形に網を張り、潮流や風などによって流し広げて魚をとる漁法。また、その網。

―いた【―板】①台所の流しに張った板。②浴場で、体を洗い流す場所に置いた板。

―うち【―打ち】野球で、ボールの勢いに逆らわないで右打者はライト、左打者はレフト方向にねらって打つこと。

―だい【―台】台所で食品や食器などを洗う台。

―ば【―場】①台所など洗い物をする所。転じて、台所。②浴場・浴室の、体を洗い流す場所。

―め【―目】顔を向けずに横目でちらりと見ること。また、その目つき。特に、相手の気を引くように情をこめて送る視線。色目。秋波。「―を使う」

―もと【―元】台所の流しのある所。

なか-しお【中潮】大潮と小潮の中間の潮。干満の差が中ぐらいの潮。

なが-しお【長潮】干満の差が少ないときの潮。

なが-しかく【長四角】長方形。矩形。

なか-じき【中敷〔き〕】履き心地をよくしたり、クッションとしたりする目的で、靴の中に敷くもの。

なか-じきり【中仕切り】部屋や箱の中などを区切るための仕切り。

ながし-こ・む【流し込む】(他五)液状の物を流し入れる。「溶けた鉛を鋳型に―」

なか-じま【中島】湖・池・川などの中にある島。

なかじまあつし【中島敦】(一九〇九～一九四二)小説家。東京生まれ。漢学の素養と典雅な文体で生の根源に迫る作風をもつ。「山月記」「李陵」など。

なか-じめ【中締め】①中ほどを締めること。また、そのもの。②宴会などの半ばで一区切りをつけ、手締めなどをすること。

なが-じゅばん【長×襦袢】着物のすぐ下に着る、着物の着丈と同じ長さのじゅばん。長ジバン。

なか-しょく【中食】弁当や総菜など調理済みの食品を買って帰り、家で食べる食事。内食・外食に対していう。

なが-じり【長尻】(名・形動ダ)行った先で長々と話しこんでなかなか帰らないこと。また、その人。長居。ながっちり。

なか-す【中州・中△洲】川の中などに土砂が積もり重なって島のように水面から出ている所。

なか・す【泣かす・鳴かす】(他五)→なかせる

なが・す【流す】(他五)①物の表面を伝わるように

液体を移動させる。「水を—」②液体の移動とともに他の物を移動させる。「いかだを—」「あかを—」「過去を水に—(=なかったことにする)」③(多く受け身の形で)流れる大量の水の勢いで建造物などを失わせる。「洪水で橋が—・される」④理性を失い行動が感情によって左右されるようになる。「欲望に—・される」⑤風などの力で空中を移動させる。「シャボン玉が風に—・される」⑥したたり落ちさせる。「汗を—」⑦島流しにする。流罪にする。⑧耳目を通して物を世に広める。流布させる。「うわさを—」「浮き名を—」「音楽を—」⑨質に入れた物を期限までに請け出さないで、所有権をなくする。「質草の時計を—」⑩芸人・タクシーなどが客を求めながら行く。「町を—タクシー」⑪流産させる。⑫品物を正規の方法をとらずに売り渡す。横流しする。「やみに—」⑬流会させる。「会議を明日に—」⑭野球で、流し打ちをする。「レフト方向に—」↔引っ張る⑮全力でなく、軽く行う。「最後の五〇メートルを軽く—」⑯(動詞の連用形の下に付いて)まともに受け止めずに…する。「聞き—」「読み—」「受け—」 自なが・れる(下一) 可能なが・せる(下一)

なが-すくじら【×長須-鯨】クヂラ〖動〗ナガスクジラ科の哺乳動物。体長二〇—二五メートル。南極海に多くいたが現在は世界的に減少し、捕獲が禁止されている。冬

なかず-とばず【鳴かず飛ばず】とりたてて活躍もせず、無為に過ごしていることを、自嘲または軽蔑していう語。語源「三年飛ばず鳴かず」〈史記〉から出た語で、もとは将来の活躍に備えてじっと時機を待っている意。

なが-ズボン【長ズボン】丈が足首まであるズボン。

-なかせ【泣かせ】(接尾)(人を表す名詞に付いて)…をひどく困らせること。また、その人。「親—の子」

なか・せる【泣かせる・鳴かせる】(他下一) セ・セ・セル・セル・セレ・セロ(セヨ) ①なくようにする。なかす。②[泣]涙が出るほど感動させる。「—話だ」③[泣]ひどく困らせる。「親を—」自な・く(五)

なかせんどう【中山道・中仙道】ナカセンダウ 五街道の一つ。江戸日本橋を起点に信濃路・美濃路を経て近江の草津で東海道と合流し、京都に至る。その間六九宿。

なが-そで【長袖】①長い袖。また、長い袖のついた衣服。②(武士が袖くくりをして鎧を着たのに対し、長い袖の衣服を常に着用することから)公卿・僧侶・学者などを(ややあざけって)言う語。長袖ちょうしゅう

なか-ぞら【中空】空の中ほど。空中。中天。

なか-だか【中高】(名・形動ダ)中ほどが高くなっていること。鼻筋がとおっていること。また、そのさま。「—の顔」↔中低

なか-たがい【仲。違い】タガヒ(名・自スル)仲が悪くなること。「親友と—する」

なか-だち【仲立ち】(名・他スル)二者の間にたってとりもつこと。また、その人。「結婚の—」

ながたちょう【永田町】ナガタチャウ ①東京都千代田区の地名。国会議事堂・首相官邸などがある国政の中心地。②政界を漠然とさしていう語。「—では総選挙の機運が高まる」

なが-たび【長旅】長期間の旅行。行程の長い旅。

なが-たらし・い【長たらしい】(形)カロ・カッ(ク)・イ・イ・ケレ・○ いやになるほど長い。長ったらしい。「—挨拶」文ながたら・し(シク)

なか-だるみ【中。弛み】(名・自スル)①緊張や勢いが途中でゆるむこと。「—した試合」②張り渡した綱などの中ほどがたるむこと。「電線の—」

なが-だんぎ【長談義】長たらしい話。長話。「下手の—」

なが-ちょうば【長丁場・長町場】チャウバ ①長い道のり・旅程。また、仕事などが完了するまでに長くかかること。「—をのりきる」②歌舞伎で、長く時間のかかる場面。

なかつかさ-しょう【中。務省】シヤウ〖日〗律令制による役所の名。八省の一つ。天皇のそばにあって勅命の起草や伝達などの事務をつかさどった。⇒八省

ながつかたかし【長塚節】(一八七九—一九一五)歌人・小説家。茨城県生まれ。アララギ派の代表歌人。正岡子規に師事して写生の手法に徹し、「冴え」の説を唱えた。また、写実的な農民小説の傑作「土」を残した。歌集「鍼の如く」

なか-つぎ【中継ぎ・中次ぎ】①前の人を受け継ぎ、あとの人に渡すまでの仕事をすること。中継。「—貿易」「—の投手」②客などの取り次ぎ。③抹茶の茶入れの一種。ふたと身の高さが同じで、合わせると中央にそのつぎ目が出るように作られたもの。④尺八・三味線の棹・釣り竿などを中間でつぎ合わせるようにしたもの。また、そのつぎ合わせの部分。

なが-つき【長月】陰暦の九月。ながづき。秋

なが-ったらし・い【長ったらしい】(形)カロ・カッ(ク)・イ・イ・ケレ・○ →ながたらしい

なが-っ-ちり【長っ。尻】(名・形動ダ)→ながじり

なが-つづき【長続き】(名・自スル)物事が長く続くこと。

なか-つ-よ【中つ世】中ごろの世。中世。参考「つ」は「の」の意を表す古い格助詞。

なか-づり【中。吊り】電車・バスなどの中央通路の天井からつり下げる広告。中吊り広告。

なか-て【中手】①農作物で、早生と晩生との中間にとれる種類。秋②→なかで③三人が順番で何かをするときの二番目。参考①は、特に稲についていうことが多く、その場合は多く「中。稲」と書く。⇒奥手「参考」

なか-で【中手・。点】囲碁で、目を一つにするために、相手が囲った地の急所に石を打つこと。また、その石。なかて。

なが-て【長手】①長めであること。また、より長いほう。②長い道のり。長途。

なか-でも【中でも】(副)多くのものの中で、特に。とりわけ。「—この作品がすぐれている」

なか-てん【中点】→なかぐろ②

ながと【長門】旧国名の一つ。現在の山口県北西部。長州。

なか-とびら【中扉】一冊の本のなかで、独立した各編や各章の前に区切りとして付けるページ。

なかとみのかまたり【中臣鎌足】→ふじわらのかまたり

なか-なおり【中治り・中直り】ナホリ(名・自スル)長い病気で死期が近づいたとき、一時的に病状がよくなったように見えること。中日和。

なか-なおり【仲直り】ナホリ(名・自スル)仲違いしていた者どうしの仲が、もとのようによくなること。和解。和睦。

なか-なか㊀(副)《中心義—ある程度まで事が進んでいるが達していない意を表す》①ずいぶん。かなり。相当に。「—上手だ」②容易には。とうてい。「—うまくできない」③(古)なまじっか。④(古)かえって。むしろ。㊁(形動ナリ)(古)①中途はんぱなさま。どっちつかずだ。②なまじ…しても無益だ。ばからしい。㊂(感)(古)謡曲・狂言などで、相手の言葉を肯定する語。はい。いかにも。そのとおり。用法㊀②はあとに打ち消しの語を伴う。変遷古語「なかなか」は「中中」の意。上でもなく下でもなく、どっちつかずの中途半端な状態、あるいはその状態に対する不満や不安な感じを表した。同じ語を重ねた語は、それが目立っていることを表すので、上の段階に達していないことを強く意識した語といえる。古くは、中途半端な状態が悪い意味にとらえられたが、現代語では㊀①のように、よい意味でも用いられるようになった。

なが-なが【長長】(副)見た目に、あるいは時間的に非常に

長い感じを与えるさま。しまりなく長いさま。くだくだと長いさま。「ーと寝そべる」「ーと挨拶(あいさつ)する」

ながなが-し・い【長長しい】(形) カロ・カッ(ク)・イ・イ・ケレ・○ いかにも長い。「ー口上」文ながなが・し(シク)

なが-なき【長鳴き】(名・自スル) 鳥や獣などが、声を長く引いて鳴くこと。「鶏のー」

なか-にも【中にも】(副) そのうちでも。とりわけ。なかでも。

なか-にわ【中庭】ニハ 建物に囲まれた場所にある庭。坪庭。内庭(うちにわ)。「学校のー」

なか-ぬき【中抜き】①中身を抜きさること。②中間業者を介さずに直接取引すること。③(俗)取引の間に不要な仲介業者が入って上前をはねること。

なか-ぬり【中塗り】(名・他スル) 漆器・壁などで、下塗りと上塗りとの間に塗ること。また、塗ったもの。

なか-ね【中値】物品の取り引きで、高値と安値との中間の値段。また、売値と買値との中間の値段。

なが-ねぎ【長葱】玉葱(たまねぎ)に対し、棒状の細長いねぎ。

なが-ねん【長年・永年】長い年月。多年。「ーの苦労」

ながの【長野】中部地方中央部の内陸県。県庁所在地は長野市。

なが-の【長の・永の】(連体) 長い間の。永久の。「ー別れ」

なかのおおえのおうじ【中大兄皇子】ナカノオホエノワウジ →てんじてんのう

なか-の-くち【中の口】玄関と勝手口の間にある入り口。

なかのしげはる【中野重治】(一九〇二〜一九七九) 詩人・小説家・評論家。福井県生まれ。プロレタリア詩人として出発。戦前のプロレタリア文学運動、戦後の民主主義文学運動の中心として活躍。「中野重治詩集」、小説「歌のわかれ」「甲乙丙丁」など。

なか-の-ま【中の間】建物の部屋の中で、中間にある部屋。

なか-ば【半ば】㊀(名) ①半分。半数。②中間。真ん中。「八月ー過ぎ」③中途。最中。「学業ーにして」㊁(副) 半分、あるいはそれ以上であるさま。「ー意識を失った状態」

なが-ばかま【長袴】足を包んでさらにうしろに裾(すそ)を引きずる長いはかま。江戸時代、武士の礼服に用いた。

なか-ばたらき【仲働き】奥向きと勝手向きとの間の雑用をする女性。

なが-ばなし【長話】(名・自スル) 長時間にわたって話をすること。また、その話。長談義。「電話でーする」

なかはらちゅうや【中原中也】(一九〇七〜一九三七) 詩人。山口県生まれ。ランボーやベルレーヌの影響を受け、生の煩悶(はんもん)を鮮烈に描いた作品を残す。詩集「山羊(やぎ)の歌」「在りし日の歌」など。

なか-び【中日】一定期間の真ん中に当たる日。特に、芝居や相撲などの興行日程の真ん中に当たる日。「ーの取組」

なか-びく【中低】(名・形動ダ) 中ほどが低くなっていること。特に鼻が低いこと。また、そのさま。↔中高(なかだか)

なが-び・く【長引く】(自五) カ(コ)・キ(イ)・ク・ク・ケ・ケ 予定していたよりも物事の進展に時間がかかり長くなる。「会議がー」

なが-びつ【長櫃】衣服や手回りの道具を入れる長方形の大きな足付きの箱。

なが-ひばち【長火鉢】茶の間や居間に置く、長方形の箱形の火鉢。引き出しなどがついている。冬

なか-ぶた【中蓋】蓋が二重になっている容器の、内側の蓋。

なが-ぶろ【長風呂】長時間入浴すること。長湯。

なか-ほど【中程】①距離・場所・物などの真ん中のあたり。「目的地までまだーだ」②中ぐらいの程度。「ーのできばえ」③ある期間・時間のなかば。なかごろ。「話をーで切り上げる」

なか-ま【仲間】①いっしょに物事をする人。「ーに加わる」「遊びー」②同じ種類に属するもの。「チューリップはユリのーだ」

ーいしき【ー意識】利害や目的をともにする集団の構成員がいだく連帯感。「ーが強い」

ーいり【ー入り】(名・自スル) 仲間にはいること。

ーうけ【ー受け】(名・自スル) 仲間うちでの評判。また、評判がよいこと。「ーがいい」

ーうち【ー内】仲間である人どうし。「ーにだけわかる会話」

ーはずれ【ー外れ】ハヅ 仲間に入れてもらえないこと。また、その人。「ーにされる」

ーわれ【ー割れ】(名・自スル) 仲間どうしで争いが起こり分裂すること。「分け前をめぐってーする」

なか-まく【中幕】(演) 歌舞伎(かぶき)で、一番目狂言と二番目狂言の間に客の目先を変えるために演じられる一幕物の狂言。

なか-み【中身・中味】①実際に中にはいっているもの。内容。実質。「ーの濃い講演」②刀の刃。刀身。

なか-みせ【仲見世・仲店】神社や寺の境内(けいだい)などにある、みやげ物などを売る店が立ち並んでいる商店街。「浅草のー」

なが-みち【長道】①長い道。はるかに続く道。②旅などで、長い道のり。

なが・む【眺む】(他下二)《古》①遠く見わたす。望み見る。②ぼんやりともの思いにしずむ。

なか-むかし【中昔】上代と近世との間。中古・中世。

なが-むし【長虫】「へび」の俗称。夏

なか-むつまじ・い【仲◇睦まじい】(形) カロ・カッ(ク)・イ・イ・ケレ・○ 互いに仲がよく愛情に満ちているさま。「ー二人」文なかむつま・じ(シク)

なかむらくさたお【中村草田男】ナカムラクサタヲ (一九〇一〜一九八三) 俳人。中国福建省生まれ。「ホトトギス」同人、のち「万緑(ばんりょく)」を創刊・主宰。近代的自我に基づき社会性・思想性を追究、難解派・人間探求派と呼ばれた。句集「長子(ちょうし)」「火の島」など。

なが-め【長め】(名・形動ダ) いくぶん長いこと。また、そのさま。「ーの上着」↔短め

なが-め【長◇雨】《古》(「ながあめ」の転)長く降り続く雨。

なが-め【眺め】①見渡すこと。また、見渡した景色。光景。「ーがよい」②《古》もの思いにしずんでいること。「花の色はうつりにけりないたづらに我が身世にふるーせしまに〈古今集〉」用法②は多く「長雨(ながめ)」に掛けて使われる。

類語 眺望・展望・景観・風景・景色・風物・見晴らし

なが-め・い・る【眺め入る】(自五) ラ(ロ)・リ(ッ)・ル・ル・レ・レ ①目をとめてつくづくと見る。②《古》見つめてもの思いにふける。

なが・める【眺める】(他下一) メ・メ・メル・メル・メレ・メロ(メヨ) ①広い範囲にわたって見る。見渡す。「展望台から港をー」②じっと見つめる。見入る。「鏡に映った姿をー」③わきからなりゆきを見る。傍観する。「ーめているだけで手を貸さない」文なが・む(下二)

なが-もち【長持ち】㊀(名・自スル) 長い間の使用に耐えること。「バッテリーがーする」㊁(名) 衣類・布団(ふとん)などを入れておく、ふたのある長方形の木箱。参考㊁はふつう「長持」と書く。

なが-や【長屋・長家】細長く建てた一棟の家を、いくつにも区切って多くの世帯が住めるようにしたもの。棟割(むねわ)り長屋。

なか-やすみ【中休み】(名・自スル) 続けてしているものの中途で一時休むこと。また、その休み。「梅雨のー」

なが-やみ【長病み】長い間病気であること。長患(わずら)い。

なが-ゆ【長湯】(名・自スル) 長時間入浴すること。長ぶろ。

なか-ゆび【中指】五本の指のうち、真ん中の指。

なか-ゆるし【中許し】茶道・琴などの芸道で、初許しの次、奥許しの前に師匠から受ける免許。

なか-よし【仲良し・仲◇好し】仲のよいこと。また、仲のよ

い者どうし。「—になる」

—こよし【仲良し小良し・仲◇好し小◇好し】「仲良し」を調子よく言った語。仲のよいこと。

ながよしろう〔長与善郎〕(ナガヨ ヨシラウ)（一八八八―一九六一）小説家・劇作家。東京生まれ。「白樺(しらかば)」人道主義の中心として活躍。小説「竹沢先生と云(い)ふ人」、戯曲「項羽と劉邦(りゅうほう)」など。

なか-ら【◇半ら】《古》①数・量・大きさなどのほぼ半分。②道のりや事柄の進展ぐあいなどの途中。

—はんじゃく【—半尺】（名・形動ダ）中途はんぱにすること。また、そのさま。いい加減。

ながら（接助）①一つの動作が行われるのと並行して、他の動作が行われることを示す。「テレビを見—食事をする」②逆接の意を示す。…にもかかわらず。「幼い—よく気がつく」「素人—うまく作る」③そのまま変わらないで続くことを示す。「昔—の味」用法 動詞・動詞型活用の助動詞の連用形、形容詞・形容詞型活用の助動詞の終止形に付く。また、体言、形容動詞の語幹に付くことがある。

—ぞく【—族】《俗》音楽を聞きながら勉強するなど、二つ以上のことを同時にする習慣をもっている人。

なからい【仲◇合】(ナカラヒ) 人と人との間柄。交情。「男女の—」

ながら・える【長らえる・永らえる・◇存える】(ナガラヘル)（自下一）(エ・エ・エル・エル・エレ・エロ〈エヨ〉) 長く生き続ける。「命を—」「生き—」文 なが ら・ふ（下二）

なが-らく【長らく・永らく】（副）長い間。長いこと。久しく。「—お待たせしました」

ながらへば… 和歌〔ながらへば またこのごろや しのばれむ 憂(う)しと見し世ぞ 今は恋しき〕〈新古今集 藤原清輔朝臣(ふじわらのきよすけあそん)〉この先なお生きながらえたならば、今のこのつらい日々もまた、懐かしく思い出されるのだろうか。つらいと思ったあの昔の日々が、今ではしみじみ恋しく思われるのだから。（小倉百人一首の一つ）

なかれ【△勿れ・△莫れ】いろいろな動作を禁止する意を表す語。また、そのように望む気持ちを表す語。…するな。…してはいけない。…しないように。「悲しむこと—」「こと—主義」「恨む—」参考 文語形容詞「無し」の命令形「無かれ」から出た言い方。形式名詞「こと」または動詞の連体形を受ける。

ながれ【流れ】①水などが高いところから低いほうへ移動していくこと。「水の—」「—が速い」②たえず移動・変化するもの。また、その状態。「歳月の—」「車の—」③血統・系統・流派などの同じつながり。「源氏の—をくむ」「『アララギ』の—をくむ歌人」④期限が切れて質においた品物の所有権がなくなること。また、その品物。「質—」⑤→おながれ ⑥屋根の傾斜。また、その面。「片—」⑦あてもなくさすらうこと。また、その人。「—の身」

▼「流れ」が下に付く語
御(お)—　片—　川—　質—　注文—　抵当—　横—　両—

—に棹(さお)さす 流れにのって棹を操り舟を進めるかのように物事が順調に進むことのたとえ。⇩棹差(さおさ)す

—かいさん【—解散】（名・自スル）団体旅行・デモ行進などの終着点で、参加者が到着した順に解散すること。

—さぎょう【—作業】(サゲフ) 作業効率化のための分業方式。一続きの作業で、各段階を分担する者が手を加えながら、順に送っていって製品を完成させる方法。「コンベヤーによる—」

—だま【—弾・—玉】目標からそれて飛ぶ銃弾。それだま。「—に当たる」

—づくり【—造〔り〕】《建》神社建築様式の一つ。前方の屋根を後方の屋根より長くつくり、正面の参拝所をおおうようにした造り。

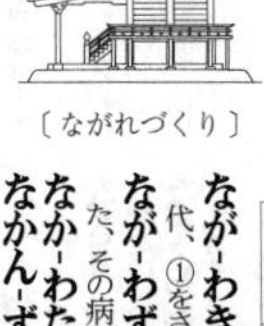

〔ながれづくり〕

—ぼし【—星】→りゅうせい（流星）

—もの【—者】一定の住居をもたず、あちこちわたり歩いて生活している人。

—や【—矢】目標からそれて飛ぶ矢。それ矢。

ながれ-ある・く【流れ歩く】（自五）(カ〈コ〉・キ〈イ〉・ク・ク・ケ・ケ) あちらこちらをさすらい歩く。放浪する。「諸国を—」

ながれゆく… 俳句〔流れゆく 大根の葉の 早さかな〕〈高浜虚子(たかはまきょし)〉初冬のころ多摩川のあたりを散歩しているうちに、ふと小川に出た。橋の上にたたずんでその川面をながめていると、青い大根の葉が非常な速さで水に流れて行く。（大根 冬）

なが・れる【流れる】（自下一）(レ・レ・レル・レル・レレ・レロ〈レヨ〉) ①液体が物の表面を伝わりながら動いて行く。「川が—」②したたり落ちる。垂れる。「汗が—」③液体の動きにのって物が移動する。流される。「大雨で家が—」④時が過ぎてゆく。「月日が—」⑤空間を移動するものが耳目に達する。「星が—」「笛の音が—・れてくる」⑥世に広まる。伝わる。「うわさが—」「情報が—」⑦動きがとだえず一定の方向に物が移動する。「車がスムーズに—」「電気が—」⑧さすらう。放浪する。「最果ての地まで—・れて来た」⑨それる。外れる。「矢が—」⑩姿勢がくずれる。「はたかれて、体が右に—・れた」⑪好ましくない傾向になる。傾く。「人間は楽なほうに—ものだ」⑫質に入れた物の所有権がなくなる。「質草のカメラはとっくに—・れた」⑬中止となる。不成立となる。「雨で試合が—」「会議が—」⑭流産する。他 なが・す（五）文 なが・る（下二）

表現

水	さらさら・ちょろちょろ・じゃあじゃあ・ざあざあ・岩をかんで・潺湲(せんかん)と・潺々(せんせん)と・淙々(そうそう)と・滔々(とうとう)と・悠々と・悠然と・洋々と
汗	だらだら・だくだく・滝のように
涙	はらはら・滂沱(ぼうだ)と
血	だくだく・どくどく
人や車	すいすい

なが-わきざし【長脇差〔し〕】①長い脇差し。②〈江戸時代、①をさして歩いたことから〉「ばくち打ち」の俗称。

なが-わずらい【長患い】(ナガワヅラヒ) 長い間病気であること。また、その病気。長病み。

なか-わた【中綿】着物や布団などの中に入れる綿。

なかん-ずく【×就中】(ナカンヅク)（副）（「なかにつく」の音便）中でも。とりわけ。特に。「法律、—民法を学ぶ」

なかん-づく【×就中】（副）「なかんずく」と書くのが本則。→なかんずく

なき【泣き】泣くこと。また、泣きたいほどつらいこと。「—の涙」

—を入(い)れる 泣きついてわびる。泣いて頼む。**—を見(み)る** 泣くようなつらい目にあう。

なき【亡き】（連体）この世に生きていない。「今は—父」語源 文語形容詞「亡し」の連体形からできた語。

なぎ【凪】(人)（なぎ・なぐ）（字義）→次項。人名 しず・しずか・やす・やすし　参考「凪」は国字。

なぎ【△凪】風がなく波が静かな海のようす。「朝—」「夕—」↕時化(しけ)

なぎ【×竹柏・△梛】《植》マキ科の常緑高木。暖地の山に自生。葉は楕円(だえん)形で竹に似ているが広くて厚い。雌雄異株(しゆい)。樹皮は染色用、材は床柱・家具用。

なき-あか・す【泣き明〔か〕す】(自五) サ(ソ)・シ・ス・ス・セ・セ 泣いて夜を明かす。また、いつも泣いてばかりいる。「親友の死に—」

なき-い・る【泣き入る】(自五) ラ(ロ)・リ(ッ)・ル・ル・レ・レ 激しく泣く。

なき-おとし【泣き落〔と〕し】相手に泣きついて同情させ、自分の要求を承諾させること。「—にかかる」「—戦術」

なき-おんな【泣き女】ヲンナ 葬式のときに雇われて、悲しみを表現するために泣くことを職業とした女性。泣き女め。

なき-がお【泣き顔】ガホ 泣いている顔。泣きだしそうな顔。

なき-かず【亡き数】死んだ人の仲間。「—にはいる」

なき-がら【亡◦骸】死んだ人の体。死体。遺体。しかばね。

なき-くず・れる【泣き崩れる】クヅレル (自下一) レレ・レ・レル・レル・レレ・レロ(レヨ) 姿勢を崩して泣く。なりふりかまわずひどく泣く。「わっと—」文なきくづ・る(下二)

なき-くら・す【泣き暮〔ら〕す】(自五) サ(ソ)・シ・ス・ス・セ・セ 悲しさのあまり一日じゅう泣いている。また、泣いて毎日を送る。

なき-ごえ【泣き声】ゴヱ ①泣く声。②泣きそうな声。涙声。

なき-ごえ【鳴き声】ゴヱ 鳥・虫・獣などの鳴く声。

なき-ごと【泣き言】泣いて訴える言葉。自分の苦しみを嘆いて言う言葉。「—を並べる」

なき-こ・む【泣き込む】(自五) マ(モ)・ミ(ン)・ム・ム・メ・メ 泣いて頼み込む。

なぎ-さ【△渚・△汀】波の打ち寄せる所。波打ち際。

なき-さけ・ぶ【泣き叫ぶ】(自五) バ(ボ)・ビ(ン)・ブ・ブ・ベ・ベ 大声で泣く。「子供が—」

なき-しき・る【鳴き◦頻る】(自五) ラ(ロ)・リ(ッ)・ル・ル・レ・レ 鳥・虫などがしきりに鳴く。「蟬せみが—」

なき-しず・む【泣き沈む】シヅム (自五) マ(モ)・ミ(ン)・ム・ム・メ・メ ひどく泣き悲しんで沈みこむ。「あまりの悲しみに—」

なき-じゃく・る【泣き△噦る】(自五) ラ(ロ)・リ(ッ)・ル・ル・レ・レ しゃくり上げながら泣く。「いつまでも—」

なき-じょうご【泣き上戸】ジヤウゴ 酒に酔うと泣く癖。また、その癖のある人。⇩怒おこり上戸・笑い上戸

なき-すが・る【泣き△縋る】(自五) ラ(ロ)・リ(ッ)・ル・ル・レ・レ 泣いてすがりつく。「母の胸に—」

なぎ-たお・す【△薙ぎ倒す】タフス (他五) サ(ソ)・シ・ス・ス・セ・セ ①立っているものを横に払って倒す。「草を—」「台風に—・された木々」②勢いよく次々に打ち負かす。「群がる敵を—」

なき-つ・く【泣き付く】(自五) カ(コ)・キ(イ)・ク・ク・ケ・ケ ①泣いてすがりつく。「子が母に—」②泣き言を言って助けを求める。「先輩に—」

なき-つら【泣き面】泣いた顔つき。泣き顔。泣きっ面。

—に蜂はち (泣いている顔を蜂が刺す意から)悪いことのうえにさらに悪いことが重なることのたとえ。泣きっ面に蜂。参考類似のことば—弱り目にたたり目

なき-どころ【泣き所】①涙をさそうような場面。②触れたり打たれたりすると痛くて泣き出すところ。転じて、弱み。弱点。「弁慶の—(=向こうずねのこと)」

なぎ-なた【×長刀・×薙刀】長い柄えの先に幅の広い反った刃を付けた武器。江戸時代以降はおもに女性の使う武器となった。

〔なぎなた〕

—ぞうり【—草履】ザウリ 履き古して、なぎなたのように延び曲がった草履。

—ほおずき【—×酸漿】ホホヅキ ウミホオズキの一種。「アカニシ(巻き貝の一種)」の卵嚢らんのう。穴をあけ、口の中で鳴らして遊ぶ。その形はなぎなたの刃に似る。夏

なきにしも-あらず【無きにしも◦非ず】ないというわけでもない。少しはある。「望み—」

なき-ぬ・れる【泣き△濡れる】(自下一) レレ・レ・レル・レル・レレ・レロ(レヨ) 泣いて顔が涙でぬれる。「—・れた顔」文なきぬ・る(下二)

なき-ね【泣き寝】泣きながら寝入ること。泣き寝入り。

なき-ねいり【泣き寝入り】(名・自スル) ①泣きながら寝入ってしまうこと。②不服ながらしかたなくあきらめること。「暴力に—するな」

なき-の-なみだ【泣きの涙】①涙を流して泣くこと。「—で訴える」②ひどく悲しくつらい状態。「—で暮らす」

なぎ-はら・う【△薙ぎ払う】ハラフ (他五) ワ(オ)・イ(ッ)・ウ・ウ・エ・エ 刃物などで横に打ち払う。「草を—」

なき-はら・す【泣き腫らす】(他五) サ(ソ)・シ・ス・ス・セ・セ 激しく泣いてまぶたをはらす。「目を赤く—」

なき-ひと【亡き人】死んだ人。故人。「—をしのぶ」

なき-ふ・す【泣き伏す】(自五) サ(ソ)・シ・ス・ス・セ・セ 泣いて倒れ伏す。うつ伏せに倒れて泣く。「わっと—」

なぎ-ふ・せる【△薙ぎ伏せる】(他下一) セ・セ・セル・セル・セレ・セロ(セヨ) 横に払って倒す。なぎ倒す。「敵を—」文なぎふ・す(下二)

なき-べそ【泣きべそ】今にも泣きだしそうな顔。半泣きの顔。べそ。「—をかく」

なき-ぼくろ【泣き×黒子】目の下や目尻めじり近くにあるほくろ。これのある人は涙もろいとされる。

なき-まね【泣き真◦似】泣くふりをすること。空泣き。

なき-まね【鳴き真◦似】鳥・獣などの鳴き声をまねること。

なき-みそ【泣き味△噌】(俗)→なきむし

なき-むし【泣き虫】ちょっとしたことにもすぐ泣くこと。また、その人。泣きみそ。「—毛虫、はさんで捨てろ」

なき-め【泣き女】→なきおんな

なき-もの【無き者・亡き者】死んだ人。死人。

—にする 殺す。また、ないがしろにする。

なぎょう-へんかくかつよう【ナ行変格活用】ナギヤウヘンカククワツヨウ 〔文法〕文語動詞の活用の一つ。語尾が「な・に・ぬ・ぬる・ぬれ・ね」と活用するもの。「死ぬ」「往いぬ」の二語がある。ナ変。参考口語では五段活用となる。

なき-より【泣き寄り】(人の死など)悲しみごとのあるときに、親しいものが寄り合ってたがいに慰め合い助け合うこと。「親しんは—、他人は食い寄り」

なきり-ぼうちょう【菜切り包丁】バウチヤウ おもに野菜を刻むのに用いる、刃が薄くて幅が広く、先のとがっていない包丁。

なき-わかれ【泣き別れ】(名・自スル) ①別離を悲しみ、泣きながら別れること。また、その別れ。「親と—する」②ひとまとまりであるべきものが別々になること。「見出しと文が—になる」

なき-わめ・く【泣き◦喚く】(自五) カ(コ)・キ(イ)・ク・ク・ケ・ケ わめきながら泣く。叫ぶように泣く。「大声で—」

なき-わらい【泣き笑い】ワラヒ 一(名・自スル) 泣きながらもつい笑ってしまうこと。「—になる」二(名) 泣くことと笑うこと。悲しみと喜び。「—の人生」

な・く【泣く】(自五) カ(コ)・キ(イ)・ク・ク・ケ・ケ ①感情がたかぶって涙を流す。痛さやつらさにたえきれず、声をあげて涙を流す。「映画に感動して—」「声を忍んで—」②(「…の名が泣く」の形で)その名で呼ぶのがはばかられる。ふさわしくない。「名人の名が—」③つらい目にあって嘆く。「一球に—」「昨夏は高温と干魃かんばつに—・いた」④無理や損を承知で相手の言うことを聞く。「ここはひとつ君に—・いてもらいたい」他なか・す(五) なか・せる(下一) 可能な・ける(下一)

ないて馬謖ばしょく**を斬**き**る** 規律の公正を保つために、私情を断ち切って処罰するたとえ。涙を揮ふるって馬謖を斬る。〔故事〕蜀しょくの諸葛しょかつ孔明は、宿敵魏ぎとの一戦に諸将の反対を押し

切って愛する部下の馬謖を起用したが、自信満々の馬謖は孔明の命に背いて山上に布陣したあげく大敗した。孔明は軍規を厳正に保つためにその責任を追及して、泣いて馬謖を処刑したことからいう。〈三国志〉

ないても笑わっても どうやってみても。「―試験は明日だ」

―子こと地頭じとうには勝かてぬ（泣く子の聞き分けのなさと、権力を握っている地頭の横暴さには勝てないことから）道理をもって争ってもかなわないことのたとえ。**―子こも黙だまる** 泣いている子供も泣きやむほど、恐ろしい存在であることのたとえ。

表現

〔類語〕	▼哭こくする・しゃくり上げる・すすり上げる・涙ぐむ・涙する・噎むせ返る・咽むせぶ
〔〜する〕	▼嗚咽おえつ・感泣・歔欷きょき・号泣・涕泣ていきゅう・慟哭どうこく・落涙・流涕りゅうてい
〔慣用〕	▼（〜泣く）男泣きに・顔で笑って心で・看板が・声をあげて・声をおし殺して・取りすがって・音ねに・火がついたように・身を震わせて・身をよじって ▼感涙にむせぶ・袖そでを濡ぬらす・袖を絞る・涙に暮れる・涙に沈む・涙も涸かれる・涙を零こぼす・涙を流す・べそをかく・頰ほおを濡らす・枕まくらを濡らす・目が潤うるむ・目頭が熱くなる・目頭を押さえる・目を赤くする・涙腺るいせんが緩む ▼泣いても笑っても・泣く子も黙る・泣くに泣けない ▼〈擬声・擬態語〉めそめそ・しくしく・さめざめ・わあわあ・おいおい・おんおん・わんわん・ああんと・ひいひい・よよと・おぎゃあおぎゃあ
〔ことわざ〕	▼一銭を笑う者は一銭に泣く・今泣いた烏からすがもう笑った・泣いて馬謖ばしょくを斬きる・泣く子と地頭には勝てぬ・夏歌う者は冬泣く・始めちょろちょろ中ぱっぱ赤子泣くとも蓋ふたとるな・泣き面に蜂はち・弁慶の泣き所

な・く【鳴く】（自五）カ(コ)・キ(イ)・ク・ク・ケ・ケ 鳥・獣・虫などが口や発音器官を動かし、音を出す。「コオロギが―」他なか・す（五）なか・せる（下一）可能な・ける（下一）⇩集すだく「ちがい」

―まで待まとうほととぎす 機が熟するまで辛抱強く待っていよう、の意。徳川家康の忍耐強い性格を表現した句「鳴かぬなら鳴くまで待とうほととぎす」から。参考「鳴かぬなら殺してしまえほととぎす」が織田信長の強引さ・短気さを、「鳴かぬなら鳴かしてみしょうほととぎす」が豊臣秀吉の積極性や才知を表現しているとされる。

な・ぐ【凪ぐ】（自五）ガ(ゴ)・ギ(イ)・グ・グ・ゲ・ゲ 風がやんで海上が静かになる。また、風がやむ。「海が―」↕時化しける

な・ぐ【和ぐ】（自五）ガ(ゴ)・ギ(イ)・グ・グ・ゲ・ゲ 気持ちが静まる。穏やかになる。「心が―」

な・ぐ【薙ぐ】（他五）ガ(ゴ)・ギ(イ)・グ・グ・ゲ・ゲ 刃物などで横に払って切る。

なぐさみ【慰み】 ①心を楽しませるもの。気晴らし。「―に犬を飼う」②→おなぐさみ ③もてあそぶこと。④ばくち。

―もの【―物】 気が安まるもととなるもの。

―もの【―者】 一時の慰みにもてあそばれる者。なぶりもの。

なぐさ・む【慰む】 マ(モ)・ミ(ン)・ム・ム・メ・メ 一（自五）①心が晴れる。気がまぎれる。「心―話を聞く」②楽しんで遊ぶ。他なぐさ・める（下一）二（他五）①もてあそぶ。②からかって楽しむ。③憂うさ晴らしをする。

なぐさめ【慰め】 慰めること。また、慰めるもととなるもの。「―の言葉をかける」

―がお【―顔】ガホ 同情し、慰めようとする顔つき。

なぐさ・める【慰める】（他下一）メ・メ・メル・メル・メレ・メロ(メヨ) 何かをしたりやさしい言葉をかけたりして悲しさ・苦しさなどを忘れさせ、心をおだやかにさせる。心を楽しませる。いたわる。「失意の友を―」自なぐさ・む（五）文なぐさ・む（下二）

なく・す【亡くす】（他五）サ(ソ)・シ・ス・ス・セ・セ 死なせる。失う。亡くなす。「肉親を―」語源サ変動詞「なくする」の五段化。

なく・す【無くす】（他五）サ(ソ)・シ・ス・ス・セ・セ ①失う。紛失する。②ないようにする。「公害を―」可能なく・せる（下一）語源サ変動詞「なくする」の五段化。

なく・する【亡くする】（他サ変）シ(セ・サ)・シ・スル・スル・スレ・シロ(セヨ) →なくす（亡くす）

なく・する【無くする】（他サ変）シ(セ・サ)・シ・スル・スル・スレ・シロ(セヨ) →なくす（無くす）

なくて-ななくせ【無くて七癖】 癖がないという人でも、探せばいくつも癖はあるものだ。だれでも癖は持っているものだ。「―あって四十八癖」

なく-なく【泣く泣く】（副）泣きながら。泣き泣き。泣きたいほどのつらい気持ちで。「―別れる」

なく-な・す【亡くなす】（他五）サ(ソ)・シ・ス・ス・セ・セ 亡くす。死なせる。自なくな・る（五）

なく-な・す【無くなす】（他五）サ(ソ)・シ・ス・ス・セ・セ 無くす。失う。自なくな・る（五）

なく-な・る【亡くなる】（自五）ラ(ロ)・リ(ッ)・ル・ル・レ・レ 死ぬ。「―・った祖父の形見」他なくな・す（五）

なく-な・る【無くなる】（自五）ラ(ロ)・リ(ッ)・ル・ル・レ・レ 無い状態になる。うせる。「時間が―」他なくな・す（五）

なく-もがな【無くもがな】 ないほうがよい。あらずもがな。不要。「―の一言」語源文語形容詞「なし」の連用形「なく」＋願望を表す終助詞「もがな」

なぐり-がき【殴り書き】（名・他スル）文字・文章を乱暴に書くこと。また、そうして書いたもの。「ノートに―する」

なぐり-こみ【殴り込み】 ①他人の家などに押しかけて乱暴すること。「―をかける」②（比喩ひゆ的に）既存の商品市場に新製品などを売り込んで市場を揺さぶること。

なぐり-つ・ける【殴り付ける】（他下一）ケ・ケ・ケル・ケル・ケレ・ケロ(ケヨ)「殴る」を強めた語。ひどく殴る。「相手を―」文なぐりつ・く（下二）

なぐり-とば・す【殴り飛ばす】（他五）サ(ソ)・シ・ス・ス・セ・セ「殴る」を強めた語。力いっぱい殴る。「思いきり―」

なぐ・る【殴る・撲る】（他五）ラ(ロ)・リ(ッ)・ル・ル・レ・レ ①げんこつ・棒などで力を入れて打つ。「頭を―・られる」②（動詞の連用形の下に付いて）乱暴に事をする。「書き―」可能なぐ・れる（下一）

類語 たたく・ぶつ・打つ・はたく・ぶん殴る・ひっぱたく・張りとばす・殴打おうだする・打擲ちょうちゃくする

なげ【投げ】 ①投げること。「槍やり―」「輪―」②「投げ技」の略。「―を打つ」③勝負事などで負けを認めて勝負をやめること。④《経》商取引で、それ以上の損を食い止めるために損を承知で売ること。また、その売る物。投げ物。用法①は、多く他の語と複合して用いる。

な-げ【無げ】（形動ダ）ダロ・ダッ(デ・ニ)・ダ・ナ・ナラ・○ ①ないようなさま。なさそう。「事も―にいう」「所在―だ」「頼り―な顔」②《古》心のこもっていないさま。いいかげん。投げやり。かりそめ。文（ナリ）

なげ-いれ【投（げ）入れ】 生け花の技法の一つ。決まった型にとらわれず投げ入れたように自然な感じに生ける。投げ込み。

なげ-い・れる【投（げ）入れる】（他下一）レ・レ・レル・レル・レレ・レロ(レヨ) 投げて中に入れる。投げ込む。「かごに球を―」文なげい・る（下二）

なげ-う・つ【擲つ・抛つ】（他五）タ(ト)・チ(ッ)・ツ・ツ・テ・テ 思いきりよく投げ出す。惜しげもなく捨てる。「命を―」

なげ-うり【投（げ）売り】（名・他スル）採算を無視して安く売ること。捨て売り。ダンピング。「―品」

なげ-か・ける【投げ掛ける】（他下一）ケ・ケ・ケル・ケル・ケレ・ケロ(ケヨ) ①投げ

るようにして掛ける。「コートを椅子にー」②視線や言葉を相手に届かせる。「熱い視線をー」③提示する。「問題をー」④もたせかける。「彼の胸に身をー」文なげか・く(下二)

なげかわし・い【嘆かわしい】(形)カロ・カッ(ク)・イ・イ・ケレ・○ 嘆かずにはいられないほどに情けない。「ー風潮」文なげかは・し(シク)

なげき【嘆き・歎き】《中心義—思わしくない状況から何とか逃れようとしても逃れられず、深くため息をつく状態にあること》嘆くこと。また、悲しみや満たされない思いをしみじみと訴えること。「ーを聞く」語源「長息」の転。

なげき-あか・す【嘆き明〔か〕す】(他五)サ(ソ)・シ・ス・ス・セ・セ 一晩じゅう嘆き通して夜を明かす。また、いつも嘆いてばかりいる。

なげき-くら・す【嘆き暮〔ら〕す】(他五)サ(ソ)・シ・ス・ス・セ・セ 一日じゅう、嘆いて過ごす。また、毎日嘆きながら暮らす。

なげ-キッス【投げキッス】自分の指先にキスして、それを離れたところにいる相手に投げ送る身振り。投げキス。

なげきつつ…和歌〔嘆きつつ ひとりぬる夜の あくるまは いかに久しき ものとかは知る〕〈拾遺集 右大将道綱母〉あなたを待って嘆き嘆きひとり寝て過ごす夜がどんなに長いものか、あなたはおわかりではないでしょう。—私はいつも夜が明けるまでまんじりともせずに待つのに、あなたは門を開ける間も待ちきれずにお帰りになってしまいました。(明け方近く訪れた夫藤原兼家を門も開けずに帰した翌朝に贈った歌。小倉百人一首の一つ)

なげ・く【嘆く・△歎く】(他五)カ(コ)・キ(イ)・ク・ク・ケ・ケ ひどく悲しむ。憂え悲しんだり憤ったりする。また、その気持ちを言葉に出して言う。「身の不運をー」「現代の風潮をー」参考「嘆」は心に深く感じたとき、思わずため息をつく意。「歎」はうめく意で、「嘆」に通じて用いる。

なげ-くび【投げ首】どうしたらよいか首を傾け思案に暮れること。「思案ー」

なげけとて…和歌〔嘆けとて 月やは物を 思はする かこち顔なる わが涙かな〕〈千載集 西行法師〉嘆き悲しめといって月が私に物思いをさせるのだろうか。いやそうではない、ままならぬ恋ゆえの嘆きなのだ。それなのに、まるで月のせいでもあるかのような顔で、恨みがましく流れ落ちる涙であることよ。(小倉百人一首の一つ)

なげ-こ・む【投げ込む】(他五)マ(モ)・ミ(ン)・ム・ム・メ・メ ①投げて入れる。②野球で、投手が数多くの投球練習をする。「キャンプでー」

なげし【◦長◦押】日本建築で、柱から柱へ横に渡して取り付けた木材。

〔なげし〕

なげ-しまだ【投げ島田】日本髪の結い方の一つ。髷の根を下げて粋に結った島田。下げ島田。

なげ-す・てる【投げ捨てる】(他下一)テ・テ・テル・テル・テレ・テロ(テヨ) ①ほうり捨てる。「吸い殻をーてないこと」②仕事などを、手をつけずにそのままにしてほうっておく。「宿題をーてて遊ぶ」文なげす・つ(下二)

なげ-せん【投げ銭】大道芸人などに投げ与える銭。

なげ-だ・す【投げ出す】(他五)サ(ソ)・シ・ス・ス・セ・セ ①外へほうり出す。また、前に無造作に突き出す。「窓から荷物をー」「足をー」②最後までやりとおさず、あきらめて途中でやめる。「仕事をー」③大事なものをいさぎよく提供する。「全財産をー」「命をー」

なげ-つ・ける【投げ付ける】(他下一)ケ・ケ・ケル・ケル・ケレ・ケロ(ケヨ) 荒々しくぶつけるように投げる。「土俵にー」文なげつ・く(下二)

ナゲット〈nugget〉一口大の鶏肉などに衣をつけて揚げたもの。「チキンー」

なげ-とば・す【投げ飛ばす】(他五)サ(ソ)・シ・ス・ス・セ・セ 勢いよく遠くに投げる。「一本背負いでー」

なげ-なし あるのかないのか、わからないぐらいであること。ほとんどないこと。「ーの金をはたく」

なげ-なわ【投げ縄】ナハ 先を輪の形につくり、動物などを捕らえるために投げる長い縄。

なげ-に【投〔げ〕荷】→うちに

なげ-ぶし【投〔げ〕節】江戸時代初期に流行した小唄の一種。三味線に合わせて歌の末を言い捨てるように歌う。

なげ-ぶみ【投〔げ〕文】他人の家や庭先などに、外から手紙を投げ入れること。また、その手紙。

なげ-もの【投げ物】→なげ(投げ)④

なげ-やり【投げ△槍】投げつけて用いる、短い柄の槍。

なげ-やり【投げ◦遣り】(名・形動ダ) あとはかまわずいい加減であること。どうなってもかまわないという態度ですること。また、そのさま。「ーな態度」

な・ける【泣ける】(自下一)ケ・ケ・ケル・ケル・ケレ・○ ついつい泣いてしまう。涙が出る。涙が出るほど感動する。「思わずー・けてくる」

な・げる【投げる】(他下一)ゲ・ゲ・ゲル・ゲル・ゲレ・ゲロ(ゲヨ) ①手を動かして、持った物を(遠くへ)飛ばす。ほうる。「ボールをー」「船から網をー」②相撲・柔道などで、つかんだりかかえたりして相手を倒す。③うまくいく見込みがないとして、やる気をなくす。放棄する。「試合をー」「さじをー(=医者が病人を見放す。転じて、物事をあきらめる)」④身投げする。「川に身をー」⑤(光などを)投げかける。そそぐ。「淡い光をー」「視線をー」⑥多くの人の見る前に出す。「話題をー」⑦《商》株の取り引きで買い方が、相場が下落することを予測して、損を承知で安く売る。文な・ぐ(下二)

ちがい「投げる」・「ほうる」

「投げる」「ほうる」は、手に持った物体を手を動かすことで別のところへ移動させる動作を表す点で共通する。

「投げる」は物体の移動先が目標として明確に意識され、かつ移動が「飛ぶ」という様態をとる場合に用いられるのが典型的である。「コーチが選手にボールを投げる」

「ほうる」は手から離すことに意味の中心があり、目標を定めず無造作に飛ばすことで手から離すことを表す場合(「床にかばんをほうり、ベッドに倒れこむ」)や、移動の様態として飛ぶだけでなく滑ったり転がったりする動きを伴う場合(「テーブルの上で品物をほうってよこす」)にも用いられる。

このような違いを反映し、「投げる」は「犬に向かって石を投げる」のように物体の移動先に対する攻撃的な危険性を感じさせる場合があるのに対して、「ほうる」は「床にかばんをほうる」のように動作の粗雑さを感じさせる。

なければ-ならない ①(「なけれ」が形容詞「ない」の仮定形である場合)ないということではいけない。あるべきである。「小説には普遍の真理がー」②(「なけれ」が打ち消しの助動詞「ない」の仮定形である場合)…ないわけにはいかない。…するべきだ。「ルールは守らー」⇩ならない③

なげ-わざ【投げ技】柔道・相撲・レスリングなどで、相手を投げ倒す技の総称。投げ。

な-ご【名子】《日》封建社会で一般農民より下位に置かれ、その生活を主家に依存し、主家の労役に服した隷属農民。

なこうど【仲人】ナカウド 結婚の仲立ちをする人。媒酌人。月下氷人。「ーを立てる」参考 常用漢字表付表の語。

—ぐち【ー口】仲人が縁談をまとめるために、双方に対して相手のよいことをとりつくろって伝えること。転じて、間にはいった者が両方の気に入るようにとりつくろうこと。また、その言葉。

なごし-の-はらえ【◇夏越の△祓】ハラヘ 毎年陰暦六月三十日に各神社で行われる祓えの神事。水無月祓。夏 語源 邪神の心を和めるの意で「なごし」という。また、「名越し」で、夏の名を越して災いをはらうとする説もある。

なご・む【和む】(自五) マ(モ)・ミ(ン)・ム・ム・メ・メ 心や顔つき、雰囲気などが穏やかになる。和やかになる。「心が—」可能 なご・める(下一)

なごや-おび【名古屋帯】帯を結んだとき、太鼓になる部分だけを並幅とし、胴回りの部分を半幅に仕立てた女帯。

なごや-おび【名護屋帯】室町末期から江戸初期にかけて使用された帯。糸を丸打ちにして両端に房を付けたもの。男女ともに用いた。肥前の名護屋(現佐賀県唐津市)の産。

なごやか【和やか】(形動ダ) ダロ・ダッ(デ・ニ)・ダ・ナ・ナラ・○ 打ち解けて穏やかなさま。やわらいでいるさま。「—に談笑する」文(ナリ)

なごり【名残】(「余波」から) ①物事の過ぎ去ったのち、なおそれを思わせるような気分・気配などの残っていること。また、その気分・気配。余韻。余情。「昔の—をとどめている」②すでに過去となった物事をしのぶよりどころとなるもの。「—の品」③別れ。最後。また、別れるときの心残り。「—を惜しむ」④(「名残の折」の意)連歌・連句で、懐紙の最後の紙。⑤《古》子孫。参考 常用漢字表付表の語。

—おし・い【—惜しい】(形) カロ・カッ(ク)・イ・イ・ケレ・○ 心が引かれて別れるのがつらい。「友との別れが—」文 なごりを・し(シク)

—きょうげん【—狂言】キャウゲン 役者がその地を離れる時や引退する時、最後に演じる歌舞伎狂言。お名残狂言。

—の-つき【—の月】①夜明けの空に残る月。有り明けの月。残月。②その年、観賞する月として最後の名月。陰暦九月十三夜の月。秋

なごり【×余波】①海上の風がおさまったのちも、まだ静まらない波。「台風の—」②波が引いたあとになぎさに残る海水。

ナサ【NASA】〈National Aeronautics and Space Administration から〉アメリカ航空宇宙局。非軍事的な宇宙開発を目的とする政府機関。

なさい(動詞および補助動詞「なさる」の命令形)やわらかな命令の意を表す。「掃除を—」「ご覧—」用法 ふつう、目下の人に対して用いる。

なさけ【情け】①哀れみ。思いやり。人情。「—を請う」②愛情。「—を交わす(=愛し合う。肉体関係を結ぶ)」③ものの情趣がわかる心。風流心。④《古》風情。味わい。類語 情・同情・厚情・温情・恩情・至情・寛大・寛容・親切・憐憫・惻隠

—は人のためならず 人に親切にしておけば、それが巡り巡って必ず自分によい報いがある。参考「なさけをかけることは、その人のためにならない」の意に誤用されることもある。

—しらず【—知らず】(名・形動ダ) 思いやりのないこと。薄情なこと。また、そのさまや、その人。「—の極悪人」

—な・い(形) カロ・カッ(ク)・イ・イ・ケレ・○ ①思いやりがない。不人情だ。「—仕打ちを受ける」②みじめで嘆かわしい。ふがいない。「—顔をするな」「何もできない自分が—」文 なさけな・し(ク)

【変遷】多くの説があるが、一説に「なさけ」の「なさ」は「為す」の名詞形、「け」は外から見た様子で、本来は「外から見える心づかい・思いやり」の意という。それが思いやりそのものの意に変わった。古語「なさけなし」は「情け」をもたない状態にあることをいうが、現代語「なさけない」は、おもに、そういう状態のものに接した人の感じる気持ちをいう。

—ぶか・い【—深い】(形) カロ・カッ(ク)・イ・イ・ケレ・○ 思いやりが深い。慈悲深い。「—人」文 なさけぶか・し(ク)

—むよう【—無用】哀れみをかける必要がないこと。

—ようしゃ【—容赦】思いやりや手加減を加えること。配慮して寛容に扱うこと。「—もない仕打ち」用法 多く、否定表現を伴って用いられる。

な-ざし【名指し】(名・他スル) 名を挙げてそれとさし示すこと。指名。「—で非難する」

な-ざ・す【名指す】(他五) サ(ソ)・シ・ス・ス・セ・セ 名を挙げてそれとさし示す。指名する。「個人を—」

なさぬ-なか【◇生さぬ仲】血のつながりのない親子の関係。まま親とまま子の間柄。語源 文語動詞「なす(=生む)」の未然形「なさ」+打ち消しの助動詞「ず」の連体形「ぬ」+名詞「なか」

なさ・る【◇為さる】(他五) ラ(ロ)・リ(ッ・イ)・ル・ル・レ・レ(イ) 一(他五)「する」「なす」の尊敬語。「テニスを—」「学問を—」二(補動五)(「お+動詞の連用形」または「ご+漢語サ変動詞の語幹」に付けて)尊敬の意を表す。「お休み—」「ご出発—」用法「た」や「て」が続く場合、「なすっ(た)」の形になることがある。命令形「なさい」は目下に対して用いる。目上にすすめる意味では、「なさる」の連用形のイ音便「なさい」に丁寧の意の助動詞「ます」の命令形を付けて、「なさいませ」のように用いる。

なし【梨】(字義)→り(梨)

なし【梨】《植》バラ科の落葉高木。中国原産。葉は卵形で先がとがる。四・五月ごろに白色五弁花を開く。果実は大形・球形で、食用。秋(なしの花 春)⇩有りの実

なし【無し】無いこと。「これで貸し借りは—だ」「一文—」

なじ-かは(副)《古》どうして。なにゆえ。なぜに。

なし-くずし【◇済し崩し】クヅシ ①少しずつ物事を済ましていくこと。「—に既成事実を作っていく」②少しずつ借金を返していくこと。用法 ①は、正式な手順をふまえずにある事を成立させてしまう場合に用いることが多い。

なしさくと… 俳句〈梨咲くと 葛飾の野は との曇り〉〈水原秋桜子〉梨の白い花が咲くころになると、葛飾の広々とした野は、空一面に雲がたなびいてくもっていることだ。(梨咲く 春)

なし-じ【×梨子-地】ヂ ①蒔絵の一種。金銀粉をまき散らし、その上に黄みを帯びた透明な漆を塗ったもの。梨の実の表面に似ているのでこの名がある。②織物で、梨の実の表面に似た質感をもったもの。

なし-と・げる【成し遂げる・◇為し遂げる】(他下一) ゲ・ゲ・ゲル・ゲル・ゲレ・ゲロ(ゲヨ) 最後までやりぬく。「仕事を—」文 なしと・ぐ(下二) 類語 し遂げる・やり遂げる・成し終える・しおおせる・やってのける・仕上げる・完遂する・完了する・成就する・達成する

なし-の-つぶて【梨の△礫】便りをしても返事のないこと。「あれ以来—だ」語源「礫」とは小石。投げた小石は返ってこないことから、「梨」を「無し」に掛けて語呂合わせでいう。

な-じみ【△馴染〔み〕】なじむこと。なれ親しむこと。また、なれ親しんできた人や物。「—の客」

な-じ・む【△馴染む】(自五) マ(モ)・ミ(ン)・ム・ム・メ・メ ①なれ親しむ。「新しい職場に—」②一つにとけ合う。調和する。「手に—クリーム」③適合する。そぐう。「この件は刑事裁判に—・まない」可能 なじ・める(下一) 用法 ③は、多く否定表現を伴って用いられる。

ナショナリスト〈nationalist〉民族主義者。国家主義者。国粋主義者。

ナショナリズム〈nationalism〉民族主義。国家主義。国粋主義。

ナショナル〈national〉(他の語に付いて)国家の。国民の。国家的。民族的。国立の。国有の。「—パーク(=国立公園)」

なじ・る【◇詰る】(他五) ラ(ロ)・リ(ッ)・ル・ル・レ・レ 相手のあやまちなどを問い

つめて責める。詰問する。「裏切りを―」[可能]なじ・れる(下一)

なし-わり【梨割〔り〕】ナシの実を割るように、刃物で真っ二つに切ること。

-なす（接尾）（おもに体言に付いて）…のような。「山―大波」

なす【×茄子】〖植〗ナス科の一年草。熱帯では多年草。葉は卵形で互生。夏から秋にかけて淡紫色の合弁花を開き、ふつう暗紫色長楕円(ちょうだえん)形の実を結ぶ。果実は食用。なすび。[夏]

な・す【◇生す】（他四）〘古〙生む。出産する。「―・さぬ仲」

な・す【成す・為す・◇作す】（他五）〔サ(ソ)・シ・ス・ス・セ・セ〕〖中心義―だれかが努力してそれを達成する〗①行う。する。「―・せば成る」「やることなすこと（=することすべて）」②ある形や状態を作り出す。こしらえる。「産を―」「色を―（=怒って顔色を変える）」「意味を―・さない」③し遂げる。「快挙を―」[自]な・る（五）[可能]な・せる（下一）

な・す【◇済す】（他四）〘古〙①支払いの義務を果たす。②借りた金品をすっかり返す。返済する。

なす-こん【×茄子-紺】ナスの実の色に似た濃い紫紺色。

なずな【△薺】〔ナヅナ〕〖植〗アブラナ科の越年草。路傍・畑地に自生。葉は羽状。早春に白色花を開き、三角形の果実を結ぶ。春の七草の一つ。若葉は食用。ぺんぺんぐさ。[新年]（なずなの花[春]・なずな粥(がゆ)[新年]・なずな摘み[新年]）⇒春の七草（さしえ）

なすび【×茄子】→なす（茄子）

なず・む【◇泥む】〔ナヅム〕（自五）〔マ(モ)・ミ(ン)・ム・ム・メ・メ〕①その動作・状態がなかなか進行・変化しないで停滞する。とどこおる。行きなやむ。「暮れ―」②こだわる。執着する。拘泥する。「旧習に―」

なずら・える【◇準える・◇擬える】〔ナズラヘル〕（他下一）〔エ・エ・エル・エル・エレ・エロ(エヨ)〕→なぞらえる

なすり-あい【◇擦り合い】〔アヒ〕責任や罪などをたがいに相手に押しつけ合うこと。「責任の―」

なすり-つ・ける【◇擦り付ける】（他下一）〔ケ・ケ・ケル・ケル・ケレ・ケロ(ケヨ)〕①こすりつける。「服に泥を―」②罪や責任を他人に押しつける。「罪を人に―」[文]なすりつ・く（下二）

なす・る【◇擦る】（他五）〔ラ(ロ)・リ(ッ)・ル・ル・レ・レ〕①塗りつける。こすりつける。②責任や罪などを人に負わせる。[可能]なす・れる（下一）

なぜ【×何故】（副）どうして。どういうわけで。「命が―たいせつなのかを学ぶ」「彼は―そこにいたのか」

なぜ-か【×何故か】（副）どういうわけか。なんとなく。「参加するのは―気がすすまない」

な・ぜる【△撫ぜる】（他下一）〔ゼ・ゼ・ゼル・ゼル・ゼレ・ゼロ(ゼヨ)〕→なでる

なぞ【謎】（字義）→めい（謎）

なぞ【謎】〔「何ぞ」の意から〕①正体が不明であること。また、そのもの。不思議なこと。「―の人物」②それとなくさとらせるように言うこと。また、その言葉。「―を掛ける」③なぞなぞ。

なぞ（副助）など。「私―到底及ばない」[語源]「なんぞ」の転。

なぞ-とき【謎解き】内容や正体がよくわからない事柄を解明すること。

なぞ-なぞ【謎謎】〔「何ぞ何ぞ」の意から〕ある意味を隠した言葉や文章を用いて問いかけ、その意味を考えさせる遊び。なぞ。なぞかけ。

なぞ-め・く【謎めく】（自五）〔カ(コ)・キ(イ)・ク・ク・ケ・ケ〕何かはわからないが、何かを暗示するように見える。「―・いた微笑」

なぞら・える【◇準える・◇擬える】〔ナゾラヘル〕（他下一）〔エ・エ・エル・エル・エレ・エロ(エヨ)〕①あるものを、それ以外のあるものと同類と見なして考える。見立てる。擬する。「人生を旅に―」②それらしく見せる。似せる。[文]なぞら・ふ（下二）[参考]「なずらえる」ともいう。

なぞ・る（他五）〔ラ(ロ)・リ(ッ)・ル・ル・レ・レ〕①すでに書いてある絵や文字の上をたどって書く。「手本を―」②他人の言動などをほぼそのまま繰り返す。「師匠の芸を―」[可能]なぞ・れる（下一）

なた【△鉈】厚く幅が広い刃に、短い柄(え)の付いた刃物。薪(まき)割りなどに用いる。「―を振るう（=思い切った処断を下す）」

なだ【△灘】潮流が速くて波風の荒い海。「遠州―」

な-だい【名代】世間に名が高いこと。有名。「―のそば」

な-だい【名題】①歌舞伎(かぶき)や浄瑠璃(じょうるり)の表題。外題(げだい)。②「名題看板」の略。③「名題役者」の略。

―かんばん【―看板】歌舞伎(かぶき)で上演狂言の題名を書いて掲げたもの。

―した【―下】名題役者の下に位する役者。

―やくしゃ【―役者】一座の中で名題看板に記される資格のある幹部級の役者。

な-だか・い【名高い】（形）〔カロ・カッ(ク)・イ・イ・ケレ・○〕名が世間に広く知れわたっている。有名である。「世に―名木」[文]なだか・し（ク）

な-だたる【名立たる】（連体）有名な。名の知れている。「世界に―芸術家」

ナタ-デ-ココ〈スペイン nata de coco〉乳白色で、歯触りのやや硬いゼリー状の菓子。ココナッツの果汁を発酵させて寒天状に固めたもの。

な-たね【菜種】アブラナの種。また、アブラナ。「―油」（菜種刈り[夏]・菜種の花[春]・菜種まく[秋]）

―づゆ【―梅雨】菜の花が咲く四月ごろに降り続く雨。気温が下がり、梅雨のように天気がぐずつく。[春]

なた-まめ【△鉈豆・◇刀豆】〖植〗マメ科のつる性一年草。葉は長楕円(だえん)形の三小葉からできた複葉。夏に淡紅色の蝶(ちょう)形の花を開く。さやは平たくて長大。種子は食用。[秋]

―ギセル【―×煙管】形がナタマメのさやに似たキセル。

なだめ-すか・す【△宥め△賺す】（他五）〔サ(ソ)・シ・ス・ス・セ・セ〕優しい言葉で慰めたりきげんをとったりする。「嫌がる子を―」

なだ・める【△宥める】（他下一）〔メ・メ・メル・メル・メレ・メロ(メヨ)〕人の怒りや悲しみをやわらげるようにする。「ぐずる子を―」[文]なだ・む（下二）

なだらか（形動ダ）〔ダロ・ダッ(デ)・ニ・ダ・ナ・ナラ・○〕①傾斜がゆるいさま。「―な坂道」②穏やかでとどこおることのないさま。「―な口調」[文]（ナリ）

なだれ【雪崩・◇傾れ】傾斜地の積雪が一時(いちどき)に大量にくずれ落ちること。「―を打って（=一時にどっと）押し寄せる」[春] [参考]「雪崩」は、常用漢字表付表の語。

―げんしょう【―現象】〔ゲンシャウ〕何かのきっかけで、物事が一気にある方向に進んだり、ほかに影響が広がったりすること。

なだれ-こ・む【×雪崩れ込む・◇傾れ込む】（自五）〔マ(モ)・ミ(ン)・ム・ム・メ・メ〕多くの人や物が勢いよくどっとはいる。「会場に客が―」

なだ・れる【×雪崩れる・◇傾れる】（自下一）〔レ・レ・レル・レル・レレ・レロ(レヨ)〕①土砂や雪が、激しく一瞬にして斜面をくずれ落ちる。「新雪が―」②（人波などが）どっと押し寄せる。「見物人が一度に出口へ―」③斜めに傾く。[文]なだ・る（下二）

ナチ〈ドイツ Nazi〉→ナチス

ナチス〈ドイツ Nazis〉〈Nationalsozialistische Deutsche Arbeiterpartei 国家社会主義ドイツ労働者党の通称〉①ヒトラーを総統とするドイツのファシズム政党。一九二〇年、ドイツ労働者党を改称して成立。反個人主義・反ユダヤ主義を掲げ、一九三三年に政権を掌握し、独裁政治を行う。第二次世界大戦を起こしたが、敗戦により崩壊。②①の党員。[参考]「ナチ」ともいう。

ナチズム〈Nazism〉ナチス主義。独裁政治・国家社会主義・民族主義が特色。

ナチュラリズム〈naturalism〉自然主義。

ナチュラル〈natural〉[一]（形動ダ）〔ダロ・ダッ(デ)・ニ・ダ・ナ・ナラ・○〕自然な。自然のままの。「―チーズ」[二]（名）〘音〙シャープやフラットで半音上げたり下げたりした音を元に戻す記号。本位記号。記号「♮」

なつ【捺】(人)(ナツ・おす) 〈字義〉①おす。手でしっかりおさえる。「捺印・捺染(なっせん)・押捺(おうなつ)」②書法の一つ。人・大の字などで、右斜め下に引き払う筆法。磔(たく)。

なつ【夏】 四季の一つ。年間で気温の最も高い季節。暦の上では立夏(五月五日ごろ)から立秋(八月七日ごろ)の前日まで。ふつうには六月から八月まで。陰暦では四月から六月。夏
類語 立夏・初夏・麦秋・孟夏(もうか)・小暑・真夏・仲夏・盛夏・大暑・三伏(さんぷく)・芒種(ぼうしゅ)・晩夏・季夏・常夏(とこなつ)・冷夏

なっ【納】〈字義〉→のう(納)

なっ‐いん【捺印】(名・自スル) 判を押すこと。押印(おういん)。

なつ‐がけ【夏掛け】 夏用の薄い掛け布団。夏

なつかし‐い【懐かしい】(形)(カロ・カッ(ク)・イ・イ・ケレ・○) 〈中心義―昔なじんでいたことを思い出させるものとしてひときわ親しみがもてる〉①思い出されて恋しい。「幼い時が―」②親しみを感じ、そばにいたい。慕い寄りたい。慕わしい。文なつか・し(シク)
変遷 動詞「なつく」に対応する形容詞。古くは「慕わしく思われる相手のやさしいさま」、あるいは「相手のやさしさにいだく慕わしい情」「そばに慕い寄って行きたいという気持ち」を意味した。中世には「昔が思い出されて慕わしい」の意が生じ、現代語ではおもにこの懐旧の情の意で用いられる。

なつかし‐む【懐かしむ】(他五)(マ(モ)・ミ(ン)・ム・ム・メ・メ) 懐かしく思う。懐かしがる。「故郷を―」

なつ‐がれ【夏枯れ】 夏(特に八月)に一時的に商売が不振になること。「―の商店街」夏 ↔冬枯れ ⇩二八(にっぱち)

なつ‐ぎ【夏着】 夏用の衣服。夏衣(なつごろも)。夏物。夏 ↔冬着

なつ・く【懐く】(自五)(カ(コ)・キ(イ)・ク・ク・ケ・ケ) 子供や小動物などが、なれて親しくつきまとう。「子供が先生に―」他なつ・ける(下一) 可能なつ・ける(下一)

なつ‐くさ【夏草】 夏に生い茂る草。夏

なつくさに… 俳句〔夏草に 汽罐車(きかんしゃ)の車輪 来て止まる〕〈山口誓子(やまぐちせいし)〉駅の構内の引き込み線のそばに、夏草が生い茂っている。そこへ蒸気機関車がゆっくりと進んできて、今にも夏草にふれんばかりに大きな車輪がぴたっと止まった。あたりには白い蒸気が満ちて青草を包んだ。(夏草 夏)

ナックル‐ボール〈knuckle ball〉野球で、投手の投球の一種。回転が少なく、打者の近くで不規則に落ちる。

なつ‐げ【夏毛】 冬と夏で毛の生え変わる鳥獣の、夏に生える毛。↔冬毛

な‐づけ【名付け】 名前をつけること。「―祝い(=御七夜(おしちや))」
―おや【―親】 ①親以外で、生まれた子に名前をつけた人。名親。②ある物事に最初に呼び名をつけた人。

な‐づけ【菜漬(け)】 菜の塩漬け。冬

なつ・ける【懐ける】(他下一)(ケ・ケ・ケル・ケル・ケレ・ケロ(ケヨ)) なつくようにする。てなずける。「犬を―」自なつ・く(五) 文なつ・く(下二)

な‐づ・ける【名付ける】(他下一)(ケ・ケ・ケル・ケル・ケレ・ケロ(ケヨ)) ①名前をつける。命名する。「かぐや姫と―」②そのように呼ぶ。呼びならわす。「―・けて万有引力の法則という」文なづ・く(下二)

なつ‐ご【夏。蚕】 夏季に飼うかいこ。夏

なつ‐こだち【夏木立】 夏、青葉の茂った木立。夏

なつ‐ごろも【夏衣】 →なつぎ

なつ‐さく【夏作】〔農〕夏季に育ち、夏から秋にかけて収穫される農作物。稲・大豆など。夏作物。↔冬作

なつ‐ざしき【夏座敷】 夏に、障子などを取り外して風通しをよくし、夏向きに調度類を整えた座敷。夏

なつ‐じかん【夏時間】 ①学校・会社などで、夏の間だけふつうより始業時間を繰り上げる制度。②→サマータイム

なっ‐しょ【納所】 ①〔仏〕寺で施物(せもつ)を納め、また会計などの寺務を取り扱う所。②「納所坊主」の略。
―ぼうず【―坊主】(バウズ)〔仏〕納所に勤務する下級の僧。

ナッシング〈nothing〉①何もないこと。②野球の投球カウントで、ストライクあるいはボールのどちらかが一つもないこと。

なつ‐ぜみ【夏△蟬】〔動〕夏に鳴くセミの総称。夏

なっ‐せん【△捺染】(名・他スル) 染色法の一つ。型紙を当て染料をなすって布地に模様を染めるもの。おしぞめ。プリント。

なつ‐ぞら【夏空】 夏の空。太陽がぎらぎら輝いたり、入道雲がわきおこったりする夏らしい空。夏 ↔冬空

ナッツ〈nuts〉〔植〕クルミ・アーモンドなどのかたい殻を持つ木の実(堅果)の総称。ピーナッツなどの核果も含まれる。

なつっこ‐い【懐っこい】(形)(カロ・カッ(ク)・イ・イ・ケレ・○) 人見知りしないで、人にすぐなれて親しみやすい。人懐っこい。なつこい。

ナット〈nut〉〔工〕ボルトと合わせて機械・器具を結合するのに用いるもの。ふつう六角で、穴の内側に雌ねじが切ってある。

なっ‐とう【納豆】 ①煮た大豆に納豆菌を繁殖させた発酵食品。糸引き納豆。②発酵させた大豆を塩汁などに漬け、香料を加えて干した食品。浜納豆。冬

なっ‐とく【納得】(名・他スル) 人の考えや行動を理解して、もっともなことだと認めること。得心。「―がいく」
―ずく(ヅク) 承知のうえであること。「―で計画を進める」

なつ‐どなり【夏隣】 夏に近い晩春のころ。春

なつ‐どり【夏鳥】 春に日本に渡ってきて繁殖し、秋に南方に去って行く鳥。ツバメ・ホトトギスなど。↔冬鳥

なつのかぜ… 和歌〔夏のかぜ 山よりきたり 三百の 牧の若馬 耳ふかれけり〕〈与謝野晶子(よさのあきこ)〉さわやかな夏風が緑濃い山から吹き下ろしてきた。その風に、広い牧場のあちこちに群れている三〇〇頭もの若馬のかわいい耳も吹かれてそよいでいる。

なつのかは… 俳句〔夏の河 赤き鉄鎖(てっさ)の はし浸(ひた)る〕〈山口誓子〉都会の夏の、場末の海に近い運河。その水面は黒く濁り、さまざまな屑(くず)や油が浮いている。岸の石から、赤くさびた鉄の鎖がずっしりと重く垂れ下がり、その先端が水に浸っている。(夏の河 夏)

なつのよは… 和歌〔夏の夜は まだ宵ながら 明けぬるを 雲のいづこに 月やどるらむ〕〈古今集 清原深養父(きよはらのふかやぶ)〉夏の短夜は、まだ宵のうちだと思っているまにもう明けてしまったが、これでは西の山に行き着くひまもなかった月は、雲のどのあたりに宿をとっているのであろうか。(小倉百人一首の一つ)

なつ‐ば【夏場】 夏のころ。夏の間。「―に強い選手」↔冬場

なっ‐ぱ【菜っ葉】 野菜の葉。また、葉を食用とする野菜。
―ふく【―服】 青い色の作業着。

なつ‐ばおり【夏羽織】 夏に着る薄い地のひとえの羽織。夏

なつ‐ばしょ【夏場所】 毎年五月に行う大相撲の興行。五月場所。夏 参考 旧暦五月が夏の真ん中であったことからいう。

なつ‐ばて【夏ばて】(名・自スル)→なつまけ

なつ‐び【夏日】〔気〕一日の最高気温がセ氏二五度以上になる日。↔冬日 ⇩真夏日

ナップザック〈(ドイ)Knappsack〉簡単なつくりの、小形のリュックサック。ナップサック。

なつ‐まけ【夏負け】(名・自スル) 夏の暑さで食欲が減退するなどして体が弱ること。夏ばて。「―して寝こむ」夏

なつ‐まつり【夏祭(り)】 夏季に神社で行われる祭り。夏

なつ‐みかん【夏。蜜△柑】〔植〕ミカン科の常緑小高木。暖地の栽培柑橘(かんきつ)類。葉は楕円(だえん)形で初夏に白色の花を開く。果実は黄色で大形、扁球(へんきゅう)状で、酸味が強い。食用。夏

なつ-むき【夏向き】夏の季節に合っていること。「—の服」

なつめ【△棗】①〘植〙クロウメモドキ科の落葉小高木。葉は卵形で互生。果実は楕円形黄褐色の核果で、食用・薬用。秋(なつめの花 夏) ②(形が①の実に似ているところから)点茶用の茶入れの一種。

〔なつめ②〕

ナツメグ〈nutmeg〉〘植〙ニクズクの種子の仁。香味料として用いられる。

なつめ そうせき〔夏目漱石〕(一八六七〜一九一六)小説家・俳人・英文学者。東京生まれ。「吾輩は猫である」を発表して文名を高め、以後自然主義に対して個人主義的理想主義をかかげ、余裕派と称された。潔癖な道義観と深刻な心理追究とに貫かれた作風で、晩年は「則天去私」の境地を目指した。代表作「坊っちゃん」「草枕」「それから」「門」「こゝろ」「明暗」など。

なつ-メロ【懐メロ】かつて流行し、聞くとその当時が懐かしく思い出される歌。語源「懐かしのメロディー」の略。

なつ-もの【夏物】夏に使う物。特に、夏用の衣服。↕冬物

なつ-やさい【夏野菜】夏に収穫する野菜。ナス・トマト・キュウリ・ピーマンなど。

なつ-やすみ【夏休み】夏の暑さを避けるために設けられた休み。夏期休暇。暑中休暇。夏

なつ-やせ【夏痩せ】(名・自スル)夏、暑さのために体が弱ってやせること。夏

なつ-やま【夏山】①夏の、青葉の茂った山。夏 ②夏季の登山。また、その対象になる山。「—登山」夏 ↕冬山

なで-あ・げる【△撫で上げる】(他下一) ゲ・ゲ・ゲル・ゲル・ゲレ・ゲロ(ゲヨ) なでて上のほうへ上げる。下から上へなでていく。「髪を—」↕撫で下ろす 文なであ・ぐ(下二)

なで-おろ・す【△撫で下ろす】(他五) サ(ソ)・シ・ス・ス・セ・セ ①上から下のほうへなでていく。↕撫で上げる ②(「胸を撫で下ろす」の形で)ほっと安心する。「無事と聞いて胸を—」

なで-がた【△撫で肩】なで下ろしたようになだらかに下がっている肩。「—の人」↕怒り肩

なで-ぎり【△撫で切り・△撫で斬り】①なでるように刃物を動かして切ること。②かたっぱしから敵を切ること。試合などで相手を次々と打ち負かすこと。「強豪を—にする」

なでし-こ【△撫子・×瞿麦】〘植〙ナデシコ科の多年草。山野や河原に自生。葉は線形。夏から秋にかけて、淡紅色まれに白色の花を開く。秋の七草の一つ。かわらなでしこ。やまとなでしこ。秋 ⇩秋の七草(さしえ)

なで-つ・ける【△撫で付ける】(他下一) ケ・ケ・ケル・ケル・ケレ・ケロ(ケヨ) なでて押さえつける。特に、髪をとかして整える。「髪を—」文なでつ・く(下二)

な・でる【△撫でる】(他下一) デ・デ・デル・デル・デレ・デロ(デヨ) 《中心義—物の表面に手などで触れ、その物を大事にする思いをこめて触れた手などを動かす》①表面に触れたまま、指先やてのひらなどをやさしく動かす。さする。「子供の頭を—」②風ややわらかな物が軽く触れる。「髪がほおを—」③くしでとかす。「髪を—」文な・づ(下二) 参考「なぜる」ともいう。

な-でん【南殿】「紫宸殿」の別称。南殿。

など(副)《古》どうして。なぜ。「—かくはするぞ」〈宇治拾遺〉

など(副助)①例示の意を表す。同類が他にもあることを言外にこめる。「鉛筆—を買った」②軽視・へりくだりの意を表す。「私—とても及びません」③強意を表す。「うそ—つかない」「悪くない」④あるものを指すのにやわらかく言う。「お茶—いかがですか」参考「など」と同じ意味で「なんぞ」「なぞ」「なんか」が用いられることがある。用法②③は、多くあとに打ち消し・禁止など否定表現を伴う。語源「なにと」→「なんど」→「など」と転じた語。

> **ちがい**「など」・「などと」
> 副助詞の「など」には「などいう」「などという」の二通りの言い方があるが、どちらも表す意味には変わりがない。二通りの言い方が生じたのは、「など」の語源と関わりがある。「など」は、「酒なにと持て追ひ来て」〈土佐日記〉のような「何・と」から生じた語であり、その中に格助詞「と」の意味が含まれていた。そのため、古くは「などと」と格助詞「と」の付いた使い方のされることはなかった。平安時代の末ごろから「などと」という言い方ができたのは、使われているうちに、語源の意識が薄れたからと考えられ、その後は「など」「なとと」が同じ意味で使われるようになったのである。「酒なにと」は、酒とそれに類する物の意味であるが、現在の「など」は他にもあることを表すような意味にも広がって使われている。

ナトー【NATO】〈North Atlantic Treaty Organization から〉北大西洋条約機構。一九四九年に西欧諸国とアメリカ・カナダにより結成された集団安全保障機構。東欧諸国を含む三十数か国が加盟。本部はブリュッセル。

など-か(副)《古》疑問・反語の意を表す。どうして…か。なんだって…か。「命ばかりは—生きざらん」〈徒然草〉

な-どころ【名所】①名高い所。名所。「桜の—」②氏名と住所。③道具・器物の各部分の名。「鞍の—」

な-とり【名取〔り〕】音曲や舞踊などの芸が上達して、師匠から芸名を許されること。また、その人。「踊りの—」

ナトリウム〈ドイツ Natrium〉《化》金属元素の一つ。比重は〇・九七で水より小さく、銀白色でやわらかい。水・空気と反応しやすいので、石油の中で保存する。ソジウム。元素記号 Na

なな【七】ななつ。しち。

ナナ〈Nana〉フランスの作家ゾラの長編小説。一八八〇年刊。女優ナナの娼婦生活の豪奢と悲惨を描いて、第二帝政下のフランス社会の腐敗面を鋭く突いた作品。

なな-いろ【七色】①太陽光線をスペクトル分解したときに見られる七種類の色。赤・橙・黄・緑・青・藍・紫。②七通り。七種類。また、多くの種類。「—の声」

—とうがらし【—唐辛子】→しちみとうがらし

なな-え【七重】へ— 七つ重ね。七つ重ねたもの。転じて、多くの重なり。いく重にも重ねたもの。

—の膝を八重に折る 丁寧なうえにも丁寧に、依頼したりわびたりする。

なな-かまど【七△竈】〘植〙バラ科の落葉小高木。山地に自生。初夏に白色五弁花を開く。果実は赤く球形。材は堅く、細工物用。秋 語源七度かまどに入れても燃え残る意から。

なな-くさ【七草・七◇種】①七種類。いろいろ。②新春を代表する七種の草花。新年 ⇩春の七草 ③秋を代表する七種の草花。秋 ⇩秋の七草

—がゆ【—△粥】正月七日に、春の七草をいれて作るかゆ。新年

なな-こ【斜子・◇魚子】①魚の卵のような小さい粒を、金属の表面全体に打ち出した彫金の細工。②「斜子織り」の略。

—おり【—織〔り〕】平織りの絹織物の一種。織り目が方形で斜めに並び、細かく粒だってみえる。

ななころび-やおき【七転び八起き】①何度失敗しても屈することなく、そのたびに立ち上がって奮闘すること。七転八起。②人生の浮き沈みの激しいたとえ。「人生—だ」

な-なし【名無し】名がないこと。名の付いていないもの。

—の権兵衛（ごんべえ） 姓名のわからない人をさしていう言葉。

なな‐しゅ‐きょうぎ【七種競技】キャウギ 陸上競技の女子種目の一つ。一日目に一〇〇メートルハードル・走り高跳び・砲丸投げ・二〇〇メートル競走、二日目に走り幅跳び・やり投げ・八〇〇メートル競走の計七種目の競技を一人で行い、その総得点を争うもの。ヘプタスロン。

ななそ‐じ【七◇十・七◇十路】ヂ ①七〇。②七〇歳。

なな‐つ【七つ】①しち。②七歳。③昔の時刻の名。今の午前または午後の四時ごろ。「—立ち（＝早朝四時ごろの出発）」

—どうぐ【—道具】ダウ ①昔、武士が戦場に持っていった七種の武具。具足・刀・太刀（たち）・矢・弓・母衣（ほろ）・かぶと。また、弁慶が背負っていたという七種の武具。②ある仕事をするのに必要な道具一式。常に携行する小道具一式。「大工の—」

—の‐うみ【—の海】南太平洋・北太平洋・南大西洋・北大西洋・南極海・北極海・インド洋の総称。転じて、世界中の海。

—や【—屋】質屋。語源「質」の音を「七」にかけたもの。

ななとこ‐がり【七◇所借り】あちこちから金などを借り集めること。七所（ななところ）借り。

なな‐なぬか【七七日】→しじゅうくにち

なな‐はん【七半】排気量七五〇ccのオートバイの通称。

なな‐ひかり【七光】主君や親などの威光のおかげで事が有利に運ぶこと。余光を受けること。「親の光は—」

なな‐ふしぎ【七不思議】ある地方・事物などに関する七つの不思議な事柄・現象。「世界の—」

なな‐まがり【七曲（が）り】道や坂などが何度も折れ曲がりながら先へのびていること。また、そういう道。つづら折り。

ななめ【斜め】（名・形動ダ）①基準となる線や面に対して傾いていること。まっすぐでないこと。また、そのさま。はす。「—に進む」「日が—になる（＝午後になる）」②ふつうでないこと。わるいこと。また、そのさま。「ご機嫌—」「会社が—になる」

—ならず ひととおりでないさま。はなはだしく。なのめならず。

—よみ【—読み】（名・他スル）大意をつかむために、一行一行を熟読せず、ざっと読むこと。「新聞を—する」

なに【何】■一（名）いちいちの名前を言わないで、広く関係する物事を表す語。「お金も—もいらない」■二（代）不定称の指示代名詞。①不明または不特定の物事をさしていう語。「—をさしあげましょうか」②それと名指さなくても、相手にわかっている物事を指し示す。（人についてもいう。）「そこの—をとってくれ」「—は今どうしていますか」■三（副）（下に打ち消しの語を伴って）まったく。ほんの少しも。「—不自由なく」「—一つ完全なものはない」■四（感）①問い返すときの語。「—、合格したのか」②たいしたことではないと、相手の言葉を軽く否定するときの語。「—、いいも悪いもない」「—、かまうもんか」参考 ■二は「だ」「で」「なら」「なり」などがあとに続くときは「なん」となる場合がある。

—が何（なん）でも ①なんといっても。いくらなんでも。「—それはむりだ」②どうでもこうでも。どうしても。絶対に。「—勝たねばならぬ」

—から何（なに）まで 何もかも。すべて。「—世話になる」

—食（く）わぬ顔（かお） そしらぬ顔。「—で登場する」

—するものぞ 何ができようか。たいしたことはない。「強敵—」

—はさて置（お）き 他のことはあと回しにしても第一に。何より先に。「—食事にしよう」

—はともあれ 他のことはどうであろうと、それはそれとして。ともかくも。「—無事でよかった」

—は無（な）くとも 他のものはさしおいても。「—健康が第一だ」

—やかや あれやこれや。いろいろ。「—（と）忙しい」

—をか言（い）わんや 何を言ってもむだなことだ。何も言うことはない。「今さら—だ」

なに‐か【何か】①内容が不定の事物をさす語。「—食べたい」②（副詞的に）どうしてか。なぜか。どことなく。「—変だ」③相手の言葉や気持ちを軽く確かめるときにいう語。「それじゃ—、私の言うことが聞けないんだね」

なに‐か【何◇彼】あれやこれや。何やかや。

—につけ あれこれ機会あるごとに。「—不平を言う」

—と（副）いろいろと。あれこれと。「—世話を焼く」

なに‐がし【◇某】（代）①不定称の人代名詞・指示代名詞。㋐人・物などの名がわからないとき、また、わざとぼかしたいときに用いる語。某（ぼう）。「山本—」㋑（特に、金銭の）数量が不明のとき、また、わざとぼかしたいときに用いる語。「—かの収入を得る」②（古）自称の人代名詞。男性がへりくだっていう語。おのれ。それがし。

なに‐か‐しら【何かしら】（副）①ある物を特定しないままにさし示す語。「旅に出ると—発見がある」②なんとなく。どういうわけか。「—不安を感じる」

なに‐が‐なし【何が無し】（副）なんとなく。気のせいか。「—（に）秋はさみしい」

なに‐か‐は【何かは】（副）（古）①疑問の意、また、納得のいかない気持ちを表す。どうして。なぜに。②反語の意を表す。同意できずに否定する気持ちを表す。どうして…か、そんなことはない。③（感動詞的に用いて）なんのなんの。どうしてどうして。

なに‐くそ【何◇糞】（感）（俗）くじけそうな自分の気持ちを奮い立たせるときにいう語。「—、負けるものか」

なに‐くれ‐と【何くれと】（副）あれこれと。いろいろと。

—なく あれやこれやと。何やかやと。「—めんどうをみる」

なにげ‐な・い【何気無い】（形）カロ・カッ(ク)・イ・イ・ケレ・○ なんという意図もなくふるまうさま。さりげない。「—しぐさ」文なにげな・し(ク)

なにげ‐に【何気に】（副）（俗）①なにげなく。なんとなく。「—スイッチを入れる」②意外に。思いのほか。「—かわいい」参考「何気無く」「何気無しに」の誤用からという。

なにごころ‐な・い【何心無い】（形）カロ・カッ(ク)・イ・イ・ケレ・○ これと心に決めてのことではない。なにげない。文なにごころな・し(ク)

なに‐ごと【何事】①何であるかがわからないこと。「—が起きたのか」②（聞きとがめる意で）なんとしたこと。「勝手に決めるとは—だ」③すべてのこと。万事。「—も落ち着きが肝心だ」

なに‐さま【何様】■一（名）身分の高い人。「いったい—のつもりだ」■二（副）まったく。なにしろ。「—体が小さいもので」用法 ■一は、現在では皮肉をこめて使われることが多い。

なにしおはば… 和歌〔名にし負はば 逢坂山（あふさかやま）の さねかづら 人にしられで くるよしもがな〕〈後撰集 三条右大臣（さんじょうのうだいじん）（藤原定方）〉逢坂山のさねかずらが、ほんとうに「人と逢（あ）って共に寝る」という名をもっているのなら、そのさねかずらをたぐってゆくように、人知れず、あなたのもとにゆきたい、その方法があればよいがなあ。（「さねかづら（つる草の名）」に「さ寝」を掛ける。小倉百人一首の一つ）

なに‐しろ【何しろ】（副）他はともかく、これは強調したいという気持ちで用いる語。なんにせよ。とにかく。なにせ。「—大変な騒ぎだった」

なに‐せ【何せ】（副）（「なににせよ」の略）なにしろ。なんせ。「—相手が相手だから簡単にはいかない」

なに‐とぞ【何◇卒】（副）相手への懇願の気持ちを表す。どうぞ。どうか。「—お立ち寄りください」

なに‐とて【何とて】（副）なんとして。どうして。

なにとなく… 和歌〔なにとなく 君に待たるる ここちして 出（い）でし花野の 夕月夜（ゆふづくよ）かな〕〈与謝野晶子（よさのあきこ）〉なんとなく恋しいあなたに待たれているような気がして、秋草の花が乱れ咲く野辺に出てみると、折しものぼってきた美しい夕月よ。

なに‐なに【何何】 ■一(代) 不定称の指示代名詞。名がはっきりしないものを並べあげるときにいう語。これこれ。あれこれ。「―が必要ですか」■二(感) ①軽く驚いたり聞きとがめたりするときに発する語。なんだなんだ。「―、一位をとったって」②たいしたことではないと、相手の言葉を軽く否定するときにいう語。「―、そう難しくはありません」

なにはえの… 和歌〔難波江の 葦のかりねの ひとよゆゑ みをつくしてや 恋ひわたるべき〕〈千載集 皇嘉門院別当〉難波の入り江の葦の切り株の短い一節のような、旅先のはかない仮寝の一夜の契りがもとになって、これから先、身を尽くし(=命をかけ)てひたすら恋い続けなければならないのだろうか。(小倉百人一首の一つ)

なにはがた… 和歌〔難波潟 短き葦の ふしの間も 逢はでこの世を 過ぐしてよとや〕〈新古今集 伊勢〉難波潟に生えている葦の、短い節と節の間のようなほんのわずかな間でも、あなたに会えないで、この世を過ごせとおっしゃるのですか。(小倉百人一首の一つ)

なに‐びと【何人】 どういう人。だれ。なんぴと。「―であっても許可しない」「―も認める」

なに‐ひとつ【何一つ】(副) なんにも。まったく。一つも。「―不自由なく育つ」用法 あとに打ち消しの語を伴う。

なに‐ぶん【何分】 ■一(名) なんらか。いくらか。「―のご援助を賜りたい」■二(副) ①なんといっても。どうも。とにかく。「―天気が悪いので」②なにとぞ。どうぞ。どうか。「―よろしく」

なに‐ぼう【何某】(代) 不定称の人代名詞。名前のはっきりしない人、名前を隠したい人などを話題にするとき、名前の代わりにいう語。なんのだれそれ。

なに‐ほど【何程】 どれほど。どれくらい。「―のこともない」

なに‐も【何も】(副) ①どんなことも。なんでもみな。何もかも。「―知らない」②別に。ことさら。「―あわてて行くことはない」用法 あとに打ち消しの語を伴う。

―かも すべて。みんな。「―うまくいく」

なに‐もの【何物】 どういう物。なに。「恋以外の―でもない」

なに‐もの【何者】 どういう人。だれ。「彼は―だ」

なに‐やつ【何。奴】 どういうやつ。何者。だれ。

なに‐やら【何やら】(副) ①なにかしら。なんだか。「―妙なことになった」②どういうわけか。なぜか。「―悲しくなった」

なに‐ゆえ【何故】 ユヱ (副) なぜ。どうして。「―泣くのか」

なに‐より【何より】(副・形動ダ) この上ないさま。他のどんなものより。「―うれしい」「無事で―だ」

なにわ【難波・浪速・浪華・浪花】 ハニ 大阪およびその一帯の古称。

―の葦は伊勢の浜荻 (難波で葦と呼ぶものを伊勢では浜荻と呼ぶの意)土地によって物の名や風俗・習慣の異なることのたとえ。参考 類似のことば―所変われば品変わる

―ぶし【×浪花‐節】 三味線の伴奏で、節をつけて歌い語る大衆的な語り物。多く義理人情を主題にする。説経祭文から出たもので、江戸時代末期に大坂で起こり、明治以降盛んになった。浪曲。

なぬ‐か【七日】 →なのか

な‐ぬし【名主】【日】江戸時代、郡代や代官の支配のもとで、村の長として行政事務を行った人。多く、村の有力な本百姓が世襲した。参考 おもに関東で名主といい、関西では庄屋、東北・北陸では肝煎といった。

ナノ〈nano〉単位の前に付けて、その一〇億分の一であることを表す語。記号 n 「―セカンド(=一〇億分の一秒)」

なの‐か【七日】 ①七日間。一週間。②月の第七日。③人の死後七日目ごと。語源「なぬか」の転。

―しょうがつ【―正月】 シャウグワツ 正月七日の祝い。七草の節句。新年

な‐の‐だ 説明、または強い断定の意を表す。「だますのはいけないことだ―」参考「それはいつのことなんだ」と、「の」の母音が落ちた形の「なんだ」とも言う。語源 断定の助動詞「だ」の連体形「な」+格助詞「の」+断定の助動詞「だ」

な‐ので(接)(俗) 前のことを受けて順接で続ける語。だから。語源 断定の助動詞「だ」の連体形「な」+接続助詞「ので」

ナノテクノロジー〈nanotechnology〉ナノメートル単位で原子や分子を扱い、加工・応用する技術の総称。

な‐のに(接)(「だのに」とも) 前のことを受けて逆接で続ける語。そうであるが。しかし。「知っているはずだ。―教えてくれない」語源 断定の助動詞「だ」の連体形「な」+接続助詞「のに」

な‐の‐はな【菜の花】 早春に咲くアブラナの黄色の花。また、アブラナ。「―畑」春

なのめ【。斜め】(名・形動ナリ)(古) ①際立たないこと。無難であること。②いいかげんに考えること。通りいっぺん。不十分。③(「なのめならず」の略)ひととおりでない。格別だ。

ナノメートル〈フランス nanomètre〉長さの単位。一〇億分の一メートル。一〇〇〇分の一マイクロメートル。一〇〇万分の一ミリメートル。ミリミクロン。記号 nm

な‐のり【名乗〔り〕・名。告り】 ①名乗ること。名前や身分を言うこと。特に武士が戦う前に、自分の名前・家系などを大声で叫んだこと。②公家や武家の男子が元服後、幼名にかえてつけた、通称以外の実名。③名前に用いる漢字の訓。

―を上げる ①自分の名前を言って出る。②競争に参加する意志を表明する。特に、立候補する。「市長選に―」

なのり‐で・る【名乗り出る・名。告り出る】(自下一) デ・デ・デル・デル・デレ・デロ(デヨ) みずからその当人であると申し出る。「落とし主が―」文 なのりい・づ(下二)

な‐の・る【名乗る・名。告る】(自他五) ラ(ロ)・リ(ッ)・ル・ル・レ・レ ①自分の名前や身分を告げる。②当人であることを申し出る。「目撃者が―って出る」③自分の名とする。「以後、三郎を―」

ナパーム‐だん【ナパーム弾】〈napalm〉ナフサ・パーム油が主成分の油脂焼夷弾。ゼリー状で燃焼性が高い。

ナビ(名・他スル)(「ナビゲーション」「ナビゲーター」などの略) ①進路や道筋を指示したり案内したりすること。②→カーナビゲーション ③必要な情報を与えて手引きをすること。また、そのもの。「就活―」

なびか・す【△靡かす】(他五) サ(ソ)・シ・ス・ス・セ・セ ①なびくようにする。「髪を―」②相手を従わせる。「周囲を―」自 なび・く(五)

なび・く【△靡く】(自五) カ(コ)・キ(イ)・ク・ク・ケ・ケ ①何かにとめられている物の端が、風・水などの動きに押されて、横へ揺れ動いたり、傾いたりする。「旗が―」②権力に屈したり魅力にひかれたりして、ある者の意志に従う。「強いほうに―」他 なびか・す(五)

ナビゲーション〈navigation〉①航海術。航空術。②自動車ラリーなどで、助手が運転者に道筋や速度などを指示すること。③目的地までの経路案内。「カー―」

ナビゲーター〈navigator〉①航海士。航空士。②自動車ラリーで、運転者に進路などを指示する同乗者。③案内役。補佐役。

な‐びろめ【名×披露目・名広め・名△弘め】 芸人が芸名を得たとき、または商人が開店のときなど、芸名や店名を世間に披露し宣伝すること。

ナプキン〈napkin〉①食事の際に胸・膝におおいかけて、汚れを防いだり口をふいたりする布や紙。ナフキン。「紙―」②生

理用品の一つ。

ナフサ〈naphtha〉粗製のガソリン。石油化学工業の原料。

な-ふだ【名札】名前を書いた札。

ナフタリン〈ドイツ Naphthalin〉《化》コールタールから分留して得られる、水に溶けない白色の結晶。常温で昇華する。防臭剤・防虫剤・染料製造原料用。ナフタレン。

なぶり-ごろし【嬲り殺し】ゆっくりもてあそんで殺すこと。

なぶり-もの【嬲り者・嬲り物】慰みもてあそばれるもの。「よってたかって一にする」

なぶ・る【嬲る】(他五) ラ(ロ)・リ(ッ)・ル・ル・レ・レ ①手でもてあそぶ。いじる。②相手が困り苦しむのをおもしろがって、いじめからかう。

なべ【鍋】(字義) →か(鍋)

なべ【鍋】①食物を煮炊きする器。②肉・魚介・野菜などを①で煮ながら食べる料理。なべ料理。なべ物。「一を囲む」

なべ-かま【鍋釜】鍋と釜。また、生活に必要な最低限の道具をいう。「一まで質に入れる」

なべ-しき【鍋敷〔き〕】火からおろしたなべを置くとき、下に敷くもの。

なべ-じり【鍋尻】なべの底の外側で、火のあたる部分。

なべ-ずみ【鍋墨】なべや釜の尻に黒く付いたすす。

なべ-ぞこ【鍋底】①なべの底。②(「鍋底景気」の略) 景気の後退は止まったが、回復もしないで低迷している状態。

なべ-づる【鍋鉉】なべに取り付けてある、つる。

なべ-づる【鍋鶴】《動》ツル科の鳥。翼長約五〇センチメートル。体は灰色、頭と首は白く、頭頂部は赤い。シベリアの東部などで繁殖し、日本などで越冬する。特別天然記念物。

なべ-て【並べて】(副) おしなべて。一般に。概して。「一この地は寒冷である」

なへ-に(副)《古》…とともに。…につれて。…と同時に。

なべ-ぶぎょう【鍋奉行】《俗》複数の人で鍋料理を食べるとき、食材の入れ方や食べごろなどをあれこれ指図する人。

なべ-ぶた【鍋蓋】①なべのふた。②漢字の部首名の一つ。「亨」「交」などの「亠」の部分。けいさんかんむり。

なべ-もの【鍋物】なべで煮ながら食べる料理の総称。寄せなべ・ちりなべなど。なべ。なべ料理。

なべ-やき【鍋焼〔き〕】①肉や魚などを野菜とともに煮て、なべから直接取って食べる料理。冬 ②「なべやきうどん」の略。

―うどん【―饂飩】うどんをてんぷら・野菜・かまぼこ・卵などとともに小さい土なべで煮た料理。なべやき。冬

なべ-りょうり【鍋料理】→なべもの

な-へん【ナ変】「ナ行変格活用」の略。

な-へん【那辺・奈辺】(代) 不定称の指示代名詞。どのへん。どのあたり。どこ。「彼の意図は一にあるか」

なほし【直衣】《古》→のうし(直衣)

なほ・し【直し】(形ク)《古》①まっすぐだ。②平らだ。ととのっている。③正しい。正直だ。④ふつうだ。世の常だ。

ナポリタン〈フランス napolitain ナポリ風〉いためたスパゲッティにトマトソースをからめた料理。はじまり 昭和二十年代、横浜市山下町のホテルニューグランドが発祥とされる。かつてナポリの屋台でトマトソースのスパゲッティが売られていたことからの命名という。

ナポレオンいっせい〔ナポレオン一世〕〈Napoléon Bonaparte I〉(一七六九～一八二一) フランスの皇帝。コルシカ島出身。フランス革命に参加。一八〇四年即位し帝政を開始。ヨーロッパをほぼ統一したが、ロシア遠征に失敗して没落、セントヘレナ島に流されその地で死去。「ナポレオン法典」を編纂。

なま-【生】(接頭) ①(体言に付けて) ㋐未熟な。不十分な。いいかげんな。「一兵法」「一煮え」「一返事」 ㋑新しい。生きている。直接である。「一傷」「一物」「一放送」 ②(形容詞に付けて)少し。なんとなく。「一やさしい」「一あたたかい」

なま【生】(名・形動ダ) ①魚・肉・野菜などの、煮たり焼いたり、干したりしていないこと。殺菌などの加工をしていないこと。また、そのもの。「一で食べる」「一の魚」 ②ありのままで中間的な手を加えていないこと。「一の声」 ③録音・録画でなく、直接視聴すること。「一の演奏」「一で見る」 ④十分に熟していないこと。まだ不十分なさま。「一の梅」 ⑤「生ビール」の略。⑥《俗》「生意気」の略。「一を言うな」 ⑦《俗》「現生(=現金)」の略。

なま-あくび【生欠伸】中途半端に出るあくび。「一をかみ殺す」

なま-あげ【生揚げ】①揚げ方が十分でないこと。また、そのもの。②豆腐を厚く切って油で軽く揚げたもの。厚揚げ。

なま-あし【生足】《俗》ストッキング・タイツ・靴下などをはかない足。素足。

なま-あたたか・い【生暖かい】(形) カロ・カッ(ク)・イ・イ・ケレ・○ なんとなくあたたかい。「一風」 文 なまあたたか・し(ク)

なま-あたらし・い【生新しい】(形) カロ・カッ(ク)・イ・イ・ケレ・○ あまり時間が経過していないさま。「記憶に一」 文 なまあたら・し(シク)

なま-あん【生餡】あずきなどの豆類を煮てつぶしたままで、まだ砂糖を加えていないもの。

なま-いき【生意気】(名・形動ダ) それほどの年齢や地位に達していない者が、出すぎた、あるいは偉そうな言動をすること。また、そのさま。「一を言うな」「一盛りの年ごろ」

なま-うお【生魚】→なまざかな

な-まえ【名前】①事物につけられている名称。名。②姓に対する名。または、氏名。

敬称(相手側)	謙称(自分側)
お名前　御氏名　御尊名　御高名 貴名　芳名	名前　氏名

―まけ【―負け】(名・自スル) 名前がりっぱすぎて、実質が伴わないこと。また、そのため実物が見劣りすること。

なま-えんそう【生演奏】レコード・テープなどに録音されたものの再生に対し、楽器を用いて実際に演奏すること。ライブ。

なま-がくもん【生学問】生かじりでいいかげんな学問。中途半端な学問。

なま-がし【生菓子】①あんを主とした、水分を含む和菓子。↔干菓子 ②クリーム・果実などを使った洋菓子。

なま-かじり【生齧り】(名・他スル) 物事の全体・本質を理解するのではなく、表面や一部分を知っているにすぎないこと。

なま-かべ【生壁】①ぬりたての壁。②「生壁色」の略。

―いろ【―色】濃い藍ねずみ色。なまかべ。

なま-かわ【生皮】よくかわいていない生のままの皮。

なま-がわき【生乾き】十分にかわいていないこと。

なま-き【生木】①枯れていない木。地に生えている木。②切ったばかりでまだかわききっていない木。

―を裂く 愛しあっている二人をむりに別れさせる。

なま-きず【生傷・生疵】新しい傷。治りきっていない傷。「一が絶えない」↔古傷

なま-ぐさ【生臭・腥】生ぐさいこと。また、そのもの。

―ぼうず【―坊主】(かつて、禁じられていた肉食を平気で行う僧の意) 戒律を守らない品行の悪い僧。俗っぽい僧。

―もの【―物】生ぐさいもの。魚介・肉類など。↔精進物

なま-ぐさ・い【生臭い・腥い】(形) カロ・カッ(ク)・イ・イ・ケレ・○ ①生の魚肉や生血のにおいがする。②僧が堕落している。③俗っぽく、利

害が生々しくからんでいる。「—話」文なまぐさ・し(ク)

なま-くび【生首】切り落としたばかりの首。

なま-くら【◦鈍】(名・形動ダ)①切れ味の悪いさま。また、よく切れない刃物。「包丁が—だ」②意気地がなかったり、なまけたりしてだらしのないさま。また、そのような人。「この—め」

—よつ【—四つ】相撲で、得意の差し手がなく、右四つでも左四つでも闘えること。

なま-クリーム【生クリーム】牛乳からとり出した脂肪分。洋菓子・バターなどの材料にする。

なまけ-もの【×樹懶】(動)ナマケモノ科の哺乳(ほにゅう)動物の総称。中南米の森林にすみ草食性。全身に褐色の長毛がある。動作はにぶく、かぎ状のつめで枝にぶらさがる。

なまけ-もの【怠け者・懶け者】よくなまける人。

—の節句(せっく)働(ばたら)き ふだんなまけている者が、みんなが休む節句のようなときに働くこと。参考 人が休むときに忙しそうに働く者をからかっていう言葉。

なま・ける【怠ける・懶ける】(自他下一)ケ・ケ・ケル・ケル・ケレ・ケロ(ケヨ) 労力を惜しんで、まじめに勉強や仕事などをしないでいる。「仕事を—」文なま・く(下二)

類語 怠(おこた)る・ずるける・サボる・油を売る

なま-こ【×海鼠】(動)海底にすむ棘皮(きょくひ)動物ナマコ綱の動物の総称。体は円筒形で、上面にいぼ状の突起がある。下面の管足で歩く。腸から「このわた」を作る。食用。图

—いた【—板・生子板】トタン板などを波形に曲げたもの。屋根・壁・へいなどに用いる。波板。

—がた【—形】半円筒の形。かまぼこ形。

—かべ【—壁・生子壁】(建)四角い平がわらを並べ、そのすきまを漆喰(しっくい)でナマコ形に盛り上げた壁。土蔵などに用いる。

なま-ごみ【生△芥・生△塵】食料品のくずや食事の残り物など、台所から出る水分を含んだごみ。

なま-ゴム【生ゴム】ゴムの木からとった液を酢酸(さくさん)で固めた、ねばりのある物質。弾性ゴム製品の原料。

なま-ごろし【生殺し】①ほとんど死ぬくらいの状態にして苦しめること。半殺し。「蛇の—」②物事の始末をつけないで、相手を中途半端で困った状態にしておくこと。「—同然の身」

なま-コンクリート【生コンクリート】すぐに使える状態に練ったコンクリート材料。ミキサー車などで運ぶ。生コン。

なま-ざかな【生魚】火を通したり干したりなど、手が加えられていない魚。生魚(なまうお)。

なま-ざけ【生酒】もろみを絞っただけで、殺菌のための加熱処理をしていない酒。

なまじ【△憖】(副・形動ダ)①そうしないほうがむしろよいという気持ちを表す語。しなくてもよいのに。なまじっか。「—手を出したばかりに、すべてがだめになった」②中途半端なさま。いいかげん。なまじっか。「—知識があるのがまずかった」「—な勉強では合格できない」語源「なまじい」の転。

なまじい【△憖い】ナマジヒ(副・形動ダ)(「生強(なましい)」の意)→なまじ

なまじっか【△憖っか】(副・形動ダ)→なまじ

なま-しゅつえん【生出演】生放送をしている番組に、実際にスタジオに行って出演すること。

なま-しょく【生食】食物を生のまま食べること。せいしょく。

なま-じろ・い【生白い】(形)カロ・カッ(ク)・イ・イ・ケレ・○ なんとなく白い。白く弱々しい。なまっちろい。「—顔」文なまじろ・し(ク)

なます【△膾・△鱠】生魚や野菜をきざんで酢などであえた料理。

なまず【△癜】ナマヅ (医)皮膚病の一種。胸や背中などの一部に細菌が寄生して、灰白色や褐色のまだらができる。

なまず【△鯰】ナマヅ (動)池や沼・川の砂泥底にすむナマズ科の硬骨魚。体は暗褐色。うろこがなくなめらかで、口が大きく、二対の長いひげがある。食用。夏 参考「鯰」は国字。

—ひげ【—髭】ナマズのひげのように、細くて長い口ひげ。

なま-たまご【生卵】ゆでたり焼いたりしていない、生の鶏卵。

なま-ち【生血】生きている動物の血。新鮮な血。いきち。

なま-ちち【生乳】しぼりたての新しい乳。

なま-ちゅうけい【生中継】(名・他スル)録音・録画などによらないで、現場からそのまま中継して放送すること。

なま-づけ【生漬(け)】漬物の、まだ漬け始めで漬けた味の十分でない状態。また、その漬物。浅漬け。

なまっ-ちょろ・い【生っちょろい】(形)カロ・カッ(ク)・イ・イ・ケレ・○ (俗)態度に厳しさがなく、安易なさま。甘っちょろい。「—やり方では通用しない」

なまっ-ちろ・い【生っ◦白い】(形)カロ・カッ(ク)・イ・イ・ケレ・○ →なまじろい

なま-つば【生唾】すっぱいものやおいしそうなものなどを見たり想像したりしたときなどに、自然にわき出るつば。「—がわく」

—を飲(の)み込(こ)む おいしそうなもの、欲しくてたまらないものを目の前にしながら手が出せないでいるときのようす。

なま-づめ【生爪】指に生えているままのつめ。「—をはがす」

なま-テープ【生テープ】未使用の録音・録画用のテープ。

なま-なか【生◦半】(副・形動ダ)①中途半端なさま。なまはんか。「—のことではやりおおせない」②(中途半端になるよりは)むしろ。かえって。なまじっか。「—手をつけないほうがいい」

なま-なま・しい【生生しい】(形)カロ・カッ(ク)・イ・イ・ケレ・○ 非常に新しい感じがする。実際にその場にいるような現実みをおびた感じを与える。「—印象」「—描写」文なまなま・し(シク)

なま-にえ【生煮え】(名・形動ダ)①十分に煮えていないこと。また、そのもの。「肉が—だ」②態度があいまいではっきりしないこと。また、そのさま。「—の返事」

なま-にく【生肉】火を通していない生の肉。

なま-ぬる・い【生◦温い】(形)カロ・カッ(ク)・イ・イ・ケレ・○ ①少しぬるい。温かさや冷たさが中途半端である。「—ビール」「—風」②手ぬるい。厳しさが足りない。「—処置」「—性格」文なまぬる・し(ク)

なま-ハム【生ハム】塩漬けにして熟成させ、加熱をしていないハム。

なま-はんか【生半可】(名・形動ダ)十分でないこと。中途半端なこと。また、そのさま。「—な知識」

なま-ばんぐみ【生番組】ラジオ・テレビの放送で、録音・録画などによらないで現場から直接放送する番組。

なま-はんじゃく【生半尺】(名・形動ダ)中途半端で十分でないこと。また、そのさま。なまはんか。

なま-はんじゅく【生半熟】(名・形動ダ)未熟なこと。不十分なこと。また、そのさま。中途半端。

なま-ビール【生ビール】醸造したままで、殺菌のための加熱をしていないビール。夏

なま-びょうほう【生兵法】ビャウハフ ①未熟な兵法や武術。②しっかりと身についていない、いいかげんな知識や技能。

—は大怪我(おおけが)の基(もと) 少しばかり武術を習った者は、こわいもの知らずで、かえって大けがをするものだ。身についていない中途半端な知識や技能を誇ることを戒めた言葉。

なま-ふ【生△麩】小麦粉からデンプン質を除いただけで、まだ焼き上げたりかわかしたりする前の麩(ふ)。生麩(しょうふ)。

なま-フィルム【生フィルム】未撮影のフィルム。

なま-ぶし【生節】→なまりぶし

なま-へんじ【生返事】(名・自スル)いいかげんな返事。心の

こもらない返事。「テレビを見ながら—する」

なま-ほうそう【生放送】（名・他スル）録音・録画によらず、その時その場で行われているままを放送すること。

なま-ぼし【生干し・生◇乾し】 十分に干していないこと。また、そのようにした干物。

なま-まゆ【生繭】 煮沸または乾燥していない、中でさなぎの生きているまゆ。夏

なま-み【生身】 現に生きている体。いきみ。「—の人間」

なま-みず【生水】 わかしていない飲み水。

なま-めかし・い【◇艶かしい】（形）（おもに女性が）あでやかで美しい。色っぽい。あだっぽい。「—目つき」文なまめか・し（シク）

【変遷】本来は「若々しくみずみずしいさま」を意味した。そこから、「上品でしっとりした優美なさま」、さらに女性が男性を惹きつける官能的なさま、「色っぽい」の意味に変わった。

なま-め・く【◇艶く】（自五）①（おもに女性が）あでやかで美しく見える。こびるように見える。いろめく。②《古》若々しく美しい。③《古》優美である。上品である。

なま-もの【生物】 煮たり焼いたりしていない食品。特に、なま魚類・なま菓子類など、日持ちのしない食品。

なま-やけ【生焼け】 食品などが十分に焼けていないこと。また、そのもの。「—の肉」

なま-やさい【生野菜】 なまのまま食べる野菜。↔温野菜

なま-やさし・い【生易しい】（形）たやすい。簡単である。「優勝は—ことではない」文なまやさ・し（シク）用法多く、あとに打ち消しの語を伴う。

なま-ゆで【生◇茹で】 十分にゆだっていないこと。また、そのもの。「—のパスタ」

なま-よい【生酔い】 ①酒などに少し酔うこと。また、その人。②ひどく酔っていること。また、その人。

なまり【鉛】《化》金属元素の一つ。青灰色でやわらかい。融点が金属としては低く（三二七度）、酸・アルカリに強いので用途が広い。有毒。元素記号 Pb「—色（＝青みをおびた灰色）」

—ガラス《化》鉛・カリ・石英が主成分のガラス。光沢があり屈折率が大きい。装飾・光学用。フリントガラス。

なまり【◇訛り】 ある地方独特の言葉の発音や抑揚。標準語・共通語以外の言葉や発音。「関西—」

なまり-ぶし【生り節】 蒸したカツオの身を生干しにしたもの。なまり。なまぶし。夏

なま・る【◇訛る】（自五）言葉や発音がある地方独特のものになる。標準的でない発音をする。「言葉が—」

なま・る【◇鈍る】（自五）①刃物の切れ味が悪くなる。「刃先が—」②技量・力・意志などがにぶる。「腕が—」

なま-ワクチン【生ワクチン】《医》生きた菌・ウイルスのまま、毒性を弱めて作ったワクチン。ポリオ・風疹などの予防接種に用いる。

-なみ【並〔み〕】（接尾）（名詞に付いて）①同じものがいくつも並んでいることを表す。「軒—」「家—」「歯—」②その種のものと同じ程度であることを表す。「人—」「世間—」「平年—」

なみ【並〔み〕】 よくもなく悪くもないこと。中くらい。ふつう。「—の人間ではやり遂げられない」「うな重の—」

なみ【波】 ①風や震動などによって起こる、水面の起伏運動。「—が立つ」②《物》媒質の中を振動が次々に伝わっていく現象。波動。「光の—」③物事の動向に変化や動揺のあること。「調子に—がある」「時代の—」「景気の—」④起伏などが連続したり、揺れ動いたりしている状態。「甍の—」「人の—」⑤年老いてできる、しわ。「老いの—」

類語 金波・銀波・さざ波・小波・白波・大波・波濤・波浪・土用波・荒波・うねり・激浪・怒濤・狂濤・狂瀾・三角波・横波・縦波・逆波・波の花

—に乗る ①時流にうまく合う。②勢いに乗る。

な-み【無み】《古》ないので。ないために。「若の浦に潮満ちくれば潟をー」〈万葉〉語源「無し」の語幹「な」＋接尾語「み」

なみ-あし【並足】 ①ふつうの速さの歩き方。②馬術で、馬の歩速度のうち、最もゆるやかなもの。ウオーク。

なみ-いた【波板】 ①→なまこいた ②歌舞伎の大道具の一つで、波形を描いた板。

なみ・いる【並み居る】（自上一）その場に並んでいる。座につらなっている。大勢並んでいる。「—強豪」用法現代語では連体形のみを用いる。

なみうち-ぎわ【波打ち際】 波のうちよせる所。

類語 みなぎわ・みぎわ・水ぎわ・なぎさ・水辺・磯・浜・浜辺

なみ-う・つ【波打つ】（自五）①波が起こる。波がうちよせる。「—磯」②波のようにうねる。「—稲穂」

なみ-がしら【波頭】 波の立った頂。波の穂。波頭。

なみ-かぜ【波風】 ①波と風。また、風が強く吹いて波が立つこと。風波。②争いごと。もめごと。「家庭に—が絶えない」

なみ-き【並木】 道路にそって並べて植えた木。街路樹。

なみ-じ【波路】 船の通う水路。ふなじ。航路。

なみ・する【◇蔑する・無みする】（他サ変）ないがしろにする。無視する。軽んじる。文なみ・す（サ変）

なみ-せい【並製】 ふつうの作り方をしてあること。また、その品。「—の書籍」↔上製・特製

なみだ【涙・◇泪】 ①悲しみ・うれしさ・痛みなどを感じたときに目から出る液体。②思いやり。人情。「血も—もない人」

類語 涕涙・紅涙・感涙・熱涙・暗涙・血涙・うれし涙・ありがた涙・悔し涙・血の涙・空涙

—乍ら（に） 泣きながら。「—に語る」**—に暮れる** ①泣き暮らす。②悲しみに沈んで分別を失う。**—に咽ぶ** 悲しみがこみあげてきて何も言えず、ただ涙を流す。**—を呑む** 無念の思いにたえる。くやしさをこらえる。「涙を呑んで引き下がる」

—を振るって 個人的な同情心や悲しみをおさえて。

—あめ【—雨】 ①悲しみの涙が化して降ったと思われる雨。悲しい思いのときに降る雨。②ほんの少し降る雨。

—きん【—金】 それまでの関係を清算するときなどに与える、わずかな金銭。「こんな—では承服できない」

—ごえ【—声】 涙ぐんで泣きだしそうな声。泣きながら話す声。「感きわまって—になる」

—ぶくろ【—袋】 下まぶたのふくらんだ部分。

なみ-たいてい【並大抵】（名・形動ダ）ひととおり。なみなみ。「—のことではない」用法多く、あとに打ち消しの語を伴う。

なみだ-ぐまし・い【涙ぐましい】（形）けなげで、涙が出そうなほどである。「—努力」文なみだぐま・し（シク）

なみだ-ぐ・む【涙ぐむ】（自五）目に涙をうかべる。涙がこぼれそうになる。「叱られて—」

なみだ・する【涙する】（自サ変）涙を流す。特に、感情のたかまりから泣く。「感動に—」文なみだ・す（サ変）

なみ-だ・つ【波立つ】（自五）①波が起こる。「海面が—」②波が立つようにさわがしくなる。もめごとが起こる。「家庭が—」③どきどきする。「胸が—」他なみだ・てる（下一）

なみだ-もろ・い【涙◇脆い】（形）ちょっとしたことにも涙を流しやすい。「—人」文なみだもろ・し（ク）

なみ-とう【並等】 ふつうの等級。高くも低くもない等級。

なみ-なみ【並並】 程度がふつうであるさま。ひととおり。「—な

らぬ努力」[用法]多く、あとに打ち消しの語を伴う。

なみ‐なみ（副）液体が容器いっぱいにはいっているさま。たっぷりと。「酒を―（と）つぐ」

なみ‐の‐はな【波の花】①波が白く砕けたり泡だったりするのを花にたとえていう語。[冬]②「塩」の別称。

なみ‐の‐ほ【波の穂】波頭なみがしら。

なみ‐のり【波乗り】海で、板などを使って波に乗る遊び。サーフィン。[夏]

なみ‐はず・れる【並外れる】ハヅレル（自下一）レ・レ・レル・レル・レレ・レロ(レヨ) ふつうの程度をいちじるしくはずれる。けたはずれである。「―・れた体力」[文]なみはづ・る(下二)

なみ‐はば【並幅】和服地として織られた織物のふつうの幅。約三六センチメートル。↔広幅・大幅

ナミビア〈Namibia〉アフリカ南西部にある共和国。首都はウィントフック。

なみ‐ひととおり【並一通り】ナミヒトトホリ（名・形動ダ）ふつうの程度。とおりいっぺん。「その学識は―でない」

なみ‐ま【波間】①波と波との間。②波の寄せてこない間。

なみ‐まくら【波枕】①船中で寝ること。船旅。②波の音が枕もとに聞こえるような所で旅寝すること。

なみ‐よけ【波。除け】波をよけ防ぐこと。また、そのためのもの。防波堤や船舶に設ける板など。

なむ【南無】〈仏〉仏・菩薩ぼさつなどに祈るときに唱える語で、心から帰依きえし信頼を寄せる意。[参考]「南無」は梵語ぼんごの音訳。

なむ（古）㊀（係助）いくつかの中からとり立てて強く指示する意を表す。「その人かたちよりは心―まさりたりける」〈伊勢〉[用法](1)体言をはじめ種々の語（感動詞・連体詞・接続詞などを除く）に付く。用言・助動詞には連体形に付く。連用修飾語と被修飾語との間に用いられるとき、連用形に付くことがある。(2)文中に用いられた場合、それを受ける結びの活用語は連体形となる。㊁（終助）呼びかける相手にそれをして欲しいと望む意を表す。あつらえ望む意。…てほしい。「今ひとたびの御幸みゆき待た―」〈拾遺〉[用法]動詞・形容詞・助動詞の未然形に付く。

な‐む（古）確信をもった推量・強い意志・勧誘・可能・適当・当然・命令などの意を表す。「さるべきついでもあり―」〈源氏〉[用法]動詞・形容詞・助動詞の連用形に付く。[語源]完了（強意・確述）の助動詞「ぬ」の未然形「な」＋推量の助動詞「む」

なむ‐あみだぶつ【南無。阿。弥。陀仏】〈仏〉浄土教で、阿弥陀仏に帰依きえしてひたすらすがる気持ちを表す言葉。六字の名号みょうごう。これを唱えることを「念仏」という。

なむ‐さん【南無三】（感）「南無三宝㊁」の略。

なむ‐さんぼう【南無三宝】㊀（名）〈仏〉仏・法・僧の三宝を信じて身をまかせること。㊁（感）驚いたり、失敗したりしたときに発する語。しまった。なむさん。「―、遅すぎた」

なむ‐みょうほうれんげきょう【南無妙法。蓮華経】ナムメウホフレンゲキヤウ〈仏〉日蓮にちれん宗で、法華経ほけきょうへの帰依きえを表して唱える語。お題目。題目。

ナムル〈朝鮮語〉朝鮮料理の一つ。もやし・ゼンマイ・キュウリなどを、調味料であえたもの。

なめくじ【×蛞蝓】ナメクヂ〈動〉ナメクジ科の軟体動物。湿った所にすみ、カタツムリに似るが殻はない。塩をかけると縮む。果実・野菜などを害する。なめくじら。なめくじり。[夏]

――に塩しお（ナメクジに塩をかけると縮むことから）苦手なものにあって、すっかり萎縮いしゅくしてしまうことのたとえ。

なめ‐こ【。滑子】担子菌類モエギタケ科のきのこ。ブナの倒木などに群生し、茶褐色で表面はぬるぬるしている。風味があり、食用として栽培する。なめすぎたけ。なめたけ。「―汁」[冬]

な‐めし【菜飯】青菜を炊きこんだご飯。また、青菜の漬物のまぜご飯。[春]

なめし‐がわ【△韋】ナメシガハ 漢字の部首名の一つ。「韓」「韛」などの「韋」「韋」の部分。

なめし‐がわ【△鞣革】ナメシガハ なめしてやわらかくした革。レザー。

なめ・す【△鞣す】（他五）サ(ソ)・シ・ス・ス・セ・セ 毛皮から毛と脂肪を取り去ってやわらかくする。「牛の皮を―」[可能]なめ・せる(下一)

なめず・る【△舐めずる】ナメヅル（他五）ラ(ロ)・リ(ッ)・ル・ル・レ・レ 舌でくちびるなどをなめ回す。「舌を―」

なめ‐みそ【△嘗(め)味。噌】（調味用のみそに対して）野菜・魚肉などを入れて副食になるようにつくったみそ。鯛たいみそなど。

なめ‐もの【△嘗め物】少しずつなめて食べる副食物。なめみそ・塩辛など。

なめらか【滑らか】（形動ダ）ダロ・ダッ(デ・ニ)・ダ・ナ・ナラ・〇 ①表面がすべすべしているさま。「―な肌」②すらすらとよどみのないさま。「―な口調」[文]（ナリ）

な・める【△嘗める・△舐める】（他下一）メ・メ・メル・メル・メレ・メロ(メヨ) ①舌を物の表面に触れさせて動かす。「切手を―」「子供を―ようにかわいがる」②かまないで舌にのせて味わう。「あめを―」③炎が表面に触れて燃やす。「炎が天井を―」④（つらいことを）経験する。味わう。「辛酸を―」⑤たいしたことはないと甘くみる。あなどる。「対戦相手を―」[文]な・む(下二)

な‐や【納屋】（農家で）屋外につくった物置。物置小屋。

なやまし・い【悩ましい】（形）カロ・カッ(ク)・イ・イ・ケレ・〇 ①気分や健康がすぐれない。苦しい。つらい。「心配事が多くて―」②すぐには結論が出せず悩まされる。「―問題」③官能が刺激されて心がおだやかでない。「―声」[文]なやま・し(シク)

なやま・す【悩ます】（他五）サ(ソ)・シ・ス・ス・セ・セ 悩ませる。苦しめる。困らせる。「老後に心を―」「騒音に―・される」[自]なや・む(五)

なやみ【悩み】①思いわずらうこと。苦悩。②（古）病気。

なや・む【悩む】（自五）マ(モ)・ミ(ン)・ム・ム・メ・メ ①精神的な痛みや負担を感じて苦しむ。どうしたらよいか分からず、思いわずらう。「赤字に―」「恋に―」②肉体的に苦しむ。「胃痛に―」③（動詞の連用形に付いて）その動作がうまく進まなくて苦しむ。「伸び―」「行き―」[他]なやま・す(五)

な‐よせ【名寄せ】物や名所などの名を集めた本。「名所―」

なよ‐たけ【。弱竹】細くしなやかな竹。若竹。なよだけ。（雌竹めだけをさすともいう。）「―のかぐや姫」

――の〈枕〉「節よ」「夜」「世」「伏し」などにかかる。

なよ‐なよ（副・自スル）しなやかで力なくたわむさま。また、弱々しく、たよりなげなさま。「―（と）した外見」

なよやか（形動ダ）ダロ・ダッ(デ・ニ)・ダ・ナ・ナラ・〇 なよなよとしているさま。やわらかでしなやかなさま。「―な手つき」[文]（ナリ）

なら【△楢】〈植〉ブナ科の落葉高木コナラの別名。また、ミズナラなどもふくめた総称。実はドングリ。材は薪炭しんたん・家具用。（ならの実[秋]）

なら【奈良】近畿地方中南部の県。県庁所在地は奈良市。

なら（接）それなら。そういうわけなら。「―、行くのはやめよう」[用法]「ば」が付いて「ならば」の形で用いることもある。

なら㊀（接助）仮定の条件を示す。「君が行く―私も行く」「もしも翼があった―、あなたの所に飛んで行く」㊁（副助）①問題となることをとりあげて示す。「彼―適任だ」「野球―ぼくにまかせろ」②比較し合うものを条件にして示す。「彼が彼―、彼女も彼女だ」「来る―来るで、連絡くらいしろ」[語源]断定の助動詞「だ」の仮定形から。

ならい【習い】ナラヒ ①習うこと。学ぶこと。「―さえすればできる」②習慣になっていること。しきたり。「この土地の―」③あたりま

えのこと。つね。「栄枯盛衰は世の—」

—性となる 習慣が、ついには生来の性質のようになる。

—ごと【—事】師から指導を受けて習う技術や芸能。お茶やお花など。稽古事。「週に二日—に通う」

なら・う【倣う】ナラフ（他五）ワ(オ)・イ(ッ)・ウ・ウ・エ・エ すでにある物事を手本として行う。まねる。可能なら・える（下一）⇩「使い分け」

なら・う【習う】ナラフ（他五）ワ(オ)・イ(ッ)・ウ・ウ・エ・エ 教えられたとおりに繰り返し練習して知識や技術を身に付ける。稽古する。可能なら・える（下一）⇩「使い分け」

—より慣れろ 物事を身に付けるには、人から教わるよりも、自分からすすんで経験し、慣れるようにしたほうが早く身に付く。

使い分け「習う・倣う」

「習う」は、教えを受けて繰り返し練習し、知識や技術を身に付ける意で、「ピアノを習う」「よい先生に就いて習う」「習い覚える」など広く使われる。

「倣う」は、先例をまねてそのとおりにする意で、模倣する気持ちが強いとき、「前例に倣う」「芥川龍之介に倣って書く」「右に倣え」など使われる。

ならく【奈落】①《仏》地獄。②物事のどん底。どうにもならないような、どんづまりの所。「—に落ちる」③劇場で、舞台や花道の下の地下室。回り舞台やせり出しのしかけがある。

—の-そこ【—の底】①《仏》地獄の底。②底の知れないほど深い所。③抜け出すことのできない困難な立場や境遇。「—に突き落とされる」

ならし【◇均し】①ならすこと。平らにすること。②平均。

なら-じだい【奈良時代】《日》奈良に都のあった時代。元明天皇の七一〇（和銅三）年から桓武天皇の七八四（延暦三）年の長岡遷都までであるが、ふつう七九四（延暦一三）年の平安遷都までを含める。

なら・す【◇均す】（他五）サ(ソ)・シ・ス・ス・セ・セ ①でこぼこのないように平らにする。「土地を—」②数や量を平均する。「—と日に三〇個は売れる」可能なら・せる（下一）

なら・す【◇生らす】（他五）サ(ソ)・シ・ス・ス・セ・セ 果実をみのらせる。「ミカンを—」自な・る（五）

なら・す【慣らす・△馴らす】（他五）サ(ソ)・シ・ス・ス・セ・セ ①環境や仕事などになれるようにする。順応させる。「体を高地に—」②動物を人になじませる。手なずける。「犬を飼い—」自な・れる（下一）可能なら・せる（下一）

なら・す【鳴らす】（他五）サ(ソ)・シ・ス・ス・セ・セ ①音を出す。鳴るようにする。「汽笛を—」②広く知れ渡らせる。評判をとる。「敏腕記者として—」③やかましく言いたてる。「不平を—」自な・る（五）可能なら・せる（下一）

ならず-もの【ならず者】正業につかず、品行の悪い者。ごろつき。無頼漢。「町の—」

ナラタージュ〈フラ narratage〉《映》映画で、主人公に過去のことを語らせながら場面を構成してゆく表現手法。

なら-たけ【△楢△茸】担子菌類キシメジ科のきのこ。夏から秋、枯れ木に群生。かさははじめ丸い小形、のちに平たくなり、表面は黄褐色。ひだは白色。食用。はりがねたけ。秋

なら-づけ【奈良漬〔け〕】ウリ類などを酒かすにつけた食べ物。語源奈良地方で初めてつくられたのでいう。

なら-で …でなくて。…以外に。「君—」語源文語助動詞「なり」の未然形「なら」＋文語接続助詞「で」

なら-では …でなくては。…以外には。「この地方—の（＝この地方独特の）風習」語源文語助動詞「なり」の未然形「なら」＋文語接続助詞「で」＋係助詞「は」

なら-ない ①（動詞の連用形＋「て(で)はならない」の形で）禁止を表す。いけない。「話しては—」「飛んでは—」②（…て）がまんできない。（…で）仕方がない。「苦しくて—」「不安で—」③（打ち消しの助動詞を受け、「なければならない」「なくてはならない」の形で）㋐…する義務・責任がある。「政治家は国民のために尽力しなければ—」㋑必ず…であるはずだ。「いくらなんでも現地に到着していなければ—」用法「ならぬ」の形でも用いる。語源動詞「成る」の未然形「なら」＋打ち消しの助動詞「ない」

なら-ぬ →ならない

なら-ば（接）前のことを条件として提示し後に続ける語。もしそうであるとしたら。それなら。「熱があるのか。—休みなさい」語源断定の助動詞「だ」の仮定形「なら」＋接続助詞「ば」

ならび【並び】①ならぶこと。ならんださま。また、そのもの。「歯—」②同じ側。「学校の—」③たぐい。比類。「世に—もない」

—だいみょう【—大名】ダイミヤウ ①歌舞伎で、大名の姿で舞台にならんでいるが、格別の台詞や仕種のない役。また、その役者。②名をつらねているだけで、重要でない人。

—な・い（形）カロ・カッ(ク)・イ・イ・ケレ・○ 比較するものがない。たぐいない。「—技の持ち主」文ならびな・し（ク）

—に（接）並列の関係を示す。および。また。「優勝旗—賞状を授与する」

ならび-た・つ【並び立つ】（自五）タ(ト)・チ(ッ)・ツ・ツ・テ・テ ①似たようなものが同じ列に位置する。「高層ビルが—」②対等の位置に並ぶ。「両雄—・たず」

なら・ぶ【並ぶ】（自五）バ(ボ)・ビ(ン)・ブ・ブ・ベ・ベ ①二つ以上のものが、一つづきに隣り合うように位置する。つらなる。列をつくる。「二列に—」「キーボードに文字が—」②（能力などが）同じ程度である。比肩する。匹敵する。「洞察力では彼に—者はいない」他なら・べる（下一）可能なら・べる（下一）

ならべ-た・てる【並べ立てる】（他下一）テ・テ・テル・テル・テレ・テロ(テヨ) 同じ資格・条件のものや事柄をならべ連ねる。ひとつひとつ言ってゆく。「欠点を—」文ならべた・つ（下二）

なら・べる【並べる】（他下一）ベ・ベ・ベル・ベル・ベレ・ベロ(ベヨ) ①二つ以上のものを、隣り合うよう位置させる。ならばせる。つらねる。「生徒を—」「将棋の駒を—」「料理を—」②次々に言う。「不平を—」③比べる。「二作品を—・べて論じる」自なら・ぶ（五）文なら・ぶ（下二）

ならわし【習わし・◇慣わし】ナラハシ 古くから行われてきたしきたり。ふつうそうすることになっているやりかた。習慣。「世の—」

ならわ・す【習わす・◇慣わす】ナラハス（他五）サ(ソ)・シ・ス・ス・セ・セ ①習わせる。学ばせる。「ピアノを—」②（多く、動詞の連用形の下に付いて）習慣とする。いつも…する。すっかり…なれる。「言い—」

-なり（接尾）①（体言に付いて）㋐それに似た姿・形である意を表す。「土俵ぎわで弓—になる」㋑それにふさわしい程度・状態である意を表す。「私—の考え」②（動詞の連用形の下に付いて）それにそっくり従う意を表す。「他人の言い—になる」

なり【◇形】①物の形。また、人の体つき。「大きな—をしてみっともない」②服装。みなり。「みすぼらしい—をしている」

なり【◇生り】果物などがなること。「今年はリンゴの—が悪い」

なり【成〔り〕】将棋で、駒が成ること。「飛車—」⇩成る

なり【鳴り】①鳴ること。また、その音。②騒がしい声や音。

—を静める →なりをひそめる

—を潜める ①物音をたてず静かにする。②表だった活動をしないでじっとしている。

なり 一（副助）①二つ以上のことから一つを選択する意をもって並列する。「行く—やめる—早く決めろ」②控えめに限定して例示する。「どこへ—と行きたまえ」参考並立助詞とする説もある。

用法 種々の語(体言・副詞・用言・助動詞の終止形・助詞など)に付く。 ■二(接助) ①ある動作・作用のすぐあとで、次の動作・作用が行われる意を表す。…するとすぐ。…するやいなや。「人を見るーほえる犬」 ②同じ状態が続く意を表し、あとの動詞に続ける。「洋服を着たー寝る」「行ったー帰らない」 用法 動詞、助動詞「れる」「られる」「せる」「させる」「た」の終止形に付く。

なり 《古》 ■一(助動-形動ナリ型) ナラ・ナリ(ニ)・ナリ・ナル・ナレ・ナレ ①断定の意を表す。…である。…だ。②(多く連体形を用いて)存在の意を表す。…にある。…にいる。「駿河なる富士の高嶺を」〈万葉〉 用法 体言および活用語の連体形に付く。 ■二(助動-ラ変型) ○・ナリ・ナリ・ナル・ナレ・○ ①聞いた事実であることを表す。…と聞いている。「男もすなる日記」〈土佐〉 ②音・声などをもとにして推定する意を表す。…ようだ。…らしい。 用法 動詞型活用の語の終止形に付く。ただし、平安以後はラ変活用をする語には連体形に付く。 参考 四段活用は終止・連体の両形が同じで、接続面から「なり」を区別できない。

なり-あがり【成り上がり】 成り上がること。また、その人。「ー者」 用法 不相応だという軽蔑や悪意をこめた言い方。

なり-あが・る【成り上がる】(自五) ラ(ロ)・リ(ッ)・ル・ル・レ・レ 身分の低い者や貧しい者が不相応に出世したり金持ちになったりする。「一代でー」 ↕成り下がる

なり-かたち【◇形◇姿】 身なり。格好。「ーを改める」

なり-かつよう【ナリ活用】 —クヮツヨウ 《文法》文語形容動詞の活用の一つ。語尾が「なら・なり／に・なり・なる・なれ・なれ」と活用する。「静かに＋あり」「盛りに＋あり」などの形の約。⇩タリ活用

なり-かぶら【鳴り△鏑】 →かぶらや

なり-かわ・る【成り代〔わ〕る・◇為り変〔わ〕る】 —カハル (自五) ラ(ロ)・リ(ッ)・ル・ル・レ・レ ①その人の代わりとなる。代理を務める。「会長にー・りまして申し上げます」 ②他のものに変化する。変わる。

なり-き【◇生り木】 果物のなる木。

なり-き・る【成り切る】(自五) ラ(ロ)・リ(ッ)・ル・ル・レ・レ 完全にそのものになる。また、そのものになったつもりになる。「役にー」

なり-きん【成金】 ①将棋で、駒が敵陣にはいり、金将と同じ資格をもつこと。また、その駒。②にわかに金持ちになること。また、その人。「土地ー」「ー趣味」 用法 ②は軽蔑や悪意をこめた言い方。

なり-さが・る【成り下がる】(自五) ラ(ロ)・リ(ッ)・ル・ル・レ・レ 落ちぶれる。「泥棒にまでー」 ↕成り上がる

なり-すま・す【成り済ます】(自五) サ(ソ)・シ・ス・ス・セ・セ ①まったくそのものであるかのように装う。「警官にー」 ②すっかりそうなった気でいる。そのものになりきる。

なり-たち【成〔り〕立ち】 ①物事ができあがるまでの順序・いきさつ。「議会制度のー」 ②物事を形づくっている要素。また、その仕組み・構造。「文のー」「たんぱく質のー」

なり-た・つ【成り立つ】(自五) タ(ト)・チ(ッ)・ツ・ツ・テ・テ ①物事ができあがる。きちんとまとまる。「契約がー」 ②いくつかの物や要素からできている。「四学部からー大学」 ③成立が可能である。正しいといえる。「その理論はー」 ④商売などが続けられる。「店がー」

なり-て【◇為り手】 なろうとする人。「幹事のーがない」

なり-どし【◇生り年】 果実のよくできる年。↕裏年

なり-とも(副助) ①せめてそれだけはと望む例をあげる。なりと。「電話ーかけてほしい」 ②列挙した事柄のどれを選択してもよい意を表す。なりと。「行くーやめるー好きにするがよい」 語源 文語助動詞「なり」の終止形「なり」＋接続助詞「とも」

なり-は・てる【成り果てる】(自下一) テ・テ・テル・テル・テレ・テロ(テヨ) 落ちぶれて、すっかりみじめな状態になってしまう。「物ごいにー」 文なりは・つ(下二)

なり-ひさご【◇生り△瓢】 「ひょうたん」の異名。

なり-ひび・く【鳴り響く】(自五) カ(コ)・キ(イ)・ク・ク・ケ・ケ ①音が一面にひびきわたる。②評判などが世間に知れわたる。「名声がー」

なり-ふり【◇形振り】 身なりとそぶり。ようす。「ーかまわず」

なり-もの【◇生り物】 ①実のなる木。また、果物。「庭にーを植える」 ②田畑からの収穫物。

なり-もの【鳴〔り〕物】 ①楽器の総称。②歌舞伎の下座音楽で、三味線を除いた鉦・太鼓・鼓・笛などの楽器。また、その囃子。

—いり【—入〔り〕】 ①芝居などで、「鳴り物②」を入れてにぎやかにすること。②大げさに騒ぎたてて宣伝をすること。「ーで売り出す」

なり-ゆき【成〔り〕行き】 ①物事が移り変わっていくようす。また、その過程。「ーを見守る」「ーにまかせる」 ②《経》相場で、価格を指定しないで、そのときの市場の価格で売買するように注文すること。成り行き注文。

なり-わい【×生業】 —ハヒ 暮らしを立てるための仕事。家業。職業。「物書きをーとする」

なり-わた・る【鳴り渡る】(自五) ラ(ロ)・リ(ッ)・ル・ル・レ・レ ①音が一帯に鳴りひびく。「サイレンがー」 ②名声や評判が広く世に伝わる。

な・る【◇生る】(自五) ラ(ロ)・リ(ッ)・ル・ル・レ・レ 果実がみのる。実を結ぶ。「リンゴのー季節」 他なら・す(五)

な・る【成る】(自五) ラ(ロ)・リ(ッ)・ル・ル・レ・レ 《中心義—事の進展からいって自然な結果が実現する》 ①完成した姿が現れる。できあがる。実現する。「論文がー」「功ー・り名遂ぐ」 ②望みどおりに実現する。「願いがー」 ③できる。「ー・ろうことなら、そうしてやりたい」「なせばー、なさねばー・らぬ何事も」 ④構成されている。組み立てられる。「三段落からー文章」 ⑤おいでになる。「王が式場におー・りあそばす」 ⑥将棋で、王将・金将以外の駒が敵陣にはいって、金将またはそれ以上のはたらきができるようになる。「歩がー」 ⑦(多く「ならない」の形で)禁止・義務などを表す。⇩ならない 他な・す(五) 可能な・れる(下一)

なってない まともな水準に達していない。出来が悪くて問題にならない。なっていない。「言葉遣いがー」 **ならぬ堪忍するが堪忍** できない堪忍をがまんしてするのがほんとうの堪忍というものだ。 **—ように成る** (努力や心配にかかわりなく)物事は自然のなりゆきで推移していくものだ。「放っておいてもーさ」

な・る【◇為る】(自五) ラ(ロ)・リ(ッ)・ル・ル・レ・レ ■一(自五) ①一つの姿・状態から他の姿・状態にかわる。また、ある姿・状態に達する。「固体が液体にー」「大臣にー」「会がお開きにー」 ②ある時点や数量に達する。「もうすぐ七時にー」 ③結果としてあるはたらきをする。「苦労が薬にー」「自分のためにー」 ■二(補動五)(「お＋動詞の連用形」または「ご＋漢語サ変動詞の語幹」＋「に」＋「なる」の形で)尊敬の意を表す。「お書きにー」「ご出発にー」 他な・す(五) 可能なれる(下一) ⇩為る「ちがい」

な・る【鳴る】(自五) ラ(ロ)・リ(ッ)・ル・ル・レ・レ ①音が出る。ひびく。「鐘がー」 ②広く知られる。「美声をもってー歌手」 他なら・す(五)

なる-かみ【鳴神】 かみなり。夏

なる-こ【鳴子】 田畑から鳥獣を追い払う道具。竹筒を板にかけならべて縄につるし、遠くからその縄を引いて鳴らす。ひきた。ひた。秋

〔なるこ〕

ナルシシスト〈narcissist〉 自己陶酔型の人。うぬぼれや。ナルシスト。

ナルシシズム〈narcissism〉 ①《心》自分を愛の対象とすること。自己

愛。②自己陶酔。うぬぼれ。ナルシズム。[参考]美少年ナルシス（Narcisse）が泉に映る自分の姿に恋してこがれ死に、水仙に化したというギリシャ神話による。

なる-たけ（副）できるかぎり。なるべく。「―急いでほしい」

なる-と【鳴°門・鳴戸】①潮の干満の際、潮流が激しく渦を巻いて音を響かせる所。②（「鳴門巻き」の略）かまぼこの一種。切り口に赤い渦巻きの模様が現れる。

なる-べく（副）できるだけ。なるたけ。「―飲酒を控えてほしい」[用法]多く、あとに願望・命令の語を伴う。

なる-ほど 一（副）合点がいくこと、十分納得がいくことを表す。まことに。いかにも。「―その意見は正しい」二（感）同意してあいづちを打つときの語。まことに。確かに。

なれ【慣れ】慣れること。習熟すること。また、何度も経験して特別な意識をもたなくなること。「―から油断が生じる」

なれ【△汝】（代）《古》対称の人代名詞。なんじ。おまえ。

なれ-あい【△馴れ合い】アヒ｜たがいにしめし合わせて事をすること。ぐる。「―で事を運ぶ」

なれ-あ・う【△馴れ合う】アフ｜（自五）ワ(オ)・イ(ッ)・ウ・ウ・エ・エ ①たがいに親しみ合う。②たがいにしめし合わせて事をする。また、自分たちの利益のために悪事の仲間になる。ぐるになる。「与野党が―」

ナレーション〈narration〉映画・テレビなどで、場面外の語り手が、場面や内容を解説すること。語り。「―が入る」

ナレーター〈narrator〉映画・テレビなどで、場面や内容について解説をしながら、物語や番組を進行させる人。語り手。

なれ-ずし【°熟れ△鮨】酢を用いず、塩漬けにした魚と飯に重石（おもし）をのせて自然発酵させ、酸味をつけたすし。[夏]

なれ-そめ【△馴れ初め】恋のきっかけ。「二人の―」

なれっ-こ【慣れっこ】《俗》すっかりなれて、特別のことと感じなくなること。「早起きも―になる」

なれ-ど 一（接）けれど。二（連語）…ではあるが。「軽輩―（も）武士」[語源]二は文語助動詞「なり」の已然形＋接続助詞「ど」

なれなれ-し・い【△馴れ△馴れしい】（形）カロ・カッ(ク)・イ・イ・ケレ・○ あまりにも親しげにふるまってぶしつけである。「―態度をとる」[文]なれなれ・し（シク）

なれ-の-はて【成れの果て】落ちぶれ果てた結果。また、その姿。「栄華を極めた男の―」

な・れる【△狎れる】（自下一）レ・レ・レル・レル・レレ・レロ(レヨ) 親しさが過ぎて礼を欠くような状態になる。「―・れて無礼である」[文]な・る（下二）

な・れる【△馴れる】（自下一）レ・レ・レル・レル・レレ・レロ(レヨ) 人が人になじんで親しくなる。また、動物が人に親しみなつく。「新しい先生にも―」「犬が飼い主に―」[他]なら・す（五）[文]な・る（下二）

な・れる【慣れる】（自下一）レ・レ・レル・レル・レレ・レロ(レヨ) ①何度も経験して、それが特別と感じなくなる。習慣になる。「早起きに―」「外国の風習に―」②何度も経験して、その物事が身につく。「仕事に―」「―・れた手つき」③（動詞の連用形や名詞の下に付いて）いつも…して、ぐあいがよくなる。「使い―・れた辞書」「旅―」[他]なら・す（五）[文]な・る（下二）

な・れる【°熟れる】（自下一）レ・レ・レル・レル・レレ・レロ(レヨ) 発酵したりまじりあったりして味がよくととのう。「すしが―」[文]な・る（下二）

なわ【縄】ナハ わら・麻などの植物の繊維や化学繊維を細長くより合わせて作ったひも。ものをしばったりつないだりするのに用いる。「―をなう」「お―になる（＝逮捕される）」

なわ-しろ【苗代】ナハ｜稲の種子をまいて、苗に育てる田。[春]

なわ-つき【縄付き】ナハ｜（罪人を縄でしばったところから）罪人として捕らえられていること。また、その罪人。

なわ-て【縄手・△畷】ナハ｜①あぜ道。たんぼ道。②まっすぐな長い道。

なわ-とび【縄跳び・縄飛び】ナハ｜縄の両端を持ち、回転させたり張ったりして、それをとびこえる遊戯。[冬]

なわ-ぬけ【縄抜け・縄°脱け】ナハ｜（名・自スル）しばられている人が、縄を外して逃げること。また、その人。

なわ-のび【縄延び】ナハ｜（昔、測量に縄を使ったところから）実際の土地の面積が、土地台帳記載のものよりも広いこと。

なわ-のれん【縄°暖△簾】ナハ｜①何本もの縄を結んで垂らして、のれんとしたもの。②（多く、①が店先にかかっているところから）飲み屋。居酒屋。「―で飲む」

なわ-ばしご【縄△梯子】ナハ｜縄でできた、一方のはしにかぎをつけてひっかけられるようにしたはしご。

なわ-ばり【縄張り】ナハ｜①縄を張って、土地の境界を定めたり建物の位置を決めたりすること。②博徒（ばくと）ややくざなどの勢力範囲。「―を荒らす」③動物が他の侵入を許さない一定の占有地域。④よく知っている範囲。専門の事柄・領域。

なわ-め【縄目】ナハ｜①縄の結び目。「―がゆるむ」②捕らえられて縄でしばられること。「―の恥を受ける」

なん【男】（字義）→だん（男）

なん【南】[教2] ナン・ナ(高) みなみ
（字義）①みなみ。日の出に向かって右の方角。「南極・南方・江南」↔北 ②南方へ行く。「南下・南渡」↔北 ③梵語（ぼんご）の音訳に用いる。「南無（なむ）」[難読]南瓜（カボチャ）・南京（ナンキン）・南風（はえ）[人名]あけ・なみ・みな・よし

なん【納】（字義）→のう（納）

なん【軟】ナン(中) やわらか(中)・やわらかい(中)
（字義）①やわらかい。しなやか。弱くやわらかい。「軟球・軟体動物・柔軟」②意志などが弱い。「軟弱」《↔硬》

なん【△楠】ナン くすのき
（字義）なむ。元来は中国に産するクスノキ科の常緑高木全般をいうが、日本では特に「樟（くす）」の意に用いる。[人名]くす・な

なん【難】[教6]**【△難】**ナン かたい(高)・むずかしい
（字義）①かたい。むずかしい。容易でない。「難易・難関・難所・難題・難問・困難・至難」↔易 ②くるしむ。くるしみ。なやみ。わざわい。「難儀・難行（なんぎょう）・難産・危難・苦難・剣難・災難・女難・水難・盗難」③せめる。なじる。そしる。欠点をせめたてる。「難詰・難点・非難・論難」[難読]難波（なにわ）

なん【難】①身体や財産などが痛手をうけるようなできごと。わざわい。「―を逃れる」②非難すべきところ。欠点。「―を言えば」③むずかしいこと。「―を嫌い易に流れる」↔易（い）

なん-【何】（接頭）不定の数・量を表す。「―日か過ぎる」

なん【何】（代）不定称の指示代名詞。不明または不特定のものをさす。「あれは―だ」「―でもよい」[語源]「なに」の転。

ナン〈ヒンディー naan〉インドやパキスタンの平焼きパン。発酵させた生地を薄くのばし、壺（つぼ）状の窯（かま）の内側にはりつけて焼く。

なん（係助・終助）《古》→なむ（係助・終助）

な-ん《古》→なむ

なん-い【南緯】ヰ｜《地》赤道から南の緯度。赤道を零度として南極の九〇度（南極点）に至る。↔北緯

なん-い【難易】難しさと易しさ。「―度」「問題の―」

なんおう【南欧】ヨーロッパの南部。南ヨーロッパ。イタリア・ギリシャ・フランスの南部・スペイン・ポルトガルなど。↔北欧

なん-か【南下】（名・自スル）南へ進むこと。南進。↔北上

なん-か【軟化】クヮ―（名・自スル）①物がやわらかくなること。②強硬だった意見・態度などがおだやかになること。「態度がーする」（↕硬化）

なん-か【軟貨】クヮ―①紙幣。②《経》金の裏づけがなく、自由に外国の通貨と交換できない通貨。（↕硬貨）

なん-か【難化】クヮ―（名・自スル）難しさの度合いが増すこと。「大学入試のー」↕易化

なん-か（副助）①他にも同様のものがある意を含んで、ある事柄を示す。「リストのピアノ曲ー好きだね」②（あとに否定的な語を伴って）取るに足りないものであるの意を含みつつ、ある事柄を取りあげていう。「彼ーにできるものか」③打ち消す意を強める。「君のことー知らない」用法 多く、話し言葉で用いる。

なん-か【何か】「なにか（何か）」の転。

なん-が【南画】グヮ―《美》（「南宗(なんしゅう)画」の略）唐の王維(おうい)に始まる中国画の一派。水墨または淡彩で、多く山水をえがく。日本では江戸中期から盛んに描かれ、池大雅(いけのたいが)・与謝蕪村(よさぶそん)などが有名。文人画。↕北画

なん-かい【南海】①南のほうの海。②「南海道」の略。

なん-かい【難解】（名・形動ダ）難しいこと。わかりにくいこと。また、そのさま。「ーな事件」「ーな文章」

なんかい-どう【南海道】ナンカイダウ 五畿(ごき)七道の一つ。紀伊・淡路(あわじ)・阿波(あわ)・讃岐(さぬき)・伊予・土佐の六か国。

なんか-の-ゆめ【南△柯の夢】（「南柯」は南へさし出た枝の意）夢。また、はかないことのたとえ。槐夢(かいむ)。槐安(かいあん)の夢。【故事】唐の淳于棼(じゅんうふん)が酔って槐(えんじゅ)の南柯の下で眠ると、槐安国王の姫と結婚し南柯郡長官として二〇年の栄華を極めた夢を見た。目覚めて樹下を見ると蟻(あり)の穴があり、たどって行くと蟻の巣になっていて、それが南柯郡であったという説話による。〈南柯太守伝〉

なん-かん【難関】クヮン―（通過するのが難しい関所の意から）容易には切りぬけられない事柄・事態。「ーを突破する」

なん-ぎ【難儀】（名・自スル・形動ダ）①苦しむこと。つらいこと。「腰痛でーする」②たいへん困難なこと。苦労すること。「越えるのにーな峠」③めんどうなこと。迷惑。「他人にーをかける」

なん-きつ【難詰】（名・他スル）欠点を挙げて非難し、問い詰めること。「不誠実な対応をーする」

なん-きゅう【軟球】キウ―軟式のテニス・野球に使うゴム製のやわらかいボール。卓球では材質のうすい球。↕硬球

なん-きゅう【難球】キウ―球技で、取ったり打ったりしにくい、処理の難しい球。

なん-きょう【難境】キャウ―困難な状況。困難な境遇。

なん-ぎょう【難行】ギャウ―つらく苦しい修行。

―くぎょう【―苦行】クギャウ（名・自スル）多くの苦痛や困難にたえてする修行。転じて、ひどく苦労すること。

―どう【―道】ダウ《仏》自力で修行して、悟りを得る方法。聖道門(しょうどうもん)。↕易行道(いぎょうどう)

なん-きょく【南極】①地軸の南の端。南緯九〇度の地点。広くは南極圏をさす。②《天》地軸の南端の延長が天球と交わる点。③磁石の南をさすほうの極。S極。（↕北極）

なん-きょく【難曲】演奏することや歌うことの難しい楽曲。

なん-きょく【難局】処理や対応が難しい局面。打開するのが困難な事態。「ーに直面する」「ーを乗り切る」

なんきょく-かい【南極海】太平洋・大西洋・インド洋の最南部の南極大陸を囲む海域。参考 古くは「南氷洋」といった。

なんきょく-けん【南極圏】南緯六六度三三分の地点を連ねた線、およびそれより南の地域。↕北極圏

なん-きん【南◇京】①（接頭語的に用いて）㋐中国方面から渡来したものの意を表す。㋑珍しくまれなもの、小さくて愛らしいものの意を表す。②「かぼちゃ」の異称。

―じょう【―錠】ヂャウ きんちゃくの形の錠。えび錠。

―だま【―玉】陶製・ガラス製の小さな玉。穴に糸を通して首飾りなどにする。ビーズ。

―ぶくろ【―袋】穀類などを入れる、麻糸で粗く織った袋。

―まい【―米】中国・インド・インドシナ半島などから日本に輸入されていた米の俗称。

―まめ【―豆】→らっかせい

―むし【―虫】①《動》トコジラミ科の昆虫の俗称。体は平たい楕円形(だえんけい)で体長約五ミリメートル。人畜の血を吸う。夏 ②《俗》女性用のごく小さい金側の腕時計。

なん-きん【軟禁】（名・他スル）程度の軽い監禁。身体の自由は奪わないが、外部との接触を制限するもの。「自宅ー」

なん-く【難句】難しい文句。わかりにくい文句。

なん-くせ【難癖】非難すべき点。悪い点。欠点。「ーをつける（＝小さな欠点までとりたてて非難する）」用法 悪意でとりあげる場合に使う。

なん-くん【難訓】読み方の難しい漢字の訓。

なん-けん【難件】処理しにくい事件。始末しにくい事柄。

なん-ご【△喃語】（名・自スル）①恋人どうしが仲むつまじくささやき話すこと。②赤ん坊の、まだ言葉にならない時期の発声。

なん-ご【難語】意味を理解するのが難しい言葉。

なん-こう【軟△膏】カウ―脂肪・ワセリン・グリセリンなどを入れて作ったやわらかいぬり薬。↕硬膏

なん-こう【軟鋼】カウ―炭素含有量〇・二パーセント以下の鋼。一般にいう鉄材。

なん-こう【難航】カウ―（名・自スル）①航行が困難なこと。②障害が多くて物事がはかどらないこと。「交渉がーする」

なん-こうがい【軟口蓋】《生》口蓋の後部の筋性のやわらかい部分。↕硬口蓋

なんこう-ふらく【難攻不落】①攻めにくくて容易に陥落しないこと。「ーの城」②（比喩(ひゆ)的に）相手がなかなかこちらの思いどおりに承知してくれないこと。

なん-ごく【南国】暖かい南方の国・地方。↕北国(ほっこく・きたぐに)

なん-こつ【軟骨】《生》脊椎(せきつい)動物の軟骨細胞とそれをとりかこむ軟骨基質からなる弾力に富んだやわらかい骨。↕硬骨

なん-ざん【南山】①南のほうにある山。②（比叡山(ひえいざん)を北嶺(ほくれい)というのに対して）高野山、また金剛峰寺(こんごうぶじ)のこと。③中国にある終南山(しゅうなんざん)の異称。

なん-ざん【難産】（名・自スル）①出産が非常に困難なこと。胎児がなかなか産まれないこと。↕安産 ②物事が困難ののち成立すること。「ーだった法案の成立」

なん-じ【難字】難解な文字。難しい漢字。

なん-じ【難事】処理や解決が難しい事柄。

なん-じ【難治】ヂ―病気がなおりにくいこと。なんち。「ーの病」

なんじ【汝・爾】ナンヂ（代）対称の人代名詞。おまえ。「ーの隣人を愛せよ」語源「なむち」の転。

なん-しき【軟式】野球・テニス・卓球などで、軟球を使って行う方式。「ー野球」↕硬式

なん-しつ【軟質】質がやわらかいこと。↕硬質

なん-じゃく【軟弱】（名・形動ダ）①やわらかくてしっかりしていないこと。また、そのさま。「ーな地盤」②自分の考えがなくて、相手の言いなりになること。また、そのさま。「ー外交」↕強硬

なん-じゅう【難渋】ジフ―（名・自スル）物事がすらすらとはかどらないこと。また、思いどおりに運ばず、苦労すること。難儀。

「雪道に一する」「国会の議論が一する」

なんしゅう-が【南宗画】 グヮ →なんが

なん-しょ【難所】 通行が困難で危険な場所。「一にかかる」

なん-しょう【難症】 シャウ なおりにくい病気。難病。

なん-じょう デフ (副)(反語に用いて)なんとして。どうして。「一許しておけようぞ」語源「なにといふ」の転。

なん-しょく【男色】 男性の同性愛。だんしょく。

なん-しょく【難色】 賛成しがたい、承知しがたいという態度・ようす。「一を示す」

なん・じる【難じる】 (他上一) ジ・ジ・ジル・ジル・ジレ・ジロ(ジヨ) →なんずる 参考 サ変動詞「なんずる」の上一段化。

なん-しん【南進】 (名・自スル) 南へ進むこと。南下。↔北進

なん-すい【軟水】 〘化〙カルシウム塩・マグネシウム塩などをあまり含まない水。飲料・染色・洗濯などに適する。↔硬水

なん・ずる【難ずる】 (他サ変) ジ(ゼ)・ジ・ズル・ズル・ズレ・ジロ(ゼヨ) 責める。なじる。非難する。なんじる。「不実を一」文なん・ず(サ変)

なん-すれ-ぞ【何◇為れぞ】 (副) どうして。なぜ。

なん-せ【何せ】 (副) なにせ。なにしろ。「一はじめてなので」

なん-せい【南西】 南と西の中間の方角。↔北東

なん-せい【軟性】 やわらかな性質。↔硬性

なん-せん【難船】 (名・自スル) 船が風波などで、こわれたり座礁したりすること。また、その船。

なん-せん【難戦】 (名・自スル) 困難な戦い。苦戦。

ナンセンス 〈nonsense〉(名・形動ダ) 無意味であること。ばかげていて、とりあげるに値しないさま。ノンセンス。「一な話だ」

なんせん-ほくば【南船北馬】 絶えずいろいろな所を旅行すること。語源 中国で、南部は川や湖沼が多いので船で旅をし、北部は山や平野が多いので馬で旅をしたことからいう。

なん-ぞ (副助)「なにぞ」の転。→など(副助)

なん-ぞ【何ぞ】 一(連語)①(多く、終助詞「や」を付けた形で述語となって)なにものか。なんであるか。「文学とは一(や)」②不定の事物をさす語。なにか。「一望みはないか」二(副)(反語的に用いて)どうして。「一知らん」語源「なにぞ」の転。

なんそうさとみはっけんでん【南総里見八犬伝】 江戸後期の読本(よみほん)。曲亭(滝沢)馬琴(ばきん)作。一八一四(文化十一)年から二十八年を費やして完成した長編小説。中国小説の伝奇的構想を利用し、南総(千葉県)里見家の興亡を舞台に八犬士の活躍を描き、全編を勧善懲悪の思想で統一している。文体は七五調中心の華麗な和漢混交文。

なんだ (助動-特殊型) ナンダロ・○・ナンダ・ナンダ・○・○ 現在までにその事態が実現しなかった意を表す。…なかった。「そうとは知ら一」用法 動詞型活用の語の未然形に付く。

なん-だ【何だ】 一(連語)①疑問を表す語。「あれは一」②的確に言えない、言うことをはばかるときに用いる語。「自分で言うのも一が」③価値を認めない、たいしたことはないという感情をこめる語。「金が一」語源 不定称の指示代名詞「なん」+断定の助動詞「だ」二(感)①相手の言動をとがめる気持ちを表す。「一、その言いぐさは」②意外の気持ちを表す。「一、おまえか」③ためらいの気持ちや、言葉にならないもどかしさを表す。ええと。つまり。「僕はそのう一、酒はからっきしだめで…」

――かんだ【一◇彼んだ】 あれやこれや。ああだこうだ。なんだかだ。「一言ってもまだ子供だ」

なん-だい【難題】 ①詩や文章で、作るのに難しい題。②難しい問題。難問。「一を抱える」③無理な注文。言いがかり。「無理一」「一を吹っかける」

なんたい-どうぶつ【軟体動物】 〘動〙無脊椎(むせきつい)動物の一門。二枚貝類・腹足類(マキガイ類)・頭足類(イカ類)などが含まれる。体はやわらかく、骨格や体節がない。貝類やイカ・タコなど。

なんだ-か【何だか】 (副) ①何であるか。「何が一わからない」②なんとなく。なぜだかわからないが。「一悲しい」

なん-たって【何たって】 何と言っても。なんてったって。「一景色がすばらしい」語源「なんといったって」の転。

なん-だって【何だって】 一(感) 相手の発言をとがめたり、問い返したりするときに発する語。「一、もういっぺん言ってみろ」二(連語)①なんでも。どれでも。「小説なら一読む」②どうして。なぜ。「一今まで黙っていたんだ」語源 二①は「なんであっても」、②は「なんだといって」の転。

なん-たる【何たる】 一(連体) 驚き・非難・詠嘆などの気持ちを表す語。なんという。「一ずうずうしさだ」二(連語) 何である。「人生の一かを語る」

なん-たん【南端】 南のはし。「日本の一」↔北端

なん-ちゃくりく【軟着陸】 (名・自スル) ①宇宙船などが、衝撃を避けて減速しながらゆるやかに着陸すること。ソフトランディング。②強引に物事を処理せず、おだやかに事態を収拾すること。

なん-ちゅう【南中】 (名・自スル)〘天〙天体が子午線を通過すること。そのとき天体の高度が最も高い。正中(せいちゅう)。

なん-ちょう【南朝】 テウ ①〘日〙南北朝時代に吉野(よしの)に都があった大覚寺統の後醍醐(ごだいご)・後村上・長慶・後亀山(ごかめやま)の四代の朝廷。吉野朝。②〘世〙中国で、南北朝時代に漢民族が建てた宋(そう)・斉(せい)・梁(りょう)・陳(ちん)の四王朝。《↔北朝》参考 ②は呉(ご)・東晋(とうしん)を加えて六朝(りくちょう)ともいう。

なん-ちょう【軟調】 テウ ①〘経〙相場が下がりぎみなこと。↔堅調 ②写真の原板・印画で、コントラストが強くなく、やわらかい調子に出ていること。《↔硬調》

なん-ちょう【難聴】 チャウ ①聴力が低下し、耳がよく聞こえないこと。②ラジオなどの電波がよく届かないこと。「一地域」

なん-て【何て】 (副) ①驚きや感嘆を表す。なんと。「一きれいな花だろう」②どのように。なんと。「今一言った」

なん-て (副助) ①ある事物を示して、それを無視または軽視する気持ちを表す。…なんか。…など。「あなた一大嫌い」「歌一歌っている場合じゃない」「たばこ一やめなさい」②思いがけず意外であるという気持ちを表す。「優勝した一信じられない」

なん-で【何で】 (副) なぜ。何のために。どうして。「一怒るのか」「一見捨てられようか」

なん-てき【難敵】 手ごわくてたやすく勝てない敵・相手。

なん-てつ【軟鉄】 炭素の含有量が非常に少ない鉄。やわらかく、展性・延性に富む。

なん-でも【何でも】 (副) ①どんなことがあっても。「なにが一やりとげたい」②何事でも。どんなものでも。「一売っている」「一ない(=たいしたことではない)」③よくはわからないが。なにやら。「一彼は病気だということです」

――や【一屋】 ①どんなことも一応はできる人。すべてに手を出す人。②日用雑貨など、種々雑多なものを売っている店。

なん-てん【南天】 ①〘植〙メギ科の常緑低木。中国原産。暖地の山林に自生。葉は互生し、多数の披針(ひしん)形の小葉からできた複葉。初夏に白色六弁花を開く。果実は球形で赤色。(なんてんの花 夏・なんてんの実 冬) ②南の空。

なん-てん【難点】 ①非難すべき点。欠点。「気が弱いのが一だ」②困難な所。難しい所。

なん-と【南都】 ①(平安京(=京都)を北都というのに対して)平城京(=奈良(なら))のこと。②(延暦寺(えんりゃくじ)を北嶺(ほくれい)というのに対して)奈良の興福寺(こうふくじ)のこと。

―ほくれい【―北△嶺】〔日〕奈良の興福寺と比叡山延暦寺の総称。一〇世紀以降、僧兵を擁し強訴をくり返した。

なん-と【何と】■一(副)①どう。どのように。いかに。「―返事をしようか」②(驚き・感嘆を表して)なんという。どうしてこんなに。「―大きな城だろう」■二(感)驚きや感動を表すときに発する語。「―、まあ」

―いう ①名称などの不明なものをさす。どういう名前の。「―人か知らない」②強い驚き・感動・失望などの気持ちを表す。「―記憶力だ」③(あとに打ち消しの語を伴って)とりたてていうほどではない意を表す。どうという。「―ことはない」―言っても 他をさしおいてその事柄を強調する意を表す。どう考えても。なんたって。「―彼が適任だ」

―なく (副)①どことなく。なんだか。「―品がある」②特にはっきりした目的もなく。何心なく。「―空を見上げる」

―なれば (接) なぜならば。

―やら (副) 確かでないときや、わざとぼかして言うときに用いる語。なんだとか。どうとか。「三人寄れば―」「―いう人」

なん-ど【何度】いくど。なんべん。「―となく」「―も確認した」

なん-ど【納戸】衣類や調度類などをしまっておく部屋。

なん-ど【難度】むずかしさの程度。「―の高い技」

なん-ど (副助)→など(副助)

なん-とう【南東】南と東の中間の方角。↕北西

なん-とう【軟投】野球で、投手が変化球などおそい球を中心に投げること。「―派の投手」

なん-とか【何とか】■一(連語)①名称・事物が不確かで明言できないさま。「彼は―いう学校に通っているそうだ」②(「…とか何とか」の形で)あれやこれや。「用だとか―言って断られる」■二(副・自他スル)①手段・方法を尽くそうとする気持ちを表す。「―して手に入れたい」②困難または不十分ではあるが、一つの事が成ること。どうにか。「―逃げきる」

なん-どき【何時】①なんじ。「いま―だ」②どんなとき。どんなおり。「いつ―何が起こるかわからない」

なん-どく【難読】文字が読みにくいこと。また、漢字の読みが難しいこと。「―語」

なんと-は-なしに【何とはなしに】どういって特別の理由もなしに。なんとなく。「―この道にはいった」

なんと-も【何とも】(副)①ほんとうに。まったく。「―申し訳ない」「―困った」②(下に打ち消しの語を伴って)どうであるか。どうとも。「今は―言えない」

なん-なく【難なく】(副)たやすく。これといった支障もなく。無理なく。「―優勝した」

なん-なら【何なら】①相手の要望に合わせようという気持ちを表す。事によっては。もしよければ。「―御同行いたします」②不都合であれば。「洋食が―和食にしよう」

なんなり-と【何なりと】なんでも。どれでも。どんなことでも。「―お申し付けください」

なん-なん【喃△喃】(副)小声で話し続けるさま。ぺちゃくちゃしゃべること。「喋喋―」

なんなんと・する【◇垂んとする】(自サ変) シ(セ・サ)・シ・スル・スル・スレ・○ (「なりなんとす」の音便)もう少しでなろうとしている。「八〇歳に―」文なんなんと・す(サ変)

なん-にも【何にも】(副)(「何も」を強めて言った語)何ごとも。何ものも。「―いらない」用法 あとに打ち消しの語を伴う。

なん-にょ【男女】男と女。だんじょ。「老若―」

なん-の【何の】■一(連語)①どういう。どのような。「それは―話ですか」②どれほどの。少しの。「―苦もなくやってのける」③(「…のなんの」の形で)㋐そのほかにあれこれ。なんとかかんとか。「値段が高いの―と文句を言う」㋑上の事態を強調し、言いようがないという意を表す。「うれしいの―って」用法 ②は、あとに打ち消しの語を伴う。■二(感)たいしたことではないという気持ちを表す。「―これしきの雨」

―気無しに 何気なく。特に考えもなく。「―外を見る」

―かの【―彼の】(副)あれやこれやと。あれこれと。「―と文句を言う」

―その (感)何ほどのことがあろうか。なんでもない。「これしきの傷なんか―だ」

なん-ば【難場】難儀する場所。また、場合。難所。

なん-ぱ【軟派】■一(名)①意見の弱い党派。②青少年のうち、異性との交遊、流行の服装などにより興味をもつ者。③新聞・雑誌で、社会・文化面などを担当する者。(↕硬派)■二(名・他スル)(俗)街頭などで遊びを目的に異性を誘うこと。

なん-ぱ【難破】(名・自スル)暴風雨などにあって船がこわれたり沈没したりすること。「―船」

ナンバー〈number〉①数。数字。「―を打つ」②(雑誌などの)号数。「バック―」③番号。順位。「組織の―ツー」④軽音楽などで、曲目。「スタンダード―」参考 ③はNo.とも書く。

―スクール〈和製英語〉創立順などを示す数字が付いている学校。特に、第一から第八までの旧制高等学校。

―プレート〈number plate〉自動車などに付ける登録番号等の表示板。

―ワン〈number one〉第一番。第一人者。花形。

ナンバリング〈numbering〉①番号を付けること。②「ナンバリングマシン」の略。

―マシン〈numbering machine〉押すたびに自動的に数字が進むようなしかけの番号印字器。ナンバリング。

なん-ばん【南蛮】①昔、中国で、南方の異民族を軽蔑して呼んだ語。②室町時代から江戸時代にかけて、シャム・ルソン・ジャワなど南方諸地域の称。また、その地を経て渡来したポルトガル人・スペイン人。③南方・西欧から渡ってきた物に付ける語。「―鉄」④唐辛子。秋 ⑤「南蛮煮」の略。「カレー―」

―じ【―寺】〔日〕一六世紀後半、キリスト教布教のために京都をはじめ各地に建てられた教会堂の俗称。

―づけ【―漬(け)】唐辛子やネギなどを加えた合わせ酢に揚げた魚を漬けた食べ物。

―に【―煮】①野菜・魚・鳥などを油でいためて煮た料理。②魚や鳥をネギや唐辛子などといっしょに煮た料理。

なん-ぴと【何人】不定称の人代名詞。だれ。どんな人。なんびと。「―たりとも許さない」語源「なにびと」の転。

なん-びょう【難病】なおりにくい病気。「―を克服する」

なんぴょう-よう【南氷洋】「南極海」の古い呼び名。

なん-ぶ【南部】①(国・地域の中で)南のほうの部分。↕北部 ②もと南部氏が領有した陸中・陸奥にまたがる地域の称(盛岡を中心とする岩手県と青森県の下北地方)。「―鉄瓶」

なん-ぷう【南風】南から吹く風。特に、夏の風。みなみかぜ。夏 ↕北風

なん-ぷう【軟風】そよ風。やわらかく吹く風。

なん-ぶつ【難物】取り扱いの困難なもの。また、気難しい人。

ナン-プラー〈タイ nam plaa〉タイ料理に用いる調味料。塩漬けにした小魚を発酵させてつくる。

なん-ぶん【難文】難しい文章。わかりにくい文章。

なん-ぶんがく【軟文学】恋愛・情事などを主題とした文学作品の称。

なん-べい【南米】南アメリカ大陸。

なん-べん【何遍】 何度。何回。「―も説明したはずだ」

なん-べん【軟便】 やわらかな大便。

なん-ぼ (副)《方》①どれくらい。いくら。「お代は―ですか」②(あとに「ても」「でも」を伴って)どれほど。どんなに。「―苦しくても頑張る」「―先生の頼みでもできません」

―何でも いくらなんでも。たとえ理由はどうあろうとも。「―ひどすぎる」

なん-ぽう【南方】 南の方角・方面。↕北方

なん-ぼく【南北】 南と北。「―に走る都大路」

―ちょう-じだい【―朝時代】 ①《日》一三三六(延元元、建武三)年、後醍醐天皇が吉野にのがれてから、一三九二(元中九、明徳三)年後亀山天皇が京都に帰るまで、朝廷が南北に分かれ対立した時代。②《世》五世紀前半から六世紀後半、中国で漢民族の南朝と北方民族の北朝とが対立した時代。南朝は宋・斉・梁・陳の四王朝、北朝は北魏・東魏・西魏・北斉・北周の五王朝。

―もんだい【―問題】 北半球の先進国と、南半球の発展途上国との経済的な格差などがもたらす国際問題。

なんまいだ 《仏》「なむあみだぶつ」の変化した形。

なん-みん【難民】 ①戦禍や天災のために生活に困窮し、住んでいた所を離れた人々。②政治・宗教・人種などの理由による迫害を避けて国外に出た人々。

なん-めい【南溟】 南方の大海。「―に若い命を散らす」

なん-めり 《古》…であると見える。「うるはしき皮―」〈竹取〉 語源 断定の助動詞「なり」の連体形「なる」に、推量の助動詞「めり」の付いた「なるめり」の撥音便形。

なん-めん【南面】 (名・自スル)①南に面すること。南向き。↕北面 ②(中国で君主が南に面して座ったことから)君主の地位につくこと。

なん-もん【難問】 難しい質問や問題。「―が山積する」

なん-やく【難役】 難しい役割や役目。「―をおおせつかる」

なん-よう【南洋】 日本の南方、太平洋西南部の熱帯海域。また、そのあたりに散らばる島々の総称。「―諸島」

なん-ら【何等】 (副)少しも。いかなる意味においても。「―心配ない」 用法 あとに打ち消しの語を伴う。

―か (副)何か。いくらか。「―の処置をとる」

なん-ろ【難路】 行くのに困難な険しい道。「―を避けて行く」

なん-ろん【軟論】 弱腰の議論や意見。↕硬論

に ニ

五十音図「な行」の第二音。「に」は「仁」の草体。「ニ」は「二」の全体。

に【二】 教1 ニ・ジ ふたつ・ふた

(字義)①ふたつ。「二日・二人」②ふたたび。ふたたびする。「二回・二度」③ふたつにする。わける。「二等分・二分」④倍。倍にする。「二乗・二倍」⑤つぎ。つぎのもの。「二次・二世」⑥ならぶ。ならび。「二院・二尊」 難読 二合半・二進も三進も・二十重・二十歳・二十日・二形・二布・二幅 人名 かず・さ・すすむ・つぎ・つぐ・つぐる・ふ・ぶ 参考「弐」を大字として用いる。

に【二】 一に一を加えた数。ふたつ。

に【仁】 (字義)→じん(仁)

に【尼】 ニ 高・ジ あま 中

(字義)あま。女の僧。「比丘尼」の略。「尼寺・尼僧・禅尼」 難読 尼削ぎ 人名 さだ・ただ・ちか

-に【尼】 (接尾)出家した女性の名に付ける語。「阿仏―」

に【弐】【貳】 ニ 中・ジ ふたつ

(字義)①金銭証書などで「二」の代わりに用いる大字。「弐千円」②ふた心がある。「弐心・弐臣」③うたがう。「弐言」 人名 かず・すけ

に【児】 (字義)→じ(児)

に【爾】 (字義)→じ(爾)

-に【似】 (接尾)似ていること。「父親―の顔」

に【丹】 ①赤土で染めた色。赤色。朱色。「―塗りの柱」②赤色の土。赤土。

に【荷】 ①運搬される品物。にもつ。「積み―」②責任。負担。「その仕事は私にとって―が重い」③やっかいなもの。

―が下りる 負担がなくなる。「肩の―」 **―が勝つ** 責任や負担が重すぎる。 **―になる** じゃまになる。

に【煮】 煮ること。煮かた。煮え。「―が足りない」

に ㊀(格助)《中心義―事が起こる、変化する、あるいは、存在する一点をさす》①存在の場所を示す。「家―いる」②動作・作用の行われる時を示す。「五時―起きる」「正月―帰省した」③帰着点を示す。「大阪―着く」「山頂―達する」④なる結果を示す。…と。「学者―なる」「液体―なる」「無為―帰す」⑤目的を示す。「見学―行く」「医者を呼び―やる」⑥動作・作用を及ぼす目標・対象を示す。「友達―本を送る」⑦動作・作用の行われる状態を表す。「動かず―いる」「上下―ゆれる」⑧原因・理由を示す。「暑さ―まいる」「日―焼ける」⑨受け身・使役の相手を示す。「親―しかられる」「弟―本を読ませる」⑩比較・割り当ての基準を示す。「三日―一回は行く」⑪同じ動詞を重ねて意味を強める場合、その間に介在する。「待ち―待った」「泣き―泣いた」⑫主語を婉曲に表すとき、「は」のかわりに「には」を用いて、尊敬の意をこめる。「先生―はいかがお過ごしでいらっしゃいますか」⑬並列の意を表す。「メロン―バナナ―イチゴが好きだ」 用法 体言、準体言(用言・助動詞の連体形)に付く。㊁(接助)《古》①逆接の確定条件を表す。…のに。「庭の面はまだ乾かぬ―夕立の空さりげなく澄める月かな」〈新古今〉②順接の確定条件を表す。原因・理由を示す。…から。…ので。「久しう見たまはざりつる―、山のもみぢも珍しう」〈源氏〉③添加の意を表す。さらにその上。「さらぬだに秋の旅寝は悲しき―松に吹くなり床の山風」〈新古今〉 用法 用言・助動詞の連体形に付く。現代語でも「子どもでもあるまい―あんなにはしゃぐとは」「事もあろう―約束を破るなんて」などと用いることがある。㊂(終助)①思いどおりにならなかったことに対して、実現した場合を想像していう。「バスに乗れれば、間に合ったろう―」②《古》他に対してあつらえ望む意を表す。…してほしい。「天道は遠しなほなほに家に帰りて業をしまさ―」〈万葉〉⇩で(格助)「ちがい」

に-あい【似合い】 似合っていること。釣り合っていること。ふさわしいこと。「―の夫婦」「不―」

に-あ・う【似合う】 (自五)いかにもふさわしい感じでぴったり合う。釣り合う。とりあわせがよい。「新しい服がよく―」「年に―・わず落ち着いている」

に-あがり【二上がり】 三味線で、本調子よりも二の糸(=太さ・調子が中間の糸)を一音高くしたもの。また、その曲。

―しんない【―新内】 俗曲の一種。新内節を二上がりの調子でうたうもの。江戸末期に流行。

に-あげ【荷揚げ】 (名・自他スル) 船の積み荷を陸にあげるこ

と。また、それに従事する人。「―作業」

に-あし【荷足】 船を安定させるため、船底に積む重い荷物。

に-あつかい【荷扱〔い〕】―アツカヒ 荷物を取り扱うこと。

ニア-ピン〈和製英語〉ゴルフで、打った球がピンの最も近くにあること。「―賞」

ニア-ミス〈near miss〉（航行中の飛行機どうしが）衝突しそうなほど異常に接近すること。

に-あわし・い【似合〔わ〕しい】―アハシイ（形）カロ・カッ(ク)・イ・イ・ケレ・○ ふさわしい。似合っている。「彼女に―相手」文にあは・し（シク）

にい-【新】ニヒ（接頭）名詞に付けて「新しい」「初めての」の意を添える語。「―妻」「―盆」

にいがた【新潟】ニヒガタ 中部地方北東部の日本海に面する県。県庁所在地は新潟市。

にい-さん【兄さん】 ①兄の敬称。②若い男性を呼ぶ語。参考 常用漢字表付表の語。

にいじま じょう【新島襄】ニヒジマジヤウ（一八四三〜一八九〇）宗教家・教育家。江戸（東京都）生まれ。キリスト教的自由主義による教育を志し、一八七五（明治八）年京都に同志社英学校を創設。

ニーズ〈needs〉必要。要求。需要。「消費者の―にこたえる」

ニーチェ〈Friedrich Wilhelm Nietzsche〉（一八四四〜一九〇〇）ドイツの哲学者。既成の価値の否定のうちに、自己をとりもどそうとする能動的ニヒリズムを唱え、さらに反キリスト者として、人間神「超人」を理想とし、生の哲学を説いた。著書「悲劇の誕生」「ツァラトゥストラはかく語りき」「この人を見よ」など。

にいちてんさく-の-ご【二一天作の五】 ①珠算で、旧式の割り算の仕方。一を二で割るとき、一をはらって桁(けた)の上の五(＝天の珠(たま))を置く。②勘定。計算。③物を半分ずつに分けること。

にい-づま【新妻】ニヒ― 結婚してまだまもない妻。新婚の妻。

ニート【NEET】〈not in education, employment or training から〉学生でなく、職に就いておらず、職業訓練も受けていない若者。若年無業者。

にいなめ-さい【新嘗祭】ニヒナメ― 宮中の行事の一つ。十一月二十三日（陰暦十一月の中の卯(う)の日）に天皇が新穀を神々に供え、自らも食して収穫を感謝する祭儀。現在は勤労感謝の日とする。新嘗祭(しんじょうさい)。冬 参考 天皇即位後、初めての新嘗祭を特に「大嘗祭(だいじょうさい)」という。

にいにい-ぜみ【にいにい蟬】《動》セミ科の昆虫。頭から羽の先まで約三・五センチメートル。透明な羽に黒褐色のまだらがある。七、八月ごろ、チィーチィーと鳴く。夏

ニーハオ〈中国 你好〉（感）こんにちは。

にい-ぼん【新盆】ニヒ― その人の死後初めてむかえる盆。新盆(しんぼん・あらぼん)。初盆。秋

にい-まくら【新枕】ニヒ―（名・自スル）男女が初めて共に寝ること。「―をかわす」

に-いん【二院】―ヰン ①衆議院と参議院。②上院と下院。

―せい【―制】 議会が二院からできている制度。

ニウエ〈Niue〉南太平洋、トンガの東にある立憲君主国。首都はアロフィ。

に-うけ【荷受〔け〕】（名・自他スル）送られてきた荷物を受け取ること。「―人」↔荷送り

に-うごき【荷動き】 取り引きに伴う商品・荷物の動き。

に-うま【荷馬】 荷物を背につけて運ぶ馬。駄馬。

ニウム「アルミニウム」の略。ニューム。「―管」

に-うり【煮売り】 魚・野菜・豆などを煮て売ること。

にえ【△錵・◇沸】 日本刀の刃と地肌との境目に現れる、雲のような輝く模様。参考「錵」は国字。

にえ【△贄・◇牲】ニヘ 朝廷や神などにささげる土地の産物。特に、魚・鳥など。

にえ-かえ・る【煮え返る】―カヘル（自五）ラ(ロ)・リ(ッ)・ル・ル・レ・レ ①ぐらぐらと煮えてわき返る。煮えあがる。煮えたぎる。「湯が―」②非常に腹が立つ。「はらわたが―」

にえきら-な・い【煮え切らない】（形）カロ・カッ(ク)・イ・イ・ケレ・○ 考えや態度がはっきりしない。要領を得ない。「―返事」

にえくり-かえ・る【煮え繰り返る】―カヘル（自五）ラ(ロ)・リ(ッ)・ル・ル・レ・レ「煮え返る」を強めた言い方。「はらわたが―」

にえ-たぎ・る【煮え△滾る】（自五）ラ(ロ)・リ(ッ)・ル・ル・レ・レ さかんに煮え立つ。ぐらぐらと激しく沸騰する。煮え返る。

にえ-た・つ【煮え立つ】（自五）タ(ト)・チ(ッ)・ツ・ツ・テ・テ 煮えてわき立つ。沸騰する。「湯が―」

にえ-ゆ【煮え湯】 煮たった湯。沸騰した湯。熱湯。

―を飲(の)まされる 信用していた者に裏切られてひどい目にあう。「部下に―」

に・える【煮える】（自下一）エ・エ・エル・エル・エレ・エロ(エヨ) ①汁などとともに加熱した食物によく熱がとおって食べられるようになる。「芋が―」②水が熱せられて湯になる。「よく―・えた湯に野菜をくぐらす」③ひどく腹が立つ。「腹が―」他にる（上一）文に・ゆ（下二）

にお【△鳰】ニホ「かいつぶり」の異称。冬 参考「鳰」は国字。

におい【匂い】ニホヒ ①嗅覚(きゅうかく)で感じられる刺激。かおり。「かぐわしい―」「いやな―」②雰囲気。おもむき。ふぜい。「生活の―」「庶民的な―」③日本刀の刃と地肌との境にほんのりと現れる煙のような模様。④つや。いろつや。⑤染め色などで、上から下へしだいに薄くぼかしていくようにしたもの。⇩香り「ちがい」
類語 香り・香・薫香(くんこう)・香気・芳香・余香・余薫

―ぶくろ【―袋】 じゃこう・ちょうじなどの香料を入れて、身につけたり、部屋にかけておいたりする袋。夏

におい【臭い】ニホヒ ①いやなかおり。臭気。「生ぐさい―」②好ましくない物事の気配・感じ。「犯罪の―がする」
類語 汚臭・異臭・悪臭・激臭・余臭

におい-た・つ【匂い立つ】ニホヒ―（自五）タ(ト)・チ(ッ)・ツ・ツ・テ・テ ①香りや匂いが際立つ。「―バラの香り」②美しさやあでやかさが際立つ。「―ような美しさ」

に-おう【仁王・二王】―ワウ《仏》仏法を守る神で、寺の門・須弥壇(しゅみだん)前面の両側におかれる一対の金剛力士の像。

―だち【―立ち】 仁王の像のように、いかめしく足をひろげてどっしりと立つこと。また、その姿。「―になって立ちふさがる」

―もん【―門】《仏》左右に仁王像を安置した、寺院の正門。

〔仁王〕

におう【匂う】 におう㊥・におい

ノ 勹 勺 匂

（字義）→次項。参考「匂」は国字。

にお・う【匂う】ニホフ（自五）ワ(オ)・イ(ッ)・ウ・ウ・エ・エ ①嗅覚(きゅうかく)への刺激がある。においがする。かおる。「バラの花が―」②色が美しくはえる。「朝日に―山桜」③それらしいおもむきがある。雰囲気がある。④《古》美しくつややかである。他におわ・す（五）におわ・せる（下一）
【変遷】古くは視覚的な美しさを表した語で、「丹に(＝朱)」「穂」「ふ」から、赤色が目立つようになる、が原義。「色がつややかで美

しい」、あるいは「よい香りがする」の意で視覚・嗅覚どちらの美しさにも用いられたが、おもには視覚の面での表現に用いられた。やがて嗅覚の表現が中心になってゆき、現代語では「臭う」の漢字を当てる場合には悪い意味でも用いるようになった。

にお・う【臭う】ニホフ（自五）ワ(オ)・イ(ッ)・ウ・ウ・エ・エ ①いやなにおいがする。不快な臭気が漂う。「ガスがー」②(犯罪など)よからぬ気配が感じられる。「不正がー」他におわ・す(五) におわ・せる(下一)

に-おくり【荷送り】(名・自他スル) 先方へ荷物を発送すること。「ー人」↔荷受け

におのうみ【鳰の海】ニホノウミ 「琵琶湖びわこ」の異称。

に-おも【荷重】(名・形動ダ) ①荷物の重いさま。②その人にとって、責任や負担の大きすぎるさま。「ーな役目」

におやか【匂やか】ニホヤカ (形動ダ) ダロ・ダッ(デ・ニ)・ダ・ナ・ナラ・〇 ①かおりのよいさま。「ーな花」②つやつやと輝くようにあでやかで美しいさま。「ーにほほえむ」文(ナリ) 参考「においやか」ともいう。

におわ・す【匂わす】ニホハス (他五) サ(ソ)・シ・ス・ス・セ・セ →におわせる(匂わせる)

におわ・す【臭わす】ニホハス (他五) サ(ソ)・シ・ス・ス・セ・セ →におわせる(臭わせる)

におわ・せる【匂わせる】ニホハセル (他下一) セ・セ・セル・セル・セレ・セロ(セヨ) ①かおりをはなつ。におうようにする。におわす。「香水をー」②それとなくわかるようにする。ほのめかす。暗示する。におわす。「言外にー」自にお・う(五) 文にほは・す(下二)

におわ・せる【臭わせる】ニホハセル (他下一) セ・セ・セル・セル・セレ・セロ(セヨ) (いやな)においを出す。におわす。自にお・う(五) 文にほは・す(下二)

に-かい【二階】①地表から二番目の階。②二階建て。

ーから目薬めぐすり (二階から階下の人に目薬をさす意で)効果がなくじれったいこと。思うようにならないことのたとえ。

にが・い【苦い】(形) カロ・カッ(ク)・イ・イ・ケレ・〇 ①舌を刺し、口をゆがめたくなるような、いやな味がする。「ー薬」②おもしろくない。不快である。「ー顔をする」③つらい。苦しい。「ー経験」文にが・し(ク)

にが-うり【苦△瓜】〔植〕ウリ科のつる性一年草。夏から秋、黄色の五弁花を開く。果実は長楕円だえん形で瘤こぶ状の突起があり、食用。果皮は苦い。蔓茘枝つるれいし。ごおやあ。秋

に-かえ・す【煮返す】カヘス (他五) サ(ソ)・シ・ス・ス・セ・セ 一度煮たものをまた煮る。「おでんをー」

に-がお【似顔】ガホ 「似顔絵」の略。

ーえ【ー絵】エ ①ある人の顔に似せて描いた絵。「ーかき」②浮世絵うきよえで、役者・美人を題材とした絵。

に-がさ【荷△嵩】荷物のかさばること。荷のかさむこと。

にが-しお【苦塩】シホ →にがり

にが・す【逃がす】(他五) サ(ソ)・シ・ス・ス・セ・セ ①つかまえていたものを放して自由にしてやる。「鳥をー」②捕らえようとしたものを捕らえそこなう。とりそこねる。「犯人をー」「チャンスをー」自に・げる(下一) 可能にが・せる(下一)

にがした魚さかなは大おおきい とり逃がしたものは、なんでもすばらしかったもののような気がする。逃げた魚は大きい。

にが-たけ【苦竹】「まだけ」の別名。

に-がつ【二月】グワツ 一年の第二の月。如月きさらぎ。春

にが-つち【苦土】風化していないで、植物の育ちにくい土。

にが-て【苦手】(名・形動ダ) ①扱いにくく、いやな相手。「ーのピッチャー」②自分にとって得意でないこと。また、そのさま。「どうも英語はーだ」

にがにが-し・い【苦苦しい】(形) カロ・カッ(ク)・イ・イ・ケレ・〇 非常に不愉快でいやだと思うさま。「ーく思う」文にがにが・し(シク)

にが-み【苦み・苦味】にがい味。また、その程度。「ーの強いコーヒー」参考「み」は接尾語。「味」と書くのは当て字。

にがみ-ばし・る【苦み走る】(自五) ラ(ロ)・リ(ッ)・ル・ル・レ・レ きびしく引きしまった表情で男らしさを感じさせる。「ーったいい男」

にが-むし【苦虫】かむと苦いだろうと思われる虫。

ーを噛かみつぶしたよう 非常に不愉快そうな顔つきのたとえ。「ーな表情」

にか-めいちゅう【二化△螟虫】ニクワ 〔動〕ニカメイガ(=メイガ科の小形のガ)の幼虫。稲の害虫で、ふつう年に二世代経過する。いねのずいむし。

に-かよ・う【似通う】カヨフ (自五) ワ(オ)・イ(ッ)・ウ・ウ・エ・エ たがいによく似ている。たがいに共通したところがある。「ーった性質」

ニカラグア〈Nicaragua〉中央アメリカ中部にある共和国。首都はマナグア。

にがり【×苦汁・×滷汁・×苦塩】海水を煮つめて食塩をとり出したあとに残る苦い液。豆腐をかためるのに使う。苦塩にがしお。

にがり-き・る【苦り切る】(自五) ラ(ロ)・リ(ッ)・ル・ル・レ・レ 非常に不愉快そうな顔をする。ひどくにがにがしい顔つきをする。「大敗にー」

にかわ【△膠】ニカハ 動物の皮・骨・腱けんなどを煮つめた液を冷やしてかためたもの。接着剤・絵の具などに用いられる。

に-がわせ【荷為替】ガハセ 〔商〕荷主(売手)が遠隔地の買手に商品を送るとき、その運送証券を担保として、買手を支払人とする為替手形を振り出し、その割引を銀行に求める方式。

にが-わらい【苦笑い】ワラヒ (名・自スル) 内心は不愉快ながらも、むりに笑うこと。また、その笑い。苦笑くしょう。「ーを浮かべる」

にがん-レフ【二眼レフ】(「二眼式レフレックスカメラ」の略)焦点を調節するファインダーレンズと写真撮影用のレンズとが別になっている方式のカメラ。

に-き【二季】①一年の四季のうち二つの季節。②盆と暮れ。

に-き【◇日記】〔古〕(「にっき」の促音「っ」の無表記)にっき。

にき-さく【二期作】〔農〕同じ耕地に一年のうちに同じ作物を二回植えつけ、収穫すること。⇨二毛作

にぎ-てき【二義的】(形動ダ) ダロ・ダッ(デ・ニ)・ダ・ナ・ナラ・〇 根本的・本質的でないさま。第二義的。二次的。「ーな問題は後回しにする」

にぎ-にぎ【握握】①(幼児語)手を握ったり広げたりすること。②(幼児語)握り飯。③〔俗〕賄賂わいろを受領すること。

にぎにぎ-し・い【△賑△賑しい】(形) カロ・カッ(ク)・イ・イ・ケレ・〇 非常ににぎやかである。「ーご来場をお待ちします」文にぎにぎ・し(シク)

にきび【×面皰】顔などの毛穴に皮脂がつまってできる小さな吹き出物。思春期に多い。

にぎやか【△賑やか】(形動ダ) ダロ・ダッ(デ・ニ)・ダ・ナ・ナラ・〇 ①人や物が多く集まって活気があるさま。「ーな町」②人声や物音などが盛んで陽気なさま。はなやかなさま。「ーな笑い声」「ーな人」文(ナリ)

にきゅう-かせん【二級河川】ニキフ 一級河川以外の水系で公共の利害に重要なかかわりがある河川のうち、都道府県知事が指定するもの。

に-ぎょう【二業】ゲフ 料理屋と芸者屋の二種の営業。

に-きょく-か【二極化】クワ (名・自スル) 中心となる勢力が二つある状態になること。物事の傾向が大きく二つに分かれること。「政治のーが進む」

にぎら・せる【握らせる】(他下一) セ・セ・セル・セル・セレ・セロ(セヨ) ①握るようにさせる。握らす。②賄賂わいろの金品を贈る。「袖そでの下をー」

にぎり【握り】①握ること。②「握り鮨ずし」の略。「ー三人前」③㋐道具や器物の、手で握り持つ所。「バットのーを太くする」㋑弓の、矢を射るとき握る部分。④手で握っただけの長さ・太さ・量。「ひとーの米」⑤「握り飯」の略。⑥囲碁で、相手の握った石の数が偶数か奇数かを当てて先番を決めること。つかみ。

ーこぶし【ー拳】①握り固めたこぶし。げんこつ。②金銭などを持っていないこと。てぶら。からて。

―ずし【―鮨】酢飯を手先で小さく握って、その上に魚介などをのせたすし。江戸前ずし。にぎり。夏

―ばさみ【―鋏】握って使うU字形のはさみ。糸切り鋏。和鋏(わばさみ)。

―ばし【―箸】握るような手つきではしを持つこと。

―めし【―飯】握りかためた飯。おむすび。おにぎり。

―や【―屋】金が十分ありながら出ししぶる人。けち。

にぎり-し・める【握り締める】(他下一)(メ・メ・メル・メル・メレ・メロ(メヨ)) 手に力を入れて強く握る。「ハンカチを―」文にぎりし・む(下二)

にぎり-つぶ・す【握り潰す】(他五)(サ(ソ)・シ・ス・ス・セ・セ) ①強く握ってつぶす。②提出された文書や提案・意見などを、手もとに置いたまま、故意にうやむやにしてしまう。「訴えを―」

にぎ・る【握る】(他五)(ラ(ロ)・リ(ッ)・ル・ル・レ・レ) ①手の五本の指を内側へ曲げる。「こぶしを―」②曲げた指とてのひらとの中に、物を放さないように持つ。「ハンドルを―」「手に汗を―熱戦」「手を―(=握手する。転じて、同盟を結ぶ)」③(金や権力などを)自分のものとする。自分の支配下におくようにする。「権力を―」「弱みを―」「財布のひもを―」④手の中で物をある形に固める。握り鮨(ずし)・握り飯などを作る。「鮨を―」可能にぎ・れる(下一)

にぎわい【△賑わい】(ニギハヒ) にぎわうこと。「通りが―を見せる」

にぎわ・う【△賑わう】(ニギハフ)(自五)(ワ(オ)・イ(ッ)・ウ・ウ・エ・エ) ①にぎやかになる。こみ合う。「花見の人で―」②繁盛する。「店が―」他にぎわ・す(五)

にぎわし・い【△賑わしい】(ニギハシイ)(形)(カロ・カッ(ク)・イ・イ・ケレ・○) ①にぎやかだ。さかんだ。②繁盛している。豊かだ。文にぎは・し(シク)

にぎわ・す【△賑わす】(ニギハス)(他五)(サ(ソ)・シ・ス・ス・セ・セ) ①にぎやかにする。活気のあるようにする。②大きな話題になる。「新聞紙上を―・した事件」③豊かにする。「食卓を―」自にぎわ・う(五)

にく【肉】教2 ニク しし　丨冂内内肉肉

(字義) ①にく。「肉塊・筋肉・血肉・骨肉」②食用にする鳥や獣のにく。「肉牛・肉汁・牛肉・鶏肉」③果物などの皮に包まれたやわらかな部分。「果肉」④精神に対して、人間の体。「肉体・肉欲」⑤体にそなわったもので直接すること。「肉眼・肉声・肉筆」⑥血縁で近い関係にあるもの。「肉親」⑦「印肉」の略。「肉池(にくち)・朱肉」⑧物の厚みや太さ。「肉太(にくぶと)・中肉中背(ちゅうにくちゅうぜい)」難読 肉置(ししおき)・肉叢(ししむら)・肉桂(にっけい)・肉刺(まめ)

にく【肉】①動物の骨を包み、皮膚におおわれたやわらかな部分。②食用にする鳥・獣類の①。③果実の、種と皮との間のやわらかい部分。果肉。④厚み。内容の豊かさ。「話に―をつける」⑤肉体。肉欲。「霊と―との相克(そうこく)」⑥印肉。

にく-あつ【肉厚】(形動ダ)(ダロ・ダッ(デ)・ニ・ダ・ナ・ナラ・○) 肉の厚いさま。分厚いさま。「―のメロン」

-にく・い【◦難い・◦悪い】(接尾)(動詞の連用形に付いて形容詞をつくる語) ①…することがむずかしい。…することがつらい。「歩き―道」「言い出し―忠告」②なかなか…しない。「こわれ―」(↔易(やす)い)

にく・い【憎い】(形)(カロ・カッ(ク)・イ・イ・ケレ・○) ①敵意や反感をもち、害を与えたいと思うほど嫌いである。気にくわない。不快で許しがたい。「犯人が―」②(反語的に用いて)みごとである。感心である。「―ことを言うね」文にく・し(ク)

にく-いれ【肉入れ】印肉を入れる容器。肉池(にくち)。

にく-いろ【肉色】人間の肌のような色。黄色をおびた淡紅色。肌色。

にく-エキス【肉エキス】食肉を煮出した液を、濾過(ろか)して濃縮したもの。

にく-が【肉芽】①医 皮膚などが傷を受けたときに、その回復をはやめるために傷の表面に盛り上がってくる鮮紅色の肉。肉芽組織。肉芽(げ)にく。②→むかご

にく-かい【肉界】体とそれにかかわりをもつ範囲。(精神的なものに対して)肉体に関する世界。にっかい。↔霊界

にくから-ず【憎からず】憎くない。好きである。愛情を間接的に表す語。かわいい。好感がもてる。「―思う」

にく-かん【肉感】①肉体上の感覚。②性欲をそそるような感じ。にっかん。「―を刺激する」

―てき【―的】(形動ダ)(ダロ・ダッ(デ)・ニ・ダ・ナ・ナラ・○) 性欲をそそるさま。

にく-がん【肉眼】眼鏡・望遠鏡・顕微鏡などを用いない、人間の目。また、その視力。「―では見えない大きさ」

にく-きゅう【肉球】(キウ) 犬や猫などの足の裏にある、丸く盛り上がった無毛の部分。

にく-ぎゅう【肉牛】(ギウ) 食用にする目的で飼う牛。

にく-げ【憎げ】(名・形動ダ) いかにも憎らしいようす。

にく-さ【憎さ】憎いこと。また、その程度。「かわいさあまって―百倍(=かわいいと思っていた人を、何かのきっかけで憎いと思うようになると、その憎しみは激しいものになるということ)」

にく-じき【肉食】(名・自スル) →にくしょく(肉食)①

―さいたい【―妻帯】(名・自スル)仏 僧が戒律で禁じられている肉を食べ、また、妻を持つこと。

にく-しつ【肉質】①肉の多い性質・体質。「―の葉」②肉の品質。

にくし-み【憎しみ】憎く思う気持ち。「―を抱く」

にく-じゃが【肉じゃが】牛肉または豚肉と、ジャガイモ・タマネギなどをしょうゆや砂糖で甘辛く煮込んだ料理。

にく-しゅ【肉腫】医 骨・軟骨・リンパ節・神経など非上皮性組織にできる悪性腫瘍(しゅよう)。参考 癌(がん)と似るが、癌は皮膚や粘膜などの上皮組織にできるものをいう。

にく-じゅう【肉汁】(ジフ) ①肉からしぼり取った液。②鳥獣肉を煮出した液。肉スープ。③肉を焼いたときにしみ出る汁(しる)。

にく-じゅばん【肉×襦袢】肉色のじゅばん。舞台で役者が素肌に似せたり、太っているようにみせたりするために着るもの。

にく-しょく【肉色】①肉の色。②肌の色。肉色(にくいろ)。

にく-しょく【肉食】(名・自スル) ①人間が動物の肉を食べること。肉食(にくじき)。↔菜食 ②動物が他の動物を食物として食べること。「―獣」⇩草食・雑食

―どうぶつ【―動物】動 主として他の動物の肉を常食とする動物。ライオン・トラ・イタチなど。⇩草食動物

にく-しん【肉親】親子・兄弟など非常に近い血縁関係。また、そういう関係にある人。「―の情」

にく-ずく【肉豆△蔻】(ヅク) 植 ニクズク科の常緑高木。東南アジア原産。雌雄異株(しゅ)。葉は長楕円(だえん)形。夏、黄白色の鐘形の花をつけ、種子中の仁(じん)(=ナツメグ)は香味料・健胃剤用。

に-くずれ【荷崩れ】(クヅレ)(名・自スル) 積んでいた荷物がくずれること。「運送中に―を起こす」

にく-せい【肉声】マイクなどを通さない、直接人の口から出たなまの声。

にく-たい【肉体】現実の人間の体。なまみの体。(「身体」より感情・欲望とのつながりを示す語感がある。)「―美」「―関係(=性的な関係)」↔精神

―てき【―的】(形動ダ)(ダロ・ダッ(デ)・ニ・ダ・ナ・ナラ・○) 肉体に関するさま。「―な疲労」↔精神的

―ろうどう【―労働】(ラウドウ) 主として体を使ってする仕事。筋肉労働。↔頭脳労働・精神労働

にく-たらし・い【憎たらしい】(形)(カロ・カッ(ク)・イ・イ・ケレ・○) いかにも憎らしい。「なんて―やつだ」文にくたら・し(シク)

にく-だん【肉弾】 自分が弾丸になって、体ごと敵陣につっこむこと。また、その肉体。「―戦」語源日露戦争に従軍した桜井忠温(ただよし)の体験記の題名から出た語。

にく-ち【肉池】 印肉を入れる容器。肉入れ。

にく-ちゅう【肉柱】〘動〙二枚貝の殻を閉じる筋肉。貝柱。

にく-づき【肉月】 漢字の部首名の一つ。「胸」「育」などの左または下にある「⺝」「月」の部分。形声文字の意味を表す部分として、体または内臓に関係することを表す。参考もと肉月は中の二線が右に接し、離れている月偏(つきへん)とは別であるが、常用漢字表ではともに両側に接し、区別していない。

にく-づき【肉付き】 人や動物の体の、肉のつきぐあい。太りぐあい。「―がいい」

にく-づ・く【肉付く】(自五)カ(コ)・キ(イ)・ク・ク・ケ・ケ 肉がつく。太る。

にく-づけ【肉付け】(名・自他スル)骨組みができてから、細かい点に手を加えて内容を豊かにすること。彫刻や絵画などで、立体感をつけることにもいう。「原案に―する」

にく-てい【憎体】(名・形動ダ)憎々しいこと。また、そのさま。憎らしげなようす。「―にののしる」「―口(=憎まれ口)」

にく-なべ【肉鍋】 ①肉料理用の厚いなべ。②なべで肉を煮ながら食べる料理。

にく-なんばん【肉南蛮】 肉とネギを入れたうどん、またはそば。肉南(にくなん)。

にくにく-し・い【憎憎しい】(形)カロ・カツ(ク)・イ・イ・ケレ・○ かわいげがなくたいそう憎らしい。「―つらがまえ」文にくにく・し(シク)

にく-はく【肉薄・肉迫】(名・自スル)(「薄」は迫る意)①敵陣などに身をもって迫ること。「敵の拠点に―する」②(距離や実力差などで)相手の間近に迫ること。「先頭ランナーに―する」③鋭く問いつめること。「言葉鋭く―する」

にく-ばなれ【肉離れ】(名・自スル)疾走・跳躍などの急激な運動によって筋肉や筋繊維が切れること。

にく-ひつ【肉筆】 印刷や複製によるものでなく、直接その人が手で書くこと。また、その文字や絵。「―の原稿」

にく-ぶと【肉太】(名・形動ダ)文字の線や点などが太いこと。また、そのさま。筆太。「―の書体」↔肉細

にく-へん【肉片】 肉の切れはし。

にく-ぼそ【肉細】(名・形動ダ)文字の線や点などが細いこと。また、そのさま。↔肉太

にくまれ-ぐち【憎まれ口】 人から憎まれるような口のきき方。また、そういう言葉。「―をたたく」「―をきく」

にくまれっ-こ【憎まれっ子】 かわいげがなく、だれからもきらわれるような子供。また、そのような人。

―世(よ)に憚(はばか)る 人に憎まれる者のほうが、世間ではかえってはばをきかせ、威勢をふるっている。

にくまれ-もの【憎まれ者】 人から憎まれる者。

にくまれ-やく【憎まれ役】(皆のために、言いにくいことを言うなどして)人から憎まれる損な役目。「―を買って出る」

にく-まん【肉△饅】 ひき肉に刻み野菜を混ぜ、小麦粉の皮で包んで蒸した中華饅頭(まんじゅう)。にくまんじゅう。冬

にく・む【憎む】(他五)マ(モ)・ミ(ン)・ム・ム・メ・メ ①憎いと思う。きらう。「罪を―・んで人を―・まず」②〘古〙ねたむ。そねむ。③〘古〙非難する。可能にく・める(下一)

にく-よう【肉用】 肉を食用に使うこと。「―種」

にく-よく【肉欲・肉△慾】 肉体に関する欲望。特に、性欲。

に-ぐら【荷倉】 荷物を入れておく倉。

に-ぐら【荷△鞍】 荷を積むために馬の背におく鞍(くら)。

にくらし・い【憎らしい】(形)カロ・カッ(ク)・イ・イ・ケレ・○ ①憎いと思わせるさま。かわいげがなくしゃくにさわるさま。「―ことを言う」②(反語的に用いて)憎いほどしたわしい。「―お方」文にくら・し(シク)

にく-りん【肉林】 料理に肉の多い、ぜいたくな宴席をいう語。⇩酒池肉林

に-ぐるま【荷車】 人や牛馬などの引く、荷物を運ぶ車。

ニグロ〈Negro〉黒色人種。黒人。(差別的な意がある。)

ニクロム〈Nichrome〉〘化〙ニッケルとクロムを主とする合金。(商標名)語源ni(ckel)とchromeとの合成語。

―せん【―線】〘化〙ニクロムの針金。電熱器などに使う。

に-ぐん【二軍】 プロ野球などで、正選手の養成・補充のための予備のチーム。ファーム。「―落ち」↔一軍

にげ【逃げ】 逃げること。「―も隠れもしない」「―の一手」

―を打(う)つ 逃げじたくをする。責任のがれのための手段を用意しておく。逃げを張る。**―を張(は)る** →にげをうつ

にげ-あし【逃げ足】 ①逃げようとする足つき。「―を踏む(=逃げる体勢をとる)」②逃げる足どり。「―が速い」

にげ-う・せる【逃げ△失せる】(自下一)セ・セ・セル・セル・セレ・セロ(セヨ) 逃げて行方をくらます。「犯人が―」文にげう・す(下二)

にげ-おく・れる【逃げ遅れる】(自下一)レ・レ・レル・レル・レレ・レロ(レヨ) 逃げる機会を失う。逃げそこなう。「火事から―」

にげ-かくれ【逃げ隠れ】(名・自スル)追っ手から逃げたり姿をかくしたりすること。「いまさら―してもむだだ」

にげ-き・る【逃げ切る】(自五)ラ(ロ)・リ(ッ)・ル・ル・レ・レ つかまらないで最後まで逃げとおす。特に、競技などで、追撃をかわして勝つ。逃げ込む。「とても―・れない」「一点差で―」

にげ-ぐち【逃げ口】 逃げ出すための出口。「―をさがす」

にげ-こうじょう【逃げ口上】コウジャウ 罪や責任をのがれようとして言う言葉。言いのがれ。逃げ言葉。「―を用意する」

にげ-ごし【逃げ腰】 逃げようとする腰つき。また、困難や責任をのがれようとする態度。「早くも―になる」

にげ-ことば【逃げ言葉】 →にげこうじょう

にげ-こ・む【逃げ込む】(自五)マ(モ)・ミ(ン)・ム・ム・メ・メ ①逃げて、ある所にはいりこむ。「味方の陣に―」②→にげきる

にげ-じたく【逃げ支度】(名・自スル)逃げるための用意。

にげ-だ・す【逃げ出す】(自五)サ(ソ)・シ・ス・ス・セ・セ ①逃げてその場を去る。「やっとのことで―」②逃げはじめる。「敵は―・した」

にげ-な・い【似気ない】(形)カロ・カッ(ク)・イ・イ・ケレ・○ 似つかわしくない。つりあわない。「勇者に―行動」文にげな・し(ク)

にげ-の・びる【逃げ延びる】(自上一)ビ・ビ・ビル・ビル・ビレ・ビロ(ビヨ) 捕らえられることなく、安全な場所に逃げきる。文にげの・ぶ(上二)

にげ-ば【逃げ場】 逃げて行く場所。よけたり避けたりする場所。(弁解の口実などにもいう。)「―を失う」「―がない」

にげ-まど・う【逃げ惑う】マドフ(自五)ワ(オ)・イ(ッ)・ウ・ウ・エ・エ 逃げようとして、進む方向に迷ってうろうろする。「―群衆」

にげ-まわ・る【逃げ回る】マハル(自五)ラ(ロ)・リ(ッ)・ル・ル・レ・レ 逃げてあちらこちらを転々とする。「全国を―」

にげ-みず【逃げ水】ミヅ 蜃気楼(しんきろう)の一種。日光が強く照りつけるアスファルトの道路や草原などで、遠くに水があるように見え、近づくとまたその先に遠のいて見える現象。春

にげ-みち【逃げ道・逃げ△路】 ①逃げ出していく道・方向。「―を絶つ」②責任などを避ける手段・方法。「―を用意する」

に・げる【逃げる】(自下一)ゲ・ゲ・ゲル・ゲル・ゲレ・ゲロ(ゲヨ) ①追ってくるものにつかまらないように遠くに去ったり身を隠したりする。のがれる。「―・げた犯人を捜す」②捕らえられている所や、危険な状態から抜け出る。「熊が檻(おり)から―」「火事から―」③めんどうな物事や責任から離れようとする。「つらい役目から―」④競技などで、首位の者が追いつかれないで勝つ。他にが・す(五)文に・ぐ(下二)

にげた魚は大きい →にがしたさかなはおおきい **―が勝ち** 争わないで逃げてしまったほうが得策である。

表現

〔類語〕	▼落ちのびる・隠れる・去る・ずらかる・脱する・抜け出す・逃れる・免れる
〔〜する〕	▼出奔・蒸発・退散・退避・脱出・脱走・逐電・逃鼠・逃走・逃避・逃亡・遁走・敗走・避難・亡命・駆け落ち・高飛び・どろん・とんずら・夜逃げ
〔慣用〕	▼(〜逃げる)泡を食って・一散に・命からがら・一目散に・風を食らって・蜘蛛の子を散らすように・雲を霞と・尻尾を巻いて・尻に帆を掛けて・捜査の網の目を潜って・脱兎のごとく・ほうほうの体で・我先に ▼後ろを見せる・姿を隠す・姿をくらます・行方をくらます ▼〈擬声・擬態語〉すたこら・すたこらさっさと・とっとと
〔ことわざ〕	▼三十六計逃げるに如かず・蜥蜴の尻尾切り・逃がした魚は大きい・逃げた魚は大きい・逃げるが勝ち・虎口を脱する・虎口を逃れて竜穴に入る

に-げん【二元】 ①事物が相対する二つの原理から成っていること。また、その原理。②二つの要素。③〔数〕二つの未知数。

―てき【―的】(形動ダ) ダロ・ダッ(デ・ニ)・ダ・ナ・ナラ・○ すべての事物は、二つのたがいに異なる原理や要素から構成されているとする考え方に基づくさま。相対立しているものに分けて対象をとらえるさま。

―ほうていしき【―方程式】〔数〕二つの未知数、または二つの変数を含む方程式。

―ろん【―論】〔哲〕ある事象を、二つの対立する原理や構成要素に基づいてとらえる方法や立場。参考デカルトは精神を「思惟するもの」、物質を「延長を有するもの」と規定して物心二元論を立てた。⇩一元論・多元論

にげん-きん【二弦琴・二△絃琴】 二弦を張った琴の総称。

に-こ【二△胡】〔音〕中国の伝統的な弦楽器。木製の胴に棹を貫通させ、二本の弦を張ったもの。弦の間に挟んだ馬の毛の弓でこすって演奏する。

に-こう【二更】 昔の時刻の名。一夜を五つに分けた、その第二。今の午後九時ごろから十一時ごろ。亥の刻。乙夜。⇩付録「方位・時刻表」

に-こう【尼公】 尼になった貴婦人の敬称。

に-ごう【二号】 ①二番目。二番目の号。二番目のもの。②〔俗〕めかけ。(本妻を一号としていう。)

にこう-たいりつ【二項対立】 二つの概念が対立したり矛盾したりする関係にあること。善と悪、静と動など。

にこ-ぐさ【◦和草】〔古〕生え始めたばかりのやわらかい草。「蘆垣の中の―にこよかに」〈万葉〉

にこ-げ【◦和毛】 細くやわらかな毛。うぶ毛。わた毛。

に-こごり【煮◦凝り・煮◦凍り】 ①魚の煮汁がさめて固まったもの。冬 ②カレイ・ヒラメなど、膠質に富んだ魚を煮て、煮汁といっしょに寒天などで固めた食品。また、その料理。

に-ごしらえ【荷△拵え】(名・自スル) 荷づくりをすること。「引っ越しの―」

にご・す【濁す】(他五) サ(ソ)・シ・ス・ス・セ・セ ①にごらす。にごるようにする。②言い方をわざとあいまいにする。「言葉を―(=はっきり言わない)」自にご・る(五) 可能にご・せる(下一)

ニコチン〈nicotine〉〔化〕おもにたばこの葉に含まれるアルカロイドの一つ。猛毒で中枢神経・末梢神経などをおかす。

―ちゅうどく【―中毒】〔医〕たばこなどのニコチン含有品を多量に用いたときに起こす中毒。

にこ-にこ(副・自スル) うれしそうな笑みを顔に表すさま。

にこ-ぽん〔俗〕(にこにこして相手の肩をぽんとたたくことから)ことさらに親しみを示して自分の意に添わせる態度。語源明治時代の首相桂太郎の政党懐柔策を評した語から。

に-こみ【煮込み】 煮込むこと。また、その料理。「―うどん」

に-こ・む【煮込む】(他五) マ(モ)・ミ(ン)・ム・ム・メ・メ ①時間をかけて十分に煮る。「弱火で三時間―」②いろいろなものをまぜて煮る。

にこやか(形動ダ) ダロ・ダッ(デ・ニ)・ダ・ナ・ナラ・○ ①うれしそうな笑みをうかべるさま。にこにこしているさま。②ものやわらかで愛想がいいさま。「―に応対する」文(ナリ)

にこ-よん〔俗〕日雇い労働者。語源一九五〇(昭和二十五)年ごろ、職業安定所から支払われる日給が二四〇円であったところから出た語。

にごら・す【濁らす】(他五) サ(ソ)・シ・ス・ス・セ・セ にごるようにする。にごす。「清流を―」自にご・る(五)

にこり(副) うれしそうに、ちょっと笑うさま。にっこり。「―ともしない(=少しも笑わない)」

にごり【濁り】 ①透明でないこと。「―水」②けがれ。よごれ。「―のない心」③〔仏〕煩悩。④音声が澄んでいないこと。「―声」⑤濁音の符号。濁点。「―を打つ」⑥「濁り酒」の略。

―え【―江】 水のにごった入り江や川。

―ざけ【―酒】 こしていない、白濁した酒。どぶろく。秋

にごり-ぐち【△艙口】 →そうこう(艙口)

にご・る【濁る】(自五) ラ(ロ)・リ(ッ)・ル・ル・レ・レ ①混ざり物のために、液体や気体が透明でなくなる。「水が―」②精神などが清らかでなくなる。純粋さが失われる。けがれる。「―・った世の中」「心が―」③色や音に別の色や音がまざり、きたなく感じられる。「―・った声」④濁音になる。濁点をつける。(↔澄む) 他にご・す(五)

に-ごろ【煮頃】 食べるのにちょうどよい煮かげん。

に-ころがし【煮転がし】 里芋などを、こげないようにかきまぜながら汁のなくなるまで煮たもの。にっころがし。煮転ばし。

に-ころばし【煮転ばし】 →にころがし

に-ごん【二言】 ①その場の都合で前に言ったことと別のことを言うこと。「武士に―はない」②二度言うこと。

に-ざかな【煮魚・煮△肴】 しょうゆなどで味をつけて煮た魚。

に-さばき【荷△捌き】 荷物の処理をすること。特に、入荷品を売りさばくこと。

に-ざまし【煮冷まし】 一度煮てさますこと。また、そのもの。

に-さん【二三】 二つか三つ。少し。少々。「―の誤りがある」

にさんか-いおう【二酸化硫黄】〔化〕硫黄と酸素の化合物。硫黄を燃やすと発生する、無色・有毒で刺激臭のある気体。殺菌剤・漂白剤用。亜硫酸ガス。

にさんか-たんそ【二酸化炭素】〔化〕炭素と酸素の化合物。炭素の燃焼・生物の呼吸などによって生じる、無色・無臭の気体。ドライアイス・清涼飲料用。炭酸ガス。

にさんか-マンガン【二酸化マンガン】〔化〕マンガン酸化物の一。黒褐色の粉末。染料や乾電池の原料。

にし【西】 ①方角の一つ。太陽の沈む方角。「―も東もわからない(=その土地の地理がわからない。また、分別がない)」↔東 ②西風。「―が吹く」↔東 ③相撲で、土俵の正面から見て右のほう。また、番付の左側。東より格が下とされる。↔東 ④関西。↔東 ⑤〔仏〕西方極楽浄土。「―に旅立つ」⑥〔仏〕西本願寺。浄土真宗本願寺派本山。お西。↔東

にし【△螺】〔動〕アカニシ・ナガニシなどの巻き貝の総称。

に-し【二死】 野球やソフトボールで、アウトが二つになること。ツーダウン。ツーアウト。「―満塁」

にじ【虹】(字義) →こう(虹)

にじ【虹】〔気〕雨あがりなどに、大気中に浮遊している水滴に日

光が当たり光が分散され、太陽と反対の方向の空中に見える七色の円弧状の帯。「ーがかかる」夏

に-じ【二次】 ①二番目。二回目。「ー試験」②本質的なことに対し、付随的なこと。副次。「ー的」③〘数〙式・関数などが二乗の項を含むこと。次数が二であること。「ー方程式」

にし-あかり【西明〔か〕り】 日没後、しばらく西の空が明るいこと。残照。「ーの空」

にしインドしょとう〔西インド諸島〕 カリブ海にある数千の島からなる群島。

ニジェール〈Niger〉アフリカ中央部にある共和国。首都はニアメ。語源 国土を流れる大河ニジェール川の名から。

にじ-かい【二次会】 集会、特に宴会などの終了後、さらに他の場所でひき続いて催す酒宴。「ーに移る」

にし-かぜ【西風】 西のほうから吹く風。↔東風

にし-がわ【西側】 ①西に向いている部分。西にあたる部分。②かつてのソ連・東欧の社会主義諸国に対して、欧米の資本主義諸国の総称。《↔東側》

にしき【錦】 ①金銀などの数種の色糸で模様を織り出した、厚地の高級な絹織物。錦繡。②美しくりっぱなもの。

ーの御旗 ①日と月を金銀でししゅうした赤いにしきの旗。官軍のしるしとした旗。②だれも異議を唱えられないりっぱな理由や口実。大義名分。「省エネをーとする」 **ーを飾る** ①りっぱな着物を着る。②立身出世して故郷に帰る。「故郷にー」 **ーを着て夜行くが如し** 立身出世しても、故郷に帰ってその晴れ姿を人々に見せなければ、成功者としての甲斐がないというたとえ。衣錦夜行。【故事】楚の項羽が秦を滅ぼして関中の地を手中に収めたとき、部下がここに都を置いて覇者の地位を確立するように勧めたが、項羽は望郷の念に駆られて「富貴にして故郷(=楚)に帰らざるは、錦を衣て夜行くが如し」と答えたことからいう。〈漢書〉

ーえ【ー絵】 木版による多色刷りの美しい浮世絵。

ーぎ【ー木】〘植〙ニシキギ科の落葉低木。山野に自生。枝にコルク質の翼が張り出し、葉は楕円形で対生。初夏に淡黄緑色の花を開き、秋に紅葉する。観賞用。秋

ーごい【ー鯉】〘動〙マゴイの一変種。色彩や斑紋が美しくいろいろな品種がある。観賞用。夏

ーへび【ー蛇】〘動〙インドシナ・アフリカなどにすむ、ニシキヘビ亜科の大形のヘビの一群の総称。体長九メートルに達するものもある。無毒で、体には種々の斑紋がある。

に-じき【二食】 一日に食事を二度だけとること。

にじ-き【荷敷〔き〕】 和船で、積み荷の下に敷く敷物。

にじ-ぐち【二字口】 相撲で、力士が土俵へ上がる所。

に-じげん【二次元】 ①次元の数が二つであること。長さと幅だけの平面的な広がり。「ーの世界」「ーコード」②〘俗〙(平面上に描かれる)漫画やアニメ。「ーキャラ」

にじ-さんぎょう【二次産業】 →だいにじさんぎょう

にし-じん【西陣】 (「西陣織」の略)京都の西陣で織られる、美しく技巧のこらされた高級絹織物。「ーの帯」

にし・する【西する】(自サ変) 西の方向へ行く。文にし・す(サ変)

にしだきたろう〔西田幾多郎〕(一八七〇〜一九四五) 哲学者。石川県生まれ。東洋的・仏教的思想と西洋哲学思想とを統一した「西田哲学」体系を樹立。日本が生んだ最初の世界的哲学者といわれる。著書「善の研究」「哲学の根本問題」など。

にじっ-せいき【二十世紀】 ①西暦一九〇一年から二〇〇〇年までの一〇〇年間。②〘植〙ナシの一品種。果実は薄黄緑色で、甘くて水分が多い。

に-し-て《古》①場所を表す。…にあって。…において。…で。「家ー恋ひつつあらずは」〈万葉〉②時を表す。…で。…のときに。「三十余りー」〈方丈記〉語源 格助詞「に」+サ変動詞「す」の連用形「し」+接続助詞「て」参考 現代語でも「今ー思えば」「たちまちー売り切れた」などと用いることがある。

にじ-てき【二次的】(形動ダ) 主要なものに対して従属的であるさま。副次的。「ーな問題」

にしドイツ〔西ドイツ〕 旧ドイツ連邦共和国のこと。西独。⇩ドイツ

にし-にほん【西日本】 日本の西半分。地質学的には、糸魚川ー静岡構造線より西の地域を、一般には関西以西をいう。にしにっぽん。↔東日本

にしのうち-がみ【西の内紙】 和紙の一種。茨城県西野内で作られる、質のやや粗いじょうぶな紙。

にし-はんきゅう【西半球】 地球の西側の半分。子午線の零度から西回りに西径一八〇度までの地域。南北アメリカ大陸がある。↔東半球

にし-び【西日】 西に傾いた太陽。また、その光。夕日。「ーがさす」夏

にじ-ます【虹鱒】〘動〙サケ科の淡水魚。北アメリカ原産。体側に淡紅色の縦帯がある。食用。夏

にじみ・でる【滲〔み〕出る】(自下一) ①水や色などが表面にしみ出る。「汗がー」②内にあるものが自然と表に現れ出る。「人柄がー」文にじみい・づ(下二)

にじ・む【滲む】(自五) ①液状の物がしみて少しずつ広がる。輪郭がぼやけて見える。「インクがー」「雨に外灯がー」②液状の物がうっすらと表面に出てくる。「額に汗がー」③内にあるものが形になって表に現れる。「愛情が文面にー」

に-しめ【煮染〔め〕】 肉や野菜などを、煮しめた料理。

に-し・める【煮染める】(他下一) 味のついた煮汁がしみこむようによく煮る。「大根をー」文にし・む(下二)

にしゃ-さんにゅう【二捨三入】〘数〙省略算で、求める位のすぐ下の位の数字が二以下のときは切り捨て、三から七までのときは五とし、八以上のときは切り上げること。

にしゃ-たくいつ【二者択一】 二つの事柄のうちどちらか一つを選ぶこと。また、選ばなければならないこと。二者選一。

にしやまそういん〔西山宗因〕(一六〇五〜一六八二) 江戸前期の連歌師・俳人。別号西翁・梅翁。肥後(熊本県)生まれ。談林俳諧の祖。貞門の形式主義を排し、自由軽妙な新風を興した。作品「西翁十百韻」など。

に-じゅ【二竪】(「竪」は子供の意)病魔。転じて、病気。【故事】春秋時代、晋の景公が重病の床で、病因の化身である二人の童子(=二竪)が名医の到着を恐れ、鍼も薬も届かないという膏(=心臓の下)と肓(=横隔膜)の間に逃げ込んだ夢を見たという話に基づく。〈左伝〉⇩病膏肓に入る

に-じゅう【二重】 ①同類の物が二つ重なっていること。二重。「文字がーに見える」「ーあご(=肉がたるみ、二重に見えるあご)」②同じ事が二度重なること。同じ事がくり返されること。重複。「ーに請求する」

にじゅういちだい-しゅう【二十一代集】「古今和歌集」から「新続古今和歌集」まで、二一の勅撰和歌集の総称。⇩勅撰和歌集

にじゅう-うつし【二重写し】 ①→オーバーラップ②②写真で、同じフィルムや乾板に二度の露出を行うこと。二重撮り。二重露出。

にじゅう-かかく【二重価格】〘経〙同一商品に二種の価格を設けること。また、その価格。国内価格と海外価

格、米の生産者価格と消費者価格など。

にじゅう-けいご【二重敬語】 同じ種類の敬語を二つ重ねて用いる語法。尊敬語の「お書きになる」に尊敬の助動詞の「れる」をつけて「お書きになられる」とする類。参考 一般には適切でないとされる。

にじゅう-こうぞう【二重構造】 《経》近代的な大企業と前近代的な零細企業のような、二つの異なる原理のものが併存している経済構造。「日本経済の一」

にじゅう-こくせき【二重国籍】 《法》同一人が同時に二か国以上の国籍を有すること。重国籍。

にじゅうし-き【二十四気】 《天》陰暦で、一年を太陽の黄道上の位置に従って二四等分して、季節を示す基準としたもの。五日を一候、三候を一気とし、立春・雨水など二四の節気に分けた。二十四節気。⇩下段の表

にじゅうし-こう【二十四孝】 昔の中国の有名な二四人の孝行者。虞舜・漢の文帝・曽参・孟宗ら。

にじゅうし-せっき【二十四節気】 →にじゅうしき

にじゅう-しょう【二重唱】 《音》二人の歌い手がそれぞれ違った声部を受け持って合唱すること。デュエット。

にじゅう-じんかく【二重人格】 同一人が二つの異なる人格をもっていると思わせるほど、まったく別人のような行動をとること。また、そのような人や性格。

にじゅう-せいかつ【二重生活】 ①同一人が職業や習慣のまったく異なる二種類の生活をすること。②一つの家族が二か所に別れて生活すること。「東京と大阪との一」

にじゅう-そう【二重奏】 《音》二種または二つの楽器による合奏。デュエット。

にじゅう-ていとう【二重抵当】 《法》同一物件について複数の抵当権を設定すること。

にじゅうはっ-しゅく【二十八宿】 《天》昔、インド・ペルシャ・中国などで、天体の所在を表すために、天球を黄道に沿って角宿・心宿など二八区に分けたもの。

にじゅう-ひてい【二重否定】 打ち消しの言葉を二つ重ねることによって、肯定の意味を表す表現。「泣かずにはいられない」「言えないこともない」など。参考 肯定表現であるが、強調や婉曲の意を含ませていることが多い。

にじゅう-ぶた【二重蓋】 温度の変化や湿気を防ぐために、容器の蓋を二重にしてある構造。また、その蓋。

▼二十四気

四季		陰暦月	二十四気	陽暦による日付
春	孟春	一月 睦月	立春	二月四日ごろ
			雨水	二月十八日ごろ
	仲春	二月 如月	啓蟄	三月五日ごろ
			春分	三月二十一日ごろ
	季春	三月 弥生	清明	四月五日ごろ
			穀雨	四月二十日ごろ
夏	孟夏	四月 卯月	立夏	五月五日ごろ
			小満	五月二十一日ごろ
	仲夏	五月 皐月	芒種	六月六日ごろ
			夏至	六月二十一日ごろ
	季夏	六月 水無月	小暑	七月七日ごろ
			大暑	七月二十三日ごろ
秋	孟秋	七月 文月・ふづき	立秋	八月七日ごろ
			処暑	八月二十三日ごろ
	仲秋	八月 葉月	白露	九月七日ごろ
			秋分	九月二十三日ごろ
	季秋	九月 長月	寒露	十月八日ごろ
			霜降	十月二十三日ごろ
冬	孟冬	十月 神無月・かみなづき	立冬	十一月七日ごろ
			小雪	十一月二十二日ごろ
	仲冬	十一月 霜月	大雪	十二月七日ごろ
			冬至	十二月二十二日ごろ
	季冬	十二月 師走	小寒	一月六日ごろ
			大寒	一月二十日ごろ

にじゅう-ぼいん【二重母音】 →じゅうぼいん

にじゅう-まる【二重丸】 丸を二つ重ねたもの。「◎」の印。丸「○」よりもさらに評価の高いことや重要であることなどを示す。

にじゅう-まわし【二重廻し】 男子の和服用外套。とんび。冬

〔二重回し〕

にじゅうよ-じかん【二十四時間】 一日のすべての時間。「一営業」

に-じょう【二乗】 (名・他スル) →じじょう(自乗)

にじょうよしもと【二条良基】 (一三二〇〜一三八八) 南北朝時代の歌人・連歌作者。北朝に仕え、摂政・関白となる。連歌を好んで、「菟玖波集」を撰し、「応安新式」で式目を制定した。著に歌論書「筑波問答」など。

にじり-ぐち【躙り口】 茶室特有の小さな出入り口。狭いのでひざでにじって出入りする。にじり。

にじり-よ・る【躙り寄る】 (自五) 座ったままの姿勢で、ひざで近寄る。また、じりじりと近寄る。「そばにー」

に-じる【煮汁】 物を煮た汁。また、煮るための汁。

にじ・る【躙る】 ■(他五) 押しつけてすり動かす。少しずつ次第に押しつぶす。■(自五) 座ったままひざで進む。

に-じるし【荷印】 荷物の所属などを示すためにつけるしるし。

にしわきじゅんざぶろう【西脇順三郎】 (一八九四〜一九八二) 詩人・英文学者。新潟県生まれ。シュールレアリスム詩を推進し、日本の近代詩に大きな影響を与えた。詩集「旅人かへらず」「第三の神話」、詩論「シュールレアリスム文学論」など。

にしん【鰊・鯡】 《動》ニシン科の硬骨魚で、北太平洋や北大西洋に分布する回遊魚。背面は青黒く、腹面は銀白色。食用・油用・肥料用。卵は「かずのこ」として食用。春告げ魚。春

に-しん【二心・弐心】 ふたとおりの心をもつこと。㋐忠実でない心。謀反心。ふたごころ。「主君にーを抱く」㋑疑いの心。

に-しん【二伸】 手紙の本文のあとに付け加える文。追って書き。また、その文のはじめに記す語。追伸。

に-しん【二審】 →だいにしん

に-しんとう【二親等】 《法》本人または配偶者から数えて二世を隔てている者。祖父母・兄弟姉妹・孫など。二等親。⇩親等・親族(表)

にしん-ほう【二進法】 《数》二個の数字、0と1を用いてすべての数を表す方法。整数2・3・4・5は10,11,100,101となる。コンピューターによる計算の原理としても用いられる。

ニス (「ワニス」の略) 樹脂をアルコールやテレビン油などの溶剤で

溶かした塗料。参考「×仮漆」とも当てる。

に-すい【二水】 漢字の部首名の一つ。「冷」「凍」などの漢字の左側にある「冫」の部分。氷、寒などの意を表す漢字を作る。

に-すがた【似姿】 実物に似た姿。また、実物に似せて作った絵や像。「神の−」

に-せ【偽・△贋】 本物に見せかけて作ること。また、作ったもの。

に-せ【二世】 現世と来世。この世とあの世。「親子は一世(いっせ)、夫婦は−、主従は三世(さんぜ)」参考「にせい」と読めば別の意になる。

—の縁(えん) 夫婦の縁。来世までつながっている縁。**—の契(ちぎ)り** 来世までも心がわりしないという夫婦の約束。

にせ-アカシア【△贋アカシア】 「はりえんじゅ」の別名。

に-せい【二世】 ①その人の子供。特に、長男。「−誕生」②移住民の子で、移住先で生まれ、その国の市民権をもつ者。「日系−」③同じ名で、国王・皇帝・教皇などの地位を二番目に継いだ人。「チャールズ−」④芸能で、同じ名跡を継いだ二代目。「−団十郎」参考「にせ」と読めば別の意になる。

にせ-え【似せ絵】(ヱ) 似顔絵。特に、平安末期から鎌倉時代にかけて盛んだった大和絵(やまとえ)の肖像画。

にせ-がね【偽金・△贋金】 偽造した貨幣。

にせ-さつ【偽札・△贋札】 偽造した紙幣。贋札(がんさつ)。

にせむらさきいなかげんじ【修紫田舎源氏】(ニセムラサキヰナカゲンジ) 江戸後期の合巻(ごうかん)。柳亭種彦(りゅうていたねひこ)作。一八二九(文政十二)〜一八四二(天保十三)年刊。「源氏物語」を室町時代の足利将軍家のお家騒動に翻案。合巻の代表作。

にせ-もの【偽物・△贋物】 本物に似せて作ったもの。まがいもの。「−をつかまされる」↔本物

にせ-もの【偽者・△贋者】 本人に見せかけている別人。

に・せる【似せる】(他下一) セ・セ・セル・セル・セレ・セロ(セヨ) 似るようにする。まねて作る。なぞらえる。「本物に−」自に・る(上一) 文に・す(下二)

に-そう【尼僧】 ①出家した女性。比丘尼(びくに)。尼(あま)。②キリスト教の修道女。

にそく-さんもん【二束三文・二足三文】 数を多く集めても値打ちが低いこと。きわめて値段が安いこと。また、その値段。「家財を−で売りとばす」

にそく-の-わらじ【二足の×草鞋】(ワラヂ) (昔、ばくち打ちが捕吏(ほり)を兼ねることをいった言葉) 二種類の職業・立場を一人で兼ねること。「作家と会社員という−をはく」

に-ぞめ【煮染〔め〕】 染色法の一種。糸・布などを染料液に浸し、煮たてて染めつけること。

に-だ【荷駄】 馬で運ぶ荷物。

に-だい【荷台】 トラックや自転車などの、荷物をのせる部分。

に-たき【煮炊き】(名・自他スル) 食べ物を煮たり炊いたりして調理すること。炊事(すいじ)。

に-だし【煮出し】 ①煮出すこと。②(「煮出し汁」の略)かつおぶし・こんぶなどを煮出した汁。だし汁。

に-だ・す【煮出す】(他五) サ(ソ)・シ・ス・ス・セ・セ 物を煮て味や成分を出す。「こんぶを−・してだしをとる」

に-た・つ【煮立つ】(自五) タ(ト)・チ(ッ)・ツ・ツ・テ・テ 煮えて沸騰する。「湯が−」他にた・てる(下一)

にたっ-と(副・自スル) うす気味悪く意味ありげに笑みをうかべるさま。「あまりにうまくいって思わず−する」

に-た・てる【煮立てる】(他下一) テ・テ・テル・テル・テレ・テロ(テヨ) 煮て沸騰させる。煮たたせる。自にた・つ(五) 文にた・つ(下二)

にた-にた(副・自スル) うす気味悪く、笑みをうかべるさま。

にた-もの【似た者】 たがいによく似ている者。「−どうし」

—ふうふ【—夫婦】 夫婦はその性質・趣味などが似ている、または、似てくるということ。また、そういう夫婦。

にたり(副) 声をたてずに、うす気味の悪い笑いを口もとに浮かべるさま。「−(と)笑う」

にたり-よったり【似たり寄ったり】 優劣の差が目立たないこと。たいした違いのないこと。「どの品も−だ」

にだん-がまえ【二段構え】(ガマヘ) 一つがうまくいかなければもう一つというように、あらかじめ二つの方法を用意しておくこと。

にだん-ぬき【二段抜き】 新聞・雑誌などで、二段にわたって見出し・かこみ記事・広告などをのせること。「−のタイトル」

にだん-め【二段目】 ①浄瑠璃(じょうるり)などの二つ目のくぎり。②二番目の段。③相撲で、幕下。

にち【日】 教1 ニチ・ジツ ひ・か　丨 冂 日 日

(字義) ①ひ。太陽。ひの光。「日輪・日光・日射・落日(らくじつ)・烈日(れつじつ)」②ひるま。太陽の出ている間。また、一日。一昼夜。「日夜・日中・今日(こんにち)(きょう)・祭日(さいじつ)・昨日(さくじつ)(きのう)・終日(しゅうじつ)・平日(へいじつ)・毎日・明日(みょうにち)(あす)」③ひび。ひにひに。「日興(にっきょう)・日進月歩」④七曜の一つ。「日曜」または「日曜日」の略。⑤「日本」の略。「日舞・日米・親日・駐日・来日」⑥「日向(ひゅうが)の国」の略。「薩隅日(さつぐうにち)」人名 あき・くさ(姓)・てる・はる・ひる 難読 日向(ひなた)・日捲(ひめく)り・日和(ひより)・日本武尊(やまとたけるのみこと)

-にち【日】(接尾) 日数を数える語。「三〇−」

にち-うん【日△暈】 太陽のまわりにできる光の輪。日暈(ひがさ)。

にちえい-どうめい【日英同盟】『日』一九〇二(明治三十五)年から一九二三(大正十二)年まで、三回にわたって結ばれた日本と英国の軍事同盟。

にち-ぎん【日銀】 「日本銀行」の略。「−総裁」

にち-げん【日限】 あらかじめ決められた日。期日。期限。「−が切れる」「返済の−」「−を切る」

にち-じ【日時】 日付と時刻。時日(じじつ)。「会合の−」

にち-じょう【日常】(ジャウ) ふだん。つねひごろ。「−会話」

—さはんじ【—茶飯事】 ごく平凡なありふれた事柄。

にち-にち【日日】 一日一日。毎日。日々(ひび)。「−是(これ)好日(毎日平和でよい日が続くこと)」

—そう【—草】(サウ)『植』キョウチクトウ科の一年草。西インド原産。葉は長楕円(だえん)形で対生。夏から秋に淡紅または白色の花を葉の根元に開く。観賞用。日日花(にちにちか)。季夏

にち-ぶ【日舞】 「日本舞踊」の略。「−を習う」↔洋舞

にちべい-あんぜんほしょうじょうやく【日米安全保障条約】(アンゼンホシャウデウヤク)『日』一九五一(昭和二十六)年九月、サンフランシスコ講和条約と同時に調印され、翌年に発効した日米両国の安全と防衛に関する条約。一九六〇年に改定、一九七〇年には自動延長に改定された。安保条約。

にちべい-しゅうこうつうしょうじょうやく【日米修好通商条約】(シウカウツウシャウデウヤク)『日』一八五八(安政五)年、江戸幕府がアメリカと結んだ通商条約。自由貿易を認め、これにより日本は本格的に開国した。アメリカに領事裁判権を認め、日本の関税自主権がない不平等条約。

にち-へん【日偏】 →ひへん(日偏)

にち-ぼ【日暮】 ひぐれ。夕暮れ。

にち-ぼつ【日没】 日が沈むこと。日の入り。↔日出(にっしゅつ)

にち-や【日夜】 ■一(名) 昼と夜。「−を分かたず」■二(副) 昼も夜も。いつも。常に。「−修業に励む」

にち-よう【日用】 日常の生活に使うこと。「−雑貨」

—ひん【—品】 日常生活で使用する品物。

にち-よう【日曜】(エウ) 曜日の一つ。土曜日の翌日。日曜日。ふつう週の第一日とする。

—がっこう【—学校】〔宗〕主としてキリスト教会で、子供の宗教教育のために、日曜ごとに開かれる学校。はじまり 一七八〇年、英国で開設。日本では一八七三(明治六)年のキリスト教解禁から。一九〇七(明治四十)年には「日本日曜学校協会」が設立されている。

—だいく【—大工】日曜などの休日や余暇に、趣味として自分の家の大工仕事をすること。また、その人。

に-ちょう【ニ調】〔音〕ニの音を主音とする調子・音階。

にち-りん【日輪】太陽。「—草(=ヒマワリ)」

にちれん【日蓮】(一二二二〜一二八二) 鎌倉中期の僧。日蓮宗の開祖。安房(千葉県)生まれ。法華経を最高の真理とし、一二五三(建長五)年日蓮宗を開いた。著に「立正安国論」「開目抄」など。

—しゅう【—宗】〔仏〕日蓮が開いた、仏教の一宗派。法華経を奉じ、「南無妙法蓮華経」の題目を唱えれば、仏の教えにあずかることができると説く。

にち-ろく【日録】毎日のできごとの記録。日記。

にちろ-せんそう【日露戦争】〔日〕ロシアの南下政策と日本の大陸進出との衝突により、一九〇四－一九〇五(明治三十七－三十八)年両国間に起こった戦争。奉天会戦、日本海海戦などでの日本の勝利を経て、アメリカ大統領セオドア=ルーズベルトの斡旋によりポーツマス条約で講和。

に-ついて【に就いて】→ついて

にっ-か【日貨】輸出された日本製品。「—排斥」

にっ-か【日課】自分で毎日決めてする仕事。「—表」

ニッカー〈knickers〉「ニッカーボッカー」の略。

—ボッカー〈knickerbockers〉〔服〕ひざ下で裾をくくるようにした、ゆったりした半ズボン。登山・乗馬・作業用。

にっ-かい【肉塊】①肉のかたまり。②からだ。肉体。

ニッカド-でんち【ニッカド電池】〔化〕(「ニッケルカドミウム電池」の略)陽極に水酸化ニッケル、陰極にカドミウム、電解液に水酸化カリウムを使った蓄電池。

につかわし-い【似つかわしい】(形)〔カロ・カツク・イ・イ・ケレ・○〕ふさわしい。似合わしい。「古都に—風景」文につかは・し(シク)

にっ-かん【日刊】毎日刊行すること。また、その刊行物。

にっ-かん【肉感】→にくかん

にっ-き【日記】①毎日のできごとや感想などの記録。ダイアリー。「—をつける」②「日記帳」の略。(日記買う 冬・日記始め 新年) ⇩日誌「参考」

—ちょう【—帳】①「日記①」をつける帳面。②簿記で、日々の取り引きの内容などをつけておく帳簿。

—ぶんがく【—文学】〔文〕①平安・鎌倉時代に、仮名で書かれた文学的な日記。土佐日記・蜻蛉日記・紫式部日記・和泉式部日記・更級日記・十六夜日記など。②個人的な日記で文学的価値の高いもの。

にっ-き【肉桂】→にっけい(肉桂)②

にっ-きゅう【日給】一日いくらと決められた給料。「—制」

にっ-きょう【日僑】海外に在留する日本人。参考「僑」は中国語で、海外に在留するものをいう。

にっきょう-そ【日教組】(「日本教職員組合」の略)全国の学校の教職員を中心に組織されている労働組合。

にっ-きん【日勤】(名・自スル)①毎日出てつとめること。②昼間の勤務。↔夜勤

に-つ-く【似つく】(自五)〔カ(コ)・キ(イ)・ク・ク・ケ・ケ〕①よく似る。「似ても—・かない(=まったく似ていない)」②よく似合う。よく調和する。

ニックネーム〈nickname〉あだな。愛称。

に-づくり【荷造[り]・荷作[り]】(名・自他スル)品物を送ったり運んだりできるように、包みしばること。荷ごしらえ。

に-つけ【煮付け】魚や野菜などを煮つけた料理。「魚の—」

にっ-けい【日系】(外国籍を持ち)日本人の血筋をひいていること。また、その人。「—アメリカ人」

にっ-けい【日計】一日単位でする計算。また、一日の総計。

にっ-けい【肉桂】〔植〕①クスノキ科の常緑高木。インドシナ原産。葉は楕円形で、対生。夏に淡黄緑色の小花を開く。芳香があり、樹皮と根は健胃剤・香料用。②①の樹皮を乾燥したもの。香味料や薬用にする。にっき。シナモン。

にっけい-れん【日経連】〔経〕(「日本経営者団体連盟」の略)経営者の全国的組織。二〇〇二(平成十四)年、経団連と統合して日本経済団体連合会となった。

に-つ-ける【煮付ける】(他下一)〔ケ・ケ・ケル・ケル・ケレ・ケロ(ケヨ)〕味がよくしみこむよう長時間煮る。煮しめる。文につ・く(下二)

ニッケル〈nickel〉〔化〕金属元素の一つ。銀白色でさびにくい。めっき・合金の原料や触媒に用いる。元素記号 Ni

—クロム-こう【—クロム鋼】〔化〕ニッケルとクロムを加えて硬度・強度を高くした鋼。

にっ-こう【日光】①太陽の光線。日の光。②「日光菩薩」の略。

—ぼさつ【—菩薩】〔仏〕月光菩薩とともに薬師如来の脇士。

—よく【—浴】(名・自スル)健康のために、太陽光線を体に当てること。

にっこう【日光】栃木県北西部の都市。徳川家康をまつる東照宮の門前町として発達。

—かいどう【—街道】五街道の一つ。江戸日本橋から宇都宮までは奥州街道と共用、宇都宮から分かれて日光に至る。その間二一の宿駅があった。

にっこり(副・自スル)思わずほほえむさま。うれしそうに笑みをうかべるさま。「—(と)ほほえむ」

にっ-さん【日参】(名・自スル)①ある目的のために毎日同じ所を訪れること。「許可をもらうために役所に—する」②毎日参拝すること。

にっ-さん【日産】一日単位の生産量。「—五〇〇台」

にっ-し【日子】日かず。日数。「—を費やす」

にっ-し【日誌】毎日のできごとや行動などの記録。「学級—」参考ふつう、「日記」が個人的であるのに対し、「日誌」は公的性格をもつ。

にっ-しゃ【日射】太陽光線が照りつけること。ひざし。

—びょう【—病】〔医〕熱中症の一種。強い直射日光を長時間身体に受けたために起こる病気。高熱・頭痛・めまいなどの症状を示す。夏

にっ-しゅう【日収】一日単位の収入。「—一万円」

にっしゅう-うんどう【日周運動】〔天〕地球の自転により、天体が東から西へ一日一周するように見える現象。

にっ-しゅつ【日出】日がのぼること。日の出。↔日没

にっ-しょう【入声】漢字の四声の一つ。語尾がp・t・kで終わり、日本語ではフ・ツ・チ・ク・キで表されるもの。入声。⇩四声

にっ-しょう【日商】①(「日本商工会議所」の略)全国の主要都市にある商工会議所を会員とする中央機関。②商売による、一日の収入。

にっ-しょう【日照】太陽が地上を照らすこと。「—時間」

—けん【—権】〔法〕太陽光線を確保する権利。日照妨害に対し、場合により妨害建物の除去や損害賠償を請求できる。

にっしょう-き【日章旗】ニッシャウ 日の丸の旗。「—の掲揚」

にっ-しょく【日食・日△蝕】〔天〕月が太陽と地球との間にはいり、太陽光線をさえぎる現象。太陽が全部隠されるのを皆既食、一部が隠されるのを部分食、太陽が月のまわりに環状にはみ出して見えるのを金環食という。

半影　地球　太陽　本影　月

〔にっしょく〕

にっ-しん【日新】日に日に新しくなること。

にっしん-げっぽ【日進月歩】（名・自スル）とどまることなくどんどん進歩すること。「—する科学技術」

にっしん-せんそう【日清戦争】センサウ〔日〕一八九四—一八九五（明治二十七—二十八）年の、朝鮮半島をめぐる日本と清国間の戦争。日本の勝利となり下関条約で講和。

にっ-すう【日数】日にちの数。日かず。「出席—」

にっ-せい【◦入声】→にっしょう（入声）

にっ-せき【日夕】①昼と夜。②いつも。常に。日夜。

にっ-せき【日赤】（「日本赤十字社」の略）赤十字の精神にのっとり、医療・救護などの人道的事業を行う機関。⇩赤十字

ニッチ〈niche〉①西洋建築で、壁面に設けたくぼみ。彫像や花瓶などを飾る。壁龕。②〔経〕進出できる可能性のある市場のすきま。「—産業」③生物が生態系の中で占める位置。

にっちも-さっちも【二◦進も三◦進も】（副）物事がゆきづまり、進みも退きもできないさま。どうにもこうにも。「不景気で—いかない」〔用法〕あとに打ち消しの語を伴う。

〔語源〕算盤で使う割り算の九九から出た語。「にっち」は「二進」、「さっち」は「三進」が変化したもの。二を二、三を三で割ると、それぞれ割り切れて商一が立つことを「二進一十」「三進一十」という。そこから、二でも三でも割り切れないことを「二進も三進もいかない」と言うようになり、どうやりくりしてもうまくいかないという意になった。

にっ-ちゅう【日中】①日のあるあいだ。ひるま。「—は暑さが続く」②日本と中国。「—友好」

にっ-ちょく【日直】①その日の当番。②勤務先などの、休日にする昼間の当直。また、その人。↔宿直

にっ-てい【日程】仕事・議事・旅行などの、その日その日の予定。「—表」「—がつまっている」「—を立てる」

にっ-てん【日展】（「日本美術展覧会」の略）美術団体の一つ。また、その主催する美術展。〔秋〕

ニット〈knit〉編んだ物。編んで作った布地。メリヤス・ジャージーなど。また、その服。「—ウエア」

にっ-と（副・自スル）声を立てずに、歯を見せて笑うさま。

にっ-とう【◦入唐】タウ（名・自スル）奈良・平安時代、日本から唐の国に行ったこと。

にっ-とう【日当】タウ 一日単位に支払う給料や手当。

にっ-とう【日東】日本の国の異称。〔参考〕中国からみて、日の昇る東の方角にある国の意。

ニッパー〈nippers〉ペンチに似た、電線などを切る工具。

にっ-ぱち【二八】二月と八月。この月は多くの商売で客や取り引きが減り不景気になりやすいとされ、その現象をいう語。

ニッパ-やし【ニッパ△椰子】〔植〕ヤシ科の常緑低木。インド・マレー地方にはえる。葉で屋根をふき、花柄から砂糖をとる。

にっ-ぽう【日報】一日ごとに行う報告・報道やその書類。「業務—」

にっぽん【日本】わが国の呼び名。ユーラシア大陸の東端と太平洋との間に横たわる弧状列島からなる島国。立憲君主国。行政上一都一道二府四三県に分かれる。首都は東京。面積約三七万八〇〇〇平方キロメートル。日本。

—いち【—一】日本の国の中で、いちばんすぐれていること。また、そのもの。にほんいち。「富士は—の山だ」

—ぎんこう【—銀行】カウ〔商・経〕日本の中央銀行。銀行券を発行し、政府の銀行、銀行の銀行などの役割をもつ金融・経済の中枢機関。日本銀行。日銀。一八八二（明治十五）年創立。

—けいざいだんたい-れんごうかい【—経済団体連合会】レンガフクワイ〔経〕旧経団連と日経連が統合し発足した総合経済団体。経済界の意見をまとめ政府に提言する。二〇〇二（平成十四）年設立。〔参考〕二〇一一（平成二十三）年までは「日本経団連」、現在は「経団連」と略称。

—ばれ【—晴〔れ〕】→にほんばれ

にっぽんえいたいぐら【日本永代蔵】江戸前期の浮世草子。井原西鶴作。一六八八（元禄元）年刊。町人の成功談など三〇編からなる。日本永代蔵。

に-つま・る【煮詰〔ま〕る】（自五）①よく煮えて水分がなくなる。②議論などが十分なされて結論が出る段階になる。「話が—」他につ・める（下一）〔参考〕最近では「行き詰まる」の意味で使用されることもある。

に-つ・める【煮詰める】（他下一）①水分がなくなるまでよく煮る。「海水を—」②議論などを十分にしあって結論が出せる段階にする。「議論を—」自につま・る（五）文につ・む（下二）

に-て（格助）①あとに述べることの起こる場所を表す。…において。…で。「会議は大阪—行う」②手段・材料を表す。…で。「新幹線—到着」③原因・理由を表す。…のため。…によって。…で。「病気—欠席」④時間・年齢を表す。…で。「五時—受付を終了する」〔用法〕文章語で用いる。会話では「で」を用いる。〔語源〕格助詞「に」に接続助詞「て」が付いて一語化したもの。

にて-ひなる【似て非なる】ちょっと見ると似ているが、内実は異なっている。「—作風」

にてん-さんてん【二転三転】（名・自スル）内容・方針・情勢などが何度も変わること。「説明が—する」

に-と【二△兎】二匹のウサギ。

—を追う者は一兎をも得ず 同時に二つのことをねらったり、しようとしたりしても、結局どちらも成功しないことのたとえ。〔参考〕類似のことば—虻蜂取らず

に-と【二途】物事を行う上での二つの異なった方向・筋道。

に-ど【二度】二回。二へん。再び。再度。

—あることは三度ある 二度あったことは、三度目も起こる。物事は幾度もくりかえして起こるものだ。**—の勤め** ①一度廃業・辞職した者が、またもとのつとめにもどること。特に昔、遊女に関していった。②一度使った物を再び役立てること。

に-とうしん【二等親】→にしんとう

にとう-だて【二頭立て】馬車などを二頭の馬でひかせること。また、その車。二頭びき。「—の馬車」

にとう-へい【二等兵】もと、陸軍で兵の階級の最下位。

にとうへん-さんかくけい【二等辺三角形】〔数〕二辺の長さが等しい三角形。

にとう-りゅう【二刀流】ニタウリウ ①剣道の流儀の一つ。左右の手に刀を持って戦うもの。宮本武蔵に始まるという。②酒を好むと同時に甘い物をも好むこと。また、その人。両刀遣い。③二つのことが同時にできること。

にど-ざき【二度咲き】→かえりざき①

にど-でま【二度手間】一度ですむことに二度の手間をかけ

ること。「ーになる」

にど-と【二度と】(副) 再び。重ねて。決して。「ーあそこへは行きたくない」用法 あとに打ち消しの語を伴う。

にど-ね【二度寝】(名・自スル) 朝、一度目が覚めたあと、時間をおかずにまた眠ること。「明け方目が覚めてしまい、ーした」

ニトログリセリン〈nitroglycerine〉〔化〕グリセリンに硝酸と硫酸を作用させてつくる、無色または淡黄色の油状液体。わずかの衝撃でも爆発し、爆発力も強い。ダイナマイトの原料とするほか、狭心症などの薬としても用いる。

ニトロセルロース〈nitrocellulose〉〔化〕セルロースを硝酸・硫酸の混合液に浸して得られる硝酸エステルの総称。フィルム・ラッカー・セルロイド・火薬などの原料。硝酸繊維素。

にな【△蜷】〔動〕カワニナ類などの細長い巻き貝の通称。春

にない-おけ【担い△桶】ニナヒヲケ 天秤棒てんびんぼうでかついで運ぶ大きなおけ。にない。

にない-て【担い手】ニナヒ― ①ものをかつぐ人。②物事を、中心になって推し進める人。「次代のー」

にな・う【担う】ニナフ (他五) ワ(オ)・イ(ッ)・ウ・ウ・エ・エ ①かつぐ。肩にかける。「重い荷をー」②自分の責任として引き受ける。「重責をー」可能 にな・える(下一)

に-な・し【二無し】(形ク)〔古〕二つとない。すばらしい。

に-なわ【荷縄】ナハ― 荷づくり用の縄。

ににん-さんきゃく【二人三脚】①二人が横に並んで隣り合った足首をひもで結び、三本足のようにして走る競技。②二者がともに協力しあって物事をすること。「夫婦ーの生活」

に-にんしょう【二人称】→たいしょう(対称)②

に-ぬき【煮抜き】①水を多くしてたいた飯から取るねばった汁。糊のりなどにする。おねば。②(「煮抜き卵」の略)固ゆでの卵。おもに関西でいう。

に-ぬし【荷主】荷物の持ち主。また、送り主。

に-ぬり【◇丹塗り】丹にまたは朱で塗ること。また、その塗ったもの。「ーの鳥居とりい」

にねんせい-そうほん【二年生草本】サウホン―〔植〕発芽してから結実・枯死するまで満二年にわたる植物。二年生植物。二年草。

にねん-そう【二年草】サウ― 「二年生草本」の略。

に-の-あし【二の足】二歩目に出す足。
ーを踏ふむ 実行するのをためらう。しりごみする。

に-の-うで【二の腕】腕の、肩とひじとの間の部分。

に-の-かわり【二の替〔わ〕り】カハリ―〔演〕①(「二の替わり狂言」の略)上方かみがたの歌舞伎かぶきで、十一月の顔見世狂言の次の興行。正月興行をいう。新年 ②同じ月の中の演目を入れかえた二回目の興行。

に-の-く【二の句】次の句。あとの言葉。
ーが継つげない あきれたり驚いたりしてあとの言葉が出ない。

にのじ-てん【二の字点】踊り字の「〻」「ゝ」のこと。「各〻おのおの」「益〻ますます」など、すぐ前の漢字を繰り返すときに用いる符号。参考 現在はふつう「々」を用いる。⇒繰り返し符号(表)

に-の-ぜん【二の膳】正式の日本料理の膳立てで、本膳に添えて、または本膳の次に出される膳。⇒一の膳・三の膳

に-の-つぎ【二の次】二番目。その次。あとまわし。「仕事はーにして趣味に熱中する」

に-の-とり【二の△酉】十一月の第二の酉とりの日。また、その日に立つ酉の市いち。冬 ⇒酉の市

に-の-まい【二の舞】マヒ― 人のまねをすること。特に、前の人と同じ失敗をすること。「ーを演じる」「ーを踏む」
語源 舞楽ぶがくに由来する語。「安摩あま」の優雅な舞のあとに行われる滑稽こっけいな舞を「二の舞」という。「安摩」の舞をまねて滑稽さを演出することから、人まねをして失敗するという意だったが、やがて、前の人がした失敗を繰り返すという意で用いられるようになったという。

に-の-まる【二の丸】城の本丸の外側をかこむ城郭。

に-の-や【二の矢】二番目に射る矢。「ーが継げない(=続いてうつ手だてがない)」

に-はい-ず【二杯酢】酢としょうゆ、または、酢と塩を配合した合わせ酢。魚・貝を生で食べるときなどに用いる。⇒三杯酢

に-ばしゃ【荷馬車】荷物を運ぶための馬車。

にわ-たづみ【×行潦・△潦】にわたずみ〔枕〕「流る」「川」「行く方知らぬ」にかかる。

に-ばな【煮花・煮◇端】煎せんじたての、香ばしい茶。でばな。

に-ばん【二番】一番の次。
ーかん【ー館】クワ 封切り館に次いで上映する映画館。
ーせんじ【ー煎じ】①一度煎じたものをもう一度煎じた茶や薬。②繰り返しで新鮮味がないもの。「前作のー」
ーていとう【ー抵当】テイタウ すでに抵当となっている物件を、重ねて他の抵当とすること。また、そのもの。
ーめ-もの【ー目物】〔演〕正式の五番立ての演能番組で、二番目に演じられる能。修羅しゅら物。

にび-いろ【◇鈍色】薄黒い色。濃いねずみ色。鈍色にぶいろ。参考 昔、喪服に用いられた色。

に-びき【荷引き】生産地から直接に荷を運ぶこと。

に-びたし【煮浸し】野菜または軽く焼いたアユ・フナなどを薄味で煮て、その煮汁をしみこませる料理。「茄子なすのー」

にひ-ばり【新◇治・新◇墾】にい―〔古〕新しく開墾かいこんすること。また、その田や畑。

にひゃく-とおか【二百十日】トヲカ 立春から二一〇日目の日。九月一日ごろ。このころは稲の開花期で、台風がくる時期に重なるので、農家では厄日として警戒する。秋

にひゃく-はつか【二百二十日】立春から二二〇日目の日。九月十一日ごろ。このころによく台風がくるため、二百十日と同じく農家では厄日とする。秋

ニヒリスティック〈nihilistic〉(形動ダ) ダロ・ダッ(デ・ニ)・ダ・ナ・ナラ・○ 虚無的なさま。虚無主義であるさま。ニヒル。ニヒリスチック。

ニヒリスト〈nihilist〉虚無主義者。

ニヒリズム〈nihilism〉〔哲〕虚無主義。社会秩序をはじめ、いっさいのものを否定しようとする立場。

ニヒル〈ラテ nihil〉(名・形動ダ) 虚無。虚無的。「ーな笑い」

に-ふ【二歩】将棋の禁じ手で、自陣の歩がある縦の筋にもう一枚歩を打つこと。その瞬間に負けになる。

に-ぶ【二部】①二つの部分。「ー合唱」②大学で、昼間部に対して夜間部。③第二の部。「小説のー」

にぶ・い【鈍い】(形) カロ・カッ(ク)・イ・イ・ケレ・○ ①(感覚・反応が)のろい。すばやくない。「動きがー」「勘がー」②(音・光などが)はっきりしない。ぼんやりしている。「ー光」「ー音」③刃物の切れ味が悪い。「切れ味のー小刀」文 にぶ・し(ク)

にぶ-いろ【鈍色】→にびいろ

に-ふく・める【煮含める】(他下一) メ・メ・メル・メル・メレ・メロ(メヨ) 味が中までしみこむように時間をかけて煮る。「弱火で豆をー」

にぶ-さく【二部作】同一の作者が一貫したテーマで、まとまりをもたせた二つの作品。

にぶ-じゅぎょう【二部授業】ジュゲフ― 教室や教員が不足する場合に、児童・生徒を午前・午後などの二部に分けて授業をすること。二部教授。

に-ふだ【荷札】荷送り人や宛先を書いて荷物につける札。

に-ぶつ【二物】 二つのもの。「天は―を与えず」

に-ぶね【荷船】 荷物を運ぶ運送船。

にぶ・る【鈍る】（自五）ラ(ロ)・リ(ッ)・ル・ル・レ・レ ①鋭さがなくなる。にぶくなる。「切れ味が―」「腕が―」②力や勢いが弱まる。「決心が―」

に-ぶん【二分】（名・他スル）全体を二つに分けること。「世論を―する問題」

にべ【△鮸】《動》ニベ科の海産魚。体長約四〇センチメートル。背は灰青色で、腹は淡灰色。浮き袋が大きく、これから膠を作る。肉はかまぼこの原料。鳴く魚として知られる。夏

にべ【×鮸膠・×鰾膠】 主として鮸の浮き袋から作る膠。粘り気が強く、食用・薬用・工業用と用途がきわめて広い。

―もない 愛想がない。そっけない。「にべもなく断られる」

語源 「鮸膠」はその粘着力から、人間関係の親密なさまの比喩として用いられていた。その「鮸膠」がないということで、愛嬌や愛想・思いやりのないという意になった。「鮸膠もしゃしゃり(=さらりとしていること)もない」という表現もある。

に-ぼし【煮干し】 マイワシ・カタクチイワシなどの稚魚を煮て干した食品。だしをとるのに用いる。

にほどり-の【△鳰鳥の】―《枕》「かづく」「なづさふ」「息長河」などにかかる。

ニホニウム〈nihonium〉《化》超ウラン元素の一つ。亜鉛とビスマスの原子核の衝突により生成される。日本の研究所が発見し、日本にちなむ名前が採用された。元素記号 Nh

にほん〔日本〕 →にっぽん

にほんアルプス〔日本アルプス〕 中部地方中央の高層山岳地帯の称。飛驒山脈を北アルプス、木曽山脈を中央アルプス、赤石山脈を南アルプスと呼ぶ。はじまり 一八八一（明治十四）年、英国人ウィリアム・ゴーランド（大阪造幣寮勤務の冶金技師）が乗鞍岳などの諸山に登り命名。

にほんえいたいぐら〔日本永代蔵〕 →にっぽんえいたいぐら

にほん-おおかみ【日本△狼】―《動》本州・四国・九州に分布していた小形のオオカミ。全身が灰褐色で、耳と四肢が短い。一九〇五（明治三十八）年以後生存は確認されず、絶滅した。山犬。

にほん-が【日本画】―《美》日本独特の絵画。墨や岩絵の具（=鉱物質の顔料）を用い、筆で紙や絹などにかく。↔洋画

にほんかい〔日本海〕 日本列島・朝鮮半島・シベリアに囲まれている縁海。間宮・宗谷の両海峡でオホーツク海に、津軽海峡で太平洋に、対馬海峡で東シナ海に続く。

にほん-かいりゅう【日本海流】― →くろしお

にほん-がみ【日本髪】 島田まげ・丸まげ・桃割れなど、日本在来の女性の髪形。特に、明治以降の洋髪に対していう。

にほん-ぎんこう【日本銀行】― →にっぽんぎんこう

にほん-けん【日本犬】 日本原産の犬の総称。秋田犬・柴犬など。にほんいぬ。

にほん-ご【日本語】 日本人が自国語として使用する言語。系統的には、アルタイ諸語と共通点が多いといわれるが、証明されていない。

―きょういく【―教育】 日本語を母語としない人に日本語を教えること。

にほん-こうぎょうきかく【日本工業規格】―「日本産業規格」の旧称。

にほんこく-けんぽう【日本国憲法】―《法》一九四六（昭和二十一）年十一月三日公布、翌年五月三日施行の現行憲法。連合国軍最高司令官総司令部（GHQ）の指令と助言に基づき、大日本帝国憲法の改正という手続きで制定された。帝国憲法では天皇の大権が強力だったのに対して、日本国憲法では天皇は国民統合の象徴とされ、国民主権、平和主義、基本的人権の尊重などの特色をもつ。

にほん-ざし【二本差〔し〕】 ①（大刀と小刀の二本を腰に差すところから）武士のこと。②相撲で、もろざしのこと。

にほん-ざる【日本猿】《動》オナガザル科の日本特産のサル。毛は褐色。顔は赤く尾は短く、頰嚢・しりだこがある。

にほん-さんぎょうきかく【日本産業規格】― →ジス

にほん-さんけい【日本三景】 日本の代表的な三つの景勝地とされる、宮城県の「松島」、広島県の「厳島」、京都府の「天の橋立」の総称。

にほん-し【日本紙】 日本独特のすき方による紙。和紙。

にほん-しき【日本式】 ①日本在来の方式・様式。和式。②ローマ字で日本語をつづる方式の一つ。日本語の音韻組織に即してつづり方を決めたもの。サ・タ・ザ・ダの各行の子音をそれぞれ s・t・z・d で統一し、シを si チを ti ヅを du とするなど。⇩付録「国語表記の基準・ローマ字のつづり方」

にほん-しゅ【日本酒】 日本古来の製造法によって、米からつくった醸造酒。清酒。和酒。↔洋酒

にほんしょき〔日本書紀〕 日本最古の勅撰歴史書。別名「日本紀」。舎人親王・太安万侶らが撰録。七二〇（養老四）年成立。神代から持統天皇までの事跡を皇室中心に編年体で記述。文体は漢文。

にほん-じん【日本人】 日本国籍を有する人。日本国民。

にほん-とう【日本刀】― 日本古来の技術・伝統によって作られた刀。

にほん-のうえん【日本脳炎】―《医》ウイルスによって起こる脳炎の一種。コガタアカイエカなどによって媒介され、急激な高熱・頭痛・意識障害などがみられる。夏季脳炎。

にほん-は【日本派】 →ねぎしは②

にほん-ばれ【日本晴〔れ〕】 ①少しの雲もなく晴れわたること。「台風一過の―」②（比喩的に）疑いや心配がなく、心が晴れ晴れすること。参考「にっぽんばれ」ともいう。

にほん-ぶよう【日本舞踊】 日本の伝統的舞踊の総称。狭義では歌舞伎舞踊や上方舞をさす。日舞。邦舞。

にほん-ぼう【二本棒】《俗》①（たれている「はな」を棒に見たてて）はなをたらした子供。②妻や女性に甘い男を、ばかにしていう語。③二本差しの武士をあざけっていう語。

にほん-ま【日本間】 畳を敷き、ふすまや障子で間仕切りした日本風の部屋。和室。↔洋間

にほんりょういき〔日本霊異記〕 平安初期の仏教説話集。正しくは「日本国現報善悪霊異記」。「霊異記」は「れいいき」とも。僧景戒著。八二二（弘仁十三）年ごろ成立。雄略天皇から嵯峨天皇のころまでの民間説話一一六編を収録。因果応報の仏教教理を説くものが多い。

にほんれっとう〔日本列島〕 アジアの東方、太平洋の北西部に弧状に連なる列島群。北から北海道・本州・四国・九州を主島とし、南は琉球諸島に至る。

にまい-がい【二枚貝】―《動》軟体動物のうち、二枚の貝殻をもつものの総称。ハマグリ・アサリなど。↔巻き貝

にまい-ごし【二枚腰】 相撲や柔道で、くずれそうでくずれない、ねばり強い腰。

にまい-じた【二枚舌】 その場に合わせて、前後の矛盾したことを言うこと。うそを言うこと。「―を使う」

にまい-め【二枚目】 ①歌舞伎で、看板の右から二枚目に書かれた美男役の役者。また、一般に演劇や映画の美男役の

俳優などにもいう。⇩三枚目 ②美男子。いろおとこ。③相撲番付で、前頭・十両・幕下などのそれぞれ二番目の位置。

—はん【—半】(二枚目と三枚目の中間の意で)美男子であるが、おどけたところがあり、親しみやすい人。

に-まめ【煮豆】豆類を煮しめたもの。

にめん-せい【二面性】そのものが持つ相対する二つの性格や性質。「—がある人」

にもう-さく【二毛作】〘農〙同じ耕地に一年間に二回、異なった作物の作付けをすること。⇩一毛作・三毛作・二期作

にも-かかわらず【にも。拘らず】…であるのになお。「悪天候—、出発する」用法 前の表記内容と対立したり、反対の事柄を述べたりするときに用いる。また、「約束の期限が切れた。にもかかわらず何の連絡もない」のように接続詞として、文と文との間に用いられることもある。

に-もつ【荷物】①持ち運んだり、運送したりする品物・貨物。荷。②やっかいな事柄。やっかいもの。負担になるもの。「仲間のお—になる」用法 ②は多く、「お荷物」の形で用いる。

に-もの【煮物】食物を煮ること。また、煮た食品。

に-やき【煮焼き】(名・他スル) 食物を煮たり焼いたりすること。

に-やく【荷役】船の貨物のあげおろしをすること。また、その仕事をする人。「—作業」

にゃく【若】(字義) →じゃく(若)

にや・ける(自下一) ケ・ケ・ケル・ケル・ケレ・ケロ(ケヨ) ①男子が弱々しく色っぽいようすをしたり、めかしこんだりする。「—けた男」②にやにやする。

にや・す【煮やす】(他五) サ(ソ)・シ・ス・ス・セ・セ 怒りの気持ちなどを激しくする。「業を—(=うまく事がはこばずいらいらする)」

に-やっかい【荷厄介】(名・形動ダ) じゃまになってもてあますさま。気持ちの負担になるさま。「—な依頼を受ける」

にや-にや(副・自スル) 意味ありげに薄笑いを浮かべたり、悦に入ってふくみ笑いをしたりするさま。「一人で—する」

にやり-と(副・自スル) 意味ありげにちょっと薄笑いを浮かべるさま。「電話を切るなり—笑う」

ニュアンス〈フランス nuance〉言葉や表現などの微妙な意味合い。感情や色合い・音色などの微妙な感じ。また、そのわずかな差異。「話の—」「ちょっとした—の違い」

にゅう【入】 教1 ニュウ(ニフ)・ジュ いる・いれる・はいる

(字義) ①内にはいる。来る。「入学・入室・侵入・潜入・突入」②内にいれる。おさめる。「入金・入手・注入・導入・納入・輸入」③いる。必要とする。「入費・入用」④漢字の四声の一つ。「入声」の略。「平上去入」難読 入会・入相・入母屋・入魂・入眼・入水・入内・入来・入洛・入牢・入唐・入定 人名 いり・しお・なり

にゅう【乳】 教6 ニュウ ちち・ち(中)

(字義) ①ちち。「乳牛・乳汁・牛乳・粉乳・母乳」②ちぶさ。「乳首・乳房」③ちちを与える。やしなう。「乳育・乳養」④ちぶさの形をしたもの。「鍾乳石」⑤ちちのみご。「乳児・乳名」⑥ちちのように白く濁った液。「乳液・乳剤・豆乳」難読 乳母・乳飲み子

にゅう【柔】 (字義) →じゅう(柔)

ニュー〈new〉①新しいこと。新しいもの。「お—の服」②(多く外来語の上に付いて)「新しい」の意を添える。「—モード」

—ウエーブ〈new wave 新しい波〉文学・芸術の新しい潮流・傾向。参考 フランス語「ヌーベルバーグ nouvelle vague」の英語訳。⇩ヌーベルバーグ

—カマー〈newcomer〉新しく来た人。新参者。

—タウン〈new town〉大量の住宅供給を目的として、大都市近郊に建設される新しい街。

—ハーフ〈和製英語〉女装した男性。性転換した元男性。

—フェース〈new face〉ある分野での、新顔。新人。特に、映画俳優などの新人。

—ミュージック〈new music〉〘音〙一九七〇年代以降、日本のフォーク、ロック系のシンガーソングライターが作り出したポピュラー音楽の総称。

—メディア〈new media〉新聞や放送などの既存メディアに対し、通信技術の進歩から生まれたインターネットなどの新しい情報伝達媒体の総称。

—ルック〈new look〉最新型。新しい流行の型。

にゅう-いん【入院】(名・自スル) 病気・けがの治療や出産・検査などのために、ある期間病院にはいること。↔退院

にゅう-えい【入営】(名・自スル) 新兵として軍務につくために兵営にはいること。

にゅう-えき【乳液】①植物の乳管から分泌される乳状の液体。②乳状の化粧用クリーム。

にゅう-えん【入園】(名・自スル) ①動物園・植物園・公園・遊園地など、「園」と名のつく所にはいること。「—料」②幼稚園・保育園などに園児としてはいること。「—式」春 ↔卒園

にゅう-か【入荷】(名・自スル) 商店や市場に、仕入れた商品がはいること。「新商品が—する」↔出荷

にゅう-か【乳化】(名・自他スル) ある液体の中に、それと溶け合わない他の液体が微粒子として分散し、乳のようにとろりとした液を生じること。また、生じさせること。「—剤」

にゅう-かい【入会】(名・自スル) ある会にはいること。ある会の会員となること。「—金」↔退会・脱会

にゅう-かく【入閣】(名・自スル) 国務大臣として内閣の一員となること。「初—を果たす」

にゅう-がく【入学】(名・自スル) 新たに学校にはいって、その児童・生徒・学生になること。「—式」春 ↔卒業

—きん【—金】入学するときに授業料以外に納入する金。

—しけん【—試験】志願者の中から入学者を選ぶための試験。入試。春

にゅう-かん【入棺】(名・他スル) 死体を棺に納めること。納棺。「—の儀」

にゅう-かん【入管】①「入国管理」の略。「—法」②「出入国在留管理庁」の略称。

にゅう-かん【入館】(名・自スル) 博物館・美術館・図書館など、「館」と名のつく所にはいること。「—料」

にゅう-がん【乳△癌】〘医〙乳腺に生じるがん。

にゅう-ぎゅう【乳牛】乳をとるために飼う牛。

にゅう-きょ【入居】(名・自スル) 新たに家屋にはいってそこに住むこと。「公団住宅の—者」

にゅう-きょ【入△渠】(名・自スル) 船がドック(=船渠)にはいること。「修繕のために—する」

にゅう-ぎょ【入漁】他人が占有・管理する特定の漁場にはいって漁業を行うこと。入漁。「—料」

—けん【—権】〘法〙漁業権者が占有権を持つ特定の漁場で漁業を行う権利。

にゅう-きょう【入京】(名・自スル) ①地方から都にはいること。入府。↔出京 ②東京または京都にはいること。

にゅう-きょう【入△鋏】乗車券・乗船券・入場券などに、係員が目印としてはさみを入れること。

にゅう-ぎょう【乳業】牛乳をとり、また、それからバ

ター・チーズなどの乳製品を製造・販売する事業。

にゅう-ぎょく【入玉】(名・自スル) 将棋で、王将が敵陣の三段目以内にはいること。また、その状態。入り王。

にゅう-きん【入金】(名・自他スル) ①収入として金銭を受け取ること。また、その金銭。「—がある」↔出金 ②支払うべき金を納めること。また、その金銭。「未納分を—する」

にゅう-こ【入庫】(名・自他スル) ①品物などが倉庫にはいること。また、入れること。②電車・自動車などが車庫にはいること。また、入れること。(↔出庫)

にゅう-こう【入坑】(名・自スル) 炭坑や鉱山などで、坑道や採掘現場にはいること。

にゅう-こう【入貢】(名・自スル) 外国からの使者が貢ぎ物を持ってくること。

にゅう-こう【入△寇】(名・自スル) 外国から攻めこんでくること。来寇。

にゅう-こう【入港】(名・自スル) 船が港にはいること。「タンカーが—する」↔出港

にゅう-こう【入構】(名・自スル) ①ある施設の構内にはいること。②列車がプラットホームにはいること。

にゅう-こう【入稿】(名・自他スル) ①原稿を印刷所へ渡すこと。②原稿を執筆者から入手すること。

にゅう-こく【入国】(名・自スル) ①他の国へはいること。「—手続き」↔出国 ②領主が初めて自分の領地にはいること。

—かんり-きょく【—管理局】「出入国在留管理庁」の旧称。

にゅう-ごく【入獄】(名・自スル) 罪人として刑務所に入れられること。↔出獄

にゅう-こん【入魂】①物事に精神・魂をそそぎ込むこと。一心に打ち込むこと。「—の作」②(古)たがいに気心を知りあって仲のいいこと。懇意。入魂(じっこん)。⇒昵懇

にゅう-ざい【乳剤】脂肪や油に乳化剤を加え、水中に均等に分散させた乳状の薬液。

にゅう-さつ【入札】(名・自スル) 請負や売買などで、いちばんよい条件の者と契約する約束で、複数の競争者に見積もりの金額を書いて出させること。いれふだ。

にゅう-さん【乳酸】〘生〙体内の物質代謝の結果生じる有機化合物。筋肉に蓄積すると疲労の原因となる。また、乳酸菌による発酵でも生じ、清涼飲料の酸味剤などに利用される。

—きん【—菌】糖を分解して乳酸に変える細菌の総称。

—はっこう【—発酵】〘化〙乳酸菌が糖を分解して乳酸を生じる現象。ヨーグルトやチーズ、なれずしや漬物などの製造に利用される。

にゅう-ざん【入山】(名・自スル) ①山にはいること。②〘仏〙僧が修行のため、または住持となるため寺にはいること。

にゅう-し【入試】「入学試験」の略。「大学—」

にゅう-し【乳歯】〘生〙哺乳類で、最初にはえる歯。人では生後半年ごろからはえ始め、二—三年で二〇本がはえそろう。六歳ごろから十二歳ごろの間に永久歯にはえかわる。↔永久歯

にゅう-じ【乳児】生後一年くらいまでの、母乳や人工乳で育てられる時期の子。乳飲み子。

ニュージーランド〈New Zealand〉オーストラリア東南方にある島国。英連邦加盟の立憲君主国。首都はウェリントン。語源オランダ南西部ゼーラント地方の名から。ゼーラントの原義は「海の地」。

にゅう-しち【入質】(名・他スル) 品物を質に入れること。質入れ。

にゅう-しつ【入室】(名・自スル) ①部屋にはいること。「—禁止」↔退室 ②研究室や寮などの一員となること。

にゅう-しゃ【入社】(名・自スル) 会社に就職してその社員となること。「—試験」↔退社

にゅう-しゃ【入舎】(名・自スル) 寄宿舎などに入ること。

にゅう-しゃ【入射】(名・自スル)〘物〙ある媒質を通る電磁波・光線などが、他の媒質との境の面に達すること。

—かく【—角】〘物〙入射光線が入射点で境界面の法線となす角。

にゅう-じゃく【入寂】(名・自スル)〘仏〙(「寂滅」にはいる意) 聖者や僧が死ぬこと。入滅。入定。

にゅう-じゃく【柔弱】(名・形動ダ) 性格・体質が弱々しいこと。また、そのさま。柔弱。「—な精神」

にゅう-しゅ【入手】(名・他スル) 手に入れること。自分のものにすること。「—経路」「情報を—する」

にゅう-しゅう【乳臭】①乳汁のにおい。②幼いこと。未熟なこと。「—児」

にゅう-じゅう【乳汁】乳腺から分泌される白色の液体。ちち。

にゅう-しょ【入所】(名・自スル) 研究所・訓練所・刑務所など、「所」と名のつく所へはいること。

にゅう-しょう【入賞】(名・自スル) 展覧会・競技会などで、賞にはいること。「—者」

にゅう-じょう【入定】〘仏〙①禅定にはいること。②聖者や高僧が死ぬこと。入滅。入寂。

にゅう-じょう【入城】(名・自スル) 城にはいること。また、戦いに勝って、敵の城の中にはいること。

にゅう-じょう【入場】(名・自スル) 式場・会場などの場内にはいること。「—無料」「—行進」↔退場・出場

—けん【—券】場内にはいることを認める券。

にゅう-じょう【乳状】乳のように白くどろりとした状態。「—の化粧液」

にゅう-しょく【入植】(名・自スル) 開拓地・植民地にはいって、生活すること。「—者」

にゅう-しん【入信】(名・自スル) 信仰の道にはいること。

にゅう-しん【入神】技能が非常にすぐれていて、人間わざとは思われないこと。「—の技」

ニュース〈news〉①新しいできごと。変わったできごと。また、それについての知らせ。②新聞・ラジオ・テレビなどの時事報道。

—えいが【—映画】最近のできごとを報道する映画。

—キャスター〈newscaster〉ニュース番組で、解説や論評を加えながらニュースを報道し番組を進行させる人。

—ソース〈news source〉ニュースの出所。情報源。情報提供者。「—を明かす」

—バリュー〈news value〉ニュースとしての値打ち。報道価値。「—が高い新情報」

—レター〈newsletter〉自らの活動や最新情報を関係者や会員・顧客などに知らせるため定期的に発行する刊行物や電子メール。ニューズレター。

にゅう-すい【入水】(名・自スル) ①水泳などで、水の中にはいること。②→じゅすい

にゅう-せいひん【乳製品】牛乳を加工した食品。バター・チーズ・ヨーグルトなど。

にゅう-せき【入籍】(名・自他スル) ある者がある戸籍にはいること。また、籍を入れること。「—届」

にゅう-せん【入船】(名・自スル) 船が港にはいること。また、はいった船。いりふね。

にゅう-せん【入線】(名・自スル) ①始発駅で、発車する

プラットホームに列車がはいること。入構。「—時刻」②競馬や競輪などで、馬や自転車がゴールラインに到達すること。

にゅう-せん【入選】ニフ（名・自スル）出品作品などが、審査に合格すること。選にはいること。「—作品」↔落選

にゅう-せん【乳腺】〘生〙哺乳動物の乳房内にあって乳を出す腺。雄では退化して痕跡だけが残る。

にゅう-たい【入隊】ニフ（名・自スル）軍隊など、「隊」と名のつく団体にはいって、その一員となること。↔除隊

にゅう-たいいん【入退院】ニフタイキン 入院と退院。「—を繰り返す」

にゅう-だく【乳濁】（名・自スル）乳のように白くにごること。

—えき【—液】〘化〙液体中に他の液体粒子が分散し、乳状をなしているもの。牛乳など。エマルション。エマルジョン。

にゅう-だん【入団】ニフ（名・自スル）青年団・球団など、「団」と名のつく所にはいって、その一員となること。↔退団

にゅう-ちょう【入朝】ニフテウ（名・自スル）外国の使節などが朝廷に参内すること。

にゅう-ちょう【入超】ニフテウ「輸入超過」の略。↔出超

にゅう-てい【入廷】ニフ（名・自スル）法廷にはいること。「裁判官が—する」↔退廷

にゅう-でん【入電】ニフ（名・自スル）電報・電信などで知らせがはいること。また、そのはいった知らせ。

にゅう-とう【入刀】ニフタウ（名・自スル）結婚披露宴で、新郎新婦がウエディングケーキにナイフを入れること。

にゅう-とう【入党】ニフタウ（名・自スル）党に加入すること。党員になること。↔脱党・離党

にゅう-とう【入湯】ニフタウ（名・自スル）湯にはいること。特に、温泉にはいること。「—税(=入湯客に課される市町村税)」

にゅう-とう【乳糖】タウ〘化〙哺乳動物の乳の中に含まれている糖分。ラクトース。

にゅう-とう【乳頭】①乳房の先端部分。ちくび。②皮膚や舌・腎臓などに見られるちくび状の突起物。

にゅう-どう【入道】ニフダウ 一（名・自スル）〘仏〙修行のため仏道にはいること。また、その人。二（名）①昔、仏道にはいった三位以上の人。②坊主頭の人。③坊主頭の怪物。「大—」

—ぐも【—雲】積乱雲の通称。もり上がって、「入道二③」のように見えることからいう。夏

ニュートラル〈neutral〉（名・形動ダ）①中立の状態。対立するどちらにも属さないこと。「—な立場」②自動車などで、エンジンの回転が車輪に伝わらないギアの状態。

ニュートリノ〈neutrino〉〘物〙素粒子の一つ。電気的に中性で他の素粒子とほとんど相互作用しない。中性微子。

ニュートロン〈neutron〉→ちゅうせいし(中性子)

ニュートン〈newton〉〘物〙国際単位系の力の単位。一ニュートンは、質量一キログラムの物体に一メートル毎秒毎秒の加速度を生じさせる力。記号N

ニュートン〈Isaac Newton〉（一六四二〜一七二七）イギリスの物理学者・天文学者・数学者。光の分析・万有引力・微積分法を発見。近代理論科学の出発点をつくった。

にゅうない-すずめ【入内△雀】ニフナイ〘動〙スズメ科の小鳥。スズメに似る。秋、稲を食い荒らすことがある。秋

にゅう-ねん【入念】ニフ（名・形動ダ）細かい点にまで注意が払われていること。また、そのさま。念入り。「—に仕上げる」

にゅう-ばい【入梅】ニフ 梅雨の季節にはいること。梅雨入り。また、俗に梅雨の季節。夏

にゅうはく-しょく【乳白色】乳のように不透明な白色。ちち色。

にゅう-ばち【乳鉢】薬品などを乳棒ですって細かくしたりまぜあわせたりするための、陶磁製またはガラス製のはち。にゅうはち。

〔にゅうばち〕

にゅう-ひ【入費】ニフ あることにかかる費用。かかり。入用。経費。

にゅう-ふ【入夫】ニフ ①〘法〙民法の旧規定で、戸主である女性と結婚してその夫となること。また、その夫。②→いりむこ

にゅう-ふ【入府】ニフ（名・自スル）①府内にはいること。都にはいること。②領主が初めて自分の領地にはいること。入部。

にゅう-ぶ【入部】ニフ（名・自スル）①野球部・テニス部など「部」と名のつく団体にはいって、その一員となること。↔退部 ②→にゅうふ(入府)②

にゅう-ぼう【乳房】バウ→ちぶさ

にゅう-ぼう【乳棒】乳鉢で薬品などをすりくだいたり、まぜあわせたりするのに用いる、棒形の器具。

にゅう-まく【入幕】ニフ（名・自スル）相撲で、十両の力士が昇進して幕内力士になること。「新—」「—を果たす」

ニューム「アルミニウム」の略。

にゅう-めつ【入滅】ニフ（名・自スル）〘仏〙聖者や高僧が死ぬこと。特に、釈迦の死をいう。入寂。入定。

にゅう-めん【△煮麺】ニウ ゆでた素麺を、具とともにだし汁で煮たもの。語源「煮麺」の転。参考「入麺」とも書く。

にゅう-もん【入門】ニフ 一（名・自スル）①寺院・城などの門の中にはいること。②弟子入りすること。「相撲部屋に—する」二（名）（「入門書」の略）初心者のための手引きとなる書物。「心理学—」

にゅう-よう【入用】ニフ 一（名）あることに必要な費用。入費。二（名・形動ダ）あることをするのに必要なこと。入り用。

にゅう-ようじ【乳幼児】エウジ 乳児と幼児。

ニューヨーク〈New York〉①アメリカ合衆国北東岸にある大都市。ニューヨーク州南東端、ハドソン河口に位置する天然の良港で、世界経済の中心。ウォール街や国連本部がある。②アメリカ合衆国東部の州。参考「×紐育」とも書く。

にゅう-よく【入浴】ニフ（名・自スル）ふろにはいること。入湯。「毎晩—する」

にゅう-らい【入来】ニフ（名・自スル）家・会場などを訪れ、中にはいってくること。入来。「ようこその御—」

にゅう-らく【入△洛】ニフ（名・自スル）（「洛」は古代中国の都の「洛陽」の意）京都にはいること。入洛。

にゅう-らく【乳酪】広く、牛乳から製した食品。乳製品。特に、バター・チーズ・クリームをさす。

にゅう-りょう【入寮】ニフレウ（名・自スル）学生寮・社員寮など「寮」と名のつく所へはいって、その一員となること。↔退寮

にゅう-りょく【入力】ニフ（名・他スル）①機械に対して動力を与えること。インプット。②〘情報〙コンピューターに、処理すべきデータを入れること。「ローマ字—」（↔出力）

にゅう-ろう【入△牢】ニフラウ（名・自スル）→じゅろう

ニューロン〈neuron〉〘生〙神経系の構造・機能の単位である神経細胞。細胞体とそれから出る突起とからなり、刺激を受け興奮を伝達する。神経単位。神経元。ノイロン。

にゅう-わ【柔和】ニウ（名・形動ダ）性質や表情がやさしくおだやかなこと。また、そのさま。「—な顔つき」

にゅっ-と（副）ふいに現れるさま。「—首を出す」

にょ【女】（字義）→じょ(女)

にょ【如】（字義）→じょ(如)

にょ-い【如意】①思うままになること。「手元不—」②《仏》説法・読経などのときに僧の持つ仏具で、先端がワラビのように曲がっている棒。

—ぼう【—棒】伸縮自在で思いのままにあやつることができるという架空の棒。中国の小説「西遊記」で孫悟空が武器として用いる。

—りん-かんのん【—輪観音】クワンオン《仏》如意宝珠と宝輪を持って人々の願いをかなえ、苦難を救うという観音。

〔にょい②〕

にょ-いん【女院】ヰン →にょういん

に-よう【二様】ヤウ ふたとおり。「—の解釈が可能である」

にょう【女】(字義)→じょ(女)

にょう【尿】ニョウ(ネウ)㊥ いばり

一 コ 尸 厅 屏 尿

(字義)小便。いばり。ゆばり。「尿意・尿道・検尿・排尿・泌尿・糞尿・夜尿」

にょう【尿】ネウ《生》腎臓で生成され、膀胱にたまって体外に排出される透明淡黄の液。小便。小水。

にょう【繞】ネウ 漢字を構成する部分の一つ。漢字の左から下につく部分。「辶(辶)」「廴」など。

にょう【鐃】ネウ《音》昔、中国で用いた楽器で銅鑼の一種。ひもでつるし、ばちで打ち鳴らす。

にょう-い【尿意】ネウ 小便をしたいという感覚。「—を催す」

にょう-いん【女院】ネウヰン 天皇の生母や内親王などで、門院または院の称号を贈られた者。待遇は上皇に準じた。にょいん。

にょう-かん【尿管】ネウクワン《生》腎臓の中にある腎盂から膀胱へ尿を輸送する管。輸尿管。

にょう-ご【女御】昔、天皇の寝所に仕えた高位の女官。皇后・中宮に次ぎ、更衣の上の地位にあった。また、上皇・皇太子の妃をも称した。にょご。

にょう-さん【尿酸】ネウ《化》尿中に含まれる有機酸。人体ではプリン体が分解された後に生じる。尿中に排出されるが、血液中に多くたまると痛風の原因となる。

にょう-しっきん【尿失禁】ネウ《医》尿を無意識のうちにもらすこと。失禁。

にょう-そ【尿素】ネウ《化》尿中に含まれる窒素化合物。たんぱく質分解の最終産物で、無色の柱状結晶。工業的には二酸化炭素とアンモニアから合成。肥料・医薬品などの原料用。

にょう-どう【尿道】ネウダウ《生》尿を膀胱から体外に導いて排泄する管。雄では一部精液を射出する管を兼ねる。

にょうどく-しょう【尿毒症】ネウドクシヤウ《医》腎臓の機能障害のため、尿中に排出できない物質が血中に蓄積することによって起こる中毒症状。

にょう-はち【鐃鈸】ネウ《仏》法会などのときに使う二枚の皿のような形の打楽器。打ち合わせて音を出す。

にょう-ぼう【女房】バウ ①妻。家内。にょうぼ。②昔、宮中に一室を与えられて仕えた女官。③貴人の家に仕えた女性。

—ことば【—詞】室町初期以来、宮中に仕えた女官がおもに衣食住に関する事物に用いた隠語的な言葉。髪を「かもじ」、水を「おひや」、杓子を「しゃもじ」という類。

—ぶんがく【—文学】《文》平安時代、宮中に仕えた女官たちによってつくられた仮名書きの文学の総称。物語・随筆・日記・歌の諸分野にわたり、「源氏物語」「枕草子」「和泉式部日記」などをはじめとする多くの傑作がある。

—やく【—役】中心になる人を助ける役割。また、その人。

にょ-かん【女官】クワン 宮廷に仕える、女性の官人の総称。にょうかん。じょかん。官女。

にょき-にょき(副)細長いものが、次々に現れたり、勢いよく伸びていったりするさま。「たけのこが—(と)生える」

にょ-くろうど【女蔵人】クラウド 昔、宮中に仕えた下級の女官。内侍・命婦の下で雑役に従事した。

にょ-ご【女御】→にょうご

にょご-が-しま【女護が島】女だけが住むという伝説上の島。また、女だけがいる所。遊里などをたとえていう。女護の島。

にょ-じつ【如実】現実のとおりであること。事実そのままであること。「現場が犯行のようすを—に物語っている」

にょ-しょう【女性】シヤウ おんな。女性。婦人。

にょぜ-がもん【如是我聞】《仏》「私は(釈迦から)このように聞いた」の意。経文の最初にある文句。参考 釈迦入滅後、弟子阿難が経の冒頭にこう冠したことからという。

にょ-たい【女体】女性のからだ。

ニョッキ〈イタリア gnocchi〉パスタの一種。小麦粉に卵や牛乳、じゃがいもなどを加えて練り、団子状にしたもの。

にょっきり(副)周囲から抜きん出て伸びたり飛び出したりしていて目立つさま。「草むらからヘビが—(と)首をもたげる」

にょ-にん【女人】おんな。女性。婦人。女子。

—きんせい【—禁制】女性が寺内・霊山にはいることを禁じること。また、一般に女性がはいることを禁じること。にょにんきんぜい。「—の山」

にょ-ほう【如法】ホフ ①《仏》仏の教えどおりのこと。②(副詞的に用いて)文字どおり。まったく。③柔和・温厚なこと。

にょ-ぼさつ【如菩薩】菩薩のように慈悲深いこと。⇔如夜叉

にょ-ぼん【女犯】《仏》僧が、戒律を破って女性と肉体関係をもつこと。

にょ-やしゃ【如夜叉】夜叉のように恐ろしい心をもっていること。「外面如菩薩内心—」⇔如菩薩

にょ-らい【如来】《仏》仏の美称。真理の体現者としての仏。

に-より【似寄り】よく似ていること。似かよったもの。類似。

にょろ-にょろ(副)細長いものが曲がりくねって動くさま。「ミミズが—(と)地面をはう」

にら【韮】《植》ヒガンバナ科の多年草。葉は肉質で細長く、むらがって生え、地下に球茎がある。夏、白色の小花をつける。においが強い。葉は食用、種子は薬用。春(にらの花 夏)

にらみ【睨み】①にらむこと。②他を威圧して勝手なことをさせない力。「—をきかせる」

にらみ-あ・う【睨み合う】アフ(自五)ワ(オ)・イ(ッ)・ウ・ウ・エ・エ ①たがいににらむ。②たがいに敵視して対立する。対立する者どうしが向かい合って、相手の出方をうかがう。「—両国」

にらみ-あわ・せる【睨み合(わ)せる】アハセル(他下一)セ・セ・セル・セル・セレ・セロ(セヨ) たがいに参照する。あれこれ比較して考えあわせる。「状況と—・せて決める」文にらみあは・す(下二)

にらみ-つ・ける【睨み付ける】(他下一)ケ・ケ・ケル・ケル・ケレ・ケロ(ケヨ) はげしい勢いでにらむ。「ぐっと—」文にらみつ・く(下二)

にら・む【睨む】(他五)マ(モ)・ミ(ン)・ム・ム・メ・メ ①鋭い目つきで見る。②注意すべき人物として監視する。目をつける。「先生から—・まれる」③目ぼしをつける。見当をつける。「参加者は二〇〇人と—」④精神を集中して観察する。「情勢を—」⑤物事を考慮に入れる。「総選挙を—・んでの発言」

にらめっ-こ【睨めっこ】(名・自スル)①二人で向きあっておかしな表情をつくり、先に笑ったほうを負けとする遊戯。②手を出さないままたがいに対立する状態。にらみあい。「労使が—している」③長い間、じっと見続けること。「書類と—する」

に-らん【二卵】二個のたまご。

—を以もって干城の将を棄すつ（「干城」は盾と城壁の意で、武将のこと）小さな過失をとりあげて有能な人物を用いないたとえ。わずかな欠点をとがめずに、長所を認めて人を用いよという戒め。[故事]昔、子思（=孔子の孫）が衛の君主に対して苟変という人物を推薦したが、君主は苟変が役人時代に人民から卵を二個とったことがあるから採用しないという。そこで子思が「わずか二卵のために優秀な武将を失ってはならない」と戒めたことからいう。〈孔叢子〉

にらん-せい【二卵性】二つの卵子が別々に受精して生じたもの。⇔一卵性

—そうせいじ【—双生児】サウセイジ 二個の卵子が同時に別々の精子によって受精してできた双生児。同性の場合も異性の場合もある。⇔一卵性双生児

にりつ-はいはん【二律背反】〘哲〙等しい妥当性を持つ二つの命題がたがいに矛盾・対立して両立しないこと。自家撞着。アンチノミー。

に-りゅう【二流】リウ ①最高級・最上等のものよりやや劣る事物・程度。「—の品」②二つの流派。

にりゅうか-たんそ【二硫化炭素】ニリウクワ〘化〙炭素と硫黄の化合物。独特のにおいのある無色・有毒の液体。人絹製造の原料、ゴムなどの溶剤、殺虫剤などに用いる。

にりん-しゃ【二輪車】車輪が二つある車。自転車・オートバイなど。「自動—」

にる【似る】（自上一）ニニ・ニル・ニル・ニレ・ニロ（ニヨ）①形や性質が、同じように見える。「親に—」「にても似つかない」「にて非なる」②（「…に似ず」の形で）つりあわない。似つかわしくない。「いかつい顔ににず気が弱い」他に・せる（下一）

にる【煮る】（他上一）ニニ・ニル・ニル・ニレ・ニロ（ニヨ）物を液体の中に入れて、火にかけて熱を通す。特に、食材を水や調味料とともに火にかけ熱を通して食べられる状態にする。「芋を—」自に・える（下一）

に-るい【二塁】①野球で、一塁の次の塁。セカンドベース。セカンド。②「二塁手」の略。

—しゅ【—手】野球で、二塁を守る内野手。セカンド。

—だ【—打】野球で、打者が一挙に二塁に達することができる安打。ツーベースヒット。

にれ【△楡】〘植〙ニレ科ニレ属の落葉高木の総称。ハルニレ・アキニレ・オヒョウなどがある。街路樹にされ、材は器具用。エルム。

にれ-か-む【△齝む】（自五）マ(モ)・ミ(ン)・ム・ム・メ・メ 牛・羊などが、一度かんでのみこんだ食物を、また口の中に戻してかむ。反芻する。

にろくじ-ちゅう【二六時中】（名・副）（昔、一日を昼六つ、夜六つの一二刻にくぎったことから）昼も夜も。一日中。終日。転じて、いつも。しじゅう。四六時中。

にわ【庭】ニハ ①敷地内の家屋などのない土地に、草木を植えたり泉水を設けたりした所。庭園。「—仕事」②玄関の中や台所などの土間。③物事の行われる場所。「学びの—（=学校）」

にわ-いし【庭石】ニハ 庭に趣をそえるためにすえておく石。また、通路として伝い歩くためにおく飛び石。

にわ-いじり【庭◦弄り】ニハイヂリ 趣味として庭の草木などの手入れをすること。「休日に—を楽しむ」

にわか【△俄】ニハカ 一（名・形動ダ）①物事の急に起こったり変化したりするさま。だしぬけ。突然。「—に雨が降り出す」②すぐさま。「—には賛成しかねる」二（名）「にわか狂言」の略。

—あめ【—雨】急に降ってきて、すぐやむ雨。驟雨。

—きょうげん【—狂言】キャウゲン 座興に行う即興の演芸。にわか。参考「×仁輪加」と書くこともある。

—じこみ【—仕込み】①急いで間に合わせるために短期間で覚えること。「—の知識」②急に商品を仕入れること。

—ゆき【—雪】急に降ってきて、すぐやむ雪。

にわ-き【庭木】ニハ 庭に植える木。庭に植えてある木。

にわ-きど【庭木戸】ニハ 庭の出入り口につくった木戸。

にわ-くさ【庭草】ニハ 庭に生えている草。

にわ-げた【庭下◦駄】ニハ 庭を歩くのにはくげた。

にわ-さき【庭先】ニハ 庭の、縁側に近い部分。また、庭。

にわ-し【庭師】ニハ 庭の設計・造成・手入れなどを職業とする人。庭作り。

にわ-たずみ【×行潦・△潦】ニハタヅミ ①雨が降って地上にたまった水。また、たまってあふれ流れる水。②〘枕〙→にはたづみ

にわ-つくり【庭作り】ニハ 庭の設計・造成・手入れなどをすること。また、それを職業とする人。庭師。

にわ-づたい【庭伝い】ニハヅタヒ 道路を通らないで庭から庭へと伝って行くこと。「—に隣の家へ遊びに行く」

にわ-とこ【庭常・×接骨木】ニハ〘植〙レンプクソウ科の落葉低木。葉は羽状複葉。春に淡黄色の小花を開く。果実は赤色。若葉は食用、幹・葉・茎・花は薬用。（にわとこの花 春）

にわ-とり【鶏】ニハ〘動〙キジ科の家禽。原種は東南アジアの野鶏。穀物・野菜・虫などを雑食する。卵や肉は食用。卵用・肉用・卵肉兼用・愛玩用・闘鶏用など多くの品種がある。

—を割さくになんぞ牛刀を用もちいん 小事を処置するのに、大人物や大仕掛けの手段を用いる必要はない。

にん【人】（字義）→じん（人）

-にん【人】（接尾）人を数える語。「五—」

にん【人】ひと。人柄。「—を見て法を説く（=相手に応じてふさわしい働きかけをする）」

にん【◦刃】（字義）→じん（刃）

にん【任】 教5 ニン・ジン まかせる・まかす　ノ 亻 亻 仁 任 任

（字義）①まかせる。ゆだねる。役目につける。「任務・任命・委任」②つとめ。まかせられた役目。「辞任・大任」③思うままにさせる。「任意・一任」難読 任侠 人名 あたる・たえ・ただたね・たもつ・とう・ひで・まこと・よし

にん【任】①つとめ。役目。任務。「議長の—」「—に堪えない」②ある役目に適していること。「自分はその—ではない」

にん【妊】 ニン㊥ はらむ　女 女 女 奸 妊 妊

（字義）はらむ。みごもる。腹に子をやどす。「妊娠・妊婦・懐妊・避妊」人名 さね・もつ

にん【忍】 ニン㊥ しのぶ㊥・しのばせる㊥　フ 刀 刃 刃 忍 忍

（字義）①しのぶ。こらえる。たえる。感情をおさえる。「忍従・忍耐・隠忍・堪忍」②むごい。ひどい。「忍心・忍人・残忍」③かくれてする。人目をくらます。しのび。「忍者・忍術」難読 忍冬・忍辱 人名 おし・とう

にん【認】 教6 ニン㊥ みとめる・したためる　言 訂 訒 認 認 認

（字義）①みとめる。ゆるす。承知する。「認可・認定・公認・自認・承認・黙認」②物事をはっきり見わける。「認識・誤認」③「みとめ」「みとめ印」の略。人名 みとむ・もろ

にん-い【任意】（名・形動ダ）①（その人が）思いのままに決めること。また、そのさま。「—に選ぶ」②〘数〙特別な選び方をしないこと。「直線上の—の点」

—しゅっとう【—出頭】〘法〙犯罪の被疑者が召喚・拘引などの強制処分によらず、取り調べを受けるために自ら検察庁や警察署に出頭すること。「—に応じる」

にん-か【認可】（名・他スル）①認めて許可すること。②〘法〙

行政官庁がある特定の行為の実行に許可を与え、その法律上の効力を生じさせる行政行為。「―がおりる」⇩許可「ちがい」

にん-かい【忍界】〘仏〙人間世界。この世。娑婆世界。

にん-がい【人外】人の道にはずれること。ひとでなし。

にん-かん【任官】(名・自スル)①官職に任じられること。↔免官 ②江戸時代、武家が従五位下に叙せられること。

にん-き【人気】①世間から好意をもって受け入れられる度合い。人々の受け・評判。「―をさらう」「―に投じる(=うまく人気を得る)」②その土地の気風。人気。「―の荒い土地」

―しょうばい【―商売】俳優や歌手など、世間の人気を得ることを必要とする職業。

―とり【―取〔り〕】世間の評判をよくしようとすること。また、それをうまくやる人。「―の政策」

にん-き【任期】職務をつとめる一定の期間。「―満了」

にん-きょ【認許】(名・他スル)認めて許すこと。認可。

にん-ぎょ【人魚】上半身が人間の女性で下半身が魚体という半人半魚の想像上の動物。マーメード。

にん-きょう【任△侠・◇仁△侠】弱い者の味方をし、強い者の力に屈しない気風。また、そういう人。侠気。おとこだて。

にん-ぎょう【人形】①土・木・布などで人の姿に似せて作ったもの。愛玩・鑑賞用。「フランス―」②(比喩的に)自分の意志で行動できず、他人の意のままになる人。

―げき【―劇】人形を操ってする劇。文楽などの手遣いと、マリオネットなどの糸操りとがある。人形芝居。

―じょうるり【―浄瑠璃】〘演〙三味線の伴奏と浄瑠璃に合わせ、人形を操って芝居をさせる、日本固有の人形劇。現在は、文楽に代表される。

―つかい【―遣い】文楽などで、人形を操りつかうこと。また、その人。

にんぎょうのいえ〔人形の家〕ノルウェーの劇作家イプセンの戯曲。一八七九年初演。女主人公ノラが、自分は男性のための人形にすぎなかったと自覚し、独立した人間として生きようと家を出るという筋。女性解放に影響を与えた。

にん-く【忍苦】(名・自スル)苦しみをたえしのぶこと。

にん-げつ【人月】一人の人間が一月にできる作業量を表す語。「三―の仕事」

にん-げん【人間】①ひと。人類。「―としての誇り」②人物。人柄。「―ができている」③人の住む世界。世間。人間。⇩「ちがい」

―到る所青山あり →じんかんいたるところせいざんあり

―万事塞翁が馬 →さいおうがうま

にんげん-あい【人間愛】人間に対する人間らしい愛情。利害や愛憎を超えて人間を愛すること。ヒューマニティー。

にんげん-くさ・い【人間臭い】(形)①人間が生活している雰囲気が感じられるさま。②ふつうの人間らしい欲望や感情が現れているさま。「主人公の―一面」

にんげん-こうがく【人間工学】機械や作業環境を、人間の身体的・心理的特性にかなうように設計・調整・改善することを目的とした学問。

にんげん-こくほう【人間国宝】重要無形文化財保持者の通称。⇩無形文化財

にんげん-せい【人間性】人間が生まれつきもっているとされる特有の性質や精神のはたらき。人間らしさ。「―の回復」

にんげん-ぞう【人間像】人柄・性格・行動・容姿などをとおして得られる、その人の姿・イメージ。「期待される―」

にんげん-てき【人間的】(形動ダ)人間らしいさま。人間の行為・感情に関するさま。特に、人間として知・情・意を豊かに備えているさま。「―な扱いをする」

にんげん-ドック【人間ドック】人が短期間入院して全身の精密検査を受けること。語源 船が総点検のためにドック入りするのになぞらえたもの。はじまり 日本では、一九五四(昭和二十九)年に、当時の国立東京第一病院で行ったのが最初。

にんげん-なみ【人間並〔み〕】(名・形動ダ)①ふつうの人と同等であるさま。人並み。「―の生活」②人間以外の生物が、人間と同様であるさま。「猫も―に風邪をひく」

にんげん-み【人間味】人間らしいあたたかい気持ち。人間としての情の深さ。「―に欠ける人」

にんげん-わざ【人間業】人のすること。人ができる範囲のこと。「とても―とは思えない」

にん-ごく【任国】①大使・公使・領事などが赴任する国。②国司として任じられた国。

にんさん-ばけしち【人三化七】〘俗〙(人間が三分、化け物が七分の意)容貌が人並みはずれて醜いこと。

にん-さんぷ【妊産婦】妊婦と産婦。

にん-しき【認識】(名・他スル)①事柄を感じ取り、分析し、判断すること。また、その心のはたらき。「事態を正確に―する」②〘哲〙意識して知覚する作用の総称。ある事物について知る作用。また、それによって知られた内容。

―ぶそく【―不足】ある事物について、正しい判断をするだけの知識が足りないこと。「―を露呈する」

―ろん【―論】〘哲〙認識の起源・本質・限界などについて研究する哲学の一部門。

にん-じゃ【忍者】忍術をつかいひそかに敵情などをさぐる者。忍術つかい。忍びの者。

にん-じゅう【忍従】(名・自スル)じっと耐えて服従すること。「―の日々を送る」

にん-じゅつ【忍術】武家時代の密偵術の一つ。身を隠し巧みにしのんで間諜・暗殺などを行う術。忍法。忍びの術。

にん-しょう【人称】〘文法〙文中の人物が、話し手・聞き手・第三者のどれであるかの区別。それぞれ、自称(第一人称)・対称(第二人称)・他称(第三人称)という。

―だいめいし【―代名詞】〘文法〙代名詞の一つ。人称の別を示す代名詞。「私・ぼく」(自称)、「あなた・きみ」(対称)、「あのかた・彼」(他称)など。人代名詞。↔指示代名詞

にん-しょう【人証】→じんしょう

にん-しょう【認証】(名・他スル)①〘法〙ある行為、または文書の成立・記載が正当に行われたことを公的機関が証明すること。②〘法〙天皇が行う国事行為の一つ。内閣の職権に属する行為を公的に証明すること。③〘情報〙コンピューターシステムで、その人が当人であると確認すること。「指紋―」

―かん【―官】その任免に天皇の認証を必要とする官職。国務大臣・最高裁判所判事・検事総長・特命全権大使・会計検査院院長および検査官など。

―しき【―式】天皇が認証官の任命を行う儀式。

にん-じょう【人情】愛情、思いやり、情けなど、人間に本来備わる人間らしい感情。「義理―」「―の機微にふれる」

―ばなし【―話・―△噺】落語で、庶民の人情や世情を題材としたもの。「塩原多助一代記」「文七元結」など。

―ぼん【―本】〘文〙江戸後期に盛行した、江戸下町の町人の日常生活を、恋愛を中心に写実的に描いた小説。為永春水の「春色梅児誉美」など。

―み【―味】人間としてのあたたかみ。情味。「―のある人」

にん-じょう【◇刃傷】(名・他スル)刃物で人を傷つける

こと。「―沙汰(ざた)に及ぶ」

にん・じる【任じる】(ジ・ジ・ジル・ジル・ジレ・ジロ(ジヨ)) ㊀(自上一) ①引き受けて自分の役目とする。「自らの責めに―」②その役目が果たせるという自信をもつ。自任する。「自ら社会の指導者をもって―」㊁(他上一) ①任命する。職務につかせる。「部長に―」②まかせる。担当させる。語源 サ変動詞「にんずる」の上一段化。

にん-しん【妊娠】(名・自スル) 胎児を体内に宿すこと。みごもること。

にん-じん【人◦参】〘植〙①セリ科の一年草。葉は羽状複葉で根元から生える。夏、白色の小花をつける。根はカロテンを含んで赤く、若葉とともに食用とする。图(にんじんの花 夏) ②「朝鮮人参」の別称。

にん-ず【人数】→にんずう

にん-ずう【人数】①人の数。「―が足りない」②多くの人。おおぜい。「―をもって攻め寄せる」参考「にんず」ともいう。

にん・ずる【任ずる】(ジ(ゼ)・ジ・ズル・ズル・ズレ・ジロ(ゼヨ)) (自他サ変) →にんじる 文にん・ず(サ変)

にん-そう【人相】(サウ) ①人の顔つき。「―が悪い」②顔つきに現れている、その人の運勢。「―を見る」
―がき【―書〔き〕】 犯罪人や失踪(しっそう)者などをさがすためにその人の人相・特徴を書いて配布するもの。
―み【―見】 人相を見て、その人の運勢判断を業とする人。

にん-そく【人足】 土木作業や荷物の運搬などの力仕事にたずさわる労働者をいった語。

にん-たい【忍耐】(名・自スル) がまんすること。辛抱強く耐えしのぶこと。「―力」「―するにも限度がある」

にん-だく【認諾】(名・他スル) ①認めること。承認すること。②〘法〙民事訴訟で、被告が原告の主張を正当と認めること。

にん-ち【任地】 つとめのために在住する土地。「―におもむく」

にん-ち【認知】(名・他スル) ①物事をはっきり認めること。②〘法〙婚姻関係外で生まれた子を、父または母が実子と認めること。これによって法律上の親子関係が成立する。
―かがく【―科学】(クワガク) (cognitive science の訳語) 人や動物の認識の仕組みを解明しようとする研究領域。
―しょう【―症】(シヤウ) 〘医〙脳の疾患によって、一度発達した知能が低下し日常生活に支障がある状態。「痴呆(ちほう)」にかわり厚生労働省が定めた呼称。

にん-ちくしょう【人畜生】(チクシヤウ) 人の道にはずれた、畜生同然の行いをする人間。ひとでなし。人非人(にんぴにん)。

にん-ちゅう【人中】 ①多人数の中。人間界のうち。②鼻と上唇との間のたてにくぼんだところ。はなみぞ。人中(じんちゅう)。

にん-てい【人体】 人柄。人品。また、人の姿。風体。

にん-てい【認定】(名・他スル) 内容や程度などを調べ、一定の条件・範囲にあてはまるものと認めること。「資格を―する」

にん-とう【人頭】 人数。あたまかず。人頭(じんとう)。
―ぜい【―税】 →じんとうぜい

にん-どう【忍冬】 →すいかずら

にん-とく【人徳】 →じんとく(人徳)

にん-にく【△葫・×大蒜】〘植〙ヒガンバナ科の多年草。強い臭気がある。葉は平たく細長い。夏にうす桃色の小さな花を開き、花の間に珠芽(しゅが)をつけることがある。地下の鱗茎(りんけい)は食用・薬用。おおびる。ガーリック。春 (にんにくの花 夏)

〔にんにく〕

にん-にく【忍◦辱】〘仏〙どのような侮辱・迫害や苦悩をも耐えしのんで、心を動かさないこと。六波羅蜜の第三。「―の心」

にん-にょう【人△繞・△儿】(ネウ) 漢字の部首名の一つ。「兄」「光」などの「儿」の部分。人足(ひとあし)。

にん-の-いちじ【忍の一字】 ただひたすらこらえ、がまんすること。「何を言われても―だ」

にん-のう【人皇】(ワウ) (神代(じんだい)と区別して)神武(じんむ)天皇以後の歴代の天皇。人皇(じんこう)。

にん-ぴ【認否】 認めることと認めないこと。認めるか、認めないかということ。「罪状―」

にん-ぴにん【人非人】 人の道にはずれたことをする人。ひとでなし。

ニンフ〈nymph〉①ギリシャ神話で、森・泉・樹木などの精。美しい女性の姿で現れる。②美しい女性の形容。

にん-ぷ【人夫】 土木作業や荷物の運搬などの力仕事にたずさわる労働者をいった語。

にん-ぷ【妊婦】 妊娠している女性。「―服」

にん-べつ【人別】 ①各人ごとにすること。各人ごとに割り当てること。②(「人別帳」の略) 江戸時代の戸籍・人口調査(人別改め)の帳簿。

にん-べん【人偏】 漢字の部首名の一つ。「仁」「仕」などの「亻」の部分。

にん-ぽう【忍法】(パフ) →にんじゅつ

にんまり(副・自スル) 自分の思いどおりになって、満足げに薄笑いをうかべるさま。「うまくいったと―する」

にん-む【任務】 責任をもって果たすべきつとめ。課せられた仕事。「―を果たす」

にん-めい【任命】(名・他スル) 官職や役目につくことを命じること。「―権」「大臣に―する」
―しき【―式】 ある地位や職につけることを公式に伝達する儀式。特に、天皇が国会の指名に基づき内閣総理大臣を、また内閣の指名に基づき最高裁判所長官を任命する儀式。

にん-めん【任免】(名・他スル) 職務に任じることと、職務を免じること。任命と免職。「―権」

にんめん-じゅうしん【人面獣心】(ジウシン) →じんめんじゅうしん

にん-よう【任用】(名・他スル) 職務につかせて用いること。

にん-よう【認容】(名・他スル) 認め許すこと。容認。

ぬ ヌ

五十音図「な行」の第三音。「ぬ」は「奴」の草体。「ヌ」は「奴」の旁(つくり)。

ぬ【◦寝】(自下二)〘古〙ねる。ねむる。

ぬ(助動-特殊型)(○・ズ・ヌ(ン)・ヌ(ン)・ネ・○) 打ち消しの意を表す。「知ら―存ぜ―」「死も恐れ**ず**に立ち向かう」「問題はあり**ません**」「行か**ねば**なるまい」用法 動詞・動詞型活用の助動詞の未然形に付く。文語助動詞「ず」の連体形が口語に残ったもので、主として文章語の打ち消しに用いられる。話し言葉では、助動詞「ます」に付いた「ません」を除いては「ない」のほうを多く用いる。

ぬ(助動-ナ変型)(ナ・ニ・ヌ・ヌル・ヌレ・ネ)〘古〙①完了の意を表す。だれもそうしようとした人はいなくて自然に事態が起こったことをいう。…た。…てしまう。…てしまった。「秋来(き)―と目にはさやかに見えねども」〈古今〉②意味を強め、確かめの意を表す。きっと…だ。たしかに…だ。「髪もいみじく長くなり**な**む」〈更級〉③(「…ぬ…ぬ」の形で) 動作が交互に行われる意を表す。…たり…たり。「(扇が)浮き―沈み―ゆられければ」〈平家〉用法 活用語の連用形に付く。ナ変動詞に付くことはなかったが、鎌倉時代以後は

「死にぬ」のような例がみえる。⇩つ(助動)「参考」

ぬい【縫い】 ①縫うこと。縫い方。「仮―」②縫い目。③縫い取り。刺繡。

ぬい-あげ【縫〔い〕上げ】―(名・他スル)子供の着物を、背が伸びても着られるように大きめに仕立て、肩や腰にひだをつけて縫いとめておくこと。また、その部分。上げ。

ぬい-いと【縫〔い〕糸】― ものを縫うための糸。

ぬい-かえ・す【縫〔い〕返す】(他五) ①縫ってあったものをほどいて、縫い直す。②縫い終わったとき、糸が抜けないように、逆の方向にもう一度数針分縫う。

ぬい-ぐるみ【縫い◇包み】― ①中に綿などを包み入れて縫ったもの。特に、動物などの形にしたおもちゃ。「くまの―」②芝居などで、動物を演じる役者が着る衣装。着ぐるみ。

ぬい-こ・む【縫〔い〕込む】―(他五) ①布の中に物を入れて縫う。「服にお守りを―」②布の端が縫い目の奥に隠れるように縫いとじる。また、縫いしろを大きくとって縫う。

ぬい-しろ【縫〔い〕代】― 布地を縫い合わせるとき、縫い込めるよう余分にとっておく布の端の部分。

ぬい-とり【縫〔い〕取り】― 布の上に色糸で模様を縫いつけること。また、その模様。刺繡。「頭文字の―」

ぬい-なお・す【縫〔い〕直す】(他五) 縫ってあったものをほどいて、改めて縫う。「洗い張りして―」

ぬい-はく【縫〔い〕△箔】― 衣服の模様を刺繡と摺箔(=金銀の箔を布に押しつけること)とで表したもの。また、金糸・銀糸でする刺繡。

ぬい-ばり【縫〔い〕針】― 縫い物に使う針。

ぬい-め【縫〔い〕目】― ①縫い合わせたさかいめ。「―がほつれる」②縫った糸の目。「―を粗くする」

ぬい-もの【縫〔い〕物】― ①ものを縫うこと。裁縫。また、その縫ったもの。②衣料などの縫うべきもの。「―がたまる」

ぬい-もよう【縫〔い〕模様】 縫いとりにした模様。

ぬい-もん【縫〔い〕紋】― 糸で縫い表した紋。⇩染め紋・書き紋

ぬ・う【縫う】(他五) ①糸を通した針で布・皮・傷口などをつづり合わせる。「着物を―」「頭を三針―」②縫いとりをする。刺繡する。③物と物や人と人との間を曲折しながら通る。「人ごみを―・って歩く」「間隙を―」可能 ぬ・える(下一)

ぬうっ-と(副)→ぬっと

ヌーディスト〈nudist〉裸体で暮らすことを主義にする人。

ヌード〈nude〉裸。裸体。「―写真」

ヌートリア〈nutria〉《動》齧歯目(ネズミ目)ヌートリア科の哺乳動物。南アメリカ原産。ネズミに似るが大きく、湖沼や流れのゆるい河川の岸辺にすみ、草食。海狸ねずみ。

ヌードル〈noodle〉西洋風の麺類。

ヌーベル-バーグ〈フランス nouvelle vague 新しい波〉《映》一九五八年ごろからフランスの若手映画作家たちの興した、自由で革新的な映像表現活動、およびその作品傾向。映像の主体性を重視し、既成の映画作法の打破を試みた。

ヌーボー〈フランス nouveau 新しい〉■一(名)→アールヌーボー ■二(タル)《俗》(ぬうっとしてぼうっとしたさまを「ヌーボー」にかけて)人の態度・性格などがつかみどころのないこと。「―とした男」

ぬえ【△鵺・△鵼】 ①「とらつぐみ」の別名。夏 ②源頼政が紫宸殿で退治したとされる想像上の怪獣。頭は猿、胴は狸、手足は虎、尾は蛇の形をしているという。③得体のしれない人物や、あいまいで怪しげなものをいう。「―的存在」

ぬえどり-の【△鵺鳥の・△鵼鳥の】《枕》「片恋ひ」「うらなく」「のどよふ」にかかる。

ぬか【△糠】 ①玄米・玄麦を精白するときに出る、胚芽・種皮・果皮などの粉。②(接頭語的に用いて)非常に細かい意。また、はかない・むなしい意。「―雨」「―喜び」

―に釘 (糠に釘を打つ意から)手ごたえのないことのたとえ。参考 類似のことば―豆腐に鎹・暖簾に腕押し

ヌガー〈フランス nougat〉砂糖と水あめを煮つめ、ナッツ類などを入れたやわらかなあめ菓子。

ぬか-あぶら【△糠油】 米ぬかからとった油。

ぬか-あめ【△糠雨】 非常に細かい雨。こぬかあめ。

ぬか-ご【×零余子】→むかご

ぬか・す【抜かす】(他五) ①入れるべきものをもれおとす。間をとばす。「順番を―」②(「腰を抜かす」の形で)立てなくなる。③(「うつつを抜かす」の形で)心を奪われる。「遊びにうつつを―」④追い越す。「前の車を―」⑤《俗》「言う」の意で、相手を卑しめていう語。「ばかなことを―な」自 ぬ・ける(下一) 可能 ぬか・せる(下一) 参考 ⑤は「◇吐かす」とも書く。

ぬか-ず・く【◇額ずく】―(自五) ひたいを地にすりつけて礼拝する。ふかぶかと礼拝する。「神前に―」語源「ぬか」は、「額」の意の古語で、それを地につける意。

ぬかたのおおきみ【額田王】(生没年未詳)「万葉集」の代表的歌人。大海人皇子(のちの天武天皇)に愛されて十市皇女を生み、のち天智天皇の寵愛を受けた。歌は強い情熱とすぐれた技巧をもつ。

ぬか-づ・く【◇額づく】(自五)「ぬかずく」と書くのが本則。→ぬかずく

ぬか-づけ【△糠漬〔け〕】 野菜などをぬかみそに漬けた漬物。ぬかみそづけ。

ぬか-どこ【△糠床】 ぬか漬け用の野菜を入れておくぬかみそ。

ぬか-ぶくろ【△糠袋】 中にぬかを入れた布製の袋。入浴のとき肌をこすって洗う。また、板張りなどのつや出しにも用いる。

ぬか-ぼし【△糠星】 ①夜空に見える無数の小さな星。②兜の鉢(頭をおおう部分)についている小さな星形の金具。

ぬか-みそ【△糠味△噌】 ぬかに塩と水をまぜて発酵させたもの。野菜などを漬けるのに用いる。

―が腐る 声が悪く、歌の下手なことをけなしていう言葉。

―くさ・い【―臭い】(形) ぬかみそのにおいがする。また、(そのにおいがしみこんでいるように)所帯じみている。

―づけ【―漬〔け〕】→ぬかづけ

ぬか-よろこび【△糠喜び】(名・自スル) 喜んだあとで、あてがはずれ、がっかりすること。「まったくの―に終わった」

ぬかり【抜かり】 手ぬかり。油断。「準備に―はない」

ぬか・る【抜かる】(自五) 油断したり気づかなかったりして失敗する。「くれぐれも―なよ」

ぬか・る【×泥濘る】(自五) 雨・雪どけなどで地面がどろどろになる。ぬかるむ。「雨で―・った道」

ぬかる-み【×泥濘】 雨・雪どけなどで地面のぬかった所。

ぬかる・む【×泥濘む】(自五) →ぬかる(泥濘る)

ぬき【◇貫】《建》柱と柱とを貫いてつなぐ横木。ぬきぎ。

ぬき【◇緯】 織物のよこ糸。ぬきいと。

ぬき【抜き】 ①抜くこと。なしにすること。除き去ること。「朝飯―」「しみ―」「冗談は―にして話そう」②食べ物で、入れるべき物を除いたもの。「さび(=ワサビ)―

〔貫〕

のすし」③ドジョウなどの骨を取り去ること。④「栓抜き」の略。⑤勝ち抜くこと。「三人—」

ぬき-あし【抜〔き〕足】音を立てないように、足をそっと引き抜くように上げて歩くこと。

—さしあし【—差〔し〕足】足音を立てないようにそっと歩くさま。「—忍び足」

ぬき-あわ・せる【抜き合〔わ〕せる】アハセル (他下一) セ・セ・セル・セル・セレ・セロ(セヨ) たがいに刀を抜いて身構える。文ぬきあは・す(下二)

ぬき-いと【◇緯糸】織物のよこ糸。ぬき。

ぬき-いと【抜き糸】衣服をほどいて抜き取った糸。

ぬき-うち【抜〔き〕打ち・抜〔き〕撃ち】①刀を抜くやいなや斬きりつけること。②予告なしに不意に行うこと。「—検査」

ぬき-えもん【抜〔き〕◇衣紋】和服のうしろの襟えりを引き下げ、首筋が見えるように着ること。また、その着方。抜き襟。

ぬき-えり【抜〔き〕襟】→ぬきえもん

ぬき-がき【抜〔き〕書き】(名・他スル) ①書物などの必要な部分を抜き出して書くこと。また、書いたもの。②一人の役者のせりふ、ト書きだけを抜き出してまとめた略式の台本。

ぬき-がた・い【抜〔き〕難い】(形) カロ・カッ(ク)・イ・イ・ケレ・○ どうしても、取り去ることがむずかしい。「—不信感」文ぬきがた・し(ク)

ぬき-さし【抜き差し】①抜き取ることと差しこむこと。②やりくりすること。また、身動きすること。「—ならない(=どうにもならない)」

ぬき-し【抜〔き〕師】「すり(掏摸)」の別称。

ぬぎ-す・てる【脱ぎ捨てる】(他下一) テ・テ・テル・テル・テレ・テロ(テヨ) ①捨てるように脱ぐ。脱いでそのままにしておく。「靴を—」②それまでの考え方や習慣などを捨て去る。文ぬぎす・つ(下二)

ぬき-ずり【抜〔き〕刷り・抜刷】(名・自他スル) 雑誌や論文集などのある部分だけを抜き出して別に印刷すること。また、その印刷物。別刷り。

ぬき-ぞめ【抜〔き〕染め・抜染】→ばっせん

ぬき-だ・す【抜き出す】(他五) サ(ソ)・シ・ス・ス・セ・セ ①引き抜いて取り出す。②多くの中から選び出す。「要点を—」

ぬき-つ・れる【抜〔き〕連れる】(他下一) レ・レ・レル・レル・レレ・レロ(レヨ) 多数の人が一度に刀を抜く。抜き連ねる。文ぬきつ・る(下二)

ぬき-て【抜〔き〕手】日本古来の泳法の一つ。顔を水面に出したまま、水をかいた両腕を交互に水上に抜き出し、足は平泳ぎのように泳ぐ。ぬきで。「—を切る」夏

ぬきとり-けんさ【抜〔き〕取〔り〕検査】大量にある製品を調べる場合、一部を抜き取ってする検査。その結果から全体の状態を推測する。標本調査。「積み荷の—をする」

ぬき-と・る【抜き取る】(他五) ラ(ロ)・リ(ッ)・ル・ル・レ・レ ①引き抜いて取る。「雑草を—」②選びとる。③中身を抜いて盗む。

ぬき-に【抜き荷】①運送中・保管中の他人の荷物の中からこっそり抜き取ること。また、その物。②→ぬけに

ぬき-はな・す【抜き放す】(他五) サ(ソ)・シ・ス・ス・セ・セ 刀などを一気に抜く。抜きはなつ。「腰の刀を—」

ぬき-はな・つ【抜き放つ】(他五) タ(ト)・チ(ッ)・ツ・ツ・テ・テ →ぬきはなす

ぬき-み【抜〔き〕身】さやから抜き取った刀身ややりの穂先。白刃しらは・はくじん。

ぬき-よみ【抜〔き〕読み】(名・他スル) ある部分を抜き出して読むこと。

ぬき-わた【抜〔き〕綿】古布団や古着から抜き取った綿。

ぬきん・でる【抜きんでる・◇抽んでる・△擢んでる】(自下一) デ・デ・デル・デル・デレ・デロ(デヨ) ①他のものよりもひときわ高く現れ出る。「—・でた高い塔」②他よりとびぬけてすぐれる。「才能は衆に—」文ぬきん・づ(下二) 語源「ぬきいづ」の変化した語。

ぬ・く【抜く】(他五) カ(コ)・キ(イ)・ク・ク・ケ・ケ ①中にはいっている物を引いて外に出す。引きだす。「くぎを—」「雑草を—」②中に多くある物の中から選んでとりだす。「悪い製品を—」③取り除く。取り去る。「しみを—」「しぶを—」「タイヤの空気を—」「籍を—」④あるべきもの、入れるべきものの一部をなしですませる。省く。「朝食を—」「手を—」⑤前を行く物より先に出る。追い抜く。「前の自動車を—」⑥突き破る。「型に—」⑦攻めおとす。「堅塁を—」⑧盗みとる。こっそり掏すりとる。「財布を—」⑨和服を抜き衣紋えもんにして着る。「襟えりを—」⑩(動詞の連用形の下に付いて)㋐最後までやり通す意を表す。「走り—」㋑ひどく…する意を表す。「困り—」自ぬ・ける(下一) 可能ぬ・ける(下一)

ぬきつ抜ぬかれつ 追い抜いたり追い抜かれたりして、激しく競り合うさま。「—のレース展開」

ぬ・く【◇貫く】(他四)《古》穴に通す。つらぬく。

ぬ・ぐ【脱ぐ】(他五) ガ(ゴ)・ギ(イ)・グ・グ・ゲ・ゲ (衣服・はき物など)おおったものを取り去る。「服を—」「一肌—(=助力する)」「かぶとを—(=降参する)」自ぬ・げる(下一) 可能ぬ・げる(下一)

ぬく・い【◇温い】(形) カロ・カッ(ク)・イ・イ・ケレ・○ (おもに西日本で)あたたかい。「—湯」春 文ぬく・し(ク)

ぬぐい-えん【拭い縁】ヌグヒ よくふきこまれてなめらかな縁。

ぬぐい-さ・る【拭い去る】ヌグヒ (他五) ラ(ロ)・リ(ッ)・ル・ル・レ・レ ①汚れをぬぐって取り除く。②払拭する。「疑惑を—」「汚名を—」

ぬぐ・う【拭う】ヌグフ (他五) ワ(オ)・イ(ッ)・ウ・ウ・エ・エ ①布などでふきとる。「汗を—」②取り去る。消し去る。「不信感を—・いきれない」可能ぬぐ・える(下一)

ぬく-と・い【◇温とい】(形) カロ・カッ(ク)・イ・イ・ケレ・○《方》あたたかい。

ぬく-ぬく【◇温◇温】(副) ①あたたかく気持ちよいさま。「—(と)温まる」②不自由のないさま。「—(と)育つ」③平然とするさま。ずうずうしいさま。「罪の意識もなく—(と)過ごす」

ぬく-ばい【◇温灰】バヒ あたたかい灰。熱灰あつばい。

ぬく-ま・る【◇温まる】(自五) ラ(ロ)・リ(ッ)・ル・ル・レ・レ あたたまる。ぬくもる。「こたつで—」他ぬく・める(下一)

ぬく-み【◇温み】あたたかみ。「肌の—」

ぬく・める【◇温める】(他下一) メ・メ・メル・メル・メレ・メロ(メヨ) あたためる。「手を—」自ぬくま・る(五) 文ぬく・む(下二)

ぬくもり【◇温もり】ぬくみ。あたたかみ。「布団の—」

ぬくも・る【◇温もる】(自五) ラ(ロ)・リ(ッ)・ル・ル・レ・レ →ぬくまる

ぬけ【抜け】①必要なものが抜けること。もれること。「日付の—がある」②知恵の足りないこと。また、その人。

ぬけ-あが・る【抜け上がる】(自五) ラ(ロ)・リ(ッ)・ル・ル・レ・レ 額の生えぎわがはげあがる。「—・った額」

ぬけ-あな【抜〔け〕穴】①通り抜けられる穴。また、もののもれて出る穴。②ひそかにのがれ出るための穴。「城の—」③のがれるための方法・手段。ぬけみち。「法の—」

ぬけ-うら【抜け裏】通り抜けられる裏道。

ぬけ-がけ【抜〔け〕駆け】(名・自スル) ①戦場で、ひそかに味方を出し抜いて敵中に攻め入ること。「功を争って—する」「—の功名」②他人を出し抜いて先に物事をすること。

ぬけ-がら【抜〔け〕殻・◇脱〔け〕殻】①セミやヘビなどの脱皮したあとの殻。②正気を失って心もうつろなさま。また、そのような人。「魂の—」③中身がなくなってあとに残ったもの。

ぬけ-げ【抜〔け〕毛・◇脱〔け〕毛】抜け落ちた毛髪。また、毛が抜け落ちること。

ぬけ-さく【抜〔け〕作】《俗》まぬけで愚鈍な者を人名めかしてあざけっていう語。のろま。

ぬけ-じ【抜け字・◇脱け字】脱字。

ぬけ-だ・す【抜け出す】(自五) サ(ソ)・シ・ス・ス・セ・セ ①そっとのがれて

出る。「こっそり家を—」②よくない状態から脱する。「スランプを—」③抜け始める。「頭の毛が—」

ぬけ‐でる【抜け出る】(自下一) デ・デ・デル・デル・デレ・デロ(デヨ) ①ある場所や集団から抜けて出る。「会場から—」②他のものよりもひときわ高く現れ出る。突き出る。③他より特にすぐれる。ぬきんでる。「—でた学識」参考 古くは「ぬけいづ(下二)」。

ぬけ‐に【抜(け)荷】 江戸時代の「密貿易」の称。また、密貿易の荷物。抜け買い。抜き荷。

ぬけ‐ぬけ(副)しらばくれて平気なさま。ずうずうしくあつかましいさま。「—(と)うそをつく」

ぬけ‐まいり【抜(け)参り】マヰリ 江戸時代、親や主人の許可を受けないで家を抜け出し、伊勢(いせ)神宮に参拝したこと。春 参考 あとでわかっても、親や主人に罰せられなかった。

ぬけ‐みち【抜(け)道】 ①本道以外の近道。あまり人に知られていない近道。裏道。間道。「渋滞の—」②のがれるための方法・手段。ぬけあな。「法律の—」

ぬけ‐め【抜(け)目】 ①抜けたところ。欠けたところ。②手ぬかり。油断。

—(が)ない 要領がよくて手ぬかりがない。「何事にも—」

ぬ・ける【抜ける】(自下一) ケ・ケ・ケル・ケル・ケレ・ケロ(ケヨ)《中心義—ある所に当然存在したはずのものが別の所に行ってしまい、そこにはなくなる》①中にはいっていた物が外に離れる。離れてとれる。はずれる。「毛が—」「底が—」②あるべきものが、もれる。落ちる。「ページが—」「名簿から—けている」③それまであった物がそこからなくなる。消える。「ビールの気が—」「疲れが—けない」④仲間や組織から離れる。ある場所から離れる。「会を—」「宴席から—」⑤知恵がたりない。「彼は少し—けている」⑥力がはいらなくなる。「腰が—」⑦向こうまで通る。向こう側へ出る。「トンネルが—」「裏門へ—道」他ぬかす(五)ぬく(五)文ぬく(下二)参考 ①②④は「▽脱ける」とも書く。

ぬ・げる【脱げる】(自下一) ゲ・ゲ・ゲル・ゲル・ゲレ・ゲロ(ゲヨ) ①衣服・靴など、身につけたものが離れる。「靴が—」②脱ぐことができる。「一人で洋服が—」他ぬぐ(五)文ぬぐ(下二)

ぬさ【▽幣】 神に祈るときに供えるもの。布・帛(はく)・紙などで作る。古くは木綿(ゆう)・麻などを用いた。御幣(ごへい)。「—を手向(たむ)ける」

ぬし【主】 一(名)①一家の主人。あるじ。「世帯—」②持ちぬし。また、行為者。「地—」「落とし—」③森・山・川・池などに古くからすみ霊力をもつという動物。「この池の—は蛇だ」④古くからいる人。「あの人は町内の—だ」⑤《古》夫。二(代)(多く「おぬし」の形で)対称の人代名詞。同輩や目下の者に親しみをこめていう。

ぬ‐し【▽塗師】 漆塗(うるしぬ)りの細工や漆器製造の職人。塗り師。

ぬすっ‐と【盗▽人】 泥棒。ぬすびと。「—根性」

—猛々(たけだけ)しい 悪事をしながらしゃあしゃあとして、とがめられても逆に居直ったりするさまをののしっていう語。盗人(ぬすびと)猛々しい。

ぬす‐びと【盗人】 他人の持ち物を盗む者。泥棒。ぬすっと。

—に追(お)い銭(せん) 損をした上にさらに損をすることのたとえ。**—にも三分(さんぶ)の理(り)** (泥棒にも、それなりの盗む理由があるの意から)どんなことにも理屈をつけようとすればつけられるということ。**—の昼寝(ひるね)** 盗人が夜の稼ぎにそなえて昼寝をすること。どんなことにも当人にとっての思惑や理由があることのたとえ。

ぬすみ【盗み】 ぬすむこと。また、その行為。「—をはたらく」

—あし【—足】 足音を立てずにそっと歩くこと。

—ぎき【—聞き】(名・他スル) 人の話をこっそり聞くこと。

—ぐい【—食い】グヒ(名・他スル)①隠れてこっそり食べること。②ぬすんで食べること。

—み【—見】(名・他スル) こっそり見ること。

—よみ【—読み】(名・他スル)①他人の手紙などをひそかに読むこと。②他人の読んでいるものをのぞいて読むこと。

ぬす・む【盗む】(他五) マ(モ)・ミ(ン)・ム・ム・メ・メ ①気づかれぬように他人のものをとる。「お金を—」②隠れて物事をする。「人目を—」③こっそりと学びとる。「師匠の芸を—」④時間をやりくりする。「暇を—」⑤野球で、盗塁する。可能ぬすめる(下一)

ぬた【△饅】 魚貝や野菜などを酢みそであえた食べ物。ぬたあえ。

ぬたく・る ラ(ロ)・リ(ッ)・ル・ル・レ・レ 一(自五) くねくねとはう。のたくる。「ミミズが—」二(他五) 塗りたくる。また、下手な字・絵などを書きつける。「おしろいを—」「短冊に下手な歌を—」

ぬっ‐と(副)①音もなく突然現れ出てくるさま。「—顔を出す」②突然立ち上がるさま。③その状態のままで、何もしないさま。「—突っ立っている」参考「ぬうっと」ともいう。

ぬの【布】 ①織物の総称。②古くは、絹に対して麻・くずなどの植物の繊維で織った織物。のち、もめんも含めていう。「—を裁つ」③建築で、水平・横・平行などの意を表す。「—羽目(=板を横に張った羽目)」

ぬの‐ぎれ【布切れ】 布の切れはし。ぬのきれ。

ぬの‐こ【布子】 もめんの綿入れ。古くは麻のあわせや綿入れをいった。图 ⇩小袖(こそで)

ぬの‐じ【布地】ヂ 衣服の材料としての織物。切れ地。

ぬの‐びき【布引き】 布をさらすために引っぱって広げること。

ぬの‐め【布目】 布の織り目。また、その模様。

ぬばたま‐の【×射干‐玉の】《枕》(「ぬばたま」は檜扇(ひおうぎ)(=草の名)の実で、黒くて丸いことから)「黒」「夜」「一夜(ひとよ)」「月」「夕べ」「髪」などにかかる。「むばたまの」「うばたまの」とも。

ぬ‐ひ【▽奴▽婢】 ①下男と下女。召使。②《日》律令(りつりょう)制における賤民(せんみん)の一種。奴は男子の、婢は女子の奴隷の意。

ぬ‐ぼく【▽奴僕】 召使の男。下男。やっこ。奴僕(どぼく)。

ぬま【沼】 くぼ地に水をたたえた所。水深五メートル以内で、泥深く、中央部まで水草が生育するものをいう。⇩池「ちがい」

ぬま‐た【沼田】 沼のように泥深い田。

ぬま‐ち【沼地】 泥深い湿地。また、沼の多い土地。

ぬめ【△絖】 地が薄く表面はなめらかで光沢のある絹布。絵絹・造花材料・装飾材料などに用いられる。

ぬめ【▽滑】 溝のない敷居または鴨居(かもい)。

ぬめ‐ぬめ【▽滑▽滑】(副・自スル) なめらかで、しめってつやのあるさま。「—(と)光る」

ぬめり【▽滑り】 ぬるぬるすること。また、そのような液。粘液。「里芋の—をとる」

ぬめ・る【▽滑る】(自五) ラ(ロ)・リ(ッ)・ル・ル・レ・レ ぬるぬるする。

ぬら‐くら(副・自スル)①ぬるぬるとしていてつかまえにくいさま。②とらえどころのないさま。ぬらりくらり。「—(と)した態度をとる」③怠けてしまりのないさま。のらくら。「—(と)日を送る」

ぬら・す【▽濡らす】(他五) サ(ソ)・シ・ス・ス・セ・セ ぬれるようにする。「涙で袖(そで)を—」自ぬれる(下一)可能ぬらせる(下一)

ぬらつ・く(自五) カ(コ)・キ(イ)・ク・ク・ケ・ケ ぬるぬるする。

ぬら‐ぬら(副・自スル) 表面に粘液や油があってすべりやすいさま。ぬるぬる。「—(と)したナメクジ」

ぬらり‐くらり(副・自スル) とらえどころのないさま。態度のはっきりしないさま。のらりくらり。「—(と)追及をかわす」

ぬり【塗り】 ①塗ること。塗り方。また、塗った物。「—がはげる」②漆塗(うるしぬ)りのこと。「—おけ」参考「輪島塗」のように、工芸品の名に用いられる場合は、送り仮名「り」をはぶく。

ぬり‐あ・げる【塗り上げる】(他下一) ゲ・ゲ・ゲル・ゲル・ゲレ・ゲロ(ゲヨ) すっかり塗る。塗り終える。「壁をグレーに—」文ぬりあぐ(下二)

ぬり‐いた【塗(り)板】 ①漆塗(うるしぬ)りの板で、字を書いてもふきとれるようにしたもの。②黒板。

ぬり‐え【塗〔り〕絵】ヱ ― 色を塗って遊べるように輪郭だけを描いた絵。

ぬり‐か・える【塗り替える】カヘル ―（他下一）エ・エ・エル・エル・エレ・エロ(エヨ) ①塗ってあるものを新たに塗ってあらためる。塗り直す。「壁を―」②すっかり新しく変える。更新する。「日本記録を―」

ぬり‐かく・す【塗り隠す】（他五）サ(ソ)・シ・ス・ス・セ・セ ①上から塗って見えなくする。②誤りなどを知られないようにする。「失敗を―」

ぬり‐ぐすり【塗〔り〕薬】患部に塗る薬。塗布薬。

ぬり‐ごめ【塗◦籠】寝殿造りで、周囲を厚く壁で塗りこめた部屋。衣服・調度の置き場や寝所とした。

ぬり‐こ・める【塗り込める】（他下一）メ・メ・メル・メル・メレ・メロ(メヨ) 中に物を入れてその外側を塗り固める。文ぬりこ・む（下二）

ぬり‐し【塗〔り〕師】→ぬし（塗師）

ぬり‐たく・る【塗りたくる】（他五）ラ(ロ)・リ(ッ)・ル・ル・レ・レ やたらにごてごてと塗る。無秩序・乱雑に塗りつける。「色を―」

ぬり‐たて【塗〔り〕立て】塗ったばかりであること。「ペンキ―」

ぬり‐た・てる【塗り立てる】（他下一）テ・テ・テル・テル・テレ・テロ(テヨ) ①塗り飾る。「壁を真っ赤に―」②やたらに塗る。また、厚化粧をする。「おしろいを―」文ぬりた・つ（下二）

ぬり‐つ・ける【塗り付ける】（他下一）ケ・ケ・ケル・ケル・ケレ・ケロ(ケヨ) ①塗ってつける。「髪に油を―」②自分の罪や責任を他人に負わせる。なすりつける。文ぬりつ・く（下二）

ぬり‐つぶ・す【塗り潰す】（他五）サ(ソ)・シ・ス・ス・セ・セ ①地の色が見えなくなるように全体をすきまなく塗る。「背景を青く―」②物事を覆いかくす。「朝刊は事件一色に―・された」

ぬり‐ばし【塗〔り〕箸】漆塗(うるしぬ)りのはし。

ぬり‐ぼん【塗〔り〕盆】漆塗(うるしぬ)りの盆。

ぬり‐もの【塗〔り〕物】漆塗(うるしぬ)りの器物。漆器(しっき)。

ぬり‐わん【塗〔り〕◦椀】漆塗(うるしぬ)りのわん。

ぬ・る【塗る】（他五）ラ(ロ)・リ(ッ)・ル・ル・レ・レ 表面に液体や塗料などを薄く広げるようにつける。「絵の具を―」「人の顔に泥を―(=名誉を傷つける)」「口紅を―」「薬を―」可能ぬ・れる（下一）

ぬる・い【◦温い】（形）カロ・カッ(ク)・イ・イ・ケレ・○ ①ちょうどよい温度より少し低い温度である。また、冷たさが足りない。「―風呂(ふろ)」「ビールが―・くなった」②やり方がきびしくない。手ぬるい。「処置が―」文ぬる・し（ク）参考②は「緩い」とも書く。

ぬるで【×白膠木】〔植〕ウルシ科の落葉小高木。山野に自生。夏、白色の小花をつける。葉は羽状複葉で、秋、紅葉する。葉に生じる五倍子(ふし)という虫こぶからタンニンをとる。ふしのき。秋（ぬるでの紅葉 秋）

ぬる‐ぬる（副・自スル）表面が粘液状のものでおおわれて、すべりやすいさま。ぬらぬら。「手が油で―(と)する」

ぬる‐び【◦緩火】火気の弱い火。とろ火。

ぬるま‐ゆ【×微温‐湯】①温度の低い湯。ぬるい湯。②（比喩(ひゆ)的に）緊張感のない境遇。「―につかる(=外からの刺激のない現状に安んじて、のんきに過ごす)」

ぬる‐み【◦温み・×微温み】①ぬるい度合い。②ぬるま湯。

ぬる・む【◦温む・×微温む】（自五）マ(モ)・ミ(ン)・ム・ム・メ・メ ①冷たかったものが少しあたたかくなる。ぬるくなる。「水―春」②熱かったものが冷める。ぬるくなる。「湯が―」他ぬる・める（下一）

ぬる‐ゆ【◦温湯・×微温‐湯】温度の低い湯。特に、その風呂(ふろ)。「―好き」↔熱湯(あつゆ)

ぬるり‐と（副）ぬるぬるしたものに触れた感じ。触れたり持ったりしたとき、すべりやすいさま。「ウナギが―手から抜け出る」

ぬれ【◦濡れ】①ぬれること。「ずぶ―」②情交。色事。

ぬれ‐いろ【◦濡〔れ〕色】水にぬれたようなつやのある色。

ぬれ‐えん【◦濡〔れ〕縁】雨戸の敷居の外にとりつけた縁側。

ぬれ‐がみ【◦濡〔れ〕髪】水にぬれた髪。洗ったばかりの髪。

ぬれ‐ぎぬ【◦濡〔れ〕◦衣】（ぬれた着物の意）身に覚えのない罪。「―を着せる(=無実の罪に陥れる)」

ぬれ‐ごと【◦濡〔れ〕事】①色事。情事。②〔演〕芝居で、男女が情事を演じること。また、その芝居や場面。色事。

―し【―師】①〔演〕濡れ事②を演じる役者。色事師。和事師。②色事・情事にたけた人。色事師。

ぬれ‐そぼ・つ【◦濡れそぼつ】（自五）タ(ト)・チ(ッ)・ツ・ツ・テ・テ（「そぼつ」はぐっしょりぬれるの意）ぬれてびっしょりになる。「雨に―」

ぬれ‐て【◦濡〔れ〕手】水にぬれた手。

―で粟(あわ)（ぬれた手で粟をつかむと粟粒がたくさんくっつくことから）苦労しないで利益を得ること。濡れ手に粟。

ぬれ‐ねずみ【◦濡〔れ〕◦鼠】（水にぬれたネズミのように）衣服を着たまま全身ずぶぬれになること。「夕立にあって―になる」

ぬれ‐ば【◦濡〔れ〕場】男女の情事を演じる芝居の場面。また、情事の場面。「―を演じる」

ぬればいろ【◦濡〔れ〕羽色】（水にぬれた烏(からす)の羽のように）しっとりとした黒色。「髪は烏の―」

ぬれ‐ばなし【◦濡〔れ〕話】色事に関した話。色話(いろばなし)。

ぬれ‐ぶみ【◦濡〔れ〕文】恋文。いろぶみ。

ぬれ‐ぼとけ【◦濡〔れ〕仏】露天に安置した仏像。露仏(ろぶつ)。

ぬ・れる【◦濡れる】（自下一）レ・レ・レル・レル・レレ・レロ(レヨ) ①物に水などがつく。物に水がしみこむ。「春雨に―」「かばんの中まで―」②情をかわす。他ぬら・す（五）文ぬ・る（下二）

表現〈擬声・擬態語〉じめじめ・じとじと・じくじく・しっぽり・しっとり・じっとり・ずっぷり・ぐしょぐしょ・ぐっしょり・びちゃびちゃ・びしょびしょ・びっしょり

ぬんちゃく【×双節棍】二本の短い木の棒を紐(ひも)や鎖でつないだ武具。中国から沖縄に伝わったもの。

ね ネ

五十音図「な行」の第四音。「ね」は「禰」の草体。「ネ」は「禰」の偏。

ね【◦子】①十二支の第一。ねずみ。②昔の時刻の名。今の夜一二時ごろ、およびその前後約二時間。③方角の名。北。

ね【音】①おと。「鐘の―」②鳥や虫などの鳴き声。「雁(かり)が―」「虫の―」③人の泣き声。「忍び―」⇒音(おと)「ちがい」

―を上(あ)げる 耐え切れないで弱音(よわね)を吐く。「猛練習に―」

ね【値】①値段。あたい。「―をつける」②物の値打ち。「将来、―の出る品」

―が張(は)る 値段が高い。「この茶器は―」

ね【根】①〔植〕葉・茎とともに植物の基本器官の一つ。ふつう地中にあって、植物体を一定の土地に固着させて支え、水や無機養分を吸収する部分。②もと。根本。「悪の―を断つ」③生まれつき。本来の性質。「彼は―が正直だ」④立ったり生えたりしているものの、もとの部分。「歯の―」⑤はれものの中心部。

―に持(も)つ 恨んでいつまでも忘れない。「過去のことを―」**―も葉(は)も無(な)い** なんの根拠もない。「―うわさ」**―を下(お)ろす** 定着する。不動の位置を占める。「民主主義が―」

ね【寝】寝ること。眠り。「―が足りない」

ね■（終助）（文中や文末に用いて）①軽い詠嘆の気持ちをこめて、相手に軽く念を押す。「きょうは早起きだ―」「美しい―、この花は」②軽い主張を意味し、相手に念を押す。「明るい色が似合うと思います―」③同意を求め、返答を促す意を表す。「ご結婚なさるんですって―」「宿題を忘れたのは君か―」二(間助)語勢を調える。「あの店は―、なんでも安くて―、それでいてうまいんだ」「ないしょの話はあの―の―」[用法]種々の語に付く。用言、助動詞には終止形に付く。多く、気楽に話せる相手との会話で用いる。女性の用語としての「ね」は、動詞・形容詞にはその終止形に「わ」や「の」を介して、形容動詞には語幹に、名詞には直接付くことが多い。三(感)呼びかけや親しみを表したり、念を押したりするときに使う語。ねえ。「―、山田さん」「―、お願いよ」[参考]三は間投助詞から転じた語で、文中の位置によって助詞と区別する。どれも「ねえ」とのばして用いられることがある。

ね-あか【根明】(名・形動ダ)《俗》生まれつき性格が明るいこと。また、その人。「―な友達」↕根暗(ねくら)

ね-あがり【値上〔が〕り】(名・自スル)値段や料金が高くなること。「土地の―」↕値下がり

ね-あがり【根上〔が〕り】風や波で土が削られ、樹木の根が地上に現れ出ていること。「―松」

ね-あげ【値上げ】(名・他スル)値段や料金を高くすること。「運賃の―」↕値下げ

ね-あせ【寝汗・◇盗汗】(体のぐあいの悪いときなど)眠っているときに出る汗。「―をかく」

ネアンデルタール-じん【ネアンデルタール人】《世》旧石器時代にヨーロッパ・西アジアなどに住んでいたヒト科ヒト属の一種。旧人とも。現生人類と別系統に位置し、石器・骨角器を使用した。[語源]ドイツのネアンデルタール(Neanderthal)で最初に化石が発見されたところからの命名。

ねい【寧】ネイ㊥ やすい・むしろ ｜ 丶 宀 宀 宓 寍 寧

(字義)①やすい。やすらか。やすらかにする。「寧日・安寧」②くりかえし、ねんごろにする。「丁寧」[難読]寧楽(なら) [人名]さだ・しず・ね・やす・やすし

ねい-かん【△佞△奸・△佞△姦】(名・形動ダ)口先がうまく表面は柔順だが、心がよこしまなこと。また、その人。「―邪智(じゃち)」

ね-いき【寝息】眠っていてする呼吸。また、その音。「すやすやと―を立てる」

―を窺(うかが)う ①よく眠っているかどうか観察する。②他人の眠っているときをねらって悪事などをしようとする。

ねい-げん【△佞言】こびへつらう言葉。

ねい-じつ【寧日】平穏無事な日。「―なし」

ねい-しん【△佞臣】主君にこびへつらうよこしまな臣下。

ねい-じん【△佞人】こびへつらう人。よこしまな人。

ね-いす【寝椅子】体を横たえることができる椅子。長椅子。

ネイチャー〈nature〉自然。ネーチャー。「―センター」

ネイティブ〈native〉①その土地で生まれた人。②「ネイティブスピーカー」の略。[参考]「ネーティブ」ともいう。

―アメリカン〈native american〉アメリカ大陸の先住民。

―スピーカー〈native speaker〉その言語を母語とする人。ネイティブ。

ねい-もう【△獰猛】「どうもう」の読み誤り。

ねいり-ばな【寝入り◇端】寝入って間もない時。

ね-い・る【寝入る】(自五) ①眠りにはいる。「やっと―・ったやさき」②深い眠りにはいる。熟睡する。

ネイル〈nail〉爪(つめ)。ネール。「―ケア」「―アート」

―エナメル〈nail enamel〉爪(つめ)の化粧のため爪に色や光沢をつける各色のエナメル。

ね-いろ【音色】そのものがもつ独特な音の性質。音の感じ。音色(おんしょく)。「ギターの―」「明るい―」

ね-うごき【値動き】(名・自スル)株式や商品の相場が上がったり下がったりすること。「株価の―が激しい」

ね-うち【値打〔ち〕】そのものの価値や値段。「古書の―」

ね-うち【寝撃ち】寝転んだ姿勢で射撃すること。伏射。

ねえ(終助・間助・感)→ね(終助・間助・感)

ねえ-さん【姉さん・△姐さん】①姉の敬称。②若い女性を親しんで呼ぶ語。③旅館や料理屋で働いている女性を客が呼ぶ語。④芸者などが先輩の芸者を敬って呼ぶ語。[参考]①②は「姉」を使い、③④は、多く「△姐」を当てる。「姉さん」は、常用漢字表付表の語。

―かぶり【姉さん◇被り】→あねさんかぶり

ネービー-ブルー〈navy blue〉濃紺色。ネイビーブルー。[参考]ネービーは、海軍のこと。英国海軍の制服の色。

ネーブル〈navel orange から〉《植》オレンジの一品種。ブラジル原産。実の上部にへそ形の突起がある。甘みが強く、芳香がある。[春] [参考]「navel」は「へそ」の意。

ネーミング〈naming〉命名。名づけ。特に、商品や社名などの名づけ。「―センスがいい」

―ライツ〈naming rights〉命名権。特に、施設やイベントなどに、スポンサー企業が自社名や商品名を入れて命名する権利。

ネーム〈name〉①名前。「ペン―」②「ネームプレート」の略。③雑誌・書籍などの写真や図版につける説明。キャプション。

―バリュー〈和製英語〉名前の持つ世間的信用や価値。名声。知名度。「―のある企業」

―プレート〈nameplate〉①名札。表札。②機械や器具の製品名・所有者・製造者などの名を記した金属の札。

ねえ-や【姉や】(「や」は接尾語)かつて、家庭などで下働きをする若い女性を親しんで呼んだ語。

ネール→ネルー

ネオ-〈neo-〉(接頭)(他の外来語に付けて)「新しい」「新…」の意を表す。「―ロマンチシズム」

ね-おき【寝起き】一(名・自スル)寝ることと起きること。生活をすること。「―を共にする」二(名)目がさめて起きるとき。また、そのときの気分や状態。「―がいい」「―のままの顔」

ね-おし【寝押し】(名・他スル)衣類を寝床の下に敷いて寝て、しわを伸ばしたり、折り目をつけたりすること。寝敷き。

ネオ-ロマンチシズム〈neo-romanticism〉→しんロマンしゅぎ

ネオン〈neon〉①《化》貴ガス元素の一つ。空気中に微量に含まれる気体の元素。無色・無味・無臭で他の元素と化合しない。低圧放電で、オレンジ色の光を放射する。ネオンサインに利用される。元素記号 Ne ②「ネオンサイン」の略。

―サイン〈neon sign〉ネオンなどを封入したガラス管に電流を通して文字や絵の形に発光させたもの。看板や広告などに用いる。ネオン。

ネガ→ネガティブ二↕ポジ

ねがい【願〔い〕】(ネガヒ) ①願うこと。「―を聞く」「―がかなう」②願い出の書類。「退職―」③神仏に祈願する事柄。

―ごと【―事】願い望む事柄。「―がかなう」

―さげ【―下げ】①一度願い出たことを取り下げること。②頼まれても引き受けないこと。「そんな話は―だ」

ねがい-あ・げる【願い上げる】(ネガヒ)(他下一)(ゲ・ゲ・ゲル・ゲル・ゲレ・ゲロ(ゲヨ))丁寧にお願いする。心からお願いする。[文]ねがひあ・ぐ(下二)

ねがい-さ・げる【願い下げる】(ネガヒ)(他下一)(ゲ・ゲ・ゲル・ゲル・ゲレ・ゲロ(ゲヨ))①一度出した願いを、こちらから頼んで取り消してもらう。②頼

まれても断る。文ねがひさ・ぐ(下二)

ねがい・でる【願い出る】(他下一) 願い事を申し出る。「辞職を—」

ねが・う【願う】(他五) ①そうなることを望む。「彼女の無事を—」②他人に対し、そうしてくれることを望む。「お静かに—・います」③神仏に祈る。「家内安全を—」④(役所などに)申請する。「国の補償を—」可能ねが・える(下一)

ねがったり叶ったり 申し分なく望みがかなうこと。好都合。「そいつは—だ」 **ねがってもない** 願っても簡単には実現しそうもないことがかなうさま。好都合でありがたい。「—チャンス」

ね-がえり【寝返り】 ①寝たまま体の向きを変えること。「—を打つ」②味方を裏切って敵側につくこと。

ね-がえ・る【寝返る】(自五) ①寝たまま体の向きを変える。②味方を裏切って敵側につく。「敵側に—」

ね-がお【寝顔】 寝ているときの顔。「むじゃきな—」

ね-がけ【根掛け】 日本髪のまげの後部に掛ける装飾品。

ねかし-つ・ける【寝かし付ける】(他下一) 子供などを寝つくようにする。文ねかしつ・く(下二)

ねか・す【寝かす】(他五) ①眠るようにする。「赤ん坊を—」②物を横に倒す。「旗ざおを—」③品物や金銭などを活用しないで手元に置く。「資金を—」④こうじなどを室に入れて発酵させる。また、みそ・しょうゆ・酒などを熟成させる。「ワインを—」自ねる(下一)

ねか・せる【寝かせる】(他下一) →ねかす

ね-かた【根方】 根のほう。根元。「柳の—」

ネガティブ〈negative〉一(形動ダ) 消極的。否定的。「—な考え方」二(名) 写真の原板。陰画。ネガ。(↔ポジティブ)

ね-かぶ【根株】 木などを切って残った株。切り株。

ね-から【根から】(副) →ねっから

ねがわく-は【願わくは】(副) 願うことには。どうか。願わくば。「—お許しいただきたい」語源文語動詞「ねがふ」のク語法+係助詞「は」

ねがわし・い【願わしい】(形) 願うところである。そうであってほしい。「全員参加が—」文ねがは・し(シク)

ね-かん【寝棺】 死者を寝かした形で納める長い棺。

ねぎ【葱】〔植〕ヒガンバナ科の多年草。シベリア原産。葉は筒状で先端はとがる。初夏に花軸を出し、頂上に多数の白緑色の小花を球状につける(ねぎ坊主)。食用。ねぶか。ひともじ。图

ねぎ【禰宜】 ①神職・神官の総称。②神官の職階の一つ。宮司または神主の下で祭事をとり行う神官。

ねぎし-たんかかい【根岸短歌会】〔文〕明治三十年代、東京下谷の根岸に住む正岡子規を中心とした短歌結社。アララギ派の前身。写実主義と万葉調を尊重して短歌の革新を推進した。伊藤左千夫・長塚節らが属した。

ねぎし-は【根岸派】〔文〕①明治二十年代、饗庭篁村・森田思軒らを中心とした文人の一派。②根岸短歌会の流れをくむ短歌の流派。日本派ともいう。参考①②ともに東京下谷の根岸を根拠地としたことに由来する名称。

ねぎ-とろ【葱とろ】 マグロの身をたたいて細かくし、刻んだネギを混ぜあわせたもの。「—巻き」

ねぎ-ぼうず【葱坊主】 ネギの花。ふくろ状の苞に包まれて坊主頭のように見える。春

ねぎ-ま【葱間】 ネギと肉とを交互にした串焼き。

ねぎ-ま【葱鮪】 ネギとマグロとをいっしょに煮て食べる鍋料理。ねぎまなべ。图

ねぎら・う【労う・犒う】(他五) 尽力した人をいたわり慰める。(目下の人の)苦労やはたらきに対して礼を言う。「労を—」可能ねぎら・える(下一)

ね-きり【根切り】 ①新根の発生を促したりするために、庭木など園芸植物の根を切ること。②根絶やしにすること。

—はきり【—葉切り】(副) あるかぎり。根こそぎ。

—むし【—虫】〔動〕農作物や苗木の根を食害する昆虫の総称。コガネムシ類の幼虫など。夏

ね-ぎ・る【値切る】(他五) 交渉して値段を下げさせる。まけさせる。「—・って買う」可能ねぎ・れる(下一)

ね-ぐされ【根腐れ】(名・自スル) 植物の根が腐ること。「水のやりすぎで—を起こす」

ね-くずれ【値崩れ】(名・自スル) 供給過多などにより価格が急激に安くなること。「野菜が豊作で—する」

ね-ぐせ【寝癖】 ①就寝中に髪についた癖。「—がつく」②就寝中に無意識にする癖。布団やシーツを乱すことなど。「—が悪い」③(おぶわなければ寝ないなどの)幼児の寝つきの悪い癖。

ネクタイ〈necktie〉スーツ姿で、ワイシャツの襟の下に結ぶ帯状の布飾り。襟飾り。タイ。「—姿」

—どめ【—留[め]】 →ネクタイピン

—ピン〈和製英語〉ネクタイをシャツに固定させたり、アクセサリーとして用いたりする留め具やピン。ネクタイ留め。タイピン。参考英語では tiepin という。

ねくたれ-がみ【寝腐れ髪】〔古〕寝て形のくずれた髪。

ね-くび【寝首】 眠っている人の首。 **—を掻く** 眠っている人の首を切る。転じて、油断につけこんで人をおとしいれる。

ね-くら【根暗】(名・形動ダ)〔俗〕生まれつき性格が暗いこと。また、その人。「—な性格」↔根明

ね-ぐら【塒】 ①鳥の寝る所。巣。「—に帰る」②(転じて)人の寝る所。また、自分の家。

ネグリジェ〈フランス négligé〉ワンピース型のゆったりした女性用の洋風の寝巻き。

ネグ・る(他五)〔俗〕無視する。おこたる。「細かい説明を—」可能ネグ・れる(下一)語源「ネグレクト」の「ネグ」を動詞化した語。

ね-ぐるし・い【寝苦しい】(形) (暑さなどのため)寝つかれない。よく眠れない。「—夜」文ねぐる・し(シク)

ネグレクト〈neglect〉(名・他スル) ①無視・否定すること。②保護者が子供・高齢者などに必要な世話を放棄すること。

ネグロイド〈Negroid〉形態的特徴によって分類された人種の一つ。サハラ以南のアフリカに分布。黒褐色の肌、縮れた頭髪などを特徴とする。黒色人種。

ねこ【猫】 ①〔動〕愛玩用やネズミ駆除用の家畜として飼われる、ネコ科の哺乳動物。②(胴に猫の皮を張ったところから)三味線。③〔俗〕(三味線を弾くところから)芸者。④土製の行火の一種。ねこあんか。⑤「猫車」の略。

—に鰹節 好物をそばに置くこと。油断ができないこと、また、過ちを犯しやすいことのたとえ。 **—に小判** 貴重なもののありがたみがわからないことのたとえ。参考類似のことば—豚に真珠。 **—の首に鈴を付ける** (ネズミが猫の首に鈴をつけるのは難しいことから)いざ実行するとなると引き受け手がなく難しいことのたとえ。 **—の手も借りたい** 忙しくて働き手の足りないことのたとえ。「—ほど忙しい」 **—の額** 面積が非常に狭いことのたとえ。「—ほどの庭」 **—の目** 変わりやすいことのたとえ。「天気が—のように変わる」 **—も杓子も** だれもかれもみな。「—海外旅行に出かける」 **—を被る** 本性を隠しておとなしく見せかける。「よく知らない人の前では—」

ねこ-あし【猫足】 ①机・膳(ぜん)などの脚の下部が丸くふくれて曲がり、猫の足に形が似ているもの。②猫のように音を立てずに歩くこと。また、その歩き方。

〔ねこあし①〕

ねこ-いた【猫板】 長火鉢の端にわたしてある引き板。語源 猫が好んで乗るのでいう。

ねこ-いらず【猫いらず】 黄燐(おうりん)・亜砒酸(あひさん)などを主成分とした、ネズミを殺す薬。(商標名)

ねこ-かぶり【猫◇被り】 本性を隠して、おとなしそうにすること。知らないふりをすること。また、その人。ねこっかぶり。

ねこ-かわいがり【猫可◇愛がり】 —カハイガリ (名・他スル) (飼い猫をかわいがるように)甘やかして、やたらにかわいがること。「孫を—する」

ね-こぎ【根◇扱ぎ】 草や木を根ごと引き抜くこと。転じて、すっかり取り去ること。根こそぎ。「雑草を—にする」

ねこ-ぐるま【猫車】 箱の前部に一個の車輪があり、後部の二本の柄を持って、土や砂などを運ぶ手押し車。ねこ。

ね-ごこち【寝心地】 寝たときの心持ち。寝ぐあい。「—のよいベッド」

ね-ござ【寝△茣△蓙】 (夏などに)敷いて寝るござ。夏

ねこ-ざめ【猫△鮫】 〘動〙ネコザメ科の海産軟骨魚。体は茶褐色で濃淡のちがう横帯がある。歯は鋭く、顔つきは猫に似る。

ね-こじ【根◇掘じ】 樹木を根のついたまま掘り取ること。

ネゴシエーション 〈negotiation〉 交渉。折衝。話し合い。「—スキル」

ねこ-じた【猫舌】 (猫のように)熱いものを飲み食いできないこと。また、その人。

ねこ-じゃらし【猫じゃらし】 〘植〙イネ科の一年草。各地の道端や野原に自生。葉は細長く互生。夏から秋にかけて、緑色の粟(あわ)に似た穂を出す。えのころぐさ。秋

ねこ-ぜ【猫背】 首が前に出て、背中が丸く曲がっていること。また、その人。

ね-こそぎ【根△刮ぎ】 ■一(名) 根まですっかり抜き取ること。■二(副) 残らず。全部。「現金を—もって行かれる」

ね-ごと【寝言】 ①睡眠中に無意識に発する言葉。「—を言う」②わけのわからない言葉。たわごと。「—を並べるな」

ねこなで-ごえ【猫△撫で声】 —ゴエ 機嫌をとるようにことさらやさしく発する声。また、猫がなでてもらったときに出すような、やさしく人にこびるような声。「—でねだる」

ねこ-ばば【猫△糞】 (名・他スル) (猫が糞(ばば)をしたあと土をかけて隠すことから)悪事を働いて、知らん顔をすること。特に、拾ったものをだまって自分のものにすること。「拾った金を—する」

ねこ-またぎ【猫△跨ぎ】 まずい魚。語源 魚の好きな猫でさえまたいで通るの意から。

ね-こみ【寝込み】 ぐっすり寝ている最中。「—を襲う」

ね-こ・む【寝込む】 (自五) マ(モ)・ミ(ン)・ム・ム・メ・メ ①寝入る。熟睡する。「ぐっすりと—」②病気になって長く床につく。「かぜで—」

ねこめ-いし【猫目石】 〘地質〙宝石の一つ。黄緑色で猫の目のような光の線が現れる。キャッツアイ。

ねこ-やなぎ【猫柳】 〘植〙ヤナギ科の落葉低木。雌雄異株(いしゅ)。川辺などに自生し、春先、柔らかい毛におおわれた丸く細長い灰白色の花をつける。川柳(かわやなぎ)。春

ね-ごろ【値頃】 値段がその品物の質と相応していること。適当な値段。買うのにちょうどよい値段。「—の品を探す」

ね-ころが・る【寝転がる】 (自五) ラ(ロ)・リ(ッ)・ル・ル・レ・レ ごろりと体を横にする。寝そべる。ねっころがる。「草の上に—」

ね-ころ・ぶ【寝転ぶ】 (自五) バ(ボ)・ビ(ン)・ブ・ブ・ベ・ベ ごろりと横になる。寝そべる。「芝生に—」「—・んで本を読む」

ねこをかはば… 和歌〔猫を飼はば その猫がまた 争ひの種となるらむ かなしき我が家(いへ)〕〈石川啄木(いしかわたくぼく)〉 猫を飼ったら、その猫がまた争いの種となるであろう。不和の続く、かなしい私の家よ。

ね-さがり【値下〔が〕り】 (名・自スル) 値段や料金が安くなること。「株が—する」↔値上がり

ね-さげ【値下げ】 (名・他スル) 値段や料金を安くすること。「通話料金を—する」↔値上げ

ね-ざけ【寝酒】 (眠れるように)寝る前に飲む酒。冬

ね-ざ・す【根差す】 (自五) サ(ソ)・シ・ス・ス・セ・セ ①根がつく。②ある物事が定着する。また、物事が起こる原因となる。基づく。「実生活に—・した考え」

ね-ざめ【寝覚め】 眠りから覚めること。目覚め。↔寝付き

—が悪(わる)い ①眠りから覚めたあとの気分がよくない。②過去のよくない行いを思い出して良心がとがめる。

ね-ざや【値△鞘】 〘商〙①同一銘柄の、場所や時間などの相違による相場の開き。②買値と売値との差額。「—をかせぐ」

ねじ【×螺子・×捻子・×捩子】 ネヂ ①物を締めつけるための、らせん状の溝のある用具。釘(くぎ)状のものの側面に溝のある「雄ねじ」とそれを受ける「雌ねじ」からなる。「—を締める」「—がゆるむ(=気持ちがだらける)」②ぜんまいを巻くもの。

—を巻(ま)く 気持ちや態度のたるみを引き締める。

ねじ-あ・う【△捩じ合う】 ネヂアフ (自五) ワ(オ)・イ(ッ)・ウ・ウ・エ・エ たがいにねじる。また、組み合う。もみ合う。

ねじ-あ・げる【△捩じ上げる】 ネヂ (他下一) ゲ・ゲ・ゲル・ゲル・ゲレ・ゲロ(ゲヨ) ねじって上へ上げる。ひねり上げる。「腕を—」文ねぢあ・ぐ(下二)

ね-じき【寝敷〔き〕】 (名・他スル) 寝押し。

ねじ-きり【×螺子-切り】 ネヂ ねじの溝を刻む仕事。また、ねじの溝を刻むための工具。

ねじ-き・る【△捩じ切る】 ネヂ (他五) ラ(ロ)・リ(ッ)・ル・ル・レ・レ ねじって切り離す。「さびた針金を—」

ねじ-くぎ【×螺子△釘】 ネヂ 先が雄ねじになっているくぎ。

ねじ-く・れる【△拗くれる】 ネヂ (自下一) レ・レ・レル・レル・レレ・レロ(レヨ) ①ねじれる。②性質がひねくれる。「心が—」文ねぢく・る(下二)

ねじ・ける【△拗ける】 ネヂケル (自下一) ケ・ケ・ケル・ケル・ケレ・ケロ(ケヨ) ①ねじれ曲がる。②性質がすなおでない。ひねくれる。「—・けた性格」文ねぢ・く(下二)

ねじ-こ・む【△捩じ込む】 ネヂ マ(モ)・ミ(ン)・ム・ム・メ・メ ■一(他五) ①ねじって入れる。②むりに押し入れる。「ポケットに—」■二(自五) 失言や失策に強く抗議する。押しかけて文句を言う。「役所に—」

ね-しずま・る【寝静まる】 —シヅマル (自五) ラ(ロ)・リ(ッ)・ル・ル・レ・レ 人々が眠って、あたりが静かになる。「町中が—」

ねじ-たお・す【△捩じ倒す】 ネヂタフス (他五) サ(ソ)・シ・ス・ス・セ・セ 相手の体を強引にひねって倒す。ねじ伏せる。

ねじ-と・る【△捩じ取る】 ネヂ (他五) ラ(ロ)・リ(ッ)・ル・ル・レ・レ ねじって取りはずす。強引にもぎとる。「力ずくで—」

ね-しな【寝しな】 寝ようとする時。寝るまぎわ。また、寝て間がない時。「—に酒を飲む」

ねじ-ふ・せる【△捩じ伏せる】 ネヂ (他下一) セ・セ・セル・セル・セレ・セロ(セヨ) ①腕をねじって押さえつける。「強盗を—」②強引に屈伏させる。「相手を理屈で—」文ねぢふ・す(下二)

ねじ-ま・げる【△捩じ曲げる】 ネヂ (他下一) ゲ・ゲ・ゲル・ゲル・ゲレ・ゲロ(ゲヨ) ①ねじって曲げる。「針金を—」②故意にゆがめる。「事実を—」文ねぢま・ぐ(下二)

ねじ-まわし【×螺子-回し】 ネヂマハシ ねじの頭にある溝にはめ込んで回し、ねじを差し入れたり抜いたりする道具。ドライバー。

ね

こあ—ねしま

ねじ-む・ける【△捩じ向ける】ネヂ（他下一）ケ・ケ・ケル・ケル・ケレ・ケロ(ケヨ) ねじってむりにそのほうへ向かせる。「顔を—」文ねぢむ・く（下二）

ね-じめ【音締〔め〕】琴や三味線しゃみせんなどの弦を巻き締めて調子を合わせること。また、そのようにして調えた音の調子。

ね-じめ【根締〔め〕】①移植した木の根もとを固めること。②庭木などの根もとにあしらって植える小さな草花。③生け花で、根もとのしまり。また、根もとに挿し添える草花。

ねじ-やま【×螺子-山】ネジ— ねじの螺旋らせん状についている筋の、もり上がっている部分。

ね-しょうがつ【寝正月】シヤウグワツ— 正月に家でのんびり寝て過ごすこと。また、正月を病気で寝て過ごすこと。新年

ね-しょうべん【寝小便】セウベン— 眠っている間に、無意識に寝床の中で小便をもらすこと。おねしょ。

ねじり-はちまき【△捩〔じ〕り鉢巻〔き〕】ネヂリ— 手ぬぐいをねじって、額のところで結んだ鉢巻き。また、それをしたようす。ねじはちまき。威勢よく張り切って事を行うときなどにする。

ねじ・る【△捩〔じ〕る・◇捻〔じ〕る】ネヂル（他五）ラ(ロ)・リ(ッ)・ル・ル・レ・レ ①物の両端を互いに逆の方向へ回す。また、一端に力を加えて、右または左に回す。「手ぬぐいを—」「上半身を—」「瓶のふたを—」②体のある部分をひねって痛める。「足首を—」自ねじ・れる（下一）可能ねじ・れる（下一）文ね・づ（上二）参考「捩じる」は、ねじれまがる意。「捻じる」は、ひねる意。

ねじ・れる【△捩〔じ〕れる・◇捻〔じ〕れる】ネヂレル（自下一）レ・レ・レル・レル・レレ・レロ(レヨ) ①ねじった状態になる。くねりまがる。「—・れた針金」②ひねくれる。「性格の—・れた人」他ねじ・る（五）文ねぢ・る（下二）

ね-じろ【根城】①本拠とする城。↔出城でじろ ②活動の根拠とする場所。根拠地。「この部屋を—に活動する」

ねず【△鼠】①「ねずみ」の略。②「ねずみ色」の略。「銀—」

ね-すがた【寝姿】寝ているときの姿。

ね-す・ぎる【寝過ぎる】（自上一）ギ・ギ・ギル・ギル・ギレ・ギロ(ギヨ) ①適当な時間以上に長く寝る。②寝過ごす。文ねす・ぐ（上二）

ね-すご・す【寝過〔ご〕す】（自五）サ(ソ)・シ・ス・ス・セ・セ 目が覚めないで予定の時刻を過ぎるまで寝る。「—・して遅刻する」

ねずの-ばん【寝ずの番】→ふしんばん

ねずみ【△鼠】①《動》ネズミ科の小形哺乳ほにゅう動物の総称。門歯が上下とも二枚ずつあり、物をかじるのに適している。繁殖力が強く、農作物・食料品を食い荒らし、病原体の媒介もする。②「ねずみいろ」の略。③ひそかに悪事をなす者。

—いらず【—入らず】ネズミがはいれないように作った、食料品や食器を入れる戸棚。

—いろ【—色】青みを帯びた薄い黒色。灰色。グレー。

—おとし【—落〔と〕し】ネズミを陥れて捕らえる器具。

—こう【—講】カウ 入会者をねずみ算式に増加させることを条件に、子会員から親会員・講元などへの送金を繰り返すことによって、加入者に出資以上の利益を与える一種の金融組織。無限連鎖講防止法で禁止されている。⇒マルチ商法

—ざん【—算】和算の一つ。ネズミが子を生み、その子も同じ数の子を次々と生んでいくとして、その増え方を数える問題。また、そのように急速に増えていくことのたとえ。「—式に増える」

—とり【—捕り】①ネズミを捕らえること。また、そのための器具。「—を仕掛ける」②ネズミを殺すための毒薬。猫いらず。ねずみ殺し。③「青大将あおだいしょう」の別名。④《俗》警察が路上で行う、交通速度違反の取り締まり。

—なき【—鳴き】（名・自スル）口をすぼめて、ネズミのような声を出すこと。遊女が客を呼ぶときなどにした。鼠鳴ねずなき。

ね-ぜり【根△芹】セリ。根を食用とすることから。春

ね・せる【寝せる】（他下一）セ・セ・セル・セル・セレ・セロ(セヨ) 寝かせる。寝かす。「子供を—」自ね・る（下一）文ね・す（下二）

ね-ぞう【寝相】ザウ— 寝ているときの体の姿・格好。「—が悪い」

ね-そび・れる【寝そびれる】（自下一）レ・レ・レル・レル・レレ・レロ(レヨ) 眠る時機を失って眠れなくなる。「おそくまで騒いで—」

ね-そべ・る【寝そべる】（自五）ラ(ロ)・リ(ッ)・ル・ル・レ・レ のびのびと腹ばいになったり、体を横たえたりする。「長々と—」

ねた《俗》（「たね」の倒語）①新聞記事・小説・話題などの材料。「—を探す」「—不足」②料理などの材料。「すしの—」③証拠。「—があがる」④手品などの仕掛け。「—が割れる」

ね-だ【根太】《建》床板を打ちつけるために床下にわたす横木。「—板(=床板)を踏み抜く」⇒貫ぬき(さしえ)

ね-だい【寝台】しんだい。ベッド。

ね-たきり【寝た切り】病気・老衰などで長く寝たままで起きられないでいること。寝たっ切り。「—老人」

ねた・し【妬し】（形ク）《古》①憎らしい。いまいましい。しゃくにさわる。②ねたましいほどりっぱだ。

ねた-ば【◦寝刃】切れ味の鈍くなった刀剣の刃。

—を合あわす 刀の刃をとぐ。転じて、ひそかに悪事をたくらむ。

ね-たばこ【寝×煙草】寝床で寝ながらたばこを吸うこと。

ねたまし・い【妬ましい】（形）カロ・カッ(ク)・イ・イ・ケレ・○ 恵まれた状況にあこがれて、それを得ている人がうらやましく憎らしいほどである。「他人の成功が—」文ねたま・し（シク）⇒羨うらやましい「ちがい」

ねたみ【妬み】ねたむこと。うらやみ憎むこと。嫉妬しっと。

ねた・む【妬む】（他五）マ(モ)・ミ(ン)・ム・ム・メ・メ 他人の長所や幸運などをうらやみ憎んで、そうでなくなればよいと思う。「人の出世を—」

ね-だめ【寝△溜め】（名・自スル）睡眠不足になることを予測して、前もって十分な睡眠をとっておくこと。「休日に—する」

ね-だやし【根絶やし】①植物を根もとから全部取って、絶やすこと。ねきり。②すっかりなくしてしまうこと。「悪を—にする」

ねだ・る（他五）ラ(ロ)・リ(ッ)・ル・ル・レ・レ（甘えて、またはゆすって）むりに求める。せがむ。せびる。「小遣いを—」可能ねだ・れる（下一）

ね-だん【値段】価格。代価。あたい。「—が高い」

ね-ちが・える【寝違える】チガヘル（自下一）エ・エ・エル・エル・エレ・エロ(エヨ) 不自然な寝方をして、首や肩の筋を痛める。「首を—」文ねちが・ふ（下二）

ねちっこ・い（形）カロ・カッ(ク)・イ・イ・ケレ・○ くどい。しつこい。ねちねちしている。ねちこい。「—・く食い下がる」

ねち-ねち（副・自スル）①ねばねばしているさま。「手が—する」②性質や言動・態度などがしつこいさま。「—(と)からむ」

ねつ【熱】教4 ネツ あつい　十 坴 刲 埶 埶 熱

（字義）①あつい。温度が高い。「熱帯・熱風」②物をあたため、また焼いたり蒸したりする力。「火熱・加熱・焦熱・暑熱・余熱」③心が専一になる。全力で物事にうちこむ。興奮する。「熱狂・熱心・熱戦・熱中」④体温。また、体温が高くなること。「熱病・高熱・発熱・微熱」

ねつ【熱】①肌で感じる、あつさ。「—を発する」「—を加える」②平常より高い体温。「—が出る」「—を測る」③意気込み。物事に夢中になること。「投機—」「仕事に—が入る」④熱病。「猩紅しょうこう—」⑤《物》物体の温度を変化させるはたらきをするもの。「—エネルギー」

—が冷さめる 熱心さがうすれる。**—に浮うかされる** ①高熱のためにうわごとを言う。②熱中する。**—を上あげる** のぼせる。夢中になる。「人気歌手に—」

ねつ-あい【熱愛】（名・他スル）熱烈に愛すること。また、その愛情。「妻を—する」

ねつ-い【熱意】 ある物事への熱心な気持ち。熱烈な意気込み。「―を示す」「―に欠ける」

ねつ・い (形)(カロ・カッ(ク)・イ・イ・ケレ・○) ①しつこい。②熱心だ。ねばり強い。

ねつ-エネルギー【熱エネルギー】〘物〙熱をエネルギーの一形態と見なした場合の称。

ねつ-えん【熱演】(名・他スル)(芝居・音楽・演説などを)力のかぎり演じること。「主役を―する」

ねつ-かくはんのう【熱核反応】―(カクハンオウ)〘物〙水素などの原子核が、原子核反応により融合する現象。水素爆弾や恒星の核融合などがその例。核融合。

ネッカチーフ〈neckerchief〉首に巻いたり、頭をおおったりする、装飾・保温用のうすい布。

ねっ-から【根っから】(副)①もとから。生まれつき。「―の商売人」②まったく。「―知らない」 参考「ねから」ともいう。 用法 ②はあとに打ち消しや否定の表現を伴う。

ねつ-がん【熱願】―(グワン)(名・他スル)そうなることを熱心にねがうこと。また、そのねがい。「成功を―する」

ね-つき【寝付き】 眠りにつくこと。「―が悪い」↔寝覚め

ねっ-き【熱気】 ①熱い空気。「部屋に―がこもる」②高熱の気体。「―消毒」③ふだんより高い体温。熱気(ねっけ)。④興奮して高まった感情。「話が―を帯びる」「異様な―に包まれる」

ね-つぎ【根継ぎ】 柱などの、根もとの腐った部分を取り除き、新しい材木を継ぎ足すこと。

ねつ-ききゅう【熱気球】―(キキウ) 気球の中に、ガスバーナーで加熱膨張させた空気を送り込み、外気との比重差から生じる浮力を利用して飛行する気球。⇩気球

ねっ-きゅう【熱球】―(キウ) 野球などで、気合いのこもった投球。

ねっ-きょう【熱狂】―(キヤウ)(名・自スル)興奮し夢中になること。「サッカーの―的ファン」「コンサートに―する」

ネッキング〈necking〉たがいに抱き合って首すじから上にキスなどをすること。

ね-つ・く【寝付く】(自五)(カ(コ)・キ(イ)・ク・ク・ケ・ケ) ①眠りにつく。寝入る。「子供が―」②病気になって床につく。寝込む。「風邪で―」

ネック〈neck〉①首。②〈neckline から〉衣服のえりぐり。えりの線。「ブイ―」③〈bottleneck から〉物事を進める上での差し障り。隘路(あいろ)。障害。「資金不足が―になる」

―レス〈necklace〉首飾り。「真珠の―」

ね-づ・く【根付く】(自五)(カ(コ)・キ(イ)・ク・ク・ケ・ケ) ①移植した木や草花が根を張って育つ。根がつく。「苗木が―」②(比喩(ひゆ)的に)物事の基礎が固まる。ある物事が定着する。「議会政治が―」

ねつ-け【熱気】 →ねっき③

ね-つけ【根付〔け〕】 印籠(いんろう)・きんちゃく・たばこ入れなどのひもにつけて帯にはさむ細工物。さんご・水晶・象牙(ぞうげ)などで作る。

ねつ-けい【熱型】〘医〙(病気の診断に用いる)体温の変動を時間を追って記録した、体温グラフの類型。

ねっ-けつ【熱血】 血のわき返るような激しい意気。感動しやすく情熱的であること。「―漢(=情熱的に行動する男)」

ねつ-げん【熱源】 熱を供給するみなもと。「ガスを―とする」

ねっ-こ【根っ子】〘俗〙根。根もと。また、木の切り株。

ねっ-さ【熱砂】 ①日に焼けたあつい砂。夏 ②暑い砂漠。

ねつ-さまし【熱冷まし】 病気などのために高くなった体温を下げるのに用いる薬。解熱剤(げねつざい)。「―が効く」

ねっ-さん【熱賛・熱△讃】(名・他スル)熱烈にほめること。また、ほめたたえる言葉。絶賛。

ねっしゃ-びょう【熱射病】―(ビヤウ)〘医〙熱中症の一種。長時間高温多湿の場所にいて、体の熱を放散できないときに起こる病気。高熱とともに意識障害などを起こす。

ねっ-しょう【熱唱】―(シヤウ)(名・他スル)情熱をこめて歌うこと。「ステージで―する」

ねつ-じょう【熱情】―(ジヤウ) ある物事に対してもつ、いちずで熱心な気持ち。情熱。「―を傾ける」「―をこめる」

ねつ-しょり【熱処理】〘物〙金属を加熱・冷却して、その性質を変える操作。焼き入れ・焼きもどし・焼きなましなど。

ねっ-しん【熱心】(名・形動ダ)物事に深く心を打ち込むこと。また、そのさま。「仕事―」「―に話を聞く」

ねっ・する【熱する】(シ(セ・サ)・シ・スル・スル・スレ・シロ(セヨ)) 一(自サ変)①あつくなる。「湯が―」②熱中する。熱心になる。「―・しやすい性格」二(他サ変)あつくする。熱を加える。「油を―」文ねっ・す(サ変)

ねっ-せい【熱性】 ①熱しやすい性質。②高熱を出す性質。

ねっ-せい【熱誠】 情熱をこめたまごころ。

ねっ-せん【熱戦】 激しい勝負や試合。「―を繰り広げる」

ねっ-せん【熱線】 →せきがいせん

ねつ-ぞう【△捏造】―(ザウ)(名・他スル)実際にはないことを、あったかのように偽ってつくり上げること。でっち上げること。「データを―する」 参考 もとの読みは「でつぞう」。「ねつぞう」は慣用読み。

ねつぞう-こ【熱蔵庫】―(ネツザウ) 熱い料理を、高温のまま保存する箱型の器具。

ねっ-たい【熱帯】〘地〙気候帯の一つ。赤道を中心として南北回帰線(おのおの二三度二七分)の間の地帯。最も寒い月の平均気温がセ氏一八度以上の地帯。⇩温帯・寒帯

―うりん【―雨林】 熱帯の雨量が多い地域の森林。熱帯降雨林。熱帯多雨林。

―ぎょ【―魚】〘動〙熱帯に生息する魚類の総称。色彩が豊かで観賞用になるものが多い。グッピーなど。夏

―しょくぶつ【―植物】〘植〙熱帯に生育する植物の総称。ヤシやパイナップルなど。

―ていきあつ【―低気圧】〘気〙熱帯の洋上で発生する低気圧。台風・ハリケーン・サイクロンなどはそれが発達したもの。

―や【―夜】〘気〙最低気温がセ氏二五度以上の夜。

ねっ-ち【熱地】 ①暑さのきびしい地方。②熱帯地方。

ねっ-ちゅう【熱中】(名・自スル)ある一つの物事に心を集中すること。夢中になってすること。「釣りに―する」

―しょう【―症】―(シヤウ)〘医〙高温の環境のもとで、発汗や血液循環などの体温調節機能が破綻(はたん)して引き起こされる病気の総称。高温障害。 参考 熱中症のうち、強い直射日光を長時間受けたために起こるものを日射病、高温多湿のもとで体の熱を放散できずに起こるものを熱射病という。

ねっちり(副・自スル)粘りつくさま。性質や物言いなどがからみつくようにしつこいさま。「―(と)嫌みを言う」

ねつ-っぽ・い【熱っぽい】(形)(カロ・カッ(ク)・イ・イ・ケレ・○) ①熱があるようなようすだ。「体が―」②情熱的である。「―・く語る」

ねつ-でんどう【熱伝導】―(デンダウ)〘物〙熱が高温部から低温部へ物体内を移り伝わっていく現象。

ネット〈net〉①網。②㋐テニス・バレーボール・バドミントン・卓球などで、コートの中央に張る網。㋑ホッケー・サッカー・水球などで、ゴールポストに張る網。ゴールネット。③髪の乱れを防ぐために頭にかぶる網。ヘアーネット。④「ネットワーク」の略。「全国―で中継中」⑤「インターネット」の略。「―ショッピング」

―イン〈和製英語〉(名・自スル)テニス・バレーボール・卓球などで、球がネットにふれて相手方のコートにはいること。 参考 英語では net ball という。

―カフェ〈Internet cafe から〉インターネットに接続されたパソコンを利用できる喫茶店。インターネットカフェ。

―サーフィン〈net surfing〉インターネットで、興味の

赴くまま次々とウェブサイトを閲覧していくこと。

—プレー〈net play〉テニス・バレーボールなどで、ネットぎわでするプレー。

—ワーク〈network〉網の目のような組織。特に、テレビ・ラジオの連絡放送網や、複数のコンピューターを結ぶ通信網および伝送媒体など。ネット。「—を結ぶ」

ネット〈net〉正味。缶などの中身の重量。「—五〇グラム」

ねつ‐ど【熱度】①熱の高低の度合い。②熱心さの度合い。「学習への—が高まる」

ねっ‐とう【熱湯】タウ 煮え立った湯。煮え湯。「—消毒」

ねっ‐とう【熱△鬧】タウ 人が込み合って騒がしいこと。

ねっ‐とう【熱闘】双方が勝とうと懸命になり、見ているほうも力のはいる闘い。熱のこもった闘い。「—がくり広げられる」

ねっとり（副・自スル）粘りけがあるさま。「—(と)した油」

ねっ‐ぱ【熱波】夏、異常な暑さが何日も続く現象。「ヨーロッパを—が襲う」

ねっ‐ぱつ【熱発】病気などのために熱が出ること。発熱。

ねつ‐びょう【熱病】ビヤウ〔医〕異常に高い熱の出る病気の総称。マラリア・チフス・猩紅しょう熱など。

ねっ‐ぷう【熱風】熱気を含んだ風。「砂漠の—」夏

ねつ‐べん【熱弁】熱のこもった弁舌。情熱のこもった話し方。「—をふるう」

ねつ‐ぼう【熱望】バウ（名・他スル）熱心にのぞむこと。切望。「実験の成功を—する」

ね‐づよ・い【根強い】（形）カロ・カッ(ク)・イ・イ・ケレ・○ ①根がしっかり張っていて容易に動かない。ぐらつかない。「—・く残る迷信」②根気強い。執念深い。「—反対がある」文ねづよ・し(ク)

ねつ‐ようりょう【熱容量】ヨウリヤウ〔物〕物体の温度をセ氏一度高めるのに要する熱量。

ねつ‐らい【熱雷】〔気〕おもに夏季、地面の過熱による局地的な上昇気流が発生させた積乱雲に伴って生じる雷。夏

ねつ‐りきがく【熱力学】〔物〕物理学の一部門。熱と力学的仕事との関係、さらに熱現象に関する根本法則とその応用を研究する学問。

ねつ‐りょう【熱量】リヤウ ①〔物〕熱を量的にみた場合の呼び方。単位はジュールまたはカロリー。②熱意の度合い。「作者の大きな—が感じられる作品」

ねつ‐るい【熱涙】感動して流す涙。あつい涙。「—にむせぶ」

ねつ‐れつ【熱烈】（名・形動ダ）感情がたかぶって勢いが激しいこと。また、そのさま。「—な恋愛」「—なファン」

ねつ‐ろん【熱論】夢中で議論すること。熱を帯びた議論。

ね‐どい【根問い】ドヒ 根本まで突きつめて問いただすこと。根掘り葉掘り。

—葉問い こまごまと聞き出すこと。

ね‐どうぐ【寝道具】ダウグ →しんぐ

ね‐どこ【寝床・寝△所】①寝るための床とこ。「—をあげる」「—を敷く」②寝るための場所。寝室。「今夜の—を探す」

ねと‐つ・く（自五）カ(コ)・キ(イ)・ク・ク・ケ・ケ ねとねとする。ねばつく。

ねと‐ねと（副・自スル）粘りつくさま。「油で手が—(と)する」

ね‐とぼ・ける【寝△惚ける】（自下一）ケ・ケ・ケル・ケル・ケレ・ケロ(ケヨ) ねぼける。「—・けたことを言うな」文ねとぼ・く(下二)

ね‐とまり【寝泊(ま)り】（名・自スル）ある期間、泊まること。宿泊。「仕事場に—する」

ね‐と・る【寝取る】（他五）ラ(ロ)・リ(ッ)・ル・ル・レ・レ 他人の配偶者や愛人と肉体的な関係を結んで、自分のものにする。

ね‐なし【根無し】①根がついていないこと。②よりどころがないこと。根拠がないこと。

—かずら【—△葛】カツラ〔植〕ヒルガオ科のつる性一年草で、寄生植物。茎は針金状で黄色、葉は鱗片りんぺん状で小さく、葉緑素はない。夏から秋に穂状をした鐘形の白色の小花を開く。

—ぐさ【—草】①浮き草。②仕事や住所が常に変わって定着しないこと。また、漂って定まらない、確かなよりどころがないことのたとえ。「—の人生」

—ごと【—言】根拠のない話。つくりごと。

ね‐の‐くに【根の国】死者の行くという国。よみ。よみの国。

ねば【粘】①粘っこいこと。粘っこいもの。②→ねばつち

ネパール〈Nepal〉インド北部、ヒマラヤ山脈南面に位置する連邦民主共和国。首都はカトマンズ。

ねば・い【粘い】（形）カロ・カッ(ク)・イ・イ・ケレ・○ 粘りけが強い。文ねば・し(ク)

ねば‐つ・く【粘つく】（自五）カ(コ)・キ(イ)・ク・ク・ケ・ケ ねばねばする。

ねばっ‐こ・い【粘っこい】（形）カロ・カッ(ク)・イ・イ・ケレ・○ ①ねばねばしている。「口の中が—」②根気強く、あきらめない。「—・く追求する」

ねば‐つち【粘土】粘りけのある土。粘土ねんど。ねば。

ねば‐ねば 一（副・自スル）よく粘って離れにくいさま。「—(と)した液体」二（名）ねばねばするもの。「手についた—を取る」

ね‐はば【値幅】〔商〕取り引きで、二つの値段の差。特に、高値と安値の差。「—が大きい」

ねばり【粘り】①粘ること。粘る性質や程度。「—のある餅もち」②根気があること。「—勝ち」

—け【—気】①粘る力や性質。「—のある液体」②根気。

—ごし【—腰】①相撲で、腰の力が強くてなかなか倒れないこと。②勝負・交渉などで、粘り強いこと。

—づよ・い【—強い】（形）カロ・カッ(ク)・イ・イ・ケレ・○ ①粘りけが多い。②根気強い。「—・く交渉する」文ねばりづよ・し(ク)

ねば・る【粘る】（自五）ラ(ロ)・リ(ッ)・ル・ル・レ・レ ①やわらかで、べとつき、よく物につく。「ガムが—」②根気強くがんばる。「—・って同点に追いつく」「コーヒー一杯で閉店まで—」可能ねば・れる(下一)

ねはん【△涅△槃】〔仏〕①すべての煩悩ぼんのうを滅却した悟りの境地。②死ぬこと。特に、釈迦しゃかの死。入滅。入寂にゅうじゃく。

—え【—会】ヱ〔仏〕釈迦しゃかが入滅したという陰暦二月十五日（現在は三月十五日）に行う法会ほうえ。春

ね‐びえ【寝冷え】（名・自スル）寝ているうちに体が冷えて、風邪かぜをひいたり腹をこわしたりすること。夏

ね‐びき【値引(き)】（名・他スル）値段を安くすること。「商品を—して売る」

ね‐びき【根引(き)】（名・他スル）①木・草などを根のついたまま引き抜くこと。根こぎ。②遊女・芸者などを身請けすること。

ね・ぶ（自上二）（古）①年を取る。老ける。②大人びる。

ね‐ぶか【根深】「葱ねぎ」の別名。「—汁」冬

ね‐ぶか・い【根深い】（形）カロ・カッ(ク)・イ・イ・ケレ・○ ①根が深い。根が深くて抜けにくい。②根源が深い。原因が深く、容易に取り除けない。「—対立」文ねぶか・し(ク)

ね‐ぶくろ【寝袋】羽毛や合成繊維などを入れた袋状の寝具。シュラーフザック。シュラフ。

ね‐ぶそく【寝不足】寝足りないこと。睡眠不足。

ね‐ふだ【値札】値段を書いて商品につける札。値段札。

ネプチューン〈Neptune〉①ローマ神話の海神。ギリシャ神話のポセイドンと同一視される。②海王星。

ね‐ぶと【根太】〔医〕癤せつの一種。太ももやしりなどにできるはれもの。中心が赤くはれ、うみをもって痛みがひどい。固根かたね。

ね‐ぶみ【値踏み】（名・他スル）見積もって、おおよその値段を付けること。また、人の評価をすること。「古書の—をしてもらう」「—するように見る」

ねぶ・る【△舐る】（他五）ラ(ロ)・リ(ッ)・ル・ル・レ・レ なめる。しゃぶる。「あめを—」可能ねぶ・れる(下一)

ネフローゼ〈ドイツ Nephrose〉〘医〙腎臓の変性をきたす疾患の総称。特に、たんぱく尿・低たんぱく血症・浮腫・高コレステロール血症をきたす腎臓病をネフローゼ症候群という。

ね-ぼう【寝坊】バウ ― (名・自スル・形動ダ) 朝遅くまで寝ること。また、その人。朝寝坊。「―して会社に遅れる」

ね-ぼけ【寝△惚け】よく目の覚めていない状態。また、その人。

―まなこ【―眼】寝ぼけていて、ぼんやりした目。

ね-ぼ・ける【寝△惚ける】(自下一) ケ・ケ・ケル・ケル・ケレ・ケロ(ケヨ) ①目が覚めてからもまだぼんやりしている。また、目がはっきり覚めないままおかしなことをする。寝とぼける。「―・けた顔」「―・けてベッドから落ちる」「―・けたことを言うな」②色・形などがぼやけてはっきりしない。「―・けた色」文ねぼ・く(下二)

ねぼ-すけ【寝◇坊助】《俗》寝坊の人をあざけっていう語。

ねほり-はほり【根掘り葉掘り】(副) しつこく詮索するさま。こまごまと何もかも残らず。根問い葉問い。「―聞き出す」

ね-ま【寝間】寝る部屋。寝室。ねや。

ね-まき【寝巻〔き〕・寝間着】寝るときに着る衣服。

ねまち-の-つき【寝待ちの月】(月の出が遅いので、寝て待つ意) 陰暦十九日の夜の月。臥し待ちの月。寝待ち月。秋 ⇩立ち待ちの月・居待ちの月

ね-まわし【根回し】マハシ ― (名・自スル) ①移植などのために木のまわりを掘って、大きな根を切り詰めて細根を発生させておくこと。②物事がうまく運ぶよう、あらかじめ関係者に話をつけておくこと。「会議の前に十分―をする」

ね-まわり【根回り】マハリ ― 木の根のまわり。また、そこに植える草木。

ねみだれ-がみ【寝乱れ髪】寝ている間に乱れた髪。

ね-みみ【寝耳】睡眠中の耳。「―に聞く」

―に水 出し抜けのできごとにびっくりするさまのたとえ。

ねむ【×合歓】→ねむのき

ねむ・い【眠い】(形) カロ・カッ(ク)・イ・イ・ケレ・○ 眠りたい気持ちだ。眠たい。「疲れてひどく―」文ねむ・し(ク)

ねむ-け【眠気】眠くなる気分。眠りたい気持ち。「―を催す」

―ざまし【―覚〔ま〕し】眠けを覚ますこと。また、その方法。「―にコーヒーを飲む」

ねむた・い【眠たい】(形) カロ・カッ(ク)・イ・イ・ケレ・○ 眠い。文ねむた・し(ク)

ねむ-の-き【×合歓の木】〘植〙マメ科の落葉高木。山野に自生。葉は羽状複葉で、朝小葉が開き夜閉じる。材は器具用。樹皮は薬用。ねむ。(ねむの花 夏)

ねむら・す【眠らす】(他五) サ(ソ)・シ・ス・ス・セ・セ →ねむらせる

ねむら・せる【眠らせる】(他下一) セ・セ・セル・セル・セレ・セロ(セヨ) ①眠りにつかせる。「子供を―」②《俗》殺す。自ねむ・る(五)

ねむり【眠り】①眠ること。眠った状態。睡眠。「―につく」②(比喩的に)死ぬこと。永眠。「永久の―」③蚕が脱皮の前にしばらく桑を食べないで静止する状態。

―ぐさ【―草・×含羞草】「おじぎそう」の異称。

―ぐすり【―薬】①催眠剤。睡眠薬。②麻酔薬。

―びょう【―病】ビャウ 〘医〙嗜眠性脳炎の俗称。発熱・頭痛・睡眠状態が続く流行性脳炎。

ねむり-こ・ける【眠りこける】(自下一) ケ・ケ・ケル・ケル・ケレ・ケロ(ケヨ) ぐっすり眠る。正体なく眠り込む。「泥酔して―」

ねむり-こ・む【眠り込む】(自五) マ(モ)・ミ(ン)・ム・ム・メ・メ ぐっすり寝入る。熟睡する。「正体もなく―」

ねむ・る【眠る】(自五) ラ(ロ)・リ(ッ)・ル・ル・レ・レ ①一時的に心身の活動が休止し、目をとじて無意識の状態になる。②死ぬ。また、死んで葬られている。永眠する。「安らかにお―・りください」③物事が活動をやめた状態になる。また、活用されないままである。「地中に―資源」他ねむら・せる(下一) 可能ねむ・れる(下一)

表現

〔類語〕	▼寝入る・寝込む・寝つく・寝る・まどろむ・休む・床につく・船をこぐ・お休みになる・御寝なる
〔～する〕	▼安眠・快眠・仮睡・仮眠・午睡・昏睡・就寝・就眠・熟睡・熟眠・睡眠・冬眠・居眠り・うたた寝・こっくり・狸寝入り・ねんね・一寝入り・一眠り・昼寝
〔慣用〕	▼(～眠る)昏々と・正体もなく・死んだように・前後も知らず・大の字になって・泥のように・枕を高くして ▼〈擬声・擬態語〉うつらうつら・うとうと・ぐうぐう・ぐうすか・ぐっすり・すやすや
〔ことわざ〕	▼華胥の国に遊ぶ・果報は寝て待て・春眠暁を覚えず・白河夜船・盗人の昼寝・寝る子は育つ・宵っ張りの朝寝坊

ねめ-つ・ける【△睨め付ける】(他下一) ケ・ケ・ケル・ケル・ケレ・ケロ(ケヨ) 強くにらむ。にらみつける。「相手を―」文ねめつ・く(下二)

ね・める【△睨める】(他下一) メ・メ・メル・メル・メレ・メロ(メヨ) にらむ。強い目つきで見る。文ね・む(下二)

ね-もと【根元・根本】①根の部分。②こんぽん。もと。

ね-ものがたり【寝物語】同じ床で寝ながら話すこと。また、その話。

ね-や【△閨】寝室。寝間。多く、夫婦・男女の寝室をいう。

ね-ゆき【根雪】降り固まって、長い間、あるいは翌春までとけない雪。「―になる」冬

ねらい【狙い】ネラヒ ①弓や鉄砲などでねらうこと。「―を定める」②ねらう目当て。目標。意図や目的。「出題の―を考える」

―うち【―撃ち】(名・他スル) ①ねらいを定めて撃つこと。②(比喩的に)ある目標に焦点をしぼって行うこと。

―め【―目】①ばくちで、出てほしいと思うさいころの目。②ねらうのに適当なもの。また、ねらうための好機。「今が―だ」

ねら・う【狙う】ネラフ (他五) ワ(オ)・イ(ッ)・ウ・ウ・エ・エ ①(弾丸や矢などを)当てようと目標の位置を測り、放つ方角を定める。「的を―」②目当てのものを手に入れようと機会をうかがう。「社長の座を―」「すきを―」③目標・目的を定め、その達成を目指す。「優勝を―」「受けを―」可能ねらえ・る(下一)

ねり【練り・△煉り】①練ること。「―のよいきんとん」②「練り絹」の略。③「練り貫」の略。

ねり【練り・◇錬り】金属を焼いて鍛えること。

ねり-あ・げる【練り上げる】(他下一) ゲ・ゲ・ゲル・ゲル・ゲレ・ゲロ(ゲヨ) 十分に練ってよいものに仕上げる。「計画を―」文ねりあ・ぐ(下二)

ねり-ある・く【練り歩く・△邌り歩く】(自五) カ(コ)・キ(イ)・ク・ク・ケ・ケ 行列をつくり、ゆっくり調子をそろえて歩く。「みこしが町を―」

ねり-あわ・せる【練り合〔わ〕せる・△煉り合〔わ〕せる】アハセル ― (他下一) セ・セ・セル・セル・セレ・セロ(セヨ) 二種以上のものをこね混ぜて、均質のものにする。「薬を―」文ねりあは・す(下二)

ねり-あん【練〔り〕△餡・△煉〔り〕△餡】あずきなどを煮てつぶし、砂糖を混ぜて火にかけて、練ったあん。

ねり-いと【練〔り〕糸】せっけん・ソーダなどの溶液で煮て柔らかくした絹糸。白く光沢がある。

ねり-うに【練〔り〕×雲丹・△煉〔り〕×雲丹】塩漬けにしたウニの卵巣をすり、調味料を入れて練った食品。

ねり-え【練〔り〕餌・△煉〔り〕餌】エ ― ①ぬか・魚粉・菜っ葉などを練り混ぜた、小鳥のえさ。②ぬか・魚粉・麩などをうどん粉で練り固めた、魚釣りのえさ。

ねり-おしろい【練〔り〕×白粉・△煉〔り〕×白粉】粉おし

ろいにグリセリン・脂肪などを混ぜて、どろ状に練ったおしろい。

ねり-がし【練〔り〕菓子・煉〔り〕菓子】練り固めて作った菓子。ようかん・外郎・求肥など。

ねり-かた・める【練り固める・煉り固める】(他下一) 練ってかたくする。「でんぶんを水でー」[文]ねりかた・む(下二)

ねり-ぎぬ【練〔り〕絹】せっけん・ソーダなどの溶液で煮て柔らかにした絹布。練り糸で織った絹布。練り。↔生絹

ねり-きり【練〔り〕切り・煉〔り〕切り】(「練り切り餡」の略)白あんに求肥などのつなぎを加えて生地を練り、彩色・細工を施して四季の風物をデザインした生菓子。

ねり-ぐすり【練〔り〕薬・煉〔り〕薬】①(蜂蜜・水あめなどで)練り合わせた内服薬。②練り合わせて作った外用薬。

ねり-こう【練〔り〕香・煉〔り〕香】じゃこう・沈香などの香料の粉末に、アカニシ(=巻き貝の一種)の蓋を粉末にして加え、蜜で練り合わせたもの。たきもの。合わせ香。

ねり-せいひん【練〔り〕製品・煉〔り〕製品】魚肉を練って、加工した食品。かまぼこ・ちくわ・はんぺんなど。練り物。

ねり-なお・す【練り直す】(他五) ①もう一度練る。②もう一度念を入れて考え直す。「計画をー」

ねり-ぬき【練〔り〕貫】生糸をたて糸、練り糸をよこ糸として織った絹織物。練り。

ねり-はみがき【練〔り〕歯磨〔き〕・煉〔り〕歯磨〔き〕】歯みがき粉にグリセリン・香料などを練り合わせたもの。

ねり-べい【練〔り〕塀・煉〔り〕塀】練った土とかわらを交互に積み重ねて築き、上をかわらで葺いた塀。

ねりま-だいこん【練馬大根】〔植〕大根の一品種。もと、東京の練馬で多くつくられた、太い円筒形の大根。[冬]

ねり-もの【練〔り〕物・煉〔り〕物】①餡などを練り固めた菓子類や練り製品。②練り固めて作った珊瑚や宝石の模造品。

ねり-もの【練〔り〕物・邌〔り〕物】祭礼などに練り歩く、山車や仮装行列など。

ねり-ようかん【練〔り〕羊羹・煉〔り〕羊羹】餡と寒天を混ぜて練り固めたようかん。

ネル「フランネル」の略。[夏]

ねる【寝る】(自下一) ①眠る。「ぐっすりー」②体を横にして休息する。臥す。横になる。「ねたまま本を読む」③病床に臥す。「風邪でねている」④性的関係を持つ。⑤商品・資本が動かないで、利を生まずにいる。「資金がー」⑥麹が熟成する。[他]ねか・す(五) ね・せる(下一) [文]ぬ(下二)

ねた子を起こす おさまっている問題をわざわざ取り上げて波風を立てる。いらないことをする。**ねても覚めても** いつも。四六時中。始終。「ー野球のことしか頭にない」

尊敬語	謙譲語	丁寧語
お休みになる 休まれる	○	寝ます 休みます

ね・る【練る・邌る】(自五) 行列を整えてゆっくり歩く。「行列がー・り歩く」[可能]ね・れる(下一)

ね・る【練る】(他五) ①粉状の物を液体と混ぜてよくこねる。「そば粉をー」②詩文や計画などを念入りに作っていく。「構想をー」③修養や訓練などを積む。「人格をー」④絹をせっけん・ソーダ・灰汁などの液につけ、熱を加えて柔らかにする。「絹をー」[自]ね・れる(下一) [可能]ね・れる(下一)

ね・る【練る・煉る】(他五) ①火にかけてこね固める。「餡をー」②こね返して粘らせる。「飯粒をー」③皮をなめす。「皮をー」[自]ね・れる(下一) [可能]ね・れる(下一)

ね・る【練る・錬る】(他五) ①金属を焼いて鍛える。また、精錬する。「鉄をー」②心身を鍛える。学問・技芸をみがく。「技をー」[可能]ね・れる(下一)

ネルー〈Jawaharlal Nehru〉(一八八九〜一九六四)インドの政治家。ガンディーの民族運動に協力し、一九四七年インド独立とともに初代首相に就任。著書「インドの発見」など。ネール。

ね・れる【練れる】(自下一) ①練った状態になる。②(人格・技術が)円熟する。「ー・れた人物」[他]ね・る(五)

ね-わけ【根分け】(名・他スル) 根を分けて移し植えること。また、そのような植物の増やし方。「菊のー」[春]

ね-わざ【寝技・寝業】①柔道・レスリングなどで、寝た姿勢で行う技の総称。↔立ち技 ②(比喩的に)政治などの舞台裏で行われる駆け引き・工作。「政界のー師と呼ばれる」

ね-わす・れる【寝忘れる】(自下一) 寝ていて時のたつのに気づかなくなる。寝過ごす。[文]ねわす・る(下二)

ね-わら【寝藁】家畜などの寝床にするために敷くわら。

ねん【年】[教1] ネン とし

(字義) ①とし。一二か月。「年月・凶年・去年・今年・昨年・豊年」②としごとの。年代順の。「年鑑・年表・年俸」③よわい。生まれてからのとし。また、経過した期間。「年輪・年齢・少年・青年・中年」④みのる。みのり。「祈年祭」[難読]年魚・年次・年増 [人名]かず・すすむ・ちか・と・とせ・ね・みのる

-ねん【年】(接尾) 年数・年齢・学年を表す語。「令和五ー」「中学三ー」

ねん【年】①とし。一年。元日から大晦日までの期間。地球が太陽を一巡する期間。「ーに一度の祭り」②年季奉公の期間。「ーが明ける」

ねん【念】[教4] ネン おもう

(字義) ①おもう。おもい。「念頭・念慮・観念・思念・執念・信念・通念」②気をつける。注意する。「丹念・入念」③深く思う。心にかたくおぼえて忘れない。「念願・念力・記念・専念」④となえる。「念誦・念仏」⑤(「廿」と「念」の音が同じ(nian)であるところから)二〇。「念五日(=二五日)」[人名]むね

ねん【念】①心に抱いている気持ち。「憎悪のーに燃える」②よく気をつけて注意すること。「ーを入れる」③〔古〕望み。希望。

ーには念を入れよ 注意した上にも、なおいっそうの注意を払え。**ーのため** 確かなものとするために。いっそう注意を促すために。「ー、もう一度言います」**ーを押す** 間違いのないよう、重ねて確かめる。「必ず持ってくるようー」

ねん【捻】ネン㊥・ジョウ(デフ) ひねる

(字義) ①ひねる。つまんでねじる。「捻挫・捻出」②つまむ。③こねる。[難読]捻子

ねん【粘】ネン㊥・デン ねばる㊥

(字義) ねばる。ねばり。ねばねばする。「粘液・粘性・粘着・粘土・粘膜」

ねん【然】(字義) →ぜん(然)

ねん【稔】(字義) →じん(稔)

ねん【燃】[教5] ネン・ゼン もえる・もやす・もす

(字義) もえる。もやす。火をつけて焼く。「燃焼・燃料・可燃性」

ねん【鮎】(字義) →でん(鮎)

ねん-あき【年明き】年季が終わること。また、その奉公人。

年季明け。年明け。

ねん-いちねん【年一年】(副) 一年一年。一年ごとに。年がたつにつれて。「—(と)力がつく」

ねん-いり【念入り】(形動ダ)ダロ・ダッ(デ・ニ)・ダ・ナ・ナラ・○ 細かく注意を払ってするさま。「—に化粧をする」 文(ナリ)

類語 入念・丹念・丁寧

ねん-えき【粘液】粘りけのある液体。

—しつ【—質】《心》ヒポクラテスの体液説に基づく気質の四分類の一つ。感じ方が鈍く活気に乏しいが、忍耐や粘り強さのある気質。⇩多血質・胆汁質・憂鬱(ゆううつ)質

ねん-おう【年央】アウ 一年の中ごろ。

ねん-おし【念押し】(名・自他スル) 相手に十分に確かめること。念を押すこと。「危険がないか—する」

ねん-が【年賀】新年の祝賀。「—の客」新年

—じょう【—状】ジャウ 年賀の書状や葉書。賀状。新年

ねん-がく【年額】金額・生産高などの一年間の総計。

ねん-がっ-ぴ【年月日】グワッ (ある事が行われる、または行われた)年と月と日。「生まれた—」

ねんがら-ねんじゅう【年がら年中】ネンヂュウ (副) 一年じゅう。いつも。年百年中。「—仕事が忙しい」「—家にいない」

ねん-かん【年刊】一年に一度刊行すること。また、その出版物。

ねん-かん【年間】①一年の期間。一年間。「—計画」②ある年代の間。「元禄(げんろく)—」

ねん-かん【年鑑】一年間の事件・文化・統計・情勢などを記載した年刊の刊行物。イヤーブック。「美術—」「統計—」

ねん-がん【念願】グワン (名・他スル) いつも心にかけて願うこと。また、その願い。「—がかなう」「平和を—する」

ねん-き【年忌】《仏》人の死後、毎年めぐってくる祥月(しょうつき)命日。祥月忌日。また、その回数を示す語。回忌。「七—」

ねん-き【年季】①雇い人などを使う約束の年限。一年を一季とする。「—を入れる(=長年その仕事にうちこむ)」「—のはいった(=長年修練を積んだ)腕前」②「年季奉公」の略。

—あけ【—明け】→ねんあき

—ぼうこう【—奉公】年限を決めてする奉公。

ねん-き【年期】①一年を単位とする期間。年限。②年季。

ねん-きゅう【年休】キウ 「年次有給休暇」の略。

ねん-きゅう【年給】キフ 一年を単位として定めた給料。年俸。

ねん-きん【年金】ある一定の期間または終身にわたり、毎年定期に支給される一定の金。国民年金や厚生年金など。

ねん-きん【粘菌】アメーバのように運動する動物に似た性質と、胞子で繁殖する植物に似た性質をあわせ持つ原生生物。

ねん-ぐ【年貢】①昔、領主が農民に課した租税。②明治時代以降、小作料。冬

—の納(おさ)め時(どき) ①悪事をはたらいていた者が、捕らえられて罰を受けるべき時期。②物事に見切りをつけ、観念するとき。

—まい【—米】年貢として納める米。冬

ねん-げつ【年月】としつき。歳月。「長い—をかける」

ねんげ-みしょう【△拈華×微笑】ミセウ 《仏》心から心に伝えること。以心伝心。おもに禅宗で使われる語。参考 釈迦(しゃか)が花を拈(ひね)って人々に示したとき、弟子の摩訶迦葉(まかかしょう)だけがその意味を解してにっこりほほえんだという故事による。

ねん-げん【年限】年を単位として定めた期限。「修業—」

ねん-こう【年功】①多年の功労。②長年の熟練。

—じょれつ【—序列】年齢や勤続年数に応じて、地位や賃金が決まること。「—制度」

ねん-ごう【年号】ガウ 年につける呼び名。元号。昭和・平成・令和など。参考 日本では六四五年に「大化」と号したのが最初。

ねんごろ【懇ろ】(形動ダ)ダロ・ダッ(デ・ニ)・ダ・ナ・ナラ・○ ①親切で丁寧なさま。手厚いさま。「—にもてなす」②親しく仲よくし合うさま。また、情を通じ合うさま。「—になる」文(ナリ)

ねん-ざ【捻挫】(名・自他スル)《医》手や足などの関節をねじってくじくこと。「足首を—する」

ねん-さん【年産】一年間の生産高・産出高。「—三万台」

ねん-し【年始】①年のはじめ。年初。年頭。新年 ⇔年末 ②新年を祝うこと。また、その挨拶(あいさつ)。年賀。「—回り」新年

ねん-し【年歯】(「歯」も年の意)年齢。よわい。

ねん-し【△撚糸】単糸を二本以上合わせてよりをかけること。また、その糸。「—機」

ねん-じ【年次】①(年を追って)一年ごと。毎年。年間。「—計画」②年度。「入社—」③年の順序。長幼の順序。

—ゆうきゅうきゅうか【—有給休暇】イウキフキウカ 勤続年数・出勤日数によって年度ごとに定められた有給休暇。労働基準法に規定がある。年次休暇。年休。

ねん-しき【年式】自動車などの製造年による型式。

ねん-じゅ【念珠】《仏》数珠(じゅず)。ずず。ねんず。

ねん-じゅ【念△誦】(名・他スル)《仏》心に念じて、口に仏の名や経文を唱えること。ねんず。

ねん-じゅう【年中】ヂュウ ■(名) 一年の間。年中(ねんちゅう)。「—無休」■(副) たえず。いつも。「—忙しい人」

—ぎょうじ【—行事】ギャウジ →ねんちゅうぎょうじ

ねん-しゅう【年収】シウ 一年間の収入。「平均—」

ねん-しゅつ【捻出・△拈出】(名・他スル) ①ひねりだすこと。苦労して考えだすこと。「解決案を—する」②金銭などをやりくりしてだすこと。「費用を—する」

ねん-しょ【念書】後日の証拠になるよう、念のために書いて、相手にわたす書面。「—を取る」

ねん-しょ【年初】年のはじめ。年始。年頭。新年

ねん-しょう【年少】セウ (名・形動ダ) 年の若いこと。年下であること。また、その人。「—者」「—の友」⇔年長

ねん-しょう【年商】シャウ 商売による一年間の売上高。

ねん-しょう【燃焼】セウ (名・自スル) ①物がもえること。物質が急激に酸化して熱と光を発する現象。「不完全—」②(比喩(ひゆ)的に)情熱や活力などをすべて傾けて、その事をすること。「青春のエネルギーを—させる」

ねん・じる【念じる】(他上一) ジ・ジ・ジル・ジル・ジレ・ジロ(ジヨ) ①深く心に思う。心にとめて願う。「成功を—」②神仏の名や経文などを心中で唱える。「仏を—」語源 サ変動詞「ねんずる」の上一段化。

ねん・ず【念◦珠】→ねんじゅ(念珠)

ねん-すう【年数】としのかず。「—を経る」

ねん・ずる【念ずる】(他サ変) ジ(ゼ)・ジ・ズル・ズル・ズレ・ジロ(ゼヨ) →ねんじる 文ねん・ず(サ変)

ねん-せい【粘性】①ねばりけ。②《物》運動している流体の部分部分が異なる速度で流れる場合に、その部分部分が速度を一様にしようとして生じる抵抗。気体は粘性が小さい。

ねん-たい【粘体】固体と液体の中間の性質を持つ、粘性の非常に大きい流体。飴(あめ)・糊(のり)などの類。

ねん-だい【年代】①紀元から順に数えた年数。「—順」②時の流れを大きく区分した一定の期間。時代。「昭和—」「一九九〇—」③世代。ジェネレーション。「同—」④経過した長い年月。「—を経た品」

—き【—記】年代順に史実を書いた書物。クロニクル。

—もの【—物】長い年月を経て、価値があるとされるもの。

時代物。「ーの壺」

ねん-ちゃく【粘着】(名・自スル) ねばりつくこと。「ーテープ」

―りょく【―力】 ねばりつく力。「ーが強い」

ねん-ちゅう【粘△稠】チウ (名・形動ダ) ねばりけがあって密度が濃いこと。また、そのさま。「ーな液体」

ねんちゅう-ぎょうじ【年中行事】ギヤウジ 毎年しきたりとして行われる一定の行事。年中行事。

ねん-ちょう【年長】チヤウ (名・形動ダ) 年齢が上であること。また、その人。「ー者」「彼は私より三歳ーです」↕年少

ねん-てん【捻転】(名・自他スル) ねじれて方向の変わること。また、ねじって方向を変えること。「腸ー」

ねん-ど【年度】 事務上の便宜のため、特定の月を起点として立てた一年の期間。多く四月から三月まで。年次。「会計ー」

―がわり【―替〔わ〕り】ガハリ 年度の移行する時期。春

ねん-ど【粘土】《地質》石英・長石、または鉱物が風化作用で分解してできたねばりけのある土。非常に微細な粒からなり、耕作には適さない。かわら・陶磁器などの原料。粘土。

ねん-とう【年頭】 年のはじめ。年始。年初。「ー所感」新年

ねん-とう【念頭】 心。胸のうち。考え。思い。「ーを去らない(=心から離れない)」

―に置く 記憶にとどめて心がけておく。「安全を念頭に置いて作業する」

ねん-ない【年内】 その年のうち。「ー無休」冬

ねん-な・し【念なし】(形ク)《古》①残念だ。くやしい。無念だ。②意外だ。思いがけない。③たやすい。容易だ。

ねんね ■一(名・自スル)(幼児語) 寝ること。「ーの時間」■二(名) ①赤ん坊。②(謙遜や軽蔑の意をこめて)大きくなっても幼稚で世間知らずなこと。「いつまでたってもーだ」

ねんねこ 背負った子供をおおうようにして着る綿入りのはんてん。ねんねこばんてん。冬

ねん-ねん【念念】《仏》①その刹那刹那。一瞬間。②その刹那ごとにおこる思い。

ねん-ねん【年年】(副) 毎年。年ごと。「ーにぎやかになる」

―さいさい【―歳歳】(副) 毎年毎年。くる年もくる年も。「ー盛んになる」

ねん-ぱい【年配・年輩】 ①年のころ。年のほど。「四〇ーの男」「同ーの人」②世間のことによく通じた年ごろ。中年。「ーの紳士」③年上。年かさ。「彼女は私よりいくつかーだ」

ねん-ばらい【年払い】バラヒ ①一年分をまとめて一度に払うこと。②→ねんぷ(年賦)

ねん-ばらし【念晴らし】 執念または疑念を晴らすこと。

ねんばん-がん【粘板岩】《地質》堆積岩の一種。粘土が石英などとまじってできた、黒色で硬い岩石。薄板状にはげやすい。スレート・石盤・すずりなどの原料。

ねん-ぴ【燃費】 一定の仕事をするのに必要な燃料の量。自動車では燃料一リットルに対する走行距離。「ーのいい車」

ねんびゃく-ねんじゅう【年百年中】ネンヂユウ (副) →ねんがらねんじゅう

ねん-ぴょう【年表】ペウ 歴史上の主要なできごとを年代順に記した表。「日本史のー」

ねん-ぷ【年賦】 返済や納付などの金額を一年一年に割り当てて払うこと。年払い。「ーで返済する」

ねん-ぷ【年譜】 個人の一生の経歴などを年代順に記したもの。「作家のーを見る」

ねん-ぶつ【念仏】《仏》仏、特に阿弥陀仏の名号を唱えること。「ーを唱える」

―ざんまい【―三昧】《仏》一心不乱に念仏を唱えること。念仏を唱えて雑念を払い、心を統一すること。

―しゅう【―宗】《仏》阿弥陀仏の名号を唱えて極楽往生を願う宗派。浄土宗・浄土真宗・時宗など。

ねん-ぽう【年俸】 一年を単位として定めた俸給。年給。

ねん-ぽう【年報】 年度の経過を記した報告。一年ごとに出す定期の報告。また、報告書。

ねん-まく【粘膜】《生》消化管や気道の内壁および体腔の内面をおおうやわらかい膜。粘液を分泌する。「胃のー」

ねん-まつ【年末】 年の暮れ。歳末。冬↕年始

―ちょうせい【―調整】テウセイ 年末に所得税納税額の過不足を精算すること。

ねん-ゆ【燃油】 燃料とする油。「ーサーチャージ(=燃油特別付加運賃)」

ねん-よ【年余】 一年以上。一年あまり。「ーにわたる調査」

ねん-らい【年来】(名・副) 何年も前から。長年。「ーの望みがかなう」

ねん-り【年利】《商》一年単位で決めた利率。年利率。「ー五パーセント」⇩日歩・月利

ねん-りき【念力】 いっしんに思いをこめることによって生じる精神力。祈りの力。「思うー岩をも通す」

ねん-りつ【年率】 一年を単位にして計算した比率や利率。

ねん-りょ【念慮】 思いめぐらすこと。また、その思い。思慮。

ねん-りょう【燃料】レウ 熱などを得るために燃やす材料。ガス・石油・石炭など。「固体ー」「液体ー」

―でんち【―電池】 水素やアルコールなどの燃料と酸素とを化学反応させて電気を得る発電装置。「ー自動車」

ねん-りりつ【年利率】 →ねんり

ねん-りん【年輪】 ①《植》木材の横断面に現れた同心円状の線。材の組織が、春から夏に形成されるものは質があらく、夏から秋には緻密になるのでその境が一年ごとにしま模様となり、その植物の成長のようすを表す。②(比喩的に)積み重ねられた成長・変化などのあとを示すもの。築き上げた歴史。「ーを感じさせる風貌」

〔ねんりん①〕

ねん-れい【年齢】 生まれてから経過した年数。

参考 **年齢の異称** 一五歳ー志学 二〇歳ー弱冠 三〇歳ー而立 四〇歳ー不惑 五〇歳ー知命 六〇歳ー耳順 七〇歳ー従心

類語 年・齢・春秋・馬齢・還暦・華甲・古希・喜寿・傘寿・半寿・米寿・卒寿・白寿・上寿・万寿・幼年・幼少・弱年・未成年・成年・妙齢・壮年・中年・初老・老年・老境・晩年・老い先

―そう【―層】 一定幅の年齢によって区分けした階層。

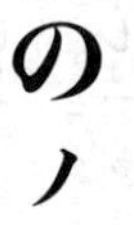

五十音図「な行」の第五音。「の」は「乃」の草体。「ノ」は「乃」の部分。

の【野】 ①広い平地。野原。「あとはーとなれ山となれ(=あとはどうなってもかまわない)」②(他の名詞に付けて接頭語的に用いて)「野生の」「田舎の」「粗野な」などの意を表す。「ー菊」「ー育ち」「ーだいこ」

の ■一(格助)《中心義—あとにくる語の内容に前にくる語の内容を付加し、意味を限定するはたらきをする》①連体修飾

語を示す。㋐所有・所属を示す。「君ー本」㋑所在・場所を示す。「九州ー人」「門ー前」「論理上ー欠陥」㋒性質・形状・材料を示す。「黄色ー旗」「麻ーハンカチ」㋓程度を示す。「少しー辛抱」「遠くーほう」㋔時間・数量を示す。「現在ー状態」「七羽ー鳥」㋕領域を示す。「友人ー一人」㋖目的を示す。「外出ー支度」㋗対象を示す。「計画ー実行」②(述語が連体修飾語になる場合の)述語が表す内容の、主語であることを示す。…が。「人ーいない島」「色ー薄い着物」③(多く助動詞「ようだ」「ごとき」に連ねて)㋐比べられるものを示す。「リンゴーほっぺ」㋑不確かな断定の内容を示す。「彼は休みーようだ」㋒例を示す。「君ーように本ばかり読んでいる者は」④体言と同じ資格のもの(準体言)をつくる。「新しいーがよい」「僕の席はここ、君ーはそこ」⑤並列の意を表す。「どうーこうー理屈を言う」「行くー行かないーとだだをこねる」㊁(終助)①疑問・問いかけを表す。「どこへ行くー」②軽い断定を表す。「とても静かなー」「もういいー」[用法]㊀は体言、用言・助動詞の連体形、助詞「から」「だけ」などに付く。㊁は用言・助動詞(「う」「よう」「まい」を除く)の連体形に付く。[参考]㊀④の「の」を準体助詞あるいは形式名詞とする説もある。⑤の「の」を並立助詞とする説もある。④の「の」で、「君ののは」のように「の」が重なるときは一つが省略され、「君のは」となることが多い。「だ」「です」「で」などに連なるときは、「いやなんです」のように「ん」となることがある。なお、㊀②は、述語が連体修飾語になる場合、および体言に準じる資格をつくる助詞「の」を伴う場合に用いられる。

の‐あそび【野遊び】(名・自スル)野に出て遊び楽しむこと。また、昔貴族などが、野で狩りをしたこと。[春]

ノア‐の‐はこぶね【ノアの◦方舟・ノアの箱舟】(ノア(Noah)は、旧約聖書「創世記」洪水伝説中の主人公)人類の堕落に怒って大洪水を起こそうとした神のお告げを受けて、ノアがつくった方形の船。この箱舟に妻子やつがいの動物を伴って乗りこみ、難をのがれたので人類は滅びなかったという。

の‐あらし【野荒[ら]し】①野または農作物を荒らすこと。また、それをする人や動物。②「いのしし」の別称。

ノイズ〈noise〉騒音。雑音。特に、テレビ・ラジオなどの電気的雑音。「ーがはいる」

の‐いばら【野×薔薇・野茨】〔植〕バラ科の落葉低木。山野に自生。茎にとげが多く、葉は互生し羽状複葉で、裏面に細い毛がある。初夏に白または淡紅色の花を開く。花は香料の原料。果実は利尿薬用となる。はないばら。のばら。[夏]

ノイローゼ〈ドイ Neurose〉〔医〕主として、精神的な原因によって起こる神経機能の疾患。神経症。

のう【悩】【惱】 ノウ(ナウ)㊥ なやむ㊥・なやます㊥

(字義)なやむ。思いわずらう。なやます。心を苦しめる。なやみ。「悩苦・悩殺・懊悩・苦悩・煩悩」

のう【納】 [教6] ノウ(ナフ)・ナッ㊥・ナ[高]・ナン[高]・トウ(タフ)㊥ おさめる・おさまる・いれる

(字義)①いれる。内にいれる。受けいれる。「納得・納受・嘉納」②とりこむ。しまう。「納棺・納骨・収納」③さしあげる。おさめる。「納金・納税・奉納」[難読]納言・納所・納豆・納屋・納戸 [人名]おさむ・とも・の・のり

のう【能】 [教5] ノウ あたう・よく

(字義)①あたう。できる。「可能」②はたらき。仕事をなしとげる力。「能力・技能・才能・知能」③ききめ。はたらきの力。「効能・放射能」④よくする。うまくできる。「能筆・能弁・堪能」⑤能楽のこと。「能面・演能・田楽能」⑥わざ。「芸能」⑦「能登の国」の略。「能州」[難読]能平 [人名]たか・ちから・とう・の・のり・ひさ・みち・むね・やす・よき・よし

のう【能】①仕事をなしとげる力。はたらき。能力。「ーなし」②うまくできること。得意なこと。「律儀に勤めるだけがーではない」③効き目。「ー書き」④「能楽」のこと。「ー舞台」

ー**ある鷹は爪を隠す** 実力のあるものはそれをやたらにひけらかさないというたとえ。ー**がない** ①能力がない。「文句を言うしかー」②くふうが足りない。「嘆くばかりではー」

のう【脳】【腦】 [教6] ノウ(ナウ)

(字義)①のうずい。のうみそ。「脳漿・脳髄・小脳・大脳」②頭のはたらき。精神の作用。「脳裏・頭脳・洗脳」③あたま。「脳天」④草木のしん。「樟脳」⑤肝心なもの。「首脳」

のう【脳】ナウ ①〔生〕頭蓋の中にある、神経組織でみたされた乳白色のやわらかい物質。大脳・脳幹・小脳に分けられ、意識・神経のはたらきをつかさどる。②頭のはたらき。

のう【農】 [教3] ノウ

(字義)①田畑を耕作すること。たがやして穀物や野菜を作る。「農業・農耕」②耕作する人。農民。「農家・豪農・自作農・貧農・老農」[人名]あつ・たか・たみ・とき・とよ・なる・の・みのり

のう【農】①農業。農耕。②農家。農民。「士ー工商」

のう【濃】 ノウ㊥ こい㊥・こまやか

(字義)①こい。こまやか。密なこと。厚くてこってりした。はなはだしい。「濃厚・濃密・濃霧」↔淡 ②「美濃の国」の略。「濃州・濃尾」[難読]濃絵・濃餅 [人名]あつ・あつし・の

のう【△膿】〔医〕はれもの・傷などが化膿して生じるうみ。

のう ㊀(感)人に呼びかける語。「ー、ばあさんや」㊁(終助)感動を表す。…ねえ。…なあ。「よくがまんしたー」[参考]方言または古風な口調の語。㊀は「△喃」と書くこともある。

のう‐いっけつ【脳△溢血】ナウ →のうしゅっけつ

のういん【能因】(九八八―一〇五〇?)平安中期の歌人。三十六歌仙の一人。出家後各地を旅して歌を詠んだ。数寄の歌僧として逸話に富む。家集「能因法師集」、選歌集「玄々集」など。

のう‐えん【脳炎】ナウ〔医〕脳に起こる炎症性の病気。化膿性脳炎や日本脳炎などがある。

のう‐えん【農園】ヱン おもに野菜・果樹などを栽培する農場。

のう‐えん【濃艶】(形動ダ)ダロ・ダッ(デ)・ニ・ダ・ナラ・◯ なまめかしく美しいさま。あでやかで色っぽいさま。「ー姿」[文](ナリ)

のう‐か【農家】農業によって生計を立てている所帯。また、その家族が住んでいる家。「専業ー」

のう‐かい【納会】ナフクワイ ①長く続いた仕事などが終わったあとの慰労や反省の会。特に、その年、または年度の最後の会合。おさめ会。「剣道部のー」②〔経〕取引所で、毎月の最後の立ち会い。十二月のものは大納会という。↔発会

のう‐がき【能書[き]】①薬などの効能書き。②自分の能力・長所などを吹聴する言葉。「ーをならべる」

のう‐がく【能楽】日本の古典芸能の一つ。室町時代に、観阿弥・世阿弥が猿楽・田楽などを発展させ、集大成してできた舞をともなう歌劇。能。「ー堂」

のう‐がく【農学】農業に関することを研究する学問。

のう‐かすいたい【脳下垂体】ナウ →かすいたい

のう‐かん【納棺】ナフクワン(名・他スル)遺体を棺に納めること。

のう‐かん【脳幹】ナウ〔生〕脳の、大脳と小脳を除いた部分。脳の最もたいせつなところ。間脳・中脳・延髄などの総称。

のうかん-き【農閑期】 農事のひまな時期。↔農繁期

のう-き【納期】(ナフ) 商品や税金などを納め入れる期日・期限。

のう-き【農期】 農業のできる時期。特に、農作業がいそがしいとき。農繁期。

のう-きぐ【農機具】 農作業に使う機械や器具。

のう-きょう【納経】(ナフキヤウ)（名・自スル）〔仏〕追善供養(くよう)のために、経文を写して寺社に奉納すること。また、その経文。

のう-きょう【農協】(ケフ) 「農業協同組合」の略。

のう-きょう【△膿胸】〔医〕胸膜腔(きょうまくくう)にうみのたまる病気。化膿性胸膜炎。

のう-ぎょう【農業】(ゲフ) 土地を利用して穀類・野菜・果樹などを作ったり家畜を飼ったりして、人間生活に有用なものを生産する産業。広義には農畜産物加工や林業を含む。

—きょうどうくみあい【—協同組合】(ケフドウクミアヒ) 農業者による協同組合。組合員の経済的な扶助を目的とし、共同販売・共同購買・施設の共同利用・貯金の受け入れ・貸し付けなどを行う。農協。JA

のう-きょうげん【能狂言】(キヤウゲン) ①能楽と狂言。②能楽と能楽との間に演ずる狂言。

のう-きん【納金】(ナフ)（名・自他スル）金銭を払い納めること。また、その金銭。「会費を一括でーする」

のう-ぐ【農具】 農作業に使う器具。くわ・かま・すきなど。

のう-げい【農芸】 ①農業と園芸。②農事に関する事項や技術。「ー化学（=化学的方面から農業生産を研究する学問）」

のう-げか【脳外科】(ナウゲクワ)〔医〕脳・脊髄(せきずい)・神経などの病気を手術によって治療する外科の一分野。脳神経外科。

のう-けっせん【脳血栓】(ナウ)〔医〕脳動脈に生じた血のかたまり。また、そのために脳の血管がつまる病気。脳血栓症。

のう-こう【農工】 ①農業と工業。②農民と工員。「ー民族」「ー社会」

のう-こう【農耕】(カウ) 田畑を耕して作物を作ること。農作。

のう-こう【濃厚】（形動ダ）ダロ・ダッ(デ・ニ)・ダ・ナ・ナラ・○ ①濃いさま。こってりしているさま。「ーなスープ」↔淡泊 ②可能性や気配が非常に強く感じられるさま。「疑いがーだ」③愛情表現が情熱的であるさま。「ーなラブシーン」図（ナリ）

のう-こうそく【脳梗塞】(ナウカウソク)〔医〕脳血栓などにより脳内の血流がさまたげられ、その部分の組織が壊死(えし)する病気。

のう-こつ【納骨】(ナフ)（名・自他スル）①火葬した遺骨をつぼなどに納めること。②骨つぼを、墓・納骨堂などに納めること。

—どう【—堂】(ダウ) 遺骨を納める堂。

のう-こん【濃紺】 濃い紺色。「ーのスーツ」

のう-さい【能才】 事をするのに、十分な才能があること。また、その才能を持った人。

のう-さい【納采】(ナフ) 結納(ゆいのう)を取りかわすこと。「ーの儀」参考 現在は、皇族の場合にいう。

のう-さぎ【野△兎】〔動〕ウサギ科の哺乳(ほにゅう)動物。本州・九州・四国の山地にすむ。夏毛は茶褐色、冬毛はやや白くなるものがある。ニホンノウサギ。山うさぎ。冬

のう-さぎょう【農作業】(サゲフ) 農作物を作る仕事。

のう-さく【農作】 田畑を耕して作物を育てること。農耕。

—ぶつ【—物】 田畑で栽培されるもの。参考「のうさくもつ」ともいう。

のう-さつ【納札】(ナフ)（名・自スル）寺・神社に参拝して祈願などのために札をおさめること。また、そのおさめた札。

のう-さつ【悩殺】(ナウ)（名・他スル）大いに悩ますこと。特に、性的魅力などで相手の心をひきつけ、かき乱すこと。

のうさん-ぶつ【農産物】 農業によって作られる生産物。穀物・野菜・家畜など。

のうし【×直衣】(ナホシ) 平安時代以降、貴族の日常服。形は袍(ほう)に似るがやや短い。位による色の規定はなく、「雑袍(ざっぽう)」ともいわれる。冠(かんむり)または烏帽子(えぼし)をつけ、袴(はかま)は指貫(さしぬき)をつける。

〔直衣〕

のう-し【能士】 才能のある人。役に立つ人。

のう-し【脳死】(ナウ)〔医〕脳の機能が停止し、回復不可能となること。人の死の判定の基準とする考えもある。

のう-じ【能事】 なすべき事。しとげるべきわざ。「ー終われり（=なすべきことはすべてなした）」

のう-じ【農事】 農業に関する仕事や事柄。「ー暦」

のう-じつ【△曩日】(ナウ)（「曩」は以前の意）さきごろ。先日。昔。以前。

のう-しゃ【納車】(ナフ)（名・自他スル）自動車を購入者に納入すること。「新車をーする」

のう-しゃ【農舎】 ①農家。いなかや。②農業の収穫物を処理する小屋。

のう-しゅ【△嚢腫】(ナウ)〔医〕分泌物が中にたまって袋状となった腫瘍(しゅよう)。良性のものが多い。

のう-じゅ【納受】(ナフ)（名・他スル）①受けおさめること。受け付けること。②神仏などが願いごとを聞き入れること。

のう-じゅう【△膿汁】(ジフ)〔医〕うみ。うみしる。

のう-しゅく【濃縮】（名・他スル）液体を煮つめるなどして濃くすること。「ージュース」

—ウラン〔化〕天然ウラン中の核燃料になるウラン二三五の比率を人工的に多くしたもの。濃縮ウラニウム。

のう-しゅっけつ【脳出血】(ナウ)〔医〕脳内の血管が破れて脳組織内に出血する病気。脳溢血(のういっけつ)。脳内出血。

のう-しゅよう【脳腫瘍】(ナウシユヤウ)〔医〕脳にできる腫瘍の総称。頭痛・吐き気・視力障害などを起こす。

のう-しょ【能書】 文字を上手に書くこと。また、その人。一般に毛筆の文字についていう。能筆。のうじょ。「ー家」

—筆(ふで)を選(えら)ばず 字の上手な人は筆の良否を問題にしない。参考 類似のことば—弘法(こうぼう)筆を選ばず

のう-しょう【脳△漿】(ナウシヤウ)〔生〕脳内のすきまを満たす液。

のう-しょう【農相】(シヤウ) 「農林水産大臣」の略称。農水相。

のう-じょう【農場】(ヂヤウ) 農業経営に必要な土地や設備をもつ一定の場所。

のう-じょう【△嚢状】(ナウジヤウ) 袋のような形。袋状。

のう-しんけい【脳神経】(ナウ)〔生〕脳から直接出ている末梢(まっしょう)神経。一二対からなり、迷走神経が内臓に分布するほかは、頭部・頸部(けいぶ)の感覚・運動をつかさどる。

のう-しんとう【脳震△盪】(ナウシンタウ)〔医〕頭部に打撃などを受け、一時的に意識を失う状態。多くは短時間で回復する。

のう-ずい【脳髄】(ナウ)〔生〕脳。

のうすい-しょう【農水省】(シヤウ) 「農林水産省」の略。

のうすい-しょう【農水相】(シヤウ) 「農林水産大臣」の略称。

のう-せい【脳性】(ナウ) 脳に関係があること。「ー麻痺(まひ)」

のう-せい【農政】 農業に関する行政・政策。

のう-ぜい【納税】(ナフ)（名・自スル）税金を納めること。

のう-せきずい【脳脊髄】(ナウ)〔生〕中枢神経系の脳と脊髄の併称。

—まく-えん【—膜炎】〘医〙細菌やウイルスなどの侵入によって起こる髄膜の炎症。髄膜炎。脳膜炎。

のうぜん-かずら【×凌霄花・×紫葳】〘植〙ノウゼンカズラ科の落葉つる性木本。中国原産。葉は対生し羽状複葉。夏に橙黄色、漏斗状の五弁花を開く。夏

のう-そ【△曩祖】(「曩」は昔の意)先祖。祖先。

のう-そっちゅう【脳卒中】〘医〙脳の血液循環の急激な障害によって起こる症状。にわかに意識を失って倒れ、手足の運動障害や言語障害などを起こす。脳出血・くも膜下出血・脳梗塞などによって起こる場合が多い。卒中。

のう-そん【農村】大部分の人が農業を生業としている村。

のう-たん【濃淡】色や味などの濃いことと、薄いこと。

のう-ち【農地】作物の栽培を行うための土地。

—かいかく【—改革】〘日〙農地制度を改革すること。特に、第二次世界大戦後に行われた日本の農地制度の改革。不在地主の全貸し付け地と在村地主の一定割合以上の貸し付け地を国が強制的に買収し、小作農に安く売り渡して(=農地解放)自作農を創設した。

のう-ちゅう【脳中】頭の中。心の中。脳裏。

のう-ちゅう【△嚢中】①袋の中。②財布の中。所持金。

—の錐 すぐれた才能の人物は、衆人の中にまじっていてもたちまち頭角を現すことのたとえ。【故事】古代中国で趙の平原君が人材を求めたとき、ふだん目立たない毛遂が自薦したので、平原君が「有能の士は袋の中にある錐と同じで、その先端はすぐ外に現れるものだ」というと、毛遂が「では、私を袋に入れてごらんなさい」と答えたことからいう。〈史記〉

のう-てい【△嚢底】袋の底。特に、財布の底。

のう-てん【脳天】頭のてっぺん。「—から声を出す(=かん高い声を出す)」

のう-てんき【能天気・能転気】(名・形動ダ)あまり深く物事を考えずのんきなこと。また、調子がよく軽はずみなさま。「—な男」参考「脳天気」とも書く。

のう-ど【農奴】〘世〙中世ヨーロッパの封建社会において領主に隷属した農民。奴隷とは異なり、家族を構成し財産を私有したが、移転・転業は禁じられ賦役と貢租を負担した。

のう-ど【濃度】〘化〙溶液や混合気体などの一定量中における各成分の量。濃さの度合い。「空気中のガスの—」

のう-どう【能動】自分の意志・力でみずから活動すること。また、自分から他に働きかけること。↔受動

—たい【—態】〘文法〙動作・作用をするものを主語にして言うとき、述語の動詞がとる形。たとえば、「子が親にしかられる」の「しかられる」を受動態というのに対して、「親が子をしかる」の「しかる」を能動態という。↔受動態

—てき【—的】(形動ダ) ダロ・ダッ(デ・ニ)・ダ・ナ・ナラ・○ 自分から他に働きかけるさま。「—に行動する」↔受動的

のう-どう【農道】農作業のために田畑の間に設けた道。

のう-ない【脳内】①脳の内部。「—出血」②頭の中。自分の考え・思考の中。「—で昨日の出来事を再現する」

のう-なし【能無し】なんの才能もなく、役に立たないこと。また、そのような人。

のう-なんかしょう【脳軟化症】〘医〙脳動脈が閉塞して、脳の組織が壊死し軟化する病気。

のう-にゅう【納入】(名・他スル)物や金を納め入れること。「—期限」「会費を—する」

のう-のう(副・自スル)心配や気がねをしないでのんびりしているさま。のんきにしているさま。「—と暮らす」

のう-は【脳波】〘医〙脳の神経細胞から出る電流の変化を記録した波形。脳の診断に用いる。

ノウ-ハウ〈know-how〉①産業上の有用な方法と、その実行に必要な知識・経験。技術情報。②一般に、物事のやり方。「節税の—」参考「ノーハウ」ともいう。

のうはん-き【農繁期】農事の忙しい時期。↔農閑期

のう-ひ【能否】できるかできないか。能力があるかないか。

のう-ひつ【能筆】文字を上手に書くこと。達筆。また、その人。能書。「—家」↔悪筆

のう-びょう【脳病】〘医〙脳に関する病気の総称。

のう-ひん【納品】(名・自他スル)品物を納入すること。また、その品物。「期日までに—する」

—しょ【—書】売り主が買い主に商品を引き渡すときに添える内訳明細書。

のう-ひんけつ【脳貧血】〘医〙脳の血液循環が悪くなって起こる機能障害。めまいや吐き気がして、一時的に意識が薄れることもある。

のう-ふ【納付】(名・他スル)役所などに金銭や物品を納め渡すこと。「税金を—する」

のう-ふ【農夫】①農業に従事する男性。百姓。農民。②農事にやとわれる人。

のう-ふ【農婦】農業に従事する女性。

のう-ぶたい【能舞台】能楽を演じる舞台。四本の太柱にかこまれ、奥行き四間半(約八メートル)、間口三間(約五・五メートル)の板張り。舞台の後方に囃子座、舞台に向かって右手に地謡座、左手に橋懸かりがある。

のう-ぶん【能文】文章の上手なこと。「—家」

のう-へい【納幣】神に幣帛や供物を奉ること。また、その幣帛や供物。

のう-へい【農兵】①ふだんは農業を行い、事ある際には兵士となるもの。②幕末期、諸藩が農民から徴集して編制した軍隊。また、その兵。

のう-べん【能弁・能△辯】(名・形動ダ)話が上手でよくしゃべること。また、そのさま。「—家」↔訥弁

のう-ほう【農法】農作の技術。農業の方法。

のう-ほう【△膿△疱】〘医〙うみがたまっている水疱。

のう-ほう【△嚢胞】〘医〙体の組織内にできる、分泌液がたまった袋状のもの。

のう-ぼく【農牧】農業と牧畜。

のう-ほん【納本】(名・自他スル)注文先などに出版物を納めること。

のうほん-しゅぎ【農本主義】農業を国の産業の基本とする考え方。「—者」

のう-まく【脳膜】〘生〙脳を包む薄い膜。

—えん【—炎】→のうせきずいまくえん

のう-みそ【脳味△噌】「脳」の俗称。脳髄。転じて、知力。「—をしぼる(=できるだけの知恵をめぐらす)」

鏡の間 橋懸かり 奉行窓 三の松 二の松 一の松 楽屋 後座 切戸口 囃子座 常座 舞台 地謡座 脇座 白州 見所(地裏) 見所(脇正面) 見所(正面)

〔のうぶたい〕

のう-みつ【濃密】(形動ダ) ダロ・ダッ(デ・ニ)・ダ・ナ・ナラ・○ 濃くてこまやかなさま。色合いや密度の濃いさま。「—な味」「—な関係」文(ナリ)

のう-みん【農民】 農業によって生計をたてている人。百姓。

—いっき【—一△揆】 →ひゃくしょういっき

のう-む【農務】 ①農業の仕事。②農業に関する政務。

のう-む【濃霧】 濃く深いきり。「—注意報」秋

のう-めん【能面】 能楽を演じるとき使う仮面。おもて。「—のような顔(=無表情な顔。また、端麗な顔立ちのたとえ)」

こおもて はんにゃ おきな

〔のうめん〕

のう-やく【農薬】《農》農業用の薬品。殺虫剤・殺菌剤・除草剤など。「無—野菜」「—を散布する」

のう-やくしゃ【能役者】 能楽を演じる役者。能楽師。

のう-よう【△膿瘍】(ヤウ)—《医》皮下組織・臓器内など、身体の一部にうみのたまる状態。

のう-らん【悩乱】(ナウ)—(名・自スル) 苦悩して心が乱れること。

のう-り【能吏】 有能な役人。

のう-り【脳裏・脳△裡】(ナウ)— 頭の中。心の中。「—をかすめる」

のう-りつ【能率】 一定の時間にできる仕事の割合。「—が悪い」「—的に仕事をする」

—きゅう【—給】(キフ) 作業量や出来高に応じて支給する給与。↔生活給

のう-りゅうさん【濃硫酸】(リウサン)—《化》濃度が九〇パーセント以上の硫酸。市販品は九六パーセント、比重一・八三。

のう-りょう【納涼】(ナフリヤウ) 暑さを避けて、涼しさを味わうこと。涼み。「—船」夏

のう-りょく【能力】 ①学問・仕事などをなしうる力。「運動—」「—を発揮する」②《法》法律上、一定の事柄について必要とされる資格。「責任—」

—きゅう【—給】(キフ) 個人の能力に応じて支給する給与。

のう-りょく【濃緑】 こい緑色。黒ずんだ緑色。

のう-りん【農林】 農業と林業。「—行政」

—すいさん-しょう【—水産省】(シヤウ)— 中央行政官庁の一つ。農林・畜産・水産行政の事務を扱う。外局に林野庁・水産庁がある。農水省。

のうろう-がん【△膿漏眼】《医》淋菌(りんきん)によって起こる急性の化膿性結膜炎。目が赤くはれ、うみが出る。風眼(ふうがん)。

ノエル〈フランス Noël〉クリスマス。聖誕祭。

ノー〈no〉■(名) ①否定。否認。反対。「採決の結果は—だ」↔イエス(yes) ②(接頭語的に用いて)禁止、または「…が無い」「…がいらない」の意を添える。「—ネクタイ」■(感) いいえ。↔イエス(yes)

ノー-アウト〈no out〉 野球で、無死。ノーダン。

ノー-カウント〈和製英語〉 競技などで、得点・失点の計算に加えないこと。点数にならないこと。

ノー-カット〈和製英語〉 映画フィルムなどで、検閲や上映の都合によって削除された部分のないこと。「—で上映する」

ノー-ゲーム〈和製英語〉 試合が無効になること。特に野球で、五回終了前に続行不可能になった場合の、無効試合。

ノー-コメント〈no comment〉 そのことに関しては、いっさい説明や意見を言わないの意。「その件については—だ」用法 理由や事情の説明を避けるときに使う。

ノー-サイド〈no side〉 ラグビーで、試合終了のこと。

ノー-スモーキング〈no smoking〉 禁煙。

ノー-スリーブ〈和製英語〉 そでのない衣服。そでなし。スリーブレス。「—のブラウス」

ノー-タイム〈和製英語〉 ①競技などで、中断ののちの試合再開のこと。②囲碁・将棋で、応じ手に時間をかけないこと。

ノー-タッチ〈和製英語〉 ①無関係であること。かかわり合いにならないこと。「その問題には—だ」②触れないこと。特に野球で、ボールを持った野手が走者や塁に触れていないこと。

ノー-ダン〈和製英語〉 野球で、無死。ノーアウト。参考 no と down とを合わせた語。英語では no out という。

ノート〈note〉■(名) ①覚え書き。注釈。②(「ノートブック」の略)帳面。筆記帳。■(名・他スル) 書きとめること。筆記。「—をとる」

—パソコン 本体・キーボード・ディスプレーが一体化した、「ノート■②」のように折りたためる小型のパソコン。

—ブック〈notebook〉 →ノート■②

ノー-ハウ〈know-how〉 →ノウハウ

ノー-ヒット-ノーラン〈米 no hit no run〉 野球で、一人の投手が完投し、相手チームを無安打・無得点におさえること。参考 英語ではふつう no-hitter または no-hit game という。

ノーブル〈noble〉(形動ダ) ダロ・ダッ(デ・ニ)・ダ・ナ・ナラ・○ 気品のあるさま。高貴なさま。「—な顔立ち」

ノーベル-しょう【ノーベル賞】(シヤウ)— スウェーデンの化学者ノーベル(Nobel 一八三三～一八九六)の遺志により、その遺産をもとに一八九六年に設けられた賞。毎年、物理学、化学、生理学・医学、文学、経済学および平和事業の各分野で最も貢献した人々に贈られる。

ノー-マーク〈和製英語〉 ある特定の人に対して、注意・警戒をしていないこと。「—の選手」

ノーマライゼーション〈normalization 標準化〉 障害者や高齢者などが社会で等しく普通の生活を送れるようにすること。また、そのような福祉の考え方。ノーマリゼーション。

ノーマル〈normal〉(形動ダ) ダロ・ダッ(デ・ニ)・ダ・ナ・ナラ・○ 標準の状態であるさま。正常であるさま。「—な考え方」↔アブノーマル

ノー-メーク〈和製英語〉 化粧していないこと。ノーメイク。

ノー-モア〈no more〉 二度と繰り返さない、もうたくさんだの意。「—ヒロシマ」

の-がい【野飼い】(ガヒ)—(名・他スル) 家畜・家禽(かきん)を野放しで飼うこと。放し飼い。「—の牛」

の-がけ【野駆け・野掛け】 ①花見・紅葉狩りなどをして山野を遊び回ること。のがけ遊び。春 ②野点(のだて)。

のが・す【逃す】(他五) サ(ソ)・シ・ス・ス・セ・セ ①にがす。「チャンスを—」②(動詞の連用形の下に付いて)…しないで終わる。…しそこなう。「見—」「聞き—」自のが・れる(下一) 可能のが・せる(下一)

の-かぜ【野風】 野を吹く風。

のが・れる【逃れる・△遁れる】(自下一) レ・レ・レル・レル・レレ・レロ(レヨ) ①危険・不快な状態などから離れ去る。「迫害から—」「難を—」②なすべきことやわずらわしいことをしなくてすむようにする。「責任を—」他のが・す(五) 文のが・る(下二)

のき【軒】 屋根の下端の、建物の外に張り出した部分。「—を並べる(=家が建ち並ぶ)」「—を連ねる(=家が密集している)」

のぎ【△芒】《植》イネ科植物の実の殻にある、針に似た突起。

の-ぎく【野菊】《植》①山野に咲く菊。秋 ②→よめな

のき-さき【軒先】 軒のはし。家の軒のすぐそば。家の前。

のき-した【軒下】 軒の下になる所。「—で雨やどりをする」

のき-しのぶ【軒忍】《植》ウラボシ科のシダの一種。樹皮・岩石の表面や古い家の軒などに生える。しのぶ草。秋

ノギス〈ドイツ Nonius（＝副尺）から〉物の厚さや外径・内径を精密に測る器具。

〔ノギス〕

のき-たけ【軒丈・軒◦長】軒の高さ。

のき-どい【軒△樋】ドヒ― 軒先につけ、屋根の雨水を受けて流すとい。

のき-なみ【軒並〔み〕】㊀(名) 家々の軒が並び続いていること。軒ならび。㊁(副) どれもこれも。どこもかしこも。「―(に)値上げする」

のき-ならび【軒並び】→のきなみ㊀

のき-ば【軒端】①軒のはし。②軒に近い所。のきばた。

のぎ-へん【ノ木偏・△禾偏】漢字の部首名の一つ。「秋」「称」などの「禾」の部分。

のき-みせ【軒店】通りに面した軒下に設けた店。

の・く【◦退く】(自五) カ(コ)・キ(イ)・ク・ク・ケ・ケ ①場所をあけて、ほかへ移る。どく。「そこを―・いてほしい」②役職などから離れる。しりぞく。「社長職を―」他の・ける(下一) 可能の・ける(下一)

の-ぐそ【野△糞】《俗》野外で排便すること。また、その便。

ノクターン〈nocturne〉〔音〕夜の叙情的な気分を表現する楽曲。ピアノ曲に多い。夜想曲。

のぐちひでよ〔野口英世〕（一八七六～一九二八）細菌学者。福島県生まれ。幼児期のやけどをきっかけに医学を志した。アメリカなどに留学し、細菌学や血清学を学び、梅毒菌などの研究で世界的名声を得たが、アフリカで黄熱病研究中に感染し死亡。

のけ-ざま-に【◦仰け様に】(副) あおのけに。あおむけに。「―倒れる」

のけ-ぞ・る【◦仰け反る】(自五) ラ(ロ)・リ(ツ)・ル・ル・レ・レ 体があおむけにそる。「ボールを―・ってよける」

のけ-もの【◦除け者】仲間はずれの人。「―にされる」

の・ける【◦退ける・◦除ける】(他下一) ケ・ケ・ケル・ケル・ケレ・ケロ(ケヨ) ①そこにあっては邪魔なものを、よそへ移す。片づける。取り去る。除く。「落下物を―」②(動詞の連用形＋助詞「て」の下に付いて) ㋐みごとにやりとげる。「やって―」㋑困難なことをあえてする。「面と向かって言って―」自の・く(五) 文の・く(下二)

のこ【△鋸】「のこぎり」の略。「丸―」「糸―」

のこ-ぎり【△鋸】うすい鋼板のふちに多くの歯が付いていて、材木などを引き切る道具。のこ。「電動―」「―で引く」

――そう【―草】サウ〔植〕キク科の多年草。茎は円形。葉は細長く縁にのこぎりの歯のようなぎざぎざがある。夏に紫紅色または白色の花を開く。観賞用。若芽は薬用。羽衣草。夏

のこ-くず【△鋸△屑】クヅ― のこぎりで材木を切ったときに出る粉状の木のくず。のこぎりくず。おがくず。

のこ・す【残す・◦遺す】(他五) サ(ソ)・シ・ス・ス・セ・セ ①人や物などをそのままの状態でとどめておく。「留守番を―」「昔の面影を―遺跡」②去ったあとに、何かを置いたままにしておく。「証拠を―」「財産を―」③余す。余らせる。「あと二日を―のみ」「おかずを―」④後世に伝える。「名を―」⑤相撲などで、踏みこらえて持ちこたえる。「体たいを―」自のこ・る(五) 可能のこ・せる(下一)
参考「遺す」は②④で用いることが多い。

のこっ-た【残った】(土俵内に安全に残っているの意)相撲で、まだ勝負が決まっていないときに行司の発する掛け声。

のこ-のこ(副)(都合が悪いような場に)不用意に、または平気で出てくるさま。「よくも―(と)顔を出せたものだ」

のごめ-へん【ノ米偏・△釆偏】漢字の部首名の一つ。「釈」「釉」などの「釆」の部分。

のこら-ず【残らず】(副) 全部。みんな。「話は―聞いた」

のこり【残り】残ること。また、残ったもの。「―わずか」

――が【―香】去ったあとまで残るその人の香り。のこりか。

――の-つき【―の月】明け方まで空に残っている月。残月。のこんの月。

――び【―火】燃え残った火。消え残った火。

――もの【―物】あまりもの。残ったもの。「―には福がある（＝人が先に取って残したものにはかえっていいものがある）」

のこり-おお・い【残り多い】オホイ―(形) カロ・カッ(ク)・イ・イ・ケレ・○ 残念である。心残りである。なごり惜しい。文のこりおほ・し(ク)

のこり-おし・い【残り惜しい】ヲシイ―(形) カロ・カッ(ク)・イ・イ・ケレ・○ 残念だ。くやしい。なごり惜しい。文のこりを・し(シク)

のこ・る【残る】(自五) ラ(ロ)・リ(ッ)・ル・ル・レ・レ ①他がそこからなくなったあとまで、そこにとどまる。「家に一人―」「あとに―・った家族」②事が終わったあとにもなくならずある。「記憶に―」「金が―」「たくさん料理が―」③後世に伝わる。「歴史に名が―」④相撲などで、相手のしかけた技わざにたえて踏みとどまる。「土俵際でよく―・った」他のこ・す(五) 可能のこ・れる(下一) 参考③は「◦遺る」とも書く。⇩余る「ちがい」

のこん-の【残んの】(連体)(「のこりの」の音便)なくならず残っている。「―雪」

のさき-の-つかい【◦荷◦前の使い】ツカヒ― 平安時代、年末に朝廷から諸陵墓に供物くもつを奉るためにつかわされた使者。

のさば・る(自五) ラ(ロ)・リ(ッ)・ル・ル・レ・レ いばって、ほしいままにふるまう。勢力をふるう。「悪が―世の中」可能のさば・れる(下一)

の-ざらし【野△晒〔し〕】①野外で風雨にさらすこと。また、さらされたままのもの。②風雨にさらされ白骨化した頭蓋ずがい骨。しゃれこうべ。されこうべ。どくろ。

のざらしきこう〔野ざらし紀行〕ノザラシキカウ 江戸前期の俳諧紀行文。松尾芭蕉ばしょう作。一六八七（貞享四）年ごろ成立。貞享元年八月、江戸を出て、伊賀・大和やまと・近江おうみ・尾張おわりなどを経て江戸に帰るまでの道中記。別名「甲子吟行かっしぎんこう」。

の-ざわ【野沢】ザハ― 野にある沢。水がたまって水草の生えた所。

のざわ-な【野沢菜】ノザハ―〔植〕アブラナ科の越年草。葉・根ともに漬物にする。長野県野沢地方を中心とする信州の特産。

のし【△熨・×熨斗】①「火熨斗ひのし」の略。②「熨斗鮑のしあわび」の略。③四角い紙を細長い六角形に折ったもの。贈答品に添える。もと、その中に「のしあわび」を入れたのでこの名がある。

――を付ける 喜んで進呈する。

のし【◦伸し】①伸ばすこと。②日本式泳法で、体を横にのばし、あおり足で泳ぐもの。横泳ぎ。

の-じ【野路】ヂ― 野中のみち。のみち。

のし-あが・る【◦伸し上がる】(自五) ラ(ロ)・リ(ッ)・ル・ル・レ・レ 地位などが急にあがる。一挙に他をしのいで出世する。「業界一に―」

のし-ある・く【◦伸し歩く】(自五) カ(コ)・キ(イ)・ク・ク・ケ・ケ いばった態度で歩く。のさばり歩く。「わがもの顔で―」

のし-あわび【×熨斗△鮑】アハビ― アワビの肉をうすく切り、のばして干したもの。もと、儀式用のさかなに用い、のち進物に添えた。のし。新年

のし-うめ【×熨斗-梅】菓子の一種。熟した梅をすりつぶし、砂糖・くず粉をまぜて煮て平たくのばして固めたもの。

のし-かか・る【◦伸し掛〔か〕る】(自五) ラ(ロ)・リ(ッ)・ル・ル・レ・レ ①体をのばして上からおおいかぶさる。「相手に―」②責任や負担などが強くかかる。「重圧が―」

のし-がみ【×熨斗-紙】のしや水引が印刷してある紙。贈答品の上にかけて用いる。「―をかける」

のし-がわら【×熨斗-瓦】ガハラ―〔建〕棟むねを積むために用いる短冊型の平瓦。

のし-のし(副)→のっしのっし

のし-ぶくろ【×熨斗-袋】のしや水引がかけてある、または、印刷してある紙袋。金銭を入れて贈るときに用いる。

のし-め【×熨斗-目】練り貫(ぬき)の一種。江戸時代の武士の礼服用。無地で腰のあたりにしまを織り出したもの。

のし-もち【◦伸し餅】長方形に、平らにのばしたもち。冬

の-じゅく【野宿】(名・自スル) 野外で宿泊すること。野営。

の・す【◦伸す】サ(ソ)・シ・ス・ス・セ・セ ━(自五) ①地位・成績などが伸びる。発展する。「業界で急速に—」②遠くに出かける。さらに足をのばす。「銀座まで—」━(他五) ①のばし広げる。「もちを—」②(布地などのしわを)熱を加えてのばす。「アイロンでしわを—」③《俗》なぐり倒す。うちのめす。可能 の・せる(下一)

の-ずえ【野末】ズヱ 野のはし。野のはて。

ノスタルジア〈nostalgia〉望郷心。郷愁。ノスタルジー。

ノズル〈nozzle〉気体や液体などの流動体を噴出させる装置の筒先。筒口。吹き口。

の・せる【乗せる】(他下一) セ・セ・セル・セル・セレ・セロ(セヨ) ①乗り物に乗るようにさせる。「駅までタクシーに—」↔降ろす ②だましたり、おだてたりして、相手を自分の思うように行動させる。「おだてに—」③調子にうまく合わせる。「リズムに—」④事がうまく運ぶようにする。「スケジュールに—」⑤(電波などの)伝達手段を通して流す。「電波に—・せて流す」⑥仲間に入れる。参加させる。「一口—」自 の・る(五) 文 の・す(下二) ⇩「使い分け」

の・せる【載せる】(他下一) セ・セ・セル・セル・セレ・セロ(セヨ) ①ある物の上に他の物を置く。「網棚にかばんを—」「荷を貨車に—」②記事として出す。掲載する。「新聞に小説を—」自 の・る(五) 文 の・す(下二) 参考 ①は「乗せる」とも書く。⇩「使い分け」

使い分け「乗せる・載せる」

「乗せる」は、本来は「車に乗せる」「船に乗せる」「馬に乗せる」などと、乗り物に人を乗らせる意として使われるが、転じて、「調子に乗せる」「口車に乗せる」などと、だましたりして自分の思うような状態にする意や、「電波に乗せる」などと、伝達手段を通して流す意としても使われる。

「載せる」は、「机の上に本を載せる」「トラックに荷物を載せる」などと、ある物の上に他の物を積む意で使われるほか、「新聞に記事を載せる」「雑誌に広告を載せる」などと、紙面に掲載する意にも使われる。

のぞか・せる【△覗かせる・△覘かせる】(他下一) セ・セ・セル・セル・セレ・セロ(セヨ) ①他人にそれとわかるようにちょっと見せる。「えりからスカーフを—」「下心を—」②相撲で、相手のわきに手がかかるくらいに、浅く差す。「左の腕(かいな)を—」文 のぞか・す(下二)

のぞき【△覗き・△覘き】①のぞくこと。②「のぞきめがね」の略。

—からくり【—×機関】→のぞきめがね①

—み【—見】(名・他スル) こっそりとのぞいて見ること。「戸のすきまから—する」

—めがね【—眼鏡】①箱の中に絵を入れ、仕掛けでそれが変わるように作り、箱の前方のレンズからのぞかせる装置。のぞきからくり。②→はこめがね

のぞき-こ・む【△覗き込む】(他五) マ(モ)・ミ(ン)・ム・ム・メ・メ 中をよく見ようと首をのばす。顔を近寄せてよく見る。「穴の中を—」

のぞ・く【除く】(他五) カ(コ)・キ(イ)・ク・ク・ケ・ケ ①そこにあるものをなくする。とりのける。「路上の落下物を—」②ある範囲の中に入れないようにする。除外する。「日曜日を—・いて」「未成年者を—」③(罪のある者やじゃまな者などを)殺す。可能 のぞ・ける(下一)

類語 のける・どける・取り除く・はねのける・除去する・除外する・排除する・撤去する・一掃する・払拭(ふっしょく)する・淘汰(とうた)する

のぞ・く【△覗く・△覘く】カ(コ)・キ(イ)・ク・ク・ケ・ケ ━(他五) ①小さいすきまから見る。「顕微鏡を—」②高い所から身を乗りだして見る。「谷底を—」③相手に気づかれないように見る。うかがい見る。「人の秘密を—」④ほんの一部分だけを見る。ちょっと立ち寄る。「展覧会を—」可能 のぞ・ける(下一) ━(自五) 一部分だけが外に現れている。「ポケットからハンカチが—」

の-そだち【野育ち】しつけなどされず、放任されて育つこと。また、そのように育った人。

のそ-のそ(副・自スル) 動きが鈍く、ゆっくりと行動するさま。「カメが—(と)歩く」

のぞまし・い【望ましい】(形) カロ・カツ(ク)・イ・イ・ケレ・○ そうあってほしい。願わしい。「規則的な生活が—」文 のぞま・し(シク)

のぞみ【望み】①こうありたいという願い。希望。願望。「大きな—をいだく」②先の見込み。可能性。「成功の—がある」

のぞ・む【臨む】(自五) マ(モ)・ミ(ン)・ム・ム・メ・メ ①面する。目の前にする。「海に—部屋」②統治者・支配者として人々に対する。「厳しい態度で部下に—」③ある場所・会合などに出る。その時にぶつかる。対する。「式に—」「試験に—」④あることに直面する。「緊急事態に—」「死に—」可能 のぞ・める(下一)

のぞ・む【望む】(他五) マ(モ)・ミ(ン)・ム・ム・メ・メ ①遠くから見る。「西に富士を—」②そうなって欲しいと思う。そうありたいと願う。欲する。希望する。「誰もが幸福を—」③仰ぐ。慕う。「その人の徳を—」④相手にそうして欲しいと思う。期待する。「—・まれて結婚する」可能 のぞ・める(下一)

—らくは 願うところは。望むことは。どうか…であるように。「—好天に恵まれますように」

の-だ【野田】野の中にある田。

の-だ ①強い断定の意を表す。「強い者が勝つ—」②話し手や書き手の決意、また、相手への要求を表す。「何としても勝つ—」語源 格助詞「の」+断定の助動詞「だ」 参考 話し言葉では「んだ」とも言う。

の-だいこ【野太鼓・野×幇間】素人(しろうと)のたいこもち。転じて、芸のないたいこもちを卑しめて言う語。

のたうち-まわ・る【のたうち回る】—マハル (自五) ラ(ロ)・リ(ッ)・ル・ル・レ・レ 苦しみもがいてころげまわる。「激痛に—」

のた-う・つ(自五) タ(ト)・チ(ッ)・ツ・ツ・テ・テ 苦しみもがく。「苦痛に—」

のた-く・る ラ(ロ)・リ(ッ)・ル・ル・レ・レ ━(自五) (蛇などが)くねくねとはいまわる。ぬたくる。━(他五) 下手な字を乱暴に書く。ぬたくる。

の-だち【野太刀】①昔、公家や衛府(えふ)の官人が身につけた装飾性と実用をかねた刀剣。野外遠征にも用いたのでいう。②中世の戦陣用の長大な大太刀。

の-だち【野立(ち)】高貴の人が野外で休むこと。野立て。

の-だて【野◦点】野外で茶をたてること。野掛け。

の-だて【野立て】→のだち(野立ち)

のたまはく【◦宣はく・△曰はく】のたまわく (副)《古》おっしゃることには。「子(=孔子)—」語源 文語動詞「のたまふ」のク語法。

の-たま・ふ【◦宣ふ】—たまう・—たもう (他四)《古》(「の(告)りたまふ」の転)「言ふ」の尊敬語。おっしゃる。「薩摩守(さつまのかみ)馬よりおり、みづから高らかに—・ひけるは」〈平家〉参考 現代語でも、からかいの気持ちで用いることがある。

のたり-のたり(副) 波などがゆるやかにうねるさま。「—(と)うねる波」「春の海ひねもす—かな」〈蕪村〉

のたれ-じに【野垂れ死(に)】(名・自スル) 道ばたに倒れて死ぬこと。行き倒れ。また、それに似たみじめな死に方。「—するわけにはいかない」

のち【後】①時間的にあと。後刻。「曇り—雨」②将来。未来。「—のために備える」③死後。「—の世」

のち-ざん【後産】→あとざん

のち-ぞい【後添い】ゾヒ 後妻。二度目の妻。のちぞえ。

のち-の-あおい【後の葵】アフヒ 賀茂祭かもまつりの日にすだれや軒にさげた葵を、祭りのあとまでそのまま残しておいたもの。

のち-のち【後後】①これからのち。以後。②将来。

のち-の-つき【後の月】①来月。翌月。②陰暦八月十五夜の月に対して、陰暦九月十三夜の月。秋

のち-の-よ【後の世】①将来。未来。②死後の世。来世。後世ごせ。

のち-の-わざ【後の業】死後の法要。法事。のちのこと。

のち-ほど【後程】(副) 後刻。少ししてから。「—参ります」

ノッカー〈knocker〉①玄関などの戸にとりつけ、訪問者がたたいて来訪を知らせる金具。②野球で、「ノック②」をする人。参考 ②は和製英語。

のっ-か・る【乗っかる】(自五) ラ(ロ)・リ(ッ)・ル・ル・レ・レ 《俗》「乗る」のくだけた言い方。「猫が膝に—」

ノッキング〈knocking〉(名・自スル) ガソリンエンジンなど内燃機関の気筒内での、異常爆発。ノック。「—を起こす」

ノック〈knock〉(名・他スル) ①入室の許可を求める合図にドアを軽くたたくこと。②野球で、守備練習のため野手にボールを打ってやること。③→ノッキング 参考 ②は和製英語。

—アウト〈knockout〉(名・他スル) ①ボクシングで、相手を倒して一〇秒以内に起き上がれなくすること。②野球で、相手の投手を打ち負かして交替させること。③(転じて)相手を完全に負かすこと。参考 略して「KO」と書くこともある。

—オン〈knock-on〉ラグビーで、プレーヤーが手または腕からボールを前に落とすこと。反則の一つ。

—ダウン〈knockdown〉(名・他スル) ボクシングで、選手が打ち倒されるなどして試合が続行できない状態になること。一〇秒以内に試合の態勢をとらないとノックアウトになる。

—ダウン-ほうしき【—ダウン方式】ハウシキ 品物を部品のまま輸出し、現地で組み立てる方法。ノックダウン輸出。

ノックス【NOx】〈nitrogen oxide から〉《化》大気汚染の原因となる窒素酸化物の総称。

のっけ 初め。最初。しょっぱな。「—から疑ってかかる」用法 ふつう、「のっけに」「のっけから」の形で副詞的に用いる。

のっ-・ける【乗っける・載っける】(他下一) ケ・ケ・ケル・ケル・ケレ・ケロ(ケヨ) 《俗》「乗せる」「載せる」のくだけた言い方。

のっし-のっし (副) 重量感のあるものがゆったりと歩くさま。のしのし。「ゾウが—と歩く」

のっそり (副) ①動作ののろいさま。「—(と)起き上がる」②ぬうっとつっ立っているさま。「—(と)立っている」

ノット〈knot〉船や海流の速さを表す単位。一ノットは一時間に一海里(≒一八五二メートル)進む速度。記号kt 参考 「◇節」とも当てる。

のっと・る【◇則る・◇法る】(自五) ラ(ロ)・リ(ッ)・ル・ル・レ・レ 基準、または模範として従う。「前例に—」「作法に—」

のっと・る【乗っ取る】(他五) ラ(ロ)・リ(ッ)・ル・ル・レ・レ (「のりとる」の音便) ①奪い取って自分の支配下におく。「会社を—」②航行中の航空機などで、乗務員などをおどして自分の支配下におく。

のっぴき-ならない【◇退っ引きならない】退くことも避けることもできない。どうにもならない。どうしてもやらなければならない。「—状態」「—用事」

ノップ〈knob〉→ノブ

のっ-ぺい【◇濃餅・◇能平】野菜・豆腐などを刻んで煮込み、くず粉やかたくり粉をといて加えた汁。のっぺい汁。冬

のっぺら-ぼう ■一 (名・形動ダ) ①一面に平らで凹凸のないさま。また、そのもの。「—な顔」②変化のないさま。また、そのもの。■二 (名) 目も鼻も口もない化け物。

のっぺり (副・自スル) ①整っているが、目鼻だちにしまりがないさま。「—(と)した顔」②起伏がなく平たく広がっているさま。

のっぽ (名・形動ダ)《俗》背の高いさま。また、その人。↔ちび

の-つぼ【野△壺】畑にあるこえだめ。

の-づみ【野積み】(倉庫などにはいり切らない品物を)屋外に積んでおくこと。「救援物資が—にされる」

の-づら【野面】野原の上。「—を風が渡る」

の-で (接助) 原因・理由の意を示す。「雨が降っている—遠足は中止だ」用法 用言・助動詞の連体形に付く。参考 同じように原因・理由を示す「から」に比べて客観的な意をもつといわれる。話し言葉では「んで」とも言う。

の-てん【野天】屋根のない所。屋外。露天。「—風呂ぶろ」

のと【能登】旧国名の一つ。現在の石川県能登半島地方。能州のうしゅう。

のど【喉・咽】①《生》口の奥の、食道と気管に通じるところ。咽頭いんとうと喉頭こうとう。「—をうるおす」②歌う声。「自慢の—」③大事な所・急所。「—を押さえる」④本のとじめの部分。

—が鳴なる 飲食物を見て非常に食欲の起こるさま。**—から手てが出でる** 非常に欲しく思うことのたとえ。「—ほど欲しい」

のどあかき… 和歌〔のど赤き 玄鳥つばくらめふたつ 屋梁はりにゐて 足乳根たらちねの母は 死にたまふなり〕〈斎藤茂吉さいとうもきち〉ふと見上げると、のどの赤いつばめが二羽、天井のはりに並んでとまっている。ああ、今、母上は息をひきとろうとしていらっしゃる。(「赤光しゃっこう」の「死にたまふ母」一連五九首の中の一つ)

のど-あめ【喉△飴】のどのはれや痛みをやわらげるためのあめ。

のど-か【×長閑】(形動ダ) ダロ・ダッ(デ・ニ)・ダ・ナ・ナラ・〇 ①のんびりと落ち着いて静かなさま。「—に過ごす」②空が晴れておだやかなさま。「—な春の日」春 文(ナリ)

のど-くび【喉△頸】①首の、のどのあたり。②急所。

のど-け・し【×長閑けし】(形ク)《古》①のどかである。②閑散としている。③ゆったりしている。④おだやかである。春

のど-ごし【喉越し】飲食物がのどを通るときの感覚。「—のいいビール」

のど-じまん【喉自慢】①歌の上手なことを自慢すること。また、その人。②素人が歌のうまさを競うコンクール。「—大会」

のど-ちんこ【喉ちんこ】「口蓋垂こうがいすい」の俗称。

のど-ひこ【喉△彦】「口蓋垂こうがいすい」の俗称。のどびこ。

のど-ぶえ【喉笛】のどの息の通る所。気管の、のどの部分。

のど-ぼとけ【喉仏】のどの中ほどに突き出している甲状軟骨。女性・子供では外からほとんど認められない。

のど-もと【喉元】のどの食道と気管に通じるあたり。

—過すぎれば熱あつさを忘わすれる 苦しみも、そのときが過ぎればすぐに忘れてしまうことのたとえ。また、楽になると、苦しいときに受けた恩もすぐに忘れてしまうことのたとえ。

のどやか (形動ナリ)《古》気持ちや天候がおだやかであるさま。のどか。

のど-わ【喉輪】①のどのあたりにあてるよろいの付属具。②相撲で、相手ののどにてのひらをあてて押すこと。「—攻め」

の-なか【野中】野原の中。「—の一軒家」

の-に (接助) ①逆接の確定条件を表す。「呼んでいる—返事がない」「ひまがある—忙しいという」②希望や期待に反する事態になったことを残念がる意を表す。「来ればよかった—」③なじる意・つめよる意を表す。「大事な時だという—」「かたく約束した—」用法 用言・助動詞の連体形に付く。形容動詞、断定の助動詞「だ」には、終止形にも付く。

の-ねずみ【野△鼠】田野に生息するネズミ。

のの-さま（幼児語）①神。仏。②太陽。月。

ののし・る【罵る】㊀（他五）ラ(ロ)・リ(ッ)・ル・ル・レ・レ 大声で非難する。口汚く悪口を言う。「口汚くー」可能ののし・れる（下一）㊁（自四）《古》①大声で騒ぐ。②評判が高い。③勢力が盛んだ。【変遷】大きな声や音を立てるさまを表す擬態語「のの」と、支配する意の「しる」から成るとされ、㊁①の人間または人間以外のものが大声をあげたり、大騒ぎをしたりすることであった。「騒ぎ立てる」意から㊁②③に転じ、中世末期以降、㊀の意も生じた。古くはよい意味にも悪い意味にも用いられたが、現代ではもっぱら悪い意味で用いられる。

の-の-みや【野の宮】昔、皇女が斎宮(さいぐう)または斎院になるとき、身を清めるために一定期間こもった仮の宮殿。

の-ばかま【野△袴】すそに黒ビロードの広いふちをつけた袴(はかま)。江戸時代、武士が旅行などに用いた。

のば・す【延ばす・伸ばす】（他五）サ(ソ)・シ・ス・ス・セ・セ ①（曲がったり縮んだりしているものや弾力のあるものを）まっすぐにして長くする。ひっぱって広げる。「背筋をー」「羽をー（＝思うぞんぶんにふるまう）」「しわをー」「ばねをー」②長くする。「髪をー」「裾(すそ)をー」③[延]固まった物などをうすく平らにする。「金箔(きんぱく)をー」④[伸]盛んにする。発展させる。「勢力をー」「才能をー」⑤[延]延期する。延長する。「締め切りをー」「終了時刻を三〇分ー」⑥[伸]（水などを加えて）薄める。溶かす。「のりを水でー」⑦《俗》暴力をふるって倒す。「なぐってー」自の・びる（上一）可能のば・せる（下一）⇩「使い分け」

> 使い分け「**延ばす・伸ばす**」
>
> 「**延ばす**」は、時間を長くする、範囲を広くする意で、「出発を延ばす」「期間を延ばす」「寿命を延ばす」「鉄道を延ばす」「クリームを延ばす」などと使われる。
>
> 「**伸ばす**」は、かがんでいるもの、縮んでいるものなどをまっすぐにする意で、「ゴムひもを伸ばす」、それ自身の全体を長くする意で、「つめを伸ばす」、発達・発展する意で、「実力を伸ばす」「捜査の手を伸ばす」などと使われる。

の-ばな【野花】野に咲く花。

の-ばなし【野放し】①家畜などを放し飼いにすること。②管理・監督をせずほうっておくこと。「違法駐車をーにする」

の-はら【野原】草などが生え、人家のない広い平地。

の-ばら【野×薔薇】→のいばら

のび【伸び】①のびること。また、その度合い。「ーのいい塗料」②（疲れたときなどに）手足をのばすこと。「ーをする」③進歩。また、発展の度合い。「輸出のー」参考①は「延び」とも書く。

の-び【野火】春先に野山の枯れ草を焼く火。野焼きの火。春

のび-あが・る【伸び上がる】（自五）ラ(ロ)・リ(ッ)・ル・ル・レ・レ つま先で立って、まっすぐに背のびをする。「ー・って中をのぞく」

のび-ざかり【伸び盛り】身長や能力が急速にのびる時期。

のび-しろ【伸び代】①金属や板が膨張したり曲がったりするときに伸びる長さ。②人や組織などが成長・発展していく可能性。「ーのある選手」

のび-ちぢみ【伸び縮み】（名・自スル）のびることとちぢむこと。のびたりちぢんだりすること。伸縮(しんしゅく)。「よくーする布地」

のび-なや・む【伸び悩む】（自五）マ(モ)・ミ(ン)・ム・ム・メ・メ ①思うように進歩・発展・上達しなくなる。「成績がー」②《経》相場の上昇が頭打ちになる。「株価がー」

のび-のび【延び延び】物事の期日などが次々とあとへ遅れていくこと。「完成がーになる」

のび-のび【伸び伸び】（副・自スル）自由でおおらかなさま。ゆったりとくつろぐさま。「ー(と)育つ」「ー(と)した生活」

のびやか【伸びやか】（形動ダ）ダロ・ダッ(デ・ニ)・ダ・ナ・ナラ・○ のびのびしているさま。ゆったりとくつろぐさま。「ーに育つ」文(ナリ)

のび-りつ【伸び率】売り上げ・業績などが増加・上昇していく割合。「対前年度の利益ー」

の-びる【野△蒜】《植》ヒガンバナ科の多年草。山野に自生。球状の鱗茎(りんけい)があり、葉は細長く、夏、小芽球（＝むかご）と淡紅紫色の花をつける。ネギに似た臭気があり、食用。春（のびるの花 夏）

の・びる【延びる・伸びる】（自上一）ビ・ビ・ビル・ビル・ビレ・ビロ(ビヨ) ①[延]時間が長びく。延期される。「会議がー」「出発が一か月ほどー」②[伸]生長する。高くなる。「蔓(つる)がー」「背がー」③（縮んだもの、曲がっているもの、弾力のあるものが）まっすぐになって長くなったり弾力を失ったりする。「ゴムひもがー」「そばがー」④より長くなる。（ある所へ）達する。「バス路線がー」⑤[伸]（水などが加わり）広がったり薄くなったりする。「おしろいがよくー」⑥[伸]力や勢いがこれまでよりも上になる。盛んになる。発展する。「学力がー」「売り上げがー」⑦[伸]（疲れたりして）ぐったりする。「完全にー・びた」他のば・す（五）文の・ぶ（上二）参考②で、「蔓がのびる」は「延びる」とも書く。

ノブ〈knob〉ドアの取っ手。にぎり。ノッブ。

の-ぶし【野武士・野◇伏】中世、山野にひそんで落ち武者の所持品を奪った農民の武装集団。のぶせり。

の-ぶせり【野伏せり・野△臥〔せ〕り】→のぶし

の-ぶと・い【野太い】（形）カロ・カッ(ク)・イ・イ・ケレ・○ ①ずぶとい。「ーやつ」②声が太い。「ー声」文のぶと・し(ク)

の-ぶどう【野△葡△萄】ノブダウ 《植》ブドウ科のつる性多年草。葉は心臓形。夏に淡緑色の花を開き、球形で白から紫・藍(あい)色に変化する果実をつけるが食べられない。へびぶどう。秋

のぶれ-ば【◇陳◇者】候文(そうろうぶん)の手紙で、本文の初めに使う語。「申し上げますと」、また、「さて」の意。「ー今般、…」

のべ【延べ】①同一のものがいくつ重複してもそれぞれを一つと数えて合計すること。「ー日数」「ー三万人」②平らにのばすこと。のばしたもの。「金のー板」③延期すること。「日(ひ)ー」

の-べ【野辺】①野のほとり。野原。②火葬場。埋葬地。

のべ-いた【延〔べ〕板】金属を平たく打ちのばした板状のもの。「金(きん)のー」

のべ-おくり【野辺送り】なきがらを火葬場まで見送ること。また、その行列。のべのおくり。

のべ-かがみ【延〔べ〕鏡】物を鏡にうつして間接に見ること。また、その鏡。

のべ-がね【延〔べ〕金】①きたえて打ちのばした金属。特に、金や銀などをいう。②刀。刀剣。

のべ-ギセル【延〔べ〕×煙管】全体を金属で作ったキセル。

のべ-ざお【延〔べ〕△竿】ザヲ 継いでない、一本の釣り竿。

のべ-ざお【延〔べ〕△棹】ザヲ 三味線(しゃみせん)の、継ぎ棹でない棹。

のべ-じんいん【延〔べ〕人員】ジンヰン ある仕事に要した人員を、仮に一日で仕上げるものとして計算した総人員数。三人で五日かかれば延べ人員は一五人。

のべ-たら（副）長くだらだら続くさま。「ー(に)ものを言う」

のべつ（副）たえず。ひっきりなしに。「ー食べている」

――**幕**(まく)**なし** たえまなく続くさま。「ー(に)不平を言う」

のべ-つぼ【延〔べ〕坪】建物の各階の床面積の合計を坪数で表したもの。法律上は延べ面積という。

のべ-にっすう【延〔べ〕日数】ある仕事に要した日数を、仮に一人で仕上げるものとして計算した総日数。三人で四日か

かれば延べ日数は一二日。

のべ-の-けむり【野辺の煙】火葬の煙。

のべ-ばらい【延〔べ〕払い】バラヒ　代金の支払い期日を一定期間延ばして支払うこと。「三か月の―にする」

のべ-ぼう【延〔べ〕棒】①金属を延ばして棒状にしたもの。「金の―」②餅や麺などを平らに延ばすための棒。麺棒。

のべ-めんせき【延〔べ〕面積】建物各階の床面積の合計。

ノベル〈novel〉小説。特に、長編小説。「ライト―」

の・べる【延べる・伸べる】（他下一）ベ・ベ・ベル・ベル・ベレ・ベロ(ベヨ)　①［延・伸］折り曲げたり畳んだりしていたものを、長くしたり広げたりする。「床を―」「救いの手を―」②［延］期間や期日をおくらせる。延期する。延長する。「期日を―」③［延］うすく平らに広げる。「金を―」文のぶ（下二）参考「延べる」は長くのばす、「伸べる」は引きのばす、の意。

の・べる【述べる・◇宣べる・◇陳べる】（他下一）ベ・ベ・ベル・ベル・ベレ・ベロ(ベヨ)　考えや意見などを言ったり文章に書き表したりする。「賛成意見を―」文のぶ（下二）

ノベルティー〈novelty〉宣伝のために無料で配る、企業名などが入った記念品。ノベルティーグッズ。

の-ほうず【野放図・野方図】ハウヅ（名・形動ダ）①気ままで勝手なこと。しまりがなくてだらしのないこと。また、そのさま。「―に育つ」②きりのないこと。また、そのさま。「―に広がる」

のぼ・す【上す】（他四・他下二）《古》→のぼせる（上せる）

のぼせ【×逆上】のぼせること。上気。

のぼせ-あが・る【×逆上せ上がる】（自五）ラ(ロ)・リ(ッ)・ル・ル・レ・レ　「のぼせる」を強めた言い方。すっかりのぼせる。「ほめられて―」

のぼ・せる【×逆上せる】（自下一）セ・セ・セル・セル・セレ・セロ(セヨ)　①頭に血がのぼってぼうっとなる。上気する。「暑さに―」②逆上する。ちまよう。「かっとなってすぐ―」③夢中になる。「女に―」④思い上がる。うぬぼれる。「入賞したぐらいで―な」文のぼ・す（下二）

のぼ・せる【上せる】（他下一）セ・セ・セル・セル・セレ・セロ(セヨ)　①のぼらせる。高い所へやる。（川などで）上流に進ませる。「壇上に―」②都へ行かせる。③書いてのせる。記載する。「記録に―」④取りあげて示す。「話題に―」文のぼ・す（下二）

の-ぼとけ【野仏】道のわきにたてられている古い石仏。

のほほん-と（副）何も気にせずのんきにしているさま。「毎日―暮らす」

のぼり【△幟】①細長い布の端に乳（＝小さな輪）をつけ、竿に通して立てるもの。「―を立てる」②端午の節句に立てる「のぼり①」。また、「こいのぼり」の略。夏

のぼり【上り・登り・昇り】①のぼること。また、のぼって行く道。「階段の―おり」「急な―」②都に向かって行くこと。③鉄道や道路で、路線の起点や中心地へ、また地方から中央へ向かうこと。「―列車」「―車線」（↕下り）

―がま【登り窯】斜面に沿って階段状に作られた、陶磁器を焼くためのかま。

―ぐち【―口】階段や坂・山などをのぼりはじめる所。のぼりくち。

―ざか【―坂】①進むにつれてのぼっていく坂道。②しだいに盛況にむかうこと。「株価は―にある」（↕下り坂）

―ちょうし【―調子】シテウ　物事の状態や調子が、だんだんよい方向に向かっていくこと。「景気は―だ」

のぼり-つ・める【登り詰める・上り詰める】（自下一）メ・メ・メル・メル・メレ・メロ(メヨ)　頂点に達する。「首相に―」文のぼりつ・む（下二）

のぼ・る【上る・登る・昇る】（自五）ラ(ロ)・リ(ッ)・ル・ル・レ・レ　①低い所から高い所へ移って行く。「山に―」「坂道を―」「はしごを―」↕下る・降りる　②地位があがる。昇進する。程度が高くなる。「位が―」③川の上流に進む。さかのぼる。「川を―」↕下る　④都に向かって行く。↕下る　⑤太陽や月が高く空に現れる。「日が―」↕沈む　⑥高い数量に達する。「費用は数億円にも―」⑦取りあげられる。「議題に―」⑧（「血がのぼる」の形で）のぼせる。また、逆上する。可能のぼ・れる（下一）⇩「使い分け」・あがる「ちがい」

> 使い分け「上る・登る・昇る」
>
> 「**上る**」は、下のものが上へ向かう意で、「川を上る」「坂を上る」「京に上る」「頭に血が上る」「話題に上る」「損害が数億円に上る」などと広く一般的に使われる。
>
> 「**登る**」は、傾斜しているところや、階段などをだんだんにあがっていく意で、「山に登る」「木によじ登る」「演壇に登る」などと使われる。
>
> 「**昇る**」は、日・月・雲などが天にのぼるように上へあがる意で、「朝日が昇る」「天に昇る」などと使われる。また、高い位につく意で「大臣の位に昇る」などと使われる。

のま・す【飲ます】（他五）サ(ソ)・シ・ス・ス・セ・セ　→のませる

のま・せる【飲ませる】（他下一）セ・セ・セル・セル・セレ・セロ(セヨ)　①飲むようにさせる。「酒を―店」②酒類をご馳走する。「一杯―」③飲みたいという気持ちにさせる。「ちょっと―酒だ」文のま・す（下二）

ノマド〈フランス nomade〉遊牧民。流浪の民。「―ワーカー（＝パソコンなどを携帯して、特定の場所に縛られずに仕事をする人）」

のま・れる【飲まれる・△呑まれる】（自下一）レ・レ・レル・レル・レレ・レロ(レヨ)　①相手やその場の雰囲気に圧倒される。「相手チームの気迫に―」②のみこまれる。ひきこまれる。「高波に―」

のみ【△蚤】《動》ノミ目の昆虫の総称。体長は一～三ミリメートルで縦に平たく、雌は雄よりも大きい。うしろ足が発達してはねる。人畜の血を吸う。ペストを媒介するものもある。夏

―の夫婦　夫より妻のほうが体が大きい夫婦。

のみ【△鑿】木材や石材に穴やみぞをほる工具。「―をふるう」

のみ（副助）①限定の意を表す。…だけ。「彼―が知っていることだ」②《古》強意を表す。「もの―悲しうおぼさるるに」〈源氏〉

のみ-あか・す【飲み明〔か〕す・△呑み明〔か〕す】（自五）サ(ソ)・シ・ス・ス・セ・セ　夜が明けるまで酒を飲み続ける。「友と―」

のみ-くい【飲み食い】クヒ（名・他スル）飲むことと、食うこと。飲んだり食ったりすること。飲食。「―の代金」

のみ-ぐすり【飲〔み〕薬】飲用する薬。内服薬。

のみ-くだ・す【飲〔み〕下す】（他五）サ(ソ)・シ・ス・ス・セ・セ　飲んだものをそのまま胃に送る。「苦い薬を―」

のみ-くち【飲〔み〕口】①飲んだときの口あたり。「―のいい酒」②酒好きの人。のみて。③杯・湯のみの、口にふれる部分。

のみ-ぐち【△呑〔み〕口】たるの中の液体を注ぎ出すために、たるの下のほうに穴をあけてさしこんだ管。

のみ-こうい【△呑み行為】カウヰ《法》①証券業者や商品取引員が、顧客の取引注文を、取引所を通さずに自らが相手方となって売買をする違法行為。②競輪・競馬などで、主催者以外の者が車券や馬券の売買などの違法行為を行うこと。

のみ-こみ【飲〔み〕込み・△呑〔み〕込み】飲みこむこと。特に、物事を理解すること。「―が早い」「―が悪い」

のみ-こ・む【飲〔み〕込む・△呑〔み〕込む】（他五）マ(モ)・ミ(ン)・ム・ム・メ・メ　①飲んでのどを通す。また、かまずにまるのみにする。「丸薬を―」②理解する。会得する。「こつを―」③言わずにがまんする。「出かかった言葉を―」

のみ-さし【飲み◇止し】飲みかけて途中でやめること。また、飲み残したもの。飲みかけ。「―のジュース」

のみ-さ・す【飲み。止す】(他五) サ(ソ)・シ・ス・ス・セ・セ 飲みかけて途中でやめる。「酒を—・して座を立つ」

のみ-しろ【飲〔み〕代】酒を飲む代金。さかて。「—がかさむ」

のみ-すけ【飲〔み〕助・△呑〔み〕助】《俗》酒飲みを人名めかしていう語。のんべえ。

のみ-たお・す【飲〔み〕倒す】タフス (他五) サ(ソ)・シ・ス・ス・セ・セ ①酒を飲んで代金を払わないですます。②酒を飲みすぎて財産をなくす。

の-みち【野道】野中の道。野路(のじ)。

のみ-つぶ・す【飲〔み〕潰す】(他五) サ(ソ)・シ・ス・ス・セ・セ 酒を飲みすぎて、財産をなくす。「身代を—」

のみ-つぶ・れる【飲〔み〕潰れる】(自下一) レ・レ・レル・レル・レレ・レロ(レヨ) ひどく酒に酔って前後不覚になる。文のみつぶ・る(下二)

のみ-て【飲〔み〕手】飲む人。また、酒飲み。上戸。

のみ-で【飲〔み〕で】飲みごたえのある分量。「—がある」

のみとり-こ【△蚤取〔り〕粉】ノミを駆除し、または近づけないためにまく粉薬。夏

のみとり-まなこ【△蚤取〔り〕眼】(ノミをとるときのように)小さなものでも見のがすまいと、注意してさがす目つき。

のみ-ならず そればかりでなく。「社内—外部にも大きな影響を与える」「彼は頭がよい。—指導力もある」

ノミナル〈nominal〉(名・形動ダ) 名目上だけであるさま。

のみ-にげ【飲〔み〕逃げ】(名・自スル) ①酒を飲んで、代金を払わずに立ち去ること。②酒宴の途中で立ち去ること。

ノミネート〈nominate〉(名・他スル) 候補者として指名すること。「大賞に—される」

のみ-の-いち【△蚤の市】フランスのパリ郊外などに立つ古物の露店市。転じて、古物市。フリーマーケット。

のみ-ほ・す【飲〔み〕干す・飲〔み〕◇乾す】(他五) サ(ソ)・シ・ス・ス・セ・セ 全部飲む。一滴も残さず飲む。「グラスを一気に—」

のみ-まわし【飲〔み〕回し・飲〔み〕△廻し】マハシ 一つの器に入れた酒などを、何人もで順々に回して飲むこと。回し飲み。

のみ-みず【飲〔み〕水】ミヅ 人が飲むための水。飲料水。

のみ-もの【飲〔み〕物】飲むためのもの。茶・コーヒー・酒など。飲料。

のみ-や【△呑〔み〕屋】違法な呑(の)み行為をする者。

のみ-や【飲〔み〕屋】酒を飲ませる店。居酒屋。小料理屋。

のみ-りょう【飲み料】レウ ①飲みしろ。②自分の飲み分。

の・む【飲む・△呑む】(他五) マ(モ)・ミ(ン)・ム・ム・メ・メ ①口に入れた物をかまずに口から胃に送りこむ。飲みこむ。「水を—」「スープを—」②酒を飲む。「一杯—・もう」③喫煙する。吸う。「たばこを—」④(がまんをして)受け入れる。認める。「条件を—」「清濁併せ—」⑤相手を軽く見る。また、相手を圧倒する。「敵を—・んでかかる」⑥隠し持つ。「懐にどすを—」⑦表面に出さず、隠す。おさえる。こらえる。「声を—」「息を—」「恨みを—」⑧水流や波などが、人や建物を押し流したり、中に引き入れたりする。「波に—・まれる」可能 の・める(下一) ⇩食う「ちがい」

表現

〔類語〕	〔〜する〕	〔慣用〕	〔ことわざ〕
▼仰ぐ・呷(あお)る・喫する・酌む・酌み交わす・酌み干す・引っかける・服する・干す・聞こし召す・召し上がる	▼愛飲・一服・飲酒・飲用・嚥下(えんか・えんげ)・乾杯・鯨飲・痛飲・頓服(とんぷく)・内服・晩酌・服薬・服用・暴飲 ▼一気飲み・鵜呑(うの)み・がぶ飲み・一呑(ひとの)み・丸呑み・自棄(やけ)飲み・喇叭(らっぱ)飲み	▼(〜飲む)浴びるように・息も継がずに・恨みを・うわばみのように・差しつ差されつ・神水を・爪(つめ)の垢(あか)を煎(せん)じて・一息に・へべれけになるまで (〜呑む)息を・固唾(かたず)を・声を・言葉を・清濁併せ・どすを・涙を ▼杯(さかずき)をもらう・のどを潤す・杯を重ねる ▼気を呑まれる・酒に呑まれる ▼〈擬声・擬態語〉がばがば・がぶがぶ・きゅっと・ぐいぐい・ぐいっと・ぐびりぐびり・ごくごく・ごくんと・ちびちび	▼偃鼠(えんそ)河に飲むも腹に満つるに過ぎず・渇すれども盗泉の水を飲まず・酒は飲むとも飲まるるな・蛇は一寸にして人を呑む・吐いた唾(つば)は呑めぬ・細くても針は呑めぬ

のめ・す(他五) サ(ソ)・シ・ス・ス・セ・セ ①前のほうへ倒すようにする。のめらせる。「相手を突いて—」②(動詞の連用形の下に付いて)徹底的に…する。「打ち—」「しゃれ—」自のめ・る(五)

のめ-のめ(副) 恥ずかしげもなく平然としているさま。おめおめ。「よくも—(と)帰ってきたな」

のめり-こ・む【のめり込む】(自五) マ(モ)・ミ(ン)・ム・ム・メ・メ ①前に倒れてはいりこむ。②熱中して抜け出せなくなる。「仕事に—」

のめ・る(自五) ラ(ロ)・リ(ッ)・ル・ル・レ・レ 前に倒れかかる。前に傾く。「つまずいて—」他のめ・す(五)

の-も-せ【野◦面】《古》野原一面。語源「野も狭(せ)に」の転。

の-もり【野守】《古》禁猟の野の番人。

の-やき【野焼〔き〕】若草がよく生えるように、早春、野の枯れ草を焼くこと。春

の-やま【野山】野や山。山野(さんや)。

の-ら【野良】(「ら」は接尾語) ①野。野原。②田畑。参考常用漢字表付表の語。

のら-いぬ【野良犬】飼い主のない犬。野犬。

のら-ぎ【野良着】野良仕事に着る衣類。

のら-くら(名・副・自スル) なまけて遊んですごすさま。また、そのような人。「—(と)暮らす」

のら-しごと【野良仕事】田畑を耕作する仕事。

のら-ねこ【野良猫】飼い主のない猫。宿なし猫。

のら-むすこ【のら息子】なまけて遊んでばかりいる息子。

のらり-くらり(副・自スル) ①なまけてぶらぶらしているさま。②とらえどころのないさま。「—(と)追及をかわす」

のり【◇法・◇則】①守るべき事柄。おきて。②手本。模範。③《仏》仏の教え。④さしわたしの寸法。「内(うち)—」⑤建築・土木で土地の傾き。また、その面。参考「法」はかたどりまねること、手本とすることの意。「則」はのっとるもの、規則の意。

のり【△糊】物をはり合わせたり、布をぱりっとさせたりするのに使う、ねばりけのあるもの。デンプン質のものを煮るなどして作る。「—のきいたシャツ」

のり【乗り】①乗ること。乗るもの。「ただ—」「五人—の乗用車」②(塗料・化粧品などの)つきぐあい。「白粉(おしろい)の—が悪い」③調子づくこと。リズムなどにうまく合うこと。「悪—」「—がいい曲」④歌舞伎(かぶき)で、三味線(しゃみせん)などの調子に合わせて台詞(せりふ)を言うこと。

のり【×生血】まだ乾かずにねばねばしている血。なまち。ちのり。

のり【×海苔】①紅藻類・緑藻類などで、水中の岩石についてこけ状をしているものの総称。アオサ・アサクサノリなど。春 ②紅藻類の「あまのり」を紙のようにすいて干した食品。ほしのり。

のり-あい【乗〔り〕合い・乗合】アヒ 船・車などに大勢がいっしょに乗ること。また、その乗り物。「—バス」

のり-あ・げる【乗〔り〕上げる】(自下一) ゲ・ゲ・ゲル・ゲル・ゲレ・ゲロ(ゲヨ) 船や車などが進行中に障害物の上にのる。「船が浅瀬に—」「交渉が暗礁(あんしょう)に—(=進展しなくなる)」文のりあ・ぐ(下二)

のり-あわ・せる【乗り合〔わ〕せる・乗合せる】アハセル (自下一) セ・セ・セル・セル・セレ・セロ(セヨ) ①(ある人と)偶然同じ乗り物に乗る。

「恩師と同じ電車にー」②偶然その乗り物に乗る。「事故機に危うくーところだった」文のりあは・す(下二)

のり-い・れる【乗〔り〕入れる】(他下一) レ・レ・レル・レル・レレ・レロ(レヨ) ①車などに乗ったままで中にはいる。「車を構内にー」②電車・バスなどの路線を他社の路線にまで延長して運行する。また、路線をある地点まで延長する。「私鉄がー駅」文のりい・る(下二)

のり-うち【乗〔り〕打ち】昔、馬やかごにのったまま社寺などの前を通りすぎること。礼を失する行為とされた。

のり-うつ・る【乗〔り〕移る】(自五) ラ(ロ)・リ(ッ)・ル・ル・レ・レ ①乗りかえる。「ボートにー」②神霊の類がとりつく。「悪魔がー」

のり-おく・れる【乗〔り〕遅れる】(自下一) レ・レ・レル・レル・レレ・レロ(レヨ) ①発車時刻におくれて、その乗り物に乗りそこなう。「終電にー」②時流に取り残される。「時代にー」文のりおく・る(下二)

のり-おり【乗り降り】(名・自スル) 乗ることと、降りること。乗降。「多くの客がーする」

のり-かえ【乗〔り〕換え・乗換】―カヘ ①乗り換えること。「ー駅」②予備の乗り物。「ーの馬」

のり-か・える【乗〔り〕換える】―カヘル (他下一) エ・エ・エル・エル・エレ・エロ(エヨ) ①他の乗り物に移り乗る。乗り物をかえる。②これまでの立場や考えを別のものにかえる。「新方式にー」文のりか・ふ(下二)

のり-かか・る【乗り掛〔か〕る・乗掛る】(自五) ラ(ロ)・リ(ッ)・ル・ル・レ・レ ①乗ろうとする。②物事をし始める。やり始める。「ー・った仕事」③乗って、体をもたせかける。「相手にー・って倒す」

のりかかった船 いったん始めた以上、中止するわけにはいかなくなることのたとえ。「ーだから、途中ではやめられない」

のり-か・ける【乗〔り〕掛ける】(自下一) ケ・ケ・ケル・ケル・ケレ・ケロ(ケヨ) 乗ろうとする。「今船にー・けたところだ」文のりか・く(下二)

のり-き【乗〔り〕気】(名・形動ダ) 進んでしようとする気になっていること。また、そのさま。気乗り。「ーでない返事をする」

のり-き・る【乗〔り〕切る】ラ(ロ)・リ(ッ)・ル・ル・レ・レ 一(自五) 乗ったまま最後まで行き着く。二(他五) 難局を切りぬける。「危機をー」

のり-くみ【乗〔り〕組み】乗り組むこと。また、その人。

―いん【乗組員】―ヰン 船・航空機に乗って仕事をする者。

のり-く・む【乗〔り〕組む】(自五) マ(モ)・ミ(ン)・ム・ム・メ・メ 船や飛行機などに業務として皆といっしょに乗る。「漁船にー」

のり-こ・える【乗〔り〕越える】(他下一) エ・エ・エル・エル・エレ・エロ(エヨ) ①物の上を越えて向こう側へ行く。「塀をー」②(困難などを)切り抜ける。克服する。「悲しみをー」③ある水準を追い越して先に進む。「先人をー」文のりこ・ゆ(下二)

のり-ごこち【乗〔り〕心地】乗り物に乗ったときの感じ。

のり-こし【乗〔り〕越し】(名・自スル) 電車・バスなどで、降りるはずの駅・場所で下車せず、それより先まで乗って行くこと。

のり-こ・す【乗〔り〕越す】(他五) サ(ソ)・シ・ス・ス・セ・セ ①乗って物の上を越す。「塀をー」②電車・バスなどで、目的地を通り過ぎる。

のり-こみ【乗〔り〕込み】①乗りこむこと。②芸人・俳優などが興行地に到着すること。

のり-こ・む【乗〔り〕込む】(自五) マ(モ)・ミ(ン)・ム・ム・メ・メ ①乗り物の中へはいりこむ。「飛行機にー」②乗り物に乗ったままそこにはいる。「玄関先まで車でー」③(大勢で)勢いよくある場所に進み入る。「敵地にー」

のり-しろ【△糊代】のりをつけるために残しておく部分。

のり-すご・す【乗〔り〕過ごす】(他五) サ(ソ)・シ・ス・ス・セ・セ 乗り物で目的地に着いたのに気づかずさらに先まで行く。「一駅ー」

のり-す・てる【乗〔り〕捨てる】(他下一) テ・テ・テル・テル・テレ・テロ(テヨ) 乗って来た乗り物をそこに置いて立ち去る。文のりす・つ(下二)

のり・する【△糊する】(自サ変) シ(セ・サ)・シ・スル・スル・スレ・シロ(セヨ) ①のりをつける。②(「口を糊する」の形で)かろうじて暮らしを立てる。「口をーだけの生活」文のり・す(サ変)

のり-だ・す【乗〔り〕出す】サ(ソ)・シ・ス・ス・セ・セ 一(自五) ①船などに乗って出て行く。「大海にー」②進んで物事に関係する。「真相の究明にー」二(他五) 体を前方に出す。「身をー」

のり-ち【◇法地】傾斜して、宅地として利用できない土地。

のり-つ・ぐ【乗〔り〕継ぐ】(他五) ガ(ゴ)・ギ(イ)・グ・グ・ゲ・ゲ 途中で別の乗り物に乗り換えて、目的地に向かう。「飛行機をー」

のり-づけ【△糊付け】(名・他スル) ①洗濯した布をぴんとさせるために、のりをつけること。②のりでくっつけること。

のり-つ・ける【乗〔り〕付ける】(自下一) ケ・ケ・ケル・ケル・ケレ・ケロ(ケヨ) ①乗ったまま、その場所に到着する。「玄関先に車をー」②乗ることになれる。乗りなれる。「ー・けた自転車」文のりつ・く(下二)

のり-て【乗〔り〕手】①(乗り物に)乗る人。乗客。②馬などに巧みに乗る人。

のり-と【祝詞】神事で神に奏上する古体の文章。「ーをあげる」参考 常用漢字表付表の語。

のり-と・る【乗り取る】(他五) ラ(ロ)・リ(ッ)・ル・ル・レ・レ →のっとる(乗っ取る)

のり-にげ【乗〔り〕逃げ】(名・自スル) ①乗り物に乗って料金を払わず逃げること。②盗んだ乗り物に乗って逃げること。

のり-ぬき【△糊抜き】(名・自スル) 新しい布が含んでいるのりを洗い去って、柔らかくすること。「ーした絹布」

のり-のり【乗り乗り】(形動ダ) ダロ・ダッ(デ・ニ)・ダ・ナ・ナラ・○ 《俗》①リズムが軽快なさま。また、それに合わせて体を動かすさま。「ーで踊る」②物事が好調で勢いに乗っているさま。「ーのタレント」参考 多く「ノリノリ」と書く。

のり-ば【乗〔り〕場】乗り物に乗るために設けられた場所。

のり-ばけ【△糊×刷毛】のりをぬるのに用いるはけ。

のり-まき【×海苔-巻〔き〕】のりで巻いたすし。

のり-まわ・す【乗〔り〕回す】―マハス (自五) サ(ソ)・シ・ス・ス・セ・セ 乗り物に乗ってあちこち走り回る。「外車をー」

のり-めん【◇法面】盛り土などによって人工的に造られた傾斜地の斜面部分。のりづら。「ーの保護工事」

のり-もの【乗〔り〕物】人を乗せて運ぶもの。電車・バス・船など。「ー酔い」

のり-ゆみ【◇賭弓】①賞品をかけて弓を射ること。かけごとの弓。②平安時代、正月十八日に宮中の弓場殿で行われた弓の技を競う行事。賭弓の節。新年

の・る【乗る】(自五) ラ(ロ)・リ(ッ)・ル・ル・レ・レ ①移動するために乗り物の上や中に身をおく。「電車にー」「馬にー」↔降りる ②何かの上にあがる。「ひざの上にー」③相手の思うつぼにはまる。だまされる。「口車にー」「挑発にー」④調子があう。「リズムにー」⑤勢いが十分に出る。盛んになる。「勉強に気がー」⑥(風・水の流れ・電波などによって)運ばれる。「風にー・って聞こえる祭りばやし」「電波にー・って広がる」⑦地によくつく。十分にゆきわたる。「おしろいがよくー」「脂がー」⑧相手になる。加わる。「相談にー」他の・せる(下一) 可能の・れる(下一)

の・る【載る】(自五) ラ(ロ)・リ(ッ)・ル・ル・レ・レ ①ある物の上に他の物が置かれる。「棚にー・っている本」②記事として出る。書きしるされる。「雑誌にー」他の・せる(下一)

の・る【◇宣る・◇告る】(他四)《古》言う。述べる。告げる。

ノルウェー〈Norway〉ヨーロッパ北部、スカンジナビア半島の西側を占める立憲君主国。首都はオスロ。語源 昔の北欧語に由来し、「北への道」の意。

のるか-そるか【◇伸るか反るか】成功するか失敗するか。いちかばちか。「ーの大ばくち」用法 運を天にまかせて思い

きってやってみるときに用いる。

ノルディック〈Nordic 北欧の〉(「ノルディック種目」の略) スキーで、距離・ジャンプ・複合競技の三種目の総称。

ノルマ〈ロシア norma 基準〉各個人や集団にわりあてられた労働や生産などの基準量。「―を課す」「―を達成する」

ノルマン-じん【ノルマン人】〈Norman〉中世、ヨーロッパ北部、スカンジナビア半島・デンマーク地方に住んでいたゲルマン民族の一派。航海術にすぐれ、各地で王国を建設した。

の-れん【◇暖△簾】①屋号などを染めぬいて店頭にたらす布。②店の格式や信用。営業権。「―を守る」「―にかかわる」③①になぞらえて、部屋の仕切りや出入り口につるす布。

―に腕押し 少しも手ごたえや張り合いがないことのたとえ。参考 類似のことば―糠に釘・豆腐にかすがい。**―を下ろす** 店をしまう。また、廃業する。**―を分ける** 長年勤めた店員に別に店を出させて、同じ屋号を名のらせる。

―わけ【―分け】長年勤めた店員を独立させ、同じ屋号を名のらせること。

のろ【△獐】〔動〕シカ科の哺乳動物。シカに似るが、体や角が小さい。夏毛は赤黄色で冬毛は灰褐色。ヨーロッパから中国東北部・朝鮮半島の草原にすむ。ノル。ノロジカ。冬

のろい【呪い・△詛い】のろうこと。また、そのまじない。呪詛。「―をかける」

のろ・い【◇鈍い】(形)(カロ・カッ(ク)・イ・イ・ケレ・○) ①動作が遅い。ぐずである。「仕事が―」②頭の働きが鈍い。愚かである。文のろ・し(ク)

のろ・う【呪う・△詛う】(他五)(ワ(オ)・イ(ッ)・ウ・ウ・エ・エ) ①恨みのある人に災いがふりかかるように祈る。②ひどく恨む。「世を―」

ノロウイルス〈ドイツ Norovirus〉〔医〕食中毒や急性胃腸炎の原因となるウイルスの一種。冬期に感染しやすく、腹痛・嘔吐・下痢・発熱などの症状を引き起こす。

のろ-くさ【◇鈍臭】(副・自スル) のろのろしているさま。

のろ-くさ・い【◇鈍臭い】(形)(カロ・カッ(ク)・イ・イ・ケレ・○)「のろい」を強めていう語。「―やつだ」文のろくさ・し(ク)

のろ-け【△惚気】のろけること。のろけ話。「―を聞かされる」

のろ・ける【△惚気る】(自下一)(ケ・ケ・ケル・ケル・ケレ・ケロ(ケヨ)) 自分の夫や妻、または恋人のことをはばかりもなくうれしそうに話す。

のろし【×狼煙・×烽火】①昔、戦争や急な事件を知らせる合図のために、火をたいて上げた煙。②事を起こす合図や信号。また、事のきっかけとなる行動。「反撃の―となった出来事」

―を上げる 重大な動きのきっかけとなる行動を起こす。「革命の―」

のろ-のろ(副・自スル) 動作のにぶいさま。時間のかかるさま。「―運転」「―(と)歩く」

のろ-ま【◇鈍間】(名・形動ダ) 動作が遅く、気のきかないさま。また、そういう人。「―なやつだ」

のろわし・い【呪わしい】(形)(カロ・カッ(ク)・イ・イ・ケレ・○) のろいたい気持ちである。「―運命」文のろは・し(シク)

の-わき【野◇分】(野の草を分けて吹く風の意) 秋に吹く強い風。台風。のわけ。秋

―だ・つ【―立つ】(自四)〔古〕風が野分めいて吹く。

のをやいて… 俳句〔野を焼いて 帰れば燈下 母やさし〕〈高浜虚子〉夜遅くまで野焼きに行って、家に帰るととっくに灯がともっている。灯下には母が夕飯を作って待っていて、しかられるかと思ったがやさしく迎えてくれた。(野を焼く 春)

ノン-〈non-〉(接頭)「非…」「無…」の意を表す。「―フィクション」「―アルコール」

のん-き【△呑気・△暢気・◇暖気】(名・形動ダ) ①心配や苦労のないこと。また、そのさま。気楽。「―な身分」②気の長いこと。のんびりと構えていること。また、そのさま。「―な性格」

ノン-キャリア〈和製英語〉国家公務員で、I種試験または総合職試験の合格者でない者の俗称。

ノンシャラン〈フランス nonchalant〉(名・形動ダ) のんきで無頓着なこと。なげやりなこと。また、そのさま。「―な態度」

ノンステップ-バス〈和製英語〉車両の床面が低く、乗降口に段差のないバス。⇩低床バス

ノンストップ〈nonstop〉乗り物が、目的地に着くまで途中で止まらないこと。「終点まで―で行く」

ノン-セクション〈和製英語〉(クイズの出題範囲などで)領域や部門を限らないこと。

ノン-セクト〈和製英語〉特定の党派に所属していないこと。また、その人。

ノンセンス〈nonsense〉(名・形動ダ)→ナンセンス

のん-だくれ【飲んだくれ】ひどく酔ってだらしないこと。また、大酒飲み。のんべえ。「―の親父」

のん-ど【◇咽・◇喉】〔古〕のど。語源「飲み門」の転。

ノン-トロッポ〈イタリア non troppo〉〔音〕楽曲の速さを示す語。「…すぎないように」「ほどよく…」の意。

ノンバンク〈nonbank〉銀行以外で貸金業務を営む金融機関の総称。信用販売・リース・サラ金などの各社。

のんびり(副・自スル) のびのびと、心がくつろぐさま。ゆったりとするさま。「―(と)した日曜の朝」「―(と)した性格」

類語 おっとり・ゆったり・悠長・悠然・悠々・余裕綽綽・綽然・安閑・気楽

ノンフィクション〈nonfiction〉〔文〕事実に基づいて書かれた読み物。実録。歴史・伝記・地誌など。↔フィクション

ノンブル〈フランス nombre 数〉書物などのページ数を示す数字。

ノンプロ〈nonprofessional から〉職業的・専門的でないこと。「―野球」

のん-べえ【飲◇兵◇衛】大酒飲み。のんだくれ。のみすけ。

のんべん-だらり(副) なすこともなく、だらだらとむだに時日を費やすさま。「―と仕事をする」

ノンポリ〈nonpolitical から〉政治に関心のないこと。また、そういう人。「―学生」

ノンレム-すいみん【ノンレム睡眠】〈non-REM sleep〉〔生〕レム睡眠以外の、脳が休息した深い睡眠の段階。⇩レム睡眠

は ハ

五十音図「は行」の第一音。「は」は「波」の草体。「ハ」は「八」の全体。

は【巴】(人) ハ ともえ (字義) ①へび。②渦巻き。「巴字」③ともえ。難読 巴里 人名 とも・ぱ・わ

は【把】ハ㊥ とる・たば (字義) ①とる。もつ。にぎる。つかむ。「把握・把捉・掌把」②とって。にぎり。器物の柄。「把手・刀把」③たば。たばねたものを数える語。難読 把手

は【杷】(人) ハ (字義) ①さらい。穀物をかき集めるくまで。②ならし。土をならす道具。③かく。ならす。④柄。つか。⑤「枇杷」は、バラ科の常緑中高木。

は【波】教3 ハ なみ (字義) ①なみ。なみだつ。また、おだやかでないこと。「波紋・波

乱・波浪・大波」②波のように伝わる。「波及」③波状の動きをするもの。「波長・音波・電波」難読 波止場・波羅蜜・波斯 人名 ば・み・わ

は【派】 教6 ハ わかれ

(字義)①わかれる。わける。わかれ。基本となるものからわかれ出たもの。「派生・分派・流派」②学問・宗教・思想などで他とわかれた系統。「派閥・学派・硬派・党派・軟派」③つかわす。「派遣・派出・特派」人名 また

は【派】 学問・宗教・思想・政治的活動において、立場・傾向を同じにするものの集まり。「ロマン―」「どの―にも属さない」

は【破】 教5 ハ やぶる・やぶれる

(字義)①こわす。こわれる。そこなう。「破壊・破棄・破滅・破裂・大破・打破・難破」②つぶす。だめにする。うまく行かなくなる。「破産・破綻」③相手をうち負かす。「撃破・論破」④しつくす。しとげる。「踏破・読破」⑤型や枠をはずす。はずれる。「破戒・破格・破廉恥」難読 破落戸・破風・破目・破り子・破り籠・破れ鐘 人名 わ

は【破】 (雅楽などの)展開部。⇩序破急

は【琶】 人 ハ (字義)「琵琶」は、東洋の弦楽器。

は【頗】 人 ハ すこぶる (字義)①かたよる。傾く。また、公平でない。「頗僻・偏頗」②よこしま。「険頗」③すこぶる。たいそう。非常に。

は【播】 人 ハ・ハン・バン まく (字義)①まく。種をまく。まきちらす。「播種・撒播」②しく。ひろく及ぼす。「播布・伝播」③「播磨の国」の略。「播州」

は【覇】【霸】 ハ㊥ はたがしら (字義)はたがしら。諸侯のかしら。武力などによって天下を従えるもの。また、優勝すること。「覇王・覇者・制覇・雄覇」

は【覇】 自分の実力によって天下を従えること。転じて、競技などで優勝すること。「―を競う」

は【刃】 物を切る道具の、切るための薄く鋭い部分。「刀の―」

は【葉】 〘植〙維管束植物の茎や枝につく主要器官。ふつう平たく緑色で、呼吸・光合成・蒸散などを行う。類語 葉っぱ・木の葉・草葉・若葉・嫩葉・青葉・紅葉・黄葉・落ち葉・病葉・枯れ葉・朽ち葉

は【歯】 ①〘生〙多くの脊椎動物の口の中に上下に並んで生え、物をかみくだく器官。「―が生える」②器具や機械などの縁に細かく並んだきざみめ。「のこぎりの―」「櫛の―」③下駄の裏の二枚の突起部分。「足駄の―を入れる」

―が浮く ①歯が浮き上がるように感じる。②軽薄な言動を見聞きして不快に感じる。「―ようなお世辞」**―が立たない** ①かたくてかむことができない。②強すぎて対抗できない。物事がむずかしくてどうにも処理できない。「横綱には―」「この問題には―」**―に衣着せぬ** 遠慮しないでずけずけ言う。「―直言」

―の抜けたよう ①まばらでふぞろいなさま。②あるはずのものがなくなってさびしいさま。**―の根が合わない** 寒さや恐れのために、歯ががちがち音を立てるほどふるえおののくさま。

―亡び舌存す 柔軟なもののほうが、かたいものより長く残るというたとえ。参考 類似のことば―柔よく剛を制す。【故事】昔、老子が病床の常摐を見舞った折、常摐が「私の舌はあるが歯がなくなったのはなぜか」と尋ねたので、老子が「歯は堅いから亡び、舌は柔らかいから残った」と言うと、常摐が「天下の事もそのとおりだ」と自得したことからいう。〈説苑〉

―を食いしばる 苦痛や怒りなどを懸命にこらえる。

は【端】 ①はし。先。へり。「山の―」「口の―に上る」②はした。はんぱ。「―数」

は (係助)《中心義―**他と区別して取り出して示し、それに関して説明する**》①物事を他と区別して取り出していう。㋐何について述べようとしているかを示す。主題の提示。「クジラ―魚ではない」㋑特に一つを取り出す意を表す。「私に―くれない」「行き―したがまにあわなかった」②対比的にとり上げられることを示す。「人通り―多いがうるさく―ない」③(「ては」「では」の形で)「…のたびごとに」の意を表す。「転んで―起きあがる」用法 感動詞・連体詞・接続詞を除く種々の語に付く。「は」は①㋐の「クジラは」などのような場合、主語を示す格助詞のように考えられやすいが、①㋑の「私には」などのように主語以外の語にも付き、それの付いたものを他と区別していうところに特質がある。あとの述語となる語と格関係を持たないので、格助詞とはしない。「は」は既に話題となったもの(旧情報・既知)に、「が」は新たに話題となるもの(新情報・未知)に付くと区別する考えもある。

ば【芭】 人 バ・ハ (字義)「芭蕉」は、中国原産のバショウ科の多年草。

ば【馬】 教2 バ・メ うま・ま (字義)うま。家畜の一つ。「馬脚・駿馬・名馬」難読 馬酔木・馬喰・馬銜・馬鈴薯・馬楝・馬簾・馬尾藻・馬刀貝・馬頭・馬手・馬陸 人名 たけ・たけし

ば【婆】 バ㊥ ばば (字義)①ばば。老女。老母。「産婆・老婆」②梵語の音訳で「ば」の音にあてる。「婆羅門・娑婆・卒塔婆」

ば【罵】 バ㊥ ののしる㊥ (字義)ののしる。口ぎたなくけなす。「罵声・罵倒・悪罵・嘲罵・痛罵・面罵」

ば【場】 ①場所。いどころ。「活躍の―」「―をふさぐ」②場合。そのときその時の状況。「その―になってあわてる」③映画や劇の一場面。「あだ討ちの―」④〘物〙物体やエネルギーの存在する場所。「磁―」⑤取引所の立ち会い場。「―が立つ」

ば (接助)①順接の仮定条件を表す。「もし…ば」「…さえ…ば」「…ば…ほど」の形で、意味を強めることがある。「暇があれ―行く」「見れ―見るほど美しい」②一般条件を表す。前の事柄が成り立つときは常に後の事柄は成り立つことをいう。「…するときはいつでも」「…すると必ず」の意。「一に一をたせ―二になる」③(「…も…ば…も…」の形で)並列の意を表す。「池もあれ―、林もある」④(「ばこそ」の形で)「全然…しない」の意を表す。「押しのけようとするが、動か―こそ」⑤何によった話かを示す。「報道によれ―、今季は多くの観光客が来日したという」用法 ①〜③と⑤は活用語の仮定形に付く。④は動詞の未然形に付く文語的な言い方。

はあ (感)①ため息をつく音を表す語。②かしこまって応答するときや一応の同意・承諾をするときに発する語。「―、確かに承りました」③聞き返すときに発する語。「―、なんだって」

バー 〈bar 棒〉①走り高跳び・棒高跳びで、跳びこす目標の横木。②サッカー・ラグビーで、ゴールの横木。③バレエを練習するときにつかまる横木。④洋酒を飲ませるカウンター式の酒場。

ばあ (感) 幼児をあやすときに急に顔を見せていう語。また、突然顔を出したときにおどけていう語。「いないいない―」

ぱあ ①〘俗〙すべてなくなること。帳消し。「なにもかも―になる」

②《俗》愚か者。③じゃんけんで、五本の指を開いて出す拳(けん)。紙(かみ)。「ぐう」に勝ち、「ちょき」に負ける。

パー〈par〉①価値が等しいこと。②《経》有価証券の市価が、額面の金額と等しいこと。③ゴルフで、各ホールの基準打数。

ば-あい【場合】(アヒ) ①ある状況になったとき。おり。「遅れるーは電話をしろ」②境遇。事情。状況。ケース。「ーがーだ」

パーカ〈parka〉フード付きのゆったりした上着。パーカー。

パーカッション〈percussion〉《音》ドラム・マラカス・マリンバなど、打楽器類の総称。

パーキング〈parking〉駐車すること。また、駐車場。

―メーター〈parking meter〉時間制の、駐車料金表示器。(はじまり)日本では、一九五九(昭和三十四)年、東京都が丸の内・日比谷地区などに設置したのが最初。

パーキンソン-びょう【パーキンソン病】(ビヤウ)《医》脳の代謝異常により、手足のふるえ、筋の硬直などの症状を示し動作が不自由になる病気。中年以上に多い。イギリスの医師パーキンソン(Parkinson)が一八一七年に報告した。

は-あく【把握】(名・他スル)①しっかりとつかむこと。手中におさめること。「人心をーする」②高度な文章や複雑な情勢を正確に理解すること。「文意をーする」「実状をーする」

パーク〈park〉■(名)公園。■(名・自スル)駐車すること。

ハーケン〈(ドイ)Mauerhaken から〉登山で岩登りをするとき、岩の間に打ちこんで足がかりとする金属製の大きなくぎ。

バーゲン〈bargain〉「バーゲンセール」の略。

―セール〈bargain sale〉大安売り。特売。バーゲン。

バーコード〈bar code〉太さの異なる棒縞(ぼうじま)からなる符号。商品などにつけられ、光学式スキャナーで読み取り、商品管理に使われる。

9784010777046

〔バーコード〕

パーコレーター〈percolator〉ポット形で、濾過(ろか)装置のあるコーヒーわかし器。

パーサー〈purser〉客船・旅客機などの事務長。旅客係の主任。

バーサス〈versus〉→ブイエス

ばあ-さん【◇婆さん】老年の女性を親しんで呼ぶ語。↔爺(じい)さん

パージ〈purge〉公職から追放すること。「レッドー」

バージョン〈version〉①作品などを別の形に作り変えたもの。版。「英語ー」「フルー」②《情報》コンピューターのソフトウェアの版。「ーアップ」

バージン〈virgin〉処女。ヴァージン。

―ロード〈和製英語〉キリスト教会の結婚式で、祭壇に向かって花嫁が歩いて行く通路。

バース-コントロール〈birth control〉産児制限。受胎調節。

バースデー〈birthday〉誕生日。「ーケーキ」

パースペクティブ〈perspective〉①→えんきんほう②見通し。展望。③舞台装置などの見取り図。

パーセンテージ〈percentage〉パーセントで示された割合。百分率。百分比。「ーが高い」

パーセント〈percent〉一〇〇に対しての割合を示す単位。記号 %

パーソナリティー〈personality〉①その人が備えている特有の性格。個性。人格。「ー障害」②ラジオのディスクジョッキーなど、番組を進行する司会者。

パーソナル-コンピューター〈personal computer〉個人用の小型コンピューター。パソコン。PC

バーター〈barter〉物と物とを交換すること。物々交換。「ー取引」

―せい【―制】《経》貿易統制の一手段としての交換貿易。協定により二国間の輸出入数量・金額を均衡させ、為替(かわせ)による決済を不要とする貿易方式。

ば-あたり【場当[た]り】①演劇・集会などで、その場の機転でかっさいを得ること。「ーをねらう」②深い考えや計画性がなく、その場の思いつきで行うさま。「ー的な対策」

バーチャル〈virtual〉(形動ダ)(ダロ・ダッ(デ・ニ)・ダ・ナ・ナラ・○)実体を伴わないさま。仮想的。擬似的。「ーな空間」「ーな体験」

―リアリティー〈virtual reality〉CGなどによって作り出された仮想空間が、あたかも現実であるかのような臨場感を感じさせること。仮想現実。VR

パーツ〈parts〉機械類の部品。「ーを交換する」

ぱあっ-と(副)①いっぺんに四方へ広がるさま。「視界がー開ける」②一気に派手に行うさま。「給料をー使い果たす」

バーディー〈birdie〉ゴルフで、そのホールを基準打数(パー)より一打少ない打数で終えること。

パーティー〈party〉①社交のための集まり。「ダンスー」②仲間。集団。特に、いっしょに登山をするグループ。「ーを組む」

パーティション〈partition〉①部屋や空間を仕切る衝立(ついたて)や隔壁など。間仕切り。パーテーション。②《情報》コンピューターで、ハードディスクの記憶装置の領域を分割したもの。

バーテンダー〈*bartender〉酒場で、酒類の調合などをする人。バーテン。

ハート〈heart〉①心臓。②心。感情。また、愛情。「彼女のーを射止める」③トランプで、赤い♥のマーク。また、その札。

ハード〈hard〉■(名・形動ダ)①硬いこと。また、そのさま。「ーカバー」②きびしいこと。きついこと。また、そのさま。「ーな練習」■(名)「ハードウェア」の略。(↔ソフト)

―ウェア〈hardware 金物〉《情報》コンピューターの本体および周辺機器の装置。ハード。↔ソフトウェア

―カバー〈hardcover〉丈夫なクロスや厚紙で装丁した、堅い表紙の本。

―ディスク〈hard disk〉金属製の円盤に磁性体を塗った、コンピューターの記憶装置。記憶容量が大きく、高速処理ができる。

―トップ〈hardtop〉屋根が鋼板で、側面の前後の窓の間に中柱がない車体型式の乗用車。

―トレーニング〈hard training〉スポーツなどのきびしい練習や訓練。

―ボイルド〈*hard-boiled 固ゆでの〉《文》感傷を排し冷徹・非情な態度と簡潔な文体で対象を描く写実主義的手法。一九三〇年代、アメリカのヘミングウェイ、ドス=パソスなどによって用いられた。また、非情な探偵の登場する推理小説の一ジャンルで、ハメットやチャンドラーなどが代表的作家。

―ランディング〈hard landing〉①宇宙船などが逆噴射しないで急激に着陸すること。硬着陸。②強硬な手段で、経済活動などを次の局面に移行させること。(↔ソフトランディング)

バード〈bird〉鳥。小鳥。

―ウイーク〈和製英語〉愛鳥週間。五月十日からの一週間をいう。[夏]

―ウオッチング〈bird-watching〉→たんちょう(探鳥)

パート〈part〉①部分。区分。②受け持ち。役割。「計画の重要なーを任せる」③《音》楽曲構成の部分。声部。④「パートタイマー」の略。⑤「パートタイム」の略。

―タイマー〈part-timer〉パートタイムで勤務する人。

―タイム〈part-time〉非常勤で、正規の労働時間より短い一定時間だけ時間給で勤務する制度。↔フルタイム

パートナー〈partner〉①ダンスやスポーツを二人一組でするときの相手。②共同で物事をする仲間。③配偶者。また、同様の関係の相手。

―シップ〈partnership〉対等で友好的な協力関係。提携。「企業と大学の―」

ハードル〈hurdle〉①ハードル競走の障害として用いる台付きのわく。②(「ハードル競走」の略)陸上競技で、等間隔に置かれた「ハードル①」をとびこえながら走る種目。障害競走。③(比喩ひゆ的に)越えて行くべき障害・関門。「高い―」

バーナー〈burner〉気体燃料などを燃焼させる道具。また、ガス器具の燃え口。

ハーネス〈harness〉①犬などの胴体に巻き、引き綱を取り付けて用いるベルト状の道具。②登山や高所作業などで、胴部や腿もも・肩などに通して使用する安全ベルト。高所からの危険な墜落を避ける命綱を取り付ける。

バーバリー〈Burberry〉つや出しをして防水加工をした綿ギャバジン。また、それで作ったレインコート。(商標名) 参考 イギリスのバーバリー社が開発した。

バーバリズム〈barbarism〉①野蛮な行動。②無作法。

ハーフ〈half〉①半分。なかば。②「ハーフバック」の略。③(「ハーフブラッド(half blood)」から)混血の人。

―コート〈和製英語〉〔服〕腰までの短い外套がいとう。半コート。参考 英語では half-length coat という。

―サイズ-カメラ〈half size camera〉三五ミリ判のフィルムを使用し、その半分の画面サイズで撮影するカメラ。

―スイング〈* half swing〉野球で、打者がバットを振りかけて、途中でやめること。

―タイム〈halftime〉サッカー・ラグビー・バスケットボールなどで、試合の中間でとる休憩時間。

―トーン〈halftone〉①〔美〕絵画や写真で、明暗の中間の調子。ぼかし。②〔音〕半音。③印刷で、網版印刷。

―バック〈halfback〉サッカー・ホッケー・ラグビーなどで、フォワードの後方の位置。また、その位置にいる競技者。中衛。

―マラソン〈half marathon〉正式なマラソンの半分の距離(二一・〇九七五キロメートル)を走る長距離競走。

―メード〈和製英語〉ほぼ出来上がっている洋服で、注文者の体の寸法・好みに合わせて仕上げるもの。

ハーブ〈herb〉〔植〕香料・薬用に用いる植物の総称。香草。薬草。ラベンダー・ローズマリー・ペパーミントなど。「―ティー」

ハープ〈harp〉〔音〕弦楽器の一つ。湾曲したわくに四七本の弦を張り、両手の指ではじいて演奏する。竪琴たてごと。

〔ハープ〕

パーフェクト〈perfect〉㊀(形動ダ)(ダロ・ダッ(デ・ニ)・ダ・ナ・ラ・○)すべてが完璧かんぺきであるさま。完全であるさま。「仕上がりは―だ」㊁(名)「パーフェクトゲーム」の略。

―ゲーム〈* perfect game〉①→かんぜんじあい ②ボウリングで、一ゲームの全フレームにストライクを出すこと。

ハープシコード〈harpsichord〉〔音〕グランドピアノ型の鍵盤けんばん楽器。鍵を押すと内部の爪が弦をはじいて音を出す。参考 イタリア語ではチェンバロ、フランス語ではクラブサン。

パープル〈purple〉紫色。

バーベキュー〈barbecue〉野外で肉や野菜などを直火じかびで焼いて食べる料理。また、その炉。BBQ

バーベル〈barbell〉鉄棒の両端に円盤状のおもりを付けた、重量挙げ・ボディービル用の道具。

バーボン〈bourbon〉トウモロコシを主原料とするアメリカ産のウイスキー。語源 ケンタッキー州バーボンで作られたことから。

パーマ →パーマネント

パーマネント〈permanent wave から〉頭髪に熱・薬品などで、長持ちするウエーブをつけること。また、その髪。パーマ。はじまり 一九〇五年、ロンドンでドイツ人カール=ネスラーが最初に考案。日本では、一九三〇年代半ばに国産機が作られた。

バーミキュライト〈vermiculite〉〔地質〕黒雲母くろうんもなどが風化した粘土鉱物。焼成して断熱材・軽量骨材・園芸用などに用いる。蛭石ひるいし。

パーミル〈per mill〉→せんぶんりつ

ハーモニー〈harmony〉①調和。②→わせい(和声)

ハーモニカ〈harmonica〉〔音〕側面の、細かく仕切られて並んだわくに口を当て、呼吸によってわくの中の金属弁を振動させて音を出す、箱形の小さな楽器。ハモニカ。

ばあ-や【◦婆や】家事手伝いの老女を親しんで呼ぶ語。↔爺じいや

パーラー〈* parlor〉①ホテルやクラブなどの談話室。②軽飲食店。「フルーツ―」

ハーラー-ダービー〈* hurler derby〉(「hurler」は「投手」の意)野球で、投手が公式戦中の勝利数を争うこと。

は-あり【羽△蟻】羽のはえた、繁殖はんしょく期のアリやシロアリ。はねあり。夏

バール〈bar〉〔気〕圧力の単位。一バールは一〇万ニュートンの力が一平方メートルに作用するときの圧力。記号 b または bar ⇩パスカル

バール〈crowbar から〉釘抜くぎぬきなどに用いる金属製のてこ。かなてこ。

パール〈pearl〉真珠。

バーレーン〈Bahrain〉ペルシャ湾のバーレーン島と付近の島々からなる王国。首都はマナーマ。語源「二つの海」の意のアラビア語から。二つの海とは、塩水の海(ペルシャ湾)と、地下にあると伝えられる淡水の海とを指すという。

バーレスク〈burlesque〉踊りや歌をまじえた風刺的喜劇。おどけ芝居。

ハーレム〈harem〉→ハレム

ハーレム〈Harlem〉アメリカのニューヨーク市マンハッタン区北部の地名。語源 入植したオランダ人が本国の都市ハーレムにちなんでつけた。

バーレル〈barrel〉→バレル①

パーレン〈parenthesis から〉( )の称。丸かっこ。

ハーン〈Lafcadio Hearn〉→こいずみやくも

はい【拝】(数6)【人拜】ハイ おがむ

(字義)①おがむ。おじぎをして敬意を表す。「拝伏・拝礼・三拝九拝」②神仏をおがむ。「拝殿・参拝・崇拝」③(官位などを)ありがたく受ける。「拝官・拝任・拝命・拝領」④相手をうやまい、自己の動作語に冠する。「拝謁えつ・拝啓・拝見・拝借」

はい【拝】手紙で、自分の署名の下に添えて相手への敬意を表す語。「山田一男―」

はい【杯】【人盃】ハイ さかずき

(字義)さかずき。「玉杯・金杯・酒杯」参考「盃」は俗字。

-はい【杯】(接尾)①容器に入れた液体や飯を数える語。「コップ一―ぱいの水」②舟やタコ・イカなどを数える語。「カニ二―」

はい【杯・盃】さかずき。酒を飲むうつわ。「－を重ねる」

はい【背】教6 ハイ・せ・せい・そむく㊥・そむける㊥
(字義)①せ。せなか。また、物のうしろ。うら側。「背後・背面・光背・紙背」↔腹 ②そむく。せを向ける。うらぎる。「背徳・背任・違背・向背」難読 背負子(しょいこ)・背負(しょ)う 人名 しろ・のり

はい【肺】教6 ハイ
(字義)①はい臓。五臓の一つ。「肺炎・肺臓」②心の奥底。まごころ。「肺肝・肺腑(はいふ)」

はい【肺】→はいぞう

はい【俳】教6 ハイ・わざおぎ
(字義)①わざおぎ。役者。芸人。「俳優」②おどけ。たわむれ。こっけい。「俳諧(はいかい)」③あちこち行ったり来たりする。＝徘。「俳徊(はいかい)」④「俳諧」「俳句」の略。「俳人・俳文・雑俳(ざっぱい)」

はい【配】教3 ハイ・くばる
(字義)①ならぶ。ならべる。組み合わせる。「配合・配色・配列」②つれそう。めあわす。つれあい。夫婦。「配偶・交配」③くばる。わりあてる。「配給・配達・配役・差配・心配・手配・分配」④ながす。島流しにする。「配所・配流(はいる)」人名 あつ

はい【排】ハイ㊥・ひらく・ならぶ
(字義)①ひらく。おしのける。しりぞける。おし出す。「排外・排除・排斥・排泄(はいせつ)」②ならぶ。ならべる。「排置・排列」

はい【敗】教4 ハイ・やぶれる
(字義)①やぶれる。負ける。「敗軍・敗戦・敗退・敗北・惨敗・惜敗・大敗」↔勝 ②しくじる。「失敗・成敗(せいばい)」③こわれる。くさる。「頽敗(たいはい)・腐敗」

はい【廃】【廢】ハイ㊥・すたれる㊥・すたる㊥
(字義)①すたれる。やぶれる。役に立たなくなる。「廃墟(はいきょ)・廃人・廃物・荒廃・退廃」②すてる。やめる。用いなくする。「廃刊・廃棄・廃止・全廃・撤廃」

はい【輩】ハイ㊥・ともがら・やから
(字義)①ともがら。なかま。また、いやしめていう語。やから。「軽輩・後輩・若輩・先輩・同輩・年輩」②ならぶ。ならべる。くらべる。「輩出」

ハイ-〈high-〉(接頭)①「高い」の意を表す。「－ヒール」↔ロー ②「高級」「高価」「高度」の意を表す。「－センス」「－クラス」③「速度がはやい」の意を表す。「－スピード」↔ロー

はい【灰】ハヒ 物が燃えたあとに残る粉末状のもの。
－になる ①焼けて跡形もなくなる。②死んで火葬にされる。

はい【胚】〔動・植〕多細胞生物ができる過程で、まだ独立して生活できない個体のこと。動物では、養分を卵黄または母体から吸収して成長する過程。種子植物では、種子の中にあり、一枚または二枚の子葉をもった芽。胚子。

はい【蠅】ハヒ →はえ(蠅)

はい(感)①呼ばれたり、話しかけられたりした際の応答の語。②相手の発言への承諾・肯定の意を表す語。↔いいえ ③行動をうながしたり、注意を払わせたりするために発する声。「－、それでは行きましょう」④言葉の終わりに付けて、念を押す気持ちを添える。「私が山本ですよ、－」

ばい【売】教2【賣】人 バイ・マイ・うる・うれる
(字義)うる。あきなう。ひろめる。うりものにする。「売却・売名・競売・商売・即売・特売・発売・販売」難読 売女(ばいた)・売僧(まいす)

ばい【貝】教1 バイ・かい
(字義)かい。水中にすむかいがらをもった軟体動物。かいがら。「貝貨(ばいか)」難読 貝独楽(べいごま)

ばい【苺】人 バイ・マイ・いちご (字義)いちご。バラ科の小低木、または多年草。

ばい【倍】教3 バイ・ハイ・ます
(字義)①ます。多くする。同じ数を何回か加える。「倍加・倍増」②そむく。背反する。「倍徳(はいとく・ばいとく)・倍反」人名 やす

-ばい【倍】(接尾)同じ数または同じ量を何回か加えたものであることを示す語。「五－」

ばい【倍】同じ数または同じ量を二つ合わせたもの。二倍。

ばい【唄】バイ・うた㊥
(字義)①仏の功徳をほめたたえる歌。また、その歌を唱えること。「唄音・唄讃(ばいさん)・唄頌(ばいしょう)・梵唄(ぼんばい)」②うた。民謡。俗謡。「小唄(こうた)・長唄・端唄(はうた)」

ばい【梅】教4【梅】人 バイ・うめ
(字義)①うめ。バラ科の落葉高木の核果樹。「梅花・梅林・寒梅」②「梅雨(ばいう・つゆ)」の略。「入梅」難読 梅桃(ゆすらうめ) 人名 め

ばい【培】バイ㊥・つちかう㊢
(字義)①つちかう。やしなう。そだてる。草木の根に土をかけてそだてる。「培養・栽培」②よる。乗る。「培風」人名 ます

ばい【陪】バイ㊥
(字義)①かさなる。かさねる。くわわる。くわえる。「陪審」②したがう。つき従う。はべる。主のおともをする。従者。「陪侍・陪従(ばいじゅう・べいじゅう)」③家来の家来。諸侯(しょこう)の臣。「陪臣」人名 すけ・ます

ばい【媒】バイ㊥・なかだち
(字義)①なかだち。なこうど。男女の縁組をとりもつこと。「媒酌・媒人」②なかだちをする。間に立ってとりもつ。さそい出すはたらきをするもの。「媒介・媒体・触媒・虫媒・風媒・霊媒」

ばい【買】教2 バイ・かう
(字義)かう。あがなう。代価をはらって品物を手に入れる。「買収・競買・購買・売買・不買」

ばい【煤】人 バイ・マイ・すす (字義)①すす。煙や炎の中にある黒い粉。「煤煙」②墨。③石炭。「煤炭」④すすける。㋐すみなどで黒くなる。㋑古びて黒く汚れる。

ばい【賠】バイ㊥・つぐなう
(字義)つぐなう。他に与えた損害をうめあわせるために代物をはらう。弁償する。「賠償」

ばい【枚】昔、夜討ちなどのとき、人や馬が声をたてないよう横向きに口にくわえさせた箸状の道具。口木。「－をふくむ」

パイ〈中国 牌〉麻雀(マージャン)に用いるこま。象牙(ぞうげ)・骨などに、文字・模様を彫刻し、竹などで裏打ちしたもの。

パイ〈ギリシャ pi〉〔数〕円周率を表す記号。「π」と書く。

パイ〈pie〉①小麦粉にバターを加え、こねてのばした生地に、果実の甘煮や肉などを包んでオーブンで焼いた菓子。「アップルー」②（比喩(ひゆ)的に）分け前の全体・総額。「少ないーを奪い合う」

はい‐あが・る【這い上がる】(ハヒ)（自五）(ラ(ロ)・リ(ッ)・ル・ル・レ・レ) ①はってあがる。はうようにしてあがる。「がけをー」②苦労して悪い状況から抜け出す。「苦境のどん底からー」

バイアス〈bias〉①《服》布目に対して斜めに裁つこと。バイヤス。②（「バイアステープ」の略）布目に対して斜めに裁った布テープ。③かたより。偏見。「記事にーがかかる」

バイアスロン〈biathlon〉スキーの距離競技とライフル射撃の複合競技。ゴールまでの所要時間と射撃の正確さを競う。

ハイアライ〈(スペイン) jai alai〉スペインの代表的球技。ラケットで硬球（ペロタ）を敵味方交互に壁に向けて打ち合うもの。

はい‐あん【廃案】採用や議決にいたらず、廃止となった議案や考え。「会期切れでーになる」

はい‐い【配意】心をくばること。心づかい。配慮。

はい‐い【廃位】ー(ヰ)（名・他スル）君主をその位から退かせること。「王のーを画策する」

はい‐いろ【灰色】(ハヒ)ー ①黒みをおびた白色。ねずみ色。グレー。②陰気なこと、希望のもてないことのたとえ。「ーの青春」③主義・主張がはっきりしないこと。あいまい。④（黒ではないが白とも言えないことから）有罪か無罪かはっきりしないこと。

はい‐いん【敗因】負けた原因。「ーを分析する」↔勝因

ばい‐いん【売淫】（名・自スル）売春。淫売。

はい‐う【沛雨】激しく降る雨。大雨。

ばい‐う【梅雨・黴雨】六月から七月中旬にかけて降り続く雨。梅雨(つゆ)。五月雨(さみだれ)。夏 語源 梅の実のなるころ降るからとも、あるいは物に黴(かび)がはえるからともいう。

―ぜんせん【―前線】《気》日本の梅雨期にあらわれる弱い前線。オホーツク海高気圧と太平洋高気圧との間にでき、本州南方海上付近を東西に長く伸びて停滞する。夏

ハイウエー〈highway 幹線道路〉高速自動車道路。参考 英語で「高速自動車道路」はexpresswayという。また、米国ではfreeway、英国ではmotorwayなどともいう。

はい‐えい【背泳】あお向けで、両手を交互に頭上にのばして水をかき、ばた足で泳ぐ泳法。背泳ぎ。バックストローク。

はい‐えき【廃液】使ったあと廃物として捨てられる液。

はい‐えつ【拝謁】（名・自スル）天皇・皇族など高貴な人に会うことの謙譲語。お目にかかること。「ーを許される」

ハイエナ〈hyena〉《動》ハイエナ科の哺乳(ほにゅう)動物の総称。インドやアフリカにすむ。犬に似た夜行性の肉食動物。参考 死肉を食うところから強欲非道の人間のたとえにもいう。

バイエル〈(ドイツ) Beyer〉ドイツの作曲家バイエルがつくったピアノの入門用練習曲集。バイエルピアノ教則本。

はい‐えん【肺炎】《医》細菌やウイルスの感染などによって起こる肺の炎症。通常感冒症状が先行し、悪寒・高熱・せき・胸痛・呼吸困難などの症状を呈する。

はい‐えん【排煙】■（名）煙突から出る煙。「工場のー」■（名・自スル）中にある煙を外へ出すこと。「ー装置」

はい‐えん【廃園】ー(ヱン) ■（名）荒れはててさびれた庭園。■（名・他スル）動物園・幼稚園・庭園などを廃止すること。

ばい‐えん【梅園】ー(ヱン) 梅の木を多く植えてある庭園。春

ばい‐えん【煤煙】石炭などを燃やして出るすすとけむり。特に、不完全燃焼によって生じる大気汚染物質をいう。

ハイ‐エンド〈high-end〉（同種の商品で）高級・高性能であること。「ーのモデル」

バイオ〈bio〉①「生命」「生物」の意を表す。「ーエコロジー（＝生物生態学）」②「バイオテクノロジー」の略。

―エシックス〈bioethics〉生命にかかわる人間の行為を倫理面から研究する学問。体外受精・臓器移植・遺伝子操作などの問題を検討する。生命倫理学。

―テクノロジー〈biotechnology〉生物の機能を工学的に利用する技術。特に、遺伝子の組み換え・細胞培養などの、農業・医療分野への応用技術。生命工学。生物工学。

―ねんりょう【―燃料】(ネンレウ) 生物体を原料とする燃料。バイオマス燃料。

―マス〈biomass〉①ある時点に一定の空間を占める生物の量。②生物体をエネルギー資源や工業原料として利用すること。また、その生物体。イモからアルコールを得るなど。

―リズム〈biorhythm〉人間の肉体・感情・知性にみられる一定の周期的リズム。

はい‐おく【廃屋】ー(ヲク) 住む人もなくなって荒れはてた家。あばらや。廃家。

ハイ‐オク〈high-octane gasoline から〉オクタン価の高いガソリン。⇒オクタン価

はい‐おとし【灰落〔と〕し】(ハヒ)ー たばこの灰などを落とし入れる器。灰皿。

パイオニア〈pioneer〉開拓者。先駆者。「ー精神」

バイオリニスト〈violinist〉バイオリン奏者。「名ー」

バイオリン〈violin〉《音》弦楽器の一つ。胴に張った四本の弦を、馬の尾の毛を張った弓でこすって演奏する。提琴(ていきん)。ヴィオロン。ヴァイオリン。

バイオレット〈violet〉①すみれ。特に、西洋すみれ。②すみれ色。

バイオレンス〈violence〉暴力。暴行。

ばい‐おん【倍音】《音》基音の整数倍の振動数をもつ音。音色を豊かにする。

はい‐か【配下】支配のもとにある者。手下。部下。

はい‐か【排貨】ー(クワ) ある人や企業、またはある国の商品を排斥して取り引きをしないこと。

はい‐か【廃家】①住む人もなく荒れはてた家。廃屋。②民法の旧規定で、相続人がなく家が絶えること。また、その家。

はい‐が【拝賀】（名・自スル）目上の人に祝いのことばを申し述べること。「ーの辞」新年

はい‐が【胚芽】《植》種子の中の胚の部分。

―まい【―米】完全な白米にしてしまわないで、胚芽を残してある米。ビタミンBを多く含む。

はい‐が【俳画】ー(グワ) 俳味のある淡彩の絵や墨画。

ばい‐か【売価】物を売るときの値段。売値(うりね)。↔買価

ばい‐か【貝貨】ー(クワ) 貝殻の貨幣。古代中国やアフリカ・ポリネシアなどで、交換・贈与などに広く使用された。

ばい‐か【倍加】（名・自他スル）①二倍に増えること。また、増やすこと。倍増。②非常に増加すること。「興味がーする」

ばい‐か【梅花】ー(クワ) 梅の花。春

ばい‐か【買価】物を買うときの値段。買値(かいね)。↔売価

ハイカー〈hiker〉ハイキングをする人。

はい‐かい【俳諧・誹諧】《文》①こっけい。たわむれ。おどけ。②「俳諧連歌」「俳諧歌(はいかいか)」の略。③発句(ほっく)。俳句。

―か【―歌】《文》和歌の一体。卑俗・こっけいみをもつ歌。

―し【―師】俳諧を作る人。俳人。

―れんが【―連歌】《文》室町末期、山崎宗鑑・荒木田守武(もりたけ)らがはじめたこっけい趣味の連歌。俳諧の連歌。

はい‐かい【徘徊】ー(クワイ)（名・自スル）あてもなく歩き回ること。目的もなくうろつくこと。「夜中に街をーする」

はい-がい【拝外】グワイ 外国人や外国の文物・思想などを崇拝すること。「―思想」↔排外

はい-がい【排外】グワイ 外国人や外国の文物・思想などを排斥すること。「―主義」↔拝外

ばい-かい【媒介】(名・他スル) ①二つのものの間に立ってとりもつこと。仲立ち。②〘医〙病原体をうつすこと。「蚊(か)が―する病気」

はいかいしちぶしゅう〔俳諧七部集〕ハイカイシチブシフ 江戸中期、蕉門(しょうもん)の俳諧選集。佐久間柳居(りゅうきょ)編。一七三二(享保十七)年ごろ成立。「冬の日」「春の日」「曠野(あらの)」「ひさご」「猿蓑(さるみの)」「炭俵(すみだわら)」「続猿蓑」から成る。芭蕉(ばしょう)七部集。

はい-かき【灰△掻き】ハヒ ①火ばちの灰を平らにならす道具。灰ならし。灰おし。②焼け跡を始末すること。また、その人。

はい-がく【廃学】学業を中途でやめること。

ばい-がく【倍額】二倍の金額。

はい-かぐら【灰神楽】ハヒ 火の気のある灰に湯・水をこぼしたとき、水蒸気や煙とともに灰が舞い上がること。「―が立つ」

はい-ガス【排ガス】「排気ガス」の略。

はい-かつりょう【肺活量】クワツリヤウ 〘保〙意識的に深く吸いこんで吐き出すことのできる最大限の空気の量。

ハイカラ〈high collar から〉(名・形動ダ) 西洋ふうを気どったり、流行を追ってしゃれたりするさま。また、その人。語源 明治三十年代、洋行帰りの人がハイカラー(=丈の高い襟)を着用していたことから。

はい-かん【拝観】クワン (名・他スル) 神社仏閣などの宝物・仏像などをつつしんで見ること。「―料」「本尊を―する」

はい-かん【肺肝】①肺臓と肝臓。②心の奥底。心底。「―をくだく(=心をつくして考える)」

はい-かん【肺患】クワン 肺の病気。肺病。肺結核。

はい-かん【配管】クワン (名・自他スル) ガス・水道などの管を取りつけること。「―工事」

はい-かん【廃刊】(名・他スル) 定期に刊行していた新聞・雑誌などの刊行を廃止すること。↔発刊・創刊

はい-かん【廃艦】役に立たなくなった軍艦を艦籍から除くこと。また、その軍艦。

はい-がん【拝顔】(名・自スル)「会うこと」の謙譲語。お目にかかること。拝眉(はいび)。「―の栄に浴する」

はい-がん【肺△癌】〘医〙肺に生じる癌(がん)。せき・血痰(けったん)・胸痛などを伴う。

ばい-かん【陪観】クワン (名・他スル) 身分の高い人につき従って芝居などを見物すること。

はい-き【拝△跪】(名・自スル) ひざまずいて拝むこと。

はい-き【排気】(名・自スル) ①内部の気体を外へ出すこと。「―孔」②エンジンなどから蒸気・ガスをはき出すこと。また、そのはき出される蒸気・ガス。↔吸気

―ガス 主として自動車の排出するガスをいう。排ガス。

―りょう【―量】リヤウ 内燃機関で、ピストンが動く一行程で押し出される気体の体積。

はい-き【廃棄】(名・他スル) ①不用なものとして捨てること。「―処分」②〘法〙条約の効力を一方的に無効にすること。

はい-きしゅ【肺気腫】〘医〙肺が過度に空気をふくんで、ふくらんだ状態になる病気。息切れ・呼吸困難などを伴う。

ばい-きゃく【売却】(名・他スル) 売り払うこと。「―益」

はい-きゅう【配球】キウ 野球で、投手が打者に対して投球するコース・球種などの組み合わせ。「―を読む」

はい-きゅう【配給】キフ (名・他スル) ①割り当てて配ること。②国が物資の流通を統制し、価格や量を決めて消費者に売ること。③映画作品を興行者に貸し出すこと。

はい-きゅう【排球】キウ →バレーボール

ばい-きゅう【倍旧】キウ 前よりも程度を増すこと。「―のお引き立てを願います」

はい-きょ【廃△墟】人が住まなくなった、建物・町などの荒れはてた跡。「―と化す」

はい-ぎょ【肺魚】〘動〙えら呼吸のほか、発達した浮き袋が肺のはたらきをして空気呼吸をする、ウナギに似た形の淡水魚の総称。ネオセラトダス・レピドシレン・プロトプテルスなど。

はい-きょう【背教】ケウ (おもにキリスト教で)信仰にそむいたり、信仰を捨てたりすること。「―者」

はい-ぎょう【廃業】ゲフ (名・他スル) ①今までの職業・商売をやめること。「力士を―する」②遊女・芸者が勤めをやめること。

はい-きん【拝金】何よりも金銭を尊重すること。「―主義」

はい-きん【背筋】〘生〙背中にある筋肉の総称。「―力」

ばい-きん【△黴菌】細菌のうち、人畜に有害なものの俗称。

ハイキング〈hiking〉(名・自スル) 山野を歩いて楽しむこと。徒歩旅行。ハイク。「―コース」

バイキング〈Viking〉①八―一一世紀にヨーロッパ各地を侵略したノルマン人の別称。海洋を舞台に活動。②(「バイキング料理」の略) 多種類の料理を自由にとって食べる形式のもの。参考 ②は、英語では smorgasbord や buffet という。はじまり ②は、東京の帝国ホテルのレストラン「インペリアルバイキング」が北欧料理にヒントを得て、一九五八(昭和三十三)年に提供したのが始まり。

はい-く【俳句】〘文〙俳諧連歌(はいかいれんが)の発句(ほっく)が独立した、五・七・五の一七音を定型とする短い詩。原則として季語を詠みこむ。俳諧。

ハイク〈hike〉ハイキング。「ヒッチ―」

はい-ぐ【拝具】(つつしんで申し上げましたの意で)手紙の終わりに書いて敬意を表す語。敬具。

バイク〈bike〉①→モーターバイク ②自転車。「マウンテン―」

はい-ぐう【配偶】①添え合わせること。②めあわせること。また、めあわされた人。つれあい。配偶者。

―し【―子】〘動・植〙精子・卵(らん)などの生殖細胞。

―しゃ【―者】夫婦の一方から他方をいう語。つれあい。

ハイ-クラス〈high-class〉(名・形動ダ) 高級であること。一流。「―のホテル」

はい-ぐん【敗軍】戦いに敗れること。また、敗れた軍隊。

―の将(しょう)は兵(へい)を語(かた)らず 失敗した者はそのことについて弁解がましい意見を言う資格はない。〈史記〉

はい-けい【拝啓】(つつしんで申し上げるの意で)手紙のはじめに書いて敬意を表す語。謹啓。用法 末尾の「敬具」と対応して用いる。

はい-けい【背景】①絵画や写真で、中心となるものの背後の光景。②舞台の奥に書いた景色。書き割り。③物事の背後にある事情や勢力。「事件の―」「経済的な―」

はい-げき【排撃】(名・他スル) 非難や攻撃をしてしりぞけること。「新思想を―する」

ばい-けつ【売血】(名・自スル) 自分の血液を売ること。

はい-けっかく【肺結核】〘医〙結核菌の感染によって起こる肺の慢性的な病気。肺病。

はいけつ-しょう【敗血症】シヤウ 〘医〙細菌が血管にはいり、全身に中毒症状や急性の炎症を発する病気。高熱を伴う。

はい-けん【拝見】(名・他スル)「見ること」の謙譲語。

はい-けん【△佩剣】腰にさげる剣。

はい-ご【背後】 ①うしろ。後方。背のほう。「相手の―にまわる」②物事の表面に現れない、陰の部分。「―であやつる」

―かんけい【―関係】 クワンケイ 物事の表面に現れない陰の部分のかかわり合い。「事件の―を調べる」

―れい【―霊】 人(のすぐうしろ)につきまとい、その人の行動を監視したり、運気に影響を与えたりするとされる霊魂。

はい-ご【廃語】 すたれて、現在使われなくなった言葉。死語。

はい-こう【廃坑】 カウ 採掘をやめた鉱山・炭坑。また、その坑道。

はい-こう【廃校】 カウ (名・他スル) 学校を廃止すること。また、その廃止された学校。

はい-こう【廃鉱】 クワウ 採掘をやめた鉱山。

はい-ごう【俳号】 ガウ 俳句作者としての雅号。俳名。

はい-ごう【配合】 ガフ (名・他スル) 二つ以上のものをうまく混ぜ合わせたり取り合わせたりすること。組み合わせ。「薬の―」

はい-ごう【廃合】 ガフ (名・他スル) 廃止と合併。「省庁の―」

はいこう-せい【背光性】 ハイクワウ →はいじつせい ↔向光性

ばい-こく【売国】 自分の利益などのために、他国を利して自国を不利にする行為をすること。

―ど【―奴】 売国行為をする者をののしっていう語。

バイコロジー 〈和製英語〉公害源となる自動車を使わず、自転車に乗ることをすすめる市民運動。語源 bicycle(自転車)とecology(生態学)との合成語。

はい-ざい【配剤】 (名・他スル) ①〔医〕薬を調合すること。②ほどよく取り合わせること。「天の―(=絶妙な取り合わせ)」

はい-ざい【廃材】 不要になった材木・材料。「―を処理する」

ばい-ざい【媒材】 仲立ちの役割をする材料。

はい-さつ【拝察】 (名・他スル)「推察すること」の謙譲語。「ご健勝のことと―いたします」

はい-ざら【灰皿】 ハヒ たばこの灰や吸いがらを入れる器。

はい-ざん【敗残】 ①戦いに敗れて生き残ること。「―兵」②(転じて)心身ともに落ちぶれること。「人生の―者」参考②は「廃残」とも書く。

はい-ざん【廃山】 (名・自他スル) 鉱山の操業をやめること。また、その鉱山。閉山。

はい-し【△胚子】 →はい(胚)

はい-し【廃止】 (名・他スル) 今まであった制度・設備などをなくすこと。「虚礼―」「在来線を―する」↔存置

はい-し【△稗史】 正史に対して、俗説に基づき小説的な形で記した歴史書。民間の歴史書。転じて、物語や小説の類。語源 昔、中国で稗官(=王に世間のようすを奏上した役)が、世間のうわさを歴史風に書いたものの意から。

はい-じ【拝辞】 (名・他スル) ①「辞退すること」の謙譲語。「せっかくですが―いたします」②「いとまごいすること」の謙譲語。

はい-じ【廃寺】 管理する僧がなく、現在使われていない寺。

はい-しつ【肺疾】 〔医〕肺の病気。

はい-しつ【廃疾・△癈疾】 治すことのできない病気。

ばい-しつ【媒質】 〔物〕物理的変化を伝える仲立ちとなる物質。音波を伝える空気など。

はいじつ-せい【背日性】 〔植〕植物の、光と逆の方向にのびる性質。背光性。負の光屈性。↔向日性 ⇩屈性

はい-しゃ【拝謝】 (名・自スル)「礼を述べること」の謙譲語。

はい-しゃ【背斜】 〔地質〕褶曲した地層の山になった部分。↔向斜

はい-しゃ【配車】 (名・自スル) 車を、必要に応じて割りふって運用すること。「―係」

はい-しゃ【敗者】 負けた人。敗北者。「―復活戦」↔勝者

はい-しゃ【廃車】 ①役に立たなくなって使うのをやめた車両。②車の登録を抹消すること。また、その車。

は-いしゃ【歯医者】 歯の診察や治療をする医師。歯科医。

はい-しゃく【拝借】 (名・他スル)「借りること」の謙譲語。「お手を―(=宴会などでの、手締めの際の掛け声)」

ばい-しゃく【媒酌・媒△妁】 (名・他スル) 結婚をとりもつこと。また、その人。仲人。「―の労をとる」

―にん【―人】 結婚の仲立ちをする人。仲人。

ハイジャック 〈hijack〉(名・他スル) 武器を使って、交通手段、特に航行中の旅客機を乗っ取ること。

ハイ-ジャンプ 〈high jump〉走り高跳び。

はい-しゅ【△胚珠】 〔植〕種子植物にある雌性生殖器官。被子植物では子房内にあり、裸子植物では露出している。中に胚嚢をもち、受精後、種子となる。

はい-じゅ【拝受】 (名・他スル)「受け取ること」の謙譲語。つつしんでいただくこと。「お手紙―いたしました」

はい-じゅ【拝△誦】 (名・他スル) →はいしょう(拝誦)

はい-しゅう【配収】 シウ (「配給収入」の略) 映画で、配給会社が作品を興行者に貸し出すことで得られる収入。

ばい-しゅう【買収】 シウ (名・他スル) ①買いとること。「土地の―」②ひそかに金品を贈り、自分の味方にしたり便宜をはかってもらったりすること。「役人を―する」

ばい-じゅう【陪従】 (名・自スル) →べいじゅう

はい-しゅつ【排出】 (名・他スル) ①中にたまっている不要のものを外へおし出すこと。「ガスを―する」②→はいせつ

はい-しゅつ【輩出】 (名・自他スル) 才能のあるすぐれた人物が次々と世に出ること。また、そのような人物を世に送り出すこと。「人材が―する」

ばい-しゅん【売春】 (名・自スル) 金銭を得る目的で、不特定の相手と性行為をすること。売淫。売笑。

―ふ【―婦】 金を受け取って性行為をする女性。娼婦。

ばい-しゅん【買春】 (名・自スル) →かいしゅん(買春)

はい-しょ【配所】 流罪となって流された土地。謫所。

はい-しょ【俳書】 俳諧に関する書物。

はい-じょ【排除】 ヂヨ (名・他スル) 不要なものや障害をとりのぞくこと。「困難を―する」

はい-しょう【拝承】 (名・他スル)「聞くこと」「承知すること」の謙譲語。うけたまわること。「ご指示を―いたしました」

はい-しょう【拝△誦】 (名・他スル)「読むこと」の謙譲語。拝読。拝誦。「お手紙―いたしました」

はい-しょう【敗将】 シヤウ いくさに負けた軍の将軍。

はい-しょう【廃△娼】 シヤウ 公娼制度を廃止すること。

ばい-しょう【売笑】 セウ →ばいしゅん(売春)

ばい-しょう【賠償】 シヤウ (名・他スル) 与えた損害をつぐなうこと。私法上、公法上(国・公共団体)、国際法上の違法行為に対する賠償がある。損害賠償。「―金」

ばい-じょう【陪乗】 (名・自スル) 身分の高い人の供をして同じ車に乗ること。

はいじょう-みゃく【肺静脈】 ジヤウミヤク 〔生〕肺から心臓へ動脈血を送る静脈。

はい-しょく【配色】 (名・他スル) 二つ以上の色を取り合わせること。配合した色合い。「明るい―」

はい-しょく【敗色】 負けそうな気配。敗勢。「―濃厚」

ばい-しょく【陪食】 (名・自スル) 身分の高い人の相手をして、いっしょに食事をすること。「―の栄を賜る」

はい-しん【背信】 信頼にそむくこと。裏切り。「―行為」

はい-しん【配信】 (名・他スル) ①通信社・新聞社・放送局

などがニュースや情報を関係機関に供給すること。②インターネットを通じて、音楽や動画などを公開すること。「ネット―」

はい-じん【俳人】俳句を作る人。俳諧師。

はい-じん【配陣】―ヂン 戦場で、陣立てをすること。陣の配置。

はい-じん【廃人・△癈人】障害や病気などのため、通常の社会生活ができなくなった人。

ばい-しん【陪臣】①臣下の家来。又家来。②江戸時代、（旗本・御家人に対して）諸大名の家臣。《↕直参》

ばい-しん【陪審】〘法〙裁判で、一般市民から一定の規準で選出した人（＝陪審員）を裁判の審理に加わらせる制度。「―制」参考アメリカなどの制度。日本の裁判員制度とは異なる。

はい-しんじゅん【肺浸潤】〘医〙肺の一部にはいった結核菌により、炎症がまわりの組織にひろがった病的変化の状態。

はい-すい【背水】①水を背にすること。②「背水の陣」の略。

―の陣 一歩もあとにはひけない絶体絶命の立場。また、決死の覚悟で事に当たるたとえ。「―を敷く」【故事】漢の韓信が趙と戦ったとき、わざと川を背にした窮地に陣を敷き、退路を断ったためにみな決死の覚悟で戦い、敵を大破したことからいう。〈史記〉

はい-すい【配水】（名・自スル）水をあちこちに供給すること。

はい-すい【排水】（名・自スル）①不用な水を他へ流し出すこと。「―ポンプ」「―施設」②水に浮かんだ物体が、水中に没した部分の体積に等しい水をおしのけること。

―トン 艦船の大きさを示す排水量をトン数で表したもの。

―りょう【―量】静水中で船がおしのける水の総量。これを重量に換算して船の重量・大きさを表す。

はい-すい【廃水】使用後に捨てられる不用の水。「生活―（＝日常生活をすることによって生じる廃水）」「工場の―」

はい-すう【拝△趨】（名・自スル）「先方へ出向くこと」の謙譲語。うかがうこと。参上。

ばい-すう【倍数】①二倍の数。②〘数〙整数Aがゼロ以外の整数Bで割り切れるとき、AをBの倍数という。↕約数

ハイ-スクール〈high school〉高等学校。

ハイ-スピード〈high-speed〉高速度。「―カメラ」

はい-ずみ【◦掃墨】（「はきずみ」の音便）ごま油・なたね油の油煙に、にかわをまぜて作った墨。塗料・薬・化粧品用。

はい・する【拝する】（他サ変）シ（セ・サ）・シ・スル・スル・スレ・シロ（セヨ）①頭を下げておじぎをする。おがむ。「仏を―」②「受ける」の謙譲語。ありがたく受ける。「大命を―」③「見る」の謙譲語。つつしんで見る。拝見する。「尊顔を―」文はい・す（サ変）

はい・する【配する】（他サ変）シ（セ・サ）・シ・スル・スル・スレ・シロ（セヨ）①人や物を適当な所へ置く。配置する。「要所要所に見張りを―」②取り合わせる。「色を―」③夫婦にする。めあわせる。「部下に娘を―」④流刑に処する。⑤配属させる。配下につかせる。文はい・す（サ変）

はい・する【排する】（他サ変）シ（セ・サ）・シ・スル・スル・スレ・シロ（セヨ）①おしのける。排斥する。「万難を―」②おし開く。「戸を―」③並べる。排列する。「文字を―」文はい・す（サ変）

はい・する【廃する】（他サ変）シ（セ・サ）・シ・スル・スル・スレ・シロ（セヨ）①今までやってきたことをやめる。「慣例を―」②その地位から退かせる。「王を―」文はい・す（サ変）

はい-ず・る【△這いずる】―ハヒ（自五）ラ（ロ）・リ（ッ）・ル・ル・レ・レ 地面や床などに体をすりつけるようにして動く。「―・りまわる」

ばい・する【倍する】（自他サ変）シ（セ・サ）・シ・スル・スル・スレ・シロ（セヨ）倍になる。倍にする。増す。加える。「旧に―ご声援を」文ばい・す（サ変）

はい-せい【俳聖】すぐれた俳人。特に、松尾芭蕉のこと。

はい-せい【敗勢】負けそうな形勢。敗色。↕勝勢

はい-せき【排斥】（名・他スル）それを嫌っておしのけること。退けること。「―運動」

ばい-せき【陪席】■（名・自スル）身分の高い人と同席すること。■（名）（「陪席裁判官」の略）合議制の裁判所で、裁判長を補佐する裁判官。

バイセクシャル〈bisexual〉異性にも同性にも性的欲求をもつ人。両性愛者。バイセクシュアル。バイ。

はい-せつ【排△泄】（名・他スル）〘生〙生物が、体内で作られた物質代謝の生成物や老廃物を体外に出すこと。排出。

―き【―器】〘生〙体内で不用になった物質を体外に出す器官。動物だけにある。排出器。

―ぶつ【―物】〘生〙体内から排出される老廃物。特に、大小便。排出物。

はい-ぜつ【廃絶】（名・自他スル）すたれて絶えること。また、廃止してなくすこと。「核兵器の―を訴える」

はい-せん【杯洗】酒席で、さかずきを洗いすすぐ容器。

はい-せん【肺△尖】肺の上部のとがった部分。

はい-せん【配船】（名・自スル）船舶を割り当てること。

はい-せん【配線】（名・自スル）①電力・電話を使うために、電線をひくこと。②電気機器などの各部分を電線で結ぶこと。

はい-せん【敗戦】（名・自スル）戦いや試合に負けること。

―とうしゅ【―投手】野球で、敗戦をもたらした失点についての責任がある投手。負け投手。↕勝利投手

はい-せん【廃船】役に立たなくなった船を廃棄すること。船籍から除いて処分すること。また、その船。

はい-せん【廃線】鉄道やバスなどで、ある路線の営業をやめること。また、そうした路線。

はい-ぜん【配膳】（名・自スル）料理の膳を客の前に配り並べること。また、料理を盛り付けて並べること。「―係」

はい-ぜん【△沛然】（トタル）雨が激しく降るさま。文（形動タリ）

ばい-せん【媒染】染料が繊維によくそまるように、ある種の薬品（＝媒染剤）を用いる染色法。また、その薬品。「―液」

ばい-せん【△焙煎】（名・他スル）茶の葉やコーヒー豆を煎ること。「自家―」

ハイ-センス〈和製英語〉（名・形動ダ）感覚や趣味が洗練されていること。また、そのさま。「―な着こなし」

はい-そ【敗訴】（名・自スル）訴訟に負けること。↕勝訴

ハイ-ソ（形動ダ）ダロ・ダッ（デ・ニ）・ダ・ナ・ナラ・○《俗》（「ハイソサエティー」の略から）上流社会に属するさま。高級なさま。「―な家庭」

はい-そう【背走】（名・自スル）①前を向いたまま後ろに走ること。②野球などで、野手が守備位置後方への飛球を捕るため本塁側に背を向けて走ること。

はい-そう【配送】（名・他スル）物を配り届けること。「―品」

はい-そう【敗走】（名・自スル）戦いに負けて逃げること。

はい-ぞう【肺臓】―ザウ〘生〙脊椎動物の呼吸器官の一つ。人間では、胸の両側にあって、横隔膜の上に位置する。肺。

―ジストマ〈distoma〉〘動〙扁形動物の吸虫類に属する寄生虫の一種。人畜の肺に寄生。第一中間宿主はカワニナ、第二中間宿主はモクズガニ・サワガニなど。肺吸虫。

ばい-ぞう【倍増】（名・自他スル）二倍に増えること。おおいに増えること。また、増やすこと。「所得が―する」

はい-ぞく【配属】（名・他スル）割り当ててそれぞれの部署に所属させること。「営業部に―される」

ハイ-ソサエティー〈high society〉上流社会。

ハイ-ソックス〈和製英語〉ひざ下までの長さの靴下。

はい-そん【廃村】①住む人のいなくなった村。②市町村の合併などで、存在しなくなった村。

バイソン〈bison〉〖動〗ウシ科の哺乳(ほにゅう)動物。ヨーロッパと北アメリカに分布する野牛。特に、アメリカ野牛。バッファロー。

はい-た【排他】自分または仲間以外のものを、退けること。「一的」

ーてき-けいざいすいいき【一的経済水域】(ケイザイスイイキ) 海岸の基線から二〇〇海里までの水域。沿岸国に天然資源の調査・開発や漁業活動の管理などに関する主権的権利が認められる。EEZ

はい-たい【胚胎】(名・自スル)(「みごもる」意から転じて)のちに起こる物事の原因を含み持つこと。「不幸の種が一する」

はい-たい【佩帯】(名・他スル) 刀などを身に帯びること。

ばいた【×売女】〖俗〗①売春婦。②女性をののしっていう語。

は-いた【歯痛】歯が痛むこと。歯痛(しつう)。

はい-たい【敗退】(名・自スル) 戦いや試合に負けて退くこと。「初戦で一する」

はい-たい【廃退・廃頽】(名・自スル) 荒れ衰えること。道徳や気風がすたれくずれること。退廃。頽廃(たいはい)。「道徳の一」

ばい-たい【媒体】①〖物〗媒質となる物体。②情報伝達の仲立ちとなるもの。メディア。「宣伝一」

ばい-だい【倍大】二倍の大きさ。また、その厚さ。

はい-たく【配謫】罪人を遠方へ送ること。配流(はいる)。

はい-たく【廃宅】住む人のいない荒れはてた家。廃屋(はいおく)。

はい-だ・す【這い出す】(ハヒ)(自五)(サ(ソ)・シ・ス・セ・セ) ①はって外に出る。はらばいになって出る。②はい始める。「赤ん坊が一」

はい-たたき【蠅叩き】(ハヒ)→はえたたき

はい-たつ【配達】(名・他スル) 物を配り届けること。また、その人。「新聞一」「郵便を一する」

ハイ-タッチ〈和製英語〉スポーツ選手などが、チームメートと喜びを表すために互いの手のひらを頭上で打ち合わせること。

バイタリティー〈vitality〉精力的に活動する力。困難や障害を乗り越える力強さ。活力。生命力。「一がある人」

はい-だん【俳談】俳諧(はいかい)・俳句についての話。

はい-だん【俳壇】俳句を作る人たちの社会。

はい-ち【背馳】(名・自スル) くいちがうこと。そむくこと。反対になること。「方針に一する」

はい-ち【配置】(名・他スル) 人や物をそれぞれの位置に割りあてること。また、その位置。持ち場。「人員一」「一につく」

はい-ち【廃置】やめることと、あらたに置くこと。

ハイチ〈Haiti〉西インド諸島、イスパニョーラ島の西部を占める共和国。首都はポルトープランス。

はい-ちゃく【敗着】囲碁・将棋で、敗因となった一手。

はい-ちゃく【廃嫡】(名・他スル)〖法〗民法の旧規定で、推定家督相続人の家督相続権を喪失させること。

はいちゅう-りつ【排中律】〖論〗論理上の思考法則の一つ。「AまたはAではない」が常に真理であるとする原理。

はい-ちょう【拝聴】(チャウ)(名・他スル)「聞くこと」の謙譲語。「ご高説を一する」

はい-ちょう【蠅帳】(ハヒチャウ)→はえちょう

ハイツ〈heights 高台〉高台の住宅地。または、一か所にまとまった住宅団地。また、その名称の一部に用いられる。

はい-つくば・う【這い蹲う】(ハヒツクバフ)(自五)(ワ(オ)・イ(ッ)・ウ・ウ・エ・エ) 両手・両ひざを地につけて伏す。はいつくばる。「地面に一」

はい-てい【拝呈】(名・他スル) ①「物を贈ること」の謙譲語。②相手に敬意を表して手紙のはじめに書く語。拝啓。

はい-てい【廃帝】他から強制的に退位させられた皇帝。

ハイ-ティーン〈和製英語〉一〇代後半の年齢。また、その年齢の若者。↔ローティーン

ハイ-テク〈high tech〉「ハイテクノロジー」の略。

ハイ-テクノロジー〈high technology〉高度な先端科学技術。ハイテク。

はい・でる【這い出る】(ハヒデル)(自下一)(デ・デ・デル・デル・デレ・デロ(デヨ)) はらばいになって出る。はって外に出る。「蟻(あり)の一隙(すき)もない」文はひ・づ(下二)

はい-てん【配点】(名・自スル) 試験で、各科目・問題に点数を配分すること。また、その点数。

はい-てん【配転】(名・他スル)(「配置転換」の略)従業員の勤務場所や職務を変えること。「一命令」

はい-でん【拝殿】神社の本殿の前にある、拝礼を行う建物。

はい-でん【配電】(名・自スル) 電力を供給すること。

ーばん【一盤】電流の分配・制御に必要な計器・スイッチなどを取りつけた装置。

ばい-てん【売店】学校・駅・病院・劇場などに設けられた、物を売る小さな店。「校内一」「駅の一」

ハイ-テンション〈和製英語〉(名・形動ダ) 興奮して、気持ちが高ぶっていること。また、そのさま。「一な話し方」

バイト (名・自スル)「アルバイト」の略。

バイト〈オランダ beitel〉〖工〗旋盤などの工作機械に取り付ける、金属切削用の刃物。

バイト〈byte〉〖情報〗コンピューターの情報量を表す単位。ふつう一バイト(=八ビット)で英数字一文字を表す。

はい-とう【佩刀】(タウ)(名・自スル) 刀を腰につけること。また、その刀。帯刀。

はい-とう【配当】(タウ)(名・他スル) ①割り当てて、配ること。「学年別一漢字」②〖経〗株式会社が、一定の割合で利益金を株主に分配すること。また、その分配金。「一金」③競馬・競輪・競艇などで、的中した券に対して支払われる金額。

ーおち【一落ち】(名・自スル)〖経〗配当を受けとる権利が確定する決算期日を過ぎてから株式を取得したため、その期の配当を受ける権利がないこと。

はい-とう【廃刀】(タウ) 刀をさすのをやめること。「一令」

はい-どうみゃく【肺動脈】〖生〗全身から心臓に流れてきた静脈血を肺に送る動脈。

はい-とく【背徳・悖徳】道徳・人倫にそむくこと。「一者」

はい-どく【拝読】(名・他スル)「読むこと」の謙譲語。拝誦(はいしょう)。「お手紙一いたしました」

ばい-どく【梅毒・黴毒】〖医〗性病の一つ。梅毒トレポネーマ菌の感染によって起こる慢性全身性疾患。瘡毒(そうどく)。瘡(かさ)。

ハイドン〈Franz Joseph Haydn〉(一七三二〜一八〇九) オーストリアの作曲家。交響曲や弦楽四重奏曲の古典形式を完成し、ウィーン古典派様式を創始。「交響曲の父」と呼ばれる。代表作はオラトリオ「天地創造」「四季」、弦楽四重奏曲「皇帝」など。

パイナップル〈pineapple〉〖植〗パイナップル科の常緑多年草。熱帯アメリカ原産。葉は披針形で鋸歯(きょし)がある。実は橙色(だいだいいろ)の松かさ状で、食用。パインアップル。パイン。夏

はい-ならし【灰均し】(ハヒ) 火鉢などの灰をかきならす金属製の道具。灰かき。

ばい-にく【梅肉】梅干しの果肉。「一あえ」

はい-にち【排日】外国で、日本人や日本の製品などを排斥すること。「一感情」「一運動」↔親日

はい-にゅう【胚乳】〖植〗稲・麦などの種子中にあって、胚が生育するときの養分となる組織。

はい-にょう【排尿】(ネウ)(名・自スル) 尿を体外に出すこと。小便をすること。

はい-にん【拝任】(名・他スル)「任命を受けること」「官職に

任命されること」の謙譲語。「大臣をーする」

はい-にん【背任】（名・自スル）会社員・公務員などがその地位を悪用して自分の利益をはかり、属している会社や役所に損害を与えること。「ー罪」「ー行為」

ばい-にん【売人】 品物を売る人。特に、麻薬や拳銃などを不法に売る人をいう。

ハイネ〈Heinrich Heine〉（一七九七～一八五六）ドイツの詩人。社会主義的傾向のため迫害されパリに亡命、不遇のうちに死亡。詩集「歌の本」「ドイツ冬物語」「アッタ-トロル」「ロマンツェーロ」など。

ハイ-ネック〈high-necked から〉首にそった高い襟。

はい-のう【拝納】ナフ（名・他スル）①「差し出すこと」の謙譲語。②「受け納めること」の謙譲語。

はい-のう【背△嚢】ナウ（軍人が行軍のときなどに）背に負う皮やズック製の四角なかばん。

ハイパー-〈hyper-〉（接頭）「超…」「超越した」「非常な」の意を表す。「ーインフレ」

ハイ-ハードル〈high hurdles〉陸上競技で、男子一一〇メートル、女子一〇〇メートルの間に、高さ男子約一・〇六メートル、女子約八四センチメートルのハードル一〇個を置き、それをとび越えて走る競走。高障害。↔ローハードル

はい-はい【△這い△這い】ハヒハヒ（名・自スル）まだ歩けない幼児などが両手両膝で体を支え、はって動くこと。四つん這い。

ばい-ばい【売買】（名・他スル）売ったり買ったりすること。売り買い。「物品のー」「ー契約」

バイ-バイ〈bye-bye〉■一（感）別れるときの挨拶に使う語。さようなら。■二（名・自スル）別れること。

バイパス〈bypass〉①交通の混雑を少なくするために、市街地などを迂回するように設けた道路。②〘医〙血管に閉塞部が生じた際、患部を迂回するように、人工血管や他の部位の静脈をつなげてつくる血液の副路。

はい-はん【背反・△悖反】（名・自スル）①そむくこと。「規則にーする」②たがいに相いれないこと。「二律ー」

はい-ばん【廃番】（台帳から製品番号をなくすことから）製造を中止すること。また、その品物や製品番号。「ー商品」

はい-ばん【廃盤】 製造を中止したレコードやCD。

はいはん-ちけん【廃藩置県】〘日〙一八七一（明治四）年、明治政府が中央集権体制を確立するために、全国の藩を廃止し、府県を置いたこと。新たに府知事・県令を任命した。

はいばん-ろうぜき【杯盤△狼△藉】ラウゼキ― 酒宴のあと、杯や皿などが席上に乱れ散らかっていること。「ーの限りを尽くす」

はい-び【拝眉】（名・自スル）「会うこと」の謙譲語。「詳しくはーのうえ申し上げたく存じます」

はい-び【配備】（名・他スル）人や物を配置して事に備えること。「緊急ー」「戦闘機をーする」

ハイ-ヒール〈high-heeled shoes から〉かかとの高い女性用の靴。↔ローヒール

ハイ-ビジョン〈和製英語〉高品位テレビ。走査線を標準画質の二倍以上に増やし、縦横比を横長にして高画質にしたテレビ。参考 英語では high definition television という。

ハイビスカス〈hibiscus〉〘植〙アオイ科フヨウ属植物の総称。園芸ではブッソウゲ（仏桑花）類をさすことが多い。夏

ハイ-ピッチ〈high pitched から〉①進行が速いこと。「ーで工事が進む」②音声の調子が高いこと。

はい-びょう【肺病】ビヤウ― 〘医〙肺の病気。特に、肺結核。

はい-ひん【廃品】 使えなくなった品物。廃物。「ー回収」

ばい-ひん【売品】 売るための品物。売り物。

ばい-ひん【陪賓】 主賓とともに招待される客。陪客。

パイピング〈piping〉（名・他スル）洋裁で、ほつれるのを防いだり、装飾にしたりするために、布の端をバイアステープでくるむこと。また、そのようにした装飾。

はい-ふ【肺△腑】 ①肺。②心の奥底。また、物事の急所。「ーをつく」「ーをえぐる」

はい-ふ【配付】（名・他スル）個々に配ってわたすこと。「出席者に資料をーする」

はい-ふ【配布】（名・他スル）多くの人に配って行きわたらせること。「パンフレットをーする」

はい-ぶ【背部】 せなか。また、うしろのほう。

パイプ〈pipe〉①西洋ふうのキセル。また、巻きたばこを吸う道具。②気体・液体などを導くための管。③間に立って両者の連絡や意思の疎通をはかる役割の人や機構。「労使間のー役」

――オルガン〈pipe organ〉〘音〙大小・長短さまざまの管を並べ、これに空気を送りこみ、鍵盤やペダルを押して音を出す大型の楽器。教会堂・音楽堂などに設置。

――ライン〈pipeline〉ガス・石油などの遠距離輸送管。

ハイ-ファイ〈hi-fi〉（high fidelity（高忠実度）から）再生される音が原音にきわめて忠実であること。また、その装置。

はい-ふう【俳風】 俳句の作風。

はいふうやなぎだる【誹風柳多留】 江戸中・後期、一七六五（明和二）年—一八三八（天保九）年に刊行の川柳の撰集。別名「柳樽」。呉陵軒可有ら編。作品は初代柄井川柳以下、五代川柳までが撰した。

はい-ふき【灰吹〔き〕】ハヒ― たばこ盆に添えてある、キセルで吸ったたばこの吸い殻を入れる竹製の筒。吐月峰。

はい-ふく【拝復】（「つつしんで返事いたします」の意で）返信のはじめに書いて敬意を表す語。復啓。

はい-ぶつ【廃物】 役に立たなくなった物。廃品。「ー利用」

はいぶつ-きしゃく【廃仏毀釈】〘日〙仏教を排斥し、捨て去ること。特に、一八六八（明治元）年の神仏分離令によって起こった仏教排斥運動をさす。

ハイブリッド〈hybrid〉①動植物の雑種。混血。②異質なものどうしを組み合わせること。混成物。合成物。「ー米（＝人工交配による雑種の多収稲）」

――カー〈hybrid car〉複数の動力源をもつ自動車。ガソリンエンジンと電気モーターなどの併用により、エネルギー効率を向上させ排出ガスの低減などをはかる。

バイブル〈Bible〉①〘基〙キリスト教の聖典。新約聖書と旧約聖書とがある。②その方面で絶対的権威のある書物。

はい-ふるい【灰△篩〔い〕】ハヒフルヒ 灰に混じった異物をふるい分けるのに用いる道具。

バイブレーション〈vibration〉①振動。ふるえ。②器楽や声楽で、音や声をふるわせること。また、その音や声。

バイブレーター〈vibrator〉振動装置。筋肉をもみほぐす電気器具など。

バイ-プレーヤー〈和製英語〉〘演〙演劇・映画などで、わき役。助演者。語源 by と player との合成語。

ハイブロー〈highbrow〉■一（名）①知識人。文化人。②知識人ぶる人。■二（名・形動ダ）教養の高いこと。また、そのさま。参考「ハイブラウ」ともいう。

ハイフン〈hyphen〉英語などで、語と語を連結するための短い線。「-」

はい-ぶん【俳文】〘文〙俳味のある簡潔・枯淡な文章。松尾芭蕉の「おくのほそ道」、横井也有の「鶉衣」など。

はい-ぶん【配分】（名・他スル）割り当てて配ること。「利益を均等にーする」

ばい-ぶん【売文】 文章を書き、それを売って生活すること。

はい-へい【敗兵】 戦いに負けた兵士。

はい-へい【廃兵・癈兵】 戦争で負傷して障害を負い、再び戦闘に従事できなくなった兵士。

はい-べん【排便】（名・自スル）大便をすること。

ばい-べん【買弁・買辦】 ①かつて中国で、貿易の仲介をした商人。②外国資本に奉仕して私利を得ること。また、その人。

ハイポ〈hypo〉〘化〙「チオ硫酸ナトリウム」の俗称。感光性のあるハロゲン化銀を溶かすので、写真の定着液として用いる。

はい-ほう【肺胞】〘生〙肺を形作る最小単位の組織。気管支の末端にある半球状の袋で、ガス交換の機能を営む。

はい-ほう【敗報】 戦いや試合に負けた知らせ。↔勝報

はい-ぼう【敗亡】（名・自スル）①戦いに負けて滅びること。②戦いに負けて逃げること。

ハイボール〈米 highball〉ウイスキーなどを炭酸水で割った飲み物。

はい-ぼく【敗北】（名・自スル）（「北」は逃げる意）戦いに負けて逃げること。戦いや試合に負けること。「ーを喫する」「ー主義（＝初めから敗北を予想して事にあたる考え方）」↔勝利

ばい-ぼく【売卜】 占いを商売とすること。「ー者」

はい-ほん【配本】（名・自他スル）書物を購読者や小売店へ配ること。また、その書物。

はい-まつ【這松】〘植〙マツ科の常緑低木。本州中部以北の高山に自生。幹や枝は地上をはい、樹皮は黒褐色。葉は五針ずつまとまる。雌雄同株。松かさは次の年に熟する。

はい-まつわ・る【這い纏わる】（自五）はうようにしてからみつく。はってまきつく。「ツタが壁にー」

はい-み【俳味】 俳諧のもっている、洒脱な味わい。

ハイ-ミス〈和製英語〉年齢の高い未婚の女性。語源 high と miss との合成語。

はい-めい【拝命】（名・他スル）①「命令を受けること」の謙譲語。②「官職に任命されること」の謙譲語。「大臣をーする」

はい-めい【俳名】 俳人としての名。俳号。俳名。

ばい-めい【売名】 利益や名誉などを得るために自分の名を世間に広めようとすること。「ー行為」

バイメタル〈bimetal〉〘物〙熱膨張率の異なる二枚の金属板を張り合わせた板。温度の変化によって曲がる性質から自動温度調節装置のスイッチなどに用いる。

はい-めつ【廃滅】（名・自スル）すたれてすっかりなくなること。

はい-めん【背面】 うしろ。背後。後方。「敵のーにまわる」

ーとび【ー跳び】 走り高跳びの跳び方の一つ。踏み切って体をひねり、仰向けの状態でバーの上を越えるもの。

はい-もん【肺門】〘生〙肺の内側中央のくぼんだところ。気管支・肺動脈・肺静脈などが出入りするところ。

ハイヤー〈hire 賃貸借〉営業所に待機していて、注文に応じて利用者を運ぶ貸し切りの乗用車。

バイヤー〈buyer〉買い手。商品を買い付ける外国貿易商。また、商品の仕入れ担当。

はい-やく【背約】（名・自スル）約束にそむくこと。違約。

はい-やく【配役】 演劇・映画などで、出演者に役を割り当てること。キャスティング。また、その役。キャスト。

ばい-やく【売約】（名・自スル）売る約束をすること。また、その約束。「ー済み」

ばい-やく【売薬】 市販されている調剤ずみの薬。

バイヤス〈bias〉→バイアス

はい-ゆ【廃油】 使い終わって、役に立たなくなった油。

はい-ゆう【俳友】 俳句を通じての友達。俳人仲間。

はい-ゆう【俳優】 演劇・映画などに出演し、演技するのを職業とする人。役者。

はい-よう【佩用】（名・他スル）刀や勲章などを身につけて用いること。「勲章をーする」

はい-よう【肺葉】〘生〙哺乳類の肺を形成するおのおのの部分。人間では右肺は上・中・下の三つ、左肺は上・下の二つの肺葉に分かれる。

はい-よう【胚葉】〘動〙動物の個体発生時に現れる二層ないし三層の細胞層。外胚葉・中胚葉・内胚葉に区別される。

ばい-よう【培養】（名・他スル）①微生物・動植物の組織などを、生育・増殖させること。「ー液」②草木を生育させること。③物事の基礎を養い育てること。「国力をーする」

ーき【ー基】〘医〙細菌・微生物・組織などの培養に用いる液体や固体の材料。培地。

ハイライト〈highlight〉①絵画・写真などで、強い光をうけた最も明るい部分。②スポーツ・演劇・放送などで、最も興味や関心をそそる場面・話題。③コンピューターの画面上で、文字に背景色をつけて目立たせること。

はい-らん【排卵】（名・自スル）〘生〙哺乳類の雌が、卵巣から成熟した卵子を排出すること。人間（女性）では、ほぼ一か月に一回左右の卵巣から交互に排出する。

はい-り【背理・悖理】 道理・論理にそむくこと。

ーほう【背理法】〘論〙ある命題が偽であると仮定したとき、その推論に不合理が生じた場合、もとの命題は真であるとする証明法。帰謬法。

はい-り【背離】（名・自スル）そむき離れること。「感情のー」

はいり-こ・む【入り込む・這入り込む】（自五）中へはいる。奥深くはいる。「ーすきまがない」

ハイ-リスク〈high-risk〉危険性が高いこと。「ーハイリターン（＝損失の危険性が高いが、収益性も高いこと）」

ばい-りつ【倍率】 ①ある数が基準となる数の何倍であるかの割合。「入試のー」②〘物〙レンズを通して生じた像と、実物の大きさとの比率。

はい-りょ【配慮】（名・自他スル）心をくばること。心づかい。「ーに欠ける」「環境にーする」

はい-りょう【拝領】（名・他スル）主君や貴人から物をもらうことの謙譲語。「刀をーする」

ばい-りょう【倍量】 ある量の二倍の量。

ばい-りん【梅林】 梅の木が一面に生えている林。春

バイリンガル〈bilingual〉①二か国語が使われていること。「ー放送」②二か国語を自由に使えること。また、その人。

はい-る【配流】（名・他スル）罪人を遠地に送ること。流刑。配謫。島流し。「ーの身」

はい・る【入る・這入る】（自五）①外とは区切られた場所へ移る。「部屋にー」「埃が目にー」「宝が手にー」「視界にー」「図版のーったページ」↔出る ②団体・組織などの一員になる。仲間に加わる。参加する。「大学にー」「保険にー」③物が、ある範囲の内におさまる。おさめることができる。収容できる。「このびんには一リットルー」「頭にー」④ある範囲に含まれる。「クジラは哺乳類にー」⑤ある時期・状態になる。「夏休みにー」「ストにー」「ロスタイムにー」「電源がー」⑥行われているものの中に、気持ち・力などが加わる。「気合いがー」⑦主となる物のほかに、それとは異なる物がまざり込む。「化学繊維がーった布地」「コマーシャルがー」他い・れる（下一）可能はい・れる（下一）語源「這い入る」の転。

パイル〈pile〉①（「パイル織り」の略）タオルのように織物の地から、うねが密接して立っているもの。ビロード・コールテンなど。②

土木・建築工事で、地中に打ち込む杭(くい)。

は-いれ【歯入れ】 下駄(げた)の歯を入れ替えること。また、それを職業とする人。

は-いれい【拝礼】(名・自スル) 頭を下げて拝むこと。「神前に—する」

ハイ-レグ〈high-leg〉女性の水着やレオタードで、脚線美を強調するために、足の付け根の部分が腰のあたりまで切れ上がっているもの。ハイレグカット。

はい-れつ【配列・排列】(名・他スル) 順序だてて並べること。並べつらねること。また、その並び。「五十音順に—する」

ハイ-レベル〈high-level〉(形動ダ)ダロ・ダッ(デ・ニ)・ダ・ナ・ナラ・○ 高い水準であるさま。「—な講義」

はい-ろ【廃炉】 原子炉や溶鉱炉(ようこうろ)の機能を停止させ、設備を解体・撤去したり、その使用をやめたりすること。

パイロット〈pilot〉①航空機の操縦士。②水先案内人。「—ボート」③試験的にするもの。「—事業」

—ランプ〈pilot lamp〉電気機器などで、作動しているかどうかを示す小型の電球。

はい-ろん【俳論】 俳句・俳諧(はいかい)についての理論・評論。

バイロン〈George Gordon Byron〉(一七八八〜一八二四) イギリスのロマン派の代表的詩人。大陸を放浪し、反逆と情熱の一生を送った。詩集「チャイルド=ハロルドの巡礼」「ドン=ジュアン」など。

はい-わ【俳話】 俳句・俳諧(はいかい)に関する話。

パイン〈pine〉「パイナップル」の略。

—アップル〈pineapple〉→パイナップル

バインダー〈binder〉①書類などのとじ込み用の表紙。取り外しが自由にできる。②農作物の自動刈り取り結束機。

は・う【△這う】 ハフ (自五)ワ(オ)・イ(ッ)・ウ・ウ・エ・エ ①体を前に倒し、手足で支えたり腹部を地面などにつけたりして進む。「赤ん坊が—」②虫や獣などが地面に体をすりつけて進む。「ヘビが—」③手をついて四つんばいになる。「土俵に—」④植物などが地面や壁面に沿ってのびる。「ツタが—」可能 は・える(下一)

ハウジング〈housing〉①家を建てること。また、家具・インテリアの供給などを含めた住宅づくり全般、および、その関連産業。②機械の外枠となる部品。「防水—」

ハウス〈house〉①家。住宅。②建物。③「ビニールハウス」の略。「—栽培」

—キーパー〈housekeeper〉①家政婦。②住宅または事務所の管理人。

—ダスト〈house dust〉家の中のちりやほこり。アレルギー性疾患の原因の一つとされる。

は-うた【端唄】 江戸末期ごろに、町人の間で流行した短い俗謡の一種。三味線(しゃみせん)を伴奏として歌う。

パウダー〈powder〉①粉末。「ベーキング—」「—スノー(=粉雪)」②粉おしろい。③汗とり用の粉。「ベビー—」

—ルーム〈powder room〉女性用の化粧室・洗面所。

パウチ〈pouch 小袋〉①合成樹脂やアルミ箔(はく)などを貼り合わせてつくる、食品を密封する袋。「レトルト—」②ラミネート加工の一種。紙などの表面にフィルムを密着させるもの。

バウチャー〈voucher〉①特定の商品やサービスの引換券。②予約や支払いの証明書。証票。

は-うちわ【羽×団扇】 ウチハ 鳥の羽毛で作ったうちわ。

ハウ-ツー〈how-to〉作り方。しかた。方法。「—物(=実用技術を教える書籍類)」

ば-うて【場打て】 晴れがましい席などで、その場のはなやかな雰囲気におされて気おくれすること。「—がする」

バウムクーヘン〈ドイツ Baumkuchen 木の菓子〉切り口が、木の年輪状の層をなす洋菓子。

ハウリング〈howling〉スピーカーから出た音をマイクが再び拾うことで音が増幅され、雑音が発生する現象。

バウンド〈bound〉(名・自スル) はずむこと。はねかえること。

パウンド-ケーキ〈pound cake〉洋菓子の一つ。バター・砂糖・卵・小麦粉などを混ぜて、型に入れて焼いたもの。語源 混ぜる材料を各一ポンドずつ用いるところから付いた名。

はえ【△鮠】 →はや(鮠)

はえ【△蠅】 ハヘ 動 ハエ目(双翅(そうし)目)ハエ群に属する昆虫の総称。体は卵形で短小。触角は小さい。食物にたかったり吸血したりして感染症を媒介するものが多い。幼虫は蛆(うじ)。はい。夏

はえ【映え】 照り輝くこと。見てりっぱなこと。参考「夕ばえ」「できばえ」のように他の名詞に付くと濁る。

はえ【栄え】 ほまれ。光栄。「—ある優勝」

はえ【×南風】(中国・四国・九州地方で) 南から吹く風。夏

はえ-ぎわ【生え際】 ギハ 髪の生えている所と生えていない所との境目。特に、ひたいやえり首などの髪の生え始めているところ。

はえ-たたき【△蠅△叩き】 ハヘ— ハエをたたいて殺す道具。はいたたき。夏

はえ-ちょう【△蠅帳】 ハヘチャウ ①ハエがはいらないよう、また、通風をよくするために網などを張った、食品を入れる小さい戸棚。夏 ②食卓の上にかぶせて、ハエなどがたかるのを防ぐ傘状の道具。参考「はいちょう」ともいう。

はえ-なわ【◦延縄】 ハヘ 釣り漁具の一つ。一本の縄に釣り針のついた多数の釣り糸をつけ、水中に張り、時機をみてひきあげ一度に多くの魚をとるもの。「—漁法」

はえ-ぬき【生え抜き】 ①その土地に生まれ、そこで成長すること。生粋(きっすい)。②はじめからそこに所属していること。「—の社員」

〔はえなわ〕

パエリア〈スペイン paella〉スペイン料理の一つ。魚介類や鳥肉、野菜をいため、サフランを加えた炊き込みご飯。パエーリャ。

は・える【生える】(自下一)エ・エ・エル・エル・エレ・エロ(エヨ) 植物の芽や動物の毛・ひげなどが出てくる。生長して伸び出てくる。「雑草が—」「歯が—」他 はや・す(五) 文 は・ゆ(下二)

は・える【映える】(自下一)エ・エ・エル・エル・エレ・エロ(エヨ) ①光が当たって照り輝く。「夕日に—もみじ」②周囲との調和や対比によって、あざやかに見える。引き立つ。「その服にはこのネクタイのほうが—」③りっぱに見える。目立つ。「クラスで—存在」文 は・ゆ(下二) 参考 ③は「栄える」とも書く。

パオ〈中国 包〉モンゴルの遊牧民の移動式家屋。フェルトや毛皮などの天幕を、湾曲した梁(はり)で支えるもの。参考 モンゴル語ではゲルという。

は-おう【覇王】 ワウ 武力や策略によって、天下を治める者。

は-おく【破屋】 ヲク こわれた家。あばらや。

は-おと【羽音】 ①鳥や虫が飛ぶときの羽の音。②矢の羽が風を切って飛ぶときの音。

は-おと【葉音】 葉が風にゆれて出す音。

は-おり【羽織】 和服の上に着る、襟を折った丈の短い衣服。

—はかま【—△袴】 羽織とはかまを着用した男子和服の正装。また、改まった服装・態度。「—で威儀を正す」

は-お・る【羽織る】(他五)ラ(ロ)・リ(ッ)・ル・ル・レ・レ 着物などの上にかけるようにして着る。「コートを—」可能 はお・れる(下一)

はか【◦果・◦捗】 ①仕事の進度。②(古)めあて。あてど。

—が行(ゆ)く 仕事などが順調に進む。はかどる。

はか【墓】 遺骸・遺骨を葬った所。また、墓標。

は-か【破△瓜】 ①(瓜の字を縦に二分すると、八の字が二つできることから)(八の二倍で)女子の一六歳のこと。また、(八の八倍で)男子の六四歳のこと。②処女膜が破れること。

ばか【×馬鹿・×莫迦】(名・形動ダ) ①愚かなさま。また、その人。人をののしる場合にも使う。↕利口 ②くだらないこと。無益なさま。「―も休み休み言え」③度をこえるさま。「―正直」「―さわぎ」④機能を果たさなくなるさま。「とめ金が―になる」

―と鋏は使いよう 切れないはさみも使いようで切れるように、愚かな者も使いようによっては役に立つ。**―にする** 軽視する。あなどる。「子供だと思って―」**―にならない** 軽視できない。ばかにできない。「光熱費が―」**―になる** ①本来の機能を失う。「ねじが―」②愚かなふりをする。転じて、自分の意志をおさえてがまんする。**―の一つ覚え** 愚か者がただ一つ覚えていることをどんな場面でもくり返すこと。**―を見る** 損をする。つまらない目にあう。

ばか-あたり【×馬鹿-当〔た〕り】(名・自スル) 興行・商売などが予想をはるかにこえる成績をあげること。また、野球で打撃が予想以上にふるうこと。「新商品が―する」

は-かい【破戒】〘仏〙僧が戒律を破ること。「―僧」↕持戒

―むざん【―無△慚・―無△慙】(「慚・慙」は恥じる意)僧が戒律を破ってもそれを恥と思わないこと。

はかい〔破戒〕 島崎藤村の小説。一九〇六(明治三十九)年刊。被差別部落出身の小学校教師瀬川丑松が自我に目ざめ、父の戒めを破って出自を告白するまでの苦悩を描く。

は-かい【破壊】―(名・自他スル) こわすこと。こわれること。「環境―」↕建設

―てき【―的】(形動ダ) 物事をうちこわそうとするさま。「―な思想」↕建設的

は-がい【羽交〔い〕】― ①鳥の左右のつばさが交わるところ。②つばさ。はね。

―じめ【―締め】 相手の背後から両手をわきの下に入れて首のうしろで組み合わせ、動けないように強くしめ上げること。

はか-いし【墓石】 死んだ人の戒名・俗名・死亡年月日などを刻んで墓所に立てた石。墓石。

ばか-がい【×馬鹿-貝】―〘動〙バカガイ科の海産二枚貝。やや楕円形で淡黄褐色。むきみを「あおやぎ」、貝柱を「小柱」という。食用。[春]

はか-き【破△瓜期】― 女子の思春期。

は-がき【葉書・端書】「郵便葉書」の略。

は-かく【破格】 ①慣例をやぶること。ふつうよりもはるかに度をこしていること。「―の待遇」「―の値段」②詩や文章が、一般のきまりとちがうこと。「―の文体」

ばか-くさ・い【×馬鹿-臭い】(形) くだらない。ばからしい。「―話だ」[文]ばかくさ・し(ク)

は-がくれ【葉隠れ】 ものの姿が草木の葉の陰に隠れること。

はがくれ〔葉隠〕 江戸中期の武士道書。正しくは「葉隠聞書」。一七一六(享保元)年成立。佐賀鍋島藩士山本常朝の談話を同藩士田代陳基が筆録したもので、忠節・尚武の倫理観に貫かれている。葉隠論語。鍋島論語。

は-かげ【葉陰】 草や木の葉のかげ。

ばか・げる【×馬鹿げる】(自下一) ばかばかしく思われる。くだらなく見える。「―・げた話だ」

ばか-さわぎ【×馬鹿-騒ぎ】(名・自スル) むやみに騒ぐこと。

はかし【×佩刀】 貴人が身につける刀の尊敬語。御佩刀。

ばかし(副助) ①わずかな量で、物足りない意を表す。…っぱかし。「これ―では役に立たない」②限定の意を表す。…だけ。「本―読んでいる」③おおよその程度の意を表す。…ほど。…くらい。「一〇〇〇円―貸してくれ」④(「…たばかし」の形で)動作が完了して間もないことを表す。「見た―の映画」[語源]「ばかり」の転。[用法]おもに話し言葉で用いる。

ばか-しょうじき【×馬鹿-正直】―(名・形動ダ) 極端に正直すぎて気のきかないさま。また、そのような人。愚直。

はか-じるし【墓◦標】→ぼひょう

はか・す【△捌かす】(他五) ①よく流れるようにする。「水を―」②売りつくす。「残品を―」[自]は・ける(下一)

はが・す【剝がす】(他五) ①表面にはりついているものをはぎとる。「張り紙を―」②本性・実体を明らかにする。「ベールを―」[自]はが・れる(下一)[可能]はが・せる(下一)

ばか・す【化かす】(他五) 人の心をだまして迷わせる。たぶらかす。[自]ば・ける(下一)[可能]ばか・せる(下一)

ば-かず【場数】 ①場所の数。②経験の度数。「―を踏む」

はか-せ【博士】 ①ある学問や分野に深く通じていて詳しい人。物知り。②→はくし(博士)③律令制の官職名。宮中の学寮に属した教官。[参考]常用漢字表付表の語。

は-かぜ【羽風】 鳥や虫が飛ぶときに羽が動いて起こす風。

は-かぜ【葉風】 草木の葉を吹き動かす風。

は-がた【歯形】 ①歯でかんだあと。「―がつく」②歯のかたち。歯のかたちをうつしとったもの。[参考]②は「歯型」とも書く。

はかた-おび【◦博多帯】 博多織の帯。⇩博多織

はかた-おり【◦博多織】 博多産の絹織物。厚地で、帯やはかま地などにする。

はかた-にんぎょう【◦博多人形】― 博多産の優美な粘土人形。精密な彩色をほどこしてある。

は-がため【歯固め】 ①(「歯」は年齢の意)長寿を祈って正月三が日に、鏡餅とともに猪や鹿の肉・押し鮎・大根・瓜などを食べる行事。[新年]②歯茎を固めるために、歯のまだ生えていない赤ん坊にかんだりしゃぶったりさせるおもちゃ。

ばか-ぢから【×馬鹿-力】 なみはずれた強い力をあきれて言う語。「火事場の―」

ばか-づら【×馬鹿-面】 まのぬけた顔つき。

ばか-ていねい【×馬鹿-丁寧】(名・形動ダ) 度をこしてていねいなこと。また、そのさま。「―なあいさつ」

はか-どころ【墓所】 墓のある所。墓場。墓地。墓所。

はか-ど・る【◦捗る】(自五) 仕事が順調に仕上がってゆく。物事が順調に進む。進捗する。「勉強が―」

はか-な・い【×果敢ない・△儚い】(形) 同じ状態が長く続かず、変わったりなくなったりするさま。頼みにならない。消滅しやすい。無常である。「―命」「―夢」[文]はかな・し(ク)

【変遷】「はか」は「目当て・目標」の意で、「はか」が「無い」の本義は「物事が思いどおりに進まないさま」である。そこから「頼りない」「あっけない」「消えてなくなりやすい」「無常」の意に転じた。さらに、「無益だ」「情けない」「考えが浅い」などまで意味は広がった。現代語の中心義は「消えてなくなりやすい」であり、もの悲しい心情を伴って用いられる。

はか-な・む【×果敢なむ・△儚む】(他五) はかないと思う。「世を―」

ばか-に【×馬鹿に】(副) むやみに。非常に。「―暑い」

はがね【鋼】(刃金の意)鉄と炭素との合金。鋼鉄。刃物・ばね・レールなど用途が広い。

はか-ば【墓場】 墓のある所。墓地。墓所。

はかばか-し・い【◦捗◦捗しい】(形) 物事が順調に進行するさま。好ましい方向に進むさま。「交渉が―・くいかない」「病状が―・くない」[文]はかばか・し(シク)[用法]多く、あと

に打ち消しの語を伴う。

ばかばか-し・い【×馬鹿馬鹿しい】(形) カロ・カッ(ク)・イ・イ・ケレ・○ ①非常にくだらない。「―つくり話」②程度がひどい。とほうもない。「―・く高い値段」文ばかばか・し(シク)

ばか-ばなし【×馬鹿-話】くだらない話。たわいない話。

ばか-ばやし【×馬鹿△囃子】江戸(東京)を中心とした神社の祭礼で、太鼓や鉦(しょう)や笛などをつかって演奏されるはやし。屋台ばやし。

は-かぶ【端株】《経》取引所の売買単位に達しない数の株。

バガボンド〈vagabond〉放浪癖のある者。さすらい人。

はかま【△袴】①和装で、着物の上にはいて、下半身をおおう、ひだのあるゆるい衣。②草の茎をおおい包んでいる皮。「ツクシの―」③酒の徳利をおくための筒形の浅い器。

―ぎ【―着】昔、幼年の男子が初めてはかまをつける儀式。古くは三歳、後世は五歳または七歳に行った。着袴(ちゃっこ)。冬

はか-まいり【墓参り】マイリ (名・自スル) 墓に参って拝むこと。墓もうで。墓参(ぼさん)。展墓。秋

は-がみ【歯△噛み】(名・自スル) →はぎしり

はか-もり【墓守】墓の番人。

ばか-やろう【×馬鹿-野郎】怒って人をののしって言う語。ばかもの。「この―が」

は-がゆ・い【歯△痒い】(形) カロ・カッ(ク)・イ・イ・ケレ・○ 思うようにならなくてじれったい。もどかしい。「見ていて―」文はがゆ・し(ク)

はからい【計らい】ハカラヒ 取り扱うこと。処置。「温情ある―」

はから・う【計らう】ハカラフ (他五) ワ(オ)・イ(ッ)・ウ・ウ・エ・エ ①考えてその状況にふさわしい処置をする。「便宜を―」「よきに―・え」②相談する。打ち合わせる。「みんなに―」可能はから・える(下一)

ばか-らし・い【×馬鹿らしい】(形) カロ・カッ(ク)・イ・イ・ケレ・○ ばかげている。つまらない。割に合わない。「―話だ」文ばから・し(シク)

はからず-も【図らずも】(副) 思いがけず。意外にも。「―受賞の栄に浴し」

はがら-もの【端柄物】主要材を取った残りの材からつくる板材や角材。小割り、貫(ぬき)などの総称。

はかり【△秤・◇衡】物の重さをはかる器械や器具の総称。てんびん・さおばかり・台ばかりなど。

―に掛(か)ける ①重さをはかる。②両方を比べて優劣・損得を判断する。「二つの話を―」

―め【―目】①はかりざおの目盛り。②はかる量や重さ。

はかり【計り・量り】長さ・重さ・大きさなどをはかること。また、はかった寸法や量。

―うり【―売り】(名・他スル) 買い手の希望するだけの分量をはかって売ること。

―きり【―切り】はかった分量だけでおまけをつけないこと。

―べり【―減り】(名・自スル) ある分量のものをますなどで何回かに分けてはかるうちに、その合計が初めにはかった全体の量よりも少なくなること。

ばかり【◇許り】(副助) ①程度を示す。「目を奪う―の美しさ」②おおよその時・数量を示す。「二時間―休んだ」「五〇人―を引き連れて行く」③限定の意を表す。「きれいな―で役には立たない」④(「…んばかり」の形で)㋐(「ん」は打ち消しの意で)…ないだけ。「笑わん―の言い方」㋑(「ん」は推量の意で)…しそうな。「泣き出さん―の顔」⑤(「…たばかり」の形で)完了して間もない意を表す。「今来た―だ」⑥(「…とばかり(に)」の形で)「判断したかのように」「思われるように」の意を表す。「今だと―攻める」⑦(「ばかりに」の形で)「それだけが原因で」の意を表す。「引き受けた―にひどい目にあった」語源動詞「はかる」の連用形からできた語。用法種々の語(体言、用言・助動詞の連体形、副詞、助詞など)に付く。

> **ちがい**「ぬばかり」・「んばかり」
> 「ぬばかり」の「ぬ」は打ち消しの助動詞で、「いやだと言わぬばかりの顔つき」は「いやだと言っていないだけの顔つき」の意味で、口ではいやと言ってはいないが、表情にはそれがありありと表れているという内容の表現である。同じ意味で、「言わんばかりの」ともいう。「んばかり」の「ん」は打ち消しの場合も、文語推量の助動詞「ん」の場合もある。室町末期、それまで推量の意で使われた「ん」が打ち消しの意でも使われ始め、「言わぬばかり」を「言わんばかり」の形でも使うようになった。両者の混同から、口語では「(今にも)…そうなほど」の意味でも「んばかり」を使う(「旗をちぎれんばかりに振った」)。場合によっては、打ち消しよりも推量が主流ともいえる勢いであるが、打ち消し「ん」は口語、推量「ん」は文語という状況で、文語型が口語型を凌駕(りょうが)するということが起こっていることになる。

はかり-ごと【◇謀】うまくいくようにあらかじめ考えた計画。計略。たくらみ。くわだて。「―をめぐらす」

はかり-こ・む【量り込む】(他五) マ(モ)・ミ(ン)・ム・ム・メ・メ ますなどではかる際に、多く盛りすぎる。

はかりしれ-ない【計り知れない】あまりにも大きすぎて、また多すぎて想像できない。見当がつかない。「―損害」「―力」

はか・る【計る・測る・量る・図る・謀る】(他五) ラ(ロ)・リ(ッ)・ル・ル・レ・レ ①[計・測・量]計器で時間・物の長さ・広さ・重さ・量などを調べる。「速さを―」「体重を―」②[測・量・図]心でおしはかる。予測する。想像する。「相手の気持ちを―」③[計・図]相談する。くふうする。「会議に―・ってみます」④[計・図・謀]企てる。計画する。「事業の拡大を―」⑤[計・図・謀]だます。欺く。「まんまと―・られた」⑥[計]数をかぞえる。計算する。「回数を―」⑦[計・測]よい機会かどうかなどをみはからう。見当をつける。また、配慮する。「ころあいを―」可能はか・れる(下一) 参考③は「諮る」とも書く。⇩「使い分け」

はか・る【諮る】(他五) ラ(ロ)・リ(ッ)・ル・ル・レ・レ 関係する人や組織の意見を聞く。相談する。可能はか・れる(下一) ⇩「使い分け」

> **使い分け**「測る・量る・計る・図る・謀る・諮る」
> 「測る」「量る」「計る」は、数量や程度を調べるという点では基本的に同じであるが、「**測る**」は、もと水の深さを調べる意で、主として長さ・高さ・深さ・速さ・面積などを調べ数えるのに用い、「距離を測る」「標高を測る」「水深を測る」「速度を測る」「大きさを測る」などと使われる。
> 「**量る**」は、もと穀物の重さを調べる意で、主として目方・分量・容積を調べ数えるのに用い、「体重を量る」「升(ます)で量る」「容量を量る」などと使われる。
> 「**計る**」は、ひとまとめにして数える意で、数量や時間に関することのほか、考えや心に関することに用いられ、「温度を計る」「タイミングを計る」「相手の心を計る」「計り知れない恩義」などと使われる。
> 「**図る**」は、企画する意で、「計画を図る」「便宜を図る」などと使われるほか、「**謀る**」と同じく、だます、欺く意として、「まんまと謀ら(図ら)れた」などと使われるが、この場合、「計る」と書いてもよい。
> 「**諮る**」は、自分の意見を人に相談してみる意で、「この件について部下に諮る」「委員会に諮る」などと使われる。

はが・れる【剝がれる】(自下一) レ・レ・レル・レル・レレ・レロ(レヨ) 表面についていたものが、とれて離れる。はげる。「壁紙がー」「化けの皮がー」他はが・す(五) は・ぐ(五) 文はが・る(下二)

ばか-わらい【×馬鹿-笑い】ワラヒ (名・自スル) やたらに大声をあげて笑うこと。

は-がん【破顔】(名・自スル) 顔をほころばせること。笑うこと。

ーいっしょう【ー一笑】セウ (名・自スル) 顔をほころばせて、にっこり笑うこと。「合格の知らせにーする」

バカンス〈フランス vacances〉長い休暇。また、それを利用した保養や旅行。

は-き【破棄・破毀】(名・他スル) ①破り捨てること。破りこわすこと。「書類をーする」②取り決めや約束事などを一方的に取り消すこと。「契約をーする」③〔法〕上級裁判所で原裁判の判決を取り消すこと。

は-き【覇気】強い意気込み。気概。野心。「ーの感じられない表情」

はぎ【△脛】ひざからくるぶしまでの部分。すね。

はぎ【△萩】〖植〗①マメ科ハギ属の植物の総称。②ヤマハギの別称。マメ科の多年生落葉低木。多数分枝し、秋に紅紫色または白色の花を開く。葉は楕円(だえん)形の三小葉からできた複葉。秋の七草の一つ。秋 ⇩秋の七草(さしえ)

はぎ【◇接ぎ】裁縫などで、つぎ合わせること。また、その部分。

はぎ-あわ・す【◇接ぎ合〔わ〕す】アハス (他五) サ(ソ)・シ・ス・ス・セ・セ 別種の布や板などをつぎ合わせる。「布きれをー」

はぎ-あわ・せる【◇接ぎ合〔わ〕せる】アハセル (他下一) セ・セ・セル・セル・セレ・セロ(セヨ) →はぎあわす

バギー〈buggy〉①砂浜や砂漠などを走行するためのレジャー用自動車。車体が軽く、タイヤは太く大きい。②折りたたみ式の乳母車。ベビーバギー。

は-きけ【吐き気】食べた物を吐きたくなる気持ち。また、非常に不快な感じがして、胸がむかむかするさま。「ーを催す」

は-ぎしり【歯△軋り】(名・自スル) ①睡眠中に歯をこすり合わせて音を立てること。歯がみ。②残念がって奥歯をかみしめること。歯がみ。切歯(せっし)。「ーしてくやしがる」

パキスタン〈Pakistan〉(「パキスタン・イスラム共和国」の略)インド半島の北西部にある国。首都はイスラマバード。

はき-す・てる【吐き捨てる】(他下一) テ・テ・テル・テル・テレ・テロ(テヨ) 口から吐き出して捨てる。「ガムをー」「『私の知ったことではない』とーように言い放つ」文はきす・つ(下二)

はき-そうじ【掃き掃除】サウヂ (名・他スル) ほうきで掃いて掃除すること。

はき-ぞめ【掃〔き〕初め】正月二日にその年初めての掃除をすること。新年 参考 元日に掃除をすると福の神が掃き出されてしまうという俗信による。

はき-ぞめ【履〔き〕初め】①幼児が初めて履物をはくこと。②新しい履物を初めてはくこと。

はき-だし【掃き出し】①ごみなどを外に掃き出すこと。②「掃き出し窓」の略。

ーまど【ー窓】①室内のごみを掃き出すために床や畳と同じ高さに作った小窓。掃き出し。②室内から直接出入りできるように、下端を床と同じ高さにした窓。掃き出し。

はき-だ・す【吐き出す】(他五) サ(ソ)・シ・ス・ス・セ・セ ①口や胃の中のものを吐いて外へ出す。「スイカの種をー」②中のものを勢いよく外へ出す。「煙突から煙がーされる」③たくわえてあった金品を支出する。「貯金を全部ー」④思っていることをみな言ってしまう。「胸の内をー」

はき-だ・す【掃き出す】(他五) サ(ソ)・シ・ス・ス・セ・セ ごみなどを掃いて外へ出す。「庭へごみをー」

はき-たて【掃〔き〕立て】①掃き掃除をして間のないこと。②養蚕で、毛蚕(けご)を蚕卵紙(さんらんし)から羽箒(はぼうき)などで掃き集めて飼育場所に移すこと。春

はき-だめ【掃〔き〕△溜め】ちり・ごみの捨て場。ごみため。

ーに鶴(つる) つまらない所やきたない所にすぐれたものや美しいものが存在するたとえ。参考 類似のことばー鶏群(けいぐん)の一鶴(いっかく)

はき-ちが・える【履き違える】チガヘル (他下一) エ・エ・エル・エル・エレ・エロ(エヨ) ①他人の履物をまちがってはく。②意味や趣旨をとり違えて解釈する。「自由と気ままをー」文はきちが・ふ(下二)

はぎ-と・る【剝ぎ取る】(他五) ラ(ロ)・リ(ッ)・ル・ル・レ・レ ①はがし取る。「張り紙をー」②他人の身につけている衣類などをむりやり奪い取る。「身ぐるみー」

はぎ-の-もち【△萩の餅】おはぎ。ぼたもち。

はき-はき(副・自スル) 話し方や態度が歯切れよくはっきりしているさま。「ー(と)答える」

はき-もの【履物】足にはいて歩くものの総称。靴・げたなど。

は-きゃく【破却】(名・他スル) やぶりすてること。こわすこと。「城の建物はすべてーされた」

ば-きゃく【馬脚】馬のあし。

ーを現(あらわ)す (芝居の馬のあしを演じる役者が姿を見せてしまう意から)偽り隠していたことが表に出る。ぼろを出す。

は-きゅう【波及】キフ (名・自スル) 物事の影響がだんだんと広がり及んでいくこと。「ー効果」

バキューム〈vacuum〉真空。「ークリーナー(=電気掃除機)」

ーカー〈和製英語〉真空ポンプとタンクを備えた自動車。糞尿(ふんにょう)・汚水のくみとりなどに使用される。

は-きょう【破鏡】キャウ ①割れた鏡。②夫婦の別離をいう。離婚。「ーの嘆」

【故事】昔、中国でやむをえず離れ離れに暮らすことになった夫婦が、鏡を割ってその半分ずつを所持して心の絆(きずな)とした。のちに妻は別人と通じたために鏡は鵲(かささぎ)となって夫の所へ飛び去り、不義が知れて妻は離縁になったという説話による。〈神異経〉

は-ぎょう【覇業】ゲフ 武力で天下を統一する事業。また、スポーツや勝負事で覇者となること。「ーをなしとげる」

は-きょく【破局】物事が行き詰まってだめになること。また、悲惨な終局。悲劇的な結末。カタストロフィー。「ーを迎える」

は-ぎれ【歯切れ】①歯でかみ切るときの感じ。②発音・話し方の調子。「ーのいい口調」「ーの悪い返事」

は-ぎれ【端切れ】裁断したあとに残ったはんぱな布切れ。

はぎわらさくたろう【萩原朔太郎】ハギハラサクタラウ (一八八六〜一九四二) 詩人。群馬県生まれ。高村光太郎とともに口語自由詩を確立。陰影ある心理と怪奇な幻想とが織りなす特異な詩風は、詩壇に大きな影響を与えた。詩集「月に吠(ほ)える」「青猫」「純情小曲集」「氷島」、詩論集「詩の原理」など。

ばきん【馬琴】→きょくていばきん

はく【白】 教1 ハク・ビャク(高) しろ・しら・しろい・もうす　ノ 亻 白 白 白

(字義)①しろ。しろい。「白衣(はくい・びゃくえ)・白色・白雪・純白」②きよい。けがれがない。「潔白」③光りかがやく。あかるい。「白昼・白夜(はくや・びゃくや)」④あきらか。あきらかにする。「明白」⑤何も書かれていない。何もない。「白紙・白票・空白」⑥もうす。申しあげる。つげる。「白状・建白・告白」⑦「白耳義(ベルギー)」の略。難読 白馬(あおうま)・白粉(おしろい)・白湯(さゆ)・白和(しらあ)え・白髪(しらが)・白癬(しらくも)・白子(しらす)・白洲(しらす)・白太(しらた)・白南風(しらはえ)・白妙(しろたえ)・白膠木(ぬるで)・白熊(はぐま)
人名 あき・あきら・きよ・きよし・し・しろし

はく【伯】ハク㊥・ハ
(字義) ①長兄。長姉。兄弟・姉妹の最年長の者。伯・仲・叔・季の一番目。「伯兄・伯姉・伯父・伯母」②一芸にすぐれた人の称。「画伯・詩伯・匠伯」③はたがしら。諸侯の盟主。「河伯・五伯」④五等爵(公・侯・伯・子・男)の第三位。伯爵。⑤「伯耆の国」の略。「伯州」⑥「伯剌西爾」の略。「日伯」難読 伯父・伯母・伯楽 人名 お・おさ・く・たか・たけ・とも・のり・はか・ほ・みち

はく【伯】 かみ。長官。「神祇―」

はく【拍】ハク㊥・ヒョウ(ヒャウ)㊥
(字義) ①うつ。㋐手のひらをうちあわせる。「拍手・拍掌」㋑手で物をうつ。「拍子」②楽曲のふし。「四拍子」人名 ひら

-**はく【拍】**(接尾) 拍子を数える語。

はく【泊】ハク㊥ とまる㊥・とめる㊥
(字義) ①とまる。とめる。舟を岸につなぐ。ふなどまり。「泊舟・泊地・仮泊・停泊・夜泊」②やどる。宿をとる。「外泊・車中泊・宿泊・漂泊・旅泊」③さっぱりしていて欲がない。「淡泊」

-**はく【泊】**(接尾) 宿泊数を数える語。「三―四日」

はく【迫】ハク㊥ せまる㊥
(字義) ①せまる。つまる。近づく。さしせまる。「迫撃・迫真・急迫・緊迫・切迫・逼迫」②きびしい。きびしくする。くるしむ。「迫害・圧迫・窮迫・脅迫」難読 迫間 人名 さこ(姓)・せこ(姓)・せり・とお

はく【柏】人 ハク・ビャク かしわ
(字義) ①かしわ。ブナ科の落葉高木。②ひのき・このてがしわなどの常緑樹の総称。節操のかたいたとえ。「柏酒・松柏・竹柏」

はく【珀】人 ハク
(字義)「琥珀」は、地質時代の樹脂が化石になったもの。

はく【剝】ハク㊥・はがす㊥・はぐ㊥ はがれる㊥・はげる㊥
(字義) ①はぐ。はがす。㋐動物の皮をはぎとる。「剝製」㋑うばいとる。「剝奪」②はげる。はがれる。「剝離」

はく【舶】ハク㊥ ふね
(字義) ふね。海洋を航行する大船。「船載・舶来・巨舶・商舶・船舶・大舶」

はく【博】教4 ハク・バク㊀ ひろい
(字義) ①ひろい。ひろく行きわたる。多い。ひろめる。「博愛・博学・博識・博覧・該博」②ばくち。すごろく。かけごと。「博奕・博戯・博徒・賭博」③「博覧会」「博物館」の略。「万国博」難読 博士・博打・博奕 人名 とおる・はか・ひろ・ひろし・ひろむ

はく【箔】人 ハク
(字義) ①すだれ。竹を糸で編んだ日よけの道具。②まぶし。養蚕で蚕にまゆをかけさせる道具。③→次項。「金箔・銀箔・銅箔」

はく【△箔】 ①金・銀・銅・錫などの金属を紙状に薄くのばしたもの。装飾に使う。「金―」②ねうち。貫禄。「―がつく」

はく【薄】ハク㊥・うすい㊥・うすめる㊥・うすまる㊥ うすらぐ㊥・うすれる㊥・せまる・すすき
(字義) ①うすい。厚みがすくない。「薄衣・薄氷・淡薄」↔厚 ②すくない。軽い。「薄給・薄幸」③あさはか。心がこもっていない。情愛にとぼしい。「薄情・軽薄・酷薄・浅薄」④せまる。近づく。つめよる。「薄暮・肉薄」⑤うすい意から、謙遜の意を表す。「薄志・薄謝」⑥すすき。秋の七草の一つ。尾花。難読 薄衣・薄鈍・薄縁・薄荷 人名 いたる

は・く【吐く】(他五) カ(コ)・キ(イ)・ク・ク・ケ・ケ ①(体内にあるものを)口や鼻から体の外に出す。「息を―」「血を―」②(心に思っていることなどを)言葉に出す。言う。「大言を―」「泥を―(=白状する)」③内にあるものを外へ出す。「汽車が煙を―」④(「気をはく」の形で)奮い立って威勢を示す。可能 は・ける(下一)

は・く【△佩く】(他五) カ(コ)・キ(イ)・ク・ク・ケ・ケ 刀や矢などを腰につける。帯びる。「太刀を―」可能 は・ける(下一)

は・く【△穿く】(他五) カ(コ)・キ(イ)・ク・ク・ケ・ケ ①(ズボンや袴などを)足から通して身につける。「ズボンを―」②足につける。「靴下を―」可能 は・ける(下一) 参考 ②は「履く」とも書く。

は・く【掃く】(他五) カ(コ)・キ(イ)・ク・ク・ケ・ケ ①ほうきでちりやごみをはらい除く。そうじする。②はけや筆などで軽くぬる。「頰紅を―」③養蚕で、毛蚕を蚕卵紙からとって、飼育場所(=蚕座)に移す。可能 は・ける(下一) 参考 ②は「°刷く」とも書く。

はいて捨てるほど たくさんありすぎることのたとえ。「証拠なら―ある」

は・く【履く】(他五) カ(コ)・キ(イ)・ク・ク・ケ・ケ (靴・靴下・げた・足袋など)はきものを足につける。「靴を―」可能 は・ける(下一)

ハグ〈hug〉(名・他スル) 抱きしめること。

は・ぐ【△矧ぐ】(他五) ガ(ゴ)・ギ(イ)・グ・グ・ゲ・ゲ 竹に鳥の羽をつけて、矢を作る。可能 は・げる(下一)

は・ぐ【剝ぐ】(他五) ガ(ゴ)・ギ(イ)・グ・グ・ゲ・ゲ ①表面についているものを取り除く。むき取る。はがす。「皮を―」②着物や持ち物を奪い取る。ぬがせ取る。「着物を―」③その人のもつ地位・身分などを取り上げる。「官位を―」自 はが・れる(下一) は・げる(下一) 可能 は・げる(下一)

は・ぐ【◦接ぐ】(他五) ガ(ゴ)・ギ(イ)・グ・グ・ゲ・ゲ 紙や布切れなどをつぎ合わせる。「小切れを―」可能 は・げる(下一)

ばく【麦】教2【麥】バク㊥ むぎ
(字義) むぎ。「麦芽・麦穂・燕麦・禾麦・精麦」難読 麦酒

ばく【莫】人 バク・ボ・マク ない・なかれ
(字義) ①ない(否定の語)。なかれ(禁止の語)。「莫逆・莫大」②むなしい。しずか。=寞。「寂莫」③ひろい。=漠。「広莫」④(「ボ」と読んで)くれ。夕ぐれ。おそい。=暮。「莫春・莫夜」難読 莫迦・莫大小

ばく【博】(字義)→はく(博)

ばく【幕】(字義)→まく(幕)

ばく【漠】バク㊥
(字義) ①さばく。ひろびろとした砂原。「沙漠・砂漠」②ひろい。ひろびろとして果てしない。「漠漠・広漠・茫漠」③はっきりとしないさま。とりとめのないさま。「漠然・空漠」④さびしい。「寂漠」人名 とお・ひろ

ばく【漠】(タル) ひろびろとして果てしないさま。はっきりしないさま。「―とした不安」文(形動タリ)

ばく【暴】(字義)→ぼう(暴)

ばく【縛】バク㊥ しばる㊥
(字義) しばる。くくる。つないで自由にさせない。「縛擒・縛束・緊縛・束縛・捕縛」

ばく【縛】 しばること。また、罪人として縄をかけられること。なわ

め。「―につく(=逮捕される)」

ばく【曝】(人) バク・ホク さらす　(字義) さらす。日光に当ててかわかす。「曝書」

ばく【爆】バク(中) さける・はじける　炉 烜 煋 熼 爆 爆　(字義) ①はじける。破裂する。「爆弾・爆破・爆発・爆裂・起爆・自爆」②「爆弾」「爆撃」の略。「爆心・空爆・原爆・猛爆」

ばく【△貘・△獏】①〘動〙バク科の哺乳(ほにゅう)動物の総称。東南アジア・中南米にすむ。全身に短い毛がある。尾は短く、目は小さく、鼻と上くちびるは結合してのびている。夜行性で木の実などを食う。②中国の想像上の動物。鼻は象、目は犀(さい)、尾は牛、足は虎(とら)に似て頭は小さい。人の悪夢を食うという。

ば-ぐ【馬具】馬につける用具の総称。くら・たづな・あぶみなど。

バグ〈bug 虫〉〘情報〙コンピューターのプログラム内にある誤り。

はく-あ【白亜・白△堊】①白色の壁。しらかべ。「―の城」②〘地質〙有孔虫などの動物の死骸(しがい)や貝殻を多量に含んでできた石灰岩。白墨・白色顔料用。チョーク。

―かん【―館】(クヮン) アメリカ合衆国の大統領官邸「ホワイトハウス」の訳語。

はく-あい【博愛】人々を広く平等に愛すること。「―主義」

はく-い【白衣】白い衣服。特に、医師や看護師などの着る白い上っぱり。白衣(びゃくえ)。

―の-てんし【―の天使】女性の看護師の美称。

はく-いん【博引】広く多くの例を引用すること。

―ぼうしょう【―△旁証】(バウショウ) 数多くの例を引き、証拠をあげて説明すること。

はく-う【白雨】明るい空から降るにわか雨。夕立。[夏]

はく-うん【白雲】白い雲。白雲(しらくも)。

はく-うん【薄運】運に恵まれないこと。不運。薄幸。

ばく-えい【幕営】天幕をはりめぐらした陣営。また、そこに野営すること。「―地」

ばく-えき【博△奕】→ばくち①

はく-えん【白煙】白いけむり。

はく-おし【△箔押し】金銀の箔(はく)や色箔を、器物や紙などの表面にはりつけること。「表紙の文字を―にする」

ばく-おん【爆音】①爆発するときに発する音。爆発音。②飛行機・オートバイ・自動車などのエンジンが発する音。

はく-が【博雅】広く物事を知っていて行いの正しいこと。また、そういう人。「―の士」

ばく-が【麦芽】大麦を発芽させたもの。ビールや水あめなどの原料にする。モルト。

―とう【―糖】(タウ) 麦芽に含まれる酵素をデンプンに作用させたときに生じる糖分。白い針状の結晶で、水に溶けやすい。水あめの原料。

はく-がい【迫害】(名・他スル) 苦しめいじめること。害を加え圧迫すること。「異教徒を―する」

はく-がく【博学】(名・形動ダ) 広く学問に通じていること。また、そのさま。「―多識」「―な人」

はく-がん【白眼】①白い目。白目。②人を冷淡に見る目つき。にらむ目つき。↔青眼

―し【―視】(名・他スル) 人を冷たく見ること。また、その目つき。「周囲から―される」【故事】竹林の七賢の一人である晋(しん)の阮籍(げんせき)は、偽善的な礼儀・習慣などに反発して、俗人には白眼で対し、高潔な脱俗の士とは青眼(=歓迎の目つき)で交わったという故事による。〈晋書〉

は-ぐき【歯茎】歯のねもとを包んでいる粘膜層。歯肉。

ばく-ぎゃく【△莫逆】(逆らうことが莫(な)い意) 意気が合い、たがいの心が少しも相反しないこと。非常に親しいこと。「―の友」[参考] もとの読みは「ばくげき」。「ばくぎゃく」は慣用読み。

はくきょい【白居易】(七七二-八四六) 中国、唐の詩人。字(あざな)は楽天。号は香山居士(こじ)。詩風は平易・流麗。平安朝文学にも大きな影響を与えた。「長恨歌(ちょうごんか)」「琵琶行(びわこう)」は特に有名。詩文集「白氏文集(はくしもんじゅう)」。

はくぎょく-ろう【白玉楼】文人墨客(ぶんじんぼっかく)が死後に行くという天上の美しくりっぱな御殿。

―中(ちゅう)の人(ひと)となる 文人墨客が死ぬこと。【故事】中唐の詩人の李賀(りが)は超自然の世界を幻想的に詠み、二七歳で没したが、その臨終に天帝の使者が現れて、「天上の白玉楼が完成したからその記を書かせるために君を召された」と告げる夢を見たという話による。〈唐詩紀事〉

はく-ぎん【白銀】①しろがね。銀。②降り積もった雪の形容。「―の世界」③江戸時代、銀を長径一〇センチメートルほどの平らな楕円(だえん)形につくり紙に包んだもの。贈答用とした。

はく-ぐう【薄遇】(名・他スル) 冷淡にもてなすこと。冷遇。↔厚遇

は-ぐく・む【育む】(他五) マ(モ)・ミ(ン)・ム・ム・メ・メ (「羽包(はくく)む」の意) ①親鳥がひなを羽で抱いて育てる。②養い育てる。「子を―」③たいせつに守って成長・発展させる。「才能を―」「愛を―」

はく-げき【迫撃】(名・他スル) 敵に接近して攻撃すること。

―ほう【―砲】(ハウ) 構造が簡単で砲身の短い、近距離用の曲射砲。

ばく-げき【△駁撃】(名・他スル) 他人の論説に反対し、非難・攻撃すること。「激しく―する」

ばく-げき【爆撃】(名・他スル) 航空機から爆弾などを落として敵を攻撃すること。「―機」

はくげん-がく【博言学】「言語学」の旧称。

はく-さ【白砂】→はくしゃ(白砂)

はく-さい【白菜】〘植〙アブラナ科の一年草または越年草。葉は長楕円(だえん)形で幅が広く重なり合い、淡緑色で下部が白い。漬物・鍋物(なべもの)などに用いる。[冬]

はく-さい【舶載】(名・他スル) ①外国から船で運んできたこと。舶来。「―の品」②船にのせて運ぶこと。

ばく-さい【博才】ばくちやかけごとの才能。

ばく-さい【爆砕】(名・他スル) 爆発物でこなごなに砕くこと。

ばく-さつ【爆殺】(名・他スル) 爆弾で殺すこと。

はく-し【白紙】①白い紙。②何も書かれていない紙。「―の答案」③先入観にとらわれないこと。「―の態度で臨む」④最初の何もなかった状態。「―に戻す」「―撤回」

―いにんじょう【―委任状】(ヰニンジャウ) 〘法〙委任者の氏名・印だけをしるし、他の必要な事項は委任を受けた人に補充させるようにした委任状。

はく-し【博士】学位の最高位。専門の学術について、大学院の博士課程を修了し論文審査と試験に合格した者、または学歴にかかわらず論文審査に合格し、博士課程修了以上の学力があると認められた者に与えられる。博士(はかせ)。ドクター。

はく-し【薄志】①意志が弱いこと。②わずかな謝礼。薄謝。寸志。[用法] ②は、主として謝礼の謙称として使う。

―じゃっこう【―弱行】(ジャクカウ) 意志が弱く実行力に乏しいこと。

はく-じ【白磁】中国六朝(りくちょう)時代に起こり東洋で発達した、白色の素地(きじ)に透明のうわぐすりを施した磁器。

ばく-し【爆死】(名・自スル) 爆撃・爆発にあって死ぬこと。

はく-しき【博識】(名・形動ダ) ひろく物事を知っていること。また、その人。博学。「―な人」

はく-じつ【白日】①照り輝く真昼の太陽。「—の下にさらされる(=隠すところがなく、いっさいを人に知られる)」②ひるひなか。真昼。白昼。③(比喩的に)身の潔白が証明されたことのたとえ。「青天—の身となる」

—む【—夢】→はくちゅうむ

はくしもんじゅう【白氏文集】ハクシモンジフ 唐の詩人白居易の詩文集。全巻成立は八四五年。「白氏長慶集」とも。平安時代に伝来して「文集」「集」の略称で親しまれた。

はく-しゃ【白砂】白い砂。白砂。

—せいしょう【—青松】白い砂浜に青い松が生えている海岸の美しい景色。はくさせいしょう。「—の地」

はく-しゃ【拍車】馬具の一つ。乗馬靴のかかとに取りつける歯車や棒状の金具で、馬の腹をけって馬を御するもの。

—を掛ける(刺激や力を加えて)物事の進行をいっそう速める。拍車を加える。

〔拍車〕

はく-しゃ【薄謝】わずかな謝礼。寸志。薄志。「—贈呈」用法 主として謝礼の謙称として使う。

ばく-しゃ【幕舎】野外のテントばりの営舎。

はく-しゃく【伯爵】もと、五等爵(公・侯・伯・子・男)の第三位。

はく-じゃく【薄弱】(名・形動ダ)①意志や体力がよわよわしいこと。「意志—」②たしかでないこと。「根拠が—だ」

はく-しゅ【拍手】(名・自スル)賞賛・激励・祝意・賛意などを表すために、両手を打ち合わせて鳴らすこと。

—かっさい【—喝采】(名・自スル)おおいに手をたたいてほめたたえること。「熱演に—する」

はく-じゅ【白寿】(白が、百の上の一を除いた字であることから)九九歳。また、九九歳の祝い。⇩賀

はく-しゅう【白秋】シウ (五行説で白を秋に配したことから)「秋」の異称。素秋。秋

ばく-しゅう【麦秋】シウ 実り熟した麦を刈り取る季節。初夏。むぎあき。夏

ばくしゅうの…俳句〔麦秋の 中なるが悲し 聖廃墟〕〈水原秋桜子〉原子爆弾に見舞われた長崎の浦上天主堂は、まだ崩れ落ちた廃墟のままである。周囲の空地は、黄熟した麦でおおわれ、ひときわ天主堂の廃墟を浮き彫りにしている。その無惨さを見ると熱い悲しみがわき立ってくる。(麦秋 夏)

ばくしゅう-の-たん【麦秀の嘆】バクシウ— (「秀」は麦などの穂の伸びる意)母国の滅亡を嘆くこと。亡国の嘆き。

故事 殷の紂王は、賢臣の箕子らの諫めも聞かず暴虐を極め国を滅ぼした。後に箕子が旧都の廃墟に麦が生えているのを見て悲しみ、「麦秀でて漸漸たり(=麦の穂が勢いよく伸びているよ)」と嘆きの詩を作ったことから。〈史記〉

はく-しょ【白書】〔社〕政府が、外交・経済などの実情や展望について公式に発表する年次報告書。「経済—」語源 イギリス政府の公式報告書に白表紙が用いられていたことからいう。

ばく-しょ【曝書】(名・自他スル)書物の虫干し。夏

はく-しょ【薄暑】初夏の、それほどでもない暑さ。夏

はく-じょう【白状】ジヤウ (名・他スル)(「白」は申し述べる意)自分の罪、または隠していたことを申し述べること。自白。「犯行の一部始終を—する」

はく-じょう【薄情】ジヤウ (名・形動ダ)人情にうすいこと。思いやりの気持ちがなく冷淡なこと。また、そのさま。「—な男」

ばく-しょう【爆笑】セウ (名・自スル)大勢の人がいっせいにどっと笑うこと。「—の渦」

はく-しょく【白色】白い色。

—じんしゅ【—人種】→コーカソイド

—テロ 革命運動に対して、権力者が行う暴力的弾圧行為。白色テロル。↔赤色テロ 参考「白色」は、フランス王国の王権の象徴であった白百合に由来するという。

はく-しん【迫真】表現や表情などが真に迫り、訴える力が強いこと。「—の演技」

はく-じん【白人】皮膚が明色の白色人種に属する人。

はく-じん【白刃】さやから抜いた刀。抜き身。白刃。

ばく-しん【幕臣】江戸時代、将軍直属の臣下。旗本・御家人など。「旧—」

ばく-しん【爆心】爆発・爆撃の中心点。「—地」

ばく-しん【驀進】(名・自スル)勢いよくまっしぐらに進むこと。「—する機関車」「出世街道を—する」

ばく-すい【爆睡】(名・自スル)〔俗〕深く眠り込むこと。正体なく眠ること。「徹夜明けで—する」

はく・する【博する】(他サ変)シ(セ・サ)・シ・スル・スル・スレ・シロ(セヨ) 名誉・利益などを得る。手にする。占める。「喝采を—」文 はく・す(サ変)

ばく・する【駁する】(他サ変)シ(セ・サ)・シ・スル・スル・スレ・シロ(セヨ) 他人の意見などを非難・攻撃する。反駁する。文 ばく・す(サ変)

ばく・する【縛する】(他サ変)シ(セ・サ)・シ・スル・スル・スレ・シロ(セヨ)(罪人などを)しばる。くくる。「犯人を—」文 ばく・す(サ変)

はく-せい【剝製】鳥獣の肉・内臓を取り去って中に綿などをつめて縫い合わせ防腐剤で処理して、生きていたときのような形につくり上げた標本。

ばく-せい【幕政】幕府による政治。

はく-せき【白皙】肌の色の白いこと。色白。「長身—」

ばく-せつ【駁説】他人の説を否定し、非難・攻撃する説。駁論。「—を加える」

はく-せん【白扇】書や絵のない、白地のままのおうぎ。夏

はく-せん【白線】白い線。白いすじ。「—帽」

はく-せん【白癬】〔医〕はくせん菌の寄生によって起こる、しらくも・水虫・たむしなどの皮膚病の総称。

はく-ぜん【白髯】白いほおひげ。白いひげ。

ばく-ぜん【漠然】(タル)ぼんやりとしてとりとめのないさま。はっきりしないさま。「—とした不安」文(形動タリ)

は-くそ【歯糞・歯屎】歯の表面や間に付着するかす。歯垢。

はく-だい【博大】(形動ダ)ダロ・ダッ(デ・ニ)・ダ・ナ・ナラ・○ 知識・学問などが広くて大きいさま。「—な知識」文(ナリ)

ばく-だい【莫大】(名・形動ダ)(「これより大なるは莫し」の意)きわめて大きいこと。また、多いこと。「—な財産」

はく-たいげ【白帯下】〔医〕女性の生殖器から分泌される白色・粘性の生理的な分泌物。おりもの。帯下。こしけ。

はく-だく【白濁】(名・自スル)白くにごること。

はく-だつ【剝脱】(名・自スル)塗ってある物などが、はがれて落ちること。「金箔が—する」

はく-だつ【剝奪】(名・他スル)地位や資格などをはぎとること。無理にとり上げること。「権利を—する」

はく-たん【白炭】高温度で焼いた、表面が灰白色のかたい上質炭。かたずみ。しろずみ。

ばく-だん【爆弾】①爆薬を中につめて投下したり投げつけたりして爆発させ、敵を攻撃する兵器。②〔俗〕(比喩的に)突然、人を驚かすもの。また、そういう危険な因子。「—発言」「—をかかえる(=危険な物や事柄をかかえる)」③第二次世界大戦直後に出回った粗悪な密造焼酎。④おでん種の一つで、ゆ

で卵を包んださつま揚げ。

はく-ち【白痴】重度の知的障害をさしていった語。（差別的な意がある）

はく-ち【泊地】（防波堤などに囲まれた）船が安全にとまることのできる場所。停泊地。

ばく-ち【博◇打・博△奕】①金銭や物品をかけ、さいころ・花札・トランプなどによって勝負を争うこと。ばくえき。とばく。②（比喩的に）成功の可能性がきわめて低い危険な試みをあえてすること。「一世一代の大ーを打つ」語源「ばくうち」の転。

—うち【—打ち】「ばくち①」を生業とする人。博徒。

パクチー〈タイ phakchi〉→こうさい（香菜）

ばく-ちく【爆竹】①小さい竹筒や紙筒に火薬をこめたものを多数並べ、点火すると大きな音を次々に鳴らす仕組みのもの。（中国で元日などに鳴らす。）②左義長でたく火。新年

はく-ちず【白地図】地名や記号など細部を記入していない、地形の輪郭だけをかいた地図。学習や分布図作成などに用いる。白図。

はく-ちゅう【白昼】ひるひなか。まひる。日中。「ー堂々」

—む【—夢】まひるにみる夢。転じて、夢のように非現実的な空想。白日夢。

はく-ちゅう【伯仲】（名・自スル）（「長兄と次兄」の意から）ともにすぐれていて優劣のつけにくいこと。互角。「実力ー」参考類似のことば—兄たり難く弟たり難し

—の間 たがいに技量が互角で優劣の差のない間柄。

はく-ちょう【白丁・白張】①神社の祭礼に、白い衣服をつけて物をかつぐ人。②昔、白張り（＝白布製の狩衣）を着た仕丁。傘・沓などを持ち、馬の口取りなどをした。

はく-ちょう【白鳥】①白色の鳥。②〘動〙カモ科ハクチョウ属に属する純白・大形の水鳥の総称。黒色のものもある。オオハクチョウやコハクチョウは、冬、シベリア東部から日本北部に渡来する。しらとり。スワン。冬

ばく-ちん【爆沈】（名・自他スル）艦船が爆弾や魚雷などで爆破されて沈むこと。また、爆破して沈めること。

ぱく-つ・く（他五）カ(コ)・キ(イ)・ク・ク・ケ・ケ〘俗〙ぱくぱくと食べる。

バクテリア〈bacteria〉→さいきん（細菌）

はく-ど【白土】①白色の土。しろつち。②建築の塗料や陶器の材料に用いる、火山灰・火山岩の風化した土。陶土。

ばく-と【博徒】ばくちうち。

はく-とう【白桃】〘植〙水蜜桃の一品種。果肉は白く多汁で甘みが強い。食用。しろもも。秋

はく-とう【白頭】白髪のあたま。しらがあたま。

—おう【—翁】白髪の老人。

はく-どう【白銅】〘化〙銅とニッケルとの合金。銀白色で硬くてさびにくい。「ー貨」

はく-どう【拍動・△搏動】（名・自スル）〘生〙心臓が規則的に収縮運動を行うこと。また、その響き。鼓動。

はく-とうゆ【白灯油】無色透明の精製灯油。いやなにおいがなく、家庭の暖房・燃料などに用いる。

はく-ないしょう【白内障】〘医〙目の水晶体が白くにごる病気。視力が衰えたり、失明したりする。白そこひ。

ばく-にょう【麦△繞】漢字の部首名の一つ。「麹」「麺」などの「麦」「麦」の部分。

はく-ねつ【白熱】（名・自スル）①〘物〙物体が非常な高温で熱せられて白い光を発すること。「ー灯」②物事が熱気にあふれ最高潮に達すること。「議論がーする」「ー戦を制する」

はく-ば【白馬】毛色の白い馬。

ばく-は【爆破】（名・他スル）火薬を爆発させて、ある物体を破壊すること。「古いビルをーする」

はく-ばい【白梅】白色の梅の花。また、その花をつける木。しらうめ。春

バグパイプ〈bagpipe〉〘音〙木管楽器の一つ。革などで作った空気袋に三本または六本の音管をとりつけたもの。スコットランドの民族楽器として有名。

〔バグパイプ〕

はく-はく【白白】（トタル）①白いさま。②あきらかではっきりしているさま。「明明ー」文（形動タリ）

ばく-ばく【漠漠】（トタル）①遠くはるかなさま。広大なさま。「ーとした原野」②ぼんやりとしてとりとめのないさま。「ーたる不安」文（形動タリ）

ばく-ばく【△寞△寞】（トタル）静かで寂しいさま。文（形動タリ）

ぱく-ぱく（副・自スル）①口を大きく開けたり閉じたりするさま。「金魚が口をー（と）する」②さかんに食べるさま。「ごはんをー（と）たいらげる」③合わせ目などが離れかけて、開いたり閉じたりするさま。「つま先がーしている靴」

はく-はつ【白髪】白い毛髪。しらが。「ーの老人」

—三千丈 多年の嘆きや心配のために白髪が長く伸びたことを誇張していう表現。〈李白・秋浦歌〉

ばく-はつ【爆発】（名・自スル）①きわめて急速な化学反応で、多量の気体を生じ、熱・光・音および破壊作用を伴って破裂すること。「ガスがーする」②抑えていた感情がどっとあふれ出ること。「不満がーする」

はく-はん【白斑】①白い斑点。白いまだら。②→しろなまず③〘天〙太陽面で、特に光の強く明るい部分。

ばく-はん【麦飯】米に麦をまぜてたいた飯。または、麦だけの飯。むぎめし。

はく-び【白眉】①白い眉毛。②多人数や同類のものの中で特にすぐれている人や物のたとえ。「歴史小説中のー」【故事】三国時代、蜀に秀才ぞろいの五人兄弟があったが、人々が、幼時から眉の中に白い毛が生えていた馬良を「白眉が最も優秀だ」と言ってほめたことによる。〈三国志〉

はく-ひょう【白票】①国会で記名投票で採決を行う場合、案件に賛成の意をあらわす議員が投じる白色の票。↔青票②何も記入せず白紙のままでなされた投票。

はく-ひょう【薄氷】うすく張ったこおり。うすらひ。

—を踏む 非常に危険な場面にのぞむたとえ。「ー思い」

はく-びょう【白描】〘美〙日本画・東洋画で、墨一色で描くこと。また、描いたもの。薄く彩色したものもいう。白描画。

はく-ふ【白布】しろいぬの。しろぬの。

ばく-ふ【幕府】①将軍の居所・陣営。②武家政治を行うための権力機構。鎌倉・室町・江戸時代の三代におよぶ。

ばく-ふ【△瀑布】大きな滝。「ナイアガラー」夏

ばく-ふう【爆風】爆発によって起こる強い風。

はく-ぶつ【博物】①広範囲に物事を知っていること。また、自然界の各種の事物。②「博物学」の略。

—がく【—学】動物学・植物学・鉱物学・地質学などが、個々の分野に分かれる前の総称。

—かん【—館】歴史・民俗・芸術・自然科学などの学術的資料を広く集めて保管・陳列し、一般に公開する施設。

はく-ぶん【白文】句読点・返り点・送り仮名をつけない漢文。「ーを読む」

はく-ぶん【博聞】物事を広く聞き知っていること。

—きょうき【—強記】物事を広く聞き知って、よく

記憶していること。「—の人」

はく-へい【白兵】 ①抜き身の刀。白刃。②接近戦で敵を切り、また突きさす武器。刀や槍など。

—せん【—戦】 刀や銃剣などを持ち、敵味方入り乱れて戦う接近戦。「壮烈な—」

はく-へき【白壁】 しろいかべ。しらかべ。

はく-へき【白璧】 白色の美しい玉。白玉。「—の微瑕（=完全にみえるものに、少しの欠点があることのたとえ）」

はく-へん【剝片】 はがれ落ちたかけら。「黒曜石の—」

はく-へん【薄片】 うすいきれはし・かけら。

はく-ぼ【薄暮】 たそがれ。ゆうぐれ。「—試合」

はくほう-じだい【白△鳳時代】《日》日本文化史上の時代区分の一つ。飛鳥時代と天平時代の間。七世紀半ばから八世紀初めまで。清新で気品のある文化が展開した。

はく-ぼく【白墨】 焼石膏、または白亜の粉末を棒状にかためたもの。黒板に書くのに用いる。チョーク。

はくぼたん… 俳句〔白牡丹といふといへども紅ほのか〕〈高浜虚子〉清楚な白牡丹が咲いている。じっと目をこらして眺めていると、純白のはずの牡丹にも、ほのかに紅色がさしていて、かすかな艶を漂わせていることだ。（白牡丹 夏）

はく-ま【白魔】 大被害をもたらす大雪を、魔物にたとえた語。

は-ぐま【◇白熊】 中国から渡来したヤクの白い尾。払子・旗の飾りなどに使われる。⇩赤熊

はく-まい【白米】 玄米をついて、ぬかと胚を除いて白くした米。精米。↕玄米

ばく-まつ【幕末】 江戸幕府の末期。

はく-めい【薄命】（名・形動ダ）①寿命の短いこと。また、そのさま。短命。「佳人—」②ふしあわせ。不運。「—の生涯」

はく-めい【薄明】（日の出前や日没後の）空のうすあかり。

ばく-めい【幕命】 幕府の命令。

ばく-めい【爆鳴】 爆発して音を発すること。また、その音。

はく-めん【白面】 ①素顔。②色の白い顔。「—の貴公子」③若くて未熟なこと。「—の書生」「—郎（=若く未熟な男）」

はく-や【白夜】 北極・南極に近い地方で、夏の日没から日の出までの間、太陽光の反映で空がうす明るいこと。また、その夜。びゃくや。夏

ばく-やく【爆薬】 物を破壊するのに用いる火薬類。

はく-よう【白△楊】 ①「やまならし」の異名。②「どろのき」の異名。

はく-らい【舶来】（船で）外国から運ばれて来ること。また、その品。「—品」↕国産

ばく-らい【爆雷】 水中に投げ込んで、一定の深さで爆発させる爆弾。潜航中の潜水艦攻撃に用いる。

はぐらか・す（他五）①話題をたくみに変え、問題点をそらす。「質問を—」②はぐれるようにする。連れの人からうまくはなれ去る。可能 はぐらか・せる（下一）

はく-らく【伯楽】（古代中国で馬の良否をよく見分けたという人の名から）馬のよしあしを見分ける人。ばくろう。転じて、人の素質や才能などを見分け、育てるのがうまい人。「名—」

—の一顧 名馬が伯楽に出会ってその真価を認められること。転じて、賢臣が名君に知られ重く用いられること。

はく-らく【剝落】（名・自スル）はがれ落ちること。「—した壁画」

はくらくてん〔白楽天〕→はくきょい

はく-らん【博覧】 ①広く書物を読んで、物事をよく知っていること。②広く一般の人々が見ること。

—かい【—会】 いろいろの物産や文化財を陳列し、公衆に観覧させて文化・産業の発展をめざす催し。「万国—」

—きょうき【—強記】 広く書物を読んで、その内容をよく記憶していること。「—の人」

はく-り【剝離】（名・自他スル）はがれて離れること。はがし離すこと。「—紙」「網膜—」

はく-り【薄利】 利がうすいこと。わずかな利益。

—たばい【—多売】 品物一つあたりの利益を少なくして安く多量に売ることにより、全体として利益をあげること。

ばく-り【幕吏】 幕府の役人。

ぱくり 一（副）①大口をあけて食べるさま。ぱっくり。「—と食いつく」②破れ目や割れ目などが大きく開くさま。ぱっくり。「傷口が—と開く」二（名）《俗》①金品をかすめとったり、だましとったりすること。②他人の考えや作品などを盗用すること。

はくりき-こ【薄力粉】 たんぱく質含有量の少ない小麦粉。粘り気が少なく、菓子や天ぷら用に適する。↕強力粉

ばくりゅう-しゅ【麦粒腫】 《医》まぶたにできる急性の化膿性炎症。赤くはれて痛い。ものもらい。

ばく-りょう【幕僚】（帷幕の属僚の意）軍隊で、司令官などに直属する参謀や副官。

はく-りょく【迫力】 人の心に強くせまる力。「—のある映像」「—に欠ける」

はく-りん【白△燐】→おうりん

はぐ・る（他五）はいでめくる。めくりかえす。「布団を—」「ページを—」可能 はぐ・れる（下一）

ぱく・る（他五）《俗》①わからないように盗む。金品などをだましとる。「手形を—」②他人の考えや作品などを盗用する。「アイデアを—」③犯人などを捕らえる。逮捕する。「現行犯で—・られる」可能 ぱく・れる（下一）

は-ぐるま【羽車】 八咫鏡や御霊代（=神体）などを移すときに使う輿。御羽車。

は-ぐるま【歯車】 ①機械の部品で、車の周囲に歯をつけ、そのかみ合わせで動力を他に伝えるもの。ギア。②（比喩的に）物事や組織を動かしている仕組み。また、その要員や要素。「生活の—が狂う」「組織の—」

ばく-れつ【爆裂】（名・自スル）爆発して破裂すること。

はぐ・れる【◇逸れる】（自下一）①連れの人を見失って離れ離れになる。「親に—」②（動詞の連用形の下に付いて）…しそこなう。…しそびれる。「食い—」文 はぐ・る（下二）

はく-れん【白△蓮】 ①白いハスの花。白蓮。②「白木蓮（=モクレン科の落葉小高木）」の異称。春

ばく-れん【△莫連】 すれっからしの女。あばずれ女。

はく-ろ【白露】 ①秋のつゆ。しらつゆ。②二十四気の一つ。太陽暦で九月七日ごろ。この時期秋の気配が立ちはじめる。秋

ばく-ろ【暴露・△曝露】（名・自他スル）①秘密や悪事があらわれること。また、それらをあばき出すこと。「スキャンダルを—する」②外気・日光・放射線・有害物質などにさらされること。「—時間」

ばく-ろう【×博労・×馬喰・◇伯◇楽】 ①馬の良否を見分ける人。はくらく。②牛馬の仲買商人。語源「伯楽」の転。

は-ぐろめ【歯黒め】→おはぐろ

はく-ろん【博論】「博士論文」の略。博士号の授与の審査を受けるときに提出する論文。

ばく-ろん【△駁論】（名・他スル）相手の説を非難・攻撃すること。また、その議論。駁説。「—を加える」

はく-わ【白話】 現代中国で、日常使用する話し言葉。文語に対して口語・俗語をいう。「—小説」↕文言

はけ【△捌け】 ①水が流れ、通ること。「水—がよい」②商品な

どが売れて行くこと。売れゆき。「品物のーが悪い」

はけ【×刷毛・×刷子】動物の毛などをたばねて柄をつけた道具。ちりを払い落としたり、塗料・のりなどを塗ったりするのに用いる。ブラシ。

はげ【△禿〔げ〕】①髪の毛が抜け落ちた状態。また、その部分。②はげ頭。また、その人。③山などに木がないこと。「ー山」

はげ-あが・る【△禿げ上がる】(自五) ラ(ロ)・リ(ッ)・ル・ル・レ・レ 額から頭の上のほうまで、毛が抜けてなくなる。

はげ-あたま【△禿〔げ〕頭】はげた頭。また、その人。

は-けい【波形】波のように起伏してうねる形。なみがた。

は-げいとう【葉鶏頭・×雁来紅】《植》ヒユ科の一年草。茎は直立し約一・五メートル、葉は長楕円形で黄・紅・紫色などの斑紋があって美しく、観賞用。夏から秋にかけて淡緑色または淡紅色の小さい花を穂状につける。がんらいこう。秋

バケーション〈vacation〉休暇。レジャーのための長期の休暇。バカンス。

はけ-ぐち【△捌け口】①水などが流れ出る口。②(商品などの)売れていく先。売れ口。「在庫品のーがない」③たまっている感情などを発散させる対象や機会。「不満のー」

はげし・い【激しい・◇烈しい・◇劇しい】(形) カロ・カッ(ク)・イ・イ・ケレ・○ ①勢いが非常に強い。「風雨がー」「ー戦い」②荒々しい。強い。「気性のー人」③程度や頻度などがはなはだしい。「交通渋滞がー」「変化がー」「人の往来がー」文はげ・し(シク)

類語 荒い・荒々しい・凄まじい・酷い・激越・激甚・激烈・過激・苛烈・強烈・酷烈・熾烈・痛烈・猛烈・烈々

はげ-たか【△禿〔げ〕△鷹】①→コンドル ②→はげわし

はげ-ちゃびん【△禿〔げ〕茶瓶】《俗》はげ頭(の人)を茶瓶に見立ててあざけって言う語。

バケツ〈bucket から〉ブリキや合成樹脂などで作った、水などをくんだり運んだりする桶状の容器。「ポリー」

はけ-ついで【×刷毛◇序で】(はけで塗るついでの意で)あることをしたついでに、他のことをもすること。事のついで。

バケット〈bucket〉①バケツ。②土砂や鉱石などを入れて運搬するための作業用の容器。

バゲット〈フランス baguette 細長い棒〉棒状のフランスパン。

パケット〈packet 小包み〉《情報》データ通信で取り扱われる情報の単位。データを一定の大きさに分割し、送受信に必要な情報を付加したもの。

ばけ-の-かわ【化けの皮】カハ ー素性・真相などをかくしている外見。みせかけのようす。「ーがはがれる(=本性が現れる)」

はげま・す【励ます】(他五) サ(ソ)・シ・ス・ス・セ・セ ①元気づけるようなことを言ったりしたりする。激励する。奮い立たせる。「選手をー」②激しくする。強くする。「声をー・してしかる」自はげ・む(五)

はげみ【励み】①はげむこと。精を出すこと。②意欲をかき立てられ、支えとなるもの。はげまし。「友人の言葉がーになる」

はげ・む【励む】(自五) マ(モ)・ミ(ン)・ム・ム・メ・メ 心を奮い立たせて力を尽くす。「学業にー」他はげま・す(五) 可能はげ・める(下一)

類語 努める・いそしむ・精出す・精進する・精励する・精を出す

はけ-め【×刷毛目】はけで塗った跡のすじ目。

ばけ-もの【化け物】①化けて、怪しげな姿となって現れたもの。変化。妖怪。おばけ。「ー屋敷」②常人と思われないような能力を持つ人。「すごい力を持っている。ーだ」

はげ-やま【△禿〔げ〕山】木や草の生えていない山。

は・ける【△捌ける】(自下一) ケ・ケ・ケル・ケル・ケレ・ケロ(ケヨ) ①水などが、よどまずに流れる。②商品などが、よく売れていく。さばける。「在庫がすべてー」他はか・す(五) 文は・く(下二)

は・げる【△禿げる】(自下一) ゲ・ゲ・ゲル・ゲル・ゲレ・ゲロ(ゲヨ) ①髪の毛が抜けてなくなる。「頭がー」②山などに草木がなくなる。文は・ぐ(下二)

は・げる【剝げる】(自下一) ゲ・ゲ・ゲル・ゲル・ゲレ・ゲロ(ゲヨ) ①表面にはりついていたものや塗ったものがとれて離れる。「ペンキがー」「めっきがー」②色があせて薄くなる。「壁紙の色がー」他はが・す(五) は・ぐ(五) 文は・ぐ(下二)

ば・ける【化ける】(自下一) ケ・ケ・ケル・ケル・ケレ・ケロ(ケヨ) ①本来の姿を変えて別のものになる。「きつねがー」②素性をかくして別人をよそおう。なりすます。「市民にー・けて潜入する」③まったく別のものになる。「本代が飲み代にー」他ばか・す(五) 文ば・く(下二)

はげ-わし【△禿〔げ〕△鷲】《動》タカ科に属する大形猛禽の総称。南アジアからアフリカに分布する。ふつう全身灰褐色か黒褐色で、頭には羽毛がない。おもに腐肉を食う。はげたか。

は-けん【派遣】(名・他スル) 任務を与え、ある場所へ行かせること。「外交使節をーする」「人材ー」

ーしゃいん【ー社員】シャキン 人材派遣会社に雇われ、契約先の企業に派遣されて勤務する労働者。派遣労働者。

は-けん【覇権】①覇者(=武力的な征服者)としての権力。「ーを握る」②競技などで優勝して得る栄誉。

ば-けん【馬券】競馬で、勝ち馬を予想して買い求める投票券。正式名称は勝馬投票券。

ば-げん【罵言】相手をののしる言葉。ひどい悪口。

はこ【箱】(字義)→しょう(箱)

はこ【箱・△函】①物を入れておく容器。多くは直方体でふたが付き、木・厚紙・金属などで作る。②(三味線を入れる箱から転じて)三味線。また、芸者の三味線を持ち運ぶ男。箱屋。③《俗》列車や電車の車両。

は-ご【羽子】ムクロジ(=木の名)の種に穴をあけ、鳥の小羽を数枚さしこんだもの。羽子板でついて遊ぶ。はね。新年

はご-いた【羽子板】羽子をつくための柄のついた板。片面には絵をかいたり、押し絵をつけたりする。新年

はこ-いり【箱入〔り〕】①箱にはいっていること。また、そのもの。②(箱にしまいこみ、外にも出さず)大事にすること。また、そのものや人。③「箱入り娘」の略。

ーむすめ【ー娘】ほとんど外へも出さないほど、たいせつに育てられた娘。

は-こう【波光】クワウ ー波のきらめく色。

は-こう【波高】カウ ー波の高さ。

は-こう【△跛行】カウ ー(名・自スル) ①片足が悪いため、それを引きずるようにして歩くこと。②二つの物事の進行状態の、つりあいがとれないこと。順調にいかないこと。「相場のー状態」

はこ-がき【箱書〔き〕】(名・自スル) 書画や器物などを収めた箱のふたなどに、中の品の名称を作者や鑑定人などが書き、本物であることを証明するために署名・押印などをしたもの。

はこ-がまえ【△匚構え】ガマヘ ー漢字の部首名の一つ。「匡」「匠」などの「匚」の部分。

は-ごく【破獄】(名・自スル) 囚人が牢獄を破って逃げること。脱獄。

はこ-し【箱師】《俗》列車・電車・バスなどの車中専門のすり。

は-ごし【葉越し】葉の間からすいて見えること。

はこ-じょう【箱錠】ヂヤウ ー開閉する仕掛けが、金属の箱の中に納められ、ドアにとりつけられている錠。

はこ-せこ【△筥◇迫・△筥◇狭子】装身具の一種。江戸時代、奥女中や武家の若い女性がふところに入れて持った箱形の紙入れ。現在では婚礼や七五三などの礼装の際に用いる。

〔はこせこ〕

ば-こそ ①(未然形に付いて打ち消し

を強める)「絶対…しない」「…などするものか」の意を表す。「同情などあらー」②仮定形に付いて、原因・理由を示す条件を強める意を表す。「将来を思えー勉学に励むんだ」(条件だけを示し、後半を省く場合もある。「君のことを思えーだ」)語源 接続助詞「ば」+係助詞「こそ」用法 ②は、文語の影響で已然形に付く場合もある。「母なれーの厳しいしつけ」

パゴダ〈pagoda〉①仏塔。特に、ミャンマーの仏塔。②(西洋で)東洋風の仏教寺院の塔。

〔パゴダ①〕

は-ごたえ【歯応え】ゴタヘ ①物をかんだときに歯に受ける抵抗感。②対象から受ける反応。手ごたえ。「ーのある相手」

はこ-づめ【箱詰〔め〕】箱に物をつめること。また、つめたもの。「ーのみかん」

はこ-づり【箱釣〔り〕】(夜店などで)水槽に金魚などを入れ、紙のしゃくしですくったり、かぎで釣ったりさせること。夏

はこ-にわ【箱庭】ニハ 箱や浅い容器に砂や土を入れ、模型の家・橋・舟などをおいて、庭園や山水をかたどったもの。夏

はこ-ばしご【箱梯子】段の下を戸棚や引き出しに利用した階段。側面から物の出し入れをする。はこばし。箱階段。

はこび【運び】①物を運ぶこと。「荷物ー」②足の進め方や動かし方。「足のーがおそい」③物事の進む速さ。また、進め方。「筆のー」④物事の進行のある段階。「ようやく開店のーとなる」⑤(「お運び」の形で)行くこと、来ることの尊敬語。「わざわざのおー、恐縮です」

はこび-だ・す【運び出す】(他五) サ(ソ)・シ・ス・ス・セ・セ 中にある物を外へ移す。運んで外に出す。「家具をー」

はこ-ひばち【箱火鉢】箱形の木製の火鉢。冬

はこ・ぶ【運ぶ】バ(ボ)・ビ(ン)・ブ・ブ・ベ・ベ ■(他五)①手に持ったり、輸送機関に託したりして、物をある場所から他の場所へ移す。運送する。「荷物をー」②物事をおし進める。「事をー」③物を動かし進めて何かをする。「筆をー」「針をー」④(「足を運ぶ」の形で)出かけて行く。■(自五)物事が順調に進行する。はかどる。進む。「交渉が円滑にー」可能はこ・べる(下一)

はこ-ぶね【箱船・方舟】①方形の船。②→ノアのはこぶね

はこべ【×蘩蔞・×繁縷】《植》ナデシコ科の越年草。山野や道端・畑などに自生する雑草で、茎は地に伏し、葉は卵形で対生。春に小さい白色の花を開く。春の七草の一つ。食用や小鳥のえさにする。はこべら。春 ⇩春の七草(さしえ)

は-こぼれ【刃◇毀れ】(名・自スル) 刃や包丁など、刃物の刃の一部分がかけ落ちること。また、かけた部分。

はこ-まくら【箱枕】木造の箱形の台の上にくくりまくら(=中にそばがらなどをつめ、両端をくくったもの)をのせたもの。

はこ-めがね【箱眼鏡】ます形の箱の底にガラスやレンズをはめ、水中をすかして見る漁猟用のめがね。のぞきめがね。夏

はこ-もの【箱物】①簞笥・本箱・食器棚など箱形の家具。②《俗》公共事業などでつくられる、庁舎・美術館・体育館・多目的ホールなどの建物。「ー行政(=箱物の建設に重点を置く国や自治体の行政施策を批判的にいう語)」

はこ-や【箱屋】①箱を作る人。箱を売る店。また、売る人。②芸者の三味線を持ち運ぶ男。はこ。

はこ-やなぎ【箱柳】→やまならし

はこや-の-やま【△藐△姑◇射の山】①中国で、仙人の住むという想像上の山。姑射山。②上皇の御所。仙洞。

は-ごろも【羽衣】天人が着て空を飛ぶという、鳥のはねで作った薄く軽い伝説上の衣。あまのはごろも。

は-こん【破婚】(名・自スル) 婚約・結婚関係を解消すること。

はさ【×稲架】刈りとった稲をかけてほす木組み。稲掛け。はざ。秋

バザー〈bazaar〉慈善事業・社会事業などの資金を集めるために物品を持ち寄って即売する市。慈善市。

ハザード〈hazard〉①危険。また、危険なもの。②バンカー・池などゴルフコース内の障害区域。③「ハザードランプ」の略。

―マップ〈hazard map〉災害による被害を予測し、その程度や避難経路を示した地図。災害予測地図。

―ランプ〈和製英語〉自動車の非常点滅表示灯。故障などで停車するときに、後続車両の注意を促す目的で、左右の方向指示灯を同時に点滅させるもの。ハザード。

バザール〈ペルシャ bāzār〉①(中近東の)街頭の市場。②デパートなどの大売り出し。また、その特設売り場。

は-さい【破砕・破△摧】(名・自他スル) 破れ砕けること。破り砕くこと。「岩盤をーする」

はざかい-き【端境期】ハザカヒ ①古米の蓄えが少なくなり新米が市場にまだ出まわらない時期。九、十月ごろ。季節のある果物・野菜などで、新旧の作物の入れ代わる時期についてもいう。②(比喩的に)物事の新旧交代や入れ代わりの時期。

は-さき【刃先】刀剣類の刃のさき。「ーが傷む」

は-ざくら【葉桜】花が散って若葉が出はじめたころの桜。夏

ば-さし【馬刺〔し〕】馬肉の刺身。

はさつ-おん【破擦音】息の通りを止め、狭く開いて少しずつ息を通すことで破裂音・摩擦音の両様を兼ねる子音。ツ・チ・ヅ・ジの子音 ts・tʃ・dz・dʒ など。

ぱさ-つ・く(自五) カ(コ)・キ(イ)・ク・ク・ケ・ケ そのものが本来持つべき水気や油気がなく、うるおいがなくなる。ぱさぱさする。「ー・いた髪」

ばさ-ばさ ■(副・自スル・形動ダ) 髪の毛などに水気や油気がなく、乱れているさま。「ーの髪」■(副・自スル) 薄くかわいたものが触れあったりして発する音。「ーと羽ばたく」

ぱさ-ぱさ(副・自スル・形動ダ) かわいて水気や油気のないさま。「ーのごはん」

はざ-ま【◇狭間・◇迫間】①物と物との間のせまい所。あいだ。「岩のー」②谷間。谷あい。③事柄と事柄との間。「生死のー」④城壁などに設けた、矢や弾丸を放つ穴。銃眼。

はさま・る【挟まる】(自五) ラ(ロ)・リ(ッ)・ル・ル・レ・レ ①物と物との間のせまい所にはいって動けなくなる。「ドアに手がー」②対立する両者の間に立つ。「二人の間にー・って悩む」他はさ・む(五)

はさみ【△鋏】①二枚の刃ではさんで物を切る道具。②切符などに切れこみや穴をつくる道具。パンチ。「切符にーを入れる」③じゃんけんで、指を二本のばした形。ちょき。↔石・紙

―むし【―虫】《動》ハサミムシ目の昆虫の一群の総称。尾の端がはさみ状をなす。ごみの中や石の下などにすむ。夏

はさみ【△螯】カニ・サソリなどの脚の、物をはさむ大きなつめ。

はさみ-い・れる【挟み入れる】(他下一) レ・レ・レル・レル・レレ・レロ(レヨ) ①物の間に入れる。はさみこむ。「本にしおりをー」②はさんで他へうつし入れる。文はさみい・る(下二)

はさみ-うち【挟み撃ち】(名・他スル) 敵を両側からはさんで攻撃すること。挟撃。「ーにあう」

はさみ-こ・む【挟み込む】(他五) マ(モ)・ミ(ン)・ム・ム・メ・メ 物の間に入れる。はさみいれる。「枯れ葉を本にー」

はさみ-しょうぎ【挟み将棋】シヤウギ 将棋盤の最も手前に一列に並べたそれぞれの駒を二人が交互に動かして、敵の駒を左右、または前後からはさんで取る遊び。

はさみ-ばこ【挟み箱】 昔、武家が外出時に着がえの衣服や用具を入れ、棒を通して供の者にかつがせた箱。

〔はさみばこ〕

はさ・む【挟む・◇挿む】(他五) マ(モ)・ミ(ン)・ム・ム・メ・メ ①物と物との間から抜け落ちないよう、両側から力を加える。「クリップで書類を—」「扉に—・まれる」②物と物との間におく。間に割り込ませる。「道を—・んで建つ家」「本にしおりを—」「疑いを—(=疑問をもつ)」「口を—(=口出しをする)」「小耳に—(=聞きつける)」自はさま・る(五) 可能はさ・める(下一)

はさ・む【△鋏む】(他五) マ(モ)・ミ(ン)・ム・ム・メ・メ はさみで切る。つむ。「髪を—」可能はさ・める(下一)

ばさら-がみ【×婆娑羅-髪】 結わずに、ばらばらに乱した髪。

は-ざわり【歯触り】ザハリ— 歯でかんだときの感じ。「—がよい」

は-さん【破産】(名・自スル) ①財産をすべて失うこと。②〘法〙債務者が債務を完済できないとき、債務者の全財産をすべての債権者に公平に分配できるようにする裁判上の手続き。「裁判所が—を宣告する」「自己—」参考倒産は、企業の経営が行きづまってつぶれることをいう。

は-さん【破算】 →ごはさん

はし【箸】(字義) →ちょ(箸)

はし【箸】 食物や物をはさむために用いる、二本の細い棒。**—が転んでも笑う** 若い娘がたわいないことにもすぐ笑うたとえ。**—が進む** たくさん食べる。食が進む。**—にも棒にもかからない** 取り扱うべき方法がない。ひどすぎてどうしようもない。**—の上げ下ろしにも小言を言う** ささいなことや日常の一挙一動にもいちいち口やかましく言う。**—を付ける** 食べはじめる。食べかける。

はし【端】 ①細長いものの中央から最も遠い部分。「ひものー」②平らな物や場所などの中央から離れた周辺の部分。へり。ふち。「机の—」③物事の中心的でない一部分。「言葉の—」④切り離された小さい部分。きれはし。⑤物事の起こるはじめ。糸口。⑥書物や文書のはじめの部分。「本を—から読む」

はし【橋】 川・谷・低地・鉄道線路・道路などをまたいで両側にかけわたし、通路とする構築物。橋梁。「—をかける」**—を渡す** ①橋をかける。②両者のなかだちをする。

はじ【恥・◇辱】ハヂ ①恥じること。名誉や面目を失うこと。「—を忍ぶ」②恥ずべきことを知ること。名誉・体面を重んじること。「—知らず」「—も外聞もない(=せっぱつまって、名誉も世間体も気にしていられない)」

類語 恥辱・屈辱・羞恥・赤恥・生き恥・死に恥

—の上塗り 恥をかいたうえに、さらに恥をかくこと。**—を曝す** 恥をかく 恥ずかしい思いをする。面目を失う。**—を曝す** 恥を世間にさらけ出す。多くの人の前で恥をかく。**—を雪ぐ** 失った名誉・面目をとりかえす。

はし【◇端】「はし(端)」の転。

は-じ【把持】ヂ—(名・他スル) しっかりと手に持つこと。

はし-い【端居】キ—(名・自スル)(涼などを求めて)縁側など家の端のほうに出てすわっていること。夏

はし-いた【橋板】 橋げたの上に並べて敷く板。

はじ-い・る【恥じ入る】ハヂ—(自五) ラ(ロ)・リ(ッ)・ル・ル・レ・レ たいへん恥ずかしく思う。深く恥じる。「過ちを深く—」

バジェット〈budget〉予算。「ビッグ—作品」「—ホテル(=限られた予算向けの安価なホテル)」

はし-おき【箸置き】 食卓上で、箸の先をのせておく小さな道具。箸枕。箸台。

はしか【×麻疹】〘医〙小児に多い急性の感染症。一〇日ほどの潜伏期ののち発熱と淡赤色の発疹を伴う。麻疹。

はし-がかり【橋懸〔か〕り】〘演〙能舞台の一部。鏡の間(姿見のある板の間)から舞台へ斜めにかけわたした屋根・欄干のある通路。⇩能舞台(さしえ)

はし-がき【端書〔き〕】 ①書物の序文。まえがき。↕後書き ②手紙の追伸。おってがき。③和歌などの前に書き添える言葉。詞書き。

はし-がみ【箸紙】 箸をつつむ紙。箸袋。新年

はじ-かみ【△椒】「山椒」の異名。秋

はじ-かみ【△薑】「生姜」の異名。秋

はじき【◇弾き】 ①はじくこと。また、はじく力。②ばねなどのはじく装置。③おはじき。いしはじき。④《俗》ピストル。

はじ-き【◇土師器】〘日〙弥生土器に続いて、平安時代ごろまで用いられた素焼き土器の総称。赤褐色で文様は少ない。

はじき-だ・す【◇弾き出す】(他五) サ(ソ)・シ・ス・ス・セ・セ ①はじいて外へ出す。「爪で—」②のけものにする。仲間はずれにする。「仲間から—」③(そろばんをはじいて計算することから)算出する。また、やりくりして費用を出す。「コストを—」「遊びの金を—」

はし-きれ【端切れ】 ちぎったり切り取ったりしたあとに残る小さな部分。切れ端。はしくれ。

はじ・く【◇弾く】(他五) カ(コ)・キ(イ)・ク・ク・ケ・ケ ①弾力などを用いて打つ。また、瞬間的に加えた力ではねるように動かす。はねかえす。「爪で弦を—」「おはじきを—」②排除する。寄せつけない。「油は水を—」③指先で小さい物を動かす。「そろばんを—(=計算をする)」自はじ・ける(下一) 可能はじ・ける(下一)

はし-ぐい【橋△杭・橋△杙】グヒ— 橋げたをささえるくい。橋脚。

はし-くれ【端くれ】 ①きれはし。「木の—」②とるに足りない存在だが、一応その類に属している者。「これでも芸術家の—だ」用法 ②は自分を謙遜して言うときに多く用いる。

はしけ【△艀】 波止場と本船との間を往復して貨物や旅客などを運ぶ小舟。はしけぶね。

はし-げた【橋桁】 橋脚の上にわたして橋板をささえる材。

はじ・ける【◇弾ける】(自下一) ケ・ケ・ケル・ケル・ケレ・ケロ(ケヨ) ①勢いよくさけて割れる。成熟して割れる。はぜる。「豆のさやが—」②勢いよくばらばらに飛び散る。「岩にあたって波が—」「—ように笑う」③《俗》調子にのってうかれる。他はじ・く(五) 文はじ・く(下二)

はし-ご【△梯子】 ①高い所に寄せかけたりつるしたりして、登り降りに用いる道具。二本の長い材の間に、足がかりの横木を何段も取り付けたもの。②だんばしご。階段。③「はしご酒」の略。**—を外される** (高い所に上ったあとで、梯子を外され置き去りにされる意から)仲間に態度を変えられて、孤立する。

—ざけ【—酒】 次々と店を変えて酒を飲み歩くこと。

—しゃ【—車】 長く伸びるはしごを備えた消防自動車。高層建築物の消火に使う。

—だん【—段】 だんばしごの階段。

—のり【—乗り】 出初式などで、まっすぐに立てたはしごの上でいろいろな芸当をすること。また、それをする人。新年

はしこ・い(形) カロ・カッ(ク)・イ・イ・ケレ・○ 動作がすばやい。また、機転がきく。はしっこい。「動きが—」「—・く立ち回る」文はしこ・し(ク)

はじ-さらし【恥△曝し】ハヂ—(名・形動ダ) 恥を広く世間にさらけ出すこと。また、その人。「—なまねをするな」

はじ-しらず【恥知らず】ハヂ—(名・形動ダ) 恥を恥とも感じないこと。また、そのような人。「—なやつだ」

はし-せん【橋銭】 昔、橋をわたるときに支払った通行料。

はした【◇端】 ①中途はんぱ。②数量がそろわず、不足または余

分のあること。端数(はすう)。「ーが出る」③「端女(はしため)」の略。
ーがね【ー金】わずかな金。はんぱな金。はした銭。
ーめ【ー女】召使の女。下女。

はし‐たて【箸立て】①箸を立てておく器。②→くいぞめ

はした‐な・い【°端ない】(形)(カロ・カツ(ク)・イ・イ・ケレ・◯) つつしみがなく下品だ。不作法である。いやしい。「ーかっこう」文はしたな・し(ク)
【変遷】「はした」は「中途半端」の意。「なし」は「無し」ではなく、状態を表す接尾語。「中途半端でどっちつかずである」が本義。このよりどころのない不安定さから、「体裁が悪い」「無愛想である」などの意に転じた。現代語では「慎みがなく下品だ・いやしい」の意で用いられる。

はし‐ぢか【端近】(名・形動ダ) 家の中で上がり口や縁側など端に近いさま。また、その場所。あがりはな。「ーの席」

はし‐っこ【端っこ】(俗)はし。はじっこ。

はしっこ・い (形)(カロ・カツ(ク)・イ・イ・ケレ・◯)(俗)→はしこい

ぱしっ‐と (副) ①物が折れたり当たったりする音。また、そのさま。「ー枝を折る」②手厳しくあたるさま。しっかり対処するさま。「ー叱る」「ーわざを決める」

はし‐づめ【橋詰〔め〕】橋のたもと。橋のきわ。

ばじ‐とうふう【馬耳東風】(李白(りはく)の詩から)他人の意見や批評などを気にかけず聞き流すこと。

はじ‐とみ【°半△蔀】戸の一種。上部の蔀(しとみ)は外側へつって開けることができ、下部は格子や板を張って固定してあるもの。

はし‐なく‐も【端なくも】(副) 思いがけなく。はからずも。「ー本音をもらす」

はし‐ぬい【端縫い】ヌヒ《服》布のほつれを防ぐために、布のはしを細く折り返して縫うこと。はぬい。

はし‐ばこ【箸箱】箸(はし)を入れておく細長い箱。

はし‐はし【端端】あちこちのちょっとした部分。「言葉のー」

はしばみ【△榛】《植》カバノキ科の落葉低木。山野に自生する。葉は互生し倒卵形。春、穂状に小さい花をつける。薄茶色で球形の果実は食用。秋(はしばみの花 春)

パシフィック‐リーグ〈Pacific League〉日本のプロ野球リーグの一つ。六球団が所属。パリーグ。↔セントラルリーグ

はじまり【始まり】①物事が始まること。始まる時。開始。「文明のー」②起こり。きっかけ。「うそつきは泥棒のー」

はじま・る【始まる】(自五)(ラ(ロ)・リ(ッ)・ル・ル・レ・レ) ①新しく物事が起こる。開始する。発足する。「新学期がー」↔終わる ②いつものくせが出る。「また自慢話がーった」他はじ・める(下一)
はじまらない (「…しても」という条件の句の下に付いて)むだである。しかたがない。「後悔してもー」

はじめ【初め・始め】①新しく事を起こすこと。開始。「作業ーの合図」↔終わり ②最初。発端。当初。冒頭。「なんでもーが肝心だ」↔終わり ③物事の起こり。もと。根源。「世界のー」④おもなもの。第一。「首相をーとして」⑤(接尾語的に用いて)…をしはじめること。「それが遊びぐせのつきーだ」⇒「使い分け」
ーは処女(しょじょ)の如(ごと)く後(のち)は脱兎(だっと)の如(ごと)し はじめは、おずおずと弱々しく見せかけておいて、あとになるとすばしこく激しい勢いで物事をする。〈孫子〉

使い分け「初め・始め」
「初め」は、「後」の対で、最初の意を表し、「月の初め」「初めのころ」「初めから知っていた事柄」などと、時に関する場合に使われる。
「始め」は、「終わり」の対で、物事の起こりの意を表し、「仕事始め」「ご用始め」「手始め」「話し始め」などと、事柄に関する場合に使われる。なお、動詞の場合は「始める」「始まる」が一般的である。

はじめ‐て【初めて】(副) それが最初であるさま。また、そのときになってようやく。「ーお目にかかります」「ー真相を知る」

はじめ‐まして【初めまして】(はじめてお目にかかりますの意)初対面の人に対するあいさつの言葉。

はじ・める【始める】(他下一)(メ・メ・メル・メル・メレ・メロ(メヨ)) ①新しく事を起こす。開始する。創始する。発足させる。「店をー」「会議をー」↔終える・終わる ②いつものくせになっている言動を出す。「またいねむりをーめた」③(動詞の連用形の下に付いて)…しだす。「読みー」↔終わる 自はじま・る(五) 文はじ・む(下二)

は‐しゃ【覇者】①武力で天下を征服した者。↔王者 ②特に、中国春秋時代の諸侯(しょこう)のかしら。③競技などで優勝した人やチーム。「全国大会のー」

は‐じゃ【破邪】《仏》邪道・邪説をうちやぶること。
ーけんしょう【ー顕正】ケンシャウ《仏》邪道・邪説をうちやぶり、正しい道理をあらわし広めること。

ば‐しゃ【馬車】人や荷物をのせて馬に引かせて運ぶ車。
ーうま【ー馬】①馬車を引く馬。②(①は、目の側面におおいをかけられ、前だけを見て走ることから)わきめもふらず、がむしゃらに物事を行うたとえ。「ーのように働く」

はしゃ・ぐ (自五)(ガ(ゴ)・ギ(イ)・グ・グ・ゲ・ゲ) ①調子にのってふざけさわぐ。②(桶(おけ)などが)からからに乾燥する。可能はしゃ・げる(下一)

は‐じゃく【端尺】大人の着物一着分に満たない長さの反物。

はし‐やすめ【箸休め】主となる料理を食べる間につまむ、ちょっとしたおかず。酢のもの・あえものなど。

パジャマ〈pajamas〉上衣とズボンとからなる、ゆったりと仕立てたねまき。ピジャマ。

は‐しゅ【把手】→とって(取っ手)

は‐しゅ【△播種】(名・自他スル) 作物の種をまくこと。種まき。「ー期」

ば‐しゅ【馬主】(競馬用の)馬の持ち主。馬主(うまぬし・ばぬし)。

ば‐しゅ【馬首】馬のくび。また、馬に乗って進む方向。

は‐しゅつ【派出】(名・他スル) ある仕事をさせるために人をさしむけること。出張させること。
ーじょ【ー所】①派出された者が詰めている小さい事務所。②(「巡査派出所」の略)「交番」の旧称。
ーふ【ー婦】家庭などの求めに応じて、臨時に家事の手伝いなどに出張する職業の女性。家政婦。

ば‐じゅつ【馬術】①馬を乗りこなすわざ。②馬に乗って行う競技。馬場馬術・総合馬術・障害飛越などの競技がある。

は‐じゅん【波旬】《仏》人の命や善根を断ち、仏道の修行をさまたげる魔王。「天魔ー」

ば‐しょ【場所】①ところ。場。地点。位置。「集合ー」「待ち合わせのー」②居どころ。席。「よいーを取る」③相撲の興行を行うところ。また、その期間。「ー入り」
ーを踏(ふ)む 経験をかさねる。多くの経験をする。場数を踏む。
ーがら【ー柄】その場所に特有のありさま。その場所にふさわしい状況。「ー、観光客がよく立ち寄る」「ーもわきまえず」
ーふさぎ【ー塞ぎ】場所をふさいでじゃまになること。また、そのもの。
ーわり【ー割〔り〕】(広場・会場・縁日などでの)場所のわりあて。席割り。

は‐じょう【波状】ジャウ ①波のようにうねった形。②寄せては返す波のように、一定の間隔をおいてくり返すこと。「ー攻撃」

ば-しょう【△芭△蕉】(—セウ)〘植〙バショウ科の多年草。中国原産。庭園などに栽植。高さ四、五メートルほど。葉は二メートル近くになり、長楕円形。夏から秋に淡黄色の花を開く。観賞用。[秋]

—ふ【—布】バショウ科のイトバショウの繊維で織った平織りの布。夏の着物・かや・ざぶとん地などに用いられる。沖縄の特産。[夏]

〔ばしょう〕

ばしょう〔芭蕉〕(バセウ)→まつおばしょう

ば-じょう【馬上】(—ジャウ)①馬のうえ。②馬に乗っていること。

ばしょうしちぶしゅう〔芭蕉七部集〕(バセウシチブシフ)→はいかいしちぶしゅう

はしょう-ふう【破傷風】(ハシャウ—)〘医〙傷口から破傷風菌が体内にはいることによって起こる急性感染症。体の硬直やけいれんなどを起こす。潜伏期の短いものほど重症で予後不良。

は-しょく【波食・波△蝕】〘地質〙波が陸地や岩を削ること。また、その作用。海食。「—台地」

ば-しょく【馬食】(名・他スル)馬のようにたくさん食べること。「牛飲—」

ばしょく〔馬謖〕(一九〇〜二二八)中国、三国時代の蜀の武将。⇩泣いて馬謖を斬る

はしょ・る【◇端◇折る】(他五)ラ(ロ)・リ(ッ)・ル・ル・レ・レ ①着物のすそをつまみ上げて帯などにはさむ。「すそを—」②省略して短くする。「説明を—」[可能]はしょ・れる(下一)[語源]「はしおる」の転。

-はしら【柱】(接尾)神仏や遺骨などを数える語。「五—の神」

はしら【柱】①土台の上に直立して屋根・梁などを支える長い材。②一般に、直立して物を支える細長い材。「電信—」③たてに長い形状のもの。「水—」④中心となって全体を支える人やもの。「一家の—」「活動方針の—」⑤「貝柱」の略。⑥書物の余白に印刷される章名・項目名などの見出し。

▼「柱」が下に付く語

(はしら)心の— 杖— (ばしら)親— 蚊— 貝— 四本— 霜— 大黒— 茶— 電信— 通し— 床— 鼻— 火— 人— 帆— 間— 水— 宮— (ぱしら)鼻っ—

—ごよみ【—暦】柱や壁などにかけて見る暦。[新年]

—どけい【—時計】柱や壁にかけておく時計。掛け時計。

はじらい【恥じらい】(ハヂラヒ)恥ずかしがること。はにかみ。「—を見せる」

はじら・う【恥じらう】(ハヂラフ)(自五)ワ(オ)・イ(ッ)・ウ・ウ・エ・エ 恥ずかしそうなようすをする。「花も—美女」

[類語]恥ずかしがる・はにかむ・照れる

はしら・す【走らす】(他五)サ(ソ)・シ・ス・ス・セ・セ ①急いで行かせる。「使者を—」②滞ることなく、すらすらと動かす。「筆を—」③敗走させる。「敵を—」④駆けさせる。「馬を—」[自]はし・る(五)

はしら・せる【走らせる】(他下一)セ・セ・セル・セル・セレ・セロ(セヨ)→はしらす

は-じらみ【羽△虱】〘動〙咀顎目の昆虫の総称。おもに鳥類に寄生し羽毛や毛などを食べる。シラミに似る。はむし。

はしり【走り】①走ること。滑らかに動くこと。②その季節に先だって出る魚・野菜など。はつもの。「—のカツオ」⇩旬 ①③物事の最初、はじまり。「梅雨の—」

—がき【—書き】(名・他スル)①文字を続けて書くこと。また、書いたもの。②急いで書くこと。「—の手紙」

—たかとび【—高跳び】陸上競技で、跳躍種目の一つ。助走し片足で踏み切り、水平に渡したバーを落とさないようにとび越えて、その高さを競う競技。ハイジャンプ。

—づかい【—使い】(ヒヅカ)ある人の使いとして、あちこち走り回ってこまごました雑用をすること。また、その人。

—づゆ【—梅雨】本格的な梅雨の前のぐずついた天候。

—はばとび【—幅跳び】陸上競技で、跳躍種目の一つ。助走して片足で踏み切ってとび、とんだ距離を競う競技。

—よみ【—読み】(名・他スル)急いでざっと読むこと。

ぱしり〘俗〙(「使いっ走り」の略)→つかいばしり

バジリコ〈イタリア basilico〉〘植〙シソ科の一年草。芳香があり、香辛料としてイタリア料理に用いる。バジル。メボウキ。

はしり-こ・む【走り込む】(自五)マ(モ)・ミ(ン)・ム・ム・メ・メ ①中に走ってはいる。かけこむ。②走る練習を十分にする。「大会前に—」

はしり-まわ・る【走り回る】(—マハル)(自五)ラ(ロ)・リ(ッ)・ル・ル・レ・レ ①走ってあちらこちらに移動する。かけまわる。「犬が砂浜を—」②奔走する。かけまわる。「資金集めに—」

はし・る【走る・◇奔る】(自五)ラ(ロ)・リ(ッ)・ル・ル・レ・レ ①人や動物が、軽く跳ぶように足を動かして速く進む。かけて行く。かける。「全速力で—」②乗り物が速く進む。乗り物が運行する。「高速道路をーバス」「電車が—」「ヨットが海面を—」③負けて逃げる。逃亡する。また、敵方につく。「戦いに敗れて—」「敵に—」④目的の場所へ急いで行く。急行する。「現場へ—」⑤飛びまわる。忙しく動きまわる。「金策に—」⑥速く流れる。ほとばしる。「水が—」⑦道などが通っている。「道路が南北に—」⑧細長くのびる。直線的にすばやく移動する。「今日は直球がよく—・っている」⑨すべり出る。「刀がさやを—」⑩自由自在に動く。文字や文章などが思いどおりに書ける。「筆が—」⑪好ましくないある方向へそれる。「感情に—」「非行に—」⑫光・音などが瞬間的に現れる。「夜空を稲妻が—」⑬ある感覚や感情などが瞬間的に現れる。「痛みが—」「むしずが—」[他]はしら・す(五) はしら・せる(下一)[可能]はし・れる(下一)[参考]人の場合、両足が同時に地面から離れる瞬間のある進み方を「走る」、足のどちらかが常に地面についている進み方を「歩く」、と区別することができる。

は・じる【恥じる・◇羞じる】(ハヂル)(自上一)ジ・ジ・ジル・ジル・ジレ・ジロ(ジヨ) ①自分の過ちや欠点に気づいて、面目なく思う。恥ずかしく思う。「不明を—」②劣る。ひけをとる。「横綱の名に—・じない成績」[文]は・づ(上二)[用法]②は、あとに打ち消しの語を伴う。

バジル〈basil〉→バジリコ

はし-わたし【橋渡し】(名・他スル)①橋をかけわたすこと。②両者の間に立ってなかだちをすること。また、その人。

ば-しん【馬身】馬の鼻先から尻までの長さ。競馬で、馬と馬との間隔を表す言葉。「一—の差」

はす【◇斜】ななめ。すじかい。はすかい。「—向かい」

—に構える→しゃにかまえる

はす【△蓮】〘植〙ハス科の多年生水草。茎は節が多く、泥中を横にのびる。葉は偏平な楯形で五〇センチメートルにもなる。夏に紅・白などの大形花を開く。地下茎は「蓮根」といい食用。はちす。[夏][参考]名は蜂巣の略という。仏教ではこの花を「蓮華」といい、極楽浄土の象徴とする。⇩蓮の台

はず【△筈】①弓の両端の弦をかける部分。ゆはず。②矢の、弓の弦がかかるV字形の部分。やはず。③相撲で、親指と人差し指とをV字形に開いて、相手のわきの下や胸に当てて押すこと。④(弓の弦とはずとは合うのが当然であることから)㋐当然そうなるべきこと。道理。「そんな—はない」㋑確信を表す語。「前もって注意した—だ」㋒予定を表す語。「彼は来る—だ」

ハズ「ハズバンド」の略。

バス〈ドイツ Bass〉〘音〙①男声の最低音域。また、その歌手。②和声の最低音部。③「コントラバス」の略。④管楽器で、低音部を受け持つもの。「—クラリネット」[参考]「ベース」ともいう。

バス〈bath〉洋式の浴槽。また、一般にふろ。「―ルーム」

バス〈bus〉大型の乗り合い自動車。「観光―」[語源]乗合馬車の意のオムニバス(omnibus)から。

―に乗り遅れる 時勢や時流からとり残される。

パス【PAS】〈para-aminosalicylic acid から〉〘医〙パラアミノサリチル酸。結核の治療薬の一つ。

パス〈pass〉■一(名・自他スル)①通過すること。②合格すること。及第。「試験に―する」③球技で、ボールを味方の者に送ること。④順番で行うときに、自分の番をぬかして次の人にまわすこと。⑤参加するのを回避すること。「明日の会合を―する」■二(名)無料乗車券。無料入場券。また、定期乗車券。

は-すい【破水】(名・自スル)〘医〙出産のとき、羊膜が破れ、中の羊水が出ること。

は-すう【端数】はんぱの数。十・百・千などの切りのよい単位で切った場合の余った部分。「―を切り捨てる」

バズーカ-ほう【バズーカ砲】〈bazooka〉兵器の一種。携帯式の対戦車ロケット砲。

バスーン〈bassoon〉→ファゴット

は-ずえ【葉末】①葉の先。②子孫。末葉。

ば-すえ【場末】繁華街や大都市の中心からはずれた場所。

はす-かい【◦斜交い】ななめに交わっていること。ななめ。「竹を―に編む」

バス-ガイド〈和製英語〉観光バスで、乗客に名所などの説明や案内をする乗務員。

はずかし・い【恥(ず)かしい】(形)①自分の過ちや欠点、劣っていることに気がひけて、面目ない。「人に聞かれると―」②照れくさくて人の顔が見られない感じである。きまりが悪い。「そんなにほめられると―」[文]はづか・し(シク)

[類語]忸怩たる・きまりが悪い・ばつが悪い・面目ない・顔向けできない・合わせる顔がない・顔から火が出る・慙愧に堪えない・慙愧の至り・穴があったら入りたい

【変遷】自分がきまり悪くなるほど相手がすぐれているの意で、相手のすばらしい状態をいうのが本義。現代語では、自分の劣っている状態に対するひけ目の気持ちを表すことが中心になっている。

はずかしめ【辱め】はずかしめること。「―を受ける」

はずかし・める【辱める】(他下一)①恥をかかせる。「公衆の面前で―」②地位・名誉などを傷つける。「大臣の名を―」③女性を犯す。[文]はづかし・む(下二)

パスカル〈pascal〉〘物〙国際単位系の圧力の単位。一パスカルは一平方メートルに一ニュートンの力がはたらくときの圧力。記号 Pa

パスカル〈Blaise Pascal〉(一六二三〜一六六二)フランスの数学者・物理学者・思想家。一六五三年「パスカルの原理」を発見。さらに「確率論」などを発表、数学・物理学上に不滅の業績を樹立。思想家としても名著「パンセ(瞑想録)」を残した。

ハスキー〈husky〉(名・形動ダ)声がしわがれていること。また、そのさま。「―な歌声」

―ボイス〈husky voice〉しわがれ声。かすれ声。

バスケット〈basket〉①かご。特に、洋風の手さげかご。②「バスケットボール」の略。③バスケットボールのゴールに使う、金属の輪に下げた底のない網。

―ボール〈basketball〉五人ずつ二組に分かれ、規定時間内に敵方の「バスケット③」にボールを入れて得点を争う球技。籠球。バスケット。[はじまり]一八九一年アメリカで、YMCAの体育教師ネイスミスが考案。最初、収穫用の桃の籠をゴールに用いたことからの名。日本では、一九〇八(明治四十一)年、東京YMCAで大森兵蔵が紹介したのが最初という。

はず・す【外す】(他五)①(かけてあるもの、はまっているもの、取りつけてあるものなどを)取って離す。「めがねを―」「掛け金を―」②組織や日程などから取り除く。「メンバーから―」③とらえそこなう。逸する。「的を―」④合わせないようにする。そらす。「タイミングを―」「視線を―」⑤その場所から離れる。「席を―」[自]はず・れる(下一)[可能]はず・せる(下一)

パスタ〈イタリア pasta〉スパゲッティ・マカロニなどイタリアの麺類の総称。

パスタ〈ドイツ Pasta〉①ねったもの。こねたもの。②軟膏。

バス-タオル〈bath towel〉入浴後に体をふくための大形のタオル。湯上がりタオル。

バスタブ〈bathtub〉洋風の浴槽。湯舟。

パスツール〈Louis Pasteur〉(一八二二〜一八九五)フランスの化学者・微生物学者。近代微生物学の創始者。生物の自然発生説を否定し、また、狂犬病ワクチンを発明するなど、その研究は細菌学・免疫学など多くの分野にわたって画期的な業績をあげた。

はすっ-ぱ【△蓮っ葉】(名・形動ダ)〘俗〙(「はすは」の促音化)浮薄なこと。特に、女性の言行が不まじめで軽はずみなさま。また、そのような女性。

パステル〈pastel〉固形絵の具の一種。粉末の顔料を棒状に固めたもの。淡い中間色的色調に特徴がある。「―カラー」

バスト〈bust〉①(女性の)胸。胸部。②胸像。半身像。③洋裁で、胸まわり。

はす-の-うてな【△蓮の◦台】〘仏〙仏・菩薩や極楽に往生した人がすわるという、はすの花の座席。蓮華座。花の台。

ハズバンド〈husband〉夫。ハズ。↔ワイフ

パスポート〈passport〉政府が海外旅行者に発行する旅行許可証。旅行者の国籍・身分を証明し、渡航先の国に保護を依頼する文書。旅券。

パス-ボール〈passed ball から〉野球で、投手の投球を捕手がとりそこなってそらすこと。逸球。捕逸。

はずみ【弾み】①物がはずむこと。「―のいいボール」②勢いがつくこと。調子。「話に―がつく」③その場のなりゆき。偶然のきっかけ。「ものの―でしゃべってしまう」④ある動作をした拍子。そのとたん。「倒れた―に頭を打つ」

―を食う 思いがけなく、他の動きの余勢をうける。

―ぐるま【―車】機械や乗り物などで回転速度のむらをなくすため、回転軸に取りつける重みのある車。フライホイール。

はず・む【弾む】■一(自五)①弾力性のある物が他の物に当たって、はね返る。「ボールが―」②調子づく。勢いに乗る。「話が―」③あらくなる。せわしくなる。「息が―」■二(他五)気前よく金品をたくさん与える。「チップを―」

はす-むかい【◦斜向かい】ななめ前。ななめむかい。はすむこう。「―の家」

ハスラー〈hustler〉勝負師。特に、金を賭けてビリヤードをする人。

は・する【派する】(他サ変)差し向ける。派遣する。「使節を―」[文]は・す(サ変)

パズル〈puzzle〉なぞとき。判じもの。「クロスワード―」

バスルーム〈bathroom〉浴室。ふろ場。

はずれ【外れ】①外れること。当たらないこと。「―のくじ」「期待―」②中心から離れた場所。果て。「町の―」

は-ずれ【葉擦れ】風などで葉が擦れ合うこと。また、その音。

バス-レーン〈bus lane〉バスの専用、または優先車線。

はず・れる【外れる】(自下一)①(かけてあるもの、はめているもの、取りつけてあるものなどが)外へそれ出る。「戸が―」「ボタンが―」②組織などから離れた状態にな

る。一定の範囲から離れる。「仲間から—」「レギュラーから—」③当たらない。それる。「抽選に—」「弾(たま)が—」④期待に反した結果が出る。予想に反する。「当てが—」⑤一般的な状態や行いと異なる。また、道理や規準にそむく。「人並み—」「人の道に—」「音程が—」他はず・す(五) 文はづ・る(下二)

バスローブ〈bathrobe〉湯上がりに着るタオル地のガウン。

パスワード〈password 合い言葉〉コンピューターなどで、正当な利用者であることを確認するための、あらかじめ登録された符号。キャッシュカードの暗証番号など。PW

バスをまち…【俳句】〔バスを待ち 大路(おほぢ)の春を うたがはず〕〈石田波郷(いしだはきょう)〉都会の大通りでバスを待っていると、街路樹は青々と芽吹き、人々は明るい春の装いに着飾って行き来している。時は今、疑いもなく春なのだなあ。(春 春)

はぜ【×沙魚・△鯊】〔動〕スズキ目のハゼ亜目に属する硬骨魚の総称。近海や河口にすむ。一般には、マハゼをいう。マハゼは、体長十数センチメートル。頭はやや大きく両眼が接近している。腹びれは吸盤となり、岩に吸いつくものも多い。食用。秋

はぜ【×黄櫨・△櫨】→はぜのき

-ばせ(接尾)(体言に付いて)その状態を表す語。「心—」「顔—(かんばせ)」

は-せい【派生】(名・自スル)同じ源から新しいものが分かれ生じること。また、そのもの。「新たな問題が—する」

—ご【—語】単語や語根に接頭語・接尾語が付いたり語形が変化したりしてできた語。「夏」からの「夏めく」、「高い」からの「こ高い」「高さ」など。

ば-せい【罵声】口ぎたなくののしる声。大声で言う悪口。「—を浴びる」「—が飛び交う」

ば-せき【場席】いるべきところ。場所。座席。

はせ-さん・じる【△馳せ参じる】(自上一) ジ・ジ・ジル・ジル・ジレ・ジロ(ジヨ) 目上の人のところへ大急ぎで駆けつける。「恩師のもとへ—」語源サ変動詞「はせさんずる」の上一段化。

はせ-さん・ずる【△馳せ参ずる】(自サ変) ジ(ゼ)・ジ・ズル・ズル・ズレ・ジロ(ゼヨ) →はせさんじる 文はせさん・ず(サ変)

パセティック〈pathetic〉(形動ダ) ダロ・ダッ(デ・ニ)・ダ・ダナ・ナラ・○ 哀れをさそうさま。感傷的。「—な劇」

バセドウ-びょう【バセドウ病】ビヤウ〔医〕甲状腺(こうじょうせん)ホルモンが過剰に分泌されるために起こる病気。甲状腺がはれ、眼球が突き出る。女性に多い。バセドウ氏病。語源ドイツの医学者バセドウ(Basedow)がこの病気を報告したことからいう。

はぜ-の-き【×黄櫨・△櫨】〔植〕ウルシ科の落葉高木。暖地に自生。雌雄異株(いしゅ)。秋には美しく紅葉する。果実から「ろう」をとる。材は器具用。はぜ。ろうの木。はぜうるし。(はぜの花 夏・はぜの実 秋)

はせ-まわ・る【△馳せ回る】マハル(自五) ラ(ロ)・リ(ッ)・ル・ル・レ・レ ①あちこち走り回る。②馬に乗ってほうぼうを走り回る。

はせ-むか・う【△馳せ向〔か〕う】ムカフ(自五) ワ(オ)・イ(ッ)・ウ・ウ・エ・エ ①急いで駆けつける。「事故現場へ—」②馬を走らせて行く。

はせ-もど・る【△馳せ戻る】(自五) ラ(ロ)・リ(ッ)・ル・ル・レ・レ ①急いで戻る。②馬を走らせて戻る。

パセリ〈parsley〉〔植〕セリ科の越年草。地中海沿岸地方の原産。葉は細かく裂けて縮れた複葉。特有の香りをもつ香辛(こうしん)作物で、洋食のつけ合わせなどに用いる。オランダゼリ。夏

は・せる【△馳せる】セ・セ・セル・セル・セレ・セロ(セヨ) 一(自下一)走る。駆けて行く。二(他下一)①走らせる。「馬を—」②気持ちを向ける。「故郷に思いを—」③名を広める。「勇名を—」文は・す(下二)

は・ぜる【◇爆ぜる】(自下一) ゼ・ゼ・ゼル・ゼル・ゼレ・ゼロ(ゼヨ) 裂けて割れる。はじける。「栗(くり)が—」文は・ず(下二)

は-せん【波線】波のようにうねった形の線。なみせん。「〜〜〜」

は-せん【破船】難破した船。難破船。

は-せん【破線】等間隔に切れ目のある線。製図では、物体の見えない部分を表すのに用いる。「--------」

ば-せん【端銭】わずかな金銭。はした金。

ば-せん【場銭】①劇場などの席料。②露店などの場所代。

は-そく【把捉】(名・他スル)(意味などを)しっかりつかみとって理解すること。「文意を—する」

ば-ぞく【馬賊】昔、中国東北部に横行した、騎馬の群盗。

パソ-コン「パーソナルコンピューター」の略。

は-ぞり【端反り】笠(かさ)や椀(わん)などのへりが外側に反っていること。端反(はたぞ)り。

ば-ぞり【馬△橇】馬に引かせるそり。

は-そん【破損】(名・自他スル)壊れて、いたむこと。壊して、いためること。破って傷つけること。破れ傷つくこと。「家屋の—」

はた【畑】教3 はた・はたけ 丶 火 灯 灯 畑 畑 畑
(字義)はた。はたけ。野菜や穀類の耕作地。「畑作・田畑」参考「畑」は国字。

はた【畠】(人) はた・はたけ (字義)はた。はたけ。野菜や穀類の耕作地。参考「畠」は国字。

はた【畑・△畠】→はたけ(畑)①

はた【◇側・◇傍】わき。そば。かたわら。「—から口を挟む」

はた【旗】布・紙などで作り、おもに竿(さお)に付けて空中にひるがえし、象徴・飾り・信号、また祝意や弔意を表すもの。

—を揚(あ)げる ①兵を挙げる。戦いを始める。②新しく事を起こす。一旗揚げる。**—を振(ふ)る** 先頭に立ち人々の指揮をとる。**—を巻(ま)く** ①軍旗を降ろす。降参する。②成功の見込みがつかず計画を中止する。途中で手を引く。

はた【機】布地を織る機械。織機(しょっき)。「—を織る」

はた【端】はし。へり。ふち。「池の—」「道の—」

はた【◇将】(副)(古)①それとも。②もしかして。③しかしながら。④その上また。⑤きっと。おそらく。

はだ【肌】(字義)→き(肌)

はだ【肌・◇膚】①人などの体の表面。「白い—」②物の表面。「山—」③気質。気性。「—が合う」「学究—」
類語 皮膚・はだえ・素肌・地肌・美肌・柔肌・餅肌・雪肌・荒れ肌・鮫肌(さめはだ)・鳥肌

—で感(かん)じる 直接経験して理解する。**—を脱(ぬ)ぐ** ①衣類を脱いで上半身を出す。②その事について力を尽くす。一肌脱ぐ。**—を許(ゆる)す** 女が男に身をまかせる。

-ばた【端】(接尾)…のあたり。…のそば。「井戸—」「道—」

バター〈butter〉牛乳から分離させた脂肪分を固めてつくった食品。パンに付けたり、製菓・料理に用いたりする。牛酪(ぎゅうらく)。

—ロール〈和製英語〉バターをたっぷり入れて、柔らかく焼き上げた小型のロールパン。

パター〈putter〉ゴルフで、グリーン上の球をホールに入れるときに用いるクラブ。パットを打つクラブ。「—ゴルフ」

はだ-あい【肌合〔い〕】アヒ ①肌ざわり。「なめらかな—」②気質。気だて。「兄とは—が違う」

はた-あげ【旗揚げ】(名・自スル)①兵を集めて戦(いくさ)を起こすこと。挙兵。②新しく事を起こすこと。「劇団の—公演」

ばた-あし【ばた足・ばた脚】水泳で、伸ばした両足を交互に上下させて水を打つこと。また、その泳法。

はだ-あれ【肌荒れ・◇膚荒れ】(名・自スル)皮膚が荒れてかさかさになること。

パターン〈pattern〉①思考・行動・文化などの、型。類型。

「ワンー」②図案。模様。「テストー」③洋裁の型紙。

ば-だい【場代】 場所の使用料金。席料。場銭。

はた-いと【機糸】 機を織るのに用いるたて・よこの糸。

はた-いろ【旗色】（戦場での旗のひるがえり具合で戦いの状況を見たことから）物事のなりゆき。形勢。「ーが悪い」

はだ-いろ【肌色】 ①人の皮膚のような赤みがかった薄い黄色。②肌の色つや。③器物などの地肌の色合い。「美しいーの器」参考人種により肌の色が異なるため、絵の具などの色名には近年用いず、「うすだいだい」などと言い換える。

はた-うち【畑打ち】 くわなどで畑を耕すこと。春

はた-え【二十重】 物がいくえにも重なること。「十重ー」

はだ-え【◇膚・◇肌】 ①はだ。皮膚。②刀剣の身の表面。

はた-おり【機織り】 ①機で布を織ること。また、織る人。②「機織り虫」の略。

―むし【―虫】「きりぎりす」の古名。秋

はだか【裸】 ①衣服を脱ぎ、肌をあらわにしていること。夏②おおいがなくてむき出しになっていること。「葉が落ちて木がーになる」③隠し事などがなく、ありのままであること。「ーのつき合い」④体ひとつで、財産や所持品がまったくないこと。「事業に失敗してーになる」語源「肌明」の転。

類語 裸身・裸体・真っ裸・素っ裸・赤裸・全裸・丸裸・すっぽんぽん・半裸・ヌード

―の王様 高い地位にあって、まわりに批判や忠告をする人がいないために、真実が見えなくなっている人のたとえ。「社長はーだ」語源アンデルセンの童話の題名から。

―いっかん【―一貫】 自分の体のほか、なんの財産も持っていないこと。「ーで事業を興す」

―うま【―馬】 鞍を置いていない馬。

―まいり【―参り】 寒中、裸で神仏に参ること。冬

―むぎ【―麦】〘植〙イネ科の越年草。オオムギの一種で、実と殻とが離れやすいため、この名がある。食用・飼料用。夏

―むし【―虫】 ①羽や毛などのない虫。②（毛などで覆われた動物に対して）人間。③貧乏で衣服を持たない人。

はた-がしら【旗頭】 ①集団の首領。一派のかしら。「急進派のー」②旗の上の部分。

はだか・る（自五） ①手足を大きく広げて立つ。「立ちー」②着物の胸元やすそが乱れて開く。他はだ・ける（下一）

はたき【△叩き】 ①はたくこと。②棒の先に布切れなどを束ねて付けた、ほこりを払う用具。ちり払い。「ーをかける」

―こみ【―込み】 相撲で、前に出てくる相手の力を利用して、その首や肩などをたたいて、前へ倒す技。

はだ-ぎ【肌着・◇膚着】 肌に直接着ける下着類。

はた-ぎょうれつ【旗行列】 祝意を表すために、大勢の人が行列して小旗を振りながら歩くこと。また、その行列。

はた・く【△叩く】（他五） ①平たいもので打つ。たたく。「平手でー」②たたいて払いのける。「ちりをー」③財産や有り金などを全部使う。「財布をー」④相撲で、相手の首や肩をたたいて手前に倒そうとする。可能はた・ける（下一）

バタ-くさ・い【バタ臭い】（形） 西洋的である。「ー顔」語源「バター」の略「バタ」に「臭い」が付いたもの。

はた-ぐも【旗雲】 細長く旗のようにたなびく雲。

はたけ【畑】（字義）→はた（畑）

はたけ【△畠】（字義）→はた（畠）

はたけ【畑・△畠】 ①野菜・穀類などを栽培する耕作地。水を張らないものをいう。はた。②専門の分野。「法学ーの人」

―すいれん【―水練】 畑で水泳の練習をするように、方法や理屈を知っているだけで実際には役立たないこと。畳水練。

―ちがい【―違い】 専門分野の違うこと。

はたけ【△疥】〘医〙皮膚病の一つ。顔や首などに白色円形の斑紋を生じ、粉をふいたように見えるもの。

はだ・ける（自他下一） 着物の胸元やすそなどが乱れて広がり開く。また、あけ広げる。「すそがー」「胸元をー」自ははだか・る（五）文はだ・く（下二）

はた-ご【×旅籠】 ①「はたご屋」の略。②昔、旅をするとき馬の飼料を入れたかご。③昔、旅行者が食糧や雑品を入れた器。

―や【―屋】 昔の、宿屋。旅館。はたご。

はた-ざお【旗△竿】 旗を付けて立てるさお。

はた-さく【畑作】 畑に作物を作ること。また、その作物。

はた-さしもの【旗差〔し〕物・旗指〔し〕物】 昔、戦場でよろいの背に差して目印にした小旗。

はだ-さむ・い【肌寒い・◇膚寒い】（形） ①肌に冷たく感じる。「雨の降るー日」②ぞっとする気持ちである。「ー光景」文はださむ・し（ク）参考「はだざむい」ともいう。

はだ-ざわり【肌触り・◇膚触り】 ①肌に触れたときの感じ。②物や人に接して感じる印象。「ーのいい人」

はだし【△跣・×裸足】 ①足に何も履いていない状態。素足。夏②（多く名詞に付いて）その道の専門家でも及ばないほど見事なこと。「玄人ーの腕前」語源「肌足」の転。②は、それを見れば専門家もはだしで逃げ出すことからいう。

はたし-あい【果〔た〕し合い】 争いや恨みなどの決着をつけるため、たがいに死を決して戦い合うこと。決闘。

はたし-じょう【果〔た〕し状】 果たし合いを申し込む書状。決闘状。

はたし-て【果〔た〕して】（副） ①思ったとおり。やはり。案の定。「ー彼は大成した」②ほんとうに。実際に。「ー明日は晴れるだろうか」用法②はあとに疑問・仮定の表現を伴う。

はだ-じゅばん【肌×襦袢・◇膚×襦袢】 肌に直接着るじゅばん。肌じばん。

はた-じるし【旗印】 ①昔、戦場で目印になるように旗に付けた文字・紋所・物の形など。また、それらを付けた旗。②行動の目標として掲げる理念。「自由と平等とをーにする」

はた・す【果〔た〕す】（他五） ①全部し終える。なしとげる。実行する。「任務をー」②しとめる。殺す。「仇敵をー」③（動詞の連用形の下に付いて）すっかり…してしまう。「金を使いー」可能はた・せる（下一）

はたせる-かな【果〔た〕せる△哉】 やっぱり。思ったとおり。案のじょう。「ー彼は失敗した」

はた-ち【二十・二十歳】 二〇歳。二〇。参考「二十」「二十歳」は、常用漢字表付表の語。

はた-ち【畑地】 畑として使用されている土地。

ば-だち【場立ち】〘経〙取引所に会員である証券会社などから派遣されて、売買取引をする担当者。取引の電子化により、現在は存在しない。

ばた-つ・く（自五）《俗》ばたばたと音をたてる。また、せわしなく動き回る。「強風でシャッターがー」「引っ越しの準備でー・いている」

ぱたっ-と（副） ①軽い物が倒れたり当たったりする音やそのさまを表す語。ぱたんと。「ー本を閉じる」②急に途絶えるさま。ぱったり。「連絡がー来なくなった」

はた-と【△礑と】（副） ①急に物が打ち当たって音をたてるさま。「ーひざを打つ」②突然。急に。「ー思い当たる」「ー言葉に詰まる」③鋭くにらみつけるさま。「ーにらみつける」

はだ-ぬぎ【肌脱ぎ・◇膚脱ぎ】 和服の袖から腕を抜いて、上半身の肌を出すこと。また、その姿。夏

は-たばこ【葉×煙草】 収穫して乾燥し終わった、タバコの葉。

はた-はた【△鰰・△鱩】〔動〕ハタハタ科の海産硬骨魚。日本海および北太平洋にすむ。側線もうろこもなく、体の上部に小型の黒褐色点が散在する。食用。卵はブリコという。かみなりうお。冬 参考「鰰」「鱩」は国字。語源「はたはたがみ(=雷の方言)」の鳴る冬に、産卵のため海岸に押し寄せるのでこの名がある。

ばた-ばた ━(副・自スル) ①足や羽などを続けて動かしたり、物が風にはためいたりして出る音の形容。また、そのさま。「―(と)足音を立てる」②あわただしく行動するさま。落ちつかないさま。「一日中―(と)する」━(副) ①物事が次々と早くはかどるさま。「仕事が―(と)片づく」②物や人が続けざまに倒れたり落ちたりするさま。「材木が―(と)倒れる」

はた-び【旗日】 国旗を掲げて祝う日。国民の祝祭日。

バタフライ〈butterfly〉①蝶。②泳法の一種。蝶がはばたくように、両手で同時に水をかき、両足をそろえて水をけるドルフィンキックを用いる。平泳ぎから独立した泳法。

はた-ふり【旗振り】 ①合図などのために旗を振ること。また、その人。②ある目的を実行するために先頭に立って人々に働きかけること。また、その人。「―役を務める」

はた-また【◇将又】(接) あるいはまた。それともまた。

はだ-まもり【肌守り】 肌につける守り札。

はだ-み【肌身・◇膚身】 肌。体。身体。

―離さず いつも離さないで身につけているさま。「―持つ」

はた-め【◇傍目】 当人以外の第三者の見た印象。よそめ。「―にも気の毒だ」

はた-めいわく【◇傍迷惑】(名・形動ダ) まわりの人に迷惑となること。また、そのさま。「―な話」

はた-め・く(自五) カ(コ)・キ(イ)・ク・ク・ケ・ケ 旗・布などが風に吹かれてひるがえる。また、はたはたと鳴る。「国旗が風に―」

はた-もち【旗持ち】 旗を持つ役目の人。旗手。

はた-もと【旗本】 ①昔、軍中で大将のいる本営。本陣。②〔日〕江戸時代、将軍直属の家臣のうち、禄高が一万石未満で将軍に直接会う資格をもつ者。⇩御家人②

―やっこ【―◇奴】 江戸前期、旗本や御家人で、男伊達を競った無頼の者。↔町奴

はた-や【機屋】 機を織るのを仕事とする家。また、その人。

ばた-や【ばた屋】《俗》廃品を拾い集めて生活する人。

はだら【◇斑】(名・形動ナリ)《古》まだら。ぶち。はだれ。

―ゆき【―雪】 まだらに降り積もる雪。はだれ雪。春

はたらか・す【働かす】(他五) サ(ソ)・シ・ス・ス・セ・セ ①仕事をさせる。「娘を―」②機能を活動させる。「頭を―」自はたら・く(五)

はたらか・せる【働かせる】(他下一) セ・セ・セル・セル・セレ・セロ(セヨ) →はたらかす

はたらき【働き】 ①活動。仕事。②手柄。骨折り。功績。「彼の―で事業は成功した」③作用。効果。機能。「薬の―」「腸の―」④生計を立てていく能力。かせぎ。「―のない人」

▼「働き」が下に付く語

(ばたらき)気― 下― 節句― 只― 共― 仲― 夜―

―あり【―△蟻】 アリの社会で、巣を作り食物集めなどをするアリ。ふつう、生殖機能を欠き、羽のない雌アリ。夏

―ぐち【―口】 働いて賃金を得るところ。職。職場。

―ざかり【―盛り】 最も盛んに仕事のできる年ごろ。

―て【―手】 ①働く人。「―を探す」②よく働く人。働き者。③一家の生活の中心になって生計を支える人。「―を失う」

―ばち【―蜂】 ミツバチなど、社会生活を営むハチのうち、労働に従い、生殖能力の退化した雌のハチ。春 参考 比喩的に、楽しむこともなしに働くだけの人にもいう。

―もの【―者】 よく働く人。

はたらき-か・ける【働き掛ける】(自下一) ケ・ケ・ケル・ケル・ケレ・ケロ(ケヨ) 自分が望むようにするために、他に動作・活動をしかける。「協力を―」文はたらきか・く(下二)

はたら・く【働く】 カ(コ)・キ(イ)・ク・ク・ケ・ケ《中心義―何らかの効果が得られる動きをする》━(自五) ①報酬を得るために仕事をする。「会社で―」②仲間・組織などのために活躍する。また、奔走する。「市民のために―」③精神機能が活動する。「頭が―」「勘が―」④効きめがあらわれる。効を奏する。「薬が―」⑤ある力を及ぼす。作用する。「重力が―」⑥〔文法〕活用する。語尾が変化する。「四段に―」━(他五) よくないことをする。「詐欺を―」可能 はたら・ける(下一)

表現〈擬声・擬態語〉せっせと・ばりばり・きびきび・てきぱき〈慣用表現〉あくせく・汗にまみれて・汗水垂らして・汗水流して・体を粉にして・馬車馬のように・額に汗して・骨身を惜しまず・まっ黒になって・身を入れて・身を粉にして

はたらけど… 和歌〔はたらけど　はたらけど猶　わが生活楽にならざり　ぢつと手を見る〕〈石川啄木〉働いても働いてもまだ私の生活は楽にはならない。生活を支える自分の手をつくづくと見つめることだ。

ばたり(副) ①人や少し重い物が倒れるときの音の形容。また、そのさま。ばたん。「人が―と倒れる」②勢いよく閉まる音。また、そのさま。ばたん。「―とドアが閉まる」③突然、動きや物音がやむさま。ぱたり。「風が―とやむ」

はだれ-ゆき【◇斑雪】 はらはらと降る雪。また、うっすらと降り積もった雪。春

は-たん【破綻】(名・自スル)(破れほころびる意から)物事や人間関係などが、どうしようもなく悪い状態に陥ること。成り立たなくなること。「―を生じる」「―をきたす」「財政が―する」

は-だん【破談】 いったんとり決めた相談を取り消すこと。特に、縁談を取り消すこと。「この話は―にしてください」

はたん-きょう【△巴旦△杏】〔植〕①アーモンドの別称。②スモモの一品種。夏

はち【八】 数1 ハチ・ハツ や・やつ・やっつ・よう　ノ 八

(字義)やっつ。やっつめ。やたび。「八州・八方・八大地獄・尺八」難読 八幡・八百万・八洲・八十・八十路・八千種・八衢・八日・八重・八百長・八百屋 人名 かず・わ・わかつ

はち【八】 七に一を加えた数。やっつ。参考「△捌」を大字として用いる。

―の字を寄せる(眉を八の字形に寄せることから)顔をしかめる。不快・困惑などの表情をいう。「額に―」

はち【鉢】 ハチ中・ハツ高　ノ 𠂉 金 針 鉢 鉢

(字義)①僧侶の食器。「衣鉢・托鉢」②皿より深く口の開いた器。「鉢物・火鉢」

はち【鉢】 ①《仏》僧や尼が托鉢のときなどに持つ器。②皿より深くすぼんで上の開いた、食物や水などを入れる器。③植木鉢。④頭蓋骨。⑤かぶとの頭の上を覆う部分。⇩甲(さしえ)

はち【蜂】〔動〕ハチ目(膜翅目)のうちアリを除いた昆虫の総称。体は頭・胸・腹に分かれ、二対の膜質の羽がある。雌には毒針(産卵管)があって刺すものが多い。春

―の頭 なんの役にも立たないもの。つまらないもの。

ばち【罰】(字義)→ばつ(罰)

ばち【罰】 人の悪事に対する神仏のこらしめ。「―が当たる」

ばち【△桴・△枹】太鼓・鉦鼓などを打ち鳴らす棒。

ばち【△撥】琵琶・三味線などの弦をかき鳴らす道具。

ばち-あたり【罰当〔た〕り】(名・形動ダ) 悪いことをして、罰が当たるのが当然と思われるさま。また、そのような言動をした人をののしるときに使う言葉。「一な行為」「このーめ」

はち-あわせ【鉢合〔わ〕せ】アハセ (名・自スル) ①出会いがしらに頭と頭をぶつけ合うこと。②思いがけず出会うこと。

ばち-あわせ【△撥合〔わ〕せ】アハセ 雅楽で、琵琶などを演奏する前に、調子を合わせるために弾く一種の前奏曲。

はち-うえ【鉢植〔え〕】ウヱ 植木鉢に植えてあること。また、その草木。「一の草花」

ばち-おと【△撥音】ばちで弦楽器を弾き鳴らす音。

ば-ちがい【場違い】チガヒ (名・形動ダ) その場にふさわしくないこと。また、そのさま。「一な服装」「一な発言」

はち-がしら【八頭】漢字の部首名の一つ。「公」「共」などの「八」「ハ」の部分。

はち-がつ【八月】グワツ 一年の第八の月。葉月。秋

バチカン〈Vatican〉①ローマ市内の、ローマ教皇庁のある一区画を占め、教皇に統治される世界最小の独立国。バチカン市国。②ローマ教皇庁の異称。

はち-き・れる【はち切れる】(自下一) レレ・レレ・レル・レル・レレ・レロ(レヨ) 中身がいっぱいになって表面が裂け、外にあふれる。「食いすぎて腹が一れそうになる」「一れんばかりの若さ」

は-ちく【◇淡竹】〔植〕タケ類の一種。中国原産。直径約一〇センチメートル、高さ約一〇メートルで、節には二つの枝がある。材は細工に適する。たけのこは食用。くれたけ。からたけ。

はちく-の-いきおい【破竹の勢い】イキホヒ (竹は最初のひと節を割ると、あとは次々に勢いよく割れることから)止めることができないほど激しい勢い。「一で進撃する」

ぱちくり (副・自スル) 驚いて、目を大きく見開いて、まばたきするさま。「びっくりして目を一(と)する」

はちじゅうはち-や【八十八夜】ハチジフハチ 立春から八八日目の日。陽暦の五月一、二日ごろ。農家では種まきや茶摘みの時節。春

はちじゅうはっ-かしょ【八十八箇所】ハチジフハチ 「四国八十八箇所」の略。

はちす【△蓮】→はす(蓮)

バチスカーフ〈フランス bathyscaphe〉深海の学術調査に使う有人潜水艇。スイスのオーグスト=ピカールが考案。

ぱち-スロ (俗) パチンコ店に設置されたパチンコ型スロットマシーン。

はちだい-じごく【八大地獄】ヂゴク 〔仏〕激しい熱気で苦しめられる地獄の総称。等活・黒縄・衆合・叫喚・大叫喚・焦熱・大焦熱・無間の八つの地獄。八熱地獄。

はちだい-しゅう【八代集】シフ 〔文〕「古今集」から「新古今集」まで八つの勅撰和歌集の総称。⇒勅撰和歌集

はち-たたき【鉢△叩き】鉢や瓢簞をたたき、踊りながら念仏を唱えるもの。また、その僧。空也念仏。空也踊り。冬

はち-どう【八道】ダウ 日本を区分した八つの地域。東海・東山・北陸・山陰・山陽・西海・南海・北海の八道。

はち-どり【蜂鳥】〔動〕ハチドリ科の小鳥の総称。中南米の熱帯地方と西インド諸島にすむ。鳥類中最も小形で、最小のものは体長五センチメートル。くちばしは細長く花の蜜を吸う。

はち-の-き【鉢の木】鉢植えの木。盆栽の植木。

はち-の-こ【蜂の子】ハチ、特にクロスズメバチ(ジバチ)の幼虫。食用にされる。

はち-の-こ【鉢の子】僧が托鉢のときに使う鉄製の鉢。

はち-の-じ【八の字・8の字】①漢字の「八」の字の形。「眉を一にする(=眉を寄せて顔をしかめる)」②数字の「8」の字の形。「トンビが一を描いて飛ぶ」

はち-の-す【蜂の巣】①ハチが、幼虫を育てたり蜜をたくわえたりするために作る巣。春 ②小さい穴がたくさん空いた状態になることのたとえ。「機関銃で撃たれて一になる」

——をつついたよう 大騒ぎになって手のつけようがないさま。

ぱち-ぱち (副・自スル) ①火が燃え物がはじける音の形容。また、そのさま。②拍手の音の形容。③せわしくまばたきをするさま。④碁を打ったり、そろばんをはじいたりする音の形容。

はち-ぶん-め【八分目】①一〇分の八。八割。②物事を控え目にすること。「腹一」

はち-まき【鉢巻〔き〕】①頭部を手ぬぐいや布切れで巻くこと。また、その布。「ねじり一」②物の周囲にまきつける帯状のもの。「土蔵の一(=防火のため土蔵で一段厚く塗った壁の部分)」

はち-まん【八△幡】■(名)「八幡大神」「八幡宮」の略。■(副)(八幡宮に誓う意から)誓って。絶対に。「一うそではない」

——ぐう【一宮】八幡大神を祭った社。やわたのみや。

——だいじん【一大神】八幡宮の祭神。応神天皇を主座とし、比売神・神功皇后を合わせ祭る。弓矢の神として武士に信仰されていた。やわたのかみ。

——だいぼさつ【一大△菩△薩】八幡大神の尊称。(神仏混交の影響から起こった称。)

——づくり【一造〔り〕】〔建〕神社建築様式の一つ。切り妻造り平入りの神殿を前後に二つ並べた形。大分県宇佐神宮本殿がその代表的なもの。

〔はちまんづくり〕

はち-みつ【蜂蜜】ミツバチが花から集めたみつ。栄養価が高く食用や薬用にする。ハニー。「レンゲの一」

はち-ミリ【八ミリ】幅が八ミリメートルのフィルムで撮った映画。また、そのフィルムを使う撮影機や映写機。

はち-めん【八面】①八つの顔。②八つの平面。「一体」③四方と四隅。八方。④あらゆる方面。

——れいろう【一△玲△瓏】①どの方向から見ても美しく鮮明なこと。②心にわだかまりがなく、澄んでいること。「一の心境」

——ろっぴ【一六△臂】ロクヒ (八つの顔と六つのひじを持つ仏像の意から)一人であらゆる方面にわたって活躍するさま。「一の大活躍」

はち-もの【鉢物】①鉢植え。盆栽。②鉢に盛った料理。

はち-もんじ【八文字】①八の字の形。②遊女が揚屋へ入りする時の足の運び方。内八文字と外八文字とがある。

はちもんじや-ぼん【八文字屋本】〔文〕江戸中期、京都の書店八文字屋で出した役者評判記や浮世草子。江島其磧の「けいせい色三味線」「傾城禁短気」「世間子息気質」などがある。

は-ちゃ【葉茶】茶の若葉を摘んで飲用に加工した茶。はぢゃ。

——や【一屋】葉茶を売る店。はちゃや。参考 水茶屋(=昔、路傍で湯茶を供した店)と区別していう。

はちゃ-めちゃ (名・形動ダ)(俗) めちゃくちゃ。「一な男」

はちゅう-るい【△爬虫類】〔動〕脊椎動物の一綱。多くは卵生で肺呼吸をし、変温動物。体は鱗や甲羅で覆われ、足は短く腹面を地につけて歩く。ヘビ・トカゲ・カメ・ワニなど。

は-ちょう【ハ調】テウ 〔音〕ハの音を主音とする調子・音階。

は-ちょう【波長】チヤウ ①〔物〕電波・音波などの波動の山と山、谷と谷の間の距離。一般には位相が同じ二点間の距離。

②他の人との気持ちの通じぐあい。「あの人とはーが合う」

は-ちょう【破調】テウ ①調子が外れていること。②和歌や俳句などで決まった音数を破ること。字余り・字足らずなど。

バチルス〈ドイ Bazillus〉①〘医〙バチルス科に属する細菌。炭疽菌・枯草菌・バレイショ菌など。また、桿菌の総称。②(比喩的に)他に寄生して害をなすもの。

ぱちん(副)物が勢いよく当たったりはじけたりする音を表す語。「シャボン玉がーとはじける」

ぱちんこ ①Y字形の木または金具にゴムひもを張り、石などを飛ばすおもちゃ。②鋼の玉をはじき上げ、釘がたくさんある板面の特定の穴に入れると多くの玉が出る遊技。③〘俗〙ピストル。参考②はふつう、「パチンコ」と書く。はじまり②で、いわゆるパチンコ店の誕生は、一九三〇(昭和五)年の名古屋が最初かという。本格的普及は、第二次世界大戦後のこと。

はつ【発】教3**【發】**ハツ・ホツ中・はなつ・ひらく・あばく

(字義)①弓や弾をはなつ。「発射・発砲・不発」②ゆく。出立する。「発車・発送・始発・出発・先発」③出る。生じる。おこる。おこす。「発火・発議・発生・発熱・発心・偶発・再発・突発」④のびる。さかんになる。「発育・発達・発展」⑤表に出す。明らかになる。「発覚・発見・開発・告発・摘発」⑥はじめて公にする。「発刊・発行・発布」難読 発条・発止と 人名 あき・あきら・おき・しげ・ちか・とき・なり・のぶ・のり

-はつ【発】(接尾)弾丸など、発射するものを数える語。「百ー百中」

はつ【発】出発すること。「パリー便」「八時ー」↔着

はつ【鉢】(字義)→はち(鉢)

はつ【髪】人**【髮】**ハツ中 かみ中

(字義)かみの毛。かみかたち。けすじ。「金髪・銀髪・毫髪・頭髪・白髪・毛髪・洋髪・乱髪・危機一髪」難読 髪際

はつ-【初】(接頭)「初めての」の意を表す。「ー舞台」

はつ【初】初め。最初。「おーにお目にかかる」「ーの受賞」

はっ【法】(字義)→ほう(法)

はっ(感)①驚いたり、何かに思いあたったりしたときに発する語。「ー、大変だ」②かしこまって応答や承諾をするときに発する語。「ー、かしこまりました」

ばつ【末】(字義)→まつ(末)

ばつ【伐】バツ中 うつ・きる

(字義)①うつ。敵をうつ。罪を罰する。「征伐・誅伐・討伐」②きる。たちきる。「伐採・濫伐」③ころす。「殺伐」④ほこる。「伐善」人名 のり

ばつ【抜】人**【拔】**バツ中 ぬく中・ぬける中・ぬかす中・ぬかる中

(字義)①ぬく。ぬき取る。ぬき出す。「抜糸・抜刀」②攻めおとす。③えらび出す。「抜粋・抜擢・選抜」④ぬけ出る。ぬきん出る。「抜群・奇抜・卓抜」人名 とし・やはず

ばつ【罰】バツ中・バチ中

(字義)悪い行いに対するこらしめ。刑罰に処する。また、神仏のとがめ。「罰金・罰則・処罰・神罰・誅罰・懲罰・天罰」

ばつ【罰】よくない行為に対するこらしめ。しおき。「ーを与える」

ばつ【閥】バツ中

(字義)①いえがら。家格。「名閥・門閥」②てがら。いさおし。「功閥」③出身や利害関係を同じくする者が団結して、利益をはかるつながり。「学閥・閨閥・党閥・派閥」

ばつ【閥】出身や利害を共通にする者が団結して形成する排他的な集団。「ーを作る」

ばつ ①その場の都合。調子。ぐあい。②(話の)つじつま。「ーを合わせる」

ーが悪い きまりが悪い。つごうが悪くいたたまれない。「居留守がばれてー」

ばつ →ばってん①

ばつ【跋】書物の終わりに書く文。あとがき。「ー文」↔序

はつ-あかね【初茜】初日の出の前の、あかね色の空。新年

はつ-あかり【初明〔か〕り】元日の夜明けの光。新年

はつ-あき【初秋】秋の初め。初秋。秋

はつ-あきない【初商い】アキナヒ 新年になって初めての商売。初売り。新年

はつ-あん【発案】(名・自他スル)①新たに考え出すこと。案を出すこと。「新事業のー者」②議案を提出すること。

はつ-い【発意】(名・他スル)意見や計画を考え出すこと。発意。

はつ-いく【発育】(名・自スル)生物が育って大きくなること。成長。成育。「ーざかり」「順調にーする」

ばつ-いち〘俗〙(×印が一つの意)一度離婚をしていること。参考 戸籍面の名を「×」で抹消することからという。

はつ-うぐいす【初鶯】ウグヒス その年の春に初めて鳴く鶯。また、その鳴き声。新年

はつ-うま【初午】二月の最初の午の日。また、その日に行われる稲荷神社の祭り。春

はつ-うり【初売り】新年最初の売り出し。新年 ↔初買い

ばつ-えい【末裔】→まつえい

はつ-えき【発駅】①列車・電車などの出発駅。始発駅。②荷物を送り出した駅。(↔着駅)

はつ-えん【発煙】煙を出すこと。

ーとう【ー筒】危険を知らせたり合図したりするのに点火して用いる、発煙剤を満たした筒。「ーをたいて電車を止める」

はつ-おん【発音】(名・他スル)音声器官を調節して、言語音を出すこと。また、出した音声。「ー不明瞭」

ーきごう【ー記号】ガウ →おんせいきごう

はつ-おん【撥音】日本語で、語中・語尾にあって一音節をなす鼻音。「ん」「ン」で書き表す音。はねる音。

はつおん-びん【撥音便】〘文法〙音便の一つ。「死にて→死んで」「飛びて→飛んで」「読みて→読んで」などのように、「に」「び」「み」が「ん」に変わるもの。また、「あるべし→あんべし」「終はりぬ→終はんぬ」のように「る」「り」が「ん」に変わるものもある。⇩音便(表)

はつか【二十日】①月の二〇日目。②二〇日間。「往復にーかかる」参考 常用漢字表付表の語。

ーえびす【ー恵比須・ー戎】毎年陰暦十月二十日、商家で商売繁盛のため、えびすを祭る行事。えびす講。

ーしょうがつ【ー正月】シャウグワツ 陰暦一月二十日。正月の祝い納めとして仕事を休んだ。新年

ーだいこん【ー大根】〘植〙小形で球状の赤・黄・白色などの西洋大根。二〇―三〇日で収穫できる。ラディッシュ。

ーねずみ【ー鼠】〘動〙ネズミ科の哺乳動物。小形の家ネズミ。体毛は腹部以外が灰褐色のもの、全体が白いものとがある。体長約八センチメートル。生物実験用・愛玩用。

はっ-か【発火】クワ 一(名・自スル)①火を出すこと。燃え出す

こと。「自然―」②軍隊の演習などで、実弾を用いず火薬だけこめて空砲を撃つこと。㊁(名)火口(ほくち)。

―ごうきん【―合金】(ガフキン)〔化〕セリウムと鉄・ニッケルなどの合金。ライターの石などに用いる。

―てん【―点】①〔化〕空気中で可燃物を熱したとき、発火して燃焼を起こすにいたる温度の最低値。発火温度。②(比喩(ゆ)的に)事件の起こるきっかけ。

はっか【薄荷】(ハク)〔植〕①シソ科の多年草。茎は方形。葉は卵形で対生。夏から秋に淡紫色の小花をつける。茎・葉ともメントールを含み芳香があり、栽培してはっか油などの原料とする。②ハッカ属の植物の総称。ミント。(はっか刈る 夏)

はつが【発芽】(名・自スル)草・木・種子などが芽を出すこと。

ばっか【幕下】(バク)①幕を張った陣営の内。②将軍側近の配下。旗本。③将軍・大将軍の敬称。④家臣。家来。

ハッカー〈hacker〉①コンピューターに精通し、熱中する人。②他のコンピューターシステムに侵入し、情報を盗んだり破壊したりする人。クラッカー。

はっかい【発会】(クワイ)(名・自スル)①その会の初の会合を開くこと。②〔経〕取引所で、毎月最初の立ち会い。↔納会

はつがい【初買い】(ガヒ)新年になって初めて買い物をすること。買いぞめ。新年 ↔初売り

はつがお【初顔】(ガホ)①(会合などに)初めて参加した人。②→はつかおあわせ②

はつかおあわせ【初顔合〔わ〕せ】(カホアハセ)①関係者が初めて全員集まること。②相撲などの競技で初めて対戦すること。また、映画・演劇などで初めて共演すること。はつがお。

はっかく【八角】〔植〕マツブサ科の常緑高木トウシキミの果実を乾燥させたもの。八つの角のある星形でアニスに似た香味をもち、中国料理で香辛料とする。スターアニス。

はっかく【発覚】(名・自スル)隠していた犯行や陰謀などがあらわれること。秘密がばれること。露見。「犯罪が―する」

ばっかく【麦角】(バク)〔医〕麦類に麦角菌が寄生してできる黒褐色でかつおぶし状のもの。子宮収縮剤などに用いる。

はっかけ【八掛け】→すそまわし

はつがしら【発頭】漢字の部首名の一つ。「発」「登」などの「癶」の部分。

バッカス〈Bacchus〉ローマ神話で、酒の神。⇒ディオニソス

はつかぜ【初風】季節の初めに吹く風。特に、初秋の風。

はつがつお【初鰹】(ガツヲ)初夏にとれる、はしりのカツオ。美味として珍重される。「目には青葉山ほととぎす―」〈素堂〉夏

はつがま【初釜】正月に初めて茶の湯の釜(かま)を据え、茶をたてること。また、その日の茶会。新年

はつかみなり【初雷】その年最初の雷。初雷(はつらい)。春

はつかり【初雁】秋に、その年初めて北方から渡って来る雁(がん)。はつかりがね。秋

はつかり【初刈〔り〕】①その年初めて稲などを刈ること。②その年初めて髪を刈ること。

はつがり【初狩〔り〕】その年初めてする狩り。

はっかん【発刊】(名・他スル)①新聞・雑誌などの定期刊行物を新たに刊行すること。創刊。↔廃刊 ②書物・刊行物を出版すること。発行。

はっかん【発汗】(名・自スル)〔生〕皮膚の中にある汗腺(かんせん)から汗を分泌すること。「―作用」

はつがん【発癌】(名・自他スル)癌(がん)が発生すること。また、癌を発生させること。「―物質」

ばっかん【麦稈】(バク)むぎわら。「―帽」

―さなだ【―真田】むぎわらを漂白して真田ひものように編んだもの。夏帽子などを作る。

はつかんせつ【初冠雪】(クワンセツ)その冬初めて山に雪が降り積もること。また、その降り積もった雪。

はっき【白旗】(ハク)白い旗。しらはた。特に昔、源氏の用いた旗。また、降伏や軍使の標識として用いる白い旗。

はっき【発揮】(名・他スル)持っている能力や素質を十分に表し示すこと。「底力を―する」

はつぎ【発議】(名・自他スル)①意見を言い出すこと。②議員が議案を提出して審議を求めること。参考「ほつぎ」ともいう。

はづき【葉月】陰暦の八月。秋

はっきゅう【白球】(ハクキウ)白いボール。特に、野球やゴルフのボール。

はっきゅう【発給】(キフ)(名・他スル)(官公庁が)書類を発行し与えること。「旅券の―」

はっきゅう【薄給】(ハクキフ)給料が安いこと。安月給。↔高給

はっきょい【白居易】(ハクキヨイ)→はくきょい

はっきょう【発狂】(キヤウ)(名・自スル)精神に異常をきたすこと。

はつきょうげん【初狂言】(キヤウゲン)新年に初めて演じる歌舞伎(かぶき)狂言。初春狂言。初芝居。二の替わり。新年

はっきり(副・自スル)①他と区別できて、あきらかなさま。「標識が―(と)見える」②あいまいでなく明確なさま。「態度が―(と)しない」③すっきりしてさわやかなさま。「頭が―(と)しない」

はっきん【白金】(ハク)〔化〕金属元素の一つ。銀白色で重く、展性・延性に富み、融点が高く、化学的に安定。触媒・理化学器械・装飾品などに用いる。プラチナ。元素記号Pt

はっきん【発禁】(「発売禁止」の略)風俗・治安を乱すおそれのある出版物などの発売を禁止する行政処分。「―本」

ばっきん【罰金】①こらしめのために出させるお金。②〔法〕財産刑の一種。犯罪の処罰として金銭を取り立てること。参考 ②で、刑罰としての「罰金」は一万円以上で、金額の上で一〇〇〇円以上一万円未満の「科料」と区別される。

ハッキング〈hacking〉(名・他スル)〔情報〕コンピューターのプログラムやシステムなどを解析して改造すること。特に、他人のコンピューターやネットワークに侵入し、データの窃取(せっしゅ)やプログラムの改変などの不正行為をすること。クラッキング。

パッキング〈packing〉㊀(名)①荷造りで、中の品物をいためないためにすき間に詰め込む材料。パッキン。②パイプの継ぎ目などに、空気もれ・水もれなどを防ぐために入れる材料。パッキン。「ゴム―」㊁(名・他スル)荷造りをすること。包装。

はっく【八苦】〔仏〕生(しょう)・老・病・死の四苦に愛別離苦(あいべつりく)・怨憎会苦(おんぞうえく)・求不得苦(ぐふとっく)(=欲しいものが手にはいらない苦)・五取蘊苦(ごしゅうんく)(=五蘊(ごうん)から生じる心身の苦)を加えた八つの苦しみ。

はっく【発句】律詩の第一・二句。起句。

バック〈back〉㊀(名)①背中。うしろ。↔フロント ②背景。③後援者。④サッカー・ホッケー・ラグビーなどの、後衛。バックス。↔フォワード ⑤「バックハンド」の略。⑥「バックストローク」の略。㊁(名・自スル)うしろにさがること。後退すること。「車が―する」㊂(名・他スル)つり銭や品物をもどすこと。

―アップ〈backup〉(名・他スル)①野球で、捕球しようとする選手のうしろへ回り、守備の補助をすること。②背後で支えること。うしろだて。「企業の―」③〔情報〕コンピューターで、不測の事態に備えて、データなどを複製しておくこと。

―ギャモン〈backgammon〉西洋双六(すごろく)。盤上に並べた双方一五の駒(こま)を二つのさいころの目によって進め、早く敵陣に入れることを争うゲーム。

—グラウンド〈background〉①背景。遠景。②その物事の背後にある事情・環境。また、その人の経歴・素性。

—グラウンド-ミュージック〈background music〉→ビージーエム

—スイング〈backswing〉野球やゴルフなどで、球を打つときにバットやクラブをうしろに振り上げること。

—スクリーン〈和製英語〉野球場で、投手の投球が打者に見やすいよう、センターの後方に設置した暗緑色の壁。参考英語ではcenterfield screenという。

—ステージ〈backstage〉劇場などの舞台裏。

—ストレッチ〈backstretch〉競技場で、ゴールのある側と反対の直線走路。バックストレート。↔ホームストレッチ

—ストローク〈backstroke〉背泳。バック。

—ナンバー〈back number〉①雑誌の古い号。②運動選手の背番号。③自動車などの後部につけた登録番号。

—ネット〈和製英語〉野球場で、ホームベースの後方に張られた、ボールを止める網。参考英語ではbackstopという。

—パッカー〈backpacker〉生活に必要な道具一式を詰めた大型リュックサックを背負って旅をする人。

—ハンド〈backhand〉テニス・卓球などで、ラケットを持つ手の反対側に来た球を打つこと。また、その打ち方。逆手打ち。バック。↔フォアハンド

—ホーム〈和製英語〉(名・自スル)野球で、走者をアウトにするために、守備の選手が本塁へ送球すること。

—ボーン〈backbone 背骨〉気骨。確固たる信念。生き方や行動を支える思想。

—ミラー〈和製英語〉自動車の運転台などに取りつけた、後方を見るための鏡。参考英語ではrearview mirrorという。

—ライト〈backlight〉①舞台の後方から当てる照明。②液晶ディスプレーの裏面などにつけられた光源。

バッグ〈bag〉かばん・袋類の総称。

パック〈pack〉(名・他スル)①包装すること。また、その包み。「真空—」②肌に粘土状の美容液を塗り、しばらく置いておく美容法。③(「パックツアー」の略)→パッケージツアー

パック〈puck〉アイスホッケーで、球として用いる硬化ゴム製の小円盤。

バックスキン〈buckskin〉①鹿(しか)または羊のもみ皮。②鹿のもみ皮に似せた毛織物。

はっ-くつ【発掘】(名・他スル)①地中にうずもれているものを掘り出すこと。「—調査」「古代都市の—」②世間にまだ知られていない価値あるものを探し出すこと。「人材の—」

ぱっくり(副)→ぱくり[二]

バックル〈buckle〉ベルトのとめがね。締め金具。尾錠(びじょう)。

ばっく-れる(自下一)レレ・レル・レレ・レロ(レヨ)〔俗〕(「しらばくれる」から変化した語)①知らないふりをする。とぼける。②逃げ出す。サボる。「授業を—」

は-づくろい【羽繕い】ヅクロヒ(名・自スル)鳥がくちばしなどで羽を整えること。羽(はね)繕い。⇩毛繕い

ばつ-ぐん【抜群】(名・形動ダ)(群を抜く意)多くの中でとび抜けてすぐれていること。また、そのさま。「成績—」「—に速い」

はっ-け【八卦】①易の算木に現れる、この世のすべての現象を示す八種類の形。②易。占い。「当たるも—当たらぬも—」

—み【—見】八卦で占いをする人。八卦置き。易者。

はっ-けい【八景】ある地域内での、八つのすぐれた景色。「近江(おうみ)—」「金沢—」

はっけい-ろじん【白系露人】ハクケイ 一九一七年のロシア革命後、ソビエト政権に反対して国外に亡命したロシア人。

パッケージ〈package〉①包装。荷造り。②包装用の箱・容器。③関係のあるいくつかのものを一つにまとめたもの。

—ツアー〈package tour〉旅行会社などが主催する、交通・宿泊・観光などをまとめて販売する旅行。パックツアー。

はっ-けっきゅう【白血球】ハクケツキウ〔生〕血液中に存在する無色の血球。赤血球よりはるかに少ない。ウイルス・細菌などの異物を取り込んで消化し、繁殖を防ぐ。⇩赤血球

はっけつ-びょう【白血病】ハクケツビヤウ〔医〕造血組織の悪性腫瘍(しゅよう)疾患。多くは血液中の白血球数が増加する。

はっけよい(感)相撲で、行司(ぎょうじ)が土俵上の力士に勝負を促して掛ける声。「—残った」

はっ-けん【白鍵】ハク ピアノ・オルガンなどの鍵盤(けんばん)楽器の白色の鍵。↔黒鍵(こっけん)

はっ-けん【発見】(名・他スル)今まで知られていなかったものを初めて見いだすこと。「新大陸の—」「凶器を—する」

はっ-けん【発券】(名・他スル)銀行券・乗車券・入場券などを発行すること。

はつ-げん【発言】(名・自スル)言葉を口に出すこと。また、他人の前で意見を述べること。また、その意見。「—権」「—力」「会議で—する」

はつ-げん【発現】(名・自他スル)実際にあらわれ出ること。あらわし出すこと。「学習の成果が—する」

はつ-げん【発源】①水のわき出るみなもと。川の流れ出るみなもと。発源地。②事の起こり。起源。発祥。

ばっ-けん【抜剣】(名・自スル)剣をさやから抜き放つこと。また、抜いた剣。

バッケン〈ドイ Backen〉スキーに靴を固定させるための金具。耳金(みみがね)。

バッケン-レコード〈和製英語〉スキーのジャンプ競技で、そのジャンプ台での最長不倒距離。語源「バッケン(bakken)」はノルウェー語でジャンプ台の意。

はつ-ご【初子】最初に生まれた子。初めての子供。初子(ういご)。

はつ-ご【発語】①言葉を発すること。②文章・話し言葉の初めに用いる語。「さて」「それ」「そもそも」「では」など。③「い行く」「か弱い」「さ百合(ゆり)」などの「い」「か」「さ」のような、語調を整えたり軽い意味を添えたりする接頭語。参考「ほつご」ともいう。

ばっ-こ【跋扈】(名・自スル)悪いものが思うままにのさばりふるまうこと。「跳梁(ちょうりょう)—」「悪人が—する」語源「跋」は踏みこえる、「扈」は水中にしかけて魚を捕らえる竹がきで、大魚はそれをとびこえて逃げることからいう。

ばつ-ご【跋語】書物などのあとがきの言葉。跋。跋文。

はつ-こい【初恋】ハツコヒ その人にとっての初めての恋。

はっ-こう【八紘】クワウ 八方の隅。地の果て。全世界。

—いちう【—一宇】全世界を一つの家とすること。太平洋戦争中、日本が海外侵出を正当化するのに用いた標語。

はっ-こう【白光】ハククワウ 白い光。白色光。

はっ-こう【白虹】ハク 霧の中などで見える白色のにじ。また、月の光で見える白色のにじ。

—日(ひ)を貫(つらぬ)く 白いにじが太陽を貫くこと。中国で昔、国に兵乱のある前ぶれとされた。

はっ-こう【発光】クワウ(名・自スル)光を発すること。

—たい【—体】〔物〕みずから光を発する物体。また、光を発している物体。太陽・恒星・炎など。

—ダイオード〔物〕半導体の接合部に電流が流れると、光を発するダイオード。材料によって決まった波長の光を発する。LED

—とりょう【—塗料】レウ 暗所で燐光(りんこう)を発する塗料。

夜光塗料。

はっ‐こう【発向】（カウ）（名・自スル）出発して目的地に向かうこと。出向くこと。特に、討伐のために軍兵が出向くこと。

はっ‐こう【発行】（カウ）（名・他スル）①図書・新聞などを出版して、世に出すこと。「―人」「新雑誌を―する」②紙幣・債券・証明書・定期券などを作って通用させること。「再―」

はっ‐こう【発効】（カウ）（名・自スル）法律や条約などの効力が発生すること。「条約が―する」↔失効

はっ‐こう【発航】（カウ）（名・自スル）船が港を出ること。出帆。

はっ‐こう【発酵・醱酵】（カウ）（名・自スル）〔化〕酵母・細菌・かびなどの作用で、糖類などの有機化合物が分解する現象。酒・しょうゆ・酢・ビールなどの製造に利用される。

はっ‐こう【薄幸・薄△倖】（ハクカウ）（名・形動ダ）しあわせに恵まれないこと。また、そのさま。不幸。不運。「―の少女」↔多幸

はつ‐ごおり【初氷】（ゴホリ）その冬初めて張る氷。[冬]

はつ‐こち【初×東風】 新年になって初めて吹く東風。[新年]

はっ‐こつ【白骨】（ハク）風雨にさらされて白くなった骨。

ばつ‐ざ【末座】 すえのほうの座席。末席。末座（まつざ）。

ばっ‐さい【伐採】（名・他スル）樹木などを切り出すこと。

はっ‐さく【八△朔】 ①陰暦八月朔日（ついたち）（＝一日）。この日農家では、その年の新穀を知人に贈るなどし、田の実（み）の節句として祝う。[秋] ②〔植〕ミカンの一品種。ナツミカンより小さく甘味が強い。[春]

ばっさり（副）①刃物で勢いよく切るさま。「髪を―(と)切る」②思い切って削ったり捨てたりするさま。「予算を―(と)削る」

はっ‐さん【発散】（名・自他スル）①内部にこもっているものが外部へ散ること。また、外部へ散らすこと。「臭気が―する」「ストレスを―する」②〔物〕物体がその表面から輻射（ふくしゃ）線を放出すること。③〔数〕収束しないこと。極限において正の無限大、負の無限大になること。または、極限が確定しないこと。↔収束

はつ‐ざん【初産】 初めて子供を産むこと。初産（ういざん）。

ばつざん‐がいせい【抜山蓋世】 山を引き抜くほど強い力と、世をおおうほどの勇壮な気力。〈史記〉

ばっ‐し【末子】 すえっこ。末子（まっし）。↔長子

ばっ‐し【抜糸】（名・自スル）〔医〕手術の切り口がふさがったあと、縫い合わせていた糸を抜き取ること。

ばっ‐し【抜歯】（名・自スル）歯を抜くこと。

バッジ〈badge〉所属や階級などを示し、帽子や衣服の襟（えり）などに付ける金属製の小型の記章。バッチ。

はつ‐しぐれ【初時雨】 その年に降る初めての時雨。[冬]

はっし‐と【×発止と】（副）①堅いものどうしが激しく打ち当たるさまや音の形容。「刀を―受ける」②矢が突き刺さるさま。また、勢いよく飛んでくるものを受け止めるさま。

パッシブ〈passive〉（形動ダ）（ダロ・ダッ(デ・ニ)・ダ・ナ・ナラ・○）受動的であるさま。受け身の。消極的な。↔アクティブ

はつ‐しも【初霜】 その冬初めて降りた霜。[冬]

はっ‐しゃ【発車】（名・自スル）止まっていた電車・自動車などが走り出すこと。↔停車

はっ‐しゃ【発射】（名・他スル）①弾丸・ミサイルなどを撃ち出すこと。「ロケットを―する」②矢を射ること。

はっ‐しゅう【八宗】〔仏〕三論・法相（ほっそう）・倶舎（くしゃ）・成実（じょうじつ）・律・華厳（けごん）・天台・真言の八つの宗派。

―けんがく【―兼学】 ①広く仏教各宗派の教義を合わせ学ぶこと。②広く物事に通じていること。

ハッシュタグ〈hashtag〉SNSなどで用いられる、ハッシュ記号「#」を前につけた文字列。これをキーワードとして同じ文字列を含む投稿を検索したり、一覧表示したりできる。

はっ‐しゅつ【発出】（名・自他スル）①外にあらわれること。あらわし出すこと。②公（おおやけ）に宣言・通達などを出すこと。「緊急事態宣言を―する」

はっ‐しょう【八省】（シャウ）〔日〕律令（りつりょう）制で、太政官（だいじょうかん）の中に置かれた八つの中央行政官庁。中務（なかつかさ）・式部・治部（じぶ）・民部・兵部（ひょうぶ）・刑部（ぎょうぶ）・大蔵・宮内（くない）の各省の総称。

はっ‐しょう【発症】（シャウ）（名・自他スル）病気の症状が出ること。「花粉症を―する」

はっ‐しょう【発祥】（シャウ）（名・自スル）①物事が起こり始まること。「オリンピック―の地」②天命を受けて天子となるめでたいきざしの現れること。また、帝王あるいはその祖先の出生。

はつ‐じょう【発条】（デウ）ばね。ぜんまい。

はつ‐じょう【発情】（ジャウ）（名・自スル）情欲が起こること。成熟した動物、特に哺乳（ほにゅう）類が交尾欲を起こすこと。「―期」

ばっ‐しょう【△跋渉】（セフ）（名・自スル）山野を越え川を渡ること。転じて、各地を歩き回ること。「山野を―する」

はっ‐しょく【発色】（名・自スル）①色を発すること。「―剤」②カラー写真・染め物などの色の仕上がり。「―がよい」

パッション ①〈passion〉激しい感情。情熱。②〈Passion〉キリストの受難。また、それを主題にした受難劇・受難曲。

はっ‐しん【発信】（名・他スル）①郵便・電信などを送ること。↔着信 ②放送・通信のための電波を発すること。（↔受信）

はっ‐しん【発×疹】 皮膚に小さな吹き出物ができること。また、その吹き出物。発疹（ほっしん）。

―チフス〔医〕感染症の一つ。病原体はリケッチアの一種で、シラミが媒介する。高熱とともに全身に赤く細かい発疹が現れる。発疹（ほっしん）チフス。

はっ‐しん【発進】（名・自スル）①飛行機や軍艦などが基地から出発すること。②自動車などが動き出すこと。

バッシング〈bashing〉きびしく非難・攻撃すること。打ちのめすこと。「マスコミから―を受ける」

パッシング〈passing 通過〉①（「パッシングショット」の略）テニスで、ネットに近づいてきた相手のわきを抜く打ち方。②自動車のヘッドライトを点滅させて行う、対向車などへの合図。

はっ‐すい【△撥水】 布・革や紙が水を吸わずにはじくこと。

ばっ‐すい【抜粋・抜△萃】（名・他スル）書物などから必要部分を抜き出すこと。また、抜き出したもの。「要点を―する」

はつ‐すがた【初姿】 ①正月の着飾った姿。②新しい装いをした姿。

はつ‐すずり【初△硯】 新年になって初めて硯を用い、字を書くこと。書き初め。[新年]

はつ‐ずり【初刷り】 ①最初の印刷。また、その印刷物。しょずり。初刷（しょさつ）。②新年になって初めての印刷。また、その印刷物。[新年]

ハッスル〈hustle〉（名・自スル）張りきって活動すること。

はっ‐する【発する】（シ(セ・サ)・シ・スル・スル・スレ・シロ(セヨ)）[一]（自サ変）①そこを起点に物事が起こる。生じる。外に現れる。「山中に―して大河に注ぐ」②出発する。「羽田空港から―」[二]（他サ変）①物事を起こす。始める。「小事に端を―して大戦争となる」②外へ向かって出す。「奇声を―」「光を―」③表す。発表する。「指令を―」④矢や弾丸を発射する。⑤人を行かせる。「使いを―」[文]はっ・す（サ変）

ばっ‐する【罰する】（他サ変）（シ(セ・サ)・シ・スル・スル・スレ・シロ(セヨ)）罰を与える。こらしめの処置をとる。「違反者を―」[文]ばっ・す（サ変）

はっ‐すん【八寸】 ①懐石料理で用いる、八寸（約二四センチメートル）四方の木の盆。また、それに盛りつけた料理。②会席料理などで、酒肴（しゅこう）を一皿に数種取り合わせたもの。

はっ-せい【発生】(名・自スル) ①(望ましくない)物事が起こり始まること。「事件が―する」②生じること。生まれ出ること。「蚊が―する」③生物において受精卵や胞子が細胞分裂を行ってしだいに成体になる過程。

はっ-せい【発声】(名・自スル) ①声を出すこと。また、その声。声の出し方。「―練習」②大勢で唱和するとき、最初に音頭(おんど)をとること。「会長の―で乾杯する」③宮中の歌会で、講師のあとを受け、節をつけて歌をよみあげること。また、その役。

―きかん【―器官】(キクワン)〔生〕声を出すのに必要な器官。声帯・口腔(こうこう)・鼻腔(びこう)など。

はっ-せき【発赤】→ほっせき

ばっ-せき【末席】→まっせき

はっ-せつ【八節】季節の八つの変わり目。立春・春分・立夏・夏至(げし)・立秋・秋分・立冬・冬至(とうじ)の八つの節。

はつ-ぜっく【初節句】生後初めての節句。男子は端午(たんご)(=五月五日)、女子は上巳(じょうし)(=三月三日)の節句にいう。

はつ-ぜみ【初△蟬】その年に初めて鳴くセミ。夏

はっ-せん【八専】陰暦の壬子(みずのえね)の日から癸亥(みずのとい)の日までの一二日間のうち、丑(うし)・辰(たつ)・午(うま)・戌(いぬ)の日を除く八日。雨が多いといい、婚姻・造作などをきらった。一年に六回ある。

ばっ-せん【抜染】(名・他スル) 捺染(なっせん)法の一種。染色した無地の布の一部分を脱色して模様を出すこと。抜き染め。

はっ-そう【八双】(―サウ) 刀やなぎなたの構えの一つ。左足を前に出し、立てた刀身を正面から右に寄せて構える。八相。

はっ-そう【発走】(名・自スル) 陸上競技・競輪・競馬などで、いっせいに走り出すこと。スタート。「午後一時―」

はっ-そう【発送】(名・他スル) 郵便や荷物を送り出すこと。

はっ-そう【発想】(―サウ) ①考えつくこと。考え方。思いつき。アイデア。「―の転換」②考え・思想・感情などをそれにふさわしい形で表現すること。「奇抜な―の作品」③〔音〕楽曲の気分を的確に表現するための演奏の緩急・強弱など。「―記号」

はっ-そく【発足】(名・自スル) →ほっそく

ばっ-そく【罰則】法規やきまりに違反した者を処罰するための規則。「―規定」

はつ-ぞら【初空】元日の朝の大空。新年

ばっ-そん【末孫】血筋の遠い子孫。後裔(こうえい)。末孫(まっそん)。

はつ-だ【発△兌】(名・他スル) 書物などを印刷発行すること。

ばった《俗》極端な安値で売ること。投げ売り。「―に売る」「―もの(=ばった屋の扱う格安品)」

―や【―屋】正規の流通ルートを通さないで仕入れた品を格安に売る人。また、その店。参考 ふつう「バッタ屋」と書く。

ばった【×飛蝗・×蝗虫】〔動〕バッタ科に属する昆虫の総称。草地などに生息し、発達した後肢で跳躍する。秋

バッター〈batter〉野球で、打者。

―ボックス〈batter's box〉野球で、打者が投手の投げた球を打つ場所。ホームベースの左右両側にある。打席。

はったい【△糗】煎(い)った新米・新麦をひいた粉。こがし。夏

はつ-たけ【初△茸】担子菌類ベニタケ科の食用きのこ。初秋、松林などに発生。かさは淡赤褐色で中央部がへこむ。秋

はっ-たつ【八達】(名・自スル) 道が四方八方に通じていること。転じて、繁華な市街。「四通―した街路」

はっ-たつ【発達】(名・自スル) ①心や体が成長して、より完全な形や状態に進むこと。「心身の―」②規模が次第に大きくなること。より高度に進歩すること。「高気圧の―」「技術の―」

―しょうがい【―障害】(―シャウガイ) 先天的な脳のはたらきの偏りにより低年齢で現れる障害の総称。広汎性発達障害、注意欠陥多動性障害(ADHD)、学習障害(LD)など。

はった-と【△礑と】(副)「はたと」を強めた語。「―にらむ」

はつ-だより【初便り】①最初のたより。②新年にはいって初めてのたより。新年

はったり 実際以上に見せたり相手を威圧したりするために、大げさな言動をしたり強気な態度をとったりすること。また、その言動。「―をきかせる」

ばったり(副) ①突然、物が落ちたり人が倒れたりするさま。「玄関で―(と)倒れる」②不意に人に出会うさま。「旧友に―(と)会う」③突然に途絶えるさま。「消息が―(と)途絶える」参考 やや軽い感じで「ぱったり」ともいう。

ぱったり(副)「ばったり」と同意で、やや軽い感じを表す語。「風が―(と)やむ」

はっ-たん【八端・八反】(「八端織り」の略)縦・横に黄色・褐色のしま模様のある絹織物。布団地などに用いる。

ハッチ〈hatch〉①船の甲板(かんぱん)の昇降口。また、艙口(そうこう)。②航空機の出入り口。③台所から食堂へ料理を出すための窓口。

―バック〈hatchback〉車体の最後部にドアを付けた乗用車。

バッチ→バッジ

パッチ(朝鮮語から)足首まである長いももひき。

パッチ〈patch〉つぎ。つぎはぎ用の布。つぎ布。「―ポケット」

―テスト〈patch test〉〔医〕アレルギー性疾患の原因物質を特定する検査法。アレルギーの原因と思われる物質を塗った布を皮膚にはって、その反応を調べる。

―ワーク〈patchwork〉いろいろな色や柄の布片を縫い合わせ、ある図柄・模様を作る手芸。つぎはぎ細工。

ばっち・い(形)(カロ・カツ(ク)・イ・イ・ケレ・○)(幼児語)きたない。ばばっちい。

はっ-ちゃく【発着】(名・自スル) 出発と到着。「バスの―」

はっ-ちゅう【発注・発△註】(名・他スル) 注文を出すこと。「製品を―する」↔受注

はっ-ちょう【八丁・八△挺】(―チャウ) (八つの道具を使いこなす意から)達者で巧みなこと。「口も―手も―」用法 いくらか軽んじて言う語。

はっちょう-みそ【八丁味△噌】(ハッチャウ―) 愛知県岡崎地方で生産される、大豆を原料に作られた暗褐色のみそ。

ばっちり(副・形動ダ)《俗》手抜かりなく見事なさま。「準備は―だ」「―(と)化粧する」

ぱっちり(副・自スル) 目が大きく、はっきりしているさま。また、目を大きく見開いたさま。「―(と)した目」

はっ-ちん【八珍】①八種の珍味。②珍味をそろえた料理。

ばっ-てい【末弟】①兄弟のうち、いちばん年下の弟。②いちばん下の弟子(でし)。参考「まってい」ともいう。

バッティング〈batting〉野球で、打撃。「ナイス―」

―オーダー〈batting order〉野球で、打順。

バッティング〈butting〉(名・自スル) ①ボクシングで、頭部や肩・ひじなどを相手にぶつけること。反則になる。②二つ以上の物事がかち合うこと。「法事と出張の日程とが―する」

ばっ-てき【抜△擢】(名・他スル) (「抜」「擢」ともに抜き出す意)多くの中から特に選び出して、重要な役につけること。「異例の―」「若手を―する」

バッテラ〈ポルト bateira 小舟〉(舟形の木枠に入れて作ったことから)関西風のサバの押しずし。バッテーラ。夏

バッテリー〈battery〉①〔物〕蓄電池。「―があがる」②野球で、投手と捕手の組み合わせ。「―を組む」

はっ-てん【発展】(名・自スル) ①物事の勢い・力が伸びひろがること。栄えること。「町の―に尽くす」②より高い段階へ移ること。「話が政治問題へと―する」③手広くさかんに活動するこ

と。特に恋愛関係がさかんなことや酒色にふけること。「―家」

―とじょうこく【―途上国】(トジャウコク) →かいはつとじょうこく

はつ-でん【発電】(名・自スル) 電気を起こすこと。「水力―」

―き【―機】《物》磁界の中でコイルを回転させて、電磁誘導の応用で電気を発生させる装置。ダイナモ。

―しょ【―所】 水力または火力・風力・原子力などによって発電機を回転させ、電気を発生させる施設。

ばっ-てん【罰点】 ①誤り・不可・消去などの意味を示す印。ばつ印。ばつ。ぺけ。「×」 ②(競技での)減点。

はっ-と【法度】 ①おきて。法律。「武家諸―」 ②おきてとして禁じること。禁制。禁令。「無断欠席はご―だよ」

ハット〈hat〉つばのある帽子。「シルク―」

―トリック〈hat trick〉サッカーやホッケーで、一人の選手が一試合に三点以上得点すること。語源 もとはクリケットで、投手が三球で三人を連続アウトにすること。帽子(ハット)が賞品として与えられたことからいう。

はっ-と(副・自スル) ①急に思いつくさま。「―われに返る」 ②思いがけないことに驚くさま。「肩をたたかれて―する」

バット〈bat〉①野球・クリケットなどで、球を打つ用具。ラケット。②卓球で、球を打つのに用いる棒。

バット〈vat〉写真の現像処理や調理などに用いる、ほうろう質・ステンレスなどの平たい方形の容器。

パット〈putt〉(名・自スル) ゴルフで、球をグリーン上のホールに入れるため、転がすように打つこと。

ぱっ-と(副・自スル) ①急に、また瞬間的に行われるさま。「電灯が―ついた」 ②物事がいっぺんに八方へ及ぶさま。「評判が―広まる」 ③はなやかで目立つさま。「―しない成績」

―み【―見】《俗》ちらっと一瞬見ること。「―は弱そうだ」

パッド〈pad〉①着たときの形を整えるために洋服の肩や下着の胸などに当てる詰めもの。パット。「肩―」 ②衝撃や摩擦などを軽減するための当て物。③はぎとり式の帳面。「メモ―」

はつ-どう【発動】(名・自他スル) ①動き出すこと。活動し始めること。②法的権限を行使すること。「強権の―」 ③動力を起こすこと。

―き【―機】 動力を起こす機械。内燃機関。エンジン。

ばっ-とう【抜刀】(タウ)(名・自スル) 刀を抜き放つこと。

はっ-とう-しん【八頭身・八等身】 身長が頭部の長さの八倍程度であること。理想的スタイルとされる。

はつ-とり【初◦鶏】 ①夜明け方、いちばん先に鳴く鶏(にわとり)。一番どり。②元日の朝、いちばん早く鳴く鶏の声。新年

はっとり-らんせつ【服部嵐雪】(一六五四～一七〇七) 江戸前期の俳人。本名治助(はるすけ)。江戸(東京都)生まれ。蕉門十哲(しょうもんじってつ)の一人。温雅な俳風。句集「玄峰集(げんぽうしゅう)」、選集「其袋(そのふくろ)」など。

はつ-な【端綱】 馬のくつわに付けて引く綱。

ば-つなぎ【場△繫ぎ】 会の進行中などに生じる予定外の空白の時間をとりつくろうこと。また、そのためにする物事。

はつ-なつ【初夏】 夏の初め。初夏(しょか)。夏

はつ-なり【初◦生り】 その年、果実がはじめてなること。また、その果実。

はつ-に【初荷】 正月二日、新年の商売始めに、商品を美しく飾って送り出すこと。また、その荷。新年

はつ-ね【初音】 その年はじめての、鶯(うぐいす)などの鳴き声。春

はつ-ね【初値】 ①取引所で、新年最初についた値段。②株式が新規に上場されたとき、最初についた値段。

はつ-ねつ【発熱】(名・自スル) ①(病気などで)体温がふだんよりも高くなること。②機械や物が熱を放出すること。

はつ-のぼり【初△幟】 男子の初節句に立てるのぼり。また、その祝い。夏 ↔初雛(はつびな)

はつ-のり【初乗り】 ①電車・バス・タクシーなどで、最低料金の乗車区間や距離。「―料金」 ②開通した乗り物に、初日に乗ること。また、新たな乗り物にはじめて乗ること。③新年にはじめて乗り物や馬に乗ること。乗りぞめ。新年

はつ-ば【発馬】(名・自スル) 競馬で、馬がスタートすること。

はっ-ぱ【発破】 鉱山や土木工事などで、岩石に穴をあけて火薬をしかけ、爆破すること。また、その火薬。

―を掛(か)ける ①発破をしかけて爆発させる。②《俗》強い言葉で、気合いを入れたり励ましたりする。

はっ-ぱ【葉っぱ】《俗》木や草の葉。

バッハ〈Johann Sebastian Bach〉(一六八五～一七五〇) ドイツの作曲家。後期バロックの代表的作曲家で、近代音楽の父といわれる。敬虔(けいけん)かつ品格ある作風をもつ。特にオルガン曲は有名。作品「マタイ受難曲」「ミサ曲ロ短調」など。大バッハ。

はつ-ばい【発売】(名・他スル) 商品を売り出すこと。「新製品を―する」

ばっ-ぱい【罰杯】 宴会で遅れた罰などとして飲ませる酒。

はっ-ぱく【八白】 陰陽道(おんようどう)で、九星(きゅうせい)の一つ。土星。本位は東北。⇩九星

はつ-ばしょ【初場所】 毎年一月に行う大相撲の興行。新年

ぱっ-ぱ-と(副) ①勢いよく繰り返し起こるさま。「―火花がとぶ」 ②ためらいなく物事を行うさま。「―札びらをきる」 ③手ぎわよく物事を行うさま。「―片づける」

はつ-はな【初花】 ①その年、またはその季節に最初に咲く花。②その草木に咲くはじめての花。③その年はじめての桜。春

はつ-はる【初春】 春のはじめ。新春。新年。新年

はつ-ひ【初日】 元日の朝の太陽。新年

はっ-ぴ【法被・◦半被】 ①(職人・旅館の従業員などが着る)しるしばんてん。②武家の中間(ちゅうげん)などの着た上着。③禅宗で、高僧の椅子(いす)にかける金襴(きんらん)などの布。

ハッピー-エンド〈happy ending から〉映画・小説などで、万事がうまくめでたい形で終わること。幸福な結末。

はつ-ひかげ【初日影】 元日の朝の太陽の光。新年

はつ-びな【初△雛】 女子の初節句に飾る雛(ひな)人形。また、その祝い。春 ↔初幟(はつのぼり)

はつ-ひので【初日の出】 元日の日の出。新年

はっぴゃくや-ちょう【八百八町】(チャウ) ①江戸の町数の多いことをいう語。②江戸の町全体。

はつ-びょう【発病】(ビャウ)(名・自スル) 病気になること。病気の症状があらわれること。「ウイルスに感染して―する」

はっ-ぴょう【発表】(ペウ)(名・他スル) 事実・意見・作品などを広く世の中に知らせること。多くの人に表向きに示すこと。「―会」「合格者を―する」

ばつ-びょう【抜△錨】(ベウ)(名・自スル) 船が出航のためにいかりをあげること。↔投錨(とうびょう)

はっ-ぷ【発布】(名・他スル) 新しくできた法律などを世に広く告げ知らせること。公布。「憲法―」

はっ-ぷ【髪膚】 頭髪と皮膚。また、からだ。「身体―」

バッファー〈buffer〉①物の間にあって衝撃をやわらげるもの。緩衝器。②《情報》コンピューターで、送受信するデータを一時的に記憶しておく装置や場所。③ゆとり。余裕。

バッファロー〈buffalo〉① →すいぎゅう ②アメリカバイソンの俗称。⇩バイソン

はつ-ぶたい【初舞台】 ①俳優がはじめて舞台で演技するこ

と。また、その舞台。「―を踏む」②はじめて公の場で事を行うこと。「政治家としての―」

はつ-ふゆ【初冬】冬のはじめ。初冬。冬

はっ-ぷん【発憤・発奮】(名・自スル) 何かのきっかけで精神をふるいたたせること。「大いに―する」

ばつ-ぶん【△跋文】書物などで、本文のあとに書く文章。後書き。跋。↕序文

はつ-ほ【初穂】①その年最初に実った稲穂。転じて、最初に実った穀物・果実。②その年はじめて実った穀物で、神仏に奉るもの。また、神仏に供える金銭・穀物など。「―料」参考江戸時代以前は「はつお」と発音し、「初尾」とも書いた。

はっ-ぽう【八方】①東・西・南・北(四方)と北東・北西・南東・南西(四隅)の八つの方角。②あらゆる方角・方面。方々。「四方―」「―手をつくしてさがす」

―にらみ【―△睨み】①あらゆる方面へ目を配って気をつけること。②画像などの目が、どこから見ても見る人をにらんでいるように見えること。また、その画像。

―びじん【―美人】(どこから見ても欠点のない美人の意から)だれからもよく思われようと、要領よくふるまう人。

―ふさがり【―塞がり】①陰陽道で、どの方向に向かって事を行っても不吉な結果になること。②どの方面にも障害があり、どうにもならないこと。なすすべがないこと。

―やぶれ【―破れ】何の備えもなく、すきだらけであること。転じて、やぶれかぶれで居直った態度であること。

はっ-ぽう【発泡】(名・自スル) あわが発生すること。

―しゅ【―酒】①シャンパンなど炭酸ガスをふくんだ酒の総称。②酒税法で、麦芽または麦を原料の一部とした発泡性のある酒類。ビールに比べ、原料にしめる麦芽の比率が低い。

―スチロール 合成樹脂の一種。内部に無数の気泡をふくむ。建材・梱包材用。

はっ-ぽう【発△疱】《医》皮膚に水ぶくれができること。

はっ-ぽう【発砲】(名・自スル) 弾丸を発射すること。

ばっ-ぽう【罰俸】もと、懲戒処分としての官吏の減給。

はっぽう-さい【八宝菜】中国料理の一つ。肉・魚介・野菜など多くの種類の具材を炒め煮にし、とろみをつけた料理。

ばつ-ぼく【伐木】(名・自スル) 木をきり倒すこと。

はつ-ぼん【初盆】→にいぼん 秋

ばっ-ぽん【抜本】物事の根本原因を除き去ること。「―的(=物事の根本から改めるさま)な対策」

―そくげん【―塞源】根本原因を取り去って、大もとからその弊害をなくすこと。

はつ-まいり【初参り】(名・自スル) ①→はつもうで 新年 ②生まれてはじめて神社や寺に参ること。

はつ-まご【初孫】はじめての孫。初孫。

はつ-みみ【初耳】はじめて聞くこと。また、その話。

はつ-めい【発明】■一(名・他スル) 今まで存在しなかったものを新しく作り出すこと。特に、科学技術の分野に関するものをいうことが多い。■二(名・形動ダ) 賢いさま。利発。「―な子」

はつ-もう【発毛】(名・自スル) 毛が生えること。「―剤」

はつ-もうで【初詣(で)】(名・自スル) 新年になってはじめて神社・仏閣に参ること。初参り。新年

はつ-もの【初物】①その年、はじめて実った穀物・野菜・果実など。②その季節になって、はじめて食べる物。

―ぐい【―食い】①初物を好んで食べること。また、その人。②なんでも新しいものに飛びつくこと。また、その人。

はつ-もん【発問】(名・自スル) 問いを発すること。

はつ-やく【初役】その役者にとってはじめて演じる役柄。

はつ-ゆ【初湯】①新年最初にはいる風呂。また、その風呂にはいること。正月二日の湯。初風呂。新年 ②うぶゆ。

はつ-ゆき【初雪】その冬、あるいはその年はじめて降る雪。冬

はつ-ゆめ【初夢】その年、はじめて見る夢。正月の一日、または二日の夜に見る夢。新年

はつ-よう【発揚】(名・他スル) 精神や気分をふるいたたせること。「士気を―する」

ばつ-よう【末葉】→まつよう

はつ-らつ【△潑△剌】(タル) (魚が勢いよくはねるさまの意から)動作や表情に元気のあふれているさま。「元気―」文(形動タリ)

はつ・る【◇削る・◇剝る・△剟る】(他五) ①そぎ落とす。けずる。②上前をはねる。

はつ-れい【発令】(名・自他スル) 公の立場で法令・辞令・警報などを出すこと。「警戒警報―」

はつ-ろ【発露】(名・自スル) 心の中のことが自然に行動や態度・表情などにあらわれ出ること。「愛情の―」

はつ-わ【発話】(名・自他スル) 相手に向かって、音声言語を発すること。また、その発せられた音声。「―行為」

はて【果て】①物事の行き着くところ。しまい。終わり。際限。「旅路の―」「なれの―(=落ちぶれた末)」「―のない議論」②山・野・海・空などの一番遠いところ。「地の―」

はて(感) 怪しんで、また、迷って考えこむときに発する声。「―あの火はなんだろう」「―どうしたものか」

は-で【派手】(名・形動ダ) 彩り・行動・性格などがはなやかで人目を引くこと。また、そのさま。「―な柄」「―な宣伝」↕地味

語源 三味線などの「破手」から転じた語という。「破手」とは「本手」に対する言葉で、新しい曲風のにぎやかでくずした弾き方。そこから、一般に服装や行動がはなやかで人目を引くようすを「はで」というようになった。また、「はえて(映え手)」の変化した語ともいう。

パテ〈フランス pâté〉①細く刻んだ肉や内臓などをパイ生地や器に入れてオーブンで焼いた料理。②テリーヌ。

パテ〈putty〉酸化錫、または炭酸石灰を油でこねたもの。窓ガラスの固定や鉄管の継ぎ目の補強などに使う。

ば-てい【馬丁】馬の世話や口取りを職業とする人。

ば-てい【馬△蹄】馬のひづめ。「―形磁石」

バディー〈buddy〉相棒。仲間。二人組の相方。

パティシエ〈フランス pâtissier〉洋菓子を作る職人。

はて-し【果てし】終わり。限り。はて。「―のない議論」「―もなく続く」参考「し」は強意の助詞。あとに打ち消しの語を伴う。

―な・い(形) 限りがない。終わりがない。「―空」文はてしな・し(ク)

はて-な(感) 怪しみいぶかるときに発する語。「―、おかしいぞ」「―マーク(=疑問符「?」の俗称)」語源 感動詞「はて」+終助詞「な」

はで-やか【派手やか】(形動ダ) はでなさま。はなやか。華麗。「―な衣装」文(ナリ)

は・てる【果てる】(自下一) ①終わる。「いつ―ともしれない戦い」②死ぬ。「戦場で―」③(動詞の連用形の下に付いて)これ以上…することができない所まで…する。きわまる。…し終わる。「あきれ―」「精も根もつき―」文は・つ(下二)

ば・てる(自下一)《俗》すっかり疲れて動けなくなる。続けてゆく体力がなくなる。へばる。「強行軍で―」

バテレン〈ポルトガル padre 神父〉①室町時代末、伝道のために渡来したカトリックの司祭。②(転じて)キリスト教。また、キリスト教徒。参考「×伴天連」とも書く。

は-てんこう【破天荒】(名・形動ダ) 今までだれもし

なかった事をすること。前代未聞。「―の大事業」【故事】唐代の荊州では受験生を厳選して中央の科挙に送ったがいつも落第したので、世間では荊州を天荒(=天地未開の状態)と呼んだ。後に劉蛻が初めて及第したとき人々が驚いて「天荒を破った」と語り合ったことからいう。〈北夢瑣言〉

パテント〈patent〉特許。特許権。

はと【△鳩】〔動〕ハト科の鳥の総称。体長一五―八〇センチメートルでくちばしの根もとがふくれ、頭は小さく、胸が高い。多くは果実や草の種子を食べる。性質は温和。帰巣性が強い。平和の象徴とされる。

―が豆鉄砲を食ったよう 突然のことに驚いて、目を丸くしているようす。**―に三枝の礼あり** 礼儀を重んじるべきだということのたとえ。[語源]子鳩は、親鳥より三段下の枝にとまって礼儀の心を表すということから。

は-とう【波頭】波の上の泡だつ部分。波頭。

は-とう【波△濤】大波。

は-どう【波動】①波のうねり。波の動き。②〔物〕一点に起こった変化が、次々と周囲に伝わって行く現象。水面の波・音波など。③周期的な高低の変化。「景気の―」

は-どう【覇道】武力や策略で天下を治める方法。↔王道

ば-とう【罵倒】(名・他スル)激しくののしること。「口汚く―する」

ばとう-かんのん【馬頭観音】〔仏〕六観音の一つ。人身馬頭の像と頭上の宝冠に馬頭をいただく像があり、怒りの相をする。俗に馬の病気や安全を守る仏として信仰される。

パト-カー「パトロールカー」の略。

はと-こ【×再従兄弟・×再従姉妹】→またいとこ

パトス〈ギリシャ pathos〉〔哲〕一時的で熱情的な心の状態。感情。激情。情熱。情念。↔ロゴス・エトス

パドック〈paddock〉①競馬場で、出走前に馬を観客に下見させる所。下見所。引き馬場。②自動車レース場で、出場する車の整備や点検をする所。

はと-どけい【△鳩時計】時刻を知らせるために扉から木製の鳩が出て、時の数だけ鳴くようにした仕掛け時計。

はと-は【△鳩派】強硬な手段によらず、物事を穏やかに解決しようという考えに立っている人々の一派。↔鷹派

はと-ば【波止場】港の海中に突き出た築造物。波をよけ、船をつなぎ、船客の乗降、荷物のあげおろしなどに使われる。[参考]常用漢字表付表の語。

はとば-いろ【△鳩羽色】鳩の羽の色のように、黒みがかったうすい青緑色。

はと-ぶえ【△鳩笛】①鳩の形をした土製の笛。②鳩の鳴き声に似た音を出す笛。猟師が鳥寄せに用いる。[秋]

バドミントン〈badminton〉ラケットでシャトル(=羽根のついた球)をネット越しに打ち合う競技。[語源]競技の原型ができたとされるイギリスのバドミントン村にちなむ。

はと-むぎ【△鳩麦】〔植〕イネ科の一年草。ジュズダマの変種。葉は細長い。夏、ジュズダマに似た花を開く。種子は食用・薬用。川穀。[秋]

はと-むね【△鳩胸】鳩の胸のように前方に突き出た胸部。また、そのような胸の人。

はと-め【△鳩目】靴や紙挟みなどの、ひもを通す丸い穴。または、それにつける環状の金具。

は-どめ【歯止め】①とめた自動車などが動かないように車輪にあてがっておくもの。②車輪の回転を止める装置。ブレーキ。③事態の急速な進行をおさえること。また、そのための方法。「円安に―をかける」

バトラー〈butler〉執事。

バトル〈battle〉戦い。戦闘。

―ロイヤル〈battle royal〉(プロレスなどで)複数人で戦い、最後まで勝ち残った者が優勝する勝負形式。

パトローネ〈ドイ Patrone 弾薬筒〉三五ミリフィルム用の金属製の円筒形容器。そのままカメラに装塡できる。

パトロール〈patrol〉(名・自スル)犯罪や事故を防止するために、警官などが一定の区域を巡視すること。

―カー〈patrol car〉犯罪や事故を防止するための巡察に用いる自動車。おもに、警察のそれをいう。パトカー。[はじまり]一九五〇(昭和二十五)年、警視庁が自動車による警邏方式を取り入れて配備したのが最初。

パトロン〈patron〉①特定の芸術家などの経済的な後援者。②芸者やホステスに金を出して生活の支援をする人。

ハトロン-し【ハトロン紙】茶褐色のじょうぶな洋紙。封筒や包み紙などに用いる。[語源]「ハトロン」は、「薬莢」を意味するオランダ語の patroon のなまりといわれる。

バトン〈baton〉①陸上のリレー競技で、走者から次の走者へ手渡す筒状の短い棒。「―パス」②音楽の指揮棒。タクト。また、パレードなどで用いる、飾りのついた指揮用の杖や棒。

―を渡す 後継者に仕事や地位を引き継ぐ。

―ガール〈和製英語〉音楽隊や応援団などの先頭で、バトンをあやつりながら先導をつとめる少女。バトントワラー。

―タッチ〈和製英語〉(名・自スル)①リレー競技で、走者が次の走者にバトンを渡すこと。バトンパス。②後継者に仕事や地位を引き継ぐこと。[参考]英語では baton pass という。

―トワラー〈baton twirler〉→バトンガール

はな【花・華】①〔植〕種子植物の枝・茎などにつく生殖器官。ふつう、がく・花冠・おしべ・めしべなどをそなえる。「桃の―」②桜の花。古くは梅の花をもさした。[春]③美しく、はなやかなことやもの。多く女性についてもいう。「―の都、パリ」「―の顔(=美しい顔)」「両手に―」④最もよい時期。「青年時代が人生の―だ」⑤名誉。ほまれ。「―をゆずる」⑥そのものの最もすぐれた点。精華。「武道の―」⑦芸人などに与える祝儀。芸者の揚げ代。花代。「―をはずむ」⑧「花色」「はなだ色」の略。⑨「生け花」の略。「お―を習う」⑩仏前に供える樒などの植物の枝葉。⑪「花合わせ」「花がるた」「花札」の略。

―が咲く ①好機に合って栄える。②盛んになる。次々と続く。「思い出話に―」**―は桜木人は武士** 花の中では桜が、人の中では(桜のように潔い)武士が最もすぐれている。**―も実もある** 外見・内容ともにりっぱである。**―より団子** 名前や外見より実益のほうをえらぶこと。また、風流を解さないこと。[語源]美しさを見て楽しむだけの花より、腹を満たす団子のほうがよいということから。[参考]類似のことば―名を捨てて実を取る・名を取るより実を取れ。**―を持たせる** 勝利や手柄などを相手に譲る。

はな【△洟】鼻の穴から出る汁。鼻汁。鼻水。「―をかむ」

―も引っ掛けない まったく相手にしない。無視する。

はな【◇端】①物事のはじめ。最初。「―から調子がいい」②突き出たものの先端。「山の―」

はな【鼻】哺乳類の顔の中央の小高く盛り上がった部分。においの感覚と呼吸を受け持ち、発声を助ける器官。

―が利く ①嗅覚が鋭い。②わずかな兆候を敏感に察知する能力がある。**―が高い** 得意である。誇らしい。**―であしらう** 軽蔑して、冷たく扱う。鼻の先であしらう。**―で笑う** 相手を見下してあざけるように笑う。**―に掛ける** 自慢する。**―に付く** ①不快なにおいが鼻を刺激する。②あきて

いやになる。いやみに感じられる。**—の先**(さき) すぐ近く。目の前。目と鼻の先。**—の下**(した)**が長**(なが)**い** 女性に甘い。**—を明**(あ)**かす** 出し抜いてあっと言わせる。**—を折**(お)**る** 得意になっている人の面目(めんぼく)を失わせる。**—を突**(つ)**き合**(あ)**わせる** 狭い場所で向かい合う。きわめて近く寄り合う。**—を突**(つ)**く** 強いにおいが鼻を刺激する。鼻を打つ。鼻を刺す。**—を鳴**(な)**らす** ①(犬などが)鼻から音を出す。②鼻にかかった甘え声を出す。

-ばな【◦端】(接尾)(動詞の連用形に付いて)はじめ。途端。「寝入りー」

バナー〈banner 旗・幟(のぼり)〉インターネットのウェブサイトに表示される帯状の画像。おもに広告・宣伝用。「ー広告」

はな-あかり【花明〔か〕り】 桜の花が一面に咲いて、夜でもあたりが明るく見えること。春

はな-あぶら【鼻脂】 小鼻のあたりににじみ出るあぶら。

はな-あらし【花嵐】 桜の花を散らす強い風。また、強い風で桜の花びらが盛んに散ること。

はな-あわせ【花合〔わ〕せ】アハセ ①花札を使い、同じ花の札を組み合わせて点数を競う遊び。②平安時代、左右の組に分かれて桜の花を持ち寄って比べたり、その花を和歌に詠んだりして優劣を競った遊び。花くらべ。花いくさ。春

はな-いかだ【花◦筏】 ①花が散って水面を流れるのを、いかだにたとえた語。春 ②花の枝を折りそえたいかだの模様の紋。③〔植〕ハナイカダ科の落葉低木。雌雄異株(しゅ)。卵形の葉の中央部に淡緑色の花や黒い実をつける。若葉は食用。

はな-いき【鼻息】 ①鼻でする息。②意気ごみ。「すごいーだ」

—が荒(あら)**い** 意気ごみが激しい。**—を窺**(うかが)**う** おそるおそる相手の意向や機嫌をたしかめる。人の顔色をうかがう。

はな-いくさ【花◦軍】 ①昔、宮廷などで、二組に分かれ桜の花の枝などで打ちあった遊び。春 ②→はなあわせ②

はな-いけ【花生け・花◦活け】 花をいける器。花入れ。

はな-いばら【花茨】 花の咲いているいばら。夏

はな-いれ【花入れ】 花をいける器。花生け。

はな-いろ【花色】 ①花の色。②→はなだ

はな-うた【鼻歌・鼻唄】 鼻にかかった小さい声で歌のメロディーを口ずさむこと。また、その歌。

—まじり【—交じり】 鼻歌を歌いながら、機嫌よく、または気軽に何かをするようす。

はな-お【鼻緒】ヲ げた・ぞうりにすげて、足の指をかけるひも。

はな-おち【花落ち】 花が落ちて間もないころにとった、キュウリ・ナスなどの若い実。

はな-がき【花垣】 花の咲く植物で作った生け垣。

はな-かげ【花陰】 花の咲いている木の下かげ。

はな-かご【花籠】 草花をつみ入れたり、いけたりするかご。

はな-がさ【花◦笠】 踊りや祭礼などのときにかぶる、造花や生花で飾ったかさ。

はな-かずら【花◦鬘】カヅラ ①髪の飾りとして花を糸でつらねたもの。②仏前に飾る華鬘(けまん)。

はな-かぜ【花風】 桜の花の盛りに吹いて花を散らす風。

はな-かぜ【鼻風邪】 鼻がつまり、鼻汁が出る軽いかぜ。冬

はな-がた【花形】 ①花の形。花模様。②はなやかで人気のある人や事物。「ー役者」「ー産業」

はな-がたみ【花◦筐】 花をつんで入れるかご。花かご。

はな-がつお【花◦鰹】ガツヲ 薄く細かく削ったかつおぶし。

はな-がみ【鼻紙】 鼻をかむときなどに用いる紙。ちり紙。

はな-がめ【花◦瓶】 花をいけるかめ。花いけ。花瓶(かびん)。

はな-がら【花柄】 花の模様。「ーのカーテン」

はな-がるた【花×加留多】 →はなふだ

はな-かんざし【花◦簪】 造花などで飾ったかんざし。

はな-ぎ【鼻木】 牛の鼻に通す輪の形の木、または金属。鼻輪。鼻繋(はながい)。

はな-ぐすり【鼻薬】 ①鼻の病気の治療に用いる薬。②少額のわいろ。袖(そで)の下。「ーをきかせる」「ーをかがせる(=少額のわいろを贈る)」③子供をなだめすかすために与える菓子。

はな-くそ【鼻◦糞・鼻◦屎】 鼻孔の中で鼻汁とほこりがまざって固まったもの。「ーをほじくる」

はな-ぐもり【花曇〔り〕】 桜の花が咲くころに多い、空が薄く曇っていること。また、そういう天気。「ーの空」春

はな-げ【鼻毛】 鼻の穴に生えている毛。

—を抜(ぬ)**く** 人をだます。だしぬく。**—を伸**(の)**ばす** 女性の魅力にだらしなくおぼれる。**—を読**(よ)**まれる** 女性に見くびられる。

はな-ごえ【鼻声】ゴヱ ①かぜをひいて鼻にかかった声。②涙にむせんだ声。③女性などが甘えるときの鼻にかかった声。

はな-ごおり【花氷】ゴホリ 中に花を入れて凍らせた氷。夏

はな-ござ【花◦茣◦蓙】 →はなむしろ①

はな-ことば【花言葉・花◦詞】 それぞれの花に、その特質によって一定の象徴的な意味を持たせたもの。バラは「愛」、スミレは「誠実」など。

はな-ごよみ【花暦】 四季の花を月ごとに順にしるし、その咲く時節と名所をしるしたもの。新年

はな-ざかり【花盛り】 ①花が盛んに咲くこと。また、その季節。②物事が盛んであること。③女性の最も美しい年ごろ。

はな-さき【鼻先】 ①鼻の先端。「ーであしらう(=ばかにして軽く扱う)」②すぐ目の前。「ピストルをーにつきつける」

はな-ざくら【花桜】 桜の花。桜花。

はなさそふ… 和歌〔花さそふ 嵐(あらし)の庭の 雪ならで ふりゆくものは わが身なりけり〕〈新勅撰集 入道前太政大臣(にゅうどうさきのだいじょうだいじん)(藤原公経(きんつね))〉ふりゆくものは、嵐が桜の花をさそって吹き散らす庭の花吹雪ではなく、年々年をとってゆくわが身であることだ。(「ふりゆく」に「降りゆく(=散ってゆく)」と「古りゆく」とを掛けている。小倉百人一首の一つ)

-はなし【放し】(接尾)(動詞の連用形に付いて、多く「…っぱなし」の形で)そのままほうっておく意や、ある状態が続く意を表す。「出しっー」「勝ちっー」

はなし【話・◦咄・◦噺】 ①話すこと。談話。会話。「人のーを聞く」②物語。説話。また、それらの内容や話題。「桃太郎のーだ」③世間で言われていること。うわさ。「彼は外国へ行ったというーだ」④物事を決めるために、考えを述べ合うこと。相談。用談。交渉。「うまいーにのる」「ーをつける」⑤物事の道理や事情。わけ。「ーのわかる人」⑥口で言うだけで、実際にないこと。「それはーだけにすぎない」⑦落としばなし。落語。「人情ー(ばなし)」

▼「話」「噺」が下に付く語

(話)打ち明けー 内輪ー 裏ー 御伽(おとぎ)ー 落としー 楽屋ー 軽口ー 小ー 零(こぼ)れー 仕方ー 素ー 世間ー 高ー 立ちー 例えー 茶飲みー 茶ー 作りー 長ー 人情ー 濡(ぬ)れー 馬鹿(ばか)ー ひそひそー 一口ー 一つー 土産ー 昔ー 無駄ー 夜ー 別れー 笑いー (噺)音曲ー 三題ー

—が付(つ)**く** 相談・交渉などがうまくまとまる。**—が弾**(はず)**む** 次から次へと話題が広がって活気づく。**—が分**(わ)**かる** 世事・人情に通じて、人の言うことや思うことをよく理解する。**—にならない** 取り上げて話すだけの価値はまったくない。**—に花**(はな)**が咲**(さ)**く** さまざまな興味ある話題が次々に出る。**—に実**(み)**が入**(はい)**る** 興にのって話に熱中する。**—の腰**(こし)**を折**(お)**る** 口出しをして話を中断させ、あとを続ける気をなくさせる。

—あい【話〔し〕合い】アヒ 話し合うこと。相談。

―あいて【話(し)相手】(アヒテ) 話をする相手。話の合う相手。相談の相手。

―か【△咄家・△噺家】 落語や人情話などを話して聞かせることを職業としている人。落語家。

―がい【話(し)×甲斐】(ガヒ) 話しただけの効果。

―かた【話(し)方】 話の仕方。話す方法やようす。

―ごえ【話(し)声】(ゴヱ) 話をする声。「―が聞こえる」

―ことば【話(し)言葉】 日常会話に用いる言葉。口語。音声言語。↔書き言葉
―て【話(し)手】 話す人。話すほうの人。また、話上手な人。↔聞き手
―はんぶん【話半分】 ほんとうのことは話の半分くらいで、あとの半分はうそか誇張だということ。「―に聞いておこう」

―ぶり【話(し)振り】 話し方。話をするときのようす。話しっぷり。

はなし-あ・う【話(し)合う】(アフ)―(自五)(ワ(オ)・イ(ッ)・ウ・ウ・エ・エ) ①たがいに話す。②物事を解決するために相談する。「進路を―」
はなし-がい【放し飼い】(ガヒ)― 家畜などを、つないだり柵で囲ったりしないで飼うこと。放ち飼い。「牛の―」
はなし-か・ける【話(し)掛ける】(自下一)(ケ・ケ・ケル・ケル・ケレ・ケロ(ケヨ)) ①相手に会話をしかける。「見知らぬ人に―」②話し始める。途中まで話す。「―・けてやめる」 文はなしか・く(下二)
はなし-こ・む【話(し)込む】(自五)(マ(モ)・ミ(ン)・ム・ム・メ・メ) 相手との話に熱中する。話に夢中になる。「夜ふけまで―」
はなし-じどうしゃ【花自動車】 祭典・祝祭日などに、周囲を造花やイルミネーションで飾りたててパレードをする自動車。
はなし-しょうぶ【花△菖△蒲】(シヤウブ)― 〘植〙アヤメ科の多年草。葉は細長く剣状で、初夏に紫・白・紫紅色などの大きな花を開く。ノハナショウブの栽培品種。しょうぶ。夏
はな-じる【鼻汁】 鼻から出る粘液。はな。はなみず。はなしる。
はな-じろ・む【鼻白む】(自五)(マ(モ)・ミ(ン)・ム・ム・メ・メ) 気おくれした顔つきをする。また、興ざめした顔つきになる。「人の自慢話に―」
はな・す【放す】(他五)(サ(ソ)・シ・ス・ス・セ・セ) ①にぎっていたり、つかんでいたりするのをやめる。「手綱を―」②ときはなつ。自由にする。「魚を川に―」③(動詞の連用形の下に付いて)㋐ほったらかす。そのままにほうっておく。「開け―」㋑ある状態を続ける。「勝ちっ―」 自はな・れる(下一) 可能はな・せる(下一) 参考 ③は、前に促音を入れて「…っぱなす」と言うことが多い。

はな・す【話す】(他五)(サ(ソ)・シ・ス・ス・セ・セ) ①声に出して人にものを言う。人に言葉で告げる。「欠席の理由を―」②たがいに言葉をかわす。語り合う。「旧友と昔のことを―」③ある言語を使う。「三か国語を―」 可能はな・せる(下一)

表現

〔類語〕	▼言う・おっしゃる・語る・口にする・口に出す・しゃべる・ぬかす・のたまう・述べる・ほざく・申す・申し上げる・物語る
〔〜する〕	▼会話・言及・口述・他言・談話・陳述
〔慣用〕	▼(〜話す)油紙に火がついたように・ある事ない事・おもしろおかしく・かいつまんで・口から出まかせに・声高に・立て板に水を流すように・喋々(ちょうちょう)と・滔々(とうとう)と・喋々喃々(なんなん)と・訥々(とつとつ)と・歯切れよく・膝(ひざ)を交えて・水の流れるように・流暢(りゅうちょう)に ▼〈擬声・擬態語〉きんきん・くだくだ・くどくど・ごにょごにょ・しんみり・ずけずけ・ずばずば・ずばり・つけつけ・つべこべ・ぬけぬけ・はきはき・ひそひそ・ぶすぶす・ぶつくさ・ぶつぶつ・ぺちゃくちゃ・ぺちゃぺちゃ・べらべら・ぺらぺら・ぼそっと・ぼそぼそ・ぼつりぼつり・むにゃむにゃ・もぐもぐ
〔ことわざ〕	▼話し上手の仕事下手・話し上手の聞き下手・話し上手は聞き上手

はな・す【離す】(他五)(サ(ソ)・シ・ス・ス・セ・セ) 《中心義―続いていたものを、間に空間がある状態にする》①くっついているものを分ける。「手すりから手を―」②距離をあける。遠くへだてる。「机を―・して並べる」③関心をほかへそらす。「子供から目を―」 自はな・れる(下一) 可能はな・せる(下一)
はな-すじ【鼻筋】(スヂ)― 眉間(みけん)から鼻先までの線。「―が通る」
はな-すすき【花◇薄】 穂の出たススキ。尾花。秋
はな-ずもう【花相撲】(ズマフ)―・(ズマウ)― 大相撲で、本場所以外に行う臨時の相撲。語源 もと、入場料を取らずに、花(=祝儀(しゅうぎ))を受けて興行したことから。
はな・せる【話せる】(自下一)(セ・セ・セル・セル・セレ・○) ①話すことができる。②分別があって話がわかる。融通がきく。「彼は―人だ」
はな-ぞの【花園】 草花を多く植えてある園。秋
はなだ【△縹】(「はなだ色」の略)薄い藍色(あいいろ)。花色。
はな-だい【花代】 芸者や遊女と遊ぶ料金。玉代(ぎょくだい)。
はな-たかだか【鼻高高】(副・形動ダ) いかにも得意げなさま。「―になる」「―に自慢する」
はな-たけ【鼻△茸】〘医〙鼻の穴にできる一種のはれもの。鼻粘膜の慢性炎症により生じる。鼻ポリープ。
はな-たちばな【花△橘】 ①花の咲いているタチバナ。タチバナの花。夏 ②「万両(まんりょう)」の異称。
はな-たて【花立て】 ①仏前・墓前に花を立てて供える器。②花をさすための器。花いけ。花筒。
はな-たば【花束】 草花を幾本もたばねたもの。ブーケ。
はな-だより【花便り】 花の咲いたようすを知らせる便り。特に、桜の咲きぐあいに使う。花信(かしん)。「―が届く」春
はな-たらし【△洟垂らし】 ①たえずはなを垂らしていること。また、そういう子供。はなたれ。②意気地のない者や経験の浅い者、また、子供などをあざけっていう語。はなたれ。
はな-たれ【△洟垂れ】 はなたらし。「―小僧」
はな-ぢ【鼻血】 鼻の穴から出る血。
はなち-がい【放ち飼い】(ガヒ)― →はなしがい(放し飼い)
はなち-がき【放ち書き】(名・自他スル) ①単語と単語の間をあけて書く表記のしかた。わかちがき。②(連綿体に対して)字を一字一字はなして書く書き方。幼稚な書き方とされた。
はな・つ【放つ】(他五)(タ(ト)・チ(ッ)・ツ・ツ・テ・テ) ①束縛を解いて自由にする。放す。「虎(とら)を野に―」②矢・弾などを遠くに飛ばす。射る。うつ。「矢を―」「砲を―」③(光・音・においなどを)発する。「悪臭を―」「異彩を―」④火をつける。「火を―」⑤任務を与えて派遣する。送り出す。「密偵(みってい)を―」⑥遠ざける。追放する。「罪人を島に―」 可能はな・てる(下一)
はな-づくし【花尽(く)し】 ①いろいろな花を描いた模様。②いろいろな花の名を列挙すること。
はな-つくり【花作り】 花の美しい草木を栽培すること。また、栽培する人。はなづくり。「―の名人」
はな-づつ【花筒】 花をいけてさす筒。おもに竹の筒。
はなっ-つら【鼻っ面】 鼻の先端。鼻先。はなづら。
はな-づな【鼻綱】 牛の鼻輪につける綱。鼻縄。
はなっ-ぱし【鼻っぱし】 →はなっぱしら②
はなっ-ぱしら【鼻っ柱】 ①「はなばしら」の促音便。②人に負けたくないと思う意気込み。負けん気。鼻っぱし。
―が強(つよ)い 自信が強く、自己の主張をゆずらない。鼻っぱしが強い。
―を圧(へ)し折(お)る 自信過剰の者をやりこめる。
はな-つまみ【鼻◇摘み】 人からひどく嫌われること。また、そ

の人。鼻っつまみ。「ー者」

はな-づまり【鼻詰〔ま〕り】鼻の穴がはなみずやはなくそなどでふさがって呼吸しにくくなること。はなつまり。

はな-つみ【花摘み】野辺の草花をつみとること。

はな-づら【鼻面】鼻の先端。鼻先。はなっつら。「ーを取って引き回す(=思うように他人を動かす)」

はな-でんしゃ【花電車】祝賀や記念の行事などのために運転する、花や電球などで飾った電車。

はな-どき【花時】①桜の花の咲くころ。春 ②花の盛り。

はな-どけい【花時計】公園の花壇などにある、文字盤にあたるところに季節の花を植え込んだ大きな時計。

バナナ〈banana〉〘植〙バショウ科の多年草。熱帯アジア原産。形は芭蕉に似て、葉は大形で長楕円形。夏に淡黄色の花を穂状につける。果実は弓形で房状になり、食用。品種は多い。夏

はな-の【花野】秋草の花の美しく咲いている野原。秋

はなのいろは… 和歌〔花の色は うつりにけりな いたづらに 我が身世にふる ながめせしまに〕〈古今集 小野小町〉美しく咲いていた桜の花は、長雨が降り続くうちに色あせてしまったことだ。同じように、わが身もむなしく恋に時を過ごし物思いに沈んでいるうちに、いつしか容色が衰えてしまったことだなあ。(「花の色」は容色を、「世」は「男女の仲」を暗示し、また、「ふる」に「降る」と「経る」を、「ながめ」に「長雨」と物思いに沈む意の「眺め」を掛けている。小倉百人一首の一つ)

はな-の-えん【花の宴】花、特に桜を見ながらもよおす酒盛り。花見の宴。花見。春

はな-の-くも【花の雲】群がり咲いている桜の花を雲にたとえた語。春

はな-ばさみ【花△鋏】草花や木の小枝などを切るはさみ。

はな-ばしら【鼻柱】①鼻の左右の穴をへだてる壁。鼻の障子。鼻中隔。②鼻を隆起させている軟骨。鼻梁。③→はなっぱしら②

はな-はずかし・い【花恥〔ず〕かしい】ハヅカシイ (形) カロ・カッ(ク)・イ・イ・ケレ・○ 花も恥じらうほど初々しく美しい。特に、若い女性についていう。文はなはづか・し(シク)

はなはだ【甚だ】(副)非常に。たいそう。「ー勝手ですが」

はな-ばたけ【花畑・花△畠】①草花を栽培する畑。草花のたくさん咲いている所。秋 ②→おはなばたけ②

はなはだ-し・い【甚だしい】(形) カロ・カッ(ク)・イ・イ・ケレ・○ 程度が激しい。過度である。「非常識もー」文はなはだ・し(シク)

はなばな-し・い【華華しい・花花しい】(形) カロ・カッ(ク)・イ・イ・ケレ・○ たいへんはなやかだ。活気があって、みごとだ。「ー活躍」文はなばな・し(シク)

はな-び【花火】火薬を筒や玉に入れ、また、紙によりこんで、火をつけて光や色・音を出させて楽しむもの。「打ち上げー」夏

はな-びえ【花冷え】春、桜の花が咲くころに一時的にもどってくる寒さ。春

はな-びし【花△菱】四つの花弁を菱形に描いた紋。

はな-びら【花◦弁】〘植〙雌蕊・雄蕊の外側にある花冠の各片。花弁。

はな-ぶさ【花房】ふさのようになって咲く花。「藤のー」

はな-ふだ【花札】花合わせに用いる札。月々の花一二種の札が各四枚、計四八枚で一組。また、それを使った遊び。花がるた。

はな-ふぶき【花吹雪】花がふぶきのように激しく乱れ散ること。特に、桜の花が乱れ散ること。春

はな-へん【鼻偏】漢字の部首名の一つ。「鼾」「齁」などの「鼻」の部分。

パナマ〈panama〉「パナマ帽」の略。

ーぼう【ー帽】パナマ草(=全形がヤシに似た多年草)の若葉を細く裂き、白くさらしたもので編んだ夏の帽子。パナマ。夏

パナマ〈Panama〉中央アメリカにある共和国。首都はパナマシティ。

はな-まがり【鼻曲〔が〕り】①鼻筋が曲がっていること。また、その人。②性質のひねくれた人。つむじ曲がり。③生殖期で鼻先が曲がっている鮭や鮎の雄。

はなまき-そば【花巻×蕎麦】かけそばの上に、あぶって細かにもんだ海苔をふりかけた食べ物。

はな-まち【花街・花町】芸者屋・料理屋などの集まっている町。色町。色里。

はな-まつり【花祭〔り〕】〘仏〙毎年四月八日に釈迦の誕生を祝って行う法要。灌仏会。春

はな-まる【花丸】①(「花丸きゅうり」の略)花のついた小さなキュウリ。刺身のつまに使う。②何重かの丸の外側に花びらをかたどった印。小学校などで、よくできた答案・作品に付ける。

はな-み【花見】花、特に桜の花をながめ遊ぶこと。春

ーざけ【ー酒】花見をしながら飲む酒。春

はな-み【花実】①花と実。②名と実。「死んでーが咲くものか」

は-なみ【歯並〔み〕】歯の並びぐあい。歯ならび。

はな-みず【鼻水】ミヅ 水気の多い鼻汁。はな。「ーをすする」

はな-みずき【花水木】ミヅキ〘植〙ミズキ科の落葉小高木。北アメリカ原産。五月ごろ、四枚の白色または紅色の花弁のような苞の中に、淡緑色の四弁花が球状に集まり咲く。園芸品種が多い。アメリカヤマボウシ。春(夏)

はな-みち【花道】①歌舞伎などで、舞台から続いて客席をつらぬいて設けられた、俳優の出入りや演技に用いられる細長い通路。②相撲で、力士が土俵に出入りする通路。③最後に注目される、はなばなしい場面。特に、活躍した人が惜しまれて引退する場面。「人生のー」「引退のーを飾る」

〔はなみち①〕

はな-みどう【花◦御堂】ミダウ〘仏〙四月八日の花祭りに、釈迦の誕生像を安置する、花で飾った小さな堂。春

はな-むけ【△餞・△贐】旅立ちや門出を祝い、金品・詩歌などを贈ること。また、そのもの。餞別。語源 旅立つ人の馬の鼻を行く先に向けて安全を祈った「馬の鼻向け」から。

はな-むこ【花婿】結婚式当日の結婚する男性の美称。新郎。↔花嫁

はな-むしろ【花△筵・花△蓆】①種々の色に染めた藺で、花模様を織り出した敷物。はなござ。夏 ②一面に散り敷いた花びら。春

はな-むすび【花結び】糸やひもなどをいろいろな花の形に結ぶこと。また、その結んだもの。衣服・調度などの飾りとする。

はな-め【花芽】咲く季節になれば花となる芽。花芽。

はな-めがね【鼻眼鏡】①鼻の根もとにはさんでかける、つるのないめがね。②めがねがずり落ちて鼻先にかかっていること。

はな-もじ【花文字】①ローマ字などの大文字に飾りをつけた字体。飾り文字。②草花を文字の形に並べ植えたもの。

はなもち-ならない【鼻持ちならない】①言動がいやみで見聞きするに耐えない。「ー態度」②臭くてがまんできない。

はなもと-じあん【鼻元思案】目先だけのあさはかな考え。

はな-もの【花物】 生け花・園芸で、おもに花を観賞する植物。⇩葉物(はもの)・実物(みもの)

はな-もよう【花模様】(モヤウ) ①花の形の模様。②花のように美しくはなやかな模様。

はな-もり【花守】 花の番をする人。特に、桜の番人。㊐春

はなやか【華やか・花やか】(形動ダ)(ダロ・ダッ(デ・ニ)・ダ・ナ・ナラ・○) ①花のように明るく美しいさま。「紡績産業ーなりしころ」②勢いが盛んで目立っているさま。「ーな服装」㊫(ナリ)

はなや・ぐ【華やぐ・花やぐ】(自五)(ガ(ゴ)・ギ(イ)・グ・グ・ゲ・ゲ) 明るくはなやかになる。はなばなしくなる。「会場のー・いだ雰囲気」

はな-やさい【花△椰菜】→カリフラワー

はな-やしき【花屋敷】 観賞用に草花を植えてある庭園。

はな-よめ【花嫁】 結婚式当日の結婚する女性の美称。新婦。「ー衣装」↔花婿

―ごりょう【―御寮】(ゴレウ) 「花嫁」の敬称。

は-ならび【歯並び】 歯の並びぐあい。歯並(な)み。

はなれ【離れ】 ①はなれること。②(名詞に付いて、「…ばなれ」の形で)㋐離れていくこと。「活字ー」㋑かけ離れていること。「日本人ーした顔」③「離れ座敷」「離れ家②」の略。

▼「離れ」が下に付く語
(はなれ)切りー　切れー　(ばなれ)浮き世ー　金ー　現実ー　子ー　素人(しろうと)ー　巣ー　世間ー　俗ー　乳(ち)・(ちち)ー　手ー　床(とこ)ー　肉ー　離れー　人ー

―ざしき【―座敷】 母屋(おもや)から離れて建てられた別棟の座敷。離れ。

―じま【―島】 陸から遠く離れた島。離島(りとう)。

―ばなれ【―離れ】 たがいに離れること。ちりぢり。

―や【―家】 ①人里から離れている家。②母屋(おもや)から離れて建てられた別棟の家屋。離れ。

―わざ【―技・―業】 人を驚かすような大胆・奇抜なわざ。

ば-なれ【場慣れ・場△馴れ】(名・自スル) 経験を重ねて、その場所や場面の雰囲気になれていること。「ーしたあいさつ」

はなれ-うま【放れ馬】 つないである綱が解けて逃げ走る馬。放れ駒(ごま)。

はな・れる【放れる】(自下一)(レ・レ・レル・レル・レレ・レロ(レヨ)) ①つないだものが解ける。自由になる。②矢や弾丸などが発射される。㊀他はな・す(五) ㊫はな・る(下二) ⇩「使い分け」

はな・れる【離れる】(自下一)(レ・レ・レル・レル・レレ・レロ(レヨ)) ①くっついていたものが別々になる。「足が塁からー」「人心が政治からー」②距離がへだたる。遠ざかる。「故郷をー」③別れる。「親と子がー・れて暮らす」④関係がなくなる。縁がきれる。「職をー」「子供も手がー・れた(=手数がかからなくなった)」㊀他はな・す(五) ㊫はな・る(下二) ⇩「使い分け」

> **使い分け** 「放れる・離れる」
> 「**放れる**」は、束縛から解かれて自由になる意で、「犬が鎖から放れる」「矢が弦から放れる」などと使われる。
> 「**離れる**」は、くっついていたものから分かれてその間が大きくなる意で、「足が地面から離れる」「駅から離れた町」「親元を離れて都会で暮らす」などと使われる。

ば-な・れる【場慣れる・場△馴れる】(自下一)(レ・レ・レル・レル・レレ・レロ(レヨ)) 経験を重ねて、その場所や場面の雰囲気になれる。「ー・れた態度」㊫ばな・る(下二)

はな-わ【花輪・花◇環】 造花または生花を輪の形に作ったもの。慶弔などの意を表して贈る。「ーを贈る」

はな-わ【鼻輪】 牛の鼻に通す輪。鼻木(はなぎ)。鼻繋(はながい)。

はなわほきいち【塙保己一】(ハナハホキイチ)(一七四六―一八二一) 江戸後期の国学者。号は温故堂。七歳で失明、一五歳の時に江戸に出て音曲・鍼術(しんじゅつ)・歌文などを学ぶ。のち賀茂真淵(かものまぶち)らに師事して和漢の学に通暁し、「群書類従」を編纂(へんさん)した。

は-に【△埴】《古》黄赤色の粘土。かわら・陶器などを作った。また、上代には衣にすりつけて模様にした。

ハニー〈honey〉①蜂蜜(はちみつ)。②いとしい人。夫婦や恋人どうしで愛情を込めて呼びかけるときの言葉。

はにか・む(自五)(マ(モ)・ミ(ン)・ム・ム・メ・メ) はずかしそうな表情・態度を見せる。「ー・んで笑う」

は-にく【歯肉】 歯のねもとの肉。歯茎(はぐき)。歯肉(しにく)。

ば-にく【馬肉】 食用の馬の肉。さくら肉。

パニク・る(自五)(ラ(ロ)・リ(ッ)・ル・ル・レ・レ)《俗》冷静さを失い、取り乱す。うろたえる。語源「パニック」を動詞化した語。

バニシング-クリーム〈vanishing cream〉脂肪分の少ない化粧クリーム。皮膚をなめらかにし、化粧下に使う。

パニック〈panic〉①→きょうこう(恐慌)②②災害などに直面したときに人々がひき起こす混乱状態。「ーにおちいる」

―しょうがい【―障害】(シャウガイ)〔医〕突発的に動悸(どうき)・息切れ・吐き気・めまいなどに襲われ、発作の再発への恐怖心に苦しめられる症状。

バニティー-ケース〈vanity case〉化粧品などを入れる携帯用小箱やバッグ。

はにゅう【△埴◇生】(ハニフ) ①粘土を多く産する土地。②埴(はに)。

―の-やど【―の宿】 土で壁を塗っただけの粗末な家。

バニラ〈vanilla〉①〔植〕ラン科のつる性多年草。葉は多肉で長楕円(だえん)形。花は黄緑色。バニラビーンズとよばれる果実は円柱状で熟成・発酵させると強い芳香を放つ。②①から製した香料。また、それに似せて合成した香料。バニラエッセンス。③バニラエッセンスで香りをつけたアイスクリーム。

はに-わ【△埴輪】〔日〕古墳時代、古墳の周囲に立て並べた素焼きの土器。墳土の土留め、あるいは聖域を示すために円筒埴輪が用いられ、のち家・馬・人などの形象埴輪が作られた。

〔はにわ〕

バヌアツ〈Vanuatu〉南太平洋のニューヘブリディズ諸島などからなる共和国。首都はポートビラ。

は-ぬい【端縫い】(ヌヒ) ―→はしぬい

は-ぬけ【歯抜け】 ①歯が抜けていること。また、その人。②そろっているべきもののところどころが欠けていること。

ば-ぬし【馬主】(競馬用の)馬の持ち主。馬主(うまぬし・ばしゅ)。

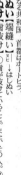

は-ね【羽・羽根】 ①鳥のつばさ。また、昆虫やコウモリなどの飛ぶための器官。②鳥の羽毛。③矢につけた鳥の羽。矢羽根。④羽子板でつくもの。羽子(はご)。また、バドミントンのシャトル。⑤飛行機のつばさ。⑥器械・器具にとりつけた羽形のもの。「扇風機のー」参考①で、昆虫のはねは「△翅」とも書く。③④⑥は「羽根」と書くことが多い。

―が生(は)えたよう 商品などが非常によく売れることのたとえ。**―を伸(の)ばす** 束縛された状態から解放されて、思いのままにふるまう。「長期休暇でー」

はね【跳ね】 ①はねること。②飛び散る泥水。「ーがあがる」③その日の興行が終わること。打ち出し。「ー舞台」

はね【△撥ね】 ①文字で、筆先を勢いよく払い上げるように書くこと。また、その部分。②上前(うわまえ)をはねること。ピンはねすること。

ばね【×発条・×弾機】 ①鋼(はがね)などを巻いたり曲げたりして、そ

の弾性を利用するものの総称。スプリング。②足腰の弾力性。

はね-あがり【跳ね上がり】①ものの値段や位置などが急上昇すること。「物価の—」②先走ったり行き過ぎた行動をとったりすること。また、その人。「—者」

はね-あが・る【跳ね上がる】(自五) ラ(ロ)・リ(ッ)・ル・ル・レ・レ ①はずみがついて、とび上がる。「魚が—」②ものの値段や位置などが急に大きく上がる。「地価が—」③行き過ぎた行動をする。

はね-あ・げる【△撥ね上げる】(他下一) ゲ・ゲ・ゲル・ゲル・ゲレ・ゲロ(ゲヨ) はねて上へあげる。「水しぶきを—」 文はねあ・ぐ(下二)

はね-あり【羽△蟻】→はあり

はね-うま【跳ね馬】よくはねあがる馬。じゃじゃ馬。

はね-お・きる【跳ね起きる】(自上一) キ・キ・キル・キル・キレ・キロ(キヨ) 勢いよく起きあがる。とび起きる。「驚いて—」 文はねお・く(上二)

はね-かえ・す【跳ね返す】カヘス (他五) サ(ソ)・シ・ス・ス・セ・セ ①ぶつかってきたものを勢いよくもとの方向にもどす。「装甲が銃弾を—」②自分に加えられる圧力などを問題にせず勢いよく押し返す。「要求を—」「プレッシャーを—」 自はねかえ・る(五)

はね-かえり【跳ね返り】カヘリ ①はねかえること。反動。②軽はずみなこと。また、活発すぎてつつしみのない女性。おてんば。はねっかえり。③ある物事の影響が他に及び、めぐってもどってくること。「増税による物価への—」

はね-かえ・る【跳ね返る】カヘル (自五) ラ(ロ)・リ(ッ)・ル・ル・レ・レ ①ぶつかったものが、はねてもとにもどる。「ボールが—」②勢いよくはねる。「泥水が—」③ある物事の影響が他に及び、めぐってもどってくる。「原料費の高騰が物価に—」 他はねかえ・す(五)

はねか・す【跳ねかす・△撥ねかす】(他五) サ(ソ)・シ・ス・ス・セ・セ はねて飛ばし散らす。「自動車が泥を—」

はね-ぐるま【羽根車】水車・タービンなどの回転軸に羽根をつけたもの。水や蒸気を受けて回転する。

ばね-じかけ【×発条-仕掛(け)】ばねを利用した装置。

はねず-いろ【×唐棣-色】「はねず(=植物の名。今のニワウメか)」の花の色。白みをおびた紅色。

はね-ずみ【跳ね炭】火にはぜて飛ぶ炭。走り炭。冬

はねっ-かえり【跳ねっ返り】カヘリ →はねかえり②

はね-つき【羽根突き】羽子を羽子板でつく遊び。新年

はね-つ・ける【△撥ね付ける】(他下一) ケ・ケ・ケル・ケル・ケレ・ケロ(ケヨ) 申し出や要求などをきっぱり拒絶する。「妥協案を—」 文はねつ・く(下二)

はね-つるべ【△撥ね釣◇瓶】柱で支えた横木の一端に重しをつけ、その重みで他端のつるべをはねあげ、水をくむようにした装置。

〔はねつるべ〕

はね-とば・す【△撥ね飛ばす】(他五) サ(ソ)・シ・ス・ス・セ・セ ぶつかって勢いよくはじきとばす。「車に—・されそうになる」「プレッシャーを—」

はね-の・く【跳ね◇退く】(自五) カ(コ)・キ(イ)・ク・ク・ケ・ケ 身をおどらせてよける。とびのく。

はね-の・ける【△撥ね◇除ける】(他下一) ケ・ケ・ケル・ケル・ケレ・ケロ(ケヨ) ①勢いをつけて振り払う。「毛布を—」「重圧を—」②不用のものを取り除く。除去する。「傷んだ野菜を—」 文はねの・く(下二)

ばね-ばかり【×発条△秤】ばねの伸縮によって重さをはかるはかり。ぜんまいばかり。

はね-ばし【跳ね橋】①船を通すために、一部を上にはね上げるしかけの橋。②城塞などに設けた、あげおろし自在の橋。

はね-ぶとん【羽布団・羽△蒲団】鳥の羽毛をつめたふとん。冬

はね-ぼうき【羽△箒・羽△帚】バウキ 鳥の羽をたばねた小さなほうき。茶道具などに用いる。はぼうき。

はね-まわ・る【跳ね回る】マハル (自五) ラ(ロ)・リ(ッ)・ル・ル・レ・レ あちらこちら跳ねてとび回る。「小犬が—」

ハネムーン〈honeymoon〉①新婚旅行。蜜月旅行。②結婚後一か月。新婚の月。蜜月。

パネラー〈和製英語〉→パネリスト

パネリスト〈panelist〉パネルディスカッションで問題を提起し、その後の討論にも加わる人。パネラー。

は・ねる【跳ねる】(自下一) ネ・ネ・ネル・ネル・ネレ・ネロ(ネヨ) ①足で地を蹴って体を空中に浮かす。勢いがついて空中にあがる。とびあがる。「馬が—」「魚が—」②液体などがまわりに飛び散る。「油が—」③熱などによってふくらんだ中身が殻を破って飛ぶ。はじける。「火の中の栗が—」④その日の興行が終わる。「芝居が—」⑤値段・株価などが急に上がる。 文は・ぬ(下二)

は・ねる【△撥ねる】(他下一) ネ・ネ・ネル・ネル・ネレ・ネロ(ネヨ) ①のばした先端を勢いよく上げる。「筆を押さえて—」「ぴんと—・ねた口ひげ」②当たってはじきとばす。「自動車が人を—」③条件や基準に合わないものを取り除く。「不良品を—」「審査で—・ねられる」④強い力で切り捨てる。「首を—」⑤一部分をかすめ取る。「上前を—」⑥撥音に発音する。語の一部を「ん(ン)」と発音する。 文は・ぬ(下二) 参考 ④は「△刎ねる」とも書く。

パネル〈panel〉①《建》羽目板・鏡板・垂直板など、板状の建築材料や建具。②油絵の画板。また、それにかいた絵。③配電盤の盤。④展示・装飾用の、文字・絵・写真などを貼った板。⑤スカートのわきなどに入れる、別布などの飾り。

—ディスカッション〈panel discussion〉討論会の一形式。異なる意見をもった数人の専門家が聴衆の前で討論し、そのあとで質問を受ける形の討論会。

パノラマ〈panorama〉①半円形に湾曲した壁に描いた風景画とその前に配した草木や家の模型で、観賞者に広大な実景を見るような感じを与える装置。②全景。展望。「—写真」

はは【母】《中心義—親のうち、女性のほう》①女親。↔父 ②産んで育てるもととなるもの。「必要は発明の—」

類語 (子から母に) お母様・お母さん・おっかさん・母さん・母ちゃん・おっかあ・ママ・母上。(他人に自分の母を)母・母親・おふくろ。(夫の母)姑・義母。(妻の母)姑・義母・岳母。(その他)女親・継母・養母・実母・生母・慈母・悲母・賢母・老母・亡母

敬称(相手側)	謙称(自分側)
お母様　(お)母上(様) (お)母君　御母堂(様)	母　母親

はば【幅】①物の、横の端から端までの距離。横の長さ。「道路の—」「肩—」②二つのものの間の隔たり。価格や音声などの高低の差。「値—」③一定の制限の中で自由にできる余地。ゆとり。余裕。「規則に—をもたせる」「人間に—ができる」④他人に及ぼすことができる勢力。はぶり。威勢。「—が利く」 参考「◇巾」は俗に略字として用いる。

—を利かせる 威勢をふるう。はぶりをきかせる。

ばば【◇婆】①年老いた女性。老女。↔爺 ②乳母。③トランプのばば抜きで、ジョーカーの札。「—を引く」

ばば【×祖母】両親の母。祖母。↔祖父

ば-ば【馬場】乗馬の練習や競馬・馬術競技をするための場所。

パパ〈papa〉父親。お父さん。↔ママ

は-はあ(感)①思い当たったり、納得したりしたときに発する語。「—、そういうことか」②目上の人に対して、かしこまって応

答するときの語。「—、かしこまりました」

ばばあ【◦婆】（ぞんざいな言い方）老女。↕爺(じじい)

パパイア〈papaya〉〘植〙パパイア科の熱帯産常緑高木。雌雄異株(しゆい)。果実は黄熟し楕円(だえん)形で食用。また、果肉からたんぱく質分解酵素のパパインをとる。パパイヤ。パパヤ。夏

はは-うえ【母上】ウヘ 母の敬称。↕父上

はは-おや【母親】 母である親。女親。母。お母さん。↕父親

はは-かた【母方】 母の血統に属していること。母の血続き。「—の祖父」↕父方

ははがめを… 和歌 〔母が目を しまし離(か)れ来て 目守(まも)りたり あな悲しもよ 蚕(かふ)のねむり〕〈斎藤茂吉(さいとうもきち)〉病床に臥(ふ)す母の目をしばらく離れて来て、気をまぎらわそうとして蚕室に立って見つめたことだ。ああ、なんとも悲しいことだ。眠り続ける蚕のさまは。（「赤光(しゃっこう)」の「死にたまふ母」一連五九首の中の一つ）

はばかり【△憚り】 ①慎むこと。遠慮。さしさわり。②（人目をはばかる意から）便所。

—さま【—様】 ①人に世話になったときに言う言葉。恐れ入ります。「わざわざお越しいただき—です」②皮肉をこめて答えるときに言う言葉。お気の毒さま。おあいにくさま。

—ながら（副）①恐れ多いことですが。恐縮ですが。「—申し上げます」②出すぎた言い分ではあるが。なまいきに聞こえるかもしれないが。「—これでもジャーナリストのはしくれだ」

はばか・る【△憚る】ラ(ロ)・リ(ッ)・ル・ル・レ・レ 一（自五）いっぱいに広がる。幅をきかせる。のさばる。「憎まれっ子世に—」二（他五）気がねして避ける。遠慮する。「人目を—」「広言して—・らない」

はばき【×脛巾】 昔、旅行に出るときや仕事をするとき、歩きやすいようにすねに巻きつけたもの。脚絆(きゃはん)。

はば-き【幅木】 壁の床に接する部分に横に張る板。

はば-きき【幅利き】 顔が広く勢力があること。また、その人。

はは-ぎみ【母君】（他人の）母の敬称。↕父君

はは-ご【母御】 昔、相手の母に用いた敬称。母御前(ははごぜ)。↕父御

ははこ-ぐさ【母子草】〘植〙キク科の越年草。路傍・山野に自生。茎・葉に白毛が多い。春から夏にかけて黄色の頭状花を開く。食用。春の七草の一つ「ごぎょう」。ホオコグサ。春

ははそ【△柞】「なら」「くぬぎ」などの異名。秋

ははそば-の【△柞葉の】《枕》「母」にかかる。「ははそはの」とも。

は-ばた・く【羽◦撃く・羽△搏く】（自五）カ(コ)・キ(イ)・ク・ク・ケ・ケ ①鳥がつばさを広げて上下に強く動かす。②（比喩(ひゆ)的に）広い社会で自由に行動したり、大いに活躍したりする。「世界に—若者」可能はばた・ける（下一）

は-ばつ【派閥】 組織の内部で、出身・所属・利害関係などで結びつき、他に対抗する人々の集団。「—争い」

ばばっち・い（形）カロ・カッ(ク)・イ・イ・ケレ・○（幼児語）きたない。ばっちい。

はば-とび【幅跳び】 陸上競技で、踏み切り線からどれだけ遠くへとべるかをきそう競技。走り幅跳び・立ち幅跳びなど。

ばば-ぬき【◦婆抜き】 トランプで、順ぐりに隣の人の札から一枚抜き取り、手札に同じ数の札があれば場に捨て、最後に残るジョーカー（＝ばば）を持っていた者を負けとするゲーム。

はは-の-ひ【母の日】 子供が母親の日ごろの愛に感謝する日。五月の第二日曜日。夏 ↕父の日

はば-びろ【幅広】（名・形動ダ）普通より幅が広いこと。また、そのもの。はばひろ。「—のネクタイ」「—帯」

はば-ひろ・い【幅広い】（形）カロ・カッ(ク)・イ・イ・ケレ・○ ①ものの幅が広い。②関係する範囲が広い。「—活動」文はばひろ・し（ク）

はば-へん【◦巾偏】 漢字の部首名の一つ。「帆」「幅」などの「巾」の部分。きんべん。

バハマ〈Bahamas〉フロリダ半島の東方、西インド諸島の北部の島々からなる国。首都はナッソー。

はば・む【阻む】（他五）マ(モ)・ミ(ン)・ム・ム・メ・メ ①他の者の行く先をおさえてじゃまをする。防ぎとめる。「敵の追撃を—」②物事の進行をじゃまする。妨害する。「近代化を—」可能はば・める（下一）

はは-もの【母物】 映画・演劇などで、母性愛を主題として観客の感傷に訴えようとする作品。

はば-よせ【幅寄せ】（名・自スル）①並走する車に車体を故意に近づけること。②駐車するとき、車体を横にずらして道端に寄せること。

パパラッチ〈イタリア paparazzi〉有名人のゴシップ写真をとろうと、しつこく追い回すカメラマン。

ババロア〈フランス bavarois〉卵黄・牛乳に砂糖を入れて泡立て、果汁や生クリームなどを入れてゼラチンで冷やし固めた洋菓子。

ばはん-せん【◦八△幡船】 戦国・安土(あづち)桃山時代に、中国や朝鮮の沿海地方を荒らしまわった日本の海賊（＝倭寇(わこう)）の船。江戸時代には密貿易船をいった。

は-びき【刃引き】 刃をつぶした、切れない刀剣。

はびこ・る【×蔓延る】（自五）ラ(ロ)・リ(ッ)・ル・ル・レ・レ ①雑草などが広がり茂る。②よくないものが幅をきかせる。横行する。「暴力が—」

ば-ひつ【馬匹】（人に飼われている）馬。「—改良」

はひのなかに… 和歌〔灰のなかに 母をひろへり 朝日子の のぼるがなかに 母をひろへり〕〈斎藤茂吉(さいとうもきち)〉火葬の終わった灰の中から小さな母のお骨(こつ)を拾った。さわやかな朝日の昇るなかで、まるで母そのものを拾うようにお骨を拾った。（「赤光(しゃっこう)」の「死にたまふ母」一連五九首の中の一つ）

パビリオン〈pavilion〉博覧会などの、仮設の展示用建物。

パピルス〈ラテン papyrus〉①〘植〙カヤツリグサ科の多年草。地中海沿岸・北アフリカの沼沢地に産し、葦(あし)に似る。②古代エジプト・ギリシャ・ローマなどで、①の茎から製した一種の紙。

は-ふ【破風】〘建〙日本建築で、屋根の切り妻につけた合掌形の装飾板。また、それのついている所。

はぶ【×波布・×飯匙倩】〘動〙クサリヘビ科の毒蛇。沖縄諸島や奄美(あまみ)諸島などにすむ。体長約二メートル、頭は三角形、背面は黄褐色で、輪状の黒褐色紋がある。人畜を襲う。夏

ハブ〈hub〉①車輪などの中心部分。②（活動や交通などの）中心。拠点。「—空港」③〘情報〙コンピューターのネットワークで、多数の接続線を一つにまとめる装置。

パフ〈puff〉粉おしろいを顔につけるときに用いる化粧道具。

パブ〈pub〉イギリスの大衆酒場。また、洋風の酒場。

パプアニューギニア〈Papua New Guinea〉南太平洋、ニューギニア島の東半分と東海上の島々からなる国。首都はポートモレスビー。

パフェ〈フランス parfait〉生クリーム・アイスクリーム・チョコレート・くだものなどをグラスに盛り合わせた冷菓。「フルーツ—」

パフォーマンス〈performance〉①上演。公演。興行。②演技・演奏などの芸術表現。また、人目を引くためにする表現行為。③実行。できばえ。実績。④機械などの性能。機能。

はぶ・く【省く】（他五）カ(コ)・キ(イ)・ク・ク・ケ・ケ 不要なもの、よけいなものを取り除いたり減らしたりして簡略にする。「説明を—」「手間を—」可能はぶ・ける（下一）

ハブ-くうこう【ハブ空港】クウカウ 拠点空港。各地へ伸びる航空路の発着点となり、乗客や貨物の中継が行われる空港。

はぶ-そう【×波布-草】サウ〘植〙マメ科の一年草。中国から渡来し、薬用植物として栽培。葉は羽状複葉。夏から秋に黄

色の花を開く。種子は薬用のほか、茶の原料とする。⇩波布茶

は-ぶたえ【羽二重】— 薄くなめらかでつやのある絹織物。

—はだ【—肌】 色が白く、きめの細かい肌。

はぶ-ちゃ【×波布-茶】 波布草の種をいって作った茶。薬用。健胃・解毒の効果がある。

バプテスマ 〈ギリシャ baptisma〉《基》洗礼。

ハプニング 〈happening〉突然おこる予想外のできごと。

パフューム 〈perfume〉香水。香料。パヒューム。

は-ブラシ【歯ブラシ】 歯をみがくための、小さいブラシ。

はふり【◦祝】《古》神に奉仕するのを職とする人の総称。狭義では、神主・禰宜より下位の者をさす。はふりこ。

は-ぶり【羽振り】 ①鳥の羽の形。②鳥が羽を振ること。③世間における勢力・人望・経済力など。「—がよい(=富や権力を得て勢いがよい)」「—をきかせる(=威勢をふるう)」

パプリカ 〈paprika〉《植》トウガラシの一品種。果実は鮮やかな赤や黄色で辛みはない。また、それを粉にした香辛料。

パブリケーション 〈publication〉①出版。発刊。公表。②出版物。刊行物。

パブリシティー 〈publicity〉政府や企業が、マスメディアにその事業や製品などの情報を提供し、広く報道されるよう促す広報・宣伝活動。

パブリック 〈public〉(形動ダ) ダロ・ダッ(デ・ニ)・ダ・ナ・ナラ・○ 公的。公衆の。公共的。「—スクール」「—スペース」↔プライベート

—コメント 〈public comment〉行政機関が政令や省令などを制定する際、事前に原案を公表して広く国民から意見を募ること。意見公募手続。パブコメ。

はふりびを… 和歌 〈はふり火を 守りこよひは 更けにけり 今夜の天の いつくしきかも〉〈斎藤茂吉〉母を火葬にする火をじっと見守るうちに夜は更けていった。今夜の空の身のひきしまるようなおごそかさよ。(「赤光」の「死にたまふ母」一連五九首の中の一つ)

バブル 〈bubble〉①泡。気泡。②実体のない見せかけのもの。特に、過度の投機などが原因で、相場や景気が経済の実態をはるかに超えて膨れ上がる現象。「—経済」「—がはじける」

ば-ふん【馬△糞】 馬のくそ。まぐそ。

—し【—紙】 ①包み紙や裏うちなどに用いる質のよくない紙。②わらを原料とした黄色の厚紙。ボール紙の一種。

は-へい【派兵】(名・自スル) 軍隊を差し向けること。

はべ・り【◦侍り】《古》■一(自ラ変) ①貴人のそば近くひかえる意の謙譲語。伺候している。②「あり」「居をり」の丁寧語。あります。ございます。おります。■二(補動)(用言の連用形、助詞「て」などに付いて)丁寧の意を表す。…ます。…ございます。「皆聞き—」

はべ・る【◦侍る】(自五) ラ(ロ)・リ(ッ)・ル・ル・レ・レ 地位の高い人のそばや宴席などに、つつしんでひかえる。用法 文語「侍り」の口語的用法。

バベル-の-とう【バベルの塔】— ①創世記にある伝説の塔。人々が天にも達するほどの高い塔を築き始めたが、その僭越な行為に神が怒り、人々の言語を混乱させて建設を中止させたという。②(比喩的に)実現不可能な計画。参考 バベル(Babel)は、バビロニアの都。

は-へん【破片】 こわれた小さいかけら。かけ。「ガラスの—」

は-へん【歯偏】 漢字の部首名の一つ。「齢」「齢」などの「歯」の部分。

は-ぼう【破帽】 ぼろぼろに破れた帽子。「弊衣—」

は-ぼうき【羽△箒・羽△帚】— →はねぼうき

はぼう-ほう【破防法】《法》(「破壊活動防止法」の略)暴力的破壊活動を行った団体を規制し、その活動に対する刑罰を規定した法律。一九五二(昭和二十七)年公布。

は-ぼたん【葉△牡丹】《植》アブラナ科の越年草。キャベツの変種。広い葉は縁がちぢれ、冬期は紅・白・黄・紫などに変色する。観賞用。冬

は-ほん【端本】 全集本などで、その一部分が欠けているもの。零本。↔完本

はま【浜】 ①海や湖に沿った平地。浜辺。②囲碁で、囲んで取った相手の石。上げ石。揚げ浜。③「横浜」の略。「—っ子」

は-ま【破魔】 ①《仏》悪魔を破り滅ぼすこと。煩悩をうち払うこと。②わら縄でつくった破魔弓の的。

はま-えんどう【浜△豌豆】— 《植》マメ科の多年草。海浜の砂地に自生。地下茎で繁殖し、葉は羽状複葉。春から夏に紅紫色の蝶形の花を開く。のえんどう。夏

はま-おぎ【浜△荻】— ①浜辺に生えているオギ。秋 ②「葦」の異名。「難波の葦は伊勢の—」

はま-おもと【浜×万年青】「はまゆう」の別名。

はま-かぜ【浜風】 ①浜に吹く風。②浜から吹いてくる風。

は-まき【葉巻】 たばこの葉をきざまずに巻いて作ったたばこ。葉巻たばこ。シガー。

はま-ぐり【△蛤】《動》浅海にすむマルスダレガイ科の二枚貝。三角形に近く、殻はなめらかで厚い。肉は食用。春

はま-じ【浜路】— 浜辺の道。

はまだら-か【羽◦斑蚊】《動》カ科ハマダラカ属の昆虫の総称。はねに黒褐色の斑点がある。マラリアの病原体を媒介する種がある。夏

はまち【△魬】《動》ブリの若魚。体長四〇センチメートルぐらいのもの。夏 参考 もと関西の語。関東では「いなだ」という。

はま-ちどり【浜千鳥】 浜辺にいる千鳥。冬

はま-て【浜手】 浜のほう。海辺の方面。

はま-なす【浜×茄子・×玫瑰】《植》バラ科の落葉低木。海浜の砂地に自生。日本では北海道・東北・北陸に多く見られる。葉は羽状複葉。花は紅色で芳香があり、夏開く。根の皮は染色用。夏 語源「はまなし(浜梨)」のなまったもの。

はまなすや… 俳句 〈玫瑰や 今も沖には 未来あり〉〈中村草田男〉はまなすの咲く海辺に立って沖を眺めると、水平線のかなたに未知の世界が広がり、夢と希望とをいだいた少年時代の思いがよみがえってくる。今もなお、まぎれもなく、はるかな沖合に未来は存在している。(玫瑰 夏)

はま-なっとう【浜納豆】(「浜名納豆」の略)納豆の一種。大豆を煮て小麦粉をまぶし、発酵させ塩汁に漬け、干して味つけしたもの。語源 浜名湖畔の大福寺で作り始めたことから。

はま-なべ【△蛤鍋】 ハマグリのむき身を野菜・豆腐などといっしょにみそで煮て食べるなべ料理。はまぐりなべ。春

はま-の-まさご【浜の真◦砂】 ①浜辺の砂。②数の多いことのたとえ。

はま-べ【浜辺】 浜のほとり。浜。海浜。海辺。

はま-ぼうふう【浜防風】— 《植》セリ科の多年草。海浜の砂地に自生。葉は羽状複葉で、夏に白色の小花をつける。若葉は食用になる。春

はままつちゅうなごんものがたり〔浜松中納言物語〕平安後期の物語。菅原孝標女の作とも。舞台を唐土にまで広げ、夢のお告げと転生の叙述を軸に、浜松中納言のとげられぬ恋の苦悩を描く。御津の浜松。

はま-や【破魔矢】 ①昔、正月に子供が破魔弓の的を射るのに用いた矢。今は、正月の魔よけの縁起物。新年 ②棟上げのとき、「破魔弓②」とともに屋根に立てる二本の矢の形の飾り。

はま-やき【浜焼〔き〕】 鯛などを塩釜に入れて、蒸し焼

きまたは塩焼きにする料理。

はま-ゆう【浜×木綿】ユフ〔植〕ヒガンバナ科の常緑多年草。暖地の海浜の砂地に自生。葉はオモトに似て大形。夏、白い芳香のある花をかさ形に開く。観賞用。はまおもと。夏

はま-ゆみ【破魔弓】①破魔矢を射る弓。昔、正月の祝い物として男児に贈られた玩具。新年 ②棟上げのとき、「破魔矢②」とともに屋根に立てる二張りの弓形の飾り。

はまり-やく【△嵌〔ま〕り役】演劇や仕事などで、その人に最も適した役。適役。

はま・る【△嵌まる・◦塡まる】(自五) ラ(ロ)・リ(ッ)・ル・ル・レ・レ ①大きさが合って、はずれずに収まる。ぴったりとはいる。「ホックがー」「指輪がー・らない」②ちょうど合う。あてはまる。「条件にー」③穴や深みに落ちる。落ちこむ。「池にー」「借金地獄にー」④相手の計略にひっかかる。だまされる。「術中にー」⑤他を忘れてそれだけに夢中になる。「ゲームにー」他は・める(下一)

はみ【×馬銜】①くつわの、馬の口の中に入れてくわえさせる部分。②荒馬を制するため、口にかませて頭の上でしばっておく縄。

は-みがき【歯磨き】①歯をみがいて清潔にすること。②歯をみがくときに用いる粉(歯みがき粉)、またはねり歯みがきの総称。

はみ-だ・す【◦食み出す】(自五) サ(ソ)・シ・ス・ス・セ・セ いっぱいになって、すきまから外へ出る。一定の範囲から外へ出る。はみでる。「文字がます目からー」

はみ-で・る【◦食み出る】(自下一) デ・デ・デル・デル・デレ・デロ(デヨ) →はみだす

ハミング〈humming〉(名・自スル) 口をとじ、声を鼻にぬいて、メロディーだけを歌うこと。鼻歌。

ハム〈ham〉①豚肉を塩漬けにし、さらに燻製にした食品。②アマチュア無線の愛好家。「ー無線」

ハム〈hum〉ラジオなどの受信機から出る、ブーンという雑音。

は・む【◦食む】(他五) マ(モ)・ミ(ン)・ム・ム・メ・メ ①牛・馬などが草を食う。「草をー」②給与を受ける。「高給をー」可能は・める(下一)

-ば・む (接尾)(体言などに付いて)そのようすをおびる意を表す。「黄ー」「汗ー」「気色ー」

ハム-エッグ〈ham and eggs から〉西洋料理の一種。薄切りのハムの上に鶏卵をのせて焼いた料理。

は-むか・う【歯向〔か〕う・刃向〔か〕う】ムカフ (自五) ワ(オ)・イ(ッ)・ウ・ウ・エ・エ ①さからう。反抗し敵対する。「権力にー」②歯や牙をむく。また、刃物で手向かう。可能はむか・える(下一)

は-むし【羽虫】①→はじらみ ②羽のある小虫の総称。

は-むし【葉虫】〔動〕ハムシ科の昆虫類の総称。多くは数ミリメートルの小形の甲虫。成虫・幼虫ともに植物の葉を食う。

は-むしゃ【端武者】とるにたりない武者。雑兵。

ハムスター〈hamster〉〔動〕キヌゲネズミ科の哺乳動物。体毛はやわらかく、尾は短い。実験用・愛玩用に飼育される。

ハムレット〈Hamlet〉イギリスの劇作家シェークスピアの四大悲劇の一つ。一六〇二年ごろ初演。デンマークの王子ハムレットが、父王を殺害し母を妃とした叔父に対して、苦悩・懐疑のすえ、ついに復讐をとげるという内容。

ーがた【ー型】ハムレットを典型とする人間の類型の一つ。懐疑的で思慮深く、優柔不断で実行力に欠け、内向的性格をもつタイプ。ツルゲーネフの分類による。↔ドンキホーテ型

はめ【×羽目】①板を、縦または横に並べて張った壁。②追いこまれた立場。困った状態。「結局後悔するーになる」参考②は「破目」とも書く。

ーを外す 調子にのって大いに騒ぎ、度を過ごす。語源「はみ(馬銜)を外す」の転とも。

はめ-いた【×羽目-板】「羽目①」として張った板。

はめ-え【△嵌〔め〕絵】ヱ →ジグソーパズル

はめき-ざいく【△嵌〔め〕木細工】一枚の板に色や木目の違った木材をはめこんで絵や模様を作りだす細工。木象嵌。

はめ-こ・む【△嵌め込む】(他五) マ(モ)・ミ(ン)・ム・ム・メ・メ ①ぴったりと合うように入れこむ。「型にー」②策略に陥れる。

はめ-ころし【△嵌〔め〕殺し】障子や窓ガラスなどの建具を開閉できないように作りつけること。また、そのもの。はめごろし

は-めつ【破滅】(名・自スル) すっかりだめになり、その存在が成り立たなくなること。ほろびること。「身のー」

は・める【△嵌める・◦塡める】(他下一) メ・メ・メル・メル・メレ・メロ(メヨ) ①大きさが合うように入れる。ぴったりかぶせる。「手袋をー」「指輪をー」「型にー」②穴やくぼみに落とす。落としこむ。「車輪を溝にー」③計略にかける。だます。おとしいれる。「敵にー・められる」自はま・る(五) 文は・む(下二)

は-めん【波面】①波のおもて。水面。②〔物〕波動が媒質中を進行するとき、位相がそろっている連続的な面。

ば-めん【場面】①その場のようす・状態。光景。「再会のー」②演劇や映画の一つの情景。シーン。「ーが変わる」

はも【△鱧】〔動〕①ハモ科の海産硬骨魚。全長約二メートル。形はウナギに似るが、口は大きく背面は灰褐色で腹部は白色。食用。骨切りをして食べる。夏 ②ハモ科の魚の総称。

は-もの【刃物】包丁・ナイフなど、刃のついているものの総称。

ーざんまい【ー三昧】やたらと刃物を振り回すこと。

は-もの【葉物】①野菜で、おもに葉を食用とするもの。②生け花・園芸で、おもに葉を観賞する植物。⇨花物・実物

は-もの【端物】①一部が欠けてそろっていないもの。はんぱもの。また、瑣末なもの。②浄瑠璃で、短編のもの。

ハモ・る (自五) ラ(ロ)・リ(ッ)・ル・ル・レ・レ〔俗〕二声部以上の声がよくひびきあう。美しいハーモニーが生じる。語源「ハーモニー」を略した形の「ハモ」を動詞化したもの。

は-もん【波紋】①石などを水に投げたとき、水面に輪になって広がる波の模様。②周囲に次々と広がっていく影響。「政界にーを起こす」

は-もん【破門】(名・他スル) ①師が弟子に対し、師弟の関係を断つこと。②〔宗〕宗門から除名すること。

ハモンド-オルガン〈Hammond organ〉〔音〕電気振動で音を出すオルガン。(商標名) 語源ハモンドは発明者の名。

〔ハモンドオルガン〕

はや【△鮠】〔動〕一般に泳ぎが速くて体の細長い、清流にすむコイ科の硬骨魚の俗称。オイカワ・ウグイなど。はえ。はい。

は-や【◦甲矢】二本の矢のうち、初めに射る矢。↔乙矢

はや【早】(副) もう。すでに。もはや。「ー、日も暮れた」

はや (終助)〔古〕深い感動・詠嘆の意を表す。「吾妻ー」〈古事記〉用法体言に付く。

ばや (終助)〔古〕①自己の動作の実現を希望する意を表す。…たい。「声を聞かー」〈古今〉②打ち消しの意を表す。…ない。…ぬ。「酒はませたし、銭はあらー」〈中華若木詩抄〉用法動詞・助動詞の未然形に付く。

はや-あし【早足・速◦歩】①歩行速度の速いこと。②馬術で、一分間に二一〇メートル進むのを基準とする馬の歩速度。

はや・い【早い】(形) カロ・カッ(ク)・イ・イ・ケレ・○ ①(ある基準より)時間的に前である。「予定よりー・く着く」「明日は朝がー」↔遅い ②まだその時期・時刻ではない。「あきらめるのはー」↔遅い ③てっとりばやい。簡単だ。「会って直接話すほうがー」④するどい。敏感である。「耳がー」文はや・し(ク) ⇨「使い分け」

—話が 端的に言うと。簡単に言うと。要するに。つまり。

—者勝ち 人に先んじた者が有利なこと。

はや・い【速い】(形) カロ・カッ(ク)・イ・イ・ケレ・〇 事の動きが急である。動きの量に比べて費やす時間が少ない。すみやかである。「仕事の進行が—」「頭の回転が—」「足が—」「呼吸が—」↔遅い 文はや・し(ク) 参考「△疾い」とも書く。⇒「使い分け」

> 使い分け「早い・速い」
> 「早い」は、物事を始めたり終えたりする時刻や時期が前である意で、「時期が早い」「朝早く出かける」「理解が早い」「気が早い」など広く一般的に使われる。
> 「速い」は、一定の距離を進むのに要する時間が少ない、速度がすみやかの意で、「流れが速い」「食べるのが速い」「投手の球が速い」などと使われる。したがって、「速い電車」は特急や急行をさし、「早い電車」は朝早く出る電車をさす。

はや-うち【早打ち】(名・他スル) ①馬などを走らせて急用を知らせること。また、その使者。②花火などを続けてはやく上げること。③囲碁・太鼓などをはやくうつこと。④ピストルや銃をすばやくうつこと。参考④は多く「早撃ち」と書く。

はや-うま【早馬】①急使が乗る馬。②はやく走る馬。

はや-うまれ【早生〔ま〕れ】一月一日から四月一日までに生まれること。また、その人。↔遅生まれ 参考四月二日以降に生まれた児童の小学校入学が数え年八歳であるのに対して、数え年七歳での入学となることから。

はや-お【早緒】ヲ— 舟をこぐとき、舟にかける綱。ろづな。

はや-おき【早起き】(名・自スル) 朝早く起きること。

—は三文の徳(得) 早く起きると健康によく、また、何かとよいことがあるものだというたとえ。朝起きは三文の徳。

はや-おくり【早送り】(名・他スル) 録音・録画した音声・映像を、通常の速度よりもはやく先へ進めること。「動画の—」

はや-おけ【早△桶】ヲケ— にわか作りの粗末なかんおけ。

はや-がえり【早帰り】ガヘリ— (名・自スル) ①定刻より早く帰ること。②朝早く帰ること。朝帰り。

はや-かご【早△駕◇籠】昔、急使を乗せて走ったかご。

はや-がてん【早合点】(名・自スル) 十分理解しないうちに、わかったつもりになること。早のみこみ。はやがってん。

はや-がね【早鐘】火事や事件などの急を知らせるために、激しく続けて打ち鳴らす鐘。また、その鐘の音。激しい動悸のたとえとしてもいう。「心臓が—を打つ」

はや-がわり【早変〔わ〕り】ガハリ— (名・自スル) ①歌舞伎などで、一人の役者がすばやく姿を変え、別の役を演じること。②姿や状況をすばやく変えること。すばやく転身すること。

は-やく【破約】(名・他スル) 約束を取り消すこと。また、約束・契約を実行しないこと。

は-やく【端役】①映画・演劇などで、あまり重要でない役。また、その役の人。(↔主役) ②重要でない役目。また、その人。

はや-く【早く】■(副) ①急いで。すばやく。「—いらっしゃい」②ずっと以前に。すでに。「親からは—独立した」■(名) 早い時間・時期。「—から起きている」

—も(副) ①またたくうちに。もう。「—完了した」②早くても。「—一か月はかかる」

はや-くち【早口】しゃべり方が早いこと。

—ことば【—言葉】同音・類音が重なって発音しにくい言葉を早口で言う、言葉の遊びの一つ。また、その文句。「なまむぎ・なまごめ・なまたまご」「坊主が屏風にじょうずに坊主の絵をかいた」などの類。

はや-ざき【早咲き】〔植〕花がふつうの開花期より早く咲くこと。また、その品種。「—の桜」↔遅咲き

はやし【林】①樹木が一帯に広がってたくさん生えている所。②同類の物が多く集まった状態。「煙突の—」

はやし【△囃子】能や歌舞伎などで、笛・太鼓などを用いて、拍子をとったり気分を添えたりするために行う伴奏音楽。

—かた【—方】囃子の演奏にあたる人。

—ことば【—◇詞】歌謡などで、歌の中や終わりに調子をとるために入れる言葉。

—もの【—物】囃子に用いる楽器。笛・鼓・太鼓・三味線・鉦など。

はやし-た・てる【△囃し立てる】(他下一) テ・テ・テル・テル・テレ・テロ(テヨ) さかんにはやす。「やんやと—」文はやした・つ(下二)

はや-じに【早死〔に〕】(名・自スル) 年若くして死ぬこと。夭折。若死に。

はやし-ふみこ【林芙美子】(一九〇三—一九五一) 小説家。貧窮の中で各地を転々とした体験に取材して「放浪記」を発表、一躍流行作家になった。作品「晩菊」「浮雲」など。

はや-じまい【早仕舞〔い〕】ジマヒ— (名・自他スル) 定刻より早めに仕事や店を終えること。

はや-じも【早霜】秋早くおりる霜。↔遅霜・晩霜

ハヤシ-ライス〈hashed (meat and) rice から〉牛肉・タマネギなどをいため、トマトを加えたデミグラスソースで煮こんだものを飯にかけて食べる料理。日本で考案された。

はやし-らざん【林羅山】(一五八三—一六五七) 江戸初期の幕府儒官。別号道春。京都生まれ。藤原惺窩に師事し、官学としての朱子学を確立。著書「羅山文集」、編著「本朝編年録」など。

はや・す【△囃す】(他五) サ(ソ)・シ・ス・ス・セ・セ ①声を立ててあざける。からかって騒ぐ。②大声でほめたたえる。ほめそやす。③声を出したり、手を打ったりして歌舞の調子をとる。④囃子を奏する。可能はや・せる(下一)

はや・す【生やす】(他五) サ(ソ)・シ・ス・ス・セ・セ ひげや草などをはえるようにする。のばす。「ひげを—」「根を—」自は・える(下一) 可能はや・せる(下一)

はや-せ【早瀬】川で、水の流れのはやいところ。

はや-だち【早立ち】(名・自スル) 朝早く旅立つこと。

はや-て【×疾風】(「て」は風の意の古語)急に激しく吹き起こる風。疾風。「—のように駆ける」

はや-で【早出】(名・自スル) ①定刻より早く出勤すること。また、早番で出勤すること。↔遅出 ②朝早く家を出ること。

はや-てまわし【早手回し】テマハシ— 先を見越して、あらかじめ準備・手配などをしておくこと。

はや-と【早△砥】刃物を、早くとぐことのできるといし。あらと。

はや-と【△隼◇人】昔、九州南部の薩摩・大隅に住んでいた勇猛な人々。転じて、九州南部の男子。「薩摩—」

はや-とちり【早とちり】(名・自スル) 早合点して、間違えること。

はや-ね【早寝】(名・自スル) 夜、早い時刻に寝ること。

はや-のみこみ【早△呑み込み】(名・自スル) ①のみこみが早いこと。理解が早いこと。②早合点。

はや-ば【早場】〔農〕米・茶・繭などを、ふつうよりも早い時期に収穫する地方。↔遅場

—まい【—米】他の地方よりも早く収穫・出荷される米。早稲の米。

はや-ばや【早早】(副) たいそう早く。ふつうより早い時期に。「—と店を閉める」

はや-ばん【早番】交替制勤務で、早く出勤する番。↔遅番

はや-びき【早引き・早°退き】(名・自スル)→はやびけ

はや-びきゃく【早飛脚】 特別に差し立てる急ぎの飛脚。

はや-びけ【早引け・早°退け】(名・自スル)(学校・勤務先などから)定刻より早く退出すること。早退。早引き。

はや-ひる【早昼】 ふつうより早い時刻にとる昼食。

はやぶさ【△隼】〔動〕①ハヤブサ科の猛禽。背面は暗灰色、腹面は黄白色で黒色のまだらが散在する。ハトやヒヨドリなどを食う。雌は鷹狩りに使う。图 ②ハヤブサ科の鳥の総称。

は-やま【端山】 ふもとに近い山。連山のはしの山。↔深山

はや・まる【早まる・速まる】(自五)(ラ(ロ)・リ(ッ)・ル・ル・レ・レ) ①(時間的に)早くなる。「開始の時刻が—」②あせって判断を誤る。事を急ぎ、軽はずみなことをする。「—・った事をするな」③速度が速くなる。「テンポが—」他はや・める(下一) 参考 ①②は「早まる」、③は「速まる」と書く。

はや-み【早見】 必要な情報・知識を一目で簡単にわかるようにしたもの。「星座—表」

はや-みち【早道】 ①近道。②急いで道を行くこと。③早く目的を達成できる方法。「出世の—」④「飛脚」の別名。

はや-みみ【早耳】(名・形動ダ) 情報・うわさなどを早く聞きつけること。また、その人。

はや-め【早め・速め】(名・形動ダ)(「め」は接尾語)①きめられた時刻・時間より少し早いこと。また、そのさま。「—に準備する」②速度がふつうより少し速いこと。また、そのさま。「—に歩く」参考 ①は「早め」、②は「速め」と書く。

はや-めし【早飯】 ①飯を食べる速さがはやいこと。②いつもの時刻より早く、食事をすること。

はや・める【早める・速める】(他下一)(メ・メ・メル・メル・メレ・メロ(メヨ)) ①速度を速くする。「足を—」②時刻・時期を早くする。「予定を—」自はやま・る(五) 文はや・む(下二) 参考 ①は「速める」、②は「早める」と書く。

はやら・す【×流行らす】(他五)(サ(ソ)・シ・ス・ス・セ・セ) →はやらせる

はやら・せる【×流行らせる】(他下一)(セ・セ・セル・セル・セレ・セロ(セヨ)) はやるようにする。流行させる。自はや・る(五) 文はやら・す(下二)

はやり【×流行】 その時々にはやっている物事。その時代の風潮や好み。流行。「—を追う」

—うた【—歌・—唄】 その時代の大衆に広く好まれて歌われる歌。流行歌。

—かぜ【—風邪】 流行性感冒。インフルエンザ。图

—ことば【—言葉】 ある時期に世間に広く使われることば。流行語。

—すたり【×流行り廃り】 はやることと、すたれること。

—っこ【—っ子】 ①人気のある芸者。②世間で人気のある人。寵児。参考 ①は「×流行っ△妓」とも書く。

—め【—°眼】 流行性の眼病。急性結膜炎など。

—やまい【—病】 急に広がる病気。急性感染症。

はやり-ぎ【°逸り気】 はやる気持ち。血気さかんな勢い。

はやり-ごころ【°逸り心】 はやる心。きおい立つ心。

はやり-た・つ【°逸り立つ】(自五)(タ(ト)・チ(ッ)・ツ・ツ・テ・テ) すぐにもやろうと気持ちがあせる。勇みたつ。勢い込む。「—心」

はや・る【°逸る】(自五)(ラ(ロ)・リ(ッ)・ル・ル・レ・レ) ①早く実行しようと心があせる。「—心をおさえる」②きおい立つ。「血気に—」

はや・る【×流行る】(自五)(ラ(ロ)・リ(ッ)・ル・ル・レ・レ) ①ある時期に多くの人に好まれて広く世に行われる。人気がある。「来年—色を予想する」②商売などが繁盛する。「—・っている店」③病気などが広がる。「風邪が—」他はやら・す(五) はやら・せる(下一)

はや-わかり【早分かり】 ①複雑な事柄をわかりやすく工夫して書いた図表や書物。「文学史—」②すぐ理解すること。

はや-わざ【早業・早技】 すばやくて巧みなわざや動作。

はら【原】 草などの生えている平らで広い土地。野原。

はら【腹】 ①動物の胃や腸のはいっている部分。また、胃や腸。「—が痛い」↔背 ②胎内。また、その女性を母として生まれたこと。「—を痛めた子」「同じ—」③心の内。心中。考え。本心。「相手の—を読む」「痛くもない—を探られる(=不当な疑いをかけられて迷惑する)」「—を立てる」④度量。胆力。「—が太い」⑤物の中央のふくらんだ所。「指の—」参考 ④は「△肚」とも書く。

▼「腹」が下に付く語
(はら)裏— 業— 下— 空— (ばら)後— 追い— 男— 女— 粥— 下り— 小— 自— 渋り— 蛇— 皺— 太鼓— 茶— 詰め— 脾— 布袋— 負け— 皇女— 水— 自棄— 雪— 横— 脇— (ぱら)下っ— 空きっ— 中っ— 土手っ— 太っ— 向かっ— 横っ—

—が癒える 怒りがおさまり落ち着きをとり戻す。**—が下る** 下痢する。**—が据わる** 物事に動じない。覚悟がきまって落ち着いている。**—が立つ** 不愉快な感情がたかまって怒りを覚える。しゃくにさわる。立腹する。**—が膨れる** ①十分に食べて満腹する。②言いたいことを言わないでいるために、不満がつのる。**—が減っては軍はできぬ** 空腹では十分に活動できない。**—に一物** 心中に何かたくらみのあること。**—に収める** 聞き知ったことや考えを自分の心中にとどめ、他にもらさない。**—に据えかねる** 腹が立ってがまんができない。怒りをおさえることができない。**—の皮を縒る** 腹の皮がよじれるほど大笑いする。腹の皮をよじる。**—も身の内** 腹も体の一部であるから、暴飲暴食はつつしむべきであるということ。**—を合わせる** ①ぐるになる。共謀する。②心を合わせる。共同する。**—を痛める** ①出産の苦しみを味わう。②自分で費用を出す。自腹を切る。**—を抱える** おかしくてたまらず大笑いする。**—を固める** 決意する。覚悟をきめる。**—を決める** 覚悟をきめる。「辞任の—」**—を切る** ①切腹する。②(責任をとって)辞職する。**—を括る** 覚悟をきめる。**—を肥やす** 自分の利益をはかる。**—を探る** それとなく相手の考えを知ろうとする。**—を据える** 覚悟をきめる。**—を割る** 包み隠さず心中を打ち明ける。

-ばら【△輩・△儕】(接尾)(人に関する名詞に付けて)多人数であることを示す。たち。ども。「奴—」用法 相手を見下して用いる場合が多い。

ばら【°散】 ①一まとまりであるべきものが一つ一つ分かれていること。また、そのもの。「—売り」②「ばらせん(散銭)」の略。

ばら【×荊棘】 枝・幹にとげのある木の総称。いばら。

ばら【×薔薇】〔植〕バラ科の落葉低木の総称。とげがある。つる性のものもあり、花には香りがある。品種が多く、観賞用。ローズ。そうび。しょうび。夏

はら-あて【腹当て】 ①武具の一種。胸部と腹部だけをおおうよろい。多くは雑兵が着けた。②腹巻き。腹がけ。夏

バラード〈フランス ballade〉①物語的な内容を持つ自由な形式の小叙事詩。譚詩。②〔音〕物語的な趣をもつ歌曲や器楽曲。譚詩曲。③感傷的でスローテンポなポピュラー音楽。

ハラール〈アラビア halāl〉〔宗〕イスラムの教えで許されているもの。特に、イスラム教徒が口にしてもよい食品についていう。ハラル。「—食品」

はら-あわせ【腹合〔わ〕せ】 ①(「腹合わせ帯」の略)表と裏と別々の布を縫い合わせた女帯。②向かい合うこと。

はらい【払い】 ①代金や賃金を渡すこと。支払い。「—が悪い客」②不要な物を売り渡すこと。③除き去ること。「厄介—」「煤—」④筆先をはらうように書くこと。また、その部分。

—こみ【払(い)込み】 金銭を払いこむこと。

—さげ【払(い)下げ】 国や官公庁が所有物や土地を民間に売り渡すこと。「—品」

—だし【払(い)出し】 金銭を支払いのために出すこと。

—もの【払(い)物】 売り払う品物。不用品。

はらい【△祓い】ハラヒ 神に祈って罪・けがれ・災いなどを除き去るための儀式。また、その祈りの言葉。はらえ。

はらい-きよ・める【△祓い清める】ハラヒ (他下一) メ・メ・メル・メル・メレ・メロ(メヨ) はらいをして罪・けがれ・災いなどを除き清める。文はらひきよ・む(下二)

はらい-こ・む【払(い)込む】ハラヒ (他五) マ(モ)・ミ(ン)・ム・ム・メ・メ 代金・料金・税金などを窓口や口座に納める。「授業料を—」

はらい-さ・げる【払(い)下げる】ハラヒ (他下一) ゲ・ゲ・ゲル・ゲル・ゲレ・ゲロ(ゲヨ) 国や官公庁が所有物や土地を民間に売り渡す。「国有地を—」文はらひさ・ぐ(下二)

はらい-せ【腹◦癒せ】 怒りやうらみなどを晴らすために、何か他のことをやってまぎらすこと。「—に近くにある物を投げる」

はらい-た【腹痛】 腹がいたむこと。腹痛ふくつう。

はらい-っぱい【腹一杯】(名・副) ①十分食べて満腹になること。たらふく。「—になる」「—食べる」②思う存分。

はらい-の・ける【払(い)◦除ける】ハラヒ (他下一) ケ・ケ・ケル・ケル・ケレ・ケロ(ケヨ) 振り払うようにして除き去る。文はらひの・く(下二)

はらい-もど・す【払(い)戻す】ハラヒ (他五) サ(ソ)・シ・ス・ス・セ・セ ①一度領収した金を精算して余分の金を返す。②預貯金を預けた人に払い出す。③競馬などで、当たり券を現金に換えて払う。

ばら-いろ【×薔薇-色】 ①淡紅色。ローズピンク。②(比喩ひゆ的に)希望や喜びにみちあふれている状態。「—の人生」

はらい-わた・す【払(い)渡す】ハラヒ (他五) サ(ソ)・シ・ス・ス・セ・セ ①金銭を支払って渡す。②(物品を)売り渡す。

はら・う【払う】ハラフ (他五) ワ(オ)・イ(ッ)・ウ・ウ・エ・エ ①その場所から取り除く。除き去る。「木の下枝を—」②ごみなどを除いてきれいにする。「ほこりを—」③しりぞける。追いやる。「悪魔を—」「人を—」「威風あたりを—(=威圧する)」④よこざまに打ったり切ったりする。「相手の足を—」⑤金銭を渡す。支払う。「代金を—」⑥不要物を売り渡す。「古新聞を—」⑦立ちのく。引きはらう。「宿を—」⑧意識を向ける。「注意を—」「敬意を—」⑨費やす。「犠牲を—」⑩筆を引き抜くようにして、線の先を細くなるように書く。可能はら・える(下一)

はら・う【△祓う】ハラフ (他五) ワ(オ)・イ(ッ)・ウ・ウ・エ・エ 神に祈って、罪・けがれ・災いなどを除く。可能はら・える(下一)

ばら-うり【◦散売り】(名・他スル) まとまっているものを分けて売ること。「全集の—」

はらえ【△祓え】ハラヘ →はらい(祓い)

バラエティー〈variety〉①変化があること。多様性。「—に富む」②(「バラエティーショー」の略)歌・踊り・寸劇など種々の演芸を一つにまとめたショー。また、その放送番組。

パラオ〈Palau〉北太平洋南西部の島々からなる共和国。首都はマルキョク。

はら-おび【腹帯】 ①腹が冷えるのを防ぐために腹に巻く帯。腹巻き。②→いわたおび ③馬の腹にしめる帯。

はら-がけ【腹掛け】 ①職人などが、背部を紐ひもで交差させ、胸・腹をおおうように着ける作業衣。多く紺もめんで作り、前面にどんぶりと称する物入れをつける。②子供が寝冷えをしないように着ける、首からつるして腹をおおう布。腹当て。夏

はら-から【×同胞】 ①同じ母から生まれた兄弟姉妹。転じて、単に兄弟姉妹をいう。②同一国民。同胞どうほう。

はら-がわり【腹変わり】ガハリ 腹違い。

はら-ぎたな・い【腹汚い・腹△穢い】(形) カロ・カッ(ク)・イ・イ・ケレ・○ 心がきたない。根性が悪い。「—人物」文はらぎたな・し(ク)

はら-きり【腹切り】 自分で腹を切ること。切腹。割腹。

はら-ぐあい【腹具合・腹◦工合】グアヒ 胃や腸の調子。

パラグアイ〈Paraguay〉南アメリカ中部にある共和国。首都はアスンシオン。

はら-くだし【腹下し】 ㊀(名・自スル) 腹をこわして下痢をすること。はらくだり。㊁(名) 便通をよくする飲み薬。下剤。

はら-くだり【腹下り】(名・自スル) →はらくだし㊀

パラグライダー〈paraglider〉横に長い四角形のパラシュートを使用して山上から滑空・降下するスポーツ。

〔パラグライダー〕

パラグラフ〈paragraph〉文章の段落。節。項。

はら-ぐろ・い【腹黒い】(形) カロ・カッ(ク)・イ・イ・ケレ・○ 心がねじけている。わるだくみをもっている。「—政治家」文はらぐろ・し(ク)

はら-げい【腹芸】 ①〘演〙役者がせりふやしぐさによらず、思い入れや表情などで役の気持ちを表すこと。②直接的な言動によらずに、態度や迫力で自分の意志を通じさせ、物事を処理すること。「—にたけた人」③あおむけに寝た人の腹の上でいろいろな芸をする軽わざ。④腹に顔を書いて、その表情を変化させて見せる芸当。

ばら・ける【◦散ける】(自下一) ケ・ケ・ケル・ケル・ケレ・ケロ(ケヨ) まとまっていたものが、ばらばらに分かれる。「髪が—」「先頭集団が—」

はら-こ【腹子】 →はららご

はら-ごしらえ【腹△拵え】ゴシラヘ (名・自スル) (何かを始める前に)食事をして態勢を整えること。「—して仕事にかかる」

はら-ごなし【腹ごなし】 食べたものの消化をよくするために、軽い運動などをすること。「—に散歩する」

パラサイト〈parasite〉①寄生生物。②居候。「—シングル(=親元で経済的支援を受けながら生活する独身者)」

パラシュート〈parachute〉→らっかさん

はら・す【晴らす・△霽らす】(他五) サ(ソ)・シ・ス・ス・セ・セ 心の中のわだかまりや疑いを取り除いて、すっきりさせる。「うらみを—」「嫌疑を—」自は・れる(下一) 可能はら・せる(下一)

はら・す【腫らす】(他五) サ(ソ)・シ・ス・ス・セ・セ 皮膚をふくれあがらせる。「まぶたを—」自は・れる(下一)

ばら・す(他五) サ(ソ)・シ・ス・ス・セ・セ (俗) ①ばらばらにする。分解する。解体する。「時計を—」②秘密を暴露する。「過去のあやまちを—」③殺す。自ば・れる(下一) 可能ばら・せる(下一)

バラス「バラスト①」の略。

はら-すじ【腹筋】スヂ 腹部の筋肉。

—を縒よる おかしくてたまらないことのたとえ。腹の皮をよる。

ばら-ずし【◦散△鮨】 五目ずし。散らしずし。

バラスト〈ballast〉①線路や道路に敷く小石や砂。バラス。②船の安定を保つために船底に積む石や海水。底荷。脚荷。

ハラスメント〈harassment〉いやがらせ。「パワー—」

ばら-せん【×荊棘-線・◦茨線】「有刺鉄線」の俗称。

ばら-せん【◦散銭】 こぜに。はしたがね。ばら。

パラソル〈parasol〉日よけのためにさす洋がさ。夏

パラダイス〈paradise〉①エデンの園。②〘基〙天国。③悩みや苦しみがまったくない幸福な世界。楽園。

パラダイム〈paradigm〉①〘文法〙語形変化例。また、その一覧表。②〘哲〙その時代や学問領域に支配的な物の見方・考え方。また、その理論的枠組み。「—シフト」

はら-だたし・い【腹立たしい】(形) カロ・カッ(ク)・イ・イ・ケレ・○ 腹が立つさまである。しゃくにさわるさまである。文はらだた・し(シク)

はら-だ・つ【腹立つ】(自五) タ(ト)・チ(ツ)・ツ・ツ・テ・テ いかる。おこる。立腹する。

ばら-だま【◇散弾】①一発ずつ発射する弾丸。②→さんだん(散弾)

パラチオン〈ドイツ Parathion〉〘化〙有機リン化合物の農業用殺虫剤。毒性が強く、現在は使用禁止。

はら-ちがい【腹違い】チガヒ 兄弟姉妹で、父は同じで母が違うこと。異腹。腹変わり。「―の妹」

パラチフス〈ドイツ Paratyphus〉〘医〙パラチフス菌の感染で起こる熱性疾患。

ばらつき ①均一・均質でないこと。「品質に―がある」②統計で、測定して得られた数値が不規則に分布すること。

ばら-つ・く(自五) カ(コ)・キ(イ)・ク・ク・ケ・ケ ①大粒の雨や霰などが、ばらばらと少し降る。②束ねてあるものが乱れる。「前髪が―」③数値などが、不規則に分布する。「測定値が―」

バラック〈barrack 兵舎〉一時しのぎに建てた、粗末な小屋。仮小屋。

ぱら-つ・く(自五) カ(コ)・キ(イ)・ク・ク・ケ・ケ ①雨や霰などが、ぱらぱらと少し降る。「小雨が―」②まばらに点在する。

はら-つづみ【腹鼓】①ふくらんだ腹を打って鼓のように鳴らすこと。「狸の―」②十分食べて満足すること。「―を打つ」参考「はらづつみ」ともいう。

はらっ-ぱ【原っぱ】原。野原。雑草などの生えたあき地。

ばら-づみ【◇散積み】(名・他スル) 穀物・鉱石などを荷造りしないで、そのまま船や車に積み込むこと。

はら-づもり【腹積〔も〕り】心の中にあるこれからのだいたいの予定・計画。心づもり。「隠退する―だ」

はら-どけい【腹時計】空腹の具合によってだいたいの時刻や時間を推定すること。

パラドックス〈paradox〉①一見成り立ちそうだが、矛盾を含み論理的に成り立たない説。②→ぎゃくせつ(逆説)①

ばら-にく【ばら肉】牛・豚などの、あばら骨を包む腹側の部分の肉。肉と脂肪とが層をなす。三枚肉。ばら。

パラノ〈parano〉①「パラノイア」の略。②特定の物事や価値観に固執する心理傾向。↔スキゾ

パラノイア〈paranoia〉〘医〙精神病の一つ。がんこな妄想にとらわれる。偏執病。妄想症。

はら-の-うち【腹の内】心のうち。本心。「―を明かす」

はら-の-なか【腹の中】→はらのうち

はら-の-むし【腹の虫】①人の体内に寄生する虫。回虫など。②腹立ちや不満の感情を虫にたとえた言葉。

―が治まらない 腹が立ってがまんができない。**―の居所が悪い** 機嫌が悪い。

はら-ばい【腹△這い】バヒ ①腹を地につけてはうこと。「―で進む」②腹を下にして寝そべること。「―になる」

はら-ば・う【腹△這う】バフ (自五) ワ(オ)・イ(ッ)・ウ・ウ・エ・エ ①腹を地につけてはう。②腹を下にして寝そべる。

はら-はちぶ【腹八分】腹いっぱい食べないで、八分目くらいに控えておくこと。

―に医者いらず 腹八分目くらいに食べていれば、健康を害して医者にかかるというようなことにはならないものだ。

はら-はら ■一(副) ①木の葉などが散るさま。「桜の花が―(と)散る」②涙などが落ちるさま。「―(と)涙を流す」■二(副・自スル) 心配して気をもむさま。「危なっかしくて―する」

ばら-ばら ■一(副) ①粒状のものが続けて落ちたり飛んできたりするさま。また、その音。「雨が―(と)降り出す」②何人もの人がまとまりなく急に出てくるさま。「警官隊が―(と)飛び出した」■二(形動ダ) ダロ・ダッ(デ・ニ)・ダ・ナ・ナラ・○ まとまらないで別々になるさま。統一されていないさま。「家族が―になる」「―な意見」類語 離れ離れ・散り散り・別れ別れ

ぱら-ぱら(副) ①雨・霰などが少し降るさま。②物がまばらに点在するさま。「民家が―(と)建っている」③軽くまばらにふりまくさま。「ごまを―(と)かける」④本などを続けてめくるさま。

パラフィン〈paraffin〉①〘化〙石油から分離して得る白色半透明のろう状の固体。ろうそくなどの原料。石蝋。②(「パラフィン紙」の略)①を染み込ませた紙。防湿用の包装紙。

パラフレーズ〈paraphrase〉(名・他スル) ①原文をわかりやすく言いかえること。②〘音〙原曲を他の楽器で演奏するために編曲すること。また、その曲。改編曲。

はら-ぺこ【腹ぺこ】(名・形動ダ)〘俗〙非常に腹がすいていること。また、そのさま。

パラボラ-アンテナ〈parabolic antenna から〉放物面の反射器を備えた指向性アンテナ。電波を一定方向に集中して送受信する。極超短波中継や衛星放送受信などに用いる。

はら-まき【腹巻〔き〕】①腹が冷えるのを防ぐため腹に巻く布や、円筒形の毛糸の編み物。はらおび。②よろいの一種。腹を包み背中で合わせるようにした簡便なもの。

ばら-ま・く【◇散△蒔く】(他五) カ(コ)・キ(イ)・ク・ク・ケ・ケ ①あちこちに散らしてまく。「豆を―」②金品などを多くの人々に気前よく与える。「名刺を―」可能 ばらま・ける(下一)

はら-み【腹身】①牛・豚などの横隔膜の肉。②魚の腹側の脂ののった肉。ハラス。参考 ①は多く「ハラミ」と書く。

はらみつ【波羅蜜】〘仏〙衆生の救済をめざす菩薩が悟りに到達するために実践すべき徳目。波羅蜜多。

はら・む【△孕む】マ(モ)・ミ(ン)・ム・ム・メ・メ ■一(自五) 植物の穂が出ようとしてふくらむ。「稲が―」■二(他五) ①胎内に子を宿す。みごもる。妊娠する。②その中に含み持つ。「危険を―」「帆が風を―」

パラメーター〈parameter〉①〘数〙いくつかの変数間の関係を間接的に表す変数。助変数。媒介変数。②〘情報〙コンピューターで、プログラムの動作を規定するよう設定された値。また、一連の動作を指定するために入力される値。引数。

はら-もち【腹持ち】食べた物の消化が遅く、なかなか空腹にならないこと。「米は―がよい」

バラモン【婆羅門】①インドのカースト制度の最高位。司祭・僧侶階級。⇩カースト ②〘宗〙バラモン教。また、その僧侶。

―きょう【―教】ケウ〘宗〙「バラモン①」を中心に行われた古代インドの民族的宗教。のちヒンドゥー教に発展。

バラライカ〈ロシア balalaika〉〘音〙ウクライナの民族楽器。三角形の胴と長い棹に三本の弦を張ったもの。指でつまびく。

〔バラライカ〕

はらら-ご【△鮞】魚類の卵巣。また、それを塩づけにしたもの。筋子・イクラなど。腹子。

はらり-と(副) 軽いものが静かに落ちたり散ったりするさま。「花びらが―散る」

ぱらり-と(副) 軽いものや細かいものが、散り落ちたりほどけたりするさま。「風でページが―めくれる」

パラリンピック〈Paralympics〉障害者による国際スポーツ大会。オリンピック開催地で、四年に一回開かれる。はじまり 一九四八年、ロンドン郊外のストーク・マンデビル病院の医師グットマンが、脊髄損傷者のリハビリテーションとしてスポーツを取り入れ、その競技会を開催したのが始まり。

パラレル〈parallel〉■(名・形動ダ)①平行であること。②相応していること。■(名)①〘物〙電気の並列回路。②(印刷用語で)並行符。「＝」③スキー板を平行にしてすべる技術。

はら-わた【◦腸】①臓腑(ぞうふ)。内臓。特に、大腸と小腸。「酒が―にしみわたる」「魚の―」②瓜(うり)などの内部にある、種を含んだ柔らかい部分。③心。性根(しょうね)。精神。

―が腐(くさ)る 精神が堕落する。**―が千切(ちぎ)れる** 悲しみにたえられない思いがする。**―が煮(に)え(繰(く)り)返(かえ)る** 激しいいきどおりで、心がいっぱいになる。**―が見(み)え透(す)く** (偽っている)相手の心の中がよくわかる。**―を断(た)つ** 悲しみにたえられない。断腸(だんちょう)の思いをする。

は-らん【波乱・波▵瀾】(「瀾」は大波の意)①さわぎ。もめごと。「―が起きる」②変化・曲折のあること。「―に富んだ一生」

―ばんじょう【波▵瀾万丈】(バンヂャウ) 事件や人の生涯などの変化が劇的で激しいこと。「―の人生」

は-らん【葉▵蘭】〘植〙キジカクシ科の常緑多年草。葉は長大な楕円(だえん)形。四月ごろ、暗紫色・つぼ状の花をつける。観賞用に栽培。また、果実・根茎は薬用とする。

バランス〈balance〉①つりあい。均衡。調和。「―がくずれる」②〘経〙貸借・収支のつりあい。

―シート〈balance sheet〉①〘経〙貸借対照表。②(比喩(ひゆ)的に)損得のつりあい。

-はり【張り】(接尾)弓・ちょうちん・テント・幕などを数える語。

はり【張り】①張ること。張る程度や力。引っぱる力。また、その強さ。「―の強い弓」②引き締まって生き生きしていること。「―のある声」③意欲。気力。はりあい。「生活に―が出る」

はり【針】①布を縫ったり物を刺したりするのに使う、細長く先のとがった鋼鉄製の道具。②細長く先のとがったものの称。時計の針・注射針・釣り針など。③人を刺すものを一般にいう。「蜂(はち)の―」④陰険な心。人を傷つける悪意。「―のある言葉」

―の莚(むしろ) (針を植えたむしろの意)責めたてられるようで一時も心の休まらない場所・立場。

はり【▵鍼・針】①形は縫い針に似ていて、体の患部にさしこんで神経を刺激し、こりや痛みをなおす漢方の医療器具。「―麻酔」②①を使ってする治療術。鍼術(しんじゅつ)。「―に通う」

はり【▵梁】〘建〙屋根の重みを支えるための水平材で、柱の上に直角に渡す横柱。⇩桁(けた)(さしえ)

はり【▵鉤】魚を釣る針。釣り針。

はり【▵玻璃】①仏教でいう七宝(しっぽう)の一つ。水晶のこと。②「ガラス」の異称。

-ばり【張り】(接尾)①弓のつるを張る人数によって示す、弓の強さ。「三人―の弓」②人名などに付いて、まねること、似ていること、の意を表す。「ピカソ―の絵」③張ってあること、張りめぐらすこと、の意を表す。「ガラス―の部屋」

ばり【◦尿】(「ゆばり」「いばり」の略)小便。にょう。

ば-り【罵▵詈】(名・他スル)相手を口ぎたなくののしること。悪口を言うこと。また、その言葉。「―雑言(ぞうごん)」

パリ〈Paris〉フランス共和国の首都。パリ盆地の中央、セーヌ川両岸に位置する政治・経済・文化の中心地。参考「×巴里」とも書く。

バリア〈barrier〉①障害となる物事。障壁。②攻撃や脅威などから身を守るもの。参考「バリアー」「バリヤー」とも書く。

―フリー〈barrier-free〉建築で段差をなくすなど、高齢者や障害者の生活の妨げを取り除くこと。

はり-あい【張〔り〕合い】(アヒ)①はりあうこと。「意地の―」②やりがいを感じること。手ごたえのあること。「―のある仕事」

―ぬけ【―抜け】(名・自スル)はりきっていた力がなくなること。がっかりすること。

はり-あ・う【張〔り〕合う】(アフ)(自他五)(ワ(オ)・イ(ッ)・ウ・ウ・エ・エ) たがいにきそい合う。競争する。対抗する。「主役の座を―」

はり-あ・げる【張〔り〕上げる】(他下一)(ゲ・ゲ・ゲル・ゲル・ゲレ・ゲロ(ゲヨ)) 声を高く強く出す。「大声を―」文はりあ・ぐ(下二)

はり-い【▵鍼医・針医】鍼術(しんじゅつ)を職業とする人。鍼医者。

はり-いた【張〔り〕板】洗って糊(のり)をつけた布やすいた紙などを張ってかわかすための板。

バリウム〈barium〉〘化〙金属元素の一つ。やわらかい銀白色の金属で、酸化しやすく、常温で水を分解して水素を発生する。硫酸バリウムは消化吸収されず、X線を通さないので、胃などのレントゲン撮影の際の造影剤として用いる。元素記号 Ba

―けんさ【―検査】〘医〙硫酸バリウムを、患者に飲ませたり肛門(こうもん)から注入したりしてレントゲン撮影をする検査法。

バリエーション〈variation〉①物事の変化。変動。変形。変種。「―に富む」②〘音〙変奏曲。

はり-えんじゅ【針▵槐】(エンジュ)〘植〙マメ科の落葉高木。北アメリカ原産。葉は羽状複葉。初夏、白い花をふさ状に開く。庭木・街路樹用。材は薪炭・建築・器具用。ニセアカシア。夏

はり-おうぎ【張〔り〕扇】(アフギ) 外側を紙で張って包んだ扇。講談師などが台を打って調子をとるのに使う。はりせん。

はり-おさめ【針納め】(ヲサメ) →はりくよう

はり-かえ【張〔り〕替え】(カヘ)①はりかえること。「ふすまの―」②着物をといて洗い張りをすること。また、その着物。

はり-か・える【張〔り〕替える】(カヘル)(他下一)(エ・エ・エル・エル・エレ・エロ(エヨ)) 古い紙・布などをはがして新しいものを張る。はりなおす。「壁紙を―」文はりか・ふ(下二)

はり-がね【針金】金属を細長く線状にのばしたもの。

―むし【―虫】〘動〙線形虫類で針金状の虫類の総称。幼虫は水生昆虫に寄生し、さらにカマキリ・バッタなどに捕食されてその体内で成虫となり、水中にかえって卵を産む。成虫は体長一メートル近くに達するものもある。秋

はり-がみ【張〔り〕紙・貼り紙】①物に紙をはりつけること。また、その紙。②宣伝・広告・告知などのために、人目につく所にはった紙。③注意や意見を書いて書物や書類などにはっておく紙。付箋(ふせん)。

バリカン 頭髪を刈り込む金属製の器具。語源フランスの製造元の名、Bariquand et Marre から。

ば-りき【馬力】①〘物〙仕事率の単位。英馬力(HP)と仏馬力(PS)とがあり、一馬力は、前者では一秒当たり五五〇フィート・ポンドの仕事量、七四六ワットに当たる。後者では七五キログラム・メートルの仕事量、七三六ワットに当たり、日本ではこちらを使用。②精力。活力。「―をかける」③荷馬車。

はり-き・る【張〔り〕切る】(自五)(ラ(ロ)・リ(ッ)・ル・ル・レ・レ) ①大いに意気込む。精力・活力があふれている。②十分に張る。ぴんと張る。

はり-くよう【針供養】(クヤウ) 二月八日と十二月八日の両日またはどちらかの日に、裁縫に携わる人が一年間の折れ針や古針を集めて供養する行事。針納め。春冬

バリケード〈barricade〉攻撃や侵入を防ぐために、建物の出入り口や路上に木材・土囊(どのう)や車などで臨時につくる防御壁。防塞(ぼうさい)。「―を築く」

ハリケーン〈hurricane〉〘気〙カリブ海・メキシコ湾・北大西洋西部・北太平洋東部で発生する強力な熱帯低気圧。

はり-こ【針子】雇われて縫い物をする女性。おはりこ。

はり-こ【張〔り〕子】①型に紙を重ねて張り、乾いてから型をぬき取って作ったもの。はりぬき。「―の人形」②→はりぼて

―の-とら【―の虎】①張り子で首が動くように作った虎

のおもちゃ。②見かけは強そうでも、実際は弱い人をいう語。

はり-こみ【張〔り〕込み】 ①張り付けること。②見張ること。特に、警官が犯人や容疑者の立ち回り先などを見張ること。参考 ①は「貼り込み」とも書く。

はり-こ・む【張〔り〕込む】(自他五) マ(モ)・ミ(ン)・ム・ム・メ・メ ①張り付ける。②思いきって大金を出す。大金を出して買う。「高価なスーツを―」③犯人の現れそうな所に待機して見張る。「刑事が―」④意気ごむ。参考 ①は「貼り込む」とも書く。

バリ-コン 〈variable condenser から〉〘物〙一方の極板を動かすことにより電気容量を変えることができるコンデンサー。可変蓄電器。ラジオなどの同調部に用いられる。

パリ-さい【パリ祭】 フランス革命記念日(七月十四日)の日本での呼称。夏 参考 フランス映画 Quatorze Juillet(七月十四日)の邦訳題名にちなむ。

パリサイ-びと【パリサイ人】 〈ギリシャ Pharisaios〉①〘基〙紀元前後二世紀ごろのユダヤ教の一派。パリサイ派。ファリサイ派。②(宗教上の)排他的な形式主義者。偽善者。

はり-さ・ける【張〔り〕裂ける】(自下一) ケ・ケ・ケル・ケル・ケレ・ケロ(ケヨ) ①ふくらみすぎて破裂する。「風船が―」②激しい怒り・苦しみ・悲しみなどで胸がいっぱいになる。「悲しみで胸が―・けそうだ」文はりさ・く(下二)

はり-さし【針刺し】 裁縫用の針をさしておく道具。針山。針立て。

ばり-ざんぼう【罵△詈△讒△謗】 ザンバウ 口ぎたなく悪口を言ってけなすこと。また、その言葉。罵詈雑言。悪口雑言。

パリジェンヌ 〈フランス Parisienne〉パリで生まれ育った女性。↕パリジャン

パリジャン 〈フランス Parisien〉パリで生まれ育った男性。↕パリジェンヌ

はり-しごと【針仕事】 衣服を縫う仕事。縫い物。裁縫。

はり-す【△鉤素】 釣り糸のうち、釣り針を結ぶ細く強い糸。

バリスタ 〈イタリア barista〉イタリアのバール(=喫茶店)で、おもにエスプレッソなどの飲み物を作る人。

はり-せん【張り扇】 →はりおうぎ

はり-せんぼん【針千本】〘動〙ハリセンボン科の海産硬骨魚。暖海にすむ。体一面にとげがはえ、敵に襲われるとこれを立てて防御する。フグの仲間で、食用にもなる。图

ばり-ぞうごん【罵△詈雑言】 ザフゴン 口ぎたなくののしり、悪口を言うこと。また、その言葉。罵詈讒謗ざんぼう。悪口雑言。

はり-たお・す【張〔り〕倒す】 タフス (他五) サ(ソ)・シ・ス・ス・セ・セ 平手で強く打って倒す。「横っ面を―」

はり-だし【張〔り〕出し】 ①外に出っぱらせること。特に、建物で壁面より突き出ている部分。②掲示。張り紙。③相撲で、正位置に準ずる者として、番付の欄外に記すこと。また、その力士。「―大関」参考 ②は「貼り出し」とも書く。

―まど【―窓】 外に突き出した窓。でまど。

はり-だ・す【張〔り〕出す】 サ(ソ)・シ・ス・ス・セ・セ 一(自五) 外に出っぱる。「半島が海に―」二(他五) ①外へ広げ出す。「日よけを―」②広く知らせるために、目につきやすい所に掲げて示す。掲示する。「合格者名を―」参考 二②は「貼り出す」とも書く。

はり-たて【針立て】 →はりさし

はり-つ・く【張〔り〕付く・貼り付く】(自五) カ(コ)・キ(イ)・ク・ク・ケ・ケ ①面と面がぴったりとくっつく。②ある場所や人から離れないでいる。「現場に―・いて取材する」他はりつ・ける(下一)

はり-つけ【△磔】 昔の刑罰の一つ。板や柱にしばりつけ、槍やりなどで突き殺すもの。磔刑たっけい。

はり-つ・ける【張〔り〕付ける・貼り付ける】(他下一) ケ・ケ・ケル・ケル・ケレ・ケロ(ケヨ) ①(紙などを)広げて糊のりやピンで他の物にくっつける。②(比喩ひゆ的に)人を一か所に待機させつづける。自はりつ・く(五) 文はりつ・く(下二)

ばりっ-と 一(副・自スル) 態度や身なりがりっぱで見ばえがするさま。「―した服装」二(副) 紙や板が勢いよく破れたりはがれたりする音やさまを表す語。「包装紙を―はがす」

ぱりっ-と 一(副・自スル) ①衣服などが新しく上等であるさま。態度や身なりがりっぱなさま。「―した上着」②張りをもっているさま。「―糊のりのきいたシャツ」二(副) 固くてうすいものが割れたりはがれたりする音やさまを表す語。「せんべいを―割る」

はり-つ・める【張〔り〕詰める】(自他下一) メ・メ・メル・メル・メレ・メロ(メヨ) ①残らず一面に張る。「氷が―」②期待や不安で緊張する。極度にひきしまる。「試験前の―・めた空気」文はりつ・む(下二)

はり-て【張〔り〕手】 相撲で、相手の顔を平手でうつ技わざ。

パリティー-けいさん【パリティー計算】 〈parity 対等〉〘経〙生産費に関係なく、物価上昇に対応させて農産物価格を算定する計算方法。

はり-とば・す【張〔り〕飛ばす】(他五) サ(ソ)・シ・ス・ス・セ・セ 平手で激しく打つ。「横っ面を―」

バリトン 〈baritone〉〘音〙①テノールとバスとの中間の男声の音域。また、その音域の歌手。②器楽で、中音の音域を受け持つ管楽器。特に、サキソホン類のバリトン音域のもの。

はり-ぬき【張〔り〕抜き】 →はりこ(張り子)①

はり-ねずみ【針△鼠】〘動〙ハリネズミ科の小形の哺乳ほにゅう動物。灰褐色で、頭頂部や背には太く短い針状の毛が一面にはえている。敵にあうと体を丸めて防御する。夜行性。

はり-ばこ【針箱】 裁縫道具を入れる箱。裁縫箱。

はり-はり 細くきざんで干した大根を酢としょうゆに漬けたもの。はりはり漬け。

ばり-ばり 一(副) ①意欲的に物事をこなすさま。「―(と)仕事をする」②固い物やこわばった物をひきさいたり、はがしたり、かみくだいたりするときの音やさまを表す語。「古い板を―(と)はがす」「骨まで―かみくだく」二(名・形動ダ・自スル) ①物がこわばって固くなっていること。また、そのさま。「糊のりのきいた―の浴衣」②威勢がよく活動的なこと。また、そのさま。「―の現役」

ぱり-ぱり 一(副) うすくて固い物を割ったり、はがしたり、かじったりするときの音やさまを表す語。「氷を―と割る」二(名・形動ダ・自スル) ①よく乾いていること。また、そのさま。「―の敷布」②新しくて張りがあること。また、そのさま。「―の服」③元気があって、威勢がよいこと。「―の江戸っ子」

はり-ばん【張〔り〕番】(名・自スル) 見張り番をすること。また、その人。

はり-ふだ【張〔り〕札・貼り札】 人に知らせる事柄を書いて人目につくところにはり出す札。張り紙。

はり-ぼて【張りぼて】 竹かごなどに紙をはって作ったもの。特に、そうして作った芝居の小道具。張り子。

はりま【播磨】 旧国名の一つ。現在の兵庫県西部。播州ばんしゅう。

はり-まわ・す【張〔り〕回す】 マハス (他五) サ(ソ)・シ・ス・ス・セ・セ まわり一面をかこんで張る。張りめぐらす。「幕を―」

はり-みせ【張〔り〕店・張〔り〕見世】 遊郭ゆうかくで、遊女が店先に居並んで客を待つこと。また、その店。

はり-みち【◇墾道】〘古〙新たに開墾した道。新道。

はり-め【針目】 針で縫ったあと。縫い目。

はり-めぐら・す【張〔り〕巡らす】(他五) サ(ソ)・シ・ス・ス・セ・セ まわり一面に張る。張りまわす。「紅白の幕を―」「情報網を―」

はり-もぐら【針×鼴鼠】〘動〙単孔目(カモノハシ目)ハリモグ

ラ科の哺乳動物。オーストラリアやタスマニア島・ニューギニア島の山地などにすむ。背に針状の毛が密生し、鋭いつめで地を掘り、長い舌でアリなどを食べる。卵生であるが、腹の袋に子を入れて乳で育てる。

はり-もの【張〔り〕物】 ①洗った布に糊をつけ、板張りまたは伸子張りにしてかわかすこと。また、その布。②芝居の大道具で、木の型に紙を張り、岩や樹木などに仕立てたもの。

はり-やま【針山】 →はりさし

バリュー〈value〉ねうち。価値。「ネーム―」

ば-りょう【馬糧】― 馬の食糧。

は-りん【破倫】 人の守るべき道にそむくこと。不道徳。

はる【春】 ①四季の一つ。冬が過ぎて暖かくなり、花などの咲き出す季節。夜はしだいに短くなる。暦の上では立春(二月四日ごろ)から立夏(五月五日ごろ)の前日まで。ふつうには三月から五月まで。陰暦では一月から三月。[春] ②新年。正月。「―を寿ぐ」③(比喩的に)㋐勢いの盛んな時期。「わが世の―」㋑青春期。「人生の―」㋒性的な感情。情欲。「―のめざめ」
[類語] 立春・新春・初春・早春・春先・孟春・芳春・陽春・仲春・盛春・晩春・暮春・季春・行く春・常春
―の夜の夢 楽しいがはかなく短いことのたとえ。

は・る【張る】 ラ(ロ)・リ(ッ)・ル・ル・レ・レ ■一(自五) ①多くの方向にのびひろがる。「根が―」②たるんだところがないように四方に引きのばされる。「綱がぴんと―」③左右にひろがる。「えらが―」④いっぱいにふくれる。「腹が―」⑤表面全体をおおう。「氷が―」⑥筋肉がこわばる。「肩が―」⑦ひきしまる。緊張する。「気が―」⑧ふつう以上に多くなる。「荷が―」⑨高価になる。かさむ。「値が―」⑩盛んになる。「欲の皮が―」■二(他五) ①四方にのべひろげる。「根を―」②たるんだところがないように引きのばす。「綱を―」③布・紙などを平らにのばして、糊などで離れないようにする。「切手を―」「ポスターを―」④つき出す。「肘を―」⑤肩を上げたり、体をそらしたり、肘をのばしたりしていかつく見せる。よく見せようとする。「胸を―・って歩く」「見栄を―」⑥一面に満たす。「ふろおけに水を―」⑦板などを打ちつける。「トタン板を―」⑧多くの人の前にひろげて設置する。かまえる。「店を―」⑨事を行う。もよおす。ひらく。「花見の宴を―」⑩気持ちをゆるめないようひきしめる。緊張させる。「気を―」⑪強く盛んにする。また、強く声を出す。「勢力を―」⑫おしとおす。「強情を―」⑬対抗する。「向こうを―(=はりあう)」⑭見張る。「出口で―」⑮金銭などをかける。「五〇〇〇円―」「山を―」⑯命がけで事にあたる。「体を―」⑰平手で横ざまに打つ。「ほおを―」⑱地位を守る。「横綱を―」⑲取引市場で、思わく売り・思わく買いをする。[可能]は・れる(下一) [参考]■二③は「貼る」とも書く。

-ば・る(接尾)(体言に付いて五段活用の動詞を作る)①いかにもそのものらしくふるまう意を表す。「形式―」「四角―」②程度がはなはだしい意を表す。「欲―」「骨―」

はる-あき【春秋】 ①春と秋。②歳月。年月。春秋。

はる-いちばん【春一番】 立春を過ぎて、その年最初に吹く強い南風。春の訪れを示す現象。[春]

バルーン〈balloon〉風船。気球。「アド―」「―アート」

はるか【△遥か】(副・形動ダ) ①距離や年月が遠くへだたるさま。「山が―かなたに見える」「―昔」②程度がひどく違うさま。「弟のほうが―に背が高い」[文](ナリ)

はる-かぜ【春風】 春に東または南から吹く(穏やかな暖かい)風。春風。[春]

はる-がすみ【春△霞】 春に立つかすみ。[春]

はるかぜや… [俳句]〔春風や 闘志いだきて 丘に立つ〕〈高浜虚子〉春の一日、胸中に深く闘志をいだいて小高い丘に立つと、眼下は広々とひらけ、草木が元気よく芽ぶき、春風が勇気づけるかのようにさわやかにそよいで、いよいよ決意が固くなるのを覚える。(春風[春])

はる-ぎ【春着】 ①春に着る衣服。②正月の晴れ着。[新年]

はる-ぐもり【春曇〔り〕】 春に多く見られるうすぐもり。[春]

はる-け・し【△遥けし】(形ク)(古) 遠くへだたっているさま。

はる-こ【春子】 ①シイタケ・ショウロなどで春に産するもの。[春] ②春に生まれた子。はるご。

はる-ご【春〇蚕】 春から初夏に飼育する蚕。はるこ。[春]

バルコニー〈balcony〉①洋風建築で、部屋の外に広く張り出した、屋根のない手すりのついた台。露台。[夏] ②劇場の二階席。桟敷。[参考]「バルコン」ともいう。

はる-ごま【春駒】 ①春の野にいる若馬。②竹の一端に馬の頭の作り物を、他端に車をつけたおもちゃ。③昔、正月に、馬の頭の形に作った物を持ち、家々をまわって歌ったり舞ったりした門付け芸人。また、その芸能。[新年] [参考]「はるこま」ともいう。

バルコン〈フランス balcon〉→バルコニー

はる-さき【春先】 春の初めのころ。

はる-さく【春作】〘農〙春に栽培、または収穫する作物。

バルザック〈Honoré de Balzac〉(一七九九―一八五〇) フランスの小説家。近代写実主義小説の創始者。「人間喜劇」という総題で一八年間に九六編を執筆。代表作「ウージェニー=グランデ」「ゴリオ爺さん」「谷間の百合」「従妹ベット」など。

バルサミコ-す【バルサミコ酢】〈イタリア balsamico〉白ぶどうの液を酢酸発酵させ、長く熟成させたイタリアの高級酢。

はる-さめ【春雨】 ①春、静かにしとしと降る雨。[春] ②緑豆のデンプンから作った透明な糸状の食品。まめそうめん。

はるさめものがたり【春雨物語】 江戸後期の読本。上田秋成作。一八〇八―一八〇九(文化五―六)年成立。古典や史実を題材に作者の人生観などを盛りこんだ、一〇編から成る小説集。

パルス〈pulse〉①→みゃくはく ②きわめて短時間に流れる電流または電波。信号などに使う。

はるすぎて… [和歌]〔春過ぎて 夏来にけらし 白妙の 衣ほすてふ 天の香具山〕〈新古今集 持統天皇〉いつのまにか春が過ぎて夏が来たらしい。白い衣を干すという天の香具山に。(「万葉集」には第二句が「夏来るらし」、第四句が「衣ほしたり」とあり、実景を直接に詠んだ歌になっている。小倉百人一首の一つ)

はる-ぜみ【春△蟬】〘動〙セミ科の昆虫。体長は約三・五センチメートルくらい。体は黒く、金色の短毛がある。羽は透明で脈は黒褐色。四月から六月ごろ松林で鳴く。まつぜみ。[春]

パルチザン〈フランス partisan〉革命や他国の侵入軍への抵抗などのために、民間人で組織した非正規軍。ゲリラ隊の一種。

はるつげ-うお【春告げ魚】― 春の到来を知らせる魚。「にしん」の異称。

はるつげ-どり【春告げ鳥】 春の到来を知らせる鳥。「うぐいす」の異称。[春]

パルテノン〈ギリシャ Parthenōn〉アテネのアクロポリスの丘にある古代ギリシャの神殿。ドーリア式建築の代表例として有名。

バルト-さんごく【バルト三国】〈the Baltic States〉バルト海沿岸の三共和国。エストニア、ラトビア、リトアニア。一九四〇年、ソ連に併合されたが、一九九一年それぞれ独立。

パルナシアン〈フランス parnassiens〉→こうとうは

はるのとり… [和歌]〔春の鳥 な鳴きそ鳴きそ あかあかと 外の面の草に 日の入る夕〕〈北原白秋〉どこで鳴いているのか春の鳥よ、そんなに鳴くな、鳴いてくれるなよ。

窓の外の草原の遠くに、あかあかと日が沈んでゆくこのもの悲しい春の夕暮れに。

はる-の-ななくさ【春の七草】 正月七日に摘んで粥(かゆ)に入れて食べる七種の若菜。せり・なずな・ごぎょう(ははこぐさ)・はこべ(はこべら)・ほとけのざ(こおにたびらこ)・すずな(かぶ)・すずしろ(だいこん)。新年 ↔秋の七草

〔はるのななくさ〕

はるのよの… 和歌(春の夜の 夢ばかりなる 手枕(たまくら)に かひなく立たむ 名こそ惜しけれ)〈千載集 周防内侍(すおうのないし)〉はかない春の夜の夢のようなちょっとしたたわむれから、あなたの腕(かいな)を借りて枕にしたことで、恋するかいのない浮き名が立つのが口惜しいのです。(枕がほしいとつぶやいた作者に、腕を貸そうとさし出した男に対して詠んだ歌。小倉百人一首の一つ)

はる-ばしょ【春場所】 毎年三月に大阪で行われる大相撲の興行。春

バルバドス〈Barbados〉カリブ海の東部、ウィンドワード諸島中の島国。首都はブリッジタウン。

はる-ばる【△遥△遥】(副)①距離が遠くへだたっているさま。②遠方から来るさま。また、行くさま。「―(と)渡ってきた白鳥」

はるばると… 和歌(はるばると 薬をもちて 来(こ)しわれを 目守(まも)りたまへり われは子なれば)〈斎藤茂吉(さいとうもきち)〉東京からはるばると薬を持って来た私を、母はじっと見つめなさっている。私は母の子だから。(「赤光(しゃっこう)」の「死にたまふ母」一連五九首の中の一つ)

バルブ〈bulb〉①球根。②電球。特に、写真撮影用の閃光(せんこう)電球。③カメラのシャッター目盛りの一つ。シャッターボタンを押している間はシャッターが開いたままになる。略号B

バルブ〈valve〉①管内を通る気体や液体の出入りを調節する器具。弁。②真空管。

パルプ〈pulp〉木材などの植物原料を化学薬品や機械で処理して取り出した繊維素。紙・人絹などの原料。

はる-まき【春巻(き)】 中国料理の一つ。豚肉やきざんだ野菜などを炒(いた)め、小麦粉のうすい皮に包んで油で揚げたもの。

はる-まき【春△蒔き】 春に種子をまくこと。また、その植物。↔秋蒔(あきま)き

ハルマゲドン〈ギリシャ Harmagedōn〉〔基〕新約聖書の黙示録にある、善と悪との最終決戦場。転じて、世界の終わり。アルマゲドン。

はるまひる… 和歌(春真昼 ここの港に 寄りもせず 岬(みさき)を過ぎて 行く船のあり)〈若山牧水(わかやまぼくすい)〉春の真昼どき海を見渡していると、この港に立ちよらずに、遠い岬を過ぎて遠ざかって行く船がある。

はる-め・く【春めく】(自五)カ(コ)・キ(イ)・ク・ク・ケ・ケ 春らしくなる。春

はる-やすみ【春休み】 春の学年末から四月の始業日までの休み。春

はるをしむ… 俳句(春惜しむ おんすがたこそ とこしなへ)〈水原秋桜子(みずはらしゅうおうし)〉法隆寺の百済(くだら)観音は、春の名残を惜しむかのようにかすかな微笑を浮かべて立っておられる。そのお姿こそまさに永遠のお姿であられる。(春惜しむ 春)

はれ【晴(れ)】 ①空がはれること。気象学上は、雲量二〜八の空の状態。②はれがましいこと。表向きの場であること。「―の舞台」↔褻(け) ③疑いがとけること。「―の身となる」

類語 晴天・快晴・日本晴れ・上天気・好天・五月晴れ・梅雨晴れ・秋晴れ・日和(ひより)・秋日和・小春日和・行楽日和・俄(にわか)日和

はれ【腫れ】 ①皮膚などがはれること。ふくれ上がること。また、その状態。「―がひく」②〔医〕水腫(すいしゅ)。むくみ。

はれ-あが・る【晴(れ)上がる】(自五)ラ(ロ)・リ(ッ)・ル・ル・レ・レ 空がすっかり晴れる。

ばれい【馬齢】 自分の年齢の謙称。「いたずらに―を重ねる」

ばれいしょ【馬鈴△薯】 ↓じゃがいも

はれ-いしょう【晴(れ)衣装・晴(れ)衣△裳】イシャウ ↓はれぎ

バレエ〈フランス ballet〉歌やせりふはなく踊りで表現する、音楽を伴った芸術的舞踊劇。

バレー「バレーボール」の略。

―ボール〈volleyball〉球技の一つ。コートの中央にネットを張り、六人または九人ずつ二組に分かれて、ボールを自陣のコートに落とさないよう打ち返し合って得点を争う競技。排球。はじまり 一八九五年、アメリカでYMCAの体育教師モーガンが考案。日本には、一九〇八(明治四十一)年、東京YMCAの大森兵蔵が最初に紹介したという。

ハレーション〈halation〉写真で、強い光のあたった部分のまわりが白くぼやけて写る現象。光暈(こううん)。「―をおこす」

ハレー-すいせい【ハレー彗星】〔天〕イギリスの天文学者ハレー(Halley)が初めてその軌道を計算した大彗星。長い尾を引き、公転周期は約七六年。ハリー彗星。

パレード〈parade〉(名・自スル)祭礼・祝賀などの際に、はなやかに行列を整えて行進すること。また、その行進。

はれ-がまし・い【晴(れ)がましい】(形)カロ・カッ(ク)・イ・イ・ケレ・○ ①表立っていてはなやかである。②あまりに表立っていて気はずかしい。文 はれがま・し(シク)

はれ-ぎ【晴(れ)着】 表立ったはなやかな場所に出るときに着る衣服。晴れ衣装。「成人式の―」↔ふだん着

パレス〈palace〉①宮殿。御殿(ごてん)。②娯楽などのために設けた豪華な建物。殿堂。

はれ-すがた【晴(れ)姿】 ①晴れ着姿。②晴れの場所に出た姿。「表彰台上の―」

パレスチナ〈Palestine〉西アジアの地中海沿岸一帯を指す地方名。現在のイスラエルとヨルダンのあたりを指し、古くはカナンの地と呼ばれた。ユダヤ教・キリスト教発祥の地で、現在ユダヤ民族とアラブ民族対立の地。

は-れつ【破裂】(名・自スル)①(内部からの圧力で)勢いよくさけて破れること。「水道管が―する」②交渉などがまとまらず、物別れになること。決裂。「談判が―する」

―おん【―音】 息の通りを止め、一度に開いて発音する子音。カ・ガ・タ・ダ・バ・パ行の子音 k・g・t・d・b・p など。閉鎖音。

パレット〈palette〉絵の具をチューブから出したり、油や他の色とまぜたりするときに用いる板。調色板。

―ナイフ〈palette knife〉パレットで絵の具を調合したり、画面の絵の具を削り落としたりする薄い鋼鉄製のへら。

パレット〈pallet〉貨物運搬に使用する木製の荷台。

はれ-て【晴れて】(副)公然と。正式に。だれに遠慮することもなく。「―自由の身になる」

はれ‐ばれ【晴〔れ〕晴れ・晴晴】(副・自スル) ①空が晴れ渡っているさま。「—(と)した天気」②心のわだかまりがなく気分がすっきりとしているさま。「—(と)した顔」

はればれ‐し・い【晴〔れ〕晴〔れ〕しい】(形) カロ・カッ(ク)・イ・イ・ケレ・○ ①空がよく晴れ渡っている。②心のわだかまりがなく気分がよい。③表立っていてはなやかである。「—行列」文はればれ・し(シク)

はれ‐ぶたい【晴〔れ〕舞台】人前に立つ、表立って華やかな場所や場面。晴れの舞台。「決勝の—に進む」

はれ‐ぼった・い【腫れぼったい】(形) カロ・カッ(ク)・イ・イ・ケレ・○ なんとなくはれてふくれているように感じられる。「—顔」

はれ‐ま【晴〔れ〕間】①雨・雪などが一時的にやんでいる間。「梅雨(つゆ)の—」②雲の切れ間に見える青空。「—がのぞく」

ハレム〈harem〉①(イスラム教国王室の)後宮。②イスラム教徒の妻妾(さいしょう)の部屋。③(転じて)一人の男性が多くの女性をはべらせている所。参考「ハーレム」ともいう。

はれ‐もの【腫れ物】炎症による膿(うみ)をもった皮膚のはれ。

—に触(さわ)るよう おそるおそる人や物を取り扱うさま。相手の機嫌を損じないように気づかうさま。「—に扱う」

はれやか【晴〔れ〕やか】(形動ダ) ダロ・ダッ(デ・ニ)・ダ・ナ・ナラ・○ ①よく晴れ渡ったさま。「—な秋空」②心が晴れ晴れとして明るいさま。「—な気持ち」③はなやかなさま。「—な舞台」文(ナリ)

バレリーナ〈イタリア ballerina〉バレエで、女性の踊り手。特に、主役をつとめる踊り手。

は・れる【晴れる・霽れる】(自下一) レ・レ・レル・レル・レレ・レロ(レヨ) ①雲や霧などがなくなって、青空が出る。「空が—」↔曇る ②重苦しい不快な気分が消えてすっきりする。「気が—」↔曇る ③疑いなどが消える。「無実の罪が—」他はら・す(五) 文は・る(下二)

は・れる【腫れる】(自下一) レ・レ・レル・レル・レレ・レロ(レヨ) 病気や炎症、打撲などのため体の一部分がふくれあがる。「歯茎が—」他はら・す(五) 文は・る(下二)

バレル〈barrel〉①ヤードポンド法の容積の単位。一バレルの大きさは物品や国によって異なるが、石油の場合は四二米ガロンで、約一五九リットル。バーレル。②胴のふくれた樽(たる)。

ば・れる(自下一) レ・レ・レル・レル・レレ・レロ(レヨ) 《俗》①秘密が表に出る。悪事が露見する。「うそが—」②釣りで、鉤(はり)にかかった魚が途中で逃げる。他ばら・す(五)

ハレルヤ〈hallelujah〉《基》(ヘブライ語で、神をほめたたえよの意)キリスト教で賛美・歓喜・感謝を表す語。転じて、この語を歌詞とした賛美歌。「—コーラス」

はれ‐わた・る【晴〔れ〕渡る】(自五) ラ(ロ)・リ(ッ)・ル・ル・レ・レ 空が一面に晴れる。「—った空」

ば‐れん【馬楝・馬連】木版刷りの用具。版木の上においた紙を上からこする平円形の道具。

ば‐れん【馬簾】厚紙・革などを細長く切って、まといのまわりに下げる飾り。

バレンタイン‐デー〈St. Valentine's Day から〉(殉教した聖バレンタインの祭日)二月十四日。愛する人への告白や贈り物をする日とされる。日本では、女性から男性にチョコレートを贈る習慣がある。聖バレンタインデー。春

は‐れんち【破廉恥】(名・形動ダ) 恥ずかしいことをしても平気でいること。恥を恥とも思わないさま。恥知らず。

—ざい【—罪】《法》道義的に非難されるべき犯罪行為の総称。窃盗・詐欺・贈収賄・強姦(ごうかん)・殺人など。

ハロ〈halo〉①太陽や月のまわりに現れる光の輪。暈(かさ)。②聖像などの後光。光背。③銀河を取り巻くように存在する球状星団などの総称。参考「ハロー」ともいう。

は‐ろう【波浪】風などによってできる海水面の高低。なみ。

は‐ろう【破牢】(名・自スル) 囚人が牢(ろう)を破って逃げること。脱獄。牢やぶり。

ハロウィン〈Halloween〉万聖節(=諸聖人を記念するキリスト教の祝祭)の前夜祭(十月三十一日)。古代ケルトの祭りに由来する。カボチャをくりぬいた提灯を飾り、子供が仮装して町を練り歩く。ハロウィーン。

ハロー〈hello〉(感) 呼びかけ、または軽いあいさつの語。もしもし。こんにちは。

—ワーク〈和製英語〉「公共職業安定所」の愛称。一九九〇(平成二)年から使用。

ハロゲン〈halogen〉《化》(「ハロゲン族元素」の略)フッ素・塩素・臭素・沃素(ようそ)・アスタチンの非金属元素の総称。

バロック〈フランス baroque ゆがんだ真珠〉一六―一八世紀にかけてヨーロッパで流行した絵画・彫刻・建築・音楽・文学などの一様式。複雑華麗で奔放・動的な表現を特徴とする。

パロディー〈parody〉既存の有名な作品の文体・韻律などをまねて、風刺・こっけいを感じさせるように作りかえた文学。日本の狂歌・替え歌もその例。絵画・写真などにも見られる。

バロメーター〈barometer〉①晴雨計。気圧計。②物事の状態・程度をはかる基準。指標。「体重は健康の—」

バロン‐デッセ〈フランス ballon d'essai〉→かんそくききゅう②

パワー〈power〉①力。動力。能力。「—のあるエンジン」②勢力。権力。「ウーマン—」

—ウインドー〈power window〉車の窓ガラスで、開閉が電動式になっているもの。

—ゲーム〈power game〉政治や外交などの場における、国家や権力者どうしの主導権争い。

—ショベル〈power shovel〉動力によって大型のシャベルを動かす土木機械。パワーシャベル。

—スポット〈和製英語〉霊的・超自然的な力が宿っているとされる場所。

—ハラスメント〈和製英語〉職場などで行われる、権力や優越的な立場を利用したいじめや嫌がらせ。パワハラ。

ハワイ〈Hawaii〉太平洋中央部にあるアメリカ合衆国の州の一つ。ハワイ・マウイ・オアフ・カウアイなど大小十数の火山島からなる。州都はホノルル。

ハワイアン〈Hawaiian〉①ハワイ人。ハワイ語。②ハワイの大衆音楽。ウクレレ・スチールギターなどで演奏する。

は‐わたり【刃渡り】①刃物の刃の長さ。「—一〇センチのナイフ」②刀の刃の上を素足で渡る曲芸。「—の術」

パワ‐ハラ「パワーハラスメント」の略。

パワフル〈powerful〉(形動ダ) ダロ・ダッ(デ・ニ)・ダ・ナ・ナラ・○ 力強いさま。力に満ちているさま。「—な走法」

はん【凡】(字義)→ぼん(凡)

はん【反】 教3 ハン・ホン高・タン中 そる・そらす・かえす・そむく　一 厂 万 反

(字義) ①もとにもどる。もどす。ひっくりかえる。「反射・反論・往反」②くりかえす。何度もする。「反芻(はんすう)・反復」③そむく。さからう。道理にはずれる。「反逆・反抗・違反・背反・離反」④かえし。一つの漢字の音を他の二字の漢字で表す法。「反切(はんせつ)」難読 反(そ)っ歯(ぱ)・反吐(へど)・反故(ほご)・反古(ほご)

はん‐【反】(接頭) 反対の意を表す。「—作用」「—主流」

はん【反】①《哲》反定立。アンチテーゼ。②「反切(はんせつ)」の略。

はん【半】 教2 ハン なかば　丶 丷 兰 半

(字義) ①なかば。二分の一。二つに分けたものの一方。「半身・半生・半日・半信半疑・一半」②まん中。「折半・夜半」③中

ほど。途中。「半途」④はしきれ。わずか。不完全な。「半可通・半句・半端」⑤二で割りきれない数。奇数。「丁半」↔丁 難読 半蔀・半被・半纏・半平 人名 なからい

はん【半】①半分。②(ばくちで)さいころの目の奇数。「丁か—か」↔丁

はん【氾】 ハン㊥ ひろがる
(字義) ①ひろがる。水があふれる。「氾濫」②ひろい。あまねくひろい。＝汎。「氾論」

はん【犯】 教5 ハン・ボン おかす㊥
(字義) ①おかす。法規をやぶる。してはならないことをする。侵害する。たがう。さからう。「犯罪・犯則・違犯・侵犯・知能犯」②(「ボン」と読んで)仏教の戒律をやぶる。「女犯・不犯」

はん【帆】 ハン㊥ ほ㊥
(字義) ①ほ。風を受けて舟を走らせるための布。また、ほかけ舟。「帆船・帆走・孤帆」②ほをあげる。「出帆」 人名 お

はん【汎】 ハン㊥
(字義) ①水にうかぶ。ただよう。「汎舟」②ひろい。あまねくゆきわたる。＝凡・氾。「汎神論・汎用」

はん-【汎】(接頭) 広く全体にわたる意を表す。「—スラブ主義」 参考 英語の「パン(pan-)」にあてる。

はん【伴】 ハン㊥・バン㊥ ともなう㊥
(字義) ①とも。つれ。「伴偶・伴侶」②ともなう。㋐つれだつ。「同伴」㋑つき従う。はべる。「伴食・伴随」㋒相手をする。「伴読・相伴」㋓主になるものを助ける。「伴奏」 難読 伴天連 人名 すけ・とも

はん【判】 教5 ハン・バン わける
(字義) ①わける。区別する。見わける。優劣や是非をさだめる。「判断・判定・判別・裁判・審判」②裁判。「判決・判例・公判」③はっきりする。はっきりさせる。「判然・判明」④はん。印形。かきはん。「印判・三文判」⑤昔の金貨のよび名。「大判・小判」 難読 判官 人名 さだ・ちか・なか・ゆき

-はん【判】(接尾) 紙や書籍などの大きさを表す。「B5—」

はん【判】 はんこ。印判。

—で押したよう いつも同じで変化のないことのたとえ。「—な返事をする」

はん【坂】 教3 ハン㊅ さか
(字義) ①さか。傾斜したところ・道。「坂路・急坂・登坂」②どて。つつみ。 難読 坂東

はん【阪】 教4 ハン㊥ さか
(字義) ①前項「坂」に同じ。②「大阪」の略。「阪神・京阪」

はん【板】 教3 ハン・バン いた
(字義) ①いた。木材をうすく平らに切ったもの。うすくひらたいものの総称。「看板・甲板・掲示板・石板・鉄板・銅板」②ひらたい。変化がない。「平板」③印刷用の版木。＝版。「板行・板本・活板・官板」 難読 板山葵

はん【版】 教5 ハン
(字義) ①ふだ。文字を書く木ぎれ。②戸籍簿。土地や人口をしるした帳簿。「版籍・版図」③はんぎ。印刷するために文字や図形を彫りこんだ板。「版画・版下・鉛版・凹版・活版・凸版」④印刷する。印刷して書物をつくる。発行する。「版行・版本・出版・初版」

はん【版】 ①印刷のための文字や図形などを表面に凹凸で表した板状のもの。版木。②印刷して書籍を発行すること。「—を重ねる」③(接尾語的に用いて)対象・目的を特定してつくられた意を表す。バージョン。「現代—」「劇場—」

はん【班】 教6 ハン わける
(字義) ①わける。わかち与える。分配する。「班田」②順序・席次をきめる。順序。「班次・班序」③組みわけ。組。「班長」④まじる。まだらになる。＝斑。「班白」 人名 つら・なか

はん【班】 団体・集団の中で、何人かをひとまとめにしたもの。グループ。「五つの—に分ける」「研究—」

はん【畔】 ハン㊥ あぜ・くろ・ほとり
(字義) ①あぜ。くろ。田地の境。あぜみち。「畔界」②ほとり。そば。近く。「河畔・湖畔・水畔」③そむく。＝叛。「畔逆」

はん【般】 ハン㊥
(字義) ①めぐる。めぐらす。まわる。まわす。「般旋」②はこぶ。うつす。＝搬。③物事の種類。また、物事を数える語。「一般・諸般・全般・万般・百般」④たび。ころ。「今般・先般」 難読 般若 人名 かず・つら

はん【販】 ハン㊥ ひさぐ
(字義) ひさぐ。あきなう。商売する。あきない。商売。行商。「販価・販売・市販・信販」

はん【斑】 ハン㊥ まだら・ぶち
(字義) ①まだら。ぶち。違ったほかの色が入りまじっていること。「斑点・斑白・蒙古斑」②全体の中の一部分。「一斑」 難読 斑鳩・斑雪・斑猫・斑濃

はん【飯】 教4 ハン めし・いい
(字義) めし。いい。食事。くらう。たべる。「飯店・飯米・残飯・炊飯・赤飯・昼飯」 難読 飯匙倩・飯事・飯櫃

はん【搬】 ハン㊥ はこぶ
(字義) はこぶ。持ちはこぶ。うつす。物品などを移動させる。「搬出・搬送・運搬」

はん【煩】 ハン㊥・ボン(高) わずらう㊥・わずらわす㊥
(字義) ①わずらわしい。めんどうくさい。いそがしい。あれこれとうるさい。「煩瑣・煩忙・労煩」②わずらう。苦しみ悩む。わずらわす。つかれさせる。なやます。「煩悶・煩悩」

はん【煩】 わずらわしいこと。厄介なこと。「—をいとわず」

はん【頒】 ハン㊥ わける
(字義) ①わける。わかつ。わけてやる。くばる。法令などを広くゆきわたらせる。「頒価・頒布」②まだら。ぶち。＝斑。「頒白」

はん【幡】 人 ハン・ホン はた
(字義) ①はた。のぼり。目じるしにする長い旗。「幡旗・幡信」②ひるがえる。「幡然・幡幡」 人名 まん

はん【範】 ハン㊥ のり

（字義）①のり。てほん。きまり。「範例・規範・師範・典範・模範」②しきり。くぎり。「範囲・範疇」〔人名〕すすむ

はん【範】 手本。「ーを垂れる」

はん【繁】【人 繁】 ハン㊥ しげる

（字義）①しげる。草木が育つ。「繁殖・繁茂」②盛んになる。「繁栄・繁華街・繁盛」③しげし。㋐多い。「繁多・繁用・頻繁」㋑わずらわしい。入りまじる。「繁雑・繁乱」㋒いそがしい。「繁忙」〔難読〕繁吹しぶき・繁縷はこべ〔人名〕えだ・しげ・しげし・とし

はん【藩】 ハン㊥ まがき

（字義）①まがき。かきね。「藩屏・藩落・藩籬」②王室の守りになる諸侯。また、その国。「藩主・藩鎮・親藩・大藩・雄藩」〔人名〕かき

はん【藩】 江戸時代の大名の領地。また、その政治機構。

ばん【万】（字義）→まん（万）

ばん【万】（副）①万に一つでも。絶対に。「ー遺漏なきよう」②どうしても。「ーやむを得ず」〔用法〕あとに打ち消しの語を伴う。

ばん【伴】（字義）→はん（伴）

ばん【判】（字義）→はん（判）

ばん【板】（字義）→はん（板）

ばん【人 挽】 バン ひく

（字義）①ひく。㋐のこぎりで切る。㋑粉にする。㋒車や船を引っぱる。㋓引きもどす。「挽回」②ひつぎの綱を引く。転じて、死を悲しみいたむ。「挽歌」

ばん【人 絆】 バン・ハン きずな

（字義）①きずな。㋐動物をつなぎとめるひも。㋑自由を束縛するもの。「羈絆」㋒絶つことのできない結びつき。②つなぐ。「絆創膏」

ばん【晩】 ㊔6【人 晩】 バン おそい

（字義）①日暮れ。夕暮れ。夜。「晩餐・晩酌・今晩・昨晩・明晩」②おそい。㋐ずっとあと。時期がおそい。「晩婚・晩年・早晩」↔早 ㋑すえ。おわり近く。「晩秋・晩春・歳晩」↔早 〔難読〕晩生おくて・晩稲おくて〔人名〕かげ・くれ

ばん【晩】 ①日が暮れてからしばらくの間。夕暮れ。↔朝 ②夜。

ばん【番】 ㊔2 バン つがい

（字義）①かわるがわる順に事にあたる。「勤番・週番・順番・当番」②物の順序を示す。「番号・番地」③みはり役。「番人・番兵・下足番」④常用の。そまつな。「番茶」⑤つがう。つがい。対になる。二つで一組になるもの。「蝶番」⑥えびす。中国の西方に住んだ蛮族。転じて、異民族。＝蕃。「番船」〔人名〕つぎ・つぐ・つら・ふさ

-ばん【番】（接尾）物の順序・回数・組み合わせなどを表す語。「第三ー」

ばん【番】 ①見張り。「ーをする」②順番。「君のーだ」

ばん【蛮】【蠻】 バン㊥ えびす

（字義）①えびす。南方に住む未開民族。「蛮夷・南蛮」②文化の開けない土地。文化のおくれた民。「蛮人・蛮地」③乱暴な。法を守らず道理に反している。「蛮行・蛮勇・野蛮」

ばん【盤】 バン㊥

（字義）①さら。食物を盛る大きく平たいさら。はち。「銅盤・杯盤」②たらい。「水盤」③物をのせる平らな台。「盤台・碁盤・旋盤・羅針盤」④まがりくねる。「盤曲・盤屈」⑤わだかまる。＝蟠。「盤拠・盤錯」⑥いわ。＝磐。「盤石・岩盤」⑦局面。「序盤」〔人名〕まる・やす

ばん【盤】 ①碁や将棋などに用いる台。「碁ー」②レコード盤。音盤。「ＬＰー」③飲食物などを盛る器。皿。

ばん【人 磐】 バン いわ

（字義）①大きな岩。「磐石」②「磐城いわきの国」の略。「磐越・磐州」

ばん【人 蕃】 バン・ハン しげる

（字義）①しげる。草木が生い茂る。ふえる。＝繁。「蕃殖・蕃茂」②えびす。未開の民族。＝蛮。「蕃境・蕃人・生蕃」③外国。「蕃国・蕃書」〔難読〕蕃椒とうがらし

ばん【鷭】〘動〙クイナ科の鳥。体は灰黒色で、額からくちばしの根元が赤い。水辺にすみ、冬は東南アジアへ渡る。〔夏〕

バン〈van〉車内に荷室をもつ箱型の貨物乗用車。

パン-〈pan-〉（接頭）「全」「汎」の意を表す。「ーアメリカニズム」

パン〈pan〉映画・テレビなどの撮影技法で、カメラを一か所に据えたまま、レンズの方向を水平に、また上下に動かすこと。

パン〈ポルトガル pão〉①小麦粉などを水と塩でこね、イーストを加えて発酵させて焼いた食品。②生活の糧。「人はーのみにて生くるものにあらず」〔参考〕「×麺麭」とも書く。〔はじまり〕日本には一五四三（天文十二）年、ポルトガル人によって鉄砲とともに伝えられた。一八四二（天保十三）年、伊豆韮山の代官江川太郎左衛門が兵糧用にパンを焼いたのが日本人向けの最初の製造という。

パン〈Pan〉→ぼくしん

はん-あい【汎愛】（名・他スル）すべてを差別なく平等に愛すること。博愛。

バンアレン-たい【バンアレン帯】〘天〙赤道上空を中心に地球をドーナツ状に取り巻く強い放射能帯。内層の高さは二〇〇〇ー四〇〇〇キロメートル、外層は一万三〇〇〇ー二万キロメートル。放射線帯。〔語源〕アメリカの科学者バン＝アレン（Van Allen）が発見したところからいう。

はん-い【犯意】〘法〙刑法上、罪になることを知りながら、その行為を行おうとする意思。故意。「ーの有無を問う」

はん-い【叛意】 主君などに背こうとする意思。反逆の意思。謀反心。叛心。「ーを抱く」

はん-い【範囲】ヰ 一定の限られた広がりや場所。「行動ー」

ばん-い【蛮夷・蕃夷】（「蛮」は南方の、「夷」は東方の野蛮人の意）未開の人民。えびす。

はんい-ご【反意語】→たいぎご ↔同意語

はん-えい【反映】（名・自他スル）①光や色が反射してうつること。また、うつすこと。「夕日が山にーする」②影響が他に及んで現れること。「時代のー」「民意をーさせる」

はん-えい【反影】 照り返している夕日の光。反照。返照。

はん-えい【繁栄】（名・自スル）栄えて発展すること。

はん-えいきゅう【半永久】エイキウ ほとんど永久に近いこと。

ーてき【ー的】（形動ダ）ダロ・ダッ（デ・ニ）・ダ・ナ・ナラ・〇 ほとんど永久であるさま。「ーな施設」

ばんえい-けいば【輓曳競馬】 輓馬に重い馬そりをひかせる障害競走。北海道の地方競馬で行われる。

はん-えり【半襟】 女性の、じゅばんの襟にかける装飾的な布。

はん-えん【半円】ヱン〘数〙円を直径で二分したものの一方。

はん-おん【半音】〘音〙全音の二分の一の音程。一オクターブは一二の半音に分割される。↔全音

はん-おんかい【半音階】〘音〙各音の間の音程がすべて半音ずつの、一二音からなる音階。↔全音階

はん-か【反歌】 長歌のあとに詠み添える短歌形式の歌。一首ないし数首からなり、長歌の大意をまとめたり、補足したりする歌。返し歌。〔参考〕「万葉集」に多く見られる。

はん-か【頒価】 頒布するときの価格。特別に分けて売ったりするときに付ける品物の値段。「記念品の―」「非売品の―」

はん-か【繁華】 クワ (名・形動ダ) 人が多く集まってにぎやかなこと。また、そのさま。「―な商店街」

―がい【―街】 商店や飲食店などが立ち並んでにぎやかな地域。盛り場。

はん-が【版画】 グワ 木版・銅版・石版などで刷った絵。

ばん-か【挽歌】 ①人の死を悲しみなげく詩歌。哀悼歌。②雑歌・相聞とともに、「万葉集」の部立ての一つ。人の死を悼む和歌。のちの哀傷歌にあたる。参考 もと、中国で葬送のとき、ひつぎを挽く者が歌った歌。

ばん-か【晩夏】 ①夏の終わりごろ。夏 ②陰暦の六月。夏

ばん-か【晩霞】 ゆうがすみ。春

ハンガー 〈hanger〉 洋服掛け。えもんかけ。

バンカー 〈bunker〉 ゴルフのコース内に障害として設けられた砂地などのくぼみ。

ハンガー-ストライキ 〈hunger strike〉 絶食を闘争の手段として行う示威行為。ハンスト。

はん-かい【半開】 (名・自スル) ①完全に開ききらないで半ば開くこと。半開き。「―の桜」②文明がやや開けていること。

はん-かい【半解】 一部分しか理解していないこと。生かじり。「一知―」

はん-かい【半壊】 クワイ (名・自スル) 建物などが半ばこわれること。「台風で倉庫が―した」↔全壊

ばん-かい【挽回】 クワイ (名・他スル) 失ったものや遅れなどを取り戻すこと。「名誉―」

ばん-がい【番外】 グワイ ①一定の番数・番組以外のもの。「―編」「―地」②ふつうとは異なる特別のもの。例外。「彼は―だ」

はん-かく【半角】 和文活字一字の半分の大きさ。↔全角

はん-がく【半額】 定まっている金額の半分。定価の半分。

はん-がく【藩学】 →はんこう(藩校)

ばん-かく【万客】 多くの客。万客(ばんきゃく)。

ばん-がく【晩学】 年をとってから学問を始めること。

ばん-がさ【番傘】 和傘の一種。じょうぶな油紙を張った骨太の雨傘。

ばん-かず【番数】 ①番のかず。順番。②番組・取組の数。

はん-がた【判型】 書籍・雑誌をはじめ紙加工品の仕上がり寸法。A5判・B6判など。判型(はんけい)。

ばん-がた【晩方】 暮れ方。夕方。

ハンカチ 「ハンカチーフ」の略。

ハンカチーフ 〈handkerchief〉 小型で四角い布製の手ふき。ハンカチ。ハンケチ。夏

はんか-つう【半可通】 (名・形動ダ) いいかげんな知識しか持たないのに、知ったかぶりをするさま。また、その人。

ばん-カラ【蛮カラ】 (名・形動ダ) (「ハイカラ」をもじり、その対応語として)身なりや言行などの粗野なさま。また、その人。

ハンガリー 〈Hungary〉 ヨーロッパ中央部にある共和国。首都はブダペスト。

バンガロー 〈bungalow〉 ①屋根の傾斜がゆるく、ベランダのある簡単な木造平屋建ての住宅。(もと、インドのベンガル地方独特の建築様式。)②キャンプ場に設けた宿泊用の簡単な小屋。夏 参考 ②は、英語では cabin または hut という。

はん-かん【反間】 ①敵のスパイを逆に利用して、相手の計画の裏をかくこと。②敵地にはいり込み、情報を探ったり仲間割れを起こさせる策略をめぐらすこと。また、その人。

―苦肉の策 敵の内部で仲間割れをさせるために、自分の苦しみをかえりみないでする計略。反間苦肉の計。

はん-かん【反感】 相手の存在や言動を不快に思い、反抗したり反発したりする感情。「―を抱く」「―を買う」

はん-かん【繁閑】 繁忙と閑暇。忙しいことと暇なこと。

はん-かん【繁簡】 繁雑と簡略。こみいったことと簡単なこと。

はん-がん【半眼】 目をなかば開くこと。また、その目。

はん-がん【判官】 グワン →ほうがん(判官)

―びいき【―贔屓】 →ほうがんびいき

ばん-かん【万感】 心に浮かぶさまざまな感情。「―胸に迫る」

はんかん-はんみん【半官半民】 ハンクワン 政府と民間とが共同出資で行う事業形態。

はん-き【反旗・叛旗】 謀反人・反逆者が立てる旗。

―を翻す 謀反を起こす。表だってそむく。

はん-き【半季】 ①各季節の半分。②半年。半期。

はん-き【半期】 ①一期間の半分。一つの季節の半分。②一年の半分。半年。「下―」

はん-き【半旗】 弔意を表すために、国旗などをさおの先から三分の一ほど下げて掲げること。また、その旗。「―を掲げる」

はん-ぎ【版木・板木】 木版印刷するために文字や絵を彫った板。形木(かたぎ)。

ばん-き【万機】 政治上の重要な種々の事柄。天下の政治。「―公論に決すべし」

ばん-き【晩期】 ①人の晩年の時期。「―の大作」②その時代の終わりに近い時期。末期。「弥生時代―の遺跡」

ばん-ぎ【板木】 集会・警報などを知らせるときに、木槌でたたいて合図する板。

ばん-ぎく【晩菊】 遅く咲き始める菊。秋

はんぎ-ご【反義語】 →たいぎご↔同義語

ばん-きしゃ【番記者】 特定の政治家などに密着して取材する、新聞社や放送局の記者。

はん-ぎゃく【反逆・叛逆】 (名・自スル) 国家や主人、世間の権威などにそむくこと。謀反。「―罪」「―を企てる」

―じ【―児】 世間一般の風潮に逆らい、独自の考えを貫く人。また、わざと他人に逆らって行動する人。

はん-きゅう【半弓】 座ったまま射ることができる小型の弓。↔大弓

はん-きゅう【半休】 キウ 半日の休み。半日休暇。

はん-きゅう【半球】 キウ ①〔数〕球をその中心を通る平面で二等分したものの一方。②地球を、東西または南北などに二等分したときの一方。「北―」「陸―」

はん-ぎょ【半漁】 漁業に従事しながら他の職業もすること。「半農―」

ばん-きょ【盤踞・蟠踞】 (名・自スル) (「盤」「蟠」はわだかまる、「踞」はうずくまる意) ①しっかりと根を据えて動かないこと。②根拠地として広い範囲に勢力をふるうこと。「東国に―する一族」

はん-きょう【反共】 共産主義に反対であること。↔容共

はん-きょう【反響】 キャウ 一(名・自スル) 音波が壁などに当たってはね返り、もう一度聞こえること。こだま。二(名) あるできごとや新たに発表された物事に対して示される、世間の反応。「大きな―を呼ぶ」

はん-きょうらん【半狂乱】 キャウラン 正気をなくし平静さを失って取り乱した状態。「―になる」

はん-ぎょく【半玉】 一人前でない若い芸者。おしゃく。↔一本(いっぽん) 語源 玉代(=料金)が半分であることからいう。

はん-きん【半金】 全金額の半分。「―だけ入れる」

ばん-きん【万鈞】 (「鈞」は重さの単位で、一鈞は三〇斤(きん)) 物の非常に重いこと。「―の重み」

ばん-きん【板金・鈑金】 ①金属を板のように薄く打ち延ばしたもの。板金。②金属の板を加工すること。「―工」
はん-きん【幹近】 ちかごろ。最近。近来。
はん-く【半句】（一句の半分の意）わずかな言葉。「一言―」
バンク 〈bank〉①銀行。「メーン―」②特定の情報やものを保管し供給する機関。「骨髄―」「データー」
バンク 〈bank 土手〉競輪場などで、走路の傾斜部分。
パンク 〈puncture から〉①自動車や自転車などのタイヤのチューブが破れること。②物が膨らみ過ぎて破裂すること。③物事が過度に集中して機能しなくなること。「財政は―寸前だ」
パンク 〈punk〉一九七〇年代半ば、体制化したロック音楽への批判として英国の若者から広まった過激な音楽。また、その奇抜なファッション。
はん-くう【半空】 中空。中天。
ハング-グライダー 〈hang glider〉金属枠に布を張った三角形の翼を背に負い、斜面を駆け下りて離陸し、気流に乗って滑空するスポーツ。また、その機具。
ばんぐ-せつ【万愚節】 →エープリルフール
ばん-ぐみ【番組】 演芸・放送・勝負事などを構成する出し物の一つ一つ。また、その順序・組み合わせや、それを書いたもの。プログラム。「テレビの―」「教養―」
バングラデシュ 〈Bangladesh〉インドの東にある人民共和国。首都はダッカ。語源ベンガル語で「ベンガル人の国」の意。
ハングリー 〈hungry〉（名・形動ダ）空腹であること。飢えていること。また、精神的に満たされないさま。貪欲なさま。
―せいしん【―精神】 精神的に飢えているようす。精神的に満たされず、上昇志向の強いさま。
ハングル （「ハン」は大いなる、「グル」は文字の意）李朝第四代国王の世宗が公布した朝鮮の固有文字。母音字一〇と子音字一四とを組み合わせて音節単位に書く表音文字。旧称の諺文・諺文は現在は用いない。
ばん-くるわせ【番狂わせ】（順番が狂うことの意から）勝負事などで予想外のことが起き、意外な結果になること。
パンクロ 〈panchromatic から〉すべての光を感光する白黒写真乾板やフィルム。汎色乾板。全色感光板。
はん-ぐん【反軍】 ①軍部や軍国主義に反対すること。「―思想」②反乱軍。参考②は、「叛軍」とも書く。
はん-げ【半夏】 ①「半夏生①」の略。夏 ②〘植〙「烏柄杓」の漢名。サトイモ科の多年草。球茎は嘔吐・咳止め・解熱などの漢方薬として用いる。夏
―しょう【―生】①（「半夏②」の生えるころの意）夏至から一一日目にあたる日。太陽暦では七月二日ごろ。半夏。夏 ②〘植〙ドクダミ科の多年草。水辺に生え、臭気がある。葉は長卵形で初夏、茎の先の方の下半分ほどが白くなる。夏、白い小花が咲く。片白草。夏
はん-けい【半径】〘数〙円・球の中心から、円周上・球面上の一点とを結ぶ線分。また、その長さ。直径の半分。
はん-けい【判型】 →はんがた
ばん-けい【晩景】 ①夕暮れの景色。②夕方。夕暮れ。
パンケーキ ①〈pancake〉牛乳・小麦粉・卵を練ったものをフライパンで薄く焼いたケーキ。②〈Pan-Cake〉水を含ませたスポンジでつける固形おしろい。（商標名）
はん-げき【反撃】（名・自スル）攻撃してくる敵に、反対に攻撃を加えること。攻勢に転じること。反攻。「―に出る」
ハンケチ →ハンカチーフ
はん-けつ【判決】（名・他スル）〘法〙訴訟事件について裁判所が法律を適用して判断し決定すること。「―を下す」
はん-げつ【半月】 半円形の月。弓張り月。弦月。秋
―ばん【―板】〘生〙ひざの関節部分の内側と外側にある三日月状の軟骨組織。
はん-けん【半券】 物を預かったり料金を受け取ったりしたしるしとして渡す、券の一部を切り取った残りの部分。
はん-けん【版権】 著作物を独占的に複製・発売して利益を受ける権利。出版権。
はん-げん【半減】（名・自他スル）半分に減ること。半分に減らすこと。「酒量が―する」「興味が―する」
―き【―期】 ①〘物〙放射性同位元素が崩壊して原子数が半分に減るまでの時間。②体内に取り込まれた物質の量が、代謝や排泄により半分に減るまでの時間。生物学的半減期。
ばん-けん【番犬】 家などの見張り役として飼っておく犬。
はん-こ【判子】 木・ゴムなどに文字を彫り、朱肉などにつけて文書に押すもの。印判。判。印鑑。
はん-ご【反語】 ①〘文法〙疑問の形で相手に持ちかけ、表現とは反対の自分の判断を強調する言い方。「そんなことがあるだろうか（＝あるはずがない）」「だれが行くか（＝だれも、もちろん私も、行かない）」など。②本来の意味とは反対の意味を持たせた言い方。皮肉な言い方。アイロニー。寝坊した人に「ずいぶん早いご起床ですね」と言うなど。
ばん-こ【万古】 ①遠い昔。また、永久。永遠。②「万古焼」の略。
―ふえき【―不易】（名・形動ダ）いつまでも変わらないこと。また、そのさま。「―の真理」
―やき【―焼】 三重県四日市地方で生産される薄手の堅い陶器。伊勢の豪商沼波弄山が創始。
ばん-ご【蛮語】 異国の言葉。南蛮語。近世、スペイン語・ポルトガル語・オランダ語などをさしていった。
パン-こ【パン粉】 ①パンを乾かして細かくしたもの。フライの衣などの料理用。②パンの原料になる小麦粉。
はん-こう【反抗】（名・自スル）相手に逆らうこと。はむかうこと。「親に―する」「―的な態度」↔服従 ⇩抵抗「ちがい」
―き【―期】〘心〙自我意識が強くなり、何にでも反対し、それを行為に表す時期。参考 ふつう二―四歳ごろに第一反抗期があり、青年初期（一二、四歳ごろ）に第二反抗期がある。
はん-こう【反攻】（名・自スル）守勢にあったものが攻撃に転じて攻めること。反撃。「我が軍は―に転じた」
はん-こう【犯行】 犯罪になる行為。「―に及ぶ」
はん-こう【版行・板行】 一（名・他スル）文書や書籍類を印刷して発行すること。刊行。二（名）はんこ。印判。
はん-こう【藩侯】 藩主。殿様。大名。
はん-こう【藩校・藩黌】〘日〙江戸時代、各藩がおもに藩士の子弟を教育するために設立した学校。藩学。
はん-ごう【飯盒】 アルミニウムなどで作った、炊飯もできる弁当箱。キャンプなどで使う。「―炊爨」
ばん-こう【蛮行】 野蛮で乱暴なふるまい。「―に及ぶ」
ばん-ごう【番号】 順番・順序などを示す符号や数字。
はん-コート【半コート】 ①羽織より少し長い、女性の和服用外套。②→ハーフコート
ばん-こく【万国】 世界中のすべての国。「―共通」
―き【―旗】 世界各国の国旗。ばんこっき。
―はくらんかい【―博覧会】 国際博覧会条約に基づき、世界各国が参加する博覧会。万国博。万博。エキスポ。はじまり 第一回は一八五一年ロンドンで開催。日本での開催は一九七〇（昭和四十五）年の大阪万博が最初。
ばん-こく【万斛】（「斛」は「石」と同じ一〇斗の意）きわ

めて多い分量。「ーの涙を注ぐ」

はん-こつ【反骨・△叛骨】 時勢や権力などに妥協しないで、抵抗する強い気持ち。「ー精神」

ばん-こつ【万骨】 多くの人々の骨。「一将功成りてー枯る（＝一人の将軍の功名のかげには犠牲になった多くの兵がいる）」

ばん-こつ【蛮骨】 蛮勇の人がらや気風。蛮カラ。

ばん-ごや【番小屋】 番人の詰めている小屋。番所。

はん-ごろし【半殺し】 暴力を加えて、もう少しで死ぬほどに痛めつけること。「ーの目にあう」

はん-こん【△瘢痕】〔医〕創傷や潰瘍(かいよう)などが治ったのちに残る跡。傷跡。

はん-ごん【反魂】 死者の魂を呼び返すこと。

―こう【―香】(カウ) 火にくべると死者の姿が煙の中に現れるという香。語源 漢の武帝が李(り)夫人の死後、この香をたいてその面影を見たという故事による。

ばん-こん【晩婚】 年をとってからの結婚。↕早婚

ばんこん-さくせつ【盤根錯節】（わだかまった根とからみ合う節(ふし)の意）複雑に入り組んでいて処理の困難な事柄。【故事】後漢の武将の虞詡(ぐく)は上司に憎まれて、数千の賊徒が暴威をふるう朝歌県の長官に左遷された。友人が同情すると、虞詡は笑って「盤根錯節を切ってこそ刃物の真価がはっきり分かる」と答えたことからいう。〈後漢書〉

はん-さ【煩△瑣】（名・形動ダ）こまごましてわずらわしいこと。また、そのさま。「ーな手続き」

はん-さい【半裁・半△截】（名・他スル）布・紙などを半分にたちきること。また、そのもの。参考「半截」のもとの読みは「はんせつ」。「はんさい」は慣用読み。

はん-さい【半歳】 一年の半分。半年。

はん-ざい【犯罪】 法を犯すこと。法律により、刑罰を科される行為。また、犯した罪。「ー者」「ーを犯す」

ばん-ざい【万歳】 ㊀（名）①長い年月。万年。万歳(ばんぜい)。「千秋ー」②いつまでも生きて栄えること。㊁（名・自スル）①祝うべきこと。めでたいこと。また、祝福の意を表すために㊂を唱えること。「ー三唱」「成功すればーだ」②㊂の両手を上げる形から）手のほどこしようがないこと。お手上げ。「金策がつかずーする」㊂（感）祝福するときやうれしいときに唱える言葉。ふつう、両手を上げて唱える。「ー、ついにできたぞ」

はん-さく【半作】 平年に比べて、半分の収穫高。五分作。

ばん-さく【万策】 あらゆる方法や手段。「ー尽きる」

はん-さつ【藩札】〔日〕江戸時代、各藩が発行し、藩内だけで通用した紙幣。

はん-ざつ【煩雑・繁雑】（名・形動ダ）ごたごたしてわずらわしいさま。物事が多くこみ入っているさま。「ーな事務処理」

ハンサム〈handsome〉（名・形動ダ）男性の顔だちの整っているさま。また、その人。美男子。参考 英語では「目鼻だちのはっきりした（人）」の意で、女性にも用いる。

はん-さよう【反作用】 ①〔物〕ある物体が他の物体に力を加えるとき、同時にはね返ってくる同じ大きさの力。↕作用 ②動きや行為の結果として生じる逆の動きや現象。

ばん-さん【晩△餐】 夕食。特に、改まった席での豪華な夕食。「ー会」

はん-し【半死】 息も絶え絶えなこと。死にかかっていること。

―はんしょう【―半生】(ハンシャウ) 息も絶え絶えで、今にも死にそうなこと。「ーの体(てい)」

はん-し【半紙】 縦が約二五センチメートル、横が約三五センチメートルの大きさの、薄手の和紙。習字用紙などに使う。語源 もと、小形の杉原紙を半分に切って使ったことからいう。

はん-し【範士】 剣道や弓道などの武道家に与えられる称号のうち、最高位のもの。教士の上位。

はん-し【藩士】 大名の家来。その藩に属する武士。藩臣。

はん-じ【判事】〔法〕裁判官の官名の一つ。高等裁判所では長官とともに、地方裁判所・家庭裁判所では判事補とともに裁判をつかさどる。任期一〇年、再任可能。

ばん-し【万死】 ①とうてい命の助からないこと。九死。②何度も命を投げ出すこと。「罪ーに値する（＝命をいくら投げ出しても及ばないほど罪が重い）」

―に一生(いっしょう)を得(え)る かろうじて命拾いをする。参考 類似のことば―九死に一生を得る

ばん-じ【万事】 すべてのこと。あらゆること。「ーうまくいく」

―休(きゅう)す もう手だてのほどこしようがない。

パンジー〈pansy〉→さんしきすみれ

バンジー-ジャンプ〈bungee jumping から〉（「バンジー」は弾性ゴムの意）足首などにゴム製の命綱を結び、橋やジャンプ台などの高所から飛び降りる遊び。

はんじ-え【判じ絵】(エ) 絵の中に、文字や別の絵を見分けにくく書いておき、それを人に当てさせるもの。判じ物の絵。

はん-した【版下】 ①木版を彫るために版木に裏返しに張り付ける下書き。②製版用の文字・絵・図表などの原稿。

はんじつ-かそう【反実仮想】(カサウ)〔文法〕事実に反することを仮定して想像すること。反実仮定。文語の助動詞「まし」の表す意味をいう。もし…だったら…だろう（のに）。

はんじ-もの【判じ物】 なぞなぞの一種で、絵や文字などにある意味を隠しておいて、それを人に当てさせるもの。

はん-しゃ【反射】（名・自他スル）①〔物〕光・熱・音などが物の面に当たって、反対の方向にはね返ること。「ー角」②〔生〕刺激に対して無意識に起こる反応。「条件ー」

―うんどう【―運動】〔生〕意志に関係なく刺激によって起こった興奮が大脳以外の中枢神経に伝えられ、その命令によって動作を起こす運動。生理的反射（瞳孔(どうこう)反射・膝蓋(しつがい)反射など）、感覚的反射（せき・くしゃみなど）がある。

―きょう【―鏡】(キャウ) 光線を反射させる鏡。光学器械などに取り付ける。

―しんけい【―神経】 知覚したことに対してすばやく反応する能力。「ーがにぶる」

―てき【―的】（形動ダ）(ダロ・ダッ(デ・ニ)・ダ・ナ・ナラ・○) ある刺激に対して瞬間的に反応し、無意識に行動するさま。「ーに逃げ出す」

―ぼうえんきょう【―望遠鏡】(バウヱンキャウ) 対物レンズに相当する凹面鏡で反射させた像を、接眼レンズで拡大する望遠鏡。大型の天体望遠鏡に用いる。⇩屈折望遠鏡

―ろ【―炉】 燃料を燃焼させてできる炎で炉の天井や側面を加熱し、その反射熱で金属を溶かす溶鉱炉。

はん-じゃ【判者】 ①事物の優劣や可否を判定する人。②〔文〕歌合わせなどで、作品の優劣を判定する人。判者(はんざ)。

ばん-しゃ【万謝】（名・自スル）①深く感謝すること。「好意をーする」②深くわびること。

ばん-しゃ【△蕃社】（「社」は土地の神をまつる集団のこと）第二次世界大戦の終戦以前、台湾の先住民の地縁的・血縁的集団に対する中国・日本側の呼び名。

はんしゃかい-てき【反社会的】(シャクワイテキ)（形動ダ）(ダロ・ダッ(デ・ニ)・ダ・ナ・ナラ・○) 社会の道徳や秩序から逸脱しているさま。「ー勢力」

ばん-しゃく【晩酌】（名・自スル）家庭で、夕飯のときに酒を飲むこと。また、その酒。「毎日ーする」

ばん-じゃく【盤石・△磐石】 ①大きな岩。いわお。②どっしりとして動じないこと。きわめて堅固なこと。「ーの構え」

はん-しゅ【藩主】 藩の領主。大名。藩侯。

はん-じゅ【半寿】（「半」の字が八・十・一に分けられることから）八一歳の長寿。また、その祝い。⇩賀

ばん-じゅ【万寿】 寿命の長いこと。万寿(まんじゅ)。

はん-しゅう【半周】シウ（名・自スル）一周の半分。また、一周の半分を回ること。「池の周りを一する」

ばん-しゅう【晩秋】シウ ①秋の終わりごろ。暮秋。「一の候」秋 ②陰暦の九月。秋

ばん-しゅう【蛮習】シフ 野蛮な風習・習慣。

はん-じゅく【半熟】 ①食物、特に卵が固まらない程度に火が通った状態であること。「一卵」②果物などが十分に熟していないこと。

ばん-じゅく【晩熟】 ふつうより遅れて成熟すること。↔早熟

はん-しゅつ【搬出】（名・他スル）運び出すこと。持ち出すこと。「展示品を一する」↔搬入

ばん-しゅん【晩春】 ①春の終わりごろ。暮春。春 ②陰暦の三月。春

はん-しょ【△繙書】（名・自スル）書物をひもとくこと。読書。

ばん-しょ【板書】（名・自他スル）黒板に字などを書くこと。

ばん-しょ【番所】 ①番人の詰める所。見張り所。②江戸時代の関所や船改め所。また、江戸や大坂の町奉行所。

ばん-しょ【△蕃書】 江戸時代、オランダを中心とした西洋の書籍・文書の総称。

はん-しょう【反証】（名・他スル）①ある主張や理論に対して、反対の証拠をあげること。また、その証拠。②〔法〕訴訟で、相手が立証しなければならない事実または証拠について、それを否定または弱めるために提出する証拠。

はん-しょう【反照】セウ 一（名・他スル）照り返すこと。照り返し。二（名）夕日の反射する光。また、その明るさ。夕映え。

はん-しょう【半焼】セウ（名・自スル）火事で建物などが半分程度焼けること。

はん-しょう【半鐘】 小形の釣り鐘。火の見やぐらの上などに取り付け、火事などの警報としてたたき鳴らす。

―どろぼう【―泥棒】〔俗〕（半鐘を盗む者の意から）背の高い人をあざけっていう語。半鐘ぬすっと。

はん-しょう【汎称】（名・他スル）同種類のものを一まとめにいうこと。また、その名称。「金管楽器をラッパと一する」

はん-じょう【半畳】デフ ①たたみ一畳の半分の広さ。②昔の芝居小屋などで見物人が敷いた小さな四角いござや敷物。

―を入(い)れる 他人の話を交ぜ返したり、からかったりする。半畳を打つ。語源 芝居の見物客が役者や演技に不満を感じたとき、敷いている「半畳②」を舞台に投げつけたことからいう。

はん-じょう【繁盛・繁△昌】ジャウ（名・自スル）商売・事業などがにぎわい栄えること。「商売一」

ばん-しょう【万象】シャウ さまざまの現象。すべての形あるもの。万物。「森羅(しんら)一」

ばん-しょう【万障】シャウ いろいろな差しつかえ。「一お繰り合わせのうえ、ご出席ください」

ばん-しょう【晩照】セウ 夕日の光。夕日。

ばん-しょう【晩鐘】 夕方に鳴らす寺院・教会の鐘。また、その音。暮鐘。入相(いりあい)の鐘。

ばん-じょう【万丈】ヂャウ ①きわめて高いこと。また、深いこと。「一の山」「波瀾(はらん)一」②意気の盛んなこと。「気炎一」

ばん-じょう【万乗】 天子。また、その位。「一天一の君」語源 中国の周代、戦時に天子が一万台の乗（＝兵車）を出したことからいう。

ばん-じょう【番匠】ジャウ ①昔、飛騨(ひだ)・大和(やまと)などから京都へ上って、交替で内裏(だいり)に勤務した大工。②（転じて）大工のこと。参考「ばんしょう」ともいう。

ばん-じょう【盤上】ジャウ 盤の上。特に囲碁・将棋・双六(すごろく)などの盤の上。

バンジョー〈banjo〉〔音〕片面に羊皮を張った円形の胴に長い棹(さお)を付け、そこに四本または五本の弦を張った、アメリカ民謡・ジャズ用の弦楽器。

〔バンジョー〕

はん-しょく【繁殖・△蕃殖】（名・自スル）動物や植物が生まれて増えること。「一力」

ばん-しょく【伴食】 一（名・自スル）正客の供をして、ごちそうになること。陪食(ばいしょく)。相伴(しょうばん)。二（名）その職や地位にはあるが、実力や実権が伴っていないこと。「一大臣」

ばん-しょく【晩食】 晩の食事。夕飯。

はん-じる【判じる】（他上一）ジジ・ジ・ジル・ジレ・ジロ(ジヨ) 優劣・可否・適否などを見分ける。判定する。推量して判断する。「事のよしあしを一」「夢を一」語源 サ変動詞「はんずる」の上一段化。

はん-しん【半身】 ①体の右または左半分。②体の上または下半分。「窓から一を乗り出す」

―ふずい【―不随】〔医〕脳出血や脳梗塞などにより運動神経障害を起こし、体の右または左側が麻痺(まひ)する症状。

―よく【―浴】 みぞおちから下の半身を湯につける入浴法。

はん-しん【△叛臣】 謀反(むほん)をたくらんだ家臣。逆臣。

はん-しん【阪神】 大阪と神戸。また、それを中心とする大阪湾沿岸地帯。

―あわじ-だいしんさい【―淡路大震災】アハヂ 一九九五（平成七）年一月十七日、兵庫県南部地域を中心に発生した地震に伴う大規模災害。震源地は淡路島北部。

―こうぎょうちたい【―工業地帯】コウゲフチタイ〔地〕大阪・神戸を中心とする工業地帯。繊維や重化学工業が盛ん。

ばん-じん【万人】 すべての人。万人(ばんにん・まんにん)。

ばん-じん【蛮人】 野蛮人。未開人。

はんしん-はんぎ【半信半疑】 なかば信じなかば疑うこと。本当かどうか判断に迷うこと。「いまだに一だ」「一で聞く」

はんしん-ろん【汎心論】〔哲〕人間と同じように、あらゆる自然物にも心や魂が宿っているとみなす考え方。

はんしん-ろん【汎神論】〔哲・宗〕神は万物に内在するものであり、この世のいっさいが神の現れであるとする考え方。

はん-すい【半睡】 なかば眠っていること。夢と現(うつつ)との境。

はん-すう【反△芻】（名・他スル）①牛・羊・ラクダなどが、いったん飲み込んだ食物を再び口に戻し、さらにかんで飲み込むこと。「一動物」②（転じて）繰り返しよく考えたり味わったりすること。「言われたことを一する」

はん-すう【半数】 全体の半分の数。

ハン-スト「ハンガーストライキ」の略。

はん-ズボン【半ズボン】 丈がひざぐらいまでのズボン。夏

はん-する【反する】（自サ変）シ(セ・サ)・シ・スル・スレ・シロ(セヨ) ①あることと反対となる。うらはらになる。「意に一」「予想に一」②違反する。違(たが)う。「規則に一行為」「道義に一」③そむく。敵対する。「師の教えに一」文はん・す（サ変）

はん-ずる【判ずる】（他サ変）ジ(ゼ)・ジ・ズル・ズレ・ジロ(ゼヨ) →はんじる 文はん・ず（サ変）

パンセ〈Pensées〉フランスの思想家パスカルの遺稿集。「瞑想録(めいそうろく)」と訳す。一六七〇年刊。悲惨さと偉大さの矛盾に満ちた人間を救うものがキリスト教であると論じる。

はん-せい【反正】（名・自他スル）正しいことにかえること。ま

た、正しい状態にかえすこと。

はん-せい【反省】(名・他スル) 自分の過去の言動をかえりみて、悪い点を認めたり、また悪い点がなかったかどうかを考えること。「—を促す」「—の色が見える」「一日を—する」

はん-せい【半生】 一生の半分。または、その時までの生涯。「この研究に—を費やす」「これまでの—を振り返る」

はん-せい【半醒】 なかば目覚めていること。「半睡—」

はん-せい【藩政】 藩主がその領地で行う政治。

はん-ぜい【反税】 税金を納めることに反対すること。

はん-ぜい【反噬】(名・自スル)(「噬」は噛かむ意で、動物が飼い主にかみつく意から)恩ある人や主人にはむかうこと。

ばん-せい【万世】 永遠。永久。万代。よろずよ。「—不易」

—いっけい【—一系】 一つの系統・血統が永遠に続くこと。参考 おもに、皇統についていう。

ばん-せい【伴星】〔天〕連星れんせいで、光度の低いほうの星。↔主星

ばん-せい【晩生】 ①植物などがふつうより遅く生長すること。おくて。「—種」↔早生そうせい ②先輩に対して、自分の謙称。

ばん-せい【晩成】(名・自スル) ふつうより遅くできあがること。晩年になって成功・完成すること。「大器—」↔早成

ばん-せい【蛮声】 荒々しく下品な大声。「—を張り上げる」

ばんせい-いでん【伴性遺伝】—イデン〔医〕性染色体上に遺伝子があり、親または子の性別によって形質の現れ方が異なる遺伝現象。血友病など。

はん-せいひん【半製品】 仕上がりが途中までで、完全な製品となっていないもの。「—で輸入する」

はん-せき【犯跡】〔法〕犯罪の行われた形跡。

はん-せき【版籍】 領地と戸籍。領土と人民。

—ほうかん【—奉還】ホウクワン〔日〕一八六九(明治二)年、各藩主が版図(領地)と戸籍(人民)とを朝廷に返したこと。明治政府による中央集権化の政策。⇒廃藩置県

はん-せつ【反切】 中国で、漢字の字音を示すのに、他の漢字二字を使う方法。上の字の頭子音と、下の字の韻(母音または母音と尾子音)とを組み合わせることによって、求める字音を示す。返し。参考 たとえば「凍」の音を示すのに「多貢反」と書き、「多」はta、「貢」はkoŋ(日本化してコウ)、したがって「凍」はtとoŋを合わせたtoŋ(日本化してトウ)であるとする類。「反」は「翻」に通じることから、のちに「多貢切」と書くようになった。

はん-せつ【半切・半截】 ①半分に切ること。また、半分に切ったもの。半裁はんさい。②唐紙とうし・画仙紙などを縦に半分に切ったもの。また、それに書いた書画。

ばん-せつ【晩節】 ①年をとってからの時期。晩年。「—を迎える」②晩年の節操。「—を全まっとうする」「—を汚けがす」

はん-せん【反戦】 戦争に反対すること。「—運動」

はん-せん【半銭】 ①一銭の半分。五厘りん。②わずかなお金。「一紙—」(=わずかなもののたとえ)

はん-せん【帆船】 帆を張り、風によって走る船。帆掛け船。

はん-ぜん【判然】(タル) はっきりしているさま。明瞭めいりょうなさま。「—としない説明」文(形動タリ)

ばん-せん【番船】 河口や関所の見張りをする船。ばんぶね。

ばん-せん【番線】 ①駅構内で、プラットホームに面した線路を、番号をつけて区別するのに用いる語。「三—」②太さによって番号をつけた針金。

ばん-ぜん【万全】(名・形動ダ) まったく完全で、手抜かりのないこと。また、そのさま。「—の策を講じる」「警備に—を期す」

ハンセン-びょう【ハンセン病】—ビャウ〔医〕癩菌らいきんの感染による慢性の感染症。皮膚と末梢まっしょう神経に病変が現れる。感染力はきわめて弱い。癩病。レプラ。語源 ノルウェーの医師ハンセン(Hansen)が癩菌を発見したところからいう。

はん-そ【反訴】〔法〕民事訴訟中に、被告が原告を相手どって訴訟を起こし、本訴との併合審理を求めること。

はん-そう【半双】—サウ 対ついをなしているものの片方。一双いっそうの半分。「屏風びょうぶ—」

はん-そう【帆走】(名・自スル) 船が帆を張って航行すること。

はん-そう【搬送】(名・他スル) 荷物や人などを運び送ること。「トラックで—する」「病人を救急車で—する」

ばん-そう【伴走】(名・自スル) マラソンなどで、競技者のわきについて走ること。「—車」「ランナーに—する」

ばん-そう【伴奏】(名・自スル)〔音〕声楽や器楽の主奏部に合わせて、他の楽器で補助するように演奏すること。また、その演奏。「ピアノ—」

ばん-そう【伴僧】〔仏〕法会ほうえ・葬儀などで、導師に従う僧。

ばん-そう【晩霜】—サウ 晩春に降りる霜。遅霜おそじも。↔早霜はやじも

ばんそう-こう【絆創膏】バンサウカウ 粘着剤を塗ったテープ状の布や紙。傷口の保護やガーゼの固定に用いる。

はん-そく【反則・犯則】(名・自スル) 法律や規則、競技などのルールに違反すること。「—をとられる」

はん-そく【反側】(名・自スル) ①寝返りを打つこと。「輾転てんてん—」②裏切ること。そむくこと。

はん-ぞく【反俗】 世間一般のやり方や価値観に従わないこと。「—精神」

はん-ぞく【半俗】 俗人のような姿や生活をしている僧。

ばん-ぞく【蛮族・蕃族】 野蛮な種族。

ばん-そつ【番卒】 番をする兵卒。番兵。

はん-そで【半袖】 ひじまでの長さのそで。また、その衣服。

はん-た【煩多】(名・形動ダ) 処理しなければならない物事が多くてわずらわしいこと。また、そのさま。「—な業務内容」

はん-た【繁多】(名・形動ダ) 物事の非常に多いこと。特に、用事が多くて忙しいさま。「御用—な折」

はんだ【×半田・×盤陀】〔化〕鉛と錫すずの合金。熱に溶けやすく、金属の接合に用いる。「—付け」

ばん-だ【万朶】 多くの枝。多くの花のついた枝。「—の桜」

パンダ〈panda〉〔動〕クマ科の哺乳ほにゅう動物。ヒマラヤから中国西部にかけてすみ、目・耳・四肢・肩の部分が黒くあとは白い。笹ささや竹の葉を主食とする。ジャイアントパンダ。大熊猫。

ハンター〈hunter〉①狩りをする人。狩猟家。猟師。②(比喩ひゆ的に)欲しいものをねらってあさりまわる人。「ブック—」

はん-たい【反対】 ■一(名・形動ダ) ①方向・位置・順序などが逆であること。あべこべ。さかさま。「—の方向」②対になっているものの一方。「かばんを—の手に持ちかえる」■二(名・自スル) ある物事・意見などに逆らうこと。「法案に—する」↔賛成

—きゅうふ【—給付】—キフ〔法〕双務契約が成立して当事者の一方がなした給付に対し、他の一方がなすべき給付。売り主が物品を渡し、買い主が代金を払うなど。

—ご【—語】→たいぎご

—しょく【—色】 相互に補色をなす色。まぜると光の場合は白色、絵の具の場合は灰色になる。赤と青緑など。

—じんもん【—尋問】〔法〕裁判の証人尋問で、証人申請をした側の尋問のあと、相手側の当事者がその証人に対して行う尋問。

はん-だい【飯台】(幾人かが一緒に)食事をするための台。ちゃぶ台。

はん-だい【盤台】→ばんだい(盤台)

ばん-だい【万代】 いつまでも続くこと。永久。万世。

―不易(ふえき) 永遠に変わらないこと。万世不易。永久不変。

ばん-だい【番台】 公衆浴場などの入り口に設けた高い見張り台。また、そこにすわって料金の受け取りや番をする人。

ばん-だい【盤台】 魚屋が魚を入れて運ぶのに使う、木製で、底の浅い楕円(だえん)形の大きなたらい。盤台(はんだい)。

はんたい-じ【繁体字】 〈簡体字に対して〉簡略化されていない画数の多い漢字。「经」に対する「經」など。⇩簡体字

はん-たいせい【反体制】 従来の政治・社会の体制に反対し、これを根底からくつがえそうとして行動する立場。「―運動」

はん-だくおん【半濁音】 ハ行の仮名に半濁点を付けて表すパ・ピ・プ・ペ・ポの音。pを頭子音にもつ音。⇩清音・濁音

はん-だくてん【半濁点】 ハ行の仮名の右肩に付けて半濁音であることを示す「゜」のしるし。半濁音符。

パンタグラフ 〈pantograph〉①電車などの屋根に取り付けて、架線から電気を取るための装置。菱形(ひしがた)やくの字形で自在に伸縮する。②原図を任意に拡大・縮小して写し取ることのできる製図用具。写図具。参考「パントグラフ」ともいう。

バンダナ 〈bandanna〉絞り染めや更紗(さらさ)染めの大形のハンカチーフやネッカチーフ。頭や首に巻いて使う。

パン-だね【パン種】 ①パンをふくらませ、香味をつけるために使う酵母(こうぼ)。イースト。②パンを焼く前の生地。

バンタム-きゅう【バンタム級】(キフ) 〈bantam〉ボクシングの体重別階級の一つ。プロでは一一五～一一八ポンド(五二・一六～五三・五二キログラム)。

ばん-たろう【番太郎】(タラウ) 江戸時代、町や村に雇われて、火の番や盗人の番、夜回り・使い走りなどをした者。番太。

パンタロン 〈フランス pantalon 長ズボン〉すそが広がった形の長ズボン。おもに、女性用についていう。

はん-だん【判断】(名・他スル)①ある基準や論理に基づいてその物事を考察し、または直観して自らの考えを決定すること。また、その考え。「―力」「―を下す」「公平に―する」②吉凶を占うこと。占い。「姓名―」

ばん-たん【万端】 ある事にかかわる、すべての事柄。また、あらゆる方法や手段。「諸事―配慮する」「用意―ととのう」

ばん-ち【番地】 住所・土地の所在を示すために市町村の中を細かく区分して付けた番号。所番地。

ばん-ち【蛮地・蕃地】 蛮人の住む土地。未開の土地。

パンチ 〈punch〉㊀(名・他スル)穴をあけること。また、そのための道具。㊁(名)①ボクシングで、相手を打つこと。また、一般に拳(こぶし)でなぐること。「―を浴びる」②相手の心に強烈な刺激や印象を与える力。迫力。「―のきいた音楽」

―カード 〈punch card〉あけた穴の位置などで情報を記録する紙製のカード。穿孔(せんこう)カード。

―パーマ 〈和製英語〉短い髪にパーマをかけ、小さなうずまき状にまとめた男性用の髪形。

はん-ちく【半ちく】(名・形動ダ)《俗》中途半端なこと。

ばん-ちゃ【番茶】 春先の一番茶を摘んだあとの、硬化した茶葉で作った茶。また、それに湯を注ぎ煎(せん)じた飲み物。

―も出花(でばな) 〈番茶でもいれたてはおいしいことから〉器量の悪い娘でも、年ごろになると美しいことのたとえ。「鬼も十八、―」

パンチャー 〈puncher〉①ボクシングで、強いパンチ力のある人。「ハード―」②「キーパンチャー」の略。③切符・カードなどに穴をあける器械。

はん-ちゅう【範疇】(チウ) ①同一性質のものがすべて含まれる部類。部門。範囲。カテゴリー。「美的―」②《哲》実在するもの、または思惟(しい)を分類する、最も普遍的・根本的な形式。

はん-ちゅう【藩中】 藩のうち。藩内。

はん-ちょう【班長】(チャウ) 班を統率する責任者。

ばん-ちょう【番長】(チャウ) 《俗》少年少女の非行仲間の長。

ばん-ちょう【晩潮】(テウ) 夕方にさしてくる潮。夕潮。

はん-ちょくせん【半直線】《数》直線をその線上の一点で二つに分けたときの、そのおのおのの部分。

ハンチング 〈hunting cap から〉鳥打ち帽。

パンツ 〈pants〉①ズボン。「―スーツ」②短い下ばき。③運動用のズボン。「トレーニング―」

はん-つき【半月】 一か月の半分。

はん-つき-まい【半搗(き)米】 栄養分が失われないように玄米を半分ほどついた米。

ばん-づけ【番付】 ①相撲で、力士の序列に従ってしこ名を書き並べたもの。「―にのる」②①にならって人名などを順序づけて記したもの。「長者―」③演芸や勝負事などで、番組を書き記したもの。「顔見世の―」

ハンデ 「ハンディキャップ」の略。ハンディ。「―を付ける」

ばん-て【番手】 ①紡績糸の太さを表す単位。綿糸では、重さ一ポンド(約四五四グラム)で長さ八四〇ヤード(約七六八メートル)の糸を一番手という。番号が大きいものほど細い。②出場する順序をいう語。「二―に登場する選手」③城の警固にあたる武士。④陣立てで、並んだ隊の順序をいう語。

はん-てい【判定】(名・他スル)物事を見分けてどちらかに決めること。また、その決定。「―勝ち」「審判が―を下す」

はん-てい【藩邸】 江戸時代、江戸に置かれた諸大名の屋敷。

ハンディー 〈handy〉(形動ダ)(ダロ・ダッ(デ・ニ)・ダ・ナ・ナラ・○)持ちやすく便利なさま。手ごろで扱いやすいさま。「―カメラ」「―サイズ」参考英語には「携帯可能な、小さい」といった意味は含まれず、その意味では portable や hand-held などを用いる。

パンティー 〈panties〉女性用の、短いぴったりした下ばき。

―ストッキング 〈和製英語〉パンティーとストッキングを一つながりにした形の女性用のくつ下。パンスト。

ハンディキャップ 〈handicap〉①競技などで、力量を平均するために優勢な者に課する不利な条件。「―を付ける」②(一般に)その人が負っている不利な条件。「―を克服する」参考略して「ハンデ」「ハンディ」ともいう。

はん-ていりつ【反定立】 →アンチテーゼ① ↔定立

ハンティング 〈hunting〉狩り。狩猟。

バンデージ 〈bandage〉①包帯。②ボクシングで、こぶしや指の保護のためにグローブをはめる前の手に巻く布。

パンデミック 〈pandemic〉感染症の世界的な大流行。

はん-てん【反転】(名・自他スル)①ひっくり返ること。ひっくり返すこと。「マット上で―する」②位置や方向などが反対に変わること。また、反対に変えること。「機首を―する」③写真で、陰画を陽画にすること。また、その逆にすること。

はん-てん【半天】 ①空の半分。②空の中ほど。中天。

はん-てん【半点】 ①一点の半分。②わずか。いささか。

はん-てん【半纏・袢纏】 ①羽織に似た、えりを折り返さず胸ひもを付けない和風の上着。図②「しるしばんてん」の略。

はん-てん【飯店】 中国料理店に付けられる名称。参考中国語ではホテル・旅館の意。

はん-てん【斑点】 まだらに散らばっている点。

はんでんしゅうじゅ-の-ほう【班田収授の法】(ハンデンシウジュ―ハフ) 《日》律令(りつりょう)体制の根本をなす土地制度。大化改新(たいかのかいしん)の後に採用。土地公有の原理にのっとり、六年ごとに一定の年齢になった男女に口分田(くぶんでん)を与え、死亡すると国に

収めた。一〇世紀初頭にはほぼ行われなくなった。

はん-と【反徒・叛徒】謀反を起こした人々。逆徒。

はん-と【半途】①道の途中。②学業・事業などのなかば。中途。「学業―にして挫折する」

はん-と【版図】(戸籍と地図の意から)一国の領土。また、勢力範囲。「―を広げる」

ハント〈hunt〉(名・他スル)狩りをすること。探すこと。あさること。特に、積極的に恋愛の相手を求めること。「ボーイ―」

ハンド①〈hand〉手。また、手を使って行うこと。「―マイク」「―クリーム」②〈handling から〉→ハンドリング①

―アウト〈handout〉講義や発表などの際に配付される資料。

―バッグ〈handbag〉化粧品や手回り品などを入れる小型の女性用手提げかばん。

―ブック〈handbook〉手引き書。便覧。案内書。

―ブレーキ〈hand brake〉自動車で、運転中に操作するブレーキ以外の、駐車用ブレーキ。手動の停止装置。

―ボール〈handball〉七人ずつ二組に分かれ、パスやドリブルでボールを運び、相手のゴールに投げ入れて得点を争う球技。送球。

―メード〈handmade〉機械による大量生産でなく、一つ一つを人の手で作っていく作り方。手作り。手製。

バント〈bunt〉(名・自他スル)野球で、バットを振らずに軽くボールに当てて内野に打球を転がすこと。また、その打法。

バンド〈band〉①物を束ねるための帯状のひも。「ブック―」②洋服用の帯。ベルト。③〔音〕器楽の合奏団。おもに吹奏楽や軽音楽の楽団。「ブラス―」「―を組む」

―マスター〈bandmaster〉〔音〕楽団の首席演奏者、またはリーダー・指揮者。バンマス。

パント〈punt〉ラグビーなどで、手から離したボールを地面につく前に蹴ること。パントキック。「ハイ―」

はん-ドア【半ドア】自動車などのドアが完全に閉まっていない状態。

はん-とう【反騰】(名・自スル)〔経〕下落していた相場が一転して値上がりすること。「株価―の要因」↔反落

はん-とう【半島】〔地〕陸から海や湖に長く大きく突き出た陸地。

はん-どう【反動】①与えた力の反作用として正反対の方向へはたらく力。反作用。「急停車の―で倒れる」②ある運動や動きに対抗して起こる逆の運動や動き。「強権政治への―」③進歩や改革などに逆行しようとする傾向や勢力。「―政権」

ばん-とう【晩冬】①冬の末。冬の終わりごろ。图②陰暦の十二月。图

はん-どう【半道】道のなかば。中途。半途。半道。

ばん-とう【晩稲】ふつうの稲より遅く実る稲。おくて。

ばん-とう【番頭】商店や旅館などの使用人の頭。

ばんどう【坂東】(足柄峠・碓氷峠の坂より東のほうの意)関東地方の古称。

―ごえ【―声】東国人らしいなまりのある声。

―ことば【―言葉】東国人のなまりのある言葉。

―たろう【―太郎】(「坂東にある第一の川」の意で)「利根川」の別称。⇒筑紫二郎・四国三郎

―むしゃ【―武者】東国育ちの勇猛な武士。関東武士。

はん-どうたい【半導体】〔物〕常温での電気伝導率が導体と絶縁体の中間である物質。低温ではほとんど電流を通さないが、温度が上昇するに従って電気伝導率が増す。シリコン・ゲルマニウムなど。ダイオード・トランジスター・ICなどに利用。

はんとう-まく【半透膜】〔化〕溶液や気体混合物の中の、ある成分は通すが他の成分は通さない膜。セロハン膜・膀胱膜など。透析などに利用される。

はん-とうめい【半透明】(名・形動ダ)透明と不透明の中間であること。向こうにあるものの色や形がぼんやりとわかる程度に透き通っているさま。「―のグラス」

はん-とき【半時】①昔の一時の半分。今の一時間ほど。②ほんの少しの時間。「―を争う」

はん-どく【判読】(名・他スル)わかりにくい文章や文字を推察しながら読むこと。「―に苦しむ」

はん-どく【繙読】(名・他スル)書物をひもといて読むこと。

パントグラフ〈pantograph〉→パンタグラフ

はん-とし【半年】一年の半分。半年。

バンドネオン〈スペイン bandoneón〉〔音〕アコーディオンに似た楽器。ボタン式の鍵盤を用いる。アルゼンチンタンゴの主要楽器。参考一九世紀、ドイツ人ハインリヒ=バンドが考案。

パントマイム〈pantomime〉言葉を用いないで、表情・身ぶりだけで演じる劇の形式。また、その演技。無言劇。黙劇。

パンドラ〈Pandora〉ギリシャ神話に出てくる人類最初の女性。ゼウスの命令でヘファイストスが土からつくったという。

―の-はこ【―の箱】ギリシャ神話で、ゼウスがあらゆる悪・災い・不幸を封じ込めて、パンドラに渡したという箱。パンドラが禁を犯して開いたため、諸悪が地上にあふれ、希望だけが箱に残ったとされる。

パントリー〈pantry〉食料品や食器類を収納する小部屋。

はんとり-ちょう【判取〔り〕帳】商店で金品の受け取りの証拠として、相手に受取印を押してもらう帳面。

ハンドリング〈handling〉①サッカーの反則の一つ。ゴールキーパー以外の選手が手または腕でボールにふれること。ハンド。②ラグビー・ハンドボールなどで、ボールの手さばき。③自動車などのハンドル操作。

ハンドル〈handle〉①機械を運転・操作する際、手で握る部分。「自動車の―」②ドアの開閉のために手で握る部分。参考自動車のハンドルは、英語では the (steering) wheel という。

―ネーム〈和製英語〉インターネットなどで用いる、本名以外の名前。ハンドル。

はん-ドン【半ドン】(「ドン」はオランダ語ドンタク(=日曜日)の略)半日勤務であること。また、その日。

はん-なが【半長】(「半長靴」の略)すねの中ほどまでの長靴。

はん-なき【半泣き】今にも泣きだしそうになっていること。

パンナ-コッタ〈イタリア panna cotta〉温めた生クリームに牛乳・砂糖などを加え、ゼラチンで固めて冷やしたイタリアの菓子。

はんなり(副・自スル)(方)(関西地方で)上品で明るくはなやかなさま。「―とした立ち姿」

ばん-なん【万難】多くの困難。種々の障害。「―を排して」

はん-にえ【半煮え】十分に煮えていないこと。生煮え。

はん-にち【反日】日本・日本人に反感をもつこと。「―感情」「―運動」↔親日

はん-にち【半日】一日の半分。半日。

はんにゃ【般若】①〔仏〕実相・真実を見きわめる知恵。②能面の一つ。恐ろしい顔つきの鬼女の面。⇒能面(さしえ)

―しんぎょう【―心経】〔仏〕般若経の心髄を簡潔に説いた経典。空(=いっさいの事物には実体・我がはないこと)の思想を説く。「色即是空・空即是色」の語で有名。般若波羅蜜多心経。略して、心経とも。

―とう【―湯】寺院で、「酒」の隠語。

はん-にゅう【搬入】ニフ（名・他スル）運び入れること。持ち込むこと。「作品を展覧会場に—する」↔搬出

はん-にん【犯人】罪を犯した人。犯罪者。

ばん-にん【万人】すべての人。多くの人。万人（ばんじん）。「—が認める」

ばん-にん【番人】見張り番をする人。「山小屋の—」

はんにん-かん【判任官】クワン 官吏の旧階級の一つ。各省大臣、都道府県知事の任命する官。

はんにん-まえ【半人前】マヘ ①ひとり分の半分。②未熟で、一人前の働きができないこと。「腕はまだ—だ」

はん-ね【半値】定価や高いときの値段の半分。半額。「バーゲンで—になる」

ばん-ねん【晩年】年をとってからの時期。老年。また、一生の終わりに近い時期。「—の作品」

はん-のう【反応】オウ（名・自スル）（「はんおう」の連声（れんじょう））①他からの働きかけに応じて起こる変化や動き。「相手の—を見る」②外からの刺激に対する生体の変化や動き。「陽性—」③《化》物質が作用し合って起こる化学的変化。「化学—」

はん-のう【半農】農業に従事しながら他の職業にも携わること。「—半漁」

ばん-のう【万能】（名・形動ダ）①何にでも効果のあること。「—薬」②すべてにすぐれ、なんでもできること。「スポーツ—」

—さいぼう【—細胞】サイバウ《医》さまざまな組織に分化する能力を持った細胞。ES細胞・iPS細胞など。

パン-の-かい【パンの会】クワイ《文》（「パン」はギリシャ神話の牧神）明治末期の文芸運動の会の名。木下杢太郎（もくたろう）・北原白秋・石井柏亭（はくてい）らが始め、青年芸術家の交友を通し、耽美（たんび）主義的な反自然主義的新芸術運動を展開した。

はん-の-き【△榛の木】《植》（「はりのき」の音便）カバノキ科の落葉高木。林野の湿地に見られ高さ二〇メートルにも達する。葉は長楕円（だえん）形で雌雄同株（しゅ）。二・三月ごろ紫褐色の雄花穂と紅紫色の雌花穂をつける。材は薪炭・建築用、実は染料用。（はんの花 春）

はん-ば【斑馬】①まだらの馬。ぶち馬。②しま馬。

はん-ば【飯場】土木工事などの作業員の簡易宿泊所。

はん-ぱ【半端】（名・形動ダ）①数・量がそろわないさま。また、そういうもの。はした。「—を出す」「—な時間をつぶす」②どちらともつかないさま。「中途—」「—な気持ち」③気がきかず、間抜けなさま。また、その人。「—者」

—で（は）ない 程度が並大抵ではない。徹底している。

ばん-ば【△輓馬】車やそりを引かせる馬。「—競走」

パンパ〈pampa〉南アメリカ大陸、アルゼンチンのラプラタ川流域の大平原。肥沃（ひよく）で、世界的穀倉地帯の一つ。パンパス。

バンパー〈bumper〉自動車・列車などの前後などに取り付けてある緩衝（かんしょう）装置。緩衝器。

ハンバーガー〈米 hamburger〉ハンバーグを丸いパンに挟んだ食べ物。「—ショップ」

ハンバーグ〈米 hamburg steak から〉牛・豚などのひき肉に玉ねぎ・パン粉・鶏卵などを加え、円形にして焼いた食べ物。ハンバーグステーキ。語源 ドイツ北部の都市ハンブルクにちなむ。

はん-ばい【販売】（名・他スル）品物を売ること。「通信—」

はん-ばく【反駁】（名・自他スル）他人の意見や攻撃に対して、逆に論じ返すこと。「批評に—する」

バンパイア〈vampire〉吸血鬼。

はん-ぱく【半白・斑白】白髪まじりの頭髪。ごましお頭。

パンパス〈pampas〉→パンパ

はん-ばつ【藩閥】明治維新で活躍した特定の藩の出身者を中心とする派閥。「—政治」

—せいふ【—政府】《日》薩摩（さつま）・長州・土佐・肥前の四藩、特に、薩長の出身者が要職を占めた明治時代の政府。

はん-ぱつ【反発・反△撥】（名・自他スル）①はね返ること。はね返すこと。「—力」②（他の意見に）逆らって受け付けないこと。反抗すること。また、反抗したい気持ち。「—を感じる」③下がった相場が、また急に上がること。「株価が急—する」

はん-はば【半幅・半◇巾】反物（たんもの）などの幅が並幅の半分であること。また、その幅のもの。約一八センチメートル。

はん-ばり【半張り】靴の底を、前の半分だけ張りかえること。また、その張ったもの。

はん-はん【半半】半分半分。半分ずつ。「—に分ける」

ばん-ばん【万万】（副）①万が一にも。決して。「そんなことは—あるまい」②十分に。よく。「—承知している」用法 ①は、あとに打ち消しの語を伴う。

ばん-ぱん【万般】いろいろの物事や方面。すべての事柄。百般。「—にわたって」

パンパン《俗》第二次世界大戦後、進駐軍兵士を相手にした売春婦。街娼（がいしょう）。パンパンガール。

ばん-ばんざい【万万歳】（「ばんざい」を強めた言い方）この上なくめでたく喜ばしいこと。

バンバンジー〈中国 棒棒鶏〉ゆでた鶏肉を細く裂き、ごまだれをかけた中国料理。

はん-びょうにん【半病人】ビヤウニン 病人といってもよいほどに心身がひどく弱っている人。

はん-びらき【半開き】半分ほど開いていること。「—の戸」

はん-ぴれい【反比例】（名・自スル）《数》二つの変数で、一方が二倍、三倍になるにつれて、他方が二分の一、三分の一になるような関係。逆比例。↔正比例

はん-ぷ【帆布】帆・テント・荷物のカバーなどに用いる、麻または木綿（めん）でできた厚手の布。

はん-ぷ【頒布】（名・他スル）広く分けて配り、行き渡らせること。多くの人に分けること。「カタログを無料—する」

ばん-ぷ【万夫】多くの男子。多くの武士。「—不当（=多くの男が向かってもかなわないほど強いこと）」

バンプ〈vamp〉なまめかしい魅力で男を迷わす女。妖婦（ようふ）。

パンフ「パンフレット」の略。

ばん-ぷう【蛮風】野蛮な風習。

はんぷう-し【半風子】（「虱（しらみ）」という字は「風」の半分であるところから）「しらみ」の異称。

はん-ぷく【反復】（名・他スル）何度も繰り返すこと。反覆。「—練習」「同語—」

はん-ぷく【反覆】（名・自他スル）①ひっくり返すこと。また、ひっくり返ること。②心変わりすること。裏切ること。「人心—」③繰り返すこと。反復。

ばん-ぷく【万福】（手紙文に用いて）多くの幸福。多幸。

パンプス〈pumps〉甲の部分を広く開けた、止め具や締めひものない婦人靴。

ばん-ぶつ【万物】宇宙にあるすべてのもの。「—は流転する」

—の-れいちょう【—の霊長】レイチヤウ 万物の中で最も優れたもの。人類のこと。

ハンブル〈fumble〉（名・他スル）→ファンブル

パンフレット〈pamphlet〉説明・案内などを書いた、仮とじの薄い小冊子。パンフ。

はん-ぶん【半分】①二等分したものの一つ。二分の一。②（名詞の下に付いて）「なかば…の気持ち」の意。「冗談—」

—こ 半分に分けること。「ケーキを—にする」

はんぶん-じょくれい【繁文△縟礼】 規則・手続き・礼法などが複雑でめんどうなこと。繁縟(はんじょく)。

はん-ぶんすう【繁分数】〘数〙分母または分子が分数になっている分数。複分数。

はん-ぺい【藩△屏】 ①へい。垣。防備するための囲い。②特に、皇室を守ること。また、守る人。

ばん-ぺい【番兵】 見張りをする兵。哨兵(しょうへい)。番卒。

はんべい-しゅぎ【汎米主義】 南北アメリカの国々が結束して他の国々に対抗しようとする主義。パンアメリカニズム。

はん-べつ【判別】(名・他スル) 見分けること。ほかのものとはっきり区別すること。「暗くて顔の―がつかない」

ばん-べつ【万別】 さまざまな相違があること。「千差―」

はん-ぺん【半片】 一片の半分。半切れ。半ぺら。

はん-ぺん【半片・半△平】 魚肉をすりつぶし、山芋などをまぜて蒸し固めた食品。一般に、白くやわらかいものをいう。

はん-ぽ【反哺】(名・他スル)(「哺」は、口の中の食物の意。烏(からす)の子は成長してから親に食物を与え、恩に報いるということから)親の恩に報いること。⇩烏(からす)に反哺の孝あり

ばん-ぼ【晩暮】 ①夕暮れ。②晩年。老年。

はん-ぼいん【半母音】 調音のしかたは母音イ・ウに近いが、単独では音節を作らず、子音的性質をもつ、弱い有声の摩擦音。ヤ行の頭音j、ワ行の頭音wの類。

はん-ぼう【半紡】バウ ①よこ糸に紡績絹糸を使った絹織物。②よこ糸に手紡(しゅぼう)綿糸を使った綿織物。

はん-ぼう【繁忙】バウ (名・形動ダ) 用事が多くて忙しいこと。また、そのさま。多忙。「―期」

ばん-ぽう【万邦】バウ すべての国。あらゆる国。万国。

はん-ぽん【版本】 版木を使って印刷した本。木版本。

はん-ま【半間】(名・形動ダ) ①そろっていないさま。半端なこと。また、そのもの。②気のきかないさま。また、その人。まぬけ。

ハンマー〈hammer〉①鉄製の大型かなづち。②陸上競技のハンマー投げの用具。取っ手の付いたワイヤに鉄球を付けたもの。③ピアノで、弦をたたいて音を出す小づちの部分。④撃鉄。

―なげ【―投げ】 陸上競技で、投擲(とうてき)種目の一つ。サークルの中で体を回しながら、その遠心力で「ハンマー②」を投げて、飛距離を競う競技。

はん-まい【飯米】 御飯に炊く米。食用にあてる米。

はん-み【半身】 ①相撲・剣道などで、相手に対して体を斜めに構えること。また、その姿勢。「―に構える」②魚を二枚に開いたときの片身。「鮭(さけ)の―」

はん-みち【半道】 ①一里の半分。半里。②全行程の半分。

はん-みょう【斑△猫】メウ〘動〙①ハンミョウ科の昆虫の総称。②①の一種。体長二センチメートル前後。色彩豊かで金属光沢がある。夏の山道で人が歩く前にとまっては飛ぶので、「みちおしえ」「みちしるべ」とも呼ばれる。夏

ばん-みん【万民】 多くの民。すべての人々。「天下の―」

はん-む【煩務】 わずらわしく忙しいつとめ。

はん-めい【判明】(名・自スル) はっきりわかること。明らかになること。「身元が―する」「真相が―する」

ばん-めし【晩飯】 晩の食事。↔朝飯(あさめし)
類語 夕飯(ゆうめし)・夕飯(ゆうはん)・夕御飯・晩御飯・晩食・夕食・夕餉(ゆうげ)・晩餐(ばんさん)・サパー・ディナー

はん-めん【反面】 ㊀(名) 反対の方面。㊁(副) 他の面から見た場合。「この布は水に強いが、―熱に弱い」⇩「使い分け」

―きょうし【―教師】ケウシ その人の示す悪い面が、結果的に悪をいましめる教訓として役立つような人物や事物。悪い見本。語源 中国の毛沢東の言葉からいう。

はん-めん【半面】 ①顔の半分。また、ある面の半分。②物事の一方の面。一面。「―の真理」⇩「使い分け」

> 使い分け「反面・半面」
> 「反面」は、反対の方面、他の面から見た場合の意で、「反面から言えば」「彼は正義感が強い反面、人情にうとい」「反面教師」などと使われる。
> 「半面」は、ものを二つの面に分けた場合の一方の面とか別の面、あるいは顔の半分の意で、「テニスコートの半面」「半面だけ月光が照らす」「半面像」などと使われる。

はん-めん【版面】 印刷版の表面。版面(はんづら)。

ばん-めん【盤面】 ①囲碁・将棋などの盤の表面。また、その盤上での勝負の形勢。「終局の―」②レコードの表面。

はん-も【繁茂】(名・自スル) 草木が生い茂ること。「雑草が―する」

はん-もく【反目】(名・自スル) にらみ合うこと。対立して仲が悪いこと。「民族間の―が続く」

ばん-もく【万目】 多くの人の目。大勢の見るところ。衆目。

ハンモック〈hammock〉じょうぶな細いひもで編んだ網やズックなどで作り、柱の間や樹間につって寝床とするもの。つり床。寝網。夏

〔ハンモック〕

はん-もと【版元】 出版物の発行所。出版元。出版社。

はん-もん【反問】(名・自他スル) たずねた人に逆にたずね返すこと。問い返すこと。「すかさず―する」

はん-もん【斑紋】 まだらの模様。

はん-もん【煩△悶】(名・自スル) 心の中でもだえ苦しむこと。思いわずらうこと。「罪の意識に―する」

はん-や【半夜】 ①真夜中。夜半。②一晩の半分。

ばん-や【番屋】 ①番人のいる小屋。番所。②江戸時代の自身番。

パンヤ〈ポルトガル panha〉①〘植〙アオイ科の東南アジア原産の落葉高木。パンヤノキ。カポック。②①の種子を包む、綿のような白くて細長い毛。綿の代用としてクッションや枕(まくら)などの詰め物に用いる。カポック。

はん-やく【反訳】(名・他スル) ①一度翻訳または速記された言葉を、もとの言葉や文字に戻すこと。②翻訳。

はん-やけ【半焼け】 ①火事で半分くらい焼け落ちること。半焼(はんしょう)。②食物などが十分に焼けていないこと。生焼け。

ばん-ゆう【万有】イウ 宇宙間のありとあらゆるもの。万物。

―いんりょく【―引力】〘物〙質量をもったすべての物体間に作用する引力。二つの物体の質量の積に比例し、距離の二乗に反比例する。参考 ニュートンが、その法則を発見した。

ばん-ゆう【蛮勇】 無分別にふるう勇気。向こう見ずな勇気。無鉄砲な勇気。「―をふるう」

はん-よう【汎用】(名・他スル) 一つのものを広く多方面に用いること。「―コンピューター」「―性の高い技術」

はん-よう【繁用】 用事が多くて忙しいこと。

はん-ら【半裸】 半身、特に上半身がはだかであること。

ばん-らい【万雷】 ①多くのかみなり。②(比喩(ひゆ)的に)非常に大きな音。「―の拍手(=大勢の人の盛んな拍手)」

はん-らく【反落】(名・自スル)〘経〙騰貴していた相場が一転して下落すること。「株価が―する」↔反騰

はん-らん【反乱・△叛乱】(名・自スル) 支配者や政府に反

抗して武力行動を起こすこと。「―軍」「―分子」

はん-らん【氾濫】(名・自スル) ①河川などの水があふれ出ること。「川が―する」②(好ましくないものが)多く世の中に出回って満ちあふれること。「悪書が―する」

ばん-り【万里】 非常に遠く長いこと。また、その距離。

―の-ちょうじょう【―の長城】 中国で、北辺防衛のために築かれた大城壁。秦の始皇帝が在来のものを増築した際、この名を称した。現存のものは明代にモンゴルの来襲に備えて築かれたもの。

はん-りつ【反立】〘哲〙定立の否定。反定立。アンチテーゼ。

ハン-りゅう【◇韓流】― 韓国の映画・音楽・テレビドラマなどの大衆文化。また、その流行。かんりゅう。

はん-りょ【伴侶】 いっしょに連れだつもの。連れ。特に、配偶者。「人生の―」

はん-りょ【煩慮】 思いわずらうこと。わずらわしい思い。

ばん-りょう【晩涼】― 夕方のすずしさ。ゆうすず。夏

ばん-りょく【万緑】 見渡すかぎり一面に草木の緑におおわれていること。夏

―叢中紅一点 ①一面緑の葉の中にただ一つの赤い花があって、目立つこと。②多くのものの中で、ただ一つだけ特にすぐれて目立つことのたとえ。③多くの男性の中にただ一人だけ女性がいることのたとえ。紅一点。参考 王安石の詩、「詠柘榴」から。

ばん-りょく【蛮力】 ①勇み立って出す力。②乱暴な腕力。

ばんりょくの… 俳句〔万緑の 中や吾子の歯 生えそむる〕〈中村草田男〉木も草も、生命力あふれる緑一色の初夏に、わが子の小さな白い歯も生え始めたことだ。(万緑 夏)

はん-るい【煩累】 うるさくわずらわしい物事や心配事。

はん-れい【凡例】 書物や地図の初めに、編集方針・読み方・使い方などを箇条書きに示したもの。

はん-れい【反例】 ある命題や主張が成り立たないことを示す例。

はん-れい【判例】 裁判で、類似の事件・事案についての判決の先例・実例。「―集」

はん-れい【範例】 規範または手本となるよい例。

はん-ろ【販路】 商品を売りさばく相手。商品のはけぐち。「―を広げる」

はん-ろう【煩労】― わずらわしい苦労・骨折り。

はん-ろん【反論】(名・自他スル) 相手の意見に対して言い返すこと。反対の議論。「堂々と―する」

はん-ろん【汎論】 ①広く全体にわたって論じること。また、全体にわたる議論。②全体を概括した論。概論。

ひ ヒ

五十音図「は行」の第二音。「ひ」は「比」の草体。「ヒ」は「比」の片方。

ひ【比】 教5 ヒ くらべる・ならぶ・ころ

(字義) ①ならべる。ならぶ。「比肩・比翼・櫛比」②くらべる。照らし合わせる。「比較・対比・類比」③なぞらえる。「比擬・比喩」④たぐい。なかま。くみする。「比党・比類」⑤近い。「比隣」⑥二つを比べた割合。「比重・比率・比例」⑦ころおい。このごろ。「比歳・比年」⑧「比律賓」の略。「比国・比島」難読 比丘・比丘尼・比目魚 人名 これ・たか・たすく・ちか・つね・とも・なみ・ひさ

ひ【比】 ①たぐい。くらべられるもの。「彼の語学力は私の―ではない」②〘数〙同じ種類の数量 A と B があるとき、A が B の何倍であるかという関係を A の B に対する比といい、$A:B$ で表す。

ひ【皮】 教3 ヒ かわ

(字義) ①かわ。㋐動物のけがわ。「皮革・牛皮」㋑はだ。「皮下・皮膚・表皮・面皮」㋒物の表面をおおうもの。「外皮・樹皮」②うわべ。表面。「皮相」難読 皮蛋

ひ【妃】 ヒ(中)・ハイ きさき

(字義) ①きさき。皇后のつぎに位する女性。また、皇太子・皇族の正妻。「妃殿下・王妃・后妃・正妃」②つれあい。つま。「妃匹」人名 き・ひめ

ひ【否】 教6 ヒ いな(高)

(字義) ①うちけす。認めない。「否定・否認」②いな。そうでない意、反対の意を表す語。「安否・可否・合否・賛否・諾否・適否・当否」③こばむ。「拒否」④よくない。悪い。「否運」難読 否応なしに

ひ【庇】 人 ヒ おおう・かばう・ひさし

(字義) ①おおう。おおいかばう。保護する。「庇護」②たのむ。たよる。「庇蔭・庇頼」③ひさし。

ひ【批】 教6 ヒ うつ

(字義) ①うつ。たたく。②品定めをする。「批判・批評」③臣下から出された文書などを主君や主権者が認める。「批准」

ひ【彼】 ヒ(中) かれ(中)・かの(中)

(字義) ①かれ。第三者。「彼我」②あれ。「彼此」③かの。あの。「彼方・彼岸」④かしこ。かなた。難読 彼奴・彼処・彼所・彼方此方・彼方・彼是 人名 のぶ

ひ【披】 ヒ(中) ひらく

(字義) ①閉じてあるものをひらく。「披閲・披見」②うちあける。ひろめる。「披瀝・披露」

ひ【枇】 人 ヒ・ビ

(字義)「枇杷」は、バラ科の常緑中高木。

ひ【泌】(字義)→ひつ(泌)

ひ【肥】 教5 ヒ こえる・こえ・こやす・こやし

(字義) ①こえる。㋐ふとる。肉がつく。ふとらせる。「肥大・肥満」㋑土地がこえる。「肥土・肥沃」②こえ。こやし。「肥料・堆肥・追肥」③「肥前の国」「肥後の国」の略。「薩長土肥」人名 うま・くま・とみ・とも・みつ・ゆたか

ひ【非】 教5 ヒ そしる・あらず

(字義) ①よくない。正しくない。「非行・非心・先非・前非・是是非非」↔是 ②そしる。とがめる。そしり。「非難・非謗」③そむく。道理にたがう。「非道・非礼」④あらず。…でない。「非常・非凡・非力」

ひ-【非】(接頭)(漢語に付けて)否定の意を表す。「―常識」

ひ【非】 正しくないこと。よくないこと。欠点。「―を認める」↔是

―の打ち所がない 完璧で非難する点がない。

ひ【卑】〔人 卑〕ヒ(中) いやしい(高)・いやしむ(高)・いやしめる(高)

(字義)①いやしい。㋐地位や身分がひくい。「卑賤・尊卑」↕尊 ㋑卑劣である。「卑怯・卑屈」②いやしめる。「男尊女卑」↕尊 ③へりくだる。自分に関することをいう謙称。「卑下・卑見」④身近な。「卑近」⑤土地などがひくい。「卑湿」

ひ【飛】 教4 ヒ とぶ・とばす

(字義)①とぶ。㋐空をとぶ。「飛行・飛翔」㋑とびあがる。「飛躍・飛揚・雄飛」㋒とびちる。とびはねる。「飛泉・飛沫」㋓とぶようにはやい。「飛脚・飛報」㋔よりどころのない。「飛語・飛文」②たかい。「飛閣」③「飛驒の国」の略。「飛州」④将棋の駒の「飛車」の略。 難読 飛鳥・飛白・飛沫・飛礫・飛蝗 人名 たか

ひ【疲】 ヒ㊥ つかれる㊥・つからす

(字義)①つかれる。つかれさせる。つかれ。「疲労」②やせる。衰える。「疲馬・疲弊」

ひ【秘】 教6 【秘】 ヒ ひめる㊥・かくす

(字義)①かくす。人に知らせない。ひめる。「秘策・秘密・厳秘・極秘」②人知ではかり知れない。「神秘」③人に知られていない。「秘境」④よく通じない。「秘結・便秘」 人名 なし・やす

ひ【被】 ヒ㊥ こうむる㊥ かぶる・おおう

(字義)①おおう。㋐おおいかぶせる。「被覆・外被」㋑かぶる。まとう。着る。「被布・被服・法被」②こうむる。うける。「被害・被告・被災・被爆」③…る。…らる。受け身を表す語。「被写体・被選挙権」 難読 被く

ひ【悲】 教3 ヒ かなしい・かなしむ

(字義)①かなしい。かなしむ。かなしみ。「悲哀・悲惨・悲痛・傷悲・積悲」②〘仏〙あわれみの心。「悲願・慈悲・大慈大悲」

ひ【扉】 ヒ㊥ とびら㊥

(字義)とびら。開き戸。「鉄扉・門扉」

ひ【斐】 ヒ

(字義)あや模様が並んで美しいさま。「斐然・斐斐」 人名 あきら・あや・あやる・い・なが・よし

ひ【費】 教5 ヒ ついやす㊥・ついえる㊥

(字義)①ついやす。金品を使いへらす。「費途・消費・冗費・乱費・浪費」②ついえ。かかり。いりよう。「費用・会費・経費・交際費・食費・人件費・旅費」

ひ【碑】 【碑】 ヒ㊥ いしぶみ

(字義)いしぶみ。石に文字をきざんで建てたもの。「碑文・碑銘・句碑・墓碑」

ひ【碑】 記念として、文字などをきざんで建てる石。石碑。石塔。いしぶみ。「―を建てる」

ひ【緋】 ヒ (字義)赤色の絹。また、ひいろ。濃い紅色。「緋鯉」 難読 緋縅

ひ【緋】 濃く明るい朱色。緋色。「―の毛氈」

ひ【罷】 ヒ㊥・やめる まかる・つかれる

(字義)①やめる。㋐中止する。休止する。「罷休・罷業」㋑職をやめる。免職する。「罷免」②つかれる。=疲。「罷弊」③まかる。退出する。

ひ【避】 ヒ㊥ さける㊥

(字義)①さける。よける。「避暑・避難・回避」②にげかくれる。さけかくれる。「避匿・逃避」

ひ-【曽】(接頭)(血縁関係を表す語に付いて)祖先または子孫との、二代隔てた関係にある意を表す。ひい。「―まご」

ひ【日】 ①太陽。日輪。「―がのぼる」②太陽の光線や熱。日光。日差し。「―がさす」③日の出から日の入りまで。ひるま。「―が長い」④一昼夜。一日。「その―暮らし」⑤日数。「―のたつのが早い」「―を追って(=日数がたつにつれて)」⑥定められた期日。日限。「出発の―を延ばす」「―を改める」⑦空もよう。天気。「きょうもいい―だ」⑧時。時代。「若き―の思い出」⑨暦の上での吉凶。日がら。「結婚式によい―を選ぶ」⑩ある特定の一日。「父の―」⑪(多く「…た日には」の形で)場合。「しくじった―には大ごとだ」 参考 ①②は「陽」とも書く。

―が浅い 日時がそれほど経過していない。「入学してから―」 **―暮れて道遠し** ①年をとったが、まだ達すべき目的には遠いことのたとえ。②期限が迫っているのに、事が容易に終わらないこと。 **―の目を見る** →ひのめ **―を同じくして論ぜず** 両者の間の差が大きくて一様には論じられない。

ひ【火】 ①〘化〙物質が熱や光を伴って燃焼する現象。また、そのときに出る炎や熱。「―が燃える」「ろうそくの―」「―にあたる」「なべを―に掛ける」②火事。火災。「―を出す(=火元となる)」「―の用心」③火打ちの火。きりび。④激しい情熱。「胸の―」

―に油を注ぐ 盛んな勢いをよりいっそう盛んにする。 **―の消えたよう** 急に活気がなくなり、ひっそりとするさま。 **―の無い所に煙は立たぬ** それなりの根拠や事実のないところに、うわさは立たない。 **―を落とす** 炊事・ストーブ・炉などの火を消す。また、それらの仕事を終える。 **―を付ける** ①点火する。②放火する。③騒動や事件のきっかけをつくる。また、刺激を与えて感情を高ぶらせる。 **―を通す** 焼いたり煮たりして食物を加熱する。 **―を吐く** ①火を噴き出す。②弁論などの口調が激しいことのたとえ。 **―を見るよりも明らか** 疑う余地のないほど明白なことのたとえ。

ひ【灯】 ともしび。灯火。明かり。「―をともす」

―が入る 明かりがつく。ともしびがともる。

ひ【杼・梭】 機織りで、糸を巻いた管を入れ、たて糸の間を往復させてよこ糸を通す舟形の道具。シャトル。

ひ【樋】 ①竹や木などで作った、水を通す管。樋。②水門。③刀やものの表面に作った、細長いみぞ。

び【尾】 ビ㊥ お㊥

(字義)①お。しっぽ。「尾骶骨・竜頭蛇尾」②うしろ。あと。「尾撃・尾行」③おわり。最後。「語尾・末尾」④つるむ。雌雄がまじわる。「交尾」⑤「尾張の国」の略。「尾州・濃尾」 難読 尾籠・尾上・尾能 人名 すえ

-び【尾】(接尾)魚やえびなどを数える語。「鯛三―」

び【毘】 ビ・ヒ

(字義)①へそ。②助力する。「毘佐・毘翼」③併せる。④梵語の音訳字に用いる。「茶毘・毘沙門天・毘盧遮那」 人名 すけ・たる・てる・とも・のぶ・ひで・まさ・やす・よし

び【眉】 ビ㊖・ミ㊥ まゆ㊥

(字義)まゆ。まゆげ。「眉目・眉間・蛾眉・愁眉・柳眉」

び【美】 教3 ビ・ミ うつくしい

(字義)①うつくしい。㋐きれいである。「美人・華美・優美」↕醜 ㋑よい。りっぱな。「美談・美徳・善美」②おいしい。うまい。「美酒・美味」③ほめる。よいとする。「賛美・賞美」 難読 美味

い・美味しい・美人局・美濃・美作 人名 うま・うまし・きよし・とみ・はし・はる・ふみ・みつ・よ・よし・よしみ

び【美】 ①美しいこと。きれいなこと。「自然の—」↕醜 ②りっぱなこと。ほめるべきこと。「有終の—」

び【梶】 人 ビ かじ （字義）①こずえ。枝や幹の先。②かじのき。クワ科の落葉高木。③かじ。㋐船尾につけて進行方向を定める装置。㋑車のかじ棒。

び【備】 教5 ビ そなえる・そなわる （字義）①そなえる。㋐あらかじめ用意する。「備荒・備蓄・備忘・準備・予備」㋑そなえつける。「備品・設備」②そなわる。そろっている。「完備・才色兼備」③そなえ。用意。「軍備・警備・守備・装備・防備」④おぎなう。「備考」⑤つぶさに。ことごとく。⑥「吉備の国」の略。「備州・備前・備中・備後」 人名 そなう・たる・とも・なが・なり・のぶ・まさ・みな・よ・よし・より

び【琵】 人 ビ・ヒ （字義）「琵琶」は、東洋の弦楽器。

び【微】 ビ㊥・ミ かすか （字義）①かすか。はのか。ごくわずか。「微微・微量・機微・軽微」②小さい。細かい。弱い。「微細・微生物・極微・細微・精微」③卑しい。身分の低い。「微臣・微賤」④ひそかに。こっそりと。「微行・微服」⑤おとろえる。「式微・衰微」 難読 微風・微温湯・微温む・微笑む・微酔い・微睡む 人名 いや・なし・まれ・よし

び【微】 非常に細かいこと。きわめて小さいこと。

—に入り細を穿つ 非常に細かいところまで気を配る。

び【鼻】 教3 ビ㊥ はな （字義）①はな。「鼻音・鼻孔・鼻梁・尖鼻」②はじめ。「鼻祖」③器物のとって。つまみ。

ビア 〈beer〉→ビヤ

ひ-あい【悲哀】 悲しくあわれなこと。「人生の—を感じる」

ひ-あが・る【干上がる・◇乾上がる】（自五）ラ(ロ)・リ(ッ)・ル・ル・レ・レ ①すっかりかわく。水分がすっかりひく。「池が—」②貧しさのために生活ができなくなる。「あごが—（＝生活ができなくなる）」

ひ-あし【日足・日脚】 ①東から西へと空を移動する太陽の動き。また、その光。ひざし。②昼間の時間。「—がのびる」

ひ-あし【火足・火脚】 火の燃えひろがる速さ。火の回り。

ピアス 〈pierced earrings から〉耳たぶに穴をあけてつける耳飾り。 参考 pierce は突き刺して穴をあける意。

ひ-あそび【火遊び】 ①子供などが火をおもちゃにして遊ぶこと。②危険な遊び。特に、無分別な遊び半分の恋愛や情事。

ひ-あたり【日当〔た〕り・◇陽当〔た〕り】 日光が当たること。また、その当たり具合。「—のよい部屋」

ピアニシモ 〈イタリア pianissimo〉〘音〙楽曲の強弱を示す語。「できるだけ弱く」の意。ピアニッシモ。記号 *pp* ↕フォルティシモ

ピアニスト 〈pianist〉ピアノの演奏を専門とする音楽家。

ピアノ 〈イタリア piano〉〘音〙①鍵盤楽器の一つ。鍵盤を打つと、ハンマーが金属の弦をたたいて音を出す。洋琴。②楽曲の強弱を示す語。「弱く」の意。記号 *p* ↕フォルテ

—せん【—線】（ピアノの弦に用いることから）強度があり弾性に富む鋼の線。楽器の弦、ケーブルやコンクリート補強材、ばねなどに利用される。

ひ-あぶり【火△炙り・火△焙り】 昔、罪人を火で焼き殺した刑。火刑。「—の刑」

ヒアリング 〈hearing〉①→リスニング① ②聞き取り調査。公聴会。聴聞会。 参考 「ヒヤリング」ともいう。

ヒアルロン-さん【ヒアルロン酸】 〈hyaluron〉動物細胞に含まれる多糖類の一つ。粘性が高く、組織構造の維持・緩衝や細菌の侵入防止などに役立つ。

ひい-【◇曽】（接頭）（「ひ」をのばした語）→ひ（曽）

ひい【◇一】 ひとつ。「—、ふう、みい」

ひ-い【非違】 法にそむくこと。違法。「—をただす」

び-い【微意】 わずかな志。自分の気持ちの謙称。「—を表す」

ビー【B】 〈black の頭文字〉鉛筆の芯のやわらかさを示す符号。Bの数が多くなるほど芯はやわらかくなる。↕H（エッチ）

ピー-アール【PR】 〈public relations から〉（名・他スル）会社や公共団体などが、その活動や施策、また商品価値などを広く知らせるために行う広告・宣伝活動。「—誌」

ビー-エス【BS】 〈broadcasting satellite から〉→ほうそうえいせい

ピー-エス【PS】 〈ドイツ Pferdestärke から〉馬力。また、それを表す記号。

ピー-エス【P.S.】 〈postscript から〉追伸。二伸。

ビー-エス-イー【BSE】 〈bovine spongiform encephalopathy から〉〘医〙牛海綿状脳症。牛の脳が海綿状になる中枢神経疾患。行動異常などを起こして死に至る。通称、狂牛病。

ピー-エックス【PX】 〈post exchange から〉米軍の兵営内の売店。酒保。

ピー-エッチ【pH】〘化〙水素イオン濃度を示す指数。pH7 を中性とし、これより小さい場合は酸性、大きい場合はアルカリ性。ペーハー。

ピー-エッチ-エス【PHS】 〈personal handyphone system から〉簡易型携帯電話。屋内・屋外に多数設置された無線基地局に接続して通信する。

ビー-エッチ-シー【BHC】〘化〙〈benzene hexachloride から〉ベンゼンに塩素を作用させてつくる強力殺虫剤。動植物の体内に蓄積されやすく、現在は使用禁止。

ピー-エム【p.m.】 〈ラテン post meridiem から〉午後。↕a.m.

ピーエム-にてんご【PM2・5】 〈PMは particulate matter から〉大気中に漂う直径二・五マイクロメートル以下の粒子状物質。煤煙・粉塵・排気ガスなどから発生し、呼吸器系・循環器系に害を与える。微小粒子状物質。

ピー-エル-オー【PLO】 〈Palestine Liberation Organization から〉パレスチナ解放機構。イスラエルの支配に反対し、パレスチナ民族国家建設を目指す統一政治機構。

ピーエル-ほう【PL法】 ハフ 〈PLは product liability から〉製品の欠陥や取り扱い説明の不備などから利用者に損害が生じたとき、その損害賠償の責任を製造者が負うことを定めた法律。製造物責任法。一九九五（平成七）年施行。

ビーカー 〈beaker〉化学実験に使う円筒形のガラス容器。

ビーがた-かんえん【B型肝炎】〘医〙B型肝炎ウイルスによって起こる肝炎。血液や体液を介して感染することが多い。

ビーガン 〈vegan〉卵や乳製品なども含めた動物性食品を食べない完全菜食主義者。

ひいき【△贔△屓・△贔◇負】 ■一■（名・他スル）気に入ったものに特に目をかけて、便宜をはかること。特に好意をよせること。「—にしているチーム」「えこ—」■二■（名）特に力をそえてくれる人。後援者。パトロン。「—筋」 語源 漢語「贔屓」をのばしていったものとも、和語「引き」をのばしていったものともいわれる。

—の引き倒し ひいきするあまり、かえってその人に迷惑を

かけること。

―め【―目】 ひいきにするほうからの好意的な見方。「どう―に見ても君に勝ち目はない」

ビーきゅう【B級】 第二位の等級。また、一級ではないが、それなりのよさや味わいがあるもの。「―映画」「―グルメ」

ひ-いく【肥育】(名・他スル) 食肉用の家畜を短期間にふとらせるために、運動をさせず、良質の飼料を多く与えて育てること。

び-いく【美育】 音楽・美術など芸術の鑑賞・創造を通じて情操を養い、人格を高める目的で行う教育。

ピーク 〈peak〉 ①山の頂上。山頂。②いちばん盛んなとき。絶頂。最高潮。「帰省ラッシュが―を迎える」

ピー-ケー【P K】 〈penalty kick から〉→ペナルティーキック

ピー-ケー-オー【P K O】 〈Peacekeeping Operations から〉国連平和維持活動。紛争当事国の同意のもと、国連が部隊や人員を現地に派遣し、紛争の解決や停戦の監視・治安維持などに当たること。

ビーコン 〈beacon〉 ①航路・航空路の交通標識。②「ラジオビーコン」の略。

ビー-シー【B.C.】 〈before Christ から〉西暦紀元前。↕A.D.

ピー-シー【P C】 〈personal computer から〉→パーソナルコンピューター

ビー-ジー【B G】 〈和製英語 business girl から〉官庁や会社などの若い女性事務員。⇩オフィスレディー

ビー-ジー-エム【B G M】 〈background music から〉映画・テレビ・ラジオなどで背景に流す音楽。また、デパート・病院・職場などで、雰囲気をかもし出したり気分を和らげたりするために流す音楽。バックグラウンドミュージック。

ビー-シー-ジー【B C G】 〈フランス bacille de Calmette et Guérin から〉〘医〙牛の結核菌から製した結核予防ワクチン。参考「カルメット(Calmette)(フランスの細菌学者)とゲラン(Guérin)(フランスの医学者)が作り出した細菌」の意。

ピー-シー-ビー【P C B】 〈polychlorinated biphenyl から〉ポリ塩化ビフェニール。塗料・ノーカーボン紙などに広く使われたが、毒性が強く現在は製造・使用ともに禁止。

び-いしき【美意識】 美を美として感じる心の作用。美に関する意識。「日本人の―」

ひい-じじ【×曾祖父】 祖父母の父。↕曾祖母

ヒース 〈heath〉 イギリス北部などの平坦地の荒野。また、そこに生えるエリカなどの低木の総称。

ビーズ 〈beads〉 手芸品や婦人の服飾などに用いられる小さな飾り玉。糸を通す穴があり、多くはガラス製。南京玉。

ピース 〈peace〉 平和。講和。「―サイン」

ピース 〈piece〉 一片。一部分。一そろいのなかの一品。

ヒーター 〈heater〉 ①暖房装置。「ガス―」②電熱器。

ビー-だま【ビー玉】 (「ビー」はポルトガル語「ビードロ(=ガラス)」から)子供の遊び道具のガラス玉。

ピータン 〈中国 皮蛋〉 中国料理で、アヒルの卵を木灰・塩・泥などに漬けた食品。黄身は濃緑褐色、白身は半透明の褐色。

ビーチ 〈beach〉 海辺。浜。浜辺。「―サンダル」

―パラソル 〈和製英語〉 海水浴場などで立てて用いる大きな日傘。夏 参考 英語では beach umbrella という。

―バレー 〈beach volleyball から〉 砂浜に設けたコートで行う、二人制のバレーボール。

ピーチ 〈peach〉 桃。桃の実。

ひ-いちにち【日一日】 日を追うごとに物事が進行していくさま。日ごと。「―と寒さがやわらぐ」

ピー-ティー-エー【P T A】 〈Parent-Teacher Association から〉児童・生徒の教育効果を高めるため、父母と教師が学校単位に結成する組織。「―総会」

ピー-ディー-エー【P D A】 〈personal digital assistant から〉インターネット・メールの送受信などができる携帯型の情報機器。携帯情報端末。

ピー-ティー-エス-ディー【P T S D】 〈post-traumatic stress disorder から〉〘医〙戦争や大災害・事故など、異常なストレスにさらされたあとに発現し、継続的に生じる心身の障害。心的外傷後ストレス障害。

ひいて-は【◦延いては】(副) さらに進んで。意味をおしひろげて言うと。「クラスのため、―学校のためになることだ」

ひい・でる【秀でる】(自下一) ①非常にすぐれる。ぬきんでる。「一芸に―」②はっきりと目立つ。「―・でた眉」文ひい・づ(下二)

ビート 〈beat〉 ①〘音〙拍子。「フォー―」②水泳で、足で水を打つこと。ばた足。

―ばん【―板】 水泳で、ばた足の練習などに用いる合成樹脂製の板。両手でこれを持ち、足だけで進む。

ビート 〈beet〉→さとうだいこん

ヒート-アイランド 〈heat island〉 都市部の気温が周辺地域と比べて高くなる現象。エネルギー消費による人工熱の放出や舗装道路による太陽熱の蓄積などを原因とする。語源 等温線で表すと、都市部が島の形を描くことからいう。

ヒート-アップ 〈heat up〉(名・自スル) 熱気や興奮の度合いが高まること。白熱すること。「議論が―する」

ビードロ 〈ポルトガル vidro〉 ①「ガラス」の古い呼び名。夏 ②ガラス製のおもちゃ。息を吹くと音が鳴る。ぽぴん。ぽんぴん。

ビーナス 〈Venus〉 ①ローマ神話で、菜園の女神。のちギリシャ神話のアフロディテと同一視され、美と愛の女神とされた。②金星。参考「ヴィーナス」ともいう。

ピーナッツ 〈peanut〉 なんきんまめ。落花生。ピーナツ。おもに、実を煎って塩味をつけたものをいう。

ピー-は【P波】 〈primary wave(最初の波)から〉〘地質〙地震の際、最初に到達する縦波。波の進行方向に振動する。⇩S波

ビーバー 〈beaver〉〘動〙ビーバー科ビーバー属の哺乳動物の総称。水辺にすみ、木や枝をかじり倒してダムを作り、その中に巣を設ける。北米・ヨーロッパに分布。海狸。

ひい-ばば【×曾祖母】 祖父母の母。↕曾祖父

ビー-ばん【B判】 本・紙の仕上がり寸法の日本の標準規格の一系列。B0判は一四五六ミリメートル×一〇三〇ミリメートルの大きさで、半切ごとにB1、B2、B3、B4…B10と呼ぶ。⇩A判

ひい-ひい (副) ①子供などの泣き声を表す。「―(と)泣く」②苦痛に堪えかねて悲鳴を上げるさま。「猛特訓に―いう」

ぴい-ぴい 一(副) 笛の音や鳥などの鳴き声を表す。「ひよこが―(と)鳴く」二(副・自スル) 金がなくて困っているさま。貧乏なさま。「年中―している」

ピー-ピー-エム【p p m】 〈parts per million から〉一〇〇万分のいくつであるかを表す語。大気や河川などの汚れの度合いを表すときに用いる。百万分率。

ピー-ピー-ビー【p p b】 〈parts per billion から〉一〇億分のいくつであるかを表す語。濃度などを表すときに用いる。

ビーフ 〈beef〉 牛肉。「―シチュー」

―ステーキ 〈beefsteak〉 厚く切った牛肉を焼いた料

理。ビフテキ。ステーキ。テキ。

―ストロガノフ〈beef stroganoff〉牛肉をタマネギなどとバターで炒め、サワークリームで煮込んだロシア料理。

ビーフン〈中国 米粉〉中国料理に使用される、うるち米を原料とする麺。また、これを使った炒め料理。

ひい-まご【◦曽孫】孫の子。曽孫・ひまご。

ピーマン〈フランス piment〉〘植〙トウガラシの変種。ナス科。果実は大形で、辛みはなく食用。西洋とうがらし。秋

ビーム〈beam〉光線。光や粒子などの流れの束。

ピーラー〈peeler〉根菜類やくだものの皮むき器。

ひいらぎ【△柊】〘植〙モクセイ科の常緑小高木。雌雄異株。山地に自生。葉は対生し、縁に鋭い鋸歯がある。秋から初冬に白色の花を開く。生け垣や庭木用。(柊の花 冬)

ヒーリング〈healing〉ストレスなどで病んだ心を癒やすこと。癒やし。「―アート」「―ミュージック」

ヒール〈heel〉①踵。特に、靴の踵。「ハイ―」②(プロレスなどで)悪役。

ビール〈オランダ bier〉大麦の麦芽汁にホップを加えて苦みや香りをつけ、発酵させたアルコール飲料。ビア。ビヤ。夏 参考「×麦酒」とも書く。はじまり 明治初年、横浜で、アメリカ人コープランドなどの外国人がビール醸造所を開業したのが日本における本格的な製造の始まり。日本人としては、一八七二(明治五)年、大阪の豪商渋谷庄三郎が最初という。

ビールス〈ドイツ Virus〉→ウイルス

ひ-いれ【火入れ】㊀(名)たばこの火種を入れる小さい器。㊁(名・自スル)①酒・しょうゆなどの腐敗を防ぐために加熱すること。②溶鉱炉などが完成して、はじめて点火すること。「―式」③山野の土地を肥やすために、枯れ草などを焼くこと。野焼き。

ひ-いろ【△緋色】→ひ(緋)

ヒーロー〈hero〉①英雄。「時代の―」②小説・映画などの男性の主人公。↔ヒロイン ③スポーツの試合などで、はなばなしい活躍をした人。「―インタビュー」↔ヒロイン

ビーンボール〈米 beanball〉野球で、投手が打者を威嚇するために、故意に打者の頭付近をねらって投げるボール。

び-う【眉宇】まゆ。まゆのあたり。「―に決意をうかべる」

び-う【微雨】こさめ。小降りの雨。細雨。

ひ-うお【干魚・◦乾魚】ヒウヲ ― 魚のひもの。ひざかな。ほしうお。

ひ-うお【氷魚】ヒウヲ ― アユの稚魚。体長は二～三センチメートル程度で、半透明白色。琵琶湖産のものが有名。ひお。冬

ひ-うち【火打ち・△燧】火打ち石と火打ち金を打ち合わせて火を出すこと。また、その道具。

―いし【火打〔ち〕石】火打ち金と打ち合わせて火を出す石。多くは、石英の一種。

―がね【火打〔ち〕金】火打ち石と打ち合わせて発火させるのに用いる鋼鉄片。

ひ-うつり【火移り】火が燃えうつること。

ひ-うん【非運・否運】運が悪いこと。不運。↔幸運

ひ-うん【飛雲】空をとんでゆく雲。

ひ-うん【悲運】かなしい運命。ふしあわせ。「―に泣く」

ひえ【△稗】〘植〙イネ科の一年草。秋に穂を出し、種子は食用・飼料用。古来、飢饉のときの救荒作物とされた。秋

ひえ【冷え】①気温が下がり冷えること。また、その程度。②特に、腰から下が冷えること。また、その病気。

ひえいざん〔比叡山〕京都市の北東方、滋賀県との境にある山。最澄の開いた天台宗の総本山延暦寺がある。

ひ-えき【△裨益】(名・自他スル)補いや助けとなり、利益を与えること。役に立つこと。「社会に―する事業」

ひえ-こ・む【冷え込む】(自五) マ(モ)・ミ(ン)・ム・ム・メ・メ ①ひどく気温が下がって寒気が増す。「朝晩は―」②全身に寒さがしみこむ。「体の芯まで―」③活気や勢いがなくなる。「景気が―」

ひえ-しょう【冷え性】シヤウ ― 血液のめぐりが悪く、体が冷えやすい体質。特に、手先や下半身の冷える症状。

ひえ-びえ【冷え冷え】(副・自スル)①風や空気などが冷たいさま。②心の中がさびしく、空虚なさま。「―(と)した心」

ヒエラルキー〈ドイツ Hierarchie〉ピラミッド型の階層的な秩序・組織。元来はカトリック教会の位階制や中世ヨーロッパの身分秩序をいった。階層制。ヒエラルヒー。「官僚的―」

ひ・える【冷える】(自下一) エ・エ・エル・エル・エレ・エロ(エヨ) ①温度が下がって冷たくなる。「今夜はことに―」「―・えたビール」↔温まる ②熱意・興味・愛情などが衰える。「夫婦の仲が―」③景気や相場などの勢いが衰える。他 ひや・す(五) 文 ひ・ゆ(下二)

ピエロ〈フランス pierrot〉①サーカスなどに登場する、おどけた動作で人を笑わせる芸人。道化役者。また、その役。②(比喩的に)人前でもの笑いの種にされる人。道化者。「とんだ―だ」

ヒエログリフ〈hieroglyph〉古代エジプトの象形文字。

ひ-えん【飛△燕】飛んでいるつばめ。「―の早わざ」参考 つばめは非常にはやく飛ぶので、すばやい動作にたとえる。

び-えん【鼻炎】〘医〙鼻の粘膜の炎症。鼻カタル。

ビエンナーレ〈イタリア biennale 二年に一度の意〉隔年ごとに開かれる美術展覧会。参考 ベネチア国際ビエンナーレは有名。

ひ-お【氷◦魚】ヲ ― →ひうお(氷魚)

ひ-おい【日◦覆〔い〕】オヒ ― →ひおおい

ひ-おう【秘奥】アウ ― 物事の奥底。特に学問や技芸で、容易に達することのできない奥深いところ。「武術の―に迫る」

ひ-おうぎ【△檜扇】アフギ ― ①ヒノキの薄板をとじて作った扇。公卿が衣冠または直衣のとき笏にかえて用いた。②〘植〙アヤメ科の多年草。山野に自生。葉は平らで剣状をし扇形につく。実は黒く光沢があり、「ぬばたま」「うばたま」という。夏

ひ-おおい【日覆い】オホヒ ― 強い日ざしをさえぎるためにベランダ・店頭などをおおうもの。日よけ。ひおい。夏

ひ-おけ【火△桶】ヲケ ― 木製の円筒形の火ばち。冬

ビオトープ〈ドイツ Biotop〉動植物の生息空間。また、動植物が自然の状態で生息できるように整備された場所。

ひ-おどし【△緋△縅】ヲドシ ― よろいのおどしの色目の一種。緋色の革や組糸の緒を使って札をつづったもの。紅縅。

ひ-おもて【日面】日光の当たるほう。ひなた。

ビオラ〈イタリア viola〉〘音〙弦楽器の一つ。バイオリンに似ているが、それよりやや大形で、音は五度低い。ヴィオラ。

ビオロン〈フランス violon〉〘音〙バイオリン。ヴィオロン。

び-おん【美音】美しいねいろ。美声。妙音。

び-おん【微音】かすかな音。

び-おん【微温】ヲン ― ①なまぬるいこと。「―湯(=温度の低い湯)」②中途半端で徹底しないこと。

―てき【―的】(形動ダ) ダロ・ダッ(デ・ニ)・ダ・ナ・ナラ・○ やり方が中途半端で手ぬるいさま。徹底しないさま。「―な対策」

び-おん【鼻音】息を鼻に通して出す発音。鼻腔の共鳴を伴う有声子音。m・n・ŋなど。

ひ-か【皮下】皮膚の下層。「―脂肪」「―注射」

ひ-か【非家】その道、その職の専門家でないこと。また、その人や家柄。素人。門外漢。

ひ-か【悲歌】①悲しい調子の歌。哀歌。エレジー。②悲しみを歌うこと。「―慷慨」

ひが-【△僻】(接頭)(名詞に付いて)道理にはずれる、または事実に相違する意を表す。「―事」「―目」

ひ-が【彼我】 かれとわれ。相手方と自分方。「―の実力の差」

ひ-が【非我】〘哲〙自我に対する、外的世界・自然。↕自我

び-か【美化】(名・他スル) ①環境などを、美しく変えること。「町を―する」②実際よりも美しいものと考えたり表現したりすること。「現実を―してとらえる」

び-か【美果】 ①おいしいくだもの。②よい結果。

ひ-がい【被害】 危害・損害を受けること。また、その危害・損害。「―を受ける」「―状況」↕加害

―しゃ【―者】 危害・損害を受けた者。↕加害者

―もうそう【―妄想】 自分が他人から危害を加えられる、嫌がらせをされているなどと信じこむ妄想。

ぴか-いち【◦光一】《俗》(花札の用語から)多くの中で最もすぐれていること。また、そのもの。「仲間の中で―の腕前」参考 多く「ぴか一」「ピカ一」と書く。

ひかえ【控え】 ①順番や出番が来るのを、準備して待っていること。「―の間」②必要に備えて別に用意しておく物や人。「―の選手」③正式の書類とは別に、その内容を写してとっておくもの。「請求書の―」④のちのちのために書きつけておくこと。また、そのもの。「手帳の―を見る」

―しつ【控(え)室】 控えて待つための部屋。

―め【―目】(名・形動ダ) ①遠慮がちにすること。「―に話す」②量や程度などを少なめにすること。「食事の量を―にする」

―りきし【―力士】 土俵下で出番を待っている力士。

ひ-がえり【日帰り】(名・自スル) 出発したその日のうちに帰ること。「―旅行」

ひか・える【控える】 一(自下一) ①(自分の用のあるまで)ある場所にとどまって待つ。「別室に―・えている」②目立たないようにそばにいる。「父のうしろに―」③(時間的・空間的に)すぐ近くにある。「背後に山が―・えている」「試合が三日後に―・えている」二(他下一) ①度を越さないようにする。量や程度を少なめにする。「塩分を―」②行動に出るのをみあわせる。「発言を―」③おさえて動き出さないようにする。ひきとどめる。「そでを―」④のちのちのために書きとめる。「要点を―・えておく」⑤(時間的・空間的に)近くに身を置く。「式を明日に―」「背後に山を―」文ひか・ふ(下二)

ひが-おぼえ【△僻覚え】《古》事実と違っている記憶。

ひ-かがみ【△膕】 ひざのうしろのくぼみの部分。

ひ-かき【火△搔き】 ①火をかきだす道具。②→じゅうのう

ひ-がき【△檜垣】 ①ヒノキの薄い板を網代に編んで作った垣根。②衣服の模様の一つ。①の編み目をかたどったもの。

ひ-かく【比較】(名・他スル) 差異を見るために他のものと比べること。比べあわせること。「―検討する」「―にならない」

―きゅう【―級】〘文法〙西洋文法で、形容詞・副詞の語形変化の一つ。比較の対象と比べて性質や状態の程度がよりはなはだしいことを表す形。⇩原級・最上級

―てき【―的】(副) 他と比べて。一般の基準と比べて。わりあいに。「今日は―すいている」

ひ-かく【皮革】 ①生皮となめし革。②動物の皮を加工したものの総称。レザー。「―製品」

ひ-かく【非核】 核兵器の製造・保有・実験などを行わないこと。「―地帯」

―さんげんそく【―三原則】 核兵器を作らない、持たない、持ちこませない、という日本政府の基本方針。

び-がく【美学】 ①自然や芸術に現れた美の本質・原理などについて研究する学問。②(転じて)ある行為や物事に対するその人特有の美的感覚。「男の―」

ひ-かげ【日陰・日△蔭】 ①日光の当たらない所。かげ。「―にはいる」夏 ↕日向 ②「日陰者」の略。「―の身」

―の-かずら【―の◦葛】〘植〙ヒカゲノカズラ科の常緑性のシダ植物。山麓に自生。葉は線状披針形で、つる状の茎に密生する。胞子は石松子といい、丸薬の衣とする。

―もの【―者】 おおっぴらには世間に現れ出ることのできない境遇の人。「―として生きる」

ひ-かげ【日影】 ①日の光。②日あし。昼間の時間。

ひ-がけ【日掛(け)】 毎日一定額のお金を積み立てること。

ひ-かげん【火加減】 火の燃えぐあい。火力の強さ。

び-かご【美化語】 敬語の一つ。物事を上品・丁寧に述べようとするときの言葉や言い方。「お天気」「お水」「ご飯」など。

ひが-ごと【△僻事】 道理や事実に合わないこと。

ひ-がさ【日傘】 日光を遮るためにさす傘。パラソル。夏

ひ-がさ【△檜△笠】 ヒノキを薄くはいで作った網代笠。

ひかさ・れる【引かされる】(自下一) 気持ちがひきつけられる。ほだされる。「情に―」文ひかさ・る(下二)

ひがし【東】 ①方角の一つ。太陽の出る方角。②東風。③相撲で、土俵の正面から見て左のほう。また、縦書きの番付の向かって右側。西より格が上とされる。④関東。⑤〘仏〙東本願寺。浄土真宗大谷派本山。お東。(↕西)

―かぜ【―風】 東のほうから吹く風。東風。↕西風

―がわ【―側】 ①東に向いている部分。東にあたる部分。②欧米の資本主義諸国に対して、かつてのソ連や、東欧の社会主義諸国の総称。(↕西側)

―にほん【―日本】 日本の東半分。地質学的には糸魚川―静岡構造線と呼ばれる大断層より東の地域。ひがしにっぽん。↕西日本

―にほん-だいしんさい【―日本大震災】 二〇一一(平成二十三)年三月十一日に発生した東北地方太平洋沖地震およびそれに伴う津波による大規模な災害。震源地は三陸沖。

―はんきゅう【―半球】 地球の東側の半分。子午線の零度から東回りに東経一八〇度までの地域。ユーラシア・アフリカ・オーストラリアの各大陸がある。↕西半球

ひ-がし【干菓子・◦乾菓子】 乾いて水分の少ない和菓子。砂糖菓子・らくがんなど。↕生菓子

ひがしティモール【東ティモール】〈ポルトガル Timor-Leste〉インドネシアの東にあるティモール島の東半分を占める民主共和国。首都はディリ。

ひがしドイツ【東ドイツ】 旧ドイツ民主共和国のこと。東独。⇩ドイツ

ひか・す【引かす・×落籍す】(他五) 遊女・芸者などの借金を肩代わりして身請けする。落籍する。

ひ-かず【日数】 日にちの数。日数。「―を重ねる」

ひ-かぜい【非課税】 税金がかからないこと。「―所得(=法律で、課税の対象とならない所得)」

ピカソ〈Pablo Ruiz y Picasso〉(一八八一～一九七三) スペインの画家。ロートレックらの影響下に出発し、以後キュビスム・新古典主義・シュールレアリスムなどと取り組み、常に意欲的に新しい画風を開拓しつづけた。代表作に「ゲルニカ」など。

ひか-そしき【皮下組織】〘生〙脊椎動物の、皮膚の真皮の下にある疎性結合組織。脂肪組織に富んでいる。

ひ-がた【干潟】 遠浅の海岸で、潮が引いて現れた砂地。春

ピカタ〈イタリア piccata〉 薄切りの肉などに小麦粉ととき卵をつけて焼いた料理。「チキン―」

びか-ちょう【鼻下長】《俗》(鼻の下が長いという意から)好色で女性に甘いこと。また、そういう男。女好き。

ぴか-どん《俗》（「ぴか」は閃光せんこう、「どん」は爆発音を表して）原子爆弾の俗称。

ひがな-いちにち【日がな一日】 朝から晩まで。一日じゅう。「―釣り糸を垂れる」

ひ-がね【日金】 ①毎日少しずつ返す約束で借りる金。②毎日収入として入ってくる金。日銭ひぜに。

ひ-がのこ【緋鹿の子】 緋色ひいろの鹿かの子絞り。

ぴか-ぴか 一（副・自スル）断続的に光り輝くさま。「―（と）またたく星」二（形動ダ）ダロ・ダッ(デ・ニ)・ダ・ナ・ナラ・〇 つやがあって光り輝くさま。真新しくて光り輝くさま。「―の新車」

ひがひが・し【僻僻し】（形シク）《古》①ひねくれている。もののわきまえがない。②みっともない。気がひける。③変だ。

ひがみ-こんじょう【僻み根性】 ―コンジヤウ 物事を素直に考えない、ひねくれた性質。ひがんだ心。

ひが-みみ【僻耳】 聞きまちがえること。聞きそこない。また、思いすごし。「老いの―」

ひが・む【僻む】（自五）マ(モ)・ミ(ン)・ム・ム・メ・メ 物事を素直に考えず、自分だけ不利であるとひねくれて思いこむ。「分け前が少ないと―」

ひが-め【僻目】 ①見そこない。見まちがい。②斜視。③片寄った見方で判断すること。偏見。「そう思うのは君の―だ」

ひが-もの【僻者】 心がねじけている人。変人。ひねくれ者。

ひ-がら【日柄】 その日の縁起のよしあし。その日の吉凶。「本日はお―もよく」

ひから・す【光らす】（他五）サ(ソ)・シ・ス・ス・セ・セ 光るようにする。光らせる。「目を―（=よく監視する）」自ひか・る（五）

ひ-から・びる【干涸〔ら〕びる・乾涸〔ら〕びる】（自上一）ビ・ビ・ビル・ビル・ビレ・ビロ(ビヨ) ①すっかり水分がなくなりかさかさになる。「みかんが―」②生気やうるおいがなくなる。「―びて古臭い表現」文ひから・ぶ（上二）

ひかり【光】 ①《物》視覚を刺激し、目に明るさを感じさせる物理的現象。太陽・星・電球などから出る電磁波の一種で、真空中では毎秒約三〇万キロメートルの速さをもつ。可視光線。②美しい色。つや。③希望。「―あふれる門出」④威光。「親の―は七光」⑤栄誉。「家名に―をそえる」

―ごけ【―苔】《植》ヒカリゴケ科の蘚類せんるい。深山の岩の間や洞窟などに生え、光線が反射して金色に光って見える。

―つうしん【―通信】 電気信号を光信号に変えて、光ファイバーで送る通信方法。

―ディスク データの読み出しと書き込みに、レーザー光を利用する情報記憶媒体。CD、DVDなど。

―ファイバー 電気信号を光信号に変えて送るための、プラスチックやガラス繊維などでつくられたケーブル。

―もの【―物】 ①光り輝く物。②金貨・銀貨。③《俗》廃品回収業などで、金属類。特に、銅・真鍮しんちゅう・鉛など。④《俗》すしで、コハダ・サバ・アジなど、青白く光る魚の類。

ぴかり-と（副）一瞬、するどく光るさま。「―稲妻が走る」

ひか・る【光る】（自五）ラ(ロ)・リ(ッ)・ル・ル・レ・レ ①光を放って、または、光を反射して明るく輝く。「夜空に―星」「ダイヤモンドが―」②つやがある。「磨き上げて―床ゆか」③（才能・人物などが）いちだんと目立つ。「演技が―」④（「目がひかる」の形で）きびしく監視する。「親の目が―」他ひから・す（五）

ピカレスク-しょうせつ【ピカレスク小説】 ―セウセツ《文》悪漢を主人公にした一種の冒険小説。一六―一七世紀のヨーロッパ、特にスペインで流行。悪漢小説。語源ピカレスクは悪漢を意味するスペイン語のpicaroからきた語。

ひかれ-もの【引かれ者】 刑場へ連れていかれる罪人。

―の小唄こうた（刑場へ連れていかれる罪人が、平気を装って小唄などを口ずさむことから）負けおしみで強がりを言うたとえ。

ひか・れる【引かれる・惹かれる】（自下一）レ・レ・レル・レル・レレ・レロ(レヨ) ひきよせられる。魅せられる。「情に―」「彼に―」

ひ-がわり【日替〔わ〕り】 ―ガハリ 毎日、違うものに替わること。「―定食」

ひ-かん【悲観】 ―クワン（名・自他スル）①物事が思うようにならず将来への希望や期待を失うこと。「前途を―する」②この世を苦しみや悪ばかりだと否定的に見ること。「―論」（↔楽観）

―てき【―的】（形動ダ）ダロ・ダッ(デ・ニ)・ダ・ナ・ナラ・〇 望みを失っているさま。失望せざるをえないさま。「―な見方が強い」↔楽観的

ひ-かん【避寒】（名・自スル）冬の寒さをさけて、一時暖かい土地ですごすこと。「―地」冬 ↔避暑

ひ-がん【彼岸】 ①《仏》（彼かの岸の意）煩悩ぼんのうを超越した悟りの境地。涅槃ねはん。↔此岸しがん ②春分・秋分の日を中日ちゅうにちとする前後七日間。「暑さ寒さも―まで」春 ③「彼岸会ひがんえ」の略。

―え【―会】 ェ《仏》彼岸の七日間に行う仏事。春

―ざくら【―桜】《植》サクラの一種。春の彼岸ごろに淡紅色の花を開く。観賞用に栽培、また山地に自生。春

―ばな【―花・×石蒜】《植》ヒガンバナ科の多年草。野原などに群生。秋の彼岸のころ長い花茎の頂に紅い花を開く。鱗茎りんけいは有毒だが、民間では薬用にする。曼珠沙華まんじゅしゃげ。秋

ひ-がん【悲願】 ―グワン ①ぜひとも成しとげたいと思っている願い。「―を達成する」②《仏》仏が衆生しゅじょうを救おうとしてたてた誓願。慈悲の本願。「弥陀みだの―」

び-かん【美感】 ものの美しさに対する感じ。美的な感覚。

び-かん【美観】 ―クワン 美しいながめ。美景。「―をそこねる」

び-かん【微官】 ―クワン ①地位の低い官職。また、その職にある人。↔顕官 ②役人が自分をさしていう謙称。卑官。

び-がん【美顔】 ①美しい顔。②顔を美しくすること。

―じゅつ【―術】 顔の皮膚の健康や美しさを保つために行うマッサージやパックなどの美容術。

ひ-かんざくら【緋寒桜】《植》サクラの一種。一―三月、濃い紅色の五弁花が下向きで半開状に咲く。緋桜ひざくら。冬

ひき-【引き】（接頭）（動詞に付いて）意味を強める語。「―比べる」「―据える」

ひき【引き】 ①ひくこと。また、その力。「魚の―が強い」②特別に目をかけて便宜をはかること。引き立て。ひいき。「部長の―で昇進する」③縁故。てづる。「先輩の―で就職する」④カメラを後ろに下げて撮影すること。「―で撮る」

-ひき【匹・疋】（接尾）①獣・虫・魚などを数える語。「猫二―」②反物たんもの二反を単位として数える語。一匹の長さは時代によって異なり、二〇メートル前後。「絹一〇―」③昔の、お金の単位。古くは一〇文を、のちには二五文を一匹とした。

ひき【蟇】 →ひきがえる

ひ-き【秘記】 秘密の記録。秘録。

ひ-き【悲喜】 かなしみとよろこび。哀歓。「―こもごも」

ひ-ぎ【非議・誹議】（名・他スル）そしること。非難すること。

ひ-ぎ【秘技】 他の人にはまねのできない秘密のわざ。

ひ-ぎ【秘儀】 秘密に行う儀式。

び-き【美姫】 美しい女性。美人。

び-ぎ【美妓】 美しい芸妓げいぎ。

び-ぎ【美技】 みごとなわざ。すばらしい演技。ファインプレー。

ひき-あい【引〔き〕合い】 ―アヒ ①引き合うこと。②《経》取り引き。また、取り引き条件の問い合わせ。「海外から―がある」③例に引くこと。引例。「―に出す」

ひき-あ・う【引〔き〕合う】 ―アフ（自五）ワ(オ)・イ(ッ)・ウ・ウ・エ・エ ①たがいに引く。「綱を―」②骨折ったかいがある。利益がある。わりにあ

う。「ー・わない仕事はしない」

ひき-あけ【引〔き〕明け】夜が明けるとき。明け方。

ひき-あげ【引〔き〕上げ・引〔き〕揚げ】引き上げること。

――しゃ【引〔き〕揚げ者・引揚者】故国に帰ってきた人。特に、第二次世界大戦後、外地から帰ってきた人。

ひき-あ・げる【引〔き〕上げる・引〔き〕揚げる】ゲ・ゲ・ゲル・ゲル・ゲレ・ゲロ(ゲヨ) ■(他下一)①引いて上に上げる。「沈没船をー」②派遣した人や差し出した物をもとの所へもどす。「出向社員を本社にー」「資本をー」③選んでよい地位や役職などにつける。登用する。「次長にー」↔引き下げる ④値段などを高くする。「税率をー」↔引き下げる ■(自下一)出向いていた場所からもとの所へ帰る。「外地からー」文ひきあ・ぐ(下二)

ひき-あし【引〔き〕足】①うしろにさがるときの足の動き。②足を引きずって歩くこと。

ひき-あて【引〔き〕当て】①抵当。担保。かた。②「引き当て金」の略。

――きん【ー金】《商》企業会計で、損失や支出の金額がある程度予測されるとき、それに備えて用意しておく一定の金額。

ひき-あ・てる【引〔き〕当てる】(他下一) テ・テ・テル・テル・テレ・テロ(テヨ) ①あてはめる。引き比べる。「わが身にー・てて考える」②くじを引いて賞金・賞品を当てる。「特賞をー」文ひきあ・つ(下二)

ひき-あみ【引〔き〕網・△曳〔き〕網】海岸または船上に引きあげて魚をとる網。地引き網・底引き網など。

ひき-あわ・す【引き合〔わ〕す・引合す】アハス (他五) サ(ソ)・シ・ス・ス・セ・セ →ひきあわせる

ひき-あわせ【引き合〔わ〕せ・引合せ】アハセ ①引き合わせること。紹介すること。「神のおー」②照合すること。③よろいの右わきで前とうしろとを引きしめ、合わせる所。

ひき-あわ・せる【引き合〔わ〕せる・引合せる】アハセル (他下一) セ・セ・セル・セル・セレ・セロ(セヨ) ①引き寄せて合わせる。「襟元(えりもと)をー」②引き比べる。照合する。「原稿と校正刷りをー」③とりもって会わせる。紹介する。「二人をー」文ひきあは・す(下二)

ひき・いる【率いる】ヒキヰル (他上一) イ・イ・イル・イル・イレ・イロ(イヨ) ①引き連れていく。引率する。「生徒をー・いて山に登る」②上に立って、行動や進退をさしずする。統率する。「大軍をー」

ひき-い・れる【引〔き〕入れる】(他下一) レ・レ・レル・レル・レレ・レロ(レヨ) ①引いて来て中に入れる。「馬を柵(さく)の中にー」②仲間に誘いこむ。「味方にー」文ひきい・る(下二)

ひき-う・ける【引〔き〕受ける】(他下一) ケ・ケ・ケル・ケル・ケレ・ケロ(ケヨ) ①仕事などを責任をもって受け持つことを承知する。「役員をー」②保証する。「身元をー」文ひきう・く(下二)

ひき-うす【△碾〔き〕臼・△挽〔き〕臼】二個の円筒形の石を、接触面に溝を刻んで上下に重ね、上の石の穴から上下の石の間に穀物を落とし、上の石を回して穀物を粉にする道具。

ひき-うた【引〔き〕歌】有名な古歌の一部、または全部を自分の和歌や文章に引き入れて表現すること。また、その古歌。

ひき-うつし【引〔き〕写し】他人の文章や絵をそっくり写すこと。敷き写し。

ひき-うつ・す【引〔き〕写す】(他五) サ(ソ)・シ・ス・ス・セ・セ 他人の文章や絵などを、そっくりそのまま書き写す。また、そっくりまねる。

ひき-うつ・る【引〔き〕移る】(自五) ラ(ロ)・リ(ッ)・ル・ル・レ・レ 他の場所へ引っ越す。移転する。「事務所ごとー」

ひき-おこ・す【引き起〔こ〕す・引起す】(他五) サ(ソ)・シ・ス・ス・セ・セ ①倒れたものを引っぱって起こす。②事件などを起こす。しでかす。「大事件をー」参考②は「△惹き起こす」とも書く。

ひき-おとし【引き落〔と〕し・引落し】①引き落とすこと。②相撲で、相手の突き手をかわし手前に引いて倒す技。

ひき-おと・す【引き落〔と〕す・引落す】(他五) サ(ソ)・シ・ス・ス・セ・セ ①手前に引いて落とす。特に、相撲で引き落としの技をかける。②料金やローンの代金などを、支払人の口座から差し引いて受取人の口座へ送金する。「電気料金をー」

ひき-おろ・す【引〔き〕下ろす】(他五) サ(ソ)・シ・ス・ス・セ・セ 物や人を引っぱっておろす。「旗をー」「社長の座からー」

ひき-かえ【引〔き〕換え・引換・引〔き〕替え・引替】カヘ 交換すること。「現金とーに品物を渡す」

ひき-かえし【引〔き〕返し】カヘシ ①引き返すこと。②《服》女性の盛装用の和服で、すそまわしに表と同じ布を使うこと。また、そのような仕立て。ひっかえし。③歌舞伎(かぶき)で、一幕の演技のうちにいったん幕を引いて道具立てを変え、またすぐに幕を開けて続きを演じること。

ひき-かえ・す【引〔き〕返す】カヘス (自五) サ(ソ)・シ・ス・ス・セ・セ 元の所へもどる。ひっかえす。「忘れ物をとりに家へー」

ひき-か・える【引〔き〕換える・引〔き〕替える】カヘル (他下一) エ・エ・エル・エル・エレ・エロ(エヨ) ①とりかえる。交換する。「景品とー」②(「…に引きかえ」の形で)…に反して。…とがらりと変わって。「昨日にー・え、今日はやけに暖かい」文ひきか・ふ(下二)

ひき-がえる【△蟇・△蛙・△蟾△蜍】ガヘル 《動》①ヒキガエル科のニホンヒキガエル。大形、暗褐色や黄褐色で、背面にいぼ状の突起がある。皮膚に毒腺があり、有毒成分は強心剤ともなる。がま。ひき。いぼがえる。夏 ②ヒキガエル科のカエルの総称。

ひき-がし【引〔き〕菓子】グワシ 祝儀(しゅうぎ)・仏事などに引き出物として配る菓子。

ひき-がたり【弾き語り】(名・他スル)①自分で三味線(しゃみせん)をひきながら、浄瑠璃(じょうるり)を語ること。②ピアノやギターをひきながら、歌を歌うこと。

ひき-がね【引〔き〕金】①ピストルや小銃などについている、指で引いて弾丸を発射するための装置。「ーを引く」②物事を起こすきっかけ。「反対運動のーとなったいたましい事件」

ひき-ぎわ【引き際】ギハ 現在の地位や立場から退く時。また、その退き方。「人間はーがたいせつだ」「あざやかなー」

ひき-く【引〔き〕句】①説明のために他から引用する成句・俳句など。②平家琵琶(びわ)で、節をつけて歌う部分。

ひき-ぐ・す【引〔き〕具す】(他サ変)《古》引き連れる。ともなう。たずさえる。

ひき-くら・べる【引〔き〕比べる】(他下一) ベ・ベ・ベル・ベル・ベレ・ベロ(ベヨ) 優劣・異同などを比較するために、他のものと照らし合わせる。「わが身にー・べて考える」文ひきくら・ぶ(下二)

ひ-きげき【悲喜劇】①悲劇と喜劇の要素がまざっている劇。②悲しいこととうれしいこと。また、それらが同時に起こること。

ひき-こ【△挽〔き〕子】車引き。人力車夫。

ひきこみ-せん【引〔き〕込み線・引込線】①配電幹線から分けて屋内に引き入れた電線。②操車場や工場などに本線から分けて引き入れた鉄道線路。参考「ひっこみせん」ともいう。

ひき-こ・む【引〔き〕込む】マ(モ)・ミ(ン)・ム・ム・メ・メ ■(他五)①引いて中に入れる。「ガス管をー」②仲間にさそいこむ。「味方にー」③人の心を引きよせる。「話にー・まれる」④ ■(自五)→ひっこむ ひどくかぜをひく。

ひき-こもり【引き籠〔も〕り】長期間にわたって家の中にとじこもり、他人との交際や社会的な活動を避けること。

ひき-こも・る【引き籠〔も〕る・引籠る】(自五) ラ(ロ)・リ(ッ)・ル・ル・レ・レ ①とじこもる。「家にー」②退いてひっそりと暮らす。「田舎(いなか)にー」

ひき-ころ・す【△轢き殺す】(他五) サ(ソ)・シ・ス・ス・セ・セ 車などでひいて殺す。

ひき-さが・る【引〔き〕下がる】(自五) ラ(ロ)・リ(ッ)・ル・ル・レ・レ ①ある場所から去る。「客の前から―」②自分の主張をひっこめる。「やりこめられて―」③仕事などから退く。「役員から―」

ひき-さ・く【引〔き〕裂く】(他五) カ(コ)・キ(イ)・ク・ク・ケ・ケ ①強く引っぱって裂く。「布を―」②仲のいい者どうしをむりに離れさせる。「二人の仲を―」

ひき-さ・げる【引〔き〕下げる】(他下一) ゲ・ゲ・ゲル・ゲル・ゲレ・ゲロ(ゲヨ) ①値段などを安くする。「運賃を―」↔引き上げる ②地位・階級などを低くする。「役を―」↔引き上げる ③とりさげる。「提案を―」④位置を後方や下へさげる。文ひきさ・ぐ(下二)

ひき-さ・る【引〔き〕去る】(他五) ラ(ロ)・リ(ッ)・ル・ル・レ・レ ①引っぱって連れていく。②もとになる数から、ある数を減らす。減じる。

ひき-ざん【引〔き〕算】〔数〕ある数から他の数を引いて、その差を求める計算。減法。↔足し算

ひき-しお【引〔き〕潮】―(一日二回ずつ)海水がしだいに沖の方へ引いていき、海面が低くなること。また、その海水の流れ。下げ潮。落ち潮。干潮。↔満ち潮・上げ潮

ひき-しぼ・る【引〔き〕絞る】(他五) ラ(ロ)・リ(ッ)・ル・ル・レ・レ ①弓に矢をつがえて十分に引く。「十分に―・って射る」②声をむりに出す。「声を―・って叫ぶ」③強くしぼる。「ぞうきんを―」

ひき-しま・る【引き締〔ま〕る・引締る】(自五) ラ(ロ)・リ(ッ)・ル・ル・レ・レ ①堅く締まる。「―・った体」②心身が緊張する。「身が―思い」③相場が上がる。他ひきし・める(下一)

ひき-し・める【引〔き〕締める】(他下一) メ・メ・メル・メル・メレ・メロ(メヨ) ①引っぱって強く締める。「手綱を―」②緊張させる。「気を―」③むだな出費のないようにする。「財政を―」自ひきしま・る(五) 文ひきし・む(下二)

ひぎ-しゃ【被疑者】〔法〕犯罪の疑いを受けて、まだ起訴されていない者。容疑者。参考 起訴された者は「被告人」という。

ひき-ずみ【引〔き〕墨】①手紙の封じ目に墨を引くこと。また、その墨。②まゆをそったあとに墨を引くこと。また、その墨。

ひき-ずり【引〔き〕^△摺り】①ひきずること。②《俗》(遊女などがすそをひきずるように着物を着ていたことから)身なりばかり装って仕事をしない女。おひきずり。

ひきずり-おろ・す【引〔き〕^△摺り下ろす】(他五) サ(ソ)・シ・ス・ス・セ・セ ①強く引っぱっておろす。「馬から―」②上位にいる者を、強引にその地位から退かせる。「トップの座から―」

ひきずり-こ・む【引〔き〕^△摺り込む】(他五) マ(モ)・ミ(ン)・ム・ム・メ・メ ①ひきずってむりに内へ入れる。「車に―」↔引きずり出す ②むりに仲間に誘いこむ。「悪の道に―」

ひきずり-だ・す【引〔き〕^△摺り出す】(他五) サ(ソ)・シ・ス・ス・セ・セ ひきずって外に出す。むりに出す。「表に―」↔引きずり込む

ひきずり-まわ・す【引〔き〕^△摺り回す】―(他五) サ(ソ)・シ・ス・ス・セ・セ ①ひきずったままあちこち動かす。②あちこち連れていって歩き回らせる。「東京見物に一日中―」

ひき-ず・る【引〔き〕^△摺る】(他五) ラ(ロ)・リ(ッ)・ル・ル・レ・レ ①地面をすって引いてゆく。「浴衣のすそを―」「足を―」②むりに引っぱって行く。「泥棒を警察まで―・って行く」③過去の体験で得た考えや思い出などをずっと断ち切れないでいる。「まだ彼女への思いを―・っている」④長びかせる。延ばす。「交渉を―」

ひき-ぞめ【弾き初め】①新年になって初めて琴などの楽器をひくこと。おひきぞめ。新年 ②新しい楽器を初めてひくこと。

ひき-た【引◦板】鳴子。ひた。秋 語源「ひきいた」の転。

ひき-だし【引〔き〕出し】①引き出すこと。「預金の―」②机やたんすなどに物を入れるようにとりつけた、抜き差しのできる箱。参考 ②は「◦抽出し」「◦抽◦斗」とも書く。

ひき-だ・す【引〔き〕出す】(他五) サ(ソ)・シ・ス・ス・セ・セ ①中のものを引っぱって外に出す。「本棚から本を―」②資金を出させる。また、預金をおろす。「後援者から資金を―」③ひそんでいる力などを発揮させるようにする。「可能性を―」

ひき-た・つ【引〔き〕立つ】(自五) タ(ト)・チ(ッ)・ツ・ツ・テ・テ ①一段とよく見える。「脇役の好演で主役が―」②気力や勢いなどが盛んになる。「会場の空気が―」他ひきた・てる(下一)

ひき-たて【引〔き〕立て】引き立てること。特に目をかけること。商人や芸能人をひいきにすること。「よろしくお―のほどを」

―**やく**【―役】他の人を目立つようにさせる役目。また、その人や物。「―に回る」

ひき-た・てる【引〔き〕立てる】(他下一) テ・テ・テル・テル・テレ・テロ(テヨ) ①気持ちに張りを出させる。はげます。「気を―」②一段とよく見えるようにする。「絵が部屋を―」③むりに引っぱって連れてゆく。ひったてる。「犯人を―」④特に目をかけて重く用いる。「後輩を―」⑤引いて閉める。「障子を―」自ひきた・つ(五) 文ひきた・つ(下二)

ひき-ちゃ【^△碾〔き〕茶・^△挽〔き〕茶】茶うすでひいて粉にした上等の茶。抹茶。

ひき-つぎ【引〔き〕継ぎ】①あとを受け継ぐこと。「仕事の―」②申し送り。「―事項」

ひき-つ・ぐ【引〔き〕継ぐ】(他五) ガ(ゴ)・ギ(イ)・グ・グ・ゲ・ゲ あとを受け継ぐ。また、受け継ぐ人に申し送る。「伝統を―」「事務を―」

ひき-つけ【引〔き〕付け】①引きつけること。②相撲や柔道で、組んだ相手を自分の体に十分に引き寄せること。「―が強い」③(特に幼児の)けいれん。「―を起こす」

ひき-つ・ける【引〔き〕付ける】ケ・ケ・ケル・ケル・ケレ・ケロ(ケヨ) ■一(自下一)(特に幼児が)けいれんを起こす。■二(他下一)①そばへ引き寄せる。「磁石が鉄を―」②相撲や柔道で、組んだ相手を自分の体に十分に引き寄せる。「両まわしを―・けて寄る」③人の心を強くとらえる。魅了する。「女性の心を―」文ひきつ・く(下二) 参考 ③は「^△惹き付ける」とも書く。

ひき-つづき【引〔き〕続き】■一(名)前から続いていること。■二(副)すぐそれに続いて。続けざまに。「―会議を行います」

ひき-つづ・く【引〔き〕続く】(自五) カ(コ)・キ(イ)・ク・ク・ケ・ケ ①前からそのまま続く。「―混乱」②ある物事のあとに他の物事が続く。「総会に―・いて懇親会を行う」

ひき-づな【引〔き〕綱・^△曳〔き〕綱】物につけて引っぱる綱。特に、舟を引いて動かす綱。

ひき-つり【引き^△攣り】①けいれん。②やけどなどの跡の皮膚がちぢれて、引きつった状態になること。ひっつり。ひっつれ。

ひき-つ・る【引き^△攣る】(自五) ラ(ロ)・リ(ッ)・ル・ル・レ・レ ①筋などがつる。けいれんする。「足が―」②やけどなどのため、皮膚がちぢれたり引っぱられたりしたようになる。③硬直してこわばる。「顔が―」

ひき-つ・れる【引き^△攣れる】(自下一) レ・レ・レル・レル・レレ・レロ(レヨ) →ひきつる

ひき-つ・れる【引〔き〕連れる】(他下一) レ・レ・レル・レル・レレ・レロ(レヨ) うしろにしたがえる。連れて行く。「子分を―」文ひきつ・る(下二)

ひき-て【引〔き〕手】①戸・ふすまなどを開け閉めするときに、手をかける所。また、その金具や緒。②引っぱる人。「車の―」

ひき-て【弾き手】琴・三味線・ピアノなど、弦楽器や鍵盤楽器を演奏する人。また、その演奏が上手な人。

ひきで-もの【引〔き〕出物】宴会などで、主人から客に出す贈り物。引き物。「結婚式の―」語源 古く、庭に引き出した馬を客に贈ったことから。

ひき-ど【引〔き〕戸】みぞにはめて左右に開閉する戸。やりど。

ひき-どき【引き時】その場から身を引くのにちょうどよい時期。引退の時期。「身の―」

ひき-と・める【引〔き〕留める・引〔き〕止める】(他下一)メ・メ・メル・メル・メレ・メロ(メヨ) 引きとどめる。制止する。去って行こうとするものをとどまらせる。「客を—」文ひきと・む(下二)

ひき-とり【引〔き〕取り】 引き取ること。「—手」

ひき-と・る【引〔き〕取る】ラ(ロ)・リ(ッ)・ル・ル・レ・レ 一(自五) その場から退く。引きあげる。「どうかお—・り下さい」二(他五) ①自分のもとに受け取る。引き受けて手もとに置く。「不良品を—」「身柄を—」②人の話を途中で引き受けて続きを話す。「話を—・って続ける」③(「息を引き取る」の形で)息が絶える。死ぬ。

ビギナー〈beginner〉初心者。

ビギナーズ-ラック〈beginner's luck〉ゲームや賭け事などで、初心者が時折思わぬ好結果をおさめること。

ビキニ〈bikini〉女性用水着で、胸と腰の部分をわずかにおおうセパレーツ型のもの。「—スタイル」語源 発表当時、衝撃的なスタイルを、太平洋中西部のビキニ環礁で行われた原爆実験になぞらえたもの。

ひき-にく【挽〔き〕肉】 器械で細かくひいた肉。ミンチ。

ひき-にげ【轢〔き〕逃げ】(名・自スル) 自動車などで人をひいてそのまま逃げること。「—事件」

ひき-ぬき【引〔き〕抜き】 ①引き抜くこと。また、引き抜いたもの。特に、他の組織に属する人材を、自分のほうに引き入れること。「選手の—」②芝居で、上に着た衣装にしかけた糸をすばやく抜きとり、下に着こんだ衣装に変わること。

ひき-ぬ・く【引〔き〕抜く】(他五)カ(コ)・キ(イ)・ク・ク・ケ・ケ ①引っぱって抜く。「畑の大根を—」②他の組織に属している者に働きかけて自分の組織に引き入れる。「ライバル企業の社員を—」

ひき-の・ける【引き◇退ける】(他下一)ケ・ケ・ケル・ケル・ケレ・ケロ(ケヨ) ①引っぱって取り去る。「覆いを—」②引き離す。遠ざける。「左右に二人を—」文ひきの・く(下二)

ひき-のば・す【引き伸〔ば〕す・引伸す】(他五)サ(ソ)・シ・ス・ス・セ・セ ①引っぱって長くしたり大きくしたりする。「ゴムひもを—」②写真を拡大複写する。「四つ切り判に—」

ひき-のば・す【引き延〔ば〕す・引延す】(他五)サ(ソ)・シ・ス・ス・セ・セ 期限や時間などを遅らせる。長引かせる。「決定を—」

ひき-はが・す【引〔き〕剝がす】(他五)サ(ソ)・シ・ス・ス・セ・セ くっついているものを引っぱってはがす。「壁にはられたびらを—」

ひき-はな・す【引〔き〕離す】(他五)サ(ソ)・シ・ス・ス・セ・セ ①引っぱって離す。むりに離す。「親子が—・される」②あとに続くものとの間隔をどんどんあけていく。「二位以下を大きく—」

ひき-はら・う【引〔き〕払う】ハラフ (自五)ワ(オ)・イ(ッ)・ウ・ウ・エ・エ 荷物などをすべてまとめて、その場をたちのく。「下宿を—」

ひき-ふだ【引〔き〕札】 ①商品の売り出し、開店の披露などを書いた広告。ちらし。びら。②くじ引きの札。

ひき-ふね【引〔き〕船・曳〔き〕船】 ①船を引いていくこと。また、その船。②歌舞伎劇場の客席で、舞台正面の二階に張りだした桟敷。

ひき-まく【引〔き〕幕】 舞台で、左右へ引いて開閉する幕。

ひき-まど【引〔き〕窓】 屋根の勾配に沿って取りつけられた、綱を引いて開閉する窓。

ひき-まゆ【引〔き〕眉】 まゆずみで描いたまゆ。つくりまゆ。

ひき-まわし【引〔き〕回し・引〔き〕廻し】マハシ ①引っぱりまわすこと。②めんどうをみながら指導すること。「よろしくお—のほどを」③江戸時代、死刑囚をしばったまま馬にのせて、市中を引いて歩いて、公衆の目にさらしたこと。「市中—」

ひき-まわ・す【引〔き〕回す・引〔き〕廻す】マハス (他五)サ(ソ)・シ・ス・ス・セ・セ ①引っぱりまわす。②あちこち連れて歩く。「名所旧跡を—」③目をかけて指導する。④江戸時代、「引き回し③」の刑に処する。⑤周囲に張りめぐらす。「幕を—」

ひきめ-かぎはな【引〔き〕目鉤鼻】 平安時代の絵巻物などにみられる、王朝風男女の顔の描写法。目は横に一線を引き、鼻はかぎのように「く」の字に描くもの。

ひき-も-きらず【引きも切らず】(副) 途切れることのないさま。ひっきりなしに。たえまなく。「—訪れる客」

ひき-もど・す【引〔き〕戻す】(他五)サ(ソ)・シ・ス・ス・セ・セ 引っぱるようにして元にもどす。むりにもどす。「流れを—」「親もとに—」

ひき-もの【引〔き〕物】 ①引き出物。②カーテンや幕など、部屋などの仕切りとする布。

ひ-きゃく【飛脚】 ①昔、急報を遠地に届けるために出した使い。②江戸時代、手紙・金銭などの配達を職業とした人。

ひ-ぎゃく【被虐】 他人から残虐な扱いを受けること。いじめ苦しめられること。「—趣味」↔加虐

ひ-きゅう【飛球】キウ 野球で、高く打ちあげられた球。フライ。

び-きょ【美挙】 りっぱな行い。善行。

ひ-きょう【比況】キャウ ①くらべてたとえること。②《文法》動作・状態を他と比較し、たとえていう言い方。助動詞「ようだ」(口語)、「ごとし」(文語)を付けて表す。

ひ-きょう【卑怯】ケフ (名・形動ダ) 臆病でずるいこと。正々堂々と物事に立ち向かわず卑劣なさま。「—な手段」

ひ-きょう【秘教】ケウ ①《仏》密教。②祈りの儀式を秘密にしている宗教。

ひ-きょう【秘境】キャウ 人があまり行ったことがなく、そのようすの知られていない土地。「—探険」

ひ-きょう【悲況】キャウ 悲しいありさま。悲観すべき状況。

ひ-きょう【悲境】キャウ 悲しい境遇。あわれな身の上。

ひ-ぎょう【罷業】ゲフ ①わざと業務をやめること。仕事をしないこと。②「同盟罷業」の略。

ひ-きょく【秘曲】 秘伝として特定の者だけに伝授する楽曲。

ひ-きょく【悲曲】 悲しい音楽。悲しい曲。

ひき-よ・せる【引〔き〕寄せる】(他下一)セ・セ・セル・セル・セレ・セロ(セヨ) ①引いて手元に近づける。「灰皿を—」②近寄らせる。ひきつける。「敵を—」「いい匂いに—・せられる」文ひきよ・す(下二)

ひ-きょり【飛距離】 ①野球やゴルフで、打ったボールの飛んだ距離。②スキーのジャンプ競技で、踏みきってから着地するまでの距離。③発射された砲弾やミサイルの飛ぶ距離。

ひ-きり【火切り・火鑽り・火燧】 ヒノキなどの木口に棒をあてて、勢いよくもんで火を出すこと。また、その道具。

ひ-ぎり【日切り】 日数をかぎること。日限。

ひき-わけ【引〔き〕分け・引分】 勝負事で、勝負がつかないまま終わらせること。ドロー。「時間切れ—」

ひき-わた【引〔き〕綿】 綿入れの着物やふとんなどのもめんの綿が切れないように、上に薄く引きのばしておおう真綿。

ひき-わた・す【引〔き〕渡す】(他五)サ(ソ)・シ・ス・ス・セ・セ ①幕・縄などを一方から他方に張りわたす。また、引き広げる。「幕を—」②手元にある物や人などを他人にわたす。「犯人を警察に—」

ひき-わり【碾〔き〕割り】 ①うすでひいて割ること。②(「碾き割り麦」の略)大麦をあらくひいて割ったもの。割り麦。

ひ-きん【卑近】(名・形動ダ) 身近で理解しやすいこと。また、そのさま。「—な例をあげる」

び-ぎん【微吟】(名・他スル) 小声で詩歌を口ずさむこと。

ひ-きんぞく【非金属】《化》①金属としての性質をもたない物質の総称。②(「非金属元素」の略)金属以外のすべての元素。酸素・炭素など。

ひ-きんぞく【卑金属】《化》空気中で、水分や二酸化炭素などに侵されて、さびやすい金属。鉄・亜鉛など。↔貴金属

ひ・く【引く】 カ(コ)・キ(イ)・ク・ク・ケ・ケ《中心義—離れた所にあるものを、一端に力をかけて移動させる》■一(自五)①㋐後方に移動する。退く。ひきさがる。「敵が—」「—に引けない(=ひきさがるわけにはいかない)」㋑中途で退く。やめる。引退する。「会社を—」㋒少なくなる。減退する。「熱が—」②遠のく。「潮が—」■二(他五)①ひっぱって自分の方へ移す。㋐ひっぱって手前に寄せる。「綱を—」㋑いくつかある中から抜き出す。抜きとる。「くじを—」㋒とりのぞいて数を少なくする。引き算をする。減じる。「七から三を—」↔足す ㋓書かれたものの中から一部分を抜き出して引用する。「例を—」㋔辞書で、必要な項目を検索して調べる。「単語を—」「漢和辞典を—」㋕誘い寄せる。「客を—」㋖人の心を誘う。「人目を—」㋗体にひき入れる。「風邪(かぜ)を—」㋘前方に出した手足をひっこめる。「差す手—手」②ひっぱって前へ進める。㋐ひっぱって行く。「リヤカーを—」↔押す ㋑手を取って導く。「子供の手を—・いて歩く」㋒地をすって行く。ひきずる。「すそを—」③途中で切らずに続ける。伸ばす。㋐続ける。長びかせる。「事件の影響があとを—」㋑線でいろいろに書く。「直線を—」「図面を—」㋒長くのばす。「犬が声を—・いて鳴く」㋓のばして塗る。「油を—」㋔続いたものを受けつぐ。「血筋を—」④後方へ退かせる。下げる。また、縁を切る。㋐後退させる。「軍勢を—」㋑体を退かせる。「あごを—」㋒関係をたつ。「手を—」㋓活動していた場から退く。引退する。「政界から身を—」⑤のばして張る。「幕を—」⑥(線・管などを)設置する。「水道を—」⑦弓の弦をひきよせる。「弓を—」[可能]ひ・ける(下一) [参考] ■一①、■二④は「◇退く」、■二①㋖は「△惹く」、■二②㋐は「△曳く」「△牽く」とも書く。

ひ・く【△挽く】(他五) カ(コ)・キ(イ)・ク・ク・ケ・ケ ①のこぎりで切る。「丸太を—」②ろくろを回して器物をつくる。「ろくろを—」③人や牛馬などが車を引っぱる。④→ひく(碾く) [可能]ひ・ける(下一)

ひ・く【弾く】(他五) カ(コ)・キ(イ)・ク・ク・ケ・ケ 鍵盤(けんばん)楽器や弦楽器を鳴らす。演奏する。「ピアノを—」[可能]ひ・ける(下一)

ひ・く【△碾く】(他五) カ(コ)・キ(イ)・ク・ク・ケ・ケ ひきうすで、すりくだく。「大豆を—」[可能]ひ・ける(下一)

ひ・く【△轢く】(他五) カ(コ)・キ(イ)・ク・ク・ケ・ケ 車輪が物や人・動物などを上から押しつけて通る。「車に—・かれる」[可能]ひ・ける(下一)

びく【◇比◇丘】《仏》出家して一定の戒を受けた男子。僧。↔比丘尼(びくに)

び-く【尾句】①漢詩の終わりの句。②短歌の第五句。第三句以下をいうこともある。

びく【×魚籠・×魚籃】 捕った魚を入れるかご。

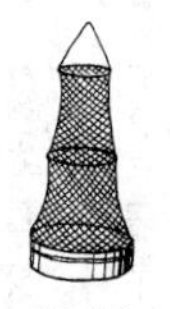
〔魚籠〕

び-く【微△軀】 つまらぬ身。多く、自分を謙遜(けんそん)していう。

ひく・い【低い】(形) カロ・カッ(ク)・イ・イ・ケレ・○《中心義—垂直方向において基準となる位置よりも下方である》①下端より上端までの隔たりが小さい。「背が—」②下の方に位置している。「天井が—」「飛行機が—・く飛ぶ」③等級・地位・能力などが、基準とする水準に達していない。「程度が—」「価値が—」④音・声の振動数が少ない。音声が小さい。「—声で話す」⑤率・度数・数値などが小さい。「—温度」《↔高い》[文]ひく・し(ク)

ひくい-どり【火食〔い〕鳥・×食火鳥】—ヒクヒ《動》ヒクイドリ科の走禽(そうきん)類の総称。オーストラリア北部・ニューギニアなどにすむ。ダチョウに似ているがやや小さい。翼は退化して飛べない。

び-くう【鼻△腔】→びこう(鼻腔)

び-くしょう【微苦笑】—クセウ(名・自スル) かすかなにが笑い。[参考]小説家久米正雄の造語。

ピクセル〈pixel〉→がそ

ひ-ぐち【火口】①点火する口。「かまどの—」②火事の火の燃え始め。また、その場所。

ひぐちいちよう〔樋口一葉〕ヒグチイチエフ(一八七二〜一八九六) 歌人・小説家。東京生まれ。女性の悲劇を叙情的な擬古文でつづった小説「たけくらべ」「にごりえ」「大つごもり」「十三夜」などを残した。

ひ-くつ【卑屈】(名・形動ダ) 自らをいやしめ、他人にへつらうなどしていじけること。また、そのさま。「—な態度」

びく-つ・く(自五) カ(コ)・キ(イ)・ク・ク・ケ・ケ 恐れてびくびくする。

ぴく-つ・く(自五) カ(コ)・キ(イ)・ク・ク・ケ・ケ 小きざみに動く。ぴくぴくする。

ひく-て【引く手】①自分のほうへ来るようにと誘う人。「—あまた(=来るようにと誘う人が多いこと)」②舞で、手を手前に引くこと。また、その手。↔差す手

ピクトグラム〈pictogram〉単純化した図や記号で情報を表したもの。非常口を表す絵など。絵文字。ピクトグラフ。

びく-とも(副)(「びくともしない」の形で)①ぜんぜん動かないさま。「いくら押しても—しない」②少しも驚かないさま。気持ちがしっかりしていて動じないさま。「そんなおどしには—しない」

びく-に【◇比◇丘尼】《仏》出家して一定の戒を受けた女子。尼僧。尼(あま)。↔比丘(びく)

ピクニック〈picnic〉野や山に遊びにでかけること。遠足。[春]

ひく-ひく(副・自スル) 体の一部が細かく動くさま。小きざみにふるえるさま。「鼻を—(と)させる」

びく-びく(副・自スル) ①絶えず恐れおびえて落ち着かないさま。「しかられないかと—する」②小きざみにふるえるさま。

ぴく-ぴく(副・自スル) 細かくひきつるように動くさま。「怒りでほおが—(と)する」

ひ-ぐま【△羆】《動》クマ科の哺乳(ほにゅう)動物。大形で、日本では北海道にすむ。毛は、赤褐色または灰褐色または黒。魚・木の実・果実などを食う。性質は荒い。胆嚢(たんのう)は薬用。[冬]

ひくま・る【低まる】(自五) ラ(ロ)・リ(ッ)・ル・ル・レ・レ 低くなる。下がる。「—・った土地」↔高まる [他]ひく・める(下一)

ひく-み【低み】 低くなっている部分。低い所。↔高み

ひく-め【低目】(名・形動ダ) 基準・予想よりいくぶん低いこと。「—の直球」「定価を—に設定する」↔高目

ひく・める【低める】(他下一) メ・メ・メル・メル・メレ・メロ(メヨ) 低くする。下げる。「声を—」↔高める [自]ひくま・る(五) [文]ひく・む(下二)

ひぐらし【△蜩】《動》セミ科の昆虫。体は中形で黄褐色。羽は透明で、脈は黄色。夏から初秋にかけての早朝や夕方、カナカナと澄んだ音色で鳴く。かなかなぜみ。かなかな。[秋]

ひ-ぐらし【日暮〔ら〕し】(名・副) 一日じゅう。朝から晩まで。ひねもす。終日。「—寝て過ごす」

ぴくり(副) 引きつるように少し動くさま。「眉(まゆ)が—と動く」

ピクリン-さん【ピクリン酸】〈picric acid〉《化》フェノール(=石炭酸)に硫酸と濃硝酸を作用させてつくる化合物。かつて爆薬・染料に使われた。トリニトロフェノール。

ピクルス〈pickles〉西洋風の漬物。塩漬けにした野菜を、さらに酢・砂糖・香辛料のはいった液に漬けた食品。ピックルス。

ひ-ぐれ【日暮〔れ〕】 日の暮れるころ。夕暮れ。夕方。

び-くん【微△醺】 少し酒に酔うこと。ほろよい。「—を帯びる」

ひけ【引け】①仕事などが終わってそこから出ること。退出や下校。「—どき」「早—(びけ)」②負けること。おくれをとること。③→おおびけ [参考]①は「◇退け」とも書く。

—を取(と)る おくれをとる。負ける。「先進国にもひけをとらない技術力」

ひげ【△髭・△髯・△鬚】①人の口・ほお・あごなどの周辺に生える毛。②動物の口のあたりの毛。また、昆虫の触角の俗称。「なまずの—」[参考]「髭」はくちひげ、「髯」はほおひげ、「鬚」はあごひげ。

—の塵を払う 目上の者にこびへつらう。権力者などに対して卑屈な行動をとることのたとえ。鬚塵を払う。【故事】宋代、恩賜の会食の席で宰相の寇準の鬚に吸い物の汁が付いたとき、参政(=高官の職名)の丁謂がこれを拭き取った。正義派の寇準は笑って「参政は国事を司る。上司の鬚を拭くにはおよぶまい」とたしなめたことからいう。〈宋史〉

ひ-げ【卑下】(名・自他スル) 自分を人より劣ったものと思ってふるまうこと。へりくだること。「自分を—する」

びけ《俗》一番終わりの順番。びり。

ピケ「ピケット」の略。「—を張る」

ピケ〈フランス piqué〉表面に筋状の凹凸がある、厚い綿織物。夏物の服地や帽子などに用いられる。

ひ-けい【秘計】ひそかなはかりごと。秘密の計画。

び-けい【美形】美しい容貌。また、容貌の美しい人。

び-けい【美景】美しい景色。景勝。

ひ-げき【飛△檄】檄を急いで回すこと。また、その文。

ひ-げき【悲劇】①人生の悲惨なできごとや不幸を題材とした悲しい結末で終わる劇。②人生の悲惨なできごと。(↔喜劇)

—てき【—的】(形動ダ) ダロ・ダッ(デ)・ニ・ダ・ナ・ナラ・○ 悲劇のような性質をもつさま。「—な結末」

ひけ-ぎわ【引け際・△退け際】ギハ ①物事の終わるまぎわ。一日の仕事が終わる少し前。退出するまぎわ。「学校の—」②《経》引け相場のたつ時分。

ひ-けし【火消し】①火を消すこと。②(比喩的に)騒ぎをしずめること。「—役をつとめる」③江戸時代の消防組織。また、消防の仕事にあたった人。

—つぼ【—△壺】燃えさしの薪やおこっている炭火などを入れ、ふたで密閉して火を消すつぼ。消し壺。炭壺。[冬]

ひげ-じまん【卑下自慢】うわべは卑下するように見せて、実際は自慢すること。

ひけ-そうば【引け相場】サウバ《経》取引所の立ち会いにおける午前・午後の最終の相場。引け値。

ひげ-そり【△髭△剃り】ひげをそること。また、その道具。

ひ-けつ【否決】(名・他スル) 会議で、提出された議案を承認しないことに決定すること。「動議を—する」↔可決

ひ-けつ【秘△訣】一般には知られていないが、合理的・効果的で、最もよい方法。「金もうけの—」「健康の—」

ひ-けつ【秘結】(名・自スル) 大便が出ないこと。便秘。

ピケット〈picket〉労働争議の際、ストライキの脱落者や妨害者を見張ること。また、その人。ピケ。

—ライン〈picket line〉労働争議の際、ストライキの脱落者などを見張るために職場付近にめぐらす警戒線。

ひげ-づら【△髭面】ひげを多くはやした顔。

ひけ-どき【引け時・△退け時】仕事を終えて退出する時刻。勤務終了時。「—の混雑」

ひけ-ね【引け値】《経》引け相場。

ひげ-ね【△髭根・△鬚根】《植》主根や側根の区別がなく、茎の下方から生じる糸のような細い根。稲・麦などの単子葉植物やシダ植物の根にみられる。

ひけ-め【引け目】自分が相手より劣っている、及ばないと感じること。劣等感。また、やましさ。「—を感じる」

ひげ-もじゃ【△髭もじゃ】(名・形動ダ) ひげがのびて乱れた状態。「—の山男」

ひけらか・す(他五) サ(ソ)・シ・ス・ス・セ・セ 見せびらかす。誇示する。「知識を—」[可能]ひけらか・せる(下一) [語源]「光らかす」の転。

ひ・ける【引ける】(自下一) ケ・ケ・ケル・ケル・ケレ・ケロ(ケヨ) ①気おくれする。「気が—」②その日の業務が終わる。また、終わって退出する。「会社が—」[文]ひ・く(下二) [参考]②は「△退ける」とも書く。

ひ-けん【比肩】(名・自スル) 肩を並べること。匹敵すること。

ひ-けん【披見】(名・他スル) 書類などを開いて見ること。

ひ-けん【卑見・△鄙見】自分の意見の謙称。「—を述べれば」

び-げん【美言】①ためになるよい言葉。②巧みに飾った言葉。美辞。甘言。

び-げん【微減】(名・自スル) わずかに減ること。「人口が—する」↔微増

ひ-げんぎょう【非現業】ゲンゲフ 現場の仕事ではない、一般的な管理・事務部門の仕事。

ひ-げんじつてき【非現実的】(形動ダ) ダロ・ダッ(デ)・ニ・ダ・ナ・ナラ・○ 現実的でないさま。とうてい実現しそうにないさま。「—な計画」

ひけん-しゃ【被験者】試験や実験の対象者。

ひ-こ【×曽孫】まごの子。ひこまご。ひまご。

ひご【△籤】竹を細く割ってけずったもの。竹細工などに用いる。

ひ-ご【△庇護】(名・他スル) かばい守ること。「親の—」

ひ-ご【卑語・△鄙語】いやしい言葉。また、ひなびた言葉。

ひ-ご【飛語・△蜚語】根拠のない無責任なうわさ。「流言—」

ひご【肥後】旧国名の一つ。現在の熊本県。肥州。

ピコ〈pico〉メートル法の単位の前に付けて、一兆分の一を表す語。記号 p「—グラム」「—秒」

ひ-ごい【△緋△鯉】ゴヒ《動》コイの一変種。体色が、赤色または朱色を基調としているもの。観賞用。[夏]

ひ-こう【非行】カウ 社会のきまりや道徳に反する行為。特に、青少年の、法律や道徳に背く不正な行為。「—に走る」

—しょうねん【—少年】セウネン 罪を犯したり不良行為をしたりする少年。少年法では満二〇歳未満の男女についていう。

ひ-こう【肥厚】(名・自スル)(皮膚・粘膜・肉などが)肥えて厚くなること。「—性鼻炎」

ひ-こう【披講】カウ (名・他スル) 詩歌の会などで、詩歌を読みあげること。また、その役目の人。

ひ-こう【飛行】カウ (名・自スル) 空中を飛んで進むこと。

—き【—機】プロペラの回転やガスの噴射によって、空中を飛んで進む航空機。[はじまり]一八九一(明治二十四)年、愛媛県の二宮忠八が模型を飛ばし、「飛行器」と命名。「飛行機」の語は、森鷗外の「小倉日記」(明治三十四年三月の条)の使用例が最初期かという。

—きぐも【—機雲】飛行機が高空を飛ぶとき、その跡にできる白く細長い雲。

—し【—士】飛行機を操縦する人。パイロット。

—じょう【—場】ヂャウ 航空機が発着する設備のある場所。[はじまり]日本では、一九一一(明治四十四)年、所沢飛行場が完成。国産民間機の初飛行もこの飛行場で成功した。

—せん【—船】水素・ヘリウムなどの、空気より軽いガスをつめた流線型の袋状の航空機。発動機によって飛行する。

—てい【—艇】胴体の下部がボートの形になっていて、水上で発着できる飛行機。

ひ-ごう【非業】ゴフ《仏》前世の罪の報いによらないこと。事故・災難などで死ぬことについていう。非命。「—の死を遂げる」

び-こう【尾行】カウ (名・自他スル) そっと人のあとをつけること。「容疑者を—する」

び-こう【備考】カウ 参考のために書き添えること。また、その内容。「—欄」

び-こう【備荒】クワウ 凶作に対する準備をすること。「—作物」

び-こう【微光】クワウ かすかな光。ほのかな光。

び-こう【微行】カウ (名・自スル) 身分の高い人が人に気づかれないように身なりを変えて出歩くこと。おしのび。

び-こう【微香】 かすかな香り。「―がただよう」
び-こう【鼻孔】《生》鼻のあな。鼻のあなの入り口。
び-こう【鼻△腔】《生》鼻の内部の空所。気道の入り口の部分。参考 医学では「びくう」という。
ひ-こうかい【非公開】 一般に公開しないこと。「―の審議」
ひ-こうしき【非公式】(名・形動ダ) 公式でないこと。
ひ-ごうほう【非合法】(名・形動ダ) 法規に違反していること。合法でないこと。また、そのさま。「―活動」
ひ-ごうり【非合理】(名・形動ダ) 道理にかなわないこと。論理に合わないこと。また、そのさま。「―な考え」
―しゅぎ【―主義】《哲》直観・本能・感情などの非理性によって世界を把握し、生活原理を定めようとする立場。ショーペンハウエル・ディルタイ・ニーチェなどの哲学や実存主義。
ひ-こく【被告】《法》民事訴訟・行政訴訟の第一審で、起訴された者。↕原告
―にん【―人】《法》刑事訴訟で検察官から起訴され、まだ裁判の判決が確定していない者。
ひ-こくみん【非国民】 国民としての義務や本分にそむく者。
び-こつ【尾骨】《生》脊柱の最下部の椎骨三―五個がくっついてできた骨。骨盤を形成している。尾骶骨。
び-こつ【鼻骨】《生》鼻を形成している左右一対の長方形の小骨。二個の骨が屋根状になって鼻根部を形成する。
ピコット〈フランス picot〉《服》毛糸編みやレース編みで縁飾りに編む、小さな輪。ピコ。
ひ-ごと【日◇毎】 毎日。日々。「―夜ごと」
ひご-の-かみ【肥後◇守】 小刀の一種。折り込み式で、さやに「肥後守」と銘のある小刀。
ひこ-ばえ【△蘖】(孫生えの意)草・木を切った切り株や根元から出た新芽。春
ひこ-ぼし【△彦星】 七夕伝説の、牽牛星の別名。秋
ひこ-まご【◇曽孫】 まごの子。ひまご。
ひ-ごろ【日頃】 常の日々。いつも。「―の勉強がたいせつだ」類語 普段・平生・平素・日常
ひ-こん【非婚】(生き方として)結婚をしないこと。
ひざ【膝】(字義)→しつ(膝)
ひざ【膝】 ①《生》ももとすねをつなぐ関節部の前面。ひざがしら。「―をすりむく」②すわった姿勢でのももの上側。「荷物を―の上に置く」
―が笑う 疲れてひざに力が入らなくなってがくがくする。
―を打つ(思わずその動作をするところから)はっと思いあたる。また、たいそう感心する。**―を折る** ①ひざを曲げてすわる。ひざをついて、かがむ。②相手に屈服する。**―を崩す** 正座をやめて、楽な姿勢ですわる。**―を屈する** ①ひざを折り曲げて、身をかがめる。②屈服する。ひざをかがめる。ひざを折る。「権力の前に―」**―を組む** あぐらをかく。**―を進める** ①にじり寄る。②その話に乗り気になる。**―を正す** きちんとすわりなおす。正座する。**―を乗り出す** 相手の話などに強く興味を示して体を前に出す。膝を進める。「もうけ話に―」**―を交える** たがいにうちとけて話しあう。
ビザ〈visa〉旅行先の政府が発行する入国許可証。査証。
ピザ〈イタリア pizza〉イタリア料理の一つ。練った小麦粉を平たく円形にのばし、チーズ・サラミ・魚介・トマトなどをのせてオーブンで焼いたもの。ピザパイ。ピッツァ。
ひ-さい【非才・△菲才】 ①才能がないこと。②自分の才能の謙称。「浅学―の身」
ひ-さい【被災】(名・自スル) 地震や洪水などの災害にあうこと。罹災。「台風の―者」「―地支援」
び-さい【微細】(形動ダ) きわめて細かいさま。ごくわずかなさま。「―な差」「事が―にわたる」文(ナリ)
び-ざい【微罪】《法》ごく軽いつみ。軽微な罪。
ひざ-おくり【膝送り】(名・自スル) すわったまま、腰をうかせひざを動かして、順に席をつめること。ひざくり。
ひざ-かけ【膝掛〔け〕】 保温のために、ひざにかける布。冬
ひざ-がしら【膝頭】 ひざの関節の前面。ひざ株。ひざ小僧。
ひさかた-の【久方の】《枕》「天」「雨」「月」「雲」「空」「夜」「星」「光」などにかかる。
ひさかたの… 和歌〔久方の 光のどけき 春の日に しづ心なく 花の散るらむ〕〈古今集 紀友則〉陽光うららかに、いかにものんびりとしたこの春の日に、どうして桜の花だけがあんなに気ぜわしく散るのであろうか。(小倉百人一首の一つ)
ひさかた-ぶり【久方振り】(名・形動ダ) 久しぶり。「―に会う」
ひ-ざかな【干魚・◇乾魚】 ほした魚。魚のひもの。ひうお。
ひざ-かぶ【膝株】→ひざがしら
ひ-ざかり【日盛り】 一日のうちで、太陽が最もさかんに照りつけるころ。「夏の―に外出する」夏
ひ-さく【秘策】 人に知らせない秘密のはかりごと。「―を練る」
ひさ・ぐ【△鬻ぐ】(他五)売る。あきなう。「春を―」(=売春する)」可能 ひさ・げる(下一)
ひざ-ぐみ【膝組み】(名・自スル) ①あぐらをかくこと。②対座すること。
ひざ-くりげ【膝△栗毛】 ①(ひざを栗毛の馬のかわりにする意)歩いて旅行すること。②「東海道中膝栗毛」の略。
ひさげ【◇提・◇提◇子】 銚子の一種。つるのついた鍋のような形の、銀や錫の器。
ひさご【△瓠・△瓢】 ①《植》ユウガオと、その変種のヒョウタン・フクベなどの果実の総称。秋 ②ヒョウタンの実の内部をくりぬいて干し、酒などを入れるようにしたもの。
ひざ-こぞう【膝小僧】→ひざがしら
ひざ-ざら【膝皿】 ひざ頭にある、皿形の骨。膝蓋骨。
ひさし【△庇・△廂】 ①《建》軒先に張り出した、雨や日ざしを遮るための片流れの小屋根。②《建》寝殿造りで、母屋の周りの細長い部屋。③帽子のつば。④「ひさし髪」の略。
―を貸して母屋を取られる ①一部分を貸したのがもとで、結局すべてを奪われてしまう。②保護してやった相手から、恩を仇で返される。
―がみ【―髪】 ①束髪の一種。額の上の髪を、前に突き出して結った女性の髪形。明治末・大正初期に流行。②(①を多く用いたことから)明治末から大正初期の女学生の異称。
ひ-ざし【日差し・◇陽◇射し】 日光がさすこと。また、その光線。日の照りぐあい。「―が強い」
ひさし・い【久しい】(形) ①長い時間が経過している。長い間続く。「行く末―・くご多幸でありますよう」②久しぶりだ。しばらくぶりだ。「お―・うございます」文 ひさ・し(シク)
ひさし-ぶり【久し振り】(名・形動ダ) 以前に経験してから今回同じことがあるまで、長い時間がたっていること。また、そのさま。しばらくぶり。久方振り。「旅行は―だ」「お―です」
ひざ-づめ【膝詰〔め〕】 ひざとひざとを突き合わせ、相手が避けられないようにしてきびしくせまること。「―で交渉する」
―だんぱん【―談判】 相手につめ寄って、きびしく交渉すること。「―で要求を通す」
ピザ-パイ〈和製語〉→ピザ 語源 イタリア語 pizza と英語 pie との合成語。

ひさ-びさ【久久】(名・形動ダ) 久しぶり。しばらくぶり。「—の対面」「—にお目にかかる」

ひざ-びょうし【膝拍子】—ビヤウシ ひざをたたいて拍子をとること。また、その拍子。

ひさべつ-ぶらく【被差別部落】 江戸時代の封建的身分制度によって差別を受けた人々の子孫が集団的に住む地域。一八七一(明治四)年に、法令上は身分を解放されながら、今も一部社会的に差別・迫害を受けている。未解放部落。

ひざ-まくら【膝枕】 人のひざをまくらにして横になること。

ひざまず・く【△跪く】ヒザマヅク (自五) カ(コ)・キ(イ)・ク・ク・ケ・ケ ひざをついてかがみ、かしこまる。敬意や屈服の意を表す。「—・いて神に祈る」 可能ひざまず・ける(下一)

ひざまづ・く【△跪く】(自五) カ(コ)・キ(イ)・ク・ク・ケ・ケ 「ひざまずく」と書くのが本則。→ひざまずく

ひ-さめ【氷雨】 ①霰。みぞれ。冬 ②雹。夏 ③冷たい雨。

ひざ-もと【膝元・膝下】 ①ひざのそば。②両親など自分の庇護者に近い所。膝下。「親の—を離れる」③天皇・将軍、その他権力者のすぐ近く。おひざもと。

ひ-ざら【火皿】 ①火縄銃の、火薬をいれる所。②キセル・パイプのたばこの葉をつめる所。⇩キセル(さしえ) ③暖炉・ボイラーなどで、その上に燃料をのせて燃やす鉄の格子。ロストル。

ひ-さん【飛散】(名・自スル) 細かくなって飛び散ること。「スギの花粉が—する」

ひ-さん【△砒酸】《化》砒素酸化物の一つ。無色の結晶。猛毒。工業・医薬用。

ひ-さん【悲惨】(名・形動ダ) 悲しくいたましいこと。ひどくあわれでみじめなこと。また、そのさま。「目をおおうばかりの—な光景」

ひし【△菱】《植》ミソハギ科の一年生の水草。池・沼に自生。葉柄のふくれたひし形の葉を水面に浮かべ、夏に白色四弁花を開く。ひし形の果実には鋭いとげがあり、種子は食用。(ひしの花 夏・ひしの実 秋)

〔菱〕

ひ-し【皮脂】 皮脂腺から分泌される、半流動性の油脂状の物質。肌や髪を潤し、乾燥を防ぐ。

ひ-し【彼△此】 あれと、これ。あれこれ。「—くらべあわせて」

ひ-し【秘史】 表面に出ない歴史。世に知られていない歴史。

ひじ【肘】(字義)→ちゅう(肘)

ひじ【肘・△肱・△臂】ヒヂ ①《生》上腕と前腕をつなぐ関節の部分。特に、その外側。②①の形に折れ曲がった部分。「椅子の—」

ひ-じ【非時】《仏》僧が食事をとってはならない正午以後の時間。また、その時間にとる食事。

ひ-じ【秘事】 秘密の事柄。「—はまつげ(=秘事は、まつげのように近いところにありながら案外気づかないものだ)」

び-し【微志】 わずかな志。自分の志の謙称。寸志。

び-じ【美辞】 美しく飾った言葉。「—麗句」

ひ-しお【△醬】—シホ ①大豆などを原料とした古代の発酵調味料。②なめみその一種。小麦と大豆でつくったこうじに塩を混ぜたもの。そのまま調味料としたり、ナス・ウリなどを漬けたりする。③魚・肉類の塩漬け。塩辛。参考③は「△醢」とも書く。

ひし-かく・す【秘し隠す】(他五) サ(ソ)・シ・ス・ス・セ・セ 秘密にして隠す。「真相を—」

ひじ-かけ【肘掛〔け〕】ヒヂ— ひじを寄りかからせる所。また、そのもの。脇息など。「—にもたれる」

ひし-がた【△菱形】 ①ヒシの実のような形。②《数》四辺の長さが等しく、四つの角が直角でない四辺形。

ひじ-がね【肘金】ヒヂ— ひじのように曲げて作り、開き戸につけ、柱や枠の肘壺(=肘金をさし込む金具)にさし込んで、戸の開閉に用いる金具。

ひじ-き【肘木】ヒヂ— ①《建》寺社建築で、上からの重みを支えるために柱の上のほうに渡した横木。②ひきうすの取っ手。

ひじき【×鹿尾菜】 ホンダワラ科の褐藻。波のかかる岩の上につき、主枝は円柱状で五〇—一〇〇センチメートル。棒状の小枝をつける。雌雄異株。食用。春

ひし・ぐ【◇拉ぐ】(他五) ガ(ゴ)・ギ(イ)・グ・グ・ゲ・ゲ ①おしつけてつぶす。「鬼をも—」②勢いをくじく。「敵の勢いを—」自ひし・げる(下一) 可能ひし・げる(下一)

ひし・げる【◇拉げる】(自下一) ゲ・ゲ・ゲル・ゲル・ゲレ・ゲロ(ゲヨ) おされてつぶれる。ひしゃげる。「箱が—」他ひし・ぐ(五) 文ひし・ぐ(下二)

ひし-しょくぶつ【被子植物】《植》種子植物の中で、胚珠が子房内に包まれている植物の総称。単子葉類と双子葉類がある。キク・サクラなど。↔裸子植物

ひしずめ-の-まつり【火鎮めの祭〔り〕】ヒシヅメ— 昔、火災の起こらないことを祈って、毎年陰暦六月と十二月に皇居で行った神事。鎮火祭。

ひし-せん【皮脂腺】《生》哺乳類で、皮膚の脂を出す外分泌腺。脂腺。

ビジター〈visitor〉①訪問者。②会員制の施設やゴルフ場などで、会員以外の利用者。③スポーツで、試合の行われる場所を本拠地とするチームの対戦チーム。参考②は、英語では guest や nonmember ともいう。

ひじ-ちょうもく【飛耳長目】—チヤウモク (遠くのことを見聞きできる耳と目の意)観察が鋭くすばやいこと。また、そういう人。

ひ-しつ【皮質】《生》腎臓・副腎・卵巣などの表層の部分。また、脳の表層をつくる灰白質部。↔髄質

び-しつ【美質】 すぐれた性質。よい性質。「天性の—」

ひじ-つき【肘突き】ヒヂ— 机などによりかかってひじをつくとき、ひじの下に敷く小さなふとん。ひじぶとん。

びしっ-と(副) ①棒やむちなどで物を打つ音やそのさまを表す語。「肩を—打つ」②厳しいさま。強い調子で物事をするさま。「—断る」③きちんとして、すきのないさま。「スーツで—決める」

びし-てき【微視的】(形動ダ) ダロ・ダッ(デ・ニ)・ダ・ナ・ナラ・○ ①人の感覚では見分けられないほど微細なさま。顕微鏡で見なければ識別できないほど小さいさま。「—生物」②全体的にでなく個別的に、微細に分析・観察するさま。ミクロ的。「—な見方」(↔巨視的)

—せかい【—世界】 顕微鏡でなければ見ることができないほどの微小なものの世界。分子や原子などの世界。

ひじ-てつ【肘鉄】ヒヂ— 「肘鉄砲」の略。「—をくらう」

ひじ-でっぽう【肘鉄砲】ヒヂデツパウ ①ひじを曲げその先で強く突くこと。②誘いや申し込みをはねつけること。「—をくわせる」

ひし-と(副) ①密着するさま。しっかりと。「—抱きしめる」②強く身や心に迫るさま。きびしく。「寂しさを—感じる」

ビジネス〈business〉①仕事。事務。②営業。実業。

—クラス〈business class〉航空機の席で、ファーストクラスとエコノミークラスとの中間の等級。

—スクール〈business school〉①アメリカの大学で、経営学専攻の大学院。②簿記など商業実務を教える学校。

—センター〈business center〉事務や事業の中心地。

—パーソン〈business person〉実業家。会社員。参考「ビジネスマン」の性別を問わない言いかえ語。

—ホテル〈和製英語〉出張したビジネスマンを対象とした、

比較的低料金で宿泊できるホテル。

—マン〈businessman〉(男性の)実業家。また、一般に会社員。事務員。

—ライク〈businesslike〉(形動ダ)ダロ・ダッ(デ・ニ)・ダ・ナ・ラ・○ 仕事を事務的に扱うさま。また、能率的であるさま。「—に徹する」参考英語では、「(事務的で)冷たい」という含みはない。

ぴし-ぱし(副)《俗》容赦なくきびしくするさま。びしびし。「—鍛える」

ひし-ひし(副)強く身や心に迫って感じられるさま。「責任の重さを—(と)感じる」

びし-びし(副)物事を容赦しないで、きびしく処理するさま。「—(と)取り締まる」

ぴし-ぴし(副)①枝などを折る音の形容。②むちなどで強く打つ音の形容。③容赦なく手きびしいさま。「—(と)やりこめる」

ひじ-まくら【肘枕】ヒヂ— ひじを曲げて枕のかわりにすること。

ひし-め・く【犇めく】(自五)カ(コ)・キ(イ)・ク・ク・ケ・ケ 人が大勢集まっておしあいへしあいする。おしあって騒ぎたてる。「観客が—」

ひし-もち【菱餅】桃の節句に供える、紅・白・緑の三色のひし形に切ったもち。春

ひ-しゃ【飛車】①将棋の駒の一つ。しゃ。飛。②風に乗って空中を飛行するという想像上の車。

ひ-しゃく【柄杓】短い筒状の容器に長い柄をつけた、水などをくむ道具。

び-じゃく【微弱】(名・形動ダ)かすかで弱いこと。小さくて弱いこと。また、そのさま。「—な地震」

ひしゃ・げる(自下一)ゲ・ゲ・ゲル・ゲル・ゲレ・ゲロ(ゲヨ) おされてつぶれる。ひしげる。「箱が—」文ひしゃ・ぐ(下二)

ひしゃ-たい【被写体】写真にうつされる対象。「格好の—」

ピジャマ〈フランス pyjamas〉→パジャマ

びしゃもん-てん【毘沙門天】《仏》四天王の一。怒りの形相で甲冑をまとう仏法の守護神。多聞天。日本では七福神の一つともされる。⇩七福神(さしえ)

ぴしゃり-と(副)①戸などを荒々しくしめる音の形容。②ひら手で打つ音の形容。「頬を—打つ」③相手の言動を手きびしくおさえつけるさま。「要求を—拒絶する」「九回を—完封する」④正確にぴたりと合うさま。「—言い当てる」

ひ-しゅ【匕首】→あいくち①

び-しゅ【美酒】うまい酒。おいしい酒。「勝利の—に酔う」

ビジュアル〈visual〉(形動ダ)ダロ・ダッ(デ・ニ)・ダ・ナ・ラ・○ 視覚的なさま。「—に訴える広告」「—ランゲージ(=視覚言語)」

ひ-しゅう【悲愁】シウ 悲しみうれえること。「—に沈む」

ひ-じゅう【比重】ヂユウ ①《物》物質の質量と、それと同体積のセ氏四度の水の質量との比。「—計」②他の物事と比べたときの、重点の置き方の割合。「学力より人間性に—を置く」

び-しゅう【美醜】シウ 美しいことと、醜いこと。

ひしゅうしょく-ご【被修飾語】ヒシウショク— 《文法》文の成分の一つ。修飾語によって意味内容が限定される語。「白い雲」の「雲」、「速く走る」の「走る」など。

ひ-じゅつ【秘術】秘密にして人に知らせない術。まれにしか使わない、とっておきの方法。奥の手。「—をつくす」

び-じゅつ【美術】色や形により美を表現する芸術。絵画・書道・彫刻・建築・工芸・写真などの造形芸術。「現代—」

—かん【—館】クワン 美術品を陳列して人々に見せる施設。

—ひん【—品】美術の創作品。

ひ-じゅん【批准】(名・他スル)《法》全権委員が調印した条約を、国家が最終的に確認し同意する手続き。

ひ-しょ【秘所】かくしどころ。陰部。

ひ-しょ【秘書】①重要な地位・職務にある人のそばにいて、雑事や機密の事務を取り扱う役。また、その役の人。「社長—」②秘密文書。③めったに人に見せない書籍。秘蔵の書物。

—かん【—官】クワン 大臣などに直属し、機密事項などを取り扱う補助官。

ひ-しょ【避暑】(名・自スル)夏の暑さを避けて、一時涼しい土地ですごすこと。「—地」夏 ↔避寒

び-じょ【美女】ヂヨ 顔かたちの美しい女性。美人。↔醜女

—ざくら【—桜】《植》クマツヅラ科の多年草。ブラジル原産。春から秋にかけて、白・紅・紫などの色のサクラソウに似た花が多数咲く。園芸の品種が多く、観賞用。バーベナ。

ひ-しょう【卑小】セウ (形動ダ)ダロ・ダッ(デ・ニ)・ダ・ナ・ラ・○ とるにたりないさま。ちっぽけでつまらないさま。「—な存在」「—な問題」

ひ-しょう【卑称】自分や相手、またその動作・状態を卑しめていう言い方。また、その語。「てまえども」「てめえ」「ぬかす」など。↔尊称

ひ-しょう【飛翔】シヤウ (名・自スル)空高く飛ぶこと。天翔けること。「大空を—する」

ひ-しょう【費消】セウ (名・他スル)使いはたすこと。「公金—」

ひ-しょう【悲傷】シヤウ (名・自他スル)悲しみいたむこと。また、悲しくいたましいこと。「友の死を嘆き—する」

ひ-じょう【非常】ジヤウ 一(名)①ふだんと異なること。ふつうでない緊急の状態。「—事態」②《仏》変化すること。無常。二(形動ダ)ダロ・ダッ(デ・ニ)・ダ・ナ・ラ・○ なみひとおりでないさま。程度がはなはだしいさま。「—にうれしい」「—な寒さ」文(ナリ)

—ぐち【—口】建物や乗り物で、火事や地震など危急のときに逃げ出すための出口。

—けいかい【—警戒】重大な事件が発生したり予期されたりする場合、特定の区域を警察が特別に警戒すること。

—けいほう【—警報】非常の場合、危険を知らせるための信号またはサイレン・鐘などの号音。

—じ【—時】①重大な危機に直面したとき。②戦争・事変など、国家的・国際的な重大事件が起こったとき。↔平時

—しゅだん【—手段】①非常のときの、その場に応じた適切な方法・処置。「—を講じる」②非常時のみに許されるような手段。特に、暴力で事を解決しようとすること。「—に訴える」

—しょく【—食】災害などの非常事態に備える食料。

—せん【—線】《法》重大事件が発生したり予期されたりする場合に、警備や犯人逮捕のために区域を限定して警戒すること。また、その警戒区域を囲む線。警戒線。「—を張る」

ひ-じょう【非情】ジヤウ 一(名・形動ダ)人間らしい感情を持たないこと。思いやりがなく、冷たいこと。また、そのさま。「—な男」二(名)《仏》感情のないもの。木や石の類。↔有情

び-しょう【美称】ほめたたえていう言い方。また、その語。「日本」を「瑞穂の国」、「さかずき」を「玉杯」という類。

び-しょう【美粧】シヤウ 美しい化粧。きれいな装い。

び-しょう【微小】セウ (名・形動ダ)きわめて小さくて細かいこと。また、そのさま。↔巨大 ⇩「使い分け」

び-しょう【微少】セウ (名・形動ダ)きわめて少ないこと。また、そのさま。「損害は—だ」⇩「使い分け」

使い分け「微小・微少」

「微小」は、形などが非常に小さい、きわめて細かいの意で、「微小な生物」「微小な粒子」などと使われる。

「微少」は、分量などが非常に少ない、ごくわずかの意で、「被害は微少にとどまった」「微少な差」などと使われる。

びーしょう【微笑】（セウ）（名・自スル）ほほえむこと。ほほえみ。「―を浮かべる」

びーしょう【微傷】（シャウ）ちょっとしたきず。かすりきず。

びーじょう【尾錠】（ヂャウ）革帯などにつけて左右から引きしめるための金具。尾錠金（びじょうがね）。しめがね。バックル。

ひーじょうきん【非常勤】（ジャウキン）毎日出勤するのでなく、決まった日、決まった時間にだけ勤めること。「―講師」↔常勤

ひーじょうしき【非常識】（ジャウシキ）（名・形動ダ）常識にはずれていること。また、そのさま。「―な行動」

びーしょうじょ【美少女】（セウヂョ）顔かたちの美しい少女。

ひーじょうすう【被乗数】〘数〙掛け算で、掛けられるほうの数。↔乗数

びーしょうねん【美少年】（セウネン）顔かたちの美しい少年。

びーじょうふ【美丈夫】（ヂャウフ）顔や姿の美しいりっぱな男子。

ひーしょく【非職】①現在職についていないこと。②公務員などで、地位はそのままで職務だけ免ぜられること。

びーしょく【美色】①美しい色。②美しい顔だち。美人。

びーしょく【美食】（名・自スル）うまくてぜいたくなものを食べること。また、その食べ物。「―家」↔粗食

ひーじょすう【被除数】（ヂョスウ）〘数〙割り算で、割られるほうの数。↔除数

ビショップ〈bishop〉〘基〙聖職者の高位の一つ。カトリックの司教。プロテスタントの監督。ギリシャ正教の主教。僧正。

びしょーぬれ【びしょ△濡れ】ひどくぬれること。

びしょーびしょ 一（副）雨がたえまなく降るさま。二（形動ダ）（ダロ・ダッ（デ）・ニ・ダ・ナ・ナラ・○）雨・水などにひどくぬれるさま。「雨で洋服が―だ」

ビジョン〈vision〉理想として描く構想。展望。未来像。また、未来を見抜く力。「将来の―を語る」

ひじり【◦聖】①聖人。②高徳の僧。③官僧以外のふつうの僧。「高野（こうや）の―」④学問・技術などにすぐれた人。「歌の―」⑤仙人。⑥天子。天皇。参考「日知り」のことで、天文暦数を知り、天の下を治める人の意という。

ぴしりーと（副）①物を強く打つ音の形容。「―たたく」②容赦なく相手の言動をおさえつけるさま。「申し出を―断る」

びじーれいく【美辞麗句】たくみに飾って表現した言葉・句。暗に内容や誠意がないことをいう。「―を並べる」

びーしん【美神】美をつかさどる神。ビーナス。

びーしん【微震】①かすかな震動。②気象庁の旧震度階級の一つ。現在の震度1に相当する。

びーじん【美人】姿や顔かたちの美しい女性。美女。「―薄命」

ひしんーけい【披針形】〘植〙葉や花弁などで、笹（ささ）の葉のように平たくて細長く、先のとがった形。

ヒス「ヒステリー②」の略。

ビス〈フラ vis〉雄ねじ。小ねじ。ねじくぎ。

ひーすい【△翡△翠】①→かわせみ① 夏 ②〘地質〙宝石の一つ。緑青色の硬玉。

びーすい【微酔】（名・自スル）少し酒に酔うこと。ほろよい。

びーすい【微睡】（名・自スル）少し眠ること。まどろみ。

ビスケット〈biscuit〉小麦粉に砂糖・卵・バター・牛乳などをまぜてかたく焼いた小形の洋風菓子。

ビスコース〈viscose〉〘化〙繊維素（セルロース）を水酸化ナトリウム溶液で処理して二硫化炭素と化合させ、水酸化ナトリウム溶液にとかした粘性の液体。人絹・セロハンなどの原料。

ピスタチオ〈pistachio〉〘植〙ウルシ科の落葉高木。西アジア原産。雌雄異株。種子の中の緑色の部分は食用。

ヒスタミン〈histamine〉〘医〙動植物組織内で、たんぱく質中のヒスチジンが分解して生じる物質。体内で過剰に活性化されると、アレルギー症状の原因となる。

ヒステリー〈ドイ Hysterie〉①〘医〙精神的原因によって生じた心身の病的反応の状態。②感情をおさえられず、病的に興奮して怒ったり泣きわめいたりすること。ヒス。「―を起こす」

ヒステリック〈hysteric〉（形動ダ）（ダロ・ダッ（デ）・ニ・ダ・ナ・ナラ・○）ヒステリー的な性質をもっているさま。病的に興奮するさま。「―な反応」

ピストル〈pistol〉小型の銃。拳銃（けんじゅう）。短銃。

ピストルが… 俳句〔ピストルが プールの硬（かた）き 面（も）にひびき〕〈山口誓子（やまぐちせいし）〉静まりかえったプールサイド。競技の合図をおしだまって待つ観衆。ピストルは鳴り、その乾いた音は水しぶきをあげる直前の硬い水面に反響した。（プール 夏）

ビストロ〈フラ bistro〉居酒屋風のフランス料理店。

ピストン〈piston〉シリンダー内で、内壁に密着しながら往復運動をする栓状の部品。活塞（かっそく）。

―ゆそう【―輸送】（名・他スル）二つの地点を休みなく行き来して人や物を運ぶこと。「―で人を運ぶ」

―リング〈piston ring〉ピストンの溝にはめて、ピストンとシリンダーの間から内部のガスがもれるのを防ぐ輪。

ヒスパニック〈Hispanic〉アメリカ合衆国で、スペイン語を母語・日常語とするラテンアメリカ系の人々。

ビスマス〈bismuth〉〘化〙赤みを帯びた銀白色の金属元素。薬品・低融点合金・顔料用。蒼鉛（そうえん）。元素記号 Bi

ビスマルク〈Otto Eduard Leopold Fürst von Bismarck〉（一八一五―一八九八）ドイツの政治家。ドイツ帝国の初代宰相。ドイツの統一と帝国主義的発展に尽くし、同盟外交を推進してヨーロッパ政局をリードした。鉄血宰相と呼ばれた。

ひずみ【△歪み】（ヒヅミ）①ゆがむこと。ゆがみ。「レンズの―」②〘物〙固体に外力が加わったときに起こる、形・体積などの変化。③ある事を推し進めたときに、結果として生じる悪影響や欠陥。「高度経済成長の―」

ひず・む【△歪む】（ヒヅム）（自五）（マ（モ）・ミ（ン）・ム・ム・メ・メ）（外力などを受けて）形がゆがむ。いびつになる。「窓枠が―」「音が―」

ひ・する【比する】（他サ変）（シ（セ・サ）・シ・スル・スル・スレ・セヨ）くらべる。比較する。「売り上げに―・して利益がない」文ひ・す（サ変）

ひ・する【秘する】（他サ変）（シ（セ・サ）・シ・スル・スル・スレ・セヨ）存在や実態などを人に知られないようにする。かくす。秘密にする。「名を―・して金を送る」文ひ・す（サ変）

ひーせい【批正】（名・他スル）批評して訂正すること。「ご―を請う」

ひーせい【非勢】形勢がよくないこと。

ひーせい【△秕政・△粃政】よくない政治。悪政。「―を正す」

びーせい【美声】美しい声。「―に酔いしれる」↔悪声

ひーせいき【非正規】①正規・正式でないこと。「―軍」②パートタイマーや派遣・契約社員など、雇用形態が正社員と異なること。「―雇用」「―労働者」

びせいーのーしん【尾生の信】①約束を固く守りぬくこと。②ばか正直で、融通のきかないことのたとえ。【故事】古代中国の魯（ろ）の国で、尾生という男が女と橋の下で待ち合わせる約束をしたが、女は来ない。やがて大雨で川の水かさが増してきたが、尾生は女との約束を固く守って立ち去らず、橋脚に抱きついたままおぼれ死んだという話による。〈荘子〉

びーせいぶつ【微生物】細菌・酵母・かび・原生動物など顕微鏡でなければ見えない、ごく小さな生物の一群の総称。

ひーせき【肥△瘠】地味や体のこえることとやせること。肥痩（ひそう）。

ひーせき【△砒石】〘地質〙砒素（ひそ）を含む有毒の鉱物。

ひーせき【秘跡・秘△蹟】→サクラメント

ひーせき【碑石】①石碑の材料となる石。②石碑。いしぶみ。

び-せき-ぶん【微積分】〘数〙微分と積分。微積。

ひ-せつ【秘説】 秘密にして公表しない説。

び-せつ【眉雪】 雪のように白いまゆ毛。

ひ-ぜに【日銭】 毎日収入としてはいってくる金。「ーを稼ぐ」

ひ-ぜめ【火攻め】 火を放って敵を攻めたてること。焼き討ち。

ひ-ぜめ【火責め】 火を使って苦しめる拷問(ごうもん)。

ひ-せん【飛泉】 高い所から勢いよく落下する水。滝。

ひ-せん【卑△賤】(名・形動ダ)身分や地位、また人としての品位が低いこと。

ひ-ぜん【皮△癬】→かいせん(疥癬)

ひぜん【肥前】 旧国名の一つ。現在の長崎(壱岐(いき)・対馬(つしま)を除く)・佐賀両県。肥州。

び-せん【微△賤】(名・形動ダ)身分や地位がいやしいこと。

び-ぜん【美△髯】 りっぱなほおひげ。「ーをたくわえる」

びぜん【備前】 旧国名の一つ。現在の岡山県南東部。備州。

び-ぜん【△靡然】(タルト)そろってなびくさま。なびき従うさま。文(形動タリ)

ひせんきょ-けん【被選挙権】〘法〙選挙される権利。選挙に立候補し、当選人となる資格。参考 公職選挙法では、衆議院議員・市町村長・地方議会議員は満二五歳以上、参議院議員・知事は満三〇歳以上の者に与えられる。

ひせんきょ-にん【被選挙人】〘法〙被選挙権をもつ人。

ひ-せんとういん【非戦闘員】(セントウヰン) ①戦闘中、戦いに関係しない人。軍人以外の国民。②〘法〙国際法上では、交戦国の兵力に間接に属するが、戦闘以外の事務に従事する者。経理部員・軍医・看護兵・従軍記者など。

ひせん-ろん【非戦論】 戦争することに反対する議論や主張。特に、日露戦争のときのものをいう。反戦論。

ひ-そ【△砒素】〘化〙非金属元素の一つ。ふつう、灰白色で金属光沢のある、もろい固体。化合物は猛毒。元素記号 As

び-そ【鼻祖】 物事を最初に始めた人。先祖。元祖。始祖。

ひ-そう【皮相】(サウ) 一(名)物事の表面。うわべ。うわっつら。二(名・形動ダ)物事の見方や考え方が浅く、不十分なこと。また、そのさま。浅薄。「ーな見解」

ひ-そう【悲壮】(サウ)(名・形動ダ)悲しい結果が予想されるにもかかわらず、勇ましさの感じられるさま。「ーな決意」

ひ-そう【悲△愴】(サウ)(名・形動ダ)悲しくていたましいさま。「ー感が漂う」

ひ-ぞう【秘蔵】(ザウ)(名・他スル)①たいせつにしまっておくこと。また、そのもの。「ーの絵画」②たいせつにして非常にかわいがること。また、そのもの。「ーの弟子」

ーっ-こ【ーっ子】→ひぞっこ

ひ-ぞう【△脾臓】(ザウ)〘生〙左の上腹部、胃の左うしろにある楕円(だえん)形の器官。おもにリンパ球をつくり、古くなった赤血球を破壊する。血液をたくわえることもする。

び-そう【美相】(サウ) 美しいすがたかたち。

び-そう【美装】(サウ)(名・他スル)①美しく着飾ること。また、美しいよそおい。②書籍や書画などの美しい表装。「ー本」

び-ぞう【微増】(名・自スル)わずかに増えること。「売上高は年々ーしている」↔微減

びそう-じゅつ【美◦爪術】(ビサウ) 手足のつめを美しくする技術。マニキュアとペディキュア。

ひぞう-ぶつ【被造物】(ヒザウ) 神によって造り出されたもの。

ひそか【◦密か・◦窃か】(形動ダ)(ダロ・ダッ(デ・ニ)・ダ・ナ・ラ・○) 人にかくして、また、人目をさけてこっそりとするさま。「ーに会う」文(ナリ)

ひ-ぞく【卑俗】(名・形動ダ)(態度や言葉づかいなどが)いやしく下品であること。また、そのさま。「ーな笑い」

ひ-ぞく【卑属】 親族系統上、その人より世代があとの者。子・孫・おい・めいなど。「直系ー」↔尊属

ひ-ぞく【△匪賊】(「匪」は悪者の意)集団で出没し強奪・殺人などを犯す盗賊。

び-そく【鼻息】 ①はないき。②人の機嫌。意向。**ーを窺(うかが)う** 相手の機嫌や意向をさぐる。

び-ぞく【美俗】 美しい風俗。よい風習。「醇風(じゅんぷう)ー」

びそくど-さつえい【微速度撮影】 映画で、フィルムを標準の速度より遅くまわして撮影すること。これをふつうの速度で映写すると速い動きとなって見える。

ひぞっ-こ【秘◦蔵っ子】 たいせつにしてかわいがっている子。また、特に目をかけて大事にしている弟子や部下。ひぞうっこ。

ひそ-ひそ(副)小声で話をするさま。「ー(と)話す」

ーばなし【ー話】 他人に聞かれないように、小声で話すこと。また、その話。ないしょ話。

ひそま・る【潜まる】(自五)(ラ(ロ)・リ(ッ)・ル・ル・レ・レ) ①そっとかくれる。②ひっそりと静かになる。「騒ぎがー」他ひそ・める(下一)

ひそみ【△顰】 まゆを寄せて顔をしかめること。**ーに倣(なら)う** 事の善悪を考えず、むやみに人まねをすることのたとえ。転じて、自分が他人の言行を見習うことをへりくだっていう言葉。【故事】古代中国の越(えつ)の国で美女の西施(せいし)が胸を病んで郷里に戻り、咳(せ)き込んで顔をしかめたさまを近隣の醜い女が見て美しいと思い、早速そのまねをしたところ、村人たちは気味悪がってみな門を閉ざしたという話から。〈荘子〉

ひそ・む【潜む】(自五)(マ(モ)・ミ(ン)・ム・ム・メ・メ) ①人目につきにくい所にひそかに存在する。かくれる。「草むらにー」②外には現れず、中にこもる。「心にー願望」他ひそ・める(下一)

ひそ・める【潜める】(他下一)(メ・メ・メル・メル・メレ・メロ(メヨ)) ①そっとかくす。しのばせる。「物陰に身をー」②外部へあらわさないようにする。「声をー」「鳴りをー(=静かにする。また、活動しないでじっとしている)」自ひそま・る(五)ひそ・む(五)文ひそ・む(下二)

ひそ・める【△顰める】(他下一)(メ・メ・メル・メル・メレ・メロ(メヨ)) まゆの間にしわを寄せて、不快な気持ちを表す。「まゆをー」文ひそ・む(下二)

ひそやか【◦密やか】(形動ダ)(ダロ・ダッ(デ・ニ)・ダ・ナ・ラ・○) ①人に知られず行うさま。ひそか。②ひっそりと静かなさま。「ーな街」文(ナリ)

ひ-ぞ・る【◦乾反る・干反る】(自五)(ラ(ロ)・リ(ッ)・ル・ル・レ・レ) 乾いてそりかえる。「板がー」

ひた-【◦直】(接頭)「ひたすら」「いちずに」「もっぱら」などの意を表す。「ー走る」「ーあやまりにあやまる」

ひだ【△襞】 衣服などに細く折りたたんでつけた折り目。また、そのように見えるもの。「スカートのー」「山のー」

ひだ【飛騨】 旧国名の一つ。現在の岐阜県北部。飛州。

びた【△鐚】→びたせん

ビター〈bitter〉(形動ダ)(ダロ・ダッ(デ・ニ)・ダ・ナ・ラ・○) 苦いさま。「ーな味わい」「ーチョコ」

ひたい【額】(ヒタヒ) 髪のはえぎわからまゆに至る部分。おでこ。**ーに汗(あせ)する** 一生懸命に働く。**ーを集(あつ)める** 寄り集まって熱心に相談する。

ーぎわ【ー際】(ギハ) 額の髪のはえぎわ。

ひ-だい【肥大】(名・自スル)①太って大きくなること。「ーした体」「組織のー化」「欲望がーする」②体の器官が正常の大きさよりも大きくなること。「心臓がーする」

び-たい【眉△黛】 まゆずみ。

び-たい【△媚態】 男性にこびる、女性のなまめかしいしぐさ。また、人にこびへつらい、とり入ろうとする態度。「ーを示す」

び-だい【尾大】 首より尾のほうが大きいこと。

—掉ふるわず（尾が大きすぎると自由に動かせない意から）上に立つ者よりも下の者の勢力が強大で、制御しにくくなること。

びた-いちもん【△鐚一文】びたせん一文。きわめてわずかのお金。「—出さない」用法多く、あとに打ち消しの語を伴う。

ひた-おし【◇直押し】少しも力をゆるめずにひたすら押すこと。しゃにむに押し進めること。「—に攻める」

ひた-かくし【◇直隠し】ひたすら隠すこと。「—に隠す」

ひたき【△鶲】〔動〕ヒタキ科の鳥類のうち、ヒタキ亜科の鳥の総称。雄には美しいものが多い。秋冬 語源鳴き声が火打ち石を打つ音に似ているのでこの名がある。

び-だくおん【鼻濁音】鼻音化した濁音。特に、語中・語尾のガ行の子音がŋとなるのを、語頭のgに対していう。「崖」のガ(ga)に対して「怪我」のガ(ŋa)、「議論」のギ(gi)に対して「論議」のギ(ŋi)など。

ひた-ごころ【◇直心】いちずな心。ひたむきな心。

ピタゴラス〈Pythagoras〉（前五七〇?〜前四九七?）古代ギリシャの哲学者・数学者。南イタリアのクロトンに学園をつくってピタゴラス学派を結成、霊魂の不滅・輪廻の思想を説いた。また「ピタゴラスの定理」を発見し、数を万物の根源とする理論を立てた。

ひたし-もの【浸し物】→おひたし

ひた・す【浸す・◇漬す】（他五）液体の中につける。また、それによって液体を含ませる。「水に—」「ガーゼを薬液に—」自ひた・る（五）可能ひた・せる（下一）

ひた-すら【×只管・×一向】（副）ただそのことだけに心を集中して行うさま。ひたむきに。いちずに。「—学問に打ち込む」

びた-せん【△鐚銭】粗悪な銭。室町時代では永楽銭以外の私鋳銭、江戸時代では鉄銭の称。一文銭など。びた。

ひた-たれ【◇直垂】昔の衣服の一種。袖くくりがあり、胸ひもがつき、すそは袴の中に入れて着用する。古くは平民の服で、鎌倉時代以後、武家の礼服となり、公家も用いた。

〔ひたたれ〕

ひたち【常陸】旧国名の一つ。現在の茨城県。常州。

ひ-だち【肥立ち】①（赤ん坊が）日一日と成長すること。「—のよい赤ん坊」②病気や産後の体調が日を追って回復すること。「産後の—がよい」

ひ-だ・つ【肥立つ】（自五）日を追って成長する。また、日がたつにつれ回復する。

ひ-だっそ【△脾脱△疽】→たんそ（炭疽）

ぴたっ-と（副）「ぴたりと」を強めていう語。「痛みが—とまる」

ひた-と【◇直と】（副）①すきまなく。じかに。ぴったりと。「—寄り添う」②急に。にわかに。「—立ち止まる」

ひ-だね【火種】①火を燃やすもとにする小さな火。「—を絶やさずにおく」②争いなどの起こるきっかけになるもの。「紛争の—をかかえる」

ひた-はしり【◇直走り】休むことなく一心に走ること。懸命に走りつづけること。ひたばしり。「—に走る」

ひた-ひた 一（副）①水が繰り返し打ち当たる音やさまを表す語。「波が—（と）船べりをたたく」②水がはいりこむように、静かに確実に迫ってくるさま。「敵の軍勢が—（と）押し寄せる」二（形動ダ）液体の量が、やっと中の物をひたす程度であるさま。「だし汁を—に入れる」

ひた-ぶる【×一向】（形動ダ）（古くは「ひたふる」）①いちずなさま。ひたすら。「—な態度」②（古）すっかり。③（古）まったく。全然。文（ナリ）

ひ-だま【火玉】①空中を飛ぶ玉のような火。怪火。火の玉。②キセルの火皿に詰めたたばこの、火のついたかたまり。

ひ-だまり【日△溜〔ま〕り】（寒い季節に）日光がよく当たって風の通らない暖かい所。

ビタミン〈vitamin〉〔保〕動物の正常な成長や発育、健康の維持に不可欠な低分子の有機化合物。体内では合成できず、栄養素の一つとして、外界から摂取しなければならない。A・B・C・D・Eなどがある。

ひた-むき【◇直向き】（形動ダ）一つのことに熱中するさま。いちずなさま。「—な態度」文（ナリ）

ひた-めん【◇直面】能楽で、面をつけずに演じること。ひたおもて。

ひ-だら【干△鱈】たらに薄塩をまぶして干した食品。春

ひだり【左】①南を向いたとき、東にあたる側。↔右 ②急進派。左翼。↔右 ③よく酒を飲むこと。また、その人。参考会話の相手に対しては、相手から見た位置関係を念頭において「向かって左」「この家の左手」などというと誤解されずに伝わる。

—うちわ【—×団扇】仕事をしなくても生活の心配がなく安楽に暮らせること。「—のご身分」

—きき【—利き】①利き腕が左であること。また、そういう人。左ぎっちょ。↔右利き ②酒に強いこと。また、その人。

—ぎっちょ →ひだりきき①

—づま【—△褄】①着物の左のつま。②（左手で着物のつまを取って歩くことから）芸者の異称。「—を取る（=芸者になる）」

—て【—手】①左の手。弓手。②左の方向。左のほう。「—にそびえる山」（↔右手）

—とう【—党】酒好きの人。左党さとう。

—まえ【—前】①相手から見て左のおくみを上にして和服を着ること。死者の装束に用いる。②運勢・事業や経済状態が悪くなること。落ち目。左向き。「店が—になる」

—まき【—巻き】①左まわりに巻いていること。また、そのもの。②頭のはたらきが少しおかしいこと。また、その人。

—まわり【—回り】左のほうへ回ること。中心を左側に見て回る進み方。時計の針と反対の回り方。↔右回り

—むき【—向き】①左のほうへ向くこと。または向いたもの。②衰えかかること。左前。

—よつ【—四つ】相撲で、たがいに左手を相手の右手の下に入れて組んだ体勢。↔右四つ

ぴたり（副）①続いていたものすべてがとまるさま。「痛みが—（と）おさまる」「—と足をとめる」②すきまなく密着しているさま。「—と寄り添う」③少しのずれもなく合うさま。よく的中するさま。「—（と）当てる」

ひだりじんごろう【左甚五郎】江戸初期の建築・彫刻の名工。日光東照宮の「眠り猫」など、彼の作と伝えられるものは多いが、実在の人物かどうかは未詳。

ひだり・する【左する】（自サ変）左へ行く。↔右する 文ひだり・す（サ変）

ひた・る【浸る】（自五）①（水・湯などに）つかる。「のんびり湯に—」②ある心境や状態にはいりきる。「喜びに—」「酒に—」他ひた・す（五）可能ひた・れる（下一）

ひだる・い【△饑い】（形）ひもじい。空腹である。文ひだる・し（ク）

ひ-だるま【火◇達磨】火が全身にまわって燃えあがった状態。

ひ-たん【飛△湍】水の流れの激しい瀬。早瀬。急流。

ひ-たん【悲嘆・悲△歎】（名・自スル）悲しみなげくこと。「—にくれる」

ひ-だん【飛弾】飛んでくる弾丸。

ひ-だん【被弾】（名・自他スル）銃弾・砲弾を受けること。「翼

にーする」

び-だん【美談】聞く者が感心するようなりっぱな行いの話。「ーとして伝わる」

び-だんし【美男子】姿・顔かたちの美しい男性。びなんし。

ひぢ【◦泥】(ひじ)《古》どろ。つち。ぬかるみ。

ピチカート〈(イタリア) pizzicato〉《音》バイオリンやチェロなどの弦楽器の弦を、弓を使わないで指ではじいてひく演奏法。

び-ちく【備蓄】(名・他スル) 万一にそなえてたくわえておくこと。「石油のー」「ー米」

ひち-しゃ【被治者】統治される者。

ぴち-ぴち(副・自スル) ①勢いよくはねまわるさま。「若あゆがー(と)はねる」②若々しく元気がよいさま。「ー(と)した娘」

ひ-ちゃくしゅつし【非嫡出子】《法》法律上の婚姻関係にない二人の間に生まれた子。嫡出でない子。↔嫡出子

ぴちゃ-ぴちゃ(副) ①水のある所を歩く音の形容。「雨靴でー(と)歩く」②物に水が当たる音の形容。「波がー(と)船べりに当たる」③飲み食いするとき、舌でたてる音の形容。「猫がー(と)牛乳をなめる」④平手で続けて軽くたたく音の形容。

び-ちゅう【微衷】わずかばかりのまごころ。自分のまごころ・本心の謙称。微意。「ーをご推察ください」

ひちゅう-の-ひ【秘中の秘】秘密にしている事柄のうちでも、特に秘密にしていること。

ひ-ちょう【飛鳥】(テウ)― 空を飛ぶ鳥。「ーの早業(はやわざ)」

ひ-ちょう【秘△帖】(テフ)― 秘密の事柄を記した帳面。

ひ-ちょう【悲調】(テウ)― 悲しい調子。悲しげな音調。

び-ちょうせい【微調整】(テウセイ)― (名・他スル) わずかな狂いなどをより正しく調整すること。

ひちり-き【△篳△篥】《音》雅楽に用いる管楽器の一種。中国から伝来した竹製のたて笛で、表に七つ、裏に二つの指穴がある。音は高音で哀調をおびる。

〔ひちりき〕

ひ-ぢりめん【△緋◦縮△緬】緋色(ひいろ)のちりめん。

ひつ【匹】ヒツ㊥ ひき㊥・たぐい

一 ア 兀 匹

(字義) ①たぐい。連れ合うもの。「匹偶・良匹」②たぐう。釣り合う。「匹敵」③身分が低い。「匹夫・匹婦」④ひき。㋐布地の長さの単位。二反。㋑鳥獣・魚・虫などを数える助数詞。

ひつ【必】㊖4 ヒツ かならず

丶 ソ 义 必 必

(字義) ①かならず。きっと。間違いなく。「必至・必定(ひつじょう)・必然」②きっと果たす。かならずしなければならない。「必携・必修・必勝・必読」[人名]さだ

ひつ【泌】ヒツ㊥・ヒ㊤

氵 氵 氵 汐 泌 泌 泌

(字義) ①にじむ。液体がしみ出る。「泌尿器(ひにょうき)・分泌(ぶんぴつ・ぶんぴ)」②泉が流れ出る。

ひつ【畢】(人) ヒツ おわる

(字義) ①禽獣(きんじゅう)を捕らえるあみ。また、あみで捕らえる。「畢弋(ひつよく)」②終わる。終える。「畢業・畢生」③ことごとく。みな。④ついに。「畢竟(ひっきょう)」

ひつ【筆】㊖3 ヒツ ふで

⺈ ⺮ 竺 竺 笒 筀 筆

(字義) ①ふで。「筆写・筆墨・毛筆」②筆記の用をなすもの。「鉛筆・万年筆」③書く。文章を書く。「代筆・特筆・末筆」④書いた文字・文章や絵画。「筆禍・筆跡・加筆・絶筆・達筆・肉筆」[難読]筆忠実(ふでまめ)

ひつ【△櫃】①ふたのついた大形の箱。長櫃(ながびつ)・唐櫃(からびつ)など。②(上に「お」を付けて)めしびつ。おはち。

ひっ-【引っ】(接頭)(動詞に付いて)意味や語調を強める語。「ーとらえる」「ーくくる」

ひつ-あつ【筆圧】文字を書くときに、ペン・筆を通して紙面にかかる圧力。「ーが強い」

ひつ-い【筆意】①筆をはこぶときの心がまえ。②書いた書画などのおもむきや味わい。筆づかい。

ひ-つう【悲痛】(名・形動ダ) 悲しくて心の痛むさま。「ーな声」

ひっ-か【筆架】筆をつるして掛けておく用具。ふでかけ。

ひっ-か【筆禍】(クワ)― 書いた文章がもとになって、法律的・社会的な制裁や災難を受けること。また、その災難。「ー事件」

ひっ-かえ・す【引っ返す】(カヘス)― (自五) (サ(ソ)・シ・ス・セ・セ)(「ひきかえす」の音便)→ひきかえす

ひっ-かかり【引っ掛〔か〕り】①手や物の掛かるところ。「表面にーがない」②関係。かかわり。③気がかり。わだかまり。

ひっ-かか・る【引っ掛〔か〕る】(自五) (ラ(ロ)・リ(ッ)・ル・ル・レ・レ)(「ひきかかる」の音便) ①物に掛かって止まる。「凧(たこ)が木の枝にー」②やっかいなことにかかわり合う。「面倒な事件にー」③さまたげられて進行を止められる。「検問にー」④計略にはまる。「詐欺(さぎ)にー」⑤液体がかかる。「お茶がー」⑥気になる。わだかまりを感じる。「彼の言葉がどうもー」[他]ひっか・ける(下一)

ひっ-かきまわ・す【引っ△掻き回す】(カキマハス)― (他五) (サ(ソ)・シ・ス・セ・セ)(「ひきかきまわす」の音便) ①荒々しくかきまわす。「箱の中をー」②身勝手なことをして混乱させる。「会議をー」

ひっ-か・く【引っ△掻く】(他五) (カ(コ)・キ(イ)・ク・ク・ケ・ケ)(「ひきかく」の音便)爪(つめ)や先のとがったもので強くかく。「猫にー・かれる」

ひっ-か・ける【引っ掛ける】(他下一) (ケ・ケ・ケル・ケル・ケレ・ケロ(ケヨ))(「ひきかける」の音便) ①物の先に何かを掛ける。「コートをハンガーにー」②無造作に身につける。「羽織をー・けて破る」「服をぐにー」③だます。計略にかける。「敵をー策略を練る」④液体をあびせかける。「水をー」⑤酒などをぐいと飲む。「一杯ー」⑥ちょっと関連づける。ひきあいに出す。「歌にー・けて話す」[自]ひっかか・る(五)[文]ひっか・く(下二)

ひっ-かつ・ぐ【引っ担ぐ】(他五) (ガ(ゴ)・ギ(イ)・グ・グ・ゲ・ゲ)(「ひきかつぐ」の音便)勢いよくかつぐ。「荷物をー」

ひっ-かぶ・る【引っ◦被る】(他五) (ラ(ロ)・リ(ッ)・ル・ル・レ・レ)(「ひきかぶる」の音便) ①勢いよくかぶる。「ふとんをー・って寝る」②本来他人が負うべき責任や負担を自分で引き受ける。「罪をー」

ひ-つき【火付き】火のつきぐあい。「ーが悪い」

ひっ-き【筆記】(名・他スル) 書きしるすこと。特に、話されていることを書き取ること。また、書きしるしたもの。「口述ー」

ーしけん【ー試験】解答を紙に書かせて提出させる試験。↔口述試験

ーたい【ー体】欧文文字などで、手書きに適した書体。

ひつ-ぎ【△柩・◦棺】遺体を入れて葬る箱。かんおけ。

ひ-つぎ【日◦嗣〔ぎ〕】天皇の位をつぐこと。また、皇位。

ーのみこ【ーの◦御子】皇太子。

ひっ-きょう【△畢△竟】(キヤウ)― (副・自スル) つまるところ。結局。「ーそれが答えだ」

ーするに つまるところは。結局のところ。

ひっきり-なし【引っ切り無し】(形動ダ) (ダロ・ダッ(デ・ニ)・ダ・ナ・ナラ・○)(「ひききりなし」の音便)たえまなく続くさま。「ーにお客が来る」

ピッキング〈picking〉特殊な工具を使って外部から錠をあけること。窃盗犯が留守中の他人の住居に侵入する手口。

ビッグ〈big〉(形動ダ) (ダロ・ダッ(デ・ニ)・ダ・ナ・ナラ・○) ①大きいさま。「ーバンド」「ーチャンス」②重要なさま。「ーゲーム」

ーデータ〈big data〉産業・行政・学術など、さまざまな分野での利用を目的に、情報通信技術により収集・蓄積された

膨大なデータ。

―ニュース〈big news〉重大なニュース・情報。

―バン〈big bang〉①宇宙の始めに起こったとされる大爆発。②金融制度の大改革。「金融―」[参考]①はアメリカの理論物理学者ガモフらが唱えた説。②は一九八六年にイギリスで行われた証券制度大改革の称から。

ピック〈pick〉《医》サリチル酸をまぜた膏薬。皮膚の炎症や切り傷などに用いる。ピック硬膏。

ピック〈pick〉①つるはし。また、ピッケルのつるはし状の先端。②ギター・マンドリンなどの弦をひくつめ。

ピック-アップ[一]〈pick up〉(名・他スル) 拾い上げること。よりぬくこと。「要点を―する」[二]〈pickup〉(名) レコードプレーヤーで、針の振動を電気振動に変え、音を再生する装置。

ひっ-くく・る【引っ括る】(他五) ラ(ロ)・リ(ッ)・ル・ル・レ・レ (「ひきくくる」の音便)勢いよくしばる。荒っぽくしばる。「盗人を―」

びっくり【×吃驚・×喫驚】(名・自スル) 突然のこと、意外なことに出あって驚くこと。「急な話に―する」

―ぎょうてん【―仰天】(名・自スル) 非常に驚くこと。「意外な結末に―する」

―ばこ【―箱】箱のふたを開けると、ばね仕掛けで中から人形などが飛び出し、人を驚かせるおもちゃ。

ひっくり-かえ・す【引っ繰り返す】(他五) サ(ソ)・シ・ス・ス・セ・セ ①上下・表裏などを逆にする。さかさまにする。「砂時計を―」②横転させる。「バケツを―」③それまでの状態を逆転させる。くつがえす。「試合を―」「定説を―」[自]ひっくりかえ・る(五)

ひっくり-かえ・る【引っ繰り返る】(自五) ラ(ロ)・リ(ッ)・ル・ル・レ・レ ①上下・表裏などが逆になる。さかさまになる。「コップが―」「天と地が―」②横転する。「車が―」③それまでの状態が逆転する。くつがえる。「形勢が―」[他]ひっくりかえ・す(五)

ひっ-くる・める【引っ括める】(他下一) メ・メ・メル・メル・メレ・メロ(メヨ) 全部を一つにまとめる。「―・めて言えば」[文]ひっくる・む(下二)

ひ-つけ【火付け】人の家などに火をつけること。放火。また、火をつけた人。

―やく【―役】事件・騒動や論議のきっかけを作る人。

ひ-づけ【日付】①文書などに作成・提出などの年月日を記すこと。また、その年月日。「手紙に―を入れる」②暦の上での年月日。「―がかわる」

―へんこうせん【―変更線】《地》時差によって生じる日付のずれを調整するため、太平洋上の一八〇度の経線にほぼ沿って設けられた線。東に越えるときは同じ日を重ね、西に越えるときは一日進ませる。

ひっ-けい【必携】必ず携えていなくてはならないこと。携えておく価値のあること。また、そのもの。「ビジネスマン―の書」

ピッケル〈ドイ Pickel〉木製の柄につるはし状の金具のついた、登山道具。おもに氷雪上の足場の確保に用いる。

〔ピッケル〕

ひっ-けん【必見】必ず見なければならないこと。見ておく価値のあるもの。「―の映画」

ひっ-けん【筆健】詩歌・文章を作る力がすぐれていること。

ひっ-けん【筆硯】①筆とすずり。②文章を書くこと。③手紙文で、文筆家の生活についていう語。「―益々ご清適の段」

びっこ【△跛】①片方の足が不自由で歩行の釣り合いがとれないこと。また、その人。(差別的な意がある)②対であるはずのものの色や形などがそろっていないこと。また、そのもの。

ひっ-こう【筆工】①筆を作る職人。②筆で記録する者。

ひっ-こう【筆耕】①報酬を受けて筆写や清書をすること。また、それをする人。「―料」②文筆で生計を立てること。

ひっ-こし【引っ越し】(名・自スル) 住居を移すこと。引っ越すこと。「―荷物」

―そば【―×蕎麦】(おそばに来ましたの意をかけて)転居先の近所にあいさつの意味で配るそば。

[類語]転居・転宅・宿替え・家移り・移転

ひっ-こ・す【引っ越す】(自五) サ(ソ)・シ・ス・ス・セ・セ (「ひきこす」の音便)住居を移す。転居する。「郊外に―」

ひっこ-ぬ・く【引っこ抜く】(他五) カ(コ)・キ(イ)・ク・ク・ケ・ケ 「引き抜く」を強めていう語。「大根を―」「人材を―」

ひっ-こみ【引っ込み】①ひき入れること。「貨車の―線」②意見などをとりさげること。身を引くこと。「―がつかない」③歌舞伎で役者が花道を退場するときの特別のしぐさ。

―がち(名・形動ダ)①積極的に物事をしようという意欲に乏しいこと。また、そのさま。消極的。「―な性格」②家に閉じこもって、あまり外に出ようとしないこと。また、そのさま。

―じあん【―思案】(名・形動ダ) 人前に出て積極的に事に当たる意欲のないさま。また、そういう態度・性格。

―せん【―線】→ひきこみせん

ひっ-こ・む【引っ込む】(自五) マ(モ)・ミ(ン)・ム・ム・メ・メ (「ひきこむ」の音便)①家の中や目立たない所に退いてこもる。「故郷に―」②後方、奥のほうに下がる。「表通りから―・んだ所」③とび出ていたものが他と同じ高さになる。また、表面から一か所だけくぼむ。「こぶが―」「目が―」[他]ひっこ・める(下一)

ひっ-こ・める【引っ込める】(他下一) メ・メ・メル・メル・メレ・メロ(メヨ) (「ひきこめる」の音便)①一度出したものをもとへもどす。「手を―」②さげて低くする。ちぢめる。「首を―」③取り消す。取りさげる。「要求を―」[自]ひっこ・む(五)[文]ひっこ・む(下二)

ひっ-こも・る【引っ籠〔も〕る】(自五) ラ(ロ)・リ(ッ)・ル・ル・レ・レ (「ひきこもる」の音便)閉じこもる。

ピッコロ〈イタ piccolo〉《音》管楽器の一つ。フルートより小さく、一オクターブ高い音を出す木製または金属製の横笛。

〔ピッコロ〕

ひっ-さい【筆才】文筆の才能。文才。

ひっ-さく【筆削】(名・他スル) 文章などを書きたしたり、けずったりして直すこと。添削。

ひっ-さ・げる【引〔っ〕提げる】(他下一) ゲ・ゲ・ゲル・ゲル・ゲレ・ゲロ(ゲヨ) (「ひきさげる」の音便)①手にさげて持つ。たずさえる。「刀を―」②引きつれる。ひきいる。「五万の兵を―・げて出陣する」③体などをむりに動かす。「老軀を―・げて任に当たる」④表に出す。掲げる。「教育問題を―・げて立候補する」[文]ひっさ・ぐ(下二)

ひっ-さつ【必殺】相手を必ず殺すこと。また、その意気込み。「―技」

ひっ-さら・う【引〔っ〕△攫う】(他五) ワ(オ)・イ(ッ)・ウ・ウ・エ・エ (「ひきさらう」の音便)すばやくさらっていく。「鷹が獲物を―」

ひっ-さん【筆算】(名・他スル)①(暗算や珠算に対して)数字を紙などに書いて計算すること。②書くことと計算すること。

ひっ-し【必死】[一](名)①必ず死ぬこと。②将棋で、次の手で必ず詰みになるような形。必至。「―をかける」[二](名・形動ダ) 死を覚悟して行うこと。一生懸命に全力を尽くすさま。死にものぐるい。「―の努力」「―に弁明する」

ひっ-し【必至】(名・形動ダ)①必ずそうなり、避けることができないこと。「解散は―だ」②→ひっし(必死)[一]②

ひっ-し【筆紙】①筆と紙。②文章に書き表すこと。

―に尽くし難い 文章ではとても表現できない。

ひつじ【°未】①十二支の第八。②昔の時刻の名。今の午後二時ごろ、およびその前後約二時間。③方角の名。ほぼ南南西。

―さる【―◇申・△坤】方角の名。南西。

ひつじ【羊】〘動〙ウシ科ヒツジ属の哺乳動物の総称。多くは角をもち、体には灰白色の縮れた長毛が密生。毛・肉・乳・皮革と用途が広く、古くから家畜とされ種類が多い。緬羊。

―へん【―偏】漢字の部首名の一つ。「羚」「羯」などの「⺶」の部分。

ひっ-しゃ【筆写】(名・他スル) 書き写すこと。

ひっ-しゃ【筆者】その文章・書画をかいた人。

ひつ-じゅ【必需】必ず要ること。また、そのもの。必要。

―ひん【―品】なくてはならない物品。「生活―」

ひつ-じゅ【筆受】(名・他スル)〘仏〙仏典を漢訳するとき、梵語から翻訳された文章を聞いて筆記する人。

ひっ-しゅう【必修】― 必ず学び修めなければならないこと。「―科目」

ひつ-じゅつ【筆述】(名・他スル) 文章に書いて述べること。

ひつ-じゅん【筆順】文字、特に、漢字を書くときの筆づかいの順序。書き順。

ひっ-しょう【必勝】必ず勝つこと。「―を期する」

ひつ-じょう【必定】― ■一(名) 必ずそうなるに決まっていると予測されること。「失敗するのは―だ」■二(副) 必ず。きっと。

ひっ-しょく【筆触】絵画で、筆のつかい方。タッチ。

びっ-しょり (副) ひどくぬれているさま。「―(と)汗をかく」

びっ-しり (副) すきまもなく、いっぱいにつまっているさま。「家が―(と)建ち並ぶ」「予定が―(と)つまる」

ひつ-じん【筆陣】― ①迫力ある文章で鋭い論戦をすること。また、そのような論文。「―を張る」②筆者の顔ぶれ。

ひっ-す【必須】必ず要ること。なくてはならないこと。必須。「―条件」「―課目」

―アミノさん【―アミノ酸】〘保〙体内では合成できず、食物から直接摂取しなければならない、栄養上不可欠なアミノ酸。ヒトでは、トリプトファン・リジンなどの九種類をさす。

ひっ・する【必する】(他サ変) 必ずそうなるに決まっている。かたく心に決める。「成功を―」文ひっ・す(サ変)

ひっ-せい【△畢生】命の終わるまでの間。終生。一生涯。「―の大事業」

ひっ-せい【筆生】筆写を役目・職業とする人。

ひっ-せい【筆勢】書画にあらわれた筆の勢い。「鋭い―」

ひっ-せき【筆跡・筆△蹟】書き残した文字。また、個人個人の文字の書きぐせ・特徴。「―鑑定」

ひつ-ぜつ【筆舌】書くことと話すこと。文章と言葉。

―に尽っくし難がたい 文章や言葉では表現のしようがない。

ひっ-せん【筆洗】筆先を洗う器。筆洗い。

ひっ-せん【筆戦】文章による論争。

ひつ-ぜん【必然】必ずそうなるに決まっていること。そうなる以外にないこと。「―の帰結」↔偶然

―せい【―性】そうなる以外にはあり得ないという要素・性質。「―のある論理」

―てき【―的】(形動ダ) 必ずそうなるさま。当然そうあるべきで、他に考えられないさま。「―な結果」

ひっ-そく【△逼塞】(名・自スル) ①落ちぶれて世をさけること。世間から姿を隠してこもること。「田舎に―する」②江戸時代、武士や僧に科した刑の一種。閉門より軽く、門をとざして昼間の外出を禁じたもの。

ひっそり (副・自スル) ①静かでものさびしいさま。「―(と)静まりかえる」②静かに目立たないように行うさま。「―(と)暮らす」

―かん【―閑】(副) 静まりかえっているさま。「―とした街」

ひった-かのこ【△疋田鹿の子】絞り染めの一種。鹿の子絞りより大型の四角形で一面に絞ったもの。疋田絞り。

ひっ-たく・る【引ったくる】(他五)(「ひきたくる」の音便)他人の持っているものをすばやくむりに奪い取る。「バッグを―」

ひっ-た・てる【引っ立てる】(他下一)(「ひきたてる」の音便)むりに引っぱって連れて行く。「罪人を―」文ひった・つ(下二)

ぴったり (副・形動ダ・自スル) ①密着するさま。すきまなくくっつくさま。「雨戸を―(と)閉める」②よく合っているさま。よく的中するさま。「相性が―だ」「予想が―(と)当たる」③似つかわしいさま。「―(と)した表現」「そのスーツは君に―だ」④急に、まったくとまったりやめたりするさま。「風が―(と)やむ」

ひっ-たん【筆端】①筆の先。②絵画や文章の筆の勢い。また、筆の運びのはしばし。筆勢。

ひつ-だん【筆談】(名・自スル) 話すかわりに文字を書くことによってたがいに意思を伝えあうこと。「―でやりとりする」

ひっ-ち【筆致】書画・文章の書きぶり・おもむき。「軽妙な―」

ピッチ〈pitch〉①一定時間内にくり返して行う動作の回数や調子。一定時間内の作業の能率。「速い―で漕ぐ」「仕事の―を上げる」②ねじの、山と山との間の長さ。③音の高低の度合い。④野球で、投球。ピッチング。「ワイルド―」⑤サッカーなどで、競技場。

ピッチ〈pitch〉〘化〙コールタール・石油などを蒸留した残留物。黒色で、木材塗料・道路舗装用。チャン。瀝青。

ヒッチハイク〈hitchhike〉通りがかりの自動車に便乗させてもらって、旅行をすること。

ピッチャー〈pitcher〉野球で、投手。

―プレート〈pitcher's plate から〉野球で、投手が打者に投球する際、足で触れていなければならない板。投手板。

ピッチャー〈pitcher〉洋風の水差し。

ひっ-ちゃく【必着】必ず着くこと。「願書は五日―のこと」

ひっ-ちゅう【匹△儔】―(「匹」「儔」ともに仲間の意)匹敵すること。また、匹敵するもの。たぐい。仲間。

ひっ-ちゅう【必中】必ず命中すること。「一発―を期する」

ひっ-ちゅう【筆△誅】(名・他スル) 罪悪・過失などを書きたてて責めること。「―を加える」

びっちゅう〔備中〕旧国名の一つ。現在の岡山県西部。備州。

ぴっちり (副・自スル) すきまなく、くっついているさま。ぴったり。「―(と)したスラックス」

ピッチング〈pitching〉①船や飛行機が上下に揺れること。縦揺れ。↔ローリング ②野球で、投手の投球。「ナイス―」

ひ-づつ【火筒】鉄砲。ほづつ。

ひっ-つか・む【引〔っ〕△攫む】(他五)(「ひきつかむ」の音便)荒々しくつかむ。「相手の胸ぐらを―」

ひっ-つ・く【引っ付く】(自五) ①ぴったりとくっつく。「ガムが―」②〘俗〙親密な関係になる。また、夫婦になる。

ひっ-つめ【引っ詰め】両鬢などを無造作に引きつめて、うしろで束ねる女性の髪形。「―髪」

ひっ-つり【引っ△攣り】→ひきつり②

ひっ-つれ【引っ△攣れ】→ひきつり②

ひっ-てき【匹敵】(名・自スル) 能力や地位などが同じくらいであること。肩をならべること。「彼の実力は名人に―する」

ヒット〈hit〉(名・自スル) ①野球で、安打。「タイムリー―」②人気を得て、大当たりすること。「―曲」「映画が―する」③

命中すること。「顔面にパンチが―する」

―エンド-ラン〈＊hit-and-run〉野球で、打者と走者がしめしあわせて、走者は投手が投球動作にはいると同時に次の塁に向かって走り、打者はその球を必ず打つ攻撃法。

ビット〈bit〉〘情報〙コンピューターで扱う情報量の単位。語源 binary digit(二進数)から。

ピット〈pit〉①穴。くぼみ。「オーケストラ―」②自動車レース場で、レース中の車の給油や整備をする所。「―イン」③陸上競技の跳躍種目で、競技者が着地する場所。

ひっ-とう【筆答】ヒッタフ（名・自スル）文字で書いて問いに答えること。また、その答え。「―試問」↔口答

ひっ-とう【筆筒】筆入れ。筆立て。ふでづつ。

ひっ-とう【筆頭】①筆の先。②連名の一番目。また、そこに名を書かれた人や地位。「優勝候補の―」「前頭(まえがしら)―」

―しゃ【―者】〘法〙戸籍の最初に記載してある人。

ひつ-どく【必読】（名・他スル）必ず読まなければならないこと。読む価値のあること。「―図書」

ひっ-とら・える【引っ捕〔ら〕える】ヒトラヘル（他下一）エエ・エル・エル・エレ・エロ(エヨ) 強い力でとらえる。「賊を―」文 ひっとら・ふ(下二)

ひつ-ば【匹馬】①一頭のうま。②うま。馬匹(ばひつ)。

ひっ-ぱが・す【引っ剝がす】（他五）サ(ソ)・シ・ス・ス・セ・セ（「ひきはがす」の音便）強い力でむりにはがす。ひっぺがす。「化けの皮を―」

ひっ-ぱく【△逼迫】（名・自スル）事態がさしせまって、ゆとりがなくなること。「医療の―」「生活が―する」

ひっ-ぱ・ぐ【引っ剝ぐ】（他五）ガ(ゴ)・ギ(イ)・グ・グ・ゲ・ゲ（「ひきはぐ」の音便）荒々しくむりに引っぱってはぐ。「布団を―」

ひっ-ぱた・く（他五）カ(コ)・キ(イ)・ク・ク・ケ・ケ 手荒くたたく。「ほおを―」

ひつ-ばつ【必罰】罪ある者を、必ず罰すること。「信賞―」

ひっぱり-だこ【引〔っ〕張り△凧】人気があり、多くの人から欲しがられること。また、そのような人や物。「―の新製品」

ひっぱり-だ・す【引っ張り出す】（他五）サ(ソ)・シ・ス・ス・セ・セ ①引っ張って外へ出す。「ひきだしの奥から―」②出まいとするのを強引に表立った場所などに出す。「選挙に―」

ひっ-ぱ・る【引〔っ〕張る】（他五）ラ(ロ)・リ(ッ)・ル・ル・レ・レ（「ひきはる」の音便）①引いてぴんと張る。「ロープを―」②力を入れて引き寄せる。「親の手を―」③むりに連れて行く。「贈賄容疑で警察に―・られる」④誘い入れる。「よい選手を―」⑤人を統率する。「リーダーとして仲間を―」⑥長くのばす。延期・延長する。「語尾を―」「支払いを―」⑦野球で、右打者はレフト方向へ、左打者はライト方向へ打つようにする。「直球を―」↔流す

ヒッピー〈hippie〉社会の既成の制度・習慣・風俗などを否定して、自然に帰ることを唱える若者集団。一九六〇年代米国に生まれ、各国で流行。長髪、ラフなスタイルなどが特徴。

ひっ-ぷ【匹夫】①身分の低い男。②教養がなく、道理に暗い男。(↔匹婦)

―の勇(ゆう) 深い考えもなく、ただ向こうみずなだけの勇気。

ひっ-ぷ【匹婦】①身分の低い女。②教養がなく、道理に暗い女。(↔匹夫)

ヒップ〈hip〉①尻(しり)。②腰まわり。また、その寸法。

ビップ【VIP】〈very important person から〉政治的・社会的に重要な位置にいる人。要人。ブイアイピー。

ヒップホップ〈hip-hop〉一九八〇年代にニューヨークの黒人の若者たちから生まれた、音楽やダンスのスタイル。ラップやアクロバット的動作のブレークダンスなどを特色とする。

ひっ-ぽう【筆法】ハフ ①文字や絵画の筆づかい。筆の運び。「大家の―」②文章の書き方。表現のしかた。「春秋(しゅんじゅう)の―」③やり方。方法。「その―で行く」

ひっ-ぽう【筆△鋒】（筆の穂先の意から）文字・文章の勢い。「―鋭く批評する」

ひつ-ぼく【筆墨】筆とすみ。また、それで書き記したもの。

ひつ-まぶし【△櫃まぶし】小型のおひつに飯を盛り、細く切ったウナギのかば焼きを載せた名古屋の名物料理。

ひ-づめ【△蹄】牛・馬・羊などの足の先にある堅い角質のつめ。

ひ-づめ【日詰〔め〕】毎日詰めていること。

ひつ-めい【筆名】文章などを発表するときに用いる、本名以外の名前。ペンネーム。

ひつ-めつ【必滅】（名・自スル）必ずほろびること。「生者(しょうじゃ)―」

ひつもん-ひっとう【筆問筆答】ヒッタフ（名・自スル）質問と回答とを、口頭ではなく書いて行うこと。また、その問答。

ひつ-よう【必用】必ず用いなければならないこと。

ひつ-よう【必要】エウ（名・形動ダ）なくてはならないこと。また、そのさま。「―に迫られる」「―性がない」「不―」

―は発明(はつめい)の母(はは) 発明は必要から生まれるということ。

―あく【―悪】正しくはないが、社会生活上やむを得ず必要だと考えられる事柄。

―けいひ【―経費】①所得を得るために必要な費用。所得税算出の際、収入から控除される。②（何かを行うために）必要な費用。

―じょうけん【―条件】デウケン〘論・数〙命題「AならばBである」が真であるとき、BはAの必要条件という。⇩十分条件

ひつ-りょく【筆力】①書かれた文字から感じられる力・勢い。②文章に表現する力。「―が衰える」

ひつ-ろく【筆録】（名・他スル）書き記すこと。また、その書き記したもの。記録。

ビデ〈フランス bidet〉女性用の局部洗浄器。

ひ-てい【比定】（名・他スル）ある事物と同質のものがない場合、他の類似のものと比較してそれがどういうものであるかを判断すること。「A古墳の築造時期を六世紀末に―する」

ひ-てい【否定】（名・他スル）そうではないと打ち消すこと。認めないこと。「うわさを―する」↔肯定

びてい-こつ【尾△骶骨】→びこつ(尾骨)

ビデオ〈video〉①映像。動画。「―クリップ」「―撮影」↔オーディオ ②「ビデオカメラ」「ビデオテープレコーダー」などの略。「―で録画する」「レンタル―」

―カメラ〈video camera〉動画を撮影するカメラ。

―ディスク〈videodisc〉画像と音声を記録した円盤。プレーヤーをテレビ受像機に接続して再生する。

―テープ〈videotape〉ビデオテープレコーダーに用いられるテープ。音声と画像を磁気により録音・録画する。

―テープ-レコーダー〈videotape recorder〉テレビの音声と画像をテープに記録し、再生する装置。VTR

ピテカントロプス-エレクトス〈Pithecanthropus erectus〉→ジャワげんじん

び-てき【美的】（形動ダ）ダロ・ダッ(デ・ニ)・ダ・ナ・ナラ・〇 美に関係のあるさま。美学の対象になるような美しいさま。「―感覚」

ひてつ-きんぞく【非鉄金属】鉄以外の金属の総称。銅・鉛・錫(すず)・亜鉛・アルミニウムなど。

ひ-でり【日照り・△旱】①日が照ること。②雨の降らない日が続き、水がかれること。かんばつ。「―に不作なし(=ひでりの年は全体的には米の収穫が多いものだ)」夏 ③あるべきもの、また、ほしいものが不足・欠乏すること。「職人―」

―あめ【―雨】日が照っていて降る雨。天気雨。照り雨。夏 参考「きつねの嫁入り」などともいう。

ひ-てん【批点】①詩歌や文章を批評・訂正して付ける評点。②批評すべき要所などに付ける傍点。③非難すべき点。欠点。

ひ-てん【飛天】〘仏〙天人。天女。「一図」

ひ-でん【飛電】①きらめく稲妻。②急ぎの電報。

ひ-でん【秘伝】秘密にして特定の人にしか伝えないこと。また、その事柄。奥義。「一を授ける」「一の術」

ひ-でん【悲田】〘仏〙あわれみを受けるべき人。貧しい人、病人など。語源 貧民をあわれんで恵みを与えることは、田に種をまいて収穫を得るように、将来大きな報いがあるということから出た語。

び-てん【美点】美しい点。すぐれてよいところ。長所。↕欠点

び-でん【美田】よく肥えた田地。良田。「児孫のために一を買わず(=子孫に財産を残すことはしない)」

ひ-でんか【妃殿下】(三后を除く)皇族のきさきの敬称。

ひと-【一】(接頭)(おもに名詞に付けて)①ひとつ。一回。「一口」「一勝負」②ちょっと。少し。ひとしきりの。「一雨」「一休み」③ある時期を漠然とさし示す。ある。「一ころ」

ひと【人】①動物分類学上は、霊長目ヒト科に属する哺乳動物。学名は、ホモ・サピエンス。人間。人類。「一は万物の霊長である」②世間の人。他人。「一の思惑を気にする」③大人。成人。「一となる」④人柄。性質。「一がいい」⑤人材。有能な人物。「部下に一を得る」⑥ある個人。「一それぞれ」「一に会う予定がある」⑦ある特定の人をさす語。「うちの一(=夫)」「私のいい一(=愛人)」⑧自分。この私。「一をからかってはいけない」 **—が変わる** 性格や人柄が変わる。 **—となる** 成人する。 **—の噂も七十五日** 人がうわさを立てるのもしばらくの間で、どんなに世間を騒がせたことでもすぐに忘れられてしまうものである。 **—の口に戸は立てられぬ** 人々がうわさをするのは、止めることができない。 **—の疝気を頭痛に病む** (「せんき」は漢方で腰・下腹の痛む病気)自分に関係のないことでよけいな心配をすることのたとえ。 **—の振り見て我が振り直せ** 他人の姿や行いを見て自分の姿や行いを反省し、改めるべき点は改めろ。 **—は一代名は末代** 人の命は死ねばなくなるが、その名は後の世まで長く残るということ。 **—も無げ** 人を人とも思わないようす。「一にふるまう」 **—を食う** 人を見下す。こばかにする。 **—を立てる** ①ある人物を尊敬して自分より優先させる。また、自分は身を引いて、他の人物の存在を際立たせる。②仲介や調停のために第三者を間に入れる。 **—を呪わば穴二つ** (人をのろって殺そうとして墓穴を掘る者は、その報いで自分のための墓穴も掘らなければならなくなるの意から)人に悪いことをすると自分もまたその報いを受けることのたとえ。

> **ちがい** 「人」・「人間」・「人類」
> 「人」は一人前の存在をいう。「人となる」「りっぱな人になる」は大人になったということである。「人間」は社会的な関係の意識された語で、「りっぱな人間になる」は、社会的に認められた存在になることである。「人類」は生物学的に他の動物と区別される語である。

ひ-と【匪徒】(「匪」は悪者の意)集団で殺人・強奪などをはたらく者。匪賊。

ひ-と【費途】お金の使いみち。使途。

ひ-ど【肥土】よく肥えて農作に適した土地。沃土。

ひと-あし【一足】①一歩。ひとまたぎ。②非常に短い距離。「駅まで一だ」③ほんのわずかの時間。「一先に失礼します」 **—ちがい【一違い】**ヒチガ わずかの時間の差で間に合わなかったり、行き違いになったりすること。「一で電車に乗り遅れる」

ひと-あし【人足】①人の往来。「一が減る」②→にんそく

ひと-あじ【一味】アヂ ①微妙な味加減。「一足りない」②(比喩的に)他にはない独特の雰囲気や味わい。「一違った解説」

ひと-あしらい【人あしらい】アシラヒ 人をもてなすこと。人との応対。「一が上手だ」

ひと-あせ【一汗】ひとしきり汗をかくこと。「一流す」

ひと-あたり【人当(た)り】人と接するときの態度。また、そのとき相手に与える印象。「一がよい」

ひと-あな【人穴】〘地質〙溶岩の表面が固まり、中が空洞になってできた洞穴。昔、人が住んだといわれる。「富士の一」

ひと-あめ【一雨】①一度の降雨。「一ごとに暖かくなる」②ひとしきり降る雨。「一ほしい」

ひと-あれ【一荒れ】(名・自スル)ひとしきり荒れること。「一来そうな空模様」

ひとあわ-ふかせる【一泡吹かせる】人を驚かし、あっといわせる。相手の意表をつき、あわてさせる。「敵に一」

ひと-あんしん【一安心】(名・自スル)ひとまず安心すること。「無事の知らせを聞いて一する」

ひど・い【酷い・非道い】(形)カロ・カッ(ク)・イ・イ・ケレ・○ ①むごい。残酷だ。「一仕打ち」②はなはだしい。激しい。「一暑さ」③度のすぎた悪さである。「一成績」文ひど・し(ク)

ひと-いき【一息】①一回の呼吸。②休まずたて続けにすること。一気。「一にやってしまう」③少しの努力。「もう一で頂上だ」④一休みすること。「一入れる」

ひと-いきれ【人いきれ】人が多く集まって、その体から発散する熱やにおいで、むっとすること。「会場は一でむんむんする」

ひと-いちばい【人一倍】人並みはずれてはなはだしいこと。「母は一心配性だ」

ひと-いれ【人入れ】雇い人の紹介をすること。また、それを仕事にしている人。「一稼業」

ひと-いろ【一色】①一つの色。一色。②一つの種類。

ひ-とう【秘湯】タウ 山奥などの、知る人の少ない温泉。

ひ-どう【非道】ダウ (名・形動ダ)道理や人の道に外れていること。また、そのようなさま。「極悪一」「一な行い」

び-とう【尾灯】自動車・列車などの後部に付ける赤色の標識灯。テールライト。テールランプ。↕前照灯

び-どう【微動】(名・自スル)かすかに動くこと。「一だにしない」

ひと-うけ【人受け】他人がその人から受ける感じ。また、世間の評判。「一がいい」

ひと-うけ【人請け】江戸時代、奉公人などの身元を保証すること。また、その保証人。「一証文」

ひと-うち【一打ち】①一度打つこと。②一度で打ち負かすこと。「敵を一にする」

ひと-え【◇単・×単衣】ヘ (「単物」の略)裏布を付けない着物。「木綿の一の着物」夏 ↕袷

ひと-え【一重】ヘ ①重ならないで、一枚であること。「紙一の差」②花びらが重なり合っていないこと。単弁。「一のつばき」

ひとえ-に【◇偏に】ヒトヘ (副)ひたすら。ただただ。まったく。「一おわび申し上げます」「成功は一努力のたまものだ」

ひと-おじ【人◇怖(じ)】ヲヂ (名・自スル)子供などが、見知らぬ人の前に出るのをいやがったり、おじけづいたりすること。人見知り。「一しない性質」

ひと-おと【人音】人のいる音。人の足音。人の気配。

ひとおもい-に【一思いに】ヒトオモヒ (副)思いきって一気に。きっぱりと。「一死んでしまいたい」

ひと-かい【人買い】カヒ 人身を売買する人。「一船」

ひと-かかえ【一抱え】—カカヘ 両手をいっぱいに広げて抱えるほどの太さや大きさ。「—もある松の木」
ひと-がき【人垣】 多くの人が取り囲んで、垣根のように立ち並ぶこと。「—ができる」
ひと-かげ【人影】 ①人の影。②人の姿。「—のない街」
ひと-かず【人数】 ①人の数。人数。頭数。「—が多い」②一人前の人に数えられること。「—に入らない」
ひと-がた【人形】 ①人間の形をしたもの。人形。②みそぎや祓えに使う紙の人形。形代。③人相書き。
ひと-かたけ【一片◦食】 一度の食事。ひとかたき。
ひとかた-ならず【一方ならず】（副）ひととおりでなく。たいへん。非常に。「—驚いた」
ひとかた-ならぬ【一方ならぬ】（連体）ひととおりでない。非常な。「—お世話になりました」
ひと-かたまり【一塊】 一つのかたまり。一つの集団。
ひと-かど【一角・一◦廉】 ①ひときわすぐれていること。「—の人物」②一人前であること。「—の口をきく」
ひと-がら【人柄】 ①その人に備わっている品格。性質。「—がよい」②品格や性質のすぐれていること。「あの人はお—だ」

> **ちがい**「人柄」・「人物」・「人品」
> 名詞に「柄」がつくと、他と区別される個性を持った、そのものの意味になる。「事柄」は特にその事特有の点を認めた意味であり、「場所柄」は他の場所とは異なる点を認めた、そこに特有のもののある場所の意味になる。同様に「人柄」もその人特有の点を意識した語である。「人物」は能力・性格・精神など、内にどれだけのものを備えているかという面から見た言葉である。「人品」は生活のしかたや言動から、その人のよさ・悪さがどの程度にランクづけできるかでとらえる語である。

ひと-かわ【一皮】—カハ ①一枚の表皮。「—むける（=洗練されて以前よりよくなる）」②偽り飾った表面。「—むけば大泥棒だ」
ひと-ぎき【人聞き】 世間の人が聞いたときに受ける感じ。外聞。「—が悪い」
ひと-ぎらい【人嫌い】—ギラヒ（名・形動ダ）人に会うこと、人とかかわることを嫌うこと。人間嫌い。
ひと-きり【一切り】 ①一つの区切り。一段落。「仕事が—つく」②ひところ。ひとしきり。一時。「—はやった歌」
ひときり-ぼうちょう【人切り包丁・人斬り△庖丁】—バウチヤウ《俗》刀をあざけっていう語。「—を振り回す」
ひと-きわ【一際】—キハ（副）一段と。きわだって。ひとしお。「—目立つ姿」「—力を入れる」
ひ-とく【秘匿】（名・他スル）隠して、人に見せたり知らせたりしないこと。「ニュースソースを—する」
ひどく【◦酷く・非◦道く】（副）（形容詞「ひどい」の連用形から）はなはだしく。非常に。「—疲れた」
び-とく【美徳】 りっぱな徳。よい行い。「謙譲の—」↔悪徳
ひと-くぎり【一区切り】 物事や文章がいったん終わって区切られること。また、その区切り。一段落。「仕事に—をつける」
ひと-くくり【一◦括り】 まとめて一つにくくること。
ひと-くさ【一◦種】 ひといろ。一種類。
ひと-くさ・い【人臭い】（形）カロ・カッ(ク)・イ・イ・ケレ・○ ①人のにおいがする。人けがある。②人間らしい。文ひとくさ・し(ク)
ひと-くさり【一△齣り】 話の一区切り。「自慢話を—聞かせる」語源 語り物・謡物の一段落の意から出た語。
ひと-くせ【一癖】 油断できない人間だと感じさせるところ。どことなく、ふつうの人とは違った性質・特徴など。
—も二癖もある ふつうの人とはかなり違ったところがあって扱いにくい。「彼は—男だ」
ひと-くだり【一◦行り】 ①文章の一行。②文章や物語の一部分。「冒頭の—を読み聞かせる」
ひと-くち【一口】 ①口に入れる一回分。「—で食べる」②少し飲食すること。「ほんの—」③まとめて簡単に言うこと。ひとこと。「—に言うと」④寄付・株などの一単位。「—一万円」
—ばなし【—話・—△噺】 ごく短い話。短い笑い話。
ひと-くふう【一工夫】（名・他スル）ちょっとした工夫。「もう—欲しい」
ひと-くろう【一苦労】—クラウ（名・自スル）ちょっとした苦労。また、かなりの苦労がいること。「坂を上るのも—だ」
ひと-け【人気】 人のいそうな気配。ひとげ。「—のない山中」
ひと-げ【人気】 ①→ひとけ ②人間らしさ。
ひ-どけい【日時計】 目盛り板に針などを立て、太陽光線によるその影の長さや位置によって、時刻を知る装置。
ひと-ゲノム【人ゲノム】《生》（「ヒトゲノム」と書く）人間の染色体にある全遺伝情報。約三〇億の塩基対からなるDNAの配列順序で決定される。⇩ゲノム
ひと-こいし・い【人恋しい】—コヒシイ（形）カロ・カッ(ク)・イ・イ・ケレ・○ だれかに会いたい。人と一緒にいたい。「—季節」文ひとこひ・し(シク)
ひと-こえ【一声】—コヱ ①一回出す声。「—鳴く」②短い言葉を発すること。また、その一言。「—かける」「父の—で決まる」
ひと-ごえ【人声】—ゴヱ 人の声。「—がする」
ひと-ごこち【人心地】 不安や緊張からのがれてほっとした気持ち。生きた心地。正常な意識。「やっと—がつく」
ひと-ごころ【人心】 ①人の心。人情。情け。②平常の意識。人ごこち。「—がつく」
ひと-こし【一腰】（「腰」は「腰の物」で、刀の意）一本の刀。
ひと-こと【一言】 ①一語。②短い言葉。「—多い」
ひと-ごと【人言】 ①他人の言う言葉。②他人の評。世間のうわさ。評判。
ひと-ごと【人事】 自分には関係のないこと。他人に関すること。「—とは思えない」参考「×他人事」と書くこともある。
—でない 他人のことだと思ってなおざりにすることはできない。やがては自分の身にもふりかかってくるかもしれない。
ひと-こま【一△齣】 映画・劇などの一場面。転じて、あるできごとや光景などの短い場面。「フィルムの—」「歴史の—」
ひと-ごみ【人込み・人混み】 人がこみ合っていること。また、その場所。雑踏。「—を避ける」
ひと-ころ【一頃】 以前の一時期。ある時。「—流行した」
ひと-ごろし【人殺し】 人を殺すこと。また、人を殺した者。
ひと-さし【一差し・一指し】 将棋・舞などの、一回。一番。「—舞う」
ひとさし-ゆび【人差(し)指・人指(し)指】 親指と中指との間の指。食指。
ひと-ざと【人里】 人の住んでいる村里。人家の集まっているところ。「—離れた土地」
ひと-さま【人様】 他人を敬っていう語。「—に迷惑をかける」
ひと-さらい【人△攫い】—サラヒ（金などを目的に）子供などをだまして連れ去ること。また、そういうことをする者。
ひと-さわがせ【人騒がせ】（名・形動ダ）つまらないことで人を騒がせて迷惑をかけたり、驚かしたりするさま。「—な話」
ひとし・い【等しい・◦均しい・◦斉しい】（形）カロ・カッ(ク)・イ・イ・ケレ・○ ①二つ以上のものの数量・程度などがたがいに同じである。同一である。「二辺が—」②状態や性質が、他と非常に似ている。

「犯罪にも—行為」③(「ひとしく」の形で)大勢が同じ行動をとるさま。一斉に。「—く感嘆の声をあげる」文ひと・し(シク)

ひと-しお【一◇入】—㊀(名)染め物を一回染め汁に漬けること。㊁(副)ひときわ。いっそう。「—身にしみる」「感激も—だ」

ひと-しお【一塩】—魚・野菜などに薄く塩を振ること。また、そうしたもの。「—鮭」

ひと-しきり【一◇頻り】(副)しばらくの間、盛んに続くさま。「—友人と話す」「雨が—強く降る」

ひと-じち【人質】①約束の保証として相手方に預けられた人。②自分の身の安全をはかり、交渉を有利にするためなどに、むりやり拘束しておく相手側の人。「強盗が—をとる」

ひとし-なみ【等し並〔み〕】(名・形動ダ)同列に扱うこと。また、そのさま。同等。同様。「ベテランも新人も—に扱う」

ひと-じに【人死〔に〕】思わぬできごとのために人が死ぬこと。

ひと-しれず【人知れず】人に知られないようにするさま。ひそかに。「—悩む」

ひと-しれぬ【人知れぬ】(連体)人にはわからない。「—苦労があった」

ひと-ずき【人好き】人から好かれること。「—のする顔」

ひと-ずくな【人少な】(名・形動ダ)人数の少ないさま。

ひと-すじ【一筋】—㊀(名)細く長く続いている一本のもの。「—の道」「—の希望の光」㊁(名・形動ダ)一つのことにいちずに打ち込むこと。また、そのさま。「仕事—」「学問—に生きる」

ひとすじ-なわ【一筋縄】ふつうの手段・方法。

—では行かない ふつうの手段・方法では思うようにできない。「次の対戦相手は—」

ひと-ずれ【人擦れ】(名・自スル)いろいろな人に接して、初々しさがなくなっていること。「—していない人」

ひと-だかり【人◇集り】(名・自スル)人が大勢寄り集まっていること。また、その集まった人々。「黒山のような—」

ひと-だすけ【人助け】人を助けること。人の苦難を救う行為。「—と思って力を貸す」

ひと-たち【一太刀】刀で一度きりつけること。「—浴びせる」

ひと-だのみ【人頼み】他人をあてにすること。他人まかせにすること。「—では成功しない」

ひと-たび【一度】(名・副)①いちど。一回。「今—会いたい」②いったん。「—事が起これば」

ひと-だま【人◇魂】(死者の魂と考えられていたことから)夜間空中を飛ぶ、青白く光る燐火。

ひと-たまり【一△溜〔ま〕り】少しの間持ちこたえること。

—もない 少しの間も持ちこたえられない。

ひと-だまり【人△溜〔ま〕り】①多くの人の集まっていること。また、その場所。②人の集まり控える所。

ひと-ちがい【人違い】—(名・他スル)別の人をその人と思い違えたり、見違えたりすること。人違え。「とんだ—をする」

ひと-つ【一つ】㊀(名)①自然数の最初の数。いち。物の数を数えるときに使う。「—ください」②一歳。「—違いの兄弟」③同じこと。同じもの。「—屋根の下」④一例として取り上げられるもの。「そのことを—をとってみても」⑤まとまった全体となっていること。「世界は—」⑥それ以外にないこと。「身—」「君の決心—だ」⑦一方。一面。「—にはこういう考えもある」⑧(体言の下に付いて)その物事を限定・強調し、他を類推させる意を表す。「手紙—書けない」用法⑧はあとに打ち消しの語を伴う。㊁(副)①ちょっと。試しに。「—やってみますか」②ともかく。どうか。「—よろしく」

—穴の狢 同じたくらみに関係している者。**—釜の飯を食った仲** 生活を共にしたほどの親しい間柄。「彼とは—だ」**—間違えば** 少しでも間違うと。もしも失敗すると。「—大損害を被る」

—おぼえ【—覚え】一つのことだけを覚えて、何かにつけてそれを口にすること。融通のきかないこと。「ばかの—」

—がき【—書き】箇条書きで、「一つ、何々」と書き分けること。また、そのように書き分けた文書。

—ばなし【—話】①いつも決まって出る話。得意になってする話。「老人の—」②のちのちまで、語り伝えられる珍しい話。

—ひとつ【—一つ】(名・副)一つごとに。「—点検する」

—ぼし【—星】①夕方最初に出る星。一番星。宵の明星。②明け方にただ一つ残っている星。明けの明星。

—み【—身】《服》並幅の布一枚で身ごろを仕立てた、背縫いのない乳幼児の衣服。

—め-こぞう【—目小僧】小僧姿をした、ひたいに目が一つだけの妖怪。

—や【—屋・—家】①ぽつんとある一軒家。②同じ家。

ひと-づかい【人使い】—人を使うこと。また、その使い方。「—が荒い」

ひと-づき【人付き】①人づきあい。②他人の気受け・評判。

ひと-づきあい【人付き合い】—他人とのつきあい。また、つきあい方。交際。「—が悪い」

ひとっ-こ【人っ子】「人」を強めていう語。

—ひとり【—一人】人がひとり。だれひとり。「—いない」用法あとに打ち消しの語を伴う。

ひと-づて【人◇伝】他人を介して伝えたり伝わったりすること。「ようすを—に聞く」

ひとっ-とび【一っ飛び】(名・自スル)一回飛ぶこと。また、一回飛ぶくらいの短い距離や時間。ひととび。「飛行機なら—だ」

ひとつぶ-えり【一粒◇選り】①一粒ずつ選び出すこと。また、そのもの。ひとつぶより。②多くのものの中からよりすぐること。また、そのもの。つぶより。

ひとつぶ-だね【一粒種】(大事に育てている)一人っ子。

ひとつぶ-て【人△礫】人を小石のように投げ飛ばすこと。

ひとつぶ-の-むぎ【一粒の麦】一人の犠牲によって多くの人々が救われるというキリストの教えを表した語。〈新約聖書〉

ひと-づま【人妻】①他人の妻。②結婚している女性。

ひと-つまみ【一◇撮み】①指先で一度につまむだけの量。ほんのわずかの量。「—の塩」②相手を簡単に負かすこと。

ひと-て【一手】①自分一人ですること。独占して扱うこと。一手。「—に握る」②一回の技。囲碁・将棋などの一局。「—ご教授願います」③一隊。一組。

ひと-で【人手】①他人の手。他人の所有。「—に渡る」②人のしわざ。人工。「—を加えない」③働く人。働き手。「—不足」④他人の助け。「—を頼る」「—を借りる」

—に掛かる 殺される。

ひと-で【人出】人が大勢出て集まること。「—が多い」

ひと-で【×海星・人手】《動》棘皮動物門ヒトデ綱に属する動物の総称。海底にすみ、体は平たくて、多くは五本の腕を持ち星形。貝類などを捕食する。

ひと-でなし【人で無し】(名・形動ダ)人としての資格のないこと。義理や人情をわきまえない人間。人非人。

ひと-とおり【一通り】—①ふつう。尋常。「—の練習では優勝などできない」「—の苦労ではない」②ざっと。あらまし。だいたい。一応。「—話を聞く」「—買いそろえる」用法①は、あとに打ち消しの語を伴うことが多い。

ひと-どおり【人通り】—人の通行。人の往来。

ひと-とき【一時】①しばらくの間。一時・一時。「ほんの—」

②以前の、あるとき。ひところ。「ー流行した服」③昔の時間区分で、今の二時間。一時いっとき。

ひと-とせ【一◦年】①一年間。②過去の、ある年。

ひと-となり【人となり・×為人】生まれつきの人柄。性質。天性。「相手のーを理解する」

ひと-なか【人中】①多くの人のいる中。衆人の中。「ーで恥をかく」②世間。

ひと-なかせ【人泣かせ】(名・形動ダ) 人を泣かせるような物事。人を困らせる行為。また、そのようなさま。「ーの長雨」

ひと-ながれ【一流れ】①一筋の(川の)流れ。②同じ流派。③一本の旗・のぼり。

ひと-なだれ【人雪崩】群れ集まった多くの人が押されてどっとくずれ動くこと。

ひと-なつかし・い【人懐かしい】(形) カロ・カッ(ク)・イ・イ・ケレ・〇 ことさら人が懐かしく思われる。人恋しい。「ー気持ち」文ひとなつか・し(シク)

ひと-なつこ・い【人懐こい】(形) カロ・カッ(ク)・イ・イ・ケレ・〇 人にすぐなれ親しむさま。人懐っこい。「ー笑顔」文ひとなつこ・し(ク)

ひと-なのか【一七日】→しょなのか

ひと-なみ【人波】群衆が押し合って動くようすを波に見立てた語。人の波。「ーにもまれる」

ひと-なみ【人並〔み〕】(名・形動ダ) ふつうの人と同じ程度・状態であるさま。世間並み。「ーの生活」「ー外れた力持ち」

ひと-な・れる【人△馴れる】(自下一) レ・レ・レル・レル・レレ・レロ(レヨ) ①動物が人になつく。②他人との交際になれる。文ひとな・る(下二)

ひと-にぎり【一握り】①片手で握ること。また、それだけのわずかな量。「ーの富裕層」②敵などを簡単にやっつけること。

ひと-ねいり【一寝入り】(名・自スル)→ひとねむり

ひと-ねむり【一眠り】(名・自スル) しばらくの間眠ること。一寝入り。「休憩時間にーする」

ひとはいさ… 和歌〔人はいさ 心も知らず ふるさとは 花ぞ昔の 香ににほひける〕〈古今集 紀貫之〉あなたのお心は、さあ、昔のままかどうかわかりません。でも、昔なじみのこの里では、この梅の花だけは昔のままの香りで美しく咲いていることです。(小倉百人一首の一つ)

ひと-はし【人橋】《古》(「ひとばし」とも) 急用のとき、次々に使者を送ること。

ひと-ばしら【人柱】①昔、橋・城・堤防などの困難な工事のとき、神へのいけにえとして、人を水底や地中に生き埋めにしたこと。また、その人。②ある目的のために犠牲となった人。

ひと-はしり【一走り】(名・自スル) ちょっと走ること。少しの時間で用をたすこと。ひとっぱしり。「ー行ってくる」

ひと-はた【一旗】一本の旗。

—揚げる 奮い立って事業を興す。「都会へ出てー」

ひと-はだ【一肌】(「一肌脱ぐ」の形で)本気になって助力する。奮発して力添えをする。「彼のためにー脱ぐ」

ひと-はだ【人肌・人◦膚】①人間の肌。②人の肌ほどの温かさ。「ーのミルク」「ーのお燗」

ひと-はな【一花】一つの花。一輪の花。

—咲かせる 努力して一時期栄える。成功してはなやかな時期を過ごす。一花咲かす。「最後にー」

ひと-ばなれ【人離れ】(名・自スル) ①人家から遠く離れていること。②人並みはずれていること。

ひと-ばらい【人払〔い〕】バラヒ (名・自スル) ①秘密の用談をするため他の人をその席から遠ざけること。「ーして密談する」②昔、身分の高い人が通る際、往来の人をわきへのけたこと。

ひと-ばん【一晩】①夕方から、あくる朝までの間。②ある晩。

ひと-ひ【一日】①いちにち。終日。②ある日。

ひと-びと【人人】①多くの人。②各人。めいめいの人。

ひと-ひねり【一◦捻り】(名・他スル) ①一度ひねること。②たわいもなく相手を負かすこと。「あんな弱い相手ならーだ」③ふつうとは少し変わった工夫や趣向をこらすこと。「ー加える」

ひと-ひら【一◦片・一◦枚】薄くて平らなものの一枚。一片いっぺん。「ーの雲」「ーの花びら」

ひと-ふで【一筆】①ちょっと書き付けること。一筆いっぴつ。「ー書き添える」②墨継ぎをせずに一続きに書くこと。「ー書き」

ひと-ふんばり【一踏ん張り】(名・自スル) あと少しだと努力してがんばること。「もうーする」

ひと-べらし【人減らし】人数を減らすこと。特に、会社などで従業員の数を減らすこと。人員整理。

ひと-ま【人間】《古》①人が見ていないとき。人のいないとき。また、その間。②人との交際が途絶えること。

ひと-まえ【人前】マヘ ①他人が見ている所。公衆の面前。「ーもはばからず泣く」②体裁。体面。みえ。「ーをつくろう」

ひと-まかせ【人任せ】自分のことや自分でやるべきことを、他人に任せきりにすること。「仕事をーにする」

ひと-まく【一幕】①演劇で、幕が上がってから幕の下りるまでの間の一区切り。「ー見(=歌舞伎で、一幕だけ料金を払って見ること)」②事件などの、ある一場面。「内輪もめのー」

—もの【一物】一幕で完結するように作られた演劇。

ひと-まず【一◦先ず】マヅ (副) ある状態や行動の中での区切りを示す語。一応。とにかく。何はともあれ。「これでー安心だ」

ひとまち-がお【人待ち顔】ガホ 人が来るのを待っているらしい顔つきやようす。「ーでたたずむ」

ひと-まとめ【一△纏め】一つにまとめること。一括。

ひと-まね【人真◦似】(名・自スル) ①他人のまねをすること。②動物が人間のまねをすること。「猿のー」

ひと-まわり【一回り】マハリ ━(名・自スル) 一度回ること。一周。一巡り。「町内をーする」「当番がーする」━(名) ①十二支が一回巡る年数。一二年。「年がー違う」②物の大きさや人の度量などの一段階。「人間がー大きくなる」

ひとみ【瞳・△眸】眼球の中の黒い部分。瞳孔どうこう。

—を凝らす じっと見つめる。

ひと-み【人見】①内から外が見えるようにしたすきま。②他人の見るところ。よそ目。

ひとみ-ごくう【人身御◦供】①昔、生きた人間をいけにえとして、神に供えたこと。また、その人。②権力者などの欲望を満足させるために犠牲となること。また、その人。

ひと-みしり【人見知り】(名・自スル) 子供などが、見知らぬ人に対してはにかんだり嫌がったりすること。「ーする子」

ひと-むかし【一昔】一応、昔とみなされるほどの過去。ふつう一〇年くらい前をいう。「一〇年ー」「ー前の話」

ひと-むら【一△叢】①草木の一つのむらがり。「ーのすすき」②物が一か所に集まっていること。ひとかたまり。「ーの雲」

ひと-め【一目】①一度見ること。ちょっと見ること。「ーでも会いたい」「ーぼれ」②一度に全部見渡せること。「港がーで見下ろせる」

ひと-め【人目】他人が見る目。世間の目。「ーがうるさい」

—に余る ようす・行いなどが目立って、行き過ぎだと感じさせる。「ーふるまい」—に付く よく目につく。目立つ。「ー服装」—を忍ぶ 人に見られないように気を配る。「ー仲」—を盗む 人の目につかないように、こっそりと行う。—を憚る 他人に見つからないように心を配る。—を引く 他人の注意を引く。「ー身なり」

ひと-めぐり【一巡り】(名・自スル) ①一回まわってくること。一回り。「町を一する」 ②人が死んで一年目。一周忌。

ひと-もうけ【一儲け】マウケ (名・自スル) 一度にまとまった利益を得ること。「一をたくらむ」「株で一する」

ひと-もじ【一文字】 ①一つの文字。一字。 ②(女房詞)ねぎ。 語源 昔、葱を「き」と一字で言ったことから。

ひと-もじ【人文字】 広い所に大勢の人が並んで、高い所や遠くから見ると、ある文字の形や図形に見えるようにしたもの。

ひともし-ごろ【火点し頃】 明かりをともすころ。日暮れ。夕方。ひとぼしごろ。

ひと-もと【一本】 木や草などの、いっぽん。「一の松」

ひともをし… 和歌〔人もをし 人もうらめし あぢきなく 世を思ふゆゑに もの思ふ身は〕〈続後撰集 後鳥羽院〉あるときは人がいとしく思われ、またあるときは人が恨めしく思われる。この世の中をわびしくつまらないと思い、あれこれと思いわずらっている私には。(小倉百人一首の一つ)

ひと-や【獄・人屋】 捕らえた罪人を入れておく所。牢屋。

ひと-やく【一役】 一つの役割。
—買う みずから進んで一つの役割を引き受ける。

ひと-やすみ【一休み】(名・自スル) ちょっと休むこと。

ひと-やま【一山】 ①一つの山。 ②山全体。全山。 ③山状に積み上げたものの一つ。「一三〇〇円のトマト」
—当てる うまく機会をとらえて大もうけをする。「株で一」
—越す 困難な状況を一つ乗り越える。

ひと-やま【人山】 人々が一か所に寄り集まっていること。人だかり。「一を築く」

ひと-よ【一夜】 ①一晩。一夜。 ②ある晩。ある夜。一夜。
—づま【—妻】 ①一晩だけ関係をもった女性。 ②遊女。

ひとよ-ぎり【一節切り】〘音〙尺八の一種。長さ一尺一寸一分(約三四センチメートル)。 語源 竹の節を一つだけ入れて作ったことからの名。

ひと-よせ【人寄せ】(名・自スル) 人を寄せ集めること。また、その手段として行われる芸・口上など。「一の口上」

ヒドラ〈hydra〉〘動〙ヒドラ科の刺胞動物の総称。体長約一センチメートル。体は円筒状で、池や沼にすむ。有性生殖を行うが、体の一部が出芽することによっても増殖する。

ヒトラー〈Adolf Hitler〉(一八八九〜一九四五) ドイツの政治家。オーストリア生まれ。第一次世界大戦後ドイツ労働者党(のちに国家社会主義ドイツ労働者党(ナチス)に改称)に入党。一九三三年首相に就任し一党独裁制を樹立、翌年総統となった。第二次世界大戦を起こすが敗北して自殺。著書「わが闘争」。

ひとり【一人・独り】 ■一(名) ①一個の人。 ②㋐自分だけで、相手や仲間となる他人のいないこと。「一寝」「一で旅行する」 ㋑結婚していないこと。独身でいること。「ずっと一で暮らす」 ■二(副) ①そのものだけで。ただ。単に。「一私個人の問題ではない」 ②単独で。そのものだけで。「一悩む」 参考 一②、二は多く「独り」と書く。「一人」は常用漢字表付表の語。 用法 二①はあとに打ち消しの語を伴う。

ひ-どり【日取り】 ある事を行う日をとり決めること。また、その決めた日。期日。日程。「結婚式の一を決める」

ひとり-あたま【一人頭】 費用を人数で割ったひとり分。「一一〇〇〇円の自己負担」

ひとり-あるき【一人歩き・独り歩き】(名・自スル) ①連れの人もなく、ひとりで歩くこと。「夜道の一は危ない」 ②だれの助けも借りずに自力で歩くこと。「赤ちゃんの一」 ③独力で物事を処理したり生活したりすること。ひとりだち。 ④意図したことや願いから離れて、勝手な方向に進むこと。「人気だけが一する」

ひとり-おや【一人親】 両親のうち、一方がいないこと。「一家庭」

ひとり-がてん【独り合点】(名・自スル) 自分だけでわかったつもりになること。独り合点。

ひとり-ぎめ【独り決め】(名・自スル) ①自分だけの考えで決めること。「会の規則を一する」 ②自分で勝手にそうだと思い込むこと。

ひとり-ぐち【一人口】 ①一人で生計をたてること。また、その生計。 ②ひとりごと。
—は食えぬが二人口は食える 独身生活では生計が立ちにくいが、所帯を持てば生計が立つものだ。

ひとり-ぐらし【一人暮〔ら〕し・独り暮〔ら〕し】 ひとりだけで暮らすこと。共に生活する人がいないこと。

ひとり-ご【独り子・一人子】→ひとりっこ

ひとり-ご・つ【独り言つ】(自四)〘古〙ひとりごとを言う。

ひとり-ごと【独り言】 聞く相手がいないのに、自分ひとりでものを言うこと。また、その言葉。「一をつぶやく」

ひとり-しばい【一人芝居・独り芝居】シバヰ ①ひとりで演じる芝居。 ②自分ひとりの勝手な思い込みからする行動。

ひとり-じめ【一人占め・独り占め】(名・他スル) 自分ひとりだけのものにすること。独占。「もうけを一する」

ひとり-ずまい【一人住〔ま〕い・独り住〔ま〕い】ズマヒ 一緒に生活する人のいない、ひとりだけでの暮らし。

ひとり-ずもう【独り相撲・一人相撲】ズマウ・ズマフ 自分ひとり勢いこんで一生懸命になること。「一に終わる」

ひとり-だち【独り立ち】(名・自スル) ①自分だけの力で生活や仕事をやっていくこと。独立。自立。「親元を出て一する」 ②乳児がひとりで立てるようになること。

ひとりっ-こ【独りっ子・一人っ子】 兄弟姉妹のない子。ひとりご。

ひとりで-に【独りでに】(副) おのずから。自然に。「一動き出す」

ひとり-でんか【一人天下・独り天下】 自分の思いどおりにふるまい、それを抑える人のいないこと。「社長の一」

ひとり-ね【独り寝】 ひとりだけで寝ること。

ひとり-ひとり【一人一人】 人が多くいる中の、そのそれぞれ。各自。めいめい。ひとりびとり。「一の個性を重んじる」

ひとり-ぶたい【独り舞台・一人舞台】 ①舞台で、ただひとりの俳優が演じること。一人芝居。独演。 ②多くの中でひとりだけきわだった活躍をすること。また、ひとりで思うままにふるまうこと。独擅場。「今日の試合は彼の一だった」

ひとり-ぼっち【独りぼっち・一人ぼっち】(「独り法師」のなまり)仲間や頼るところがなく、ただひとりだけでいること。孤独であること。ひとりぽっち。「一になる」

ひとり-まえ【一人前】マヘ →いちにんまえ

ひとり-み【独り身】 ①結婚していないこと。また、その人。独身。 ②身寄りなどがなく、ひとりで暮らしていること。

ひとり-むし【火取〔り〕虫】 夏の夜、灯火に群がる昆虫。特に、ヒトリガなど蛾の類。 夏

ひとり-むすこ【一人息子】 ①兄弟姉妹のない男の子。 ②兄弟のない男の子。

ひとり-むすめ【一人娘】 ①兄弟姉妹のない女の子。 ②姉妹のない女の子。

ひとり-もの【独り者】 ①結婚していない人。独身者。 ②自分だけで家族のない者。

ひとり-よがり【独り善がり】(名・形動ダ) 自分だけでよ

いと思って他人の意見を受け付けないこと。独善。「―な態度」

ひ-ど・る【火取る】(他五) 火であぶる。焼く。

ひと-わたり【一渡り・一◦渉り】(副) ひととおり。ざっと。「―目を通す」

ひと-わらい【人笑い】―ワラヒ 人に笑われること。世間の笑いぐさ。人笑われ。「―の種にされる」

ひな【▵鄙】都から遠く離れた土地。田舎。「―にはまれな美人」

ひな【▵雛】①ひな鳥。ひよこ。②ひな人形。ひいな。春 ③(名詞の上に付いて)「小さい」「愛らしい」などの意を表す。「―菊」

ひな-あそび【▵雛遊び】①ひな人形を飾って遊ぶこと。②ひな祭り。春

ひな-あられ【▵雛▵霰】ひな祭りに供える色とりどりのあられ。加熱してふくらませた米粒に砂糖をまぶしたもの。春

ひな-うた【▵鄙歌】①田舎風の歌。民謡。②狂歌。

ひ-なか【日中】昼中。昼間。日中。「昼―」「―仕事」

ひ-なが【日長・日永】春になって昼間が長く感じられること。また、そういう時節。「春の―」春 ↔夜長

ひな-がし【▵雛菓子】―グワシ ひな祭りに、ひな壇に供える菓子。ひなあられ・ひしもちなど。春

ひな-がた【▵雛形・▵雛型】①実物を小さくかたどったもの。模型。②物の様式。見本。書式。手本。「契約書の―を作る」

ひな-ぎく【▵雛菊】〖植〗キク科の多年草。ヨーロッパ原産。葉はへら状。花は紅・白・紫色などがあり、春から秋まで咲き続ける。延命菊。デージー。春

ひな-げし【▵雛×罌粟】〖植〗ケシ科の越年草。ヨーロッパ原産。葉は羽状に裂け、五月から七月ごろ紅・白色などの花を開く。観賞用。虞美人草。美人草。ポピー。夏

〔ひなげし〕

ひ-なし【日◦済し】①借金を毎日少しずつ返すこと。②〖商〗元金から利子を天引きしてその残額を貸し、元金を毎日少しずつ返す約束で貸す金。ひなし金。

ひ-なた【日◦向】日光の当たっているところ。↔日陰

―くさ・い【―臭い】(形) 日光に干したにおいがするさま。「―布団」文ひなたくさ・し(ク)

―ぼっこ 寒い時季、ひなたに出て暖まること。冬

―みず【―水】―ミヅ 日が当たってなまぬるくなった水。

ひな-だん【▵雛壇】①ひな祭りでひな人形を飾る階段式の壇。春 ②歌舞伎などで、囃子の人々が座る、上下二段の席。③会場などで、一段高く作った席。特に、国会での大臣席。「―に来賓が並ぶ」

ひな-どり【▵雛鳥】生まれて間もない鳥。特に、鶏のひな。

ひな-にんぎょう【▵雛人形】―ニンギヤウ ひな祭りに飾る人形。おひなさま。ひな。春

ひな-の-せっく【▵雛の節句】→ひなまつり

ひな・びる【▵鄙びる】(自上一) 田舎風で、素朴な感じがする。田舎びる。「―・びた温泉」文ひな・ぶ(上二)

ひな-まつり【▵雛祭〔り〕】三月三日の節句に、女の子のいる家で、ひな人形を飾って幸福を祈る行事。白酒・ひしもち・桃の花などを供える。ひな遊び。ひなの節句。桃の節句。春

ひ-なみ【日並〔み〕】日のよしあし。日柄。「―を選ぶ」

ひ-ならず【日ならず】(副) 何日もたたずに。近いうちに。日ならずして。「―病気も全快するだろう」

―して (副) →ひならず

ひ-なわ【火縄】―ナハ 竹・ヒノキの皮などの繊維、または木綿糸で縄を綯い、これに硝石を染み込ませたもの。点火用。

―じゅう【―銃】火縄で火薬に点火し、弾丸を発射した、昔の小銃。

ひ-なん【非難・批難】(名・自他スル) 欠点や過失、犯した悪事などを責めとがめること。「―を浴びる」「相手を―する」

ひ-なん【避難】(名・自スル) 災難を避けて、安全な所へ逃げること。「―民」「―訓練」「緊急に―する」

び-なん【美男】姿・顔かたちの美しい男性。美男子。

び-なんし【美男子】→びなん

ビニール〈vinyl〉アセチレンを主原料とした合成樹脂。加工が容易で用途が広い。ビニル。「塩化―」参考 英語では、日常的には plastic で「ビニール(製の)」と「プラスチック(製の)」の両方を表す。vinyl は化学分野の専門語。

―ハウス〈和製英語〉透明なビニールで覆った、野菜や花の促成栽培のための温室。ハウス。参考 英語では (plastic) greenhouse という。

ひ-にく【皮肉】一(名) 皮と肉。二(名・形動ダ) ①意地悪く遠回しに非難すること。あてこすり。「―屋」②予想や期待に反して、具合の悪いさま。あいにくなさま。「―な巡り合わせ」

ひ-にく【▵髀肉】股の肉。

―の嘆 功名を立てたり手腕を発揮したりする機会がないことを嘆くたとえ。〔故事〕中国の三国時代、不遇をかこっていた蜀の劉備が、「いつも戦場を馳せて馬上の鞍から離れなかったために内股の肉が落ちていたが、今ではむだな肉が付いてしまった」と、むなしく時が過ぎ去ることを嘆いたことからいう。〈三国志〉

ひにく・る【皮肉る】(他五) 皮肉を言う。「世相を―」語源「皮肉」を動詞化した語。可能 ひにく・れる(下一)

ひ-にち【日日】①日数。「―がたつ」②期日。「―を決める」

ひ-にちじょう【非日常】―ニチジヤウ ふだんの生活と大きく異なること。「―的な体験」

ひに-ひに【日に日に】(副) 一日ごとに変化が進むさま。日ごとに。日増しに。「―成長する」

ひ-に-まし【日に増し】(副) 日ごとに増して。日増しに。

ひにょう-き【泌尿器】ヒネウ― 〖生〗体内で尿を生成し、体外に排泄する器官。腎臓・尿管・膀胱・尿道の総称。

ビニロン〈和製英語〉〖化〗日本で発明された、木綿に似た合成繊維。アセチレンと酢酸を主原料とし、摩擦や薬品に強い。漁網・作業着などに使用。語源 vinyl と nylon との合成語。

ひ-にん【否認】(名・他スル) 事実として認めないこと。「罪状を―する」↔是認

ひ-にん【非人】①〖仏〗人間でないもの。夜叉・悪鬼の類。②非常に貧しい人を卑しめていった言葉。③江戸時代、刑場の雑役などに使われ、最下層の身分に置かれた人。

ひ-にん【避妊】(名・自スル) 人為的に妊娠しないようにすること。「―具」「―薬」

ひ-にんじょう【非人情】―ニンジヤウ 一(名・形動ダ) 思いやりのないさま。冷淡。不人情。「―な行い」二(名) 人情にわずらわされたり、こだわったりしない境地。参考 二は、夏目漱石の「草枕」の中の語。

ひね【◦陳】①古くなった穀物や野菜。特に、一年以上前に収穫した穀物。「―米」②子供らしさがなく、ませていること。

ビネガー〈vinegar〉ワイン・りんご酒・大麦麦芽などからつくる西洋酢。

ひねくり-まわ・す【◦捻くり回す】―マハス (他五)《俗》ひねり回す。「骨董の器を―」

ひね-く・る【◦捻くる】(他五) ①手先でいじり回す。「ボタンを―」②いろいろと理屈・文句などをつける。「理屈を

ー」③あれこれと趣向をこらす。ひねる。「俳句をー」

ひね-く・れる【◇捻くれる】（自下一）ねじけて素直でなくなる。「性格がー」文ひねく・る（下二）

ひね-こ・びる【◇陳ねこびる】（自上一）子供が変にませている。「ー・びた子供」文ひねこ・ぶ（上二）

ひね-しょうが【◇陳生△姜・◇陳生△薑】根しょうがの古いもの。薬味や紅しょうがなどに用いられる。

ひ-ねつ【比熱】〘物〙物質一グラムの温度をセ氏一度高めるのに要する熱量。

び-ねつ【微熱】〘医〙平熱より少し高い熱。「ーがある」

ひねもす【×終日】（副）一日中。朝から晩まで。ひもすがら。「ー机に向かう」

ひねり【◇捻り・△拈り】①ひねること。ねじること。②通常のものより工夫や趣向を凝らしたもの。「ーの利いた川柳」③相撲で、腕の力で相手をひねり倒す技。「上手ー」④→おひねり

ひねり-だ・す【◇捻り出す】（他五）①知恵をしぼって、いろいろに考え出す。「名案をー」②むりをして金銭を工面する。捻出する。「費用をー」

ひねり-つぶ・す【◇捻り潰す】（他五）①指先でひねってつぶす。「虫けらをー」②屈服させる。力でもって抑えだめにする。「敵をー」「計画をー」

ひねり-まわ・す【◇捻り回す】（他五）①いじり回す。「指先でー」②技巧をこらす。趣向をめぐらす。

ひ・ねる【◇陳ねる】（自下一）①古びる。「ー・ねた大根」②子供らしさがなく大人じみる。「ー・ねた子供」

ひね・る【◇捻る・△拈る】（他五）①指先でつまんでねじる。「蛇口をー」②ねじって向きを変える。回す。「腰をー」③考えをめぐらす。「頭をー」④歌・俳句などをつくる。「一句ー」⑤簡単に負かす。「一ひねりにー・ってやろう」⑥わざと一風変わった趣向にする。「ー・った問題」可能ひね・れる（下一）

ひ-の-いり【日の入り】夕方、太陽が西に沈むこと。また、その時刻。日没。↕日の出

ひ-の-え【◇丙】（「火の兄」の意）十干の第三。へい。⇩十干

ーうま【ー◇午】干支の四三番目。ひのえのうまの年。迷信で、この年には火災が多いとか、この年生まれの女性は気が強く夫を殺すなどとの俗信があった。

ひのおくに…俳句〔火の奥に 牡丹崩るる さまを見つ〕〈加藤楸邨〉太平洋戦争も末期、米軍の空襲に、わが家が罹災。まっかな炎が座敷を包み、逃れようとする眼にちらりと映ったのは、炎の奥に、くずれ落ちようとする大輪の真紅の牡丹であった。（牡丹 夏）

ひ-の-き【△檜】〘植〙ヒノキ科の常緑高木。日本特産。葉は小形でうろこ状。雌雄同株。材は建築材として最も優良。

ーぶたい【ー舞台】①ヒノキの板で張った能楽や歌舞伎の舞台。②腕前を見せる晴れの場所。「ーを踏む」

ひ-の-くるま【火の車】①〘仏〙生前罪を犯した者を地獄に運ぶという、火の燃えている車。火車。②（転じて）経済状態が非常に苦しいこと。生計が苦しいこと。「家計はーだ」

ひ-の-くれ【日の暮（れ）】日暮れ。夕暮れ。

ひ-の-け【火の気】火の暖かみ。火の気配。火気。「ーのない部屋」

ひ-の-こ【火の粉】火が燃え上がるとき、粉のように飛び散る小さな火。「ーをかぶる」「ーを振り払う」

ひ-の-し【火×熨斗】中に炭火を入れて熱し、布のひだ付けや、しわ伸ばしに使うひしゃく形の金属製器具。

ひのした-かいさん【日の下開山】（「日の下」は天下、「開山」は開祖の意）武芸・相撲などで、天下無敵のこと。

ひ-の-たま【火の玉】①球状の火のかたまり。②（比喩的に）激しい勢い。「ーとなって戦う」③墓地・池・沼などで夜燃える火のかたまり。鬼火。きつね火。人魂。

ひ-の-て【火の手】①燃え上がる火。火勢。「ーが上がる」②非難や攻撃の激しい勢い。「攻撃のーを上げる」

ひ-の-で【日の出】朝、太陽が東に昇り出ること。また、その時刻。↕日の入り

ーの勢い 朝日が昇るように、勢いのさかんなこと。

ひ-の-と【◇丁】（「火の弟」の意）十干の第四。てい。⇩十干

ひ-の-ばん【火の番】火災を警戒する役。また、その人。冬

ひ-の-べ【日延べ】（名・他スル）①予定の期日を延ばすこと。②予定の期間を長くして先に延ばすこと。「ー興行」延期。

ひ-の-まる【日の丸】①太陽をかたどった赤色の丸い形。②白地に、①を描いた旗。日章旗。日の丸の旗。はじまり 一八五四（安政元）年、江戸幕府は日の丸の幟を日本総船印と定め、一八七〇（明治三）年、明治政府は太政官布告で日章旗の規格を定めた。

ーべんとう【ー弁当】飯の中央に梅干しを一個のせた弁当。

ひのみ-やぐら【火の見△櫓】火事を発見し、その方向・距離を見定めるための高く組み上げたやぐら。火の見。望火楼。

ひ-の-め【日の目・◇陽の目】日の光。日輪。

ーを見る 今まで埋もれていた物事が、世間の人に知られるようになる。世に出る。「ようやくー」

ひ-の-もと【火の元】火の気のある場所。「ー用心」

ひ-の-もと【日の本】（日の出るところの意）「日本」の美称。

ひ-の-もの【火の物】火を用いて煮たり焼いたりした食物。

ひ-ば【干葉・◇乾葉】①枯れて、乾いた葉。②大根の葉や茎を干した食品。

ひ-ば【△檜葉】①ヒノキの葉。②「あすなろ」の異称。

ビバ〈イタリア viva〉（感）万歳。

ビバーク〈フランス bivouac〉（名・自スル）登山で、露営すること。また、テントなどを張らず岩陰や雪洞などで寝ること。

ひ-ばい【肥培】（名・他スル）〘農〙肥料をやって作物を育てること。

ひばい-どうめい【非買同盟】→ふばいどうめい

ひばい-ひん【非売品】見本の品や特別に配布される品など、一般には売らない製品。

ビハインド〈behind〉球技などで、相手チームに得点をリードされていること。「三点のーをひっくり返す」↕アヘッド

ひ-はく【飛白】①かすり模様。また、その織物。②墨でかすれ書きにした漢字の書体。

ひ-ばく【飛△瀑】高い所から落ちる滝。夏

ひ-ばく【被△曝】（名・自スル）放射線にさらされること。

ひ-ばく【被爆】（名・自スル）爆撃の被害を受けること。特に、原水爆による被害を受けること。「ー者」

び-はく【美白】メラニンの生成を抑え、白く美しい肌にすること。ホワイトニング。「ー化粧品」

ひ-ばこ【火箱】①炉の底に置く箱。②行火。

ひ-ばし【火箸】炭火を挟むのに用いる金属製の箸。

ひ-ばしら【火柱】柱のように高く燃えあがる炎。「ーが立つ」

び-はだ【美肌・美◇膚】美しい肌。また、肌を美しくすること。

ひ-ばち【火鉢】灰を入れた上に炭火を置いて、手や室内を暖める道具。「ーにあたる」「ーを囲む」冬

び-はつ【美髪】美しい頭髪。また、髪を美しくすること。

ひ-ばな【火花】①飛び散る火。火の粉。②〘物〙放電するとき、電極から短時間だけ生じる火の光。スパーク。

―を散らす たがいに激しく争う。「論争に―」

ひ-ばら【△脾腹】横腹。わき腹。

ひ-ばらい【日払〔い〕】バラヒ― 一日ごとに賃金や掛け金などを払うこと。「―の仕事」

ひばり【×雲雀】〘動〙ヒバリ科の小鳥。スズメよりやや大きく、背は褐色。畑や草原に巣をつくり、空高く昇ってさえずる。春

ひ-はん【批判】(名・他スル) 物事のよしあしを批評し、その価値や正当性などを判定すること。否定的内容の場合が多い。「自己―」「―を浴びる」「相手を―する」「無―」

―しゅぎ【―主義】〘哲〙カントの哲学的立場をいう。人間の認識の原理・限界などを批判・検討する。批判哲学。

―てき【―的】(形動ダ) ダロ・ダッ(デ・ニ)・ダ・ナ・ナラ・○ 否定的な態度や立場をとるさま。「―な態度」

ひ-ばん【非番】交替でする仕事で、当番に当たっていないこと。また、その人。↔当番

ひはん-しょう【肥△胖症】シャウ― 太り過ぎる病気。肥満症。

ひ-ひ【△狒△狒】①〘動〙アフリカとアラビア半島南部にすむ、オナガザル科のヒヒ属とゲラダヒヒ属に属する哺乳(ほにゅう)動物の一群の総称。口先は突出し、しりだこが発達している。性質は荒い。マントヒヒ・ゲラダヒヒなど。②好色な中高年の男のたとえ。

ひ-ひ【比比】■(副) みな同じであるさま。どれもこれも。■(トタル) 物事の並び連なるさま。文(形動タリ)

ひ-ひ【△霏△霏】(トタル) 雪や細かな雨などがやまずに降り続けるさま。「―として降る」文(形動タリ)

ひび【△皸・△皹】寒さのために手の甲などの皮膚にできる細かい裂け目。「―が切れる」冬

ひび【△篊】①海苔(のり)や牡蠣(かき)などを養殖するために、海中の浅瀬に立てる竹や木の枝。②満潮時に魚を導き入れ、中にはいった魚を干潮時に捕らえるために浅海に並べて立てる、枝の付いた竹垣。ひみ。

ひび【△罅】ものの表面にできる細かい割れ目。「―割れ」

―が入(はい)る ①細かく割れ裂けた傷ができる。「ガラスに―」②親密だった人間関係がうまくいかなくなる。「友情に―」

ひ-び【日日】一日一日。毎日。「―新たなり」「―の仕事」

び-び【微微】(トタル) かすかなさま。ささやかなさま。わずかなさま。「―たる収入」文(形動タリ)

ひびか・す【響かす】(他五) サ(ソ)・シ・ス・ス・セ・セ ①響くようにする。響かせる。「汽笛を―」②評判を立てさせる。「名声を―」自ひび・く(五)

ひびか・せる【響かせる】(他下一) セ・セ・セル・セル・セレ・セロ(セヨ) →ひびかす 自ひび・く(五)

ひびき【響き】①響くこと。または、その音。「大砲の―」②反響。こだま。③音の名残。余韻。「鐘の―」④音や声の耳に与える感じ。音色。「美しい―の言葉」⑤震動。「地―」

―の声(こえ)に応(おう)ずるが如(ごと)し 反響や応答などがたいへんすみやかであるたとえ。

ひびき-わた・る【響き渡る】(自五) ラ(ロ)・リ(ッ)・ル・ル・レ・レ ①音が辺り一帯に広く伝わり、よく反響する。「雷鳴が―」②評判や名声などが広く世間一般に知られている。「彼の名声は国中に―」

ひび・く【響く】(自五) カ(コ)・キ(イ)・ク・ク・ケ・ケ 《中心義―音の振動が空気中に伝わって周囲に広がってゆく》①音が鳴ったあと、音源の振動が周囲に伝わる。「太鼓の音が―」②音の振動が周囲の物に当たり、はね返る。反響する。こだまする。「人声が―」③音を長く引く。余韻が長く残る。「鐘が―」④振動が伝わる。「バスの揺れが頭に―」⑤世間に広く知られる。「天下に―・いた名声」⑥悪影響を与える。「夜ふかしは健康に―」⑦強く心に残る。「師の教えが心に―」他ひびか・す(五) ひびか・せる(下一)

びび-し・い【美美しい】(形) カロ・カツ(ク)・イ・イ・ケレ・○ きらびやかである。はなやかで美しい。「―服装」文びび・し(シク)

ビビッド〈vivid〉(形動ダ) ダロ・ダッ(デ・ニ)・ダ・ナ・ナラ・○ 真に迫っているさま。生き生きとしたさま。「―な表現」「―に描く」

ひび-やき【△罅焼〔き〕】表面に細かいひびを現した陶磁器。

ひ-ひょう【批評】ヒヤウ― (名・他スル) 物事の善悪・優劣などを論じて価値を定めること。「文芸―」「作品を―する」

―か【―家】①批評することを職業とする人。②批評をする人。批評する力のある人。

―がん【―眼】物事の優劣・美醜などを見分ける眼力。

ひ-びょういん【避病院】ヒヤウヰン― 昔、法定伝染病患者を隔離・収容して治療した病院。

びび・る(自五) ラ(ロ)・リ(ッ)・ル・ル・レ・レ 《俗》気おくれして思い切った行動ができなくなる。おじけづく。「肝心なところで―な」

ひび-われ【△罅割れ】(名・自スル) ひびがはいって割れること。また、その割れ目。「壁に―が生じる」

ひび-わ・れる【△罅割れる】(自下一) レ・レ・レル・レル・レレ・レロ(レヨ) ひびがはいって割れる。「茶碗(ちゃわん)が―」文ひびわ・る(下二)

び-ひん【美品】(中古品で)特に傷みのない見た目のよい品。

び-ひん【備品】学校・会社・施設などに備え付けてある物品。棚・机・ロッカーなど。「会社の―」

ビビンバ〈朝鮮語〉朝鮮料理の一つ。米飯の上にもやし・ぜんまい・白菜などを和えた具をのせたもの。ビビンパ。

ひ-ふ【皮膚】〘生〙動物の体の表面を覆う被膜。高等動物では表皮・真皮・皮下組織の各層からなり、体の保護・体温調節・呼吸作用・排泄(はいせつ)作用・皮脂の分泌などの働きをする。肌(はだ)。

ひ-ふ【被布・被風】着物の上にはおる、防寒用の衣服。おくみが深く、えり元を四角にあけ、組みひもでとめる。江戸末期に茶人・俳人が用い、のちに女性・子供などが用いた。冬

ひ-ぶ【日歩】〘商〙元金一〇〇円に対する一日の利息。また、その利率。日歩何銭何厘何毛と示される。⇩月利・年利

ひ-ぶ【日賦】借金などを日々に割り当てて返済すること。また、その借金。日済(ひなし)。

ひ-ぶ【秘部】①秘密の部分。②体の秘すべき部分。陰部。

ビフィズス-きん【ビフィズス菌】〈ラテン bifidus〉乳酸菌の一種。人の腸内にすみ、人体に有用なはたらきをしている。

び-ふう【美風】よいならわし。美しい風習。良風。↔悪風

び-ふう【微風】かすかに吹く風。そよ風。「さわやかな―」

ひふ-か【皮膚科】クワ― 〘医〙皮膚・粘膜に関する病気について、診断・治療・研究をする医学の一分科。

ひふき-だけ【火吹き竹】吹いて火をおこすのに用いる竹筒。先端の節に小さな穴をあけ、強い息を吹き付けて使う。吹き竹。

ひ-ふく【被服】着物。衣服類。「―費」

ひ-ふく【被覆】(名・他スル) 包むようにおおいかぶせること。「―管」

び-ふく【美服】美しい衣装。

び-ふく【微服】目立たないように粗末な服装をすること。質素な服装。忍び姿。

ひ-ぶくれ【火膨れ・火△脹れ】やけどで皮膚がはれあがること。また、その部分。

ひ-ぶくろ【火袋】①灯籠(とうろう)の火をともす所。②暖炉(だんろ)の、まきや石炭を燃やす所。

ひふ-こきゅう【皮膚呼吸】コキフ― 〘生〙動物が、皮膚などの体表を通して行う外呼吸。

ビブス〈bibs〉スポーツ競技で、チームや役割を識別するためにユニホームなどの上に着用するベスト状のもの。ビブ。

ひ-ぶた【火蓋】火縄銃の火皿をおおうふた。

—を切る 戦いや競技などを開始する。「熱戦の—」
語源 火縄銃は、火縄の火が火薬についたところで弾丸が出るので、火蓋(ひぶた)をあけることは戦闘を始めることであった。「火蓋を切れ(開け)」と点火の合図をしたことから、戦闘開始の意を持つようになったという。

ひ-ぶつ【秘仏】 厨子(ずし)などにたいせつに安置して、特定のとき以外には人に見せない秘蔵の仏像。「—の開帳」

ビフテキ 〈フランス bifteck〉→ビーフステーキ

ひふ-びょう【皮膚病】ヒフビャウ 〖医〗皮膚に現れる病気の総称。湿疹(しっしん)・じんましん・水虫など。

ビブラート 〈イタリア vibrato〉〖音〗声楽や楽器の演奏で、音程を小刻みに上下に震わせる技法。

ビブラフォン 〈vibraphone〉〖音〗鉄琴の一種。音板の下の共鳴管を開閉して音にビブラートを付ける。バイブラフォン。

ひ-ふん【悲憤】(名・自スル)悲しみいきどおること。

—こうがい【—△慷慨】カウガイ (名・自他スル)世間のありさまや自己の運命などを悲しみいきどおって嘆くこと。

ひ-ぶん【非分】(名・形動ダ)①身分に過ぎていること。また、そのさま。過分。②道理に合わないこと。また、そのさま。

ひ-ぶん【碑文】 石碑に彫り刻んだ文章。石文(いしぶみ)。碑銘。

び-ふん【微粉】 細かい粉。

び-ぶん【美文】 美しい言葉で飾った文章。特に、明治中期にはやった文筆家の文章。「—調」

び-ぶん【微分】(名・他スル)〖数〗ある関数において、変数の微小な変化量と、それに対応する関数の微小な変化量の比の値の極限(導関数)を求めること。積分の逆演算。

ひぶん-しょう【飛◦蚊症】ヒブンシャウ 〖医〗目の前に蚊などの虫や糸くずが飛んでいるように見える症状。

ひ-へい【疲弊】(名・自スル)①心身とも疲れ弱ること。「長時間労働で—する」②経済状態が悪化し、勢いが衰えること。「財政が—する」

ピペット 〈pipette〉〖化〗化学実験器具の一つ。液体の一定量を計り取るために使う、先が細く目盛りのあるガラス管。

〔ピペット〕

ひ-へん【日偏】 漢字の部首名の一つ。「明」「時」などの「日」の部分。にちへん。

ひ-へん【火偏】 漢字の部首名の一つ。「煙」「炉」などの「火」の部分。

ひ-ぼ【悲母】 慈悲深い母。慈母。「—観音」

ひ-ほう【非法】ハフ 法に背くこと。法に外れること。不法。

ひ-ほう【飛報】 急ぎの知らせ。急報。「—が届く」

ひ-ほう【秘方】ハウ 秘密にして人に教えない薬剤の処方。

ひ-ほう【秘宝】 公開しないでたいせつにしまってある宝。

ひ-ほう【秘法】 ①ハフ 秘密の方法。「—を授ける」②ホフ 〖仏〗密教で行う秘密の修法。

ひ-ほう【悲報】 悲しい知らせ。特に、死去の知らせ。「恩師の—に接する」↔朗報

ひ-ぼう【非望】バウ 身分不相応の大きな望み。

ひ-ぼう【△誹△謗】バウ (名・他スル)そしりののしること。事実無根の悪口を言うこと。「—中傷」「仲間を—する」

び-ほう【◇弥縫】(名・他スル)失敗や欠点をとりつくろうこと。一時的に間に合わせること。「—策」参考「弥」も「縫」も、衣類などのほころびを縫い補う意。

び-ぼう【美貌】バウ 顔かたちの美しいこと。美しい容貌(ようぼう)。

び-ぼう【備忘】バウ 忘れたときのために用意しておくこと。

—ろく【—録】 忘れたときにそなえて書きとめておくノート。メモ。

びぼう-じん【◇未亡人】ビバウ →みぼうじん

ひ-ぼく【△婢僕】 下女と下男。召使。住み込みの使用人。

ひほけん-しゃ【被保険者】〖法〗①生命保険で、その生死が保険の対象となっている者。②損害保険で、契約に基づいて保険金の支払いを受ける者。③社会保険で、保険料を負担して保険給付を受ける者。

ひほけん-ぶつ【被保険物】〖法〗損害保険の対象となっている目的物。損害が生じたときに補塡(ほてん)を受ける物。

ヒポコンデリー 〈ドイツ Hypochondrie〉〖医〗病気に対して過剰な不安を抱き、心身のわずかな変化もすべて病気だと思いこみ悩む精神状態。心気症。

ひ-ぼし【干◦乾し】 食物がなくて飢えやせること。「—になる」

ひ-ぼし【日干し・日◦乾し】 日光に当てて干すこと。また、干したもの。「—の魚」「—煉瓦(れんが)」↔陰干し

ひ-ほん【秘本】 ①秘蔵の書物。②好色な内容の本。春本。

ひ-ぼん【非凡】(名・形動ダ)平凡でなく、すぐれていること。ずばぬけていること。また、そのさま。超凡。「—な才能」↔平凡

び-ほん【美本】 ①体裁の美しい本。②よごれていない本。

ひま【暇】 ■一(名)①ある事をするのに必要な時間。「手間—のかかる仕事」②主従・夫婦などの縁を切ること。「お—をいただく」③休暇。「数日—を取って帰省する」■二(名・形動ダ)するべき事がなく、手のあいている時間。また、そのような時間のあるさま。「—をもてあます」「正月は—だ」
類語 余暇・寸暇・閑暇・有閑・手持ちぶさた・つれづれ・レジャー
—に飽(あ)かす 暇にまかせて長い時間を費やし、念入りにする。
—を出す ①使用人をやめさせる。②妻を離縁する。—を盗(ぬす)む 忙しいときにわずかな時間を作り出す。

ひま【◇隙】 ①物と物との間のわずかな空間。すきま。②仲たがい。不和。「—を生じる」③→ひま(暇)

ひ-ま【△蓖麻】 →とうごま

—行(ゆ)く駒(こま) 月日の過ぎていくことが速いことのたとえ。

ひ-まいり【日参り】マヰリ 毎日社寺に参拝すること。日参。

ひ-まく【皮膜】 ①〖生〗皮膚と粘膜。②(比喩(ひゆ)的に)区別しがたい微妙な違い。「虚実—の間(かん)」③皮のような膜。

ひ-まく【被膜】 おおい包んでいる膜。

ひ-まご【◇曾孫】 孫の子。曾孫(そうそん)。ひこまご。ひいまご。ひこ。

ひまし-に【日増しに】(副)日に日に増して。一日ごとに。「—春らしくなる」

ひまし-ゆ【△蓖麻子油】 トウゴマの種からとった油。工業用・下剤用。

ひま-じん【暇人・◦閑人】 ひまをもてあましている人。用事がなくて何もしないでいる人。

ひ-まち【日待ち】 ①前夜から身を清めて日の出を拝むこと。陰暦一・五・九月の吉日に行う。新年 ②農村で田植え・収穫などの終わったとき、人が集まって会食して遊ぶこと。「お—」

ひ-まつ【飛△沫】 細かく飛び散る水滴。しぶき。「—感染」

ひま-つぶし【暇潰し】 ひまな時間を適当に過ごすこと。また、その手段。時間つぶし。「—にテレビを見る」

ひ-まつり【火祭(り)】 ①火災のないように祈る祭り。鎮火祭。②火を焚(た)いて神をまつる行事。十月二十二日夜の京都鞍馬(くらま)山の祭事。秋 ③一月一日の出雲(いずも)大社の神事。

ひま-ど・る【暇取る】(自五)ラ(ロ)リ(ッ)ル・ル・レ・レ 時間がかかる。

ヒマラヤ 〈Himalaya〉インド・ネパール・ブータン・パキスタン・中国にまたがる山脈。八〇〇〇メートル級の高峰を多数擁し、「世界の屋根」と呼ばれる。最高峰はエベレスト。

―すぎ【―杉】〘植〙マツ科の常緑高木。ヒマラヤ原産で葉は針形。球果をつける。公園などに植える。

ひ-まわり【×向日葵】マハリ〘植〙キク科の一年草。北アメリカ原産。葉は大きく心臓形。夏に大形の頭状花を開く。花の中心は茶色、周囲は黄色。種子は油用・食用。日輪草。夏

ひ-まん【肥満】(名・自スル) 体が太ること。「―体」

び-まん【△瀰漫・◇弥漫】(名・自スル) ある風潮・気分などが広がりはびこること。「悪習が―する」

び-み【美味】(名・形動ダ) 味のよいこと。味のよい食べ物。

ひみこ〔卑弥呼〕(生没年未詳) 三世紀前半、「魏志倭人伝」に記された邪馬台国の女王。神権政治を行い、中国の魏に遣使し、親魏倭王の称号と金印・紫綬を受けた。

ひ-みず【火水】ミヅ ①火と水。②ひどく仲が悪いこと。たがいに和合しない関係。「―の仲」

ひ-みつ【秘密】(名・形動ダ) ①人に知られないように隠すこと。また、その事柄。「―を守る」②公開しないこと。「―会(=非公開の国会・会議)」

―けっしゃ【―結社】秘密に組織・行動する団体。

―せんきょ【―選挙】無記名投票による選挙。また、その内容を他に秘密にして行う選挙。

―へいき【―兵器】①ひそかに開発される強力な武器。②(比喩的に)とっておきの切り札。

―り【―裏・―△裡】人に知られないうち。秘密の状態。「―にことを行う」

び-みょう【美妙】メウ (名・形動ダ) 美しくすぐれていること。また、そのさま。「―な調べ」

び-みょう【微妙】メウ (名・形動ダ) 細かいところに複雑で重要な意味や要素があって、簡単には言い表せないこと。どちらとも言いがたいこと。また、そのさま。「―な違い」「―な立場」「勝てるかどうか―だ」

ひむかし【◇東】〘古〙ひがし。ひむがし。ひんがし。

ひ-むろ【氷室】天然の氷を夏までたくわえておくための部屋や穴蔵。氷倉。夏

ひめ【姫】(字義) →き(姫)

ひめ-【姫】(接頭) 小さくかわいらしい意を表す。「―小松」

ひめ【姫】①貴人の娘。姫君。②女子の美称。「歌―」

ひ-めい【非命】天命でなく、思いがけない災難で死ぬこと。非業。「―の死」

ひ-めい【悲鳴】①恐怖や驚きなどであげる叫び声。「―が聞こえる」②手に余る仕事などに対する、泣き言。弱音。

―を上げる ①驚いて叫び声を出す。②苦しかったりして弱音をはく。泣き言を言う。「忙しくて―」

ひ-めい【碑銘】石碑に彫りきざんだ文章。石文。碑文。

び-めい【美名】①いい評判。ほまれ。↔悪名 ②体裁のよい名目。りっぱな口実。「―に隠れて悪事をする」

ひめ-がき【姫垣】低いかきね。

ひめ-ぎみ【姫君】貴人の娘を呼ぶ敬称。姫御前。

ひ-めくり【日△捲り】壁・柱などに掛けて、毎日一枚ずつはぎとってゆく暦。めくりごよみ。ひごよみ。

ひめ-ごぜん【姫御前】貴人の娘を呼ぶ敬称。姫君。ひめごぜ。ひめご。

ひめ-ごと【秘め事】隠して人に知らせない事柄。内緒事。

ひめ-こまつ【姫小松】①〘植〙マツ科の常緑高木。山地に自生。葉は針形で質がやわらかく、五本ずつかたまっている。材は細工用・建築用。②小さい松。ひめまつ。新年

ひめ-のり【姫△糊】ごはんをやわらかくたいて作ったのり。洗い張りに用いる。

ひめ-ます【姫△鱒】〘動〙サケ科の淡水魚。湖または沼で育つようになった「べにざけ」の一変種。食用。夏

ひめ-まつ【姫松】小さい松。姫小松。新年

ひめ-ゆり【姫×百合】〘植〙ユリ科の多年草。近畿地方以西、四国・九州の山地に自生。観賞用にも栽培。夏に赤色またはまれに黄色の花を開く。夏

ひ・める【秘める】(他下一) メ・メ・メル・メル・メレ・メロ(メヨ) 隠して人に知らせないようにする。秘する。また、表面に表れない状態で、内部にもつ。「悲しみを胸に―」「可能性を―」文ひ・む(下二)

ひ-めん【罷免】(名・他スル) 職務をやめさせること。免職。

―けん【―権】〘法〙公務員を罷免する権利。憲法上、内閣総理大臣が国務大臣をやめさせることができる権利など。

ひも【△紐】①物をくくり束ねるのに用いる、糸と綱との中間の太さのもの。ひぼ。「―を結ぶ」②〘俗〙背後で操り、支配するもの。「―つき予算」③〘俗〙女性を働かせて金品をみつがせる情夫。④赤貝・帆立貝などの外套膜の部分。

ひも-かわ【△紐革】カハ ①革の紐。②「ひもかわうどん」の略。

―うどん【―△饂△飩】革ひものように平たく打ったうどん。きしめん。ひもかわ。名古屋地方の名産。

ひ-もく【費目】費用の名目。支出の名目。「会計の―」

び-もく【眉目】①まゆと目。②顔かたち。

―しゅうれい【―秀麗】シウレイ (名・形動ダ) 顔かたちが整って美しいこと。また、そのさま。「―な青年」

ひもじ・い (形) カロ・カッ(ク)・イ・イ・ケレ・○ とても空腹でつらい。腹がへっている。「―思いをする」文ひも・じ(シク)

ひ-もすがら【×終日】(副) 一日中。ひねもす。「―読書をする」↔夜もすがら

ひ-もち【日持ち・日◇保ち】(名・自スル) 食べ物が、日数を経ても食べられる状態であること。「―のする菓子」

ひ-もち【火持ち・火◇保ち】(名・自スル) 火が消えないでいること。また、火が燃えつきないでもつ程度。「―のいい炭」

ひも-つき【△紐付〔き〕】①ひもがついていること。また、そのもの。②〘俗〙一定の見返り条件がついていること。「―の援助資金」③〘俗〙女性に情夫がいること。また、その女性。

ひも-づ・ける【△紐付ける】(他下一) ケ・ケ・ケル・ケル・ケレ・ケロ(ケヨ) ある事柄とある事柄との間につながりをもたせる。関連づける。「マイナンバーと銀行口座を―」

ひ-もと【火元】①火の気のある所。火のもと。「―に注意する」②出火した場所。火事を出した家。「火事の―を調べる」③騒ぎ・事件の起きたもと。「紛争の―」

ひも-と・く【△繙く・△紐解く】(他五) カ(コ)・キ(イ)・ク・ク・ケ・ケ ①書物を読む。ひもどく。「古典を―」②(書物を調べるなどして)事実を解き明かす。「歴史を―」「古都の秘密を―」語源 巻物や本の帙のひもを解く意から。

ひ-もの【干物・◇乾物】魚や貝を干した食品。

ひもろぎ【×神籬】〘古〙(古くは「ひもろき」)古代、神霊が宿るとされた場所の周囲に常緑樹を植えて神座としたもの。のちに広く神社をいう。

ひや【冷や】①「ひやざけ」の略。②「ひやみず」の略。「お―」

ひ-や【火矢・火△箭】火をつけて放つ矢。

ビヤ〈beer〉ビール。ビア。「―ホール」「―樽」

ひや-あせ【冷や汗】恥じいったり、恐ろしかったり、気をつかったりするときなどに出る、冷たい感じのする汗。「―をかく」

ビヤ-ガーデン〈beer garden〉屋外やビルの屋上などで、庭園風にしてビールを飲ませるようにした所。夏

ひやかし【冷〔や〕かし】①冗談を言ってからかうこと。「―

半分」②買う気もないのに、品物を見たり値段を聞いたりすること。また、その人。素見。「―の客」

ひやか・す【冷〔や〕かす】（他五）サ(ソ)・シ・ス・ス・セ・セ ①氷や水などにつけて冷たくする。冷やす。②相手が恥ずかしがったり当惑したりするような冗談を言ってからかう。ちゃかす。「新婚の二人を―」③買う気もないのに、品物を見たり値段を聞いたりする。「夜店を―」可能 ひやか・せる（下一）

ひ-やく【非役】役目のないこと。役をやめさせられること。

ひ-やく【飛躍】（名・自スル）①おどりあがること。高く飛び上がること。②急速に進歩・向上すること。「―的に発展する」③正しい順序・段階を踏まないで飛び進むこと。「話が―する」

ひ-やく【秘薬】①ききめのすばらしい薬。妙薬。②秘密の処方で作られた薬。「不老長寿の―」

ひ-やく【秘△鑰】①秘密の倉のかぎ。②秘密を解く手段。

ひゃく【百】教1 ヒャク・ハク もも ｜ 一 ア ア 百 百 百

（字義）①もも。ひゃく。一〇の一〇倍。「百回・百個・数百」②もろもろ。数の非常に多いこと。「百貨・凡百・百鬼夜行・百発百中」難読 百済・百日紅・百足・百舌・百舌鳥・百敷・百歳・百合 人名 お・と・はげむ・ほ・も

ひゃく【百】①一〇の一〇倍。②たくさん。参考「△陌」を大字として用いる。

―も承知 十分知っていること。「危険は―だ」

び-やく【△媚薬】性欲を起こさせる薬。また、相手に恋情を起こさせる薬。

びゃく【白】（字義）→はく（白）

びゃく-い【白衣】→びゃくえ

びゃく-え【白◇衣】白い衣服。はくい。びゃくい。

ひゃく-がい【百害】多くの害。「―あって一利なし（＝悪いことばかりで、よいところが一つもない）」

びゃく-ごう【白△毫】ガウ｜《仏》仏の眉間にあって光明を放つという右まきの白毛。

ひゃく-じ【百事】あらゆること。万事。

ひゃくじつ-こう【百日紅】→さるすべり

ひゃくしゃく-かんとう【百尺△竿頭】（百尺もある長い竿の先の意から）到達することのできる極点。

―一歩を進む（到達した極点からさらに一歩を進めるという意から）最善を尽くした上に、さらにもう一歩力を尽くす。また、十分言葉を尽くした上に、さらに一歩進めて説く。

ひゃく-じゅう【百獣】ジウ｜あらゆるけもの。「―の王」

ひゃくじゅうきゅう-ばん【一一九番】ヒャクジフキウ｜火事や事故および急病人が発生した際、消防署に消防車・救急車の出動を要請するための直通の電話番号。はじまり 一九二六（大正十五）年、「一一二番」を消防用の緊急電話番号として制定。かけ間違いが多く、翌年「一一九番」に変更された。

ひゃく-しゅつ【百出】（名・自スル）さまざまに出ること。数多く出ること。「議論―」

ひゃく-しょう【百姓】シヤウ｜（もと、一般の人民の意）農民。農家。農業。「田舎で―をして暮らす」

―いっき【―一△揆】《日》江戸時代、農民が団結して起こした、領主などに対する反抗運動。

―よみ【―読み】漢字を、偏や旁の音から類推して、勝手に誤って読むこと。「絢爛」を「じゅんらん」と読む類。

ひゃく-せん【百千】きわめて数の多いこと。「―の敵」

ひゃく-せん【百戦】百回の戦い。数多くの戦い。

―ひゃくしょう【―百勝】多くの戦いに全勝すること。

―れんま【―練磨・―錬磨】経験を数多く積んで鍛えられていること。「―の勇士」

ひゃく-たい【百態】いろいろの姿・ありさま。さまざまな状態。

ひゃく-だい【百代】（多くの代を重ねた）長い年代。永遠。はくたい。「名を―に残す」

びゃく-だん【白△檀】《植》ビャクダン科の半寄生常緑高木。インド原産。材は香気が高く、彫刻材・香料用。せんだん。

ひゃく-てん【百点】①一〇〇の点数。②満点。③欠点がなく申し分のないこと。

―まんてん【―満点】①最高点を百点とする採点法。また、百点をとること。②欠点がまったくないこと。完璧。

ひゃく-ど【百度】①一〇〇回。転じて、度数の多いこと。②「百度参り」の略。「お―を踏む」

―まいり【―参り】マヰリ｜→おひゃくどまいり

ひゃくとおばん【一一〇番】ヒャクトヲ｜①緊急事態が起こった際に警察へ通報するための直通の電話番号。②専門的な知識を提供する電話サービス。「法律―」「育児―」はじまり ①は、一九四八（昭和二十三）年、警察機関への緊急通報用番号として、東京・大阪など八都市で運用が開始された。

ひゃく-にち【百日】①一〇〇の日数。②多くの日数。

―かずら【―△鬘】カツラ｜歌舞伎で、盗賊・囚人の役に用いるかつら。月代が長くはえのびた形のもの。

―ぜき【―△咳】《医》百日咳菌によって起こる、呼吸器の急性感染症。子供に多く、発熱し、特有なせきを連発する。

―そう【―草】サウ｜《植》キク科の一年草。メキシコ原産。葉は卵形。夏から秋にかけて赤・黄・白などの頭状花を開く。夏

ひゃくにん-いっしゅ【百人一首】一人一首ずつ一〇〇人の和歌を集めたもの。また、それを書いたかるた。藤原定家の撰といわれる小倉百人一首が最も有名。ひゃくにんしゅ。

ひゃくにん-りき【百人力】①一〇〇人分の力があること。②一〇〇人分の力かと思わせるほどに心強く感じること。「彼がいれば―だ」

ひゃく-ねん【百年】①一年の一〇〇倍。②数多くの年。③人の一生。

―河清を俟つ 常に濁っている黄河の水の澄むのを待つように、待っても実現の見込みのないことを待つたとえ。―の計 長い将来のための計画。―の不作 一世一代の失敗。

―め【―目】①一〇〇番目の年。②《俗》のっぴきならない場合などにいう語。運のつき。「ここで会ったが―」

ひゃく-パーセント【百パーセント】①一〇〇分の一〇〇。一〇割。「開票率―」②申し分のないこと。完全なこと。満点。「―の力を出し切る」「―間違いない」

ひゃくはちじゅう-ど【百八十度】ヒヤクハチジフ｜①一度の一八〇倍。直角（九〇度）の二倍。二直角。「三角形の内角の和は―」②（転じて）正反対であること。「方針を―転換する」

ひゃくはち-の-かね【百八の鐘】大晦日の夜、寺で鳴らす除夜の鐘。人間の持つ一〇八の煩悩を消すという。冬

ひゃくはち-ぼんのう【百八煩悩】ボンナウ｜《仏》人間の迷いのもとである一〇八の煩悩。一切の煩悩。参考 眼・耳・鼻・舌・身・意の六根にそれぞれ六つずつあって三六、それをさらに過去・現在・未来の三世に配して一〇八とする。

ひゃく-ぶん【百聞】何回も聞くこと。

―は一見に如かず 何回も聞くよりは、自分の目で一度見たほうが確かである。

ひゃくぶん-ひ【百分比】→ひゃくぶんりつ

ひゃくぶん-りつ【百分率】《数》全体を一〇〇として、それに対する割合・歩合を表す単位。一〇〇分の一を一パーセント（%）と表す。パーセンテージ。百分比。

ひゃく-まん【百万】①万の一〇〇倍。②非常に数の多いこと。

―げん【―言】非常に多くの言葉。「説得に―を費やす」

―だら【―陀羅】《俗》同じことをくり返しくり返し言うことの形容。「―の小言」

―ちょうじゃ【―長者】大富豪。大金持ち。

―とう【―塔】八世紀、称徳天皇の時代に奈良の諸大寺に納められた、百万基の木製小形の塔。中に陀羅尼経が収めてある。

―べん【―遍】①一〇〇万回。②《仏》七日間に一〇〇万回念仏を唱えること。また、その仏事。

ひゃく-めんそう【百面相】①いろいろの表情をしてみせること。また、その顔。②いろいろの表情をしてみせる演芸。

ひゃく-ものがたり【百物語】夜、数人で集まって、かわるがわる怪談を語ること。また、その怪談。夏
びゃく-や【白夜】→はくや
ひゃくやく-の-ちょう【百薬の長】最良の薬。酒をほめていう。「酒は―」

ひゃくよう-ばこ【百葉箱】〔気〕気象観測用の、鎧戸で囲った白い箱。中に計器を入れ、地表から一・二―一・五メートルの高さに設置して気温・湿度を計る。ひゃくようそう。

〔ひゃくようばこ〕

ひゃく-らい【百雷】①多くのかみなり。「―一時に落ちる」②大きな音をたとえていう語。
ひゃく-り【百里】①一里の一〇〇倍。②古代中国で、一〇〇里四方の国。また、一県のこと。「―の才(=一県を治める才能)」
―を行く者は九十里を半ばとす 物事をなしとげるには、終わりのほうほどむずかしいので、九分どおりの所をやっと半分と心得、最後まで気を抜いてはならないというたとえ。〈戦国策〉
ひゃく-れん【百錬】いくたびもねりきたえること。
びゃく-れん【白蓮】①白いハスの花。夏 ②心が清らかなことのたとえ。

ひ-やけ【日焼け】(名・自スル)①日光の紫外線によって皮膚が黒くなること。「―止め」夏 ②日が長時間当たって色があせること。「―した畳」
ひや-ざけ【冷や酒】燗をしない日本酒。ひや。夏 ↔燗酒
ひやし【冷やし】冷たくすること。また、冷たくしたもの。
―ちゅうか【―中華】ゆでた中華そばを冷やして具材をのせ、たれをかけた料理。
ヒヤシンス〈hyacinth〉〔植〕キジカクシ科の多年草。地下に鱗茎をもち、厚く細長い葉を叢生する。春に紅・白・紫などの芳香のある花をふさ状に開く。観賞用。春 参考「×風信子」とも書く。

〔ヒヤシンス〕

ひや・す【冷やす】(他五)①温度を下げて、冷たくする。「スイカを―」↔温める ②冷静な状態にする。「頭を―」③心に衝撃を受ける。ふるえあがらせる。「きもを―」自ひ・える(下一) 可能ひや・せる(下一)
ビヤ-だる【ビヤ樽】ビールを詰める、中央部のふくらんだたる。また、(比喩的に)太って腹の出ている人。
ひゃっ-か【百花】いろいろな花。さまざまな花。
―せいほう【―斉放】文学・芸術活動の創作と批評が自由に行われること。⇩百家争鳴「参考」
―りょうらん【―繚乱】①いろいろの花が咲き乱れること。②すぐれた人物が大勢現れてりっぱな業績をあげること。
ひゃっ-か【百科】いろいろの科目や学科。
―じてん【―事典・―辞典】学術・文化・社会などをはじめ、あらゆる分野の事柄を選定し項目別に解説した書物。百科全書。エンサイクロペディア。
―ぜんしょ【―全書】①ある体系のもとに、あらゆる技芸・学術を部門別に解説した書。②百科事典。百科辞典。
ひゃっ-か【百家】多くの作家・学者。「諸子―」
―そうめい【―争鳴】多くの学者・作家などが自由に論争すること。参考一九五六年、「百花斉放」とともに提唱された中国共産党のスローガン。
ひゃっ-か【百貨】いろいろの商品。
―てん【―店】あらゆる種類の商品を販売する大規模な小売店。デパート。
ひゃっか-にち【百箇日】人の死後、一〇〇日目の忌日。また、その法事。(死んだ日を入れて数える。)
ひゃっ-かん【百官】多くの役人。「文武―」
ひゃっき-やぎょう【百鬼夜行】①多くのばけものが夜中に列をつくって歩くこと。②多くの人がみにくい行為や奇怪な行動をすること。参考「ひゃっきやこう」とも読む。
ひゃっ-けい【百計】考えられるあらゆるはかりごと。あらゆる方法。「―をめぐらす」
びゃっ-こ【白虎】青竜・玄武・朱雀とともに四神の一。天上の西方の神。
びゃっ-こ【白狐】毛の白いキツネ。
ひやっこ・い【冷やっこい】(形)冷たい。
ひゃっ-こう【百行】あらゆる行い。「孝は―のもと」
ひやっ-と【冷やっと】(副・自スル)→ひやりと
ひゃっぱつ-ひゃくちゅう【百発百中】①発射した矢や弾丸が全部命中すること。②予想して立てた計画やねらいがすべてあたること。「―の企画」
ひゃっ-ぱん【百般】あらゆる方面。「武芸―」
ひゃっ-ぽ【百歩】百の歩数。「五十歩―」
―譲って(も) 大幅に譲歩して相手の主張を認めたとして。
ひゃっ-ぽう【百方】(名・副)あらゆる方面・方法。あれこれ。「―手をつくす(=あらゆる方法・手段を試みる)」
ひ-やとい【日雇い・日傭い】一日単位の契約で雇うこと。また、その雇われる人。日傭取り。「―労働者」
ひや-ひや【冷や冷や】(副・自スル)①冷たいさま。ひんやり。②気が気でないさま。あやぶむさま。「失敗しないかと―する」
ヒヤ-ヒヤ〈Hear! Hear!〉(感)演説会などで、「謹聴」「賛成」などの意を表す聴衆のかけ声。いいぞ。
ビヤ-ホール〈beer hall〉生ビールを飲ませることを主とする店。夏 はじまり 日本のビヤホールの始まりは、横浜(明治十年前後)・大阪(明治二十年代)・東京などの説がある。中でも「ビヤホール」と名の付く店は、一八九九(明治三十二)年、当時の日本麦酒株式会社が東京の銀座で開業したのが最初。
ひや-みず【冷や水】冷たい水。「年寄りの―(=老人が負けん気から年齢不相応のことをするたとえ)」
―を浴びせる 意気込んでいる人の熱意を一気に失わせる。
ひや-むぎ【冷や麦】細打ちにしたうどんをゆでて冷水でひやし、つけ汁につけて食べるもの。夏
ひや-めし【冷や飯】冷たくなった飯。

―を食う 冷遇されることのたとえ。

――ぐい【―食い】①いそうろう。食客。②江戸時代、家督を相続しない次男以下の者を軽んじて言った語。

――ぞうり【―草履】わらで作った粗末なぞうり。

ひややか【冷〔や〕やか】(形動ダ) ①冷たいさま。ひんやりとしたさま。「―な秋の風」秋 ②同情のないさま。冷淡なさま。「―な態度をとる」③物に動じないさま。文(ナリ)

ひやーやっこ【冷〔や〕◇奴】よく冷やした生の豆腐を、醬油・薬味などで食べる料理。夏

ひやりーと(副・自スル) 冷たさや恐ろしさなどを瞬間的に感じるさま。ひやっと。「車にぶつかるかと一瞬―する」

ヒヤリング〈hearing〉→ヒアリング

ひーゆ【比喩・譬喩】①たとえること。②《文》特徴のはっきりしたほかの似たものを引いてきて、物事をわかりやすく説明する表現法。直喩・隠喩などがある。「的確な―を用いる」

ピュア〈pure〉(形動ダ) まじりけがないさま。純粋なさま。「―な心」

ビュー〈view〉①景色。眺め。「オーシャン―(=建物などから海を一望できること)」②見解。意見。

ビューアー〈viewer〉①スライドなどの拡大透視装置。②《情報》コンピューターで、ファイルの中身を見るためのソフトウェア。参考「ビューワー」ともいう。

ひゅうが〔日向〕旧国名の一つ。ほぼ現在の宮崎県。向州。日州。

びゅうーけん【謬見】誤った見解。「―を正す」

ヒューズ〈fuse〉《物》鉛とすず、その他の合金線。電流が一定限度をこえると溶けて回路を断つ。「―がとぶ」

ビューティー〈beauty〉①美。美しさ。「―サロン(=美容院)」②美人。「クール―」

びゅうーびゅう(副) 風が激しく吹く音。また、そのさまを表す語。「風が―吹き荒れる」

ぴゅうーぴゅう(副) 風が吹きすさぶ鋭い音。また、そのさまを表す語。「北風が―(と)吹きぬける」

ピューマ〈puma〉《動》食肉目ネコ科の哺乳動物。南北アメリカ大陸にすむ。アメリカライオン。クーガー。

ヒューマニスティック〈humanistic〉(形動ダ) 人道主義・人間主義・人文主義の立場に立っているさま。

ヒューマニスト〈humanist〉①人文主義者。②人道主義者。

ヒューマニズム〈humanism〉①それまでの神中心の考え方から人間中心に視点を移し、人間性の解放や学術・文化の発展に努めたルネサンス期の思想。人文主義。ユマニスム。②人類の平和や幸福を増すために、さまざまな抑圧からの解放や人間性の回復を目的とする主義。人道主義。

ヒューマニティー〈humanity〉人間がもつ人間らしい精神のはたらき。人間性。人間味。ユマニテ。

ヒューマン〈human〉(形動ダ) 人間に関するさま。人間らしいさま。人間的。「―エラー(=人為的なミス)」

――リレーションズ〈human relations〉(企業などの組織内での)人間関係。また、それについての論。

ヒュームーかん【ヒューム管】地下の水道管・配水管などに使われる鉄筋コンクリート製の管。語源オーストラリア人ヒューム(Hume)が創案したことからいう。

ビューラー まつげをはさんでカールさせる道具。アイラッシュカーラー。(商標名)

ピューリタン ①〈Puritan〉→せいきょうと ②〈puritan〉非常に謹厳・潔癖な人。

ピューレ〈フランス purée〉野菜や果物などを十分に煮て裏ごししたもの。ピュレ。「トマト―」

ビューロー〈bureau〉①官庁の課・部・局。②事務所。案内所。「ツーリスト―」③引き出しのある事務机。

ヒュッテ〈ドイツ Hütte〉登山者やスキーヤーのための山小屋。

ビュッフェ〈フランス buffet〉①駅構内や列車内などの、客が立ったままで食べる簡単な食堂。②立食。立食形式の食事。

ピュリッツァーーしょう【ピュリッツァー賞】アメリカの新聞王ピュリッツァー(Pulitzer)の遺志によって設けられた賞。一九一七年創設。ジャーナリズム・文学・音楽の各部門で、すぐれた業績をあげた人に対して毎年贈られる。

ビュレット〈burette〉《化》容量分析で滴定に用いる目盛りのあるガラス管。下端は細く、コックが付いている。

ひょいーと(副) ①不意に。突然。「―顔を出す」②手軽に。簡単に。身軽に。「―つまみ上げる」「―飛び越える」

ひょいーひょい(副) 身軽に物事を行ったり、不意にあちこちに出てきたりするさま。「呼べば―(と)やってくる」

ひーよう【日傭】日雇い。また、その賃金。

――とり【―取り】日雇いの労働者。

ひーよう【飛揚】(名・自スル) 空高く飛びあがること。

ひーよう【秘要】奥の手。秘訣。

ひーよう【費用】あることをするために要する金銭。「参加―」「―対効果」

ひょう【氷】教3 ヒョウ こおり・ひ高

(字義) ①こおり。「氷原・氷山・薄氷・流氷」②こおる。「氷結・氷点」③こおりのように清らかなもの。「氷心・氷刃」難読 氷柱・氷魚・氷雨・氷室 人名 きよ

ひょう【兵】(字義) →へい(兵)

ひょう【拍】(字義) →はく(拍)

ひょう【表】教3 ヒョウ(ヘウ)・おもて あらわす・あらわれる

(字義) ①おもて。うわべ。「表皮・表面・地表」↔裏 ②あらわす。明らかにする。あらわれる。「表意・表音・表現・表明・公表・発表」③しるし。めじるし。=標。「表札・墓表」④てほん。のり。「儀表・師表」⑤おもてに立つ。「代表」⑥申し上げる。また、その文書。「表白・表文・上表」⑦事柄を一目でわかるように書きあらわしたもの。「一覧表・時刻表・図表・統計表・年表」人名 あき・あきら・うわ・お・おも・きぬ・こずえ・すず・と・よし

ひょう【表】①事柄・項目などを一目でわかるような形で書きあらわした図や文書。「気温の変化を―にする」「国の財政を―で見る」②君主に差し出す文書。「出師の―」

ひょう【俵】教6 ヒョウ(ヘウ) たわら

(字義) ①たわら。「米俵・土俵」②分かち与える。「俵分」

-ひょう【俵】(接尾) たわらを数える語。「米三―」

ひょう【豹】人 ヒョウ(ヘウ) (字義) 動物の名。ひょう。「豹変・虎豹」

ひょう【豹】《動》食肉目ネコ科の猛獣。体は黄茶色で黒い斑紋がある。アジア・アフリカに分布。「―柄」

ひょう【彪】人 ヒョウ(ヘウ)・ヒュウ(ヒウ)・あや (字義) ①まだら。美しい虎の皮の文様。②あや。あやがあって美しいさま。模様。文飾。「彪蔚・彪平・彪彪」③明らか。明らかにする。④とら。人名 あきら・たけ・たけき・たけし・つよし・とら・とらお

ひょう【票】教4 ヒョウ(ヘウ)

(字義) ①ふだ。㋐手形・切手・証券など。「軍票」㋑ものを書きつける紙片。「計算票・伝票」㋒選挙や採決に用いるふだ。「票決・開票・投票」②軽くあがるさま。＝飄。「票然」

-ひょう【票】ヘウ (接尾) 投票や採決の数を数える語。

ひょう【票】ヘウ 投票する紙片。また、その数。「ーを読む」

ひょう【評】 教5 ヒョウ(ヒャウ)

(字義) ①物のよしあし・価値などを論じ定める。また、その判断。「評価・評判・悪評・劇評・好評・寸評・世評・定評・批評・不評・論評」②はかる。相談する。「評議・評定」人名 ただ

ひょう【漂】 ヒョウ(ヘウ)中 ただよう中

(字義) ①ただよう。水にただよい流れる。「漂泊・漂流・浮漂・流漂」②さらす。水や薬品につけて白くする。「漂白」

ひょう【標】 教4 ヒョウ(ヘウ) しるし

(字義) ①しるし。㋐めじるし。「標識・商標・道標・墓標」㋑めあて。「標準・目標」②あらわす。目につくようにする。＝表。「標示・標榜」③書きしるす。「標記・標題」④木のこずえ。

難読 標縄しめなわ 人名 えだ・かた・こずえ・しな・すえ・たか・ひで

ひょう【瓢】人 ヒョウ(ヘウ) ひさご・ふくべ

(字義) ①ひさご。ふくべ。ウリ科の一年生つる草。「瓢壺ひょうこ・瓢箪ひょうたん」②ひしゃく。水をくむ器。「瓢飲」

ひょう【雹】〔気〕積乱雲中に生じ、雷雨に伴って降る氷片。直径数ミリメートルから五センチメートルぐらいのものまであり、農作物や人畜にも被害を与えることがある。夏

び-よう【美容】 ①容姿を美しくととのえること。「ー師」②美しい顔かたち。

ーいん【ー院】ヰン パーマ・結髪などの美容術や着付けなどを施す営業施設。ビューティーサロン。ビューティーパーラー。

ーせいけい【ー整形】(名)〔医〕容姿を美しくととのえるために、外科的な処置や手術を行うこと。美容外科。

ーたいそう【ー体操】タイサウ 均整のとれた美しい体を作るために行う体操。

び-よう【微恙】ヤウ (「恙」は病気の意) 軽い病気。

びょう【平】ビヤウ (字義) →へい(平)

びょう【苗】 ビョウ(ベウ)高・ミョウ(メウ) なえ中・なわ中

(字義) ①なえ。稲や麦などの芽が出たばかりのもの。定植する前の若い植物。「苗木なえぎ・苗床なえどこ・苗代なわしろ・種苗しゅびょう」②血すじ。子孫。「苗裔びょうえい・苗字みょうじ」③感染症の予防に用いる免疫材料。ワクチン。「痘苗」人名 え・たね・なり・みつ

びょう【秒】 教3 ビョウ(ベウ)

(字義) ①稲の穂先の毛。②かすか。わずか。きわめて微細なもの。③きわめて短い時間。「寸秒」④時間・角度・経度・緯度の単位。「秒針・秒速」

びょう【秒】ベウ ①時間の単位。一分の六〇分の一。「ーを争う」②角度・経度・緯度の単位。一分の六〇分の一。

びょう【病】 教3 ビョウ(ビヤウ)・ヘイ高 やむ中・やまい

(字義) ①やむ。㋐わずらう。病気にかかる。やまい。「病気・病苦・疾病しっぺい・重病・伝染病・熱病・万病」㋑疲れる。「病客」㋒心に思いわずらう。「病心」②悪い習慣などがたまってできた欠点・短所。「病根・病癖」難読 病葉わくらば

びょう【描】 ビョウ(ベウ)中 えがく中・かく中

(字義) えがく。絵や文章に写しかく。「描写・素描・点描」

びょう【猫】 ビョウ(ベウ)高 ミョウ(メウ)・ねこ中

(字義) ねこ。ネコ科の家畜。「猫額・愛猫・怪猫」難読 猫糞ねこばば

びょう【廟】人 ビョウ(ベウ) みたまや

(字義) ①みたまや。祖先の霊をまつる所。「廟所・廟寝・祠廟しびょう・大廟・霊廟」②王宮の正殿。政治をとる所。「廟議・廟堂」

びょう【廟】ベウ 祖先や先賢の霊をまつる建物。みたまや。

びょう【鋲】ビヤウ ①頭部の大きい釘くぎ。②画びょう。押しピン。③リベット。④靴の底に打つ金具。

びょう-あ【病痾】ビヤウ (「痾」は長びく病気の意) 長びいてなかなか治らない病気。宿痾しゅくあ。

ひょう-い【表意】ヘウ 意味を表すこと。

ーもじ【ー文字】 一字一字が一定の意味を表す文字。漢字など。意字。↔表音文字

ひょう-い【憑依】(名・自スル) 霊がのりうつること。「死霊がーする」

ひょう-いつ【飄逸】ヘウ (名・形動ダ) 世間のわずらわしい事を気にせず、のんきで自由なこと。また、そのさま。「ーな人柄」

びょう-いん【病因】ビヤウ 病気の原因。「ーを調べる」

びょう-いん【病院】ビヤウヰン 医者が患者を診察・治療する施設。特に、病人やけが人を二〇人以上入院させることのできる医療機関をいう。⇩医院「参考」

びょう-う【廟宇】ベウ ①みたまや。②社殿。

びょう-えい【苗裔】ベウ 末のほうの子孫。遠い子孫。末裔まつえい。後裔こうえい。「源氏のー」

ひょうえ-ふ【兵衛府】ヒヤウヱ 〔日〕六衛府ろくえふの一つ。皇居の警備、行幸の供奉ぐぶなどをつかさどった左右二つの役所。

ひょう-おん【表音】ヘウ 音を表すこと。

ーもじ【ー文字】 一字一字が音だけを表す文字。かな・ローマ字・ハングルなど。音字。↔表意文字・表語文字 参考 単音を表す単音文字(ローマ字など)と、音節を表す音節文字(かな・ハングルなど)とに分けられる。

ひょう-か【氷菓】クワ アイスキャンデー・シャーベットなど、液体をこおらせて作った菓子。こおりがし。夏

ひょう-か【評価】ヒヤウ (名・他スル) ①品物の価格を決めること。ねぶみ。また、決めた値段。「ー額」②物事の善悪・美醜などを判断して価値を定めること。しなさだめ。「人物をーする」③物事の価値を認めること。「ーすべき業績だ」④学業成果について判定すること。評定。「絶対ー」「相対ー」

ひょう-が【氷河】〔地質〕高緯度や高山で万年雪が氷のかたまりとなり、低地に向かって徐々に流れ下るもの。

ーき【ー期】 ①→ひょうき(氷期) ②景気の冷え込みなどのために、厳しく困難な状況が続く時期。「就職ー」

ーじだい【ー時代】〔地質〕地球上の気候が寒冷で、高緯度の地方の大部分が氷河であった時代。

ひょう-が【馮河】(黄河を徒歩でわたる意から) 無謀な行動のたとえ。「暴虎ぼうこー(＝命知らずの行動をすること)」

びょう-か【病家】ビヤウ 病人のいる家。

びょう-が【病臥】ビヤウグワ (名・自スル) 病気で床につくこと。

びょう-が【描画】ベウグワ (名・自スル) 絵をかくこと。

ひょう-かい【氷海】 一面に氷の張った海。冬

ひょう-かい【氷塊】クワイ 氷のかたまり。冬

ひょう-かい【氷解】(名・自スル) 氷がとけるように、疑いや迷いなどがすっかりなくなること。「わだかまりがーする」

ひょう-がい【雹害】 雹ひょうによる農作物などの被害。

びょう-がい【病害】ビヤウ 病気による農作物や家畜の損害。

ひょうがい‐じ【表外字】ヘウグワイ 常用漢字表にない漢字。表外漢字。外字。

びょうがいちゅう【病害虫】ビャウ 農作物に害を与える病気や虫。

びょうがく‐だい【猫額大】ベウガク（ネコの額ほどの広さという意で）土地などが非常にせまいことのたとえ。

ひょう‐がため【票固め】ヘウ 選挙の際に自分の得票を確保するための運動をすること。「選挙区をまわって―をする」

ひょう‐かん【剽悍】ヘウ（名・形動ダ）動作がすばやく、性質があらあらしくて強いこと。また、そのさま。「―な民」

びょう‐かん【病患】ビャウクワン やまい。病気。疾患。「―に苦しむ」

びょう‐かん【病間】ビャウ ①病気にかかっている間。病気中。②病気の少しよくなっているとき。

ひょう‐き【氷期】『地質』氷河時代のうち、特に気候が寒冷で地球上の広範囲が氷河に覆われた時期。氷河期。↔間氷期

ひょう‐き【表記】ヘウ（名・他スル）①おもてに書きしるすこと。おもて書き。「―の金額」②文字・記号などで書き表すこと。「―の統一」⇒「使い分け」

ひょう‐き【標記】ヘウ（名・他スル）①目じるしをつけること。また、その符号。②標題として文書のはじめに書きしるすこと。また、その書いた事柄。⇒「使い分け」

使い分け「表記・標記」
「表記」は、おもてに書きあらわす意で、「表記の住所に転居しました」「現代仮名遣いで表記する」「国語表記の基準」などと使われる。
「標記」は、目じるしや見出しをつける、また、その目じるし・見出しの意で、「交通標記」「標記の件につき…」などと使われる。

ひょう‐き【標旗】ヘウ 目じるしの旗。しるしばた。はたじるし。

ひょう‐ぎ【評議】ヒャウ（名・他スル）多数の人がいろいろ意見を交換して相談すること。「―会」

―いん【―員】キン 団体や組織の中で、評議に参加するために選ばれた人。

びょう‐き【病気】ビャウ（名・自スル）①体や精神状態に正常とは異なる変化のあらわれること。多く、健康感の喪失や苦痛を感じる。「―にかかる」②悪いくせ。「また例の―が出た」

類語 疾病(しっぺい)・病患・やまい・わずらい・長わずらい・不例・不予・持病・痼疾(こしつ)・宿痾(しゅくあ)・病痾・業病(ごうびょう)・急病・難病・大病・重病・伝染病・疫病・悪疫・悪病・悪疾・瘴癘(しょうれい)・霍乱(かくらん)

びょう‐ぎ【廟議】ベウ 朝廷の評議。朝議。

ひょう‐きょ【憑拠】よりどころ。根拠。「―に乏しい」

ひょう‐きん【剽軽】ヘウ（名・形動ダ）ほがらかでこっけいなさま。おどけたようす。「―者」参考「きん」は「軽」の唐音。

びょう‐きん【病菌】ビャウ 病気のもととなる細菌。病原菌。

ひょう‐ぐ【表具】ヘウ（書画を）紙や布などで裏打ちして巻物・軸物・ふすまなどを仕立てること。表装。

―し【―師】表具を職業とする人。経師(きょうじ)屋。

びょう‐く【病苦】ビャウ 病気による苦しみ。「―に耐える」

びょう‐く【病軀】ビャウ 病気にかかっている体。病身。

びょう‐くぎ【鋲釘】ビャウ 頭の大きな釘(くぎ)。鋲(びょう)。

ひょう‐けい【表敬】ヘウ（名・自スル）敬意を表すこと。

―ほうもん【―訪問】ハウモン（名・他スル）敬意を表すための儀礼として、公式に訪問すること。「大使の―を受ける」

ひょう‐けいさん【表計算】ヘウ コンピューターで、表形式のます目に数値や計算式を入力し、種々の計算を行うこと。「―ソフト」

ひょう‐けつ【氷結】（名・自スル）こおりつくこと。氷がはること。「湖が―する」

ひょう‐けつ【表決】ヘウ（名・他スル）議案に対する賛否の意思を表して決めること。「挙手によって―する」「―権」

ひょう‐けつ【票決】ヘウ（名・他スル）賛成・反対を投票で決めること。「法案は―によって決定する」

ひょう‐けつ【評決】ヒャウ（名・他スル）相談して決定すること。「裁判官の―によって判決を下す」

びょう‐けつ【病欠】ビャウ（名・自スル）病気のために欠席・欠勤すること。「―者が多い」「会社を―する」

ひょう・げる【剽げる】ヘウ（自下一）ゲ・ゲル・ゲル・ゲレ・ゲロ(ゲヨ) ふざける。おどける。ひょうきんなことをする。「―・げたやつだ」

ひょう‐げん【氷原】一面に氷でおおわれた原野。図

ひょう‐げん【表現】ヘウ（名・他スル）心に感じたり思ったりしたことを、表情・身振り・言葉・文字・色・音などで表すこと。

―しゅぎ【―主義】『文』第一次世界大戦前後のドイツを中心に流行した文芸思潮。自然主義・印象主義の反動として起こり、主観の直接的表現を重視した。

ひょう‐げん【評言】ヒャウ 批評の言葉。評語。「―を加える」

びょう‐げん【病原・病源】ビャウ 病気の原因。また比喩(ひゆ)的に、悪いことの原因。「―を突き止める」

―きん【―菌】『医』病気の原因となる細菌。病菌。

―たい【―体】『医』病気の原因となる細菌・原生動物などの微生物やウイルス。

ひょう‐ご【評語】ヒャウ ①批評の言葉。評言。評点。②（優・良・可など）学校などで成績の等級を表す言葉。

ひょう‐ご【標語】ヘウ 主義・主張などを短く、わかりやすく表した言葉。モットー。スローガン。「交通安全の―」

ひょうご【兵庫】ヒャウゴ 近畿(きんき)地方西部の県。県庁所在地は神戸(こうべ)市。

びょう‐ご【病後】ビャウ 病気の治った直後。病み上がり。

ひょう‐こう【標高】ヘウカウ 土地の、平均海水面からの高さ。海抜。「―三七七六メートル」「―差」

ひょう‐ごう【表号・標号】ヘウガウ しるし。目じるし。

ひょうご‐もじ【表語文字】ヘウゴ 表意文字のうち、漢字のように一字が一語を表す文字。単語文字。↔表音文字

びょう‐こん【病根】ビャウ 病気のもと。病因。また比喩(ひゆ)的に、悪い習慣のもと。「―をたつ」

ひょう‐さつ【表札・標札】ヘウ 居住者の名をしるして、戸口・門などに掲げるふだ。「―を出す」

ひょう‐ざん【氷山】氷河の末端や陸地をかこむ氷壁が海上に押し出され、巨大な氷塊となって浮遊しているもの。

―の一角(いっかく)（氷山の海面上の部分は全体のほんの一部分でしかないことから）表面に現れたものは、重大な物事のごく一部にすぎないことのたとえ。「明るみに出た不正は―にすぎない」

ひょう‐し【拍子】ヒャウ ①『音』楽曲のリズムの根底になる、音の強弱による周期的な区切り。「三―」②音楽・歌舞に合わせて調子をとること。「手―」③能楽で、笛や太鼓をかなでること。はやし。④はずみ。とたん。折。「転んだ―にひざを打つ」

―を取(と)る リズムや調子をとる。

―ぎ【―木】両手で打ち合わせてならす角柱状の一対の木。

―きごう【―記号】ガウ『音』楽譜の初めにしるして楽曲の拍子を明らかにする記号。2/4、6/8など。

―ぬけ【―抜け】（名・自スル）気負っていたのに急に張り合いのなくなること。「あまりに簡単で―する」

ひょう‐し【表紙】ヘウ 書籍などの外側の紙・布などのおおい。

ひょう-し【標紙】ヘウ 目じるしにつける小さな紙。

ひょう-じ【表示】ヘウ —(名・他スル)①外部に表し示すこと。②図表にして示すこと。「非常口の—」⇒「使い分け」

ひょう-じ【標示】ヘウ —(名・他スル)目じるしをつけて示すこと。⇒「使い分け」

> 使い分け「表示・標示」
> 「表示」は、外部に表し示す意で、「住居表示」「意思表示」「製造元を表示する」などと使われる。
> 「標示」は、目じるしとして掲げ示す意で、「遊泳禁止区域を標示する」「道路標示」「標示板」などと使われる。
> 両者の厳密な使い分けはむずかしいが、「標示」は交通用語として使われることが多い。

びょう-し【病死】ビャウ —(名・自スル)病気で死ぬこと。病没。

びょう-じ【病児】ビャウ —病気の子供。

ひょう-しき【表式】ヘウ —表示するための一定の方式。

ひょう-しき【標識】ヘウ —目じるし。「交通—」

ひょう-しつ【氷室】氷をたくわえておく所。氷室(ひむろ)。

ひょう-しつ【氷質】氷の性質・品質。

びょう-しつ【病室】ビャウ —病人のいる部屋。特に、病院の、患者を入院させるための部屋。

びょう-しつ【病質】ビャウ —病気の性質。

ひよう-しゃ【被用者・被▵傭者】やとわれている人。

ひょう-しゃ【評者】ヒャウ —批評する人。批評家。

びょう-しゃ【病舎】ビャウ —病室のある建物。病棟。

びょう-しゃ【病者】ビャウ —病人。びょうじゃ。

びょう-しゃ【描写】ベウ —(名・他スル)言葉や絵・文章・音楽などで、物事の情景・状態や感情をえがき出すこと。「心理—」

びょう-しゃ【▵廟社】ベウ —やしろ。みたまや。ほこら。

ひょう-しゃく【評釈】ヒャウ —(名・他スル)文章・詩歌などを解釈して批評を加えること。また、そのもの。「徒然草(つれづれぐさ)の—」

びょう-じゃく【病弱】ビャウ —(名・形動ダ)体が弱く病気にかかりやすいこと。また、病気で体の弱っているさま。「—な体質」

ひょう-しゅつ【表出】ヘウ —(名・他スル)心の中の動きをおもてに表すこと。「感情を—する」

びょう-しゅつ【描出】ベウ —(名・他スル)文章・絵画・音楽などで、考えや感じたことなどをえがき出すこと。「心情を—する」

ひょう-じゅん【標準】ヘウ —①判断や比較の基準となるよりどころ。「—記録」②ごく普通であること。「—サイズ」

—ご【—語】一国の言語の規範とされる言語。↔方言

—じ【—時】一国・一地方全体に共通に用いられる時刻。参考 ふつう、グリニッジ子午線と一五度の整数倍の差のある経線をその地域の標準子午線とし、それを基準として定めた時刻を採用する。日本標準時は、兵庫県明石(あかし)市を通る東経一三五度の子午線を基準とする。

—しき【—式】ローマ字で日本語をつづる方式の一つ。ヘボン式を一部修正したもので、修正ヘボン式ともいう。⇒付録「国語表記の基準・ローマ字のつづり方」

—でんぱ【—電波】周波数や時刻の基準として、常時発射されている正確な電波。

—へんさ【—偏差】個々の資料のちらばりの度合いを示す数値。平均値と各資料との差を二乗した数値の算術平均の平方根。数値が小さいほど平均に近くなる。SD

ひょう-しょ【表書】ヘウ —おもて書き。うわ書き。

びょう-しょ【病所】ビャウ —体の病気の部分。患部。

びょう-しょ【▵廟所】ベウ —①→おたまや ②はかば。墓所。

ひょう-しょう【◦平声】ヒャウシャウ 漢字の四声(しせい)の一つ。低い平らな声調。平声(ひょうせい)。⇒四声

ひょう-しょう【表象】ヘウシャウ ①象徴的に表すこと。また、その表された形。象徴。②〔哲・心〕見たり聞いたりした事物がある形・イメージとなって心に浮かぶこと。また、その像。「記憶—」

ひょう-しょう【表彰】ヘウシャウ —(名・他スル)善行や功績のあった人や団体をほめたたえて、広く人々に知らせること。「—状」

ひょう-しょう【標章】ヘウシャウ しるしとする徽章(きしょう)・記号。

ひょう-じょう【氷上】ジャウ 氷の上。「—競技」图

ひょう-じょう【兵▵仗】ヒャウヂャウ ①太刀(たち)・弓・箭(や)などの武器。②「随身(ずいじん)」「舎人(とねり)」の称。兵仗(へいじょう)。

ひょう-じょう【表情】ヘウジャウ ①感情を顔や態度に表すこと。また、その表れた顔つき。「—に乏しい」「無—」②実際のようす・様相。「新春を迎えた各地の—」

ひょう-じょう【評定】ヒャウヂャウ —(名・他スル)評議して決めること。「小田原—(=相談がいつまでもまとまらないことのたとえ)」

びょう-しょう【病床】ビャウシャウ 病人のねどこ。「—につく」

びょう-しょう【病症】ビャウシャウ 病気の状態や性質。

びょう-じょう【病状】ビャウジャウ 病気のぐあい。「—が悪化する」

びょうしょうろくしゃく【病牀六尺】ビャウシャウロクシャク 正岡(まさおか)子規の随筆。一九〇二(明治三十五)年発表。死の二日前までの病臥(びょうが)中の日誌的随筆。

びょう-じょく【病▵褥・病▵蓐】ビャウ —病人のねどこ。病床。

ひょう-じん【氷人】結婚の仲人(なこうど)。⇒月下氷人

びょう-しん【秒針】ベウ —時計の、秒を示す針。

びょう-しん【病身】ビャウ —①病気になっている体。病軀(びょうく)。「—の母をいたわる」②病気にかかりやすい体。病弱な体。

ひょう・す【表す】ヘウ (他五)サ(ソ)・シ・ス・ス・セ・セ →ひょうする(表する) 語源 サ変動詞「ひょうする」の五段化。

ひょう・す【評す】ヒャウ (他五)サ(ソ)・シ・ス・ス・セ・セ →ひょうする(評する) 語源 サ変動詞「ひょうする」の五段化。

ひょう・する【表する】ヘウ (他サ変)シ(セ・サ)・シ・スル・スル・スレ・シロ(セヨ) 心の中の思いをおもてに出す。示す。「敬意を—」文へう・す(サ変)

ひょう・する【評する】ヒャウ (他サ変)シ(セ・サ)・シ・スル・スル・スレ・シロ(セヨ) ねうちを決める。評価する。批評する。「人物を—」文ひゃう・す(サ変)

ひょう-せい【◦平声】ヒャウ →ひょうしょう(平声)

びょう-せい【病勢】ビャウ —病気の進みぐあい。病気の勢い。

ひょう-せき【標石】ヘウ —①目じるし・道標の石。②測量で、水準点や三角点に埋める花崗岩(かこうがん)製の角柱。

ひょう-せつ【氷雪】①氷と雪。图 ②心の清いこと。

ひょう-せつ【▵剽窃】ヘウ —(名・他スル)他人の文章・詩歌・論説などを盗んで、自分の作として使うこと。盗作。

ひょう-ぜん【▵飄然】ヘウ (タル)①居所を定めず、ふらりと来たり立ち去ったりするさま。「—と漂泊の旅に出る」②世事を気にせずのんきでいるさま。「—たる態度」文(形動タリ)

ひょう-そ【▵瘭▵疽】ヘウ —〔医〕手や足の指先にできる急性化膿(かのう)性炎症。激痛・高熱を伴う。ひょうそう。

ひょう-そう【表装】ヘウサウ —(名・他スル)→ひょうぐ

ひょう-そう【表層】ヘウ —表面の層。うわべ。「—なだれ」

びょう-そう【病巣・病▵竈】ビャウサウ 病気におかされている所。

ひょう-そく【◦平▵仄】ヒャウ —①漢字の四声(しせい)を二大別していう語。「平(ひょう)」は平声(ひょうしょう)、「仄(そく)」は上声(じょうしょう)・去声(きょしょう)・入声(にっしょう)の三声。漢詩をつくるとき、この二種類の字の並べかたに規則がある。「漢詩の—」②話のすじみち。つじつま。

—が合(あ)わない(平仄(ひょうそく)の配列が規則に合っていない意から)話のつじつまが合わない。すじみちがたたない。

びょう-そく【秒速】ベウ —一秒間に進む距離で示される、もの

の速さ。「一二〇メートルの風」
ひょう-だい【表題・標題】― ①書籍の表紙や文章にした題。②演説・演劇・芸術作品などの題目。タイトル。
びょう-たい【病体】― 病気にかかっている体。
びょう-たい【病態】― 病気のぐあい。病状。容態。
びょう-たる【眇たる】―（連体）ちっぽけな。わずかな。取るに足りない。「大海原の中の一小島」
ひょう-たん【氷炭】 氷と炭。性質が異なるもののたとえ。
―相容れず 氷と炭のように、たがいに性質が違っているために調和・一致しないことのたとえ。
ひょう-たん【瓢箪】― ①〘植〙ウリ科のつる性一年草。ユウガオの変種で、葉は心臓形。夏の夕方に白色の花を開き、長大でまん中のくびれた実を結ぶ。秋 ②成熟した①の実の中身を除き、酒・水を入れる器としたもの。ひさご。ふくべ。
―から駒 思いがけないところから思いがけないものが出ることのたとえ。特に、冗談で言ったことが現実となることにいう。
―なまず【―鯰】（「瓢箪で鯰を押さえる」から）とらえどころのないさまのたとえ。要領を得ないこと。
ひょう-だん【評壇】― 批評家・評論家の社会。
びょう-ち【錨地】― 船がいかりをおろして停泊する所。
ひょう-ちゃく【漂着】―（名・自スル）流れただよって岸に着くこと。「無人島に―する」
ひょう-ちゅう【氷柱】 ①つらら。②夏、涼しくするために室内に立てる氷の柱。
ひょう-ちゅう【評注・評註】― 批評し、注釈を加えること。また、その批評・注釈。
ひょう-ちゅう【標注・標註】― 書籍の本文の欄外につける注釈。頭注・脚注など。「―をほどこす」
ひょう-ちゅう【標柱】―（測量などで）目じるしの柱。
びょう-ちゅう【病中】― 病気にかかっている間。病気中。
びょうちゅう-がい【病虫害】― 病菌や害虫による農作物などの被害。
ひょう-ちょう【表徴】― ①外に現れたしるし。②象徴。
ひょう-ちょう【漂鳥】〘動〙繁殖地と越冬地との間を狭い範囲内で季節的に往復する鳥。ウグイス・アカハラなど。秋 ⇩留鳥・候鳥・渡り鳥
ひょう-てい【評定】―（名・他スル）ある基準に従って価格・品質・成績などを評価して決定すること。「勤務―」
ひょう-てき【標的】― ①鉄砲や弓などのまと。②ねらいとする相手やもの。目標。「相手チームに―とされる」
びょう-てき【病的】―（形動ダ）心身の状態が正常でないさま。不健全なさま。「―に太る」「―な目つき」
ひょう-てん【氷点】〘物〙氷が融解し始める、あるいは水が氷結し始める温度。一気圧のもとではセ氏零度。
―か【―下】 セ氏零度以下の温度。零下。
ひょう-てん【評点】― ①批評してつけた点。②成績を示す点数。「―が甘い」
ひょう-てん【標点】― 目じるしのための点。目じるしの所。
ひょう-でん【票田】― 選挙で、ある政党または立候補者への得票が大量に見込まれる地域を、田地にたとえていう語。
ひょう-でん【評伝】― その人への批評をまじえた伝記。
ひょう-ど【表土】―〘地質〙土地の最上層の部分。表層土。作物の栽培に重要な役割をもつ。
ひょう-とう【剽盗】 おいはぎ。
びょう-とう【病棟】― 病院などで、病室の並んでいる建物。病舎。「小児―」「外科―」
びょう-どう【平等】―（名・形動ダ）すべて等しく差別がないこと。また、そのさま。「男女―」「不―」
びょう-どう【廟堂】 ①→おたまや ②朝廷。
ひょう-とく【表徳】― ①徳行・善行を世の中に表すこと。「―碑」②（「表徳号」の略）雅号。別号。あだな。
びょう-どく【病毒】― 病気の原因となる毒。
びょう-なん【病難】― 病気による災難。
びょう-にん【病人】― 病気の人。「―を看護する」
ひょう-のう【氷嚢】― 氷や水を入れて熱のある患部を冷やすふくろ。氷ぶくろ。「―で頭を冷やす」
ひょう-はく【表白】―（名・他スル）考えや気持ちなどを、言葉・文書で言い表すこと。「心中を―する」
ひょう-はく【漂白】―（名・他スル）日や水にさらしたり薬品を使ったりして色を抜き白くすること。「衣類を―する」
―ざい【―剤】〘化〙繊維や染色材料中に含まれている色素を分解し無色にする薬剤。過酸化水素・塩素・さらし粉など。
ひょう-はく【漂泊】―（名・自スル）①あてもなくさまよい歩くこと。流浪。「―の旅」②水の上をただよい流れること。漂流。
びょう-ばく【渺漠】―（タル）広くはてしないさま。広漠。「―たる原野」文（形動タリ）
ひょうはれて… 俳句〔雹晴れて 豁然とある 山河かな〕〈村上鬼城〉かきくもり山も川もたたきのめされるかと思うほど激しく降っていた雹が晴れると、一時に視界が開けて、青空はくっきりと山々の稜線を浮かびあがらせ、川は瀬音を立てて流れていた。（雹 夏）
ひょう-ばん【評判】― ①世間の批評。うわさ。「悪い―がたつ」②名高いこと。有名なこと。「地元で―のレストラン」
―き【―記】 ①ある物事の評判をしるした書籍。②江戸時代、遊女や役者の容姿や演技の紹介を兼ねて批評した本。
ひょう-ひ【表皮】―〘動・植〙動植物体の表面をおおう組織。
ひょう-ひょう【飄飄】―（タル）①世事にこだわらず、超然としてつかみどころのないさま。「―たる人物」②風に吹かれてひるがえるさま。「花が―と舞い落ちる」文（形動タリ）
ひょう-びょう【縹渺】―（タル）①かすかではっきりしないさま。「神韻―」②はてしなく広々としたさま。「―たる大海原」文（形動タリ）
びょう-びょう【眇眇】―（タル）①かすかで小さいさま。とるにたりないさま。「―たる身」②はてしなく広がっているさま。「―たる荒野」文（形動タリ）
びょう-びょう【渺渺】―（タル）広くてはてしないさま。渺茫。「―たる青海原」文（形動タリ）
びょう-ぶ【屏風】― 部屋に立てて風をさえぎり、仕切りや装飾に用いる折りたたみ式の家具。木の枠に紙や布をはったものを二枚（四枚または六枚）つないである。「金―」「一双」冬
―だおし【―倒し】 屏風が倒れるように、あおむけに倒れること。屏風返し。
ひょうぶ-しょう【兵部省】〘日〙①律令制による役所の名。八省の一つ。武官の選考・訓練や兵馬・兵器に関することなどをつかさどった。⇩八省 ②明治の初期、軍事を管轄した中央官庁。のち陸軍省と海軍省とが分立した。
びょう-へい【病弊】― 物事の内部にひそむ弊害。「積年の―を除く」
ひょう-へき【氷壁】 氷が切り立って崖のようになっている所。また、凍り付いた岩壁。
びょう-へき【病癖】― なかなか直らない悪いくせ。
ひょう-へん【豹変】―（名・自スル）（豹の毛が季節によって抜け変わり、まだらもようもはっきりするように）態度・意見

などが突然がらりと変わること。「態度が—する」参考元来の「君子は豹変す」〈易経〉は、よいほうに変わる意で言ったが、現在では悪いほうに変わる場合に用いることが多い。

びょう-へん【病変】ビヤウ — 病気の過程で起こる生体の変化。

びょう-ほ【苗圃】ベウ — 草木の苗を育てる土地。なえどこ。春

ひょう-ほう【兵法】ヒヤウハフ ①剣術。武術。「生—（なまびょうほう）」②いくさのしかた。「孫呉（そんご）の—」参考「へいほう」ともいう。

ひょう-ぼう【標榜】ヘウバウ（名・他スル）①人の善行をほめ、それを札にしるして掲げ公衆に示すこと。②主義・主張・特色などを公然と掲げ示すこと。「平和主義を—する」

びょう-ぼう【渺茫】ベウバウ（ト・タル）広くてはてしないさま。渺渺（びょうびょう）。「—たる大砂漠」文（形動タリ）

びょう-ぼつ【病没・病歿】ビヤウ —（名・自スル）病気で死ぬこと。病死。

ひょう-ほん【標本】ヘウ — ①見本。ひながた。転じて、代表的なもの。「成金の—のような男」②教育や研究のために、動植物・鉱物などに適当な処理をほどこして、実物に近い姿で保存したもの。「昆虫の—」③統計調査で全体の集団（母（ぼ）集団）を調べるために、その中から抜き出した一部のもの。サンプル。

—ちょうさ【—調査】テウサ 集団から標本を抽出して調べ、その結果から集団全体を推測する調査法。サンプリング調査。

びょう-ま【病魔】ビヤウ — 人を病気にかからせるものを悪魔にたとえた語。また、（治りにくい）病気そのもの。「—におかされる」

ひょう-む【氷霧】〔気〕空気中の水蒸気が氷結して生じる霧。冬

ひょう-めい【表明】ヘウ —（名・他スル）考えや態度などを人の前に明らかに表すこと。「辞意の—」「所信を—する」「決意—」

びょう-めい【病名】ビヤウ — 病気の名。

ひょう-めん【氷面】氷の表面。

ひょう-めん【表面】ヘウ — ①物の外側の部分。おもて。「水の—」②外から見える部分。外見。うわべ。「—を飾る」③人の目につく立場。おもてだったところ。「社会の—に立つ」（↔裏面）

—か【—化】クワ（名・自スル）物事がおもてにはっきり現れること。世間に知られるようになること。「問題が—する」

—ちょうりょく【—張力】チヤウリヨク〔物〕液体の表面にはたらく、収縮して最小の面積になろうとする力。霧や小さい水滴などが球状になるのはこの力による。

ひょう-めんせき【表面積】ヘウ — 立体の表面の面積。

ひょう-もく【標目】ヘウ — ①標題。②目録。③目じるし。

びょう-ゆう【病友】ビヤウイウ ①病気をしている友人。②同じ病院や病室でいっしょに療養している仲間。

ひょう-よみ【票読み】ヘウ — ①選挙などで、個人または団体へ投票される数を見積もること。②票を読み上げること。

びょう-よみ【秒読み】ベウ — ①ある時刻までの、残りの時間を秒単位で読み上げること。カウントダウン。「ロケット打ち上げの—」②時間的にさしせまっていること。「退陣は—の段階だ」

ひょう-り【表裏】ヘウ — 一（名）おもてとうら。外面と内心。二（名・自スル）人前での言葉や態度と内心とが相違すること。「—のある人物」

—いったい【—一体】相反するように見える二つのものの関係が、根本では密接につながっていて切り離せないこと。「愛情と憎しみは—だ」

びょう-り【病理】ビヤウ — 病気の理論。病気の原理。

—かいぼう【—解剖】病死者の病因、治療効果、死因などを医学的に明らかにするために行う死体の解剖。

—がく【—学】〔医〕病気の場合の体の構造や機能の変化を明らかにし、その原因・本態を研究する医学の一分科。

ひょう-りゅう【漂流】ヘウリウ（名・自スル）①船などが波や風のままに海上をただようこと。「—記」②あてもなくさまようこと。

ひょう-りょう【秤量】ヒヤウリヤウ ①はかりで重さをはかること。「—貨幣」②そのはかりではかることのできる最大限の重量。参考もとの読みは「しょうりょう」。「ひょうりょう」は慣用読み。

びょう-れき【病歴】ビヤウ — ①今までにかかった病気の経歴。②ある病気にかかってからの経過。

ひょう-ろう【兵糧】ヒヤウラウ ①軍隊の食糧。「—米」②（転じて）活動力をささえる食べ物。

—ぜめ【—攻め】敵の食糧補給の道を断って、戦力を弱らせる攻め方。

ひょうろく-だま【表六玉】ヘウロク —《俗》まぬけな人をののしっていう語。表六。

ひょう-ろん【評論】ヒヤウ —（名・他スル）物事の価値・よしあしなどを批評して意見を述べること。また、その文章。「文芸—」

—か【—家】評論を仕事にする人。「政治専門の—」

ひ-よく【比翼】①二羽の鳥が翼をならべること。②（「比翼仕立て」の略）㋐和服で、袖・裾などを二重にして、二枚重ねたように見せるもの。㋑洋服で、上前のボタンがけの所を二重にして、かけたボタンが隠れるようにする仕立て。

—の-とり【—の鳥】中国の想像上の鳥。雌雄とも一目一翼で、常に一体となって飛ぶとされる。男女の契りの深いことのたとえにいう。

—づか【—塚】心中などをした相愛の男女を同じ所に葬った塚。また、その所。

—れんり【—連理】（「比翼の鳥」と「連理の枝」の意）男女の契りの深いことのたとえ。「—の契り」⇩連理

ひ-よく【肥沃】（形動ダ）ダロ・ダッ(デ・ニ)・ダ・ナ・ナラ・○ 土地がこえて作物が育つのに適しているさま。「—な土地」文（ナリ）

び-よく【尾翼】飛行機の胴の後方に取り付けたつばさ。安定を保ち、向きを変えるはたらきをする。「水平—」「垂直—」

び-よく【鼻翼】鼻の先の両端のふくれている部分。小鼻。

ひ-よけ【日除［け］】①日光の直射をさえぎること。また、そのためのおおい。ひおおい。「店先の—」夏②日傘。

ひ-よけ【火除［け］】①火事の燃え広がるのを避けること。また、その設備。「—地」②火事の予防。「—の神」

ひよ-こ【雛】①鳥の子。特に、鶏の子。ひな。②未熟な者。まだ一人前になっていない者。ひよっこ。「まだ、ほんの—だ」

ぴょこ-ぴょこ 一（副・自スル）①小刻みにはねるように動くさま。「—（と）歩く」②頭をしきりに上下するさま。「—（と）頭を下げる」二（副）次々と続いて現れるさま。「—（と）出てくる」

ぴょこん-と（副）①頭だけを急に下げるさま。「—おじぎする」②一つだけ不意に現れるさま。また、そこだけ飛び出ているさま。「—リスが顔を出す」「寝癖で髪が—立つ」

ひょっこり（副）思いがけないときに出会ったり、現れたりするさま。「街で—旧友と出会う」「—（と）顔を出す」

ひょっ-と（副・自スル）①不意に。「—思い出す」②万が一。もしも。

—したら もしかしたら。ひょっとすると。 **—すると** もしかすると。ひょっとしたら。 **—して** もしかして。何かのはずみで。

ひょっとこ ①片目が小さく口がとがった、こっけいな男の仮面。「おかめと—」②男をののしっていう語。「あの—野郎」語源①は、「火男（ひおとこ）」の変化した語。

ひよ-どり【鵯】〔動〕ヒヨドリ科の中形の鳥。頭は灰色、背面は暗灰色、羽は褐色、腹は灰褐色で白い点が散在する。ピーヨピーヨと騒がしく鳴く。ひよ。ひえどり。秋

ぴよ-ぴよ（副）ひな鳥の鳴き声を表す語。

ひ-よみ【日読み】①こよみ。②十二支。

—の-うま【—の◦午】(「馬」に対して)「午」の字。

—の-とり【—の△酉】①(「鳥」に対して)「酉」の字。②(「酒」の字の旁から)酒の隠語。

ひよめき 乳児の頭の前頂部で、脈を打つたびにひくひくと動く部分。おどりこ。

ひ-より【日和】①天気。空模様。「よいお—ですね」②よく晴れて穏やかな天気。「行楽—」③事のなりゆき。形勢。参考常用漢字表付表の語。名詞に付くときは「びより」とにごる。

—げた【—下◦駄】天気のよいときにはく、歯の低いげた。

—み【—見】①有利なほうにつこうと形勢をうかがっていて態度を決めないこと。②天気の予測。

—み-しゅぎ【—見主義】形勢をうかがい、その場の都合で、自分の利益になるほうに態度を決定しようとする考え。

ひよ・る【日◦和る】(自五) ラ(ロ)・リ(ッ)・ル・ル・レ・レ 定まった方針では行動せず得になる道を選ぼうとする。日和見をする。語源「日和」を動詞化した語。

ひょろ-つ・く(自五) カ(コ)・キ(イ)・ク・ク・ケ・ケ ひょろひょろ歩く。歩行がふらつく。よろける。「足元が—」

ひょろ-なが・い【ひょろ長い】(形) カロ・カッ(ク)・イ・イ・ケレ・○ ひょろひょろとして長い。弱々しく細長い。「—足」

ひょろ-ひょろ(副・自スル)①足がふらふらして倒れそうなさま。②細長く弱々しげにのびているさま。「—(と)のびた枝」

ひょろり-と(副)細長くのびているさま。「—立っている」

ひ-よわ【ひ弱】(形動ダ) ダロ・ダッ(デ・ニ)・ダ・ナ・ナラ・○ 体つきなどが見るからに弱々しいさま。「—な体格」文(ナリ)

ひ-よわ・い【ひ弱い】(形) カロ・カッ(ク)・イ・イ・ケレ・○ もろくて弱い。弱々しい。か弱い。「—体を鍛える」文ひよわ・し(ク)

ぴょん-と(副)身軽にとび上がったり、とび越えたりするさま。「—柵をとび越える」

ひょん-な(連体)(俗)思ってもいない。意外な。妙な。「—ことから親しくなる」

ぴょん-ぴょん(副)軽くくり返してとび上がったり、とび越えたり、はねまわったりするさま。「—(と)飛び石を渡る」

-ひら【◦片】(接尾)紙・葉など、薄く平らなものを数える語。「一—の花びら」

ひら【平】①平らなこと。平らな所。「—屋根」②「平椀」の略。③ふつう。特に、特別の役職を持たないこと。「—社員」

びら 広告や宣伝などのために、はったり配ったりする紙。ちらし。

ビラ〈villa〉別荘。別邸。

ひら-あやまり【平謝り】弁解しないで、ただひたすらあやまること。「—にあやまる」

ひ-らい【飛来】(名・自スル)飛んでくること。「白鳥が—する」

ひ-らい【避雷】落雷をさけること。かみなりよけ。

—しん【—針】落雷による被害をさけるために、建物の上などに立てる、とがった金属の棒。導線で地下に埋めてある金属板に接続して、雷の電気を地下に流す。雷除け。

ひら-うち【平打ち】①ひもを平たく編むこと。また、平たく編んだひも。②金属などを平たく打つこと。また、打ったもの。③かんざしの一種。銀などで平たく作ったもの。

ひら-およぎ【平泳ぎ】水泳で、体を下向きにして、手足を左右対称に動かす泳法。蛙足を用い、両手をそろえて前に出し左右に開きながら水平に水をかく。ブレストストローク。

ひら-おり【平織(り)】たて糸とよこ糸をたがいに一本ずつ交差させて織る、最も基本的な織り方。また、その織物。

ひらが-げんない【平賀源内】(一七二八―一七七九) 江戸中期の学者・戯作者。源内は通称。号は風来山人など。讃岐(香川県)生まれ。国学・蘭学・本草学などを研究。火浣布(=耐火用石綿布)・エレキテル(=摩擦起電機)などを考案。滑稽本「風流志道軒伝」、浄瑠璃「神霊矢口渡」など。

ひら-がな【平仮名】仮名の一種。漢字と併用して日本語の表記に用いられる。⇩片仮名 参考平安時代、漢字(万葉仮名)の草体をさらに簡略化して作られた。「かんな」「かな」「女手」などと呼ばれ、おもに女性が私的な手紙や和歌などに用いた。さまざまな字体(変体仮名)があったが、一九〇〇(明治三十三)年の「小学校令施行規則」により統一。⇩仮名

ひらき【開き】①開けること。開くこと。「このドアは—が悪い」②→おひらき ③へだたり。差。「実力に相当の—がある」④魚の腹や背を開いて平たく干したもの。「アジの—」⑤花が咲くこと。「花の—が遅い」⑥「開き戸」の略。

—ど【—戸】一方にちょうつがいがついていて、前後に開閉するしかけの戸。

—ふう【—封】封をしないこと。また、一部封をしない郵便物。開封。

-びらき【開き】(接尾)(名詞に付いて)①開くこと。「内—の戸」②始めること。また、そのことを祝う催しもの。「店—」

▼「開き」が下に付く語

(ひらき)言い— 御— 見— 申し— (びらき)海— 鏡— 川— 観音— 蔵— 序— 背— 旗— 半— プール— 船— 店— 山— 両— 炉—

ひらき-なお・る【開き直る】(自五) ラ(ロ)・リ(ッ)・ル・ル・レ・レ 急に態度を変えて、正面きった、またはふてぶてしい態度になる。

ひら-ぎぬ【平絹】平織りの絹布。

ひら・く【開く】 カ(コ)・キ(イ)・ク・ク・ケ・ケ 一(自他五)①閉じていたものやふさいでいたものがなくなり、ものが通るようになる。また、通るようにする。「戸が—」「口を—(=話し始める)」②閉じたものやすぼんだものが広がる。また、広げる。「花が—」「傘を—」「本を—」③物事が始まる。始める。「店が—」「店を—」(↔閉じる・閉まる) 二(自五)隔たりが大きくなる。差がつく。「得点が—」「距離が—」 三(他五)①手を加えて、使用できるようにする。開拓する。開発する。「山林を—」「販路を—」②閉ざしていたものをなくす。「心を—」「悟りを—」③会などを催す。「音楽会を—」④〔数〕累乗根(特に平方根)を求める。「4を平方に—」⑤身をひいてかまえる。「体を—」⑥魚の腹や背を切って広げる。⑦校正で、漢字を仮名に改める。参考三①は「◦拓く」とも書く。

ひら-ぐけ【平△絎】①〔服〕裁縫で、平らにくけること。②帯しんを入れないで平らにくけた細い帯。ひらぐけ帯。

ひら-くび【平首】①馬の首の側面。②平侍の首。

ひら-ぐも【平×蜘蛛】→ひらたぐも

—のように 体をかがめてぺこぺこ頭を下げるさま。

ひら・ける【開ける】(自下一) ケ・ケ・ケル・ケル・ケレ・ケロ(ケヨ) ①閉じたものやふさいでいたものがあく。「国交が—」「運が—(=幸運な状態に向かう)」②広がる。見晴らしがきく。「視界が—」③近代化する。発展する。「町が—」④人情に通じ、人の心をよく理解する。物わかりがよい。「—けた人」他ひら・く(五) 文ひら・く(下二)

ひら-ざむらい【平侍】身分の低い侍。

ひら-ざら【平皿】底が浅く平たい皿。「—に盛る」

ひら-じろ【平城】平野につくられた城。平城。

ひら-ぞこ【平底】容器などの底の平らなこと。

ひらた-あつたね【平田篤胤】(一七七六―一八四三) 江戸後期の国学者。号は気吹舎。秋田藩出身。古道・古典の研究に努め、本居宣長の復古神道を大成。過激・熱情的思想で幕末の尊王攘夷論者に影響を与えた。著「古史徴」など。

ひら-た・い【平たい】(形)[カロ・カッ(ク)・イ・イ・ケレ・○] ①横に広くて薄い。「―容器」②でこぼこがなくて平らだ。「―土地」③(多くは「平たく」の形で)わかりやすい。「―・く言うと」文ひらた・し(ク)

ひらた-ぐも【◇平×蜘蛛】《動》ヒラタグモ科のクモの一種。体は八―一〇ミリメートルで平たい。家屋内の壁などに円形で白い巣をつくる。平蜘蛛。夏

ひら-ち【平地】平らな土地。平地。

ひら-つ・く(自五)[カ(コ)・キ(イ)・ク・ク・ケ・ケ]《俗》布や紙など、薄くて軽い物がひらひらする。「花びらが風に―」

ひらっ-た・い【平ったい】(形)[カロ・カッ(ク)・イ・イ・ケレ・○]「ひらたい」のなまり。

ひら-づみ【平積み】(名・他スル) 書店で、本や雑誌の表紙を上にして台上に積み並べて売ること。

ひら-て【平手】①開いたてのひら。「―でぶつ」②将棋で、駒落ちをしないで対等でさすこと。「―でさす」↔駒落ち

ひら-どま【平土間】《演》昔の劇場で、舞台の正面下のます形にくぎった低い見物席。平場。

ひら-なべ【平鍋】平たくて底の浅いなべ。

ひら-に【平に】(副) 一生懸命に頼む気持ちを表す語。ひたすら。なにとぞ。どうか。せつに。「―お許しください」

ピラニア〈ポルトガル piranha〉《動》南米にすむカラシン類の淡水熱帯魚の総称。鋭い歯をもち、人間や動物を群れで襲って食い尽くすものもある。

ひら-ば【平場】①平らな土地。平地。②→ひらどま③(組織・団体などの幹部の立場に対して)一般の人々の立場。また、その立場の人。「―の声を聞く」

ひら-ばり【平張り】仮屋を造る際、平らに張って屋根または日おおいとする幕。

ひら-び【平日・△曰】漢字の部首名の一つ。「書」「最」などの「曰」「曰」の部分。

ひら-ひも【平△紐】より糸を数本ならべ、のりで固めたひも。

ひら-ひら(副・自スル) 蝶や、葉・紙などの薄く軽い物が、空中にひるがえるさま。「花びらが―(と)舞う」

びら-びら(副・自スル) 布などが垂れてゆれ動くさま。

ひらひらと… 俳句〔ひらひらと 月光降りぬ 貝割り菜〕〈川端茅舎〉澄んだ秋の夜、二葉をひらいたばかりの可憐な貝割り菜の畑に、極楽浄土の散華かと思うばかりに、天上から美しい月光がひらひらと降りそそいでいる。(貝割り菜 秋)

ピラフ〈フランス pilaf〉米をバターでいため、肉・野菜などを入れて塩・こしょうなどで味つけし、スープで炊いた料理。

ひら-ぶん【平文】暗号を使わない通常の文章。平文。

ひら-べった・い【平べったい】(形)[カロ・カッ(ク)・イ・イ・ケレ・○]《俗》「ひらたい」「たいらな」の俗な言い方。「―顔」

ひら-まく【平幕】相撲で、幕内の力士であるが、横綱・三役でないもの。前頭。「―優勝」

ピラミッド〈pyramid〉①エジプトや中南米などに残る巨大な四角錐状の建造物。古代エジプトでは、王・王妃などの墓としておもに紀元前二七〇〇年から二五〇〇年代に建てられた。中南米では、神殿の基壇として建てられたものが多い。金字塔。②組織などで、①の形の構造をもつもののたとえ。

ひら-め【平目・△鮃・×比目魚】《動》ヒラメ科の海産硬骨魚。近海の砂底にすむ。体は平たく、両目とも左側にある。目のある側は暗褐色で目のない側は白。食用。冬

ひらめか・す【△閃かす】(他五)[サ(ソ)・シ・ス・ス・セ・セ] ①きらっと光らせる。きらめかす。「短刀を―」②才能などをちょっと示す。「才知を―」自ひらめ・く(五)

ひらめき【△閃き】①きらりと一瞬光ること。②旗などがひらめくこと。③ふっと思いつくこと。また、鋭い才知。直感力。

ひらめ・く【△閃く】(自五)[カ(コ)・キ(イ)・ク・ク・ケ・ケ] ①一瞬ぴかりと強く光る。きらめく。「稲妻が―」②ひらひらゆれ動く。「旗が―」③ある考えなどが突然うかぶ。「名案が―」他ひらめか・す(五)

ひら-や【平家・平屋】一階建ての家。「木造―建て」

ひらり-と(副) ①軽くひるがえるさま。「―マントをひるがえす」②身軽にすばやく身をおどらせるさま。「―身をかわす」

ひら-わん【平△椀】底が浅く平たいわん。ひら。

びらん【△糜△爛】(名・自スル) ただれること。「―性胃炎」

ひ-り【非理】道理にはずれること。非道。「―を正す」

びり《俗》順位のいちばんあと。最後。「―から二番目の成績」

ピリオド〈period〉①欧文で、文末につける符号。終止符。「.」②スポーツの試合などで、一区切りの時間。「第一―」

―を打っつ 物事をそれで終わりにする。終止符を打つ。「長い争いに―」

ぴり-から【ぴり辛】(「ぴりっと辛い」の意)口に入れたとたんに辛い味がすること。「―スープ」

ひ-りき【非力】(名・形動ダ) 力の弱いこと。実力のないこと。また、そのさま。「―の身」

ビリケン〈Billiken〉①頭がとがり、まゆがつりあがった裸像の、アメリカの福の神。②頭のとがった人のこと。「―頭」

ひ-りつ【比率】二つ以上の数・量を比較した割合。比。

ひり-つ・く(自五)[カ(コ)・キ(イ)・ク・ク・ケ・ケ] ひりひりする。ひりひりと痛む。

びり-つ・く(自五)[カ(コ)・キ(イ)・ク・ク・ケ・ケ] ①びりびり音がする。「雷鳴で窓ガラスが―」②小刻みに身ぶるいする。おそれおののく。

びりっ-けつ《俗》(「びり」と「けつ」を合わせて意味を強めた語)最下位。最後。最後尾。びりけつ。「かけっこで―になる」

ぴりっ-と(副・自スル) ①舌が辛味などの強い刺激を一瞬感じるさま。「―した味」②体が急に強い刺激を受けて痛みを感じるさま。「―痛みが走る」③きびきびして、態度が毅然としているさま。「―しない演説」

ひり-ひり(副・自スル) ①口の中が辛味などで強く刺激されるさま。「舌が―(と)する」②すり傷などで、皮膚が刺されたように痛く感じるさま。「傷口が―(と)痛む」

びり-びり(副・自スル・形動ダ) ①物が小刻みに震えるさま。「爆風で窓ガラスが―する」②電気などによって、急に強い刺激を感じるさま。「静電気が起きて―(と)きた」③紙・布の破れる音。また、破れているさま。「―になった障子」

ぴり-ぴり(副・自スル) ①皮膚や口の中に、刺されたような刺激を感じるさま。「辛さで舌が―する」②神経が過敏になっているさま。「試合を前にして―(と)する選手」

ビリヤード〈billiards〉ラシャ張りの長方形の台の上に数個の球を置き、長い棒(キュー)で一つの球を突き、他の球に当てるなどして勝負する室内競技。玉突き。撞球。

ひ-りゅう【飛竜】空を飛ぶという竜。飛竜。

び-りゅうし【微粒子】[―リフシ] 非常に細かい粒。

ひ-りょう【比量】[―リヤウ](名・他スル) ①くらべること。比較してみること。②《仏》推論によって認識すること。

ひ-りょう【肥料】[―レウ] 植物の生長を促すために与える栄養分。窒素・燐酸・カリウムなどを含む。こやし。「有機―」

ひ-りょう【飛◇竜】→ひりゅう

び-りょう【微量】[―リヤウ] きわめてわずかの量。「―の塩分」

び-りょう【鼻△梁】[―リヤウ] はなばしら。はなすじ。

ひりょうず【飛◇竜頭】[ヒリョウヅ]〈ポルトガル filhos から〉がんもどき。ひろうず。

び-りょく【微力】①力の少ないこと。力の足りないこと。また、その力。②自分の力量をへりくだっていう語。「―を尽くす

決意です」「―ながらご協力します」

ぴりり-と（副・自スル）口の中で辛味が強く感じられるさま。「山椒は小粒でも―辛い」

ひ-りん【比倫】同類のもの。なかま。たぐい。比類。

ひ-りん【飛輪】「太陽」の異名。

び-りん【美林】良材となる樹木が多く生育するりっぱな林。

ピリンけい-やくざい【ピリン系薬剤】〈pyrine〉〘医〙スルピリンなどを含む解熱・鎮痛薬。副作用として発疹などがあり、現在多くは使われなくなっている。

ひる【昼・午】①[昼]朝から夕方までの間。↔夜 ②正午。また、その前後。「―の休み時間」③昼食。「―にしよう」
類語 昼間・日中・昼日中・昼中・白昼・真っ昼間・日盛り
―を欺く 夜なのに、明るくて、昼間かと間違えさせる。

ひる【蛭】〘動〙環形動物ヒル綱の動物の総称。体は平たくて長く、口と尾端とに吸盤があって、他の動物に吸いついて血を吸う。おもに淡水にすむが、湿地などにすむものもある。夏

ひる【蒜】ノビル・ニンニクなどの古名。

ひる【干る】（自上一）ヒ・ヒ・ヒル・ヒル・ヒレ・ヒロ(ヒヨ) ①蒸発して水分がなくなる。かわく。「池が―」②潮が引く。「潮が―」↔満ちる

ひ・る【放る】（他五）ラ(ロ)・リ(ッ)・ル・ル・レ・レ 体外へ出す。「屁を―」

-びる（接尾）（体言などに付いて）「…らしくなる」「…のふうになる」の意を添える語。「おとな―」「ひな―」文-ぶ

ビル「ビルディング」の略。「駅―」「ボディー―」

ビル〈bill〉①手形。②書付。請求書。勘定書き。

ピル〈pill〉①丸薬。錠剤。②経口避妊薬。

ひる-あんどん【昼行灯】（昼間ともっているあんどんの意）ぼんやりしている人や気のきかない人をあざけっていう語。

ひ-るい【比類】それとくらべられるもの。同じたぐいのもの。「―のない美しさ」

ひるがえ・す【翻す】（他五）サ(ソ)・シ・ス・ス・セ・セ ①面が反対になるようにする。ひっくりかえす。うらがえす。「手を―」②考えや態度を反対のほうに急に変える。急に改める。「前言を―」③体をおどらせる。「身を―」④ひらひらさせる。「旗を―」自ひるがえ・る（五）可能ひるがえ・せる（下一）

ひるがえっ-て【翻って】（副）別の立場や方面から見ると。反対に。他面。「―将来の環境問題を考えると」

ひるがえ・る【翻る】（自五）ラ(ロ)・リ(ッ)・ル・ル・レ・レ ①面が反対になる。うらがえる。「裾が―」②考えや態度が逆のほうに急に変わる。「決心が―」③風になびく。「旗が―」他ひるがえ・す（五）

ひる-がお【昼顔】〘植〙ヒルガオ科のつる性多年草。野原・路傍に自生。葉は基部が耳形の長楕円形で、夏の日中淡紅色の花を開き、夕方閉じる。若芽は食用。夏

ビル-かぜ【ビル風】高層ビル周辺の地上で生じる強い風。

ひる-げ【昼餉】ひるめし。昼食。

ひる-さがり【昼下がり・午下がり】正午を少し過ぎたころ。午後二時ごろ。「夏の―」

びるしゃな-ぶつ【毘盧遮那仏】〘仏〙光明が広く全宇宙を照らす仏。華厳宗の本尊。密教では大日如来と同じ。盧遮那仏

ひる-すぎ【昼過ぎ】正午を少し過ぎたころ。また、午後。↔昼前

ビルディング〈building〉①鉄筋コンクリート造りの高層建築物。ビル。②作ること。築くこと。「ボディー―」

ビルト-イン〈built-in〉はめこみ式。作り付け。内蔵式。

ひる-どき【昼時】正午のころ。昼飯を食べる時分。

ひる-とんび【昼鳶】〘俗〙昼間、人家に忍びこんで金や品物を盗んで行くぬすびと。

ひる-なか【昼中】①ひるま。②まひる。

ひるながら…和歌〔昼ながら 幽かに光る 蛍一つ 孟宗の藪を 出でて消えたり〕〈北原白秋〉ほの暗い孟宗竹の藪かげに、昼ではあるがかすかな光を放っている蛍が一匹、藪の外に飛び立ったと思うと、たちまち日の光にまぎれて消えてしまった。

ひる-ね【昼寝】（名・自スル）昼間ねること。午睡。夏

ひる-ひなか【昼日中】ひるま。まっぴるま。

ひる-ま【昼間】朝から夕方までの間。昼の間。日中。↔夜中

ビルマ〈Burma〉ミャンマーの旧称。一九八九年に改称。

ひる-まえ【昼前】正午の少し前。また、午前。↔昼過ぎ

ひる・む【怯む】（自五）マ(モ)・ミ(ン)・ム・ム・メ・メ 相手の勢いにおされて気力がくじける。恐ろしさのあまり気力が弱まる。「敵の勢いに―」

ひる-めし【昼飯】昼の食事。昼飯。「―時」
類語 昼ごはん・昼食・昼餉・午餐・昼・ランチ

ひる-やすみ【昼休み】昼食時間の休み。昼食後の休み。また、その時間。

ひれ【鰭】〘動〙魚類・海獣類の遊泳のための運動器官。背・胸・尾などから平たく膜状または板状に突き出たもの。

ひれ【領巾・肩巾】上代、貴婦人が、正装したときに肩にかけて飾りとした細長く薄い布。

ヒレ〈フランス filet〉牛や豚の背骨の内側にある脂肪の少ない上等の肉。ヒレ肉。フィレ。「―カツ」

ひ-れい【比例】（名・自スル）①→せいひれい ②二つのものが互いに関係して、一方が増減するとともに他方も増減すること。「収入に―して支出も増える」
―しき【―式】〘数〙二つの比が等しいことを表す式。たとえば $A:B=C:D$ など。
―だいひょう-せい【―代表制】各党派に対し、得票数に比例した議席数を与える選挙制度。比例選挙。
―はいぶん【―配分】（名・他スル）〘数〙与えられた数量を、与えられた割合になるように配分すること。案分比例。

ひ-れい【非礼】（名・形動ダ）礼儀にかなっていないこと。また、そのさま。無礼。失礼。「―をわびる」「―なふるまい」

び-れい【美麗】（名・形動ダ）あでやかで美しいこと。

ひ-れき【披瀝】（名・他スル）（「披」はひらく、「瀝」はそそぐ意）心の中の思いを隠さず打ち明けること。「胸中を―する」

ひ-れつ【卑劣】（名・形動ダ）性質や行いがずるくて下劣なこと。また、そのさま。「―な手段」

ひれ-ふ・す【平伏す】（自五）サ(ソ)・シ・ス・ス・セ・セ 額が地につくように体を平たくしてかしこまる。平伏する。「神前に―」

ひ-れん【悲恋】思いが遂げられず悲しい結果に終わる恋。

ひろ【尋】両手を左右にのばしたときの、一方の指先から他方の指先までの長さ。水深や縄の長さなどをはかる単位として用いる。一尋は六尺(約一・八二メートル)。

ひろい【拾い】①落ちているものをとりあげること。「球―」②活字を選んで並べること。文選。③→おひろい
―あるき【―歩き】（名・自スル）①徒歩でぶらぶら行くこと。②ぬかるみなどをよけて、道のいい所を選びながら歩くこと。
―もの【―物】①拾ったもの。拾得物。②思いがけないもうけや幸運。もうけもの。「この勝利は思わぬ―だ」
―や【―屋】〘俗〙くずひろい。ばたや。
―よみ【―読み】（名・他スル）①文章の中のたいせつな部分やおもしろい部分、または読める所だけをかいつまんで読むこと。②一字ずつたどって読むこと。また、読める字だけを読むこと。

ひろ・い【広い】（形）カロ・カッ(ク)・イ・イ・ケレ・○ ①面積が大きい。範囲が大きい。「―国」②遠くまでひらけている。「視界が―」③間隔や幅が

大きい。「―道」④すみずみまでよく行きわたっている。「見解が―」「顔が―」⑤こせこせしていない。心がゆったりしている。「心の―人」《↕狭い》文ひろ・し(ク)
類語 広々・広やか・広遠・広闊・広壮・広大・広大無辺・広漠・無辺際・茫洋・漫々・洋々

ヒロイズム〈heroism〉英雄を崇拝し、英雄的行為を愛する主義。または、英雄を気どる気持ち。英雄主義。

ひろい-だ・す【拾い出す】(他五) 見つけ出して拾う。特定のものをさがし出す。「必要な項目を―」

ヒロイック〈heroic〉(形動ダ) 英雄的なさま。壮烈なさま。勇ましいさま。「―な行動」

ヒロイン〈heroine〉①小説・映画などの女性の主人公。「悲劇の―」②中心となって活躍する女性。《↕ヒーロー》

ひ-ろう【披露】(名・他スル) 知られていなかったことを広く発表すること。「結婚―」「新作を―する」

―えん【―宴】結婚・就任などのめでたいことについてあいさつをするために、多くの人に出席してもらって開く宴会。

ひ-ろう【卑陋】(名・形動ダ) 身分や品性のいやしいこと。

ひ-ろう【疲労】(名・自スル) ①つかれること。くたびれること。「―がたまる」②盛んに使われることにより機械材料が強度を失うこと。「金属―による事故」

―こんぱい【―困憊】(名・自スル) つかれはてること。

ひろ・う【拾う】(他五) ①下に落ちているものを手に取って持つ。拾得する。「ごみを―」↕捨てる ②多くの中から選びとる。「名簿の中から該当者を―」「活字を―」「話題を―」③路上で乗り物を止めて乗る。「タクシーを―」④行く途中で、人や客を車に乗せる。「客を―」⑤不遇の人を引き立てる。「有力者に―・われて今の地位についた」⑥失うはずだったものや予想外のものを手にする。「幸運を―」⑦危ないところで助かる。「命を―」⑧スポーツなどで、相手のミスから勝利する。「勝ちを―」⑨球技で、相手の攻めてきたボールを受ける。「スマッシュを巧みに―」⑩気づきにくいものもうまくとり入れる。「小さな音も―」可能 ひろ・える(下一)

び-ろう【尾籠】(名・形動ダ)(愚かの意の「おこ」の当て字「尾籠」の音読み)①きたないこと。けがらわしいさま。「―な話」②(古)無礼。

びろうげ-の-くるま【檳榔毛の車】牛車の一種。白くさらした檳榔(ヤシに似た常緑高木)の葉を細かく裂いて車箱を張りおおったもの。

ひろ-えん【広縁】①幅の広い縁側。②寝殿造りで、ひさしの間。

ビロード〈ポルトガル veludo〉綿・絹・毛などで織って毛を立てた、やわらかくてなめらかな織物。ベルベット。参考「×天鵞絨」とも書く。

ひろがり【広がり・拡がり】広がること。また、その程度や範囲。「空間の―」

ひろが・る【広がる・拡がる】(自五) ①面積・範囲・幅が大きくなる。広くなる。「雨雲が―」「二位との差が―」②折り重なっているものや包んであるものがひらく。「袖口が―」③広い範囲にゆきわたる。広まる。「うわさが―」「感染が―」④規模が大きくなる。「事業が―」他ひろ・げる(下一) ⇩広まる「ちがい」

ひ-ろく【秘録】一般に公開されない記録。秘密の記録。

び-ろく【美禄】①たくさんの俸禄。いい給与。「―を食む」②酒のこと。「天の―」

び-ろく【微禄】㊀(名) わずかな給与。薄給。「―に甘んじる」㊁(名・自スル) おちぶれること。

ひろ-くち【広口】①びんやかめなどで、口の広いこと。また、そのもの。「―のびん」②生け花用の口の広い器。水盤。

ひろ・げる【広げる・拡げる】(他下一) ①面積や範囲や幅を大きくする。拡張する。広くする。「開墾地を―」「道路を―」「差を―」↕狭める ②包んだものやたたんだものをひらく。「ふろしきを―」③広い範囲にゆきわたらせる。広める。「教えを―」④規模を大きくする。「事業を―」「手を―」自ひろが・る(五) 文ひろ・ぐ(下二)

ひろ-こうじ【広小路】幅の広い街路。

ピロシキ〈ロシア pirozhki〉ひき肉や野菜などの具材をパン生地やパイ生地に包み、オーブンで焼いたり油で揚げたりしたロシア料理。

ひろしま〔広島〕中国地方中部の瀬戸内海に面する県。県庁所在地は広島市。

ひろ-そで【広袖】和服で、袖口の下を縫い合わせない袖。また、その衣服。

ひろつかずお〔広津和郎〕(一八九一―一九六八) 小説家・評論家。東京生まれ。小説「神経病時代」で作家として立つ。戦後、松川事件の裁判批判で活躍。評論「松川裁判」など。

ひろっ-ぱ【広っぱ】《俗》屋外の広々とした所。広場。

ピロティ〈フランス pilotis 杭〉建築様式の一つ。一階は支柱だけの吹き通しで、二階以上に居住空間を設けるもの。

ひろ-の【広野】広い野。広野。

ひろ-ば【広場】①広々とあいた場所。また、あけてある場所。「駅前―」②人々が集会などを行える、公共の広い場所。また、集まって意思の疎通をはかれる場のたとえ。「市民の―」

ひろ-はば【広幅】①幅の広いこと。②反物で、並幅の二倍の幅のもの。約七二センチメートル幅。大幅。↕並幅

ひろ-びろ【広広】(副・自スル) ゆったりと広く感じられるさま。「―(と)した部屋」

ひろ-ぶた【広蓋】①衣類を収める箱のふた。②ふちのある、うるし塗りの大きな盆。方形のものが多い。

ヒロポン〈Philopon〉《医》覚醒剤の一種。中枢神経に強い興奮作用を与えるが、常用すると中毒症状を起こす。(商標名) 語源 ギリシャ語ヒロポノス(「仕事を好む」意)から出た名。

ひろ-ま【広間】接客用・集会用の広い部屋。広い座敷。「一同が―に集まる」

ひろ-まえ【広前】①神前。おおまえ。②神殿の前庭。

ひろま・る【広まる】(自五) ①範囲が広くなる。②広く知られる。広く行われる。「被災地域が―」↕狭まる ②広く知られる。広く行われる。「うわさが―」他ひろ・める(下一)

> **ちがい「広まる」・「広がる」**
> 「広まる」「広がる」は該当する範囲が広くなることを表す点で共通する。
> 「広まる」は人間が意図的に考え方や習慣などを浸透させた結果、それを理解・把握し、採り入れる人の存在する範囲が広くなることを表すのに用いる。「キリスト教が広まる」「噂が広まる」「買い物袋を持参する習慣が広まる」
> これに対して、「広がる」は自然現象などが人間による制御を受けずにその影響の範囲を拡大することを表すのに用いる。「感染症が世界に広がる」「明日は雨の地域がさらに広がる」
> ただし、「警察による捜査の範囲が広がった結果、犯人が見つかった」のように、人為的であっても物理的・空間的な範囲が広くなる場合には「広がる」を用いる。

ひろめ【広め・披露目】めでたいことを広く知らせること。特に、縁組・襲名などにいう。おひろめ。

――や【―屋】広告屋。ちんどん屋。

ひろ・める【広める】(他下一) メ・メ・メル・メル・メレ・メロ(メヨ) ①範囲を広くする。広げる。「見聞を―」②広く行きわたらせる。普及させる。「教えを―」「名を―」自ひろま・る(五) 文ひろ・む(下二)

ひろやか【広やか】(形動ダ) ダロ・ダッ(デ・ニ)・ダ・ナ・ナラ・○ 広々としているさま。「―な庭園」文(ナリ)

ピロリ-きん【ピロリ菌】〘医〙ヒトの胃などに生息する桿菌。胃潰瘍や胃癌などの原因の一つとされる。ヘリコバクターピロリ。

ひ-ろん【比論】(名・他スル) ①くらべて論じること。②類似の点をあげて研究すること。

ひ-ろんりてき【非論理的】(形動ダ) ダロ・ダッ(デ・ニ)・ダ・ナ・ナラ・○ 論理的でないさま。すじみちが通っていないさま。「説明が―だ」

ひわ【鶸】〘動〙アトリ科ヒワ亜科の小鳥の総称。約一二〇種いるが一般には「マヒワ」をさす。マヒワはスズメより小さく、雄の羽毛は黄緑色。北海道で繁殖するものもいる。冬、日本全国で見られる。チュイーン、チュイーンと鳴く。秋

ひ-わ【秘話】秘められて世間に知られていない話。「政界―」

ひ-わ【悲話】悲しい物語。「平家滅亡の―」

び-わ【枇杷】〘植〙バラ科の常緑中高木。葉は長楕円形で互生。晩秋から初冬に白色の花を開き、初夏に卵形で黄色の果実を結ぶ。果実は食用。葉は薬用。夏(びわの花冬)

び-わ【琵琶】〘音〙東洋の弦楽器の一つ。木製でしゃもじ形の胴に四または五本の弦を張り、ばちでかき鳴らす。

〔琵琶〕

ひ-わい【卑猥・鄙猥】(名・形動ダ) 下品でみだらなこと。また、そのさま。「―な話」

ひわ-いろ【鶸色】ヒワの羽の色のような黄緑色。

びわこ〔琵琶湖〕滋賀県にある日本最大の湖。コイ・アユ・フナ・ウナギなどの漁獲があるが、現在はおもに工業用水・飲料水として利用される。近江八景など湖岸一帯は景勝地に富み、琵琶湖国定公園に指定されている。

びわこう〔琵琶行〕唐の詩人白居易(白楽天)の長編詩。長安の名妓であった女が舟中で琵琶をひき身の上を語るのを聞き、左遷されたわが身の不遇に重ねて作ったもの。

ひ-わだ【檜皮】①檜の赤褐色の樹皮。②「檜皮葺き」の略。

――ぶき【―葺〔き〕】檜の皮で屋根をふくこと。また、その屋根。

びわ-ほうし【琵琶法師】びわをひく僧。特に、「平家物語」を語りながらびわをひく盲目の僧をさす。

ひ-わり【日割〔り〕】①給料などを日数割りで計算すること。「―計算」②仕事や行事などの仕方を、前もって日ごとに割りふること。また、その予定表。「作業の―」

ひ-われ【干割れ】①かわきすぎて、割れ目やひびがはいること。また、その割れ目。②樹木が、日光の直射や昼夜の温度差によって縦に割れること。参考②は、「日割れ」とも書く。

ひ-わ・れる【干割れる】(自下一) レ・レ・レル・レル・レレ・レロ(レヨ) かわいて割れる。かわいてひび割れができる。「田が―」文ひわ・る(下二)

ひん【品】教3 ヒン・ホン しな

(字義) ①しな。㋐しなもの。「品物・逸品・商品・舶来品・物品・名品」㋑がら。たち。そのものに備わっている値打ち。「品位・品性・気品・下品・上品・人品」㋒等級。階級。「品級・品等」②物の種別。「品種・品目」③物のよしあしを評定すること。「品評」④(「ホン」と読んで)仏典の中の編や章の意。「品題・上品・普門品」⑤(「ホン」と読んで)昔、親王に贈った位。一品から四品まである。「無品」人名かず・かつ・ただ・のり・ひで

-ひん【品】(接尾) 料理などの数を数える語。しな。

ひん【品】人や物に備わっている性質のうち、好ましさを感じさせるようす。がら。「―がよい」「―のない話」

ひん【浜】【濱】ヒン中 はま中

(字義) ①はま。波うちぎわ。「海浜」②「横浜」の略。「京浜地区」難読浜茄子・浜木綿

ひん【彬】人 ヒン

(字義)「彬彬」は、内容と外観とが調和したさま。「文質彬彬」人名あき・あきら・あや・しげし・ひで・もり・よし

ひん【貧】教5 ヒン中・ビン まずしい

(字義) ①まずしい。財産が少ない。「貧窮・貧困・貧乏・極貧・清貧・赤貧」↔富 ②足りない。欠乏している。「貧血・貧弱」

ひん【賓】【人 賓】ヒン中 まろうど

(字義) ①まろうど。客人。「賓客・賓主・貴賓・国賓・主賓・来賓」②もてなす。導く。「賓待・賓礼」③したがう。「賓服」難読賓頭盧 人名うら・しょう・つら

ひん【頻】【頻】ヒン中 しきりに

(字義) ①しきりに。しばしば。「頻出・頻度・頻発・頻繁・頻頻」②ひそめる。顔をしかめる。=顰。「頻蹙」③ほとり。みずぎわ。=浜。人名かず・しげ・つら・はや

ひん【瀕】人 ヒン

(字義) ①みぎわ。岸辺。=浜。「海瀕」②沿う。③せまる。「瀕死」

ひん-(接頭)(「引き」の音便) 動詞に付いて、勢いよく行うさまを表す。「―曲げる」「―むく」

びん【便】(字義) →べん(便)

びん【便】①郵便。たより。音信。②運輸・交通機関。「バスの―がある」③都合のよい機会。ついで。

びん【敏】【人 敏】ビン中 さとい・とし

(字義) ①はやい。すばやい。「敏捷・敏速・鋭敏・機敏」②さとい。賢い。「敏活・敏感・俊敏・明敏」人名さと・さとし・さとる・すすむ・つとむ・と・はや・はやし・はる・みぬ・ゆき・よし

びん【瓶】【瓶】ビン中・ヘイ かめ

(字義) ①かめ。水や酒などを入れる陶器。「瓶子・瓶水」②びん。とっくり形の容器。多くガラス製のものをいう。「一升瓶・花瓶」参考ビンは、唐音。

びん【瓶・罎】液体などを入れる、ガラスやせとものなどでできた口の細い容器。

びん【貧】(字義) →ひん(貧)

びん【鬢】頭の左右側面の耳ぎわの髪。「―のほつれ」

ピン〈pin〉①物を留めておくための針。留め針。「虫―」「ネクタイ―」②機械の部品がはずれないようにさしこむ細い棒。③「ヘアピン」の略。④ボウリングで、ボールをあてて倒す、とっくり形の標的。⑤ゴルフで、ホールに立てる旗竿。

ピン〈ポルトガル pinta 点の意〉①かるた、またはさいころの目の「一」。

②第一番。最上のもの。

―からキリまで はじめから終わりまで。また、最上のものから最下等のものまで。ピンキリ。**―を撥(は)ねる** 人に渡すべき金銭の一部を前もって取る。うわまえをはねる。ピンはねする。

ピン-アップ〈*pin-up〉→ピンナップ

ひん-い【品位】ヰ ①その人や物に備わっている気高さや品のよさ。品格。「―を保つ」②金銀の地金、または貨幣に含まれる金銀の割合。「高―の金貨」③鉱石に含まれる金属の割合。

ひん-い【賓位】ヰ 客が座るべき位置。客人の座席。

ピンイン〈中国 拼音〉中国語をローマ字で表音化したもの。

ひん-か【貧家】貧しい家。貧乏な家。↔富家(ふか・ふう)

ピン-カール〈pin curl〉整髪法の一つ。カールやウエーブをつけるために、少量ずつ巻いた髪をピンで留めるもの。

ひん-かく【品格】気品。品位。「―がある」

ひん-かく【賓客】→ひんきゃく

ひん-かく【賓格】〘文法〙目的語であることを示す格。目的格。客語の格。

ひんがし【◦東】〘古〙(「ひ(日)むか(向)し」の転)ひがし。

びん-がた【◦紅型】沖縄の伝統的な模様染めの一つ。一枚の型紙から、あざやかで多彩な模様を染め分ける。

びん-かつ【敏活】クヮツ (名・形動ダ) 頭のはたらきや動作がすばやいこと。また、そのさま。すばしこいさま。「―な動作」

ひん-かん【貧寒】(名・形動ダ) 貧しくてみすぼらしいさま。

びん-かん【敏感】(名・形動ダ) 物事への感じ方が鋭く、細かいことにもすぐ気づくこと。また、そのさま。「物音に―な生き物」↔鈍感

びん-ぎ【便宜】(名・形動ダ) 都合のよいこと。便宜(べんぎ)。

ひん-きゃく【賓客】たいせつな客。正式の客人。賓客(ひんかく)。

ひん-きゅう【貧窮】(名・自スル) 貧乏で生活に困ること。貧困。貧苦。「―の中に育つ」↔富裕

ひん-きゅう【△殯宮】天皇・皇族の棺を葬儀のときまで安置しておく仮の御殿。あらきのみや。もがりのみや。

ピン-キリ〘俗〙「ピンからキリまで」の略。「値段は―」

ひん-く【貧苦】貧しく生活が苦しいこと。「―に耐える」

ピンク〈pink〉①淡紅色。ももいろ。②色っぽいこと。「―映画」参考 ②は、英語では blue がこれに当たる。

ひん-けい【△牝鶏】めすのにわとり。めんどり。

ひん-けつ【貧血】血液中の赤血球・ヘモグロビン量が正常値より減少した状態。顔色が青くなり、めまい・動悸(どうき)などの症状が起こる。

ビンゴ〈bingo〉①ます目に数字が書かれたカードから、くじなどによって示される数字を消していき、早く縦・横・斜めのいずれか一列を消した者が勝ちとなるゲーム。②大当たり。的中。

びんご【備後】旧国名の一つ。現在の広島県東部。備州。

―おもて【―表】備後地方産の上質の畳表。

ひん-こう【品行】カウ ふだんの行い。身持ち。「不―」

―ほうせい【―方正】ハウセイ (名・形動ダ) 心のあり方や行いが正しくりっぱなこと。また、そのさま。「―な青年」

ひん-こう【貧鉱】クヮウ ①品位の低い鉱石。②産出量の少ない鉱山。(↔富鉱)

ひん-こん【貧困】(名・形動ダ) ①貧乏で生活に困ること。また、そのさま。貧窮。貧苦。「―家庭」↔富裕 ②内容として大事なものや必要なものがとぼしいさま。「―な発想」

びん-ざさら【×編木・×拍板】〘音〙田楽などで使う打楽器。短冊状の薄い木の板をひもでつづり合わせたもの。両端の取っ手を持ち、板どうしを打ち合わせて音を出す。

びん-さつ【△憫察】(名・他スル) あわれんで思いやること。また、他人が自分を察する場合の敬語。「よろしくご―ください」用法 多く、手紙文に用いる。

ひん-し【品詞】〘文法〙単語を文法上の性質によって分類した種別。国文法では通常、名詞・副詞・連体詞・接続詞・感動詞・動詞・形容詞・形容動詞・助詞・助動詞の一〇品詞に分ける。参考 品詞分類には諸説がある。名詞のほかに代名詞や数詞を認める、形容動詞を認めないなどの異同のほか、分類の基準や品詞の名称などについても種々の学説がある。

―ろん【―論】〘文法〙文法研究の部門の一つ。単語の文法上の性質を調べ、体系化をめざす研究。

ひん-し【△瀕死】今にも死にそうなこと。「―の重傷」

ひん-じ【賓辞】①〘論〙命題の主辞に結合され、それを規定する概念。「人間は動物だ」の「動物」の類。述語。↔主辞 ②〘文法〙客語。目的語。

ひん-しつ【品質】品物の性質。品物のよしあし。品柄(しながら)。

―かんり【―管理】クヮンリ 製品が規格に合うように、また一定の水準を保つように管理すること。

―ほじ-きげん【―保持期限】ホヂ 適切に保存された加工食品の品質の保持が十分可能であると認められる期限。

ひん-しつ【△稟質】生まれつきの性質。稟性(ひんせい)。

ひん-じゃ【貧者】貧しい人。貧乏人。↔富者

―の一灯(いっとう) 裕福な人の見栄(みえ)からの寄進よりも、貧しい人の真心のこもったわずかな寄進のほうが尊いというたとえ。「長者の万灯(まんとう)より―」【故事】古代インドの舎衛国(しゃえこく)で、難陀(なんだ)という乞食(こじき)の女がわずかの油を得て釈迦(しゃか)の精舎(しょうじゃ)(=寺)に供えたとき、多くの灯明は燃えつきたが、この貧女の一灯だけは朝になっても消えなかったという説話による。〈賢愚経〉

ひん-じゃく【貧弱】(名・形動ダ) ①内容などがとぼしく必要なものを十分に備えていないこと。また、そのさま。「―な食事」②弱々しくみすぼらしいこと。また、そのさま。「―な体」

ひん-しゅ【品種】①品物の種類。②同一種の作物または家畜の中で、形態・性質を同じくする最小の一群。「―の改良」

ひん-しゅく【△顰△蹙】(名・自スル) 顔をしかめて不快感を表すこと。まゆを寄せていやな顔をすること。

―を買(か)う 人からいやがられる。「世間の―」

ひん-しゅつ【頻出】(名・自スル) 同じことが何度も現れること。「試験に―する問題」

ひん-しょう【貧小】セウ (名・形動ダ) 小さくてみすぼらしいこと。また、そのさま。

びん-しょう【敏△捷】セフ (名・形動ダ) 動作がきびきびしてすばやいこと。また、そのさま。「―な動き」「―にとび移る」

びん-しょう【△憫笑】セウ (名・他スル) あわれなことだとさげすんで笑うこと。また、その笑い。「―を買う」

びん-じょう【便乗】(名・自スル) ①他人が乗り物に乗るのに乗じて、自分も都合よく乗ること。「友人の車に―する」②都合のよい機会をとらえて利用すること。「―値上げ」

ヒンズー-きょう【ヒンズー教】ケウ〈Hindu〉→ヒンドゥーきょう

ピンストライプ〈pinstripe〉極細の縦じま模様。「―のスーツ」

ひん・する【貧する】(自サ変) シ(セ・サ)・シ・スル・スル・スレ・シロ(セヨ) 貧乏する。貧乏になる。文ひん・す(サ変)

ひんすれば鈍(どん)する 貧しくなると生活の苦労で判断力も弱まって、品性までがいやしくなりがちである。

ひん・する【△瀕する】(自サ変) シ(セ・サ)・シ・スル・スル・スレ・シロ(セヨ) 切迫した事態にさしかかる。すぐ間近にせまる。「危機に―」文ひん・す(サ変)

びんずる【◦賓頭△盧】ビンヅル〘仏〙十六羅漢(らかん)の一人。頭髪が

白く、まゆが長い。その像の、自分の患部と同じ所を手でなでると病気が治るという。「おーさま」

ひん-せい【品性】 その人の身についている品格や性質。人柄。人格。特に、道徳的価値から見た性格。「ーを疑う」

ひん-せい【貧生】 ①貧乏な書生。②貧しい人。

ひん-せい【稟性】 生まれつきの性質。天性。稟質。

ひん-せき【擯斥】(名・他スル) しりぞけること。のけ者にすること。排斥。「ーを受ける」

ピンセット〈オランダ pincet〉 小さなものをつまむ、V字形の金属製または竹製の器具。医療・精密工業などに用いる。

ひん-せん【貧賤】(名・形動ダ) 貧しくて身分の低いこと。また、そのさま。「ーの身」↔富貴

びん-せん【便船】 ちょうど都合よく乗って行ける船。

びん-せん【便箋】 手紙を書くための用紙。レターペーパー。

びん-ぜん【憫然・愍然】(トタル) かわいそうなさま。あわれなさま。文(形動タリ)

ひん-そう【貧相】 ━(名・形動ダ) 顔や姿が貧弱でみすぼらしいさま。「ーな形」 ━(名) 貧乏の相。↔福相

びん-そく【敏速】(名・形動ダ) すばやいこと。すばしこいこと。また、そのさま。「ーに処理する」「ーな行動」

ひん-そん【貧村】 貧しくて活気のない村。寒村。

ひん-だ【貧打】 野球で、打撃がふるわないこと。

びん-た ①鬢のあたり。また、あたま。②他人のほおを平手で打つこと。「ーをくわす」「往復ー」参考「ぴんた」ともいう。

ヒンターランド〈ドイツ Hinterland〉→こうはいち

ピンチ〈pinch〉 あぶない場面。危機。「絶体絶命のー」

―ヒッター〈pinch hitter〉 ①→だいだ ②ある人に代わってその仕事をする人。代役。

―ランナー〈pinch runner〉→だいそう

びんちょう-たん【備長炭】 ウバメガシ(ブナ科の常緑広葉樹)を材料にした、火力の強い炭。和歌山県の特産。びんちょうずみ。

びん-つけ【鬢付〔け〕】「鬢付け油」の略。

―あぶら【―油】 髪の毛をなでつけるのに使う日本髪用のねり油。木蠟・菜種油・香料を混ぜ合わせて作る。

びん-づめ【瓶詰〔め〕・壜詰〔め〕】 瓶に詰めること。また、詰めた品。

ビンディング〈ドイツ Bindung〉 スキーを靴に取りつけるための留め具。バインディング。

ビンテージ〈vintage〉 ①特定の地方・年度・銘柄のワイン。②つくられた年代が古くて価値のあること。「ーギター」

びん-でん【便殿】→べんでん

ヒント〈hint〉 問題解決や解答のための手がかり。示唆。

ひん-ど【貧土】 生産物の乏しい土地。不毛の地。

ひん-ど【頻度】 同じことがくり返し起こる度数。「ーが高い」

ピント〈オランダ brandpunt から〉 ①カメラなどのレンズの焦点。「ーをあわせる」②物事の急所や要点。「ーはずれの答え」

ぴん-と(副) ①たるまずに強く、またはそり返るように張るさま。「糸をー張る」「背をー伸ばす」②ものがはね上がるさま。「はかりの針がーはね上がる」③直感的に感じとれるさま。「ーくる」④緊張して心がひきしまるさま。「ー張りつめた空気」

ひん-とう【品等】 品物の等級。ものの値打ちの段階。

ヒンドゥー-きょう【ヒンドゥー教】〈Hindu〉 (宗)インドを中心に南アジアに広がる宗教。バラモン教と諸種の民間信仰が融合し、多くの宗派がある。インド教。ヒンズー教。

ピン-ナップ〈* pin-up〉 壁などにピンで留めて飾る写真。ピンアップ。「ーガール」

ひん-にょう【頻尿】 排尿の回数が多くなる症状。

ひん-のう【貧農】 貧しい農民・農家。↔富農

ひん-ば【牝馬】 めすの馬。↔牡馬

ひん-ぱつ【頻発】(名・自スル) しきりに起こること。

ピン-はね【ピン撥ね】(名・他スル)《俗》人に渡すべき金銭の一部を先に取ること。上前をはねること。

ひん-ばん【品番】 商品の管理上、種類・形状・色などを他と区別するために付ける番号。しなばん。

ひん-ぱん【頻繁】(名・形動ダ) たびたび行われたり、起こったりすること。また、そのさま。「車がーに往来する」

ひん-ぴょう【品評】(名・他スル) 産物・製品や作品などの、よしあしや品質を論じ決めること。品定め。

―かい【―会】 同種の産物・製品や作品などを集めて、その品質の価値・等級などを論じて決め、展示する会。

ひん-ぴん【頻頻】(トタル) 好ましくない物事が次々に続いて起こるさま。「火事がーと起こる」文(形動タリ)

ぴん-ぴん(副・自スル) ①勢いよくはねるさま。「ー(と)はねる魚」②元気で生き生きしているさま。「年はとってもーしている」

ひん-ぷ【貧富】 まずしいことと富むこと。貧乏と富裕。また、貧乏人と金持ち。「ーの差が激しい」

ピンポイント〈pinpoint 針の先〉 正確な位置・目標。極めて限られた目標地点。「ー爆撃」

びん-ぼう【貧乏】(名・自スル・形動ダ) 財産・収入が少なく、生活の苦しいこと。また、そのさま。「ー人」「ーな生活」

類語 極貧・赤貧・貧困・貧窮・貧苦・清貧・じり貧・素寒貧・左前・一文無し・困窮・窮乏・逼迫

―暇なし 貧しさのため生活に追われて忙しく、少しものんびりする時がない。

―がみ【―神】 ①人にとりついて貧乏にするという神。②相撲の番付で、十両の筆頭力士。参考 ②は幕内力士とも取り組むことがあるのに、それに見合う手当のない地位なのでいう。

―くじ【―籤】(いちばん損なくじという意から)いちばん損な役。最も不運なめぐりあわせ。「ーをひく」

―しょう【―性】 ゆとりのある気分になれない性質。いつも追われるような気持ちで暮らすような性質。

―ゆすり【―揺すり】 すわっているとき、ひざなどをたえず細かくゆり動かすこと。また、そのくせ。貧乏ゆるぎ。

ピンホール〈pinhole〉 針先で突いたほどの小さな穴。針穴。

ピン-ぼけ(名・形動ダ・自スル)(「ピン」はピントの略) ①写真で、ピントが合わないで画像がぼやけて写っていること。「ー写真」②問題の急所や要点をはずれていること。「ーな質問」

ピン-ポン〈ping-pong〉→たっきゅう

ピン-マイク〈和製英語〉 衣服の襟や胸元につけて使用する小型のマイク。

ひん-まが・る【ひん曲がる】(自五)《俗》(「ひん」は接頭語)ひどく曲がる。「鼻がーようなにおい」他ひんま・げる(下一)

ひん-ま・げる【ひん曲げる】(他下一)《俗》(「ひん」は接頭語) ①ひどく曲げる。「口をー」②事実などをゆがめる。「話をー・げて伝える」自ひんまが・る(五)

ひん-みん【貧民】 貧乏で生活に苦しんでいる人々。「ー街」

―くつ【―窟】 貧民が多く集まり住む所。スラム街。

ひん-む・く【引ん剝く】(他五)(「ひきむく」の音便)乱暴に引っぱってはがす。「面の皮をー」

ひん-めい【品名】 品物のなまえ。

ひん-もく【品目】 品物の種類や目録。「輸入ー」

ひんやり(副・自スル) ひえびえとした気を感じるさま。「ー(と)

した山の空気」

びん-らん【便覧】→べんらん

びん-らん【△紊乱】(名・自他スル) 道徳・秩序などが乱れること。また、乱すこと。「風紀—」 参考 もとの読みは「ぶんらん」。「びんらん」は慣用読み。

ひん-るい【品類】しな。たぐい。種類。

びん-ろう【△檳△榔】ラウ ①→びんろうじゅ ②→びんろうじ

—じ【—子】ビンロウジュの種子。薬や染料として、また細かくしたものをキンマの葉に包み嗜好品として用いる。びんろう。

—じゅ【—樹】〔植〕ヤシ科の常緑高木。マレーシア・ニューギニア原産。葉は大きな羽状複葉で幹の頂上につく。びんろう。

びん-わん【敏腕】(名・形動ダ) てきぱきと物事を処理する能力のあるさま。また、その能力。「—をふるう」「—な弁護士」

ふ フ

五十音図「は行」の第三音。「ふ」は「不」の草体。「フ」は「不」の省略。

ふ【不】 教4 フ・ブ ず
(字義) ず。打ち消しの意を表す。「不意・不穏・不可能・不急・不正・不用・不要・不利・不惑」 難読 不知不識(しらずしらず)・不知火(しらぬい)・不足前(たらずまえ)・不壊(ふえ)・不甲斐無(ふがいな)い・不為(ふため)・不束(ふつつか)・不貞腐(ふてくさ)れる・不貞寝(ふてね)・不図(ふと)・不犯(ふぼん)・不埒(ふらち)・不如帰(ほととぎす)・不味(まず)い・不見転(みずてん) 人名 ゆう

ふ【夫】 教4 フ・フウ⊕ おっと・それ
(字義) ①おとこ。成年に達した男子。「夫子(ふうし)・偉丈夫・匹夫・凡夫(ぼんぷ)」 ②おっと。「夫君・先夫」↔妻 ③労働にたずさわる人。公(おおやけ)の労役に服する人。「夫役(ぶやく・ぶえき)・漁夫・工夫(こうふ)・水夫・人夫(にんぷ)」 難読 夫(そ)れ夫(ぞ)れ・夫婦(めおと・みょうと) 人名 あき・お・すけ

ふ【父】 教2 フ・ホ ちち
(字義) ①ちち。男親。「父君・父師・岳父・義父・継父・厳父・尊父・老父」↔母 ②親族の年長の男子の呼称。「叔父(しゅくふ)・祖父・伯父(はくふ)」 ③年とった男子に対する敬称。「父老・漁父(ぎょふ・ぎょほ)」 難読 叔父(おじ)・伯父(おじ) 人名 ち・のり

ふ【付】 教4 フ つける・つく
(字義) ①つける。㋐つけ加える。くっつける。＝附。「付加・添付」 ㋑たのむ。よせる。「付託」 ②あたえる。さずける。わたす。「付与・交付」 難読 付子(ぶす・ぶし)

ふ【布】 教5 フ・ホ ぬの・しく
(字義) ①ぬの。織物。「布衣(ふい・ほい)・布帛(ふはく)・絹布・麻布・綿布・毛布」 ②しく。＝敷。㋐広げる。ならべる。「布陣・布置・散布・塗布・分布」 ㋑広く行きわたる。行きわたらせる。「布教・公布・頒布・流布」 ㋒のべる。「布衍(ふえん)」 ③ふれぶみ。「布告・布達」 ④ぜに。「布貨」 難読 布地(きじ)・布巾(ふきん)・布団(ふとん)・布令(ふれ)・布衣(ほうい)・布袋(ほてい) 人名 しき・たえ・のぶ・よし

ふ【巫】 人 フ・ブ
(字義) ①みこ。かんなぎ。「巫術・巫女(ふじょ・みこ)」 ②医者。 難読 巫山戯(ふざけ)る

ふ【扶】 フ⊕ たすける
(字義) たすける。力を貸す。「扶助・扶養」 難読 扶持(ふち) 人名 すけ・たすく・たもつ・もと

ふ【芙】 人 フ
(字義) 「芙蓉(ふよう)」は、㋐蓮(はす)の花の別名。「芙蕖(ふきょ)」 ㋑木芙蓉(もくふよう)。アオイ科の落葉低木。 ㋒芙蓉峰。富士山の別称として用いる。 人名 お・はす

ふ【府】 教4 フ くら
(字義) ①くら。文書や財宝などを入れるくら。「府庫・御府・秘府」 ②役所。「府庁・官府・政府・幕府」 ③みやこ。「首府・城府・都府」 ④人や物の集まる所。「怨府(えんぷ)」 ⑤行政区画の一つ。㋐中国で、州の大きなもの。㋑日本で、地方行政区画の一つ。「京都府」 ㋒江戸時代に江戸をいう。「府内」 人名 あつ・おさむ・もと

ふ【府】 ①都・道・県と並ぶ地方公共団体。「大阪府」と「京都府」とがある。②物事の中心となる所。「学問の—」

ふ【怖】 フ⊕ こわい⊕・おそれる
(字義) おそれる。おじる。「怖畏(ふい)・畏怖・恐怖」 難読 怖(お)じ気(け)・怖(お)ず怖(お)ず・怖気(おぞけ)

ふ【斧】 人 フ おの
(字義) ①おの。㋐木を切る小さなまさかり。「斧斤(ふきん)」 ㋑戦いに用いる武器。 ㋒罪人を処刑する道具。「斧鉞(ふえつ)・斧質」 ②切る。おので切る。 人名 はじめ

ふ【歩】(字義) →ほ(歩)

ふ【歩】 将棋の駒(こま)の一つ。歩兵(ふひょう)。「—を突く」

ふ【阜】 教4 フ・フウ・ブ おか
(字義) ①おか。石のない大きな台地。②大きくてりっぱ。「阜成」 ③盛ん。盛んにする。豊かにする。「阜財・殷阜(いんぷ)」 ④伸びる。育つ。「阜蕃(ふばん)」 人名 あつ・あつし・たか・とおる・な

ふ【附】 フ⊕ つく
(字義) つく。つける。＝付。㋐くっつく。つけ加える。「附加・附記・附着・添附」 ㋑つき従う。「附随・附属・阿附(あふ)・新附」 ㋒したしむ。「附親」 ㋓近い。「附近」 参考 現在は多く「付」を用いる。 人名 ちか・ます・より・よる

ふ【訃】 フ⊕
(字義) つげる。人の死を知らせる。死亡の通知。「訃音(ふいん)・訃報」

ふ【訃】 人の死んだという知らせ。訃報。「—に接する」

ふ【負】 教3 フ まける・まかす・おう
(字義) ①おう。せおう。背中にになう。「負荷・負担」 ②こうむる。受ける。「負傷」 ③おいめ。金などを借りておいめをもつ。「負債・負租」 ④たのむ。たのみとする。「負気・自負・抱負」 ⑤そむく。さからう。たがう。「負非」 ⑥まける。まけ。「勝負(しょうぶ)」

ふ【負】 ①〔数〕実数の値が零(れい)より小さいこと。マイナス。「—の数」 ②〔物〕陰電気の性質。「—の電荷」(↔正)

ふ【赴】 フ⊕ おもむく⊕
(字義) ①おもむく。急いで向かう。「赴助・赴任・走赴」 ②告げる。人の死を知らせる。＝訃。「赴告・赴問」 人名 はや・ゆく

ふ【風】(字義) →ふう(風)

ふ【浮】 フ⊕ うく⊕・うかれる⊕・うかぶ⊕・うかべる⊕
(字義) ①うく。うかぶ。うかべる。㋐水の上にうきただよう。「浮漂・浮遊」↔沈 ㋑空中にふわふわとうかぶ。「浮雲」 ②はかない。よりどころがない。「浮言・浮説」 ③さまよう。「浮動・浮浪」 ④

軽々しい。うわついている。「浮華・浮薄・軽浮」難読 浮子(あば・うき)・浮塵子(うんか)・浮屠(ふと)・浮図(ふと)・浮腫(むくみ) 人名 ちか

ふ【釜】(◇) かま㊥ フ
(字義)①かま。煮炊きするための足のない金属製の器。「釜竈(ふそう)」②中国の春秋戦国時代の容積の単位。

ふ【婦】教5 フ おんな
(字義)①おんな。女性。「婦女・婦人」②結婚した女性。妻。「寡婦・主婦・新婦・貞婦」

ふ【符】フ㊥ わりふ
(字義)①わりふ。「符契・符合・割符(かっぷ)」②しるし。㋐しるしのあるふだ。「切符」㋑証拠。「符証・符信」㋒めでたいしるし。「符祥(ふしょう)・符瑞(ふずい)」㋓印章。「符璽(ふじ)」㋔記号。「符牒(ふちょう)・音符・終止符」③神仏の守りふだ。「護符・神符」

ふ【富】教4【冨】(人) フ・フウ高 とむ・とみ
(字義)①とむ。財力がある。「富貴(ふうき・ふっき)・富裕・巨富」↔貧 ②ゆたか。「富歳・豊富」③金持ち。財産家。「富豪・富商」人名 あつ・あつし・さかえ・とし・とめる・とよ・ひさ・ふく・みつ・みつる・ゆたか・よし

ふ【普】フ㊥ あまねし
(字義)①あまねし。広くゆきわたる。「普及・普遍」②なみ。なみの。「普段・普通」③「普魯西(プロシア)」の略。「普仏戦争」難読 普化僧(ふけそう)・普請(ふしん) 人名 かた・ひろ・ひろし・ゆき

ふ【腐】フ㊥ くさる㊥・くされる㊥・くさらす㊥
(字義)①くさる。㋐肉や食物などがくさる。「腐敗・腐乱」㋑くちる。「腐朽」②古くて役に立たない。「腐儒・陳腐」③心を悩ます。「腐心」④男子の生殖器を切りとる刑罰。「腐刑」

ふ【敷】フ高 しく㊥
(字義)①しく。㋐広げる。「敷衍(ふえん)」㋑しきならべる。「敷設・敷陳」②あまねく。広く。「敷教・敷告」人名 のぶ・ひら

ふ【膚】フ㊥ はだ
(字義)①はだ。からだの表皮。「膚理・肌膚(きふ)・玉膚・雪膚・皮膚」②物の表面。うわつら。「膚浅」

ふ【賦】フ㊥ みつぎ・ぶやく
(字義)①みつぎ。みつぎもの。「貢賦」②人民に割り当てておさめさせる年貢。ぶやく。「賦課・賦役・租賦」③与える。授ける。受ける。授かる。「賦性・賦与・天賦」④分ける。分割してとる。「月賦」⑤詩歌を作る。「賦詠」⑥詩の一体。六義(りくぎ)の一つ。「詩賦」⑦文体の一つ。韻文で対句を多く用いる。「辞賦・赤壁賦」人名 おさむ

ふ【譜】フ㊥
(字義)①しるす。順序だてて書きしるす。また、系統だてて書きしるしたもの。「譜図・家譜・棋譜・系譜・年譜」②音楽の曲を符号で書いたもの。「暗譜・音譜・楽譜」③つづく。代々うけつぐ。「譜代」人名 つぐ

ふ【譜】音楽の曲を符号で書き表したもの。楽譜。「ーを読む」

ふ【腑】(◇) ①はらわた。内臓。②心。心の中。心の持ち方。
ーに落(お)ちない 納得がいかない。合点がいかない。

ふ【斑】(◇) まだら。ぶち。斑点(はんてん)。「虎(とら)ー」「ー入りの花びら」

ふ【麩】(◇) ①小麦の表皮のくず。ふすま。②小麦粉から取り出したグルテンで作った食品。生(なま)ふ・焼きふなど。

ふ【経・歴】(◇)(自下二)《古》①時・年月がたつ。時が過ぎる。②場所を通って行く。通過する。③経験する。経歴を持つ。

ぶ【不】(字義)→ふ(不)

ぶ【分】(字義)→ぶん(分)

ぶ【分】①長さ・重さ・割合の単位。㋐一寸の一〇分の一。㋑一割の一〇分の一。「六ー五厘」㋒一匁(もんめ)の一〇分の一。㋓(足袋(たび)・靴の大きさで)一文(もん)の一〇分の一。㋔(体温で)一度の一〇分の一。②江戸時代の貨幣の単位。一両の四分の一。「一ー金」③平たいものの厚みの程度。「ーが厚い」④《音》全音を等分に分けた長さ。「四ー音符」⑤優劣・利益などの割合。有利になる見込み。「ーがある」「ーが悪い」⑥全体の一〇分の一。「五ー咲き」参考 ⑤は「歩」とも書く。

ぶ【侮】【侮】(人) ブ㊥ あなどる高
(字義)あなどる。軽んずる。ばかにする。あなどり。「侮辱・侮蔑(ぶべつ)・軽侮」

ぶ【奉】(字義)→ほう(奉)

ぶ【武】教5 ブ・ム たけし
(字義)①たけだけしい。勇ましい。武力にすぐれている。「武名・武勇・威武」②戦いの術。いくさ。軍事。「武芸・武術・演武・講武・尚武」↔文 ③軍人。もののふ。「武士(ぶし)・武者(むしゃ)」④兵器。「武器・武庫」⑤足跡。ひとまたぎ。一歩。「歩武」⑥「武蔵(むさし)の国」の略。「武州」難読 武士(もののふ) 人名 いさむ・たけ・たけし・たける・たつ・ふ・ふか・も

ぶ【歩】(字義)→ほ(歩)

ぶ【歩】①土地の面積の単位。一歩は曲尺(かねじゃく)で六尺平方。約三・三平方メートル。坪。②利率の単位。一割の一〇分の一。③歩合。割合。特に、利益・もうけの割合。「ーがいい」④(「町(ちょう)」「反(たん)」「畝(せ)」の下に付けて)その面積に端数のないことを表す語。「二町ー」参考 ③は「分」とも書く。

ぶ【部】教3 ブ わける
(字義)①わける。区分する。区分けをしたうちの一つ。「部分・部門・一部・全部・内部」②統(す)べる。統括する。③区分された職務を扱う所。「総務部・本部」④むれ。あつまり。「部族・部落」人名 きつ・べ(姓)・ほ・もと

-ぶ【部】(接尾)①書物や新聞などを数える語。「限定二〇〇ー」②区分したものを数える単位。「二ー制をとる」

ぶ【部】①全体をいくつかに分けたうちの一つ。「午後のー」②役所や会社などで事務分担の区分。局の下、課の上。③学校や団体の中の趣味や運動などのグループ。「テニスー」

ぶ【無】(字義)→む(無)

ぶ【葡】(人) ブ・ホ
(字義)①「葡萄(ぶどう)」は、ブドウ科のつる性落葉樹。夏から秋に房状の実をつける。②「葡萄牙(ポルトガル)」の略。難読 葡萄茶(えびちゃ)・葡萄蔓(えびづる)

ぶ【撫】(人) ブ なでる
(字義)なでる。㋐手でさする。㋑かわいがる。いつくしむ。「撫育・愛撫」㋒いたわり慰める。「慰撫」㋓しずめる。「鎮撫」難読 撫子(なでしこ) 人名 なつ・やす・よし

ぶ【舞】ブ㊥ まう㊥・まい㊥
(字義)①おどる。まいをまう。「舞楽・舞踏・乱舞」②まい。「舞踊・歌舞・剣舞・日舞」③はげます。「鼓舞」④思いのままにする。もてあそぶ。「舞筆・舞文・舞弄(ぶろう)」難読 舞妓(まいこ)

ぶ【蕪】ブ・ム かぶら・かぶ （字義）①あれる。雑草が生い茂る。また、生い茂る雑草。その土地。「蕪径・蕪荒」②入り乱れる。乱雑。「蕪雑・蕪辞」③かぶ。かぶら。アブラナ科の越年草。

ぶ-【無・不】（接頭）下の語を打ち消す意を表す。…がない。…でない。…しない。…がよくない。「ー作法」「ー器用」「ー遠慮」

-ぶ（接尾）《古》「…のような状態になる」「…のようにふるまう」意の動詞をつくる。「おとなー」「ひなー」

ファー〈fur〉毛皮。毛皮製品。「ーの帽子」「ーコート」

ファーザー-コンプレックス〈和製英語〉女性が無意識のうちに父親や父親に似た男性を慕う傾向。ファザコン。⇩エレクトラコンプレックス

ファースト〈first〉①第一。最初。「レディーー」②野球で、一塁。また、一塁手。「ーゴロ」

ークラス〈first class〉①第一級。最上級。②旅客機・客船などで、一等の座席。

ーレディー〈first lady〉①大統領夫人。首相夫人。トップレディー。②ある職域や分野の第一人者である女性。

ファースト-フード〈fast food〉→ファストフード

ファーマシー〈pharmacy〉薬局。

ファーム〈farm〉①農場。農園。「パイロットー（=近代的経営を行う実験農場）」②「ファームチーム」の略。「ーに落ちる」

ーチーム〈※farm team〉プロ野球の二軍。第一線の選手を養成するためのチーム。ファーム。

ぶ-あい【歩合】アヒ ①基準になる数量に対する他の数量の比率・割合。②取り引きの数量に対する手数料・報酬。「ー制」

ーきゅう【ー給】キフ 出来高や売上高などの成績に応じて支払われる給料。

ファイア-ウォール〈fire wall 防火壁〉《情報》コンピューターネットワークへの外部からの不正な侵入を防ぐためのシステムやソフトウエア。FW

ぶ-あいそう【無愛想】アイサウ（名・形動ダ）人あたりが悪く、取りつきにくいこと。また、そのさま。ぶっきらぼう。無愛想ぶあいそ。

ファイター〈fighter〉①闘士。戦士。②闘志のある人。③ボクシングで、技より力で戦う型の選手。④戦闘機。

ファイティング-スピリット〈fighting spirit〉戦い抜こうとする気力。闘志。闘魂。「ーあふれる試合」

ファイト〈fight〉①闘志。元気。「ーを燃やす」②試合。戦い。特に、ボクシング・レスリングなどの格闘技にいう。

ーマネー〈fight money〉プロボクシング・プロレスなどで、選手が試合に出場することによって受け取る報酬。

ファイナル〈final〉①（多く、他の語に付いて）最終の。最後の。「ーセット」②スポーツで、決勝戦。「セミー（=準決勝）」

ファイナンス〈finance〉①財政。②財源。融資。金融。

ファイバー〈fiber〉①繊維。繊維質。「グラスー」②薬品で処理して膠にかわ状にした、木綿やパルプの繊維を圧縮した皮革代用品。電気絶縁材料などにも使われる。バルカンファイバー。

ースコープ〈fiberscope〉ガラス繊維を多数束ねた内視鏡。医療のほか、工業でも広く用いられる。

ファイリング〈filing〉（名・他スル）書類などをファイルにとじ込むなどして整理すること。

ファイル〈file〉■（名・他スル）書類・新聞記事などを分類・整理してとじ込むこと。また、とじ込んだもの。■（名）①紙挟み。書類挟み。②《情報》コンピューターで、記録媒体に保存する際に、一つのまとまりとして扱うデータの単位。

ファイン-セラミックス〈fine ceramics〉精製した原料から作られる高性能のセラミックス。耐熱性・絶縁性など有用な特性を持つ。ニューセラミックス。

ファインダー〈finder〉①焦点・構図を見定めるカメラの装置やのぞきレンズ。ビューファインダー。②大きな望遠鏡に取り付ける補助用の小さな望遠鏡。ファインダースコープ。

ファイン-プレー〈fine play〉スポーツで、見事な技。美技。妙技。

ファウスト〈Faust〉ドイツの作家ゲーテの戯曲。十五、六世紀ころ、ドイツに実在したとされる魔術師ファウストの伝説に取材した作品。二部から成り、一七七四年以降一八三一年まで断続的に書き続けられた。

ーてき-しょうどう【ー的衝動】人生のあらゆる快楽や苦痛を体験して自我を拡大させようとする衝動。ゲーテの「ファウスト」の主人公の性格に由来する。

ファウル〈foul〉①運動競技の反則。②（「ファウルボール」の略）野球などで、打球が規定の場所の外側に出ること。また、その打球。「ーフライ」↔フェア

ファウンデーション〈foundation〉→ファンデーション

ぶ-あく【武悪】狂言面の一つ。鬼や閻魔えんま大王に使用。

ファクシミリ〈facsimile〉文書や図形などの画像を、電話回線などを利用して遠隔地に電送する通信方式。また、その装置。ファックス。

ファクター〈factor〉①要素。要因。②《数》因数。

ファゴット〈イタリア fagotto〉《音》二枚のリード（=簧した）を有する木管楽器の一つ。管弦楽で、木管楽器の最低音部を受け持つ。バスーン。

〔ファゴット〕

ファジー〈fuzzy〉（名・形動ダ）あいまいであること。柔軟性があること。また、そのさま。

ーりろん【ー理論】0と1（真と偽）の二つの値のみでなく、その中間に含まれる連続的な値を扱う数学理論。システム制御やコンピューターなどに応用される。あいまい理論。

ファシスト〈fascist〉①ファシズムの信奉者。②ファシスト党の党員。

ーとう【ー党】タウ《社》一九一九年イタリアにおいてムッソリーニが組織した全体主義の国粋党。民主主義的要素を排し、ファシズムを唱え独裁体制を確立した。一九四三年解体。

ファシズム〈fascism〉①《社》イタリアのファシスト党の運動および同党が権力をにぎっていたときの政治体制。②第一次世界大戦後、イタリア・ドイツなどがとったような一種の独裁主義的な政治形態。対内的には全体主義による権力強化を行い、対外的には武力強化と勢力圏拡大のための侵略を行う。

ファスト-フード〈fast food〉注文に応じてすばやく提供される食品・料理。ハンバーガーなど。ファーストフード。

ファスナー〈fastener 留め具〉たがいにかみ合うように作られた金属などの細かい歯を、引き手を滑らせて開閉できるようにした留め具。衣類・かばんなどに用いられる。チャック。ジッパー。参考 英語では、通常 zipper や zip という。

ふ-あたり【不当〔た〕り】①興行物などで、人気が出ず客の入りの少ないこと。②はやらないこと。

ぶ-あつ【分厚・部厚】（名・形動ダ）平らなものの、かなり厚みのあるさま。「ーな電話帳」

ぶ-あつ・い【分厚い・部厚い】（形）カロ・カッ(ク)・イ・イ・ケレ・○ 平らなものの、かなり厚みがあるさま。「ー本」文ぶあつ・し（ク）

ファックス〈fax〉→ファクシミリ

ファッショ〈イタリア fascio〉ファシズム的な傾向・運動・体制。

ファッショナブル〈fashionable〉（形動ダ）ダロ・ダッ(デ・ニ)・ダ・ナ・ナラ・○ 服装がしゃれているさま。流行を取り入れているさま。

ファッション〈fashion〉流行。特に、服飾についての流行。また、単に服装のこと。「ニュー—」
—ショー〈fashion show〉新しいデザインの服を発表するために、モデルにその服を着せて見せる催し。(はじまり)一九二七(昭和二)年、東京の三越呉服店で催されたのが日本で最初という。モデルは水谷八重子らの三女優。
—ブック〈fashion book〉衣装などの新型や流行の型を写真や図で示した本。スタイルブック。
—モデル〈fashion model〉新しいデザインの服を着て、観客に見せたり写真を撮らせたりすることを職業にしている人。
ファナティック〈fanatic〉(形動ダ)ダロ・ダッ(デ・ニ)・ダ・ナ・ラ・○ 興奮して狂わんばかりになっているさま。狂信的。熱狂的。
ファニー-フェース〈funny face〉個性的で魅力のある顔。参考 本来の意味は「吹きだしたくなるようなおかしな顔」。
ファミコン(「ファミリーコンピューター」の略。ともに商標名)テレビゲーム用のコンピューター。
ファミリー〈family〉①家族。一家。②一族。一門。
—サイズ〈family-size〉食品や日用品で、家庭向けの大型サイズ。量の多い徳用のものをいう。
—レストラン〈和製英語〉家族連れで気軽に利用できるレストラン。郊外の主要道路沿いなどに多い。ファミレス。
ふ-あん【不安】(名・形動ダ)安心できないこと。気がかりで心が落ち着かないこと。また、そのさま。不安心。「—をいだく」
ファン〈fan〉扇風機。換気扇。送風機。「—ヒーター」
ファン〈*fan〉特定のスポーツ・芸能などの熱心な愛好家。また、特定の人物・チームの熱心な支持者・後援者。ファン。
—レター〈*fan letter〉ファンが芸能人やスポーツ選手などに書く手紙。
ファンキー〈funky〉(形動ダ)ダロ・ダッ(デ・ニ)・ダ・ナ・ラ・○ ①ジャズやソウルなどの音楽で、強いリズムによる躍動感や野性味のあるさま。②服の色柄などが派手で奇抜なさま。
ファンク〈funk〉一九六〇年代、アメリカの黒人を中心にジャズやソウルミュージックから発展した、強いリズムを特徴とする音楽スタイル。
ファンクション-キー〈function key〉〘情報〙機能拡張キー。コンピューターのキーボードの上辺にあって、特定の機能を起動できるように割り当てられたキー。
ファンシー〈fancy〉(形動ダ)ダロ・ダッ(デ・ニ)・ダ・ナ・ラ・○ デザインや色あいなどがかわいらしいさま。「—グッズ(=おもに若者向けのかわいらしい小物や雑貨)」
ふ-あんしん【不安心】(名・形動ダ)→ふあん
ファンタジー〈fantasy〉①空想。幻想。②〘音〙幻想曲。ファンタジア。③空想的・幻想的な文学作品。
ファンタスティック〈fantastic〉(形動ダ)ダロ・ダッ(デ・ニ)・ダ・ナ・ラ・○ ①空想的・幻想的なさま。②すばらしいさま。
ふ-あんてい【不安定】(名・形動ダ)安定していないこと。ぐらついて落ち着かないさま。「—な地位」「—な足場」
ファンデーション〈foundation 土台〉①〘服〙コルセット・ガードル・ブラジャーなど女性の体形を整えるための下着。②下地用の化粧品。クリーム状・乳液状・固形のおしろい。参考「ファウンデーション」とも書く。
ファンド〈fund〉①基金。資金。②投資信託・年金基金などの運用財産。③(「投資ファンド」の略)投資家から集めた資金を投資し、利益を出資者に分配するしくみ。また、その機関。
ふ-あんない【不案内】(名・形動ダ)ようすや事情をよく知らないさま。経験・心得のないさま。ぶあんない。「—な土地」
ファンファーレ〈(イタリア) fanfare〉〘音〙祝典の始まりなどに演奏される、金管楽器のはなやかな短い曲。「開幕の—」
ファンブル〈fumble〉(名・他スル)球技で、ボールを捕りそこなうこと。特に、野球で、一度手に触れたボールを捕りそこなうこと。つかみそこなうこと。お手玉。ハンブル。
ふい(俗)努力がむだになること。手にしかけた幸運がむなしく失われること。「チャンスを—にする」「努力が—になる」
ふ-い【不意】(名・形動ダ)思いがけないこと。また、そのさま。突然。だしぬけ。「—に現れる」「—をつかれる」
—を打(う)つ 相手が油断しているときに、いきなり仕掛ける。
—を食(く)う だしぬけに何かをされる。不意をくらう。
ふ-い【布衣】官位のない人。身分の低い人。庶民。
ぶ-い【武威】(ヰ) 武力による威勢。「天下に—を示す」
ぶ-い【部位】(ヰ) 全体に対して、その部分・部門の占める位置。
ブイ〈buoy〉①航路の目印や船舶の繋留(けいりゅう)のために水面に浮かべたもの。うき。浮標。②浮き袋。救命袋。「救命—」
ブイ-アール【VR】→バーチャルリアリティー
ブイ-アイ-ピー【VIP】→ビップ
フィアンセ〈(フランス) fiancé(男)・fiancée(女)〉婚約者。いいなずけ。「—を友人に紹介する」
フィーチャー〈feature〉①特色。見もの。また、特徴づけること。②新聞・雑誌の特集記事。③長編映画。④ある楽器・奏者を際立たせて演奏すること。
フィート〈feet〉ヤードポンド法の長さの単位。一フィートは一二インチで、約三〇・四八センチメートル。記号 ft 参考 フート(foot)の複数形。「△呎」とも書く。
フィードバック〈feedback〉(名・他スル)①電気回路で、出力の一部を入力側に戻して出力の調整をはかること。②あるやり方を修正・改善するために、得られた結果を原因の側に戻して反映させること。「消費者の意見を生産者に—する」
フィーバー〈fever 発熱・興奮〉(名・自スル)熱狂的な状態になること。興奮すること。
フィーリング〈feeling〉感覚。感じ。気分。「—が合う」
フィールディング〈fielding〉野球で、守備。打球を処理する技術。
フィールド〈field〉①陸上競技場で、トラックの内側の区域。↔トラック ②「フィールド競技」の略。③野球場の内野・外野。④学問研究などの領域・分野。⑤野原。野外。
—アスレチック〈field athletics〉木登りやいかだ渡りなど、野外に設けた種々の障害物を通過することで体力を養うスポーツ。また、その施設。(商標名)
—きょうぎ【—競技】(キャウギ) 陸上競技で、フィールド内で行う跳躍・投擲(とうてき)競技の総称。↔トラック競技
—ホッケー〈field hockey〉→ホッケー
—ワーク〈fieldwork〉研究室を離れて行う研究・調査活動。野外研究。実地調査。
ふい-うち【不意打ち】だしぬけにおそうこと。また、予告なしに突然、事を行うこと。「—をかける」「—を食う」
ブイ-エス【VS・vs】…に対する。対。バーサス。「日本代表—韓国代表」参考 ラテン語「versus」から。
ブイ-エッチ-エス【VHS】〈video home system から〉家庭用ビデオテープレコーダーの録画・再生方式の一つ。(商標名)
ブイ-エッチ-エフ【VHF】〈very high frequency から〉→ちょうたんぱ
フィギュア〈figure〉①形。図形。②「フィギュアスケート」の略。③アニメなどのキャラクターをかたどった人形。
—スケート〈figure skating から〉スケート競技の一

つ。音楽に合わせて滑り、氷上でジャンプやスピンなどの技を行って、正確さや芸術性を競う。フィギュア。[語源]滑って氷上に図形を描く競技から発展したことからの名称。

ふ-いく【扶育】(名・他スル) 助け育てること。「遺児を―する」

ふ-いく【傅育】(名・他スル) たいせつに守り育てること。後見して育てること。

ぶ-いく【△撫育】(名・他スル) かわいがって育てること。

フィクサー〈fixer〉事件の背後に隠れ、調停やもみ消しをして利益を得る黒幕的人物。「政界の―」

フィクション〈fiction〉①作りごと。虚構。②〔文〕想像によって作られた話。小説。↔ノンフィクション

ふいご【△鞴・△韛】箱の中のピストンを手や足で動かして風を送る道具。かじ屋などが火をおこすときに用いる。ふいごう。

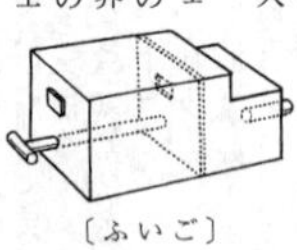

ブイ-サイン〈V sign〉勝利を示すジェスチャー。人差し指と中指でV(victory)の字形を作り外に向ける。[参考]第二次世界大戦中、イギリスのチャーチル首相が右手の親指と人差し指でVの字を示して国民の士気を鼓舞したことから一般化した。

〔ふいご〕

フィジー〈Fiji〉南太平洋のメラネシア東端にある、フィジー諸島からなる共和国。首都はスバ。

フィジカル〈physical〉(形動ダ) ダロ・ダッ(デ・ニ)・ダ・ナ・ナラ・◯ ①物質的。物理的。②肉体的。身体的。「―な強さ」

ふ-いち【不一】→ふいつ

ふい-ちょう【◦吹聴】チャウ(名・他スル) 言い広めること。言いふらすこと。「根も葉もないことを―する」「―して歩く」

ふ-いつ【不一・不◦乙】手紙の終わりに添える語。まだ十分に意を尽くさない意。不尽。不備。ふいち。[用法]「前略」「冠省」などに対応して用いる。

フィッシュ〈fish〉魚。魚類。

フィッシング〈fishing〉魚釣り。

フィッシング〈phishing〉インターネット上の詐欺手法の一つ。実在の企業を装ったにせのウェブサイトに誘導するなどして、クレジットカード番号などの個人情報を不正に入手するもの。フィッシング詐欺。

ふ-いっち【不一致】一致しないこと。ぴったり合わないこと。「性格の―」「言行―」

フィッティング-ルーム〈fitting room〉試着室。仮縫い室。

フィット〈fit〉(名・自スル) 大きさ、色調、雰囲気などの調和がとれていること。特に、衣服が体にぴったり合うこと。

フィットネス〈fitness 適合〉健康維持のために適切な運動をすること。また、その運動。「―クラブ」

ブイ-ティー-アール【VTR】〈videotape recorder から〉ビデオテープレコーダー。また、そのような機器で録画した映像。

ふい-と(副) 急に。にわかに。ふと。「―いなくなった」

ぷい-と(副) 急に不機嫌な態度をとるさま。「―横を向く」

ブイ-トール【VTOL】〈vertical take-off and landing aircraft から〉垂直離着陸機。

フィナーレ〈イタリア finale〉①〔音〕最後の楽章。②オペラなどの最終の場面。演劇などの大詰め・終幕。③行事や式典などの最後の部分。「―を飾る」

フィニッシュ〈finish〉①終わり。結末。②スポーツで、陸上競技のゴールイン、体操競技の最後の動作など。

ブイ-ネック〈V-neck〉衣類のV字形の襟(えり)ぐり。

フイフイ-きょう【◦回◦回教】ケウ→イスラムきょう

フィフティー-フィフティー〈fifty-fifty〉五分五分(ごぶごぶ)。半々。「成功する確率は―だ」「分け前は―だ」

ブイヤベース〈フランス bouillabaisse〉魚介類を煮込み、サフランで風味をつけた南フランスのスープ料理。

フィヨルド〈ノルウェー fjord〉〔地〕氷河によってできたU字形の谷が沈降し、海水が浸入してできた狭くて深い入り江。峡湾。

ブイヨン〈フランス bouillon〉肉や骨を煮出して取っただし汁。スープなどのもとにする。

フィラデルフィア〈Philadelphia〉アメリカ合衆国東部にあるペンシルバニア州の都市。一七七六年にアメリカ独立宣言が発せられた。

フィラメント〈filament〉〔物〕電球・真空管などの内部にあって、電流を流し光や熱電子を放出させる細い金属線。

フィラリア〈filaria〉〔動〕線虫類糸状虫科に属する寄生虫の総称。蚊の媒介により、ヒトではリンパ系に寄生し、象皮病などを起こす。イヌでは心臓や肺に寄生する。

ふ-いり【不入り】興行などで、客の入りが少ないこと。「―続き」↔大入り

ふ-いり【◦斑入り】植物の葉や花びらなどで、地の色と違った色がまだらにはいっていること。また、そのもの。「―の葉」

フィリピン〈Philippines〉東南アジア、フィリピン群島を占める共和国。首都はマニラ。[語源]一六世紀のスペインの皇太子フェリペ(英語名フィリップ)の名にちなむ。

フィルター〈filter〉①濾過器(ろかき)。液体や気体をこして混じり物をとり除く装置。②写真撮影の際に、特定の光を通したり、制限したり、遮ったりするために、レンズの前に付ける特殊なガラスや膜。「偏光―」③紙巻きたばこで、ニコチンやタールを取り除くために付ける吸い口。④電気回路で、特定の周波数範囲の電流を通過させるための装置。

フィルダーズ-チョイス〈fielder's choice〉→やしゅせんたく

フィルハーモニー〈ドイツ Philharmonie〉(音楽を愛好する意)交響楽団の名称に用いられる語。フィル。「ウィーン―」

フィルム〈film〉①薄い膜。②透明な合成樹脂に感光剤(＝銀塩ゼラチン乳剤)を塗った写真用感光材料。また、それを現像したネガ、あるいはポジ。「カラー―」③映画。また、映画用の陰画・陽画。[参考]「フイルム」とも書く。

―ライブラリー〈film library〉映画のフィルムの整理・保存・貸し出しを行う施設。

フィレ〈フランス filet〉①→ヒレ ②おろした魚の片身。

フィロソフィー〈philosophy〉哲学。

ふ-いん【訃音】死亡の知らせ。訃報。「―に接する」

ぶ-いん【部員】ヰン 部を構成する人。その部に属する一員。「―募集のビラ」

ぶ-いん【無音】長い間便りをしないこと。ぶさた。「―を謝す」

フィンガー〈finger〉①指。②空港の送迎用デッキ。

―ボウル〈finger bowl〉西洋料理で、食事中に指先を洗うための水を入れた小さな容器。

フィンランド〈Finland〉ヨーロッパ北部、バルト海に面する共和国。首都はヘルシンキ。

ふう【夫】(字義)→ふ(夫)

ふう【封】フウ㊥・ホウ㊥　一 十 土 圭 封 封
(字義)①さかい。境界。「封域・封界」②(「ホウ」と読んで)ほうずる。領土を与え諸侯とする。「封建・封地・封禄(ほうろく)・移封」③盛り土。つか。「封樹」④(「フウ」と読んで)ふうじる。㋐とじ

る。「封印・開封・密封」㋑とじこめる。「封鎖」⑤〈「フウ」と読んで〉上奏文。「封事」［人名］かね

ふう【封】 閉じること。また、閉じた所。閉じ目。「ーを切る」

ふう【風】 教②フウ・フ高　ノ几凡凡風風

〈字義〉①かぜ。かぜが吹く。「風車・風力・寒風・逆風・強風・春風・順風・台風・暴風」②教え。教えなびかせる。「風教・風靡(ふうび)」③ならわし。しきたり。「風習・風潮・遺風・家風・校風・古風・洋風」④さま。ようす。㋐すがた。形。「風体(ふうてい・ふうたい)・風貌(ふうぼう)」㋑おもむき。「風雅・風流」㋒けしき。「風景・風致・風物」㋓いきおい。勢力。「威風」⑤病気の名。「風邪(かぜ)・中風・痛風」⑥ほのめかす。遠まわしにいう。「風刺・風喩(ふうゆ)」⑦うわさ。評判。「風説・風聞」［難読］風信子(ヒヤシンス)・風情(ふぜい)

-ふう【風】〈接尾〉〈体言に付いて〉上の語と同様であることを表す。㋐〈身なり・風俗の場合〉そのようである。「商人ーの男」「英国ーの家」㋑〈芸術・技術などの場合〉その特色や傾向をよく表している。「アララギーの短歌」

ふう【風】 ①ならわし。慣習。「都(みやこ)のーをまねる」②ふり。ようす。「知らないーを装う」③おもむき。「君子のーがある」④ぐあい。状態。方法。「こんなーにやれ」

ふう【富】〈字義〉→ふ(富)

ふう【楓】 人 フウ かえで　〈字義〉①ふう。フウ科の落葉高木。②かえで。ムクロジ科の落葉高木。「楓林」

ふう【°二】 ふたつ。に。「ひい、ー、みい」

ぶう 〈幼児語〉湯・茶・風呂(ふろ)などのこと。「おー」

ふう-あい【風合〔い〕】(アヒ) 織物・紙・陶器などの、見たり触れたりした感じ。「シルクのようなー」

ふう-あつ【風圧】 風が、ある物体に当たって及ぼす圧力。風速の二乗に比例する。「ー計」

ふう-い【△諷意】 それとなくほのめかして意味を表すこと。また、その意味。「ーをくみ取る」「ーを寓(ぐう)する」

ふう-いん【封印】〈名・自スル〉①物の封じ目に印を押すこと。また、押した印。「ーを破る」②〈比喩(ひゆ)的に〉表に出さないようにすること。封じ込めること。「過去をーする」

ふう-いん【風韻】(ヰン) 風流なおもむき。雅致。風致。風趣。

ブーイング〈booing〉観客や聴衆が不満を示すために、いっせいにブーと叫び声をあげること。また、その声。「ーをあびる」

ふう-う【風雨】 ①風と雨。「ーにさらされる」②強い風を伴う雨。あらし。「ーをついて出かける」

ふう-うん【風雲】 ①風と雲。風をはらんだ雲。また、自然。「ーの趣」②〈竜が風と雲に乗って天に昇るように〉英雄・豪傑が世に出るよい機会。また、世の中が大きく動こうとする気運。

ー急(きゅう)を告げる 大事変が起こりそうな情勢になる。

ーじ【ー児】 社会の変動期などに乗じて活躍する人。

ふう-えい【△諷詠】〈名・他スル〉詩歌などをうたうこと。また、作ること。「花鳥ー」

ふう-か【風化】(クワ)〈名・自スル〉①〔地質〕地表の岩石が水・風・温度変化などの作用によりしだいにくずれて、砂や土になる現象。②強烈な記憶や印象がしだいに薄れること。「事件がーする」③→ふうかい(風解)④徳により教化すること。風教。「人民をーする」

ふう-か【富家】 金持ち。財産家。富家(ふか)。↔貧家

ふう-が【風雅】 ㊀〈名・形動ダ〉上品でおもむきのあること。また、そのさま。「ーを解する」㊁〈名〉①詩歌・文芸・書画などの道。「ーの道」②漢詩の六義(りくぎ)の中の、風と雅。

フーガ〈イタリア fuga〉〔音〕前に出た主題や旋律を、あとから次々と追うように展開していく曲。遁走(とんそう)曲。

ふう-かい【風解】〈名・自スル〉〔化〕水和水(=物質と結合した水分子)を含む結晶が空気中で自然に水分を失って粉末になること。風化。

ふう-かい【風懐】(クワイ) 風流な心。みやびな思い。

ふう-かい【△諷戒】 改めるように、それとなく注意すること。

ふう-がい【風害】 強風・つむじ風による被害。風災。

ふう-かく【風格】 ①風采(ふうさい)と品格。人品。「堂々たるー」②詩や文章などのおもむきや品格。「ーの感じられる作品」

ふう-がら【風柄】 ①なり振り。姿。②人柄。風格。

ふう-がわり【風変〔わ〕り】(ガハリ)〈名・形動ダ〉ふつうとはようすの違っているさま。また、そういうものや人。「ーな趣味」

ふう-かん【封△緘】〈名・他スル〉封を閉じること。また、その閉じたもの。「手紙をーする」

ふう-かん【△諷△諫】〈名・他スル〉それとなく遠回しにいさめること。↔直諫(ちょっかん)

ふう-がん【風眼】 →のうろうがん

ふう-き【風紀】 日常の習慣や風俗についての道徳上の規律。特に、男女間のつきあいの節度。「ーを乱す」「ー委員」

ふう-き【富貴】〈名・形動ダ〉金持ちで身分の高いこと。また、そのさま。富貴(ふっき・ふき)。「ーな家柄」↔貧賤(ひんせん)

ふう-ぎ【風儀】 ①しきたり。風習。「昔のー」②行儀作法。

ふう-きょう【風狂】(キャウ) ①風雅に徹すること。また、その人。「ーの徒」②正気でないこと。また、その人。

ふう-きょう【風教】(ケウ) 徳をもって人を教え導くこと。

ふう-きり【封切〔り〕】 ①封を切って開くこと。②物事のし始め。③新しい映画を初めて上映すること。「ー館」

ふう-きん【風琴】〔音〕①オルガン。②〈「手風琴(てふうきん)」の略〉→アコーディオン

ブーケ〈フランス bouquet〉花束。「ートス(=結婚式で新婦が未婚の女性客に向けて花束を投げること)」

ふう-けい【風景】 ①目に見える自然のようす。眺め。景色。「田園ー」②その場のありさま。光景。「歳末ー」「心象ー」

ーが【ー画】(グワ) 自然の景色を描いた絵。

ふう-けつ【風穴】 山腹や谷間にある横穴。玄武岩質の溶岩流の中に生じたトンネル状の空洞。溶岩トンネル。

ふう-げつ【風月】 ①すがすがしい風と美しい月。清風明月。自然界の美しい景色。「花鳥ー」②自然の美しい景色を材料として詩歌・文章を作ること。「ーの才」

ーを友(とも)とする 自然に親しみ、風流な暮らしをする。

ブーゲンビリア〈ラテン bougainvillea〉〔植〕オシロイバナ科の低木。中南米原産。紅・紫などの色の苞(ほう)に包まれた黄白色の小さな花が咲く。観賞用。ブーゲンビレア。

ふう-こう【風光】(クワウ) 美しい自然の眺め。景色。風景。

ーめいび【ー明△媚】〈名・形動ダ〉自然の景色がすばらしいこと。また、そのさま。「ーの地」

ふう-こう【風向】(カウ)〔気〕風の吹いてくる方向。かざむき。

ーけい【ー計】 風の方向を知る器械。ふつう、垂直の軸に取り付けた矢羽根の向きで方向を見る。かざみ。風信器。

ふう-こつ【風骨】 姿。ようす。風格。

ふう-さ【封鎖】〈名・他スル〉閉ざして、出入りや出し入れのできないようにすること。「海上ー」「経済ー」

ふう-さい【風災】 暴風による災害。風害。

ふう-さい【風采】 みかけの姿。容貌(ようぼう)や身なりのようす。

ーが上(あ)がらない 外見がぱっとしない。

ふう-さつ【封殺】〈名・他スル〉①野球で、後続の打者が打ったために進塁しなければならない走者が次塁に達する前に、野手が次塁に球を送ってアウトにすること。フォースアウト。②相

手の活動を封じること。「反撃を―する」

ふう-し【夫子】 ①年長者・賢者・先生などに対する敬称。②昔、中国で大夫以上の人、また、男子の敬称。③孔子の敬称。④あなた、あの方などと、その当人をさす語。

ふう-し【風刺・諷刺】（名・他スル）それとなく皮肉ること。特に、人物や社会の欠点・過失・罪悪を遠回しにおもしろく批評すること。「政治を―する」「―漫画」

ふう-し【風姿】 身なり。ふうさい。風体。姿。なり。

ふう-じ【封じ】 封じること。封をすること。「口―」

―て【―手】 ①囲碁・将棋で、勝負を翌日に持ちこすとき、その日最後の手を打た(指さ)ずに紙に書いて密封しておくこと。また、その手。②相撲や武術などで、禁じられている技。

―め【―目】 封をした所。「―が解ける」

ふうしかでん【風姿花伝】フウシクワデン 室町初期の能楽論書。「花伝書」とも。世阿弥元清作。一四〇〇(応永七)年ごろ成立。能の本質・歴史・演技法などを説く。

プーシキン〈Aleksandr Sergeevich Pushkin〉(一七九九一八三七) ロシアの詩人・小説家。口語による近代小説を開拓し、ロシア近代文学の祖といわれた。小説「エフゲニー=オネーギン」「大尉の娘」など。

ふうじ-こ・む【封じ込む】（他五）マ(モ)・ミ(ン)・ム・ム・メ・メ →ふうじこめる

ふうじ-こ・める【封じ込める】（他下一）メ・メ・メル・メル・メレ・メロ(メヨ) ①中に閉じ込めて、外に出られないようにする。「洞窟に―」②相手の動きを予想して、その行動をとれない状態に追い込む。「敵の反撃を―」文ふうじこ・む(下二)

ふう-しゃ【風車】 羽根車を風の力で回転させ、動力を得る装置。風車。「―小屋」

ふう-じゃ【風邪】 かぜ。感冒。

ふう-しゅ【風趣】 風情あるおもむき・味わい。

ふう-じゅ【風樹】 風に吹かれて揺れている樹木。

―の嘆 親孝行をしようと思い立ったときにはすでに親はなくなっていて、孝養を尽くすことができないという嘆き。語源「樹静かならんと欲すれど風やまず、子養はんと欲すれど親待たず」から出た語。〈韓詩外伝〉

ふう-じゅ【諷誦】（名・他スル）→ふじゅ(諷誦)

ふう-しゅう【風習】シフ― その土地のならわし。しきたり。慣習。「古くからの―」

ふう-しょ【封書】 封をした手紙。

ふう-しょく【風色】 景色。眺め。風光。

ふう-しょく【風食・風蝕】（名・他スル）〘地質〙風による浸食作用。風が土砂を吹きつけて岩石をすり減らすこと。

ふう・じる【封じる】（他上一）ジ・ジ・ジル・ジル・ジレ・ジロ(ジヨ) ①封をする。②出入り口をふさいで閉じ込める。③自由に活動できないようにする。「動きを―」語源サ変動詞「ふうずる」の上一段化。

ふう-しん【風信】 ①風向き。②風の便り。うわさ。

―き【―器】 →ふうこうけい

ふう-しん【風疹】〘医〙ウイルスによって起こる、はしかに似た症状を持つ感染症。発熱と発疹がみられる。三日ばしか。

ふう-じん【風神】 風をつかさどる神。風の神。「―と雷神」

ふう-じん【風塵】ヂン― ①風で舞い立つちり。②俗世間。また、俗事。「―を避けて暮らす」③きわめて軽いもののたとえ。

ブース〈booth〉 展示会場やオフィスなどで、間仕切りをした小さな空間。有料道路の料金所や仮設の売店などにもいう。

ふう-すい【風水】 ①風と水。②地勢・水勢や方位を占って、住宅や墓の地を選び定める術。

―がい【―害】 大風・大水による災害。

ブースター〈booster〉 機械・器具の出力などを高める補助装置。ロケットの推進補助装置や送受信用の増幅器など。

フーズ-フー〈who's who〉 現代人名鑑。紳士録。

ふう・する【諷する】（他サ変）シ(セ・サ)・シ・スル・スル・スレ・シロ(セヨ) 遠回しに批判する。風刺する。「時局を―」文ふう・す(サ変)

ふう・ずる【封ずる】（他サ変）ジ(ゼ)・ジ・ズル・ズル・ズレ・ジロ(ゼヨ) →ふうじる 文ふう・ず(サ変)

ふう-せい【風成】 風の作用でできること。「―岩」

ふう-せい【風声】 ①風の音。②風の便り。消息。うわさ。

―かくれい【―鶴唳】（風の音や鶴の鳴き声など）ちょっとしたことにもおじけづくこと。ささいな物音にも驚いて騒ぐこと。参考類似のことば―水鳥の羽音に驚く。〔故事〕東晋の名将、謝玄の少数精鋭の軍と戦って敗れた前秦の苻堅の軍は、風の音や鶴の鳴き声を聞いても敵軍ではないかと恐れて敗走したことからいう。〈晋書〉

ふう-せつ【風雪】 ①風と雪。風とともに降る雪。吹雪。「―注意報」冬 ②厳しい苦難のたとえ。風霜。「―十年」

ふう-せつ【風説】 世間のうわさ。特に、言いふらされる根拠のない話。風評。風聞。「―にまどわされる」「―を流す」

ふう-せん【風船】 ①中に空気や、ヘリウムなどを入れて膨らませ、手でついたりして遊ぶ紙またはゴム製のおもちゃ。風船玉。「ゴム―」春 ②気球。

ふう-ぜん【風前】 風の吹き当たる所。

―の灯火 風の吹き当たる所に置かれた灯火のように、危険が迫って今にも生命などが失われようとしている状態。

ふう-そう【風葬】サウ― 死体を風雨にさらして、自然に風化させる葬り方。曝葬。

ふう-そう【風霜】サウ― ①風と霜。②世の中の厳しい苦難のたとえ。風雪。「―に耐える」③年月。星霜。「―を経る」

ふう-そう【風騒】サウ― ①詩文を作ること。②詩歌に親しむ風流。参考「風」は詩経の国風、「騒」は楚辞の離騒の意。

ふう-そく【風速】〘気〙風の速さ。風の速力。秒速で示す。

―けい【―計】 風速または風力をはかる器械。風力計。

〔ふうそくけい〕

ふう-ぞく【風俗】 ①世間で行われている衣・食・住・行事など生活上のしきたり。風習。「明治の―」②社会の道徳的な規律。風紀。「―を乱す」③「風俗歌」の略。

―うた【―歌】 諸国、特に東国などの民謡に基づく歌謡。平安時代に貴族社会にとり入れられ歌われた。風俗歌。

―えいぎょう【―営業】ゲフ 料理屋・バー・キャバレー・ダンスホール・マージャン店・パチンコ店など、客に飲食・遊興や射幸心をあおるような遊びをさせる商売の総称。

―しょうせつ【―小説】セウセツ〘文〙その時代の社会風俗を描写することに重点をおいた小説。

ふうぞくもんぜん【風俗文選】 江戸中期の俳文集。初名「本朝文選」。森川許六編。一七〇六(宝永三)年刊。芭蕉とその門下の俳文を収めたわが国初の俳文撰集。

ふう-たい【風体】 →ふうてい

ふう-たい【風袋】 ①はかりで物の重さを量るときの、その品物の容器・箱・袋・上包みなど。また、その重量。「―込みで量る」②みかけ。外観。

ふう-たく【風鐸】 ①仏堂や塔の軒の四隅などにつるしておく青銅製で釣り鐘形の鈴。②風鈴。夏

ぷう-たろう【風太郎】タラウ―〘俗〙①日雇いの港湾労働

者。②定職を持たず、ぶらぶらしている人。また、定まった住居がなく、ふらふらしている人。[参考]「ふうたろう」ともいう。

ブータン〈Bhutan〉インドの北東、ヒマラヤ東部山中の立憲君主国。首都はティンプー。

ふう-ち【風致】自然のおもむき。風趣。「―林」

―ちく【―地区】都市計画法で、おもむきのある風景を残す目的で、特に指定された地区。

ふう-ちょう【風鳥】(テウ)【動】フウチョウ科の鳥の総称。ニューギニア・オーストラリアなどにすむ。雄の羽は非常に美しい。体長一三―二五センチメートル。果実や虫を食う。極楽鳥。

ふう-ちょう【風潮】(テウ)①時代とともに移りゆく世の中の傾向。時勢。「社会の―」②風に従って生じる潮流。

ふう-ちん【風鎮】掛け物が風で揺れないように軸の両端に掛ける玉や石などのおもり。「掛け軸の―」

ブーツ〈boots〉長靴。ひざ下まで覆う深い靴。

ふう-てい【風体】身なり。姿。風体(ふうたい)。「怪しい―の男」

ふう-てん【瘋癲】①精神病で、言行錯乱・意識混濁・感情激発などのはなはだしいものの俗称。②定職がなく既成の社会秩序からはみ出して、盛り場などでごろごろしている人。

フート〈foot〉フィートの単数形。[参考]「呎」とも書く。

ふう-ど【風土】(住民の生活・文化に影響を及ぼす)その土地の気候や地質・地形などの総合的な状態。「日本の―」

―びょう【―病】(ビャウ)気候・地質などによる、その土地特有の病気。マラリア・つつがむし病など。地方病。

フード〈food〉食べ物。食品。「―センター」「ドッグ―」

―コート〈food court〉商業施設などで、セルフサービス式の軽食店が集まる区画。また、その共有飲食スペース。

―プロセッサー〈food processor〉食材を刻んだり、すりつぶしたり、混ぜたりする電動調理器具。

フード〈hood〉①ずきん風のかぶりもの。「―付きのコート」②機械や器具に掛けるおおい。③写真機のレンズなどの光線よけ。④換気扇の吸い込み口に付けるおおい。

ふう-とう【封筒】手紙・文書などを入れる紙袋。状袋。

ふう-どう【風洞】人工的に空気の流れをつくるトンネル型の装置。航空機などの空気力学的性質の実験用。「―実験」

ブードゥー-きょう【ブードゥー教】(ケウ)〈voodoo〉〔宗〕ハイチを中心とした西インド諸島に見られる、呪術的・魔術的色彩の強い宗教。

ふうとう-ぼく【風倒木】(フウタウ)強風で倒れた木。

プードル〈poodle〉【動】犬の一品種。むく犬で、長い毛を独特の形に刈り込む。愛玩用。

ふう-にゅう【封入】(ニフ)(名・他スル)中に入れて封をすること。封じ込むこと。「電球にガスを―する」

ふう-は【風波】①(航海の障害となる)風と波。風浪。②風によって立つ波。③もめごと。なみかぜ。「家庭に―がたえない」

ふうばい-か【風媒花】(クワ)【植】花粉が風に運ばれて受粉する花。マツ・ヤナギなどの花。⇒水媒花・虫媒花・鳥媒花

ふう-ばぎゅう【風馬牛】(バギウ)まったく関係のないこと。また、自分とは何の関係もないという態度をとること。[語源]「風」は発情期の雌雄が呼び合う意。発情期の牛馬はたがいに相手を求めて遠くへ行くが、それもできないほどその土地が遠く隔たっていることから、たがいに遠く離れているたとえ。〈左伝〉

ふう-はく【風伯】風の神。風神。

ふう-はつ【風発】(名・自スル)①風の吹き起こること。②弁論などの、勢いよく口から出るようす。「談論―」

ふう-び【風靡】(名・他スル)風が吹いて草木をなびかせるように、大勢の人をなびき従わせること。「一世を―した歌」

ブービー〈booby 間抜け・最下位〉ゴルフ・ボウリングなどで、最下位から二番目の成績。「―賞」

ふう-ひょう【風評】(ヒヤウ)世間の(よくない)うわさ。取りざた。風説。風聞。「なにかと―が立つ」「―被害(=根拠のないうわさや不適切な報道のために、関係者が受ける損害)」

ふう-ふ【夫婦】結婚している一組の男女。めおと。夫と妻。

―は二世(にせ)夫婦の関係は現世だけでなく来世まで続くということ。

―べっせい【―別姓】結婚後も夫婦がそれぞれ結婚前の姓を名乗ること。

ふう-ふう(副)①苦しそうに激しく息をするさま。「走ってきて―いう」②仕事や勉強に追われて苦労しているさま。「徹夜続きで―いう」③口をすぼめて息を繰り返し吹きかけるさま。「熱いスープに息を―吹きかける」

ぶう-ぶう■一(副)小言・不平・苦情などを言い立てるさま。「―言うな」■二(名)(幼児語)自動車のこと。

ふう-ぶつ【風物】①眺め。自然の景色。②その季節特有のもの。「夏の―」③その土地の風俗や事物。「都会の―」

―し【―詩】①景色や季節をうたった詩。②その季節の感じや情趣をよく表している事物。「風鈴は夏の―だ」

ふう-ぶん【風聞】(名・他スル)風の便りに聞くこと。どこからともなく聞くこと。うわさ。風説。風評。「よくない―がある」

ふう-ぼう【風防】(バウ)風を防ぐこと。また、そのしくみ。かざよけ。防風。「―ガラス」

ふう-ぼう【風貌・風丰】(バウ・ボウ)風采(ふうさい)と容貌(ようぼう)。身なりや顔かたちのようす。「異様な―」「堂々たる―」

ふう-み【風味】その食物の独特な味わい。「―を生かす」

ブーム〈boom〉①急に需要が高まり、価格が上がること。②にわかにはやり出すこと。「レジャー―」「―に乗る」[参考]「一過性の流行」の意味では、英語では fad などという。

ブーメラン〈boomerang〉(オーストラリアの先住民の用いた武器の名)投げると回転しながら飛び、投げた人の手元に戻ってくる「く」の字形の飛び道具。また、それをまねたおもちゃ。

ふう-もん【風紋】風によって、砂面にできる波形の模様。

ふう-ゆ【風諭・諷喩】(名・他スル)①遠回しにそれとなくさとすこと。②修辞法の一つ。たとえばかりでものを言い、それによって本義を推定させる方法。

ふう-よう【楓葉】(エフ)紅葉したカエデの葉。

ふうらい-ぼう【風来坊】(バウ)風のようにどこからともなくやって来た人。また、気まぐれで一つ所に落ち着かない人。

フーリガン〈hooligan ならず者〉興奮してしばしば乱闘騒ぎなどを起こす熱狂的なサッカーファン。

ふう-りゅう【風流】(リウ)(名・形動ダ)①上品で趣のあること。落ち着いた味わいのあること。また、そのさま。風雅。「―を解する」②俗事を離れて優雅な趣味に親しむこと。「―な人」③意匠をこらすこと。「―な庭」

―いんじ【―韻事】(ヰンジ)俗事から離れた趣のある遊び。詩歌・書画・茶道・花道などのたしなみ。

―じん【―人】風流を解し楽しむ人。

ふう-りょく【風力】①〔気〕風の強さ。〇―一二の一三段階の階級によって表す。②風が物体に与える力。「―発電」

ふう-りん【風鈴】金属・ガラス・陶器製の、小さい釣り鐘形の鈴。夏、軒下につるすと、風に吹かれて涼しげに鳴る。[夏]

プール〈pool〉■一(名)①水泳用に人工的に水をためた所。[夏]②たまり場。置き場。「モーター―(=駐車場)」■二(名・他スル)①ためておくこと。「資金を―する」②〔経〕利潤分配のための共同計算の協定。カルテルの一種で、中央機関を設けて参加企

業の利潤を一定の割り当て率で分配する。また、その制度。

―ねつ【―熱】〘医〙アデノウイルスによる咽頭結膜熱。四、五日間、三九度前後の熱が続き、のどが赤くなって痛む。また同時に結膜炎も起こる。プールでの感染が多いのでいう。

ふう-ろ【風炉】①自然通風を利用する溶解用の小さいるつぼ。②→ふろ(風炉)

ふう-ろう【風浪】ラウ ①風と波。②風が吹いてひどく波立つこと。また、その波。なみかぜ。「―にもまれる」

ふう-ろう【封蠟】ラフ びんの栓や書状を封じるための樹脂質の混合物。

ふ-うん【不運】(名・形動ダ) 運の悪いこと。また、そのさま。非運。「―に見舞われる」↔幸運

ふ-うん【浮雲】①浮かびただよう雲。浮き雲。②はかないこと、とりとめのないことのたとえ。

ぶ-うん【武運】①武士の運命。②戦いの勝敗の運。「―つたなく敗れる」「―長久を祈る」

ふえ【笛】①〘音〙管楽器の一つ。竹・木・金属などの管に息を吹き込んで鳴らし、側面にあけた穴を押さえて音高を変える。横笛と縦笛とに分けられ、さまざまな種類がある。②合図のために吹き鳴らす道具。呼び子・ホイッスルなど。

―吹けども踊らず 先に立ってそのかし誘導しても、人がこれに応じて動き出さないことのたとえ。

ふ-え【不壊】ヱ 堅固で壊れないこと。「金剛―」

フェア〈fair〉市。見本市。展示即売会。「ブック―」

フェア〈fair〉■一(形動ダ) (ダロ・ダッ(デ・ニ)・ダ・ナ・ナラ・○) 公明正大であるさま。「―な態度」「―トレード」■二(名) 野球などで、打ったボールが正規の場所にはいること。「―ゾーン」↔ファウル

―ウエー〈fairway〉ゴルフのコースで、ティーからグリーンまでの、芝を一定の長さに刈り整えた地帯。フェアウェイ。

―プレー〈fair play〉①規則どおりに、正々堂々と競技すること。「―の精神」②(転じて)公明正大な態度。

フェアリー〈fairy〉妖精。「―テール(＝おとぎ話)」

ふ-えい【賦詠】詩歌を作ること。また、その詩歌。

フェイク〈fake〉①偽物。模造品。「―ファー」「―ニュース」②ジャズで、曲を即興で変化させて演奏すること。③アメリカンフットボールなどで、相手を惑わすためにしかける動作。「パス―」

フェイント〈feint 見せかけ〉スポーツで、相手を惑わすためにタイミングを外して行う動作やプレー。「―をかける」

フェース〈face〉①顔。「ポーカー―」「ニュー―」②面。外面。③〘経〙額面。④登山で、広がりをもった急な岩壁。参考「フェイス」ともいう。

フェード-アウト〈fade-out〉映画・テレビの画面や演劇の舞台が、しだいに暗くなってついには真っ暗になること。また、音声がしだいに小さくなって消えること。溶暗。↔フェードイン

フェード-イン〈fade-in〉映画・テレビの画面や演劇の舞台が、真っ暗な状態からしだいに明るくなっていくこと。溶明。また、音声がしだいに大きくなること。↔フェードアウト

フェール-セーフ〈fail-safe〉あるシステムの故障発生に備えて、機能回復や代替のために用意された安全装置。

フェーン-げんしょう【フェーン現象】ゲンシヤウ〈ドイツ Föhn〉〘気〙風が山を越して吹きおりてくるとき、水分を失って高温の乾燥した風となる現象。日本では、春は日本海沿岸に、冬は関東北部に見られ、大火の原因となりやすい。語源 アルプス山脈の北斜面を吹きおろす熱風の呼び名から。

ふ-えき【不易】(名・形動ダ) 時がたっても変わらないこと。また、そのさま。不変。「万古―」

―りゅうこう【―流行】リウカウ〘文〙芭蕉俳諧の基本理念の一つ。「不易」は芸術の永遠性、「流行」は時代に応じた芸術の進展変化をいう。両者が一句の中に統一されていることを理想とした。

ふ-えき【賦役】年貢の取り立ておよび徴用。地租と労役。

ぶ-えき【夫役】人民に労役を課すること。夫役。

フェザー〈feather〉鳥の羽。羽毛。

―きゅう【―級】キフ ボクシングの体重別階級の一つ。プロでは一二二―一二六ポンド(五五・三四―五七・一五キログラム)。

フェス「フェスティバル」の略。特に音楽のものをいう。「野外―」

フェスタ〈イタリア festa〉祭り。祭典。

フェスティバル〈festival〉祭典。お祭り。「ジャズ―」

フェチ〘俗〙①「フェティシズム②」の略。②特定の事物に対して偏愛や執着をもつこと。また、その人。

ふ-えつ【斧鉞】エツ ①おのとまさかり。②文章に手を入れること。添削。修正。「―を加える」③重刑。④征伐。

フェットチーネ〈イタリア fettuccine〉幅が一センチメートルほどの平たいパスタ。

ふ-えて【不得手】(名・形動ダ) ①得意でないさま。苦手。不得意。「―な学科」②たしなまないさま。「酒は―だ」

フェティシズム〈fetishism〉①〘宗〙石や木などの特定の物体に超自然的な力があると考え、これを崇拝すること。物神崇拝。呪物崇拝。②〘心〙変態性欲の一つ。異性の身につけた物や髪の毛など体の一部に異常に性的興奮を覚えること。

フェニックス〈phoenix〉①エジプト神話に伝わる霊鳥。五〇〇年ごとに祭壇の火で焼け死に、その灰の中からまたよみがえるという。不死鳥。②〘植〙ヤシ科の高木。カナリア諸島原産。羽状の大型の葉がある観葉植物。

フェノール〈phenol〉〘化〙①ベンゼン環の水素一個が水酸基で置換された化合物の総称。独特の臭気があり、消毒や殺菌に用いる。②→せきたんさん

―フタレイン〈phenolphthalein〉〘化〙無色の結晶で、アルカリと作用して赤変する物質。酸・アルカリの指示薬。

フェミ「フェミニスト」「フェミニズム」の略。

フェミニスト〈feminist〉①女性解放論者。②女性をたいせつに扱う男性。俗に、女性に甘い男。参考 ②は和製英語。

フェミニズム〈feminism〉女性の権利拡張をめざす思想・運動。女権拡張主義。女性解放論。女性尊重論。

フェリー〈ferry〉「フェリーボート」の略。

―ボート〈ferryboat〉大型の渡し船。旅客や、積み荷ごと自動車を運送できる連絡船。

ふ・える【増える・殖える】(自下一) (エ・エ・エル・エル・エレ・エロ(エヨ)) ①数・量が多くなる。「定員が―」「貯水量が―」↔減る ②繁殖する。「ネズミが―」他 ふや・す(五) 文 ふ・ゆ(下二) ⇩「使い分け」

> 使い分け 「増える・殖える」
>
> 「**増える**」は、数・量が多くなる、増す意で、「人口が増える」「希望者が増える」「目方が増える」などと使われる。
>
> 「**殖える**」は、生物や財産などが多くなる、生み出される意で、「野鳥が殖える」「貯金が殖える」などと使われる。

フェルト〈felt〉羊毛その他の獣毛を圧縮して、密着させたもの。敷物・履物・帽子などに用いる。フエルト。

―ペン〈felt pen〉揮発性のインクを詰めた容器に合成繊維(かつてはフェルト)を芯として挿入した筆記用具。

フェルマータ〈イタリア fermata〉〘音〙音符や休符につける「𝄐」の記号。任意の長さに延ばして演奏することを表す。

フェロー〈fellow〉大学や企業の研究所での、特別研究員。「シニアー」

フェロタイプ〈ferrotype〉写真で、焼き付けた印画紙の表面に光沢を付けて仕上げる方法。

フェロモン〈pheromone〉動物の体内で生産されて体外へ分泌され、においなどの刺激によって同一種の個体に特異な反応を引き起こさせる物質の総称。「性ー」「警報ー」

ふ-えん【不縁】①夫婦・養子などの関係を切ること。離縁。「釣り合わぬは一のもと」②縁組のまとまらないこと。「ーに終わる」③縁遠いこと。「ーになる」

ふ-えん【敷△衍】(名・他スル)(「衍」は広げる意)意味のわかりにくい所を、やさしく言い換えたり、言葉を加えたりして詳しく説明すること。「ーして説明を行う」

フェンシング〈fencing〉西洋風の剣術。細長い剣を片手に持ち、相手を突き、または切って得点を争う競技。フルーレ・エペ・サーブルの三種目がある。

フェンス〈fence〉柵。囲い。塀。「オーバーー」

フェンダー〈fender〉①自動車・自転車の車輪の泥よけ。②列車の前部や船の舷側・岸壁に付ける緩衝物。

ぶ-えんりょ【無遠慮】ー(名・形動ダ)遠慮しないで思いのままに行動すること。また、そのさま。「ーなふるまい」

フォア〈four〉①四。②ボートレース用の四人でこぐボート。

ーボール〈和製英語〉野球で、投手が打者にストライクでない球を四回投げること。打者は一塁へ進むことができる。四球。参考 英語では base on balls または walk などという。

フォアグラ〈フランス foie gras〉肥育したガチョウやアヒルの肥大した肝臓。キャビア・トリュフと並ぶ高級食材の一つ。

フォアハンド〈forehand〉テニス・卓球などで、ラケットを持つ手の側に来た球を打つこと。また、その打ち方。フォア。↔バックハンド

フォーカス〈focus〉焦点。ピント。「オートー」

フォーク〈fork〉①洋食で、料理を切るときに押さえ、また、料理をさして口へ運ぶ用具。②①の形をした農具。ホーク。

ーボール〈forkball〉野球で、変化球の一つ。人差し指と中指との間にボールをはさんで投げる。ボールの回転が少なく、打者の手もとで急に落ちる。

ーリフト〈forklift〉前部にフォーク状の鉄板が突き出ていて、それを上下して荷物の積みおろしや運搬をする自動車。

フォーク-ソング〈folk song〉①民謡。②〔音〕おもにギターのひき語りで歌われる民衆の心を反映した歌。フォーク。

フォーク-ダンス〈folk dance〉①民族舞踊。中世ヨーロッパ各国に起こり、農民に親しまれて発展した。②レクリエーション活動の一つとして集団で踊るダンス。

フォークロア〈folklore〉①民間伝承。②民俗学。

フォース-アウト〈force-out〉→ふうさつ①

フォービスム〈フランス fauvisme〉〔美〕二〇世紀初めにマチス・ルオーなどフランスの反アカデミー派の画家の起こした画風。強い色彩の対比と単純化した描線が特色。野獣派。フォーブ。

フォーマット〈format〉■一(名)書式。形式。■二(名・他スル)〔情報〕コンピューターで、記憶媒体にデータを記録する形式。また、その形式で記録できる状態にすること。初期化。

フォーマル〈formal〉(形動ダ)ダロ・ダッ(デ)・ニ・ダ・ナ・ナラ・〇 公式的であるさま。儀式ばっているさま。「ーウエア(=礼服)」↔インフォーマル

フォーミュラ-カー〈formula car〉公式のレース用自動車。単座席で前後輪とも露出している。

フォーム〈form〉①形。型。姿。特に、スポーツをするときの体の形・姿勢。「投球ー」②形式。様式。フォルム。

フォーメーション〈formation〉ラグビー・サッカー・バスケットボールなどの球技で、攻撃・防御の選手配置や展開。

フォーラム〈forum〉公開討論会。

フォール〈fall〉(名・自スル)レスリングで、両肩が同時にマットに一定時間つくこと。つけられた方は負けになる。「ー勝ち」

フォールト〈fault〉テニス・卓球・バレーボールなどのサーブミス。フォルト。

フォックス-トロット〈fox-trot〉〔音〕二分の二、または四分の四拍子で、テンポの速い社交ダンス。トロット。

フォッサ-マグナ〈ラテン Fossa Magna 大きな溝〉〔地質〕日本の本州中央部を南北に走る大地溝帯。地質学上、日本列島を東北日本と西南日本とに分けるもの。西縁は糸魚川–静岡構造線だが、東縁は明らかではない。

フォト〈photo〉(「フォトグラフ」の略)写真。

ースタジオ〈photo studio〉写真館。写真撮影所。

ぶ-おとこ【◇醜男】ー 顔のみにくい男。

フォルダー〈folder〉①紙ばさみ。二つ折りの紙ケース。②〔情報〕コンピューター内のデータを分類・整理するための区分。

フォルテ〈イタリア forte〉〔音〕楽曲の強弱を示す語。「強く」の意。記号 *f* ↔ピアノ

フォルティシモ〈イタリア fortissimo〉〔音〕楽曲の強弱を示す語。「できるだけ強く」の意。フォルティッシモ。記号 *ff* ↔ピアニシモ

フォルト〈fault〉→フォールト

フォルマリン〈formalin〉→ホルマリン

フォルム〈フランス forme〉形式。様式。形。フォーム。

フォロー〈follow〉(名・他スル)①後を追うこと。経過などを注視して追うこと。「事件の経緯をーする」②不十分なところや失敗を後から補うこと。手助けすること。「ミスした仲間をーする」③追い風。順風。↔アゲンスト

ースルー〈follow-through〉野球・ゴルフ・テニスなどで、打撃後や投球後に、腕を最後まで自然に振り抜くこと。

フォロワー〈follower〉①後を追うもの。後に追随するもの。「人気作のー作品」②SNSで、投稿の更新状況を確認できる機能を使って、特定の人の活動を追っている人。

フォワード〈forward〉ラグビー・サッカー・ホッケーなどで、前方に位置しておもに攻撃する競技者。前衛。FW ↔バック

ふ-おん【不穏】ー(名・形動ダ)おだやかでないこと。いまにも何事かが起こりそうなさま。「ーな空気」↔平穏

フォン〈phon〉音の大きさを対数を用いて表した単位。騒音レベルを表す「ホン」とは一致しない。⇩ホン

フォンデュ〈フランス fondue〉①チーズを白ワインとともに火にかけて溶かし、パンをその中にひたして食べる料理。チーズフォンデュ。②角切りの牛肉を油で揚げて食べる串揚げ風料理。

フォント〈font〉統一されたデザインで設計された文字の一揃い。また、同一の書体・大きさの活字の一揃い。

ふ-おんとう【不穏当】ー(名・形動ダ)おだやかでないこと。さしさわりがあって、適切でないさま。「ーな発言」

フォン-ド-ボー〈フランス fond de veau〉フランス料理で使う出し汁。子牛の骨や筋から作る。

ぶ-おんな【◇醜女】ー 顔のみにくい女。醜女。

ふか-【不可】(接頭)…できない、の意を表す語。「ー欠」「ー避」

ふ-か【不可】①いけないこと。よくないこと。「可もなくーもない」②成績で最下級のもの。不合格。「優・良・可・ー」

ふか【△鱶】〔動〕大形のサメ類の俗称。特に関西以西でいう。アオザメ・シュモクザメなど。「ーひれのスープ」冬

ふ-か【付加・附加】(名・他スル) ある物にさらにつけ加えること。「条件を―する」

ふ-か【府下】①府の地域内。②府の地域内で、その中心となる市の外にある地域。「大阪―」

ふ-か【負荷】■一(名・他スル) 荷物をかつぐこと。また、責任を負わされること。「―に堪える」■二(名)〘物〙電気や機械で、発生したエネルギーを消費するもの。また、消費される量。「―率」

ふ-か【浮華】クワ―(名・形動ダ) うわべだけはなやかで、中身の伴わないこと。また、そのさま。「―に流れる」

ふ-か【富家】財産家。金持ち。富家。↔貧家

ふ-か【△孵化】クワ―(名・自他スル) 卵がかえること。また、卵をかえすこと。「人工―」

ふ-か【賦課】クワ―(名・他スル) 税金や労働などを割り当てて負担させること。「税金を―する」

ぶ-か【部下】ある人の下で、その命令・監督を受ける人。手下。配下。「―をほめる」「―を使う」

ふか-あみがさ【深編(み)△笠】顔を隠すように作った深い編みがさ。昔、武士などが用いた。

ふ-かい【不快】クワイ―(名・形動ダ) ①おもしろくないさま。気持ちの悪いさま。不愉快。「―感」②気分の悪いさま。病気。

―しすう【―指数】〘気〙気温と湿度の関係をもとにして、人間が感じる不快の程度を数字で表したもの。指数七〇に達すると五分の一の人間が、七五になると半数が、八〇を超えると全員が不快に感じるという。

ふ-かい【付会・附会】クワイ―(名・他スル) むりにこじつけること。「牽強―(＝自分に都合よくむりにこじつけること)」

ふか・い【深い】(形) カロ・カッ(ク)・イ・イ・ケレ・○《中心義―表面から奥底までの距離が長い》①表面から底、また、水中にあるその物までの距離が長い。「―川」「―・く沈む」↔浅い ②奥までの距離が遠い。「森が―」「根が―(＝背景が複雑である意にも用いる)」「傷が―」↔浅い ③色・濃度などが濃い。「―藍色」「霧が―」④付き合いが親密である。「―仲」⑤豊富である。十分である。「―知識」「―・く考える」⑥程度がはなはだしい。ふつうでない。「欲が―」⑦その季節の盛りである。「秋も―・くなった」⑧草木などが高く、群がって生えている。「草が―・く茂る」文ふか・し(ク)

-ぶか・い【深い】(接尾)(名詞に付いて、形容詞をつくる)その度合いのはなはだしいさまを表す語。「疑い―」「興味―」

ぶ-かい【部会】クワイ― 各部門に分かれて行う集会。「文教―」

ぶ-がい【部外】グワイ― その組織に属していない外部。その団体・組織に関係していないこと。「―者」「―秘」↔部内

ふがい-な・い【×腑甲斐-無い・×不甲斐-無い】フガヒ―(形) カロ・カッ(ク)・イ・イ・ケレ・○ 歯がゆいくらい意気地がない。頼りにならず、だらしない。「―戦い方」文ふがひな・し(ク)

ふ-かいにゅう【不介入】カイニフ― 立ち入って関係しないこと。

ふか-いり【深入り】(名・自スル) ①深くはいりこむこと。②度をこして深く関係すること。「この事件に―しないほうがよい」

ふか-おい【深追い】オヒ―(名・他スル) どこまでもしつこく追うこと。「―は危険だ」

ふ-かかい【不可解】(名・形動ダ) あまりにも複雑怪奇で理解できないさま。わけがわからないさま。「―なできごと」

ふか-かち【付加価値】①〘経〙売上高から原材料費と減価償却費などの費用を差し引いた価値の総称。「―税」②そのものの魅力を増す、新たに加えられた価値。「商品の―」

ふ-かぎゃく【不可逆】(名・形動ダ) ある状態に変化した事物が、もとの状態にもどれないこと。「―反応」「―変化」

ふ-かく【不覚】①覚悟のできていないこと。②思わずすること。「―の涙を落とす」③油断して失敗すること。「―をとる」「一生の―」④意識や感覚のないこと。「前後―に陥る」

ふ-かく【△俯角】目の高さより下にある物を見る視線と、目の高さを通る水平面とがつくる角。↔仰角

A　仰角　俯角　B

〔俯角〕

ふ-がく【富岳・富△嶽】「富士山」の別称。「―百景」

ぶ-がく【武学】兵法の学問。兵学。

ぶ-がく【舞楽】舞をともなう雅楽。「―面」

ふ-かくじつ【不確実】(名・形動ダ) 確かでないこと。また、そのさま。不確か。あやふや。「―な情報」

ふ-かくだい【不拡大】クワクダイ― 拡大しないこと。事件などを大きくしないこと。「―方針」

ふか-ぐつ【深靴・深△沓】①公家などが雨や雪の時に用いた、深く作った革製の靴。②わら製の長靴。雪道ではく。冬

ふ-かくてい【不確定】(名・形動ダ) はっきりときまっていないこと。また、そのさま。「―要素」「―な時代」

ふか-けつ【不可欠】(名・形動ダ) 欠くことのできないさま。

ふかこう-りょく【不可抗力】フカカウ― 人の力ではどうしようもない外からの力や事態。天災地変など。「この事故は―だ」

ふか-ざけ【深酒】(名・自スル) 度をこして酒を飲むこと。

ふかし【◦蒸〔か〕し】蒸気でむすこと。また、むしたもの。「―芋」

ふか-し【不可視】肉眼では見ることができないこと。

―こうせん【―光線】クワウセン〘物〙電磁波のうち、光として肉眼に感じられないもの。紫外線・赤外線の類。

ふか-しぎ【不可思議】(名・形動ダ) ①人間の知恵や常識ではとても理解できないさま。想像のつかないさま。不思議。「―な現象」②あやしいさま。「―な事件」参考仏教用語で、心で推しはかることができず、言葉で表すこともできないの意。

ふか-しん【不可侵】侵略・侵害を許さないこと。「相互―」

―じょうやく【―条約】デウヤク 相互に相手国の国境を侵さないことを約した条約。不侵略条約。

ふか・す【吹かす】(他五) サ(ソ)・シ・ス・ス・セ・セ ①たばこの煙を吐き出す。「パイプを―」②(「…風を吹かす」の形で)ことさらそれらしくふるまっていばる。「先輩風を―」③自動車などのエンジンを高速で回転させる。可能ふか・せる(下一)

ふか・す【更かす】(他五) サ(ソ)・シ・ス・ス・セ・セ (「夜をふかす」の形で)夜おそくまで起きている。自ふ・ける(下一)

ふか・す【◦蒸〔か〕す】(他五) サ(ソ)・シ・ス・ス・セ・セ 蒸気で加熱してやわらかくする。むす。「芋を―」自ふ・ける(下一) 可能ふか・せる(下一)

ふか-せつ【不可説】(名・形動ダ) 言葉では説明できないこと。また、そのさま。

ふ-かそく【不可測】(名・形動ダ) 予測できないこと。どうなるか前もってわからないこと。また、そのさま。「―の事態」

ふか-ち【不可知】(名・形動ダ) 知ることができないこと。

―ろん【―論】〘哲〙超感覚的なもの、絶対的なもの、無限的なもの、神の存在などは認識することができないとする説。

ふ-かつ【賦活】クワツ― 活力を与えること。「―剤」

ぶ-かつ【部活】クワツ―(「部活動」の略)学生・生徒が行う教科外のクラブ活動。

ぶ-かっこう【不格好・不△恰好】カクカウ―・カツカウ―(名・形動ダ) 姿や形の悪いこと。また、そのさま。「―な洋服」

ふか-づめ【深爪】(名・自スル) つめを深く切りすぎること。

ふか-で【深手・深◦傷】ひどい負傷。大けが。重傷。「―を負

う」↔浅手・薄手

ふか‐なさけ【深情け】 思いやりのあり過ぎること。情愛が度を越して深いこと。「悪女の━」

ふか‐の【深野】 草が高く茂った野原。

ふ‐かのう【不可能】（名・形動ダ）できないこと。「実現━」

ふ‐かひ【不可避】（名・形動ダ）避けられないこと。「衝突━」

ふか‐ひれ【△鱶△鰭】 サメのひれを乾燥させた食品。中国料理の材料。「━のスープ」

ふか‐ふか（副・自スル・形動ダ）布団ふとん・パン・まんじゅうなどが、やわらかくふくらんでいるさま。「━(と)したクッション」

ふか‐ぶか【深深】（副）いかにも深く感じられるさま。非常に深く。「ソファーに━(と)腰を下ろす」「━とお辞儀する」

ぶか‐ぶか（副・形動ダ）外をおおうものの寸法が中身の割に大きすぎて合わないさま。だぶだぶ。「━のズボン」

ぷか‐ぷか（副）①たばこを盛んに吸うさま。「━(と)たばこを吹かす」②軽いものが水面に浮かんでいるさま。「板きれが━(と)浮かんでいる」③らっぱ・笛などを吹き鳴らすさま。

ふ‐かぶん【不可分】（名・形動ダ）分けようとしても分けることのできないくらい、密接な関係にあること。「━の関係」

ふか‐ま【深間】 ①水などの深い所。深み。「川の━にはまる」②男女の非常に深い間柄。

ふか・まる【深まる】（自五）ラ(ロ)・リ(ッ)・ル・ル・レ・レ 深くなる。程度が進む。「秋も━」「知識が━」他ふか・める(下一)

ふか‐み【深み】 ①水などの深い所。深間。「池の━にはまる」②深さの度合い。「山々の緑が━を増す」③奥深い味わい。「━のある文章」④深入りしてぬけられない状態・立場。

ふか‐みどり【深緑】 こい緑色。↔浅緑

ふか‐むらさき【深紫】 こい紫色。

ふか・める【深める】（他下一）メ・メ・メル・メル・メレ・メロ(メヨ) 深くする。程度を進める。「友情を━」自ふかま・る(五) 文ふか・む(下二)

ふか‐よみ【深読み】（名・他スル）言葉や文章、あるいは場面や人の心理などについて必要以上に深く考えること。

ふ‐かん【不堪】（名・形動ダ）芸にすぐれていないこと。未熟で下手なこと。その道での知識がないこと。↔堪能かんのう

ふ‐かん【△俯△瞰】（名・他スル）高い所から広く見わたすこと。

━ず【━図】ヅ →ちょうかんず

ぶ‐かん【武官】クワン ①軍事にたずさわる役人。「━を派遣する」「駐在━」↔文官 ②もと、下士官以上の陸海軍人。

ぶ‐かん【武鑑】 江戸時代、諸大名や旗本などの氏名・系譜・居城・官位・知行高・家紋や臣下の氏名などを記した書物。

ふかん‐しへい【不換紙幣】フクワン 〔商〕正貨と引き換える保証を与えられていない紙幣。↔兌換だかん紙幣

ふかん‐しょう【不感症】シャウ ①〔医〕性交の際、快感を得られない症状。冷感症。②感じがにぶく、または慣れてしまって、なんとも感じないこと。「まわりの騒音にも━になる」

ふかんせい‐ゆ【不乾性油】〔化〕空気中に放置しておいても固まらない油。オリーブ油・椿つばき油など。不乾油。↔乾性油

ふ‐かんぜん【不完全】クワンゼン（名・形動ダ）完全でないこと。また、そのさま。「━な書類」

━ねんしょう【━燃焼】ネンセウ（名・自スル）①酸素の供給が不十分な状態で燃焼すること。②(比喩ひゆ的に)持っている力を発揮できないまま、不本意な結果に終わること。

ふき【△袘・△𧘱】 着物の裾すそや袖口そでぐちの裏布が縁取りしたように表に返っている部分。ふき返し。

ふき【△蕗】〔植〕キク科の多年草。山野に自生。雌雄異株しゅ。葉は腎臓じんぞう形で大きく、葉柄が長い。葉柄と若い花茎(ふきのとう)は食用。夏(ふきのとう春)

〔蕗〕

ふ‐き【不軌】 ①規則や習慣を守らないこと。法にそむくこと。②謀反むほん。反逆。「━をたくらむ」

ふ‐き【不帰】 再び帰らないこと。多く、死ぬことにいう。

━の客きゃくとなる 死ぬ。

ふ‐き【不△羈】（名・形動ダ）(「羈」はつなぎとめる意) ①束縛できないこと。他から押さえつけにくいこと。「━奔放」「独立━」②才能がすぐれていて、ふつうに扱えないこと。「━の才」

ふ‐き【付記・附記】（名・他スル）つけ加えて書き添えること。また、その書き添えたもの。「注意事項を━する」

ふ‐ぎ【不義】 ①人としての道にはずれること。②男女間の道にはずれた関係。密通。姦通かんつう。「━をはたらく」「━密通」

ふ‐ぎ【付議・附議】（名・他スル）会議にかけること。

ぶ‐き【武器】 ①戦いに使う器具。兵器。②何かを行うのに有効な手段。「彼の━は語学力だ」

ぶ‐ぎ【武技】 武道に関する技術。武芸。武術。

ブギ 「ブギウギ」の略。

ふき‐あげ【吹(き)上げ】 ①風が吹き上げる所。②吹き上げるようにした水。噴水。夏 参考②は「噴上げ」とも書く。

ふき‐あ・げる【吹(き)上げる】ゲ・ゲ・ゲル・ゲル・ゲレ・ゲロ(ゲヨ) 一(他下一) ①風が物を高く舞い上がらせる。「風が砂を━」②水や煙などを穴から上方へ勢いよく出す。「クジラが潮を━」二(自下一) 風が低い方から高い方に向かって吹く。「谷底から風が━」↔吹き下ろす 文ふきあ・ぐ(下二)

ふき‐あ・れる【吹(き)荒れる】（自下一）レ・レ・レル・レル・レレ・レロ(レヨ) 風が激しく吹く。吹きすさぶ。文ふきあ・る(下二) 参考 一②は「噴き上げる」とも書く。

ふき‐いた【△葺き板】 屋根をふく板。屋根板。

ふき‐いど【吹(き)井戸・噴(き)井戸】キド 水がふき出る井戸。吹き井。噴井ふけい。

ブギ‐ウギ〈boogie-woogie〉〔音〕一九二〇年代、アメリカの黒人の間に起こったブルースから派生したジャズ音楽の一形式。一小節を八拍子にきざんだ速いリズムの曲。ブギ。

ふきおこる…〔俳句〕〔吹き起こる 秋風鶴つるを 歩ましむ〕〈石田波郷はきょう〉秋風がさあっと吹き起こり、それとともに今までじっと直立していた鶴が、ゆっくりとすらりとした足を歩ませたことである。(秋風 秋)

ふき‐おろ・す【吹(き)下ろす】（自五）サ(ソ)・シ・ス・ス・セ・セ 風が低い方に向かって激しく吹く。「山から━風」↔吹き上げる

ふき‐かえ【吹(き)替え】カヘ ①貨幣・金属器具などを鋳いなおすこと。また、鋳なおしたもの。②〔演・映〕歌舞伎かぶきや映画で、ある場面だけ代役が演じること。また、代役をする人・人形。③外国製の映画・テレビ番組などで、すでにはいっているせりふを日本語に替えて録音しなおすこと。「声の━」

ふき‐かえ【△葺(き)替え】カヘ 屋根を新しい瓦かわら・板・茅かやなどでおおうこと。「屋根瓦の━」春

ふき‐かえ・す【吹(き)返す】カヘス サ(ソ)・シ・ス・ス・セ・セ 一(自五) 風が前と反対の方向に吹く。二(他五) ①風が吹いて物を裏返す。②再び呼吸を始める。生き返る。「息を━」③鋳いなおす。

ふき‐か・ける【吹(き)掛ける】（他下一）ケ・ケ・ケル・ケル・ケレ・ケロ(ケヨ) ①吹いてそそぎかける。「息を━」②しかける。ふっかける。「けんかを━」③値段を高くいう。ふっかける。文ふきか・く(下二)

ふき‐け・す【吹(き)消す】（他五）サ(ソ)・シ・ス・ス・セ・セ 息を吹きかけたり風が吹いたりして火を消す。「ろうそくの火を━」

ふき‐げん【不機嫌】（名・形動ダ）機嫌の悪いこと。また、そのさま。「━な顔」↔上機嫌

ふき-こぼ・れる【吹きこぼれる】(自下一) レ・レ・レル・レル・レレ・レロ(レヨ) 湯や汁などが煮えたぎって、やかんやなべなどからこぼれ落ちる。「スープがー」文ふきこぼ・る(下二)

ふき-こ・む【吹(き)込む】マ(モ)・ミ(ン)・ム・ム・メ・メ 一(自五) 風が吹いて家の中にはいる。また、風に吹かれて雨や雪などがはいってくる。「雨がー」二(他五) ①吹いて中に入れる。「文壇に新風をー」②教えこむ。入れ知恵する。「悪知恵をー」③レコード・テープなどに録音する。「新曲をー」

ふき-こ・む【拭き込む】(他五) マ(モ)・ミ(ン)・ム・ム・メ・メ つやが出るようになるまで十分にふく。「廊下をー」

ふき-さらし【吹(き)△曝し】囲いなどがなく、風がじかに吹きつけるままになっていること。また、そのような所。ふきっさらし。

ふき-すさ・ぶ【吹(き)◇荒ぶ】(自五) バ(ボ)・ビ(ン)・ブ・ブ・ベ・ベ 風が激しく吹き荒れる。「北風がー」

ふき-すさ・ぶ【吹(き)◇遊ぶ】(自五) バ(ボ)・ビ(ン)・ブ・ブ・ベ・ベ 笛などをなぐさみに吹く。

ふ-きそ【不起訴】〔法〕訴訟の要件がそろわなかったとき、証拠が不十分なとき、また、情状により処罰の必要がないと認めたときなどに、検察官が公訴を提起しないこと。⇩起訴猶予(きそゆうよ)

ふき-そうじ【拭き掃除】サウヂ (名・他スル) ぞうきんなどでふいて掃除すること。「廊下をーする」

ふ-きそく【不規則】(名・形動ダ) 一定のきまりに従っていないこと。規則的でないこと。また、そのさま。「ーな生活」

—どうし【—動詞】〔文法〕活用のしかたが不規則な動詞。↔規則動詞

ふき-たお・す【吹(き)倒す】タフス (他五) サ(ソ)・シ・ス・ス・セ・セ 風が吹きつけて物をたおす。「突風が塀をー」

ふき-だけ【吹(き)竹】「火吹き竹」の略。

ふき-だし【吹(き)出し】漫画で、登場人物のせりふを書き入れるために、口から吹き出した形に曲線などで囲んだ部分。

ふき-だ・す【吹(き)出す】サ(ソ)・シ・ス・ス・セ・セ 一(自五) ①風が吹き始める。「涼しい風がー」②中にたまっていたものが勢いよくわき出る。「ガスがー」「汗がー」「不満がー」③こらえきれずに笑い出す。「思わずー」④草木の芽が勢いよく出はじめる。二(他五) ①吹いて外へ出す。「ほこりをー」②笛などを吹き始める。③草木が勢いよく芽を出す。参考 一②③は「噴き出す」とも書く。

ふき-だまり【吹き△溜(ま)り・吹△溜り】①雪や落ち葉などが風に吹き寄せられて一か所にたまった所。②よりどころのない者などが集まった所のたとえ。「社会のー」

ふ-きつ【不吉】(名・形動ダ) 縁起の悪いこと。よくないことが起こりそうだと感じられること。また、そのさま。「ーな予感」

ふき-つ・ける【吹(き)付ける】ケ・ケ・ケル・ケル・ケレ・ケロ(ケヨ) 一(自下一) 風が激しく吹いてきて当たる。二(他下一) ①煙・息などを強く吹き当てる。②吹いて燃えるようにする。③塗料などを吹いて付着させる。「モルタルをー」文ふきつ・く(下二)

ぶ-きっちょ【不◇器◇用・無◇器◇用】(名・形動ダ) 器用でないこと。また、そのさま。ぶきっちょう。語源「ぶきよう」の転。

ふき-つの・る【吹(き)募る】(自五) ラ(ロ)・リ(ッ)・ル・ル・レ・レ 風の勢いがさらに強まる。「寒風がー」

ふきで-もの【吹(き)出物】皮膚に吹き出したできもの。はれもの。にきびなど。

ふき-とおし【吹(き)通し】トホシ 風が吹きぬけてゆくこと。また、その場所。ふきぬけ。「ーの部屋」

ふき-とば・す【吹(き)飛ばす】(他五) サ(ソ)・シ・ス・ス・セ・セ ①風などが吹いて物を飛ばす。また、息を吹きかけて物を飛ばす。「風が帽子をー」②いやな状況や気分を一気にはらいのける。「暑さをー」「悲しみをー」自ふきと・ぶ(五)

ふき-ながし【吹(き)流し】①数本の長い布を円形または半円形の枠に取りつけ、さおの先につけて風になびかせるもの。昔、軍陣で用いられた。②端午(たんご)の節句にあげる①を模したもの。夏 ③飛行場・高速道路などで使う筒型をした布製の風見。

〔ふきながし①〕

ふき-ぬき【吹(き)抜き・吹(き)◇貫き】①風が吹き通ること。また、その場所。「ー窓」②「吹き流し①」で、数本の長い布を円形の枠に取りつけたもの。③〔建〕家屋の柱の間に壁を設けず、あけはなしにしてあるもの。④〔建〕二階以上の建物で、間に天井をつくらず、下から上まで見通せる構造。また、その場所。ふきぬけ。「ーのホール」

ふき-ぬけ【吹(き)抜け】→ふきぬき④

ふき-の-とう【△蕗の△薹】タウ 〔植〕早春、フキの地下茎から出る若い花茎。香りと苦みがあり、食用。ふきのと。春

ふき-はら・う【吹(き)払う】ハラフ (他五) ワ(オ)・イ(ッ)・ウ・ウ・エ・エ 風が吹いて、物をはらいのける。「暗雲をー」

ふき-ぶり【吹(き)降り】激しい風が吹くのといっしょに、ひどく雨が降ること。

ふき-まく・る【吹(き)△捲る】ラ(ロ)・リ(ッ)・ル・ル・レ・レ 一(自五) 風が激しく吹き荒れる。「一晩中北風がー」二(他五) 盛んにおおげさなことを言う。「ほらをー」

ふき-まわし【吹(き)回し】マハシ ①風向きのぐあい。②(転じて)その時々のようす・調子。「どういう風のーか機嫌がよい」

ぶ-きみ【不気味・無気味】(名・形動ダ) なんとなく気味の悪いこと。また、そのさま。「ーな沈黙」「ーな姿」

ふき-むす・ぶ【吹き結ぶ】(他四)《古》①風が吹いて物をもつれさせる。②風が吹いて草葉の露を玉のようにする。

ふき-や【吹(き)矢】羽をつけた竹の矢を竹筒などに入れ、息を吹いて飛ばすもの。また、その矢。

ふき-や【吹(き)屋】金属を精錬または鋳造する家・人。

ふ-きゅう【不休】キウ 少しも休まないこと。「不眠ー」

ふ-きゅう【不朽】キウ いつまでも滅びないで、後世に残ること。「ーの名作」

ふ-きゅう【不急】キフ (名・形動ダ) さし迫っていないこと。特に急ぐ必要がないこと。また、そのさま。「不要ーの仕事」

ふ-きゅう【普及】キフ (名・自他スル) 広く一般にゆきわたること。また、ゆきわたらせること。「パソコンのー率」

ふ-きゅう【腐朽】キウ (名・自スル) 腐ってくずれること。

ふ-きょう【不況】キャウ 景気の悪いこと。不景気。↔好況

ふ-きょう【不興】(名・形動ダ) ①おもしろくないこと。しらけること。また、そのさま。「ーをかこつ」②目上の人の機嫌をそこねること。また、そのさま。「ーを買う」

ふ-きょう【布教】ケウ (名・他スル) 宗教を広めること。

ふ-きょう【富強】キャウ (名・形動ダ) ①富んでいて強いこと。また、そのさま。②「富国強兵」の略。

ふ-ぎょう【△俯仰】ギャウ (名・自スル) ①うつむくことと仰ぎ見ること。②転じて、立ち居振る舞い。起居動作。

—天地(てんち)に愧(は)じず 少しもやましいところがない。

ぶ-きよう【不器用・無器用】(名・形動ダ) 器用でないこと。要領の悪いこと。また、そのさま。ぶきっちょ。「ーな手つき」

ぶ-ぎょう【奉行】ギャウ 〔日〕鎌倉—江戸時代の武家の職名。おもに行政事務の一部門をつかさどった。鎌倉幕府の鎮西(ちんぜい)奉行、江戸幕府の寺社奉行・町奉行・勘定奉行など。

ふ-ぎょうぎ【不行儀】ギャウギ (名・形動ダ) 行儀の悪いこと。

ふ-ぎょうじょう【不行状】ギャウジャウ (名・形動ダ) 品行の

よくないこと。身持ちの悪いこと。また、そのさま。不行跡。

ふ-ぎょうせき【不行跡】(ギャウセキ)(名・形動ダ) 行いのよくないこと。身持ちの悪いこと。また、そのさま。不行状。

ふきょうわ-おん【不協和音】(フケフワ) ①〔音〕同時に鳴らした二つ以上の音が、不調和で不安定な感じを与える状態にある和音。↔協和音 ②(比喩(ひゆ)的に)考えや立場にくいちがいがあって同調できない状態にあること。「相手との間に―を生じる」

ふ-きょか【不許可】 許可されないこと。許可しないこと。

ふ-きょく【布局】 ①全体の配置。②碁石(ごいし)を局面に配置すること。また、その配置。

ふ-きょく【負極】〔物〕①電池で、電位の低い側の極。マイナスの電極。②磁石の、南をさす極。(↔正極)

ふ-きょく【譜曲】 楽譜。音楽のふし。

ぶ-きょく【部局】 ①官公庁や会社などで、事務を分担してそれぞれ取り扱う所。局・部・課などの総称。②一部分。局部。

ぶ-きょく【舞曲】 ①舞と楽曲。②〔音〕舞踊・ダンスなどに用いる楽曲。また、その形式をふまえて作った曲。

ふき-よせ【吹(き)寄せ】 ①風などが吹いて一か所に集めること。「落ち葉の―」②種々の物を寄せ集めたもの。特に、煮物や干菓子などを色よく盛り合わせたもの。「―汁」③(寄席などで)種々の曲から少しずつ抜き出して作った曲。また、それを演奏すること。「音曲(おんぎょく)―」④〔建〕桟・垂木(たるき)などを均等に並べないで二、三本ずつ一組として並べること。

ふ-ぎり【不義理】(名・形動ダ) ①義理にそむきはずれること。「―を詫(わ)びる」②借金など、借りたものを返さないこと。

ぶ-きりょう【不器量・無器量】(キリヤウ)(名・形動ダ) ①顔の醜いこと。また、そのさま。②才能や能力のないこと。

ふき-わ・ける【吹(き)分ける】(他下一)(ケ・ケ・ケル・ケル・ケレ・ケロ(ケヨ)) ①風が吹いて物をあちらこちらに分ける。②鉱石をとかして含有物を分ける。「銅を―」文ふきわ・く(下二)

ふ-きん【布巾】 食器などをふく小さい布。

ふ-きん【付近・附近】 近所。あたり。近辺。「―の住民」

ふ-きんこう【不均衡】(キンカウ)(名・形動ダ) 釣り合いがとれていないこと。アンバランス。「需給の―を是正する」

ふ-きんしん【不謹慎】(名・形動ダ) つつしみのないこと。ふまじめなこと。また、そのさま。「―極まりない」「―な態度」

ふく【伏】 フク(中) ふせる(中)・ふす(中)　ノ イ 仁 什 伏 伏

(字義)①ふす。ふせる。うつむく。「伏拝・起伏・平伏」②ひそむ。かくれる。かくす。「伏兵・雌伏・潜伏」③したがう。服従する。「屈伏・降伏・調伏(ちょうぶく)」 人名 ふ・ふし・やす

ふく【服】 教3 フク したがう　刀 月 月 肌 服 服

(字義)①きもの。「服飾・服装・衣服・洋服・和服」②おびる。身につける。「服佩(ふくはい)」③身につけて忘れない。「服膺(ふくよう)」④㋐したがう。くだる。随従する。「服従・畏服(いふく)・屈服・敬服・心服」㋑事に従事する。「服役・服務」⑤喪(も)にこもること。「服喪(ふくも)」⑥薬や茶などを飲む。「服毒・服用・頓服(とんぷく)」 人名 こと・もと・ゆき・よ

-ふく【服】(接尾)①粉薬の包みを数える語。②茶やたばこなどを飲む回数を数える語。「食後の一―(いっぷく)」

ふく【服】 きもの。衣服。「―を着る」

ふく【副】 教4 フク そう　一 口 戸 吊 畐 副

(字義)①そう。つきそう。そえもの。「副賞・副食」②ひかえ。「副馬・副本」③第二次的な。つけくわえ。「副産物・副次的」 人名 すえ・すけ・そえ・つぎ・ます

ふく【幅】 フク(中) はば(中)　巾 巾 帕 幅 幅 幅

(字義)①はば。物の横の長さ。布地のはば。「幅員・振幅・全幅・半幅」②へり。ふち。うわべ。「辺幅(へんぷく)」③掛け軸。掛け物。「幅物・画幅・書幅」

-ふく【幅】(接尾) 掛け軸などを数える語。「一―(いっぷく)の絵」

ふく【復】 教5 フク また・かえる　彳 彳 复 復 復 復

(字義)①もとの道をひきかえす。かえる。「復路・往復」②もとにもどる。もどす。「復元・復活・復興・回復・修復」③むくいる。しかえしする。「復讐(ふくしゅう)・復仇(ふっきゅう)・報復」④申しあげる。答える。「復命・拝復」⑤くりかえす。「復習・反復」 難読 復習(さら)う 人名 あきら・あつし・さかえ・しげる・なお・ふ・もち

ふく【福】 教3【福】人 フク さいわい　ネ ネ ネ 礻 福 福

(字義)①さいわい。しあわせ。「福徳・福利・幸福・冥福」↔禍 ②神の与える助け。「福音(ふくいん)」 人名 さき・さち・たる・とし・とみ・むら・もと・よ・よし

ふく【福】 さいわい。幸福。「―は内、鬼は外」

ふく【腹】 教6 フク はら　月 肝 胙 腹 腹 腹

(字義)①はら。㋐おなか。「腹痛・腹部・割腹・下腹部・抱腹・満腹」↔背 ㋑こころ。心中。「腹案・腹蔵」㋒胆力。度量。「剛腹」㋓怒り。「立腹」㋔物の、人間でいえばはらにあたるところ。中央のふくらんだ部分。「山腹・船腹・中腹」②まえ。前面。「腹背」↔背 ③母親の胎内。「異腹・妾腹(しょうふく)」④気持ちが合って心頼みとする。「腹心」

ふく【複】 教5 フク かさねる　ネ ネ 衤 裑 複 複

(字義)①かさねる。かさなる。数が二つ以上ある。「複合・複雑・複式・複数・重複(じゅうふく・ちょうふく)」↔単 ②ふたたび。「複写・複製・複刻(ふっこく)」

ふく【覆】 フク(中)・おおう(中) くつがえす(高)・くつがえる(高)　一 襾 覀 覀 覆 覆

(字義)①おおう。おおいかぶせる。つつむ。「覆蔽(ふくへい)・覆面・被覆」②くつがえす。くつがえる。「覆水・転覆・顛覆(てんぷく)」③くりかえす。=復。「反覆」④つげる。申し上げる。「覆奏」

ふ・く【吹く】 カ(コ)・キ(イ)・ク・ク・ケ・ケ 一(自五)風が動いて通る。風が起こる。「風が―」二(他五)①口から息を出す。息とともに送り出す。「ふうっと煙を―」②息を出して楽器を鳴らす。「ハーモニカを―」③おおげさなことを言う。「ほらを―」④金属を鋳造する。「小判を―」三(自他五)①芽などが出る。出す。「柳が芽を―」②(かびや粉などが)表面に現れ出る。現し出す。「緑青(ろくしょう)を―・いた銅」可能 ふ・ける(下一)⇩「使い分け」

ふ・く【噴く】(自他五) カ(コ)・キ(イ)・ク・ク・ケ・ケ 勢いよく外へ出る。また、外へ出す。「火を―山」可能 ふ・ける(下一)⇩「使い分け」

使い分け「吹く・噴く」

「吹く」は、風が動いて通る、口から息を出す、息を出してものを鳴らしたりものに働きかけたりするなど、主として風や息などの動きに関して用いられ、「風が吹く」「吹いて湯をさます」「口笛を吹く」などと使われる。

「噴く」は、内部にあるものが細い口を通って勢いよく外へ出る、また出す意で、気体のほか液体や火などについても用いられ、「ガスを噴く」「火を噴く」「クジラが潮を噴く」「水が噴き出る」「泡を噴く」などと使われる。

ふ・く【拭く】(他五) カ(コ)・キ(イ)・ク・ク・ケ・ケ よごれや水分を布・紙などでぬぐってとりのぞく。「汗を―」可能ふ・ける(下一)

ふ・く【△葺く】(他五) カ(コ)・キ(イ)・ク・ク・ケ・ケ ①瓦・板・茅などで屋根をおおいつくる。「屋根を―」②草や木を軒にさす。「軒に菖蒲を―」可能ふ・ける(下一)

ふ‐ぐ【不具】①手・足など体の一部に障害があること。(差別的な語)②(文章の意をつくさない意で)手紙の末尾につける語。

ふぐ【×河豚】〔動〕フグ科に属する海産硬骨魚の総称。広義にはハリセンボン科・ハコフグ科なども含むフグ目の魚全般。体は円筒状で腹部が大きく、口は小さい。外敵におそわれると体をふくらます。肉は美味だが内臓に猛毒のあるものが多い。冬

―は食いたし命は惜しし (フグはうまいが中毒の危険があることから)楽しみや利益は得たいのだが、危険を伴うのでどうしようかと迷うこと。

ぶ‐ぐ【武具】いくさに使う道具。特に、鎧・兜。

ふ‐ぐあい【不具合】グアヒ(名・形動ダ)物事の状態や調子がよくないこと。また、そのさま。「機械の―」「―な箇所を直す」

ふく‐あん【腹案】心の中に持っている案。「―を練る」

ふく‐い【復位】ヰ(名・自スル)もとの地位や位置にもどること。「国王が―する」

ふくい【福井】フクヰ 中部地方西部の県。県庁所在地は福井市。

ふく‐いく【△馥△郁】(タル)よい香りがただようさま。「―たる梅の香り」文(形動タリ)

ふく‐いん【副因】主でない原因。二次的な原因。↔主因

ふく‐いん【幅員】ヰン 道路・艦船・橋などの横の長さ。はば。

ふく‐いん【復員】ヰン(名・自スル)軍隊を戦時編制から平時編制にもどすこと。特に、召集された軍人が任務を解かれて帰郷すること。「―船」「―兵」↔動員

ふく‐いん【福音】①喜ばしい知らせ。「―をもたらす」②〔基〕キリストが人類に救いの道を開くという教え。

―しょ【―書】〔基〕「新約聖書」の冒頭の四巻。キリストの教訓や一生を記す。マタイ・マルコ・ルカ・ヨハネの四書。

ふ‐ぐう【不遇】(名・形動ダ)不運で、才能にふさわしい地位・境遇を得ていないこと。また、そのさま。「―をかこつ」

ふく‐うん【福運】幸福と幸運。「―に恵まれる」

ふく‐えき【服役】(名・自スル)懲役・兵役に服すること。

ふく‐えん【復円】ヱン(名・自スル)〔天〕日食または月食が終わって、太陽または月がもとのように円形になること。

ふく‐えん【復縁】(名・自スル)離縁した者がまたもとの関係にもどること。「―を迫る」

ふくおか【福岡】フクヲカ 九州北部の県。県庁所在地は福岡市。

ふく‐おん【複音】ハーモニカで、音を出す穴が上下二列に並んでいるもの。↔単音

ふく‐が【伏△臥】グワ(名・自スル)ふすこと。うつぶせに寝ること。↔仰臥

ふく‐がく【復学】(名・自スル)休学したり停学させられたりしていた学生・生徒が、再び学校に復帰すること。「―を許可する」

ふく‐かげん【服加減】茶道で、茶の温度や濃淡の加減。

ふくからに…和歌〔吹くからに 秋の草木の しをるれば むべ山風を あらしといふらむ〕〈古今集 文屋康秀〉山風が吹くとたちまち秋の草や木がしおれるから、なるほどそれで山から吹きおろす荒々しい風を「嵐」というのであろう。(小倉百人一首の一つ)

ふく‐かん【副官】クワン 軍隊で、司令官・隊長を助け、事務処理をする武官。ふっかん。

ふく‐がん【複眼】〔動〕多数の個眼がはちの巣状に集まってできた目。昆虫類・甲殻類・カブトガニ類にみられる。↔単眼

ふく‐ぎょう【副業】ゲフ 本業以外にする仕事。↔本業

ふく‐きょうざい【副教材】ケウザイ 教科書を補うために用いる教材。資料集や問題集など。補助教材。

ふく‐けい【復啓】手紙の返事の初めに書く語。拝復。復啓。

ふく‐げん【復元・復原】(名・自他スル)もとの位置・状態に戻ること。また、戻すこと。「―図」「船体の―力」「遺跡の―」

ふく‐こう【復航】カウ →ふっこう(復航)

ふく‐こう【腹△腔】カウ〔生〕脊椎動物の腹部の、内臓がはいっている所。ふっこう。参考医学では「ふくくう」という。

ふく‐ごう【複合】ガフ(名・自他スル)二つ以上のものが集まって一つになること。また、一つにすること。「―体」

―きょうぎ【―競技】ギャウ スキー競技の一つ。ノルディック種目のジャンプとクロスカントリー、またはアルペン種目の滑降と回転の両方の成績を合わせて、優劣を決めるもの。

―ご【―語】〔文法〕二つ以上の単語が合わさって、一語となったもの。熟語。合成語。「草花」「花盛り」「咲きそろう」など。

ふく‐こうかんしんけい【副交感神経】カウカンシンケイ〔生〕高等脊椎動物にある自律神経の一つ。心臓のはたらきを抑制し、血管を拡張し腸の運動を強める。交感神経とほぼ反対のはたらきをする。↔交感神経

ふく‐さ【△袱△紗・服△紗・△帛△紗】①絹・ちりめんなどで作った、小形のふろしき。贈り物にかける。「―に包む」②茶の湯で、茶器のちりを払い、茶碗を受けるのに用いる絹布。

―さばき【―△捌き】茶の湯で、ふくさの取り扱い方。

ふく‐さい【副菜】主要な料理に添えて出すもの。酢の物・和え物など。↔主菜

ふく‐ざい【伏在】(名・自スル)表面には現れないで隠れて存在すること。潜在。「―する問題」

ふく‐ざい【服罪】(名・自スル)犯罪者が刑に服すること。

ふく‐ざつ【複雑】(名・形動ダ)物事が入り組んでいるさま。こみいってめんどうなさま。「―な関係」↔簡単・単純

―かいき【―怪奇】クワイキ(名・形動ダ)物事があまりにこみいっていて、よくわからないこと。また、そのさま。「―な出来事」

ふく‐さよう【副作用】〔医〕薬が、治療に役立つ本来のはたらき以外に起こす、おもに有害な作用。「―の強い薬」

ふくざわゆきち【福沢諭吉】フクザハユキチ(一八三四〜一九〇一)明治の啓蒙思想家・教育家。豊前(大分県)出身。蘭学・英学を修め、慶應義塾を創立。教育と西洋思想の紹介に貢献。主著「福翁自伝」「学問のすゝめ」「文明論之概略」など。

ふく‐さんぶつ【副産物】①ある物を生産する場合、その工程の途中でできる目的物以外の産物。「コールタールは石炭ガスの―だ」②ある物事を進めるのに伴って生まれる他の物事。

ふく‐し【副使】正使につきそって補佐し、必要な場合には正使の代行をする役目の使者。↔正使

ふく‐し【△匐枝】地上または地中を水平にはう枝。

ふく‐し【副詞】〔文法〕品詞の一つ。自立語で活用がなく、主語になれず、単独で連用修飾語となる語。情態副詞・程度副詞・陳述副詞に分ける。参考副詞の中には、他の副詞やある種の体言を修飾するものがある。「もっとゆっくり(歩け)」の「もっと」、「やや右」の「やや」など。また、「の」を伴って連体修飾語となるものもある。「しばらくの間」「さっそくの御返事」など。

ふく‐し【福祉】(「祉」はしあわせの意)幸福。特に、社会に生きる人々の生活上の幸福。「公共の―」「老人―」「―施設」

―こっか【―国家】コク カ 国民の福祉の増進を目的とし、そ

の実現のために社会保障その他の諸施策に積極的な国家。

ふく-じ【服地】チ— 洋服を作るのに使う布地。洋服生地。

ふく-しあい【複試合】シアヒ— →ダブルス ↔単試合

ふく-しき【複式】①二種またはそれ以上からなる方式。複雑な方式。②「複式簿記」の略。(↔単式)

—かざん【—火山】クワザン〘地〙複数の噴火により形成された火山。カルデラや成層火山、楯状(たてじょう)火山など。

—ぼき【—簿記】〘商〙企業の資産および損益の変動を明示するために、すべての取り引きについて、ある勘定の借方と他の勘定の貸方とに同じ金額を記入して集計・記録・計算する形式。↔単式簿記

ふくしき-こきゅう【腹式呼吸】コキフ—〘保〙腹筋を伸び縮みさせて、横隔膜の運動によって行う呼吸法。↔胸式呼吸

ふくじ-てき【副次的】(形動ダ)ダロ・ダッ(デ・ニ)・ダ・ナ・ラ・○ 主となるものに付随してあるさま。二次的。「—な効果」「—な現象」

ふくしま【福島】東北地方南端の県。県庁所在地は福島市。

ふく-しゃ【伏射】小銃射撃法の一つ。腹ばいになって射撃すること。

ふく-しゃ【複写】(名・他スル)①同一のものを二枚以上一度に写すこと。「カーボン紙で—する」②一度写したものをさらに写すこと。「写真の—」③文書などを原本のとおりに写し取ること。また、写したもの。コピー。「図書館の—サービス」

ふく-しゃ【△輻射】(名・他スル)〘物〙熱や電波などが物体から四方に放射する現象。放射。

—せん【—線】〘物〙物体から放出される熱線・可視光線・紫外線などの総称。

—ねつ【—熱】〘物〙輻射によって伝えられる熱。放射熱。

ふくしゃ-の-いましめ【覆車の戒め】前人の失敗を手本として後人の戒めとすること。語源 前車がひっくり返ったのを見て、後車が注意することからいう。

ふく-しゅ【副手】①主となって仕事をする人を助ける人。助手。②旧制大学で、助手の下の職員。

ふく-じゅ【福寿】幸福で長命なこと。

—そう【—草】サウ〘植〙キンポウゲ科の多年草。葉は、羽状複葉で互生。早春に黄色の花を開く。正月の祝い花。観賞用として園芸品種が多い。根は薬用。元日草。新年

ふく-しゅう【復習】シフ—(名・他スル)一度習ったことを繰り返して勉強すること。おさらい。「授業の—をする」↔予習

ふく-しゅう【復△讐】シウ—(名・自スル)あだをうつこと。仕返しをすること。報復。「敵に—する」

ふく-じゅう【服従】(名・自スル)他の意志や命令に従うこと。「命令に—する」↔反抗

類語 信服・心服・畏服(いふく)・屈従・忍従・隷従・従属・屈服

ふくしゅう-にゅう【副収入】シウニフ— 副業や内職などで得た収入。

ふく-しょ【副書】原本の写し。副本。

ふく-しょ【副署】(名・自スル)〘法〙明治憲法下で、天皇の署名に添えて国務大臣が署名をすること。また、その署名。

ふく-しょう【副将】シャウ— 主将の次の地位にあって主将を補佐する人。

ふく-しょう【副賞】シャウ— 正式の賞に添えて贈る金品。

ふく-しょう【復唱・復△誦】シャウ・ショウ—(名・他スル)繰り返し唱えること。また、受けた命令などを確認するため、繰り返して言うこと。「—して記憶する」「命令を—する」

ふく-しょく【服飾】衣服とその装身具。また、衣服の装飾。着物の飾り。「—デザイナー」

—ひん【—品】衣服に装飾的な効果を添える物の総称。イヤリング・ブローチ・ハンドバッグ・手袋など。装身具。

ふく-しょく【副食】主食に添えて食べるもの。おかず。さい。副食物。↔主食

ふく-しょく【復職】(名・自スル)もとの職にもどること。

ふく-じょし【副助詞】〘文法〙助詞の分類の一つ。体言・用言その他の種々の語に付いて、補助的な意味を添えるもの。「など」「まで」「ばかり」のほか、口語では「だけ」「ほど」「やら」「ぐらい」「か」、文語では「さへ」「のみ」などがある。

ふく-しらが【福白髪】年が若くてできるしらが。若しらが。

ふく-しん【副審】競技で、主審を補佐する審判員。↔主審

ふく-しん【復申】①返事。②復命。

ふく-しん【腹心】①心の奥底。真心。「—を明かす」②心から信頼できること。また、その人。「—の部下」

ふく-しん【覆審】〘法〙上級審で、下級審とはまったく独立無関係に新たに審理判決をやり直すこと。旧刑事訴訟法の控訴審にみられた。

ふく-じん【副腎】〘生〙左右両側の腎臓(じんぞう)の上端にある黄褐色の小さな内分泌器官。皮質と髄質とからなり、ステロイドホルモンなどの各種ホルモンを分泌する。腎上体。

ふくじん-づけ【福神漬(け)】漬物の一種。ダイコン・ナス・レンコンなど、七福神になぞらえた七種の野菜を細かく切り、塩漬けしたのち、みりんじょうゆに漬けこんだもの。

ふく・す【服す】(自他五)サ(ソ)・シ・ス・ス・セ・セ →ふくする(服する)

ふく・す【復す】(自他五)サ(ソ)・シ・ス・ス・セ・セ →ふくする(復する)

ふく-すい【腹水】〘医〙腹腔(ふくこう・ふくくう)内に液体のたまる症状。また、その液体。腹膜炎・肝炎などのときに起こる。

ふく-すい【覆水】入れ物がひっくり返ってこぼれ出た水。

—盆(ぼん)に返(かえ)らず ①いったん離婚した夫婦の仲は、再びもとどおりにはならないというたとえ。②一度してしまったことは取り返しがつかないというたとえ。参考 類似のことば—落花(らっか)枝に返らず。【故事】昔、周の呂尚(りょしょう)(太公望)が無名のころ、読書に熱中して働かないのに愛想をつかした妻は別れて実家に帰ったが、のちに呂尚が出世すると復縁を求めたので、呂尚は盆の水を地面にあけて、「これをもとの器に戻せたら望みを入れよう」と言ったという話による。〈拾遺記〉

ふく-すう【複数】①二つ以上の数。「—の事例」②〘文法〙西洋語などで、事物や人の数が二つ以上であることを表す文法形式。「—形」(↔単数) 参考 古代のインド・ヨーロッパ語であるサンスクリット語では、一(単数)・二(両数)・三(複数)の三段階に分かれていた。

ふく-すけ【福助】①福招きの人形の一種。背が低く頭の大きい男がちょんまげを結い、裃(かみしも)を着て座った形の人形。②〘俗〙福助のように、背が低く頭の大きい人。

ふく・する【伏する】シ(セ・サ)・シ・スル・スル・スレ・シロ(セヨ)(自他サ変)①身をふせる。かがむ。かがめる。「神前に—」②従う。「敵に—」③隠れる。隠す。「山中に—」文ふく・す(サ変)

ふく・する【服する】シ(セ・サ)・シ・スル・スル・スレ・シロ(セヨ) ■一(自サ変)あきらめて、また得心して従う。(務めとして)従事する。「罪に—」「喪に—」「任務に—」■二(他サ変)①薬・茶などを飲む。服用する。「毒を—」「薬を—」②着る。文ふく・す(サ変)

ふく・する【復する】シ(セ・サ)・シ・スル・スル・スレ・シロ(セヨ) ■一(自サ変)もとにもどる。返る。「旧に—」■二(他サ変)①もとにもどす。もとどおりにする。「信頼を—」②くり返す。③返答する。「命(めい)を—」文ふく・す(サ変)

ふく-せい【復姓】(名・自スル)離婚などで旧姓にもどること。

ふく-せい【複成】(名・自他スル)重複してできること。重ねて

作ること。「ー火山」

ふく-せい【複製】(名・他スル) ある物を模して同じような物を別に作ること。また、作ったもの。「ー画」「ー本」

ふく-せき【復籍】(名・自スル) ①《法》婚姻や養子縁組により他の戸籍にはいったものが、離縁によって前の戸籍にもどること。②復学によってもとの学籍にもどること。

ふく-せん【伏線】のちのために、あらかじめ準備しておくこと。特に、小説や劇などで、のちの展開に関連することをあらかじめほのめかしておくこと。また、その事柄。「ーを張る」

ふく-せん【複線】①二本、または二本以上が並行している線。②鉄道で、上り・下りの軌道を並べて敷くこと。また、その軌道。複線軌道。「ー化工事」(↔単線)

ふく-そう【服装】サウ 衣服を身に付けた装い。身なり。また、その衣服や装身具。「ーをととのえる」「地味なー」

ふく-そう【副葬】サウ (名・他スル) 死者が生前に愛用した器具・調度などを遺骸に添えて埋葬すること。「ー品」

ふく-そう【福相】サウ いかにも幸福に恵まれているような人相。「ーの人」↔貧相

ふく-そう【輻湊・輻輳】(名・自スル) 四方から一か所に寄り集まること。集中してこみ合うこと。「仕事がーする」

ふく-ぞう【腹蔵】ザウ 心の中に包み隠すこと。

――な・い (形) カロ・カッ(ク)・イ・イ・ケレ・○ 思っていることを包み隠さない。「ー意見をのべる」文ふくざうな・し(ク)

ふく-ぞく【服属】(名・自スル) 服従し従属すること。部下としてつき従うこと。「大国にーする」

ふくそく-るい【腹足類】《動》軟体動物門中の一綱。ふつう、巻き貝と呼ぶ類。サザエ・カタツムリ・タニシなど。

ふく-そすう【複素数】《数》実数と虚数を合わせた数。$a+bi$(a, bは実数, $i=\sqrt{-1}$)の形で書ける数。

ふく-だい【副題】→サブタイトル①

ふく-だいじん【副大臣】国務大臣を補佐し、その命を受け政策や企画をつかさどり、大臣不在の場合に職務を代行する特別職の国家公務員。

ふ-ぐ-たいてん【不倶戴天】(倶に天を戴かずの意から)どうしても許すことができないほど、憎しみやうらみが深いこと。「ーの敵」

ふく-ちゃ【福茶】昆布・黒豆・梅干しなどを加えて煮出した煎茶。正月・節分などに祝って飲む。新年

ふく-ちゅう【腹中】①腹の中。②心の中。心中。「ーに一物ある」

ふく-ちょう【副長】チヤウ ①長を補佐する役。また、その人。②軍艦で艦長を助け、艦内を取り締まる武官。

ふく-ちょう【復調】テウ (名・自スル) 調子が以前のよい状態に戻ること。「体がーする」「景気がーする」

ふ-くつ【不屈】(名・形動ダ) どのような困難にもくじけないこと。また、そのさま。「不撓ー」「ーの精神」

ふく-つう【腹痛】腹が痛むこと。腹痛。「ーを起こす」

ふく-てつ【覆轍】(ひっくり返った前車のわだちの意から)前人の失敗。「ーの戒め」「ーを踏む(=前人と同じ失敗をする)」

ふく-ど【覆土】(名・自スル) 種をまいたあとなどに土をおおいかぶせること。また、かぶせた土。「種に軽くーする」

ふく-とう【復党】タウ (名・自スル) もとの党へもどること。

ふく-とく【福徳】①幸福と利益。「ー円満」②《仏》善行の報いとして得る福利。

ふく-どく【服毒】(名・自スル) 毒を飲むこと。「ー自殺」

ふく-どく【復読】(名・自スル) くり返して読むこと。

ふくどく-ほん【副読本】主となる教科書に添えて補助的に使う学習書。サイドリーダー。ふくとくほん。「英語のー」

ふく-としん【副都心】大都会の拡大に伴って都心周辺にできる中心街。東京の新宿・渋谷・池袋など。

ふく-の-かみ【福の神】幸福を授けるという神。

ふく-はい【腹背】腹と背中。前とうしろ。「ーに敵を受ける(=前後から敵に攻められる)」

ふく-はんのう【副反応】ハンオウ 《医》ワクチンの接種後に生じる、注射した部位の痛みや発熱などの症状。⇩副作用

ふく-ひ【複比】《数》二つ以上の比の前項どうしの積を前項とし、後項どうしの積を後項とした比。たとえば、a：bとc：dの複比はac：bdとなる。相乗比。↔単比

ふく-びき【福引〔き〕】主として商店の客寄せのために、くじ引きでいろいろな景品を与えること。また、そのくじ。新年

ふく-びこう【副鼻腔】ビカウ 《生》鼻腔の周囲にあり、鼻腔に通じる中空の部分。「ー炎」参考医学では「ふくびくう」という。

ふく-ぶ【腹部】①動物の腹の部分。②ものの中ほどの部分。

ぶく-ぶく (副・自スル・形動ダ) ①水中から泡が浮き出るさま。泡を出してしずむさま。「ー(と)しずむ」②しまりなくふくらんでいるさま。「ーした体つき」

ふくぶく-し・い【福福しい】(形) カロ・カッ(ク)・イ・イ・ケレ・○ 顔がふっくらとして、福徳のありそうなさま。「ー顔」文ふくぶく・し(シク)

ふく-ふくせん【複複線】複線が二組並び敷かれている鉄道線路。

ふく-ぶくろ【福袋】いろいろの商品を、中身がわからないように袋に入れて封をしたもの。正月の初売りなどで売り出す。

ふく-ぶん【副文】条約・契約などで、正文に添えたもの。

ふく-ぶん【復文】①仮名交じりに書き下した漢文を、再び原文の形の漢文に直すこと。②返事の文や手紙。

ふく-ぶん【複文】《文法》主語・述語の関係を基準として考えた文の構造の一つ。主語・述語を備えた句が、文全体の主語または修飾語、あるいは述語になっている文。「花の咲くのを待ちわびる」など。⇩単文・重文

ふくべ【瓠・匏・瓢】①《植》ウリ科の一年草。ユウガオの変種。大きく平たい球形の果実からかんぴょうを、果皮から盆や花器などを作る。②「ひょうたん」の別称。特に、その実の中身を除き、乾かして作った、酒などを入れる器。秋

ふく-へい【伏兵】①待ち伏せして急に敵を襲撃する軍勢。伏せ勢。②予期しない敵対者または障害。「思わぬーが現れる」

ふく-へき【復辟】(名・自スル)(「辟」は君の意)退位した君主が再び位に就くこと。重祚。「前皇帝のー」

ふく-へき【腹壁】《生》腹腔の内面の壁。

ふく-ほう【複方】ハウ 《医》一定の処方に従って、二種以上の薬品を調合した薬剤。

ふく-ぼく【副木】《医》手や足を骨折したとき、そこにあてて支えるもの。添え木。

ふく-ぼつ【覆没】(名・自スル) 船などが転覆して沈むこと。

ふく-ほん【副本】①原本の写し。複本。副書。②正本と同じ内容を記した文書。「ーを二通作成する」↔正本

ふく-ほん【複本】①原本の写し。副本。②《商・経》為替手形において、一つの手形の権利を表すために複数発行する、同一内容の手形証券。

ふくほんい-せい【複本位制】フクホンヰ 《経》二種以上の貨幣(ふつうは金と銀)を本位貨幣とする貨幣制度。↔単本位制

ふく-まく【腹膜】《生》腹壁や腹部内臓の表面をおおっている薄い膜。

――えん【ー炎】《医》腹膜が炎症を起こす病気。

ふくま-でん【伏魔殿】（魔物のひそむ屋敷の意から）陰謀や悪事などが絶えずたくらまれている所。「政界のー」

ふく-まめ【福豆】 節分の豆まきに使う煎(い)った豆。冬

ふくま・る【含まる】（自五）ラ(ロ)・リ(ッ)・ル・ル・レ・レ 含められている。中にはいっている。他ふく・む（五）ふく・める（下一）

ふくみ【含み】 表面には現れていない隠れた意味・内容。「ーのある言い方をする」「ーを持たす」

―えき【ー益】〔商〕土地や有価証券などの値上がりによって生じる、帳簿に計上されない利益。↔含み損

―ごえ【ー声】ゴエ 口の中でこもっているように聞こえる声。

―しさん【ー資産】〔商〕企業資産の時価が帳簿上に記載されている価額（簿価）より多い場合の差額。

―そん【ー損】〔商〕土地や有価証券などの値下がりによって生じる、帳簿に計上されない損失。ふくみぞん。↔含み益

―わた【ー綿】 俳優などが頰(ほお)に膨らみを持たせるために、口の中の両側に綿を入れること。また、その綿。

―わらい【ー笑い】ワラヒ 声が口の中にこもったような笑い。口を閉じたまま、声を出さずに笑うこと。

ふく-みみ【福耳】 耳たぶの大きい耳。福相を表すという。

ふく-む【服務】（名・自スル） 職務・任務に就くこと。「ー規程」

ふく・む【含む】（他五）マ(モ)・ミ(ン)・ム・ム・メ・メ ①内部にもつ。成分・要素として、中にもっている。「硫黄(いおう)分をー温泉」「送料をー・んだ価格」②口中に入れている。「口に水をー」③恨みや不満などを口に出さないで心の中にもつ。「何かーところがある」「恨みをー・んだ態度」④心の中に思っていることをそぶりにあらわす。「そこのところをよくー・んでおいて欲しい」⑤事情を理解した上で心にとめておく。「そこのところをよくー・んでおいて欲しい」自ふくま・る（五）可能ふく・める（下一）

ふく-めい【復命】（名・他スル） 命令を受けて事を行った者が、その経過や結果を命令者に報告すること。復申。「ー書」

ふく-めつ【覆滅】（名・自他スル） 国や家などがくつがえり滅びること。また、くつがえし滅ぼすこと。「敵をーする」

ふくめ-に【含め煮】 野菜・豆などを、汁(しる)を多くして、やわらかく味がよくしみるように煮ること。また、その食品。

ふく・める【含める】（他下一）メ・メ・メル・メル・メレ・メロ(メヨ) ①その中に入れて扱う。含ませる。「食事代もー・めた料金」②事情を説明して納得させる。言い聞かせる。「因果をー」「かんでー」③文章などに、ある意味・内容を織り込む。「批判的意味をー」自ふくま・る（五）文ふく・む（下二）

ふく-めん【覆面】 ━（名・自スル） 布などで顔をおおい包むこと。また、そのおおい包むもの。「黒い布でーする」━（名） 本名や正体をあらわさないこと。「ーパトカー」「ー作家」

ふく-も【服喪】（名・自スル） 喪に服すること。身内に死者が出たとき、一定期間身を慎むこと。「ー期間」

ふく-やく【服薬】（名・自スル） 薬を飲むこと。服用。

ふく-よう【服用】（名・他スル） 薬を飲むこと。服薬。

ふく-よう【服△膺】（名・他スル） 人の教えなどを心にとどめて忘れないこと。「拳々(けんけん)ー（＝心に銘記して常に忘れないこと）」

ふく-よう【複葉】エフ ①〔植〕葉身が二枚以上の小葉からなる葉。②飛行機の主翼が二重であること。「ー機」《↔単葉》

ふくよか（形動ダ）ダロ・ダッ(デ・ニ)・ダ・ナ・ナラ・○ ①柔らかそうにふくらんでいるさま。ふっくらしているさま。「ーな顔だち」②豊かな香りが漂うさま。「ーな香りの酒」文（ナリ）

ふくらし-こ【膨らし粉】 →ベーキングパウダー

ふくら・す【膨らす・△脹らす】（他五）サ(ソ)・シ・ス・ス・セ・セ ふくらます。ふくらむようにする。「風船をー」自ふく・れる（下一）

ふくら-すずめ【△脹ら△雀】 ①肥え太ったスズメの子。また、寒さをしのぐために全身の羽毛をふくらませたスズメ。冬②①の形を表した模様や紋所。③①の形に似た帯の結び方や、少女の日本髪の結い方。

ふくら-はぎ【△脹ら△脛】 すねのうしろの、肉のふくらんだところ。こむら。「ーが張る」

ふくらま・す【膨らます・△脹らます】（他五）サ(ソ)・シ・ス・ス・セ・セ ①ふくらむようにする。ふくらす。「風船をー」②ある気持ちで胸をいっぱいにする。「期待に胸をー」自ふくら・む（五）

ふくらみ【膨らみ・△脹らみ】 ふくらむこと。また、ふくらんだ程度や部分。「つぼみのー」

ふくら・む【膨らむ・△脹らむ】（自五）マ(モ)・ミ(ン)・ム・ム・メ・メ ①内から外へもり上がって大きくなる。ふくれる。「風船がー」②考えや計画などが大きくなる。「夢がー」他ふくらま・す（五）

表現〈擬声・擬態語〉ぷっと・ぷうっと・ぷくっと・ふんわり・ふっくら・ふかふか・ぷくぷく・ぶよぶよ・ぱんぱんに・こんもり

ふく-り【福利】 幸福と利益。幸福をもたらす利益。「ー厚生」

ふく-り【複利】〔経〕複利法で計算される利息・利率。↔単利

―ほう【ー法】ハフ 約束の期限ごとに利子を元金に繰り入れ、その加算額を次期の元金として利子を計算していく方法。重利法。↔単利法

ふぐり【×陰嚢】 ①いんのう。こうがん。②松ぼっくり。松かさ。松ふぐり。

ふく-りゅう【伏流】リウ（名・自スル） 地上の水が一時地下に浸透して地下水となって流れること。「ー水」

ふくりゅう-えん【副流煙】フクリウ 火をつけたたばこの先から出る煙。喫煙者が吸う主流煙より有害物質が多いとされる。

ふく-りん【覆輪・伏輪】 刀のつば、鞍(くら)、器物のへりなどを金銀などでおおい飾ったもの。「金ー(きんぷくりん)の鞍」

ふくれ-あが・る【膨れ上がる・△脹れ上がる】（自五）ラ(ロ)・リ(ッ)・ル・ル・レ・レ ①ふくれて大きくなる。「ー・ったカバン」②基準や予想を超えて大きくなる。「予算がー」「人口がー」

ふくれっ-つら【膨れっ面・△脹れっ面】 怒りや不平で頰(ほお)がふくらみ、むっとした顔つき。「すぐーをする」

ふく・れる【膨れる・△脹れる】（自下一）レ・レ・レル・レル・レレ・レロ(レヨ) ①内から外へもり上がって大きくなる。ふくらむ。「餅(もち)がー」「腹がー（＝満腹する）」②不平・不満を顔に表す。ふくれっつらをする。「注意するとすぐー」他ふくら・す（五）文ふく・る（下二）

ふくろ【袋・△嚢】 ①布・紙・革などで作り、中に物を入れるようにしたもの。②ミカンなどの果肉を包む薄い皮。③（名詞の上や下に付いて）①に似た状態を示す。「ー小路(こうじ)」「戸ー(ぶくろ)」

▼「袋」が下に付く語
（ふくろ）御(お)ー （ぶくろ）胃ー 浮きー 大入りー 合切(がっさい)ー 紙ー 紙(かん)ー 堪忍ー 香ー 氷ー 地ー 状ー 信玄ー 頭陀(ずだ)ー 砂ー 段ー 知恵ー 手ー 天ー 戸ー 匂(にお)いー 糠(ぬか)ー 寝ー 熨斗(のし)ー 火ー 福ー 頰(ほお)ー 蛍ー ポリー 守りー 弓(ゆ)ー

―の鼠(ねずみ) 逃げ場のないことのたとえ。「犯人はーだ」

ふく-ろ【復路】 帰り道。帰路。↔往路

ふくろ-あみ【袋網】 細長い袋の形をした魚を捕る網。

ふくろう【△梟】フクロフ〔動〕フクロウ科の鳥の総称。頭は大きくて丸く、前面にまるい目が並ぶ。くちばしは鋭く、夜行性で小動物を捕食する。一般に、耳状の羽毛のないものをフクロウ、あるものをミミズクと呼ぶが、分類学的な区別はない。冬

ふくろ-おび【袋帯】 袋織りの帯。丸帯に次ぐ礼装用。

ふくろ-おり【袋織〔り〕】 表裏二枚を耳（＝織物のふち）のと

ころでつなぎ、袋状に織ること。また、その布。

ふく-ろく-じゅ【福△禄寿】①福と禄(ろく)と寿命。幸い。幸せ。②七福神の一。短身長頭でひげが長く、杖(つえ)に経巻(きょうかん)を結び、鶴(つる)を伴っている。福運・俸禄・寿命の三徳を備えているという。福禄神。⇩七福神(さしえ)

ふくろ-こうじ【袋小路】コウヂ ①行き止まりになった小道。「―に迷い込む」②物事がゆきづまること。「研究が―にはいる」

ふくろ-だたき【袋△叩き】大勢で取り囲んでさんざんたたくこと。また、大勢で非難や攻撃をすること。「―に遭う」

ふくろ-だな【袋棚】→ふくろとだな

ふくろ-ど【袋戸】袋戸棚のふすま。

ふくろ-とじ【袋△綴〔じ〕】トヂ 製本方法の一つ。紙を一枚ずつ二つ折りにし、折り目でないほうを糸などでとじる。

ふくろ-とだな【袋戸棚】①床の間の脇などの上部に、壁の外へ突き出すように設けた戸棚。袋棚。②茶道で用いる茶棚で、桑または桐(きり)で作った棚。袋棚。

ふくろ-ぬい【袋縫い】ヌヒ 〘服〙二枚の布地の裏どうしを合わせて表から縫いしろを浅く縫い、それを裏返してもう一度縫う縫い方。「袖(そで)ぐりの―」

ふくろ-みみ【袋耳】①一度聞いたことは決して忘れないこと。また、その人。②織物の耳(=ふち)を袋織りにしたもの。

ふくろ-もの【袋物】紙入れ・手提げ袋・たばこ入れなど、袋状の物入れの総称。

ふくわ-じゅつ【腹話術】くちびるを動かさないようにして言葉を発する芸。特に、人形をあやつりながら、その人形が話しているかのように思わせる演芸。「―師」

ふく-わらい【福笑い】ワラヒ 正月の遊びの一つ。目隠しをして、お多福などの顔の輪郭だけ書かれた紙の上に、眉(まゆ)・目・鼻・口をかたどって描いた紙を置いていき、でき上がりの顔の滑稽(こっけい)さを楽しむもの。新年

ふ-くん【夫君】他人の夫の敬称。

ふ-くん【父君】他人の父の敬称。父君(ちちぎみ)。

ぶ-くん【武勲】戦争で立てた手柄。武功。「赫々(かっかく)たる―」

ふけ【×雲脂・×頭垢】〘医〙頭の脂腺(しせん)の分泌物がかわいて小さな白いうろこ状になったもの。乾性脂漏。

ぶ-け【武家】(公家(くげ)に対して)武士の家系。武門。鎌倉時代以後、将軍・大名およびその家臣をいう。

ふ-けい【父兄】①父と兄。父や兄。②児童や生徒の保護者をさした言葉。

ふ-けい【父系】①父方の血統に属していること。父方の血族。②家系が父方の系統で続いていること。「―制」《↕母系》

ふ-けい【不敬】(名・形動ダ)敬意を示さず、礼儀にはずれること。無礼。特に、「不敬罪」に当たる言動。

―ざい【―罪】〘法〙皇室・皇陵・神宮に対する不敬行為の罪。一九四七(昭和二十二)年廃止。

ふ-けい【婦警】(「婦人警察官」の略)女性の警察官。婦人警官。参考 現在は「女性警察官」という。

ぶ-げい【武芸】武道に関する技芸。武術。武技。

―しゃ【―者】①武芸を修業する人。②武芸に長じた人。

―じゅうはっぱん【―十八般】ジフハッパン 一八種の武芸。武芸のすべて。参考「弓術」「馬術」「槍(そう)術」「剣術」「水泳術」「抜刀術」「短刀術」「十手(じって)術」「手裏剣術」「含針術」「薙刀(なぎなた)術」「砲術」「捕手(とって)術」「柔術」「棒術」「鎖鎌(くさりがま)術」「錑(もじり)(=棒の先に多数のとげをつけた武具)術」「隠(しのび)の術」をさす。

ふ-けいき【不景気】(名・形動ダ)①〘経〙経済が沈滞し社会全体に活気がないこと。不況。↕好景気 ②商売が繁盛しないこと。「―な店」③気分がさえず元気がないこと。「―な顔」

ふ-けいざい【不経済】(名・形動ダ)むだが多いこと。また、そのさま。「―な時間の使い方」

ふけ-こ・む【老け込む】(自五)マ(モ)・ミ(ン)・ム・ム・メ・メ すっかり年を取ったようすになる。年寄りじみる。「―にはまだ早い」

ふけ-しゅう【普化宗】〘仏〙禅宗の一派。中国唐代の普化禅師が開祖。日本には鎌倉時代に伝来。その僧を普化僧(=虚無(こむ)僧)といい、尺八を法器とする。明治維新で廃宗。

ぶけ-せいじ【武家政治】セイヂ 武家政権によって行われた政治。鎌倉時代から江戸時代末までの政治をいう。

ふけ-そう【普化僧】普化宗の僧。虚無僧(こむそう)。

ふ-けつ【不潔】(名・形動ダ)①汚いこと。よごれていること。また、そのさま。「―な部屋」②精神のあり方が健全でないこと。けがらわしいこと。また、そのさま。「―な考え」《↕清潔》

ぶけ-もの【武家物】〘文〙武家生活を題材とした浮世草子。

ふけ-やく【老け役】演劇・映画で、老人の役。また、老人を演じる俳優。「―を演じる」

ふ・ける(自下一)ケ・ケ・ケル・ケル・ケレ・ケロ(ケヨ)〘俗〙逃げる。姿をくらます。

ふ・ける【△耽る】(自五)ラ(ロ)・リ(ッ)・ル・ル・レ・レ ある事に熱中する。深く心を奪われる。没頭する。おぼれる。「読書に―」「物思いに―」

ふ・ける【老ける】(自下一)ケ・ケ・ケル・ケル・ケレ・ケロ(ケヨ) 年を取る。老いる。また、年寄りじみる。「急に―・けてしまった」文ふ・く(下二)

ふ・ける【更ける】(自下一)ケ・ケ・ケル・ケル・ケレ・ケロ(ケヨ) ①夜が深くなる。「夜が―」②ある季節、特に秋になってその気配が濃くなる。たけなわになる。「秋が―」文ふ・く(下二)

ふ・ける【◦蒸ける】(自下一)ケ・ケ・ケル・ケル・ケレ・ケロ(ケヨ) 食物が蒸されてやわらかくなる。「芋が―」他ふか・す(五)文ふ・く(下二)

ふ-けん【夫権】民法の旧規定で、夫が妻に対して持つ権利。

ふ-けん【父権】①父親としての権利。↕母権 ②家族・種族に対する男性の支配権。↕母権 ③もと、男性が家長として持った権利。家父権。家長権。

ふ-けん【府県】府と県。「都道―」「近畿(きんき)地方の―」

ふ-げん【不言】ものを言わないこと。無言。沈黙。

―じっこう【―実行】ジッカウ あれこれ言わずに黙ってするべきことをしっかり行うこと。

ふ-げん【付言・附言】(名・他スル)付け加えて言うこと。また、付け加えて言う言葉。「念のため―すると」

ふ-げん【浮言】根拠のないうわさ。流言。

ふ-げん【富源】富の生じるみなもと。

ふ-げん【△誣言】(「誣」は偽る意)わざと事実を偽って言う言葉。つくりごと。ぶげん。

ぶ-げん【分限】①身のほど。分際。②金持ち。富豪。分限者。参考「ぶんげん」ともいう。⇩分限(ぶんげん)

―しゃ【―者】金持ち。物持ち。分限。「町一番の―」

ぶ-げん【侮言】人をばかにして言う言葉。「―を吐く」

ふ-けんこう【不健康】ケンカウ (名・形動ダ)①体のぐあいがよくないこと。健康的でないこと。また、そのさま。「―な顔色」②正しく健全でないこと。また、そのさま。「―な考え方」

ふ-けんしき【不見識】(名・形動ダ)正しい、きちんとした考えのないこと。常識や判断力に欠けること。「―きわまりない」

ふ-けんぜん【不健全】(名・形動ダ)①健康的でないこと。②活動や状態などにかたよりや欠陥があること。「―な経営」

ふげん-ぼさつ【普賢△菩△薩】〘仏〙釈迦(しゃか)の右の脇士(わきじ)。真理・禅定(ぜんじょう)・実践の徳を象徴し、白象に乗る。

ふ-こ【不△辜】罪のないこと。また、その人。無辜(むこ)。

ふご【△畚】①竹や縄などでかごのように編んだ、物を運搬する道具。もっこ。②魚を入れる竹かご。びく。

ふ-こう【不孝】カウ (名・形動ダ)子として親によく仕えず、悲

しませたり嘆かせたりする行いをすること。また、そのさま。「親ー」「ーを重ねる」↕孝行

ふ-こう【不幸】ー ■(名・形動ダ) 幸福でないこと。また、そのさま。ふしあわせ。「身のーを嘆く」「ーな出来事」↕幸福 ■(名) 家族や親類の死を婉曲にいう語。「身内にーがあった」

ー中の幸い 不幸な出来事の中で、わずかに救いとなる事柄。「けがをしなかったのはーだ」

ふ-こう【富鉱】ー ①品質のよい鉱石。②産出量の豊富な鉱山。《↕貧鉱》

ふ-ごう【負号】ー 《数》負の数であることを表す「－」の記号。マイナス。↕正号

ふ-ごう【符号】ー ①文字以外のしるし。記号。②《数》数の正・負を示す記号。「＋」および「－」

ふ-ごう【符合】ー (名・自スル) 二つ以上の事柄がぴったり合致すること。「両者の言葉がーする」「事実とーする」

ふ-ごう【富豪】ー 大金持ち。財産家。「一代でーとなる」

ぶ-こう【武功】 戦いで立てた手柄。武勲。「ーを立てる」

ふ-ごうかく【不合格】ー 合格しないこと。

ふ-こうへい【不公平】(名・形動ダ) 公平でないこと。また、そのさま。「扱いにーがある」「ーな制度」

ふ-ごうり【不合理】ー (名・形動ダ) 道理に合わないこと。論理にかなっていないこと。「ーを是正する」「ーな制度」

ふ-こく【布告】 ■(名・他スル) 広く世間一般に告げ知らせること。特に、政府が国家の意思・方針を公式に告げ知らせること。「宣戦ー」 ■(名) 明治初期、政府から発せられた、今の法律・政令・省令などに当たるもの。「太政官ー」

ふ-こく【富国】 ①国家を富ますこと。②富んでいる国。

ーきょうへい【ー強兵】 国を富ませ、軍備を強めること。富強。「ー政策」

ぶ-こく【誣告】(名・他スル)(「誣」は偽る意) ①わざと事実を偽って告げ口すること。②事実を偽って他人を告発したり告訴したりすること。

ーざい【ー罪】《法》他人を罪に落とそうとして、警察や検察庁に偽りの申し立てをする罪。参考 一九九五(平成七)年の刑法改正により「虚偽告訴の罪」と改称。

ふ-こころえ【不心得】(名・形動ダ) 心がけのよくないこと。また、そのさま。「ー者」「ーなふるまい」

ふ-こつ【跗骨】→そっこんこつ

ぶ-こつ【無骨・武骨】(名・形動ダ) ①礼儀・作法を知らないこと。洗練されておらず風情のないこと。また、そのさま。「ー者」②ごつごつと骨ばっていること。また、そのさま。「ーな手」

ふさ【房・総】 ①糸などを束ねて先を散らしたもの。「ーのついた帽子」②花や実などが数多く群がりついて垂れているもの。「ブドウのー」③蜜柑類の果実の中のひとつひとつの袋。

ふ-ざ【趺坐】《仏》足を組み合わせて座ること。「結跏ー」

ブザー〈buzzer〉 電磁石で振動板を振動させて音を出す装置。呼び出しや信号・警報用。「玄関のーを鳴らす」

ふ-さい【不才】 ①才知・才能のないこと。また、その人。非才。②自分の才能の謙称。「ーの身には過ぎた光栄だ」

ふ-さい【不材】 才知・才能のないこと。不才。ふざい。

ふ-さい【夫妻】 夫と妻。夫婦。

ふ-さい【付載・附載】(名・他スル) 本文に付け加えて掲載すること。「参考書目をーする」

ふ-さい【負債】 ①他から借金すること。また、その借金。借財。「多額のーをかかえる」②《経》企業の負っている債務の全体。固定負債と流動負債とに大別される。

ーかんじょう【ー勘定】《商》簿記で、借り入れ金・債務など負債の増減を記録・計算する勘定の総称。

ふ-ざい【不在】 その場所や家にいないこと。留守。

ーじぬし【ー地主】 自分の所有する農地がある市町村に住んでいない地主。

ーしゃ-とうひょう【ー者投票】《法》一定の理由で投票日に投票所で投票できない選挙人が、投票日前に指定された所の選挙管理委員会などで行う投票や、要介護者などが郵便によって行う投票。⇩期日前投票

ーしょうめい【ー証明】→アリバイ

ぶ-ざい【部材】 建築などで、構造物の一部に使われる材料。

ぶ-さいく【不細工・無細工】(名・形動ダ) ①細工の手ぎわの悪いこと。出来上がりのひどいさま。ぶかっこう。「ーな服」②顔かたちの醜いこと。「ーな顔」参考「ぶざいく」ともいう。

ふさが・る【塞がる】(自五) ①物がじゃまをして通れなくなる。詰まる。「荷物で戸口がー」②満たされて余地がなくなる。いっぱいになる。「席が予約でー」「悲しみで胸がー」③開いていた所が閉じる。閉まっている。「まぶたがー」「傷口がー」「あいた口がー・らない」④ほかのものに用いられて使えなくなる。「手がー」「その日はー・っています」他ふさ・ぐ(五)

ふさぎ【塞ぎ・鬱ぎ】 気分がすぐれないこと。気鬱。

ーのむし【ーの虫】 気分が晴れないことを体内にいる虫のせいにしていう語。「ーにとりつかれる」

ふさぎ-こ・む【塞ぎ込む・鬱ぎ込む】(自五) 気分が晴れずひどくゆううつそうにする。「訳もなくー」

ふ-さく【不作】 ①作物のできが悪いこと。↕豊作 ②作品や人物などのできの悪いこと。「今年の新人はーだ」

ふ-さく【斧鑿】 斧と鑿。また、それで細工すること。

ーの跡 詩文に技巧をこらしたあと。「ーをとどめない(=技巧をこらしたあとがなく見事である)」

ふさ・ぐ【塞ぐ】 ■(他五) ①通り抜けられる所に何かを置くなどして通れなくする。閉じる。閉める。「入り口をー」「道をー」②穴などを詰める。あいている所にふたなどをする。「壁の穴をー」「手で耳をー」「目をー」③その場を占めて、他に使えないようにする。「座席を荷物でー」④責任を果たす。役目を果たす。「責めをー」自ふさが・る(五) 可能ふさ・げる(下一) ■(自五) 気分がすぐれない。ゆううつである。「気がー・いでおもしろくない」参考 ■は「鬱ぐ」とも書く。

ふ-さくい【不作為】ー 《法》あえて積極的な行為をしないこと。「ー犯(=すべきことをしないことによって成立する犯罪)」↕作為

ふざ・ける【巫山戯る】(自下一) ①興にのってたわいもないことをして遊ぶ。たわむれる。「ー・けて笑わせる」②子供がいたずらしあって遊び騒ぐ。③人をばかにする。「ー・けたことを言う」④道理に合わないことを言ったり、したりする。「ー・けたやつだ」⑤恋人どうしがたわむれる。いちゃつく。

ぶ-さた【無沙汰・不沙汰】(名・自スル) 便りや訪問をしばらくの間しないこと。「ごーしています」

類語 無音・疎音・久闊・疎遠

ぶ-ざつ【蕪雑】(名・形動ダ)(「蕪」は荒れる意) 乱雑できちんとしていないこと。また、そのさま。「ーな言葉」「ーな文章」

ふさ-ふさ (副・自スル) たくさん集まって垂れ下がっているさま。「ー(と)した黒髪」

ぶ-さほう【無作法・不作法】ー (名・形動ダ) 礼儀・作法にはずれていること。ぶしつけ。「ーをはたらく」「ーな人」

ぶ-ざま【無様・不様】(名・形動ダ) 体裁の悪いこと。ぶかっこうなこと。また、そのさま。「ーな姿」

ふさわし・い【相応しい】 (形) (あるもの

が、他のものに）釣り合っている。似合っている。「会長に―人」「年齢に―かっこう」文ふさは・し（シク）

ふ‐さん【不参】（名・自スル）出席しないこと。参加しないこと。

ふし【節】①竹・葦（あし）などの茎の、区切りのようにふくらんだ部分。②木の幹から枝の出たあと。「―のある柱」③人間や動物の関節の部分。「指の―」④糸や縄などでこぶのようになったところ。「―糸」⑤区切り。段落。節目。「仕事の―」⑥（目につくような）箇所。点。「怪しい―がある」⑦（きっかけとなる）とき。おり。「折―」⑧〔音〕旋律。メロディー。⑨「かつおぶし」の略。

ふ‐し【父子】父と子。「―相伝」

ふ‐し【不死】死なないこと。いつまでも生きること。「不老―」

ふし【×五倍子】ヌルデの葉に、五倍子虫（ふしむし）（＝アブラムシの一種）によって生じるこぶ。タンニンを含み、薬用・染料用。古くはお歯黒に用いられた。五倍子（ごばいし）。秋

ふじ【藤】フヂ〔植〕マメ科のつる性落葉木本。山野に自生。また、観賞用に栽植する。葉は羽状複葉。五月ごろに薄紫色の蝶（ちょう）形の小花がふさ状に集まって垂れて開く。春（ふじの実 秋）

ふ‐じ【不△二】①二つとないこと。唯一（ゆいいつ）。②二つに見えて、実質は一つであること。同一。③（十分に意を尽くさない意）手紙の末尾に添える語。④（世に二つとない意から）富士山。

ふ‐じ【不治】ヂ 病気などの治らないこと。不治（ふち）。「―の病」

ふ‐じ【不次】順序どおりでないこと。

ふ‐じ【不時】予定していない、思いがけないとき。「―の出費」

ふ‐じ【扶持】ヂ（名・他スル）助けて世話をすること。

ぶ‐し【武士】昔、武芸を修め、戦（いくさ）に従った階級の人。さむらい。もののふ。「―道」

―に二言（にごん）はない 武士は信義を重んじるので一度言ったことは絶対に守り抜く。**―は相身（あいみ）互（たが）い** 同じ立場にいる者は、たがいを思いやり、助け合わなくてはならないということ。**―は食（く）わねど高楊枝（たかようじ）** 武士が清貧に甘んじること。また、気位の高いことのたとえ。語源武士は貧乏で食えなくても、満腹をよそおってゆうゆうと楊枝を使うという意から出た言葉。

ぶ‐じ【武事】いくさや武芸などに関すること。↔文事（ぶんじ）

ぶ‐じ【無事】（名・形動ダ）変事・病気・失敗など、取り立てて言うほど変わったことが起こらないこと。「平穏―」「―を祈る」

ぶ‐じ【△蕪辞】（「蕪」は荒れる意）乱雑で整わない言葉。自分の言葉や文章をへりくだって言う語。「―を連ねる」

ふし‐あな【節穴】①板などにある、節が抜けたあとの穴。②物事の本質を見分ける力のないこと。「君の目は―か」

ふ‐しあわせ【不幸せ・不仕合〔わ〕せ】シアハセ（名・形動ダ）運の悪いこと。しあわせでないこと。不幸。「―な境遇」

ふし‐いと【節糸】玉繭（たままゆ）からとった太くて節の多い糸。

ふじ‐いろ【藤色】フヂ 薄紫色。

ふし‐おが・む【伏し拝む】ヲガム（他五）マ(モ)・ミ(ン)・ム・ム・メ・メ ①ひれ伏して拝む。「仏を―」②遠く離れた所から拝む。遥拝（ようはい）する。

ふし‐おり【節織〔り〕】（「節糸（ふしいと）織り」の略）節糸で平織りにした絹織物。

ふし‐ぎ【不思議】（名・形動ダ）（「不可思議」の略）想像のつかないことが起こること。どう考えても原因や理由がわからないこと。また、そのさま。「自然界の―」「―なできごと」

ふじ‐ぎぬ【富士絹】屑繭（くずまゆ）から作った、羽二重（はぶたえ）に似せた織物。服地・布団（ふとん）地などに用いる。

ふし‐くれ【節△榑】節の多い材木。

―だ・つ【―立つ】（自五）タ(ト)・チ(ッ)・ツ・ツ・テ・テ ①材木に節が多くてでこぼこしている。②手・足・指の骨や筋肉がかたく盛り上がり、ごつごつしている。「―った手」

ふじ‐こう【富士講】カウ 富士山を信仰する人々が組織した団体。信徒は富士山登拝を行った。江戸時代に盛行。

ふじ‐さん【富士山】静岡・山梨県境にある日本の最高峰。広大な裾野（すその）をもつ山容は成層火山の典型的なもの。風光にすぐれ、富士箱根伊豆（いず）国立公園に指定されている。古くから霊峰として山岳信仰の対象とされた。海抜三七七六メートル。不二。不二山。

ふし‐しず・む【伏し沈む】シヅム（自五）マ(モ)・ミ(ン)・ム・ム・メ・メ 物思いに沈む。悲嘆にくれる。

ふ‐しぜん【不自然】（名・形動ダ）わざとらしいこと。自然でないこと。また、そのさま。「―な笑い」

ふじ‐だな【藤棚】フヂ 藤のつるを絡みつかせ、花房が垂れるようにした棚。春

ふ‐しだら（名・形動ダ）①だらしのないこと。しまりがないこと。「―な生活」②身持ちの悪いこと。不品行。「―な男」

ふじ‐ちゃく【不時着】（名・自スル）（「不時着陸」の略）航空機が故障などで、目的地以外の場所に着陸すること。

ふし‐ちょう【不死鳥】テウ →フェニックス①

ふ‐しつ【不△悉】（思うことを十分に言い尽くせないの意）手紙の末尾に添える語。不一（ふいつ）。不尽（ふじん）。

ふ‐じつ【不実】■（名・形動ダ）誠実でないこと。また、そのさま。不誠実。「―な人」■（名）事実でないこと。いつわり。

ふ‐じつ【不日】（副）近日中に。ほどなく。日ならず。「―参上いたします」

ぶ‐しつ【部室】部活動の部のための部屋。

ふし‐づくり【節△旁】漢字の部首名の一つ。「印」「危」などの「卩」「㔾」の部分。

ふし‐づけ【節付け】（名・自スル）歌詞に節をつけること。作曲すること。

ぶ‐しつけ【不△躾】（名・形動ダ）礼儀をわきまえないこと。また、そのさま。無作法。無礼。「―な態度」「―をわびる」

ふじ‐つぼ【富士△壺】〔動〕フジツボ目に属する甲殻類の総称。海産で、岩礁などに付着する。富士山のような形をした石灰質の殻から六対の脚を出して、プランクトンを集めて食べる。

ふじ‐づる【藤△蔓】フヂ 藤のつる。「―で編んだ籠（かご）」

ふし‐て【伏して】（副）つつしんで。くれぐれも。何とぞ。手紙などで、相手に懇願するときの語。「―お願い申し上げます」

ふし‐ど【△臥〔し〕◦所】寝床（ねどこ）。寝室。寝所。閨（ねや）。

ぶし‐どう【武士道】ダウ 昔、武士階級の間に生まれた道徳。忠誠・名誉・礼節・信義・質素・武勇・惻隠（そくいん）などを重んじた。

ふじ‐なみ【藤波・藤◦浪】フヂ 風に吹かれて波のように揺れ動く藤の花。春

ふじのき‐こふん【藤ノ木古墳】フヂノキ〔日〕奈良県生駒（いこま）郡斑鳩（いかるが）町にある六世紀後半の横穴式石室をもつ古墳。石室からは豊富・多彩な副葬品が発見された。

ふし‐はかせ【節博士】声明（しょうみょう）・今様（いまよう）・平曲・謡曲その他の語り物の節の長短・高低を示すために、歌詞のかたわらに墨で書いた記号。ごま点。ごま。墨譜。

ふじ‐ばかま【藤△袴】フヂ〔植〕キク科の多年草。葉は三小葉からなる複葉で対生。八―九月に淡紅紫色の小頭花をつける。秋の七草の一つ。秋 ⇒秋の七草（さしえ）

ふじ‐びたい【富士額】ビタヒ 髪の生え際が、富士山の形に似ている額。美人の条件の一つとされた。

ふし‐ぶし【節節】①体のあちこちの関節。「―が痛む」②いろいろの点。ところどころ。「疑わしい―がある」

ふし‐ぼね【節骨】関節の骨。

ふし‐まち【△臥〔し〕待ち】「臥し待ちの月」の略。

―の‐つき【―の月】（月の出が遅いので寝て待っている

意から)陰暦十九日の夜の月。寝待ちの月。臥し待ち月(づき)。秋

ふ-しまつ【不始末】(名・形動ダ)①後始末を十分に行わないこと。また、そのさま。「火のー」②(人の迷惑になるような)不都合なことをすること。また、その行い。「ーをしでかす」

ふし-まわし【節回し】マハシ 歌曲や語り物の調子や抑揚。

ふじ-み【不死身】①どんな打撃や苦痛にも耐えられる強い体。②どんな困難や失敗にもくじけないこと。また、その人。

ふし-め【節目】①木材・竹などの節のあるところ。②ある事柄の区切りとなるところ。「人生のーを迎える」

ふし-め【伏し目】うつむきかげんに視線を下に向けること。

ーがち(形動ダ)ダロ・ダッ(デ・ニ)・ダ・ナ・ナラ・○ 伏し目でいたり、伏し目で見たりすることが多いさま。「ーに話す」

ふし-もの【賦し物】連歌・俳諧(はいかい)の句中に物の名を縁語で隠して詠み込むこと。また、その詠み込まれたもの。

ふ-しゃ【富者】富んでいる人。金持ち。↔貧者

ふしゃく-しんみょう【不◇惜身命】シンミヤウ《仏》仏道を修めるためには命をささげて惜しまないこと。

ふ-しゅ【浮腫】《医》皮下組織などにリンパ液や組織液が多量にたまる症状。水腫。むくみ。

ふ-じゅ【腐儒】理屈ばかり言って役に立たない儒者・学者をののしっていう語。学者が自身を謙遜(けんそん)して使うときもある。

ふ-じゅ【△諷△誦】(名・他スル)経典などを声を出して唱えること。ふうじゅ。

ぶ-しゅ【部首】漢和辞典などで、漢字を分類し配列するときの目印となる構成部分。へん・つくり・かんむりなど。「ー索引」

ふ-しゅう【△俘囚】シウ とりこ。捕虜。「ーの身」

ふ-しゅう【腐臭】シウ 物のくさったにおい。「ーを放つ」

ふ-じゆう【不自由】ジイウ (名・自スル・形動ダ)①自由のきかないこと。思いどおりにならないこと。「金にーする」②不便。「ーを感じる」③暮らし向きの苦しいこと。「何ーなく育つ」

ふ-じゅう【不住】ヂユウ ①住まないこと。住む人のいないこと。②一か所にとどまらないこと。「一所ー」

ぶしゅう【武州】ブシウ 「武蔵(むさし)の国」の異称。

ぶ-しゅうぎ【不祝儀】シウギ 人の身におこるめでたくないこと。不吉なできごと。凶事。特に、葬式。「ーが続く」

ふ-じゅうぶん【不十分・不充分】ジフブン・ジユウブン (名・形動ダ)十分でないこと。必要な量や基準を満たしていないこと。また、そのさま。「安全設備がーな工場」「証拠ー」

ぶしゅ-かん【◇仏手△柑】《植》ミカン科の常緑低木。初夏、上部が白で下部が淡紫色の花を開き、先端が指のように裂けた芳香のある実を結ぶ。観賞用。ぶっしゅかん。秋(冬)

ふ-しゅつ【不出】外へ出ないこと。また、大事にして外へ出さないこと。「門外ー」

ふ-じゅつ【△巫術】《宗》呪術(じゅじゅつ)の一つ。みこによって神霊界との交流を行う術。⇩シャーマニズム

ぶ-じゅつ【武術】武道の技術。剣術・弓術など。武芸。

ぶ-じゅつ【△撫△恤】(名・他スル)いつくしみ哀れむこと。

ふ-しゅび【不首尾】(名・形動ダ)①物事がうまく運ばず悪い結果になること。「交渉がーに終わる」↔上首尾 ②(目上の人に)評判が悪いこと。「ーになる」

ふ-じゅん【不純】(名・形動ダ)純粋・純真でないこと。また、そのさま。「ーな物質」「ーな動機」

ーぶつ【ー物】主要な物質の中に少量まじっている別の物質。「ーを取り除く」

ふ-じゅん【不順】(名・形動ダ)順調でないこと。正常な順序どおりに進まないさま。「ーな天候」「生理ー」

ふ-じょ【△巫女】ヂヨ 神に仕えて祈禱(きとう)や口寄せなどをする女性。みこ。いちこ。

ふ-じょ【扶助】(名・他スル)力を添えて助けること。特に、金銭的に援助すること。「相互ー」

ーりょう【ー料】レウ 生活を助けるために支給される金。

ふ-じょ【婦女】ヂヨ 成人の女性。婦人。

ーし【ー子】①女性。婦人。②女性や子供。

ぶ-しょ【部署】組織の中で、各人に割り当てられた役目。また、持ち場。

ふ-しょう【不肖】セウ ㊀(名・形動ダ)親や師に似ず愚かなこと。また、そのさま。「ーの子」㊁(代)自称の人代名詞。自分の謙称。「ー私にお命じください」

ふ-しょう【不承】㊀(名・形動ダ)(「不承知」の略)承知しないこと。㊁(名・他スル)いやいやながら承知すること。不請(ふしょう)。

ーぶしょう【ー不承】(副)しかたなしに。いやいやながら。しぶしぶ。「ー言われたとおりにする」

ふ-しょう【不祥】シヤウ (名・形動ダ)めでたくないこと。縁起の悪いこと。また、そのさま。不吉。

ーじ【ー事】(名誉を汚すような)好ましくない事件。不都合な事柄。「ーを起こす」

ふ-しょう【不詳】シヤウ はっきりわからないこと。「作者ー」

ふ-しょう【不◇請】シヤウ ①心からは願い望まないこと。②いやいやながら承知すること。不承。

ふ-しょう【負傷】シヤウ (名・自スル)傷を負うこと。けがをすること。「ー者」「事故でーする」

ふ-しょう【富商】シヤウ 金持ちの商人。

ふ-じょう【不定】ヂヤウ (名・形動ダ)定まっていないさま。一定しないさま。「老少ー」「生死(しょうじ)ー」

ふ-じょう【不浄】ジヤウ ㊀(名・形動ダ)けがれていること。また、そのさま。「ーの金」↔清浄(せいじょう・しょうじょう) ㊁(名)①(上に「ご」を付け多く女性が用いて)便所。②月経。

ーやくにん【ー役人】罪人を捕らえる役目の役人。また、その役人をののしって言う語。

ふ-じょう【浮上】ジヤウ (名・自スル)①水中から浮かび上がること。②目立たなかったものが表面に現れること。下から上位に上がること。「新たな候補者がーした」「三位にーする」

ふ-じょう【浮城】ジヤウ (水上に浮かぶ城の意から)軍艦。

ふ-じょう【富△饒】ゼウ (名・形動ダ)富んで豊かなさま。

ぶ-しょう【武将】シヤウ ①武士の大将。②武道にすぐれた将。

ぶ-しょう【部将】シヤウ 一部隊の将。

ぶ-しょう【無精・不精】シヤウ (名・形動ダ・自スル)めんどうくさがること。また、そのさま。ものぐさ。「出ー」「筆ー」「ー者」

ーひげ【ー△髭】伸びてもめんどうがってそらないひげ。

ふ-しょうか【不消化】セウクワ (名・形動ダ)①食物の消化が悪いこと。こなれの悪いこと。また、そのさま。②(転じて)十分に理解されていないこと。また、そのさま。「ーな知識」

ふ-しょうじき【不正直】シヤウヂキ (名・形動ダ)正直でないこと。うその多いこと。また、そのさま。「ーな人」

ふ-しょうち【不承知】(名・形動ダ)承知しないこと。聞き入れないこと。また、そのさま。「その件について私はーだ」

ふしょう-ふずい【夫唱婦随】フシヤウ 夫が言い出し、妻がそれに従うこと。「ーの二人」

ふ-じょうり【不条理】デウリ (名・形動ダ)①物事の筋道が通らないこと。また、そのさま。「ーな世の中」②《哲》実存主義の概念で、人生が非合理で意義を見いだす望みの絶たれた状況であることをいう。フランスの作家カミュによって用いられた。

ふじょ-き【不如帰】「ほととぎす」の異称。

ふ-しょく【扶植】(名・他スル)勢力や思想などを人々の間に

植えつけ広げること。「勢力を―する」

ふ-しょく【腐食・腐蝕】(名・自他スル) 錆びたり、腐ったりして本来の形がくずれること。また、腐らせて形をくずすこと。「精神の―」「銅板が―する」

ふ-しょく【腐植】〘農〙枯れ葉などの有機物が、土の中で腐ってできた暗黒色のもの。「―土(=腐植を多く含む土壌)」

ぶ-じょく【侮辱】(名・他スル) 相手をばかにして恥をかかせること。「―を受ける」

ふしょく-ふ【不織布】編んだり織ったりせずに、繊維を結合させて布状にしたもの。芯地や医療用などに用いる。「―マスク」

ふ-しょぞん【不所存】(名・形動ダ) 考えの正しくないこと。心がけの悪いこと。また、そのさま。不心得。「―者」

ふじわら-じだい【藤原時代】フヂハラ― 〘日〙文化史上の時代区分の一つ。八九四(寛平六)年の遣唐使廃止以後、平安時代中・後期の期間。摂関政治を背景に女流文学・浄土教の盛行など国風文化が発達した。

ふじわらのいえたか【藤原家隆】フヂハラノイヘタカ (一一五八〜一二三七) 鎌倉前期の歌人。「かりゅう」とも。「新古今集」の撰者の一人。俊成の門人で定家と並び称された。自由で技巧にとらわれない清新な歌風。家集「壬二集」。

ふじわらのかまたり【藤原鎌足】フヂハラノカマタリ (六一四〜六六九) 飛鳥時代の政治家。藤原氏の祖。中大兄皇子を助けて蘇我氏を倒し、大化改新を断行。臨終に際し大織冠の冠位と藤原の姓を賜った。中臣鎌足。

ふじわらのきよひら【藤原清衡】フヂハラノキヨヒラ (一〇五六〜一一二八) 平安後期の武将。後三年の役で源義家の支援を受け、奥州一帯を平定し、奥州藤原氏の基を築いた。平泉に中尊寺を建立。

ふじわらのきんとう【藤原公任】フヂハラノキンタフ (九六六〜一〇四一) 平安中期の歌人。関白頼忠の長男。詩・歌・管弦にすぐれ、故実に詳しい。家集「公任集」、歌論書「新撰髄脳」など。

ふじわらのさだいえ【藤原定家】フヂハラノサダイヘ →ふじわらのていか

ふじわらのしゅんぜい【藤原俊成】フヂハラノシュンゼイ (一一一四〜一二〇四) 平安末・鎌倉初期の歌人。「としなり」とも。定家の父。法号釈阿。「千載集」の撰者。温雅な歌風で、幽玄体を主張。家集「長秋詠藻」、歌論書「古来風体抄」など。

ふじわらのていか【藤原定家】フヂハラノテイカ (一一六二〜一二四一) 鎌倉前期の歌人。俊成の子。「さだいえ」とも。「新古今集」の撰者の一人。新古今時代の代表歌人で、俊成の幽玄をおし進めた有心を唱え、華麗妖艶な歌風。家集「拾遺愚草」、歌論書「近代秀歌」「毎月抄」、日記「明月記」など。

ふじわらのとしなり【藤原俊成】フヂハラノトシナリ →ふじわらのしゅんぜい

ふじわらのみちなが【藤原道長】フヂハラノミチナガ (九六六〜一〇二七) 平安中期の政治家。摂政・太政大臣。娘を次々と后に立て天皇の外戚として栄華を極めた。法成寺を造営、御堂関白・法成寺摂政と称された。日記に「御堂関白記」がある。

ふじわらのよしつね【藤原良経】フヂハラノヨシツネ (一一六九〜一二〇六) 鎌倉初期の歌人。摂政・太政大臣。歌風は気品と風格に富む。書も巧みで後京極流を創始。家集「秋篠月清集」など。九条良経。

ふ-しん【不信】①その人の言動を疑うこと。不信任。「―の念をいだく」②約束や発言内容を守らないこと。不実。「―の行為」③信仰心がないこと。不信心。「―の人」

―かん【―感】信用できないという気持ち。「―が募る」

ふ-しん【不振】(名・形動ダ) 勢いのふるわないさま。日ごろの力などが出ないさま。「業績―」「食欲―」「打撃が―だ」

ふ-しん【不審】(名・形動ダ) 疑わしく思うこと。また、そう思われるさま。「挙動―」「―をいだく」「―な行動をとる」

―がみ【―紙】書物を読んで、不審な箇所に目印としてはっておく紙。

―び【―火】原因不明の火事。不審火。

ふ-しん【普請】(名・他スル) (禅宗で、大衆を集めて仏堂などの新築や修繕をする意から)建築工事。土木工事。「安―」

ふ-しん【腐心】(名・自スル) ひどく心をつかうこと。心を悩ますこと。苦心。心配。「金策に―する」

ふ-じん【夫人】他人の妻の敬称。奥様。「―同伴」参考 昔、中国で天子の后、または諸侯の妻の称。また、日本で后に次ぐ後宮の女性や高位の人の正妻の称。

ふ-じん【不仁】仁の道に背くこと。思いやりの心がないこと。

ふ-じん【不尽】①十分に尽くさないこと。②(十分に意を尽くさないの意)手紙の末尾に添える語。不悉。不一。

ふ-じん【布陣】ヂン (名・自スル) ①戦いの陣をしくこと。陣容。また、その陣。「鉄壁の―」②試合・闘争・論争などで、態勢をととのえること。また、その構え。

ふ-じん【婦人】成人した女性。女。「―服」参考「婦人科」「婦人服」など特定の複合語を除けば、現在はふつう「女性」を用いる。

―うんどう【―運動】〘社〙女性の社会的地位や労働条件を向上させるなど、女性の制度的不利益や差別を解消・是正するための運動。参考 現在は多く「女性解放運動」「フェミニズム(運動)」などという。

―か【―科】クヮ 〘医〙婦人病を対象とする医学の分科。

―かい【―会】クヮイ 修養・研究・娯楽・社会奉仕などのために女性が組織する団体。

―びょう【―病】ビャウ 〘医〙女性の生殖器にかかわる病気。

ぶ-しん【武臣】武人である臣下。

ぶ-しん【武神】武道をつかさどる神。軍神。

ぶ-じん【武人】軍事に携わる人。武士。軍人。↔文人

ふ-しんじん【不信心】(名・形動ダ) 神仏を信じないこと。また、そのさま。不信仰。不信心。「―な人」

ふ-しんせつ【不親切】(名・形動ダ) 親切でないこと。

ふ-しんにん【不信任】信任しないこと。「内閣―案」

ふしん-ばん【不寝番】夜通し寝ないで、見張りをすること。また、その人。寝ずの番。「―を置く」「―に立つ」

ふ・す【付す・附す】(自他五) サ(ソ)・シ・ス・ス・セ・セ →ふする(付する) 語源 サ変動詞「ふする」の五段化。

ふ・す【伏す】(自五) サ(ソ)・シ・ス・ス・セ・セ ①うつぶす。うつむく。「顔を―」「―・してお願い申し上げます」②腹ばいになる。横たわる。「地に―」③ひそむ。隠れる。「物陰に―」

ふ・す【臥す】(自五) サ(ソ)・シ・ス・ス・セ・セ 横になる。寝る。また、病気で床につく。「病の床に―」

ふ-ず【付図・附図】ヅ 本文などの付属としてつけた地図や図表。「―参照」

ぶす〘俗〙容姿のよくない女性をののしっていう語。

ぶ-す【付子・附子】トリカブトの根から作る劇薬。ぶし。

ふ-ずい【不随】体が思うように動かないこと。「半身―」

ふ-ずい【付随・附随】(名・自スル) 主となる物事に付き従って生じること。関連すること。「―した問題」「義務が―する」

ぶ-すい【無粋・不粋】(名・形動ダ) 粋でないこと。また、そのさま。風流でないさま。やぼ。「―な男」「―なまねをする」

ふ-ずいい【不随意】思いのままにならないこと。

―きん【―筋】〘生〙自分の意志とは関係なくはたらく筋

肉。心筋と平滑筋がこれに属する。↔随意筋

ふ-すう【負数】〘数〙零より小さい数。↔正数

ぶ-すう【部数】 書籍・雑誌・新聞などの数。「発行—」

ぶすっ-と（副・自スル）①不機嫌で口を利かないさま。「—した顔」②→ぶすりと

ぶす-ぶす（副）①先のとがった物が何度も突き刺さるさま。「指で障子に穴を—(と)あける」②火が炎を上げて燃えずに、煙だけ出してくすぶるさま。③不平不満を小声で言うさま。

ふすぶ・る【△燻ぶる】（自五）（ラ(ロ)・リ(ッ)・ル・ル・レ・レ）①よく燃えないで煙ばかりが出る。②すすける。③活動せず引きこもって過ごす。他ふす・べる（下一）参考「くすぶる」ともいう。

ふす・べる【△燻べる】（他下一）（ベ・ベ・ベル・ベル・ベレ・ベロ(ベヨ)）①煙らせる。いぶす。くすべる。「薪(まき)を—」「蚊やりを—」②煙に当てて黒くする。すすけさせる。「銀を—」自ふすぶ・る（五）文ふす・ぶ（下二）

ふすま【△衾・◇被】 寝るときに体に掛ける夜具。冬

ふすま【△麬・△麸】 小麦を粉にひいたときに出る皮のかす。飼料や洗い粉となる。「牛に—を食わせる」

ふすま【△襖】 木で骨組みを作り両面に紙や布などを張った建具。唐紙(からかみ)。ふすま障子。「—絵」「—を開ける」冬

ぶすり-と（副）比較的やわらかなものに鈍い音を立てて突き刺さるさま。ぶすっと。「矢が—刺さる」

ふ・する【付する・附する】（シ(セ・サ)・シ・スル・スル・スレ・シロ(セヨ)）■一（自サ変）つく。つき従う。「驥尾(きび)に—」■二（他サ変）①つける。添える。「条件を—」「図を—」②任せる。託する。かける。「審議に—」「裁判に—」③渡す。与える。交付する。「証明書を—」④ある扱いをする。「不問に—」文ふ・す（サ変）

ふ・する【賦する】（他サ変）（シ(セ・サ)・シ・スル・スル・スレ・シロ(セヨ)）①税などを割り当てる。課する。②詩などを作る。「絶句を—」文ふ・す（サ変）

ふ-せ【布施】〘仏〙①人に施し与えること。②僧に金品を与えること。また、その金品。お布施。「お—を包む」

ふ-せい【不正】（名・形動ダ）正しくないさま。また、その行い。よこしま。「—入学」「—をはたらく」

ふ-せい【父性】 父として持つ心や肉体などの特質。↔母性

—あい【—愛】 子供に対する父としての愛情。↔母性愛

ふ-せい【不整】（名・形動ダ）整っていないさま。

—みゃく【—脈】〘医〙脈拍が不規則な状態。

ふ-せい【△斧正】（おので正す意）他人の文章を加筆・訂正すること。特に、詩文の添削を請うときの謙称。「—を請う」

ふ-せい【浮世・浮生】 定めないこの世。浮き世。はかない人生。「—夢のごとし(=人生がはかないことのたとえ)」

ふ-せい【賦性】 生まれつき。天性。資性。

ふ-ぜい【風情】 ①いかにもそれらしい趣。風流な味わい。「—のある眺め」②ようす。ありさま。「恥ずかしそうな—をする」③もてなし。待遇。「なんの—もありませんが」④（体言に付いて）卑しめ、またはへりくだる意を表す。…のようなもの。「私—には」

ふ-ぜい【賦税】 税を割り当てること。

ぶ-ぜい【無勢】 人数が少ないこと。「多勢(たぜい)に—」↔多勢

ふ-せいかく【不正確】（名・形動ダ）あやふやなこと。正確でないこと。また、そのさま。「—な記述」

ふ-せいき【不正規】 正式でないこと。非正規。「—軍」

ふ-せいこう【不成功】 事がうまくいかないこと。目的を達し得ないこと。「—に終わる」

ふ-せいしゅつ【不世出】 めったに世に現れないほどすぐれていること。「—の詩人」

ふ-せいせき【不成績】 成績の悪いこと。↔好成績

ふせいぶん-ほう【不成文法】（ハフ）→ふぶんほう

ふ-せいりつ【不成立】 成り立たないこと。「調停—」

ふ-せき【布石】 ①囲碁で、対局の序盤の石の配置。②将来に備えた手配り・準備。「将来への—を打つ」

語源 囲碁では、序盤の石の配置(布石)が、戦局によって重要な役割を果たす。それが一般的な意味に広がり、将来を見通して前もって講じる手だて・準備の意を表すようになった。

ふせ・ぐ【防ぐ・△禦ぐ】（他五）（ガ(ゴ)・ギ(イ)・グ・グ・ゲ・ゲ）①侵されないように守る。「侵入を—」②前もって災いが及ばないようにする。防止する。「事故を—」「疫病を—」可能ふせ・げる（下一）

ふせ-ご【伏せ△籠】 ①香炉や火鉢の上にかぶせて、衣類を乾かしたり香をたきしめたりするかご。②伏せて鶏などを入れるかご。

ふせ-じ【伏せ字】 ①印刷物で、明記をはばかる語を○や×などの符号で表すこと。また、そのしるし。②→げた②

ふせ-ぜい【伏せ勢】 →ふくへい①

ふ-せつ【付設・附設】（名・他スル）付属させて設けること。

ふ-せつ【付説・附説】（名・自スル）本論に付け加えて説明すること。また、その説明。

ふ-せつ【浮説】 根拠のないうわさ。流言。風説。

ふ-せつ【符節】 木や竹の札に文字を書き中央に割り印を押して二つに分けたもの。合わせてみて後日の証(しるし)とする。割り符。

—を合(がっ)する 両方がぴったりと一致する。符節を合わせる。

ふ-せつ【敷設・布設】（名・他スル）鉄道・導管・ケーブル・機雷などを、広い範囲にわたって設けること。「鉄道を—する」

ふ-せっせい【不摂生】（名・形動ダ）養生を怠ること。健康に気をつけない生活をすること。また、そのさま。「—がたたる」

ふせ-や【伏せ屋】 低く小さい家。みすぼらしい小屋。

ふせ・る【△臥せる】（自五）（ラ(ロ)・リ(ッ)・ル・ル・レ・レ）横になって寝る。特に、病気で寝る。「病の床に—」文ふ・す（四）

ふ・せる【伏せる】（他下一）（セ・セ・セル・セル・セレ・セロ(セヨ)）①表または前を下にする。うつむかせる。「顔を—」「杯を—」「本を—」②知られないようにする。隠す。「名前を—」③おおいかぶせる。「かごを—」④横にする。寝かす。「体を—」文ふ・す（下二）

ふ-せん【不戦】 戦わないこと。「—条約」

—しょう【—勝】 相手方の欠場・棄権などのため、試合をしないで勝ちを得ること。

—ぱい【—敗】 欠場・棄権などのため、試合をしないで負けになること。

ふ-せん【付箋・附箋】 疑問や用件などを書いて、また目印として、書類や本などにはりつける小さい紙。「—をはる」

ふ-ぜん【不全】（名・形動ダ）状態・機能などが完全でないこと。不完全。不良。「発育—」「心—」

ふ-ぜん【不善】 よくないこと。道徳に背くこと。「小人(しょうじん)閑居(かんきょ)して—をなす」

ぶぜん【豊前】 旧国名の一つ。現在の福岡県東部と大分県北部。豊州(ほうしゅう)。

ぶ-ぜん【△憮然】（タル・ト）がっかりしてなかばあきらめたさま。また、内心不満を感じながらどうすることもできず、押し黙るさま。「—とした面持ち」文（形動タリ）

ふ-せんめい【不鮮明】（名・形動ダ）はっきりしないこと。また、そのさま。「—な写真」「—な記憶」

ふ-そ【父祖】 父と祖父。また、祖先。先祖。「—伝来の土地」

ふ-そう【扶桑】（サウ）昔、中国で日本を呼んだ言葉。語源 東海の日の出る所にあるという神木、またその地の意。

ぶ-そう【武装】（サウ）（名・自スル）武器を身につけること。戦闘のための装備をすること。また、その装備。「銃で—する」

ぶ-そう【無双】（サウ）→むそう(無双)①

ふ-そうおう【不相応】（サウオウ）（名・形動ダ）釣り合わず、ふさわしくないこと。また、そのさま。不釣り合い。「身分—の生活」

ふ-そく【不足】 [一]（名・形動ダ・自スル）足りないこと。十分でないさま。「認識―」[二]（名・形動ダ）満足しないこと。不満。不服。「―に思っている表情」「相手にとって―はない」

ふ-そく【不測】 予測できないこと。「―の事態」

ふ-そく【付則・附則】 ①ある規則を補うために付けられた規則。②〘法〙法律・命令の主要事項に付随する、経過規定・施行期日・細目などの事項を規定したもの。↔本則

ふ-ぞく【付属・附属】 [一]（名・自スル）主たるものに付き従うこと。また、そのもの。「―部品」「―する問題」[二]（名）（「付属学校」の略）大学に付属した小学校・中学校・高等学校など。

―ご【―語】〘文法〙単語の文法上の二大別の一つ。単独で文節を構成することができず、常に自立語の下に付いて文節を構成する単語。助動詞と助詞が属する。辞。↔自立語

ぶ-ぞく【部族】 言語・宗教・慣習などを共有し、一定の地域に居住する共同体で、民族の構成単位となっているもの。

ぶ-ぞく【部属】 部に分けること。また、その中にいること。

ふそく-ふり【不即不離】 付きも離れもしないこと。付かず離れずの関係にあること。「―の関係」

ふそく-るい【斧足類】〘動〙軟体動物門中の一綱。ふつう二枚貝と呼ぶ類。足が斧に似ていることから呼ばれる。おのあし類。双殻類ともいう。アサリ・ハマグリなど。⇩二枚貝

ふ-ぞろい【不揃い】（ソロヒ）（名・形動ダ）そろっていないこと。また、そのさま。「―の（な）長さ」「―な歯並び」

ふ-そん【不遜】（名・形動ダ）相手に対してへりくだる気持ちのないさま。思い上がること。尊大。「傲岸―」「―な態度」

ぶそん【蕪村】 →よさぶそん

ぶそんしちぶしゅう【蕪村七部集】（ブソンシチブシフ）江戸後期の俳諧集。菊舎太兵衛ら編。一八〇九（文化六）年刊。与謝蕪村とその一門の作「其雪影」などを収録。

ふた【蓋】 ①入れ物の口を上からおおいふさぐもの。「なべの―」「身も―もない」↔身 ②サザエなどの巻き貝の口をおおう甲。

―を開ける ①物事を始める。②劇場などで、興行を始める。③実情や結果などをみる。「当落は―までわからない」

ふだ【札】 ①ある目的のため、また目印としたり注意をひいたりするために文字を書いた木片・紙片・金属片など。「値―」「休業の―」②（「お札」の形で）守り札。「お―を納める」③立て札。高札。「立入禁止の―」④看板。⑤入場券。許可証。「満員―止め」⑥かるた・トランプなどの紙片。カード。「―を配る」[語源]「文板」の転。

ぶた【豚】〘動〙イノシシ科の哺乳動物。イノシシを改良して家畜化したもの。食肉用・皮革用。家猪。

―に真珠 いくら貴重なものでも価値のわからない者にはなんの役にも立たないことのたとえ。[参考]類似のことば―猫に小判

ふた-あい【二藍】（アヰ）染め色の名。紅花と藍とで染めた色。紅がかった青色。

ふた-あけ【蓋開け・蓋明け】 ふたをあけること。転じて、物事を開始すること。特に、劇場の興行の初日。

ふ-たい【付帯・附帯】（名・自スル）おもなものに付け加わっていること。付随。「―事項」「―条件」

ふ-だい【譜代】 ①代々臣下として、その主家に仕えること。また、その臣下。②〘日〙江戸時代、関ケ原の合戦以前から徳川家に仕え、臣から取り立てられた大名。重要な場所に領地を与えられ、要職についた。「―大名」⇩親藩・外様

ぶ-たい【部隊】 ①指揮を受けて集団行動をとる一群の軍隊。②共通の目的をもって集団行動をする一群の人々。「平和―」

ぶ-たい【舞台】 ①演技や演奏などを観客に見せるための場所。ステージ。また、そこで行う演技や演奏など。「能の―」「―に立つ」②（比喩的に）何かが行われ、またはその活躍ぶりを見せる場所。「国際的な―を踏む」「晴れの―に立つ」

―うら【―裏】 ①客席からは見えない舞台の裏側。楽屋や大道具などを置くところ。②（転じて）物事が行われる裏面。「国際会議の―」

―かんとく【―監督】 演劇で、照明・装置・効果など、上演進行のいっさいを指導監督すること。また、その人。

―げいこ【―稽古】 演劇で、上演に先だって舞台で本番そのままに行うけいこ。

―げき【―劇】 舞台で演じられる劇。映画劇・テレビ劇・放送劇などと区別するときにいう。

―そうち【―装置】（サウチ）舞台上に設けられる大道具・小道具・照明などの装置。

ふ-たいてん【不退転】 ①〘仏〙修行の過程で、すでに得た悟りや徳を失わないこと。不退。必定。②かたく保持して動じないこと。屈せずにがんばること。「―の意志」「―の決意で臨む」

ふた-いとこ【二従兄弟・二従姉妹】 →またいとこ

ふた-え【二重】（へ）①二つ重なっていること。また、そのもの。にじゅう。②二つに折れ曲がること。曲がっていること。「―腰」

―まぶた【―瞼】 まぶたのふちがひだのように二重になっていること。また、そのまぶた。ふたかわめ。

ふた-おや【二親】 父と母。両親。「―を亡くす」↔片親

ふたかわ-め【二皮眼】（フタカハ）→ふたえまぶた

ふ-たく【付託・附託】（名・他スル）他に頼み任せること。特に、審議を委員会や他の機関に頼み任せること。

ふ-たく【負託】（名・他スル）他に引き受けさせて任せること。「国民の―にこたえる」

ふた・ぐ【塞ぐ】（他四）〘古〙ふたをする。おおう。ふさぐ。

ぶた-くさ【豚草】〘植〙北アメリカ原産のキク科の一年草。草の高さは約一メートル。夏から秋に淡緑色の小花を穂状につける。花粉はアレルギー性鼻炎などの原因となる。[夏]

ふた-ご【双子・二子】 同じ母から同時に二人の子が生まれること。また、その子供。一卵性と二卵性とがある。双生児。

ふた-ごころ【二心】 心を二様に持つこと。特に、主人や味方に背く心。裏切りの心。「主君に―をいだく」

ふた-こし【二腰】 ①腰に帯びる大小の二刀。②武士。

ふたこと-め【二言目】 何か言い出すと、口癖のように必ず口にする言葉。「父は―には勉強しろと言う」

ぶた-ごや【豚小屋】 ①豚を飼う小屋。②汚い家のたとえ。

ふだ-さし【札差】〘日〙江戸時代、旗本や御家人に支給される蔵米を代理として受け取り、その販売を代行した商人。のちには蔵米を担保として金融も行った。

ふ-たしか【不確か】（形動ダ）（ダロ・ダッ（デ・ニ）・ダ・ナ・ナラ・〇）確かでないさま。あやふや。「―な情報」

ふだ-しょ【札所】 巡礼者が参拝のしるしに、巡拝札を受けたり、納めたりする所。三十三か所の観音、八十八か所の弘法大師の霊場など。「―巡り」

ふた-すじ【二筋】（スヂ）二本。二つの筋。

―みち【―道】 ①二方向に分かれた道。分かれ道。岐路。②二本の道。また、二つの方面。「色と欲との―」

ふた-たび【再び】（副）二度。重ねて。再度。「―訪れる」

ふた-つ【二つ】 ①一に一を加えた数。二。「世に―とない宝」②二番目。第二。③二歳。「―の子供」

―に一つ 二つのうちどちらか一方。[用法]判断の方向が二つに絞られ、そのいずれにするか、決定を迫られたときに用いる。

―な【―名】 本名以外の呼び名。別名。

―ながら【―乍ら】（副）二つとも。両方どちらも。

―へんじ【―返事】（はいはい、と重ねる返事の意）すぐに気持ちよく引き受けること。「―で承知する」

―め【―目】①二番目。②落語で、前座の上、真打ちの下の格。寄席で、前座の次に高座に上がることからいう。③歌舞伎で、二幕目。江戸では下級役者が出た。

―わり【―割り】①半分に分けること。また、分けたもの。②（四斗樽の半分で）二斗入りの酒樽。

ふ-たつ【布達】㊀（名・他スル）官庁などが広く一般に知らせること。また、その知らせ。㊁（名）一八八六（明治十九）年以前に出された行政命令。

ふだ-つき【札付〔き〕】①札が付いていること。特に、商品に正札が付いていること。また、そのもの。②定評のあること。悪い意味にいう。また、その人。「―の乱暴者」

ふた-て【二手】二つの方面。「―に分かれて迷子を探す」

ぶ-だて【部立〔て〕】全体を同種の部類・部門に分けること。また、その分類。「古今集の―」

ふだ-どめ【札止め】①満員で入場券の発売をやめること。「満員―の盛況」②立入禁止の立て札を立てること。

ふた-なぬか【二七日】人の死後一四日目の忌日。ふたなのか。（死んだ日を入れて数える。）

ふた-なり【二◇形】①二つの形を備えたもの。②男女両性の性器を備えていること。また、その人。半陰陽。

ふた-の【二◇幅・二◇布】①並幅の二倍の布幅。ふたはば。②（二幅の布で作るところから）女性の腰巻き。

ふた-ば【二葉・双葉・△嫩】①発芽したばかりの小さい二枚の葉。春 ②物事の初めのころ。人の幼いころ。「栴檀は―より芳し」

ぶた-ばこ【豚箱】《俗》警察署の留置場。「―に入る」

ふたばてい しめい【二葉亭四迷】（一八六四～一九〇九）小説家。日本最初の言文一致体によるリアリズム小説「浮雲」を発表。かたわらツルゲーネフの小説「あひびき」などのロシア文学を清新な文章で翻訳した。小説「其面影」「平凡」など。

ふた-また【二股】①もとが一つで、先が二つに分かれていること。また、そのもの。「道が―に分かれる」②同時に二つの目的をとげようとすること。また、どちらに転んでもよいように両方の用意をすること。二道。「進学と就職の―をかける」

―ごうやく【―△膏薬】あれにつきこれに従い、態度が一定しないこと。また、その人。内股膏薬。ふたまたこうやく。語源 内股にはった膏薬が両内股につくことからいう。

ふた-みち【二道】①ふたまたに分かれた道。また、二つの道。②→ふたまた②

ふた-め【二目】二度見ること。

―と見られぬ あまりにむごたらしくて、またはみにくくて、二度と見る気がしない。「―惨状」

ふ-ため【不◇為】（名・形動ダ）ためにならないこと。また、そのさま。「互いの―になる」

ふた-もの【蓋物】ふたのある器物。ふたつきの陶器。

ふだらく-せん【◇補△陀落◇山・普△陀落◇山】《仏》インド南端の海岸にあるという観音菩薩の霊場。日本では観音の霊場に、この名を多く用いる。参考「ふだらく」は梵語。

ふた-り【二人】二個の人間。両人。「―連れ」参考 常用漢字表付表の語。

ふ-たん【負担】（名・他スル）（荷を背負う意から）①義務・仕事・責任などを身に引き受けること。また、その義務・仕事・責任など。「―がかかる」「費用を―する」②過重な仕事や責任。重荷。「親に―をかける」

ふ-だん【不断】（名・副）①たえまなく続くさま。「―の努力」②決断力のとぼしいさま。「優柔―」③つねひごろ。いつも。「―と変わらない」「―のまま」参考 ③は、多く「普段」と書く。

類語 日頃・平生・平素・日常

―ぎ【―着・普段着】日常、ふつうに着る衣服。↔晴れ着

―そう【―草】《植》ヒユ科の越年草。南ヨーロッパ原産。葉は卵形で互生。若葉は食用。唐萵苣。夏

―づかい【普段使い】改まった時でなく、日常的に使うもの。「―の食器」

ブタン〈butane〉《化》アルカン（＝メタン系炭化水素）の一つ。天然ガス、原油、石油精製における蒸留ガスに含まれる。工業用原料、自動車用燃料・携帯燃料として用いられる。

ぶ-だん【武断】武力や武威によって政治を行ったり物事を処置したりすること。「―政治」↔文治

ふち【△淵】①川などで、水が深くよどんでいる所。↔瀬 ②容易に抜け出すことのできない苦境。「絶望の―に沈む」

ふち【縁】物のへり。はし。「―が欠ける」「銀―のめがね」

ふ-ち【不知】①知らないこと。②知恵がないこと。

ふ-ち【不治】→ふじ（不治）

ふ-ち【付置・附置】（名・他スル）付属させて設置すること。

ふ-ち【布置】（名・他スル）それぞれ適当な場所に物を配り並べること。配置。「庭石の―を考える」

ふ-ち【扶◇持】（名・他スル）①助けること。②「ふちまい」の略。

ぶち-【◇打ち】（接頭）動作を荒々しく行うときに添える語。また、語調を強める語。「―まける」「―こわす」用法 音便の形をとって「ぶん」「ぶっ」となることもある。

ぶち【◇斑・△駁】おもに動物の毛色で、地色と異なる色が所々にまじっていること。また、そのもの。まだら。「―の犬」

プチ-〈フランス petit〉（接頭）「小さい」「わずかな」「かわいい」などの意を表す。「―トマト」「―ブル」

ぶち-あ・ける【◇打ち明ける・◇打ち開ける】（他下一）ケ・ケ・ケル・ケル・ケレ・ケロ（ケヨ）《俗》①中のものをすべて出してしまう。「かばんの中身を―」②隠していたことを、ありのままに言う。秘密をあかす。

ぶち-あ・げる【◇打ち上げる】（他下一）ゲ・ゲ・ゲル・ゲル・ゲレ・ゲロ（ゲヨ）《俗》大きな計画・構想など、聞く人を驚かすようなことを臆面もなく言う。大言壮語する。「大計画を―」

ぶち-あた・る【◇打ち当〔た〕る】（自五）ラ（ロ）・リ（ッ）・ル・ル・レ・レ《俗》①勢いよくぶつかる。「車が電柱に―」②困難な事態に直面する。「捜査が壁に―」

ふち-あんない【不知案内】ようすや内容を知らないこと。不案内。「―の山路」

ぶち-かま・す【◇打ち△噛ます】（他五）サ（ソ）・シ・ス・ス・セ・セ ①相撲で、立ち上がるとき、相手に勢いよく頭から当たっていく。「低い姿勢から―」②《俗》相手に強い力で一撃を与える。

ぶち-こ・む【◇打ち込む】（他五）マ（モ）・ミ（ン）・ム・ム・メ・メ《俗》①乱暴にうちこむ。「砲弾を―」②投げこむように入れる。また、むりやりに閉じこめる。「刑務所に―」

ぶち-こわ・す【◇打ち壊す・◇打ち◇毀す】（他五）サ（ソ）・シ・ス・ス・セ・セ《俗》①乱暴にこわす。ひどくこわす。「家を―」②物事を台なしにする。「商談を―」「いい気分を―知らせ」

ふち-せ【△淵瀬】①水の深い所と浅い所。②世の中の移り変わりが激しくて、定めないことのたとえ。「―のならい」

ふち-だか【扶◇持高】扶持米の石高。

ふち-どり【縁取り】（名・自他スル）飾りや強化のために、素材の縁に色をつけたり縫い取りをしたりすること。また、その細工。「レースの―」

ふち-ど・る【縁取る】（他五）ラ（ロ）・リ（ッ）・ル・ル・レ・レ ふちどりをする。ふちをつける。「周囲を太い線で―」「袖口をレースで―」

ぶち-ぬ・く【◦打ち抜く】（他五）カ(コ)・キ(イ)・ク・ク・ケ・ケ《俗》①反対側まで穴をあけて貫き通す。「山を―いてトンネルを掘る」②仕切りを取り払ってひと続きにする。「二部屋を―」③あることを最後まで（あるいは一定期間）やり通す。「興行を―」

ぶち-のめ・す【◦打ちのめす】（他五）サ(ソ)・シ・ス・ス・セ・セ《俗》強い打撃を与えて立ち上がれないようにする。「裏切り者を―」

プチ-ブル〈フランス petit bourgeois から〉プルジョアジー（資本家階級）とプロレタリアート（労働者階級）との中間の階級。勤労者でありながら、中産階級的意識を持つ人々。多く、侮蔑(ぶべつ)的に用いられる。小市民。「典型的な―意識」

ふち-まい【扶◦持米】主君が家臣に給付した米。ふち。

ぶちま・ける（他下一）ケ・ケ・ケル・ケル・ケレ・ケロ(ケヨ)《俗》①容器をひっくり返して中身を勢いよく出す。②包み隠さずすっかり打ち明ける。すべてを言葉に出して言う。「怒りを―」文ぶちま・く（下二）

ふ-ちゃ【普茶】①一般の人に茶を供すること。②「普茶料理」の略。

―りょうり【―料理】リョウ 中国風の精進(しょうじん)料理。黄檗(おうばく)料理。普茶。

ふ-ちゃく【不着】到着しないこと。着かないこと。

ふ-ちゃく【付着・附着】（名・自スル）くっついて離れないこと。くっつくこと。「衣服に塗料が―する」

ふ-ちゅう【付注・附△註】注をつけること。また、その注。

ふ-ちゅう【不忠】（名・形動ダ）忠義でないこと。主君の言に反するさま。「―の臣」

―ご【―語】→こうちゃくご

ふ-ちゅうい【不注意】（名・形動ダ）注意の行き届かないこと。また、そのさま。用心の足りないさま。「―から起きた事故」

ふ-ちょう【不調】テウ（名・形動ダ）①調子の悪いさま。「体の―を訴える」↔好調 ②事のまとまらないさま。成立しないさま。「交渉が―に終わる」

ふ-ちょう【府庁】チャウ 府の行政事務を扱う役所。

ふ-ちょう【符丁・符△牒】チャウ・テフ ①商品につける、値段を示す符号。②合図の隠語。合い言葉。「―で言う」③文字や線などのしるしが何かの意味を含んでいるもの。符号。

ふ-ちょう【婦長】チャウ 看護婦の長。看護師長。師長。参考 看護師が看護婦と呼ばれていたときの語。

ぶ-ちょう【部長】チャウ 部の長。部のかしら。

ぶ-ちょうほう【不調法・無調法】テウハフ ■（名・形動ダ）①行き届かないこと。下手なこと。「口が―で」②嗜好品(しこうひん)や芸事などをたしなまないこと。「酒はまったく―でして」■（名）過ち。そそう。「とんだ―をいたしました」

ふ-ちょうわ【不調和】テウワ（名・形動ダ）調和しないこと。似合わないこと。また、そのさま。「部屋に―な絵」

ふ-ちん【不沈】艦船などが絶対に沈没しないこと。「―艦」

ふ-ちん【浮沈】①浮いたり沈んだりすること。②栄えたり衰えたりすること。「会社の―にかかわる問題」

ふつ【払】［人］【拂】フツ高 はらう中

（字義）①はらう。㋐はらいのける。「払拭(ふっしょく)」㋑なくなる。「払底」②さからう。もとる。「払乱・払戻(ふつれい)」③夜が明ける。「払暁」難読 払子(ほっす)

ふつ【沸】フツ わく中・わかす中

（字義）わく。㋐にえたつ。湯がわく。「沸騰・煮沸」㋑水がわき出る。「沸沸」

ぶつ【仏】教5 ［人］【佛】ブツ・フツ ほとけ

（字義）①ほとけ。㋐悟りを開いたもの。仏陀(ぶっだ)。「仏教・仏像・神仏・大仏・阿弥陀仏(あみだぶつ)」㋑釈迦(しゃか)。「仏骨・仏舎利」②「仏蘭西(フランス)」の略。「仏語(ふつご)・英仏(えいふつ)」難読 仏掌薯(つくねいも)・仏手柑(ぶっしゅかん)・仏頂面(ぶっちょうづら) 人名 さとる

ぶつ【物】教3 ブツ・モツ もの

（字義）①もの。天地間に存在するすべてのもの。「物質・物体・食物・書物・進物・生物・荷物・万物」②ことがら。こと。「格物」③世間のこと。「物議」④見る。見て判断する。「物色」⑤死ぬ。「物故」難読 物怪(もっけ)・物相(もっそう)・物の怪(け) 人名 たね

ぶつ【物】《俗》もの。物品。現物。「―は金(かね)と引き換えだ」

ぶ・つ【◦打つ・◦撃つ・△撲つ】（他五）タ(ト)・チ(ッ)・ツ・ツ・テ・テ ①うつ。なぐる。②《俗》演説などをする。「一席―」可能 ぶ・てる（下一）

ぶっ-【◦打っ】（接頭）（「ぶち」の音便）動作を荒々しく行うときに添える語。また、語調を強める語。「―とばす」「―こわす」

ふ-つう【不通】①通じないこと。通信機関が途絶えること。交通機関が止まること。「電話が―になる」「全線―」②わからないこと。理解できないこと。「文意―」③手紙のやりとりや交際をしないさま。「音信―」

ふ-つう【普通】■（名・形動ダ）他と変わっていないこと。めずらしくないこと。ごくあたりまえであること。また、そのさま。「―列車」「全国で―に見られる花」「ごく―の家庭」■（副）一般に。通常。たいてい。「―七時に帰宅する」

―きょういく【―教育】ケウイク 国民一般に必要とされる教育。専門教育・職業教育に対して、義務教育としての小・中学校教育、および高等学校の普通科の教育をいう。

―ぎんこう【―銀行】ギンカウ《商》預金の受け入れ、貸し付け、手形割引、為替(かわせ)取引を基本的業務とする銀行。都市銀行（市中銀行）と地方銀行とに分類される。商業銀行。

―せんきょ【―選挙】身分・財産・教育・性別などで制限せず、一定年齢以上の者に選挙権・被選挙権を与える選挙制度。普選。はじまり 日本では、一九二五（大正十四）年に男子について納税制限を撤廃して実現し、女子は一九四五（昭和二十）年になって認められた。

―ぶん【―文】明治時代以降、新聞・雑誌や法令などに用いられた文語文。従来の漢文訓読的な文章に、近世擬古文などの文体をとりいれたもの。

―めいし【―名詞】《文法》名詞の一つ。同種類の事物全体に通じて用いられる名詞。「山」「川」など。↔固有名詞

―よきん【―預金】《商》いつでも自由に預け入れ・引き出しのできる銀行預金。

ぶつ-えん【仏縁】《仏》仏との間に結ばれる縁。仏の導き。

ぶつ-おん【仏恩】仏のめぐみ。如来(にょらい)の慈悲の恩。

ふつ-か【二日】①二日間。両日。②月の第二日。参考 常用漢字表付表の語。

―づき【―月】陰暦二日の月。特に八月二日の月。秋

―よい【―酔い】ヨヒ 前日に飲んだ酒の気が残っていて気分が悪いこと。宿酔(しゅくすい)。参考「宿酔」とも書く。

ぶっ-か【仏花】クヮ 仏前や墓前に供える花。

ぶっ-か【仏果】クヮ《仏》仏道修行によって得られるよい報い。成仏(じょうぶつ)という結果。

ぶっ-か【物価】品物の価格。物の値段。いろいろな商品やサービスの個々の価格を総合して表したもの。「消費者―」

―しすう【―指数】《経》物価の変動を調べるための統計数字。一定の年・月・場所における一定の物価を一〇〇として、その後の物価の動きを指数で表したもの。

ぶつ-が【仏画】グヮ 仏教に関する絵画。仏教画。

ぶつ-が【物我】 自分以外のものと自分。客体と主体。客観と主観。「―一如」

ぶっ-かい【仏界】《仏》仏のすむ世界。仏土・浄土のこと。

ぶっ-かい【物界】 物質の世界。

ぶっ-かき【◇打っ欠き】 氷を小さく打ち砕いたもの。ぶっかき氷。かちわり。

ふっ-かく【伏角】―《物》地球の磁場により磁針の方向が水平面となす角度。傾角。

ぶっ-かく【仏閣】 寺の建物。寺。「神社―」

ふっ-か・ける【吹っ掛ける】（他下一）①吹いてそそぎかける。吹きかける。「息を―」②困らせるようなことをしかけたり言ったりする。「けんかを―」③値段などを法外に高く要求する。「高値を―」語源「吹き掛ける」の転。

ぶっ-か・ける【◇打っ掛ける】（他下一）《俗》手荒くそそぎかける。「水を―」

ふっ-か-すいそ【弗化水素】―《化》水素と弗素の化合物。刺激性の強い無色有毒の気体。水溶液はガラスを腐食するので、模様や日盛りをつけるのに用いる。

ふっ-かつ【復活】 ■一（名・自スル）①生き返ること。よみがえること。②《基》キリストが死後三日目によみがえったとされること。「イエスの―」■二（名・自他スル）一度すたれたものがもとの状態にもどること。また、一度廃止したものを再び生かし用いること。「伝統工芸の―」「予算の―」「原案を―する」

―さい【―祭】《基》キリストの復活を記念する祭り。春分後の満月の次の第一日曜日。復活節。イースター。春

ぶつか・る（自五）①激しく突き当たる。「よそ見をしていて電柱に―」②直接会って交渉する。じかに立ち向かう。「先方に―・ってみる」③出合う。行き当たる。「本流と支流の―所」「難問に―」④かち合う。重なる。「日曜と祝日が―」⑤意見が対立する。「上司と―」他ぶつ・ける（下一）可能ぶつか・れる（下一）

ふっ-かん【副官】 →ふくかん

ふっ-かん【復刊】―（名・他スル）中止または廃止していた定期的な出版物を再び刊行すること。「雑誌を―する」

ぶつ-がん【仏龕】 仏像・経などを安置する厨子。

ふっ-き【復帰】―（名・自スル）再びもとの地位や状態などにもどること。「社会―」「職場に―する」

ふっ-き【富貴】（名・形動ダ）→ふうき（富貴）

ふ-づき【◇文月】 陰暦の七月。秋 語源「ふみづき」の転。

ぶつ-ぎ【物議】 世間の人々のさわがしい論議。とりざた。

―を醸す 世間の人々の論議を引き起こす。

ふっ-きゅう【復仇】（名・自スル）かたきをうつこと。あだうち。「―をとげる」

ふっ-きゅう【復旧】（名・自他スル）もとの状態にもどること。また、もとどおりにすること。「―工事」「道路が―する」

ふつ-ぎょう【払暁】― 夜明け方。明け方。あかつき。

ぶっ-きょう【仏教】―〔仏〕紀元前五世紀ごろ、インドで釈迦が説き始めた宗教。現世の苦悩を超越し、悟りの境地に至ることを目的とする。日本には六世紀半ばに伝えられた。

ぶっ-きょう【仏経】―〔仏〕①仏教の経典。経。お経。②仏像と経典。

ぶっきら-ぼう（名・形動ダ）態度や話し方に愛想のないこと。また、そのさま。無愛想なさま。「―な話し方」

ぶつ-ぎり【ぶつ切り】 料理で、食材を形にとらわれないで厚く大きめに切ること。また、そのように切ったもの。「まぐろの―」

ぶっきり-あめ【◇打っ切り飴】 棒状にしたあめを、二センチメートルぐらいの長さにたち切ったもの。ぶっきり。

ふっ-き・る【吹っ切る】（他五）迷いやこだわりなどをきっぱり捨ててしまう。「不安を―」自ふっき・れる（下一）

ふっ-き・れる【吹っ切れる】（自下一）①心の中にわだかまっていたものがすっかりなくなる。「迷いが―」②はれものがさけて、うみがすっかり出る。他ふっき・る（五）文ふっき・る（下二）

ふっ-きん【腹筋】―《生》腹壁を形成する筋群の総称。腹直筋・外腹斜筋・内腹斜筋・腹横筋などからなる。

ブッキング〈booking〉①帳簿への記帳。②ホテルや飛行機の座席などの予約。「ダブル―（＝二重の予約）」

フック〈hook〉■一（名）①鉤。鉤形のもの。②ボクシングで、肘をほぼ直角に曲げ、そのまま体をひねって相手を側面から打つ攻撃法。■二（名・自スル）ゴルフで、打った球が右打ちでは左に、左打ちでは右にそれていくこと。↔スライス

ブック〈book〉①書籍。本。書物。②帳面。「スケッチ―」

―エンド〈bookends〉立てて並べた本が倒れないように、その両端に置いて支えるもの。本立て。

―カバー〈和製英語〉本の表紙にかぶせるおおい。参考英語では、dust cover や dust jacket という。

―マーク〈bookmark しおり〉頻繁に閲覧するウェブサイトをブラウザに登録すること。また、その機能。

―メーカー〈bookmaker 出版者・編集者〉①安っぽい本をむやみに書く人。②競馬などの賭けの胴元。

―レット〈booklet〉小冊子。パンフレット。

―レビュー〈book review〉新聞・雑誌などでの新刊書の批評や紹介。書評。

ぶつ-ぐ【仏具】 仏事に用いたり仏壇に置いたりする器具。

ふ-づくえ【◇文机】 →ふみづくえ

ぶつ-くさ（副）《俗》小言や不平をつぶやきもらすさま。「―（と）文句をいう」

ふっくら（副・自スル）やわらかくふくらんでいるさま。ふっくり。「赤ん坊の―（と）した頰」

ふっくり（副・自スル）→ふっくら

ぶっ-け【仏家】《仏》①仏教寺院。②仏教徒。また、仏教の教団。③仏の浄土。

ぶつ・ける（他下一）①投げて当てる。投げつける。「ボールを―」②強く打ち当てる。「頭を柱に―」③自分の気持ちや要求などを強く表す。「不満を―」④組み合わせて戦わせる。「強い相手に―」自ぶつか・る（五）⇩当てる「ちがい」

ふっ-けん【復権】―（名・自他スル）①《法》有罪や破産の宣告によって失った権利や資格を回復すること。また、回復させること。②失った地位や力を回復すること。「―を果たす」

ぶっ-けん【物件】 もの。物品。法律や契約の対象としての、動産や不動産。「証拠―」「安い―がある」

ぶっ-けん【物権】《法》財産権の一つ。一定の物を直接排他的に支配できる権利で、それによってもたらされる利益を受けることができる。所有権・占有権・用益物権・担保物権がある。

ふっこ《動》スズキの満二―三年くらいの若魚。体長三〇センチメートルくらいのものをいう。秋

ふっ-こ【復古】―（名・自他スル）（体制・思想などが）昔の状態にもどること。また、もどすこと。「―趣味」「王政―」

ふつ-ご【◇仏語】 フランス語。

ぶっ-こ【物故】（名・自スル）人が死ぬこと。死去。「―者」

ぶつ-ご【仏語】《仏》①仏の説法。②仏教の用語。仏教語。

ふっ-こう【復校】（名・自スル）休学や退学をした者がもう一度もとの学校にはいること。復学。

ふっ-こう【復航】（名・自スル）船や飛行機の帰りの運

航。帰航。復航(ふくこう)。↔往航

ふっ-こう【復興】(フク)— (名・自他スル) 再びおこること。また、おこすこと。もとどおり盛んになること。また、盛んにすること。「文芸—」「被災地を—する」

ふっ-こう【腹△腔】(フクカウ) →ふくこう(腹腔)

ふ-つごう【不都合】(ツガフ)— (名・形動ダ) ①都合や具合が悪いこと。また、そのさま。「—をきたす」↔好都合 ②けしからぬこと。また、そのさま。ふとどきな状態。「—なふるまい」

ぶっ-こう【物交】(カウ)— (名・自スル)「物々交換(ぶつぶつこうかん)」の略。

ふつ-こく【◦仏国】(「仏」は「仏蘭西(フランス)」の略)フランスの別称。ふっこく。

ふっ-こく【覆刻・復刻】(フク)— (名・他スル) 写本・木版本・初版本などを原本そのままに新たに出版すること。「—版」

ぶっ-ころ・す【◦打っ殺す】(他五) サ(ソ)・シ・ス・ス・セ・セ (俗)なぐって殺す。また「殺す」の乱暴な言い方。語源「ぶちころす」の転。

ぶつ-ざ【仏座】《仏》仏のすわる座。仏像を安置する台座。

ぶっさき-ばおり【◦打っ裂[き]羽織】江戸時代、武士が乗馬・旅行などに用いた羽織。背中の下半分が開いている。

ぶっ-さつ【仏刹】仏寺。仏閣。寺。仏刹(ぶっせつ)。

ぶっ-さん【仏参】(名・自スル) 寺に参り、仏や墓を拝むこと。寺参り。仏参り。

ぶっ-さん【物産】その土地の産物。「—展」

ぶっ-し【仏子】《仏》①仏教信者。②いっさいの衆生(しゅじょう)。

ぶっ-し【仏師】仏像を彫り刻む職人。仏工。仏師(ぶし)。

ぶっ-し【物資】経済生活の面から見た、品物。「軍需—」

ぶつ-じ【仏寺】仏教寺院。仏閣。寺。

ぶつ-じ【仏事】仏教に関する行事。法事。法会(ほうえ)。法要。

ブッシェル〈bushel〉ヤードポンド法で、穀物などの体積をはかる単位。一ブッシェルはイギリスでは約三六・四リットル、アメリカでは約三五・二リットル。略号 bu

ふっ-しき【払拭】(名・他スル) →ふっしょく

ぶっ-しき【仏式】仏教で行う儀式の方式。「—結婚」

ぶっ-しつ【物質】①空間の一部を占め、感覚によってその存在を知ることのできるもの。②質量をもって物体を作っている実質。③(精神に対して)金銭や品物など、物品。「—欲」

—しゅぎ【—主義】精神的なことよりも物質的なものを第一義として重んじる主義。「—の弊」↔精神主義

—たいしゃ【—代謝】→たいしゃ(代謝)①

—てき【—的】(形動ダ) ダロ・ダッ(デ・ニ)・ダ・ナ・ナラ・〇 ①物質の性質をもつさま。②金銭や品物にとらわれるさま。↔精神的

—ぶんめい【—文明】物質をもとにした文明。また、物質を重視する文明。

ぶっ-しゃり【仏舎利】《仏》釈迦(しゃか)の遺骨。仏骨。舎利。

プッシュ〈push〉(名・他スル) 押すこと。推進すること。

—ホン〈和製英語〉押しボタン式の電話機。

ぶっしゅ-かん【仏手△柑】→ぶしゅかん

ぶっ-しょ【仏書】仏教に関する書物。仏典。

ぶっ-しょう【仏性】(シャウ)— 《仏》①一切衆生(いっさいしゅじょう)が本来もっている、仏になれる性質。仏心。②仏の本性。

ぶっ-しょう【物証】《法》品物による証拠。物的証拠。「—のない犯罪」⇒書証・人証(じんしょう)

ぶっ-しょう【物象】(シャウ)— ①生命のない物の姿や形。②旧制中学校の教科で、現在の物理学・化学・地学などの総称。

ぶつ-じょう【物情】(ジャウ) 世間一般の人々のようす。「—騒然とする」

ぶっしょう-え【仏生会】(ブッシャウエ) →かんぶつえ

ふっ-しょく【払拭】(名・他スル) ぬぐい払うこと。きれいに払いのけること。払拭(ふっしき)。「疑惑を—する」

ぶっ-しょく【物色】(名・他スル) 多くの中から適当な人物や事物をさがし求めること。「手ごろな家を—する」

ぶっ-しん【仏心】《仏》①仏の慈悲心。②仏性(ぶっしょう)。

ぶっ-しん【仏身】《仏》仏のからだ。仏の姿。

ぶっ-しん【物心】物と心。物質と精神。「—両面」

プッシング〈pushing〉バスケットボール・サッカーなどの反則の一つ。手や腕で相手を押すこと。

ぶっ-せい【物性】物質のもっている性質。

ぶっ-ぜい【物税】物の所有・取得・製造・販売・輸入、または物より生じる収益に課される税。消費税・固定資産税など。⇒人税(じんぜい)

ぶっ-せつ【仏説】《仏》仏の説いた教え。仏教の所説。

ぶっ-ぜん【△怫然】(タル) 怒って表情を変えるさま。むっとするさま。「—たる表情」文(形動タリ)

ぶつ-ぜん【仏前】仏壇の前。仏の前。

ふっ-そ【△弗素】《化》非金属元素の一つ。淡黄緑色で刺激臭があり、化合力のきわめて強い有毒気体。フッ素。元素記号 F

—じゅし【—樹脂】《化》炭素とフッ素から成る高分子化合物。耐熱性・耐薬品性に富み、水や油をはじくので調理器具の表面加工などに用いられる。テフロン(商標名)など。

ぶっ-そ【仏祖】《仏》①仏教の開祖、すなわち釈迦(しゃか)。②釈迦と代々の祖師。

ぶっ-そう【仏葬】(サウ)— 《仏》仏式による葬儀。

ぶっ-そう【物騒】(サウ)— (名・形動ダ) 何が起こるかわからず、危険な感じがするさま。不穏。「—な世の中」

ぶつ-ぞう【仏像】(ザウ)— 礼拝の対象となる仏の絵画や彫像。

ぶっそく-せき【仏足石】《仏》釈迦(しゃか)の足跡の形を石面に刻んで、礼拝の対象としたもの。奈良の薬師寺のものが著名。

—か【—歌】〔文〕和歌の一体。三一音の短歌の末尾に七音を加えて六句とした形。奈良(なら)の薬師寺の仏足石歌碑や「古事記」「万葉集」「日本書紀」「風土記」に少数みえる。

ぶっ-そん【物損】人ではなく、物の損害。「—事故」

ぶっ-だ【仏△陀】《仏》(梵語(ぼんご)の音訳)煩悩(ぼんのう)を超越し真理を悟った者。ほとけ。特に、釈迦牟尼(しゃかむに)。

ぶっ-たい【仏体】①仏のからだ。仏身。②仏像。

ぶっ-たい【物体】形と大きさがあって触れることができ、空間の一部を占めているもの。「飛行—」

ぶったお・れる【◦打っ倒れる】(タフレル) (自下一) レ・レ・レル・レル・レレ・レロ(レヨ) (俗)急に激しい勢いでたおれる。他ぶったお・す(五)

ぶったぎ・る【◦打った切る】(他五) ラ(ロ)・リ(ッ)・ル・ル・レ・レ (俗)勢いよく切る。たたっきる。「じゃまな木を—」

ぶったく・る【◦打ったくる】(他五) ラ(ロ)・リ(ッ)・ル・ル・レ・レ (俗)①強引に奪い取る。ひったくる。ふんだくる。②法外な代金を取る。ぼる。「飲み屋で—・られた」

ぶつ-だん【仏壇】仏像・位牌(いはい)などを安置する壇。

ぶっ-ちがい【◦打っ違い】(チガヒ)— (俗)十字形に交差すること。すじかい。「板を—に打ちつける」

ぶっ-ちぎり【ぶっ千切り】(俗)競走や競技などで、ほかを大きく引き離すこと。「—の優勝」

ぶっ-ちぎ・る【ぶっ千切る】(他五) ラ(ロ)・リ(ッ)・ル・ル・レ・レ (俗)①激しくちぎる。②競走や競技などで、ほかを大きく引き離す。

ぶっ-ちゃ・ける (他下一) ケ・ケ・ケル・ケル・ケレ・ケロ(ケヨ) (俗)①中のものをすべて出してしまう。②隠さずにすべて話す。「—・けた話」語源「ぶちあける」の転。

ぶっちょう-づら【仏頂面】(ブッチャウ)— ぶあいそうな顔つき。不

機嫌な顔。ふくれっつら。「納得がいかずーをする」

ふつつか【不◦束】(名・形動ダ) 能力や修業が不十分でゆき届かないこと。また、そのさま。不調法なさま。「ー者(もの)ですが」【変遷】自然のままで洗練されていない感じが本義で、「太くてじょうぶなさま」、「無骨で下品なさま」を意味した。そこから、「思慮が浅くゆき届かないさま」、「軽率なさま」、「不調法なさま」に転じた。現代語ではおもに、身内の者や自分自身の「能力が不十分で不調法なさま」、「気のきかないさま」の意味で謙遜(けんそん)して用いる。

ぶっ-つか・る【◦打っ付かる】(自五) ラ(ロ)・リ(ッ)・ル・ル・レ・レ →ぶつかる 他ぶっつ・ける(下一)

ぶっ-つけ【◦打っ付け】 ①下準備などをしないで、いきなり物事にとりかかること。②はじめ。最初。「ーからつまずく」

ーほんばん【ー本番】 映画・演劇・放送などで、リハーサルをしないでいきなり本番にのぞむこと。転じて、何の準備もなくいきなり実際に事にあたること。「ーで試合に臨む」

ぶっ-つ・ける【◦打っ付ける】(他下一) ケ・ケ・ケル・ケル・ケレ・ケロ(ケヨ) →ぶつける 自ぶっつか・る(五)

ぶっ-つづけ【◦打っ続け】 途中で休むことなくずっと続けること。「四時間ーで歩く」

ふっ-つり(副) ①糸・ひもなどをたち切る音。また、そのさま。ぷっつり。「長い髪をー(と)切る」②今までの状態が急になくなったり、続いていた物事をきっぱりとやめたりすること。ぷっつり。「音信がー(と)とだえる」「酒をー(と)やめた」

ぷっ-つり(副)「ふっつり」を強めた語。

ぷっ-つん ■一(副) ぴんと張った糸などが切れるさま。ぷつり。ぷつん。■二(名・自スル)《俗》緊張感が突然途切れること。我慢の限界に達し、自制心を失うこと。「しつこいいたずら電話にーした」

ふっ-てい【払底】(名・自スル)(入れ物の底を払う意)すっかりなくなること。物がひどく欠乏すること。「原料がーする」

ぶっ-てき【仏敵】《仏》仏法にそむき逆らうもの。法敵。

ぶっ-てき【物的】(形動ダ) ダロ・ダッ(デ・ニ)・ダ・ナ・ナラ・〇 物に関するさま。物質的。↔心的・人的

ーしょうこ【ー証拠】《法》裁判・捜査などで、人の供述以外の客観的証拠になりうる物。物証。↔人的証拠

ぶつ-でし【仏弟子】 ①釈迦(しゃか)の弟子。②仏教徒。

ふってわいた-よう【降って湧いたよう】(ヤウ) (天から降ったり地からわいたりしたようという意から)物事の思いがけない出現や突然の発生を表す語。「ーな幸運」

ふっ-てん【沸点】《物》液体が沸騰するときの温度。沸騰点。参考一気圧では水の沸騰点はセ氏九九・九七四度。

ぶっ-てん【仏典】 仏教に関する書物。仏書。経典(きょうてん)。

ぶつ-でん【仏殿】 仏像を安置する建物。仏堂。

ふっ-と(副) ①急に。不意に。ふと。「ー姿が見えなくなった」②息をふきかけるさま。ぷっと。「ろうそくをー吹き消す」

ぶっ-と【仏徒】 仏教を信仰する人。仏教徒。

ぶつ-ど【仏土】《仏》仏の住む清浄な土地。浄土。

ふっ-とう【沸騰】(名・自スル) ①煮え立つこと。液体が熱せられて気泡として上昇し、内部から気化すること。⇩気化「参考」②興奮・熱気などが激しく盛んになること。「人気ー」

ーてん【ー点】 →ふってん

ぶっ-とう【仏塔】(タフ) 仏教寺院の仏舎利(ぶっしゃり)を安置する塔。

ぶつ-どう【仏堂】(ダウ) 仏像を安置する堂。仏殿。

ぶつ-どう【仏道】(ダウ) 《仏》仏の説いた道。仏教。また、仏果。

ぶっ-とおし【◦打っ通し】(トホシ) 《俗》①最初から最後までずっと続けること。「一週間ーで雨が降る」②ぶち抜くこと。さえぎるものをとり除いてひと続きにすること。「三間(ま)ーにする」

ぶっ-とお・す【◦打っ通す】(トホス) (他五) サ(ソ)・シ・ス・ス・セ・セ 《俗》①始めから終わりまで休まず続ける。「一晩ー・して仕事をする」②向こう側へつらぬく。「釘を板にー」③途中をさえぎるものをはずして広くする。「二間(ま)をー」

フットサル〈futsal〉一チーム五人制のミニサッカー。

ぶっ-とば・す【◦打っ飛ばす】(他五) サ(ソ)・シ・ス・ス・セ・セ 《俗》①なぐり飛ばす。投げ飛ばす。「胸ぐらをつかんでー」②猛烈な勢いで走らせる。「車をー」

ふっ-と・ぶ【吹っ飛ぶ】(自五) バ(ボ)・ビ(ン)・ブ・ブ・ベ・ベ ①勢いよく飛ぶ。「強風で帽子がー」「首がー(=急に仕事をやめさせられる)」②一時にすっかりなくなる。「疲れがー」参考「吹き飛ぶ」の転。

フットボール〈football〉サッカー・ラグビー・アメリカンフットボールなどの総称。特にサッカーをさす。蹴球(しゅうきゅう)。

フットライト〈footlights〉《演》舞台の床の前端に取りつけて、出演者を下から照らす照明灯。脚光。「ーを浴びる」

フットワーク〈footwork〉①スポーツなどで、足のさばき。足運び。「軽快なー」②機動性。「ーが軽い若手社員」

ふつ-に【◦都に・◦尽に】(副) まったく。全然。用法あとに打ち消しの語を伴う。

ぶつ-のう【物納】(ナフ) (名・自他スル) 税金などを現物で納めること。「相続税をーする」↔金納

ぶつ-ばち【仏罰】《仏》仏から加えられる罰。仏罰(ぶつばつ)。

ぶっ-ぱな・す【◦打っ放す】(他五) サ(ソ)・シ・ス・ス・セ・セ 《俗》勢いよく発射する。うちはなす。「拳銃(けんじゅう)をー」

ぶっ-ぱん【物販】(「物品販売」の略)商品を販売すること。「イベントのーコーナー」

ぶっ-ぴん【物品】 品物。物。「所有ーを貸し出す」

ふつ-ふつ【沸沸】(副) ①盛んに煮えたぎるさま。「ー(と)煮えたつ」②泉などのわき出るさま。「水がー(と)わき出る」③ある感情がわき立つさま。「詩情がー(と)わく」

ぶつ-ぶつ ■一(副) ①つぶやくさま。また、不平不満などをもらすさま。「ー(と)言う」②盛んに煮えたつさま。「煮豆がー(と)音をたてる」③表面にたくさん粒だっているさま。「にきびがー(と)できる」④長いものなどを短く切るさま。「ひもをー(と)切る」■二(名) 表面に多くある粒状のもの。「顔にーができる」

ぶつぶつ-こうかん【物物交換】(カウクワン) (名・自スル) 貨幣を使わずに、物と物とを直接とりかえること。物交。バーター。

ふつ-ぶん【◦仏文】 ①フランス語で書かれた文章。②フランス文学。仏文学。③(「仏文学科」の略)大学などで、フランス文学を研究する学科。

ぶっ-ぽう【仏法】(ポフ) 《仏》仏教。仏の教え。↔王法(おうぼう)

ぶっぽう-そう【仏法僧】(ポフ) ①《仏》仏と法と僧。三宝。②《動》ブッポウソウ科の中形の鳥。低地から低山の森林にすむ。体は青緑色で美しい。霊鳥とされる。昼間ゲッゲッと鳴く。「姿の仏法僧」といわれる。また、実際に「ブッポウソウ」と鳴くコノハズクは「声の仏法僧」という。夏③「このはずく」の別名。

ぶつ-ぼさつ【仏△菩△薩】 仏(ほとけ)と菩薩(ぼさつ)。

ぶつ-ま【仏間】 仏像・位牌(いはい)を安置した部屋。

ぶ-づみ【歩積み】《経》銀行などが手形を割り引くとき、強制的にその一部を預金させること。「ー預金」

ぶつ-みょう【仏名】(ミヤウ) ①仏の名号。②(「仏名会(ぶつみょうえ)」の略)陰暦十二月十九日から三日間、宮中や諸寺院で諸仏の名号を唱えてその年の罪障を懺悔(さんげ)し、消滅を祈る法会(ほうえ)。

ふ-づめ【歩詰め】 将棋で、盤の上にある歩をついて、王を詰めること。持ち駒(ごま)の歩を打って詰めるのは禁じ手。

ぶつめい-か【物名歌】《文》物の名を歌の意味に関係なく詠み込んだ歌。もののなのうた。

ぶつ-めつ【仏滅】①仏の入滅。釈迦の死。②(「仏滅日」の略)陰陽道で、万事に不吉であるとする日。六曜の一。

ぶつ-もん【仏門】《仏》仏の説いた道。仏道。「―に入る(=出家する。僧になる)」

ぶつ-よく【物欲・物△慾】金銭や物をほしいと思う心。「―が強い」

ぶつ-り【物理】①物の道理。②「物理学」の略。

―がく【―学】自然科学の一部門で、物質の構造や性質・運動、熱・光・電気・磁気・音などを研究する学問。

―てき【―的】(形動ダ)ダロ・ダッ(デ・ニ)・ダ・ナ・ナラ・○ ①物理学の法則に合っているさま。「―性質」②時間・空間・重量など、物事を数量化できる面からとらえるさま。「三日で作るのは―に不可能だ」

―へんか【―変化】《物》物質の成分は変わらずに、状態が変化する現象。⇩化学変化

―りょうほう【―療法】《医》電気・温熱・光線などの物理的なはたらきや、マッサージなどの機械的な力を利用した疾病の治療法。物療。⇩化学療法

ふ-つりあい【不釣(り)合い】(名・形動ダ)つりあわないこと。につかわしくないさま。「その場に―な服装」

ぶつ-りき【仏力】《仏》仏のもつ不思議な力。

ぶつ-りゅう【物流】生産者から消費者までの商品の流れ。「―システム」

ぶつ-りょう【物量】①物の分量。②物資の多さ。「―作戦」「―にものをいわせる」

ぶつ-りょう【物療】「物理療法」の略。

ふつわ-じてん【◦仏和辞典】フランス語の単語や熟語に対し、日本語で語釈や説明をつけた辞典。仏和。

-ふで【筆】(接尾)文字を書くとき、一度筆に墨をつけたのち、紙から離さずに筆を動かす回数を表す語。「ひと―書き」

ふで【筆】①柄の先に、タヌキやヒツジなどの獣毛を束ねてとりつけ、文字や絵をかくのに用いる道具。毛筆。また、筆記具の総称。②筆を使ってかくこと。また、そのかいた書や絵。「雪舟の―になる絵」③文章。「―の力」語源「文手」の転。

―が滑る 書き過ぎる。書かなくてよいことや書くべきでないことをつい書いてしまう。**―が立つ** 文章を書くことが達者である。**―を入れる** 添削する。文章などを直す。**―を擱く** 書き終える。擱筆する。**―を折る** 著作をやめる。文筆活動を断念する。筆を断つ。**―を下す** 文字または文章を書き始める。**―を加える** ①書き加える。②文章などを直す。**―を染める** ①筆で書く。また、書き始める。②筆に墨をつける。**―を断つ** →ふでをおる **―を執る** 文章や書画をかく。**―を投げる** 書くことを中途でやめる。**―を走らせる** すらすらと書く。**―を揮う** 書や絵をかく。

ふで-あと【筆跡】書き残された文字。ひっせき。

ふで-あらい【筆洗い】絵筆を洗う器。筆洗。

ふ-てい【不定】(名・形動ダ)定まらないこと。決まっていないこと。また、そのさま。「住所―」

―し【―詞】《文法》西洋文法で、人称・数・時制などによる限定を受けないで用いられる動詞の形態。

―しゅうそ【―愁訴】原因不明の肩こりやめまい・頭痛・いらいらなど、漠然とした体の変調を訴えること。

―しょう【―称】《文法》代名詞の区分の一つ。不明・不特定の人・事物・場所・方角などを指すもの。「だれ」「どれ」「どこ」「どちら」など。⇩こそあど(表)

ふ-てい【不貞】(名・形動ダ)貞操を守らないこと。「―をはたらく」

ふ-てい【不△逞】(名・形動ダ)法に従わず勝手なふるまいをすること。ふらちなこと。また、そのさま。「―の輩」

ふ-ていき【不定期】(名・形動ダ)時期・期限の定まらないこと。また、そのさま。「―刑」「―の運行」

ふていけい-し【不定型詩】《文》一定の型にはまらない詩。散文詩の類。↔定型詩

ふ-ていさい【不体裁】(名・形動ダ)かっこうの悪いこと。見かけや外聞の悪いこと。不体裁。「―な身なり」

ブティック〈フランス boutique 小売店〉高級既製服・装身具などを売る、しゃれた感じの小規模の専門店。

ふで-いれ【筆入れ】筆や鉛筆など筆記用具を入れて持ち運ぶための箱やケース。筆箱。

プディング〈pudding〉卵・牛乳・砂糖などで作るやわらかい洋風の蒸し菓子。プリン。「カスタード―」

ふで-がしら【筆頭】①筆の穂先。②並べて書いた人名の第一。筆頭。

ふ-てき【不適】(名・形動ダ)適さないこと。適当でないさま。「適―を見る」

ふ-てき【不敵】(名・形動ダ)敵を敵とも思わず、大胆で恐れないこと。また、ずうずうしいさま。「大胆―」「―な面構え」

ふ-でき【不出来】(名・形動ダ)できの悪いこと。下手で見ぐるしいこと。また、そのさま。「―な作品」↔上出来

ふ-てきせつ【不適切】(名・形動ダ)適切でないこと。ふさわしくないこと。また、そのさま。「―な表現」

ふ-てきとう【不適当】(名・形動ダ)適当でないこと。条件などに合わないこと。また、そのさま。「―な人選」

ふ-てきにん【不適任】(名・形動ダ)その役に適当でないこと。また、そのさま。「幹事には―な人」

ふ-てぎわ【不手際】(名・形動ダ)手際の悪いこと。物事の進め方や結果が悪いこと。また、そのさま。「処理上の―」

ふて-くさ・る【不◦貞腐る】(自五)ラ(ロ)・リ(ッ)・ル・ル・レ・レ →ふてくされる

ふて-くさ・れる【不◦貞腐れる】(自下一)レ・レ・レル・レル・レレ・レロ(レヨ) 不平の気持ちから反抗的になる。不満のあまり、投げやりになる。ふてくさる。ふてる。「―・れた態度」文ふてくさ・る(下二)

ふで-さき【筆先】①筆の穂先。②筆で書くこと。筆の運び。「―でごまかす(=書類の上だけごまかす)」③文字。文章。

ふで-たて【筆立て】筆記具をさして立てておく用具。

ふで-づか【筆塚】使い古した筆を集めて地に埋め、その上に築いた供養のための塚。

ふで-づかい【筆遣い】筆のつかい方。文字の書き方。かかれた文章・絵画や文字のおもむき。

ふで-つき【筆つき】筆で書くようす。書かれたもののようす。

ふで-づくり【筆△旁】漢字の部首名の一つ。「肆」「肇」などの「聿」「⺻」の部分。

ふで-づつ【筆筒】筆を入れる筒。また、筆を立てておく筒。

ふ-てってい【不徹底】(名・形動ダ)十分に行き届かないこと。中途はんぱなこと。また、そのさま。「指示が―だ」

ふて-ね【不◦貞寝】(名・自スル)ふてくされて寝ること。

ふで-の-あと【筆の跡】筆跡。

ふで-の-はこび【筆の運び】文字・文章の書き方。筆の使い方。

ふで-ばこ【筆箱】筆記用具入れ。筆入れ。ペンケース。

ふで-ぶしょう【筆不精・筆無精】(名・形動ダ)めんどうがって手紙や文章を書かないさま。また、その人。↔筆まめ

ふてぶて-し・い【◦太◦太しい】(形)カロ・カッ(ク)・イ・イ・ケレ・○ にくらしいほどずうずうしい。「―態度」文ふてぶて・し(シク)

ふで-ぶと【筆太】(名・形動ダ)書かれた文字が太いこと。ま

た、そのさま。「ーの文字」

ふで-まめ【筆×忠実】(名・形動ダ) めんどうがらず、すぐに手紙や文章を書くさま。また、その人。↕筆不精

ふ・てる【不◇貞る】(自下一) テ・テ・テル・テル・テレ・テロ(テヨ) →ふてくされる 文 ふ・つ(下二)

ふ-てん【普天】全世界をおおっている空。転じて、天下。

—そっと【—率土】天のおおう限り、国土の続く限り。天下。全世界。

ふ-でんき【負電気】→いんでんき

ふと【浮△屠・浮図】〔仏〕①仏陀。②僧。③塔。そとば。

ふと(副) ちょっとしたひょうしに。不意に。突然。ふっと。「ー思い出す」「ー足を止める」 参考「×不図」とも書く。

ぶと【△蚋】→ぶよ

ふと-い【太△藺】ヰ 〔植〕カヤツリグサ科の多年草。沼沢に自生。また栽培もする。茎は細長い円柱形で、鱗片葉がある。形は藺に似る。茎でむしろをつくる。おおい。おおいぐさ。夏

ふと・い【太い】(形) カロ・カッ(ク)・イ・イ・ケレ・○ ①丈の割に周囲の長さや幅が大きい。「ー腕」「ー眉」↕細い ②声が低音で、声量が豊かだ。「ー声」↕細い ③物事に動じない。大胆である。「肝っ玉がー」↕細い ④〔俗〕ずうずうしい。「ーやつだ」文 ふと・し(ク)

ふと-いき【太息】太くゆるやかに吐く息。

ふ-とう【不当】タウ (名・形動ダ) 正しくないこと。道理に合っていないこと。また、そのさま。「ーに干渉する」↕正当

—りとく【—利得】正当でない手段による利益の収得。

—ろうどうこうい【—労働行為】ラウドウカウヰ 〔法〕労働組合の活動に対する使用者の妨害行為。団体交渉拒否など。

ふ-とう【不等】(名・形動ダ) 等しくないこと。また、そのさま。

—ごう【—号】ガウ 〔数〕二つの数式の間において、両者の大小関係を表す記号。<または>など。↕等号

—しき【—式】〔数〕不等号を使った式。↕等式

ふ-とう【△埠頭】港で、客の乗り降りや荷物のあげおろしをするために海中に突き出させた築造物。波止場。

ふ-どう【不同】(名・形動ダ) 同じでないこと。また、そろっていないこと。「順ー」「大小ー」

ふ-どう【不動】①動かないこと。また、他の物に乱されないこと。「ーの姿勢」「ーの信念」②「不動明王」の略。

—そん【—尊】不動明王の尊称。

—みょうおう【—明王】ミヤウワウ 〔仏〕五大明王(=真言密教で信仰する五尊)の主尊。怒りの相を表し、右手に降魔の利剣、左手に縄を持ち背に火炎を負い、いっさいの邪悪を降伏するという。

〔不動明王〕

ふ-どう【浮動】(名・自スル) 漂い動くこと。固定しないであちこち動くこと。

—ひょう【—票】ヘウ 選挙で、支持する政党や候補者が一定していない有権者の票。↕固定票

ふ-どう【婦道】ダウ 女性として守るべきとされた道。婦徳。

ぶ-とう【武闘】武力や腕力で争い戦うこと。「ー派」

ぶ-とう【舞踏】タフ (名・自スル) 舞い踊ること。踊り。ダンス。「ー会」

ぶ-どう【武道】ダウ ①武士の守るべき道。武士道。②剣道・柔道・弓道などの武芸。武術。

ぶ-どう【無道】ダウ 人としての道にそむくこと。非道。無道。

ぶどう【△葡△萄】ブダウ 〔植〕ブドウ科のつる性落葉樹。茎の変化した巻きひげで他の物にからみつき、葉は掌状。初夏に淡黄緑色の小花を開き、夏から秋に、紫色・緑色などの球形の果実を房状につける。種類が多く食用、ワイン・ジュース用。秋

—しゅ【—酒】ブドウの果汁を発酵させて造る酒。ワイン。

—きゅうきん【—球菌】キウキン 〔医〕球形で、ブドウ状に集合する細菌の一群。化膿性感染症や食中毒などの原因菌となる。ぶどう状球菌。

—とう【—糖】タウ 果実・蜂蜜、また、人体の血液の中などに含まれる最も重要な単糖類。滋養のある糖分で水に溶ける白色の結晶。D-グルコース。

ふ-とういつ【不統一】(名・形動ダ) 統一がとれていないこと。まとまりがなく、ばらばらなこと。また、そのさま。「政府見解のーを追及する」

ふとう-おう【不倒翁】フタウヲウ 「起き上がりこぼし」の異称。

ふとう-こう【不凍港】カウ 〔地〕寒地にありながら暖流の影響などで、一年中海面が凍らない港。

ふ-とうこう【不登校】トウカウ 児童・生徒が、主として心理的理由から登校しない、またはできないこと。登校拒否。

ふ-どうさん【不動産】土地・建物などの財産。↕動産

ふ-どうたい【不導体】ダウタイ 〔物〕熱や電気を伝えない物体。絶縁体。↕導体

ふ-どうとく【不道徳】ダウトク (名・形動ダ) 道徳的でないこと。人の道に外れること。また、そのさま。不徳。「ーな行い」

ふとう-ふくつ【不△撓不屈】フタウ (「撓」はたわむ、曲がる意)困難に屈したりくじけたりしないこと。「ーの精神」

ふ-とうめい【不透明】(名・形動ダ) ①透明でないこと。すきとおらないこと。また、そのさま。「ーな液体」②真実や成り行きがはっきりわからないこと。また、そのさま。「ーな予算の使途」

ふど-き【風土記】地方別に風土・産物・文化などを書きしるした書物。

ふどき〔風土記〕奈良時代の地誌。七一三(和銅六)年、朝廷が諸国に命じて撰進させたもので、地名の由来・産物・地味・伝承などを記載。現存するのは出雲・播磨・常陸・豊後・肥前の五つで、完本は出雲だけ。

ふ-とく【不徳】(名・形動ダ) ①人の道にそむくこと。また、そのさま。不道徳。「ー漢」②徳の足りないこと。「ーのいたすところです」

ふ-とく【婦徳】婦人の守るべきであるとされた道徳。婦道。

ぶ-とく【武徳】武道・武術についての徳義。

ふ-とくい【不得意】(名・形動ダ) 得意でないこと。上手でないこと。また、そのさま。「ー科目を克服する」

ふ-とくぎ【不徳義】(名・形動ダ) 徳義にそむくこと。道徳や義理に外れること。また、そのさま。「ーな行為」

ふ-とくさく【不得策】(名・形動ダ) うまいやり方でないさま。また、ためにならないやり方。「その方法はーだ」

ふ-とくてい【不特定】(名・形動ダ) 特に定まっていないこと。また、そのさま。「ー多数」

ふとく-ようりょう【不得要領】エウリヤウ (名・形動ダ) 要領を得ないこと。あいまいでよくわからないさま。「ーな応答」

ふところ【懐】①着物と胸との間。懐中。「ーに手を入れる」②温かく迎え入れてくれるところ。「母のー」「大自然のーに抱かれる」③物に囲まれた所。「山のー」④所持金。金回り。「人のーを当てにする」⑤考え。腹の底。胸中。「ーをさぐる」⑥内部。内側。「敵のーにとびこむ」

—が暖かい 所持金がたくさんある。**—が寂しい** 所持金が少ししかない。懐が寒い。**—が深い** ①度量が広く、包容力がある。②理解力や能力に幅や奥深さがある。**—にする** 懐に入れて持つ。また、手に入れる。**—を痛める** 自分の金

を使う。自腹を切る。**—を肥(こ)やす** 不当の利益を得る。
—がたな【—刀】①護身用に懐に入れておく小刀。②内密の計画などにあずかる、信頼のおける腕利きの部下。
—がみ【—紙】たたんで懐に入れておく紙。懐紙(かいし)。
—かんじょう【—勘定】(カンヂヤウ) 所持金や金回りなどを心の中で計算すること。胸算用(むなざんよう)。
—ぐあい【—具合】(グアヒ) 金回り。持ち金の多少。
—で【—手】①両手を着物の懐に入れること。「—で歩く」图②人まかせで何もしないこと。
ふと-ざお【太▵棹】(ザヲ) ①義太夫節(ぎだゆうぶし)に使う、さおの太い三味線(しゃみせん)。↔細棹(ほそざお) ②義太夫節。
ふと-じ【太字】線の太い字。
ふどし【▵褌】→ふんどし
ふと-した（連体）思いがけない。ちょっとした。「—はずみ」
ふとっ-ちょ【太っちょ】《俗》太った人をからかっていう語。
ふとっ-ぱら【太っ腹】（名・形動ダ）度量の大きいこと。また、そのさま。「—なところがある人」
ふ-とどき【不届き】（名・形動ダ）①注意の足りないこと。行き届かないさま。不行き届き。「—な点が多い」②道徳や法にそむくこと。けしからぬさま。「—者(もの)」「—千万(せんばん)」
ふと-ばし【太箸】新年の雑煮を食べるときに使う丸く太いはし。雑煮ばし。祝いばし。折れるのを不吉として太く作る。新年
ふと-ぶと【太太】（副・自スル）いかにも太く感じられるさま。「—（と）した文字」
プトマイン〈ドイ Ptomain〉《化》肉類などが腐敗したときに生成される有毒な物質の総称。死毒(しどく)。
ふと-まき【太巻〔き〕】太く巻くこと。また、太く巻いたもの。特に、たばこやのり巻きについていう。↔細巻き
ぶ-どまり【歩留〔ま〕り・歩止〔ま〕り】①使用原料の分量に対して、得られた製品の生産量の比率。②穀類・野菜・魚などの、食べられる部分の、全体に対する比率。
ふと-め【太め】（名・形動ダ）（「め」は接尾語）見た目に太さを感じること。また、そのさま。「—のズボン」「—に切る」↔細め
ふと-もの【太物】①綿織物・麻織物など太い糸の織物の総称。②衣服にする布地。反物(たんもの)。
ふと-もも【太▵股】ももの上部の最もふくらんだ部分。
ふとり-じし【太り▵肉】肉づきがよくて太っていること。↔痩(や)せ肉(じし)

ふと・る【太る・▵肥る】（自五）ラ(ロ)リ(ッ)ル・ル・レ・レ ①体に肉や脂肪がつく。肥える。肥満する。「五キロも—」↔痩(や)せる ②財産などが増える。「身代(しんだい)が—」↔細る 可能 ふと・れる（下一）
ふ-とん【布団・▵蒲団】①布で作った袋の中に綿や羽毛などを入れたもの。寝るときや座るときに用いる。「掛け—(ぶとん)」「—をしく」图②蒲(がま)の葉で編んだ円座。僧や修行者が用いる。
—むし【—蒸し】布団にくるんだり上から布団をかぶせたりして、おさえこんで人を苦しめること。
ふとん【蒲団】田山花袋(かたい)の小説。一九〇七（明治四十）年発表。島崎藤村の「破戒」とともに自然主義小説の先駆をなした作品。若い女弟子に対する中年作家の欲情を大胆に描く。
ふな【船・舟】ふね。他の語の上について複合語をつくる。「—乗り」
ふな【▵鮒】《動》コイ科フナ属の淡水硬骨魚の総称。コイに似ているが、口ひげがない。釣魚として親しまれる。食用。
ぶな【▵橅・×山毛欅】《植》ブナ科の落葉高木。樹皮は灰色。葉は楕円(だえん)形で、春、淡緑色の花を開く。材は建築・器具・薪炭(しんたん)用。（ぶなの花 夏）
ふな-あし【船足・船脚】①船の進む速さ。「—が速い」②船の水中に没している部分。また、その深さ。喫水(きっすい)。
ふな-あそび【舟遊び・船遊び】（名・自スル）船に乗って遊ぶこと。夏
ふ-ない【府内】①昔の江戸の市域の内。「御(ご)—」②大阪府・京都府の区域内。
ぶ-ない【部内】官公庁や会社などの部の内部。また、一定の組織や集団の関係者の内。↔部外
ふな-いかだ【船▵筏】多くの小舟をつなぎ並べて、その上に長い板を置き、いかだのようにしたもの。
ふな-いくさ【船▵軍】①水上での戦い。海戦。②水軍。
ふな-いた【船板】①船の中のあげ板。②造船用の板。
—べい【—塀】古くなった和船の板で作った塀。
ふな-うた【舟歌・船唄】船頭などが船をこぎながら歌う歌。
ふ-なか【不仲】仲がよくないこと。「友人と—になる」
ふな-がかり【船▵繫り】（名・自スル）船をつないで港に泊まること。また、その場所。
ふな-かじ【船火事】(クワジ) 船またはその積み荷に起こる火災。
ふな-かた【船方】船乗り。船員。また、船頭。
ふな-ぐ【船具】かじ・いかり・ろなど、船で使う器具。船具(せんぐ)。

ふなくい-むし【船食い虫】(フナクヒ)《動》軟体動物門フナクイムシ科の二枚貝。貝殻は小さく、体は白色ひも状で約三〇センチメートル。海中の木材や木造船に穴をあけてすむ。
ふな-ぐら【船蔵・船倉】①船を入れておく建物。船小屋。②船の下部にあって荷物を入れておく所。船倉(せんそう)。
ふな-ぐり【船繰り】配船のやりくりをすること。
ふな-こ【舟子・船子】船乗り。水夫(かこ)。また、船頭。
ふな-ごや【船小屋】船を入れておく小屋。船蔵(ふなぐら)。
ふな-じ【船路】(ヂ) ①船の行き通う道。航路。②船の旅。
ふな-じるし【船印・船▵標】船主や乗員などを示すのに用いた旗・帆・吹き流しなどの、船舶の標識。
ふな-ずし【▵鮒▵鮨】なれずしの一種。鮒(ふな)を塩漬けにしたあと、腹に飯をつめて重しをして発酵させたもの。夏
ふな-ぞこ【船底】①船の底。船底(せんてい)。②船の底のように弓形をしているもの。「—天井」
ふな-だいく【船大工】船、特に和船を造る大工。
ふな-だな【船棚】船の左右のふなべりにとりつけた踏み板。船頭がその上を行き来してさおをさしたりする所。
ふな-たび【船旅】船に乗ってする旅。
ふな-だま【船霊・船▵魂】船中に祭る守護神。船神。
ふな-ちん【船賃】船に乗ったり船で荷物を送ったり、または船を雇ったりするときに払う料金。
ふな-つき【船着〔き〕】船が着いて泊まる所。「—場」
ふな-づみ【船積み】（名・他スル）船に荷物を積みこむこと。
ふな-で【船出】（名・自スル）船が港を出発すること。出航。
ふな-どいや【船問屋】(ドヒヤ) 江戸時代、積み荷を集め、また、その運送を取り次ぐことを業とした問屋。船問屋(ふなどんや)。
ふな-どこ【船床】船の床(ゆか)に敷く、すのこ。
ふな-どめ【船止め・船留め】（名・自スル）①船の通行を止めること。②出帆(しゅっぱん)を禁じること。
ふな-に【船荷】船に積んで運送する荷物。
—しょうけん【—証券】《商》海運業者が貨物の船積みまたは受け取りを証明して発行する有価証券。
ふな-ぬし【船主】船の持ち主。船主(せんしゅ)。
ふな-のり【船乗り】船に乗り組んで、船内の仕事にたずさわる人。船員。
ふな-ばし【船橋】船を並べて、その上に板を渡して橋としたもの。浮き橋。

ふな-ばた【船端・◇舷】 船のふち。船の側面。船縁(ふなべり)。

ふな-びと【船人・舟人】 ①船客。②船頭。船員。

ふな-びらき【船開き】 ①船が港から出帆(しゅっぱん)すること。②新しい船がはじめて水上に浮かぶときに行う儀式。

ふな-びん【船便】 船による輸送。船便(せんびん)。「—で送る」

ふな-べり【船◇縁】 船のへり。船の側面。船端(ふなばた)。

ふな-まち【船待ち】(名・自スル) 船の出入りを待つこと。

ふな-むし【船虫】〘動〙フナムシ科の節足動物。暖かい海岸の岩の割れ目や船板などにすみ、長楕円(ちょうだえん)形で節の多い体に多数の足をもち、すばやく動き回る。夏

ふな-もり【舟盛り】 舟の形の器に刺身などを盛ること。

ふな-もり【舟守・船守】 船の番人。

ふな-やど【船宿】 ①船による運送を業とする家。②遊興の船や釣り船の世話をするのを業とする家。

参考 もとは、伊勢(いせ)えびの殻を舟に見立てて盛ったもの。

ふな-よい【船酔(い)】ヨヒ (名・自スル) 船の揺れによって気分が悪くなること。「海が荒れて—する」

ふ-なれ【不慣れ・不△馴れ】(名・形動ダ) なれていないこと。また、そのさま。「—な仕事」

ふな-わたし【船渡し】(名・他スル) 船で人や物を渡すこと。また、その渡し場。

ふな-をさ【船◇長】(おさ)〘古〙水夫の長。船頭。

ぶ-なん【無難】(名・形動ダ) ①平凡ではあるが特に欠点もないさま。「—な出来」「—にまとめる」②危険がないこと。無事。

ふ-にあい【不似合い】ニアヒ (名・形動ダ) 似合わないこと。ふさわしくないこと。また、そのさま。「洋間に—な家具」

ふ-にく【腐肉】 くさった肉。

ぶ-にち【侮日】 日本や日本人をあなどること。

ふにゃ-ふにゃ (副・自スル・形動ダ) ①やわらかくて張りのないさま。「—(と)した手ざわり」②心がしっかりしていないさま。頼りないさま。「—(と)した精神」

ふ-にょい【不如意】(名・形動ダ) 思うようにならないこと。特に、生計が苦しいこと。また、そのさま。「手元—」

ふ-にん【不妊】 妊娠(にんしん)しないこと。

—しょう【—症】シヤウ〘医〙避妊しないで性交をくり返しても妊娠しない症状。一般に、一年以上妊娠しない状態をいう。

ふ-にん【赴任】(名・自スル) 任地におもむくこと。「単身—」

ぶ-にん【無人】(名・形動ダ) 人がいないこと。人手の足りないこと。また、そのさま。

ぶ-にん【◇補任】 ↓ほにん

ふ-にんき【不人気】(名・形動ダ) 人気のないこと。また、そのさま。

ふ-にんじょう【不人情】ニンジヤウ (名・形動ダ) 人情にそむくこと。思いやりのないこと。また、そのさま。「—なしうち」

ふ-ぬけ【△腑抜け】(名・形動ダ)(「腑」は、はらわたの意) 意気地のないさま。性根がすわらないさま。また、そのような人。腰抜け。「—な奴(やっ)」

ふね【舟・船】 ①人・物などをのせて水上を渡る交通機関。船舶。②液体を入れる箱形の器。「湯—」③柩(ひつぎ)。④刺身などを盛る底の浅い箱形の容器。⇩「使い分け」

—に刻(きざ)みて剣(けん)を求(もと)む 時勢の移り変わりに気づかず、昔のしきたりをそのまま守る愚かさのたとえ。刻舟(こくしゅう)。【故事】昔、中国の楚(そ)の国の人が、長江を渡る舟で剣を水中に落としたとき、急いで舟べりに目印を刻んで、舟が対岸に着いてから目印の所から水中にはいって剣を探したが見当たらなかったという説話による。〈呂氏(りょし)春秋〉 **—を漕(こ)ぐ** (舟をこぐように体を前後に動かすことから)居眠りをする。

> 使い分け 「舟・船」
> 「舟」も「船」も、人や物をのせて水上を渡る交通機関を指す点では同じだが、「舟」は小型で手でこぐものを表し、「小舟」「さき舟」「はしけ舟」「舟をこぐ」などと使われる。
> 「船」は、比較的大型のものを表し、「海外から船で帰国する」「親船」「船の甲板」などと使われる。
> 一般的には「船」が多く使われる。

ふね-へん【舟偏】 漢字の部首名の一つ。「船」「航」などの「舟」の部分。

ふ-ねん【不燃】 燃えないこと。また、燃えにくいこと。↕可燃

—せい【—性】 燃えない性質。燃えにくい性質。↕可燃性

—ぶつ【—物】 燃えない物。燃えにくい物。↕可燃物

ぶ-ねん【無念・不念】(名・形動ダ) 不注意。手ぬかり。

ふ-のう【不納】ナフ 納めるべきものを、納めないこと。

ふ-のう【不能】(名・形動ダ) ①できないこと。不可能。「走行—」②才能のないこと。無能。③男性に性的能力のないこと。

ふ-のう【富農】 富裕な農民・農家。↕貧農

ふ-のり【布×海苔・×海蘿】 カクレイト目フノリ科の紅藻の総称。浅い海の岩石につく海藻。あずき色でつやがあり管状に分かれる。煮汁を洗い張り用の布糊(ぬのふ)にする。夏

ふ-はい【不敗】 負けないこと。負けたことのないこと。「—を誇る」

ふ-はい【腐敗】(名・自スル) ①くさること。有機物が微生物の作用によって分解し、悪臭を放つなどの状態になること。「—臭」②精神が堕落(だらく)し道義が低下すること。「政治が—する」

ふ-ばい【不買】 買わないこと。「—運動」

—どうめい【—同盟】 消費者が団結して、ある特定の商品を買わない約束をすること。ボイコット。非買同盟。

ふ-はく【布△帛】 ①木綿(もめん)と絹。②織物。布地。

ふ-はく【浮薄】(名・形動ダ) あさはかで軽々しいこと。心がうわついていて移り気なこと。また、そのさま。軽薄。「軽佻(けいちょう)—」

ふ-ばこ【◇文箱】 ①手紙などを入れておく手箱。文箱(ふみばこ)。②昔、手紙を入れて先方へ届けるために持ち歩いた箱。状箱。

ふ-はつ【不発】 ①弾丸が発射しないこと。爆薬が破裂しないこと。「—弾」②しようとしたことができずに終わること。「ストライキが—に終わる」

ふ-ばつ【不抜】(名・形動ダ) 堅固で動かないこと。また、そのさま。「堅忍—(=じっとがまんしてくじけないこと)」

ふ-ばらい【不払(い)】バラヒ 支払わないこと。「賃金の—」

ぶ-ば・る【武張る】(自五) ラ(ロ)・リ(ッ)・ル・ル・レ・レ 武人のようにいかめしく勇ましいようすやふるまいをする。「—・った人」

ふ-び【不備】(名・形動ダ) ①十分にととのっていないこと。また、そのさま。不完全。「書類の—」↕完備 ②(文意がととのっていない意)手紙の終わりに書く結語。不具。不一。

ぶ-び【武備】 いくさの備え。軍備。「—をかためる」

ぶ-びき【分引き・歩引き】(名・自他スル) 割引をすること。

ふ-びじん【不美人】 器量のよくない女性。醜女(ぶおんな)。

ふ-ひつよう【不必要】ヒツエウ (名・形動ダ) 必要としないこと。また、そのさま。不要。「—な品」

ふ-ひょう【不評】ヒヤウ 評判のよくないこと。不評判。「—を買う」↕好評

ふ-ひょう【付表・附表】ヘウ 説明などのため、本文に付け加えられている表。

ふ-ひょう【付票・附票】ヘウ 荷物などにつけた札。付け札。

ふ-ひょう【歩兵】ヒヤウ 将棋の駒(こま)の一つ。歩(ふ)。

ふ-ひょう【浮氷】 水上に浮いている氷のかたまり。

ふ-ひょう【浮標】 ヘウ ①水路・航路・遊泳場などの目印として水面に浮かべておく標識。ブイ。②漁網などについている浮き。

ふ-ひょう【譜表】 ヘウ 〘音〙楽譜を記すための五本の平行線。

ふ-びょうどう【不平等】 ビヤウドウ (名・形動ダ) 平等でないこと。また、そのさま。「―条約」「扱いが―だ」

ふ-びん【不敏】 (名・形動ダ) ①動作のすばしこくないこと。また、そのさま。②才知・才能に乏しいこと。また、そのさま。多く自分を卑下していう。「わが―を恥じる」

ふ-びん【不△憫・不△愍】 (名・形動ダ) かわいそうなこと。あわれむべきこと。また、そのさま。「―な子」

ぶ-ひん【部品】 機械・器具などの部分を形成する品物。部分品。パーツ。「自動車の―」

ふ-ひんこう【不品行】 ヒンカウ (名・形動ダ) 行いや態度の悪いこと。身持ちのよくないこと。また、そのさま。「―な人」

ぶ-ふうりゅう【無風流・不風流】 フウリウ (名・形動ダ) 風流でないこと。風流を解さないこと。また、そのさま。やぼ。

ふぶき【吹雪】 ①はげしい風とともに雪が降ること。また、風に吹かれて乱れ飛ぶ雪。「猛―」图 ②(転じて)風に吹かれるなどして乱れ舞うもの。「花―」「紙―」参考 常用漢字表付表の語。

ふ-ふく【不服】 (名・形動ダ) 納得しないこと。また、そのさま。不満。「―を唱える」「―の申し立てをする」

ふぶ・く【◦吹◦雪く】 (自五) カ(コ)・キ(イ)・ク・ク・ケ・ケ 風がはげしく吹いて雪が乱れ降る。「今夜は―・きそうだ」

ぶぶ-づけ【ぶぶ漬〔け〕】 (京阪地方で)茶漬け。

ふ-ぶん【不文】 ①文章に書き表さないこと。②文字・学問を知らないこと。「―を恥じる」③文章の下手なこと。

―ほう【―法】 ハフ 〘法〙文書の形式を備えていない法。慣習法・判例法の類。不文律。不成文法。↔成文法

―りつ【―律】 ①→ふぶんほう ②心の中でたがいに了解ができているおきて。暗黙の了解事項。「相互不干渉の―」

ぶ-ぶん【部分】 全体をいくつかに分けたものの一つ。↔全体

―しょく【―食・―△蝕】 〘天〙日食・月食で、太陽や月の一部が欠けて見える現象。↔皆既食 ⇒日食・月食(さしえ)

―てき【―的】 (形動ダ) ダロ・ダッ(デ・ニ)・ダ・ナ・ナラ・◯ 全体に及ばないで、ある部分に限られているさま。「―な現象」

―ひん【―品】 →ぶひん

ぶ-ぶん【舞文】 言葉や表現を飾り誇張して文を作ること。

―きょくひつ【―曲筆】 文章をことさら飾るために、誇張したり事実を曲げたりして書くこと。

ふ-ぶんめい【不分明】 (名・形動ダ) はっきりしないこと。区別が明らかでないさま。ふぶんみょう。「境界が―な土地」

ふ-へい【不平】 (名・形動ダ) 思いどおりにならず、おもしろくなく感じられること。また、そのさま。「―を並べる」

―を鳴ならす 不平を言いたてる。「待遇に―」

ぶ-べつ【侮蔑】 (名・他スル) 人をばかにして軽く見ること。

ふ-へん【不変】 (名・形動ダ) 変わらないこと。↔可変

―しほん【―資本】 〘経〙機械・原料などの生産手段の購入にあてられる資本。↔可変資本

ふ-へん【不偏】 (名・形動ダ) かたよらないこと。公平。

―ふとう【―不党】 フタウ (名・形動ダ) いずれの主義や党にもかたよらずに、公正中立を守ること。また、そのさま。

ふ-へん【普遍】 広くゆきわたること。あらゆる場合に当てはまること。物事すべてに共通すること。「―の真理」↔特殊

―せい【―性】 すべての物事・場合に当てはまる性質。

―だとうせい【―妥当性】 ダタウセイ 〘哲〙時間・空間を超えてどんな場合にも真理として認められる性質。

―てき【―的】 (形動ダ) ダロ・ダッ(デ・ニ)・ダ・ナ・ナラ・◯ すべての物事・場合に当てはまるさま。広く一般にゆきわたるさま。「―な見方」

ふ-べん【不便】 (名・形動ダ) 便利でないこと。また、そのさま。「―をかける」「交通の―な土地」↔便利

ぶ-へん【武辺】 武道に関するいろいろの事柄。「―話」

ぶ-べん【武弁】 (武官のかぶるかんむりの意)武家。武人。

ふ-べんきょう【不勉強】 ベンキヤウ (名・形動ダ) ①学業をよく修めていないこと。②怠けていること。努力を怠っていること。

ふ-ぼ【父母】 父と母。両親。父母ちちはは。「―の恩」

ふ-ほう【不法】 ハフ (名・形動ダ) ①法にそむくこと。「―行為」②道理や道義に外れること。無法。「―な言いがかり」

ふ-ほう【訃報】 死去の知らせ。訃音ふいん。「―に接する」

ふ-ぼく【浮木】 水上に浮いている木。浮き木。「盲亀もうきの―」

ふ-ぼん【不◦犯】 〘仏〙僧が邪淫じゃいんのいましめをおかさないこと。

ふ-ほんい【不本意】 (名・形動ダ) 自分のほんとうに望むところではないこと。本心にそむくさま。「―ながら承知する」

ふ-ま【不磨】 すりへらないこと。永久に残ること。不朽。「―の大典(=明治憲法の美称)」

ふまえ-どころ【踏まえ所】 フマヘ ①踏みしめるところ。②立場。よりどころ。「―をまちがう」

ふま・える【踏まえる】 フマヘル (他下一) エ・エ・エル・エル・エレ・エロ(エヨ) ①踏みつける。「大地を―」②ある行為や判断の根拠とする。よりどころにする。「事実を―・えて主張する」文ふま・ふ(下二)

ふ-まじめ【不真面目】 (名・形動ダ) 真面目でないこと。また、そのさま。「態度が―だ」

ふ-まん【不満】 (名・形動ダ) 満足しないこと。納得できずもの足りなく感じられるさま。「―をぶちまける」「―に思う」

ふ-まんぞく【不満足】 (名・形動ダ) 満足できないこと。十分でないこと。また、そのさま。不満。「―な成果」

ふみ【文・◦書】 ①書き記したもの。㋐文書。㋑書物。㋒手紙。②学問。文学。③漢詩。漢文。

ふみ-あら・す【踏み荒〔ら〕す・踏荒す】 (他五) サ(ソ)・シ・ス・ス・セ・セ 踏んでめちゃめちゃにする。「花壇を―」

ふみ-いし【踏〔み〕石】 ①くつぬぎの所に置く石。くつぬぎ石。②飛び石。「―伝いに歩く」

ふみ-いた【踏〔み〕板】 ①溝の上をおおったり、通路に敷いたりして踏んで行く板。しき板。②機械や楽器などに付属する、踏む部分。オルガンやミシンのペダルなど。

ふみ-うす【踏〔み〕臼】 うすの一種。長い柄えの端を踏んで杵きねを上下させ、中に入れた穀類をつくしかけのもの。からうす。

ふみ-え【踏〔み〕絵】 エ ①江戸時代、幕府がキリスト教徒でないことを証明させるために、キリストや聖母マリア像を描いたり彫りつけたりした板を踏ませたこと。また、その板。絵踏み。②(転じて)人の思想や立場などをためし調べる手段。

ふみ-がら【文殻】 読み終わった不要の手紙。文反古ふみほご。

ふみ-きり【踏〔み〕切り・踏切】 ①跳躍競技で、強く地面を蹴けること。また、その場所。②相撲で、足を土俵外へ踏み出すこと。踏み越し。③〔踏切〕鉄道線路と道路とが同一平面で交わっている所。「―を渡る」④ふんぎり。決断。

ふみ-き・る【踏〔み〕切る】 (自五) ラ(ロ)・リ(ッ)・ル・ル・レ・レ ①跳躍競技で、跳び上がるために地面を強く蹴ける。「左足で―」②相撲で、土俵の外へ足を踏み出す。踏み越す。③思い切って行う。決断をもってある行動に移る。「強制捜査に―」

ふみ-こ・える【踏〔み〕越える】 (自下一) エ・エ・エル・エル・エレ・エロ(エヨ) ①踏んで越える。また、ある境界や範囲から出る。「限度を―」②困難を克服して進む。「幾多の苦難を―」文ふみこ・ゆ(下二)

ふみ-こた・える【踏〔み〕◦堪える】 コタヘル (自下一) エ・エ・エル・

エル・エレ・エロ(エヨ) 踏んばってがまんする。比喩(ひゆ)的に、困難などに耐えてもちこたえる。「土壇場で―」㊈ふみこた・ふ(下二)

ふみ-こみ【踏〔み〕込み】 ①足を前に踏み出すこと。特に、相撲の立ち合いにいう。「―がいい」②玄関などで、履物(はきもの)をぬいでおく所。たたき。

ふみ-こ・む【踏〔み〕込む】 マ(モ)・ミ(ン)・ム・ム・メ・メ 一(自五) ①力を入れて足を前へ踏み出す。「―・んで打つ」②踏んで中にはいる。踏んで穴などに落ち込む。「ぬかるみに―」③無断でいきなりはいりこむ。乗りこむ。「刑事が―」④物事の奥深くまで迫る。「核心に―」二(他五) 踏んでおし込む。「アクセルを―」

ふみ-しだ・く【踏〔み〕◇拉く】(他五) カ(コ)・キ(イ)・ク・ク・ケ・ケ 踏んで押しつぶす。踏み荒らす。踏みにじる。「雑草を―」

ふみ-し・める【踏〔み〕締める】(他下一) メ・メ・メル・メル・メレ・メロ(メヨ) ①力を入れてしっかり踏む。「大地を―」②踏んで固める。「固く―・められた道」㊈ふみし・む(下二)

ふみ-だい【踏〔み〕台】 ①高い所に上ったり、高い所の物を取ったりするときの、足場にする台。足つぎ。②ある目的を達成するために、一時役立てるもの。「出世の―にする」

ふみ-たお・す【踏〔み〕倒す】(タフス)(他五) サ(ソ)・シ・ス・ス・セ・セ ①踏んで倒す。②代金や借金を支払わないままにする。「食事代を―」

ふみ-だ・す【踏〔み〕出す】(自他五) サ(ソ)・シ・ス・ス・セ・セ ①足を一歩前に出す。②足をある範囲から外に出す。「土俵を―」③新しい仕事や行動・生活にとりかかる。「新事業に―」

ふみ-だん【踏〔み〕段】 階段などの踏んで昇降する段。

ふみ-づかい【文使い】(ツカヒ) 手紙を持たせてやる使い。

ふみ-づき【文月】 陰暦の七月。ふづき。㊎

ふみ-づくえ【文机】 書籍をのせたり、読み書きをしたりする脚の短い和風の机。文机(ふづくえ)。

ふみ-つけ【踏〔み〕付け】 ふみつけること。「人を―にする」

ふみ-つ・ける【踏〔み〕付ける】(他下一) ケ・ケ・ケル・ケル・ケレ・ケロ(ケヨ) ①踏んでおさえる。「草花を―」②他人の面目などを無視してないがしろにする。「人を―やり方」㊈ふみつ・く(下二)

ふみ-つぶ・す【踏〔み〕潰す】(他五) サ(ソ)・シ・ス・ス・セ・セ 踏んでつぶす。「空き箱を―」

ふみ-づら【踏〔み〕面】 階段で昇降するときに踏む部分。

ふみ-ど【踏〔み〕◇所・踏〔み〕◇処】 足で踏んで立つ所。

ふみ-とどま・る【踏〔み〕◇止まる】(自五) ラ(ロ)・リ(ッ)・ル・ル・レ・レ ①足に力を入れて止まる。「土俵ぎわで―」②他人が去ったあとまで、その場所に残る。「現地に―」③じっとこらえてもちこたえる。思いとどまる。「誘惑に負けず―」

ふみ-なら・す【踏〔み〕◇均す】(他五) サ(ソ)・シ・ス・ス・セ・セ 土・雪などを踏んで平らにする。「雪を―」

ふみ-なら・す【踏〔み〕鳴らす】(他五) サ(ソ)・シ・ス・ス・セ・セ 床(ゆか)などを踏んで鳴りひびかせる。「床を―・して抗議する」

ふみ-にじ・る【踏〔み〕△躙る】(他五) ラ(ロ)・リ(ッ)・ル・ル・レ・レ ①踏みつけてめちゃめちゃにする。踏みひしぐ。踏みしだく。「花壇を―」②人の気持ち・考え・体面などを台なしにする。「善意を―」

ふみ-ぬ・く【踏〔み〕抜く】(他五) カ(コ)・キ(イ)・ク・ク・ケ・ケ ①踏んで物に穴をあける。「床板を―」②くぎやとげなどを踏んで足の裏につきさす。「くぎを―」

ふみ-ば【踏〔み〕場】 足を踏み入れる所。「足の―もない」

ふみ-はず・す【踏〔み〕外す】(ハヅス)(他五) サ(ソ)・シ・ス・ス・セ・セ ①踏み所を誤って足をそらす。「階段を―」②正しい、または順当な道に外れたことをする。「人の道を―」

ふみ-まよ・う【踏〔み〕迷う】(マヨフ)(自五) ワ(オ)・イ(ッ)・ウ・ウ・エ・エ ①道に迷う。「山道に―」②(正しい道を見失って迷うことから)悪の道にはいって行く。「悪の道に―」

ふ-みもち【不身持〔ち〕】(名・形動ダ) 身持ちの悪いこと。また、そのさま。不品行。ふしだら。

ふみ-やぶ・る【踏〔み〕破る】(他五) ラ(ロ)・リ(ッ)・ル・ル・レ・レ ①踏んでこわす。②(「踏破」を訓読した語)困難な行程を歩き通す。

ふみ-わ・ける【踏〔み〕分ける】(他下一) ケ・ケ・ケル・ケル・ケレ・ケロ(ケヨ) 草木などを踏んで、道をつけるようにしながら進む。「草を―・けて進む」㊈ふみわ・く(下二)

ふ-みん【不眠】 眠らないこと。また、眠れないこと。

――しょう【―症】(シャウ) 〘医〙ストレスや病気、極度の心身疲労などが原因で十分睡眠がとれない症状。

――ふきゅう【―不休】(フキウ) 眠ったり休んだりしないこと。「―で働く」

ふ・む【踏む・◇履む・◇践む】(他五) マ(モ)・ミ(ン)・ム・ム・メ・メ ①足をのせて上からおしつける。また、足をおろす。「麦を―」「薄氷を―」②その場所へ行く。「ふるさとの土を―」③決められたとおりに守り行う。履行する。「手続きを―」④実際にやってみる。経験する。「場数(ばかず)を―」⑤押韻する。「韻を―」⑥値段を見積もる。見当をつける。「安く―・んでも百万はする」「実施は五年後と―・んでいる」⑦地位につく。「天子の位を―」可能ふ・める(下一)

参考 ⑦は、多く「◇践む」と書く。

〔類語〕	表現 ▼踏まえる・踏み固める・踏み込む・踏み締める・踏みつける・踏み潰(つぶ)す・踏みにじる・踏んづける▼揃(そろ)い踏み
〔～する〕	▼経験・推測・推定・評価・予想
〔慣用〕	▼韻を踏む・お百度を踏む・後足(あしあし)を踏む・蹈鞴(たたら)を踏む・地団駄を踏む・轍(てつ)を踏む・どじを踏む・虎(とら)の尾を踏む・二の足を踏む・場数を踏む
〔ことわざ〕	▼三尺下がって師の影を踏まず・瀬を踏んで淵(ふち)を知る・前車の轍(てつ)を踏む・手の舞い足の踏む所を知らず

ふ-むき【不向き】(名・形動ダ) 適していないこと。ふさわしくないこと。好みに合わないこと。「彼はこの仕事には―だ」

ふ-めい【不明】(名・形動ダ) ①はっきりわからないこと。また、そのさま。「行方(ゆくえ)―」「―な点を質問する」②物事を見通す力の足りないこと。また、そのさま。「―を恥じる」

ぶ-めい【武名】 武人としてのほまれ。「―を上げる」

ふ-めいよ【不名誉】(名・形動ダ) 名誉をけがすこと。また、そのさま。名折れ。不面目。「―な成績」

ふ-めいりょう【不明瞭】(メイレウ)(名・形動ダ) はっきりしないこと。また、そのさま。「―な発音」

ふ-めいろう【不明朗】(メイラウ)(名・形動ダ) ごまかしや隠し事があって細部がはっきりしないこと。また、そのさま。「―な会計」

ふ-めつ【不滅】 滅びないこと。いつまでもなくならないこと。「―の大記録」

ふ-めん【譜面】〘音〙楽譜を書いたもの。また、楽譜。「―台」

ぶ-めん【部面】 いくつかに分けたうちの一つの面。

ふ-めんぼく【不面目】(名・形動ダ) 人に顔向けのできないこと。また、そのさま。不名誉。ふめんもく。「―な結果に終わる」

ふ-もう【不毛】(名・形動ダ) ①土地がやせて作物の実らないこと。草木の生え育たないこと。「―の地」②そのものからなんの発展も成果も得られないこと。「―の議論」

ふもと【麓】 山の下のあたり。山の裾(すそ)。山麓(さんろく)。

ふ-もん【不問】 とりたてて問いたださないこと。捨てておくこと。

――に付(ふ)す 不審や過失などをとりたてて問題としない。

ぶ-もん【武門】 武士の家柄や血筋。武家。「―の出」

ぶ-もん【部門】全体を大きくいくつかに分けた一つ一つ。「営業ー」

ふやか・す(他五) 水につけてやわらかくする。水を吸わせてふくれさせる。「豆をー」自ふや・ける(下一)

ぶ-やく【◇夫役】昔、支配者が人民に強制的に課した労役。夫役(ふえき)・(ふやく)。

ふや・ける(自下一) ①水につかってやわらかくなり、ふくれる。「指先がー」②気持ちにしまりがなくなり、だらける。「ー・けた精神」他ふやか・す(五) 文ふや・く(下二)

ふや-じょう【不夜城】灯火が輝いて夜でも昼のように明るくにぎやかな所。歓楽街や大きなビルなどをいう。

ふや・す【増やす・殖やす】(他五) ①数・量を多くする。「定員をー」「体重をー」↕減らす ②繁殖させる。増殖させる。「魚をー」自ふ・える(下一) 可能ふや・せる(下一)

ふゆ【冬】四季の一つ。年間で気温の最も低い季節。暦の上では立冬(十一月七日ごろ)から立春(二月四日ごろ)の前日まで。ふつうには十二月から二月まで。陰暦では十月から十二月。冬「ー来たりなば春遠からじ」
類語 立冬・初冬・孟冬・真冬・厳冬・仲冬・盛冬・酷寒・厳寒・極寒・晩冬・暮冬・季冬・冬場・暖冬

ぶゆ【△蚋】→ぶよ

ふ-ゆう【浮遊・浮△游】(名・自スル) 水面・空中などに浮かびただようこと。「水中にーする生物」

―せいぶつ【―生物】→プランクトン

ふ-ゆう【富裕】(名・形動ダ) 財産を多く持っていて生活のゆたかなこと。また、そのさま。裕福。「ーな階層」↕貧窮・貧困

ふ-ゆう【△蜉△蝣】①→かげろう(蜉蝣)② ②(カゲロウが、朝に生まれ夕べに死ぬといわれることから)人生のはかなさのたとえ。「ーの生涯」

ぶ-ゆう【武勇】強く勇ましいこと。「ーのほまれ」

―でん【―伝】①武勇にすぐれた人の物語。②勇ましい手柄話。また、腕力沙汰などをからかっていう語。

フュージョン〈fusion 融合〉《音》おもにジャズを基調として、ロック・ラテン音楽・ソウルなどを融合した音楽。

フューチャー〈future〉未来。将来。前途。

ふ-ゆかい【不愉快】(名・形動ダ) いやな気持ちでおもしろくないこと。また、そのさま。不快。「ーに感じる」

ふゆ-がれ【冬枯れ】①冬、草木の葉の枯れること。また、その荒涼としたさびしいながめ。「ーの景色」冬 ②冬(特に二月)、商店などで客が少なく景気の悪いこと。↕夏枯れ ⇩二八(にっぱち)

ふゆ-き【冬木】①冬枯れの木。冬 ②ときわ木。常緑樹。

ふゆ-ぎ【冬着】冬に着る衣服。冬服。冬↕夏着

ふゆぎくの… 俳句〔冬菊の まとふはおのが ひかりのみ〕〈水原秋桜子〉冬にはいって他の花々はみな枯れ、いまは冬菊だけが庭でひっそりと咲いている。鈍色の冬空の下、この菊だけがおのれ自身の花の光をほのかに身にまとって寂しく、しかし凛として立っている。(冬菊 冬)

ふ-ゆきとどき【不行〔き〕届き】(名・形動ダ) 注意の行きとどかないこと。心づかいの足りないこと。「監督ー」

ふゆ-くさ【冬草】冬なお枯れ残っている草。冬の草。冬

ふゆ-げ【冬毛】鳥獣の、冬にそなえて秋に抜けかわる毛。↕夏毛

ふゆ-げしょう【冬化粧】(名・自スル) 冬になり、雪が降り積もるなどして、景色が冬らしくなること。

ふゆ-こだち【冬木立】冬枯れの木立。冬

ふゆ-ごもり【冬籠〔も〕り】━(名・自スル) 冬の寒い間、動物は巣にひそみ、人は家に閉じこもって暮らすこと。冬 ━《枕》「春」にかかる。

ふゆ-ごも・る【冬籠〔も〕る】(自五) 冬の間、雪や寒さを避けて家や巣にじっと閉じこもっている。

ふゆ-さく【冬作】《農》冬の間に育ち、春に収穫される農作物。麦など。冬作物。↕夏作

ふゆ-ざれ【冬ざれ】冬の、草木が枯れて荒涼としたようす。冬の、ものさびしいようす。冬「ーの野」

ふゆ-しょうぐん【冬将軍】寒さの厳しい冬をいう語。「ーの到来」冬 語源ナポレオンがロシアに侵攻したとき、ロシアの冬の厳しい寒さにあって大敗した史実から出た語。

ふゆ-ぞら【冬空】冬の空。寒々とした冬の空。冬↕夏空

ふゆ-どり【冬鳥】秋に北方から日本に渡ってきて冬を越し、春になると北方へ帰っていく渡り鳥。ガン・カモなど。↕夏鳥

ふゆ-ば【冬場】冬のころ。冬の期間。↕夏場

ふゆ-び【冬日】①冬の太陽。冬の弱い日ざし。冬 ②《気》一日の最低気温がセ氏零度未満の日。↕夏日 ⇩真冬日

ふゆ-もの【冬物】冬に使う物。特に、冬用の衣服。↕夏物

ふゆ-やすみ【冬休み】(学校や会社などの)冬季の休み。冬

ふゆ-やま【冬山】①冬枯れの山。また、雪のある冬の山。冬 ②冬季の登山の対象になる山。「ー訓練」冬↕夏山

ふ-よ【不予】(「予」は、よろこぶ意) 天子の病気。不例。

ふ-よ【付与・附与】(名・他スル) さずけること。与えること。「課長に権限をーする」⇩「使い分け」

ふ-よ【賦与】(名・他スル) 配り与えること。「天からーされた才能」⇩「使い分け」

> 使い分け「付与・賦与」
> 「付与」は、さずけ与える意で、「資産を付与する」「許可証を付与する」などと広く一般的に使われる。
> 「賦与」は、配り与える意で、「神から賦与された才能」のように「生まれつきの」のニュアンスで使われる。

ぶよ【△蚋】《動》ブユ科の昆虫の総称。体長二―八ミリメートル。すきとおった羽をもつ。水辺・山野にすみ、雌は人畜の血を吸う。ぶと。ぶゆ。夏

ふ-よう【不用】(名・形動ダ) ①使わない状態。いらない状態。②役に立たないこと。また、そのさま。⇩「使い分け」

ふ-よう【不要】(名・形動ダ) 必要でないこと。また、そのさま。なくても困らない状態。「ー不急」⇩「使い分け」

> 使い分け「不用・不要」
> 「不用」は、使われない意を表し、「不用の建物」「予算の不用額を他に回す」などと使われる。
> 「不要」は、必要でない意を表し、「不要の買い物」「身元保証人不要」などと使われる。
> ただし、「不用品」「不要品」の場合はどちらも使われる。

ふ-よう【△芙△蓉】①《植》アオイ科の落葉低木。葉は掌状に裂け、夏から秋にかけて大形の淡紅色や白色の花を開く。観賞用。もくふよう。秋 ②ハスの花の異名。「ーのかんばせ(=美女のたとえ)」

〔芙蓉①〕

―ほう【―峰】「富士山」の異名。芙蓉の峰。

ふ-よう【扶養】(名・他スル) 世話をし、養うこと。生活の面倒をみること。「親をーする」

—かぞく【—家族】扶養する義務のある親族・家族。
ふ-よう【浮揚】ヤウ（名・自他スル）浮かび上がること。浮かび上がらせること。「景気—策」
ぶ-よう【舞踊】おどり。まい。「—家」「民族—」
ふ-ようい【不用意】（名・形動ダ）用意をしていないこと。注意や用心の足りないこと。また、そのさま。「—な発言」
ふ-ようじょう【不養生】ヤウジャウ（名・形動ダ）健康に気をつけないこと。また、そのさま。「医者の—」
ぶ-ようじん【不用心・無用心】（名・形動ダ）用心の悪いこと。警戒・注意の足りないこと。また、そのさま。「—な家」
ふようど【腐葉土】フエフ 落ち葉のくさってできた土。養分に富み、通気性や排水がよい。園芸に用いる。
ふ-よく【扶翼】（名・他スル）仕事や任務の達成に力をそえ助けること。扶助。「—の臣」
ぶよ-ぶよ（副・自スル・形動ダ）水ぶくれしたようにしまりなくふくらんでいるさま。「—（と）太った腹」
フラ〈hula〉→フラダンス
ブラ「ブラジャー」の略。「スポーツ—」
プラーク〈plaque〉〖医〗歯垢しこう。「—コントロール」
ブラームス〈Johannes Brahms〉（一八三三—一八九七）ドイツの作曲家。ロマン主義の内容を古典派の形式で表現する新古典主義を樹立。作品「交響曲第一—四番」「バイオリン協奏曲」など。
フラーレン〈fullerene〉〖化〗炭素原子が数十個結合しておもに球状の分子をなす物質。炭素の同素体の一つ。
フライ〈fly〉野球で、打者が高く打ち上げたたま。飛球。
フライ〈fry〉魚・肉・野菜などに小麦粉・とき卵・パン粉をまぶし、油で揚げた料理。「エビ—」
—パン〈frying pan から〉長い柄えのついた浅く平たいなべ。食物を焼いたりいためたりするのに用いる。
ぶ-らい【無頼】（名・形動ダ）一定の職業につかず、性行がよくないこと。また、そのさまや、そうした者。「—の徒」
—かん【—漢】ならずもの。ごろつき。
プライオリティー〈priority〉優先度。優先権。
フライ-きゅう【フライ級】キフ〈fly ハエ〉ボクシングの体重別階級の一つ。プロでは、一〇八—一一二ポンド（四八・九八—五〇・八〇キログラム）。
プライス〈price〉価格。値段。
プライズ〈prize〉賞。賞品。
フライス-ばん【フライス盤】〈フランス fraise〉円柱形の刃物を回転させて金属を切削する工作機械。ミーリング。
ブライダル〈bridal〉婚礼。結婚式。「—フェア」
フライト〈flight〉（名・自スル）飛ぶこと。特に、航空機の飛行や航空便。「—アテンダント（=航空機の客室乗務員）」
—レコーダー〈flight recorder〉航空機にとりつけてある飛行記録装置。高度・速度・機首方位・垂直加速度・時間などを自動的に記録する。ブラックボックス。
プライド〈pride〉誇り。自尊心。「—が許さない」
プライバシー〈privacy〉私事。私生活。個人の秘密。また、それを知られない権利。「—の保護」「—の侵害」
プライベート〈private〉（形動ダ）ダロ・ダッ(デ・ニ)・ダ・ナ・ナラ・〇 個人的。私的。「—な用事」↔パブリック
—ブランド〈private brand〉大手小売業者などが自ら開発して販売する商品のブランド。PB
—ルーム〈private room〉私室。個室。
プライマリー-バランス〈primary balance〉〖経〗国の財政収支で、公債発行額を除いた歳入額と、利払いなどの公債費を除いた歳出額とのバランスをいう。基礎的財政収支。
プライム〈prime〉（他の語に付いて）「最重要の」「主要な」の意を表す語。
—タイム〈prime time〉テレビなどで、最も視聴率の高い時間帯。午後七時から一一時まで。⇒ゴールデンタイム
—レート〈prime rate〉〖経・商〗銀行が優良企業に資金を貸し付ける際の最優遇貸出金利。
フライヤー〈flier, flyer〉ちらし。ビラ。
フライヤー〈fryer〉揚げ物をするための機器。
フライング〈和製英語〉競走や競泳で、スタートの号砲前に飛び出す違反行為。「—を犯す」参考 flying（飛行）から。英語では false start または breakaway という。
ブラインド〈blind〉窓にとりつける目かくし・日よけ用のおおい。よろいど。「—をおろす」
—タッチ〈和製英語〉→タッチタイピング
フラウ〈ドイツ Frau 大人の女性〉①妻。②夫人。
ブラウザ〈browser〉〖情報〗まとまったデータ、特にウェブサイトを閲覧するためのソフトウェア。閲覧ソフト。ブラウザー。
ブラウス〈blouse〉薄手の布でゆったりと仕立てた、シャツに似た女性・子供用の衣服。
ブラウン-うんどう【ブラウン運動】液体や気体中を浮遊する微粒子が、絶えず不規則に運動する現象。語源 イギリスの植物学者ブラウン（R.Brown）が発見したことからいう。
ブラウン-かん【ブラウン管】クワン〖物〗真空管の一種。電気信号を光学像に変換する。テレビやレーダーの受像用などに用いる。語源 ドイツの物理学者ブラウン（Braun）が発明したことからいう。
プラカード〈placard〉デモや宣伝などで、標語・主張などを書き込んで掲げ歩く看板。「—を掲げて行進する」
フラグ〈flag〉①旗。フラッグ。②〖俗〗物語などで、のちにある典型的な展開に進むきっかけとなる事柄。「—が立つ（=のちの展開を予期させることが起こる）」
ぶ-らく【部落】①民家が一群になっている所。村の一部。②→ひさべつぶらく
プラグ〈plug〉①コードの先にあり、コンセントにさしこんで、電気機器と配線を接続する器具。②内燃機関で、シリンダー内の燃料に点火する装置。点火プラグ。
フラクション〈fraction 断片〉①政党が他の団体の内部に設ける党員組織。フラク。②政党内の分派。
フラクタル〈fractal〉どこまで分解しても、その部分が元の全体と同形の図形。自己相似図形。「—理論」「—図形」
プラクティカル〈practical〉（形動ダ）ダロ・ダッ(デ・ニ)・ダ・ナ・ナラ・〇 実際的。実用的。プラクチカル。
プラグマティズム〈pragmatism〉〖哲〗人間の活動を形而上学けいじじょうがくや内省によってではなく、具体的な実践のあり方に即し、その有効性によって把握しようとする哲学の一派。実用主義。プラグマチズム。
プラグマティック〈pragmatic〉（形動ダ）ダロ・ダッ(デ・ニ)・ダ・ナ・ナラ・〇 実際的。実利的。実用主義的。プラグマチック。
ブラケット〈bracket〉①壁面にとりつける、照明用の電気器具。②印刷用語で、括弧かっこの一つ。［ ］の類。
ふらここ【×鞦韆】ぶらんこ。春 参考 おもに俳句で用いる語。
プラザ〈スペイン plaza〉広場。市場。
ぶら-さがり【ぶら下がり】①ぶら下がること。②〖俗〗既製服。つるし。仕立て上がって店頭にぶら下がっていることから。③〖俗〗記者団が取材対象者を取り囲んで、または歩きながら質問・取材すること。
ぶら-さが・る【ぶら下がる】（自五）ラ(ロ)・リ(ッ)・ル・ル・レ・レ ①上方で

支えられて垂れ下がる。ぶらりと下がる。「へちまがー」②今にも手にはいりそうな状態になる。目先にちらつく。「優勝が目の前にー」③自分では努力せずに、他人に頼りきる。「家族が兄ひとりにーっている」他ぶらさ・げる(下一)

ぶら-さ・げる【ぶら下げる】(他下一)ゲ・ゲ・ゲル・ゲル・ゲレ・ゲロ(ゲヨ) 上端を固定してぶらりと下がるようにする。無造作に下げて持つ。「腰にタオルをー」自ぶらさが・る(五) 文ぶらさ・ぐ(下二)

ブラシ〈brush〉①獣毛などを植えこみ、ちりを払ったり物をみがいたりするのに用いるはけ。「くつにーをかける」②(「ヘアブラシ」の略)頭髪をとくためのブラシ。参考「ブラッシュ」ともいう。

プラシーボ〈placebo〉→ぎやく

ブラジャー〈フランス brassière のなまり〉乳房を包み、その形をととのえるための女性用の下着。ブラ。

ブラジル〈Brazil〉南アメリカ東部の連邦共和国。首都はブラジリア。

ブラス〈brass 真鍮(しんちゅう)〉①金管楽器。②「ブラスバンド」の略。

ふら・す【降らす】(他五)サ(ソ)・シ・ス・ス・セ・セ 降るようにする。降らせる。「人工雨をー」自ふ・る(五)

ーバンド〈brass band〉〔音〕金管楽器を主体に打楽器を加えた楽団。吹奏楽団。ブラス。ブラバン。

プラス〈plus〉■(名・他スル)加えること。足すこと。「基本給に残業代をーした額」■(名)①〔数〕加法または正数の符号「+」。正号。②〔物〕電池の正極やそれに結合した極。陽電気。また、その符号「+」。③反応が現れること。陽性。④差し引いた残り。あまり。利益。黒字。■(名・形動ダ・自スル)有利になること。また、よいこと。「ー材料」(↔マイナス)

ーアルファ〈和製英語〉元の数量などにいくらかが加わること。また、加わったもの。「ーの機能」⇩アルファ③

ーマイナス〈和製英語〉①差し引き。得失。「ーゼロ」②ある数値を中心とした許容範囲や誤差の範囲を示すのに用いる語。記号「±」。

フラスコ〈ポルトガル frasco〉〔化〕化学実験器具の一つ。首の長い徳利(とっくり)に似たガラス容器。

〔フラスコ〕

プラスチック〈plastic〉〔化〕合成樹脂。可塑物(かそぶつ)。可塑性物質。⇩ビニール「参考」

フラストレーション〈frustration〉→よっきゅうふまん

プラズマ〈plasma〉①〔物〕原子の原子核とそのまわりの電子がばらばらに離れた状態の気体。②〔生〕血漿(けっしょう)。

ーディスプレー〈plasma display〉ネオンガスなどに高電圧をかけ、放電させて生じた「プラズマ①」の発光を利用した表示装置。薄形で大型のテレビなどに利用される。

プラタナス〈ラテン platanus〉→すずかけのき

プラタナス… 俳句〔プラタナス 夜もみどりなる 夏は来ぬ〕〈石田波郷(いしだはきょう)〉夜の町なかに散歩に出た。街路樹のプラタナスは町の灯を浴びて夜でも鮮やかに新鮮な緑の葉を浮かびあがらせている。まぎれもなく夏の季節がやってきたのだ。(夏 夏)

フラ-ダンス〈和製英語〉ハワイの伝統的な歌舞。フラ。参考 英語では hula や hula-hula という。

ふ-らち【不埒】(名・形動ダ)(「埒」は、柵(さく)・囲いの意)法や道理に外れていてけしからぬこと。ふとどき。「ーな考え」

プラチナ〈スペイン platina〉→はっきん(白金)

ふら-つ・く(自五)カ(コ)・キ(イ)・ク・ク・ケ・ケ ①足もとが安定せず、ふらふらする。「足がー」②気持ちや態度が揺れ動く。「考えがー」③目的もなくうろつく。ぶらつく。「街をー」

フラッグ〈flag〉旗。フラグ。「チェッカーー」

ーシップ〈flagship〉①旗艦。②製品・店舗など、ある系列の中で最も重要なもの。「ーモデル」「ーショップ」

ぶら-つ・く(自五)カ(コ)・キ(イ)・ク・ク・ケ・ケ ①垂れ下がってぶらぶら揺れ動く。②ぶらぶら歩き回る。散歩する。ふらつく。「盛り場をー」

ブラック〈black〉①黒。黒色。②クリームや砂糖を入れないコーヒー。「ーで飲む」③他の語について、「不正な」「非合法の」などの意を表す。「ーマネー」「ー企業」

ージョーク〈black joke〉タブーにふれるような悪趣味な冗談。

ーバス〈black bass〉〔動〕スズキ目の淡水魚。北米原産。体長約五〇センチメートル。クロマス。オオクチバス。はじまり 日本には、一九二五(大正十四)年に釣り魚としてアメリカから箱根芦ノ湖(あしのこ)に移植されたのが最初。

ーホール〈black hole〉〔天〕質量の極めて大きな天体が自らの重力で収縮し超高密度になった状態。重力が極めて強く、光さえも外部に出られない。

ーボックス〈black box〉①機能は明らかであるが、内部の構造が解明できない装置。②→フライトレコーダー

ーユーモア〈black humor〉初めはおかしいが、しだいに不気味さ・残酷さが感じられてくるユーモア。

ーリスト〈blacklist〉要注意人物の住所・氏名などを記した表。黒表。「ーにのる」

フラッシュ〈flash〉①ひらめき。②写真をとるための人工的な閃光(せんこう)。また、その装置。「ーをたく」③映画で、瞬間的な場面。④通信社による簡単な速報。短い至急報。

ーガン〈flash gun〉写真で、カメラのシャッターを切ると同時に閃光(せんこう)電球を発光させる道具。

ーバック〈flashback〉①映画・テレビで、場面の瞬間的な転換を繰り返し行う手法。②強いトラウマ体験が、突然思い出される現象。

ーメモリー〈flash memory〉〔情報〕コンピューターの記憶装置の一つ。何度も書き込み・消去ができ、電源を切ってもデータの保存ができる。

ブラッシュアップ〈brushup〉(名・他スル)みがきをかけること。一段とすぐれたものにすること。「原稿のー」

ブラッシング〈brushing〉(名・他スル)ブラシをかけること。「歯のー」

フラット〈flat〉■(名・形動ダ)平らな状態。また、平面。平地。「ーな路面」■(名)①〔音〕本来の音より半音低くする記号。変記号。記号「♭」↔シャープ ②競技記録などで、タイムに秒以下の端数(はすう)がないこと。「一〇秒ー」③(共同住宅で)各住戸が一つの階に収まっているもの。⇩メゾネット

ふらっ-と(副・自スル)①はっきりした目的もなく突然その行動をするさま。ふらりと。「ー旅に出る」②急によろめきそうになるさま。頭がぼんやりするさま。「体が一瞬ーする」

プラットホーム〈platform〉①駅で、電車・列車に乗り降りするための場所。ホーム。②〔情報〕コンピューターで、基盤となるソフトウェアやハードウェアのこと。

フラッパー〈flapper〉おてんば娘。

フラップ〈flap〉①ポケットや封筒などの垂れぶた。②飛行機の主翼の縁に取り付けた可動式の小翼。離着陸時に揚力を増大させるために使われる。下げ翼。

フラッペ〈フランス frappé〉かき氷にシロップやリキュールを注いだ飲み物。また、かき氷に果物などを盛った菓子。

プラトニック〈platonic〉(形動ダ)ダロ・ダッ(デ・ニ)・ダ・ナ・ナラ・〇 (ギリシャの哲学者プラトンのような、の意)純粋に精神的なさま。

―ラブ〈platonic love〉肉欲を伴わない精神的な恋愛。

プラトン〈Platon〉(前四二七～前三四七) ギリシャの哲学者。ソクラテスの弟子。その哲学の中心はイデア論で、哲学者の統治する理想国家の実現を説いた。著書「ソクラテスの弁明」「饗宴(きょうえん)」など。

プラネタリウム〈planetarium〉室内の丸天井に映写機で星空や天体の運行を映し出して示す装置。天象儀。(はじまり) 一九二三年、ドイツの光学機器製造会社カール・ツァイスが製造。日本では、一九三七(昭和一二)年大阪市立電気科学館(現大阪市立科学館)に初めて設置された。国産初のプラネタリウムは一九五八(昭和三三)年に完成。

フラノ 洋服地に用いるやや厚手のフランネル。

ブラフ〈bluff〉はったり。「―をかける」

ふら‐ふら (副・自スル・形動ダ) ①足もとのしっかりしないさま。目まいがしてふらつくさま。頭のぼんやりしているさま。「足が―(と)する」②目的もなく歩き回るさま。「―(と)歩く」③落ち着きのないさま。心の動揺するさま。「考えが―(と)する」

ぶら‐ぶら (副・自スル・形動ダ) ①物がぶら下がって揺れ動くさま。「へちまが―(と)揺れている」②あてもなく、またのんびりと歩くさま。「その辺を―(と)歩く」③無為に日々を送るさま。仕事をしていないさま。「学校を出て二、三年―(と)する」

―やまい【―病】(ヤマイ) どこが悪いというのではないが、元気の出ない状態がいつまでも続く病気。

ブラボー〈イタリア bravo〉(感) 賞賛・歓呼などのかけ声。うまいぞ。すてきだ。万歳。

フラミンゴ〈flamingo〉【動】フラミンゴ科の鳥の総称。首と脚が長く、ツルに似て大形。羽毛は淡赤色。べにづる。

プラム〈plum〉【植】西洋スモモ。ウメ・アンズなどの実をいうこともある。

フラメンコ〈スペイン flamenco〉スペインのアンダルシア地方に伝わる、歌と踊りとギターからなる民族芸能。

プラ‐モデル〈plastic model から〉組み立てて作るプラスチック製の模型玩具(がんぐ)。(商標名)

ふらり‐と (副・自スル) →ふらっと

ぶらり‐と (副・自スル) ①物の垂れ下がっているさま。②これといった目的もなく、出かけたり立ち寄ったりするさま。「友人を―訪ねる」③何もしないさま。「ひがな一日―過ごす」

ふら‐れる【振られる】 嫌われてはねつけられる。特に、言い寄った相手に冷淡にされる。「彼女に―」(語源) 五段動詞「振る」の未然形＋受け身の助動詞「れる」

フラワー〈flower〉花。「ドライ―」

―アレンジメント〈flower arrangement〉西洋風の生け花。

ふ‐らん【孵卵】(名・自他スル) 卵がかえること。卵をかえすこと。「―器(＝卵を人工的に孵化(ふか)させる装置)」

ふ‐らん【腐乱・腐爛】(名・自スル) くさりくずれること。

フラン〈フランス franc〉スイスなどの貨幣の単位。(参考) フランス・ベルギーなどは二〇〇二年よりユーロに移行。

プラン〈plan〉①計画。設計。「旅行の―」②設計図。

フランク〈frank〉(形動ダ) (ダロ・ダッ(デ)・ニ・ダ・ナ・ナラ・〇) 率直なさま。気取りのないさま。「―に話し合う」

ブランク〈blank〉①空白。余白。②あることを経験していない期間。空白の期間。「―を埋める」「―をとり戻す」

プランクトン〈plankton〉水生生物のうち、水に漂い浮遊している生物の総称。微小なものが多いが、クラゲのように大形のものも含まれる。植物プランクトン・動物プランクトンに大別される。魚類のえさとして重要。浮遊生物。

フランクリン〈Benjamin Franklin〉(一七〇六～一七九〇) アメリカの科学者・政治家。自然科学の研究に従事して、フランクリンストーブや避雷針を発明。独立戦争に際してはフランスに渡って援助を求め、独立達成に寄与した。著書「フランクリン自伝」。

ブランケット〈blanket〉毛布。ケット。

―エリア〈blanket area〉難視聴区域。放送局の送信アンテナの付近で、ほかの放送局の電波の受信が困難な地域。

ぶらんこ【×鞦韆】 つり下げた二本の綱や鎖に横木を渡し、それに乗り、ゆり動かして遊ぶもの。ふらここ。(春)

フランス〈France〉ヨーロッパの西部にある共和国。首都はパリ。仏国。(語源) ゲルマン民族の一支族フランク族の建てたフランク王国に由来。(参考)「×仏蘭西」とも書く。

―かくめい【―革命】【世】一七八九年から一七九九年にフランスで起こった市民革命。ブルボン王朝の旧制度社会を打破し、近代市民社会を実現した典型的ブルジョア社会革命。全ヨーロッパを大動乱にまきこんだが、自由・平等の理念をうちたて、近代社会の成立をもたらした。

―デモ (「デモ」は「デモンストレーション」の略) 人々が手をつないで道幅いっぱいに広がって行進するデモ。

―パン〈和製語〉皮をかたく焼いた塩味のパン。(語源) 英語 France とポルトガル語 pão との合成語。

プランター〈planter〉草花などの栽培容器の一つ。多く、プラスチック製。長方形のものが多い。

ブランチ〈branch〉①枝。枝分かれしたもの。②部門。分科。③支局。支店。

ブランチ〈brunch〉昼食をかねた遅い朝食。(語源) breakfast と lunch との合成語。

フランチャイズ〈franchise〉①プロ野球で、球団の本拠地。また、そこでの興行権。②親業者が契約店に対し、一定地域内での販売権を与えること。また、その権利。「―チェーン」

ブランデー〈brandy〉ぶどう酒などを蒸留して造るアルコール分の強い洋酒。

プランテーション〈plantation〉熱帯・亜熱帯地域で、安い労働力を用いて綿花・ゴム・コーヒーなどを栽培する、大規模な農業。また、その農園。かつて植民地に多くつくられた。

ブランド〈brand〉商標。銘柄。「一流―」「―商品」

プラント〈plant〉(一つの工場の)機械類・建物などの設備。生産設備一式。「石油精製の―」

―ゆしゅつ【―輸出】【商・経】大型機械や工場設備の輸出。技術の指導をふくむこともある。設備財輸出。

プランナー〈planner〉企画・計画を立てる人。立案者。

プランニング〈planning〉(名・他スル) 計画を立てること。企画立案。「入念に―する」

フランネル〈flannel〉毛織物の一種。つむぎ毛糸で平織り・あや織りなどにあらくけばだたせて織ったやわらかい織物。ネル。

フランベ〈フランス flamber〉肉料理やデザートに洋酒をふりかけ、火をつけてアルコール分を一気にとばし、香りをつける調理法。また、その料理。

フランボワーズ〈フランス framboise〉→ラズベリー

‐ふり【振〔り〕】(接尾) 刀剣を数える語。「日本刀一(ひと)―」

ふり【振〔り〕】 ①振ること。「腕の―が大きい」②姿。ふるまい。挙動。「人の―見てわが―直せ」③それらしく見せかける態度や動作。ふう。「見て見ぬ―をする」④ふだんなじみがなく、その店に来るのが突然であること。一見(いちげん)。「―の客」⑤舞踊で、音楽に伴う所作。また、芝居の所作。「―を付ける」⑥女物の和服の袖(そで)で、袖つけから袖下までのあいた部分。

ふり【降り】 雨・雪などが降ること。また、その程度・ようす。「ひどい―になった」↔照り

ふ-り【不利】（名・形動ダ）利益にならないこと。状況がよくないこと。また、そのさま。「—な取り引き」「形勢—」↔有利

ふ-り【不離】切りはなすことができない状態。「不即—」

-ぶり【振り】（接尾）①そのような状態・ようす・しかたを表す。「枝—」「書き—」②それだけの時間がたって、再び同じ状態になったことを表す。「一年—」③それだけの分量があるさまを表す。「大—の茶碗(ちゃわん)」「男っぷり」「飲みっぷり」 用法 ふつうは仮名書き。①は、「っぷり」となることがある。

ぶり【△鰤】〔動〕外洋にすむアジ科の回遊魚。体長約一メートル。背面は濃青、腹面は白く側線に沿って淡黄線がある。出世魚の一つで、成長するにしたがい、東京では、ワカシ・イナダ・ワラサ、大阪では、ツバス・ハマチ・メジロと呼び名が変わり、成魚になると、ブリと呼ぶ。食用。冬

ふり-あい【振〔り〕合い】─アヒ ①(物を分けるときなどの)他とのつりあい・関係。②ぐあい。あんばい。

ふり-あ・う【振〔り〕合う・触〔り〕合う】─アフ（自五）ワ(オ)・ウ・ウ・エ・エ たがいに触れる。触れあう。「袖(そで)—も多生(たしょう)の縁」

ふり-あか・す【降り明かす】（自五）サ(ソ)・シ・ス・ス・セ・セ 雨・雪などが明け方までとぎれなく降りつづく。

ふり-あ・げる【振〔り〕上げる】（他下一）ゲ・ゲ・ゲル・ゲル・ゲレ・ゲロ(ゲヨ) 手や、にぎったものを勢いよく上げる。「棍棒(こんぼう)を—」文ふりあ・ぐ(下二)

ふり-あて【振〔り〕当て】適当に分けて割り当てること。

ふり-あ・てる【振〔り〕当てる】（他下一）テ・テ・テル・テル・テレ・テロ(テヨ) 分けて割り当てる。割り振る。「仕事を—」文ふりあ・つ(下二)

フリー〈free〉（名・形動ダ）①自由であること。束縛などがないさま。「—な立場」②無料。「—ドリンク」③(他の語の下に付いて)それがないこと、それを含まないことを表す。「バリアー—」「アルコール—」④「フリーランサー」「フリーランス」の略。「—の記者」

—アルバイター〈和製語〉→フリーター

—ウェア〈freeware〉〔情報〕無料で利用できるソフトウェア。フリーソフト。

—エージェント〈free agent〉プロ野球で、一定期間活動したのちに、どの球団とも自由に加入契約を結べる資格をもった選手。自由契約選手。FA

—キック〈free kick〉サッカーやラグビーで、相手が反則をしたとき、その場所から妨害なしでボールを蹴(け)ること。

—クライミング〈free climbing〉安全確保のためのロープ以外に道具を使わず、素手で岩壁を登ること。

—サイズ〈和製英語〉衣服などで、どのような体格の人にも対応できる大きさ。「—の帽子」

—スケーティング〈free skating〉フィギュアスケートの競技の一つ。自ら選んだ曲に合わせ、ジャンプ・ステップ・スピンなどの規定の要素を自由に組み合わせて演じる。FS

—スタイル〈freestyle〉①水泳の自由形。最も速く泳げるクロールで泳ぐのがふつう。②レスリングで、相手の腰から下に手を触れたり、足を使ったりしてもよい種目。⇨グレコローマンスタイル ③(「フリースタイルスキー」の略)スキー競技の一つ。ゲレンデやジャンプ台を使って空中演技などを行い、その技術や美しさを競う。エアリアル・モーグルなどの種目がある。

—スロー〈free throw〉バスケットボール・ハンドボール・水球で、相手の反則のため、決められた場所からゴールに向け自由にボールの投げ入れが認められること。

—ダイヤル〈和製英語〉受信した人が通話料を支払う方式の電話。参考 英語では toll-free dial などという。

—トーク〈和製英語〉自由な討論・話し合い。フリートーキング。

—パス〈free pass〉①無賃乗車や無料入場の待遇を受けること。また、それができる乗車券・入場券。パス。②税関・試験などを無条件で通過できること。

—バッティング〈和製英語〉野球で、打ちよいボールを投手に投げさせ、自分の思うままに打つ打撃練習。

—ハンド ①〈freehand〉定規やコンパスなしに作図すること。②〈free hand〉自由な余地があること。

—ペーパー〈free paper〉無料で配布される新聞や雑誌。経費は広告でまかなわれることが多い。

—ライター〈和製英語〉組織に所属せずそのつど記事を売るジャーナリスト。参考 英語では freelance writer という。

—ランサー〈freelancer〉特定の会社や組織に属さず、自由契約で仕事をする人。専属契約のない記者や俳優など。フリー。フリーランス。

—ランス〈freelance〉特定の会社や組織に属さず、自由契約で仕事をすること。また、その人。フリー。

フリーク〈freak〉ある物事に夢中になっている人。熱狂者。マニア。ファン。「映画—」

フリーザー〈freezer〉①冷蔵庫の冷凍室。②アイスクリーム・シャーベットなどをつくる器械。

フリージア〈freesia〉〔植〕アヤメ科の多年草。南アフリカ原産。球茎は卵形または円錐(えんすい)形。剣状の葉を出す。早春に白・黄色などの花を開く。観賞用。あさぎずいせん。春

フリージング〈freezing〉凍らせること。冷凍すること。

フリース〈fleece 羊毛〉軽量で、柔らかな起毛仕上げの織地。近年はポリエステル製のものをさす。

フリーズ〈freeze〉（名・自他スル）①凍ること。また、凍らせること。②〔情報〕コンピューターが突然停止して操作ができなくなること。

—ドライ〈freeze-drying から〉物を急速に冷凍して真空状態に置き、その水分を昇華させて除く乾燥法。食品などの長期保存に適する。凍結乾燥。「—製法」

フリーター 定職につかず、アルバイトで生計を立てている人。語源 英語 free とドイツ語 Arbeiter とを合わせた和製語「フリーアルバイター」の略。

ブリーダー〈breeder〉ペットとなる動物や競走馬などの交配・繁殖を仕事とする人。

ブリーチ〈bleach〉（名・他スル）脱色・漂白すること。

プリーツ〈pleats〉ひだ。折りひだ。「—スカート」

フリードリヒにせい〔フリードリヒ二世〕〈Friedrich II〉（一七一二〜一七八六）プロイセン(ドイツ北東部にあった王国)の国王。典型的な啓蒙(けいもう)専制君主で「大王」と呼ばれた。信教の自由を認め、法典の編纂(へんさん)、産業の振興、学芸の奨励に努めた。著書「反マキアベリ論」。

ブリーフ〈briefs〉〔服〕股下の短い、ぴったりした男性用の下ばき。

ブリーフィング〈briefing〉要約報告。概況説明。また、事前の行動指示。事前打ち合わせ。

ブリーフケース〈briefcase〉書類を入れる薄いかばん。

フリー-マーケット〈flea market〉公園などで不用品などの売買を行う市。がらくた市。フリマ。語源 flea は蚤(のみ)の意。蚤がいそうな古い物を売る意で、フランスのパリ郊外に立つ古物市(蚤の市)から。

フリーメーソン〈Freemason〉中世の石工組合に起源をもち、一八世紀ロンドンに結成された国際的な友愛団体。

ふり-うり【振〔り〕売り】商品をかつぎ、声をたてて売り歩くこと。また、その人。ぼてふり。

ふ-りえき【不利益】(名・形動ダ) 利益にならないこと。損になること。また、そのさま。「―をこうむる」

ブリオッシュ〈ﾌﾗﾝｽ brioche〉多量の卵とバターを入れて作った柔らかい菓子パン。ブリオシュ。

ふり-かえ【振〔り〕替え・振替】カヘ ①振り替えること。一時的にほかのものと取り替えること。「―輸送」②《商》簿記で、ある勘定科目の記載を他の勘定科目に転記すること。③(「郵便振替」の略)金銭取引の受け払いを、郵便局を通じて帳簿上の②によって行う制度。参考 ②③は「振替」と書く。

―きゅうじつ【―休日】キウジツ ①祝日が日曜日と重なった場合、翌日を休日にすること。また、その日。②休日に登校・出勤などをした場合、その休日を他の日に振り替えること。また、その日。

―こうざ【―口座】(「郵便振替口座」の略)郵便振替を利用するために設ける口座。

ぶり-かえ・す【ぶり返す】カヘス (自五) サ(ソ)・シ・ス・ス・セ・セ よいほうに向かっていた事柄や病気などが、もとの望ましくない状態へ戻る。「暑さが―」「かぜが―」

ふり-かえ・る【振〔り〕返る】カヘル (他五) ラ(ロ)・リ(ッ)・ル・ル・レ・レ ①うしろをふりむく。かえりみる。「立ち止まって―」②過ぎた昔を思う。回想する。かえりみる。「入学当時を―」

ふり-か・える【振〔り〕替える】カヘル (他下一) エ・エ・エル・エル・エレ・エロ(エヨ) ①一時的に取り替える。「休日を―」②《商》簿記で、ある勘定科目の記載を他の勘定科目に移す。文 ふりか・ふ(下二)

ふり-かか・る【降〔り〕懸〔か〕る】(自五) ラ(ロ)・リ(ッ)・ル・ル・レ・レ ①雨などが降ってきて、体にかかる。「雪が―」「火の粉が―」②好ましくないことが身に及ぶ。「災難が―」他 ふりか・ける(下一)

ふり-かけ【振〔り〕掛け】ご飯の上にふりかけて食べるもの。魚粉・のり・ごまなどをまぜた食品。

ふり-か・ける【振〔り〕掛ける】(他下一) ケ・ケ・ケル・ケル・ケレ・ケロ(ケヨ) 粉などをふって、物の上にかかるようにする。物の上にまき散らす。「塩を―」自 ふりかか・る(五) 文 ふりか・く(下二)

ふり-かざ・す【振〔り〕△翳す】(他五) サ(ソ)・シ・ス・ス・セ・セ ①頭の上にふりあげて構える。「刀を―」「旗を―」②主義・名分などをことさら強くおし出して示す。「正論を―」

ふり-かた【振〔り〕方】①振る方法。「ラケットの―」②扱い方。さばき。処置のしかた。「身の―を考える」

ふり-がな【振〔り〕仮名】漢字のそばに小さく付ける読み仮名。ルビ。傍訓。「―を付ける」

ふり-かぶ・る【振〔り〕かぶる】(他五) ラ(ロ)・リ(ッ)・ル・ル・レ・レ 刀などを頭の上に大きくふり上げる。「大上段に―」

ブリキ〈ｵﾗﾝﾀﾞ blik〉錫すずでめっきした薄い鉄板。「―板」「―のおもちゃ」参考「×錻力」「×鉄葉」とも書く。

ふり-き・る【振〔り〕切る】(他五) ラ(ロ)・リ(ッ)・ル・ル・レ・レ ①とりついているものやとりすがるものをふりはなす。「子供の手を―」②人の頼みや引き止めをきっぱりとことわる。「両親の反対を―」③追いすがる者を最後まで追いつかせない。逃げきる。「追跡を―」④十分に振る。「バットを―」

プリ-クラ (「プリント倶楽部クラブ」の略。ともに商標名)撮影した顔写真に背景の装飾などの加工をほどこし、シールとして印刷する機械。また、そのシール。

ふり-くら・す【降〔り〕暮〔ら〕す】(自五) サ(ソ)・シ・ス・ス・セ・セ 雨・雪などが一日じゅう降り続く。「雪が―」

フリゲート-かん【フリゲート艦】〈frigate〉簡単な武装をした高速の小型軍艦。護衛用の軍艦。

ふり-こ【振〔り〕子】《物》一定の周期をもって一定点、あるいは一定軸のまわりを振れ動く物体。振子しんし。「―時計」

ふ-りこう【不履行】リカウ 約束どおりに実行しないこと。「契約―」

ふり-ごと【振〔り〕事】→しょさごと

ふり-ごま【振〔り〕駒】将棋で、五枚の歩ふを振って、裏表の数で先手・後手を決めるやり方。表が多ければ振った者が先手。

ふり-こみ【振〔り〕込み・振込】振り込むこと。「―口座」

ふり-こ・む【降〔り〕込む】(自五) マ(モ)・ミ(ン)・ム・ム・メ・メ 雨などが吹きつけて家の中へはいる。「雨が戸のすきまから―」

ふり-こ・む【振〔り〕込む】(他五) マ(モ)・ミ(ン)・ム・ム・メ・メ ①振って中へ入れる。②振替貯金・銀行預金の口座などに金銭を払いこむ。③マージャンで、相手の待っているパイを捨てて上がらせる。

ふり-こ・める【降〔り〕◦籠める】(他下一) メ・メ・メル・メル・メレ・メロ(メヨ) 外出できないほどひどく雨や雪が降る。「長雨に―められる」文 ふりこ・む(下二) 用法 多く「ふりこめられる」の形で用いる。

ブリザード〈blizzard〉極地特有の雪あらし。

ふり-さけ・みる【振〔り〕◦放け見る】(他上一)《古》遠方を仰ぎ見る。はるかに仰ぎ見る。「あまの原―みれば」〈古今〉

ふり-しき・る【降〔り〕◦頻る】(自五) ラ(ロ)・リ(ッ)・ル・ル・レ・レ さかんに降る。しきりに降る。「雨が―」

ふり-し・く【降〔り〕敷く】(自五) カ(コ)・キ(イ)・ク・ク・ケ・ケ 降ってあたり一面をおおう。「落ち葉が―」「―花びら」

ふり-しぼ・る【振〔り〕絞る】(他五) ラ(ロ)・リ(ッ)・ル・ル・レ・レ しぼり出すように精一杯の力や声を出す。「最後の力を―」

ふり-す・てる【振〔り〕捨てる】(他下一) テ・テ・テル・テル・テレ・テロ(テヨ) 振りはなして捨て去る。見捨ててかえりみない。「未練を―」文 ふりす・つ(下二)

プリズム〈prism〉《物》ガラスなどで作った透明な三角柱。太陽光線などを通すと光の分散がみられる。また、光の屈折にも使われる。三稜鏡さんりょうきょう。

ふり-そそ・ぐ【降〔り〕注ぐ】(自五) ガ(ゴ)・ギ(イ)・グ・グ・ゲ・ゲ 日の光や雨などがしきりに降ってかかる。「日の―縁先」

ふり-そで【振〔り〕袖】《服》未婚の女性が礼装用に着る、袖丈そでたけの長い着物。また、その袖。↔留め袖

ふり-だし【振〔り〕出し】①容器の中身を振って外に出すこと。「―口」②《経》為替かわせ・手形や小切手などを発行すること。「―人」③(「ふりだし薬」の略)小袋に入れたまま湯に浸して振り動かし、その成分を出して飲む薬。④すごろくで、さいころを振り始める出発点。また、物事の出発点。「―に戻る」参考 ②は「振出」と書く。

ふり-だ・す【振〔り〕出す】(他五) サ(ソ)・シ・ス・ス・セ・セ ①振って中の物を出す。「胡椒こしょうを―」②振り始める。③「ふりだし③」を湯に浸してその成分を出す。④《経》為替かわせ・手形や小切手などを発行する。「小切手を―」

ふり-た・てる【振〔り〕立てる】(他下一) テ・テ・テル・テル・テレ・テロ(テヨ) ①振り動かして立てる。「カマキリがおのを―」②勢いよく振る。「髪を―・てて踊る」③声を張り上げる。文 ふりた・つ(下二)

ふり-ちん【振りちん】《俗》男性が陰部をあらわにしていること。ふるちん。

ふ-りつ【府立】府が設立・運営し、管理すること。また、その施設。「―図書館」

フリック〈flick〉(名・自スル) タッチパネルの操作方法の一つ。パネルに触れた指をすばやく滑らせること。

ふり-つけ【振〔り〕付け・振付】《演》歌や曲に合わせる所作を考えて演者に教えること。また、その人。「―師」

ぶりっ-こ【ぶりっ子】(名・自スル)《俗》いい子ぶったりかわいい子ぶったりすること。また、その人。

ブリッジ〈bridge〉①橋。陸橋。跨線橋(こせんきょう)。②艦船の上甲板中央部にあって、航海の指揮・見張りなどをする場所。船橋。艦橋。③両隣の歯をささえとして橋のように取りつけた義歯。④眼鏡の、左右のレンズをつなぐ部分。⑤トランプの遊び方の一種。⑥レスリングの防御法の一つ。フォールをふせぐため、頭と足であお向けに弓なりになって体をささえる。

フリッター〈fritter〉泡立てた卵白を加えた軽い衣をつけて、魚介類や野菜などを揚げた料理。

ふり-つづみ【振〔り〕鼓】二つの小型の鼓を直角に重ねて棒でつらぬき、小さい玉をつないだ糸を鼓の側面につけて、棒を振って鳴らす和楽器。舞楽などで用いる。

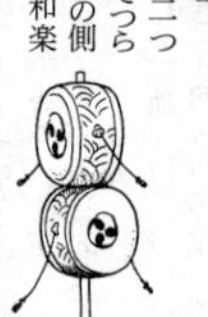
〔ふりつづみ〕

ふり-つの・る【降り募る】(自五) ラ(ロ)・リ(ッ)・ル・ル・レ・レ いよいよはげしく降る。「—雨」

フリップ〈flip chart から〉テレビ番組などで用いる、説明のための文言や図表などがのった大型のカード。

ふり-つも・る【降り積〔も〕る】(自五) ラ(ロ)・リ(ッ)・ル・ル・レ・レ 雪などが降って積もる。「窓のあたりまで—雪」

ふり-にげ【振り逃げ】野球で、一塁に走者がいない場合、または二死の場合、打者が三振した球を捕手が直接捕球できなかったときに、打者が一塁に走ってセーフになること。

ふり-はな・す【振〔り〕放す】(他五) サ(ソ)・シ・ス・ス・セ・セ ①くっついているものを振って離れさせる。振り捨てる。「すがる子を—」②追いすがる者との距離を引きはなす。「—・して逃げる」参考「ふりはなつ」ともいう。

ふり-はな・つ【振〔り〕放つ】(他五) タ(ト)・チ(ッ)・ツ・ツ・テ・テ →ふりはなす

ふり-はば【振〔り〕幅】→しんぷく(振幅)

ふり-はへ-て【振り。延へて】—ふりはえ (副)(古) わざわざ。特に。ことさらに。

ふり-はら・う【振り払う】—ハラフ (他五) ワ(オ)・イ(ッ)・ウ・ウ・エ・エ ①振って払いのける。「涙を—」②拒否する。「救いの手を—」

ぶり-ぶり (副・自スル) →ぷりぷり①

ぷり-ぷり (副・自スル) ①怒ってきげんの悪いさま。ぶりぶり。②みずみずしく張りがあり、弾力に富んでいるさま。「—した肌」

プリペイド-カード〈prepaid card〉事前に入金・チャージした金額分を支払いに使えるカード。

ふり-ほど・く【振〔り〕。解く】(他五) カ(コ)・キ(イ)・ク・ク・ケ・ケ 振ってときほどく。からまっているものを、むりに放させる。「すがる手を—」

フリー-マ「フリーマーケット」の略。

ふり-ま・く【振〔り〕撒く】(他五) カ(コ)・キ(イ)・ク・ク・ケ・ケ ①周囲にまき散らす。②周囲の人におしみなく示す。「笑いを—」

プリマ-ドンナ〈イタリア prima donna〉①歌劇団中の第一位の、または主役の女性歌手。②花形の女性。

ふり-まわ・す【振〔り〕回す】—マハス (他五) サ(ソ)・シ・ス・ス・セ・セ ①手や、手に持ったものを大きく振り動かす。「バットを—」「刃物を—」②思うままに使う。むやみに使う。「権力を—」③ひけらかす。みせびらかす。「知識を—」④(多く受け身の形で)思うままに動かす。「うわさに—・される」

ふり-みだ・す【振〔り〕乱す】(他五) サ(ソ)・シ・ス・ス・セ・セ はげしく振り動かして乱す。「髪を—」

プリミティブ〈primitive〉(形動ダ) ダロ・ダッ(デ・ニ)・ダ・ナ・ナラ・○ 原始的なさま。素朴(そぼく)なさま。太古の。プリミチブ。「—な方法」

ふりみ-ふらずみ【降りみ降らずみ】降ったりやんだり。「—の空模様」参考「…み…み」は「交互に」の意の接尾語。

ふり-む・く【振〔り〕向く】(自五) カ(コ)・キ(イ)・ク・ク・ケ・ケ ①顔や上体を向けてそちらを見る。「うしろを—」②注意や関心を向ける。「だれ一人—者はない」他ふりむ・ける(下一)

ふり-む・ける【振〔り〕向ける】(他下一) ケ・ケ・ケル・ケル・ケレ・ケロ(ケヨ) ①ある方向へ向かせる。②他の方面・用途に回して使う。流用する。「人手を—」自ふりむ・く(五) 文ふりむ・く(下二)

プリムラ〈primula〉〘植〙サクラソウ科サクラソウ属の植物の総称。多年草。春、黄色や紅紫色などの花を開く。ふつう観賞用の外来種をさす。プリムローズ。春

ぶ-りゃく【武略】軍事上のはかりごと。戦略。軍略。兵略。

ふ-りゅう【浮流】—リウ (名・自スル) 水に浮かび流れること。

フリュート〈flute〉→フルート

ふりゅう-もんじ【不立文字】フリフ 〘仏〙禅宗で、悟りの道は心から心に伝わるとして、文字や言葉をしりぞける立場。

ふ-りょ【不慮】思いがけないこと。意外。不意。「—の災難」

ふ-りょ【俘虜】とりこ。捕虜。「—収容所」

ふ-りょう【不良】—リヤウ (名・形動ダ) ①質や状態がよくないこと。「—品」②品行の悪いこと。また、その人。「—少年」

—さいけん【—債権】金融機関が保有する貸し出し債権のうち、融資先の財務状況の悪化などから、回収が不可能または困難であるもの。

ふ-りょう【不猟】—レフ 狩猟で、獲物の少ないこと。↔大猟

ふ-りょう【不漁】—レフ 漁で、獲物の少ないこと。↔大漁・豊漁

ぶ-りょう【無。聊】—レウ (名・形動ダ) たいくつなこと。また、そのさま。つれづれ。「—を慰める」

ふ-りょうけん【不料。簡・不了見】—レウケン (名・形動ダ) 考え方のよくないこと。心得違いをするさま。「—を起こすな」

—を託(かこ)つ たいくつでどうしてよいかわからない状況を嘆く。

ぶりょう-とうげん【武陵桃源】—タウゲン 俗世間からかけ離れた別天地。桃源郷。仙境。転じて、理想郷。

〔故事〕晋(しん)の時代、武陵の漁夫が谷川をさかのぼって桃の林に迷い込んだ。水源を尋ねると洞穴があり、通り抜けると別天地がひらけて、秦(しん)の戦乱を避けた人々の子孫が世の変遷も知らず、平和に暮らしていたという。〈陶淵明・桃花源記〉

ふりょう-どうたい【不良導体】—リヤウダウタイ 〘物〙熱または電気が容易に伝わらない物体。木炭・絹・毛など。↔良導体

ふ-りょく【浮力】〘物〙流体(=空気・水など)中にある物体がその表面にはたらく流体の圧力によって、重力に逆らって上方に押しあげられる力。「—が大きい」「—がつく」

ふ-りょく【富力】富の力。経済的な力。財力。「—がある」

ぶ-りょく【武力】軍事上の力。軍事力。兵力。「—行使」

フリル〈frill〉〘服〙布やレースでひだを寄せ、婦人服・子供服の襟(えり)や袖口(そでぐち)などにつける縁かざり。

ふり-わけ【振〔り〕分け】①振り分けること。②「振り分け髪」の略。③「振り分け荷物」の略。

—がみ【—髪】真ん中から左右に分けて肩のあたりで切りそろえ、そのまま垂らした昔の子供の髪形。

—にもつ【—荷物】昔の旅などで、ひもでつないで前とうしろに分けて肩にかつぐようにした荷物。

ふり-わ・ける【振〔り〕分ける】(他下一) ケ・ケ・ケル・ケル・ケレ・ケロ(ケヨ) ①割り振る。割り当てる。配当する。「仕事を—」②二つに分ける。「髪を—・けて結う」文ふりわ・く(下二)

ふ-りん【不倫】(名・自スル・形動ダ) 人の道にはずれること。特に、配偶者以外の人と関係を持つこと。また、そのさま。「—の恋」

プリン→プディング

プリンシプル〈principle〉①原理。原則。②主義。

プリンス〈prince〉①皇子。王子。↔プリンセス ②その世界

で将来を期待されている若い男子。「政界の―」

―メロン〈和製英語〉〘植〙マクワウリとメロンを交配して作られたメロンの栽培品種。果肉はオレンジ・黄緑色で甘い。

プリンセス〈princess〉皇女。王女。王子妃。↔プリンス

プリンター〈printer〉①コンピューターで、文字や図などのデータを紙に印刷する出力装置。②印刷機。③写真や映画で、印画紙やフィルムに陽画を焼き付ける装置。

プリン-たい【プリン体】〈purine base〉〘化〙細胞内の核酸を構成する成分の一つ。代謝によって尿酸に分解される。プリン塩基。

プリント〈print〉(名・他スル)①印刷すること。また、印刷したもの。「資料を―する」「―を配る」②写真や映画で、陰画から陽画を焼きつけること。焼き付け。また、その印画やフィルム。③型を押して模様を染め出すこと。また、その布。「―の布地」 参考 ①で、授業や会議の資料として配布する印刷物は、英語では handout という。

―アウト〈printout〉(名・他スル)コンピューターで、文字や図などのデータを印刷すること。また、印刷したもの。

―ごうはん【―合板】ガフハン 合板の一種。表面に木目模様などを印刷した紙をはり、樹脂加工したもの。

―はいせん【―配線】電気回路の配線方式で、導線の代わりに銅箔(どうはく)などを印刷のように絶縁基板にはりつけること。また、そのもの。印刷配線。

ふる【古】(「お古」の形で)使いふるした物。「兄のお―の洋服」

フル〈full〉いっぱい。最大限。「―回転」「―に活用する」

ふ・る【◇旧る・◇古る】(自上二)〘古〙①古くなる。年代がたつ。②年をとる。③盛りを過ぎる。④時代おくれになる。

ふ・る【降る】(自五) ラ(ロ)・リ(ッ)・ル・ル・レ・レ ①空から雨・雪などが落ちてくる。また、上方から細かい物が落ちてくる。「雨が―」「火山灰が―」②日光や月光がそそぐ。「さんさんと陽光が―」③(比喩(ひゆ)的に)数多く集まってくる。「―ほどある縁談」 他 ふら・す(五)

表現

雨	さっと・ざっと・さあっと・ざあっと・ざあざあ・ぱらぱら・ぽつぽつ・しとしと・しょぼしょぼ
雪	こんこんと・はらはら・どかっと・しんしんと
霰(あられ)	ぱらぱら

ふ・る【振る】(他五) ラ(ロ)・リ(ッ)・ル・ル・レ・レ ①物の取っ手やはしの部分を持って、前後左右または上下に動かす。揺り動かす。「旗を―」「手を―」②方向を変える。「機首を左に―」③揺り動かして、下に落とす。「さいころを―」④まきちらす。ふりかける。「塩を―」⑤割り当てる。つける。「役目を―」⑥書きそえる。つける。「仮名を―」⑦きらってはねつける。「恋人に―・られる」⑧(チャンスや地位を)失う。捨てる。「せっかくの機会を棒に―」⑨為替(かわせ)・手形を発行する。「手形を―」 自 ふ・れる(下一) 可能 ふ・れる(下一)

-ぶ・る(接尾)(名詞や形容詞の語幹に付いて)いかにもそれらしいようすをする、ようすをまねるの意を表す。「学者―」「えら―」

ぶ・る(自五) ラ(ロ)・リ(ッ)・ル・ル・レ・レ 高慢なようすを見せる。気どる。「―・っている人」 語源 接尾語の「ぶる」を独立して使ったもの。

ブル ①「ブルジョア」の略。②「ブルドッグ」の略。③「ブルドーザー」の略。

ふるい【△篩】フルヒ 浅いわくの底に網を張った道具。振り動かして、粒の細かいものと粗いものとをより分けるのに使う。

―に掛(か)ける より分けてよいものだけを選別する。

ふるい【震い】フルヒ ①震えること。②瘧(おこり)などによる体の震え。

ふる-い【古井】―ヰ 古く荒れた井戸。長く使わなかった井戸。

ふる・い【古い・◇旧い・◇故い】(形) カロ・カッ(ク)・イ・イ・ケレ・○ ①昔のことである。「あの事件は―話だ」↔新しい ②長く年月を経ている。長く使っている。新鮮でない。「―家柄」「―いす」「―肉」↔新しい ③時代遅れだ。ふるびている。「考え方が―」「その手は―」↔新しい ④〘古〙年功をつんでいる。 文 ふる・し(ク)

類語 古臭い・古めかしい・黴臭(かびくさ)い・古雅・古風・古色蒼然(そうぜん)・旧式・旧弊・時代掛かった・時代遅れ・大(おお)時代・前時代的・古典的・伝統的

ぶ-るい【部類】種類によって分けた一つ一つ。「好きな―」

ふるい-おこ・す【奮い起〔こ〕す】フルヒ―(他五) サ(ソ)・シ・ス・ス・セ・セ 気力などを出す。はげまし引き立てる。「勇気を―」

ふるい-おと・す【△篩い落〔と〕す】フルヒ―(他五) サ(ソ)・シ・ス・ス・セ・セ ①ふるいにかけてふり落とす。②多くの中から条件や基準に合わないものを除く。「面接で―」

ふるい-おと・す【振るい落〔と〕す】フルヒ―(他五) サ(ソ)・シ・ス・ス・セ・セ 振って落とす。「よごれを―」

ふるい-た・つ【奮い立つ・奮い◇起つ】フルヒ―(自五) タ(ト)・チ(ッ)・ツ・ツ・テ・テ 心が勇みたつ。発奮する。奮起する。「声援で選手が―」

ふるい-つ・く【震い付く】フルヒ―(自五) カ(コ)・キ(イ)・ク・ク・ケ・ケ 感情が高ぶってだきつく。むしゃぶりつく。「―・きたいほどの美人」

ふるい-わ・ける【△篩い分ける】フルヒ―(他下一) ケ・ケ・ケル・ケル・ケレ・ケロ(ケヨ) ①ふるいを使ってより分ける。「籾(もみ)を―」②基準や条件に合うものと合わないものとをより分ける。「試験をして―」

ふる・う【震う】フル(自五) ワ(オ)・イ(ッ)・ウ・ウ・エ・エ 小刻みに揺れ動く。震動する。ふるえる。「声が―」 他 ふるわ・す(五)

ふる・う【振るう・奮う・◇揮う】フル(自五) ワ(オ)・イ(ッ)・ウ・ウ・エ・エ ①勢いが盛んである。興る。「家業が―」「―・わない成績」②勇みはげむ。発奮する。「士気が―」③(「ふるった」「ふるっている」の形で)奇抜でおもしろい。「―・ったことを言う」 二(他五)①ふり動かしてはたらかす。揺り動かす。「刀を―」②思うままに使う。「筆を―」③持っている力を十分に、また盛んに発揮する。「腕前を―」「熱弁を―」「猛威を―」④残らず出しつくす。「財布の底を―」⑤気力を盛んにする。勇み立たせる。「勇気を―」 可能 ふる・える(下一)

ふる・う【△篩う】フル(他五) ワ(オ)・イ(ッ)・ウ・ウ・エ・エ ①ふるいにかけてより分ける。「粉を―」②選抜する。 可能 ふる・える(下一)

ブルー〈blue〉 一(名)青。あい色。 二(形動ダ) ダロ・ダッ(デ・ニ)・ダ・ナ・ナラ・○ 気分が晴れないさま。ゆううつなさま。 参考 一で、信号の「青」は、英語では green で表す。

―カラー〈blue-collar worker から〉(作業着が青いところから)工場などの現場で働く労働者。↔ホワイトカラー

―ストッキング〈bluestocking〉→せいとう(青鞜)

―トレイン〈和製英語〉(車両が青であることから)旧国鉄・JRが運行していた、寝台特急列車の愛称。ブルトレ。

―フィルム〈blue film〉露骨な性行為を主として描いたわいせつな映画。

―ベリー〈blueberry〉〘植〙ツツジ科スノキ属の低木の総称。四、五月に白色の房状の花をつけ、夏から秋にかけて球形で紺色の小さな果実を房状につける。果実は食用。

―ライト〈blue light〉可視光線のうち、波長が短く高いエネルギーをもつ青い光のこと。パソコン・スマートフォンのバックライトに多く含まれ、目に悪影響を与えるとされる。

ブルース〈blues〉〘音〙一九世紀半ば、アメリカの黒人が労働歌や民謡からつくり出した歌曲の一形式。四分の四拍子の哀調をおびたものが多い。

ふる-うた【古歌】古い歌。古人の歌。

フルーツ〈fruit〉くだもの。果実。

―パーラー〈和製英語〉果物店を兼ねた喫茶店。また、果物を使ったケーキなどを出す喫茶店。

―ポンチ〈fruit punch〉各種の果物を刻んでまぜ合わせ、シロップや炭酸水などを加えた食べ物。

フルーティー〈fruity〉(形動ダ) ダロ・ダッ(デ・ニ)・ダ・ナ・ナラ・○ 果物のような風味があるさま。「―な紅茶」

フルート〈flute〉〘音〙管楽器の一つ。金属製または木製の横笛で、澄んだやわらかな音色をもつ。フリュート。

〔フルート〕

ブルーマー〈bloomers〉→ブルマー

ブルーレイ-ディスク〈Blu-ray Disc〉大容量のデータを記録できる光ディスク規格。DVDの後継として開発された。ブルーレイ。BD(商標名)

プルーン〈prune〉〘植〙西洋スモモの一種。また、その果実や、果実を乾燥させたもの。

ふるえ【震え】フルヘ 小刻みに揺れ動くこと。ふるえること。

ふるえ-あが・る【震え上がる】フルヘ― (自五) ラ(ロ)・リ(ッ)・ル・ル・レ・レ 恐ろしさや寒さのために、がたがたふるえる。「怒鳴りつけられて―」

ふる・える【震える】フルヘル (自下一) エ・エ・エル・エル・エレ・エロ(エヨ) ①こまかく揺れ動く。震動する。振動する。②寒さ・恐ろしさなどで、体が小刻みに動く。「声が―」 文ふる・ふ(四)

表現〈擬声・擬態語〉ぶるぶる・がくがく・がたがた・ひくひく・ぴくぴく・ぴくぴく・びくびく・わなわな

プルオーバー〈pullover〉〘服〙頭からかぶって着る洋服。前後にあきのないセーター・シャツなど。

フル-かいてん【フル回転】クワイテン― (名・自他スル) 機能が完全に発揮されていること。「―で操業する」「頭を―させる」

ふる-がお【古顔】ガホ― 古株。古参。「―の社員」↔新顔

ふる-かね【古◦鉄】使い古した金属器具。ふるがね。

ふる-かぶ【古株】①古い切り株。②その集団や社会に古くからいる人。古顔。古参。「―の役者」

ブルガリア〈Bulgaria〉バルカン半島東部の共和国。首都はソフィア。

ふる-かわ【古川・古河】カハ― 昔からある川。

―に水絶えず 基礎のしっかりしているものは、衰えたように見えても完全に滅びてしまうことはないということのたとえ。

ふる-ぎ【古着】着て古くなった着物・洋服など。

ふる-きず【古傷・古◦創・古△疵】①以前に受けた傷。古い傷あと。↔生傷 ②昔おかした罪・失敗。「―をあばく」

ふる-ぎつね【古△狐】①年をとったキツネ。②経験を積んで悪がしこい人。

ブルキナファソ〈Burkina Faso〉アフリカ大陸西部にある共和国。首都はワガドゥグ。

ふるく【古く・◦旧く】(名・副) 昔。ずっと前に。「―から伝わる」「―さかのぼると」 語源 形容詞「古い」の連用形から。

ふる-くさ・い【古臭い】(形) カロ・カッ(ク)・イ・イ・ケレ・○ ①すっかり古びている。いかにも古い感じだ。②古くなって珍しくない。ありふれていて、なんのおもしろみもない。「―表現」 文ふるくさ・し(ク)

フル-コース〈full course〉①西洋料理の正餐で、一定の順序で出る完全にそろった一連の料理。②組み合わせて選択するものをすべて含む一連の物事。「―の練習をこなす」

ふる-こと【古言】①昔の言葉。②昔の詩歌。③昔の物語。

ふる-ごと【古事・◦故事】昔にあった事柄。故事。

ふる-ごめ【古米】古くなった米。こまい。

プルサーマル〈和製英語〉使用済み核燃料を再処理してプルトニウムを取り出し、ウランと混ぜてつくった燃料を軽水炉で再利用すること。 語源 plutonium と thermal reactor(=熱中性子炉)との合成語から。

ふる-さと【古里・◦故里・◦故◦郷】①生まれ育った土地。故郷。②〘古〙㋐以前住んでいたり、行ったりしたことのある土地。古いなじみの地。㋑昔、都のあった土地。古都。古跡。

―のうぜい【ふるさと納税】ナフゼイ 納税者が任意の自治体に寄付した際、一定額を除く全額が所得税・住民税から控除される制度。

ふるさとの… 和歌〔ふるさとの 訛なつかし 停車場の 人ごみの中に そを聴きにゆく〕〈石川啄木〉ふるさとである東北の言葉のなまりがなつかしい。(上野)駅の人ごみの中へ、わざわざそれを聴きにゆくことだ。

ブルジョア〈フランス bourgeois〉①中世ヨーロッパの都市で、上層の貴族・僧侶と下層の人民との中間に位置する商工業市民。また、その階級。②近代資本主義社会における資本家。有産者。↔プロレタリア ③〘俗〙金持ち。↔プロレタリア

―かくめい【―革命】→しみんかくめい

ブルジョアジー〈フランス bourgeoisie〉ブルジョアの階級。有産階級。資本家階級。↔プロレタリアート

-ふる・す【古す・◦旧す】(接尾)(動詞の連用形に付いてサ行五段活用動詞をつくる)長い間使って古くする。いつもそうしていて珍しくない。「使い―」「言い―」

ふる-す【古巣】①住み古した巣。もとの巣。春 ②以前住んでいた家。もといた場所や職場。「―の球団にもどる」

プルス〈ドイツ Puls〉〘医〙脈。みゃくはく。パルス。

フル-スイング〈full swing〉(名・他スル) 野球・ゴルフなどで、バットやクラブを思いきり大きく振ること。

フル-スピード〈full speed〉全速力。「―で走る」

フル-セット〈full set〉バレーボール・テニス・卓球などで、勝敗が試合の最終セットにまでもちこまれること。「―のすえに勝つ」

ブルゾン〈フランス blouson〉裾や袖口を絞るなどして上体にふくらみをもたせた上着。ジャンパー。

フル-タイム〈full-time〉①一日中。常時。「―サービス」②定められた一日の勤務時間の全時間帯を勤めること。常勤。「―勤務」↔パートタイム

ふる-だぬき【古△狸】①年をとったタヌキ。②経験を積み悪知恵があって、他人をたぶらかすことのうまい人。

プル-タブ〈pull-tab〉缶詰や缶入り飲料を開けるときに指を掛けて引くつまみ。⇩プルトップ

ふる-ち【古血】①病毒などでけがれた血。くろち。②新鮮でない血。古くなって色の変わった血。

ふる-づけ【古漬〔け〕】長い間つけた漬物。↔新漬け

ふるっ-て【奮って】(副) 進んで。積極的に。「―ご応募ください」

ふる-つわもの【古◦兵・古◦強者】ツハモノ― ①戦いの経験に富んでいる兵士。老巧な武士。②ある物事に対して多くの経験を積んで巧みな人。熟練者。老練者。ベテラン。「その道の―」

ふる-て【古手】①長年その職にある人。↔新手 ②古くからある手段・方法。↔新手 ③古くなった器物・道具・衣類。

ふる-でら【古寺】①古く由緒のある寺。古刹。②古びて荒れた寺。

ふる-どうぐ【古道具】ダウグ― 使い古した道具。新品でない道具・調度の類。また、それを売りに出したもの。「―屋」

ブルドーザー〈bulldozer〉キャタピラ式のトラクターの前面

に排土板をつけ、地ならし・盛り土などをする土木機械。

ふる-とし【◇旧年】《古》①去年。②(新年・立春に対して)暮れていく年。年内。

ブルドッグ〈bulldog〉《動》イギリス原産の犬の一品種。四肢はたくましく特異な顔つきをしている。愛玩(あいがん)・番犬用。

プル-トップ〈和製英語〉缶詰や缶入り飲料で、プルタブの付いたふた。

プルトニウム〈plutonium〉《化》人工放射性元素の一つ。数種の同位元素があり、すべて放射能を有する。核兵器の材料や核燃料として使う。元素記号 Pu

ふる-とり【△隹】漢字の部首名の一つ。「雄」「雇」などの「隹」「隹」の部分。参考 隹の文字は鳥に関することを表す。

ふる-なじみ【古△馴染[み]】昔なじみ。旧友。

ブルネイ-ダルサラーム〈Brunei Darussalam〉東南アジア、カリマンタン島北部の立憲君主国。首都はバンダル・スリ・ブガワン。

フル-ネーム〈full name〉姓名のどちらも省略しない名。

ブルネット〈brunet(te)〉黒みがかった茶色の髪の毛。また、その人。多く、女性にいう。

フル-バック〈fullback〉ラグビーなどで、後衛として守備を専門とする選手。FB

ふる-ひと【古人・◇旧人】《古》(「ふるびと」とも)①昔の人。②老人。③古参の人。④昔なじみの人。

ふる・びる【古びる・◇旧びる】(自上一)ビ・ビ・ビル・ビル・ビレ・ビロ(ビヨ) 古くなる。古くさくなる。「—びた町並み」文 ふる・ぶ(上二)

フル-フェース〈和製英語〉頭頂からあごまで、頭全体をおおうヘルメット。

ぶる-ぶる(副・自スル)小刻みにふるえるさま。「寒くて、体が—(と)ふるえる」

フル-ベース〈和製英語〉野球で、満塁。「ノーアウト—」参考 英語では bases loaded という。

ブルペン〈bullpen 牛の囲い場〉球場にある投手の練習場。

ふる-ぼ・ける【古△呆ける・古△惚ける】(自下一)ケ・ケ・ケル・ケル・ケレ・ケロ(ケヨ) 古くなって色や形がきたならしくなる。「—けた服」

ふる-ほん【古本】①読み古した本。こほん。↔新本 ②時を経た本。古書。こほん。

ブルマー〈bloomers〉女性用の下着の一つ。膝上(ひざうえ)で、すそをゴムでしぼったもの。また、同形の運動着や裾(すそ)の短いショーツ形の運動着をさす。ブルーマー。ブルマ。

ふる-まい【振[る]舞い・振舞】マヒ ①行い。動作。「目にあまる—」②ごちそうすること。もてなし。供応。「—酒」

ふる-ま・う【振[る]舞う】マフ ワ(オ)・イ(ッ)・ウ・ウ・エ・エ ■(自五)人目につくように行う。行動する。動作をする。「明るく—」■(他五)もてなす。ごちそうする。「祝い酒を—」可能 ふるま・える(下一)

フル-マラソン〈full-length marathon から〉全四二・一九五キロメートルを走る長距離競走。⇩ハーフマラソン

ふる-めかし・い【古めかしい】(形)カロ・カッ(ク)・イ・イ・ケレ・○ いかにも古い。古くさい。古風である。「—家具」文 ふるめか・し(シク)

ふる-もの【古物】使って古くなった物。特に、古着・古道具。こぶつ。

ふる-や【古屋】古い家。

ふるゆきや… 俳句〔降る雪や　明治は遠く　なりにけり〕〈中村草田男(くさたお)〉雪がさかんに降っているなあ。雪にさそわれ、しみじみと明治のころの幼い自分を思い出していたところ、ふと現実に戻り、明治という時代は遠い昔となってしまったものだと感じたことだ。(雪 冬)

ふるわ・す【震わす】フルハス (他五)サ(ソ)・シ・ス・ス・セ・セ ふるえるようにする。ふるわせる。「怒りで声を—」自 ふる・う(五)

ふるわ・せる【震わせる】フルハセル (他下一)セ・セ・セル・セル・セレ・セロ(セヨ) ↓ふるわす

ブルンジ〈Burundi〉アフリカ大陸の中央部にある共和国。首都はブジュンブラ。

ふれ【触れ・布◇令】①広く一般に告げ知らせること。②政府・官署の告知。「お—」③相撲の呼び出し。

ぶれ ぶれること。特に写真を撮るときに、カメラが揺れ動くこと。

プレ-〈pre〉(接頭)「それ以前の」「あらかじめ」の意を表す。「—オリンピック」

フレア〈flare〉①《服》スカートなどの裾(すそ)の、朝顔の花のような形の広がり。「—スカート」②《天》太陽の黒点の周りから強い閃光(せんこう)が発する現象。太陽フレア。太陽面爆発。

ふれ-あ・う【触[れ]合う】アフ (自五)ワ(オ)・イ(ッ)・ウ・ウ・エ・エ ①たがいに触れる。「肩が—」②たがいに親しみ交わる。「気持ちが—」

ふ-れい【不例】天子や高位の人の病気。不予。用法 多く、「ご不例」の形で用いる。

ふ-れい【布令】(名・他スル)役所が命令・法令などを一般に広く知らせること。また、その命令・法令。

ぶ-れい【無礼】(名・形動ダ)礼儀をわきまえないこと。また、そのさま。失礼。「—千万(せんばん)」「—者」「—をはたらく」

—こう【—講】カウ 身分・地位の上下の別なく、礼儀にこだわらずに行う酒宴・会合。

フレイル〈frailty 虚弱〉《医》加齢に伴って筋力や気力が低下してきた状態。

フレー〈hurray〉(感)激励・応援・賞賛などを表す叫び声。しっかり。がんばれ。「—、—、白組」

プレー〈play〉①競技。試合。また、そのわざ。「好—」②遊び。遊戯。勝負ごと。「—スポット」③戯曲。芝居。④演技。演奏。⑤「プレーボール」の略。参考「プレイ」ともいう。

—オフ〈playoff〉①引き分けや同点の場合に行う、優勝決定のための再試合・延長戦。②リーグ戦で、各地区の上位チームどうしで行われる優勝決定戦。

—ガイド〈和製英語〉興行物の入場券の前売りや案内をする所。参考 英語では ticket agency という。

—バック〈playback〉(名・自他スル)録音・録画したものを再生すること。

—ボーイ〈playboy〉①女性を次々に誘惑して遊ぶことが巧みな男。②遊び好きの粋(いき)な青年。

—ボール〈play ball〉野球・テニス・卓球などの球技で、試合を開始すること。また、その合図の言葉。

ブレーカー〈breaker〉規定以上の電流や異常な電流が流れたときに、電気の回路を自動的に断つ装置。電流遮断器。

ブレーキ〈brake〉①車輪の回転をとめたり減少させたりする装置。制動機。「—をかける」②物事の進行を妨げたり、勢いを弱めたりするもの。「四番打者が—となった」

フレーク〈flake〉薄片。薄片状の食品。「コーン—」

ブレーク〈break〉■(名・自スル)①休憩。「コーヒー—」②《俗》爆発的に人気が出たり売れたりすること。「今年—した歌手」③テニスで、相手のサービスゲームに勝つこと。■(名)ボクシングで、レフェリーがクリンチを解くことを命じる言葉。

フレーズ〈phrase〉①まとまった意味を表す一続きの言葉。句。成句。慣用句。「キャッチ—」②《音》旋律のひとくぎり。

プレート〈plate〉①板。金属板。板金。「ナンバー—」②皿。③写真の乾板。種板(たねいた)。④《物》真空管内部にある陽極。⑤野球で、投手板(ピッチャープレート)。また、本塁(ホームプレート)。⑥《地》地球の表面を覆う厚さ一〇〇キロメートル前

後の巨大な板状岩石圏。「太平洋ー」
ーテクトニクス〈plate tectonics〉【地質】「プレート⑥」が少しずつ動いているという説。この動きが大陸移動や山脈・海溝の形成、地震現象の原因になるという。プレート理論。
フレーバー〈flavor〉飲食物の香りや風味。「ーティー」
フレーム〈frame〉①わく。骨組み。額縁。「眼鏡のー」②【農】木などのわくで作った温床。冬 ③映画・テレビなどの撮影範囲のわく取り。画面。④ボウリングで、投球する各回。
ーアップ〈frame-up〉（名・他スル）事件をでっちあげたり、無実の人を犯人に仕立てあげたりすること。
ーワーク〈framework〉物事を考えたり、行ったりする際の大まかな枠組み。
プレーヤー〈player〉①競技・試合に出場する選手。競技者。②演技者。俳優。③演奏者。「ジャズー」④レコードやCD・DVDなどの再生装置。
ブレーン〈brain〉①頭脳。②「ブレーントラスト」の略。
ーストーミング〈brainstorming〉複数人で自由に考えやアイデアを出し合って、よりよいアイデアや問題解決法を生み出そうとする思考法。ブレスト。
ートラスト〈brain trust〉政治・社会問題について学識経験者を集めて、その対策を練る機関。知能集団。知能顧問団。ブレーン。語源 米国でニューディール政策を実施したときの経済参謀本部の通称からきた語。
プレーン〈plain〉（形動ダ）ダロ・ダッ(デ・ニ)・ダ・ナ・ナラ・〇 ①こみ入っていないさま。②飾らないさま。簡素。③何も加えていないさま。あっさりしたさま。「ーソーダ」「ーオムレツ」「ーヨーグルト」
ふれ-がき【触〔れ〕書き】触れ知らせる文書。触れ状。触れ。
フレキシビリティ〈flexibility〉柔軟性。
フレキシブル〈flexible〉（形動ダ）ダロ・ダッ(デ・ニ)・ダ・ナ・ナラ・〇 しなやかで柔軟性があるさま。「ーな発想」
ふれ-こみ【触〔れ〕込み】あらかじめ言いふらすこと。前宣伝。「速球投手というーでデビューする」
ふれ-こ・む【触〔れ〕込む】（他五）マ(モ)・ミ(ン)・ム・ム・メ・メ あらかじめ言いふらす。前もって宣伝する。
ブレザー〈blazer〉スポーティーな背広型の上着。おもに、フランネル製で金属ボタンを付ける。ブレザーコート。
プレジデント〈president〉①大統領。②機関や組織の最高職。総裁・学長・社長・頭取(とうどり)など。
ふれ-じょう【触れ状】ジャウ →ふれがき
プレス〈press〉一（名・他スル）①押すこと。押しつけること。②→プレッシング 二（名）①金型(かながた)を押しつけて板金を打ち抜いたり曲げたりする機械。②圧力をかけてしぼる機械。③印刷機。また、印刷や印刷物。④新聞。定期刊行物。また、新聞社や報道機関。
ーキャンペーン〈press campaign〉新聞が積極的に社会改革・政治問題などを取り上げ、意見を主張すること。
ーハム〈pressed ham から〉豚肉などを押し固めて作ったハム。
ーリリース〈press release〉官庁・企業・団体などが広報活動のために報道機関に情報を発表すること。また、その資料。ニュースリリース。
フレスコ〈イタリア fresco 新鮮な〉【美】西洋の壁画の技法。下地に塗った漆喰(しっくい)の乾ききらないうちに水彩絵の具で絵を描くもの。漆喰の乾きとともに絵が壁に定着する。「教会のー画」
プレステージ〈prestige〉業績や地位によって個人や団体に与えられる、社会的・文化的な高い価値。評判。名声。
ブレスト〈breast〉①胸。②「ブレストストローク」の略。
ーストローク〈breaststroke〉平泳ぎ。
プレスト〈イタリア presto〉【音】楽曲の速さを示す語。「きわめて速く」の意。
ブレスレット〈bracelet〉手首や腕の飾りとする輪。腕輪。
プレゼンテーション〈presentation〉会議などで企画を提案・説明すること。プレゼン。「新商品のー」
プレゼント〈present〉（名・他スル）贈り物をすること。また、贈り物。「クリスマスー」
ふれ-だいこ【触〔れ〕太鼓】知らせに打つ太鼓。特に、相撲の興行前日に太鼓を鳴らして市中を回り、取組などを知らせること。また、その太鼓。
プレタ-ポルテ〈フランス prêt-à-porter すぐに着られる〉有名なデザイナーやメーカーによる高級既製服。
フレックスタイム〈flextime〉自由勤務時間制。規定の総労働時間数を勤務すれば出勤・退勤時刻を自由に選択できる制度。コアタイム(=拘束時間帯)を設ける場合もある。
プレッシャー〈pressure〉圧力。圧迫。特に、精神的圧迫。「ーがかかる」「ーをかける」
フレッシュ〈fresh〉（形動ダ）ダロ・ダッ(デ・ニ)・ダ・ナ・ナラ・〇 新鮮でさわやかなさま。新しく生き生きしているさま。「ーな果物」
ーマン〈freshman〉新人。新入社員。新入生。新顔。
プレッシング〈pressing〉（名・他スル）布地や衣服に湿気を与えて、アイロン・こてでしわ伸ばしや仕上げをすること。プレス。
プレハブ〈prefab〉組み立て式住宅。工場で量産した家屋の部品を、現場で組み立てる方式。
プレパラート〈ドイツ Präparat〉顕微鏡観察用の標本。二枚のガラス板の間に観察材料を挟んだもの。
プレビュー〈preview 下見〉①映画・演劇などの、一般公開する前の試写・試演会。②【情報】コンピューターなどで、印刷などの前に画面上で見た目を確認すること。また、その機能。
ふれ-ぶみ【触れ文】触れ知らせる文書。触れ書き。触れ。
ふれ-まわ・る【触〔れ〕回る】マハル（他五）ラ(ロ)・リ(ッ)・ル・ル・レ・レ ①知らせて歩く。②言いふらして回る。触れ歩く。「悪口をー」
プレミア「プレミアム」の略。「ーがつく」
プレミア-ショー〈和製英語〉映画の、封切り前の披露(ひろう)興行。特別有料試写会。参考 英語では preview という。
プレミアム〈premium〉①入場券などを売買する際の割増し金。プレミア。②【経】株式・公社債券などの売買価格が額面金額を超過した場合、その超過額。打ち歩(ぶ)。③商品に付ける景品や懸賞の賞品。④品質などが上等なこと。また、そのもの。⑤保険料。
プレリュード〈prelude〉【音】前奏曲。序曲。
ふ・れる【◇狂れる】（自下一）レ・レ・レル・レル・レレ・レロ(レヨ) 狂う。気が変になる。「気がー」文 ふ・る(下二) 参考「触れる」とも書く。
ふ・れる【振れる】（自下一）レ・レ・レル・レル・レレ・レロ(レヨ) ①揺れ動く。「上体がー」②正しい方向からずれる。いっぽうにかたよる。「進路が東にー」他 ふ・る(五)
ふ・れる【触れる】レ・レ・レル・レル・レレ・レロ(レヨ) 一（自下一）①ある物がほかの物の表面に軽く接する。「手が傷口にー」②規則・法律などに反する。「法にー」③接する。出あう。「折にーれて」「怒りにー」④知覚する。「目にー」⑤言い及ぶ。言及する。「その問題にはーれないでおこう」⑥力の影響を受ける。「電気にー」⑦感じる。「心にー」⑧その動きがわかる。「脈がー」二（他下一）①さわるようにする。「ケースに手をー」②広く知らせる。言いふらす。「悪口をーれて回る」文 ふ・る(四・下二)
ぶ・れる（自下一）レ・レ・レル・レル・レレ・レロ(レヨ) ①振れ動いて、所定の位置から外れる。特に写真を撮るときに、カメラが動いて画像がぼける。②《俗》態度や言動がすぐに変わって一貫しなくなる。

ふれんぞく-せん【不連続線】〘気〙気温・気圧・風などの異なる二つの気団が、大気中で接触面を形成し、それが地表面と交わる境界線。この付近は天気が悪い。前線はこの一種。

フレンチ〈French〉①フランス人(の)。フランス風。②フランス語。③フランス料理。

—スリーブ〈French sleeve〉身ごろとひと続きになった袖。袖付けの線がなく裁ち出した袖。多く半袖にいう。

—トースト〈French toast〉牛乳・砂糖・卵を溶きまぜた液に浸したパンを、バターをひいたフライパンで焼いたもの。

—ドレッシング〈French dressing〉酢・サラダ油・塩・こしょうなどでつくるサラダ用のソース。

フレンド〈friend〉友達。「ペン—」「ボーイ—」

ブレンド〈blend〉(名・他スル) 混ぜ合わせること。洋酒・コーヒーなどで、味をよくするために数種の材料を調合したもの。

フレンドリー〈friendly〉(形動ダ)(ダロ・ダッ(デ・ニ)・ダ・ナ・ナラ・〇) 友好的なさま。親しみやすいさま。「ユーザー—(=利用者にとってわかりやすく使いやすいこと)」

ふ-ろ【風呂】①体をひたして清潔にするために湯をためたもの。また、その湯にはいること。「長—」②湯殿。浴室。③銭湯。「—に行く」

ふ-ろ【風炉】茶の湯で、茶釜をのせて湯を沸かす土製・鉄製の炉。ふうろ。

〔風炉〕

プロ〈pro〉①「プログラム」の略。②「プロダクション」の略。「独立—」③「プロフェッショナル」の略。「—野球」↔アマ ④「プロパガンダ」の略。「アジ—」⑤「プロレタリア」の略。

フロア〈floor〉①床(ゆか)。②(建物の)階。

—シフト〈floor shift〉自動車で、ギアの操作部を床面に設置したもの。

—ショー〈floor show〉舞台を使わないで、客席と同じ床(ゆか)の上で行う催しもの。

フロイト〈Sigmund Freud〉(一八五六〜一九三九) オーストリアの精神病理学者。精神分析を創始し、深層心理学の体系と神経症治療の技法を確立。主著「夢判断」など。

ブロイラー〈broiler〉(broilする(=焼く)ものの意) ①肉をあぶるための料理道具。②肥育した食肉用の若鶏。

ふ-ろう【不老】(ラウ) いつまでも年をとらないこと。

—ちょうじゅ【—長寿】(チヤウジユ) いつまでも老いずに長生きをすること。

—ふし【—不死】いつまでも年をとらず、死にもしないこと。

ふ-ろう【父老】(ラウ) 年老いた男の敬称。老翁(ろうおう)。

ふ-ろう【浮浪】(ラウ) (名・自スル) ①あちこちさすらうこと。流浪。「—の旅」②一定の住居・職業をもたず、諸方をさまよってその日その日を暮らすこと。「—者」

ふろう-しょとく【不労所得】(フラウ) 働かないで得る所得。資本の配当金、利子、地代などの収入。↔勤労所得

フロー〈flow〉①流れ。②〘経〙一定期間内に流動する財貨の量を示す概念。↔ストック

—チャート〈flow chart〉情報の流れや仕事の処理手順を図式化したもの。流れ図。工程経路図表。

ブロー〈blow〉■一(名・他スル) ドライヤーで髪に温風をあてながらブラシで髪型を整えること。■二(名) ボクシングで、強打。打撃。「ボディー—」

ブローカー〈broker〉品物・権利などの売買の仲立ちを職業とする者。仲買人。仲立ち人。「不動産—」

ブロークン〈broken こわれた〉(形動ダ)(ダロ・ダッ(デ・ニ)・ダ・ナ・ナラ・〇) 変則なさま。特に、外国語について、規則や文法に反したさま。「—イングリッシュ」

ブローチ〈brooch〉飾りの付いた留めピンで、洋服の胸や襟(えり)などに付ける服飾品。おもに女性用。

フロート〈float〉①浮き。②いかだ。③水上飛行機の下部に付けた浮き舟。④アイスクリームを浮かべた冷たい飲み物。

ブロード〈broad 幅の広い〉「ブロードクロース」の略。

—クロース〈broadcloth〉①上質の紡毛糸(ぼうもうし)を用いた平織りの無地布。②綿織物の一つ。綿ポプリンより地合いが密で手触りがよく、光沢に富む。ワイシャツ地などに用いる。

—バンド〈broadband〉〘情報〙光ファイバーなどを用いて、高速で大容量のデータを送受信する広帯域の通信網。

ブロードウェー〈Broadway〉米国ニューヨーク市のマンハッタン島の中央を南北に走る大通り。劇場街が名高い。

ブローニー-ばん【ブローニー判】写真フィルムで、画面の大きさが縦六センチメートル×横九センチメートルのもの。
語源 米国コダック社製のブローニー(Brownie)カメラで使われたことからいう。

ブローニング〈Browning〉自動式連発ピストルの一種。
語源 アメリカ人発明者の名にちなむ。

フローベール〈Gustave Flaubert〉(一八二一〜一八八〇) フランスの小説家。対象の客観的な分析と、洗練された文体で、写実主義小説を確立。作品「ボバリー夫人」「感情教育」など。

フローラ ①〈Flora〉ローマ神話で花と果実の女神。フロラ。②〈flora〉㋐ある地域に分布する植物の全種類。植物相。㋑微生物の集合。細菌叢(そう)。「腸内—」

フローリング〈flooring〉①床材を張ること。②木質系の床材の総称。「床を—にする」

ふ-ろく【付録・附録】主となるものに補足・参考として添えられたもの。また、添えること。特に、雑誌などに添えられている小冊子など。つけたし。おまけ。「雑誌の—」

ブログ〈weblog の略〉インターネット上で個人が運営する、日記的な内容のウェブサイト。

プログラマー〈programmer〉①映画・テレビ・ラジオなどの番組編成者。②〘情報〙コンピューターのプログラムを作成する人。

プログラミング〈programming〉(名・自他スル)〘情報〙コンピューターのプログラムを作成すること。

プログラム〈program〉■一(名) ①番組。出し物の順序や内容などを記した小冊子。②予定表。計画表。■二(名・他スル)〘情報〙コンピューターに処理させる仕事の手順や計算方式を特殊な言語で表したもの。また、それを作成すること。

—がくしゅう【—学習】(ガクシフ) 学習内容を小さく分解し、学習者のペースで一つ一つ段階的に学んでいく個別学習方法。

プロジェクター〈projector〉①投影機。映写機。②設計者。考案者。

プロジェクト〈project〉①研究・事業の計画。企画。「大型—」②研究課題。

—チーム〈project team〉企業活動などで、新製品・事業などの研究開発や問題解決のために編成されるグループ。

—メソッド〈project method〉生徒の自主的な計画と活動を重んじる教授法。構案教授法。構案法。

ふろ-しき【風呂敷】物を包む四角の布。
語源 もと、入浴の際に脱いだ衣類を包んだ布をいい、湯上がりにはその布を敷いて足をふいたり衣服を着けたりした。古く、

物を包む四角い布は「平包(ひらづつみ)」といったが、江戸中期ごろまでに、物を包んで運ぶ布一般を風呂敷というようになった。

—を広(ひろ)げる 物事をおおげさに言う。大風呂敷を広げる。

プロセス〈process〉①方法。手順。手続き。②過程。経過。③(「プロセス平版」の略)写真製版による多色刷り平版。

プロセッサー〈processor〉〘情報〙コンピューターで、データの処理や機器の制御などを行う処理装置。⇩シーピーユー

プロダクション〈production〉①生産。製造。また、生産物。②映画・テレビ・出版物などの制作・編集会社。③所属するタレントの出演計画や興行の企画を立てる事務所。

ブロッキング〈blocking〉→ブロック(block)㊁

フロック〈fluke〉①ビリヤードなどで、まぐれ当たり。②偶然にうまくいくこと。「勝てたのは—だ」

フロック〈frock〉「フロックコート」の略。

—コート〈frock coat〉男性の昼間の通常礼服。黒ラシャ地で上衣はダブル。丈が膝まである。ズボンは縦のしまがら。

ブロック〈bloc〉政治・経済上の、ある共通の目的のために結び付いた集団・連合。結合。同盟。

—けいざい【—経済】〘経〙政治上の同盟国などが、一つの排他的な経済圏を形成すること。広域経済。

ブロック〈block〉㊀(名)①かたまり。②「コンクリートブロック」の略。「—塀」③市街などの一区画。④おもちゃの積み木。⑤版木。㊁(名・他スル)スポーツ競技で、相手の攻撃を防御・妨害すること。ブロッキング。「—をかわす」

—けんちく【—建築】コンクリートを直方体に固めたもの(=コンクリートブロック)を積み重ねていく組立式建築。

フロッグマン〈frogman〉潜水士。潜水作業員。参考「フロッグ」は、蛙(かえる)の意。

ブロッケン-げんしょう【ブロッケン現象】(—ゲンシヤウ)山頂で太陽を背にして立つと、自分の影が前方の雲や霧に映り、その頭の周りに虹のような光の輪が見える現象。語源 ドイツのブロッケン(Brocken)山でよく見られることからいう。

ブロッコリー〈(イタリア) broccoli〉〘植〙キャベツの変種で、カリフラワーに似た西洋野菜。濃緑色のつぼみを密集して付け、その部分を食用にする。

ブロッター〈blotter〉インク吸い取り用の事務用品。

プロット〈plot〉詩・小説・脚本などの筋。構想。筋書き。

フロッピー-ディスク〈floppy disk〉磁気記憶装置の一つ。プラスチックの円盤を四角いケースに収めたもの。フロッピー。ＦＤ

プロテイン〈protein〉たんぱく質。また、たんぱく質を主成分とした栄養補助食品。

プロテクター〈protector〉危険から身を守る防具。野球で、捕手・球審が着ける胸当てなど。

プロテスタント〈Protestant〉〘基〙新教徒。新教。一六世紀の宗教改革で、ローマカトリックに対して生まれたキリスト教の一派。福音主義。↔カトリック 語源 一五二九年、ルター派のドイツ諸侯(しょこう)らが、新教徒に対する皇帝側の抑圧政策に対し「抗議書〈プロテスタティオ〉」を提出したことに由来する。

プロテスト〈protest〉(名・自スル)抗議すること。

プロデューサー〈producer〉映画・演劇・放送番組などの制作責任者。

プロデュース〈produce 生産する〉(名・他スル)映画・演劇・放送番組・イベントなどを企画・制作すること。

プロトコル〈protocol〉①外交における国家間の議定書。②〘情報〙コンピューターでデータ通信を行うとき、あらかじめ定めておく手段・手順などの規約。通信規約。

プロトタイプ〈prototype〉①原型。模範。基本型。手本。②製品の試作原型。試作モデル。

プロトン〈proton〉→ようし(陽子)

ふろ-ば【風呂場】入浴の設備のある部屋。湯殿。浴室。

プロパー〈proper〉①特有であること。固有。本来。「文法—の問題」②ある分野で専門であること。また、その専門家。「労働問題の—」

プロバイダー〈provider〉インターネットへの接続サービスを行う業者。

プロパガンダ〈propaganda〉宣伝。政治的意図をもつ、思想・主義の大がかりな宣伝。プロ。

プロバビリティー〈probability〉見込み。公算。確率。

プロパン〈propane〉〘化〙アルカン(=メタン系炭化水素)の一つ。石油精製の副産物として得られる無色・無臭の気体。ボンベに詰めて燃料として使う。プロパンガス。ＬＰＧ

プロファイリング〈profiling〉①犯人の人物像を分析すること。②購買者に関する情報を収集・分析すること。

プロフィール〈profile〉①側面から見た顔の輪郭。特に、写真・彫刻などで横顔の像。②簡単な人物紹介。

プロフェッサー〈professor〉大学などの教授。

プロフェッショナル〈professional〉(名・形動ダ)専門的であること。職業的なこと。プロ。↔アマチュア

ふろ-ふき【風呂吹き】大根・蕪(かぶ)などを厚切りにして、ゆでたてにねりみそを付けて食べる料理。「—大根」图

プロペラ〈propeller〉軸の周囲に付けた羽根型のものを回転させて推力を得、航空機・船舶を前進させる装置。参考 多く航空機についていい、船舶のものはスクリューという。

プロポーション〈proportion〉①割合。比率。②体の各部の釣り合い。均整。「美しい—」

プロポーズ〈propose〉(名・自スル)結婚の申し込み。求婚。

フロマージュ〈(フランス) fromage〉チーズ。

ブロマイド〈bromide〉俳優・人気歌手・スポーツ選手などの小型の肖像写真。参考 誤って「プロマイド」ともいう。

プロミネンス〈prominence〉①〘天〙太陽面から吹き上がる紅色の渦巻き状をした高温ガス。紅炎(こうえん)。②文中の重要な言葉を強調するために、そこを特に強く発音すること。

プロムナード〈(フランス) promenade〉散歩。また、遊歩道。

プロモーション〈promotion〉(販売などの)促進。奨励。また、促進材料。プロモ。

—ビデオ〈promotion video〉宣伝・販売促進のためのビデオ映像。多く、宣伝用のミュージックビデオを指す。ＰＶ

プロモーター〈promoter〉主催者。発起人。興行主。

プロモート〈promote〉(名・他スル)①計画や販売を促進すること。②興行や行事などを企画・主催すること。

ふろ-や【風呂屋】①入浴料を取って営業する浴場。公衆浴場。銭湯。②ふろおけやふろの設備を売る店。

プロ-やきゅう【プロ野球】(—ヤキウ)(「プロ」は「プロフェッショナル」の略)職業として行う野球。はじまり 一九二〇(大正九)年ごろに結成された日本運動協会チームが日本のプロチームの草分け(昭和四年解散)。一九三四(昭和九)年から本格的なプロ球団が結成され始め、一九三六(昭和十一)年、七球団による日本職業野球連盟が発足した。

フロラ→フローラ

プロ-レス(「プロレスリング」の略)興行として行うショー的要素の多いレスリング。

プロレタリア〈(ドイツ) Proletarier〉①無産者または賃金労

働者。また、その階級。②《俗》貧乏人。《↕ブルジョア》

ーかくめい【ー革命】 プロレタリアートが資本家階級の権力を打ち倒し、階級制度のない社会主義制度を樹立しようとする革命。

ーぶんがく【ー文学】《文》プロレタリア階級の立場からその現実を描き、階級的要求を主張する文学。日本では一九二一（大正十）年、雑誌「種蒔く人」の創刊に始まる。

プロレタリアート〈ドイ Proletariat〉階級としてのプロレタリア。無産階級。労働者階級。↕ブルジョアジー

プロローグ〈prologue〉①詩・小説・戯曲などで前置きの部分。序言。序章。前口上。②物事の始まり。《↕エピローグ》

フロン〈和製語〉《化》炭化水素の水素をハロゲン元素のフッ素のほか、さらに塩素などで置換した化合物。正式名はクロロフルオロカーボン。スプレーや冷蔵庫の冷媒などに使用。オゾン層破壊の原因となるため、規制が進んでいる。

ブロンズ〈bronze〉銅と錫の合金。青銅。また、青銅でつくったもの。「ー像」

フロンティア〈frontier〉辺境。開拓地と未開地の境界。特に、アメリカ開拓時代の開拓地の最前線をいう。

ースピリット〈frontier spirit〉開拓者精神。

フロント〈front〉①正面。前面。「ードア」↕バック ②(front desk から)ホテルなどの受付。③戦線。最前線。④(front office から)プロ野球の経営陣・球団事務局。

ーガラス〈和製英語〉自動車の正面のガラス。参考 英語では windshield という。

ブロンド〈blond(e)〉金髪。

プロンプター〈prompter〉①《演》演技中の俳優にせりふや演技などを陰からそっと教える人。後見役。②講演者やアナウンサーなどに、原稿を映し出して示す装置。

ふ-わ【不和】（名・形動ダ）仲の悪いこと。「家庭ー」

ふ-わ【付和・附和】（名・自スル）自分に定まった考えがなく、たやすく他人の意見に同調すること。「ー雷同」

ふ-わく【不惑】「四〇歳」のこと。語源「論語」に「四十にして惑わず」とあることから。⇒年齢「参考」

ふ-わけ【△腑分け】（名・他スル）「解剖」の古い言い方。

ぶ-わけ【部分け】（名・他スル）いくつかの部類に分けること。

ふ-わたり【不渡り】《商》手形・小切手所持者が、支払日がきても支払いを受けられないこと。また、その手形・小切手。

ーてがた【不渡〔り〕手形】 ①《商》偽造・変造・当座勘定不足そのほかの理由で、支払人（銀行）から支払いを断られた手形。「ーを出す」②《転じて》実行されない約束。空約束。

ふわ-ふわ フワフワ（副・自スル・形動ダ）①柔らかくふくらんでいるさま。「ー（と）した布団」②浮いて漂っているさま。「空にー（と）浮かぶ雲」③軽い物が静かに揺れ動くさま。「カーテンがー（と）揺れる」④気持ちがうわついていて落ち着かないさま。「ー（と）した気持ち」

ふわ-らいどう【付和雷同・附和雷同】（名・自スル）しっかりした考えをもたず、軽々しく他人の説に同意すること。語源 雷が鳴ると、万物が同時にこの響きに応じるとされたことから。

ふわり-と フハリ（副）①体が軽々と動くさま。軽い物が静かに動くさま。「ー飛び下りる」②浮いて漂うさま。「空にー浮かぶ」③布などをそっと何かの上に掛けるさま。「毛布をー掛ける」④軽く柔らかいさま。「ーした布団」

ふん【分】（字義）→ぶん(分)

ふん【分】 ①時間の単位。一時間の六〇分の一。「一五時二〇ー発の急行」②角度・経度・緯度の単位。一度の六〇分の一。③昔の重さの単位。一匁の一〇分の一。

ふん【吻】 人 フン・ブン くちさき （字義）①くちさき。くちもと。「口吻」②くちびる。「吻合・接吻」

ふん【粉】 教5 フン こ・こな （字義）①こな。物のこまかにくだけたもの。「粉末・花粉・金粉・銀粉・澱粉」②こなにする。くだく。「粉骨・粉砕」③おしろい。「粉黛・脂粉・白粉」④彩る。かざり。「粉飾」

ふん【紛】 フン㊥・まぎれる㊥・まぎらす㊥・まぎらわす㊥・まぎらわしい㊥ （字義）①まぎれる。入りみだれてわからなくなる。「紛失・紛紛」②みだれる。ごたごたする。「紛糾・紛擾・紛争・思紛・内紛」③盛んなさま。多いさま。「紛郁・紛華」人名 お・もろ

ふん【焚】 人 フン やく・たく （字義）①火を放って行う狩り。②やく。たく。火をつけてもやす。「焚刑・焚殺・焚書」

ふん【雰】 フン㊥ （字義）①大気。空気。②きり。＝霧。③気分。ようす。「雰囲気」

ふん【噴】 フン㊥ ふく㊥・はく （字義）ふく。ふきだす。はく。勢いよくふきでる。「噴火・噴出」

ふん【墳】 フン㊥ はか （字義）①つか。土を盛りあげた墓。「墳墓・円墳・古墳」②おか。「丘墳」③古典。聖賢の書いた書。「墳籍・墳典」

ふん【憤】 フン㊥ いきどおる㊥ （字義）いきどおる。いきどおり。㋐いかりもだえる。「憤慨・憤激・鬱憤・怨憤・痛憤・悲憤」㋑ふるいたつ。「憤発・憤励・義憤・発憤」

ふん【奮】 教6 フン ふるう （字義）①ふるう。ふるいたつ。勇気をふるいおこす。「奮起・奮戦・奮然・奮励・感奮・興奮・発奮」②いかる。「奮激」③とぶ。はばたく。「奮飛」

ふん【△糞】 動物が体外に排出する食物のかす。大便。くそ。

ふん（感）①同輩以下の相手に対して、軽く応じて発する語。ふむ。「ー、ー、わかった」②軽蔑や不満を感じたときに、鼻であしらうように発する語。「ー、くだらない」

ぶん【分】 教2 ブン・フン・ブ・わける・わかれる・わかる・わかつ （字義）①わける。わかれる。別々にする。しきる。「分解・分野・分類・区分・細分・等分」②みわける。明らかにする。「分別・分明・検分」③割る。「分子・分数・分母」④主となるものから分かれたもの。「分家・分流」⑤わかち。こわけ。「部分」⑥全体から分けられたもの。「自分・領分」⑦地位。なすべき職務。「職分・本分・身分」⑧もちまえ。性質。「性分・天分」⑨身のほど。「分限・分際・過分」⑩物質の成分。「水分・糖分」⑪物事の程度・状態。「気分・時分」⑫かさ。量。「分量・三人分・十分」⑬二十四気の一つ。「秋分・春分・節分」⑭物の量を表す単位。㋐一〇分の一の量。「五割八分」㋑百分の一の量。「五分五分」㋒長さの単位。一寸の一〇分の一。「三寸五分」㋓重さの単位。一匁の一〇分の一。「二匁三分」㋔足袋・靴の寸法。一文の一〇分の一。「九文三分」㋕時間の単位。一時間の六〇分の一。「三時二五分・二時間一〇分」㋖角度の単位。一度の六〇分の一。

「東経五八度二〇分」㋗熱の単位。一度の一〇分の一。「三七度八分」㋘貨幣の単位。一文の一〇分の一。また、一両の四分の一。「一分金」難読 分葱 人名 ちか・わか

ぶん【分】 ①部分。「余ったーは捨てる」②分け前。取り分。「これが君のーだ」③物事のようす・状態・程度。「あのーなら安心だ」④身分・地位。自分のなすべき務め。「ー相応」

ぶん【文】 教1 ブン・モン ふみ中・あや

丶 亠 ナ 文

（字義）①あや。㋐あやもよう。「文様・縄文・斑文」㋑かざり。美しい外観。「文質・文飾」㋒いろどり。「文彩・文采」②外に表れた現象。「天文」③すじみち。「文理」④もじ。書いた字。「文字・文盲・金文・甲骨文」⑤言葉。語句。「文句」⑥言葉をつづってまとまった意味内容を表現するもの。「文学・文章・韻文・漢文・経文・古文・散文・詩文・美文・名文」⑦ふみ。㋐記録。「文献・文書」㋑書物。「文庫・文集」⑧人間の知恵によって生み出された、学問や芸術の総称。「文化・文明・人文」↔武 ⑨入れ墨をする。「文身」⑩昔の銭の単位。「一文」⑪足袋や靴の大きさを表す語。「十文」難読 文目・文身・文月・文机・文箱 人名 あき・いと・すじめ・とも・のぶ・のり・ひさ・ひとし・ふ・ふむ・み・や・やす・ゆき・よし

ぶん【文】 ①文章。「ーを練る」②《文法》文法上の単位の一つ。まとまった思想・感情を表し、完結する形式を備えた一続きの言葉。センテンス。「ーの構造」③学問。文芸。芸術。

ぶん【◇蚊】 ブン か中

口 中 虫 虻 蚊 蚊

（字義）①か。人畜の血を吸う昆虫。「蚊軍・蚊声」②ごく小さいもののたとえ。「蚊睫・蚊力」難読 蚊帳

ぶん【聞】 教2 ブン・モン高 きく・きこえる

丨 ｢ 門 門 聞 聞

（字義）①きく。㋐音声を耳にする。ききしる。「聞知・聞道・寡聞・旧聞・見聞・側聞」㋑においをかぐ。「聞香」②きこえる。㋐音声が耳にはいる。㋑評判になる。世に知られる。評判。うわさ。「聞達・醜聞・風聞・名聞」㋒申し上げる。「聞奏」人名 ひろ

ぶん-あん【文案】 文書の下書き。文章の草稿。「ーを練る」

ぶん-い【文意】 文章の表す内容。文章の意味。「ーをつかむ」

ふんい-き【雰囲気】 （もと、地球をとりまく気体の意）その場やそこにいる人たちがかもし出す気分。また、ある人が周囲に感じさせる気分。ムード。「険悪なー」「華やいだーの人」

ふん-いん【分陰】 わずかな時間。寸陰。「ーを惜しむ」

ぶん-いん【分院】 病院や寺院などで、本院とは別に設けた建物。↔本院

ぶん-うん【文運】 学問・芸術のさかんになる勢いや気運。

ふん-えん【噴煙】 火山などからふき出る煙。「ーがたちのぼる」

ぶん-えん【文◇苑】 ①文集。②文人の世界。文壇。

ぶん-えん【分煙】 非喫煙者に害が及ばないように、喫煙と禁煙の場所や時間帯を区分すること。

ふん-か【噴火】 （名・自スル）火山が火山灰や溶岩などを噴出すること。「ー予知」

―こう【―口】 《地質》火山の噴火する口。火口。

―ざん【―山】 噴火している山。活火山。

ぶん-か【分化】 （名・自スル）①同質・単純なものが異質・複雑なものに分かれ、進化・発達してゆくこと。②生物の組織や器官が個々に分かれて、しだいに発達すること。

ぶん-か【文化】 ①武によらず文による徳で人民を教化すること。②世の中が開け進んで生活水準が高まっていくこと。文明開化。③人間が社会の成員としてつくり出していく、物質的・精神的成果のすべて。「ー遺産」「日本ー」④（他の語の上に付いて）新式である、便利である意を表す語。「ー住宅」「ー包丁」参考 狭義には、「文明」は技術の発展を中心とする物質面の成果をいい、「文化」は人間の精神的な活動の成果をいう。

ぶん-か【分科】 科目・専門を分けること。また、分けたもの。「ー会」

ぶん-か【文科】 ①文学・史学・哲学など、人文科学・社会科学系統の学科。数学や自然科学系統を除いた学科。または、それを修める課程。「ー系」↔理科 ②文学部。

ぶん-か【分課】 （名・他スル）仕事を分けてするため、いくつかの課に分けること。また、その分けた課。

ぶん-が【文雅】 （名・形動ダ）詩歌や文章などをつくる風雅な道。また、風雅なさま。みやびやかなさま。「ーの士」「ーな催し」

ふん-がい【憤慨】 （名・自他スル）非常に怒ること。いきどおり嘆くこと。「ーしきりのようす」「不正政治にーする」

ぶん-かい【分会】 本部の管理下で、ある地域・職場などに置かれた下部組織。

ぶん-かい【分界】 （名・他スル）境目をつけること。また、その境目。「ー線」

ぶん-かい【分解】 （名・自他スル）①一体となっているものが各部分に分かれること。また、分けること。「空中ー」②《化》化合物が化学変化によって二種以上の物質に分かれること。

ぶん-がい【分外】 （名・形動ダ）身分や限度を超えていること。過分であること。また、そのさま。「ーの望み」

ぶんか-いさん【文化遺産】 前の時代から伝わり、将来に継承されるべき文化財。「世界ー」

ぶんか-えいが【文化映画】 劇映画以外の啓蒙的な社会教育映画・科学映画・記録映画などの総称。

ぶんか-かがく【文化科学】 社会的・歴史的・精神的現象を研究する科学。

ぶんか-かち【文化価値】 ①文化財としての値打ち。また、社会を文化面から豊かにする価値。②《哲》文化財の普遍妥当性の基準となる規範。真・善・美・聖などの類。

ぶん-がく【文学】 ①感情・思想を言語・文字で表現した芸術作品。詩歌・小説・戯曲・随筆・評論など。文芸。「ー書」②文芸学・史学・哲学・言語学などの総称。「ー部」③学問。学芸。

―し【―史】 文学の歴史。また、それを研究する学問。

―しゃ【―者】 ①文学作品の作者・文芸評論家。②文学を専門に研究している人。

―せいねん【―青年】 文芸を愛好し、作家などを志す青年。また、文学好きの青年を軽んじていう言い方。

ぶんがくかい【文学界】 文芸雑誌。一八九三（明治二十六）年創刊、一八九八（同三十一）年廃刊。同人は北村透谷・島崎藤村・戸川秋骨ら。前期浪漫主義の中心。

ぶんか-くんしょう【文化勲章】 学問・芸術など文化の発展に功労のあった人に与えられる勲章。一九三七（昭和十二）年制定。

ぶんか-こうろうしゃ【文化功労者】 文化の発展に特に功績のあった人。毎年政府が選考し、終身年金が支給される。文化勲章の受章者を含む。

ぶんか-こっか【文化国家】 文化の繁栄と向上を最高目的とする国家。参考 法治国家・警察国家などの概念と対置するものとして一九世紀のドイツで提唱された。

ぶんか-さい【文化祭】 学校で、生徒・学生が中心となって展示・演劇・講演などを催す文化的行事。

ぶんか-ざい【文化財】 文化活動の結果つくられた、価値のある学問・芸術・建造物など。「重要―」

―ほごほう【―保護法】〘法〙文化財を管理・保存し国民の文化的向上に役立てることを目的とした法律。一九五〇(昭和二十五)年公布。

ぶんか-し【文化史】 人間の精神的・社会的な文化活動の歴史。

ぶんか-じん【文化人】 高い教養・学識を身につけた社会人。特に、学問・芸術の分野で活躍している人。

ぶんか-じんるいがく【文化人類学】 文化・社会的側面から人間の営みを実証的に調査・研究する学問。

ぶんか-せいかつ【文化生活】 ①現代の物質文明を合理的にとり入れた進歩的な生活のしかた。②文化的理想の実現に努め、文化財を十分活用する生活。

ぶんか-だいかくめい【文化大革命】 中国で一九六六年から始まった文化・思想などの変革を名目とした運動。一九七七年に終わる。プロレタリア文化大革命。文革。

ぶんか-ちょう【文化庁】 文化芸術の振興や文化財の保存などに関する行政を担当する文部科学省の外局。一九六八(昭和四十三)年設置。

ぶん-かつ【分割】(名・他スル) いくつかに分けること。「―払い」「遺産を―する」

ぶん-かつ【分轄】(名・他スル) 分けて管轄すること。

ぶんか-てき【文化的】(形動ダ)〘ダロ・ダッ(デ・ニ)・ダ・ナラ・○〙 ①文化をとり入れたさま。「―生活」②文化に関係のあるさま。

ぶんか-の-ひ【文化の日】 国民の祝日の一つ。十一月三日。一九四八(昭和二十三)年制定。〘秋〙〘参考〙昭和二十一年のこの日に公布された日本国憲法の精神を生かして、文化をすすめようという趣旨で設けられた。

ぶん-かん【文官】 軍事以外の行政事務を取り扱う役人。↔武官

ぶん-かん【分館】 本館から分かれた建物。↔本館

ふん-き【噴気】 蒸気・ガスをふき出すこと。また、その蒸気・ガス。「火山の―孔」

ふん-き【奮起】(名・自スル) 勇気をふるい起こすこと。ふるい立つこと。「―を促す」「―一番(=にわかにふるい立つこと)」

ふん-ぎ【紛議】(名・自スル) 議論がもつれてまとまらないこと。また、その議論。

ぶん-き【分岐】(名・自スル) 分かれること。「国道が―する」

―てん【―点】 道路や物事の分かれるところ。分かれ目。「人生の―」「損益―」

ふん-きゅう【紛糾】(名・自スル) 物事がもつれ乱れること。もめること。「国会で審議が―する」

ぶん-きょう【文教】 学問・教育によって人を導くこと。教育。また、それに関する行政。「―政策」

―ちく【―地区】 学校・図書館など文教的な施設が集まっている地区。

ぶん-ぎょう【分業】(名・自他スル) ①手分けして仕事をすること。「医薬―」②生産工程を分割し、労働者がそれぞれの工程を分担すること。また、その組織・仕組み。⇒協業

ぶん-きょうじょう【分教場】 「分校」の古い言い方。

ぶんきょく-か【分極化】(名・自スル) 対立する二つ以上の立場・勢力に分かれること。

ふん-ぎり【踏ん切り】(「踏み切り」の音便)心を決めること。思い切り。決断。「―をつける」

ぶん-きん【文金】(「文金高島田」の略)女性の日本髪の一種。根・まげを高く結う、島田まげのうちで最も優雅なもの。文金島田ともいい、花嫁などが結う。

ぶん-ぐ【文具】 文房具。「―店」

ぶん-け【分家】(名・自スル) 家族の成員が分かれて別に一家を立てること。また、その分かれた家。↔本家

ふん-けい【刎頸】 首をはねること。斬首。

―の友 刎頸の交わりで結ばれた友。

―の交わり (その友のためには自分の首を刎ねられても後悔しない意から)非常に親密な交際のたとえ。〘故事〙中国の戦国時代、趙の廉頗将軍は弁舌で抜擢された藺相如を恨んだが、相如は二人が争えば趙が滅びるとして争いを避けた。これを伝え聞いた廉頗は深く反省して相如に謝罪し、のちに二人は互いのために首を刎ねられても後悔しないというほどの親交を結んだことからいう。〈史記〉

ぶん-けい【文系】 文科の系統。文科系。↔理系

ぶん-けい【文型】〘文法〙文を、各種の表現上の特徴、特に構造上の特徴によって類型化したもの。「基本―」

ぶん-げい【文芸】 ①学問と技芸。文学と芸術。②文学。

―がく【―学】 文芸を科学的方法によって体系的に研究する学問。〘参考〙従来、日本では、文学作品自体も、文学を研究する学問も、ともに「文学」と呼んだが、この二者を区別するために、前者を文芸、後者を文芸学と分けていう。

―きょうかい【―協会】 一九〇六(明治三十九)年に坪内逍遥を中心に結成された文化団体。島村抱月・松井須磨子らが参加し、新劇・美術・文学などの発展に貢献した。一九一三(大正二)年解散。

―ふっこう【―復興】 →ルネサンス

ふん-げき【憤激】(名・自スル) 激しく怒ること。ひどくいきどおること。「―をかう(=人をひどく怒らせる)」

ぶん-けつ【分蘖】(名・自スル)〘農〙稲・麦などの茎が根元から分かれること。また、その茎。株張り。ぶんげつ。

ぶん-けん【分県】 日本全国を都道府県別に分けたもの。「―地図」

ぶん-けん【分遣】(名・他スル) 本隊・本部から分けて派遣すること。「―隊」

ぶん-けん【文献】 ①昔を知るよりどころとなる記録。②研究の資料となる書物・文書。「参考―」

―がく【―学】 文献を通じて過去の文化を研究する学問。書誌学・本文研究・訓詁注釈などの総称。

ぶん-けん【分権】(政治などの)権力を一つにまとめずに、分散すること。「地方―」↔集権

ぶん-げん【文言】 ①文章や手紙の文句。文言。②中国で、口語体に対する文語体(文章文)。↔白話

ぶん-げん【分限】 ①分際。身のほど。「―をわきまえる」②金持ち。長者。「にわか―」③法律で、公務員の身分に関する基本的規律。〘参考〙①②の意の場合には「ぶげん」ともいう。

ぶん-こ【文庫】 ①書物を入れておく蔵。書庫。②集められまとまった蔵書。「鷗外―」③書類・雑品を入れておく箱。「手―」④一つの出版社から同一の型・装丁で続いて発行される小型の書物。文庫本。⑤一連の叢書に付ける名。〘はじまり〙④について、一般に、小型(A6判)で廉価な古典中心のシリーズ本を「文庫」と呼ぶようになったのは、一九二七(昭和二)年刊行の岩波文庫から。手本となったドイツのレクラム文庫は一八六七年に発刊。

―ばん【―判】 文庫本の大きさ。A6判(=一四・八センチメートル×一〇・五センチメートル)を基準とする。

ぶん-ご【文語】 ①話し言葉に対して、文章を書くときに用い

る言葉。書き言葉。文章語。②現代語に対して、古典に用いられた言葉。特に、平安時代を中心にした古語の体系。古典語。古文。また、文語文。「—文法」(↔口語)

—たい【—体】文語の文体。↔口語体

—ぶん【—文】文語の文章。↔口語文

ぶんご【豊後】 旧国名の一つ。現在の大分県の大部分。豊州(ほうしゅう)。

ふんごう【△吻合】 ガフ 一(名・自スル)(上下のくちびるが合う意から)ぴったり合うこと。合致。「話と事実が—する」二(名・他スル)手術で体内のある部分と他の部分をつなぐこと。

ぶんこう【分光】 クワウ (名・他スル)〔物〕光を波長の違いによりさまざまの単色光に分けること。

—き【—器】〔物〕光のスペクトルを観測する装置。プリズムや回折格子(かいせつこうし)などを用いる。

ぶんこう【分校】 カウ 本校から離れた地に別に設けられる学校。分教場。↔本校

ぶんこう【聞香】 カウ 香をかぎ分けること。聞き香。聞香(もんこう)。

ぶんごう【分合】 ガフ (名・他スル)①分けることと合わせること。「農地の交換—」②分けて他と合わせること。

ぶんごう【文豪】 ガウ 歴史に残る偉大な作家。文章や文学にすばらしくぬきんでている人。「明治の—」

ぶんこつ【分骨】 (名・自他スル)遺骨を二か所以上に分けて葬ること。「故郷に—する」

ふんこつ-さいしん【粉骨砕身】 (名・自スル)(骨を粉にし、身を砕くように)力の限り努力すること。「—努力します」

ふんさい【粉砕】 (名・他スル)①こなごなに打ち砕くこと。「—機」②敵を徹底的に打ち破ること。「強敵を—する」

ふんざい【粉剤】 粉の薬剤。粉薬。散薬。

ぶんさい【文才】 すぐれた文章や文学作品をつくる才能。

ぶんざい【分際】 身分・地位。身のほど。分限。「見習いの—で生意気言うな」

ふんさつ【△焚殺】 (名・他スル)焼き殺すこと。

ぶんさつ【分冊】 (名・他スル)一冊にまとまっている書物を何冊かに分けること。また、分けた各冊。

ぶんさん【分散】 (名・自他スル)①分かれて散らばること。また、分け散らすこと。「勢力を—する」②〔物〕光がプリズムや回折格子(かいせつこうし)を通過するとき、おのおのの波長の光の色帯に分かれる現象。色によって屈折率が異なるために起こる。③〔化〕均一な物質の中に、他の物質が微粒子となって散在する現象。

ふんし【憤死】 (名・自スル)①いきどおりのあまり死ぬこと。②野球で、走者が進む塁の直前で惜しくもアウトになること。

ぶんし【分子】 ①〔化〕有限個の原子が結合した粒子で、物質の化学的性質を失わせずに分割しうる最小単位。②集団を構成する各個人。成員。「異—」③〔数〕分数または分数式で、横線の上に記される数、または式。分数 $\frac{a}{b}$ の a。↔分母

—しき【—式】〔化〕分子を構成する原子の種類と数とを元素記号を用いて表した化学式。

—りょう【—量】リャウ〔化〕質量数一二の炭素原子の質量を一二・〇としたときの、各分子の相対的な質量。

ぶんし【文士】 作家。小説家。「三文(さんもん)—」

ぶんし【分△祀・分△祠】 (名・他スル)本社にまつられる神霊を別の神社に分けてまつること。

ぶんし【分詞】 〔文法〕西洋文法で、動詞の変化形の一つ。形容詞の機能をもつもの。現在分詞・過去分詞などがある。

ぶんじ【文事】 学問・文学・芸術などに関すること。↔武事

ぶんじ【文治】 ヂ →ぶんち(文治)

ぶんじ【文辞】 文章の言葉。文章と辞句。

ふんしつ【紛失】 (名・自他スル)品物がまぎれてなくなること。また、なくすこと。「定期券を—する」

ぶんしつ【分室】 ①小さく分かれた部屋。②本部に対し、他の場所に置く小さな出張所。「教育委員会の—」

ぶんしつ【文質】 (「文」はかざりの意)飾りと中身。外見の美と実質。

—ひんぴん【—△彬△彬】(タト)外見の美と内面の実質とが調和しているさま。文(形動タリ) 語源「文質彬彬として然(しか)る後君子なり(=外見の美と内容の充実との釣り合いがとれていて、初めて君子といえる)」〈論語〉から出た語。

ふんじばる【ふん縛る】 (他五)ラ(ロ)・リ(ッ)・ル・ル・レ・レ 〔俗〕「しばる」を強めていう語。「泥棒を—」

ふんしゃ【噴射】 (名・他スル)①強くふき出させること。②燃料の油を霧状にして圧縮空気と混ぜ、爆発させてその排気をふき出させること。「—推進」

ぶんしゃ【分社】 ①本社の神霊を分け祭った神社。↔本社 ②〔経〕親会社から独立させ設立した会社。子会社。「—化」

ぶんじゃく【文弱】 (名・形動ダ)学問や芸事などにふけって弱々しいこと。また、そのさま。「—に流れる」「—の徒」

ぶんしゅう【文集】 シフ 詩や文章を集めて一冊としたもの。

ぶんしゅく【分宿】 (名・自スル)何人かの同行の人々がいくつかに分かれて宿をとること。「三つのホテルに—する」

ふんしゅつ【噴出】 (名・自他スル)強くふき出すこと。激しくふき出ること。「不満が—する」「溶岩を—する」

ふんしょ【△焚書】 書物を焼き捨てること。

—こうじゅ【—坑儒】カウジュ 学問・思想・言論などを弾圧すること。〔故事〕紀元前二一三年、秦(しん)の始皇帝が思想統制のために、医学・占い・農事などの実用書以外の儒家の書物を焼き払い、政策に反対する儒者四百六十余人を捕らえて、首都の咸陽(かんよう)で坑(あな)に埋めて殺したことをいう。〈古文尚書・序〉

ぶんしょ【文書】 書き物。書類。書状。文書(もんじょ)。

ぶんしょ【分署】 本署から分けて設けられた警察署など。

ふんじょう【粉状】 ジャウ 粉のような状態。粉状(こなじょう)。

ふんじょう【紛△擾】 ゼウ (名・自スル)乱れて騒ぐこと。ごたごたすること。もめごと。争いごと。「両国間の—」

ぶんしょう【文章】 シャウ ①文字を連ねて、思想・感情を表したひとまとまりのもの。②(韻文に対する)散文。また、文・センテンス。

—ご【—語】文章に用いられる言葉。書き言葉。↔口頭語

—ほう【—法】ハフ ①文章作成法。②→ぶんしょうろん①

—ろん【—論】〔文法〕①文法研究の部門の一つ。文(センテンス)の構造・種類などを研究対象とする。構文論。文章法。②「文章①」の構成・展開などについての研究。

ぶんしょう【分掌】 シャウ (名・他スル)仕事を分けて受け持つこと。分担。「校務—」「資料の作成を—する」

ぶんじょう【分乗】 (名・自スル)一団の人々が何台かの乗り物に分かれて乗ること。「三台の車に—する」

ぶんじょう【分譲】 ジャウ (名・他スル)分割して譲ること。特に、土地・建物をいくつかに分けて売り渡すこと。「—地」

ふんしょく【粉食】 パン・うどんなど、穀物の粉を原料とした食物を主食として食べること。

ふんしょく【粉飾・△扮飾】 (名・他スル)①よく見せようとして、うわべだけをとりつくろうこと。「—決算」②化粧すること。

ぶんしょく【文飾】 (名・他スル)①文章・語句を飾ること。「—を施す」②飾り。いろどり。あや。

ふんしん【分針】 時計の分を示す針。長針。

ふんじん【粉△塵】 ヂン ①粉状の細かいちり。②固形物が砕

けてできた細かいちりで、空気中を浮遊しているもの。「―公害」

ふん-じん【奮迅】 激しくふるい立つこと。「獅子(しし)―」

ぶん-しん【分身】 ①《仏》仏・菩薩(ぼさつ)が衆生(しゅじょう)を救うために種々の姿でこの世に現れること。観音三十三身など。②一つの身や物、組織などから分かれ出ること。また、分かれ出たもの。

ぶん-しん【文身】 入れ墨。

ぶん-じん【文人】 文芸・学術、特に詩文・書画などにたずさわる風雅な人。文士。「―墨客(ぼっかく)(=詩文や書画などの風雅の道にたずさわる人)」↔武人

―が【―画】(グヮ) 《美》文人が余技に描いた絵。水墨または淡彩で、詩的な味わいや余情を重んじる。後世、南宗画(なんしゅうが)とほぼ同義となった。南画。

ふん-すい【噴水】 ①ふき出る水。②水がふき出るように仕掛けた装置。また、その水。ふき上げ。[夏]

ぶん-すい【分水】（名・自他スル）水の流れが分かれること。本流から水を分けること。また、分かれた水。「―路」

―かい【―界】 降った雨水が、二つ以上の水系に分かれて流れる境界。一般に山稜(さんりょう)がその境となる。分水線。

―れい【―嶺】 ①分水界をなす山の尾根。分水山脈。②物事の後の流れを決める分かれ目。

ぶん-すう【分数】《数》整数 a を零でない整数 b で割った商を a/b の形で表した数。

ふん・する【扮する】（自サ変）シ(セ・サ)・シ・スル・スル・スレ・シロ(セヨ) 装う。身なりを変える。特に演劇で、劇中人物の姿になって演じる。「サンタクロースに―」「王妃に―大女優」[文]ふん・す(サ変)

ぶん-せき【分析】（名・他スル）①《化》化合物・溶液または混合物の成分を検出し、各量を調べ、その組成を明らかにすること。「定量―」②複雑な物事を各要素に分けて、その性質を明らかにすること。「選挙結果を―する」↔総合 ③《哲》概念を、その属性に分けてはっきりさせること。↔総合

ぶん-せき【文責】 書いた文章に関する責任。筆責。「―在記者(=文章に関する責任が、それをまとめた記者にあること)」

ぶん-せつ【分節】（名・他スル）まとまりのある全体をいくつかの部分に分けること。また、その分けられた部分。

ぶん-せつ【文節】《文法》文を実際の言語として不自然にならない程度に細かく区切った最小の単位。「あす 東京を たつ」のように一つの自立語、または一つの自立語と一つ以上の付属語とからなり、音声上の特徴、および文の成分としての特徴を備える。句。文素。[語源]国語学者橋本進吉の創案した用語。

ふん-せん【噴泉】 水・湯の勢いよくふき出している泉。

ふん-せん【奮戦】（名・自スル）力をふるって戦うこと。奮闘。

ふん-ぜん【紛然】（タル）雑然とものの入り混じっているさま。多くてごたごたしているさま。「―たる様相」[文]（形動タリ）

ふん-ぜん【憤然】（タル）いかりいきどおるさま。むっとして怒るさま。「―として抗議する」[文]（形動タリ）

ふん-ぜん【奮然】（タル）勇気をふるい起こすさま。ふるい立つさま。「―たる戦いぶり」[文]（形動タリ）

ぶん-せん【文選】（名・他スル）活版印刷で、原稿に従って活字を拾い集めること。また、その仕事をする人。「―工」

ブンゼン-バーナー《化》ガスに空気を混入して燃やす加熱装置。ブンゼン灯。[参考]ドイツの化学者ブンゼン(Bunsen)の考案。

〔ブンゼンバーナー〕

ぶん-そ【文素】 →ぶんせつ(文節)

ぶん-そ【分疏】 ①一つ一つを分けて述べること。②言い訳。弁解。申し開き。

ふん-そう【扮装】(サウ)（名・自スル）①俳優が役柄の人物の身なりを装うこと。また、その装い。②変装すること。

ふん-そう【紛争】(サウ)（名・自スル）事がもつれて争うこと。争い。もめごと。いざこざ。「隣国との―」「労使―」

ぶん-そう【文藻】(サウ) ①文章のいろどり。文章のあや。②詩文を作る才能。文才。「豊かな―」

ぶん-そうおう【分相応】(サウオウ)（名・形動ダ）身分・地位・能力にふさわしいこと。また、そのさま。「―の身なり」

ふんぞり-かえ・る【踏ん反り返る】(カヘル)（自五）ラ(ロ)・リ(ツ)・ル・ル・レ・レ いばったようすで上体をうしろへ反り返らす。「椅子(いす)に―」

ぶん-そん【分村】 ㊀（名・自スル）村の多数の者が集団で移住して新たに村をつくること。また、その村。㊁（名）本村から分かれて新しくつくられた村。

ふん-たい【粉黛】 ①おしろいとまゆずみ。化粧をすること。「―を施す」②化粧をした美人。

ぶん-たい【文体】 ①文章の様式や体裁。文語体・口語体、漢文体・和文体、である体・ですます体など。②文章の個性。特に、文学作品でその作者に特有な文章の傾向。スタイル。

ぶん-たい【分隊】 ①本隊から分かれた隊。②軍隊などの編制上の単位。旧陸軍では最小の単位。旧海軍では陸軍の中隊に相当。「―長」

ぶん-だい【文題】 作文の題。文章・詩歌の表題。

ぶん-だく・る（他五）ラ(ロ)・リ(ツ)・ル・ル・レ・レ《俗》①乱暴に奪い取る。ひったくる。②法外な金を払わせる。「五万円も―・られた」

ふんだり-けったり【踏んだり蹴ったり】 不運な出来事やひどい仕打ちが重なって、さんざんな目にあうさま。「電車が遅れたうえに雨に降られて―だ」

ふん-たん【粉炭】 粉状の石炭。

ぶん-たん【文旦】 →ザボン

ぶん-たん【分担】（名・他スル）全体をいくつかに分けて受け持つこと。分掌。「職務―」「仕事を―する」

ぶん-だん【分団】 本部から分かれて設けられた小さな集団。本部の指揮下にある小グループ。「消防団の―長を務める」

ぶん-だん【分段】 切れ目。区切り。段落。

ぶん-だん【分断】（名・他スル）いくつかに断ち切って別々にすること。まとまったものを別々に分けること。「組織を―する」「東西に―する」

ぶん-だん【文壇】 作家・文芸批評家たちの社会。文学界。文芸界。「―の長老」「―にデビューする」

ふんだん-に（副）ありあまるほど十分にあるさま。「―使う」

ぶん-ち【文治】 武力によらず教化・法制によって世を治めること。文治(ぶんじ)。「―主義」↔武断

ぶん-ち【聞知】（名・他スル）聞いて知ること。

ぶん-ちゅう【文中】 ある文章の中。

ぶん-ちょう【文鳥】(テウ)《動》カエデチョウ科の小鳥。東南アジア原産。背面は藍灰(らんかい)色で頰(ほお)に白斑(はくはん)がある。腹面は灰色、足は淡紅色。全身白色のものもある。愛玩(がん)用。

ぶん-ちん【文鎮】 文書や紙類が風で飛んだりめくれたりしないように、上に重しとして置く文房具。

ぶん-つう【文通】（名・自スル）手紙のやりとりをすること。

ふん-づかま・える【ふん捕まえる】(ツカマヘル)（他下一）エエ・エ・エル・エル・エレ・エロ(エヨ)《俗》「捕まえる」を強めて言う語。「泥棒を―」

ふん-づ・ける【踏ん付ける】（他下一）ケ・ケ・ケル・ケル・ケレ・ケロ(ケヨ)《俗》(「踏み付ける」の音便)踏んでおさえつける。

ふん-づまり【糞詰〔ま〕り】 ①大便がとどこおって出ないこと。便秘。②(転じて)先に進まず、動きがとれなくなること。

ぶん-てん【分店】 本店から分かれた店。支店。出店(みせ)。

ぶん-てん【文典】 文法を説明した本。文法書。

ぶんでん-ばん【分電盤】 配電盤の一種で、スイッチ・ヒューズ・配線用遮断器などを一か所にとりまとめたもの。

ふん-ど【憤怒・忿怒】 →ふんぬ

ふん-ど【糞土】 ①腐った土。②けがらわしいもの。

ぷん-と（副・自スル）①怒ってふくれっ面をするさま。「—ふくれる」②強くにおうさま。「—鼻につく」

ふん-とう【奮闘】（名・自スル）①力をふるって戦うこと。奮戦。「孤軍—」②力いっぱいに努めること。健闘。「問題解決に日夜—する」

ふん-どう【分銅】 はかりで物の重さを量るとき、標準とする金属のおもり。分銅。

ぶん-とう【文頭】 文・文章の初めの部分。↔文末

ぶんど-き【分度器】 角度をはかるための器具。

ふんどし【褌】 男子が陰部をおおい隠すために用いる布。下帯。ふどし。また、相撲のまわし。「他人の—で相撲をとる(=他人のものを利用して事を行い利益を得る)」

—を締めてかかる 気持ちを引き締めて事に取り掛かる。

—かつぎ【—担ぎ】 ①(関取のふんどしを担いで従うことから)下位の相撲取りの俗称。②《俗》ある部門で下位の者。下っぱ。

ぶん-ど・る【分捕る】（他五）ラ(ロ)・リ(ッ)・ル・ル・レ・レ ①戦場で敵の武器などを奪い取る。②《俗》他人の物を強引に奪い取る。

ぶん-なぐ・る【打ん殴る】（他五）ラ(ロ)・リ(ッ)・ル・ル・レ・レ 《俗》強く殴る。強く打つ。「思い切り—」

ぶん-な・げる【打ん投げる】（他下一）ゲ・ゲ・ゲル・ゲル・ゲレ・ゲロ(ゲヨ) 《俗》勢いよく投げる。投げつける。「怒って—」

ふん-にゅう【粉乳】 水分を除いて粉状にした牛乳。粉ミルク。ドライミルク。「脱脂—」

ふん-にょう【糞尿】 大便と小便。屎尿。「—処理」

ふん-ぬ【憤怒・忿怒】（名・自スル）怒りいきどおること。憤怒。「—にかられた形相」

ぶん-のう【分納】（名・他スル）何回かに分けて納め入れること。「相続税を—する」↔全納

ぶん-ぱ【分派】（名・自スル）①枝分かれすること。また、その分かれたもの。②流儀・学説・団体などで、主流となるものから分かれ出ること。また、その分かれ出たもの。「—行動」

ぶん-ばい【分売】（名・他スル）一部分ずつ分けて売ること。

ぶん-ぱい【分配】（名・他スル）①分けて配ること。②《経》労働者に対する賃金、出資者(株主など)に対する配当というように、生産に参加した者がその分け前を受け取ること。

ぶん-はく【文博】（「文学博士」の略）文学の博士号をもっている人。

ふん-ぱつ【奮発】（名・自他スル）①気力をふるい起こすこと。②思い切って多額の金銭を出すこと。「祝儀を—する」

ふん-ばり【踏ん張り】 踏ん張ること。「—が利く」

ふん-ば・る【踏ん張る】（自五）ラ(ロ)・リ(ッ)・ル・ル・レ・レ（「踏み張る」の音便）①倒れないように足を強く踏みしめる。両足を大きく開いて力を入れる。「土俵ぎわで—」②気力を出してこらえる。がんばる。「ここぞというところで—」③自分の説を言い張る。

ふん-ぱん【噴飯】 食べかけの飯を吹き出してしまうほどにおかしいこと。我慢できず、笑い出すこと。「まさに—ものだ」

ぶん-ぱん【文範】 模範・手本とする文章。「—集」

ぶん-ぴ【分泌】（名・自他スル）→ぶんぴつ(分泌)

ぶん-ぴつ【分泌】（名・自他スル）《生》細胞が生物体に有用な物質を排出すること。ホルモンなどを出す内分泌と汗・尿・消化液などを出す外分泌とがある。分泌。

—せん【—腺】《生》分泌を行う器官。下垂体などの内分泌腺と汗腺などの外分泌腺とがある。

ぶん-ぴつ【分筆】 土地台帳の一区画(一筆)の土地を、譲渡・相続などのために分割すること。筆分け。

ぶん-ぴつ【文筆】 詩歌・文章を書くこと。「—業」

ふん-びょう【分秒】 分と秒。きわめて短い時間。「—を争う(=一刻もぐずぐずしていられない)」

ぶん-ぶ【文武】 学問と武芸。文事と武事。「—両道」

ぶん-ぷ【分布】（名・自スル）①ほうぼうに広く分かれて存在すること。「方言の—」②生物が種類により区域を異にして生育すること。「日本各地に—する植物」

ぶん-ぷく【分服】 何回かに分けて薬をのむこと。

ぶんぶくちゃがま【文福茶釜・分福茶釜】 群馬県館林市の古寺茂林寺に伝わる茶釜。タヌキの化身である僧守鶴が愛用し、どれだけ茶を汲んでもつきなかったという。

ぶん-ぶつ【文物】 学問・芸術・宗教など、文化が生み出したものの総称。「古代の—」

ふん-ぷん【芬芬】（タル）香り・においの強いさま。本来はよい香りにいうが、悪臭にもいう。「香気—」文（形動タリ）

ふん-ぷん【紛紛】（タル）入り乱れるさま。ごたごたと混ざり合うさま。「諸説—として定まらない」文（形動タリ）

ぶん-ぶん（副）①虫の羽音を表す語。「ハエが—(と)飛び回る」②風を切るように物を振り回したり、物が回転したりする音やそのさまを表す語。「バットを—(と)振る」

ぷん-ぷん（副・自スル）①怒って機嫌の悪いさま。「そう—(と)怒るな」②さかんににおうさま。「酒気が—(と)におう」

ふん-べつ【分別】（名・他スル）世の中の是非・道理をわきまえること。また、その能力。「無—」「—がつく」「—がある」

—くさ・い【—臭い】（形）カロ・カッ(ク)・イ・イ・ケレ・○ 見たところ、いかにも分別がありそうに見える。「—顔」文ふんべつくさ・し(ク)

—ざかり【—盛り】 経験を積んで物の是非・道理のよくわかる年ごろ。また、その年ごろの人。「—になる」

ぶん-べつ【分別】（名・他スル）種類によって分けること。区別。「ごみを—する」

ふん-べん【糞便】 大便。

ぶん-べん【分娩】（名・他スル）《医》胎児を母体の外に産み出すこと。子を産むこと。出産。「無痛—」

ふん-ぼ【墳墓】 はか。墓場。

—の-ち【—の地】 ①墓地。特に、先祖代々の墓のある所。故郷。②住み着いて骨を埋めるつもりの土地。

ぶん-ぼ【分母】《数》分数または分数式で、横線の下に記される数、または式。分数 $\frac{a}{b}$ の b。↔分子

ぶん-ぽう【分包】 粉薬や丸薬を一包みずつ分けること。

ぶん-ぽう【文法】 ①《文法》文(センテンス)の成立・構成、単語の構成・運用などにはたらく法則。また、その研究。②文章の作り方。文章作法。また、広く表現のしかた・しくみ。

ぶん-ぽう【分封】 ㊀(名・他スル)「封土①」を分け与えること。また、分けられた封土。㊁(名・自スル)ハチ(特にミツバチ)が増えて多くなったとき、新しい女王バチが生まれると、もとの女王バチを含む一群が他に移って新しい巣をつくること。

ぶんぼう-ぐ【文房具】 ペン・鉛筆・筆・紙・定規など、文字や絵をかくのに用いる道具の総称。文具。「—店」

ぶん-ぼく【文墨】 詩文を作り書画をかくこと。

ふん-ぽん【粉本】 ①東洋画で、絵の下がき。②研究や参考のため模写した絵。③絵・文章などの手本。語源 胡粉で絵の下がきをしたことから出た語。

ふんま・える【踏んまえる】（他下一）エ・エ・エル・エル・エレ・エロ(エヨ)

《俗》「踏まえる」を強めていう語。ぐっと踏み据える。

ふん-まつ【粉末】 こな状になっているもの。こな。

ぶん-まつ【文末】 文・文章の終わりの部分。↔文頭

ぶん-まわし【ぶん回し】 マハシ ①円形を描くのに用いる器具。コンパスの古い言い方。②《俗》演劇で、回り舞台。

ふん-まん【憤懣・忿懣】 いきどおりもだえること。

―やる方ない いきどおりを発散しきれずわだかまるさま。

ぶん-みゃく【分脈】 分かれた脈。分かれた山脈・鉱脈など。

ぶん-みゃく【文脈】 ①文章の筋道。文章の続きぐあい。「―をたどる」②一般に、筋道。「歴史的―でとらえる」

ぶん-みん【文民】 職業軍人以外の国民。シビリアン。参考 日本国憲法中の語。civilian の訳語。

―とうせい【―統制】 →シビリアンコントロール

ふんむ-き【噴霧器】 液体を霧状にしてふき出す器具。きりふき。スプレー。

ぶん-めい【文名】 文筆家としての名声。評判。「―をあげる」

ぶん-めい【分明】（名・形動ダ）はっきりしていること。明白。

ぶん-めい【文明】 ①文教が盛んで、人知の明らかなこと。②人類が科学の力により自然物を加工・改良し、外的・物質的生活を発達させた状態。「―の利器」⇩文化「参考」

―かいか【―開化】 カイクワ ①《日》明治初期の時代風潮。欧米の近代的技術・制度・風俗・習慣などを積極的に受け入れ、実利的合理主義の精神を定着させようとした傾向。②人知が開け、世の中が進歩すること。

―ひひょう【―批評】 ヒヒャウ 思想・風俗・政治・学術・経済などの文明現象について、その本質を解明し評価すること。

―びょう【―病】 ビャウ ①文明の発達の結果として起こる病気や弊害。ノイローゼ・アレルギーなど。②「性病」の俗称。

ぶん-めん【文面】 手紙などの文章で書き表されている事柄。文章に表されている趣意。「―から判断すると」

ふん-もん【噴門】《生》胃の上部で食道に連なる部分。

ぶん-や【分野】 物事をある基準で分けた、それぞれの範囲。領域。区域。「専門―」「勢力―」

ふん-ゆ【噴油】 ①一定の時間をおいて地下から噴出する石油。②ディーゼル機関で、燃料油を霧状に噴出する操作。

ぶん-ゆう【分有】 イウ（名・他スル）一つの物を分けて所有すること。「権利を―する」

ぶん-よ【分与】（名・他スル）分け与えること。「財産―」

ぶん-らく【文楽】 ①義太夫節の語りに合わせて演じる人形浄瑠璃。文楽座から始まった。②（「文楽座」の略）寛政年間（一七八九―一八〇一年）に大坂で、植村文楽軒が建てた人形浄瑠璃の劇場。また、その一座。⇩人形浄瑠璃

ふん-らん【紛乱】（名・自スル）まぎれ乱れること。混乱。

ぶん-らん【紊乱】（名・自他スル）→びんらん（紊乱）

ぶん-り【文理】 ①筋目。あや。きめ。②文章の筋。文脈。「―整然」③文科と理科。「―学部」

ぶん-り【分離】（名・自他スル）①分かれること。分け離すこと。「中央―帯」「政教―」②《化》濾過・昇華・蒸留などの方法で、ある物質から特定の物質を取り出すこと。

ぶん-りつ【分立】（名・自他スル）別々に立てること。分かれて存在すること。ぶんりゅう。「三権―」

ふん-りゅう【噴流】 リウ（名・自スル）ふき出すように激しく流れること。また、その流れ。

ぶん-りゅう【分流】 リウ（名・自スル）①本流から分かれて流れること。また、その流れ。支流。②物事の主流となる派から分かれた一派。分派。

ぶん-りゅう【分留・分溜】 リウ（名・他スル）《化》沸点の異なる液体の混合物を熱し、蒸留して、沸点の低いものから順次成分を分離すること。分別蒸留。

ぶん-りょう【分量】 リヤウ ①目方。②容積。かさ。③程度。

ぶん-りん【文林】 ①文学者の仲間。文壇。②詩歌・文章を集めた本。詩文集。

ぶん-るい【分類】（名・他スル）種類によって分けること。

ふん-れい【奮励】（名・自スル）気力をふるいおこして物事に励むこと。「―努力する」

ぶん-れい【文例】 文章の作り方・書き方・形式などの実例。文章の見本。「手紙の―集」

ぶん-れい【分霊】（名・他スル）神社の祭神の霊を分けて、他の神社に祭ること。また、その霊。

ぶん-れつ【分列】（名・自他スル）分かれて並ぶこと。また、分けて並べること。「―行進」

―しき【―式】 軍隊の各部隊が所定の隊形を整えて行進し、観閲者に敬礼する礼式。

ぶん-れつ【分裂】（名・自スル）①一つのものが分かれること。「組合が―する」②生物の細胞や器官などが二つ以上に分かれること。「細胞―」

ぶん-わ【文話】 文章・文学に関する談話。

ふんわり フンハリ（副・自スル）「ふわり」を強めた言い方。「―(と)した卵焼き」「―(と)包む」

へ ヘ

五十音図「は行」の第四音。「へ」は「部」の旁の草体。「ヘ」は「部」の旁の略体。

へ【辺】《古》①ほとり。あたり。そば。へん。②海辺。湖畔。

へ【屁】 ①腸の中に発生し肛門から放出されるガス。おなら。「―をひる」②とるに足らないもののたとえ。

―でもない なんでもない。問題にならないほどたやすい。**―とも思わない** なんとも思わない。**―の河童** なんとも思わないこと。また、たやすいこと。**―をひって尻すぼめ** 過ちをしてからあわててとりつくろおうとすることのたとえ。

へ【舳】 船の先端部。へさき。みよし。↔艫

へ（格助）（**中心義―そちらに事の進んでゆく方向を示す意を含んでおよその位置を示す**）①動作・作用の方向を示す。「南―行く」②動いて行って到達する帰着点・場所を示す。「頂上―着く」③相手・目標を示す。「会社―連絡する」「大きいの―手を出す」④（「ところへ」の形で）事の起こった場面を示す。「家を出たところ―客が来た」

-ぺ（接尾）→っぺ

ヘア〈hair〉①髪。髪の毛。頭髪。「―スタイル」②《俗》陰毛。参考「ヘアー」ともいう。

ベア「ベースアップ」の略。

ペア〈pair〉①（卓球・テニスのダブルスなどのように）二人で一組になること。また、その一組。「―を組む」②二つで一組になること。対。「―ウオッチ」

へ-あが・る【経上がる】（自五）ラ(ロ)・リ(ッ)・ル・ル・レ・レ ①だんだん上の地位にあがる。出世する。「重役に―」②年をとる。

ヘア-クリーム〈hair cream〉髪と地肌に栄養をあたえ、自然な感じにまとめるクリーム。

ヘアスプレー〈hairspray〉髪の形を整え、乱れを防ぐのに用いる噴射式の整髪料。

ヘア-トニック〈hair tonic〉頭髪用の養毛剤。トニック。

ヘア-トリートメント〈hair treatment〉→トリートメ

ント①

ヘアネット〈hairnet〉髪形が崩れないように頭にかぶる網。

ヘアバンド〈hairband〉髪の乱れを防いだり髪を整えたりするため、また、髪飾りのために頭に巻くバンド。

ヘアピース〈hairpiece〉髪形に変化をつけるために、かぶったりつけたしたりする人工的な髪。つけ毛。

ヘアピン〈hairpin〉髪を止めるピン。

―カーブ〈hairpin curve〉ヘアピンのU字形のような、急角度に曲がっている道路。

ヘアーリキッド〈和製英語〉粘りけのある液体整髪料。

ベアリング〈bearing〉→じくうけ①

へい【丙】 ヘイ㊥ ひのえ (字義)①十干の第三。ひのえ。「丙午・丙夜」②第三位。「丙種・甲乙丙」 人名 あき・え

へい【丙】 物事の第三位。乙の次。「甲・乙・―の順」

へい【平】 教3 ヘイ・ビョウ(ビャウ)㊥・ヒョウ(ヒャウ)・たいら・ひら (字義)①たいら。㋐ひらたい。「平坦・平地・水平・偏平」㋑おだやか。安らか。「平穏・平和・泰平」㋒ひとしい。「平等・平均」㋓かたよらない。正しい。「平衡・公平」②つね。ひごろ。ふつうの。「平常・平素」③たやすい。「平易」④たいらげる。しずめる。「平定」⑤(「ヒョウ」と読んで)漢字の四声の一つ。「平声」の略。「平仄」 人名 おさむ・さね・たか・つね・とし・なり・なる・はかる・ひとし・まさる・もち・よし

へい【兵】 教4 ヘイ・ヒョウ(ヒャウ) つわもの (字義)①武器。「兵器・兵刃」②つわもの。もののふ。軍人。「兵糧・兵士・兵隊・衛兵・将兵・水兵・雑兵・歩兵」③いくさ。戦争。「兵火・兵乱」④殺す。斬る。 難読 兵衛府・兵児帯 人名 たけ・ひと・へ・べ・むね

へい【兵】 ①兵士。軍人。②いくさ。戦争。「―を挙げる」

へい【併】【倂】 ヘイ㊥・あわせる㊥ ならぶ・しかし (字義)①ならぶ。両立する。つらなる。=並。「併発」②あわせる。いっしょにする。「併合・併有・併用・合併」

へい【◇坪】 ヘイ・ビョウ(ビャウ) つぼ㊥ (字義)①土地の平らなさま。平地。②つぼ。㋐土地の面積の単位。六尺四方。約三・三平方メートル。「建坪・延坪」㋑錦・製版などの面積の単位。一寸平方。約九・一八平方センチメートル。㋒体積の単位。六尺立方。㋓殿中の間、または、垣の内の庭。=壺。

へい【並】 教6【竝】 ヘイ㊥・なみ・ならべる ならぶ・ならびに (字義)①ならぶ。つれだつ。ならべる。=併。「並行・並列」②ならびに。ともに。「並居・並有」 人名 み・みつ

へい【柄】 ヘイ㊥ がら㊥・え㊥・つか (字義)①え。器物の取っ手。「斗柄」②つか。刀剣の握るところ。「柄頭」③材料として用いるもの。たね。「笑柄・話柄」④物を動かす力。勢い。権力。「柄臣・横柄・権柄・国柄」 難読 柄杓 人名 えだ・かい・かみ・もと

へい【病】 (字義)→びょう(病)

へい【陛】 教6 ヘイ きざはし (字義)①きざはし。宮殿の階段。②天子。「陛下」 人名 きざ・のぼる・はし・より

へい【◇瓶】 (字義)→びん(瓶)

へい【閉】 教6 ヘイ・とじる・とざす㊥ しめる・しまる (字義)①とじる。しめる。㋐門をしめる。ふさぐ。「閉門」㋑終える。「閉会」②とじこめる。とじこもる。「閉居・幽閉」

へい【塀】【塀】 ヘイ㊥ (字義)住宅・敷地などの境界とする囲い。「板塀・土塀」

へい【塀】 住宅・敷地などの境界として、板や石・ブロックなどでつくった囲い。「―をめぐらす」

へい【幣】 ヘイ㊥ ぬさ (字義)①ぬさ。㋐神に供える絹。「幣束・幣帛・奉幣」㋑天子に奉る礼物。みつぎもの。「幣貢」②客への贈り物。引き出物。進物。「幣物」③ぜに。通貨。「幣制・貨幣・紙幣」 人名 しで(姓)

へい【弊】 ヘイ㊥ やぶれる (字義)①やぶれる。古くなって役に立たなくなる。「弊衣・弊屋」②つかれる。「疲弊」③悪いこと。悪いならわし。「弊害・弊風・旧弊・宿弊・積弊」④自分のことを謙遜していう語。「弊社・弊宅」

へい【蔽】 ヘイ㊥ おおう (字義)おおう。おおいかぶせる。おおいかくす。「蔽塞・隠蔽・掩蔽・遮蔽」

へい【餅】【餠】【餅】 ヘイ㊥・ヒョウ(ヒャウ) もち㊥ (字義)①もち。㋐もち米を蒸して作った食品。㋑小麦粉・米粉などをこねて平たくのばして蒸したり焼いたりした食品。「画餅・煎餅」②平たく丸いもの。「餅金」 参考「餅」は許容字体。

べい【◇皿】 教3 ベイ さら (字義)①さら。食物を盛るひらたい容器。②おおい。器物のおおい。 難読 皿鉢料理

べい【米】 教2 ベイ・マイ こめ (字義)①こめ。よね。稲の実のもみをとったもの。「米穀・玄米・古米・新米・白米」②「亜米利加」の略。「米国・渡米」③長さの単位。メートル。「五米」 難読 米粉・米利堅 人名 み・みつ・め・よね

ペイ〈pay〉㊀(名)賃金。給料。㊁(名・自スル)①採算がとれること。もうかること。「―しない仕事」②支払うこと。

へい-あん【平安】 ㊀(名・形動ダ)①平和で穏やかなこと。また、そのさま。平穏。安穏。「心の―を保つ」②封筒の宛名の脇付に用いて、変事の知らせでないことを示す語。平信。㊁(名)①「平安京」の略。②「平安時代」の略。

―きょう【―京】 〔日〕現在の京都市街の地にあった都。桓武天皇が七九四(延暦十三)年に都を定めてから、一八六九(明治二)年、明治天皇が東京に移るまでの都。

―じだい【―時代】 〔日〕桓武天皇が平安京に都を定めた七九四(延暦十三)年から鎌倉に武家政権が成立するまでの約四〇〇年間。王朝時代。

へい-い【平易】 (名・形動ダ)やさしく、わかりやすいこと。また、そのさま。「―な文章」

へい-い【弊衣・敝衣】 やぶれた衣服。ぼろ。

―はぼう【―破帽】 ぼろの衣服に破れた帽子。特に、旧制高校の生徒が好んだ蛮カラな服装をいう語。

へい-いん【兵員】ヰン 兵士。兵隊の人数。「―を確保する」

へい-いん【閉院】ヰン (名・自他スル) ①医院・病院など院と名のつく機関が業務をやめること。また、その日の業務を終えること。②国会が会期を終えることの旧称。(↔開院)

へい-えい【兵営】 兵士の居住する所。兵舎のある区域。

へい-えき【兵役】 国民が軍籍に編入され軍務に服すること。

へい-えん【閉園】ヱン (名・自他スル) 遊園地・動物園など園と名のつく施設を閉じて、その業務をやめること。また、その日の業務を終えること。↔開園

べい-えん【米塩】 米と塩。また、生活に欠かせないもの。「―の資(=生活費)」

へい-おく【弊屋】ヲク ①あばら家。②自分の家の謙称。

ペイオフ〈payoff〉【経】金融機関が破綻した場合、預金保険機構が一定額の預金を払い戻す制度。

へい-おん【平温】ヲン ①平常の温度。平年並みの気温。「―にもどる」②平常の体温。平熱。

へい-おん【平穏】ヲン (名・形動ダ) 事件もなく穏やかなこと。また、そのさま。「―無事」「―な日々を送る」↔不穏

へい-おんせつ【閉音節】 子音で終わる音節。↔開音節

へい-か【平価】【経】①一国の通貨の対外価値を示す基準値。金本位国では本位貨幣に含まれる純金量を基準とする。一九七三年、変動相場制に移行し、平価制度は用いられなくなった。②有価証券の価格が額面の金額と等しいこと。

―きりさげ【―切(り)下げ】【経】固定為替相場制のもとで、一国の貨幣の対外価値を切り下げること。

へい-か【兵戈】クワ ①刃物とほこ。武器。「―を交える(=交戦する)」②戦争。いくさ。

へい-か【兵火】クワ 戦争によって起こる火災。転じて、戦争。

へい-か【兵科】クワ 軍隊で、戦闘に直接従事する兵員の専門を示す職種。歩兵・砲兵・工兵・航空兵など。

へい-か【兵家】 ①兵法家。兵学家。②武士。軍人。「勝敗は―の常」③中国古代の諸子百家の一派。戦争および戦闘の理論・方法・技術などを研究・実践した。孫子、呉子が有名。

へい-か【兵禍】クワ 戦争のために生じる災い。戦禍。

へい-か【陛下】 天皇・皇后・皇太后・太皇太后の尊称。参考 二〇一九(平成三十一)年に譲位した上皇・上皇后の敬称としても用いる。

へい-か【閉架】 図書館で、閲覧者が本や資料を請求し、書庫から取り出してもらって利用する方式。↔開架

へい-が【平臥】グワ (名・自スル) ①横になること。ねそべること。②病気で床に就くこと。病臥。

べい-か【米価】 米の値段。「生産者―」

べい-か【米菓】クワ 米からつくった菓子。せんべいなど。

べい-か【米貨】クワ アメリカの貨幣。

へい-かい【閉会】クワイ (名・自他スル) ①会議・集会が終わること。また、終えること。「―の辞」②国会・地方議会の会期が終わること。また、終えること。(↔開会)

へい-がい【弊害】 あることに伴って起こる悪いこと。他に害を及ぼすこと。「―が生ずる」

へい-かく【兵革】 ①(「兵」は武器、「革」はよろいかぶとの意)兵器。②戦争。

へい-がく【兵学】 戦術・用兵などを研究する学問。軍学。

へい-かつ【平滑】クワツ (名・形動ダ) 平らでなめらかなこと。また、そのさま。「壁面塗装を―に仕上げる」

―きん【―筋】【生】心臓以外の、内臓に分布する筋肉。横紋がなく、不随意筋。↔横紋筋

へい-かん【閉館】クワン (名・自他スル) 図書館・映画館など館と名のつく施設を閉じて、その業務をやめること。また、その日の業務を終えること。↔開館

へい-がん【併願】グワン (名・他スル) 入学試験のとき、二つ以上の学校または学部・学科に願書を出すこと。↔単願

へい-き【平気】 (名・形動ダ) ①心が落ち着いて穏やかなこと。また、そのさま。「―を装う」②物事に動じないさま。かまわないこと。「寒さなど―だ」「―で人の悪口を言う」

―の平左 少しも気にかけないこと。参考 平気であることを強め、人名のようにいった語。「平気の平左衛門」ともいう。

へい-き【兵器】 戦闘用の器具・機械。武器。「核―」

へい-き【併記】 (名・他スル) 二つ以上の事項を並べて書くこと。「二人の名前を―する」

へい-きょ【閉居】 (名・自スル) 家に閉じこもっていること。

へい-ぎょう【閉業】ゲフ (名・自他スル) ①営業・商売をやめること。↔開業 ②その日の業務を終えること。終業。

へい-きょく【平曲】 →へいけびわ

へい-きん【平均】 (名・自他スル) ①ふぞろいのないこと。また、ふぞろいのないようにならすこと。「各科目とも―した成績」②つりあいがとれていること。均衡。バランス。「―を保つ」③【数】多くの量・数の中間の値。また、それを求める演算。相加平均・相乗平均などがある。「―気温」「―を下回る」

―じゅみょう【―寿命】ジュミヤウ【保】零歳における平均余命。⇒平均余命

―だい【―台】 上に乗って、体の平均運動をする器械体操の用具。幅一〇センチメートルの横木を、一定の高さで水平に固定したもの。また、それを使って行う女子の体操競技種目。

〔へいきんだい〕

―ち【―値】【数】平均して得られた数値。

―てき【―的】 (形動ダ) ダロ・ダッ(デ・ニ)・ダ・ナラ・〇 全体の中で、最もふつうであるさま。一方にかたよらないさま。「―サラリーマン」

―てん【―点】 二つ以上の項目の点数の総和を、その項目数で割って得た値。「テストの―」

―よめい【―余命】【保】各年齢の集団が、将来平均して何年生きられるかということを示す年数。

―りつ【―律】【音】一オクターブを一二に等分した音階。また、その調律法。

へい-ぐ【兵具】 いくさの道具。兵器。

べい-ぐん【米軍】 アメリカ合衆国の軍隊。アメリカ軍。

へい-け【平家】 ①平の姓を名のる一族。特に、平安時代末期に政権を執った平清盛の一族。平氏。②「平家物語」の略。③「平家琵琶」の略。

―がに【―蟹】【動】ヘイケガニ科の甲殻類。瀬戸内海一帯に産し、足が長く、甲羅の面が鬼の顔に似る。参考 壇ノ浦に沈んだ平家一族の亡霊が化けたものという伝説がある。

―びわ【―琵琶】ビハ「平家物語」を琵琶の伴奏に合わせて語る音曲。平曲。

へい-けい【閉経】【保】女性が更年期にはいり、月経が停止すること。経閉。「―期」

へい-げい【睥睨】 (名・他スル) ①横目でにらみつけること。②あたりをにらみつけて勢い・威力をしめすこと。「天下を―する」

へい‐けものがたり〔平家物語〕鎌倉時代の軍記物語。作者未詳。信濃前司行長(しなののぜんじゆきなが)作とも。原形は鎌倉初期に成立。仏教の因果説と無常観とを基調として、平家の栄華と没落とを描く。和漢混交文の一大叙事詩で、「平曲」として琵琶(びわ)法師に語られ、後代の文学に多大の影響を与えた。

へい‐けん【兵権】軍隊を指揮する権力・権限。兵馬の権。

へい‐げん【平原】広々とした平らな野原。

へい‐ご【平語】①日常の言葉。②「平家物語」の略称。

べい‐ご【米語】アメリカで使われている英語。

へい‐こう【平行】カウ 一(名・形動ダ・自スル)《数》同じ平面上にある二つの直線、あるいは空間の直線と平面、または平面と平面とがいくら延長しても交わらないこと。二(名・自スル)→へいこう(並行)

―しへんけい【―四辺形】《数》二組の対辺がそれぞれ平行な四辺形。

―せん【―線】①平行な線。②意見などがどこまでいっても一致しないこと。「話し合いは―をたどっている」

―ぼう【―棒】二本の横木を平行に台脚に固定した器械体操の用具。また、それを使って行う男子の体操競技種目。

〔へいこうぼう〕

へい‐こう【平衡】カウ つりあい。つりあいのとれていること。「―を保つ」

―かんかく【―感覚】①《生》全身の位置やつりあいを感知する感覚。内耳の三半規管と耳石器がこれをつかさどる。平衡知覚。②バランスのとれた考え方や物事の処理ができる能力。

へい‐こう【並行】カウ (名・自スル)①並んでゆくこと。「―して走る」②同時に行われること。「二つの研究を―して行う」

へい‐こう【閉口】(名・自スル)①困りきること。どうにもならなくて弱ること。「あいつのおしゃべりには―するよ」②言い負かされて口がきけなくなること。③《古》口を閉じて何も言わないこと。

へい‐こう【閉校】カウ (名・自他スル)学校を閉鎖すること。↔開校

へい‐こう【閉講】カウ (名・自他スル)講義・講習会が終わること。また、終えること。↔開講

へい‐ごう【併合】ガフ (名・自他スル)二つ以上のものを一つに合わせること。合併。統合。「関連企業を―する」

べい‐こく【米国】(「米」は「亜米利加(アメリカ)」の略)アメリカ合衆国の別称。

べい‐こく【米穀】米。また、穀物。

―ねんど【―年度】米の収穫期をもとにした年度。十一月一日から翌年の十月三十一日まで。

べい‐ごま【◦貝×独楽】「ばい(=巻き貝の一種)」の貝殻に溶かした鉛(なまり)を入れて作ったこま。また、これに似せて木や鉄などで作ったこま。べえごま。秋 語源「ばいごま」の転。

へい‐こら(副・自スル)《俗》ぺこぺこと頭を下げて、権力者にこびへつらうさま。「やたら―する男」

へい‐さ【閉鎖】(名・自他スル)①入り口などを閉じること。閉ざして出入りや介入をできなくすること。「議場を―する」↔開放 ②閉じて活動・機能を停止すること。「学級―」

―おん【―音】→はれつおん

―てき【―的】(形動ダ)ダロ・ダッ(デ・ニ)・ダ・ナ・ナラ・○ 内向きで他者や外からの働きかけを受け入れないさま。「―な集落」↔開放的

べい‐さく【米作】米の栽培・生産。稲作(いなさく)。また、米のできぐあい。「―農家」

へい‐さく【平作】平年並みの収穫。平年作。

へい‐さつ【併殺】(名・他スル)→ダブルプレー

へい‐ざん【閉山】(名・自他スル)①その年の登山の期間を終わりにすること。「―式」②鉱山の操業をやめること。

べい‐さん【米産】米の生産。「―地」

へい‐し【平氏】→へいけ

へい‐し【兵士】軍隊で士官の指揮を受ける者。兵卒。兵隊。

へい‐し【閉止】(名・自他スル)はたらき・活動の止まること。また、止めること。

へい‐し【△斃死】(名・自スル)たおれ死ぬこと。のたれ死に。

へい‐じ【平時】①ふだん。平常時。②戦争・事変などのない平和なとき。↔戦時・非常時

へい‐じ【兵事】兵役・軍隊・戦争などに関すること。

へい‐じ【◦瓶子】口の狭い細長いびん。酒を入れてつぐのに用いる。とっくり。へいし。

べいしき‐しゅうきゅう【米式蹴球】シウキウ →アメリカンフットボール

へい‐じつ【平日】①祝祭日・日曜日・土曜日・振替休日以外の日。ウイークデー。②ふだんの日。平生(へいぜい)。平常。

へいじものがたり〔平治物語〕ヘイヂモノガタリ 鎌倉初期の軍記物語。作者・成立年代未詳。平清盛(きよもり)と源義朝(よしとも)との戦いを中心に平治の乱のいきさつを描く。文体は和漢混交文。

へい‐しゃ【兵舎】軍隊で、兵士の居住する建物。

へい‐しゃ【弊社】自分の所属する会社の謙称。小社。

へい‐しゅ【兵種】軍隊の任務の種別。歩兵・工兵など。

べい‐じゅ【米寿】(米の字を分解すると八十八となることから)八八歳。八八歳の祝い。米(よね)の祝い。⇒賀

へい‐しゅう【弊習】シフ よくない習慣。悪いしきたり。

べい‐しゅう【米収】シウ 米の収穫。「―高」

べい‐じゅう【◦陪従】一(名・自スル)貴人につき従うこと。また、その人。二(名)中古、神楽(かぐら)の管弦に従事した楽人。参考「ばいじゅう」ともいう。

へい‐しゅつ【△迸出】(名・自スル)ほとばしり出ること。勢いよくわき出ること。「―岩(=火山岩)」

へい‐じゅつ【兵術】戦争の技術・方法。兵法。戦術。

へい‐じゅん【平準】①水準器で測って水平にすること。②物事の水準が均一になるようにすること。「―化」

へい‐しょ【兵書】①兵学の書。②軍事に関する本。

へい‐しょ【閉所】一(名)外部から遮断された、閉ざされた場所。「―恐怖症」二(名・自他スル)研究所・事務所など「所(しょ)」と名のつく施設を閉じて、その業務をやめること。↔開所

へい‐じょ【平叙】(名・他スル)特別の表現を使わずにありのままに述べること。

―ぶん【―文】《文法》文の性質上の種類の一つ。断定・推量・決意など、事柄をありのままに述べる文。「風が吹く」「急いで渡る」など。⇒命令文・疑問文・感動文

へい‐しょう【併称・並称】(名・他スル)①並べて呼ぶこと。②ある事物・人物と並べてほめること。「李杜(りと)と―される」

へい‐じょう【平常】ジャウ 特別な事態がないこと。ふだん。平生(へいぜい)。「―どおり運行する」

―しん【―心】ふだんと変わらない落ち着いた気持ち。「―を保つ」「―で臨む」

へい‐じょう【兵△仗】ヂャウ ①いくさの道具。武器。②武装して護衛する兵士。参考「ひょうじょう」ともいう。

へい‐じょう【閉場】ヂャウ (名・自スル)会場・劇場をしめること。↔開場

へいじょう‐きょう【平城京】ヘイジャウキヤウ 《日》現在の奈良市

西郊にあった都。元明天皇の七一〇(和銅三)年から桓武天皇が長岡に遷都した七八四(延暦三)年までの都。

べい-しょく【米食】(名・自スル) 米を主食とすること。

へい-しん【平信】 変事や急用を知らせたりするのではない、ふつうの手紙。参考 封書の宛名のわきに記すこともある。

へい-しん【並進・併進】(名・自スル) 並び進むこと。

へい-しん【嬖臣】 気に入りの家来。寵臣。

へい-じん【兵刃】 武器にする刃物。やいば。「ーを交える(=切りあいをする。戦う)」

へい-すい【平水】 ①河川などの平常時の水かさ。「ー量」②波だっていない水面。「ー区域」

へいしん-ていとう【平身低頭】(名・自スル) ひれ伏しておじぎすること。非常に恐縮するさま。低頭平身。「ーして謝る」

へい・する【聘する】(他サ変)(スル・スレ・シロ(セヨ)) 礼をあつくして人を迎える。招き寄せる。「講師をー」文へい・す(サ変)

へい-せい【平成】 一九八九年一月八日から二〇一九年四月三〇日までの年号。昭和の後、令和の前。

へい-せい【平静】(名・形動ダ) おだやかで静かなこと。また、そのさま。「ーを保つ」

へい-せい【兵制】 軍隊・兵備に関する制度。「ー改革」

へい-せい【幣制】 貨幣制度。

へい-せい【弊政】 悪い政治。悪政。「ーの刷新」

へい-ぜい【平生】 ふだん。つね。平常。平素。「ーの心がけ」

へい-せき【兵籍】 ①軍人の身分。軍籍。②(「兵籍簿」の略)軍籍にある者を記した帳簿。

へい-せつ【併設】(名・他スル) 主となるものといっしょに設置・設備すること。「劇場にレストランをーする」

へい-せん【兵船】 戦いに使用する船。軍船。

へい-ぜん【平然】(タル) 平気なさま。落ち着いて動じないさま。「ーとした態度」文(形動タリ)

べい-せん【米銭】 ①米とお金。②米代。

へい-そ【平素】 つねひごろ。ふだん。平生。「ーの行い」

へい-そう【兵曹】 もと、海軍の下士官の階級。「一等ー」

へい-そう【並走・併走】(名・自スル) 二つ以上のものが、隣り合うように走ること。「ー馬」「二路線がーする区間」

へい-そく【閉息・屏息】(名・自スル) ①息を殺して、じっとしていること。②恐れて縮まること。

へい-そく【閉塞】(名・自他スル) 閉ざされてふさがること。また、閉じてふさぐこと。「腸ー」「ー感」「ーした時代」

へい-そく【幣束】 ①神へのささげ物。ぬさ。②麻または細長く切った紙を細い木にはさんだ祭具。御幣。

へい-ぞく【平俗】(名・形動ダ) ①平凡で俗っぽいこと。「ーに陥る」②わかりやすくくだけていること。「ーな文章」

へい-そつ【兵卒】 最下級の軍人。兵士。

へい-ぞん【併存・並存】(名・自スル) 二つ以上のものが共に存在すること。ならび存すること。へいそん。「異説がーする」

へい-たい【兵隊】 ①兵。兵士。②兵士を隊に編制したもの。

ーかんじょう【ー勘定】(俗)割り勘。

へい-たん【平坦】(名・形動ダ) ①土地の平らなこと。また、そのさま。「ーな道」②おだやかで起伏のないさま。「ーな調子」

へい-たん【平淡】(名・形動ダ) あっさりしていてしつこくないこと。また、そのさま。「ーの趣」

へい-たん【兵站】 戦場の後方にあって、食糧・弾薬など軍需品の補給・輸送や連絡にあたる機関。「ー基地」

へい-たん【兵端】 戦いのきっかけ。戦端。「ーを開く」

へい-だん【兵団】 いくつかの師団を合わせた部隊。

へい-ち【平地】 平らな土地。

へい-ち【併置】(名・他スル) 二つ以上のものを同じ所に設置すること。「区役所に図書館をーする」

へいちゃら(形動ダ)(ダロ・ダッ(デ)・ニ・ダ・ナ・ラ・○)(俗)平気なさま。また、容易にできるさま。へっちゃら。「何があってもーだ」

へいちゅう-ものがたり【平中物語】(平仲物語)平安中期の歌物語。作者未詳。平中(平貞文)を主人公にした恋愛説話集。平中日記。貞文日記。

へい-ちょう【兵長】 もと、陸海軍で兵の階級の最上位。陸軍では伍長の下、海軍では二等兵曹の下の位。

へい-つくば・る(自五)(ラ(ロ)・リ(ッ)・ル・ル・レ・レ) 逆らわない態度でひれふす。平伏する。はいつくばる。

へい-てい【平定】(名・自他スル) 賊を討ち平らげること。乱がおさまり、世の中が安定すること。「反乱軍をーする」

へい-てい【閉廷】(名・自他スル) 裁判が終わり、法廷を閉じること。↔開廷

へい-てん【閉店】(名・自他スル) ①店を閉じて、商売をやめること。「ーセール」②その日の商売を終えて店じまいをすること。「六時ー」(↔開店)

へい-てん【弊店】 自分の店の謙称。

ヘイト〈hate〉憎むこと。憎悪・嫌悪すること。

ークライム〈hate crime〉特定の人種・民族・宗教・性に対する偏見や差別を動機とする嫌がらせや暴行などの犯罪行為。憎悪犯罪。

ースピーチ〈hate speech〉特定の人種・民族・宗教・性に対する憎悪をむき出しにした言動。

へい-どく【併読】(名・他スル) 同時期に、二種類以上の本や新聞を並行して読むこと。「二紙をーしている」

へい-として【炳として】(副) 光りかがやくさま。また、少しの疑いもなく、明らかなさま。

へい-どん【併呑】(名・他スル) あわせ従えること。他を吸収して支配下におくこと。「周囲の領土をーする」

べい-トン【米トン】 アメリカ式の質量の単位。一トンは、二〇〇〇ポンド(約九〇七キログラム)。記号 t ⇩トン

へい-ねつ【平熱】 健康時の人間の体温。成人では、セ氏三六・五度前後。平温。「ーにまで下がる」

へい-ねん【平年】 ①ふつうの年。天候の状況や農作物の収穫などがふつうの年。「ー作」「ー並みの気温」②太陽暦で閏年でない年。一年が三六五日の年。↔閏年

へい-のう【兵農】 兵士と農民。「ー分離(=戦国時代から江戸時代初期にかけて行われた、武士と農民の身分を明確に区別する政策)」

へい-ば【兵馬】 ①兵士と軍馬。また、軍備。軍隊。②いくさ。戦争。③軍馬。

ーの-けん【ーの権】 軍隊を編制し、統帥する権力。

へい-はく【幣帛】 神にささげる供物。特に、御幣。

べい-ばく【米麦】 ①米と麦。②穀物。

へい-はつ【併発】(名・自他スル) 同時に起こること。また、同時に起こすこと。「盲腸炎から腹膜炎をーする」

へい-はん【平版】 印刷の版の様式の一つ。版面にほとんど凹凸がなく、水と油のはじきあう性質を利用してインキがつくように印刷するもの。石版・オフセットなど。⇩凸版・凹版

へい-ばん【平板】 一(名) 平らな板。二(名・形動ダ) 変化にとぼしく、単調でおもしろみのないこと。「ーな絵」「ーに流れる」

べい-はん【米飯】 米の飯。

へい-び【兵備】 戦争のための準備。軍備。

へい-ふう【弊風】 悪い風習・風俗。「ーを正す」

へい-ふく【平伏】(名・自スル) 両手をつき、頭を地面や床に

つけて礼をすること。ひれふすこと。「神殿の前で―する」

へい-ふく【平服】日常着る衣服。ふだん着。「―で出席する」↔礼服・式服

へい-ふく【平復】(名・自スル) 病気がなおり、平常の健康な状態にもどること。平癒。「病状が―する」

べい-ふん【米粉】米の粉。

へい-へい ㊀(感) 応答の言葉「へい」を重ねた語。気軽に、または恐縮して承諾するときに発する。㊁(副・自スル) 目上の人などの言いなりになってこびへつらうさま。「上役に―する」

へい-べい【平米】面積の単位。平方メートル。参考「平」は平方の略。「米」はメートルの当て字の音読。

ぺい-ぺい《俗》地位の低い者や未熟な者を軽んじていう語。また、自分を卑下していう語。ぺえぺえ。「まだ―の身ですが」

へいへい-ぼんぼん【平平凡凡】(名・形動ダ・タト・タル) (「平凡」を強めた語)ごくごく平凡なさま。「―とした生活」

へい-ほう【平方】―《数》①ある数・式に、それと同じ数・式を掛け合わせること。また、その結果の数・式。二乗。自乗。②長さの単位の前に付けて面積の単位をつくる語。「―キロメートル」③長さの単位のあとに付けて、その長さを一辺とする正方形の面積を表す語。「二センチ―」

―こん【―根】《数》二乗すると a となる数を a の平方根という。たとえば、4の平方根は2と−2。自乗根。

へい-ほう【兵法】―①いくさのしかた。兵術。戦術。戦略。「孫子の―」②剣術。武術。参考「ひょうほう」ともいう。

へい-ぼん【平凡】(名・形動ダ) ありふれていて、特別なところのないこと。また、そのさま。「―な家庭」↔非凡

へい-まく【閉幕】(名・自他スル) ①映画・演劇などが終わって、幕が閉じられること。また、幕を閉じること。②物事が終わること。また、終えること。終幕。(↔開幕)

へい-みゃく【平脈】《医》健康時の脈搏。また、その数。成人では一分間に約六〇―七五。

へい-みん【平民】①官位のない一般市民。庶民。②もと、戸籍上の階級の一つで、華族・士族以外の者。

へい-む【兵務】兵事に関する事務または勤務。軍務。

へい-めい【平明】㊀(名・形動ダ) わかりやすくはっきりしているさま。「―な文章」㊁(名) 夜明け。夜明け方。

へい-めん【平面】①平らな表面。②《数》一つの面上にある任意の二点を通る直線がつねにその表面上にある面。↔曲面

―きかがく【―幾何学】《数》平面上の図形を研究する、数学の一部門。

―きょう【―鏡】光の反射面が平面をなす鏡。

―ず【―図】①《数》物体を水平面上に投影して描いた図。物体を真上から見た図。②建物の間取り図。

―てき【―的】(形動ダ) ①平たい感じであるさま。②物事の内面まで立ち入らず、表面的にしかとらえないさま。「―な見方」(↔立体的)

―びょうしゃ【―描写】《文》田山花袋が主張した描写論。主観を排し、現象の表面をありのままに描く自然主義的な一手法。

へい-もつ【幣物】①神にささげる供物。ぬさ。幣帛。②贈り物。進物。聘物。

へい-もん【閉門】㊀(名・自スル) 門を閉じること。「平日は六時に―する」↔開門 ㊁(名) 江戸時代、武士や僧に対する刑罰の一つ。一定期間門を閉ざして、出入りを禁じたこと。

へい-や【平野】広大な平地。「関東―」

へい-ゆ【平癒】(名・自スル) 病気がなおること。全快。

へい-ゆう【併有】―(名・他スル) ①二つ以上のものをあわせもつこと。②合併して領有すること。

へい-よう【併用】(名・他スル) 二つ以上のものをあわせ用いること。いっしょに使うこと。「薬の―をさける」

へい-らん【兵乱】戦争で世の中が乱れること。戦乱。

へい-り【弊履・敝履】破れた履物。破れ草履。

―の如く捨てる 惜しげもなく捨てる。

へい-りつ【並立】(名・自スル) 二つ以上のものが並び立つこと。「党内に実力者が―する」

―じょし【―助詞】《文法》種々の語に付いてこれらを対等につなぐはたらきの助詞。並列助詞。「と・や・か・だの」など。

へい-りゃく【兵略】いくさのはかりごと。軍略。戦略。

へい-りょく【兵力】兵員や兵器の数を総合した軍隊の力。戦闘力。「―増強」

へい-れつ【並列】㊀(名・自他スル) ならび連なること。ならび連ねること。「―行進」㊁(名)《物》(「並列接続」の略)電池・抵抗器などの回路で、正極は正極、負極は負極と、同じ極どうしをつなぐこと。パラレル。↔直列

〔へいれつ㊂〕

―じょし【―助詞】→へいりつじょし

へい-ろ【平炉】製鋼に用いる、横に長い長方形の反射炉。ひらろ。

へい-わ【平和】(名・形動ダ) ①戦争がなく、世の中が穏やかなさま。「―主義」②なごやかで安定しているさま。「―な生活」

―ごげんそく【―五原則】《社》一九五四年六月、中国の周恩来、インドのネル―両首相による共同声明に掲げられた、国際平和のための五原則。領土主権の尊重・相互不可侵・内政不干渉・平等互恵・平和共存。

―さんぎょう【―産業】戦争とは直接関係のない産業。民需産業。↔軍需産業

へい-わ【平話】ふだんの言葉。ふつうの話。「俗談―」

ペインテックス〈paintex〉油性の絵の具で布・革・紙などに模様をかく手芸。また、それに使う絵の具。

ペイント〈paint〉①顔料を溶剤でといた塗料の総称。ペンキ。②絵の具。

へえ(感) 感心や驚き、また、疑いやあきれた気持ちなどを表す語。「―、そういうことだったのか」

ベーカリー〈bakery〉パンや洋菓子を作って売る店。

ベーキング-パウダー〈baking powder〉パン・菓子類を作るときに入れる膨張剤。ふくらし粉。

ベークライト〈Bakelite〉フェノールとホルムアルデヒドからつくる合成樹脂。絶縁材・耐熱材などに使う。(商標名)

ベーグル〈bagel〉生地をゆでてから焼く、ドーナツ形のパン。

ヘーゲル〈Georg Wilhelm Friedrich Hegel〉(一七七〇―一八三一) ドイツの哲学者。カント以来の観念論哲学を完成し、生成・発展の論理である弁証法を確立。主著「精神現象学」など。

ベーコン〈bacon〉豚などの背中や腹の肉を塩漬けにして、燻製にした食品。「―エッグ」

ベーコン〈Francis Bacon〉(一五六一―一六二六) イギリスの政治家・哲学者。観察と実験に基づく帰納法を説いた、経験論哲学の創始者。主著「随想集」「新オルガヌム」など。

ページ【頁】(字義) →けつ(頁)

ページ【頁】〈page〉書物・ノートなどの紙の片面。または、それを数える語。ノンブル。「―をめくる」

ページェント〈pageant〉①野外劇。自然を舞台として行う劇。②祝祭日などに野外で行われる仮装行列や見世物。

ベーシック【BASIC】《情報》コンピューターの初心者用プログラム言語。「Beginner's All-purpose Symbolic Instruction Code」の略。

ベーシック〈basic〉(形動ダ) 基礎的。基本的。「―な方法」

―インカム〈basic income〉政府がすべての国民に対して最低限の生活に必要な金額を無条件で支給する制度。最低所得保障。

ベージュ〈フランス beige〉うすくて明るい茶色。

ベース〈base〉①基礎。基本。土台。「賃金―」「データ―」②基地。根拠地。③野球で、塁。「ホーム―」

―アップ〈和製英語〉(名・自スル) 賃金の基準を引き上げること。賃上げ。ベア。

―キャンプ〈base camp〉①登山・探検などの根拠地とする固定テント。②駐留軍などの基地。③プロ野球で、公式戦にそなえて行う春季合宿練習の根拠地。

―ボール〈baseball〉野球。

ベース〈bass〉〔音〕①コントラバス。②ジャズや軽音楽などで、低音部を担う弦楽器の総称。③男声の最低音域。バス。

ペース〈pace〉①歩くとき、走るとき、泳ぐときの速度。「―を上げる」「ハイ―」②進行の緩急のぐあい。テンポ。「マイ―」

―ダウン〈和製英語〉(名・自他スル) ペースが下がること。また、下げること。「レース終盤に―する」

―メーカー〈pacemaker〉①中距離以上の競走や自転車競技などで、先頭を走ってレースのペースをつくる選手。②〔医〕心臓に周期的な電気刺激を与えて、人工的に心拍を正常に保つ装置。

ペースト〈paste〉①はんだづけで、接着補助剤として用いるのり状のもの。②肉などをすりつぶして練った食品。「レバー―」

ベーゼ〈フランス baiser〉接吻。キス。

ヘーゼルナッツ〈hazelnut〉セイヨウハシバミの果実。形はドングリに似て、種子は食用。

ペーソス〈pathos〉ほのかな哀感。哀愁。「―が漂う」

ベータ〈beta〉ギリシャ文字のアルファベットの二番目の文字。大文字は「Β」、小文字は「β」。

―せん【β線】〔物〕放射線の一種。放射性元素が放出する高速度の(光の速度に近い)電子。負の電荷をもち、透過作用と電離作用の強さはアルファ線とガンマ線の中間。

ベーダ〈梵語 Veda〉(「知恵」「知識」が原義)古代インドのバラモン教の基本聖典の総称。インド最古の宗教・哲学・文学の文献。ヴェーダ。参考「吠陀」とも書く。

ベートーベン〈Ludwig van Beethoven〉(一七七〇―一八二七) ドイツの作曲家。ウィーン古典派最大の巨匠で、またロマン派音楽の先駆者。作品には「英雄」「運命」「田園」などの九つの交響曲をはじめ、ピアノソナタ「月光」「悲愴」などがある。

ペーハー〈ドイツ pH〉→ピーエッチ

ペーパー〈paper〉①紙。特に、洋紙。②文書。書類。原稿。論文。③新聞。④「サンドペーパー」の略。

―カンパニー〈和製英語〉税金逃れなどのために、登記だけしてあるが、実体のない会社。幽霊会社。

―クラフト〈papercraft〉紙をおもな素材とした工芸。

―テスト〈和製英語〉筆記試験。参考 英語では written exam や written test などという。

―ドライバー〈和製英語〉運転免許証をもっているだけで、実際にはほとんど自動車を運転しない人。

―ナイフ〈paper knife〉紙切り用の小刀。

―バック〈paperback〉表紙をやや厚手の紙一枚で装丁した安価で手軽な本。軽装本。

―プラン〈paper plan〉紙上の計画。デスクプラン。用法 非現実的で実行できそうもない計画についていう。

―レス〈paperless〉紙で管理していた書類・資料などを電子化してコンピューターで取り扱うこと。

ペーブメント〈pavement〉石・コンクリートなどをしきつめた道。舗装道路。ペーブ。

ぺえ-ぺえ →ぺいぺい

ベール〈veil〉①女性の髪や顔をおおう、薄い布や網。②とばり。たれぎぬ。また、おおいかくすもの。「神秘の―に包まれる」参考「ヴェール」とも書く。

―を脱ぐ 隠されていたものが姿を現す。「幻の名画がついにベールを脱いだ」

へおん-きごう【へ音記号】〔音〕五線譜の冒頭に記入し、第四線がへ音であることを示す記号。へ音を示すFを図案化したもの。低音部であることを示す。低音部記号。𝄢

ペガサス〈Pegasus〉ギリシャ神話で、翼のある馬。天馬。ペガソス。ペガスス。

へが・す【剝がす】(他五) 《俗》はがす。はぎとる。へぐ。可能 へが・せる(下一) 文 へ・ぐ(四)

べから-ず(「べし」の打ち消し)①禁止・制止の意を表す。…てはいけない。「芝生に入る―」②不可能の意を表す。…ことができない。「許すべからざる行為」語源 文語の当然の助動詞「べし」の未然形「べから」+打ち消しの助動詞「ず」。⇩べし

へき【碧】(人) ヘキ みどり (字義) ①みどり。あお。ふかい青色。「碧眼・碧水・紺碧・深碧・水碧」②青い美しい石。「碧玉」人名 あお・きよし・たま

へき【壁】 ヘキ かべ (字義) ①かべ。㋐へやとへやのしきりのかべ。「壁画・壁面・面壁」㋑かき。=垣。「牆壁・土壁」㋒とりで。「壁塁・城壁・金城鉄壁」②がけ。かべのように切り立ったところ。「壁立・岩壁・絶壁」

へき【璧】 ヘキ たま (字義) ①たま。輪の形をした平らかな玉。輪の幅が穴の直径より大きいもの。「璧玉」②玉のように、美しく立派なたとえ。「完璧・双璧」

へき【癖】 ヘキ くせ (字義) くせ。かたよった習性。「悪癖・旧癖・性癖・盗癖」

へき【癖】 かたよった好み、傾向、考え方が習慣になったもの。くせ。「大言壮語の―がある」

へぎ【折・片木】 ①「へぎ板」の略。②へぎ板で作った折敷。③へぎ板をさらに薄くはいだもの。食物を包むのに使う。経木。

べき【冪・羃・巾】〔数〕同じ数・式を何回か掛け合わせた積。累乗。

べき【可き】(助動詞「べし」の連体形) ①当然・適当の意を表す。「来る―人が来た」②可能の意を表す。「ありう―結果」

へぎ-いた【折板】 檜・杉などの材を薄くはいだ板。へぎ。

へき-うん【碧雲】 青みがかった色の雲。

へき-えき【辟易】(名・自スル) ①勢いにおされて、しりごみすること。②うんざりすること。「あいつの長話には―する」

へき-えん【僻遠】(名・形動ダ) 文化・行政・商工業などの中心地から遠く離れていること。また、そのさま。「―の地」

へき-が【壁画】 壁や天井などに描かれた絵。

へき-かい【碧海】 青い海。青海原。

へき-かい【劈開】(名・自スル) ①裂き開くこと。②ひびが

はいって割れること。③〘地質〙雲母や方解石など、結晶体が特定の方向に割れたりはがれたりすること。また、その性質。

へき-かん【壁間】①柱と柱の間の壁の部分。②壁の表面。

へき-がん【碧眼】①青色の(西洋人の)目。②西洋人。欧米人。

へき-きょう【僻境】キャウ へんぴな土地。僻地。「―の地」

へき-ぎょく【碧玉】①青色の玉。②〘地質〙不純物を含んだ石英。紅・緑・茶褐色で不透明。印材などに使用。

へき-くう【碧空】青く晴れわたった空。青空。

へき-けん【僻見】かたよった見方・意見。偏見。

へき-しょ【壁書】①壁に書くこと。また、その文字。②昔、公衆に示した触れ書きの張り紙・掲示。③戦国時代の大名などの家法。かべがき。

へき-しょく【碧色】濃い青色。青緑色。

へき-すい【碧水】濃い青色に澄んだ水。「―をたたえる湖」

へき-すう【僻陬】(「陬」は隅すみの意)へんぴな土地。片田舎かたいなか。僻地。

へき・する【僻する】(自サ変) シ(セ・サ)・シ・スル・スル・スレ・セヨ ①かたよる。「―・した意見」②ひがむ。ひねくれる。文へき・す(サ変)

へき-せつ【僻説】道理にはずれた見解。かたよった見解。

へき-そん【僻村】都会から遠くはなれた村。片田舎かたいなか。

へき-たん【碧潭】青々とした深い淵ふち。

へき-ち【僻地】都会から遠くはなれたへんぴな土地。辺地。「―に赴任する」

へき-とう【劈頭】事のはじめ。真っ先。冒頭。「開会―」

へき-めん【壁面】壁の表面。「―に絵画を飾る」

へき-らく【碧落】①青空。大空。②(世界の)果て。果てしなく遠くはなれた所。

へき-れき【霹靂】急に鳴りだすかみなり。雷鳴。「青天の―(=突発的な大事件)」

へき-ろん【僻論】かたよっていて道理に合わない議論。

ペキン〈中国 北京〉中華人民共和国の首都。古来、城郭都市として有名。紫禁城をはじめ名勝・古跡に富む。

―げんじん【―原人】〘世〙更新世(洪積世)、旧石器時代の原人。北京ペキン南西の周口店で発見された化石人類で、道具や火を使用した。ホモ-エレクトス-ペキネンシス。

へ・ぐ【剝ぐ】(他五) ガ(ゴ)・ギ(イ)・グ・グ・ゲ・ゲ 《俗》①薄く削り取る。はぐ。むく。そぐ。「杉の皮を―」②減らす。けずる。

べく【可く】(助動詞「べし」の連用形)①意志を表す。…するつもりで。…するために。「期待に添う―努力する」②当然(…にちがいない、…のはずだ)の意を表す。「事故は起きる―して起きた」③可能(…できる)の意を表す。「成功は望む―もない」

べく-さかずき【可杯・可盃】サカヅキ 底に小さい穴があいていたり底がとがっていたりして、飲み干すまでは下に置けない杯。べくはい。語源 書簡文などで「可」の字が「可申候もうすべくそうろう」のように必ず上に置かれ、下には置かれないことからいう。

べく-して【可くして】①当然・適当の意を表す。…するとが当然予想されて。「事故は生じる―生じた」②可能の意を逆接的に表す。…することはできても。「言う―行いがたい」語源 助動詞「べし」の連用形「べく」+接続助詞「して」

ヘクタール〈hectare〉面積の単位。一〇〇アール。一万平方メートル。記号 ha

ペクチン〈pectin〉果実などに含まれる多糖類。果実を煮ると溶けだし、酸・糖分に反応してゼリー状になる性質があり、ジャムの製造などに利用される。

ヘクト〈hecto〉単位の前に付けて、その一〇〇倍であることを表す語。記号 h 「―リットル(=一〇〇リットル)」

―パスカル〈hectopascal〉〘気〙気圧の単位。一ヘクトパスカルは一ミリバール。一気圧は一〇一三ヘクトパスカル。記号 hPa

ベクトル〈ドイツ Vektor〉〘数〙大きさと向きをもった量。力・速度・加速度などはベクトルとして表される。

べく-も-ない【可くもない】①不可能の意を表す。…できそうもない。「望む―」②当然のこととして打ち消す意を表す。…するはずもない。…する余地もない。「ある―」

ベクレル〈becquerel〉〘物〙国際単位系の放射能の単位。一ベクレルは原子核が一秒間に一個崩壊して放射線を出すことをいう。記号 Bq 語源 放射能を発見したフランスの物理学者アンリ=ベクレルの名に由来する。

べくん-ば【可くんば】仮定の上で、「可能だとしたら」の意。(もし)…できるならば。「望む―外遊したい」

ぺけ《俗》①罰点。×じるし。「―をつける」②不可。だめ。また、役に立たないこと。「企画が―になる」

ヘゲモニー〈ドイツ Hegemonie〉指導的な立場。覇権はけん。主導権。「党の―を握る」

へこ-おび【兵児帯】男子・子供のしごき帯。

へこ-た・れる(自下一) レ・レ・レル・レル・レレ・レロ(レヨ) 気力が弱ってくじける。へたばる。「―・れずにがんばろう」文へこた・る(下二)

ベゴニア〈begonia〉〘植〙シュウカイドウ科の多年草または小低木の総称。花は白・紅・黄など。観賞用。ベゴニヤ。夏

ぺこ-ぺこ ■(副・自スル)①しきりに頭を下げて、こびへつらうさま。「上役に―する」②薄い板状の物がへこんだり戻ったりする音やさまを表す語。■(形動ダ) ダロ・ダッ(デ・ニ)・ダ・ナ・ナラ・○ ひどく腹が減ったさま。「おなかが―だ」

へこま・す【凹ます】(他五) サ(ソ)・シ・ス・ス・セ・セ ①くぼむようにする。へこむようにする。「おなかを―」②《俗》相手をやりこめて屈服させる。「先輩を―」自へこ・む(五)

へこま・せる【凹ませる】(他下一) セ・セ・セル・セル・セレ・セロ(セヨ) →へこます

へこみ【凹み】へこむこと。へこんだ箇所。くぼみ。

へこ・む【凹む】(自五) マ(モ)・ミ(ン)・ム・ム・メ・メ ①表面の一部が落ちこむ。くぼむ。「地面が―」②《俗》やりこめられて弱る。また、気分が落ちこむ。「失敗して―」③《俗》損をする。「株で―」他へこま・す(五)・へこま・せる(下一)

> **ちがい「へこむ」・「くぼむ」**
> 「へこむ」「くぼむ」は、どちらも物体の面の一部が水平面より下がって穴のようになっている物理的な状態を表す点で共通する。
> ただし、「へこむ」は「電信柱にぶつかって、車のドアがへこんだ」のように、その状態を正常な状態に比べて異常であり、それゆえに一時的であると捉える場合に用いられるのに対して、「くぼむ」は「くぼんだ目」のように元からそのような状態であると考える場合や、「ご飯の中央をくぼませて、そこに卵を入れる」のように意図的に作られた状態である場合に用いられる。
> また、「へこむ」には人が精神的に落ち込んだ状態を表す場合があるが、「くぼむ」にはこの意味はない。

へ-さき【舳先】船の先端部分。船首。みよし。↔艫とも

べし(助動-形ク型) べカラ・べク・べシ・べキ・○・○ ①当然・適当の意を表す。「妥協す―との意見が多い」②意志の意を表す。「六時に集まる―」③命令の意を表す。「平和を維持すべく努力する」④(「べからず」の形で)禁止の意を表す。「ごみを捨てるべからず」⑤《古》推量を表す。「よろづ代に年は来き経ふとも梅の花絶ゆる

ことなく咲きわたる—」〈万葉〉⑥《古》可能の意を表す。「羽なければ、空へもあがるべからず」〈方丈記〉⑦《古》予定の意を表す。「けふ始むべき祈りども」〈源氏〉 用法 動詞(ラ変を除く)型の活用語の終止形に付く。文語のラ変・形容詞・形容動詞の各型の活用語には連体形に付く。 参考 「べし」は、文語の助動詞が文章語に残ったもので、会話ではあまり使われない。文語には連用形に「べかり」、連体形に「べかる」、已然形に「べけれ」がある。

へし-あ・う【°圧し合う】アフ（自五）ワ(オ)・イ(ッ)・ウ・ウ・エ・エ 多くの人がたがいに押し合う。「入り口で—」

へし-お・る【°圧し折る】ヲル（他五）ラ(ロ)・リ(ッ)・ル・ル・レ・レ 強い力を加えて折る。「鼻を—(=得意になっている人をへこませる)」

ベジタリアン〈vegetarian〉菜食主義者。

ペシミスト〈pessimist〉人生を悲観的・厭世的にみる人。悲観論者。厭世家。厭世主義者。↔オプチミスト

ペシミズム〈pessimism〉人生を悲観的・厭世的なものとする考え方。悲観論。厭世観。厭世主義。↔オプチミズム

ぺしゃん-こ（形動ダ）ダロ・ダッ(デ・ニ)・ダ・ナ・ナラ・○ →ぺちゃんこ

へ・す【°圧す】（他五）サ(ソ)・シ・ス・ス・セ・セ ①強く押しつける。②圧倒する。屈服させる。

へ・す【減す】（他五）サ(ソ)・シ・ス・ス・セ・セ 減らす。少なくする。

ペスカトーレ〈イタリア pescatore 漁師〉イタリア料理で、魚介類を多く用いたもの。「スパゲッティー—」

ペスタロッチ〈Johann Heinrich Pestalozzi〉(一七四六～一八二七) スイスの教育家。孤児・小学校教育に生涯を捧げ、愛による全人格の調和的発達を主唱。著書「隠者の夕暮」など。

ベスト〈best〉①最良。最上。「—ワン」↔ワースト ②全力。最善。「—を尽くす」

—セラー〈best seller〉ある期間にいちばんよく売れた本。また、商品。「今月の—」

—テン〈和製英語〉ある部門で一〇位までにはいるすぐれた人や物。 参考 英語では、top ten または ten best という。

—ドレッサー〈和製英語〉着こなしが非常に上手な人。身につけたものが最も洗練されて見える人。 参考 英語では、通常 best-dressed men(women)という。

—メンバー〈best member〉最上の顔ぶれ。えりぬきの人員。「—で試合にのぞむ」

ベスト〈vest〉《服》チョッキ。胴衣。

—ばん【—判】写真フィルムで、画面の大きさが縦四センチメートル×横六・五センチメートルのもの。 語源 米国コダック社製のベストポケットカメラで使われたことからいう。

ペスト〈ドイツ Pest〉《医》ペスト菌の感染によって起こる急性感染症。高熱を出し、死亡率が高い。ネズミに寄生するノミを介して人に感染する。黒死病。

ペストリー〈pastry〉小麦粉にバターなどを多く混ぜた生地で作る焼き菓子や菓子パンの総称。パイやタルト、デニッシュなど。ペーストリー。ペイストリー。

へず・る【°剝〔ず〕る】ヘツル（他五）ラ(ロ)・リ(ッ)・ル・ル・レ・レ けずりとる。減らす。へつる。「予算を—」 可能 へず・れる(下一)

ペセタ〈スペイン peseta〉ユーロ移行以前のスペインの貨幣単位。

へそ【△臍】①腹部の中央にある、へその緒の付着していた部分。ほそ。ほぞ。②ものの表面の中心にある小さな突起やくぼみ。「石うすの—」「あんパンの—」

—で茶を沸かす おかしくてたまらないさま。あまりに滑稽でばかばかしいさま。臍が宿がえする。 参考 類似のことば—つむじを曲げる

—を曲げる きげんを悪くして片意地をはる。

べそ 口をゆがめた泣き出しそうな顔。泣きべそ。「—をかく」

ペソ〈スペイン peso〉中南米諸国およびフィリピンなどの貨幣単位。

へそ-くり【△臍繰り】主婦などが倹約して内緒でためこんだお金。へそくりがね。 語源 「綜麻(=糸巻きの一種)を繰る」、つまり内職で糸をつむいで少しずつためた金の意という。「臍」は混用による当て字。

へそ-の-お【△臍の緒】ヲ 《生》胎児のへそと母親の胎盤とを結ぶ細長い管。胎児に酸素や栄養を供給する。臍帯。

へそ-まがり【△臍曲〔が〕り】（名・形動ダ）人の意見にわざとさからったりして性質がすなおでないさま。また、そのような人。 類語 あまのじゃく・つむじまがり・頑固・偏屈・偏狭・狭量

へた【△蔕】《植》柿・茄子などの果実のがく。

へた【下手】（名・形動ダ）①技術・技量の劣っているさま。また、その人。「字が—だ」↔上手 ②不用意・不注意なさま。配慮のないさま。「—に手が出せない」③中途半端なこと。「—な社員より仕事ができる」 参考 常用漢字表付表の語。

—な鉄砲も数打てば当たる 下手でも何度もやっていれば、中にはまぐれでうまくいくこともある。**—の考え休むに似たり** 知恵のない人がいくら考えても時間のむだである。**—の長談義** 話下手の人にかぎって、話が長くなってまとまりのないこと。

—の横好き 下手なくせに、そのことを好み熱心なこと。 参考 反対のことば—好きこそ物の上手なれ。**—をすると** 悪くすると。うっかりすると。「—命が危ない」

べた ㊀（名・形動ダ）①すきまなく、すべての面にわたること。「色を—に塗る」②(他の語の上に付いて)「すっかり」「すきまなく」などの意を表す。「—ぼめ」「—ぼれ」「—書き」③《俗》表現などがありきたりで、意外性に欠けるさま。「—な筋書き」㊁（名）①「べた焼き」の略。②「べた組み」の略。

ベター〈better〉（形動ダ）ダロ・ダッ(デ・ニ)・ダ・ナ・ナラ・○ よりよいさま。比較的よいさま。「こっちのほうが—だ」

—ハーフ〈better half〉よき配偶者。特に、妻・愛妻。

べた-いちめん【べた一面】表面全体。全面。

べた-がき【べた書き】全面にぎっしりつめて書くこと。また、そのもの。

へた-くそ【下手△糞】（名・形動ダ）非常に下手なさま。また、その人をののしって言う語。「—な歌」

べた-ぐみ【べた組み】印刷用の組み版で、字間・行間をあけないでぎっしりつめて組むこと。べた。

へだたり【隔たり】へだたること。また、その程度。「—が大きい」「—をうめる」

へだた・る【隔たる】（自五）ラ(ロ)・リ(ッ)・ル・ル・レ・レ ①間の距離が離れる。遠ざかる。「遠く—った場所」②時間的に遠く離れる。「時代が—」③心理的な距離ができる。仲がうとくなる。「二人の仲が—」④差ができる。違いが現れる。「考えが—」⑤さえぎられる。「山で—った村」 他 へだ・てる(下一)

べた-つ・く（自五）カ(コ)・キ(イ)・ク・ク・ケ・ケ ①べたべたねばりつく。「汗でシャツが—」②過度にまつわりつく。「人前で—」

へだて【隔て】①間に置いて仕切ること。また、仕切るもの。②空間的・時間的・心理的な距離。「数日の—をおく」「—のない間柄」③差別。わけへだて。「老若男女の—なく」

へだ・てる【隔てる】（他下一）テ・テ・テル・テル・テレ・テロ(テヨ) ①間にものを置く。仕切る。「一軒—てて隣」②(間に置いて)さえぎる。「人が きに—てられる」③時間的に間を置く。「一〇年—てて再会する」④心理的な距離を設ける。遠ざける。「気に入らない者を—」「二人の仲を—」 自 へだた・る(五) 文 へだ・つ(下二)

へたば・る（自五）ラ(ロ)・リ(ッ)・ル・ル・レ・レ 《俗》①へとへとに弱る。へばる。「暑さに—」②弱ってぺったりと座りこむ。「その場に—」

へた-へた（副）体から力がぬけて、くずおれたり座りこんだりす

るさま。「不合格の知らせに―(と)座りこむ」

べた-べた（副・自スル・形動ダ）①ねばりつくさま。「のりが―(と)手につく」②愛情などを示して、過度にまつわりつくさま。「人前で―するな」③数多くまたは一面に、はったり、塗りつけたりするさま。「シールを―(と)はる」「おしろいを―(と)塗る」

ぺた-ぺた（副）①平たいもので物をたたく音。また、草履(ぞうり)や素足で歩くときなどの音。「草履で―(と)歩く」②物を軽くたたきつけるように塗るさま。「クリームを―(と)塗る」③数多くまたは一面に、はったり、判を押したりするさま。「―(と)はられたビラ」[用法]「べたべた」より軽い感じで使う。

べた-ぼめ【べた褒め】（名・他スル）《俗》何から何までほめそやすこと。「―の仲人口(なこうどぐち)」

べた-ぼれ【べた△惚れ】（名・自スル）《俗》すっかりほれこんでしまうこと。「彼はあの娘に―だ」

べた-やき【べた焼き】写真をネガフィルムの大きさのまま印画紙に密着させて焼きつけること。べた。

べた-ゆき【べた雪】水気の多い雪。

へたり-こ・む（自五）(マ(モ)・ミ(ン)・ム・ム・メ・メ) 体の力がぬけて、くずおれるように座りこむ。「その場に―」

べたり-と（副）①ねばりつくさま。「ペンキが―つく」②はりつけたり押しつけたりするさま。「ポスターを―はる」③尻(しり)をつけてだらしなく座るさま。「―座りこむ」

ぺたり-と（副）①軽く押しつけたりはりつけたりするさま。「切手を―はる」②尻(しり)をつけて平たく座るさま。「床に―座る」[用法]「べたりと」より軽い感じで使う。

へた・る（自五）(ラ(ロ)・リ(ツ)・ル・ル・レ・レ) ①疲れて弱る。②尻をつけて座り込む。③古くなってだめになる。「クッションが―」

ペダル〈pedal〉自転車・ピアノなどの、足で踏んで操作する部分。「アクセル―」

ペダンチック〈pedantic〉（形動ダ）(ダロ・ダッ(デ・ニ)・ダ・ナ・ラ・○) 学識をひけらかすさま。学者ぶるさま。衒学(げんがく)的。ペダンティック。

ペダントリー〈pedantry〉学識ありげにふるまうこと。学者ぶること。衒学(げんがく)趣味。

ペチカ〈ロシア pechka〉建造物の一部として、れんが・粘土などでかまをつくり、火を燃やすロシア風の室内暖房装置。[冬]

ペチコート〈petticoat〉スカート状の女性用の下着。ペティコート。

へちま【×糸瓜】①〘植〙ウリ科のつる性一年草。葉は掌状で互生する。夏に黄色の合弁花を開く。果実の網状繊維はたわしや草履(ぞうり)に用いる。茎からへちま水をとり、化粧用・薬用とする。[秋]（糸瓜まく[春]・糸瓜苗[夏]・糸瓜の花[夏]）②役に立たないものやつまらないもののたとえ。「―野郎」「計画も―もあったものではない」

へちまさいて…[俳句]〔糸瓜咲いて 痰(たん)のつまりし 仏(ほとけ)かな〕〈正岡子規(まさおかしき)〉咲き残ったへちまの黄色い花が病床の私の目にうつる。へちまの水は痰切りの薬になるというが、死の迫る身にはそれも間に合わず、今の自分はまさに痰のつまった仏様だなあ。（へちま[秋]）子規の絶筆三句のうちの一つ。他の二句は、「痰一斗糸瓜の水も間に合はず」「をとゝひのへちまの水も取らざりき」

ぺちゃ-くちゃ（副）途切れなくうるさくしゃべるさま。

ぺちゃん-こ（形動ダ）(ダロ・ダッ(デ・ニ)・ダ・ナ・ラ・○) ①おしつぶされて、平らになったさま。「帽子が―になる」②やりこめられて小さくなるさま。[参考]「ぺしゃんこ」ともいう。

へ-ちょう【へ調】(テウ)〘音〙への音を主音とする調子・音階。

べつ【別】[教4] ベツ わかれる　丨 口 口 号 另 別

(字義)①わかれる。はなれる。「別居・別離・訣別(けつべつ)・死別・生別・送別・離別」②わける。㋐区分する。「区別・差別・種別・類別」㋑見わける。「識別・判別・分別(ふんべつ)」③ほかの。よそ。ことなる。「別人・別名」④とりわけ。「別趣・特別」[難読]別墅(べっしょ) [人名]のぶ・わき・わく・わけ

べつ【別】（名・形動ダ）①区別して分けること。ちがい。「男女の―」「―に保管する」②同じでないこと。ちがうこと。ほか。「―の方法」③特別。格別。「―に何もすることがない」④除外。ほかのものとして扱うこと。「冗談は―として」

べつ【蔑】ベツ㊥ さげすむ㊥・ないがしろにする　艹 芇 苗 芦 蔑 蔑

(字義)①さげすむ。かろんじる。ばかにする。「蔑視・軽蔑」②ほろぼす。「蔑殺」③くらい。よく見えない。「蔑然」

べつ【瞥】[人] ベツ・ヘツ

(字義)①ちらりと見る。「瞥然・瞥瞥・一瞥」②目の前をかすめる。「瞥見」

べつ-あつらえ【別△誂え】(アツラヘ)（名・他スル）特別に作るよう注文すること。また、その品。「―の服」

べつ-いん【別院】(ヰン)〘仏〙①本山（本寺）以外に、本山に準ずるものとして設けた寺院。②僧の住居として、七堂伽藍(がらん)のほかに建てた堂舎。

べつ-えん【別宴】別れの宴。送別の酒盛り。「―を催す」

べっ-か【別科】(クワ) 本科のほかに設けた課程。

べっ-かく【別格】定まった格式とは別に、特別の扱いをすること。「―扱い」「彼は―だ」

べっ-かん【別館】(クワン) 本館のほかに設けた建物。↔本館

べっかんこう(ベッカンカウ) 指で下まぶたを押しさげ、裏側を見せる動作。軽蔑(けいべつ)や反抗の気持ちを表す。あかんべ。べかこう。

べっ-き【別記】（名・他スル）本文・主文のほかに、別にそえて記すこと。また、その記録。「―のとおり」

べつ-ぎ【別儀】ほかのこと。また、特別なこと。余の儀。

べっ-きょ【別居】（名・自スル）夫婦・親子などが別れて住むこと。「―生活」↔同居

べつ-ぎょう【別業】(ゲフ) ①別の職業・仕事。②別荘。

べつ-くち【別口】①別の種類。また、別の方面。「―の話」②別の口座。「―に預金する」

べっ-け【別家】（名・自スル）①分家。②商店で、使用人が独立して主家の屋号を称することを許されること。また、その家。

べっ-けい【別掲】（名・他スル）別にかかげること。「―の図」

べっ-けん【別件】別の事件。別の用件。

―たいほ【―逮捕】〘法〙ある犯罪の被疑者を逮捕する証拠が整わない場合、ひとまず他の事件の容疑で逮捕すること。

べっ-けん【△瞥見】（名・他スル）ちらりと見ること。

べつ-げん【別言】（名・他スル）ほかの言葉で述べること。言い方を変えて言うこと。「―すれば」

べっ-こ【別個・別△箇】（名・形動ダ）①他と別であるさま。「―の立場」②他と切り離したひとつひとつ。「―に扱う」

べつ-ご【別後】別れてからのち。「―の情」

べっ-こう【別項】(カウ) 別の条項。別の項目。

べっ-こう【△鼈甲】(カフ) ウミガメの一種であるタイマイの甲羅を加工して作った、櫛(くし)・笄(こうがい)・眼鏡の縁などの材料。[語源]江戸時代、タイマイの甲羅を装飾品として使うことが禁じられたため、鼈(すっぽん)の甲(こう)といいのがれたことから出た言葉。

べっ-こん【別懇】（名・形動ダ）とりわけ親しいさま。「―の仲」

べっ-さつ【別冊】雑誌・全集などの付録として別に作った本。また、定期刊行物の臨時増刊。「―付録」

ヘッジ〈hedge〉〘経〙株式・商品・外国為替などの取引で、

相場の変動による損失を防ぐために、先物で売買しておくこと。

—ファンド〈hedge fund〉《経》投資信託の一種。少数の投資家から資金を集め、投機的な投資を行うなどして高い運用利益をめざす組織・基金。

べっ-し【別使】①ほかの使者。②特別の使い。

べっ-し【別紙】別の紙。別にそえた紙・文書。「—参照」

べっ-し【蔑視】(名・他スル) あなどってみくだすこと。

べつ-じ【別事】①ほかのこと。②ふつうと変わったこと。「—もなく過ごす」

べつ-じ【別辞】別れの挨拶。送別の言葉。「—を述べる」

べっ-しつ【別室】①ほかの部屋。②特別の部屋。

べっ-して【別して】(副) とりわけ。ことに。特に。「—のご配慮を願います」

べっ-しゅ【別種】ほかの種類。「—の生き物」

べっ-しょ【別△墅】別荘。別邸。しもやしき。

べつ-じょ【蔑如】(名・他スル) さげすむこと。みくだすこと。

べっ-しょう【別称】別の呼び方。別名。異称。「—で呼ぶ」

べっ-しょう【蔑称】人や物を軽蔑した呼び方。

べつ-じょう【別状】ジャウ ふつうと異なったようす。異状。⇩「使い分け」

べつ-じょう【別条】デウ ①ほかと変わった事柄。②ふつうと違った事柄。⇩「使い分け」

> 使い分け「別状・別条」
>
> 「別状」は、ふつうのときと特に変わったようす・状態の意で、「命に別状はない」のように使われる。
>
> 「別条」は、ふつうのことと特に変わった事柄の意で、「別条なく暮らす」「別条のない日々を送る」などと使われる。ただし、新聞では「別条」を使うことに統一している。

べつ-じん【別人】ほかの人。「やせて—のようになる」

べつ-ずり【別刷り】①書物の口絵などを、本文とは別の紙に印刷すること。また、そのもの。別丁。「—の折り込み」②書物の一部分だけをぬき出して別に印刷すること。ぬきずり。

べっ-せい【別姓】別々の姓。別々の姓を名乗ること。特に、夫婦がそれぞれ結婚前の姓を名乗ること。「夫婦—」

べっ-せい【別製】規格品や量産するものとは異なり、念を入れて特別に製造すること。また、そのもの。特製。「—の品」

べっ-せかい【別世界】①この世とは別の世界。地球外の世界。「二〇光年先の—」②自分のいる所とはまったくかけ離れた社会・環境。別天地。「彼は—の人間だ」

べっ-せき【別席】①別室。②ほかの座席。③特別の席。

べっ-そう【別荘】サウ おもに避暑・避寒などの目的で、ふだん住む家から離れた土地に建てた家。「—地」

べっ-そう【別送】(名・他スル) 別にして送ること。「品物は—します」

べっ-たく【別宅】ふだん住む家とは別に設けた邸宅。別邸。↔本宅

べったくれ《俗》それをつまらないもの、とるに足りないものとののしっていう語。「規則も—もあるもんか」

べつ-だて【別立て・別建て】別々に分けて取り扱うこと。

べったら-づけ【べったら漬〔け〕】大根をうす塩と麴で甘く漬けた漬物。浅漬け。[秋]

べったり (副・形動ダ) ①ねばりつくさま。「油が—(と)付く」②度を越してまつわりついたり従ったりするさま。きわめて密接な関係にあるさま。「母親—の子」③すきまなく密着するさま。「—(と)糊づけする」④尻をつけておしつぶしたように座るさま。「板の間に—(と)座る」

べつ-だん【別段】■一(名) 他とは程度が異なること。格別。特別。「—の扱い」■二(副) とりわけ。別に。「—変わったことはない」[用法]■二は、多くあとに打ち消しの語を伴う。

ぺったん-こ ■一(副) 餅などねばつくものをつく音を表す。「—、—と餅をつく」■二(形動ダ)(ダロ・ダッ(デ・ニ)・ダ・ナ・ナラ・○) 押しつぶされたように平らになっているさま。ぺちゃんこ。ぺたんこ。「—の靴」

へっちゃら (形動ダ)(ダロ・ダッ(デ・ニ)・ダ・ナ・ナラ・○)《俗》→へいちゃら

べっちん【×別珍】〈velveteen から〉綿糸で織ったビロード。服地・足袋地などに使う。

へっつい【△竈】ヘッツヒ かまど。「土間の—」

べっ-てい【別邸】ふだん住む家のほかに持っている邸宅。別宅。「—住まい」↔本邸

ヘッディング〈heading〉①サッカーで、ボールを頭部で受けたり打ったりすること。「—シュート」②(新聞や文書などの)見出し。標題。[参考]「ヘディング」ともいう。

ペッティング〈petting〉性的愛撫。

べっ-てん【別添】(名・他スル) 別にそえること。「—の資料」

べつ-でん【別電】別に打った電報。別の系統からきた電報。

べっ-てんち【別天地】現実とかけ離れた理想的な場所・境地。別世界。「まるで—のようだ」

ヘット〈オラ vet〉料理用の牛の脂肪。牛脂。

ヘッド〈head〉①頭。頭部。また、ものの先端部分。「ゴルフクラブの—」②チームやグループのリーダー。首長。「—コーチ」③録音機などの、テープ面に触れる箇所。④記事の見出し。

—ギア〈headgear〉ボクシング・ラグビーなどで、頭部を保護するためにかぶるパッドの入った防具。

—スライディング〈和製英語〉(名・自スル) 野球で、走者が手を前に伸ばし頭から塁にすべりこむこと。

—ハンター〈headhunter〉ヘッドハンティングを専門とする人・業者。

—ハンティング〈headhunting〉(名・他スル) 他の会社などから有能な人材を引き抜くこと。ヘッドハント。

—ホン〈headphones〉ステレオなどを聞くときに用いる、頭にかけて両耳をおおう形の音声出力装置。ヘッドフォン。

—ライト〈headlight〉自動車・電車などの前につけて、前方を照らす灯火。前照灯。

—ライン〈headline〉新聞・雑誌などの見出し。

—ワーク〈headwork〉頭脳労働。頭を使う仕事。

べっ-と【別途】■一(名) 別のみち。ほかの方法。「—会計」■二(副) 別のしかたで。別に。「交通費は—支給する」

ベッド〈bed〉寝台。ねどこ。「二段—」「—シーン(=ドラマや映画などの、情事の場面)」

—タウン〈和製英語〉(住民の多くが昼間はよそへ勤めに出、夜、寝るために帰る町の意から)大都市近郊の住宅地域。住宅衛星都市。[参考]英語では bedroom suburb という。

—ルーム〈bedroom〉(洋風の)寝室。

ペット〈pet〉①かわいがっている動物。愛玩動物。「—フード」②お気に入りの年少者。

べっ-とう【別当】タウ ①(本官のほかに、別に職を担当する意)昔、宮廷内の特別の職、院庁・親王家・摂関家・大臣家の政所、検非違使、社寺などの長官。②昔、盲人の四階級の第二位。検校の次位。③馬の口取り。馬丁。

べつどう-たい【別働隊・別動隊】特別の任務をもち、本隊とは別の行動をとる部隊。

ペット-ボトル〈PET bottle〉PET(=ポリエチレンテレフタレート)製のびん。軽く、耐久性に富む。[はじまり]日本では、一

九七七（昭和五十二）年にしょうゆ容器に使用されたのが最初。

べっ-とり（副）ねばりのあるものなどが一面につくさま。「―（と）油がつく」

べつ-に【別に】（副）特に。とりたてて。「―変わりはない」用法 あとに打ち消しの語を伴う。否定的な返答に用いる場合もある。「『何かあったの』『―』」

べつ-のう【別納】ナフ ―（名・他スル）別におさめること。

べっ-ぱ【別派】 別の流派・党派。「―を作る」

ペッパー〈pepper〉こしょう。ペパー。

べっ-ぱい【別杯・別△盃】 別れのさかずき。

べつ-ばら【別腹】 ①《俗》満腹になっても、好きな物なら食べられることをいう語。「甘いものは―だ」②父は同じで母が違うこと。腹違い。別腹（べっぷく）。

べっ-ぴょう【別表】ベウ ― 本文とはなして別にそえた表。

へっぴり-ごし【△屁っ◇放り腰】《俗》①体をかがめ、しりをうしろにつき出した腰つき。及び腰。「―でつり橋を渡る」②自信がなく不安そうな態度。おっかなびっくりのさま。「―の対応」

べつ-びん【別便】 別のたより。そのものとは別に送ること。また、その品物。「―で送る」

べっ-ぴん【別品】 ①特別によい品。②→べっぴん（別嬪）

べっ-ぴん【別△嬪】 美人。美女。参考「嬪」は女子の美称。

べっ-ぷう【別封】 一（名・他スル）それぞれを別に封入すること。また、封入したもの。二（名）別にそえた封書。

べつ-べつ【別別】（名・形動ダ）①わかれわかれであるさま。ばらばらであるさま。「―に帰る」②それぞれ。別個。「―に払う」

べっ-ぽう【別法】パフ ― 別の方法。「―を講じる」

べっ-ぽう【別報】 別の知らせ。「―を待つ」

へっぽこ（名・形動ダ）《俗》技量の劣ったさま、役に立たないさま、また、そういう人をののしって言う語。「このーめ」

べつ-ま【別間】 ほかの部屋。別室。「―に控える」

べつ-みょう【別名】ミャウ ― →べつめい（別名）

べつ-むね【別棟】 同じ敷地内で棟が別になっている建物。

べつ-めい【別名】 本名でない、別の呼び名。別名（べつみょう）。

べつ-めい【別命】 ①特別の命令。②別に与える命令。

べつ-もの【別物】 ①ちがうもの。②特別のもの。例外。

べつ-もんだい【別問題】 本題とは関係のない事柄。別の事柄。「それとこれとは―だ」

べつ-よう【別様】ヤウ ―（名・形動ダ）ようすや様式が他と異なること。また、そのさま。「―に受けとる」

へつら・う【△諂う】ヘツラフ（自五）ワ(オ)・イ(ッ)・ウ・エ・エ（相手に気に入られようと）機嫌をとる。こびる。可能 へつら・える（下一）

べつ-り【別離】 わかれること。わかれ。離別。「―の時」

べつ-わく【別枠】 定められた基準や範囲以外に、特別に設けるもの。「―で採用する」

ペディキュア〈pedicure〉足のつめの化粧。⇩マニキュア

ペティコート〈petticoat〉→ペチコート

ヘディング〈heading〉→ヘッディング

ベデカ〈ドイツ Baedeker〉（ドイツの出版業者ベデカー版の旅行案内書の意から）旅行案内書。ベデカー。

ベテラン〈veteran〉その道での経験が豊かで、技術や判断がすぐれた人。老練者。「―が若手を指導する」参考 英語ではふつう expert または experienced person という。

ヘテロ〈hetero〉①「異型」「異質」などの意を表す語。②「ヘテロセクシャル」の略。（↔ホモ）

―セクシャル〈heterosexual〉異性愛。異性愛者。↔ホモセクシャル

ぺてん《俗》だますこと。詐欺（さぎ）。「―師」「―にかける」

へど【◇反吐】 飲食したものを、はきもどすこと。また、そのはきもどしたもの。げろ。「―が出る（＝非常に不愉快になる）」

べとつ・く（自五）カ(コ)・キ(イ)・ク・ク・ケ・ケ べとべとする。「汗で体が―」

ベトナム〈Viet Nam〉インドシナ半島東部にある社会主義共和国。首都はハノイ。

へと-へと（形動ダ）ダロ・ダッ(デ・ニ)・ダ・ナ・ナラ・○ ひどく疲れて、体がぐったりするさま。「長時間歩き回って―になる」

べと-べと（副・自スル・形動ダ）物がねばるさま。ねばりつくさま。「油で手が―になる」「あめが手に―（と）くっつく」

へど-もど（副・自スル）あわててまごつくさま。返事につまってうろたえるさま。「―して答えられない」

へどろ《俗》河川・湖沼・港湾などの底に堆積（たいせき）する軟弱で粘性のある泥。工場廃水や産業廃棄物による汚染物質を含む泥状の沈殿物もいう。「―公害」参考 多く「ヘドロ」と表記される。

ベトン〈フランス béton〉コンクリート。

へな-ちょこ【△埴△猪◇口】《俗》（埴土（へなつち）で作った粗末な杯の意から）未熟な者や弱い者をあざけって言う語。「―野郎」

へな-つち【△埴土】 水底にある黒くてねばりけのある泥土。

へな-ぶり【へな振り】（「夷曲（ひなぶり）」をもじった語）流行語などを詠み込み、明治三十七、八年ごろに流行した狂歌。

へな-へな（副・自スル・形動ダ）①手ごたえがなく、すぐに曲がりしなうさま。「―した板」②弱々しいさま。無気力なさま。「―した態度」③力がつきてくずれるさま。「―（と）すわりこむ」

ペナルティー〈penalty〉①刑罰。処罰。罰金。②スポーツで、反則を犯した選手、またはチームに与えられる罰則。

―キック〈penalty kick〉サッカーやラグビーなどで、相手チームが行った反則によって与えられるキック。PK

―ゴール〈penalty goal〉ラグビーで、ペナルティーキックのボールがゴールに入り、得点すること。PG

ベナン〈Benin〉アフリカ大陸のギニア湾岸にある共和国。首都はポルトノボ。

ペナント〈pennant〉①細長い三角旗。②優勝旗。また、優勝。

―レース〈pennant race〉野球のリーグ戦などで、長期にわたって優勝を争うこと。また、その公式戦。

べに【紅】 ①ベニバナの花びらを材料とした紅色の染料。化粧品・食品の着色剤などに用いる。②紫がかった赤色。紅色。くれない。③口べに。また、ほおべに。「―をさす」

ペニー〈penny〉イギリスの貨幣単位。一ペニーは一ポンドの一〇〇分の一。参考 複数形はペンス（pence）。

べに-いろ【紅色】 紫がかった赤色。くれない色。

べに-おしろい【紅×白粉】 ①べにとおしろい。②化粧。

べに-かね【紅×鉄漿】 ①べにとかね（＝おはぐろ）。②化粧。

べに-がら【紅殻】「ベンガラ」の転。

べに-ざけ【紅△鮭】《動》サケ科の硬骨魚。背は濃い藍色（あいいろ）、腹は銀白色だが産卵期には紅色（雄に著しい）。北方の海に分布し、秋に川をさかのぼって産卵する。湖水に陸封されたものを「ひめます」という。食用。べにます。春

べにさし-ゆび【紅差〔し〕指】（べにをぬるのに用いたことから）薬指。

べに-ざら【紅皿】 紅をとかすのに用いる小皿。

べに-しょうが【紅生△姜・紅生△薑】シヤウガ ― 梅酢（うめず）に漬けたり、食紅で赤くしたりしたしょうが。

ペニシリン〈penicillin〉《医》青かびの一種を培養して得た抗生物質。ぶどう球菌・連鎖球菌などの発育を妨げ、細菌性疾患などに有効。一九二八年イギリスのフレミングが発見。

ベニス〈Venice〉→ベネチア

ペニス〈ラテン penis〉陰茎。男根。

べに-すずめ【紅△雀】《動》カエデチョウ科の小鳥。東南アジア原産。雄は繁殖期に深紅色になる。

ベニスのしょうにん〔ベニスの商人〕〈ベニスノシャウニン〉イギリスの劇作家シェークスピアの喜劇。一五九六年ごろの作。ベニスの商人アントニオとユダヤ人の高利貸しシャイロックとの訴訟事件で、人肉が借金の抵当にされて争われるいきさつを描く。

べに-ぞめ【紅染〔め〕】 紅色に染めること。また、染めたもの。

べに-ばな【紅花】《植》キク科の越年草。夏、黄色から赤色に変わる花を開く。花から紅べにを製し、種子から油をとる。すえつむはな。夏

べに-ふで【紅筆】 口紅をつけるのに用いる筆。

べに-ます【紅△鱒】→べにざけ

ベニヤ-いた【ベニヤ板】〈veneer〉薄くはいだ板を、木目ちがいに張り合わせた板。合板ごうはん。ベニヤ。

ベネズエラ・ボリバル〈Venezuela Bolívar〉南アメリカ大陸北端の共和国。首都はカラカス。語源 ベネズエラは、昔のスペイン語で「小さなベネチア」の意。ボリバルは、南米独立運動の指導者シモン・ボリバルの名にちなむ。

ベネチア〈イタリア Venèzia〉イタリア東北部のアドリア海に臨む港湾都市。約一二〇の小島からなり水の都といわれる。ベニス。

ベネフィット〈benefit〉(人や社会の)ためになるもの。利益。利点。「薬のリスクと—」「—コンサート(=慈善コンサート)」

ベネルクス〈Benelux〉ベルギー・オランダ(ネーデルラント)・ルクセンブルクの三国の総称。

ペパー〈pepper〉→ペッパー

ペパーミント〈peppermint〉①《植》シソ科の多年草。ヨーロッパ原産。メントールを多く含み、香料や薬品などに用いられる。西洋薄荷はっか。②リキュールの一種。薄荷を主成分にした甘い緑色の酒。

へばり-つ・く(自五) カ(コ)・キ(イ)・ク・ク・ケ・ケ 《俗》ぴったりはりついたようにくっつく。「シャツが汗で—」「一日中テレビに—」

へば・る(自五) ラ(ロ)・リ(ッ)・ル・ル・レ・レ 《俗》疲れきる。へたばる。「歩きどおしで—」

へび【蛇】《動》爬虫はちゅう類ヘビ亜目に属する動物の総称。体は細長く、四肢は退化。体表はうろこでおおわれる。くちなわ。夏 —に見込みこまれた蛙かえる おそろしさのために強大な敵の前で、身がすくんで動けなくなることのたとえ。蛇ににらまれた蛙。—の生殺なまごろし 半死半生の状態で放っておくこと。転じて、物事を不徹底のままにし、決着をつけないでおくことのたとえ。

ヘビー〈heavy〉①重いこと。②激しいこと。はなはだしいこと。「—トレーニング」③馬力をかけること。「ラストーをかける」参考 ③は英語では spurt を用いる。

—きゅう【—級】キフ ボクシングの体重別階級の一つ。プロでは二〇〇ポンド(九〇・七二キログラム)を超すもの。

—スモーカー〈heavy smoker〉たばこを多く吸う人。

—メタル〈heavy metal〉《音》一九八〇年代に流行したロックのジャンルの一つ。金属的でゆがんだギター音と速いテンポ、技巧的な演奏を特徴とする。ヘビメタ。メタル。

—ユーザー〈heavy user〉サービスや商品の利用頻度や利用時間の多い人。

ベビー〈baby〉①赤ん坊。「—フェース(=童顔)」②小さいもの、小型のものなどの意を表す。「—ゴルフ」

—カー〈和製英語〉乳幼児を腰掛けた形で乗せて押し歩く乳母車うばぐるま。

—シッター〈baby-sitter〉親が外出して留守の際などに、雇われて子供の世話をする人。子守り。

—ブーマー〈baby boomer〉ベビーブームに生まれた人たち。

—ブーム〈baby boom〉出生率が急激に上昇した時期。日本では第二次世界大戦後の数年をいう。

へび-いちご【蛇△苺】《植》バラ科の多年草。原野・路傍に自生。茎は地上をはい、葉は三小葉の複葉。春から初夏に黄色花を開く。果実は球状で紅色。夏(へびいちごの花 春)

へび-つかい【蛇遣い】ツカヒ 蛇を手なずけて自由にもてあそんで見せる見世物。また、その興行師。

ペプシン〈pepsin〉《化》脊椎せきつい動物の胃液の中にあって、たんぱく質をペプトンなどに分解する酵素。

ペプトン〈peptone〉《化》たんぱく質が胃液中のペプシンによって分解されてできるもの。

ヘブライ〈ギリシャ Hebraios〉①《世》紀元前一三世紀ごろパレスチナに建てられた王国。ソロモン王の死後ユダ王国とイスラエル王国に分裂。②イスラエル民族に対する他国人の呼称。ヘブル。

ヘブライズム〈Hebraism〉古代ヘブライ人の文化・思想。ユダヤ教・キリスト教思想の土台をなし、ヘレニズムとともに西洋思想の二大源流とされる。

べべ(幼児語)着物。洋服。服。「赤い—」

へべれけ(形動ダ) ダロ・ダッ(デ・ニ)・ダ・ナ・ナラ・○ 《俗》ひどく酒に酔って正体を失ったさま。泥酔しているさま。「—になる」

ペペロンチーノ〈イタリア peperoncino 唐辛子〉ニンニクと唐辛子をオリーブ油でいためてパスタにからめた料理。

へぼ(名・形動ダ)《俗》①技わざの下手なこと。「—将棋」②野菜・果物などのできの悪いこと。「—きゅうり」

ヘボン〈James Curtis Hepburn〉(一八一五—一九一一)アメリカの宣教師・医師。一八五九(安政六)年来日。伝道・医療のかたわら、一八六七(慶応三)年にローマ字表記の日本初の和英辞典「和英語林集成」を出版した。

—しき【—式】 ローマ字で日本語をつづる方式の一つ。ヘボンが「和英語林集成(第三版)」(一八八六年刊)で採用したつづり方。シを shi、チを chi、ツを tsu とするなど。部分的に修正が加えられて標準式とも呼ばれる。⇩付録「国語表記の基準・ローマ字のつづり方」

へま(名・形動ダ) 気がきかないさま。まぬけなさま。とんま。また、ばかばかしい失敗。失策。「—な泥棒」「—をやらかす」

へ-めぐ・る【経巡る・経◇回る・◇歴◇回る】(自五) ラ(ロ)・リ(ッ)・ル・ル・レ・レ 各地を順々に回って歩く。遍歴する。「名所旧跡を—」

ヘモグロビン〈ドイツ Hämoglobin〉《生》赤血球中にある鉄分を含む色素体(ヘム)とたんぱく質(グロビン)の化合物。酸素を運ぶはたらきをする。血色素。血球素。

へ-や【部屋】 ①家の中の、いくつかに仕切られた一つ一つの空間。室。間。②大相撲で、親方が経営し、属する力士たちを養成する所。相撲部屋。③殿中で、女中の居間。つぼね。④江戸時代、大名の江戸屋敷で小者こもの・人足などの詰め所。参考 常用漢字表付表の語。

へや-ぎ【部屋着】 くつろいだときに着る室内用の衣服。

へや-ずみ【部屋住〔み〕】 ①昔、長男が、まだ家督を相続しない間の身分。②昔、次男以下で分家できずに親や兄の家にいる者。

へや-わり【部屋割〔り〕】(名・自スル) 旅館・寮などで部屋の割り当てをすること。「合宿所の—」

へら【△箆】 竹・木・金属などでつくった細長く平たい刃形のもの。折り目をつけたり、物を練ったりするのに用いる。

べら【×遍羅】《動》ベラ科の海産硬骨魚の総称。暖海にすみ、

多くは小形で、美しいしま模様がある。夏

ヘラクレス〈Hercules〉ギリシャ神話の英雄。ゼウスとアルクメネとの子。ゼウスの妻ヘラの憎しみを受けて発狂し、妻子を殺したが、その償いのために一二の難業を果たした。

へら・す【減らす】(他五)〔サ(ソ)・シ・ス・ス・セ・セ〕数・量・程度などを少なくする。減じる。「生産を—」「支出を—」↕増す・増やす 自へ・る(五) 可能へら・せる(下一)

へらず-ぐち【減らず口】負けおしみを言うこと。憎まれ口をきくこと。「—をたたく」

へら-だい【△篦台】裁縫で、へらつけの際に布をのせる台。

へら-つけ【△篦付け】裁縫で、へらで布にしるしをつけること。

へら-ぶな【△篦△鮒】→げんごろうぶな

へら-へら(副・自スル) ①浮ついた調子で軽々しくしゃべるさま。「—(と)おせじを言う」②あいまいに、また、軽薄に笑うさま。「—(と)笑う」

べら-べら ━(副) よくしゃべるさま。「—(と)まくしたてる」━(副・自スル・形動ダ) 物がうすく弱いさま。「—の布」

ぺら-ぺら ━(副) ①軽々しくよくしゃべるさま。「秘密を—(と)しゃべる」②本のページなどをめくるさま。━(副・形動ダ) 外国語などを自由にしゃべるさま。「英語は—だ」━(副・自スル・形動ダ) 布や紙などがうすくて弱いさま。「—の生地」

べら-ぼう【△篦棒】(名・形動ダ) ①非常にばかげているさま。ひどいさま。「—な計画」②程度のはなはだしいさま。「—に重い」③他人をののしる語。ばか。あほう。たわけ。「この—め」

ベラルーシ〈Belarus〉ロシアの西部・ポーランド・リトアニア・ラトビア・ウクライナに接する共和国。首都はミンスク。

ベランダ〈veranda〉洋式の建物や住宅で、外側に張り出した縁。多くは、ひさしがついている。夏

べらん-めえ(名・感)《俗》(「べらぼうめ」の転)江戸っ子が、人をののしるときの言葉。ばかめ。

—ことば【—言葉】下町の江戸っ子が使う、まき舌で荒っぽく威勢のいい言葉。

へり【◦縁】①ふち。はし。②ござ・たたみのはしを包むきれ。

ヘリ「ヘリコプター」の略。

ペリー〈Matthew Calbraith Perry〉(一七九四〜一八五八)アメリカの海軍軍人。一八五三(嘉永六)年に軍艦(いわゆる黒船)を率いて浦賀に来航し、翌年日米和親条約締結に成功。ペルリ。

ベリーズ〈Belize〉中央アメリカ、ユカタン半島南端の立憲君主国。首都はベルモパン。

ベリー-セット〈和製英語〉果物用の皿・フォークなどの一式。

ベリー-ロール〈belly roll〉走り高跳びで、腹ばいの形でバーを巻くようにする跳び方。

ヘリウム〈helium〉〔化〕貴ガス元素の一つ。空気中に微量に含まれる無色・無臭の気体。他の元素とは化合しない。水素に次いで軽く、気球のガスや冷媒などに用いる。元素記号 He

ヘリオトロープ〈heliotrope〉①〔植〕ムラサキ科の低木。ペルー原産で葉は長楕円形。紅紫色・白色の芳香のある小花を開く。香料・観賞用。春 ②①の花からとった香料・香水。

ペリカン〈pelican〉〔動〕ペリカン科の大形の水鳥。白色または褐色。下くちばしの大きな袋で魚をすくってとらえる。

へり-くだ・る【◦遜る】(自五)〔ラ(ロ)・リ(ッ)・ル・ル・レ・レ〕相手を敬って自分を卑下する。謙遜する。「—・った態度をとる」

へ-りくつ【△屁理屈・△屁理窟】筋の通らない理屈。また、理屈のための理屈。「—をこねる」「—を並べる」

ヘリコプター〈helicopter〉機体上方に備えた回転翼(プロペラ)を回転させることによって浮揚・飛行する航空機。垂直離着陸・空中停止などができる。ヘリ。

ペリスコープ〈periscope〉→せんぼうきょう

へり-とり【◦縁取り】①へりをつけること。また、へりをつけたもの。②〔植〕花弁の周辺だけ色の異なること。また、そのような花びら。③ござの両縁に布のへりをつけたもの。

ヘリポート〈heliport〉ヘリコプターの発着所。

へ・る【経る】(自下一)〔ヘ・ヘ・ヘル・ヘル・ヘレ・ヘロ(ヘヨ)〕①時がたつ。「すでに五年を—」②そこを通ってさらに先へ行く。通過する。「静岡をへて名古屋へ行く」③過程をたどる。「手続きを—」「いくつもの職をへて教師になる」文ふ(下二)

へ・る【減る】(自五)〔ラ(ロ)・リ(ッ)・ル・ル・レ・レ〕①数・量・程度などが少なくなる。「体重が—」↕増す・増える ②(「腹がへる」の形で)腹がすく。空腹になる。③(打ち消しの語を伴って)ひるむ。臆する。「口の—・らないやつだ」他へら・す(五)

ベル〈bell〉①鈴。りん。鐘。②呼びりん。電鈴。

ペルー〈Peru〉南アメリカ太平洋岸にある共和国。首都はリマ。

ベルギー〈オランダ België〉ヨーロッパ西北部の立憲君主国。首都はブリュッセル。

ベルクロ〈Velcro〉面ファスナーの一種。(商標名)⇩面ファスナー

ヘルシー〈healthy〉(形動ダ)〔ダロ・ダッ(デ・ニ)・ダ・ナ・ナラ・○〕健康であるさま。健康によいさま。「—フーズ(=健康食品)」

ペルシャ〈Persia〉イランの旧称。ペルシア。参考「×波斯」とも書く。一九三五年、国号をイランと改めた。

ヘルス〈health〉健康。「—ケア(=健康管理)」

—センター〈和製英語〉入浴・休息・娯楽などの設備を有する保養施設。

—メーター〈和製英語〉家庭用の小型の体重計。

ペルソナ〈ラテン persona 仮面〉①登場人物。②人格。特に、外界に適応するための表向きの人格。③〔基〕三位一体論で、父と子と聖霊の位格。④〔美〕人体像。

ヘルツ〈hertz〉〔物〕国際単位系の振動数(周波数)の単位。一秒間 n 回の振動を n ヘルツという。電波や音波などに用いる。記号 Hz 参考家庭で用いる電気の周波数は富士川と糸魚川を境に東は五〇ヘルツ、西は六〇ヘルツ。

ベルツ-すい【ベルツ水】肌荒れ防止の化粧水。グリセリン・アルコール・苛性カリなどの混合液。参考明治時代に来日したドイツの医者ベルツ(Bälz)が創案した。

ベルト〈belt〉①衣服を腰で締めつけたり、また、座席に体を固定したりするための帯状のもの。帯革。「わに皮の—」「シート—」②〔工〕主動軸から従動軸に動力を伝達するために用いる帯状のもの。調べ帯。調べ革。調帯。③帯状になっている地帯。「グリーン—」

—コンベヤー〈belt conveyor〉土木工事や工場などで、幅広いベルトを回転させ、その上に物をのせて運ぶ装置。

ヘルニア〈ラテン hernia〉〔医〕臓器の一部が本来の場所から外に押し出される症状。脱腸や椎間板ヘルニアなど。

ヘルパー〈helper〉①手伝い。助手。②病人や障害者の介護人。「ホーム—」

ヘルプ〈help〉①救助。手伝い。②〔情報〕コンピューターで、ソフトウェアの操作や機能を画面上で使用者に教える機能。

—マーク〈和製英語〉外見でわからない障害や疾患をかかえた人が、助けや配慮が必要なことを周囲に知らせるマーク。

ヘルペス〈ラテン herpes〉〔医〕皮膚に発疹の出るウイルス性感染症。疱疹。

ベルベット〈velvet〉→ビロード

ベルボーイ〈bellboy〉ホテルなどで、利用客の荷物の運搬な

どを行う男性従業員。

ベル-ボトム〈bell-bottoms〉ひざ下からすそにかけて、釣り鐘状に広がっているズボン。

ヘルメット〈helmet〉①頭部保護のためにかぶる、金属やプラスチック製の帽子。②防暑用にかぶる、コルクの芯(しん)に布を張って作った風通しのよい帽子。

ベルモット〈(フランス) vermouth〉リキュールの一つ。白ぶどう酒にニガヨモギなどの香草・薬味をしみ出させた酒。

ベルリン〈Berlin〉ドイツ連邦共和国の東部に位置する首都。ドイツの政治・経済・交通・文化の中心地。一九四五年までドイツの首都。第二次世界大戦後東西に分割され、ソ連管理下の東ベルリンは東独(ドイツ民主共和国)の首都、米・英・仏管理下の西ベルリンは西独(ドイツ連邦共和国)の一部となったが、一九九〇年ドイツ統一により東西が統合された。参考「×伯林」とも書く。

ベルレーヌ〈Paul-Marie Verlaine〉(一八四四～一八九六)フランスの詩人。象徴派の代表者。独特の音楽的手法による詩的世界を確立。詩集「艶(えん)なる宴(うたげ)」「言葉なき恋歌」など。

ベレー〈(フランス) béret〉「ベレー帽」の略。

―ぼう【―帽】 丸くて平らなつばのない帽子。ベレー。

ペレストロイカ〈(ロシア) perestroika 建て直し〉ソ連末期の国家基本政策の一つ。経済、社会などの改革の総称。

ヘレニズム〈Hellenism〉(ギリシャ語ヘレネス(=ギリシャ人)に基づく語)アレクサンドロス大王の東方遠征後、アジア文明と融合して世界的性格をもった紀元前四世紀以降のギリシャ文化。広義にはヘブライズムに対してギリシャ文化全体をさす。ヘブライズムとともに西洋文明の二大源流とされる。

べろ《俗》①舌。②舌に似た形のもの。「靴の―」

ベロア〈(フランス) velours〉やわらかで毛脚の長いビロードに似た織物。オーバー地などに用いる。

ヘロイン〈(ドイツ) Heroin〉《医》モルヒネのアセチル化合物。苦味のある白色・無臭の粉末。麻薬の一種。

へろ-へろ(副・自スル) 力のないさま。へなへな。「―球」

べろ-べろ ■一(副) 舌で物をなめまわすさま。「―(と)なめる」■二(形動ダ) ダロ・ダッ(デ・ニ)・ダ・ナ・ナラ・○ ひどく酔ってだらしのないさま。べろんべろん。「―になるまで飲む」

ぺろ-ぺろ(副) ①舌を続けて出すさま。②しきりになめるさま。「あめを―(と)なめる」③たちまち食べ尽くしてしまうさま。

べろり-と(副) 舌を長く出すさま。舌を出してなめるさま。

ぺろり-と(副) ①舌でなめるさま。「唇を―なめる」②舌をすばやくちょっと出すさま。照れくさいときなどにする動作。「失敗して―舌を出す」③たちまち食べ尽くしてしまうさま。「―平らげる」

べろん-べろん(形動ダ) ダロ・ダッ(デ・ニ)・ダ・ナ・ナラ・○ (「べろべろ」を強調した語)すっかり酒に酔ってだらしなくなったさま。「―に酔う」

へん【片】 教6 ヘン中 かた

(字義) ①かた。かたほう。②きれ。きれはし。かけら。「片雲・一片・雪片・破片・木片」③ごく小さいもの。「片言・片鱗(へんりん)」 難読 片方(かたえ)・片辺(かたほとり)・片木(へぎ)

へん【辺】 教4【邊】 ヘン あたり・べ・ほとり

(字義) ①ほとり。㋐きし。「海辺・河辺・水辺」㋑そば。付近。「近辺(きんぺん)・周辺」㋒かたいなか。くにざかい。「辺境・辺地・辺鄙(へんぴ)」②はて。かぎり。「天辺(てっぺん)・無辺」③ふち。へり。「縁辺(えんぺん)」④→次項②。「底辺」

へん【辺】 ①場所・程度についてだいたいの見当をいう語。「この―にいる」②《数》多角形をつくっている線分。「―の長さ」③《数》等式・不等式で、等号・不等号の両側にある式や数。

へん【返】 教3 ヘン かえす・かえる

(字義) かえす。もとへ戻す。かえる。「返歌・返還・返却・返戻・復返」 人名 のぶ

-へん【返】(接尾) 回数を数えるときに用いる語。遍(へん)。

へん【変】 教4【變】 ヘン かわる・かえる

(字義) ①かわる。かえる。㋐あらたまる。あらためる。「変革・変更」㋑うつりかわる。うごかす。「変化(へんか・へんげ)・変遷・変動・激変・千変万化・臨機応変」②かわり。かわったできごと。「変事・異変・天変」③ふしぎ。もののけ。「妖怪変化(ようかいへんげ)」④正常でない。ふつうでない。「変死・変種・変人」↔常 難読 変梃(へんてこ)

へん【変】 ■一(名) ①突然の、かわったできごと。「桜田門外の―」②《音》本来の音より半音低いこと。フラット。↔嬰(えい) ■二(名・形動ダ) ふつうではないさま。異常。「ようすが―だ」

へん【偏】 ヘン中 かたよる中・ひとえに

(字義) ①かたよる。㋐一方にかたよる。中正でない。「偏屈・偏見・偏執(へんしつ・へんしゅう)・偏食・偏頗(へんぱ)・不偏」㋑かたいなか。「偏土・偏鄙(へんぴ)」②へん。漢字構成上の左側の部分。「偏旁(へんぼう)・人偏(にんべん)・立心偏(りっしんべん)」③ひとえに。まったく。 人名 つら・とも

へん【偏】 漢字を構成する部分の一つ。左右を組み合わせてできた漢字の左側の部分。「偏」の「亻」、「話」の「言」など。↔旁(つくり)

へん【遍】 ヘン中 あまねし

(字義) ①あまねし。ひろく行きわたっている。「遍在・遍歴・普遍」②たび。回数を表す。 難読 遍羅(べら) 人名 とお

-へん【遍】(接尾) 回数を数えるときに用いる語。回。「五―」

へん【篇】 人 ヘン

(字義) ①かきもの。一つにまとまった詩歌・文章など。「篇首・篇什(へんじゅう)・篇章・詩篇・短篇・名篇」②書物。「篇帙(へんちつ)」③まき。書物の部分け。「篇次・篇目・後篇・前篇・続篇・断篇」 参考「編」が書き換え字。

へん【編】 教5 ヘン あむ

(字義) ①あむ。㋐糸でとじる。㋑文書をあつめ、とじあわせて書物を作る。「編纂(へんさん)・編集」㋒順序だててならべる。くみ入れる。「編成・編隊・編入」②とじ糸。書籍のとじ糸。「韋編(いへん)」③書物。「編簡・編冊」 参考「篇」の書き換え字。 難読 編木(びんざさら) 人名 つら・よし

-へん【編・△篇】(接尾) 詩文を数える語。「詩三―」

へん【編】 ①書物や文章などを、内容からいくつかに分けた区分。「完結―」②原稿などを集めて一冊の書物をつくること。

べん【弁】 教5【辨・瓣・辯】 ベン・かんむり わきまえる・わける

(字義) ①[辨] ㋐わきまえる。分別する。「弁証・弁理・明弁」㋑わかつ。区別する。「弁別」㋒かえす。「弁済・弁償」②[瓣] ㋐花びら。「花弁」㋑べん。液体や気体の出入りを調節するもの。「安全弁・排気弁」㋒心臓の内壁にあって血液の逆流を防ぐ膜。「弁膜・房室弁」㋓瓜(うり)の中身。③[辯] ㋐話す。はなし。道理を説きあかす。「弁士・弁舌・詭弁(きべん)・駄弁・訥弁(とつべん)・雄弁」㋑言い争う。言い開きをする。「弁解・強弁・論弁」㋒言葉づかい。「熊本弁・東北弁」④[弁] ㋐昔の太政官(だいじょうかん)の官名。「弁官」㋑武官がかぶるかんむり。「武弁」 参考 本来①～④は別字であるが、常用漢字表での字体は「弁」。 人名 さだ・そのう・ただす・なか・わけ

べん【弁・△瓣・辯】①[弁・瓣]㋐花びら。㋑液体や気体の出入りを調節する器具。「—を開く」②[弁・辯]話しぶり。話。「就任の—」「—が立つ(=談話や演説が巧みである)」

べん【便】教4 ベン・ビン たより ｜ 亻仁佰佰便便

(字義)①都合がよい。やりやすい。「便宜・便法・便利・簡便・軽便」②てだて。ついで。「便乗・便船」③(「ビン」と読んで)たより。手紙。「便箋・郵便」④くつろぐ。ふだんの。「便衣・便殿」⑤すばやい。「便巧・便捷」⑥口がうまい。「便口」⑦大小の排泄物。「便所・小便」人名やす

べん【便】㊀(名)大便。㊁(名・形動ダ)都合のよいこと。また、そのさま。便利。「交通の—がよい」

べん【勉】教3【△勉】人 ベン つとめる ｜ ク各缶免免勉

(字義)つとめる。はげむ。はげます。「勉学・勉強・勉励・勤勉」人名かつ・すすむ・つとむ・まさる・ます・やす

べん【娩】人 ベン ｜ (字義)子を産む。「娩痛・分娩」

べん【鞭】人 ベン むち ｜ (字義)①むち。㋐馬を打って走らせるもの。「鞭策・鞭声」㋑人を罰したり、また、はげましたりするむち。「鞭杖・教鞭」②むちうつ。「鞭撻・先鞭」③むち状のもの。

ペン〈pen〉①インクをつけて書く西洋式の筆記具。もとは羽の茎を用いたが、今は金属製がふつう。②万年筆やボールペンなど、筆記具の総称。③文筆活動。「—で身を立てる」

—は剣よりも強し 言論が人々に及ぼす力は、武力もとうてい及ばない。**—を折る** 執筆を中止する。また、文筆活動をやめる。

へん-あい【偏愛】(名・他スル)特定の人や物事をかたよって愛すること。「末娘を—する」

へん-あつ【変圧】〔物〕圧力・電圧を変えること。

—き【—器】〔物〕交流電流の電圧を昇降させる装置。トランス。

へん-い【変位】ヰ〔物〕物体が位置を変えること。位置の移動。また、その変化の量。

—きごう【—記号】ガウ〔音〕音を半音高くする、または半音低くすることを示す記号の総称。シャープ、フラットなど。変化記号。

へん-い【変異】(名・自スル)①変わったできごと。異変。②同一種類の生物間にみられる形態・性質などの形質の相違。また、その相違が現れること。「突然—」「—体」

へん-い【変移】(名・自他スル)他のものや状態に移り変わること。また、移し変えること。「時代の—」

へん-い【偏△倚】(名・自スル)①一方にだけかたよること。かたより。②→へんさ

べん-い【便衣】ふだん着。平服。便服。

—たい【—隊】日中戦争時、軍服でなくふだん着で日本の占領地に潜入し、味方に利する活動をした中国人の部隊。

べん-い【便意】大小便、特に大便をしたい気持ち。「—を催す」

へん-いき【変域】ヰキ〔数〕関数で、変数のとりうる値の範囲。定義域。

へん-うん【片雲】一片の雲。ちぎれ雲。

へん-えい【片影】わずかの影。ちらりと見えた物の姿。

へん-えき【変易】(名・自他スル)変わること。変えること。

べん-えき【便益】便利で有益なこと。「—をはかる」

へんえん-けい【△扁円形】ヘンヱン やや細長い円形。

へんおん-どうぶつ【変温動物】ヘンヲン〔動〕外界の温度に影響されて体温の変わる動物。哺乳類・鳥類以外の動物。冷血動物。↔恒温動物・定温動物

へん-か【返歌】他人から贈られた歌に対して答えて詠む歌。返し歌。

へん-か【変化】クワ(名・自スル)性質・状態などが変わること。「—に富む」「語尾が—する」

—きゅう【—球】キウ①野球の投手の投球で、打者の近くで急に曲がったり落ちたりする球。②(比喩的に)ふつうとは違ったやり方。「—の質問を投げる」(↔直球)

ペン-が【ペン画】グワ ペンで描いた絵。

へん-かい【辺界】国境。

へん-かい【変改】(名・自他スル)従来どおりではなく変えて改めること。また、変わり改まること。改変。変改。

べん-かい【弁解】(名・自スル)言い訳をすること。「—がましいことを言うな」

へん-かく【変革】(名・自他スル)社会・制度などを変え改めること。また、変わり改まること。「制度の—」

へん-かく【変格】①本来の規則からはずれていること。変則。②「変格活用」の略。(↔正格)

—かつよう【—活用】クワツ〔文法〕動詞活用形式のうち、一般の動詞の活用の類型からはずれるもの。限られた語に見られる活用で、口語ではカ行(「来る」)・サ行(「する」)の二種、文語ではカ行(「来く」)・サ行(「す・おはす」)・ナ行(「死ぬ・往いぬ」)・ラ行(「あり・をり・侍はべり・いまそがり」)の四種をいう。↔正格活用

へん-がく【△扁額】門戸や室内などにかける横長の額。

べん-がく【勉学】(名・自スル)学業に励むこと。勉強すること。「—にいそしむ」

ベンガラ〈オランダ Bengala〉①〔化〕酸化鉄を主成分とする赤色顔料。さびどめ・研磨剤のほか、ゴム・セメント・かわらの着色剤に用いる。紅殻。②「ベンガラ縞」の略。参考「×弁柄」「×紅殻」とも書く。語源インドのベンガル地方に産したことから。

—じま【—△縞】たて糸が絹糸、よこ糸が木綿糸の織物。オランダ人がインドのベンガル地方から伝えたという。

へん-かん【返還】クワン(名・他スル)一度手に入れたものや預かったものを元の持ち主に返すこと。もどすこと。「優勝旗の—」

へん-かん【返簡・返△翰】返事の手紙。返信。返書。

へん-かん【変換】クワン(名・自他スル)①変わること。また、変えること。「漢字—」②〔数〕ある点・図形・式・座標などを他の点・図形・式・座標などに変えること。「数式を—する」

へん-がん【片岩】〔地質〕変成岩の一種。結晶質で変成作用により鉱物が平行に発達するため、薄く剝離しやすい。

べん-き【便器】大小便を受ける器。おまる。おかわ。

べん-ぎ【便宜】(名・形動ダ)①都合のよいこと。便利なこと。また、そのさま。便宜。②適当な取り計らい。特別な取り計らい。適宜な処置。「—をはかる」

—じょう【—上】ジャウ(副)そのほうが都合がよいという観点で処理するさま。「—の手段」

—てき【—的】(形動ダ)ダロ・ダッ(デ)・ニ・ダ・ナ・ナラ・○ とりあえずそのときの都合に従うさま。一時の間に合わせに行うさま。「—な処置」

ペンキ〈オランダ pek から〉塗料の一種。ペイント。「—ぬりたて」

へん-きごう【変記号】キガウ →フラット㊁①↔嬰記号

へん-きゃく【返却】(名・他スル)借りたり預かったりしていた物品を持ち主に返すこと。「図書館に本を—する」

へん-きゅう【△扁球】キウ〔数〕回転楕円体の一種。楕円形の短軸を軸として一回転させたときに生じる立体。↔長球

へん-きょう【辺境・辺疆】 キャウ― 都から遠く離れた国ざかい。国境の地域。「—地帯」

へん-きょう【偏狂】 キャウ― ある物事に執着し、常軌を逸した行動をする者。偏執狂。モノマニア。

へん-きょう【偏狭・褊狭】 ケフ― (名・形動ダ) ①度量のせまいこと。狭量。「考えが—に過ぎる」②土地などのせまいこと。

べん-きょう【勉強】 キャウ― (名・自他スル) ①学問や仕事など、物事に努め励むこと。②知識や技能を学ぶこと。「受験—」③将来に役立つ経験や試練。「君にとっては、いい—だ」④商品などを値引きして安く売ること。「端数は—します」

へん-きょく【変局】 異常な局面。非常の場合。

へん-きょく【偏曲】 かたより曲がること。ねじけること。

へん-きょく【編曲】 (名・他スル)〘音〙ある楽曲を他の演奏形態に適するように作りかえること。アレンジ。

へん-きん【返金】 (名・自スル) 借りたお金を返すこと。また、そのお金。

ペンギン〈penguin〉〘動〙ペンギン科の海鳥の総称。背は灰黒色、腹は白い。南半球に広く分布する。翼がひれ状で飛べず、直立して歩き、海中ではたくみに泳いで魚やイカなどをとらえる。

へん-ぐう【辺隅】 都から遠い土地。片田舎(かたいなか)。辺地。

へん-くつ【偏屈・偏窟】 (名・形動ダ) 性質がかたくなでねじけていること。また、そのさま。「—者(もの)」

ペン-クラブ〈P. E. N. = International Association of Poets, Playwrights, Editors, Essayists and Novelists から〉〈「国際ペンクラブ」の略〉世界各国の文筆家の親睦(しんぼく)を通じて、国際的な理解を深め、表現の自由を守ろうとする団体。支部として日本ペンクラブがある。

へん-げ【変化】 (名・自スル) ①神仏が人の姿になって現れること。また、そのもの。権化(ごんげ)。②動物などが姿を変えて現れること。また、そのもの。ばけもの。「妖怪(ようかい)—」③歌舞伎(かぶき)などで、一人の俳優が次々とすばやく役や姿を変えること。「七—」

へん-けい【変形】 (名・自他スル) 形が変わること。形を変えること。また、その形。「熱で容器が—する」

べん-けい【鞭刑】 むちうちの刑。笞刑(ちけい)。

べん-けい【弁慶・辨慶】 ①(?～一一八九) 平安末期の豪傑僧。通称武蔵坊(むさしぼう)。源義経(よしつね)に仕え、奥州下りの際に安宅(あたか)の関でその危難を救うが、衣川(ころもがわ)で討ち死にしたとされる。②強い男。また、強がる男。「内(うち)—」③「弁慶縞(じま)」の略。④(いつも義経につき従っていたところから)とりまき。たいこもち。⑤(弁慶が七つ道具を背負っていた姿に似ているところから)竹筒に穴を幾つかあけて、台所用具やうちわなどを差す器具。

—の立(た)ち往生(おうじょう) (衣川(ころもがわ)の合戦で、弁慶が橋の中央でなぎなたを杖(つえ)にして立ったまま死んだということから)進退きわまることのたとえ。**—の泣(な)き所(どころ)** ①(豪傑の弁慶でも、ここを打たれると泣くということから)「むこうずね」の異称。②転じて、ただひとつの弱点。③中指の第一関節から先の部分。

—がに【—蟹】〘動〙ベンケイガニ科の甲殻類。甲は方形で、はさみと甲の前半部は紅色。河口の湿地などにすむ。夏

—じま【—縞】 二色の糸をたてよこ両方に使った、大柄の碁盤の目状の格子じま。弁慶格子。

〔べんけいじま〕

—よみ【—読み】 文の区切りを間違えて読むこと。ぎなた読み。語源「弁慶が、なぎなたを持って」を「弁慶がな、ぎなたを持って」と間違えて読んだことに由来するという。

へんけい-どうぶつ【扁形動物】〘動〙無脊椎(むせきつい)動物の一門。体はやわらかくて平たく体節がない。消化器は不完全で肛門(こうもん)をもたない。多く雌雄同体。ジストマ・サナダムシなど寄生するものが多い。

へん-げつ【片月】 弓張り月。片割れ月。

へん-けん【偏見】 かたよった見解。公正でない一方的な見方。「—をもつ」「—をいだく」

へん-げん【片言】 ちょっとした言葉。かたこと。片語。

—せきご【—隻語】 ほんのひとこと。ちょっとした短い言葉。片言隻句。

へん-げん【変幻】 (名・自スル) 姿が急に現れたり消えたりすること。変化が非常にはやいこと。「—自在」

へん-ご【片語】 ちょっとした言葉。片言。

べん-ご【弁護】 (名・他スル) その人のために利益を主張したり、申し開きをしたりして守り助けること。「自己—」

—し【—士】〘法〙当事者からの依頼や官公署の委嘱などによって、訴訟に関する行為や、その他の法律事務を行う人。

—にん【—人】〘法〙刑事訴訟で、被告人・被疑者からの依頼や裁判所の命によって、被告人・被疑者を弁護する人。

へん-こう【変更】 カウ― (名・他スル) 決まっていたものを変え改めること。「予定の—」「住所を—する」

へん-こう【偏光】 クワウ― 〘物〙ある限られた方向にだけ振動する光波。直線偏光、楕円(だえん)偏光、円偏光がある。

へん-こう【偏向】 カウ― (名・自スル) ある方向にかたよること。中道から外れること。また、かたよった傾向。「—教育」

べん-こう【弁口・辯口】 口のききかた。巧みな言いぶり。

へんこう-せい【変光星】 ヘンクワウ― 〘天〙みかけの明るさが変化する恒星(こうせい)。

へん-さ【偏差】〘数〙一定の標準となる数値・位置・方向などからのかたより。また、その度合い。偏倚(へんい)。「標準—」

—ち【—値】 一定の標準の数値からどの程度ずれているかを示した数値。特に、学力試験において得点が全受験生の中でどの程度の水準にあるかを示した数値。学力偏差値。

べん-ざ【便座】 洋式の便器で、腰を掛ける環状または馬蹄(ばてい)形の部分。

へん-さい【辺際】 国土や物事の果て。限り。

へん-さい【返済】 (名・他スル) 借りた金品を返すこと。

へん-さい【変災】 地震・台風・洪水など天変地異によるわざわい。事変や災厄(さいやく)。

へん-ざい【辺材】 材木で、幹の周辺部にある、木質のやわらかく白みがかった部分。白太(しらた)。↔心材

へん-ざい【偏在】 (名・自スル) ある所にだけかたよって存在すること。「富の—」

へん-ざい【遍在】 (名・自スル) 広くゆきわたって存在すること。「いたるところに—する」

べん-さい【弁才・辯才】 弁舌の才能。

べん-さい【弁済・辨済】 (名・他スル)〘法〙債務を履行し、債権を消滅させること。「代物—」

べんざい-てん【弁(辯)才天・弁(辨)財天】 七福神の一。インドの、弁舌・音楽・福徳・知恵の女神。のち、吉祥天と混同して「弁財天」となり、福徳・財宝の女神となった。姿は宝冠をつけ琵琶(びわ)をひく美人。弁天。⇒七福神(さしえ)

ペン-さき【ペン先】 ①ペン軸の先にはめて字をかく金属製の部品。②ペンの先端。

へん-さん【偏衫・褊衫】〘仏〙僧服の一つ。上半身をおおう法衣。左肩から右脇(わき)にかける。へんざん。

へん-さん【編纂】 (名・他スル) 一定の方針のもとに、集めた材料を整理して書物をつくること。「市史の—」

へん-し【変死】（名・自スル）ふつうではない死に方をすること。自殺・他殺・事故死など。「―体」

へん-じ【片時】 わずかな間。かたとき。寸時。「―も忘れない」

へん-じ【返事】（名・自スル）呼びかけや問いに対して答えること。また、その言葉や手紙。返答。「―につまる」

へん-じ【変事】 地震・戦争など、異常なできごと。「―の備え」

べん-し【弁士・辯士】 ①弁舌の上手な人。②演壇に立って演説や講演をする人。③無声映画の画面説明者。活弁。

ペン-じく【ペン軸】 ペン先をさす軸。ペンホルダー。

へん-しつ【変質】 一（名・自スル）性質や品質が変わること。「―して色が変わる」 二（名）気質や性質がふつうの人とちがって病的なこと。「―者」

へん-しつ【偏執】 →へんしゅう（偏執）

へん-しゃ【編者】 書籍の編集者。編纂人。編者。

べん-しゃ【弁者・辯者】 弁舌の上手な人。

へん-しゅ【変種】 ①変わった種類。②同一種の生物ではあるが、形態や分布地域などに違いがあるもの。

へん-しゅ【騙取】（名・他スル）だましとること。詐取。

へん-しゅう【扁舟】 小さな舟。小舟。

へん-しゅう【偏執】 自分だけの考えに固執して他人の意見を受け入れないこと。偏執。

―きょう【―狂】 →モノマニア①

―びょう【―病】 →パラノイア

へん-しゅう【編修】（名・他スル）資料を集めて整理し書籍としてまとめること。特に史書・研究書に関していう。

へん-しゅう【編集・編輯】（名・他スル）①一定の方針のもとに種々の材料を集めて、書籍・雑誌・新聞などに作り上げること。「―者」「―会議」②映画フィルム・録音テープなどを一つの作品にまとめ上げること。「動画の―」③〘情報〙データなどに改変を加えること。「テキストーソフト」

へん-しょ【返書】 返事の手紙。返信。

べん-じょ【便所】 大小便をする所。

類語 手洗い・化粧室・洗面所・ご不浄・厠・はばかり・雪隠・手水場・トイレ・トイレット・WC

へん-しょう【返照】 一（名）①光の照り返し。②夕日の光。夕日。 二（名・他スル）〘仏〙内省すること。反照。

へん-しょう【編章・篇章】（詩文の「編」と「章」の意から）①文章。詩文。②書物。

へん-じょう【返上】（名・他スル）用がすんだもの、または用がないものとして返すこと。「予算を―する」「汚名―」参考 本来は謙譲語であるが、単に返すことにもいう。

へん-じょう【返状】 返事の書状。返書。

へん-じょう【変成・変生】 〘仏〙成り変わること。特に、仏の功徳によって生まれ変わること。

へんじょう〔遍昭・遍照〕（八一六〜八九〇）平安前期の僧・歌人。六歌仙・三十六歌仙の一人。俗名は良岑宗貞。蔵人頭・左近衛少将。のち出家して京都山科花山に元慶寺を創立。歌風は軽妙流麗。花山僧正。家集「遍昭集」。

べん-しょう【弁償・辨償】（名・他スル）他人に与えた損害をつぐなって返すこと。「―金」

べんしょう-ほう【弁証法・辯証法・辨証法】 ①対話・弁論によってある事柄を論証するときの論法。②〘哲〙矛盾・対立する概念を克服・統一することにより、さらに高次の総合的肯定に到達する思考法。あらゆる概念が三段の過程（正―反―合）を有する。⇩アウフヘーベン

―てき-ゆいぶつろん【―的唯物論】 →ゆいぶつべんしょうほう

へん-しょく【変色】（名・自他スル）色が変わること。また、色を変えること。「古い写真が―する」

へん-しょく【偏食】（名・自スル）食べ物をえり好みして、好きなものしか食べないこと。食品のとり方がかたよること。

ペンション〈pension〉小ホテル風の民宿。

へん・じる【変じる】（自他上一）変わる。変化する。また、変える。語源 サ変動詞「へんずる」の上一段化。

べん・じる【便じる】（自他上一）用が足りる。また、用を足す。語源 サ変動詞「べんずる」の上一段化。

べん・じる【弁じる・辨じる】 一（他上一）①わきまえる。区別する。「是非善悪を―」②処理する。すませる。「私が何でもご用を―・じましょう」 二（自上一）すむ。「用が―」 語源 サ変動詞「べんずる」の上一段化。

べん・じる【弁じる・辯じる】（他上一）①話す。述べる。「一席―」②言い訳をする。弁解する。「友のために―」 語源 サ変動詞「べんずる」の上一段化。

ペンシル〈pencil〉鉛筆。「シャープ―」

へん-しん【返信】 一 返事の手紙・通信。「―葉書」↔往信 二（名・自他スル）（手紙やメールで）返事を出すこと。

へん-しん【変心】（名・自スル）考えや気持ちの変わること。意志を変えること。心変わり。「―して敵につく」

へん-しん【変身】（名・自スル）姿を変えること。また、その変わった姿。「―の術」「―ぶりに驚く」

へん-しん【変針】（名・自スル）船などが針路を変えること。

へん-じん【変人・偏人】 一風変わった気質の人。変わり者。

ベンジン〈benzine〉〘化〙石油を分留して得られる揮発油。水とまざらず、アルコール・エーテルと混和する。油脂類の溶剤や洗浄剤用。石油ベンジン。

ペンス〈pence〉ペニー（＝イギリスの貨幣単位）の複数形。

へん-すう【辺陬】 片田舎。僻地。辺境。

へん-すう【変数】〘数〙いろいろな値をとりうる数。また、それを表す記号。↔定数

へん-ずつう【偏頭痛・片頭痛】〘医〙しばしば頭の片側に発作的に起こる強い拍動性の頭痛。

へん・する【偏する】（自サ変）一方にかたよる。「考え方が―」文 へん・す（サ変）

へん・する【貶する】（他サ変）①そしる。けなす。②地位・官職を下げる。身分を落とす。文 へん・す（サ変）

へん・ずる【変ずる】（自他サ変）→へんじる 文 へん・ず（サ変）

べん・ずる【便ずる】（自他サ変）→べんじる（便じる）文 べん・ず（サ変）

べん・ずる【弁ずる・辨ずる】（自他サ変）→べんじる（弁じる・辨じる）文 べん・ず（サ変）

べん・ずる【弁ずる・辯ずる】（他サ変）→べんじる（弁じる・辯じる）文 べん・ず（サ変）

へん-せい【変成】（名・自他スル）形や性質が変わってできること。また、変えて作ること。「―作用」

―がん【―岩】〘地質〙火成岩・水成岩が、地球内部で熱や圧力などの変成作用を受けてできた岩石。

へん-せい【変性】（名・自スル）①性質が変わること。また、その性質。②同類のほかの物と違う性質があること。「―アルコール」③〘医〙組織が形態的に変化すること。

へん-せい【編成】（名・他スル）個々の事物や人を集めて、一つの組織的なまとまりとすること。「八両―の電車」「番組―」「予算―」

へん-せい【編制】（名・他スル）個々のものを集めて、ある制

度・組織をつくること。特に、軍隊を組織すること。「戦時―」

へんせい-き【変声期】《保》思春期に声変わりのする時期。

へんせい-ふう【偏西風】《気》南北両半球の中緯度地方の対流圏を西から東に帯状に吹く風。南北回帰線付近の高圧帯から極に向かう風が、地球の自転のため、西風となるもの。

へん-せつ【変節】(名・自スル) それまで守ってきた主義・主張を変えること。「―漢(=節義を変えた男)」 用法 多く、批判・非難の気持ちをこめて言う。

へん-せつ【変説】(名・自スル) これまでの自説を変えること。

べん-ぜつ【弁舌・△辯舌】ものを言うこと。また、物の言い方。話しぶり。「―さわやか」「―をふるう」

へん-せん【変遷】(名・自スル) 時がたつにつれて移り変わること。移り変わり。「歴史の―」

ベンゼン〈benzene〉《化》最も単純な芳香族炭化水素。コールタールの分留などによって得られる無色の揮発性の液体。化学薬品・医薬・染料・火薬の原料となる。ベンゾール。

べん-そ【弁疏・△辯△疏】(名・他スル) 言い訳をすること。弁解。

へん-そう【返送】(名・他スル) 送り主に送り返すこと。

へん-そう【変相】サウ 一(名・自スル) 顔かたちを変えること。また、その変わった顔かたち。二(名)《仏》地獄・極楽のありさまなどを描いた図。変相図。

へん-そう【変装】サウ (名・自スル) 別人のように見せかけるために髪形や顔つき・服装などを変えること。また、その変えた姿。

へん-ぞう【変造】ザウ (名・他スル) 文書や紙幣・貨幣などの形式や内容に変更を加えること。「―紙幣」

へんそう-きょく【変奏曲】《音》一つの主題をもとに、リズム・旋律・和音などをさまざまに変化させて、全体を一つの楽曲にまとめたもの。バリエーション。

ベンゾール〈ドイツ Benzol〉→ベンゼン

へん-そく【変則】(名・形動ダ) 規則・規定にはずれること。ふつうのやり方ではないこと。また、そのさま。「―的」↕正則

へん-そく【変速】(名・自スル) 速力を変えること。「―ギア」

ベンダー〈vendor〉売り手。販売者。

へん-たい【変体】体裁・様式がふつうとちがっていること。また、その体裁・様式。「―漢文」

―がな【―仮名】現在ふつうに用いられている平仮名とは異なる字体の仮名。異体仮名。「い」に対する「𛀆」、「こ」に対する「𛀹」など。参考 現在の平仮名の字体は、明治三十三(一九〇〇)年の小学校令施行規則に基づいて統一された。

へん-たい【変態】一(名・自スル) 形を変えること。また、その変わった形。二(名) ①正常ではない状態。②《動》動物が成長の過程で形態に大きな変化を生じること。オタマジャクシがカエルになる類や昆虫の幼虫が成虫になる類。③「変態性欲(=異常で病的な形で表れる性欲)」の略。また、その傾向を示す人。

へん-たい【編隊】二機以上の飛行機などが隊形を組むこと。また、その隊形。「―飛行」

ペン-だこ【ペン×胼胝】筆記具を長い間使い続けたために指にできるたこ。

ペンタゴン〈Pentagon〉(五角形の意。建物が五角形をなしているところから)アメリカ合衆国国防総省の通称。

べん-たつ【△鞭△撻】(名・他スル)(「鞭」も「撻」もむち打つの意) ①むちで打ってこらしめること。②(転じて)いましめ励ますこと。「御指導御―のほど、よろしくお願い申し上げます」

ペンダント〈pendant〉首から胸に下げる装身具。

へん-ち【辺地】都会から遠く離れた不便な土地。僻地。

べん-ち【△胼△胝】→たこ(胼胝)

ベンチ〈bench〉①数人が腰掛けられる簡単な長椅子。「公園の―」②競技場や野球場の、監督やコーチ、選手の控え席。「―ウォーマー(=出場機会の少ない補欠選手)」③(転じて)試合中の監督やコーチ陣。「―の指示」

―プレス〈bench press〉パワーリフティングの種目の一つ。台に仰向けに寝て、両手でバーベルを押し上げるもの。

―マーク〈benchmark 水準点〉比較や評価に用いる指標。

ペンチ〈pinchers から〉針金を切断したり曲げたりするのに用いるはさみ形の工具。

へんちく-りん(名・形動ダ)《俗》→へんてこりん

ベンチャー〈venture〉冒険。冒険的試行。

―キャピタル〈venture capital〉新興企業に投資を行う会社。VC

―ビジネス〈和製英語〉高度の専門技術や創造的知識を武器に、危険はあるが成長性の高い分野に進出する小企業。

べんちゃら 口先ばかりうまく言い、誠実でないこと。また、その言葉。「お―を言う」

へん-ちょ【編著】書物を著作し編集すること。また、その書物。

へん-ちょう【変調】テウ (名・自他スル) ①調子が変わること。調子を変えること。また、その調子。↕正調 ②調子が正常でなくなること。「体に―をきたす」③《音》楽曲の調子を変えること。移調。④《物》高周波持続電流または電波(搬送波)の振幅・周波数・位相などを信号で変化させること。振幅変調をAM、周波数変調をFM、位相変調をPMという。

へん-ちょう【偏重】(名・他スル) あるものだけを特別に重んじること。「学歴―」

へん-ちょうし【変調子】テウシ 変わった調子。変調。

ベンチレーター〈ventilator〉換気装置。通風機。

へん-つう【変通】(名・自スル) その時々に応じて自由に変化し適応していくこと。「―自在」

べん-つう【便通】大便が出ること。通じ。「―がない」

ペンディング〈pending〉保留。懸案。「計画が―になる」

へん-てこ【変△梃】(名・形動ダ)《俗》変なさま。奇妙なさま。「―な格好」

―りん(名・形動ダ)《俗》変なさま。奇妙なさま。へんちきりん。へんちくりん。「―な服装」

へん-てつ【変哲】変わっていること。「何の―もない(=特にとりたてて言うほどのこともない)」用法 あとに打ち消しの語を伴う。

へん-てん【変転】(名・自スル) 状態が移り変わること。「めまぐるしく―する」「―極まりない」

へん-でん【返電】返事の電報。「―を打つ」

べん-てん【弁天・△辯天・△辨天】①「弁才天」の略。②美しい女性。美人。「―娘」

べん-でん【便殿】身分の高い人の休息用に臨時にあてる建物・部屋。便殿。

へんでん-しょ【変電所】発電所から受けた電力の電圧を変えて消費地へ配電する所。また、交流を直流に変えたり、周波数を変えたりする施設。

へん-ど【辺土】片田舎。辺地。

へん-とう【返答】タフ (名・自スル) 答えること。また、その答え。返事。「―に窮する」

へん-とう【△扁桃】タウ ①《植》アーモンド。②《生》口腔の奥にある、左右一対の楕円形に隆起したリンパ組織。口蓋扁桃。扁桃腺。「―炎」

―せん【―腺】→へんとう(扁桃)

へん-どう【変動】(名・自スル) 物事や事態が変わり動くこと。「物価の―」「世の中が激しく―する」

べん-とう【弁当・△辨当】タウ 容器に入れて外出先にたずさえる食べ物。転じて、仕事場などに取り寄せたり、店などで買ったりする簡単な食事。「―箱」

べん-なん【弁難・△辯難】(名・他スル) 種々の点から言いたてて非難すること。論難。「論敵を―する」

へん-に【変に】(副) 普通と違うさま。妙に。不思議に。「今日は―おとなしい」

へん-にゅう【編入】ニフ (名・他スル) 団体や組織などにあとから組み入れること。「―試験」

ペンネ〈イタ penne〉パスタの一種。太くて短い管状で、ペン先の形のように両端を斜めに切ったもの。

べん-ねい【便△佞】(名・形動ダ) 口先ばかりが上手で人にへつらうが、誠意がないさま。

ペン-ネーム〈pen name〉文筆家が作品を発表するときに用いる、本名以外の名前。筆名。雅号。

へんねん-し【編年史】編年体で書かれた歴史。

へんねん-たい【編年体】〔文〕中国・日本の歴史編集の一形式。年代順に事実を記していくもの。参考 中国では「春秋」「資治通鑑」、日本では「日本書紀」「栄花物語」などがこの形式による。歴史書の形式にはこのほかに、紀伝体(本紀と列伝など、人物中心。中国では「史記」「漢書」、日本では「大鏡」など)と、紀事本末体(事件中心。中国宋代の「通鑑紀事本末」など)とがある。

へん-のう【返納】ナフ (名・他スル) もとの場所・所有者に返し納めること。「奨学金を―する」

へんのう-ゆ【片脳油】ヘンナウ 樟脳油を精製して得る無色・揮発性の油。防臭・殺虫用。また、塗料の溶剤に用いる。

へん-ぱ【偏△頗】(名・形動ダ) かたよって不公平なこと。また、そのさま。「―な考え」

へん-ぱい【返杯・返△盃】(名・自スル) さされた杯の酒を飲みほして、相手に杯をさし返すこと。「―を受ける」

べん-ばく【弁△駁・△辯△駁】(名・他スル) 他人の説の誤りを攻撃して言い破ること。反駁。論駁。べんぱく。

べん-ぱつ【弁髪・△辮髪】男子の髪形の一種。頭の周囲をそり、中央の髪を編んでうしろへ垂らしたもの。もと満州族の風俗で中国清代に広く行われた。

ペン-パル〈pen pal〉(pal は仲間の意) →ペンフレンド

へん-ぴ【辺△鄙】(名・形動ダ) 中心地から遠く離れていてひらけていないこと。また、そのさま。「―な場所」

べん-ぴ【便秘】(名・自スル)〔医〕便通が異常にとどこおること。ふんづまり。

へん-ぴん【返品】(名・自他スル) 仕入れた品、または買った品を返すこと。また、その品。「不良品を―する」

へん-ぷ【返付】(名・他スル) もとの持ち主に返し渡すこと。

へん-ぷく【辺幅】(もと、布地のへりの部分の意から)うわべ。外見。みなり。「―を飾る」

べん-ぷく【便服】くつろいだときに着る服。ふだん着。便衣。

べん-ぷく【便腹】太って丸く前に突き出た腹。太鼓腹。

へん-ぶつ【変物・偏物】偏屈な人。変わり者。変人。

ペン-フレンド〈pen friend〉手紙を通じての友人。文通仲間。ペンパル。

へん-ぺい【偏平・△扁平】(名・形動ダ) 平たいさま。
―そく【―足】〔医〕土ふまずのくぼみがほとんどなく、足の裏が平たい足。

へん-ぺき【偏△僻】①心がかたよりねじけていること。②都から遠く離れた片田舎。

べん-べつ【弁別・△辨別】(名・他スル) 物事の違いを見分けて区別すること。「是非を―する」

ベンベルグ〈ドイ Bemberg〉(ドイツのベンベルグ社で作り出した)ちりめんに似た人絹の布地。(商標名)

へん-ぺん【片片】(タル) ①断片的であること。きれぎれ。②断片がひるがえるさま。「桜花―と散る」③取るに足りないさま。「―たる小事」文(形動タリ)

べん-べん【便便】(タル) ①太って腹が張り出しているさま。②むだに時を過ごすさま。「―と日を過ごす」文(形動タリ)

ぺんぺん-ぐさ【ぺんぺん草】(莢の形が三味線の撥に似ているところから)「なずな」の異称。
―が生える 家などが荒れ果てたことやさびれたことのたとえ。

へん-ぼう【変貌】バウ (名・自スル) ようすや姿がすっかり変わること。「めざましい―をとげる」

へん-ぼう【偏△旁】バウ 漢字の偏と旁。「―冠脚」

へん-ぽう【返報】(名・自スル) ①他人の好意にむくいること。返礼。②恨みに対して、しかえしをすること。しかえし。③返事。

へん-ぽう【変報】変事の知らせ。

べん-ぽう【便法】バフ ①便利な方法。②その時の都合でとる一時的な手段。便宜上のやり方。「一時の―」

ペンホルダー〈penholder〉①ペン軸。②(「ペンホルダーグリップ」の略)卓球で、ラケットをペンを握るように持つ握り方。⇔シェークハンド

へん-ぽん【返本】(名・自他スル) 書店が、仕入れた本を出版元や取次会社へ返すこと。また、その本。

へん-ぽん【△翩翻】(タル) 旗などが風にひるがえるさま。「旗が―とひるがえる」文(形動タリ)

へんま-がん【片麻岩】〔地質〕変成岩の一種。おもに長石・石英・雲母・角閃石などからなる。

べん-まく【弁膜・△瓣膜】〔生〕心臓・静脈・リンパ管などの内部にあって、血液・リンパ液の逆流を防ぐために開閉する膜。

へん-まん【遍満】(名・自スル) 広く全体に充満すること。

へん-み【変味】(名・自スル) 味が変わること。また、その味。

へん-みょう【変名】ミャウ →へんめい

べんむ-かん【弁務官・△辨務官】クワン 〔法〕自治領や保護国・植民地などに駐在し、行政・外交などを指導する役人。「高等―」

へんむ-けいやく【片務契約】〔法〕当事者の一方だけが債務を負う契約。贈与など。⇔双務契約

へん-めい【変名】(名・自スル) ①名を変えること。②本名を隠して別の姓名を用いること。また、その姓名。変名。

べん-めい【弁明・△辯明】(名・自他スル) ①説明して事理を明らかにすること。②自分の言動について説明すること。申し開きをすること。弁解。「―の余地がない」

へん-めん【片面】片方の表面。片面。

べん-もう【便△蒙】(童蒙(=子供)に便であるの意) 初心者向きにやさしく書かれた便利な書物。入門書。

べん-もう【△鞭毛】細菌類の一部やミドリムシ、動植物の精子などにある長いむち状の突起。運動器官としてはたらく。
―うんどう【―運動】鞭毛によって行われる運動。
―ちゅう-るい【―虫類】鞭毛をもつ単細胞生物の総称。ミドリムシ・トリパノソーマなど。

へん-もく【編目・△篇目】書物などの、編・章につけた題目。

へん-やく【変約】(名・自スル) 約束を変えること。約束にそむくこと。違約。

へん-よう【辺要】エウ 国境の要害。辺境の重要な地。

へん-よう【変容】（名・自他スル）姿・形・ようすなどが変わること。また、変えること。「―する町並み」

へん-らん【変乱】事変によって起こる社会の混乱。

べん-らん【便覧】ある事柄を知るのに便利で簡明にまとめられた（小型の）書物。ハンドブック。便覧(びんらん)。「国語―」

べん-り【弁理・△辨理】（名・自スル）物事を弁別して処理すること。

―し【―士】〔法〕特許・実用新案・意匠・商標などに関する、申請・出願の代理・鑑定などを職業とする者。

べん-り【便利】（名・形動ダ）都合のよいこと。役に立つこと。また、そのさま。「交通の―な土地」↔不便

―や【―屋】配達や伝言その他のあらゆる雑用を業とする者。転じて、雑用を気軽に引き受けて重宝がられる人。

へん-りゅう【偏流】―(リウ) 航空機・船舶が気流や海流によって進行方向からずれること。

へん-りょう【変量】―(リヤウ) ①変化する量。②統計で、調査対象の性質を数値で表したもの。

へん-りん【片△鱗】（一片のうろこの意から）ほんの一部分。かたはし。一端。「才能の―をうかがわせる」

ヘンルーダ〈(オランダ) wijnruit〉〔植〕ミカン科の常緑多年草。下部は木質化する。南ヨーロッパ原産。葉は羽状で互生し、初夏に黄色の花を開く。強い臭気がある。薬用・観賞用。

へん-れい【返礼】（名・自スル）受けた礼や贈り物などに対して、品物や礼を返すこと。また、その品物や礼。

へん-れい【返戻】（名・他スル）返すこと。もどすこと。「保険の解約―金」

べん-れい【勉励】（名・自スル）学業や職務などに努めはげむこと。一生懸命努力すること。「刻苦―」

べんれい-たい【△駢△儷体】→しろくべんれいたい

へん-れき【遍歴】（名・自スル）①各地を広くめぐり歩くこと。「諸国を―する」②いろいろな経験をすること。「人生―」

へん-ろ【遍路】〔仏〕祈願のため、弘法(こうぼう)大師修行の遺跡である四国八十八箇所の霊場を巡り歩いて参拝すること。また、その人。「お―さん」「―宿」[春]

べん-ろん【弁論・△辯論】（名・自スル）①大勢の前で自己の意見や考えを述べること。また、その論。「―大会」②たがいに論じ合うこと。また、その議論。③〔法〕法廷における訴訟当事者の主張や意見の陳述。「最終―」

ほ

ホ

五十音図「は行」の第五音。「ほ」は「保」の草体。「ホ」は「保」の旁(つくり)の下部。

ほ【甫】[人] ホ・フ ―（字義）①男子の美称。「尼甫(じほ)（＝孔子）」②はじめ。[人名]かみ・すけ・とし・なみ・のり・はじむ・はじめ・まさ・み・もと・よし

ほ【歩】[教2]**【步】**[人] ホ・ブ㊥・フ㊥ あるく・あゆむ ―（字義）①あゆむ。あるく。あゆみ。「歩行・徒歩・遊歩」②なりゆき。めぐりあわせ。「国歩」③みずぎわ。はとば。「歩頭」④長さの単位。ふたあしの長さ。「五歩」⑤（「ブ」と読んで）面積の単位。坪(つぼ)と同じ。六尺四方の土地。⑥（「ブ」と読んで）利率の単位。一割の一〇分の一。＝分。「歩合・日歩」[人名]あゆみ・すすむ・め・ゆき・わたる

ほ【歩】歩み。足取り。「―を進める」「―を運ぶ」

ほ【保】[教5] ホ たもつ・やすんじる ―（字義）①たもつ。もちつづける。「保持・保存・確保」②やすんじる。世話をする。助ける。「保育・保護・隣保(りんぽ)」③うけあう。ひきうける。「保証・保障・担保」④もり。守役。「保母」[人名]まもる・もち・もり・やす・やすし・より

ほ【哺】 ホ㊥ ふくむ ―（字義）①ふくむ。口の中に食べ物をふくむ。たべる。②はぐくむ。やしなう。口移しで食べ物をあたえる。「哺育・哺乳・反哺」

ほ【圃】[人] ホ ―（字義）①はたけ。その。野菜や果樹を植える所。「圃畦(けいほ)・田圃(でんぽ)・農圃(のうほ)」②農事。③農夫。④場所。[人名]その

ほ【捕】 ホ㊥ とる㊥・とらえる㊥・とらわれる㊥・つかまえる㊥・つかまる㊥ ―（字義）①とらえる。つかまえる。「捕獲・捕捉(ほそく)・捕縛・逮捕・拿捕(だほ)」②野球で、「捕手」の略。「捕逸」

ほ【◇浦】 ホ うら㊥ ―（字義）うら。水べ。川や湖などに沿った場所。「海浦・曲浦・州浦」[難読]浦回(うらみ)・浦曲(うらわ)

ほ【◇畝】 ホ・ボウ うね㊥・せ ―（字義）①せ。耕地の面積の単位。㋐日本では、約一アール。㋑周代では、一〇〇歩。約一・八アール。②耕地。田畑。③うね。あぜ。[人名]お・ね

ほ【補】[教6] ホ おぎなう ―（字義）①おぎなう。㋐ほころびを縫う。「補綴(ほてい・ほてつ)」㋑つくろう。修繕する。「補修・補繕」㋒たす。うめあわせる。「補充・補足・候補・増補」㋓改めととのえる。「補正・補整」②たすける。「補佐・補助」③官職を授ける。「補任(ほにん・ぶにん)・親補」[人名]さだ・すけ・たすく

-ほ【補】（接尾）正式の地位につく前の資格。また、その人。見習い。候補。「判事―」「警部―」

ほ【蒲】[人] ホ・ボ・ブ・フ がま ―（字義）①がま。ガマ科の多年草。②がま。むしろ。「蒲席」③草ぶきの屋根。④かわやなぎ。水楊(すいよう)。「蒲柳」⑤はらばう。「蒲伏・蒲服」⑥「菖蒲(しょうぶ)」は、ショウブ科の多年草。「蒲月・蒲節」[難読]蒲焼(かばやき)・蒲鉾(かまぼこ)・蒲公英(たんぽぽ)・蒲団(ふとん)[人名]かま

ほ【輔】[人] ホ・フ たすける ―（字義）助ける。力を添えて物事を成就させる。「輔助・輔弼(ほひつ)」[人名]すけ・たすく・ゆう

ほ【舗】 ホ㊥ しく ―（字義）①みせ。商店。「店舗(てんぽ)・老舗(ろうほ・しにせ)」②しく。しきならべる。「舗装・舗道」

ほ【帆】船の帆柱に張り、風を受けて船の推進力を得る布。「―を上げる」「―を掛ける」

ほ【穂】①〔植〕長い花軸に花や実の群がりついたもの。②とがったものの先の部分。「槍(やり)の―」「筆の―」「波の―（＝波がしら）」

―に出(で)る ①穂が出て実を結ぶ。②思っていることが表情・態度に現れる。

ぼ【戊】[人] ボ つちのえ ―（字義）十干の第五。つちのえ。時刻では今の午前四時ごろ。「戊夜」

ぼ【母】[教2] ボ・モ はは ―（字義）①はは。女親。「母性愛・母堂・義母・継母・賢母・慈母・生母・養母」↔父 ②年長の女子の親族のよびかた。「叔母

（しゅくぼ）・（おば）・祖母・伯母（はくぼ）・（おば）」③めのと。うば。「乳母・保母」④物を生じるもととなるもの。「母音（ぼいん）・母型・酵母・字母」⑤おやもと。根拠地。「母港・母船」⑥自分の出身地。「母校・母国」 難読 母屋（おもや）・母家（おもや）・母衣（ほろ） 参考「毋」は別字。

ぼ【牡】（人） ボ・ボウ おす (字義) ①おす。鳥獣のおす。②(陰性に対する)陽性。③かぎ。かぎ穴にさしこむかぎ。④(谷に対する)丘。 難読 牡蠣（かき）・牡丹餅（ぼたもち）

ぼ【姥】（人） ボ・モ うば (字義) うば。㋐老女。㋑乳母（めのと）。幼児の世話をする女性。 人名 おけ・とめ

ぼ【菩】（人） ボ・ホ・フウ・ブ (字義) ①ほとけぐさ。②梵語（ぼんご）の音訳字に用いる。「菩薩（ぼさつ）・菩提（ぼだい）」

ぼ【募】 ボ㊥ つのる㊥ (字義) つのる。招き集める。広く求める。「募金・募集・応募・急募・公募」

ぼ【墓】 教5 ボ はか (字義) はか。死者をほうむってある所。「墓穴・墓参・墓所・墓前・墓地・展墓・墳墓・陵墓」

ぼ【慕】 ボ㊥ したう㊥ (字義) したう。㋐なつかしく思う。思いをよせる。「慕情・思慕」㋑恋しがる。「愛慕・恋慕」㋒あとを追う。「追慕」㋓手本として学び習う。「欽慕（きんぼ）・敬慕」 人名 もと

ぼ【暮】 教6 ボ㊥ くれる・くらす・くれ (字義) ①くれ。㋐日ぐれ。夕方。「暮色・暮夜・夕暮（せきぼ）・薄暮」↕朝 ㋑年のくれ。「歳暮（さいぼ・せいぼ）」㋒季節のおわり。「暮春」②くらす。日をすごす。生活。

ぼ【模】 (字義) →も(模)

ぼ【簿】 ボ㊥ (字義) 帳面。物事を書き記すために紙をとじたもの。「簿記・家計簿・原簿・出納簿（すいとうぼ）・帳簿・名簿」

ボア〈boa〉①毛皮・羽毛などで作った女性用の襟巻き。また、衣服の裏地などに用いる毛足の長い織物をいう。②〘動〙ボア科のヘビの総称。中南米などに分布。多くは、体長三―五メートルだが、最大のアナコンダは九メートルに達する。

ほ-あん【保安】 安全を保つこと。国・社会の秩序を保つこと。

―かん【―官】（クヮン） アメリカで、公選されて郡などの治安維持にあたる役人。シェリフ。

―ぼう【―帽】 坑内・工事現場などで危険防止用にかぶる、樹脂などでできた帽子。安全帽。ヘルメット。

―よういん【―要員】（エウヰン） 鉱山・工場・事業所・交通機関などで、災害を防ぐことを仕事とする人。

―りん【―林】 水源を豊かにし、風水害を防ぎ、風致を守るなどの目的で、保護・保全するよう指定された森林。

ほ-い【°布衣】〘古〙→ほうい(布衣)

ほ-い【°本意】 →ほんい(本意)

ほ-い【補遺】（ヰ）― 書きもらしたりした事柄を補うこと。また、その補ったもの。「―版」「全集の―」

-ぽ・い (接尾) →っぽい

ホイール〈wheel〉輪。車輪。「―キャップ」

ぼ-いき【墓域】（ヰキ）― 墓地として仕切られた区域。

ほ-いく【保育】（名・他スル） 乳幼児を保護し育てること。

―えん【―園】（ヱン）「保育所」の通称。

―き【―器】 保温・酸素補給などの装備のある、未熟児を入れて育てるための装置。

―し【―士】 養護施設・保育所などで児童の保育をする人の法令上の名称。一定の資格が必要。保父や保母。

―しょ【―所】 児童福祉施設の一つ。保護者が労働・病気などで保育できない乳幼児を、預かり保育する所。保育園。

ほ-いく【哺育・保育】（名・他スル）(動物が)乳を飲ませたり、食べ物を与えたりして子を育てること。

ボイコット〈boycott〉（名・他スル）①集団的・組織的に、特定商品の不買や取引拒否を行うこと。不買同盟。②団結して、特定の人を排斥したり、特定の運動・集会などに参加しなかったりすること。「大会を―する」

ボイス〈voice〉声。「ハスキー―」

―レコーダー〈voice recorder〉航空機で、操縦室内の会話や管制塔との交信を録音する装置。

ぽい-すて【ぽい捨て】〘俗〙ごみやたばこの吸い殻などを所かまわず投げ捨てること。「―禁止条例」

ほ-いつ【捕逸】（名・他スル）→パスボール

ホイッスル〈whistle〉①警笛。汽笛。②競技で、審判員の鳴らす笛。「試合終了の―」

ホイップ〈whip〉（名・他スル） 生クリームや卵白などを勢いよくかきまぜて泡立てること。また、泡立てたもの。「―クリーム」

ほ-いっぽ【歩一歩】（副） 少しずつ進むさま。一歩一歩。

ほい-と【×乞食・×乞児・°陪°堂】 こじき。

ほい-な・し【°本意無し】（形ク）〘古〙不本意だ。残念だ。

ほい-ほい（副） 他人の依頼を軽々しく引き受けるさま。軽率に物事を行うさま。「誘われて―ついて行く」

ボイラー〈boiler〉①給湯・暖房用の湯わかし装置。②密閉器内で圧力の高い蒸気を作り、送り出す装置。汽缶（きかん）。かま。

ホイル〈foil〉薄い金属箔（はく）。フォイル。「アルミ―」

ボイル〈boil〉（名・他スル） ゆでること。「―した卵」

ボイル〈voile〉よりの強くかかったガス糸で織った、薄地で目の粗い織物。夏の婦人・子供服地、シャツ地などに用いる。

ボイル-ゆ【ボイル油】〈boiled oil〉〘化〙桐油（とうゆ）・亜麻仁油（あまにゆ）などの乾性油に乾燥剤を加え、加熱処理したもの。物に塗ると短時間で乾燥する。ペンキ・印刷インキの溶剤に用いる。

ほい-ろ【△焙炉】 火鉢などにかざして、茶の葉などを乾燥させる道具。木の枠に紙を張ったもの。春

ぼ-いん【母音】 単音の一つ。声帯の振動によって生じた声が、口の中で通路を妨げられずに発せられる音。現代の日本語ではア・イ・ウ・エ・オの五音。母音（ぼおん）。↕子音（しいん）

ぼ-いん【△拇印】 親指の先に墨・朱肉などを付けて指紋を押し、印判に代えるもの。爪印（つめいん）。「―を押す」

ポインセチア〈poinsettia〉〘植〙メキシコ原産のトウダイグサ科の常緑低木。花の周囲の葉は赤や黄色など。クリスマスのころ、多く鉢植えなどにして観賞用とする。冬

ポインター〈pointer〉〘動〙犬の一品種。短毛で、耳は垂れる。足が長く筋肉質。狩猟用。

ポイント〈point〉①点。箇所。②要点。「問題の―を押さえる」③(スポーツや仕事の評価などの)点数。得点。「―をかせぐ」④小数点。⑤鉄道の転轍機（てんてつき）。「―を切り換える」⑥活字の大きさの単位。一ポイントは七二分の一インチ。ポ。⑦二つの百分率の値の差を表す語。「前年比五―の支持率低下」

―ゲッター〈和製英語〉団体競技の球技で、得点を多くあげる選手。

ほう【方】 教2 ホウ（ハウ） かた (字義) ①かた。むき。「方角・方向・四方・上方」②ところ。場

所。「方言・地方」③てだて。やりかた。「方便・方法」④わざ。技術。「方術・医方」⑤薬の調合。「処方」⑥四角形。「方形・直方体」↔円 ⑦ただしい。「方正」⑧あたる。まさに。「方今」⑨同じ数を掛けあわす。「平方・立方」[難読]方便(たずき)・方舟(はこぶね) [人名]あたる・お・しげ・すけ・たか・ただし・たもつ・つね・なみ・のり・ふさ・まさ・まさし・み・みち・も・やす・より

ほう【方】ハゥ ①方位。方向。「南の―」②方面。分野。「運動の―では抜群だ」③それに属する意を表す語。部類。「怒りっぽい―だ」④二つ以上あるもののうちの一つをさしていう語。「君の―が正しい」⑤四角。平方。また、正方形の一辺の長さ。「―一里の土地」⑥方法。手段。

ほう【包】[教4] ホウ(ハウ) つつむ
(字義)①つつむ。㋐くるむ。「包装」㋑かくす。ふくむ。「包含(ほうがん)・包蔵・内包」㋒とりかこむ。「包囲」㋓ひとまとめにする。「包括」㋔いれる。受けいれる。「包容」②つつみ。「小包(こづつみ)・梱包(こんぽう)」[人名]かた・かつ・かぬ・かね・しげ・ふさ

ほう【芳】ホウ(ハウ)㊥ かんばしい(高)
(字義)①かんばしい。㋐かおる。かおりがよい。「芳気・芳香」㋑名声が高い。志や行為が美しい。「芳烈・遺芳」②若い女性。「芳紀・芳年」③他人の物や事に冠する敬称。「芳志・芳名」[人名]お・か・かおる・かんばし・は・はな・ふさ・ほ・みち・もと・よし

ほう【邦】ホウ(ハウ)㊥ くに
(字義)①くに。国家。「邦国・異邦・連邦」②日本の。「邦楽・邦人」

ほう【奉】ホウ㊥・ブ㊥ たてまつる(高)
(字義)①たてまつる。㋐さしあげる。「奉献・奉納」㋑うやうやしくする。「奉還・奉迎」②つとめ行う。「奉公・奉仕」③うけたまわる。「遵奉(じゅんぽう)・信奉」④おつかえする。「供奉(ぐぶ)」[難読]奉行(ぶぎょう) [人名]うけ・とも・みつぐ・よし

ほう【宝】[教6]【寶】ホウ たから
(字義)①たから。㋐金・銀・珠玉など。「宝石・宝物・財宝・七宝」㋑たいせつで尊い品。「家宝・国宝・秘宝」㋒金銭。「通宝」②尊い。すぐれた。「宝典」③天子のことをいう。「宝位・宝算・宝祚(ほうそ)」④仏教で、仏。「宝蓋(ほうがい)・宝塔・三宝」[人名]かね・たか・たかし・たけ・とみ・とも・ほ・みち・よし

ほう【抱】ホウ(ハウ)㊥ だく㊥・いだく㊥・かかえる㊥
(字義)①だく。いだく。両手でかかえる。「抱腹・抱擁(ほうよう)・介抱」②心にいだく。思う。「抱懐・抱負」[人名]もち

ほう【放】[教3] ホウ(ハウ) はなす・はなつ・はなれる・ほうる
(字義)①はなす。㋐ときはなす。自由にする。「放任・放牧・開放・解放」㋑ゆるす。にがしてやる。「放免・釈放」㋒すてる。そのままにしておく。「放棄・放置」②はなつ。㋐おいやる。しりぞける。「放逐(ほうちく)・追放」㋑発する。出す。「放射・放出」㋒つける。かける。「放火」③ほしいまま。わがまま。「放言・放蕩(ほうとう)・豪放・奔放」④しまりがない。「放漫・粗放」[難読]放(ほか)す・放下(ほうか) [人名]ゆき・ゆく

ほう【朋】[人] ホウ とも (字義)①友。師を同じくする学友。「朋輩(ほうばい)・朋友」②なかま。たぐい。「朋党」

ほう【法】[教4] ホウ(ハフ・ホフ)・ハッ(高)・ホッ(高) のり
(字義)①のり。㋐法律。「法規・法令・刑法・憲法・国法・商法・民法」㋑きまり。おきて。さだめ。「法則・加法・減法・乗法・除法・文法」㋒手本。模範。「法書・法帖(ほうじょう)」㋓礼儀。しきたり。「法式・作法・礼法」②てだて。手段。「便法・方法」③やりかた。手順。「製法・筆法・兵法・論法」④裁判に関することにいう。「法曹・法廷・法務・司法」⑤仏の教え。仏道。「法門・法界(ほっかい)・教法・説法・仏法・妙法」⑥死者の供養。「法事・法要」[難読]法度(はっと)・法堂(はっとう)・法被(はっぴ)・法眼(ほうげん)・法主(ほっしゅ)・法橋(ほっきょう)・法性(ほっしょう)・法螺(ほら) [人名]かず・さだむ・つね・はかる

ほう【法】ハフ ①法則。きまり。特に、法律。「―にそむく」「―を曲げる」②物事のしかた。また、しきたり。「―にかなう」③道理。「親に逆らうなどという―があるか」④数学で、除数。または乗数。⑤〔文法〕西洋文法で、文の内容を話し手がどうとらえたかを表す形式。「直説―」「条件―」⑥〔仏〕仏の教え。仏法。

ほう【泡】ホウ(ハウ)㊥ あわ㊥
(字義)あわ。液体が気体を包んでできる丸い粒。「泡沫(ほうまつ)・気泡・水泡・発泡」[難読]泡銭(あぶくぜに)・泡沫(うたかた)

ほう【封】(字義)→ふう(封)

ほう【胞】ホウ(ハウ)㊥ えな
(字義)①えな。胎児をつつむ膜。②はら。母の胎内。「同胞」③生物体を組織する原形質。「胞子・細胞」[難読]胞衣(えな)

ほう【倣】ホウ(ハウ)㊥ ならう(高)
(字義)ならう。まねる。「倣傚(ほうこう)・模倣」[人名]より

ほう【俸】ホウ㊥
(字義)①昔、職務に対して支給された米、または金銭。扶持(ふち)。「俸禄(ほうろく)」②給料。手当。「俸給・月俸・減俸・年俸・罰俸・本俸」

ほう【峰】【[人]峯】ホウ㊥・フ みね㊥
(字義)みね。山の頂。高い山。「高峰・連峰」[人名]お・たか・たかし・ね・ほ

ほう【砲】ホウ(ハウ)㊥
(字義)火薬で弾丸を発射する兵器。つつ。おおづつ。「砲撃・砲弾・大砲・鉄砲」

ほう【砲】ハウ 大砲。火砲。「―を据える」

ほう【崩】ホウ㊥ くずれる㊥・くずす㊥
(字義)①くずれ落ちる。「崩壊・崩落」②天子の死。「崩御」

ほう【捧】[人] ホウ ささげる
(字義)①ささげる。㋐両手でうやうやしく持つ。「捧持・捧読」㋑差し上げる。献上する。「捧献」②抱きかかえる。「捧心・捧負・捧腹絶倒」③手ですくう。[人名]かた・たか・もち

ほう【萌】[人]【[人]萠】ホウ(ハウ)・ボウ(バウ) きざす・もえる
(字義)きざす。芽ばえる。芽ばえ。「萌芽・萌生」[人名]きざし・め・めぐみ・めぐむ・めみ・もえ

ほう【訪】[教6] ホウ(ハウ) おとずれる㊥・たずねる・とう
(字義)①とう。たずね求める。「訪古・捜訪(そうほう)・探訪」②おとずれる。人の所をたずねる。「訪客・訪日・訪問・来訪・歴訪」[人名]

こと・まさ・み・みる

ほう【逢】 人 ホウ あう ―(字義)①あう。道ばたで行きあう。「逢会・逢遇・逢着」②迎える。㋐出迎える。「逢迎」㋑迎合する。難読 逢瀬・逢魔が時 人名 あい

ほう【報】 教5 ホウ むくいる ―(字義)①むくいる。むくい。㋐返礼をする。お返し。「報恩・報酬」㋑仕返しをする。「報仇・報復」㋒こたえ。結果。「応報・果報」②しらせる。しらせ。「報告・報知・警報・情報・電報」人名 お・つぐ・みつぎ

ほう【報】 知らせ。通知。「死去の―に接する」

ほう【◇棚】 ホウ(ハウ) たな ―(字義)①かけはし。長い木をかけ渡した橋。②たな。物を載せるために板を平らに渡したもの。③ひさし。木や竹などをかけ渡して下をおおうもの。「涼棚」難読 棚浚え・棚機・棚牡丹 人名 すけ

ほう【蜂】 ホウ はち ―(字義)①はち。ハチ目(膜翅目)の昆虫の一群。「蜂窩・蜂腰・養蜂」②群がる。「蜂起・蜂聚」③ほこさき。

ほう【豊】 教5 **【豐】** ホウ・ブ ゆたか・とよ ―(字義)①ゆたか。㋐しげる。よくみのる。「豊作・豊熟」↔凶 ㋑多い。満ちる。足りる。「豊潤・豊富・豊満」㋒肥えている。「豊頰・豊麗」②大きな高坏。③「豊前の国」「豊後の国」の略。「豊州・筑豊」人名 あつ・かた・て・と・のぼる・ひろ・ひろし・ぶん・みのる・もり・よし

ほう【飽】 ホウ(ハウ) あきる・あかす ―(字義)①あきる。じゅうぶん食べる。満腹する。「飽食・飽腹」②いっぱいになる。「飽満・飽和」人名 あき・あきら

ほう【蓬】 人 ホウ よもぎ ―(字義)①よもぎ。㋐キク科の多年草。山野に自生する。㋑むかしよもぎ。キク科の多年草。乾燥地帯では風に吹かれて転がり飛ぶという。「蓬矢・孤蓬」②乱れている。また、まっすぐ伸びない。「蓬首・蓬心・蓬頭・蓬髪」③転々とさすらう。「蓬飄・蓬累」④仙人の住むという所。「蓬壺・蓬島・蓬萊」

ほう【鞄】 人 ホウ(ハウ)・ハク かばん ―(字義)①なめし革を作る職人。②かばん。革・ズック製の物入れ。

ほう【鳳】 人 ホウ おおとり ―(字義)①→次項。「鳳凰・瑞鳳」②天子や宮中のことに関していう語。「鳳駕・鳳輦」人名 たか・ほ

ほう【△鳳】 中国の想像上のめでたい鳥。⇒ほうおう(鳳凰)

ほう【褒】 **【襃】** ホウ ほめる ―(字義)ほめる。ほめそやす。「褒賞・褒美・毀誉褒貶」

ほう【鋒】 人 ホウ ほこさき ―(字義)①ほこさき。きっさき。刃物の先のとがったところ。「鋒刃・鋒鋩」②さきて。軍隊の前列。「先鋒・前鋒」③するどい勢い。物のするどい先。「鋒起・舌鋒・筆鋒・論鋒」

ほう【縫】 ホウ ぬう ―(字義)①ぬう。ぬい合わせる。「縫合・縫製・裁縫」②失敗などを取りつくろう。「弥縫」人名 ぬい

ほう【鵬】 人 ホウ おおとり ―(字義)→次項。「鵬雲・鵬挙・鵬程・鵬図・大鵬」人名 たか・とも・ゆき

ほう【△鵬】 中国の想像上の大鳥。翼の長さは三千里で、九万里をひと飛びするという。おおとり。

ほう【△苞】 ハウ 〔植〕花のつけねにあって、つぼみを包んで保護している葉。包葉。

ほう【△袍】 ハウ 束帯の上衣。位階により色が変わる。上の衣。

ほう (感) 驚いたり感心したりしたときに発する語。「―、さすがですね」

ぼう【亡】 教6 ボウ(バウ)・モウ(マウ) ない・ほろびる ―(字義)①ほろびる。ほろぼす。「亡国・興亡・滅亡」↔存 ②死ぬ。「亡君・亡霊・亡者・死亡」③うしなう。「亡佚・亡欠・亡失」④にげる。のがれる。「亡命・逃亡・敗亡」⑤ない。=無。難読 亡骸

ぼう【乏】 ボウ(ボフ) とぼしい ―(字義)①とぼしい。足りない。少ない。「欠乏・耐乏」②まずしい。「窮乏・貧乏」

ぼう【卯】 人 ボウ(バウ) う ―(字義)十二支の第四。㋐動物では兎。「乙卯」㋑暦では陰暦四月。「卯月」㋒時刻では午前六時ごろ。㋓方位では東。難読 卯木 人名 あきら・しげ・しげる

ぼう【妄】 バウ (字義)→もう(妄)

ぼう【忙】 ボウ(バウ) いそがしい ―(字義)いそがしい。せわしい。「忙殺・忙事・忙中・怱忙・多忙・繁忙」↔閑

ぼう【牟】 人 ボウ・ム ―(字義)①牛の鳴き声。「牟然」②むさぼる。「牟食・牟利」③増す。増える。④多い。⑤ひとみ。=眸。「牟子」⑥梵語の音訳字。「釈迦牟尼」人名 ます・もと

ぼう【坊】 ボウ(バウ)・ボッ ―(字義)①まち。市街。「坊間・坊市・京坊」②てら。僧侶の住居。「宿坊・僧坊・内坊」③僧侶。「御坊」④建物。「春坊・東宮坊」⑤へや。家屋。「別坊」

-ぼう【坊】 バウ (接尾)①僧の名前に添える語。「武蔵―」②ある語に添えて、そのような性質である人を卑しんだり、あざけったりする意を表す。「けちん―」「食いしん―」「朝寝―」③子供の名に添えて愛称とする語。「けん―」「お里―」

ぼう【坊】 バウ ①僧の住まい。僧坊。「―に泊まる」②僧侶。「お―さん」③男の子。「―はどこの子だ」「―や」

ぼう【妨】 ボウ(バウ) さまたげる ―(字義)さまたげる。じゃまをする。さまたげ。「妨害・妨止」

ぼう【忘】 教6 ボウ(バウ) わすれる ―(字義)わすれる。㋐おぼえていない。記憶がなくなる。「忘却・忘失・遺忘・健忘症・備忘録」㋑おろそかにする。「忘恩」

ぼう【防】 教5 ボウ(バウ) ふせぐ ―(字義)①つつみ。土手。「堤防」②ふせぐ。ふせぎ。㋐せきとめる。「防火・防寒・消防・水防」㋑まもる。「防衛・防御・国防」㋒用心する。そなえる。「警防・予防」㋓害に対してまもる。「防疫・防犯」③「周防の国」の略。「防州・防長」難読 防人・防遏

ぼう【房】 ボウ(バウ) ふさ・へや

(字義) ①へや。㋐堂の左右にある小部屋。「房室・東房」㋑僧侶の住む小部屋。「禅房・僧房」㋒ひろく部屋をいう。「茶房・独房」㋓寝室。男女の交わり。「房事・閨房」②家。「房屋・山房」③小部屋の集まった形。巣。「子房・蜂房・蓮房」④ふさ。ふさの形をしてたれているもの。「花房・乳房・」⑤「安房の国」の略。「房州」[人名]お・のぶ

ぼう【肪】ボウ(バウ)㊥ あぶら
(字義) あぶら。体内の油質の固まったもの。「脂肪」

ぼう【茅】(人) ボウ(バウ) かや
(字義) ①かや。ちがや・すげなどの草類の総称。「茅茨・草茅」②かやでふいた屋根。また、その家。「茅屋・茅舎」[難読]茅花 [人名]ち

ぼう【昴】(人) ボウ(バウ) すばる
(字義) すばる。星座の名。二十八宿の一つ。「昴宿」

ぼう【某】ボウ㊥ それがし
(字義) ①不定称の人代名詞。㋐人の姓名が不明か、わざと明らかにしないときに用いる。なにがし。ある人。「某氏・某某・何某」㋑自分を謙遜していう。わたくし。それがし。②不確実な事物・日時・場所などを表す。ある。「某国・某年某月某日」

ぼう【某】 名前や時・場所などが不明か、わざと明かさないときに用いる語。ある。なにがし。「—大学」「知人—の話」

ぼう【冒】ボウ㊥ おかす㊥
(字義) ①おかす。㋐なにものをもものともせずつき進む。「冒険」㋑けがす。「冒瀆」㋒人の名をかたる。偽っていう。「冒称・冒名」②おおう。かぶる。かくす。「幎冒」③かぶりもの。＝帽。

ぼう【剖】ボウ㊥・ホウ さく・わける
(字義) ①さく。わける。刀で切りわける。「剖判・解剖」②さだめる。よしあしを見わける。「剖決・剖断」

ぼう【紡】ボウ(バウ)㊥ つむぐ㊭
(字義) ①つむぐ。綿・麻などの繊維をより合わせて糸にする。「紡織・紡績」②つむいだ糸。「紡糸・紡毛・混紡」[難読]紡錘

ぼう【望】㊫4 ボウ(バウ)・モウ(マウ)㊥ のぞむ・もち
(字義) ①のぞむ。のぞみ。㋐遠く見わたす。「望遠・一望・眺望・展望」㋑願う。欲する。「望外・望蜀・願望・希望・志望・所望・熱望・野望・欲望」②ほまれ。人気。「衆望・人望・声望」③うらむ。せめる。「怨望」④もち。満月。陰暦十五日の月。「望月・既望」[人名]のぞみ・み

ぼう【眸】(人) ボウ・ム ひとみ
(字義) ひとみ。目の黒い部分。め(眼)。「眸子・眸睛・双眸・明眸」

ぼう【傍】ボウ(バウ)㊥ かたわら㊭・そば
(字義) かたわら。そば。わき。「傍観・傍系・傍線・傍聴・路傍・傍若無人」[難読]傍惚れ・傍目・傍焼き・傍杖 [人名]かた

ぼう【帽】ボウ㊥
(字義) ぼうし。かぶりもの。「帽子・学帽・制帽・脱帽」

ぼう【棒】㊫6 ボウ
(字義) ①ぼう。つえ。「棒術・棍棒」②うつ。たたく。「痛棒」③一直線で単調なこと。「棒暗記」[難読]棒手振り

ぼう【棒】 ①手に持てるくらいの太さの、細長い木・竹・金属など。「—でたたく」②天秤棒。「—を担ぐ」③まっすぐに引いた線。「—で消す」④棒術。「—の使い手」
—に振る それまでの努力や苦心をむだにする。自分の将来などをだめにする。「一生を—」

ぼう【貿】㊫5 ボウ かえる
(字義) たがいに品物を売り買いする。産物を相互に取り引きする。「貿易」

ぼう【貌】ボウ(バウ)㊥ かたち
(字義) かたち。㋐顔。顔色。「顔貌・容貌」㋑姿。ありさま。「形貌・体貌・風貌」㋒うわべ。外見。「外貌」

ぼう【暴】㊫5 ボウ・バク㊥・あばく㊭ あばれる・あらい・あらす
(字義) ①あらい。あらあらしい。㋐たけだけしい。てあらい。「暴言・横暴・凶暴・粗暴・乱暴」㋑激しい。「暴風雨」㋒無謀な。「暴挙・暴走」㋓悪い。道にはずれた。「暴君・暴政」②あらす。㋐あばれる。あらあらしくふるまう。「暴行・暴力」㋑そこなう。しいたげる。「暴虐・暴逆・自暴自棄」③あばれ者。「暴漢・暴徒」④度をすごす。不当な。「暴利・暴飲暴食」⑤にわかに。急に。突然。「暴発・暴落」⑥あばく。さらす。あらわれる。「暴露」⑦素手で打つ。「暴虎馮河」

ぼう【暴】 乱暴なふるまい。「—を以って—に報いる」

ぼう【膨】ボウ(バウ)㊥ ふくらむ㊥・ふくれる㊥
(字義) ふくれる。はれる。大きくなる。「膨大・膨張」

ぼう【謀】ボウ㊥・ム㊭ はかる㊭
(字義) ①はかる。㋐考えをめぐらす。「謀将・謀臣・遠謀・深謀」㋑人に相談する。「謀議・参謀」㋒くわだてる。悪事を計画する。「謀殺・謀叛・陰謀・共謀・首謀者」②はかりごと。たくらみ。「謀略・奇謀・策謀・権謀術数」[人名]こと・のぶ

ぼ-う【暮雨】 夕暮れに降る雨。

ぼう-あく【暴悪】(名・形動ダ) 道理に外れ乱暴なこと。

ぼう-あつ【防遏】バウ (名・他スル) 防ぎとどめること。防止。

ぼう-あつ【暴圧】(名・他スル) 行動・言論などを力でおさえつけること。「デモ隊を—する」

ほう-あん【奉安】(名・他スル) 敬いつつしんで安置すること。

ほう-あん【法案】ハフ 法律の案文。「—を審議する」

ぼう-あんき【棒暗記】(名・他スル) 内容を理解しないまま、文章や語句などをそのまま暗記すること。丸暗記。

ほう-い【方位】ハウヰ ①東西南北や緯度・経度を基準にして決めた方向。②陰陽道で、方向の吉凶。「—を占う」

ほう-い【。布衣】《古》無官の者が着た無紋の狩衣。また、それを着る身分の人。六位以下の人。布衣。

ほう-い【包囲】ハウヰ (名・他スル) 逃げられないように、まわりをとりかこむこと。「—網」「敵を—する」

ほう-い【法衣】ホフ →ほうえ(法衣)

ぼう-い【暴威】ヰ 荒々しい勢い。乱暴なふるまい。

ほう-いがく【法医学】ハフ 《医》法律上の問題となる医学的な事柄(たとえば刑事事件に際しての死因や指紋・血液型の判定など)を研究し、鑑定・解明する応用医学の一分野。

ほう-いつ【放逸・放佚】ハウ (名・形動ダ) 勝手気ままでだらしないこと。また、そのさま。「生活が—に流れる」

ほう-いん【法印】ホフ ①《仏》(「法印大和尚位」の略)僧の最高の位。②中世以降、医師・儒者・画工・連歌師などに与

えられた称号。③「山伏」の異称。
ぼう-いん【暴飲】(名・自スル) 酒などを度をこして飲むこと。「―暴食」
ぼう-う【暴雨】 激しく降る雨。
ほう-え【法会】〘仏〙①人を集めて仏法を説き聞かせる会合。②死者の追善供養をすること。また、その集まり。法要。
ほう-え【法◦衣】〘仏〙僧尼の着る衣服。僧衣。法衣。
ほう-えい【放映】(名・他スル) テレビで放送すること。
ぼう-えい【防衛】(名・他スル) 防ぎ守ること。「―力」「国土の―」「タイトルを―する」
―しょう【―省】 中央行政官庁の一つ。防衛大臣を長とし、陸上・海上・航空の各自衛隊を管理・運営する。
ぼう-えき【防疫】(名・他スル) 感染症の発生・感染を防ぐこと。また、国内への感染症の侵入を防ぐこと。「―対策」
ぼう-えき【貿易】(名・自スル) 外国と商業取引をすること。
―じり【―尻】(「尻」は帳尻の意) 輸出入の収支決算。
―ふう【―風】〘気〙南北両半球の緯度二〇―三〇度付近から赤道に向かって一年中吹いている東寄りの風。北半球では北東、南半球では南東から吹く。恒信風。語源 昔、貿易船がこの風を利用して航海したところからこの名がある。
ほう-えつ【法悦】 ①〘仏〙仏の教えを聞き、救いを体感したときの喜び。信仰から起こる恍惚とした状態。②うっとりするような喜び。エクスタシー。「―の境にひたる」
ほう-えん【方円】 四角と丸。「水は―の器にしたがう」
ほう-えん【砲煙】 大砲を発射したときに出る煙。「―弾雨(=戦闘の激しいようすをいう語)」
ほう-えん【△烽煙】 のろし。のろしの煙。
ほう-えん【豊艶】(名・形動ダ) ふくよかで魅力的なさま。
ぼう-えん【望遠】 遠くを見ること。
―きょう【―鏡】〘物〙凸レンズまたは反射鏡を組み合わせて遠くの物を拡大して見る装置。とおめがね。「天体―」
―レンズ 遠くの物を拡大して撮影するために用いる、焦点距離の長いカメラ用レンズ。
ほう-おう【法王】 ①→きょうこう(教皇) ②〘仏〙仏法の王。仏の称。
ほう-おう【法皇】 仏門にはいった上皇。「後白河―」
ほう-おう【訪欧】(名・自スル) ヨーロッパを訪れること。
ほう-おう【△鳳△凰】 昔、中国で、めでたいものとされた想像上の鳥。徳の高い天子が世に現れたときに出るという。参考 雄を「鳳」、雌を「凰」と称することもある。

〔鳳凰〕

ぼう-おく【△茅屋】(「茅」はかやの意) ①屋根がかやぶき・わらぶきの家。茅舎。②あばらや。また、自分の家の謙称。
ほう-おん【報恩】 受けた恩にむくいること。恩返し。「―講」
ぼう-おん【防音】(名・自スル) 外部の騒音が室内にはいることや、室内の音が外部に漏れることを防止すること。「―室」
ぼう-おん【忘恩】 受けた恩を忘れること。「―の徒」
ほう-か【邦家】 くに。国家。また、自分の国。
ほう-か【邦貨】 日本の貨幣。「―に換算する」↔外貨
ほう-か【放下】 ■一(名・他スル) 投げ捨てること。投げ下ろすこと。ほうげ。■二(名) 中世以降、田楽から転じた曲芸。
―そう【―僧】 小切子(=竹筒にアズキを入れた道具)を使って「放下■二」を演じた僧形の者。放下僧。
ほう-か【放火】(名・自スル) 火事を起こそうとして、家などにわざと火をつけること。「―魔」
ほう-か【法科】 ①法律に関する学科。②大学の法学部。
―だいがくいん【―大学院】 裁判官・検察官・弁護士を養成する専門職大学院。修業年限二年または三年。修了後、試験・研修を経て各資格が与えられる。ロースクール。
ほう-か【法家】 ①法律学者。②古代中国の諸子百家の一つ。国を治める根本は道徳ではなく法律であると説いた一派。戦国時代の韓非子がその大成者。
ほう-か【法貨】〘法〙(「法定貨幣」の略) 法律により強制的な通用力を与えられている貨幣。法幣。
ほう-か【放歌】(名・自スル) あたりかまわず大声で歌うこと。「―高吟」
ほう-か【放課】 学校などで、その日の授業が終わること。
―ご【―後】 その日の授業が終わったあと。
ほう-か【砲火】 大砲を発射したときに出る火。
―を交える 戦いをする。戦いを始める。「たがいに―」
ほう-か【砲架】 砲身をのせる台。
ほう-か【△烽火】 ①合図として上げる火。のろし。②戦乱。
ほう-か【蜂△窩】 ハチの巣。
ほう-が【邦画】 ①日本画。②日本映画。(↔洋画)
ほう-が【奉加】(名・他スル) 社寺の造営などのために金品を寄進すること。「金堂の再建に―する」
―ちょう【―帳】 奉加の金額・品物・寄進者の氏名などを書きしるした帳面。「―を回す(=寄付をつのる)」
ほう-が【奉賀】(名・他スル) つつしんで祝うこと。「―新年」
ほう-が【△萌芽】(名・自スル) ①草木が芽を出すこと。また、その芽。芽生え。②物事のきざし。始まり。「文明の―」
ほう-が【△鳳△駕】 天子の乗り物の尊称。
ぼう-か【防火】(名・自他スル) 火災を予防すること。また、延焼をくいとめること。「―訓練」「―用水」
―りん【―林】 火災の延焼を防ぐために、森林や家屋の周囲などに、火災に強い樹木を植えた林。
ぼう-が【忘我】 夢中になってわれを忘れること。「―の境地」
ほう-かい【法界】 →ほっかい
―りんき【―△悋気】 自分と直接関係のない他人のことに嫉妬すること。特に、他人の恋愛をねたむこと。傍焼き。
ほう-かい【抱懐】(名・他スル) ある考えを心にもつこと。また、心に抱く思い。「謀反の志を―する」
ほう-かい【崩壊・崩潰】(名・自スル) ①くずれこわれること。「独裁政権が―する」②〘物〙放射性元素が自然に放射線を出して他の元素に変化する現象。壊変。
ほう-がい【法外】(名・形動ダ) 道理・常識に外れていること。程度が並外れているさま。「―な値段」
ぼう-がい【妨害・妨△碍】(名・他スル) じゃまをすること。「営業―」「演説を―する」
ぼう-がい【望外】(名・形動ダ) 望んでいたよりもよいこと。期待以上であること。また、そのさま。「―の喜び」
ほうかい-せき【方解石】〘地質〙天然の炭酸カルシウム鉱物。石灰岩・大理石の主要構成鉱物で、透明な光沢を有する。外形は、多くひし形の平面で囲まれた六面体を示す。
ほう-がく【方角】 ①東西南北などの向き。方位。「東の―に進む」②方向。進路。「―を変える」
―ちがい【―違い】(目的と違う方向の意から) 見方・考え方の違い。見当違い。「―の話」
ほう-がく【邦楽】 日本固有の音楽。尺八・琴・三味線などで奏する音楽。また、雅楽などの古来の音楽。↔洋楽

ほう-がく【法学】ハフ 法律を研究する学問の総称。

ぼう-がしら【棒頭】かごかきのかしら。また、人足のかしら。

ほう-かつ【包括】ハウクワツ（名・他スル）ひっくるめて一つにすること。「全体を―する」用法 観念や抽象的な物事にいう。

―てき-かくじっけんきんし-じょうやく【―的核実験禁止条約】デウヤク 一九九六年に国連で採択された、地下核実験をも含めたすべての核実験を禁止する国際条約。いまだ発効していない。略称CTBT
ほう-かん【法官】ハフクワン 司法を担当する役人。裁判官。

ほう-かん【宝冠】クワン 宝石で飾ったかんむり。

ほう-かん【奉還】クワン（名・他スル）つつしんで返すこと。「大政―」

ほう-かん【宝鑑】①大事な宝とする鏡。②手本となることを書いた実用的な書物。「家庭―」

ほう-かん【砲艦】ハウ 軍艦の一種。沿岸・河川の警備に当たる、喫水の浅い小型の艦艇。

ほう-かん【幇間】ハウ 宴席の座を盛り上げることを職業とする男。たいこもち。

ほう-がん【包含】ハウ（名・他スル）中に含み持つこと。「分裂の危機を―している」用法 おもに抽象的な意味に用いる。

ほう-がん【判官】ハウグワン ①律令(りつりょう)制で、四等官(しとうかん)の第三位。尉(じょう)。②①で、特に検非違使(けびいし)の尉。③（②であったことから）源義経(みなもとのよしつね)のこと。参考「はんがん」ともいう。

―びいき【―贔屓】（九郎判官源義経(みなもとのよしつね)が不幸な英雄として同情され、ひいきされたことから）不遇の英雄や弱者・敗者に同情し、ひいきすること。判官(はんがん)贔屓。

ほう-がん【砲丸】ハウグワン ①大砲のたま。砲弾。②陸上競技用具で、砲丸投げに用いる金属製の球。

―なげ【―投げ】陸上競技で、投擲(とうてき)種目の一つ。円内から片手で砲丸を投げ、その飛距離を競うもの。

ぼう-かん【坊間】バウ（「坊」はまちの区画の意）市中。町中。また、世間一般。「―の噂(うわさ)にのぼる」

ぼう-かん【防寒】バウ 寒さを防ぐこと。「―具」↔防暑
ぼう-かん【傍観】バウクワン（名・他スル）関係がないという態度で何もせず、わきでなりゆきを見ていること。「―者」「拱手(きょうしゅ)―」「事態を―する」

ぼう-かん【暴漢】（「漢」は男の意）人に乱暴する男。乱暴者。「―に襲われる」

ほうがん-し【方眼紙】ハウガン 縦横に等間隔の線を引き、多くの方形の目が書かれている紙。設計図・グラフなどを作成するのに用いる。セクションペーパー。

ぼうかんを…和歌〔傍観を 良心として 生きし日々 青春と呼ぶ ときもなかりき〕〈近藤芳美(こんどうよしみ)〉戦時中軍国主義の嵐(あらし)が吹きまくっているとき、積極的な協力もせず傍観することをせめてもの良心と信じて生きていた過去の日々よ。思えば、そこには、青春と呼べるようなときもなかったなあ。

ほう-き【箒・帚】ハウキ ちりやごみなどを掃く用具。

―ぐさ【―草】〔植〕ヒユ科の一年草。枝は細かく多数に分かれる。茎を乾かしてほうきを作る。種子は利尿剤に、また「とんぶり」と呼ばれ食用になる。ははきぎ。ほうきぎ。夏
―ぼし【―星】「彗星(すいせい)」の異名。

ほう-き【芳紀】ハウ（「芳」は美しい人、「紀」は年の意）女性の美しさが現れる年ごろ。「―まさに一八歳」

ほう-き【法規】ハフ〔法〕国民の権利・義務に関わる法律と規則。「交通―」

ほう-き【放棄・抛棄】ハウ（名・他スル）そのことに関係しないとして捨ててしまうこと。「試合を―する」「責任を―する」

ほう-き【法器】ホフ〔仏〕①仏道の修行にたえる資質のある人。②法要などに使用する仏具。

ほう-き【蜂起】（名・自スル）（蜂(はち)が巣からいっせいに飛び立つように）大勢の人がいっせいに行動を起こすこと。「武装―」「反乱軍が―する」用法 おもに暴動・兵乱にいう。

ほうき【伯耆】ハウキ 旧国名の一つ。現在の鳥取県西部。伯州(はくしゅう)。

ぼう-ぎ【謀議】（名・自他スル）はかりごとを相談すること。特に、犯罪の計画・手段を相談すること。「共同―」

ぼう-きゃく【忘却】バウ（名・他スル）忘れ去ってしまうこと。「―のかなたに消え去る」

ぼう-ぎゃく【暴虐】（名・形動ダ）むごたらしくひどいやり方で人を苦しめること。また、そのさま。「―の限りを尽くす」

ほう-きゅう【俸給】キフ 官公庁・会社などの職員・社員に、労働の報酬として支払われる給料。給与。

ほう-ぎょ【崩御】（名・自スル）天皇・皇后・皇太后・太皇太后の死をいう尊敬語。古くは、上皇・法皇の死にもいった。

ぼう-きょ【妄挙】バウ 道理に外れた行為。考えの足りない行動。妄挙(もうきょ)。

ぼう-きょ【暴挙】乱暴なふるまい。無謀な行い。「―に出る」

ぼう-ぎょ【防御・防禦】バウ（名・他スル）敵の攻撃を防ぎ守ること。また、その備え。「―を固める」↔攻撃
―りつ【―率】野球で、投手の一試合分の平均自責点。自責点の合計に九を掛け、投球イニング数で割ったもの。

ほう-きょう【豊凶】豊作と凶作。また、豊年と凶年。

ほう-きょう【豊胸】女性の豊かで美しい胸。「―手術」

ほう-きょう【豊頬】ケフ ふっくらとして美しいほお。

ぼう-きょう【防共】バウ 共産主義の侵入や拡大を防ぐこと。

ぼう-きょう【望郷】バウキャウ 遠く離れたふるさとをなつかしく思うこと。懐郷。「―の念にかられる」

ほう-ぎょく【宝玉】宝とされる貴重な玉(ぎょく)。宝石。

ぼう-きれ【棒切れ】棒の切れはし。

ほう-きん【砲金】ハウ 青銅の一種。銅にすずを一〇パーセント程度加えた銅合金。質は堅硬で、腐食・摩滅しにくいので機械の部品などに使われる。もと、大砲の鋳造に用いた。ガンメタル。

ほう-ぎん【放吟】ハウ（名・他スル）あたりかまわず声を張り上げて詩や歌を歌うこと。「高歌―」

ほう-ぐ【反故・反古】→ほご（反故）

ぼう-ぐ【防具】バウ（剣道・フェンシングなどで）相手の攻撃から身を守るために顔面・胴・腕などをおおう道具。

ぼう-ぐい【棒杭・棒杙】グヒ 丸い木のくい。ぼうくい。

ぼう-くう【防空】バウ 航空機などによる空からの攻撃に対する防御。「―頭巾(ずきん)」（＝戦時中、空襲の際に頭部を守るためにかぶった綿入れの頭巾）

―ごう【―壕】ガウ 空襲のときに待避するため、地中に作った横穴や地下室。

ぼう-ぐみ【棒組〔み〕】①〔俗〕（もと、駕籠(かご)・荷物などを担ぐ相手の意から）相棒。仲間。②印刷用の組み版で、出来上がりの形式・ページなどと関係なく、字詰めと行間だけを決めて組むこと。また、その組み版。↔本組み
ぼう-グラフ【棒グラフ】数量の大小を複数の棒線の長さで表したグラフ。

ぼう-くん【亡君】バウ 亡くなった主君。先代の君主。

ぼう-くん【傍訓】バウ 漢字のわきに付ける読み仮名。振り仮名。ルビ。

ぼう-くん【暴君】①人民を苦しめる乱暴な君主。「―ネロ」②（職場・家庭などで）勝手気ままにふるまう人。「わが家の―」

ほう-げ【放下】（名・他スル）→ほうか（放下）

ほう-けい【方形】 四角形。四角。「一の入れ物」

ほう-けい【方計】（「方」は方法の意）はかりごと。計略。

ほう-けい【包茎】 成人になったあとも、陰茎の先が皮で包まれたままになっていること。

ほう-げい【奉迎】（名・他スル）つつしんで貴人を迎えること。↔奉送

ぼう-けい【亡兄】 死んだ兄。

ぼう-けい【傍系】 ①直系から分かれ出た系統。↔直系・正系 ②その世界で、主流から外れた存在であること。

—いんぞく【—姻族】 配偶者の傍系血族。また、自分の傍系血族の配偶者。

—がいしゃ【—会社】 ある企業の資本・人脈などの系統をひく会社で、子会社ほど密接な関係でないもの。

—けつぞく【—血族】 自分と同じ先祖から分かれ出た血族。おじ・おば・おい・めい・兄弟姉妹・いとこなど。

ぼう-けい【謀計】 相手をだます手だて。はかりごと。

ほう-げき【砲撃】（名・他スル）大砲で攻撃すること。

ぼう-げつ【某月】 何月と具体的に示さずにいう語。ある月。「一某日」

ほう・ける【惚ける・呆ける】（自下一）ケ・ケ・ケル・ケル・ケレ・ケロ（ケヨ） ①知覚がにぶる。ぼんやりする。ぼける。「病んで一」②（動詞の連用形の下に付いて）われを忘れてそのことに夢中になる。ほける。「遊び一」文ほう・く（下二）

ほう-けん【宝剣】 宝とするたいせつな剣。

ほう-けん【奉献】（名・他スル）神仏や目上の人などにつつしんで献上すること。「参道に灯籠を一する」

ほう-けん【封建】 ①君主が、その直轄領以外の土地を諸侯（大名）に分け与えて治めさせ、主従関係を保つこと。「一社会」②「封建制度」の略。

—じだい【—時代】〔世・日〕封建制度の行われた時代。日本では鎌倉時代から明治維新まで。西欧では六世紀ごろから一五世紀末ごろまで。また、ばくぜんと中世全体をいう。

—しゅぎ【—主義】 封建制度を支える、支配権力者が人民を強い権力でおさえつけるやり方や考え方。

—せいど【—制度】 君主が所有地を臣下の諸侯に、諸侯はさらにそれを家臣に分配して、強い主従関係のもとに専制政治を行う制度。封建制。

—てき【—的】（形動ダ）ダロ・ダッ（デ・ニ）・ダ・ナ・ナラ・○ 封建制度にみられる特色をもっているさま。上下関係の秩序を重んじ、個人の権利・自由などを軽視するさま。「一な体制」「一な考え」

ほう-げん【方言】 ①一つの国語の中で、地域によって音韻・語彙・文法などの違いがあるとき、それぞれの地域で行われている言語全体をいう語。「九州一」②標準語や共通語と違う、地方独特の言葉。俚言。国言葉。↔標準語・共通語

—くかく【—区画】「方言①」の違いから地域を分けること。また、その区切り。

ほう-げん【放言】（名・自他スル）立場や場面を忘れて思いのままに言うこと。また、その言葉。「大臣の一」

ほう-げん【法眼】 ①〔仏〕（「法眼和尚位」の略）法印につぐ僧の位。②中世以降、医師・仏師・画工・連歌師などに与えられた称号。

ぼう-けん【冒険】（名・自スル）危険を恐れず行うこと。また、成功の見込みの少ないことをあえてすること。「一家」「一する価値はある」

—しょうせつ【—小説】〔文〕主人公の冒険的行動を描く、青少年向け、または通俗的な小説。デフォーの「ロビンソン=クルーソー」（一七一九年刊）などに始まる。

ぼう-けん【剖検】（名・他スル）解剖して調べること。

ぼう-けん【望見】（名・他スル）はるか遠くから望み見ること。はるかな遠くを眺めること。「沖の島々を一する」

ぼう-げん【妄言】 →もうげん

ぼう-げん【暴言】 無礼で乱暴な言葉。「一を吐く」

ほうげんものがたり【保元物語】 鎌倉初期の軍記物語。作者・成立年代未詳。源為朝の活躍を中心に保元の乱の始末を記したもの。文体は和漢混交文。

ほう-こ【宝庫】 ①宝物を納めておく蔵。②貴重で価値あるものがたくさんまとまってある所。「民話の一」

ほう-こ【這子】（「這（う）子」）はっている幼児にかたどった人形。子供の厄よけのお守り。はいはい人形。

ほう-ご【反故・反古】 →ほご（反故）

ほう-ご【邦語】 ①自国語。②日本語。「一訳」

ほう-ご【法語】〔仏〕①仏教の教義を説いた語句・文章。②祖師・高僧などが仏の教えをわかりやすく解説した文。

ぼう-こ【茫乎】（タル）とりとめもなくはっきりしないさま。はてしなく広々としているさま。「一とした意識」文（形動タリ）

ぼう-ご【防護】（名・他スル）敵の攻撃や自然の災害などを防ぎ、それから守ること。「一壁」「一柵」

ほう-こう【方向】 ①上下左右などの、向かったり進んだりする方。向き。方角。「東の一に進む」「一感覚」②目当て。方針。「和解の一で話を詰める」

—おんち【—音痴】 方向についての感覚がにぶいこと。また、その人。

—たんちき【—探知器】 指向性アンテナを用い、無線局からの電波の出る方向を測定する装置。無線方位測定器。

—づけ【—付け】（名・他スル）進む方向を決めること。

—てんかん【—転換】（名・自スル）①進む向きを変えること。「西に一する」②方針を変えること。「政策の一」

ほう-こう【芳香】 よい香り。かぐわしい香り。「一を放つ」

ほう-こう【彷徨】（名・自スル）あてもなく歩き回ること。さまようこと。「夜の街を一する」

ほう-こう【奉公】（名・自スル）①一身をささげて朝廷や国家に仕えること。「滅私一」②他人の家に召し使われて勤めること。「年季一」「一に出る」

—にん【—人】 奉公している人。雇い人。

ほう-こう【咆哮】（名・自スル）猛獣などがほえたてること。たけりさけぶこと。また、その声。「ライオンが一する」

ほう-こう【放校】（名・他スル）学校の処罰の一つ。校則に違反した学生・生徒を学校から追放すること。「一処分」

ほう-こう【砲口】 大砲の、弾丸が発射される口。砲門。

ほう-ごう【法号】〔仏〕①受戒のとき、師が門弟に授ける称号。②死者のおくり名。戒名。法名。

ほう-ごう【抱合】（名・自スル）①だきあうこと。②化合。

ほう-ごう【縫合】（名・他スル）〔医〕手術や外傷などによる傷口を縫い合わせること。「患部を一する」

ぼう-こう【膀胱】〔生〕腎臓から送られてくる尿を、一時たくわえておく袋状の器官。「一炎」

ぼう-こう【暴行】（名・自スル）①他人に暴力をふるうこと。また、乱暴な行為。「一を加える」②強姦すること。

ほう-こく【邦国】 ①くに。国家。②くにぐに。諸国。

ほう-こく【奉告】（名・他スル）神や貴人に申しあげること。

ほう-こく【報告】（名・他スル）告げ知らせること。特に、研究・調査など、与えられた任務の経過や結果について述べること。また、その内容。「一書」「状況を上司に一する」

――ぶんがく【―文学】→ルポルタージュ②
ほう-こく【報国】国の恩に報いるため力を尽くすこと。「尽忠―」

ぼう-こく【亡国】①国を滅ぼすこと。「―論」②滅びた国。「―の民」

ぼうこ-ひょうが【暴虎馮河】（虎を素手で打ったり、黄河を徒歩で渡ったりする意から）血気にはやって無謀な行動をすること。向こう見ずなこと。命知らずのこと。

ほう-こん【方今】（「方」はまさにの意）ちょうど今。現在。「―の状勢」

ぼう-こん【亡魂】死んだ人の魂。亡霊。また、まだ成仏できないで迷っている霊魂。

ほう-ざ【砲座】大砲を据える台座。

ぼう-さ【防砂】→さぼう（砂防）

ほう-さい【報賽・報祭】（名・自スル）祈願のかなった礼に、神仏に参拝すること。お礼参り。

ほう-ざい【方剤】薬を調合すること。また、調合した薬。

ぼう-さい【亡妻】死んだ妻。↔亡夫
ぼう-さい【防災】災害を防止すること。「―訓練」

ぼう-さい【防塞】敵の攻撃を防ぐとりで。防塁。

ぼう-さき【棒先】①棒の先。②駕籠の棒の先端。また、そこを担ぐ人。

――を切る　頼まれた買い物の代金のうわまえを取る。

ほう-さく【方策】はかりごと。策略。てだて。手段。方法。「万全の―を立てる」

ほう-さく【豊作】作物がよく実って多くとれること。「―を祈る」㊙秋 ↔凶作・不作
――ききん【―飢饉】豊作のため作物の値段が大きく下がって、かえって農家の経済が苦しくなること。豊作貧乏。

ぼう-さく【謀策】はかりごと。謀略。策謀。

ぼう-さつ【忙殺】（名・他スル）仕事などで非常に忙しいこと。「開店の準備に―される」用法「殺」は意味を強めるために添えた字。動詞では「忙殺される」と受け身の形で用いられる。

ぼう-さつ【謀殺】（名・他スル）あらかじめ計画して人を殺すこと。旧刑法では故殺（＝一時的な感情による殺人）と区別された。

ほう-さん【放散】（名・自他スル）内から外へ、一か所から周辺へ広がり散ること。また、散らすこと。「痛みが―する」

ほう-さん【宝算】天皇の年齢の尊称。宝寿。

ほう-さん【奉賛】（名・他スル）神社・寺院などの仕事をつつしんで賛助すること。「―会」

ほう-さん【硼酸】《化》硼素酸化物が水和（＝水の分子と結合）したもの。無色・無臭でうろこ状のつやのある結晶。うがい薬・目薬・防腐剤用。

ぼう-さん【坊さん】僧侶を親しみをこめていう語。

ほう-さんしょう【法三章】（三か条の法律の意から）簡単な法律。また、大まかな取り決めのたとえ。

【故事】劉邦（＝漢の高祖）が関中地方を平定したとき、秦の厳しく煩わしい法令を廃止して、「人を殺した者は死刑、人を傷つけた者、物を盗んだ者は処罰。この三か条だけを定める」と布告して良民の安全を保障したことからいう。〈史記〉

ほう-し【方士】神仙の術を行う人。道士。

ほう-し【芳志】相手の心づかいや贈り物などに対する敬称。芳心。芳情。「ご―を賜り感謝いたします」

ほう-し【奉仕】（名・自スル）①自己の損得を考えず、国家・社会などのために尽くすこと。「勤労―」②品物を安く売ること。サービス。「―品」③つつしんで仕えること。「神仏に―する」

ほう-し【奉伺】（名・他スル）つつしんで目上の人のご機嫌をうかがうこと。「天機（＝天子の機嫌）を―する」

ほう-し【奉祀】（名・他スル）神仏・祖先などをつつしんでまつること。「祖霊に―する」

ほう-し【放恣・放肆】（名・形動ダ）勝手気ままでしまりのないこと。また、そのさま。「―な生活」「―に流れる」

ほう-し【法師】《仏》僧侶。出家。

――ぜみ【―蟬】→つくつくぼうし
ほう-し【放資】（名・自スル）資本を出すこと。投資。

ほう-し【法嗣】《仏》法統を受けつぐ跡取りの人。

ほう-し【胞子】シダ類・コケ類・菌類などの生物体に生じる繁殖のための生殖細胞。単独で発生できる。芽胞。藻類などがつくる泳ぐ胞子は遊送子とよばれる。

ほう-し【褒詞】ほめる言葉。ほめ言葉。褒辞。

ほう-じ【邦字】日本の文字。漢字と仮名。「―新聞」

ほう-じ【法事】《仏》死者の追善供養のために、または仏徳をたたえて教えを伝えるために行う仏事。死後四九日目の忌日や年忌などに行う。法会。法要。

ほう-じ【奉持・捧持】（名・他スル）高くささげ持つこと。「大会旗を―する」

ほう-じ【宝璽】天皇の印章の尊称。玉璽。御璽。

ほう-じ【報時】標準時を広く知らせること。「―係」

ぼう-じ【牓示・牓爾】（名・他スル）境界のしるしとして、杭や札を立てること。また、その杭や札。ぼうじ。「―杭」

ほう-じ【褒辞】ほめ言葉。賛辞。褒詞。

ぼう-し【亡姉】死んだ姉。

ぼう-し【防止】（名・他スル）防ぎ止めること。「事故―」

ぼう-し【某氏】ある方。名前がわからないときや意識して実名を避けるときに用いる。

ぼう-し【紡糸】糸をつむぐこと。また、つむいだ糸。

ぼう-し【眸子】ひとみ。瞳孔。

ぼう-し【帽子】①頭にかぶり、寒暑やほこりなどを防いだり、身なりを整えたりするもの。「―を脱ぐ」②一般に物の上部にかぶせるもの。「綿―」

ぼう-し【鋩子】刀剣の切っ先。また、その焼き刃。

ぼう-し【暴死】（名・自スル）急に死ぬこと。頓死。

ぼう-じ【亡児】死んだ子供。

ぼう-じ【房事】寝室の中でのこと。ねやごと。性交。交接。

ほう-しき【方式】一定の形式。物事のやり方・手続き。「所定の―で進める」「トーナメント―」

ほう-しき【法式】儀式などの決まったやり方。

ほうじ-ちゃ【焙じ茶】番茶を火にあぶって作った茶。

ぼう-しつ【亡失】（名・自他スル）なくなること。また、なくすこと。「―届」「書類を―する」

ぼう-しつ【亡室】死んだ妻。亡妻。

ぼう-しつ【忘失】（名・他スル）すっかり忘れてしまうこと。また、忘れてなくすこと。「用件を―する」

ぼう-しつ【防湿】湿気を防ぐこと。「―剤（＝乾燥剤）」

ぼう-じつ【某日】何日と具体的に示さずにいう語。ある日。「某月―」

ぼう-じつ【望日】（「望」は満月の意）陰暦の十五日。満月の日。もちの日。

ぼう-じま【棒縞】織物のしま柄の一つ。太い筋の縦じま。

ほう-しゃ【抛射】投げやること。投げ飛ばすこと。

ほう-しゃ【放射】（名・他スル）①光・熱・電波などを外へ放つこと。輻射。「―熱」②中央の一点から四方八方に勢いよく出すこと。「―状に広がる道路」

――せい【―性】《物》物質が放射能をもっていること。また、

その性質。「―物質」

―せい-げんそ【―性元素】〘化〙放射能をもつ元素。ウラン・ラジウムなどの天然放射性元素とネプツニウム・アメリシウムなどの人工放射性元素とに大別される。

―せい-どういたい【―性同位体】ドウヰタイ 〘化〙放射能を持つ同位体。ラジオアイソトープ。放射性同位元素。

―せん【―線】〘物〙放射性元素が崩壊するときに放射される粒子線で、アルファ(α)線、ベータ(β)線、ガンマ(γ)線の三種がある。α線はヘリウムの原子核、β線は電子の流れ、γ線は波長の短い電磁波。

―のう【―能】〘物〙原子核の放射性崩壊にともなって、自然に放射線が放出される性質およびその現象。

―れいきゃく【―冷却】 晴れた夜などに地表面の熱が放射され、地表に接する大気の温度が下がる現象。

ほう-しゃ【砲車】ハウ 砲身をのせた台に車輪を付けた火砲。

ほう-しゃ【報謝】(名・自スル) ①(金品を贈って)恩にむくい感謝すること。「―の念を抱く」②神仏の恩にむくいること。また、僧や巡礼に金品をほどこすこと。「巡礼に御―」

ほう-しゃ【硼砂】ハウ 〘化〙硼酸ナトリウムの白色の結晶。防腐・防虫剤、金属の接合用。ほうろうの原料。ほうさ。

ぼう-しゃ【茅舎】バウ →ぼうおく①

ぼうじゃく-ぶじん【傍若無人】バウジャク (名・形動ダ)(「傍らに人無きが若し」の意)人前をはばからず、遠慮のない勝手な言動をすること。また、そのさま。「―なふるまい」

ほう-しゅ【法主】ホフ 〘仏〙①仏の尊称。②一宗一派の長。③法会の主宰者。参考「ほっしゅ」「ほっす」ともいう。

ほう-しゅ【宝珠】①宝のたま。②「宝珠の玉」の略。参考「ほうじゅ」ともいう。

―の-たま【―の玉】〘仏〙上方がとがり、火炎の燃え上がった形の玉。どんな願いもかなうという。如意宝珠。

ほう-しゅ【砲手】ハウ 大砲などの発射を受け持つ兵。

ぼう-しゅ【芒種】バウ 二十四気の一つ。陰暦五月の節で、陽暦六月五、六日ごろ。夏 参考稲・麦など芒のある植物を種える意。

ぼう-じゅ【傍受】バウ (名・他スル) 他人の間でやりとりされている無線通信を、第三者が故意または偶然に受信すること。

ほう-しゅう【報酬】シウ 労働や尽力などに対する謝礼としての金銭・物品。「―を受ける」

ほう-じゅう【放縦】ハウ (名・形動ダ) 勝手気ままなこと。また、そのさま。わがまま。「―な生活」参考もとの読みは「ほうしょう」。「ほうじゅう」は慣用読み。

ぼう-しゅう【防臭】バウシウ 嫌なにおいを防ぎ止めること。また、消すこと。「―剤」

ほう-しゅく【奉祝】(名・他スル) つつしんで祝うこと。「ご成婚を―する」

ほう-じゅく【豊熟】(名・自スル) 穀物が豊かにみのること。

ぼう-しゅく【防縮】バウ (名・他スル) 布地や毛織物などが縮むのを防ぐこと。「―加工」

ほう-しゅつ【放出】ハウ 一(名・自他スル) 勢いよく出ること。また、出すこと。「エネルギーを―する」二(名・他スル) たくわえているものを一度に外に出すこと。「―物資」

ほう-じゅつ【方術】ハウ ①てだて。方法。「対処の―を考える」②わざ。③仙人などの使う不思議な術。魔術。

ほう-じゅつ【法術】ハフ ①てだて。方法。②法律運用の術。③法律をもって国家を治める術。「―家」

ほう-じゅつ【砲術】ハウ 大砲などを操作する技術。

ぼう-じゅつ【棒術】 棒を武器として使う武術。

ほう-しゅん【芳春】ハウ ①花ざかりの春。春 ②青春。

ほう-じゅん【芳醇】ハウ (名・形動ダ) 酒などの、香りが高く味わいが深いこと。また、そのさま。「―な味わい」

ほう-じゅん【豊潤】(名・形動ダ) 豊かでうるおいのあること。

ほう-しょ【芳書】ハウ 相手の手紙の敬称。尊書。芳翰。

ほう-しょ【奉書】①「ほうしょがみ」の略。②君主の命を受け、その命令などを近侍者が書いて下す文書。

―がみ【―紙】 コウゾの繊維で作った厚手で純白の上質な和紙。

ほう-じょ【幇助】ハウ (名・他スル) ①手助けすること。②〘法〙他人の犯罪や自殺の遂行を助けること。「自殺―罪」

ぼう-しょ【防暑】バウ 暑さを防ぐこと。↔防寒

ぼう-しょ【某所】 ある所。その場所が不明か意図的に明らかにしないときに用いる。「都内―」

ぼう-しょ【謀書】 文書を偽造すること。また、偽造文書。

ぼう-じょ【防除】バウヂヨ (名・他スル) ①農作物などの病虫害を防ぎ除くこと。「害虫の―」②災いなどを防ぎ除くこと。

ほう-しょう【法相】ハフシヤウ 「法務大臣」の略称。

ほう-しょう【奉唱】シヤウ (名・他スル) つつしんで唱え、歌うこと。「御製を―する」

ほう-しょう【放◦縦】ハウ (名・形動ダ) →ほうじゅう

ほう-しょう【報奨】シヤウ (名・他スル)(金品などを与えることで)勤労や努力にむくいて、それをほめ励ますこと。「―金」

ほう-しょう【報償】シヤウ (名・自スル) ①損害に対するつぐないをすること。「国が―する」②仕返し。報復。

ほう-しょう【褒章】シヤウ 専門の活動を通じて社会や文化のために尽くした人をほめたたえて、国が授ける記章。紅綬・緑綬・藍綬・紺綬・黄綬・紫綬の六種がある。

ほう-しょう【褒賞】シヤウ (名・他スル) 特にすぐれた行いをした人をほめたたえること。また、そのほうびとして与える金品。

ほう-じょう【方丈】ハウヂヤウ ①一丈(＝約三メートル)四方。畳四畳半の広さ。また、その広さの庵室。②僧の居間。転じて、寺の住職。

ほう-じょう【芳情】ハウジヤウ 相手の厚意に対する敬称。芳志。「ご―に感謝いたします」

ほう-じょう【放生】ハウジヤウ 〘仏〙捕らえた生き物を逃がしてやること。

―え【―会】ヱ 社寺で、陰暦八月十五日に、供養のため、捕らえていた鳥や魚などを放してやる行事。秋

ほう-じょう【法帖】ハフデフ すぐれた古人の筆跡を模写、または石ずりにした折り本。参考書の手本や鑑賞用として作る。

ほう-じょう【法城】ホフジヤウ 〘仏〙よりどころにする仏法。堅固で信頼できることを城にたとえたもの。

ほう-じょう【豊穣】ジヤウ (名・形動ダ) 穀物などが豊かにみのること。また、そのさま。豊作。「五穀―」「―の秋」

ほう-じょう【豊饒】ゼウ (名・形動ダ) 土地が肥えて、作物が豊かであること。また、そのさま。「―な土地」

ほう-じょう【褒状】ジヤウ すぐれた行為や業績などをほめたたえる旨を記した書状。賞状。

ぼう-しょう【帽章】シヤウ 帽子に付ける記章。

ぼう-しょう【傍証】バウ 事実の証明に間接的に役立つ証拠。「―を固める」

ぼう-じょう【棒状】ジヤウ 棒のような形。「―のあめ」

ぼう-じょう【暴状】ジヤウ 乱暴なようす。乱暴なふるまい。

ほうじょうき【方丈記】ハウヂヤウキ 鎌倉初期の随筆。鴨長明作。一二一二(建暦二)年成立。世の無常と隠遁・閑居の心境とを記す。文章は流麗な和漢混交文。

ほうじょう-きたい【胞状奇胎】ハウジヤウ ―〘医〙子宮内の胎児をおおう膜がブドウ状となる病気。胎児は育たない。鬼胎。

ほうじょうときまさ〔北条時政〕ホウデウトキマサ (一一三八 一二一五) 鎌倉幕府の執権。源頼朝の妻政子の父。伊豆の豪族の出身で、頼朝を助け、その死後初代執権となった。

ほうじょうときむね〔北条時宗〕ホウデウトキムネ (一二五一 一二八四) 鎌倉幕府の第八代執権。通称相模太郎。元寇に際し果敢に対処した。宋の禅僧無学祖元を招いて円覚寺を建立。

ほうじょうまさこ〔北条政子〕ホウデウマサコ (一一五七 一二二五) 鎌倉幕府初代将軍、源頼朝の妻。北条時政の娘。伊豆流刑中の頼朝と結ばれ頼家(二代将軍)・実朝(三代将軍)を産む。実朝の死後、鎌倉幕府の実権を握り尼将軍と称された。

ほうじょうやすとき〔北条泰時〕ホウデウヤストキ (一一八三 一二四二) 鎌倉幕府の第三代執権。承久の乱に勝利を得、初代六波羅探題となり、のち御成敗(貞永)式目を制定。

ほうしょう-りゅう【宝生流】ホウシヤウリウ 能楽の流派の一つ。江戸期の、一四世英勝を中興の祖とし、観世流につぐ流派。

ほう-しょく【宝飾】宝石や貴金属などの装飾品。「―店」

ほう-しょく【奉職】(名・自スル) 学校・役所などの公の職場に勤めること。「母校に―する」

ほう-しょく【飽食】ハウ ―(名・自スル) あきるほど十分に食べること。食物に不足しないこと。「―の時代」

―だんい【―暖衣】あきるほど食べ、暖かい着物を着ること。満ち足りた生活のたとえ。暖衣飽食。

ぼう-しょく【防食・防△蝕】バウ ―(名・他スル) 金属表面の腐食を防ぐこと。「メッキで―する」

―ざい【―剤】金属表面の腐食を防ぐための薬剤。

ぼう-しょく【紡織】バウ ― 糸をつむぐことと、織物を織ること。

ぼう-しょく【望△蜀】バウ ― 人間の欲望にはきりがなく、一つの望みがかなうと、さらにその上に次のことを望むたとえ。隴を得て蜀を望む。「―の嘆」

【故事】後漢の光武帝が天下統一のために西域の隴西(=今の甘粛省)を平定した後、さらに南下して蜀(=今の四川省)の討伐を将軍の岑彭に命じたとき、岑彭が「人は満足できないために苦しむものだ。隴を平らげるとまた蜀が欲しくなる」と嘆いたことからいう。〈後漢書〉

ぼう-しょく【暴食】(名・自スル) 度をこして食べること。「暴飲―」

ほう・じる【報じる】ジ・ジ・ジル・ジル・ジレ・ジロ(ジヨ) ［一］(自他上一) ①恩にむくいる。「国に―」②恨みを晴らす。「あだを―」［二］(他上一) 知らせる。通知する。「勝利を―」「時を―」〘語源〙サ変動詞「ほうずる」の上一段化。

ほう・じる【奉じる】(他上一) ジ・ジ・ジル・ジル・ジレ・ジロ(ジヨ) ①たてまつる。差し上げる。「書を―」②承る。「命を―」③主君としていただく。「幼君を―」④うやうやしくささげ持つ。「錦旗を―」⑤職につく。「職を―」〘語源〙サ変動詞「ほうずる」の上一段化。

ほう・じる【△焙じる】ハウジル (他上一) ジ・ジ・ジル・ジル・ジレ・ジロ(ジヨ) 火にあぶって湿り気をとる。「茶を―」〘語源〙サ変動詞「ほうずる」の上一段化。

ほう-しん【方針】ハウ ―(羅針盤の、方位を指し示す針の意から)目指す方向。行動の原則。「施政―」「―を立てる」

ほう-しん【芳心】ハウ ― →ほうし(芳志)

ほう-しん【芳信】ハウ ― ①相手の手紙の敬称。お手紙。尊書。②開花のたより。花信。

ほう-しん【放心】ハウ ―(名・自スル) ①他の事に心を奪われて、ぼんやりすること。「―状態」②心配するのをやめること。安心。「どうぞご―ください」

ほう-しん【砲身】ハウ ― 大砲の円筒状の部分。

ほう-しん【△疱△疹】ハウ ―〘医〙ヘルペス。「帯状―」

ほう-じん【方陣】ハウヂン ①兵士を方形に配列する陣立て。「―を敷く」②→まほうじん

ほう-じん【邦人】ハウ ― 自分の国の人。特に、外国にいる日本人。「在留―」

ほう-じん【法人】ハフ ―〘法〙社会的活動の単位となっている組織体で、法律的人格を認められ、権利・義務の主体となることができるもの。財団法人・社団法人など。↔自然人

―ぜい【―税】〘商・経〙営利を目的とする会社や、その他の法人の各事業年度の所得に対して課せられる国税。

ぼう-しん【謀臣】計略をめぐらす家臣。

ぼう-じん【防△塵】バウヂン ちりやほこりがはいるのを防ぐこと。「―マスク」

ぼう-じん【傍人】バウ ― そばにいる人。

ほう-ず【方図】ハウヅ ここまでという限度。限り。「野―」

―がない きりがない。限りがない。

ぼう-ず【坊主】バウ ―①〘仏〙一寺院の主僧。住職。②一般に、僧侶。「生臭―」③髪をそったり短く刈ったりした頭。また、その人。④(比喩的に)山に木が、また、木に葉がない状態。⑤武家時代に、城中などで茶の湯・雑用などを受け持った僧体のもの。茶坊主。⑥男の子を親しんでいう語。「うちの―」⑦他の語に添えてあざけったり親しんだりしていう語。「三日―」「やんちゃ―」⑧釣りで、魚がまったく釣れないこと。

―憎けりゃ袈裟まで憎い ある人を憎むあまりに、その人に関係のあるすべてのものが憎く思われる。

―丸儲け 元手や苦労なしにもうけること。

―あたま【―頭】髪の毛をそったり短く刈ったりした頭。丸坊主。

―まくら【―枕】→くくりまくら

―めくり【―△捲り】百人一首の読み札を用いる遊戯。裏返しに重ねた読み札を順にめくり、姫の絵が出ると持ち札をすべて場に戻し、坊主(僧)が出ると場札をすべて持ち札とする。最後に札の少ない者の勝ちとなる。逆の遊び方もある。

―やま【―山】立ち木のないはげ山。

ほう-すい【方△錐】ハウ ―①刃に四つの角のあるきり。四つ目ぎり。②〘数〙底辺が正方形の角錐。方錐形。

ほう-すい【放水】ハウ ―(名・自スル) ①川やダムなどの水を導き流すこと。②ホースなどから水を勢いよく出すこと。「―車」

―ろ【―路】洪水を防止するために流れを分けたり、水力発電所の水を排出したりするために作った水路。

ほう-すい【豊水】水量の豊かなこと。「―期」

ぼう-すい【防水】バウ ―(名・他スル) 水のしみ込むのを防ぐこと。「―加工」

ぼう-すい【紡△錘】バウ ― 糸を紡ぎ、巻き取る道具。錘。

―けい【―形】円柱形の両端が細くとがった形。

ほう・ずる【崩ずる】(自サ変) ジ(ゼ)・ジ・ズル・ズル・ズレ・ゼヨ 「死ぬ」の尊敬語。天皇・皇后・皇太后などの場合に使う。〘文〙ほう・ず(サ変)

ほう・ずる【報ずる】(自他サ変) ジ(ゼ)・ジ・ズル・ズル・ズレ・ジロ(ゼヨ) →ほうじる(報じる) 〘文〙ほう・ず(サ変)

ほう・ずる【奉ずる】(他サ変) ジ(ゼ)・ジ・ズル・ズル・ズレ・ジロ(ゼヨ) →ほうじる(奉じる) 〘文〙ほう・ず(サ変)

ほう・ずる【封ずる】(他サ変) ジ(ゼ)・ジ・ズル・ズル・ズレ・ジロ(ゼヨ) 領土を与えて、領主・大名にする。「大名に―」〘文〙ほう・ず(サ変)

ほう・ずる【△焙ずる】ハウズル (他サ変) ジ(ゼ)・ジ・ズル・ズル・ズレ・ジロ(ゼヨ) →ほうじる(焙じる) 〘文〙はう・ず(サ変)

ほう-すん【方寸】ハウ ―①一寸(=約三センチメートル)四方。転じて、小さな所。「―の地」②胸のうち。心。「―に納める」

ほう‐せ【法施】〘仏〙①人に仏法を説き聞かせること。②仏に向かって経文を唱えること。

ほう‐せい【方正】（名・形動ダ）心や行いが正しいこと。また、そのさま。「品行―」「―な人柄」

ほう‐せい【法制】①法律と制度。②法律で定められた制度。「原産地表示を―化する」

ほう‐せい【法政】①法律と政治。②〘法〙国政・民政などに対して、法律を運用する方面の政治。

ほう‐せい【砲声】大砲を発射する音。「―がとどろく」

ほう‐せい【鳳声】（手紙の中で）相手を敬って、その音信または伝言をいう語。「ご―お願いいたします」

ほう‐せい【縫製】（名・他スル）縫って洋服などを作ること。

ぼう‐せい【暴政】人民を苦しめるひどい政治。悪政。

ほう‐せき【宝石】〘地質〙非金属の鉱物のうち、硬質で色彩・光沢が美しく、希少価値のあるもの。ダイヤモンド・エメラルド・サファイアなど。

ぼう‐せき【紡績】①糸をつむぐこと。綿・毛・麻などの繊維類を加工して糸にすること。「―工場」②「紡績糸」の略。

―いと【―糸】繊維類を紡績加工してつくった糸。特に、綿糸の片撚り糸（＝繊維を引きそろえてよりをかけたもの）。

ほう‐せつ【包摂】（名・他スル）①ある一定の範囲内に包みこむこと。「個人を社会に―する」②〘論〙ある概念が他の概念を自己の一部として含むこと。ある特殊な概念が、より一般的な概念の中に含まれる従属関係。たとえば、正方形は四角形に包摂されるなど。

ぼう‐せつ【妄説】根拠のないでたらめな説。妄説。

ぼう‐せつ【防雪】雪による害を防ぐこと。「―林」

ぼう‐せつ【暴説】道理にはずれた乱暴な意見。

ほう‐せん【奉遷】（名・他スル）神体などを他へ移すこと。

ほう‐せん【法線】〘数〙曲線（曲面）上の一点Pを通り、Pにおけるこの曲線の接線（接平面）に垂直な直線。

ほう‐せん【砲戦】大砲をうちあって戦うこと。

ほう‐ぜん【宝前】「神仏の前」の敬称。

ほう‐ぜん【封禅】古代中国の天子が行った天地の祭り。

ぼう‐せん【防戦】（名・自スル）相手の攻撃を防ぐために戦うこと。また、その戦い。「―一方になる」「必死で―する」

ぼう‐せん【傍線】注意・強調などのために文字や文章のわきに引く線。サイドライン。「―部」「―を引く」

ぼう‐せん【棒線】まっすぐに引いた線。直線。

ぼう‐ぜん【呆然】（タル）あきれてあっけにとられるさま。また、気が抜けてぼんやりしているさま。茫然。惘然。「―と立ちつくす」文（形動タリ）

ぼう‐ぜん【茫然】（タル）①とりとめがなくはっきりしないさま。②→ぼうぜん（呆然）文（形動タリ）

―じしつ【―自失】（名・自スル）気が抜けてぼんやりし、どうしてよいかわからないこと。「―の体」

ぼう‐ぜん【惘然】（タル）→ぼうぜん（呆然）

ほうせん‐か【鳳仙花】〘植〙ツリフネソウ科の一年草。葉は長楕円形。夏に紅・桃・白色などの花を開く。紡錘形の果実は、熟すとはじけて種子をとばす。つまべに。秋

ほうせん‐ちゅう【方尖柱】→オベリスク

ぼうせん‐もう【防潜網】潜水艦の侵入を防ぐために、港湾の入り口などに張った金網。

ほう‐そ【宝祚】天子の位。帝位。皇位。

ほう‐そ【硼素】〘化〙非金属元素の一つ。天然には単体としては存在せず、硼酸・硼砂などとして分布する。航空機工業や原子炉材料など用途は広い。元素記号B

ほう‐そう【包装】（名・他スル）①物を上包みすること。また、その上包み。「―紙」②荷づくりすること。

ほう‐そう【奉送】（名・他スル）つつしんで貴人を見送ること。↔奉迎

ほう‐そう【放送】（名・他スル）ラジオやテレビを通じて、音声や映像を多くの人に伝えること。また、有線による限られた範囲の伝達などにもいう。

―えいせい【―衛星】衛星放送用に打ち上げられた人工衛星。赤道上空約三万六〇〇〇キロメートルの静止軌道上を周回し、地上の放送局から送られる放送電波を受信・増幅して、地上の一般家庭に送信する。BS

―きょく【―局】放送を業務とする施設。

―げき【―劇】ラジオで放送する劇。ラジオドラマ。

―だいがく【―大学】①放送メディアを利用して行う生涯教育機関。②「放送大学学園」の通称。おもに放送によって授業を行い、規定の単位を取得すると学位が得られる。一九八一（昭和五十六）年設立。本部は千葉市。

ほう‐そう【法曹】法律に関する仕事を専門とする人。裁判官・検察官・弁護士など。「―界」

ほう‐そう【疱瘡】〘医〙痘瘡。天然痘。

ほう‐ぞう【包蔵】（名・他スル）内に持っていること。内部につつみかくすこと。「矛盾を―する」

ほう‐ぞう【宝蔵】一（名）宝物をいれる蔵。また、寺院で経典をしまう建物。二（名・他スル）たいせつにしまっておくこと。

ほう‐ぞう【法蔵】〘仏〙①仏の説いた教え。②仏の教典。③阿弥陀如来の修行時代の名。法蔵菩薩。

ぼう‐そう【妄想】（名・他スル）→もうそう

ぼう‐そう【暴走】（名・自スル）①規則などを無視して乱暴に走ること。「―行為」②運転者のいない車両がひとりでに走り出すこと。また、運転者の制御がきかなくなった車両が勝手に走ること。「―列車」③組織・仲間に相談したり状況を考えたりしないで、勝手に物事をおしすすめること。「一部の幹部が―する」④野球で、走者が無謀な走塁をすること。

―ぞく【―族】オートバイなどを乗り回し、騒音を伴う無謀な運転で周囲に迷惑を与える者の集団。

ぼうそう【房総】①安房・上総・下総の総称。②（「房総半島」の略）関東地方南東部に突出する半島。

ほう‐そく【法則】①必ず守らなければならないきまり。おきて。②一定の条件のもとで常に成立する関係。「自然の―」

ぼう‐そん【亡損】失うこと。こわれてなくなること。

ぼう‐だ【滂沱】（タル）①涙がとめどもなく流れ出るさま。「―たる涙」②雨の強く降るさま。文（形動タリ）

ほう‐たい【包帯・繃帯】〘保〙疾患部を、保護・固定などの目的でおおったり巻いたりする帯状のガーゼや布。

ほう‐たい【法体】→ほったい

ほう‐たい【奉戴】（名・他スル）あがめていただくこと。貴人を団体の長にいただくこと。「殿下を総裁に―する」

‐ほう‐だい【放題】（接尾）（動詞の連用形や助動詞「たい」などに付いて）ある動作を思う存分にするさま、ある状態が進むままにしておくさまを表す。「食べ―」「言いたい―」「散らかし―の部屋」

ほう‐だい【砲台】大砲をすえつけた陣地で、砲や砲兵を敵弾から守るために堅固につくられた構築物。

ボウ‐タイ〈bow tie〉→ボータイ

ぼう‐だい【傍題】書物などの表題に添える小見出し。副題。サブタイトル。

ぼう‐だい【膨大・厖大】（名・形動ダ）非常に大きいさ

ま。きわめて多量であるさま。「—な費用がかかる」

ぼう-だい【膨大】—（名・自スル）ふくれて大きくなること。「—する予算」

ぼう-たおし【棒倒し】— 運動会などで、二組に分かれ、相手方の立てている長い棒を早く倒したほうを勝ちとする競技。

ぼう-たかとび【棒高跳び】 陸上競技の跳躍種目の一つ。助走して手に持ったポール（＝棒）を地に突き立て、そのはずみに体重を乗せてバー（＝横木）を跳び越え、その高さを競うもの。

ほう-たく【宝△鐸】 →ほうちゃく（宝鐸）

ぼう-だち【棒立ち】 ①驚きや恐れで棒のようにただ立ったままになること。「驚きのあまり—になる」②→さおだち

ぼう-だつ【暴奪】（名・他スル）暴力でむりやりうばうこと。

ぼう-だら【棒△鱈】 タラを三枚におろして干したもの。[春]

ほう-たん【放胆】—（名・形動ダ）豪放で大胆なこと。「—な人」「—にふるまう」

ほう-だん【放談】—（名・自スル）思うことを遠慮なしに語ること。また、思いつきのまま話すこと。また、その話。「時事—」

ほう-だん【法談】—〘仏〙仏法の趣旨を説き語ること。また、その談話。

ほう-だん【砲弾】— 大砲の弾丸。

ぼう-たん【妄誕】—（「誕」はいつわりの意）でたらめ。妄誕（もうたん）。

ぼう-たん【棒炭】 木炭の粉を固めた円柱形の燃料。

ぼう-だん【防弾】— 銃弾のつきぬけるのを遮り防ぐこと。

—**チョッキ** 銃弾の貫通をさえぎり防ぐ特殊な胴着。

ほう-ち【法治】— 法律にのっとって政治が行われること。また、その政治。「—主義」

—**こっか【—国家】**〘社〙国民の意思によって制定された法律に基づいて国権の行使される国家。法治国。

ほう-ち【放置】—（名・他スル）（承知のうえで）かまわずにほうっておくこと。「—自転車」「重要案件を—する」

ほう-ち【報知】（名・他スル）事件などを知らせること。また、その知らせ。通知。「火災—機」「事件を—する」

ほう-ちく【放逐】—（名・他スル）（その場所や組織などから）追い払うこと。追放。「国外に—する」

ほう-ちゃく【宝△鐸】〘仏〙堂塔の四方の軒につるす大きな鈴。風鐸。宝鐸。

ほう-ちゃく【△逢着】（名・自スル）ある事態や場面に出あうこと。出くわすこと。「困難に—する」

ほう-ちゅう【方柱】— 四角な柱。角柱。

ほう-ちゅう【△庖△厨】— 台所。くりや。

ぼう-ちゅう【忙中】— 忙しいさなか。せわしいあいだ。

—**閑あり** 忙しいさなかにも、多少のひまはあるものだ。

ぼう-ちゅう【防虫】— 虫による害を防ぐこと。衣服・書物などに虫のつくのを防ぐこと。「—処理」

—**ざい【—剤】** 害虫のつくのを防ぐ薬剤。

ぼう-ちゅう【房中】— ①部屋の中。②寝室の中。

ぼう-ちゅう【傍注・△旁△註】— 本文のわきに書きそえた注釈。「—をつける」

ほう-ちょう【包丁・△庖丁】 料理用の刃物。「—人（＝料理人）」「—さばき」

ほう-ちょう【放鳥】（名・自スル）①放生会や葬式のとき、捕らえておいた鳥を供養のため逃がしてやること。また、その鳥。②繁殖・調査のために棲息地に鳥を放すこと。

ぼう-ちょう【防潮】 高潮・津波の害を防ぐこと。「—堤」

ぼう-ちょう【防△諜】 スパイの侵入・活動を防ぐこと。機密情報が敵に漏れないようにすること。「—機関」

ぼう-ちょう【傍聴】（名・他スル）会議・裁判などを、当事者以外の者が発言しない条件で聞くこと。また、演説・講演などを、そばで聞くこと。「—席」「裁判を—する」

ぼう-ちょう【膨張・膨△脹】（名・自スル）①物の形がふくれ大きくなること。②〘物〙物質が熱などによって体積を増すこと。「空気が—する」③数・組織などが発展して大きくなること。「人口の—」「経済の—」

ほう-ちょく【奉勅】（名・自スル）勅命を奉じること。

ぼう-つかい【棒遣い】— 棒を武器として戦う武術。棒術。また、その術にすぐれた人。

ぼうっ-と（副・自スル）①意識がぼんやりしたり、頭の働きが鈍くなっているさま。「意識が—する」②物がかすんで見えるさま。「遠くに明かりが—見える」

ぽうっ-と（副・自スル）①意識がぼんやりするさま。上気するさま。また、分別がつかなくなるさま。「疲れて頭が—する」②顔や目もとなどがほんのり赤くなるさま。「ほおが—赤らむ」

ぼう-て【貿手】〘経〙（「貿易手形」の略）貿易上の債権・債務の関係を決済するため、特例で認められた為替手形。

ほう-てい【奉呈】（名・他スル）つつしんでさしあげること。献上。「自著を—する」

ほう-てい【法廷】— 裁判官が審理・裁判をする所。

—**とうそう【—闘争】** 訴訟を通じて、法廷で自己の主張を世間に訴える闘争。公判闘争。

ほう-てい【法定】— 法令によって定めること。

—**かへい【—貨幣】** →ほうか（法貨）

—**でんせんびょう【—伝染病】** ①伝染病予防法に定められていた一一種の病気。コレラ・赤痢などをいった。感染症法の施行に伴い、現在は一類から五類の感染症に類別されている。②家畜伝染病予防法に定められている狂犬病・口蹄疫などの病気。家畜法定伝染病。

—**とくひょうすう【—得票数】** 公職選挙法で規定された、当選人になるために必要な最低限度の得票数。

ほう-てい【△捧呈】（名・他スル）手にささげ持ってたてまつること。「信任状の—」

ほう-てい【△鵬程】（「鵬（＝ひと飛び九万里という想像上の鳥）の飛ぶ道のり」の意から）遠いはるかな道のり。「—万里」

ぼう-てい【亡弟】— 死んだ弟。

ほうてい-しき【方程式】— ①〘数〙変数（未知数・関数など）を含む等式で、その変数がある特定の値のときだけ成り立つもの。②（比喩的に）問題を解決するための決まったやり方や手順。「勝利の—」

ほう-てき【法敵】—〘仏〙仏法に敵対するもの。仏敵。

ほう-てき【放△擲・△抛△擲】—（名・他スル）すべき事を投げ出すこと。うちすててほうっておくこと。「仕事を—する」

ほう-てき【法的】—（形動ダ）法律の立場に立つさま。法律的。「—な手段をとる」

ほう-てん【宝典】 ①貴重な書物。②日常生活に役立つ知識を集めた便利な本。「手紙—」

ほう-てん【法典】— ①おきて。のり。「ハンムラビー—」②同じ種類の法律を体系的に分類し、まとめた書物。

ほう-てん【奉△奠】（名・他スル）神前などに、つつしんで供えること。「玉串—」

ほう-でん【宝殿】 ①宝物などをしまっておく所。宝物殿。②神をまつる中心の御殿。神殿。③りっぱな宮殿。

ほう-でん【放電】—（名・自他スル）〘物〙①蓄電池やコンデンサーが電気を放出する現象。↔充電 ②電極間に、高電圧をかけたとき、その間隙に電流の流れる現象。

ぼう-てん【傍点】バウ ①文章のなかで、注意・強調する語句などのわきに打つ点。②漢字のわきにつける訓点。

ほう-と【方途】ハウ 進むべき道。なすべき方法。「―をさぐる」

ほう-ど【邦土】ハウ 国土。一国の領土。

ほう-ど【封土】①君主が家臣の大名に与えた領地。②古墳などに盛った土。封土。

ぼう-と【暴徒】暴動を起こした人たち。「―と化す」

ぼう-と【△茫と】バウ（副・自スル）ぼんやりするさま。ぼうっと。「頭が―する」

ほう-とう【宝刀】タウ 宝としてたいせつにしている刀。「伝家の―を抜く（=とっておきの手段を用いる）」

ほう-とう【奉灯】（名・自スル）神仏にともしびを供えること。また、そのともしび。みあかし。

ほう-とう【法灯】ホフ〘仏〙①仏の教えを、迷いの闇を照らす灯火にたとえた語。②仏前の灯火。③高徳の僧。

ほう-とう【△朋党】タウ 考えや利害を同じにする仲間。徒党。

ほう-とう【奉答】タフ（名・自スル）つつしんで答えること。

ほう-とう【宝塔】タフ〘仏〙仏塔の一種。円形の塔身で単層の塔。二層のものを多宝塔という。また、寺の塔の美称。

ほう-とう【法統】ホフ〘仏〙仏法の伝統。「―を継ぐ」

ほう-とう【放△蕩】ハウタウ（名・自スル）気ままに酒や女遊びに金をつかい、品行がおさまらないこと。「―息子」「―無頼の生活」
類語 遊蕩・道楽・乱行・放縦・放埒・不品行・不行跡・不行状・極道・不身持ち・ふしだら

ほう-とう【砲塔】ハウタフ 軍艦・戦車・要塞などで、大砲や砲手などを守るための厚い鋼鉄製の囲い。

ほう-とう【報答】タフ（名・自スル）①こたえること。返事。②恩や恨みを返すこと。返報。

ほう-とう【△蓬頭】（「蓬のような頭」の意から）ひどく乱れた頭。ぼさぼさ頭。蓬髪。

ほう-とう【△餺△飥】ハウタウ（「はくたく」の音便）平たく伸ばしたうどんをカボチャなどの野菜とともに味噌で煮込んだ料理。また、そのうどん。山梨県の郷土料理。

ほう-どう【報道】ダウ（名・他スル）新聞や放送などを通じて、世の中のできごとを広く知らせること。また、その知らせ。ニュース。「―番組」「―写真」「事件を―する」

―きかん【―機関】キクワン 報道を目的とした施設・組織体。新聞社・放送局など。

―じん【―陣】ヂン 報道機関からできごとや事件を取材するためにさしむけられた記者・カメラマンなどの一団。

ぼう-とう【冒頭】①文章や談話のはじめの部分。「論文の―」②物事のはじめ。「会議の―」「―陳述」

ぼう-とう【暴投】（名・自スル）野球で、投手が捕手のとれないような球を投げること。ワイルドピッチ。

ぼう-とう【暴騰】（名・自スル）物価や相場などが急に大幅に上がること。「地価の―」↔暴落

ぼう-どう【暴動】群集が突発的に騒ぎを起こし、社会秩序を乱すこと。「反政府―」「―を起こす」

ほう-とく【報徳】徳や恩にむくいること。恩返し。報恩。

ほう-どく【奉読】（名・他スル）つつしんで読むこと。「勅語を―する」

ほう-どく【△捧読】（名・他スル）ささげ持ってうやうやしく読むこと。

ぼう-とく【冒△瀆】（名・他スル）神聖なものや清らかなもの、また尊厳などをおかしけがすこと。「神を―する」

ぼう-どく【防毒】バウ 毒をふせぐこと。特に、毒ガスをふせぐこと。「―マスク」

ほう-なん【法難】ホフ〘仏〙仏法をひろめるときに受ける迫害。

ほう-にち【訪日】ハウ（名・自スル）外国人が日本におとずれること。「―観光客」

ほう-にょう【放尿】ハウネウ（名・自スル）小便をすること。

ほう-にん【放任】ハウ（名・他スル）成りゆきにまかせ、干渉や束縛をしないでほうっておくこと。「自由―」「―主義」

ほう-ねつ【放熱】ハウ（名・自スル）①熱を放散すること。②機械などが、熱を出すこと。また、熱を出させて冷却すること。

―き【―器】内燃機関・暖房装置などで、機器内で発生した熱を放出するための冷却装置。ラジエーター。

ぼう-ねつ【防熱】バウ 外からの熱を防ぐこと。「―工事」

ほう-ねん【放念】ハウ（名・自スル）気にかけないこと。「当方のことはご―ください」用法 多く、手紙文に用いる。

ほう-ねん【豊年】豊作の年。収穫の多い年。「―満作」秋 ↔凶年

ほうねん〔法然〕ホフネン（一一三三〜一二一二）平安末・鎌倉初期の僧。諱は源空。浄土宗を開いて念仏往生を説き、旧仏教側の迫害を受けて讃岐に流された。主著「選択本願念仏集」。

ぼう-ねん【忘年】バウ ①年の終わりに一年の間の苦労を忘れること。年忘れ。②年齢のへだたりを忘れること。「―の友」

―かい【―会】クワイ 年末に、年忘れのために催す宴会。冬

ほう-のう【奉納】ナフ（名・他スル）神仏にささげ納めること。

―ずもう【―相撲】ズマウ・ズマフ 祭礼などのとき、神仏のために境内で行う相撲。

ほうのせいしん〔法の精神〕ハフノセイシン フランスの啓蒙思想家モンテスキューの著。一七四八年刊。諸民族の法制を地理的・社会的条件と関連づけて考察し、三権分立論を主張。

ほう-はい【奉拝】（名・他スル）うやうやしくおがむこと。

ほう-はい【△澎△湃】ハウ（ト・タル）①水が勢いよくあふれ波立つさま。「濁流―」②物事が盛んに起こるさま。「新思想が―として起こる」文（形動タリ）

ほう-ばい【◇傍輩・△朋輩】ハウ・ホウ 同じ主人に仕える、または同じ師につく友達。同輩。同僚。

ほう-はく【法博】ハフ（「法学博士」の略）法学の博士号をもっている人。

ぼう-はく【傍白】バウ〘演〙舞台上で、観客には聞こえるが他の役の人には聞こえないことにして言う形のせりふ。わきぜりふ。

ぼう-ばく【△茫漠】バウ（ト・タル）広くてとりとめのないさま。また、ぼんやりとしてはっきりしないさま。「―たる平原」「―とした話」文（形動タリ）

ほう-はつ【△蓬髪】（「蓬のような髪」の意から）伸びて乱れた髪。蓬頭。

ほう-ばつ【放伐】ハウ（名・他スル）中国の易姓革命の思想で、徳を失った君主を討ち滅ぼし、帝位から追放すること。⇩禅譲

ぼう-はつ【暴発】（名・自スル）①不注意から火薬が爆発したり銃弾が発射されたりすること。「猟銃の―」②不満などが爆発して過激な行動に走ること。事件が突然起こること。

ぼうは-てい【防波堤】バウハ 外海からの大きな波を防ぐために港に築いた突堤。

ぼう-ばり【棒針】先がまっすぐにとがった棒状の編み針。↕鉤針

ぼう-はん【防犯】バウ 犯罪の発生を防ぐこと。「―活動」

ぼう-はん【謀反・謀△叛】→むほん（謀反）

ぼう-はん【謀判】印鑑を偽造すること。また、にせはん。

ほう-ひ【包皮】ハウ ①表面をつつみおおう皮。②陰茎の先端部をおおう皮。

ほう-ひ【放△屁】ハウ (名・自スル) 屁(へ)をひること。

ほう-び【褒美】(人をほめる意)ほめて与える金品。「ーをとらせる」

ぼう-び【防備】バウ (名・他スル) 外敵などを防ぐためにそなえること。防衛設備。「ーを固める」「無ー」

ぼう-びき【棒引き】(名・他スル) ①線を引くこと。特に、帳簿の記載事項を線を引いて消すこと。②金銭などの貸し借りをないことにすること。帳消し。「借金のー」

ぼう-ひょう【妄評】バウヒヤウ (名・他スル) →もうひょう

ぼう-ひょう【暴評】ヒヤウ (名・他スル) 乱暴な批評。

ほう-ふ【抱負】ハウ 心中にもっている計画・志望。「ーを語る」

ほう-ふ【豊富】(名・形動ダ) 種類や数量などがたっぷりあること。「経験ーな人」「ーな資源」

ほう-ぶ【邦舞】ハウ 日本舞踊。日舞(にちぶ)。↔洋舞

ぼう-ふ【亡夫】バウ 死んだ夫。↔亡妻

ぼう-ふ【亡父】バウ 死んだ父。↔亡母

ぼう-ふ【防腐】バウ 物がくさらないようにすること。「ー処理」

―ざい【ー剤】物がくさるのを防ぐために用いる薬剤。

ぼう-ふう【暴富】急に金持ちになること。にわか成金。

ぼう-ふう【防風】バウ ①風を防ぐこと。②〔植〕セリ科の多年草。葉は羽状に裂け互生。夏から秋にかけて白い花を開く。根は薬用。[春] ③〔植〕「浜防風(はまぼうふう)」の別名。[春]

―りん【ー林】風害を防ぐために、家・耕作地のまわりや海岸などに植えた保安林。

ぼう-ふう【暴風】激しく吹きつける風。荒れ狂う風。「ー域」

―う【ー雨】激しい風雨。あらし。

ほう-ふく【法服】ハフ ①裁判官が法廷で着るように定められている制服。②ホフ〔仏〕僧の正服。法衣。

ほう-ふく【抱腹・△捧腹】ハウ・ホウ 腹をかかえて笑うこと。また、そのさま。

―ぜっとう【ー絶倒】ゼツタウ (名・自スル)(「絶倒」は気絶して倒れる意)腹をかかえてころげ回るほど大笑いすること。

ほう-ふく【報復】(名・自スル) しかえしをすること。「ー手段」

ほう-ふつ【△彷△彿・△髣△髴】ハウ 一(タト・タル)・自スル) よく似ているさま。ありありと思い浮かぶさま。「亡父の面影がー(と)する」「往時をー(と)させる町並み」 二(タト・タル) ぼんやり見えるさま。ほのか。「水天ー」[文](形動タリ)

ほう-ぶつ【方物】ハウ ①その地方の産物。②四角形のもの。

ほうぶつ-せん【放物線・△抛物線】ハウブツ 〔数〕定点(焦点)と定直線(準線)からの距離が等しい点の軌跡。物体を斜めに投げ上げると、この曲線を描いて落下する。

(焦点) P F O 準線

〔ほうぶつせん〕

ぼう-ふら【×孑×孑】〔動〕蚊(か)の幼虫。水たまりなどにすみ、頭が大きく、二本の触角がある。体は細長く、尾端の呼吸管を水面に出して呼吸する。ぼうふり。[夏]

ほう-ふん【方墳】ハウ 古墳の一形式。土を四角に盛りあげた墓。

ほう-ぶん【邦文】ハウ 日本の文字や文章。和文。↔欧文

―タイプライター 漢字・仮名・数字などを印字するためのタイプライター。邦文タイプ。和文タイプ。

ほう-ぶん【法文】ハフ ①法令の文章・条文。「ーの解釈」②(大学で)法学部と文学部をまとめた呼び名。「ー学部」

ほう-へい【奉幣】(名・自スル) 神に幣帛(へいはく)をささげること。

ほう-へい【法幣】ハフ →ほうか(法貨)

ほう-へい【砲兵】ハウ 大砲を使って戦う兵隊。

ほう-べい【訪米】ハウ (名・自スル) アメリカをおとずれること。

ぼう-へき【防壁】バウ 外敵や風雨・雪・火事などを防ぐかべ。

ほう-へん【方偏】ハウ →かたへん(方偏)

ほう-へん【褒△貶】(名・他スル) ほめることとけなすこと。「毀誉(きよ)ー」「ー相半ばする」

ほう-べん【方便】ハウ 目的を果たすための一時的な手段。「うそもー」[参考]もと仏教語で、衆生(しゅじょう)を導くのに用いる便宜的な方法をいう。

ほう-ほう【方法】ハウハフ ある目的をとげるためのやり方。「よいーがある」「安易なーをとるな」

[類語]仕方・やり方・方途・仕様・やり口・手段・手法・手だて・手・すべ・術・策・法

―ろん【ー論】学問(特に科学)の研究の方法に関する論議。また、研究法について検討・批判を加える論理学の分野。

ぼう-ぼ【亡母】バウ 死んだ母。↔亡父

ほう-ほう【△蓬△蓬】(タト・タル) ①強い風の吹くさま。②草や葉がひどく茂るさま。また、髪などの乱れるさま。「ーたる髪」③煙や蒸気が勢いよく立つさま。「水煙ー」[文](形動タリ)

ほう-ぼう【方方】ハウバウ あちらこちら。いろいろな方面。いろいろな場所。「ーを見て回る」

ぼう-ぼう【△鋒△鋩】バウ ①槍(やり)や刀のきっさき。②相手を非難・追及するときのするどい口調やはげしい気性。

ほう-ぼう【△魴△鮄】ハウ 〔動〕ホウボウ科の海産硬骨魚。体は長い紡錘(ぼうすい)形で、発達した胸びれで海底をはう。食用。[冬]

ぼう-ぼう【某某】(代) 不定称の人代名詞。だれだれ。[用法]名前の不明のときや、名前を出すのを控える場合に使う。

ぼう-ぼう(副) 火が音を立てて激しく燃えるさま。「ー(と)激しく燃える」

ぼう-ぼう【△茫△茫】バウバウ (タト・タル) ①広くてはるかなさま。「ーたる大海原(おおうなばら)」②ぼんやりしてとりとめのないさま。「往時ー」③草や髪などの乱れて生えているさま。「草ー」[文](形動タリ)

ほうほう-の-てい【△這う△這うの体】ハフハフ あわてたり、ひどいめにあったりしてやっとのがれ出るさま。「ーで逃げ帰る」

ほう-ぼく【芳墨】ハウ ①かおりのよい墨。②相手の手紙や筆跡の敬称。芳書。

ほう-ぼく【放牧】ハウ (名・他スル) 牛・馬・羊などを放し飼いにすること。「ー地」

ぼう-ほん【坊本】バウ (「坊」は条坊、すなわち市街の意。官本に対して)民間で刊行される本。市中の書店で売られる本。

ぼう-まい【亡妹】バウ 死んだ妹。

ほう-まつ【泡△沫】ハウ あわ。あぶく。また、はかないもののたとえ。「ー候補(=当選する見込みがほぼない候補者)」

ほう-まん【放漫】ハウ (名・形動ダ) することがでたらめで、しまりのないこと。また、そのさま。「ー経営」

ほう-まん【豊満】(名・形動ダ) ①ゆたかで充実していること。また、そのさま。②肉づきのよいさま。「ーな肉体」

ほう-まん【飽満】ハウ (名・自スル) あきるまで食べて腹いっぱいになること。また、完全に満ち足りること。「ー感」

ぼう-まん【暴慢】(名・形動ダ) 勝手気ままにいばりちらすこと。また、そのさま。乱暴でわがままなさま。「ーな態度」

ぼう-まん【膨満】バウ (名・自スル) 中がいっぱいになってふくれあがること。「胃にー感がある」

ほう-みょう【法名】ホフミヤウ 〔仏〕①仏門にはいるとき、俗名を改めてつける名。②死者につける名。戒名。《↔俗名》

ぼう-みん【暴民】暴動や一揆(いっき)を起こした民衆。

ほう-む【法務】①ハフ 法律上の事務。司法に関係する事務。②ホフ 〔仏〕寺院や教団の事務。

ほ

うひ―ほうむ

―きょく【―局】 国に関する民事・行政の訴訟、国籍・戸籍・登記、土地家屋台帳、人権擁護などに関する事務を担当する法務省の地方機関。

―しょう【―省】 シャウ 中央行政官庁の一つ。検察・行刑（ぎょうけい）・犯罪者の更生・人権擁護・出入国管理、国籍・戸籍・登記など、国の法務に関する事務を扱う。

ほうむり-さ・る【葬り去る】 ハウムリ（他五）ラ(ロ)・リ(ッ)・ル・ル・レ・レ 二度と現れないように、その存在をなくす。葬る。「闇（やみ）に―」

ほうむ・る【葬る】 ハウムル（他五）ラ(ロ)・リ(ッ)・ル・ル・レ・レ ①死体や遺骨を、悼む思いでしかるべき所におさめる。埋葬する。「死者を―」②社会的な地位を失わせて世間に出られないようにする。都合の悪いことを世間に知られないようにかくす。「芸能界から―・られる」「事件を闇（やみ）から闇に―」[可能]ほうむ・れる（下一）

ほう-めい【芳名】 ハウ ①相手の名前の敬称。お名前。「―録」②名誉のある名。よい評判。[用法]①は尊敬語なので、本来は上に「御」を付けなくてよい。

ぼう-めい【亡命】 バウ（名・自スル）宗教・思想・政治的理由などで、本国を脱出して外国に逃げること。「―者」[参考]「命」は名籍の意。もと、自分の戸籍を抜けて逃亡すること。

ほうめい-でん【豊明殿】 宮中の表御殿の一室。宴会を催す殿舎。

ほう-めん【方面】 ハウ ①その方向にあたる場所・地域。「関西―」②ある分野。「その―の専門家」

ほう-めん【放免】 ハウ（名・他スル）①拘束を解いて行動を自由にすること。「仕事から―される」②[法]犯罪者で刑期を終えた者や、被疑者・被告人で無罪の判明した者の拘禁（こうきん）を解き自由にすること。「無罪―となる」

ほう-もう【法網】 ハフマウ 犯罪をおかせば必ず法の制裁を受けるということを、張りめぐらした網にたとえた語。「―をかいくぐる」

ぼう-もう【紡毛】 バウ ①毛をつむぐこと。②「紡毛糸」の略。

―し【―糸】 毛糸の一種。羊の毛によりをかけて製したもの。または、他の繊維をまぜてつむいだもの。

ほう-もつ【宝物】 たからもの。「―殿」

ほう-もん【法文】 ホフ [仏]仏法を説いた文章。

ほう-もん【法門】 ホフ [仏]（「悟りに至る門」の意）仏の教え。

ほう-もん【法問】 ホフ [仏]仏法についての問答。

ほう-もん【砲門】 ハウ 砲身の、弾丸が発射される口。砲口。

―を開（ひら）く 砲撃を始める。戦闘を開始する。

ほう-もん【訪問】 ハウ（名・他スル）人を訪ねること。おとずれること。「―客」「戸別―」「恩師を―する」

―ぎ【―着】 女性の和服で、略式の礼服。

ほう-もん【蓬門】 ①蓬（よもぎ）でふいた門。②隠者・貧者のすまい。③自分の家の謙称。

ぼう-もん【茅門】 バウ ①かやぶき屋根の門。②わびしくそまつな住居。③自分の家の謙称。

ぼう-や【坊や】 バウ ①男の子を親しんで呼ぶ語。「お隣の―」②（見下した気持ちで）世間なれしていない若い男。「いつまでたっても―だ」

ほう-やく【邦訳】 ハウ（名・他スル）外国の文章を日本語に訳すこと。また、その訳。和訳。「海外で話題の書の―」

ほう-ゆう【朋友】 イウ 友達。友人。

ぼう-ゆう【亡友】 バウイウ 死んだ友達。

ぼう-ゆう【暴勇】 荒々しい勇気。無鉄砲な勇気。

ほう-よう【包容】 ハウ（名・他スル）包みいれること。特に、広い心で、他人や異なる意見などを受けいれること。

―りょく【―力】 他人を理解して受けいれる心の広さ。「―のある人」

ほう-よう【法要】 ホフエウ [仏]追善供養などのために行う、仏法の儀式。法事。法会（ほうえ）。仏事。「三回忌の―をいとなむ」

ほう-よう【抱擁】 ハウ（名・他スル）だきかかえること。だきあって愛撫（あいぶ）すること。「かたい―をかわす」

ほう-よう【蜂腰】 エウ（女性の）蜂（はち）のようにくびれたこし。

ぼう-よう【茫洋・芒洋】 バウヤウ（タル）広々として果てしないさま。広大で見当のつかないさま。「―たる海原」[文]（形動タリ）

ぼうよう-の-たん【亡羊の嘆・亡羊の歎】 バウヤウ 学問の道があまりに広く多方面で、真理が得にくいという嘆き。また、方法に迷って途方にくれること。多岐亡羊。[語源]逃げた羊を追ったが、道が多方面に分かれていたために見失って嘆いたという「列子」の話から出た語。

ほう-よく【豊沃】（名・形動ダ）土地のよくこえているさま。「―な大地」

ほう-よく【鵬翼】 ①鵬（おおとり）のつばさ。②飛行機。

ぼう-よみ【棒読み】 バウ（名・他スル）①くぎりや抑揚をつけないで、文章を一本調子に読むこと。「原稿を―する」②漢文を、返り点は無視して字音で読みくだすこと。

ほう-らい【蓬莱】 ハウ ①（「蓬莱山」の略）中国の伝説で、仙人が住み不老不死の地とされる東海上の霊山。②→しまだい③「蓬莱飾り」の略。[新年]④「台湾（たいわん）」の異称。

―かざり【―飾り】 新年の祝儀に、三方（さんぼう）の上に白米・のしあわび・かちぐり・こんぶなどを盛った飾り物。[新年]

ほう-らく【放楽】 ハウ なぐさみ。楽しみ。法楽。

ほう-らく【法楽】 ホフ ①[仏]善を行い徳をつむ楽しみ。②[仏]仏前で音楽などを奏し供養すること。③[俗]なぐさみ。楽しみ。放楽。

ほう-らく【崩落】（名・自スル）①くずれ落ちること。「岩盤が―する」②[経]相場が急に大幅に下がること。「株の―」

ぼう-らく【暴落】（名・自スル）物価や相場などが急に大幅に下がること。「株価が―する」↔暴騰

ほう-らつ【放埒】 ハウ（名・形動ダ）（馬が埒（らち）（＝さく）を越えて飛び出す意から）勝手気ままにふるまうさま。だらしのないさま。放縦。「―な生活」

ほう-らん【抱卵】 ハウ（名・自スル）親鳥が卵を抱えて温めること。

ほう-り【方里】 ハウ 縦横が一里（＝約三・九二キロメートル）の面積。一里四方。

ほう-り【法吏】 ハフ 司法の役人。裁判官など。

ほう-り【法理】 ハフ 法律の原理。

ほう-り【鳳梨】「パイナップル」の漢名。[夏]

ぼう-り【暴利】 不当な利益。法外なもうけ。「―をむさぼる」

ほう-りき【法力】 ホフ [仏]仏法の功徳（くどく）の力。

ほうり-こ・む【放り込む】 ハフリ（他五）マ(モ)・ミ(ン)・ム・ム・メ・メ 乱暴に投げ入れる。無造作に入れる。「くずかごにごみを―」

ほうり-だ・す【放り出す】 ハフリ（他五）サ(ソ)・シ・ス・ス・セ・セ ①乱暴に投げ捨てる。投げるように外に出す。「荷物を―」「車から―・される」②いやになって中途でやめてしまう。「仕事を―」③人を仲間・職場などから追い出す。「従業員を―」

ほう-りつ【法律】 ハフ [法]国家で定めた法規範。[参考]厳密には、国会で制定されたものをいう。国の行政機関によって制定される法形式のものは、政令・省令・訓令で、これらはまとめて命令という。また、条例は法令（以上の法律と命令）に違反しない範囲で定められた、地方公共団体の規範をいう。

―こうい【―行為】 カウヰ [法]行為者が法律の効果があることを期待して行う行為。遺言・売買など、おもに私法上の行為についていい、意思表示が不可欠。

ほうりっ‐ぱなし【放りっ放し】①投げ捨てたままの状態にしておくこと。「庭先に―の靴」②途中でやめたままにしておくこと。「仕事を―にする」

ほうり‐な・げる【放り投げる】（他下一）①無造作に、あるいは乱暴に遠くのほうへ投げる。また、その場に放り出す。「バットを―」②中途でやめてしまう。「仕事を―」文はふりな・ぐ（下二）

ほう‐りゃく【方略】はかりごと。計略。「―をめぐらす」

ぼう‐りゃく【謀略】相手をおとしいれるはかりごと。策略。「―にかける」

ほう‐りゅう【放流】（名・他スル）①せきとめた水などを流すこと。「ダムの―」②稚魚を養殖などのため川や湖にはなすこと。「アユを―する」

ぼう‐りゅう【傍流】①本流から分かれた流れ。支流。②主流から離れた流派。傍系。「―に属する」

ほうりゅうじ【法隆寺】奈良県生駒郡斑鳩町にある、聖徳宗の総本山。南都七大寺の一つ。六〇七年聖徳太子（厩戸王）の創建。六七〇年全焼、七世紀後半に再建されたという。現存する世界最古の木造建築。斑鳩寺。

ほう‐りょう【豊漁】漁で、魚類がたくさんとれること。大漁。「今年はサンマが―だ」↔不漁

ぼう‐りょく【暴力】乱暴な力。無法な力。「―をふるう」

―かくめい【―革命】武力をもって行われる革命。

―だん【―団】暴力をふるって私的な目的を達しようとする反社会的集団。

ほう‐りん【法輪】〔仏〕仏の教え。仏法。仏の教えが悪をくじき、それが他に伝わっていくのを、車輪が動くのにたとえた語。

ボウリング〈bowling〉直径約二二センチメートルのボールをころがして、六〇フィート（＝約一八メートル）前方に立てた一〇本のとっくり形のピンを倒して得点を争う競技。ボーリング。はじまり日本で最初の民間ボウリング場は、一九五二（昭和二十七）年東京青山に開業した「東京ボウリングセンター」。

ほう・る【放る・抛る】（他五）①手を動かし持っている物を離れた所へ向けて飛ばす。投げる。「球を―」②すべきことを、中途でやめる。「学業を―」③手をつけずに放置する。「―・っておくと化膿してしまう」可能ほう・れる（下一）⇩投げる「ちがい」

ボウル〈bowl〉料理用の半球形の鉢。ボール。

ほう‐るい【堡塁】土砂や石でかためたとりで。

ほう‐れい【法令】①おきて。きまり。②法律と命令。

ほう‐れい【法例】①さだめ。法律上のしきたり。②〔法〕法律の適用に関する事項を定めた規定。一八九八（明治三十一）年施行。二〇〇六（平成十八）年、「法の適用に関する通則法」に改正。

ほう‐れい【豊麗】（名・形動ダ）ゆたかでうるわしいさま。

ぼう‐れい【亡霊】①死者の魂。②幽霊。

ぼう‐れい【暴戻】（名・形動ダ）乱暴で、人の道にはずれていること。また、そのさま。「―な君主」

ほう‐れつ【芳烈】（名・形動ダ）香気が強いこと。また、そのさま。「―な花」

ほう‐れつ【放列】①射撃できるように大砲を横に並べた隊形。砲列。②ずらりと並んだようす。「カメラの―」

ほう‐れん【鳳輦】①天皇の即位・大嘗祭などの晴れの行幸に用いた、屋根の上に金色の鳳凰を飾った輿。②天皇の乗り物。

ほうれん‐そう【菠薐草】〔植〕ヒユ科の一年草または越年草。根もとは赤みをおび、葉は長三角形で切れ込みがはいる。春、黄緑色の小花を開く。雌雄異株。食用。春

〔ほうれん①〕

ぼう‐ろ【茅廬】①かやぶきの家。②自宅の謙称。

ほう‐ろう【放浪】（名・自スル）一か所に長くとどまらず、あてもなくさまよい歩くこと。さすらうこと。「―者」「―の旅」

ほう‐ろう【報労】苦労に感謝しむくいること。

ほう‐ろう【琺瑯】①金属器・陶磁器の表面に焼きつけて、つやを出すガラス質のうわぐすり。②①を焼きつけた器具。瀬戸引き。「―鍋」

―しつ【―質】〔生〕歯の表面をおおっている堅い物質。エナメル質。

ぼう‐ろう【望楼】遠方を見渡すための高い建物。物見やぐら。「消防署の―」

ほう‐ろく【俸禄】武士が、仕えている大名などから支給された給料。扶持。「―を食む」

ほう‐ろく【焙烙】素焼きの平たい土なべ。豆などを煎るときに用いる。「―で銀杏を煎る」

ほう‐ろん【放論】遠慮のない勝手な議論。

ぼう‐ろん【暴論】筋の通らない乱暴な議論。「―を吐く」

ほう‐わ【法話】〔仏〕仏の教えを分かりやすく説く話。説法。説教。法談。

ほう‐わ【飽和】（名・自スル）①〔物・化〕ある条件下で、ふくまれている量が限度に達して、それ以上は増えない状態。「―溶液（＝溶質がそれ以上溶けない溶液）」②極限まで満たされた状態であること。「都市人口は―状態にある」

ぼ‐うん【暮雲】夕暮れの雲。

ポエジー〈フランス poésie〉詩。詩歌。詩情。

ほえ‐づら【吠え面】〔俗〕泣きがお。泣きつら。

―をかく 泣きがおをする。悔やしがって泣く。「あとで―な」

ポエム〈poem〉詩。詩歌。

ほ・える【吠える・吼える】（自下一）①犬や獣などが大声で鳴く。「ライオンが―」②〔俗〕どなる。わめく。「壇上で―」文ほ・ゆ（下二）

ほお【頬】（字義）→きょう（頬）

ほお【頬】顔面の両わきの、目の下から下あごにかけての部分。ほっぺた。ほほ。「―がゆるむ（＝にこにこする）」

―が落ちる たいへんおいしい意を表すたとえ。ほっぺたが落ちる。

―を染める 恥ずかしさに顔を赤くする。

―を膨らます 不平・不満などの気持ちを顔に表す。ふくれっつらをする。

ほお【朴】→ほおのき

ボーイ〈boy〉①少年。男の子。「―ソプラノ」↔ガール ②男の給仕人。ウエーター。「―を呼ぶ」参考②で、ホテルの「ボーイ」は、英語ではbellhopやbellboyなどという。

―スカウト〈Boy Scouts〉少年の心身の鍛錬、社会への奉仕、善良な市民の育成などを目的とする組織。一九〇八年、イギリスのベーデン＝パウエルによって創始された。↔ガールスカウト はじまり日本では、大正時代初期に小柴博・下田豊松らによって「少年軍」として結成されたのがその最初。

―フレンド〈boyfriend〉（女性からみた）男の友達。↔ガールフレンド

ボーイッシュ〈boyish〉（形動ダ）女性の服装や髪形などが少年風であるさま。「―なスタイル」

ほお‐え・む【頬笑む】（自五）→ほほえむ

ポーカー〈poker〉トランプ遊びの一種。手札の組み合わせでできる役の強さを競う。

―フェース〈poker face〉〈ポーカーで、手札を相手にさとられないために表情を変えないようにするところから〉心の動きを出さない無表情な顔。「―で通す」

ほお-かぶり【頰▽被り】ホホ―（名・自スル）①頭からあごへかけて包むように手ぬぐいなどをかぶること。图 ②知らないふりをすること。「―をきめこむ」参考「ほおかむり」「ほっかぶり」ともいう。

ボーカリスト〈vocalist〉声楽家。歌手。

ボーカル〈vocal〉①声楽。歌唱。「リード―」②演奏するグループの中で歌を担当する人。

ボーキサイト〈bauxite〉〖地質〗含水アルミニウム鉱。褐色・赤色などの土状・塊状の鉱石。アルミニウムの重要な原料。

ホーク〈fork〉→フォーク

ボーク〈balk〉野球で、走者がいる場合におかす投手の反則動作。走者は一つ進塁できる。

ボーグ〈フランス vogue〉流行。時流。

ポーク〈pork〉ぶた肉。「―ソテー」

ほお-げた【頰桁】ホホ― ほお骨。また、ほお。「―をたたく」

ほお・ける【△蓬ける】ホホケル（自下一）ケ・ケ・ケル・ケレ・ケロ(ケヨ) ほつれて乱れる。ほける。「髪が―」文ほほ・く(下二)

ボーゲン〈ドイツ Bogen〉スキーで、二枚のスキー板の後端を八の字に開いて速度を落とし、回転すること。制動回転。

ほお-ざし【頰刺し】ホホ― イワシに塩味をつけ、竹串(たけぐし)またはわらしべでほおのあたりを刺し連ねて干した食品。

ポーション〈portion〉部分。取り分。また、料理などの一人前。

ほお-じろ【頰白】ホホ―〖動〗①ホオジロ科の小鳥。全身は赤茶色で、上面に黒い縦斑(じゅうはん)、ほおに白い線がある。鳴き声が美しく、「一筆啓上仕(つかまつ)り候(そうろう)」と聞こえるという。春 ②ホオジロ科に属する鳥の総称。

ホース〈オランダ hoos〉ゴムやビニールなどで作った、ガス・水などを送るための管。

ポーズ〈pause〉休止。合間。間(ま)。「―をおく」

ポーズ〈pose〉①彫像や舞踊などで表現される姿勢や姿。また、モデルがつくる姿勢・姿態。「―をとる」②気どった態度。見せかけだけの態度。「その場だけの―をつくる」

ほお-ずき【×酸漿・×鬼灯】ホホヅキ ①〖植〗ナス科の多年草。夏の開花後、がくが大きくなり、果実を包む。球形で赤い果実は、種子を除き口にふくんで鳴らして遊ぶ。地下茎は薬用。秋（ほおずきの花 夏）②口に入れて鳴らすウミホオズキなどのおもちゃ。

ほお-ずり【頰擦り】ホホ―（名・自スル）自分のほおを相手のほおなどにすりつけて愛情を表すこと。「赤ん坊に―する」

ボースン〈boatswain〉船の甲板長。水夫長。

ボーダー〈border〉①境界。国境。②ふち。へり。③横じま。

―ライン〈borderline〉①境界線。国境線。②境目にあって、どちらとも決めにくいところ。「合否の―」

―レス〈borderless〉（名・形動ダ）①境界のないこと。また、そのさま。②国境にとらわれず資本・商品・情報・人などが自由に往来する状態。「経済の―化が進む」

ポーター〈porter〉①駅・ホテルなどで客の荷物を運ぶ人。②登山隊の荷物を運ぶ人。

ボータイ〈bow tie〉蝶(ちょう)ネクタイ。ボウタイ。

ポータブル〈portable〉持ち運びが簡単にできること。携帯用。「―プレーヤー」「―トイレ」

ポータル-サイト〈portal site〉〖情報〗（portal は入り口の意）インターネットで、最初に閲覧されることを想定したウェブサイト。検索エンジンを含むさまざまなサービスを取りそろえる。

ポーチ〈porch〉洋風の建築で、玄関先の屋根でおおわれている所。車寄せ。

ポーチ〈pouch〉小物を入れる小さな袋。「ウエスト―」

ホーチミン〈胡志明〉〈Ho Chi Minh〉（一八九〇～一九六九）ベトナムの政治家。一九三〇年ベトナム共産党を組織。一九四五年ベトナム民主共和国の建国を宣言し、国家主席に就任。

ほお-づえ【頰△杖】ホホヅエ ひじを立て、ほおをてのひらで支えること。「―をつく」

ほお-づき【×酸漿・×鬼灯】「ほおずき」と書くのが本則。→ほおずき

ポーツマス-じょうやく【ポーツマス条約】―デウヤク〖日・世〗一九〇五（明治三十八）年に結ばれた日露戦争の講和条約。アメリカのポーツマス(Portsmouth)で締結。

ボート〈boat〉西洋式の小舟。短艇。「―をこぐ」夏

―ピープル〈boat people〉（戦争などを理由に）小舟に乗って国外へ脱出した難民。

―レース〈boat race〉①ボートをこいでその速さを競う競技。競漕(きょうそう)。レガッタ。春 ②競艇。

ボード〈board〉①板。建築材料として加工した板。合板など。②黒板。③スノーボード・スケートボードなどで使う板。

―ゲーム〈board game〉盤上で駒(こま)を動かして遊ぶゲーム。将棋・チェス・オセロ・バックギャモンなど。

ボードビリアン〈vaudevillian〉ボードビルの芸人。また、軽演劇俳優。

ボードビル〈フランス vaudeville〉歌・舞踊・曲芸などを取り入れた喜劇・大衆演芸。また、軽妙な通俗喜劇。

ポートレート〈portrait〉肖像画。肖像写真。

ボードレール〈Charles Baudelaire〉（一八二一～一八六七）フランスの詩人。憂愁と孤独の内面世界を五感の照応に基づく象徴の詩法でうたった。詩集「悪の華(はな)」「パリの憂鬱(ゆううつ)」など。

ポート-ワイン〈port wine〉発酵途中にブランデーを加えた、甘味をもつ赤ぶどう酒。ポルト酒。参考 本来は、ポルトガルのポルト(Porto)港から積み出されたものをいう。

ボーナス〈bonus〉①おもに夏季と年末に、定められた給料以外に支給する給与。賞与金。图 ②株式の特別配当金。

ほお-の-き【°朴の木】ホホ―〖植〗モクレン科の落葉高木。日本特産。葉は大きく長楕円(だえん)形で互生。五月ごろに白色大形花を開く。材は版木・器具などに用いる。ほお。（ほおの花 夏）

ほお-ば【°朴葉】ホホ― 朴(ほお)の木の葉。食べ物を包んだりのせたりするのに使われる。「―味噌(みそ)（＝味噌にネギやキノコなどを加えて朴の葉にのせて焼いた料理）」

ほお-ば【°朴歯】ホホ― 朴(ほお)の木で作った下駄(げた)の歯。また、それを入れた下駄。

ホーバークラフト〈Hovercraft〉→ホバークラフト

ほお-ば・る【頰張る】ホホ―（他五）ラ(ロ)・リ(ッ)・ル・ル・レ・レ ほおがふくれるほど口いっぱいに食べ物を入れる。「握り飯を―」

ほお-ひげ【頰△髯】ホホ― ほおに生えるひげ。

ホープ〈hope〉①希望。期待。②将来が期待されている人。有望な新入り。「わが社の―」

ほお-ぶくろ【頰袋】ホホ― ニホンザル・リス・ハムスターなどの両ほおの内側にある、食物をためておく袋状の部分。

ほお-べに【頰紅】ホホ― ほおにつけるべに。チーク。「―をさす」

ほお-ぼね【頰骨】ホホ― ほおの上部にある、少し高く張っている骨。頰骨(きょうこつ)。

ホーマー〈homer〉→ホームラン

ホーム〈home〉①家庭。家。「マイ―」②本国。故郷。「―タウン」③サッカーなどで、チームの本拠地。↔アウェー ④〖俗〗自分にとって本拠地にあたる場所。↔アウェー ⑤「ホームベース」

の略。⑥療養所・養護施設などの施設。「老人ー」

ーードア〈和製英語〉駅で、乗客の線路への転落や列車との接触を防ぐため、プラットホームと線路の境に設置された乗降用のドア付きの仕切り。はじまり日本では、一九七四(昭和四十九)年、東海道新幹線の熱海駅に設置されたのが最初。ホームに接する線路を新幹線が高速で通過するため考案された。

ホーム-イン〈和製英語〉(名・自スル)野球で、走者が本塁に達し得点すること。生還。参考英語ではget homeという。

ホーム-グラウンド〈home ground〉①野球・サッカーなどで、チームが本拠地としているグラウンド。②故郷。古巣。根拠地。なじんでいてよく知っている場所や領域。参考②は、英語ではhomelandまたはhome areaという。

ホーム-ゲーム〈home game〉自分のチームの本拠地で行う試合。↔ロードゲーム・アウェー

ホームシック〈homesick〉遠く離れた故郷や家庭をしきりに恋しがること。郷愁。懐郷病。ノスタルジア。「ーにかかる」

ホーム-スチール〈和製英語〉野球で、守備のすきをついて本塁へ盗塁すること。本盗。「ーを敢行する」

ホームステイ〈homestay〉留学生や観光客が外国の一般家庭に寄宿して、風俗・習慣・言葉などを学ぶこと。

ホームストレッチ〈homestretch〉競技場で、ゴールのある側の直線走路。ホームストレート。↔バックストレッチ

ホームスパン〈homespun〉手でつむいだ太い毛糸を用いた手織りの毛織物。「ーの上着」

ホーム-センター〈和製英語〉日曜大工用品・園芸用品・生活雑貨などを幅広く取り扱う大規模小売店。

ホーム-ソング〈和製英語〉子供も大人もそろって家庭で歌うことのできるような、健康的で明るい歌。

ホーム-ドクター〈和製英語〉家族のかかりつけの医者。家庭医。参考英語ではfamily doctorという。

ホーム-ドラマ〈和製英語〉家庭内の出来事に題材をとった劇や映画。「テレビのー」

ホーム-ドレス〈和製英語〉女性が家庭で着る、手軽で実用的なふだん着。参考英語ではhousedressという。

ホーム-バー〈和製英語〉自宅内に設けた、自家用のバー。

ホーム-プレート〈home plate〉→ホームベース

ホーム-ページ〈home page〉【情報】ウェブ上で表示する、情報の発信拠点として設けたページ。また、そのはじめの画面。はじまり日本最初のホームページは、一九九二(平成四)年茨城県つくば市にあった文部省の研究施設の森田洋平博士によって作成された。

ホーム-ベース〈home base〉野球で、本塁。また、本塁におかれた五角形の板状のもの。ホームプレート。ホーム。

ホーム-ヘルパー〈和製英語〉老人や病人など日常の生活に支障のある人の家に出向いて、家事や介護などをする人。参考英語では一般にhome helpまたはhelperという。

ホームメード〈homemade〉自家製。手作り。

ホーム-ラン〈home run〉野球で、本塁打。ホーマー。

ホームルーム〈homeroom〉中学校・高等学校で、生活指導などの目的で行われる学級活動。また、その時間。

ホームレス〈homeless〉住む家がなく、駅の構内や地下道・公園・路上などに寝泊まりする人々。

ポーラー〈poral〉ウールの糸を強くより合わせた細糸で、あらく織った薄手の夏服地。ポーラ。

ポーランド〈Poland〉ヨーロッパ中部にある共和国。首都はワルシャワ。語源ポーランド語の国名「ポルスカ」は、「平原の国」の意。

ボーリング〈boring〉(名・自スル)穴をあけること。㋐金属など硬いものに機械で穴をあけること。㋑石油・温泉・井戸などの試掘、また地質調査などのために、地中深く穴をあけること。

ボーリング〈bowling〉→ボウリング

ホール〈hall〉①大広間。②会館。集会場。「多目的ー」③玄関の広間。④「ダンスホール」の略。

ホール〈hole 穴〉ゴルフで、球を打ち入れる穴。カップ。また、ティーから球を入れるカップまでのコース。「一番ー」

ーー**アウト**〈hole out〉(名・自スル)①ゴルフで、打球をカップに入れてそのホールのプレーを終了すること。②ゴルフで、競技者が全ホールをまわり、一ラウンドを終了すること。参考②は英語ではcomplete the roundという。

ーー**イン-ワン**〈hole in one〉ゴルフで、最初の一打で球をホールに入れること。

ボール〈ball〉①革製・ゴム製などのたま。まり。「ー投げ」②野球で、投手の投球でストライクでないもの。↔ストライク

ーー**カウント**〈和製英語〉野球で、一人の打者に対して投手が投げた、「ボール②」とストライクの数。参考英語ではcountという。

ーー**ベアリング**〈ball bearing〉軸受けに鋼鉄製の玉を入れて摩擦を少なくする装置。玉軸受け。

ーー**ペン**〈ball-point pen から〉軸の先にはめた玉が運筆に応じて回転し、軸内のインクをにじみ出させて書くペン。

ボール〈bowl〉→ボウル

ポール〈pole〉①細長い棒・さおの類。棒高跳び用の棒、測量の棒、旗竿など。②路面電車やトロリーバスの屋根に取り付ける、架線から集電する棒。③【物】電極。磁極。

ーー**ポジション**〈pole position〉自動車レースで最も有利な、最前列、一番内側のスタート位置。

ボール-がみ【ボール紙】〈ボールは board から〉わらを原料にし、漂白しないですいた厚紙。板紙。馬糞紙。

ホールディング〈holding〉①バレーボールの反則の一つ。ボールが競技者の手や腕の中で静止すること。②サッカー・バスケットボールなどで、相手を押さえてプレーをさまたげる反則行為。

ホールディングス〈holdings〉持ち株会社。

ボールド〈board〉黒板。厚板。ボード。

ホールド-アップ〈hold up〉抵抗しない意志を表すよう、両手をあげることを命じる言葉。手を上げろ。

ボール-ばん【ボール盤】〈オラ boor bank から〉【工】回転軸についた錐で金属に穴をあける工作機械。穿孔機。錐揉み機。

ボーロ〈ポルト bolo〉小麦粉に鶏卵と砂糖を入れて軽く焼いた、小さな円形または球形の菓子。

ほ-おん【保温】(名・自他スル)温度を一定に保つこと。特に、温かさを保つこと。「ー材」「ーポット」

ホーン〈horn〉①自動車などの警笛。クラクション。②【音】トランペット・トロンボーン・サックスなどの管楽器。「ーセクション」⇒ブラス ③→ホルン

ボーン-チャイナ〈bone china〉骨灰と磁土を混合して焼いた磁器。透光性に優れている。イギリスで始まった。

ボーンヘッド〈bonehead play から〉野球などで、不注意から起きたまずいプレー。参考boneheadは「まぬけ」の意。

ほか【外・他】①それ以外の別の所。よそ。他所。「ーに寄ってから家へ帰る」「ーにはない品」②それ以外の別の人・物・こと。「彼のー全員出席した」「ーのもので間に合わせる」③程度や事柄がある範囲を越えたところ。「思いのー」

—でもない それ以外のことではない。まさにこのことだ。—ならない ①(文末に用いて)…にまちがいない。…以外のものではない。「成功は努力の結果に—」②他のものではない。特別の関係にある。ほかならぬ。「—君の頼みだからきこう」

ほか(係助)それ以外ではないの意。しか。「がんばる—ない」
用法 あとに打ち消しの語を伴う。

ぽか《俗》囲碁・将棋で、勘違いの一手。転じて、なにも難しいことのない場面での失敗。思いもよらないへま。「—をやる」

ほ-かく【捕獲】クワク(名・他スル)①鳥獣などをいけどること。②戦時に、敵国や中立違反の船舶を捕らえること。

ほ-かく【補角】《数》二つの角の和が二直角(一八〇度)に等しいとき、その二角はたがいに補角をなすという。

ほ-かけ【帆掛け】「帆掛け船」の略。
—ぶね【帆掛(け)船】帆に風を受けて走る船。帆船(はんせん)。

ほ-かげ【火影・◦灯影】①灯火の光。②灯火にうつし出された姿。

ほ-かげ【帆影】遠くに見える船の帆。

ぼかし【△暈し】①ぼかすこと。また、ぼかしたもの。②日本画などで、濃いところからしだいに薄くなるように描く手法。

ほか・す【◦放す・◦放下す】(他五)サ(ソ)・シ・ス・ス・セ・セ (方)(おもに関西で)すてる。ほったらかす。

ぼか・す【△暈す】(他五)サ(ソ)・シ・ス・ス・セ・セ ①輪郭や色の境目などを薄めてぼんやりさせる。「墨を—」②話の内容や表現をあいまいにする。にごす。「肝心な点を—」自ぼ・ける(下一) 可能ぼか・せる(下一)

ほ-かぜ【帆風】①帆に受ける追い風。順風。②時を得た勢い。はぶり。

ぽかっ-と(副)①(頭などを)なぐる音やさまを表す語。ぽかりと。②ぬけ落ちるなどして穴や空間ができるさま。「—穴があく」

ほかひ【◦祝・◦寿・◦賀】いほか《古》祝うこと。ほがひ。

ほか-ほか(副・自スル)ぬくみの感じられるさま。「—のご飯」

ぽか-ぽか 一(副・自スル)暖かく感じるさま。「—(と)した春の日」二(副)(頭などを)続けざまにたたく音やさまを表す語。

ほがらか【朗らか】(形動ダ)ダロ・ダッ(デ・ニ)・ダ・ナ・ナラ・○ ①心が晴れやかで快活なさま。「—に笑う」②空が明るく晴れわたっているさま。「—な空」文(ナリ)

ほ-かん【保管】クワン(名・他スル)他人の物をあずかってたいせつに管理すること。「貴重品を—する」

ほ-かん【補完】クワン(名・他スル)不足したところを補って、完全なものにすること。「たがいに—する関係」

ぼ-かん【母艦】航空機・潜水艦などの海上の基地として、燃料・軍需品などの補給設備をもつ軍艦。「航空—」

ぽかん-と(副・自スル)①口を大きく開けているさま。「—口を開けている」②わけがわからなかったり、他に心を奪われたりなどして、ぼんやりしているさま。「何を聞いても—している」③強くたたく音やさまを表す語。「頭を—なぐる」

ほ-き【補記】(名・他スル)補って書くこと。また、書いたもの。

ぼ-き【簿記】《商》会社や商店などで、金の出し入れを一定の方式で分類・記録・計算・整理して、財産の増減や損益の発生を明らかにする記帳のしかた。「複式—」「—の検定試験」

ボギー〈bogey〉ゴルフで、そのホールの標準打数(パー)より一つ多い打数でホールアウトすること。「ダブル—」

ボギー-しゃ【ボギー車】〈bogie〉それぞれ車輪を二ないし三軸もつ二組の台車の上に車体をのせた大型の鉄道車両。

ほぎ-うた【◦祝歌・◦寿歌】祝いの歌。賀の歌。

ほぎ-ごと【◦祝言・◦寿言】祝いの言葉。

ほき-だ・す【◦吐き出す】(他五)サ(ソ)・シ・ス・ス・セ・セ (方)はき出す。

ぼき-ぼき(副)太くてかたい棒状のものが次々に折れる音やさまを表す語。「台風で並木が—(と)折れた」

ぽき-ぽき(副)細くてかたい棒状のものが次々に折れる音やさまを表す語。「木の枝を—(と)折る」

ボキャブラリー〈vocabulary〉語彙(ごい)。「豊富な—」

ほ-きゅう【捕球】キウ(名・自他スル)ボールを受けてとること。

ほ-きゅう【補給】キフ(名・他スル)足りなくなった分を補うこと。「—線」「ガソリンを—する」

ほ-きょう【補強】キャウ(名・他スル)弱いところ、足りないところを補って強くすること。「—工事」「選手を—する」

ぼ-きん【募金】(名・自スル)寄付金などを一般からつのること。「共同—」「街頭に立って—活動をする」

ほきん-しゃ【保菌者】《医》発病はしていないが体内に病原体をもっていて、感染源となる可能性のある人。キャリア。

ほく【北】教2 ボク きた　一 † ｻ 北 北
(字義)①きた。日の出に向かって左の方角。「北風・北方・江北・朔北(さくほく)」↔南 ②北方へ行く。「北上・北進」↔南 ③逃げる。負けて逃げる。「敗北」④妻のいる所。妻。「北堂」難読 北京(ペキン)・北辰(ほくしん)・北叟笑(ほくそえ)む

ほ-ぐ【◦反◦故・◦反◦古】→ほご(反故)

ぼく【卜】人 ボク うらなう　一 卜
(字義)①うらなう。うらない。=占。㋐亀甲(きっこう)・獣骨を焼いてできた割れ目で吉凶をきめること。「卜辞・亀卜(きぼく)」㋑吉凶を予断すること。「卜筮(ぼくぜい)・卜占」②えらび定める。「卜居」難読 卜部(うらべ)

ぼく【木】教1 ボク・モク き・こ　一 十 才 木
(字義)①き。㋐立ち木の総称。「枯木・樹木・大木・低木」㋑材木。木材。「木質・木目・香木・珍木・土木」㋒木製。「木刀・木造・肋木(ろくぼく)」②五行の一つ。「木火土金水」③ありのままで飾りけがない。=朴。「木訥(ぼくとつ)」④七曜の一つ。「木曜」「木曜日」の略。難読 木通(あけび)・木耳(きくらげ)・木遣(きや)り・木霊(こだま)・木(こ)っ端(ぱ)微塵(みじん)・木叢(こむら)・木偶(でく)・木賊(とくさ)・木鐸(ぼくたく)・木履(ぼくり)・(ぽっくり)・木瓜(ぼけ)・木天蓼(またたび)・木乃伊(ミイラ)・木菟(みみずく)・木槿(むくげ)・木犀(もくせい)・木斛(もっこく)・木綿(もめん)・(ゆう) 人名 き・しげ・すなお・つよし

ぼく【目】(字義)→もく(目)

ぼく【朴】ボク ほお 中　一 十 才 木 朴 朴
(字義)①すなお。うわべをかざらない。「朴直・朴訥(ぼくとつ)・朴念仁(ぼくねんじん)・質朴・素朴」②ほおの木。モクレン科の落葉高木。「朴歯(ほおば)」人名 すなお・なお

ぼく【牧】教4 ボク まき 中　† 牜 牜 牞 牧 牧
(字義)①まき。まきば。牛馬などの家畜類を放し飼いにする所。「牧場・牧野」②放し飼いにする。「牧牛・牧羊・放牧・遊牧」③牧畜をする人。「牧人・牧童」④やしなう。㋐養育する。「牧養」㋑教え導く。「牧師」

ぼく【睦】ボク 中 むつぶ・むつまじい　目 旪 昳 睦 睦
(字義)①むつぶ。仲よくする。むつまじい。親しい。「親睦・友睦」②仲なおりする。「和睦」難読 睦月(むつき) 人名 あつし・ちか・ちかし・とき・とも・のぶ・まこと・む・むつ・むつし・むつみ・よし・よしみ

ぼく【僕】ボク しもべ 中　亻 亻" 亻丵 僕 僕
(字義)しもべ。召使。下男。「僕婢(ぼくひ)・下僕・公僕・童僕・奴僕(ぬぼく)・老僕」

ぼく【僕】(代)自称の人代名詞。男性が同輩や後輩に対して

自分をさして言う語。【変遷】古くは漢文に用いられ、「やつがれ」と訓読し自らをへりくだり相手への敬意を表す謙譲語であった。江戸時代、「僕曰(いはく)」に「ぼく」と振り仮名が当てられるようになり、また、謙譲の意味も薄れていった。明治時代になり、学生が多用するようになって一般化した。

ぼく【墨】【(人)墨】 ボク すみ ㊥㊥ 「 口 甲 里 黒 墨

(字義) ①すみ。「墨汁・墨痕(ぼっこん)・名墨」 ②すみのように用いるもの。「朱墨・白墨」 ③書画。筆跡。「墨竹・墨客(ぼっかく)・水墨画」 ④すみなわ。木・石に線を引く道具。「縄墨」 ⑤いれずみの刑。五刑の一つ。「墨刑・墨黥(ぼくげい)」 ⑥墨子(ぼくし)。中国の戦国時代の思想家。また、その学派。「墨家・楊墨(ようぼく)」 ⑦墨(隅)田川の漢語的ない方。「墨堤・墨東」 ⑧「墨西哥(メキシコ)」の略。

ぼく【撲】 ボク うつ ㊥ 扌 扌 扌 扌 撑 撲

(字義) うつ。㋐なぐる。たたく。「撲殺・打撲」 ㋑ぶつかる。「相撲(すもう)」 ㋒ほろぼす。攻め討つ。「撲滅」

ほく-い【北緯】 ―ヰ 〘地〙赤道から北の緯度。赤道を零度として北極の九〇度(北極点)に至る。↔南緯

ほくおう【北欧】 ヨーロッパの北部。北ヨーロッパ。アイスランド・スウェーデン・デンマーク・ノルウェー・フィンランドなど。↔南欧

ほく-が【北画】 ―グワ 〘美〙(「北宗(ほくしゅう)画」の略)唐の李(り)思訓らに始まるとされる中国画の一派。枯淡な画風の水墨画で、日本には鎌倉時代に伝わり、雪舟派・狩野(かの)派などがこれに属する。↔南画

ぼく-が【墨画】 ―グワ すみ一色でえがいた絵。すみえ。水墨画。

ぼく-ぎゅう【牧牛】 ―ギウ 牛を放し飼いにすること。また、その牛。

ぼく-ぐう【木偶】 木で作った人形。でく。もくぐう。

ほく-げん【北限】 動植物の特定の種が分布する北の限界。「ニホンザル生息の―」

ボクサー〈boxer〉①ボクシングの選手。拳闘(けんとう)を職業とする人。拳闘家。②〘動〙ドイツ原産のイヌの一品種。顔がブルドッグに似た中形犬で、尾は短い。番犬・愛玩(あいがん)用。

ぼく-さつ【撲殺】(名・他スル)なぐり殺すこと。「―死体」

ぼく-し【牧師】〘基〙教区や教会の管理および信者の指導などをする職。また、その人。主としてプロテスタントで用いる語。

ぼくし【墨子】(前四八〇?～前三九〇?)中国、戦国時代の思想家。名は翟(てき)。墨子は尊称。魯(ろ)の人。平等に人を愛する兼愛と非戦論とを唱えた。彼およびのちの墨家の説を集めた書「墨子」が現存。

ぼく-しゃ【△卜者】 うらないをする人。

ぼく-しゃ【牧舎】 牧場で、飼っている家畜を入れる建物。

ぼく-しゃ【牧者】 牧場で、牛馬などを飼育する人。牧人。

ぼく-しゅ【墨守】(名・他スル)(「墨」は古代中国の思想家の墨子)国を守り通すこと。転じて、旧習や自説などを固く守って変えないこと。墨翟(ぼくてき)の守り。「旧習を―する」

【故事】昔、公輸盤(こうしゅはん)が楚(そ)のために新兵器の雲梯(うんてい)(=城攻めの梯(はしご))を作って宋(そう)の攻略を企てたとき、非戦論者の墨子(=墨翟の尊称)は楚に赴き、公輸盤と論争の末に模型を使って戦った。公輸盤は九回も奇策で攻撃したが、墨子はその都度撃退して城を守り通したという話による。〈墨子〉

ぼく-じゅう【墨汁】 ―ジフ 墨をすった液。また、すぐ毛筆で書けるように作った墨色の液。

ほくしゅう-が【北宗画】 ―グワ →ほくが

ぼく-しょ【墨書】(名・他スル)墨で書くこと。また、墨で書いたもの。「経文を―する」

ほく-じょう【北上】 ―ジャウ (名・自スル)北方へ向かって進むこと。北進。「台風が―する」↔南下

ぼく-じょう【牧場】 ―ヂャウ 牛・馬・羊などの家畜を放し飼いにできる設備をもった牧草地。牧場(まき)。

ぼく-しょく【墨色】 墨の色。また、墨で書いたものの色やつや。すみいろ。

ほく-しん【北△辰】 北極星。

ほく-しん【北進】(名・自スル)北へ進むこと。北上。↔南進

ぼく-しん【牧神】 森林・狩り・牧畜をうけもつ半獣半人の神。ギリシャ神話のパン、ローマ神話のファウヌス。牧羊神。

ぼく-じん【牧人】 →ぼくしゃ(牧者)

ボクシング〈boxing〉リングの上で、両手に革のグローブをはめ、相手と打ちあって勝負を決める競技。拳闘(けんとう)。(はじまり)一九二一(大正十)年、アメリカで修業し帰国した渡辺勇次郎が日本拳闘倶楽部(くらぶ)を創設したのが日本の本格的ボクシングの初め。

ほぐ・す【◦解す】(他五) サ(ソ)・シ・ス・ス・セ・セ ①固まりなどをばらばらにする。また、結んだり縫ったりしてあるものをとく。ほどく。「焼き魚の身を―」「糸のもつれを―」②固くなったものや緊張などをやわらげる。「肩のこりを―」〘自〙ほぐ・れる(下一)〘可能〙ほぐ・せる(下一) 参考「ほごす」ともいう。

ぼく・する【△卜する】(他サ変) シ(セ・サ)・シ・スル・スル・スレ・シロ(セヨ) ①うらなう。「吉凶を―」②うらなって決める。また、判断して定める。「居(きょ)を―」〘文〙ぼく・す(サ変)

ほく-せい【北西】 北と西の中間の方角。西北。↔南東

ぼく-ぜい【△卜△筮】 うらない。易(えき)。参考「卜」は亀(かめ)の甲を、「筮」は筮竹(ぜいちく)を使ううらない。

ぼく-せき【木石】 ①木と石。②(転じて)人情や愛情を解しないもの。

―かん【―漢】(「漢」は男の意)人情や情愛がわからない男。考えが固くゆうずうのきかない男。

ぼく-せき【墨跡・墨△蹟】 毛筆で書いた墨のあと。墨痕(ぼっこん)。

ぼく-せん【△卜占】 うらない。占卜(せんぼく)。

ほく-そ【火△糞】 ①ろうそくのしんの燃えがら。②→ほくち

ぼく-そう【牧草】 ―サウ 家畜の飼料にする草。「―地」

ほくそ-え・む【×北叟-笑む】 ―エム (自五) マ(モ)・ミ(ン)・ム・ム・メ・メ 物事がうまくいったとひとりでひそかに笑う。「しめしめと―」

ぼく-たく【木△鐸】 ①昔、中国で法令などを示すときに鳴らした、木製の舌のある金属製の鈴。②(転じて)世人を教え導く人。社会の指導者。「社会の―」

ほく-たん【北端】 北のはし。「日本の―」↔南端

ほ-くち【火口】 火打ち石の火を移しとるもの。火糞(ほくそ)。

ぼく-ち【牧地】 牧場のある土地。

ぼく-ち【墨池】 ①すずりの、水をためる所。②墨つぼ。

ぼく-ちく【牧畜】 牧場で牛・馬・羊などの家畜を飼って繁殖させること。また、その仕事・産業。「―業」

ほく-ちょう【北朝】 ―テウ ①〘日〙南北朝時代に、足利(あしかが)氏が京都に擁立した持明院統の光明・崇光(すこう)・後光厳(ごこうごん)・後円融・後小松天皇の五代の朝廷。②〘世〙中国で、南北朝時代に華北を本拠とした北魏(ほくぎ)・東魏・西魏・北斉・北周の五つの王朝。(↔南朝)

ぼく-ちょく【朴直・△樸直】(名・形動ダ)気どりやかざりけがなくて正直なこと。また、そのさま。実直。「―な人柄」

ぼく-づくり【△攴△旁】 →ぼくにょう

ほく-てき【北△狄】 昔、中国人が北方の異民族を軽蔑(けいべつ)して呼んだ語。

ぼく-てき【牧笛】 牧童が家畜を集めたりするのに吹く笛。

ほく-と【北斗】「北斗七星」の略。

—しちせい【—七星】〘天〙(「斗」はひしゃくの意)北天に見られる大熊座の、ひしゃく形に並んだ七つの星。

ほく-と【北都】(平城京(=奈良)を南都というのに対して)平安京(=京都)のこと。

ほく-とう【北東】北と東の中間の方角。東北。↔南西

ほく-どう【北堂】ダウ ①家の北側にある堂。昔、中国で主婦のいる所。②母。③他人の母の敬称。母堂。

ぼく-とう【木刀】タウ 刀の形に作った木製の棒。木剣。

ぼく-どう【牧童】①牧場で家畜の番をする少年。②牧者。

ぼく-どう【僕僮】幼少の召使。

ぼくとうきだん〔濹東綺譚〕永井荷風の小説。一九三七(昭和十二)年発表。隅田川の東岸、玉の井の私娼窟を舞台に、そこを訪れる主人公の感懐を描いた作品。

ぼく-とつ【木訥・朴訥】(名・形動ダ)かざりけがなく口かずの少ないさま。無骨で実直なさま。「剛毅—」

ぼく-にょう【攴・攵繞】ネウ 漢字の部首名の一つ。「攻」「敍」などの「攵」「攴」の部分。ぼくづくり。

ぼくねんじん【朴念仁】むっつりして無愛想な人。人情や道理のわからない人。「この—め」

ぼく-ひ【僕婢】下男と下女。召使。

ほく-ぶ【北部】(国・地域の中で)北のほうの部分。↔南部

ぼく-ふ【牧夫】牧場で家畜の世話をする男。牧人。牧者。

ほく-ふう【北風】北から吹く風。きたかぜ。[冬] ↔南風

ほくべい〔北米〕北アメリカ大陸。

ほく-へん【北辺】(国土の)北のはて。北方の辺境。

ほく-ぼう【北邙】バウ 墓地。墓場。[語源]中国の洛陽の北にある山の名で、漢以来の墓地であったことからいう。

ほく-ほく (副・自スル) ①うれしさを隠しきれないさま。「—顔」「もうけが多くて—する」②ふかした芋や栗などが、水っぽくなくて口当たりがよいさま。「—した芋」

ぼく-みん【牧民】人民をおさめること。

—かん【—官】クワン 地方をおさめる役人。地方長官。

ほく-めい【北溟・北冥】北方の大海。

ぼく-めつ【撲滅】(名・他スル) 完全にうちほろぼすこと。「害虫を—する」

ほく-めん【北面】[一](名・自スル) ①北に向いていること。北向き。↔南面 ②(中国で、君主が南面して臣下に会ったことから)臣下として服従すること。君主に仕えること。また、臣下や弟子の座。[二](名)「北面の武士」の略。

—の-ぶし【—の武士】〘日〙法皇・上皇の院の詰め所に出仕し、御所を警護した武士。きたおもて。ほくめん。

ぼく-や【牧野】家畜を放し飼いにする草原。

ほく-よう【北洋】ヤウ 北方の海。

—ぎょぎょう【—漁業】ゲフ オホーツク海やベーリング海などの、北太平洋で行う遠洋漁業。カニ・サケ・マス漁など。

ぼく-よう【牧羊】ヤウ 羊を飼うこと。

—しん【—神】→ぼくしん

ぼく-よう【牧養】ヤウ 牧場で家畜を飼うこと。

ぼく-り【木履】①木で作った靴。木靴。②げた。あしだ。高下駄。③→ぽっくり(木履)

ほくりく〔北陸〕①「北陸地方」の略。②「北陸道」の略。

—ちほう〔—地方〕ハウ 中部地方のうち、日本海に面する地域。福井・石川・富山・新潟の四県の総称。

—どう〔—道〕ダウ 五畿七道の一つ。中部地方の日本海に面する、若狭・越前・加賀・能登・越中・越後・佐渡の七か国。現在の福井・石川・富山・新潟の四県。

ほく-れい【北嶺】①(高野山を南山というのに対して)比叡山のこと。②(奈良の興福寺を南都というのに対して)延暦寺のこと。

ほぐ・れる【解れる】(自下一) レ・レ・レル・レル・レレ・レロ(レヨ) ①固まったり、からんだりしていた物がほどける。とける。「からまった糸が—」②筋肉のこりや緊張などがやわらぐ。「気分が—」[他]ほぐ・す(五) [文]ほぐ・る(下二)

ほくろ【黒子】皮膚の表面にある濃褐色の小さな斑点。

ぼけ【惚け・呆け】①ぼけること。また、ぼけている人。「時差—」②漫才で、とぼけた言動をして笑わせること。また、その役の人。↔突っ込み

ぼ-け【木瓜】〘植〙バラ科の落葉低木。中国原産。枝にとげ状の小枝があり、葉は楕円形で互生。春に、紅・白などの花を開く。観賞用。(ぼけの花[春]・ぼけの実[秋])

ほ-げい【捕鯨】クジラをとること。[冬]

—せん【—船】クジラを捕獲するための装備のある漁船。キャッチャーボート。[冬]

ぼ-けい【母系】①母方の血統に属すること。母方の血族。②家系が母方の系統で相続されること。「—社会」(↔父系)

ぼ-けい【母型】活字をつくるもとになる鋳型。字母。

ほけ-きょう【法華経】キャウ〘仏〙「妙法蓮華経」の略称。天台宗・日蓮宗で中心となる経典。法華経。

ほ-げた【帆桁】帆を張るために、帆柱に横にわたした材。

ほ-けつ【補欠・補闕】欠けた人員をおぎなうこと。また、そのためにそなえておく人員。「—選手」

—せんきょ【—選挙】欠員を補充する臨時の選挙。

ほ-けつ【補血】〘医〙貧血の人に血液の成分などをおぎなうこと。増血。

ぼ-けつ【墓穴】遺骸・遺骨を葬るための穴。はかあな。

—を掘る 自分で自分の破滅または敗北の原因を作る。

ポケッタブル〈pocketable〉(形動ダ) ダロ・ダッ(デ・ニ)・ダ・ナ・ナラ・○ ポケットにはいるほど小型であるさま。「—バッグ」

ポケット〈pocket〉①洋服・外套などにつけた、物を入れるための袋。かくし。②①のようにくぼんでいる所。「エアー—」

—がた【—型】ポケットに入れて持ち運びできるほど小さい型。ポケット判。ポケットサイズ。「—の辞典」

—チーフ〈和製英語〉おもに正装のときに上衣の胸ポケットにはさんで飾るハンカチ。

—ブック〈pocket book〉ポケットに入れられるほどの小型の本。文庫本。また、手帳。

—ベル〈和製英語〉ポケットにはいるほどの、小型の無線呼び出し装置。ポケベル。(商標名)[参考]英語ではbeeperという。

—マネー〈pocket money〉小遣い銭。

ぼけ-なす【惚け茄子】〘俗〙ぼんやりした人をののしっていう語。まぬけ。

ほ・ける【惚ける】(自下一) ケ・ケ・ケル・ケル・ケレ・ケロ(ケヨ) →ほうける②

ぼ・ける【惚ける・呆ける】(自下一) ケ・ケ・ケル・ケル・ケレ・ケロ(ケヨ) 知覚がにぶくなる。頭のはたらきがにぶる。ほうける。

ぼ・ける【暈ける】(自下一) ケ・ケ・ケル・ケル・ケレ・ケロ(ケヨ) ①色あいや物の形・画像などがぼんやりする。「ピントが—」②(転じて)物事の内容がはっきりしなくなる。「論点が—」[他]ぼか・す(五)

ほ-けん【保健】〘保〙①健康を保持・増進すること。②学校で、健康や衛生に関する内容を学習する科目。

—し【—士】男性の保健師の旧称。

—し【—師】国家試験で免許を得て、市町村の保健施設・保健所・病院などで保健衛生の指導にあたる人。[参考]旧法では女性を保健婦、男性を保健士と呼んだ。

—じょ【—所】《保》公衆衛生の第一線にある機関。都道府県・政令指定都市および東京都の特別区が設置し、地域社会の保健の指導・監督および衛生行政の事務などを行う。

—たいいく【—体育】中学校・高等学校の教科の一つ。運動の実践や健康についての理解を通じて、心身の発達と健康の増進を図ることを目的とする。

—ふ【—婦】女性の保健師の旧称。

ほ-けん【保険】《商》死亡・火災など偶発事故による損害を補償するため、契約を結んで保険料をとり、事故が生じたときに保険金を支払う制度。生命保険や損害保険がある。

—しょう【—証】社会保険の被保険者証の通称。

—りょう【—料】レウ《商》保険の加入者が、契約先の保険会社などに支払う料金。保険の掛け金。

ぼ-けん【母権】①母親としての権利。②家族・種族に対する女性の支配権。(↔父権)

ほこ【矛・△戈・△鉾】①槍(やり)に似て両刃の剣に長い柄のついた武器。儀式にも用いた。②「矛山車(ほこだし)」の略。

〔ほこ①〕

—を収(おさ)める 戦いをやめる。

ほ-ご【◇反◇故・◇反◇古】①書きそこないなどでいらなくなった紙。ほうぐ。ほぐ。ほうご。「—紙」②役に立たないもの。むだなもの。

—にする 約束などを取り消す。無効にする。「契約を—」

ほ-ご【保護】(名・他スル) 危険や破損・消滅のおそれなどから、弱い者やたいせつなものなどを守ること。かばうこと。「親の—の下で育つ」「野鳥の—」「文化財を—する」

ほ-ご【補語】《文法》動詞の意味をおぎなう語句。「湯が水になる」「鷺(さぎ)を烏(からす)と言う」の「水に」「烏と」など。参考 西洋文法に基づく用語で、国文法では通常、連用修飾語に含める。

ぼ-ご【母語】①幼時に自然に身につけた言語。②同じ系統に属する諸言語の祖先にあたる言語。祖語。「ラテン語はフランス語・イタリア語の—だ」

ほ-こう【歩行】カウ(名・自スル) あるくこと。「二足—」

—しゃ-てんごく【—者天国】休日の繁華街などで、一定時間車の通行を禁止して、歩行者が車道をも自由に通行できるようにすること。また、その道路。はじまり 日本では、一九七〇(昭和四十五)年八月二日の日曜日に、東京の銀座・新宿・池袋・浅草で実施されたのが本格的な歩行者天国の最初。

ほ-こう【補考】カウ(名・自他スル) 本論や前述の内容をおぎなう考え。また、それを記述したもの。

ほ-こう【補講】カウ(名・他スル) 補充のために行う講義。

ぼ-こう【母后】天皇の母。皇太后。

ぼ-こう【母校】カウ 自分が学び卒業した学校。出身校。

ぼ-こう【母港】カウ その船が本拠地としている港。「—に帰る」

ほご-かんさつ【保護観察】クワンサツ《法》保護処分を受けた少年や仮釈放者・執行猶予者などに対して、施設内ではなく社会生活を送らせながら指導監督し、改善更生をはかる制度。

ほご-かんぜい【保護関税】クワンゼイ《商》国内産業の保護・育成のために輸入商品に課する関税。

ぼ-こく【母国】自分の生まれ育った国。また、自分の国籍のある国。祖国。故国。

—ご【—語】自分の国の言語。祖国の言語。母語。

ほご-こく【保護国】《法》①条約によってある国を保護し、内政・外交上の主権の一部を代行する国。国際法上の半主権国。②①によって保護される国。被保護国。

ほこ-さき【矛先・△鋒】①ほこのきっさき。②攻撃の方向や対象。また、論争や非難の鋭い勢い。「怒りの—を向ける」「—を転じる」「—がにぶる」

ほご-しゃ【保護者】《法》未成年者を保護する義務のある親、またはその代理者。

ほご-しょく【保護色】《動》動物で、周囲のものとまぎれやすくなっている体色。イモムシの緑やヒョウの斑紋(はんもん)など。また、環境に応じて体色を変えるカメレオン・タコなどもある。色・形なども含め隠蔽(いんぺい)的擬態ともいう。隠蔽色。⇩警戒色

ほご・す【◇解す】(他五) サ(ソ)・シ・ス・ス・セ・セ →ほぐす

ほこ-だし【矛山車】ほこを飾り立てた祭りのだし。ほこ。

ほご-ちょう【保護鳥】テウ 法律によって狩猟が禁止されている鳥。禁鳥。

ほこ-づくり【△殳△旁】漢字の部首名の一つ。「段」「殺」などの「殳」の部分。るまた。

ほこ-へん【矛偏】漢字の部首名の一つ。「矜」などの「矛」の部分。

ほご-ぼうえき【保護貿易】《経》国内産業を保護・育成するために外国製品の輸入に制限を加える貿易。↔自由貿易

ぼこ-ぼこ 一(副) ①中空のものをたたいたときの音を表す語。②水などが泡だって出るときの音やさまを表す語。「—(と)湯がわく」③穴やくぼみがあちこちにあるさま。「穴が—(と)あいた道」二(形動ダ) ダロ・ダッ(デ・ニ)・ダ・ナ・ナラ・○ ①でこぼこしているさま。「—にへこんだ車」②ひどく痛めつけるさま。「—にやっつける」

ほこら【△祠】神をまつった小さなやしろ。

ほこらか【誇らか】(形動ダ) ダロ・ダッ(デ・ニ)・ダ・ナ・ナラ・○ いかにも得意げなさま。ほこりか。「—に勝利を宣言する」文(ナリ)

ほこらし・い【誇らしい】(形) カロ・カッ(ク)・イ・イ・ケレ・○ 得意で自慢したい気分である。「—顔」文ほこら・し(シク)

ほこり【△埃】物の上にたまったり、空中に飛び散ったりする細かいちり。塵埃(じんあい)。「—が立つ」「たたけば—が出る」

ほこり【誇り】誇ること。名誉に思うこと。「—を持つ」類語 自慢・自負・矜持(きょうじ)・自尊心・尊厳・プライド

ほこりか【誇りか】(形動ダ) ダロ・ダッ(デ・ニ)・ダ・ナ・ナラ・○ →ほこらか

ほご-りん【保護林】自然環境の保存・学術上の研究・動植物の繁殖などのため、政府が伐採を禁じている森林。

ほこ・る【誇る】(他五) ラ(ロ)・リ(ッ)・ル・ル・レ・レ ①(他よりもすぐれているとして)得意がる。自慢する。「腕前を—」②名誉とする。「創業一〇〇年を—老舗(しにせ)」可能ほこ・れる(下一)

ほころば・す【綻ばす】(他五) サ(ソ)・シ・ス・ス・セ・セ →ほころばせる

ほころば・せる【綻ばせる】(他下一) セ・セ・セル・セル・セレ・セロ(セヨ) かたくひきしめていたものをゆるめて、やわらげる。「顔を—(=ほほえむ)」「梅がつぼみを—」自ほころ・びる(上一) 文ほころば・す(四)

ほころび【綻び】①糸が切れてとけた縫い目。「—をつくろう」②変化が起きて矛盾などが生じること。「論理に—が生じる」

ほころ・びる【綻びる】(自上一) ビ・ビ・ビル・ビル・ビレ・ビロ(ビヨ) ①縫い目がとける。ほどける。「袖口(そでぐち)が—」②つぼみが少し開く。「梅が—」③表情がやわらいでほほえむ。「思わず口もとが—」他ほころば・す(五) ほころば・せる(下一) 文ほころ・ぶ(上二)

ほころ・ぶ【綻ぶ】(自五) バ(ボ)・ビ(ン)・ブ・ブ・ベ・ベ →ほころびる

ほ-さ【補佐・輔佐】(名・他スル) ある人のそば近くにいて、その仕事を助けること。また、その人。「—役」

ぼ-さい【募債】(名・自スル) 公債や社債などの債券を購入する人を募集すること。

ほ-さき【穂先】①植物の穂の先端。「—が垂れる」②槍(やり)・筆など、とがっているものの先端。「筆の—」

ほ-さく【補作】(名・他スル) 足りないところなどをおぎなって作ること。また、そのもの。

ほざ・く (他五) カ(コ)・キ(イ)・ク・ク・ケ・ケ 《俗》他人がものを言うのを、ののしっていう語。ぬかす。「何を―か」 可能 ほざ・ける(下一)

ほ-さつ【捕殺】 (名・他スル) 動物をとらえて殺すこと。

ほ-さつ【補殺】 (名・他スル) 野球で、野手がとった球を塁に送って走者をアウトにする手助けをすること。⇩刺殺②

ぼ-さつ【菩△薩△】 ①《仏》仏に次ぐ位の者。仏陀になるために修行する者。また、仏陀になる資格がありながら現世にとどまって衆生の救済につくす者。②昔、朝廷から高徳の僧にあたえられた称号。「行基―」 ③(本地垂迹説で)仏教になぞらえた神の呼び名。「八幡大―」 語源 梵語の音訳「菩提薩埵 bodhisattva(=悟りを求める人)」の略。

―かい【―戒】 《仏》菩薩が受けて保持すべき戒律。

ぼさっ-と (副・自スル) 何をしたらよいかわからず、また、考えることなくぼんやりしているさま。ぼやっと。「―つっ立っている」

ボサ-ノバ 〈ポルトガル bossa nova〉《音》一九五〇年代末、ブラジルでおこった音楽。サンバにジャズの要素をとり入れたもの。

ぼさ-ぼさ ㊀ (副・形動ダ・自スル) 髪などの乱れているさま。「―に伸びた髪」 ㊁ (副・自スル) のろまで、ぼんやりしているさま。「―していると、乗り遅れるぞ」

ぼ-さん【墓参】 (名・自スル) はかまいり。秋

ほし【星】 ①《天》夜空に輝いてみえる月以外の天体。広義では天体一般をいう。「満天の―」 ②年月。「―が移りかわる」 ③九星のうちで、その人の生年にあたる星。また、その年の運勢。「幸運の―のもとに生まれる」 ④花形。スター。「わが社の―」 ⑤小さなまるい点。⑥小さく目立つ点。斑点。「黒目に―ができる」 ⑦①の輝きをかたどったしるし。ほしじるし。「☆」「★」など。「重要語に―をつける」 ⑧相撲で、勝敗を示す白あるいは黒の丸。転じて、勝負の成績。「勝ち―」 ⑨囲碁で、碁盤上に記された九個の丸い点。⑩めあて。ねらったところ。めぼし。「―をつける」 ⑪犯罪容疑者。犯人。

▼「星」が下に付く語
(ぼし)相― 勝ち― 綺羅― 金― 黒― 白― 図― 流れ― 糠― 彦― 一つ― 箒― 負け― 目― 夜這い―

―が割れる 犯人がわかる。**―を挙げる** ①犯人を検挙する。②勝負に勝つ。**―を戴く** 朝早く星が見えているうちから夜おそくまで働く。**―を落とす** 勝負に負ける。**―を稼ぐ** 点数をかせぐ。成績をあげる。**―を指す** 言いあてる。図星をさす。**―を列ねる** 高位高官の人々が威儀を正して並ぶようすをいう。

ほ-じ【保持】 ―チ (名・他スル) たもちつづけること。また、もっていること。「最高記録―者」「機密を―する」

ぼ-し【母子】 母と子。「―ともに健康」「―家庭」「―手帳」

ぼ-し【拇△指】 おやゆび。

ぼ-し【墓誌】 死者の経歴や徳行などを後世に伝えるために板石にしるして墓中に納めた文。また、墓石にしるした文。

ポジ →ポジティブ㊁ ↔ネガ

ほし-あかり【星明〔か〕り】 星の光。星の光による明るさ。

ほし-あん【干〔し〕△餡】 →さらしあん

ほしい【△糒】 ホシヒ 貯蔵・携帯がきくように米をむしてかわかしたもの。現在は和菓子の材料に使われる。語源「ほしいい」の転。

ほし・い【欲しい】 (形) カロ・カッ(ク)・イ・イ・ケレ・○ ①自分のものにしたい。手に入れたい。「お金が―」 ②(助詞「て」のあとに付いて)…することを他にあつらえのぞむ意を表す。…してもらいたい。「話を聞いて―」 文 ほ・し(シク) 用法 ①では「…が欲しい」のように言うが、江戸時代から「…を欲しい」という言い方もされるようになり、最近は多く見られるようになった。

ほし-いい【干〔し〕◇飯・◇乾〔し〕◇飯・△糒】 ―イヒ →ほしい(糒)

ほしい-まま【◇縦・◇恣・△擅】 (名・形動ダ) (「欲しきまま」の音便)自分の欲するとおりに行動するさま。「権力を―にする」

ほし-うお【干〔し〕魚・◇乾〔し〕魚】 ―ウヲ 保存用に生魚を日に干して乾燥させたもの。干物。

ほし-うらない【星占い】 ―ウラナヒ 星の位置や動きによって、人の運勢などを占うこと。占星術。

ポシェット 〈フランス pochette〉 首や肩からつるす小型のバッグ。

ほし-か【干〔し〕△鰯・◇乾〔し〕△鰯】 脂をしぼったイワシを干して作った肥料。江戸から明治時代にかけて用いられた。

ほし-がき【干〔し〕柿・◇乾〔し〕柿】 しぶがきの皮をむいて、干して甘くしたもの。つるしがき。ころがき。秋

ほし-かげ【星影】 星の光。星あかり。

ほし-が・る【欲しがる】 (他五) ラ(ロ)・リ(ッ)・ル・ル・レ・レ しきりに欲しいと思う。欲しいようすを見せる。「水を―」

ほし-くさ【干〔し〕草・◇乾〔し〕草】 刈って日に干した草。家畜の保存用飼料。夏

ほし-くず【星△屑】 ―クヅ 夜空にきらめく無数の小さな星。

ほじく・る【△穿る】 (他五) ラ(ロ)・リ(ッ)・ル・ル・レ・レ ①穴をつついて、中のものをかき出す。ほじる。「鼻を―」 ②秘密や欠点などをさがしもとめる。「他人の私生活を―」 可能 ほじく・れる(下一)

ぼしけんこうてちょう【母子健康手帳】 ―ケンカウテチヤウ 母子保健法に基づき、妊娠の届け出に対して市区町村が交付する手帳。妊娠中の経過や出産の状況、乳幼児の発育状況などが記入される。母子手帳。

ほし-ころ・す【干し殺す・◇乾し殺す】 (他五) サ(ソ)・シ・ス・ス・セ・セ うえ死にさせる。

ポジション 〈position〉 ①位置。特に、野球その他の球技で、選手の攻守の位置。「外野の―争い」 ②地位。立場。

―トーク 〈和製英語〉 立場上そう言わなければならない発言。また、自分の立場を有利にするための発言。

ほし-じるし【星印】 ①→ほし⑦ ②→アステリスク

ぼしせいかつしえん-しせつ【母子生活支援施設】 ボシセイクワツシエン― 児童福祉施設の一つ。配偶者のない女性またはそれに準じる事情にある女性とその子とを保護し、その自立のために生活を支援する施設。

ほ-しつ【保湿】 (名・他スル) 乾燥しすぎないように湿度を保つこと。「―クリーム」

ほし-づきよ【星月夜】 星の光で月夜のように明るい夜。星夜。星月夜。秋

ほし-づくよ【星◇月夜】 →ほしづきよ

ポジティブ 〈positive〉 ㊀ (形動ダ) ダロ・ダッ(デ・ニ)・ダ・ナ・ナラ・○ 積極的。肯定的。楽天的。「―な態度」 ㊁ (名) 写真で、陽画。ポジ。(↔ネガティブ)

ぼし-てちょう【母子手帳】 ―テチヤウ →ぼしけんこうてちょう

ほし-とり【星取り】 相撲などの勝負で、勝ちを白、負けを黒の丸印で示すこと。

―ひょう【星取〔り〕表】 ―ヘウ 相撲で、力士の勝敗を記入する表。

ほし-のり【干〔し〕×海苔・◇乾〔し〕×海苔】 紙のように薄くのばして干した海苔。食用。

ほしのゐる… 和歌〔星のゐる 夜ぞらのもとに 赤赤と ははそはの母は 燃えゆきにけり〕〈斎藤茂吉〉星の出ている夜空のもとの野辺に、あかあかと火葬の母は燃えていったことだ。(「赤光」の「死にたまふ母」一連五九首の中の一つ。「ははそはの」は「母」にかかる枕詞)

ぼし-ほけんほう【母子保健法】ホケンハウ 〔保〕母性および乳幼児の健康保持・増進をはかるため、保健指導や医療について定めた法律。

ほし-まつり【星祭〔り〕】①たなばた。たなばたまつり。秋 ②陰陽道(おんようどう)で、除災のためにその年に当たる星を祭ること。

ほし-まわり【星回り・星△廻り】マハリ 人の運命を定めるとされる星のめぐりあわせ。星運。運勢。「―が悪い」

ほし-め【星目・星◦眼】〔医〕角膜にあわ粒大の白い斑点(はんてん)のできる眼病。角膜フリクテン。

ぼし-めい【墓誌銘】墓誌の末尾に加える銘。参考 誤って「墓誌」と同意にも用いる。

ほし-もの【干〔し〕物・◦乾〔し〕物】日に干してかわかすこと。また、そのもの。特に、洗濯物。

ほ-しゃく【保釈】(名・他スル)〔法〕一定の保証金を納付させて、未決勾留(こうりゅう)中の被告人を釈放すること。「―金」

ポシャ・る(自五)ラ(ロ)・リ(ッ)・ル・ル・レ・レ 〔俗〕計画などが途中でつぶれる。だめになる。「企画が―」語源「シャッポを脱ぐ」の「シャッポ」の倒語からという。

ほ-しゅ【保守】一(名・他スル)機械や施設などが正常な状態を保つようにすること。「―点検」二(名)急激な変革を望まず、これまでのあり方や伝統を尊重すること。また、そういう態度や立場。「―派」「―政党」↔革新

―しゅぎ【―主義】これまでの伝統・あり方・社会組織を尊重し、それを守っていこうとする主義。

―てき【―的】(形動ダ)ダロ・ダッ(デ・ニ)・ダ・ナ・ナラ・○ 旧来の考えやあり方・伝統を守ろうとするさま。「彼の考え方は―だ」

ほ-しゅ【捕手】→キャッチャー②

ほ-しゅう【補修】シウ (名・他スル)傷んだところやこわれたところを修理すること。「ビルの―工事」

ほ-しゅう【補習】シフ (名・他スル)正規の授業以外に、学習の不足をおぎなうためにする授業。「―を受ける」

ほ-じゅう【補充】(名・他スル)不足分を足しておぎなうこと。「商品の―」「人員を―する」

ぼ-しゅう【募集】シフ (名・他スル)一般からつのって集めること。「生徒を―する」

ぼ-しゅう【暮秋】シウ 秋の終わりごろ。晩秋。秋

ぼ-しゅうだん【母集団】シフダン 〔数〕統計調査で、標本抽出の対象となる、もとの全体の集団。「―分布」

ぼ-しゅん【暮春】春の終わりごろ。晩春。春

ほ-じょ【補助】(名・他スル)不足分や不十分なものをおぎなって援助すること。また、その助けとなるもの。「政府の―金」

―かつよう【―活用】クワツヨウ →かりかつよう

―かへい【―貨幣】クワヘイ 〔経〕本位貨幣の補助として小額の取引に使う貨幣。一円硬貨など。↔本位貨幣

―けいようし【―形容詞】〔文法〕実質的意味と独立性を持たず、付属的な働きをする形容詞。「寒くない」の「ない」など。

―けん【―犬】「身体障害者補助犬」の略。

―せき【―席】劇場やバスなどで、普通の座席が満席になったときに通路などに出す簡易な座席。

―どうし【―動詞】〔文法〕実質的意味と独立性を持たず、付属的な働きをする動詞。口語の「(…して)いる・ある・おく・みる・やる・くれる・もらう・くださる・いただく」「(…で)ある・ございます」、文語の「(…し)給(たま)ふ・奉る・侍(はべ)り」など。

―ようげん【―用言】〔文法〕実質的意味と独立性を持たず、付属的な働きをする用言。補助動詞と補助形容詞。

ぼ-しょ【墓所】ある人やある家の墓のある場所。墓地。

ほ-しょう【歩△哨】セウ 軍隊で、警戒や見張りをする任務。また、その任務の兵。「―に立つ」

ほ-しょう【保証】(名・他スル)①物事が確実で、まちがいやうそいつわりのないことをうけあうこと。「品質を―する」②〔法〕債務を履行しない債務者に代わって、その債務を履行する義務を債権者に対して負うこと。「連帯―」⇒「使い分け」

―にん【―人】①身元などを保証する人。②〔法〕債務者が債務を履行しなかった場合、その保証責任を負う人。

ほ-しょう【保障】シヤウ (名・他スル)(国・財産・命・権利などが)おかされないよう守ること。また、その手立て。⇒「使い分け」

使い分け「保証・保障」

「保証」は、人・物について、たしかだとうけあう、また、債務の責めを負う意で、「身元を保証する」「保証書」「保証期間」などと使われる。

「保障」は、ある状態・地位が害を受けないようにうけあう意で、「安全を保障する」「遺族の生活を保障する」「社会保障制度」などと使われる。

ほ-しょう【△堡礁】セウ 海岸に平行して発達したさんご礁。

ほ-しょう【補償】シヤウ (名・他スル)与えた損害を金銭などでつぐなうこと。特に、国や公共団体が、災害によって生じた損害や公共のために生じた財産上の損害に対してつぐなうこと。「災害―」

―きん【―金】与えた損害をつぐなう金。参考 違法によって与えた損害をつぐなうのは「賠償金」という。

ほ-じょう【捕縄】犯人などを縛る縄。とりなわ。

ぼ-しょう【暮鐘】日暮れに鳴らす鐘。また、その音。晩鐘。

ぼ-じょう【慕情】ジヤウ したわしく思う気持ち。恋しく思う心。

ほ-しょく【捕食】(名・他スル)つかまえて食べること。「昆虫を―する動物」

ほ-しょく【補色】二つのちがった色を混ぜ合わせて、光の場合は白色、絵の具の場合は灰色になるとき、一方の色に対する他の色のこと。赤と青緑、紫と黄緑など。余色。

ほ-しょく【補食】三度の食事では足りないエネルギーや栄養を補うために摂(と)る軽い食事。

ほ-しょく【補職】(名・他スル)官吏に職務の担当を命じること。また、その職。

ぼ-しょく【暮色】夕方の薄暗い景色。また、そのころのようす・感じ。「―蒼然(そうぜん)(=日暮れどきの薄暗いさま)」

ぼし-りょう【母子寮】レウ「母子生活支援施設」の旧称。

ほじ・る【△穿る】(他五)ラ(ロ)・リ(ッ)・ル・ル・レ・レ 穴や狭い所からかき出す。つついて出す。ほじくる。「耳の穴を―」可能 ほじ・れる(下一)

ほ-しん【保身】自分の地位・身分・名誉などを失うまいと守ること。「―に汲々(きゅうきゅう)とする」

ぼしん-せんそう【△戊△辰戦争】センサウ 〔日〕一八六八(慶応四)年(=干支(えと)で戊辰(つちのえたつ)にあたる)から翌一八六九(明治二)年に行われた、明治新政府と旧幕府軍との戦いの総称。鳥羽(とば)・伏見の戦いから箱館(はこだて)五稜郭(ごりょうかく)の戦いまで。新政府側が勝利し、近代国家への歩みが始まった。

ほ・す【干す・◦乾す】(他五)サ(ソ)・シ・ス・ス・セ・セ ①日光や火などに当てて水気を除く。「洗濯物を―」②底が見えるまで水をかい出す。「池の水を―」③すっかり飲んでしまう。「杯を―」④仕事を与えないでおく。「芸能界から―・される」可能 ほ・せる(下一)

ボス〈boss〉①親分。首領。「―猿」②組織の長。上司。

ポス【POS】〈point of sales から〉販売時に、店頭で商品のバーコードを読み取り、売上や在庫の情報を即時にコンピューターで集計すること。販売時点情報管理。

ほ-すい【保水】 水分を保つこと。「―力」

ほ-すう【歩数】 歩くとき足でふむ回数。「―を数える」

ほ-すう【補数】〘数〙和が10になるような二つの基数(1から9までの数)a、bがあるとき、bをaの補数、またaをbの補数という。余数。

ほ-すすき【穂◇薄・穂△芒】 穂の出ているススキ。秋

ポスター〈poster〉広告・宣伝・装飾用の大判のはり紙。

―カラー〈poster color〉ポスターなどを描くときに使う、水溶性の絵の具。

ポスティング〈posting〉広告のちらしなどを各家庭の郵便受けに入れてまわること。

―システム〈posting system〉日本のプロ野球選手が、アメリカのメジャーリーグ球団に移籍する際の入札制度。

ホステス〈hostess〉①パーティーなどで、招く側の女主人。②(バーやキャバレーなどで)接客する女性。《↔ホスト》

ホステル〈hostel〉①簡易宿泊施設。②「ユースホステル」の略。

ホスト〈host〉①パーティーなどで、招く側の男主人。②(女性用のクラブなどで)接客する男性。《↔ホステス》

―コンピューター〈host computer〉〘情報〙コンピューターシステムにおいて、ネットワークの管理など中心的な役割を果たすコンピューター。

―ファミリー〈host family〉ホームステイの留学生を受け入れる家庭。

ポスト-〈post〉(接頭)(名詞に添えて)「それのあと(のもの)」「その次」「それ以後」の意を表す。「―冷戦」

ポスト〈post〉①郵便物を投函(とうかん)する箱。また、郵便受け。②地位。持ち場。「重要な―」③サッカーやラグビーなどのゴールの支柱。ゴールポスト。参考①は、米国では mailbox という。

―カード〈postcard〉郵便はがき。

ポス-ドク〈postdoctoral fellow から〉博士課程の修了後、大学等の研究機関で任期付きの職に就いて研究を続ける人。博士研究員。ポストドクター。

ポスト-モダン〈post-modern〉建築に始まり、芸術・思想などの分野で、合理的・機能的な近代主義を超えようとする傾向。脱近代主義。ポストモダニズム。

ボストン-バッグ〈Boston bag〉底が長方形で、中ほどがふくらんだ旅行用の手さげかばん。ボストン。

ボスニア・ヘルツェゴビナ〈Bosnia and Herzegovina〉バルカン半島北西部にある共和国。首都はサラエボ。

ホスピス〈hospice〉死期の迫った患者に心身のやすらぎをあたえる医療・看護施設。

ホスピタリティー〈hospitality〉思いやりのあるもてなし。歓待。「―産業(=宿泊、外食、旅行・観光などの接客サービスを行う産業)」

ほ・する【保する】(他サ変) シ(セ・サ)・シ・スル・スル・スレ・セヨ 保証する。うけあう。「安全を―」文ほ・す(サ変)

ほ・する【補する】(他サ変) シ(セ・サ)・シ・スル・スル・スレ・セヨ 官吏に職務の担当を命じる。「副知事に―」文ほ・す(サ変)

ほ-せい【補正】(名・他スル) 不足の分をおぎなったり、あやまりなどを正したりすること。「誤差を―する」

―よさん【―予算】 国または地方公共団体の本予算成立後に予算の過不足が生じた場合、本予算を補正するため作成される予算。追加予算と修正予算の総称。↔本予算

ほ-せい【補整】(名・他スル) おぎなって整えること。

―しんし【―振子】〘物〙温度の変化につれて周期の狂うのを防ぐため、錘(おもり)をつるす棒に伸縮率のちがう二種の金属を用いた振り子。補整振り子。

ほ-ぜい【保税】〘商〙輸入関税の徴収を保留すること。

―そうこ【―倉庫】(コサウ) 関税の手続き・支払いなどが行われていない輸入品を保管する倉庫。

ぼ-せい【母性】 母としての心や肉体などの特質。「―本能」↔父性

―あい【―愛】 子供に対する母としての愛情。↔父性愛

ほ-せき【舗石・△鋪石】 道路の舗装に用いる石。敷き石。

ぼ-せき【墓石】 はかいし。

ほ-せつ【補説】(名・他スル) 説明の不足した部分をおぎない加えること。また、その説明。

ぼ-せつ【暮雪】 暮れ方に降る雪。また、夕方の雪景色。冬

ほ-せん【保線】 鉄道線路の安全を管理すること。「―工事」

―く【―区】 保線業務を行う鉄道の機関。

ほ-ぜん【保全】(名・他スル) 保護して安全に保つこと。「環境―」「財産を―する」

ぼ-せん【母船】 船団の中で、活動する漁船の中心となり、物資の補給や漁獲物の処理などをする船。親船(おやぶね)。「捕鯨―」

ぼ-せん【母線】 ①〘数〙直線の移動によって曲面が描かれるとき、曲面に対してその直線をいう。②〘物〙発電所や変電所でその電源から電流を受け、電力の分配を行う太い幹線。

ぼ-ぜん【墓前】 はかの前。「父の―に誓う」

ほぞ【細】(「ほそい」の語幹)ほそいこと。ほそいもの。「―ひも」

ほぞ【△枘】 木材などを接合するとき、片方の材の一端に作った突起。他方の材に作った穴(ほぞ穴)にはめこんでつなぐ。

ほぞ【△蔕】 果実のへた。

ほぞ【△臍】 へそ。

―を固(かた)める そうしようと覚悟を決める。**―を噛(か)む** 後悔する。⇩噬臍(ぜいせい)「故事」

ほそ・い【細い】(形) カロ・カッ(ク)・イ・イ・ケレ・○ ①丈(たけ)のわりに周りや幅が小さい。「―針金」「―体」「―道」↔太い ②声が小さくて弱々しい。「―声」↔太い ③食べる分量が少ない。「食が―」④力がなくて弱々しい。「神経が―」↔太い 文ほそ・し(ク)

ほ-そう【舗装・△鋪装】(サウ)(名・他スル) 道路の表面をコンクリートやアスファルト・石などで固めること。「―道路」

ほそ-うで【細腕】 ①やせて細い腕。②(比喩(ひゆ)的に)とぼしい力。かよわい生活力。「女の―で子供を育てる」

ほぞ-おち【△蔕落ち】(名・自スル) 果物が熟して、へたのところから自然に落ちること。また、その果実。

ほそ-おもて【細面】 ほっそりした顔。「―の美人」

ほそかわゆうさい【細川幽斎】(ホソカハイウサイ)(一五三四～一六一〇)安土(あづち)桃山時代の武将・歌人。信長・秀吉・家康に仕えた。故実・歌道に通じ、古今伝授を受けた。歌学書「詠歌大概抄」など。

ほ-そく【歩測】(名・他スル) 一定の歩幅で歩き、その歩数で距離を測ること。「距離を―する」

ほ-そく【捕捉】(名・他スル) とらえること。つかまえること。「敵を―する」「真意は―しがたい」

ほ-そく【補足】(名・他スル) 十分でないところをつけ加えておぎなうこと。「―説明」

ほ-そく【補則】〘法〙法令をおぎなうため末尾に加えた規則。

ほそ-くび【細首】 やせて細い首。

ほそ-ざお【細△棹】(ザヲ) 長唄(ながうた)・小唄などに使う、さおの細い三味線(しゃみせん)。↔太棹(ふとざお)

ほ-そつ【歩卒】 徒歩の兵卒。歩兵。

ほそ-づくり【細作り】(名・形動ダ) ①細く作られているさま。また、そのもの。「―の太刀(たち)」②体が細くきゃしゃなさま。

ぼそっ-と(副・自スル) ①つぶやくようにひとこと言うさま。ぼ

そりと。②何もせずぼんやりしているさま。「―立っている」

ほそ-なが・い【細長い】(形) カロ・カッ(ク)・イ・イ・ケレ・○ 細くて長い。狭くて長い。「―顔」「―路地」文ほそなが・し(ク)

ほぞ-の-お【△臍の緒】ヲ ―へそのお。臍帯(さいたい)。

ほそ-びき【細引〔き〕】麻をよって作った細めの縄。

ほそ-ぼそ【細細】(副)①いかにも細いさま。「―(と)した腕」②ある状態がかろうじて続いているさま。「商売を―(と)続ける」

ぼそ-ぼそ 一(副)低く小声で話すさま。「―(と)話す」二(副・自スル・形動ダ)水気や油分がなく、乾燥したさま。ぱさぱさ。「―(と)したご飯」

ほそ-まき【細巻〔き〕】細く巻くこと。また、細く巻いたもの。特に、たばこやのり巻きなどについていう。↔太巻き

ほそ-み【細み】《文》芭蕉(ばしょう)の俳諧(はいかい)の根本理念の一つ。作者の心が対象の本質をきめ細かに見きわめ、繊細微妙な境地に達している状態をいう。⇩寂(さび)・撓(しお)り

ほそ-み【細身】①その種類のものの中で、細く作ったもの。特に刀にいう。「―の太刀」②やせて、すらっとしている体。

ほそ-みち【細道】幅の狭い道。

ほそ-め【細め】(名・形動ダ)(「め」は接尾語)細いと感じること。また、そのさま。「―に切る」「戸を―に開ける」↔太め

ほそ・める【細める】(他下一) メ・メ・メル・メル・メレ・メロ(メヨ) 細くする。「目を―・めて喜ぶ」「声を―」文ほそ・む(下二)

ほそ・る【細る】(自五) ラ(ロ)・リ(ッ)・ル・ル・レ・レ ①細くなる。また、やせる。「流れが―」「身の―思い」②分量が減る。「食が―」「身代(しんだい)が―」↔太る

ほ-ぞん【保存】(名・他スル)そのままの状態を保つようにして、とっておくこと。「―食」「―がきく」

ほた【△榾・△榾△柮】たきぎにする小枝や木のきれはし。ほだ。ほだぎ。冬

ほ-だ【穂田】稲穂の出そろった田。

ぼた《俗》石炭とともに掘り出された土砂や石、また選炭後の粗悪な石炭。「―山」参考おもに九州地方で用いられる語。

ポタージュ〈フランス potage〉とろみのある濃いスープ。「コーン―」↔コンソメ

ぼ-たい【母体】①(特に出産前後の)母親のからだ。②それができるもとになったもの。もとの組織や団体。⇩「使い分け」

ぼ-たい【母胎】①母親のからだの中の、子供を宿す所。②物事を生みだすもとになるもの。⇩「使い分け」

> 使い分け「母体・母胎」
> 「母体」は、産前・産後の母親のからだの意で、「母体の健康」「母体の保護につとめる」などと使われる。また、比喩(ひゆ)的に、もとになる組織・団体の意に用いられ、「平和推進運動の母体」「ニューヨークの本部を母体として世界中に支部をつくる」などと使われる。
> 「母胎」は、母親の胎内の意で、「胎児の母胎での発育」のように使われる。また、比喩的に、物事を生みだすもとになるものの意に用いられ、「発明の母胎となった研究」「非行の母胎は不健全な生活環境だ」などと使われる。

ぼ-だい【△菩△提】《仏》①煩悩(ぼんのう)を断ち切って至る悟りの境地。②極楽浄土に往生すること。③(俗に)死後の冥福(めいふく)。

―を弔(とむら)う 死者が仏果を得て極楽浄土に往生するように祈る。冥福(めいふく)を祈る。

―こう【―講】カウ《仏》悟り、あるいは極楽往生を求めて法華経(ほけきょう)を説教する法会(ほうえ)。

―じ【―寺】《仏》先祖代々の墓を置き位牌(いはい)をまつる寺。檀那(だんな)寺。菩提所。

―じゅ【―樹】《植》①アオイ科の落葉高木。中国原産。葉は心臓形で、初夏に淡黄色の花を開く。実は球形。(菩提樹の花 夏)②クワ科の常緑高木。インド原産。釈迦(しゃか)がこの木の下で悟りを開いたといわれる。インドボダイジュ。

―しょ【―所】《仏》ぼだい寺。

―しん【―心】《仏》悟りを求め成仏(じょうぶつ)しようとする心。

ほだ-ぎ【△榾木】①→ほた ②シイタケ栽培用の原木。クリ・シイ・クヌギなどを用いる。参考「ほたぎ」ともいう。

ほださ・れる【△絆される】(自下一) レ・レ・レル・レル・レレ・レロ(レヨ) (「ほだす」の受け身の形から)情にひかされて、心や行動が束縛され身動きならない気持ちになる。「情に―」文ほださ・る(下二)

ほだし【△絆し】①馬の足をつなぎとめる縄。また、手かせ足かせ。「―を打つ」②自由を束縛すること。特に、人情や義理がからんで行動の妨げとなること。また、そのもの。「―を断ち切る」

ほだ・す【△絆す】(他五) サ(ソ)・シ・ス・ス・セ・セ つなぎとめる。束縛する。

ほたて-がい【帆立貝】ガヒ《動》イタヤガイ科の大形の海産二枚貝。殻はやや丸く扇形。肉は食用で、貝柱は大きくて美味。夏

ぼた-ぼた(副・自スル)大きなしずくや軟らかいものが続けざまに落ちるさま。「血が―(と)たれる」⇩ぽたぽた

ぽた-ぽた(副)しずくが続けざまにしたたり落ちるさま。「―(と)涙をこぼす」参考「ぼたぼた」より軽い感じの表現。

ぼた-もち【△牡△丹餅】おはぎ。

ぼた-やま【ぼた山】炭鉱で、捨てたぼたが山になったもの。

ぽたり(副)水滴や小さい物などが一つ落ちる音やさまを表す語。「涙が―と落ちる」

ほたる【蛍】《動》ホタル科の昆虫の総称。多く水辺の草むらにすむ。小形の甲虫で、腹部の後方にある発光器から光を放つものもある。ヘイケボタル・ゲンジボタルなど。夏

―の光(ひかり)窓(まど)の雪(ゆき) →けいせつ

―いか【―×烏賊】《動》ホタルイカモドキ科の小形の軟体動物。深海にすむが、産卵期には富山湾などの沿岸に大群が見られる。腹面などに発光器があり、強い光を放つ。食用。春

―いし【―石】《地質》弗化(ふっか)カルシウムを成分とした等軸晶系の結晶性鉱石。色は白・緑・紫など。熱すると蛍光を発する。光学器械・製鉄の融剤などに使われる。蛍石(けいせき)。

―がり【―狩〔り〕】ホタルを捕らえたり観賞したりする遊び。ほたるとり。夏

―び【―火】①夜、ホタルの放つ光。夏②埋(うず)み火の小さく消え残ったもの。

―ぶくろ【―袋】《植》キキョウ科の多年草。山野などに自生。夏、淡紫紅色や白色のつりがね形の花を開く。夏

ぼ-たん【△牡丹】①《植》ボタン科の栽培落葉低木。中国原産。葉は羽状複葉で互生。初夏に紅・白・紅紫などの大形の美しい花を開く。園芸品種が多く、観賞用。夏②イノシシの肉の異称。「―鍋」

―きょう【―△杏】キャウ《植》スモモの栽培品種。夏

―ばけ【―×刷毛】まるく毛の開いた化粧用のはけ。

―ゆき【―雪】ふっくらと大きなかたまりで降る雪。ぼた雪。春冬

ボタン【△釦】〈ポルトガル botão〉①衣服の合わせ目の片方につけ、他方の穴にはめて合わせ目を留めるもの。装飾にも用いる。「―をかける」②指で押して機械・装置などを作動・停止させる突起状のもの。「押し―」

―ダウン〈button-down〉シャツの襟で、襟先を身ごろ

に付けたボタンで固定するもの。ボタンダウンカラー。
―ホール〈buttonhole〉ボタンをはめる穴。
ぼたんどうろう〔牡丹灯籠〕明治前期の落語家、三遊亭円朝口演の人情咄。中国古典の「剪灯新話」や浅井了意の「御伽婢子」所収の話を素材に、旗本のお家騒動を交えて創作した怪談。言文一致運動に大きな影響を与えた。怪談牡丹灯籠。
ぼ-ち【墓地】はかば。墓所。
ぽち㊀(名)小さい点。ぽっち。ぽち。㊁(接尾)→ぽっち
ホチキス〈Hotchkiss〉→ホッチキス
ぽち-ぶくろ【ぽち袋】お年玉などを入れる小さな祝儀袋。
ぽち-ぽち(副)①物事が少しずつ進行するさま。ゆっくりと物事にとりかかるさま。ぼつぼつ。「梅が―(と)咲きだす」「―出かけるとしよう」②小さい点や粒などが散らばっているさま。「布地に―(と)あいた虫食い穴」
ぽちゃ-ぽちゃ㊀(副)水を軽くかきまぜる音やさまを表す語。「―(と)水遊びをする」㊁(副・自スル)顔や体つきがふっくらとして愛らしいさま。「―(と)した顔つき」
ほ-ちゅう【補注・補△註】説明の不足をおぎなう注釈。
ほ-ちゅう-あみ【捕虫網】昆虫を捕らえるための網。夏
ほ-ちょう【ホ調】―《音》ホの音を主音とする調子・音階。
ほ-ちょう【歩調】―①歩行の調子。あしなみ。「―をとる」②まとまって行動するときの調子。「仕事の―をそろえる」
ほちょう-き【補聴器】―耳の聞こえにくい人が聴力をおぎなうために耳にあてて使う器具。聴話器。
ほつ【発】(字義)→はつ(発)
ほっ【法】(字義)→ほう(法)
ぼつ【没】ボツ しずむ 中
(字義)①しずむ。㋐水底にしずむ。「沈没・覆没」㋑うずまる。うずめる。「陥没・埋没」②なくなる。「没我・没却」③かくれる。かくす。「出没・神出鬼没」④死ぬ。＝歿。「没後・没年・戦没」⑤ほろびる。おちぶれる。「没落」⑥とりあげる。「没収」⑦熱中する。「没頭・没入」難読 没義道・没薬
ぼつ-【没】(接頭)(名詞に付いて)「…がない」の意を表す。「―常識」「―個性」「―交渉」
ぼつ【没】①(「没書」の略)原稿などを採用しないこと。「―にする」②死ぬこと。「慶応三年―」参考 ②は、「△歿」とも書く。
ぼつ【勃】ボツ 中
(字義)①にわかに。急に。「勃興・勃然・勃発」②盛んに起こるさま。「勃起・勃勃・鬱勃」③「勃牙利」の略。
ぼっ【坊】(字義)→ぼう(坊)
ほつ-い【発意】㊀(名・他スル)→はつい ㊁(名・自スル)《仏》菩提心を起こすこと。発心。
ほ-つ-え【◇上◇枝】《古》木の上のほうの枝。↔下枝
ほつ-が【発△駕】(名・自スル)①駕籠に乗って出発すること。②貴人の出発。出駕。
ぼっ-か【牧歌】―①牧童などのうたう歌。②牧人・農夫などの生活を主題とした詩歌。
―てき【―的】(形動ダ)牧歌のように素朴で叙情的なさま。「―な風景」
ぼつ-が【没我】物事に熱中して我を忘れること。「―の境地」
ほっ-かい【法界】《仏》①意識の対象となるすべての物事。②全宇宙。全世界。参考「ほうかい」ともいう。
ほっかいどう〔北海道〕日本列島北端の大島。また、周辺の属島を含めた総称。道庁所在地は札幌市。
ぼっ-かく【墨客】―書や絵をよくする人。墨客。「文人―」
ほっ-かむり【◇頰っ◇被り】(名・自スル)→ほおかぶり
ぽっかり(副)①軽く浮かぶさま。「波間に―(と)浮かぶ小舟」②突然に穴や口のあくさま。また、穴などが大きくあいているさま。「―(と)口をあける」「彼が逝ってからはまるで心に―(と)穴があいたようだ」
ほつ-がん【発願】―(名・自スル)《仏》①神仏に祈って願をかけること。②心ひそかに念願を起こすこと。
ほっ-き【発起】㊀(名・他スル)計画してはじめること。㊁(名・自スル)《仏》信仰心を起こすこと。発心。「一念―」
―にん【―人】事業・会などを行おうと初めに計画する人。
ほつ-ぎ【発議】(名・自他スル)→はつぎ
ぼっ-き【勃起】(名・自スル)①にわかに力強く起こりたつこと。②陰茎が起こりたつこと。
ほっき-がい【北寄貝】《動》バカガイ科の二枚貝。浅海の砂地にすみ、殻はふくらんだ卵形で、肉は食用。姥貝。
ぼっ-きゃく【没却】(名・他スル)捨ててしまうこと。まったく忘れさること。「自我を―する」
ぼっ-きゃく【墨客】―→ぼっかく
ぼっ-きょ【△卜居】―(名・自スル)うらなって住む所を決めること。また、よい地をみたてて住むこと。「―の地」
ほっ-きょう【法橋】―①《仏》(「法橋上人位」の略)僧の位の一つ。法眼につぐ。②中世以降、仏師・絵師・連歌師・狂歌師などに授けられた称号。
ほっ-きょく【北極】―①地軸の北の端。北緯九〇度の地点。広くは北極圏をさす。②《天》地軸の北端の延長が天球と交わる点。③磁石の北をさすほうの極。N極。(↔南極)
―ぐま【―熊】→しろくま
―せい【―星】《天》天の北極に最も近い星。小熊座の主星。方位を定める指針になる。ポラリス。
ほっきょくかい〔北極海〕ヨーロッパ・アジア・北アメリカの北方にあり、北極を中心として北極圏に広がる海域。参考 古くは「北氷洋」といった。
ほっきょくけん【北極圏】北緯六六度三三分の地点を連ねた線、およびそれより北の地域。↔南極圏
-ぽっきり(接尾)(数量を表す語に付いて)ちょうどそれだけである意を表す。「一〇〇〇円―」
ぽっきり(副)かたく細長いものがもろく折れるさま。また、その音。「枝が―(と)折れる」
ほっ-く【発句】《文》①連歌・連句の最初の句。五・七・五の一七音からなる。↔挙げ句 ②俳句。参考 ②は、①が独立して詠まれ発達したもの。
ホック〈hook〉①鉤。②洋服などにつけるかぎ状または丸形の留め金。「―をとめる」
ボックス〈box〉①箱。「アイス―」②箱形のもの。また、箱形の建物。「電話―」③仕切り席。さじき。「―シート」④野球で、捕手・打者・コーチャーなどが位置につく四角いくぎり。「バッター―」⑤靴・かばんなどに用いる子牛のなめし革。
ぽっ-くり【◇木履】おもに少女のはく、厚い台の底をくりぬいた、うしろが丸くなっている歯のないげた。語源「ぼくり」の転。
ぽっくり(副)①もろく折れたりこわれたりするさま。②(元気だった人が)突然死ぬさま。「―(と)逝く」

〔木履〕

ほっけ【△鯱】《動》アイナメ科の海産硬骨魚。北方の海にすみ、体はやや細長く背側は青褐色で黒っぽ

い斑がある。食用。

ほっ-け【法華】〘仏〙①→ほけきょう②「法華宗」の略。

――ざんまい【――三昧】〘仏〙一心に法華経を読み唱えて、法華経の真理を心に思うこと。ほっけさんまい。

――しゅう【――宗】〘仏〙①「天台宗」の別称。②「日蓮宗」の別称。③日蓮宗の一宗派。

ホッケー〈hockey〉一一人ずつ二組に分かれ、先の曲がった棒(スティック)で、ボールを相手方のゴールに打ち入れて得点を争う競技。フィールドホッケー。⇩アイスホッケー

ぼっ-けん【木剣】ボク 木製の刀。木刀。

ぼつ-ご【没後・殁後】死んだのち。死後。「――三〇年」↔没前

ぼっ-こう【勃興】(名・自スル)にわかにおこること。にわかに勢いを得て盛んになること。「新興勢力の――」

ぼつ-こうしょう【没交渉】カウセフ (名・形動ダ)関係や交渉を持たないこと。ぼっこうしょう。「彼とは長いこと――だ」

ほっ-こく【北国】ホク 北のほうの国・地方。北国(きたぐに)。↔南国

ぼっ-こん【墨痕】ボク 墨でかいたあと。筆跡。「――あざやか」

ほっ-さ【発作】病気の症状が突然起こること。「心臓――」

――てき【――的】(形動ダ)ダロ・ダッ(デ・ニ)・ダ・ダナ・ナラ・○ 感情のままに突然ある行動にでるさま。「――な犯行」

ほっ-しゅ【法主】→ほうしゅ(法主)

ぼっ-しゅう【没収】シウ (名・他スル)①強制的にとりあげること。②〘法〙犯罪者の所有物や所有権をとりあげる刑の一種。

――じあい【――試合】ジアヒ 野球で、審判がルールに違反したチームに対して敗戦を宣告し、相手チームを勝ちとする試合。

ぼつ-しゅみ【没趣味】(名・形動ダ)何も趣味がないこと。また、そのさま。趣味を解さないさま。無趣味。「――な男」

ぼっ-しょ【没書】新聞や雑誌などへの投書や原稿が採用されないこと。また、その投書。ぼつ。

ほっ-しょう【法性】シヤウ 〘仏〙いっさいの事物がもつ不変の本性。真如や実相と同義とされる。

ぼつ-じょうしき【没常識】ジヤウシキ (名・形動ダ)常識のないこと。また、そのさま。常識を無視するさま。

ほっ-しん【発心】(名・自スル)①〘仏〙菩提心(ぼだいしん)を起こすこと。仏道にはいること。②思いたつこと。発起。

ほっ-しん【発疹】→はっしん(発疹)

――チフス→はっしんチフス

ほつ・す【解す】(他五)サ(ソ)・シ・ス・セ・セ ほぐす。ほどく。とく。

ほっ-す【払子】〘仏〙僧のもつ法具の一つ。馬の尾や麻などをたばねて柄をつけたもの。

〔払子〕

ほっ・する【欲する】(他サ変)シ(セ)・シ・スル・スル・スレ・シロ(セヨ) ほしいと思う。のぞむ。ねがう。「心の――ままに行動する」文ほっ・す(サ変)

ぼっ・する【没する】シ(セ)・シ・スル・スル・スレ・シロ(セヨ) ■一(自他サ変)沈んで見えなくなる。沈めて見えなくする。「日が西に――」「海中に姿を――」■二(自サ変)死ぬ。「事故で――」■三(他サ変)とりあげる。没収する。「財産を――」文ぼっ・す(サ変) 参考 ■二は「殁する」とも書く。

ほっ-せき【発赤】〘医〙炎症などにより皮膚が赤くなること。発赤(はっせき)。

ぼつ-ぜん【没前・殁前】死ぬまえ。生前。↔没後

ぼつ-ぜん【勃然】(タトル)①急に起こりたつさま。「――として湧き起こる民衆の声」②むっとして怒るさま。「――として色を変じる」文(形動タリ)

ほっそう-しゅう【法相宗】ホツサウ 〘仏〙仏教の一宗派。唯識の立場から、あらゆる存在の本質を究明する。

ほっ-そく【発足】(名・自スル)①団体や組織などが作られ、活動し始めること。発足(はっそく)。「会が――する」②出発。門出。

ほっ-そり(副・自スル)細くすらりとしたさま。「――(と)した足」

ほっ-たい【法体】出家した姿。僧形。法体(ほうたい)。↔俗体

ぼったく・る(他五)ラ(ロ)・リ(ッ)・ル・ル・レ・レ 〘俗〙不当に法外な料金を取る。ぶったくる。ふんだくる。「いかがわしい店で――・られる」

ほっ-たて【掘っ立て・掘っ建て】(「ほりたて」の音便)礎石を置かずに柱を直接地中に埋めて建てること。

――ごや【――小屋】柱を土にさしこんで建てたそまつな小屋。

ポツダム-せんげん【ポツダム宣言】〘日・世〙一九四五(昭和二十)年、ベルリン郊外のポツダム(Potsdam)で米・英・中の三国(のちにソ連も参加)が発表した対日降伏勧告。戦争終結の条件を示したもの。日本はこれを受諾し降伏した。

ほったらか・す(他五)サ(ソ)・シ・ス・セ・セ 〘俗〙そのままにして、ほうっておく。「仕事を――・して遊ぶ」可能ほったらか・せる(下一)

ほっ-たん【発端】(物事の端緒を発(ひら)くの意から)事件などのはじまり。いとぐち。「事の――は一通の手紙だった」

-ぽっち(接尾)(代名詞・数詞に添えて)それだけの数量しかない意を表す語。ぽっち。ぽち。「これっ――」「一〇〇円――」

ぽっち 小さい点。器具などにつけた小さい突起。ぽち。

ホッチキス〈Hotchkiss〉コの字形の針を打ち込んで紙をとじる事務用具。ホチキス。ステープラー。(商標名) 参考 英語では stapler という。語源 アメリカのホッチキス社の製品を輸入・販売した際に「ホッチキス」の名をつけたことから。

ぽっちゃり(副・自スル)肉づきがよく愛らしいさま。「――(と)した子」

ぼっ-ちゃん【坊ちゃん】①他人の男児の敬称。②大事に育てられて世事にうとい男。「――育ち」

ぼっちゃん【坊っちゃん】夏目漱石の小説。一九〇六(明治三十九)年作。松山中学在職中の体験に取材し、若くて正義感の強い「坊っちゃん」の教師生活をユーモラスに描く。

ぽっ-ちり(副)非常に少ないさま。ほんの少し。

ほ-づつ【火筒】銃砲。火砲。「――のひびき」

ほっつ・く(自五)カ(コ)・キ(イ)・ク・ク・ケ・ケ 〘俗〙歩きまわる。うろつく。「どこを――・いていたんだ」

ぽってり(副・自スル)厚みがあって重そうにふくれているさま。「――(と)した織物」「――(と)した腹」

ホット〈hot〉■一(名・形動ダ)熱いこと。熱いもの。「――コーヒー」■二(形動ダ)ダロ・ダッ(デ・ニ)・ダ・ダナ・ナラ・○ ①最新であるさま。「――な話題」②激しいさま。強烈なさま。「――な論争」

――ウォー〈hot war〉直接武力行動に出る戦争。熱い戦争。↔コールドウォー

――ケーキ〈hot cake〉小麦粉・牛乳・バター・砂糖・卵などを材料にして平たく円形に焼いた菓子。図

――ジャズ〈hot jazz〉即興で熱狂的に演奏するジャズ。

――スポット〈hot spot〉①放射能などに強く汚染された地域。②〘地質〙マントル内部でマグマを発生し続ける高温部。③紛争などが起きている危険地域。④〘情報〙無線LANによるインターネット接続が可能な場所。

――ドッグ〈hot dog〉細長いパンに切れ目を入れ、温めたソーセージをはさんでケチャップやからしなどを塗った食品。

――ニュース〈hot news〉最新のニュース。

――パンツ〈hot pants〉女性用の衣服の一つ。ショートパンツのうち股下の極端に短いもの。

――プレート〈hot plate〉電気で鉄板を加熱する仕組み

の調理器具。卓上で肉などを焼くのに用いる。

―マネー〈hot money〉〘経〙国際金融市場を活発に移動する投機的な短期資金。

―ライン〈hot line〉①国と国との政府首脳間に設けられる緊急用の直通通信線。②(転じて)非常用の直通電話。

ほっ-と(副・自スル)①ため息をつくさま。「―息をつく」②緊張がとけて安心するさま。「―胸をなでおろす」

ポット〈pot〉①紅茶などを入れる、注ぎ口と取っ手の付いたつぼ形の容器。「コーヒー―」②魔法びん。[参考]②は英語では thermos (bottle)という(thermos は商標名)。

ぽっ-と(副・自スル)①灯火や火がつくさま。「―街灯がともる」②急に現れるさま。③顔が赤くなるさま。「顔を―赤らめる」④ぼんやりしているさま。「―していて傘を忘れた」

―で【―出】《俗》①田舎から初めて都会に出てきたこと。また、その人。②その業界などに突然出てきたこと。

ほっ-とう【発頭】(「発頭人」の略)先に立って計画した人。

ぼっ-とう【没頭】(名・自スル)他の事に心を動かされず、一つの物事に精神を集中すること。没入。「研究に―する」

ほっと・く【◇放っとく】(他五)《俗》手を出さずにそのままの状態にしておく。「あいつのことは―・け」[可能]ほっと・ける(下一)[語源]「ほうっておく」の転。

ほ-づな【帆綱】帆をあげおろしする綱。

ぼつ-にゅう【没入】(名・自スル)①沈んで見えなくなること。②一つのことに心をうちこむこと。没頭。「事業に―する」

ぼつ-ねん【没年・△歿年】①死んだ年。↔生年 ②死んだときの年齢。享年。「―九〇歳」

ぽつねん-と(副・自スル)一人だけで寂しそうにいるさま。「―たたずむ」

ホッパー〈hopper〉砂利・セメント・穀物などの貯蔵槽。下部の漏斗状の口を開いて取り出すしくみになっている。

ぼっ-ぱつ【勃発】(名・自スル)(事件や戦争などが)にわかに起こること。「大事件が―する」

ほっぴょうよう【北氷洋】「北極海」の古い呼び名。

ホップ〈hop〉①はねあがること。特に、野球で、投手の投げたボールが打者の手もとで浮きあがること。②三段跳びで、初めの一とび。「―・ステップ・ジャンプ」

ホップ〈オランダ hop〉〘植〙アサ科の栽培つる性多年草。ヨーロッパ原産。雌雄異株。葉は卵形。晩夏から秋に花を開く。まつかさ状の果実はビールに香気と苦みをつけるのに用いられる。[夏]

ポップ〈pop〉(popular の略)[一](名・形動ダ)大衆的なこと。時流に乗って軽妙なさま。「―なイラスト」「―カルチャー」[二](名)ポピュラーミュージック。ポップス。

―アート〈pop art〉〘美〙一九六〇年代にアメリカでおきた前衛芸術運動の一つ。日常目にする広告・漫画や大量生産される商品などを作品の素材としてとり入れたもの。

ポップ【POP】〈point of purchase(購買時点の意)から〉店頭で人目につくように商品の近くに置く宣伝物。

ポップ-アップ〈pop-up〉①中にあるものが飛び出すこと。「―式トースター」②〘情報〙ウェブサイトに接続すると最前面に自動的に表示される画面。「―広告」

ぼつ-ふうりゅう【没風流】(名・形動ダ)風流のわからないこと。俗っぽいこと。また、そのさま。無風流。

ポップコーン〈popcorn〉干したトウモロコシの実をいってはじけさせ、塩などで味をつけた食品。ポプコーン。

ポップス〈pops〉→ポピュラーミュージック

ぼつぶんぎょう-かん【没分暁漢】(「分暁」は明らかに悟る意)道理のわからない人。わからずや。

ほっ-ぺた【◇頰っぺた】《俗》ほお。ほおのあたり。ほっぺ。「―をつねる」「―が落ちる(=非常においしいことのたとえ)」

ほっぽ《俗》①ふところ。懐中。また、ふところ具合。「―が寒い」②(幼児語)汽車。③(幼児語)はと。

ほっ-ぽう【北方】北の方角・方面。↔南方

ぽつ-ぽつ[一](副)①小さな点・穴・粒・吹き出物などがいくつもできるさま。「―吹き出たにきび」②物事が少しずつ進行するさま。ゆっくりと物事にとりかかるさま。ぼちぼち。「―出かけようか」[二](名)たくさんの小さな穴や突起、吹き出物など。「顔にできた―」[参考]「ぽつぽつ」より点や粒の大きい感じを伴う。

ぼつ-ぼつ【勃勃】(ト・タル)物事の盛んに起こりたつさま。勃然。「雄心―」[文](形動タリ)

ぽつ-ぽつ[一](名・副)点々と散らばっているさま。また、その散在する点や穴。[二](副)①雨などが降りはじめるさま。「―降ってきた」②少しずつ行われるさま。「客が―(と)入る」

ほっぽらか・す(他五)《俗》すべきことを長時間放置したままにする。ほったらかす。「約束を―」

ほっぽ・る(他五)《俗》①ほうる。「脱いだ服を―」②そのまま投げだす。「仕事を―」[可能]ほっぽ・れる(下一)

ぼつ-らく【没落】(名・自スル)栄えていたものが衰えること。勢力が弱まりおちぶれること。「生家が―する」

ぽつり(副)①しずくなどが落ちるさま。ぽたり。「―としずくが落ちる」②つぶやくように言うさま。「―と一言もらす」③糸などの切れるさま。ぷつり。ぽっつり。「たこの糸が―と切れる」④しみ・穴などが一か所に生じるさま。「―と穴があく」⑤一つだけ他から離れているさま。ぽつん。「―と立っている」

―ぽつり(副)①少しずつ、あるいは切れ切れのさま。「―(と)人影が現れる」②雨・水滴が少しずつ落ちるさま。③間を置いて少しずつしゃべるさま。「事件の経過を―(と)話す」

ぼつ-りそう【没理想】〘文〙主観や理想を排し、現実の客体を描くことに徹しようとする文学上の立場。明治中期、坪内逍遙と森鷗外との間でかわされた「没理想論争」から出た語で、逍遙によって主張された。

ボツリヌス-ちゅうどく【ボツリヌス中毒】〘医〙ボツリヌス菌(=桿菌の一種)の作り出す毒素によって起こる食中毒。四肢の麻痺や呼吸困難などがみられ死亡率が高い。

ほつれ【◇解れ】ほつれること。また、ほつれたもの。「髪の―」

ほつ・れる【◇解れる】(自下一)結んだり編んだりしたものの先端がほどける。「縫い目が―」[文]ほつ・る(下二)

ボツワナ〈Botswana〉アフリカ大陸南部の内陸部にある共和国。首都はハボロネ。

ぽつん-と(副)①点やしみなどが一つだけあって目立つさま。「にきびが―できた」②一つだけ他から離れているさま。ぽつりと。「山の中に―あかりが見える」③一言つぶやくさま。ぽつりと。「―本音をもらす」④しずくが一つ落ちるさま。

ほ-て【帆手】帆の左右につけた綱。

ぼて①「張りぼて」の略。②(「ぼてれん」の略)妊娠して腹がふくれていること。また、その女の人。③「棒手振り」の略。

ほ-てい【◇布◇袋】七福神の一。ほおがふっくらとし、ぼうず頭で大きな腹を突き出し、袋を背負っている。中国、唐末・後梁の禅僧契此を神格化したもの。⇩七福神(さしえ)

―ちく【―竹】〘植〙イネ科の竹の一種。茎の下部の節は二輪状にもりあがり、節の間がつまっている。観賞用。釣りざお・杖などに用いる。ごさんちく。

―ばら【―腹】布袋のように太って突き出た腹。

ほ-てい【補訂】(名・他スル)文書の足りないところを補い、まちがいをただすこと。訂補。「―版」「―を加える」

ほ-てい【補△綴】(名・他スル) ①破れやほころびなどを補い繕うこと。また、文の不足を補うこと。「原稿を―する」②古人の字句をつづりあわせて詩文を作ること。参考「ほてつ」ともいう。

ボディー〈body〉①身体。からだ。「―ライン」②ボクシングで、胴の部分。③機械・機具などの本体。車体。機体。船体。「車の―」④→じんだい(人台) 参考「ボデー」ともいう。

―ガード〈bodyguard〉重要人物を警護する人。護衛。

―コンシャス〈body-conscious 体型を意識した〉女性らしい体の線を強調したファッション。ボディコン。

―チェック〈body check〉危険物の持ち込みを防止するための身体検査。「搭乗の際の―」参考 英語では security check や body search という。

―ビル〈body-building から〉バーベル・ダンベルなどの器具を用いて筋肉を鍛え、たくましい肉体をつくること。

―ブロー〈body blow〉①ボクシングで、相手の腹部を打つこと。②徐々に悪い影響・痛手を与えるもののたとえ。「食料品の値上げが家計に―となる」

―ボード〈body board〉幅の広い板の上に腹ばいになって波に乗るスポーツ。また、それに使う板。ボディーボーディング。

―ランゲージ〈body language〉身振りや手振りで意志や思いを相手に伝えること。身体言語。

ボディ-コン →ボディーコンシャス

ほ-てつ【補△綴】(名・他スル) →ほてい(補綴)

ポテト〈potato〉ジャガイモ。「フライド―」

―チップ〈※potato chip〉ジャガイモをごく薄く切って油で揚げ、おもに塩味などをつけたもの。ポテトチップス。

ぼて-ふり【◇棒手振り】(魚など)商品をてんびん棒でかつぎ、呼びかけながら売り歩くこと。また、その人。特に、江戸時代、市場と料理屋との間に立って魚を売買した人。ぼて。

ぼて-ぼて ■(副・自スル・形動ダ) いかにも厚みがあって重そうな感じがするさま。「―に太った腹」■(名) 野球で、打球が勢いなく転がるようす。「―の内野ゴロ」

ほ-てり【火照り】ほてること。のぼせたり恥じらったりして顔や体が熱くなるさま。「―をしずめる」

ホテル〈hotel〉料金をとって宿泊させる西洋風の施設。はじまり 日本では、一八六〇(万延元)年、オランダ人フフナーゲルによる「横浜ホテル」、一八六八(明治元)年、清水喜助による「築地ホテル館」の開業が本格的ホテルの最初という。

ほ-て・る【火照る】(自五) (体やその一部が)熱くなる。熱く感じる。「恥ずかしくて体じゅうが―」

ほ-てん【補塡】(名・他スル) 不足のものを補いうめること。「赤字の―」「損失を―する」

ポテンシャル〈potential〉①《物》物体や電荷の空間的配置で決まる場の性質の一つ。万有引力による位置エネルギーなどをいう。②潜在能力。可能性としてもつ力。

ほど【程】①程度。度合い。「力の―」②かぎり。限度。際限。「冗談にも―がある」③分際。「身の―知らず」④あいだ。時間。「待つ―もなく」⑤時分。ころ。「―を見はからって帰る」⑥距離。「道の―」⑦ようす。ぐあい。「真偽の―」

―がいい 物事の程度がちょうどよい。調和がとれている。

ほ-ど【歩度】歩く速度。歩幅の程度。「―を速める」

ほど【程】(副助) ①程度を示す。「まぶしい―輝く」「山―ある」②おおよその時・所・数量を示す。「二時間―待った」「町の中―にある」「五〇枚―の紙」③程度が高まるにつれて他のことがますます進む意を表す。「空中に高く上がる―空気は薄くなる」用法 種々の語(体言、活用語の連体形、助詞など)に付く。参考 名詞「ほど」から転じた語。形式名詞とする説もある。

ほど-あい【程合〔い〕】ちょうどよい程度。ころあい。「―をみて本題にはいる」

ほ-どう【歩道】道路で、人の歩くように車道と区切られた部分。人道。「横断―」↔車道

―きょう【―橋】歩行者用に、交通量の多い道路をまたいでつくられた陸橋。横断橋。はじまり 日本で、道路を横断する歩道橋は、一九五九(昭和三十四)年、愛知県西枇杷島町(現清須市)の旧国道二二号にかけられたのが最初。

ほ-どう【補導・△輔導】(名・他スル) 正しいほうへ助け導くこと。特に、少年少女の非行を防ぎ、正常な生活に導くこと。

ほ-どう【舗道・△鋪道】舗装した道路。ペーブメント。

ぼ-どう【母堂】他人の母の敬称。母上。母君。

ほとぎ-へん【◇缶偏】漢字の部首名の一つ。「缺」「罐」などの「缶」の部分。

ほどき-もの【◇解き物】→ときもの

ほど・く【◇解く】(他五) ①結んだもの・もつれたものをときはなす。とく。「結び目を―」②神仏にかけた願がかなって、そのお礼参りをする。自ほど・ける(下一) 可能ほど・ける(下一)

ほとけ【仏】①《仏》㋐仏陀。特に、釈迦如来。また、広く菩薩など。㋑仏像。「―様を拝む」㋒(仏式で葬った)死者。「―になる」②善良な人。慈悲深い人。

▼「仏」が下に付く語

(ほとけ)新― 生き― 石― 新― 濡れ― 野― 喉―

―作って魂入れず 努力した作品・仕事がほぼできあがっているのに、最も大事な所が欠けていることのたとえ。

―の顔も三度 どんなに温和で慈悲深い人でも、たびたびひどいことをされるとしまいには怒ることのたとえ。

―いじり【―◇弄り】信心からではなく、道楽半分に仏を供養すること。ほとけなぶり。

―がお【―顔】①慈悲深い顔。②死人の顔。

―ごころ【―心】①深く悟って迷わない心。②慈悲深い心。「―を起こす」

―しょう【―性】慈悲深い性質。

―の-ざ【―の座】《植》①「タビラコ」の別名。春の七草の一つ。新年 ⇒春の七草(さしえ) ②シソ科の越年草。畑や道ばたなどに自生。春、紅紫色の唇形花を開く。三階草。春

ほど・ける【◇解ける】(自下一) 結んだものやもつれたものがとけてはなれる。「帯が―」他ほど・く(五) 文ほど・く(下二)

ほどこし【施し】恵み与えること。また、その金品。布施。

―もの【―物】僧や貧しい人々に施し与える米や金品。

ほどこ・す【施す】(他五) ①広く公にしめす。あらわす。「面目を―(=名誉を得る)」②恵みを与える。「金銭を―」③肥料などをまく。「肥料を―」④考え出して行う。「手の―しようもない」⑤設備・加工・装飾などをつけ加える。「彩色を―」可能ほどこ・せる(下一)

ほど-ちか・い【程近い】(形) 距離や時間のへだたりが少ない。「家から駅までは―」↔程遠い 文ほどちか・し(ク)

ほど-とお・い【程遠い】(形) 距離・時間や状態などのへだたりがかなりある。「ここから―・くない所」「天才というには―」↔程近い 文ほどとほ・し(ク)

ほととぎす【×時鳥・×杜鵑・×子規・×不如帰】《動》ホトトギス科の鳥。形はカッコウに似るが、小形。背面は暗灰青色、腹面は白く、多数の黒色横斑がある。初夏、南から渡来してウグイスなどの巣に卵をうみ、育てさせる。夏

ほととぎす【不如帰】徳冨蘆花の小説。一八九八

(明治三十一)年から翌年にかけて「国民新聞」に連載。日清戦争を背景に、出征する軍人の川島武男と妻浪子の愛情が、封建的な家族制度のためにひきさかれる悲劇を描く。

ホトトギス 俳句雑誌。一八九七(明治三十)年創刊され、正岡子規のあと高浜虚子が主宰した。多くの俳人を輩出し、近代俳句の革新と普及に貢献した。

ほととぎす… 和歌〔ほととぎす 鳴きつるかたを ながむれば ただ有り明けの 月ぞ残れる〕〈千載集 後徳大寺左大臣(藤原実定)〉ほととぎすが鳴いた、と思ってその方角を眺めると、もう姿は見えず、ただ有り明けの月だけが残っていることだ。(小倉百人一首の一つ)

ほど-なく【程なく】(副) まもなく。やがて。「―着くだろう」

ほど-に【程に】(接助) ①程度が高まるにつれて他のことがますます進む意を表す。…するにつれて。…するうちに。「聞く―見る―おどろくばかり」②原因・理由を表す。…から。…なので。「せいぜい心がけます―ご安心ください」語源 名詞「ほど」に格助詞「に」が付いて一語化したもの。

ほとばし・る【△迸る】(自五) ラ(ロ)・リ(ッ)・ル・ル・レ・レ 勢いよくあふれ出て飛び散る。「鮮血が―」「熱気が―」「才気が―」

ほと・びる【◇潤びる】(自上一) ビ・ビ・ビル・ビル・ビレ・ビロ(ビヨ) 水気をふくんでふくれる。ふやける。「豆が―」文 ほと・ぶ(上二)

ポトフ〈フランス pot-au-feu 火にかけた鍋〉牛肉や野菜をとろ火で長時間煮込んだフランスの家庭料理。ポトフー。

ほど-へて【程経て】(副) しばらくたって。しばらくして。「―連絡がついた」

ほと-ほと(副) 非常に。まったく。すっかり。「―手を焼く」

ほど-ほど【程程】 ゆきすぎにならない程度。適度。「遊びは―にしなさい」

ぽと-ぽと(副) 水滴などが続いてしたたり落ちるさま。「汗を―(と)落とす」

ほとぼり【◇熱り】 ①ほてり。余熱。②事件や物事が終わったあとまで残っている感情の高ぶりや関心。「事件の―がさめる」

ボトム〈bottom〉①下部。底。②〘服〙下半身に着るもの。↔トップ

―アップ〈bottom-up〉下から上層部に情報が伝わり、意思決定される管理システム。↔トップダウン

ほど-よ・い【程◇好い】(形) カロ・カッ(ク)・イ・イ・ケレ・○ 程度がちょうどよい。適当である。「―湯かげん」文 ほどよ・し(ク)

ほど-らい【程らい】ラヒ ― 程合い。適当な程度。「―を計る」

ほとり【◇辺】 ①近辺。あたり。そば。②きわ。ふち。「川の―」

ぽとり(副) しずくや小さな物が軽く落ちるさま。「ひとしずくの涙が―と落ちた」「球を―と落とす」

ボトル〈bottle〉①瓶。②酒場で、客が店に預けておく瓶買いのウイスキーなど。

―キープ〈和製英語〉酒場で、瓶ごと買った酒を来店するたびに飲めるように保管してもらうこと。

―ネック〈bottleneck〉(狭い瓶の首のように)物事の進行の支障となるもの。隘路。

ほとんど【△殆ど】 ■一(副) ①今少しで。すんでのことで。「―死ぬところだった」②(下に打ち消しの語を伴って)まったくといっていいほど。「―意味がない」■二(名・副) おおかた。大部分。「参加者の―は若者だ」「―完成した」語源「ほとほと」の転。

ほ-なみ【穂波】 稲やススキなどのたくさんの穂が、風に揺らいで波のようにみえること。また、その穂。「ススキの―」

ほ-なみ【穂並〔み〕】 稲などの穂が出そろって並んでいること。また、その穂。

ボナンザグラム〈bonanzagram〉クイズの一種。文章中の文字が抜けている箇所を埋めて文を完成するもの。

ポニーテール〈ponytail 小馬のしっぽ〉女性の髪形の一つ。長い髪を頭のうしろで一つに束ねて、垂らしたもの。

ほ-にゅう【哺乳】(名・自スル) 赤ん坊に乳を飲ませること。

―どうぶつ【―動物】〘動〙哺乳類の動物。

―るい【―類】〘動〙脊椎動物の一群の総称。温血・胎生で、肺呼吸をし、母乳で子を育てる。

ぼ-にゅう【母乳】 母親の乳。生母の乳。「―で育てる」

ほ-にん【補任】(名・他スル) 官に任じて、職につかせること。参考 古くは「ぶにん」。

ほ-ぬの【帆布】 帆に使う厚くて丈夫な布。帆布。

ほね【骨】 ①〘生〙骨格を構成して体を支え、臓器を保護する基本的組織。②火葬された人の骨。こつ。③家屋や器具を形づくる基本的な材料。「傘の―」④困難にたえる力。気骨。気概。「―のある男」⑤困難で面倒なこと。苦労。「彼を説得するのは―だ」「―を惜しむ」⑥物事の核心・中心。「―のない話」

▼「骨」が下に付く語
(ほね)馬の― (ぼね)肋― 親― 貝殻― 気― 小― 腰― 筋― 背― 胴― 土性― 節― 頰― 無駄― 屋台―

―が折れる 努力や労苦を要する。**―が舎利になっても** どんなに苦労しても。たとえ死んでも。**―と皮** 非常にやせているさま。**―に刻む** 心に銘記する。深く心に刻み込んで忘れない。**―に染みる** 骨の中まで染み込むように感じる。強く心に感じる。**―に徹する** 骨にまでこたえる。また、強く感じる。**―までしゃぶる** 相手を徹底的に利用しつくす。**―を埋める** ①その場所で一生を過ごす。②ある事柄に生涯取り組む。**―を折る** 苦労する。精を出して働く。尽力する。**―を拾う** ①火葬場で遺骨を拾いおさめる。②仕事のために力をつくして倒れた人のあとを引き受けて後始末をする。

ほね-おしみ【骨惜しみ】ヲシミ ―(名・自スル) 努力・労苦を惜しむこと。働くことを嫌がること。「―せずに働く」

ほね-おり【骨折り】ヲリ ― 努力すること。精を出して働くこと。苦労。尽力。「お―を感謝します」

―ぞん【―損】 努力したことがなんの効果もあげられないこと。苦労がむだになること。「―のくたびれもうけ」

ほね-お・る【骨折る】ヲル ―(自五) ラ(ロ)・リ(ッ)・ル・ル・レ・レ 精を出して働く。苦労する。また、尽力する。「就職の世話に―」

ほね-がらみ【骨絡み】 ①梅毒が体じゅうにまわって、骨がうずき痛むこと。骨うずき。②悪い状況から抜け出せないこと。

ほね-ぐみ【骨組〔み〕】 ①体を支える多くの骨の組み合わせ。骨格。「がっしりした―の男」②物事の根本にあって全体を支えるものの構造。根本となるものの組み立て。「文章の―」

ほね-しごと【骨仕事】 力仕事。骨の折れる仕事。

ほね-ちがい【骨違い】チガヒ ― 骨が関節から外れること。脱臼。

ほね-つぎ【骨接ぎ・骨継ぎ】 骨折や脱臼を治すこと。接骨。整骨。また、それを業とする人。接骨師。

ほねっ-ぷし【骨っ節】 ①骨の関節。②簡単に妥協したり屈したりしない心。気骨。骨節。「―がある男だ」

ほねっぽ・い【骨っぽい】(形) カロ・カッ(ク)・イ・イ・ケレ・○ ①魚肉などに小骨が多いさま。②やせて骨張っているさま。③気骨があってしっかりしているさま。「若いが―」

ほね-なし【骨無し】 ①骨のないこと。また、そのもの。②気骨や信念のないこと。また、そういう人。「なんだ、この―め」

ほね-ぬき【骨抜き】 ①魚・鳥などの料理で、骨を取り去ること。また、そうした料理。②人から節操・信念を奪うこと。また、その状態。「たぶらかされて―にされる」③計画・主義などから大

事な部分を抜き去って実質的な価値・内容のないものにすること。「法案を―にする」

ほね-ば・る【骨張る】(自五) ラ(ロ)・リ(ッ)・ル・ル・レ・レ ①骨が角ばって、ごつごつと浮き出ている。「―・った体」②かどが立つほど意地を通そうとする。「―・った物言い」

ほね-ぶし【骨節】→ほねっぷし

ほね-ぶと【骨太】(名・形動ダ) ①骨格のたくましいこと。「―の指」↔骨細 ②気骨(きこつ)や気概のあること。「―の作品」

ほね-へん【骨偏】 漢字の部首名の一つ。「骸」「髄」などの「骨」の部分。

ほね-ぼそ【骨細】(名・形動ダ) 骨格がきゃしゃなこと。また、そのさま。↔骨太

ほね-み【骨身】①骨と肉。②体全体。全身。「―にしみる」
―に応(こた)える 苦痛や悲しみなどを心身に強く感じる。骨身にしみる。―を惜(お)しまない 労苦をいとわないで努力する。
―を削(けず)る 苦労でやせるほどいっしょうけんめい努力する。

ほね-やすめ【骨休め】(名・自スル) 心身を休めること。仕事の合間の休息。骨休み。「ひさしぶりの―」

ほの-【△仄】(接頭) (多く、形容詞・動詞に付けて)「ほのかに」「わずかに」の意を表す。「―暗い」「―あかり」「―見える」

ほ-のお【炎・△焰】ホ― (「火(ほ)の穂」の意) ①気体が燃えるとき熱と光を発している部分。火炎。ほむら。②(比喩(ひゆ)的に)恨み・怒りなど心の中に燃え立つ激情。「嫉妬(しっと)の―」

ほのか【△仄か】(形動ダ) ダロ・ダッ(デ・ニ)・ダ・ナ・ナラ・〇 わずかにそれとわかるほどであるさま。かすかなさま。「―な香り」「―に聞く」[文](ナリ)

ほの-ぐら・い【△仄暗い】(形) カロ・カッ(ク)・イ・イ・ケレ・〇 ぼんやりと暗い。薄暗い。「―森の小道」[文]ほのぐら・し(ク)

ほ-の-じ【ほの字】《俗》(「惚(ほ)れる」の頭文字「ほ」から)惚れていること。「彼はあの子に―だ」

ボノボ〈bonobo〉《動》ヒト科チンパンジー属の類人猿。同属のチンパンジーよりやや小さく、コンゴ川南岸の森林にすむ。ピグミーチンパンジー。

ほの-ぼの【△仄△仄】(副・自スル) ①ほのかに明るいさま。「―と夜が明ける」②人情の温かみのあるさま。「―(と)した光景」
―あけ【―明け】 夜がほのかに明るくなること。また、その時刻。

ほの-めか・す【△仄めかす】(他五) サ(ソ)・シ・ス・ス・セ・セ 事の真相や本心をそれとなく示す。それとなく言う。におわす。「辞任を―」「犯行を―」[自]ほのめ・く(五) [可能]ほのめか・せる(下一)

ほの-め・く【△仄めく】(自五) カ(コ)・キ(イ)・ク・ク・ケ・ケ ①かすかに見える。「暗がりに人影が―」②それとなく言動に現れる。[他]ほのめか・す(五)

ぼ-ば【△牡馬】 おすの馬。↔牝馬(ひんば)

ホバークラフト〈Hovercraft〉 圧縮した空気を地面や水面にふきつけて機体を浮き上がらせ、プロペラで推力をつけて進む高速船。水陸両用。ホーバークラフト。(商標名)

ほ-ばく【捕縛】(名・他スル) つかまえてしばること。

ほ-ばしら【帆柱】 船に帆を張るために立てる柱。マスト。

ほ-はば【歩幅】 歩くときに一歩で進む距離。「―が広い」

ボバリーふじん〔ボバリー夫人〕 フランスの作家フローベールの小説。一八五七年刊。平凡な田舎医者ボバリーとの結婚生活に倦怠(けんたい)を感じた妻エンマは、恋にあこがれて他の男を愛するが欺かれ、自殺する。写実主義文学の代表作。

ホバリング〈hovering〉(名・自スル) ヘリコプターが飛行中に移動しないで空中に止まっていること。

ぼ-はん【母斑】 おもに先天的な原因によって、皮膚の一部に青や黒、褐色などの斑紋が生じる組織異常。あざやほくろなど。

ぼ-はん【墓畔】 墓のほとり。墓のそば。

ほ-ひ【補肥】《農》作物の生育中に施す肥料。追い肥。追肥。

ぼ-ひ【墓碑】 死者の戒名・俗名・享年などを刻んだ墓石。

ホビー〈hobby〉 趣味。道楽。

ポピー〈poppy〉《植》ヒナゲシ。コーンポピー。

ほ-ひつ【補△弼・△輔△弼】(名・他スル) 君主が政治を行うのをたすけること。また、それにあたる人。「―の任にあたる」

ほ-ひつ【補筆】(名・自スル) 書き足して補うこと。加筆。

ぼひ-めい【墓碑銘】 墓石に刻んだ死者の経歴・事績などの文句。墓銘。

ポピュラー〈popular〉 ■一(形動ダ) ダロ・ダッ(デ・ニ)・ダ・ナ・ナラ・〇 人気のあるさま。世間に広く知られ親しまれているさま。大衆的。「最も―な音楽」 ■二(名)「ポピュラーミュージック」の略。
―ミュージック〈popular music〉 欧米を中心に作られた、大衆的・通俗的な音楽。ポップス。

ポピュリズム〈populism〉 大衆の願望や不満を代弁したり、既存の体制と対決したりする姿勢をとることで支持を集めようとする政治姿勢。大衆迎合主義。

ぼ-ひょう【墓標・墓表】ヘウ― 墓であるしるしとして立てる柱・石など。墓じるし。「―を立てる」

ボビン〈bobbin〉 ①紡績機のスピンドルにはめて糸を巻き取る木の管。②電線を巻いてコイルを作るための筒。巻きわく。③ミシンの下糸(したいと)を巻く金具。

ほ-ふ【保父】 男性の保育士の通称。

ほ-ぶ【歩武】 足取り。歩み。歩調。「―堂々」

ほ-ふく【△匍△匐】(名・自スル) 腹ばうこと。「―前進」

ボブスレー〈bobsleigh〉 ハンドルとブレーキの付いた二人または四人乗りの鋼鉄製のそり。また、それを使って、氷で作られた急カーブの走路を滑り降りる競技。[冬]

ほ-ぶね【帆船】 帆掛け船。帆前船(ほまえせん)。帆船(はんせん)。

ホフマン-ほうしき【ホフマン方式】ハウシキ (Hoffmann method の訳) 損害賠償額の算定方式の一つ。事故に遭遇した本人の将来に見込まれる収入から、生活費などを差し引いた額を基準として算出する。

ポプラ〈poplar〉《植》ヤナギ科の落葉高木。セイヨウハコヤナギともいい、ヨーロッパ・西アジア原産。幹は直立し、枝はほうき状に伸びる。街路樹などにする。セイヨウハコヤナギのほか数種の外来種をいうこともある。

ポプリ〈フランス pot-pourri〉 芳香のある花・葉などを乾燥させて香料と混ぜ、つぼや袋に入れたもの。

ポプリン〈poplin〉 たてに絹糸(細糸)、よこに綿または毛のより糸(太糸)を用いて横うねを織り出したつやのある織物。ワイシャツ・婦人子供服用。

ほふ・る【△屠る】(他五) ラ(ロ)・リ(ッ)・ル・ル・レ・レ ①鳥獣などの体を切り裂く。「牛を―」②試合で相手をやぶる。敵を打ち負かす。「宿敵を―」[可能]ほふ・れる(下一)

ほ-へい【歩兵】 ①徒歩で戦う兵士。②旧陸軍で、小銃・機関銃などを装備して、おもに徒歩で戦う兵種。[参考]将棋の駒は「ふひょう」。

ぼ-へい【募兵】(名・自スル) 兵士を募集すること。

ボヘミアン〈Bohemian ボヘミア人〉 ①「ロマ(ジプシー)」の異称。②社会的慣習を無視して自由気ままに生きる人。[参考]ボヘミアはチェコ西部の地方の名。

ほほ【頰】→ほお(頰)

ほ-ぼ【保母・保△姆】 女性の保育士の旧称。

ほぼ【◦略・◦粗】(副) おおかた。およそ。だいたい。「二つは―同じものだ」「優勝は―決まりだ」

ほほ-えまし・い【◇微笑ましい・頰笑ましい】エマシイ（形）カロ・カッ(ク)・イ・イ・ケレ・○ 思わずほほえみたくなるようすである。「―光景」文ほほゑま・し(シク)

ほほ-えみ【◇微笑み・頰笑み】エミ にっこり笑うこと。また、その笑い。微笑。「モナリザの―」

ほほ-え・む【◇微笑む・頰笑む】エム（自五）マ(モ)・ミ(ン)・ム・ム・メ・メ ①声を出さないで、にっこり笑う。微笑する。「にこやかに―」②（比喩ひゆ的に）花が少し開く。「花も―春三月」

ほほ-じろ【頰白】→ほおじろ

ポマード〈pomade〉整髪用の練り香油。おもに男子用。

ほまえ-せん【帆前船】ホマヘ 洋式の帆船。参考もとは和式の帆船に対して洋式のものをいい、のち帆船の総称となった。

ほ-まち【帆待ち・◇外◇持ち】臨時の収入。また、へそくり。語源江戸時代、賃積み船の船頭が契約外の荷物を積んで、内密の収入を得たことからとの説もある。

ほまれ【誉れ】ほめられて光栄なこと。また、よい評判。名誉。

ほ-むぎ【穂麦】穂の出た麦。夏

ほ-むら【◇炎・△焰】①ほのお。火炎。②（比喩ひゆ的に）心の中に燃え立つ激情。「怒りの―」

ホメオスタシス〈homeostasis〉生体が、環境の変化を受けても、その生理状態を常に一定に調整すること。また、その能力。恒常性。

ほめ-ごろし【褒め殺し・◇誉め殺し】ほめているようにふるまって、かえって相手を不利な立場に陥れること。

ほめ-そや・す【褒めそやす・◇誉めそやす】（他五）サ(ソ)・シ・ス・ス・セ・セ 盛んにほめる。ほめたてる。「口々に―」

ほめ-たた・える【褒め◇称える・◇誉め◇称える】タタヘル（他下一）エ・エ・エル・エル・エレ・エロ(エヨ) おおいにほめる。称賛する。「勝者を―」文ほめたた・ふ(下二)

ほめ-ちぎ・る【褒めちぎる・◇誉めちぎる】（他五）ラ(ロ)・リ(ッ)・ル・ル・レ・レ これ以上言いようのないほどほめる。「口をきわめて―」

ほめ-もの【褒め者】多くの人々がほめる人。

ほ・める【褒める・◇誉める】（他下一）メ・メ・メル・メル・メレ・メロ(メヨ) すぐれている点を評価し、それをよく言う。「よくできたと―」「みなの前で―」文ほ・む(下二)

類語賞する・たたえる・ほめたたえる・賞(称)賛する・賞(称)揚する・賛美する・賛嘆する・ほめちぎる・ほめそやす・持てはやす・激賞する・絶賛する・熱賛する

ホメロス〈Homēros〉（生没年未詳）紀元前八世紀ごろの古代ギリシャの詩人。盲目の吟遊ぎんゆう詩人で、トロイ戦争を題材にした叙事詩「イリアス」「オデュッセイア」の作者とされる。参考英語名はホーマー(Homer)。

ホモ〈ラテン Homo〉人。人類。

ホモ〈ギリシャ homo 同一〉①「同一」「同型」「均質」などの意を表す語。また、生物学上、雑種でなく純粋等質のものをいう。「―牛乳」②「ホモセクシャル」の略。(↔ヘテロ)

ホモ-サピエンス〈ラテン Homo sapiens 知恵のある人〉①動物学からみた現在の人類。ヒト。②〘哲〙近代の人間観で、知性・英知を人間の本質とみる人間規定。

ホモセクシャル〈homosexual〉同性愛。同性愛者。特に、男性のことをいう。↔ヘテロセクシャル

ほ-や【火屋】①香炉・手あぶりなどの上部をおおうふた。②ランプ・ガス灯などの光の出る部分をおおい包むガラス製の筒。

ほや【×海鞘】〘動〙尾索びさく動物中の一類の総称。海中の岩石などに固着し、厚い袋で包まれている。マボヤは食用。夏

〔海鞘〕

ぼや【×小火】大火事にならないうちに消し止めた小さな火事。「―を出す」冬

ぼ-や【暮夜】夜。夜分。

ぼやか・す（他五）サ(ソ)・シ・ス・ス・セ・セ ぼかす。あいまいにする。「話を―」自ぼや・ける(下一) 可能ぼやか・せる(下一)

ぼや・く（自五）カ(コ)・キ(イ)・ク・ク・ケ・ケ《俗》ぶつぶつ不平やぐちを言う。

ぼや・ける（自下一）ケ・ケ・ケル・ケル・ケレ・ケロ(ケヨ) 中心・焦点などがはっきりしなくなる。ぼんやりする。ぼける。「―・けた写真」「記憶が―」他ぼやか・す(五)

ぼやっ-と（副・自スル）ぼんやりしているさま。「―つっ立つ」

ほや-ほや（名・形動ダ）①できたてであたたかくやわらかいさま。「できたて―のパン」②その状態になったばかりのさま。「新婚―」

ぼや-ぼや（副・自スル）気がきかないさま。どうしてよいかわからないでぼんやりするさま。「―するな」

ほ-ゆう【保有】イウ（名・他スル）自分のものとして持っていること。「株を―する」

ほ-よう【保養】ヤウ（名・自スル）心や体を休めて健康を保つこと。養生。「―所」「目の―になる(=見て心が慰められる)」

ほ-よく【補翼・△輔翼】（名・自スル）助けること。補佐。

ほら【洞】がけや岩や大木などにあいた、中がうつろな穴。洞穴。

ほら【◇法△螺】①「法螺貝ほらがい」の略。②おおげさに言うこと。でたらめなことを言うこと。また、その話。「―を吹く」

ほら（感）注意をうながすときなどに発する語。「―、見て」

ぼら【△鰡・△鯔】〘動〙ボラ科の硬骨魚。体長約三〇―六〇センチメートル。背中は灰青色、腹は緑白色。食用。卵巣は「からすみ」の原料。秋 参考「オボコ(スバシリ)」「イナ」「ボラ」「トド」の順で大きくなって名の変わる出世魚。

ホラー〈horror〉恐怖。戦慄せんりつ。「―映画」

ほら-あな【洞穴】→ほら(洞)

ほら-がい【◇法△螺貝】ガヒ ①〘動〙暖海にすむフジツガイ科の大形の巻き貝。殻はやや円錐えんすい形で厚く、肉は食用。②①の殻の頭部に穴をあけ、吹き口を付けたもの。昔、軍陣での合図や修験者が山野を歩くときに吹き鳴らした。

ほら-が-とうげ【洞ヶ峠】タウゲ 両方を比べ、有利なほうにつこうとして形勢をうかがうこと。日和見ひよりみ。「―をきめこむ」

【故事】豊臣秀吉とよとみひでよしが明智光秀あけちみつひでと京都の山崎で戦ったとき、大和やまとの城主筒井順慶つついじゅんけいは山崎に近い洞ヶ峠(=京都府と大阪府との境にある峠)に軍をとどめて、有利なほうに味方しようと戦況をながめていたという故事による。

ほら-ふき【◇法△螺吹き】でたらめや大げさなことを言う人。

ポラリス〈Polaris〉北極星。

ポラロイド-カメラ〈Polaroid Land Camera から〉撮影後、自動的に現像される専用フィルムを用いるカメラ。インスタントカメラ。(商標名)

ボランチ〈ポルトガル volante〉サッカーで、中盤にいて攻守の要かなめとなり、試合を組み立てる役割を担う選手。

ボランティア〈volunteer〉社会事業などに自発的に無報酬で参加する人。「―活動」

ほり【堀】（字義）→くつ(堀)

ほり【堀】①地面を長く掘ってつくった水路。掘り割り。②敵の侵入を防ぐため、城などの周りを掘って水をためたところ。「―をめぐらす」参考②は「△濠」「△壕」とも書く。

ほり【彫り】①彫ること。彫った形。彫りぐあい。「一刀―」②彫ったように凹凸のあること。「―の深い顔」

ほ-り【捕吏】罪人をつかまえる役人。捕り手。

ポリ「ポリエチレン」の略。「―袋」「―バケツ」

ほり-あげ【彫〔り〕上げ】①浮き彫り。②彫り終えること。

ほり-いど【掘〔り〕井戸】ヰド— 地面を掘ってつくった井戸。

ポリープ〈polyp〉《医》粘膜などから茎をもって盛りあがったはれもの。のど・胃腸・子宮などにできる。ポリプ。

ポリウレタン〈polyurethane〉→ウレタン

ほり-え【堀江】地面を掘って水を通した人工の川。疎水(そすい)。

ポリエステル〈polyester〉《化》合成樹脂の一種。耐薬品性にすぐれ、建材・合成繊維・容器などに使う。

ポリエチレン〈polyethylene〉《化》合成樹脂の一種。耐薬品性・耐水性・電気絶縁性などにすぐれ、変質しにくい。容器・包装材料・絶縁体などに広く使用される。

ポリオ〈polio〉→しょうにまひ

ほり-おこ・す【掘り起〔こ〕す・掘起す】(他五) サ(ソ)・シ・ス・ス・セ・セ ①掘り返して下の土を上にする。開墾する。「畑をー」②土の中から掘って取り出す。「切り株をー」③隠れた事柄や人材などを探し出す。「事件の真相をー」「優れた人材をー」

ほり-かえ・す【掘り返す】カヘス—(他五) サ(ソ)・シ・ス・ス・セ・セ ①掘って下のほうの土を上に出す。掘り起こす。「地面をー」②一度掘って埋めたところを、再び掘る。「墓をー」③決着のついたことを改めて問題にする。「過去をー」

ポリグラフ〈polygraph〉血圧、呼吸、脈拍、皮膚電気反応などの生理的変化を同時に測定して記録する器械。特に、生理的変化から心の動揺を測る嘘(うそ)発見器はこの一種。

ほり-ごたつ【掘〔り〕炬燵】床を切り、掘り下げて作ったこたつ。床に腰掛けるようにしてあたる。据えごたつ。切りごたつ。冬 ⇩置きごたつ

ほり-さ・げる【掘〔り〕下げる】(他下一) ゲ・ゲ・ゲル・ゲル・ゲレ・ゲロ(ゲヨ) ①下へと深く掘る。「穴をさらにー」②深く突っこんで考える。深く究明する。「内容をー」文ほりさ・ぐ(下二)

ポリシー〈policy〉政策。政略。方針。「ーがない」

ボリシェビキ〈ロシア Bol'sheviki〉《世》一九〇三年ロシア社会民主労働党大会で、レーニンに賛成した左翼多数派。一九一七年十月(新暦十一月)の革命で政権を獲得し、翌年ロシア共産党と改称。ボルシェビキ。↔メンシェビキ

ボリシェビズム〈ロシア bol'shevizm〉ボリシェビキの思想。革命によりプロレタリア独裁をめざす。

ポリス〈police〉①警察。②警官。巡査。

——ボックス〈police box〉交番。

ほりだし-もの【掘〔り〕出し物】思いがけず手に入れた、珍しい物や安価ながら価値のある物。「思わぬーを見つける」

ほり-だ・す【掘〔り〕出す】(他五) サ(ソ)・シ・ス・ス・セ・セ ①掘って取り出す。「鉱石をー」②珍しい物を偶然手に入れる。「珍品をー」

ほりたつお〔堀辰雄〕ホリタツヲ(一九〇四〜一九五三)小説家。東京生まれ。フランスの作家コクトーやラディゲの影響を受け、感受性に富む清新な作品を残した。「聖家族」「風立ちぬ」「菜穂子(なおこ)」など。

ポリ-タンク〈和製英語〉灯油や水などを入れて、運んだり保存したりするポリエチレン製の容器。

ポリティカル〈political〉(形動ダ) ダロ・ダッ(デ・ニ)・ダ・ナ・ナラ・〇 政治に関するさま。政治的。

——コレクトネス〈political correctness〉人種・性別などの違いによる偏見を含まない表現や行いをすること。政治的妥当性。ポリコレ。PC

ホリデー〈holiday〉休日。祭日。

ほりぬき-いど【掘〔り〕抜き井戸・掘抜井戸】ヰド— 地面を深く掘って地下水をわき出させる井戸。掘り抜き。鑽井(さんせい)。

ポリ-バケツ ポリエチレン製のバケツ。(商標名)

ほり-ばた【堀端】堀のすぐそば。堀のほとり。

ボリビア〈Bolivia〉(「ボリビア多民族国」の略)南アメリカの中央部にある共和国。首都はラパス。語源 南米独立運動の指導者シモン・ボリバルの名にちなむ。

ポリプ〈polyp〉①《動》刺胞動物に見られる形態の一つで、固着生活をする型。イソギンチャクなど。②→ポリープ

ポリフェノール〈polyphenol〉《化》植物の色素や苦みの成分となる有機化合物。野菜・果実や赤ワインなどに多く含まれ、体内の活性酸素を分解するとされる。

ポリ-ぶくろ【ポリ袋】ポリエチレン製の袋。

ぼり-ぼり(副)①爪などでひっかく音やそのさまを表す語。「かゆいところをー(と)かく」②固いものを歯でかみくだく音を表す語。「せんべいをー(と)かじる」

ぽり-ぽり(副)①爪などで軽くかく音やそのさまを表す語。「照れ隠しに頭をー(と)かく」②固くもろいものを歯でかむ音を表す語。「漬物のー(と)した食感」

ポリマー〈polymer〉《化》同種類の分子が二つ以上結合してできた化合物。重合体。

ほり-もの【彫〔り〕物】①彫刻。②入れ墨。

——し【ー師】①彫刻を業とする人。②入れ墨を彫ることを業とする人。

ぼり-や【×暴利-屋】不当な利益をむさぼる店・人。

ほ-りゅう【保留】リウ—(名・他スル)その場ですぐに決めてしまわず、そのまま少しとめておくこと。留保。「回答をーする」

ほ-りゅう【△蒲柳】リウ— ①「かわやなぎ(水楊)」の別称。②体がひよわなこと。虚弱体質。「ーの質」

ボリューム〈volume〉①分量。量感。「ーのある食事」②音量。声量。「ーを上げる」③書物の巻。冊。

ほ-りょ【捕虜】戦争で敵に捕らえられた将兵。俘虜(ふりょ)。

ほり-わり【掘〔り〕割〔り〕・堀割】地面を掘ってつくった水路。堀。

ほ・る【彫る】(他五) ラ(ロ)・リ(ッ)・ル・ル・レ・レ ①刻む。彫刻する。「碑に文字をー」「仏像をー」②入れ墨をする。可能ほ・れる(下一)

ほ・る【掘る】(他五) ラ(ロ)・リ(ッ)・ル・ル・レ・レ ①地面や岩盤などに穴をあける。「井戸をー」「トンネルをー」②地中にうずまっているものを取り出す。「石炭をー」「芋をー」可能ほ・れる(下一)

ぼ・る(他五) ラ(ロ)・リ(ッ)・ル・ル・レ・レ《俗》まともでないやり方で利益をむさぼる。不当な代価を要求する。「飲み屋でー・られた」可能ぼ・れる(下一) 語源「暴利(ぼうり)」を動詞化した語。

ポルカ〈polka〉《音》一八三〇年ごろボヘミアに起こった四分の二拍子の軽快な踊り。また、その舞曲。

ボルシチ〈ロシア borshch〉肉・野菜などをビーツ(赤かぶに似た野菜)とともに長時間煮込んだロシア風スープ。

ホルスタイン〈ドイツ Holstein〉《動》牛の一品種。オランダ原産。白地に黒のまだらがある。乳牛として飼われる。

ホルダー〈holder〉①物を支えたりまとめたりして固定するもの。「キーー」②保持者。「ミドル級のタイトルー」

ボルタ-でんち【ボルタ電池】《化》銅と亜鉛とを希硫酸に浸して電流を得る電池。一八〇〇年、イタリアの物理学者ボルタ(Volta)が発明した。

ボルダリング〈bouldering〉道具を使わずに、岩壁や突起の取り付けられた壁を登ること。また、その技術を競うスポーツ。

ボルテージ〈voltage〉①ボルト数。電圧。②熱気・意気込み・興奮などの度合い。「ーが上がる」

ボルト〈bolt〉《工》一端にねじを切り、他端に六角の頭を付けた金属の棒。ナットと合わせて機械・器具の締め付けに用いる。

ボルト〈volt〉《物》国際単位系の電圧・電位・起電力の単位。一ボルトは一アンペアの電流を一オームの抵抗に流したとき、抵抗の両端に生じる電位差。記号V

ボルドー-えき【ボルドー液】〔農〕硫酸銅と生石灰と水で作る農薬の一種。いもち病のほか野菜や果樹の病害の予防や害虫駆除に広く用いられる。語源フランスのボルドー(Bordeaux)地方で初めて用いられたところからこの名がある。

ポルトガル〈Portugal〉ヨーロッパの南西部、イベリア半島の西側にある共和国。首都はリスボン。

ポルノ〈porno〉(「ポルノグラフィー」の略)性行動の露骨な表現・描写を主とした文学・映画・写真・絵画など。

ホルマリン〈formalin〉〔化〕ホルムアルデヒドの水溶液の薬品名。殺菌・防腐・消毒用。フォルマリン。

ホルムアルデヒド〈formaldehyde〉〔化〕メチルアルコールを酸化して得られる、刺激臭のある無色可燃性の有毒気体。発がん性が指摘されるが、合成樹脂原料などに使われる。

ホルモン〈ドイ Hormon〉〔生〕内分泌腺(ないぶんぴつせん)から分泌される化学的物質。直接、血管内にはいって体内をめぐり、各器官のはたらきを盛んにしたり、おさえたりする。

—やき【—焼[き]】牛・豚などの臓物を小さく切って焼いた料理。

ホルン〈horn〉〔音〕①角笛。「アルプー」②金管楽器の一つ。音色が柔らかい。フレンチホルン。

〔ホルン②〕

ほ-れい【保冷】(名・他スル)食料品などを低温の状態に保つこと。「一車」「一剤」

ボレー〈volley〉テニスやサッカーで、ボールが地上に落ちないうちに打ったりけったりすること。「ーシュート」

ほれ-こ・む【△惚れ込む】(自五)(マ(モ)・ミ(ン)・ム・ム・メ・メ)心からほれる。気にいって夢中になる。「彼の気性にー」「仕事っぷりにー」

ほれ-ぼれ【△惚れ△惚れ】(副・自スル)①よさ・美しさに強く心を奪われるさま。「ー(と)見入る」②(古)放心したさま。

ポレミック〈polemic〉論争。論戦。また、論争好きな人。

ほ・れる【△惚れる】(自下一)(レ・レ・レル・レル・レレ・レロ(レヨ))①恋い慕う。心を奪われるほど好きになる。「女にー」②気に入る。魅了される。「度胸のよさにー」③(主として動詞の連用形に付いて)そうすることに心を奪われてうっとりする。「聞きー」文ほ・る(下二)

ボレロ〈スペイン bolero〉①〔服〕(女性向けの)前開きでボタンがなく、丈の短い上着。②〔音〕四分の三拍子のスペインの舞曲。カスタネットを鳴らして調子を取る。また、その舞踊。

ほろ【△幌・×母衣】①[幌]風雨・日射・ほこりなどを防ぐために車などに掛けるおおい。「ー馬車」②[母衣]昔、よろいの背に付けて敵の矢を防いだり目印にしたりした布製の袋状のもの。

ぼろ【△梵◦論】虚無僧(こむそう)。薦僧(こもそう)。梵論字(ぼろんじ)。

ぼろ【×襤褸】①使い古して、役に立たないきれ。ぼろきれ。②着古して破れた衣服。破れてつぎはぎだらけの衣服。「ーをまとう」③破れいたんでいるもの。「ー靴」④欠点。短所。「ーを出す」

ポロ〈polo〉一組四人の二チームが馬に乗り、長い柄のついた木の槌(つち)でたまを打ち相手のゴールに入れ、得点を争う競技。

ぼろ・い(形)(カロ・カッ(ク)・イ・イ・ケレ・○)〔俗〕①元手や労力の割に利益が非常に大きい。非常に割がよい。「ーもうけになる」②古びている。いたんでいる。「ー家」

ほ-ろう【歩廊】(ラウ)①二列の柱の間に設けられた廊下。回廊。「宮殿のー」②プラットホーム。

ほろ-がや【×母衣-蚊帳】竹や針金を骨組みにして作った、寝ている幼児にかぶせる小型のかや。夏

ぼろ-きれ【×襤褸-切れ】ぼろの切れはし。ぼろ。

ぼろ-くそ【×襤褸△糞】(名・形動ダ)(「ぼろ」と「くそ」との意から)さんざんに悪く言うさま。くそみそ。「ーに言う」

ホログラフィー〈holography〉レーザー光線を当てて出る光をもとにフィルムなどに映像を記録し、さらに別の光を当てて映像を立体的に再現する方法。

ホロコースト〈holocaust〉大虐殺。特に、ナチスによるユダヤ人の大量虐殺。

ポロ-シャツ〈polo shirt〉〔服〕半そで・共襟のスポーツシャツ。語源ポロ競技の際に着るところから出た語。

ホロスコープ〈horoscope〉西洋の占星術。また、それに用いる十二宮図。生まれた月日と、そのときの星座の位置によって運勢を占う。

ほろっ-と(副・自スル)→ほろりと②

ほろ-にが・い【ほろ苦い】(形)(カロ・カッ(ク)・イ・イ・ケレ・○)ちょっと苦い。少し苦みがある。「ービールの味」「ー思い出」文ほろにが・し(ク)

ポロネーズ〈フランス polonaise〉〔音〕四分の三拍子のゆるやかなポーランドの舞曲・舞踊。

ほろ-ばしゃ【△幌馬車】幌を掛けた馬車。

ほろ・びる【滅びる・◦亡びる】(自上一)(ビ・ビ・ビル・ビル・ビレ・ビロ(ビヨ))絶えてなくなる。滅亡する。「国がー」他ほろぼ・す(五)文ほろ・ぶ(上二)

ほろ・ぶ【滅ぶ】(自五)(バ(ボ)・ビ(ン)・ブ・ブ・ベ・ベ)→ほろびる

ほろぼ・す【滅ぼす・◦亡ぼす】(他五)(サ(ソ)・シ・ス・ス・セ・セ)滅びさせる。絶やす。滅亡させる。「国をー」「身をー(=自分自身をだめにする)」自ほろ・びる(上一)可能ほろぼ・せる(下一)

ほろ-ほろ(副)①木の葉・涙など小さなものが静かに落ちるさま。「ー(と)花びらが散る」②柔らかく崩れるさま。「クッキーがーと溶け崩れる」③山鳥などの鳴き声を表す語。

ぼろ-ぼろ 一(副)①涙や小さな粒状のものが次々にこぼれ落ちるさま。ぽろぽろ。「涙がー(と)落ちる」②隠されていたものが次々と出てくるさま。「ミスがー(と)見つかる」二(副・形動ダ)①水分や粘り気がなくなりもろくなっているさま。また、それがくだけたり崩れ落ちたりするさま。「壁がー(と)崩れる」②物がひどく破れたりいたんだりしているさま。「ーの洋服」③体や心がひどく疲れているさま。「身も心もーだ」

ぽろ-ぽろ(副)→ぼろぼろ一① 参考「ぽろぽろ」は「ぼろぼろ」よりは軽い感じを表す。

ほろほろ-ちょう【×珠鶏】(テウ)〔動〕キジ科の鳥。アフリカ原産。頭に赤い突起があり顔は淡青色。尾は短く体は丸く、黒い羽に白斑(はくはん)が散在。肉用・卵用として飼育。

ぼろ-もうけ【ぼろ△儲け】(マウケ)(名・自スル)少ない元手や労力で多くの利益を得ること。「株でーする」

ほろ-よい【◦微酔い】(ヨヒ)酒に少し酔っている状態。

—きげん【—機嫌】ほろ酔いで心地のよいこと。

ほろり-と(副・自スル)①ものが軽く、また、もろく落ちるさま。②心が動かされるさま。また、涙が思わずこぼれ落ちるさま。ほろっと。「ーさせる話」③軽く酒に酔うさま。「ー酔う」

ぽろり-と(副)①小さなものがあっけなく離れて落ちるさま。「歯がー抜け落ちる」②涙などが一滴こぼれ落ちるさま。「涙がー落ちる」③うっかり言ってしまうさま。「本音をーもらす」

ぼろんじ【△梵論字】→ぼろ(梵論)

ホワイト〈white〉①白。白色。②白色の絵の具。また、白色の修正液。「ーで消す」③白人。

—カラー〈white-collar(白いえり)worker から〉事務的な仕事に従事する労働者。↔ブルーカラー

—ソース〈white sauce〉小麦粉・牛乳・バターで作った、白色のソース。魚料理や鳥料理・グラタンなどに使う。

—デー〈和製英語〉三月十四日。バレンタインデーにチョコレートをもらったお返しとして男性から女性に菓子などを贈る日。

―ハウス〈White House〉ワシントンにあるアメリカ合衆国大統領の官邸。白亜館。転じて、米国政府の別称。

―ボード〈white board〉専用マーカーで文字などを書いて消せるように表面を加工した白い板。白板(はくばん)。

―ホール〈Whitehall〉英国政府の諸官庁が集まっているロンドンの街路の名。転じて、英国政府の別称。

―ミート〈white meat〉鶏・ウサギなどの、白身の肉。

ほ-わた【穂綿】 チガヤ・アシなどの穂を綿の代用にしたもの。

ポワレ〈フランス poêler〉魚などをフライパンで表面が香ばしくなるように焼き上げるフランス料理の調理法。また、その料理。

ほん【反】(字義)→はん(反)

ほん【本】 教1 ホン もと・もとづく　一 十 才 木 本

(字義)①もと。㋐物事のおこり。はじまり。「本源・本末」↔末 ㋑大もと。かなめ。中心。「本義・本質・基本・大本・張本」㋒もとで。元金。利息を生むもと。「元本・資本」②もとづく。「本拠・本籍」③もとから。かねてからの。「本姓・本来」④中心となる。物事の主要部分。「本業・本道・本流」↔支 ⑤正式の。正しい。「本字・本名」⑥まことの。真実の。「本当・本物」⑦この。当の。ほかならぬそのもの。「本件・本書・本人」⑧自分自身。「本学・本官」⑨もととしてみならうもの。「手本・標本・見本」⑩ほん。㋐書物。書籍。「本棚・本箱・異本・絵本・原本・抄本(しょうほん)・新本・底本・古本」㋑書物を数える助数詞。⑪植物。「本草(ほんぞう)・禾本(かほん)・草本」 難読 本意(ほい) 人名 なり・はじめ

-ほん【本】(接尾)①細長い物を数える語。「二一の万年筆」②柔道・剣道などの技(わざ)の数を数える語。「三一勝負(さんぼんしょうぶ)」③映画などの作品の数を数える語。「二一立て」 参考 上の数字によって発音が変わる。「三」は「ボン」、「一・六・十」は「ポン」、他が「ホン」となり、「十一」以上もこれにならう。

ほん【本】 ①文字や絵などを書き、編集・印刷して一冊に綴(と)じたもの。書物。書籍。②映画・演劇の脚本。「一読み」

ほん【奔】 ホン㊥ はしる　一 大 太 本 夲 奔

(字義)はしる。㋐勢いよくかける。「奔走・奔馬・奔流・狂奔・驚奔」㋑逃げる。逃げ出す。「出奔(しゅっぽん)」㋒かけおち。正式でない結婚をする。「淫奔(いんぽん)」

ほん【翻】 人【飜】 ホン㊥・ハン ひるがえる高・ひるがえす高　ノ 丷 釆 番 翻 翻

(字義)①ひるがえる。ひるがえす。㋐ひらひらする。「翩翻(へんぽん)」㋑ひっくりかえる。くつがえす。「翻意・翻然」②他国の言葉に改める。「翻訳」 難読 翻車魚(まんぼう)・翻筋斗(もんどり)

ほん【°品】 ①〔仏〕仏典で、章・編・節の意。②昔、親王・内親王に賜った位。一品(いっぽん)から四品(しほん)まであった。品位(ほんい)。

ホン〔物〕騒音の大きさの単位。一ホンは一デシベル。現在は「デシベル」を用いる。

ぼん【凡】 ボン㊥・ハン高 およそ・すべて　丿 几 凡

(字義)①すべて。みな。「凡例(はんれい)・凡百」②なみ。㋐ありふれた。すぐれた所のない。「凡才・凡人・凡庸・平凡」↔異 ㋑つたない。つまらない。「凡失・凡打」③〔仏〕俗界。「凡俗・凡夫」 人名 ちか・つね・なみ

ぼん【盆】 ボン㊥　八 分 分 盆 盆 盆

(字義)①はち。水や酒などを入れる容器。②ぼん。㋐茶器・食器などをのせる平たい器。㋑ふちが低く幅の広いもの。「盆栽・盆地」③→次項②

ぼん【盆】 ①物をのせる浅くて平たい器。②〔仏〕(「盂蘭盆(うらぼん)」の略)七月十五日(または八月十五日)に死者の霊を祭る仏事。通常はこの日の前後数日をいう。「一休み」 秋

ぼん【煩】(字義)→はん(煩)

ほんあみこうえつ【本阿弥光悦】(ホンアミクワウエツ)(一五五八～一六三七)(「ほんなみ」とも)安土(あづち)桃山・江戸初期の芸術家。家業である刀剣の鑑定・研磨のほか、書・蒔絵(まきえ)・陶芸・茶道の面でもすぐれた才を見せた。

ほん-あん【本案】 ①いま取り扱っている、この案。「一は可決されました」②〔法〕訴訟の本旨である請求。

ほん-あん【翻案】(名・他スル)原作の大筋・内容を借りて、細部を修正し改作すること。また、そうした作品。「一小説」

ほん-い【本位】(―ヰ)①思考や行動の基準になるもの。「自分一の考え」「興味一」②もとの位置。もとの位。「一に復する」

―かへい【―貨幣】(クワヘイ)〔経〕一国の貨幣制度の基礎となる貨幣。金本位制の下では金貨。↔補助貨幣

―きごう【―記号】(―ガウ)〔音〕変位記号によって変化した音を、もとにもどす記号(♮)。音符の左側につける。ナチュラル。

ほん-い【本意】 ①ほんとうの心。もともとの意思。本心。「一をただす」②もとからの考え・望み。「一を遂げる」③真の意義。本義。 参考「ほい」ともいう。

ほん-い【翻意】(名・自スル)決心・意志を変えること。「一を促す」

ほん-いん【本院】(―ヰン)①上皇や法皇が二人以上存在するとき、第一の上皇・法皇。②病院や寺院などの主となる建物。↔分院 ③この院。当院。

ほんいん-ぼう【本因坊】(―バウ)①囲碁の家元。初代本因坊算砂(さんさ)から二一代秀哉(しゅうさい)まで続いた。②一九三九(昭和十四)年秀哉の引退後、タイトル戦の優勝者の称号。また、そのタイトル名。 語源 算砂の住居、京都寂光寺の建物の名による。

ほん-えい【本営】 総指揮官のいる軍営。本陣。「大一」

ほん-えん【本縁】 事の起こり。由来。起源。

ぼん-おどり【盆踊[り]】(―ヲドリ)盂蘭盆(うらぼん)の夜に人々が集まって音頭(おんど)や歌謡に合わせてする踊り。(もと、死者の霊を慰めるために、旧暦七月十三日から十六日まで行われた。) 秋

ほん-か【本科】(―クワ)①選科・専攻科・別科などのある学校で、本体をなす課程。②この科。当科。

ほん-か【本歌】 ①和歌・連歌などで、古歌をもとにして詠んだ場合、その典拠となったもとの歌。本歌(もとうた)。②狂歌・俳句などに対し、正統の和歌。

―どり【―取[り]】〔文〕和歌の技巧の一つで、以前に詠まれた歌の意味や語句をとり入れて歌を詠むこと。

ほん-かい【本会】(―クワイ)①本式の会。②この会。

ほん-かい【本懐】(―クワイ)もとからの願い。本望。「一を遂げる」

ほん-かいぎ【本会議】(―クワイギ)①(部会・委員会などに対し)全員が参加する本式の会議。②国会の衆参両院で、全議員が出席して行う会議。

ほん-かく【本格】 根本の格式や正しい方式。また、そのやり方に従っていること。本式。「一派」

―しょうせつ【―小説】(―セウ―)〔文〕作者が作品の表面に出ず、社会的現実を客観的に描く小説。中村武羅夫(むらお)が大正末年に、私小説・心境小説を批判する立場で提唱した。

―てき【―的】(形動ダ)(ダロ・ダッ(デ・ニ)・ダ・ナ・ナラ・〇)①正しいやり方や本来の手順を守っているさま。本式。「一な作品」②物事の動きや変化が本調子であるさま。すっかりそのようになるさま。「一な冬の訪れ」「活動が一になる」

ほん-がく【本学】 この大学。この学校。当学。

ほん-かん【本官】クワン ━(名)①雇い・見習いなどでなく、正式の官職。②兼官でなく、その人の本来の官職。━(代)官職にある人が自分をさしていう語。
ほん-かん【本館】クワン ①もとからある、中心的な建物。↔別館・分館 ②この建物。当館。
ほん-がん【本願】グワン ①本来のねがい。宿願。「―成就」②〔仏〕仏が、衆生(しゅじょう)を救うために立てた誓願。「弥陀(みだ)の―」
ぼん-がん【凡眼】物事を見分ける力が人並みで平凡なこと。
ポン-かん【△椪△柑・◇凸△柑】〔植〕ミカン科の常緑小高木。葉は小形で長楕円(だえん)形。果実は球形で甘みが強く香気がある。食用。冬 語源「ポン」は原産地インドの地名による。
ほん-き【本気】(名・形動ダ)遊びや冗談でない真剣な気持ちであるさま。まじめな気持ち。「―を出す」「―で取り組む」
―にする 真実だと信じる。ほんとうのことだと思う。**―になる** まじめに取り組む気になる。真剣な気持ちになる。
ほん-ぎ【本紀】紀伝体の歴史書で、帝王の事業・功績を記した部分。「始皇―」
ほん-ぎ【本義】①言葉や文字などのもともとの意味。↔転義 ②物事の根本にある、最もたいせつな意義。
ほん-ぎまり【本決〔ま〕り・本◇極〔ま〕り】正式に決まること。「復帰が―になる」
ほん-きゅう【本給】キフ ―→ほんぽう(本俸)
ほん-きょ【本拠】活動などのおもなよりどころ。また、その場所。根拠地。「ここに―を置く」
ほん-ぎょう【本業】ゲフ その人の主とする職業。↔副業
ほん-きょく【本局】①主となる局。↔支局 ②この局。
ほん-きん【本金】①資本金。元金(もときん)。②純金。
ぼん-ぐ【凡愚】(名・形動ダ)平凡でおろかなさま。また、その人。「―の身」
ほん-ぐう【本宮】神霊を他に分けたもとの神社。↔新宮
ほん-くじ【本△籤】頼母子講(たのもしこう)などで、掛け金の落札者を決めるくじ。
ほん-ぐみ【本組〔み〕】活版印刷で、棒組みの校正を終えたものを本式のページに組むこと。また、その組み版。↔棒組み
ほん-ぐもり【本曇〔り〕】空がすっかり曇ること。
ぼん-くよう【盆供養】クヤウ 〔仏〕盂蘭盆(うらぼん)に祖先の霊を迎えて祭る供養。盆供。お盆。
ぼん-くら(名・形動ダ)〔俗〕ぼんやりしていて物の道理や見通しに暗いこと。また、そのような人。
ぼん-くれ【盆暮〔れ〕】盆と年末。「―の付け届け」
ほん-け【本家】一門のもとになる家筋。宗家(そうけ)。↔分家
ぼん-げ【凡下】平凡なこと。平凡な人。「―の者」
ぼん-けい【盆景】盆の上に、石・砂・木などで山水の風景をかたどった室内の置物。観賞用。
ほんけ-がえり【本△卦帰り・本△卦◇還り】ガヘリ 生まれた年の干支(えと)と同じ干支の年になること。満六〇歳。還暦(かんれき)。
ほん-げつ【本月】今月。この月。
ほん-けん【本件】この件。この事件。
ほん-けん【本絹】まじりけのない絹糸・絹製品。正絹(しょうけん)。
ほん-げん【本源】物事のみなもと。おおもと。根源。
ぼん-ご【梵語】古代インドの文章語であるサンスクリットの中国・日本での呼び名。
ボンゴ〈スペ bongo〉〔音〕ラテン音楽の打楽器の一つ。連結された大小二個の小型の太鼓を膝(ひざ)に挟んで素手で打つ。
ほん-こう【本坑】カウ 鉱山で中心となる坑道。
ほん-こう【本校】カウ ①本体となる学校。分校に対していう。↔分校 ②この学校。わが校。当校。
ほん-ごう【本号】ガウ 雑誌などで、この号。
ほん-ごう【本郷】ガウ ①故郷。②ある地域で最初にひらけ、中心となった土地。もとむら。
ほん-こく【翻刻】(名・他スル)写本・木版本などの表記をそのまま活字に組んで印刷し、出版すること。「古文書の―」
ほん-ごく【本国】①その人の生まれた国。母国。また、その人の国籍のある国。②植民地ではないもともとの領土。
ほん-ごし【本腰】本気な心構え。真剣な心構え。
―を入れる 本気になって物事に取り組む。
ぼん-こつ【凡骨】平凡な素質や能力の人。
ぽん-こつ〔俗〕老朽化して、役に立たなくなったもの。特に、そのような自動車。「―車」
ボンゴレ〈イタリア vongole〉アサリなどの二枚貝を使ったイタリア料理。「スパゲッティー―」
ホンコン【香港】〈Hong Kong〉中国本土の南東部に位置する特別行政区。もとイギリスの租借地だったが、一九九七年、中国に返還された。
ほん-さい【本妻】正式の妻。正妻。
ぼん-さい【凡才】平凡な才能。また、その人。
ぼん-さい【盆栽】鉢などに、自然の景観を表現するように草木を植え育てて観賞するもの。
ぼん-さい【△梵妻】〔仏〕僧の妻。大黒(だいこく)。
ぼん-さく【凡作】平凡なできばえ。また、つまらない作品。
ぼん-さく【凡策】平凡なはかりごと。取るに足りない方法。
ぼん-さつ【△梵刹】〔仏〕寺院。寺。ぼんせつ。
ほん-ざん【本山】①〔仏〕一宗・一派の寺を統轄する寺。本寺。「大―永平寺」②(転じて)そのことの中心になる所。元締め。「古代史研究の―と言われる大学」③この寺。当山。
ぼん-ざん【盆山】①小さい山。②箱庭などに石で作った山。
ボン-サンス〈フランス bon sens〉良識。
ほん-し【本旨】本来の趣旨。ほんとうのねらい。「―にかなう」
ほん-し【本志】ほんとうのこころざし。本懐。「―を遂げる」
ほん-し【本紙】①新聞などの、主となる部分の紙面。②この新聞。
ほん-し【本誌】①別冊付録などに対して、雑誌などの本体となる部分。②この雑誌。
ほん-じ【本地】ヂ 〔仏〕仏の本体。
―すいじゃく【―垂△迹】〔仏〕仏・菩薩(ぼさつ)が衆生(しゅじょう)を救うための一つの手段として、仮に神の姿で現れるということ。
―すいじゃく-せつ【―垂△迹説】〔日〕平安時代に起こった本地垂迹を説く神仏習合思想。⇒神仏混交
ほん-じ【本字】①(仮名に対して)漢字。②俗字・くずし字・略字に対して、正体の漢字。正字。③一つの漢字のもとになった漢字。『著』は『着』の―である」
ほん-じ【本寺】①→ほんざん① ②この寺。当寺。
ほん-じ【翻字】(名・他スル)ある文字体系で書かれた語句や文章を、他の文字体系の字で書き換えること。
ぼん-じ【梵字】梵語(ぼんご)(=古代インドの文章語)の文字。
〔ぼんじ〕
ほん-しき【本式】(名・形動ダ)ほんとうのやり方。また、それに従っているさま。正式。「茶道を―に習う」↔略式
ほん-しけん【本試験】予備試験・模擬試験などに対し、重要視されたり定期であったりする正式または主要な試験。
ほん-しつ【本質】そのものが存在するうえで、欠かすことのできない根本的な性質・要素。「―に迫る」「―を見失う」
―てき【―的】(形動ダ)ダロ・ダッ(デ・ニ)・ダ・ナ・ラ・◯ 本質にかかわるさま。

本来の特色として現れるさま。「—な議論」↔末梢的

ほん-じつ【本日】 この日。きょう。「—開店」

ぼん-しつ【凡失】 野球などで、つまらない失策。

ほん-しゃ【本社】 ①会社の中心となる事業所。↔支社 ②同系の祭神をまつる神社の中で、中心となる神社。↔分社 ⇩摂社・末社 ③この会社。または、この神社。

ぼん-しゅ【凡手】 平凡な腕前。また、その人。

ぼん-しゅ【凡主】 平凡で器量の乏しい主人・君主。

ほんしゅう【本州】 日本列島中最大の島。東北から西南に弧状にのび、東北・関東・中部・近畿・中国の五地方からなる。面積約二三万平方キロメートル。

ほん-しゅつ【奔出】(名・自スル) 激しい勢いでほとばしり出ること。「水が—する」

ホンジュラス〈Honduras〉中央アメリカ中部に位置する共和国。首都はテグシガルパ。

ほん-しょ【本初】 もののはじめ。もと。「—子午線(=旧グリニッジ天文台を通り、経度測定の基線となる子午線)」

ほん-しょ【本書】 ①おもな文書。②この書物。この文書。

ほん-しょ【本署】 ①税務・消防・警察で担当する管内の中心となる役所。②この署。当署。

ぼん-しょ【凡書】 ①ありふれた本。②見どころのない筆跡。

ぼん-しょ【凡庶】 平凡な人。並みのつまらない人。凡人。

ほん-しょう【本性】 ①(ふだんは隠れている)生まれつきの性質。本性。「—を現す」②本心。正気。「—にもどる」

ほん-しょう【本省】 ①管下の役所を指導しまとめる中央の最高官庁。「—の課長」②この省。当省。

ほん-じょう【本状】 この手紙。この葉書。

ほん-じょう【本城】 ①支配する国内で中心となっている城。根城。本丸。②この城。

ぼん-しょう【凡小】(名・形動ダ) 才能が平凡で器量の小さいさま。また、そういう取るに足りない人。「—な男」

ぼん-しょう【梵鐘】 寺院の釣り鐘。

ほん-しょく【本職】 ■(名) ①生活を支えるのに中心となる職業。本業。「—は弁護士だ」②専門家。玄人。「—をしのぐ腕前」■(代) 官吏などが職務上用いる自称。本官。

—はだし【—跣】 素人ながら、玄人にも劣らぬ技術や腕前を持っていること。また、そういう人。「—の腕前」

ほん-しん【本心】 ①いつわりや飾りのないほんとうの気持ち。「—を語る」②本来の正しい心。「—を取り戻す」

ほん-しん【本震】 同じ地域で起きた一群の地震のうち、中心をなす揺れ。余震などと区別していう。主震。

ほん-しん【翻身】(名・自スル) 身をひるがえすこと。

ほん-じん【本陣】 ①戦いのとき、大将のいる陣所。本営。②近世、宿駅で貴人・大名などが泊まった、公的な宿。

ぼん-じん【凡人】 平凡な人。ふつうの人。凡夫。

ポンス〈オラ pons〉①ダイダイなどのしぼり汁。ポン酢。②ブランデーやラム酒に果汁・砂糖などを混ぜた飲料。パンチ。ポンチ。

ポン-ず【ポン酢】〈オラ pons から〉①→ポンス① ②「ポン酢醤油」の略。ダイダイなどのしぼり汁に醤油を加えた調味料。参考「ポン酢」は「ポンス」の「ス」に「酢」をあてた語。

ほん-すう【本数】 何本と数えるものの数。「列車の—」

ほん-すじ【本筋】 正当で、中心的な筋道。「—の議論」

ほん-せい【本姓】 ①生家の名字。旧姓。②芸名・筆名などでない、戸籍上の名字。

ほん-せい【本性】 →ほんしょう(本性)①

ほん-せき【本籍】《法》人の戸籍の所在地。原籍。「—地」

ぼん-せき【盆石】 石と砂で盆の上に自然の風景をつくり出した観賞用の置物。盆景。また、それに用いる石。

ぼん-せつ【梵刹】 →ぼんさつ

ほん-セル【本セル】(「セル」はオランダ語セルジ(serge)の略)綿セルなどに対し、細い梳毛糸で織った薄い毛織物。

ほん-せん【本船】 ①船団の中心となって作業・行動する船。親船。②この船。

ほん-せん【本選】 何度か予備選を行ったのちの、最終的な決定をするための選定・選挙。「—に残る」

ほん-せん【本線】 ①鉄道で、中心となる路線。幹線。「東海道—」↔支線 ②自動車道で、走行用の車線。③電話などの回線で、中心となる線。幹線。↔支線

ほん-ぜん【本然】(もとからそのとおりであるの意で)生まれつき。自然のまま。天性。本然。「—の姿」

ほん-ぜん【本膳】 ①正式の日本料理の膳立てで、客の正面に置く、大きな膳。一の膳。②「本膳料理」の略。

—りょうり【—料理】 正式の日本料理の膳立てで、本膳、二の膳、三の膳からなるもの。

ほん-ぜん【翻然】(タル) ①旗などがひるがえるさま。②急に心を改めるさま。「—として悟る」文(形動タリ)

ぼん-せん【凡戦】 つまらない試合。盛り上がりのない試合。

ほん-そう【本葬】 本式の葬儀。↔仮葬・密葬

ほん-そう【奔走】(名・自スル) 物事がうまくゆくように走り回って努力すること。「資金集めに—する」

ほん-ぞう【本草】 ①草木。植物。②漢方で用いる薬草。また、薬用になる動植物・鉱物の総称。③「本草学」の略。

—がく【—学】 中国古来の薬物についての学問。日本には奈良時代に伝わった。

ほん-そく【本則】 ①根本の法則。原則。②《法》法令の本体となる部分。↔付則

ぼん-ぞく【凡俗】 世間並みでとりえがないこと。また、その人。「—な人物」

ほん-ぞん【本尊】 ①《仏》寺院で、信仰の中心として中央にまつられている仏像。②事件・話題などの中心である当事者。本人。当人。「ご—はご存じない」参考②は、多く「ご本尊」の形でからかい気味に使われる。

ぼん-だ【凡打】(名・他スル) 野球で、ヒットまたは犠打にならない打撃。

ほん-たい【本体】 ①そのもの、ほんとうの姿。実体。正体。②機械・装置などの中心部分。「パソコンの—」③神社にまつる神体。また、寺にまつる本尊。④《哲》理性のはたらきによってのみ知ることのできるものをいい、あらゆる現象の原因をなすもの。

ほん-たい【本隊】 ①主力として中心となる隊。↔支隊 ②この隊。わが隊。

ほん-たい【本態】 ほんとうの姿・ようす。「—に復する」

ほん-だい【本題】 ①議論・打ち合わせなどの中心となる題目。中心的内容。「—にはいる」②この題目。

ぼん-たい【凡退】(名・自スル) 野球で、打者が出塁することも犠打を打つこともできずにしりぞくこと。「三者—」

ほん-たく【本宅】 ふだん住んでいて、家庭生活の中心となっている家。本邸。↔別宅・妾宅

ほん-だち【本裁ち】《服》並幅一反の布で大人の和服を仕立てること。また、その裁ち方。大裁ち。

ほん-たて【本立〔て〕】 立てて並べた書物を支えておくもの。

ほん-だな【本棚】 書物をのせ、並べておく棚。書棚。

ぼん-だな【盆棚】 →しょうりょうだな

ほんだわら【馬尾藻】 褐藻類ホンダワラ科の海藻。茎はひも状で長く、根は盤状で海底の岩に付き、葉はへら状。

楕円形の気胞がある。新年の飾り用。肥料用。[新年]

ほん-たん【奔△湍】 流れのはやい川。急流。早瀬。

ぼん-ち【◇坊ち】〘方〙(関西で)良家の若い息子。若だんな。ぼんぼん。ぼん。

ぼん-ち【盆地】 周囲を山地や台地に囲まれている平地。

ポンチ〈punch〉①工作物の中心に目印を付けるための、鋼製で先のとがった工具。②「ポンチ絵」の略。③→ポンス②

―え【―絵】 ①風刺を含んだ、西洋風のこっけい画。漫画。②〘俗〙内容を簡単に図や表で表した資料。

ほん-ちゅう【奔注】(名・自スル) 水が勢いよく流れ注ぐこと。

ポンチョ〈スペ poncho〉①四角形の毛織物の中央に穴をあけ、そこから頭を通して着る、中南米の民族衣装。②①に似せて作ったコートや雨具。

ほん-ちょう【本庁】 ①出先の役所に対して、中央の官庁。↔支庁 ②この官庁。当庁。

ほん-ちょう【本朝】 わが国。わが国の朝廷。↔異朝

ほん-ちょうし【本調子】 ①〘音〙三味線の調弦法で基本となる調子。②本来の調子。本格的な進みぐあいであること。「やっと体が―になる」

ほんちょうもんずい【本朝文粋】 平安中期の漢詩文集。藤原明衡編。一一世紀中ごろ成立。九世紀以来の日本のすぐれた漢詩文四二七編を集めたもの。

ぼん-つく〘俗〙まぬけなこと。また、その人。ぼんくら。

ほん-て【本手】 ①勝負ごとなどで、その局面で使うのが当然と思われる本筋の手。②〘音〙三味線や琴の合奏で、基本となる旋律。また、その演奏者。本手。↔替え手

ほん-てい【本邸】 本宅。↔別邸

ほん-てん【本天】「本ビロード」の略。

ほん-てん【本店】 ①営業の本拠となる店。↔支店 ②この店。当店。

ほん-でん【本田】〘農〙①苗代で育てた稲の苗を実際に植えつける田。②江戸時代、前からある田畑として検地帳に記載され税をかけられた土地。

ほん-でん【本伝】 伝記の中心となる部分。

ほん-でん【本殿】 神社で、神霊の本体をまつってある社殿。

ぼん-てん【△梵天】 ①〘仏〙古代インドの最高神の一つ。万物創造の神。のち、仏教に取り入れられ仏法の守護神となる。②祭礼などで用いる御幣。③はえ縄・刺し網漁業で、漁具のありかを示す標識。

ほん-と【本◇当】(名・形動ダ)「ほんとう(本当)」の転。

ほん-ど【本土】 ①本国。本地。②離島などに対して、政治・経済などの中心となる国土。

ボンド ①〈bond〉証券。債券。②〈Bond〉接着剤の商標名。

ぽん-と(副) ①軽くものをたたいたり、当てたりするさま。「―肩をたたく」②栓が抜けたり、物が破裂したりするさま。「花火が―上がる」③無造作に投げやるさま。「あき缶を―投げ捨てる」④気前よく金品を出すさま。「―一〇〇万円寄付する」

ポンド〈pound〉①ヤードポンド法の重量の単位。一ポンドは約四五三・六グラム。英斤。記号 lb ②イギリスの貨幣の単位。一ポンドは一〇〇ペンス。記号 £

ほん-とう【本当】(名・形動ダ) ①まこと。真実。実際。「それは―か」②本来そうあるべきさま。「体がまだ―でない」③(「ほんとうに」の形で副詞的に)㋐うそではなく確かに。「―に頼むよ」㋑実に。まったく。「―に困った」[参考]「ほんと」ともいう。

ほん-とう【本島】 ①群島などで、中心となる島。「沖縄―」②この島。わが島。

ほん-とう【奔騰】(名・自スル) 物価・相場などが非常な勢いであがること。「地価が―する」

ほん-どう【本堂】 寺院で本尊を安置してある建物。

ほん-どう【本道】 ①その地方の道路交通の中心となる広い道。また、江戸時代の本街道。↔間道 ②本来の正しい道。正統的な筋道。「議会政治の―を行く」③漢方で、内科。

ぼん-どうろう【盆灯籠】 盂蘭盆に死者の供養のためにともすとうろう。[秋]

ほん-なおし【本直し】 みりんのもろみに焼酎を加え、一、二か月後に濾過した甘味のある酒。直しみりん。

ほん-に【本に】(副) ほんとうに。まったく。まことに。「―困ったことだ」

ほん-にん【本人】 その人自身。当人。「―に確認する」

ほん-ね【本音】 口には出さないでいる本当の気持ちや考え。また、そこから出た言葉。「―を吐く」「―と建て前」

ボンネット〈bonnet〉①後頭部をおおってリボンであごの下に結ぶ女性や子供用の帽子。②自動車の前部のエンジン部分のおおい。[参考]②は、米語では hood という。

ほん-ねん【本年】 今年。当年。

ほん-ねん【本然】 →ほんぜん(本然)

ほん-の(連体)(下に付く語を強く限定して)ただその程度にすぎない意を表す。「―形ばかりのもの」「―一足違い」「―少し」

ほん-のう【本能】 動物が周囲の変化・刺激に対して、いつも決まった行動や反応を示す性質・能力。経験や学習によらず生まれつき身に付いているもの。「帰巣―」「母性―」

―しゅぎ【―主義】 人間の持つ本能のままに行動することが、人生において重要であると考える立場。

―てき【―的】(形動ダ) 本能によって動かされるさま。生まれつきの自然な反応であるさま。「―な行動」

ぼん-のう【煩悩】〘仏〙心身を悩ますいっさいの妄念。

ぼん-の-くぼ【盆の△窪】 人の首の、まうしろのくぼんだ所。

ほんのり(副) 香り・色合いなどがかすかにあらわれるさま。ほのかに。「ほおに―(と)赤みがさす」

ほん-ば【本場】 ①ある物事が本格的に行われている土地。「―仕込み」②ある物のおもな産地。「メロンの―」③〘経〙取引所の午前の立ち会い。前場。

ほん-ば【奔馬】 荒れ狂って走る馬。多く、勢いの激しいさまにたとえる。「―の勢い」

ぼん-ばい【△梵◇唄】〘仏〙仏徳をたたえる経文などに節を付けて歌うもの。声明。

ほん-ばこ【本箱】 書物を整理して入れておく箱形の家具。

ほん-ばしょ【本場所】 大相撲で、力士の番付・給金などが決まる正式の相撲の興行。一年に六場所ある。[はじまり]一月・五月・九月(東京)、三月(大阪)、七月(名古屋)、一一月(福岡)の六場所制は、一九五八(昭和三十三)年から。

ほん-ばん【本番】 ①ラジオ・テレビ・映画などで、テストやリハーサルではない、正式の撮影や放送。また、物事を練習でなく本式に行うこと。「ぶっつけ―」「―に強い選手」②本格的な状態になること。「夏―を迎える」

ぽん-びき【ぽん引き】〘俗〙①その土地をよく知らない人をだまして所持金をまき上げる者。②売春の客引き。③株屋街で、素人の客をだまして利益を得る者。

ぼん-ぴゃく【凡百】 いろいろなもの。もろもろ。凡百。

ほん-ビロード【本ビロード】 たて糸・よこ糸ともに絹糸で織ったビロード。本天。

ほん-ぶ【本部】 事業や組織などの中心となる部署・機関。

「捜査―」↔支部

ほん-ぷ【本譜】〘音〙五線紙に書いた、本式の楽譜。↔略譜

ぼん-ぷ【凡夫】①〘仏〙煩悩に迷っていて悟りのひらけない衆生。「―の身」②ふつうの人。凡人。

ポンプ〈オランダ pomp〉圧力の作用によって液体や気体を吸い上げ押し出す機械・装置。「―車」

ほん-ぷく【本復】(名・自スル) 病気がすっかり治ること。全快。本復。「病が―する」

ほん-ぶし【本節】①大形のカツオを三枚に下ろし、片身をさらに背と腹の部分に分けて作ったかつおぶし。↔亀節 ②うたの本式の節回し。正調。

ほん-ぶたい【本舞台】①〘演〙歌舞伎の劇場で、正面中央(=正面左右の柱の間)の、芸が演じられる舞台。②(公式の)本格的な舞台。晴れの舞台。「―を踏む」

ほん-ぶり【本降り】雨や雪がやみそうもなく、勢いよく降ること。「雨が―になる」

ほん-ぶん【本分】本来の務め。尽くさなければならない義務。「学生としての―を尽くす」

ほん-ぶん【本文】①序文・注などを除いた、文書・書物の中の主要な文章。本文。②→ほんもん③

ぼん-ぶん【△梵文】梵語・梵字で書かれた文章・経文。

ボンベ〈ドイツ Bombe〉高圧の気体などを入れる円筒形の鋼鉄製容器。「ガス―」

ほん-ぺん【本編・本△篇】①付録・続編などに対して、書物の中心となる部分。主体となる編。②この編。

ほん-ぽ【本舗】特定商品の製造・販売をする大もとの店。

ほん-ぽう【本邦】わが国。「―初公開」

ほん-ぽう【本法】①本体となる法律。②この法律。

ほん-ぽう【本俸】手当などを加えない基本の俸給。本給。

ほん-ぽう【奔放】(名・形動ダ) 常識や慣習にとらわれないで思うままにふるまうこと。また、そのさま。「自由―な生活」

ぼん-ぼり【×雪洞】①小さな行灯。②紙または絹張りの手燭。

〔ぼんぼり①〕

ぼん-ぼん〘方〙(関西で)良家の若い息子。若だんな。ぼんち。ぼん。

ボンボン〈フランス bonbon〉果汁やウイスキーなどを砂糖やチョコレートで包んだ菓子。「ウイスキー―」

ぼん-ぼん【凡凡】(タルト) ごく平凡なさま。「平平―」「日々を―と暮らす」文(形動タリ)

ぽん-ぽん ㊀(名)(幼児語)おなか。腹。㊁(副)①遠慮なく続けざまにものを言うさま。「―文句をいう」②物が続けざまに破裂したりはじけたりする音の形容。「―(と)花火を打ち上げる」③鼓や手などを続けざまに軽くたたくさま。また、その音の形容。④たて続けに出てくるさま。「いい考えが―(と)飛び出す」

―じょうき【―蒸気】河川や沿海の運送船や漁船として用いる、焼き玉機関を備えた小型蒸気船。語源 発動機の立てる「ぽんぽん」という音からいう。

ポンポン〈フランス pompon〉①帽子や洋服などに飾りとして付ける毛糸や羽毛などで作った丸い玉。玉房飾り。②チアリーダーが応援する際、手にして打ち振る房状のもの。

―ダリア〈pompon dahlia〉〘植〙ダリアの一品種。小さな花弁が集まった半球形の花を咲かせる。夏

ほん-ま【本真】(名・形動ダ)〘方〙(おもに関西で)ほんとう。まこと。「―かいな」

ほん-まつ【本末】本と末。根本となる重要なものと、ささいな末端のもの。本末。「―を誤る」

―てんとう【―転倒】(名・自スル) 大事なこととつまらないことを取り違えること。「そのやり方は―だ」

ほん-まつり【本祭〔り〕】①隔年または数年ごとに行う正式の祭り。例祭。↔陰祭り ②宵祭りに対する、当日の祭礼。

ほん-まる【本丸】城の主体となる部分。ふつう天守があり、周囲に堀をめぐらす。本城。⇒二の丸・三の丸

ほん-み【本身】竹光でない、ほんものの刀。真剣。

ほん-みょう【本名】偽名・芸名・筆名などに対して、戸籍上の名前。実名。本名。「―を名乗る」

ほん-む【本務】本来の務め。主として行う任務。

ほん-めい【本命】①競馬・競輪などで、優勝の第一候補。また、一番有力だと思われている人。「総裁候補の―」②一番にねらうもの。「―の大学」③生まれた年の干支。本命。

ほん-めい【奔命】(君命に従って奔走する意から)忙しく活動すること。

ほん-もう【本望】①長い間の望み。本懐。「―を遂げる」②希望を実現して満足であること。「優勝できて―です」

ほん-もと【本元】おおもと。ほんとうの元。「本家―」

ほん-もの【本物】①にせでない本当のもの。実物。「―のダイヤ」↔偽物 ②技や芸などが本格的なこと。「画家として―だ」

ほん-もん【本文】①→ほんぶん(本文)① ②典拠とした古書・他書などの文章・文句。③注釈・講義・翻訳などを行う原文。本文。

―ひひょう【―批評】古典などで諸本を研究・比較して、原作者の文章を推定し復元すること。本文批判。

ほん-や【本屋】①書物を売る、または発行する店。また、その人。書店。書肆。②中心となる建物。母屋。本屋。

ほん-やく【翻訳】(名・他スル) ある言語で表されたものを、他の言語に表現しなおすこと。「―家」

ぼんやり ㊀(副・自スル)①形・色・記憶・意識などがはっきりしないさま。「月が―(と)かすむ」「―(と)した記憶」②他のことに心を奪われたり気が抜けたりしているさま。ぼうっと。「―(と)している人」㊁(名)勘の鈍い人。気のきかない人。

ほん-ゆう【本有】本来もっていること。固有。

ぼん-よう【凡庸】(名・形動ダ) すぐれた点がないこと。また、そのさま。平凡。また、その人。凡人。「―な作品」

ほん-よさん【本予算】①国会や地方議会に提出、成立した最初の予算。当初予算。↔補正予算 ②この予算。

ほん-よみ【本読み】①本を読むこと。また、本をよく読む人。読書家。②〘演〙稽古を始める前に、作者・演出家などが出演者全員を集めて脚本を読んで聞かせること。また、出演者が脚本を声に出して読み合わせること。「―に入る」

ほん-らい【本来】(名・副)①初めからそうであること。もともと。元来。「―の調子を取りもどす」②物事の道理からみてそうあるべきこと。「―、参上すべきところですが」

―くう【―空】〘仏〙あらゆる存在は実体性をもたず、本来仮のものであるということ。

―の-めんもく【―の面目】〘仏〙衆生が生まれつき持っている心のはたらき。本性。

ほん-らい【奔雷】激しく鳴りわたる雷。

ほん-りゅう【本流】①川の大もとの流れ。主流。↔支流 ②中心となる流派・流儀。「保守―」③この流派。

ほん-りゅう【奔流】勢いの激しい流れ。激流。

ぼん-りょ【凡慮】凡人の考え。平凡な考え。「―の及ぶところでない」

ほん-りょう【本領】①持ち前の特色や才能。特質。「―を発揮する」②先祖代々からの領地。「―安堵(=中世、

将軍が武家に対して本領の領有権を承認したこと」

ほん-るい【本塁】①本拠(ほんきょ)とするとりで。また、その場所。②野球で、捕手の前にある五角形の塁。ホームベース。

―だ【―打】野球で、打者が自分で打った球によって本塁にかえることのできる安打。ホームラン。ホーマー。

ほん-れい【本鈴】開演や授業の開始を正式に告げるベル。↕予鈴

ぼん-れい【盆礼】盆のときに行う贈答。[秋]

ほん-れき【本暦】基準となる詳しいこよみ。⇩略本暦

ほん-ろう【翻弄】(名・他スル)思うままにもてあそぶこと。「運命に―される」「荒波に―される船」

ほん-ろん【本論】①議論・論文などで、中心となる論。「―にはいる」②この論。

ほんわか(副)なごやかであたたかみがあり、居心地よく感じられるさま。「―(と)したムード」

ほん-わり【本割〔り〕】大相撲で、本場所の正規の取組。優勝決定戦などは含まれない。

ま マ

五十音図「ま行」の第一音。「ま」は「末」の草体。「マ」は「万」の最初の二画。

ま【麻】マ㊥ あさ㊥・お

(字義)①あさ。アサ科の植物。お。また、あさ類の総称。「麻糸・麻布・黄麻・大麻」②ごま。「胡麻(ごま)・蓖麻(ひま)」③しびれる。しびれ。=痲。「麻酔・麻痺(まひ)」[難読]麻疹(はしか)(ましん)・麻雀(マージャン) [人名]あ・ぬさ

ま【摩】マ㊥ する

(字義)①する。㋐こする。「摩擦」㋑みがく。=磨。「研摩」②なでる。「按摩(あんま)」③すりへる。すりへらす。「摩滅」④近づく。せまる。「摩天楼」⑤おしはかる。「揣摩臆測(しまおくそく)」[人名]きよ・なず

ま【磨】マ㊥ みがく㊥

(字義)①みがく。㋐石をすりみがく。とぐ。「研磨」㋑物事をはげみきわめる。「練磨・切磋琢磨(せっさたくま)」②する。=摩。㋐こする。すれあう。「磨擦」㋑すりへらす。「磨滅」[人名]おさむ・きよ

ま【魔】マ㊥

(字義)①まもの。㋐人の善行をさまたげ、害を与える悪神。「魔神・悪魔」㋑修行のさまたげをする悪い鬼。「魔障・天魔」㋒地獄の王。「閻魔(えんま)」②人の心を迷わせ、また害を与えるもの。「魔手・病魔」③さまたげ。さまたげになるもの。「邪魔」④あやしい術。「魔術」

ま【魔】①人に災いを与える神。悪魔。②(「魔の…」の形で)しばしば災いが起こる時や場所。「―の踏切」③ある物事に異常なほど執着する人。「電話―」

―が差(さ)す 悪魔に魅せられたように、ふっと邪念が起こる。

ま-【真】(接頭)①真実である意を表す語。「―心」②完全さを表す語。「―四角」「―正直」③純粋である意を表す語。「―水」④その種類の中で標準的である意を表す語。「―いわし」「―竹」⑤ほめる気持ちを表す語。「―弓」

ま【真】まこと。ほんとう。真実。

―に受(う)ける ほんとうだと思う。本気にする。「冗談を―」

-ま【間】(接尾)部屋の数を数える語。「二(ふた)―」

ま【間】①(空間的な)あいだ。中間。間隔。すきま。「木(こ)の―」②(時間的な)あいだ。ひま。手すき。「発車まで―がある」「鬼のいぬ―の洗濯」③ころあい。しおどき。おり。「―をはかる」④室。部屋。「次の―」⑤その場のぐあい。ばつ。「―の悪い思いをする」⑥演劇・演芸・舞踊・邦楽などで、せりふとせりふ、動作と動作、音と音との時間的間隔。「―を取る」

―が抜(ぬ)ける (音曲で拍子がぬける意で)①調子がはずれる。②することに手ぬかりがある。③ばかげてみえる。**―が持(も)てない** ①空き時間の処置に困る。②話題がなくなり時間をもてあます。**―が悪(わる)い** ①きまりが悪い。②運が悪い。折が悪い。

ま【目】「め」の転。[参考]「まのあたり(=眼前)」「まつ毛」「まばゆい」など複合語の中にみられる。

まあ 一(感)驚きや詠嘆の気持ちを表す語。「―きれい」[用法]おもに女性が用いる。二(副)①相手をうながすときにいう語。「―おはいりください」②相手や自分の気持ちをなだめ抑えるときにいう語。「―そう言わずに」「―しかたがないか」③まずまず。どうやら。「―八〇点はとれるだろう」

ま-あい【間合〔い〕】アヒ ①ほどよい間隔。「―をとる」②ころあい。時機。おり。「―を見計らう」

マーカー〈marker〉①しるしをつける人。また、そのための筆記具。②競技の記録係。採点係。③目印。標識。

マーガリン〈margarine〉動物性または植物性のあぶらを原料として、バターに似た味や色素をつけたもの。人造バター。[参考]フランスのナポレオン三世の指示でつくられたもの。

マーガレット〈marguerite〉〔植〕キク科の低木状多年草。夏、中心部は黄色で管状の、周辺は白色で舌状の頭状花を開く。観賞用。もくしゅんぎく。[夏]

マーキュロクロム〈Mercurochrome〉〔医〕赤褐色の消毒剤。有害な水銀を含むため日本では現在製造終了。赤チン。マーキュロ。マーキロ。(商標名)

マーキング〈marking〉①しるしをつけること。②犬などの動物が、尿などをかけて自分の縄張りを示すこと。

マーク〈mark〉一(名)記号。しるし。二(名・他スル)①しるしをつけること。②よい記録を出すこと。「新記録を―する」③その人の行動に常に注意をはらうこと。「相手選手を―する」

―シート〈和製英語〉試験やアンケートなどで、該当する欄をぬりつぶして答える方式の用紙。読み取り機にかけてコンピューターで集計処理する。[参考]英語では mark-sense card という。

マーケット〈market〉①市場(いちば)。「スーパー―」②〔経〕市場(しじょう)。販路。

マーケティング〈marketing〉生産・販売・サービスを円滑に行うための企業活動。

―リサーチ〈marketing research〉〔経〕市場調査。企業が商品販売について行う情報収集と分析活動。特に、需給関係、消費者の動向、販売経路などの調査。

ま-あじ【真鰺】アヂ 〔動〕アジ科の海産硬骨魚。アジの代表的なもので、背は灰青色、腹は銀白色。体長約四〇センチメートル。体側に一列のかたい刺(とげ)のあるうろこがある。食用。[夏]

マーシャルしょとう【マーシャル諸島】マーシャルショタウ〈Marshall〉太平洋中西部、ミクロネシア東部にある島々からなる共和国。首都はマジュロ。

マージャン【〈中国〉麻雀】中国渡来の室内遊戯。一三六個の牌(パイ)を使い、四人が各自一四個の牌で規定の組み合わせ(役)を作って、上がりの早さを争う。各種の役がある。

マージン〈margin〉〔経〕①売買価の差額。利ざや。もうけ。「―を取る」②取り引きで、担保としてあずけておく証拠金。

—とりひき【—取引】 →しんようとりひき①

ま-あたらし・い【真新しい】(形) カロ・カッ(ク)・イ・イ・ケレ・○ まったく新しい。「—ワイシャツ」文まあたら・し(シク)

マーチ〈march〉行進曲。「軍艦—」

マーブル〈marble〉①大理石。②墨流しの方法で染めた、大理石に似た模様。③おはじき。

マーボー-どうふ【◦麻◦婆豆腐】 ひき肉・ネギと豆腐を豆板醬(トウバンジャン)などで炒めて煮、とろみをつけた中国料理。

まあ-まあ ━(感)驚きや詠嘆の気持ちを強く表す語。「—、お上手だこと」━(副)①相手をうながすときにいう語。とりあえず。「—おすわりください」②相手の気持ちをなだめ抑えるときにいう語。「—そうおこらずに」━(形動ダ) ダロ・ダッ(デ・ニ)・ダ・ナ・ナラ・○ よくも悪くもないさま。まずまず。「出来は—だ」参考━━は「まあ」を重ねた語。

マーマレード〈marmalade〉オレンジ・夏みかんなど柑橘(かんきつ)類の果肉と果皮で作ったジャム。ママレード。

マーメード〈mermaid〉→にんぎょ

マーモット〈marmot〉〘動〙リス科マーモット属の哺乳(ほにゅう)動物の総称。北アメリカやアルプスなどの山地に穴を掘ってすむ。

まい【毎】教2 **【每】**人 マイ ごと

(字義)①つねに。②そのつど。そのたびごとに。そのもの一つごとの意を表す。「毎回・毎次・毎度・毎毎」人名 かず・つね

まい-【毎】(接頭)そのたびごとに。そのつど。「—朝」「—日」

まい【米】(字義)→べい(米)

まい【妹】教2 マイ中 いもうと・いも

(字義)①いもうと。年下の女のきょうだい。「義妹・愚妹・実妹」↔姉 ②いも。男子から女子を親しんでいう語。妻・恋人など。「妹背(いもせ)」

まい【枚】教6 マイ・バイ

(字義)①一つ一つ数えあげる。「枚挙」②夜討ちなどのとき、声を出さないように口にくわえさせる横木。枚(ばい)。「銜枚(かんばい)」人名 かず・ひら・ふむ

-まい【枚】(接尾)①紙・板・皿など薄くて平たい物を数える語。「小皿三—」「半紙一〇—」②金銀貨幣を数える語。「銀貨五—」③田を数える語。「田一—」「千—田」

まい【昧】 マイ中 くらい

(字義)①おろか。うとい。知識が低く道理にくらい。「愚昧・蒙昧(もうまい)」②はっきりしない。あやふや。＝昧。「曖昧(あいまい)」③夜明け。明け方のうす暗い時。「昧爽(まいそう)」④危険をおかす。「昧死」

まい【埋】 マイ中 うめる中・うまる中・うもれる中

(字義)①うめる。うずめる。うまる。うずまる。㋐地中に入れる。「埋蔵」㋑死人をほうむる。「埋骨・埋葬」㋒うずもれ隠れる。姿を消す。「埋没」②かくれひそむ。「埋伏」難読 埋(うず)み火(び)

まい【舞】 マヒ 音楽や歌謡などに合わせておもに上体を動かし、足はすべるように進退させる静的なおどり。「—を舞う」⇒踊り「参考」

まい(助動-特殊型) ○・○・マイ・(マイ)・○・○ ①打ち消しの推量の意を表す。…ないだろう。「彼は知る—」「雨にはなる—」②打ち消しの意志の意を表す。…ないことにしよう。「見—と思いながらつい見てしまう」語源 文語の助動詞「まじ」から変化したもの。用法 五段活用の動詞、助動詞「ます」の終止形、上一段・下一段・カ変・サ変の動詞、動詞型の助動詞の未然形に付く。現代語では、文章語的で、ふつうの会話ではあまり用いない。

まい-あが・る【舞〔い〕上がる】 マヒ (自五) ラ(ロ)・リ(ッ)・ル・ル・レ・レ ①舞いながら上がる。舞うようにして上がる。「天女が空へ—」「ほこりが—」②浮かれて落ち着きをなくす。「気持ちが—」

まい-あさ【毎朝】 毎日の朝。朝ごと。「—の散歩」

まい-おうぎ【舞扇】 マヒアフギ 舞に用いる大形の扇。

まい-おさ・める【舞〔い〕納める】 マヒヲサメル (他下一) メ・メ・メル・メル・メレ・メ(メヨ) 舞を最後まで舞う。また、最後の舞を舞う。文まひをさ・む(下二)

マイ-カー〈和製英語〉自家用乗用車。「—族」参考 英語では my own car または private vehicle という。

まい-かい【毎回】 クワイ そのたびごと。一回ごと。「会合に—参加する」

まい-き【毎期】 その期間ごと。

まい-きょ【枚挙】(名・他スル)一つ一つ数えあげること。

—に違(いとま)がない 多すぎて一つ一つ数えきれない。

マイク「マイクロホン」の略。

マイクロ〈micro〉①メートル法の基本単位の前に付けて、その一〇〇万分の一であることを表す語。マイクロメートル・マイクロボルトなど。ミクロ。記号 μ ②ごく小さい、微小な、の意を表す。ミクロ。

—ウエーブ〈microwave〉→マイクロは

—カード〈Microcard〉図書の内容を縮小写真にしたカード。マイクロリーダーで拡大して閲読する。(商標名)

—コンピューター〈microcomputer〉〘情報〙超小型化されたコンピューター。マイコン。

—チップ〈microchip〉超小型の集積回路。特に、ペットの犬や猫の皮下に埋め込む、個体識別用の小型集積回路。

—は【—波】〘物〙波長が一メートル以下の電波。指向性が強いので混信が少なく、レーダー・テレビ放送・衛星通信・電子レンジなどに使用。マイクロウエーブ。

—バス〈microbus〉小型のバス。ミニバス。

—フィルム〈microfilm〉記録保存用の縮小写真。新聞・書籍・文献などを縮小複写して保存する不燃性フィルム。必要に応じマイクロリーダーで拡大して読む。

—ホン〈microphone〉〘物〙音波を電流に変える装置。マイクロフォン。マイク。

—メーター〈micrometer〉〘工〙針金やねじの直径、また非常に小さいものの厚さや長さを測る精密器具。測微計。

—メートル〈micrometer〉長さの単位。メートルの一〇〇万分の一。一マイクロメートルは一〇〇〇分の一ミリメートル。ミクロン。記号 μm

—リーダー〈microreader〉マイクロカードやマイクロフィルムを読むために、これを拡大投影する装置。閲読器。

〔マイクロメーター〕

まい-げつ【毎月】 月ごと。まいつき。「—の支払い」

まい-こ【舞子・舞△妓】 マヒ 京都の祇園(ぎおん)などで、宴席に興をそえる少女。半玉(はんぎょく)。

まい-ご【迷子・迷◦児】 マヒ 連れの人とはぐれたり、道に迷ったりした子供。まよいご。「—になる」参考「迷子」は、常用漢字表付表の語。

—ふだ【—札】 迷子になったときの用心に子供につけておく、住所・氏名を書きしるした札。

まい-こつ【埋骨】(名・自スル)遺骨を埋葬すること。「—式」

まい-こ・む【舞〔い〕込む】 マヒ (自五) マ(モ)・ミ(ン)・ム・ム・メ・メ ①くるくる

と舞いながらはいる。「花びらがー」②思いがけなく、またどこからともなく突然はいってくる。「幸運がー」

マイ-コン 「マイクロコンピューター」の略。

まい-じ【毎次】 毎回。そのたびごと。「ー記録を更新する」

まい-じ【毎時】 一時間ごと。「ー五〇キロメートルの速さ」

まい-しゅう【毎週】 シウ 一週間ごと。「ー水曜日発売」

まい-しょく【毎食】 食事をするたび。食事の折ごと。

まい-しん【△邁進】 (名・自スル) 元気につきすすむこと。勇敢に突進すること。「仕事にーする」「目標にーする」

マイシン 「ストレプトマイシン」の略。

まい-す【△売△僧】 (仏法で商売をする僧の意)俗悪な僧をののしっていう語。参考「まいす」は唐音。

まい-すう【枚数】 紙や布など、「枚」で数えられる物の数。

マイスター 〈ドイ Meister〉①巨匠。大家。②(ドイツの徒弟制度で)親方。師匠。

まい-せつ【埋設】 (名・他スル) 地下にうめて設備すること。「水道管のー工事」

まい-そう【味爽】 サウ あかつき。夜明け。未明。

まい-そう【埋葬】 サウ (名・他スル) 遺体を土中にほうむること。遺骨を墓におさめること。「遺骨をーする」

まい-ぞう【埋蔵】 ザウ (名・自他スル) ①地中にうまっていること。「石炭のー量」②うずめかくすこと。「ー金」

まい-たけ【舞△茸】 マヒ マイタケ属のきのこ。表面は褐色で茎は白く、へら形の傘を群生させて大きな塊状となる。食用。

ま-いちもんじ【真一文字】 一の文字のようにまっすぐなこと。一直線。「口をーに結ぶ」

まい-つき【毎月】 月ごと。まいげつ。つきづき。

まい-ど【毎度】 その度ごと。いつも。たびたび。「遅刻はーのことだ」「ーありがとうございます」

まい-とし【毎年】 年が来るたびごと。年ごと。まいねん。

マイナー 〈minor〉(名・形動ダ) ①小さいこと。主要でないさま。二流。「ーリーグ(=アメリカのプロ野球で、メジャーリーグの下位に属するリーグの総称)」②《音》短音階。(↔メジャー)

まい-ない【△賂】 マヒナヒ (古風な言い方で)わいろ。「ーを贈る」

マイナス 〈minus〉■一(名・他スル) 減じること。引くこと。「売り上げから経費をーする」■二(名) ①《数》減法または負数の符号「ー」。負号。「ー五℃」②《物》電気の負極やそれに結合した極。陰電気。また、その符号「ー」。③反応が現れないこと。陰性。④不足。赤字。「出費がかさんでーが出る」■三(名・形動ダ) 不利益になること。「会社にはーの材料だ」「ー評価」(↔プラス)

マイ-ナンバー 〈和製英語〉日本に住民票を持つ人に割り当てられる一二桁の「個人番号」の通称。行政手続きなどにおいて個人の識別のために用いられる。「ーカード」

マイノリティー 〈minority〉少数。少数派。↔マジョリティー

まい-にち【毎日】 日ごと。来る日のたびごと。日々。

まい-ねん【毎年】 年ごと。まいとし。

まい-ばん【毎晩】 毎日の晩。晩ごと。夜ごと。

まい-ひめ【舞姫】 マヒ 舞を舞う女性。踊り子・バレリーナなど。

まいひめ【舞姫】 マヒ 森鷗外(おうがい)の小説の処女作。一八九〇(明治二十三)年発表。ベルリンに留学した青年太田豊太郎と踊り子エリスとの悲恋物語。文章は格調の高い雅文体。

マイ-ペース 〈和製英語〉人に左右されることなく、物事を自分に合った速度や調子で進めること。「ーで仕事をする」

マイ-ホーム 〈和製英語〉①自分の持ち家。「念願のーに住む」②自分の家庭。「ー主義」

まい-ぼつ【埋没】 (名・自スル) ①うもれかくれてしまうこと。「地中にーする」②ある状況の中にひたりきること。「日常性へのー」③世人から忘れられてしまうこと。「市井(しせい)にーする」

まい-まい【毎毎】 (名・副) いつも。つねに。毎度。

まい-まい【舞舞】 マヒマヒ ①中世に起こった扇拍子だけで舞う舞。幸若(こうわか)舞など。②《動》ドクガ科の大形のガ。雄は黒褐色、雌は灰色で黒い斑紋(はんもん)があり、雄より大きい。幼虫は糸を吐いてぶら下がるので、ブランコ毛虫と呼ばれる。まいまいが。夏 ③「かたつむり」の異称。まいまいつぶり。夏 ④「みずすまし①」の異称。まいまいむし。夏

——つぶり【ー△螺】 →かたつむり

まい-もど・る【舞〔い〕戻る】 マヒ (自五) ラ(ロ)・リ(ッ)・ル・ル・レ・レ もとの所へ戻ってくる。「故郷へー」

まい-ゆう【毎夕】 ユフ 夕方ごと。まいばん。

まい-よ【毎夜】 夜ごと。晩ごと。まいばん。

マイル 〈mile〉ヤードポンド法における長さの単位。一マイルは約一・六〇九キロメートル。参考「△哩」とも書く。

——ストーン 〈milestone〉①里程標。②物事の大きな節目。また、節目となるような画期的な出来事。

まい・る【参る】 マヰル (自五) ラ(ロ)・リ(ッ)・ル・ル・レ・レ 《中心義—「行く」「来る」の謙譲語》■一①参上する。あがる。「そちらへーります」②「行く」「来る」「訪ねる」の丁寧語。「そろそろーりましょうか」③神社・寺院・墓にもうでる。参拝する。④(相手を優位と認めて)負ける。降参する。「どうだ、ーったか」⑤困る。閉口する。弱る。「暑さにー」⑥(相手をいやしめて)死ぬ。「とうとうーったか」⑦心を奪われる。ほれ込む。「彼女にーっている」⑧「行く」「来る」の尊大語。臣下など目下の人の行動を低めていう語。「近(ちこ)うーれ」⑨女性が手紙の宛名に添えて使う語。終止形だけを用いる。さしあげる。「…様ー」可能 まい・れる(下一) ■二(他四)《古》①さしあげる。たてまつる。②あることに奉仕する。…してさしあげる。③「食ふ」「飲む」などの尊敬語。召しあがる。

用法 ■一②は「参ります」のように「ます」を付けて用いられる。「まいりましょうか」などの場合、一緒に行動する話し手の立場からの謙譲語とも解釈できる。

マイルド 〈mild〉(形動ダ) ダロ・ダッ(デ・ニ)・ダ・ナ・ナラ・〇 味などがしつこくなく、刺激も弱いさま。おだやかなさま。「ーなコーヒー」

マイレージ 〈mileage〉総マイル数。走行距離。飛行距離。「ーサービス(=航空会社が、自社便での搭乗距離に応じて各種の特典を乗客に提供すること)」

マインド 〈mind〉心。精神。意識。

——コントロール 〈mind control〉他人の心理状態や思想・信条などを、人為的に思う方向に変えて制御すること。

ま・う【舞う】 マフ (自五) ワ(オ)・イ(ッ)・ウ・ウ・エ・エ ①曲に合わせて体を美しく動かす。「舞をー」「一曲ー」②空中でくるくるまわる。軽やかにとびまわる。「木の葉がー」「蝶(ちょう)がー」可能 ま・える(下一)

ま-うえ【真上】 ウヘ まっすぐ上にあたる所。ちょうど上。↔真下

ま-うしろ【真後ろ】 ちょうどうしろにあたる所。↔真ん前

マウス 〈mouse〉①実験用のハツカネズミ。②《情報》コンピューターの入力装置の一つ。机上を滑らせて画面上のカーソルを動かし、操作を行う。形がネズミに似ていることが名の由来。

マウスピース 〈mouthpiece〉①管楽器などの吹き口。②ボクシング・ラグビーなどで、競技者が舌や歯を保護するために口に入れる器具。

ま-うら【真裏】 すぐうら。ちょうど裏にあたる所。

マウンティング 〈mounting〉①《動》哺乳類の雄が交尾のために雌の背中に馬乗りになること。②《俗》相手より上位にあることを態度や言動で見せつけようとすること。

マウンテン-バイク〈mountain bike〉山道などを走りやすいよう、タイヤを太く、変速ギアの段階を多くした自転車。

マウント〈mount〉①カメラの交換レンズを固定する部分。機械で部品などを取り付ける接合部。②格闘技で、相手の上に馬乗りになった体勢。「―ポジション」③《俗》相手より優位に立とうとして取る態度や言動。「―を取る」

マウンド〈mound〉①小さな丘。土手。②野球場で、投手が投球するときに立つ、土を盛って少し高くした所。

-まえ【前】マヘ（接尾）①食べ物などで、その人数分に相当する量を表す語。「料理五人―」②それ相当の価値や内容である意を表す語。「半人―」

まえ【前】マヘ（「目方(まへ)」の意）①顔や体の向いているほう。物の正面に当たるほう。おもて。「駅の―」↔後ろ ②物事の初めの部分。「列の―のほう」↔後ろ・後(あと) ③むかし。現在より以前。「三年ほど―の出来事」④そのことが起こる以前。「結婚する―の仕事」⑤一つ早いこと。直前。「―の首相」⑥《俗》前科。「―がある」用法 ④は「転ばぬ前の用心」のように打ち消しの形でいうこともある。

まえ-あき【前開き】マヘ 衣服の前の部分に、ボタンやファスナーでとめるようになったあきがあること。

まえ-あし【前足・前脚】マヘ ①動物の前のほうの足。↔後足・後ろ足 ②前へ踏み出したほうの足。「―に重心がかかる」

まえ-いわい【前祝〔い〕】マヘイハヒ（名・自スル）物事の成功・成就などを期待して前もって祝うこと。「―に一杯やる」

まえ-うしろ【前後ろ】マヘ ①まえとうしろ。②うしろのものが前になること。うしろまえ。「服を―に着る」

まえ-うり【前売〔り〕】マヘ（名・他スル）入場券や乗車券などを当日より前に売ること。また、その券。「―券」

まえ-おき【前置〔き〕】マヘ（名・自スル）本論にはいる前に述べること。また、その言葉や文章。「―が長い」

まえ-かがみ【前◦屈み】マヘ 上半身を前にかがめること。また、その姿勢。まえこごみ。「―に歩く」

まえ-がき【前書〔き〕】マヘ 本文の前にそえる文章。序。はしがき。↔後書き

まえ-かけ【前掛〔け〕】マヘ 体の前、特に腰から下にかけて衣服のよごれを防ぐための布。エプロン。前だれ。「―をかける」

まえ-がし【前貸〔し〕】マヘ（名・他スル）給料などを支払い期日の前に貸し与えること。さきがし。↔前借り

まえ-がしら【前頭】マヘ 相撲の階級の一つ。小結(こむすび)の下で、十両より上の位。また、その力士。平幕。「―五枚目」

まえ-かた【前方】マヘ ㊀（名）以前。㊁（副）かねて。

まえ-がみ【前髪】マヘ ①ひたいの上にたらした髪。前額部の髪。②昔、女性や元服前の男子がひたいの上の髪を束ねたもの。③元服前の男子。「―の美少年」

まえ-がり【前借り】マヘ（名・他スル）給料などを受け取るべき日の前に借りること。さきがり。前借(ぜんしゃく)。↔前貸し

まえ-かんじょう【前勘定】マヘカンヂヤウ 代金をあらかじめ払っておくこと。

まえ-ぎり【前△桐】マヘ たんすなどで、総桐(そうぎり)とちがって前板だけに桐を使ったもの。

まえ-きん【前金】マヘ 買い入れ・借り入れに先立って代金や借り賃を支払うこと。また、その金銭。前金(ぜんきん)。↔後金(あときん)

まえ-く【前句】マヘ 連歌・俳諧(はいかい)の付け合いで、付け句に対してその直前に位置する句。↔付け句

――づけ【―付〔け〕】雑俳(ざっぱい)の一つ。七・七の短句を題として、これに五・七・五の前句をつけて和歌と同じ形にするもの。

まえ-げいき【前景気】マヘ 物事がはじまる前の景気。

まえ-こうじょう【前口上】マヘコウジヤウ 本題・本芸にはいる前に述べる、あいさつの言葉。「―が長い」

まえ-こごみ【前◦屈み】マヘ →まえかがみ

まえ-さがり【前下がり】マヘ 物の前部が後部より下がっていること。「―の傾斜」

マエストロ〈イタリア maestro〉（音楽の）巨匠。大作曲家。名指揮者。

まえ-ずもう【前相撲】マヘズマフ 入門したばかりの、まだ番付にのらない力士の行う相撲。また、その力士。

まえ-せつ【前説】マヘ（「前説明」の略）①本題にはいる前の説明。②公開番組などが本番にはいる前に、内容や進行についての説明をすること。また、その役。

まえ-だおし【前倒し】マヘダフシ 予算の執行や施策の実施を、本来行われる時期より早めて行うこと。「公共事業の―」

まえ-だて【前立て】マヘ ①（「前立て物」の略）かぶとの前面にたてるしるし。②世間への体面上、表面に押し立てる人。

まえだゆうぐれ【前田夕暮】マヘダユフグレ（一八八三～一九五一）歌人。神奈川県生まれ。初め自然主義を標榜(ひょうぼう)、のち感覚的な歌風に転じて自由律も試みた。歌集「収穫」「生くる日に」など。

まえ-だれ【前垂れ】マヘ →まえかけ

まえ-づけ【前付〔け〕】マヘ 書籍の本文の前につける、序文・解題・目次などの総称。↔後付け

まえ-のめり【前のめり】マヘ ㊀（名）前方に倒れかかるように傾いた姿勢。㊁（名・形動ダ）性急すぎるさま。

まえ-ば【前歯】マヘ ①口の前面にある上下各四本の歯。門歯(もんし)。↔奥歯 ②げたの前のほうの歯。

まえ-はば【前幅】マヘ《服》着物で、わきの縫い目から衽(おくみ)つけまでの長さ。羽織などは、襟つけまでの長さ。

まえ-ばらい【前払〔い〕】マヘバラヒ（名・他スル）代金・料金などを先に支払うこと。先払い。「代金―で買う」↔後払い

まえ-ひょうばん【前評判】マヘヒヤウバン 事前に聞こえてくるうわさ・評判。「―が高い」

まえびろ-に【前広に】マヘビロ（副）前もって。あらかじめ。

まえ-ぶれ【前触れ】マヘ ①前もって知らせること。また、その知らせ。予告。「―なしに訪ねる」②前兆。「地震の―」

まえ-まえ【前前】マヘマヘ 以前。ずっと前。「―から知っていた」

まえ-みごろ【前身頃・前△裑】マヘ《服》衣服の前部の身ごろ。まえ身。↔後ろ身頃(ごろ)

まえ-むき【前向き】マヘ ①前方に向いていること。②積極的・発展的な考え方や態度。「―に行動する」（↔後ろ向き）

まえ-もって【前◦以て】マヘ（副）あらかじめ。かねてより。「―知らせる」

まえ-やく【前厄】マヘ 厄年の前の年。↔後厄(あとやく)

まえ-わたし【前渡し】マヘ（名・他スル）①金や物を期日より前に渡すこと。先渡し。「商品の―」②手金。手付金。

ま-おう【魔王】マワウ ①《仏》天魔の王。②魔物・悪魔の王。

ま-おとこ【間男】マヲトコ（名・自スル）夫のある女が他の男と密通すること。また、その相手の男。間夫(まぶ)。

まか【摩△訶】《仏》大きいこと。はなはだしいこと。「―不思議」

ま-かい【魔界】悪魔のすむ世界。魔境。

まがい【◦紛い・◦擬い】マガヒ 見わけがつかないほどよく似せてあること。また、そのもの。「―の真珠」「―もなく（=まちがいなく）彼の筆跡だ」「詐欺―の商法」

――もの【―物】よく似せてあるもの。にせもの。「―のダイヤ」

まがい-ぶつ【磨崖仏】岩壁に刻みつけられた仏像。

まが・う【◦紛う】マガフ（自五）ワ(オ)・イ(ツ)・ウ・エ・エ よく似ていてまちがえたり区別がつかなかったりする。「雪にも―花吹雪」他 まが・える

(下一) 参考 現在ではおもに連体形が用いられ、「まごう」と発音・表記されることが多い。

―方ない　まぎれようもない。確かである。まごうかたない。

まが・える【◇紛える】(他下一) 似せてまちがえるようにする。まちがうほどよく似せる。自まが・う(五) 文まが・ふ(下二)

ま-がお【真顔】まじめな顔。真剣な顔つき。「―で言う」

まが-かみ【◇禍神】災いをおこす神。邪神。悪神。

ま-がき【△籬】柴・竹などで目を粗く組んでつくった垣。

ま-かげ【目陰・目△蔭】遠くを見るとき、光をさえぎるために手をひたいにかざすこと。

―を差す　手をひたいの上にかざして見る。

まが-こと【◇禍言】《古》不吉な言葉。縁起の悪い言葉。

まが-こと【◇禍事】《古》不吉な事。悪い事。災難。凶事。

ま-がし【間貸〔し〕】(名・自他スル) 料金を取って、自分の家の部屋を貸すこと。「離れを―する」↔間借り

マガジン〈magazine〉①雑誌。②フィルムの巻きとりわく。③連発銃の弾倉。

―**ラック**〈magazine rack〉持ち運びもできる簡便な雑誌・新聞入れ。

まか・す【任す・◇委す】(他五) →まかせる

まか・す【負かす】(他五) 相手を負けさせる。破る。「相撲で兄を―」自ま・ける(下一) 可能まか・せる(下一)

ま-かず【間数】部屋のかず。「―の多い家」

ま-かぜ【魔風】悪魔が吹かせる、人を惑わすおそろしい風。

まか・せる【任せる・◇委せる】(他下一) ①権限を認め仕事の処理などいっさいをやらせる。一任する。「部下に―」②なすがままにさせる。「自然のなりゆきに―」③そのものを十分に利用する。「金に―・せてぜいたくをする」文まか・す(下二)

類語 託する・預ける・委ねる・委託する・負託する・委任する・委嘱する・信託する・一任する

まが-たま【◇勾玉・◇曲玉】古代、日本で装身具に使った、湾曲した玉。めのう・水晶・ひすいなどが使われた。

〔まがたま〕

まか・づ【◇罷づ】(自下二)《古》(「まかり出づ」の転) ①貴人の所から引きさがって他の所へ行く・来る意の謙譲語。退出する。おいとまする。②「出づ」の丁寧語。でかけます。

ま-がな【真仮名】漢字を、日本語の音を書き表す仮名として用いたもの。万葉仮名。

まかない【賄い】食事を作って出すこと。また、その人やその食事。

―**つき**【―付き】下宿・寄宿舎などで、食事がついていること。また、食事つきの条件で部屋を貸すこと。「―の下宿」

まかな・う【賄う】(他五) ①やりくりして物事を処理する。きりもりする。「会費だけで経費を―」②食事などをととのえて出す。「二〇人分の食事を―」可能まかな・える(下一)

まがな-すきがな【間がな隙がな】(副) ひまさえあれば。ちょっとのひまでも。「―やってくる」

まかぬたねは-はえぬ【△蒔かぬ種は生えぬ】原因がなければ結果は生じない。何もしないで好結果を得られるわけがないということ。

ま-がね【真金】鉄。くろがね。

まか-ふしぎ【摩△訶不思議】(名・形動ダ) (「摩訶」は大きい意) きわめてふしぎなこと。また、そのさま。「―な現象」

まがまが-し・い【◇禍◇禍しい】(形) 悪いことが起こりそうである。不吉でいまわしい。「―事件」文まがまが・し(シク)

ま-がも【真△鴨】〔動〕カモ科の水鳥。秋に北方から渡来する。雄の頭と首は濃緑色で首に白い輪があり、背面は灰褐色、胸は褐色。雌は全体に褐色。アヒルの原種。冬

まかり-【◇罷り】(接頭) (動詞に付いて) 語気を強め、また、改まった言い方にする。「―まちがっても」「―ならぬ」「―こす」

まがり【曲〔が〕り】まがること。まがっている所。「―具合」

―**かど**【―角】①道などの折れまがるかど。「次の―を右へ行く」②変わりめ。転機。「人生の―」

―**がね**【―金・―◇尺】→かねじゃく①

―**なり**　不完全であること。「―にもやりとげる」

―**や**【―屋・―家】①母屋と馬屋とが鉤形につながった家屋。岩手県南部地方にみられる。②質屋。語源 ②は、二画目が曲がっている「七」が「質」と同音であることからいう。

ま-がり【間借〔り〕】(名・自他スル) 料金を払って、よその家の部屋を借りること。「二階に―する」↔間貸し

まがり-くね・る【曲〔が〕りくねる】(自五) 細長いものがいくえにも折れまがる。「―・った坂道」

まかり-こ・す【◇罷り越す】(自五) 「行く」「訪ねる」の謙譲語。または丁寧語。参る。参上する。

まかり-・でる【◇罷り出る】(自下一) ①「退いて帰る」意の謙譲語。「御前を―」②参上する。(厚かましくも)進み出る。「御前に―」文まか・づ(下二) まかりい・づ(下二)

まかり-とお・る【◇罷り通る】(自五) ①「通って行く」を強調した言い方。わがもの顔で通る。かまわず通る。「大手を振って―」②(悪い物事が)堂々と通用する。「賄賂の―世の中」

まかり-ならぬ【◇罷り成らぬ】「ならぬ」を強めていう語。決してしてはならない。「ここを通ることは―」

まかり-まちが・う【◇罷り間違う】(自五) 「まちがう」を強調した言い方。万一まちがう。「―・えば命が危ない」「―・っても損はしない」

まか・る【負かる】(自五) 値段を安くすることができる。「これ以上は一円も―・らない」

まか・る【◇罷る】(自四)《古》①貴人の前から引きさがる意の謙譲語。退出する。おいとまする。②都から地方に下る。③死ぬ。みまかる。④「行く」「来」の丁寧語。まいります。⑤(他の動詞の上に付いて) ㋐改まった言い方にする。「―・り越す(=参上する)」㋑語勢を強める。「―・り通る」

まが・る【曲がる】(自五) ①まっすぐでなくなる。折れる。折れかがまる。「道が―」「腰が―」②向きを右または左に変えて進む。「郵便局の手前を左へ―」③傾く。傾斜する。「柱が―」④心がひねくれる。「性根が―・った男」⑤道理にはずれる。「―・った行い」他ま・げる(下一) 可能まが・れる(下一)

マカロニ〈イタリア maccheroni〉小麦粉をこねて管状・貝殻状など種々の形に作ったパスタの一つ。「―グラタン」

マカロン〈フランス macaron〉泡立てた卵白に砂糖・アーモンド粉末を加えて小さな円形に焼き上げた洋菓子。

-まき【巻〔き〕】(接尾) ①巻物・書物の数。②巻いた回数。

まき【巻】①巻くこと。また、その程度。「のり―」②書画の巻物。③書物。また、その内容上の区分。「源氏物語夕顔の―」

まき【牧】まきば。ぼくじょう。「―の若駒」

参考 ①は「巻き」とも書く。

まき【◇薪】燃料用の木材。たきぎ。「―を割る」

ま-き【真木・△槙】①〔植〕マキ科の常緑針葉高木。暖地に自

生し雌雄異株。葉は細長く、庭木・生け垣用、材は建築用。イヌマキの別名。②【真木】(「よい木」の意)スギ・ヒノキなど。

まきあげ-き【巻〔き〕上げ機・捲〔き〕上げ機】→ウインチ

まき-あ・げる【巻〔き〕上げる・捲〔き〕上げる】(他下一)ゲ・ゲ・ゲル・ゲル・ゲレ・ゲロ(ゲヨ) ①巻いて上げる。「すだれを―」②強風が砂や落ち葉などを空中に飛ばし上げる。「砂塵(さじん)を―」③だましたりおどしたりしてうばいとる。「金品を―」④すっかり巻く。「時計のぜんまいを―」文まきあ・ぐ(下二)

マキアベリズム〈Machiavellism〉政治目的遂行のためにはいかなる手段も許されるとする政治思想。また、一般に目的のためなら手段を選ばないという考え方。権謀術数主義。マキャベリズム。参考イタリアの政治学者マキアベリ(一四六九～一五二七)が「君主論」で唱えた政治思想。

まき-あみ【巻〔き〕網・旋網】魚の群れをかこんでとる網。

まき-え【蒔絵】―エ 《美》うるしで絵模様をかき、金・銀の粉や顔料を蒔(ま)きつけてみがいた漆工芸品。また、その技法。

まき-え【撒き餌】―エ 鳥・魚などを寄せ集めるために、えさをまき散らすこと。また、そのえさ。

まき-おこ・す【巻き起〔こ〕す・巻起す】(他五)サ(ソ)・シ・ス・ス・セ・セ ①思いがけない事をひきおこす。「論争を―」「旋風を―」②(風がほこりなどを)巻くように吹き上げる。「砂ぼこりを―」

まき-がい【巻〔き〕貝】―ガヒ 《動》貝殻が、らせん状に巻いている貝類の総称。サザエ・ホラガイなど。↔二枚貝

まき-かえし【巻〔き〕返し】―カヘシ まきかえすこと。「―をはかる」「―に出る」

まき-かえ・す【巻〔き〕返す】―カヘス(他五)サ(ソ)・シ・ス・ス・セ・セ ①いったん広げた布や糸などをまいてもとにもどす。まきもどす。②不利な状況から勢いをもり返して有利な形勢にもどす。「終盤で―」

まき-がまえ【冂構え】―ガマヘ →けいがまえ

まき-がみ【巻紙】①半切紙(はんせつし)を横に長くつぎあわせて巻いたもの。毛筆で手紙を書くのに用いる。②物を巻いて包む紙。

まき-がり【巻〔き〕狩り・巻狩】狩り場を四方からかこんで獲物を追いつめてとる狩りの方法。

まき-ぐも【巻〔き〕雲】→けんうん

まき-こ・む【巻〔き〕込む・捲〔き〕込む】(他五)マ(モ)・ミ(ン)・ム・ム・メ・メ ①巻いて中に入れる。「ひもがギアに―・まれる」②仲間や事件などにひき入れる。「争いに―・まれる」

まき-じた【巻〔き〕舌】舌の先を巻くように動かして発音する、威勢のよい早口の言い方。「―でまくしたてる」

マキシ〈maxi〉《服》スカートやコートでくるぶしまでの長い丈。

マキシマム〈maximum〉①最大限。最高。最大。②《数》極大(値)。(↔ミニマム)参考「マクシマム」ともいう。また、略して「マックス」ともいう。

マキシム〈maxim〉金言。格言。マクシム。

まき-じゃく【巻〔き〕尺】容器にまきこんである、テープ状のものさし。

まき-スカート【巻きスカート】腰に巻きつけてはくスカート。ラップスカート。

まき-ずし【巻〔き〕鮨】のり・卵焼きなどで巻いたすし。夏

まき-せん【巻〔き〕線・捲〔き〕線】→コイル

まき-ぞえ【巻〔き〕添え】―ソヘ 関知しない事件や他人の問題に巻きこまれて、迷惑や損害をこうむること。「事件の―をくう」

まき-たばこ【巻〔き〕煙草】①きざんだたばこの葉を紙で包みまいたもの。紙巻きたばこ。シガレット。②葉巻。

まき-ちら・す【撒き散らす】(他五)サ(ソ)・シ・ス・ス・セ・セ ①あたり一面にまく。「ごみを―」②あちこちに広める。「噂(うわさ)を―」

まき-つ・く【巻〔き〕付く】(自五)カ(コ)・キ(イ)・ク・ク・ケ・ケ 他の物の周囲に巻いてぴったりくっつく。「朝顔のつるが支柱に―」

まき-つけ【蒔〔き〕付け】農作物の種をまくこと。

まきとり-し【巻〔き〕取り紙・巻取紙】新聞や雑誌など部数の多いものの印刷に用いる大きく巻いた紙。まきとりがみ。

まき-と・る【巻〔き〕取る】(他五)ラ(ロ)・リ(ッ)・ル・ル・レ・レ 巻いてほかの物に移し取る。「コードを―」

まき-なおし【蒔〔き〕直し】―ナホシ ①種子をまき直すこと。②改めて初めからやり直すこと。「新規―」

まき-ば【牧場】→ぼくじょう

まき-ひげ【巻〔き〕鬚】《植》枝または葉が変形した、物に巻きつく細長いひげ状のもの。キュウリなどにある。けんしゅ。

まき-もど・す【巻〔き〕戻す】(他五)サ(ソ)・シ・ス・ス・セ・セ 巻いてもとの状態にもどす。まきかえす。「フィルムを―」

まき-もの【巻物】①書画を表装した横に長い軸物。「絵―」②軸に巻いた反物(たんもの)。③巻きずし。

ま-ぎゃく【真逆】(名・形動ダ)《俗》まったく逆であること。正反対。「流行の―をゆく」「兄とは―の性格だ」

マキャベリズム〈Machiavellism〉→マキアベリズム

ま-きょう【魔境】―キャウ 悪魔のすむ神秘的で恐ろしい世界。

まぎら・す【紛らす】(他五)サ(ソ)・シ・ス・ス・セ・セ ①(苦しみや悲しみなどを)他のことでごまかす。「気を―」②他のものにまぜて区別がつかないようにする。「話を―」自まぎ・れる(下一) 可能まぎら・せる(下一) 参考「まぎらせる」「まぎらわす」ともいう。

まぎら・せる【紛らせる】(他下一)セ・セ・セル・セル・セレ・セロ(セヨ) →まぎらす

まぎらわし・い【紛らわしい】マギラハシイ(形)カロ・カッ(ク)・イ・イ・ケレ・○ 似ていて区別がつきにくい。「―名前」文まぎらは・し(シク)

まぎらわ・す【紛らわす】マギラハス(他五)サ(ソ)・シ・ス・ス・セ・セ →まぎらす

ま-ぎ・る【間切る】(自五)ラ(ロ)・リ(ッ)・ル・ル・レ・レ 帆船が前方から風をななめに受けて走る。

-まぎれ【紛れ】(接尾)(形容詞の語幹、動詞の連用形に付いて)その心情に駆られて、他にどうしようもない意を表す。…のあまり。「苦し―」「腹立ち―にあたりちらす」

まぎれ【紛れ】まぎれること。「どさくさ―」

―もない 他のものとまぎれることがない。確かだ。「―事実」

まぎれ-こ・む【紛れ込む】(自五)マ(モ)・ミ(ン)・ム・ム・メ・メ ①混雑・騒ぎなどに乗じてはいりこむ。「群衆に―」②まちがってはいりこむ。「別の書類が―」

まぎ・れる【紛れる】(自下一)レ・レ・レル・レル・レレ・レロ(レヨ) ①他のものに入り混じって区別しにくくなる。「群衆に―」「やみに―・れて逃げる」②他のものに気を取られて、一時的にあることを忘れる。「気が―」他まぎら・す(五) 文まぎ・る(下二)

ま-ぎわ【間際】―ギハ そのことがまさに行われようとするとき。さし迫ったとき。寸前。「発車―にとび乗る」

まき-わら【巻〔き〕藁】まき束ねたわら。弓の的などにする。

まき-わり【薪割〔り〕】丸太などを割ってまきを作ること。また、それに使う刃物。

まく【幕】教6 マク・バク

艹 苎 苩 荳 莫 幕

(字義)①まく。㋐物のしきりにたらす布。とばり。「天幕・幔幕(まんまく)」㋑芝居で客席と舞台をしきる布。「開幕」㋒芝居の一段落。幕があいてからおりるまでの一くぎり。「幕間(まくあい)・一幕物」㋓相撲取りの位。「幕内・幕下」②(「バク」と読んで)㋐将軍の陣営。将軍が政務をとる所。「幕営・幕府」㋑「江戸幕府」の略。「幕臣・幕末・討幕」

-まく【幕】(接尾)芝居で一段落を数える語。「三―五場」

まく【幕】①しきりにする広い布。とばり。たれぎぬ。まんまく。

「紅白の—」②芝居で、客席と舞台とを隔てる、開閉のできる広く長い布。転じて、物事の始まりや終わり。「—をおろす」③場面。場合。「私の出る—ではない」④相撲で、幕内。

—が上(あ)がる 物事が始まる。

—が開(あ)く ①幕が開いて芝居などが始まる。②物事が始まる。

—と(に)なる ①芝居などが終わって幕がしめられる。②物事が終わる。

—を閉(と)じる ①幕がしめられて芝居などが終わる。②物事を終わりにする。

—を引(ひ)く →まくをとじる

まく【膜】マク㊥・バク

(字義)①臓器や器官を包み、隔てる薄い皮。「角膜・腹膜」②物を覆う薄い皮。「被膜」

まく【膜】 物の表面を覆う薄い皮。「—をはがす」

ま・く【◦任く】(他下二・他四)《古》官職に任じる。任命する。

ま・く【巻く・△捲く】(他五) カ(コ)・キ(イ)・ク・ク・ケ・ケ ①長いものの一端を中に入れ、丸く回してまとめる。また、うずまき状にする。「掛け軸を—」「ヘビがとぐろを—」②物の周囲に長いものを順に重ねていく。「腕に包帯を—」③心棒のまわりにぐるぐる回す。「ねじを—」④周囲を取り囲む。「霧に—・かれる」⑤登山で、急斜面や難所を避けて迂回(うかい)する。「岩場を—・いて登る」可能ま・ける(下一)

ま・く【◦設く】(他下二)《古》①前もって用意する。もうける。②その時期を心待ちにする。

ま・く【△蒔く・△播く】(他五) カ(コ)・キ(イ)・ク・ク・ケ・ケ ①㋐植物を育てるために、種を散らして上に土をかけてうめる。「朝顔の種を—」㋑物事の原因を作る。「自分で—・いた種」②【蒔く】まき絵をする。漆器に金銀で絵もようをつける。「金で—・いた重箱」可能ま・ける(下一)

ま・く【◦撒く】(他五) カ(コ)・キ(イ)・ク・ク・ケ・ケ ①広い範囲にゆきわたるように投げ散らしたり配ったりする。「芝生に水を—」「ビラを—」②同行者、または後方から監視するようにつけてくる者に、自分の行動をわからなくする。「尾行を—」可能ま・ける(下一)

マグ〈mug〉→マグカップ

まく-あい【幕◦間】アヒ— 芝居で、一幕が終わって次の幕が開くまでの間。参考「まくま」は誤読。

まく-あき【幕開き】 ①芝居で、幕があいて演技が始まること。②物事の始まること。また、その時。まくあけ。(↔幕切れ)

まく-うち【幕内】 相撲で、力士の階級の一つ。番付の最上段に名をしるされる力士。前頭(まえがしら)以上。幕内力士。まくのうち。⇩三段目「参考」語源昔、将軍・大名などの上覧相撲のとき、上級の力士は幕の内側にいることが許されたことからいう。

マグ-カップ〈和製英語〉取っ手のついた円筒形の大型カップ。マグ。参考英語では「マグ(mug)」という。

まく-ぎれ【幕切れ】 ①芝居の一幕が終わったところ。また、その場面。②物事の終わり。「意外な—」(↔幕開き)

ま-ぐさ【△秣・馬草】 牛や馬の飼料にする草やわら。かいば。

まくし-あ・げる【△捲[く]し上げる】(他下一) ゲ・ゲ・ゲル・ゲル・ゲレ・ゲロ(ゲヨ) まくりあげる。「ズボンを—」文まくしあ・ぐ(下二)

まく-した【幕下】 相撲で、力士の階級の一つ。十両の下、三段目の上。⇩三段目「参考」

まくし-た・てる【△捲[く]し立てる】(他下一) テ・テ・テル・テル・テレ・テロ(テヨ) 続けざまに激しく言いたてる。「大声で—」文まくした・つ(下二)

マクシマム〈maximum〉→マキシマム

マクシム〈maxim〉→マキシム

まく-じょう【膜状】ジャウ— まくのような形状。

まく-じり【幕尻】 相撲番付で、幕内力士の最下位。

ま-ぐそ【馬△糞】 馬のくそ。ばふん。

ま-ぐち【間口】 ①土地・家屋などの正面の幅。表口。「—二間(にけん)」(↔奥行き)②知識・事業などの領域の広さ。

ま-くつ【魔窟】 ①悪魔のすんでいる所。魔界。②《俗》ならず者や私娼(ししょう)などが集まってすんでいる所。

マグナ-カルタ〈Magna Carta〉《世》一二一五年、イギリス王ジョンの失政に対して貴族・聖職者らが封建的特権を確認させた文書。王権の制限と人身の自由などを規定したもので、憲法の基礎とされる。大憲章。

マグニチュード〈magnitude〉《地質》地震の規模を表す単位。通常、震央から一〇〇キロメートルの地点で観測された地震波の最大振幅をマイクロメートル単位で測定し、その常用対数で表す。震度が観測地点での揺れの大きさを表すのに対し、地震そのものの大きさを表す。記号M

マクニン〈Macnin〉《医》海藻の「まくり」から作る回虫駆除薬。(商標名)

マグネシウム〈magnesium〉《化》金属元素の一つ。銀白色で軽く、白光を放って燃える。合金・花火などに用いる。元素記号Mg

マグネチック〈magnetic〉磁石の。磁気の。

マグネット〈magnet〉磁石。

まく-の-うち【幕の内】 ①→まくうち ②(「幕の内弁当」の略。芝居の幕間(まくあい)に食べたことから)俵形の握り飯にごまをかけたものと、おかずとを詰めあわせた弁当。

—べんとう【—弁当】ベンタウ →まくのうち②

ま-ぐは・し【目◦細し】ぐわし—(形シク)《古》見た目に美しい。

まく-ひき【幕引[き]】 ①芝居などで、幕を開閉する役目の人。②物事を終わりにすること。「騒動の—をはかる」

マグマ〈magma〉《地質》地殻の深い所にあって、高温高圧のもとで岩石などが溶融状態となった物質。岩漿(がんしょう)。

まく-や【幕屋】 幕をはりめぐらしてつくった小屋や楽屋。

まくら【枕】(字義)→ちん(枕)

まくら【枕】 ①寝るとき頭をのせてささえるもの。②長い物の下にすえるささえ。「—木」③前置きにする短い話。「落語の—」

—を交(か)わす 男女が共寝する。—を欹(そばだ)てる 寝たまま耳をすまして聞く。—を高(たか)くする 安心して眠る。—を並(なら)べる ①何人かが並んで寝る。②戦場で多数の者がそろって死ぬ。「枕を並べて討ち死にする」

—え【—絵】ヱ 情交のようすを描いた絵。春画。

—がたな【—刀】 まくらもとに置く護身用の刀。

—がみ【—上】 まくらもと。

—ぎ【—木】 鉄道のレールの下に横に敷く角柱。古くは木材、現在は多くコンクリート製。

—ぎょう【—経】ギャウ 死者のまくらもとで読みあげる経。

—ことば【—◦詞】 ①《文》和歌の修辞の一つ。一首の意味の展開とほぼ無関係に、特定の語句の上に固定的に付いて声調を整える語。多く五音からなる。「ちはやぶる」「ひさかたの」の類。冠辞。発語。②《転じて》前置きの言葉。

—さがし【—捜し・—探し】 旅客が眠っている間に金や物を盗むこと。また、その人。

—ぞうし【—草紙】ザウ— ①記録にとどめておきたいことを書きしるすために、手もとに置く綴(と)じた帳面。②春画の本。

—びょうぶ【—△屏風】ビヤウ— 和室で寝る人のまくら近くに風よけなどのために立てる丈の低い屏風(びょうぶ)。

—べ【—辺】 まくらもと。

—もと【—元・—◦許】 寝ている人のまくらのそば。まくらがみ。まくらべ。

まくら・する【枕する】(自サ変) シ(セ・サ)・シ・スル・スル・スレ・シロ(セヨ) 何かをまくらとして寝る。寝る。「石に―」文まくら・す(サ変)

まくらのそうし【枕草子】 マクラノサウシ 平安中期の随筆集。清少納言作。一〇〇〇(長保二)年以降の成立か。宮廷生活の見聞を中心とする長短約三〇〇段からなり、内容は、類聚(=物尽くし)・随想・日記の三系列に大別できる。

マクラメ〈フランス macramé〉太い糸を結び合わせていろいろな模様をつくる手芸。「―レース」

まくり【捲り】 ①まくること。「腕―」②びょうぶやふすまにはりつけてあった書画をはがしたもの。めくり。

まくり【海人草】 紅藻類フジマツモ科の暖海性の海藻。主軸は円柱状で、多くの枝に分かれ、剛毛のような小枝におおわれる。煎じたものを駆虫剤に用いる。かいにんそう。

まくり-あ・げる【捲り上げる・捲り揚げる】(他下一) ゲ・ゲ・ゲル・ゲル・ゲレ・ゲロ(ゲヨ) 垂れている物の下端を持って上に上げる。まくって上げる。「着物の裾を―」文まくりあ・ぐ(下二)

まく・る【捲る】(他五) ラ(ロ)・リ(ッ)・ル・ル・レ・レ ①覆っているものの端から巻いて上げる。「裾を―」「腕を―」②めくる。「本のページを―」③(動詞の連用形の下に付いて)その動作を激しく、またむやみにする意を表す。「しゃべり―」「書き―」自まく・れる(下一) 可能まく・れる(下一)

まぐれ【紛れ】 思いがけないよい結果。まぐれあたり。偶然。

―あたり【―当(た)り】 偶然に当たること。

―ざいわい【―幸い】 ザイハヒ 偶然の幸い。

まく・れる【捲れる】(自下一) レ・レ・レル・レル・レレ・レロ(レヨ) まくったようになる。めくれる。「裾が―」他まく・る(五) 文まく・る(下二)

マクロ〈macro〉①巨大。巨視的であること。↔ミクロ ②〖情報〗コンピューターで、一連の操作手順を記憶させ、必要なときに一括して実行させる機能。

―コスモス〈ドイツ Makrokosmos〉大宇宙。↔ミクロコスモス

まぐろ【鮪】〖動〗サバ科マグロ属の硬骨魚の総称。外洋を回遊する大形魚。体長は一～三メートル、紡錘形で背面は青黒色のものが多い。クロマグロ・メバチ・キハダなど。食用。冬

ま-ぐわ【馬鍬】 ―グハ〖農〗農具の一つ。牛馬に引かせて田畑をならすのに用いるくわ。うまぐわ。まんが。

まくわ-うり【真桑瓜・甜瓜】 マクハ―〖植〗ウリ科のつる性一年草。葉はてのひらに似た形に裂け互生。夏に黄色の花を開く。実は楕円形で食用。夏

まけ【負け・敗け】 ①負けること。敗北。「―が込む」↔勝ち ②→おまけ ③(名詞に付いて)それに値しないこと。また、圧倒されること。「名前―」「根―」

類語 敗北・敗退・大敗・惨敗・完敗・惜敗・連敗・全敗

まげ【髷】 髪をたばねて折りまげた部分。丸まげなど。わげ。

まけ-いくさ【負(け)戦・負(け)軍】 戦いに負けること。また、その戦い。↔勝ち戦

まけ-いぬ【負(け)犬】 ①けんかに負けて、しっぽを巻いて逃げていく犬。②勝負に負けてみじめに引きさがる人。「―根性」

まけ-いろ【負(け)色】 負けそうなようす。敗色。

まけ-おしみ【負(け)惜しみ】 ―ヲシミ 負けや失敗を認めず、強情をはったり言い訳をしたりすること。「―が強い」

まげき-ざいく【曲げ木細工】 木材をまげて、いす・楽器などを作ること。また、その製作物。

まけ-ぎらい【負け嫌い】 ―ギラヒ(名・形動ダ)→まけずぎらい

まけ-ぐみ【負(け)組】 競争社会で敗れた者。ある社会・分野で失敗した者。↔勝ち組

まけ-こ・す【負(け)越す】(自五) サ(ソ)・シ・ス・ス・セ・セ 負けの数が勝ちの数より多くなる。「惜しくも七勝八敗で―」↔勝ち越す

まけじ-だましい【負けじ魂】 ―ダマシヒ 人に負けまいとしてがんばる精神。

まけず-おとらず【負けず劣らず】(副) たがいに優劣のないさま。互角であるさま。「プロにも―の腕前」

まけず-ぎらい【負けず嫌い】 ―ギラヒ(名・形動ダ) 勝ち気で、負けることを極端にきらう性質。また、その人。まけぎらい。「―な性分」参考「ず」は否定の助動詞だが、この場合「まけぎらい」と同意。「怪しからず(=怪しい)」「ころばぬ先の(=ころぶ前の)杖」なども同様。

まげ-て【枉げて】(副) むりに。たって。しいて。「―頼む」

マケドニア〈Macedonia〉「北マケドニア」の旧称。

まけ-ばら【負(け)腹】 負けて腹を立てること。

まけ-ぼし【負(け)星】 相撲などで、負けた者の名の上に付ける黒い丸。また、勝負事での負け。黒星。↔勝ち星

まげ-もの【髷物】 ちょんまげを結っていた時代の風俗を題材にした小説・映画・芝居など。時代物。

まげ-もの【曲げ物】 ①ヒノキ・スギなどの薄い板をまげて作った容器。わげもの。「―の弁当箱」②〖俗〗質ぐさ。

ま・ける【負ける】 ケ・ケ・ケル・ケル・ケレ・ケロ(ケヨ) 一(自下一) ①相手より力が弱く対抗できなくなる。敗北する。「試合に―」↔勝つ ②劣る。ひけをとる。「他社の商品に―・けてはならない」↔勝つ ③抵抗する力を失い、されるままになる。「誘惑に―」↔克つ ④刃物や薬品の刺激で、皮膚がかぶれる。「かみそりに―」「漆に―」

二(他下一) ①値段を安くする。「二〇〇〇円に―」②景品として与える。「ノートを一冊―」③大目にみる。許す。「子供のしたことだから―・けてやろう」文ま・く(下二)

類語 敗れる・土がつく・一敗地にまみれる・黒星がつく

―が勝ち しいて争わず、相手に勝ちをゆずったほうがかえって自分にとってよい結果となる。

ま・げる【曲げる・枉げる】(他下一) ゲ・ゲ・ゲル・ゲル・ゲレ・ゲロ(ゲヨ) ①まっすぐのものをまがった状態にする。「針金を―」「首を―」②志などを改め変える。「初志を―」③道理・主義・事実などをゆがめる。こじつける。「事実を―」「法を―」④〖俗〗品物を質に入れる。自まが・る(五) 文ま・ぐ(下二) 語源 ④は、「七」を同音の「質」に当てて「七」の二画目が曲がっていることからいう。

まけん-き【負けん気】 負けまいとする気性。「―が強い」語源「負けぬ気(「ぬ」は打ち消しの助動詞)」の転。

まご【孫】 ①子の子。②間を一つへだてた間柄。「―弟子」

ま-ご【馬子】 昔、客や荷物を乗せた馬をひいて街道を行き来した職業の人。うまかた。「―歌」

―にも衣装 どんな人でも外面を整えればりっぱに見えることのたとえ。

ま-ごい【真鯉】 ―ゴヒ〖動〗黒色の鯉。

まご・う【紛う】 マガフ(自五) ○・○・ウ・ウ・○・○ →まがう

まご-うけ【孫請け】 下請け仕事を、さらに下請けすること。

まご-こ【孫子】 ①子と孫。②子孫。「―の代まで伝える」

ま-ごころ【真心】 うそのない真実の心。「―のこもった贈り物」「―が通じる」

類語 誠・誠意・誠実・誠心・赤心・赤誠・丹心・誠志・丹誠・至誠・忠誠・至情・真情・実意

まごたろう-むし【孫太郎虫】 マゴタラウ―〖動〗アミメカゲロウ類(脈翅類)の昆虫「へびとんぼ」の幼虫の俗称。川底にすむ。焼いて子供の疳の漢方薬とした。夏

まご-つ・く(自五) カ(コ)・キ(イ)・ク・ク・ケ・ケ どうすればよいのか迷って、まごまごする。うろたえる。「道に迷って―」

まご-でし【孫弟子】 弟子の弟子。又弟子。

まこと【誠・◦実・◦真】 ㊀(名) ①いつわりでないこと。真実。「うそから出たー」②うそいつわりのない心。誠意。真情。「ーを尽くす」③〘文〙和歌や俳諧(はいかい)の美的理念の一つ。作品に表れる作者の、いつわり飾らない情。㊁(副)ほんとうに。まっこと。

ーに (副)ほんとうに。実に。「ー残念に思う」

まこと-し【◦真し・◦実し】 (形シク)(古)①本当らしい。また、本物である。②正しい。正式だ。③まじめである。

まことしやか【◦真しやか・◦実しやか】 (形動ダ)(ダロ・ダッ・デ・ニ・ダ・ナ・ナラ・○) いかにも本当らしいさま。「ーなうそ」文(ナリ)

まご-の-て【孫の手】 背中の手の届かない所などをかくのに用いる道具。竹や木の柄(え)の先を、曲げた指の形に作ったもの。

まご-びき【孫引き】 (名・他スル)ある書物の引用文句を、その原典を調べないでそのまま引用すること。

まご-びさし【孫△廂】 寝殿造りで、母屋(おもや)のひさしに、さらに添えたひさし。またびさし。

まご-まご (副・自スル)どうしてよいかわからずうろたえるさま。まごつくさま。「ーしていると間に合わない」

まご-むすめ【孫娘】 孫にあたる女子。

ま-こも【真△菰】 〘植〙イネ科の多年草。水辺に自生。葉は細く互生、秋に淡緑色の穂を生じる。黒穂(くろぼ)菌の寄生した若い茎(菰角(こもづの))は食用。葉でむしろを編む。夏(まこもの花 秋)

まさ【柾】 まさ (字義)①まさ。まさめ。木材の木目(もくめ)がまっすぐ縦に通っているもの。また、その木材。②まさき。ニシキギ科の常緑低木。参考「柾」は国字。人名しょう・ただし・ゆく

まさ【△柾】 「柾目(まさめ)」の略。

マザー-コンプレックス 〈和製英語〉男性の、成人後も母親への甘えから脱することのできない心理状態。また、母親や母親に似た女性を慕う傾向。マザコン。⇒エディプスコンプレックス

まさおかしき〔正岡子規〕 マサヲカシキ (一八六七-一九〇二)俳人・歌人。別号獺祭(だっさい)書屋主人・竹の里人など。愛媛県生まれ。写生を重んじて、俳句・短歌の革新に努め、ホトトギス派の俳句、アララギ派の短歌の祖となった。俳論「俳諧(はいかい)大要」、歌論「歌よみに与ふる書」、随筆「病牀(びょうしょう)六尺」など。

まさか【×真逆】 ㊀(名)予期しない危急の事態におちいること。「ーの場合」㊁(副)よもや。いくらなんでも。「ーそんなことはあるまい」用法㊁はあとに打ち消し推量の語を伴う。

ーの時(とき) 危急の事態の時。万一の場合。「ーの備え」

まさかどき〔将門記〕 →しょうもんき

まさかり【△鉞】 伐採用の、大形のおの。

〔まさかり〕

まさ-き【△柾・正木】 〘植〙ニシキギ科の常緑低木。葉は楕円(だえん)形で厚く、光沢がある。六、七月ごろ緑白色の小花をつける。庭木・生け垣用。(まさきの実 秋)

ま-さきく【真◦幸く】 (副)(古)(「ま」は接頭語)しあわせに。平安に。無事に。

まさぐ・る【◦弄る】 (他五)(ラ(ロ)・リ(ッ)・ル・ル・レ・レ) 指先でもてあそぶ。手先であちこちをさぐる。「ポケットをー」可能まさぐ・れる(下一)

ま-さご【真◦砂】 細かい砂。「ーの数(=数がかぎりなく多いことのたとえ)」

マザコン 「マザーコンプレックス」の略。

まさ・し【正し】 (形シク)(古)①ただしい。②たしかだ。

まさしく【正しく】 (副)たしかに。まさに。「ー彼の声だ」

ま-さつ【摩擦】 ㊀(名・自他スル)①すれあうこと。こすりあわせること。②〘物〙接触している二物体が相対的に運動しようとするとき、または運動しているとき、その接触面で運動を妨げるような方向に力がはたらく現象。また、その力。「ー係数」㊁(名)たがいに折り合いの悪いこと。不和。あつれき。「感情的なー」

ーおん【ー音】 唇や口の中の息の通路をせばめることによって、息がそのすきまでこすれて出る音。s・zなど。

ーでんき【ー電気】 〘物〙異なる物質どうしの摩擦によって生じる電気。

まさ-な・し【正無し】 (形ク)(古)①よくない。正しくない。不都合である。②予想外である。③みっともない。

まさ-に【正に・◦将に・◦当に・◦方に】 (副)①[正]たしかに。まちがいなく。まさしく。「ーそのとおり」②[正・当](漢文の訓読「まさ(当)に…べし」から)当然であるさま。「彼こそー賞されるべきだ」③[正・将・方](漢文の訓読「まさ(将)に…んとす」から)ちょうど。今。「ー出かけようとしたとき」

まざ-まざ (副)ありあり。はっきり。「ー(と)思い出す」

まさむねはくちょう〔正宗白鳥〕 マサムネハクテウ (一八七九-一九六二)小説家・劇作家・評論家。岡山県生まれ。自然主義文学の代表作家の一人。小説「何処(どこ)へ」「微光」「入江のほとり」など。

まさ-め【△柾目・正目】 木の中心を通るよう材を切り出した表面にできる平行な木目(もくめ)。まさ。「ーの板」↔板目(いため)

ーがみ【ー紙】 ①ヒノキ・スギなどを薄く紙のように削ったもの。②すき目の正しい、厚くて白い、奉書紙ふうの紙。

まさ-ゆめ【正夢】 見たことが現実になる夢。↔逆夢(さかゆめ)

まさ・る【勝る・◦優る】 (自五)(ラ(ロ)・リ(ッ)・ル・ル・レ・レ) 他とくらべて上等である。程度が上である。すぐれる。「ーとも劣らない(=同等以上である)」「聞きしにー(=評判で聞いた以上の)才能」↔劣る

まさ・る【増さる】 (自五)(ラ(ロ)・リ(ッ)・ル・ル・レ・レ) ふえる。加わる。「水かさがー」「恋しさがー」

まざ・る【交ざる】 (自五)(ラ(ロ)・リ(ッ)・ル・ル・レ・レ) 質のちがうものどうしがいっしょになって存在する。「漢字と仮名がー」他ま・ぜる(下一)

まざ・る【混ざる・◦雑ざる】 (自五)(ラ(ロ)・リ(ッ)・ル・ル・レ・レ) ある種のものの中にちがう種類のものが入っていっしょになる。「酒に水がー」他ま・ぜる(下一)

まし【増し】 ㊀(名)ますこと。ふえること。「三割ーになる」㊁(形動ダ)(ダロ・ダッ・デ・ニ・ダ・ナ・ナラ・○) 十分に満足ではないが、どちらかといえばその方がよいと感じられるさま。「ないよりーだ」文(ナリ)

ま-し【麻糸】 麻(あさ)の繊維からとった糸。あさいと。

ま-し【麻紙】 麻(あさ)の繊維で作った上質の紙。

まし (助動-特殊型)(マセ(マシカ)・○・マシ・マシ・マシカ・○)(古)①事実に反することを仮定し、その仮定のもとに推量する意を表す。もし…だったら、…だろうに。「あらかじめ君来まさむと知ら**ませ**ば門(かど)に宿(やど)にも珠(たま)敷かーを」〈万葉〉②現実でないことを仮定し、それを希望する意を表す。…だったらよかっただろうに。「この木なから**ましか**ばとおぼえしか」〈徒然草〉③疑問の意を表す語とともに用いられ、迷い・ためらいの意を表す。…したものだろうか。「しやせー、せずやあらー(=したものだろうか、しないでおいたものだろうか)と思ふ事は」〈徒然草〉④推量・意志・適当などの意を表す。…だろう。…たらよい。「行き暮れて木の下陰を宿とせば花や今宵(こよひ)のあるじならー」〈平家〉用法活用語の未然形に付く。已然形の「ましか」は、「こそ」の結びとして使われることが多い。

まじ (名・形動ダ)(俗)(「まじめ」の略)本当・本気であること。また、そのさま。「ーでがんばる」「その話、ーか」

まじ (助動-形シク型)(マジカラ・マジク(マジカリ)・マジ・マジキ(マジカル)・マジケレ・○)(古)①打ち消しの推量の意を表す。…まい。…ないだろう。「かぐや姫は重き病をし給へば、え出でおはしますー」〈竹取〉②打ち消しの意志の意を表す。決して…まい。…つもりはない。「殊更に今宵(こよひ)過ぐすー」〈源氏〉③打ち消しの当然・適当の意を表す。…はずがない。

…べきでない。「さる人あるまじければ」〈徒然草〉④禁止の意を表す。…てはならない。…するな。「御文にも、おろかに(=おろそかに)もてなし給ふー」〈源氏〉⑤不可能の意を表す。…できない。…できそうもない。「たはやすく人寄り来まじき家をつくりて」〈竹取〉用法 ラ変を除く動詞型活用の語には終止形に付き、ラ変動詞・形容詞・形容動詞型活用の語には連体形に付く。

マシーン〈machine〉→マシン

まじ・える【交える】マジヘル (他下一) エ・エ・エル・エル・エレ・エロ(エヨ) ①入れてあわせる。加えていっしょにする。「先生もー・えて話し合う」②交差させる。「ひざをー(=親しくうちとける)」③相互に攻めたり、攻められたりする。「砲火をー」「干戈をー(=交戦する)」④とりかわす。「言葉をー」自まじわ・る(五) 文まじ・ふ(下二)

ま-しかく【真四角】(名・形動ダ) 正方形であること。

ま-じきり【間仕切〔り〕】部屋と部屋とのあいだのしきり。

マジシャン〈magician〉手品師。奇術師。

ま-した【真下】まっすぐ下にあたる所。ちょうど下。↕真上

マジック〈magic〉①手品。奇術。魔術。②「マジックインキ」の略。③「マジックナンバー」の略。「ーが点灯する」

ーインキ〈和製英語〉何にでも書けてすぐ乾く油性のインクを詰め、フェルトをペン先とした筆記用具。マジック。(商標名) 参考 英語では、一般にこの類のペンは felt(-tipped)pen といい、(Magic) Marker(商標名)ともいう。

ーテープ〈和製英語〉面ファスナーの商標名の一つ。⇩面ファスナー

ーナンバー〈magic number〉プロ野球のペナントレースで、あとその数だけ勝てば他チームの勝敗に関係なく優勝できるという数。マジック。

ーハンド〈和製英語〉→マニピュレーター

ーミラー〈和製英語〉暗い側から明るい側は透視できるが、明るい側からは見えずに鏡になるガラス。板ガラスに薄い金属の膜を塗ったもの。ハーフミラー。マジックガラス。

まし-て【◇況して】(副) なおさら。いわんや。言うまでもなく。「大人でもできないのに、ー子供には無理だ」

まじない【◇呪い】マジナヒ まじなうこと。また、その術や言葉。

まじな・う【◇呪う】マジナフ (他五) ワ(オ)・イ(ッ)・ウ・ウ・エ・エ 神仏などの霊力によって、わざわいや病気を取り除いたり、他に及ぼしたりするように祈る。可能まじな・える(下一)

まじ-まじ(副) じっと見つめるさま。「ー(と)人の顔を見る」

まし-ま・す【△坐します】(自四)《古》「あり」「居る」の尊敬語。いらっしゃる。おいでになる。「天にー我らの神よ」

マシマロ〈marshmallow〉→マシュマロ

ま-しみず【真清水】シミヅ (「ま」は美称の接頭語) 美しく澄んだわき水。夏

まし-みず【増し水】ミヅ ①水かさが増すこと。また、増した水。増水。②水量を多くするために足す水。

まじめ【真面目】(名・形動ダ) ①真剣であるさま。「ーな話」「ーに言う」②誠意をこめて物事を行うさま。誠実なさま。「ーに仕事をする」「ーな人」参考 常用漢字表付表の語。

ーくさ・る(自五) ラ(ロ)・リ(ッ)・ル・ル・レ・レ いかにもまじめな態度をとる。「ー・った顔で冗談を言う」

ま-しゃく【間尺】①家屋・建具の寸法で、間と尺。②割合。計算。

ーに合わない 割りがあわない。損になる。

ま-しゅ【魔手】人に害悪を与えるてだて。「ーにかかる」

ま-じゅつ【魔術】①人の心を迷わす術。ふしぎな術。「ーにかける」②手品の大がかりなもの。「ーショー」

マシュマロ〈marshmallow〉ゼラチン・砂糖・卵白などで作ったやわらかい洋菓子。マシマロ。語源 もと、marsh mallow(=ウスベニタチアオイ)の根の粘液を原料として作ったことから。

ま-じょ【魔女】ヂョ ①(西洋の伝説にあらわれる)魔力をもつ女。女のまほうつかい。②悪魔のように性悪な女。

ーがり【ー狩り】①中世末期から一七世紀ごろのヨーロッパで、国家や教会が異端者を魔女であるとみなして裁判にかけ、処刑したこと。②(比喩的に)ある集団や社会で、権力者や多数派が、思想などを異にする人物に制裁を加えたり追放したりすること。

ま-しょう【魔性】シヤウ 悪魔かと思われるように、人をたぶらかす性質。「ーのもの」

ま-しょう【魔障】シヤウ《仏》仏道修行をさまたげるもの。

ま-しょうめん【真正面】シヤウメン まむかい。まっしょうめん。

マジョリカ〈majolica〉イタリアで一五―一六世紀に発達したはなやかな彩りの陶器。マヨリカ。

マジョリティー〈majority〉大多数。過半数。多数派。↕マイノリティー

ましら【◇猿】「さる」の古称。

まじらい【交じらい】マジラヒ つきあい。交際。

まじり-け【交じり気・混じり気・◇雑じり気】ほかのものがまじっていること。まざりけ。「ーのない水」

まじり-もの【交じり物・混じり物・◇雑じり物】主となるものの中に混入しているもの。まざりもの。

まじ・る【交じる】(自五) ラ(ロ)・リ(ッ)・ル・ル・レ・レ 質の異なるものが入り込んでいっしょに存在する。「男性の中に女性が一人ー」他ま・ぜる(下一) 可能まじ・れる(下一) ⇩「使い分け」

まじ・る【混じる・◇雑じる】(自五) ラ(ロ)・リ(ッ)・ル・ル・レ・レ 別のものが入り込んでいっしょになる。「異物がー」他ま・ぜる(下一) 可能まじ・れる(下一) ⇩「使い分け」

> 使い分け「交じる・混じる」
> 「**交じる**」は、異なるものが入り込んでいる意で、「子供に交じって遊ぶ」「漢字仮名交じり文」などと使われる。
> 「**混じる**」は、もともと別のものがいっしょになる意で、「酢に油が混じる」「セメントに砂が混じる」「外国人の血が混じる」などと使われる。なお、「交」がとけあわないまじり方であるのに対し、「混」はとけあうまじり方といえる。

ま-じろ・ぐ【◇瞬ぐ】(自五) ガ(ゴ)・ギ(イ)・グ・グ・ゲ・ゲ まばたきをする。

まじわり【交わり】マジハリ ①つきあい。交際。②性交。

まじわ・る【交わる】マジハル (自五) ラ(ロ)・リ(ッ)・ル・ル・レ・レ ①区別できなくなるように入りみだれる。「理非がー」②別々に進んで行った二つ以上のものが一か所で出あう。交差する。「二直線のー点」③つきあう。交際する。「友とー」「朱にー・れば赤くなる」④性交する。他まじ・える(下一) 可能まじわ・れる(下一)

ま-しん【麻△疹】→はしか

マシン〈machine〉①機械。「ピッチングー」②レース用の自動車・オートバイ。参考「マシーン」ともいう。

ーガン〈machine gun〉機関銃。

ま-じん【魔神】災いを起こすという神。魔の神。ましん。

ます【升・△枡】①液体や穀物の量をはかる器。「一升ー」②「ます目」の略。③「ます席」の略。

ます【△鱒】《動》①サクラマスの別称。体は紡錘形で縦に平たく、背は濃いあい色で、褐色の小点が散在し、腹は銀白色。夏に川をさかのぼって産卵する。食用。春 ②サケ科の魚でカラフトマスなど「マス」と名の付くものの俗称。

マス〈mass〉①集まり。集団。「ーゲーム」②大量。多数。

「ーコミュニケーション」③大衆。

ま・す【◦座す・△坐す】(古)一(自四)「あり」「居る」「行く」「来く」の尊敬語。いらっしゃる。おいでになる。「王は千歳とせにーさむ」〈万葉〉二(補動四)動詞の連用形に付いて、尊敬を表す。お…になる。…ていらっしゃる。「出いでー」

ま・す【増す・◦益す】サ(ソ)・シ・ス・ス・セ・セ 一(自五)数・量・程度などが多くなる。ふえる。「水かさがー」「食欲がー」↔減る 二(他五)数・量・程度などを多くする。ふやす。「単価をー」「生産高をー」「人数をー」↔減らす 可能ま・せる(下一)

ます(助動-特殊型)マセ(マシヨ)・マシ・マス・マス・マスレ・マシ(マセ) 丁寧の意を表す。「それでは困りー」「会ってくださいませんか」用法 動詞および動詞型活用の助動詞の連用形に付く。
変遷 動詞「参らす」に由来し、「まゐらする」→「まらする」→「まるする」→「まっする」→「まする」→「ます」と変化した。命令形は、現在の共通語では「ませ」の形が優勢になっている。

まず【◦先ず】マヅ(副)①順序として先に。最初に。「学生はー勉強が大事だ」②とりあえず。とにかく。「ー話を聞こう」③たぶん。おそらく。「この分ならー失敗はあるまい」

ま-すい【麻酔・麻睡】(医)手術などの医療処置を無痛の状態で行うために、主として薬剤により一時的に体の一部や全身の知覚を失わせる方法。「ー薬」「ーをかける」

まず・い【×不味い】マヅイ(形)カロ・カツ(ク)・イ・イ・ケレ・◯ ①味が悪い。「ー料理」↔おいしい・うまい ②へたである。つたない。「できのー作品」↔うまい ③具合が悪い。「時期がー」「ーことになった」↔うまい ④容貌ようぼうがみにくい。「ー顔」文まづ・し(ク) 参考 ②は「◦拙い」とも書く。

ます-おとし【升落〔と〕し・△枡落〔と〕し】ますをふせて棒で支え、下にえさをおき、棒にふれたネズミを捕らえるしかけ。

ますかがみ【増鏡】南北朝時代の歴史物語。作者は二条良基よしもと説が有力。一三七四(応安七)年ごろ成立。後鳥羽ごとば天皇の誕生から後醍醐ごだいご天皇の京都還幸まで一五代約一五〇年間を、朝廷側の立場から編年体で叙述。四鏡の第四。

ます-がた【升形・△枡形】①ますのような四角い形。②城門の中の四角に作った土地。ここで敵の勢いを鈍らせる。③柱などの上の四角の木。

マスカット〈muscat〉(植)ブドウの一品種。ヨーロッパ原産。実はうす緑色の大粒で、香りがよく甘い。秋

マスカラ〈mascara〉まつげを長く見せるために塗る化粧品。

マスク〈mask〉①面。仮面。②(保)病原体やほこりを防ぐために、鼻・口をおおうもの。「防塵ぼうじんー」冬 ③野球の捕手・球審やフェンシングの選手などが顔面を保護するためにつける面。④防毒用の用具。ガスマスク。⑤顔。顔だち。「ーがいい」参考 ⑤は英語では looks という。

ます-ぐみ【升組〔み〕・△枡組〔み〕】(障子・欄間の骨などを)方形に組むこと。また、その物。

マスクメロン〈muskmelon〉(植)(「マスク」は麝香じゃこうの意)メロンの一品種。実は球形で網目の模様があり、果肉は甘く芳香がある。夏

マス-ゲーム〈和製英語〉集団で行う体操・遊戯。

マスコット〈mascot〉①幸運をもたらすものとして、身近に置いて愛玩あいがんする人形や小動物など。②団体やイベントなどのシンボルとするキャラクター。マスコットキャラクター。

マス-コミ「マスコミュニケーション」の略。また、その媒体であるマスメディア。「ーをにぎわす」

マス-コミュニケーション〈mass communication〉新聞・雑誌・ラジオ・テレビなどを通じて、大量の情報を広く大衆に伝達すること。大衆伝達。大量伝達。マスコミ。

ます-ざけ【升酒・△枡酒】升に注いだ酒。また、升で量って売る酒。

まずし・い【貧しい】マヅシイ(形)カロ・カツ(ク)・イ・イ・ケレ・◯ ①生活を続けるのに十分な金がない。貧乏である。「ー家」「国がーかった時代」②質量ともに十分でない。貧弱である。とぼしい。「内容がー」「考えがー」文まづ・し(シク)

ます-せき【升席・△枡席】芝居小屋・相撲興行場などで、四角にしきった見物席。ます。

マスター〈master〉一(名)①かしら。長。②(バー・喫茶店などの)男主人。③学位の一つ。修士。また、その学位を受けた人。④複製のもとになるもの。「ーテープ」二(名・他スル)熟達すること。習得すること。「英語をーする」参考 一②は英語では manager または owner という。

ーキー〈master key〉(ホテルやアパートなどの)どの錠も開けることのできる合いかぎ。親かぎ。

ーコース〈master course〉大学院の修士課程。

ープラン〈master plan〉基本となる計画。基本設計。

マスターズ〈Masters〉①アメリカ南部のオーガスタで毎年四月に行われるゴルフの世界的競技会。②中高年のための国際スポーツ大会。原則として三〇歳以上の参加者が年齢別に競技する。③中高年のための競技会の総称。

マスタード〈mustard〉西洋からし菜。また、その種子からつくった調理用からし。洋がらし。

マスターベーション〈masturbation〉手淫しゅいん。自慰。オナニー。

マス-プロ「マスプロダクション」の略。

マス-プロダクション〈mass production〉大量生産。マスプロ。

マスト〈mast〉船の帆柱。

マスト〈must〉必須であること。「ーアイテム」

ます-ます【◦益・◦益◦益】(副)いよいよ。いっそう。「商売ー繁盛」「ーご健勝のことと存じます」

まず-まず【◦先ず◦先ず】マヅマヅ(副)①(まず第一にの気持ちで)何はさておき。ともかく。「ーお掛けください」②(この程度なら一応満足できるという気持ちで)まあまあ。「結果はーだ」参考 ①は、「まず」を強めた言い方。

ます-め【升目・△枡目】①ますではかった量。「正しいー」②ます形に区切られたわく。「原稿用紙のー」

マス-メディア〈mass media〉マスコミュニケーションの媒体。新聞・雑誌・ラジオ・テレビなど。

まず-もって【◦先ず◦以て】マヅ(副)まず第一に。なにをおいても。「ー謝罪すべきだ」「ーありがたい話だ」

ますら-お【◦益◦荒◦男・×丈夫】ヲ たけだけしく勇ましい男子。ますらたけお。↔手弱女たおやめ

ーぶり【ー振〔り〕】(文)賀茂真淵かものまぶちが「万葉集」、特に柿本人麻呂かきのもとのひとまろの歌を規範とした近世和歌の理念の一つ。真情を率直に表現する男性的な歌風。↔手弱女振たおやめぶり

ま・する【摩する】(他サ変)シ(セ)・シ・サ・スル・スル・スレ・セヨ ①こする。みがく。とぐ。②近づく。せまる。「天をー(=天に達する)」文ま・す(サ変)

まする(助動)助動詞「ます」の終止形・連体形の古い形。「考えーに」

まず・る【×不味る】マヅル(自他五)ラ(ロ)・リ(ッ)・ル・ル・レ・レ (俗)失敗する。やり損なう。へまをする。語源 形容詞「まずい」を動詞化した語。

マズルカ〈ポーランド mazurka〉(音)四分の三または八分の三拍子の、快活なポーランドの舞曲。また、その舞踊。

ませ【△籬】①竹・柴しばなどでつくった、低くて目のあらい垣根。ませがき。②劇場のます席のしきり。

まぜ-あわ・せる【混ぜ合〔わ〕せる・交ぜ合〔わ〕せる】（他下一）別々の物をまぜていっしょにする。「卵と牛乳を、よく―」

ませい-せっき【磨製石器】《世・日》石や砂で研磨してつくった石器。日本では縄文・弥生時代に用いられた。⇩打製石器

まぜ-おり【交ぜ織〔り〕】 異なった質の糸をまぜて織ること。また、その織物。交織。

まぜ-かえ・す【交ぜ返す・混ぜ返す・◇雑ぜ返す】（他五）①あげあしをとったり冗談を言ったりして人の話を混乱させる。「横から話を―」②何度もかきまぜる。参考「まぜっかえす」ともいう。

ませ-がき【△籬垣】 →ませ①

まぜ-がき【交ぜ書き・混ぜ書き】 漢字と仮名とを交ぜて熟語を書くこと。「飢きん」「ひょう変」などの書き方。

まぜ-こぜ（名・形動ダ）いろいろなものがまじっているさま。

まぜ-ごはん【混ぜ御飯】 たきあげたごはんに、味つけした肉・野菜などをまぜあわせたもの。まぜめし。

まぜ-もの【混ぜ物・◇雑ぜ物】 量や品質をごまかすためにもとの材料にまぜ加えるもの。「―なしの酒」

ま・せる【×老成る】（自下一）年のわりにおとなびる。「―・せた子」文ま・す（下二）

ま・ぜる【交ぜる】（他下一）異なるものを入れる。「絹糸を―」自まざ・る（五）まじ・る（五）文ま・ず（下二）

ま・ぜる【混ぜる・◇雑ぜる】（他下一）（異質のものを）いっしょにする。合わせる。ひとつにする。「砂にセメントを―」自まざ・る（五）まじ・る（五）文ま・ず（下二）

マゼンタ〈magenta〉明るい赤紫色。印刷インクなどの三原色の一つ。

マゾ「マゾヒスト」「マゾヒズム」などの略。

マゾヒスティック〈masochistic〉（形動ダ）マゾヒズムの傾向をもつさま。被虐的。↔サディスティック

マゾヒスト〈ドイ Masochist〉マゾヒズムの傾向をもつ人。マゾ。↔サディスト

マゾヒズム〈masochism〉相手から虐待・苦痛をうけることで、性的快感を得る性欲。被虐性性欲。マゾ。↔サディズム 語源 オーストリアの作家マゾッホの名に由来する。

また【又】（字義）→ゆう（又）

また【又・◇復・△亦】 一（副）①同じことがさらにくり返される意を表す。もう一度。再び。さらに。「―失敗した」②その状態が他と同じである意を表す。同じく。同様に。「これ―名言である」③驚きや不審の念を表す。「それは―とんでもないことをしてくれた」二（接）①その上に。「学者であり、―政治家でもある」②あるいは。または。「バスでも、―電車でも行ける」

―とない 二つとない。二度ない。「―チャンス」

また【俣】（字義）また。分かれている所。参考「俣」は国字。

また【△叉】 一つのものの先が二つ以上に分かれているところ。また、その形のもの。「木の―」「三つ―」参考「股」とも書く。

また【股】 ①両ももの間。またぐら。②→また（叉）

―に掛ける 各地を歩き回る。広くとび回る。「世界を―」

まだ【◇未だ】《中心義―その時点で、事態が実現していない》一（副）①一定の状態・段階・程度に達していない意を表す。「―来ない」「―間に合う」「―歩ける」②前と同じ状態が続いている意を表す。いまになっても、なお。いまだに。「―咲いている」③いくらもたっていないさま。たった。「夏休みになって、―一週間にもならない」④同じような事物がほかにもあるさま。残っているさま。「―何かあるはずだ」「金は―ある」⑤十分でないが、どちらかといえば。「―このほうがましだ」二（名・形動ダ）その時機になっていないこと。そのことが実現していないさま。「桜は―だ」「食事が―の人」

マター〈matter〉問題になっている事柄。多く、部署や役職名などに付けて、それらが担当する案件であることを表す。「営業部―」

ま-だい【真△鯛】《動》タイ科の海産硬骨魚。近海にすむ。桜色で、側面に青色の斑点がある。「めでたい」に音が通じるので祝い事に用いる。食用。

ま-だい【間代】 部屋を借りる料金。部屋代。「―を払う」

また-いとこ【又×従兄弟・又×従姉妹】 双方の親がいとこである子供どうしの関係。また、その人。ふたいとこ。はとこ。

また-がし【又貸〔し〕】（名・他スル）借りたものをさらに他へ貸すこと。「借りた本を―する」↔又借り

マダガスカル〈Madagascar〉アフリカ大陸の南東、インド洋上にある共和国。首都はアンタナナリボ。

また-がみ【股上】《服》ズボンなどで、またの分かれめから上の部分。また、その長さ。「―が浅いジーンズ」↔股下

また-がり【又借り】（名・他スル）人が借りたものをさらに借りること。↔又貸し

また-が・る【△跨〔が〕る・股がる】（自五）①またを広げて尻を置く姿勢で乗る。「馬に―」②一つの物事が空間的・時間的に、一方から他方に至る。渡る。「両国に―問題」他また・ぐ（五）可能またが・れる（下一）

またぎ《方》（東北地方などで）山間に居住し、狩猟を生業にしてきた人々。まとぎ。山立。

また-ぎ【△叉木・股木】 ふたまたに分かれている木。

まだき【△夙・◇未だき】（副）《古》その時期に達していないのに。早くも。もう。「朝―」

また-ぎき【又聞き】（名・他スル）話を聞いた人から、さらに聞くこと。人づてに聞くこと。「―なので確かではない」

また・ぐ【△跨ぐ】（他五）①またを広げて物の上を越える。また、その状態で立つ。「敷居を―（＝家の中へはいる）」「溝を―・いで立つ」②橋などが物の上を越えて、一方から他方に至る。「海峡を―橋」自またが・る（五）可能また・げる（下一）

ま-だけ【真竹・◇苦竹】《植》イネ科に属する竹の一種。幹は細工物・建築材などの用途がある。たけのこは食用。にがたけ。くれたけ。からたけ。

また-ぐら【股◇座】 両ももの間。また。

また-げらい【又家来】 家来の家来。陪臣。

ま-だこ【真△蛸・真×章魚】《動》マダコ科のタコ。浅い海の岩間にすむ最もふつうのタコで、胴に比べて腕が長い。体色は暗褐色だが、周囲の色によって変化する。食用。

また・し【◇全し】（形ク）《古》①完全だ。②無事である。

まだ・し【◇未だし】（形シク）《古》①不十分だ。②まだその時期にならない。

また-した【股下】《服》ズボンなどで、またの分かれめから裾までの部分。また、その長さ。↔股上

また-しても【又しても】（副）またまた。かさねてまた。「―出遅れる」

まだ-しも【◇未だしも】（副）まだいくらかはましであるさま。まだそれでも。「このほうが―よい」「一度なら―、二度目とは」

また-ぞろ【又◇候】（副）またしても。「―その話か」

また-たき【瞬き】（名・自スル）またたくこと。まばたき。

また-た・く【瞬く】（自五）（「目ま叩たたく」の意）①目をぱちぱちさせる。まばたく。②光がちらちらする。「星が―」

—ま【—間】 ほんの少しのあいだ。あっという間。「—に消え去る」

また-だのみ【又頼み】 間に人をたてて頼むこと。また、その頼み。間接の頼み。

また-たび【股旅】 江戸時代、ばくち打ちなどが諸国を旅して歩いたこと。

—もの【—物】「股旅」に義理人情をからませた読み物・映画・浪曲など。

またたび【×木天蓼】〘植〙マタタビ科の落葉性つる植物。山地に自生。葉は卵形で互生。夏に白色の花を開き、ウメに似て芳香がある。果実は薬用。猫類の好物。秋（またたびの花 夏）

また-と【又と】（副）（打ち消しの語を伴って）二つと。二度と。これ以外に。「—ない喜び」

マタドール〈スペイン matador〉闘牛で、槍や銛を打ち込まれた牛に、剣でとどめを刺す主役の闘牛士。

また-どなり【又隣】 一軒おいたとなり。となりのとなり。

また-な・し【又無し】（形ク）〘古〙二つとない。この上ない。

マタニティー〈maternity〉①妊産婦であること。「—ハラスメント」②「マタニティードレス」の略。

—ドレス〈maternity dress〉妊産婦用の、腹部をゆったりと仕立てた洋服。妊婦服。マタニティーウエア。

—ブルー〈maternity blues〉妊娠中や出産直後の女性にみられる、鬱や情緒不安定の状態。

また-の-な【又の名】（本名の）ほかの名。別名。

また-の-ひ【又の日】 ①別の日。後日。②〘古〙翌日。

また-は【又は】（接）二つのうちどちらかが選択される意を表す。それでなければ。あるいは。「父—母が出席します」

また-ひばち【股火鉢】 火鉢にまたがるようにしてあたること。行儀が悪いとされる。

また-また【又又】（副）（「また」を強めていう語）またしても。「—記録を更新する」

まだ-まだ【◇未だ◇未だ】（副）「まだ」を強めていう語。「—名人の域には達しない」

マダム〈フランス madame〉①夫人。奥様。貴婦人。「有閑—」②（料理屋・酒場などの）女主人。おかみ。ママ。

また-も（や）【又も（や）】（副）またまた。またしても。「—同じ失敗を繰り返した」

まだら【◇斑】（名・形動ダ）濃淡または違う色がいりまじっていること。また、そのさま。「山には雪が—に残っている」⇩ぶち

ま-だる・い【間◇怠い】（形）じれったい。もどかしい。まだるっこい。「—話」文まだる・し（ク）

まだる-っこ・い【間◇怠っこい】（形）のろくさくて、もどかしい。まだるい。「説明が—」参考「まだるっこしい」「まどろっこしい」などともいう。

ま-だれ【麻垂〔れ〕】 漢字の部首名の一つ。「庁」「庭」などの「广」の部分。

まち【町】 ①人家が多く集まり、にぎやかな所。「—に住む」②地方公共団体の一つ。村よりも大きく、町制を敷くもの。町。③市や区を分けた一小区画。町。④商店の立ち並ぶにぎやかな通り。「—に出る」参考①、④は「街」とも書く。

まち【△襠】 ①衣服や袋物で、布の幅や厚みの足りない部分に、別に補って添える布。②鞄などの厚みをなす部分。

まち-あい【待合〔い〕】 ①待ち合わせること。また、その所。②茶室に付属した、客が席入りする前に待ち合わせる所。③（「待合茶屋」の略）客が芸者などを呼んで遊ぶ茶屋。

—しつ【—室】 駅・病院などで、時間や順番を待つ部屋。

まち-あか・す【待ち明〔か〕す】（他五） 来るのを待ちながら夜を明かす。長く待ち続ける。「朝方まで—」

まち-あぐ・む【待ち△倦む】（他五） うんざりするほど長い間待つ。待ちわびる。まちあぐねる。「返事を—」

まち-あわ・せる【待ち合〔わ〕せる・待合せる】（他下一） あらかじめ場所と時刻を打ち合わせて、たがいにそこで会うようにする。「駅で—」文まちあは・す（下二）

まち-いしゃ【町医者】 ①個人で開業している医者。開業医。②江戸時代、市中で開業していた医者。↔御殿医

まち-う・ける【待〔ち〕受ける】（他下一） 用意をして、来るのを待つ。「敵を—」文まちう・く（下二）

マチエール〈フランス matière〉①（美術で）材料。材質。②油絵などの画面のはだあいや材質感。

まち-おこし【町起〔こ〕し・町興し】 町などの地域を活性化させること。また、そのための取り組み。

ま-ぢか【間近】（名・形動ダ） 距離的・時間的にすぐ近いこと。また、そのさま。「—にせまる山々」「完成—の競技場」↔間遠

ま-ちがい【間違い】 ①まちがうこと。誤り。「計算—」②失敗。しくじり。「信用したのが—だった」③事故や事件。「—がなければよいが」④あってはならない不道徳な行為。

ま-ぢか・い【間近い】（形） 距離や時間のへだたりが少ない。すぐ近い。「結婚式も—」↔間遠い 文まぢか・し（ク）

ま-ちが・う【間違う】 一（自五）正しいものとは異なった結果や状態になる。誤る。「答えが—・っている」他まちがえる（下一） 二（他五）しそこなう。まちがえる。「計算を—」「判断を—」

ま-ちが・える【間違える】（他下一） ①しそこなう。誤りをする。「計算を—」②とりちがえる。「弟と—・えられる」自まちが・う（五）文まちが・ふ（下二）

まち-かた【町方】 江戸時代、村などから町をさしていう語。また、町や町人に関することをいう語。↔地方

まち-かど【街角・町角】 ①街路のまがり角。②街頭。

まち-か・ねる【待〔ち〕兼ねる】（他下一） 来るのがおそくて待ちきれなくなる。今か今かと待つ。「—・ねて先に行く」「医者の到着を—」文まちか・ぬ（下二）

まち-かま・える【待〔ち〕構える】（他下一） 準備して待つ。期待して待つ。「出口で—」「機会がくるのを—」文まちかま・ふ（下二）

まち-ぎ【町着・街着】 町に出かけるときに着る服。外出着。

まち-くたび・れる【待〔ち〕×草臥れる】（自下一） 長い間待っていて疲れる。「—・れて寝てしまう」文まちくたび・る（下二）

まち-くら・す【待ち暮〔ら〕す】（他五） 一日中待ち続ける。また、長い間待ち続ける。「吉報を—」

まち-こうば【町工場】 町なかにある、規模の小さな工場。

まち-ごえ【待〔ち〕肥】 種まき・移植の前に施しておく肥料。

まち-こが・れる【待ち焦〔が〕れる・待焦れる】（他下一） 早く早くと思いこがれて待つ。しきりに待ち望む。「彼女からの手紙を—」文まちこが・る（下二）

まち-じょろう【待〔ち〕女郎】 婚礼のときに戸口で花嫁を待ち受け、付き添って世話をする女性。

まち-すじ【町筋】 町の道筋。町の通り。「—をねり歩く」

まち-どうじょう【町道場】 民間の、武芸を教える所。市中の道場。「剣道の—」

まち-どお【待ち遠】（形動ダ） 待ち遠しいさま。「お—さま」文（ナリ）

まち-どおし・い【待〔ち〕遠しい】（形）

待つ間が長く感じられ、早く来てほしいと思うさま。「夏休みが—」文まちどほ・し(シク)

まち-どしより【町年寄】 江戸時代、江戸・京都・大坂・長崎などで、各町政を担当した町役人。

まち-なか【町中】 町の中。町の家や商店のあるにぎやかな所。

まち-なみ【町並(み)】 町の、家や商店の立ちならんでいるようす。また、その家々。「昔の—が残る」

まち-に-まった【待ちに待った】 (期待して)ずいぶん長く待った。「—修学旅行」

マチネー 〈フランス matinée〉演劇・音楽会などの昼間の興行。マチネ。↔ソワレ

まち-のぞ・む【待ち望む】 (他五) マ(モ)・ミ(ン)・ム・ム・メ・メ 希望や期待することが早く実現することを願う。「よい結果を—」

まち-はずれ【町外れ】 ハヅレ 町のはずれ。町のはしのほう。

まち-ばり【待ち針】 裁縫で、縫う前に縫いどまりのしるしや、布のずれを防ぐ押さえとしてさす針。頭に玉などがついている。

まち-びけし【町火消し】 〘日〙江戸時代、幕府直属の定火消(じょうびけ)しや大名火消しとは別に、江戸で町人が作った消防組織。四七組(のちに四八組)あった。

まち-びと【待ち人】 来るのを待たれている人。待っている相手。「—来(きた)らず」

まち-ぶぎょう【町奉行】 ブギャウ 〘日〙江戸幕府の職名。江戸・大坂・京都・駿府(すんぷ)(静岡)など重要都市の行政・司法・警察をつかさどった。江戸以外は地名を冠して呼ぶ。

まち-ぶせ【待(ち)伏せ】 (名・他スル)ひそかに相手をねらい隠れて待つこと。「敵を—する」

まち-ぼうけ【待(ち)△惚け】 待っていた人がとうとう来ないこと。まちぼけ。「—を食う」

まち-まち【◇区◇区】 (名・形動ダ)それぞれ異なること。また、そのさま。「—の服装」「皆の意見が—だ」

まち-もう・ける【待(ち)設ける】 マウケル (他下一) ケケ・ケ・ケル・ケル・ケレ・ケロ(ケヨ) 用意して待つ。期待して待つ。「客を—」文まちまう・く(下二)

まち-や【町家・町屋】 ①町の商家。町なかで、商家の多い所。②町なかの家。町家(ちょうか)。

まち-やくにん【町役人】 〘日〙江戸時代、町奉行の下で町方の民政を担当した町人。江戸では町年寄・町名主、大坂では惣年寄(そうどしより)・町名主といった。

まち-やくば【町役場】 町の行政事務を扱う所。

まち-やっこ【町◇奴】 江戸時代初期の、町人の男だて。侠客(きょうかく)。↔旗本奴(はたもとやっこ)

まち-わ・びる【待(ち)△侘びる】 (他上一) ビ・ビ・ビル・ビル・ビレ・ビロ(ビヨ) 来るはずのものがなかなか来ないので、気をもみながら待つ。待ちあぐむ。「春を—」文まちわ・ぶ(上二)

まつ【末】 教4 マツ・バツ 高 すえ　一 二 キ 才 末

(字義)①すえ。㋐こずえ。さき。「末梢(まっしょう)・末端」㋑終わり。「末筆・結末・終末・週末・年末・幕末」↔本 ㋒一番下の。「末子(まっし・ばっし)・末弟(まってい・ばってい)」㋓子孫。「末裔(まつえい・ばつえい)・末流(まつりゅう・ばつりゅう)」㋔もとからわかれた。「末寺・末派」㋕たいせつでない。「末事・末節・粗末」㋖乱れ衰えたはての。「末世・末路」㋗下位の。「末席(まっせき・ばっせき)」㋘こまかい。「毫末(ごうまつ)・瑣末(さまつ)」②粉(こな)。くず。「粉末」難読 末枯(うらが)れる・末木(うらき)・末生(うらな)り・末成(うらな)り・末葉(うらば)・末摘花(すえつむはな) 人名 とめ・とも・ひろし・ほず

-まつ【末】 (接尾)すえ。終わり。「年度—」「学年—」

まつ【抹】 マツ 中　扌 扌 扌 扌 抹 抹

(字義)①ぬる。こする。「一抹・塗抹」②消してなくする。「抹殺・抹消」③粉(こな)。「抹茶」

まつ【沫】 人 マツ あわ

(字義)①あわ。水のあわ。「泡沫」②しぶき。「飛沫」③つばき。よだれ。「涎沫(せんまつ)」

まつ【茉】 人 マツ・バツ

(字義)「茉莉(まつり)」は、モクセイ科の常緑低木。ジャスミンの一種。人名 ま

まつ【松】 ①〘植〙マツ科マツ属の植物の総称。葉は針状。春に単性花を開き、果実は球状でまつかさという。種類が多く、材は建築用。②門松。「—が取れる」③松明(たいまつ)。

—の齢(よわい) (松は長寿の象徴とされることから)長寿。

ま・つ【待つ】 (他五) タ(ト)・チ(ツ)・ツ・ツ・テ・テ ①人が来ること、物事が実現することを望んで、時を過ごす。「母の帰りを—」「合格発表を—」②状況をうかがって行動を起こすのをひかえる。いったんやめる。「相手の出方を—」「ちょっと—ってください」③期限をのばす。「返却を明日まで—ってほしい」④たよる。期待をよせる。「今後の調査に—」「すべて君の努力に—」可能 ま・てる(下一)

参考 ④は「△俟つ」とも書く。

表現 〈擬声・擬態語〉じりじり・そわそわ・おろおろ・やきもき・いそいそ・いらいら 〈慣用表現〉今か今かと・今や遅しと・鶴首(かくしゅ)して・首を長くして・手ぐすねを引いて・指折り数えて・一日千秋(いちじつせんしゅう)の思いで

まてど暮(く)らせど いくら待っても。待っても待っても。「—便りが来ない」

まてば海路(かいろ)の日和(ひより)あり じっと待っていれば、やがて好運もやってくる。まてば甘露の日和あり。

まっ-【真っ】 (接頭)(名詞・形容詞・形容動詞などに付いて)語勢を強める。「—最中(さいちゅう)」「—白」

まつ-えい【末△裔】 子孫。後裔(こうえい)。ばつえい。「源氏の—」

まつ-おさめ【松納め】 ヲサメ (正月の行事の最終日で)門松などをとり片づけること。また、その日。新年

まつお-ばしょう【松尾芭蕉】 バセウ (一六四四〜一六九四)江戸前期の俳人。別号桃青(とうせい)。伊賀(三重県)生まれ。貞門・談林に学んだが、それを脱して閑寂の美を重んじる独自の俳風(=蕉風・正風)を開き、俳諧(はいかい)を真の芸術に高めた。選句集「俳諧七部集」、紀行文「おくのほそ道」「更科(さらしな)紀行」「笈(おい)の小文(こぶみ)」など。

まっ-か【真っ赤】 (名・形動ダ)①非常に赤いさま。まっかっか。「—な顔」②(いつわりであることが)まぎれもないさま。まるっきり。「—なうそ」参考 常用漢字表付表の語。

まつ-がえ【松が◇枝】 松の木の枝。

まつ-がく【末学】 ①主要でない枝葉(えだは)の学問。②学問が未熟な者。後進の学者。③「学者」の謙称。

まつ-かさ【松△毬・松△笠】 松の実。まつぼっくり。

まつ-かざり【松飾(り)】 正月に門口に飾る松。門松(かどまつ)。新年

まつ-かぜ【松風】 ①松に吹く風。また、その音。松籟(しょうらい)。②茶の湯で、茶釜(ちゃがま)の湯の煮えたつ音。

まっ-かん【末巻】 クワン 最後の一巻。終わりの巻。

まっ-き【末期】 終わりの時期。物事の終わりごろ。「平安時代—」↔初期 参考「まつご」と読めば別の意になる。

—てき【—的】 (形動ダ) ダロ・ダッ(デ・ニ)・ダ・ナ・ナラ・○ 救いようがないほどひどい状況であるさま。「—症状を呈する」

まつ-ぎ【末技】 ①重要でない技芸。②未熟なわざ。

まつくい-むし【松食虫】 マツクヒ 〘動〙松の幹や枝葉を食害する昆虫の総称。マツノマダラカミキリ・マツノキクイムシなど。

マックス 〈max〉(maximum の略)最大。最大限。「テンションが—に達する」

まっ-くら【真っ暗】 (名・形動ダ)①光がまったくなく、完全に暗いさま。②将来の望みがまったくないさま。「お先—」

—やみ【—闇】(名・形動ダ) 真(しん)のやみであるさま。

まっ-くろ【真っ黒】(名・形動ダ) ①まったく黒いさま。「—な髪」②日焼けなどで肌が黒いさま。「日焼けして—な顔」③汚れて黒ずんでいるさま。「—になって働く」

まっくろ・い【真っ黒い】(形)(カロ・カッ(ク)・イ・イ・ケレ・○) まったく黒い。非常に黒い。「門に—ペンキを塗る」[文]まっくろ・し(ク)

まつ-げ【△睫・△睫毛】(「目(ま)つ毛」の意。「つ」は「の」の意の古い格助詞)上下のまぶたのふちに生えている毛。「つけ—」

まつ-けむし【松毛虫】〔動〕マツカレハ(=ガの一種)の幼虫。体は褐色で、胸部に毒毛があってさす。マツやカラマツの葉を食害する。

まつ-ご【末期】一生の終わるとき。死にぎわ。臨終。[参考]「まっき」と読めば別の意になる。「期(ご)」は、呉音。

—の-みず【—の水】(ミヅ) 死にぎわに口にふくませる水。死に水。

まっ-こう【末項】(カウ) ①終わりの一項。最後の条項。②〔数〕有限数列の最後の項。

まっ-こう【抹香・末香】(カウ) シキミの葉や皮を粉にした香(こう)。仏前の焼香に用いる。

—くさ・い【—臭い】(形)(カロ・カッ(ク)・イ・イ・ケレ・○) 仏教的な感じがする。仏くさい。「—お説教」[文]まっこうくさ・し(ク)

—くじら【抹香鯨】(ラクヂ) 〔動〕マッコウクジラ科の海洋性哺乳(ほにゅう)動物。遠洋に広く分布。頭が大きく、雄は体長約一八メートル。腸内からまれにとれる竜涎香(りゅうぜんこう)は香料の原料。[冬]

まっ-こう【真っ向】(カウ) ①まっ正面。「打者に—から勝負する」②ひたいのまんなか。「—幹竹(からたけ)割り」

まつ-ざ【末座】(下位の人のつく)末席。しもざ。

マッサージ〈massage〉(名・他スル) 疲労の回復や病気の治療、美容などのために、手や道具で体をさすったりもんだりして、血行をよくし新陳代謝を高めること。「—師」

まっ-さいちゅう【真っ最中】今まさにその事に没頭している時。物事が最も盛んに行われている時。「食事の—」

まっ-さお【真っ青】(サヲ) (名・形動ダ) ①非常に青いさま。「—な空」②血の気がひいて、顔色が非常に青いさま。「—な顔」[参考]常用漢字表付表の語。

まっ-さかさま【真っ逆様】(名・形動ダ) 完全にさかさまになっていること。また、そのさま。「—に落ちる」

まっ-さかり【真っ盛り】(名・形動ダ) 物事がいちばん盛んなさま。また、その時。「桜は今が—だ」

まっ-さき【真っ先】いちばんはじめ。いちばん前。「—に帰る」

まっ-さつ【抹殺】(名・他スル) ①こすり消してなくすこと。抹消。「三字分—する」②人や事実などの存在を認めず消し去ること。「記録から—する」「社会的に—される」

まっ-さら【真っ◦新】(名・形動ダ) 前に一度も使ったことがなく、新しいこと。また、そのさま。新品。「—なシーツ」

まっ-し【末子】すえの子。すえっ子。ばっし。↔長子

まつ-じ【末寺】〔仏〕本山の支配下にある寺。

まっしぐら【×驀地】(副) 勢いよくひたすら進むさま。「—に突き進む」

まつ-じつ【末日】ある期間の最終日。「十月—」

まっ-しゃ【末社】①本社に付属する神社で、格式が摂社(せっしゃ)に次ぐもの。⇒本社・摂社 ②とりまき。たいこもち。

マッシュ〈mash〉ゆでた野菜をすりつぶしたもの。

—ポテト〈mashed potatoes から〉ジャガイモをゆでて裏ごしし、バター・牛乳・塩で味をつけたもの。

マッシュルーム〈mushroom〉担子菌類ハラタケ科のきのこ。食用。シャンピニオン。西洋まつたけ。つくりたけ。

まっ-しょ【末書】先人の本を祖述したり注釈をほどこしたりした本。

まっ-しょう【末△梢】(セウ) (枝のはしの意から)物のはし。すえ。また、ささいなこと。

—しんけい【—神経】〔生〕脳・脊髄(せきずい)などの中枢神経から分かれて全身に分布する神経線維。運動神経・知覚神経・自律神経に分かれる。↔中枢神経

—てき【—的】(形動ダ)(ダロ・ダッ(デ・ニ)・ダ・ナ・ナラ・○) 本筋から離れ、とるにたりないさま。枝葉のことで、重要でないさま。↔本質的

まっ-しょう【抹消】(セウ) (名・他スル) 消してなくすこと。「登録を—する」

まっ-しょうじき【真っ正直】(シャウヂキ) (名・形動ダ) うそやごまかしがなくどこまでも正直なさま。ましょうじき。「—な人」

まっ-しょうめん【真っ正面】(シャウメン) (名・形動ダ) →ましょうめん

まっ-しろ【真っ白】(名・形動ダ) まったく白いさま。純白。

まっ-しろ・い【真っ白い】(形)(カロ・カッ(ク)・イ・イ・ケレ・○) まったく白い。非常に白い。純白である。「—雪」[文]まっしろ・し(ク)

まつ-すぎ【松過ぎ】正月の松飾りを取り去ったあとのころ。[新年] ↔松の内

まっ-すぐ【真っ◦直ぐ】(名・副・形動ダ) ①直線的で少しも曲がっていないさま。「—の道」②ありのままで正直なさま。「気持ちの—な人」③どこにも寄らずに行くさま。「—帰る」

マッスル〈muscle〉筋肉。筋力。「インナー—(=体の奥のほうにある筋肉)」

まっ-せ【末世】①〔仏〕末法(まっぽう)の世。世の中が乱れ、仏法が衰えるとされる。⇒末法 ②道義がすたれた世の中。すえの世。

まっ-せき【末席】下位の座席。しもざ。ばっせき。↔上席

—を汚(けが)す 自分がその場に同席したり、会の仲間にはいったりすることをへりくだっていう語。

まっ-せつ【末節】ささいなつまらない事柄。「枝葉(しよう)—」

まっ-そん【末孫】その血筋のずっとのちの子孫。ばっそん。

まっ-た【待った】(名・感) ①囲碁・将棋・相撲などで、相手のしかけてきた手や立ち合いを待ってもらうこと。また、そのときに発する語。②転じて、物事の進行を止めること。「工事に—をかける」

—なし【—無し】①囲碁・将棋・相撲などで「待った」を認めないこと。②猶予がないこと。また、やり直しのきかないこと。「—の催促」

まつ-だい【末代】①のちの世。「—までの語り草」②死んだのちの世。「人は一代、名は—」

—もの【—物】末代まで使える長持ちする物。

まつだいら-さだのぶ【松平定信】(マツダヒラ サダノブ)(一七五八—一八二九) 江戸後期の政治家。号は楽翁(らくおう)。老中首座として、寛政の改革を断行。隠退後は文筆生活に専念。随筆「花月草紙」など。

まったく【全く】(副) ①全然。決して。「—泳げない」②実に。完全に。ほんとうに。すっかり。「—同感だ」「—もって図々(ずうずう)しい」[用法]①は、あとに打ち消しの語を伴う。

まつ-たけ【松△茸】担子菌類キシメジ科のきのこ。赤松の根などに寄生。かおりがよく美味で食用として珍重される。[秋]

まった・し【全し】(形ク)〔古〕(「全(また)し」の促音化)→またし

まっ-ただなか【真っ△只中・真っ◦直中】①まんなか。中心。「敵の—に攻め込む」②まっさいちゅう。「いくさの—」

まったり(副・自スル) ①食物に、こくやまろやかな味わいのあるさま。「—(と)した味」②ゆったりしたさま。「旅館で—(と)する」

まっ-たん【末端】①物のはし。さき。「棒の—」②組織・機構の中枢から最も遠い部分。「—価格」「組織の—」

マッチ〈match〉軸木の先に発火剤をつけた、摩擦によって火をつける用具。容器の側面に塗布した赤燐などとこすり合わせて発火させる。「―を擦る」参考「×燐寸」とも書く。はじまり 一八三〇年前後にヨーロッパで実用化。日本では、一八七五(明治八)年、旧金沢藩士清水誠によって製造されたのが最初。

―ポンプ〈和製英語〉みずからもめ事を起こしておいてその収拾をもちかけ、不当な利益を求めること。

マッチ〈match〉■一(名)試合。競技。「タイトル―」■二(名・自スル)調和すること。似合うこと。「洋服に―した髪形」

―プレー〈match play〉ゴルフで、各ホールごとの打数で勝負をきめる競技方法。

―ポイント〈match point〉テニス・バドミントン・バレーボール・卓球などで、試合の勝負がきまる最後の一点。

マッチする…和歌〔マッチ擦る つかのま海に 霧ふかし 身捨つるほどの 祖国はありや〕〈寺山修司〉暗闇の中でマッチをすって、一瞬見えた海は霧が深くたちこめている。その霧の海に向かって私は問いかける。私の一身を捧げるほどの祖国ははたしてあるのかと。

まっ-ちゃ【抹茶】茶の葉を臼でひいて粉にしたもの。ひき茶。

マッチョ〈macho〉(名・形動ダ)たくましく男らしいこと。筋肉が隆々として男らしい体形であるさま。また、そのような人。

マッチング〈matching〉①うまく合っていること。②データなどを照合すること。「―リスト」③つり合うものを引き合わせること。「投資家と起業家の―」「ジョブ―」「―アプリ」

まっ-てい【末弟】すえの弟。ばってい。

マット〈mat〉①玄関などに敷く、靴や足をぬぐう敷物。②床などに敷く敷物。③体操競技で、危険防止のために床に敷く敷物。④ボクシング・レスリングなどのリングの床。「―に沈む」

マット〈matte〉(名・形動ダ)光沢がないこと。つや消し。「表面を―に仕上げる」

まっ-とう【全う・真っ当】(マツタウ)(形動ダ)ダロ・ダッ(デ・ニ)・ダ・ナ・ナラ・○ まともなさま。まじめなさま。「―な生活」文(ナリ)

まっとう・する【全うする】(マッタウスル)(他サ変)シ(セ・サ)・シ・スル・スル・スレ・シロ(セヨ)(「まったくする」の音便)完全に果たす。完全に終わらせる。「責任を―」「天寿を―」文まったう・す(サ変)

マットレス〈mattress〉敷きぶとんの下に敷いたり、ベッドに用いたりする弾力のある厚い敷物。

まつなが-ていとく〔松永貞徳〕(一五七一～一六五三)江戸初期の歌人・俳人。京都生まれ。貞門を創始し、俳諧の式目を定めた。俳論集「御傘」、編著「新増犬筑波集」。

まつ-なん【末男】いちばん下の息子。すえの男子。

まつ-の-うち【松の内】正月の松飾りのある間。元日から七日までの間。新年 ↔松過ぎ 参考 昔は十五日までをいった。

まつ-の-は【松の葉】①松の木の葉。まつば。②贈り物の包み紙の上などに「寸志」の意を表すために書く語。

マッハ〈ドイツ Mach〉超音速の飛行物体の速度を表す単位。音速がマッハ一。記号M 語源 オーストリアの物理学者エルンスト=マッハの名から。

―すう【―数】流体または流体中を運動する物体の速度の、音速に対する比。マッハ一は音速に等しい。

まつ-ば【松葉】①松の木の葉。②①を模様化した形。

―づえ【―△杖】(ツエ)足の不自由な人が用いるつえ。松葉のようにふたまたになっていて、上部をわきの下に当てて支える。

―ぼたん【―△牡丹】『植』スベリヒユ科の栽培一年草。ブラジル原産。葉は多肉で線形。夏から秋にかけて紅・黄・白などの小花を開く。観賞用。夏

まっ-ぱ【末派】①芸術・宗教などの末の流派。②末輩。

まっ-ぱい【末輩】地位の低い人。技術の劣っている人。自分のことを謙遜しても用いる。

まっ-ぱだか【真っ裸】(名・形動ダ)身に何もまとわないこと。また、そのさま。まるはだか。すっぱだか。全裸。

まつ-ばら【松原】松が多く生えている平地。

まつ-び【末尾】一続きのものの終わりの部分。「手紙の―」

まっ-ぴつ【末筆】手紙で、おもな用件が終わったあと、つけ加えて書く文句。「―ながら皆様によろしく」

まっ-ぴら【真っ平】(副・形動ダ)《俗》①(「まっぴらごめん」の略)それだけはぜったいにいやだという気持ちを表す語。「けんかは―だ」②ひたすら。ひとえに。

まっ-ぴるま【真っ昼間】まひる。白昼。

マップ〈map〉地図。「ドライブ―」「ロード―」「ハザード―」

まっ-ぷたつ【真っ二つ】真ん中から二つに切り割ること。完全に二分されること。「―に切る」「意見が―に分かれる」

まつ-ぶん【末文】①手紙の終わりに書く文。「右、お願いまで」などの類。②文章の終わりの部分。

まっ-ぽう【末法】(ポフ)①『仏』釈迦の入滅後一五〇〇年(また一〇〇〇年・二〇〇〇年とも)以後の一万年間。正法・像法に次ぐ時期。⇩正法「参考」②末の世。

―しそう【―思想】(シサウ)『日』「末法①」にはいると、仏教が衰え世の中は乱れるという悲観的社会観。日本では平安中期の一〇五二(永承七)年から末法にはいったと考えられた。

まつ-ぼっくり【松△毬】→まつかさ

まつ-むし【松虫】『動』①マツムシ科の昆虫。体長約二二ミリメートル。淡褐色で触角が長く、雌には槍状の産卵管がある。雄は秋にチンチロリンと鳴く。秋 ②「すずむし」の古称。

まつ-やに【松◇脂】松の木の幹からしみ出る、ねばりけと芳香のある淡黄色の樹脂。

まつ-よい【待宵】(ヨヒ)①(翌日の満月を待つ夜の意で)陰暦八月十四日、特に八月十四日の宵。秋 ②来るはずの人を待つ宵。

―ぐさ【―草】『植』アカバナ科の多年草。チリ原産の帰化植物。夏の夕方、黄色の花を開く。宵待草。夏

まつ-よう【末葉】(エフ)①ある時代の末のころ。末期。「一九世紀―」②末の子孫。末孫。参考「ばつよう」ともいう。

まつり【祭〔り〕】①神霊をまつること。また、それに伴う儀式や行事。祭礼。祭祀。夏 ②記念・宣伝・祝賀・観光などのために行う催し。「雪―」参考 中古では、「まつり」といえば京都賀茂神社の葵祭をさした。

まつり-あ・げる【祭〔り〕上げる】(他下一)ゲ・ゲ・ゲル・ゲル・ゲレ・ゲロ(ゲヨ) ①あがめ尊ぶ。②まわりから大勢でおだてたり頼んだりして高い地位につかせる。「会長に―」文まつりあ・ぐ(下二)

まつり-ごと【政】(祭り事の意。昔は祭政一致であったことから)世を治めること。政治。「国の―」

まつ-りゅう【末流】(リウ)①川の流れの末。下流。②血筋の末。子孫。「源氏の―」③末の流派。つまらない流派。末派。④末の世。参考「ばつりゅう」ともいう。

まつ・る【◇奉る】《古》■一(他四)「やる」「贈る」などの意の謙譲語。さしあげる。献上する。■二(補動四)(動詞の連用形に付いて)謙譲の意を表す。お…申し上げる。「仕へ―」

まつ・る【祭る・△祀る】(他五)ラ(ロ)・リ(ッ)・ル・ル・レ・レ ①神霊を慰めるための儀式を行う。②神としてあがめて一定の場所に安置する。「道真公を―社」可能 まつ・れる(下一)

まつ・る【△纏る】(他五)ラ(ロ)・リ(ッ)・ル・ル・レ・レ (着物の裾などがほつれないように)布の端を折り返して、その裏側の布と、表側の布とを交互にすくって縫いつける。可能 まつ・れる(下一)

まつ-ろ【末路】①一生の終わり。晩年。②勢いが盛んだった

ものが衰え果てようとする時期。「平家の―」

まつろ・ふ【服ふ・順ふ】（古）㊀（自四）従う。服従する。㊁（他下二）服従させる。

まつわり-つ・く【纏わり付く】（自五）離そうとしても離れずに巻きつく。また、からまるようにつきまとう。「スカートの裾が―」「子供が―」

まつわ・る【纏わる】（自五）①からみつく。まきつく。「塀に―つる草」②つきまとう。「子犬が足元に―」③関連する。「この家に―話」

まで【迄】㊀（副助）①事の及ぶ時・所・事態の限度を示す。「昼過ぎ―寝る」「京都―行く」「わかる―話す」「下着―ずぶぬれだ」②極端な程度を示す。「そこ―することはない」③それ以上はないという範囲を示す。「いざというときは責任を負う―だ」④「として」の意を表す。「右ご返事―」⑤（「…までもない」の形で）「必要もない」の意を表す。「考える―もないことだ」⑥（「…ないまでも」の形で）「ないにしても」の意を表す。「全部と言わない―も半分ぐらいは」㊁（終助）（古）感動・強調を表す。「そなたは越前の国の百姓じゃ―」〈狂・餅酒〉用法 種々の語（体言、活用語の連体形など）に付く。

まて-がい【馬刀貝】〘動〙マテガイ科の二枚貝。浅海の砂底や泥中にすむ。殻は長円筒形で薄く、表面は淡黄色。食用。いたがい。かみそりがい。まて。春

マテ-ちゃ【マテ茶】〈スペイン mate〉南米原産のモチノキ科の常緑樹マテの葉を乾燥させたもの。また、それを煎じた飲料。

マテリアリズム〈materialism〉〘哲〙唯物論。物質主義。

マテリアル〈material〉①材料。原料。②素材。生地。

まてん-ろう【摩天楼】（skyscraper の訳語）天にとどくほどの大高層建築。特に、ニューヨークにある超高層建築をいう。

まと【的】①矢・弾丸などを当てる目標。②めあて。目標。「―をしぼる」「あこがれの―」③集中するところ。「非難の―」

―を射る ①「的①」に当てる。②目的を達する。③うまく要点をつかむ。「的を射た質問」

ま-と【真砥】刃物をとぐとき、仕上げに用いる、きめの細かい砥石。↕粗砥

まど【窓】採光・風通しなどのために壁・屋根などにあけた穴。多く、ガラス戸などを取りつけたものをいう。「はめ殺しの―」

まど-あかり【窓明〔か〕り】窓からさし込む光線。

まとい【纏】①昔、戦陣で大将のそばにたてた目印。②近世以後、火消しの各組が火事場で使った、その組の目印。

〔まとい②〕

まど-い【円居・団居】（名・自スル）①人が集まってまるく居並ぶこと。くるまざ。②なごやかな集まり。団欒。「―のひと時」

まとい-つ・く【纏い付く】（自五）からみつく。まつわりつく。「幼児が母親に―」

まと・う【纏う】㊀（他五）（自分の身に）つける。着る。「コートを―」「一糸―・わぬ姿」可能 まと・える（下一）㊁（自五）まきつく。からまる。

ま-どう【魔道】悪魔の世界。不正な行為。邪道。

まど・う【惑う】（自五）①どうするか判断がつかない状態でいる。途方にくれる。迷う。「判断に―」②よくない方面に心を奪われる。正しい道にはずれる。「色香に―」他 まどわ・す（五）

ま-どお【間遠】（形動ダ）間隔・時間がへだたっているさま。「行き来が―になる」↕間近 文（ナリ）

ま-どお・い【間遠い】（形）間隔・時間のへだたりが大きい。「便りが―・くなる」↕間近い 文 まどほ・し（ク）

まどか【円か】（形動ダ）①まるいさま。「―な月」②円満なさま。穏やかなさま。「―なやすらぎ」文（ナリ）

まど-かけ【窓掛〔け〕】光線をさえぎったり、装飾のために窓やガラス戸にかける布。カーテン。

まど-ぎわ【窓際】窓に近い所。「―の席」

―ぞく【―族】会社などで、窓際に席を与えられ、業務の第一線からはずされた中高年サラリーマン。

まど-ぐち【窓口】①会社・役所・銀行などで、応対や金の出し入れなどの事務を行う所。「受付の―」②（比喩的に）外部との折衝を受け持つ役。「交渉の―」

まと-はずれ【的外れ】（名・形動ダ）ねらいからはずれていること。見当はずれ。「―な意見をいう」

まど・ふ【償ふ】（他四）（古）つぐなう。弁償する。

まど-べ【窓辺】窓の近く。窓際。

まとまり【纏まり】まとまること。「―の悪い話」

まとま・る【纏まる】（自五）①散らばっていたものが統一のとれたものとなる。「髪が―」「考えが―」②一つのものとしてでき上がる。「論文が―」③了解点に達する。望ましい形できまりがつく。成立する。「交渉が―」「縁談が―」他 まと・める（下一）可能 まとま・れる（下一）

まと・める【纏める】（他下一）①散らばっていたものを統一のとれたものとする。「荷物を―」「意見を―」②一つのものに仕上げる。「企画書を―」③双方の意見を両者が納得できる状態に調整する。きまりをつける。成立させる。「商談を―」自 まとま・る（五）文 まと・む（下二）

まとも【正面】（名・形動ダ）①正面から向かいあうさま。ましょうめん。「敵に―にぶつかる」「―に風を受ける」②正常なこと。まじめなこと。「―な話」「―な人間」

マドモアゼル〈フランス mademoiselle〉お嬢さん。…嬢。

マドラー〈muddler〉飲み物をかき混ぜる棒。

ま-どり【間取〔り〕】部屋の配置。「家の―図」

マドリガル〈madrigal〉〘音〙一四世紀にイタリアで生まれた、多声部をもつ世俗歌曲。マドリガーレ。

マトリックス〈matrix〉①母体。基盤。②〘数〙数字や文字を方形に並べたもの。

マドレーヌ〈フランス madeleine〉貝殻などの形に焼いた、バターを多く含むスポンジケーキ。

マドロス〈オランダ matroos〉水夫。船乗り。

―パイプ〈和製語〉先が折れ曲がり、火皿の大きいパイプ。語源 オランダ語の matroos と英語の pipe との合成語。

まどろっこし・い（形）→まだるっこい

ま-どろ・む【微睡む】（自五）うとうとする。少しの間浅く眠る。「しばし―」可能 まどろ・める（下一）

まどわ・す【惑わす】（他五）①心をみだす。迷わす。「人心を―」②だます。あざむく。「そんな言葉に―・されるな」自 まど・う（五）

まとわり-つ・く【纏わり付く】（自五）→まつわりつく

マトン〈mutton〉食用の羊の肉。⇩ラム（lamb）

マドンナ〈イタリア Madonna〉①〘基〙聖母マリア。また、その像。②（比喩的に）あこがれや尊敬の対象となる女性。

ま-な【真名】漢字。⇩仮名

ま-な【真魚】（古）（「ま」は接頭語）食料にする魚。

マナー〈manner〉その場にふさわしい態度。行儀作法。

―モード〈和製英語〉携帯電話で、周囲に配慮して、着信

音が鳴らないようにしたり、震動で通知したりする設定。また、その機能。

まな-いた【△俎・△俎板・真◇魚板】（「真魚(まな)」を料理する板の意）食物を包丁で切るときにのせる板。

―に載(の)せる とりあげて問題にする。 **―の（上(うえ)の）鯉(こい)** 相手のなすがままになるしかない状態のたとえ。

まな-かい【◇目交・◇眼◇間】カヒ― 目の前。目の先。

まな-がつお【真◇魚△鰹】ガツヲ― 《動》マナガツオ科の海魚。体は平たく、ひし形。体長は六〇センチメートルほど。食用。冬

まな-こ【眼】 ①目。目玉。ひとみ。「どんぐりー」 ②物事を見通す力。眼力(がんりき)。「ーが曇る」

まな-ご【◇愛子】《古》いとしい子。最愛の子。愛児。

まな-ざし【◇眼差し・◇目差し】 物を見るときの、目のようす。目つき。「あたたかいー」「不安なー」

ま-な・し【間無し】（形ク）《古》①絶え間がない。②程ない。

ま-な-じり【△眥・△眦】 目じり。「ーをつり上げて怒る」

―を決(けっ)する 目をきっと見開く。参考 不退転の決意や怒りの表情についていう。

ま-なつ【真夏】 夏のさかり。盛夏。夏 ↕真冬

―び【―日】《気》一日の最高気温がセ氏三〇度以上の日。

まな-づる【真名鶴・◇真鶴】《動》ツル科の大形の鳥。体は灰色で頭と首は白く、額・頰(ほお)が赤い。冬にシベリアからおもに鹿児島県出水(いずみ)市などに飛来する。特別天然記念物。

マナティー〈manatee〉《動》マナティー科の水生哺乳(ほにゅう)動物の総称。体長約四メートルで、ジュゴンに似る。尾は団扇(うちわ)状で前足は胸びれ状、うしろ足は退化している。

まな-でし【◇愛弟子】 特に目をかけている弟子。

まなび【学び】 まなぶこと。学問。

―の-にわ【―の庭】ニハ― 学校。学園。

―や【―◇舎】 学問をする所。学校。校舎。

まな・ぶ【学ぶ】（他五）バ(ボ)・ビ(ン)・ブ・ブ・ベ・ベ ①教わっておぼえる。「先輩から仕事をー」 ②勉強する。「医学をー」 ③経験しておぼえる。「実社会からはーところが多い」 ④まねてする。見習う。「恩師の筆跡をー」 可能 まな・べる（下一）

【変遷】「まねする」意の「まねぶ」と同源の語。平安時代には「まねぶ」のかたちが多く用いられた。鎌倉時代以降は「まなぶ（四段活用）」が一般的となるが、上二段活用の例が平安時代の訓読体に見られる。「歌の道をー・びず」〈千載集・序〉「まねぶ」の本義は、「人の言動をまねする。そのことによってその言動を理解する、習得する」の意。「まねぶ」「まなぶ」ともに、「まねをする」「習得する」「勉強する」の意をもっていたが、「まねぶ」には「見聞きしたことをそのまま人に語る」の意味もあった。現代語では「勉強する」「教わる」が中心義。

まな-むすめ【◇愛娘】 非常にかわいがっている娘。愛嬢。

マニア〈mania〉ある物事にひどく夢中になること。また、その夢中になっている人。熱狂者。「切手ー」「鉄道ー」

まに-あ・う【間に合う】アフ―（自五）ワ(オ)・イ(ッ)・ウ・ウ・エ・エ ①決められた時間に遅れないですむ。「終電車にー」「締め切りにー」 ②その場の用が足りる。「一万円あればー」 ③（「間に合っている」の形で）その物を必要としていない。足りている。「今日はー・っている」

マニアック〈maniac〉（形動ダ）ダロ・ダッ(デ・ニ)・ダ・ナ・ナラ・○ ある物事に極端に熱中し、その細部にまで執着しているさま。「ーな話」

まに-あわせ【間に合〔わ〕せ】アハセ― とりあえず急場の用にあてること。また、そのもの。一時しのぎ。「当座のーにする」

マニキュア〈manicure〉手のつめの化粧。美爪(びそう)術。また、それに用いるエナメル。⇩ペディキュア

マニ-きょう【マニ教・×摩尼-教】ケウ― 《宗》三世紀ごろペルシャのマニ（Mani）の始めた宗教。ゾロアスター教に仏教・キリスト教などの教理を加味した混合宗教で、北アフリカ・南ヨーロッパ・中央アジア・インド・中国などに流布した。

マニピュレーター〈manipulator〉危険物の操作を人の手に代わってする遠隔操作装置。マジックハンド。

マニフェスト〈manifesto〉①宣言。宣言書。声明書。②具体的な政策目標を掲げた選挙公約。

まにま-に【◇随に】（副）なりゆきにまかせて。ままに。「波のー小舟が浮かぶ」

マニュアル〈manual〉①手で動かすこと。特に、自動車で手動の変速装置。「ー車」↕オートマチック ②手順を示した説明書。取扱説明書。手引き書。「パソコンのー」

マニュファクチュア〈manufacture〉《経》工場制手工業。家内制手工業から機械制大工業への過渡的形態で、分業による協業が特徴。

マニラ-あさ【マニラ麻】《植》バショウ科の多年草。フィリピン原産。葉鞘(ようしょう)の繊維は織物・ロープなどの原料。

ま-にんげん【真人間】 まともな人間。道徳的に正しい人間。「ーに生まれ変わる」

まぬか・れる【免れる】（他下一）レ・レ・レル・レル・レレ・レロ(レヨ) いやなことからのがれる。まぬがれる。「罪をー」「死をー」 文 まぬか・る（下二）

マヌカン〈フランス mannequin〉→マネキン②

ま-ぬけ【間抜け】（名・形動ダ）①計画や手順などにぬかりのあること。また、そのさま。②頭のはたらきや動作に、ぼんやりしたところのあること。また、そういう人をののしっていう語。

まね【真◇似】 ━（名・自他スル）まねること。模倣。「人のーばかりするな」 ━（名）（いやしめる意の語を受けて）おこない。ふるまい。「ばかなーはよせ」「いったい何のーだ」

マネー〈money〉おかね。金銭。「ポケットー」「ーゲーム」

―サプライ〈money supply〉《経》金融機関を除く個人や企業が保有する通貨の総量。現金通貨と預金通貨を合計したもの。通貨供給量。

―ビル〈和製英語〉株式や債券で財産をふやすこと。語源「ボディビル」をまねた money building から。

―ロンダリング〈money laundering〉《経》犯罪や不正取引で得た金を、預金口座を移動させたり外国で投資したりして、資金源や金の流れをわからなくすること。資金洗浄。

マネージメント〈management〉管理。支配。経営。マネジメント。

マネージャー〈manager〉①支配人。管理人。②運動部などで、庶務・会計などの仕事や部員の世話をする人。③芸能人につきそって、外部との交渉やその他の世話をする人。参考「マネジャー」ともいう。

まねき【招き】 ①人を招くこと。招待。「おーにあずかる」 ②見物人を招くために設けたもの。看板・店頭装飾など。③昔、興行場の木戸口で客寄せをした者。

―ねこ【―猫】 前足で人を招いている格好をした猫の置物。客を招くという縁起をかつぎ、商家の店頭などに飾られる。

マネキン〈mannequin〉①衣服の展示・陳列などに用いる等身大の人形。マネキン人形。②流行の衣服を着たり化粧品を使ったりして宣伝・販売をする人。マヌカン。

まね・く【招く】（他五）カ(コ)・キ(イ)・ク・ク・ケ・ケ ①合図をして呼びよせる。「手でー」 ②客として呼ぶ。招待する。「講師としてー」 ③頼んで来てもらう。「全快祝いに友人をー」 ④ひきおこす。もたらす。「不注意が事故をー」「誤解をー」 可能 まね・ける（下一）

まね-ごと【真◇似事】 ①まねて行うこと。ものまね。②本格

的なものではない行い。「ほんの―の芸です」[用法]②は多く、自分のすることを謙遜(けんそん)していう語。

まね・ぶ【◦学ぶ】(他四)《古》①まねをする。口まねする。②見聞したことをそのまま人に告げる。③習得する。勉強する。

ま・ねる【真◦似る】(他下一)ネ・ネ・ネル・ネル・ネレ・ネロ(ネヨ) 手本とするものや他のものと同じことをしようとする。模倣する。「人の声色を―」[文]ま・ぬ(下二)

ま-の-あたり【目の当〔た〕り】(名・副) 目の前。また、直接。じかに。「事故を―にする」[用法]多く「まのあたりに」の形で用いる。

ま-のび【間延び】(名・自スル) ①間が長すぎること。「―した話し方」②どことなくしまりのないこと。「―した顔」

まのやま【魔の山】トーマス=マンの長編小説。一九二四年刊。第一次世界大戦前、スイスの山地にあるサナトリウムで療養生活を送る青年の姿を描く。

ま-ばしら【間柱】大きな柱と柱との間に立てる小さな柱。

ま-ばたき【◦瞬き】(名・自スル)→またたき

ま-ばゆ・い【目◦映い・△眩い】(形) カロ・カッ(ク)・イ・イ・ケレ・○ ①強い光が当たって目を十分にあけていられない。まぶしい。「―日の光」②光り輝いて美しい。「―ばかりの衣装」[文]まばゆ・し(ク)

まばら【疎ら】(名・形動ダ) ①間がすいていること。「―に芽が出る」②少数であること。「客足が―だ」

まひ【◦幣】(まい)《古》謝礼として贈る品。贈り物。

ま-ひ【麻△痺】(名・自スル) ①《医》神経または筋肉の機能が一時的または永久に停止する状態。「心臓―」②しびれて感覚のなくなること。③本来のはたらきができなくなること。「良心が―する」「交通が―する」

ま-びき【間引〔き〕】(名・他スル) 間引くこと。「―運転」

ま-び・く【間引く】(他五) カ(コ)・キ(イ)・ク・ク・ケ・ケ ①《農》十分に生育させるために、密生した作物の一部を引き抜いて間をすかす。「苗を―」②貧しくて養育するのが困難なために、親が生まれたばかりの子供を殺す。③間にあるものを省く。「バスの本数を―」

ま-びさし【目△庇・◦眉△庇】①かぶと・帽子などのひさし。②窓の上にある狭いひさし。

ま-ひる【真昼】昼の最中。日中。真っ昼間。

ま-ぶ【間夫】情夫。まおとこ。特に、遊女の情夫。

マフィア〈Mafia〉アメリカなどで勢力をもつ大規模な犯罪組織。イタリアの秘密結社が起源とされる。

ま-ぶか【目深】(形動ダ) ダロ・ダッ(デ)・ダ・ナ・ナラ・○ 帽子などを目が隠れるほどに深くかぶるさま。「帽子を―にかぶる」[文](ナリ)

まぶし【×蚕簿・△蔟】《農》成長した蚕を入れて、繭をつくらせる道具。わら・針金・板紙などで井桁(いげた)に区画をつくる。[夏]

まぶし・い【△眩しい】(形) カロ・カッ(ク)・イ・イ・ケレ・○ ①光が強くて、目を十分にあけていられない。まばゆい。「夏の日ざしが―」②非常に美しくて、まともに見られない。「―ほどの笑顔」[文]まぶ・し(シク)

まぶ・す【◦塗す】(他五) サ(ソ)・シ・ス・ス・セ・セ 粉などを表面全体につくようにする。「もちに黄な粉を―」[可能]まぶ・せる(下一)

ま-ぶた【目蓋・△瞼】眼球の表面をおおう皮膚。上下のまぶたに分かれる。「―の母(=思い出の中にある母の面影)」

ま-ぶち【目縁】目のふち。

ま-ふゆ【真冬】冬のさかり。[冬]↔真夏

―び【―日】《気》一日の最高気温がセ氏零度未満の日。

マフラー〈muffler〉①えりまき。[冬]②オートバイ・自動車などの消音装置。消音器。サイレンサー。

まへ-つ-きみ【×公卿】(まえ)―《古》天皇の御前に伺候(しこう)する人の敬称。

ま-ほ【真帆】順風にかけた帆。正面にむけて張った帆いっぱいに風をはらむこと。↔片帆

ま-ほ【真◦秀・真◦面】(名・形動ナリ)《古》①物事がよく整っていること。↔片秀(かたほ) ②直接であること。まともなこと。③正式。ほんとう。

ま-ほう【魔法】(ハフ) ふしぎな術。魔術。「―をかける」

―つかい【―使い】(ツカヒ) 魔法を行う人。

―びん【―瓶】中に入れた液体の温度を長時間保てるようにしたびん。間を真空にした二層のガラスで作り、内面に銀めっきをほどこして、熱の伝導・対流・放射を防ぐもの。[はじまり]一九一〇年ごろにドイツから輸入され、日本では一九一二(大正元)年、大阪の八木亭二郎が国産化したのが最初という。

ま-ほうじん【魔方陣】(ハウヂン) n の2乗個の1から始まる自然数を、n 行 n 列の正方形状に並べて、縦・横・対角線の数の和がいずれも等しくなるようにしたもの。方陣。

1	12	8	13
15	6	10	3
14	7	11	2
4	9	5	16

〔まほうじん〕

マホガニー〈mahogany〉《植》センダン科の常緑高木。西インド諸島の原産。葉は羽状複葉で互生。材はかたく、濃赤褐色で木目が美しい。家具・建築用。

まほし(助動-形シク型) マホシカラ・マホシク(マホシカリ)・マホシ・マホシキ(マホシカル)・マホシケレ・○《古》希望する意を表す。…たい。「いと恋しければ、行かまほしく思ふに」〈更級〉[用法]動詞型活用の語の未然形に付く。

マホメット〈Mahomet〉→ムハンマド

―きょう【―教】(ケウ) →イスラムきょう

ま-ほら《古》すぐれたよい所。一説に、丘や山に囲まれた中央の土地。まほらま。まほらば。

まぼ・る【◦守る】(他四)《古》①見守る。見つめる。②まもる。

まぼろし【幻】①実際にはないのにあるように見えるもの。幻影。また、たちまち消えるはかないもののたとえ。「亡父の―を見る」「―の世」②あると言われながら存在の確認がむずかしいもの。「―の名画」

まほろ-ば《古》→まほら

まま【◦飯】ごはん。めし。

まま【△儘】①その通りの状態。「見た―のことを話す」②思うとおり。勝手。自由。「意の―」③なりゆきにまかせること。「なすが―」

ママ〈ma(m)ma〉①お母さん。↔パパ ②酒場などの女主人。マダム。

ま-ま【間間】(副) ときには。ときどき。「そういうことも―ある」

まま-おや【◦継親】血のつながりのない親。まま父・まま母。

まま-こ【◦継子】①血のつながりのない子。実子でない子。②のけ者にされる者。

―あつかい【―扱い】(アツカヒ) (名・他スル) 他と区別してのけ者にすること。

まま-こ【◦継粉】粉を水などでこねるときに、よくこなれず、粉のままかたまりになった部分。だま。

まま-ごと【◦飯事】子供がおもちゃなどで、料理・食事などの家庭生活のまねをする遊び。ままごと遊び。

まま・し・い【◦継しい】(形) カロ・カッ(ク)・イ・イ・ケレ・○ 血のつながりのない親子の関係や腹ちがいの間柄である。「―仲」[文]まま・し(シク)

まま-ちち【◦継父】血のつながりのない父。けいふ。↔継母(ままはは)

まま-ならぬ【△儘ならぬ】思うままにならない。「―世の中」

まま-はは【◦継母】血のつながりのない母。けいぼ。↔継父(ままちち)

まま-よ【△儘よ】(感) どうにでもなれ。「えい、―」

ま-み【目見】《古》①目つき。まなざし。②目もと。

ま-み【魔魅】①人をまどわす魔物。②邪悪な人のたとえ。

ま-み・える【◦見える】(自下一) エ・エ・エル・エル・エレ・エロ(エヨ) ①「会う」の謙譲語。お目にかかる。「旧主に—」②顔をあわせる。「両雄相(あい)—」文まみ・ゆ(下二)

ま-みず【真水】ミヅ 塩分を含まない水。淡水。↔塩水(しおみず)

ま-み・れる【◦塗れる】(自下一) レ・レ・レル・レル・レレ・レロ(レヨ) 一面について汚れる。「泥に—」「血に—」文まみ・る(下二)

ま-むかい【真向(か)い】ムカヒ たがいに向き合った位置。真正面。「—の席」

まむし 京阪地方で、鰻(うな)飯。

まむし【△蝮】《動》クサリヘビ科マムシ属のヘビの総称。有毒。日本各地に分布するニホンマムシは体長約七〇センチメートルで、ふつう灰褐色の地に黒褐色の銭形の紋がある。卵胎生。くちばみ。夏

ま-むすび【真結び】→こまむすび

まめ-【豆】(接頭)①形・規模の小さい意を表す。「—台風」「—本」「—知識」②年齢の幼い意を表す。「—記者」「—力士」

まめ【豆】《植》①マメ科植物のうち、食用とする大豆・小豆などの総称。また、その種子。五穀の一つ。②特に、大豆。秋

まめ【×肉刺】物にすれたり、圧迫されたりして手足にできる豆のような水ぶくれ。「—がつぶれる」

まめ【×忠実】(名・形動ダ)①精を出すこと。労をいとわず行うこと。よく動いて働くこと。また、そのさま。「—に掃除する」「筆—」②健康なこと。すこやか。「—に暮らす」

まめ-いた【豆板】①溶かした砂糖に、いり豆をまぜて平たく固めた和菓子。②「豆板銀(ぎん)」の略。

—ぎん【—銀】江戸時代の補助銀貨。小粒。粒銀。

まめ-かす【豆△粕】大豆から油をしぼり取ったあとのかす。肥料・飼料用。

まめ-がら【豆殻・豆◦幹】豆の、実を取り去ったあとの枝・茎・さやなど。

まめ-しぼり【豆絞り】豆粒ほどの丸い形を一面に表したしぼり染め。「—の手ぬぐい」

まめ-ぞう【豆蔵】ザウ ①昔、手品や曲芸などをして歩いた大道芸人。②おしゃべりな人をあざけっていう語。

まめ-たん【豆炭】無煙炭と木炭の粉をまぜて固めた卵形の燃料。冬

ま-めつ【摩滅・磨滅】(名・自スル)すりへること。すりへってなくなること。「機械の部品が—する」

まめ-つぶ【豆粒】豆の粒。また、物の形の小さいことのたとえ。「遠く—のように見える」

まめ-でっぽう【豆鉄砲】デッパウ 豆をたまにした竹製のおもちゃの鉄砲。「鳩(はと)が—を食ったよう」

まめ-へん【豆偏】漢字の部首名の一つ。「豌」などの「豆」の部分。

まめ-ほん【豆本】非常に小型に作られた本。

まめ-まき【豆△蒔き・豆△撒き】①豆の種を畑にまくこと。②節分の夜、いり豆をまいて鬼を追い払う行事。追儺(ついな)。冬 参考 ②は多く「豆撒き」と書く。

まめまめ-し・い(形) カロ・カッ(ク)・イ・イ・ケレ・○ まじめでかげひなたなくよく働くさま。勤勉であるさま。「—・く働く」文まめまめ・し(シク)

まめ-めいげつ【豆名月】(枝豆を供えることから)陰暦九月十三夜の月。栗明月(くりめいげつ)。秋 ⇩芋名月

まめやか(形動ダ) ダロ・ダッ(デ・ニ)・ダ・ナ・ナラ・○ 心のこもっているさま。誠実でこまやかなさま。「—な人」文(ナリ)

ま-もう【摩耗・磨耗】(名・自スル)すりへること。「タイヤが—する」

ま-も-なく【間も無く】(副)やがて。程なく。「—始まる」

ま-もの【魔物】ふしぎな力で人に害をあたえるもの。ばけもの。

まもり【守り・◦護り】①守ること。「—を固める」↔攻め ②「まもりがみ」の略。

類語 守護・護衛・警固・警護・守備・防備・掩護(えんご)・防護・防衛・防御・自衛・死守・防ぎ・援護・ガード・ディフェンス

—がたな【—刀】身を守るために携える短刀。

—がみ【—神】災難から身を守ってくれる神。守護神。

—ぶくろ【—袋】守り札を入れる小さな袋。

—ふだ【—札】神仏の霊がこもり、人を災難から守るという札。お守り。おふだ。

—ほんぞん【—本尊】身の守りとして信仰する仏。

まも・る【守る・◦護る】(他五) ラ(ロ)・リ(ッ)・ル・ル・レ・レ 《中心義—「目(ま)守(も)る」から転じた語。目を離さず見つめる》①他から害を受けないように防ぐ。保護する。守備する。「身を—」「外野を—」「国を—」↔攻める ②規則・約束に従う。背かないようにする。「約束を—」「沈黙を—」可能 まも・れる(下一)

変遷「目(ま)守(も)る」が語源。「目を離さずじっと見る・よく見る」が本義。そこから「見張る・番をする」「保護する・害を防ぐ」「世話をする」「規律に従う」などの意が生じたが、平安時代以降、実際に目で見るという意は「もる」が取って代わり、「保護する・防ぐ」の意が中心になっていった。

まやかし だますこと。ごまかすこと。また、だましたり、ごまかしたりするもの。にせもの。「—物」

まやか・す(他五) サ(ソ)・シ・ス・ス・セ・セ ごまかす。だます。

ま-やく【麻薬】モルヒネ・コカイン・アヘン・大麻など、麻酔作用・鎮痛作用・幻覚作用をもち依存性のある薬物。「—中毒」

まやませいか〈真山青果〉マヤマセイクワ (一八七八〜一九四八) 小説家・劇作家。宮城県生まれ。自然主義小説ののち、「玄朴(げんぼく)と長英(ちょうえい)」「元禄忠臣蔵(げんろくちゅうしんぐら)」などの戯曲を書いた。

まゆ【眉】まゆげ。

—に唾(つば)を塗(ぬ)る だまされないように用心する。**—に火(ひ)がつく** 危険が身にせまる。**—を顰(ひそ)める** ①他人の不愉快な行為に対し、いやな顔をする。②心配事などのために顔をしかめる。**—を開(ひら)く** 心配事がなくなってはればれする。

まゆ【繭】①《動》蚕・毛虫など、昆虫の幼虫がさなぎになるときに自分の分泌物からつくる、殻状のおおい。②特に、蚕のまゆ。生糸の原料。夏

まゆ-げ【眉毛】目の上に弓形に連なってはえている毛。まゆ。

—を読(よ)まれる 心の中を人に見透かされる。

まゆ-じり【眉尻】まゆ毛の、こめかみに近いほうの端。↔眉根

まゆ-ずみ【眉墨・△黛】まゆを描くすみ。

まゆ-だま【繭玉】柳などの枝に、まゆの形にまるめた餅(もち)をつけ、千両箱・大福帳などの縁起物をつるした正月の飾り物。新年

〔まゆだま〕

まゆつば-もの【眉唾物】だまされないように用心しなければならないもの。あやしいもの。まゆつば。「あのもうけ話は—だ」語源 まゆにつばをぬれば、キツネやタヌキにだまされないという俗信から出た語。

まゆ-ね【眉根】まゆ毛の、みけんに近いほうの端。また、まゆ。「—を寄せる」↔眉尻(まゆじり)

ま-ゆみ【△檀・真弓】①《植》ニシキギ科の落葉低木。葉は楕円(だえん)形で対生。初夏に淡緑色の小花をつける。雌雄異株(いしゅ)。

昔、弓の材とした。〈まゆみの実 秋〉②①で作った弓。

まよい【迷い】 ①どうしてよいかわからない思い。「ーを振り払う」②〘仏〙悟りが得られないこと。また、死者が成仏できないこと。

ーばし【ー箸】 どのおかずを食べようか迷って、食卓の上で箸をあちこちに向けること。不作法なしぐさとされる。

まよ・う【迷う】 (自五) ①行くべき道がわからなくなる。「道にー」「ー・える子羊」②どうしてよいかわからず、ためらう。「選択にー」③正常な心を失う。「色香にー」④〘仏〙死者が成仏できずにいる。「ー・わず成仏せよ」 他 まよわ・す(五)

ま-よけ【魔◇除け】 悪魔をよけること。また、そのためのもの。

ま-よこ【真横】 まったくの横。ちょうど横。「ーに座る」

ま-よなか【真夜中】 深夜。夜ふけ。

マヨネーズ 〈フランス mayonnaise〉卵の黄身・サラダ油・酢・食塩などを混ぜてつくるソース。マヨネーズソース。

まよわ・す【迷わす】 (他五) 迷うようにする。まどわす。迷わせる。「人をー甘言」 自 まよ・う(五)

まら【魔羅・摩羅】 ①〘仏〙仏道修行の妨げとなるもの。②〘俗〙陰茎。語源 ②は、①が転じた僧侶の隠語からとも、排泄する意の動詞「まる」の名詞形からともいう。

マラウイ 〈Malawi〉アフリカ大陸南部の東側内陸部にある共和国。首都はリロングウェ。

マラカス 〈スペイン maracas〉〘音〙ラテン音楽のリズム楽器。ヤシ科のマラカの果実をくりぬいて乾燥させ、中に干した種子を入れたもの。ふつう両手に一個ずつ持ち、振って音を出す。

マラソン 〈marathon〉陸上競技の一つ。四二・一九五キロメートルを走る長距離競走。参考 アテネ軍がペルシャの大軍を破った際、兵士フェイディピデスが戦場のマラトンからアテネまで走り帰り、戦勝を報告して死んだという故事による。

マラリア 〈ドイツ Malaria〉〘医〙ハマダラカの媒介によりマラリア原虫が赤血球に入り、血球を破壊するために起こる感染症。高熱の発作をくり返す。おこり。

-まり【◇余】 (接尾)〘古〙あまり。「十とをー三年みとせ(＝一三年)」

まり【△毬・△鞠】 ゴム・革・布などでつくった、遊びや運動につかう丸いたま。ボール。「ーつき」「手ー」

まり【△鋺・△椀】〘古〙水・酒などを盛る丸い器。「木のー」

マリ 〈Mali〉アフリカ大陸西部の共和国。首都はバマコ。

マリア 〈Maria〉キリストの母の名。「聖母ー」

マリアージュ 〈フランス mariage〉①結婚。②組み合わせ。特に、西洋料理で、ワインと料理の取り合わせ。また、その相性のよいこと。

マリーナ 〈marina〉ヨットやモーターボートの係留施設。

マリオネット 〈フランス marionnette〉人形劇のあやつり人形。

まりし-てん【摩利支天】〘仏〙自らの身を隠して厄難を除き、利益を与えるという神。日本では武士の守護神とされた。参考「まりし」は梵語で、陽炎の意。

マリッジ 〈marriage〉結婚。「ーリング」

ーブルー 〈和製英語〉結婚を目前に控えて、憂鬱な気持ちになること。

マリネ 〈フランス mariné〉肉・魚などを、香味野菜や香辛料・酢・油などを合わせた調味液に漬け込むこと。また、その料理。

マリファナ 〈スペイン marijuana〉麻の穂・葉を乾燥させ、粉末にした麻薬の一種。幻覚作用がある。マリワナ。ハシッシュ。

まり-も【△毬藻】〘植〙シオグサ科の淡水産糸状緑藻。分枝する藻体がたがいにからみあって鮮緑色の球形をなす。参考 北海道の阿寒湖のものは特別天然記念物。

ま-りょく【魔力】 ふしぎなことをおこす力。また、人を迷わすふしぎな力。「金のー」

マリン-スポーツ 〈marine sports〉海で楽しむスポーツ。ヨット・サーフィン・スキューバダイビングなど。

マリンバ 〈marimba〉〘音〙打楽器の一つ。金属の共鳴管をつけた大型の木琴。

〔マリンバ〕

マリン-ブルー 〈marine blue〉やや緑色がかった深い青色。

まる-【丸】 (接頭) ①完全な状態・形であることを表す。全部。「ーもうけ」②ある数に満ちる意を表す。満。(「あしかけ」に対する。)「ー五年」

-まる【丸】 (接尾) 船・刀剣・人などの名前につけ加える語。「日本ー」「宝刀村雨ー」「牛若ー」

まる【丸】 ①円形、または球形。「ー天井」②欠けたところのないこと。そのまま全部。「ジャガイモをーのままゆでる」「ーごと」③城郭の内部。「三のー」④〘俗〙金銭。⑤正解などを表す○の印。「テストにーをつける」⑥句点。⑦半濁点。⑧数字のゼロ。「ー一号室」

まる-あげ【丸揚げ】 (名・他スル) 材料を切らずにそのまま油で揚げること。また、揚げたもの。「小魚をーにする」

まる-あらい【丸洗い】 (名・他スル) ①着物などを解きほどかずにそのまま洗うこと。↔解き洗い ②全体を洗うこと。

まる-あんき【丸暗記】 (名・他スル) 意味や内容にかまわず、そのまま全部暗記すること。「出題範囲をーする」

まる・い【丸い・円い】 (形) ①円形である。球形である。「目をー・くする(＝びっくりする)」②角がない。円満だ。「ー人柄」「話をー・く収める」③よく肥えて、ふっくらしている。「ー体つき」 文 まる・し(ク) ⇩「使い分け」

> 使い分け「丸い・円い」
> 「丸い」は、円形や球形をしているさま、角がなくて穏やかなさまを表し、「丸い球」「背中が丸い」「丸く収める」「丸のみ」などと使われる。
> 「円い」は、特に球形ではなく円形であることを視覚的に訴えたいときに、「円い窓」「円く輪になる」などと使われるが、この場合も、「丸い窓」「丸く輪になる」とも書き、また、「丸く収める」は「円く収める」とも書く。

マルウェア 〈malware〉〘情報〙コンピューターウイルスなど、悪意のある、有害なソフトウェアの総称。

まる-うち【丸打ち】 糸などを組んで、切り口が丸くなるようにひもを編むこと。また、そのひも。

まる-えり【丸襟】〘服〙洋服で、襟先に丸みをもたせた襟。

まる-おび【丸帯】〘服〙一枚の布地を二つ折りにして縫い合わせた幅広の女帯。全体に模様を織り込む。礼装用。

まる-がお【丸顔・円顔】 まるい顔。まるい感じの顔。

まる-がかえ【丸抱え】 ①芸者の生活費を、置き屋が全部もつこと。②生活費や資金を全部負担してやること。

まる-がり【丸刈〔り〕】 頭髪を全体に短く刈る髪形。

まる-き【丸木】 山から切り出したままの木。

ーばし【ー橋】 一本の丸木を渡しただけの橋。

ーぶね【ー舟】 一本の丸木をくりぬいて造った舟。

マルキシスト 〈Marxist〉→マルキスト

マルキシズム 〈Marxism〉→マルクスしゅぎ

マルキスト 〈Marxist〉マルクス主義者。マルキシスト。

まる‐きり【丸きり】(副)→まるっきり

マルク〈ドイ Mark〉ドイツの、ユーロ以前の貨幣単位。

まる‐ぐけ【丸△絎】〖服〗中に綿やしんを入れて丸くけること。また、そのようにつくったひもや帯。特に、その帯。丸くけ帯。

マルクス〈Karl Heinrich Marx〉(一八一八～一八八三)ドイツの経済学者・哲学者。弁証法的唯物論(ゆいぶつろん)の哲学、剰余価値説の経済学、唯物史観に立つ科学的社会主義を主張。著書「共産党宣言」「資本論」など。

――しゅぎ【―主義】〖社〗一九世紀中ごろにドイツのマルクスおよびエンゲルスによって創始された思想体系。資本主義から社会主義への移行の必然性を説き、労働運動の指導的理論となった。科学的社会主義。マルキシズム。

まる‐くび【丸首】シャツなどの襟の丸くくりぬいてあるもの。

まる‐ごし【丸腰】武士が刀を腰にさしていないこと。転じて、武器を身につけていないこと。「―の警官」

まる‐ごと【丸ごと】(副)そっくりそのまま。全部。「ノートを―写す」「―のみこむ」

マルコ‐ポーロ〈Marco Polo〉(一二五四～一三二四)イタリアの商人・旅行家。中央アジアを経て、一二七四年、元(げん)に達して皇帝フビライに謁見。以後一七年間元朝に仕えて中国各地を旅行したのち、海路帰国。著書「東方見聞録」。

まる‐ざい【丸材】皮をはいだだけの丸い木材。丸太。

マルサス‐しゅぎ【マルサス主義】〖経〗イギリスの経済学者マルサス(Malthus)の学説。著書「人口の原理」で貧困の原因は食糧の増加率と人口の増加率の差にあるとし、人口の道徳的抑制を説いた。⇩新マルサス主義

まるシー【丸C】〈Cはcopyrightの頭文字〉万国著作権条約により設定された、著作権の保持を示す記号。©

マルシェ〈フランス marché〉市場(いちば)。

マルセル‐せっけん【マルセル石△鹸】―セキケン オリーブ油・ヤシ油などで作った、冷水にとけやすい中性せっけん。絹・毛織物などを洗う。語源「マルセル」は「マルセイユ」の転。もと、フランスのマルセイユ地方で製造されるオリーブ油を原料とした。

まる‐ぞめ【丸染〔め〕】(名・他スル)衣服・セーターなどを、ほどかないままで染めること。

まる‐ぞん【丸損】(名・他スル)もうけがなく、かけた資金や労力の全部を損すること。↔丸儲(もう)け

まる‐た【丸太】皮をむいただけの木材。丸材。まるたんぼう。

マルタ〈Malta〉地中海のほぼ中央にあるマルタ島・ゴゾ島・コミノ島などからなる共和国。首都はバレッタ。

まる‐だし【丸出し】包みかくさず全部さらけ出すこと。むきだし。「お国なまり―で話す」

まるたん‐ぼう【丸太ん棒】〖俗〗→まるた

マルチ〈multi〉①(他の語の上に付いて)多数の、複数の、多方面の、などの意を表す。「―タスク」「―人間」②「マルチ商法」の略。

――しょうほう【―商法】―シヤウハフ 連鎖販売取引。販売員が、新しい販売員を組織に次々と加入させ、ねずみ講式に商品を販売する商法。法律で規制されている。マルチ。⇩ねずみ講

――タレント〈和製英語〉芸能人などで、活動の分野が多方面にまたがる人。

――メディア〈multimedia〉デジタル化された文字・映像・音声などの情報伝達媒体を組み合わせて利用すること。

マル‐チョイ〈multiple-choice から〉いくつかの選択肢の中から答えを選び出させるテストの方法。多肢選択法。

まるっ‐きり【丸っきり】(副)まったく。まるで。全然。まるきり。「―わからない」用法 多く、あとに否定的な表現を伴う。

まる‐づけ【丸漬〔け〕】(名・他スル)野菜などを切らずにそのまま漬けること。また、そのようにして漬けた漬物。

まるっ‐こ・い【丸っこい】(形)カロ・カッ(ク)・イ・イ・ケレ・○ (「っこい」は接尾語)丸い感じである。「―顔」

まる‐つぶれ【丸潰れ】すっかりつぶれること。「面目―」

まる‐で【丸で】(副)①まったく。全然。「―話にならない」②よく似ていることを表す。さながら。「―天国のようだ」用法 ①は、あとに否定的な表現を伴う。

まる‐てんじょう【丸天井・円天井】―テンジヤウ ①半球形の天井。ドーム。②大空。青空。

まる‐どり【丸取り】(名・他スル)全部とってしまうこと。

まる‐なげ【丸投げ】(名・他スル)引き受けた仕事を、すべてそのまま他の者に請け負わせること。「下請け業者に―する」

まる‐ね【丸寝】〖古〗→まろね

まる‐のこ【丸△鋸】〖工〗(「まるのこぎり」の略)円盤状ののこぎり。動力で回転させて材料を切断する。

まる‐のみ【丸△呑〔み〕】(名・他スル)①かまないで一口にのみこむこと。「ヘビが卵を―にする」②十分に考えないで、そのまま取り入れること。うのみ。「人の話を―にする」③無条件で受け入れること。「要求を―する」

まる‐はだか【丸裸】(名・形動ダ)①身に何もつけていないこと。また、そのさま。あかはだか。まっぱだか。全裸。②財産が何もないこと。また、そのさま。無一物。「火事で―になる」

まるばつ‐しき【○×式】テスト問題で、示された項目の正誤について、○か×の印をつけて答える形式。

まる‐はば【丸幅】織ったままの布地の幅。

まる‐ひ【丸秘】重要な秘密事項。秘密書類に㊙の朱印が押されることからいう。「この件は―だ」

まる‐ぼうず【丸坊主】―バウズ ①頭髪をすっかり刈ってしまうこと。また、その頭。②山などの木がすっかりなくなること。また、木の葉が全部落ちてしまうこと。「伐採によって山が―になる」

まる‐ぼし【丸干し】(名・他スル)食物などを、そのままの形で干すこと。また、そのように干したもの。「イワシの―」

まる‐ぽちゃ【丸ぽちゃ】(名・形動ダ)〖俗〗顔が丸くふくよかで、愛嬌(あいきょう)のあること。また、そのさま。

まる‐ほん【丸本】①全部そろった書物。完本。②全編を一冊にまとめた浄瑠璃(じょうるり)本。院本(いんぽん)。

まる‐まげ【丸△髷】日本髪の一種。頭上に楕円(だえん)形の、やや平たいまげをつけたもの。結婚した女性が結った。

〔まるまげ〕

まる‐まど【丸窓・円窓】まるい形の窓。

まる‐ま・る【丸まる】(自五)ラ(ロ)・リ(ッ)・ル・ル・レ・レ 丸くなる。「―・って寝る」他まる・める(下一)

まる‐まる【丸丸】(副)①まったく。すべて。すっかり。「―もうかる」②よく太っているさま。「―(と)太った猫」

まる‐み【丸み・円み】①丸いようす。「―を帯びる」②人柄の穏やかなようす。「人間に―が出る」

まる‐みえ【丸見え】すっかり見えること。「室内が―だ」

まる‐むぎ【丸麦】精白しただけで押しつぶしていない麦。

まるめ‐こ・む【丸め込む】(他五)マ(モ)・ミ(ン)・ム・ム・メ・メ ①丸めて中に入れる。「ポケットに紙幣を―」②巧妙に言いくるめて、相手をこちらの思いどおりにする。まるめる。「反対派を―」

まる・める【丸める】(他下一)メ・メ・メル・メル・メレ・メロ(メヨ) ①丸くする。「粘土を―」「背中を―」②→まるめこむ② ③頭髪をそる。剃髪(ていはつ)する。「頭を―」④端数を四捨五入などによって切りのいい数に

する。「千の位で―」自まるま・る(五) 文まる・む(下二)

マルメロ〈ポルトガル marmelo〉【植】バラ科の落葉高木。中央アジア原産。果実は球形で芳香があり、ジャムなどの食用。秋

まる-もうけ【丸△儲け】マウケ ―(名・他スル) 元手がかからず収入の全部がもうけになること。↔丸損

まる-もじ【丸文字】丸みをおびた文字。漫画文字。丸字。

まる-やき【丸焼〔き〕】材料を切らずにその姿のまま焼くこと。また、そのようにして焼いたもの。「イカの―」

まる-やけ【丸焼け】火事ですっかり焼けること。全焼。

まるやまおうきょ【円山応挙】(一七三三〜一七九五) 江戸中期の画家。丹波(京都府)生まれ。円山派の祖。中国の写実画や西洋画の遠近法も摂取し、細密な写生画を大成。

まれ【◦希・◦稀】(形動ダ) ダロ・ダッ(デ・ニ)・ダ・ナ・ナラ・○ そのことが起こるのが非常に少ないさま。めったにないさま。「近来―な快挙」文(ナリ)

まれ(副助) その事態が起きてもかまわないの意を表す。…であろうと。…であっても。「と―かく―」語源係助詞「も」にラ変動詞「あり」の命令形「あれ」が付いた「もあれ」の転。

マレーシア〈Malaysia〉マレー半島南部とカリマンタン島北部とからなる立憲君主制の連邦国。首都はクアラルンプール。

まれ-びと【◦客人・◦賓】(古)きゃく。まろうど。

まろ【人 麿】まろ ―(字義)「麻」と「呂」からなる合字。参考「麿」は国字。

-まろ【麻呂・△麿】(接尾) 男の人名に使う語。「柿本人―」

まろ【麻呂・△麿】(代)(古)自称の人代名詞。わたくし。

まろうど【◦客◦人・◦賓】マラウド 訪れてきた人。客。

まろが・す【◦転がす】(他四)(古)ころがす。ころばす。

マロニエ〈フランス marronnier〉【植】ムクロジ科の落葉高木。バルカン半島の原産。葉はてのひらに似た形の複葉で、五・六月ごろに淡紅色の花を開く。果実は球形でとげがある。街路樹として栽植される。せいようとちのき。うまぐり。(マロニエの花 夏)

まろ-ね【◦丸寝】(古)帯もとかず、着物を着たままでねること。まるね。まろぶし。

まろび-ね【◦転び寝】(古)ごろね。うたたね。

まろ・ぶ【◦転ぶ】(自四)(古)ころがる。倒れる。

まろ-ぶし【◦丸△臥し】(古)→まろね

まろ-や【◦丸屋】(古)アシ・カヤなどで屋根をふいたそまつな家。

まろやか【◦円やか】(形動ダ) ダロ・ダッ(デ・ニ)・ダ・ナ・ナラ・○ ①まるいさま。まるみをおびているさま。「―な月」②味などがどぎつくなく、穏やかなさま。「―な口当たり」文(ナリ)

マロン〈フランス marron〉栗くり。「―クリーム」

―グラッセ〈フランス marrons glacés〉ゆでた栗くりの実を砂糖漬けにして乾燥させたフランス風の菓子。

まわし【回し・△廻し】マハシ ①まわすこと。「ねじ―」②相撲で、力士が用いるふんどし。締め込み。「―をしめる」③次に送ること。順々に移すこと。「来月―」「たらい―」④遊女が一晩のうちに多くの客の相手をすること。⑤「化粧まわし」の略。

▼「回し」が下に付く語
後― 言い― 狂言― 化粧― 皿― 猿― 裾すそ― 台詞せりふ― 盥たらい― 手― 遠― 取り― 二重― 根― 螺子ねじ― 飲み― 早手― 引き― 吹き― 節―

―のみ【―飲み】(名・他スル) 一つの器を人から人へと回して、順に飲むこと。「水筒の水を―する」

―もの【―者】スパイ。間諜かんちょう。間者かんじゃ。「敵の―」

まわ・す【回す・△廻す】マハス (他五) サ(ソ)・シ・ス・ス・セ・セ ①まるく輪のように動かす。「時計の針を―」②順々に移す。「書類を各係に―」③差し向ける。手配する。また、ある用にあてる。「迎えの車を―」「借金の返済に―」④別の持ち場・立場に移す。「裏方に―」「敵に―」⑤他にも及ぼせる。「事前に手を―」「気を―」⑥資金を運用する。「年利三パーセントで―」⑦(動詞の連用形に付いて)まわり一面に…する。しきりに…する。「現場の周囲に縄を張り―」「追いかけ―」自まわ・る(五) 可能まわ・せる(下一)

ま-わた【真綿】繭を引きのばして綿のようにしたもの。

―で首くびを絞しめる じわじわと遠回しに責め立てる。

-まわり【回り・△廻り・周り】マハリ (接尾) ①まわる回数を表すときに添える語。「グラウンドを二―する」②ある地点を経由することや順に訪れて行くことを表す。「アラスカ―」「北―」「得意先―」③同種の物を比較するときに、大きさの違いをばくぜんという語。「ひと―大きい」④(十二支をもとにして)一二年を一つの単位として年齢の差を数える語。「ひと―上の兄」

まわり【回り・△廻り・周り】マハリ ①〔回・廻〕まわること。回転。働き。「機械の―が悪い」②ゆきわたること。「火の―を食い止める」「酒の―が早い」③〔回・周〕周囲。周辺。あたり。付近。「池の―を歩く」「―の目が気になる」⇒「使い分け」

▼「回り」が下に付く語
足― 内― 馬― 大― 大立ち― 金― 空から― 小― 腰― 先― 地― 下― 外― 立ち― 旅― 近― 月― 手― 胴― 遠― 時計― どさ― 年― 供― 根― 左― 一― 星― 見― 右― 水― 身の― 持ち― 役― 夜― 利― 礼―

> 使い分け「回り・周り」
> 「回り」は、輪を描くように動くこと、回ることの意で、「モーターの回りが順調だ」「遠回りする」「時計回り」などと、動作的なことを中心に使われる。
> 「周り」は、「池の周り」「周りの人」などと、そのものを取り囲む周辺や状況に関して使われる。ただし、「身の回り」「胴回り」などと、身近なもので、そのものに密着し、視線や手の動きなどで確かめられるものには「回り」を使う。

―あわせ【回り合〔わ〕せ】マハリアハセ 自然にそうなってしまう運命。めぐりあわせ。「ふしぎな―」

―えん【回り縁】【建】部屋の周囲二方以上にまわしてとりつけた縁側。

―どうろう【回り灯籠】→そうまとう 夏

―ばん【回り番】①順番に事にあたること。輪番りんばん。②見まわりをする番。

―ぶたい【回り舞台】【演】舞台の中央を円形に切り抜き、回転できるようにした装置。場面転換が早くできる。

―みち【回り道・回り◦路】(名・自スル) 遠まわりの道。また、その道を行くこと。「―して帰る」

―もち【回り持ち】順番に受け持つこと。「議長は―だ」

まわり-くど・い【回り△諄い】マハリ ―(形) カロ・カッ(ク)・イ・イ・ケレ・○ 話などが直接的でなく、もどかしい。「―説明」文まはりくど・し(ク)

まわり-こ・む【回り込む】マハリ ―(自五) マ(モ)・ミ(ン)・ム・ム・メ・メ 迂回うかいしながらある位置に達する。「背後に―」

まわ・る【回る・△廻る】マハル (自五) ラ(ロ)・リ(ッ)・ル・ル・レ・レ ①輪を描くように動く。回転する。「風車が―」②あらかじめ決められた場所を順々に移動して行く。「諸国を―」「挨拶あいさつに近所を―」③まわり道をして行く。寄り道する。「急がば―・れ」「友人の家へ―・って帰る」④物の周囲に沿って行く。「舟で島を―」⑤順々に送られる。また、役割などが順々に移る。「回覧が―」「当番が―・ってくる」⑥別の場所や立場に移る。「後手に―」「反対に―」⑦すみずみまでゆきわたる。「知恵が―」「酔いが―」⑧よく動く。「舌が―」⑨利益を生じる。利息を生む。「年利七パーセ

ントでー」⑩(時計の針が動いて行く意で)ある時刻を過ぎる。「五時をーったところ」⑪(動詞の連用形の下に付いて)ある範囲を移動する。あちこち…する。「歩きー」「走りー」[他]まわ・す(五)[可能]まわ・れる(下一)

まん【万】[教2]【萬】(人) マン・バン(中) よろず
(字義) ①よろず。㋐数の名。千の一〇倍。「千万」㋑数の多いこと。あまた。多数。「万国(ばんこく)・万雷(ばんらい)・万病・巨万」㋒(「バン」と読んで)すべて。あらゆる。「万事・万全・万難・万物」②決して。絶対に。「万万(ばんばん)」[難読]万年青(おもと) [人名]かず・かつ・すすむ・たか・つむ・つもる

まん【万】①千の一〇倍。②数の多いこと。「ーに一つの可能性」

まん【満】[教4]【滿】マン みちる・みたす
(字義) ①みちる。みたす。㋐いっぱいになる。「満員・満場・満満」㋑みちたりる。「満足・円満・豊満」㋒ゆきわたる。全体。「満身・満遍」㋓一定の期限・標準に達する。「満期・満了」㋔まんまるくなる。「満月」㋕海水の水位が高くなる。「満潮・干満」②「満州(中国東北部の旧称)」の略。[難読]満天星(どうだんつつじ) [人名]あり・ます・まろ・み・みち・みつ・みつる

まん【満】①年や月がちょうどその数にみちること。「ー三か月」②「満年齢」の略。「ーで一八歳」↔数え
ーを持(じ)する 十分に用意して機会の到来を待ちうける。**ーを引(ひ)く** 杯に酒をいっぱいについで飲む。

まん【慢】マン(中) あなどる
(字義) ①おこたる。なまける。「怠慢」②あなどる。ばかにする。「慢罵(まんば)・欺慢」③おごる。おごりたかぶる。「慢心・驕慢(きょうまん)・高慢・傲慢(ごうまん)・自慢」④ゆるやか。おそい。「緩慢」⑤長びく。「慢性」[難読]慢慢的(マンマンデ)

まん【漫】マン(中) みだりに・そぞろ
(字義) ①水が果てしもなく広い。「漫漫」②はびこる。一面に広がる。「瀰漫(びまん)」③みだりに。㋐ほしいまま。「放漫」㋑むやみに。「漫罵(まんば)」④しまりがない。「散漫・冗漫」⑤そぞろ。とりとめもなく。気のむくまま。「漫然・漫遊」⑥こっけいな。「漫画・漫談」[人名]ひろ・みつ

まん【蔓】(人) マン・バン つる
(字義) ①つる。つる草。つる草の茎やまきひげの総称。②つるを出す。「蔓生」③のびてはびこる。また、からまる。「蔓延」[難読]蔓延(はびこ)る

まん-【真ん】(接頭)(「真(ま)」に撥音(はつおん)「ん」が付いた形)ある状態の強調や完全な状態を表す。完全な。「ー中」「ー丸」

マン〈man〉①人。男。「イエスー」②その仕事や分野に従事する人。「銀行ー」「カメラー」

マン〈Thomas Mann〉(一八七五～一九五五) ドイツの小説家。一九〇一年に自身の一族の歴史をモデルとした長編「ブッデンブローク家の人々」を発表し、名声を得る。一九二九年にノーベル文学賞受賞。作品「魔の山」「トニオ・クレーガー」「ベニスに死す」など。

まん-いち【万一】㊀(名) ほとんどないが、非常にまれにあること。万に一つ。万が一。「ーの場合」㊁(副) ひょっとして。もしも。万に一つ。万が一。「ー失敗したらどうしよう」[用法]㊁はあとに「たら」「ても」など、仮定を表す語を伴う。

まん-いん【満員】(ヰン) ①定員に達すること。「ー御礼」②それ以上はいれないほど人がいっぱいであること。「ー電車」

まん-えつ【満悦】(名・自スル) 満足して喜ぶこと。「すっかりごーの体(てい)だ」

まん-えん【蔓延】(名・自スル) 好ましくないことがどんどん広がること。はびこること。「新型のウイルスがーする」

まん-が【漫画】(グワ) ①風刺・こっけいを主とする、軽妙な味わいを持つ絵。「四コマー」②会話を加えた絵を続けて表現された物語。コミック。「少女ー」

まん-かい【満開】花がすっかり開くこと。また、すべての花が開くこと。「ーの桜」

まん-が-いち【万が一】(名・副) →まんいち

まん-がく【満額】要求どおりの金額。計画どおりの額。「ー回答」「ーに達する」

まん-かぶ【満株】〔経〕株の申し込みが募集数に達すること。

まん-かん【満干】潮のみちひき。満潮と干潮。干満。

まん-がん【万巻】(グワン) 非常に多くの書物。「ーの書」

まん-がん【満願】(グワン) 日数を限って神仏に願をかけた、その期限に達すること。結願(けちがん)。「ーの日」

マンガン〈中国 満貫〉麻雀(マージャン)で、一回の上がりの上限として決められた点数。

マンガン〈ドイ Mangan〉〔化〕金属元素の一つ。銀白色で、かたくてもろい。合金や電極に用いる。元素記号 Mn

まんかん-しょく【満艦飾】①祝意を表して軍艦全体を旗や電灯などで飾ること。②〔俗〕派手に着飾ることのたとえ。③〔俗〕洗濯物などをいっぱいに並べて干すことのたとえ。

まん-き【満期】一定の期限が終わること。「保険がーになる」

まん-きつ【満喫】(名・他スル)(十分に飲み食いするの意)十分に味わって満足すること。「旅をーする」

まん-きん【万金】たくさんのお金。千金。「ーを積む」

まん-きん【万鈞】(「鈞」は重さの単位で、一鈞は三〇斤)非常に重いこと。ばんきん。「ーの重み」

まん-ぎん【漫吟】(名・他スル) 詩歌などを興のおもむくままに作ること。また、口ずさむこと。

マングース〈mongoose〉〔動〕マングース科の食肉獣。イタチに似て毛は黒褐色。ネズミやヘビを食う。

マングローブ〈mangrove〉〔植〕熱帯・亜熱帯の河口周辺の泥土(でいど)に生育する森林。おもにヒルギ科の高木・低木からなる。紅樹林。

まんげ-きょう【万華鏡】(キヤウ) 筒の中に三枚の長方形の鏡を三角に組み合わせて装置し、千代紙などの小片を入れ、回しながらのぞいて模様の変化を楽しむおもちゃ。万華鏡(ばんかきょう)。

まん-げつ【満月】月が太陽と正反対の位置にあり、全面が輝いてまんまるに見える状態。十五夜の月。もちづき。[秋]

まん-げん【万言】非常に多くの言葉。「ーを費やす」

まん-げん【漫言】とりとめのない言葉。漫語。

まん-ご【漫語】→まんげん(漫言)

まん-こう【満腔】(カウ) 気持ちが全身に満ちていること。また、体じゅう。満身。「ーの謝意を表する」

まん-ごう【万劫】(ゴフ) きわめて長い年月。

マンゴー〈mango〉〔植〕ウルシ科の常緑高木。南アジア原産。葉は厚く互生。春、黄白色の花を開く。黄色に熟した果実は独特の香りと甘味を有し食用。

まんごく-どおし【万石通し・万石簁】(ドホシ) →せんごくどおし

マンゴスチン〈mangosteen〉〔植〕フクギ科の熱帯産常緑高木。白または淡紅色の花を開き、実は球形で暗赤紫色。果肉は甘く食用。果皮からは染料をとる。

まん-ざ【満座】その場にいる人全部。「ーの笑いをさそう」

まん-さい【満載】(名・他スル) ①いっぱい積みこむこと。②新聞・雑誌などに特定の記事を多くのせること。「最新情報ー」

まん-ざい【万歳】えぼし姿でつづみを打ち、祝い言を述べて新年を祝う歌舞。また、それをする芸人。「三河—」新年

まん-ざい【漫才】二人の芸人がこっけいな掛け合い話をして客を笑わせる演芸。「万歳」に由来する。はじまり「漫才」の表記は、エンタツ・アチャコらの新しい話芸を契機に、一九三三(昭和八)年ごろ吉本興業が漫談にヒントを得て、万歳(万才)から改め用いたのが最初。

まん-さく【万作・満作】〘植〙マンサク科の落葉小高木。山地に自生。葉は楕円(だえん)形でしわがある。早春、葉に先だって、黄金色でよじれた線形の花を開く。果実は卵形。観賞用。春

まん-さく【満作】作物がよく実ること。豊作。「豊年—」

まんざら【満更】(副)必ずしも。「—きらいでもない」用法 あとに打ち消しの語を伴う。

—でもない ①それほど悪くもない。「—できばえ」②それほどいやでもない。「—ようす」

まん-さん【蹣跚】(タル)よろめきながら歩くさま。よろよろするさま。「酔歩—」文(形動タリ)

まん-ざん【満山】山全体。山じゅう。「—紅葉する」

まん-じ【卍】(「万の字」の意。仏の身にそなわるというつむじ毛を表す。卍(左まんじ)と卐(右まんじ)があるが、日本では卍を用いる)①インドから伝わった吉祥のしるし。②卍や卐のような形のもの。③地図で、寺院のしるし。

—ともえ【—巴】(トモエ) たがいに相手を追うような形でいりみだれるようす。まんじどもえ。「—の乱戦」

まん-しつ【満室】ホテルなどの客室が利用客で全部ふさがっていること。

まん-しゃ【満車】駐車場などで、車の収容台数が限界に達した状態。「只今(ただいま)—」↔空車

まん-じゅう【饅頭】(ヂュウ) 小麦粉やそば粉などをこねた皮で餡(あん)を包んで蒸した菓子。参考「頭(じゅう)」は唐音。

—がさ【—笠】頂が丸くて浅い形のかぶりがさ。

まんじゅしゃげ【曼珠沙華】(梵語(ぼんご)の音訳)「ひがんばな」の異称。秋 参考 本来は、天上の花の名。

まん-しょう【満床】(シヤウ) 病院で、入院患者用のベッドがすべて使用されていて空きがないこと。

まん-じょう【満場】(ヂヤウ) ①会場いっぱい。「—の方々」②会場全体の人。「—一致で可決する」

マンション〈mansion 大邸宅〉中高層の集合住宅。

まんじり(副)ちょっと眠るさま。「—ともしない(=一睡もしない)」用法 多く、あとに打ち消しの語を伴う。

まん-しん【満身】体じゅう。全身。「—の力をこめる」

—そうい【—創痍】(サウイ) 体じゅう傷だらけになること。また、集中的に非難を受け、名誉などをひどく傷つけられた状態。

まん-しん【慢心】(名・自スル)自分をえらいと思っていい気になること。おごりたかぶる心。「—がすぎる」

まん-すい【満水】(名・自スル)水がいっぱいになること。

まん-すじ【万筋】(スヂ)〘服〙織物で、二本ずつ色のちがったたて糸を配列した細かいたてじま。

マンスリー〈monthly〉①月一回発行される刊行物。月刊誌。②「毎月の」の意を表す。

まん-せい【慢性】①〘医〙急激な症状は示さないが、なおりにくく経過が長びく病気の性質・状態。「—疾患」↔急性 ②好ましくない状態が長びくこと。「—的なストレス」

まん-せき【満席】劇場・列車などの客席に空席がないこと。

まん-ぜん【漫然】(タル)一定の目的や意識がなく、ただぼんやりとしているさま。「—と日をおくる」文(形動タリ)

まん-ぞく【満足】(名・自スル・形動ダ)①望みが満たされること。また、そのため不平・不満のないさま。「現状に—する」②条件や規格を十分に満たしていること。足りないところのないさま。「教育も—に受けていない」「五体—」

まんだら【曼陀羅・曼荼羅】〘仏〙(梵語(ぼんご)の音訳)仏や菩薩(ぼさつ)の悟りの境地を絵にしたもの。また、仏や菩薩を一定の方式で配置した絵で宇宙の真理を表したもの。

—げ【—華】①〘仏〙見る者の心を楽しませるという美しい花。②「朝鮮朝顔」の異名。

まん-タン【満タン】(「タン」は「タンク」の略)燃料・水などがタンクいっぱいまではいっている状態。「ガソリンを—にする」

まん-だん【漫談】(名・自スル)①とりとめのないこっけいな話。②世相風俗などを風刺しながら、こっけいな話やしゃれで客を笑わせる話術演芸。「—家」

まん-ちゃく【瞞着】(名・他スル)あざむくこと。だますこと。「世間を—する」

まん-ちょう【満潮】(テウ) 潮が満ちて海面が最も高くなった状態。みちしお。↔干潮

マン-ツー-マン〈man-to-man〉一人の人間に対して一人がつくこと。一対一。「—で指導する」「—でガードする」参考 英語では、指導や訓練の場面では、ふつう one-on-one や one-to-one を用いる。

まん-てい【満廷】法廷が人でいっぱいになること。また、廷内に集まったすべての人々。

まん-てい【満庭】庭全体。庭じゅう。

まん-てん【満天】空いちめん。「—の星」

まん-てん【満点】①試験やスポーツなどで、規定の最高点。②申し分のないこと。「度胸(どきょう)—」「サービス—」

まん-てんか【満天下】全国。全世界。世の中全体。

まん-と【満都】都全体。都じゅう。「—の話題をさらう」

マント〈(フラ)manteau〉そでのない、外套(がいとう)の一種。

まん-どう【万灯】①多くのともしび。②木のわくに紙を張り、長い柄でささげ持つあんどん。祭礼や法会(ほうえ)などで使う。

—え【—会】(エ)〘仏〙数多くの灯明(とうみょう)をともして、仏や菩薩(ぼさつ)を供養する行事。

まん-どう【満堂】(ダウ) 会場いっぱい。満場。

まん-どころ【政所】①〘日〙鎌倉・室町幕府の政治機関。②昔、皇族・貴人の家政をつかさどった所。③(「北の政所(まんどころ)」の略)摂政・関白の正妻の敬称。

マンドリン〈mandolin〉〘音〙弦楽器の一つ。半球状の胴に四対(つい)八本の弦を張り、つめ(=ピック)ではじいて鳴らす。

〔マンドリン〕

マントル〈mantle〉①ガス灯の点火口にかぶせ、強い光を出させる網状の筒。ガスマントル。②〘地質〙地球の地殻と核との間の層。地球の全体積の約八〇パーセントを占める。

マントルピース〈mantelpiece〉暖炉のまわりの装飾的な枠。特に、暖炉の上の飾り棚。また、暖炉。

まん-なか【真ん中】ちょうど中央。中心。

まん-にん【万人】→ばんにん(万人)

マンネリ「マンネリズム」の略。

マンネリズム〈mannerism〉行動・技法・形式などが惰性的に繰り返され、新鮮みや独創性がなくなること。マンネリ。

まん-ねん-【万年】(接頭)何年たっても変わらない意を表す。「—青年」

まん-ねん【万年】(一万年の意から)多くの年月。

—たけ【—茸】担子菌類マンネンタケ科のきのこ。木の朽

ちた所に生える。かさは腎臓形で、表面は光沢のある褐色または赤色。柄は赤紫色。飾り物にされる。霊芝。

―どこ【―床】 いつも敷きっぱなしのねどこ。

―ひつ【―筆】 使用時に、ペン軸に注入したインクがペン先に伝わり出る仕組みのペン。

―ゆき【―雪】 高山などで一年じゅう消えずに残る雪。

まん-ねんれい【満年齢】 生まれてから実際に過ごした年月で表す年齢の数え方。ふつう一年未満は切り捨てる。↔数え年 [はじまり] 一九五〇(昭和二十五)年一月一日施行の「年齢のとなえ方に関する法律」により、年齢は満年齢によって言い表すことに統一された。

まん-のう【万能】 《農》耕作用具の一つ。田畑のかきならしや除草などに用いる。まぐわ。まんが。

まん-ば【慢罵】(名・他スル) 人をばかにしてののしること。

まん-ば【漫罵】(名・他スル) むやみに悪く言うこと。みだりにののしること。「人から―される」

まん-ぱい【満杯】 入れ物や乗り物などが、物や人でいっぱいになること。「書架が―になる」「駐車場が―になる」

まん-ばけん【万馬券】 競馬で、一〇〇円につき、配当が一万円以上になる馬券。「―を当てる」

マンパワー〈manpower〉仕事などに投入できる人間の労働力。人的資源。「―の活用」

まん-びき【万引〔き〕】(名・他スル) 商店で客をよそおい、人目をかすめて商品をぬすむこと。また、その人。「―犯」

まん-ぴつ【漫筆】 筆まかせにとりとめなく書いた文章。漫録。

まん-びょう【万病】ビャウ あらゆる病気。「かぜは―のもと」

まん-ぴょう【満票】ペウ 選挙で、すべての投票数。また、投票者のすべての票。「―で当選する」

まん-ぴょう【漫評】ビャウ (名・他スル) とりとめのない批評。

まん-ぷく【満幅】(はば、または広さ全体の意から)全面的なものであること。あるかぎり。全幅。「―の信頼をおく」

まん-ぷく【満腹】(名・自スル) 腹がいっぱいになること。「―感」↔空腹

まん-ぶん【漫文】 ①とりとめもなく書きとめた文章。②風刺などを入れて、こっけいに書いた文章。

まんべん-なく【満遍なく・万遍なく】(副) ゆきとどかないところなく。あまねく。もれなく。「―調べる」

マンボ〈スペイン mambo〉《音》キューバの土俗的リズムから作られたルンバを基本とする、激しいリズムのラテン音楽。

まん-ぽ【漫歩】(名・自スル) あてもなくぶらぶらと歩くこと。そぞろ歩き。「春の野山を―する」

まんぼう【×翻車魚】バウ《動》マンボウ科の海産大形硬骨魚。体長は約四メートルに達し、卵円形で縦に平たい。

マンホール〈manhole〉下水管などの検査・掃除・修理のために、人が出入りできるように路面に設けられた穴。「―の蓋」

まんぽ-けい【万歩計】 歩くときの振動を利用して、何歩歩いたかを記録する器具。(商標名)

まんま【◇飯】(幼児語)食べもの。めし。

まんま【△儘】《俗》まま。そのまま。「行った―戻ってこない」

まん-まえ【真ん前】マヘ ちょうど前に当たるところ。真正面。「駅の―のホテル」↔真後ろ

まんま-と(副)《俗》首尾よく。うまいぐあいに。「―一杯食わされた」[語源]「うまうまと」の転。

まん-まく【△幔幕】 式場・会場などのまわりに張りわたす幕。

まん-まる【真ん丸】(名・形動ダ) 完全な形の丸。また、そのようなさま。「空に―の月が出た」

まん-まる・い【真ん丸い】(形) カロ・カッ(ク)・イ・イ・ケレ・○ 完全に丸い。

まん-まん【満満】(タル) 満ちあふれているさま。「自信―の顔つき」「―と水をたたえる」[文](形動タリ)

まん-まん【漫漫】(タル) はてしなく広々としているさま。「―たる海原」[文](形動タリ)

まん-まんいち【万万一】(名・副)「万一」を強めていう語。まんまんがいち。

マンマンデ〈中国 慢慢的〉(形動ダ) ダロ・ダッ(デ)・ニ・ダ・ナ・ナラ・○ 動作などがゆっくりしているさま。のろいさま。

まん-まんなか【真ん真ん中】「真ん中」をさらに強めていう語。ど真ん中。「的の―を射る」

まん-めん【満面】 顔じゅう。顔全体。「―に笑みを浮かべる」「―朱を注ぐ」おこって顔じゅうをまっかにする。

まん-もく【満目】 見渡すかぎり。

―しょうじょう【―△蕭条】セウデウ 見渡すかぎりものさびしいこと。

マンモグラフィー〈mammography〉《医》乳癌の早期発見などのために使われる、乳房のX線撮影。

マンモス〈mammoth〉①《動・地質》ゾウ科マンモス属の大型の哺乳動物。更新世に生息した巨大な象。全身に長い毛が密生し、長さ三―四メートルの湾曲した牙をもつ。②名詞の上に付けて、「巨大な」の意を表す。「―タンカー」「―大学」

まん-ゆう【漫遊】イウ (名・自スル) 心のままにあちこちの土地を遊び歩くこと。「諸国を―する」

まんよう-がな【万葉仮名】マンエフ 「万葉集」などに用いられている表記法で、漢字本来の意味とは無関係に、その音訓を用いて日本語の発音を写したもの。「波奈(花)」のように、音を用いるのを「音仮名」、「八間跡(大和)」のように訓を用いるのを「訓仮名」という。平仮名・片仮名の成立のもととなった。真仮名。

まんようしゅう【万葉集】マンエフシフ 八世紀末にできた、現存する最古の歌集。二〇巻。主として大伴家持が編集したとされる。仁徳天皇皇后の歌とされるものから淳仁天皇時代の歌まで、長歌・短歌・旋頭歌など約四五〇〇首を収録。素朴・率直で雄大な歌風の歌が多い。代表歌人は天智天皇・額田王・柿本人麻呂・山上憶良・大伴旅人・山部赤人・大伴家持・大伴坂上郎女など。まんにょうしゅう。

まんようだいしょうき【万葉代匠記】マンエフダイシヤウキ 江戸前期の「万葉集」注釈書。契沖が、師の下河辺長流の死後、その業を継いで著した書。一六九〇(元禄三)年完成。「万葉集」研究の基礎を築いた。

まんよう-ちょう【万葉調】マンエフテウ [文]「万葉集」の歌調。二句切れ・四句切れの五七調が多い。感動を率直・写実的に表現し、調べは力強く重厚。素材によっては素朴・雄大。

まん-りき【万力】《工》機械工作で、小さな材料や工作物をはさんで固定する工具。バイス。「―でしめる」

〔まんりき〕

まん-りょう【万両】リヤウ 《植》サクラソウ科の常緑小低木。山中に自生、また観賞用に栽植。葉は長楕円形で互生。夏に白色花を開く。果実は球形で赤色に熟する。[冬]

まん-りょう【満了】レウ (名・自スル) きめられた期間がすっかり終わること。「任期―」

まん-るい【満塁】 野球で、一塁・二塁・三塁の三つの塁にすべて走者がいる状態。フルベース。「―ホームラン」

まん-ろく【漫録】→まんぴつ

み ミ

五十音図「ま行」の第二音。「み」は「美」の草体。「ミ」は「三」の草体。

み【未】 教4 ミ・ビ いまだ・ひつじ
一 二 キ 未 未
(字義) ①いまだ。まだ…しない。㋐時についていう。「未明・未来」㋑物事についていう。「未決・未婚・未成年・未然・未知・未納」②十二支の第八。ひつじ。時刻では今の午後二時ごろ、方位では南南西。「乙未(いっぴ)・癸未(きび)」難読 未曽有(みぞう) 人名 いま・いや・ひで

み【味】 教3 ミ あじ・あじわう
口 口一 口二 吽 味 味
(字義) ①あじ。あじわい。㋐甘い・辛いなどの舌の感覚。「味覚・酸味・苦味」㋑食物のうまさ。「珍味・美味・風味」㋒おもしろみ。おもむき。「興味・趣味」②あじわう。㋐よく調べる。「吟味」㋑深く鑑賞する。楽しんでする。「味読・玩味(がんみ)」③気持ち。「気味・情味」④わけ。「意味」⑤なかみ。「正味」⑥なかま。「一味」人名 うまし・ちか

-み【味】(接尾) 飲食物や薬などを数える語。「七―」

み【◦弥】〔彌〕 人 や⊕ ミ・ビ いよいよ・いや
コ 弓 弓' 弥 弥 弥
(字義) ①あまねく。広くゆきわたる。「弥漫(びまん)」②わたる。ひきつづく。時を経る。「弥久(びきゅう)」③とじつくろう。「弥縫(びほう)」④梵語(ぼんご)の音訳字。「弥陀(みだ)・沙弥(しゃみ)・須弥山(しゅみせん)」難読 弥栄(いやさか)・弥増(いやま)す・弥撒(ミサ)・弥勒菩薩(みろくぼさつ)・弥次(やじ)・弥猛心(やたけごころ)・弥生(やよい)・弥立(よだ)つ 人名 ひさ・ひさし・ひろ・ます・まね・みつ・みつる・や・やす・よし・わたり・わたる

み【眉】(字義) →び(眉)

み【魅】 ミ⊕
白 由 鬼 鬼 鬽 魅
(字義) ①ばけもの。もののけ。「魑魅(ちみ)」②人の心を惑わしひきつける。「魅了(みりょう)・魅力・魅惑」

み-【◦深】(接頭) 名詞に付いて語調を整え、また、それを美しく表す語。「―雪」「―山」

み-【◦御】(接頭) 名詞に付いて尊敬の意を表す。「―仏」

-み(接尾) ①形容詞・形容動詞の語幹に付いて名詞をつくり、場所・程度・状態を示す。「深―」「おもしろ―」「新鮮―」②《古》形容詞の語幹および形容詞型活用の助動詞「べし」などの語幹相当部分に付いて、原因・理由を表す。…だから。…なので。「都を遠―(=都が遠いので)」「人知りぬべ―」③《古》形容詞の語幹に付いて「思ふ」「す」の内容を表す連用修飾語をつくる。「うるはし―吾が思ふ君(=りっぱだと私が思う君)」④《古》二つ続いた動詞および助動詞「ず」の連用形に付き、動作が交互に反復して行われることを表す。…たり…たり。「降り―降らず―」

み【三】 さん。みっつ。「ひい、ふう、―」「三日―晩」

み【△巳】 ①十二支の第六。②昔の時刻の名。今の午前一〇時ごろ、およびその前後約二時間。③方角の名。ほぼ南南東。

み【身】 ①体。身体。「衣類を―につける」②自分。わが身。「―から出た錆(さび)」③身分。地位。「―のほど知らず」④まごころ。熱意。「仕事に―を入れる」⑤その人の立場。「親の―になる」⑥(皮や骨に対して)肉。「白―の魚」⑦木の、皮におおわれた部分。「木の皮をはいで―に彫る」⑧(刀のさやに対して)刃。「抜き―」⑨(ふたに対して)入れ物の、物を入れるほう。↔蓋(ふた)
―が入(はい)る 一生懸命になる。真剣になる。**―が持(も)たない** 疲労で体力が続かない。「残業続きで―」**―から出(で)た錆(さび)** 自分のした事から受ける災難。自業自得。因果応報。**―に余(あま)る** 身分に過ぎる。自分の力では処理しきれない。「―光栄」**―に覚(おぼ)えがある** 自分の過去の行動に思い当たることがある。**―に染(し)みる** しみじみと痛感する。「忠告が―」**―に付(つ)く** 知識・技能などがほんとうに自分のものになる。**―に付ける** ①体につけて持つ。着用する。②知識・技能などを自分のものにする。習得する。「技術を―」**―につまされる** 人の不幸などをみて、人ごとと思えず同情する。**―になる** ①その人の血となり肉となる。栄養になる。②その人の立場になりかわる。「親の身になって考える」**―の置(お)き所(どころ)がない** その場にいたたまれない気持ちである。**―の振(ふ)り方(かた)** これからの生き方・生活・職業などに関する方針。**―二(ふた)つになる** 子を産む。**―も蓋(ふた)もない** 露骨すぎて、情味もふくみもない。「そう言っては―」**―も世(よ)もない** 自分の事も世間の事も考えられないほど悲しい。**―を誤(あやま)る** 人としての正しい道をふみはずす。身の処し方を間違える。**―を入(い)れる** 心をこめる。熱心にする。「勉強に―」**―を売(う)る** ①前借金と引き替えに遊女・芸者などになる。②売春をする。**―を落(お)とす** おちぶれる。**―を固(かた)める** ①しっかりと身じたくをする。②結婚して家庭を持つ。③定職につく。**―を切(き)られるよう** つらさ・寒さなどのはなはだしいさま。骨身にしみるさま。**―を削(けず)る** 非常な苦労・努力をする。身を粉(こ)にする。**―を砕(くだ)く** 非常な苦心を重ねる。骨身を削る。**―を焦(こ)がす** せつない恋慕の思いで、もだえ苦しむ。恋いこがれる。**―を粉(こ)にする** 苦労をいとわず働く。**―を殺(ころ)す** 自分を犠牲にする。**―を捨(す)ててこそ浮(う)かぶ瀬(せ)もあれ** 命を捨てる覚悟でぶつかってこそ、はじめて窮地を脱し、物事を成就することができる。**―を立(た)てる** 立身出世する。また、一定の職を持って生計を立てる。**―を挺(てい)する** ①身を犠牲にして投げ出す。②一身をかけて物事を行う。**―を投(とう)じる** ①身投げをする。②打ち込む。熱中する。「反戦運動に―」**―を投(な)げる** 自殺するために、水中に飛び込んだり高所から飛び降りたりする。**―を引(ひ)く** 関係を断つ。しりぞく。「事業から―」**―を持(も)ち崩(くず)す** 品行が悪くだらしない生活をする。**―を以(も)って** 直接自分の行動で。みずから。「―範を示す」**―を窶(やつ)す** 目立たないようにわざとみすぼらしい姿をする。

み【実】 ①植物の果実。また、植物の種。「柿(かき)の―がなる」②汁の中に入れる肉・野菜など。具。「―のないみそ汁」③なかみ。内容。「―のある話」
―を結(むす)ぶ ①実がなる。②努力が結実する。「苦労が―」

み【△箕】《農》穀類をふるって、殻・ちりなどをより分ける用具。

〔箕〕

み-あい【見合〔い〕】アヒ ■(名) 見合うこと。また、両者のつりあいがとれていること。■(名・自スル) 結婚相手を探している男女が第三者を仲立ちとして、相手を知るために会うこと。

み-あ・う【見合う】アフ (ワ(オ)・イ(ツ)・ウ・ウ・エ・エ) ■(自五) つりあう。「労働に―・った賃金」■(他五) たがいに相手を見る。「黙って顔を―」

み-あかし【◦御灯・◦御明〔か〕し】 神仏に供える灯火の敬称。おとうみょう。

み-あ・きる【見飽きる】(他上一) (キ・キ・キル・キル・キレ・キロ(キヨ)) 繰り返し見て、見るのが嫌になる。「―・きた顔」文 みあ・く(四)

み-あ・げる【見上げる】(他下一) (ゲ・ゲ・ゲル・ゲル・ゲレ・ゲロ(ゲヨ)) ①下から上のほうを見る。仰ぎ見る。「―ばかりの大男」↔見下ろす ②(多

く「見上げた」の形で）人物・力量などのすばらしさに敬服する。感心する。「ー・げた人だ」↕見下げる 文みあ・ぐ（下二）

み-あた・る【見当〔た〕る】（自五） さがしていたものが見つかる。「どうしてもメモがー・らない」用法 多く、あとに打ち消しの語を伴う。

み-あやま・る【見誤る】（他五） 見まちがえる。また、まちがった見方をする。「味方を敵とー」「本質をー」

み-あらわ・す【見◇顕す・（見◇顕わす）】（他五） 隠されていた正体などを見抜く。「真相をー」

み-あわ・せる【見合〔わ〕せる】（他下一） ①たがいに見る。「思わず顔をー」②比べて見る。対照する。「両案をー」③しようと思っていたことを当面やめにする。さし控える。「発表をー」文みあは・す（下二）

み-いだ・す【見◇出〔だ〕す】（他五） 見つけ出す。発見する。「一致点をー」「生きがいをー」

み-いつ【◇御×稜威】稜威の尊称。天皇の威光。

ミーティング〈meeting〉会合。集会。打ち合わせ。

みいでら〔三井寺〕「園城寺」の俗称。

ミート〈meat〉牛・豚などの食用肉。「ーボール」

ミート〈meet〉（名・自スル） 野球で、バットをボールに合わせるように打つこと。「ジャストー」

みい-はあ《俗》（「みいちゃんはあちゃん」の略）流行に左右されやすい軽薄な者。多く、若者にいう。ミーハー。

ミイラ〈ポルトガル mirra〉人間などの死体が腐敗せずに原形をとどめたまま乾燥して固まったもの。参考「×木乃伊」とも書く。

―取りがミイラになる ①人をさがしに出た者が、そのまま戻って来ないでいる。②相手を説得しようと働きかけたものが、逆に相手側に同調してしまう。

み-いり【実入り】①穀物などが実を結ぶこと。また、その程度。「麦のーがいい」②収入。所得。「ーのいい仕事」

み-い・る【見入る】（自五） 気をつけて見る。一心にじっと見る。また、見とれる。「画面にー」

ミーリング〈milling machine から〉→フライスばん

み-い・る【魅入る】（自五）（多く、受け身の形で）とりついて心を奪う。魅する。「悪魔にー・られる」

み-うけ【身請け・身受け】（名・他スル） 芸者や遊女などの前借金を払って、その勤めをやめさせること。落籍。

み-う・ける【見受ける】（他下一） ①見かける。目にとめる。②容貌・外見などからあることを判断する。見てとる。「年のころ三〇歳ぐらいとー」文みう・く（下二）

み-うごき【身動き】（名・自スル） 体を動かすこと。また、思いどおりに行動すること。「ーできない」「幼い子をかかえてーがとれない」用法 多く、あとに打ち消しの語を伴う。

み-うしな・う【見失う】（他五） ①今まで見えていたもののありかがわからなくなる。「姿をー」②心の中で追い求めていたものが途中でわからなくなる。「目的をー」

み-うち【身内】①体の内部。また、体全体。「ーがひきしまる思い」②家族やごく親しい関係にある親類。身寄り。「ーだけに知らせる」③同じ親分に属する子分たち。

み-うり【身売り】（名・自他スル） ①前借金と引き替えに、約束の年限のあいだ奉公すること。②経営難のために、会社などが権利や施設を売り渡すこと。「工場をーする」

みえ【見え・見◇栄・見得】①［見栄］他人の目を気にして、うわべを飾ったり体裁を取りつくろったりすること。「ーも外聞もない（＝人目や世間体を気にする余裕もない）」②［見得］《演》歌舞伎で劇が最高潮に達したとき、役者が一時その動きをとめ、印象的な動作や表情をすること。語源 文語動詞「見ゆ」の連用形から。

―を切る ①《演》役者が芝居で「みえ②」のしぐさをする。②ことさら自分を誇示する態度をとる。「私ならできるとー」

―を張る 他人を意識してことさらに外観を飾る。

みえ〔三重〕近畿地方東部の県。県庁所在地は津市。

みえ-がくれ【見え隠れ】（名・自スル） 見えたり見えなくなったりすること。みえかくれ。「ーにあとをつける」「雲間にーする月」

みえ-す・く【見え透く】（自五） ①底・内まで透いて見える。②本心や隠された意図が、見るからによくわかる。「ー・いたうそを言う」

みえっ-ぱり【見◇栄っ張り】（名・形動ダ） 他人によく思われようとうわべを飾ること。また、その人。みえぼう。「ーな人」

みえ-ぼう【見◇栄坊】うわべを飾る人。みえっぱり。

みえ-みえ【見え見え】（名・形動ダ） 意図やたくらみが見えすいていること。また、そのさま。「魂胆がーだ」

み・える【見える】（自下一）《中心義―見ようとしたわけではないのに、そこにあるものが視界にはいってくる》①視野にはいる。目に映る。「星がー」②見ることができる。「暗くてよくー・えない」③判断できる。思われる。感じとれる。「納得したとー」「回復の兆しがー」④「来る」の尊敬語。おいでになる。「先生がー」他みる（上一） 文み・ゆ（下二）

み-お【△澪・◇水◇脈】①川や海で、船の水路となる帯状の深い部分。みよ。②船が通ったあとの水の筋。航跡。

み-おくり【見送り】①出かける人を送ること。②見ているだけで手を出さないこと。また、その人。「友人をーに行く」②見ているだけで手を出さないこと。また、その人。「ーの三振」③次の機会までそれをしないで過ごすこと。

み-おく・る【見送る】（他五） ①去って行くものを後方からながめて送る。「玄関で客をー」②出発する人を送って途中までいっしょに行く。「駅まで友人をー」③その人が死ぬまで世話をする。「養父をー」④やりすごす。「電車を一本ー」⑤ある条件が整う次の機会まで実行しないでおく。「実施をー」

み-おさめ【見収め・見納め】それを見るのが最後であること。最後に見ること。「この世のー」

みお-つくし【△澪◇標】航行する船の通路の目印として立ててある杭。語源「澪つ串」の意。「つ」は「の」の意を表す。参考 和歌では多く「身を尽くし」に掛けて用いる。

み-おとし【見落〔と〕し】全部を見ていながらそこだけ気がつかないで見過ごすこと。また、その物事。「ーがないか点検する」

み-おと・す【見落〔と〕す】（他五） 見ていながら気づかないでしまう。見過ごす。「肝心な点をー」

み-おとり【見劣り】（名・自スル） 予想や比較の対象よりも劣って見えること。「ーのする作品」

み-おぼえ【見覚え】前に見て知っていること。以前に見た記憶。「ーのある顔」

み-おも【身重】（名・形動ダ） 妊娠していること。「ーの体」

み-おろ・す【見下ろす】（他五） ①高い所から下を見る。「屋上からー」↕見上げる ②見くだす。見さげる。「ーような態度」

み-かい【未開】①文明のまだ開けていないこと。「ー社会」②土地などがまだ開拓されていないこと。「ーの原野」

み-かい【味解】（名・他スル） 文章などを味わい理解すること。

み-かいけつ【未解決】（名・形動ダ） まだ解決されていないこと。また、そのさま。「ーの事件」

み-かいたく【未開拓】（名・形動ダ） ①土地などがまだ開拓されていないこと。また、そのさま。「ーの地」②学問や研究などがまだ十分に及んでいないこと。また、そのさま。「ーの分野」

み-かいはつ【未開発】（名・形動ダ） 土地や天然資源などが

また開発されていないこと。また、そのさま。「—の地域」

み-かえし【見返し】カヘシ ①書物の表・裏の表紙を裏返したところ。また、そこにはられた、表紙と本文の接合を補強するための紙。②洋裁で、前身ごろやそで口などの始末に用いる布。

み-かえ・す【見返す】カヘス（他五）サ(ソ)・シ・ス・ス・セ・セ ①ふりかえって見る。②自分を見た相手を、逆にこちらからも見る。「負けずに—」③改めて見直す。「答案を—」④成功して、以前自分をあなどった人にその姿を見せつける。「いつかは彼を—・してやる」

み-かえり【見返り】カヘリ ①ふりむいて見ること。「—美人」②保証・担保または代償として差し出すこと。また、その物品。「—を要求する」

み-かえ・る【見返る】カヘル（他五）ラ(ロ)・リ(ッ)・ル・ル・レ・レ ふりむいて見る。「うしろを—」

—ひん【見返(り)品】〘経〙①日本銀行が、手形割引のとき、担保としてとる有価証券。②担保として差し出すもの。

み-か・える【見変える】カヘル（他下一）エ・エ・エル・エル・エレ・エロ(エヨ) あるものを捨てて、ほかのものに心を移す。文みか・ふ(下二)

みがき【磨き・研き】①こすってつやを出すこと。みがくこと。「靴—」②洗練されたものにすること。「芸に—がかかる」

—こ【—粉】物をみがくのに用いる粉。クレンザー。

—ずな【—砂】おもに金属製の物をみがくのに用いる白色の粉末。珪藻土・ベンガラ・白土などでつくる。

みがき-あ・げる【磨き上げる】（他下一）ゲ・ゲ・ゲル・ゲル・ゲレ・ゲロ(ゲヨ) ①みがいて仕上げる。十分にみがく。「床を—」②洗練された、また、熟練した状態にする。「—・げた技」文みがきあ・ぐ(下二)

みがき-た・てる【磨き立てる】（他下一）テ・テ・テル・テル・テレ・テロ(テヨ) ①せっせとみがく。「家具を—」②身なりを美しく飾る。「—・てた姿」文みがきた・つ(下二)

みがき-にしん【身欠き鰊】ニシンの頭と尾を取り、二つにさいて干した食品。みかきにしん。欠き割り。夏

みかき-もり【御垣守】昔、宮中の諸門を警固した人。衛士。

みかきもり…和歌〔みかきもり 衛士のたく火の 夜は燃え 昼は消えつつ 物をこそ思へ〕〈詞花集 大中臣能宣朝臣〉皇居の御門を守る衛士のたくかがり火は夜は燃え、昼は消えるのを繰り返す—そのように、私は恋のために夜ごと燃える思いに胸を焦がし、昼は消え入るばかりに沈みこんで、もの思いに苦しんでいることだ。（小倉百人一首の一つ）

み-かぎ・る【見限る】（他五）ラ(ロ)・リ(ッ)・ル・ル・レ・レ 見込みがないものとしてあきらめる。見切りをつける。見捨てる。「親友に—・られる」

み-かく【味覚】〘生〙五感の一つ。物の味を感じ分ける感覚。口腔・粘膜の上皮中にある味蕾に、主として食物が刺激となって生じる。酸味・塩味・甘味・苦味に大別される。

みが・く【磨く・研く】（他五）カ(コ)・キ(イ)・ク・ク・ケ・ケ ①こすってつやを出す。「靴を—」②手入れをして美しくする。「肌を—」③学問や技芸などの上達につとめる。練磨する。「技を—」「人格を—」可能みが・ける(下一)

み-かけ【見掛け】外から見たようす。外観。外見。うわべ。

—によらない（人物や品物の性質などについて）外から見ただけではよくわからない。「—やさしい男だ」

—だおし【—倒し】ダフシ 外見はりっぱだが、内容が劣っていること。「—の品」

み-かげ【御影】（「み」は接頭語）①神霊。みたま。②貴人または亡き人の姿・肖像。御影。

みかげ-いし【御影石】「花崗岩」の別称。語源神戸市の御影で産したことから。

み-か・ける【見掛ける】（他下一）ケ・ケ・ケル・ケル・ケレ・ケロ(ケヨ) たまたま目にする。「駅で彼を—・けた」「よく—広告」文みか・く(下二)

み-かさ【水嵩】水のかさ。水量。水嵩。

み-かじめ【見かじめ】監督。取り締まり。「—料(=暴力団が飲食店などから徴収する用心棒代)」

み-かた【見方】①見る方法。見よう。「図表の—」②物事に対する考え方。見解。「この件は別の—もできる」

み-かた【味方・身方】一（名）自分のほうの仲間。一味。「—に引き入れる」↔敵 二（名・自スル）支持すること。加勢すること。「弱い者に—する」

み-がため【身固め】（名・自スル）身じたくをすること。

みか-づき【三日月】①陰暦の毎月三日ごろに出る細い月。秋 ②①のような細い弓形をしていること。「—眉」

み-がって【身勝手】（名・形動ダ）自分の都合のよいようにふるまうこと。また、そのさま。わがまま。「—な言い分」

み-かど【帝・御門】①天皇。②(古)皇居。朝廷。

み-か・ねる【見兼ねる】（他下一）ネ・ネ・ネル・ネル・ネレ・ネロ(ネヨ) そのまま黙って見ていることができない気持ちになる。「見るに—」「苦境を—・ねて手助けする」文みか・ぬ(下二)

みかのはら…和歌〔みかの原 わきて流るる いづみ川 いつみきとてか 恋しかるらむ〕〈新古今集 中納言(藤原)兼輔〉みかの原に湧き出て流れるいづみ川、その「いつ」という言葉ではないが、私はあの人をいつ見た(=契りを結んだ)というのでこんなに恋しく思われるのであろうか。ろくに逢った覚えもないのに。（小倉百人一首の一つ）

み-がま・える【身構える】ガマヘル（自下一）エ・エ・エル・エル・エレ・エロ(エヨ) ①相手に対して体をかまえて用意する。「木刀を握って—」②(比喩的に)相手に対して用心した態度をとる。「その話になると—」文みがま・ふ(下二)

み-がら【身柄】①身のほど。②その人の体。「—を拘束する」

み-がる【身軽】（名・形動ダ）①体や服装などが軽くて動作がすばやいこと。軽快。「—な動作」②足手まといになるものや重い務め・責任がなくて、気楽であること。「—な一人旅」

みかわ【三河】ミカハ 旧国名の一つ。現在の愛知県の東半部。三州。

み-かわ・す【見交わす】カハス（他五）サ(ソ)・シ・ス・ス・セ・セ たがいに見る。見合う。「目と目を—」

み-がわり【身代(わ)り】ガハリ 他人のかわりになること。また、その人。「—を立てる」

み-かん【未刊】まだ刊行されていないこと。↔既刊

み-かん【未完】クヮン まだ完成していないこと。「—の大器」

み-かん【蜜柑】〘植〙①ミカン科の常緑小高木・低木。葉は披針形または長卵形で互生。初夏に白色花を開く。果実は黄色で丸く、内果皮を食べる。ウンシュウミカン。冬(秋・みかんの花夏) ②ミカン科の柑橘類の総称。

み-かんせい【未完成】クヮンセイ（名・形動ダ）まだ完成していないこと。また、そのさま。「—の作品」

みき【幹】①樹木の、枝や葉をつけるもとの部分。「太い—」②物事の重要な部分。「計画の—となる事業」

み-き【御酒・神酒】神に供える酒。転じて、酒。「お—」

みぎ【右】①南を向いたとき、西にあたる側。↔左 ②保守的な思想傾向。また、右翼。「彼は—よりだ」↔左 ③(縦書きの文章中で)前に述べたこと。以上。「—御礼まで」参考会話の相手に対しては、相手から見た位置関係を念頭において「向かって右」「入口をはいって右手」などと言うと誤解されずに伝わる。

—から左へ 受け取ったものを、すぐに他人に渡すこと。

—と言えば左 ことさらに何でも反対すること。**—に出る者がない** その人にまさる人はない。一番すぐれている。「練習

量では彼の―」――へ倣(なら)え ①右の人に合わせて整列するよう指示する号令。②だれかを模範にして同じ行動をすること。「全員が彼に―する」

みぎ-うで【右腕】 ①右の腕。②いちばん頼りになる部下。「社長の―となって働く」

みぎかた-あがり【右肩上がり】 時を追うごとに、景気や数値などが上昇すること。「―の経済成長」語源 数値を表す折れ線グラフの線が、右にゆくほど上がることから。

み-きき【見聞き】(名・他スル) 見たり聞いたりすること。

みぎ-きき【右利き】 右手のほうが左手よりもよく利くこと。また、そういう人。↔左利き

ミキサー〈mixer〉①セメントや砂をかきまぜるコンクリート製造用機械。「―車」②野菜や果実をくだいて液状にする調理器具。③(放送局などで)音声や映像を調節する装置。また、その技術者。参考 ②は、英語では blender という。

ミキシング〈mixing〉放送や録音で、複数の映像や音声を混合し、調整すること。「マイクー」

みぎ・する【右する】(自サ変)(シ(セ・サ)・シ・スル・スル・スレ・シロ(セヨ)) 右へ行く。↔左する 文 みぎ・す(サ変)

みぎ-て【右手】 ①右の手。馬手(めて)。②右の方向。右のほう。「―に海が見える」《↔左手》

みぎ-ひだり【右左】 ①右と左。②右と左とを反対にすること。あべこべ。「くつを―にはく」

みぎ-まわり【右回り】(―マハリ) 右のほうへ回ること。中心を右側に見て回る進み方。時計の針と同方向に回ること。↔左回り

みぎ-よつ【右四つ】 相撲で、たがいに右手を相手の左手の下に入れて組んだ体勢。↔左四つ

み-きり【見切り】 見切ること。見限ること。「―をつける」

――はっしゃ【―発車】(名・自スル) ①発車時刻の関係などから、乗ろうとする客を残したまま発車すること。②条件が十分に整わないうちに、決定または実行してしまうこと。

――ひん【見切(り)品】 定価では売れないとあきらめて、安く売り払う商品。見切り物(もの)。

み-ぎり【砌】 その状態のとき。おり。時節。「酷寒の―いかがお過ごしですか」「幼少の―」

み-き・る【見切る】(他五)(ラ(ロ)・リ(ッ)・ル・ル・レ・レ) ①完全に見終える。「書類のすべてを一日で―」②だめだとあきらめて、見捨てる。見限る。特に、商品の投げ売りをする。「―・って売る」

み-ぎれい【身綺麗】(形動ダ)(ダロ・ダッ(デ・ニ)・ダ・ナ・ナラ・○) 身なりや身辺が清潔できちんとしているさま。「いつも―にしている」文(ナリ)

み-ぎわ【汀・渚】(ギハ) (水際(みぎわ)の意)海や湖などの、水と陸地とが接するところ。みずぎわ。「―の千鳥」

み-きわめ【見極め】(キハメ) 物事の動向を最後まで見とどけて、はっきりと知ること。「―がつく」

み-きわ・める【見極める】(キハメル)(他下一)(メ・メ・メル・メル・メレ・メロ(メヨ)) ①物事の動向を見とどける。「結果を―」②物事の本質・奥底をはっきりとつかむ。「真相を―」文 みきは・む(下二)

み-くさ【水草】 水中に生じる草の総称。水草(みずくさ)。

み-くじ【御籤】 →おみくじ

み-ぐし【御首・御頭】 貴人の首や頭の敬称。

み-ぐし【御髪】 髪の敬称。おぐし。「―上げ」

み-くず【水屑】(クヅ) 水中のごみ。「―となる(=水死する)」

み-くだ・す【見下す】(他五)(サ(ソ)・シ・ス・ス・セ・セ) ①見さげる。あなどる。「相手を―」②下のほうを見る。見おろす。

みくだり-はん【三行半】 昔、夫から妻へ渡した離縁状。語源 離縁状は三行半に書くのがならわしだったことからいう。

み-くび・る【見縊る】(他五)(ラ(ロ)・リ(ッ)・ル・ル・レ・レ) 相手の能力や物事の程度などをたいしたことはないと考えてあなどる。軽視する。「―・った態度をとる」

み-くまり【水分り】《古》(「水配り」の意)山から流れ出る水が分かれる所。

み-くら・べる【見比べる】(他下一)(ベ・ベ・ベル・ベル・ベレ・ベロ(ベヨ)) 二つ以上のものを見てくらべる。比較して考える。「二人の顔を―」「数社の見積もりを―」文 みくら・ぶ(下二)

み-ぐるし・い【見苦しい】(形)(カロ・カッ(ク)・イ・イ・ケレ・○) 見た目に不愉快な感じだ。みっともない。みにくい。「―格好」「―剝(は)がれる」文 みぐる・し(シク)

み-ぐるみ【身ぐるみ】 着ているもの全部。「―剝がれる」

ミクロ〈micro〉①ごく小さいこと。極微。また、微視的であること。「―の世界」↔マクロ ②→マイクロ

――コスモス〈ドイツ Mikrokosmos〉小宇宙。↔マクロコスモス

ミクロネシア〈Micronesia〉太平洋中西部の島々からなる連邦共和国。首都はパリキール。

ミクロン〈フランス micron〉→マイクロメートル

み-け【三毛】 白・黒・茶のまじった毛。また、その毛色の猫。

み-け【御食・御饌】《古》(「み」は接頭語)神、または天皇にさしあげる食事。

み-けいけん【未経験】(名・形動ダ) まだ経験していないこと。また、そのさま。「―者」

み-けし【御衣】《古》貴人の衣服の敬称。お召し物。みぞ。

み-けつ【未決】 ①まだ決まっていないこと。「―書類」②《法》刑事被告人が有罪か無罪かまだ決まらないこと。《↔既決》

――しゅう【―囚】(シウ)《法》まだ判決がくだらない拘禁中の被告人や被疑者。↔既決囚

ミケランジェロ〈Michelangelo Buonarroti〉(一四七五〜一五六四)イタリアの彫刻家・画家・建築家。イタリア-ルネサンス期の巨匠。彫刻に「ダビデ」「モーゼ」、壁画に「システィナ礼拝堂天井画」「最後の審判」など。バチカンの「サン-ピエトロ大聖堂」の設計も行った。

み-けん【未見】 まだ見たり会ったりしていないこと。「―の書」

み-けん【眉間】 まゆとまゆとの間。額のまん中。「―のしわ」

み-こ【巫女・神子】 ①神に仕える未婚の女性。②祈禱(きとう)や卜占(ぼくせん)、死者の口寄せなどを行う女性。

み-こ【御子】《古》①天皇の子。皇子・皇女。②親王。参考 ①は「皇子」「皇女」、②は「親王」とも書く。

み-ごうしゃ【見巧者】(ガウシャ)(名・形動ダ) 芝居などを見なれていて、見方が巧みなこと。また、そのような人。

み-こし【御輿・神輿】(「み」は接頭語)祭礼のときにかつぐ、神霊を安置したこし。神輿(しんよ)。おみこし。夏

――を上(あ)げる (「輿」を「腰」に掛けて)長いこと座っていて、ようやく立ち上がる。また、物事にとりかかる。――を担(かつ)ぐ 他人をおだてて高い地位にまつりあげる。――を据(す)える 腰を落ち着けて長居する。

み-こし【見越し】 ①へだてた物を越して見ること。「―の松(=外から見えるよう塀ぎわに植えた松)」②見越すこと。

み-ごしらえ【身拵え】(ゴシラヘ)(名・自スル) 身じたくをすること。「―して出かける」

み-こ・す【見越す】(他五)(サ(ソ)・シ・ス・ス・セ・セ) 将来の成り行きをおしはかる。先のことを見通す。「値上がりを―・して株を買う」

み-ごたえ【見応え】(ゴタヘ) 見るだけのねうち。「―のある映画」

み-こと【尊・命】 神または貴人の名前の下につける尊称。

み-こと【御言】《古》神や天皇などのお言葉。おおせ。

み-ごと【見事】(形動ダ)(ダロ・ダッ(デ・ニ)・ダ・ナ・ナラ・○)《中心義―見るに値するほどすばらしい事・物》①結果・手ぎわ・出来ばえなどが、りっ

ぱであるさま。巧み。「ーな腕前」②(逆説的に)完全なさま。「ーに負ける」文(ナリ)

みこと-のり【詔・◇勅】天皇のお言葉。また、それを書いたもの。宣命・宣旨・勅語など。参考「◇美事」と書くのは当て字。

み-ごなし【身ごなし】体の動かし方。「華麗なー」

みこ-ばら【×皇女-腹】《古》皇女が生んだ子。宮腹。

み-こみ【見込〔み〕】①予想。予定。見当。「来春完成のー」「ー違い」②将来の可能性。「ーのある青年」

み-こ・む【見込む】(他五)①予想して考慮に入れる。「損失をー」②有望だとあてにする。「将来をー」③ねらいをつけたものに執念深くとりつく。「蛇にー・まれた蛙」

み-ごも・る【身籠〔も〕る・◇妊る】(自五) 胎内に子供を宿す。「子供をー」
類語 はらむ・宿す・妊娠する・懐妊する・身重になる

み-ごろ【見頃】見るのにちょうどいい時期。「桜のー」

み-ごろ【身頃・△裑】《服》衣服で、襟・袖・衽などを除いた、体の前後をおおう部分。「前ー」

み-ごろし【見殺し】①人が死にそうなのを見ていながら、助けてやらないこと。②人が困っているのを見ていながら、助けないこと。また、助けられないこと。「経営難の企業をーにする」

み-こん【未婚】まだ結婚していないこと。「ー者」↕既婚

み-こん【未墾】まだ開墾されていないこと。「ーの地」

ミサ〈ラテン missa〉①《基》ローマカトリック教会で、神に感謝し、罪のつぐないと神の恵みを祈る祭式。②《音》(「ミサ曲」の略)①のときに歌われる声楽曲。参考「×弥撒」とも書く。

み-さい【未済】処理のまだすんでいないこと。特に、借金の返済がすんでいないこと。「ー額」↕既済

ミサイル〈missile〉ロケットなどによって発射・推進され、誘導装置によって目標物に到達する爆弾。誘導弾。「対空ー」

みさお【操】①外的な圧力や誘惑に屈することなく、かたく自分の志を守って変えないこと。節操。②貞操。「ーを守る」
ーを立てる ①主義や志をかたく守って変えない。②貞操を守りとおす。

み-さかい【見境】物事に対する分別。判別。「興奮してーがつかなくなる」「前後のーもなく行動する」

みさき【岬】(字義)→こう(岬)

み-さき【岬】海や湖に突き出ている陸地の先端。

みさげ-は・てる【見下げ果てる】(他下一) この上なく軽蔑する。「ー・てたやつだ」文みさげは・つ(下二)

み-さ・げる【見下げる】(他下一) ①「ー・げた目で見る」↕見上げる 文みさ・ぐ(下二) あなどる。軽蔑する。

みさご【△鶚・×雎鳩】《動》タカ科の大形の猛禽。背面は暗褐色で頭部に白い斑点がある。腹面は白く、胸部に褐色の紋がある。海辺や湖岸、広い川の岸などにすみ、魚を捕食する。

み-ささぎ【陵】天皇・皇后などの墓所。御陵。

み-さだめ【見定め】見定めること。「将来のーをつける」

み-さだ・める【見定める】(他下一) 物事や物事のなりゆきをはっきりと見とどける。見きわめる。「相手の心中をー」「状況をー」文みさだ・む(下二)

み-ざま【見様】見たさま。見たようす。

みざる-きかざる-いわざる【見猿聞か猿言わ猿】それぞれ両目・両耳・口を両手でふさいだ三匹の猿の像。「猿」に否定の「ざる」を掛けて、自分に都合の悪いことやよけいなことは、見たり聞いたり言ったりしないことを表す。三猿。

ミサンガ〈ポルトガル miçanga〉ビーズや刺繡糸などで作った、縁起物やアクセサリーとして手首に巻く輪。プロミスリング。

ミサンドリー〈misandry〉男性嫌悪。男嫌い。↕ミソジニー

みじか・い【短い】(形) ①物や空間のある点から他の点までの距離が少ない。「ー距離」「ーひも」②時間がわずかである。「ー命」「日がー」③せっかちである。「気のー男」(↕長い) 文みじか・し(ク)

みじか-め【短め】(名・形動ダ) 少し短いこと。こころもち短いこと。また、そのさま。「髪をーに切る」↕長め

みじか-よ【短夜】夏の短い夜。夏

み-じたく【身支度・身仕度】(名・自スル) 何かをするために服装を整えること。身ごしらえ。「外出のーをする」

み-じまい【身仕舞〔い〕】(名・自スル) 身じたく。身ごしらえ。特に、女性の化粧や服装。「念入りにーする」

みしまゆきお【三島由紀夫】(一九二五一九七〇) 小説家・劇作家。東京生まれ。耽美的な心理主義と華麗な文体に基づく独自の作風を築いた。一九七〇(昭和四十五)年、割腹自殺。代表作「仮面の告白」「金閣寺」「豊饒の海」など。

みじめ【惨め】(形動ダ) 《中心義—そうなりたくないと思っていた自分の悪い状態を意識し、自らを苦しめるさま》①見るにしのびないほどあわれなさま。「ーな暮らし」②非常な屈辱感や劣等感を味わうさま。「ーな思いをする」文(ナリ)

み-しゅう【未収】まだ徴収・収納していないこと。

み-しゅう【未習】まだ学習し終えていないこと。↕既習

み-じゅく【未熟】(名・形動ダ) ①果実がまだ熟していないこと。また、そのさま。②学業や技芸などに熟達していないこと。修練が十分でないこと。また、そのさま。「ー者」
ーじ【ー児】身体の発育が未熟なまま生まれた新生児。参考 体重二五〇〇グラム未満で生まれた子を医学用語では「低出生体重児」という。

み-しょう【未生】まだ生まれないこと。「ー以前(=生まれる前のこと)」

み-しょう【未詳】まだくわしくわからないこと。「作者ー」

み-しょう【実生】接ぎ木や挿し木に対して、種子から発芽して生長すること。また、種子から生長した草木。みばえ。

み-じょう【身性・身状】①生まれつき。性分。②身の上。身分。③身持ち。品行。「ーが悪い」

み-しらず【身知らず】(名・形動ダ) ①自分の分際・能力をかえりみないこと。身のほど知らず。「ーな要求をつきつける」②自分の体をたいせつにしないこと。

みしら-ぬ【見知らぬ】(連体) まだ会ったことがない。一度も見たことがない。「ー顔」「ー場所」

み-しり【見知り】①見て知ること。②知り合い。面識のある人。「顔ー」
ーごし【ー越し】前から見て知っている間柄であること。

みしり-お・く【見知り置く】(他五) 初めて会った人を記憶にとどめておく。「以後おー・きください」

み-し・る【見知る】(他五) 見て知っている。面識がある。「近所でよくー・った人」

み-じろぎ【身◇動ぎ】(名・自スル) 体を少し動かすこと。身動き。「ーひとつしない」

み-じろ・ぐ【身◇動ぐ】(自五) 体を少し動かす。身動きする。「あまりの恐怖にーこともできない」

ミシン〈sewing machine から〉布・革などを縫い合わせたり、刺繡をしたりするのに用いる機械。「ーをかける」「ー目(=紙の切り取り線にあける点線状の穴)」

み-じん【◇微△塵】①細かいちり。②砕けて細かくなること。微細なもの。「粉ー」「こっぱー」③ごくわずかな分量・程度。
ーぎり【ー切り】料理で、材料を細かく切り刻むこと。ま

た、その切ったもの。「タマネギの—」

—こ【—子・×水蚤】〘動〙ミジンコ科の甲殻類。体長二ミリメートル内外。池や沼などにすみ、体は楕円形で半透明、二またに分かれた触角をもつ。淡水魚のえさとなる。

—こ【—粉】 もちごめを蒸して乾燥し、ひいて粉にしたもの。らくがんなどの菓子の材料。

—も (副) ほんの少しも。いささかも。「そんな考えは—ない」 用法 あとに打ち消しの語を伴う。

み-す【◇御△簾】 ①「簾(=すだれ)」の敬称。②宮殿・神殿などで使う、目の細かい綾でふちどったすだれ。

ミス〈miss〉(名・自他スル) やりそこなうこと。しくじり。失敗。「—を犯す」「サーブを—する」「—ジャッジ」 参考「間違い・誤り」は、英語では mistake や error を用いる。

ミス〈Miss〉①未婚女性の名前の前に付ける敬称。②未婚の女性。↔ミセス ③(場所・団体の名などに付けて)その代表者として選ばれた未婚の女性。「—インターナショナル」

みず【水】 ①水素二と酸素一の割合で化合した液体。純粋のものは無色・無臭・無味。一気圧のもとでセ氏零度以下で凍り、九九・九七四度以上で沸騰・気化する。通常温度の低いものをいい、温度の高いものは「湯」と呼ぶ。分子式 H_2O ②大水。洪水。「—が出る」③→みずいり

—到りて渠成る 学問が深くなると自然に徳が完成することのたとえ。また、機会が到来すると自然に物事ができあがること。語源 水が流れてくると自然にみぞ(=渠)ができることから出た語。**—が合わない** 新しい土地になじめない。「都会の—」

—清ければ魚棲まず あまりに澄んだ水には魚がすまないように、清廉すぎると人に親しまれないことのたとえ。**—と(に)油** たがいに性分や性質の合わないことのたとえ。**—に流す** 過去のいざこざなどを、すべてなかったことにする。**—になる** むだになる。**—に慣れる** 新しい土地に慣れる。その土地の習慣が身につく。「都会の—」**—の低きに就くが如し** 自然の勢いのとどめがたいことのたとえ。**—は方円の器に随う** 水が容器の形によってどのようにも変わるように、人は環境や交友関係によって善くも悪くもなるというたとえ。

—も滴る みずみずしさにあふれた美男・美女の形容。「—いい男」**—も漏らさぬ** 警戒・防御などが厳重で少しのすきもない。「—警戒網」**—をあける** ①ボートレース・水泳などで、大きく差をつける。②競争相手に大きく差をつける。**—を打ったよう** 大勢の人が、物音ひとつ立てないで静まりかえっているさま。**—をさす** 親しい間柄やうまくいっている物事のじゃまだてをする。**—を向ける** 相手の関心がある方向に向くようさそいをかける。相手がある事を始めるようにうまく仕向ける。語源 巫女が死者の霊魂を呼び寄せる口寄せをするとき、まず水をさし向けたことから用いられるようになった語。

ミズ〈㊝Ms.〉既婚・未婚を区別せず、女性の名前の前に付ける敬称。参考 アメリカの女性解放運動から生まれた語。

みず-あか【水△垢】 水中に溶けた物質が、物に付着したり浮かんだりしているもの。

みず-あげ【水揚〔げ〕】 ㊀(名・他スル) 船の荷を陸に揚げること。「—作業」㊁(名) ①漁獲高。「サンマの—」②水商売・タクシーなどのかせぎ高。「不景気で—が減る」③生け花で、生けた草木が水を吸い上げること。また、水の吸い上げをよくするために、切り花の根を焼いたり水切りをしたりすること。④芸者・遊女が初めて客に接すること。

みず-あさぎ【水浅△葱】 薄いあさぎ色。薄い青色。

みず-あし【水足】 川の水が急に増えたり減ったりすること。また、その速さ。「—が速い」

みず-あそび【水遊び】 (名・自スル) ①海・川・湖などで遊ぶこと。②水を使って遊ぶこと。夏

みず-あたり【水◇中り】 (名・自スル) 飲んだ水にあたって腹痛をおこしたり下痢をしたりすること。夏

みず-あび【水浴び】 (名・自スル) ①水を浴びること。水浴。②水泳。「川へ—に行く」夏

みず-あぶら【水油】 ①頭髪につける液状の油。椿油・オリーブ油など。②灯火用の油。なたね油など。

みず-あめ【水△飴】 麦芽などから作る、粘り気のあるあめ。

みず-あらい【水洗い】 (名・他スル) 水で洗うこと。ま た、洗剤を使わず水だけで洗うこと。「—して干す」

み-すい【未遂】 計画だけでまだなしとげていないこと。また、なしとげようと実行したが失敗したこと。「自殺—」↔既遂

みず-いらず【水入らず】 近親・内輪の者だけで他人がまじっていないこと。「親子—で休日を楽しむ」

みず-いり【水入り】 相撲で、組んだまま勝負がつかず長時間たったとき、一時両者を分けて休息させること。水。

みず-いれ【水入れ】 硯にそそぐ水を入れておく、小形の容器。水滴。

みず-いろ【水色】 薄い青色。

みず-うみ【湖】 陸地に囲まれたくぼ地に水をたたえた所。⇩池「ちがい」

みず-え【水絵】 水彩画。

みず-えのぐ【水絵の具】 水で溶いて使う絵の具。

み-す・える【見据える】 (他下一) ①目をそらさずに見つめる。じっと見る。「相手の目を—」②冷静に物事を見定める。「現実を—」文 みす・う(下二)

みず-おしろい【水×白粉】 液状のおしろい。

みず-おち【×鳩尾】 →みぞおち

みず-かい【水飼〔い〕】 家畜に水を与えること。「—場」

みず-がい【水貝】 生のアワビをさいの目に切って、薄い塩水にひたし、三杯酢などにした料理。生貝。夏

みず-かがみ【水鏡】 水面に影の映ること。水面に姿を映すこと。また、その水面。

みずかがみ〔水鏡〕 鎌倉初期の歴史物語。作者は内大臣中山忠親といわれ、一二世紀末に成立。「大鏡」記載以前の神武天皇から仁明天皇に至る五四代を、皇室中心に編年体で略述。四鏡の第三。

みず-かき【水△搔き・△蹼】〘動〙水鳥・カエルなどの足の指の間にある薄い膜。

みず-がき【△瑞垣】 神社の周囲に設けた垣。玉垣。

みずかけ-ろん【水掛〔け〕論】 双方がたがいに自分に都合のよい理屈を言いあうばかりで決着のつかない議論。

みず-かげん【水加減】 (料理で)水の入れぐあい。水を加える程度。「飯を炊く—」

みず-かさ【水△嵩】 川などの水の分量。水量。水嵩。「—が増す」

みず-がし【水菓子】 くだもの。

み-すか・す【見透かす】 (他五) ①すかして見る。②表面にあらわれていないことや隠そうとしていることを見抜く。見通す。「心中を—・される」

みず-がめ【水◇瓶・水△甕】 水をたくわえておくかめ。

み-すがら【身すがら】 ①ひとり身で係累のないこと。②荷物などを持っていないこと。身ひとつ。

み-ずから【自ら】 ㊀(名) 自分。自身。「—をかえりみる」㊁(副) 自分で。自分自身で。「—行う」「—命を絶つ」

みず-ガラス【水ガラス】〘化〙ケイ酸ナトリウムの濃い水

溶液。透明で水あめ状。接着剤・防火塗料などに用いる。

みず-がれ【水△涸れ】 ミヅ 長い間雨が降らず、井戸や田・川・池などの水がなくなって、干上がること。

み-すぎ【身過ぎ】 暮らしを立ててゆくこと。また、その手段。生計。生業。「―世過ぎ」

みず-き【水木】 ミヅ〘植〙ミズキ科の落葉高木。山野に自生。葉は広い楕円(だえん)形で互生。五月ごろ白い花をつける。果実は球形で熟すと黒色。芽吹くころ、地中から多くの水を吸いあげ、枝を折ると水が出る。庭木用。材は細工用。(みずきの花 夏)

みず-ぎ【水着】 ミヅ 水泳をするときに着るもの。海水着。夏

みず-ききん【水飢△饉】 ミヅ 長い間雨が降らず、飲み水や田畑の水が極端に不足すること。「―に見舞われる」

ミスキャスト 〈miscast〉映画・演劇などで、役の割り振りを誤ること。また、不適当な配役。

みず-きり【水切り】 ミヅ ①水分を除き去ること。また、そのための用具。「―籠(かご)」②小石を水面と水平に投げ、石が水面をはずんで飛んでゆくのを楽しむ遊び。③生け花で、水揚げをよくするために花材の茎を水の中で切ること。

みず-ぎわ【水際】 ミヅギハ ①海や湖などの、水と陸地との接する所。岸。みぎわ。「―で遊ぶ」②(転じて)好ましくないものが上陸する間際。「麻薬の流入を―で阻止する」

―さくせん【―作戦】 ①上陸してくる敵を水際で阻止する戦術。②港・空港などで、海外からの病原体や害虫・麻薬などが国内にはいり込むのを防ぐ体制をとること。

―だ・つ【―立つ】 (自五) タ(ト)・チ(ツ)・ツ・ツ・テ・テ ひときわ目立ってあざやかである。「―ったプレー」

みず-ぐき【水茎】 ミヅ ①筆。②筆跡。③手紙。参考「みずくき」ともいう。

―の-あと【―の跡】 筆跡。「―もうるわしく」

みず-くさ【水草】 ミヅ 水の中または水辺に生える草や藻。

みず-くさ・い【水臭い】 ミヅ (形) カロ・カツ(ク)・イ・イ・ケレ・○ ①親しい仲であるのによそよそしい。他人行儀である。「何も話さないなんて―ぞ」②水っぽくて味が薄い。「―酒」文みづくさ・し(ク)

みず-ぐすり【水薬】 ミヅ 水溶液になっている薬。水薬(すいやく)。

みず-ぐち【水口】 ミヅ ①水を入れたり出したりする口。水口(みなくち)。②台所で、水をくみ入れる口。また、台所。

みず-ぐるま【水車】 ミヅ →すいしゃ①

みず-け【水気】 ミヅ 物に含まれている水分。「―が多い果実」

みず-げい【水芸】 ミヅ 刀の先や扇子(せんす)・衣服などから水を吹き出させて見せる曲芸。

みず-けむり【水煙】 ミヅ ①水が飛び散って煙のように見えるもの。「―を立てて走る」②水面にたつ霧。

みず-こ【水子】 ミヅ 流産または堕胎した胎児。みずご。「―供養」

みず-ごえ【水肥】 ミヅ →すいひ

みず-ごけ【水△蘚・水△苔】 ミヅ〘植〙ミズゴケ科のコケ植物の総称。湿地などに群生し、葉は吸水力が強い。園芸用。

みず-ごころ【水心】 ミヅ ①水泳のたしなみ。水泳の心得。②「魚心(うおごころ)あれば水心」の略。

み-すご・す【見過(ご)す】 (他五) サ(ソ)・シ・ス・ス・セ・セ ①見ながらそのままにしておく。看過する。「今度だけは―・してやる」②見ていながら気づかないでいる。見落とす。「ささいなことも―・さない」

みず-こぼし【水こぼし】 ミヅ →けんすい(建水)

みず-ごり【水△垢離】 ミヅ →こり(垢離)

みず-さいばい【水栽培】 ミヅ →すいこう(水耕)

みず-さかずき【水杯・水△盃】 ミヅサカヅキ 再び会えるかどうかわからない別れのとき、酒の代わりに水を杯について飲みかわすこと。

みず-さき【水先】 ミヅ ①水の流れていく方向。②船の進む水路。③「水先案内」の略。

―あんない【―案内】 港湾・内海などの水域で、船の進むべき水路を案内し導くこと。また、その人。パイロット。

みず-さし【水差(し)】 ミヅ ほかの容器に水をそそぐために、水を入れておく器。

みず-し【水仕】 ミヅ 台所で働くこと。また、台所で働く人。

みず-しげん【水資源】 ミヅ 灌漑(かんがい)用水・家庭用水・工業用水・温泉・鉱泉など、資源として利用することのできる水。

みず-しごと【水仕事】 ミヅ 炊事や洗濯など、水を使う家事。

みすじ-の-いと【三筋の糸】 ミスヂ 三味線(しゃみせん)。

みず-しも【水霜】 ミヅ →つゆじも

みず-しょう【水性】 ミヅシヤウ ①水の性質。②五行を人の生年月日に配当して、「水」にあたる人。③女性の浮気な性質。

みず-しょうばい【水商売】 ミヅシヤウバイ 客の人気次第で収入が左右される商売。特に、客に遊興させる商売。水稼業(みずかぎょう)。

みず-しらず【見ず知らず】 一面識もないこと。「―の人」

みすず-かる【◦水△篶刈る】 〘枕〙「信濃(しなの)」にかかる。参考 近世、「万葉集」の「水薦(みこも)刈る」を誤読したもの。

みず-すじ【水筋】 ミヅスヂ 地下水の流れている道筋。水脈。

みず-すまし【水澄(ま)し】 ミヅ〘動〙①ミズスマシ科の小形の甲虫。体は卵円形で光沢のある黒色、足は黄褐色。触角は小さい。まいまいむし。夏 ②「あめんぼ」の俗称。

みず-ぜめ【水攻め】 ミヅ 敵の城を攻めるのに、給水路をたったり、河水をせきとめて城を水びたしにしたりすること。

みず-ぜめ【水責め】 ミヅ 水を使ってする拷問(ごうもん)。水を口や顔に浴びせたり多量に飲ませたりして苦しめるもの。

みず-た【水田】 ミヅ 稲を作るための、水をたたえた田。水田(すいでん)。

ミスター 〈Mister, Mr.〉①男性の名前の前に付ける敬称。②(その団体・社会などの)代表的な男性。「―プロ野球」

みず-たき【水炊き】 ミヅ 鍋(なべ)料理の一つ。鶏肉や野菜などを味付けしない湯で煮て、ポン酢などをつけて食べるもの。

みず-たま【水玉】 ミヅ ①玉のような水しぶき。②水滴の玉。植物の葉などにたまる露のしずく。③「水玉模様」の略。

―もよう【―模様】 モヤウ 小さな円形を散らしたもよう。

みず-たまり【水△溜(ま)り】 ミヅ 雨水などのたまった所。

みずち【△蛟・△虬】 ミヅチ 想像上の動物。角(つの)と四つ足をもち、ヘビに似て長く、毒気を吐いて人を害するという。

みず-ぢゃや【水茶屋】 ミヅ 江戸時代、往来の客に湯茶を飲ませ、休息させた店。みずちゃや。

みずっ-ぱな【水っ△洟】 ミヅッ〘俗〙水のように薄い鼻汁。冬

みずっ-ぽ・い【水っぽい】 ミヅ (形) カロ・カツ(ク)・イ・イ・ケレ・○ 水分が多くて味が薄い。「―酒」

ミスティシズム 〈mysticism〉神秘主義。

ミステーク 〈mistake〉誤り。まちがい。ミス。ミステイク。

みず-でっぽう【水鉄砲】 ミヅデツパウ ポンプの原理で、筒先から水を飛ばすおもちゃ。夏

ミステリアス 〈mysterious〉(形動ダ) ダロ・ダッ(デ・ニ)・ダ・ナ・ナラ・○ 神秘的なさま。不思議なさま。「―な事件」

ミステリー 〈mystery〉①神秘。不可思議。怪奇。②推理小説。「―作家」

み-す・てる【見捨てる・見◦棄てる】 (他下一) テ・テ・テル・テル・テレ・テロ(テヨ) 捨ててかえりみない。見限る。「友を―」文みす・つ(下二)

みず-てん【見ず転・×不見-転】 〘俗〙(一説に、花札で、状況を考えず手当たり次第に札を出すことの意)①あと先も考えずに行動すること。また、そのような芸者。②芸者などが、金しだいでどんな客にも身をまかせること。

みず-どけい【水時計】ミヅ 水がもれ出る量によって時刻を知るしかけの時計。漏刻(ろうこく)。

みず-とり【水鳥】ミヅ 水辺や水上に生息する鳥の総称。水禽(すいきん)。みずどり。すいちょう。冬

みず-な【水菜】ミヅ《植》①→きょうな ②イラクサ科の多年草。山地の湿地に群生。雌雄異株(しゅ)。葉は先が尾状にとがり互生する。初夏、黄白色の花をつける。食用。うわばみそう。春

みず-なら【水△楢】ミヅ《植》ブナ科の落葉高木。山地に自生する。葉は卵形でふちにぎざぎざがある。五月ごろ花が咲き、秋にドングリがなる。材は器具・建築用。

みず-に【水煮】ミヅ 魚・肉・野菜などを味付けせず、水または薄い塩水だけで煮ること。また、その煮たもの。

みず-の-あわ【水の泡】ミヅ ①水面にうかぶ泡。また、消えやすくはかないもののたとえ。水泡(すいほう)。②努力や苦心などが無駄になること。「今までの苦労がーだ」

みず-の-え【△壬】ミヅ (水の兄(え)の意)十干の第九。⇒十干

みず-の-と【△癸】ミヅ (水の弟(と)の意)十干の第一〇。⇒十干

みず-のみ【水飲み・水△呑み】ミヅ 水を飲むこと。また、そのための器。「ー場」

——びゃくしょう【ー百姓】ビヤクシヤウ《日》江戸時代、自分の田畑を持たずに小作に従事していた貧しい農民。また、貧しい農民をさげすんでいった語。

みず-ば【水場】ミヅ ①登山で、飲料用などの水をくむ所。②野生動物の水飲み場。

みず-ばかり【水△秤】ミヅ アルキメデスの原理を応用した、比重をはかる装置の一つ。

みず-はけ【水△捌け】ミヅ 雨水などの流れ去るぐあい。排水。みずはき。「ーのいいグラウンド」

みず-ばしょう【水△芭△蕉】ミヅバセウ《植》サトイモ科の多年草。温帯から寒帯の湿原に群生し、初夏、一個の白い苞(ほう)の中に、淡黄緑色で小形の両性花を多数つけた穂状の花を開く。花後、バショウに似た長楕円(だえん)形の葉が出る。夏(春)

みず-ばしら【水柱】ミヅ 水が柱のように吹き上がったもの。

みず-ばな【水△洟】ミヅ 水のように薄い鼻汁。みずっぱな。冬

みず-ばら【水腹】ミヅ ①水をたくさん飲んだときの腹ぐあい。②食べるものがなく水をたくさん飲んで空腹をしのぐこと。

みずはら しゅうおうし〔水原秋桜子〕ミヅハラシウアウシ (一八九二—一九八一) 俳人。東京生まれ。高浜虚子(たかはまきょし)に師事。のちに「馬酔木(あしび)」主宰。叙情的・新鮮な作風。句集「葛飾(かつしか)」「新樹」など。

みず-ばり【水張り】ミヅ ①洗濯した布地を、のりを付けずに張り板にはってかわかすこと。②絵の具ののびをよくするため、水彩画などを描く前に、紙を水でしめらせて画板にはりつけること。

みず-ひき【水引】ミヅ ①こよりに水のりをひいて干し固めたもの。祝い事には紅白・金銀、弔事には黒白の色のものを用い、進物の包みなどにかける。②神前・仏前などに張り渡すとばり。③《植》タデ科の多年草。林野に自生。夏から秋に細長い花茎を出して濃紅色や白色の花を穂状につける。(みずひきの花 秋)

——まく【ー幕】劇場で、舞台前面の上のほうに横にはる細長い幕。また、相撲で、土俵の上方の吊(つ)り屋根の下にはりめぐらす細長い幕。

みず-びたし【水浸し】ミヅ すっかり水につかること。「出水で家財がーになる」

みず-ぶき【水拭き】ミヅ (名・他スル) 水でぬらし、よく絞った布で拭(ふ)くこと。

みず-ぶくれ【水膨れ・水△脹れ】ミヅ ①皮膚の下に水分がたまって、ふくれた部分。「やけどでーができる」②多量に水を含んでふくらむこと。

みず-ぶとり【水太り】ミヅ 体がぶよぶよと太っていること。

みず-ぶね【水船】ミヅ ①飲料水を運送する船。②貯水用の大きな箱・おけ。③魚を生かしておく水槽。④浸水した船。

ミスプリント〈misprint〉字などを間違って印刷すること。誤植。ミスプリ。

みず-ぶろ【水風呂】ミヅ 沸かしていない、水のままの風呂。

みず-べ【水辺】ミヅ 川や沼などの水のほとり。水辺(すいへん)。

みず-ほ【△瑞穂】ミヅ みずみずしい稲の穂。「ーの国(=日本の美称)」

みず-ぼうそう【水△疱△瘡】ミヅバウサウ →すいとう(水痘)

み-すぼらし・い【見△窄らしい】(形)カロ・カッ(ク)・イ・イ・ケレ・○ 見かけや身なりが貧弱である。「ー身なり」文みすぼら・し(シク)

みず-まくら【水枕】ミヅ 熱のあるときなど、中に水や氷を入れて頭を冷やすのに用いる、おもにゴム製のまくら。

みず-まし【水増し】ミヅ (名・他スル) ①水をまぜて量を増やすこと。「ーした酒」②本来の量に何ほどかを加えて、全体の分量を見かけだけ増やすこと。「経費をーする」「ー入学」

み-すま・す【見澄[ま]す】(他五)サ(ソ)・シ・ス・ス・セ・セ 気をつけてよく見る。見きわめる。「油断をー・してとびかかる」

ミスマッチ〈mismatch〉不適当な組み合わせ。不釣り合い。「場所とーな服装」

みず-まわり【水回り・水△廻り】ミヅマハリ 台所・浴室・便所など、建物の中で水を使う場所。

みす-みす【見す見す】(副) わかっていながら、どうにもできないさま。見ていながら。知っていながら。「ー損をする」

みずみずし・い【△瑞△瑞しい】ミヅミヅ (形)カロ・カッ(ク)・イ・イ・ケレ・○ 色つやがあって若々しい。新鮮で生気に満ちている。「ー野菜」「ー感覚」文みづみづ・し(シク)

みず-みまい【水見舞[い]】ミヅミマヒ 水害にあった人の安否をたずね、慰めること。夏

みず-むし【水虫】ミヅ《医》「汗疱状白癬(かんぽうじょうはくせん)」の俗称。白癬菌による皮膚病の一つ。てのひら・足のうら、指の間などに小さい水疱(すいほう)ができて、非常なかゆみを伴う。夏

みず-めがね【水眼鏡】ミヅ 水中めがね。夏

みず-もち【水餅】ミヅ かびやひび割れを防ぐため、水にひたして保存するもち。冬

みず-もの【水物】ミヅ ①飲み物やくだものなど、水分の多い食べ物。②そのときの状況で変わりやすい物事。「勝負はーだ」

みず-もり【水盛[り]・◦準】ミヅ 水準器の一つ。細長い角材に掘ったみぞの中に水を入れ、水平を測定する器具。

みず-もれ【水漏れ】ミヅ 水がもれること。漏水(ろうすい)。

みず-や【水屋】ミヅ ①社寺で、水がたたえてあり参拝人が手や口を洗い清める所。御手洗(みたらし)。②茶室の隣などにある、茶道具を置いて用意をする所。③水を扱う所。台所。④茶器・食器を入れておく戸棚。⑤飲み水を売り歩く商売。また、その人。

みず-ようかん【水羊△羹】ミヅヤウカン 和菓子の一種。水分の多い、やわらかい羊羹(ようかん)。冷やして食べる。夏

みずら【×角髪・△鬟】ミヅラ 上代の成人男子の髪形。髪を中央で左右に分けて両耳のあたりで束ねたもの。平安時代には少年の髪の結い方となった。

〔みずら〕

ミスリード〈mislead〉一(名・他スル) 誤った方向へ人を導くこと。「読者をーする記述」二(名) 新聞・雑誌などで、見出しと記事が一致していないこと。

み・する【魅する】(他サ変)シ(セ・サ)・シ・スル・スル・スレ・シロ(セヨ) ふしぎな力で人の心をひきつけて夢中にさせる。魅惑(みわく)する。「すばらしい演奏に

ー・せられる」文み・す(サ変)

ミス・る(自他五)《俗》ミスをする。しくじる。

みず-ろう【水△牢】水びたしにして囚人を苦しめるろうや。

みず-わり【水割〔り〕】ウイスキーなどに水や氷を入れて薄め、飲みやすくすること。また、そうした酒。

みせ【店・見世】(見せだなの意)商品を陳列して見せ、客に売る場所。商店。たな。
ーを畳む 商売をやめる。店じまいをする。**ーを張る** 店を出して商売をする。

み-せいねん【未成年】まだ成年に達していないこと。また、その人。「ー者」↔成年 参考現在の日本の法律では満一八歳未満。

みせ-がかり【店懸〔か〕り】店の構造。店の規模。

みせ-かけ【見せ掛け】うわべ。外見。「ーだけの親切」

みせ-か・ける【見せ掛ける】(自下一) うわべをつくろってよく見せる。にせものや別のものを、うわべだけそのものであるように見せる。「ブランドものにー」文みせか・く(下二)

みせ-がね【見せ金】取り引きなどで、信用を得るために相手に見せる現金。「ーで相手を釣る」

みせ-がまえ【店構え・見世構え】店の構造や規模。

みせ-けち【見せ消〔ち〕】写本などの字句の誤りを、誤ったもとの文字も読めるようにして訂正すること。訂正する字句のそばに消すしるしを付けたりして示す。また、そのしるし。

みせ-さき【店先】店の前。店頭。「ーに並べられた商品」

みせ-じまい【店仕舞〔い〕】(名・自他スル) ①廃業して店を閉じること。閉店。②その日の営業を終えて店を閉じること。転じて、仕事を終えること。閉店。(↔店開き)

みせ-しめ【見せしめ】他の者へのいましめとするため、ある人をこらしめて見せること。「ーのために処罰する」

ミセス〈Mrs.〉①既婚の女性の名前の前に付ける敬称。夫人。②既婚の女性。↔ミス

み-せつ【未設】まだ敷設・設置されていないこと。↔既設

みせ-つ・ける【見せ付ける】(他下一) わざと人目につくようにする。得意そうに見せる。「仲のよいところをー」文みせつ・く(下二)

みせ-どころ【見せ所】ぜひ人に見せたい得意な場面。見せ場。「腕のー」

み-ぜに【身銭】自分の金。個人の金銭・出費。
ーを切る 自分の金を使う。自腹を切る。

みせ-ば【見せ場】芝居などで、役者が得意な芸を見せる場面。また、一般に、見る価値のある場面。「ーをつくる」

みせばやな… 和歌〔見せばやな 雄島のあまの 袖だにも ぬれにぞぬれし 色は変はらず〕〈千載集 殷富門院大輔〉あなたにお見せしたいものです、涙にぬれてすっかり色の変わってしまった私の袖を。あのいつも潮にぬれている松島の雄島の漁師の袖だって、ぬれにぬれても色までは変わらないというのに。(小倉百人一首の一つ)

みせ-ばん【店番】店の番をすること。また、その人。

みせ-びらか・す【見せびらかす】(他五) 自慢して他人に見せつける。見せて得意そうにする。「指輪をー」

みせ-びらき【店開き】(名・自他スル) ①店を新しく開いて、仕事を始めること。開店。②店をあけてその日の商売を始めること。開店。(↔店仕舞い)

みせ-もの【見世物】①小屋などを設け、入場料をとって曲芸や奇術、珍奇な物などを見せる興行。「ー小屋」②大勢の人に見られ、その興味の対象にされること。「世間のーになる」

みせ-や【店屋・見世屋】商品を売る店。商店。「おーさん」

ミゼラブル〈フランス misérable〉(形動ダ) みじめなさま。あわれなさま。

み・せる【見せる】(他下一) ①人の目にふれさせる。「人前に顔をー」「証明書をー」②態度や表情などに表し出して、人にわからせる。「誠意をー」「元気をー」③見せかける。ふりをする。「病気のようにー」④診察や鑑定などをしてもらう。「医者にー」⑤そういう目にあわせる。経験させる。「痛いめをー」⑥ある徴候が出る。「景気がかげりをー」⑦(動詞の連用形+「て」を受けて)㋐強い決意・意志を表す。きっと…する。「成功してー」㋑相手に、実際にある動作をして示す。「にっこり笑ってー」文み・す(下二) 参考⑦は、仮名書きが多い。

尊敬語	謙譲語	丁寧語
お見せになる 見せられる	お目にかける 御覧に入れる お見せする	見せます

み-ぜん【未然】まだ物事の起こらないこと。まだそうなっていないこと。「事故をーに防ぐ」
ーけい【ー形】《文法》活用形の一つ。動作や状態が未実現であることを表す。助動詞「ない・ぬ・う・よう・れる・られる・せる・させる」などを付ける。文語では、助詞「ば」を付けて仮定条件を表すほか、助詞「で・ばや・なむ」、助動詞「ず・む・むず・じ・まし・まほし・る・らる・す・さす・しむ」などを付ける。

み-そ【味△噌】①大豆を蒸してつきくだき、こうじと塩とをまぜて発酵させた調味料。(みそつき 冬) ②カニやエビの殻の中にある、形状が①に似たもの。③趣向をこらして特色とする点。強調すべきポイント。「手前ー」「そこがこの商品のーです」
ーも糞も一緒 優劣・善悪・美醜などの区別をしないで同一に扱うこと。**ーを擂る** へつらう。ごまをする。**ーを付ける** 失敗する。しくじる。面目を失う。

みぞ【溝】①地面を細長く掘って水を流す所。どぶ。「ーにはまる」②細長いくぼみ。「敷居のー」③人間関係における感情的なへだたり。「二人の間にーができる」「ーが深まる」

みぞ【×針孔】針の、糸を通す穴。めど。

みそ-あえ【味△噌◇和〔え〕・味△噌△韲〔え〕】魚や野菜などをみそであえること。また、その料理。

み-ぞう-う【未曽有】(「未だ曽て有らず」の意)昔から今までに、一度もないこと。みぞうう。「ーの大惨事」

みぞ-おち【×鳩尾】《生》胸骨の下方中央のくぼんだ所。語源「みずおち」の転。

みそ-か【三◇十日・△晦日】①月の三十日。月の最終日。月末。↔一日 ②三十日間。

みそか【◇密か】(形動ナリ)《古》こっそりするさま。ひそか。
ーごと【ー事】《古》①人目を避けてすること。内緒事。②男女の密通。

み-そぎ【△禊】身に罪や穢れのあるとき、または神事を行う前に、川や海の水をあびて身を清めること。夏

みそ-くそ【味△噌△糞】(形動ダ) →くそみそ

みそ-こし【味△噌△漉し】みそをこすのに用いるざる。

み-そこな・う【見損〔な〕う】(他五) ①見あやまる。見まちがえる。「敵味方をー」②評価をあやまる。「あの男をー・ったよ」③見ようと思っていたものを見ないで終わる。見る機会を失う。見のがす。「評判の映画をー」

みそさざい【×鷦鷯】《動》ミソサザイ科の小鳥。背面は赤褐色で、腹面は灰褐色。虫を捕食する。鳴き声が美しい。冬

みそ-じ【三◇十・三◇十路】①三〇。②三〇歳。

ミソジニー〈misogyny〉女性嫌悪。女嫌い。↔ミサンドリー

リー

みそ-しる【味噌汁】だし汁に野菜などを入れて煮て、みそを溶かした汁。おみおつけ。

みそ-すり【味噌擂り】①すりばちでみそをすること。②へつらって追従を言うこと。また、その人。おべっか。ごますり。

――ぼうず【―坊主】①寺院で、炊事などの雑用をする下級の僧。②僧をののしっていう言葉。

みそっ-かす【味噌っ滓】①みそをこしたかす。価値のないもののたとえ。②半人前の人。特に、遊びに加わっても仲間と対等に扱ってもらえない子供。

みそ-づけ【味噌漬〔け〕】魚・肉・野菜などをみそに漬けた食べ物。

みそっ-ぱ【味噌っ歯】子供に多い、欠けて黒くなった歯。

みそなは・す【見そなはす】（他四）《古》「見る」の尊敬語。ご覧になる。

みそ-はぎ【禊萩・千屈菜】〘植〙ミソハギ科の多年草。原野の湿地に群生。茎は直立し、夏に淡紅紫色の小花を穂状につける。盂蘭盆に仏前に供える。みぞはぎ。秋

みそひと-もじ【三十一文字】（一首が仮名で三十一字からなるところから）和歌・短歌の異称。

みそ-まめ【味噌豆】①みその原料として蒸した大豆。②（みその原料とするところから）「大豆」の異称。

み-そ・める【見初める】（他下一）（初めて見る意）ひと目見て恋心をいだく。「旅先でー」文みそ・む（下二）

み-そら【身空】身の上。境遇。「若いーで苦労を重ねる」

みぞれ【霙】雪の一部がとけて、雨まじりに降るもの。冬

み-そ・れる【見逸れる】（他下一）見てもその人と気づかないでいる。また、評価を誤って相手を低く見る。文みそ・る（下二）用法ふつう「おみそれしました」の形で用いる。⇩御見逸れ

みだ【弥陀】「阿弥陀」の略。

-みたい（接尾）①他にたとえていう意を表す。「夢ーな話」②例示の意を表す。…のよう。「彼ーな人物は珍しい」③不確かな断定の意を表す。「かぜを引いたーだ」語源江戸時代語「みたよう」の転。用法体言や形容詞・助動詞の終止形などに付く。③の場合、近年、「わたし病気みたい」のように、自分で判断できる確かな根拠があるのに、あえて明言を避けようとする用い方が見られる。また、「みたい」の「い」を形容詞の活用語尾のように変化させた、「みたく」の形で用いられることもある。

み-だいどころ【御台所】《古》（「御台盤所」の略）大臣・将軍などの妻の敬称。みだい。

み-たけ【身丈】①身長。身のたけ。②着物の、襟をのぞいた、すそまでの背筋の長さ。

み-だし【見出し】①新聞・雑誌などで、内容が一見してわかるように、文章の前に簡潔に示す標題。タイトル。②書物・帳簿などの目次・索引。③辞書で、立てられた項目。見出し語。

み-だしなみ【身嗜み】①衣服・髪の手入れなど、身のまわりをきちんとすること。「ーを整える」②身につけた技芸や教養。

みた・す【満たす・充たす】（他五）①いっぱいにする。「バケツに水をー」②満足させる。充足する。「欲望をー」「需要をー」自み・ちる（上一）可能みた・せる（下一）

みだ・す【乱す】（他五）①乱れるようにする。乱雑にする。「列をー」「髪をー」②騒動を起こす。「国をー」③まどわす。「心をー」④よいならわしをくずす。「風紀をー」「慣習をー」自みだ・れる（下一）

み-だ・す【見出す】（他五）見始める。「テレビをー」可能みだ・せる（下一）

み-たつ【未達】目標が達成されていないこと。「ーのノルマ」

み-たて【見立て】見立てること。「医者のー（＝診断）」

み-た・てる【見立てる】（他下一）①見て選び定める。見て、その価値や評価などを定める。選定する。鑑定する。「着物の柄をー」②病気の診断をする。「風邪とー」③なぞらえる。仮定する。「散る花を雪にー」文みた・つ（下二）

みた-ところ【見た所】外から見たようす。一見。「ー変化はない」

み-たま【御霊】「霊（＝神や死者の霊魂）」の敬称。

――しろ【―代】神霊の代わりとして神殿にまつるもの。

――まつり【―祭〔り〕】祖先の霊や、年の神をまつること。

――や【―屋】貴人の霊をまつってある所。御霊屋。

みた-め【見た目】見た感じ。外観。「ーにはやさしそうな人」

みだら【淫ら・猥ら】（形動ダ）性的に乱れているさま。多情で好色なさま。「ーな行為」文（ナリ）

み-たらし【御手洗】（「み」は接頭語）神社の入り口にあって、参拝者が手や口を洗い清める所。御手洗。

みだり-がわし・い【猥りがわしい・濫りがわしい】（形）みだらなさまである。みだりがましい。「ー行い」文みだりがは・し（シク）

みだり-ごこち【乱り心地】《古》悩んで、とり乱した心持ち。また、病気で気分のすぐれないこと。

みだり-に【妄りに・濫りに】（副）思慮が浅く無分別に物事をするさま。必要や理由もなく物事をするさま。「ー言いふらす」「ー出入りするな」

みだれ【乱れ】①乱れること。「髪のー」「世のー」②能楽で、囃子だけで舞う、変化に富んだ舞。

――かご【―籠】ぬいだ衣類などを一時的に入れておく籠。

――がみ【―髪】乱れた髪の毛。形のくずれた髪。

――ばこ【―箱】ぬいだ衣服を一時的に入れておく浅い箱。

みだれがみ〔みだれ髪〕与謝野晶子の歌集。一九〇一（明治三十四）年刊。奔放な青春の情熱と官能を、華麗な表現で歌いあげ、明星派浪漫主義の推進力となった。

みだれ-と・ぶ【乱れ飛ぶ】（自五）多くのものが異なる向きに飛び交う。「鳥がー」「罵声がー」「うわさがー」

みだ・れる【乱れる】（自下一）①整った状態が失われる。乱雑になる。「座がー」「髪がー」②騒動が起こる。「天下がー」③思い惑う。「心がー」④風習や規律などがくずれる。「風紀がー」他みだ・す（五）文みだ・る（下二）

みち【道・路・途】①人や車の往来する所。㋐道路。「駅へ行くー」㋑行程。距離。みちのり。「学校まで一キロほどのーだ」㋒目的地までの経路。途中。「ーを聞く」「ーに迷う」「学校へ行くーで友達に会った」②（地上に限らず）進み行くこと。㋐めざす方向。進路。「理想実現へのー」㋑ある状態に至る過程。「いばらのーを歩む」③秩序。㋐事の筋道。「解決へのー」㋑人の行うべき基準。道徳。道理。条理。「ーにはずれた行い」④手段。方法。「生活のーが立たない」⑤学問・芸道など、その人がもっぱら手がけている方面。専門。「そのーの名人」

――が開ける 進路をさまたげるものがなくなる。打開する見通しが立つ。**――ならぬ** 道徳にはずれている。「ー恋」**――を付ける** ①道のない所へ新たに道をつくる。②糸口を作る。仕事などのきっかけをつかむ。「製品化にー」

み-ち【未知】まだ知らないこと。まだ知られていないこと。「ーの世界」↔既知

みち-あんない【道案内】①道などを教えるために、先に立って導くこと。また、その人。「ーに立つ」②道の方向や里程などを木や石にしるして立ててあるもの。道標。みちしるべ。

みち-おしえ【道教え】「斑猫」の異名。夏

み-ぢか【身近】(名・形動ダ) ①自分の身に近いこと。身辺。「―な所に本を置く」②自分に関係の深いさま。「―な問題」

み-ちが・える【見違える】(他下一) 文みちが・ふ(下二) 見誤る。見そこなう。「―ほど大きくなった」

みち-かけ【満ち欠け・盈ち虧け】月が円くなることと欠けること。「月の―」

みち-くさ【道草】■(名) 道ばたの草。■(名・自スル) 途中でほかの事をして時間をとること。「―しないで帰れ」
―を食う 途中でほかの事に時間を使う。本筋からはなれたよけいな事をして時間を費やす。

みち-しお【満ち潮】海面が一日のうちでいちばん高くなること。また、その海水の流れ。満潮。上げ潮。↔引き潮

みち-じゅん【道順】目的地へ到達する道の順序。

みち-しるべ【道。標】①道の方向や里程などを示すために道ばたに立てる標識。道標。②物事の手引きとなるもの。「大学生活の―」③「斑猫」の異名。

み-ち-すう【未知数】①《数》方程式の中の文字で、数値の知られていないもの。↔既知数 ②(比喩的に)将来どうなるか、また力量がどれくらいかわからないこと。「彼女の実力は―だ」

みち-すがら【道すがら】(副) 行く道の途中で。道を行きながら。途次。途上。「―話をする」

みち-すじ【道筋】①通っていく道。コース。「―の風景」②道理。筋道。「話の―が立たない」

みち-た・りる【満ち足りる】(自上一) 十分に満足する。「―・りた生活」文みちた・る(四)

みち-づれ【道連れ】①連れだっていっしょに行くこと。また、その相手の人。同行者。「旅は―世は情け」②むりによくない行動に引き込むこと。「子供を―に心中を図る」

みち-なか【道中】①行く道の途中。②道のまん中。路上。

みち-なり【道。形】道路に沿うこと。道のまま。「―に行く」

みち-の-えき【道の駅】国道などの幹線道路沿いに設けられた休憩施設。駐車場を備え、観光情報の提供や特産品の販売などを行う。

みち-の-き【道の記】旅行の日記。道中記。紀行文。

みちのく【陸奥】磐城・岩代・陸前・陸中・陸奥の五か国を合わせた呼び名。また、東北地方全体をさすこともある。
語源「みち(道)のおく(奥)」の転。⇒陸奥

みちのくの…和歌〔陸奥の しのぶもぢずり 誰ゆゑに 乱れむと思ふ 我ならなくに〕〈古今集 河原左大臣〉 奥州で産するしのぶずりの乱れ模様のように私が思い乱れるのは、あなた以外のだれのためにというのでしょうか。私はただもうあなたのためだけに思い乱れているのです。(百人一首では第四句「乱れそめにし(=思い乱れるようになった)」。小倉百人一首の一つ)

みちのくの…和歌〔みちのくの 母のいのちを ひと目見ん ひと目見んとぞ ただにいそげる〕〈斎藤茂吉〉 みちのく(東北地方)のふるさとにいる危篤の母、その母の生きているうちに一目見ておきたい一目だけでも会っておこうと、ただそれだけを心に願ってひたすら帰郷を急いでいることだ。(「赤光」の「死にたまふ母」一連五九首の中の一つ)

みち-の-べ【道の辺】道ばた。道筋のほとり。みちべ。

みち-のり【道。程】ある所までの道路の距離。道程。「長い―を歩く」

みち-ばた【道端】道のほとり。路傍。「―に咲いた花」

みち-ひ【満ち干】満潮と干潮。干満。「潮の―」

みち-びき【導き】みちびくこと。案内。指導。「主の―」

みち-び・く【導く】(他五) ①道案内をする。連れて行く。「客を席に―」②指導する。学問や芸能または処世について教える。「後輩を―」③ある状態になるように仕向ける。「会社を隆盛に―」④(答え・結論などを)引き出す。「結論を―」可能みちび・ける(下一)

みち-ぶしん【道普請】道路をつくったりなおしたりすること。道路工事。

みち-みち【道道】■(名) あの道この道。それぞれの道。■(副) 道すがら。道を歩きながら。「―話し合う」

み-ちゃく【未着】まだ到着しないこと。

みち-ゆき【道行(き)】①《文》軍記物・謡曲・浄瑠璃などで、旅行して行く道々の光景や旅情をのべた、七五調などの韻文体の文章。道行き文。②《演》歌舞伎・浄瑠璃などで、恋仲の若い男女がつれ立って旅を行く場面。かけおちや情死の場へ向かう場面が多い。③女性の和服用のコートの一種。

〔みちゆき③〕

み-ちょう【。御帳】貴人の御座所のとばりの敬称。また、帳台の敬称。

み・ちる【満ちる・。充ちる】(自上一) ①場所や器が、余地がないほどにいっぱいになる。行きわたる。「人で―」「室内に―・ちた香気」②そのものの中にいっぱいあると認められる。「苦悩に―・ちた顔」「矛盾に―・ちた発言」③満月になる。「月が―」↔欠ける ④限度に達する。期限になる。「任期が―」「定員に―」「月が―(=出産の時期になる)」⑤潮がさしてくる。「潮が―」↔干る 他みた・す(五) 文み・つ(上二)

みつ【密】 教6 ミツ ひそか
(字義) ①ひそか。ひそかに。こっそりと。「密告・密談・秘密」②こまかい。行きとどいた。「厳密・細密・綿密」↔疎 ③ぴったりとすきまなくつまっている。「密生・密着・密封・密林」↔疎 ④濃い。厚い。「密雲」⑤密教。「密宗」人名たかし

みつ【密】(名・形動ダ) ①すきまがなく、つまっていること。また、そのさま。「人口が―だ」②つながりの強いこと。「連絡を―にする」③行きとどいていること。「計画を―にする」④こっそりすること。「はかりごとは―なるをもってよしとする」

みつ【蜜】 ミツ㊥
(字義) ①みつ。蜂のみつ。「蜜酒・蜜蠟・糖蜜・蜂蜜」②みつのように甘いもの。「蜜月・蜜語」難読蜜柑

みつ【蜜】①蜂蜜。②植物の分泌する甘い液体。「花の―」③砂糖を煮て溶かした液。糖蜜。「―をかける」

みつ【褌】相撲のまわしで、腰に回した横の部分と股下を覆う縦の部分とが交差するところ。三つ結い。また、単にまわしをいう。「前―」

み-つ【三つ】→みっつ 語源「三つ」から。

み・つ【満つ・。充つ】(自五) 満ちる。「定員に―・たない」用法多く、未然形に打ち消しの語を付けて用いる。

みつ-あみ【三つ編み】三本のひもや三束に分けた髪をたがいちがいにして編むこと。また、その編み方。三つ組み。

みづうみの…和歌〔みづうみの 氷は解けて なほ寒し 三日月の影 波にうつろふ〕〈島木赤彦〉 湖にはりつめていた氷はすでにとけてしまったが、まだまだ寒さはきびしい。さえた三日月の光が、静まりかえった日暮れの湖面にちらちらと揺れている。(「みづうみ」は、長野県中央部にある諏訪湖をさす)

みつ-うん【密雲】厚く重なった雲。

みっ-か【三日】(「みか」の促音化) ①三日間。②月の三番

目の日。「一月―」

―にあげず 間をおかず。しばしば。「―通う」 ―見ぬ間の桜 世の中の移り変わりの激しいようすのたとえ。

―てんか【―天下】ごく短期間しか権力や地位を保持できないこと。みっかでんか。【故事】織田信長を討って天下を奪った明智光秀が、わずか一〇日あまりで豊臣秀吉に敗れて落命したことからいう。

―ばしか【―×麻疹】→ふうしん(風疹)

―ぼうず【―坊主】物事にあきやすく、何をしても長つづきしないこと。また、そのような人。

みつ-が【密画】― 線や色彩などを緻密に描いた絵。

みっ-かい【密会】― (名・自スル) ひそかに会うこと。特に、相愛の恋人どうしがひそかに会うこと。「―を重ねる」

みつ-がさね【三つ重ね】三つを重ねて一組としたもの。三つ組み。「―のさかずき」

みつ-かど【三つ角】①三つのかど。②三方に道の分かれるところ。三叉路。

み-つか・る【見付かる】(自五) ①人に見つけられる。人の目にとまる。「敵に―」②見いだすことができる。「逃げ道が―」「うまい言葉が―・らない」他みつ・ける(下一)

み-つき【見付き】外から見たようす。外観。みかけ。

みつぎ【貢〔ぎ〕・◇調〔ぎ〕】→みつぎもの

―もの【―物】①昔、租税の総称。②属国などから支配国の国王などに献上する品物。

みつ-ぎ【密儀】特別の資格をもつ者だけが参加できる、またはそういう資格を与えるために行う秘密の儀式。

みつ-ぎ【密議】秘密の相談や評議。「―をこらす」

みっ-きょう【密教】― 《仏》仏教で、大日如来の説いた教法。その境地に到達したもののみが知る秘密の教えの意。加持・祈禱を重んじる。日本では空海の東密(真言宗系)と最澄の台密(天台宗系)がある。↔顕教

みつ・ぐ【貢ぐ】(他五) ①君主や宗主国などの強権者に金品を献上する。②歓心を得ようと、金品を次々と贈る。また、金や物を与えて生活の面倒をみる。「若い男に―」可能みつ・げる(下一)

み-づ・く【◇水漬く】(自四)《古》水にひたる。水につかる。「海行かば―屍」〈万葉〉

みづくき-の【水茎の】― 《枕》「水城」に、また「岡」

にかかる。

ミックス〈mix〉(名・他スル) ①種類の異なるものをまぜること。また、そのもの。「―ジュース」②テニス・卓球などで、男女の混成チーム。「―ダブルス」

みつ-くち【三つ口・×兎唇】「口唇裂」の俗称。先天的に上唇が縦にさけている疾患。兎唇。(差別的な言い方)

みつ-ぐみ【三つ組〔み〕】①三つで一組のもの。②三つ編み。

み-づくろい【身繕い】― (名・自スル) 身なりを整えること。身じたく。「念入りに―する」

み-つくろ・う【見繕う】― (他五) 品物を適当に選び整える。「適当に―・ってください」

み-つけ【見付・見◇附】見張りの番兵をおいた、枡形をした城の外門。

みっ-けい【密計】ひそかにめぐらすはかりごと。秘密の策略。

みつ-げつ【蜜月】(honeymoon の訳語) ①結婚したばかりのころ。新婚の時期。ハネムーン。「―旅行」②友好関係を保っていること。「両派の―時代」

み-つ・ける【見付ける】(他下一) ①見つけだす。発見する。「落とし物を―」「不正を―」②見なれる。「いつも―・けている風景」自みつか・る(五) 文みつ・く(下二)

みつ-ご【三つ子】①一度の出産で生まれた三人の子。②三歳の子供。転じて、幼児。

―の魂百まで 幼時の性質は年をとっても変わらない。

みつ-ご【密語】ひそひそばなし。内緒話。私語。「―を交わす」

みっ-こう【密行】― (名・自スル) ①しのび歩きをすること。微行。②こっそり行くこと。

みっ-こう【密航】― (名・自スル) ①正式の手続きをしないで、船や飛行機にこっそり乗って外国へ行くこと。「―を企てる」②規則を破って航海すること。「―船」

みっ-こく【密告】(名・他スル) こっそりと知らせること。ひそかに告発すること。「―者」「犯人を―する」

みっ-さつ【密殺】(名・他スル) こっそり殺すこと。特に、違法に家畜を殺すこと。

みっ-し【密旨】秘密の要旨。内々の命令。

みっ-し【密使】秘密に出す使者。「―を送る」

みつ-じ【密事】秘密の事柄。「―がもれる」

みっ-しつ【密室】①閉めきってあり、外からはいることのできない部屋。「―の殺人事件」「―裁判」②人に知られていない秘密の部屋。「屋根裏の―」

みっ-しゅう【密宗】「真言宗」の別称。

みっ-しゅう【密集】― (名・自スル) すきまもなく集まること。「人家が―する」

みつ-しゅっこく【密出国】(名・自スル) 正式な手続きをとらず、不法に国外に出ること。↔密入国

みっ-しょ【密書】秘密の文書や手紙。「―をたくす」

ミッション〈mission〉①使節。また、使節団。②使命。任務。③伝道。また、伝道団体。④「ミッションスクール」の略。

―スクール〈mission school〉キリスト教団が、キリスト教をひろめる目的で設立した学校。

みっしり (副) ①物がすきまなく詰まっているさま。びっしり。「食料が―(と)はいった箱」「体毛が―(と)生えた獣」②手かげんしないで十分に行うさま。みっちり。「技術を―(と)仕込む」

みっ-せい【密生】(名・自スル) 草木や毛などが、すきまなく生えること。「笹が―する」

みっ-せつ【密接】■一(名・自スル) すきまなくぴったり接すること。■二(名・形動ダ) 関係が非常に深いさま。「―な間柄」

みっ-せん【密栓】(名・自スル) かたく栓をすること。また、その栓。「―して保存する」

みっ-そ【密訴】(名・他スル) ひそかに人をうったえること。

みっ-そう【密送】(名・他スル) こっそりと送ること。

みっ-そう【密葬】― (名・他スル) 身内だけでひそかに死者をほうむること。内々で行う葬儀。↔本葬

みつ-ぞう【密造】― (名・他スル) 法をおかして、こっそりと物を造ること。「―酒」

みつ-ぞろい【三つ△揃〔い〕】― 三つでひとそろいになること。また、そのもの。特に、洋服で、上着・チョッキ・ズボンがそろっているもの。スリーピース。「―の背広」

みつ-だん【密談】(名・自スル) こっそりと相談すること。また、その相談。「―を重ねる」

みっ-ちゃく【密着】(名・自スル) ①すきまなくぴったりとつくこと。「二つの面を―させる」「―取材」②「密着印画」の略。

―いんが【―印画】フィルムを印画紙に密着させて原寸大に焼きつけた印画。べた焼き。

みっ-ちょく【密勅】秘密にくだされた勅命。秘密の詔。

みっちり (副) 十分に行うさま。みっしり。「―(と)教え込む」

みっ-つ【三つ】（「みつ」の促音化）①さん。②三歳。

みっ-つう【密通】（名・自スル）①妻や夫など決まった相手以外の人とひそかに性的関係を結ぶこと。私通。「不義—」②ひそかに通じあうこと。「敵に—する」

みっ-てい【密偵】 内密に事情をさぐりしらべること。また、その人。スパイ。「敵陣に—を放つ」

ミット〈mitt〉野球で、親指だけがわかれている捕球用の革製手袋。捕手・一塁手が使う。「ファースト—」

みつ-ど【密度】 ①ある一定の範囲内に分布する量の割合。粗密の度合い。「人口—」②内容の充実している度合い。「—の高い文章」③〔物〕物質の単位体積あたりの質量。

ミッドナイト〈midnight〉真夜中。深夜。

ミッドフィルダー〈midfielder〉サッカーで、フォワードとバックとの間に位置し、攻守の両方をこなす選手。ハーフバック。MF

みつ-どもえ【三つ巴】ドモエ ①紋所の名。三つの巴が輪になっているもの。②三つのものがたがいに入り乱れること。「—の争い」

〔みつどもえ①〕

みっとも-な・い（形）カロ・カッ(ク)・イ・イ・ケレ・○ 体裁が悪い。醜い。「—姿」語源「見とう(たく)もない」の転。

みつ-にゅうこく【密入国】ニフコク（名・自スル）正式な手続きをとらず、不法にその国にはいること。↔密出国

みつ-ば【三つ葉】 ①三枚の葉。「—葵」②→みつばぜり

—ぜり【—芹】〔植〕セリ科の多年草。山林・湿地に自生し、また栽培もされる。葉は三小葉からなる複葉で、香りがよい。夏に白色花を開く。食用。みつば。春

みつ-ばい【密売】（名・他スル）法律をおかして、ひそかに物を売ること。「麻薬の—ルート」

みつ-ばち【蜜蜂】〔動〕ミツバチ科ミツバチ属の昆虫の総称。体は長楕円形で粗毛がある。一匹の女王バチ、数百の雄バチ、数万の働きバチ（雌）が一つの巣で社会生活を営む。働きバチは産卵管の変化した毒針をもち、みつを集める。ニホンミツバチ・セイヨウミツバチなど。春

みっ-ぷう【密封】（名・他スル）かたく封をすること。厳封。「容器の口を—する」

みっ-ぺい【密閉】（名・他スル）すきまがまったくないようにして閉じること。「—された部屋」

みづ-ほ【瑞穂】みず（古）みずみずしい稲の穂。

—の-くに【—の国】（古）「日本国」の美称。

みつ-ぼう【密謀】 秘密のはかりごと。密計。「—を企てる」

みつ-ぼうえき【密貿易】 法律をおかして秘密に行う貿易。

みづまくら… 俳句〔水枕 ガバリと寒い 海がある〕〈西東三鬼〉高熱のため水枕で冷やしながら病床の日を送っている。頭の向きを変えようとしたとき、ガバリと中の水が音をたてた。その音を聞いたとき、冬のさむざむとした海のイメージが脳裏に広がり、暗い死の影に襲われた。（寒い 冬）

みつ-また【三椏】〔植〕ジンチョウゲ科の落葉低木。中国原産。暖地に栽植。枝は三つに分かれ、葉は長楕円形で互生。早春に黄色の花を開く。内皮の靭皮繊維は、コウゾとともに和紙の主要原料。（みつまたの花 春）

〔三椏〕

みつ-また【三つ叉】 川や道路、枝などが三つに分かれていること。また、その所。三叉。

みつ-まめ【蜜豆】 ゆでたえんどう豆と、さいの目に切った寒天や季節のくだものなどを盛り、みつをかけた食べ物。夏

みつ-み【三つ身】〔服〕並幅一反の布の半分で仕立てる、四歳ぐらいの子供の着物。

みつ-みつ【密密】（名・形動ダ）非常にひそかなこと。こっそりとすること。また、そのさま。内々。

みつ-め【三つ目】 ①目が三つあること。または、そのもの。②婚礼・誕生の日から三日目にあたること。また、その祝い。

—ぎり【—錐】 刃先の形状が三角錐になっているきり。

みつ-めい【密命】 秘密の命令。「—を帯びた使者」

みつ・める【見詰める】（他下一）メ・メ・メル・メル・メレ・メロ(メヨ) 目をはなさずに見入る。じっと見る。「穴のあくほど—」文みつ・む（下二）

み-つもり【見積(も)り】 みつもること。概算。目算。また、みつもった数字を記した書類。「—書」「—を取る」

み-つも・る【見積(も)る】（他五）ラ(ロ)・リ(ッ)・ル・ル・レ・レ ①目分量ではかる。②あらかじめ費用・人員・日数などのだいたいの計算をしておく。「建設費を—」

みつ-やく【密約】（名・自スル）こっそりと約束すること。秘密の取り決め。「—を結ぶ」

みつ-ゆ【密輸】（名・他スル）「密輸入」「密輸出」の略。

みつ-ゆしゅつ【密輸出】（名・他スル）法をおかして、こっそりと輸出すること。↔密輸入

みつ-ゆにゅう【密輸入】ユニフ（名・他スル）法をおかして、こっそりと輸入すること。↔密輸出

みつ-ゆび【三つ指】 親指・人差し指・中指の三本の指。また、それを床につけてする、丁寧な礼のしかた。「—をつく」

みづら【角髪・鬟】みずら（古）→みずら

みつ-りょう【密猟】レフ（名・他スル）法をおかして、こっそりと鳥やけものなどをとること。「—者」

みつ-りょう【密漁】レフ（名・他スル）法をおかして、こっそりと魚や貝などをとること。「—船」

みつ-りん【密林】 すきまもないほど樹木の生い茂った林。ジャングル。「熱帯の—」↔疎林

みつ-ろう【蜜蠟】ラフ ミツバチの分泌したろう。ミツバチの巣を加熱・圧搾してとる。ろうそくやパラフィン紙などの原料。

み-てい【未定】 まだ決まっていないこと。「期日は—」↔既定

—こう【—稿】カウ まだ推敲していない未完成の原稿。

ミディ〈midi〉〔服〕スカートやドレスで、ふくらはぎの中ほどの丈。ミニとマキシの中間の長さ。

ミディアム〈medium〉①中間。「—テンポの曲」②媒体。媒介物。③ステーキの焼き方の一つ。レアとウエルダンの中間。⇒ウエルダン・レア

みてぐら【幣】 神にささげるものの総称。特に、幣の類。

みて-くれ【見て呉れ】 みかけ。外観。「—がいいだけだ」

みて-と・る【見て取る】（他五）ラ(ロ)・リ(ッ)・ル・ル・レ・レ 情勢・真意・実態などを見抜く。見てさとる。「相手の気持ちを—」

み-と【水門】 ①海水の出入り口。大河が海にはいる所。みなと。「阿波の—を渡る」②水門。

み-とう【未到】タウ まだだれも到達していないこと。「前人—」

み-とう【未踏】タフ まだだれも足を踏み入れていないこと。「人跡—の地」

み-とう【味到】タウ（名・他スル）内容を十分に味わいつくすこと。味得。

み-どう【御堂】ダウ 仏堂の敬称。本尊を安置してある堂。

み-とおし【見通し】トホシ ①将来の予測。「—が立つ」②相手の心中を見抜くこと。「神はお—だ」③初めから終わりまで見

ること。見続け。みどおし。④遠くまで見えること。「―がきく」

み-とお・す【見通す】―トホス（他五）サ(ソ)・シ・ス・ス・セ・セ ①初めから終わりまで見る。「長い芝居を―」②さえぎるものがなくひと目に見る。見わたす。③相手の心や物事の隠された部分を見抜く。「腹の中を―」④将来のことを予測する。「景気の動向を―」

み-とが・める【見△咎める】（他下一）メ・メ・メル・メル・メレ・メロ(メヨ) 見てあやしいと思い、問いただす。「不審な男を―」文みとが・む(下二)

み-とく【味得】（名・他スル）内容を十分に味わって理解し、自分のものにすること。味到。「茶の道を―する」

み-どく【未読】まだ読んでいないこと。「―メール」↔既読

み-どく【味読】（名・他スル）内容を味わいながら読むこと。

み-どころ【見所・見◇処】①見るねうちのある所。「番組の―」②将来有望な素質。将来性。「―のある青年」

ミトコンドリア〈mitochondria〉動植物や菌類などすべての真核細胞内にあって、おもに呼吸に関係する酵素をもつ細胞小器官。独自のDNAを持ち、自己増殖する。糸粒体。

み-とど・ける【見届ける】（他下一）ケ・ケ・ケル・ケル・ケレ・ケロ(ケヨ) 自分の目で直接見て物事を確かめる。物事のなりゆきを最後まで見る。見きわめる。「結果を―」文みとど・く(下二)

みとめ【認め】①みとめること。②「認め印」の略。

―いん【―印】実印以外の日常用のはんこ。⇩実印

みと・める【認める】（他下一）メ・メ・メル・メル・メレ・メロ(メヨ) ①見て知る。目にとめる。「姿を―」②申し出や願いなどを適当なものとして受け入れる。許可する。承認する。「使用を―」③見て、または考えて間違いないと判断する。「有罪と―」④そのとおりだと受け入れる。自認する。「自分が悪かったと―」⑤価値や能力があると評価する。「上司に―・められる」文みと・む(下二)

み-ども【身共】（代）自称の人代名詞。われ。われら。用法武士などの用語で、同輩または目下の者に対して用いた。

み-とり【◇看取り】病人の世話をすること。看病。看護。

みどり【緑・△翠】①青と黄の中間の色。草や木の葉のような色。②濃い藍色。「―の海」③新芽や若葉。また、草木など植物一般。「―の季節」「―豊かな公園」

―の-おばさんヲバサン（もと緑の制服を着ていたことから）小学生の登下校時に交通整理に当たる、女性の学童擁護員の通称。

―の-くろかみ【―の黒髪】つやのある美しい黒髪。

―の-ひ【みどりの日】国民の祝日の一つ。五月四日。自然に親しむとともにその恩恵に感謝し、豊かな心を育む目的で制定。参考二〇〇六（平成十八）年までは四月二十九日。

み-どり【見取り】見て多くの中から自由に選び取ること。「選り取り―」

みどり-ご【△嬰◇児】二、三歳ぐらいまでの幼児。嬰児。

みとり-ざん【見取〔り〕算】珠算で、記載数字を見ながら計算をする方法。

みとり-ず【見取〔り〕図】―ヅ 地形・機械・建物などの形や配置をわかりやすく書いた略図。「―をかく」

み-と・る【見取る】（他五）ラ(ロ)・リ(ッ)・ル・ル・レ・レ 見て知る。見てその場で内容を理解する。「状況を―」

み-と・る【◇看取る】（他五）ラ(ロ)・リ(ッ)・ル・ル・レ・レ 病人の療養の世話をする。看護する。また、死期を見守る。「祖父の最期を―」

ミドル〈middle〉中間の段階や階級。「―エージ（＝中年）」

―きゅう【―級】キフ ボクシングの体重別階級の一つ。プロでは一五四―一六〇ポンド（六九・八五―七二・五七キログラム）。

み-と・れる【見△蕩れる・見△惚れる】（自下一）レ・レ・レル・レル・レレ・レロ(レヨ) われを忘れて見つめる。うっとりと見入る。「あまりの美しさに―」文みと・る(下二)

-みどろ（接尾）（名詞に付いて）まみれること。「汗―」「血―」

ミトン〈mitten〉親指だけがわかれているふたまたの手袋。

みな【皆】（名・副）一同。全部。みんな。「―で歌をうたう」

―になる 全部なくなる。尽きる。

み-なお・す【見直す】―ナホス サ(ソ)・シ・ス・ス・セ・セ 一（他五）①もう一度改めて見る。「答案を―」②再検討する。「政策を―」③今まで気づかなかった価値を認め、評価を変える。「彼を―・したよ」二（自五）病気や景気がよくなる。もちなおす。「景気が―」

み-なかみ【◇水上】①川の上流。川上。②物事の起源。

みなが-みな【皆が皆】残らずすべて。全部が全部。「―賛成したわけではない」

みなぎ・る【△漲る】（自五）ラ(ロ)・リ(ッ)・ル・ル・レ・レ ①水の勢いが盛んであふれんばかりになる。②全体に、満ちあふれる。「活気が―」

み-なくち【◇水口】（川から）田へ水を引く口。

み-なげ【身投げ】（名・自スル）水中に飛び込んだり、高い所から飛びおりたりして死ぬこと。投身。投身自殺。

みな-ごろし【皆殺し】一人も残さず殺すこと。鏖殺。

みな-さま【皆様】（代）対称の人代名詞。多くの人をさしていう敬語。「ご来場の―」「―によろしくお伝えください」

みな-さん【皆さん】（代）対称の人代名詞。「みなさま」のややくだけた言い方。

みなし-ご【◇孤◇児】両親のない子供。孤児。

み-な・す【見◇做す】（他五）サ(ソ)・シ・ス・ス・セ・セ 見てそれと判断して取り扱う。また、仮にそれであるとする。「一人前の大人と―」

みなせさんぎんひゃくいん【水無瀬三吟百韻】ミナセサンギンヒヤクヰン 室町中期の百韻連歌。一四八八（長享二）年成立。後鳥羽上皇の法楽のため、宗祇・肖柏・宗長が興行し、上皇の離宮のあった水無瀬の廟に奉納。

み-なそこ【◇水底】水の底。みずそこ。

み-なづき【◇水無月】陰暦の六月。夏

み-なと【港・△湊】湾や河口を利用して、船が安全に停泊し、荷の積みおろしや旅客の乗降ができるようにした所。

―まち【―町】港を中心に発達した都市。港のある町。

み-なぬか【三七日】人が死んで、その日から二一日目。また、その日の法事。みなのか。さんしちにち。

みな-の-しゅう【皆の衆】すべての人。みなさん。

みなまた-びょう【◇水△俣病】―ビヤウ《医》工場廃液中の有機水銀を、魚介類を介して摂取することで中枢神経系がおかされる中毒性疾患。公害病の一つ。熊本県水俣地方に一九五三（昭和二十八）年ごろから発生した。

みなみ【南】①方角の一つ。太陽の出るほうに向かって右の方角。②南風。《↕北》

―おもて【―面】①南に面したほう。②貴人宅の正殿。

―かいきせん【―回帰線】クワイキセン《地》南緯二三度二七分の緯線。冬至線。冬至の日には、太陽がこの線の真上にくる。↕北回帰線

―かぜ【―風】南から吹いてくる風。南風。夏 ↕北風

―じゅうじせい【―十字星】ジフジセイ《天》南方海域の夜空に見られ、ケンタウルス座の南に十字をなして輝く四つの星。長い線の先が天の南極をさす。南十字座。

―はんきゅう【―半球】ハンキウ 地球の赤道を境にして南の部分。北半球にくらべて陸地が少なく、海が多い。↕北半球

みなみアフリカ【南アフリカ】〈South Africa〉アフリカ大陸南端にある共和国。首都はプレトリア。

みなみアメリカ【南アメリカ】六大州の一つ。西半球の南部を占める大陸。東は大西洋、西は太平洋に面し、北は北

アメリカ大陸に連なる。南米。

みなみスーダン〔南スーダン〕〈South Sudan〉アフリカ大陸北東部にある共和国。首都はジュバ。

みなみなさま【皆皆様】(代) 対称の人代名詞。「みなさま」を強めていう語。

み-な-も【水面】水面。みのも。「―にうつる樹影」

み-な-もと【源】①川の水の流れ出るもと。水源。②物事のはじめ。起源。根源。「文明の―をさぐる」

みなもとのさねとも〔源実朝〕(一一九二〜一二一九) 鎌倉幕府三代将軍・歌人。頼朝の次男。一二歳で将軍となり、右大臣に進んだが、兄頼家の子公暁に暗殺された。和歌にすぐれ、万葉調の名歌を残した。家集「金槐和歌集」。

みなもとのよしいえ〔源義家〕(一〇三九〜一一〇六) 平安後期の武将・歌人。頼義の長男。八幡太郎とも。武勇にすぐれ、前九年・後三年の役を平定した。

みなもとのよしつね〔源義経〕(一一五九〜一一八九) 平安末期の武将。幼名牛若丸。藤原秀衡の庇護下に成長した。兄頼朝の挙兵に応じてこれに加わり、壇の浦の戦いで平家を滅ぼした。のち頼朝と不和になり、秀衡の子泰衡に討たれた。その生涯は後世の多くの文芸作品の題材となった。九郎判官。

みなもとのよしなか〔源義仲〕(一一五四〜一一八四) 平安末期の武将。頼朝の従弟。木曽で挙兵し、平家方を都落ちさせて京都にはいり、一一八四(寿永三)年征夷大将軍となって朝日将軍と称された。同年、源範頼・義経と戦って近江粟津原で敗死。木曽義仲。

みなもとのよりとも〔源頼朝〕(一一四七〜一一九九) 鎌倉幕府初代将軍。木曽義仲を討ち、平氏を追討して天下を平定。一一八五(文治元)年、鎌倉に幕府を開いて武家政治を創始。一一九二(建久三)年、征夷大将軍に任ぜられた。

み-ならい【見習〔い〕】①見習うこと。②業務などを、初めて実地に習うこと。また、その人・身分。「―社員」

み-なら・う【見習う】(自他五) ①見て覚える。②見てまねる。「先輩を―」 参考 ②は、「見倣う」とも書く。

み-なり【身形】衣服をつけた姿。よそおい。「質素な―」

みなれ-ざお【水馴〔れ〕棹】水になじんで使いなれた舟のさお。

み-な・れる【見慣れる・見馴れる】(自下一) いつも見てよく知っている。「―・れた顔」 文 みな・る(下二)

み-な-わ【水泡・水沫】《古》水のあわ。

ミニ〈mini〉①小さいこと。小型のもの。「―カー」②《服》(「ミニスカート」の略)ひざ上丈の短いスカート。

ミニアチュア〈miniature〉→ミニチュア①

ミニアチュール〈フランス miniature〉細密画。微細に描いた小さな絵。ミニチュア。

ミニカー〈minicar〉①小型自動車。②超小型の模型自動車。 参考 ②は、英語では miniature car という。

み-にく・い【醜い】(形) ①美しくない。容姿が悪い。「―姿」②行為や態度が見苦しい。醜悪である。「―争い」 文 みにく・し(ク)

類語 見苦しい・みすぼらしい・みっともない・格好悪い・浅ましい・醜悪・無様・不格好・不器量・不細工・不体裁・見るに堪えない

み-にく・い【見難い】(形) はっきり見えないさま。「文字が小さくて―」↔見やすい 文 みにく・し(ク)

ミニ-コミ〈和製英語〉特定の少数の人を対象にした情報伝達。また、その媒体。 参考 「マスコミ」の対語としてつくられた語。

みにしゅう〔壬二集〕藤原家隆(壬生二品)の家集。一二四五(寛元三)年、九条基家の撰。

ミニチュア〈miniature〉①小型のもの。また、精密につくった小型模型。ミニアチュア。②→ミニアチュール

―**かん**【―管】小型の真空管。

ミニディスク〈Mini Disc〉録音・再生ができる、直径六四ミリメートルの光磁気ディスク。MD (商標名)

ミニマム〈minimum〉①最小限。最小。最低。②《数》極小(値)。(↔マキシマム)

―**きゅう**【―級】ボクシングの体重別階級の一つ。プロでは一〇五ポンド(四七・六二キログラム)以下。

みぬ-が-はな【見ぬが花】物事は、実際に見るより想像しているほうがよいということ。

み-ぬ・く【見抜く】(他五) 隠されている物事の本質・性格・真相などを見破る。見通す。「相手の心中を―」

みね【峰・峯・嶺】①山の頂上。②物の高く盛り上がったところ。「雲の―」③刀・刃物の背の部分。⇩鎬(さしえ)

みね-うち【峰打ち】(刃で斬らずに)刀の背で相手を打つこと。むねうち。「―にする」

ミネストローネ〈イタリア minestrone〉細かく刻んだ野菜やパスタなどの具がはいった、イタリアのスープ。

ミネラル〈mineral 鉱物〉カルシウム・鉄・リン・沃素・ナトリウムなどの鉱物性の栄養素。無機質。灰分。

―**ウオーター**〈mineral water〉ミネラルを多くふくんだ天然水。また、浄化した水にミネラルを加えたもの。

ミネルバ〈Minerva〉ローマ神話で、文芸・知恵・戦争の女神。ギリシャ神話のアテナと同一視される。

みの【蓑】カヤ・スゲなどを編んでつくったマントのような雨具。

み-の【三幅】《服》並幅の布を三枚合わせた幅。「―ぶとん」

みの〔美濃〕旧国名の一つ。現在の岐阜県南部。濃州。

み-のう【未納】まだ納めていないこと。「税金の―」

み-の-うえ【身の上】①人の境遇。また、その人に関すること。「―相談」②一生の運命。「―を占う」

み-のがし【見逃し】みのがすこと。「―の三振」

み-のが・す【見逃す】(他五) ①見る機会を逸する。見ないままですごす。「話題の映画を―」②見ていながら気づかないでいる。「チャンスを―」③気がついていながら、とがめたり捕らえたりしないでおく。「今回だけは―・してやろう」

みの-がみ【美濃紙】和紙の一種。半紙よりやや大形で、紙質は強くて厚い。 語源 美濃で良質のものを産したことから。

みの-がめ【蓑亀】甲羅に藻類などが生え、みのを着たようになったイシガメ。長寿のしるしといわれ、めでたいものとされる。

み-の-け【身の毛】体の毛。

―**がよだつ** 恐ろしさに全身の毛がさか立つ。

み-の-しろ【身の代】「身の代金」の略。

―**きん**【―金】①人質を無事に返す代わりに要求する金。②身売りの代金。

み-の-たけ【身の丈】せい。せたけ。身長。「―六尺」

みの-ばん【美濃判】美濃紙の大きさ。縦約二七センチメートル、横約三九センチメートル。半紙よりやや大きい。

み-の-ほど【身の程】自分の身分・能力などの程度。分際。「―をわきまえない人」

―**知らず** 自分の分際をわきまえないこと。また、その人。

み-の-まわり【身の回り】①身近に置いて日常使う物。「―を整える」②日常の雑事。身辺。「―の世話をする」

みの-むし【蓑虫】《動》ミノガ科のガの幼虫。吐く糸で体の周囲に木の枝や葉をつづり合わせて、みのと呼ばれる円筒形の巣をつくり、木の枝などにぶらさがってその中にすむ。 秋

み-の-も【水の面】→みなも

みのり【実り・△稔り】①植物が実を結ぶこと。「―の秋」②物事の成果があがること。「―多い学生生活」

み-のり【◦御◦法】《古》仏法の敬称。仏の教え。

みの・る【実る・△稔る】(自五) ラ(ロ)・リ(ッ)・ル・ル・レ・レ ①植物の実がなる。実を結ぶ。「稲が―」②よい結果が現れる。「努力が―」

み-ば【見場】外観。外見。「―が悪い」

み-はい【未配】配当や配給が、まだないこと。

み-ばえ【見栄え・見映え】外から見てりっぱなこと。見た目がいいこと。「―のする服」「―がしない」

み-はかし【◦御×佩刀】《古》「佩刀(はかし)」の敬称。

み-はから・う【見計らう】(ハカラフ) (他五) ワ(オ)・イ(ッ)・ウ・ウ・エ・エ ①見て適当なものを選ぶ。見つくろう。「必要なものを―・って買う」②適当な時だと見当をつける。「ころあいを―」

み-はし【◦御◦階】神社・宮殿などの階段の敬称。特に、紫宸殿(ししんでん)の南階段をいう。

み-はつ【未発】①まだ起こらないこと。②まだ発見・発明・発表されていないこと。「先人―の説」

みはてぬ-ゆめ【見果てぬ夢】いくら夢見ても実現されない計画や理想。「―を追う」

み-はな・す【見放す・見離す】(他五) サ(ソ)・シ・ス・ス・セ・セ あきらめてほうりだす。捨ててかえりみない。見かぎる。「医者に―・される」

み-はば【身幅】《服》和服の身ごろの横幅。

み-はらい【未払い】(ハラヒ) まだ支払いがすんでいないこと。みばらい。「―金」↔既払い

み-はらし【見晴〔ら〕し】あたりを広く見渡すこと。また、その景色。「―がよい」

み-はら・す【見晴〔ら〕す】(他五) サ(ソ)・シ・ス・ス・セ・セ あたりを広く遠くまで見渡す。「山々を―」

み-はり【見張り】見張ること。また、その人。監視。「―番」

み-は・る【見張る】(他五) ラ(ロ)・リ(ッ)・ル・ル・レ・レ ①目を大きくあけて見つめる。「巧みな技に目を―」②注意深く目をくばって番(警戒)をする。「荷物を―」参考 ①は「△瞠る」とも書く。

み-はるか・す【見◦晴かす・見△霽かす】(他五) サ(ソ)・シ・ス・ス・セ・セ 遠く見渡す。「―大海原」

み-びいき【身△贔△屓】(名・他スル) 自分に関係のある人を特別に引き立てて、かわいがること。「後輩を―する」

みひつ-の-こい【未必の故意】《法》自分の行為から犯罪となる事実が発生しうることを認識していながら、やむをえないと認めてその行為をする心理状態。

み-ひとつ【身一つ】自分の体ひとつ。「―で家を出る」

み-びょう【未病】(ビヤウ) 《医》漢方で、発症しているとはいえないが、病気の微妙な兆候が見られる状態。

み-ひらき【見開き】書籍・雑誌などを開いた場合の、向かい合った左右二ページのこと。「―の広告」

み-ひら・く【見開く】(他五) カ(コ)・キ(イ)・ク・ク・ケ・ケ 目を大きく開ける。「意外な光景に目を―」

み-ぶり【身振り】気持ちや考えを相手に伝えるために体を動かすこと。また、その動き。ジェスチャー。「―手振り」

み-ぶるい【身震い】(ブルヒ) (名・自スル) 寒さ・恐ろしさや嫌悪などのために体が震え動くこと。「寒さのあまり―する」

み-ぶん【未分】まだ分かれていないこと。未分化。「天地―」

み-ぶん【身分】①社会的な地位。「―相応」②身の上。境遇。「結構なご―ですね(やや皮肉をこめた言い方)」

―しょうめいしょ【―証明書】会社・学校などで、そこに所属する人であることを証明するために発行する文書。

み-へん【身偏】漢字の部首名の一つ。「躬」「躾」などの「身」の部分。

みぼう-じん【未亡人】(ミバウ) 夫に死別してひとりでいる女性。後家。寡婦。やもめ。参考 本来は夫と死別した妻の自称。

み-ほ・れる【見△惚れる】(自下一) レ・レ・レル・レル・レレ・レロ(レヨ) うっとりと見とれる。「名演技に―」文 みほ・る(下二)

み-ほん【見本】①それを見れば全体の質や状態を推察できるように示す商品の一部分。または、そのために作ったもの。サンプル。「―品」②手本。代表例。「彼は紳士の―だ」

―いち【―市】商品の見本を並べて宣伝・紹介し、大量の取り引きをする臨時の市場。

―ずり【―刷〔り〕】刷り具合の見本として書物の一部などを印刷したもの。

み-まい【見舞〔い〕】(マヒ) みまうこと。また、みまうための訪問・書状・品物など。「―客」「お―に行く」

―じょう【―状】(ジャウ) 病気・災害などのみまいの書状。

み-ま・う【見舞う】(マフ) (他五) ワ(オ)・イ(ッ)・ウ・ウ・エ・エ ①災難にあった人や病人などを、たずねたり手紙を出したりして慰める。「病人を―」②無事かどうかをたずねる。「両親を―」③天災などがおそいかかる。「嵐(あらし)に―・われる」④打撃を加える。「げんこつを―」

み-まが・う【見◦紛う】(マガフ) (他五) ワ(オ)・イ(ッ)・ウ・ウ・エ・エ 見まちがう。見てとりちがえる。「雪と―桜吹雪」⇩紛(まが)う「参考」

み-まか・る【身◦罷る】(自五) ラ(ロ)・リ(ッ)・ル・ル・レ・レ 死ぬ。

み-まご・う【見◦紛う】(マガフ) (他五) ○・○・ウ・○・○・○ →みまがう

みまさか【美作】旧国名の一つ。現在の岡山県東北部。作州。

み-まも・る【見守る】(他五) ラ(ロ)・リ(ッ)・ル・ル・レ・レ ①そのものが安全であるように気をつけて見る。「親に温かく―・られて育つ」②じっと見つめる。ことのなりゆきを注意して見る。「試合の経過を―」

み-まわ・す【見回す】(マハス) (他五) サ(ソ)・シ・ス・ス・セ・セ あたりをぐるっと見る。「室内を―」

み-まわり【見回り・見△廻り】(マハリ) 見てまわること。巡視。また、その人。「校内の―」

み-まわ・る【見回る・見△廻る】(マハル) (他五) ラ(ロ)・リ(ッ)・ル・ル・レ・レ 監視・警戒や見物などのために、あちらこちらを歩いて回る。

み-まん【未満】ある数量に達しないこと。参考 たとえば、「一八歳未満」といえば一八歳を含まない。⇩以下「参考」

みみ【耳】①《生》脊椎(せきつい)動物の頭の左右両側について聴覚と平衡感覚をつかさどる器官。外耳・中耳・内耳の三部より成る。②耳殻。耳介(じかい)。「大きな―の人」③聞くこと。聞く能力。聴力。「―が鋭い」④(耳殻のような形をしていることから)器物の横についている取っ手。「なべの―」⑤紙・織物・本・パンなどのはしの部分。「食パンの―」

〔みみ①〕

―が痛(いた)い 他人の言うことが自分の弱点をついているので、聞くのがつらい。**―が肥(こ)える** 音楽・話芸などを聞きこんでいて、鑑賞力にすぐれている。**―が遠(とお)い** 耳がよく聞こえない。**―が早(はや)い** うわさなどをすばやく聞きつける。**―に入(い)れる** こっそり告げ知らせる。**―に逆(さか)らう** 聞いて不愉快に思われる。**―に障(さわ)る** 聞いていて、いやな気持ちになる。**―にする** ちらっと聞く。**―に胼胝(たこ)ができる** 同じことを何度も聞かされてうんざりする。聞きあきる。**―に付(つ)く** ①声や物音が耳にとまって気にかかる。②何度も聞かされてあきる。**―に留(とど)める** 聞いて覚えておく。注意して聞く。耳に留(とど)める。**―に入(はい)**

る 音・声・話などが自然に聞こえてくる。**―に挟む** ちらりと聞く。ふと、耳にはいる。小耳に挟む。**―を疑う** 聞いたことがまちがいではないかと驚き疑う。

―を掩うて鐘を盗む 良心を押し殺して、自分の犯した悪事を考えまいとすることのたとえ。また、自分では悪事をうまく隠したつもりでも、すでに世間に知れ渡っていることのたとえ。【故事】鐘を盗んだ男が、大きすぎて背負えないので鐘を椎で砕きはじめたところ大きな音がした。他人に気づかれることを恐れ、自分の耳をおおったという説話による。〈呂氏春秋〉

―を貸す 人の話を聞く。**―を傾ける** 注意して熱心に聞く。**―を澄ます** 心を落ち着けて聞く。よく注意して聞く。**―を欹てる** よく聞き取ろうと注意を向ける。**―を揃える** 金額・数量の全部をとりそろえる。語源「耳」は物のはしの意で、大判・小判などの縁も耳といい、その縁をそろえるところから、金額を不足なく調えるという意となった。

みみ-あか【耳△垢】耳の穴の中にたまる、分泌物やほこりの混合物。耳くそ。

みみ-あたらし・い【耳新しい】(形)カロ・カッ(ク)・イ・イ・ケレ・○ それまで聞いたことがなく、新鮮に感じるさま。初めて聞くさま。「―ニュース」文みみあたら・し(シク)

みみ-うち【耳打〔ち〕】(名・自他スル) 相手の耳もとに口を寄せてささやくこと。「そっと―する」

みみ-かき【耳△搔き】耳の穴をかき、耳あかをとる用具。

みみ-かくし【耳隠し】耳を髪でおおいかくすように結った女性の束髪。大正末期に流行した髪形。

みみ-がくもん【耳学問】(正規に自分で習得したのではなく)人の話を聞いて物事を知ること。聞きかじりの知識。

みみ-かざり【耳飾り】耳たぶにつける装飾品。イヤリング。

みみ-がね【耳金】①金属製の耳飾り。②器などの左右にとび出した金具の取っ手。

みみ-くそ【耳△糞・耳△屎】耳あか。

みみ-こすり【耳◦擦り】(名・自他スル) ①耳もとでこっそり話すこと。耳打ち。②あてこすりを言うこと。また、その言葉。

みみ-ざと・い【耳△聡い】(形)カロ・カッ(ク)・イ・イ・ケレ・○ ①聴覚がするどい。②情報を聞きつけるのが早い。早耳である。「もう知っているの。―ね」③聞いて理解するのが早い。文みみざと・し(ク)

みみ-ざわり【耳障り】ザハリ (名・形動ダ) 聞いてうるさく、または、不快に感じること。また、そのさま。「―な音」

みみず【×蚯蚓】〔動〕環形動物の貧毛類(ミミズ類)に属する一群の動物の総称。体は円筒状で細長く、多くの体節があり、一端に口、他端に肛門がある。多くは淡水にすむが、陸生のものは土中にいて腐植土を食う。夏

―ばれ【―△脹れ】皮膚のひっかき傷などが、ミミズの形のように、長く赤くはれること。また、そうなっているところ。

みみ-ずく【×木菟】ヅク〔動〕フクロウ科の猛禽で、頭に耳のような長い羽毛があるものの総称。ふつうオオコノハズクをいう。夜、活動し、小動物を捕食する。フクロウ類との分類学的な区別はない。ずく。冬 ⇩梟

みみ-せん【耳栓】耳の穴につめて栓とするもの。騒音をさえぎったり、水がはいるのを防いだりするために用いる。

みみ-だ・つ【耳立つ】(自五)タ(ト)・チ(ッ)・ツ・ツ・テ・テ きわだって聞こえて耳ざわりである。角立っていやに聞こえる。「自動車の騒音が―」

みみ-たぶ【耳△朶】耳の下部のたれさがっているやわらかい肉。みみたぼ。じだ。

みみ-だれ【耳垂れ・耳◦漏れ】〔医〕中耳からうみのような分泌物が流れ出す症状。また、その分泌物。耳漏。

みみ-づく【×木菟】「みみずく」と書くのが本則。→みみずく

みみっち・い(形)カロ・カッ(ク)・イ・イ・ケレ・○〔俗〕細かくていかにもけちくさい。しみったれている。「―まねをするな」

みみ-どお・い【耳遠い】ドホイ (形)カロ・カッ(ク)・イ・イ・ケレ・○ ①耳がよく聞こえない。②聞きなれない。耳なれない。文みみどほ・し(ク)

みみ-どしま【耳年◦増】経験はあまりないが、聞きかじりの知識が豊富な若い女性。性の知識などに関して用いる語。

みみ-なり【耳鳴り】外界で音がしていないのに、耳には音が鳴っているように感じられること。耳鳴。「―がする」

みみ-な・れる【耳慣れる・耳△馴れる】(自下一)レ・レ・レル・レレ・レロ(レヨ) しばしば聞いて珍しくなくなる。聞きなれる。「―・れない言葉」文みみな・る(下二)

みみ-ばさ・む【耳挟む】(他五)マ(モ)・ミ(ン)・ム・ム・メ・メ ちらりと聞く。ふと耳に入れる。小耳にはさむ。

みみ-へん【耳偏】漢字の部首名の一つ。「恥」「職」などの「耳」の部分。

みみ-もと【耳元・耳◦許】耳のすぐそば。「―でささやく」

みみ-より【耳寄り】(名・形動ダ) 聞いて知っておくとよいさま。聞く価値のあるさま。「―な話」

みみ-わ【耳輪・耳◦環】耳たぶにたらす飾りの輪。イヤリング。

み-むき【見向き】関心をもってそのほうを見ること。「―もしないで歩み去る」

み-む・く【見向く】(自五)カ(コ)・キ(イ)・ク・ク・ケ・ケ そのほうを向いて見る。「―・こうともしない」

み-むろ【◦御室】①貴人や僧侶の住居の敬称。おむろ。②神の降臨するところ。神社。みもろ。

み-め【見目】目に見たようす。見た感じ。特に、顔立ち。器量。容貌。「―より心」

み-めい【未明】夜のまだすっかり明けきらないとき。明け方。

みめ-うるわし・い【見目麗しい】ウルハシイ (形)カロ・カッ(ク)・イ・イ・ケレ・○ 顔立ちが美しい。美貌である。文みめうるは・し(シク)

ミメーシス〈ギリシャ mimēsis〉①西洋の芸術上の修辞法、また基本概念の一つ。模写・模倣によって事物をありのままに表現すること。ミメシス。②→ぎたい②

みめ-かたち【見目形】顔立ちと姿。容姿。

みめ-よ・い【見目◦好い】(形)カロ・カッ(ク)・イ・イ・ケレ・○ 顔かたちが美しい。美貌である。文みめよ・し(ク)

ミモザ〈mimosa〉〔植〕①マメ科アカシア属の植物の通称。早春に黄色の香り高い小さな花を開く。フサアカシアなど。春 ②マメ科オジギソウ属の植物の総称。オジギソウなど。夏

み-もだえ【身△悶え】(名・自スル) 苦しみや悲しみなどのあまり、体をよじるように動かすこと。「激痛に―する」

み-もち【身持〔ち〕】①品行。行状。素行。「―が堅い」②妊娠すること。「―の体」

み-もと【身元・身◦許】①その人の生まれ育った環境や経歴。素性。「―不明」②その人の身の上に関すること。「―を引き受ける」

―ほしょうにん【―保証人】その人の身上・信用などの確実なことを請け合う人。

み-もの【見物】見る価値のあるもの。見るにたりるもの。「これは―だ」参考「けんぶつ」と読めば別の意になる。

み-もの【実物】①野菜で、おもに実を食べるもの。②生け花・園芸で、おもに実を観賞する植物。⇩葉物・花物

み-もん【未聞】まだ聞いたことのないこと。「前代―」

み-や【宮】(御屋の意) ①神社。「お―参り」②皇居。御所。③独立して一家を構えた親王家や皇族の尊称。「―さま」

みや-い【宮居】ヰ ①神社のある所。神社の社殿。②皇居。

みやぎ〔宮城〕東北地方東部の県。県庁所在地は仙台市。

み-やく【未訳】 まだ翻訳していないこと。

みゃく【脈】 教5 ミャク 月 月' 肵 肵 脈 脈

（字義）①すじ。㋐血管。「脈動・脈搏・静脈・動脈」㋑すじになって続いているもの。「鉱脈・山脈・水脈」②続く。すじだって続く。「脈脈・脈絡」③すじみち。続きぐあい。「語脈・人脈・文脈」

みゃく【脈】 ①心臓の鼓動につれて起こる血管の周期的な動き。脈搏。「ーをとる（＝脈搏を調べて診察する）」②動植物の体液が流れる管。③（①から転じて）先の見込み。

―がある ①脈搏が途絶えないで、まだ命がある。②見込みがある。前途に望みがある。

みゃく-う・つ【脈打つ・脈△搏つ】（自五）①心臓から血液がおし出されることによって動脈が律動する。②内部にいきいきとみなぎる。「自由独立の精神がー」

みゃく-どう【脈動】（名・自スル）①脈を打つように、周期的・律動的に動いていること。「ーする世界」②地震以外の原因によって、地殻がかすかに震動する現象。

みゃく-どころ【脈所】 ①さわって、脈搏の感じられるところ。②物事の急所。肝心な点。「ーをつかむ」

みゃく-はく【脈△搏・脈拍】〘生〙心臓が血液をおし出すことによって、動脈に周期的におこる振動。心臓の搏動数に等しく、安静時の大人で、一分間に七〇ぐらい。脈。パルス。

みゃく-みゃく【脈脈】（タル）力強く続いて絶えないさま。「ーと続く伝統」文（形動タリ）

みゃく-らく【脈絡】 一貫した筋道。関連。「ーのない文章」

み-やけ【×屯倉】〘日〙（「御宅」の意）古代の大和政権の直轄地。大化改新で廃止。

みや-け【宮家】 ①皇族で宮号を賜って独立した家。②親王・法親王・門跡などの家。

みやげ【土産】 ①他家を訪問するときなどに持って行く贈り物。手みやげ。②旅先や外出先などから持ち帰る、その土地の産物など。語源「見上げ（＝敬意を表して贈るもの）」の転。参考「土産」は、②の意からの当て字。常用漢字表付表の語。

―ばなし【―話】 帰ってから語り聞かせる、旅先で見聞したことについての話。「ーに花が咲く」

みや-こ【都】（宮処の意）①皇居、または政府のある所。首都。②人口が多く、経済や文化の中心となる繁華なまち。都会。また、あることを大きな特徴とする都会。「水のーベネチア」

―いり【―入り】（名・自スル）都にはいること。入京。

―おち【―落ち】（名・自スル）①都を逃げて地方へ行くこと。「ーした平家」②都会、特に東京から離れて地方に転勤したり就職したりすること。

―どり【―鳥】〘動〙①ミヤコドリ科の鳥の総称。②①の一種。頭・首・背面は黒色で腹は白く、くちばしは長く黄赤色で、足は赤い。日本には春から秋にかけてまれに飛来する。③「ゆりかもめ」の雅称。冬

みやざき〔宮崎〕 九州南東部の県。県庁所在地は宮崎市。

みや-さま【宮様】 皇族を敬い親しんで言う語。

みやざわけんじ〔宮沢賢治〕（一八九六～一九三三）詩人・童話作家。岩手県生まれ。法華経信仰と科学的教養とを支えとして、郷里花巻の農業・文化の指導に献身。かたわら、すぐれた詩や童話を多く残した。詩集「春と修羅」、童話集「注文の多い料理店」、童話「風の又三郎」「銀河鉄道の夜」など。

みや-しばい【宮芝居】 神社の祭礼のときなどに、境内に小屋掛けして行う芝居。

み-やす・い【見△易い】（形）①見るのに骨が折れない。見るのが容易である。見よい。「図入りでー」↔見にくい ②筋道が立っていてよくわかる。「ー道理」文みやす・し（ク）

みやす-どころ【◇御◇息所】〘古〙①天皇の寝所に仕えた官女。多く、皇子・皇女を生んだ女御・更衣をいう。②（鳥羽天皇以後）皇太子妃および親王妃。語源「みやすみどころ」→「みやすんどころ」→「みやすどころ」と転じた語。

みや-ずもう【宮相撲】 祭礼のときなどに、神社の境内で行う相撲。秋

みや-だいく【宮大工】 神社・仏閣・宮殿を建てるのを専門とする大工。

みや-づかえ【宮仕え】（名・自スル）①宮中に仕えること。②貴人の家に仕えること。仕官。③〘俗〙役所や会社に勤務すること。「すまじきものはー」

みや-づかさ【宮◇司】 ①中宮職・春宮坊・斎院・斎宮の職員。②神官。宮司。

みゃっ-かん【脈管】〘生〙動物の体内にあって、体液を通すくだ。血管・リンパ管など。

み-やつこ【◇造】〘日〙古代の姓の一つ。大和政権直属の部民を世襲で管理した伴造の氏族が称した姓。

みや-でら【宮寺】 神仏を混合して祭った、神社に属する寺。

みや-どころ【宮所】 ①神社のある所。②皇居のある所。

みや-ばしら【宮柱】 皇居や宮殿の柱。

みやび【◇雅】（名・形動ダ）洗練されていて、上品で優雅なこと。また、そのさま。風雅。「ーな衣装」「ーな言葉」

みや-びと【宮人】 ①宮中に仕える人。大宮人。↔里人 ②神に仕える人。神官など。

みやびやか【◇雅やか】（形動ダ）上品で風流なさま。優雅なさま。「ーな物腰」文（ナリ）

み-やぶ・る【見破る】（他五）人が隠そうとしていることの本質を知る。見抜く。「正体をー」

み-やま【◇深山】 奥深い山。奥山。↔端山

―おろし【―△颪】 深山から吹きおろす強い風。

―ざくら【―桜】 ①深山に咲く桜。春 ②〘植〙バラ科の落葉小高木。山地に生じ、五、六月ごろ白い花を開く。

みや-まいり【宮参り】（名・自スル）①子供が生まれて初めて産土神（＝土地の守護神）に参拝すること。うぶすなまいり。②七五三の祝いに産土神に参拝すること。

みや-めぐり【宮巡り】 諸所の神社を参拝してまわること。

みやもとゆりこ〔宮本百合子〕（一八九九～一九五一）小説家。東京生まれ。共産党にはいり、プロレタリア文学運動の先頭に立って活躍。代表作「伸子」「風知草」「播州平野」など。

みや-もり【宮守】 神社の番をすること。また、その人。

み-や・る【見◇遣る】（他五）①遠くのほうを見る。「はるかかなたをー」②そのほうを見る。「ふと窓の外をー」

ミャンマー〈Myanmar〉インドシナ半島北西の連邦共和国。一九八九年に「ビルマ」から改称。首都はネーピードー。

ミュージアム〈museum〉美術館。博物館。資料館。

ミュージカル〈musical〉①（他の語の上に付いて）「音楽の」「音楽的な」の意を表す。「ーショー」②二〇世紀前半にアメリカで発展した、音楽・舞踊・演劇を融合させた舞台芸術。

ミュージシャン〈musician〉音楽家。特に、ジャズやポップスなどの演奏家をいうことが多い。「ロックー」

ミュージック〈music〉音楽。楽曲。「ポピュラーー」

―コンクレート〈フランス musique concrète〉自然界の音や人の声に機械的操作を加えて編集した音楽。具体音楽。

―ホール〈music hall〉歌・踊り・寸劇などを行う大衆演芸場。

ミューズ〈Muse〉ギリシャ神話で知的活動、特に詩や音楽をつかさどる九人の女神。

ミュータント〈mutant〉突然変異の生じた生物や細胞。突然変異体。

ミュート〈mute〉①楽器の弱音器(=音を弱め音色を変える装置)。②テレビ・音響機器の消音機能。

み-ゆき【×行幸・◇御◇幸】(名・自スル)①天皇のおでまし。行幸。②上皇・法皇・女院のおでまし。御幸。参考 主として①の意に用い、その場合は「行幸」を、②の場合は「御幸」を当てる。中世以降は「ぎょうこう」「ごこう」と音読して区別した。なお、三后・皇太子などには「行啓」という。

み-ゆき【◇深雪】①「雪」の雅称。②深く積もった雪。冬

み-よ【◇御代・◇御世】天皇の治世とその在位期間の敬称。

み-よ・い【見◇好い】(形)(カロ・カツ(ク)・イ・イ・ケレ・○)①見た感じがよい。「その服装は―とは言えない」②見やすい。文みよ・し(ク)

み-よう【見様】見る方法。見方。「―でどちらともいえる」

―みまね【―見真◇似】たえず見ているうちに自然とまねて覚えること。

みょう【名】(字義)→めい(名)

みょう【妙】ミョウ(メウ)中 たえ
(字義)①たえ。㋐美しい。「妙麗・美妙」㋑じょうずな。たくみな。「妙技・軽妙・巧妙」㋒よい。すぐれた。「妙案・妙手・妙薬・精妙・絶妙」②変な。おかしい。「奇妙・珍妙」③不思議。神秘。「妙理・霊妙」④若い。「妙年・妙齢」人名 ただ・たゆ

みょう【妙】一(名)人知の及ばないほどすぐれていること。「造化の―」「技巧の―を尽くす」二(名・形動ダ)変なこと。おかしいこと。また、そのさま。「―な話」「―に憎めない人」

みょう【命】(字義)→めい(命)

みょう【明】(字義)→めい(明)

みょう-【明】(接頭)「その次の」「あくる」の意を表す。「―年」「―三日」「―晩」

みょう【冥】(字義)→めい(冥)

みょう-あさ【明朝】あすの朝。明朝。

みょう-あん【妙案】非常にすぐれた案。よい思いつき。

みょう-あん【明◇闇】この世とあの世。幽明。

みょう-おう【明王】〔仏〕①諸悪を降伏し衆生を導く仏教の守護神。怒りの相を表す。②特に、不動明王。

みょう-おん【妙音】すぐれた音楽。美しい声。「天の―」

みょう-が【△茗荷】〔植〕ショウガ科の多年草。林中に自生し、また、栽培もされる。葉は広い披針形で、夏に淡黄色の花をつける。独特な香気があり、若芽や花穂を食用とする。多く食べるともの忘れをするという俗説がある。(みょうが竹 春・みょうがの子 夏・みょうがの花 秋)

みょう-が【冥加】一(名)①気づかないうちに受ける神仏の加護。おかげ。冥利。冥助。②「冥加金」の略。二(名・形動ダ)好運に恵まれるさま。しあわせ。「命―な男」
―に余る 過分のおかげをこうむり、もったいないほどありがたい。冥加に尽きる。「―お言葉」 **―に尽きる** ①神や仏に見放される。②→みょうがにあまる

―きん【―金】①冥加を得るためや冥加を得た謝礼として寺社に寄付した金。②〔日〕江戸時代、商工業者が営業許可を願い出るとき幕府に納めた上納金。のちに租税化した。

みょう-ぎ【妙技】非常に巧みなわざ。「―をふるう」

みょう-く【妙句】すぐれた味わいのある句。

みょう-けい【妙計】非常にすぐれたはかりごと。妙策。

みょう-ご【明後】日または年が「次の次」の意を表す。

―にち【―日】あさって。

―ねん【―年】さらいねん。

みょう-ご【冥護】知らないうちに受ける神仏の加護。

みょう-こう【妙工】すぐれた細工。技の巧みな職人。

みょう-ごう【名号】〔仏〕仏・菩薩の名。特に、阿弥陀仏の称。また、「南無阿弥陀仏」の六字。

みょう-さく【妙策】うまい考え。巧みな計画。妙計。

みょう-じ【名字・◇苗字】その家を表す名。姓。

―たいとう【―帯刀】〔日〕江戸時代、名字を名のり、刀をさすこと。武士の特権とされたが、功績のある一部の農民・町人にも特に許された。

みょう-しゅ【妙手】①すぐれた腕。また、その持ち主。「舞の―」②囲碁・将棋などで、すぐれたよい手。「―を打つ」

みょう-しゅ【妙趣】なんとも言いようのない、すぐれたおもむき。妙味。「―に富んだ名園」

みょう-しゅん【明春】①来年の春。②来年の正月。

みょう-しょ【妙所】言うに言われない味わいのある所。

みょう-じょ【冥助】→みょうが(冥加)一①

みょう-じょう【明星】①夕方や明け方に見える金星。「明けの―」②その分野で、輝いて人気のある人。スター。

みょうじょう〔明星〕与謝野鉄幹主宰の新詩社発行の詩歌雑誌。同人に与謝野晶子・北原白秋・石川啄木ら。明治三十年代の浪漫主義文学運動の拠点。

みょう-じん【明神】「神」の尊称。威厳と徳のある神。

みょう-せき【名跡】代々受け継いできた名字・家名・称号。「―を継ぐ」

みょうせん-じしょう【名詮自性】〔仏〕名が、そのもの自体の本性・性質を表すということ。

みょう-だい【名代】公的な場所で目上の人の代理をつとめること。また、その人。参考「なだい」と読めば別の意になる。

みょう-ちきりん【妙ちきりん】(形動ダ)(ダロ・ダッ・デ・ニ・ダ・ナ・ナラ・○)《俗》ひどく奇妙で風変わりなさま。「―な服装」

みょう-ちょう【明朝】あすの朝。

みょう-てい【妙諦】すぐれた真理。妙諦。

みょうと【×夫婦】夫と妻。夫婦。語源「めおと」の転。

みょう-に【妙に】(副)不思議に。奇妙に。「―静かだ」

みょう-にち【明日】あす。あした。

みょう-ねん【明年】来年。

みょう-ばつ【冥罰】神仏が人知れずくだす罰。天罰。

みょう-ばん【明晩】あすの晩。あしたの晩。

みょう-ばん【明△礬】〔化〕硫酸アルミニウムと、アルカリ金属やアンモニアなどの硫酸塩との複塩の総称。ふつうカリウムミョウバンをいう。無色・正八面体の結晶。媒染剤・製紙用。

みょう-ぶ【命婦】律令制で、五位以上の女官。または、五位以上の官人の妻。

みょう-ほう【妙法】〔仏〕①すぐれて深遠な仏法。②(「妙法蓮華経」の略)法華経。

みょう-み【妙味】①なんとも言いようのないすぐれたおもむき。妙趣。「―に富んだ造り」②うまみ。「―のある商売」

みょう-もく【名目】→めいもく(名目)①

みょう-もん【名聞】世間の評判。名誉。ほまれ。

みょう-や【明夜】あすの夜。

みょう-やく【妙薬】不思議なほどよく効く薬。

みょう-よう【妙用】不思議な作用。

みょう-り【名利】(世俗的な意味での)名誉と利益。

みょう-り【妙理】不思議な道理。

みょう-り【冥利】①知らず知らずのうちに受ける、神仏

の恩恵。ごりやく。冥加(みょうが)。②ある立場・境遇にいるために受ける恩恵。「男―」③《仏》善行の報いとして得た現在の幸福。

―に尽(つ)きる 自分の立場や職業などによって受ける恩恵が、もったいないほどありがたい。「役者―」

みょう-れい【妙齢】(メウ) 若い年ごろ。結婚する年ごろ。「―の美人」 用法 おもに女性に使う。

みよし【△舳・×船首】 へさき。船の先端部。↔艫(とも)

みよしたつじ〔三好達治〕(ミヨシタツヂ)(一九〇〇〜一九六四) 詩人。大阪生まれ。堀辰雄(ほりたつお)らと「四季」を創刊。知性と感性の調和した完成度の高い叙情詩を書いた。詩集「測量船」「南窗集(なんそうしゅう)」など。

みよしのの… 和歌〔み吉野の 山の秋風 さ夜ふけて ふるさと寒く 衣打つなり〕〈新古今集 (参議)藤原雅経(ふじわらのまさつね)〉吉野山の秋風が寂しく吹き、夜もふけて、古く離宮のあったこの吉野の里では、里人の衣を打つ槌(つち)の音が、さむざむと聞こえてくる。(小倉百人一首の一つ)

みよ-はじめ【◇御代始め・◇御世始め】 天皇の治世のはじめ。

み-より【身寄り】 親族。みうち。「―のない人」

ミラー〈mirror〉鏡。「バック―」

み-らい【未来】 ①これから先にくる時。将来。「―のある若人」②《仏》死後の世。来世。③《文法》これから起こる事柄を述べる形式。(↔過去・現在)

―えいごう【―永△劫】(ゴフ) 未来永久にわたること。

―がく【―学】 現在の各種情報を総合し、これを基本にして未来社会の姿、可能性などを探る学問。

―かんりょう【―完了】(クワンレウ) 《文法》西洋文法で、動作・状態が未来のある時点で終わっていることを表す言い方。

―は【―派】 二〇世紀初頭、イタリアに起こった、芸術上の革新運動。伝統を否定し、動的な感覚の表現を尊重した。

み-らい【味△蕾】 《生》舌の表面などにある味覚器官。味細胞の集合からなる。味覚芽。

ミラクル〈miracle〉奇跡。

ミリ〈フランス milli〉①各単位の前に付けて、その一〇〇〇分の一であることを表す語。記号 m ②「ミリメートル」などの略。

ミリオネア〈millionaire〉百万長者。大金持ち。

ミリオン〈million〉一〇〇万。

―セラー〈million seller〉一〇〇万部(枚)以上売れた本やCDなど。

ミリグラム〈フランス milligramme〉質量の単位。グラムの一〇〇〇分の一。記号 mg 参考「△瓱」とも書く。

ミリタリズム〈militarism〉軍国主義。

ミリバール〈millibar〉《気》気圧の単位。一ミリバールは一バールの一〇〇〇分の一で、一ヘクトパスカル。記号 mb 参考 現在はヘクトパスカルを用いる。⇩ヘクトパスカル

ミリミクロン〈フランス millimicron〉→ナノメートル

ミリメートル〈フランス millimètre〉長さの単位。メートルの一〇〇〇分の一。記号 mm 参考「△粍」とも書く。

み-りょう【未了】(レウ) まだ終わっていないこと。「審議―」

み-りょう【魅了】(レウ)(名・他スル) 人の心をひきつけて夢中にさせること。「観衆を―する」

み-りょく【魅力】 人の心をひきつけて夢中にさせる、不思議な力。「―的な女性」

み-りん【味△醂】 焼酎(しょうちゅう)に、蒸したもち米やこうじなどをまぜて醸造し、かすをしぼりとった甘い酒。おもに調味料に用いる。

―づけ【―漬〔け〕】 野菜、または魚などをみりんのかすに漬けこむこと。また、漬けこんだ食品。

―ぼし【―干し】 イワシ・アジなどの小魚を開いて、みりん・しょうゆ・砂糖などをまぜた液にひたして、かわかしたもの。

みる【×水松・×海松】 ミル科の緑藻類。浅海の岩につき円柱状・濃緑色で、枝分かれしている。食用。春(夏)

みる【見る】(ミ・ミ・ミル・ミル・ミレ・ミロ(ミヨ))《中心義―それまで意識になかったものの存在を目のはたらきで知る》 ㊀(他上一) ①視覚によって物の形・存在・ようすなどを知る。「前を―」「沈む夕日を―」②遠くから広く視界に入れる。ながめる。見物する。観賞する。「試合を―」「景色を―」③読んで意味・内容を理解する。目を通す。「新聞を―」「帳簿を―」④見て占う。「手相を―」⑤観察する。「敵の動きを―」⑥考える。判断する。「山に入(い)って山をみず(＝当事者は客観的に判断することができない)」「この問題を私はこう―」「相手を甘く―」⑦世話をする。「留守の間子供をみてもらう」⑧取り扱う。処理する。「経理を―」⑨身に受ける。経験する。「痛い目を―」「ばかを―」⑩状態を調べる。ためす。「味を―」「湯かげんを―」 ㊁(補動上一) ①(動詞の連用形＋「て」を受けて)ためしに…する。「食べて―」②(動詞の連用形に「てみると」「てみれば」「てみたら」などの付いた形で)経験・実現した結果として。…したところ(が)。…すると。「行って―と留守だった」 自 み・える(下一) 参考 ㊁はふつう仮名書きにする。

―影(かげ)もない 以前とはすっかり変わってしまってひどく見すぼらしい。「荒れはてて―」 **―に忍(しの)びない** 見ているのがつらい。 **―に堪(た)えない** ①気の毒で見ていられない。②見るだけの値打ちがない。「―作品」 **―に見(み)かねる** 見ていて放っておけない。 **―間(ま)に** 見ている間に。たちまち。みるみる。「―できあがる」

尊敬語	謙譲語	丁寧語
御覧になる 目になさる 見られる	拝見する 拝観する	見ます 目に(いた)します

表現

〔類語〕	〔～する〕	〔慣用〕	〔ことわざ〕
▼仰ぐ・窺(うかが)う・眺める・睨(にら)む・のぞく・望む・御覧になる	▼一瞥(いちべつ)・一覧・一見・一顧・閲覧・概観・回覧・刮目(かつもく)・観察・監視・鑑賞・観賞・観戦・凝視・見物・座視・参観・視聴・熟視・嘱目・静観・正視・着目・注視・注目・直視・展望・内覧・拝観・拝見・俯瞰(ふかん)・傍観・目撃 ▼立ち見・左見右見(とみこうみ)・見聞き・よそ見・わき見	▼(～見る)穴の空くほど・甘く・痛い目を・大目に・食い入るように・尻目に・白い目で・ためつすがめつ・血を・長い目で・泣きを・蚤取(のみと)り眼(まなこ)で・馬鹿(ばか)を・日の目を・目を皿のようにして ▼視線を注ぐ・手を拱(こまぬ)く・瞳を凝らす・目(ま)の当たりにする・目にする・目に入る・目に触れる・目を凝らす・目を側(そば)める・目をつける・目を通す・目をとめる・目を光らす ▼高みの見物・火を見るより明らか・見るに見兼ねる・見る見るうちに・見る目がある ▼〈擬声・擬態語〉きっと・きょときょと・きょとんと・きょろきょろ・ぎょろぎょろ・しげしげ・じっと・じろじろ・じろっと・じろりと・ちらちら・ちらっと・ちらりと・つくづく・はったと・まじまじ	▼聞いて極楽見て地獄・木を見て森を見ず・鹿(しか)を逐(お)う者は山を見ず・盾の両面を見よ・日光を見ずして結構というなかれ・盗人を見て縄を綯(な)う・人の振り見て我が振り直せ・人を見たら泥棒と思え・百聞は一見に如(し)かず・見ざる聞かざる言わざる

みる【診る】(他上一) 診察する。「患者を―」

みるから-に【見るからに】(副) ちょっと見ただけで。一見してそういう印象を受けるさま。「―強そうだ」

ミルク〈milk〉①牛乳。②「コンデンスミルク」の略。

―セーキ〈milk shake〉牛乳に卵・砂糖・香料や氷のかけらなどを入れ、かきまぜてつくった飲料。

―ホール〈和製英語〉牛乳・パンなどを売る簡易な飲食店。

ミルフィーユ〈フランス millefeuille〉(「千枚の葉」の意) 薄く焼いたパイを何層も重ね、その間にクリーム・果物などをはさんだ菓子。

みる-みる【見る見る】(副) 見ているうちにどんどん。見るまに。みるみるうちに。「顔が―赤くなる」

みる-め【見る目】①物事の価値を見抜き、評価する力。「―がない」②他人が見ること。はた目。「―もかまわず泣き叫ぶ」

ミレー〈Jean François Millet〉(一八一四〜一八七五) フランスの画家。敬虔な信仰と愛情で、農村生活を写実的に描いた。作品「種まく人」「落穂拾い」「晩鐘」など。

ミレニアム〈millennium〉一〇〇〇年を一単位として数える時代区分。千年紀。

み-れん【未練】(名・形動ダ) きっぱりとあきらめきれないこと。また、そのさま。心残り。「―が残る」「―を断ち切る」

―がまし・い(形) 心をひかれ、いつまでもあきらめきれないようすである。「―態度」文みれんがま・し(シク)

みろく-ぼさつ【◇弥△勒△菩△薩】〘仏〙現在は浄土の兜率天に住み、釈迦の死後五六億七〇〇〇万年後にこの世に下って、衆生を教化するという菩薩。弥勒。

み-わく【魅惑】(名・他スル) 魅力によって人の心をひきつけ惑わすこと。「―的なしぐさ」

み-わけ【見分け】みわけること。区別。識別。「―がつかない」

み-わ・ける【見分ける】(他下一) 見て区別する。識別する。「善悪を―」文みわ・く(下二)

み-わす・れる【見忘れる】(他下一) ①以前に見て知っていた人や物を忘れる。②見ることを忘れる。「ニュースを―」文みわす・る(下二)

み-わた・す【見渡す】(他五) 遠く広く見る。遠くまで展望する。「客席を―」「―かぎりの雪景色」

みを-つ-くし【△澪◇標】―(古)→みおつくし

みん【民】教4 ミン たみ中

民

(字義) ①たみ。㋐国家社会を構成する人々。「民権・民政・公民・国民」㋑統治される人々。官位など身分のない人。「庶民・平民」㋒ひと。一般の人。「民衆・移民・住民・人民・農民」②民間の。「民営」人名 ひと・み・みたみ・もと

みん【眠】ミン中 ねむる中・ねむい中

眠

(字義) ①ねむる。㋐寝る。「安眠・仮眠・催眠・睡眠」㋑死ぬ。「永眠」②蚕の脱皮のための就眠。「一眠」

みん【明】〘世〙中国の王朝の名。一三六八年に朱元璋が元を滅ぼして建て、初めは南京、のち北京に都を置いた。一六四四年李自成の率いる農民反乱で滅亡。

みん-い【民意】国民の意思。国民の意向。「―を問う」

みん-えい【民営】民間で経営すること。また、その事業。「―化」↕官営

みん-か【民家】一般の人々の住む家。人家。

みん-かつ【民活】「民間活力」の略。

みん-かん【民間】①一般庶民の社会。世間。②公の機関に属していないこと。「―企業」「―人」

―かつりょく【―活力】民間企業のもつ資金・人材・事業運営能力などをいう語。民活。

―しんこう【―信仰】民間に発生し、行われている信仰。世俗信仰。

―でんしょう【―伝承】古くから民衆の間に伝えられてきた言葉・伝説・風習・芸能など。

―ほうそう【―放送】民間資本でつくられ経営される放送。商業放送。民放。はじまり 日本では、一九五一(昭和二十六)年、中部日本放送(現CBCラジオ)・新日本放送(現毎日放送)のラジオ放送開局が最初。テレビ放送は一九五三(昭和二十八)年の日本テレビが最初。↕公共放送

―りょうほう【―療法】民間に生まれ伝承されてきた方法・知識で行う治療法。

みん-ぎょう【民業】民間で経営する事業。民営の事業。民間事業。↕官業

ミンク〈mink〉〘動〙イタチ科の小形食肉獣。イタチに似るが、やや大きい。毛皮獣として珍重される。

みん-ぐ【民具】庶民が作って使ってきた日常生活の道具。

みん-げい【民芸】民衆の日常生活の中から生まれ伝えられてきた、その地方特有の工芸。また、その品。「―品」

みん-けん【民権】〘法〙①人民が政治に参与する権利。②人民の身体・財産などを保つ権利。

―しゅぎ【―主義】民権の確立・強化を目的とする主義。自由民権運動の理論的根拠となった。

みん-じ【民事】〘法〙(民法・商法など)私法上の適用を受ける私人相互の生活関係の事柄。↕刑事

―さいせい-ほう【―再生法】〘法〙経営難の企業や個人が、破綻前に裁判所に再建手続きを申し出ることで、事業を継続しながら再建を行えるようにすることを定めた法律。

―さいばん【―裁判】〘法〙民法・商法などによる私人相互間の争いを解決するための裁判。⇩刑事裁判・行政裁判

―そしょう【―訴訟】〘法〙裁判所が、私人の生活関係の権利の保護を目的に行う訴訟手続き。民訴。⇩刑事訴訟

みん-しゅ【民主】国家の主権が国民にあること。

―こく【―国】民主主義の国。主権が国民にある国。

―しゅぎ【―主義】〘社〙人民が主権をもち、広く人民全体の利益・幸福のために自ら権力を行使して政治を行い社会を築こうとする立場、およびその政治形態。デモクラシー。

―せいじ【―政治】民主主義に基づく政治。国民一般に広く参政権が認められている政治。

―てき【―的】(形動ダ) 民主主義の精神や方法にかなっているさま。「―に運営する」

みん-じゅ【民需】民間の需要。「―が低迷する」↕官需

みん-しゅう【民衆】世間一般の人々。大衆。「―運動」「―文化」

みん-しゅく【民宿】一般の民家が許可を得て営む簡単な宿泊施設。

みん-じょう【民情】①国民の実際のありさま。国民の生活実情。「―視察」②国民の心情。民心。「―を考慮する」

みん-しん【民心】国民の心情。「―が離れる」

みん-せい【民生】国民の生活・生計。「―の安定」

―いいん【―委員】厚生労働大臣から委嘱され、市区町村の福祉事務所と連携をとりながら地域住民の生活の援助にあたる民間の人。また、その職務。

みん-せい【民声】国民の意見。世論。

みん-せい【民政】①国民の幸福増進を目的とする政治。②

軍人ではなく、文官によって行われる政治。「―移管」↔軍政

みん-せつ【民設】(名・他スル) 民間で設立すること。

みん-せん【民選】(名・他スル) 国民が選出すること。↔官選

―ぎいん【―議員】国民が選出した議員。

みん-そ【民訴】「民事訴訟」の略。

みん-ぞく【民俗】民間の風俗・習慣。

―がく【―学】民間の風俗・習慣・伝説・方言などを研究することによって、一般庶民の生活文化や社会形態などの変遷を明らかにしようとする学問。民間伝承学。フォークロア。

みん-ぞく【民族】人種的・地域的起源が同じであるという一体感を持ち、文化・社会・言語・宗教・歴史などの特色を共有する人間の集団。「―衣装」「少数―」

―うんどう【―運動】①植民地・従属国などで行われる民族の独立と解放をめざす運動。民族解放運動。②国籍の異なる同一民族が結集し、民族国家をつくろうとする運動。

―がく【―学】諸民族の文化・歴史などを全般的に研究する学問。エスノロジー。

―こっか【―国家】一定の民族を基礎として建てられた国家。国民国家。

―じけつ【―自決】ある民族が、その政治組織や帰属を、他の民族や国家の干渉や支配を受けずに自らの意思によって決定すること。

―しゅぎ【―主義】民族としての立場を第一とし、政治的にも文化的にもその独立・自由・統一・発展を志向し推進する思想・運動。ナショナリズム。

―せい【―性】ある民族に特有の性質。

みん-だん【民△譚】民間に伝わっている説話。民話。

みん-ち【民地】民有の土地。民有地。私有地。

ミンチ〈mince〉ひき肉。メンチ。「牛肉を―にしてこねる」

みん-ちょう【◦明朝】①中国の明の朝廷。また、その時代。②「明朝体」の略。③「明朝活字」の略。

―かつじ【―活字】明朝体の活字。明朝。

―たい【―体】活字の書体の一種。横線が細く縦線が太い。新聞・書籍などで最も多く用いられる。明朝。

みんてい-けんぽう【民定憲法】〖法〗国民の総意に基づいて制定された憲法。↔欽定憲法

ミント〈mint〉→はっか(薄荷)②

みん-ど【民度】人民の文化や経済力の程度。「―が高い」

みんな【◦皆】(名・副)「みな」を強めた、または「みな」のくだけた言い方。「―で行こう」「―あげるよ」

みんなみ【◦南】「みなみ」の撥音化。

みん-ぱく【民泊】一般の家庭に宿泊すること。

みんぶ-しょう【民部省】〖日〗律令制による役所の名。八省の一つ。民政一般を統轄し、戸籍・租税・賦役をつかさどった。⇩八省

みん-ぺい【民兵】民間人で組織した軍隊。また、その兵。

みん-ぼう【民望】①国民の希望。②世間の人望。

みん-ぽう【民放】「民間放送」の略。

みん-ぽう【民法】〖法〗主として国民の私権の通則を規定した法律の総称。⇩刑法

みん-ぽう【民報】民間で発行する新聞。

みんぽん-しゅぎ【民本主義】(「デモクラシー」の訳語の一つ)大正時代、吉野作造の提唱した民主主義の思想。大正デモクラシーの指導原理となった。

みんみん-ぜみ【みんみん△蟬】〖動〗セミ科の大形の昆虫。体は緑色で、黒色の斑紋がある。頭部は小さく口吻が長い。羽は透明。夏、ミーンミンミンと鳴く。〔夏〕

みんやくろん【民約論】→しゃかいけいやくろん

みん-ゆう【民有】民間人が所有すること。↔官有・国有

みん-よう【民謡】民衆の中から生まれ伝えられてきた、生活感情をうたった歌謡。素朴で地域性が強い。「郷土―」

みん-りょく【民力】国民の労働力。民間の経済力。

みん-わ【民話】庶民の生活感情や地方色を素材として、昔から伝えられてきた説話。民間説話。昔話。

―げき【―劇】民話を素材にしてつくられた劇。

む ム

五十音図「ま行」の第三音。「む」は「武」の草体。「ム」は「牟」の上画。

む【矛】ム㊥・ボウ ほこ㊥

(字義)ほこ。先が諸刃になっている長い柄の槍。「矛戟・矛盾」

む【武】(字義)→ぶ(武)

む【務】教5 ム つとめる・つとまる

(字義)つとめる。つとめ。しごと。「義務・業務・勤務・財務・事務・職務・庶務・任務」人名 かね・ちか・つとむ・つよ・なか・みち

む【無】教4 ム・ブ ない

(字義)①ない。…がない。…しない。「無難・無礼・無能・無名・皆無・絶無」↔有 ②むなしい。「虚無」③かろんじる。「無視」難読 無花果・無頼・無音・無碍・無辜・無期

む-【無】(接頭)…がない。「―意味」「―免許」

む【無】①ないこと。存在しないこと。「―から有を生じる」↔有 ②むだ。かいがないこと。「努力が―になる」③〖哲〗㋐何もないこと。存在の欠如。㋑(老子の説いた思想)宇宙を支配する不可知な本体。万物の存立の基盤となるもの。世界の根本原理とされる。

―にする むだにする。だいなしにする。「人の好意を―」

む【夢】教5 ム ゆめ

(字義)ゆめ。㋐眠っている間に見聞きするように感じる現象。「夢遊病・悪夢・吉夢・凶夢・白昼夢」㋑はかないもの。現実でないもの。「夢幻」

む【謀】(字義)→ぼう(謀)

む【霧】ム㊥ きり㊥

(字義)①きり。地表に近い水蒸気が冷えて細かい水滴となり、ただよっているもの。「霧氷・雲霧・濃霧」②きりのように、あとかたもなくなる。「霧散・雲散霧消」

む【六】むっつ。ろく。「―年」

む (助動-四型)〈ム・○・ム(ン)・ム(ン)・メ・○〉〖古〗①推量の意を表す。「一夜の夢の心地こそせめ」〈徒然草〉②意志の意を表す。「熟田津に船乗りせ―と月待てば」〈万葉〉③仮定・婉曲の意を表す。「思は―子を法師になしたら―こそ心苦しけれ」〈枕草子〉④勧誘・適当の意を表す。「忍びてはまゐり給ひな―や」〈源氏〉

用法 活用語の未然形に付く。

む-い【無位】位のないこと。無冠。「―無官」↔有位

む-い【無為】①自然のままで人為の加わっていないこと。「―自然」②何もしないでいること。「―に日を過ごす」「―無策」

③〘仏〙生滅変化しないもの。↔有為

―にして化す 支配者の徳が高ければ、特に作為を弄しなくても、自然と人々が感化されて国がよく治まる。〈老子〉

む-い【無畏】 ①いかなる苦しみ・障害をも畏れないこと。②〘仏〙仏が仏法を説くのに、泰然として畏れるもののないこと。

む-い【無意】 ①意志のないこと。②無意識なこと。故意ではないこと。「―的な行動」

むい-か【六日】 ①六日間。②月の六番目の日。語源「むゆか」の転。

―の菖蒲 時機におくれて役に立たないことのたとえ。語源五月五日の端午の節句に使うあやめは、翌六日には役に立たないことからいう。参考類似のことば―十日の菊

む-いぎ【無意義】(名・形動ダ) そうするだけの意味・価値のないこと。また、そのさま。無意味。「―な行動」↔有意義

む-いしき【無意識】(名・形動ダ) ①意識を失っていること。また、そのさま。「―の状態」②自分では気づかずに、その動作や行為をすること。また、そのさま。「―に人を傷つける」③〘心〙通常は意識されない心の領域。潜在意識。

―てき【―的】(形動ダ) 自分が自分の行為に気がつかないさま。

むい-そん【無医村】 定住する医者のいない村。

む-いちもつ【無一物】 ①財産などを何も持っていないこと。無一物。②いっさいの煩悩を離れた境地。

む-いちもん【無一文】 金銭を全然持っていないこと。一文なし。「―になる」

むい-としょく【無為徒食】 仕事もしないで、ただぶらぶらして暮らすこと。「―の日々を送る」

む-いみ【無意味】(名・形動ダ) 意味のないさま。する価値のないさま。つまらないこと。無意義。ナンセンス。「―な議論」

む-いん【無韻】 詩で、韻をふまないこと。「―詩」

ムース〈フランス mousse〉①泡立てた生クリームや卵白を用いて作る料理や菓子。②泡立てたクリーム状の整髪料・洗顔料。

ムーディー〈moody ふさぎ込んだ〉(形動ダ) 情緒的な雰囲気のあるさま。「―な音楽」

ムード〈mood〉①気分。情調。雰囲気。「―が高まる」「豪華な―」②〘文法〙西洋文法で、文の内容に対する話し手の表現態度を表す動詞の語形変化。法。モダリティ。

―ミュージック〈mood music〉情緒的な雰囲気の音楽。ムード音楽。

―メーカー〈和製英語〉その場の雰囲気を盛り上げる役割をする人。雰囲気づくりのうまい人。

ムービー〈movie〉映画。「サイレント―(=無声映画)」

ムーブメント〈movement〉①政治・芸術などにおける、運動や動向。「世の中に―を起こす」②時計などの動力装置。③〘音〙交響曲などの楽章。

ムームー〈ハワイ muumuu〉豊かな色彩や柄の、ゆったりとした木綿のワンピース。もと、ハワイの女性の衣服。

む-え【無依】〘仏〙何事にも執着しないこと。

む-えき【無益】(名・形動ダ) 利益・効果のないこと。また、そのさま。むだ。無益。「―な殺生」↔有益

ムエ-タイ〈タイ Muay Thai〉タイ式ボクシング。グローブをはめて行い、ひじ・ひざでの攻撃や蹴りを特徴とする。タイの国技。

む-えん【無援】 助けてくれる人のいないこと。「孤立―」

む-えん【無煙】 燃やしても煙の出ないこと。

―かやく【―火薬】〘化〙ニトロセルロース・ニトログリセリンなどを用いた火薬。発煙量が少ない。発射薬にする。

―たん【―炭】〘地質〙九〇―九五パーセントの炭素を含み、発熱量の大きい石炭。燃焼しても煤煙がほとんど出ない。工業用・家庭用。

む-えん【無縁】 ■(名・形動ダ) 縁がないこと。関係がないこと。また、そのさま。「庶民には―な話」↔有縁 ■(名)〘仏〙①前世で、仏や菩薩と因縁を結んでいないこと。↔有縁 ②死後を弔ってくれる縁者のないこと。

―ぼち【―墓地】 弔う縁者のない死者を葬る墓地。

―ぼとけ【―仏】 弔う縁者のない死者。また、身元不明の死者。

む-おん【無音】 音がしないこと。「―状態」

む-か【無価】 ①評価することのできないほどの価値。非常に貴重なこと。また、そのもの。「―の珍宝」②代価のないこと。ただ。

む-が【無我】 ①私心を捨てた状態。無心であること。「―夢中」「―の境地」②〘仏〙永遠不変の実体は存在しないということ。

むかい【向(か)い】 ①向かい合う位置にあること。正面。「真―」「―の席」②向かい合う正面の家。「お―のご主人」

―あわせ【―合(わ)せ】 相対していること。たがいに向かい合っていること。「―に座る」↔背中合わせ

―かぜ【―風】 進もうとする方向から吹いてくる風。逆風。↔追い風

―び【―火】 燃え広がってくる火の勢いを弱めるため、こちら側からも火をつけること。

む-かい【霧海】 一面にたちこめた霧。

む-がい【無害】(名・形動ダ) 害のないこと。また、そのさま。「人畜―」↔有害

む-がい【無蓋】 ふたや屋根、おおいなどのないこと。「―貨車」↔有蓋

むかい-あ・う【向(か)い合う】(自五) たがいに正面を向いた状態で対する。「両軍が―」

むかい-きょらい【向井去来】(一六五一―一七〇四) 江戸前期の俳人。別号落柿舎。肥前(長崎県)生まれ。蕉門十哲の一人。作風は穏健平淡で格調が高い。「猿蓑」の撰に参加。俳論集「去来抄」「旅寝論」など。

むか・う【向(か)う】(自五) ①顔がそのものに向く位置をとる。対する。「正面に―・って座る」②相手として対する。「先輩に―・って議論をしかける」③ある場所・目標をめざして進む。おもむく。「現場へ―」「―ところ敵なし」④ある状態・時期に近づく。「快方に―」「夏に―」⑤はむかう。抵抗する。「敵に―」可能むか・える(下一)

むかう-の-さと【無何有の郷】(「無何有」は何もないの意) 自然のままで、人為のわずらわしさのない仙境。ユートピア。参考中国の荘子の説く理想郷。

むかえ【迎え】 むかえること。出むかえ。また、その人。「子供を―に行く」「―の車」「お―が来る(=死期が迫る)」↔送り

―がね【―鐘】 精霊をむかえるために鐘をつくこと。秋 参考京都東山の六道珍皇寺で行われるものが有名。

―ざけ【―酒】 二日酔いを発散させるために飲む酒。

―び【―火】〘仏〙盂蘭盆の初日(陰暦七月十三日)の夕方、祖先の霊をむかえるために門前でたく火。秋 ↔送り火

―ぼん【―盆】〘仏〙盂蘭盆で、祖先の霊を迎える日。また、その日に行う行事。↔送り盆

むかえ-い・れる【迎え入れる】(他下一) ①むかえて中に入れる。「家に友人を―」②自分の側に受け入れる。「先輩をコーチに―」文むかへ・い・る(下二)

むかえ-う・つ【迎え撃つ】(他五) 敵が攻め寄せてくるのを待ち受けて戦う。「敵を―」

むか・える【迎える】ムカヘル（他下一）エ・エ・エル・エル・エレ・エロ(エヨ) ①人の来るのを待ち受ける。「客を駅に―」「攻めて来る敵を―」↔送る ②自然にめぐってくるものを待つ。また、ある時期・状態に臨む。「新年を―」③招いて、ある地位についてもらう。また、たのんで来てもらう。「会長に―」「講師を―・えて研修を行う」④招き寄せて、家族・仲間に加える。「養子を―」⑤人の機嫌をそこねないようにする。迎合する。「先方の意を―」[文]むか・ふ(下二)

む-がく【無学】（名・形動ダ）学問・知識のないこと。無教育。

―もんもう【―文盲】モンマウ（名・形動ダ）学問がなくて字が読めないこと。また、そのさま。

むがく-るい【無顎類】《動》脊椎動物の中で最も原始的な動物群の総称。体はウナギ形で細い。あごがなく、口がまるくて吸盤のはたらきをする。ヤツメウナギなど。円口類。

むか-ご【×零余子】《植》ヤマノイモやオニユリなどの葉のつけねにできる球状の芽。肉芽・珠芽とも呼ばれ、地上に落ちて無性的に新個体を生じる。食用。ぬかご。いもご。[秋]

―めし【―飯】むかごを炊きこんだ飯。ぬかごめし。[秋]

むかし【昔】①遠い過去の時代。昔日。往時。「今は―」↔今 ②過去の一〇年を単位として呼ぶ語。「十年ひと―」

―取った杵柄 以前にきたえて自信のある腕前。

―かたぎ【―×気質】（名・形動ダ）性質が、古風で義理がたく実直なさま。また、そのような気質。「―の人」

―がたり【―語り】過去の思い出話。昔話。

―ながら（副）昔のまま。昔あったそのまま。「―の町並み」

―なじみ【―△馴染〔み〕】昔、親しんだ人・物・所。昔からの知り合い。旧知。旧友。

―ばなし【―話】①過去に経験したことなどを内容とする話。②子供に聞かせる古い民間説話。おとぎばなし。

―ふう【―風】（名・形動ダ）昔の様式。また、それに従っているさま。古風。「―の建て方」

―むかし【―昔】ずっと昔。大昔。[参考]「昔話②」の語り始めなどに使われる。

むかしつ-せきにん【無過失責任】ムクワシツ― 《法》故意・過失の有無にかかわらず、損害が発生した場合には、賠償責任を負わせること。企業がもたらす災害などに適用される。

むか-つ・く（自五）カ(コ)・キ(イ)・ク・ク・ケ・ケ ①吐き気がする。「食べ過ぎて胸が―」②しゃくにさわる。不愉快で腹が立つ。「―やつだ」

むかっ-と（副・自スル）怒りが急激にこみあげてくるさま。

むかっ-ぱら【向かっ腹】《俗》わけもなく腹立たしく思う気持ち。「―を立てる」

むかで【×百足・×蜈蚣】《動》節足動物の唇脚類（ムカデ類）のうちゲジ目を除いた動物の総称。石や枯れ葉の下など湿地にすみ夜行性。体は偏平で細長く多数の体節からなり、各体節には一対の脚がある。口器はかむのに適し毒腺がある。[夏]

むか-はぎ【向か△脛】むこうずね。すねの前面。

むか-ばき【×行縢】武士が狩りや騎馬のとき、腰から下に垂らして脚・袴をおおうもの。鹿や熊の毛皮で作った。

〔むかばき〕

むか-むか（副・自スル）①吐き気をもよおすさま。「胸が―する」②怒りがこみあげてくるさま。「思い出すだけで―(と)する」

むが-むちゅう【無我夢中】ある事に心を奪われ、我を忘れること。「―で逃げる」

む-かん【無官】クワン― 官職のないこと。また、その人。「無位―」

―の-たゆう【―の大夫】タイフ― ①四位・五位の位だけあって官職のない人。②公卿の子で、元服しないうちに五位に任じられた者。

む-かん【無冠】クワン― 肩書きや位のないこと。「―の帝王(=権力に屈せず論評を加えるところから、ジャーナリストをいう)」

む-かんがえ【無考え】カンガヘ―（名・形動ダ）思慮のないこと。

む-かんかく【無感覚】（名・形動ダ）①感覚が麻痺して何も感じないこと。「寒さで指先が―になる」②相手の気持ちやその場の事情に対して配慮の欠けること。無神経。「―な人」

む-かんけい【無関係】クワンケイ―（名・形動ダ）関係のないこと。かかわりのないこと。また、そのさま。「この件には―だ」

む-かんさ【無鑑査】《美》美術展覧会に出品する際、過去の入選実績などを考慮して、審査員の鑑査なしで出品を許されること。また、その人・その資格。「―出品」

む-かんしん【無関心】クワンシン―（名・形動ダ）気にかけないこと。興味・関心を示さないこと。「政治に―な若者たち」

むき【向き】①向いている方向・方面。「―を変える」「南―の部屋」②適していること。「子供―」「人には―不向きがある」③人の行為や行動の傾向。「責任を果たさない―がある」④ささいなことでも、本気になって考えたり腹を立てたりすること。「―になって弁解する」⑤ある傾向・性質・意志などを持っていること。また、その人。「ご希望の―には差し上げます」

▼「向き」が下に付く語
誂え― 後ろ― 上― 奥― 男― 表― 女― 風― 勝手― 暮らし― 差し― 下― 実用― 勤め― 夏― 直― 左― 不― 前― 見― 向き― 役― 用― 横― 若―

む-き【無季】《文》俳句で、季題(=季語)がないこと。「―俳句」

む-き【無期】①一定の期限のないこと。「―延期」↔有期 ②「無期懲役」の略。[参考]「むご」と読めば別の意になる。

む-き【無機】①生活機能をもたないこと。「―的」②「無機化学」「無機化合物」「無機物」などの略。（↔有機）

むぎ【麦】《植》イネ科の大麦・小麦・裸麦・ライ麦・燕麦などの総称。五穀の一つ。食用・飼料用。[夏]

むき-あ・う【向〔き〕合う】アフ―（自五）ワ(オ)・イ(ツ)・ウ・ウ・エ・エ たがいに正面を向け合う。相対する。「―・って立つ」

むぎ-あき【麦秋】麦の取り入れどき。六月ごろ。麦の秋。麦秋。[夏]

むぎ-うずら【麦△鶉】ウヅラ― 三―四月ごろの生長した麦の中でひなを育てるウズラ。[春]

むぎ-うち【麦打〔ち〕】（名・自スル）麦の穂を棒で打って脱穀すること。また、その棒。殻竿。[夏]

むき-かがく【無機化学】クワガク― 《化》すべての元素・単体および無機化合物を研究する化学の一分野。↔有機化学

むき-かごうぶつ【無機化合物】クワガフブツ― 《化》炭素を含まない化合物、および二酸化炭素など簡単な炭素化合物の総称。無機物。↔有機化合物

むぎ-かり【麦刈〔り〕】麦を刈り取ること。[夏]

むき-けい【無期刑】《法》刑期を定めず終身拘禁することを内容とする自由刑。無期懲役と無期禁固の総称。↔有期刑

む-きげん【無期限】期限を定めないこと。「―スト」

むぎ-こ【麦粉】麦をひいた粉。特に、小麦粉。

む-ぎこう【無技巧】ギカウ― 技巧をこらさず自然であること。「―の技巧(=創作などで、技巧をこらしすぎないことで、かえって効果をあげること)」

むぎ-こがし【麦焦がし】大麦をいって粉にひいたもの。菓子の原料にしたり、砂糖を加えて食べたりする。香煎。[夏]

むぎ-こき【麦。扱き】麦の穂から実をこき取ること。また、その道具。[夏]

むぎ-さく【麦作】①麦を耕作すること。②麦のできぐあい。

むき-しつ【無機質】㊀(名)生体の維持・成長に欠かせない元素。また、それらの塩。カルシウム・リン・鉄分など。ミネラル。㊁(名・形動ダ)生命のあたたかみが感じられないこと。また、そのさま。「ーな電子音」

む-きず【無傷・無△疵】(名・形動ダ)①きずのないこと。「ーの体」②損害・罪・負け・汚れなどのないこと。「ーで勝ち進む」

むき-だし【◇剥き出し】(名・形動ダ)おおい隠さずあらわに出していること。また、そのさま。「ーの鉄骨」「敵意をーにする」

むき-だ・す【◇剥き出す】(他五)サ(ソ)・シ・ス・ス・セ・セ おおい隠さずにすっかり出す。「歯をー」

むぎ-ちゃ【麦茶】殻のついたままいった大麦をせんじた湯。特に、夏季に冷やして飲む。麦湯。夏

むき-ちょうえき【無期懲役】〔法〕刑期の定めがない懲役刑。

むき-てき【無機的】(形動ダ)ダロ・ダッ(デ・ニ)・ダ・ナ・ナラ・○ 無機物のように冷たくて、人間的なあたたかみが感じられないさま。「ーな音声」

む-きどう【無軌道】㊀(名)軌道がないこと。無軌条。「ー電車(=トロリーバス)」㊁(名・形動ダ)考え方や行いが常識はずれででたらめなこと。また、そのさま。「ーな生活」

むぎ-とろ【麦とろ】麦飯にとろろ汁をかけたもの。秋

むき-なお・る【向き直る】(自五)ラ(ロ)・リ(ッ)・ル・ル・レ・レ 改めてそのものとまともに対するように向きを変える。「くるりとこちらにー」

むぎ-の-あき【麦の秋】→むぎあき

むき-ひりょう【無機肥料】無機化合物からなる肥料。硫酸アンモニア・過燐酸石灰・塩化カリなど。

むぎ-ぶえ【麦笛】麦の茎を笛のように吹き鳴らすもの。夏

むき-ぶつ【無機物】①生活機能をもたない、水・空気・鉱物などの物質。②→むきかごうぶつ(↔有機物)

むぎ-ふみ【麦踏み】根のはりをよくするため、早春に麦の芽を踏みつける作業。春

むぎ-まき【麦△蒔[き]・麦△播[き]】麦の種をまくこと。また、その時節。冬

むき-み【◇剥き身】貝の殻をとり除いた中の肉。「アサリのー」

むき-むき【向き向き】人それぞれのもつ異なった適性・傾向・好み。「ーに応じて分担を決める」

むき-むき(副・形動ダ)(俗)筋肉が発達して盛り上がっているさま。「ーの筋肉」

む-きめい【無記名】氏名を記入しないこと。

ーとうひょう【ー投票】投票用紙に投票者の氏名を記入しないでする投票。↔記名投票

むぎ-めし【麦飯】米に麦をまぜてたいた飯。また、麦だけでたいた飯。麦飯。夏

むぎ-もやし【麦△萌やし】麦のもやし。あめなどの材料用。

むぎ-ゆ【麦湯】殻つきの大麦をいってせんじた湯。麦茶。夏

む-きゅう【無休】休まないこと。休日のないこと。「年中ー」

む-きゅう【無給】給料の支給がないこと。↔有給

む-きゅう【無窮】きわまりないこと。果てのないこと。無限。永遠。「天壌ー(=天地とともに永久に続くこと)」

む-ぎょう【無業】一定の職についていないこと。無職。「ー者」

む-きょういく【無教育】(名・形動ダ)教育を受けていないこと。学識・教養がないこと。また、そのさま。無学。

む-きりょく【無気力】(名・形動ダ)物事にとりくむ意欲のないこと。気力のないこと。また、そのさま。「ーな状態」

むぎ-わら【麦×藁】麦の実を取ったあとの茎。「ー細工」夏

ーとんぼ【ー×蜻蛉】(腹部が黄褐色で麦わらに似ているところから)シオカラトンボの雌の称。秋

ーぼうし【ー帽子】麦稈真田(=麦わらを漂白し編んだもの)で作った夏の帽子。むぎわら帽。ストローハット。夏

む-きん【無菌】細菌が存在しないこと。「ー状態」「ー室」

むく【△椋】①「椋鳥」の略。②→むくのき

む-く【無△垢】㊀(名)①全体が無地で一つの色の衣服。特に、白一色のもの。「白ーの花嫁衣装」②まじりもののないこと。「金ー(=純金)」㊁(名・形動ダ)①けがれのないこと。「純真ー」②〔仏〕煩悩をはなれ、清らかなこと。「ーの浄土」

む・く【向く】(自五)カ(コ)・キ(イ)・ク・ク・ケ・ケ ①ある方向に対した位置にある。「南にーいて座る」②顔・物のおもてを向ける。正面に対する。「先生のほうをー」③ある状態・方向へ進む。「病気が快方にー」「気がー」④適する。「女性にー職業」他む・ける(下一)

む・く【◇剥く】(他五)カ(コ)・キ(イ)・ク・ク・ケ・ケ 表面をおおうものをはがして中のものを出す。「皮をー」「きばをー(=敵意を示す)」「目をー(=怒って目を見開く)」自む・ける(下一)可能む・ける(下一)

むくい【報い】①ある行為の結果として自分の身にはねかえってくるもの。善・悪いずれについてもいうが、現在は多く悪いことに用いる。「悪行のー」②〔仏〕応報。仏法の因果として身に受けるもの。「前世のーとしての苦楽」

むく-いぬ【△尨犬】毛が長くふさふさした犬。むく毛の犬。

むく・いる【報いる】(他上一)イイ・イイ・イル・イル・イレ・イイロ(イヨ) ①受けた物事に対し、それにふさわしいお返しをする。「恩にー」②しかえしをする。「一矢をー(=反撃する)」文むく・ゆ(上二)

むく・う【報う】(自他五)ワ(オ)・イ(ッ)・ウ・ウ・エ・エ 報いる。「今までの苦労がー・われる」用法多く、「報われる」「報われない」と、受け身の形で用いられる。

むくげ【×木槿・△槿】〔植〕アオイ科の落葉低木。葉は卵形で三つに裂ける。夏から秋に、白・淡紅・淡紫色などの一日花を開く。観賞用。つぼみを干したものは薬用。もくげ。はちす。秋

むく-げ【△尨毛】獣のふさふさと密生して垂れ下がった毛。

む-くち【無口】(名・形動ダ)口数の少ないこと。寡黙。

むくつけき(連体)無骨で気味が悪い。むさくるしい。「ー大男」語源文語形容詞「むくつけし」の連体形から。

むくつけ・し(形ク)〔古〕①おそろしい。気味がわるい。②無骨である。むさくるしい。「ーき荒法師」

むく-どり【△椋鳥】①〔動〕ムクドリ科の中形の小鳥。体は黒褐色で頭部はやや色濃く、頬と腰は白い。くちばしと足は黄色。虫や果実を食う。むく。秋②〔動〕ムクドリ科の鳥の総称。ムクドリ・ウシツツキなど。③(俗)おのぼりさん。

むく-の-き【△椋の木】〔植〕アサ科の落葉高木。暖地に自生。雌雄同株。葉は長卵形。春、淡緑色の花を開き、秋、黒色球状の果実をつける。実は食用。材は器具用。むく。(むくの実 秋)

むくみ【×浮腫[み]】体がむくむこと。水腫。浮腫。

むく・む【×浮腫む】(自五)マ(モ)・ミ(ン)・ム・ム・メ・メ 体組織に組織液などがたまって、はれた感じにふくれる。「顔がー」

むく-むく(副・自スル)①重なりあうようにわき上がるさま。「入道雲がー(と)わく」②ある感情や考えがわき起こるさま。「疑念がー(と)頭をもたげる」③肉づきよく太っているさま。「ー(と)した猫」④動きながら徐々に起き上がるさま。むっくり。

むぐら【△葎】〔植〕生い茂ってやぶをつくる植物の総称。ヤエムグラ・カナムグラなど。「ーの宿(=荒れた家や貧しいすまい)」夏

むく・れる【◇剥れる】(自下一)レレ・レ・レル・レル・レレ・レロ(レヨ) ①皮がはがれる。むける。②(俗)すねて不機嫌になる。「しかられるとすぐにー」文むく・る(下二)

むくろ【△軀・◇骸】①体。身体。②死体。③朽ち木の幹。

むくろじ【×無患子・×木槵子】〔植〕ムクロジ科の落葉高木。葉は羽状複葉で互生。初夏に淡緑色の単性の小花を開く。果実は球形で、黒い種子は羽子(はご)の玉にする。むく。秋

むくわ-れる【報われる】(ムクハ)— ある行為の結果として、それに見合うだけのものが返ってくる。「努力が—」語源五段動詞「むくう」の未然形＋受け身の助動詞「れる」

-むけ【向け】(接尾)宛先・行き先や対象を表す。「海外—の品」「子供—の本」

む-げ【無△碍・無△礙】(名・形動ダ)さえぎるもののないこと。じゃまなものや障害のないこと。また、そのさま。「融通—」

む-けい【無形】固定した形のないこと。形に現れないこと。また、そのもの。「—の富」↔有形

—ざいさん【—財産】具体的な形のない財産。特許権・著作権など。

—ぶんかざい【—文化財】(ブンクワザイ) 演劇・音楽・工芸技術など無形の文化的所産のうち、歴史上または芸術上価値が高く、文化財保護法の対象となるもの。中でも特に重要なものを重要無形文化財として国が指定し、その技芸の保持者(通称は人間国宝)・保持団体を認定する。↔有形文化財

む-けい【無稽】(名・形動ダ)でたらめで根拠のないこと。「荒唐(こうとう)—(=言うことがでたらめで、根拠のないさま)」

む-げい【無芸】(名・形動ダ)人に見せるほどの芸をもっていないこと。「—大食(=飯を食うばかりでこれといった取り柄のないこと)」↔多芸

む-けつ【無欠】欠けたところのないこと。「完全—」

む-けつ【無血】血を流さないこと。また、戦闘をしないこと。「—革命」

む-げつ【無月】曇っていて月が見えないこと。特に、陰暦八月十五日の夜、中秋の名月が見られないこと。秋

むげ-に【無下に】(副)そっけなく。すげなく。「—断れない」

む-ける【◦剝ける】(自下一)(ケ・ケ・ケル・ケル・ケレ・ケロ(ケヨ)) 表面をおおうものがはがれる。皮がとれる。他むく(五) 文むく(下二)

む-ける【向ける】(他下一)(ケ・ケ・ケル・ケル・ケレ・ケロ(ケヨ)) ①目的物のほうに向くようにする。向かせる。「注意を—」「背を—」②ある行為の目標・対象とする。「本番へ—けて練習する」③行かせる。派遣する。「調査団を現地に—」④ある事のために充てる。振り向ける。「寄付金を修復工事に—」自むく(五) 文むく(下二)

む-けん【無間】①絶え間のないこと。②「無間地獄(むけんじごく)」の略。参考「むげん」ともいう。

—じごく【—地獄】(ヂゴク) →あびじごく

む-げん【無限】(名・形動ダ)時間的・空間的に終わりのないこと。数量・程度などに限りがないこと。「—に続く」↔有限

—きどう【—軌道】(ダウ) →キャタピラ

—きゅうすう【—級数】(キフスウ)〔数〕項の数が無限にある級数。

—しょう【—小】(セウ) ①限りなく小さいこと。②〔数〕変数が限りなく0に近づくこと。また、その変数。↔無限大

—しょうすう【—小数】(セウスウ)〔数〕小数点以下が限りなく続く小数。

—せきにん【—責任】〔経〕債務者がその全財産を債務の弁済にあてる責任。↔有限責任

—だい【—大】①限りなく大きいこと。②〔数〕変数の絶対値がどんな大きな正の数よりもなお大きくなること。また、その変数。記号∞ ↔無限小

む-げん【夢幻】①ゆめとまぼろし。「—的な絵」②はかないことのたとえ。「—の人生」

—げき【—劇】〔演〕夢の世界を扱った劇。ストリンドベリの「ダマスクスへ」、メーテルリンクの「青い鳥」などが代表的な作品。

むこ【婿・△聟】①娘の夫。特に、娘の夫として家に迎える男性。女婿(じょせい)。②結婚の相手としての男性。(↔嫁)

む-こ【無△辜】罪がないこと。また、その人。「—の民(たみ)」

む-ご【無期】(名・形動ナリ)(古)①期限のないこと。際限のないこと。②続けざまなこと。久しいこと。

むご・い【◦惨い・◦酷い】(形)(カロ・カッ(ク)・イ・イ・ケレ・○) ①見るにたえないほど痛ましい。悲惨だ。「事故現場の—ありさま」②残酷である。残虐である。「—仕打ち」文むご・し(ク)

類語 むごたらしい・ひどい・こっぴどい・心ない・血腥(ちなまぐさ)い・酷(こく)・酷薄・残酷・残虐・残忍・無残・冷酷・殺生・薄情・無情・非情・非人情・不人情・血も涙もない・情け容赦もない

むこ-いり【婿入り】(名・自スル)婿になって妻の家にはいること。また、その儀式。↔嫁入り

むこう【向〔こ〕う】(ムカウ)(「むかひ」の音便)①向かっていく方面で、少し離れたところ。「—に見える建物」②行き先。目的地。「—には五時に着く」③物を隔てた反対側。「川の—」④先方。相手。「—の出方をみる」⑤今後。「—二か月」

—に回(まわ)す 相手として競争する。敵にする。**—を張(は)る** 堂々とはりあう。対抗する。「大関の—」

—いき【—意気】積極的にはりあう気持ち。向こうっ気。

—がわ【—側】(ガハ) ①向こうの方面。反対側。間に物を隔てた先のほう。「池の—」②相手のほう。「—の主張」

—ぎし【—岸】川や海峡などの反対側の岸。対岸。

—きず【—傷・—△疵】体の前面に受けたきず。↔後ろ傷

—さんげん-りょうどなり【—三軒両隣】(リヤウドナリ) 自分の家の向かいの三軒および左右の隣家。また、日ごろ親しくつきあう近所の家。

—じょうめん【—正面】(ジヤウメン) 相撲で、土俵を挟んで正面(北側)座席と向かい合った側。裏正面。

—ずね【—△脛】すねの前面。むかはぎ。弁慶の泣き所。

—づけ【—付け】日本料理で、刺身・酢の物など、膳(ぜん)の中央より向こう側に置く料理。先付け。

—どなり【—隣】道を隔てて向かい合っている家。また、近所。向かい隣。

—はちまき【—鉢巻〔き〕】鉢巻きを前頭部で結ぶこと。また、その鉢巻き。威勢のいいさまをいう。↔後ろ鉢巻き

—みず【—見ず】(名・形動ダ)あとさきを考えないで行動すること。また、その人。無鉄砲。「—な決断」

む-こう【無効】(カウ)(名・形動ダ)効力・効果のないこと。また、そのさま。「当選が—になる」↔有効

むこ-がね【婿がね】(「がね」は候補者の意を表す接尾語)婿となるべき人。前から婿と決めた人。

む-こくせき【無国籍】①どこの国籍も持っていないこと。②どこの国のものとも特定できないこと。「—料理」

む-ごし【無腰】(刀剣を腰に帯びていないことから)武器を身につけていないこと。丸腰(まるごし)。

むごたらし・い【◦惨たらしい・◦酷たらしい】(形)(カロ・カッ(ク)・イ・イ・ケレ・○) いかにもむごい。悲惨で見るにたえないほどだ。残酷である。「—事件」文むごたら・し(シク)

むこ-とり【婿取〔り〕】(名・自スル)家に婿を迎え入れること。また、その儀式。「—娘」↔嫁取り

むこ-ようし【婿養子】(ヤウシ)— 養子縁組をして、婿となる人。

む-こん【無根】根拠となる事実がまったくないこと。根も葉もないこと。「事実—」

む-ごん【無言】ものを言わないこと。「—の圧力」

—げき【—劇】→パントマイム

―の-ぎょう【―の行】一定の期間ものを言わないで行う仏道修行。また、一般に、黙りこんでいること。

む-さい【無才】才能のないこと。「無学―」

む-さい【無妻】妻を持たないこと。また、その人。

むさ・い（形）きたならしい。不潔で気色が悪い。むさくるしい。「―所ですが」文むさ・し(ク)

む-ざい【無罪】①罪のないこと。②《法》刑事裁判によって、犯罪の成立しないことが認められること。「―の判決」《↕有罪》

む-さく【無策】適切な方策を立てていないこと。「無為―」

む-さくい【無作為】（名・形動ダ）意図的に手を加えず偶然にまかせること。また、そのさま。「―に選び出す」

―ちゅうしゅつほう【―抽出法】→ランダムサンプリング

むさ-くるし・い（形）乱雑できたならしい。だらしなく不潔である。むさい。「―格好」文むさくる・し(シク)

むささび【×鼯鼠】《動》リス科の中形の哺乳動物。背面は黄褐色、腹面は白く、頬に白い斑点がある。夜行性。四肢の間の飛膜を広げて滑空する。ばんどり。のぶすま。冬

むさし【武蔵】旧国名の一つ。現在の東京都・埼玉県、および神奈川県の東部。武州。

むさしの【武蔵野】国木田独歩の短編集。一九〇一（明治三十四）年刊。「武蔵野」「源おぢ」「忘れえぬ人々」などの作品一八編を収録。幽寂な自然と人生を清新な筆致で描く。

む-さつ【無札】入場券・乗車券などを持たないこと。

む-ざつ【無雑】（名・形動ダ）まじりけがないこと。純粋なこと。

むざ-と（副）①惜しげもなく。あっさりと。「―捨てる」②不注意に。うっかり。むぞうさに。「―だまされる」

む-さべつ【無差別】（名・形動ダ）差別のないこと。差別や区別をしないこと。また、そのさま。「―に爆撃する」

むさぼ・る【貪る】（他五）①際限なく欲しがる。「暴利を―」「―ように食べる」②飽きることなくある行為をし続ける。「―・り読む」「安逸を―」可能むさぼ・れる(下一)

むざ-むざ（副）①何の方策もなくよくない結果に甘んじるさま。なすところなく。「―(と)だまされる」②惜しげもなく。あっさりと。「―(と)金をやる」

む-さん【無産】①資産のないこと。↕有産 ②職のないこと。

―かいきゅう【―階級】資産がなく、労働で得た賃金で生活する階級。プロレタリアート。↕有産階級

む-さん【霧散】（名・自スル）霧が散るように、跡形もなく消え失せること。

む-ざん【無残・無惨・無△慚・無△慙】（名・形動ダ）①残酷なこと。むごたらしいさま。「―な最期をとげる」②痛ましいさま。「―についえた夢」③《仏》罪を犯しても恥じないこと。

むし【虫】①人・獣・鳥・魚・貝以外の小動物の総称。特に、昆虫。②スズムシ・マツムシなど秋に美しい声で鳴く虫の総称。「―の音」秋 ③回虫・ノミ・シラミなど人に害を与える虫。「―くだし」④小児の体質が弱いために起こる種々の病気。かん。虫気。「―を起こす」⑤人間の体内にあって、さまざまな感情や意識を起こすもとになると考えられるもの。「ふさぎの―」「腹の―がおさまらない」⑥一つのことに熱中する人。「本の―」⑦（接尾語的に用いて）すぐにそうなる人、そういう性質である人をあざけっていう語。「泣き―」「弱―」

―がいい 自分の都合ばかり考えて勝手である。「―話」―が知らせる なんとなく何かが起こりそうな予感がする。―が好かない なんとなく気にくわない。「―やつ」―が付く ①衣類・書画などに害虫がついてそこなう。②若い女性などに、はたから見て好ましくない恋人ができる。―の居所が悪い 機嫌が悪く、わずかの物事でも気にさわって怒る。―も殺さぬ やさしくておとなしい人柄の形容。「―顔をしていながら悪党だ」―を殺す 腹が立つのをおさえる。

むし【△帔】→むしのたれぎぬ

むし【△苧】→からむし(苧)

む-し【無死】野球で、一人もアウトになっていない状態。ノーアウト。ノーダウン。ノーダン。「―満塁」

む-し【無私】（名・形動ダ）利己心のないこと。私心のないこと。また、そのさま。「公平―」

む-し【無始】《仏》どこまでいっても始まりのない、限りなく遠い過去。「―無終」

む-し【無視】（名・他スル）そこにあるものをないように扱うこと。存在や価値を認めないこと。問題にしないこと。「規則を―する」

む-し【夢死】（名・自スル）何もしないでむなしく一生を終わること。⇩酔生夢死

む-じ【無地】生地などで、全体が一色で模様のないこと。

むし-あつ・い【蒸〔し〕暑い】（形）風がなく、温度・湿度がともに高くて、蒸されているように暑い。「―夜」夏 文むしあつ・し(ク)

むし-いい【蒸〔し〕◦飯】もち米を蒸したもの。こわめし。

むし-うり【虫売〔り〕】蛍や鈴虫などの虫を売る商人。秋

むし-おくり【虫送り】農村で、たいまつをともし、鉦やたいこをたたいて作物につく害虫をおいはらう行事。夏(秋)

むし-おさえ【虫押〔さ〕え】①子供の虫気をおさえる薬。②少し食べて一時空腹をまぎらすこと。また、その食物。

むし-かえ・す【蒸〔し〕返す】（他五）①もう一度蒸す。②一度決着したことをまた問題にする。「話を―」

む-じかく【無自覚】（名・形動ダ）自分の行為や態度について、自分の立場・責任などをわきまえていないこと。「―な行動」

むし-かご【虫籠】虫を入れて飼うかご。むしこ。秋

むし-がし【蒸〔し〕菓子】蒸してつくった菓子。まんじゅうやういろうなどの類。蒸し物。

むし-がれい【蒸〔し〕△鰈】カレイを塩蒸ししてから、陰干しにした食品。春

むし-き【蒸〔し〕器】食品を蒸すための容器。蒸籠など。

むしき-かい【無色界】《仏》三界の一つ。色界の上。肉体や物質を超越し、心のはたらきだけからなる世界。

むし-くい【虫食い・虫△喰い】①虫が食うこと。また、虫が食ったあと。「写本の―」②うわぐすりがところどころ剝落し、虫が食ったように見える茶碗。茶人が珍重する。

むし-ぐすり【虫薬】子供の虫気を治す薬。

むし-くだし【虫下し】腹の中の回虫・蟯虫などを駆除するために飲む薬。駆虫薬。

むし-け【虫気】①体質の弱い幼児が神経質になり、不眠・癇癪などを起こすこと。②産気。陣痛。「―づく」

むし-けら【虫△螻】①虫を卑しめていう語。②人を、取るに足りない虫にたとえて卑しめていう語。「―同然の扱いを受ける」

むし-けん【虫拳】拳の一種。親指をカエル、人差し指をヘビ、小指をナメクジと決め、ヘビはカエルに、カエルはナメクジに、ナメクジはヘビにそれぞれ勝つものとして勝負を競う遊び。

む-しけん【無試験】試験がないこと。試験を受けなくてよいこと。「―入学」

むし-こ【虫◦籠】→むしかご

むし-さされ【虫刺され】虫に刺されること。また、それによって起こるはれやかゆみなどの症状。

むし-しぐれ【虫時雨】たくさんの虫が鳴くのを時雨が降る音になぞらえていう語。秋

むし-ず【虫酸・虫°唾】ズ|・ツ| 胸やけなどのときに、胃から口中に逆流するすっぱい液。

—が走る 気分が悪くなるほどいやでたまらない。

むし-ずし【蒸〔し〕△鮨・蒸〔し〕×寿司】椎茸・干瓢などを鮨飯にまぜ、焼き穴子・金糸卵などをのせて、蒸籠に入れて蒸した鮨。おもに京阪地方で食べる。温鮨。

む-じつ【無実】①犯罪などを行った事実のないこと。特に、罪を犯していないのに罪があるとされること。冤罪。「—を訴える」「—の罪をきせられる」②実質がないこと。「有名—」

むしとり-すみれ【虫取〔り〕△菫】《植》タヌキモ科の多年草の食虫植物。長楕円形の葉に粘着性があり、虫などを付着させて捕らえる。夏、紫色の花を開く。㊙夏

むじな【△狢・△貉】①「たぬき」の異称。「ひとつ穴の—(=ある事、特に悪事をともにする仲間)」㊙冬 ②「あなぐま」の異称。㊙冬

—へん【—偏】漢字の部首名の一つ。「貉」「豹」などの「豸」の部分。

—も【—藻】《植》モウセンゴケ科の水生多年草。食虫植物。沼や池に浮かび、根がない。袋状の葉を開閉して動物プランクトンを捕らえる。夏、淡緑色の五弁花をつける。

むし-なべ【蒸〔し〕鍋】食品を蒸すのに使う二段重ねのなべ。下なべで湯を沸かし、上なべの底の小穴から吹き上がる蒸気で蒸す。

むし-の-いき【虫の息】今にも絶えそうに弱々しい呼吸。また、そのような状態。

むし-の-しらせ【虫の知らせ】根拠もないのに、何か悪いことが起こりそうだと感じること。

むし-の-たれぎぬ【△枲の垂〔れ〕◇衣・△帔】(「むし」は苧の意)平安時代、女性が外出時にかぶった市女笠のまわりに付けて垂らした薄布。むし。むしたれ。

むし-ば【虫歯・△齲歯】《医》歯の硬組織が細菌の作用によって侵食される疾患。また、その歯。齲歯。

むし-ば・む【△蝕む】(他五) マ(モ)・ミ(ン)・ム・ム・メ・メ ①虫が食って物をそこなう。②身体や精神を少しずつそこなう。「病が体を—」

む-じひ【無慈悲】(名・形動ダ) 哀れむ心のないこと。思いやりの心がないこと。また、そのさま。「—な仕打ち」

むし-ピン【虫ピン】昆虫を標本箱などにとめるための小さなピン。

むし-ふうじ【虫封じ】小児に癇(の虫)が起こらないように、まじないをすること。また、その守り札。

むし-ぶろ【蒸〔し〕風呂】周囲を密閉し、湯気で体を蒸し温めるようにつくったふろ。↔水風呂

むし-へん【虫偏】漢字の部首名の一つ。「蚊」「蝶」などの「虫」の部分。

むし-ぼし【虫干し】(名・他スル) 夏の土用のころに、かびや虫の害を防ぐために衣類・書籍などを日に干したり風に当てたりすること。土用干し。㊙夏

むし-むし【蒸し蒸し】(副・自スル) 湿度が高く蒸し暑いさま。

むし-むしゅう【無始無終】《仏》始めも終わりもないこと。常に存在して不変なこと。

むし-めがね【虫眼鏡】焦点距離の短い凸レンズを使った、小さな物体を拡大して見るための道具。拡大鏡。ルーペ。

むし-もの【蒸〔し〕物】①蒸して作った料理。ちゃわんむし・どびんむしなど。②蒸し菓子。

む-しゃ【武者】武士。特に、よろい・かぶとをつけた武士。

—え【—絵】ヱ 武士の姿や合戦のようすを描いた絵。

—しゅぎょう【—修行】シュギャウ (名・自スル) ①武士が諸国を回って武術をみがくこと。②(転じて)よその土地や外国へ行って、学問や技芸をみがくこと。

—にんぎょう【—人形】ニンギャウ 五月五日の端午の節句に飾る、武者の姿をした人形。五月人形。㊙夏

—ぶり【—振〔り〕】①よろい・かぶとをつけて武装した姿。②武士にふさわしいふるまい。

—ぶるい【—震い】ヒブル (名・自スル) 重大な場に臨んで心が勇み立つあまり、体が震えること。

むし-やき【蒸〔し〕焼き】(名・他スル) 材料を器に入れて密閉し、熱を加えて焼くこと。また、その料理。「魚の—」

む-じゃき【無邪気】(名・形動ダ) ①悪意や邪心のないこと。また、そのさま。②あどけなくてかわいいこと。「—な笑顔」

むしゃ-くしゃ (副・自スル) 気分の晴れないさま。やたらにいらいらして腹の立つさま。「気分が—(と)する」

むしゃのこうじ-さねあつ【武者小路実篤】ムシヤノコウヂサネアツ (一八八五—一九七六) 小説家・劇作家・詩人。東京生まれ。志賀直哉・有島武郎らと「白樺」を創刊。トルストイに傾倒して人道主義を唱えた。一九一八(大正七)年宮崎県日向に「新しき村」を創設。小説「お目出たき人」「友情」など。

むしゃぶり-つ・く (自五) カ(コ)・キ(イ)・ク・ク・ケ・ケ 激しい勢いでとりつく。放すまいと、しゃにむにすがりつく。「幼児が母親に—」

むしゃ-むしゃ (副) 食物を無作法に食べるさま。

む-しゅう【無臭】シウ| においやくさみのないこと。「無味—」

む-じゅう【無住】ヂユウ| 寺に住職のいないこと。「—の寺」

む-しゅうきょう【無宗教】シユウケウ| ①信仰する宗教のないこと。②葬式などで、特定の宗派・宗教によらないこと。

む-じゅうりょく【無重力】ヂユウリヨク| 《物》慣性力と引力がつり合って、重さを感じなくなること。無重量。「—状態」

む-しゅく【無宿】①住む家のないこと。また、その人。②江戸時代、人別帳から名前を除かれること。また、その人。

—もの【—者】①住む家のない人。②江戸時代、人別帳から名前を除かれた人。

む-しゅみ【無趣味】(名・形動ダ) ①味わい・おもしろみが何も認められないこと。また、そのさま。「—な建物」②趣味を何も持たないこと。また、そのさま。↔多趣味

む-じゅん【矛盾】(名・自スル) 二つの事柄のつじつまが合わないこと。前後の論理がきちんと合わないこと。「—撞着」

【故事】楚の武器商人が盾と矛とを売ろうとして、「この盾は堅くどんな矛でも防ぐことができ、この矛は鋭くどんな盾でも貫くことができる」と言う。「では、その矛でその盾を突いたらどうか」と問われ、商人は返答に窮したという説話から。〈韓非子〉

—りつ【—律】《論》論理上の思考法則の一つ。矛盾は決して真とはならないとする原理。

むしょ 《俗》刑務所。「—帰り」「—暮らし」

む-しょう【無償】シヤウ| ①報酬のないこと。報酬を求めないこと。「—の愛」②ただ。無料。「—配布」(↔有償)

む-しょう【霧消】セウ| (名・自スル) 霧が晴れるように、あっという間にあとかたもなく消えてなくなること。「雲散—」

む-しょう【霧鐘】濃霧のとき、船の安全のために鳴らす鐘。

む-じょう【無上】ジヤウ| この上ないこと。最上。「—の光栄」

む-じょう【無状】ジヤウ| ①取り立てていうほどの善行や功績のないこと。②無礼。無作法。

む-じょう【無常】ジヤウ| (名・形動ダ) ①《仏》あらゆるものは生滅・流転し、永遠に変わらないものはないということ。「諸行—」↔常住 ②この世のはかないこと。特に、命のはかないこと。また、そのさま。「—の世」③《古》人間の死。

—かん【—観】ンクワ 一切のものは無常であるとする考え方。

—の-かぜ【—の風】無常が人の命を奪い去ることを、花を散らす風にたとえていう語。

む-じょう【無情】(名・形動ダ) ①思いやりや同情心のないこと。また、そのさま。無慈悲。「—の雨」②人間らしい感情がないこと。非情。「—の草木」

むし-ようかん【蒸〔し〕羊△羹】ようかんの一種。あずきあんに、小麦粉・砂糖・塩を加え、こねて蒸したもの。

む-じょうけん【無条件】何の条件もないこと。どんな条件も付けないこと。「—で受け入れる」「—降服」

—はんしゃ【—反射】〘生〙動物が生まれつきもっている反応。食物が口に入ると唾液が出るなど。↕条件反射

むしょう-に【無性に】(副) ある感情が抑えがたく強くわき起こるさま。むやみに。やたらに。「—寂しくなる」

む-しょく【無色】①色のついていないこと。また、色を塗らないこと。「—透明」②思想・主張などが一方に偏らないこと。

む-しょく【無職】定まった職業を持っていないこと。

むし-よけ【虫◇除け】①害虫を除くこと。また、そのための薬や装置。②毒虫などを防ぐという神仏の守り札。

む-しょぞく【無所属】どこにも所属していないこと。特に、議員がどの政党にも属していないこと。「—で立候補する」

むしり-と・る【△毟り取る】(他五) ①むしって取る。もぎ取る。「草を—」②むりに奪い取る。「財産を—」

むし・る【△毟る・△挘る】(他五) ①密着しているものをつかんで、引き抜いたり引きちぎったりする。「毛を—」②少しずつちぎりとる。魚などの身をほぐす。「パンを—」[可能]むし・れる(下一) [参考]「毟」は国字。

む-じるし【無印】①しるしがないこと。「—商品」②(しるしのつかないものの意から) 注目されないもの。「—の選手が活躍する」

むしろ【△筵・△莚・△蓆・◇席】①藺い・がま・わら・竹などを編んでつくった敷物。②会合などの場。席。座。「酒盛りの—」

—ばた【—旗】農民の一揆や暴動などで用いる、むしろを竿さおに付けて旗のようにしたもの。

むしろ【◇寧ろ】(副) 二つの事柄のうち、どちらかを選び取る意を表す。どちらかといえば。いっそ。「夏より—冬のほうが好きだ」

む-しん【無心】■一(名・形動ダ) 他のことを考えず、何かに夢中になっていること。また、そのさま。「—に遊ぶ」■二(名・他スル) あつかましく金品をねだること。「金を—する」■三(名)〘文〙①(「無心連歌」の略) 優雅で和歌的な有心連歌に対して、洒落・滑稽・機知を主とした俳諧連歌。↕有心 ②狂歌。↕有心 [参考] 古語では本来「思慮がない」「あわれを解さない」の意。文芸においては、「有心」の否定として滑稽への発展を目指したものをいい、新興的・庶民的な要素が強い。

—たい【—体】〘文〙和歌・連歌で、卑俗な趣や滑稽・機知・洒落を主としたもの。無心体。↕有心体

—れんが【—連歌】→むしん■三① ↕有心連歌

む-じん【無人】人の住んでいないこと。人のまったくいないこと。「—島」「—の家屋」↕有人

む-じん【無尽】①どこまでも終わりにならないこと。尽きないこと。「縦横—」②〘商〙(「無尽講」の略) 一定数の組合員がたがいに掛け金を出し合い、入札または抽選で、順番にまとまった金銭を融通するしくみ。頼母子講。

—ぞう【—蔵】(名・形動ダ) いくら取っても尽きないこと。また、そのさま。「—の資源」

む-しんけい【無神経】(名・形動ダ) ①感じ方の鈍いこと。また、そのさま。鈍感。②恥や外聞、また他人の感情などを気にしないこと。また、そのさま。「—な言動」

むしん-ろん【無神論】〘哲〙神の存在を否定する思想上の立場。「—者」↕有神論

む・す【◇産す・◇生す】(自五) 生じる。生える。「苔こけの—・した庭」

む・す【蒸す】■一(自五) 気温と湿度が高くて暑さがこもるように感じられる。「車内が—」■二(他五) 蒸気で熱する。また、そのようにして調理する。ふかす。「ちまきを—」「—・した夕オル」[自]む・れる(下一) [可能]む・せる(下一)

むず(助動-サ変型)〘古〙推量・意志・適当・当然の意を表す。[参考] 推量の助動詞「む」に格助詞「と」、サ変動詞「す」の付いた「むとす」にあたる語。「むとす」の「と」の省略とする説や、「む」の連用形とされる「み」にサ変動詞「す」の付いた「みす」の転とする説がある。

む-すい【無水】①水分をほとんど含まないこと。また、水分を必要としないこと。「—鍋なべ」②〘化〙水和水(=物質と結合した水分子)を取り除いた物質。③〘化〙単独あるいは二分子の酸から水が除かれた物質に付ける語。「—炭酸」

—アルコール〘化〙水分を含まないエチルアルコール。

む-すう【無数】(名・形動ダ) 数えきれないほど多いこと。

むずかし・い【難しい】(形) ①理解するのが困難だ。わかりにくい。「この書物は—」↕易やさしい ②解決しにくい。なし遂げにくい。「円満な解決は—」↕易しい ③複雑である。込み入ってやっかいだ。「—事情がある」「—手続きが要る」④病気が重くて、治りにくい。「回復は—」⑤好みがうるさい。苦情が多い。「着る物に—人」⑥機嫌が悪い。「—顔をしている」[文]むづか・し(シク) [参考]「むつかしい」ともいう。

[類語] 難かたい・難解・難儀・困難・至難・晦渋かいじゅう・厄介・手も足も出ない・手が付けられない・歯が立たない・一筋縄では行かない

むずがゆ・い【むず△痒い】(形) むずむずするようにかゆい。[文]むずがゆ・し(ク)

むずか・る【◇憤る】(自五) 乳幼児が機嫌を悪くして、泣いたりだだをこねたりする。むつかる。「赤ん坊が—」

むす-こ【息子】親からみた、男の子供。せがれ。↕娘 [参考] 常用漢字表付表の語。

敬称(相手側)	謙称(自分側)
御子息(様)　御令息(様)	愚息　豚児　せがれ
御愛息(様)　(お)坊ちゃん	坊主

むすっ-と(副・自スル) 不機嫌そうに押し黙っているさま。ぶすっと。「話しかけても—している」

むず-と(副) 勢いよく力をこめて。むんずと。「—つかむ」

むす-ひ【◇産◇霊】〘古〙天地万物をうみ出す霊妙な力。

むすび【結び】①結ぶこと。また、結んだもの。「ちょう—」②終わり。しまい。「—の言葉」「—の一番」③にぎりめし。おにぎり。「お—」④〘文法〙係助詞を伴った文節を受けて文を終止すること。また、その語。特に文語文法で、一定の係助詞と呼応して文末の語が一定の活用形をとるもの。↕係り ⇩係り結び

—の-かみ【—の神】男女の縁をとり結ぶという神。縁結びの神。結ぶの神。

—ぶみ【—文】細長く巻きたたんで、端または中央を折り結んだ手紙。結び目に墨を一筋引く。結び状。

—め【—目】結び合わせたところ。「ひもの—がほどける」

むすび-つ・く【結び付く】(自五) ①ものとものとがつながり、一つになる。「顔と名前とが—」②密接な関係を持つ。つながる。「事件に—証拠」[他]むすびつ・ける(下一)

むすび-つ・ける【結び付ける】(他下一) ①結んで一つにする。結んでくっつける。ゆわえつける。「ロープを柱に—」②関係づける。「原因と結果を—」[自]むすびつ・く(五) [文]

むすびつ・く(下二)

むす・ぶ【結ぶ】(バ(ボ)・ビ(ン)・ブ・ブ・ベ・ベ) ■(自五) ①露・氷などが生じる。「草葉に―露」 ②仲間になる。「不満分子と―」 ■(他五) ①糸・ひもなどの両端を組み合わせて離れないようにする。ゆわえる。「水引(みずひき)を―」「帯を―」「ネクタイを―」↔解く ②つなぎ合わせる。「手を―」「二点を―」 ③関係をつける。約束する。「縁を―」「協定を―」 ④固く閉じる。「口を―」 ⑤(まとまり・結果が)生じる。「実を―」 ⑥構え、つくる。「庵(いお)りを―」 ⑦締めくくりをつける。終わりとする。「文章を―」 可能 むす・べる(下一)

むす・ぶ【△掬ぶ】(他四)《古》両手を合わせて水などをすくう。

むすぶ-の-かみ【◇産◇霊の神】《古》(「むすひのかみ」の転)万物を産みなす神。

むすぶ-の-かみ【結ぶの神】→むすびのかみ

むすぼ・れる【結ぼれる】(自下一)(レ・レ・レル・レル・レレ・レロ(レヨ)) ①結ばれてほどけにくくなる。「糸が―」 ②気がふさぐ。ゆううつになる。「思いが―」 ③露などができる。 文 むすぼ・る(下二)

むず-むず(副・自スル) ①虫がはい回るような、くすぐったさやかゆみを感じるさま。「背中が―する」 ②したいことができない状態でもどかしく思うさま。「発言したくて―する」

むすめ【娘】(字義)→じょう(娘)

むす-め【娘】 ①親からみた、女の子供。↔息子 ②若い未婚の女性。

―一人(ひとり)に婿(むこ)八人(はちにん) 一つの物事に対して希望者の非常に多いことのたとえ。

敬称(相手側)	謙称(自分側)
御息女(様) 御令嬢(様) 御愛嬢(様) お嬢様	娘

―ごころ【―心】 純情で感じやすい娘らしい気持ち。

―ざかり【―盛り】 娘として美しい盛りの年ごろ。

―むこ【―婿】→じょせい(女婿)

ムスリム〈アラビア Muslim〉《宗》イスラム教徒。「アッラーの教えに帰依する者」の意。モスレム。

む-せい【無声】 ①音声のないこと。音声を出さないこと。 ②音声学で、声帯の振動を伴わないこと。(↔有声)

―えいが【―映画】(エイグワ) 音楽・音声などの音響を伴わない映画。サイレント。

―おん【―音】 声帯を振動させないで出す音。子音の k, p, t, s, h などの音。↔有声音

む-せい【無性】《動・植》雌雄の区別のないこと。

―せいしょく【―生殖】《動・植》配偶子によらない生殖法。分裂・出芽・胞子生殖・栄養生殖などによるもの。単細胞生物などによくみられる。↔有性生殖

む-せい【夢精】(名・自スル) 睡眠中に性的興奮をおこし、射精すること。

む-ぜい【無税】 税金のかからないこと。↔有税

む-ぜい【無勢】 人数の少ないこと。無勢(ぶぜい)。

む-せいげん【無制限】(名・形動ダ) 制限のないこと。制限しないこと。また、そのさま。「―に供給する」

む-せいふ【無政府】 政府がないこと。「―状態」

―しゅぎ【―主義】 すべての権力を否定し、政府を全廃して、個人の絶対的自由の行われる社会をうちたてようとする主義。アナーキズム。「―者」

む-せいぶつ【無生物】 生命がなくて、生活機能を持たないものの総称。水・石など。↔生物

むせい-らん【無精卵】《動》受精していないたまご。

むせ-かえ・る【△噎〔せ〕返る】(カヘル)(自五)(ラ(ロ)・リ(ッ)・ル・ル・レ・レ) ①ひどくむせる。「―ような臭気」 ②息をつまらせ、激しく泣く。

む-せき【無籍】 国籍・戸籍・学籍などのないこと。

むせきつい-どうぶつ【無脊椎動物】《動》脊椎をもたない動物の総称。節足動物・軟体動物など。

む-せきにん【無責任】(名・形動ダ) ①責任のないこと。 ②責任を重んじないこと。責任感のないこと。「―な発言」

むせび-なき【◇咽び泣き・△噎び泣き】(名・自スル) 声をつまらせ、しゃくりあげるようにして泣くこと。

むせび-な・く【◇咽び泣く・△噎び泣く】(自五)(カ(コ)・キ(イ)・ク・ク・ケ・ケ) のどをつまらせるようにして激しく泣く。「―ような音色」

むせ・ぶ【◇咽ぶ・△噎ぶ】(自五)(バ(ボ)・ビ(ン)・ブ・ブ・ベ・ベ) (「咽」は悲しさに声がつまる意、「噎」はのどがふさがる意) ①飲食物・煙・においなどがのどを刺激して、息がつまりそうになる。むせる。「煙に―」 ②感情がこみあげて、声がつまる。むせび泣く。「感涙に―」 ③風や水がむせび泣くような音をたてる。「松に―風」

む・せる【◇咽せる・△噎せる】(自下一)(セ・セ・セル・セル・セレ・セロ(セヨ)) 飲食物・煙・におい・香気・涙などでのどが刺激され、息がつまりそうになる。また、そうなって咳(せ)きこむ。むせぶ。 文 む・す(下二)

む-せん【無銭】 金銭を持っていないこと。金銭を支払わないこと。「―旅行」「―飲食」

む-せん【無線】 ①電線のいらないこと。電線を用いないこと。「―機器」「―LAN」↔有線 ②「無線通信」「無線電信」「無線電話」などの略。「―技士」「―タクシー」

―そうじゅう【―操縦】(サウジュウ) 電波によって船・航空機・自動車などを操縦すること。ラジオコントロール。

―でんしん【―電信】 電線によらず電波を用いて行う通信。無電。

―でんわ【―電話】 無線電信を応用した電話。無電。

むせん-まい【無洗米】 とぎ洗いをせずに炊けるよう、精米時にぬかを取り去った米。

む-そう【無双】(―サウ) ①二つとないこと。並ぶもののないほどすぐれていること。無二。無双(ぶそう)。「天下―」「国士―」 ②衣服・道具などで、表と裏または内と外とを同じ布地や材料でこしらえること。また、そのもの。「―羽織」 ③相撲で、相手のももの外側または内側に片手を当てて倒す技。「外(そと)―」「内(うち)―」

―まど【―窓】 二重の連子(れんじ)からなり、閉めると一枚の板張りのようになり、開けると一つおきにすきまができる窓。

む-そう【無相】(―サウ)《仏》 ①姿・形のないこと。 ②姿・形にとらわれないこと。執着を離れた境地。

む-そう【無想】(―サウ) 心に何も考えないこと。無心。「無念―」

む-そう【夢想】(―サウ)(名・他スル) ①夢のようにとりとめもないことを思うこと。空想。「―家」 ②夢の中で思うこと。「―だにしない(=思ってもみない)」 ③夢の中で神仏のお告げがあること。

む-ぞうさ【無造作・無雑作】(―ザウサ・―ザフサ)(名・形動ダ) 慎重にではなく、簡単に、または気軽に物事をすること。また、そのさま。「―に取り扱う」

むそ-じ【六◇十・六◇十路】(―ヂ) ①六〇。 ②六〇歳。

むそ-ち【無租地】 地租を課さない土地。国・公有地など。

む-ぞり【無反り】 刀身に反りがなく、まっすぐなこと。また、その刀。「―の名刀」

むだ【無駄・◇徒】(名・形動ダ) 何かをしても、その効果や益がないこと。かいのないさま。「―を省く」「―に終わる」

むだ-あし【無駄足・◇徒足】 足を運んだのに目的が達せられないこと。出かけたかいのないこと。「―を踏む」

む-たい【無体】 ■(名・形動ダ) 無理なこと。無法なこと。「無理―」「―な要求」 ■(名) 形のないこと。無形。「―財産」

―ぶつ【―物】《法》具体的な形を持たないもの。音・電気・

光・熱など。↔有体物

むーだい【無代】 代金のいらないこと。ただ。無料。「ー進呈」

むーだい【無題】 ①作品などに題のないこと。②詩歌で、題のないもの。また、題詠でないもの。

むだーがね【無駄金・△徒金】 なんの意味もないままに使ってしまった金。役に立たない金。「ーを使う」

むだーぐい【無駄食い・△徒食い】グヒ（名・他スル）①あいだ食い。間食。②仕事もせずただ食べるだけであること。徒食。

むだーぐち【無駄口・△徒口】 言わなくてもよいことまで口にすること。つまらないおしゃべり。駄弁(だべん)。「ーをたたく」

むだーげ【無駄毛】 美容や化粧のじゃまになる、体や顔などの毛。「ー処理」

むだーごと【無駄事・△徒事】 なんの役にも立たない、意味のないしわざ。やってもつまらないこと。

むだーじに【無駄死に・△徒死に】（名・自スル）なんの役にも立たないような死に方。犬死に。

むだーづかい【無駄遣い・△徒遣い】ヅカヒ（名・他スル）金品などを、役に立たないことに使うこと。浪費。「経費をーする」

むだーばな【無駄花・△徒花】 咲いても実を結ばない花。特に、雄花。あだ花。

むだーばなし【無駄話・△徒話】（名・自スル）なんの役にも立たない話。時間つぶしにしかならないおしゃべり。「ーに興じる」

むだーぼね【無駄骨・△徒骨】「無駄骨折り」の略。

ーおり【ー折り】ヲリ どんなに努力や苦労をしてもかいのない無益な骨折り。徒労。むだぼね。

むだーめし【無駄飯・△徒飯】 何も仕事をしないで食う飯。「ーを食う（＝仕事もしないでぶらぶら暮らす）」

むーだん【無断】 何も断らないこと。相手の承諾や許しを得ないこと。「ー借用」「ー欠勤」

むち【△鞭・△笞】 ①馬や罪人などを打つための細長い竹や革ひもなど。②人に物をさし示すための細長い棒。③（比喩(ひゆ)的に）人を励ましたりしかったりするための言葉や行為。「愛のー」

むーち【無知・無△智】（名・形動ダ）①その方面の知識のないこと。なにも知らないこと。「法律にはーだ」②知恵がなく、愚かなこと。「ー蒙昧(もうまい)（＝知識や道理に暗く、何も知らないこと）」

むーち【無恥】（名・形動ダ）恥を恥とも思わないこと。恥知らずなこと。また、そのさま。「厚顔ー」

むちうちーしょう【△鞭打ち症】シャウ 〘医〙乗車中に追突されたときなど、首がむちを振るような動きで急に前後に振られ、頸椎(けいつい)などに損傷を受けて起こす症状。頭・首の痛みなど。

むちーう・つ【△鞭打つ・△鞭つ】（自他五）タ(ト)・チ(ツ)・ツ・ツ・テ・テ ①むちで打つ。「馬にー」「死者にー（＝生前の言動を非難する）」②（自分自身を）強く励ます。鞭撻(べんたつ)する。「老骨にー」

むーちつじょ【無秩序】（名・形動ダ）物事の順序がでたらめであったり、筋道が通っていなかったりすること。また、そのさま。「ーな社会」「カードをーに並べる」

むーちゃ【×無茶】（名・形動ダ）①筋道の通らないこと。道理にはずれていること。また、そのさま。「ーな話」②ひどく度を越していること。また、そのさま。むやみ。「ーな飲み方」

ーくちゃ【ー×苦茶】（名・形動ダ）〘俗〙「むちゃ」を強めた語。めちゃくちゃ。「ーに暴れる」

むーちゃくりく【無着陸】（航空機などが）目的地に着くまで、途中一度も地上に降りないこと。「ー飛行」

むーちゅう【夢中】 ■（名）夢の中。■（名・形動ダ）あることに熱中したり、興奮したりして我を忘れること。また、そのさま。「遊びにーになる」「無我ー」

むーちゅう【霧中】 霧のたちこめた中。⇒五里霧中

むーちん【無賃】 払うべき料金を払わないこと。また、料金のいらないこと。「ー乗車」

むつ【△鯥】〘動〙ムツ科の深海魚。体長八〇センチメートルに達する。食用。卵巣も「むつの子」といって賞味する。[冬]

むーつ【六つ】 ①むっつ。ろく。②六歳。③昔の時刻の名。現在の午前六時ごろを「明け六つ」、午後六時ごろを「暮れ六つ」といった。

むつ【陸奥】 ①旧国名の一つ。現在の青森・岩手・宮城・福島の四県と秋田の一部。みちのく。奥州(おうしゅう)。②一八六八（明治元）年に①を五か国（陸奥・陸中・陸前・岩代(いわしろ)・磐城(いわき)）に分割したうちの一国。現在の青森県全部と岩手県の一部。

むーつう【無痛】 痛みのないこと。痛みを感じないこと。

ーぶんべん【ー分△娩】 痛みを伴わない出産。出産時の痛みを麻酔や精神的指導により軽減したりなくしたりする方法。

むつかしーい【難しい】（形）カロ・カッ(ク)・イ・イ・ケレ・〇 →むずかしい

むつか・る【△憤る】（自五）ラ(ロ)・リ(ッ)・ル・ル・レ・レ →むずかる

むーつき【△睦月】 陰暦の正月。一月。[新年]

むつき【×襁褓】 おしめ。おむつ。「ーの取れない子」

ムック〈和製英語〉雑誌と書籍との中間的な性格をもつ出版物。[語源] magazine と book との合成語。

むっくーと（副）とつぜん起き上がるさま。「ー起きる」

むっくり（副）①おもむろに起き上がるさま。「ー（と）上体を起こす」②丸々とよく太っているさま。「ー（と）した体」③まるく盛り上がっているさま。「土がー（と）盛り上がる」

むつーごと【△睦言】 好きな人どうしが仲よく語り合う言葉。特に、寝室での語らい。「ーを交わす」

むつーごろう【△鯥五郎】ゴラウ〘動〙ハゼ科の魚。日本では有明海(ありあけかい)と八代湾(やつしろわん)に生息。泥海に穴を掘ってすむ。暗緑色で、干潟の上をはねたり、はったりして移動する。食用。[春]

ムッシュー〈フランス monsieur〉男性の姓名の前に付けて敬意を表したり、男性に呼びかけるときに用いる語。

ムッソリーニ〈Benito Mussolini〉（一八八三～一九四五）イタリアの政治家。ファシスト党を結成し、一九二二年独裁体制を確立。ナチスと結び第二次世界大戦に参戦。一九四三年失脚した。

むっちり（副・自スル）肉づきがよくて肌がしまっているさま。むちむち。「ー（と）した腕」

むっーつ【六つ】 →むつ（六つ）

むっつり（副・自スル）口数が少なく、無愛想なさま。「ー（と）した顔」「ー（と）黙る」

むっーと（副・自スル）①人から受けた言動に、思わず怒りがこみあげてくるさま。また、その怒りを抑えて不機嫌そうにがまんしているさま。「ーした顔をする」②熱気や悪臭が満ちていて、思わず息が詰まりそうになるさま。「人いきれでーする店内」

むつ・ぶ【△睦ぶ】（自上二）〘古〙→むつむ

むつまじ・い【△睦まじい】（形）カロ・カッ(ク)・イ・イ・ケレ・〇 たがいにしっくりとして仲がよい。心から親しい。「仲ー二人」[文]むつま・し（シク）

むつまやか【△睦まやか】（形動ダ）ダロ・ダッ(デ・ニ)・ダ・ナ・ナラ・〇 仲のよさそうなさま。むつまじそうなさま。「ーな家庭」[文]（ナリ）

むつみーあ・う【△睦み合う】アフ（自五）ワ(オ)・イ(ッ)・ウ・ウ・エ・エ たがいに仲よくする。

むつ・む【△睦む】（自四）〘古〙仲よくする。親しむ。むつぶ。

むつむねみつ【陸奥宗光】（一八四四～一八九七）明治時代の政治家・外交官。紀州藩（和歌山県）出身。第二次伊藤内閣の外相として日英通商航海条約の締結、不平等条約改正に成功。

むーて【無手】 ①手に武器・道具などを持たないこと。素手。から手。②有効な手段・方法のないこと。

むーていけい【無定形】 ①一定の形のないこと。②〘地質〙結

晶質でないこと。

む-ていけい【無定型】一定の型のないこと。「—の詩」

む-ていけん【無定見】(名・形動ダ) しっかりした自分の意見や見解を持たず、他人の意見などに左右されやすいこと。

む-ていこう【無抵抗】— 相手の暴力や武力に対して、手向かいしないこと。さからわないこと。「—主義」

むてかつ-りゅう【無手勝流】— ①戦わずに勝つこと。また、その方法。②自分勝手な流儀。自己流。「—の将棋」

む-てき【無敵】(名・形動ダ) 敵対するものがないほど強いこと。また、そのさま。「天下—」

む-てき【霧笛】霧の深いとき、航海の安全のために船や灯台で鳴らす汽笛。霧笛。夏

む-てっぽう【×無鉄砲】— (名・形動ダ) 前後のみさかいもなくむちゃな行動をすること。また、そのさま。むこうみず。

語源「無点法」の変化した語とも、「無手法」の変化した語ともいう。「無点」は、漢文に訓点が付いていないことで、理解できないこと、むちゃくちゃなことを言う意。また、「無手」は、無能・無芸の意。そこから、みさかいもなく物事をおこなうこと、むこうみずの意になったという。「無鉄砲」は当て字。

む-てん【無点】①漢文に訓点のないこと。②得点のないこと。

む-でん【無電】「無線電信」「無線電話」の略。「—を打つ」

む-てんか【無添加】防腐剤や着色料などの添加物を使用していないこと。「—食品」

む-とう【無灯】→むとうか

む-どう【無道】— (名・形動ダ) 道理にそむく行いをすること。また、そのさま。非道。「悪逆—」

む-とうか【無灯火】— 灯火のないこと。また、夜に乗り物などに明かりをつけていないこと。無灯。「自転車の—運転」

む-とうは【無党派】— どの党派にも属さないこと。また、支持する特定の政党がないこと。「—層」

む-とく【無徳】徳のないこと。また、品のないこと。

む-どく【無毒】(名・形動ダ) 毒のないこと。↔有毒

む-とくてん【無得点】試合や試験などで、得点のないこと。

む-とどけ【無届〔け〕】届けを出さないこと。「—欠勤」

む-とんちゃく【無頓着】(名・形動ダ) 物事や他人の思わくなどを気にかけないこと。むとんじゃく。「服装に—な人」

むな-いた【胸板】①(人の)胸部の平たい部分。「厚い—」②よろいの胸を覆う部分。

むな-おち【胸落ち】みぞおちのあたり。むなもと。

むな-がい【△鞅・胸△繫】馬具の一つ。馬の胸から鞍に掛け渡す組み緒。語源「むなかき」の転。

むな-ぎ【棟木】〘建〙家の棟に使う木。棟木。⇩貫(さしえ)

むな-くそ【胸△糞】〘俗〙胸をいやしめていう語。むねくそ。

—が悪い いまいましい。不愉快だ。気持ちが悪い。

むな-ぐら【胸倉・胸◇座】着物の左右の襟の合わせ目のあたり。「—をつかむ」

むな-ぐるし・い【胸苦しい】(形) カロ・カッ(ク)・イ・イ・ケレ・○ 胸が締めつけられるように苦しい。「急に—・くなる」文むなぐる・し(シク)

むな-ぐろ【胸黒】〘動〙チドリ科の中形の旅鳥。春と秋に飛来する。夏羽では、腹面は黒く、背面は黒色の地に黄金色の斑点が散在する。日本で越冬するものもある。

むな-げ【胸毛】①胸に生える毛。②鳥の胸のあたりの羽。

むな-ごと【◇空言・◇虚言】〘古〙うそ。そらごと。

むな-さき【胸先・胸◇前】胸のあたり。むなもと。「—三寸」

むな-さわぎ【胸騒ぎ】なんとなく悪いことが起こるような気がして、胸がどきどきすること。「—がする」

むな-ざんよう【胸算用】(名・自他スル) 心の中でざっと見積もりを立てること。胸積もり。胸算用。

むなし・い【◇空しい・◇虚しい】(形) カロ・カッ(ク)・イ・イ・ケレ・○ ①実質が伴わない。からっぽである。「—会話」②むだである。成果が期待できない。「—努力」③はかない。「—夢」文むな・し(シク)

むなしくなる 死ぬ。亡くなる。

むな-だか【胸高】帯を胸のあたりに高く締めること。

むなつき-はっちょう【胸突〔き〕八丁】— (もと、富士登山で頂上まで八丁(=約八七二メートル)の険しい道を言ったことから) ①山の頂上付近の険しく、急な上り道。②(比喩的に)物事を成し遂げる手前のいちばん苦しい局面。

むな-づもり【胸積〔も〕り】(名・自他スル) →むなざんよう

むな-で【◇空手】手に何も持たないこと。から手。素手。

むな-もと【胸元】胸のあたり。胸先。「—を突く速球」

む-に【無二】並ぶもののないこと。二つとない(ほどすぐれている)こと。無双。無比。「—の親友」

ムニエル〈フランス meunière〉魚に小麦粉をまぶし、バターで焼いた料理。「舌平目の—」

むに-むさん【無二無三】①〘仏〙成仏する道はただ一つだけであり、他にはないこと。法華経でいう。②ひたむきなこと。一心なこと。「—に突進する」参考「むにむざん」ともいう。

む-にんか【無認可】正式に認可されていないこと。「—保育園」

むにんしょ-だいじん【無任所大臣】特定の省の大臣として行政事務を担当せず、内閣に列する国務大臣。

-むね【棟】(接尾) 建物を数えるのに用いる語。「三—」

むね【棟】①屋根のいちばん高い所。②棟木。

むね【旨】述べたことのおもな内容。また、そのねらいや意味。趣旨。「その—を伝える」

むね【◇宗】主とすること。重んじること。「節約を—とする」参考「旨」とも書く。

むね【胸】①胴の前面の上半部。「—を張って深呼吸する」②心。心中。「—のうちを打ち明ける」③衣服の、①にあたるところ。④肺。「—を病む」⑤心臓。「—がどきどきする」⑥女性の乳房。「豊かな—」⑦胃。「—焼け」

—が熱くなる 感動がこみ上げてくる。胸がじいんとなる。

—が裂ける あまりのつらさ・苦しさに、耐えられないような苦しい思いがする。

—が騒ぐ 心が落ち着かない。胸騒ぎがする。「しきりに—」

—がすく 心がさっぱりする。胸のつかえがおりる。「言いたいことを言って—」

—が潰れる 不安・驚き・悲しみなどで、胸がしめつけられるように感じる。

—が塞がる 心配で胸がいっぱいになる。

—が焼ける 胸焼けがする。

—に一物 口には出さないが、心にたくらみを持つこと。「—ある男」

—に描く 想像する。

—に畳む 口に出さないで、心に秘めておく。

—に手を置く よく思案する。胸に手を当てる。

—の痞えが下りる 心配事や悩みが解決して、すっきりした気分になる。

—を痛める ひどく心配する。「子供の行状に—」

—を打つ 強く心にうったえる。

—を躍らせる 希望で心がわくわくする。「新生活に—」

—を借りる 自分より力が上の者に相手になってもらう。

—を焦がす 思いこがれる。

—を突く 驚く。はっとする。

—を撫で下ろす ほっとする。ひと安心する。

—を弾ませる 期待や喜びでわくわくする。「期待に—」

—を膨らませる 期待や喜びなどの気持ちでいっぱいになる。「希望に—」

むね【×刀背・棟】①刀の背。みね。②手の甲。

むね-あげ【棟上げ】建築物の骨組みができて、その上に棟木を上げること。また、これを祝う儀式。上棟。建て前。

むね-あて【胸当て】①胸の部分に当てる防具。②衣服の、胸のところに当てる布。「―付きのズボン」

むね-くそ【胸△糞】→むなくそ

むね-さんずん【胸三寸】胸の中。また、胸中にある考え。「―におさめる」

むね-と【◦宗と】(副)(古)①主として。②首領として。

むね-むね・し【◦宗◦宗し】(形シク)(古)①おもだっている。②しっかりしている。確かである。

むね-やけ【胸焼け】食道やみぞおちのあたりに、焼けるような不快感や痛みを感じること。胸焼け。

むね-やすめ【胸安め】気休め。

むねわり-ながや【棟割(り)長屋】一棟の家を壁で仕切って数世帯が住めるようにした長屋。

む-ねん【無念】■一(名)心に何も思わないこと。■二(名・形動ダ)くやしく感じられること。また、そのさま。「残念―」

―むそう【―無想】サウ ①《仏》無我の境地に入り、いっさいの迷い・こだわりを捨て去ること。無心。②何も考えないこと。

む-のう【無能】(名・形動ダ)能力・才能のないさま。また、そのような人。役に立たない人。「―無才」↔有能

む-のうりょく【無能力】(名・形動ダ)物事をする能力のないこと。また、そのさま。

む-はい【無配】《経》株の配当のないこと。無配当。↔有配

む-はい【無敗】試合や戦いで負けたことのないこと。

むばたま-の《枕》→ぬばたまの

ムハンマド〈Muhammad〉(五七〇?～六三二)イスラム教の開祖。四〇歳ごろメッカ郊外の山で神アッラーの啓示を受け、イスラム教を創始。やがて支配者となってアラビアを統一。マホメット。

む-ひ【無比】(名・形動ダ)比べるもののない(ほどすぐれている)こと。また、そのさま。無二。「正確―」

む-び【夢△寐】眠って夢を見ている間。眠っている間。

む-ひつ【無筆】読み書きのできないこと。また、その人。

む-ひはん【無批判】(名・形動ダ)批判しないこと。ことのよしあしを少しも考えないこと。「―に従う」

む-びゅう【無△謬】ビウ 誤りのないこと。

む-ひょう【霧氷】寒地・高山で、水蒸気や霧が木の枝などについて、不透明な氷の層を生じたもの。樹氷など。[冬]

む-びょう【無病】ビヤウ 病気をしないこと。

―そくさい【―息災】病気をしないで健康でいること。

む-ひょうじょう【無表情】ヘウジヤウ (名・形動ダ)感情が顔に出ず表情の変化が乏しいこと。また、そのさま。「―な人」

む-ふう【無風】①風のないこと。②他からの影響がなく平穏なこと。波乱がないこと。

―ちたい【―地帯】①赤道付近の、一年じゅう風の吹かない所。無風帯。②混乱や波乱のない穏やかな場所。

む-ふんべつ【無分別】(名・形動ダ)理性的・客観的な判断のつかないこと。前後をわきまえないこと。「―な言動」

むべ【×郁子】《植》アケビ科の常緑つる性低木。暖地に自生。雌雄同株で、晩春に淡紅色をおびた白色の花を開き、のち暗紫色の果実をつける。食用。ときわあけび。うべ。[秋]

むべ【◦宜】(副)(古)いかにも。なるほど。うべ。「―なるかな(=いかにももっともなことだなあ)」

む-へん【無辺】(名・形動ダ)限りのないこと。広々として果てしないこと。また、そのさま。「広大―」

む-へんざい【無辺際】(名・形動ダ)広大で果てしないこと。また、そのさま。むへんさい。

む-ほう【無法】ハフ (名・形動ダ)①法や社会秩序の守られていないこと。「―地帯」②道理にはずれて乱暴なこと。「―者」

む-ぼう【無帽】帽子をかぶっていないこと。

む-ぼう【無謀】(名・形動ダ)あと先をよく考えず、乱暴に物事を行うこと。また、そのさま。無茶。「―運転」

む-ぼうび【無防備】バウビ (名・形動ダ)災害や外敵による被害を防ぐ備えのないこと。また、そのさま。

む-ほん【無◦品】(「品」は親王の位階の意)親王で、位のないこと。むぼん。「―親王」

む-ほん【謀反・謀△叛】(名・自スル)臣下が、主君にそむき主君に代わろうとして兵を挙げること。ぼうはん。「―を起こす」

む-ま【夢魔】①夢に現れて人を苦しめるという悪魔。②不安や恐怖を感じさせる夢。「―にうなされる」

む-み【無味】(名・形動ダ)①味のないこと。また、そのさま。「―無臭」②おもしろみのないこと。「単調で―な作品」

むみ-かんそう【無味乾燥】カンサウ (名・形動ダ)内容になんのおもしろみも潤いもないこと。また、そのさま。「―な話」

む-みょう【無明】ミヤウ 《仏》真理に暗いこと。煩悩のために、物事の真実を理解できず迷うこと。根源的な無知。

むみょうぞうし【無名草子】ムミヤウザウシ 鎌倉初期の日本最古の評論。作者は藤原俊成の女とも。一二〇〇年前後の成立。「源氏物語」ほかの物語や歌集、著名な女性を論評。

む-めい【無名】①名前を書かないこと。名前が付いていないこと。名前がわからないこと。「―戦士の墓」②名前が知られていないこと。有名でないこと。「―の新人」↔有名 ③名分がたたないこと。「―の師(=大義名分のたたない出兵)」

―し【―氏】姓名のわからない人。名前の書いてない人。

―し【―指】薬指。

む-めい【無銘】刀剣・書画などに制作者の銘(=名)のはいっていないこと。また、その作品。「―の刀」↔在銘

む-めんきょ【無免許】免許を持っていないこと。「―運転」

む-もん【無文】布地などで模様のないこと。無地。

む-もん【無紋】①地模様のない布。また、そのような布で作った衣服。②衣服に紋所の付いていないこと。また、その衣服。

む-やく【無役】①役目のないこと。②課役のないこと。無税。

む-やく【無益】(名・形動ナリ)→むえき

む-やみ【×無闇】(名・形動ダ)①前後を考えずに物事をすること。「―に人を信じる」②度を越していること。「―に暑い」

―やたら【―×矢×鱈】(名・形動ダ)「むやみ」を強めた言い方。「―に買いまくる」

むゆう-びょう【夢遊病】ムイウビヤウ 《医》睡眠中、無意識に起き上がって動作・歩行などをし、再び眠りにつくが、その間のことをまったく記憶していないという症状。睡眠時遊行症。「―者」

む-よう【無用】(名・形動ダ)①役に立たないこと。また、そのさま。「―の物」↔有用 ②用事のないこと。「―の者立入禁止」③必要ないこと。「心配―」「問答―」④(他の語の下に付いて)…してはいけない意を表す。「天地―」「口外―」

―の-ちょうぶつ【―の長物】チヤウブツ あっても役に立たず、かえってじゃまになるもの。

む-よく【無欲・無△慾】(名・形動ダ)欲のないこと。欲ばらないこと。また、そのさま。「―恬淡」「―の勝利」

むら【村】①田舎で、人家の集まっている所。村里。②地方公共団体の一つで、行政区画として最小の単位。村。

むら【◦斑】①色の濃淡や、物の厚さ・薄さなどが一様でないこと。「染めに―ができる」②物事の状態が安定していなくて変わりやすいこと。「成績に―がある」「気分に―がある」

むら【群・△叢】群れ。集まり。「草―」「―すずめ」

むら-おこし【村起(こ)し・村興し】過疎化や高齢化の進む村を活性化させること。また、そのための取り組み。

むらが・る【群がる】(自五) 一か所に多く集まる。「店の前にお客がー」

むら-き【◇斑気】(名・形動ダ) 気の変わりやすいこと。移り気なさま。また、そのような性質。気まぐれ。むらぎ。「ーな性格」

むら-ぎえ【◇斑消え】全部消えずに、ところどころまばらに消えること。「雪のー」

むらぎも-の【村肝の・群肝の】《枕》「心」にかかる。

むら-くも【群雲・△叢雲】群がり集まった雲。一群れの雲。「月にー、花に風」

むら-ご【◇斑濃・叢◇濃】染め模様の名。同じ色でところどころ濃淡の差のあるもの。

むらさき【紫】①《植》ムラサキ科の多年草。日当たりのよい原野に自生。茎・葉に粗い毛がある。葉は披針形で互生。夏に小さな白い花を開く。昔は根から紅紫色の染料をとり、現在は薬用。夏 ②紫色。赤と青の中間色。③「しょうゆ」の別称。

―うに【ー×海胆】《動》ウニ目ナガウニ科の棘皮動物。浅海の岩間にすみ、殻は厚く半球状。卵巣は食用。

―しきぶ【ー式部】《植》シソ科の落葉低木。山野に多く、樹皮は淡灰色。葉は長楕円形で対生。夏に淡紅紫色の花を開く。果実は紫色。みむらさき。秋

―つゆくさ【ー露草】《植》ツユクサ科の多年草。北アメリカ原産。葉は線形。夏に紫色の花をつける。観賞用。

―の《枕》「名高し」「にほふ」「こ」にかかる。

―の-くも【ーの雲】①紫色の雲。めでたい雲。紫雲。②「皇后」の異称。

―はしどい【ー×丁香花】→ライラック

むらさきしきぶ〔紫式部〕(九七八?―一〇一六??) 平安中期の文学者。「源氏物語」の作者。藤原為時の娘。夫藤原宣孝と死別後、一条天皇の中宮彰子(上東門院)に仕えた。著はほかに「紫式部日記」、家集「紫式部集」がある。

むらさきしきぶにっき〔紫式部日記〕平安中期の日記。一〇一〇(寛弘七)年ごろ成立。中宮彰子に出仕中の紫式部が宮廷生活や諸行事を記述したもの。

むら-ざと【村里】田舎で、人家の集まっている所。村落。

むら-さめ【村雨・△叢雨】局地的にひとしきり激しく降ってすぐにやむ雨。にわか雨。驟雨。

むらさめの… 和歌〔村雨の 露もまだひぬ 槙の葉に 霧立ちのぼる 秋の夕暮れ〕〈新古今集 寂蓮法師〉ひとしきり降ったにわか雨にぬれて、まだそのしずくの露も乾かない槙の葉のあたりに、ほの白い霧がたちのぼっている秋の夕暮れよ。(「槙」は杉やひのきなどの常緑樹。小倉百人一首の一つ)

むらじ【◇連】《日》古代の姓の一つ。中央の豪族に多く、有力者は大連として大臣とともに国政に参画した。

むら-じ【村路】村の道。田舎道。

むら-しぐれ【村時雨・△叢時雨】ひとしきり降ってはやみ、やんでは降る初冬の雨。冬

むら-しばい【村芝居】村の素人芝居。また、村で興行する芝居。田舎芝居。秋

むら-しゃかい【村社会】閉鎖的で古い慣習を変えようとしない集団や組織を否定的にいう語。

むら・す【蒸らす】(他五) 熱や蒸気を十分に通して物をやわらかくする。自むら・れる(下一) 可能むら・せる(下一)

むら-すずめ【群△雀】群れをなしているスズメ。

むら-たけ【群竹・△叢竹】群がって生えている竹。

むら-だ・つ【群立つ・△叢立つ】(自四)《古》群がり立つ。

むら-ちどり【群千鳥】群がっている千鳥。群れ千鳥。

むら-はちぶ【村八分】①村のしきたりやおきてを守らなかった者やその家族を、村民全部がのけ者として排斥し、絶交する制裁。②一般に、その組織の中で仲間はずれにすること。

むら-びと【村人】その村の住人。村民。

むら-むら(副) 怒りや欲情・衝動などが抑えきれずにこみあげてくるさま。「怒りがーとこみ上げる」

むら-やくにん【村役人】江戸時代、郡代や代官の支配下にあって、村の公務をつかさどった人々。

むら-やくば【村役場】村の行政事務を取り扱うところ。

むらやまの… 和歌〔邑山の 松の木むらに 日はあたり ひそけきかもよ 旅びとの墓〕〈釈迢空〉村里近い山の松の木立に日がさしこんで、そこに一基の旅人の墓がある。なんとひっそりとある旅人の墓よ。

む-り【無理】(名・形動ダ) ①道理に反すること。筋道が通らないこと。「ーを通す」②困難などを押しきってすること。「ーがきかない」③行うのが難しいこと。「それはーだ」

―が通れば道理が引っ込む 道理にはずれたことが世に通用すると、道理にかなったことが行われなくなる。

む-り【夢裏・夢△裡】夢の中。夢のうち。

むり-おうじょう【無理往生・無理◇圧状】むりに押しつけて従わせること。

むり-おし【無理押し】(名・他スル) むりに事を進めること。

むり-からぬ【無理からぬ】(連体) むりではない。もっともな。「ー話だ」語源形容詞「よい」の打ち消しの形「よからぬ」などにひかれて、形容詞ではない「無理」に「からぬ」を付けてできた語。

むり-さんだん【無理算段】(名・他スル) 非常に苦しいところを、むりをして物事の融通をつけること。「ーして金をつくる」

む-りし【無利子】利子がつかないこと。無利息。

むり-じい【無理強い】(名・他スル) むりに押しつけてやらせること。「ーされていやいや手伝う」

むり-しき【無理式】《数》根号の中に文字の含まれている代数式。↔有理式

むり-しんじゅう【無理心中】死ぬ意志のない相手をむりやり道連れにして自殺すること。「ーをはかる」

むり-すう【無理数】《数》有理数でない実数、すなわち分数の形で表せない実数。たとえば、$\sqrt{3}$など。↔有理数

む-りそく【無利息】利息がつかないこと。無利子。

むり-なんだい【無理難題】無法な言いがかり。とても受け入れられないようなむりな要求。「ーをふっかける」

むり-むたい【無理無体】(名・形動ダ) むりやりに強制すること。嫌がるのをむりにさせること。また、そのさま。「ーな要求」

むり-やり【無理◇遣り・無理×矢理】(副) なにがなんでもと、強引にするさま。「ー(に)承諾させる」

む-りょ【無慮】(副) 数の多いことをおおまかにいう語。およそ。ざっと。「ー数千人」

む-りょう【無料】料金のいらないこと。ただ。↔有料

む-りょう【無量】はかり知れないほど多いこと。「感ー」

む-りょく【無力】(名・形動ダ) あることをする能力や資力・権力などのないこと。また、そのさま。「ー感」↔有力

む-るい【無類】(名・形動ダ) 比べるもののないこと。たぐいないこと。また、そのさま。「ーのお人好ょし」

むれ【群〔れ〕】①たくさんの人や生物がひとところに集まっている状態。また、その集団。「牛のー」②仲間。「盗賊のー」

む・れる【群れる】(自下一) 一か所に多く集まる。集団をなす。群がる。「カラスがー」文む・る(下二)

む・れる【蒸れる】(自下一) ①熱や蒸気が十分に通って、やわらかくなる。「ご飯がー」②熱気や湿気がこもる。「会場が人いきれでー」「足がー」他むら・す(五) 文む・る(下二)

むろ【室】 ①物を貯蔵したり育てたりするために、外気をさえぎり温度や湿度を一定に保つ構造にした場所。「氷ー」「麹ー」②山腹などに掘ったあなぐら。岩室。岩屋。③僧房。

む-ろ【無◇漏】〘仏〙(「漏」は煩悩・迷いの意)煩悩を離れていること。また、その人。↕有漏

むろ-あじ【室△鯵】アヂ〘動〙アジ科の近海魚。「くさや」などの干物として賞味される。夏

むろうさいせい〈室生犀星〉ムロフサイセイ (一八八九～一九六二) 詩人・小説家。石川県生まれ。一九一六(大正五)年萩原朔太郎と雑誌「感情」を創刊。庶民性と叙情性に富む鮮烈な作風。詩集「愛の詩集」「抒情小曲集」、小説「あにいもうと」など。

む-ろく【無△禄】 俸禄(=給与)のないこと。

むろ-ざき【室咲き】 冬、温室の中で早く花を咲かせること。また、そのようにして咲いた花。冬

むろまち-じだい【室町時代】〘日〙足利氏が京都に幕府を開いていた時代。厳密には南北朝合体の一三九二(明徳三・元中九)年からであるが、ふつう尊氏が建武式目を制定した一三三六(建武三・延元元)年から一五七三(天正元)年までをさす。鎌倉時代とともに前期封建社会にあたる。

むろまち-ばくふ【室町幕府】〘日〙一三三六(建武三・延元元)年、足利尊氏によって開かれた中央政治機関。三代将軍足利義満が京都室町に花の御所と呼ばれる邸宅を造営したことによる名称。一五七三(天正元)年滅亡。

む-ろん【無論】(副) 言うまでもなく。もちろん。「ー承知だ」

むんず-と(副)「むずと」を強めた言い方。「ー組み合う」

むん-むん(副・自スル) 熱気や臭気などがひどくたちこめているさま。「会場は人いきれでー(と)している」

め メ

五十音図「ま行」の第四音。「め」は「女」の草体。「メ」は「女」の略体。

-め【◇奴】(接尾) ①相手・第三者をののしる意を表す語。「ばかー」「あいつー」②自分を卑下する意を表す語。「わたくしーにお申しつけください」

-め【目】(接尾) ①順序を表す。「五番ーの席」②(形容詞の語幹・動詞の連用形などに付いて)程度・傾向・性質などを表す。「大きー」「早ー」「落ちーになる」「かたーのパン」③(多く、動詞の連用形に付いて)二つの物や状態の区切りとなる点や箇所を表す。「折りー」「合わせー」「変わりー」「親の死にー」

め【目・◇眼】 ①動物の、光を感じ物を見る器官。まなこ。「大きなーの人」「かわいいー」②見ている向き。視線。「ーのやり場に困る」③物を見るときの目のようす。目つき。「ーで知らせる」④見えること。見ること。「よくーにする植物」⑤目に見える姿・ようす。「見たーがよくない」⑥視力。遠くにある物、小さい物などを見つける力。「ーがよい」⑦見張り。監視。「人のーがうるさい」⑧注目。「人のーをひく」⑨もののよしあしを見分ける力。鑑識力。「書画にーがきく人」⑩見方。考え方。「法律家のーで見る」⑪出会うこと。場合。経験。体験。「ひどいーにあう」⑫真ん中で目玉の形をしているもの。「台風のー」⑬縦横に交わるものの間隔。すきま。「網のー」「ーが粗い」⑭ものに空けられた穴。「糸を針のーに通す」⑮縦に並んだものの歯の形。縦に並んだものの間隔。「のこぎりのーたて」「ミシンのー」⑯碁盤などのしきり。「碁盤のー」⑰さいころのそれぞれの面の数。「五のー」⑱度を示すしるし。目盛り。「はかりのーをよむ」⑲はかった量。めかた。重さ。「乾くとーべりする」⑳匁の別称。「一貫六〇〇ー」㉑木材の切り口の筋。木目。「柾ー」参考「目」は白目・黒目・まぶたを合わせていう総称。「眼」は「目」の中の白目と黒目であるが、広く「目」にも通用して用いる。

―が利く 物事を見分ける力がある。鑑識力が高い。**―が眩む** ①めまいがする。②心をうばわれて、正しく物事を判断できなくなる。**―が肥える** よいものを見なれていて、もののよしあしを見分ける力がある(増す)。**―が覚める** ①眠りからさめる。②迷いがとけて、本来の正しい心にたちかえる。③すばらしさにはっとする。「ーような美人」**―が据わる** ひどく怒ったり、酒に酔ったりして、目玉がじっとして動かない状態になる。**―が高い** 物を識別する力がすぐれている。**―が出る** (さいころでいい目が出る意から)幸運がめぐってくる。**―が点になる** (漫画で、目を点のように描いたことから)驚きあきれた表情になる。**―が届く** 注意・監督が行きとどく。**―がない** ①見分ける力がない。「人を見るー」②ひどく好む。夢中になる。「甘いものにー」**―が離せない** (心配や期待のため)注意を怠ることができない。**―が回る** ①めまいがする。②非常に忙しいさまのたとえ。**―から鱗が落ちる** (目についていて視力をさまたげていたうろこが落ちるように)あることがきっかけで、今まで理解できなかったことが急に理解できるようになることのたとえ。**―から鼻へ抜ける** 非常にかしこい。ぬけめがなくすばしこい。**―から火が出る** 頭や顔を強くものにぶつけて、目がくらむ。**―じゃない** 相手として問題にならない。意に介さない。「彼なんかー」**―と鼻の先** 距離が非常に近いこと。目と鼻のあいだ。**―に余る** することがひどくて黙って見ていられないほどである。「彼の悪業はー」**―に一丁字もない** 文字が読めない。**―に入れても痛くない** →めのなかへいれてもいたくない **―に角を立てる** 怒って人をにらみつける。非難するような鋭い目つきをする。**―にする** ①実際に見る。「実物を初めてー」②見かける。「よくー看板」**―に立つ** 目につく。めだつ。**―に付く** ①めだって見える。②目先にちらつく。**―に留まる** ①視線によってとらえられる。見える。②関心をひく。気に入る。**―に入る** ①見える。②見て、それと気がつく。**―には目を歯には歯を** 加えられた害には、それと同じ方法で同じようなしかえしをすることのたとえ。参考ハンムラビ法典や旧約聖書にある言葉。キリストの「山上の垂訓」に引かれたことで有名。**―に触れる** ふと見える。たまたま目にする。**―に見えて** 目で見てもはっきりとわかるほどに。いちじるしく。「ー進歩する」**―にも留まらぬ** 見定められないほど、動きがすばやいさま。「ー早わざ」**―に物見せる** 思い知らせる。こらしめてひどいめにあわせる。**―の色を変える** ①怒ったり驚いたりして、目つきをかえる。②手に入れようと必死になる。夢中になる。**―の上の瘤(たん瘤)** 地位や実力が上で、何かにつけてじゃまになる人。**―の敵にする** 何かにつけてひどく憎む。**―の黒いうち** 生きている間。**―の中へ入れても痛くない** 子供・孫などを非常にかわいがる気持ちのたとえ。かわいくてしかたがない。**―の前が暗くなる** ①めまいがする。②ひどく失望落胆する。**―は口ほどに物を言う** 口で話すのと同じ程度に、目つきがそれを表現する。目つきは口で話すのと同じほど訴える力をもつものだ。**―引き袖引き** 声を出さずに、目くばせしたり袖を引っぱったりして、注意したり知らせたりすること。まわりの人がそれとなく非難することのたとえ。**―も当てられない** あまりにひどくて見るにたえない。**―もあや** まばゆいほど美しいさま。「ーに着かざる」**―もくれない** 見むきもしない。まったく無視する。「残り物にはー」**―を疑う** 実際に見たことの意外さに驚き、見まちがいではないかと思う。**―を奪う** すっかり見

とれさせる。「あまりの美しさに目を奪われる」**―を掛(か)ける** 特にめんどうをみる。ひいきにする。引き立てる。**―を配(くば)る** 注意してよく周囲を見る。**―を晦(くら)ます** ごまかして、正体を見られないようにする。**―を凝(こ)らす** じっと見つめる。**―を皿(さら)にする** 目を大きく見開くようにして注意深く探したり、驚いたりするさまのたとえ。目を皿のようにする。**―を三角(さんかく)にする** 怒ってこわい目つきをする。**―を白黒(しろくろ)させる** ①もだえ苦しんで眼球をせわしなく動かす。②ひどく驚きまごつく。**―を側(そば)める** 恐れやうとましさのため、まともに見ないで横目で見る。**―を付(つ)ける** 注意して見る。目ぼしをつける。**―を瞑(つぶ)る** ①まぶたを閉じる。②死ぬ。③見て見ぬふりをして非難しない。黙認する。④我慢する。**―を通(とお)す** ひととおり見る。ざっと見る。**―を留(と)める** ふと気になって注意して見る。**―を盗(ぬす)む** 人に見つからないように、物事をこっそりとする。**―を離(はな)す** 注視していたものから一時目をそらす。「目を離したすきにいなくなる」**―を光(ひか)らす** 注意して見張る。十分に監視する。**―を引(ひ)く** 人の注意をひきつける。**―を開(ひら)く** 何かのきっかけで、それまで理解できなかったことをはじめて理解する、または悟る。**―を細(ほそ)める** うれしいことがあったり、愛らしいものを見たりして、目を細くしてうれしそうにする。**―を丸(まる)くする** 驚いて目を見張る。**―を回(まわ)す** ①気を失う。気絶する。②ひどく忙しいさまのたとえ。**―を剝(む)く** 怒って目を大きく開く。

め【女】 ①おんな。女性。「―神」「―の童(わらわ)」↔男(お) ②一対の物のうち小さく勢いの弱い方。「―滝」「―波」↔男(お) ③《古》妻。

め【芽】 ①《植》生長すると葉・花・茎・枝などになる植物の部分。「―を出す」[春] ②《動》ニワトリなどの卵黄の上面にあって将来ひなとなる部分。胚盤(はいばん)。③(比喩(ひゆ)的に)新しく生じ、将来発展する可能性をもった要素や傾向。「才能の―を伸ばす」「犯罪の―を摘み取る」 **―が出(で)る** ①草木の芽が萌(も)え出る。②幸運がめぐってくる。成功の糸口がひらける。「商売の―」 **―を摘(つ)む** これから進行・発展しそうなことを防ぎ止めて、早いうちに取り除く。「悪の―」「子供の才能の芽を摘んではいけない」

め【雌・△牝】 動植物のめす。「―牛」「―花」↔雄(お)

め-あかし【目明〔か〕し】 江戸時代、町奉行所の同心の私的配下で犯人の捜索(そうさく)・逮捕の仕事をしたもの。おかっぴき。

め-あき【目明き】 ①目の見える人。②文字の読める人。③物事の道理のわかる人。**―千人(せんにん)盲(めくら)千人(せんにん)** 世間には道理のわかる人も多いが、わからない人も同じくらいいるということ。(差別的な語)

め-あたらし・い【目新しい】(形) カロ・カッ(ク)・イ・イ・ケレ・○ 初めて見たりふれたりするような新しい感じがする。珍しい。「―商品」「話の内容は特に―ものではない」[文]めあたら・し(シク)

め-あて【目当て】 ①心の向かうところ。ねらい。目的。「金―の犯行」②進むときの目標。目じるし。「灯台を―に行く」

メ-アド 「メールアドレス」の略。

め-あわ・せる【△娶せる・◇妻合わせる】(他下一) セセ・セル・セル・セレ・セロ(セヨ) (女(め)合わすの意)添わせて妻とする。結婚させる。「娘を―」[文]めあは・す(下二)

めい【名】 [教1] メイ・ミョウ(ミャウ) な　ノ ク タ タ 名 名

(字義)①な。㋐人のなまえ。「名字・名義・名刺・戒名・仮名・偽名・人名・姓名・本名」㋑事物のよびな。「名実・名称・家名・書名・題名・地名・品名」㋒ほまれ。きこえ。「名声・名誉・汚名・売名・美名」㋓うわべ。みえ。「虚名・空名」㋔身分によって守るべき本分。「名分」②なづける。③なだかい。すぐれた。「名作・名所・名人」④「名古屋」の略。「東名」[難読]名残(なごり)・名代(みょうだい) [人名]あき・あきら・かた・なづく・もり

めい-【名】(接頭)名高い。すぐれている。「―講義」「―選手」

-めい【名】(接尾)①人数を数える語。「十余―」②なまえ。「会社―」「学校―」

めい【命】 [教3] メイ・ミョウ(ミャウ)㊥ いのち・みこと　ノ 人 𠆢 合 合 命 命

(字義)①いのち。「命日・命脈・一命・寿命(じゅみょう)・人命・生命」②いいつける。申しつける。「命令・君命・勅命・任命」③めぐりあわせ。「命運・命数・運命・宿命・天命」④なづける。「命題・命名」⑤名籍。戸籍簿。「亡命」[難読]命婦(みょうぶ) [人名]あきら・かた・とし・な・なが・のぶ・のり・まこと・み・みち・もり・や・よし・より

めい【命】 ①いのち。「―旦夕(たんせき)に迫る(=今にも死にそうである)」②いいつけ。命令。「―にそむく」③運命。「―は天にあり」

めい【明】 [教2] メイ・ミョウ(ミャウ)・ミン・あかり・あかるい・あかるむ・あからむ・あきらか・あける・あく・あくる・あかす　I П 日 明 明 明

(字義)①あかるい。あきらか。「明月・明色」↔暗 ㋑すきとおった。「透明」㋒清らか。「明澄(めいちょう)・明眸(めいぼう)・清明」㋓はっきりしている。「明白・明瞭(めいりょう)・平明」㋔かしこい。さとい。「明敏・賢明・聡明(そうめい)」②あきらかにする。「解明・証明・説明」③夜明け。「黎明(れいめい)」④つぎ。あす。「明朝・明日(みょうにち・あす)」⑤ひかり。あかり。「光明・灯明」⑥この世。現世。「幽明」⑦かみ。「神明」⑧ひる。日中。「晦明(かいめい)」⑨視力。「失明」[難読]明後日(あさって)・明明後日(しあさって)・明礬(みょうばん)・明朝(みんちょう)・明太(めんたい) [人名]あかし・あきら・あけ・きよし・くに・てる・とおる・とし・のり・はじむ・はじめ・はる・ひろ・みつ・よし

めい【明】 ①物事を見通す力。眼識(がんしき)。「先見の―がある」②物を見る力。視力。「―を失う」

めい【迷】 [教5] メイ㊥ まよう　丷 丬 半 米 米 迷 迷

(字義)①まよう。㋐道をまちがえる。わき道にはいりこむ。「迷宮・迷路」㋑悟りきれない。「迷信・迷妄」㋒物事を決めかねて悩む。「昏迷(こんめい)・混迷」②まどわす。困らせる。「迷彩・迷惑」③ぼんやり。明らかでない。「低迷」[難読]迷子(まいご)・迷児(まいご)

めい【冥】 メイ㊥・ミョウ(ミャウ)㊅ くらい　冖 冖 冖 冝 冥 冥

(字義)①くらい。㋐光がなく暗い。やみ。「冥暗・冥冥・晦冥(かいめい)」㋑道理にくらい。「頑冥(がんめい)」②あの世。死者が行く暗黒の世界。「冥土・冥途・冥府」③奥深い。はっきりしない。「冥蒙(めいもう)・幽冥」④神仏のはたらき。人の知らない所。「冥加(みょうが)・冥利(みょうり)」⑤海。=溟。「北冥」⑥思いにふける。=瞑。「冥想」

めい【盟】 [教6] メイ ちかう　日 明 明 明 盟 盟

(字義)ちかう。もと、神にいけにえを供えて約束を固めること。ちかい。「盟約・盟友・結盟・同盟・連盟」[難読]盟神探湯(くかたち・くがたち) [人名]ちか・ちかい・まこと

めい【盟】 同盟。誓い。「―を結ぶ」「―を破る」

めい【銘】 メイ㊥ しるす　𠆢 金 釒 鉊 鉻 銘

(字義)①しるす。深く心にきざみつける。「銘記・肝銘・感銘」②金属器や石碑にきざみしるした文。「銘文・碑銘」③製作者がその製作物に記した名前。「刻銘・刀銘・無銘」④文体の一つ。訓戒や人の功績などをのちに伝えるもの。「墓誌銘」⑤いましめの言葉。「座右(ざゆう)銘」⑥特別の名。㋐品物の精製されて上等なもの。「銘菓・銘茶」㋑名の知られた。一流の。「銘柄(めいがら)」

人名 あき・かた・な

めい【銘】 ①金属や石にきざみつけた文句。②器物にきざみつけた製作者の名。「刀の—」③いましめの言葉。「座右の—」

めい【鳴】 教2 メイ なく・なる・ならす

(字義) ①なく。鳥や獣などが声を発する。また、そのなきごえ。「鳴禽・蛙鳴・鶏鳴・悲鳴・鹿鳴」②なる。ならす。㋐物が音を発する。「鳴琴・鳴弦・雷鳴」㋑ひびく。きこえわたる。「鳴動・共鳴」 難読 鳴門 人名 なき・なり

めい【◇謎】【◇謎】 メイ・ベイ なぞ 中

(字義) なぞ。㋐なぞなぞ。「謎語」㋑実体が不明でふしぎなことがら。㋒それとなく悟らせるように言う。また、その言葉。 参考「謎」は許容字体。

めい【△姪】 メヒ 兄弟・姉妹の娘。↔甥

めい-あん【名案】 よい考え。うまい思いつき。「—が浮かぶ」

めい-あん【明暗】 ①明るいことと暗いこと。②(比喩的に)幸と不幸、喜びと悲しみ、勝利と敗北など。「—を分ける」③絵画で、色の濃淡や明るさの度合い。「—法」

めいあん〔明暗〕 夏目漱石の長編小説。一九一六(大正五)年に「朝日新聞」に連載。若い夫婦の不安な家庭生活を中心にエゴイズムの問題を追究。作者の死により未完。

めい-い【名医】 すぐれた医者。

めい-う・つ【銘打つ】 (他五) タ(ト)・チ(ツ)・ツ・ツ・テ・テ (美術・工芸品などにその作者名をきざむ、名前をしるすの意から)宣伝のために、物事に特別な名をつける。「郷土名産と—・った織物」

めい-うん【命運】 ①選択の適否によって変わる運命。「—を賭ける」②幸運。命。「—が尽きる」

めい-えん【名園・名△苑】 エン 名高い庭園。すぐれた庭園。

めいおう-せい【冥王星】 メイワウ 〔天〕太陽系にある準惑星。公転周期は約二四八年。もと太陽系の第九惑星とされたが、二〇〇六年に準惑星に分類された。

めい-か【名花】 クワ ①名高い花。美しい花。「一輪の—」②美人をたとえていう言葉。「体操界の—」

めい-か【名家】 ①何代も続く有名な家柄。名望のある家柄。名門。「—の出」②その道にすぐれた有名な人。名士。「茶の道の—」

めい-か【名菓】 クワ すぐれたおいしい菓子。有名な菓子。

めい-か【名歌】 有名な歌。すぐれた詩歌。

めい-か【銘菓】 クワ 特別の名をもつ由緒ある有名な菓子。

めい-が【名画】 グワ 有名な絵や映画。すぐれた絵や映画。

めい-かい【明快】 クワイ (名・形動ダ) 筋道がはっきりしていてわかりやすいこと。また、そのさま。「—な論理」

めい-かい【明解】 はっきりと解釈すること。また、わかりやすい解説。

めい-かい【冥界】 死後の世界。あの世。冥土。黄泉。

めい-かく【明確】 (名・形動ダ) はっきりしていて間違いのないこと。また、そのさま。「責任の所在が—でない」

めい-がら【銘柄】 〔商〕①市場で、取り引きの対象となる商品や株券などの呼び名。②商品の名称。商標。ブランド。

めい-かん【名鑑】 ある方面に関係ある人や物の名前を集めて分類した本。「美術—」

めい-かん【銘肝】 (名・他スル) 肝に銘じること。銘記。

めい-き【名器】 すぐれていて名高い器物・楽器。

めい-き【明記】 (名・他スル) よくわかるようにはっきりと書き記すこと。「住所氏名を—すること」

めい-き【銘記】 (名・他スル) 深く心に刻みつけて忘れないこと。「師の言葉を心に—する」

めい-ぎ【名△妓】 芸や容姿のすぐれた芸妓。有名な芸妓。

めい-ぎ【名義】 ①(書類などに書く)表だった名前。形式上の名称。「—変更」「—を貸す」②名分。名目。「—を立てる」

—にん【—人】 権利者または法律上の行為者として、表むきに名前を出している人。

めい-きゅう【迷宮】 中にはいると出口がわからなくなるように造った建物。

—いり【—入り】 犯罪事件の捜査が行き詰まり、解決されないままになること。お宮入り。

めい-きゅう【盟休】 キウ 「同盟休校」の略。

めい-きょう【名教】 ケウ 人として行うべき正しい道を明らかにする教え。また、儒教の教え。

めい-きょう【明鏡】 キヤウ くもりのない鏡。

—しすい【—止水】 (くもりのない鏡と静かに澄んだ水の意から)邪念がなく心が落ち着いて澄みきっている状態。

めい-きょく【名曲】 すぐれた楽曲。有名な楽曲。「—鑑賞」

めい-きん【鳴△禽】 鳴き声の美しい小鳥。

めい-ぎん【名吟】 ①すぐれた詩歌・俳句。②すぐれた吟詠。

めい-く【名句】 ①有名な俳句。すぐれた俳句。②うまい表現で真実をついた文句。名言。

メイク〈make〉(名・自スル) →メーク

めい-くん【名君】 善政を行う、すぐれた君主。「—のほまれ」

めい-くん【明君】 賢くてすぐれた君主。明主。↔暗君

めい-げつ【名月】 陰暦の八月十五夜の月。また、陰暦の九月十三夜の月(=のちの月)。「中秋の—」秋

めい-げつ【明月】 ①清く澄んだ月。②十五夜の月。秋

めい-けん【名犬】 賢くすぐれた犬。

めい-けん【名剣】 すぐれた剣。有名な剣。

めい-げん【名言】 物事の本質や人生の真実を言い当てたすぐれた言葉。名句。「けだし—だ」

めい-げん【明言】 (名・他スル) はっきり言いきること。言明。「—を避ける」「実施時期を—する」

めい-こう【名工】 腕前のすぐれた職人。名高い職人。名匠。

めい-こう【名香】 カウ 匂いのよいすぐれた香。名高い香。

めい-ごう【名号】 ガウ ①ほまれ。評判。②呼び名。称号。③→みょうごう

めい-さい【明細】 一(名・形動ダ) 細かい点まではっきりしていてくわしいさま。「—な会計報告」二(名)「明細書」の略。

—しょ【—書】 費用・品目など、扱った内容をくわしく書いたもの。明細。めいさいがき。

めい-さい【迷彩】 飛行機・戦車・軍事施設・兵員の服などにさまざまな色をぬり、周囲の物と区別がつかなくなるようにして敵の目をごまかすこと。カムフラージュ。「—服」「—をほどこす」

めい-さく【名作】 有名な作品。すぐれた作品。「不朽の—」

めい-さつ【名刹】 由緒ある有名な寺。

めい-さつ【明察】 (名・他スル) ①はっきりと真相を見ぬくこと。すぐれた推察。②相手の推察の敬称。「ご—のとおりです」

めい-さん【名産】 その土地で産する有名な産物。名物。

めい-ざん【名山】 姿がよく、品格を感じさせる山。

めい-し【名士】 その分野でよく名前を知られた人。「各界の—」

めい-し【名刺】 氏名・住所・勤務先・身分などを記した小形の紙ふだ。「—を交換する」

—ばん【—判】 写真の大きさの一つ。縦八・三センチメートル、横五・四センチメートルのもの。ほぼ名刺の大きさ。

めい-し【名詞】 〔文法〕品詞の一つ。物の名称で、自立語で、

活用がない語。主語になることができる。また、多くの名詞は、助詞・助動詞を伴って文の成分となる。普通名詞・固有名詞・形式名詞などがあり、また、代名詞・数詞も名詞に含まれるとされる。体言。

めい-し【明視】 はっきり見ることができること。「―距離」

めい-じ【名辞】 〖哲〗概念を言葉で表したもの。

めい-じ【明示】（名・他スル）はっきりとわかるように示すこと。「理由を―する」↔暗示

めい-じ【明治】ヂ 日本の近代の年号。一八六八年九月八日から一九一二年七月三十日までの間。

―いしん【―維新】シン 〖日〗一八六八（明治元）年江戸幕府がたおれ、天皇を中心とする統一国家体制の成立によって行われた近代的な大変革。また、その時期。

めい-じつ【名実】 名称と実質。評判と実際。「彼は―ともに大スターだ」

めいじてんのう【明治天皇】メイヂテンワウ（一八五二―一九一二）第一二二代天皇。孝明こうめい天皇の第二皇子。名は睦仁むつひと。即位後の一八六七（慶応三）年、王政復古を実現。一八六八（明治元）年、「五か条の誓文」を宣し、東京に遷都。

めい-しゃ【鳴謝】（名・自スル）丁寧に礼を述べること。

め-いしゃ【目医者】 眼病を治療する医者。眼科医。

めい-しゅ【名手】 ①ある分野で腕前のすぐれた人。名人。「弓の―」②囲碁・将棋などで、すばらしい手。妙手。

めい-しゅ【名主】 すぐれた君主。有名な君主。名君。

めい-しゅ【名酒】 すぐれてよい酒。うまい酒。有名な酒。

めい-しゅ【明主】 賢くてすぐれた君主。明君。↔暗主

めい-しゅ【盟主】 同盟のかしら・主宰者。「―と仰ぐ」

めい-しゅ【銘酒】 特別な名をもつ上等な酒。

めい-じゅ【名儒】 すぐれた儒者。名高い儒者。

めい-しょ【名所】 景色や古跡などで有名な所。「―旧跡」

―ずえ【―図会】ヅヱ 各地の名所の案内記に、そこの風景画などを書き添えた地誌。「江戸名所図会」など。

めい-しょう【名匠】シャウ ①腕前のすぐれた、名高い細工師。名工。②すぐれた芸術家やすぐれた学者。

めい-しょう【名相】シャウ（「相」は大臣の意）すぐれた大臣。名高い総理大臣。

めい-しょう【名将】シャウ すぐれた武将・将軍。名高い将軍。

めい-しょう【名称】 名前。呼び名。呼称。「正式―」

めい-しょう【名勝】 景色のすぐれた土地。景勝。「―探訪」

めい-しょう【明証】（名・他スル）はっきりと証拠を挙げて証明すること。また、その動かない証拠。確証。「―を示す」

めい-じょう【名状】ジャウ（名・他スル）ありさまを言葉で言い表すこと。「―しがたい光景」用法 ふつう、不可能・困難を表す語を伴って用いる。

めい-しょく【明色】 明るい感じの色。↔暗色

めい・じる【命じる】（他上一）ジ・ジ・ジル・ジル・ジレ・ジロ（ジヨ）①言いつける。命令する。「出張を―」②任命する。「営業部長を―」③命名する。名づける。語源 サ変動詞「めいずる」の上一段化。

めい・じる【銘じる】（他上一）ジ・ジ・ジル・ジル・ジレ・ジロ（ジヨ）心に深くきざみつける。「肝きもに―」語源 サ変動詞「めいずる」の上一段化。

めい-しん【迷信】 人を迷わすような俗信。科学的な根拠のない不合理な言い伝え。また、それを信じること。「―家」

めい-じん【名人】 ①ある分野で特に腕前のすぐれた人。名手。達人。「釣りの―」②江戸時代、囲碁・将棋の最高位者に与えられた称号。現在は、名人戦の優勝者。「将棋の―」

―かたぎ【―×気質】 →めいじんはだ

―はだ【―肌】 名人と呼ばれる人にある特有の気風。世俗を超越し、一徹で気むずかしいなどの気風。名人気質かたぎ。

めい-すい【名水】 ①有名な清水。良質な湧き水。「日本―百選」②美しさで名高い川。

めい-すう【名数】 ①ある数を上に付けて呼ばれる名称。「三筆」「四聖」「五常」「七福神」「十戒」など。②〖数〗単位名や助数詞の付いた数。「三センチメートル」「四本」「五時間」など。

めい-すう【命数】 ①命の長さ。寿命。「―が尽きる」②与えられた運命。天命。③〖数〗ある数に名を付けること。「―法（＝数に対する名の付け方。十進法の、十・百・千など）」

めい・する【△瞑する】（自サ変）シ（セ・サ）・シ・スル・スレ・セヨ ①目をとじる。②安らかに死ぬ。「静かに―」「以もって―すべし（＝それで満足すべきだ）」文めい・す（サ変）

めい・ずる【命ずる】（他サ変）ジ（ゼ・ザ）・ジ・ズル・ズレ・ジロ（ゼヨ）→めいじる（命じる）文めい・ず（サ変）

めい・ずる【銘ずる】（他サ変）ジ（ゼ・ザ）・ジ・ズル・ズレ・ジロ（ゼヨ）→めいじる（銘じる）文めい・ず（サ変）

めい-せい【名声】 ほまれ。よい評判。「―を博する」

めい-せき【名跡】 ①有名な古跡。②→みょうせき

めい-せき【名籍】 官位・姓名・年齢などを記した札。

めい-せき【明△晰】（名・形動ダ）はっきりしていること。筋道が通っていること。また、そのさま。「頭脳―」「―な論理」

めい-せつ【名節】 名誉と節操。「―を重んじる」

めい-せん【銘仙】 染色した玉糸・絹紡糸などで織った絹織物の一種。着物・ふとん地などに使う。

めい-そう【名僧】 知徳のすぐれていることで有名な僧。

めい-そう【明窓】サウ 適度な光線のはいってくる明るい窓。

―じょうき【―浄机・―浄△几】ジャウキ（明るい窓と清らかな机の意から）学問をするのに適した明るく清らかな書斎。

めい-そう【迷走】（名・自スル）不規則に方向を変えながら進むこと。また、方針などが定まらず先行きが見通せないこと。「計画が―しはじめる」

―しんけい【―神経】 〖生〗延髄から出ている脳神経で、頸部けいぶ・胸部・腹部の内臓器官に到達して、その運動・分泌・知覚をつかさどる神経。

めい-そう【△瞑想・冥想】サウ（名・自スル）雑念を払い、目をとじて静かに深く考えること。「―にふける」

め-いた【目板】 ①板塀や羽目などの板のつぎ目に打ちつけた幅のせまい板。②「目板鰈がれい」の略。近海にすむカレイ科の魚。

めい-だい【命題】 ①題・名称をつけること。また、その題。②〖哲〗ある一つの題目に関する判断を言葉で表したもの。多くの場合、判断（断定）と同じ意味に用いられる。また、文の表す意味内容のこと。③課せられた問題。「―に取り組む」

めい-たつ【明達】 賢くて、物事の道理によく通じていること。

めい-だん【明断】（名・他スル）明快に裁断すること。きっぱりとした判断。「―をくだす」

めい-ち【明知・明△智】 はっきりした知恵。すぐれた知恵。

めい-ちゃ【銘茶】 特別な名をもつ上製の茶。「宇治の―」

めい-ちゅう【命中】（名・自スル）ねらったものに当たること。的中。「矢が的に―する」「―率」

めい-ちゅう【△螟虫】 →ずいむし

めい-ちょ【名著】 すぐれた著書。高い評価を受けている本。

めい-ちょう【明徴】 明らかに証明すること。また、はっきりした証拠。「国体―」

めい-ちょう【明△暢】チャウ ①明るくのびのびとしていること。②論旨が明らかで話の筋道がよく通っていること。「―平易」

めい-ちょう【明澄】（名・形動ダ）くもりなく澄みわたるさま。

めい-ちょう【迷鳥】テウ ふだんはそこに渡って来ない地に、台

風に流されたり迷ったりして、飛来してきた鳥。群れを離れた鳥。

めい-いっぱい【目一杯】（副）（目盛一杯までの意）限度ぎりぎりまで。精一杯。「—努力する」

めい-てい【酩酊】（名・自スル）ひどく酒に酔うこと。「—状態」

めい-てつ【明哲】（名・形動ダ）賢明で物事の道理に通じているさま。また、その人。「—保身（＝賢明な人は、物事をうまく処理し、安全に身を保つということ）」

めい-てん【名店】有名な店。「—街」

めい-てんし【明天子】賢くて、すぐれた天子。

めい-ど【明度】〔美〕色の三要素の一つ。色の明るさを示す度合い。⇩色相・彩度

めい-ど【冥土・冥途】〔仏〕死者の魂が行くところ。あの世。「—の旅（＝死出の旅）」「—の土産（＝あの世へ行く際に持っていく楽しい思い出）」

メイド〈maid〉→メード

めい-とう【名刀】すぐれた切れ味や美しさをもつ刀。名高い刀工が作った刀。

めい-とう【名湯】すぐれた効能のある、名高い温泉。

めい-とう【名答】すぐれたこたえ。的確なこたえ。「ご—」

めい-とう【明答】（名・自スル）明確なこたえ。「—を得る」

めい-とう【銘刀】作者名のきざんである刀。

めい-どう【鳴動】（名・自スル）①大きな音を立てて動くこと。「大山—してねずみ一匹」②地鳴り。

めい-とく【明徳】正しく公明な徳行。また、天与の徳性。

めい-にち【命日】毎年、または毎月めぐってくる、その人の死んだ日と同じ日。忌日。「祥月—」「月—」

めい-ば【名馬】すぐれた馬。名高い馬。

めい-はく【明白】（名・形動ダ）疑う余地のないほどはっきりしていること。また、そのさま。「—な証拠」

めい-ばつ【冥罰】→みょうばつ

めい-ばん【名盤】すぐれた演奏で名高いレコードやCD。

めい-び【明媚】（名・形動ダ）山河など自然の景観が清らかで美しいこと。また、そのさま。「風光—」

めい-ひつ【名筆】すぐれた絵画や筆跡。また、その作者。

めい-ひん【名品】すぐれた品。名高い品。逸品。

めい-びん【明敏】（名・形動ダ）頭のはたらきが鋭く、物事に明るいこと。また、そのさま。聡明。「頭脳—」

めい-ふ【冥府】①冥土。あの世。②地獄。閻魔の庁。

めい-ふく【冥福】死後の幸福。「ご—を祈る」

めい-ぶつ【名物】①その土地の特産物。名産。「郷土—」②その土地や社会で、風変わりなものとして評判になっているもの。「—教師」

—に旨い物なし 名は必ずしも実を伴わないというたとえ。物事は評判だけのことが多いということ。

—おとこ【—男】（一風変わったところがあって）世間で評判の男。

—ぎれ【—切れ・—裂】①鎌倉—江戸時代に、中国などから舶来した古代織物の切れ。特に茶人などに珍重された。②古筆切れの特に名高いもの。

めい-ぶん【名分】①臣・子などという名の、その人の身分に応じて守らなければならない道徳上の立場。「大義—」「—を正す」②表向きの理由。名目。「—が立たない」

めい-ぶん【名文】①読む者の心を引きつける力があり、論旨が明快なすぐれた文章。「—家」↔悪文 ②有名な文章。

めい-ぶん【名聞】世間の評判。名聞。「—にこだわる」

めい-ぶん【明文】①はっきりと示されて書かれた条文。「—化する」②筋の通った明白な文。

めい-ぶん【銘文】金石・器物などにきざまれた文字・文章。

めい-ぼ【名簿】関係者の姓名・住所などを一定の順序に書き並べた帳簿。「会員—」

めい-ほう【名宝】名高い宝。すぐれた宝。

めい-ほう【名峰】形の美しい有名な山。名山。「—富士」

めい-ほう【盟邦】同盟国。

めい-ぼう【名望】名声や人望が高いこと。「—家」

めい-ぼう【明眸】澄んで美しいひとみ。美人のたとえ。

—こうし【—皓歯】美しいひとみと白くととのった歯。美人のたとえ。

めい-ぼく【名木】①由緒ある名高い木。②すぐれた香木。特に、伽羅のこと。

めい-ぼく【銘木】床柱などに用いる、形状や木目に変わった趣をもつ上等な木材の総称。

めい-みゃく【命脈】（細々と続く）いのち。いのちのつながり。「—を保つ（＝生きながらえる）」

めい-む【迷夢】夢のようなとりとめのない考え。心のまよい。

めい-む【迷霧】①方角がわからないほどの深い霧。②（比喩的に）心がまよって、考えの定まらないこと。

めい-めい【命名】（名・自スル）人や物に名前をつけること。

めい-めい【銘銘】（名・副）多くの人の一人一人。それぞれ。各自。「—が考える」「—に分ける」

—ざら【—皿】一人ずつに食物を取り分けるための皿。

めい-めい【冥冥】（タル）①暗いさま。②はっきりしないさま。「—の裡に（＝知らず知らずのうちに）」文（形動タリ）

めいめい-はくはく【明明白白】（タル）（「明白」を強めて言う語）明らかで少しも疑う余地のないさま。「身の潔白は—だ」文（形動タリ）

めい-めつ【明滅】（名・自スル）明かりがついたり消えたりすること。「ネオンの—」

めい-もう【迷妄】物事の道理に暗くて、まちがった考えをもつこと。心のまよい。「—を打破する」

めい-もく【名目】①呼びかた。名称。名目。②表向きの口実や理由。また、実質を伴わない名称。「病気という—で欠席する」「—だけの役員」

—ちんぎん【—賃金】〔経〕物価の変動に関係なく、貨幣額で表した賃金。↔実質賃金

めい-もく【瞑目】（名・自スル）①目をとじること。「—して考える」②安らかに死ぬこと。

めい-もん【名門】名声のある一門。由緒ある家柄。名家。学校などにもいう。「—校」「—の出」

めい-やく【名訳】すぐれた翻訳や解釈。名高い翻訳や解釈。

めい-やく【名薬】よくきく薬。有名な薬。

めい-やく【盟約】（名・他スル）かたく誓って約束すること。また、かたい約束。「—を結ぶ」

めい-ゆ【明喩】→ちょくゆ（直喩）↔暗喩・隠喩

めい-ゆう【名優】すぐれた俳優。有名な俳優。

めい-ゆう【盟友】かたく誓いあった友達。同志。

めい-よ【名誉】㊀（名・形動ダ）すぐれている、価値があると世に認められること。また、そのさま。ほまれ。「—ある賞」「—な話だ」㊁（名）①世間から得た評価。体面。「—を汚す」「—挽回」②（地位を表す名詞の上に付けて）功績のあった人に敬意を表して贈る呼び名。「—会長」

—きそん【—毀損】他人の名誉・社会的評価をきずつけること。

—きょうじゅ【—教授】大学で、教授として長年勤

務し、学術上・教育上の功労があった者に対し、退職後にその大学から贈られる称号。

—しみん【—市民】 その市に深い縁故をもち、公共の福祉や学術技芸の進展に寄与した人に、その功績をたたえ市から贈られる称号。

—しょく【—職】 ①ほかに本業をもつことができて、報酬をもらわないで従事する公職。民生委員や保護司など。②職責のない、名目のみの役職。

めい-り【名利】 名誉と利益。名利(みょうり)。「—を超越する」

めい-りゅう【名流】リウ 有名な人々。名士。また、俗に上流階級に属する人々。「—夫人」

めい-りょう【明瞭】レウ (形動ダ) ダロ・ダッ(デ・ニ)・ダ・ナ・ラ・〇 言葉や事柄などがはっきりしていて、あいまいな点がまったくないさま。明らかであるさま。「簡単—」「不—」↔曖昧(あいまい) 文(ナリ)

めい・る【゜滅入る】(自五) ラ(ロ)・リ(ッ)・ル・ル・レ・レ 気がしずむ。元気がなくなってふさぎこむ。「気が—」

めい-れい【命令】(名・他スル) ①命じること。上位者から下位者に言いつけること。また、その内容。「—を下す」②〔法〕国の行政機関が制定する法の形式の総称。政令・省令など。

—けい【—形】〔文法〕活用形の一つ。命令・放任の意味を表して文を終止する。「読め」「投げろ」など。

—ぶん【—文】〔文法〕文の性質上の種類の一つ。命令・禁止などの意を表す文。「早く行け」「決して行くな」など。

め-いろ【目色】 目のようす。目つき。目のいろ。「—が変わる」

めい-ろ【迷路】 ①はいりこむと出られないような複雑に入り組んだ道。まよいやすい道。「—にはいり込む」②→ないじ(内耳)

めい-ろう【明朗】ラウ (名・形動ダ) ①明るくてほがらかなさま。「—な性格」②うそやごまかしのないさま。「—会計」「不—」

めい-ろん【名論】 すぐれた議論・理論。

—たくせつ【—卓説】 りっぱな議論やすぐれた意見。

めい-わく【迷惑】(名・自スル・形動ダ) 他人のしたことが原因で、いやな思いをしたり、不利益を被ったりすること。また、そのさま。「—をかける」「長電話に—する」「—な話」

メイン〈main〉(名・形動ダ) →メーン

め-うえ【目上】ウヘ 自分より地位・身分・年齢などが上であること。また、その人。「—の人を立てる」↔目下

め-うち【目打ち】 ①布に穴をあけるための裁縫用具。②千枚通し。③切手などの切り目に、線状に続けてつけた小さな穴。④ウナギ・ドジョウなどを料理するとき、目にうちこむ錐(きり)。

め-うつり【目移り】(名・自スル) 他の物を見て、そちらに心がひかれること。また、多くの物を見てあれこれ視線が移ること。

メーカー〈maker〉①生産者。製造業者。「自動車—」②特に、その製品では名が通っている製造会社。「—品」③物事をつくり出す人の意を表す。「チャンス—」「トラブル—」

メーキャップ〈make-up〉(名・自スル) (俳優・テレビ出演者・モデルなどの)顔ごしらえ。化粧。メークアップ。メーク。

メーク〈make〉(名・自スル) 化粧。メーキャップ。メイク。

メージャー〈major〉(名・形動ダ) →メジャー㊀

メーター〈meter〉①電気・ガス・水道・タクシーなどの使用量をはかる器具。自動計量器。メートル。②→メートル①

メー-デー〈May Day〉毎年五月一日に行われる国際的な労働者の祭典。労働祭。春(夏) はじまり 八時間労働を要求して、一八八六年のこの日にストを行ったアメリカの労働運動が発端。日本では、一九二〇(大正九)年に東京上野公園で行われたのが最初。

メード〈maid〉家事手伝いなどを職業にしている女性。また、ホテルの客室係の女性。メイド。

メード-イン-ジャパン〈made in Japan〉日本製。

メートル〈フランス mètre〉①メートル法・国際単位系の長さの単位。光が真空中で、一秒の二億九九七九万二四五八分の一の時間に進む距離を一メートルとする。メーター。記号 m ②→メーター① 参考 ①は「゜米」とも書く。

—を上(あ)げる〔俗〕酒を飲んで気炎をあげる。

—せい【—制】 ①メートル法を使う制度。②計器の目盛りによって料金を定める制度。

—ほう【—法】ハフ メートルを長さ、リットルを体積、キログラムを質量の基本単位とする十進法の国際的度量衡法。

メープル-シロップ〈maple syrup〉サトウカエデの樹液を煮詰めて作った糖蜜。ホットケーキなどにかける。

メーリング-リスト〈mailing list〉特定のメールアドレスに電子メールを送信すると、あらかじめ登録してある各宛先に一斉送信される仕組み。ML

メール〈mail〉①郵便。郵便物。「ダイレクト—」②「電子メール」の略。「迷惑—」

—アドレス〈mail address〉電子メールを送受信するための宛先。アドレス。メルアド。メアド。

—マガジン〈和製英語〉電子メールを使って、編集した情報を登録した読者に配信する方式。メルマガ。

メーン〈main〉(名・形動ダ) おもな事物。主要な。メイン。

—イベント〈main event〉一連の催し物の中で最も主要なもの。特に、プロボクシングやプロレスなどで、その日の主要な試合。メーンエベント。

—スタンド〈和製英語〉競技場・野球場などの正面にある観覧席。参考 英語では grandstand という。

—ストリート〈米 main street〉本通り。大通り。

—ディッシュ〈main dish〉洋食のコース料理で、中心となる魚・肉などの料理。主菜。

—テーブル〈main table〉会議・宴席などで、主賓などのすわる中央正面の卓。

—バンク〈main bank〉企業などで、複数ある取引銀行の中で最も取引額の多い銀行。主力取引銀行。

—ポール〈和製英語〉競技場などの旗をあげる柱の中で、中央にある最も高いもの。参考 英語では main flagpole という。

—マスト〈mainmast〉船の中央にある最も大きな帆柱。

め-おと【×夫婦】ヲト ふうふ。夫妻。みょうと。

—ぢゃわん【—茶△碗】 形・模様が同じの、二個一組の大小の茶碗。みょうとぢゃわん。

メカ →メカニズム①

メガ〈ギリシャ mega〉①単位の前に付けて、その一〇〇万倍であることを表す語。記号M「—ヘルツ」②巨大なこと。「—バンク」

め-がお【目顔】ガホ 目つき。目の表情。「—で知らせる」

め-かくし【目隠し】(名・自スル) ①手や布などで目をおおって見えないようにすること。②囲いや塀で外から家の内部が見えないようにおおいかくすこと。また、その囲いや塀。

め-かけ【△妾】 本妻のほかに養い、愛する女。てかけ。そばめ。

—ばら【—腹】 →しょうふく(妾腹)

め-が・ける【目掛ける】(他下一) ケ・ケ・ケル・ケル・ケレ・ケロ(ケヨ) 目をつけてねらう。目ざす。「的を—・けて射る」文めが・く(下二)

め-かご【目籠】(竹で作った)目のあらいかご。

-めかし・い(接尾)(他の語に付いて形容詞をつくる)…のように見える。「古—」「なま—」⇒めく「参考」

めかし-こ・む【めかし込む】(自五) マ(モ)・ミ(ン)・ム・ム・メ・メ 特別に身なりをかざりたてる。ひどくおしゃれをする。「—・んで出かける」

め-がしら【目頭】 鼻に近いほうの目のはし。↔目尻(めじり)

―が熱くなる 深く感動して思わず涙が出そうになる。

-めか・す (接尾)（名詞に付けて五段活用の動詞をつくる）…らしく見えるようにする。…をよそおう。「冗談―」⇩めく「参考」

めか・す (自五) おしゃれをする。身なりをかざりたてる。「―・して映画に行く」

め-かた【目方】 (はかりではかったときの)重さ。重量。

め-がたき【女敵】 自分の妻と密通した男。姦夫。

め-かど【目角】 目のはし。目じり。目くじら。

メガトン〈megaton〉 ①質量の単位。一〇〇万トン。②核爆弾の爆発エネルギーを表す単位。一メガトンはＴＮＴ火薬一〇〇万トンの爆発に相当する。

メカニカル〈mechanical〉 (形動ダ) ①機械の。機械に関する。機械力による。「―デザイナー」②動きなどが機械的であるさま。メカニック。

メカニズム〈mechanism〉 ①機械のしかけ・装置。メカ。②物事の仕組み。機構。組織。「社会の―」③〘哲〙機械論。対象を自然物理的な因果関係によって説明する見方。

メカニック〈mechanic〉 ■一(形動ダ) →メカニカル② ■二(名) 機械工。自動車整備士。「レースチームの―」

め-がね【眼鏡】 ①レンズや色ガラスを用いた、視力を補整したり目を保護したりするための器具。②物を見分ける力。めきき。「お―にかなう」参考 常用漢字表付表の語。

▼「眼鏡」が下に付く語
色―　御―　水中―　遠―　覗き―　箱―　鼻―　水―　虫―　ロイド―

―が狂う 物事や人物を見そこなう。判断を誤る。**―にかなう** 目上の人に認められ気に入られる。

―ちがい【―違い】 判断を誤ること。見込み違い。

―ばし【―橋】 石などで、橋脚を二つのアーチ形に作った橋。

〔めがねばし〕

メガバンク〈megabank〉 巨大な規模の銀行。特に、複数の銀行の合併や再編によって生まれた大規模な銀行グループ。

メガヘルツ〈megahertz〉 〘物〙周波数の単位。一〇〇万ヘルツ。記号 MHz

メガホン〈megaphone〉 声を遠くまでとどかせるために口にあてるラッパ状の筒。「―を握る（＝監督として映画を作る）」

め-がみ【女神】 女性である神。「勝利の―」「自由の―」

め-か・る【目ᐤ離る】 (自下二)〘古〙目が離れる。離れていて会うことが少なくなる。疎遠になる。

メガロポリス〈megalopolis〉 いくつかの大都市が帯状に連接し、ひと続きの巨大な有機体に成長した都市域のこと。巨大都市群。巨帯都市。「東海道―」

め-きき【目利き】 書画・刀剣・陶器などの真贋・良否を見分けること。鑑定。また、それに巧みな人。鑑定家。

メキシコ〈Mexico〉 北アメリカ大陸南部にある連邦共和国。正式名称はメキシコ合衆国。首都はメキシコシティ。

めき-めき (副) 目立って進歩・成長・回復するさま。「―(と)上達する」「―(と)腕を上げる」

め-キャベツ【芽キャベツ】 〘植〙キャベツの一変種。葉のつけ根の茎の部分に、小さい球状の芽がたくさん生じ、甘味をもつ。食用。子持ち玉菜。子持ち甘藍。冬

め-ぎれ【目切れ】 目方が切れること。量目不足のこと。

-め・く (接尾) …のようにみえる。…らしくなる。「春―」「さんざ―」参考 名詞・副詞、形容詞・形容動詞の語幹などに付いて、五段活用の自動詞をつくる。他動詞をつくるものに「めかす」があり、また、形容詞をつくるものに「めかしい」がある。

▼「めく」が下に付く語
秋―　婀娜―　慌てふた―　色―　おぼ―　唐―　軋―　煌―　ささ―　さざ―　騒―　さんざ―　しな―　そよ―　艶―　とき―　時―　どよ―　謎―　なま―　はた―　春―　犇―　仄―　揺ら―　由―　蹌踉―

め-くぎ【目△釘】 刀身が抜けないように柄の穴に通すくぎ。目貫。

め-くされ【目腐れ】 《俗》①眼病のために目のふちがただれること。また、そのようになった人。②人をののしっていう語。

―がね【―金】 《俗》わずかの金銭。はしたがね。

め-くじら【目くじら】 目の端。目尻。目角。

―を立てる わずかな欠点をとりたてて、うるさくとがめる。

め-ぐすり【目薬】 ①眼病の治療や、目の疲労回復のために目に滴下する薬。「―をさす」②賄賂にするわずかの金品。鼻薬。

め-くそ【目△糞・目△屎】 めやに。

―鼻糞を笑う 自分の欠点に気づかず、他人の欠点をあざ笑う。非難する者も非難される者と大差ないというたとえ。

め-くばせ【目配せ】 (名・自スル) 目つきで何かを知らせたり気持ちを表したりすること。めまぜ。「―して合図する」

め-くばり【目配り】 (名・自スル) よく注意して、あらゆることに目を行き届かせること。「―が行き届く」

めぐま・れる【恵まれる】 (自下一) ①よい条件や恩恵を与えられる。「天候に―」②生まれつきのすぐれた才能やよい機会・環境などを与えられている。「天分に―」「仕事に―」文 めぐま・る(下二)

めぐみ【恵み】 めぐむこと。また、そのもの。ほどこし。

―の-あめ【―の雨】 ①草木をうるおす雨。慈雨。②神仏や君主の恩が広くゆきわたることのたとえ。

め-ぐ・む【芽ぐむ】 (自五) 芽が出かかる。「草木が―」春

類語 芽生える・萌える・萌芽する・つのぐむ・芽ざす・芽ぶく

めぐ・む【恵む】 (他五) ①困っている相手に同情して金品を贈る。ほどこす。「人にお金を―」②慈しみをかける。あわれみいたわる。可能 めぐ・める(下一)

め-くら【ᐤ盲】 ①目が見えないこと。また、その人。視力障害者。盲人。盲。②字が読めないこと。また、その人。③物事を見ぬく力のないこと。分別がつかないこと。また、その人。(差別的な意がある。以下の派生語も同様)

―蛇に怖じず 物事の恐ろしさを知らない者はかえって大胆である。

―千人目明き千人 →めあきせんにんめくらせんにん

―じま【―△縞】 たて・よことも紺糸で織った無地の綿布。

―ばん【―判】 書類の内容をよく見ないで印を押すこと。

―めっぽう【―滅法】 (名・形動ダ) あてもなく、むやみに物事をするさま。むやみやたら。やみくも。

めぐら・す【巡らす・ᐤ回らす・△廻らす】 (他五) ①ぐるりと回転させる。まわす。「首を―」②まわりを囲む。まわりをとりまいて立てる。「塀を―」③頭をはたらかせる。くふうをこらす。「計略を―」自 めぐ・る(五) 可能 めぐら・せる(下一)

め-くらまし【目△眩まし】 ①相手の目をあざむくこと。②手品や魔法の類。

めぐり【巡り・ᐤ回り・△廻り】 ①めぐること。まわること。回転。循環。「血の―が悪い」②ほうぼうを順々にまわり歩くこと。「名所―」③まわり。周囲。「池の―」

―あわせ【―合(わ)せ】 自然にそうなる運命。まわり

あわせ。「これも何かのーでしょう」

めぐり-あ・う【巡り合う・巡り会う】アフ (自五) ワ(オ)・イ(ッ)・ウ・ウ・エ・エ めぐりめぐって出あう。長い間別れていた者が思いがけず出あう。「理想の男性にー」「十数年ぶりにー」

めぐりあひて… 和歌 〔めぐりあひて 見しやそれとも わかぬまに 雲がくれにし 夜半(よは)の月かげ〕〈新古今集 紫式部(むらさきしきぶ)〉久しぶりにめぐりあって、それが本当に昔なじみのあの人かどうかもわからないうちにそそくさと帰ってしまった、まるで雲に隠れる夜ふけの月のようだった人よ。〈詞書(ことばがき)には、何年ぶりかで会った幼友達が、十日の月が早く沈むのと先を争うように帰っていったので詠んだ、とある。小倉百人一首では第五句を「夜半の月かな」とする〉

めく・る【△捲る】(他五) ラ(ロ)・リ(ッ)・ル・ル・レ・レ (紙・布など)上をおおっているものをはがすように取る。また、はがすように取って下のものや裏側のものを現す。まくる。「カレンダーをー」「ページをー」 自 めくれる(下一) 可能 めくれる(下一)

めぐ・る【巡る・◦回る・△廻る】(自五) ラ(ロ)・リ(ッ)・ル・ル・レ・レ ①円を描くような経路を通って元にもどるように動く。まわる。循環する。「血がー」「季節がー」②まわりに沿って行く。「岬(みさき)をー観光船」③あちこちと順々にまわり歩く。「諸国をー」④まわりを囲む。とりまく。「池をー樹林」⑤ある事柄を中心としていろいろ関連する。「主人公をー女性たち」「教育問題をー論争」 他 めぐらす(五) 可能 めぐれる(下一) 参考 「巡る」は見まわる意、「回る」「廻る」はぐるぐるとまわる意。

め-くるめ・く【目△眩く】(自五) カ(コ)・キ(イ)・ク・ク・ケ・ケ 目がまわる。目がくらむ。めまいがする。「ーばかりのきらびやかさ」

めく・れる【△捲れる】(自下一) レ・レ・レル・レル・レレ・レロ(レヨ) →まくれる

め-げる (自下一) ゲ・ゲ・ゲル・ゲル・ゲレ・ゲロ(ゲヨ) ①気がくじける。ひるむ。負ける。しょげる。「難病にもーげず」②(方)欠ける。こわれる。

め-こ【◦妻子】(古) ①妻と子。②妻。

め-こぼし【目△溢し】(名・自スル) ①とがめて当然のことを大目に見ること。「おーを願います」②見落とすこと。めこぼれ。

メサイア〈Messiah〉→メシア

め-さき【目先】①目の前。眼前。「ーにちらつく」②その場。当座。「ーの損得」③近い将来の見通し。「ーが利(き)く」④外見。そのとき、その場の趣向。「ーを変える」

め-ざし【目刺〔し〕】イワシなどの目にわらや竹のくしを通し、数尾ずつ連ねて干した食品。 春

め-ざ・す【芽差す】(自五) サ(ソ)・シ・ス・ス・セ・セ ①芽が出始める。芽が出る。②物事が起こりそうになる。きざす。

め-ざ・す【目指す・目差す】(他五) サ(ソ)・シ・ス・ス・セ・セ 目当てにする。目標にする。ねらう。「新記録をー」「頂上をー」

め-ざと・い【目◦敏い】(形) カロ・カッ(ク)・イ・イ・ケレ・◯ ①見つけるのが早い。目が早い。「ーく見つける」②目がさめやすい。「年をとるとーくなる」 文 めざと・し(ク)

め-ざまし【目覚〔ま〕し】①目をさますこと。目をさまさせるもの。「ーにコーヒーを飲む」②子供が目をさましたときに与える菓子類。おめざ。③「目ざまし時計」の略。

ーどけい【ー時計】あらかじめ設定した時刻にベルなどが鳴って目をさまさせるしかけのある時計。めざまし。

め-ざまし・い【目覚〔ま〕しい】(形) カロ・カッ(ク)・イ・イ・ケレ・◯ はっとして目がさめるほどすばらしい。「ー活躍」 文 めざま・し(シク)

【変遷】古語の「めざまし」は、「目がさめるほど意外だ」という驚嘆の気持ちを表し、「あきれる・心外だ・気にくわない・興ざめだ」などの悪い意味にも、「すばらしい・立派だ」のよい意味にも使われた。現代語では、よい意味のみで用いられる。

め-ざめ【目覚め】①目をさますこと。「ーが悪い」②(本能など)ひそんでいたものが働きはじめること。自覚。「悪からのー」「性のー」③迷いからさめて本心にたちかえること。

め-ざ・める【目覚める】(自下一) メ・メ・メル・メル・メレ・メロ(メヨ) ①眠りからさめる。目をさます。②(本能など)ひそんでいたものが意識され、働きはじめる。「性にー」③迷いからさめて本来の心にたちかえる。自覚する。「現実にー」「自分の使命にー」 文 めざ・む(下二)

め-ざる【目△笊】目のあらいざる。

めさ・れる【召される】①「する」の尊敬語。なさる。あそばす。「ご安心めされよ」②「着る」の尊敬語。「和服をー」③「召す」のさらに一段強い尊敬語。「おかぜをー」④「召す」の受け身。呼び出される。呼びよせられる。「神にー」 語源 五段動詞「召す」の未然形＋助動詞「れる」。下一段型に活用する。

め-ざわり【目障り】ザハリ (名・形動ダ) ①物を見るのにじゃまに感じられるさま。また、そのもの。「ーな看板」②見て不愉快になったり、気に障ったりするさま。また、そのもの。「ーなやつだ」

めし【飯】①米をたいた食品。ごはん。「米のー」②食事。ごはん。「ーの時間」「三度のーより好き」

ーの食(く)い上(あ)げ 収入の道が絶えて、生活できなくなること。

め-じ【目地】ヂ 石や煉瓦(れんが)を積んだり、タイルを張ったりしたときにできる継ぎ目。

め-じ【目路・◦眼路】ヂ 目に見える範囲。眼界。「ーの限り」

メシア〈ポルト Messias〉《宗》救世主。キリスト。メサイア。

めし-あが・る【召〔し〕上がる】(他五) ラ(ロ)・リ(ッ)・ル・ル・レ・レ 「食べる」「飲む」の尊敬語。「どうぞおーりください」

ちがい 「めしあがる」・「いただく」

食事をご馳走(ちそう)するときには「どうぞ、召し上がれ」、自分がご馳走になるときには「いただきます」という。「召し上がる」は尊敬語であり、「いただきます」は謙譲語である。前者は料理を準備した側の人が食べる相手を敬い、後者は食べる側の人が料理を作った人間を敬うからである。招宴の際に、主人側の者が客に料理を勧めるときには、「さあ、召し上がれ」であり、「さあ、いただきましょう」ではない。客を中心にした表現をするからである。客を招いて、料理店にはいり、料理人を前に主人側の人間が客に料理を勧める場合、料理人への感謝をこめていうときは「いただく」になるが、客の食べるのは「召し上がる」であり、どのような関係でその動作・作用をとらえるかによって決まる言い方である。

めし-あ・げる【召〔し〕上げる】(他下一) ゲ・ゲ・ゲル・ゲル・ゲレ・ゲロ(ゲヨ) (政府など上にたつ者が)所有物をとりあげる。没収する。「領地をー」 文 めしあ・ぐ(下二)

めしい【◦盲】シヒ 目が見えないこと。盲目。また、その人。

めし・いる【◦盲いる】シヒル (自上一) イ・イ・イル・イル・イレ・イロ(イヨ) 目が見えなくなる。視力を失う。 文 めし・ふ(上二)

めし-うど【召◦人(めしゅうど)】(古) →めしゅうど(召人)

めし-うど【◦囚◦人(めしゅうど)】(古) →めしゅうど(囚人)

めし-かか・える【召〔し〕抱える】カカヘル (他下一) エ・エ・エル・エル・エレ・エロ(エヨ) 家来として雇う。 文 めしかか・ふ(下二)

めし-ぐ・す【召〔し〕具す】(他サ変)《古》引き連れる。

め-した【目下】自分より地位・身分・年齢などが下であること。また、その人。「ーの者」↔目上

めし-たき【飯炊き】飯をたくこと。また、そのために雇われている人。

めし-だ・す【召〔し〕出す】(他五) サ(ソ)・シ・ス・ス・セ・セ ①目下の者を呼び出す。②呼び出して官職につけ、給料・禄(ろく)などを与える。

めし-つかい【召使】ツカヒ 身辺の雑用をさせるために雇う人。

奉公人。下男・下女。

めし-つか・う【召〔し〕使う】(他五) 人を雇って、身辺の用をさせる。

めし-つぶ【飯粒】飯のつぶ。ごはんつぶ。

めし-つ・れる【召〔し〕連れる】(他下一) 目下の者を呼び出して連れて行く。文めしつ・る(下二)

めし-どき【飯時】食事時。ごはん時。

めし-と・る【召〔し〕捕る】(他五) 罪人を捕らえる。「下手人(げしゅにん)を―」

めし-の-たね【飯の種】生活をしていくための手段。「―にする」

めし-びつ【飯△櫃】飯を入れる木製の器。おひつ。おはち。

めし-べ【雌△蕊】〘植〙種子植物の花の中央にあって、柱頭・花柱・子房(しぼう)の三部分からなる雌性の生殖器官。雄蕊(おしべ)からの花粉を受け果実・種子をつくる。雌蕊(しずい)。↔雄蕊(おしべ)

めじ-まぐろ【めじ△鮪】〘動〙クロマグロの若魚。めじ。

めし-もり【飯盛〔り〕】江戸時代、宿場の宿屋で、旅客の給仕をし、また売春もした女。飯盛り女。宿場女郎。

めし-や【飯屋】主として簡単な食事をさせるための飲食店。

メジャー ■一(名・形動ダ)〈major〉①大きいこと。主要なさま。一流の。「―企業」「―なスポーツ」②〘音〙長音階。(↔マイナー) ■二(名)〈Majors〉国際石油資本。採掘から販売まで石油産業の全段階を営む巨大企業の総称。

―リーグ〈major league〉アメリカで最上位のプロ野球団連盟。ナショナルリーグとアメリカンリーグがある。大リーグ。

メジャー〈measure〉①ものさし。巻き尺。②計量。

めしゅうど【召◦人】①昔、舞楽(ぶがく)に奉仕するために召し出された人。②和歌所の「寄人(よりゅうど)」の異称。③歌会始めで、特に招かれて歌を詠む人。語源「めしびと」の転。

めしゅうど【◦囚◦人】捕らえられて獄につながれている人。囚人(しゅうじん)。語源「めしびと」の転。

め-しょう【目性】(視力などの)目のたち。「―が悪い」

めし-よ・せる【召〔し〕寄せる】(他下一) ①「呼び寄せる」の尊敬語。②「取り寄せる」「持ってこさせる」の尊敬語。文めしよ・す(下二)

め-じり【目尻】耳に近い方の目のはし。まなじり。↔目頭(めがしら)

―を下(さ)げる 何かに喜んだり女性に見とれたりして、しまりのない表情になる形容。

めし-りょう【召〔し〕料】高貴な人が用いる品物。

め-じるし【目印】見つけたり、見おぼえたりするためのしるし。

め-じろ【目白】〘動〙①メジロ科の小鳥。背は黄緑色、喉(のど)は黄色、腹面は淡黄色、目の縁が白い。秋(夏) ②メジロ科の鳥の総称。

―おし【―押し】①子供が大勢で押し合う遊び。②多くの人や物事がぎっしり並ぶこと。「すばらしい企画が―だ」語源メジロは木の枝に多数並んでとまる習性があることからいう。

めす【雌・△牝】動物で、卵巣をもち妊娠したり産卵したりする能力をもつもの。↔雄 参考「雌」はめんどりの意から、生物のめすの意。「牝」はもと牛のめすの意から、動物のめすの意。

メス〈オランダ mes〉手術・解剖用の小刀。

―を入(い)れる ①メスを使って切開する。②わざわいのもとをのぞくため、思いきった手段をとる。「乱脈な経理に―」

め・す【召す】(他五) ①「呼び寄せる」「取り寄せる」の尊敬語。召し寄せる。②「食う」「飲む」「着る」などの尊敬語。「羽織を―」③「かぜをひく」「ふろにはいる」「年をとる」「気にいる」などの尊敬語。「お気に―」用法多く「お召しになる」の形で、また、「食べる」「飲む」の意味では「召しあがる」の形で使われる。

め-ず【◦馬頭】〘仏〙頭が馬で体が人の形をしているという地獄の獄卒。馬頭羅刹(めずらせつ)。「牛頭(ごず)―」

メスシリンダー〈ドイツ Messzylinder〉目盛りのついた円筒形のガラス容器。液体の体積を測定するのに用いる。

めずらか【珍か】(形動ダ) 珍しく感じられるさま。「―な鳥」文(ナリ)

めずらし・い【珍しい】(形) ①見たり聞いたり経験したりすることがめったにない。あまり見あたらない。目新しい。「―植物」「―企画だ」②(「おめずらしい」の形で)久しぶりである。「おや、お―」文めづら・し(シク)

類語目新しい・珍か・まれ・珍奇・希少・希世・希代・希有(けう)・希覯(きこう)・奇絶・未曽有・前代未聞・空前絶後

【変遷】古語の「めづらし」は、「賞美する・愛する」の意の動詞「愛(め)づ」に対応する形容詞。「賞賛すべきさまだ・すばらしい・好ましい」が本義。賞賛に値するものは少ないので、「めったにない・まれだ」「目新しい」の意を生じた。現代語ではおもに①の意で用いられるが、長く会わなかった人に対して②のようにも用いられる。

めずらし-が・る【珍しがる】(自五) めずらしいと思う。「外国土産(みやげ)を―」

メセナ〈フランス mécénat〉企業などが文化・芸術活動に対して後援・資金援助を行うこと。語源古代ローマの政治家で芸術を庇護(ひご)したマエケナス(Maecenas)の名にちなむ。

め-せん【目線】①目の向いている方向。視線。「―を合わせる」②物を見る位置。物事の見方。視点。「子供と同じ―で考える」参考もとは、映画・演劇などで多く用いられた語。

メソジスト〈Methodist〉〘基〙一八世紀にイギリスで起こったキリスト教新教の一派。厳格で規則的な宗教生活を重視する。

メゾソプラノ〈イタリア mezzosoprano〉〘音〙ソプラノとアルトとの中間の女声の音域。また、その歌手。次高音。メッツォソプラノ。

メソッド〈method〉方法。方式。メソード。「速読の―」

メゾネット〈フランス maisonnette 小さな家〉中高層の共同住宅で、一住宅が複数階にまたがるもの。⇩フラット二③

メゾピアノ〈イタリア mezzopiano〉〘音〙楽曲の強弱を示す語。「やや弱く」の意。メッツォピアノ。記号 *mp*

メゾフォルテ〈イタリア mezzoforte〉〘音〙楽曲の強弱を示す語。「やや強く」の意。メッツォフォルテ。記号 *mf*

メソポタミア〈Mesopotamia〉西アジアのチグリス、ユーフラテス両川の流域をさし、現在のイラク、シリア東部、イラン南西部にあたる。四大文明発祥地の一つ。

めそ-めそ(副・自スル) 声をたてないで弱々しく泣くさま。いくじがなく、すぐ泣き出しそうになるさま。「―するな」

メソン〈meson〉〘物〙中間子。

メタ-〈meta〉(接頭)「超越した」「高次の」の意を表す。「―データ(=あるデータに関する付帯情報が記載されたデータ)」

め-だか【目高】〘動〙メダカ科の淡水硬骨魚。体長約三―四センチメートルで背面は黒褐色、腹面は灰色。体側(たいそく)に微小の黒点が散在する。口は小さく目は大きい。夏

め-だき【雌滝・女滝】一対の滝のうち、水勢の弱い、小さいほうの滝。夏↔雄滝(おだき)

め-だけ【雌竹・女竹】〘植〙イネ科の竹の一種。林野に自生し、幹が細く、節と節との間が長い。幹は釣りざお・笛・筆・うちわなどに用い、たけのこは食用とする。しのだけ。

メタ-げんご【メタ言語】ある言語(=対象言語)を論じるのに用いる言語。高次言語。

めだし-ぼう【目出し帽】頭からすっぽりかぶって顔を隠し、

目の部分だけをあけるようにした帽子。スキー・登山用。

メタセコイア〈metasequoia〉〖植〗ヒノキ科の落葉高木。生育が早く、高さは三〇メートルにも及ぶ。化石植物として知られていたが、一九四〇年代に中国で現生種が発見された。公園樹や街路樹として植えられる。あけぼのすぎ。

め-だち【芽立ち】草木の芽が出ること。また、その芽。[春]

め-だ・つ【目立つ】(自五)タ(ト)・チ(ツ)・ツ・ツ・テ・テ 多くある中でその物がきわだって見える。よく人目につく。「ー服を着る」「ー・たない存在」[可能]めだ・てる(下一)

め-たて【目立て】のこぎり・やすりなどの歯や目を起こすこと。また、にぶくなった歯や目を鋭くすること。目立て直し。

メタノール〈ドイ Methanol〉→メチルアルコール

メタファー〈metaphor〉隠喩いんゆ。暗喩あんゆ。

メタフィジカル〈metaphysical〉(形動ダ)ダロ・ダッ(デ・ニ)・ダ・ナ・ナラ・○ 形而上けいじじょう学的なさま。抽象的・哲学的なさま。

メタボリック-しょうこうぐん【メタボリック症候群】シャウコウグン〈metabolic syndrome〉〖医〗内臓脂肪型肥満に加えて、高血圧・脂質異常・高血糖のうち二つ以上が重なった状態。動脈硬化が進み、心筋梗塞こうそく・脳卒中を発症する危険性が高まるとされる。内臓脂肪症候群。メタボリックシンドローム。メタボ。

め-だま【目玉】①眼球。目の玉。②にらまれること。しかられること。「大ーをくう」③人目を引く事柄。中心となる事柄。「ー番組」「展覧会のー」

ーが飛とび出でる ①ひどくしかられるさま。②値段が高くて驚くさま。「ーほど高い」

ーしょうひん【ー商品】シャウヒン 商店などで、客寄せのために値段を特に安くして売る商品。

ーやき【ー焼〔き〕】フライパンに生卵を割り入れ、卵黄の形をくずさないように焼いた料理。

メタモルフォーゼ〈ドイ Metamorphose〉変身。変貌。

メダリスト〈medalist〉オリンピックやスポーツなどの競技で、上位に入賞してメダルをもらった人。「ゴールドー」

メタリック〈metallic〉(形動ダ)ダロ・ダッ(デ・ニ)・ダ・ナ・ナラ・○ 金属の。金属性の。金属的なさま。「ー加工」「ー塗装」

メタル〈metal〉①金属。金属製のもの。②「メダル」のなまり。③→ヘビーメタル

メダル〈medal〉賞や記念として贈られる金属製の記章。

メタン〈methane〉〖化〗天然ガスの主成分で、沼や池、または腐敗した有機物から発生する無色・無臭の可燃性気体。沼気しょうき。メタンガス。

ーハイドレート〈methane hydrate〉〖化〗メタンと水の分子からなるシャーベット状の物質。深海底や永久凍土層の地中に存在する天然資源。天然ガスハイドレート。

メチエ〈フラ métier〉絵画・彫刻・文学などの表現に要する技巧・技術。メチエー。

メチオニン〈フラ méthionine〉硫黄いおうを含む、必須アミノ酸の一種。肝臓の機能を促進する。

め-ぢか【目近】■(名・形動ダ)目に近いこと。目に近いところ。また、目に近いさま。■(名)(「目近扇めぢかおうぎ」の略)要かなめを軸の末端近くに打ったおうぎ。多く、女性用。

め-ちがい【目違い】チガヒ 見そこない。見まちがい。

め-ぢから【目力・◇眼力】〖俗〗見た人に強い印象を与えるような、目の表情や視線。「ーのある俳優」

めちゃ【×目茶・×滅茶】(名・形動ダ)〖俗〗①筋道の立たないこと。道理にあわないさま。むちゃ。「ーを言う」②度はずれていること。法外なさま。「ーな値段」③ひどく混乱したさま。

ーくちゃ【ー×苦茶】(名・形動ダ)〖俗〗「めちゃ」を強めた言い方。めちゃめちゃ。「ーに書く」

ーめちゃ【×目茶目茶・×滅茶滅茶】(名・形動ダ)〖俗〗「めちゃ」を強めた言い方。めちゃくちゃ。「ーにこわす」

め-ちょう【雌△蝶】テフ ①めすのチョウ。②婚礼のときに、銚子ちょうし・提子ひさげに付ける①の形をした折り紙。(↔雄蝶おちょう)

メチルアルコール〈ドイ Methylalkohol〉〖化〗一酸化炭素と水素との合成によって得られる無色可燃性の有毒液体。ホルマリンの製造・燃料・溶剤用。メタノール。メチル。木精もくせい。

めつ【滅】メツ㊥ ほろびる㊥・ほろぼす㊥　氵 氵 汇 沥 滅 滅

(字義)①ほろびる。ほろぼす。「滅却・滅亡・潰滅かいめつ・撃滅・絶滅・全滅・破滅・撲滅」②なくす。なくなる。つきる。「滅私・滅失・消滅・摩滅」③火などを消す。消える。「点滅・明滅」④死ぬ。仏陀ぶっだ・僧侶りょの死。「滅後・滅期ごめっ・寂滅・入滅」[難読]滅入めいる・滅茶めちゃ・滅金めっき・滅多めった

め・づ【◦愛づ】めづ(他下二)〈古〉①賞美する。感嘆する。「月をー・で花をながめし」〈徒然草〉②愛する。

メッカ〈Mecca〉①サウジアラビアにあるムハンマドの生地。イスラム教の聖地で、毎年大勢の巡礼者が訪れる。マッカ。②ある分野の中心地。また、あこがれの土地。「芸術のー、パリ」

め-づかい【目遣い】ヅカヒ ①物を見るときの目の動き。目つき。②目くばせ。

めっかち〖俗〗①片方の目が不自由で見えないこと。②左右の目の大きさや視力が違うこと。

め-つき【目付き】ものを見るときの目のようす。まなざし。「ーが悪い」

めっき【×鍍金・滅◦金】(名・他スル)①金・銀・クロム・ニッケルなど、金属や合金のうすい層で他の金属の表面をおおうこと。また、おおったもの。装飾や防食のために行う。ときん。「金ー」②〖俗〗表面だけをよくみせかけること。また、みせかけたもの。

ーが剝はげる 本性があらわれる。地金じがねが出る。

め-つぎ【芽接ぎ】(名・他スル)接ぎ木法の一つ。果樹などの芽をとって、切り開いた台木と外皮の間に挿し込んで接ぐ。

めっ-きゃく【滅却】(名・自他スル)ほろびて消えること。消し滅ぼすこと。「心頭ーすれば火もまた涼し」

めっきり(副)めだって変化するさま。きわだって。「ー(と)老けこむ」「ー(と)寒くなる」

めっ-きん【滅菌】(名・自他スル)〖医〗熱・薬品などで細菌を死滅させること。「ー処理」

め-つけ【目付】①〖日〗江戸幕府の職名。若年寄わかどしよりの下で旗本・御家人の監察をつかさどった。②監視役。お目付。

めっけ-もの【めっけ物】〖俗〗思いがけず手にいれたよいもの。また、思いがけず得た幸運。「命が助かっただけでもーだ」[語源]「見つけ物」の転。

めつ-ご【滅後】〖仏〗入滅の後。特に、釈迦しゃかの死後。

めつ-ざい【滅罪】〖仏〗ざんげや善行や念仏などによって、それまでの罪業を消滅させること。「懺悔さんげー」

めっ-し【滅私】自分の利益や欲望を考えないこと。「ー奉公」

めっ-しつ【滅失】(名・自スル)ほろびてなくなること。

メッシュ〈フラ mèche〉髪の毛の一部を染めること。また、その染めた部分。「ーを入れる」

メッシュ〈mesh〉①編み物の目。②網目織り。網目。

めつ-じん【滅尽】(名・自他スル)ほろびつきること。ほろぼしつくすこと。「人類のー」

めっ・する【滅する】(自他サ変)シ(セ・サ)・シ・スル・スル・スレ・シロ(セヨ) ①ほろびる。ほろぼす。②消える。消す。「罪をー」[文]めっ・す(サ変)

メッセ〈ドイ Messe〉見本市。定期市。大規模展示場。

メッセージ〈message〉①伝言。言づて。「―カード」「祝いの―を送る」②(作品などに込められた)考え。主張。「政治的―を前面に出した小説」「―ソング」

メッセンジャー〈messenger〉人の伝言や贈り物などを送り届ける使いの者。配達人。

―ボーイ〈messenger boy〉手紙や荷物などの配達をする者。使い走りをする少年。

めっ-そう【滅相】サウ 一(名)《仏》すべての存在が消滅するありさま。業ごうが尽き、命が終わること。二(形動ダ)ダロ・ダッ(デ・ニ)・ダ・ナ・ナラ・〇 法外なさま。とんでもないさま。「そんな―な」文(ナリ)

―もない とんでもない。「―。それはおことわりだ」

めった【×滅多】(形動ダ)ダロ・ダッ(デ・ニ)・ダ・ナ・ナラ・〇 むやみやたらであるさま。分別のないさま。「―なことを言うな」文(ナリ)

―うち【―打ち】めちゃくちゃに打つこと。

―ぎり【―切り】むやみに切りつけること。「―にする」

―に(副)ごくまれにしか。ほとんど。「彼は―来ない」用法 あとに打ち消しの語を伴う。

―やたら【―×矢鱈】(名・形動ダ)(「めった」を強めて言う語)むやみやたら。「―に(に)しゃべりまくる」

メッチェン〈ドイ Mädchen〉少女。おとめ。

めつ-つぶし【目潰し】灰・砂などを投げつけて、相手の目を一時くらますこと。また、その灰・砂など。「―をくわす」

めつ-ぼう【滅亡】バウ(名・自スル)(国家・民族などが)ほろび絶えること。「ローマ帝国の―」

めっ-ぽう【滅法】ポフ(副)《俗》非常に。むやみに。「―強い」

―かい【―界】(副)《俗》法外なさま。はなはだしいさま。めっぽう。「―酒に酔う」

め-づまり【目詰まり】(名・自スル)網などの目がごみやほこりで詰まること。「フィルターが―する」

めつ-れつ【滅裂】(名・形動ダ)破れさけて形がなくなること。また、そのさま。「支離―な話」

め-て【◦馬手・◦右手】①(馬のたづなを持つほうの手の意)右の手。②右のほう。《↔弓手ゆんで》

メディア〈media〉手段。媒体。特に、新聞・テレビ・ラジオなどの媒体。「マス―」「ニュー―」

―スクラム〈media scrum〉事件が起こったときなどに、報道関係者が集団で押しかけて過剰な取材を行うこと。

―リテラシー〈media literacy〉メディアの特性を理解し、適切に利用する能力。また、情報を主体的に読み解き活用する能力。

メディカル〈medical〉(名・形動ダ)医療・医学に関すること。「―センター」

―チェック〈和製英語〉健康診断。特に、運動前の医学的検査。「試合前に―を受ける」

めで-た・い【×芽出度い・×目出度い】(形)カロ・カッ(ク)・イ・イ・ケレ・〇 ①よろこばしい。祝う価値がある。「―席」②非常にすぐれている。「社長の覚えが―」(=信任があつい)」③(おもに「おめでたい」の形で)㋐お人よしだ。だまされやすい。「お―人」㋑楽天的すぎる。「お―考え」文めでた・し(ク)

めで-た・し(形ク)《古》①すばらしい。みごとである。りっぱだ。②祝賀すべきだ。③(「めでたくなる」の形で)「死ぬ」「倒れる」などの忌み言葉。

めでたし-めでたし 物事が無事に、またはよい結果に終わって喜ぶ気持ちを表す言葉。また、そのめでたい結末。

め・でる【◦愛でる】(他下一)デ・デ・デル・デル・デレ・デロ(デヨ) ①たいせつに思っていつくしむ。かわいがる。また、愛する。「幼子を―」②ほめる。賞美する。「花を―」文め・づ(下二)

め-ど【目◦処】目ざすところ。目あて。目標。「やっと解決の―がつく」

め-ど【×針孔】穴。特に、針の糸を通す穴。針めど。

め-どおし【目通し】ドホシ はじめから終わりまでひととおり目を通すこと。「お―をお願いします」

め-どおり【目通り】ドホリ ①身分の高い人にお目にかかること。拝謁はいえつ。「お―が許される」②(「目通り直径」の略)目の高さに相当する位置の、立ち木の幹の太さ。

め-どり【雌鳥】めすの鳥。めんどり。

め-と・る【◦娶る】(他五)ラ(ロ)・リ(ッ)・ル・ル・レ・レ (「妻め取る」の意)妻として迎える。「妻を―」可能めと・れる(下一)

メドレー〈medley〉①《音》二つ以上の曲をつづけて演奏すること。また、その曲。接続曲。②「メドレーリレー」の略。

―リレー〈medley relay〉①陸上競技で、一チーム四人の走者が、それぞれ異なった距離を走りついでゆく競走。②水泳で、一チーム四人の泳者が、それぞれ異なった泳ぎ方(ふつう背泳・平泳ぎ・バタフライ・自由形の順)で引きついでゆく競泳。

メトロ〈フラ métro〉地下鉄。

メトロノーム〈ドイ Metronom〉《音》振り子の原理を応用した、楽曲の拍子の速度を正確にはかる器械。

〔メトロノーム〕

メトロポリス〈metropolis〉①首府。首都。②大都会。大都市。⇒メガロポリス

め-なみ【女波・女◦浪】大きく高い波と波の間に、低く弱く打ち寄せる波。↔男波おなみ

め-な・れる【目慣れる・目◦馴れる】(自下一)レ・レ・レル・レル・レレ・レロ(レヨ) いつも見て慣れている。見慣れる。文めな・る(下二)

メニエール-びょう【メニエール病】ビヤウ《医》内耳の障害により、発作性のめまいとともに耳鳴り・難聴などがくり返し起こる病気。語源 フランスの医師メニエール(Ménière)が報告したことからいう。

メニュー〈フラ menu〉①料理の献立。また、献立表。②予定されている項目。「トレーニング―をこなす」③《情報》コンピューターなどの、操作項目の一覧。「―選択画面」

メヌエット〈ドイ Menuett〉《音》ゆるやかなリズムのフランス舞曲。四分の三拍子。また、その舞踊。ミニュエット。

め-ぬき【目◦貫】刀の目くぎ。また、それにつける金具。

め-ぬき【目抜き】目立つこと。目立つもの。また、そのような場所。「―の土地」

―どおり【目抜(き)通り】ドホリ 中心街や繁華街で人通りの多いにぎやかな通り。「街の―」

め-ぬり【目塗り】①物の合わせ目をぬりふさぐこと。②火災や湿気をふせぐため、土蔵の戸前まえをぬり固めること。

め-ねじ【雌×螺子・雌×捻子】ネヂ 雄おねじを受ける穴の内側にらせん状のみぞをつけたねじ。ナットなどのねじ。↔雄ねじ

め-のう【△瑪△瑙】ナウ《地質》石英・玉髄・たんぱく石の混合物。紅・緑・白などの帯状の模様をもつ。装身具・印材用。

め-の-こ【女の子】①女性。女子。②女の子。《↔おのこ》

めのこ-かんじょう【目の子勘定】カンヂヤウ →めのこざん

めのこ-ざん【目の子算】目で見ておおよその計算をすること。目の子勘定。目の子。

め-の-たま【目の玉】→めだま①

―が飛とび出でる 値段などが高くて、ひどく驚くさま。目玉が飛び出る。**―の黒くろいうち** 生きているうち。目の黒いうち。

め-の-と【×乳母】《古》母親のかわりに、子供に乳を飲ませ養

育する女。乳母。乳主。

め-の-まえ【目の前】 ①見ているすぐ前。まのあたり。眼前。「―が真っ暗になる(=望みが消えて、落胆するさま)」②きわめて近い所や時。目前。「試験が―に迫る」

め-の-わらは【女の◇童】 《古》①女の子。少女。②召使の少女。

め-ばえ【芽生え】 ①種や草木から芽が出ること。また、その芽。「草木の―」②きざし。事の起こり始め。「恋の―」

め-ば・える【芽生える】(自下一) エ・エ・エル・エル・エレ・エロ(エヨ) ①種子や枝から芽が出る。「木々が―」②物事が起こり始める。「友情が―」文めば・ゆ(下二)

め-はし【目端】 その時々の状況を見はからう才知。「―がきく(=機転がきく)」

め-はじき【目◇弾き】 ①またたき。まばたき。②目くばせ。

め-ばしこ・い【目ばしこい】(形) カロ・カッ(ク)・イ・イ・ケレ・○ 目をつけることがすばやい。めざとい。文めばしこ・し(ク)

め-ばたき【◇瞬き】 またたくこと。またたき。まばたき。

め-はちぶ【目八分】 ①目の高さより少し低めにささげ持つこと。②八割ほどの容量。八分目。「―に盛った御飯」参考「めはちぶん」ともいう。

め-はな【目鼻】 ①目と鼻。②顔立ち。目鼻立ち。

―に見る 高慢な態度で人を見下す。

―を付ける 物事のだいたいのきまりや見通しをつける。語源人形などを作るときに、最後に目や鼻を描き入れたことからいう。

―だち【―立ち】 目や鼻のかっこう。顔立ち。器量。

め-ばな【雌花】《植》雌蕊だけあって、雄蕊がないか機能しない花。クリ・スイカなどの花に見られる。↕雄花 ⇩単性花

め-ばや・い【目速い・目早い】(形) カロ・カッ(ク)・イ・イ・ケレ・○ 目をつけるのがはやい。めざとい。「―・く見つける」文めばや・し(ク)

め-ばり【目張り】(名・他スル) ①物のすきまに紙などをはってふさぐこと。「戸のすきまに―をする」冬 ②舞台化粧などで、目を大きくはっきり見せるために目のまわりに墨や紅をつけること。「―を入れる」参考①は「目貼り」とも書く。

め-ばる【目張・◇眼張】《動》フサカサゴ科の魚。日本各地の沿岸に分布。目と口が大きく、環境によって体色が異なる。食用。

め-びな【女△雛】 内裏雛のうち、皇后にかたどられたほうの人形。↕男雛

め-ぶ・く【芽吹く】(自五) カ(コ)・キ(イ)・ク・ク・ケ・ケ 樹木が芽を出す。「柳が―」春

め-ぶんりょう【目分量】 目ではかった、だいたいの分量。「―ではかる」

め-べり【目減り】(名・自スル) ①取り扱っているうちにこぼれたりもれたりなどして、目方や分量が減ること。②実質的な価値が下がること。「インフレで貯金が―する」

め-へん【目偏】 漢字の部首名の一つ。「眠」「眼」などの「目」の部分。

め-ぼし【目星】 ①目あて。見当。②眼球にできる白い点。

―を付ける だいたいの見当をつける。「犯人の―」

めぼし・い(形) カロ・カッ(ク)・イ・イ・ケレ・○ 特に目立っている。特に価値がある。「―選手をひきぬく」文めぼ・し(シク)

め-まい【目△眩・×眩暈】 目がくらんで倒れそうになること。

め-まぐるし・い【目まぐるしい】(形) カロ・カッ(ク)・イ・イ・ケレ・○ 目の前の状況の変動が激しくて、目が回るようだ。「情勢が―・く変化する」文めまぐる・し(シク)

め-まぜ【目交ぜ】(名・自スル) →めくばせ

め-まつ【雌松】「赤松」の異名。↕雄松

め-みえ【目見得】 →おめみえ

めめし・い【女女しい】(形) カロ・カッ(ク)・イ・イ・ケレ・○ (男でありながら)いくじがなく弱々しい。未練がましい。「―ふるまい」↕雄雄しい 文めめ・し(シク)

メモ〈memo〉(名・他スル)(「メモランダム」から)忘れないように主要な点だけを書いておくこと。また、書いたもの。覚え書き。

め-もと【目元・目◇許】 目のあたり。目つき。「涼しげな―」

メモランダム〈memorandum〉 備忘録。覚え書き。メモ。

め-もり【目盛〔り〕】 計器などの表面に付けてある、長さ・容積・目方などを示すしるし。「―を読む」

メモリアル〈memorial〉 人や出来事を記念したもの。「―ホール(=記念館。また、葬祭場)」

メモリー〈memory〉 ①記憶。思い出。記念。②《情報》コンピューターの記憶装置。また、記憶容量。メモリ。

メモ・る(他五) ラ(ロ)・リ(ッ)・ル・ル・レ・レ 《俗》メモをする。メモをとる。「要点を―」可能メモ・れる(下一) 語源「メモ」を動詞化した語。

メモワール〈フランス mémoire〉 回想録。見聞録。

め-やす【目安】 ①めあて。目じるし。見当。「だいたいの―をつける」②そろばんの仕切りにつけた単位の文字や印。③《古》箇条書きの文書。特に、箇条書きの訴状。

―ばこ【―箱】《日》江戸時代、八代将軍徳川吉宗が、民衆の意見を聞き出すために評定所門前に設置した投書箱。

め-やす・し【目安し・目◇易し】(形ク)《古》見た目に感じがよい。見苦しくない。無難だ。

め-やに【目◇脂】 目から出る粘液やそのかたまり。めくそ。

め-やみ【目病み・◇眼病み】 目の病気にかかること。また、その人。「―女に風邪引き男(=病気で目のうるんだ女と風邪引きの男は魅力的に見える)」

メラニン〈melanin〉 動物の皮膚などに存在する黒褐色または黒色の色素の総称。日焼け・そばかすなどを起こすもとになる。

メラミン-じゅし【メラミン樹脂】〈melamine〉《化》メラミン(=石灰窒素などから作った化合物)にホルムアルデヒドを反応させて作る無色の合成樹脂。耐熱性・耐水性にすぐれ、化粧板・食器・塗料などに用いる。

めら-めら(副) ①炎が物をなめるように燃えあがるさま。「―と炎があがる」②強い感情がわきあがるさま。「―と闘志を燃やす」

メランコリー〈melancholy〉 気がふさぐこと。ゆううつ症。

めり(助動-ラ変型) ○・メリ・メリ・メル・メレ・○ 《古》①見た事実から推量する意を表す。…と見える。…と見る。…ようだ。「子になり給ふべき人なー」〈竹取〉②断定しないで遠まわしに言う。…ようだ。…かと思われる。「もののあはれは秋こそまされと、人ごとに言ふめれど」〈徒然草〉用法ラ変を除く動詞型活用の語の終止形、ラ変動詞・形容詞・形容動詞型活用の語の連体形に付く。

メリー-クリスマス〈Merry Christmas〉(感) クリスマスを祝うあいさつの言葉。クリスマスおめでとう。

メリー-ゴー-ラウンド〈merry-go-round〉 木馬などを回転台にとりつけ、客をのせて回転させる遊具。回転木馬。

めり-かり【×乙甲・◇減◇上】《音》①邦楽で、音高を標準よりも少し高くしたり低くしたりすること。②音の高低。抑揚。語源笛・尺八などで、基本の音より下がったものを「めり」、上がったものを「かり」というところからきた。

メリケン【×米利堅】〈American から〉①アメリカ。アメリカ人。②《俗》げんこつでなぐること。また、そのげんこつ。

―こ【―粉】 小麦粉。

めり-こ・む【◇減り込む】(自五) マ(モ)・ミ(ン)・ム・ム・メ・メ 重みや力が加わって、表面がくぼんで落ちこむ。また、沈んではまりこむ。「ぬかるみに車輪が―」

メリット〈merit〉長所。価値。利点。↔デメリット

めり-はり【◇減り張り・◇乙張り】ゆるめることと張ること。特に、声や音の調子の抑揚。「—をつける」

メリヤス〈スペイン medias〉綿糸・毛糸を機械で編んだ、のびちぢみする編み物。参考大小莫なしの意から「×莫大小」とも書く。

—あみ【—編み】〖服〗棒針編みの基本的な編み方。表から見ると表編みに見え、裏から見ると裏編みに見える編み方。

め-りょう【◇馬寮】レウ—〖日〗律令制下、馬に関することをつかさどった役所。左馬寮・右馬寮がある。

メリンス〈スペイン merinos〉細い糸で作った薄地のやわらかい毛織物。唐縮緬。モスリン。モス。

メルカトル-ずほう【メルカトル図法】ヅハフ— 地図投影法の一つ。正角円筒図法で、経線は等間隔の平行直線をなし、緯線はこれに直交して、赤道から両極に向かうほど間隔が大きくなる。航海図法。オランダのメルカトル(Mercator)の創案。

メルクマール〈ドイツ Merkmal〉指標。目印。標識。記号。

メルシー〈フランス merci〉(感) ありがとう。

メルトダウン〈meltdown〉〖物〗原子炉で、炉心が高温になり核燃料が溶け出す状態。原子力事故として最も重大。炉心溶融。

メル-とも【メル友】《俗》(「メール友達」の略)電子メールをやりとりする友人。

メルトン〈melton〉ラシャの一種。糸をけばだてて平織りまたはあや織りにした紡毛織物。

メルヘン〈ドイツ Märchen〉童話。おとぎばなし。

メル-マガ「メールマガジン」の略。

メレンゲ〈フランス meringue〉卵白を泡立てて砂糖を加えたもの。洋菓子の飾りや生地に使う。

め-ろう【女郎】ラウ— ①少女。②女性を軽蔑して呼ぶ語。

メロディー〈melody〉音楽の旋律。ふし。「軽快な—」

メロドラマ〈melodrama〉おもに恋愛を主題とした、通俗的・感傷的な劇や映画。

めろ-めろ(形動ダ) ダロ・ダッ(デ・ニ)・ダ・ナ・ナラ・○ (それに酔いしれたように)しまりがなく、だらしなくなるさま。「孫には—だ」「酔って—になる」

メロン〈melon〉〖植〗ウリ科のつる性一年草。ふつうマスクメロンをいう。日本では主として温室栽培される。果実は球形で網目の模様がある。果肉は甘みと芳香があり、美味。夏

めん【免】【免】メン㊥ まぬかれる㊝・ゆるす

ノ ク ク 名 名 免

(字義) ①まぬかれる。避ける。「免疫」②ゆるす。ゆるし。㋐許す。罪をゆるす。ききいれる。「免許・免罪・免囚・免責・御免・放免・宥免」㋑とりのぞく。なくす。「免除・免税・減免」③やめさせる。官職からしりぞける。「免官・免職・罷免」

めん【面】教3 メン おも㊥・おもて㊥・つら㊝

一 ア 丆 而 而 面

(字義) ①おも。おもて。㋐かお。「面相・面容・顔面・渋面・獣面・赤面・満面」㋑うわべ。外側。「海面・地面・表面」②むき。方向。「正面・前面・側面・方面」③かおがた。顔の形に似せて作ったもの。「仮面・能面」④剣道などで頭部をおおう防具。「面頬・素面」⑤まのあたり。目の前。「面前・面談・当面」⑥顔を向ける。向かう。「直面・南面・北面」⑦平面と曲面。「面積・多面体・平面」難読 面繋・面白い・面映ゆい・面魂・面皰・面子 人名 も

-めん【面】(接尾) 平たいものを数える語。「鏡一—」

めん【面】①顔。「—と向かう」②仮面。「—をかぶる」③剣道で、顔につける防具。④剣道で、頭部を打つわざ。「—を取る」⑤野球で、捕手が顔面にかぶるもの。⑥木材や野菜のかどをけずってできた平たいところ。「—取り」⑦〖数〗多面体を形作っている平面。「相対する二つの—」⑧方面。分野。「資金—」

—と向かって 相手と直接向きあって。「—ののしる」

めん【綿】教5 メン わた

纟 糸 糹 糿 綿 綿

(字義) ①わた。まわた。もめんわた。「綿織物・綿花・綿糸・純綿・脱脂綿・木綿」②連なる。長く続く。「綿綿・連綿」③まとう。まつわる。「情緒纏綿」④こまかい。小さい。「綿密」人名 つら・まさ・ます・やす

めん【綿】もめん。綿織物。「—のシャツ」

めん【麺】【麪】メン㊥

主 麦 麸 麺 麺 麺

(字義) ①むぎ粉。メリケン粉。「麺粉」②むぎ粉を練って糸状にした食品。うどん・そばの類。「麺類・素麺」参考「麺」「麪」はもと「麫」の俗字。難読 麺麭

めん【麺】小麦粉などをねって糸状にした食品。うどんなど。

めん-えき【免役】①囚人が服役を免除されること。②兵役を免除されること。

めん-えき【免疫】①〖医〗体内に病原体や毒素に対する抵抗力をもち、病気にかからないこと。「ウイルスに対する—ができる」②物事がたび重なるにつれて、それに慣れてしまうこと。

—たい【—体】→こうたい(抗体)

—よくせいざい【—抑制剤】〖医〗生体の免疫作用を抑える薬剤。臓器移植後の拒絶反応の抑制などに用いられる。

—りょうほう【—療法】レウハフ 〖医〗免疫反応を利用した治療法。免疫力を強化して、がんを抑えることなど。

めん-おりもの【綿織物】綿糸で織った織物。木綿織物。

めん-か【綿花・△棉花】クワ— わたの種子を包む白色の繊維。綿糸の原料。

めん-かい【面会】クワイ— (名・自スル) たずねていって、人と会うこと。たずねてきた人と会うこと。「—を求める」「—謝絶」

めん-がた【面形】①めん。仮面。②素焼きで仮面の形につくった、子供のおもちゃ。

めん-かやく【綿火薬】クワヤク— 〖化〗精製した綿を硝酸と硫酸の混合液で処理して製した火薬。無煙火薬の原料。強綿薬。ニトロセルロース。

めん-かん【免官】クワン— (名・他スル) 官職をやめさせること。「依願—」↔任官

めん-きつ【面詰】(名・他スル) 面と向かって相手を問いつめとがめること。「担当者をきびしく—する」

めん-きょ【免許】(名・他スル) ①特定のことを行うのを、政府・官公庁が許可すること。また、その許可。「運転—を取得する」「教員—」②師から弟子に技術・芸を伝授すること。また、人に授けること。「—の腕前」

—かいでん【—皆伝】師が道の奥義・奥伝のすべてを門人に伝授したことを証する免状。

—しょう【—証】免許を取得したしるしの証明書。

—じょう【—状】ジヤウ 免許の証として与える文書。免状。

めん-くい【面食い】クヒ— 《俗》美しい顔の人ばかりを好むこと。また、その人。器量好み。

めん-くら・う【面食らう・面△喰らう】クラフ— (自五) ワ(オ)・イ(ツ)・ウ・ウ・エ・エ 突然のことでまごつく。予想外のことであわてる。「見知らぬ人に名前を呼ばれて—・った」

めん-こ【面子】円形・方形のボール紙に絵などが描かれた子供の玩具。地面におき、交互に打ちつけて相手のものをひっくり返して遊ぶ。

めん-ご【面△晤】(名・自スル) 面会して話すこと。

めんこ・い (形) カロ・カッ(ク)・イ・イ・ケレ・○ 《方》(東北地方で)かわいらしい。

めん-ざい【免罪】 罪をゆるすこと。

―ふ【―符】 ①《基》ローマカトリック教会で、罪の償いが免除されるとして信者に発行した証書。贖宥(しょくゆう)状。②転じて、罪や責任を免れるための事柄や行為。

めん-し【綿糸】 もめんの糸。

メンシェビキ 〈ロシア Men'sheviki〉《世》ロシア社会民主労働党の少数右派。一九〇三年の党大会で、レーニンなどボリシェビキの主張する革命的意見に反対した。↔ボリシェビキ

めん-しき【面識】 たがいに顔を知っていること。「―がある」

めんじつ-ゆ【綿実油】 わたの種子からしぼり取った油。食用にするほか、石鹼(せっけん)などの原料にする。

めん-しゅう【免囚】 シウ― 刑期を終えて刑務所を出てきた人。

めん-じゅう【面従】(名・自スル) 表面的に服従するだけであること。「―後言(こうげん)(=表面的には従順だが、陰でそしること)」

―ふくはい【―腹背】 表面では従順なふりをし、心の中では反抗していること。

めん-じょ【免除】 ヂョ―(名・他スル) 義務・役目・罰などを果たさなくてもよいと許可すること。「学費―」

めん-じょう【免状】 ジャウ― ①免許の文書。②卒業証書。

めん-しょく【免職】(名・他スル) 職をやめさせること。解職。特に、公務員の身分を失わせる懲戒処分。

めん-しょく【面色】 かおいろ。「―が変わる」

めん・じる【免じる】(他上一) ジ・ジ・ジル・ジル・ジレ・ジロ(ジヨ) ①ゆるす。義務・責任をのぞく。「学費を―」②職をやめさせる。官職を解く。「官を―」③当人や関係者の手柄・面目・地位などを考えて許す。「親に―・じて許す」 語源 サ変動詞「めんずる」の上一段化。

メンス 〈ドイツ Menstruation から〉月経。

メンズ 〈men's〉服飾などで、男性用の意。「―ファッション」↔ウイメンズ・レディース

めん・する【面する】(自サ変) シ(セ・サ)・シ・スル・スル・スレ・シロ(セヨ) 向かう。向く。対する。「海に―・した部屋」「危機に―」 文 めん・す(サ変)

めん・ずる【免ずる】(他サ変) ジ(ゼ)・ジ・ズル・ズル・ズレ・ジロ(ゼヨ) →めんじる 文 めん・ず(サ変)

めん-ぜい【免税】(名・自他スル) 課税を免除すること。「―店」「―品」

―てん【―点】《法》免税を行う限界の金額。その金額以下は課税が免除される。

めん-せいひん【綿製品】 もめんの織物。

めん-せき【免責】(名・自他スル) 責任を免除すること。

めん-せき【面責】(名・他スル) 面と向かって責めること。

めん-せき【面積】 平面・曲面の広さ。「表―」「耕作―」

めん-せつ【面接】(名・自スル) (人柄や能力を知るため)直接にその人と会うこと。「―試験」

めん-ぜん【面前】 人の見ている前。目の前。「公衆の―」

めん-そ【免租】 租税の一部または全部を免除すること。

めん-そ【免訴】《法》刑事事件で、裁判所が有罪無罪の判断をせずに訴訟を打ち切ること。刑が廃止されたときや大赦があったとき、時効が成立したときなどに行う。

めん-そ【面訴】(名・他スル) 直接に会って訴えること。

めん-そう【面相】 サウ― 顔つき。顔のようす。面容。「百―」

メンター 〈mentor〉指導者。助言者。特に、企業などで、部下や後輩の相談にのり助言をする人。

めんたい【◦明太】「すけとうだら」の異名。

―こ【―子】 スケトウダラの卵巣。また、それを塩漬けして唐辛子(とうがらし)を加え、熟成させたもの。

メンタリティー 〈mentality〉心理状態。精神状態。考え方や性格の傾向。「日本人の―」

メンタル 〈mental〉(形動ダ) ダロ・ダッ(デ・ニ)・ダ・ナ・ナラ・○ 精神の。精神的。

―テスト 〈mental test〉知能検査。

―ヘルス 〈mental health〉→せいしんえいせい

めん-だん【面談】(名・自スル) 直接その人に会って話をすること。「委細―」「保護者と―する」

メンチ 〈mince〉細かく刻んだ肉。ひき肉。ミンチ。

―カツ 〈和製英語〉ひき肉に細かく刻んだタマネギなどを加えて小判形にし、パン粉をまぶして油で揚げた料理。

―ボール 〈和製英語〉ひき肉を丸め、油で揚げた料理。ミートボール。肉団子。 参考 英語では meatball という。

めん-ちょう【面△疔】 チャウ― 《医》細菌感染により顔面にできる、痛みを伴い赤くもり上がるはれもの。顔面癤(せつ)。

メンツ 〈中国 面子〉①世間に対する体面。面目。「―がたつ」②麻雀(マージャン)で、ゲームの参加者。何かをするときのメンバー。

めん-つう【面△桶】 一人前ずつ飯を盛る曲げ物。

めん-てい【免停】(「免許停止」の略)自動車の運転免許などで、違反行為を犯して免許の効力を一時停止されること。

めん-てい【面体】 顔かたち。顔つき。「あやしげな―」

メンテナンス 〈maintenance〉維持。保守。機械・装置などの保全や整備。「エレベーターの―」

メンデル 〈Gregor Johann Mendel〉(一八二二〜一八八四) オーストリアの植物学者。エンドウの人工交配による遺伝実験を行い、遺伝学の根本法則となった「メンデルの法則」を発見した。

メンデルスゾーン 〈Felix Mendelssohn〉(一八〇九〜一八四七) ドイツ初期ロマン派の作曲家。感傷性と優美な旋律性に富む作風。指揮者・音楽教育家としての功績も大きい。「真夏の夜の夢」「バイオリン協奏曲」など。

めん-どう【面倒】 ダウ― 一(名・形動ダ) 手数がかかりわずらわしいさま。やっかい。「―な仕事」 二(名) 世話。「―をかける」

―を見(み)る 世話をする。「孫の―」

―くさ・い【―臭い】(形) カロ・カッ(ク)・イ・イ・ケレ・○ ひどくわずらわしい。めんどくさい。「―問題」 文 めんだうくさ・し(ク)

―み【―見】 人の世話をすること。「―のよい先輩」

めん-とおし【面通し】 トホシ― 事件の容疑者の顔を関係者に見せて、その人かどうかを確かめること。面割り。めんどおし。

メントール 〈ドイツ Menthol〉ハッカから抽出する結晶状の芳香性アルコール。香料・薬品などに用いる。メンソール。

めん-とり【面取り】 ①角材の角を削り取り面をつくること。②料理で、煮くずれを防ぎ仕上がりをよくするために、大根や芋などの切り口の角をそぎ取ること。

めん-どり【◦雌鳥】 めすの鳥。特に、めすのニワトリ。牝鶏(ひんけい)。↔雄鳥(おんどり)

めんない-ちどり【めんない千鳥】 目かくしされた鬼が、手を打って逃げる者をつかまえて遊ぶ鬼ごっこ。目かくし鬼。 語源「めんない」は「目のない」の転。

めん-ネル【綿ネル】(「綿フランネル」の略)フランネルに似せた綿織物。

めん-ば【面罵】(名・他スル) 面と向かってののしること。「衆人の前で―される」

メンバー 〈member〉①仲間。団体の一員。「構成―」②チームを構成するおのおのの競技者。「―表」

めん-ぴ【面皮】 ①つらのかわ。「鉄―」②面目。体面。

―を剝(は)ぐ 厚かましい人の正体をあばいて恥をかかせる。

めん-ぶ【面部】 顔面の部分。顔。

めん-ぷ【綿布】 綿糸で織った織物。もめんの布。

めん-ファスナー【面ファスナー】 衣類などの留め具の一つ。表面を加工した二枚のテープをかみ合わせてとめる。参考「マジックテープ」「ベルクロ」はその商標名。

めん-ぺき【面壁】 壁に向かって、座禅をすること。

—くねん【—九年】 何事も信念をもって辛抱強く行えば成し遂げられるというたとえ。【故事】昔、南インドの僧の達磨(だるま)が、中国に渡って少林寺にこもり、壁に向かって九年間座禅を組み続けて悟りを開いたということから。〈伝灯録〉

めん-ぼう【面貌】(バウ) 顔つき。容貌(ようぼう)。「—が一変する」

めん-ぼう【綿棒】 細長い棒の先端に脱脂綿を巻きつけたもの。鼻・耳などの治療・処置に用いる。

めん-ぼう【麺棒】 うどん・そばなどを作るとき、こねた生地を平たく押しのべるための棒。

めん-ぼく【面目】 ①世間に対する体面・名誉。また、世間からの評価。面目玉。「—にかかわる」「—丸つぶれだ」「—を失う」「—を保つ」「—が立つ」②外に表れたようす。ありさま。「—を一新する」参考「めんもく」ともいう。

—次第(しだい)もない 恥ずかしくて人に合わせる顔がない。**—を施(ほどこ)す** 名誉を得る。評価を高める。

—だま【—玉】 →めんぼく①

—な・い(形)(カロ・カッ(ク)・イ・イ・ケレ・○) 恥ずかしくて人に合わせる顔がない。文めんぼくな・し(ク)

—やくじょ【—躍如】(タル) 評価がいっそう高まるさま。

メンマ〈中国 麺麻〉麻竹(まちく)(=中国産の竹)のたけのこを発酵させ、乾燥した食品。戻して味付けしたものをラーメンの具などにする。しなちく。

めん-みつ【綿密】(名・形動ダ) 細かいところまで注意が行き届いていること。また、そのさま。念入り。「—な計画を立てる」

めん-めん【面面】 めいめい。おのおの。ひとびと。「一座の—」

めん-めん【綿綿】(タル) 長く続いて絶えないさま。「心情を—と綴(つづ)る」文(形動タリ)

めん-もく【面目】 →めんぼく

めん-よう【面妖】(エウ)—(名・形動ダ) ふしぎなこと。あやしいこと。また、そのさま。「はて、—な」

めん-よう【面容】 顔のようす。顔かたち。面相。

めん-よう【綿羊・緬羊】(ヤウ) →ひつじ(羊)

めん-るい【麺類】 小麦粉・そば粉などを水でこねてのばし、細長く切った食品。うどん・そうめん・そばなどの総称。

も　モ

五十音図「ま行」の第五音。「も」は「毛」の草体。「モ」は「毛」の一部省画。

も【茂】 モ中 しげる中
(字義)①しげる。草木が盛んに生長する。「茂林・繁茂」②すぐれている。「茂行・茂才」人名 あり・いかし・し・しげい・しげお・しげき・しげみ・たか・とお・とも・とよ・もち・もと・ゆた・ゆたか

も【模】 教6 モ・ボ かた
(字義)①かた。㋐ひながた。「模型・模形」㋑のり。手本。「模範・規模」②のっとる。かたどる。似せる。=摸。「模造・模倣」③なでる。手さぐりする。「模索」④あや。「模様」⑤ぼんやり。はっきりしない。「模糊(もこ)」人名 のり・ひろ

も【面】(「おも」の略)おもて。表面。「池の—」「水(み)の—」

も【喪】 人の死後、近親者が一定期間、外出・祝い事・交際などをさしひかえること。「—に服する」「—が明ける」

も【裳】 ①古代、女子が腰から下にまとった衣服。②中古、女子の正装で、袴(はかま)の上に、腰から下の後方だけまとった服。

も【藻】 水中で生育し光合成を営む植物や藻類(そうるい)の総称。(藻刈り 夏)

も 一(係助)(中心義—すでにある物事に付け加える物事を示す)①前の事柄と同趣の事柄をあげる意を表す。「柳—芽を出した」②並列の意を表す。「兄に—妹に—見せた」③感動・強調を表す。「雪が一メートル—積もった」④そこまで及ぶ意を表す。「猿—木から落ちる」「一〇万円—出したら買える」⑤不定称代名詞に付いて、総括の意を表す。「だれに—会いたくない」⑥同じ動詞の間にはさんで、程度のはげしい意を表す。「打ち—打ったり」用法 種々の語(体言、副詞、活用語の連用形、助詞など)に付く。二(接助)逆接の仮定条件を表す。「ても」「とも」の意。「おそく—七時には帰る」用法 形容詞の連用形に付く。三(終助)(古)詠嘆を表す。「この夕かげにうぐひす鳴く—」〈万葉〉

モイスチャー〈moisture〉(肌や髪の毛などの)水分。湿気。潤い。「—クリーム」

もう【亡】 マウ (字義)→ぼう(亡)

もう【毛】 教2 モウ け
(字義)①け。㋐人や動物の表皮に生えるもの。「毛髪・毛皮・紅毛・純毛・羊毛」㋑鳥類の表皮のけ。「羽毛・鵞毛(がもう)・鴻毛(こうもう)」㋒植物に生じる毛のようなもの。「根毛・鱗毛(りんもう)」②草木が生じる。穀物のみのり。「二毛作・不毛」③わずか。少し。「毛頭・毫毛(ごうもう)」④ごく細いもののたとえ。「毛細管」難読 毛莨(きんぽうげ)・毛斯綸(モスリン) 人名 あつ

もう【毛】 ①割合の単位。割の一〇〇〇分の一。②貨幣の単位。銭(せん)の一〇〇〇分の一。③長さの単位。寸の一〇〇〇分の一。④重さの単位。匁(もんめ)の一〇〇〇分の一。

もう【妄】 モウ(マウ)中・ボウ(バウ)高 みだり
(字義)①みだり。でたらめ。いつわり。「妄語・妄念・虚妄・迷妄」②みだりに。むやみに。わけもなく。「妄執(もうしゅう)・妄想」

もう【孟】 人 モウ(マウ)
(字義)①はじめ。㋐兄弟の最年長者。「孟叔季」㋑四季の初めの月。「孟春・孟夏・孟秋・孟冬」↔仲・季 ②「孟子」の略。「孔孟」人名 おさ・たけ・たけし・つとむ・とも・なが・はじむ・はじめ・はる・もと

もう【盲】 モウ(マウ)中
(字義)①目が見えない。目の見えない人。「盲者・盲人・盲点・盲目・群盲」②物事や道理がわからない。「文盲(もんもう)」③むやみに行う。「盲愛・盲従・盲進」

もう【耗】 モウ中・コウ(カウ)高 へる
(字義)①へる。へらす。「耗減・耗損・消耗」②つきる。なくなる。「耗尽(もうじん)」③衰える。「耗弱(こうじゃく)」参考「モウ」は慣用音。

もう【望】 マウ (字義)→ぼう(望)

もう【猛】 モウ(マウ)中 たけし
(字義)たけし。㋐あらあらしい。「猛犬・猛獣・獰猛(どうもう)」㋑いさましい。「猛将・勇猛」㋒はげしい。きびしい。「猛威・猛火・猛毒・猛烈」難読 猛者(もさ) 人名 たか・たけ・たけお・たけき・たける

もう【蒙】 人 モウ くらい・こうむる
(字義)①くらい。㋐光が暗い。「冥蒙(めいもう)」㋑道理に通じない。無

知。「蒙昧・愚蒙・啓蒙」②子供。幼い者。「蒙養・訓蒙・童蒙」③こうむる。かぶる。「蒙塵」④おおう。⑤「蒙古(=モンゴル)」の略。

もう【△蒙】 知識の足りないこと。

―を啓く 知識のない人を教え導く。啓蒙する。

もう【網】 モウ(マウ)㊥ あみ㊥ ｜ 幺 糸 糸 約 網 網

(字義) ①あみ。㋐魚・鳥獣を捕らえる道具。「網目・魚網」㋑おきて。法律。「天網・法網」㋒あみのように交錯したもの。「網膜・通信網」②あみする。あみを張って捕らえる。残らず取る。「網羅・一網打尽」難読網代

もう(副) ①まもなく。「―来るでしょう」②もはや。すでに。「―だめだ」③その上に。さらに。「―少し」「―一つ」

もう‐あ【盲△唖】 ― 目の見えないことと口のきけないこと。また、その人。

もう‐あい【盲愛】 ― (名・他スル) むやみにかわいがること。

もう‐あく【猛悪】 ― (名・形動ダ) 荒々しくて残酷なこと。

もう‐い【猛威】 激しい威力。すさまじい勢い。「台風が―をふるう」

もう‐う【△濛雨】 空をもうもうとけむらせて降る小雨。

もう‐お【藻魚】 ― 藻の茂るところにすむ魚。

もう‐か【△孟夏】 ― (「孟」は初めの意) ①夏の初め。初夏。夏 ②夏の初めの一か月。陰暦の四月。夏

もう‐か【猛火】 激しく燃えあがる火。「―につつまれる」

もう‐がっこう【盲学校】 視覚障害のある児童・生徒に普通学校に準じる教育を行うとともに、障害を補うための知識・技能を教える学校。参考法令上は「特別支援学校」となる。

もうか・る【△儲かる】 (自五) ①金銭上の利益を得る。得をする。「―話」「円高差益で―」②予想より労力や時間が要らず得をする。「休講で―・った気になる」他もう・ける(下一) 用法「一万円もうかる」のように「もうかる」の前に助詞を入れずに使われることが多い。

もう‐かん【毛管】 ― ①《物》きわめて細い管。毛細管。②→もうさいけっかん

―げんしょう【―現象】 《物》細い管を液中に立てると、その液が管内で外の水平面より高く、または低くなる現象。毛細管現象。

もう‐かん【盲管】 内臓器官で、一端が閉じている管。ふつう、盲腸をいう。

―じゅうそう【―銃創】 命中した弾丸が突き抜けずに、体内にとどまっている負傷。

もう‐き【△濛気】 もうもうとたちこめる霧やもやなどの水気。

もう‐き‐の‐ふぼく【盲亀の浮木】 ― めぐりあうことが容易でないことのたとえ。浮き木の亀。語源大海にすみ一〇〇年に一度海面に浮かび出るという目の見えない亀が、たまたま海を漂う穴のあいた木に出会ってその穴にはいるのは難しいという、涅槃経などにある話から。

もう‐きん【猛△禽】 ― 《動》性質の荒々しい肉食の鳥。鋭い嘴と爪をもち、小動物などを捕食する。ワシ・タカ・フクロウなど。猛鳥。「―類」

もうけ【設け】 準備すること。用意。「―の席」

もうけ【△儲け】 金銭上の利益。利潤。利得。「まる―」

―ぐち【―口】 利益を得る道・手段・方法。

―もの【―物】 思いがけなく手に入れた利益や幸運。

もう‐げき【猛撃】 ― (名・他スル) 激しく攻めること。猛烈な攻撃。猛攻。「敵の―を受ける」

もう・ける【設ける】 (他下一) ①施設・設備を作る。「展示室を―」②組織・規則を作る。「協議会を―」③ある目的のためにこしらえる。前もって用意する。「一席―」「口実を―」文まう・く(下二)

もう・ける【△儲ける】 (他下一) ①金銭上の利益を得る。「株で―」②子供を得る。「一男一女を―」③予想した苦労がなくて得をする。思いがけず利益を得る。「相手のミスで一点―・けた」自もうか・る(五) 文まう・く(下二) 参考「集団欠席で休校になりもうけた」などという場合は、「何を」もうけるのか、利益の対象の意識がなく、「を」も使われないので自動詞的な用法であるが、「もうけたい」という気持ち・意図があるので他動詞とする。「休校になりもうかった」ともいえる。

もう‐けん【猛犬】 ― 性質が荒々しい犬。「―注意」

もう‐げん【妄言】 ― 理屈に合わない言葉。でたらめな言葉。妄言。「―多謝(=意見をはっきり述べたあとに添える語)」

もう‐こ【猛虎】 ― 性質が荒くたけだけしい虎。

もう‐ご【妄語】 ― 《仏》五悪の一つ。うそをつくこと。

もう‐こう【猛攻】 ― (名・他スル) 激しく攻めること。猛烈な攻撃。猛撃。「敵の―にも屈しない」

もうこ‐はん【△蒙古斑】 日本人など、黄色人種の子供のしりなどにみられる青いあざ。成長につれ消える。小児斑。

もう‐こん【毛根】 《生》毛髪の、皮膚にうずもれている部分。

もうさい‐かん【毛細管】 ― ①→もうかん(毛管)① ②→もうさいけっかん

―げんしょう【―現象】 →もうかんげんしょう

もうさい‐けっかん【毛細血管】 ― 《生》動脈の末梢から静脈へ続くきわめて細い血管。直径八―二〇マイクロメートルで、全身の組織に網目状に分布する。血管壁はうすい細胞膜で、血液はこれを通して組織に行きわたる。毛管。毛細管。

もうし【孟子】 ①(前三七二？―前二八九？)中国、戦国時代の思想家。名は軻。孟子は尊称。山東省鄒県の人。孔子の孫の子思に学び、孔子の説を継承発展させた。性善説に基づいて仁義を重視し、政治の上では覇道を排して仁政の王道に帰れと主張する。②①の著書。紀元前二八〇年ごろ成る。四書の一つ。

もうし【申し】 (感) 人に呼びかけるときに用いる丁寧な語。もし。もしもし。

もうし‐あ・げる【申〔し〕上げる】 ― 一(他下一)「言う」の謙譲語。「先生に―」二(補動下一)(「お+動詞の連用形」または「ご+漢語サ変動詞の語幹」に付いて)謙譲の意を表す。「いつまでもお待ち―・げます」「先生をご招待―」文まうしあ・ぐ(下二)

もうし‐あわせ【申し合〔わ〕せ・申合せ】 相談して取り決めること。また、その約束。「―事項」

もうし‐あわ・せる【申し合〔わ〕せる・申合せる】 (他下一) 相談して取り決める。話し合って約束する。「虚礼廃止を―」文まうしあは・す(下二)

もうし‐いで【申〔し〕◇出で】 ― →もうしで

もうし‐いれ【申〔し〕入れ】 ― 意見・要求などを相手に伝えること。また、その内容。「正式に―を行う」

もうし‐い・れる【申〔し〕入れる】 ― (他下一) 意見や要求などを相手に伝える。「会談を―」文まうしい・る(下二)

もうし‐う・ける【申〔し〕受ける】 ― (他下一)「受ける」「引き受ける」「もらう」の謙譲語。承る。「送料は別途―・けます」文まうしう・く(下二)

もうし‐おくり【申〔し〕送り】 ― 申し送ること。また、その内容。「―事項」

もうし‐おく・る【申〔し〕送る】 ― (他五) ①

先方へ伝える。②(仕事・命令などの)内容を次の人へ伝える。

もうし-おく・れる【申(し)遅れる・申(し)後れる】 マウシ (他下一) レ・レ・レル・レル・レレ・レロ(レヨ) 「言い遅れる」の謙譲語。申し上げるのが遅れる。「—れましたが」 文まうしおく・る(下二)

もうし-か・ねる【申(し)兼ねる】 マウシ (他下一) ネ・ネ・ネル・ネル・ネレ・ネロ(ネヨ) 「言い兼ねる」の謙譲語。言うのがためらわれる。言いにくく感じる。「私からは—ねます」 文まうしか・ぬ(下二)

もう-じき【もう直】 (副・形動ダ) ダキ 距離的・時間的にすぐ近いさま。もうすぐ。「—帰る」

もうし-きか・せる【申(し)聞かせる】 マウシ (他下一) セ・セ・セル・セル・セレ・セロ(セヨ) 「言い聞かせる」の丁寧な言い方。「よくよく—せておきます」 文まうしきか・す(下二)

もうし-き・ける【申(し)聞ける】 マウシ (他下一) ケ・ケ・ケル・ケル・ケレ・ケロ(ケヨ) 話して納得させる。申し聞かせる。

もうし-ご【申(し)子】 マウシ ①神仏に祈ってさずかった子。②神仏など霊力をもつものから生まれた子。転じて、ある特殊な状況や社会的背景から生まれ出たもの。「時代の—」

もうし-こし【申(し)越し】 マウシ 手紙・使いなどを通じて言ってよこすこと。また、その内容。「お—の件」

もうし-こ・す【申(し)越す】 マウシ (他五) サ(ソ)・シ・ス・ス・セ・セ 手紙などで言ってよこす。

もうし-こみ【申(し)込み・申込】 マウシ 意向・希望などを申し出ること。「—受付中」

—しょ【申込書】 申し込む際に、必要事項を記入して差し出す書類。

もうし-こ・む【申(し)込む】 マウシ (他五) マ(モ)・ミ(ン)・ム・ム・メ・メ こちらの意向や希望を先方に伝える。「結婚を—」「入会を—」

もうし-そ・える【申(し)添える】 マウシソヘル (他下一) エ・エ・エル・エル・エレ・エロ(エヨ) 「言い添える」の謙譲語。付け加えて申し上げる。「念のため—えます」 文まうしそ・ふ(下二)

もうし-たて【申(し)立て】 マウシ ①申し立てること。また、その内容。「異議—」②〔法〕裁判所や行政機関に対して、一定の行為を要求する意思表示。

もうし-た・てる【申(し)立てる】 マウシ (他下一) テ・テ・テル・テル・テレ・テロ(テヨ) 申し出て強く主張する。また、上役や役所に意見・主張を述べる。「異議を—」 文まうした・つ(下二)

もうし-つ・ける【申(し)付ける】 マウシ (他下一) ケ・ケ・ケル・ケル・ケレ・ケロ(ケヨ) 上の者が下の者に言いつける。命令する。「謹慎を—」 文まうしつ・く(下二)

もうし-つた・える【申(し)伝える】 マウシツタヘル (他下一) エ・エ・エル・エル・エレ・エロ(エヨ) 「言い伝える」の謙譲語。取り次いで申し上げる。「係の者に—えます」 文まうしつた・ふ(下二)

もうし-で【申(し)出】 マウシ 申し出ること。また、その内容。もうしいで。

もうし-でる【申(し)出る】 マウシデル (他下一) デ・デ・デル・デル・デレ・デロ(デヨ) 意見・希望・要求・事実などを、自分のほうから言って出る。「辞職を—」 文まうしい・づ(下二)

もうし-ひらき【申(し)開き】 マウシ 理由の正当さや、やむをえない事情などを明らかにすること。弁明。「—が立たない」

もうし-ぶみ【申(し)文】 マウシ ①朝廷へ申し上げる文書。上奏文。②昔、叙位・任官・昇進を朝廷に申請した文書。

もうし-ぶん【申し分】 マウシ ①言いたい事柄。言い分。「先方の—を聞く」②非難すべき点。不満なところ。「—のないできばえ」 用法 ②は、あとに打ち消しの語を伴う。

もう-しゃ【盲者】 マウ 目の見えない人。盲人。

もう-しゃ【盲射】 マウ (名・他スル) ねらいも定めず、むやみやたらに射撃すること。

もう-しゃ【猛射】 マウ (名・他スル) 激しく射撃すること。

もう-じゃ【亡者】 マウ ①死者。特に、成仏じょうぶつできずに迷っている死者。②金銭・地位・権力などに異常な執着を持っている人。「我利我利がりがり—」「金の—」

もう-しゅう【妄執】 マウシフ 〔仏〕心の迷いからおこる執念。ある物事に執着すること。妄念。

もう-しゅう【△孟秋】 マウシウ (「孟」は初めの意) ①秋の初め。初秋。秋 ②秋の初めの一か月。陰暦の七月。秋

もう-しゅう【猛襲】 マウシフ (名・他スル) 激しく襲いかかること。

もう-じゅう【盲従】 マウ (名・自スル) 自分で判断することなく、人から言われるままに従うこと。「権威に—する」

もう-じゅう【猛獣】 マウジウ 性質の荒い大形の肉食獣の総称。「—使い」

もう-しゅん【△孟春】 マウ (「孟」は初めの意) ①春の初め。初春。春 ②春の初めの一か月。陰暦の一月。春

もう-しょ【猛暑】 マウ (夏の)激しい暑さ。激暑。

—び【—日】 〔気〕一日の最高気温がセ氏三五度以上の日。

もう-しょう【猛将】 マウシャウ 強く勇ましい大将。勇猛な武将。

もう-じょう【網状】 マウジャウ 網の目のような形や状態。

もうし-わけ【申し訳】 マウシ ①言いわけ。弁解。「—が立つ」②ほんの形ばかりで実質のないこと。「—程度の仕事」

—な・い (形) カロ・カツ(ク)・イ・イ・ケレ・○ 弁解のしようがない。言いわけが立たない。相手にすまないと思い、わびる時にいう語。「こんな不始末をしでかし、—」 文まうしわけな・し(ク)

もうし-わた・す【申(し)渡す】 マウシ (他五) サ(ソ)・シ・ス・ス・セ・セ 命令・処分・要求・判決などを言いわたす。「三年の実刑を—」

もう-しん【妄信】 マウ (名・他スル) 根拠もなくむやみに信じこむこと。「怪しげな宗教を—する」

もう-しん【盲信】 マウ (名・他スル) わけもわからずに信じること。「広告文を—する」

もう-しん【盲進】 マウ (名・自スル) 対象も確かめず、また特に考えもなく、ただひたすら突き進むこと。

もう-しん【猛進】 マウ (名・自スル) 猛烈な勢いで進むこと。「猪突ちょとつ—」

もう-じん【盲人】 マウ 目の見えない人。盲者。

もう-じん【△蒙△塵】 マウヂン (名・自スル) (宮殿の外で塵ちりをかぶる意) 天子が危難をさけて、御所からよそへ逃れること。

もう・す【申す】 マウス (他五) サ(ソ)・シ・ス・ス・セ・セ 一(他五) ①「言う」の謙譲語。「一言—しあげます」②「言う」の丁寧語。「—までもなく」 二(補動五)(「お＋動詞の連用形」または「ご＋漢語サ変動詞の語幹」に付いて)謙譲の意を表す。「お待ち—しております」「ご相談—したいことがございます」

もう-すぐ【もう。直ぐ】 (副) あまり時間をおかずに。まもなく。「—終わります」

もう-せい【猛省】 マウ (名・自他スル) きびしく反省すること。「—を促す」

もう-せつ【妄説】 マウ →ぼうせつ(妄説)

もう-せん【毛△氈】 獣毛の繊維を広げて延ばし、熱を加え圧縮して織物のように仕上げたもの。敷物用。「緋ひ—」

—ごけ【—△苔】 〔植〕モウセンゴケ科の多年草で、食虫植物。山地・原野の湿地に群生する。葉は円形で長い柄があり、赤い腺毛せんもうから粘液を分泌して小虫をとらえ消化吸収する。夏、白色の小さな花をつける。

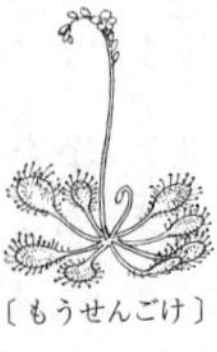

〔もうせんごけ〕

もう‐せん【もう先】 今よりかなり前の時。ずっと前。

もう‐ぜん【猛然】(マウ) (ト・タル) 勢いの激しいさま。「―と追い上げる」文(形動タリ)

もう‐そう【妄想】(マウサウ) (名・他スル) ①ありもしないことを想像すること。また、それを事実だと信じこむこと。「―にふける」「誇大―」②〔仏〕邪念。もうぞう。

もうそう‐ちく【△孟宗竹】(マウソウ) 〔植〕イネ科の竹の一種。中国原産。高さ一〇メートル以上、幹の太さは二〇センチメートル以上に達する日本最大の竹。皮は紫褐色で斑点(はんてん)があり毛が密生する。たけのこは食用、材は器具用。もうそうだけ。

もう‐だ【猛打】(マウ) 激しく打つこと。特に野球で、次々と安打を放って攻めること。「―を浴びせる」

もうたくとう〔毛沢東〕(一八九三–一九七六) 中国の政治家。湖南省湘潭(しょうたん)県の人。中国共産党の創立に参加。日中戦争・太平洋戦争中は抗日戦争を指導。一九四九年中華人民共和国を樹立し、国家主席となった。論文「新民主主義論」など。

もう‐たん【妄誕】(マウ) →ぼうたん(妄誕)

もう‐だん【妄断】(マウ) (名・他スル) いいかげんに決めること。でたらめな判断。ぼうだん。

もう‐ちょう【盲腸】(マウチャウ) 〔生〕①大腸の一部で、小腸の開口部から下にある盲管。下端に小指くらいの虫垂(ちゅうすい)がある。②「虫垂」「虫垂炎」の俗称。

―えん【―炎】 →ちゅうすいえん

もう‐ちょう【猛鳥】(マウテウ) →もうきん

もう‐つい【猛追】(マウ) (名・他スル) 激しく追いかけること。

もうで【詣で】(マウデ) (他の語の下に付いて)もうでること。お参り。参詣(けい)さん。「初―」「物―」

もう・でる【詣でる】(マウデル) (自下一) デ・デ・デル・デル・デレ・デロ(デヨ) 寺社などに参拝する。参詣(けい)する。文まう・づ(下二)

もう‐てん【盲点】(マウ) ①〔生〕眼球の後方の、視神経が網膜にはいり込む部分。視細胞がなく光を感じない。盲斑(もうはん)。②人が案外気づかないところ。「―をつく」「―になる」

もう‐とう【△孟冬】(マウ) (「孟」は初めの意) ①冬の初め。初冬。冬 ②冬の初めの一か月。陰暦の十月。冬

もう‐とう【毛頭】 (副) (毛の先ほども、の意) 少しも。全然。「そんな気は―ない」用法 あとに打ち消しの語を伴う。

もう‐どう【妄動】(マウ) (名・自スル) 軽はずみな行動をとること。無分別なふるまい。「軽挙―」

もう‐どう【△艨△艟】 いくさをする船。軍艦。

もうどう‐けん【盲導犬】(マウダウ) 視覚障害者の歩行を導き助けるように訓練された犬。身体障害者補助犬の一つ。

もう‐どく【猛毒】(マウ) 激しく作用し生命に危険を及ぼす毒。

もう‐ねん【妄念】(マウ) 〔仏〕迷いの心。迷妄(めいもう)の執念。妄執。

もう‐ばく【盲爆】(マウ) (名・他スル) 特定の目標をねらわず、所かまわず爆撃すること。

もう‐ばく【猛爆】(マウ) (名・他スル) 激しく爆撃すること。

もう‐はつ【毛髪】 人の髪の毛。頭髪。

もう‐ひつ【毛筆】 羊や馬などの毛をたばねて穂とし、木・竹の軸に付けた筆記具。筆。また、それで文字を書くこと。↔硬筆

もう‐ひとつ【もう一つ】 (副) ①さらに一つ。そのうえに一つ。「―食べる」②もう少し。「―落ち着きがほしい」

もう‐ひょう【妄評】(マウヒャウ) (名・他スル) でたらめな批評。また、自分のした批評をへりくだっていう語。ぼうひょう。「―多罪」

もう‐ふ【毛布】 寝具などに使う地の厚い毛織物。冬

もう‐ぼ【△孟母】(マウ) 孟子(もうし)の母。賢母として有名。

―三遷(さんせん)の教(おし)え 子供の教育には環境がたいせつであるという教訓。三遷の教え。【故事】孟子の母が初め墓地のそばに住むと、孟子は葬式のまねをして遊ぶので、市場の近くに移った。すると、商売のまねばかりするので、学校の近くに移ると、今度は礼儀作法のまねをするようになったので、そこに住居を定めたという話による。〈列女伝〉

―断機(だんき)の教(おし)え 学問を中途でやめることはなんの役にも立たないという教訓。断機の教え。断機の戒(いまし)め。【故事】孟子が学業の半ばで帰省したとき、母が織りかけの布を断ち切り、学業を中途で放棄するのはこれと同じであると戒めたという話による。〈列女伝〉

もう‐まい【△蒙昧】 (名・形動ダ) 知識が足りず、物事の道理がよくわからないこと。また、そのさま。「無知―」

もう‐まく【網膜】(マウ) 〔生〕眼球のいちばん内側の層をなし、視神経の分布している膜。⇒眼球(さしえ)

もう‐もう【△濛△濛・△朦△朦】 (ト・タル) 煙・ほこり・湯気・霧などがたちこめるさま。「砂塵(さじん)―」文(形動タリ)

もう‐もく【盲目】(マウ) ①目の見えないこと。②道理のわからないこと。理性のはたらかないこと。

―てき【―的】 (形動ダ) ダロ・ダッ(デ・ニ)・ダ・ナ・ナラ・○ 理性がはたらかず、適切な判断ができないさま。「母親に―に従う」

もう‐ゆう【猛勇】(マウ) (名・形動ダ) 非常に強く勇ましいこと。また、そのさま。勇猛。

もうよう‐たい【毛様体】(モウヤウ) 〔生〕眼球の水晶体を囲んでいる部分。焦点の調節をする。

もう‐ら【網羅】(マウ) (名・他スル) (「網」は魚を、「羅」は鳥をとるあみの意) 残らず集めてとり入れること。「あらゆるジャンルを―する」

もう‐りょう【△魍△魎】(マウリャウ) ①水の神。②山川・木石の精。すだま。「魑魅(ちみ)―」

もう‐れつ【猛烈】(マウ) (名・形動ダ) 程度のはなはだしいさま。勢いの激しいさま。「―な暑さ」「―な勢いでぶつかる」

もう‐ろう【△孟浪】(マウラウ) 根拠のない、いい加減なこと。まんらん。「―杜撰(ずさん)」

もう‐ろう【△朦△朧】 (ト・タル) ①かすんではっきりしないさま。②意識がぼんやりして確かでないさま。「暑さで頭が―とする」文(形動タリ)

もう‐ろく【△耄△碌】 (名・自スル) 年をとって頭のはたらきがにぶくなること。老いぼれること。

もえ【萌え】 〔俗〕アニメのキャラクターやアイドルなど、ある対象に強い愛着やときめきなどの感情を抱くこと。

もえ‐あが・る【燃え上がる】 (自五) ラ(ロ)・リ(ッ)・ル・ル・レ・レ ①炎があがって激しく燃える。「夜空を焦がして―」②愛情や情熱などの感情が高まる。「恋の炎が―」

もえ‐かす【燃え△滓】 →もえがら

もえ‐がら【燃え殻】 燃えたあとに残ったかす。もえかす。

もえ‐ぎ【萌黄・萌△葱】 (葱(ねぎ)の、萌(も)え出るころの色の意) 青と黄の中間の色。黄色がかった緑色。もえぎ色。

もえ‐くさ【燃え◇種】 火を燃やすための材料。もえぐさ。

もえ‐さか・る【燃え盛る】 (自五) ラ(ロ)・リ(ッ)・ル・ル・レ・レ ①盛んに燃える。「―炎」②愛情や情熱などの感情が激しく高まる。

もえ‐さし【燃え◇止し】 燃えきらずに残ったもの。燃え残り。

もえ‐た・つ【燃え立つ】 (自五) タ(ト)・チ(ッ)・ツ・ツ・テ・テ ①燃えあがる。炎をあげて、勢いよく燃える。②感情が激しく高まる。「―思い」

もえ‐つ・きる【燃え尽きる】 (自上一) キ・キ・キル・キル・キレ・キロ(キヨ) ①すっかり燃えてしまう。すべて燃焼する。「炭が―」②高まっていた感情・意欲などがなくなる。活力を使い果たす。

もえ‐つ・く【燃え付く】 (自五) カ(コ)・キ(イ)・ク・ク・ケ・ケ 火がつき始める。火が燃え移る。「火がたきぎに―」

もえ・でる【萌え出る】(自下一) 植物が芽を出す。「草が—季節」文もえい・づ(下二)

もえ-のこり【燃え残り】→もえさし

も・える【萌える】(自下一) ①草木が芽を出す。芽ばえる。②(俗)アニメのキャラクターやアイドルなど、ある人やものに、強い愛着やときめきなどの感情を抱く。他もや・す(五) 文も・ゆ(下二)

も・える【燃える】(自下一) ①火がついて、炎があがる。②(情熱などが)盛んに起こる。高まる。「希望に—」③炎があがるように光る。炎のようにゆらめく。「かげろうが—」他もや・す(五)も・す(五)文も・ゆ(下二)

モーグル〈mogul〉フリースタイルスキー競技の一つ。こぶの続く急斜面を滑降し、ジャンプ・ターンの技術と速さを競う。

モーション〈motion〉動作。動き。身ぶり。「スロー—」

—をかける 相手に働きかける。特に、気になる相手に誘いをかける。

モーセ〈Moses〉(生没年未詳) イスラエル民族の伝説的預言者。紀元前一三世紀ごろの人。迫害に苦しむイスラエル民族を指導し、シナイ山上で十戒を垂訓。モーゼ。

モーター〈motor〉①電動機。②発動機。③自動車。

—スポーツ〈motor sports〉自動車・オートバイなどの乗り物を使って行う競走・競技。

—バイク〈motorbike〉小型エンジンを取り付けて走る自転車。原動機付き自転車。バイク。

—プール〈motor pool〉駐車場。

—ボート〈motorboat〉発動機を動力とする小型艇。

モータリゼーション〈motorization〉自動車が生活に不可欠のものとして広く普及する現象。

モーツァルト〈Wolfgang Amadeus Mozart〉(一七五六〜一七九一) オーストリアの作曲家。幼時から神童とうたわれた。ハイドンと並ぶウィーン古典派様式の確立者。作品は、多くの交響曲・協奏曲、歌劇「フィガロの結婚」「魔笛」など。

モーテル〈motel〉車庫つきの簡易ホテル。語源モーター(motor 自動車)とホテル(hotel)との合成語。

モード〈mode やり方・方式〉①《情報》一定の動作をするような設定。また、その状態。「マナー—」「入力—」②(服装などの)流行の型・様式。「—誌」③→さいひんち

モートル〈オラ motor〉→モーター

モーニング〈morning〉①朝。午前。②(「モーニングコート」の略)男性の礼服。本来は昼用。フロックコートの代用から正式礼装となった。上着・チョッキは黒無地で、上着の背の裾は長くうしろに斜めに切れる。ズボンは縦縞。

〔モーニング②〕

—カップ〈和製英語〉大きめのコーヒーカップ。おもに朝食のときミルクやコーヒーなどを飲むのに用いる。

—コール〈和製英語〉ホテルなどで、指定された時刻に電話をかけて客を起こすこと。また、そのサービス。参考英語では wake-up call や alarm call という。

—サービス〈和製英語〉喫茶店などで、朝、飲み物に軽食を付けたセットを割安で提供すること。

モーパッサン〈Guy de Maupassant〉(一八五〇〜一八九三) フランスの小説家。フランス自然主義文学の完成者で、日本の自然主義文壇に影響を与えた。作品「女の一生」「ベラミ」など。

モーメント〈moment〉①契機。きっかけ。②瞬間。刹那。③要素。④《物》物体を回転させる能力の大きさを表す量。物体にはたらく力の大きさとその物体の回転軸と力との最短距離をかけた積で表される。参考「モメント」ともいう。

モーリシャス〈Mauritius〉インド洋上、マダガスカル島の東方にある共和国。首都はポートルイス。

モーリタニア〈Mauritania〉(「モーリタニア・イスラム共和国」の略) アフリカ大陸西岸にある国。首都はヌアクショット。

モール〈mall〉①遊歩道。②→ショッピングモール

モール〈maul〉ラグビーで、ボールを持ったプレーヤーのまわりに、両チームのプレーヤーが立ったまま密集した状態。

モール〈ポルト mogol〉①絹の紋織物の一種。金糸・銀糸を横糸に使って浮き織りにしたもの。帯地などに用いる。「金—」②飾りつけや造花などに用いる、色糸をよりつけたひも類。

モールス-しんごう【モールス信号】 電信符号の一つ。短点と長点の組み合わせで文字や記号に代用する。アメリカ人モールス(Morse)の考案。トンツー。モールス符号。

モカ〈mocha〉上質のコーヒー豆の銘柄。語源アラビア半島南西の、イエメンのモカ港から輸出されたことからの名。

モ-ガ(「モダンガール」の略)大正末期から昭和初期にかけて、服装などの面で近代的な女性をいった語。↔モボ

もが・く【踠く】(自五) ①もだえ苦しんで手足を動かす。「水におぼれて—」②苦しい状態からぬけ出そうとあせる。「底辺から抜け出そうと—」

モカシン〈moccasin〉底と側面を一枚革で包み、甲部の革とをとじ合わせた靴。もと北米先住民のはいた柔らかな鹿革の平底靴を模したもの。

もがな(終助)(古)願望の意を表す。「わがごとく我を思はむ人も—」〈古今〉参考平安時代以降の語。語源係助詞「も」+願望の終助詞「が」+終助詞「な」

もがみがは…和歌〔最上川 逆白波の たつまでに ふぶくゆふべと なりにけるかも〕〈斎藤茂吉〉広い最上川の水面が、下流からすさまじい勢いで吹きあげてくる風のために、白い波がしらをみせて逆波が立つほどに激しくふぶく夕方となったことだなあ。

もがも(終助)(古)(上代語)願望の意を表す。「梅の花今盛りなり見む人—」〈万葉〉参考平安時代以降は「もがな」が代わって用いられた。語源係助詞「も」+願望の終助詞「が」+終助詞「も」

もがり【殯】 古代日本の葬送儀礼の一つ。貴人が死去したとき、本葬までの間、遺体を棺に納めて仮に安置して祀ること。また、その場所。荒城。語源「喪上がり」の転かという。

もがり-ぶえ【虎落笛】 冬の激しい風などが柵や竹垣に吹きつけて起こる笛のような音。冬

も-ぎ【裳着】 昔、成長した公家の女子がはじめて裳を着る儀式。一二、三歳ごろ行った。男子の元服に当たる。

も-ぎ【模擬・摸擬】 本物をまねて作ったり行ったりすること。「—裁判」

もぎ-しけん【模擬試験】 入学試験などの準備のため、それをまねた形式で行う試験。模試。

もぎ-てん【模擬店】 催し物の会場などで、実物の店をまねて屋台店の形式で設けた飲食所。

もぎ-どう【没義道】(名・形動ダ) 人情がなくてむごいこと。また、そのさま。非道。「—な仕打ち」

もぎ-と・る【捥ぎ取る】(他五) ①ねじりとる。もぎる。「柿を—」②強引に奪いとる。「決勝点を—」

もぎり【捥り】 映画館・劇場などの入り口で、入場券の半券をもぎ取る仕事。また、それをする人。

もぎ・る【捥る】(他五) ねじりとる。ちぎりとる。も

ぐ。自も・げる(下一)可能もぎ・れる(下一)

もく【木】(字義)→ぼく(木)

もく【木】①き。樹木。②もくめ。③「木曜」「木曜日」の略。

もく【目】教①モク・ボク中 め・ま高　丨 冂 冃 月 目

(字義)①め。まなこ。目玉。「目睫もくしょう・目前・衆目・眉目びもく・盲目」②もくする。㋐見る。目をつける。「目撃・刮目かつもく・注目・瞠目どうもく」㋑目くばせする。目で意を通じる。「目礼」③めあてにする。めじるし。「目的・目標」④見込み。くわだて。「目算・目論見もくろみ」⑤顔。姿。名誉。「面目・真面目しんめんぼく・しんめんもく」⑥かなめ。重要なところ。「眼目・要目」⑦区分された小分け。「科目・項目・細目」⑧名前。見出し。「目次・目録・書目・品目・名目」⑨かしら。人の上に立つ者。「頭目」難読 目交まなかい・目映まばゆい・目庇まびさし・目蓋まぶた・目眩めくるめく・目溢めこぼし・目敏めざとい・目出度めでたい・目処めど・目眩めまい・目脂めやに 人名 み・より

-もく【目】(接尾)囲碁で、碁石や碁盤の目を数える語。「白、三ーの勝ち」

もく【目】①《動・植》生物分類上の一段階。綱こうの下で、科の上。「哺乳綱ほにゅうこう食肉ーイヌ科」②予算編成上の一段階。項の下、節の上。

もく【黙】人【默】モク中 だまる中　日 甲 里 黙 黙 黙

(字義)①だまる。ものを言わない。声に出さない。「黙示・黙読・黙秘・黙考・暗黙・沈黙」②口かずが少ない。「寡黙かもく」③知らないふりをする。口に出さない。「黙認・黙許」人名 しず

もく《俗》(たばこの煙を「雲」に見立て、音を逆にして言った語)たばこ。「洋ー」

も・ぐ【捥ぐ】(他五) ガ(ゴ)・ギ(イ)・グ・グ・ゲ・ゲ ちぎりとる。もぎる。「リンゴをー」自も・げる(下一)可能も・げる(下一)

もくあみ【木阿弥】「元もとの木阿弥」の略。

もく-ぎょ【木魚】《仏》読経・念仏のときにたたいて鳴らす、円形で中空の木製仏具。表面に魚のうろこの形が刻んである。

〔もくぎょ〕

もく-ぐう【木偶】木でつくった人形。でく。

もく-げき【目撃】(名・他スル)実際にその場に居合わせて見ること。「ー者」「事故をーする」

もく-げき【黙劇】無言劇。パントマイム。

もく-ご【目語】(名・自スル)目つきで意思を通じ合うこと。

もく-ざ【黙座・黙坐】(名・自スル)無言ですわっていること。

もぐさ【艾】①ヨモギの葉を干してもみほぐした綿状のもの。灸きゅうに使う。②「よもぎ」の異名。春

も-ぐさ【藻草】藻。水草・海草など。

もく-ざい【木材】建築・工作・パルプなどの材料とする木。

もく-さく【木柵】木でつくったさく。

もく-さつ【黙殺】(名・他スル)無視して取り合わないこと。聞き知っていながら問題にしないこと。「訴えをーする」

もく-さん【目算】一(名・他スル)細かく計算しないで、目で見て大ざっぱに見当をつけること。目分量めぶんりょう。「ーを立てる」二(名)もくろみ。予定していた計画。「ーが狂う」

もく-し【目視】(名・他スル)目でその存在を確認すること。「ーし得る距離」

もく-し【黙止】(名・他スル)だまってそのままにしておくこと。

もく-し【黙示】(名・他スル)①口に出して言わずに意思や考えを示すこと。②《基》神が真理や神意を人にあらわし示すこと。啓示。参考「もくじ」ともいう。

ーろく【ー録】《基》新約聖書巻末の一書。この世の終末と新しい世界の出現を預言するもの。ヨハネ黙示録。アポカリプス。

もく-し【黙視】(名・他スル)干渉しないでだまって見ていること。「ーするに忍びない」

もく-じ【目次】①書物の内容の見出しを、書かれてある順に並べて記したもの。②箇条にした項目などの順序。

もく-しつ【木質】①木の性質。②木のような性質。③《植》木の幹の内部の堅い部分。

もく-しょう【目睫】セフ(目と睫まつげの意から)目前。まぢか。至近。「ーの間かんに迫る」用法 時間的にも空間的にも使う。

もく-しょく【黙食】会話をせずに黙って食事をすること。

もく-ず【藻屑】クヅ 海中の藻などのくず。また、海中のごみ。「海のーとなる(＝海に沈んで死ぬ)」

もく・する【黙する】(自サ変) シ(セ・サ)・シ・スル・スル・スレ・セヨ だまる。「ーして語らず」文もく・す(サ変)

もく・する【目する】(他サ変) シ(セ・サ)・シ・スル・スル・スレ・セヨ ①見る。②注目する。目をつける。「将来をーされている青年」③評価する。みなす。「次期首相とーされる」文もく・す(サ変)

もく-せい【木星】《天》太陽系の惑星の一つ。太陽系の内側から五番目に位置する。惑星中、半径・質量ともに最大。表面に黒色のしまと赤い斑点が見える。

もく-せい【木犀】《植》①モクセイ科の常緑小高木。中国原産の庭木で雌雄異株しゅ。葉は楕円だえん形。一〇月ごろ、においのよい白色の小さな花を開く。観賞用。ギンモクセイ。秋 ②ギンモクセイ・キンモクセイ・ウスギモクセイなどの総称。

もく-せい【木精】①木の精。木霊こだま。②→メチルアルコール

もく-せい【木製】器具などが木でつくられていること。また、木でつくられたもの。「ーの椅子いす」

もく-ぜん【目前】①目の前。まのあたり。「頂上をーにして引き返す」②(時間的に)すぐ近く。「大会がーに迫る」

もく-ぜん【黙然】(タル) だまっているさま。黙然もくねん。「ーと座っている」文(形動タリ)

もく-そう【目送】(名・他スル)去っていく姿を、目を離さずに見送ること。

もく-そう【黙想】サウ(名・自スル)だまって考えにふけること。

もく-ぞう【木造】ザウ 建物などが木を材料としてつくってあること。また、木でつくってあるもの。「ー建築」

もく-ぞう【木像】ザウ 木でつくられた像。「ー仏」

もく-そく【目測】(名・他スル)目分量で長さ・高さ・広さなどをはかること。「ーをあやまる」

もく-だい【目代】《日》平安・鎌倉時代、国司の代理として任国に下り、事務処理をした私設の地方官。

もく-だく【黙諾】(名・他スル)無言のうちに承諾すること。

もく-たん【木炭】①木材をむし焼きにしてつくった燃料。炭。冬 ②下絵やデッサンをかくのに使う、細くて柔らかい炭。

ーし【ー紙】木炭画用の、厚めで白いざらざらした紙。

もく-ちょう【木彫】テウ 木に彫刻すること。また、その彫刻。

もく-てき【目的】到達したいと思いめざすところ。実現しようとめざすもの。めあて。「ーを達する」「ーを遂げる」「無ー」

ーいしき【ー意識】行為の目的に関する明確な自覚。

ーかく【ー格】《文法》目的語であることを示す格。

ーご【ー語】《文法》動詞が表す動作・作用の及ぶ対象を示す語句。客語。「本を読む」「帰るのを待つ」の「本を」「帰るのを」など。参考 西洋文法に基づく用語で、国文法では通常、連用修飾語に含める。

ーろん【ー論】《哲》一般に、すべて現象は独自の目的に

よって規定され、導かれているという考え方。

もく‐と【目途】めあて。めど。見込み。「来年完工を—とする」

もく‐と【目△睹】(名・他スル)実際に目で見ること。目撃。

もく‐とう【黙△禱】—(名・自スル)目をとじて、無言で神や死者の霊に祈ること。「—をささげる」

もく‐どう【木道】—沼沢池などを散策するために、板を渡して作った歩道。

もく‐どく【黙読】(名・他スル)だまって読むこと。「教科書を—する」↔音読

もく‐にん【黙認】(名・他スル)だまって認めること。また、知らないふりをして、見のがすこと。黙許。「不正を—する」

もく‐ねじ【木×螺子・木×捻子】—胴にらせんがきざんであり、木材などにねじこんで物を固着させるのに用いる釘。

もく‐ねん【黙然】(タル)→もくぜん(黙然)

もく‐ば【木馬】①木で馬の形につくったもの。子供の乗り物や神社の奉納物など。②体操用具の一種。馬の背の形を模した、跳び越えるのに使う木製の台。

もく‐はい【木杯・木△盃】木製のさかずき。

もく‐はん【木版】木の板に文字や絵などをきざんだ印刷用・版画用の版。また、それで刷った印刷物。「—画」

もく‐ひ【木皮】木のかわ。樹皮。ぼくひ。「草根—」

もく‐ひ【黙秘】(名・自他スル)だまって何も言わないこと。

—けん【—権】〘法〙被告人や被疑者などが、公判や取り調べの際に、自分に不利益な供述を強要されない権利。日本国憲法で保障される。

もく‐ひょう【目標】—ある物事をするにあたって、目指して進んで行く対象。めあて。めじるし。ねらい。「今月の—」

もく‐ぶ【木部】①〘植〙木質の部分。②〘植〙維管束のうち道管などの集まっている部分。③木でつくった部分。

もく‐へん【木片】木の切れはし。きぎれ。

もく‐ほん【木本】〘植〙木質の茎をもつ植物。木。↔草本

もく‐め【木目】木材の切り口の面にあらわれる、年輪・繊維などがつくる線・模様。木理。もく。きめ。

もく‐もく(副)煙や雲などが、続けてわき起こるさま。「煙が—(と)出る」

もく‐もく【黙黙】(タル)仕事などを、余計な口をきかずに熱心にするさま。「—と働く」文(形動タリ)

もぐ‐もぐ(副・自スル)①口をとじたまま物をかむさま。ほおばった食べ物を長い間かんでいるさま。②口を十分に開かないで物を言うさま。「—と言い訳をする」

もく‐やく【黙約】文書をとりかわしたり公表したりしないで、暗黙に了解しあってとりきめた約束。「両者の間には—がある」

もく‐よう【木曜】—曜日の一つ。水曜日の翌日。木曜日。

もく‐よく【△沐浴】(名・自スル)髪や体を洗い清めること。湯浴み。「斎戒—」

もぐら【×鼹鼠・×土竜】〘動〙モグラ科の哺乳動物の総称。土中にすみ、全身茶色や灰黒色のビロード状の軟毛でおおわれる。前足はシャベル状で地を掘るのに適し、ミミズや幼虫などを捕食する。むぐら。もぐらもち。

—たたき【—△叩き】①複数の穴から不規則に頭を出すモグラの人形を、ハンマーで叩いて得点を競うゲーム。②(転じて)一つ問題を処理しても、次から次へと新たな問題が発生して際限がないことのたとえ。

もく‐り【木理】→もくめ

もぐり【潜り】①水中にもぐること。「素—」②規則を破り、または正式の許可・免許を受けずに物事をすること。また、その人。「—の業者」③正式の仲間・一員とは認めがたいこと。また、その人。「彼の名を知らないようでは—だ」

もぐり‐こ・む【潜り込む】(自五)①水中や物の下などにはいりこむ。「布団に—」②人に気付かれないように、または不正な手段によってはいりこむ。「式場に—」

もぐ・る【潜る】(自五)①水中に全身がすっかり隠れるようにはいりこむ。潜水する。「海に—」②物の下や間にはいりこむ。「机の下に—」「布団に—」③(法に反することをしたりして)警察や世間から隠れた生活をする。ひそむ。潜伏する。「地下に—(=身を隠してひそかに活動する)」可能 もぐ・れる(下一)

もく‐れい【目礼】(名・自スル)目だけであいさつすること。「—を交わす」

もく‐れい【黙礼】(名・自スル)無言で礼をすること。

もく‐れん【木△蓮】〘植〙モクレン科の落葉低木。中国原産。春に暗紫色・六弁の花を開く。観賞用。紫木蓮。春

もく‐れんが【木△煉瓦】—木材をれんがの形につくったもの。建築・舗道などに用いる。

もく‐ろう【木△蠟】—ハゼノキの果皮から採ったろう。ろうそくなどの材料。

もく‐ろく【目録】①書物の目次。②贈り物の品目を書いたもの。実物の代わりに渡す。「結納の—」③品名を整理して書き並べたもの。カタログ。「在庫—」④師が門弟に伝授した奥義の名目などを書いて与える文書。「—を授ける」⑤贈り物とする金の包み。

もくろみ【目△論見】計画すること。くわだて。「—がはずれる」

もくろ・む【目△論む】(他五)心の中に考えを立てる。計画する。「一攫千金を—」可能 もくろ・める(下一)

類語 たくらむ・企てる・画策する

も‐けい【模型】実物の形に似せてつくったもの。「—を組み立てる」「—飛行機」

も・げる【△捥げる】(自下一)ついていたものがとれる。ちぎれて落ちる。はなれ落ちる。「人形の手が—」他 も・ぐ(五) 文 も・ぐ(下二)

も‐こ【模△糊・△糢△糊】(タル)はっきり見えないさま。「曖昧—」文(形動タリ)

も‐こし【△裳△階・△裳△層】仏堂や塔などで、屋根の下に造られた差しかけの屋根。雨打。裳階。

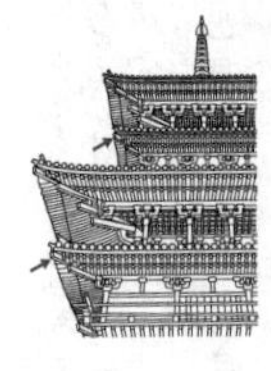

〔もこし〕

もご‐もご(副・自スル)①口を十分に開けずに物をかんだり、何かを言ったりするさま。もぐもぐ。「口の中で—言う」②狭い所でうごめくさま。もぞもぞ。

も‐さ【猛者】①勇猛で力わざのすぐれた人。「柔道部の—」②精力的に活動する人。やり手。参考 常用漢字表付表の語。

モザイク〈mosaic〉①〘美〙ガラス・木材・貝殻・石・タイルなどの小片を組み合わせてはめこみ、模様や絵を表した装飾。「—画」②画像や映像の一部の解像度を低くし、四角形の集まりのように表示して詳細を隠す、映像効果の一つ。「—をかける」

—びょう【—病】〘農〙植物にウイルスが寄生し、葉などがモザイク模様になる病気。タバコ・ダイコンなどに発生する。

も‐さく【模作・△摸作】(名・他スル)ある物をまねてつくること。また、そのつくった物。「—品」

も‐さく【模索・△摸索】(名・他スル)手さぐりで探すこと。あれこれ考えて試みること。「暗中—」「解決法を—する」

もさっ‐と(副・自スル)〘俗〙のろまで気のきかないさま。また、姿がやぼったいさま。「—した人」

もさ-もさ（副・自スル）①草や毛などが乱雑にたくさん生えているさま。「—(と)したひげ」②動作がのろいさま。

モザンビーク〈Mozambique〉アフリカ大陸南東部にある共和国。首都はマプト。

も-し【模試】「模擬試験」の略。

もし【◦若し】（副）まだわからないことや事実とはちがうことを、かりにそうであったらと仮定して言う場合に用いる語。かりに。「—雨が降ったら中止する」「—母が生きていたなら」用法 あとに「…たら」「…なら」「…ば」など、仮定の言い方を伴う。

もし（感）人に呼びかけるときに言う語。「—、そこを行くお方」語源「申(もう)し」の転。

も-じ【文字】①言葉を表す記号。字。もんじ。「仮名—」②言葉。文章。③読み書き。学問。

もじ-え【文字絵】ヱ— 文字で物の形を描く戯画。「へのへのもへじ」の七文字を使って人の顔を描くなど。

も-しお【藻塩・藻△汐】シホ— 昔、海藻に海水をかけ、それを焼いて水に溶かし、その上澄(うわず)みを釜(かま)で煮つめてつくった塩。

—ぐさ【—草】藻塩をとるのに使う海藻。参考 かき集めるものであることから、和歌では多く「書き集む」意の語に掛ける。

もし-か【◦若しか】（副）①ひょっとして。②もしも。

—すると ひょっとすると。もしかしたら。

も-しき【模式】標準とするのにふさわしい形式。「—化」

—ず【—図】ヅ 事物の典型的な形式を描いた図。

もしく-は【若しくは】（接）どちらか一つが選択される意を表す。あるいは。または。「土曜—日曜にお伺いします」

もじ-げんご【文字言語】（音声言語に対して）文字によって記される言語。書きことば。文章語。

もじ-ずり【△捩△摺〔り〕】モヂ— ①→しのぶずり ②〔植〕ラン科の多年草。野原や芝地に自生。夏、淡紅色の小花がねじれた穂状になって横向きに咲く。ねじばな。もじりぐさ。夏

もじ-たじゅうほうそう【文字多重放送】タヂユウハウソウ— テレビ電波のすきまの周波数を使って、文字・図形などの静止画像を主番組に付けて行う放送。映像多重放送。

もじ-づら【文字面】①文字の書き方や配置などから受ける感じ。「—が悪い」②文字で表現されたうわべだけの意味。「—だけの謝罪」

もじ-どおり【文字通り】ドホリ—（名・副）文字に書いてあるとおり。少しの誇張もなく、まったくそのまま。「—骨と皮になった」

もじ-ばけ【文字化け】〔情報〕コンピューターで文字を出力する際、コードが違うなどの原因により、別の文字や記号に変化して表示されること。

もじ-ばん【文字盤】時計や計器などの、数字・記号・文字などの書いてある盤。

もし-も【◦若しも】（副）（「もし」を強めた言い方）万一。

—のこと 万一の事態。特に、死をさしていう。

もし-もし（感）人に呼びかけるときに言う語。特に、電話で使うことが多い。「—、山田さんですか」語源「申し申し」の転。

もじ-もじモヂモヂ（副・自スル）遠慮したり恥ずかしがったりして行動をためらい、落ち着かないさま。「人前で—(と)する」

もし-や【◦若しや】（副）もしかしたら。ひょっとしたら。

も-しゃ【模写・△摸写】（名・他スル）絵・書画・声などを、そっくりまねて写しとること。「名画を—する」「声帯—」

もしゃ-もしゃ（形動ダ・副・自スル）→もじゃもじゃ

もじゃ-もじゃ（形動ダ・副・自スル）毛などがふぞろいにいっぱい生えているさま。もしゃもしゃ。「—のひげ」

も-しゅ【喪主】葬式を行う際の代表者。「—を務める」

モジュール〈module〉①工業製品などで、規格化された部品や構成要素。②〔建〕設計などをする際、基準となる単位。三尺（九一〇ミリメートル）を基準とする尺モジュールなど。③〔情報〕コンピューターやソフトウェアの一部を構成する、組み合わせや交換が可能なひとまとまりの部分。

も-しょう【喪章】シヤウ— 死者をいたむ気持ちを表す黒い布のしるし。腕章やリボンなど。「—をつける」

もじ-よみ【文字読み】①漢文の素読(そどく)。②漢字の熟語を直訳的に訓読すること。「念珠(ねんじゅ)」を「おもいのたま」、「心緒(しんしょ)」を「こころのお」と読む類。

もじり【△捩り】モヂリ ①もじること。もじったもの。②俗曲などで、もとの作品をおもしろく言いかえて歌うこと。また、その歌。③男性が和服の上に着る、筒袖(つつそで)または角袖(かくそで)の外套(がいとう)。

もじ・る【△捩る】モヂル（他五）ラ(ロ)・リ(ッ)・ル・ル・レ・レ ①風刺や滑稽(こっけい)化のために、有名な文章・詩歌の文句を言いかえる。「古歌を—」②ねじる。よじる。可能 もじ・れる(下一)

モス（「モスリン」の略）→メリンス

も・す【燃す】（他五）サ(ソ)・シ・ス・ス・セ・セ 火をつけて焼く。もやす。「まきを—」自 も・える(下一) 可能 も・せる(下一)

もず【×百舌・×百舌鳥・△鵙】〔動〕①モズ科の小鳥。頭部は茶色、背面は灰褐色、腹面は淡褐色。虫やカエルなどの小動物を捕らえて木の枝などに刺しておく習性がある。秋 ②モズ科の鳥の総称。

—の速贄(はやにえ) モズが捕らえた獲物を木の枝に刺しておくこと。

モスク〈mosque〉イスラム教の礼拝堂。

もずく【×海蘊・×水雲】クモツ 褐藻類モズク科の海藻。緑褐色で粘質に富み、細い糸のふさのように見える。食用。春

モス-グリーン〈moss green〉（モスは「苔(こけ)」の意）苔のような、くすんだ深い黄緑色。

モスクワ〈ロシア Moskva〉ロシア連邦の首都。ロシア西端部に位置。市内にはモスクワ川が流れ、政治・経済・文化の中心地。

も-すそ【△裳裾】①裳(も)のすそ。②衣服のすそ。

モスリン〈フランス mousseline〉→メリンス

も・する【模する・△摸する】（他サ変）シ(セ・サ)・シ・スル・スル・スレ・シロ(セヨ) まねてつくる。似せる。「菊を—した和菓子」文 も・す(サ変)

も-ぞう【模造・△摸造】ザウ—（名・他スル）本物に似せてつくること。また、そのもの。「—品」

—し【—紙】鳥の子紙に似せた、つやのあるじょうぶな洋紙。

も-そっと（副）もう少し。もうちょっと。「—こちらへ」

もそ-もそ（副・自スル）→もぞもぞ

もぞ-もぞ（副・自スル）①落ち着かないで体を小さく動かすさま。もそもそ。「ふとんの中で—(と)動く」②虫などがはいずるさま。また、そのように感じるさま。もそもそ。「背中が—する」

もだえ【△悶え】もだえること。煩悶(はんもん)。「心の—」

もだ・える【△悶える】（自下一）エ・エ・エル・エル・エレ・エロ(エヨ) 思い悩んで苦しむ。また、身をよじって苦しむ。「恋に—」文 もだ・ゆ(下二)

もた・げる【△擡げる】（他下一）ゲ・ゲ・ゲル・ゲル・ゲレ・ゲロ(ゲヨ) もちあげる。起こす。「鎌首を—」「不安が頭を—」文 もた・ぐ(下二)

もだし-がた・い【◦黙し難い】（形）カロ・カッ(ク)・イ・イ・ケレ・○ だまって見過ごすわけにはいかない。ほうってはおけない。文 もだしがた・し(ク)

もた・す【持たす】（他五）サ(ソ)・シ・ス・ス・セ・セ →もたせる

もだ・す【◦黙す】（自四）〔古〕①だまる。口をつぐむ。②そのままにしておく。

もたせ-か・ける【△凭せ掛ける】（他下一）ケ・ケ・ケル・ケル・ケレ・ケロ(ケヨ) ある物を支えにして立てかける。よせかける。「体を壁に—」文 もたせか・く(下二)

もた・せる【持たせる】（他下一）セ・セ・セル・セル・セレ・セロ(セヨ) ①持つようにさせる。「所帯を—」②期待させる。「気を—」③持って行かせる。

「土産を—」④与える。「余裕を—」⑤保たせる。支える。「薬で—」⑥負担させる。「勘定を相手に—」⑦よせかける。「体を塀に—」文もた・す(下二) 参考 ①～⑥は「持たす」ともいう。⑦は「凭せる」とも書く。

もた-つ・く(自五)〔カ(コ)・キ(イ)・ク・ク・ケ・ケ〕物事がすらすらとはかどらないでいる。もたもたする。「準備に—」

モダニズム〈modernism〉①伝統的な主義・思想を否定して、近代的・機械的・個人的な文明を信じる立場。芸術では未来派・表現派・抽象主義などをいう。近代主義。②趣味や流行などで、現代的な最新のものを好む傾向。新しがり。

もた-もた(副・自スル) 行動や態度がおそいさま。また、物事がすらすらとはかどらないさま。「いつまでも—するな」

もたら・す【齎す】(他五)〔サ(ソ)・シ・ス・ス・セ・セ〕①持って来る。持って行く。「幸運を—」②ひきおこす。「大雪が—・した被害」

もたれ-かか・る【凭れ掛かる】(自五)〔ラ(ロ)・リ(ッ)・ル・ル・レ・レ〕①よりかかる。もたれる。「壁に—」②他人にたよる。依存する。「親に—・った生活」

もた・れる【凭れる・靠れる】(自下一)〔レ・レ・レル・レル・レレ・レロ(レヨ)〕①よりかかる。「いすの背に—」②食物が消化されにくく、胃が重く感じる。「胃が—」文もた・る(下二)

モダン〈modern〉(名・形動ダ) 近代的。現代的。現代風。

—アート〈modern art〉近代美術。現代美術。超現実主義・抽象主義などの新傾向の美術作品の総称。

—ジャズ〈modern jazz〉〔音〕一九四〇年代以降に現れた、新様式のジャズの総称。

—ダンス〈modern dance〉伝統的なバレエに対抗して生まれた新しい舞踊芸術。自由で個性的な表現を特徴とする。

—バレエ〈modern ballet〉クラシックバレエに対して、二〇世紀になって生まれた新しい傾向のバレエ。

もち【勿】人 モチ・ブツ なかれ (字義) ①なし。なかれ。否定・禁止の助字。②「勿勿」は、㋐あわただしいさま。㋑一心につとめるさま。難読 勿論・勿怪・勿体・勿忘草

もち【◇望】①「望月」の略。②陰暦で、月の十五日。満月の夜。望の日。「—の月」

もち【餅】もち米を蒸し、ついてつくった食品。冬(新年)

—は餅屋 物事にはそれぞれ専門家があり、しろうとはとてもかなわないということ。

もち【△糯】イネ・アワ・キビなどの穀物で、ねばりけが強く、ついて餅にできる品種。↔粳

もち【△黐】①→もちのき ②モチノキなどの樹皮でつくったねばりけの強い物質。鳥や虫をとるのに使う。とりもち。

もち【持ち】①持つこと。所有。「大金—」「—時間」②よい状態を長く保つこと。「—がいい」③受け持つこと。負担。「費用は会社—」④囲碁・将棋などで、引き分け。持。

もち-あい【持〔ち〕合い・◇保合〔い〕】アヒ ①たがいに力を合わせて維持していくこと。②両方の力のつりあいがとれていること。③〔経〕相場に変動がないか、あっても小さなこと。

もち-あが・る【持〔ち〕上がる】(自五)〔ラ(ロ)・リ(ッ)・ル・ル・レ・レ〕①物が他からの力に支えられて上のほうへ移動する。持って上にあげることができる。「地面が—」「重くて—・らない」②急に事が起こる。「大問題が—」③教師が、進級後の学級の担任をそのまま受け持つ。他もちあ・げる(下一)

もち-あ・げる【持〔ち〕上げる】(他下一)〔ゲ・ゲ・ゲル・ゲル・ゲレ・ゲロ(ゲヨ)〕①持って上にあげる。「バーベルを—」②〔俗〕おだてあげる。「—・げられていい気になる」自もちあが・る(五) 文もちあ・ぐ(下二)

もち-あじ【持〔ち〕味】アヂ ①食物のもつ本来の風味・あじわい。②人や芸術作品などのもつ独自の趣。「この作者の—」

もち-あつか・う【持〔ち〕扱う】アツカフ (他五)〔ワ(オ)・イ(ッ)・ウ・ウ・エ・エ〕①とりあつかう。②とりあつかいに苦しむ。もてあます。

もち-あみ【餅網】餅をのせて焼くための金網。

もち-あわせ【持ち合〔わ〕せ・持合せ】アハセ たまたまそのときに持っていること。また、そのもの。特に、金銭。「—がない」

もち-あわ・せる【持ち合〔わ〕せる・持合せる】アハセル (他下一)〔セ・セ・セル・セル・セレ・セロ(セヨ)〕ちょうどそのときに所持している。「余分の金を—・せていた」文もちあは・す(下二)

もち-いえ【持〔ち〕家】イヘ 所有している家。持ち家。

モチーフ〈フランス motif 動機〉①芸術作品で、その創作の原動力となった題材・思想。②〔音〕楽曲の最小単位で、楽節の基礎となる旋律。動機。③(装飾・編み物で)連続模様を構成する最小単位。参考「モティーフ」ともいう。

もち・いる【用いる】モチヒル・モチヰル (他上一)〔イ・イ・イル・イル・イレ・イロ(イヨ)〕①材料・道具・手段などとして使う。使用する。②ある職につかせる。任用する。「有能の士を—」③人材や意見が適切だとして採り上げる。「部下の意見を—」④(「意を用いる」「心を用いる」の形で)心を十分にはたらかせる。心を配る。「後輩の指導に意を—」文もち・ふ(上二) もち・ゐる(上一)

もち-おもり【持〔ち〕重り】(名・自スル) ①持ってみて重く感じること。②持ち続けているうちに重く感じるようになること。

もち-かえ・す【持〔ち〕返す】カヘス (自五)〔サ(ソ)・シ・ス・ス・セ・セ〕思わしくない状態がもとに戻る。

もち-かえり【持〔ち〕帰り】カヘリ (買った物などを)持って帰ること。また、その品物。テークアウト。

もち-かえ・る【持〔ち〕帰る】カヘル (他五)〔ラ(ロ)・リ(ッ)・ル・ル・レ・レ〕①品物などを自分のもとに引き取って持って帰る。「ごみを—」②その場で結論が出せない案件などをもう一度検討するために、引き取って帰る。「社に—・って相談します」

もち-か・ける【持〔ち〕掛ける】(他下一)〔ケ・ケ・ケル・ケル・ケレ・ケロ(ケヨ)〕話を出して働きかける。「相談を—」文もちか・く(下二)

もち-がし【餅菓子】グワシ 餅・糝粉・葛などをおもな材料としてつくった柔らかい菓子の総称。大福・柏餅など。

もち-かぶ【持〔ち〕株】所有している株。

—がいしゃ【—会社】グワイシヤ 〔経〕他社の株式を多数保有し、その事業活動の支配をおもに行う会社。

もち-がゆ【◇望粥・餅△粥】正月十五日に食べる、小豆または餅を入れたかゆ。十五日がゆ。新年

もち-きり【持〔ち〕切り】ある期間、同じ話題が継続すること。「町中彼のうわさで—だ」

もち-き・る【持〔ち〕切る】(自五)〔ラ(ロ)・リ(ッ)・ル・ル・レ・レ〕①最後まで持ち続ける。②初めから終わりまで同じ状態が続く。

もち-ぐさ【餅草】餅にまぜてつくヨモギの若葉。春

もち-ぐされ【持〔ち〕腐れ】持っていても、十分に役立てられていないこと。「宝の—」

もち-くず・す【持〔ち〕崩す】クヅス (他五)〔サ(ソ)・シ・ス・ス・セ・セ〕身持ちを悪くする。品行を乱す。「身を—」

もち-こ・す【持〔ち〕越す】(他五)〔サ(ソ)・シ・ス・ス・セ・セ〕処理しきれず、その状態のまま次へ送る。「来年に—」「勝負を—」

もち-こた・える【持〔ち〕◇堪える】コタヘル (他下一)〔エ・エ・エル・エル・エレ・エロ(エヨ)〕ささえ保つ。現在の状態をなんとか維持する。「どうにか生活を—」文もちこた・ふ(下二)

もち-ごま【持〔ち〕駒】①将棋で、相手から取って手にもっているこま。②手元にあって必要なときに利用できる人や物。

もち-こ・む【持〔ち〕込む】(他五)〔マ(モ)・ミ(ン)・ム・ム・メ・メ〕①運び入れる。持ってはいる。「機内に危険物を—・まないでください」②苦

情・相談などを持って来る。「縁談を―」③決着をつけないまま、次の段階に移行させる。「延長戦に―」

もち-ごめ【糯米】ねばりけの多い種類の米。餅・赤飯などにする。↔粳

もち-ざお【黐竿】先に鳥もちを塗りつけた、鳥や虫などを捕らえるためのさお。

もち-じかん【持〔ち〕時間】その人に割り当てられている時間。対局・演説・発表などについていう。「―を超える」

もち-だし【持〔ち〕出し】①外へ持って出ること。「―厳禁」②不足した費用を自分で負担すること。「―になる」③洋裁で、あきの部分が重なるようにした付け足し部分。

もち-だ・す【持〔ち〕出す】(他五) ①持って外へ出す。「貴重品を―」②持ち始める。「自信を―」③そのことを言い出す。提起する。訴え出る。「会議に―」「古い話を―」④不足した費用などを自分が負担する。「足が出た分を―・した」

もち-つき【餅搗き】餅をつくこと。また、その人。冬

もち-づき【望月】陰暦十五日の夜の月。満月。もち。秋

もち-てん【持ち点】ゲームや競技などで、競技者に開始時に与えられている点数。

もち-なお・す【持〔ち〕直す】一(他五) 持ち方を改める。持つ手をかえる。「荷物を―」二(自五) 再びもとのよい状態に向かう。回復する。持ち返す。「容態が―」「景気が―」

もち-にげ【持〔ち〕逃げ】(名・他スル)(預かっている)他人の金や品物を持って逃げること。「公金を―する」

もち-ぬし【持〔ち〕主】その物を所有している人。所有者。

もち-の-き【黐の木】〔植〕モチノキ科の常緑小高木。山野に自生。葉は長楕円形。四月ごろ黄緑色の小花を開く。木は細工物用、樹皮はとりもちの材料。もち。(もちの花 夏)

もち-ば【持〔ち〕場】受け持つ場所。担当の部署。「―を守る」「―につく」

もち-はこ・ぶ【持〔ち〕運ぶ】(他五) 持ってほかの所へ運ぶ。運搬する。「荷物を―」

もち-はだ【餅肌・餅膚】つきたての餅のように、白くなめらかでふっくらした感じのはだ。

もち-ばん【持〔ち〕番】受け持ちの番。

もち-ぶん【持〔ち〕分】①全体のうちで各人の所有する部分。また、分担する部分。②〔法〕共有物について、各人がもつ一定の割合の権利や義務。

モチベーション〈motivation〉①ある行動を引き起こす動機を与えること。動機づけ。②意欲ややる気。「―がさがる」

もち-まえ【持〔ち〕前】①生まれつきその人に備わっている性質。天性。「―の根性」②持ち分。

もち-まわり【持〔ち〕回り】物事が、関係者の間を順々に回ること。また、その物や事柄。「幹事を―にする」

―かくぎ【―閣議】会議を開かず、各閣僚の間に案件を回して閣議決定を得る略式の閣議。

もち-もち(副・自スル) 柔らかく弾力があるさま。「―(と)した食感」

もち-もの【持〔ち〕物】①身につけているもの。所持品。「―検査」②所有物。「あの建物は祖父の―です」

もち-や【餅屋】餅を売る店。また、その職業の人。

も-ちゅう【喪中】喪に服している期間。服喪中。

もち-よ・る【持〔ち〕寄る】(他五) おのおのが物や意見などを持って集まる。「ごちそうを―」「アイデアを―」

もち-ろん【勿論】(副)(論ずる勿かれの意)言うまでもなく。無論。「―出席します」

もつ【物】(字義)→ぶつ(物)

もつ(「臓物」の略)鳥やけものの内臓。また、その料理。

も・つ【持つ】一(他五) ①手に取って、手から離れないようにする。「箸を―」「ハンドルを―」②身から離さず、いつも身につけてあるようにする。所持する。「金を―・って外出する」③自分のものとして保つ。自分の財産として手放さないようにする。所有する。「不動産を―」④受け持つ。担当する。「一年生を―」⑤負担する。「費用を―」⑥心に抱く。「勇気を―・って当たる」「根に―(=うらみに思って忘れない)」⑦身に備える。「明るい雰囲気を―・った人」「常に公正な判断力を―」⑧(会議などを)行う。「会合を―」⑨かかわりがあるようにする。「関係を―」二(自五) ある状態が続く。「天気は―・ちそうだ」「この町は観光で―・っている」可能 も・てる(下一)

もちつ持たれつ たがいに助けあうさま。「世の中は―だ」**もって生まれた** 生まれつきの。「―性質」**もって来い** うってつけであるさま。あつらえむき。「この仕事は彼には―だ」

もっ-か【目下】今。ただ今。現在。「―交渉中」

もっ-か【黙過】(名・他スル) 知らないふりをして、見のがすこと。「―することのできない問題だ」

もっ-かん【木管】①「木管楽器」の略。②木製の管。

―がっき【―楽器】〔音〕木製の、または本来は木製であった管楽器。フルート・クラリネットなど。↔金管楽器

もっ-かん【木簡】古代、中国や日本などで、文字を書き記し、文書や荷札などとして用いた薄い短冊形の木の札。

もっ-きょ【黙許】(名・他スル) 知らないふりをして、許すこと。黙認。「―するわけにはいかない」

もっ-きり【盛っ切り】→もりきり

もっ-きん【木琴】〔音〕打楽器の一つ。木片を音階順に並べたもので、先に丸い玉のついた棒で打って鳴らす。シロホン。

もっ-けい【黙契】(名・他スル) 無言のうちにたがいの心が一致してできた約束ごと。「二人の間には―がある」

もっけ-の-さいわい【勿怪の幸い・物怪の幸い】思いがけない幸運。

語源 「勿怪」は、「物の怪」の転で、人にとりついてたたりをする死霊や生き霊のこと。その正体がわからないことから、予想できない意外なことの意に転じた。それに「幸い」が付いて、予想もできない幸せという意を表すようになった。

もっこ【畚】なわを網目に編んで四すみに綱をつけ、棒でつって土や石を運ぶ道具。ふご。もっころ。語源 「持ち籠」の転。

もっ-こう【木工】①木材の工芸。「―玩具」②大工。

もっ-こう【沐猴】猿。

―にして冠す(猿が冠をかぶる意から)外見はりっぱでも中身は愚劣な人間のたとえ。【故事】楚の項羽が秦を破ってその財宝を収め、故郷に帰って富貴の身を誇ろうとしたとき、ある者が「楚の国の人は冠をつけた猿のようなものだと世人は言うが、まったくそのとおりだ」とそしったことからいう。〈史記〉

もっ-こう【黙考】(名・自スル) 無言でじっと考えること。「沈思―」

もっ-こく【木斛】〔植〕サカキ科の常緑高木。暖地の海岸近くに自生。雌雄異株。葉は長楕円形で厚い。夏に白い五弁の花をつける。材は床柱・細工用。木の皮は染料用。(もっこくの花 夏)

もっこす《方》(熊本地方で)意地っ張り。「肥後―」

もっこり(副) 平面から盛り上がっているさま。「モグラが土を―(と)盛り上げる」

もっ-こん【目今】いま。さしあたり。目下。現今。

もっさり(副・自スル)《俗》①のろまで気がきかないさま。②あ

かぬけしないさま。「—(と)した服」③毛が厚く生えているさま。

もっ-そう【物相】(サウ) 飯を盛って量をはかる器。

—めし【—飯】 ①もりきりの飯。②昔、牢屋(ろうや)で囚人に与えた飯。「—を食う(=牢屋につながれる)」

もっ-たい【△勿体】 ものものしいこと。尊大なこと。威厳。

—を付ける わざと重々しく見せる。もったいぶる。

—な・い (形)(カロ・カッ(ク)・イ・イ・ケレ・○) ①有用なものが使われないでむだになるのが惜しい。「捨てるのは—」②分に過ぎて恐縮してしまうほどである。「私には—お話です」[文]もったいな・し(ク)

【変遷】「ものものしいさま・尊大な態度」を意味する「勿体(もったい)」を打ち消した語で「妥当でない」意という。そこから、「不都合だ・もってのほかだ」「おそれおおい・ありがたい」「惜しい」の意が生じたとされる。現代語では、②の意では謙遜のニュアンスを含む。

—ぶ・る【—振る】 (自五)(ラ(ロ)・リ(ッ)・ル・ル・レ・レ) (「ぶる」は接尾語)わざと重々しくふるまう。「—・らずに早く言いなさい」

—らし・い (形)(カロ・カッ(ク)・イ・イ・ケレ・○) 重々しいようすである。いかにも体裁をきどったようすである。[文]もったいら・し(シク)

もっ-て【◇以て】 (「もちて」の音便)■一(連語) ①(「…をもって」の形で)㋐…によって。…を用いて。「書面を—通知する」㋑…の理由で。…のために。「秀才を—聞こえる」㋒「を」の荘重な言い方。「彼を—一位とする」㋓…を期限として。「午後三時を—閉会とする」②語調を整える言い方。「実に—けしからんことだ」■二(接) それで。それによって。「—次のとおり結論する」

—の外(ほか) ①思いもかけないこと。②とんでもないこと。「うそをつくなんて—だ」 **—瞑(めい)すべし** それにより、安心して死ねるであろう。それで満足すべきだ。「これだけほめられれば—だ」

もって-まわ・る【持って回る】(マハル) (他五)(ラ(ロ)・リ(ッ)・ル・ル・レ・レ) ①持ってあちこちをまわる。②(「もってまわった」の形で)へんに遠まわしな言い方ややり方をする。「—・った言い方」

もっと (副) さらに。いっそう。それ以上に。「—食べたい」

モットー 〈motto〉 ①標語。②信条。座右の銘。

もっとも【△尤も】 ■一(形動ダ)(ダロ・ダッ(デ・ニ)・ダ・ナ・ナラ・○) 道理にかなうさま。「—な意見」[文](ナリ) ■二(接) そうは言うものの。ただし。

—らし・い (形)(カロ・カッ(ク)・イ・イ・ケレ・○) ①いかにも道理にかなっているようなさま。いかにも本当らしい。「—話」②いかにもまじめであるようなさま。「—顔つき」[文]もっともら・し(シク)

もっとも【最も】 (副) いちばん。この上なく。「—足の速い人」

もっぱら【専ら】 (副) ひとすじに集中するさま。ひたすら。「—寝ている」「権力を—にする(=独占する)」[語源]「もはら」の転。

モッブ 〈mob〉 群衆。特に、暴徒。暴民。モブ。

モップ 〈mop〉 長い柄をつけたぞうきん。

もつ-やき【もつ焼〔き〕】 鶏・牛・豚の臓物をくしに刺して焼いた料理。

もつ-やく【◇没薬】 アフリカ産のカンラン科の低木の樹脂からとった薬品。香料や健胃剤・うがい薬として使う。

もつれ【△縺れ】 ①からみ合うこと。また、からみ合ったもの。「—髪」「糸の—」②もめること。ごたごた。「感情の—」③思うようにはたらかなくなること。「舌の—」

もつれ-こ・む【△縺れ込む】 (自五)(マ(モ)・ミ(ン)・ム・ム・メ・メ) 事態の収拾がつかないまま、さらに次へ進む。「交渉が翌日に—」

もつ・れる【△縺れる】 (自下一)(レ・レ・レル・レル・レレ・レロ(レヨ)) ①糸状のものがからみ合う。「凧(たこ)の糸が—」②言語や動作が思うようにならなくなる。「舌が—」「酔って足が—」③物事が混乱して決着がつかなくなる。「話が—」[文]もつ・る(下二)

もて- (接頭) 動詞に付けて、意味を強めたり意識的にする意を添えたりする。「—はやす」

もて-あそ・ぶ【弄ぶ・◇玩ぶ・△翫ぶ】 (他五)(バ(ボ)・ビ(ン)・ブ・ブ・ベ・ベ) ①手にもって遊ぶ。「手持ちぶさたに扇子を—」②心を慰めるものとして愛好する。「詩文を—」③慰みものにする。「人の気持ちを—」④おもしろがってあやつる。「知識を—」

もて-あつか・う【持て扱う】(アツカフ) (他五)(ワ(オ)・イ(ッ)・ウ・ウ・エ・エ) ①取り扱う。世話をする。②扱いに困る。もてあます。

もて-あま・す【持て余す】 (他五)(サ(ソ)・シ・ス・ス・セ・セ) 処置に困る。取り扱いに苦しむ。手に負えないで悩む。「ひまを—」

モティーフ 〈フランス motif〉 →モチーフ

もて-なし【持て成し】 ①もてなすこと。供応。ごちそう。歓待。「心からの—を受ける」②人に対する取り扱い。待遇。

もて-な・す【持て成す】 (他五)(サ(ソ)・シ・ス・ス・セ・セ) ①ごちそうする。歓待する。「手料理で—」②取り扱う。待遇する。「手厚く—」

もて-はや・す【持て△囃す】 (他五)(サ(ソ)・シ・ス・ス・セ・セ) さかんにほめる。口々にほめそやす。「皆に—・されて得意になる」

モデム 〈modem〉《情報》コンピューターのデジタル信号と電話回線などのアナログ信号とを相互変換する装置。変復調装置。[語源] modulator と demodulator との合成語。

もて-もて【持て持て】 (名・形動ダ)《俗》非常にもてること。また、そのさま。

モデラート 〈イタリア moderato〉《音》楽曲の速さを示す語。「中ぐらいの速さで」の意。

も・てる【持てる】 (自下一)(テ・テ・テル・テル・テレ・テロ(テヨ)) ①持つことができる。②人気があってもてはやされる。ちやほやされる。「異性に—」③その状態が保たれる。維持できる。「座が—・てない」

モデル 〈model〉 ①型。模型。「—ガン」②機械・自動車などの型式。「ニュー—」③ある現象を単純化した形で表したもの。「経済—」④手本。模範。⑤絵画・彫刻・写真などの創作の対象とする人や物。⑥文学作品などの題材となった実在の人物。⑦「ファッションモデル」の略。

—ケース 〈model case〉 標準的な例。代表的な例。

—しょうせつ【—小説】(セウセツ) 実在の人物や事件を題材とした小説。

—スクール 〈model school〉 設備や教育計画などを他の模範として実験的に進めていく学校。模範学校。

—チェンジ 〈和製英語〉 自動車・電気機器など、製品の名称を変えずに性能や型・デザインの変更をすること。

—ハウス 〈model house〉 展示用に建てられた住宅。

—ルーム 〈和製英語〉 分譲マンションなどで、見本として展示する一戸分の部屋。

モデルノロジー 〈和製英語〉 考現学。[語源] modern と -ology(…学)との合成語。

モデレーター 〈moderator〉 ①調停者。②司会役。③原子炉中で核分裂後に放出される中性子を減速させて、連鎖反応を起こしやすくするための物質。軽水・重水・黒鉛など。減速材。

-もと【本】 (接尾) 草木などの本数を数える語。「ひと—の桜」

もと【下・◇許】 ①物の下。また、そのあたり。「旗の—」②支配する力や影響の及ぶ範囲。「親の—におく」「勇将の—に弱卒なし」「悪条件の—で働く」⇩「使い分け」

もと【元・本・基・◇原】 ①根もと。②物事の基本。基礎。「もとい。「体験を—にした作品」③物事のおこり。起源。根源。「—をただす」「失敗は成功の—」④原因。「争いの—となる」⑤原料。材料。「豆腐の—」⑥もとね。原価。⑦もとで。資本。「—をかける」[参考]⑤は「◇素」とも書く。⇩「使い分け」

—も子(こ)もなくなる 利益がないうえに元手までなくなる。何もかも、すっかりなくなる。「働きすぎて倒れたら—」

もと【元・◇旧】 以前。むかし。はじめ。「—大臣」⇩「使い分け」

―の鞘に収まる いったん仲たがいや夫婦別れしていた者どうしが、もとの関係にもどる。 **―の木阿弥** 一度はよくなった状態が結局もとの状態にもどること。

> 使い分け 「元・本・基・下」
> 「元」は、物事のおこり・はじめの意であるが、転じて元金・元値などの意を表し、「元に戻る」「元の先生」「火の元」「元も子もない」「元がかかる」などと使われる。
> 「本」は、本来は、草・木の根もとのことで、物事の根本を表し、「本と末」「本をただす」「本はといえば君が悪い」「農業は国を支える本」などと使われる。
> 「基」は、基礎や土台となるもの、転じて、助けとして用いる物事の意で、「資料を基に論文を書く」「新技術を基にした製品」などと使われる。
> 「下」は、あるものの下方やその周辺をさすが、転じて、支配する力や影響の及ぶ範囲を表し、「教授の指導の下に研究する」「法の下の平等」「一撃の下に倒す」などと使われる。
> ただし、「元」と「本」、「基」と「下」との区別は、必ずしも厳密ではなく、仮名書きにするほうがよい場合も多い。

もとい【基】 ①基礎。土台。②根底。物事の根本。「国の―をつくる」

もとい【元い】(感) →もとへ

もと-うけ【元請〔け〕】(「元請け負い」の略)依頼主から直接仕事を受けること。また、その業者。↔下請け

もと-うた【本歌・元歌】 ①替え歌のもとになった歌。↔替え歌 ②→ほんか(本歌)①

もと-うり【元売〔り〕】 生産者が生産物を卸売り業者などに売ること。「―価格」

もとおりのりなが【本居宣長】(一七三〇―一八〇一) 江戸中期の国学者。号は鈴屋。伊勢(三重県)生まれ。賀茂真淵に師事して国学に励み、大著「古事記伝」を完成。神ながらの道(古道)を理想とし、国文学の本質は「もののあはれ」にあるとした。著書「源氏物語玉の小櫛」「玉勝間」など。

もどかし・い(形) カロ・カッ(ク)・イ・イ・ケレ・○ 思うようにことが進まずいらいらする。はがゆい。「時のたつのが―」 文もどか・し(シク)

もと-かた【本方・元方】 ①問屋。製造元。②資本を出す人。③二部に分かれている神楽の奏楽のとき、先に歌う側。

もと-き【本木】 ①木の幹。または、根もとの部分。↔末木 ②以前に関係のあった人。前夫・先妻など。 **―にまさる末木なし** 何回とりかえてみても、結局最初のものにまさるものはないの意。用法 多く、男女・夫婦関係にいう。

-もどき【擬き】(接尾)(体言に付いて)あるものに似ている、また、似せてそれらしく作ってある意を表す。…まがい。「がん―」「芝居―」「梅―」

もと-きん【元金】 ①貸し借りしたもとの金。がんきん。↔利子・利息 ②もとで。資本金。がんきん。

もど・く【抵悟く・牴牾く・擬く】(他五) カ(コ)・キ(イ)・ク・ク・ケ・ケ ①非難する。批判する。②似せて作る。

モトクロス〈motocross〉 山林や野原に設定された起伏の多い走路を、オートバイで走るモータースポーツ。

もと-こ【元子】 元金と利子。元利。

もと-ごえ【元肥・基肥】〔農〕農作物の種をまいたり苗を植えたりする前に、あらかじめほどこしておく肥料。↔追肥

もと-ごめ【元込め】 銃砲で、銃身・砲身のうしろの部分から弾丸を込めるようにしてあること。また、その銃砲。↔先込め

もと-じめ【元締〔め〕】 ①勘定のしめくくりをする人。また、その役目。②組織や集団などの全体をまとめる人。

もど・す【戻す】(他五) サ(ソ)・シ・ス・ス・セ・セ ①もとの所へかえす。「食器を棚に―」②もとの状態にかえす。また、乾物などを加工前の状態にする。「白紙に―」「ワカメを水で―」③飲食したものを胃から吐く。嘔吐する。自もど・る(五) 可能もど・せる(下一)

もと-せん【元栓】 家屋内のガス管・水道管などの器具の出口の栓に対して、配管する元のところに設けてある栓。

もと-だね【元種】 もとにする種。原料。

もと-ちょう【元帳】〔商〕(「総勘定元帳」の略)簿記で、いちばんのもとになる帳簿。勘定科目ごとの口座にその増減を記入する。原簿。

もと-づ・く【基づく】(自五) カ(コ)・キ(イ)・ク・ク・ケ・ケ ①何かをもととして起こる。始まる。②よりどころとする。立脚する。「史実に―」

もと-づめ【元詰〔め〕】 製造元や醸造元で、その生産品をびんや箱などに詰めること。また、その詰めたもの。

もと-で【元手】 ①営業のための資金。資本金。「―がかかる」②利益を得る元となるもの。「体が―の商売」

もと-どおり【元通り】 以前の状態と同じであること。

もと-どり【髻】 日本髪で、髪の毛をまとめて結んだところ。たぶさ。 **―を切る** 剃髪して僧形になる。出家する。

もと-なり【本生り・本成り】 植物のつるや幹の、もとの近くに実がなること。また、その実。↔末生り

もと-ね【元値】 仕入れた値段。原価。「―をきる」

もと-ぶね【本船】 ①小船を従えた親船。②沖にとまっていて、陸との往来をはしけでする大きな船。

もと-へ【元へ】(感) 体操などでのやりなおしや、言葉の言いなおしをするときに言う語。もとい。

もと-みや【本宮】 ①主体となる神社。本社。②本殿。

もとめ【求め】 ①注文。要求。「―に応じる」②買うこと。

もとめ-て【求めて】(副) 自分から進んで。わざわざ。「―憎まれ役をする」

もと・める【求める】(他下一) メ・メ・メル・メル・メレ・メロ(メヨ) ①得ようとしてさがす。「職を―」②要求する。請求する。「責任ある回答を―」③心の中でねがう。「幸福を―」④買う。「デパートで―・めた品」⑤自分から招く。「みずから―・めた苦労」文もと・む(下二)

もと-もと【元元・本本】 一(名・形動ダ) 前の状態と変わらないこと。損も得もないこと。「だめで―だ」 二(副) もとから。初めから。元来。本来。「―持っている資質」

もと-ゆい【元結〔い〕】 もとどりを結ぶひもや糸。もっとい。

もと-より【元より・固より・素より】(副) ①初めから。もともと。②言うまでもなく。もちろん。「―異論はない」

もどり【戻り】 ①もどること。もとの状態にかえること。「寒の―」②帰り。帰り道。「―が遅い」③かぎ・つり針などの端の、逆に出てとがった部分。④〔経〕相場が回復すること。

―がつお【―鰹】 秋に、日本近海を南下するカツオ。脂がのって美味とされる。下り鰹。

―づゆ【―梅雨】 梅雨明け後、ふたたび梅雨と同じような気象状態になること。夏

もと・る【悖る】(自五) ラ(ロ)・リ(ッ)・ル・ル・レ・レ 道理にそむく。反する。「理に―」「人の道に―行為」

もど・る【戻る】(自五) ラ(ロ)・リ(ッ)・ル・ル・レ・レ ①一度そこを離れたものがもとの所にかえる。「実家に―」「落とし物が―」②引き返す。「行き過ぎて少し―」③もとの状態にかえる。「体調が―」他もど・す(五) 可能もど・れる(下一)

も-なか【最中】 ①米の粉をこね、薄くのばして焼いた皮と皮の間にあんを入れた和菓子。②まんなか。③まっさいちゅう。

モナコ〈Monaco〉フランス南東部に国境を接し、地中海に面する公国。首都はモナコ。

モナ-リザ〈イタリア Monna Lisa〉レオナルド＝ダ＝ビンチ作の婦人肖像画。ルーブル美術館にあり、神秘的な微笑で有名。

モニター〈monitor〉①監視すること。観察すること。②《物》ラジオ・テレビの放送状態、電信・電話の送信状態を監視する試聴装置。また、それを監視する人。「―テレビ」③依頼を受けて、新聞記事・放送内容や製品についての感想や意見を述べる人。④→ディスプレー②

モニタリング〈monitoring〉監視。観察。また、観測して記録すること。「―ポスト(＝大気中の放射線を連続して測定する装置)」

モニュメント〈monument〉①記念碑。記念物。②不朽の業績・作品。

も-ぬけ【△蛻・△裳◇脱け・藻抜け】ヘビやセミなどが成長して外皮をぬぐこと。また、その外皮。ぬけがら。

―の-から【―の殻】①ヘビやセミなどのぬけがら。②目ざす人やえものが抜け出したあと。「隠れ家は―だった」③魂のぬけ去った体。

もの-【物】(接頭)「なんとなく」の意を表す。「―さびしい」

もの【物】①感覚の対象となる具体的な物体・物品。「―をそまつにするな」②言葉では表しにくい対象を漠然とさす語。「―を思う」「―の道理」「―のついで」③次にくる言葉でそれとわかる特殊な対象(食物・言葉など)をさす語。「―を口にしない」「―を言う」④とりたてていうべき対象。りっぱな状態。「―の数にはいらない」「飛び来る弾丸も―ともしない」⑤妖怪・鬼神など、超人間的なもの。「―に憑かれる」「―の怪」⑥道理。わけ。「―のわかる人」⑦判断・思考の対象。「若さという―にはとても勝てない」⑧(あとに「だ」「です」が付いて)㋐事の起こるわけ・理由を表す。「電車が来なかった―だから遅くなった」㋑感動・希望を表す。「たいした―だ」「行きたい―です」㋒過去の経験を思い出して言う。「彼にはよく泣かされた―だ」㋓強調を表す。「とても食えた―ではない」⑨(あとに「がある」が付いて)強く断定する意を表す。「業績に著しい―がある」⑩まさにそれにあてはまる物事。「噴飯―」「眉唾―」 参考 ⑧⑨はふつう仮名書きにする。

―が分かる 人情・道理をわきまえている。 **―にする** ①手に入れる。習得する。②目的を達する。③思いどおりのものに仕上げる。 **―ともしない** 問題にもしない。 **―になる** ①自分の思いどおりになる。②すぐれた腕前になる。ひとかどの存在になる。 **―の上手** ある技芸に巧みなこと。また、その人。 **―は考えよう** 物事は考え方しだいで、よいようにも悪いようにもとれるということ。 **―は相談** ①むずかしいことも人に相談してみると、案外うまくゆくものだということ。②相談を切り出すときに用いる語。「―だが」 **―は試し** 実際にやってみないと、事の成否はわからない。考えてばかりいないで、とにかく一度はやってみることだ。 **―も言いようで角がたつ** なんでもないようなことでも、話の仕方で相手の感情を損ねることがある。 **―も覚えぬ** 夢中だ。なんの判断もつかない。 **―を言う** (「…に物を言わせる」の形で)…の力を発揮させる。「若さに―」 **―を言わせる** 力・効果をあらわす。「経験が―」

もの【者】人をさしていう語。「田中という―です」「一八歳未満の―」 用法 ふつう、自分や、自分より目下の人をさしていう。

もの(終助)理由を示す。不平・不満などの意をこめて、反駁し、訴える意を含む。「だって、くやしいんだ―」 用法 多く、女性が用いる。「もん」と転じて使われることもある。活用語の終止形に付く。 語源 「ものを」の「を」が脱落してできたとも形式名詞「もの」から転じたともいう。

もの-あんじ【物案じ】(名・自スル)物事を心配すること。

もの-いい【物言い】イヒ ①物を言うこと。また、そのさま。言い方。「失礼な―をする」②言い合い。口論。③相撲で、勝負の決定について異議をとなえること。「―がつく」

もの-い・う【物言う】イフ (自五)ワ(オ)・イ(ッ)・ウ・ウ・エ・エ 力・効果をあらわす。「金が―世の中」

もの-いみ【物忌〔み〕】(名・自スル)(陰陽道で)ある期間、飲食・外出などを慎み、心身を清め、不浄を避けること。

もの-いり【物入り・物要り】費用がかかること。出費。

もの-いれ【物入れ】物を入れておくもの・所。

もの-う・い【物憂い・△懶い】(形)カロ・カッ(ク)・イ・イ・ケレ・○ 大儀で気がすすまない。なんとなくゆううつで、けだるい。 文 ものう・し(ク)

もの-うり【物売り】道ばたで、または戸別訪問して物を売ること。また、その人。

もの-おき【物置】当面使わない物を入れておく小屋や部屋。

もの-おじ【物◇怖じ】オヂ (名・自スル)物事にのぞんで、恐れること。「―しない子」

もの-おしみ【物惜しみ】ヲシミ (名・自スル)物をおしんで、人に与えたり使ったりするのをいやがること。

もの-おそろし・い【物恐ろしい】(形)カロ・カッ(ク)・イ・イ・ケレ・○ なんとなくおそろしい。いかにもおそろしい。 文 ものおそろ・し(シク)

もの-おと【物音】何かがたてる音。「変な―が聞こえる」

もの-おぼえ【物覚え】①物事をおぼえ込むこと。「―がはやい」②記憶。記憶力。「―がいい」

もの-おもい【物思い】オモヒ 思い悩むこと。あれこれ考え込むこと。「―にふける」

もの-おも・う【物思う】オモフ (自五)ワ(オ)・イ(ッ)・ウ・ウ・エ・エ 思いにふける。悩みわずらう。「―年ごろ」

もの-おもは・し【物思はし】おもわし (形シク)《古》心配事の多いさま。なんとなくゆううつである。

もの-か(終助)①反語の意を表す。…だろうか、いや…でない。もんか。「痛い―」②感動を表す。…ことよ。…のだなあ。 用法 活用語の連体形に付く。 語源 「もの」＋終助詞「か」

もの-かき【物書き】①文章を書くことを職業とする人。文筆家。②文書や記録を書く役。書き役。

もの-かげ【物陰】物に隠れて見えない所。「―に隠れる」

もの-かげ【物影】何かの形。何かの姿。「―が動く」

もの-がしら【物頭】①頭だつ者。長。②特に、武家時代の職制で、弓組・鉄砲組などを預かる足軽・同心の首領。

もの-がた・い【物堅い】(形)カロ・カッ(ク)・イ・イ・ケレ・○ つつしみ深く、実直である。義理堅い。りちぎだ。「―人」 文 ものがた・し(ク)

もの-がたり【物語】①昔から語り伝えられている話。②《文》作者の見聞や想像を基にして人物や事件について叙述した散文作品。狭義には、日本文学で、平安時代から鎌倉時代に作られたものをいう。「歌―」「軍記―」③ある事柄について話すこと。また、その内容。「寝―」

もの-がた・る【物語る】(他五)ラ(ロ)・リ(ッ)・ル・ル・レ・レ ①物事を話す。話をする。②ある物事の存在が、ある事実をはっきり示す。「昔の栄華を―古跡」

もの-がなし・い【物悲しい】(形)カロ・カッ(ク)・イ・イ・ケレ・○ なんとなく悲しい。うら悲しい。「―笛の調べ」 文 ものがな・し(シク)

もの-かは【物かは】㊀(連語)(多く「…ものかは」「…はものかは」の形で)ものの数ではない。平気である。「暑さも―」㊁(終助)《古》反語の意を表す。…ものであろうか、いやそうではない。「花は盛りに、月はくまなきをのみ見る―」〈徒然草〉

もの-から(接助)《古》①逆接条件を表す。…のに。…けれども。②(中世以降)順接の確定条件を表す。…だから。 用法 活用語の連体形に付く。語源「もの」＋格助詞「から」

もの-ぐさ【物臭・△懶】（名・形動ダ）めんどうくさがるさま。無精なこと。また、そのような性質の人。「ーな人」

もの-ぐさ・い【物臭い・△懶い】（形）気が進まない。わずらわしくておっくうだ。文ものぐさ・し（ク）

モノグラフィー〈フランス monographie〉個々の専門的題目について研究した学術論文。モノグラフ。

モノグラム〈monogram〉二個以上の文字を組み合わせて図案化したもの。組み字。

もの-ぐるい【物狂い】グルヒ 気がふれること。狂気。乱心。また、その人。

もの-ぐるおし・い【物狂おしい】グルホシイ（形）気が狂いそうな気持ちである。文ものぐるほ・し（シク）

モノクロ「モノクローム」の略。

モノクローム〈monochrome〉①単色画。②白と黒だけの写真・映画・テレビなど。白黒。モノクロ。↔カラー

もの-ごい【物乞〔い〕】ゴヒ（名・自スル）ものを恵んでくれるように頼むこと。また、その人。

もの-ごころ【物心】人情や世の中のことを理解する心。「ーがつく（＝幼児期を過ぎて、世の中のことがおぼろげながらわかりはじめる）」

もの-ごし【物腰】人に接するときの言葉つきや態度。身のこなし。「ーのやわらかい人」

もの-ごし【物越し】間に物をへだてていること。「ーに見る」

もの-ごと【物事】人間の意識の対象となる物と事。いっさいの事柄。「ーの判断が的確だ」参考「事物」に比べ、「物」よりも「事」に重点をおいた言い方。

もの-さし【物差〔し〕・物指〔し〕】①物の長さを測る用具。さし。②評価・判断の尺度。基準。「自分のーで人を測る」

もの-さびし・い【物寂しい・物△淋しい】（形）なんとなくさびしい。うらさびしい。文ものさび・し（シク）

もの-さ・びる【物◇寂びる】（自上一）①古びて趣がある。②古びてみすぼらしくなる。文ものさ・ぶ（上二）

もの-さわがし・い【物騒がしい】（形）①なんとなくやかましい。②世の中が不穏で、落ち着かない。ぶっそうだ。文ものさわが・し（シク）

もの・し【物し】（形シク）《古》気にくわない。不快だ。

もの-しずか【物静か】シヅカ（形動ダ）①ひっそりとして静かなさま。「ーな住宅地」②態度・言葉が穏やかでしっとりと落ち着いているさま。「ーな人」文（ナリ）

もの-じたい【物自体】《哲》（カントの用語）現象の限界、もしくは感性を触発して現象を産みだすものとして存在するが、直接認識することができないようなもの。神など。

もの-しらず【物知らず】物事を知らないこと。常識がないこと。また、その人。

もの-しり【物知り・物◇識り】知識が広いこと。また、その人。博識。

もの・す【物す】（自他サ変）《古》婉曲（えんきょく）に「ある・いる・行く・来る・書く・言う」などの意を表す語。

ーがお【ー顔】ガホ なんでも知っているような顔つき。

もの-ずき【物好き】（名・形動ダ）特殊な、あるいは風変わりな物事を好むさま。また、そういう人。「ーな人」

もの-すご・い【物◇凄い】（形）①非常におそろしい。気味が悪い。「ー形相をした男」②程度がはなはだしい。「ー爆発音」文ものすご・し（ク）

もの-すさまじ・い【物◇凄まじい】（形）なんともすさまじい。ものすごい。文ものすさま・じ（シク）

もの・する【物する】（他サ変）①ある事をする。②詩文などを作る。「大作をー」文もの・す（サ変）

モノ-セックス〈和製英語〉→ユニセックス

モノタイプ〈Monotype〉自動鋳造植字機械。キーの操作によって、自動的に活字の鋳造・植字をするもの。（商標名）

もの-だち【物断ち】神仏に祈願する際に、ある飲食物を断って摂（と）らないこと。茶断ちや塩断ちなど。

もの-だね【物種】①物事のもととなるもの。物事の根元。「命あってのー」②草木のたね。たねもの。春

もの-たりな・い【物足りない】（形）大事なものが欠けているようでなんとなく不満である。どこか不十分である。ものたらない。「指導者として今ひとつー」文ものたりな・し（ク）

もの-づくし【物尽〔く〕し】その種類や範囲に属するものを並べたてること。また、並べたもの。花づくし・名所づくしなど。

もの-で（接助）原因・理由を示す。…ので。…だから。…もんで。「いなか育ちなー何もわからなくて」用法活用語の連体形に付く。語源「もの」＋断定の助動詞「だ」の連用形「で」

モノトーン〈monotone〉（名・形動ダ）①単調なこと。一本調子なさま。②単色の濃淡・明暗だけで表現すること。

もの-ども【者共】（代）対称の人代名詞。そのほうども。おまえたち。用法複数の従者や目下の人々などに呼びかける語。

もの-とり【物取り】人の物を盗み取ること。また、その人。

もの-なら（接助）①事のなりゆきが、思わしくなくなるという意をこめて、仮定条件を表す。「そんなことをしようー、ひどいめにあう」②実行できるはずはないという意をこめて、仮定条件を表す。「逃げられるー、逃げてみろ」用法活用語の連体形に付く。①は、多く助動詞「う」「よう」に付く。②は、可能の意を表す語に付く。参考「もんなら」の形で使われることもある。語源「もの」＋断定の助動詞「だ」の仮定形「なら」

もの-な・れる【物慣れる・物△馴れる】（自下一）物事になれて扱い方がうまくなる。習熟する。「ー・れた態度」文ものな・る（下二）

もの-の【物の】（連体）（数を表す語の上に付けて）せいぜい。たかだか。ほんの。「ー五分もすれば戻る」

もの-の（接助）逆接の確定条件を表す。…ではあるが。「自信はあるー、やはり落ち着かなかった」用法活用語の連体形に付く。語源「もの」＋格助詞「の」

もの-の-あわれ【物の哀れ】アハレ 物事にふれて起こるしみじみとした感情・情趣。特に、本居宣長（もとおりのりなが）によって提唱された、平安時代の文学や貴族社会の美的情緒・美的理念。

もの-の-かず【物の数】（多く、打ち消しの語を伴って）数えたてるほどの価値があるもの。「ーではない」

もの-の-ぐ【物の具】①武具。よろい。②道具。調度品。

もの-の-け【物の◇怪】人にとりついてたたりをするといわれる死霊（しりょう）や生き霊など。

もの-の-はずみ【物の弾み】ハヅミ その場の勢い。ことのなりゆき。「ーで争いとなる」

もの-の-ふ【×武士】武士（ぶし）。さむらい。

ーの《枕》「八十（やそ）」「宇治川（うぢがは）」「岩瀬」などにかかる。

もの-の-ほん【物の本】その方面の事が書いてある本。「ーによると」

ものの-みごとに【物の見事に】みごとなさま。すっかり。「ーやってのける」

ものは-づけ【物は付け】《文》雑俳の一種。「…（する）ものは」という題に、答えの句をつけるもの。

もの-び【物日】①節句・祭礼・祝いごとなどのある特定の日。②→もんび

もの-ふ・る【物。旧る】(自上二)《古》なんとなく古びる。

もの-ほし【物干し】洗濯物を干すこと。また、その場所・設備。「―台」

ものほし-げ【物欲し気】(形動ダ)(ダロ・ダッ(デ・ニ)・ダ・ナ・ラ・○) いかにも欲しそうなさま。ものほしそう。「―に見ている」

ものほし-そう【物欲しそう】―サウ (形動ダ)(ダロ・ダッ(デ・ニ)・ダ・ナ・ラ・○) →ものほしげ

もの-まえ【物前】―マヘ ①戦争の始まる直前。②盆・正月・節句・暮れなどの前。準備や決算で忙しい期間。

モノマニア〈monomania〉①《医》一つのことについて異常に執着して、病的な行動をとること。また、その人。偏執狂(へんしゅうきょう)。②一つの物事にこりすぎること。また、その人。

もの-まね【物真。似】人・動物その他の声や動作などをまねること。また、その芸。

もの-み【物見】①見物すること。②遠くを見渡すために高く築いた建物。③外を見るために壁・編み笠(がさ)などにあけた小さな穴。④敵情を調べる役の人。斥候(せっこう)。

―だか・い【―高い】(形)(カロ・カッ(ク)・イ・イ・ケレ・○) なんでも見たがる性質が強い。文ものみだか・し(ク)

―やぐら【―△櫓】遠くを見渡すために高く築いたやぐら。

―ゆさん【―遊山】見物して遊びまわること。

もの-めずらし・い【物珍しい】―メヅラシイ (形)(カロ・カッ(ク)・イ・イ・ケレ・○) なんとなく珍しい。いかにも珍しい。文ものめずら・し(シク)

もの-もう・す【物申す】―マウス (自五)(サ(ソ)・シ・ス・ス・セ・セ) ①注文をつける。抗議する。②《古》申しあげる。③《古》案内を請うときに、その家の玄関などで言う言葉。ものもう。

もの-もうで【物詣で】―マウデ (名・自スル) 神社や寺にお参りをすること。参詣(さんけい)。

もの-もち【物持〔ち〕】①資産家。金持ち。②物品をそまつにしないで長く使うこと。「―がいい」

ものもの-し・い【物物しい】(形)(カロ・カッ(ク)・イ・イ・ケレ・○) いかめしく、厳重である。おおげさである。「―警戒」文ものもの・し(シク)

もの-もらい【物△貰い】―モラヒ ①ものごい。こじき。②まぶたにできる小さなはれもの。麦粒腫(ばくりゅうしゅ)。

もの-やわらか【物柔らか】―ヤハラカ (形動ダ)(ダロ・ダッ(デ・ニ)・ダ・ナ・ラ・○) 人に接する態度にかどがなく、穏やかなさま。文(ナリ)

もの-ゆえ ―ユヱ (接助) ①順接の意を表す。…ので。だから。②《古》逆接の意を表す。…ではあるが。…のに。用法 活用語の連体形に付く。語源「もの」+名詞「ゆえ」

モノラル〈monaural〉立体音響でなく、一つのスピーカーで音を再生する方式。また、その装置。↔ステレオ

モノレール〈monorail〉レールが一本の鉄道。単軌鉄道。レールにまたがる跨座(こざ)式と、レールにつり下がる懸垂式がある。はじまり 一八二〇年代にイギリスのパーマーが考案した貨物運搬用のものが最初で、馬が牽引(けんいん)した。日本では、一九二八(昭和三)年、大阪の交通電気博覧会で遊戯施設として公開されているが、本格的な導入は昭和三十年代以降。

モノローグ〈monologue〉①劇中で、相手なしで語ったり、自問自答をしたりするせりふ。独白。↔ダイアローグ ②登場人物が一人だけの独演劇。また、その脚本。

もの-わかり【物分かり】道理のわかること。人の意見や立場などを理解すること。また、その程度。「―のいい人」

もの-わかれ【物別れ】双方の意見が一致しないまま別れること。「交渉が―に終わる」

もの-わすれ【物忘れ】(名・自スル) 物事を忘れること。「最近―がひどい」

もの-わらい【物笑い】―ワラヒ 世間の人々があざけり笑うこと。また、その対象。「―の種になる」

もの-を (接助) 不平・不満などの意をこめて、逆接の確定条件を表す。…のに。「もっと早く来ればよい―、今ごろ来ても遅い」用法 活用語の連体形に付く。語源「もの」+格助詞「を」

モバイル〈mobile〉コンピューターなどの機器が、携帯して持ち運べ、外出先など別の場所でも使えること。また、そのような機器。「―端末」

も-はや【。最早】(副) ①今となっては。もう。「―手遅れだ」②早くも。すでに。「あの時以来―一〇年がたつ」

もはら (副)《古》①もっぱら。ひたすら。徹底的に。②全然。ちっとも。用法 ②は、あとに打ち消しの語を伴う。

も-はん【模範】見習うべきもの。手本。「―試合」「―を示す」

モヒ「モルヒネ」の略。

モビール〈mobile〉木片や金属片などを針金や糸でつるし、微妙なバランスを保ちながら動く構造にした造形品。

―ゆ【―油】エンジンのシリンダーにさす潤滑油。モビル油。

モヒカン-がり【モヒカン刈〔り〕】頭の中央部の髪を細長く残し、両脇をそり落とした髪形。モヒカン。参考「モヒカン(Mohican)」はアメリカ先住民の部族の名。

モブ〈mob〉①群衆。また、暴徒。モッブ。②《俗》アニメなどで、その他大勢の登場人物。「―キャラ」

も-ふく【喪服】葬式・法事などのときに着る礼服。ふつうは黒、または薄墨色の衣服。

モヘア〈mohair〉アンゴラヤギの毛。また、それで織った毛織物。繊維が長く、光沢がある。モヘヤ。

モ-ボ (「モダンボーイ」の略) 大正末期から昭和初期にかけて、服装などの面で近代的な男性をいった語。↔モガ

も-ほう【模倣・△摸倣】―ハウ (名・他スル) まねること。似せること。「有名な建築を―した建物」↔創造

も-ほん【模本・摸本】①原本を模写して作った書物。②習字・図画などの手本。

もみ【籾】もみ ― (字義)もみ。㋐もみがら。㋑もみごめ。参考「籾」は国字。

もみ【△籾】①「もみがら」の略。②「もみごめ」の略。秋

もみ【。紅・×紅絹】べに色で無地の絹布。和服の裏地用。

もみ【△樅】《植》マツ科の常緑高木。山地に自生。若木の葉は先が二つに裂けた線形。初夏に開花し、秋に円柱形の球果を結ぶ。材は建築・船舶用。若木はクリスマスツリーとする。

もみ-あ・う【△揉み合う】―アフ (自五)(ワ(オ)・イ(ツ)・ウ・ウ・エ・エ) ①たがいに入り乱れ、または組み合って争う。「入り口で―」②激しく議論しあう。「予算について―」

もみ-あげ【△揉み上げ】鬢(びん)の毛が耳の前から頬(ほお)にかけて細くはえ下がった部分。

もみ-いた【△揉み板】衣服をもみつけて洗濯する、表面に波状のでこぼこがある板。洗濯板。

もみ-うら【。紅裏・×紅絹裏】べに染めの絹を衣服の裏地にすること。また、その裏地。

もみ-がら【△籾殻】米を包んでいる外皮。もみぬか。もみ。

もみ-かわ【△揉み皮・△揉み革】―カハ なめし革の表面をけずり、もんで柔らかにしたもの。もみがわ。

もみ-くちゃ【△揉みくちゃ】もまれてしわになること。また、多くの人にはさまれてひどくもまれること。もみくしゃ。「―のハンカチ」「満員電車で―にされる」

もみ-け・す【△揉み消す】(他五)(サ(ソ)・シ・ス・ス・セ・セ) ①火のついたものをもんで消す。②自分につごうの悪いことやうわさなどが、世間に広がらないようにひそかに抑え込む。「事件を―」

もみ-ごめ【△籾米】穂から取り、まだ脱穀してない米。もみ。

もみじ【椛】（字義）①もみじ。晩秋に木の葉が色づくこと。紅葉。②かば。カバノキ科の落葉高木の総称。特に、しらかば。＝樺。参考「椛」は国字。

もみじ【紅葉】 一（名・自スル）晩秋に、木や草の葉が赤や黄色に色づくこと。また、その葉。「―色に染まる」秋 二（名）→かえで（楓）参考 常用漢字表付表の語。一で、黄色くなる場合は「黄葉」とも書く。

―おろし【―卸〔し〕】 大根と人参とをおろして混ぜ合わせたもの。また、大根に唐辛子を差し込んでおろしたもの。

―がり【―狩〔り〕】 山野に紅葉を観賞に行くこと。秋

もみ-すり【籾摺り】 もみ米を磨り臼などにかけ、ふるってもみがらを取り去ること。秋

もみ-だ・す【揉み出す】（他五）①もんで外に出す。「うみを―」②もみ始める。

もみ-で【揉み手】 頼みごと・わびごとなどをするときに、両手をすり合わせ、もむような手つきをすること。「―をして頼む」

もみ-ぬか【籾糠】 →もみがら

もみ-ほぐ・す【揉み解す】（他五）①もんで柔らかくする。「肩のこりを―」②ぎごちなくなっている気持ちをなごやかなものにする。「緊張を―」

もみ-りょうじ【揉み療治】 筋肉のこりなどを、もみさするなどして治すこと。あんま。マッサージ。

も・む【揉む】（他五）《中心義―手で挟み適度に力を加えて揺り動かす》①両方のてのひらまたは二本の指などの間に物を挟んで、押しつけながらこすり合わせる。「紙を―・んで丸める」「錐を―」②ほぐすように手で何度も押したりつかんだりする。「肩を―」③激しく心を揺れ動かす。「気を―（＝心配する）」④たがいに入り乱れて押し合う。「満員電車で―・まれる」⑤相撲・将棋・囲碁などの勝負事の相手となって鍛える。「一番―・んでやろう」⑥激しく議論し合う。「―・みに―・んだ企画」⑦みこしをかついで、揺り動かす。⑧（受け身の形で）つらい経験をする。「世の荒波に―・まれる」自も・める（下一）可能も・める（下一）

もめ-ごと【揉め事】 争いごと。いざこざ。悶着。

も・める【揉める】（自下一）①意見が対立して妥協点が見つからず争いが続く。「会議が―」②心が揺れ動いて落ち着かなくなる。「気が―（＝もどかしくていらいらする）」他も・む（五）文も・む（下二）

も-めん【木綿】 ①綿の種子に付着している白くてやわらかい繊維。もめんわた。②①から作った糸・織物。③（「木綿豆腐」の略）木綿の布をしいた型箱に豆乳を入れて固めた豆腐。表面に木綿の跡がつくことからいう。参考 常用漢字表付表の語。

モメント〈moment〉→モーメント

もも【百】 ①ひゃく。一〇の一〇倍。②数の多いこと。「―歳」

もも【股・腿】 足のつけ根からひざまでの部分。大腿部。

もも【桃】〔植〕バラ科の落葉小高木。中国原産。春、白色・淡紅色・濃紅色の花を開く。果実は食用。秋（桃の花 春）

―栗三年柿八年 桃・栗は芽が出てから三年、柿は八年たって実がなるということ。

もも-いろ【桃色】 ①うす赤い色。淡紅色。ピンク。②〔俗〕不純な性愛関係をいう語。「―遊戯」「―事件」③〔俗〕やや左翼思想に傾いていること。

もも-しき【百敷】〔古〕宮中。皇居。

―の〔枕〕「大宮」にかかる。

ももしきや… 和歌〔百敷や 古き軒端の しのぶにも なほあまりある 昔なりけり〕〈続後撰集 順徳院〉宮中の古びた軒端に生えているしのぶ草を見るにつけても、昔のよく治まっていた御代が、いくらしのんでもしのびきれないほど慕わしいことだ。（小倉百人一首の一つ）

もも-じり【桃尻】 馬に乗るのが下手で、尻が鞍に定まらないこと。語源 桃の実の尻はとがっていてすわりが悪いことから。

もも-だち【股立〔ち〕】 はかまの上部の両わきのあいた所。

もも-とせ【百歳・百年】 ①一〇〇年。一〇〇歳。②長い年月。

もも-の-せっく【桃の節句】 三月三日の節句。ひなまつり。春

もも-ひき【股引〔き〕】 腰から下をぴったりおおう、ズボンに似た形の衣服。下着用と作業着用がある。冬

ももやま-じだい【桃山時代】 →あづちももやまじだい

もも-われ【桃割れ】 若い娘の結う日本髪の一種。左右に毛を分け、輪にして後頭上部で留め、桃の実を二分したようにまげを開く結い方。

〔ももわれ〕

ももんが【鼯鼠】 ①〔動〕リス科モモンガ属の小形哺乳動物の総称。森林にすみ、ムササビに似て、体側の飛膜を広げて滑空する。冬 ②頭から着物をかぶり、ひじを張って、①のまねをして子供などをおどかす遊び。参考「ももんがあ」ともいう。

もや【靄】 空中にたちこめる細かい水滴。季節には関係なく、霧よりも視界がきくものをいう。「―がかかる」

も-や【母屋】 ①家人が住居として用いる主要な建物。おもや。②寝殿造りで、中央の間。③家の軒の内。

もやい【舫い】 船をつなぎとめること。また、その綱。

―づな【―綱】 船をつなぎとめる綱。

―ぶね【―船】 ①停泊している船。②たがいにつなぎ合わせてとめてある船の一団。

もやい【催合い】（名・自スル）共同して事をしたり物を所有したりすること。

もや・う【舫う】（他五）①船と船とをつなぎあわせる。②杭などにつないで船を岸につなぎとめる。

もやし【萌やし】 大豆・麦などの種子を水につけ、光に当てないで芽を出させたもの。食用。「―っ子（＝ひよわで、ひょろひょろした子供）」

もや・す【萌やす】（他五）芽を出させる。自も・える（下一）

もや・す【燃やす】（他五）①火をつけて灰にする。焼く。燃す。②心・感情を高ぶらせる。「情熱を―」自も・える（下一）可能もや・せる（下一）

もや-もや 一（副・自スル）①もや・湯気・煙などが立ちこめてはっきりしないさま。②思考や気分、その場の雰囲気がすっきりしないさま。二（名）心のわだかまり。「―が晴れる」

-もよい【催い】（接尾）（名詞に付いて）そのきざしが見えるさまを表す。「雨―の空」

も-よう【模様】 ①染め物・織物・工芸品などの装飾にする図案や色の組み合わせ。②ありさま。ようす。「開会式の―」「決定は明日に持ち越される―だ」

▼「模様」が下に付く語
雨― 荒れ― 市松― 色― 薄― 絵羽― 唐草― 元禄― 裾― 総― 染め― 空― 縫い― 花― 水玉― 雪―

―がえ【―替え】（名・他スル）建物の外観、室内の調度・装飾、また仕事の方法・順序・計画などをかえること。

—ながめ【—眺め】 その場の状況がわかるまで、行動にうつらずに静観していること。特に、相場についていう。

もよおし【催し】 ①計画して会合や行事を開くこと。催し物。「祝賀の—」②起ころうとするけはい。きざし。

—もの【—物】 計画して開いた会合・行事。各種の会・演芸など。「文化祭の—」「—会場」

もよお・す【催す】 一(自他五) ある気分・状態を起こす。また、起こる。きざす。「涙を—」「吐き気を—」「便意を—」「眠気が—」二(他五) 行事などを企てて行う。開催する。「バザーを—」可能もよお・せる(下一)

も-より【最寄(り)】 そこに最も近いこと。すぐ近く。「—の駅」参考「最寄り」は、常用漢字表付表の語。

モラール 〈morale〉 士気。やる気。特に、勤労への意欲。参考「モラル」ともいう。

もらい【貰い】 もらうこと。もらうもの。「—が少ない」

—ご【—子】 他人の子をもらって自分の子として育てること。また、その子。もらいっこ。

—さげ【—下げ】 もらいさげること。特に、警察などに留置されている者の身柄を引き取ること。

—ぢち【—乳】 母乳が出ないとき、または不足のとき、子を育てるために他人の乳をもらうこと。また、その乳。もらいぢ。

—て【—手】 もらい受けてくれる人。「子犬の—を探す」

—なき【—泣き】 (名・自スル) 他人が泣いているのに同情し、つられて自分もいっしょに泣くこと。「思わず—する」

—び【—火】 ①他の家の火事が燃え移って自分の家も焼けること。類焼。②よそから火種をもらうこと。また、その火種。

—みず【—水】 自分の家で使う水を、よその家からもらうこと。また、その水。

—もの【—物】 他人からもらった物。「—の菓子」

—ゆ【—湯】 よその家の風呂に入れてもらうこと。

—わらい【—笑い】 (名・自スル) 他人が笑っているのにつられて自分もおかしくなって笑うこと。

もらい-さ・げる【貰い下げる】 (他下一) ①役所が所有する物を民間が受け取る。②警察などに留置されている者の身柄を引き取る。

もら・う【貰う】 一(他五) ①代価を支払わずに物を自分のものとして受け取る。贈り物を受ける。「勲章を—」②人に頼んで、欲しい物を自分のものにする。「サインを—」「休暇を—」③家族の一員として迎え入れる。「嫁を—」④勝負事で、勝ちを得る。「この試合は—・った」⑤(もめごとなどで)間にはいって物事を引き受ける。「そのけんかは、おれが—・った」⑥病気をうつされる。「風邪を—」⑦買う。「それを—・おう」二(補動五)(動詞の連用形＋助詞「て」を受けて)①人の行為によって自分が利益を受けることを表す。…してもらう。「書いて—」「話して—」②他人の言動が自分の迷惑になる。「ごまかして—・っては困る」可能もら・える(下一)⇩呉れる(表)

類語 頂く・頂戴する・拝受する・拝領する・賜る・受ける・受け取る・受領する・恵贈にあずかる

もら・す【漏らす・洩らす】 (他五) ①もれるようにする。こぼす。「小便を—」②秘密などを他にそれとなく知らせる。「情報を—」③思っていることや感情を、ふと言葉や表情に出す。「不満を—」「笑みを—」④落とす。抜かす。「細大—・さず聞き取る」⑤(動詞の連用形の下に付いて)うっかりして物事の一部をしないままにする。「聞き—」自も・れる(下一)可能もら・せる(下一)

モラトリアム 〈moratorium〉 ①〔経〕支払い猶予。戦争・経済恐慌などの非常事態に際し、法令で一定期間債務の支払いを猶予したり、預金の引き出しを停止または延期したりすること。②義務や履行の猶予または停止。③〔心〕肉体的には成人しているが自己形成の途上にあり、社会的責任を猶予されている期間。また、そこにとどまろうとする心理状態。「—人間」

モラリスト 〈moralist〉 ①道徳家。②人間の深い観察者。生活に密着したモラルを追究したモンテーニュやパスカルらをさしていうことが多い。

モラル 〈moral〉 道徳。倫理。人生や社会についての思想・態度。「—の欠如」

—ハザード 〈moral hazard〉 道徳的危険。倫理の欠如。たとえば、保険をかけたことによって被保険者が損害防止に無関心になり、かえって事故や保険金詐欺などが多くなること。

モラル 〈morale〉 →モラール

もり【森・杜】 比較的大きな樹木がかたまってたくさん茂っている所。ふつう、林よりも樹木が多く密に生えている。「鎮守の—」参考「杜」は、特に神社のもりの意。

もり【銛】 投げたり突いたりして、魚などを刺してとる漁具。

もり【守(り)】 ①子守。「赤ん坊の—」②(他の語の下に付けて)番をして守ること。また、守っている人。「灯台—」「墓—」

もり【盛り】 ①器などに盛ること。また、盛った程度や分量。「—がいい」「大—」②「盛りそば」の略。

もり【漏り】 水などがもること。また、もる水。「—がひどい」

もり-あが・る【盛り上がる】 (自五) ①盛ったようにうずたかく高くなる。「筋肉が—」②気持ち・雰囲気・気運などが盛んに高まる。「宴会が—」他もりあ・げる(下一)

もり-あ・げる【盛り上げる】 (他下一) ①盛って高くする。「土を—」②気持ち・雰囲気・気運などを高める。「大会を—」自もりあが・る(五)文もりあ・ぐ(下二)

もり-あわせ【盛(り)合(わ)せ】 数種類の食品を一つの器に盛ること。また、そうしたもの。「刺身の—」

もり-あわ・せる【盛り合わせる】 (他下一) いろいろな食品を、一つの容器に彩りなどを考えて配置する。「オードブルを—」文もりあは・す(下二)

モリエール 〈Molière〉 (一六二二―一六七三) フランスの代表的喜劇作家。本名ジャン＝バチスト＝ポクラン。コルネイユ、ラシーヌと並ぶフランスの三大古典劇作家の一人。若くして喜劇役者となり、劇作にも励み、人間の俗物性を痛烈に暴露・批判した。代表作「女房学校」「タルチュフ」「人間嫌い」「守銭奴」など。

もりおうがい【森鷗外】 (一八六二―一九二二) 小説家・戯曲家・評論家・翻訳家・軍医。石見(島根県)生まれ。軍医としてドイツに留学し、帰国後、理想主義的・浪漫主義的作家として登場。小説「舞姫」「雁」「高瀬舟」「渋江抽斎」、翻訳「於母影」「即興詩人」など。

もり-かえ・す【盛り返す】 (他五) 一度衰えた勢いを元どおりに盛んにする。「劣勢を—」

もり-がし【盛(り)菓子】 神仏に供える菓子。三方の上に山形に盛りあげる。

もり-きり【盛(り)切り】 ごはんなどを一度盛ったきりで、お代わりのないこと。また、その盛ったもの。もっきり。

もり-こ・む【盛り込む】 (他五) ①器に盛って入れる。②いろいろのものをいっしょにとり入れる。組み入れる。「季節感を—」「両者の主張を—」

もり-ころ・す【盛り殺す】 (他五) ①飲食物などに毒を加えて人を殺す。②投薬法をまちがえて死なせてしまう。

もり-じお【盛(り)塩】 料理屋や寄席などで、縁起を祝って門口に塩を盛ること。また、その塩。盛り花。

もり-ずな【盛(り)砂】 昔、身分の高い人の出迎えや儀式のときなどに、車寄せの左右に高く盛り上げて飾った砂。

もり-そば【盛〔り〕×蕎麦】そばをゆでてせいろうなどの器に盛り、つけ汁で食べるもの。もり。

もり-だくさん【盛〔り〕×沢山】(名・形動ダ) たくさん盛ってあるさま。転じて、内容が豊富なさま。「―な記念行事」

もり-た・てる【守り立てる】(他下一) テ・テ・テル・テル・テレ・テロ(テヨ) ①まわりで世話や援助をして、力を発揮させたり勢いづけたりする。「皆で新社長を―」②もう一度盛んにする。再興する。「会社を―」③守って育てあげる。「幼君を―」文もりた・つ(下二)

もり-つ・ける【盛り付ける】(他下一) ケ・ケ・ケル・ケル・ケレ・ケロ(ケヨ) 料理を、皿や重箱にきれいに配置して盛る。文もりつ・く(下二)

もり-つち【盛〔り〕土】土を盛って高くすること。また、その盛った土。盛り土ど。「違法な―による事故」

もり-つぶ・す【盛り潰す】(他五) サ(ソ)・シ・ス・ス・セ・セ 酒をたくさん飲ませて、正体をなくさせる。

もり-ばな【盛〔り〕花】①水盤・かごなどに、花を盛るように生ける生け方。また、そのように生けたもの。②→もりじお

モリブデン〈ドイツ Molybdän〉《化》金属元素の一つ。銀白色でかたい。特殊鋼などの合金に用いられる。元素記号 Mo

もり-もの【盛〔り〕物】①器に盛って膳ぜんに供える食物。②神仏に供える品。

もり-もり(副・自スル) ①物事を勢いよくおし進めるさま。「―(と)仕事をする」②勢いよく食べるさま。「―(と)食べる」③力強く盛りあがるさま。「―(と)した筋肉」

もり-やく【守役】お守りをする役。また、その人。

モル〈mol〉《化》原子・分子・イオンなどの物質量を表す単位。国際単位系の基本単位の一。6.02×10^{23}個の粒子の集団を一モルという。

も・る【漏る・△洩る】(自五) ラ(ロ)・リ(ッ)・ル・ル・レ・レ →もれる①

も・る【盛る】(他五) ラ(ロ)・リ(ッ)・ル・ル・レ・レ ①器に、物をたくさん入れて高く積む。「飯を―」②(つぶ状・粉状のものを)高く積む。「土を―」③薬を調合する。特に、毒薬を調合して飲ませる。「毒を―」④目盛りをつける。「目を―」⑤ある内容を含める。「弱者保護を―・った法案」⑥《俗》誇張して言う。「話を―」可能も・れる(下一)

モルタル〈mortar〉セメントに砂をまぜ、水で練ったもの。石・れんがの接合、壁・ゆかなどの仕上げに使う。「―造りの家」

モルディブ〈Maldives〉インド南方、インド洋上にある共和国。首都はマレ。

モルト〈malt〉①麦芽。特に、ビールやウイスキーを醸造するために乾燥させた大麦の麦芽。②(「モルトウイスキー」の略)大麦の麦芽だけで作ったウイスキー。

モルドバ〈Moldova〉ヨーロッパ東部、ウクライナとルーマニアの間にある共和国。首都はキシナウ。

モルヒネ〈morphine〉《化》アヘンに含まれるアルカロイドの一種。無色の結晶でにがい。鎮痛剤・麻酔剤として使用。モヒ。

モルモット〈オランダ marmot〉①テンジクネズミの通称。医学実験に使われる。②(比喩ひゆ的に)試験台・実験台にされる人。語源①は、一六世紀にオランダ人が別種のマーモットと誤認してヨーロッパに伝えたことによる名という。

もれ【漏れ・△洩れ】漏れること。おち。「ガス―」「記載―」

もれ-き・く【漏れ聞く】(他五) カ(コ)・キ(イ)・ク・ク・ケ・ケ ふと耳にする。人づてに聞く。「―ところによると」

もれ-なく【漏れ無く】(副) 例外なく。ことごとく。「参加者には―賞品をさし上げます」

も・れる【漏れる・△洩れる】(自下一) レ・レ・レル・レル・レレ・レロ(レヨ) ①すきまからこぼれ出る。また、はいってくる。もる。「ガスが―」「光が―」②秘密などが外へ伝わる。「個人情報が―」③あるべきものが抜け落ちる。脱落する。「名簿から名前が―」④選からはずれる。「抽選に―」他もら・す(五) 文も・る(下二)

もろ-【◇諸】(接頭)(名詞に付いて) ①二つあるものの両方の、の意を表す。「―手」「―刃」②共にする、の意を表す。「―寝」③多くの、の意を表す。「―人びと」

もろ・い【△脆い】(形) カロ・カッ(ク)・イ・イ・ケレ・○ ①外から加えられる力に弱く、くずれたりこわれたりしやすい。脆弱ぜいじゃくである。「―材質」「二人の友情は―・くも崩れさった」②心が動かされやすい。いくじがない。「情に―」文もろ・し(ク)

もろ-こ【◇諸子】《動》コイ科タモロコ属などの淡水硬骨魚の総称。暖地の湖沼や川にすむ。ホンモロコの背面は暗緑褐色で、腹面は白い。体長約一〇―一五センチメートル。琵琶びわ湖に多い。食用。春

もろ-ごえ【◇諸声】ゴエ いっしょに発する声。たがいに鳴く声。

もろこし【×唐土・◇唐】昔、日本で中国を呼んだ称。

もろこし【×蜀黍・×唐黍】《植》①イネ科の一年草。アフリカ原産。夏に茎の頂上に穂を出す。果実は小球状で赤褐色・黄色・白色など。食用。飼料用。たかきび。とうきび。秋②「トウモロコシ」の別称。秋

もろ-ざし【◇諸差〔し〕・◇両差〔し〕】相撲で、両手を相手のわきに差し入れて組むこと。また、その技わざ。

モロッコ〈Morocco〉アフリカ大陸北西岸にある立憲君主国。首都はラバト。

もろ-て【◇諸手・◇両手・◇双手】両手。左右の手。

―を挙あげて 心の底から。無条件に。「―賛成する」

もろ-とも【◇諸共】(名・副) ともども。いっしょに。「死なば―」

もろともに… 和歌〔もろともに あはれと思へ 山桜 花よりほかに 知る人もなし〕〈金葉集 前大僧正行尊さきのだいそうじょうぎょうそん〉山奥に思いがけなく咲いている山桜よ。私がおまえをそう思うように、おまえも私をしみじみとなつかしくもまたいとおしくも思っておくれ。こんな山奥ではおまえよりほかに知った人といないのだから。(小倉百人一首の一つ)

もろ-に(副)《俗》まともに。全面的に。「―影響を受ける」

もろ-は【◇諸刃】刀剣などで、両方のふちに刃のあること。また、その刀剣。両刃りょうば。↔片刃

―の剣つるぎ 一方には利点もあるが、また一方には危険を伴うことのたとえ。両刃りょうばの剣。

もろ-はく【◇諸白】上質の米とこうじで作った清酒。

もろ-はだ【◇諸肌・◇諸◇膚】左右両方の肩の肌。上半身全部の肌。両肌りょうはだ。↔片肌

―を脱ぬぐ ①着物の上半身を脱いで肌をあらわす。②全力を注いで尽力する。全面的に援助する。

もろ-ひざ【◇諸膝】左右のひざ。両膝りょうひざ。

もろ-びと【◇諸人】多くの人。あらゆる人。「―こぞりて」

モロヘイヤ〈アラビア mulūkhiyya〉《植》北アフリカ原産のアオイ科の一年草。ゆでたり刻んだりすると粘りが出る、シソに似た若葉を食用とする。縞綱麻つなそ。

もろ-み【◇諸味・△醪】酒やしょうゆを醸造する途中の、材料が発酵してどろどろになったもの。かすをこして酒やしょうゆをとる。秋

もろ-もろ【◇諸◇諸・◇諸】多くのもの。さまざま。「―の説」

もろ-や【◇諸矢】対ついになった二本の矢。甲矢はや(=初めに射る矢)と乙矢おとや(=あとに射る矢)。

もん【文】(字義) →ぶん(文)

-もん【文】(接尾) ①昔の貨幣の単位。貫の一〇〇〇分の一。

②(一文銭を並べて測ったことから)足袋・靴の寸法の単位。一文は約二・四センチメートル。

もん【文】 ①文章。もじ。言葉。②呪文。③経文。

もん【門】 教2 モン かど 中

(字義) ①かど。もん。㋐家の外囲いに設けた出入り口。「門戸・門柱・校門・寺門・正門・大門」㋑出入り口に設けた建造物。「山門・城門・楼門」㋒出入り口。狭い通路。「門歯・肛門・水門・噴門・幽門」㋓通らねばならない重要な所。「関門・登竜門」②家。家がら。みうち。「門地・門閥・名門」③同じ先生の教えを受けた仲間。「門下・門人・同門」④その道。はたけ。「門外漢・専門」⑤物事の分類上の大別。「部門」人名 かな・と・ひろ・ゆき

-もん【門】(接尾) 大砲を数える語。「野砲三ー」

もん【門】 ①建物の外囲いにある出入り口。②学問・芸道などで、教えを受ける先生の家。またはその系統・一派。「名高い学者のーに学ぶ」③物事の入り口。必ず通過しなければならない所。「合格への狭きー」④《動・植》生物分類上の一段階。界の下で、綱の上。「脊椎動物ー」

もん【紋】 モン 中

(字義) ①織物の模様。あや。=文。「紋紗・紋様・小紋・地紋」②しわ。すじ。「紋理・衣紋・指紋・水紋・波紋」③古くから家々で定められている家のしるし。「紋章・紋所・家紋・定紋」人名 あき・あや

もん【紋】 ①物の地の上に表れたり、織物の地に織り出されたりした模様。あや。「美しいーの蝶」②家・氏族その他の団体のしるしとして定まっている図柄。紋所。「ー付き羽織」

もん【問】 教3 モン とう・とい・とん

(字義) とう。㋐たずねる。「問診・問題・問答・下問・疑問・質問・口頭試問」↔答 ㋑ききただす。しらべる。「問責・詰問・拷問・尋問」㋒おとずれる。たずねて行く。「訪問」㋓見舞う。なぐさめる。「慰問・弔問」㋔相談する。「顧問・諮問」

難読 問屋・とい 人名 ただ・よ

-もん【問】(接尾) 問題・質問を数える語。「第一ー」

もん【聞】(字義) →ぶん(聞)

もん《俗》「もの(物・者)」の転。「困ったーだ」「うちの若いー」

もん(終助) 相手に反発し、自分の正当性を相手に訴えかける意を表す。「だって知らなかったんだー」用法 相手に甘える言い方で、おもに子供が話し言葉で用いる。語源「もの」の転。

もん-いん【門院】 (皇居の門の名を付けたことから)天皇の生母・三后・内親王などに与えられた称号。⇩女院

もん-えい【門衛】 門のわきにいて、その開閉や人の出入りを取り締まる役の人。門番。守衛。「ー所」

もん-おり【紋織〔り〕】 紋様を浮かして織った布地。

もん-か【門下】 ある先生のもとで教えを受けること。また、その人。門人。門弟。「ー生」

ーせい【ー生】 門人。弟子。門弟。

もんか(終助)(「ものか」の転)→ものか①

もん-がい【門外】 ①門の外。↔門内 ②専門外。

ーかん【ー漢】 ①専門外の人。「その分野では私はーだ」②その事に直接関係のない人。

ーふしゅつ【ー不出】 たいせつに所蔵して、門から外に出さないこと。公開しないこと。「ーの名品」

もんか-しょう【文科省】 「文部科学省」の略。

もん-がまえ【門構え】 ①門をかまえること。②門の造り。「りっぱなー」③漢字の部首名の一つ。「開」「関」などの「門」の部分。かどがまえ。

もん-かん【門鑑】 門の出入りのときに示す許可証。

モンキー〈monkey〉猿。

ーレンチ〈monkey wrench〉ボルトをつかむ部分の幅を自在に変えられるレンチ。自在レンチ。

もんきり-がた【紋切〔り〕型】(紋を切り抜く一定の仕方の意)型にはまっていること。きまりきった様式。「ーのあいさつ」

もん-く【文句】 ①文章の語句。文言。「きまりー」「殺しー」②不平・不満などの言い分。苦情。「ーをつける」

ー無し 欠点や難点の何一つないさま。「ーの満点」

もん-げん【門限】 夜、門をしめる時刻。転じて、夜間、外出から帰り着かなければならない時刻。「ーを破る」

もん-こ【門戸】 ①かどロ。入り口。「ーを閉ざす」②一家。一派。「ーを張る(=一家を構える。一派を立てる)」

ーかいほう【ー開放】 ①制限などを撤廃し、自由に出入りを許すこと。②自国の港や市場を、外国の経済活動に開放すること。

モンゴル〈Mongolia〉中国とロシアとに国境を接する共和国。首都はウランバートル。

モンゴロイド〈Mongoloid〉形態的特徴によって分類された人種の一つ。アジアの大部分に分布し、また、南北アメリカに先住民族として居住。黄色から黄褐色の肌、黒色・直毛の髪を特徴とする。黄色人種。

もん-ごん【文言】 文章中の語句。手紙の文句。

もん-ざい【問罪】(名・自スル) 罪を問いただすこと。

もん-さつ【門札】 家の門に掲げておく名札。表札。

もん-し【門歯】《生》口のいちばん前に並んでいる歯。人では、上下各四本ある。前歯。

もん-し【悶死】(名・自スル) 苦しみもだえて死ぬこと。

もん-じ【文字】 ①言語を書き記すための記号。もじ。②字で書き記したもの。文章。

もん-した【紋下】 人形浄瑠璃芝居で、一座の代表者。ふつう、最高位の太夫。やぐらした。

もん-しゃ【紋紗】 紋様を織り出した紗。

もんじゃ-やき【もんじゃ焼き】 小麦粉をゆるく溶いてキャベツや肉などの具を入れ、鉄板でまぜて焼きながら食べる料理。語源「文字焼き」の転とされる。

もん-しゅ【門主】《仏》①門跡寺院の住職。②一教派の本寺に住み、法系を受けついでいる僧。一山・一派の長。

もん-じゅ【文殊】《仏》(「文殊師利菩薩」の略)釈迦の左の脇士。知恵をつかさどる菩薩。文殊菩薩。「三人寄ればーの知恵」

もん-じゅう【文集】 ①詩や文を集めた本。②「白氏文集」の略。

もん-じょ【文書】 書類。書き物。文書。「古ー」

もん-しょう【紋章】 家や団体を表す図柄。

もん-じょう【文章】 →ぶんしょう(文章)

ーしょう【ー生】 律令制の大学寮(=式部省管轄の官吏養成機関)で紀伝・詩文を学ぶ学生で、式部省の試験に及第した者の称。進士。

ーどう【ー道】 律令制のもとでの大学寮(=式部省管轄の官吏養成機関)の一科。漢詩文や歴史を学ぶ。平安期から紀伝道と呼ばれた。

ーはかせ【ー博士】 律令制の大学寮(=式部省管轄の官吏養成機関)に属して、文章道を教授した者。

もんしろ-ちょう【紋白蝶】《動》シロチョウ科の中形

のチョウ。はねは白く、前ばねのやや内方に二つ、後ばねに一つの黒点がある。幼虫は「あおむし」と呼ばれ、害虫。[春]

もん-しん【問診】（名・他スル）医者が診断の参考にするため、患者に病歴やくわしい病状を質問すること。

もん-じん【門人】弟子。門弟。門生。門下生。

もん-じん【問△訊】（名・他スル）問いたずねること。訊問。

モンスーン〈monsoon〉→きせつふう

モンスター〈monster〉怪物。巨大な化け物。「―ペアレント（=学校などに対して理不尽な要求をくり返す保護者）」

もん-せい【門生】門人。門弟。門下生。

もん-せき【問責】（名・他スル）責任を問いつめること。

もん-ぜき【門跡】〘仏〙①一門の仏法の教えを伝承する寺。また、その僧。②皇族・貴族の子弟が跡をつぐ特定の寺。また、その住持。③本願寺の管長の俗称。

もん-ぜつ【△悶絶】（名・自スル）もだえ苦しみ気絶すること。

もん-ぜん【門前】門の前。

―市(いち)を成(な)す その家に出入りするものが多く、にぎわうことのたとえ。**―雀羅(じゃくら)を張(は)る**（門前に雀(すずめ)を捕らえる網を張ることができるほど）訪れる人もなくさびれているさま。**―の小僧(こぞう)習(なら)わぬ経(きょう)を読(よ)む** 正式に学ばなくても、ふだん見たり聞いたりしていると自然に覚えこんでしまうというたとえ。

―ばらい【―払〔い〕】(ばらひ) ①たずねてきた人を、会わないで、また、中に入れないで、帰すこと。「―を食わせる」②訴えや申し入れをにべもなく拒絶すること。

―まち【―町】中世末期以降、神社や寺の門前にできて栄えた町。善光寺門前の長野市など。

もんぜん【文選】中国、南北朝時代の詩文集。梁(りょう)の昭明太子らの撰(せん)。周から梁まで約一〇〇〇年間の代表的な詩文を分類・編集。後世の文学に多大の影響を与えた。

―よみ【―読み】漢文を訓読するとき、一つの語をまず音で読み、重ねてその訓を読む読み方。「片時」を「ヘンジノカタトキ」と読むなど。[語源]「文選」を読むのに多く用いられたのでいう。

もん-そ【門訴】（名・自スル）江戸時代、多人数の者が領主・代官などの門前へ押しかけて訴えたこと。

モンタージュ〈(フランス) montage 組み立て〉映画などで、多くの場面をつなぎ合わせて新しい一つの画面に組み立てること。また、組み立てたもの。

―しゃしん【―写真】何枚かの写真から一部分ずつを寄せ集めて一枚にした写真。特に、犯罪捜査で、目撃者などの証言から合成した犯人の似顔写真。

もん-だい【問題】①解答を必要とする質問。「試験―」②解決すべき事柄。批判・討議・研究の対象。「環境―」「多くの―を残す」③困った事柄。面倒な事件。「―を起こす」④世間の注目を集めること。「―の人物」「―作」

―いしき【―意識】対象のもつ課題を見つけ、積極的に取り組んでいこうとする姿勢。「―が高い」

―がい【―外】(グワイ)（名・形動ダ）問題にならないこと。論外。「そのような主張は―だ」

―げき【―劇】〘演〙その時代の社会問題をあつかった劇。イプセンの「人形の家」など。

―じ【―児】性格や言動に問題があるとされる児童。

―しょうせつ【―小説】(セウセツ)〘文〙その時代の社会問題をあつかった小説。島崎藤村の「破戒」など。

もん-ち【門地】家格。家柄。門閥。

もん-ちゃく【△悶着】もめごと。争いごと。「一(ひと)―起こる」

もん-ちゅう【門柱】門の柱。

もんちゅう-じょ【問注所】〘日〙鎌倉・室町幕府に置かれ、裁判をあつかった役所。室町幕府では裁判の実権はなく、記録・文書の保管などをつかさどった。

もん-ちょう【紋帳・紋△帖】(―チャウ・―テフ) 紋所(もんどころ)の見本を集めた本。紋本。

もん-ちりめん【紋。縮△緬】紋織りのちりめん。

もん-つき【紋付〔き〕】紋所(もんどころ)が付いていること。また、そのもの。特に、家紋の付いた礼装用の和服。紋服。「―袴(はかま)」

もん-てい【門弟】門人。弟子。門下生。

モンテーニュ〈Michel Eyquem de Montaigne〉（一五三三〜一五九二）フランスの思想家。フランスルネサンス文学の代表者。「エセー（随想録）」では、人間性に深い洞察を加えた。

モンテスキュー〈Charles Louis de Secondat Montesquieu〉（一六八九〜一七五五）フランスの啓蒙(けいもう)思想家。歴史研究に実証的比較方法を導入した。著書「法の精神」など。

モンテネグロ〈Montenegro〉バルカン半島北西部にある共和国。首都はポドゴリツァ。[語源]ラテン語に由来し「黒い山」の意。自国では同義の呼称ツルナゴーラを用いる。

もん-と【門徒】①門下の学徒。門人。②〘仏〙宗門に帰依した人。特に、浄土真宗の信者。信徒。③〘仏〙「門徒宗」の略。

―しゅう【―宗】〘仏〙「浄土真宗」の異称。

もん-とう【門灯】門にとりつけた灯火。

もん-どう【問答】(―ダフ)（名・自スル）①一方が問い、他方が答えること。質問と応答。「禅―」②議論。「押し―」

―むよう【―無用】議論をしても役に立たないこと。

もん-どころ【紋所】家の定紋(じょうもん)。紋(もん)。「葵(あおい)の―」

もん-どめ【門留め】門をしめて通行させないこと。

もんどり【×翻筋斗】宙返り。とんぼがえり。「―をうつ」

もん-ない【門内】門のうち。↔門外

もん-なし【文無し】①金をまったく持っていないこと。一文なし。無一文。②並はずれて大きい足袋(たび)。

もん-ぱ【門派】〘宗〙宗門の流派。宗派。

もん-ばつ【門閥】①家柄。家格。門地。②家柄のよい家。門閥家(もんばつか)。

もん-はぶたえ【紋羽二重】(―ハブタヘ) 紋織りにした羽二重。

もん-ばん【門番】門の番人。門衛。

もん-び【紋日】江戸時代、官許の遊郭で五節句・祭礼など特別の行事のある日。[語源]「物日(ものび)」の転。

もん-ぴ【門扉】門のとびら。門戸。「―をとざす」

もん-ぴょう【門標】(―ベウ) 門に掲げる札。表札。門札。

もんぶかがく-しょう【文部科学省】(モンブクワガクシヤウ) 中央行政官庁の一つ。教育・学術・科学技術・文化・スポーツの振興や宗教などに関する事務を扱う。二〇〇一（平成十三）年、文部省と科学技術庁を統合して発足。文科省。

もん-ぷく【紋服】紋の付いた着物。紋付き。

もんぶ-しょう【文部省】(―シヤウ) 教育・文化に関する事務を扱った中央行政官庁の一つ。二〇〇一（平成十三）年「文部科学省」に移行。

もんぺ はかまに似て、すそを足首の所でくくった衣服。労働や保温のために、女性が着物の上からはく。もんぺい。[冬]

〔もんぺ〕

もんめ【匁】[人] もんめ （字義）→次項。[参考]「匁」は国字。

もんめ【△匁】①尺貫法での重さの単位。一匁は、一貫の一〇〇〇分の一。三・七五グラム。現在も真珠の重さとして用いる。目(め)。②昔の貨幣単位で、小判一両の六〇分の一。

もん-もう【文盲】マウ— 文字の読めないこと。また、その人。

もん-もん【△悶△悶】(ト タル) 思い悩んでもだえ苦しむさま。「—として日を送る」文(形動タリ)

もん-よう【文様・紋様】ヤウ— 模様。あや。

もん-りゅう【門流】リウ— 一門のわかれ。流派。

もん-ろう【門楼】門の上に設けた楼。

モンロー-しゅぎ【モンロー主義】〘世〙一八二三年、アメリカの第五代大統領モンロー(Monroe)が発表した、アメリカ・ヨーロッパ両大陸の相互不干渉を主張する外交原則。

五十音図「や行」の第一音。「や」は「也」の草体。「ヤ」は「也」の草体の省画。

や【人也】ヤ なり— (字義) ①…というものは。上の語を強調する。「也者・なる」②感嘆の意を表す助字。「也哉」③反語・疑問の意を表す助字。「何也」④…よ。呼びかけに用いる。⑤なり。…である。断定の助字。人名 あり・し・ただ・また

や【冶】ヤ㊥ いる (字義) ①鋳る。金属をとかす。「冶工・冶匠・鍛冶」②ふきわけ。鉱石から金属を分離して採る。「冶金」③ねり上げる。りっぱなものにする。「陶冶」④なまめかしい。「艶冶・遊冶」人名 じ

や【夜】教2 ヤ よ・よる (字義) ①よ。よる。㋐日没から日の出まで。「夜学・夜気・十五夜・長夜・月夜」↕昼 ㋑よわ。夜中。「夜半・深夜・半夜」②くらやみ。「夜陰・暗夜・闇夜」難読 夜叉・夜業 人名 やす

や【弥】(字義) →み(弥)

や【人耶】ヤ・ジャ (字義) ①疑問・反語・感嘆の意を表す助字。や。か。=邪。②父を呼ぶ語。=爺。難読 耶蘇

や【野】教2【人埜】ヤ の (字義) ①㋐のはら。「野営・野外・原野・平野・牧野・沃野・緑野」㋑町はずれ。いなか。「郊野」㋒はたけ。「野菜・田野」㋓民間。「野史・野党・下野・在野・朝野」②飾りけのない。ありのまま。いなかびた。「野趣・野性」③自然に育った。「野獣・野生」④いやしい。「野卑・野鄙」⑤文化の発達していない。人知の開けていない。「野蛮・粗野」⑥身分不相応の。「野心・野望」⑦範囲。区分した地域。「視野・分野」⑧「下野の国」の略。「野州」難読 野幇間・野点・野蒜・野放図・野面・野良・野分・野次・野暮 人名 とお・なお・ひろ

や【野】①野原。「虎を—に放つ(=危険なものを野放しにする)」②民間。

—に下る 公職を退いて民間人になる。下野する。

や【人椰】ヤ (字義) やし(椰子)。熱帯地方に自生するヤシ科の常緑高木の総称。人名 やし

-や(接尾) 人名や人を表す語に添えて親しみを表す。「坊—」「ばあ—」

-や【屋】(接尾) ①その職業の人・店を表す。「そば—」「植木—さん」②屋号・雅号の下に添える。「鈴—(=本居宣長)」③そのような癖や性質を持つ人を表す。「わからず—」「お天気—」「がんばり—」④それを専門としている人を表す。時に、軽いあなどりや卑下の気持ちを込めていう。「政治—」「技術—」

や【屋・家】いえ。「空き—」「—並み」

や【八】①やっつ。はち。「七転び—起き」②数の多いこと、いくえにも重なることを表す。「—重」「千代に—千代に」

や【矢・△箭】①武具・狩猟具の一つで、棒の一端に羽根を、他端にやじりを付け、弓のつるに掛けて射るもの。「—をつがえる」②木・石などを割るのに使うくさび。

—でも鉄砲でも持って来い どんな手段を使ってもいいから、かかって来い。—の催促 ひっきりなしにせきたてること。—も盾もたまらない 気がせいてじっとしていられない。

や【△輻】車輪の中心の軸から輪に向かって放射状に出ている多数の細長い棒。スポーク。

や(感) ①驚いたり急に何かに気づいたりしたときに発する語。「—、これは驚いた」②力をこめたり気合いを入れたりするときに発する語。また、歌謡などの囃子詞。

や ㊀(格助) 多くの中から、いくつかを選び並列して示す。「バナナ—メロンを食べる」用法 体言、副詞・助詞などに付く。㊁(接助) 「…とすぐ」の意を表す。…や否や。「それを見る—、泣きだした」用法 動詞・動詞型活用の助動詞の終止形に付く。㊂(終助) ①感動の意を表す。「これはいい—」②呼びかけの意を表す。「春子—、ここへおいで」用法 体言・用言・助動詞の終止形・命令形に付く。㊃(係助)(古) ①疑問の意を表す。「ありなし—」〈伊勢〉②反語の意を表す。「思ひき—」用法 体言・副詞など種々の語に付く。活用語には終止形に付く。已然形に付くこともある。文中に使われる場合、それを受ける結びの活用語は連体形となる。参考 ㊀は並立助詞とする説、間投助詞とする説、副助詞とする説がある。

やあ(感) ①驚いたり感動したりしたときに発する語。「—、きれいだなあ」②呼びかけるときに発する語。「—、中村くん」③気合いをかけるときに発する語。「えい、—」

やあい(感) ①遠くの人などに呼びかけるときに発する語。「—、こちらにおいで」②はやしたてるときに発する語。「—、弱虫」

ヤード〈yard〉ヤードポンド法の長さの単位。一ヤードは三フィートで、約九一・四四センチメートル。ヤール。記号 yd 参考「△碼」とも書く。

—ポンド-ほう【—ポンド法】ハフ— 長さ・重さ・容積の単位をそれぞれヤード・ポンド・ガロンとする度量衡法。現在はおもに英・米で使用。

ヤール 「ヤード」のなまり。洋服地の長さの単位。参考「△碼」とも書く。

—はば【—幅】洋服地で、幅が一ヤール(=約九一・四四センチメートル)のもの。

や-あわせ【矢合(わ)せ】アハセ— 昔、開戦の合図に両軍がたがいに射合うこと。多く鏑矢を用いた。

やい(感) 目下の者を乱暴に呼ぶときの語。「—、この野郎」

や-いた【矢板】〘建〙土木建築の基礎工事などで、土砂が崩れるのを防ぐために地盤に打ち込んで並べる板。

やい-と(「焼き処」の音便)灸。また、灸をすえる所。

や-いな-や【や否や】①…したかと思うとすぐに。「帰る—遊びに出かけた」②…かどうか。「来る—はわからない」

やいの-やいの(副) しつこく要求するさま。うるさくせきたてるさま。「—(と)催促する」

やい-ば【◦刃】(「焼き刃」の音便) ①刀剣。刃物。「—にかける(=刀で殺す)」「—を向ける(=はむかう)」②刀身の刃に現れた波形の模様。

やい-やい ■一(感) 目下の者にぞんざいに呼びかけるときに発する語。「―、何をしている」■二(副) なんだかんだと言い立てるさま。やいのやいの。「はたから―(と)文句を言う」

や-いん【夜陰】 夜のくらやみ。また、夜。夜中。「―に乗じて(=夜のやみにまぎれて)逃げる」

や-うつり【家移り】(名・自スル) 引っ越し。転居。

や-え【八重】― ①八つに、またはいくつにも重なっていること。また、そのもの。「七重―に取り囲む」「―の潮路(=はるかな海路)」②→やえざき

や-えい【夜営】(名・自スル) 夜、軍隊などが野外で陣営を張ること。また、その陣営。

や-えい【野営】(名・自スル) ①軍隊などが野外に陣営を張ること。また、その陣営。②野外にテントなどを張って泊まること。

やえ-がき【八重垣】― 何重にも作った垣根。

やえ-がすみ【八重霞】― 何重にもたちこめるかすみ。[春]

やえ-ざき【八重咲き】― 花びらがいくえにも重なって咲くこと。また、その花。八重。「―の桜」

やえ-ざくら【八重桜】―《植》桜の品種。花が八重咲きで、桜の品種の中では開花が遅い。ぼたんざくら。[春]

やえ-ば【八重歯】― ふつうの歯のわきに、添い重なるようにして生えた歯。鬼歯。

やえ-むぐら【八重葎】― ①いくえにも生い茂ったむぐら。「―茂れる宿」[夏](春) ②《植》アカネ科の一年草または越年草。山野に自生。茎は方形で逆向きのとげがある。葉は線形で細長く数枚ずつ輪生。初夏に黄緑色の花を開く。[夏](春)

や-えん【夜宴】 夜の宴会。

や-えん【野猿】― 野生の猿。

や-おう【野翁】― 田舎の老人。

やお-ちょう【八百長】 勝負事で、表面だけは真剣に争っているように見せて、前もって打ち合わせたとおりに勝負をつけること。転じて、なれあいで事を運ぶこと。「―試合」「―賭博」[参考] 常用漢字表付表の語。[語源] 明治初期に、八百屋の長兵衛がある相撲の年寄との囲碁の勝負で、つねに互角となるよう手加減していたことから出た語という。

や-おもて【矢面・矢表】 ①矢の飛んで来る正面。陣頭。②質問・非難などをまともに受ける立場。「批判の―に立つ」

やお-や【八百屋】― ①野菜類を売る商店。また、売る人。②多方面に知識が広く浅い人。[参考] 常用漢字表付表の語。

やお-よろず【八百万】 数がきわめて多いこと。無数。「―の神々」

やおら(副) ゆっくり。おもむろに。「―立ち上がる」

-やか(接尾)(状態を表す語に付いて形容動詞をつくる)…らしいようす・感じの意を添える語。「はな―」「ささ―」「こま―」

や-かい【夜会】― 夜の会合や宴会。特に、西洋風の夜の宴会、舞踏会など。

―ふく【―服】 夜会に着る礼服。男子は燕尾服。女子はイブニングドレス。

や-がい【野外】― ①野原。「―訓練」②屋外。「―劇」

や-がく【夜学】 ①夜間に授業を行う学校。夜間学校。夜学校。「―生」[秋] ②夜、学問をすること。[秋]

や-かず【家数】 家の数。戸数。

やかず-はいかい【矢数俳諧】《文》一昼夜または一日の一定時間内に、一人で詠んだ句数を競う俳諧興行。[参考] 談林派俳諧で行われたもので、三十三間堂の通し矢にならって一昼夜の間句を詠み続け、その数を競った。⇩大矢数①

や-がすり【矢絣・矢飛白】 矢羽根の模様のかすり。

や-かた【屋形・館】 ①貴人の邸宅。②船や牛車の上に設けた屋根形の部分。③貴人の敬称。「お―様」

―ぶね【―船】「屋形②」を付け、その下に座敷を設けた和船。川遊びなどに用いる。

や-がため【屋固め】 家の建てはじめの柱立てのとき、凶事がないよう、おはらいをする儀式。

や-がっこう【夜学校】― →やがく①

やがて【軈て】(副) ①まもなく。ほどなく。そのうち。「―わかるだろう」「―二年になる」②《古》すぐに。ただちに。③《古》そのまま。[参考]「軈」は国字。

やかまし・い【喧しい】(形) ①音や声が大きすぎて、不快に感じる。音が大きくて心が乱されて集中できない。騒々しい。「電車の音が―」②手続きが複雑で多くの手間を要する。わずらわしい。面倒である。「―手続きがある」③厳しい。小さなミスにも容赦がなく細かい審査が要る。「規則が―」④好みがむずかしい。「料理の味に―人」⑤世間で騒がれている。「今、マスメディアで―話題だ」[文]やかま・し(シク)

やかまし-や【喧し屋】 小言や理屈が多くて気難しい人。

やから【族・輩】 ①一族。同じ血筋を引く人。「うから―」②仲間。連中。「不逞の―」[参考] 多く、①は「族」、②は「輩」と書く。②は、非難や軽蔑の意を込めて用いられる。

や-がら【矢柄】 矢のやじり・矢羽根を付ける幹の部分。

-やが・る(接尾)(動詞や一部の助動詞の連用形に付いて五段活用動詞をつくる)あざけり・軽蔑・憎しみなどの意を表す。「たらふく食い―」「のこのこ来―」

や-かん【夜間】 夜の間。夜。「―営業」「―飛行」↔昼間

や-かん【射干・野干】 ①「きつね」の異名。②「檜扇②」の異名。

や-かん【薬缶・薬鑵】― ①銅・アルマイトなどで作った、土瓶形の湯わかしの器具。もとは、薬を煎じるのに用いた。②「やかんあたま」の略。

―あたま【―頭】 丸くつるつるにはげあがった頭。

やき【焼き】 ①焼くこと。また、焼きぐあい。「―が悪い」②焼き入れ。「―の甘い刀」

―が回る ①刀などを焼いて鍛えるとき、火がゆきわたりすぎて切れ味が鈍る。②心身のはたらきが衰えて鈍くなる。年をとって腕前が落ちる。

―を入れる ①鉄や刀の刃を熱してから水に入れて鍛える。②《俗》㋐気合いを入れてしゃんとさせる。㋑制裁やリンチを加える。

や-き【夜気】 ①夜の冷えた空気。「―に当たる」②夜の静かな気配。「―が迫る」

やぎ【山羊】《動》ウシ科ヤギ属の哺乳動物の総称。ヒツジに似ていて多くは弓形の角があり、雄はあごひげを持つ。肉・毛・乳などは有用。

やき-あが・る【焼〔き〕上がる】(自五) よく焼ける。すっかり焼ける。「パンがこんがりと―」

やき-あみ【焼〔き〕網】 食物を焼くのに使う金網。

やき-いも【焼〔き〕芋】 焼いたサツマイモ。[冬]

やき-いれ【焼〔き〕入れ】(名・他スル)《化》おもに硬度を増すため、鉄鋼を高温に熱したのち、水や油に入れて急激に冷却すること。⇩焼き鈍し

やき-いん【焼〔き〕印】 木製の道具や家畜の体などに、銘柄や所有者などを示すため、火で熱して焼き付ける金属製の印。また、その押した跡。焼き判。烙印。「―を押す」

やき-うち【焼〔き〕討ち・焼〔き〕打ち】(名・他スル) 城・建物などに火を放って、攻めうつこと。火攻め。「―をかける」

やき-え【焼〔き〕絵】― 小さな焼きごてなどで木や革などの表面をこがし、絵や模様を付ける工芸。また、その絵や模様。

やき‐がし【焼(き)菓子】焼いて作った菓子。クッキーやマドレーヌなど。

やき‐がね【焼(き)金】①熱した金属を罪人の額や牛馬の尻などに当て、焼き跡を付けてしるしにすること。また、その金属。②精錬して不純物を取り除いた純粋の金。焼き金。

やき‐がま【焼(き)鎌】焼き入れをした鎌。

やき‐ぎり【焼(き)△桐】表面をこがし、洗って木目を浮き出させた桐材。器物や下駄などを作るのに用いる。

やき‐き・る【焼(き)切る】(他五) ラ(ロ)・リ(ッ)・ル・ル・レ・レ ①焼いて切断する。「鉄の板を―」②すっかり焼く。焼き尽くす。

やき‐ぐし【焼(き)串】魚や肉などを突き刺して焼くくし。

やき‐ごて【焼(き)△鏝】①布や紙のしわを伸ばしたり、折り目を付けたりする、火で熱したこて。②焼き絵に使うこて。

やき‐ごめ【焼(き)米】新米をもみのまま炒り、うすでついて、もみ殻をとったもの。食用。いりごめ。秋

やき‐ざかな【焼(き)魚・焼(き)△肴】魚を火であぶり焼いたもの。

やき‐しお【焼(き)塩】精製していない塩を素焼きのつぼなどに入れて蒸し焼きにしたもの。純白で、吸湿性が小さい。食卓用。

やき‐すぎ【焼(き)杉】杉材の表面をこがし、みがいて木目を浮き出させたもの。器物を作るのに用いる。

やき‐そば【焼(き)×蕎麦】蒸した中華そばに肉・野菜などを加えていためた料理。また、油で揚げた中華そばの上に、野菜・肉などをまぜたあんを掛けた料理。

やきだま‐エンジン【焼(き)玉エンジン】内燃機関の一種。シリンダーの一部に球形の突起を作って赤熱状態にしておき(＝焼き玉)、これに油を吹き付けて爆発させるもの。

やき‐つぎ【焼(き)接ぎ】(名・他スル) 欠けた陶磁器を、上薬を付けて焼き、つぎ合わせること。

やき‐つ・く【焼(き)付く】(自五) カ(コ)・キ(イ)・ク・ク・ケ・ケ ①焼けてくっつく。こげつく。②強い印象や記憶が残る。「脳裏に―・いて離れない光景」

やき‐つけ【焼(き)付け】①陶磁器に顔料で描いた模様を、窯で焼いて定着させること。②写真で、原板に光線を通し、印画紙を感光させて陽画をつくること。③めっきをすること。

やき‐つ・ける【焼(き)付ける】(他下一) ケ・ケ・ケル・ケル・ケレ・ケロ(ケヨ) ①焼き印を押す。②写真で、原板に光線を通し、印画紙を感光させて陽画をつくる。③金属などをとかして付着させる。④陶磁器を窯で焼いて、描いた模様を定着させる。⑤強く印象に残す。「最後の勇姿を目に―」文やきつ・く(下二)

やき‐どうふ【焼(き)豆腐】表面をあぶって焦がした豆腐。

やき‐とり【焼(き)鳥】鳥肉をくしに刺し、塩・たれなどを付けて焼いた料理。冬

やき‐なおし【焼(き)直し】(名・他スル) ①再び焼くこと。②新しい作品や案が、すでにある作品や案に手を加えて作り変えたにすぎないこと。また、その作品や案。「名作古典の―」

やき‐なお・す【焼(き)直す】(他五) サ(ソ)・シ・ス・ス・セ・セ ①一度焼いたものを、もう一度焼く。②すでにある作品や案に手を加えて少し作り変える。「原作を―」

やき‐なまし【焼(き)△鈍し】(名・他スル)〔化〕硬度を下げたり、内部のひずみを取り除いたりするため、金属・ガラスなどを加熱したのち、徐々に冷却すること。⇔焼き入れ

やき‐にく【焼(き)肉】牛・豚・羊などの肉をあぶり焼きにした料理。焼きながら食べる場合も多い。

やき‐のり【焼(き)×海苔】干しのりを火であぶったもの。

やき‐ば【焼(き)場】①物を焼く場所。②火葬場。

やき‐はた【焼(き)畑】山野の雑草や雑木を焼いて、その灰を肥料に作物を栽培すること。焼き畑。切り替え畑。「―農業」

やき‐はまぐり【焼(き)△蛤】ハマグリを殻ごと焼いた料理。また、むき身をくしに刺して焼いた料理。やきはま。春

やき‐はら・う【焼(き)払う】(他五) ワ(オ)・イ(ッ)・ウ・ウ・エ・エ ①跡かたもなくすっかり焼く。「枯れ草を―」②焼いて追い払う。

やき‐はん【焼(き)判】→やきいん

やぎ‐ひげ【×山羊△鬚】(ヤギのあごの下の長い毛のように)下あごに長く生やしたひげ。

やき‐ふ【焼(き)△麩】生麩を火であぶって膨らましたもの。

やき‐ぶた【焼(き)豚】豚肉のかたまりをしょうゆなどに漬けて蒸し焼きにした料理。チャーシュー。

やき‐ふで【焼(き)筆】柳などの木の端を焼きこがして炭のようにした筆。ぬぐうと消えやすいので、下絵を描くのに用いる。

やき‐まし【焼(き)増し】(名・他スル) 写真で、印画紙を追加して焼き付けること。また、その写真。「いい写真を―する」

やき‐みょうばん【焼(き)明△礬】〔化〕みょうばんを焼いて作った白色の粉。消毒剤などに用いられる。

やき‐めし【焼(き)飯】①→チャーハン ②握り飯をあぶって焼いたもの。焼きむすび。

やき‐もき(副・自スル) 気をもんで、いらだちあせるさま。「遅れないかと―する」

やき‐もち【焼(き)餅】①火であぶって焼いたもち。②ねたみ。嫉妬。「―を焼く」

―やき【―焼(き)】嫉妬深い人。ねたみ深い人。

やき‐もどし【焼(き)戻し】(名・他スル)〔化〕焼き入れした金属を、再び低い温度で熱し、粘り強さを与えること。

やき‐もの【焼(き)物】①陶磁器・土器など、土を焼いて作った器の総称。②魚・鳥などの肉を焼いた料理。③焼いて鍛えた刃物。

や‐きゅう【野球】九人ずつ二組に分かれ、投手の投げるボールを打者がバットで打って塁へ進み得点を争う球技。ベースボール。はじまり 日本では、一八七二(明治五)年ごろ、第一大学区第一番中学(現東京大学)のアメリカ人教師ホーレス＝ウィルソンが紹介したのが最初という。「野球」の訳語は第一高等学校の中馬庚らによる。また、正岡子規はそれ以前に自身の名「のぼる(升)」に「野球」の字を当て雅号としていた。

―じょう【―場】野球の競技場。

―ぼう【―帽】野球をするときにかぶる帽子。前びさし付きの帽子。

や‐ぎゅう【野牛】〔動〕ウシ科ウシ属・バイソン属の大形哺乳動物の総称。北米・ヨーロッパなどに分布。バイソン。

や‐ぎょう【夜業】夜、仕事をすること。また、その仕事。よなべ。秋

や‐きょく【夜曲】→セレナーデ

やき‐わく【焼(き)枠】写真で、焼き付けに使う四角い枠。

や‐きん【冶金】鉱石から金属を取り出し、精製・加工したり、合金を作ったりすること。

や‐きん【夜勤】(名・自スル) 夜間の勤務をすること。また、その勤務。「―手当」⇔日勤

や‐きん【野△禽】山野にすむ野生の鳥類。野鳥。⇔家禽

やく【厄】ヤク㊥ 一 厂 厄
(字義) ①わざわい。災難。「厄年・厄日・災厄」②「厄年」の略。「厄前・後厄・前厄」

やく【厄】①災難。わざわい。「―を払う」②「厄年」の略。

やく【役】 教3 ヤク・エキ中 （ノ 彳 彳 彴 役 役）

（字義）①㋐つとめ。仕事。官職。「役職・役人・役目」㋑地位。身分。「重役・役力士」㋒俳優の受け持つ役目。「役者・悪役・主役」②（「エキ」と読んで）人民に課する義務労働。「役務・課役・懲役・夫役・服役」③（「エキ」と読んで）力仕事。「苦役・力役・労役」④（「エキ」と読んで）いくさ。「軍役・戦役」⑤（「エキ」と読んで）軍人。兵士。「現役・退役」⑥（「エキ」と読んで）召使。下働き。「雑役」⑦（「エキ」と読んで）つかう。…させる。「使役」人名 つら・まもる・ゆき

-やく【役】（接尾）その人の受け持つ任務・役割・地位などを表す語。「相談—」「監査—」

やく【役】①受け持ちの仕事。務め。任務。②演劇などで、俳優の受け持つ役目。扮する人物。「宮本武蔵の—」③高い地位を表す。「—付き」「—力士」④トランプ・麻雀などで、特別な得点となるある一定のカード・牌などのそろうこと。

—に立つ 有用である。益となる。**—を振る** それぞれに役目を割り当てる。

やく【疫】（字義）→えき（疫）

やく【約】 教4 ヤク （く 幺 糸 糸 約 約）

（字義）①ちぢめる。つづめる。㋐省略する。短くまとめる。「簡約・要約」㋑ひかえめにする。費用をきりつめる。「倹約・節約」②ちかう。ちぎる。「約定・約束・契約・公約・誓約」③ほぼ。おおむね。「大約」④割る。割って簡単にする。「約数・約分・公約数」人名 なり

やく【約】 ㊀（名）①取り決め。約束。「—を交わす」②短く縮めたもの。省略。③「約音」の略。㊁（副）およそ。ほぼ。だいたい。「—一〇〇人」

やく【益】（字義）→えき（益）

やく【訳】 教6 **【譯】** ヤク わけ （言 言 言 訂 訂 訳）

（字義）①ある国の言葉を他国の言葉に直す。翻訳。「訳出・訳解・意訳・英訳・全訳・直訳・通訳・和訳」②意味をときあかす。難しい文章をやさしく書き改める。「口語訳・現代語訳」人名 つぐ・のぶ

やく【訳】 ある言語で表された内容を、それと体系の違う言語に直して表すこと。また、その表されたもの。「—を付ける」

やく【薬】 教3 **【藥】** ヤク くすり （艹 艹 甘 苜 莁 薬）

（字義）くすり。㋐病気や傷を治すのに、ききめのあるもの。「薬剤・薬草・薬品・丸薬・膏薬・煎薬・内服薬・妙薬・良薬」㋑健康や生命を害するもの。毒。「薬殺・劇薬・毒薬・麻薬」㋒化学変化を起こさせる物質。「火薬・爆薬」㋓焼き物のうわぐすり。「釉薬」難読 薬師・薬玉・薬缶・薬籠・薬研

やく【躍】 ヤク おどる中 （早 趴 趶 踝 躍 躍）

（字義）①おどる。とびあがる。はねあがる。「躍進・跳躍・飛躍・勇躍」②おどり動く。生き生きと動きまわる。「躍如・躍動・暗躍・活躍」

やく【葯】〘植〙雄蕊の先に付く袋。中に花粉がつくられ、熟すと裂けて花粉を放出する。裂け方は植物の種類によって違う。

ヤク〈yak〉〘動〙ウシ科の哺乳動物。野生のものはチベット高原地方などにすむ。全身黒褐色の長毛におおわれ、角も長い。家畜種は運搬用・食用・乳用。毛は織物用。参考「犛牛」とも書く。

や・く【焼く】（他五）カ(コ)・キ(イ)・ク・ク・ケ・ケ ①火を付けて炎を出す。燃やす。「枯れ草を—」②火に当ててあぶる。「魚を—」③火の発する強い熱で炭・陶器などを作る。「炭を—」④日光に当たって皮膚を黒くする。「海辺で体を—」⑤そばから力を添える。「世話を—」⑥あれこれ心を悩ませる。「道楽息子に手を—（=扱いに困る）」⑦写真の原板から陽画を作る。⑧仲のよいのを見てねたむ。しっとする。「二人の仲を—」自 や・ける（下一） 可能 や・ける（下一） 参考 ⑧は「◇嫉く」「◇妬く」とも書く。

や-ぐ【夜具】 寝るときに用いる布団や毛布などの総称。

やく-いん【役印】 役職にある者が職務で用いる印。職印。

やく-いん【役員】ヰン ①ある役を受け持つ人。②会社・団体などの運営について責任ある地位にある人。

やく-えき【薬液】 薬の液。液体状の薬。

やく-えん【薬園】ヱン 薬草を栽培する畑。

やく-おとこ【役男】ヲトコ →としおとこ

やく-おとし【厄落〔と〕し】 →やくはらい①

やく-おん【約音】〘文法〙連続する二音節がつまって、一音節になる現象。「さしあぐ」が「ささぐ」になるなど。約言。

やく-がい【薬害】〘医〙薬品の副作用で、人や動植物が害を受けること。また、その害。「—訴訟」

やく-がえ【役替え】ガヘ ある人の役目を他の人に替えること。また、その人を別の役目に替えること。

やく-がく【薬学】〘医〙薬剤について、性質・製法・効果などを研究する学問。

やく-がら【役柄】 ①役目上の体面や立場。②役目の性質。役向き。「—をわきまえる」③演劇で、演じる人物の種別や性格。「むずかしい—を見事にこなす」

やく-ぎ【役儀】 役目。務め。「—柄やむをえない」

やく-げん【約言】 ㊀（名・自他スル）要点をかいつまんで言うこと。短くちぢめた言葉。㊁（名）→やくおん

やく-ご【厄子】 両親のどちらかが厄年の時に生まれた子。

やく-ご【訳語】 翻訳に用いる言葉。また、翻訳した言葉。「適切な—をあてる」

やく-ざ ㊀（名・形動ダ）いい加減で役に立たないさま。取るに足りないさま。「—な仕事」㊁（名）ばくち打ち。ならず者。また、暴力団員。「—渡世」「—者」語源「三枚ガルタ」というばくちで、八・九・三の札が出ると負けることからいう。

やく-さい【厄災】 思いがけなく起こる悪いできごと。わざわい。災難。災厄。

やく-さい【訳載】（名・他スル）翻訳して雑誌や新聞などに載せること。「新聞に—した詩」

やく-ざい【薬剤】 薬品。または、調合された薬。

—し【—師】〘医〙処方箋による薬の調剤と医薬品の供給を法律上許されている人。

やく-さつ【扼殺】（名・他スル）手で首をしめて殺すこと。

やく-さつ【薬殺】（名・他スル）毒薬を用いて殺すこと。

やく-し【訳詞】 歌詞を翻訳すること。また、その翻訳した歌詞。「—者」

やく-し【訳詩】 詩を翻訳すること。また、その翻訳した詩。

やく-し【薬師】〘仏〙「薬師如来」の略。

—にょらい【—如来】〘仏〙衆生の病患を除くという仏。東方浄瑠璃の国の教主。薬師瑠璃光如来。薬師仏。

やく-じ【薬事】 薬剤師や調剤・医薬品などに関すること。

—ほう【—法】ハフ →やっきほう

やく-じ【薬餌】 ①薬と食物。「—療法」②薬。「—に親しむ（=病気がちである）」

やく-しつ【薬室】 ①薬を調合・処方する部屋。②銃砲の火

薬を詰め込む部分。

やくしお-の【焼塩の】—《枕》「焼く」「辛し」にかかる。

やく-しゃ【役者】①演劇などを演じる人。俳優。「千両—」「大根—」②世間をよく知っていて、かけひきなどのうまい人。「彼はなかなかの—だ」

—が一枚上 世渡りの知恵が身についていて、かけひき・知略などがいちだんとすぐれていること。役者が違う。**—が揃う** 物事を行うにあたって、必要な人材がすべて集まる。また、知名度や能力の高い人たちが集まる。

—こども【—子供】①子供の歌舞伎役者。②役者は芝居に関する事以外は知らず、子供のようだということ。

やく-しゃ【訳者】翻訳をする人。翻訳をした人。翻訳者。

やく-しゅ【薬酒】生薬を入れた薬用酒。まむし酒など。

やく-しゅ【薬種】漢方薬の材料。生薬。「—問屋」

やく-しゅつ【訳出】(名・他スル) 翻訳すること。

やく-じゅつ【訳述】(名・他スル) 翻訳して、その内容を述べること。また、その著述。「仏文の哲学書を—する」

やく-しょ【役所】国や地方公共団体の行政事務を取り扱う所。官公庁。「お—仕事(=形式的で非能率的な仕事ぶりを非難した言い方)」

やく-しょ【訳書】翻訳した書物。訳本。

やく-じょ【躍如】(ト・タル) いきいきと目の前に現れるさま。躍然。「面目—たるものがある」文(形動タリ)

やく-じょう【約定】ヂャウ(名・他スル) 約束して取り決めること。また、その取り決め。契約。「—書」

やく-しょく【役職】担当している役目や職務。特に、組織を運営していくうえで重要な地位。管理職。「—につく」

やく-しん【薬疹】《医》薬剤の投与によって、皮膚に生じる発疹。薬物に対する中毒やアレルギー反応で起こる。

やく-しん【躍進】(名・自スル) 勢いよく進歩・発展すること。「新党の—」

やく-じん【厄神】災難をもたらす神。疫病神。

やく・す【約す】(他五) サ(ソ)・シ・ス・ス・セ・セ →やくする(約する) 語源 サ変動詞「やくする」の五段化。

やく・す【訳す】(他五) サ(ソ)・シ・ス・ス・セ・セ →やくする(訳する) 語源 サ変動詞「やくする」の五段化。

やく-すう【約数】《数》整数Aが整数Bで割り切れるとき、BをAの約数という。「6の—は1・2・3・6である」↔倍数

やく・する【扼する】(他サ変) シ(セ・サ)・シ・スル・スル・スレ・シロ(セヨ) ①強くにぎりしめる。しめ付ける。押さえる。「のどを—」②重要な地点を押さえる。「敵の補給路を—」文やく・す(サ変)

やく・する【約する】(他サ変) シ(セ・サ)・シ・スル・スル・スレ・シロ(セヨ) ①約束する。「再会を—」②節約する。③簡略にする。短く縮める。「長い説明を—」④《数》約分する。文やく・す(サ変)

やく・する【訳する】(他サ変) シ(セ・サ)・シ・スル・スル・スレ・シロ(セヨ) ①ある言語で表されたものを他の言語に直す。翻訳する。②古語や難しい語句をわかりやすく解釈する。文やく・す(サ変)

やく-せき【薬石】(「薬と石針(=昔、中国の治療具の一つ)」の意から)いろいろな薬や治療法。「—効なく他界する」

やく-せつ【約説】(名・他スル) かいつまんであらましを説明すること。また、その説明。

やく-せん【役銭】①中世、所得に応じて徴収した雑税。②江戸時代、鳶職・車力・米つきなどに毎月課した税金。

やく-ぜん【薬膳】食材に生薬や漢方薬をとり入れた料理。中国で、健康増進のために古くから行われた。「—料理」

やく-ぜん【躍然】(ト・タル) →やくじょ

やく-そう【役僧】①寺院で事務を扱う僧。②法会などで所定の役をする僧。

やく-そう【薬草】サウ— 薬用となる、あるいは薬品製造の原料となる植物の総称。薬用植物。「—園」

やく-そく【約束】■一(名・他スル) たがいにある物事についてあらかじめ取り決めること。また、その内容。「口—」「—を守る」「—を反故にする(=約束を破る)」■二(名) ①前もって定まっている運命。因縁。「前世の—」②ある社会や団体で、あらかじめ定められているきまり。ルール。「運営上の—」

—ごと【—事】①約束した事柄。②従うべきものとしてあらかじめ定められているもの。「演技の上での—」

—てがた【—手形】《経》振出人が受取人に対して一定の金額を一定の期日に支払うことを約束して振り出す手形。約手。「—を振り出す」

やく-たい【益体】役に立つこと。整っていること。

—もない 役に立たない。また、とんでもない。「—ことを言う」

やく-だい【薬代】薬の代金。また、治療費。薬代。

やく-たく【役宅】その役目の人が在職中住むために設けてある住宅。官舎。公舎。

やく-だく【約諾】(名・他スル) 約束して引き受けること。

やく-たたず【役立たず】(名・形動ダ) 役に立たないこと。また、そのような人やもの。「—の機械」

やく-だ・つ【役立つ】(自五) タ(ト)・チ(ッ)・ツ・ツ・テ・テ 役に立つ。使用して実際に有効である。「実戦に—」他やくだ・てる(下一)

やく-だ・てる【役立てる】(他下一) テ・テ・テル・テル・テレ・テロ(テヨ) 役に立てる。有効に使う。自やくだ・つ(五) 文やくだ・つ(下二)

やく-ちゅう【訳注・訳註】①翻訳とその注釈。②訳者のつけた注釈。「—を施す」

やく-づき【役付〔き〕】ある役職についていること。特に、管理・監督する立場の地位にあること。また、その人。「—になる」

やく-づくり【役作り】役者が自分の役柄に合った演技・扮装をくふうすること。「—に苦心する」

やく-て【約手】「約束手形」の略。

やく-てん【薬店】薬を売る店。薬屋。薬局。

やく-と【役と】(副)《古》①もっぱら。つとめて。②たいそう。

やく-とう【薬湯】タウ— ①薬草などを煎じた湯。煎じ薬。「—を飲む」②薬品や薬草を入れた風呂。薬湯。

やく-どう【躍動】(名・自スル) 勢いよく活動すること。いきいき動くこと。「若さが—する」「—感」

やく-とく【役得】その役目についているために得られる特別の利益。「—がある」

やく-どく【訳読】(名・他スル) 外国語の文章や日本の古典を、翻訳や解釈をして読むこと。また、その読み方。

やく-どく【薬毒】薬に含まれている有害な成分。

やく-どころ【役所】①与えられた役目。「—をわきまえる」②その人によく合ったふさわしい役目。「—を得る」

やく-どし【厄年】①陰陽道で、災難にあいやすいとして諸事万端に慎むべきであるとされる年齢。数え年で、男は二五、四二、六一歳、女は一九、三三、三七歳など。特に男の四二歳、女の三三歳を大厄とする。②災難の多い年。

やく-なん【厄難】わざわい。災難。不幸。「—除け」

やく-にん【役人】官公庁に勤めている人。官吏。公務員。「—根性(=役人にありがちな、融通がきかず、えらそうな性質)」

やく-ば【役場】①町村の地方公務員が勤務して事務をとる所。また、その建物。②公証人などが事務をとる所。

やく-はらい【厄払〔い〕】ハラヒ— (名・自スル) ①神仏に祈って災難がふりかからないようにすること。厄落とし。厄除け。厄払い。②近世、おおみそかや節分の夜に、厄難ばらいの言葉をと

なえて金銭や品物を乞い歩くこと。また、その人。厄払（ばら）い。冬（新年）

やく-び【厄日】①陰陽道（おんよう）で、災難にあいやすいとして、万事慎むべきだとされる日。②悪いことが重なる日。「今日はとんだ―だった」③農家で、天候による厄難が多いとされる日。二百十日・二百二十日など。秋

やく-び【役日】節句や祝日などの行事がある日。物日（ものび）。

やく-ひつ【訳筆】翻訳した文章。訳文。

やく-びょう【疫病】ヤクビャウ 悪性の流行病。疫病（えきびょう）。

―がみ【―神】①疫病を流行させるという神。「―にとりつかれる」②（比喩（ひゆ）的に）人々から忌み嫌われる人。

やく-ひん【薬品】薬。薬物。「化学―」

やく-ぶそく【役不足】（名・形動ダ）その人の実力に対して、与えられた役目が不相応に軽いこと。「君には―だが我慢してくれ」「―をこぼす」参考 自分は力量不足で役割をこなすだけの力がないという意で用いるのは、本来は誤り。

やく-ぶつ【薬物】薬となる物質。薬品。「―アレルギー」「―依存」

やく-ぶん【約分】（名・他スル）〔数〕分数・分数式の分母・分子を、その公約数で割って簡単にすること。

やく-ぶん【約文】長文を簡約にすること。また、その文章。

やく-ぶん【訳文】翻訳した文章。現代語訳した文章。

やく-ほ【薬舗】薬を売る店。薬屋。薬局。

やく-ほう【薬方】ヤクハウ 薬の調合のしかた。薬の処方。

やく-ほうし【薬包紙】ヤクハウ― 粉薬を包む耐湿性の紙。

やく-ほん【訳本】翻訳した書物。訳書。

やく-まえ【厄前】―マヘ 厄年の前の年。前厄。

やく-まわり【役回り・役△廻り】―マハリ 結果として自分にまわってきた役目。役目のめぐり合わせ。「損な―」

やく-み【薬味】①風味が増すように、食物に添える香辛料。トウガラシ・ワサビ・ショウガ・ネギなど。②（漢方の）薬品。

やく-むき【役向〔き〕】→やくがら②

やく-め【役目】割り当てられた務め。職務。「―を果たす」

やく-めい【役名】①芝居などの役の名前。②役職名。

やく-めい【訳名】翻訳して付けた名前。

やくも-たつ【八雲立つ】〔枕〕「出雲（いずも）」にかかる。

やく-もの【約物】印刷で、文字と数字以外の記号活字の総称。句読点・疑問符・括弧（かっこ）・数学記号・星印・矢印など。

やく-よう【薬用】薬として用いること。「―せっけん」

―しょくぶつ【―植物】→やくそう（薬草）

やく-よく【薬浴】薬を混ぜた湯にはいること。

やく-よけ【厄◦除け】災難を払い除くこと。また、その方法。

や-ぐら【△櫓・矢倉】①城壁や城門などの上に設けた高楼。敵情偵察や射撃に用いた。②遠くを見るために材木などを組んで高く作った構築物。「火の見―」③芝居・相撲などの興行場や盆踊りなどで、高く構えて太鼓などを鳴らす所。④こたつの、布団（ふとん）をかける台。こたつやぐら。⑤相撲で、四つに組み、相手の内またに自分の片ももを入れて、つり上げるように振り投げる技。やぐら投げ。⑥将棋で、陣構えの一つ。「―に囲う」

―だいこ【―太鼓】相撲場または興行場のやぐらで、開場や閉場の知らせとして打ち鳴らす太鼓。また、その音。

―もん【―門】上にやぐらを設けた門。

やく-り【薬理】薬品の作用で起こる生理的な変化。「―学（＝生体内における薬の効果や副作用などを研究する学問）」

やく-りきし【役力士】相撲で、横綱・大関・関脇（せきわけ）・小結の総称。

やく-りょう【薬料】―レウ ①薬の代金。②薬の材料。

や-ぐるま【矢車】①軸の周りに矢羽根を放射状に取り付け、風を受けて回るようにしたもの。こいのぼりのさおの先などに付ける。夏 ②紋所の一つ。①の形を図案化したもの。

―ぎく【―菊】〔植〕キク科の一年草または越年草。初夏から秋にかけて、青紫・白・桃色などの矢車に似た頭状花を開く。観賞用。矢車草。夏

―そう【―草】サウ〔植〕①ユキノシタ科の多年草。深山や亜高山帯に自生し、葉は掌状で矢車に似て、互生する。夏、黄白色の小花を多数開く。夏 ②「やぐるまぎく」の通称。

やく-れい【薬礼】医者に支払う、診療や薬の代金。

やく-ろう【薬籠】①薬箱。②印籠（いんろう）に似た丸い三―四重の小型の重ね箱で、練り薬などを入れて携帯するもの。

―中（ちゅう）の物（もの） 必要に応じていつでも自分の役に立ち、思いのままになる人や物。用法 多く「自家薬籠中の物」の形で使う。

やく-わり【役割】役をそれぞれ割り当てること。また、それぞれに割り当てられた役目や仕事。「―を決める」「―を果たす」

やく-わん【△扼腕】（名・自スル）はがゆがったり、憤慨したり、残念がったりして自分の腕を強くにぎりしめること。「切歯（せっし）―」

やけ【焼け】①焼けること。「日―」「雪―」②日の出や日没の頃（ころ）に空が赤く見えること。「朝―」「夕―」③〔地質〕硫化鉱物を含む鉱床が地表に露出し、焼けたように見える所。

やけ【×自棄】物事が思うとおりにならないために、投げやりになってむちゃな言動をすること。自暴自棄。すてばち。「―を起こす」「―になる」

―のやんぱち 「やけ」を強め、人の名前のように言った語。

やけ-あと【焼け跡】火災で焼けた跡。

やけ-あな【焼け穴】布などの一部分が焼けてできた穴。

や-けい【夜景】夜の景色。「一〇〇万ドルの―」

や-けい【夜警】夜間、見回って、火災や盗難などの犯罪の警戒に当たること。また、それをする人。夜番。冬

や-けい【野鶏】〔動〕①キジ科ヤケイ属の中形の鳥の総称。中で、セキショクヤケイはニワトリの原種。東南アジアなどの林にすむ。②「きじ（雉）」の別名。

やけ-いし【焼け石】火または日に焼けて熱くなった石。

―に水（みず） 少しばかりの援助や労力ではまるで効果のないことのたとえ。「その程度の金額では―だ」

やけ-お・ちる【焼け落ちる】（自上一）チ・チ・チル・チル・チレ・チロ（チヨ） 焼けて崩れ倒れる。「城が―」文やけお・つ（上二）

やけ-くそ【×自棄△糞】（名・形動ダ）「やけ」を強めた語。

やけ-こげ【焼け焦げ】焼けてこげること。また、その箇所。

やけ-ざけ【×自棄―酒】やけを起こして飲む酒。「―をあおる」

やけ-し・ぬ【焼け死ぬ】（自五）ナ（ノ）・ニ（ン）・ヌ・ヌ・ネ・ネ 焼かれて死ぬ。

やけ-ださ・れる【焼け出される】（自下一）レ・レ・レル・レル・レレ・レロ（レヨ）（戦火や震災などで）家が火事になり、住む所がなくなる。「―・れて途方にくれる」

やけ-ただ・れる【焼け△爛れる】（自下一）レ・レ・レル・レル・レレ・レロ（レヨ） 焼けて皮膚が破れてくずれる。

やけ-つ・く【焼け付く】（自五）カ（コ）・キ（イ）・ク・ク・ケ・ケ ①太陽の光や火の熱が肌や物をこがす。「―ような日ざし」②焼けてこげつく。

やけっ-ぱち【×自棄っぱち】（名・形動ダ）「やけ」を強めた語。やけくそ。すてばち。自暴自棄。「―な言動」

やけ-ど【×火傷】（名・自スル）（「焼け処（ど）」の意）①火・熱湯などに触れて皮膚が傷つきただれること。また、その傷。「重い―を負う」②（比喩（ひゆ）的に）危険なことに手を出して、損害や痛手を受けること。「深くかかわると―するぞ」

やけ-に（副）程度がはなはだしいさま。むやみに。やたらに。ひどく。「今日は―風が強い」

やけ-の【焼け野】 野火で焼けた野。春

―の雉子(きぎす)夜(よる)の鶴(つる)（巣のある野を焼かれた雉(きじ)が自分の身を忘れて子を救い、寒い夜に巣ごもる鶴が自分の翼で子をおおい暖めるように）子を思う親の愛情の深いことのたとえ。

やけ-のこ・る【焼け残る】（自五）ラ(ロ)・リ(ッ)・ル・ル・レ・レ 焼けずに残る。焼けきらないで残る。「一軒だけ―・った家」

やけ-のはら【焼け野原】 ①野焼きなどで焼けた野原。春 ②火災であたり一面が焼けて野原のようになった所。やけのがはら。「戦災で―になった町」

やけ-のみ【×自棄-飲み】（名・自スル）自暴自棄になって酒を飲むこと。やけ酒を飲むこと。

やけ-ばら【×自棄-腹】 自暴自棄になって、腹を立てること。やけっぱら。

やけ-ぶとり【焼け太り】（名・自スル）火災にあったことで、かえって生活が裕福になったり、事業が大きくなったりすること。

やけ-ぼっくい【焼け◇棒△杭・焼け◇木△杙】 ボックヒ 焼けてこげたくい。燃えさしの切り株。

―に火(ひ)がつく（燃えさしには火がつきやすいことから）以前に関係のあったものが、一度縁の切れたあとに、またもとの関係にもどること。特に、恋愛関係にいうことが多い。

やけ-やま【焼け山】 ①山火事で焼けた山。また、そのあとの黒くなった山。②春に山焼きをしている山。また、そのあとの黒くなった山。春 ③以前噴火したことのある山。

や・ける【焼ける】（自下一）ケ・ケ・ケル・ケル・ケレ・ケロ(ケヨ) ①火で燃えて原形を失う。燃えて灰になる。「家が―」②火や日光のために熱くなる。「―・けた鉄板」「―・けたトタン屋根」③火にあぶられて熱が通る。「餅(もち)が―」④日光に当たって皮膚が黒くなる。「海水浴で真っ黒に―」⑤日光や熱で変色する。色があせる。「日に―・けた畳」⑥朝日や夕日が映って空や雲が赤くなる。「西の空が真っ赤に―・けている」⑦火の発する熱で炭・陶器などができあがる。「茶碗(ちゃわん)が―・けた」⑧食物が胃の中にもたれて胸が熱いように感じ食欲を失う。「胸が―」⑨そばから力を添えなければならず、手数がかかる。「世話が―」「手が―」⑩仲のよいのを見てねたましく思われる。「二人の仲の良さには―」他や・く（五）文や・く（下二）参考⑩は「◇嫉ける」「◇妬ける」とも書く。

や-けん【野犬】 飼い主のない野放しの犬。野良犬。

―がり【―狩〔り〕】 狂犬病予防などのため、野犬を捕らえること。

や-げん【◇薬研】 おもに漢方で、薬の材料を細かく砕く舟形の器具。くぼみに薬種を入れ、軸のついた円盤状の車で砕く。

〔やげん〕

やご 【動】トンボの幼虫。淡水中にすむ。夏

や-こう【夜光】 クヮウ ①夜、光を発すること。暗い中で光ること。②【天】晴れた夜空に見える月・星以外の微光。地上数百キロメートルの電離層に生じる発光現象。

―ちゅう【―虫】 ヤコウチュウ科の単細胞生物。一本の鞭毛(べんもう)をもつ。海洋性プランクトンの一種。夜間、波間に青白く発光する。赤潮の原因の一つとなる。夏

―とりょう【―塗料】 レウ 暗い所でも文字や目盛りなどが読めるように、燐光(りんこう)をもつ顔料を用いた塗料。発光塗料。

や-こう【夜行】 カウ 一（名・自スル）夜間に行くこと。また、夜間に活動すること。夜行(やぎょう)。「―(性)動物」二（名）（「夜行列車」の略）夜間に運行する列車。夜汽車。

―せい【―性】 動物の、昼間は休み夜間に行動する性質。

や-ごう【屋号】 ガウ 家屋敷を特定するためにつけられた呼称。㋐村落などで、一軒一軒を識別するために名字ではなくつけられた呼び名。家名(いえな)。㋑商店や歌舞伎(かぶき)役者などの家の呼び名。商店の「越後屋」や市川団十郎の「成田屋」の類。

や-ごう【野合】 ガフ（名・自スル）①正式の結婚によらないで男女が関係を結ぶこと。私通。②政党などが、正当な手続きをふまずに打算で手を結ぶこと。

や-ごえ【矢声】 ゴヱ →やさけび①

やこ-ぜん【野△狐禅】【仏】禅を学んで、まだ悟りに達しないのに悟ったつもりになってうぬぼれること。転じて、生かじりでうぬぼれること。また、その人。生禅(なまぜん)。

や-ごろ【矢頃】 矢を射るのに都合のよい距離。転じて、物事をするのに適当な時機。ころあい。「―を測る」

や-さい【野菜】 副食物として、生のまま、あるいは加工・調理して食用とする草本作物。青物。

> **ちがい**「野菜」・「果物」
> 植物に生(な)る実でも、トマト・キュウリなど、食事のおかずに食べる物は「野菜」であり、モモ・ミカン・リンゴなど、食後の嗜好(しこう)品として食べる物は「果物」である。「果物」の中でもリンゴなどは野菜サラダに加えることがあるなど、食べ方によって副食物となったり、デザートとなったりして、厳密な区別がつけにくい場合も出る。そこで、中には一年草にできる物を「野菜」、多年草にできる物を「果物」とするといった区別の仕方もある。それによれば、スイカ・メロンなど、通常は「果物」とされる物も「野菜」ということになる。

やさ-おとこ【優男】 ヲトコ 体つきや気だて・身ぶりがやさしい感じの男。また、風流な男。

や-さがし【家捜し・家探し】（名・自スル）①家の中を残らず捜し回ること。②住む家を探すこと。

やさ-がた【優形】 ①品がよくすらりとしている体つき。②気だて・身ぶりなどのやさしいこと。「―の男」

やさかに-の-まがたま【八◇尺瓊◇勾玉・八◇尺瓊◇曲玉】 三種の神器の一つ。天照大神(あまてらすおおみかみ)が天の岩戸に隠れたとき、奉ったとされる曲玉。⇒三種の神器

や-さき【矢先】 ①矢の先端。やじり。②矢の飛んでくる方向。矢面(やおもて)。「―に立つ」③物事のまさに始まろうとする時。また、始まったとたん。「寝入った―のできごと」

やさぐ・れる（自下一）レレ・レ・レル・レル・レレ・レロ(レヨ)《俗》①すねる。投げやりになる。「試合に負けて―」②家出してうろつく。参考本来は②の意だが、「ぐれる」との混同から①の意が生じた。

や-さけび【矢叫び】 ①矢を射当てたときに、射手があげる叫び声。やごえ。②昔のいくさで、初めて遠矢を射合うときに両軍のあげる叫び声。やたけび。

やさし・い【易しい】（形）カロ・カッ(ク)・イ・イ・ケレ・○ ①だれにでもできるほど簡単である。解決が容易だ。「―問題」「―作業」②理解しやすい。わかりやすい。「―・く説明する」（↔難しい）文やさ・し（シク）

やさし・い【優しい】（形）カロ・カッ(ク)・イ・イ・ケレ・○ ①情け深い。親切で思いやりがある。「親思いの―子」②素直でおとなしい。「気だてが―」③口の利き方・言葉遣い・しぐさなどがおだやかで接し方がやわらかい。「―声で話しかける」④優美である。上品で美しい。「お顔の―仏像」⑤一般に予想されるような悪い影響がなく、よい状態を損なわない。「肌に―せっけん」文やさ・し（シク）
【変遷】もとになった古語の「やさし」は、「痩(や)せる」の意の動詞「痩す」に対応する形容詞。「身がやせ細るようでつらい」が本義。平安時代にはおもに対象の「優美さ・上品さ」を表し、「おとなしい」「恥ずかしい」などの意味にも用いられた。鎌倉・室町時代には「思いやりが深い」「けなげである」の意も生じ、さらに江戸時代

には「平易である(易しい)」の意も生じた。現代語では、平安時代以降の意味を引き継ぎつつ、⑤の意を派生している。

や-さつ【野冊】 植物採集に携行し、採集した植物を挟んでおく用具。竹・木などの二枚の板に、吸水用の紙を挟んで用いる。

やさ-びと【優人】 やさしく美しい人。しとやかで上品な人。

やさ-ぶみ【優文】 恋文。艶書(えんしょ)。

や-し【野史】 民間で編修した歴史。外史。野乗(やじょう)。↔正史

や-し【△椰子】〘植〙①ヤシ科の常緑高木の総称。熱帯・亜熱帯地方に広く自生。多く幹は円柱状で枝分かれしない。葉は羽状または掌状。ナツメヤシ・アブラヤシ・サトウヤシ・シュロなど、種類は二五〇〇種以上ある。②特にココヤシをいう。

や-し【×香具師・野師・弥四】 祭礼・縁日など、人出の多い所で見世物を興行したり、露店を出して物を売ったりする人。また、露天商の世話人。てきや。「大道ー」

や-じ【×野次・×弥次】 ①やじること。また、その言葉。「ーを飛ばす」「ーの応酬(おうしゅう)」②「やじうま」の略。

やじ-うま【×野次-馬・×弥次-馬】 自分とは関係のないことにやたらに興味を示したり、人の尻馬(しりうま)に乗って騒ぎたてたりする者。「ーが集まる」「ー根性」

や-しおじ【八潮路】(シホヂ) ①多くの潮路。②長い航路。

や-しき【屋敷・◇邸】 ①家屋の建っている一区画の土地。家屋の敷地。「家ー」②広い敷地に建つ、りっぱな構えの家。

ーぼうこう【ー奉公】 武家屋敷に奉公に出ること。屋敷勤め。

ーまち【ー町】 大きな邸宅が建ち並んでいる地域。

やじ-きた【弥次喜多】 ①気楽で楽しい二人連れの漫遊旅行。「ー道中」②よく似合った、こっけいな二人組。「ーコンビ」 語源 十返舎一九(じっぺんしゃいっく)の書いた滑稽本(こっけいぼん)「東海道中膝栗毛(ひざくりげ)」の主人公、弥次郎兵衛(やじろべえ)と喜多八の名から出た語。

やしない【養い】(ヤシナヒ) ①養うこと。養育。②滋養分。肥料。

ーおや【ー親】 他人の子を引き取って養育する親。育ての親。養父母。

やしな・う【養う】(ヤシナフ)(他五)(ワ(オ)・イ(ッ)・ウ・ウ・エ・エ) ①生活上のさまざまな面倒をみる。育てる。養育する。扶養する。「家族をー」②動物を飼って世話をして育てる。「多くの牛馬をー」③つくり上げる。つちかう。「健全な精神をー」④体力などを回復させる。「英気をー」「病をー」⑤子供や病人の食事を(はしを持って)手伝う。可能 やしな・える(下一)

や-しま【八△洲・八島】(多くの島の意から)「日本国」の別称。おおやしま。やしまくに。おおやしまぐに。

やしゃ【夜△叉】〘仏〙人を食う猛悪な鬼神。のち、毘沙門天(びしゃもんてん)の従者として仏法の守護神となる。

やしゃ-ご【×玄孫】 孫の孫。ひまごの子。げんそん。

やし-ゆ【△椰子油】 ココヤシの実からとった無色または淡黄色の油。コプラ油。せっけん・マーガリンなどの原料。

や-しゅ【野手】 野球で、内野・外野を守る人の総称。

ーせんたく【ー選択】 野球で、打球を取った野手がボールの送り先を誤り、打者も走者も生かしてしまうこと。フィルダーズチョイス。野選。

や-しゅ【野趣】 自然のままの素朴なおもむき。「ーに富む庭」

や-しゅう【夜襲】(シフ)(名・他スル) 夜の闇(やみ)を利用して敵を襲撃すること。夜討(ようち)。「ーをかける」

やしゅう【野州】(シウ)「下野(しもつけ)の国」の異称。

や-じゅう【野獣】(ジウ) ①野生のけもの。②性質の荒々しい野蛮な人のたとえ。「美女とー」

ーは【ー派】 →フォービスム

や-じょう【野乗】 →やし(野史)

や-じょう【野情】(ジヤウ) 田舎(いなか)らしい素朴な風情や味わい。また、粗野で無風流な心情。

や-しょく【夜色】 夜の景色。夜のおもむき。

や-しょく【夜食】 ①夕食後、夜遅くなってから食べる簡単な食事。秋 ②夕食。夜の食事。

や-しょく【野色】 野原の景色。野景。

や-じり【矢尻・△鏃】 矢の先のとがった部分。矢の根。矢先。

やじ・る【×野次る・×弥次る】(他五)(ラ(ロ)・リ(ッ)・ル・ル・レ・レ) 演説する人の発言や動作に対して、または、対戦する相手方などに対して、非難・からかい・あざけりなどの言葉を大声で投げかける。「相手チームをー」可能 やじ・れる(下一) 語源「やじ」を動詞化した語。

や-じるし【矢印】 矢の先のような形の符号。方向を示す。

や-しろ【社】 神をまつる建物。神社。

やじろべえ【弥次◇郎◇兵◇衛】(ヤジロベヱ) 湾曲した細長い横棒の両端におもりを付け、真ん中を短い棒の先で支えて釣り合いを保つおもちゃ。釣り合い人形。 語源 振り分け荷物を肩にした弥次郎兵衛(「東海道中膝栗毛(とうかいどうちゅうひざくりげ)」の主人公)の人形を使用したことからいう。

〔やじろべえ〕

や-しん【野心】 ①分不相応の望み。実現が難しそうな大きな望み。野望。「ーを抱く」「ー家」「ー満々」②他人に服さず、ともすれば倒そうとする心。謀反(むほん)の心。③新しいものに挑戦する気持ち。「ー作」「ー的な試み」

や-じん【野人】 ①田舎(いなか)の人。「田夫(でんぷ)ー」②粗野な人。野暮な人。③民間にあって官に仕えていない人。「一介のー」

やす-【安】(接頭) ①金額が少ない、値段が安くて粗末である意を表す。「ー月給」「ー普請(ぶしん)」②軽々しい意を表す。「ー請け合い」

-やす【安】(接尾)(金額を表す語に付いて)その金額だけ安いという意を表す。「一〇〇円ー」↔高(だか)

やす【△簎・×魚扠】 水中の魚介類を突き刺して捕らえる漁具。長い柄の先に、フォーク状のとがった鉄製の金具を付けてある。

やす(助動-特殊型)(ヤセ(ヤシ)・ヤシ・ヤス・ヤス・〇・ヤセ(ヤシ・ヤス)) ①丁寧の意を表す。…ます。②(方)(おもに関西で)軽い敬意を表す。…なさい。「お待ちー」「おいでー」用法 動詞の連用形に付く。

やす-あがり【安上〔が〕り】(名・形動ダ) 出費が少なくてすむこと。また、そのさま。「ーの旅行」

-やす・い【◇易い】(接尾)(動詞の連用形に付いて形容詞をつくる) ①…しがちである。すぐ…する状態である。「壊れー」「汚れー」②…することが容易だ。「読みー」「書きー」(↔難(にく)い)

やす・い【◇易い】(形)(カロ・カッ(ク)・イ・イ・ケレ・〇) たやすい。容易である。「言うはーく行うは難(かた)し」↔難(かた)い 文 やす・し(ク)

やす・い【安い】(形)(カロ・カッ(ク)・イ・イ・ケレ・〇) ①少ない金銭で買える。値段が低い。安価だ。「どこよりもー店」↔高い ②心にこだわるところがなく、穏やかである。安らかだ。「ー・からぬ心境」③軽々しい。粗末に扱うようだ。「ー・く見られる」④→おやすい 文 やす・し(ク)

やすかろう悪(わる)かろう 値段が安ければ、それなりに品質も悪いだろう。安い物によい物はないということ。

やす-うけあい【安請〔け〕合い】(ウケアヒ)(名・他スル) よく考えないで軽々しく物事を引き受けること。

やす-うり【安売り】(名・他スル) ①安い値で売ること。「大ー」②(比喩(ひゆ)的に)条件をつけず気軽に応じたり与えたりして、そのものの価値を低めること。「親切のー」

やすき【◇易き】(文語形容詞「易し」の連体形から)やさしいこと。するのが楽なこと。たやすいこと。「ーに流れる」

—に付く 安易なほうを選ぶ。楽な道を選ぶ。

や-すけ【弥助】《俗》「鮨」の別称。語源 浄瑠璃の「義経千本桜」に出てくる鮨屋の名から出た語。

やす-っぽ・い【安っぽい】(形)カロ・カッ(ク)・イ・イ・ケレ・○ ①安くて品質が劣った感じだ。「—品物」②品格がない。軽々しい。「—同情」

やす-で【安手】(名・形動ダ) 他と比べて値段の安い方のもの。また、いかにも安っぽくて品質の劣るさま。また、そのようなでき。「—の品」「作りが—なドラマ」

やすで【×馬陸】〘動〙倍脚類(ヤスデ類)に属する節足動物の総称。湿地にすみ、体は細長くムカデに似るが、体節ごとに二対の脚がある。触れると、体をうず状に巻き悪臭を放つ。夏

やす-ね【安値】①値段の安いこと。また、その値段。②〘経〙株取引で、その日の、またはある期間の最も安い値。(↔高値)

やす-の-かわ【安の川・安の河】—カハ 日本神話で、天にあるという川。天の安の川。また、天の川。

やす-ぶしん【安普請】安い費用で家を建てること。また、そうして建てられた粗末な家。

やすま・る【休まる・安まる】(自五)ラ(ロ)・リ(ッ)・ル・ル・レ・レ 体や心が安らかになる。落ち着く。「気が—」他やす・める(下一)

やすみ【休み】①休むこと。休息。②職務・営業・学業などを休むように定められた時間・日・期間。休暇。「冬—」③欠勤。欠席。「ずる—」④寝ること。就寝。

—やすみ【—休み】(副) ①続けざまでなく途中で何度も休みながら。「—登る」②よく考えて。「ばかも—言え」

やす・む【休む】(自他五)マ(モ)・ミ(ン)・ム・ム・メ・メ ①続けてきた活動を中止して心や体を楽にする。休息する。安息する。「働きづめで—ひまもない」②床について寝る。「早めに—」③欠席・欠勤する。「風邪で学校を—」可能やす・める(下一)

類語 憩う・休憩する・休息する・一休みする・一服する・小休止する・小憩する・手を止める

やす-め【安目】値段が標準・予想より少し安いこと。↔高目

やすめ【休め】(感・名) 気をつけの姿勢をやめて楽な姿勢をとらせるときの号令。また、その姿勢。

やす・める【休める】(他下一)メ・メ・メル・メル・メレ・メロ(メヨ) ①休ませる。休息させる。「手を—」「畑を—(=作物を作らないで地味を肥やす)」②安らかにする。「心を—」自やすま・る(五) 文やす・む(下二)

やす-もの【安物】値段の安い品物。値の安い粗悪な品物。

—買いの銭失い 安価なものはとかく質が悪いので、安値につられて買っても長く使えず、かえって損をするということ。

やす-やす【◦易◦易】(副) いかにもたやすく行うさま。いとも簡単に。「—(と)手に入れる」

やす-やど【安宿】宿泊料の安い粗末な宿屋。

やすらい-まつり【×安楽-祭】—ヤスラヒ 京都市紫野の今宮神社で、四月第二日曜日に行う疫病の神を鎮める祭り。古風な服装の一行が、「安楽花」の歌をはやして踊る。春

やすら・う【休らう】ヤスラフ (自五)ワ(オ)・イ(ッ)・ウ・ウ・エ・エ 休む。休息する。

やすらか【安らか】(形動ダ)ダロ・ダッ(デ・ニ)・ダ・ナ・ナラ・○ ①無事で穏やかであるさま。「—な余生」②気持ちが平穏で、心配がないさま。「—な気分」文(ナリ)

やすら・ぐ【安らぐ】(自五)ガ(ゴ)・ギ(イ)・グ・グ・ゲ・ゲ 安らかな気持ちになる。穏やかで落ちついた気分になる。「心の—ひまもない」可能やすら・げる(下一)

やすらはで… 和歌〔やすらはで 寝なましものを 小夜ふけて かたぶくまでの 月を見しかな〕〈後拾遺集 赤染衛門〉あなたがおいでにならないのなら、ためらうことなく寝てしまえばよかったのに、あなたをお待ちして、月が西空に沈みかけるまでながめ明かしてしまったことです。(詞書によれば、男が約束を破って訪れなかった翌朝、女に代わってよんだもの。小倉百人一首の一つ)

やすり【△鑢】棒状または板状で、表面に細かな刻み目のある鋼鉄製の工具。工作物の表面を平らに削ったり角を落としたり、のこぎりの目立てをしたりするのに用いる。「—をかける」

—がみ【—紙】→サンドペーパー

やすん・じる【安んじる】ジ・ジ・ジル・ジル・ジレ・ジロ(ジヨ) ■一(自他上一) やすらかになる。安心する。また、やすらかにさせる。安心させる。「—・じて暮らす」「民心を—」■二(自上一) 不平を持たない。甘んじる。「現状に—」語源 サ変動詞「やすんずる」の上一段化。

やすん・ずる【安んずる】(自他サ変)ジ(ゼ)・ジ・ズル・ズル・ズレ・ジロ(ゼヨ) →やすんじる 文やすん・ず(サ変)

やせ【痩せ・△瘠せ】やせること。やせていること。また、その人。「着—」「—の大食い」

や-せい【野生】■一(名・自スル) 動植物が、山野で自然に生育すること。また、その動植物。「—の馬」「高山に—する植物」⇩「使い分け」■二(代) 自称の人代名詞。自分の謙称。

や-せい【野性】生まれたままの洗練されていない性質。自然の本能のままの性質。「—的」「—味あふれる」⇩「使い分け」

> 使い分け「野生・野性」
> 「野生」は、動植物が自然の中で自由に育つ意で、「野生の鹿」「野生種の芋」「野生する猿」などと使われる。
> 「野性」は、動物が自然のままに持つ性質の意で、「野性に目覚める」「野性に返る」「野性的な男」などと使われる。

やせ-うで【痩せ腕】①やせて細い腕。②実力、特に経済力に乏しいたとえ。細腕。「女の—ひとつで二人の子を育てる」

やせ-おとろ・える【痩せ衰える】—オトロヘル (自下一)エ・エ・エル・エル・エレ・エロ(エヨ) やせて衰弱する。文やせおとろ・ふ(下二)

やせ-がまん【痩せ我慢】(名・自スル) むりにがまんして平気をよそおうこと。「—を張る」

やせ-ぎす【痩せぎす】(名・形動ダ) 体がやせて骨ばって見えるさま。また、そういう人。「—な(の)人」

やせ-こ・ける【痩せこける】(自下一)ケ・ケ・ケル・ケル・ケレ・ケロ(ケヨ) ひどくやせる。やせて肉が落ちる。「顔が—」文やせこ・く(下二)

やせ-さらば・える【痩せさらばえる】—サラバヘル (自下一)エ・エ・エル・エル・エレ・エロ(エヨ) やせこけて骨と皮ばかりのようになる。「—・えた手足」文やせさらば・ふ(下二)

やせ-じし【痩せ◦肉】やせていて肉が付いていないこと。↔太り肉

やせ-ち【痩せ地】土質が悪くて作物の育ちにくい土地。

やせっ-ぽち【痩せっぽち】(名・形動ダ) ひどくやせていること。また、そのさま。また、そういう人をあざけっていう語。

やせ-ほそ・る【痩せ細る】(自五)ラ(ロ)・リ(ッ)・ル・ル・レ・レ やせて細くなる。「手足が—」「身代が—(=貧しくなる)」「身が—思い」

やせ-やま【痩せ山】土質が悪く、木などのよく育たない山。

や・せる【痩せる・△瘠せる】(自下一)セ・セ・セル・セル・セレ・セロ(セヨ) ①体の肉が落ちて細くなり、体重が減る。「二キロ—・せた」↔太る・肥える ②土地の、植物を生長させる力が乏しくなる。「—・せた土地」↔肥える 文や・す(下二)

やせても枯れても どんなにおちぶれても。「—一家の主だ」

—思い 体がやせてしまうほどのつらい思いや苦労。

や-せん【夜戦】夜間の戦い。

や-せん【野戦】①(市街戦や要塞の攻防などに対して)野山での戦い。②戦場。「—病院」

や-せん【野選】「野手選択」の略。

や-ぜん【夜前】前日の夜。昨夜。「―の雨」

や-そ【八◇十】《古》①はちじゅう。②数の多いこと。

ヤソ【×耶蘇】〈ラテン〉Jesus の中国音訳語「耶蘇」を音読したもの〉①イエス＝キリスト。②キリスト教。また、キリスト教徒。

や-そう【野草】― 野山に自然に生えている草。野の草。

やぞう【弥蔵】ふところ手をしてこぶしをつくり、肩のあたりをつき上げるようにしたかっこう。江戸時代の博徒などの風俗。

やそう-きょく【夜想曲】― →ノクターン

ヤソ-かい【×耶蘇-会】― →イエズスかい

ヤソ-きょう【×耶蘇-教】― キリスト教。

やそ-じ【八◇十・八◇十路】― ①八〇。②八〇歳。

や-たい【屋台】①移動できるようにした屋根つきの台。行商人・露天商などが用いる。②祭礼などに用いる、屋根のついた踊りの舞台。③《演》能や演劇などで、家に模して用いる大道具。④「屋台骨」の略。⑤小さい粗末な家をあざけっていう語。

―ばやし【―△囃子】→ばかばやし

―ぼね【―骨】①屋台の骨組み。②家屋の柱や梁。③一家の生計を支えるもと。財産。身代。「―を支える」

―みせ【―店】道ばたに「屋台①」をおいて、物を売る店。

やたけ-ごころ【弥◇猛心】いよいよたけだけしく勇みたつ心。

やたけ-に【弥◇猛に】(副) ますますたけだけしく勇みたつさま。

や-たけび【矢◇叫び】→やさけび②

や-たて【矢立〔て〕】①矢を入れる武具。②(「矢立ての硯」の略)箙の中に入れて陣中に携帯した小さい硯箱。③帯に挟んで携行した、墨つぼに筆を入れる筒をつけた筆記用具。

〔やたて③〕

や-だね【矢種】手もとにあって、すぐ射ることができる矢。「―が尽きる」

やた-の-かがみ【八△咫鏡】(大きな鏡の意)三種の神器の一つ。伊勢神宮の神体。天照大神が天の岩戸に隠れたとき、石凝姥命が作ったという鏡。⇩三種の神器

や-だま【矢玉】矢と弾丸。「―が尽きる」

やたら【×矢鱈】(副・形動ダ) 物事に規律・秩序・節度のないさま。むちゃくちゃ。「むやみ―(と・に)」「―(と・に)食べたがる」

―づけ【―漬〔け〕】数種類の野菜を刻んで味噌に漬けた漬物。

やち【◇谷地・◇谷】谷や沢の湿地。低湿地。やつ。

や-ち【野致】田舎らしい味わい。田野のおもむき。野趣。

やち-ぐさ【八千草・八千◇種】①多くの草。秋 ②多くの種類。参考 ②は多く「八千種」と書く。

や-ちまた【八△衢】道がいくつにも分かれる所。語源「八」は数の多いこと。「ちまた」は「道股」の転。

や-ちゅう【夜中】夜間。夜の間。

やち-よ【八千代】多くの年代。長い年代。「千代に―に」

や-ちょ【野△猪】→いのしし

や-ちょう【夜鳥】― 夜に活動する鳥。夜禽。

や-ちょう【野鳥】― 野生の鳥。野禽。↔飼い鳥

や-ちん【家賃】家または部屋を賃借する料金。店賃。

やつ【◇奴】━(名) ①人をののしって、または親しんでいう語。「ばかな―」「いい―だった」②「もの」「こと」をぞんざいにいう語。「大きい―をくれ」━(代) 他称の人代名詞。人を軽蔑して、また同輩以下の者に親しみをこめて用いる。あいつ。「―にはかなわない」

や-つ【八つ】①はち。やっつ。②八歳。③昔の時刻の名。今の午前または午後の二時ごろ。やつどき。「お―(＝間食)」

やつ-あたり【八つ当〔た〕り】(名・自スル) 腹を立てて、関係のない人にまで当たり散らすこと。「周囲の者に―する」

や-つか【矢◇束】矢の長さ。参考 矢の長さは一握り、すなわち四指を並べた幅の「束」および指の幅の「伏」ではかる。「十三束三伏」など。普通の矢の長さは十二束。

やっ-か【薬価】― 薬のねだん。薬代。「―基準」

やっ-か【薬禍】― 薬の副作用や誤用によって起こる弊害。

やっ-かい【厄介】― ━(名・形動ダ) 手数がかかりわずらわしいこと。また、そのさま。めんどう。「―な話」━(名) 世話を受けること。「友達の家で二、三日―になる」

―ばらい【―払い】― (名・他スル) 厄介者や厄介な物事を追い払うこと。

―もの【―者】①他人の迷惑となりわずらわしい人。「―扱い」②他人の世話を受ける人。いそうろう。食客。

やっ-かい【訳解】― (名・他スル) 訳して解釈すること。また、その訳と解釈。

やつ-がしら【八つ頭】《植》サトイモの一品種。親芋と子芋が合体して塊をなす。葉柄はずいきと呼ばれ食用。秋

やっか・む(他五) 《方》(おもに関東で)うらやむ。ねたむ。「友人の出世を―」

やつがれ【◇僕】(代)《古》(古くは「やつかれ」。「奴吾」の転)自称の人代名詞。自分の謙称。わたくしめ。てまえ。

やっ-かん【約款】― 《法》①契約の中で定められている個々の条項。②多数の契約を定型的に処理するため、企業などがあらかじめ作成した契約の条項。

やっ-き【躍起】― (名・形動ダ) あせって、むきになるさま。

―になる 自分の意志・希望などを通そうとして必死になる。

やつぎ-ばや【矢継〔ぎ〕早】(名・形動ダ) 矢を次々と射るように、素早く続けざまに物事をするさま。「―に質問する」

やっき-ほう【薬機法】― 《法》医薬品・化粧品・医療機器などの品質・有効性・安全性の確保を目的に定めた法律。二〇一四(平成二十六)年薬事法を改正・改題し施行。

やっ-きょう【薬△莢】― 銃砲の弾丸を発射するための火薬を入れた真鍮製の筒。

やっ-きょく【薬局】― ①薬剤師を置き、調剤や既製の薬の販売を行う店。②病院などで薬を調合する所。

―ほう【―方】― (「日本薬局方」の略)一般に使用される医薬品の性状・品質などを定めた規格基準書。局方。

やつ-ぎり【八つ切り】①全体を八つに切り分けること。また、そのもの。②写真の印画紙などで、縦約二一・六センチメートル、横約一六・五センチメートルの大きさ。八つ切り判。

やつ-くち【八つ口】女性や子供の着物で、わきの下のあいた部分。わきあけ。身八つ口。

や-づくり【家作り・屋造り】家をつくること。また、家のつくり方や構え。「りっぱな―」

ヤッケ〈ドイツ Jacke〉フードのついた防風・防水用の上衣。登山やスキーなどのときに用いる。ウインドヤッケ。冬

やっこ【◇奴】━(名)(古くは「やつこ」。「家つ子」の意)①古く、家に所属して使役された者。下男。②江戸時代、武家の下僕。槍・挟み箱などを持ち主人の供をした。中間。③江戸時代の侠客。男伊達。町奴と旗本奴とがあった。④「やっこだこ」の略。⑤「やっこどうふ」の略。━(代) 他称の人代名詞。他人をいやしんでいう語。あいつ。

―さん ━(名)「奴━②」の姿に似せた形に折る、折り紙細工。━(代) 他称の人代名詞。男性が同輩や目下の者を親しんで、また、あなどって呼ぶ称。あいつ。「―、来ないらしい」

——だこ【—凧】「奴□②」の姿に似せて作った紙だこ。春

——どうふ【—豆腐】豆腐を四角に切り、しょうゆ・薬味をかけて食べる料理。語源「奴□②」の着物に付けた四角形の紋と似るところからいう。⇩冷や奴

やっ-こう【薬効】ヤクカウ 薬のききめ。「—期限」

やつ-ざき【八つ裂き】ずたずたに引き裂くこと。「—にする」

やっさ-もっさ（名・副・自スル）大勢が騒ぎたてて、混乱したり交渉などがもつれたりすること。また、そのさま。「—の大騒ぎ」

やつ・す【窶す・俏す】（他五）サ(ソ)・シ・ス・ス・セ・セ ①姿をみすぼらしくし、目立たないように変装する。「浮浪者に身を—」②身がやせるほどに熱中する、あるいは思い悩む。「芸事にうき身を—」③化粧する。めかす。自やつ・れる(下一) 可能やつ・せる(下一)

やっ-た（感）思い通りにいったり、よい結果が出たりしたときに発する語。「—、優勝したぞ」

やっちゃ-ば【やっちゃ場】《俗》「青果市場」の異称。

やっ-つ【八つ】→やつ(八つ)

や-づつ【矢筒】矢を入れておく筒。

やっつけ-しごと【◇遣っ付け仕事】急場をしのぐために、急いでする雑な仕事。「その場しのぎの—」

やっ-つ・ける【◇遣っ付ける】（他下一）ケ・ケ・ケル・ケル・ケレ・ケロ(ケヨ) ①相手をひどく打ち負かす。「徹底的に—」②結果を気にしないでやってしまう。ぞんざいに急いでする。「たまった仕事を一気に—」

やつ-で【八つ手】《植》ウコギ科の常緑低木。暖地に自生または栽植される。葉はてのひらに似た形で大きい。晩秋、白い小花を開く。観賞用。（やつでの花 冬）語源「やりつける」の転。

やって-い・く【◇遣って行く】（自五）カ(コ)・キ(ッ)・ク・ク・ケ・ケ ①つきあいや仕事などを続ける。「部下とうまく—」②暮らしをたてる。「独り立ちして—」

やって-くる【◇遣って来る】（自カ変）コ・キ・クル・クル・クレ・コイ ①こちらに向かって来る。「怪しい人が—」②あることを続けて、今に至る。「芝居一筋に—・きた」

やって-の・ける【◇遣って◇退ける】（他下一）ケ・ケ・ケル・ケル・ケレ・ケロ(ケヨ) やりとげる。うまくやりぬく。やりのける。「苦もなく—」

やっ-と（副）長い時間や苦労のすえ、実現・成立するさま。ようやく。かろうじて。「—完成した」「食べるのが—の状態」

やっ-とう（剣術の掛け声から）剣術。剣道。「—の先生」

やっとこ【鋏】《工》工具の一種。板金・針金などを曲げたりはさんだりするときに用いる、鋼鉄製の工具。やっとこばさみ。

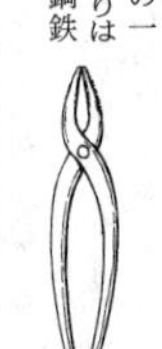

〔鋏〕

やっとこ ■（副）やっとのことで。かろうじて。やっとこさ。「—卒業できた」■（感）力を入れるときに発する語。やっとこさ。やっとこせ。「—どっこい」

やつ-はし【八つ橋】①小川や池に、幅のせまい橋板を稲妻形に数枚渡してかけた橋。日本式庭園に多く見られる。②肉桂(にっけい)入りの米粉を練って、短冊形に焼いたり餡(あん)を挟んだりした京都名産の和菓子。

〔やつはし①〕

やつ-ばら【◇奴原・◇奴儕】（「ばら」は複数を表す接尾語）「やつ」の複数。やつら。連中。

やっ-ぱり【矢っ張り】（副）（「やはり」の転）→やはり

ヤッホー〈yo-ho〉（感）山などで遠くの人に呼びかける声。また、うれしいときなどにあげる歓声。

やつめ-うなぎ【八つ目鰻】《動》ヤツメウナギ科の無顎(むがく)類(円口類)の総称。ウナギに似た形で、目の後方に七対のえら穴があり、目が八つあるように見える。食用・薬用。冬

やつ-ら【◇奴◇等】「やつ」の複数。やつばら。「悪いのは—だ」

やつれ【窶れ】やつれること。また、その姿。「所帯—」

やつ・れる【窶れる】（自下一）レ・レ・レル・レル・レレ・レロ(レヨ) 身も心も衰えて、みすぼらしいようすになる。「恋に—」「病で—・れはてる」他やつ・す(五) 文やつ・る(下二)

や-てい【野亭】野にある、休憩用の小さな小屋。「山館—」

やど【宿】①すみか。家。「葎(むぐら)の—」②旅先で泊まる家。宿屋。「—をとる」③奉公人の親元。または、保証人の家。「—下がり」④《俗》他人に対して、妻が夫をさしていう語。主人。

やとい【雇〔い〕・傭〔い〕】ヤトヒ ①人をやとうこと。また、やとわれた人。やとい人。「臨時—」「日—」「—止め」②もと、官庁などで本官の補助にやとった職員。雇員(こいん)。

——にん【—人】①やとわれている人。使用人。②やとい主。

——ぬし【—主】人をやとって使う人。雇用主。

や-とう【夜盗】タウ 夜中にぬすみを働くこと。また、その人。

や-とう【野党】タウ 政党政治で、政権を担当していない政党。↔与党

やと・う【雇う・傭う】ヤトフ（他五）ワ(オ)・イ(ッ)・ウ・ウ・エ・エ ①賃金や給料を払って人を使う。「アルバイトを—」②料金を払って乗り物を借り、利用する。「釣り船を—」可能やと・える(下一)

やど-がえ【宿替え】ガヘ（名・自スル）引っ越し。転居。

やど-かり【宿借り・寄居虫】①《動》ヤドカリ科・ホンヤドカリ科・オカヤドカリ科などの節足動物の総称。エビとカニとの中間の形で、巻き貝の殻にすみ、成長につれ大きな殻に移るのでこの名がある。ごうな。春 ②借家人。また、居候(いそうろう)。

やど-さがり【宿下がり】（名・自スル）奉公人が休暇をもらって親元や保証人の家に帰ること。宿下(やど)り。里下がり。

やど・す【宿す】（他五）サ(ソ)・シ・ス・ス・セ・セ ①内部にとどめ持つ。「心に怨念(おんねん)を—」②涙・露・光・影などをとどめる。置く。映す。「月を—池」「母の面影を—」③子をはらむ。妊娠する。「子を—」自やど・る(五) 可能やど・せる(下一)

やど-ちょう【宿帳】チヤウ 宿屋で宿泊客の住所・姓名などを記す帳面。

やど-せん【宿銭】宿泊料。泊まり賃。宿賃。

やど-ちん【宿賃】①宿泊料。宿銭。②家賃。「—を払う」

やと-な【雇女・雇仲居】《方》（「やといおんな」の意）京阪神地方で、料理屋などの臨時やといの仲居。

やど-なし【宿無し】定住する家のないこと。また、その人。

やど-ぬし【宿主】①宿の主人。②→しゅくしゅ

やど-ひき【宿引き】旅客を自分の宿屋へ誘い、宿泊をすめること。また、その人。旅館の客引き。

やど-もと【宿元・宿許】①居住している所。②泊まっている所。③奉公人の親元。または、保証人の家。

やど-や【宿屋】旅客を泊めるのを職業にしている家。旅館。

やどり【宿り】宿ること。宿る所。「仮の—」「旅の—」

——ぎ【—木・寄生木】《植》①他の植物に寄生する植物。②ビャクダン科の常緑小低木。早春に黄色の小花を開く。

やど・る【宿る】（自五）ラ(ロ)・リ(ッ)・ル・ル・レ・レ 《中心義—一定の時間、同じ場所にとどまる》①旅先で泊まる。「宿坊に—」②ある場所に一時とどまる。「露が—」③寄生する。「虫が—」④胎児が子宮の中にとどまる。「生命が—」他やど・す(五)

やど-ろく【宿六】《俗》妻が夫をなれ親しんで、または軽んじていう語。「うちの—」語源「宿のろくでなし」の意から。

やど-わり【宿割(り)】団体旅行などで、泊まる宿を割りふること。また、その役にあたる人。

やとわ-れ【雇われ】ヤトハ 人に雇われていること。「ー社長」

やな【梁・簗】川の瀬などに木や竹を立て並べて水をせきとめ、一部だけ流れをあけて、魚を簀などに受けて捕らえる仕掛け。「ーをかける」夏(上り梁春・下り梁秋)

〔やな〕

やな-あさって【弥な×明後日】→やのあさって

やない-ばこ【柳筥】(「柳筥」の音便)柳の細い枝を編んで作ったふたつきの四角い箱。すずり・墨・筆・短冊・経巻などを入れたり、ふただけを用いて物を載せたりするのに用いる。

やな-がわ【柳川】ガハ「やながわなべ」の略。

ーなべ【ー鍋】背を割き、骨をとったドジョウとささがきにしたゴボウを平たい土鍋で煮て卵でとじた料理。やながわ。夏

やなぎ【柳】《植》ヤナギ科ヤナギ属の植物の総称。落葉高木または低木。種類が多く、雌雄異株。庭木・街路樹用。春(柳の芽春・柳の花春・柳散る秋)

ーに風と受け流す(柳が風になびくように)さからわずにうまくあしらう。いやなことを言われてもおだやかに聞き流して相手にならない。柳に風。**ーに雪折れなし**(しなやかな柳の枝は雪がつもっても折れないように)柔軟なものは強剛のものよりかえって物事にたえられるというたとえ。**ーの下にいつも泥鰌はいない** 一度幸運をつかんだからといって、再び同じ方法で幸運が得られるとは限らないというたとえ。

ーごうり【ー行李】ガウ コリヤナギ(=ヤナギ科の落葉低木)の皮をはいで干した枝を、麻糸で編んで作ったこうり。

ーごし【ー腰】女性の細くてしなやかな腰。美人の姿の形容。「ーの美人」

ーだる【ー樽】①祝い事などに使う、二本の長い柄のついた酒だる。②「酒」の別称。③「誹風柳多留」の略。

ーば【ー刃】片刃で先のとがった細身の包丁。

ーばし【ー箸】新年の雑煮を食べるときなどに用いる、柳の白木で作った太いはし。新年

やなぎたくにお【柳田国男】ヤナギタクニヲ (一八七五～一九六二) 民俗学者。兵庫県生まれ。初め新体詩・短歌を発表。のち民俗学の研究に専念。日本民俗学の樹立・発展に努めた。著書「日本昔話集」「民間伝承論」「雪国の春」「遠野物語」など多数。

やなぐい【×胡籙・×胡簶】グヒ 矢を入れて背負う武具。

や-なみ【家並(み)】①家の並び方。また、立ち並んだ家。「昔風のー」「ーを外れる」②家ごと。軒なみ。

や-なり【家鳴り】家が音を立てて動くこと。また、その音。

やに【脂】①樹木から分泌される粘液。また、それが固まったもの。樹脂。「松ー」②たばこの燃焼によって生じる褐色の粘液。③目やに。

やに-さが・る【脂下がる】(自五) ラ(ロ)・リ(ッ)・ル・ル・レ・レ いい気分になってしまりのない顔でにやにやする。「女性に囲まれてー」語源 雁首を上に向け、脂が吸い口のほうへ下がるようなかっこうでキセルをくわえて、きどったふうをすることからいう。

やに-っこ・い【脂っこい】(形) カロ・カッ(ク)・イ・イ・ケレ・○ ①やにの成分が多い。ねばねばしている。「木材がまだー」②しつこい。くどい。「ー性質」語源「やにこい」の転。

やにょう-しょう【夜尿症】ヤネウシヤウ《医》夜間睡眠中に無意識に尿をもらす症状。一般に、五歳以上の小児のものをいう。

やにわ-に【×矢庭に】ヤニハ (副) ①その場ですぐに。即座に。「ー断る」②いきなり。だしぬけに。急に。「ーとび出してきた」

や-ぬし【家主】①貸家の所有主。おおや。②一家の主人。

ヤヌス〈ラテ Janus〉古代ローマの神。家の門の守護神、また新年の神。前後二つの顔をもつところから、相反する性格をあわせもつ人物や事物のたとえにいう。

や-ぬち【屋内・家内】《古》(「屋のうち」の転)家の中。

や-ね【屋根】①雨露・日光・風などをふせぐための、建物の上部のおおい。「ーを葺く」②物の上部をおおうもの。また、最上部のもの。「ー付き馬車」「世界のー(=ヒマラヤ山脈をさす)」

やね-いた【屋根板】屋根を葺くための板。

やね-うら【屋根裏】①屋根の裏側。天井と屋根の間の空間。②西洋建築で、屋根のすぐ下にある部屋。屋根裏部屋。

やね-がえ【屋根替え】ガヘ 屋根を葺きかえること。春

やね-ぶね【屋根船】屋根のある小型の和船。川遊びなどに使う。参考 屋形船より簡単なつくりのものをいう。

や-の-あさって【弥の×明後日】(方) ①明後日の次の日。しあさって。②(東京の一部などで)あさってのあさって。しあさっての次の日。参考 東部方言。「やなあさって」ともいう。

や-の-じ【やの字】(「やの字結び」の略)女帯を「や」の字形に結ぶこと。また、その結び方。

〔やのじ〕

や-の-ね【矢の根】→やじり

や-ば【矢場】①弓道の練習や試合をする所。矢を射る所。弓場。②弓を射て遊ばせた遊戯場。楊弓場。

やば・い(形) カロ・カッ(ク)・イ・イ・ケレ・○《俗》危険だ。不都合だ。まずい。「見つかるとー」「ー仕事」参考 もと、てきや・盗人などの隠語。若者言葉で「すごい」「格好いい」などの意で用いることがある。

ヤハウェ〈Yahweh〉「旧約聖書」における神で、万物の創造主。イスラエル民族の神。ヤーウェ。エホバ。

や-はず【矢筈】①矢の端の弓の弦を受けるところ。②①の形の模様。「ー絣」③棒の先に股のついた、掛け物を掛けおろしする道具。④紋所の一つ。①の形を図案化したもの。ならび矢はずなど。

〔やはず①〕

やばたい-こく【邪馬台国・耶馬台国】→やまたいこく

や-ばね【矢羽・矢羽根】矢につける鳥の羽。

やははだの… 和歌〔やは肌の あつき血汐に ふれも見で さびしからずや 道を説く君〕〈与謝野晶子〉やわらかな肌をもつ女性の中を流れる熱い血潮に触れてみることもしないで、寂しくないのですか、人の道を説くあなたは。(「道を説く君」について、作者の自歌自釈では「世の道学者先生達よ」としているが、特定の人物―恋の相手とする見方もある)

やはらかに… 和歌〔やはらかに 柳あをめる 北上の 岸辺目に見ゆ 泣けとごとくに〕〈石川啄木〉やわらかに柳が青く芽ぐんだ北上川の岸辺が、ありありと目に浮かんでくることだ。故郷を思って泣きなさいと迫るように。(東京でよんだ望郷の歌)

やはり【×矢張り】(副) ①もとのままであるさま。以前と同様に。ほかと同じように。「今もーあの家にいる」②思ったとおり。案の定。「ー負けた」③なんだかんだ言っても結局のところ。「暑いといってもー九月だ」参考「やっぱり」ともいう。

や-はん【夜半】夜中。特に、真夜中。よわ。「ー過ぎ」

や-ばん【野蛮】(名・形動ダ) ①文化が開けていないさま。未開。②無教養・無作法で、粗暴なさま。「ーなふるまい」

や-ひ【野卑・野鄙】(名・形動ダ) 言葉や動作が下品でいや

しいこと。また、そのさま。「—なやじをとばす」

やぶ【藪】 ①雑草・雑木などが群がって生えている所。②竹やぶ。③「やぶいしゃ」の略。④「やぶそば」の略。

—から棒 だしぬけなこと。突然で思いがけないこと。「—の話」 **—の中** 関係者の証言が食い違っていて、真相がいっさいわからないさま。「真相は—だ」 語源 芥川龍之介の同名の小説から生まれた語。 **—をつついて蛇を出す** 余計なことをして、かえって災いを受けるたとえ。やぶへび。

やぶ-いしゃ【藪医者】 医療技術の劣った医者。やぶ。

やぶい-ちくあん【藪医竹庵・藪井竹庵】—・—《俗》やぶ医者を人名になぞらえて言った言葉。

やぶ-いり【藪入り】 正月や盆の十六日ごろに、奉公人が休暇をもらって実家に帰ること。また、その日。新年

やぶ-うぐいす【藪鶯】— やぶにいるウグイス。冬

やぶ-か【藪蚊】〔動〕カ科ヤブカ属に属する昆虫の総称。小形または中形で黒色のものが多く、体や脚に白いまだらがある。やぶに多くすみ、昼間、人畜を吸血する。夏

やぶ・く【破く】（他五）カ(コ)・キ(イ・ツ)・ク・ク・ケ・ケ 紙・布など薄いものをひきさく。「手紙を—」 自 やぶ・ける(下一) 可能 やぶ・ける(下一) 語源「やぶる」と「さく」の混合した語。

やぶ・ける【破ける】（自下一）ケ・ケ・ケル・ケル・ケレ・ケロ(ケヨ) 紙・布など薄いものがやぶれさける。他 やぶ・く(五) 文 やぶ・く(下二)

やぶ-こうじ【藪柑子】—〔植〕サクラソウ科の常緑小低木。山地の樹下に自生、また観賞用に栽培。葉は楕円形。夏、白い花をつけ、冬、赤い実を結ぶ。やまたちばな。冬

やぶさか【吝か】（形動ダ）ダロ・ダッ(デ・ニ)・ダ・ナ・ナラ・○ ①物惜しみするさま。②思いきりが悪いさま。ためらうようす。文(ナリ)

—でない （「…にやぶさかでない」の形で）…する努力を惜しまない。快く…する。「協力するに—」「改めるに—」

やぶさ-め【流鏑馬】 馬を走らせながら、かぶら矢で三つの的を射る競技。鎌倉時代に盛んで、現在は神事に行う。夏

やぶ-じらみ【藪虱・藪蝨】〔植〕セリ科の越年草。野原・路傍に見られる。葉は羽状複葉で互生。夏、白い小花を開く。実はとげが多く、衣類などにつく。秋（やぶじらみの花 夏）

や-ぶすま【矢衾】 射手が弓に矢をつがえてすきまなく並ぶこと。また、すきまなく一面に矢が飛んでくること。

やぶ-そば【藪蕎麦】 甘皮を入れたうす緑色のそば。

やぶ-だたみ【藪畳】 ①やぶが一面に茂った所。②芝居の大道具の一つ。木の枠に葉竹をすきまなく取りつけて笹藪に仕立てたもの。

やぶ-にらみ【藪睨み】 ①→しゃし（斜視）②見当違いのものの見方や考え方。

やぶ-へび【藪蛇】「やぶをつついて蛇を出す」の略。

や-ぶみ【矢文】 矢柄に結びつけ、相手方に射送る手紙。

やぶ・る【破る】（他五）ラ(ロ)・リ(ッ)・ル・ル・レ・レ ①紙・布などを切り裂いたり穴をあけたりする。「障子を—」②こわして突きぬける。「敵の囲みを—」③安定していた状態を乱す。「静寂を—」「夢を—」④規則・約束などに反した行いをする。「法を—」⑤勝負などで相手を負かす。「ライバルを—」⑥競技の記録を更新する。「世界記録を—」 自 やぶ・れる(下一) 可能 やぶ・れる(下一)

やぶれ【破れ】 やぶれること。やぶれたところ。「—を繕う」

—かぶれ（形動ダ）ダロ・ダッ(デ・ニ)・ダ・ナ・ナラ・○《俗》どうにでもなれという気持ちであるさま。やけになるさま。捨てばち。「こうなったら—だ」

やぶ・れる【破れる】（自下一）レ・レ・レル・レル・レレ・レロ(レヨ) ①紙・布などがさける。「ズボンが—」②傷つく。こわれる。「堤防が—」③安定していた状態が失われる。「均衡が—」④物事が成り立たなくなる。「協定が—」⑤得ることに失敗する。「恋に—」⑥争っていた相手に負ける。「決勝で—」 他 やぶ・る(五) 文 やぶ・る(下二)

やぶ・れる【敗れる】（自下一）レ・レ・レル・レル・レレ・レロ(レヨ) 負ける。敗北する。「試合に—」 他 やぶ・る(五) 文 やぶ・る(下二)

や-ぶん【夜分】 夜。夜間。「—に恐縮ですが」

やへむぐら… 和歌〔八重むぐら 茂れる宿の さびしきに 人こそ見えね 秋は来にけり〕〈拾遺集 恵慶法師〉幾重にもつる草や雑草が生い茂っている住まいは荒れはててもの寂しいので、だれ一人としてたずねては来ないが、秋だけは季節を忘れずに訪れてきたことだ。（小倉百人一首の一つ）

や-へん【矢偏】 漢字の部首名の一つ。「知」「短」などの「矢」の部分。

や-ほ【八百】—（古）①はっぴゃく。②数の多いこと。

やぼ【野暮】（名・形動ダ）①人情の機微や世情にうといさま。また、その人。無粋。「聞くだけ—だ」②趣味などが洗練されていないさま。風流を解さないさま。「—な服装」「—くさい」③遊里の事情に通じないさま。また、その人。（↔粋）

や-ほう【野砲】— 野戦用の大砲。

や-ぼう【野望】— 大それた望み。身のほど知らずの大きな望み。「—を抱く」

やぼった・い【野暮ったい】（形）カロ・カッ(ク)・イ・イ・ケレ・○《俗》いかにも無粋であかぬけない感じがする。「—服装」

やぼ-てん【野暮天】 ひどく無粋で気が利かないこと。また、その人。

やぼ-よう【野暮用】（つきあいで生じた）つまらない用事。「ちょっと—があって出かけます」 参考 粋ではない実務上の用向きの意で、その用向きをぼかして言う場合などに用いる。

やほ-よろづ【八百万】（古）数が非常に多いこと。

やま【山】 ①まわりよりも著しく高く盛り上がった土地。「富士の—」②鉱山。③山林。④うず高く盛り上げたもの。「ゴミの—」「砂利の—」⑤物の高くなったところ。「帽子の—をつぶす」⑥たくさんたまっている物事のたとえ。「宿題の—」⑦時間的に継続する物事の絶頂。頂点。もっとも大事な場面。「ここが芝居の—だ」「容体は今夜が—だ」⑧（②が転じて）一攫千金の成功や万一の成功を当てにした予想や行為。「—を張る」⑨（園城寺（=三井寺）を「寺」というのに対して）比叡山および延暦寺の称。⑩「山鉾」の略。⑪《俗》犯罪事件。 参考 日本語では、山の高さに客観的な基準はなく見る人の主観に基づく。大阪の天保山は海抜五メートル以下であっても山と称される。一方、英語では六〇〇メートル以下のものを hill と呼んで mountain と区別することがある。

—が見える 困難であった事がだいたい解決して、さきの見通しがつく。 **—高きが故に貴からず** 物事はみかけよりも実質がたいせつだ。 語源「山高きが故に貴からず、樹あるを以て貴しと為す」から出た語。〈実語教〉 **—眠る** 冬の山のひっそりとした姿をいう。冬 **—粧う** 山が紅葉で彩られたさまをいう。秋 **—笑う** 春の山の明るい感じをいう。春 **—を掛ける** 万一の幸運を当てこんで事を行う。試験で出題を予想してそこだけ準備する場合などにもいう。山を張る。

やま-あい【山間】— 山と山との間。山峡。「—の集落」

やま-あらし【山嵐】 山に吹く強い風。山から吹きおろす強風。

やま-あらし【山荒〔ら〕し・豪猪】〔動〕ヤマアラシ科とアメリカヤマアラシ科に属する哺乳動物の総称。背面・尾に、毛の硬化した長いとげが多数はえ、敵にあうとこれを立てて身を守る。

〔山荒らし〕

やまい【病】 ヒャマ ①病気。「―に冒される」②悪いくせ。欠点。
―革まる 病状が急に悪化する。
―膏肓に入る 不治の病にかかる。病気が重くなって治る見込みがなくなる。また、趣味や道楽などにおぼれて手におえないことのたとえ。参考「膏」と「肓」は内臓の深奥部の名で薬も鍼も届かない所をいう。【故事】春秋時代、晋の景公が重病の床で見た夢に、病魔が二人の童子に化けて「名医が来たら殺されるから、肓の上、膏の下に逃げよう」と言った。そこへ名医が到着して「この病はすでに膏肓にはいったので治せない」と診断したことからいう。〈左伝〉⇒二竪に
―は気から 病気は心の持ち方一つで、よくも悪くもなる。
―だれ【―垂〔れ〕】 漢字の部首名の一つ。「病」「症」などの「疒」の部分。
やま-いぬ【山犬】 ①野生の犬。②「にほんおおかみ」の別名。
やま-いも【山芋・×薯蕷】 →やまのいも
やま-うば【山△姥】 ①山奥に住むという女の怪物。やまんば。②①を主題とした能楽や浄瑠璃の曲名。やまんば。
やま-おく【山奥】 山の深い所。山の奥。「―に分け入る」
やま-おくり【山送り】 昔、遺体を山に送り葬ること。
やま-おとこ【山男】 ヲトコ ①山に住む男。山で働く男。②山奥に住むという男の怪物。③登山の好きな男。登山の熟練者。
やま-おり【山折り】 ヲリ 紙などを折るときに、折り目が外側に出るように折ること。↔谷折り
やま-おろし【山△颪】 ①山から吹きおろす風。②《演》歌舞伎で、山中の場の囃子の一つ。大太鼓を用いる。
やま-が【山家】 山の中。また、そこにある家。山里の家。「―住まい」
―そだち【―育ち】 山家で成長すること。また、その人。
やま-かい【山△峡】 カヒ 山と山との間。山間。「―の村」
やまかがし【×赤棟蛇・×山棟蛇】《動》ナミヘビ科の蛇の一種。ふつう背面は暗黄緑色で黒斑が四列に並び、側縁に赤斑が散在。腹面は暗黒色。おもにカエルを捕食する。有毒。夏
やま-かけ【山掛〔け〕】 マグロの刺身やそばなどの上に、とろろをかけた料理。
やま-かげ【山陰】 山の陰になって日のよく当たらない所。
やま-かご【山△駕△籠】 昔、山道などで使った、竹で編んだ網代の屋根があるだけの簡単なつくりのかご。山輿。
やま-かじ【山火事】 クワジ 山中の火事。山林の火事。冬

やま-かぜ【山風】 ①山で吹く風。②《気》夜間、山腹の空気が冷えて密度が大きくなったために、山頂から吹きおろしてくる風。↔谷風
やま-かせぎ【山稼ぎ】 猟師やきこり・炭焼きなど、山の仕事に従事して生計を立てること。
やま-がた【山形】 ①山のような形。また、その形のもの。②弓の的の後方に張る幕。③紋所の一つ。山をかたどったもの。
やまがた【山形】 東北地方南部、日本海に面する県。県庁所在地は山形市。
やま-がたな【山刀】 きこりなどが使う、鉈のような刃物。
やま-がつ【山△賤】《古》①きこり・猟師など山里に住んで山中の仕事を稼業とする人。②①の住むそまつな家。
やまがはに…【和歌】〔山川に 風のかけたる しがらみは 流れもあへぬ 紅葉なりけり〕〈古今集 春道列樹〉山あいを流れる川に風がかけ渡した「しがらみ」と見えたものは、風に吹きよせられ、流れることもできないでいる紅葉であるよ。(「しがらみ」は川の流れをせきとめる装置。小倉百人一首の一つ)
やま-がら【山△雀】《動》シジュウカラ科の小鳥。背面は青灰色で、頭とのどは黒く、頬はクリーム色。胸腹部は赤褐色。種子や虫などを食う。人によくなれる。秋(夏)
やま-がり【山狩〔り〕】（名・自スル）①山での狩猟。②山に逃げこんだ犯罪者などを追って、大勢で山中をさがすこと。
やま-かわ【山川】 カハ 山と川。「―を越える」
やま-がわ【山川】 ガハ 山の中を流れる川。
やま-かん【山勘】《俗》①勘にたよって山を掛けること。また、その判断。あてずっぽう。「―があたる」②山師のように人をだますこと。また、その人。
やま-かんむり【山冠】 漢字の部首名の一つ。「岸」「岩」などの「山」の部分。
やま-き【山気】 →やまけ
やま-ぎし【山岸】 ①山中のがけ。切り立った所。②山のすそが水面に接している所。
やま-ぎわ【山際】 ギハ ①山の稜線に接した空の部分。「―が明るくなる」②山のそば。「―の村」
やま-ぐさ【山草】「うらじろ②」の別称。新年
やま-くじら【山鯨】 クヂラ《俗》イノシシの肉。冬 参考 江戸時代、獣肉を食べることを忌んで言い換えた言葉。

やま-くずれ【山崩れ】 クヅレ（名・自スル）《地質》大雨・地震などで、山の斜面の土砂や岩石が急にくずれ落ちること。
やまぐち【山口】 中国地方西端の県。県庁所在地は山口市。
やま-ぐに【山国】 山の多い国。山間の地方。「―育ち」
やま-け【山気】 偶然の成功をあてにして、思いきったことをする気質。やまっけ。やまき。やまぎ。「―が多い」「―を出す」
やま-こ【山子】 きこりなど、山の中で働く人の総称。やまご。
やま-ごえ【山越え】（名・自スル）①山を越えて行くこと。②江戸時代、関所手形（＝身元証明書）を持たない人が、山中の間道を通って関所の山を越えること。
やま-ことば【山言葉・山◇詞】 猟師・きこりなどが山にはいったときだけ使う忌み詞。犬を「せた」という類。
やま-ごもり【山籠〔も〕り】（名・自スル）山にこもること。山中に隠遁すること。また、山寺にこもって修行すること。
やま-ごや【山小屋】 登山者の休息・宿泊や避難のために、山の中に建てた小屋。ヒュッテ。
やま-さか【山坂】 ①山と坂。「―を越える」②山にある坂。
やまざきそうかん【山崎宗鑑】（?〜一五四〇?）室町後期の連歌師・俳人。近江（滋賀県）生まれ。機知滑稽さを主とする俳諧の連歌を創始した。編著「新撰犬筑波集」。
やま-ざくら【山桜】 ①《植》桜の一種。山地に自生し、若葉とともに淡紅色または白色の花を開く。春 ②山にある桜。
やま-さち【山幸】《古》山でとれる獲物。山の幸。↔海幸
やま-ざと【山里】 山間の村里。山村。
やまざとは…【和歌】〔山里は 冬ぞさびしさ まさりける 人目も草も かれぬと思へば〕〈古今集 源宗于朝臣〉山里は都とちがっていつも寂しいものだが、冬はとりわけ寂しさがますことだ。訪れる人もなくなり、草も枯れてしまうと思うにつけて。(「かれぬ」に「離れ」と「枯れ」とを掛ける。小倉百人一首の一つ)
やま-ざる【山猿】 ①山にすむ猿。②田舎育ちで礼儀作法や世情にうとく粗野な人をあざけっていう言葉。
やま-し【山師】 ①山林の売買や鉱産物の採掘事業などを行う人。②投機的な事業で大もうけをたくらむ人。③人をだましてもうける人。詐欺師。
やま-じ【山路】 ヂ 山の中の道。山道。
やまし・い【◇疾しい・△疚しい】（形）カロ・カツ(ク)・イ・イ・ケレ・○ 良心がとが

めるさま。うしろめたい。「—ところはない」文やま・し（シク）

やま-じお【山塩】ジホ— 山で採れる塩。岩塩。

やましろ〔山城〕旧国名の一つ。今の京都府南部。城州。

やますげ-の【山△菅の】《枕》「やまず」「実」「乱る」「背向」にかかる。

やま-すそ【山裾】山のふもとのなだらかな所。山麓。

やま-せ【山背】「山背風」の略。夏

—かぜ【—風】①山を越えて吹き下ろす、かわいた風。②三陸地方で、初夏に吹く冷たい北東の風。しばしば冷害の原因になる。夏 ③（琵琶湖のほとりで）春夏の風。瀬田あらし。

やま-だ【山田】山間にある田。山地にある田。「—のかかし」

やまたいこく〔邪馬台国・耶馬台国〕《日》中国の史書「三国志」の「魏志倭人伝」に見える、三世紀ごろの日本に存在した国家。約三〇の小国の統合体の中心的存在。女王卑弥呼が統治していた。その位置は北九州説・大和説がある。

やまたか-ぼうし【山高帽子】上部が丸くて高いフェルト製の帽子。ふつう黒で、礼装用。山高帽。

〔やまたかぼうし〕

やま-だし【山出し】①山から木材・炭などを運び出すこと。また、運び出す人。②田舎から出てきたばかりで都会になれていないこと。また、その人。田舎者。

やま-だち【山立ち】《古》山賊。

やまだながまさ〔山田長政〕（?—一六三〇）江戸初期の海外渡航者。駿河（静岡県）生まれ。一六一一（慶長十六）年ごろシャム（タイ）に渡ってアユタヤの日本人町の長となり、シャム国王の信任を得たが、王の死後毒殺された。

やまだびみょう〔山田美妙〕ヤマダビメウ（一八六八—一九一〇）明治時代の小説家・詩人。東京生まれ。尾崎紅葉らと硯友社を結成し、雑誌「我楽多文庫」を創刊、言文一致体小説の先駆者となる。小説「夏木立」「蝴蝶」、共編「新体詞選」など。

やまっ-け【山っ気】→やまけ

やま-づたい【山伝い】ヅタヒ— 山道を伝って行くこと。山から山へと伝い歩くこと。

やま-つなみ【山津波】大雨や地震などによって多量の土砂・岩石が土石流となって流れ出す大きな山崩れ。

やま-つ-み【山◦神・山△祇】《古》山の神。山の霊。↔海神 語源「み」は神の意。「つ」は「の」の意にあたる古い格助詞。

やま-づみ【山積み】（名・自他スル）①山のように高く積み上げること。また、そのもの。「—の商品」②解決すべき事柄がたくさんたまっていること。山積。「問題が—のままだ」

やま-て【山手】→やまのて

やま-でら【山寺】①山の中にある寺。②山形県山形市にある立石寺の通称。

やまと〔大和・倭〕①旧国名の一つ。今の奈良県。和州。②「日本国」の古称。参考「大和」は、常用漢字表付表の語。

やまと-いも【大和芋】《植》ナガイモの一品種。根は塊状でねばりが強い。とろろにして食べる。

やまと-うた【大和歌】和歌。↔唐歌

やまと-え【大和絵】ヱ— ①日本の風物・山水を描いた絵。②平安時代に起こった日本画の描写様式。

やまと-がな【大和仮名】片仮名や平仮名。

やまと-ごころ【大和心】→やまとだましい② ↔漢心

やまと-ごと【大和琴・△倭琴】→わごん

やまと-ことば【大和言葉】①（漢語や外来語に対して）日本固有の言葉。日本語。和語。②和歌。③おもに平安時代の和歌や文章に使われた、みやびやかな言葉。雅言。

やまと-じだい【大和時代】《日》大和政権が支配した、律令国家成立までの時代。四世紀から七世紀ごろまで。

やまと-しまね【大和島根】①「日本国」の古称。②大和の国。

やまと-せいけん【大和政権】《日》大和地方の奈良盆地を拠点に、大王（天皇）を中心として成立した豪族連合政権。四世紀に成立し、五世紀には、東北地方を除いて国土統一を達成。六世紀に氏姓制度を整えた。

やまとたけるのみこと〔日本武尊・倭建命〕（生没年未詳）記紀中の英雄。景行天皇の皇子。別名小碓命。倭男具那命。勅命で熊襲や蝦夷を討ち、威勢を示した。東征の帰途、伊勢能褒野で没したという。

やまと-だましい【大和魂】ダマシヒ— ①勇猛で潔い日本人固有の精神。②（漢学から得た知識に対して）日本人固有の実生活上の知恵や実務的な能力。大和心。和魂。

やまと-なでしこ【大和△撫子】①日本女性の清楚で芯の強い美しさをたたえていう語。②→なでしこ

やまと-みんぞく【大和民族】日本人を構成する主体となっている民族。日本民族。

やま-どめ【山止め】山にはいることや狩猟・採集を禁じること。

やま-どめ【山留め】鉱山などで、土砂のくずれるのを防ぐこと。また、その設備。

やまとものがたり〔大和物語〕平安中期の歌物語。作者未詳。天暦年間（九四七—九五七）ごろ成立。一七〇余段の説話からなり、和歌をめぐる説話が多く収められている。

やま-どり【山鳥】①山にすむ鳥。②《動》山野にすむキジ科の鳥。日本特産。ふつう全身が光沢のある赤銅色で複雑な斑紋があり、尾は長く節状の縞がある。猟鳥。春（冬）

やま-な・い【◦止まない】（「…てやまない」の形で）…しないではいられない。いつまでも…する。「成功を願って—」

やまなし〔山梨〕中部地方東部の県。県庁所在地は甲府市。

やま-なみ【山並〔み〕・山◦脈】山が並び連なっていること。また、その山々。連山。「雪を頂いた—」

やま-ならし【山鳴らし】《植》ヤナギ科の落葉高木。山地に自生。早春、穂状の花をつける。雌雄異株。材は箱やマッチの軸、下駄などに用いる。箱柳。白楊。

やま-なり【山◦形】山のような曲線を描くこと。また、その形。「—のスローボール」

やま-なり【山鳴り】山が地鳴りをすること。また、その音。噴火・地震の前兆とされる。

やま-ねこ【山猫】①山野にすむ野生の猫。②《動》ネコ科の哺乳動物のうち、中・小形の野生種の総称。ツシマヤマネコ・イリオモテヤマネコなど。食肉性。

—スト労働組合の支部または一部組合員が、本部の指令なしに勝手に行うストライキ。

やま-の-いも【山の芋・×薯蕷】《植》ヤマノイモ科のつる性多年草。葉は心臓形で対生、夏に白色の小花を開く。葉のつけ根に肉芽を生じ「むかご」という。地中深くのびる根を、とろろにして食用。自然薯。やまいも。秋

やまのうえのおくら〔山上憶良〕ヤマノウヘノオクラ（六六〇—七三三?）奈良時代の歌人。「山上」は「やまのえ」とも。筑前守。世相への批判や深い人間愛を現実的に歌い、人生詩人と呼ばれる

独自の歌境を示した。「貧窮問答歌」「思子等歌」など。

やま-の-かみ【山の神】 ①山を守り支配する神。やまつみ。②《俗》(長年連れ添って口やかましくなった)自分の妻。女房。

やま-の-さち【山の幸】 山でとれる鳥やけもの。また、食用のきのこや山菜など。山幸。↔海の幸

やま-の-て【山の手】 ①山に近いほう。②都会の、高台で住宅の多い地域。特に、東京でのそれをいう。やまて。↔下町

やま-の-は【山の端】 山の稜線。山の空に接する境。

やま-の-ひ【山の日】 国民の祝日の一つ。八月一一日。山に親しむ機会を得て、山の恩恵に感謝する日。

やま-のぼり【山登り】 山に登ること。登山。夏

やま-ば【山場】 物事の最も重要な場面や局面。やま。クライマックス。「劇中の―」「交渉が―を迎える」

やま-ばかま【山袴】 労働用のはかまの一種。もんぺの類。

やま-はじめ【山始め】 正月、初めて山へはいって行う、山仕事の無事を祈る儀式。初山。新年

やま-はだ【山肌・山膚】 山の表面。山の地はだ。

やま-ばと【山鳩】 ①山にすむ野生のハト。②→きじばと

―いろ【―色】 青みのある黄色。

やま-ばん【山番】 山の番人。山の管理人。山守。

やま-びこ【山彦】 ①山・谷などで出した声や音が反響すること。こだま。「―がこたえる」②山の精霊。山の神。

やま-ひだ【山襞】 山の、尾根と谷の連なりで衣服のひだのように見える所。

やま-びと【山人】 ①山にすむ人。山で働く人。②仙人。

やま-びらき【山開き】 ①その年初めて登山を解禁すること。また、その日やその日に行われる行事。「富士山の―」夏 ②山を切り開いて新しく道をつくること。

やま-ぶき【山吹】 《植》バラ科の落葉小低木。山地に自生。晩春から初夏に黄色の花を開く。春

―いろ【―色】 ①山吹の花のような黄色。こがねいろ。②(①の色であるところから)黄金。大判。小判。

やま-ぶし【山伏】 (山野に野宿する意から)①山野に寝起きして修行する僧。②修験者。

やま-ぶどう【山葡萄】 《植》ブドウ科のつる性落葉樹。山地に自生。秋、房状につく小さな黒い実は食用。秋

やま-ふところ【山懐】 山々に深く囲まれてくぼんだ所。「―に抱かれた村」

やま-べ【山辺】 山に近いあたり。山のべ。↔海辺

やまべのあかひと【山部赤人】 (生没年未詳)奈良時代の歌人。三十六歌仙の一人。優美・清澄な自然を客観的な態度で詠んだ。柿本人麻呂と並んで歌聖といわれる。

やま-へん【山偏】 漢字の部首名の一つ。「峰」「峠」などの「山」の部分。

やま-ほうし【山法師】 《仏》比叡山延暦寺の僧。特に、僧兵をさしていう。参考 園城寺(=三井寺)の僧を「寺法師」というのに対していう。

やま-ぼこ【山鉾】 山車の一種。台の上に山の形を作り、鉾・長刀などを立てたもの。京都祇園祭のものが有名。夏

やま-まゆ【山繭・天蚕】 《動》ヤママユガ科の昆虫。大形の蛾で、体と羽は黄褐色。幼虫はクヌギなどの葉を食う。この繭から糸をとったものが山繭糸。やままゆが。天蚕。夏(春)

やま-みち【山道】 山の中の道。山路。

やまむらぼちょう【山村暮鳥】 (一八八四〜一九二四)詩人。群馬県生まれ。人道主義的・牧歌的な詩風で、民衆詩派の一人。詩集「聖三稜玻璃」「風は草木にささやいた」など。

やま-め【山女・山女魚】 《動》サケ科の小形淡水魚。谷川にすむ。サクラマスが陸封されて淡水性になったもの。食用。やまべ。夏

やま-もと【山元】 ①山のすそ。山のふもと。②山の持ち主。③鉱山や炭坑の所在地。また、その経営者。

やまもとゆうぞう【山本有三】 (一八八七〜一九七四)劇作家・小説家。栃木県生まれ。作風は、人道主義・理想主義に基づく。戯曲「嬰児殺し」、小説「女の一生」「路傍の石」など。

やま-もも【山桃・楊梅】 《植》ヤマモモ科の常緑高木。関東以南の暖地に自生。雌雄異株。葉は長楕円形で互生。春、黄褐色の小花を房状につける。果実は赤紫色の球形で食用。樹皮はタンニンを含み染料用。夏(やまももの花 春)

やま-もり【山守】 山を守ること。また、その人。山番。

やま-もり【山盛り】 山のようにうずたかく盛り上げること。また、そのもの。「―のご飯」

やま-やき【山焼〔き〕】 早春、若草をよく生えさせるために、山の枯れ草などを焼くこと。奈良の若草山の行事が有名。春

やま-やま【山山】 一(名) 多くの山。あちらこちらの山。「遠くの―」二(副) ①物事の多いさま。たくさん。「することが―あって」②(「…たいのはやまやまだ」の形で)実際はそうできないが、切望しているさま。「見たいのは―だが」③多くてもその程度であるさま。せいぜい。「作っても一日五〇個が―だ」

やま-ゆり【山百合】 《植》ユリ科の多年草。日本特産で山野に自生。高さ約一メートル。夏に開く白色で赤褐色の斑点のある大形花は強い芳香がある。観賞用。鱗茎は食用。夏

やま-わけ【山分け】 (名・他スル) 手に入れた物などを人数に合わせてほぼ等分すること。「もうけを―する」

やま-んば【山姥】 →やまうば

やみ【闇】 (字義) →あん(闇)

やみ【闇】 ①暗いこと。光のないこと。「―に包まれる」②月が出ないで、夜が暗いこと。また、その夜。闇夜。③思慮分別のないこと。道理のわからないこと。「恋ゆえの―に迷う」④人に知られないところ。「真相を―に葬る」⑤前途に見通しがつかなくて希望が持てないこと。「一寸先は―だ」⑥「闇取引」の略。「―米」⑦「闇相場」の略。「―値」

類語 暗黒・闇黒・夜陰・暗闇・暗がり・五月闇

―から牛を引き出す ①物事の見分けがつかないようす。②動作がにぶいようす。**―から闇に葬る** 人に知られないようにひそかに始末する。「事件を―」**―に烏** 区別がつかないことのたとえ。闇夜に烏。

やみ-あがり【病み上がり】 病気が治ったばかりで、まだ体力が十分に回復していない状態。また、その人。「―の体」

やみ-いち【闇市】 闇取引の品物を売買する店の集まっている所。闇市場。ブラックマーケット。

やみ-うち【闇討〔ち〕】 (名・他スル) やみにまぎれて人を襲うこと。転じて、不意打ちをくわせること。「―をかける」

やみ-きんゆう【闇金融】 正規の金融機関でないものが行う金融。また、法外な金利で行う金融。闇金。

やみ-くも【闇雲】 (名・形動ダ) 前後の考えもなくただ事を行うさま。むやみやたら。「―に突き進む」

やみ-じ【闇路】 ①闇夜の道。②心の迷いで、分別がつかなくなった状態。「恋の―」③冥土。あの世。

やみ-じる【闇汁】 →やみなべ

やみ-そうば【闇相場】 公定価格を無視した相場。闇取引の相場。やみね。

やみ-つき【病み付き】 ①病気になること。②物事に熱中してやめられなくなること。「賭事に―になる」「一度食べたら―になる」用法 ②は多く、悪習・道楽などにいう。

やみ-つ・く【病み付く】(自五) カ(コ)・キ(イ)・ク・ク・ケ・ケ ①病気になる。②物事に熱中してやめられなくなる。

やみ-とりひき【闇取引】①公定価格以外で売買すること。また、売買を禁止されている品物を不正に売買すること。②こっそりと交渉や取り決めをすること。裏取引。「政党間の―」

やみ-ながし【闇流し】(名・他スル) 物資を正式の売買のルートにのせず、闇取引で売買すること。

やみ-なべ【闇鍋】暗くした部屋で、仲間が思い思いに持ちよった食品をなべに入れ、何がはいっているのかわからないまま煮て食べ、興じるもの。やみじる。冬

やみ-ね【闇値】闇取引でのねだん。闇相場。

やみ-ほう・ける【病み△耄ける】(自下一) ケ・ケ・ケル・ケル・ケレ・ケロ(ケヨ) 病気のために精神も肉体もおとろえる。文やみほう・く(下二)

やみ-や【闇屋】闇取引を職業とする人。闇商人。

やみ-よ【闇夜】暗い夜。月の出ていない夜。暗夜(あんや)。↔月夜 ―に鉄砲(てっぽう) (闇夜に鉄砲を撃つように)目標が定まらないこと。あてずっぽうに物事をすることのたとえ。闇夜の礫(つぶて)。 ―の提灯(ちょうちん) 困っているときに、ありがたい救いに巡り合うこと。切望するものに巡り合うことのたとえ。闇夜の灯(ともしび)。

や・む【◇止む・△已む】(自五) マ(モ)・ミ(ン)・ム・ム・メ・メ 続いていた行為・動作・状態がとまる。おわる。「雨が―」他や・める(下一) ―に止(や)まれぬ どうしてもそうしないではいられない。「―思い」 ―を得(え)ず しかたなく。やむなく。「―会を欠席した」 ―を得(え)ない しかたがない。よんどころない。「―事情」

や・む【病む】マ(モ)・ミ(ン)・ム・ム・メ・メ 一(自五) 病気にかかる。悩む。二(他五) ①病気におかされる。「肺を―」②心を悩ます。心配する。「失敗をいつまでも気に―」

やむごと-な・し(形ク)《古》(「止(や)むこと無(な)し」の意) ①捨てておけない。重大である。②身分が重々しい。尊い。③ひととおりでない。格別だ。

ヤムチャ〈中国 飲茶〉中国の習慣で、茶を飲み、点心(てんしん)と呼ばれるギョーザ・シューマイ・春巻きなどの軽食を食べること。

やむ-な・い【◇止むない・△已むない】(形) カロ・カッ(ク)・イ・イ・ケレ・○ しかたがない。やむをえない。「―・く延期する」文やむな・し(ク)

や・める【病める】(自下一) メ・メ・メル・メル・メレ・メロ(メヨ) 痛みを感じる。痛む。「頭が―」文や・む(下二)

やめ-る【病める】(連体) 病気の。病気にかかっている。「―社会」語源文語動詞「病む」の已然形「やめ」+存続の助動詞「り」の連体形「る」

や・める【辞める・◇止める・△已める・◇罷める】(他下一) メ・メ・メル・メル・メレ・メロ(メヨ) ①[止・已] ㋐続けてしていたことを終わりにする。「話を―」「酒を―」㋑計画していたことなどを行わないことにする。よす。「受験を―」②[辞・罷] 地位・官職・勤めなどから退く。「会社を―」自や・む(五) 文や・む(下二)

やめるこは… 和歌〔病める児(こ)は ハモニカを吹き 夜に入りぬ もろこし畑の 黄なる月の出〕〈北原白秋(きたはらはくしゅう)〉 病気で寝ている子供が、たいくつをまぎらすためか、ハーモニカを吹いている。いつのまにか、その音色とともに夜になった。その家の近くのもろこし畑には黄色の月が昇っていた。

やもう-しょう【夜盲症】ヤマウ シヤウ 《医》暗くなるとほとんど目が見えなくなる病気。先天的な原因、またはビタミンAの欠乏、その他網膜の障害などによって起こる。とりめ。

やも-お【×鰥夫・×寡男】ヲ ―→やもめ(鰥)

やも-め【◇寡・×寡婦・△孀】夫をなくした女性。夫のいない女性。寡婦(かふ)。未亡人。後家(ごけ)。

やも-め【△鰥・×鰥夫】妻をなくした男性。妻のいない男性。やもお。男やもめ。

や-もり【×守宮】《動》ヤモリ科の爬虫(はちゅう)類の総称。熱帯・亜熱帯・温帯に分布。トカゲに似るがやや平たい。ニホンヤモリは体長約一二センチメートル。人家にもすみ、指の裏の皺(しわ)で壁などにはりつく。夜活動し、小虫を食う。夏

やや【◇児】《方》「ややこ」の略。

やや【△稍】(副) ①基準よりも、また他の物と比べて、少し差があることを表す語。いくらか。少し。「―足りない」「―大きい」②しばらく。「―あって(=しばらくして)」

やや-こ【◇稚◇児】《方》赤んぼう。赤子。やや。

ややこし・い(形) カロ・カッ(ク)・イ・イ・ケレ・○ こみいっていてわかりにくい。複雑でめんどうである。「―問題が起こる」文ややこ・し(シク)

やや-さむ【△稍寒】秋になって初めて感じる寒さ。秋寒。秋

ややも-すると【◇動もすると】→ややもすれば

ややも-すれば【◇動もすれば】とかくそうなりがちだという意を表す。ともすれば。どうかすると。「話は―とぎれがちになる」

や-ゆ【△揶△揄】(名・他スル) からかうこと。「政治家を―した漫画」

やよい【弥生】ヤヨヒ 陰暦の三月。春 参考常用漢字表付表の語。

やよい-じだい【弥生時代】ヤヨヒ― 《日》弥生土器の作られた時代。紀元前四世紀ごろから紀元三世紀ごろにあたる。金属器の使用と稲作により特徴づけられ、階級社会の成立や国家の形成がみられる。

やよい-どき【弥生土器】ヤヨヒ― 《日》縄文土器ののちに使われた素焼きの土器。縄文土器より高温で焼かれ、赤褐色、薄手。模様は無文か簡単な幾何文様。一八八四(明治十七)年、東京の本郷弥生(やよい)町(現在の文京区弥生二丁目)で発見されたことによって命名された。弥生式土器。

〔やよいどき〕

やら 一(副助) ①不確かな意を表す。「いつの間に―夜が明けた」②並列の意を表す。㋐いずれとも判定しかねる事柄を列挙する。「行っていいもの―悪いもの―わからない」㋑だいたいの事柄を列挙する。「踏まれる―けられる―ひどい目にあった」用法①は多く上に疑問の語が、②㋐はあとに打ち消しの語がくる。参考「やら」を並立助詞とする説もある。語源「…やあらむ」→「やらう」→「やら」と転じた語。二(終助) 不確かな想像を表す。「どこへ行った―」

や-らい【矢来】竹や木を縦横に粗く組んだ囲い。「竹―」

や-らい【夜来】①ゆうべから。昨夜以来。「―の雨」②数日前の夜から今夜まで。数夜このかた。よごろ。

やら-か・す(他五) サ(ソ)・シ・ス・ス・セ・セ 《俗》「やる」「する」を、おおげさにいう語。しでかす。「大失敗を―」

やら・す【◇遣らす】(他五) サ(ソ)・シ・ス・ス・セ・セ →やらせる

やらず-の-あめ【◇遣らずの雨】帰ろうとする客や出かけようとする人を行かせないかのように降ってくる雨。

やらず-ぶったくり【◇遣らずぶったくり】相手からうばい取るだけで何一つ与えないこと。

やらせ【◇遣らせ】(テレビ番組などで)出演者と事前に打ち合わせをしておき、あたかも実際のことのように行わせること。

やら・せる【◇遣らせる】(他下一) セ・セ・セル・セル・セレ・セロ(セヨ) やるようにさせる。「何を―・せてもそつなくこなす」文やら・す(下二)

やら-ぬ(動詞の連用形に付いて)まだ…しきらない。「消え―雪」「覚め―夢」語源五段動詞「やる」の未然形「やら」+打ち消しの助動詞「ず」の連体形「ぬ」

やり【△槍】①細長い柄の先に細長い刃をつけ、相手をつきさす武器。②陸上競技の槍投げに使う、①に似た用具。③《俗》将

棋の駒の香車。
—が降っても どんな障害があっても。「雨が降っても—」

やり-あ・う【◇遣り合う】(自五) ①たがいにする。しあう。②たがいに争う。「大声で—(=論争する)」

やり-いか【△槍×烏賊】《動》ヤリイカ科のイカ。沿岸に広く分布。胴は細長く、腕は短い。後方はやりの穂のようにとがり、肉ひれは三角形。食用。干したものを笹するめという。夏

やり-がい【◇遣り×甲斐】その物事を行うだけの値打ち。しがい。「—のある仕事」

やり-かえ・す【◇遣り返す】(他五) ①はじめからもう一度する。やりなおす。しなおす。「仕事を—」②相手からしかけられたことに対して、こちらからも同じようなことをする。しかえしをして反対にやりこめる。「負けずに—」

やり-かけ【◇遣り掛け】やっている途中で、終わっていない状態。「—の仕事」

やりきれ-な・い【◇遣り切れない】(形) ①終わりまでしとげることができない。「時間内では—」②そのままの状態では気持ちがおさまらない。耐えられない。「—気持ちになる」

やり-く【◇遣り句】《文》連歌・俳諧で、前句の意味にあまりこだわらずに軽く流してつける句。逃げ句。

やり-くち【◇遣り口】それを行うときの手段や方法。やりかた。「きたない—」用法 多く、批判されるような方法にいう。

やり-くり【◇遣り繰り】(名・他スル) いろいろくふうして都合をつけること。「家計の—」「—上手」

—**さんだん**【—算段】(名・自スル) いろいろと工面すること。また、その方法。用法 特に、金銭の工面にいう。

やり-く・る【◇遣り繰る】(他五) いろいろくふうして都合をつける。

やり-こな・す【◇遣りこなす】(他五) 難しいことをうまくやってのける。「困難な仕事をみごとに—」

やり-こ・める【◇遣り込める】(他下一) 論じつめて相手をだまらせる。言い負かす。文やりこ・む(下二)

やり-さき【△槍先】やりの先。とがったものの先。
—の功名 戦場で立てた手柄。武功。

やり-すご・す【◇遣り過〔ご〕す】(他五) ①あとから来た者を前へ行かせる。「尾行をうまく—」②かかわりをもたないですます。「見て見ぬふりをして—」③度を越えてする。やりすぎる。「酒を—」

やり-そこな・う【◇遣り損〔な〕う】(他五) ①し損じる。失敗する。「何度も—」②ある事をする機会を失う。

やり-だま【△槍玉】①やりを手玉のように自由自在に使いこなすこと。②人をやりの穂先にかけて突きさすこと。
—に上げる (やりの穂先で突きあげる意から)多くの中から選び出して、非難や攻撃の対象にする。「彼の態度を—」

やりっ-ぱなし【◇遣りっ放し】物事をしたままで、あとしまつをしないこと。「仕事を—にする」語源「やりはなし」の転。

やり-て【◇遣り手】①物事をする人。「仕事の—がいない」②物を与える人。③物事を手際よく処理できる人。敏腕家。「彼女はなかなかの—だ」④「やりてばばあ」の略。
—**ばばあ**【—◇婆】妓楼で、客と遊女との間の取り持ちや遊女の監督などをする年輩の女。やりて。

やり-ど【◇遣り戸】→ひきど

やり-と・げる【◇遣り遂げる】(他下一) 終わりまでやる。完全にしあげる。なしとげる。文やりと・ぐ(下二)

やり-とり【◇遣り取り】(名・他スル) ①物を与えたり、もらったりすること。交換。「手紙の—」②言葉を言いかわすこと。言葉の受け答え。また、言い合い。「激しい—があった」

やり-なおし【◇遣り直し】はじめからもう一度行うこと。「計算の—が必要だ」

やり-なお・す【◇遣り直す】(他五) はじめからもう一度行う。しなおす。「調査を—」

やり-なげ【△槍投げ】陸上競技で、投擲種目の一つ。助走のあと、やりを投げて、その飛んだ距離を競うもの。

やり-の・ける【◇遣り◇退ける】(他下一) 上手にしとげる。やってのける。「あざやかに—」文やりの・く(下二)

やり-ば【◇遣り場】持って行くのに適当なところ。やるべきところ。「目の—に困る」「—のない怒り」

やり-はなし【◇遣り放し】→やりっぱなし

やり-ぶすま【△槍△衾】大勢が、やりを構えてすきまなく並ぶこと。「—をつくる」

やり-みず【◇遣り水】①寝殿造りで、庭に水を引き入れてつくった小さな流れ。②庭の草木に水を与えること。水やり。

や・る【◇遣る】■一(他五) ①離れた所に行かせる。つかわす。送る。「外国に使者を—」②行かせる。進ませる。「子供を学校に—」③目や顔をどこかへ向ける。「窓の外に目を—」④物をどこかへ移す。「書類をどこかへ—・ってしまった。」⑤心にある思いを心の外に払いのける。思いを晴らす。「憂さの—・りようがない」⑥(目下の者に)与える。くれる。「小遣いを—」「犬にえさを—」⑦みずからする。行う。「予習を—」⑧職業とする。また、営業する。「父は医者を—・っている」「店は九時まで—・っている」⑨暮らす。「ついに—・ってゆけなくなる」⑩酒やたばこを飲む。「一杯—」⑪会などを開く。もよおす。「クラス会を—」⑫《俗》殺す、殴るなど暴力的なことをする。「あの男を—・ってしまえ」⑬(動詞の連用形に付いて)㋐その動作を遠くまで及ぼす意を表す。「遠くを見—」㋑(多く、下に打ち消しの語を伴い)動作が終わる意を表す。すっかり…する。「晴れ—・らぬ心」■二(補動五)(動詞の連用形＋助詞「て」を受けて)①他人のために恩恵的にする。「私が行って—」②ことさらにする。「思い知らせて—」「一番になって—」「仕事を継いで—」可能や・れる(下一)
用法 ■一⑥・■二①は、多く対等または目下の人にするときに使う。
⇩呉れる(表)・上げる「ちがい」

やるかた-な・い【◇遣る方ない】(形) 心のわだかまりの晴らしようがない。どうしようもない。「憤懣—」文やるかたな・し(ク)

やる-き【◇遣る気】自分から進んで物事をやろうという積極的な気持ち。「—満々」

やるせ-な・い【◇遣る瀬ない】(形) 悲しさやつらさのまぎらしようがない。気分が晴れずにつらい。せつない。「—気持ち」文やるせな・し(ク)

やれ【◇破れ】①やぶれること。やぶれたところ。「ふすまの—」「—垣」②刷り損じの印刷物。「—が出る」

やれ(感) ①並列して示すときの語。「—ピアノだ、—宿題だと、やかましいことだ」②ほっとした気持ちを表す語。「—、一安心だ」③あきれた気持ちを表す語。「—、またしくじった」

やれ-やれ(感) ①ほっとした気持ちを表す語。「—、これで役目も終わった」②がっかりした気持ちを表す語。「—、またやり直しか」③あきれた気持ちを表す語。「—、困ったものだ」

や-ろう【野郎】■一(名) ①男をののしっていう語。やつ。「あの—」②男。特に、若い男子。③さかやきをそった若者。■二(代)対称の人代名詞。相手を卑しめていう語。

やろう-じだい【夜郎自大】(名・形動ダ) (昔、中国で「夜郎」という蛮族が、漢の強大さを知らずに尊大にふるまったことから)自分の力量を知らずに仲間うちでいばっているさま。

やーわ【夜話】 ①夜に行う談話。また、それを記した書物。よばなし。②くだけた、軽い話を集めた書物。「文学ー」

やわ【柔】（ヤハ）（形動ダ）（ダロ・ダッ（デ・ニ）・ダ・ナ・ナラ・○） ①ひ弱なさま。壊れやすいさま。「ーな作り」②しっかりしていないさま。「ーな考え」文（ナリ）

やわ・い【柔い】（ヤハ）（形）（カロ・カッ（ク）・イ・イ・ケレ・○） ①やわらかい。「ー着物」②じょうぶでなく弱い。「ー作り」文やは・し（ク）

やわたーのーやぶしらず【八△幡の△藪知らず】（ヤハタ） （千葉県市川市八幡に、はいると出口のわからなくなる竹やぶがあったという話から）出口のわからないこと、迷うことのたとえ。

やわーはだ【柔肌・柔◇膚】（ヤハ） おもに女性の、やわらかな肌。

やわら【柔〔ら〕】（ヤハラ） 柔道。柔術。

やわらか【柔らか・軟らか】（ヤハラカ）（形動ダ）（ダロ・ダッ（デ・ニ）・ダ・ナ・ナラ・○） やわらかいさま。「ーな身のこなし」「ーな日ざし」文（ナリ）

ーもの【ー物】 手ざわりのやわらかい織物。絹の着物。

やわらか・い【柔らかい・軟らかい】（ヤハラカイ）（形）（カロ・カッ（ク）・イ・イ・ケレ・○） ①外部から力を加えたときに変形しやすい。「ー粘土（ねんど）」②触れたときに堅さがなく快い。ふわふわである。また、しなやかである。「ーふとん」「体がー」③穏やかだ。「ー態度」「物腰がー」④かたくるしくない。くだけている。「ー話」（↔堅い）文やはらか・し（ク）⇩「使い分け」

> 使い分け 「柔らかい・軟らかい」
> 「柔らかい」は、しなやかだ、穏やかであるの意で、「身のこなしが柔らかだ」などと使われる。
> 「軟らかい」は、しんがなくてぐにゃぐにゃしている、かたい手ごたえがない意で、「軟らかい土」などと使われる。しかし、両者の区別は難しく、一般的には「柔」を使うか仮名書きにするのが無難。

やわら・ぐ【和らぐ】（ヤハラグ）（自五）（ガ（ゴ）・ギ（イ）・グ・グ・ゲ・ゲ） ①激しい勢いが弱くなる。穏やかになる。「態度がー」②寒暑・痛みなどがおさまる。「痛みがー」③対立感がなくなり、むつまじくなる。なごやかになる。「二人の間がー・いだ雰囲気になる」他やわら・げる（下一）

やわら・げる【和らげる】（ヤハラゲル）（他下一）（ゲ・ゲ・ゲル・ゲル・ゲレ・ゲロ（ゲヨ）） ①穏やかにする。「態度をー」②言葉や文章などをわかりやすくする。「表現をー」自やわら・ぐ（五）文やはら・ぐ（下二）

ヤンキー〈米 Yankee〉①アメリカで、ニューイングランド地方の人の称。②「アメリカ人」の俗称。③《俗》不良っぽい人。

ヤング〈young〉若いこと。また、若者。「ーパワー」

ーアダルト〈young adult〉子供と大人の間の世代。一〇代後半の若者。時に二〇代前半まで含める。YA。「ー向け小説」

ヤンコ〈中国 秧歌〉中国の田植え歌が起源の民族舞踊。

やんごとーな・い【◇止ん事無い】（形）（カロ・カッ（ク）・イ・イ・ケレ・○） 非常に身分が高い。高貴だ。「ーお方」文やむごとな・し（ク）

やんーしゅ《俗》春、ニシンの漁などのために北海道へ出稼（でかせ）ぎに来る男たち。渡り漁民。やん衆。春

やんちゃ（名・形動ダ）子供がいたずらであるさま。だだをこねるさま。また、そのような子供や人。「ー坊主」

やんぬるーかな【△已んぬる△哉】（「やみぬるかな」の音便）今となっては、どうしようもない。もうおしまいだ。万事休す。

やんばるーくいな【◇山◇原×水鶏】（クヒナ）《動》沖縄県与那覇岳（よなはだけ）で発見され、一九八一（昭和五十六）年に新種と発表されたクイナ科の鳥。顔とのどは黒く、くちばしと足は赤い。翼は退化して飛べない。天然記念物。

〔やんばるくいな〕

やんま【×蜻蜓】《動》ヤンマ科・オニヤンマ科などに属する大形のトンボの総称。秋

やんーや（感）ほめそやす声。ほめはやすこと。「ーのかっさい」

やんわり（ヤンハリ）（副）やわらかく。静かに。穏やかに。「ー（と）押さえる」「ー（と）断る」

ゆ　ユ

五十音図「や行」の第三音。「ゆ」は「由」の草体。「ユ」は「由」の一部省画。

ゆ【由】 教3 ユ・ユウ（イウ）・ユイ高 よし高・よる

丨 冂 巾 由 由

（字義）①よる。㋐もとづく。「由来・所由」㋑経る。通る。「経由」㋒たよる。従う。「自由」②よし。㋐わけ。「事由・理由」㋑いわれ。「由緒（ゆいしょ）・由縁（ゆえん・ゆうえん・ゆかり）」㋒原因。「因由」人名 ただ・ゆき・より

ゆ【油】 教3 ユ・ユウ（イウ） あぶら

氵 汀 汩 油 油

（字義）①あぶら。「油脂・油田・肝油・石油・灯油・桐油（とうゆ）」②油然（ゆうぜん・ゆぜん）は、雲の盛んに起こるさま。

ゆ【喩】 ユ中 さとす・さとる・たとえる・たとえ

口 叺 吟 哈 喻 喩

（字義）①さとす。教えさとす。＝諭。「告喩」②さとる。はっきりとわかる。③たとえる。たとえ。「隠喩・直喩・比喩・諷喩（ふうゆ）」④よろこぶ。＝愉。「喩喩」

ゆ【愉】 ユ中 たのしい・よろこぶ

忄 忄 怜 恰 愉 愉

（字義）たのしい。気持ちよい。よろこぶ。「愉悦・愉快」

ゆ【遊】（字義）→ゆう（遊）

ゆ【諭】 ユ中 さとす中

言 訃 訡 諭 諭 諭

（字義）①さとす。㋐言いきかせる。「説論」㋑教えみちびく。「教論」②天子または官が人民にさとしきかせる。「論旨・論達・告論・詔論・勅論」③たとえる。たとえ。＝喩。「諷論（ふうゆ）」人名 あき・さと・さとし・つぐ・ゆう

ゆ【輸】 教5 ユ・シュ

亘 車 軡 輸 輸 輸

（字義）①送る。はこぶ。「輸出・輸送・運輸・空輸・密輸」②負ける。「輸贏（しゅえい・ゆえい）」人名 ゆう

ゆ【癒】 ユ中 いえる中・いやす中

亠 广 疒 疒 瘉 癒

（字義）いえる。いやす。病気や傷がなおる。なおす。「快癒・治癒・平癒」

ゆ【湯】 ①水を熱したもの。「ーをわかす」②ふろ。浴場。「ーにはいる」③温泉。「ーの町」④鋳造用に熱して溶かした金属。

ゆ（格助）《古》（上代語）①動作の時間的・空間的な起点を表す。…から。…以来。「天地（あめつち）の分かれし時ゆ神さびて高く貴き」〈万葉〉②移動する動作の経過点を表す。…から。…を通って。「田子の浦ゆ打ち出でて見れば」〈万葉〉③作用の手段を表す。…で。…によって。④比較の基準を表す。…よりも。参考 平安以後は、「より」が代わって用いられた。

ゆ（助動-下二型）（エ・エ・ユ・ユル・ユレ・○）《古》（上代語）受け身・自発・可能を表す。用法 活用語の未然形に付く。参考 中古以後の「る」にあ

たるが、尊敬の意はない。

ゆ-あか【湯△垢】鉄瓶・浴槽などの内部につく水あか。水にふくまれる石灰分などが固まってできる。「―がたまる」

ゆ-あがり【湯上〔が〕り】①ふろから出ること。また、出たばかりの時。「―姿」②浴衣など、入浴後に着る単衣。

ゆ-あたり【湯◇中り】(名・自スル)長時間の入浴によって起こる体の異常。動悸・めまいなど。

ゆ-あつ【油圧】油を媒体にして伝える圧力。「―で動かす」

ゆ-あみ【湯◇浴み】(名・自スル)ふろにはいること。入浴。

ゆい【由】(字義)→ゆ(由)

ゆい【唯】ユイ㊥・イ(ヰ)㊫ ただ

(字義)①ただ。それだけ。「唯一・唯我独尊」②はい。返事の声。「唯諾・唯唯諾諾」人名 ただし・ゆう

ゆい【遺】(字義)→い(遺)

ゆい-あ・げる【結い上げる】(他下一) ゲ・ゲ・ゲル・ゲル・ゲレ・ゲロ(ゲヨ) ①結んで上にあげる。「帯を―」②結び終える。髪などを整った形に結う。「髪を―」文ゆひあ・ぐ(下二)

ゆい-いつ【唯一】ただ一つであること。ゆいつ。「―の方法」

―むに【―無二】それ一つきりで、他に同じものはないこと。

ゆいが-どくそん【唯我独尊】①「天上天下唯我独尊」の略。②自分だけが偉いとうぬぼれること。ひとりよがり。

ゆい-ごん【遺言】(名・他スル)死後のために言い残すこと。また、その言葉。いげん。参考 法律用語では「いごん」という。

ゆい-しき【唯識】〘仏〙心こそ唯一の実在で、すべての事象は心により現しだされたものにすぎない、とする考え方。唯心。

ゆい-しょ【由緒】①物事の起こりや経てきたいきさつ。由来。「―をただす」②りっぱな来歴。「―ある家柄」

ゆい-しん【唯心】①〘仏〙いっさいの事象は心の現れであって、心を離れて存在するものはなく、心はすべての本体として唯一の実在であるとすること。唯識。②〘哲〙いっさいのものはすべて心の作用によるものであるとすること。↕唯物

―ろん【―論】〘哲〙世界の本体は精神的なものであるとし、これによってすべてを説明しようとする説。物質は精神を離れて存在せず、物質は精神の所産、またはそれを表現する形式にすぎないとする観念論。↕唯物論

ゆ-いつ【◇唯一】→ゆいいつ

ゆい-のう【結納】婚約のしるしに金品をとりかわすこと。また、その金品。「―の儀」「―を交わす」

ゆいび-しゅぎ【唯美主義】→たんびしゅぎ

ゆい-ぶつ【唯物】〘哲〙真の存在は物質だけだと考えること。↕唯心

―しかん【―史観】〘哲〙ドイツのマルクスの提唱した歴史観。社会または歴史的現象の変革の原因を経済組織(生産力・生産関係など)の変化にもとめる説。史的唯物論。

―べんしょうほう【―弁証法】〘哲〙唯物論の立場に立つ弁証法。世界の本体を物質と見て、物質の運動法則や形態が弁証法的であるとするマルクス主義の方法論。

―ろん【―論】〘哲〙この宇宙に存する万有のみなもとである本質は物質であり、したがって精神的な現象をも物質の作用、またはその副次的なものであるとする説。↕唯心論・観念論

ゆい-め【結い目】結んだところ。結び目。「―をほどく」

ゆい-わた【結い綿】①中央がくくってある真綿。祝儀に用いる。②日本髪の一種。島田まげの中央にかのこしぼりの手絡をかけたもの。未婚の女性が結う。

ゆう【◇又】ユウ(イウ) また㊥

(字義)①みぎ。=右。②また。=有。㋐さらに。そのうえ。㋑ふたたび。③たすける。=佑。④ゆるす。=宥。難読 又従兄弟・又候 人名 すけ・たすく・やす・ゆ

ゆう【友】教2 ユウ(イウ) とも

(字義)①とも。ともだち。「友人・友邦・悪友・学友・旧友・交友・親友・朋友」②仲がよい。親しむ。「友愛・友好・友情」人名 すけ・と・ゆ・よし

ゆう【尤】人 ユウ(イウ)・ウ とがめる・もっとも

(字義)①とがめる。とが。とがめ。あやまち。「尤悔」②もっとも。とりわけ。はなはだ。③ことなる。他と違う。また、他より優れている。「尤異・尤物」人名 もつ・もと

ゆう【△尤】イウ (形動ナリ)非常にすぐれているさま。「出品中―なるもの」

ゆう【右】イウ (字義)→う(右)

ゆう【由】イウ (字義)→ゆ(由)

ゆう【有】教3 ユウ(イウ)・ウ㊥ ある・もつ

(字義)①ある。存在する。「有無・有害・希有・特有・万有・未曽有・有為転変」↕無 ②もつ。もっている。「共有・国有・所有・保有・領有」③さらに。その上また。「十有五」難読 有平糖・有縁・有卦・有情・有象無象・有徳・有髪・有耶無耶・有漏・有職 人名 あり・すみ・たもつ・とお・とも・なお・なり・みち・もち・り

ゆう-【有】イウ (接頭)…がある。…を持っている。「―意義」「―資格者」

ゆう【有】イウ ①持つこと。所有。「わが―に帰する」②あること。存在すること。「無から―を生じる」↕無 ③(多く、数字の間にはさんで)さらに。その上また。「十―余年」

ゆう【佑】人 ユウ(イウ)・ウ たすける

(字義)たすける。たすけ。「佑啓・佑命・天佑」人名 すけ・たすく

ゆう【邑】人 ユウ(イフ) むら

(字義)①むら。さと。多人数の集まる所。「邑里・城邑」②まち。都市。「都邑」③くに。国都。「采邑・商邑」人名 くに・さと・さとし・すみ

ゆう【酉】人 ユウ(イウ) とり

(字義)十二支の第一〇。とり。方位では西、時刻では今の午後六時ごろ。人名 なが・なり・みのる・ゆ

ゆう【侑】人 ユウ(イウ) たすける

(字義)①(飲食を)すすめる。「侑飲・侑食」②たすける。人名 あき・あつむ・すすむ・たすく・ゆ・ゆき

ゆう【勇】教4 ユウ いさむ

(字義)①いさましい。いさむ。「勇敢・勇猛・蛮勇・武勇」②思いきりのよい。いさぎよい。「勇退」難読 勇魚 人名 い・いさお・いさみ・お・さ・そよ・たけ・たけし・つよ・とし・はや

ゆう【勇】ものおじせずに立ち向かうこと。勇気。「―を奮う」

―を鼓す 勇気をふるいおこす。はげます。

ゆう【宥】人 ユウ(イウ) ゆるす・なだめる

(字義)①ゆるい。ひろい。ひろく深い。「宥密」②ゆるす。ゆるめる。おおめにみる。「宥赦・宥恕・宥免・寛宥」③なだめる。やわらげしずめる。機嫌をとる。「宥和」人名 すけ・ひろ

ゆう【幽】ユウ(イウ)㊥ かすか・くらい

(字義)①静かで奥深い。「幽遠・幽境・幽玄」②奥まってうす暗い。「幽閑・幽室」③かすか。ほのか。「幽韻・幽光」④かくれる。ひそむ。「幽居」⑤とらえる。とじこめる。「幽囚・幽閉」⑥あ

の世。めいど。「幽界・幽冥」⑦鬼神。「幽霊」

ゆう【柚】人 ユウ(イウ)・ジク(ヂク) ゆず　(字義)①木の名。ゆず。ミカン科の常緑小高木。「柚子ゆず・橘柚きつゆう」②たてまき。機織りのたて糸を巻く道具。=軸。「柚杼じくちょ」 難読 柚餅子ゆべし

ゆう【祐】人【祐】人 ユウ(イウ)・ウ たすける　(字義)①たすける。神がたすける。「天祐」②貴人のそばで記録する。=右。「祐筆」 人名 さち・すけ・たすく・ち・ひろ・ひろし・まさ・ます・むら・よし

ゆう【悠】ユウ(イウ)㊥ とおい・はるか　(字義)①とおい。はるか。「悠遠・悠久」②ゆったりしている。「悠然・悠悠」 人名 ちか・ひさ・ひさし

ゆう【郵】教6 ユウ(イウ)　(字義)①文書・物品を運送する制度。「郵政・郵便」②しゅくば。宿駅。

ゆう【湧】ユウ㊥・ヨウ わく㊥　(字義)①わく。㋐水がわき出る。「湧出ゆうしゅつ・ようしゅつ・湧溢ゆういつ・湧泉ようせん」㋑わき立つ。たぎる。「騰湧とうよう・沸湧ふつよう」㋒盛んにおこる。㋓(勢いよく、また、突然に)現れ出る。「湧起ゆうき」②わく。自然に発生する。 参考「涌」が本字。「湧」は、もと俗字。 人名 わき

ゆう【猶】ユウ(イウ)㊥ なお　(字義)①ためらう。ぐずぐずする。「猶与・猶予」②なお。やはり。まだ。③ちょうど…のようだ。「猶子・猶父」 難読 猶太ユダヤ 人名 さね・より

ゆう【裕】ユウ㊥ ゆたか　(字義)①ゆたか。物がたくさんある。「裕福・富裕」②ゆるやか。心が広い。「寛裕」③ゆとり。「余裕」 人名 すけ・ひろ・ひろし・ひろむ・まさ・みち・やす

ゆう【遊】教3 ユウ(イウ)・ユ㊄ あそぶ　(字義)①あそぶ。あそび。㋐楽しむ。心を慰める。「遊戯ゆうぎ・遊興・遊楽・豪遊」㋑野山などを気楽に歩く。「遊歩・春遊・夜遊・物見遊山ものみゆさん」㋒旅行する。学問や観光のために他国へ行く。「遊学・遊覧・回遊・外遊・周遊・漫遊・来遊」②まじわる。つきあう。「交遊」③一定の所属のないもの。「遊軍・遊撃」④移動する。「遊星・遊牧」⑤使われずに休んでいる。「遊金・遊資」⑥仕事がなくぶらぶらしている。「遊民・優遊」⑦はなれている。「遊離・浮遊」⑧おとこだて。「遊侠ゆうきょう」⑨野球で、「遊撃手」の略。「遊飛・三遊間」 難読 遊説ゆうぜい・遊冶郎ゆうやろう・遊弋ゆうよく・遊行ゆぎょう 人名 なが・ゆき

ゆう【釉】人 ユウ(イウ)　(字義)①つや。光沢。②うわぐすり。素焼きの陶磁器の表面に塗ってつやを出すガラス質の粉。「釉薬」 人名 つや

ゆう【雄】ユウ㊥ お㊥・おす㊥　(字義)①おす。生物のおすの総称。「雄蕊ゆうずい・雄性・雌雄しゆう」↔雌 ②強い。勇ましい。「雄壮・雄大・雄峰」③武勇・才知にすぐれている人。「雄傑・英雄・豪雄」 難読 雄叫たけび・雄鳥おんどり 人名 かず・かた・かつ・たか・たかし・たけ・たけし・つよし・のり・まさ・まさる・ゆ・よし

ゆう【雄】才知・武勇の特にすぐれている人。「文壇の―」

ゆう【楢】人 ユウ(イウ) なら　(字義)ブナ科の落葉高木。実はどんぐり。材は家具・薪炭用。

ゆう【◇熊】教4 ユウ くま　(字義)くま。クマ科の猛獣の総称。「熊掌ゆうしょう・熊胆ゆうたん・赤熊しゃぐま・白熊しろくま」 難読 熊襲くまそ 人名 かげ・ゆ

ゆう【誘】ユウ(イウ)㊥ さそう㊥　(字義)さそう。いざなう。㋐すすめる。「勧誘」㋑みちびく。案内する。「誘掖ゆうえき・誘導」㋒つれだす。ひきよせる。「誘引・誘致」㋓かどわかす。「誘拐ゆうかい」㋔まどわす。さそいこむ。「誘惑」㋕ひきおこす。「誘起・誘発」 人名 すすむ

ゆう【憂】ユウ(イウ)㊥ うれえる㊥・うれい㊥・うい㊄　(字義)うれえる。うれい。㋐心配する。心をいためる。「憂国・憂慮・杞憂きゆう・内憂外患」㋑悲しむ。嘆く。「憂愁・憂傷」

ゆう【融】ユウ㊥ とける　(字義)①とける。とかす。固体がとけて液状になる。「融化・融解・溶融・熔融ようゆう」②とおる。とどこおりなく通る。流通する。「融資・融通・金融」③やわらぐ。心がとけあう。「融合・融和」 人名 あき・あきら・すけ・とお・とおる・ながし・みち・ゆ・よし

ゆう【優】教6 ユウ(イウ) やさしい㊥・すぐれる㊥・まさる　(字義)①やさしい。上品で美しい。「優雅・優美」②ゆたか。㋐あつい。「優遇・優待」㋑ゆったりした。「優長・優游ゆうゆう」③まさる。すぐれる。「優位・優秀・優等」↔劣 ④ぐずぐずする。「優柔不断」⑤役者。「俳優・名優」⑥(「ウ」と読んで)梵語ぼんごの音訳にあてる。「優婆夷うばい・優婆塞うばそく」 難読 優曇華うどんげ・優男やさおとこ 人名 かつ・ひろ・ひろし・まさ・ゆ・ゆたか

ゆう【優】イウ ㊀(名)すぐれていること。特に、成績などがすぐれていることを表す語。「―・良・可」「―をとる」㊁(形動ダ)ダロ・ダッ(デ)・ニ・ダ・ナ・ナラ・○ やさしくしとやかなさま。「―な心」文(ナリ)

ゆう【×木綿】ユフ 楮こうの皮をはぎ、その繊維を裂いて糸状にしたもの。神事に用いた。「―垂しで」「―襷だすき」

ゆう【夕】ユフ 夕方。夕暮れ。「朝な―な」「―景色」↔朝

ゆ・う【結う】ユフ (他五) ワ(オ)・イ(ッ)・ウ・ウ・エ・エ・○ ①結ぶ。しばる。くくる。「羽織のひもを―」「帯を―」②髪を結んだりして、ある形にしあげる。「島田に―」③ひも・縄などで結んで組み立てる。「竹垣を―」 可能 ゆ・える(下一)

ユー-アール-エル【URL】〈uniform resource locator から〉【情報】インターネット上のサーバーやサイトなどの場所を特定するための文字列。アドレス。

ゆう-あい【友愛】イウ 兄弟間または友人などに対する愛情。「―の情」

ゆう-あかり【夕明〔か〕り】ユフ 日が沈んだあと、夕方の空に残るほのかな明るさ。残照。

ゆう-あく【優△渥】イウ (名・形動ダ)(「優」は豊か、「渥」は厚い意)ねんごろで手厚いこと。めぐみが厚いこと。また、そのさま。「―なるお言葉を賜る」

ゆう-あん【幽暗】イウ (名・形動ダ) 暗くてぼんやりしていること。また、そのさま。「―な堂内」

ゆう-い【有位】イウ 位階を持っていること。有位うい。↔無位

ゆう-い【有為】イウ (名・形動ダ) 才能があって将来の役に立つさま。「前途―の青年」 参考「うい」と読めば別の意になる。

ゆう-い【有意】イウ ①意味のあること。有意義。「―差(=統計

上、偶然であるとは考えにくい差」②意志のあること。「―の行動」

ゆう-い【雄偉】（名・形動ダ）雄々しくすぐれているさま。

ゆう-い【優位】（名・形動ダ）立場や地位などが他よりまさっていること。また、そのさま。「―に立つ」↔劣位

ゆう-いぎ【有意義】（名・形動ダ）意味や価値のあること。また、そのさま。「―な経験」「―な話を聞く」↔無意義

ゆう-いん【誘引】（名・他スル）誘い入れること。

ゆう-いん【誘因】 ある作用や状態をひき起こす原因。「事件の―をさぐる」

ゆう-うつ【憂鬱】（名・形動ダ）気持ちがしずんで心の晴れないこと。また、そのさま。「―な日々」「―な顔」

―しつ【―質】〔心〕ヒポクラテスの体液説に基づく気質の四分類の一つ。取り越し苦労をし、いつもくよくよする陰気な気質。⇒多血質・胆汁質・粘液質

ゆう-えい【遊泳・游泳】（名・自スル）①泳ぐこと。水泳。「―禁止」夏 ②世渡り。処世。「―術」

ゆう-えき【有益】（名・形動ダ）利益や効果のあるさま。ためになるさま。「休みを―に過ごす」「―な本」↔無益

ゆう-えき【誘掖】（名・他スル）（「掖」は、そばから助ける意）導き助けること。「郷土の子弟を―する」

ユー-エス-エー【USA】〈United States of America から〉アメリカ合衆国。

ユー-エス-ビー【USB】〈universal serial bus から〉〔情報〕コンピューターと周辺機器をつなぐ規格の一つ。「―メモリー（＝スティック形の大容量記憶媒体）」

ゆう-えつ【優越】（名・自スル）他よりすぐれまさること。

―かん【―感】 自分が他の人よりすぐれていると思う感情。「―にひたる」↔劣等感

ユー-エッチ-エフ【UHF】〈ultrahigh frequency から〉極超短波。周波数三〇〇～三〇〇〇メガヘルツ、波長〇・一～一メートルの電波。テレビ放送や各種通信に利用。

ユー-エフ-オー【UFO】→ユーフォー

ゆう-えん【幽遠】（名・形動ダ）奥深くてはるかなこと。また、そのさま。「―な深山の趣」

ゆう-えん【幽艶・幽婉】（名・形動ダ）奥ゆかしく美しいこと。また、そのさま。「―な姿」

ゆう-えん【悠遠】（名・形動ダ）時間的・空間的にはるかに遠くへだたっていること。また、そのさま。「―な太古」

ゆう-えん【遊宴】 酒盛りをして遊ぶこと。また、その宴。

ゆう-えん【遊園】 遊び楽しむ場所としてつくられた施設。

―ち【―地】 種々の遊具や娯楽など遊びのための設備を整えた施設。「児童―」

ゆう-えん【優艶・優婉】（名・形動ダ）上品で美しいさま。やさしくあでやかなさま。「―な女性」

ゆう-おう【勇往】 勇んで進むこと。ためらわず目的に向かって進むこと。

―まいしん【―邁進】（名・自スル）目的に向かって、恐れずまっしぐらにつき進むこと。

ゆう-か【有価】 金銭上の価格があること。

―しょうけん【―証券】〔商〕私法上の財産権を表した証書で、その権利の移転・行使などが証券によってなされるもの。貨物引換証・船荷証券・倉庫証券・手形・小切手・商品券・株券・公社債券など。参考 狭義の有価証券は、収益証券（株券や公社債券）だけをさす。

ゆう-か【融化】（名・自スル）とけて性質が変化すること。とけ合って一つのものになること。

ゆう-が【幽雅】（名・形動ダ）奥ゆかしく上品なさま。

ゆう-が【優雅】（名・形動ダ）上品でみやびやかなこと。気品があって豊かなさま。「―な身のこなし」「―な生活」

ゆう-かい【幽界】 あの世。冥土(めいど)。「―の人となる」

ゆう-かい【誘拐】（名・他スル）（「拐」はだます意）人をだまして誘い出し、連れ去ること。かどわかすこと。「―事件」

ゆう-かい【融解】（名・自他スル）①とけること。とかすこと。②〔化〕固体が熱せられて液体となること。↔凝固

―てん【―点】→ゆうてん

―ねつ【―熱】〔化〕固体をとかして同温度の液体にするのに要する熱量。一グラムまたは一モルに対する熱量で表す。氷の場合は一モルに対して約六キロジュール。

ゆう-がい【有害】（名・形動ダ）害のあること。よくない結果になると認められること。また、そのさま。「―無益」「―な物質」↔無害

ゆう-がい【有蓋】 ふたや屋根などのおおいのあること。「―貨車」↔無蓋

ゆう-がお【夕顔】〔植〕①ウリ科のつる性一年草。夏の夕方、アサガオに似た白色の花を開く。大きな長楕円(だえん)形の果実は、若いものをかんぴょうにし、熟したものは器などにする。夏 ②「よるがお」の誤称。

ゆう-かく【遊客】 ①遊覧の客。②定まった仕事をもたずに遊び暮らす人。遊び人。③遊里に遊ぶ人。

ゆう-かく【遊郭・遊廓】 多数の遊女屋が集まっている区画。色里(いろざと)。くるわ。遊里。

ゆう-がく【遊学】（名・自スル）（「遊」は家を離れて出かけていく意）故郷を離れ、よその土地や国へ行って学問をすること。留学。「フランスに―する」

ゆう-かげ【夕陰】 夕方、物の陰になり日の当たらない所。

ゆう-かげ【夕影】 ①夕方のひざし。夕日の光。「―に映える湖」②夕日を受けている姿。

ゆう-かぜ【夕風】 夕方に吹く風。↔朝風

ゆう-がた【夕方】 日の暮れるころ。↔朝方

類語 夕刻・日暮れ・夕暮れ・夕まぐれ・暮れ方・夕べ・夕・薄暮・日の入り・入相(いりあい)・たそがれ・火ともし頃(ごろ)・宵・宵の口

ゆうが-とう【誘蛾灯】 夜間、蛾(が)などの害虫を灯火で誘い寄せて、水や電流を用いて駆除する装置。夏

ユーカラ（アイヌ語で、曲の意）アイヌの人の間に口承される長編叙事詩。神々や英雄に関する物語で、節をつけて歌われる。

ゆう-かり【夕狩（り）】 夕方にする狩り。夕狩(ゆうがり)。

ユーカリ〈ラテ Eucalyptus から〉〔植〕フトモモ科の常緑大高木。オーストラリア南部とタスマニア島原産で、樹高一〇〇メートル以上のものもある。六・七月に緑白色の小花を開く。材は船舶・建築用。葉はユーカリ油の原料。

〔ユーカリ〕

ゆう-かん【夕刊】 夕方に発行される日刊新聞。↔朝刊

ゆう-かん【有閑】 暇があること。生活にゆとりがあって働く必要もなく自由に暮らすこと。「―階級」「―マダム」

ゆう-かん【勇敢】（名・形動ダ）勇気があり、恐れずに物事に立ち向かっていくこと。また、そのさま。「―に戦う」文（ナリ）

ゆう-かん【憂患】 うれいわずらうこと。大きな心配ごと。

ゆうかん-じしん【有感地震】（身体に感じない無感地震に対して）身体に感じられる地震。

ゆう-き【有期】 一定の期間が定まっていること。「―雇用」↔無期

―けい【―刑】〘法〙一定期間の拘禁を内容とする自由刑。↕無期刑

ゆうき【有機】 ①生活機能を有し、生命力をもつこと。②「有機化学」「有機化合物」「有機物」などの略。(↕無機)

―かがく【―化学】〘化〙有機化合物を研究の対象とする化学。↕無機化学

―かごうぶつ【―化合物】〘化〙炭素を含む化合物の総称(二酸化炭素・炭酸塩類などは除く)。かつては生命力からのみつくられるとされていた。有機物。↕無機化合物

―さいばい【―栽培】農薬や化学肥料を使わないで、堆肥や鶏糞などの有機肥料を使う栽培法。

―たい【―体】①〘生〙有機物から構成され、生活機能のある組織体。生物体。②それぞれ異なった機能をもつ部分が、一定の目的・原理のもとに統一されているもの。

―てき【―的】(形動ダ) 多くの部分が結びついて全体をつくり、たがいに関連・影響しあいながらまとまっているさま。「―に結びついた組織」

―ひりょう【―肥料】 油粕・堆肥・糞尿など動植物由来の有機物からなる肥料。化学肥料に対していう。

―ぶつ【―物】〘化〙①有機体を構成する物質。②→ゆうきかごうぶつ(↕無機物)

ゆうき【勇気】ものを恐れず積極的に立ち向かう気力。雄々しく勇ましい心。「―凜々」「―を出す」

ゆうき【幽鬼】 ①死者の霊。亡霊。②鬼。化け物。

ゆうき【雄気】雄々しい気質。

ゆうき【結城】 ①「結城縞」の略。②「結城紬」の略。③「結城木綿」の略。

―じま【―縞】「結城紬」や「結城木綿」のしま織物。

―つむぎ【―紬】茨城県結城地方産の絹織物。

―もめん【―木綿】結城紬に似せて織った木綿のしま織物。足利結城。綿結城。

ゆうき【誘起】 (名・他スル) さそい起こすこと。

ゆうぎ【友誼】 友人としての親しいつきあい。友情。「―団体」「―に厚い」

ゆうぎ【遊技】 娯楽として行う遊び。特に、おとながする遊びや勝負事。パチンコやビリヤードなど。「―場」

ゆうぎ【遊戯】 (名・自スル) ①遊びたわむれること。遊び。「言葉の―」②幼稚園・小学校などで、体を動かすことと楽しむことを目的とした集団的な踊りや運動。「お―をする」

ゆうきこそ…【俳句】〔勇気こそ 地の塩なれや 梅真白〕〈中村草田男〉勇気こそ、聖書に言う「地の塩」のように人の世の腐敗を防ぎとめるものだ。ちょうど、寒さのなかで梅が今、りりしく、真っ白に咲いているように。(梅 春)

ゆうきゅう【有休】「有給休暇」の略。

ゆうきゅう【有給】 ①給料の支給があること。↕無給 ②「有給休暇」の略。

―きゅうか【―休暇】 休んでも給料が支給される休暇。有休。「―をとる」

ゆうきゅう【悠久】 (名・形動ダ) はるか先まで長く続くこと。また、そのさま。永遠。永久。「―の歴史」

ゆうきゅう【遊休】 設備などが使われないで放置されていること。「―施設」「―地」

ゆうきょ【幽居】 (名・自スル) 俗世間から離れて静かに暮らすこと。また、その住まい。閑居。「山間に―する」

ゆうきょう【勇怯】 勇気のあることと臆病なこと。

ゆうきょう【勇侠】 勇気があって正義を重んじる心。

ゆうきょう【幽境】 俗世間を離れたもの静かな所。

ゆうきょう【遊侠】 →おとこだて

ゆうきょう【遊興】 (名・自スル) 遊び楽しむこと。特に、酒色に興じること。「―費」「―にふける」

ゆうぎり【夕霧】 夕方にたちこめる霧。秋 ↕朝霧

ゆうきん【遊金】 活用しないで置いてある金銭。遊び金。

ゆうく【憂苦】 心配して苦しむこと。心配ごとや苦しみ。

ゆうぐ【遊具】 遊びに使う道具。遊び道具。「公園の―」

ゆうぐう【優遇】 (名・他スル) 手厚くもてなすこと。よい待遇をすること。厚遇。「熟練者を―する」↕冷遇

ユークリッド-きかがく【ユークリッド幾何学】〘数〙古代ギリシャの数学者ユークリッド(Euclid)が創始した、五つの公理に基づいて体系化されている幾何学。

ゆうぐれ【夕暮(れ)】 日の暮れるころ。たそがれ。ひぐれ。

ゆうくん【遊君】 遊び女。遊女。

ゆうぐん【友軍】 味方の軍隊。「―機」↕敵軍

ゆうぐん【遊軍】 ①戦列外にあって、必要に応じて出動するために待機している軍隊。遊撃隊。②一定の部署につかず、必要に応じて活動するために待機している人たち。「―記者」

ゆうげ【夕餉】 夕方の食事。夕食。夕飯。↕朝餉

ゆうけい【夕景】 夕方の景色。晩景。また、夕方。

ゆうけい【有形】 形のあること。形をもったもの。「―財産」「―無形の援助」↕無形

―ぶんかざい【―文化財】 文化財保護法上の文化財の一つ。絵画・彫刻・建造物などの有形の文化的所産のうち、歴史上または芸術上価値の高いものや、考古資料などの学術上価値の高い歴史資料をいう。↕無形文化財

ゆうけい【雄勁】(名・形動ダ)(書画・詩文などの書き方が)雄々しく力強いこと。また、そのさま。「―な筆致」

ゆうげい【遊芸】 遊びごとに関する芸能。趣味として楽しむ芸ごと。茶の湯・生け花・琴・三味線・舞踊など。

ゆうげき【遊撃】 ①戦列外にあって、時に応じて敵を襲撃し味方を助けること。「―隊」②「遊撃手」の略。

―しゅ【―手】野球で、二塁と三塁の間を守る選手。ショートストップ。ショート。

ゆうげしき【夕景色】 夕方の景色。または夕方。夕景。

ゆうけむり【夕煙】 ①夕もや。②夕食のしたくをするときに立ちのぼる煙。参考「ゆうけぶり」ともいう。

ゆうけん【勇健】(名・形動ダ)①勇ましくすこやかなさま。②(多く、手紙文に用いて)健康でさかんなさま。雄健。

ゆうけん【郵券】 郵便切手。

ゆうけん【雄健】(名・形動ダ)①詩文・書画などの力強いさま。②(多く、手紙文に用いて)元気ですこやかなさま。勇健。

ゆうげん【有限】 (名・形動ダ) 数量・程度などに限りのあること。限度があること。また、そのさま。↕無限

―がいしゃ【―会社】〘経〙社団法人の一つ。中小企業に多く、有限責任の社員五〇人以内で組織されたもの。現在は新規に設立することはできない。

―せきにん【―責任】〘経〙債務者が自分の財産の、一部または一定額を限度として債務の弁済の責任を負担すること。↕無限責任

ゆうげん【幽玄】 (名・形動ダ) ①奥深く微妙で、はかり知れないさま。②〘文〙中世の和歌・連歌・能などを支配した美的理念。一般に、言外に深い情趣・余情のあるさま。「―体」参考 幽玄の意味内容は、時代・人・ジャンルによって変化している。藤原俊成は作歌の理想として、やさしく高雅な美、しみじみとした深い美、広々として悠遠な美を幽玄とし、その子定家はこれを「有心」として発展させた。心敬は幽玄

美を深化して、連歌に「ひえさびた」境地をひらき、世阿弥(ぜあみ)は能楽の美的理念として、美しく柔和な優雅さを幽玄とした。近世以後は、幽玄は「さび」への方向をとって進展した。

ゆうげん-じっこう【有言実行】(イウゲンジツカウ)（「不言実行」をもじって作られた語）口に出して言ったことを必ず実際に行うこと。

ゆうけん-しゃ【有権者】(イウケン) 権利をもっている者。特に、選挙権のある者。「—数」

ゆう-こう【友好】(イウカウ) 友達としての仲のよい交わり。「—国」

ゆう-こう【有功】(イウ) 手柄のあること。

ゆう-こう【有効】(イウカウ) ■一(名・形動ダ) 効力・効果のあること。役に立つこと。また、そのさま。「—期限」「時間を—に使う」↔無効 ■二(名) 柔道で、かけた技が「技あり」に近いと認める判定。

—すうじ【—数字】〔数〕近似値や測定値で有効な、また意味のある上位の数字のこと。

—せいぶん【—成分】 ある物に含まれている成分のうちで、効力をもっているもの。「薬剤の—」

ゆう-ごう【融合】(ガフ) (名・自スル) 二種類以上のものが一つにとけ合うこと。「核—」「二つの文化が—する」

ゆうこう-ちゅう【有孔虫】(イウコウ) 有孔虫類に属する単細胞生物の総称。多くは〇・一センチメートル以下。大部分が海産で、海上を浮遊するものと海底で生活するものがある。古生代以前から栄えた生物の一つ。貨幣石や紡錘虫(ぼうすいちゅう)(フズリナ)は示準化石となる。

ユーゴー〈Hugo〉→ユゴー

ゆう-こく【夕刻】(ユフ) 夕方の時刻。暮れ方。夕方。

ゆう-こく【幽谷】(イウ) 山奥にある静かな谷。「深山—」

ゆう-こく【憂国】(イウ) 国家の現状や将来を心配し案じること。「—の士」「—の情」

ユーゴスラビア〈Yugoslavia〉二〇〇三年までバルカン半島にあった連邦国家。構成国の独立などにより解体。

ゆう-こん【幽魂】(イウ) 死者のたましい。亡魂。

ゆう-こん【雄△渾】(名・形動ダ) 書画・詩文などが力強く勢いのよいこと。また、そのさま。「—な筆跡」

ゆう-こん【雄魂】 雄々しい魂。りっぱな男らしい精神。

ユーザー〈user〉商品の使用者。利用者。「—の声を聞く」「—フレンドリー」

ゆう-さい【雄才】 すぐれた才能。すぐれてりっぱな人物。

ゆう-ざい【有罪】(イウ) ①罪があること。②〔法〕裁判によって、犯罪事実とその責任が認められること。「—判決」〔↔無罪〕

ゆう-さり【夕さり】(ユフ) 「夕方」の古い言い方。

ゆう-さん【有産】(イウ) 多くの財産があること。金持ち。↔無産

—かいきゅう【—階級】(カイキフ) 財産があって生活の豊かな階級。資本家・大地主など。ブルジョアジー。↔無産階級

ユーザンス〈usance〉〔商〕①手形の支払い期限。②輸入貨物の代金の支払いを一定期間猶予すること。

ゆうさんそ-うんどう【有酸素運動】(イウサンソ) 体に酸素を取り入れて体内の糖質・脂質などをエネルギーとして用いる、筋肉への負荷が軽い持続的な全身運動。⇨エアロビクス

ゆう-し【有史】(イウ) 文献に記録された歴史があること。「—時代」「—以来」

—いぜん【—以前】 文献によって知られる歴史より以前。

ゆう-し【有司】(イウ) （「司(つかさ)」のある意から）役人。官吏。公吏。「百官—」

ゆう-し【有志】(イウ) ある物事に関心をもち、それをなしとげようとする志のあること。また、その人。「—を募る」

ゆう-し【有刺】(イウ) とげが出ていること。

—てっせん【—鉄線】 針金のとげを付けてより合わせた鉄線。立ち入りを禁じる場所などに張りめぐらす。ばら線。

ゆう-し【勇士】 勇気のある人。また、勇ましい兵士。勇者。

ゆう-し【勇姿】 勇ましい姿。「馬上の—」

ゆう-し【幽姿】(イウ) 幽玄な姿。優美な姿。

ゆう-し【猶子】(イウ) （「なお、子のごとし」の意）①兄弟の子。甥(おい)・姪(めい)。②養子。

ゆう-し【遊子】(イウ) 旅人。旅行者。

ゆう-し【遊糸】(イウ) かげろう。いとゆう。[春]

ゆう-し【雄志】 雄々しい志。はりきった意気ごみ。「—を抱く」

ゆう-し【雄姿】 堂々とした姿。りっぱなようす。「富士の—」

ゆう-し【雄視】(名・自スル) 威勢をはって他に対すること。いばって他を見下ろすこと。

ゆう-し【遊資】(イウ) 活用されないでいる資金。遊休資本。

ゆう-し【融資】(名・自スル)〔経〕資金を融通すること。また、その資金。「銀行から—を受ける」

ゆう-じ【有事】(イウ) 戦争や事変などの非常事態が起こること。「—に備える」

ゆう-しお【夕潮】(ユフシホ) 夕方に満ちてくる潮、または引いていく潮。↔朝潮

ゆう-しき【有識】(イウ) ①学問があり見識の高いこと。「—の人」②→ゆうそく

—しゃ【—者】 専門についての知識が広く、大局的な判断の下せる、社会の指導的立場にある人。「—を招く」

ユージ-こう【U字溝】 用水路や排水溝に用いる、断面がU字形のコンクリート材料。また、それをつなげた側溝。

ゆう-しも【夕霜】(ユフ) 夕方に降りる霜。

ゆう-しゃ【勇者】 勇気のある人。勇士。

ゆう-しゃ【優者】(イウ) ①すぐれている者。②優勝した者。

ゆう-じゃく【幽寂】(イウ) (名・形動ダ) 奥深くてひっそりしていること。また、そのさま。「—の地」

ゆう-しゅう【有終】(イウ) 終わりをまっとうすること。

—の-び【—の美】 物事を最後までやり通し成果をあげること。「—を飾る」

ゆう-しゅう【幽囚】(イウシウ) 捕らえられて獄舎にとじこめられること。また、その人。「—の身となる」

ゆう-しゅう【幽愁】(イウシウ) 深いうれい。深いもの思い。

ゆう-しゅう【憂愁】(イウシウ) うれい悲しむこと。「—の色」

ゆう-しゅう【優秀】(イウシウ) (名・形動ダ) 他よりもいちだんとすぐれていること。また、そのさま。「—な成績」「—な人材」

ゆう-じゅう【優柔】(イウジウ) (名・形動ダ) ぐずぐずしていること。決断力にとぼしいこと。また、そのさま。「—な態度」

—ふだん【—不断】(名・形動ダ) ぐずぐずしていて決断力にとぼしいこと。また、そのさま。「—な性格」

ゆう-しゅつ【湧出・△涌出】(名・自スル) (水・温泉・石油などが)地中からわき出ること。「—量」「温泉が—する」[参考] もとの読みは「ようしゅつ」。「ゆうしゅつ」は慣用読み。

ゆう-じゅつ【優△恤】(イウ) あわれみ手厚くめぐむこと。

ゆう-しゅん【優△駿】(イウ) 足の速いすぐれた競走馬。

ゆう-しょ【郵書】(イウ) 郵便で送る書状。

ゆう-しょ【遊所】(イウ) ①遊び場所。②遊里。

ゆう-じょ【△佑助】(イウ) 助けること。助け。「神の—」

ゆう-じょ【△宥恕】(イウ) (名・他スル) 寛大な心で許すこと。

ゆう-じょ【遊女】(イウヂヨ) ①中世、宴席で歌舞・音曲を演じたり、身を売ったりした女。遊び女(め)。②江戸時代、遊郭で身を売っていた女。女郎。

ゆう-しょう【有償】(イウシヤウ) ある行為の結果や与えた利益に対して、代価がはらわれること。「—で貸与する」↔無償

ゆう-しょう【勇将】勇ましく強い大将。
―の下に弱卒なし 上に立つ者がすぐれていると、その部下もまたすぐれているという意。

ゆう-しょう【熊掌】熊のてのひら。参考 その肉は中国で最も珍味なものの一つとされる。

ゆう-しょう【優勝】(名・自スル) ①競技などで、第一位で勝つこと。「レースに―する」②すぐれたものが勝つこと。
―れっぱい【―劣敗】強者が勝ち、弱者が負けること。また、生存競争で、境遇に適応するものが生き残り、適応できないものが衰え滅びること。「―の世界」

ゆう-しょう【優詔】ありがたいみことのり。

ゆう-しょう【優賞】上に立つ者が下の者の功績を手厚くほめること。また、手厚くほめて与えるほうび。

ゆう-じょう【友情】友人間の親愛の情。友誼。

ゆう-じょう【有情】①心のあること。感情のあること。②生物としての感覚や感情をそなえていること。

ゆう-じょう【優諚】(「諚」は神・上官の命令の意)めぐみ深い天皇のおおせ。

ゆう-しょく【夕食】夕方に食べる食事。夕飯。

ゆう-しょく【有色】色がついていること。
―じんしゅ【―人種】皮膚の色が黄色・褐色・黒色である人種。
―やさい【―野菜】カロテンなどを多く含む、色の濃い野菜。ニンジン・カボチャ・ホウレンソウなど。⇩緑黄色野菜

ゆう-しょく【遊食】職につかず遊び暮らすこと。徒食。

ゆう-しょく【憂色】心配そうな顔色。うれいのあるようす。「―が濃い」「―を帯びる」↔喜色

ゆう-しん【雄心】雄々しい心。雄壮な心。「―勃々(=心がきおいたつさま)たるものがある」

ゆう-じん【友人】親しく交わっている人。友達。友。

ゆう-じん【有人】乗り物や設備などに、操作・管理を行う人がいること。「―宇宙船」↔無人

ゆうしん-ろん【有神論】《哲》神の存在を認める思想上の立場。↔無神論

ユース〈youth〉①若者。青年。若い世代。「サッカーの―代表」②「ユースホステル」の略。
―ホステル〈youth hostel〉青少年旅行者のための、簡素で安価な宿泊施設。ユース。

ゆう-すい【幽邃】(名・形動ダ) 景色などが奥深くてもの静かなこと。また、そのさま。「―の境」

ゆう-すい【湧水・涌水】地中からわき出る水。わきみず。

ゆう-ずい【雄蕊】→おしべ ↔雌蕊

ゆうすい-ち【遊水池】大量の降雨や河川の氾濫などであふれ出た水を一時的にため、洪水を防ぐための池。

ゆう-すう【有数】(名・形動ダ) とりたてて数えるほど、すぐれていたり、きわだっていたりすること。また、そのさま。屈指。「日本でも―の学者」

ゆう-ずう【融通】■一(名・他スル) ①金銭や品物などを貸し借りすること。「資金を―する」②とどこおりなく通じること。「―自在」■二(名) 臨機応変に物事を処理すること。「―のきかない人」
―てがた【―手形】《商・経》商取引の裏付けがなく、たんに資金の調達を目的として振り出される手形。空手形。
―ねんぶつしゅう【―念仏宗】《仏》天治年間(一一二四―一一二六年)、良忍が始めた浄土教の一宗派。総本山は大阪市にある大念仏寺。
―むげ【―無碍】(名・形動ダ) 考えや行動が何ものにもとらわれることなく自由であること。また、そのさま。「―の精神」

ゆう-すずみ【夕涼み】夏の夕方、戸外や縁側など風通しのよい場所に出て涼むこと。「縁台で―をする」夏

ゆう-ずつ【夕星・長庚】(古くは「ゆふつづ」)夕方、西の空に輝いている金星。宵の明星。

ユーズド〈used〉一度使われたもの。中古。「―カー」

ゆう・する【有する】(他サ変) 所有する。持っている。「効力を―」「権利を―」文いう・す(サ変)

ゆう-せい【有声】①声が出ること。声を出すこと。②音声学で、声帯の振動を伴うこと。(↔無声)
―おん【―音】声帯の振動を伴う音。母音やb, d, g, m, n, zなどの子音。↔無声音

ゆう-せい【幽棲・幽栖】(名・自スル) 俗世間をさけて静かに住むこと。また、その住まい。「山中に―する」

ゆう-せい【郵政】郵便に関する行政。
―しょう【―省】郵便・郵便貯金・簡易生命保険・電気通信・電波などに関する事務を扱った中央行政官庁の一つ。二〇〇一(平成十三)年、「総務省」に移行。

ゆう-せい【雄性】おすの性質。↔雌性

ゆう-せい【遊星】→わくせい①

ゆう-せい【憂世】国家の安危をうれえること。世の中のことを心配すること。

ゆう-せい【優性】遺伝する対立形質のうち、雑種第一代で現れるほうの形質。顕性。↔劣性

ゆう-せい【優勢】(名・形動ダ) 勢いや形勢などが相手よりもまさっていること。また、そのさま。「―な試合」↔劣勢

ゆう-ぜい【有税】税金がかかること。↔無税

ゆう-ぜい【郵税】「郵便料金」の旧称。

ゆう-ぜい【遊説】(名・自スル) 意見・主義・主張を説いて各地を回ること。特に、政治家が各地を演説して回ること。「選挙区を―する」

ゆうせい-がく【優生学】人間の遺伝的素質の改善を目的に、悪い遺伝をさけ、すぐれた遺伝の増加をはかることを研究する学問。一八八三年イギリスのゴールトンによって提唱。

ゆうせい-せいしょく【有性生殖】《動・植》二つの、配偶子とよばれる生殖細胞の合体によってふえる生殖法。生物の多くは有性生殖を行う。配偶子である卵のみが単独発生する単為生殖もこれに含まれる。↔無性生殖

ゆう-せつ【融雪】雪がとけること。雪をとかすこと。また、とけた雪。「―剤」

ゆう-ぜみ【夕蟬】夕方に鳴くセミ。夏

ゆう-せん【有線】①通信に電線を用いること。「―テレビ」「―接続」↔無線 ②(「有線電信」の略)電線を用いて電信符号を伝達する通信。③「有線放送」の略。
―ほうそう【―放送】限定された地域に流す有線の放送。娯楽・広告・連絡などに用いる。有線。

ゆう-せん【勇戦】(名・自スル) 勇ましく戦うこと。「―奮闘」

ゆう-せん【郵船】郵便物を運び、航海中に郵便事務を扱う船。郵便船。

ゆう-せん【湧泉・涌泉】わき出るいずみ。

ゆう-せん【遊船】船遊びをするための船。遊山船。夏

ゆう-せん【優先】(名・自他スル) 他よりも先に扱うこと。「歩行者を―する」「人命を―させる」「―順位」
―かぶ【―株】《商》利益の配当や残余財産の分配を普通株より優先的に受けられる株式。
―けん【―権】他の者より先に物事を行える権利。
―せき【―席】電車・バスなどで、高齢者や体の不自由な

人、妊婦などが優先的に座ることのできる席。優先座席。

—てき【—的】(形動ダ) 他のものよりも先にするさま。「高齢者を—に扱う」「—に取り組む課題」

ゆう-ぜん【友禅】(「友禅染」の略)絹布などに花鳥風月などの模様を鮮明に染め出したもの。「—模様」 参考 江戸中期の京都の画工宮崎友禅斎の創案によるといわれる。

ゆう-ぜん【◇油然】(タル) 盛んな勢いでわき起こるさま。「雲が—とわく」 文(形動タリ)

ゆう-ぜん【悠然】(タル) ゆったりと構えているさま。落ち着いていて動じないさま。「—と構える」 文(形動タリ)

ゆう-ぜん【融然】(タル) 気分のやわらぐさま。気分ののびやかなさま。「—とした心持ち」 文(形動タリ)

ゆうせんくつ【遊仙窟】 中国、唐代の伝奇小説。張文成作。美女と過ごした夢のような一夜を描く。日本には奈良時代に伝わり、「万葉集」ほかの文学に影響を及ぼした。

ゆう-そう【勇壮】(名・形動ダ) 勇ましく勢いが盛んなこと。また、そのさま。「—な行進曲」

ゆう-そう【郵送】(名・他スル) 郵便で送ること。「—料」

ゆう-そく【有◇職・有◇識】 朝廷や武家の故実・典礼に通じていること。また、それにくわしい人。故実家。参考「ゆうしょく」「ゆうしき」ともいう。

—こじつ【—故実】 朝廷や武家の古来の官職・制度・法令・儀式・服飾・風俗などのきまり。また、それを研究する学問。

ゆう-だ【遊惰】(名・形動ダ) 遊びなまけること。怠惰。

ユー-ターン【Uターン】〈U-turn〉(名・自スル) ①自動車などが、U字形に回って逆もどりすること。転回。「—禁止」 ②もとの場所や状態などに逆もどりすること。特に、地方から都会へ出た人が故郷へ戻ること。「—現象」

ゆう-たい【勇退】(名・自スル) 後進に道を開くために、自分から進んで官職や地位を辞すること。「定年前に—する」

ゆう-たい【郵袋】 郵便物を入れて局から局へ輸送する袋。

ゆう-たい【優待】(名・他スル) 手厚くもてなすこと。特別に他より有利な扱いをすること。「—券」「愛読者を—する」

ゆう-だい【雄大】(名・形動ダ) 規模が大きく堂々としていること。また、そのさま。「—な景色」「—な構想」

ゆうたい-ぶつ【有体物】《法》空間の一部を占め、形をもっているもの。↔無体物

ゆうたい-るい【有袋類】《動》有袋目(フクロネズミ目)に属する哺乳動物の総称。オーストラリア・ニューギニア・南アメリカと北アメリカの一部に分布。雌の下腹部に育児嚢がある。カンガルー・コアラなど。

ゆう-だち【夕立】 夏の夕方などに、ときに雷を伴って急に激しく降る一時的な雨。驟雨。「—にあう」 夏

ユータナジー〈フランス euthanasie〉安楽死。

ゆう-だん【勇断】(名・他スル) 思いきりよく決断すること。勇気ある決断。「—を下す」「—をふるう」

ゆうだん-しゃ【有段者】 剣道・柔道・囲碁・将棋などで、段位を持っている人。

ゆう-ち【誘致】(名・他スル) 態勢をととのえ、さそい寄せること。「工場の—」

ゆうちく-のうぎょう【有畜農業】 家畜を導入した農業経営形態。家畜の畜力や厩肥を農耕に使う農業。

ゆう-ちょ【郵貯】「郵便貯金」の略。

ゆう-ちょう【悠長】(形動ダ) ゆったり落ち着いているさま。急がずのんびりと構えているさま。「—な話」「—に構える」 文(ナリ)

ゆう-づう【融通】「ゆうずう」と書くのが本則。→ゆうずう

ゆう-づき【夕月】 夕方の月。秋

—よ【—夜】 ①夕方に出ている月。夕月。②月の出ている夕方。秋 参考「ゆうづくよ」ともいう。

ゆう-づくよ【夕◇月夜】→ゆうづきよ

ゆうづる【夕鶴】 木下順二の戯曲。一九四九(昭和二十四)年発表。民話「鶴の恩返し」を素材に、素朴な愛の世界を幻想的に描く。

ユーティリティー〈utility〉①役に立つこと。有用性。②(「ユーティリティールーム」の略)住宅で、家事を効率よく行うための部屋。家事室。③《情報》(「ユーティリティーソフトウェア」の略)コンピューターの使い勝手をよくするための補助的なプログラム。

ゆうてい-るい【有△蹄類】《動》足先に蹄のある哺乳動物の総称。ウシなどの偶蹄目、ウマなどの奇蹄目、ゾウなどの長鼻目を含む。多くは草食性。

ゆう-てん【融点】《化》一気圧のもとで固体がとけ始めるときの温度。氷の融点をセ氏零度と定める。融解点。

ゆう-と【雄図】 雄大な計画。壮図。「—むなしく引き返す」

ゆう-と【雄途】 雄々しい門出。勇ましい出発。「—につく」

ゆう-とう【友党】 相互に政策などに一致する点があって、行動をともにする政党。

ゆう-とう【遊△蕩】(名・自スル) 生活がだらしなくて、酒や女遊びなどにふけること。放蕩。「—児」

ゆう-とう【優等】(名・形動ダ) 他よりも特にすぐれていること。また、そのさま。「—な成績」「—賞」↔劣等

—せい【—生】 ①成績および品行が特にすぐれている学生や生徒。↔劣等生 ②いかにも模範的である人。また、優秀であるが人間的におもしろみの欠ける人。「—的な発言」

ゆう-どう【誘導】(名・他スル) ①目的の所へさそい導くこと。「—路」「避難場所に—する」 ②《物》電気や磁気がその電界内・磁界内にある物体に及ぼす作用。感応。

—じんもん【—尋問・—△訊問】《法》警察官・検察官などが容疑者の取り調べなどで、自分の望む供述を暗示し、誘い出すような尋問。参考 刑事訴訟では、供述をゆがめるおそれがあるため、禁止される場合がある。

—たい【—体】《化》ある有機化合物の分子内の小部分が変化してできる化合物を、もとの化合物に対していう語。

—だん【—弾】→ミサイル

—でんりゅう【—電流】《物》電磁誘導によって回路に生じる電流。感応電流。

ゆうどう-えんぼく【遊動円木】 太い丸太の両端を鉄のくさりで低くつり、前後に揺り動かせるようにした遊具。

ゆう-とく【有徳】(名・形動ダ)→うとく①

ゆう-どく【有毒】(名・形動ダ) 毒を含んでいること。毒性があること。また、そのさま。「—ガス」「—な植物」↔無毒

ユートピア〈utopia〉空想上の理想的な社会。理想郷。語源 トマス=モアの空想的社会小説の題目から。

ユートピアン〈utopian〉空想家。夢想家。

ゆう-なぎ【夕△凪】《気》海岸の近くで、夕方、海風から陸風にかわるときに一時見られる無風状態。夏 ↔朝凪

ゆう-なみ【夕波】 夕方に立つ波。

—ちどり【—千鳥】→ゆふなみちどり

ゆう-に【優に】(副) 十分に余裕があるさま。十分に。「—五万人を収容できる球場」

ゆう-のう【有能】(名・形動ダ) すぐれた能力や才能を備えて役に立つこと。また、そのさま。「—な社員」↔無能

ゆう-はい【有配】《経》株などの配当があること。↔無配

ゆう-ばえ【夕映え】 夕日を受け、物の色が照り輝くこと。また、夕焼け。「—の景色」

ゆう-ばく【誘爆】 （名・自スル）一つの爆発がきっかけとなって、他の爆発物が爆発すること。

ゆう-はつ【誘発】 （名・他スル）あることがきっかけとなって、他のことをさそい起こすこと。「—事故」「事件を—する」

ゆう-ばれ【夕晴〔れ〕】 夕方、空が晴れること。

-ゆう-はん【有半】 （接尾）（年数を表す語に付けて）さらにその半分がある意を表す。「一年—」

ゆう-はん【夕飯】 夕方の食事。晩飯。夕食。↔朝飯

ゆう-はん【雄藩】 勢力のある大きな藩。

ゆう-ひ【夕日・夕◇陽】 夕方の太陽。また、その光。「—が沈む」↔朝日

類語 夕陽・入り日・落陽・落暉・落日・西日・残照・残映・余光・夕影・斜陽

—かげ【—影】 夕日の光。夕日。↔朝日影

ゆう-ひ【雄飛】 （名・自スル）（雄の鳥が飛ぶように）勢いよく盛んに活動すること。「海外に—する」↔雌伏

ゆう-び【優美】 （名・形動ダ）上品で美しいこと。みやびやかなこと。また、そのさま。「—なふるまい」

ゆう-ひつ【右筆・△祐筆】 ①昔、貴人に仕えて書記の役をした人。②武家の職名。文書・記録を受け持った職。

ゆう-びん【郵便】 ①手紙・はがき・小包などの集配を行う業務。「—局」②「郵便物」の略。「—受け」 はじまり 日本の近代郵便制度は、一八七一（明治四）年、東京・京都・大阪相互間で開始された。明治六年には全国均一料金となる。

—かわせ【—為替】 差し出し人が、郵便局の為替証書で送金する方法。また、その証書。郵政民営化後は、ゆうちょ銀行が同種のサービスを提供している。ゆうびんがわせ。

—きって【—切手】 郵便料金を支払ったしるしにはる証票。切手。 はじまり 日本では一八七一（明治四）年、竜を描いた「竜文切手」の発売が最初。四八文・一〇〇文・二〇〇文・五〇〇文の四種類だった。

—きょく【—局】 郵便・貯金・保険・為替などの事務を行う機関。

—こうのう【—行△嚢】 →ゆうたい（郵袋）

—しょかん【—書簡】 表面に郵便料金受領の証票を印刷した、封筒兼用の便箋。ミニレター。

—ちょきん【—貯金】 郵便局で取り扱っていた貯金事業。郵政民営化後は、ゆうちょ銀行が同種の事業を行う。

—ねんきん【—年金】 郵便局で取り扱っていた、国営で任意加入の年金保険制度。一九九一（平成三）年、簡易保険に組みこまれた。

—はがき【—葉書】 郵便料金受領の証票を印刷した所定の大きさの通信用紙。また、それを基準とした私製のはがき。 はじまり 日本では、一八七三（明治六）年に発行されたのが最初。大蔵省紙幣寮の青江秀が「はがき」の名称を考案したという。

—ばんごう【—番号】 郵便物の区分作業を合理化するため、郵便物の配達区域を数字で表したもの。 はじまり 日本では、一九六八（昭和四十三）年に導入されたのが最初。

—ぶつ【—物】 郵便で送る手紙や小包などの総称。

ゆう-ふ【有夫】 夫があること。

ゆう-ぶ【勇武】 （名・形動ダ）勇ましく武術にすぐれていること。また、そのさま。

ゆう-ぶ【遊舞】 舞い遊ぶこと。「天女の—」

ユー-ブイ【ＵＶ】 〈ultraviolet から〉紫外線。「—カット（＝紫外線を遮断すること）」

ユー-フォー【ＵＦＯ】 〈unidentified flying object から〉未確認飛行物体。空飛ぶ円盤など。ユーエフオー。

ゆう-ふく【裕福】 （名・形動ダ）経済的にゆとりがあって、生活が豊かなこと。また、そのさま。富裕。「—な生活」

ゆう-ぶつ【△尤物】 ①ひときわすぐれたもの。②美人。

ゆう-ふん【憂憤】 うれえ、いきどおること。「—の情」

ゆう-ぶん【右文】 学問や文学を尊び重んじること。「—左武（＝文武両道を兼ね備えること）」↔左武

ゆう-べ【夕べ】 ①夕方。日暮れ。「秋の—」↔朝 ②特別の催し物をする夜。「室内楽の—」

ゆう-べ【×昨夜】 前の日の夜。昨夜。

ゆう-へい【幽閉】 （名・他スル）人をある場所にとじこめて外に出さないこと。「—の身」

ゆう-へん【雄編・雄△篇】 規模の大きい、すぐれた著作。

ゆう-べん【雄弁・雄△辯】 （名・形動ダ）①人をひきつけるように、力強くよどみなく話すさま。また、そのような弁舌。「—家」「—をふるう」②（「雄弁に」の形で副詞的に用いて）内容をはっきり表していること。「事実が—に物語っている」

ゆう-ほ【遊歩】 （名・自スル）ぶらぶら歩くこと。散歩。「—道」

ゆう-ほう【友邦】 親しく交わっている国。友国。

ゆう-ほう【雄峰】 雄大な山。

ゆう-ぼう【有望】 （名・形動ダ）将来大いに望みのあること。見込みのあること。また、そのさま。「前途—」

ゆう-ぼく【遊牧】 （名・自スル）牧草や水を求めて転々と居所を移動しながら、牧畜を営むこと。「—民」

ゆう-まぐれ【夕間暮〔れ〕】 夕方のうす暗いころ。夕暮れ。 参考 「まぐれ」は「目暗」の意。

ゆう-みん【遊民】 定職をもたず、遊んで暮らしている人。「高等—（＝職業を持たないで暮らしている知識人）」

ゆう-めい【有名】 （名・形動ダ）名高いこと。世間によく知られていること。また、そのさま。「—人」↔無名

—ぜい【—税】 有名人がプライバシーの侵害などで受ける迷惑を、有名であるがゆえの代償として税金にたとえた語。

—むじつ【—無実】 （名・形動ダ）名ばかりで実質が伴わないこと。また、そのさま。「制度が—となる」

ゆう-めい【勇名】 勇敢であるという評判。勇者としての名声。「—をはせる」

ゆう-めい【幽明】 ①暗いことと明るいこと。暗い所と明るい所。②あの世とこの世。冥土と現世。「—相隔てる」

—境を異にする 死別する。死んであの世にゆく。

ゆう-めい【幽冥】 ①かすかで暗いこと。②死後の世界。冥土。あの世。「—界」

ゆう-めし【夕飯】 夕方の食事。夕飯。↔朝飯

ゆう-めん【△宥免】 （名・他スル）罪やあやまちを許すこと。

ユーモア 〈humor〉思わず笑いがこみあげてくるような、温かみのあるおもしろさ。上品な洒落。「—に富む」「—を解する」

ゆう-もう【勇猛】 （名・形動ダ）非常に強くて勇ましいこと。また、そのさま。「—果敢」「—な兵士」

ゆう-もや【夕△靄】 夕方にたちこめるもや。↔朝靄

ユーモラス 〈humorous〉（形動ダ）ダロ・ダッ（デ・ニ）・ダ・ナ・ナラ・○ ユーモアのあるさま。「—な話題」

ユーモリスト 〈humorist〉①ユーモアのある人。②ユーモアのある作品を創作する作家。

ユーモレスク 〈フランス humoresque〉【音】愉快な気分を主とした叙情的な器楽曲。ドボルザークの作品が有名。ユモレスク。

ゆう-もん【幽門】━《生》胃の出口で十二指腸に続く部分。

ゆう-もん【憂△悶】━(名・自スル)心配し、悩み苦しむこと。

ゆう-やく【勇躍】(名・自スル)勇んで奮い立つこと。「━出発する」

ゆう-やく【△釉薬】━→うわぐすり

ゆう-やけ【夕焼〔け〕】━日没のころ、西の空が赤く見える現象。夕ばえ。「━空」夏 ↕朝焼け

ゆう-やみ【夕闇】━夕方、月が出なくて暗いこと。また、夕暮れのほの暗さ。よいやみ。「━が迫る」

ゆうや-ろう【遊冶郎】着飾って、酒や女遊びにふける男。道楽者。放蕩者。

ゆう-ゆう【悠悠】(トタル)①ゆったりと落ち着いているさま。余裕があるさま。「━と歩く」「━と間にあう」②はるかに遠いさま。限りなく続くさま。永久。「━たる大地」文(形動タリ)

━かんかん【━閑閑】(トタル)気長にのんびりと構えているさま。「━と日を過ごす」文(形動タリ)

━じてき【━自適】(名・自スル)俗世間のことにわずらわされず、のんびりと心静かに思うままに過ごすこと。「━の生活」

-ゆう-よ【有余】━(接尾)(数詞に付けて)それよりも多いことを表す。…以上。…あまり。「一〇年━」

ゆう-よ【猶予】━(名・自他スル)①日時を先に延ばすこと。「執行━」②ぐずぐずすること。ためらうこと。「一刻の━もない」

ゆう-よう【有用】━(名・形動ダ)役に立つこと。使いみちの多いこと。また、そのさま。「━な人材」↕無用

ゆう-よう【悠揚】(トタル)ゆったりとして落ち着いているさま。「━迫らぬ態度」文(形動タリ)

ゆう-よく【遊△弋】━(名・自スル)艦船が海上をあちこちと航行すること。「湾内を━する艦艇」

ゆう-らく【遊楽】━(名・自スル)遊び楽しむこと。遊びに出かけること。「━の旅」

ユーラシア〈Eurasia〉ヨーロッパとアジアの総称。「━大陸」

ゆう-らん【遊覧】━(名・自スル)あちらこちらを見物して回ること。「━船」「名所をバスで━する」

ゆう-り【有利】━(名・形動ダ)利益のあること。利益の見込めること。また、つごうのよいこと。形勢のよいこと。また、そのさま。「━な条件」「━な立場」↕不利

ゆう-り【遊里】━遊女屋が集まっている所。くるわ。遊郭。

ゆう-り【遊離】━(名・自スル)①もともと一体であるはずのものが、離れて存在すること。「現実から━した理論」②《化》物質が他の物質と化合しないで存在すること。「━酸」

ゆうり-しき【有理式】━《数》整式と、分子と分母がともに整式である分数式の総称。↕無理式

ゆうり-すう【有理数】━《数》整数または分数の形で表すことのできる数。↕無理数

ゆう-りゃく【勇略】勇気があって計略に富むこと。

ゆう-りゃく【雄略】雄大なはかりごと。大きな計略。

ゆう-りょ【憂慮】━(名・他スル)悪い結果にならないかと心配すること。「━すべき事態」「将来を━する」

ゆう-りょう【有料】料金がいること。「━道路」↕無料

ゆう-りょう【遊猟】(名・自スル)猟をして遊ぶこと。

ゆう-りょう【優良】(名・形動ダ)品質・成績・状態などがすぐれていてよいこと。また、そのさま。「━な品」↕劣悪

ゆう-りょく【有力】━(名・形動ダ)①威力や勢力や資力のあるさま。「━な支援者」↕無力 ②可能性の高いさま。「━候補」③効力があり役に立つさま。「━な手がかり」

━しゃ【━者】ある社会で勢力や権力を持っている人。

ゆう-れい【幽霊】━①死者が成仏できずにこの世に現れるという姿。亡者。②あるように見せかけて実際はないもの。

━がいしゃ【━会社】実体はないのに、あるように見せかけている名前ばかりの会社。ペーパーカンパニー。

━じんこう【━人口】虚偽の申告などにより、実際には存在しないのに書類には載っている架空の人口。

ゆう-れい【優麗】━(名・形動ダ)上品で美しいこと。

ゆう-れき【遊歴】━(名・自スル)各地をめぐり歩くこと。

ゆう-れつ【優劣】━まさることとおとること。すぐれていることと劣っていること。「━つけがたい」「━を競う」

ユーロ〈Euro〉EU(欧州連合)加盟国の統一通貨の名称。一九九九年導入、二〇〇二年流通開始。記号€

ゆう-わ【△宥和】━(名・自スル)相手の態度を大目に見て仲よくすること。「━政策」「━をはかる」

ゆう-わ【融和】(名・自スル)うちとけて仲よくすること。「両国の━をはかる」

ゆう-わく【誘惑】━(名・他スル)相手の心を迷わせて、悪いほうにさそいこむこと。「━に負ける」

ゆえ【故】①理由。わけ。事情。「━あって旅に出る」②(体言または用言の連体形に付いて)原因・理由を表す。…だから。…のため。…が原因で。「未熟者━ご指導ください」「貧しさ━の犯行」参考②は「ゆえに」の形でも用いられる。

ゆ-えい【輸△贏】勝ち負け。勝敗。「━を競う」参考もとの読みは「しゅえい」。「ゆえい」は慣用読み。

ゆ-えつ【愉悦】(名・自スル)心から楽しみ喜ぶこと。

ゆえ-に【故に】━(接)こういう理由で。したがって。「危険が大きすぎる。━反対せざるを得ない」

ゆ-えん【由縁】ゆかり。由来。わけ。

ゆえん【×所以】理由。いわれ。わけ。根拠。「あの人のよさが彼の彼たる━だ」語源漢文訓読語の「ゆえ(故)になり」または「ゆえなり」の音便形「ゆえんなり」からできた語。

ゆ-えん【油煙】油・樹脂などが不完全燃焼するときに出る、黒く細かい炭素の粉。「━ですすけた天井」

ゆ-おう【◇硫黄】━→いおう(硫黄)

ゆ-おけ【湯△桶】━湯を入れるおけ。入浴のときに用いるおけ。

ゆか【床】①家の中に地面より高く、板などを水平に張った所。「━が抜ける」②劇場・寄席などで、太夫が浄瑠璃を語る高座。ちょぼ床。

ゆ-かい【愉快】━(名・形動ダ)楽しくこころよいこと。おもしろく気持ちがいいこと。また、そのさま。「━な話」「不━」

類語 欣快・爽快・痛快・壮快

━はん【━犯】世間を騒がせて、その騒ぎを楽しむために行う犯罪。また、その犯人。

ゆか-いた【床板】床に張る板。また、張った板。「━を張る」

ゆか-うえ【床上】━床の上。「━浸水」↕床下

ゆか-うんどう【床運動】体操競技の一種目。マット上にある一二メートル四方の演技面で、回転・倒立・跳躍・宙返りなどを組み合わせた演技を行って競う。

ゆ-が・く【湯△掻く】(他五)野菜などのあくを抜くためにさっと熱湯に通す。「ホウレンソウを━」

ゆ-がけ【◇弓懸〔け〕】弓を射るとき、手指を傷つけないために用いる革製の手袋。

ゆ-かげん【湯加減】湯の温度。湯の温度の具合。特に、ふろの湯の温度の具合。「━を見る」

ゆかし・い【床しい・◇懐しい】(形)《中心義—自分もそうなってみたいと思うほど心がひきつけられるさま

である》①なんとなくなつかしい。なんとなく慕わしい。「古式―・くとり行う」②上品でひきつけられる感じがする。おくゆかしい。「―ふるまい」「―人柄」③《古》好奇心がもたれる。見たい。聞きたい。知りたい。文ゆか・し(シク)

ゆか-した【床下】床の下。↕床上

ゆ-かた【浴衣】木綿(もめん)のひとえ。入浴後や夏に着る。夏 語源「湯かたびら」の略。参考 常用漢字表付表の語。

ゆ-かたびら【湯×帷子】昔、入浴時に着たひとえの着物。のち、入浴後に着るようになった。ゆかた。

―がけ【―掛け】ゆかたを着てくつろいだ身なり。夏

ゆか-だんぼう【床暖房】(ダンバウ) 床下に熱源を組み込み、その放射熱を利用した暖房設備。

ゆか-ばり【床張り】板などで床を張ること。また、張った所。

ゆ-がま【湯釜】湯を沸かすかま。

ゆがみ【△歪み】まっすぐでないこと。ゆがむこと。「柱の―」

ゆが・む【△歪む】(自五) マ(モ)・ミ(ン)・ム・ム・メ・メ ①ねじれたり曲がったりして本来の形でなくなる。「苦痛で顔が―」「ネクタイが―」②心や言動が正しくなくなる。「―・んだ性格」他ゆが・める(下一)

ゆが・める【△歪める】(他下一) メ・メ・メル・メル・メレ・メロ(メヨ) ①ゆがむようにする。「痛みに顔を―」②心や言動などを正しい状態ではなくする。③物事の内容を正しいものでなくする。「事実を―・めた報道」自ゆが・む(五) 文ゆが・む(下二)

ゆか-めんせき【床面積】建物の床の占める面積。

ゆかり【◇縁・×所縁】なんらかの関係があること。縁(えん)。つながり。「縁も―もない」

ゆ-かん【湯△灌】(クワン) 仏葬で、納棺前に遺体を湯でふき清めること。

ゆき【△裄】《服》着物の背縫いから袖口(そでぐち)までの長さ。肩ゆき。

ゆき【雪】①大気中の水蒸気が冷えて氷結し、結晶となって降ってくるもの。冬 ②白いもののたとえ。「頭(かしら)に―をいただく(=頭が白髪になる)」「―の肌(=雪のように白くて美しいはだ)」

類語 白雪・深雪・粉雪・ささめ雪・淡雪・ぼたん雪・綿雪・大雪・小雪・豪雪・吹雪(ふぶき)・初雪・降雪・積雪・残雪・根雪・新雪・どか雪・ざらめ雪・はだれ雪・風花(かざはな)・六花(むつのはな)

表現〈慣用表現〉音もなく降る・舞い落ちる・降り積もる・銀白の・白一色の・皚々(がいがい)たる・霏々(ひひ)たる

―と墨(すみ) 物事の正反対なこと。はなはだしくちがうこと。

―に白鷺(しらさぎ) 色合いがたがいに似ていて、見分けにくいたとえ。

ゆき【行き・◇往き】①目的の所へ行くこと。また、向かうこと。「大阪―」②行くとき。行く途中。「―に寄っていく」↕帰り 参考「いき」ともいう。

ゆぎ【△靫・△靭】昔、矢を入れて背に負った細長い箱型の武具。平安時代になると壺胡籙(つぼやなぐい)と呼ばれ儀式用となった。

ゆき-あ・う【行〔き〕合う・行〔き〕△逢う】(アフ) (自五) ワ(オ)・イ(ツ)・ウ・ウ・エ・エ 行って出あう。途中で偶然にあう。でくわす。いきあう。「駅でばったり―」

ゆき-あかり【雪明〔か〕り】夜、積もった雪の白さであたりがうす明るく見えること。冬

ゆき-あし【行き足】船などがそれまでの勢いで走ること。いきあし。「―が止まる」

ゆき-あそび【雪遊び】雪で遊ぶこと。また、その遊び。雪合戦や雪ころがしなど。冬

ゆき-あたり【行き当〔た〕り・行当り】行き当たること。また、その所。行き止まり。つきあたり。いきあたり。

―ばったり(名・形動ダ) 前もって準備せず、その場のなりゆきで適当に行動すること。また、そのさま。いきあたりばったり。「―の行動」

ゆき-あた・る【行き当〔た〕る・行当る】(自五) ラ(ロ)・リ(ツ)・ル・ル・レ・レ ①進んで行ってつき当たる。「直進すると塀に―」②難しい事態に直面する。また、行きづまる。「難局に―」参考「いきあたる」ともいう。

ゆき-うさぎ【雪△兎・雪△兔】雪でウサギの形をつくり、盆の上などに置いたもの。ユズリハを耳、ナンテンの実を目とする。冬

ゆぎ-おい【△靫負】(オヒ) →ゆげい

ゆき-おこし【雪起〔こ〕し】雪が降ろうとしているときに鳴る雷。冬

ゆき-おとこ【雪男】(ヲトコ) ヒマラヤ山中に住むという、人に似た正体不明の動物。イエティ。

ゆき-おれ【雪折れ】(ヲレ) 積もった雪の重さで、竹や木の枝などが折れること。また、その折れた枝。「柳に―なし」冬

ゆき-おろし【雪下ろし】①雪をともなって山から吹きおろしてくる風。冬 ②屋根などに積もった雪を落とすこと。冬

ゆき-おんな【雪女】(ヲンナ) 雪国の伝説で、白い衣を着た女の姿で現れるという雪の精。雪女郎。雪むすめ。冬

ゆき-か・う【行〔き〕交う】(カフ) (自五) ワ(オ)・イ(ツ)・ウ・ウ・エ・エ 行き来する。往来する。いきかう。「―人々」「車が―」

ゆき-かえり【行き帰り】(カヘリ) 行きと帰り。往復。いきかえり。「―に要する時間」

ゆき-がかり【行き掛〔か〕り・行掛り】①物事がすでに進行している状態。また、かかわりができている状態。「―上引くに引けない」②行くついで。行きがけ。「―に書店に寄る」参考「いきがかり」ともいう。

ゆき-かき【雪△掻き】(名・自スル) 積もった雪をかきのけること。除雪。また、その道具。冬

ゆき-がけ【行〔き〕掛け】行くついで。行く途中。行きしな。いきがけ。「―に買う」↕来掛け・帰り掛け

―の駄賃(だちん) 事のついでにほかの事をすること。

ゆき-がこい【雪囲い】(ガコヒ) 風雪の害を防ぐため、わら・むしろなどで庭木や家の周りを囲うこと。また、その囲い。冬

ゆき-かた【行き方】①ある場所へ行く道順や方法。「学校までの―を教えてもらう」②やりかた。方法。「君とは考え方も―もちがう」参考「いきかた」ともいう。

ゆき-がた【行き方】ゆくえ。「―知れずになる」

ゆき-がっせん【雪合戦】二組に分かれ、雪をまるめてぶつけ合う遊び。雪投げ。雪打ち。冬

ゆき-がまえ【行〔き〕構え】(ガマヘ) 漢字の部首名の一つ。「衝」「衛」などの「行」の部分。ぎょうがまえ。

ゆき-き【行き来・◇往き来】(名・自スル) ①行くことと来ること。往来。「人の―が激しい」②交際。つきあい。「親しく―する」参考「いきき」ともいう。

ゆき-ぎえ【雪消え】雪がとけて消えること。雪どけ。ゆきげ。

ゆき-ぐつ【雪△沓】雪道を歩くときに履くわらぐつ。冬

ゆき-ぐに【雪国】雪がたくさん降る地方。冬

ゆきぐに〔雪国〕川端康成(やすなり)の小説。一九三五―一九四七(昭和十―二十二)年発表。主人公島村と雪国の芸者駒子(こまこ)との交情を叙情的・幻想的な筆致で描いた作品。

ゆき-ぐも【雪雲】雪を降らしそうな雲。雪を降らす雲。冬

ゆき-ぐもり【雪曇〔り〕】雪雲のために空がくもること。冬

ゆき-くら・す【行き暮〔ら〕す】(他五) サ(ソ)・シ・ス・ス・セ・セ 日暮れまで歩く。また、行く途中で日が暮れる。自ゆきく・れる(下一)

ゆき-く・れる【行〔き〕暮れる】(自下一) レ・レ・レル・レル・レレ・レロ(レヨ) 歩き続けるうちに日が暮れる。目的地に向かう途中で日が暮れる。「―・れて宿をさがす」他ゆきくら・す(五) 文ゆきく・る(下二)

ゆき-げ【雪解・雪◇消】積もった雪がとけること。雪どけ。「―

の水」[春]

ゆき-げしき【雪景色】 雪が降っているときのながめ。雪が一面に降り積もった景色。「庭一面の―」[冬]

ゆき-げしょう【雪化粧】ゲシャウ（名・自スル）白粉(おしろい)で化粧したように一面が雪で白くおおわれること。「―した山々」

ゆき-けむり【雪煙】 積もった雪が風などで煙のように舞い上がること。[冬]

ゆき-さき【行き先】 ①行こうとしている所。目的地。「―を告げる」②行った先。行き着いた地点。「弟の―がわからない」③行く末。さきゆき。将来。「―が不安だ」[参考]「いきさき」「ゆくさき」ともいう。

ゆき-しずり【雪◦垂り】シヅリ 雪が木の枝や軒先などからくずれ落ちること。また、その雪。ゆきしずれ。[冬]

ゆき-しな【行きしな】 →いきしな

ゆき-じょろう【雪女郎】ヂョラウ →ゆきおんな[冬]

ゆき-しろ【雪代】 雪どけの水。ゆきしろみず。[春]

ゆき-じろ【雪白】 ①雪のようにまっ白であること。②砂糖の一種。「三盆白(さんぼんじろ)」の別称。③鷹(たか)で、全身の白いもの。

ゆき-すぎ【行き過ぎ】 ①目的地より先へ行くこと。②度をこすこと。「捜査の―」[参考]「いきすぎ」ともいう。

ゆき-す・ぎる【行き過ぎる】（自上一）ギ・ギ・ギル・ギル・ギレ・ギロ(ギヨ) ①通り過ぎる。「店の前を―」②目的地より先へ行く。「―・ぎて戻る」③度をこす。必要以上に行う。「―・ぎた取り締まりを行う」[文]ゆきす・ぐ（上二）[参考]「いきすぎる」ともいう。

ゆき-ずり【行きずり】 ①道ですれちがうこと。また、たまたま通りかかること。通りすがり。「―に声をかける」「―の人」②かりそめ。その場限り。「―の恋」

ゆき-ぞら【雪空】 雪の降りだしそうな空模様。[冬]

ゆき-だおれ【行き倒れ】ダフレ 病気・疲労・飢え・寒さなどで、道ばたに倒れること。または倒れて死ぬこと。また、その人。行路病者。いきだおれ。「―になる」

ゆき-たけ【△裄丈】 着物のゆきとたけ。また、ゆきの長さ。

ゆき-た・つ【行き立つ】（自五）タ(ト)・チ(ツ)・ツ・ツ・テ・テ 暮らしがたつ。暮らしていける。「生活が―・たない」

ゆき-だるま【雪◦達磨】 雪を転がして丸い塊を大小二つ作り、それを重ねてだるまの形にしたもの。[冬]

―しき【―式】 雪だるまを作るとき雪を転がすと塊が大きくなるように、どんどんふくらんで増える状態。「―に借金が増える」

ゆき-ちがい【行き違い】チガヒ ①出会うはずの両者が途中で出会わずにすれちがうこと。「―になる」②意思がうまく通じなくて、誤解やくいちがいが生じること。ちぐはぐになること。「感情的な―が生じる」[参考]「いきちがい」ともいう。

ゆき-つ・く【行き着く】（自五）カ(コ)・キ(イ)・ク・ク・ケ・ケ ①目的地に到着する。「山頂に―」②最終的な状態に達する。「交渉も―所まで来た」[参考]「いきつく」ともいう。

ゆき-つけ【行きつけ】 何度も行って顔なじみであること。いつもきまって行く所。いきつけ。「―の店」

ゆき-つぶて【雪△礫】 雪をにぎり固めて、つぶて（小石）のようにしたもの。[冬]

ゆき-づまり【行き詰（ま）り・行詰り】 ①行く手がさえぎられてそれ以上進めなくなること。また、その所。行き止まり。②物事がうまく進められなくなること。「―を感じる」[参考]「いきづまり」ともいう。

ゆき-づま・る【行き詰（ま）る・行詰る】（自五）ラ(ロ)・リ(ッ)・ル・ル・レ・レ ①道が行き止まりになる。「袋小路で―」②物事がうまく先に進まなくなる。「経営が―」[参考]「いきづまる」ともいう。

ゆきつ-もどりつ【行きつ戻りつ】 同じ所を行ったり来たりすること。いきつもどりつ。「同じ道を―する」

ゆき-づり【雪△吊り】 庭木などの枝が雪の重みで折れないように、縄などで枝をつり上げておくこと。ゆきつり。[冬]

ゆき-どけ【雪解け・雪◦融け】 ①春になり、積もった雪がとけること。また、その時期。雪解(ゆきげ)。「―道」[春]②対立関係にあったものの緊張が緩和すること。「冷戦の―」

ゆき-どころ【行き所】 行くべき所。行き先。いきどころ。

ゆき-とど・く【行き届く】（自五）カ(コ)・キ(イ)・ク・ク・ケ・ケ すみずみまで行きわたる。細かい所まで気を配る。いきとどく。「注意が―」

ゆき-どまり【行き止（ま）り・行止り】 行く手がふさがってそれ以上進めないこと。また、その場所。いきどまり。「道が―になっている」

ゆき-なだれ【雪雪崩】 →なだれ

ゆき-なや・む【行き悩む】（自五）マ(モ)・ミ(ン)・ム・ム・メ・メ ①行くのに難儀する。「悪路に―」②物事が思うようにはかどらない。「交渉が―」[参考]「いきなやむ」ともいう。

ゆき-ぬけ【行き抜け】 ①通りぬけること。また、その所。いきぬけ。②（行き止まりのないことから）限度のないこと。底ぬけ。

ゆき-の-した【雪の下】〖植〗ユキノシタ科の常緑多年草。葉は丸く、表面に白毛を密生、裏面は白緑色または紅紫色。初夏、白色の花を開く。葉はれものの薬となる。[夏]

ゆき-ば【行き場】 行くべき場所。いきば。「―がなくなる」

ゆき-ばかま【雪△袴】 雪国ではく、裾(すそ)をくくったはかま。山ばかま。[冬]

ゆき-はだ【雪肌・雪◦膚】 ①降り積もった雪の表面。②雪のように白く美しい女性の肌。ゆきのはだえ。「―の美人」

ゆき-ばな【雪花】 花の散るように降る雪。雪花(せっか)。[冬]

ゆき-ばら【雪腹】 雪が降る前や降っているときに、冷えて腹が痛むこと。

ゆき-ばれ【雪晴（れ）】 雪がやんで、空が晴れること。[冬]

ゆき-びより【雪日和】 雪が降り出しそうな天気。

ゆきひら【行平・雪平】 取っ手と注(つ)ぎ口・蓋(ふた)があり、粥(かゆ)などを煮るのに用いる陶製の平なべ。また、木の柄をつけた金属製の打ち出しなべ。ゆきひらなべ。[語源]在原行平(ありわらのゆきひら)が海女(あま)に海水をくませて塩を焼いた故事によるという。

ゆき-ふぶき【雪吹雪】 激しい風に雪が乱れて降るようす。また、その雪。

ゆき-ふみ【雪踏み】 通路を作るために降り積もった雪を踏み固めること。[冬]

ゆき-ふり【雪降り】 雪の降ること。また、雪の降るとき。

ゆき-ま【雪間】 ①雪のやんでいる間。「―をとらえて出かける」②積もった雪がとけて土の見える所。「―に福寿草が見える」[春]

ゆき-み【雪見】 雪景色を見て楽しむこと。また、その宴。[冬]

―ざけ【―酒】 雪景色を見ながら酒を飲むこと。また、その酒。[冬]

―どうろう【―灯籠】 背が低く笠(かさ)の大きい、三脚から六脚の足が外側に広がった石どうろう。庭園用。

〔雪見灯籠〕

ゆき-みち【雪道】 雪が降り積もっている道。雪が降っている道。

ゆき-むすめ【雪娘】 →ゆきおんな

ゆき-もち【雪持（ち）】 ①葉や枝が雪をかぶっていること。「―の竹」②屋根に積もった雪が一度に落ちるのを防ぐ横木などの装置。

ゆき-もどり【行き戻り】（名・自スル）①往復。行き帰り。②女性が離婚して実家へ帰って来ること。出もどり。

ゆき-もよい【雪◦催い】モヨヒ 空がどんより曇って今にも雪の

降りだしそうなさま。雪もよう。「—の空」冬

ゆき-もよう【雪模様】モヤウ ― 雪の降りだしそうな空模様。雪もよい。「今日は—だ」冬

ゆき-やけ【雪焼け】(名・自スル) ①雪に反射する日光で皮膚がやけて黒くなること。「—した顔」②〘方〙しも焼け。冬

ゆき-やなぎ【雪柳】〘植〙バラ科の落葉小低木。中国原産で、暖地に自生する。葉は小さく披針(ひしん)形。春、細かい白色五弁花を一面につける。観賞用。こごめばな。春

ゆき-やま【雪山】①雪が降り積もった冬の山。冬山。「—にいどむ」冬 ②雪を高く積み上げたもの。

ゆ-ぎょう【遊行】ギヤウ ― (名・自スル)〘仏〙僧が各地を巡り歩くこと。行脚(あんぎゃ)。「—僧」

ゆき-よけ【雪◦除け】①積もった雪をとりのけること。除雪。「—作業」冬 ②雪を防ぐための設備。「—トンネル」

ゆき-わた・る【行(き)渡る】(自五) ラ(ロ)・リ(ッ)・ル・ル・レ・レ ①物がすべてにもれなくとどく。「解答用紙が全員に—」②広く行われる。普及する。「医学の知識が—」参考「いきわたる」ともいう。

ゆきわり-そう【雪割草】サウ ― 〘植〙①サクラソウ科の多年草。高山に自生。葉は長楕円(ちょうだえん)形。初夏、淡紅色の小花を多数つける。春 ②「みすみそう」の別称。キンポウゲ科の多年草。山地に自生。早春、白・紅・紫の花を多数開く。春

ゆ・く【行く・◦往く】カ(コ)・キ・ク・ク・ケ・ケ〘中心義—近くから遠くへと離れた位置へ移動する〙**一**(自五) ①その場所から遠くへ移動する。「あっちへ—・け」「電車が—・ってしまった」↔来る ②目的の所へ向かって進む。出かける。「大学へ—」「映画を見に—」↔来る ③ある場所へ通じる。「駅へ—道」④そこを通って進む。往来する。「あぜ道を—」「街道を—車馬」⑤離れた所に届く。「連絡が—」「通知が—」↔来る ⑥時間が過ぎる。経過する。過ぎ去る。㋐年月が過ぎ去る。「—春」「月日の—のは早い」↔来る ㋑雲や川の水が流れ去る。「雲が—」⑦年をとる。「年端(としは)も—・かない子」⑧物事が行われる。物事が進展する。はかどる。「この方法で—・こう」「万事うまく—」「はかが—」⑨よい状態になる。「心—(=満足する)まで」「合点が—」⑩他人の家に移る。「嫁に—」「養子に—」**二**(補動五)(動詞の連用形+「て」を受けて)未来へ向けての物事の進行・継続を表す。「生きて—」「読み進めて—」可能 ゆ・ける(下一) 参考「いく」ともいう。「行って」「行った」の場合は「いって」「いった」と発音する。

—に径(こみち)に由(よ)らず ずるい方法や間に合わせの手段をとらないで、公明正大に物事を行うことのたとえ。【故事】孔子が、武城の市長になった弟子の子游(しゆう)に、「頼りになる人物を見つけたか」と尋ねると、子游が「澹台滅明(たんだいめつめい)という者がいます。彼はいつも近道や抜け道を通らずに大通りを歩き、また公用でないと私の部屋に立ち寄りません」と答えたという。〈論語〉

尊敬語	謙譲語	丁寧語
いらっしゃる おいでになる お越しになる 行かれる	うかがう　あがる 参る　参上する	行きます 参る　参ります

ゆ・く【逝く】(自五) カ(コ)・キ・ク・ク・ケ・ケ 死ぬ。逝去する。いく。「若くして—」

ゆ-ぐ【湯具】①昔、入浴のときに着た衣類。湯かたびら。②女性の腰巻き。

ゆく-え【行方】ヘ ― ①進んで行く場所・方向。行く手。「—が定まらない」②行った先。「—不明」③今後のなりゆき。将来。行く末。「日本の—を案じる」参考 常用漢字表付表の語。

ゆく-かた【行く方】①めざして行く方角。ゆくえ。「—知らず」②〘古〙心をなぐさめ、うさをはらす方法。「—なし」

ゆく-さ【行くさ】〘古〙行くとき。行く道。行きしな。

—くさ【—来さ】〘古〙行くときと帰るとき。行き帰り。

ゆく-さき【行く先】→ゆきさき

ゆく-すえ【行く末】スヱ ― 将来。前途。「—が案じられる」

ゆ-ぐち【湯口】①湯の出口。温泉のわき出る口。②鋳造で、溶かした金属(=湯)を鋳型(いがた)に注ぐための口。

ゆく-て【行く手】①進んで行く先。進む方向。前途。「—をはばむ」②〘古〙行くついで。ゆきがけ。

ゆく-とし【行く年】暮れて行く年。冬 ↔来る年

ゆく-はる【行く春】暮れて行く春。暮春。「—を惜しむ」春

ゆく-ゆく【行く行く】(副) ①歩きながら。行きながら。「—事情を話そう」②行く末。やがて。「—は父のあとを継ぐ」

ゆくり-なく (副) 思いがけず。偶然に。「—(も)恩師と再会した」語源 文語形容詞「ゆくりなし」の連用形から。

ゆ-げ【湯気】湯などから立ちのぼる水蒸気が冷えて小さな水滴となり、白く煙のように見えるもの。「—が立つ」

ゆげ-い【靫◦負】ヒ ― ①上代、靫(ゆぎ)を負って宮中を警護した者。②六衛府(ろくえふ)の官人。語源「ゆぎおい」の転。

ゆ-げた【湯桁】①板でできた湯船のまわりのふち。②湯船。

ゆ-けつ【輸血】(名・自スル)〘医〙患者の静脈内に健康な者の血液を注入すること。血液型の適合が必要。

ゆ-けむり【湯煙】温泉や風呂(ふろ)などから立ちのぼる湯気。

ゆ-ごう【癒合】ガフ ― (名・自スル)〘医〙傷がなおり、傷口の皮膚や筋肉がついてふさがること。「患部が—する」

ユゴー〈Victor Marie Hugo〉(一八〇二—一八八五) フランスの詩人・小説家・劇作家。ナポレオン三世のクーデターに反対して長い亡命生活を送り、その間創作に専念。詩集「静観詩集」、小説「ノートルダム-ド-パリ」「レ-ミゼラブル」など。ユーゴー。

ゆ-こく【諭告】(名・自スル) さとして聞かせること。また、その言葉。「部員に—する」

ゆ-さい【油彩】油絵の具で描くこと。また、油絵。↔水彩

ゆ-ざい【油剤】油状の、または油のはいった薬剤。

ゆさぶ・る【揺さぶる】(他五) ラ(ロ)・リ(ッ)・ル・ル・レ・レ ①ゆり動かす。ゆすぶる。「木を—」②動揺させる。相手が動揺するように、仕掛ける。「政局を—」「心を—話」

ゆ-ざまし【湯冷まし】【湯冷[ま]し】①さましてぬるくした湯。②湯をさますために使う器。

ゆ-ざめ【湯冷め】(名・自スル) 入浴後、体が冷えて寒く感じること。「—をして風邪を引く」冬

ゆさ-ゆさ (副) 大きなものや重いものがゆっくりとゆれ動くさま。「木を—(と)ゆする」

ゆ-さん【遊山】①山や野に行って遊ぶこと。②遊びに出かけること。行楽。「物見—」

ゆ-し【油紙】→あぶらがみ

ゆ-し【油脂】油と脂肪(しぼう)。あぶら。「植物性—」

ゆ-し【諭示】(名・他スル) 口頭や文章でさとし示すこと。

ゆ-し【諭旨】そのわけをさとし説くこと。「—免職」

ゆ-しゅつ【輸出】(名・他スル) 自分の国の産物や製品・技術などを外国へ売り出すこと。「—品」「製品を—する」↔輸入

—ちょうか【—超過】テウクワ ある期間の一国の輸出総額が輸入総額よりも多くなること。出超。↔輸入超過

—にゅう【—入】ニフ 輸出と輸入。

ゆ-じゅん【由旬】古代インドの距離の単位。一由旬は約七マイルとも約九マイルともいう。

ゆ-じょう【油状】ジヤウ ― 油のようにどろりとした状態。

ゆ-ず【柚・柚◦子】〘植〙ミカン科の常緑小高木。枝にはとげ

があり、初夏に白色の小花を開く。果実はミカンに似て黄熟し、香味料に使われる。秋（ゆずの花 夏・ゆず湯 冬）

ゆ-ずえ【◦弓末】― 弓の末のほう。弓の上端。

ゆす・ぐ【◦濯ぐ】（他五）①湯や水の中でゆり動かして洗う。すすぐ。「ふきんを―」②湯や水で口や器の中を清める。すすぐ。「口を―」「コップを―」 可能 ゆす・げる（下一）

ゆす-ぶ・る【揺すぶる】（他五）→ゆさぶる

ゆず-みそ【△柚味△噌】ユズのしぼり汁や皮をすり混ぜて香気をつけたみそ。ゆみそ。秋

ゆず-ゆ【△柚湯】冬至の日、ユズの実を入れてはいる風呂。香りがよく、温まり、風邪を引かないといわれる。冬

ゆすら-うめ【×梅桃・×英桃・×山桜桃】《植》バラ科の落葉低木。庭木として栽植。中国原産。春、淡紅色の花をつける。小球形の果実は食用。夏（ゆすらうめの花 春）

ゆすり【×強請り】人をおどして金銭や品物などをむりに出させること。また、そういうことをする人。「―を働く」

ゆずり【譲り】ゆずること。ゆずり受けること。「親―の才能」

―あい【―合い】たがいに相手にゆずること。たがいに相手の立場を尊重し合うこと。「―の精神」

―じょう【―状】ゆずり渡すことを記した証文。

―は【―葉】《植》ユズリハ科の常緑高木。暖地の山中に自生、または栽植される。初夏に黄緑色の小花を開く。長楕円形の葉を新年の飾りに用いる。新しい葉が出たのちに古い葉が散るのでこの名がある。ゆずるは。新年

ゆずり-う・ける【譲り受ける】（他下一）他からゆずられて受け取る。「財産を―」 文 ゆづりう・く（下二）

ゆずり-わた・す【譲り渡す】（他五）自分の持っている物品・権利・地位などを他人に与える。譲渡する。「家を―」「会長の座を―」

ゆす・る【揺する】（他五）つかんでゆり動かす。細かく反復運動をするように動かす。ゆらす。「木を―」「体を―」 自 ゆ・れる（下一）ゆす・れる（下一） 可能 ゆす・れる（下一）

ゆす・る【×強請る】（他五）人をおどして金銭や品物などをむりに出させる。「金を―」 可能 ゆす・れる（下一）

ゆず・る【譲る】（他五）①自分のものを、他人に与える。譲渡する。「財産を―」「社長のいすを―」「権利を無償で―」②希望する人に売る。「土地を安く―」③人と考えが合わないとき、自分の考えを相手の考えに近づける。譲歩する。「人に―心が必要だ」「その件については一歩も―・れない」④自分をあとにして他の人を先にする。「席を―」「勝ちを―」「道を―」⑤あとにまわす。他の機会に延ばす。「後日に―」 可能 ゆず・れる（下一）

ゆす・れる【揺すれる】（自下一）→ゆれる

ゆ-せい【油井】石油を採るために掘った井戸。

ゆ-せい【油性】油の性質。また、その性質をもっていること。油分を含んでいること。「―インキ」「―ペン」

ゆせい-かん【輸精管】― →せいかん（精管）

ゆ-せん【湯煎】（名・他スル）容器ごと湯の中に入れて、器内の材料を間接的に加熱すること。「―にかける」

ゆ-せん【湯銭】銭湯の入浴料金。ふろ銭。

ゆ-そう【油送】石油を送ること。「―パイプ」

ゆ-そう【油層】石油などのたまっている、地中の層。

ゆ-そう【油槽】― ガソリン・石油などを貯蔵する大きな容器。タンク。「―船（＝タンカー）」

ゆ-そう【輸送】（名・他スル）船・車・飛行機などで、人や物を大量に運び送ること。「―機」「物資を―する」

ユダ〈Judah〉《世》古代、ヘブライ王国の分裂に伴い、その南半に建設されたヘブライ人の王国。（前九三二ころ―前五八六ころ）

ユダ〈Judas Iscariot〉（生没年未詳）キリストの十二使徒の一人。銀三〇枚でキリストを敵に売り、のち、その行為を恥じて自殺。裏切り者の代名詞として用いる。イスカリオテのユダ。

ゆたか【豊か】（形動ダ）①十分にあるさま。満ちたりていて不足のないさま。「―な生活」②ふくらんで、量感のあるさま。「―な大輪の花」③（他の語に付いて）基準を超えているさま。余りのあるさま。「六尺―な大男」 文（ナリ）

ゆ-だき【湯炊き】煮立った湯の中に米を入れてたくこと。

ゆたけ・し【豊けし】（形ク）《古》①豊かだ。②広々としている。③勢いが盛んだ。

ゆだ・ねる【委ねる】（他下一）①信用してまかせる。委任する。「全権を―」「判断を読者に―」②あることに身をささげる。打ちこむ。「教育に身を―」 文 ゆだ・ぬ（下二）

ゆ-だま【湯玉】湯が煮えたつとき、表面にわき上がるあわ。また、玉のようにとび散る熱湯。「―が走る」

ユダヤ-きょう【ユダヤ教】―〈Judaism〉《宗》モーセの律法を基礎としたユダヤ人の宗教。唯一神ヤハウェ（エホバ）を信仰し、ヘブライ語聖書とタルムード（＝モーセの律法その他に対する口伝的解答の集大成）を聖典とする。ユダヤ人を神の選民と考え、地上に神の国をもたらすメシアの来臨を信じている。

ゆだ・る【△茹だる】（自五）湯で煮られる。ゆで上がる。うだる。「卵が―」 他 ゆ・でる（下一）

ゆ-たん【油単】布や紙に油をひいたもの。箪笥や長持などのおおいや敷物などに用いられる。

ゆ-だん【油断】（名・自スル）気を許して注意を怠ること。不注意。「一瞬の―」「―したすきをねらう」

―も隙もない 少しの油断もできない。「―やつだ」

―たいてき【―大敵】油断は大きな失敗をひき起こすもとになるから、恐ろしい敵と考えなければならないということ。

ゆ-たんぽ【湯◦湯◦婆】中に湯を入れて、寝床などで足や腰などを温める、陶製・金属製などの容器。冬

ゆ-ちゃ【湯茶】（飲み物としての）湯や茶。「―の接待」

ゆ-ちゃく【癒着】（名・自スル）①《医》離れているべき器官・組織が炎症のためにくっつくこと。「手術後の―」②あるべき関係をこえて、不正に深くつながりあうこと。「政界と財界との―」

ユッカ〈ラテン Yucca〉《植》キジカクシ科イトラン属の植物の総称。常緑低木。葉は剣状で、初夏から秋に白いつりがね形などの花を開く。キミガヨラン・イトランなどは観賞用。夏

ゆ-づかれ【湯疲れ】（名・自スル）風呂や温泉に長時間はいりすぎて、体がだるくなってしまうこと。

ゆっくり（副・自スル）①動作や行動がゆるやかに行われるさま。急がないさま。「―（と）歩く」②気持ちや時間・空間に十分ゆとりのあるさま。くつろぐさま。「―（と）間に合う」「―（と）座れる」「今日は―できた」

ユッケ〈朝鮮語〉朝鮮料理の一つ。生の牛肉の赤身を細かくたたき、しょうゆ・ごま油・唐辛子みそなどで味をつけ、卵黄をのせて食べる。

ゆ-づけ【湯漬〔け〕】飯に湯をかけたもの。「―をかきこむ」

ゆったり（副・自スル）①落ち着いて、のんびりとしているさま。「―（と）した気分」②ゆとりのあるさま。「―（と）した服」

ゆ-つぼ【湯△壺】温泉などで、わき出る湯をためる所。湯ぶね。

ゆ-づる【◦弓弦】弓のつる。ゆみづる。

ゆで-あずき【△茹で小豆】― ゆでたあずき。夏

ゆ-てき【油滴】油のしずく。

ゆで-こぼ・す【△茹で△溢す】（他五）あくを取るために、物をゆでてその汁を捨てる。「豆を―」

ゆで-だこ【△茹で△蛸】 ①ゆでて赤くなったタコ。②〈転じて〉風呂にはいったり、酒を飲んだり、激怒したりなどして顔や体が赤くなった人をたとえていう語。「―になる」

ゆで-たまご【△茹で卵・△茹で玉子】 鶏卵を殻のままゆでたもの。うでたまご。

ゆ・でる【△茹でる】（他下一） 熱い湯で煮る。うでる。「とうもろこしを―」自ゆだ・る（五）文ゆ・づ（下二）

ゆ-でん【油田】 石油の産出する地域。「海底―」

ゆ-ど【油土】 粘土に油を混ぜたもの。彫刻や鋳金などの原型の製造に使う。油粘土。油土。

ゆ-とう【湯△桶】 飲用の湯を入れる、注ぎ口と柄のついた木製のうるし塗りの器。特に、そば屋などで、そば湯を入れて出すのに用いる。ゆつぎ。

〔ゆとう〕

―よみ【―読み】（「湯桶」は「湯」を訓で、「桶」を音で読むことから）漢字二字の熟語で、上の漢字を訓、下の漢字を音で読む読み方。「手本」「消印」など。↔重箱読み

ゆ-どうふ【湯豆腐】 豆腐を昆布をだしにした湯で煮て、醬油・薬味などで食べる料理。冬

ゆ-どおし【湯通し】（名・他スル） ①新しい織物を湯につけたり蒸気にあてたりして糊気をのぞき、あとで縮むのを防ぐこと。②料理するとき、材料のくさみや油分をぬくために、さっと熱湯にくぐらせること。「魚をさっと―する」

ゆ-どの【湯殿】 浴室。風呂場。

ゆとり 時間・金銭・空間・体力・気持ちなどの余裕。「―のある生活」「精神的な―がない」

ゆ-な【湯◦女】 ①昔、温泉宿などで客の世話をした女性。②江戸時代、湯屋にいた遊女。

ユナニミスム〈フランス unanimisme〉〘文〙二〇世紀初頭、フランスにおこった文芸の一傾向で、ジュール＝ロマンが主唱。集団の意思や意識の描写を重視し、そこに共同と信頼とによる連帯を求めようとするもの。一体主義。帰一主義。

ゆ-に【湯煮】 味をつけないで湯で煮ること。また、その煮たもの。

ユニーク〈unique〉（形動ダ） 独特で魅力のあるさま。珍しくて他に類を見ないさま。「―な校風」「―な発想」

ユニオン〈union〉①結合または連合したもの。連邦・同盟など。②労働組合。

―ジャック〈Union Jack〉イギリスの国旗。

―ショップ〈union shop〉〘社〙雇用された労働者は必ず一定期間内に労働組合に加入しなければならず、組合員資格がなくなれば解雇されるという制度。⇩オープンショップ・クローズドショップ

ユニコード〈Unicode〉〘情報〙世界のあらゆる文字を単一の方式で表現するための、コンピューター用の文字コード体系。

ユニコーン〈unicorn〉西洋の伝説上の動物。馬に似て、額に一本の角をもつ。一角獣。

ユニセックス〈unisex〉〘服〙男女の区別のないこと。特に、服装や髪形についていう。モノセックス。

ユニセフ【UNICEF】〈United Nations International Children's Emergency Fund から〉国際連合児童基金。発展途上国や災害地域の児童を直接援助することを目的とする国連の機関。参考 一九五三年以降 United Nations Children's Fund と名称変更。略称はそのまま。

ユニット〈unit〉①全体を構成している一つ一つの単位。「―家具」②教育で、単元。③ある一団。「新しい―の結成」

―バス〈和製英語〉浴槽と壁・床・天井を一体化して工場生産した浴室。はじまり 一九六三（昭和三十八）年、東京オリンピックに向けて建設中のホテルニューオータニで、工期短縮のために考案、設置されたのが最初という。

ユニバーサル〈universal〉（形動ダ） ①宇宙的なさま。全世界的なさま。②普遍的なさま。一般的なさま。

―デザイン〈universal design〉製品・建物・情報などで、年齢や障害の有無に関係なくあらゆる人が使いやすいよう工夫されたデザイン。UD

ユニバーシアード〈Universiade〉国際大学スポーツ連盟が主催する国際学生競技大会。夏季大会と冬季大会とがある。語源 university（大学）と Olympiad（オリンピアード）との合成語。はじまり 一九五七年、パリで行われた競技大会が実質的な始まり。一九五九年、イタリアのトリノで開催された大会で「ユニバーシアード」と命名された。

ユニバーシティー〈university〉→そうごうだいがく

ユニホーム〈uniform〉制服。特に、そろいのスポーツ用衣服。ユニフォーム。「日本代表の―」

ゆ-にゅう【輸入】（名・他スル） 外国から産物や製品・技術などを買い入れること。「―品」「石油を―する」↔輸出

―ちょうか【―超過】 ある期間の一国の輸入総額が輸出総額よりも多くなること。入超。↔輸出超過

ゆにょう-かん【輸尿管】 →にょうかん

ユネスコ【UNESCO】〈United Nations Educational, Scientific and Cultural Organization から〉国際連合教育科学文化機関。教育や文化の振興を通じて、世界平和の実現や国際協力の促進に寄与することを目的とする国連の機関。本部はパリ。

ゆ-のし【湯△熨・湯×熨斗】（名・他スル） 湯気をあてたり、湯でぬらしたりして、布のしわをのばすこと。

ゆ-の-はな【湯の花・湯の華】 ①温泉に沈殿する鉱物質。湯花。温泉華。②湯あか。

ゆ-のみ【湯飲み・湯△呑［み］】（「湯のみ茶碗」の略）湯茶を飲むのに用いる茶碗。

ゆ-ば【湯葉】 豆乳を煮たて、その表面にできた薄い皮をすくいとって製した食品。生のものと乾燥させたものがある。うば。

ゆ-ば【◦弓場】〘古〙弓を習うために設けた所。

ゆ-はず【◦弓△筈】 弓の両端にあって、弓弦をかけるところ。

ゆ-ばな【湯花】 →ゆのはな①

ゆ-ばり【◦尿】〘古〙小便。いばり。ゆまり。

ゆび【指】 手足の先の五本ずつ分かれ出た部分。

―一本差させない 他人から少しの非難も干渉もさせない。**―をくわえる** うらやましいと思いながら手が出せずにただながめている。「指をくわえて見ている」**―を差す** ①指でそれとさし示す。②かげで悪口を言う。うしろ指をさす。**―を染める** 物事を始める。**―を詰める** やくざなどの仲間うちで、謝罪のしるしに指先を切り落とす。

ゆび-おり【指折り】 ①指を、一本ずつ折って数えること。「―数えて待つ」②特に、指を折って数え上げられるほど少数で、すぐれていること。屈指。「日本でも―の画家」

ユビキタス〈ubiquitous 遍在する〉〘情報〙インターネットなどの情報網をあらゆる場所や状況で活用できる環境のこと。

ゆび-きり【指切り】（名・自スル） 子供などが約束のしるしに、たがいに小指をからませること。げんまん。「―げんまん」

ゆ-び・く【湯引く】（他五） 料理で、魚や野菜などを熱湯にさっと通す。ゆがく。「鯛を―」

ゆび-さき【指先】 指の先のほう。

ゆび-さ・す【指差す】（他五） 指でさし示す。「欲し

い物を―」

ゆび-しゃく【指尺】指を広げた幅で長さをはかること。

ゆび-ずもう【指相撲】―ズマウ・―ズマフ 二人がたがいに片手の四本の指を組み合わせ、親指で相手の親指を押さえ合う遊び。

ゆび-にんぎょう【指人形】―ニンギャウ 体を布で袋のように作り、その中に手を入れ指を使って動かす小さな人形。また、それによる芝居。⇩ギニョール(さしえ)

ゆび-ぬき【指◦貫】針仕事をするとき、針の頭を押すために指にはめる革製・金属製の輪。

ゆび-ぶえ【指笛】指を口に入れて息を吐き、笛のような音を出すこと。また、その音。

ゆび-わ【指輪・指◦環】指にはめて飾りにする輪。「結婚―」

ゆ-ぶくろ【◦弓袋】弓を入れる袋。ゆみぶくろ。

ゆふ-さ・る【夕さる】ゆふ―(自四)(古)夕方になる。

ゆふされば… 和歌〔夕されば 門田の稲葉 おとづれて 葦のまろやに 秋風ぞ吹く〕〈金葉集 大納言経信〉夕方になると、まず家の前の田の稲の葉にそよよと音をたて、そしてやがてこの葦でふいた田舎家の中に、秋風が吹いてくることだ。(小倉百人一首の一つ)

ゆふ-つ-かた【夕つ方】ゆふ―(古)夕方。

ゆふ-づ・く【夕づく】ゆふ―(自下二)(古)夕方になる。

ゆふ-づくよ【夕◦月夜】ゆふ―(古)■(名)①夕月。②月の出ている夕方。■(枕)「あかときやみ」「をぐら」などにかかる。

ゆふつけ-どり【×木綿-付け鳥】ゆふつけ―(古)にわとり。

ゆふ-つづ【夕◦星・×長庚】ゆふ―(古)宵の明星。ゆうずつ。

ゆふなみ-ちどり【夕波千鳥】ゆふなみ―(古)夕方立つ波の上を群れ飛ぶ千鳥。

ゆ-ぶね【湯船・湯◦槽】入浴用の湯を入れるおけ。浴槽。

ゆふべをす… 和歌〔夕べ食す はうれん草は 茎立てり 淋しさを遠く つげてやらまし〕〈土屋文明〉ひとりとる夕食の膳のほうれん草は、もう茎が立っていてかたい。このやるせないさびしさを遠く離れた人に言ってやりたいものを。

ゆふやけぞら… 和歌〔夕焼空 焦げきはまれる 下にして 凍らむとする 湖の静けさ〕〈島木赤彦〉夕焼けの空は焦げきわまって、真っ赤に燃えている。その空の下にあって、夕闇が迫り、寒さに今にも凍ろうとしている諏訪湖の、なんという静けさであろう。

ゆ-べし【△柚×餅子】みそ・米粉・うどん粉・砂糖などを混ぜ、柚の実の汁を加え、こねて蒸した菓子。ゆびし。秋

ゆ-まき【湯巻[き]】①平安時代、貴人が入浴するときに、体に巻いたもの。また、それに奉仕する人が衣服の上にまとった衣。②女性の腰巻き。ゆもじ。

ゆ-まく【油膜】液体や物の表面にできた油の膜。

ユマニテ〈フランス humanité〉人間性。ヒューマニティー。

ゆみ【弓】①竹・木などを曲げて弦を張り、矢をつがえて射る武器。②①で矢を射る技。弓術。③弓の形に曲がっているもの。特に、バイオリンなど弦楽器の弦をこする弓状のもの。

―折れ矢尽きる 力が尽きはて、どうにもしようがないことのたとえ。**―を引く** ⇨ゆみひく

ゆみ-がた【弓形】弦を張った弓のような形。ゆみなり。

ゆみ-し【弓師】弓を作る人。弓作り。

ゆ-みず【湯水】―ミヅ ①湯と水。②豊富にあるもののたとえ。

―のように使う 金銭などを惜しげもなく使う。「金を―」

ゆみ-づる【弓弦】弓に張る麻のより糸。ゆづる。つる。

ゆみ-とり【弓取[り]】①弓をとりあつかうこと。また、弓を持つ人。特に、武士。②弓術にすぐれている人。③大相撲で、結びの一番のあとに、弓を手にとって行う儀式。弓取り式。また、それを行う力士。

ゆみ-なり【弓◦形】弦を張った弓のような形。ゆみがた。「体を―にそらす」

ゆみ-はり【弓張[り]】①弓に弦を張ること。②「弓張り提灯」の略。③「弓張り月」の略。

―ぢょうちん【―◦提◦灯】―ヂャウチン 弓形に曲げた竹の柄の上下両端にちょうちんをひっかけて張り開くようにしたもの。弓張り。

〔弓張り提灯〕

―づき【―月】弦を張っている曲がった弓のような形をしている月。上弦または下弦の月。弦月。秋

ゆみ-ひ・く【弓引く】(自五) ①矢を射る。②そむく。反逆する。反抗する。「主君に―」

ゆみ-へん【弓偏】漢字の部首名の一つ。「引」「強」などの「弓」の部分。

ゆみ-や【弓矢】①弓と矢。転じて、武器。②武道。**―取る身** 弓矢を手にとって用いる身。武士。**―の道** ①弓を射る技。②武芸の道。

―はちまん【―八△幡】■(名)弓矢の神である八幡大菩薩。■(副)(古)武士などが、うそ偽りのないことを誓うときに言った語。断じて。弓矢八幡にかけて。■(感)(古)驚いたとき、無念に思うとき、救いを求めるときなどに発する語。しまった。南無三宝。

ゆ-むき【湯◦剝き】(名・他スル)料理で、トマトなどを熱湯にくぐらせて皮をむくこと。

ゆめ【夢】①眠っているときに、いろいろな物事を現実のように見聞きしたり、感じたりする現象。「―を見る」②はかないことのたとえ。実現するはずのない空想。「―物語」「計画も―と消える」③将来実現したいと思う事柄。希望。「―を抱く」④現実の厳しさを忘れた、甘く楽しい環境や雰囲気。「太平の―」

―に夢見る ぼんやりしたさま、はかないさまのたとえ。**―のまた夢** 非常にはかないこと。**―の世** 夢のようにはかない世の中。**―は逆夢** 夢と現実とは相反するものだ。悪い夢を見たときに縁起直しに言う言葉。**―を描く** 将来の理想・希望を心に描く。**―を託する** 自分の望みを他の人にゆだねる。**―を見る** とりとめのない希望や理想をもつ。空想にふける。**―を結ぶ** ①眠っていて夢を見る。②寝る。

ゆめ【◦努】(副) 強く禁止・否定する意を表す。決して。必ず。少しも。「―忘るることなかれ」「―思わない」用法 あとに禁止・打ち消しの語を伴う。

ゆめ-あわせ【夢合[わ]せ】―アハセ 夢の吉凶をうらなうこと。夢判じ。夢うらない。夢うら。

ゆめ-うつつ【夢◦現】①夢と現実。②ぼんやりして夢か現実かはっきりしない状態。「―で呼び声を聞く」

ゆめ-うら【夢◦占】⇨ゆめあわせ

ゆめ-がたり【夢語り】⇨ゆめものがたり

ゆめ-ごこち【夢心地】夢を見ているような心持ち。うっとりとした気持ち。夢見心地。「―で話を聞く」

ゆめ-さら【夢更】(副) 少しも。決して。「―忘れはしない」用法 あとに打ち消しの語を伴う。

ゆめ-じ【夢路】―ヂ (夢の中で通る道の意)夢。また、夢を見ること。夢の通い路。「―をたどる(=夢を見る。眠る)」

ゆめ-ちがえ【夢違え】―チガヘ 悪い夢を見たとき、災難をのがれるようにまじないをすること。

ゆめ-とき【夢解き】夢の吉凶を判断すること。また、その人。

ゆめ-にも【夢にも】(副) 夢にだって。少しも。全然。「そんなこととは―思わない」用法 あとに打ち消しの語を伴う。

ゆめ-はんだん【夢判断】 ①夢の吉凶を判断すること。夢合わせ。夢判じ。夢うら。②〘心〙精神分析で、夢の内容を手がかりに、その人の潜在意識や深層心理を究明する方法。

ゆめ-まくら【夢枕】 夢を見ているときのまくらもと。
―に立つ 神仏や死んだ人などが、夢の中でまくらもとに現れ、物事を告げ知らせたり、さとしたりする。

ゆめ-まぼろし【夢幻】 夢と幻。物事のはかないことのたとえ。夢幻。「―のこの世」

ゆめ-み【夢見】 夢を見ること。また、見た夢。「―が悪い」

ゆめ・みる【夢見る】(他上一) ミ・ミ・ミル・ミル・ミレ・ミロ(ミヨ) 空想する。あこがれを抱く。「幸せな結婚を―」「―乙女」
―ごこち【―心地】 →ゆめごこち

ゆめ-ものがたり【夢物語】 ①夢の中で見たことの話。夢語り。②夢のようなはかない話。夢語り。「―にすぎない」

ゆめ-ゆめ【◇努◇努】(副)(「努」を重ねて意味を強めた語)強く禁止・否定する意を表す。決して決して。少しも。「―疑ってはならない」用法 あとに禁止・打ち消しの語を伴う。

ゆ-もじ【湯文字】 ①女性の腰巻き。②湯かたびら。湯具。

ゆ-もと【湯元・湯本】 温泉がわき出る所。また、その土地。

ゆ-や【湯屋】 風呂屋。銭湯。また、風呂場。

ゆ-やせ【湯痩せ】(名・自スル) 湯あたりしてやせること。

ゆゆ-し・い【由由しい】(形) カロ・カッ(ク)・イ・イ・ケレ・○ そのままにできないほど重大である。容易ならない。「―問題」文ゆゆ・し(シク)

ゆ-らい【由来】 一 (名・自スル) ①ある物事がたどってきた経緯。いわれ。「地名の―」②そこがもとになっていること。「民間に―する神事」 二 (副) 元来。本来。「―日本人は勤勉だ」

ゆ-らく【愉楽】 喜び楽しむこと。悦楽。「―にふける」

ゆら・ぐ【揺らぐ】(自五) ガ(ゴ)・ギ(イ)・グ・グ・ゲ・ゲ ①ゆらゆらとゆれる。ゆれ動く。②不安定になる。ぐらつく。「身代が―」「気持ちが―」

ゆら・す【揺らす】(他五) サ(ソ)・シ・ス・ス・セ・セ ゆれ動くようにする。ゆり動かす。ゆさぶる。ゆする。「ブランコを―」自ゆ・れる(下一)

ゆらのとを… 和歌〔由良の門を わたる舟人 かぢを絶え 行くへも知らぬ 恋の道かな〕〈新古今集 曽禰好忠〉潮流の速い由良の海峡を渡る舟人が、かじを失ってあてどもなく漂っているように、思う人に言い寄るすべもなく途方にくれている私の恋よ。(小倉百人一首の一つ)

ゆら-め・く【揺らめく】(自五) カ(コ)・キ(イ)・ク・ク・ケ・ケ ゆらゆらとゆれ動く。ゆらぐ。「風に炎が―」

ゆら-ゆら(副・自スル) ゆっくりとくり返しゆれるさま。「かげろうが―とゆれる」

ゆらり(副) ゆっくりとひとゆれするさま。「―とかたむく」

ゆらん-かん【輸卵管】 →らんかん(卵管)

ゆり【×百合】〘植〙ユリ科ユリ属の多年草の総称。夏、淡紅色・白色・黄色などの大形の美しい花を開く。鱗茎は白く一部は食用にもなる。ヤマユリ・テッポウユリなど。夏

ゆり-うごか・す【揺り動かす】(他五) サ(ソ)・シ・ス・ス・セ・セ ①ゆすって動かす。「大地を―ような轟音」②動揺させる。びっくりさせる。感動させる。「人の心を―話」自ゆれうご・く(五)

ユリウス-れき【ユリウス暦】〘天〙太陽暦の一種。紀元前四六年ローマのユリウス=カエサルが定めたもの。平年を三六五日とし、四年に一回うるう年を設けた。⇩グレゴリオ暦

ゆり-おこ・す【揺り起〔こ〕す】(他五) サ(ソ)・シ・ス・ス・セ・セ ゆすぶって目をさまさせる。「寝ている子を―」

ゆり-かえし【揺り返し】 ゆれた反動で再びゆれること。特に、余震。ゆりもどし。「―がくる」

ゆり-かえ・す【揺り返す】(自五) サ(ソ)・シ・ス・ス・セ・セ ゆれた反動で再びゆれる。特に、余震が起こる。

ゆり-かご【揺り籠】 赤ん坊を入れ、ゆり動かして眠らせるかご。揺籃。
―から墓場まで 生まれたときから死ぬまで。社会保障制度が充実していることをいう。参考 第二次世界大戦後、イギリスの労働党が唱えたスローガン。

ゆり-かもめ【×百合△鷗】〘動〙カモメ科の中形の海鳥で冬鳥。体は白色、背面は灰青色で、くちばしと足とは暗赤色。夏は頭が黒褐色になる。古来、都鳥として歌に詠まれた。冬

ゆり-もどし【揺り戻し】 ①一度ゆれたものが元に戻ること。また、再びゆれること。ゆりかえし。②(比喩的に)大きく変動したものが、元の状態に戻ること。「行き過ぎた改革の―」

ゆ-りょう【湯量】 温泉の、わき出る湯の量。「豊富な―」

ゆ・る【揺る】(他五) ラ(ロ)・リ(ッ)・ル・ル・レ・レ ①ゆする。ゆすぶる。「バスに―・られる」②水の中でゆすって洗いながら選び分ける。「砂金を―」用法 受け身の形や「ゆり動かす」などの複合動詞の形で用いることが多い。参考 ②は、「△淘る」「◇汰る」とも書く。

ゆる・い【緩い】(形) カロ・カッ(ク)・イ・イ・ケレ・○ ①ゆるんでいる。きつく締まっていない。「結び方が―」②きびしくない。厳重でない。「監視の目が―」③のろい。速度が遅い。「―スピード」④傾きや角度が急でない。「―坂」「―カーブ」⑤水分が多くてやわらかい。「―便」文ゆる・し(ク)

ゆるが・す【揺るがす】(他五) サ(ソ)・シ・ス・ス・セ・セ ゆり動かす。ゆさぶる。「会場を―ような歓声」「世間を―大事件」自ゆる・ぐ(五)

ゆるがせ【△忽せ】 注意もはらわず、いいかげんにしておくこと。おろそか。なおざり。「―にできない問題」

ゆるぎ-な・い【揺るぎない】(形) カロ・カッ(ク)・イ・イ・ケレ・○ 変わることがない。確固としている。「―地位を築く」文ゆるぎな・し(ク)

ゆる・ぐ【揺るぐ】(自五) ガ(ゴ)・ギ(イ)・グ・グ・ゲ・ゲ ①ゆれ動く。ゆらぐ。「土台が―」②心が動揺する。安定していたものが崩れる。ゆらぐ。「信念が―」「―・がぬ守り」他ゆるが・す(五)

ゆるし【許し】 ①許すこと。㋐許可。「父の―を得る」㋑罪や過ちなどを許すこと。「―を請う」②芸事で、師匠が弟子にさずける免許。「―を授ける」参考 ①㋑は、「◇赦し」とも書く。
類語 容赦・赦免・海容・寛恕・許容・宥恕・諒恕・勘弁・堪忍

ゆる・す【許す】(他五) サ(ソ)・シ・ス・ス・セ・セ ①願いなどを聞き入れる。許可する。「営業を―」②罪などを免じる。「いたずらを―」③義務や負担などを免除する。「当番を―」④警戒心をゆるめる。ゆるくする。「気を―」「心を―」⑤相手の自由にさせる。相手のするままにまかせる。「肌を―」「盗塁を―」⑥認める。「自他ともに―その道の権威」⑦ある物事を行うのを可能にする。束縛しないでおく。「事情が―・せば」「時間の―限り」⑧芸事で、師匠が弟子に免許を与える。「初伝を―」可能ゆる・せる(下一)
参考 ②は、「◇赦す」とも書く。

ゆるみ【緩み・△弛み】 ひきしまっていないこと。ゆるむこと。また、その度合い。「心の―(=油断すること)」

ゆる・む【緩む・△弛む】(自五) マ(モ)・ミ(ン)・ム・ム・メ・メ ①物の張り・結び・締めつけなどに余裕ができて、ほどけそうになる。「ねじが―」「地盤が―」↕締まる ②ゆるやかになる。寛大になる。緊張が解ける。「警戒が―」「気が―」③気温のきびしさが緩和して楽になる。やわらぐ。「寒気が―」④〘経〙安定していた相場が少し下がる。他ゆる・める(下一)

ゆる・める【緩める・△弛める】(他下一) メ・メ・メル・メル・メレ・メロ(メヨ) ①物の張り・結び・締めつけなどを弱める。ゆるくする。「帯を―」「ねじを―」↕締める ②緊張の度合いをやわらげる。ゆったりさせる。

「気をー」↕締める ③きびしさの度合いを緩和する。「罰則をー」「追及の手をー」④調子・速度をおとす。「スピードをー」⑤なだらかにする。「傾斜をー」[自]ゆる・む(五) [文]ゆる・む(下二)

ゆる-やか【緩やか】(形動ダ) ダロ・ダッ(デ・ニ)・ダ・ナ・ナラ・○ ①変化のしかたがゆっくりしているさま。なだらか。「ーに上昇する」「ーなカーブ」②きつく締まっていないさま。ゆるいさま。「ーに結ぶ」③きびしくないさま。寛大なさま。「ーな校則」④勢いや動きのゆったりしたさま。「ーな流れ」⑤くつろいださま。「ーな気分」[文](ナリ)

ゆる-ゆる [一](副) ①急がないさま。ゆっくり。徐々に。「ー(と)進む」②のんびりくつろぐさま。ゆったり。「ー(と)お休みください」[二](形動ダ) ダロ・ダッ(デ・ニ)・ダ・ナ・ナラ・○ ゆるんでいるさま。「ズボンがーだ」

ゆるり【緩り】(副) 心おきなくくつろぐさま。ゆっくり。「ごーとおくつろぎください」「ー(と)参ろう」

ゆれ【揺れ】 ①ゆれること。ゆれる度合い。「船のーが激しい」②一定の状態に落ち着かないこと。「言葉のー」

ゆれ-うご・く【揺れ動く】(自五) カ(コ)・キ(イ)・ク・ク・ケ・ケ ①上下・左右などに連続して動く。「地震で家具がー」②心が決まらずあれこれと考え迷う。「気持ちがー」[他]ゆりうごか・す(五)

ゆ・れる【揺れる】(自下一) レ・レ・レル・レル・レレ・レロ(レヨ) ①そこにあるまま前後・上下・左右に動く。「地震で家がー」②動揺する。安定しない。「心がー」[他]ゆす・る(五) ゆら・す(五) [文]ゆ・る(下二)

ゆわえ-つ・ける【結わえ付ける】(他下一) ケ・ケ・ケル・ケル・ケレ・ケロ(ケヨ) ひもなどでほかの物に結びつける。「背負子(しょいこ)に荷をー」[文]ゆはへつ・く(下二)

ゆわ・える【結わえる】(他下一) エ・エ・エル・エル・エレ・エロ(エヨ) 結ぶ。しばる。くくる。「髪をー」[文]ゆは・ふ(下二)

ゆ-わかし【湯沸〔か〕し】 湯を沸かすための金属製の器具。やかんなど。

ゆわ・く【結わく】(他五) カ(コ)・キ(イ)・ク・ク・ケ・ケ 結ぶ。しばる。ゆわえる。「ひもでー」[可能]ゆわ・ける(下一)

ゆゑ-よし【故由】 ゆえ ―《古》①いわれ。②情緒。

ゆん-ぜい【◇弓勢】 弓を引きしぼる力。弓を射る力の強さ。

ゆん-づゑ【◇弓△杖】 づえ ―《古》①弓を杖(つえ)とすること。また、その弓。②弓の長さ。ゆんだけ。

ゆん-で【◇弓手・◇左手】 ①(弓を持つほうの手の意)左の手。②左のほう。《↕馬手(めて)》

ゆん-べ【×昨夜】 →ゆうべ(昨夜)

ユンボ〈Yumbo〉パワーショベル。(商標名)

よ ヨ

五十音図「や行」の第五音。「よ」は「与」の草体。「ヨ」は「與」の省画。

よ【与】【人與】 ヨ㊥・あたえる㊥・あずかる・くみする・ともに

一 与 与

(字義)①あたえる。「与奪・給与・授与・賞与・譲与・贈与・貸与」②くみする。仲間・味方になる。「与国・与党」③あずかる。関係する。「関与・参与」[人名]あたう・あたえ・あと・くみ・すえ・とも・のぶ・ひとし・もと・もろ・よし

よ【予】[教3]**【豫】** ヨ・あらかじめ・かねて・われ・あたえる

マ マ ヱ 予

(字義)①あらかじめ。前もって。かねて。「予言・予想・予測・予定・予報」②あたえる。=与。「予奪」③たのしむ。「逸予」④「伊予(いよ)の国」の略。「予讃(よさん)・予州」[難読]予予(かねがね)

よ【余】[教5]**【餘】** ヨ・あまる・あます

ノ 𠆢 𠆢 今 全 余

(字義)①われ。自分。「余輩」②㋐あまり。「余計・余剰・余分」㋑あふれた。「余勢」㋒それ以外の。「余罪」㋓のち。すえ。「刑余」㋔ゆとり。「余白・余裕」㋕なごり。つきない。「余韻・余情」[難読]余波(なごり)・余所(よそ)

-よ【余】(接尾)(数量を表す語に付いて)その数をやや超えている意を表す。…あまり。「一〇年ー」「百ー人」

よ【余】 [一](名) そのほか。それ以外。「ーの儀ではない」[二](代) われ。わたくし。「ーひとり」[用法][二]はおもに、男性が改まって使う。[参考][二]は「予」とも書く。

よ【誉】【譽】 ヨ㊥・ほまれ㊥

⺍ ⺍ 兴 兴 誉 誉

(字義)①ほめる。たたえる。「称誉・毀誉褒貶(きよほうへん)」②ほまれ。よい評判。「誉望・栄誉・名誉」[人名]しげ・たか・たかし・のり・ほまる・もと・やす・よし

よ【預】[教6] ヨ・あずける・あずかる・あらかじめ

マ ヌ 予 予 預 預

(字義)①あらかじめ。前もって。かねてから。=予。「預言・預備」②あずける。「預金・預託」③あずかる。かかわる。=与。「関預・参預」[人名]うじ・さき・まさ・やす・よし

よ【人輿】 ヨ・こし

(字義)①くるま。乗り物。「車輿・乗輿」②かつぎあげて運ぶ乗り物。「肩輿・神輿(しんよ・みこし)」③大地。地球。「輿地・坤輿(こんよ)」④多い。世間の。「輿論」

よ【世・代】 ①[世]世間。世の中。「ーに知られる」「ーの聞こえ(=世間の評判)」②人の生きている間。一生。「ーを終える」③同じ支配者が国を治めている期間。同じ系統・政体が続く期間。「徳川のー」「資本主義のー」④家督をついでいる期間。代(だい)。「子供のーになる」⑤[世]時代。時世。「ーの変遷」⑥[世]俗事・俗世。「ーを背(そむ)く」⑦[世]仏教でいう過去(前世)・現在(現世)・未来(来世)のそれぞれ。「あのー」 **ーが世(よ)なら** その人にとって都合のよい時勢ならば。**ーに逢(あ)う** 時の流れに乗って栄える。**ーに入(い)れられる** 世間に認められる。**ーに出(で)る** ①世間に知られる。出世する。②世の中に現れる。**ーを去(さ)る** 死ぬ。**ーを忍(しの)ぶ** 人目を避けて隠れる。**ーを知(し)る** 世の中のことを悟る。世情に通じる。**ーを捨(す)てる** 俗世間から離れて暮らす。出家する。**ーを背(そむ)く** 隠遁(いんとん)または出家する。**ーを逃(のが)れる** 世を捨てる。**ーを憚(はばか)る** 世間に気兼ねする。**ーを渡(わた)る** 生計を立てる。

よ【四】 よっつ。よん。し。「ー人」

よ【夜】 よる。夜分。「ーが更ける」 **ーの目(め)も寝(ね)ない** 夜通し起きている。夜間も休まない。「ーで仕上げる」 **ーも日(ひ)も明(あ)けない** それがないと少しの間も過ごせない。「孫がいないとー」 **ーを籠(こ)めて** 夜中から夜明け前にかけて。**ーを徹(てっ)する** 一晩じゅう寝ないで物事にあたる。徹夜する。「夜を徹して看病する」 **ーを日(ひ)に継(つ)ぐ** 昼も夜も休まず続ける。昼夜兼行する。「夜を日に継いで作業を急ぐ」

よ【◇節】 竹や葦(あし)などの、ふしとふしの間。また、ふし。

よ(終助) ①感動・詠嘆の意を表す。「おかしな人だー」②念を押す意を表す。「今日は徹夜だー」「もうやめろー」③呼びかけの意を表す。「雨ー、降れ」[用法]体言、活用語の終止形・命令形、助詞などに付く。女性の用語としての「よ」は、動詞・形容詞にはその終止形に「の」「わ」を介して、形容動詞・名詞には直接付くことが多い。「重いわー」「きれいー」

よ-あかし【夜明〔か〕し】(名・自スル) 朝まで寝ないでいること。一晩中起きていること。徹夜。「仕事でーする」

よ-あけ【夜明け】 ①夜の明けるころ。明け方。②新しい時代や物事の始まるとき。「近代日本のー」

よあけまえ〔夜明け前〕 ヨアケマヘ 島崎藤村(とうそん)の長編小説。一

九二九―一九三五（昭和四―十）年発表。父がモデルの青山半蔵の運命を通して、明治維新という社会的変革を描く。

よ-あそび【夜遊び】（名・自スル）夜、遊び歩くこと。また、その遊び。

よ-あらし【夜嵐】 夜に吹く強い風。

よ-あるき【夜歩き】（名・自スル）夜、出歩くこと。

よい【宵】ヨヒ 日が暮れてまもないころ。「まだ―のうちだ」

よい【酔い】ヨヒ ①酒に酔うこと。「―が回る」「―をさます」②乗り物に乗っていて気分が悪くなること。「船―」

類語 微酔・微醺・酩酊・陶酔・ほろ酔い・生酔い・悪酔い・沈酔・泥酔・乱酔・宿酔・二日酔い

よ-い【余威】ヰ ― 物事を成し遂げたあとの、はずみがついてなお余っている勢い。余勢。

よ-い【余意】 言葉には言い表されていない意味。

よ・い【◇吉い】（形）カロ・カッ(ク)・イ・イ・ケレ・○ めでたい。文よ・し(ク)

よ・い【良い・善い・◇好い・◇佳い】（形）カロ・カッ(ク)・イ・イ・ケレ・○ ①善良である。正しい。「―人柄」↔悪い ②すぐれている。まさっている。「―成績」↔悪い ③好ましい。適している。「体に―食べ物」↔悪い ④十分である。「これで準備は―」⑤親密だ。むつまじい。「仲が―」↔悪い ⑥快い。「印象が―」↔悪い ⑦それをしたほうがよい。差し支えない。「疲れたら眠ると―」「食べても―」⑧値段がかなり高い。「―値だなあ」⑨（動詞の連用形の下に付いて）…しやすい。ぐあいがいい。「歩き―」文よ・し(ク) 用法 口語の終止形・連体形は「いい」を多く用いる。⇩「使い分け」

> 使い分け「良い・善い・好い・佳い」
>
> 「良い」は、物事が他のものよりまさっている、ほどよくととのっていてよい意で、「品質が良い」「成績が良い」「手術後の経過が良い」「良い友達」など広く一般的に使われる。
>
> 「善い」は、道理にかない、法にそむかずよい意で、「善い行い」「世の人のために善いことをする」などと使われる。
>
> 「好い」は、好ましい意で、「好い折」「匂いが好い」「感じが好い」などと使われる。
>
> 「佳い」は、美しく好ましい意で、「今日の佳き日」「佳い年を迎える」「佳い日柄」などと使われる。
>
> ただし、「好い」「佳い」は、「常用漢字表」にその訓が認められていないので、一般に、「良い」「よい」と書かれる。

よ-いくさ【夜戦・夜◇軍】 夜間の戦い。夜戦。

よい-ごこち【酔〔い〕心地】ヨヒ ― 酒に酔ったときのいい気分。

よい-ごし【宵越し】ヨヒ ― 一夜を越すこと。次の日まで持ち越したもの。「―の金は持たない(＝その日に稼いだ金はその日のうちに使いはたす、江戸っ子の気前のよさをいう語)」

よい-ざまし【酔〔い〕◇醒まし】ヨヒ ― 酒の酔いをさますこと。また、その方法。「―に冷たい風にあたる」

よい-ざめ【酔〔い〕◇醒め】ヨヒ ― 酒の酔いがさめること。また、さめたとき。「―の水は甘露の味」

よいしょ 一（感）力を入れて物事をするときに発する語。二（名・自他スル）（俗）相手をおだてること。「上司に―する」

よい-し・れる【酔〔い〕◇痴れる】ヨヒ ―（自下一）レ・レ・レル・レル・レレ・レロ(レヨ) ①酒に酔って何もわからなくなる。②あることに心を奪われて、うっとりする。「勝利に―」文よひし・る(下二)

よい-だち【宵立〔ち〕】ヨヒ ― 宵のうちに旅立つこと。

よいっ-ぱり【宵っ張り】ヨヒッ ― 夜遅くまで起きていること。また、それが習慣になっている人。「―の朝寝坊」

よい-つぶ・れる【酔〔い〕潰れる】ヨヒ ―（自下一）レ・レ・レル・レル・レレ・レロ(レヨ) 酒に酔って正体をなくす。文よひつぶ・る(下二)

よい-と-な（感）民謡などのはやし言葉。動作に伴う掛け声。

よいと-まけ（俗）建築用地の地固めのため、大勢で滑車にかけた綱を引いて重い槌を上げ下ろしすること。また、その作業をする人。語源 作業の時の掛け声から。

よい-どめ【酔〔い〕止め】ヨヒ ― 乗り物酔いなどを予防すること。また、その薬。

よい-どれ【酔いどれ】ヨヒ ― 酒にひどく酔った人。酔っ払い。

よい-ね【宵寝】ヨヒ ―（名・自スル）①日が暮れてまもなく寝ること。早寝。②宵の間だけちょっと寝ること。

よい-の-くち【宵の口】ヨヒ ― 日が暮れてまもないころ。

よい-の-とし【宵の年】ヨヒ ― 大晦日の夜。除夜。また、元日になってから、前年または前年の暮れをいう語。新年

よい-の-みょうじょう【宵の明星】ヨヒ ― ミヤウジヤウ 日没後に西の空に輝いて見える金星。↔明けの明星

よいまち-ぐさ【宵待草】ヨヒマチ ― 「まつよいぐさ」の別称。

よい-まつり【宵祭〔り〕】ヨヒ ― →よいみや 夏

よい-みや【宵宮】ヨヒ ― 本祭りの前夜に行う祭り。宵祭り。よみや。夏

よい-やみ【宵闇】ヨヒ ― ①陰暦一六日から二〇日ごろにかけての、日が暮れてから月が出るまでの間のやみ。秋 ②夕方の暗さ。ゆうやみ。「―がせまる」

よい-よい（俗）中風など、手足が麻痺したり口が不自由になったりする病気の俗称。（差別的な意がある）

よ-いん【余韻】ヰン ― ①鐘などをついたときに、あとまで残る響き。「―嫋々」②詩文などの、言外に感じられるおもむき。また、事が終わったあとに残る味わい。余情。「―がある」「―を残す」

よう【幼】 教6 ヨウ(エウ) おさない

（字義）①おさない。㋐いとけない。年がいかない。「幼弱・幼少・幼年・長幼」↔老 ㋑知識や技量が未熟な。「幼稚」②おさなご。「幼児・老幼」難読 幼気 人名 わか

よう【幼】エウ 幼いこと。年のいかないこと。「―にして親を失う」

よう【用】 教2 ヨウ もちいる

（字義）①もちいる。㋐使う。役立たせる。「用途・用法・運用・使用・併用・濫用・利用」㋑ひきあげて役につかせる。＝庸。「登用・任用」㋒とりあげる。「採用」㋓心配する。気をつかう。「用意・用心」②はたらき。ききめ。「効用・作用」③しなければならない仕事。必要な物事。「用事・私用・所用」④必要な金銭・物品。「用品・費用」難読 用達 人名 ちか・もちる

-よう【用】（接尾）…に役立つ。…に使う。「非常―」

よう【用】 ①処理を必要とする事柄。用事。「急な―がある」②はたらき。使い道。役に立つこと。「―をなさない」③大小便。

―を足す ①用事をすませる。②大小便をする。

よう【羊】 教3 ヨウ(ヤウ) ひつじ

（字義）ひつじ。「羊肉・羊毛・牧羊・綿羊」難読 羊蹄・羊歯・羊羹

よう【妖】 ヨウ(エウ)㊥ あやしい㊥・なまめかしい

（字義）①なまめかしい。「妖艶・妖婦」②あやしい。怪異な。「妖気・妖術」③ばけもの。もののけ。「妖怪・妖精・妖婆」

よう【洋】 教3 ヨウ(ヤウ)

（字義）①おおうみ。そとうみ。「洋上・遠洋・海洋・外洋」②広々とした。満ち満ちた。「洋洋」③外国。世界を東西にわけた部分。「西洋・東洋」④西洋の。「洋画・洋風」難読 洋灯

[人名]うみ・きよ・なみ・ひろ・ひろし・み

よう【洋】ヤウ 東洋と西洋のこと。**—の東西を問わず** 東洋と西洋の区別なく。世界中で。「—人気がある」

よう【要】教4 ヨウ(エウ) かなめ・いる㊥ 一 冖 襾 覀 要 要

(字義)①かなめ。たいせつなところ。かんじん。もと。「要所・要点・肝要」②しめくくる。大事な点をつづめまとめる。「要旨・要約・大要・摘要」③もとめる。いる。ほしいと願う。「要求・要請・強要・需要・必要」④待ちぶせする。「要撃」[人名]しの・とし・め・もとむ・やす

よう-【要】エウ (接頭)必ず要ること。必要であること。「—注意」「—検討」「—介護」

よう【要】エウ ①物事のたいせつな所。要点。要領。「—は根気だ」「簡にして—を得る(=簡単だが要点をおさえている)」②なくてはならないこと。必要。「弁明の—がある」

よう【容】教5 ヨウ いれる・かたち 宀 宂 穴 㝐 容 容

(字義)①いれる。㋐器の中に物をいれる。「容器・容積・容量」㋑つつむ。「包容」㋒受けいれる。「収容・受容」㋓きき入れる。ゆるす。「容赦・容認・寛容・認容」㋔さしはさむ。間に入れる。「容喙・容疑」②なかみ。「内容」③かたち。㋐すがた。みめ。「容姿・容色・容貌・威容・音容」㋑たちいふるまい。「容儀」㋒ようす。ありさま。「容体・容態」④かたちづくる。「美容」⑤ようすを言い表す。「形容」⑥ゆったりと。やすらか。「従容」⑦たやすい。やさしい。「容易」[難読]容易い・容子[人名]いるる・おさ・かた・なり・ひろ・ひろし・まさ・もり・やす・よし

よう【庸】ヨウ㊥ つね・もちいる 广 户 庐 肩 肩 庸

(字義)①もちいる。人をひきあげもちいる。=用。「登庸」②やとう。=傭。「雇庸」③つね。㋐なみ。ふつう。つまらぬ。「庸才・庸劣・凡庸」㋑かたよらない。穏当な。「中庸」④律令制での税制の一つ。労役に服するかわりに布・米などを納めるもの。「租庸調」[人名]いさお・のぶ・のり・もち・やす

よう【揚】ヨウ(ヤウ)㊥ あげる㊥・あがる㊥ 扌 扌 扣 担 挹 揚 揚

(字義)①あげる。あがる。㋐高くあげる。もちあげる。「掲揚・飛揚」㋑あらわす。盛んにする。名高くする。「高揚・宣揚・発揚」㋒文章や語・音声の調子をたかめる。言いふらす。「揚言・抑揚」㋓うかびあがる。「浮揚」②ほめる。「顕揚・称揚」③得意のさま。「揚揚」④ゆったりしたさま。「悠揚」[難読]揚繰網[人名]あき・あきら・たか・たて・のぶ

よう【揺】【搖】ヨウ(エウ)㊥ ゆれる㊥・ゆる㊥・ゆらぐ㊥・ゆるぐ㊥・ゆする㊥・ゆさぶる㊥・ゆすぶる㊥・うごく 扌 扌 扌 揺 揺 揺

(字義)ゆれる。うごく。「揺曳・揺揺・揺籃・動揺」[難読]揺蕩[人名]はるか

よう【◦湧】(字義)→ゆう(湧)

よう【葉】教3 ヨウ(エフ) は 艹 艹 苹 苹 華 葉

(字義)①は。草木のは。「葉柄・葉脈・紅葉・針葉樹・落葉」②はのように薄いもの。「薄葉・肺葉」③時代区分。「前葉・中葉」④すえ。わかれ。子孫。「末葉・金枝玉葉」[人名]たに・のぶ・ふさ・ほ・よ

-よう【葉】エフ (接尾)①葉や紙など、薄いものを数える語。ひら。枚。「写真一—」②脳・肺などの一区切り。「前頭—」

よう【遥】【遙】ヨウ(エウ) はるか

(字義)①はるか。はるかに。遠い。距離・年月が遠くへだたる。「遥然・遥拝」②さまよう。気ままに歩きまわる。「逍遥」[人名]すみ・とお・のぶ・のり・はる・みち

よう【陽】教3 ヨウ(ヤウ) ひ 阝 阝 阝 阝 陽 陽

(字義)①ひ。太陽。「陽光・斜陽・朝陽・落陽」②山の南側。川の北側。「岳陽・山陽」↔陰 ③うわべ。表にあらわれた。「陽報」↔陰 ④いつわる。ふりをする。「陽動」⑤易で、陰に対して男性的・積極的・動的なもの。剛・動・男・君主・天・日・南・昼・春・夏など。「陽気・重陽」↔陰 ⑥電気・磁気の陽極。プラス。「陽電気」↔陰 [難読]陽炎[人名]あき・あきら・お・おき・きよ・きよし・たか・なか・はる・ひかり・や

よう【陽】ヤウ ①表立って事を行うさま。「陰に—に」②積極的な性質を持つさま。「—の性格」(↔陰)

よう【傭】人 ヨウ やとう

(字義)①やとう。=庸。「傭役・傭作・雇傭」②やとわれた人。「傭工・傭兵・傭僕」③あたい。賃金。「傭賃・銭傭」

よう【楊】人 ヨウ(ヤウ) やなぎ

(字義)①やなぎ。かわやなぎ。ねこやなぎ。「楊柳・枯楊・垂楊」②あがる。=揚。③中国の戦国時代の思想家、楊朱。また、その学派。「楊墨」[難読]楊梅・楊子・楊枝[人名]やす

よう【溶】ヨウ㊥ とける㊥・とかす㊥・とく㊥ 氵 氵 氵 㳂 涳 溶

(字義)①水が盛んに流れる。「溶溶」②とける。とかす。㋐物質が水にとける。「溶解・溶融・水溶性」㋑金属などがとけて液状になる。=熔・鎔。「溶岩・溶鉱炉」[参考]「熔」「鎔」の書き換え字。

よう【瑶】人 ヨウ(エウ)

(字義)美しい玉。また、美しさをたたえる語。「瑶階・瑶台」[人名]たま・ま

よう【腰】ヨウ(エウ)高 こし㊥ 月 月 肝 肝 腰 腰

(字義)こし。㋐体の背骨と骨盤をつなぐ部分。「腰椎・細腰・蜂腰」㋑山のふもとに近い所。「山腰」[難読]腰輿

よう【蓉】人 ヨウ

(字義)「芙蓉」は、㋐蓮の花の別名。㋑アオイ科の落葉低木。木芙蓉。[人名]はす・よ

よう【様】教3【樣】人 ヨウ(ヤウ) さま 木 木 栏 样 様 様

(字義)①さま。かたち。ありさま。「様子・様態・一様・左様・同様」②一定のしかた。型・形式。「様式・今様・別様・両様」③あや。かざり。もよう。「図様・模様・文様」

よう【様】ヤウ ①こと。ことには。「彼のいう—」②(動詞の連用形に付いて)しかた。方法。ようす。「考え—がない」「たいへんな喜び—だ」③(名詞に付いて)㋐同じ種類、似た物を示す。「短刀—の凶器」㋑型。様式。「上代—」

よう【瘍】ヨウ(ヤウ)㊥ 广 疒 疸 疸 瘍 瘍

(字義)かさ。できもの。「潰瘍・腫瘍」

よう【踊】ヨウ㊥ おどる㊥・おどり㊥ 口 足 足 踊 踊 踊

(字義)おどる。㋐とびあがる。はねまわる。「踊躍・飛踊」㋑まいおどる。音楽にあわせて、身ぶり手ぶりする。「舞踊」

よう【窯】ヨウ(エウ)高 かま㊥ 宀 空 空 窑 窯 窯

(字義)かま。かまど。かわらをやく穴。陶器をやくかま。「窯業」

よう【養】教4 ヨウ(ヤウ) やしなう 䒑 䒑 兰 美 養 養

(字義) やしなう。㋐はぐくみそだてる。成長させる。「養育・養成・育養・栄養・滋養」㋑世話する。生活のめんどうをみる。「養老・供養・扶養」㋒飼う。「養鶏・養豚・飼養・培養」㋓心を豊かにする。「涵養・教養・修養」㋔いやす。病気をなおす。「療養」㋕長生きする。健康に注意する。「養生・養命・長養」㋖心身をやすませる。「休養・静養・保養」㋗実子でないものを自分の子として育てる。「養子・養父」人名 おさ・おさむ・かい・きよ・すけ・のぶ・まもる・や・やす・よ・よし

よう【擁】 ヨウ 中 いだく

(字義) ①いだく。「抱擁」②まもる。かばい助ける。「擁護・擁立」③ふさぐ。「擁蔽」

よう【謡】【謠】 ヨウ(エウ) 中 うたい 高・うたう 高

(字義) ①うた。はやりうた。「歌謡・俗謡・童謡・民謡・俚謡」②うたい。能楽の詞章をうたうこと。「謡曲」③世間のうわさ。風説。流言。「謡言・謡伝」④うたう。「吟謡」

よう【曜】 教2 ヨウ(エウ) かがやく・ひかり

(字義) ①かがやく。光る。「曜曜」②天体(日・月・星・辰)の総称。「九曜・七曜」③日・月と火・水・木・金・土の五星とを一週間の日に割り当てて呼ぶ名称。「曜日・月曜・土曜・日曜」参考「旺」は俗字。人名 あきら・てらす・てる・よ

よう【燿】 人 ヨウ(エウ) かがやく

(字義) ①かがやく。光る。てる。=耀。「燿焜・燿燿・栄燿」②かがやかす。てらす。③ひかり。かがやき。=曜。④あきらか。人名 あき・あきら・てる

よう【耀】 人 ヨウ(エウ) かがやく

(字義) ①かがやく。光る。かがやかす。「耀映・耀乎・耀耀」②かがやき。ひかり。=曜。「栄耀・光耀・照耀」人名 あき・あきら・てる

よう【鷹】 人 ヨウ・オウ たか

(字義) タカ科の鳥のうち、中形以下のもの。「鷹撃・鷹隼・鷹爪」人名 たかし

よう【癰】〘医〙激痛を伴うはれもの。多数の毛包が化膿菌により冒される炎症で、癤の集合したもの。

よ・う【酔う】 ヨフ (自五) ワ(オ)・イ(ツ)・ウ・ウ・エ・エ ①酒を飲んで、精神・行動がふだんと違ってくる。「—・って乱暴する」②乗り物の揺れや人いきれのせいで気分が悪くなる。「船に—」「人混みに—」③心を奪われてうっとりする。われを忘れる。「名演奏に—」「勝利に—」可能 よ・える(下一)

よう (感) 気安い間柄の人に対する呼びかけの語。「—、久しぶり」

よう (助動-特殊型) ○・○・ヨウ・(ヨウ)・○・○ ①意志の意を表す。「彼にあげ—」②勧誘の意を表す。「さあ、二人で勉強し—」③話し手または書き手の推量の意を表す。「うわさは自然に消え—」「あすは晴れ—」用法 五段活用以外の動詞およびその活用型の助動詞の未然形に付く。連体形は、「こと」「もの」「はず」などの限られた名詞にだけ連なる。推量を表す場合には、ふつう「よう」よりも、上接する活用語の連体形に「であろう」「だろう」「でしょう」の付いた形となる。語源「よう」は、文語の推量の助動詞「む」の音が変化した「う」と、上の動詞の語尾とが連続して起こる音韻変化によって生じたもの。⇨う(助動)

よう-あ【養痾】 ヤウ 病気の治療・養生をすること。

よう-あん【溶暗】 →フェードアウト ↔溶明

よう-い【用意】 (名・自他スル) ①前もって必要な品物や環境を整えること。「—万端整う」「道具を—する」②事に備えてよく気をつけること。用心。類語 支度・準備・段取り・手筈・手配・手回し・手配り・備え・設け・下ごしらえ・下準備・お膳立て・道具立て・布石

—しゅうとう【—周到】 シウタウ (形動ダ) ダロ・ダッ(デ・ニ)・ダ・ナ・ナラ・○ 用意が十分に行き届いているさま。手抜かりのないさま。「—な計画」

よう-い【妖異】 エウ ①奇怪なできごと。②化け物。妖怪。

よう-い【容易】 (名・形動ダ) たやすいこと。骨の折れないこと。また、そのさま。「合格するのは—ではない」「—ならざる事態」類語 平易・安易・簡易・軽易・手軽・簡単・御茶の子・御茶の子さいさい・朝飯前・屁への河童・赤児の手をねじるよう

よう-イオン【陽イオン】 ヤウ〘化〙正の電気を帯びた原子または原子団。カチオン。↔陰イオン

よう-いく【養育】 ヤウ (名・他スル) 子供を養い育てること。「—者」「—費」

よう-いん【要因】 エウ 生じた物事の主要な原因。「複雑な—がからむ」

よう-いん【要員】 エウヰン 必要な人員。「保安—」

よう-うん【妖雲】 エウ 何か不吉なことが起こる前ぶれのような、あやしく気味の悪い雲。「—漂う」

よう-えい【揺曳】 エウ (名・自スル) ①ゆらゆらと揺れてたなびくこと。「蛍火が—する」②響きや気分があとあとまで尾をひいて残ること。「感動の—」

よう-えき【要駅】 エウ 重要な宿駅。主要な鉄道駅。

よう-えき【葉腋】 エフ〘植〙葉が茎に付くつけねの部分。

よう-えき【徭役】 エウ〘日〙律令制で、公民に課せられた労役。

よう-えき【溶液】〘化〙二種以上の物質が均一に溶けあっている液体。

ようえき-けん【用益権】〘法〙①物を使用して生じる利益を得ることのできる権利。使用収益権。②民法の旧規定で、他人のものを特定の人が一定期間使用して、利益を得ることのできる権利。

よう-えん【妖艶・妖婉】 エウ・エウエン (名・形動ダ) (女性が)あやしいまでにあでやかで美しいこと。また、そのさま。「—な美女」

よう-えん【陽炎】 ヤウ かげろう。春

よう-えん【遥遠】 エウエン (名・形動ダ) はるかで遠いこと。また、そのさま。「前途—」

よう-おん【拗音】 エウ 日本語で、「や」「ゆ」「よ」「わ」の仮名を他の仮名の右下に小書きして表す音。漢字音を日本化する過程で生じたもの。「きゃ」「しゅ」「ちょ」「くゎ」など。

よう-か【八日】 ヤウ ①八日間。②月の八番目の日。

よう-か【沃化】 エウクワ (名・自スル)〘化〙沃素と他の物質とが化合すること。「—カリウム」

よう-か【妖花】 エウクワ あやしく美しい花。また、そのような女性。

よう-か【溶化・熔化】 クワ (名・自他スル) 火でとけて状態が変わること。また、火にとかして状態を変えること。

よう-か【養家】 ヤウ 養子となって行った先の家。↔実家

よう-が【洋画】 ヤウグワ ①〘美〙油絵や水彩画など、西洋で発達した技法による絵画。西洋画。「—家」↔日本画 ②ヨーロッパ・アメリカなどの映画。(↔邦画)

よう-が【陽画】 ヤウグワ フィルムの陰画を焼き付けた写真。実物と明暗・色が同じに見える。ポジティブ。ポジ。↔陰画

よう-かい【妖怪】 エウクワイ 化け物。「—変化」

よう-かい【容喙】 (名・自スル) (喙を容れる意)横から口を出すこと。さし出口。「—の余地がない」

よう-かい【溶解・熔解・鎔解】 (名・自他スル) ①[溶解]とけること。とかすこと。②[溶解]〘化〙ある気体・液体・固体が他の液体中に分散し、それと均一に混合すること。また、そ

のようにすること。③〘化〙金属が加熱されて液状になること。また、加熱して液状にすること。

―ねつ【溶解熱】〘化〙一定温度で、多量の液体に他の物質一モルを溶かすときに発生または吸収される熱量。

よう-がい【要害】― ①地勢がけわしく、守るのによい場所。「―の地」②とりで。要塞。「天然の―」

よう-がく【洋学】― 西洋の学問・語学。特に、近世・明治初期に移植されたそれをいう。↕国学・漢学

よう-がく【洋楽】― 西洋の音楽。↕邦楽・和楽

よう-がさ【洋傘】― 洋式のかさ。こうもりがさ。

よう-がし【洋菓子】 小麦粉・バター・牛乳その他を用いて作った西洋風の菓子。ケーキなど。西洋菓子。↕和菓子

よう-がっき【洋楽器】 ピアノ・バイオリンなど、西洋の音楽に使われる楽器。

よう-かん【羊羹】― あんに寒天を入れて練ったり、または小麦粉などを混ぜて蒸したりして固めた和菓子。「―一棹」

―いろ【―色】 黒・紫などの染め色があせて赤みを帯びた色。

よう-かん【洋館】 西洋風の家屋。西洋館。

よう-かん【腰間】― 腰のあたり。腰の回り。

よう-がん【容顔】 顔つき。顔だち。容貌。

よう-がん【溶岩・熔岩】〘地質〙地下のマグマが噴出して、地表に流れ出たもの。また、それが冷えて固まってできた岩石。

―りゅう【―流】― 〘地質〙火山が噴火したときに、火口から流れ出る溶岩。また、それが冷えて固まったもの。

よう-き【用器】 器具を使うこと。また、その器具。

―が【―画】 コンパス・定規などの器具を使って描く幾何学的画法。また、その図形。↕自在画

よう-き【妖気】― よくないことが起こりそうな、不気味なけはい。「―が漂う」

よう-き【妖姫】― 人をまどわす、あでやかで美しい女性。

よう-き【容器】 物を入れるもの。入れ物。器。

よう-き【陽気】― ■一(名) ①天候。気候のぐあい。「春の―」「―がよくなる」②万物が発生し活動しようとする気。■二(形動ダ) 性格や雰囲気がにぎやかで明るいさま。「―な人」「―に騒ぐ」↕陰気 文(ナリ)

よう-き【揚棄】― (名・他スル) →アウフヘーベン

よう-き【養気】― 気力を養うこと。

よう-ぎ【要義】― たいせつな意味。重要な意義。

よう-ぎ【容疑】 罪を犯したという疑い。「―が晴れる」

―しゃ【―者】 犯罪の疑いを持たれているが、まだ起訴はされていない者。「―を逮捕する」参考 法律では「被疑者」という。

よう-ぎ【容儀】 礼儀にかなった身のこなしや姿。「―を正す」

よう-きゅう【洋弓】― →アーチェリー

よう-きゅう【要求】― (名・他スル) 当然のこととして自分に与えるように求めること。また、必要とすること。欲しがること。「―を通す」「人員を―する」「時代が―する」

よう-きゅう【楊弓】― 座って射る、遊戯用の小弓。江戸時代に民間で行われた。語源 もと楊柳で作られたことからという。

よう-ぎょ【幼魚】― 卵からかえって少し成長した魚。↕成魚

よう-ぎょ【養魚】― 魚を人工的に飼い育てること。「―場」

よう-きょう【佯狂】― (「佯」は、ふりをする意) 気が狂ったふりをすること。また、その人。

よう-きょう【容共】 共産主義を容認すること。↕反共

よう-ぎょう【窯業】 窯を用いて非金属鉱物を高熱処理し、陶磁器・ガラス・セメント・れんがなどを製造する工業。

よう-きょく【陽極】― 〘物〙電圧が加えられた相対する二極のうち電位の高い側の極。正(プラス)の電極。↕陰極

よう-きょく【謡曲】― 能楽の詞章。また、それをうたうこと。謡。

よう-きん【用金】 ①公用の金銭。②→ごようきん

よう-きん【洋琴】― ①中国・朝鮮半島の弦楽器。箱形の胴に金属弦を張り、竹製の棒で打ち鳴らす。揚琴。②→ピアノ

よう-ぎん【洋銀】― ①銅・ニッケル・亜鉛を成分とする、さびにくい銀白色の合金。②幕末、日本に移入された外国の銀貨。

よう-ぐ【用具】 (何らかの)目的をもって作業するために使う道具。「筆記―」

よう-ぐ【要具】― 必要な道具。

よう-くん【幼君】― おさない主君。幼主。

よう-くん【養君】― 養い育てている主君。養い君。

よう-けい【養鶏】― 肉や卵を得るために鶏を飼育すること。「―場」

よう-げき【要撃】― (名・他スル) 待ち伏せして敵を攻撃すること。

よう-げき【邀撃】― (名・他スル) 敵を迎え撃つこと。待ち受けて撃つこと。迎撃。「―戦闘機」

よう-けつ【要訣】― 物事を成就するのに最もたいせつな点。

よう-けん【用件】 用事。用向き。「―を述べる」⇩「使い分け」

よう-けん【要件】― ①たいせつな用事。②必要な条件。「―を満たす」⇩「使い分け」

> 使い分け 「用件・要件」
>
> 「用件」は、しなければならない事柄や相談したいと思っていることの意で、「用件をすます」「どんなご用件ですか」などと使われる。
>
> 「要件」は、特別にたいせつな用事や必要な条件の意で、「要件のみを話す」「要件を十分に満たす」などと使われる。

よう-けん【洋犬】― 西洋種の犬。

よう-げん【用言】〘文法〙自立語で、活用があり、単独で述語となることができる語。動詞・形容詞・形容動詞の総称。↕体言

よう-げん【妖言】― 人を迷わせる、不吉であやしい言葉。

よう-げん【揚言】― (名・他スル) 公然と言いふらすこと。だれはばかることもなく大声で言うこと。

よう-げん【謡言】― 世間のうわさ。流言。風説。

よう-こ【幼孤】― おさないみなしご。

よう-ご【用後】 使ったあと。使用後。

よう-ご【用語】 ①使われる言葉。また、言葉を使うこと。「適切な―」②ある特定の方面で使われる言葉。「医学―」

よう-ご【洋語】― ①西洋の言葉。②西洋からの外来語。

よう-ご【要語】― 特にたいせつな言葉。重要語。

よう-ご【養護】― (名・他スル) 適切な保護のもとに育てること。養育と保護。

―がっこう【―学校】 知的障害児・肢体不自由児・病弱児に対して普通教育に準ずる教育をし、あわせて必要な知識・技能を授けることを目的とする学校。参考 法令上は「特別支援学校」となる。

―きょうゆ【―教諭】 児童・生徒の保健管理・保健教育にあたる教諭。

―しせつ【―施設】 →じどうようごしせつ

よう-ご【擁護】(名・他スル) かばい守ること。「人権—」

よう-こう【妖光】 あやしく不気味な光。

よう-こう【洋行】 ■一(名・自スル) 欧米へ旅行・留学すること。「—帰り」 ■二(名) 中国で、外国人の経営する商社。

よう-こう【要港】 重要な港。「軍事上の—」

よう-こう【要項】 必要事項。重要項目。また、それを記述したもの。「募集—」 ⇩「使い分け」

よう-こう【要綱】 物事の根本をなす、たいせつな事柄。また、それをまとめたもの。綱要。 ⇩「使い分け」

> 使い分け 「要項・要綱」
> 「要項」は、必要な事項、たいせつな項目の意で、「講演の要項をまとめる」「入試要項を調べる」などと使われる。
> 「要綱」は、要約した大綱の意で、「法案の要綱」「採用試験実施要綱」などと使われ、また、「国文学要綱」「生理学要綱」など書物や文章の題名などにも使われる。

よう-こう【陽光】 太陽の光。日光。「—を浴びる」

よう-こう【△傭耕】— やとわれて耕作すること。

よう-ごう【◇影向】《仏》神仏が一時姿を現すこと。

ようこう-ろ【溶鉱炉・△熔鉱炉・△鎔鉱炉】— 鉱石を熱で溶かして製錬し、鉄や銅などを取り出すための炉。

よう-こく【陽刻】— 文字や絵を地の面よりも高くして印を彫ること。また、その印。↔陰刻

よう-こそ(副)(「よくこそ」の音便)他人の来訪などを喜び歓迎する意を表す語。よくぞ。「—おいでくださいました」「遠い所を—」 用法 感動詞的にも用いられる。

よう-こん【幼根】—《植》種子の胚の下部。のちに生育して主根となる部分。

よう-さい【洋才】— 西洋の学問・技術についての才能や知識。「和魂—」

よう-さい【洋菜】— 西洋野菜。セロリ・パセリ・レタスなど。

よう-さい【洋裁】— 洋服の裁縫。↔和裁

よう-さい【要塞】— 外敵を防ぐため、戦略上重要な地点に作られた防御施設。とりで。「—地帯」「堅固な—」

よう-さい【葉菜】— キャベツ・白菜など、葉や茎を食用とする野菜。⇩根菜・果菜・花菜

よう-ざい【用材】 ①土木・建築・家具などに使う木材。「建築—」②材料として用いるもの。「学習—」

よう-ざい【溶剤】《化》種々の物質を溶かすのに用いる液体。アルコール・エーテル・ベンジン・揮発油など。

ようさ-つ-かた【◇夜さつ方】《古》(「夜さりつ方」の転)夕方。晩方。

よう-さん【葉酸】—《保》ビタミンB複合体の一種。緑黄色野菜や動物の肝臓などに含まれている。欠乏すると貧血を起こす。ビタミンM。

よう-さん【養蚕】— 繭をとるために蚕を飼うこと。春

よう-ざん【洋算】— 西洋から伝わった数学。↔和算

よう-し【△夭死】—(名・自スル) 年が若くて死ぬこと。若死に。夭折。夭逝。

よう-し【用紙】 ある使いみちに合うように作った紙。「原稿—」

よう-し【幼歯】—(「歯」は齢の意)年齢が幼いこと。幼年。

よう-し【要旨】— 文章や講演などで、言い表そうとしていることの中心となる内容。要点。「発言の—をまとめる」

よう-し【洋紙】— パルプを原料として機械で漉いた紙の総称。西洋から製法が伝わった。西洋紙。↔和紙

よう-し【容止】 立ち居振る舞い。身のこなし。挙動。

よう-し【容姿】 顔だちと姿かたち。「—端麗」

よう-し【陽子】—《物》素粒子の一つ。中性子とともに原子核を構成する。電子の約一八三六倍の質量と電気素量に相当する正の電気量をもつ。プロトン。

よう-し【養子】— 養子縁組によって子となった者。「婿—」「—をとる」↔実子

—えんぐみ【—縁組】《法》親子の血縁関係のない者の間に、法律によって親子関係を成立させること。

よう-じ【用字】 文字を使うこと。また、その文字。「—法」

よう-じ【幼児】— おさない子。「—教育」「乳—」 参考 だいたい、一歳から六歳ぐらいまでの子供をいう。

—ご【—語】 幼児期にみられる独特の言葉。「ねんね(寝ること)」「まんま(食べ物)」「わんわん(犬)」など。

よう-じ【用事】 しなければならない事柄。用件。用。

類語 用・用向き・仕事・所用・用務・用件・要用・要件・雑用・雑事・公用・小用・急用・社用・商用・私用・公事・私事

よう-じ【幼時】— おさないころ。子供のとき。「—の体験」

よう-じ【要事】— たいせつな事柄。重要なこと。

よう-じ【△楊枝・△楊子】— ①食べ物を刺したり、歯の間にはさまった物を取ったりするのに用いる、先のとがった小さな棒。つまようじ。くろもじ。②楊柳の材の先端を総状にした、歯をきれいにするための道具。ふさようじ。

—で重箱の隅をほじくる 細かくてつまらないことばかり問題にしてうるさく言うことのたとえ。重箱の隅をつつく。

よう-しき【洋式】— 西洋の様式。ヨーロッパ風。↔和式

よう-しき【様式】— ①長い間に自然にできあがった生活や行動の型。一定のやりかたや形式。「生活—」②文書などの定められた書き方。書式。「履歴書の—」③ある時代・民族・流派などの芸術作品や建築を特徴づける共通の表現形態。「バロック—」「古典派—」

—か【—化】(名・自他スル) 物の形態を一定の様式に整えること。特に、芸術表現に様式上の特性を与えること。

—び【—美】 芸術作品や建築などで、特徴的・類型的な表現形式が持つ美しさ。

よう-しし【養嗣子】— 民法の旧規定で、家督相続人の身分を持った養子。

よう-しつ【洋室】— 洋風の部屋。洋間。↔和室

よう-しつ【溶質】《化》溶液中に溶けている物質。↔溶媒

よう-しゃ【用捨】(名・他スル) ①用いることと捨てること。取捨。②→ようしゃ(容赦)②

よう-しゃ【容赦】(名・他スル) ①失敗などを許すこと。あまりとがめないですませること。「次回からは—しないぞ」②ひかえめにすること。手加減すること。用捨。「—なく取り立てる」

よう-じゃく【用尺】 衣服などを作るのに必要な布の長さ。

よう-じゃく【幼弱】—(名・形動ダ) 幼くて、か弱いさま。

よう-しゅ【幼主】— おさない主君。幼君。

よう-しゅ【洋酒】— 西洋から渡来した酒。また、西洋の製法で造った酒。ウイスキー・ブランデーなど。↔日本酒

よう-しゅ【洋種】— 西洋の系統に属する種類。西洋種。

よう-じゅ【庸儒】 平凡な儒者。平凡な学者。

よう-じゅ【△榕樹】《植》「がじゅまる」の漢名。

よう-じゅつ【妖術】— あやしい術。幻術。「—使い」

よう-しゅん【陽春】— ①陽気のいい春。暖かな春。「—の候」春 ②陰暦正月の別称。孟春。

よう-しょ【要所】— たいせつな地点・場所。大事な点。「—を固める」「—をおさえる」

よう-しょ【洋書】— 西洋の書物。西洋の言語で書かれた書

物。↕和書・国書

よう-じょ【幼女】 おさない女児。

よう-じょ【妖女】 ①妖術を使って人を惑わす女。魔女。②なまめかしい美しさで男を惑わす女。妖婦。

よう-じょ【養女】 養子となった女子。やしないむすめ。

よう-しょう【幼少】 年のおさないこと。「―のころ」

よう-しょう【要衝】 交通上・軍事上などの重要な地点・場所。要地。要所。「海上交通の―」

よう-じょう【洋上】 広い海の上。海上。「―に浮かぶ」

よう-じょう【葉状】 葉のような形。

よう-じょう【養生】（名・自スル）①体を大事にして健康の保持・増進に努めること。摂生。「医者の不―」②病気の回復に努めること。保養。「―に努める」③土木・建築で、打ち終わったコンクリートやモルタルが十分に硬化するよう保護すること。また、工事箇所やその周囲を覆って保護すること。

よう-じょう【◇横。◇笛】 よこぶえ。参考「横笛」の字音「おうてき」が「王敵」に通じるのを忌んで読みかえたものという。

よう-しょく【洋食】 西洋風の料理。「―屋」↕和食

よう-しょく【要職】 重要な職務・地位。「―に就く」

よう-しょく【容色】 顔かたち。美貌。「―が衰える」

よう-しょく【養殖】（名・他スル）魚・貝・海藻などの水産物を、人工的に養いふやすこと。「―場」「真珠の―」

よう-しん【要津】 重要な港。

よう-しん【△痒△疹】〘医〙皮膚にできる慢性の吹き出物。非常にかゆく、かくと出血してかさぶたになる。

よう-しん【養親】 養子縁組による親。養父母。

よう-じん【用心・要心】（名・自スル）悪い事態にならないように気をつけること。注意・警戒をすること。「火の―」

―ぶか・い【―深い】（形）カロ・カッ(ク)・イ・イ・ケレ・○ 十分に注意・警戒をしているさま。よく気をつけているさま。文ようじんぶか・し(ク)

―ぼう【―棒】 ①戸締まり用の棒。しんばり棒。②護衛のために雇っておく腕の立つ者。ボディーガード。

よう-じん【要人】 重要な地位にある人。「政府の―」

よう-す【様子・容子】 ①ありさま。ぐあい。状態。「土地の―を調べる」②身なり。「―のいい人」③子細。わけ。事情。「何か―がありそうだ」④気配。きざし。「雨の降りそうな―だ」⑤そぶり。態度。「別に困った―もない」

―み【―見】 判断や行動をせず、事のなりゆきを見守ること。「当面は―だ」

よう-ず【要図】 必要な事柄だけを書いた図や地図。

よう-すい【用水】 ある事に使う水。特に、消火・灌漑・工業・飲料用の水。また、その水路など。「防火―」

―ろ【―路】 用水のために設けた水路。

よう-すい【羊水】〘生〙子宮内の羊膜腔をみたす液体。胎児への刺激や振動をやわらげ、出産を容易にする。

よう-すい【揚水】（名・自スル）水を高所にあげること。

―き【―機】 揚水用のポンプ。

ようすこう〔揚子江〕 中国で最大の川、長江の揚州付近の局地的名称。

よう-ずみ【用済み】 用の済んだこと。不要になること。「―の道具を回収する」

よう・する【要する】（他サ変）シ(セ・サ)・シ・スル・スル・スレ・シロ(セヨ) ①必要とする。「注意を―」「長い年月を―」②待ち伏せする。「敵を道に―・して討つ」③要約する。文えう・す(サ変)

よう・する【擁する】（他サ変）シ(セ・サ)・シ・スル・スル・スレ・シロ(セヨ) ①抱きかかえる。「相―・して喜ぶ」②所有する。持つ。「巨万の富を―」③率いる。従える。「大軍を―」④主人として、もりたてる。「幼君を―」文よう・す(サ変)

ようする-に【要するに】（副）それまで述べてきたことを要約して言うと。つまり。結局。「―彼が悪い」用法 接続詞的にも使う。

よう-せい【△夭逝】（名・自スル）年が若くて死ぬこと。早死に。夭死。夭折。「―した詩人」

よう-せい【幼生】〘動〙動物で、卵からかえった個体が、成体とは著しく異なる形態を示すもの。多くの場合、成体とはちがう独立生活を営む。おたまじゃくしなど。参考 昆虫では特に「幼虫」という。

よう-せい【妖星】 災害の前兆と信じられた不気味な星。彗星など。

よう-せい【妖精】 西洋の伝説・童話などに出てくる、人の姿をした自然物の精霊。フェアリー。「森の―」

よう-せい【要請】（名・他スル）必要なこととして、それをしてくれるように願い求めること。「支援を―する」

よう-せい【陽性】 ━(名・形動ダ) 陽気で積極的な性質。━(名)〘医〙病原体に対して試薬の反応が現れること。陽性反応。《↕陰性》

よう-せい【養正】 正義の心を養うこと。

よう-せい【養成】（名・他スル）ある目的にかなうように、能力や技術などを身につけさせること。「技術者の―」

よう-せき【容積】 ①容器の中にはいる分量。容量。②〘数〙立体が占めている空間の大きさ。体積。

―りつ【―率】 建物の延べ床面積の、敷地面積に対する割合。

よう-せつ【△夭折】（名・自スル）年が若くて死ぬこと。早死に。夭死。夭逝。「―した画家」

よう-せつ【溶接・△熔接】（名・他スル）金属などを熱してとかし、つなぎ合わせること。「―工」

よう-せん【用船・△傭船】 ━(名・他スル) 運送用に船とその船員をやとうこと。船のチャーター。また、その船。チャーター船。━〔用船〕(名) ある目的のために使う船。

よう-せん【用箋】 手紙を書くのに用いる紙。便箋。

よう-せん【溶△銑・△熔△銑】〘化〙銑鉄をとかすこと。また、とけた銑鉄。

よう-ぜん【△杳然】（トタル）はるかに遠いさま。文(形動タリ)

よう-ぜん【△窈然】（トタル）奥深くて暗いさま。文(形動タリ)

よう-そ【◇沃素】〘化〙ハロゲン元素の一つ。黒紫色の結晶。海藻などに多く含まれる。医薬用。ヨード。元素記号I

よう-そ【要素】 物事の成立に必要な成分や条件。「構成―」「危険な―をはらむ」

よう-そう【洋装】 ━(名・自スル) 洋服を着ること。また、その服装。━(名) 西洋風の装本。洋とじ。「―本」《↕和装》

よう-そう【様相】 物事のありさま・状態。「奇怪な―」

よう-そん【養△鱒】 マスを養殖すること。「―場」

ようだ（助動-形動型）ヨウダロ・ヨウダッ(ヨウデ)・ヨウニ・ヨウダ・ヨウナ・ヨウナラ・○ ①他にたとえていう意を表す。それに似ている意を表す。「りんごの**ような**頬」「まるで子供の―」②不確かな断定の意を表す。「今夜は寒い―」「もし大阪へ行く**ようなら**」③例示の意を表す。「彼の**ような**男が必要だ」④(連用形「ように」の言い切りの形で)願望の意を表す。「どうぞ雨が降ります**ように**」⑤(「ように」の形で)目的を表す。「眠くならない**ように**顔を洗った」用法 用言、動詞型活用の助動詞、形容詞型活用の助動詞、特殊型活用の助動詞(ぬ・た)の連体形、および助詞「の」に付く。また、連体詞「この・その・あの・どの」に付く。仮定形「ようなら」は、「ば」を

伴わず、そのままでも仮定の意を表す。参考 一語の助動詞とせず「よう」(形式名詞)と「だ」(助動詞)とに分ける説もある。

よう-たい【要◇諦】エウ →ようてい

よう-たい【様態】ヤウ ①物の存在や行動のありさま。②《文法》そのような状態にある、そう見える、などの意を表す言い方。助動詞「そうだ」を動詞の連用形、形容詞・形容動詞の語幹などに付けて表す。「雪になりそうだ」の類。

よう-だい【容体・容態】 ①病気のようす。病状。「―が悪化する」②人の姿や形・ようす。

―ぶ・る【―振る】(自五) ラ(ロ)・リ(ッ)・ル・ル・レ・レ もったいぶる。もっともらしくふるまう。気どる。

よう-たし【用足し・用◇達】 一 (名・自スル) ①用事をすませること。「―に出かける」②大小便をすること。 二 (名)(上に「御」を付けて)官庁などに出入りして商品を納めること。また、その商人。御用達(ごようたつ)。「宮内庁御―」参考 二 はふつう「用達」と書く。

よう-だ・つ【用立つ】(自五) タ(ト)・チ(ッ)・ツ・ツ・テ・テ 役に立つ。間に合う。他ようだ・てる(下一)

よう-だ・てる【用立てる】(他下一) テ・テ・テル・テル・テレ・テロ(テヨ) ①それを使ってある事の役に立てる。間に合わせる。「この金を福祉に―・ててください」②金銭を貸す。立て替える。「資金を―」自ようだ・つ(五) 文ようだ・つ(下二)

よう-だん【用談】(名・自スル) 用件についての話し合い。「お客様と―中です」

よう-だん【要談】エウ (名・自スル) 重要な話し合い。

よう-だんす【用▵簞▵笥】 身の回りのこまごまとした品物を入れておく小さなたんす。

よう-ち【用地】 ある目的に使用する土地。「建設―」

よう-ち【幼稚】エウ (名・形動ダ) ①おさないさま。年のいかないさま。幼少。②考え方・やり方が未熟なさま。「やり方が―だ」

―えん【―園】エン 学校教育法で定められた、満三歳から就学前の幼児を教育する施設。文部科学省の所管。参考 保育所は、児童福祉法に基づく厚生労働省所管の児童福祉施設。

よう-ち【要地】エウ 重要な土地、または地点。「軍事上の―」

よ-うち【夜討〔ち〕】 夜、不意に敵を攻めること。夜襲。「―をかける」↔朝駆け

―あさがけ【―朝駆け】 新聞記者などが、取材のために深夜あるいは早朝に取材相手の家を訪問すること。

よう-ちゅう【幼虫】エウ《動》昆虫の、ふ化してさなぎや成虫になるまでの時期のもの。↔成虫

よう-ちゅう【▵蛹虫】 →さなぎ

よう-ちゅうい【要注意】エウ 注意が必要であること。「―人物」

よう-ちょう【羊腸】ヤウ チヤウ (名・トタル) 山道などが羊の腸のように曲がりくねっていること。つづらおり。「―の小径」

よう-ちょう【▵膺懲】(名・他スル) 敵をうちこらしめること。

よう-ちょう【▵窈▵窕】エウ テウ (トタル) 美しくしなやかなさま。女性のしとやかで奥ゆかしいさま。「―たる淑女」文(形動タリ)

よう-つい【腰椎】エウ《生》脊柱(せきちゅう)を構成する骨の一部で、腰の部分を支える五個の骨。

よう-つう【腰痛】エウ 腰部に感じる痛み。

よう-てい【要諦】エウ 肝心なところ。最もたいせつな点。要諦(ようたい)。「教育の―」

ようですヤウデス (助動-特殊型) ヨウデシヨ・ヨウデシ・ヨウデス・ヨウデス・○・○ 「ようだ」の丁寧語。

よう-てん【要点】エウ 大事な点。重要な箇所。「―を話す」

よう-てん【陽転】ヤウ (名・自スル)《医》ツベルクリン反応などが陰性から陽性へ変わること。陽性転化。

よう-でんき【陽電気】ヤウ《物》ガラス棒を絹でこすったとき、ガラス棒に生じる電気。また、それと同じ性質を持つ電気。正電気。プラスの電気。↔陰電気

よう-でんし【陽電子】ヤウ《物》質量が電子と同じで、プラスの電気を持つ素粒子。電子の反粒子。ポジトロン。↔陰電子

よう-と【用途】 使いみち。使途。「―が広い」

よう-ど【用度】 ①官庁・会社などで、事務用品などの供給を取り扱うこと。「―係」②必要な費用。入費。かかり。

よう-とう【羊頭】ヤウ 羊の頭部。

―を掲(かか)げて狗肉(くにく)を売(う)る (羊の頭を看板に出して実は犬の肉を売るという意から)表面だけりっぱに見せかけて実質の伴わないこと。見かけ倒し。羊頭狗肉。〈無門関〉

―くにく【―▵狗肉】 →ようとうをかかげてくにくをうる

よう-とう【洋灯】ヤウ ランプ。

よう-どう【幼童】エウ 幼い子。童子。

よう-どう【要道】エウ ダウ たいせつな方法。たいせつな教え。

よう-どう【陽動】ヤウ (「陽」は偽りの意)わざと目的とは違うことをして、敵の注意をその方面に向けさせ、判断を誤らせようとすること。「―作戦」

よう-とく【陽徳】ヤウ おおっぴらに行われて世間に知られた善行。↔陰徳

よう-とじ【洋▵綴じ】ヤウ トヂ 洋書式のとじ方。洋装。↔和とじ

よう-として【▵杳として】エウ (副) 暗くてはっきりしないさま。また、事情などがはっきりしないさま。「―行方が知れない」

よう-とん【養豚】ヤウ 肉や皮などをとるために、豚を飼うこと。「―場」「―業」

よう-なし【洋梨】ヤウ《植》バラ科の落葉高木。ヨーロッパ・西アジア原産。果実はヒョウタン形で、香りがよい。西洋梨(せいようなし)。ペアー。

よう-にん【用人】 江戸時代、大名・旗本の家で出納・庶務を取り扱った人。家老などの次に位する重要な職。御用人。

よう-にん【容認】(名・他スル) 許して認めること。よいとして認めること。認容。「―しがたい問題」「―できない」

よう-にん【▵遥任】エウ 奈良・平安時代、地方官、特に国司に任命されても赴任せず、在京して代理人に政務をとらせたこと。また、その者。遥授(ようじゅ)。「―の官」

よう-にん【▵傭人】 やとわれた人。やといにん。

よう-ねん【幼年】エウ おさない年齢。また、その子供。

よう-は【要は】エウ (副) 大切なことは。要するに。「―本人次第だ」

よう-ば【妖婆】エウ 妖術(ようじゅつ)使いの老婆。また、妖怪めいた老女。

よう-はい【▵遥拝】エウ (名・他スル) 神仏などを遠く離れた所から拝むこと。はるかに拝むこと。「聖地を―する」

よう-ばい【溶媒】《化》液体に他の物質を溶かして溶液をつくるとき、その液体をいう。↔溶質

よう-はつ【洋髪】ヤウ (日本髪に対して)西洋風の髪形。また、その髪の結(ゆ)い方。

よう-び【妖美】エウ (名・形動ダ) あやしく美しいさま。

よう-び【曜日】エウ 曜で呼ぶ一週間の各日。日・月・火・水・木・金・土の各日。

ようひ-し【羊皮紙】ヤウヒ 羊や山羊(やぎ)などの皮を干して滑石でみがいたもの。西洋で、古代・中世に書写に使われた。

よう-ひつ【用筆】 ①使用する筆。②筆の使い方。運筆。

よう-ひん【用品】 使用する品物。必要な品物。「事務―」

よう-ひん【洋品】ヤウ 西洋風の品物。特に、洋装の衣類や服飾品。「―店」
よう-ふ【用布】 衣服を仕立てるのに用いる布。
よう-ふ【妖婦】エウ あやしい美しさで男性を惑わす女性。
よう-ふ【養父】ヤウ 養子縁組による父親。また、養育してくれた義理の父。↔実父
よう-ぶ【洋舞】ヤウ 西洋の舞踊。バレエ・ダンスなど。↔邦舞・日舞
よう-ぶ【腰部】エウ 腰の部分。
よう-ふう【洋風】ヤウ 西洋風。洋式。「―の髪形」↔和風
よう-ふく【洋服】ヤウ 西洋式の衣服。↔和服
よう-ぶつ【洋物】ヤウ 西洋風の品物。洋品。
よう-ふぼ【養父母】ヤウ 養子縁組による父母。養父と養母。
よう-ぶん【養分】ヤウ 生物体の成長や維持のための栄養となる成分。栄養分。「―の豊富な土壌」
よう-へい【用兵】 戦いで兵を動かすこと。また、その動かし方。「巧みな―」
よう-へい【葉柄】エフ 〔植〕葉の一部で、葉身を茎・枝などに付けている柄のような部分。
よう-へい【△傭兵】 給料を払ってやとう兵。「―部隊」
よう-へき【擁壁】 崖や盛り土の側面が崩れ落ちないように造る壁。
よう-べや【用部屋】 ①用事をする部屋。②江戸時代、江戸城内での大老・老中・若年寄の詰め所。御用部屋。
よう-べん【用弁】 用事をすますこと。用を足すこと。
よう-べん【用便】（名・自スル）大小便をすること。
よう-ぼ【養母】ヤウ 養子縁組による母親。また、養育してくれた義理の母。↔実母・生母
よう-ほう【用法】ハフ ものの用い方。使用法。「―を誤る」
よう-ほう【陽報】ヤウ はっきりとよい報いの現れること。また、その報い。「陰徳あれば―あり」
よう-ほう【養蜂】ヤウ 蜂蜜を採るために、ミツバチを飼うこと。「―家」「―業」
よう-ぼう【要望】エウバウ（名・他スル）ある物事の実現を強く望むこと。「―にこたえる」「待遇改善を―する」
よう-ぼう【容貌】バウ 顔かたち。みめかたち。「―魁偉」
よう-ほん【洋本】ヤウ ①西洋の書物。洋書。②洋とじの書物。洋装本。↔和本

よう-ま【妖魔】エウ 化け物。魔物。妖怪。
よう-ま【洋間】ヤウ 西洋風の部屋。洋室。↔日本間
よう-まい【用米】 臨時の用に備えて蓄えた米。
よう-まく【羊膜】ヤウ 〔生〕子宮内で胎児を包み保護する半透明の薄い膜。中に羊水を満たす。
よう-まん【養△鰻】ヤウ ウナギを養殖すること。「―業」
よう-みゃく【葉脈】エフ 〔植〕葉に分布しているすじ。葉身を支え、水や養分の通路となる。
よう-みょう【幼名】エウミヤウ 子供のときの名前。幼名。
よう-む【用務】（こまごまとした）用事。つとめ。
―いん【―員】ヰン 学校・会社・官庁などで、雑用をする人。
よう-む【要務】エウ 重要な任務。大事なつとめ。
よう-むき【用向き】 用事の内容。用件。「―を伝える」
よう-めい【幼名】エウ →ようみょう
よう-めい【用命】（名・他スル）用を言い付けること。品物などを注文すること。「ご―に応じます」「いつでもご―ください」
よう-めい【揚名】ヤウ ①名をあげること。②実力もないのに名だけが知れわたること。③「揚名の介」の略。
―の-すけ【―の△介】 平安時代以後、名目だけで職務も禄もない官職。多くは諸国の次官（＝介）。
よう-めい【溶明】 →フェードイン↔溶暗
ようめい-がく【陽明学】ヤウメイ 中国、明の王陽明の唱えた学説。儒学の一派。「知行合一説」を唱えた。
よう-もう【羊毛】ヤウ 羊・山羊から刈り取った毛。毛糸・毛織物の原料。ウール。
ようもう-ざい【養毛剤】ヤウモウ 毛髪の成長や発毛を促す薬品。毛生え薬。
よう-もく【要目】エウ 大事な項目。
よう-もく【洋もく】ヤウ 〔俗〕外国製のたばこ。
よう-もの【洋物】ヤウ 西洋のもの。西洋から来たもの。西洋物。「―の演目」↔和物
よう-もん【要文】エウ たいせつな文句。「諸経の―」
よう-やく【要約】エウ（名・他スル）話や文章の重要なところを短くまとめること。また、まとめたもの。「―文」「趣旨を―する」
ようやく【◦漸く】ヤウヤク（副）①長い時間の経過のあとに。やっと。「―夢が実現した」②どうにかこうにか。かろうじて。「―間に合った」③だんだん。しだいに。「―氷がとけてきた」
よう-ゆう【溶融・△熔融】（名・自スル）〔化〕固体が熱せられて液体になること。融解。「―点」

よう-よう【要用】エウ ①必要であること。②重要な用事・用件。「取り急ぎ―のみ」
ようよう【◦漸う】ヤウヤウ（副）「ようやく」の音便。
よう-よう【洋洋】ヤウヤウ（タル）①水の豊かなさま。水面が広々として限りないさま。「―たる大河」「―たる海原」②将来が希望に満ちているさま。「前途―」文（形動タリ）
よう-よう【揚揚】ヤウヤウ（タル）意気のあがるさま。誇らしげなさま。得意なさま。「意気―」文（形動タリ）
よう-らく【羊酪】ヤウ 羊の乳の脂肪質を固めて作った食品。
よう-らく【△瓔△珞】ヤウ 〔仏〕宝玉を連ねて、仏像の頭・首・胸などを飾るもの。また、寺内の天蓋などの装飾にも用いる。
よう-らん【要覧】エウ ある物事についての要点をそろえて見やすく示した文書や印刷物。「学校―」
よう-らん【洋藍】ヤウ →インディゴ
よう-らん【揺△籃】エウ ①ゆりかご。②物事が発展する初め。「人類―の地」
―き【―期】 ①幼年時代。幼少期。②物事の発展する初めのころ。揺籃時代。「資本主義の―」
よう-り【要理】エウ 重要な教理や理論。
よう-り【養△鯉】ヤウ コイを養殖すること。「―場」
よう-りく【揚陸】ヤウ 一（名・他スル）船荷を運び出し陸にあげること。荷揚げ。陸揚げ。二（名・自スル）上陸すること。
よう-りつ【擁立】（名・他スル）周囲からもりたてて高い位や役などにつかせること。「対立候補を―する」
よう-りゃく【要略】エウ（名・他スル）文章・話などの重要な点だけをまとめること。また、まとめて述べたもの。要約。
よう-りゅう【△楊柳】ヤウリウ やなぎ。春 参考「楊」は「かわやなぎ」、「柳」は「しだれやなぎ」のこと。
よう-りょう【用量】リヤウ 用いるべき量。特に、薬などの使用・服用の定められた分量。「―を守る」
よう-りょう【要領】エウリヤウ ①事柄の主要なところ。要点。「学習指導―」「―を得ない（＝要点がはっきりしない）」②物事を手際よく処理する方法・こつ。「―よくまとめる」「―が悪い」
―がいい ①物事の処理のしかたがうまい。②うまく立ち回るすべを心得ている。「あいつは―」
よう-りょう【容量】リヤウ（器物などの）中に入れることができる分量。容積。「水槽の―」「記憶―」

ようりょく【揚力】 ヤウ― 〔物〕気体などの流体中を動く物体（飛行機の翼など）にはたらく、その運動方向と垂直で上向きの力。これにより飛行機は空中に支えられる。浮揚力。

ようりょく-そ【葉緑素】 エフリョク― →クロロフィル

ようりょく-たい【葉緑体】 エフリョク― 植物の葉や藻類などの細胞に含まれている緑色の色素体。光合成を行う場で、葉緑素・カロテン・キサントフィルなどの色素を含んでいる。

ようれい【用例】 言葉などの使い方の例。実例。事例。「―をあげて解説する」

ようれい【妖麗】 エウ― （名・形動ダ）あやしくうるわしいこと。また、そのさま。「―な美女」

ようれき【陽暦】 ヤウ― 「太陽暦」の略。↔陰暦

ようろ【要路】 エウ― ①重要な通路。「交通の―にあたる」②重要な地位。「―の高官」

ようろ【溶炉・熔炉・鎔炉】 金属をとかすための炉。

ようろう【養老】 ヤウラウ ①老後を安楽に暮らすこと。「―年金」②老人をいたわりやしなうこと。「―の精神」

――いん【―院】 ヰン 「老人ホーム」の旧称。

よ-うん【余蘊】 （「蘊」はたくわえる意）余分のたくわえ。また、残り。余り。「―なく書きつくす」

よ-おう【余殃】 アウ （「殃」はわざわいの意）先祖の悪事の報いとして子孫にふりかかる災難。↔余慶

よ-えい【余栄】 死んだのちまで残る名誉。

よ-えん【余炎】 ①消え残りのほのお。「―を上げる」②残暑。

ヨーガ 〈梵語 yoga〉→ヨガ

ヨーク 〈yoke〉〔服〕洋服の肩や胸、スカートの上部などに、装飾や補強をかねて別布をはぎ合わせたもの。

ヨーグルト 〈ドイ Yoghurt〉牛乳・山羊（やぎ）の乳などに乳酸菌を加えて発酵させたクリーム状の食品。

ヨーデル 〈ドイ Jodel〉スイス・オーストリアのアルプス地方で、裏声を混ぜて歌われる民謡。また、その歌い方。

ヨード 〈ドイ Jod〉沃素（ようそ）。参考「×沃度」とも書く。

――チンキ 〈ドイ Jodtinktur から〉〔医〕沃素（ようそ）と沃化カリウムをエチルアルコールにとかした薬剤。傷口の消毒、筋肉・関節の炎症に塗布剤として用いる。ヨジウムチンキ。ヨーチン。

――ホルム 〈ドイ Jodoform〉〔化〕エチルアルコールまたはアセトンに沃素（ようそ）と水酸化ナトリウムを加えて生成した化合物。黄色の結晶で、消毒・防腐・止血用。

ヨーヨー 〈yo-yo〉①二枚の円板の中央をつないだ軸にひもを巻きつけて、ひもをもって円板を回転・上下させるおもちゃ。②水と空気を入れた球形のゴム袋にゴムひもをつけ、上下させて遊ぶおもちゃ。水ヨーヨー。

〔ヨーヨー①〕

ヨーロッパ 〈Europe〉六大州の一つ。アジアの北西部に連なり、北は北極海、西は大西洋、南は地中海に面した大陸。山脈や半島・島が多く、海岸は出入りが激しい。大小多くの国に分かれ、近世以来世界文化の中心地。欧州。参考「×欧羅巴」とも書く。

よ-か【予価】 売り出す前に予定している値段。予定価格。

よ-か【予科】 クワ 本科にはいるための予備課程。

よ-か【余花】 クワ 初夏になっても咲き残っている桜の花。夏

よ-か【余暇】 仕事のあいまの、自分が自由に使える時間。ひま。いとま。「―の活用」

ヨガ 〈梵語 yoga〉インドに伝わる、精神を一事に統一して瞑想（めいそう）の世界にはいり、体と心をきたえる修行方法。ヨーガ。現代では健康法・美容法としても行われている。

よ-かく【予覚】 （名・他スル）予感。

よ-かく【余角】 〔数〕二つの角の和が一直角（＝九〇度）に等しいとき、その一角はたがいに余角であるという。

よ-かぜ【夜風】 夜吹く風。「―にあたる」

よ-がたり【世語り】 世間の語りぐさ。世間のとりざた。

よ-がら【世柄】 世間のありさま。世相。時勢。

よから-ぬ【良からぬ】 よくない。好ましくない。「―うわさ」

よかれ【善かれ】 よくあってほしい。うまくいってほしい。「―と思ってしたことが裏目に出る」語源 文語形容詞「よし」の命令形から。

――あしかれ【―。悪しかれ】 よいにしろ悪いにしろ。よくても悪くても、とにかく。「―そうする以外にない」

よか-れん【予科練】 ヨクワ― （「海軍飛行予科練習生」の略）旧海軍の航空機搭乗員（少年航空兵）養成制度。また、そこに属した練習生。

よ-かん【予感】 （名・他スル）あることが起こりそうだと、事前になんとなく感じること。また、その感じ。予覚。「不吉な―」

よ-かん【余寒】 立春が過ぎたのちまで残る寒さ。春

よき【斧】 《古》小型の斧（おの）。

よ-き【予期】 （名・他スル）あらかじめそうなると思うこと。前もって推測・期待すること。「―に反した結果」「―せぬ出来事」

よ-ぎ【余技】 専門でない、趣味としての技芸。「―に絵を習う」

よ-ぎ【夜着】 ①寝るときに掛ける夜具。②かいまき。冬

よ-ぎしゃ【夜汽車】 夜走る汽車。夜行列車。

よぎ-な・い【余儀無い】 （形）カロ・カッ(ク)・イ・イ・ケレ・○ しかたがない。やむをえない。「―事情」「中止を―・くされる」文 よぎな・し(ク)

よ-きょう【余興】 宴会・行事などで、座興のためにする演芸や隠し芸。「―に物まねをする」

よ-きょう【余響】 キャウ― もとの音の消えたのちになお残る響き。余韻（よいん）。

よ-ぎょう【余業】 ゲフ― ①やり残した仕事。②本業以外の仕事。

よ-ぎり【夜霧】 夜に立つ霧。秋

よぎ・る【過る】 （自五）ラ(ロ)・リ(ッ)・ル・ル・レ・レ ①ふっと浮かんで過ぎ去る。「不安が胸を―」②横切る。交差する。「道を―」③《古》通り過ぎるついでに立ち寄る。

よ-きん【預金】 （名・他スル）銀行などにお金を預けること。また、そのお金。参考 郵便局では、ふつう「貯金」という。

――こうざ【―口座】 お金の預け入れのために銀行などに設ける口座。「―を設ける」

よく【抑】 ヨク㊥ おさえる㊥・そもそも

（字義）①おさえる。㋐おさえつける。「抑圧・抑制」㋑ふさぐ。とどめる。「抑止・抑留」②さげる。調子を低くする。「抑揚」③そもそも。一体全体。人名 あきら

よく【沃】 ヨク㊥ そそぐ・こえる

（字義）①そそぐ。㋐水をかける。灌漑（かんがい）する。㋑心から教え導く。「啓沃」②こえる。土地がこえている。「沃土・肥沃」難読 沃素（ようそ）・沃度（ヨード）

よく【浴】 教4 ヨク あびる・あびせる

（字義）①あびる。㋐水や湯で体を洗う。「沐浴（もくよく）」㋑ゆあみする。ふろにはいる。「浴室・浴場・入浴」㋒体をひたす。さらす。「森林浴・水浴・日光浴」②こうむる。身にうける。「浴恩」難読 浴衣（ゆかた）

よく【欲】 ⑥教 ヨク ほっする(高)・ほしい(中)

(字義)①ほっする。㋐望む。願う。「欲望・欲求」㋑むさぼる。よくばる。「貪欲」②よく。ほしいと思う心。むさぼる心。「欲界・欲情・欲心・欲念・寡欲・私欲・食欲・性欲・肉欲」

よく【欲・慾】 ほしいと思う心。「―が深い」「―を出す」

―に目が眩む 欲のために理性・判断力を失う。**―の皮が突っ張る** たいそう欲深いさま。**―を言えば** 今のままでも十分だが、さらに望むとすれば。「―もっと時間がほしい」

よく【翌】 ⑥教 ヨク

(字義)次の。あくる日の。「翌月・翌日・翌朝・翌年」 難読 翌檜 人名 あきら

よく-【翌】 (接頭)時に関する語に付けて「次の」の意を表す。「―八日」「―春」

よく【翼】 ヨク(中) つばさ(中)・たすける

(字義)①つばさ。㋐鳥のつばさ。虫のはね。「羽翼・比翼・鵬翼」㋑飛行機のはね。「銀翼・尾翼」②たすける。力をそえて助ける。「翼賛・扶翼・輔翼」③わきぞなえ。本陣の左右の軍隊。「右翼・左翼」 人名 すけ・たすく

よく【翼】 ①鳥や飛行機のつばさ。「主―」「―を連ねる」②陣形の、左右に張り出した部分。

よく【良く・善く・◇好く・◇克く・◇能く】 (副)①十分に。手抜かりなく。「―聞きなさい」②りっぱに。上手に。「―歌える」③ふつうではできない行為に対して、感心したりあきれたりする気持ちを表す。よくぞ。「―知らせてくれた」「―あんなことができたものだ」④たびたび。しばしば。「―聞く話」⑤非常に。たいへん。「―似ている」 語源 形容詞「よい」の連用形から。

よく-あさ【翌朝】 その次の日の朝。あくる朝。翌朝。

よく-あつ【抑圧】 (名・他スル)行動や欲望などをおさえつけること。「言論の―」

よくうつ-しょう【抑鬱症】 →うつびょう

よく-か【翼下】 ①鳥や飛行機のつばさの下。②保護のもと。勢力の範囲内。傘下。 参考「よっか」ともいう。

よく-かい【欲界】 《仏》三界の一つ。食欲・色欲などの本能的な欲望にとらわれている世界。欲界。

よく-け【欲気】 ほしいと欲ばる心。欲心。「―を出す」

よく-げつ【翌月】 その次の月。あくる月。

よく-ご【浴後】 入浴のあと。湯上がり。

よく-さん【翼賛】 (名・他スル)力を添えて天子の政治などを助けること。補佐。「大政―」

よく-し【抑止】 (名・他スル)起こらないように、またそれ以上にならないように、おさえ止めること。「核―力」「犯罪を―する」

よく-しつ【浴室】 ふろ場。湯殿。

よく-じつ【翌日】 その次の日。あくる日。

よく-しゅう【翌秋】 翌年の秋。

よく-しゅう【翌週】 その次の週。

よく-しゅん【翌春】 翌年の春。

よく-じょう【沃壌】 肥えた土地。沃地。

よく-じょう【沃◇饒】 土地が肥えていること。肥沃。

よく-じょう【浴場】 ①(旅館・寮などの)ふろ場・浴室。「大―」②ふろ屋。銭湯。「公衆―」

よく-じょう【欲情】 ①物をほしがる心。欲心。②性欲。

よく-しん【欲心】 欲深くほしがる心。欲念。「―を起こす」

よく・する【浴する】 (自サ変)①入浴する。浴びる。また、日光などにあたる。②よいものを身に受ける。「恩恵に―」 文 よく・す(サ変)

よく・する【善くする・◇能くする】 (他サ変)①十分にする。上手にする。「書を―」②できる。なし得る。「初心者の―ところではない」③(「よくしたものだ」の形で)つごうよくいくものだ。「そこは―したものだ」 文 よく・す(サ変)

よく-せい【抑制】 (名・他スル)勢いをおさえ止めること。「感情を―できない」「インフレを―する」

―さいばい【―栽培】 《農》花や野菜類の種子を遅くまいたり、生育をおさえたりして、ふつうの田畑で栽培するよりも遅く収穫する栽培法。↔促成栽培

よく-せき (副)やむをえないさま。よっぽど。よくよく。「彼が来ないとは―のことだ」

よく-ぞ (副)①他人の行為に対して、うまくやったとほめる語。「―言ってくれた」②→ようこそ

よく-そう【浴槽】 湯ぶね。ふろおけ。

よく-ち【沃地】 地味のよく肥えた土地。↔痩地

よく-ちょう【翌朝】 その次の日の朝。翌朝。

よく-ど【沃土】 地味がよく肥えて、作物の多くできる土地。

よく-とく【欲得】 利益を得ようとすること。「―勘定」

―ずく すべてのことを欲や利益だけから考えること。打算的であるさま。「―で言うのではない」

よく-とし【翌年】 その次の年。翌年。

よく-ねん【翌年】 その次の年。あくる年。翌年。↔前年

よく-ねん【欲念】 ほしいと思う心。欲心。「―を捨てる」

よく-ばり【欲張り】 (名・形動ダ)必要以上にものをほしがること。また、そのさまや、その人。「―をいう」「―な人だ」

よく-ば・る【欲張る】 (自五)過度にほしがる。必要以上にほしがる。「そんなに―な」

よく-ばん【翌晩】 その次の日の晩。あくる日の晩。

よく-ふか【欲深】 (名・形動ダ)欲が深いこと。また、その人。

よく-ぼう【欲望】 ほしいと思い望むこと。また、その心。「―を満たす」「―を抑える」

よく-ぼけ【欲◇惚け】 欲張りすぎてしっかりした判断ができなくなること。

よく-め【欲目】 自分の欲や好みなどのため、自分に都合よく見たり実際以上によく評価したりすること。ひいきめ。「親の―」

よく-も【善くも】 (副)他人の行為に対して、感心したりあきれたりする気持ちや非難する気持ちを表す語。よくもまあ。「―やりとおしたものだ」「―だましたな」 参考「よく」を強めた表現。

よく-や【沃野】 地味の肥えた平野。作物のよくできる平野。

よく-よう【抑揚】 言葉や文章などの調子の高低。イントネーション。「―のない声」「―をつけて読む」

よく-よう【浴用】 入浴の際に使うこと。また、そのもの。「―せっけん」

よく-よく-【翌翌】 (接頭)(日・月・年など時に関する名詞に付いて)「次のまたその次」の意を表す。「―日」「―年」「―週」

よく-よく【善く善く・◇能く◇能く】 (副)①念には念を入れて。「―考えてみろ」②程度がはなはだしいさま。「―運がない」③やむをえずそうするさま。よほど。「彼が怒るとは―のことだ」 参考②は、多く好ましくないことについていう。

よく-よく【翼翼】 (タル)慎重なさま。びくびくとしているさま。「小心―とする」 文(形動タリ)

よく-りゅう【抑留】 (名・他スル)①むりにおさえとどめておくこと。②《法》㋐逮捕や勾引によって短期間身柄を拘束すること。㋑国際法上、他国の人や船を強制的に自国内にとどめおくこと。

よく-りゅう【翼竜】 《動》中生代に栄えた、翼竜目の爬虫

類の総称。体形は鳥に似てつばさがあり、空を飛んだ。

よ-くん【余薫】 ①あとに残っている香り。余香。②先人のおかげで得る幸福。余徳。余光。「―をこうむる」

-よげ【良げ・善げ・◇好げ】（接尾）（名詞に付いて形容動詞をつくる）よさそうなさま。「心地―に湯につかる」

よ-けい【余計】 ■（名・形動ダ）①物がたくさんあって余ること。余分。「―に買う」②無用なこと。不必要。「―なお世話だ」■（副）よりいっそう。もっと。「会えば―（に）会いたくなる」

―もの【―者】 いて邪魔になる人。厄介者。

よ-けい【余慶】 先祖の善行のおかげで子孫が得る幸福。おかげ。「積善の家に―あり」「―にあずかる」↔余殃

よ-けつ【預血】（名・自スル）必要時には血液の供給を受ける条件で血液を預けておくこと。参考 現在は行われていない。

よ・ける【◇避ける・◇除ける】（他下一）ケケ・ケル・ケレ・ケロ（ケヨ） ①不都合なものに出あったり、出あった相手の邪魔になったりしないように身をわきへ寄せる。さける。「水たまりを―」「敵の攻撃を―」②被害にあわないように、前もってふせぐ。「霜を―」③あるものをどける。除外する。「いすをわきへ―」文よ・く（下二）⇩避ける「ちがい」

よ-けん【与件】 推理や研究のもとになる与えられた事実・原理。所与。

よ-けん【予見】（名・他スル）何が起こるかを前もって見通すこと。予知。「将来を―する」

よ-げん【予言】（名・他スル）将来に起こる事や事態を予測して言うこと。また、その言葉。「―が的中する」

よ-げん【余弦】 →コサイン

よ-げん【預言】（名・他スル）〔宗〕ユダヤ教・キリスト教・イスラム教で、神の霊感を受けた者が神の意思を告げること。また、その言葉。「―者」

よこ【横】 ①（上下に対して）水平の方向・長さ。↔縦 ②（前後に対して）左右の方向・長さ。↔縦 ③東西の方向。↔縦 ④細長いものの、長い軸とは垂直の方向。「大根を―に切る」↔縦 ⑤立体の側面。「箱の―に名前を書く」⑥組織などで、系統にかかわらない、年齢・階級などの同列の関係。「社内の―のつながり」↔縦 ⑦かたわら。そば。わき。「―に座る」⑧関係のない立場。はた。「―から口を出す」

―から見ても縦から見ても どう見ても。**―になる** 体を横にする。寝る。**―の物を縦にもしない** 徹底して不精であることのたとえ。**―を向く** 無視したり気に入らないという態度をする。そっぽを向く。

よ-ご【予後】 ①〔医〕病気の経過についての医学上の見通し。「治癒の―」②〔俗〕病後の経過。「―は良好だ」

よこ-あい【横合〔い〕】アヒ ①横のほう。横手。②直接そのことに関係のない立場や人。局外。「―から口を出す」

よこ-あな【横穴】 ①横の方向に掘った穴。↔縦穴 ②山腹などに横に穴をあけて造った墓室。また、そういう構造の古墳。

よこ-いっせん【横一線】 ①競走で、走者が横並びになって走ること。②差がないこと。「三者の得票数が―に並ぶ」

よこ-いと【横糸・◇緯糸】 織物の幅の方向に通って、たて糸と組み合っている糸。緯。緯糸。↔縦糸

よ-こう【予行】カウ 本番でうまくいくように、前もって実際どおりに行ってみること。「―演習」

よ-こう【余光】クワウ ①残りの光。日没後も空に残る光。残照。②先人の残したおかげ。余徳。「親の―をこうむる」

よ-こう【余香】カウ あとに残るかおり。余薫。

よこ-がお【横顔】ガホ ①横向きの顔。②人物などの、人にあまり知られていない一面。プロフィール。「作者の―を紹介する」

よこ-がき【横書〔き〕】 文字を横に並べて書くこと。「―の便箋」↔縦書き

よこ-がけ【横掛〔け〕】 ①物を横にして掛けること。②横に長い額や軸物。

よこ-がみ【横紙】 ①漉き目を横にした紙。②紙の漉き目を横にして用いること。

―やぶり【―破り】 常識や習慣に従わないで、物事を自分の思いどおりに無理に押し通そうとすること。また、その人。語源 和紙は漉き目が縦にあり、横には裂きにくいことからいう。

よこ-ぎ【横木】 横に渡した木。バー。

よこ-ぎ・る【横切る】（他五）ラ（ロ）・リ（ッ）・ル・ル・レ・レ 横に通り過ぎる。道などを一方の側から他方の側へ渡る。横断する。「車道を―」

よ-こく【与国】 味方の国。仲間どうしの国。同盟国。

よ-こく【予告】（名・他スル）前もって知らせること。「―編」

よこ-ぐし【横△櫛】 くしを鬢に斜めにさすこと。また、そのくし。

よこ-ぐみ【横組〔み〕】 印刷などで、各行を横に読むように文字を並べる組み方。↔縦組み

よこ-ぐも【横雲】 横にたなびく雲。「峰の―」

よこ-ぐるま【横車】 ①（うしろから押す車を横から押すように）道理に合わないことを無理にすること。②武道で、棒・なぎなたなどの扱い方で、横にふり回すこと。

―を押す 道理に合わないことを無理やりに押し通す。

よこ-こう【横坑】カウ 水平に掘った坑道。↔立坑

よ-ごころ【世心】〔古〕男女の情を解する心。異性を思い慕い求める心。

よこ-ざ【横座】 ①土間からみて、いろりの正面奥で、家の主人の座る席。②上座。上席。

よこ-ざま【横様】 ■（名）横の方向。横向き。「―に倒れる」■（名・形動ダ）道理に合わないこと。また、そのさま。「―な主張」参考「よこさま」ともいう。

よこ-じく【横軸】チク〔数〕平面上の直交座標で、横方向にとった座標軸。x軸。↔縦軸

よこしま【◇邪】（名・形動ダ）正しくないこと。道理にはずれていること。また、そのさま。「―な心」

よこ-じま【横△縞】（織物で）横に平行した筋状の模様。また、そういう織物。↔縦縞

よこ・す【寄越す・◇遣す】（他五）サ（ソ）・シ・ス・ス・セ・セ ①先方からこちらへ送ってくる。また、こちらに渡す。「使いを―」「それを―・せ」②（動詞の連用形に「て」を添えた形に付いて）先方からこちらへ働きかけてくる意を表す。「言って―」可能 よこ・せる（下一）

よご・す【汚す】（他五）サ（ソ）・シ・ス・ス・セ・セ ①きたなくする。「着物を―」②（「手を汚す」の形で）好ましくないことをする。不正なことをする。「みずから手を―のもいとわない」③野菜などをみそ・ごまなどであえる。「ホウレンソウをごまで―」自よご・れる（下一）可能 よご・せる（下一）

よこ-ずき【横好き】 専門でも上手でもないのに、むやみに好きなこと。「下手の―」

よこ-すじ【横筋】スヂ ①横に通った筋。②本筋からそれた筋。よこみち。「話が―にそれる」

よこ-すべり【横滑り】（名・自スル）①横の方向にすべること。「車が―する」②同格の他の役職に移ること。「―の人事」

よこ-ずわり【横座り・横△坐り】（名・自スル）膝をくずし、そろえた両足を横に出し、姿勢を楽にして座ること。

よこ-た・える【横たえる】タヘル（他下一）エ・エ・エル・エル・エレ・エロ（エヨ） ①横にして置く。寝かす。「体を―」②横にして帯びる。「刀を腰に―」自よこたわ・る（五）文よこた・ふ（下二）

よこ-だおし【横倒し】（ダフシ） 立っていたものが横に倒れること。よこたおし。「トラックが一になる」
よこ-だき【横抱き】 横にして抱きかかえること。
よこ-たわ・る【横たわる】（タハル）（自五）（ラ(ロ)・リ(ッ)・ル・ル・レ・レ） ①横になる。横にのびている。「ベッドに一」「山脈が一」②前にひかえる。立ちふさがる。「前途に困難が一」他よこた・える(下一)
よこ-ちょう【横町・横丁】（チャウ） 表通りから横へはいった通り。また、その町。横町（よこまち）。「一の駄菓子屋」
よこ-づけ【横付け】（名・他スル） 乗り物の側面を他のものに付けるようにすること。「車を玄関に一にする」
よこっ-ちょ【横っちょ】《俗》横のほう。側面。横向き。
よこっ-つら【横っ面】 →よこつら
よこっ-とび【横っ飛び・横っ跳び】 →よことび
よこ-づな【横綱】 ①相撲で、力士の最上位の階級。また、その地位の力士。「一を張る」②土俵入りの際、①の力士が化粧まわしの上に締める、太く白いしめなわ。③同類のものの中で最もすぐれたもの。「大食漢では彼が一だ」はじまり ①は本来、②を締めることを許された優秀な大関力士の称号であった。番付面に初めて「横綱」と記されたのは一八九〇(明治二十三)年で、力士の最上位として確定したのは明治四十二年のこと。
よこっ-ぱら【横っ腹】 →よこばら
よこ-つら【横面】 ①顔の側面。「一を張る」②物の横の面。側面。参考「よこづら」「よこっつら」ともいう。
よこ-て【横手】 横のほう。側面の方向。「建物の一」
よ-ごと【◇寿◇詞・◇吉言】（吉よき言葉の意）①天皇の御代（みよ）の長久を祝う言葉。②祈りの言葉。
よ-ごと【夜◇毎】 毎夜。毎晩。「一同じ夢を見る」
よこ-とじ【横△綴じ】（トヂ） 横長にとじること。また、そのようにとじた冊子。
よこ-とび【横飛び・横跳び】 ①横の方向に飛ぶこと。②急ぎあわてて走ること。「雨に降られ一に家に帰る」参考「よこっとび」ともいう。
よこ-どり【横取り】（名・他スル） 他の人が所有するものをわきから奪い取ること。「おもちゃを一する」
よこ-なが【横長】（名・形動ダ） 横に長いこと。↔縦長
よこ-ながし【横流し】（名・他スル） 品物を正規の経路を通さないで、他に転売すること。「援助物資を一する」
よこ-ながれ【横流れ】（名・自スル） 品物が正規の経路を通らないで、他に転売されること。また、その品物。「一品」
よこ-なぐり【横殴り】 ①風雨が横から強く吹きつけること。「一の雨」②横のほうからなぐりつけること。「一に打つ」
よこ-なみ【横波】 ①船などの横から打ちつける波。②《物》媒質各部の振動が波の進行方向と垂直な波動。電波・光など。↔縦波
よこ-ならび【横並び】 ①横に並ぶこと。②差がつかないこと。差がなく一線であること。「各党一の政策」
よこ-ばい【横△這い】（バヒ） ①横にはうこと。「カニの一」②《経》相場・物価などがあまり変化のない状態を続けること。「売り上げが一だ」③《動》ヨコバイ科の昆虫の総称。ツマグロヨコバイなど農作物の害虫として多くの種がある。秋
よこ-ばら【横腹】 ①腹の側面。脇腹（わきばら）。②乗り物などの側面。「船の一に穴があく」参考「よこはら」「よこっぱら」ともいう。
よこ-ぶえ【横笛】《音》管を横に構えて吹く笛の総称。篠笛（しのぶえ）、フルートなど。↔縦笛
よこ-ぶとり【横太り】 身長のわりに横に太っていること。また、その人。
よこ-ぶり【横降り】 強い風のために、雨や雪が横から降りつけること。横なぐりに降ること。「一の雨」
よこ-み【横見】 ①横のほうを見ること。脇見（わきみ）。②横のほうから見ること。
よこ-みち【横道】 ①本道から横にそれる道。脇道（わきみち）。②本筋から外れた方面。「話が一にそれる」③正しくない道。邪道。
よこみつ りいち【横光利一】（一八九八―一九四七） 小説家。福島県生まれ。川端康成（かわばたやすなり）らと新感覚派運動を起こし、その中心となって活躍した。小説「日輪」「上海」「機械」、評論「純粋小説論」など。
よこ-むき【横向き】 横のほうを向くこと。「一の顔」
よこ-め【横目】 ①顔の向きを変えないで、目だけ動かして横を見ること。また、その目つき。「一でにらむ」②木目（もく）・紙などで横に通った筋目。
よこ-めし【横飯】《俗》西洋料理。洋食。
よこ-もじ【横文字】 ①横書きにする文字。ローマ字・アラビア文字など。②西洋語の文章。また、西洋語。「一に強い」
よこ-もの【横物】 横に長い形のもの。特に、横に長く書かれた書画。また、その額や軸物。横軸・横額・巻物の類。
よ-ごもり【夜籠〔も〕り】 ①祈願のため神社・仏閣に夜通しこもること。②深夜であること。夜ふけ。
よ-ごも・る【世籠〔も〕る】（自四）《古》まだ世間や男女の仲を知らないでいる。また、年が若く将来がある。
よこやま たいかん【横山大観】（ヨコヤマ タイクワン）（一八六八―一九五八） 日本画家。茨城県生まれ。岡倉天心（おかくらてんしん）らと日本美術院を創設。東洋的精神を根幹とし、洋画の技法を摂取して独自の境地を開いた。作品「生生流転（てん）」「無我」「屈原」など。
よこ-やり【横△槍】 ①両軍の合戦中に、別の一隊が横あいからやりを突き出すこと。②人の話や仕事にわきから口出しすること。第三者が、異議をさしはさむこと。「一を入れる」
よこ-ゆれ【横揺れ】（名・自スル） ①乗り物が左右に揺れること。ローリング。②地震で横に揺れること。(↔縦揺れ)
よごれ【汚れ】 きたなくなること。また、きたなくなったところ。「一物」「一を落とす」
一やく【一役】 演劇・映画などの役柄で、娼婦（しょうふ）・犯罪者のような世間から好ましく思われていない人物の役。
よご・れる【汚れる】（自下一）（レ・レ・レル・レレ・レロ(レヨ)） ①きたなくなる。「服が一」「一れた空気」②好ましくないことや不正なことにかかわる。「一れた金」他よご・す(五) 文よご・る(下二)
よこ-れんぼ【横恋慕】（名・自スル） 結婚している人や恋人のいる人に、横合いから恋をすること。
よ-ごろ【夜◇来・夜頃】《古》この幾夜かの間。何日もの夜。
よ-さ【善さ・良さ】 よいこと。よい程度。「使い心地の一」
よ-ざい【余財】 ①余ったお金や財産。②そのほかの財産。
よ-ざい【余罪】 判明している罪以外の罪。「一を追及する」
よ-ざかり【世盛り】 ①栄華をきわめること。また、その時期。②若い盛り。
よ-ざくら【夜桜】 夜の桜の花。夜ながめる桜の花。春
よ-さつ【予察】（名・他スル） あらかじめ推察すること。
よさの あきこ【与謝野晶子】（一八七八―一九四二） 歌人。夫は寛（ひろし）。大阪生まれ。雑誌「明星」の中心となり、浪漫（ろまん）的で大胆・奔放な短歌を作った。歌集「みだれ髪」「舞姫」など。
よさの てっかん【与謝野鉄幹】 →よさのひろし
よさの ひろし【与謝野寛】（一八七三―一九三五） 歌人・詩人。鉄幹と号した。京都生まれ。妻は晶子（あきこ）。新詩社を創立、「明星」の発刊に尽力。明治三十年代の浪漫（ろまん）主義文学の中心として活躍。詩歌集「東西南北」「天地玄黄」、歌集「相聞（あいぎこえ）」など。
よさ ぶそん【与謝蕪村】（一七一六―一七八三） 江戸中期の俳人・画家。

本姓谷口。摂津(大阪府)生まれ。丹後(京都府)の与謝に住み絵画に精進し、また絵画的・浪漫的作風で天明中興俳壇に活躍。句集「夜半楽」「蕪村句集」、句文集「新花摘」など。

よ-さま【◦好様】(形動ダ)(ダロ・ダッ(デ・ニ)・ダ・ナ・ナラ・○)よいようす。よいふう。↔悪し様 文(ナリ)

よ-さむ【夜寒】夜の寒いこと。特に、秋の末になって夜の寒くなることや、その寒さ。また、その季節。秋

よ-さり【夜さり】《古》夜のやってくるころ。夜。ようさり。

よ-さん【予算】①ある目的のため、前もって必要な費用を見積もること。また、その金額。「ーを立てる」「ーを組む」②《社》国家や地方公共団体の、次の会計年度中の歳入・歳出に関する見積もり。「ー編成」「補正ー」

よし【由】①物事の事情。わけ。理由。いわれ。「ーありげな手紙」②これまで述べてきた内容。むね。「このーをお伝えください」③手段。方法。「知るーもない」④(「…のよし」の形で)伝え聞いたことを表す。…とのこと。「ご栄転のー」

よし【△葦・△蘆・△葭】「葦」のこと。語源「あし」が「悪し」に通じることから、逆の意味の「善し」と重ねて言いかえた語。

ーの髄から天井を覗く 狭い考えで広大なことを勝手に推測することのたとえ。また、見識の狭いことのたとえ。

よし【◦縦し】(副)たとえ。かりに。「ーそうであろうとも」

よし(感)承認・決意・激励・なぐさめなどの気持ちを表す語。「ー、わかった」「ー、がんばるぞ」「ー、いいぞ」「ー、泣くな」

語源 文語形容詞「良し」の終止形から。

よ-じ【余事】①ほかのこと。他事。②余暇にする仕事。

よし-あし【善し◦悪し】①よいことと悪いこと。「事のーを判別する」②よい点も悪い点もあって、一概には決められないこと。「考え過ぎるのもーだ」参考「よしわるし」ともいう。

よしいいさむ〔吉井勇〕(ヨシヰイサム)(一八八六―一九六〇)歌人。東京生まれ。初め「明星」、のち「スバル」で活躍。青春の激情と享楽の世界をうたう独自の歌風。歌集「酒ほがひ」「祇園歌集」など。

ヨジウム-チンキ〈オランダ jodium tinctuur から〉→ヨードチンキ

よしかわえいじ〔吉川英治〕(ヨシカハエイヂ)(一八九二―一九六二)小説家。神奈川県生まれ。大衆文学の第一人者として活躍。作品は「宮本武蔵」「新・平家物語」「私本太平記」など。

よし-きた【よし来た】(感)出された用件やさそいかけに対して、積極的に応じる気持ちを表す語。「ー、まかせておけ」

よし-きり【△葦切・×行行子】《動》ヨシキリ科の小鳥の総称。オオヨシキリとコヨシキリが、日本に夏鳥として分布。ふつうはオオヨシキリをさす。沼や川岸の葦の草むらの中にすむ。ぎょうぎょうし。よしわらすずめ。夏

よ-じげん【四次元】次元が四つあること。ふつう、縦・横・高さという空間の三次元に時間を加えたもの。「ーの世界」

よ-しごと【夜仕事】夜の仕事。よなべ。秋

よし-ず【△葦△簾・△葭△簀】葦の茎で編んだすだれ。夏

ーばり【ー張り】よしずで囲うこと。また、よしずで囲った仮設の小屋。

よしだけんこう〔吉田兼好〕(ヨシダケンカウ)→うらべのかねよし

よ-じつ【余日】①(期限までの)余った日数。残りの日数。「ーいくばくもない」②他日。別な日。「ーにゆずる」

よし-ど【△葦戸・△葭戸】よしずを張った戸や障子。夏

よし-な・い【由無い】(形)(カロ・カッ(ク)・イ・イ・ケレ・○)①根拠や理由がない。「ー・く反対される」②手段・方法がない。「ー・く撤退する」③つまらない。くだらない。「ーことを考える」文よしな・し(ク)

よしな-に(副)いい具合になるように。よろしく。「ーお取り計らいください」

よしの-がみ【吉野紙】コウゾの繊維でつくった薄くてやわらかい和紙。奈良県の吉野地方が原産。

よしのがり-いせき【吉野ヶ里遺跡】(―ヰセキ)《日》佐賀県神埼市から吉野ヶ里町にまたがる二―三世紀の国内最大級の環濠集落遺跡。

よしのがわ〔吉野川〕(ヨシノガハ)愛媛県石鎚山中に発し、徳島県を流れ紀伊水道に注ぐ川。四国三郎。

よしの-くず【吉野葛】奈良県吉野地方でとれる葛粉。

よしの-ざくら【吉野桜】①奈良県の吉野山に咲く桜。②「そめいよしの」の異称。春

よじ-のぼ・る【△攀じ登る・△攀じ上る】(ヨヂ―)(自五)(ラ(ロ)・リ(ッ)・ル・ル・レ・レ)すがりついて登る。つかまって登る。「がけをー」

よし-み【△誼(み)・◦好(み)】①親しい交際。交誼。「ーを結ぶ」②縁故。ゆかり。「昔のー」

よし-め・く【由めく】(自四)《古》由緒ありそうに見える。わけがありそうにふるまう。もったいぶる。よしばむ。

よし-や【◦縦しや】(副)(「や」は助詞)たとえ。かりに。よしんば。「ー風雨はげしくとも」

よ-しゅう【予習】(―シフ)(名・他スル)これから習うところを前もって学習すること。「明日のーをする」↔復習

よ-しゅう【余臭】(―シウ)(残っているにおいの意)前の時代の名残。「封建制のーがただよう」

よ-じょう【余剰】余り。残り。剰余。「ー物資」

よ-じょう【余情】(―ジヤウ)①あとまで心に残る情趣。余韻。「ー表現」「ーがある」②《文》(歌論用語)言葉に直接表現されず、言外に感じられる奥深い気分・情趣。歌体の一つを示すものとして平安初期に見えるが、中期以後、幽玄や妖艶とともに最高の歌の条件となった。参考「よせい」ともいう。

よじょう-はん【四畳半】(ヨデフ―)畳四枚半を敷いた広さの部屋。また、待合い・料亭などの粋な小部屋にもいう。

よ-しょく【余色】→ほしょく(補色)

よし-よし(感)①目下の相手を慰めるときに言う語。「ー、泣くな」②目下の相手を認めるときに言う語。「ー、わかった」

よ・じる【△攀じる】(ヨヂル)(自上一)(ジ・ジ・ジル・ジル・ジレ・ジロ(ジヨ))すがりついて登る。「岩にー」文よ・づ(上二)

よじ・る【△捩る】(ヨヂル)(他五)(ラ(ロ)・リ(ッ)・ル・ル・レ・レ)ねじる。ひねり曲げる。「腕をー」自よじ・れる(下一)可能よじ・れる(下一)

よじ・れる【△捩れる】(ヨヂレル)(自下一)(レ・レ・レル・レル・レレ・レロ(レヨ))ねじり曲げた状態になる。ねじれる。「ひもがー」「腹がーほど笑う」他よじ・る(五)文よぢ・る(下二)

よしわら-すずめ【△葦原△雀】(ヨシハラ―)→よしきり

よし-わるし【善し悪し】→よしあし

よ-しん【与信】取引相手に信用を与えること。「ー審査」

よ-しん【予診】診察の前に、患者の病歴や症状を聞くこと。

よ-しん【予審】《法》起訴された刑事事件について、公判に付すか免訴にするかを決定するために、裁判所で公判に先だって行う取り調べ。一九四七(昭和二十二)年廃止。

よ-しん【余震】《地質》大きな地震のあとに引き続いて起こる小地震で、前者に関係あると考えられるもの。揺り返し。

よ-じん【余人】その人以外の人。ほかの人。余人。「ーをもって代えがたい」「ーを交えず話す」

よ-じん【余△塵】(―ヂン)①あとに立つちり。後塵。②古人の残したやり方・名残。遺風。余風。

よ-じん【余△燼】①燃え残った火。「ーがくすぶる」②物事が終わったあとにまだ残っているものや影響。「事件のー」

よしん-ば【◦縦しんば】(副)(「縦し」を強めた語)たとえ。

かりに。「—失敗に終わろうとも」

よ・す【◇止す】(他五) サ(ソ)・シ・ス・ス・セ・セ やめる。「悪口を言うのは—・せ」可能 よ・せる(下一)

よすが【◇縁】①たよりとなる物事。ゆかり。手がかり。「亡き母をしのぶ—」②たよりとする人。縁者。「身を寄せる—」

よ-すがら【夜すがら】(副) 一晩じゅう。夜通し。終夜。夜もすがら。「—すだく虫の音」

よ-すぎ【世過ぎ】暮らし。生計。世渡り。「身過ぎ—」

よすて-びと【世捨〔て〕人】世を見捨て、隠遁または出家した人。僧や隠者。

よ-すみ【四隅】四方のすみ。「—の柱」

よせ【寄せ】①寄せること。寄せ集めること。「客—」②囲碁・将棋で、勝負をきめる終盤戦。「—にはいる」③ゴルフで、アプローチのこと。④《古》縁故。ゆかり。⑤《古》心を寄せること。信頼。⑥《古》世話をする人。後見。⑦《古》わけ。理由。

よせ【寄席】(「寄せ席」の略) 講談・落語・漫才・浪曲などを興行する所。席亭。「—芸人」参考 常用漢字表付表の語。

よせ-あつ・める【寄せ集める】(他下一) メ・メ・メル・メル・メレ・メロ(メヨ) あれやこれやを寄せて一か所に集める。雑多なものを集める。「人を—」「散らばった紙くずを—」文 よせあつ・む(下二)

よ-せい【余生】残りの人生。特に、老後の生活。これから先の生命。余命。「わずかな—」「静かに—を送る」

よ-せい【余勢】物事をなしとげたあとの、はずみのついた勢い。「—を駆る(=それまでの勢いに乗る)」

よせ-うえ【寄せ植え】ウヱ いろいろな植物を寄せ集めて植えること。また、その植えたもの。「—の花壇」

よせ-がき【寄せ書き】一枚の紙や布に多くの人が文字や絵などを書きこむこと。また、書いたもの。「記念の—」

よせ-か・ける【寄せ掛ける】(他下一) ケ・ケ・ケル・ケル・ケレ・ケロ(ケヨ) 立てかける。もたせかける。「壁に体を—」文 よせか・く(下二)

よせ-ぎ【寄〔せ〕木】①木片を組み合わせてつくったもの。②「寄せ木細工」の略。

—ざいく【—細工】色・木目・木質などのちがう木片を組み合わせて模様を表し、木工品の表面を装飾する細工。埋め木細工。

—づくり【—造り】《美》仏像などを彫刻するとき、部分に分けて別材を用い、合わせて一体とする方法。

よせ-ぎれ【寄せ切れ】裁ち残りの布を寄せ集めたもの。

よせ-ざん【寄せ算】→たしざん

よせ-だいこ【寄せ太鼓】①攻め寄せる合図に打ち鳴らす太鼓。攻め太鼓。②興行などで、客集めのために鳴らす太鼓。

よせ-つ・ける【寄せ付ける】(他下一) ケ・ケ・ケル・ケル・ケレ・ケロ(ケヨ) 寄りつかせる。近づかせる。「人を—・けない」文 よせつ・く(下二)

よせ-て【寄せ手】攻め寄せる軍勢。攻撃軍。「—の大将」

よせ-なべ【寄せ鍋】肉・魚・野菜などを、多めの汁で煮ながら食べる鍋料理。冬

よせむね-づくり【寄せ棟造〔り〕】《建》大棟(=棟のうちの主になるもので水平のもの)の両端から四隅に向かって棟の下りている屋根の形式。寄せ棟。

〔よせむねづくり〕

よ・せる【寄せる】セ・セ・セル・セル・セレ・セロ(セヨ) 一(他下一) ①近くに移動させる。近づける。「窓のそばに机を—」②加える。寄せ算をする。「二に三を—」③(「身を寄せる」の形で)たよりにしてそこに身をおく。世話になる。「兄の家に身を—」④かこつける。ことよせる。「病気に—・せてわがままを言う」⑤書いたものや意見を送る。「情報をお—・せください」⑥品物などを贈る。「全国から義捐金が—・せられた」⑦一か所にあつめる。「落ち葉を—」⑧思いをかける。「心を—(=好意を持つ)」自 よ・る(五) 二(自下一) せまり近づく。押し寄せる。「波が—」文 よ・す(下二)

よ-せん【予選】一(名) 本大会や決勝戦に出場する選手やチームを選ぶための試合・競技。「—を勝ち抜く」二(名・他スル) 前もって一定水準以上のものを選び出すこと。

よ-ぜん【余△喘】今にも絶えそうな息。虫の息。「—を保つ」

よせん-かい【予△餞会】クヮイ (「餞」ははなむけの意) 卒業などの前に行う送別会。

よそ【余◇所・×他所】①ほかの場所。他家。「—に泊まる」↔内。②その人に直接関係のない物事や場所。また、自分の属していないところ。「—ながら」「—を見る」「—の学校」↔内。③(多く「…をよそに」の形で)かえりみないこと。ほうりだすこと。「親の心配を—に遊びまわる」「商売を—にする」

よそ-いき【余◇所行き】→よそゆき

よ-そう【予想】サウ (名・他スル) 物事のなりゆきや結果について、前もって考えて見通しをつけること。また、その内容。「勝敗を—する」

—がい【—外】グヮイ (名・形動ダ) 予想とまるで違うこと。また、そのさま。思いのほか。意外。「—の好成績」

よそ・う【◇装う】ヨソフ (他五) ワ(オ)・イ(ッ)・ウ・ウ・エ・エ ①飲食物を器に盛る。「ごはんを—」②よそおう。可能 よそ・える(下一)

よそ・える【◇寄える・◇比える】ヨソヘル (他下一) エ・エ・エル・エル・エレ・エロ(エヨ) ①なぞらえる。たとえる。「他に—・えて話す」②かこつける。「仕事に—・えて断る」文 よそ・ふ(下二)

よそおい【装い】ヨソホヒ ①身なりや外観を飾り整えること。「—をこらす」「旅の—」②ようす。おもむき。「歳末の—」

よそお・う【装う】ヨソホフ (他五) ワ(オ)・イ(ッ)・ウ・ウ・エ・エ ①身なりや外観を飾り整える。「若々しく—」②見せかける。…のふりをする。「平静を—」可能 よそお・える(下一)

よそ-ぎき【余◇所聞き】他人への聞こえ。人聞き。外聞。

よ-そく【予測】(名・他スル) 将来のことについて、前もっておしはかること。また、その内容。「株価を—する」

類語 見当・見通し・見込み・予想・推測・勘定

よそ-げ【余◇所げ】(形動ナリ)《古》よそよそしいさま。

よそ-ごと【余◇所事】自分に直接関係のないこと。ひとごと。「—とは考えられない」

よそ-じ【四◇十・四◇十路】ヂ ①四〇。②四〇歳。

よそ-ながら【余◇所ながら】(副) 直接関係しない離れたところで。かげながら。それとなく。「—見守る」「—祈る」

よそ-み【余◇所見】一(名・自スル) よそを見ること。わき見。「—していて人にぶつかる」二(名) 他人から見たところ。よそ目。「—が悪い」

よそ-め【余◇所目】①他人の見る目。はた目。人目。「—には幸せそうだ」②よそ見すること。わき見。③よそながら見ること。

よそ-もの【余◇所者】外部からその土地・集団にはいってきた者。「—扱い」「—にする(=仲間はずれにする)」

よそ-ゆき【余◇所行き】①外出すること。「—の服装」②外出のときに着る衣服。③(比喩的に)改まった言葉づかいや動作。「—の言葉で話す」参考「よそいき」ともいう。

よそよそ-し・い【余◇所余◇所しい】(形) カロ・カッ(ク)・イ・イ・ケレ・○ 他人行儀で親しみを見せない。うとうとしい。「妙に—そぶりを見せる」文 よそよそ・し(シク)

よ-ぞら【夜空】夜の空。「—に浮かぶ月」

よそ・る(他五) ラ(ロ)・リ(ッ)・ル・ル・レ・レ 飲食物を器に盛る。よそう。「ごはんを—」語源「よそう」と「もる」とが混交した語。

よた【与太】①「与太郎(よたろう)」の略。②でたらめなこと。ふざけた、くだらない言葉。③「与太者(よたもの)」の略。

―を飛(と)ばす でたらめを言う。でたらめを書く。

よ-たか【夜△鷹】①〘動〙ヨタカ科の中形の鳥。夕方から夜間にかけて活動し、蚊など小さい虫を捕食する。蚊吸い鳥。夏 ②〘動〙ヨタカ科の鳥の総称。③江戸時代、夜、町を歩いて客をひいた私娼(ししょう)。④「夜鷹蕎麦(よたかそば)」の略。

―そば【―×蕎麦】夜、屋台を引くなどして売り歩くそば屋。また、そのそば。夜鳴きそば。冬

よ-だき【夜△焚き】(「夜焚き釣り」の略)夜、火をたいて、その明かりで魚を集めてとる漁法。夏

よ-たく【余沢】先人の残しためぐみ・恩恵。余光。余徳。「―にあずかる」

よ-たく【預託】(名・他スル)①預けまかせること。②〘経〙政府や日本銀行の金を市中の金融機関などに預け入れること。

よ-だち【夜立ち】(名・自スル)夜、出発すること。↔朝立ち

よ-だつ【与奪】与えることと奪うこと。「生殺(せいさつ)―の権」

よ-だ・つ【◇弥立つ】(自五)タ(ト)・チ(ツ)・ツ・ツ・テ・テ 寒さ・おそれなどのために体の毛が立つ。「言い知れぬ恐怖に身の毛が―」

よた-もの【与太者】①不良。ならず者。②役に立たない人。なまけ者。

よた-よた(副・自スル)足どりがふらついておぼつかないさま。「―(と)歩く」

よた・る【与太る】(自五)ラ(ロ)・リ(ッ)・ル・ル・レ・レ〘俗〙①不良じみた言動をする。②でたらめを言う。語源「与太(よた)」を動詞化した語。

よだれ【△涎】口から外へ垂れ流れる唾液(だえき)。

―を垂(た)らす ①食べ物を見てひどく食欲を起こすさま。「ごちそうを前に―」②非常にうらやんだり欲しがったりするさま。

―かけ【―掛け】よだれで衣服が汚れるのを防ぐために、乳幼児の首からかける布。

よたろう【与太郎】ヨタラウ(落語で、知恵の足りない間抜けな人の名として使用したことから)おろか者。よた。

よ-だん【予断】(名・他スル)経過や結果がどうなるか、前もって判断すること。「情勢は―を許さない」

よ-だん【余談】本筋をそれた話。「これは―ですが」

よだん-かつよう【四段活用】クワツヨウ〘文法〙文語動詞の活用の一つ。語尾が五十音図のア・イ・ウ・エの四段にわたって活用するもの。参考 四段活用の語の多くは、口語の場合、現代仮名遣いによるときは、「読もう」「行こう」のようにオ段になる活用が加わるので、五段活用となる。

よ-ち【予知】(名・他スル)前もって知ること。予見。「―能力」

よ-ち【余地】①余っている土地。あき地。「立錐(りっすい)の―もない」②何かができるだけの余裕。ゆとり。「弁解の―なし」

よ-ち【△輿地】(輿(こし)のように万物をのせる大地の意)大地。全世界。全地球。

よ-ちょう【予兆】―テウ 将来起こりそうな事態を前もって感じさせる現象。前ぶれ。前兆。きざし。「噴火の―がある」

よち-よち(副)幼児などが、あぶなっかしく歩くさま。「―(と)歩く」

よ-つ【四つ】①よっつ。よん。②昔の時刻の名。今の午前または午後の一〇時ごろ。③四歳。よっつ。④相撲で、たがいに相手のまわしを取り合って組むこと。四つ身。⑤「四つ切り」の略。

―に組(く)む 相撲で、「四つ④」の体勢になる。転じて、正面から堂々とぶつかる。「がっぷり―」

よつ-あし【四つ足】①足が四本あること。②けもの。獣類。

よっ-か【四日】①四日間。②月の四番目の日。

よっ-かい【欲界】ヨク― →よくかい

よっ-かか・る【寄っ掛〔か〕る】(自五)ラ(ロ)・リ(ッ)・ル・ル・レ・レ「よりかかる」の転。

よっ-かく【浴客】ヨク― 温泉・ふろに入浴に来る客。よっきゃく。

よつ-かど【四つ角】二本の道が交わっている所。四つ辻(つじ)。十字路。

よつ-がな【四つ仮名】「じ」「ぢ」「ず」「づ」の四つの仮名。古くは「じ」と「ぢ」、「ず」と「づ」はそれぞれ発音が異なっていたが、室町末期以降しだいに区別を失ったため、これらの仮名の遣い方を問題としたもの。

よ-つぎ【世継〔ぎ〕】①あとつぎ。あとつぎの人。②歴代天皇の事跡を和文で記した歴史書。「大鏡」「栄花物語」など。

よっ-きゃく【浴客】ヨク― →よっかく

よっ-きゅう【欲求】ヨクキウ(名・他スル)欲しがり求めること。

―ふまん【―不満】欲求が満たされず、気分がいらいらして不快な状態。フラストレーション。「―に陥る」

よつ-ぎり【四つ切り】①全体を四つに切り分けること。また、そのもの。②写真の印画紙などで、約二五・四センチメートル×三〇・五センチメートル(全紙の四分の一)の大きさ。四つ切り判。

よつ-ずもう【四つ相撲】―ズマウ・―ズマフ 四つに組んでとる相撲。

よったり【四◇人】よにん。四名。語源「よたり」の転。

よっ-つ【四つ】→よつ

よつ-つじ【四つ△辻】→よつかど

よって【因って・◇依って・△仍って】(接)それによって。それだから。ゆえに。「反対多数、―本件は否決されました」「―件(くだん)の如(ごと)し(=前記のとおり)」

よつ-で【四つ手】①手が四つあること。また、そのもの。②「四つ手網」の略。

―あみ【―網】四隅を竹で張り広げ、水中に沈めておいて魚をすくいあげる網。四つ手。

〔よつであみ〕

よって-きたる【因って来る】その原因となっている。由来となった。「業績不振の―ところをたどる」

よって-たかって【寄って◇集って】大勢が寄り集まって。みんなでいっしょになって。「―一人をいじめる」

よって-た・つ【◇拠って立つ】(自五)タ(ト)・チ(ッ)・ツ・ツ・テ・テ より所とする。「社会の―理念」

ヨット〈yacht〉遊びやスポーツに用いる小型の帆船。「―レース」夏

―きょうぎ【―競技】―キャウギ 小型の帆船による競走。乗り組みの人数や船艇の大きさにより種々の級に分けられる。

―ハーバー〈yacht harbor〉ヨット専用の船着き場。

よつ-の-うみ【四つの海】四海。四方の海。また、世界。

よつ-ばい【四つ△這い】―バヒ →よつんばい

よっ-ぱらい【酔っ払い】―パラヒ ひどく酒に酔った人。よいどれ。酔漢。「―にからまれる」

よっ-ぱら・う【酔っ払う】―パラフ(自五)ワ(オ)・イ(ッ)・ウ・ウ・エ・エ ひどく酒に酔う。「―って足元がふらつく」

よっ-ぴ・く【◇能っ引く】(他四)〘古〙(「よくひく」の音便)弓を十分に引きしぼる。

よっ-ぴて【夜っぴて】(副)一晩じゅう。夜通し。終夜。よっぴいて。「―踊り続ける」語源「夜一夜(よひとよ)」から変化した「よっぴとい」の転。

よっ-ぽど(副)「よほど」を強めていう語。

よつ-み【四つ身】①〘服〙(「四つ身裁ち」の略)身丈(みたけ)の四

倍の布で三、四歳から一二歳ぐらいまでの子供の着物を仕立てるときの裁ち方。また、そうして仕立てた着物。②→よつ④

よつ-め【四つ目】①目が四つあること。また、そのもの。②四角形を四つ組み合わせた形・文様。

―がき【―垣】すきまが四角になるよう、竹を縦横に粗く組み合わせた垣根。

―ぎり【―錐】刃に四つの角のある錐。

よ-づめ【夜爪】夜、爪を切ること。参考「代を詰める」に通じるところから、親の死に目に会えないなどとして忌みきらう。

よ-つゆ【夜露】夜の間におりる露。「―にぬれる」秋 ↔朝露

よ-づり【夜釣〔り〕】夜、釣りをすること。夜の釣り。夏

よつ-わり【四つ割〔り〕】四等分。四半分。「―帯(=並幅の帯を四等分した幅の帯)」

よつん-ばい【四つん這い】両手両足を地につけてはうこと。また、両手両足を地につけた姿勢。語源「よつばい」の転。

よ-てい【予定】(名・他スル)今後行うことを前もって決めること。また、その内容。「―表」「―を立てる」「開催を―する」

―ちょうわ【―調和】①〘哲〙ドイツの哲学者ライプニッツが唱えた説。互いに独立した単子(モナド)からなる世界の秩序が保たれるのは、あらかじめ神によって各モナド間に調和が生じるよう定められているからだとする考え。②物事が進んだ末に、予想されたお決まりの結果におさまること。

よ-てき【余滴】①筆の先などに余った滴。②雨のあとの滴り。③何かのあとに副次的に残った事柄。「研究―」

よど【淀・澱】水の流れがよどんでいる所。よどみ。「川の―」

よ-とう【与党】①政党政治において、政権を担当している政党。「政府―」↔野党 ②《古》仲間。同志。

よ-とう【余党】残った仲間。残党。敗残の徒党。

よ-とう【夜盗】夜、盗みをする賊。夜盗。

―むし【―虫】〘動〙ヨトウガの類の幼虫。暗褐色の中形のイモムシ。夜、土中からはい出して作物を食害する。夏

よ-どおし【夜通し】(副)一晩じゅう。「―看病する」

類語 終夜・夜もすがら・夜っぴて・夜一夜・徹夜・徹宵

よどがわ【淀川】大阪平野北部を流れる川。琵琶湖に発し、大阪湾に注ぐ。

よ-とぎ【夜伽】(名・自スル)①夜、寝ないでそばに付き添うこと。また、その人。②女が男の求めに従っていっしょに寝て相手をすること。③夜通し眠らずに死者のそばにいること。通夜。

よ-とく【余得】余分の利益。余分のもうけ。余禄。

よ-とく【余徳】先人の残しためぐみ。余光。「―をこうむる」

よどみ【淀み・澱み】①水が流れないでたまっていること。また、その所。よど。②なめらかに進まないでとどこおること。「―なく話す」

よど・む【淀む・澱む】(自五)①水や空気などが流れずにたまる。「川が―」②底に沈んでたまる。沈殿する。「水底に泥が―」③すらすら進まないでとどこおる。「言葉が―」

よ-とり【世取り】家督を相続すること。また、その人。跡とり。相続人。

よな《方》(九州地方などで)火山灰。

よ-なおし【世直し】(名・自スル)悪い世の中を改革し、よい状態に改めること。「―一揆」

よ-なか【夜中】夜のなかば。夜半。夜ふけ。「真―」

よ-なが【夜長】秋になって夜が長く感じられること。また、そういう時節。「秋の―」秋 ↔日長

よ-なき【夜泣き】(名・自スル)赤ん坊が夜泣くこと。

よ-なき【夜鳴き・夜啼き】■(名・自スル)鳥などが、夜鳴くこと。■(名)「夜鳴き蕎麦」の略。

―そば【―蕎麦】夜、屋台を引くなどして売り歩くそば屋。また、そのそば。夜鷹そば。冬

よ-なべ【夜業・夜鍋】(名・自スル)夜、仕事をすること。また、その仕事。夜業。秋 語源 夜、鍋をかけて夜食をとりながら仕事をする意からという。

よな-よな【夜な夜な】(副)毎夜毎夜。夜毎。「―夢に現れる」↔朝な朝な

よ-な・れる【世慣れる・世馴れる】(自下一)①経験を積んで世間の事に通じ、人の心がよくわかる。「―・れた人」②男女の情に通じる。文 よな・る(下二)

よ-に【世に】(副)《古》①とりわけ。たいそう。②決して。「―忘られず」用法 ②は、あとに打ち消しの語を伴う。

よ-にげ【夜逃げ】(名・自スル)人目をさけて夜中にそっと他の土地へ逃げること。「破産して―する」

よに-も【世にも】(副)とりわけ。たいそう。「―不思議な話」

よ-にん【余人】→よじん(余人)

よね【米】《古》①こめ。稲。②(「米」の字を分けると八十八となることから)八八歳。米寿。「―の祝い」

よ-ねつ【予熱】(名・他スル)エンジンや機器などをすぐに使用できるように、あらかじめ温めておくこと。「オーブンを―する」

よ-ねつ【余熱】さめずに残っている熱。ほとぼり。「暖炉の―」

よ-ねん【余念】ほかの思い。他念。

―がない(「…に余念がない」の形で)ほかのことを考えず、そのことに打ち込んでいる。一心である。「練習に―」

よ-の【四幅】布の幅が並幅の四倍あること。また、その布。

よ-の-ぎ【余の儀】ほかのこと。他の件。「―ではない」

よ-の-つね【世の常】世間でふつうのこと。世間によくあること。「思いどおりにいかないのが―だ」

よ-の-なか【世の中】①人々が集まり、かかわり合って生活している場。この世。世間。社会。「―に出る」②世間の事情。世相。「―を知る」③《古》男女の仲。

よのなかは… 和歌〔世の中は 常にもがもな 渚こぐ あまの小舟の 綱手かなしも〕〈新勅撰集 鎌倉右大臣(源実朝)〉この世の中は永遠に変わらないでほしいなあ。波打ち際をこぎ回る漁師の小舟を陸から綱で引いてゆく景色が、しみじみと胸に迫ることよ。(小倉百人一首の一つ)

よのなかよ… 和歌〔世の中よ 道こそなけれ 思ひ入る 山の奥にも 鹿ぞなくなる〕〈千載集 皇太后宮大夫(藤原)俊成〉この世の中はまあ、のがれて行く道はないのだ。世を捨てようと思いつめてこの山奥に分け入ってきたのに、ここにもつらいことがあるのだろう、あのように悲しげに鹿の鳴く音が聞こえる。(小倉百人一首の一つ)

よ-の-ならい【世の習い】世間によくあること。世の常。「栄枯盛衰は―」

よの-ぶとん【四幅布団・四幅蒲団】並幅の布を四枚縫い合わせて作った布団。

よ-は【余波】①風がやんだあともまだ立っている波。余波。「台風の―」②ある物事が終わったあとも残るよくない影響。とばっちり。あおり。「不況の―を受ける」

よ-はい【余輩】(代)自称の人代名詞。われら。わたしたち。「―においては」参考 明治のころ多く文章語として用いられた。

よ-ばい【夜這い】夜、男性が女性の寝所にしのび入って情を通じること。語源 動詞「呼ぶ」の未然形「呼ば」に継続を表す助動詞「ふ」の付いた「呼ばふ」の連用形「呼ばひ」が、「夜這い」と意識されるようになったもの。

―ぼし【―星】→りゅうせい(流星)

よ-はく【余白】文字・絵などの書かれている紙の、何も書いて

いない白い部分。「本の―に記す」

よ-ばたらき【夜働き】(名・自スル) ①夜、働くこと。また、その労働。夜なべ。②夜、盗みをすること。夜盗。

よ-ばなし【夜話】夜、話をすること。また、その話。夜話。

よ-ばな・れる【世離れる】(自下一) 世間、特に俗世間のことにうとくなる。文よばな・る(下二)

よば・れる【呼ばれる】(自下一)(動詞「呼ぶ」に受け身の助動詞「れる」が付いた形から) ①ある呼び方で言われる。称される。「名人と―」②招かれる。「結婚式に―」③ごちそうになる。「夕食を―」文よば・る(下二)

-よばわり【呼ばわり】(接尾)(人を表す語に付けて)そうと決めつけてけなす意を表す。「泥棒―される」

よばわ・る【呼ばわる・◇喚ばわる】(自五) 大声で呼び叫ぶ。「野太い声で―」

よ-ばん【夜番】夜、番をすること。また、その人。夜警。冬

よ-び【予備】①前もって備えること。あらかじめ代わりとして準備しておくこと。また、その準備したもの。「―のタイヤ」②〔法〕犯罪を実現するための準備行為。「殺人―罪」

よび-あ・げる【呼〔び〕上げる】(他下一) 名前・番号などを順に大きな声で呼ぶ。文よびあ・ぐ(下二)

よび-い・れる【呼〔び〕入れる】(他下一) 呼んで中へ入れる。呼びこむ。「患者を―」文よびい・る(下二)

よび-えき【予備役】現役を退いた軍人がその後一定期間服した兵役。非常時にだけ召集される。

よび-おこ・す【呼び起〔こ〕す・呼起す】(他五) ①声をかけて、眠っている人を起こす。②思い出させる。呼びさます。「記憶を―」「感動を―」

よび-かけ【呼〔び〕掛け】呼びかけること。また、その言葉。

よび-か・ける【呼〔び〕掛ける】(他下一) ①注意を向けさせるために相手に声をかける。「向こうの人に―」②主張を述べて賛同や協力を求める。「大衆に―」「協力を―」文よびか・く(下二)

よび-かわ・す【呼び交〔わ〕す・呼交す】(他五) たがいに呼び合う。「名前を―」

よび-ぐん【予備軍】①後方に控えている軍隊。また、予備兵からなる軍隊。②将来そのような集団の一員になる可能性をもつ人々。「生活習慣病―」

よび-こ【呼〔び〕子】人を呼ぶ合図に吹く小さい笛。呼ぶ子。

よび-こう【予備校】上級学校、特に大学の入学試験のための実践的準備教育を主とする各種学校。

よび-ごえ【呼〔び〕声】①呼ぶ声。呼びたてる声。「物売りの―」②評判。うわさ。

―が高い 評判が高い。可能性が高いこととして、もっぱらうわさされている。「次期社長との―」

よび-こみ【呼〔び〕込み】演芸場・飲食店などの前で、往来の人に客となるよう声をかけて誘うこと。また、その人。客引き。

よび-こ・む【呼〔び〕込む】(他五) ①呼んで中にはいらせる。「客を―」②自分のもとに引き入れる。「幸運を―」

よび-さま・す【呼び覚〔ま〕す】(他五) ①呼んで目をさまさせる。②思い出させる。「幼いころの記憶を―」

よび-じお【呼〔び〕塩】塩からい食品の塩抜きをするため、薄い塩水につけること。また、そのための塩。

よび-すて【呼〔び〕捨て】人の名前を、さん・君・様などの敬称を付けずに呼ぶこと。「友人を―にする」

よび-だし【呼〔び〕出し】①呼び出すこと。「お―を申し上げます」②(「呼び出し奴」の略) 相撲で、次に取り組む力士の名を呼び上げる役目の人。土俵の整備や取組の進行、やぐら太鼓打ちなどの役も務める。③「呼び出し電話」の略。

―じょう【―状】呼び出すための書状。召喚状。

―でんわ【―電話】電話を持たない人が、電話を持つ近所の人にとりついでもらうように頼んでおいて通話する電話。

よび-だ・す【呼〔び〕出す】(他五) 呼んで、自分の求める場所に来させる。「仕事中に―」

よび-た・てる【呼〔び〕立てる】(他下一) ①わざわざ自分の所に呼び寄せる。「つまらない用事で―・てられる」②声をはり上げて呼ぶ。「さかんに―」文よびた・つ(下二)

よび-ちしき【予備知識】ある事をするのに前もって身につけておくべき知識。「―をたくわえる」

よび-つ・ける【呼〔び〕付ける】(他下一) ①目下の者を呼んで自分の所へ来させる。「部下を―」②呼びなれる。「あだなで―・けている」文よびつ・く(下二)

よび-と・める【呼〔び〕止める】(他下一) 声をかけて立ち止まらせる。「道行く人を―」文よびと・む(下二)

よ-ひとよ【夜一夜】(副) 夜通し。終夜。一晩じゅう。

よび-な【呼〔び〕名】呼ぶ名称。特に、正式な名前に対して、ふだん呼びならわしている名前。通り名。通称。

よび-ね【呼〔び〕値】①商品・証券などの取引所で売買される物の単位数量の値段。②取引所の売買で口頭で示す値段。

よび-ひ【予備費】予定される支出以外の、思いがけない支出に備えてあらかじめ準備しておく費用。「―を計上する」

よび-みず【呼〔び〕水】①ポンプの水が出ないとき、水をさそい出すために別の水を入れること。また、その水。「―をさす」②物事を引き起こすきっかけになるもの。「商売繁盛の―となる」

よび-もど・す【呼〔び〕戻す】(他五) ①呼んで、もとの所へ戻らせる。呼び返す。「息子を故郷に―」②もとの状態に戻らせる。「記憶を―」

よび-もの【呼〔び〕物】興行や催し物などで、人気を集めるもの。評判の高い出し物。「公演の―」

よび-や【呼〔び〕屋】《俗》外国から芸能人などを呼んで興行する仕事。また、その人。プロモーター。

よ-びょう【余病】ある病気に伴って起こる、ほかの病気。合併症。「―を併発する」

よび-よ・せる【呼〔び〕寄せる】(他下一) 呼んでそばに来させる。「家族を―」文よびよ・す(下二)

よび-りん【呼〔び〕鈴】人を呼ぶために鳴らすベル。

よ・ぶ【呼ぶ】(他五)《中心義―遠く離れた所にいる人にまで聞こえるほどの声を出して働きかける》①対象に向かって声をあげる。声を出して注意を引く。「名前を―」「助けを―」②声をかけて来させる。招く。招待する。来てもらう。「家に―」③導く。引き起こす。集める。「水を―」「波乱を―」「人気を―」④名づける。称する。「松尾芭蕉を俳聖と―」可能よ・べる(下一) 参考②は、音声によるだけではなく、手紙や人づてなどの場合もいう。

よ-ふう【余風】後世に残っているしきたりや教え。遺風。

よ-ふかし【夜更〔か〕し】(名・自スル) 夜おそくまで起きていること。「―は体に毒だ」

よ-ふけ【夜更け】夜がふけた時。深夜。

よぶ-こ【呼ぶ子】→よびこ

―どり【―鳥】→かっこう(郭公)

よ-ぶね【夜船】夜、航行する船。よふね。

よ-ぶり【夜振り】夜、明かりをともして行う漁法。夏

よ-ぶん【余憤】心に残っているいきどおり。「―をもらす」

よ-ぶん【余分】■一■(名・形動ダ) 必要以上のもの。余計。「―な経費がかかる」■二■(名) 余り。残り。「―がある」「―の品」

よ-ぶん【余聞】 こぼれ話。余話。「業界ー」

よ-べ【×昨夜】 ゆうべ。昨晩。

よ-へい【余弊】 あとまで残っている弊害。また、あることに伴って生じる弊害。「戦争のー」「地震のー」

よ-ほう【予報】（名・他スル）予測した内容を前もって知らせること。また、その知らせ。「天気ー」

よ-ほう【余芳】ハウ ①残っているかおり。余香。②後世に残っているほまれ。

よ-ぼう【予防】バウ（名・他スル）災害や病気が起こらないように前もって防ぐこと。「火災ー」「病気をーする」

ーせっしゅ【ー接種】〘医〙感染症の発生・流行を予防するために、人工的に免疫性をもたせる目的で、毒性を弱めた病原体などを抗原として体内に入れること。

ーせん【ー線】 敵の攻撃や侵入に対して、あらかじめ特に備えをしておく区域。転じて、あとで非難を受けないように、前もって措置を講じておくこと。「ーを張る」

ーちゅうしゃ【ー注射】〘医〙予防接種の注射。

よ-ぼう【△輿望】バウ 世間からの期待。衆望。「ーを担う」

よ-ほど【余程】（副）①程度が基準をこえているさま。よくよく。かなり。ずいぶん。相当。「彼が不平を言うのはーのことだ」「ー眠かったようだ」「自分でやったほうがー早い」②（実際には思いとどまった）決意のほどを表す。すんでのところで。ほとんど。「うるさくてー注意しようかと思った」語源「よきほど」の転。用法 ②は「…(よ)うと思う」と呼応して用いられる。

よぼ-よぼ（副・形動ダ・自スル）年をとって体力がおとろえ、動きや足どりがおぼつかないさま。「ー(と)した足どり」

よまい-ごと【世◇迷い事】ヨマヒ ぐちをだらだら言うこと。訳のわからない不平や繰り言。「ーを並べる」

よま・せる【読ませる】（他下一）セ・セ・セル・セル・セレ・セロ(セヨ) 読むようにさせる。読む者をひきこむ力がある。「なかなかー作品だ」語源 動詞「よむ」の未然形「よま」＋使役の助動詞「せる」

よ-まつり【夜祭〔り〕】 夜に行う祭り。

よ-まわり【夜回り】マハリ（名・自スル）夜間、警戒のために持ち場を見回ること。また、その人。「ーに出る」冬

よみ【読み】 ①文章を読むこと。また、読み方。「正確なー」②漢字の訓。また、漢字の読み方。③国語科の領域の一つで、読解・読書の分野。「ー書き」④囲碁・将棋で、さきざきの手の変化を見通すこと。また、一般に、先の展開などを推しはかること。「ーが浅い（＝先まで見通すことができない）」

▼「読み」が下に付く語

音ー 訓ー 鯖ー 下ー 重箱ー 素ー 立ちー 月ー 月ー ー抜きー 盗みー 走りー 日ー 百姓ー 票ー 秒ー 拾いー 深ー 棒ー 本ー 文字ー 文選ー 湯桶ー

よみ【×黄泉】 人の死後、その魂が行くという所。あの世。冥土。黄泉。黄泉の国。

よみあげ-ざん【読〔み〕上げ算】 そろばんで、人が数字を読み上げるのを聞きとりながら計算する方法。

よみ-あ・げる【読〔み〕上げる】（他下一）ゲ・ゲ・ゲル・ゲル・ゲレ・ゲロ(ゲヨ) ①声を上げて読む。「合格者名をー」②終わりまで読み通す。「一日でー」文よみあ・ぐ(下二)

よみ-あさ・る【読〔み〕◇漁る】（他五）ラ(ロ)・リ(ッ)・ル・ル・レ・レ 探し求めていろいろなものを読む。「歴史書をー」

よみ-あわ・せる【読み合〔わ〕せる・読合せる】アハセル（他下一）セ・セ・セル・セル・セレ・セロ(セヨ) ①同一内容の二つの文書などを、一人が読み上げ、それを聞く別の人が文面を目で追って誤りを訂正する。「下書きと清書とをー」②俳優どうしが稽古でそれぞれ自分のせりふを読み合う。文よみあは・す(下二)

よみ-うり【読〔み〕売り】 江戸時代、事件などを瓦版にして、町の中を読み上げながら売り歩いたこと。また、その人。

よみ-かえ・す【読〔み〕返す】カヘス（他五）サ(ソ)・シ・ス・ス・セ・セ ①一度読んだものをもう一度読む。繰り返して読む。「好きな詩をー」②書いたものを、もう一度読んで確かめる。「原稿をー」

よみ-か・える【読〔み〕替える】カヘル（他下一）エ・エ・エル・エル・エレ・エロ(エヨ) ①ある漢字を別の読み方で読む。「音でー」②〘法〙法令などの条文の語句に、他の同じような条件の語句をあてはめて適用する。文よみかふ(下二)

よみ-がえ・る【△蘇る・△甦る】ガヘル（自五）ラ(ロ)・リ(ッ)・ル・ル・レ・レ ①一度死んだ者や死にかけた者が息を吹き返す。生き返る。②一度衰えたものが再び以前の力や状態を取りもどす。「記憶がー」

よみ-かき【読み書き】 文字を読むことと書くこと。

よみ-か・ける【読〔み〕掛ける】（他下一）ケ・ケ・ケル・ケル・ケレ・ケロ(ケヨ) ①読み始める。②途中まで読む。読みさす。③歌をよんで人に返歌を求める。文よみか・く(下二) 参考 ③は「詠み掛ける」とも書く。

よみ-かた【読〔み〕方】 ①文字や言葉を読む方法。どう読むか、その読みよう。「新出漢字のー」②文章や書物の内容を理解する方法。「ーが浅い」③もと、小学校国語教科の一つ。

よみ-きかせ【読み聞かせ】 子供などに本や絵本を読んで聞かせること。「童話のー」

よみ-きり【読〔み〕切り・読切】 ①読み物で、連載でなく一回で完結するもの。「ー小説」②全部を読み終わること。③句読。「ー点」

よみ-き・る【読〔み〕切る】（他五）ラ(ロ)・リ(ッ)・ル・ル・レ・レ ①読み終わる。全部を読む。②結末まで完全に見通す。「先がー・れない」

よみ-くせ【読み癖】 ①一般にそう読む習慣となっている特殊な読み方。慣用読み。「横笛」を「ようじょう」、「攪拌」を「かくはん」と読むなど。②その人特有の読み方のくせ。よみぐせ。

よみ-くだ・す【読〔み〕下す】（他五）サ(ソ)・シ・ス・ス・セ・セ ①縦書きの文章を上から下へと読む。また、文章を初めから終わりまで読む。「一気にー」②漢文を日本語の語順にして読む。

よみ-くち【詠み口】 詩歌などの詠みぶり。詠みぐあい。

よみ-ごたえ【読み応え】ゴタヘ 内容が充実していて、読んで得るところが多いこと。また、大部だったり難解だったりして読むのに骨が折れること。「ーのある論文」

よみ-こな・す【読み◇熟す】（他五）サ(ソ)・シ・ス・ス・セ・セ 読んで内容を十分に理解する。「専門書をー」

よみ-こ・む【詠〔み〕込む】（他五）マ(モ)・ミ(ン)・ム・ム・メ・メ 詩歌などに事柄や物の名などを入れて詠む。詠み入れる。「歌に名勝地をー」

よみ-こ・む【読〔み〕込む】（他五）マ(モ)・ミ(ン)・ム・ム・メ・メ ①何回も読む。熟読する。「原典をー」②〘情報〙コンピューターで、外部記憶装置からデータ類を移し入れる。「データをー」

よみ-さし【読み◇止し】 読むのを途中でやめること。読みかけ。「ーの本」

よみ-じ【×黄泉-路】ヂ 死者の国といわれる黄泉へ行く道。また、黄泉。

よみ-す・てる【読〔み〕捨てる】（他下一）テ・テ・テル・テル・テレ・テロ(テヨ) 本などを読んだあとすぐに捨ててしまう。文よみす・つ(下二)

よみ・する【△嘉する】（他サ変）シ(セ・サ)・シ・スル・スル・スレ・シロ(セヨ)（目下の者の言動を）りっぱだとほめる。よしとする。文よみ・す(サ変)

よ-みせ【夜店・夜見世】 夜、道ばたなどで物を売る店。夏

よみ-ぞめ【読〔み〕初め】 正月に初めて本を読むこと。新年

よ-みち【夜道】 夜の道。また、夜の道を歩くこと。

よみ-ちら・す【読〔み〕散らす】（他五）サ(ソ)・シ・ス・ス・セ・セ 目的や順序も考えず、手当たりしだいに本を読む。

よみ-て【読〔み〕手】①文章を読む人。②かるたなどで、歌を読み上げる人。↔取り手 ③詩歌の作者。読みびと。④詩歌の達人。「当代の―」参考③④は「詠み手」とも書く。

よみ-で【読みで】読むものの分量が多いこと。また、内容が豊富で読みごたえのあること。「―のある小説」

よみ-と・く【読〔み〕解く】(他五) カ(コ)・キ(イ)・ク・ク・ケ・ケ 文章などを読んでその意味するところを理解する。また、明らかにする。「古文書を―」

よみ-とば・す【読〔み〕飛ばす】(他五) サ(ソ)・シ・ス・ス・セ・セ ①一部を飛ばして先に読み進む。②速く読む。

よみ-と・る【読〔み〕取る】(他五) ラ(ロ)・リ(ッ)・ル・ル・レ・レ ①文章などを読んでその内容を理解する。「概要を―」②外面のようすから内面に隠されたものを察知する。「真意を―」③〘情報〙機械が、文字や記号などの情報を認識する。「バーコードを―」

よみ-なが・す【読〔み〕流す】(他五) サ(ソ)・シ・ス・ス・セ・セ ①よどみなくすらすら読む。②細かい点は吟味せず全体をざっと読む。

よみ-の-くに【×黄泉の国】→よみ(黄泉)

よみ-びと【読〔み〕人・詠〔み〕人】詩歌の作者。

――しらず【―知らず】和歌の撰集などで、作者が不明の場合や明示しにくい事情のある場合に記載する語。

よみ-ふけ・る【読〔み〕△耽る】(他五) ラ(ロ)・リ(ッ)・ル・ル・レ・レ 何もかも忘れて夢中になって読む。耽読する。「好きな小説を―」

よみ-ふだ【読〔み〕札】かるたで、読むほうの札。新年 ↔取り札

よみ-ほん【読本】〘文〙江戸時代後期の小説の一種。黄表紙などの絵入りの本に対し、読む文章を主としたもの。「雨月物語」「南総里見八犬伝」などが代表的な作品。

よみ-もの【読〔み〕物】①本などを読むこと。「―をする」②読むための物。書物。③一般の人が興味を感じて気楽に読める記事・文章・小説。④講談師の演じる講談とその題目。⑤能で、シテが読み上げる文章。⑥読むに値する文章。

よ-みや【夜宮・◦宵宮】→よいまつり

よ・む【詠む】(他五) マ(モ)・ミ(ン)・ム・ム・メ・メ 詩歌を作る。「俳句を―」可能よ・める(下一) 参考「読む」とも書く。⇩「使い分け」

よ・む【読む】(他五) マ(モ)・ミ(ン)・ム・ム・メ・メ ①目で見た文字・文章を声に出して言う。音読する。唱える。「大声で本を―」「経を―」②書かれた文字などをたどって、その内容や意味を理解する。「説明書を―」「地図を―」③察して知る。さとる。「人の心を―」④数える。「積み荷を―」「票を―」⑤囲碁・将棋で、先の手を考える。「数手先を―」可能よ・める(下一) ⇩「使い分け」

表現

〔類語〕▼閲する・誦する・誦する・唱える・繙く

〔～する〕▼愛読・一読・閲読・閲覧・音読・会読・回読・解読・講読・再読・熟読・精読・速読・素読・耽読・通読・拝読・繙読・黙読・濫読・輪読・朗読・渉猟・書見・読書・読破・読了・把握・晴耕雨読
▼下読み・素読み・飛ばし読み・斜め読み・抜き読み・走り読み・拾い読み・棒読み

〔慣用〕▼行間を読む・鯖を読む・鼻毛を読まれる・腹を読む・眉毛を読まれる・眼光紙背に徹す・韋編三たび絶つ・目に一丁字もない

〔ことわざ〕▼読書百遍意自ずから通ず・門前の小僧習わぬ経を読む・習わぬ経は読めぬ・論語読みの論語知らず

使い分け「読む・詠む」

「読む」は、もとは声を出して文字や文章を口にしたり、数を数えあげたりする意で、「経を読む」「本を読んで聞かせる」「大声で数を読む」などと使われるが、現在では声を出さない場合でも、「図書館で本を読む」「心の中で数を読む」などと使われるほか、「手を読む」「目盛りを読む」「流行を読む」などと、推しはかる、判断する意で広く使われる。

「詠む」は、もと長々と声を出して詩歌を歌い出す意だが、現在では「短歌を詠む」「俳句を詠む」などと、詩や歌をみずから作るときに限って使われる。この場合も「読む」を当てることもあるが、自分で作るときは「詠む」、他人の詩歌を鑑賞するときは「読む」と使い分けるのがふつうである。

よめ【嫁】①むすこの妻。「―と姑」②結婚の相手としての女性。「―を迎える」(↔婿)

よ-め【夜目】夜、暗い中で物を見ること。「―がきく」

――遠目笠の内　夜見たとき、遠くから見たとき、笠をかぶっているときは、女性の顔は実際より美しく見えるものだ。

よ-めい【余命】これからのち、死ぬまでの命。残りの命。「―いくばくもない」

よめ-いり【嫁入り】(名・自スル) 嫁となって夫の家にはいること。嫁とつぐこと。また、その儀式。「―道具」↔婿入り

よめ-ご【嫁御】「嫁」の敬称。

よめ-ごりょう【嫁御寮】「嫁」の敬称。

よめ-じょ【嫁女】よめ。

よめ-とり【嫁取り】(名・自スル) 家に嫁を迎え入れること。また、その儀式。↔婿取り

よめ-な【嫁菜】〘植〙キク科の多年草。山野に自生。秋、淡紫色の頭状花を開く。若葉は食用。うはぎ。おはぎ。のぎく。春

よ-も【四◦方】①東西南北。前後左右。四方。②あちこち。諸方。「―の海」

よも (副) →よもや

よもぎ【△蓬・△艾】〘植〙キク科の多年草。山野に自生。葉は羽状で互生、裏に白くやわらかい毛が密生する。夏から秋に、淡黄緑色の小頭状花を開く。若葉はもちに入れてつき、草もちにする。また、乾かして葉裏の毛から艾を作る。もちぐさ。春

――もち【―餅】ヨモギの若葉を入れてついたもち。草もち。春

よ-もすがら【夜もすがら】(副) 一晩じゅう。夜通し。終夜。夜すがら。「昼はひねもす夜は―」↔ひもすがら

よもすがら… 和歌〔夜もすがら もの思ふころは 明けやらぬ 閨のひまさへ つれなかりけり〕〈千載集 俊恵法師〉夜どおし無情なあの人を恨んで、つらい思いで過ごす夜は、早く夜が明ければいいと思うのになかなか明けきらず、寝室の戸のすきまも白んでこない。そんな夜の続くこのころは、あの人ばかりでなく、寝室の戸までが、私につれなくすることだ。(小倉百人一首の一つ。百人一首では第三句は「明けやらで」)

よも-や (副) 確かではないが、まさか。よも。「―そんなことはあるまい」語源副詞「よも」+助詞「や」用法あとに打ち消し推量の表現を伴う。

よも-やま【四◦方山】①世間の、あれこれさまざまのこと。「―話」②世間。「―の人」語源「四方八方」の転という。

よ-やく【予約】(名・他スル)(特に、売買・貸借などについて)前もって約束すること。また、その約束。「―席」「―をとる」「部屋を―する」

よ-ゆう【余裕】①ゆったりとしていること。心にゆとりがあるこ

と。「冷静に考えるーがない」②余りのあること。また、その余り。「資金にーがある」「時間のーを見て出かける」

ーしゃくしゃく【ー綽綽】(タル)(ト) ゆったりとしてすっかり落ち着いているさま。「ーたる態度で臨む」文(形動タリ)

ーは【ー派】《文》自然主義に対し、低徊(ていかい)趣味を重んじ、世俗を超越した心の余裕と美意識を強調する文芸の一派。夏目漱石(そうせき)の「余裕のある文学」という言葉に由来。低徊派。

よ-よ【代代・世世】①代を重ねること。だいだい。②《仏》過去・現在・未来のそれぞれの世。

よ-よ【夜夜】毎夜。夜ごと。夜な夜な。

よよし【世◇吉・×四十四】四四句続ける連歌・連句の形式。

よよ-と(副) しゃくりあげて泣くさま。「ー泣きふす」

より【寄り】①寄り集まること。また、集まりぐあい。「会員のーが悪い」②できもののはれが一か所に固まること。また、固まったもの。「あせものー」③相撲で、相手と四つに組んで、押し進むこと。④「寄り付き①」の略。⑤(場所・方向などを表す名詞の下に付いて)そちらに近く位置する意を表す。「海ーの道」

より【△縒り・△撚り】糸などをねじって、からみ合わせること。よること。また、よったもの。「腕にーをかける(=能力を十分に発揮しようとはりきる)」

ーを戻(もど)す もどおりの関係にする。特に、別れた恋人どうしが関係を復活させる。

より(副) さらに。いっそう。もっと。「ー高く跳ぶ」

より(格助) ①比較の基準を示す。「鉄ー硬い」②(打ち消しの語を伴って)そうする以外にはないという限定を表す。「断るーしかたがない」③起点を示す。…から。「三時ー始まる」④経由する場所を示す。「大通りー行きなさいよ」「泥棒は縁側ー侵入した」⑤《古》手段・方法を示す。「徒歩(かち)ーまうでけり」〈徒然草〉⑥《古》原因・理由を示す。「よろづの病は酒ーこそ起これ」〈徒然草〉⑦《古》それに続いて直ちに次のことが起こる意を表す。…や否(いな)や。「うち見るー珍しくうれしきにも、一つ涙ぞこぼれける」〈源氏〉用法 体言・準体言(活用語の連体形、連体形＋格助詞「の」)に付く。②の限定の「より」は、下に名詞「ほか」と格助詞「に」を付けた形「よりほかに」で用いられることが多い。

より-あい【寄(り)合い・寄合】(アヒ) 話し合いなどのために寄り集まること。会合。「町内のーに出かける」

ーじょたい【ー所帯】①多くの所帯が一か所に集まって暮らすこと。また、その全体。②(比喩(ひゆ)的に)統一のない雑多な人やグループの集まり。

より-あ・う【寄(り)合う】(アフ) (自五) ワ(オ)・イ(ツ)・ウ・ウ・エ・エ 人々が一か所に寄り集まる。参集する。「ー・って相談する」

より-あつま・る【寄り集(ま)る】(自五) ラ(ロ)・リ(ツ)・ル・ル・レ・レ ほうぼうから一か所に集まって来る。「村人がー」

より-あわ・せる【△縒り合(わ)せる】(アハセル) (他下一) セ・セ・セル・セル・セレ・セロ(セヨ) 糸などをねじり合わせる。「二本の糸をー」文よりあは・す(下二)

より-いと【△縒り糸・△撚り糸】よりをかけた糸。よった糸。

より-うど【寄◇人】(よりゅうど)《古》→よりゅうど

より-かか・る【寄り掛(か)る・△凭り掛(か)る】(自五) ラ(ロ)・リ(ツ)・ル・ル・レ・レ ①体をもたせかける。もたれかかる。「壁にー」②依存する。頼る。「親にー・って生活する」

よ-りき【与力】(もと、加勢・助力の意) 江戸時代、奉行・所司代・城代などに所属し、同心(どうしん)を指揮した役人。

より-きり【寄(り)切り】相撲で、組んだ相手に体を密着させて押し進み、そのまま土俵の外に出すわざ。

より-けり(「…によりけりだ」の形で)…によって決まる。「冗談も時にーだ(=言っていいときと悪いときがある)」語源 動詞「因(よ)る」の連用形「より」＋文語助動詞「けり」

より-ごのみ【◇選り好み】(名・自スル) 多くのものの中から、好きなものだけを選び取ること。えりごのみ。「仕事をーする」

より-すが・る【寄(り)△縋る】(自五) ラ(ロ)・リ(ツ)・ル・ル・レ・レ ①寄りそってすがりつく。「ー・って泣く」②力としてたのむ。頼ってすがりつく。「人の情けにー」

より-すぐ・る【◇選りすぐる】(他五) ラ(ロ)・リ(ツ)・ル・ル・レ・レ よいものの中からさらによいものを選ぶ。えりすぐる。「ー・った精鋭」

より-そ・う【寄(り)添う】(ソフ) (自五) ワ(オ)・イ(ツ)・ウ・ウ・エ・エ 体が触れるほどそばへ寄る。身を寄せ合う。「ー・って暮らす」

より-たおし【寄(り)倒し】(タフシ) 相撲で、組んだ相手に体を密着させて押し進み、そのまま押し倒すわざ。

より-つき【寄(り)付き・寄(り)◇附き】①《経》商品・証券などの取引所で、午前・午後の最初の立ち会い。また、そのときの相場。寄り。↕大引(おおび)け ②はいってすぐの部屋。③庭などに設けた簡単な休憩所。

より-つ・く【寄(り)付く・寄(り)◇附く】(自五) カ(コ)・キ(イ)・ク・ク・ケ・ケ ①そばに寄って来る。そばに近づく。「家にー・かない」②《経》商品・証券などの取引所で、最初の立ち会いが成立する。

より-どころ【◇拠(り)所】①頼るところ。支え。「生活のーを失う」②基づくところ。根拠とするところ。「論のー」

より-どり【◇選り取り】多くの中から自由に選び取ること。

ーみどり【ー見取り】(「よりどり」と同じ意味の「みどり」を重ねて意味を強めた語)多くの中から、好きなものを自由に選び取ること。「どれでもーのバーゲンセール」

より-に-よって【◇選りに◇選って】他にもっとよい選択があると思われるのに。こともあろうに。「ーあの人に頼むなんて」

より-ぬき【◇選り抜き】多くの中から、すぐれたものだけを選び出すこと。また、そのもの。えりぬき。「ーの逸品ぞろい」

より-まし【△憑△坐・×尸童】(「寄り坐(ま)し」の意から)修験者(しゅげんじゃ)や巫子(みこ)が神意をうかがうときに、一時的に霊を乗り移らせるための子供・婦女または人形(ひとがた)。よりこ。よりびと。

より-み【寄(り)身】相撲で、組んだ相手に体を密着させて押し進んでいく体勢。

より-みち【寄(り)道】(名・自スル) ①目的地に行く途中、ついでに立ち寄ること。「本屋にーして帰る」②回り道。

より-め【寄(り)目】左右の瞳(ひとみ)が中央に向かって寄ること。また、そういう目。

よりゅうど【寄◇人】(ヨリウド) ①平安時代以降、朝廷の記録所・御書所(おんふみどころ)・和歌所などの職員。②鎌倉・室町時代、幕府の政所(まんどころ)・侍所(さむらいどころ)・問注所などの職員。

よ-りょく【余力】あることをやり遂げたあとも、まだ余っている力。「ーを残す」「ーがある」

より-より【寄り寄り】(副) 折にふれ。ときどき。

より-わ・ける【◇選り分ける】(他下一) ケ・ケ・ケル・ケル・ケレ・ケロ(ケヨ) よいものと悪いものなどを選び分ける。選別する。えりわける。「大きさでー」文よりわ・く(下二)

よる【夜】日の入りから日の出までの暗い間。夜(よ)。↕昼

類語 宵・宵の口・夜(よ)・小夜(さよ)・夜間・夜分・暮夜・夜中・夜夜中・真夜中・夜半(やはん)・半夜(よわ)・夜更け・深夜・深更・残夜・熱帯夜・闇夜・暗夜・月夜・良夜・星月夜・清夜・雨夜・霜夜

ーの鶴(つる) 子を思う親の愛情の深いことのたとえ。「焼け野の雉(きぎす)ー」語源 夜、巣ごもる鶴は、羽の下にひなを抱えて温めるからという。

ーの錦(にしき) (夜、錦を着ても見ばえがしなくてかいのないことから)埋もれてしまって惜しいこと。効果があらわれずもったいないこと。

よ・る【因る・◇由る・◇依る・◇縁る】(自五) ラ(ロ)・リ(ツ)・ル・ル・レ・レ ①

〔依〕たよる。依存する。手段とする。「レーダーに―観測」②〔因・由・縁〕原因・理由となる。由来(らい)する。「病気に―欠席」③〔因・由・縁〕物事の性質・内容に関係する。応じる。従う。左右される。「それは場合に―」可能よ・れる(下一)

よ・る【◇拠る】(自五)ラ(ロ)・リ(ッ)・ル・ル・レ・レ ①よりどころとする。たてこもる。根城(ねじろ)とする。「天険に―」②もとづく。根拠とする。「規定に―って処理する」可能よ・れる(下一)

よ・る【寄る】(自五)ラ(ロ)・リ(ッ)・ル・ル・レ・レ ①近くに移動する。近づく。「火のそばへ―」②一方にかたよる。「ちょっと左に―っている」③よそへ行く途中に訪ねる。「友人宅に―」④集まる。寄り集まる。「三人―・れば文殊(もんじゅ)の知恵」⑤つもる。重なる。「年が―」「しわが―」⑥相撲で、相手と組んだまま押して進む。⑦頼る。たのみにする。他よ・せる(下一)可能よ・れる(下一)

よらば大樹(たいじゅ)の陰(かげ) 頼るのなら、力のあるしっかりしたものを選ぶべきだということのたとえ。**―と触(さわ)ると** いっしょに集まるたびに。折さえあればいつも。**―年波(としなみ)には勝(か)てない** いくら強がっていても、年がつみ重なってゆくと体力・気力が衰える。

よ・る【◇選る】(他五)ラ(ロ)・リ(ッ)・ル・ル・レ・レ 選ぶ。選び出す。「好きなものを―・って取る」可能よ・れる(下一)

よ・る【△縒る・△撚る】(他五)ラ(ロ)・リ(ッ)・ル・ル・レ・レ 糸などをねじって、からみ合わせる。ねじり合わせて一本にする。「糸を―」「腹の皮を―(=ひどく笑う)」自よ・れる(下一)可能よ・れる(下一)

よる-い【余類】同じ仲間の中の残ったもの。残党。残類。

よる-がお【夜顔】ガホ〔植〕ヒルガオ科の多年草で園芸上は一年草。熱帯アメリカ原産。八、九月ごろの夕方、アサガオに似た芳香のある大きい白色花を開く。観賞用。秋

ヨルダン〈Jordan〉(「ヨルダン・ハシェミット王国」の略)西アジア、アラビア半島北西部にある立憲君主国。首都はアンマン。

よる-の-おとど【夜の◇御◇殿】清涼殿内の天皇の寝所。

よる-の-とばり【夜の◇帳】夜の暗やみ。「―がおりる」
参考 暗やみを「とばり(=たれぎぬ)」にたとえて言い表した語。

よるのねざめ【夜の寝覚】平安中期の物語。菅原孝標女(すがわらのたかすえのむすめ)の作とされるが未詳。太政(だいじょう)大臣の次女、中の君の恋とその苦悩を描く。「源氏物語」の影響が大きい。「夜半(よわ)の寝覚」「寝覚」とも。

よる-ひる【夜昼】㊀(名)夜と昼。「―の区別なく働く」㊁(副)夜も昼も。いつも。「―心にかける」

よる-べ【寄る辺】頼りにして身を寄せるところ。「―のない身」

よる-よなか【夜夜中】真夜中。夜ふけ。↔昼日中(ひるひなか)

よる-よる【夜夜】毎夜。夜な夜な。夜ごと。

よ-れい【予鈴】開演や授業開始前に、予告として鳴らすベル。↔本鈴

よ-れい【余齢】残りの命。余命。

よ-れき【余△瀝】酒などの残ったしずく。余滴。

よれ-よれ(名・形動ダ)①衣服などが古くなって、形がくずれたりしわだらけになったりしているさま。「―の背広」②心身ともに疲れきったさま。「多忙で―になる」

よ・れる【△縒れる】(自下一)レ・レ・レル・レル・レレ・レロ(レヨ) 糸などがねじれて、からみ合う。よじれる。他よ・る(五)文よ・る(下二)

よろい【△鎧】ヨロヒ 昔、戦場で身につけて体を守った武具。

―いた【―板】通風・採光などのため、窓の外側に幅のせまい薄板を一定の間隔・傾斜をもたせて横に並べて取りつけたもの。

―ど【―戸】①よろい板を取りつけた戸。②幅のせまい鉄などの板を簾(すだれ)状に並べつなげた、巻き上げ式の戸。シャッター。

―どおし【―通し】ドホシ 昔、戦場で、敵と組み討ちするときに用いた短刀。九寸五分(くすんぶ)ともいう。

〔よろい〕

よ-ろく【余△禄】余分の利益。余得。「―に与(あずか)る」

よ-ろく【余録】正式の記録からもれた記録。

よろけ「珪肺(けいはい)」の俗称。

よろ・ける(自下一)ケ・ケ・ケル・ケル・ケレ・ケロ(ケヨ) →よろめく①

よろこばし・い【喜ばしい・◇悦ばしい】(形)カロ・カッ(ク)・イ・イ・ケレ・○ 喜ぶべきである。うれしい。「―知らせ」文よろこばし(シク)

よろこば・せる【喜ばせる・◇悦ばせる】(他下一)セ・セ・セル・セル・セレ・セロ(セヨ) 喜ぶようにさせる。うれしがらせる。「大衆を―演技」文よろこば・す(下二)

よろこび【喜び・◇悦び・◇慶び】①喜ぶこと。また、その気持ち。↔悲しみ ②祝いごと。慶事。また、祝いの言葉。祝辞。「―が続く」「お―を申し上げます」

よろこび-いさ・む【喜び勇む】(自五)マ(モ)・ミ(ン)・ム・ム・メ・メ 喜んで気持ちが高まる。うれしくて心が奮い立つ。「―・んで出発する」

よろこ・ぶ【喜ぶ・◇悦ぶ・◇慶ぶ】(自他五)バ(ボ)・ビ(ン)・ブ・ブ・ベ・ベ ①うれしく思う。楽しく思う。めでたいと思う。「再会を―」↔悲しむ ②よいものとして積極的に受け入れる。「他人の忠告を―・ばない」③(「喜んで…」の形で)快く…する。「―・んでお引き受けします」可能よろこ・べる(下一)

よろし・い【◇宜しい】(形)カロ・カッ(ク)・イ・イ・ケレ・○ ①だいたいよい。悪くない。「この程度で―」②さしつかえない。「行っても―」③承諾するときの言葉。わかった。「―。やってみましょう」④(「よい」の丁寧な言い方)けっこうだ。いい。「景色が―」文よろ・し(シク)
参考 古語では、欠点がないの意の「よし」と、欠点はあるがまあよいの意の「よろし」とがあるが、現代語の「よい」と「よろしい」とはほとんど同じ意で用いる。

よろしく【◇宜しく】(副)①ほどよく。適当に。「君の考えで―取り計らってほしい」②(「よろしく願います」「よろしくお伝えください」などの略)相手の適切な配慮や伝言などを頼むときに用いる語。「今後ともどうぞ―」「皆さんに―」③当然。ぜひとも。「―社業に専念すべし」④(名詞の下に付いて)いかにもそれらしいさま。「俳優―演技する」語源 文語形容詞「よろし」の連用形の転。用法 ③は、あとに「べし」を伴う。

よろず【◇万】ヅョロ ㊀(名)①一〇〇〇〇の一〇倍。まん。②数の多いこと。たくさん。「八百(やお)―の神」㊁(副)万事につけて。何でも。すべて。「―引き受けました」

―や【―屋】①さまざまな物を売る店。②浅くではあるが広く物事に通じている人。また、何でもひとおりはできる人。

―よ【―代】限りなく長い年月。万年。

よろぼ・ふ【×蹌踉ふ】(よろぼう)(自四)(古)①よろめく。②くずれかかる。

よろ-め・く【×蹌踉めく】(自五)カ(コ)・キ(イ)・ク・ク・ケ・ケ ①足どりが不安定で、体がよろよろとして倒れそうになる。よろける。②自制心を失って、誘惑などにのる。特に、浮気をする。

よろ-よろ(副・自スル)足どりがしっかりしないで倒れそうなさま。「足もとが―(と)して危ない」

よ-ろん【世論・△輿論】(public opinion の訳語)世間一般の人々の意見。せろん。参考「世論」は「輿論」の書き換え語。

―ちょうさ【―調査】チウ 世間一般の人々の意見・傾向をつかむために行う統計的な調査。せろんちょうさ。

よ-わ【余話】こぼれ話。余聞。「政界―」

よ-わ【夜半】ハ 夜中。夜。夜半(やはん)。「―の風」

よわい【△齢】ヒヨハ 年齢。年。また、年配・年ごろ。「―を重ねる」

よわ・い【弱い】(形)カロ・カッ(ク)・イ・イ・ケレ・○ (中心義―外部から力が加え

られたとき、すぐに屈してしまうだけの力しかない》①力がおとっている。力量が少ない。「気が―」「―チーム」②じょうぶでない。病弱である。「体が―」③抵抗する力に乏しい。「熱に―素材」「孫には―」④度合いが低い。「酸味が―」「―風」⑤不得手である。「数字に―」《↕強い》文よわ・し(ク)
類語 柔(やわ)・柔い・脆(もろ)い・ひ弱・弱小・虚弱・脆弱(ぜいじゃく)・軟弱・柔弱・薄弱・微弱・貧弱・劣弱

よわ-き【弱気】(名・形動ダ)①消極的・悲観的で弱々しい態度であるさま。また、その気持ち。「―になる」②《経》相場が下落すると予想すること。《↕強気》

よわ-ごし【弱腰】㊀(名・形動ダ)相手に対する態度が消極的で弱気であるさま。また、その態度。「―外交」↕強腰 ㊁(名)腰のほっそりとくびれた部分。

よわ-ざいりょう【弱材料】ザイレウ―《経》相場を下落させる原因になる事情や条件。↕強材料

よ-わたり【世渡り】(名・自スル)世の中で暮らしていくこと。生活をしていくこと。処世。渡世。「―がうまい」「―上手」

よわ-ね【弱音】力のない声。また、いくじのない言葉。「―を吐く」

よわ-び【弱火】料理で、火力の弱い火。とろ火。↕強火

よわ-ふくみ【弱含み】《経》相場が下がり気味なこと。弱含(よわぶく)み。↕強含み

よわ-ま・る【弱まる】(自五)ラ(ロ)・リ(ッ)・ル・ル・レ・レ 弱くなる。力や勢いが衰えてくる。「台風の勢力が―」↕強まる 他よわ・める(下一)

よわ-み【弱み】弱いところ。弱点。うしろめたい所。「人の―を握る」「―につけこむ」↕強み

よわ-むし【弱虫】いくじのない人。すぐ弱音を吐く人。

よわ・める【弱める】(他下一)メ・メ・メル・メル・メレ・メロ(メヨ) 弱くする。力や勢いを衰えさせる。「火力を―」↕強める 自よわま・る(五) 文よわ・む(下二)

よわよわ-し・い【弱弱しい】(形)カロ・カッ(ク)・イ・イ・ケレ・○ 非常に弱そうに感じられる。いかにも弱く見える。「―声」文よわよわ・し(シク)

よわり-め【弱り目】弱った状態のとき。困っているところ。**―に祟(たた)り目(め)** 悪いときにさらに悪い事が起こること。不運に不運が重なること。参考 類似のことば―泣き面(つら)に蜂(はち)

よわ・る【弱る】(自五)ラ(ロ)・リ(ッ)・ル・ル・レ・レ ①弱くなる。衰弱する。「足腰が―」②困る。閉口(へいこう)する。「部長のがんこさには―・った」

よ-ゐ【夜居】ヰ―《古》①夜、寝ないで控えていること。宿直。②僧が一晩じゅう、加持(かじ)などのために詰めていること。

よをこめて… 和歌〔夜をこめて 鳥のそらねに はかるとも よに逢坂(あふさか)の 関はゆるさじ〕〈後拾遺集 清少納言(せいしょうなごん)〉まだ夜が深いうちに、鶏の鳴きまねをしてだまそうとしても、函谷関(かんこくかん)なら開けもしたでしょうが、あなたと私とが会う逢坂の関は、開けてあなたを通すことなど決してありませんよ。(孟嘗君(もうしょうくん)が鶏の鳴きまねで函谷関を開けさせ、秦(しん)から逃げたという故事を引いた機知の歌。小倉百人一首では第二句は「鳥のそらねは」)

よん【四】一の四倍。三に一を加えた数。よっつ。し。

よん-エッチ-クラブ【四Hクラブ】(head, hand, heart, health の頭文字から、頭・手・心・健康を重んじる意)農業技術の改良や生活改善を目的とする農村青少年の団体。日本では、第二次世界大戦後各地に作られた。

よん-く【四駆】「四輪駆動」の略。

よんだい-きしょ【四大奇書】→しだいきしょ

よん-ダブリュー-ディー【4WD】〈four-wheel drive から〉→よんりんくどう

よんどころ-な・い【◇拠ん所無い】(形)カロ・カッ(ク)・イ・イ・ケレ・○ (「よりどころない」の音便)やむをえない。ほかにどうしようもない。「―用事があって欠席する」文よんどころな・し(ク)

よんりん-くどう【四輪駆動】前後の四輪すべてに駆動力を伝える構造の自動車。四駆(よんく)。4WD

よんりん-しゃ【四輪車】車輪が四つある車。特に、二輪のオートバイに対してふつうの自動車をいう。

ら ラ

五十音図「ら行」の第一音。「ら」は「良」の草体。「ラ」は「良」の一部省画。

ら【拉】ラ㊥・ロウ(ラフ)

一 十 扌 扩 扩 拉

(字義)①くだく。ひしぐ。押しつぶす。「拉殺(ろうさつ)」②ひく。連れていく。「拉致(らち・らっち)」 難読 拉麺(ラーメン)・拉丁(ラテン)

ら【裸】ラ㊥ はだか㊥

衤 衤 衵 衵 裡 裸

(字義)①はだか。「裸身・裸体・裸婦・全裸」②むきだしの。「裸眼・裸出・裸子植物」 難読 裸足(はだし)

ら【螺】〈人〉ラ にし

(字義)①にし。巻き貝類の総称。「螺鈿(らでん)・田螺(たにし)・法螺(ほら)」②らせん状・ねじ状になったもの。「螺旋・螺髪(らほつ・らはつ)」③巻き貝のさかずき。「螺杯」 難読 螺子(ねじ)

ら【羅】ラ㊥ あみ

罒 罒 罗 罗 罗 羅

(字義)①あみ。かけあみ。とりあみ。「雀羅(じゃくら)」②あみする。あみで捕らえる。「網羅」③つらねる。つらなる。「羅布・羅列・森羅万象」④うすぎぬ。うすもの。「羅綾(らりょう)・綺羅(きら)・沙羅(さら)」⑤きもの。「一張羅」⑥細長い鋼で作った磁石。「羅針盤」 参考 (1)国名・地名の音訳に用いる。「羅馬(ローマ)・羅馬尼亜(ルーマニア)」(2)梵語(ぼんご)の音訳に用いる。「羅漢・阿修羅(あしゆら)」(3)外来語の音訳に用いる。「羅紗(ラシャ)・羅宇(ラウ)・羅甸(ラテン)」 難読 羅漢柏(あすなろ) 人名 つら

-ら【◇等】(接尾)①(人を表す語や指示代名詞に付けて)㋐複数を表す。「子供―」「これ―」㋑一つをあげて同類のものをまとめて表す。「A氏―三人」㋒第一人称の代名詞や人を表す語に付けて、へりくだる意や見下す気持ちを表す。「私―にはとてもできない」「あいつ―」②(場所を表す代名詞などに付けて)おおよその状態をさし示す。「ここ―」「そこ―」③《古》(形容詞の語幹などに付けて)そのような状態にあることを表す。「清―」「賢(さか)し―」 用法 ②は仮名書きがふつう。

ラーゲリ〈ロシア lager〉捕虜収容所。ラーゲル。

ラード〈lard〉豚の脂肪からとった料理用のあぶら。

ラーメン〈中国 拉麺・老麺(ラオメン)〉中国風の麺(めん)料理の一つ。中華そば。

ラーユ〈中国 辣油〉植物油に赤唐辛子を加えた調味料。中国料理に使用する。

らい【礼】(字義)→れい(礼)

らい【来】教2【〈人〉來】【〈人〉徠】ライ くる・きたる㊥・きたす㊥

一 ㄇ 立 平 来 来

(字義)①くる。やってくる。「来襲・来訪・外来・去来・伝来・到来・渡来・舶来」↕往 ②きたす。まねく。「招来」③このかた。今まで。「来由・来歴・以来・爾来(じらい)・年来・由来」④これからさき。「来世・将来・未来」⑤つぎの。「来月・来週」 参考「徠」は「来」の古字。 難読 来迎(らいごう) 人名 き・く・こ・な・ゆき

らい-【来】(接頭) 時を表す語について、次の、次にくるの意を表す。「―年度」「―学期」

-らい【来】(接尾) その時から現在に至るまで続いていることを表す。このかた。今まで。「数日―」「十年―」

らい【萊】ライ (字義) ①あかざ。ヒユ科の一年草。山野に自生し、若葉は食用。②雑草の茂った荒れ地。「萊蕪(らいぶ)」③「蓬萊(ほうらい)」は、中国の伝説で、東海にあるという仙人が住む霊山。

らい【雷】ライ㊥ かみなり㊥ (字義) ①かみなり。「雷雲・雷光・雷神・遠雷・春雷・避雷針・落雷」②音の激しくとどろくさま。「雷動・雷鳴」③速いさま。「迅雷」④威厳のあるさま。「雷名」⑤考えもなく他人の説に同意する。「雷同」⑥大爆発をおこす兵器。「雷管・雷撃・魚雷・地雷・水雷」[人名] あずま・いかずち

らい【蕾】ライ つぼみ (字義) つぼみ。開花する前のふくらんだ状態の花。

らい【頼】【賴】ライ㊥・たのむ㊥ たのもしい㊥・たよる㊥ (字義) たのむ。たのみにする。あてにする。「依頼・信頼・無頼漢(ぶらいかん)・頼母子講(たのもしこう)」[人名] のり・よ・よし・より

らい【瀬】【瀨】ライ せ㊥ (字義) ①せ。㋐はやせ。速い流れ。「急瀬」㋑あさせ。浅い流れ。「石瀬」②せ。㋐おり。場合。「逢瀬(おうせ)」㋑立場。場所。[人名] いわた

らい【癩】→ハンセンびょう

らい-い【来意】 ①訪問の理由。おとずれたわけ。「―を告げる」②手紙の趣旨。

らい-う【雷雨】《気》雷を伴って降る雨。[夏]

らい-うん【雷雲】《気》雷を伴う雲。おもに、積乱雲。[夏]

らい-えん【来援】ヱン (名・他スル) 来て助けること。

らい-えん【来演】(名・自スル) その土地に来て、音楽や演劇などを興行すること。「人気歌手が―する」

らい-おう【来往】ワウ (名・自スル) 行ったり来たりすること。

ライオン〈lion〉《動》ネコ科の哺乳(ほにゅう)動物。食肉性の猛獣。体は黄褐色で、雄にはたてがみがある。主として夜行性で、アフリカ・インドの草原にすむ。百獣の王といわれる。しし。

ライオンズ-クラブ〈Lions Club〉Liberty(自由)・Intelligence(知性)・Our Nation's Safety(自国民の安全)の頭文字から名づけた国際的民間社会奉仕団体。一九一七年、アメリカの実業家たちが作った。

らい-か【雷火】クワ ①落雷によって起こる火災。②いなずま。いなびかり。[夏]

らい-が【来駕】(名・自スル) (上に「ご」を付けて)人がたずねて来ることの敬称。「ご―をお待ちいたします」

らい-かい【来会】クワイ (名・自スル) 会合・催し物の場所に来ること。「ご―の皆様」

ライカ-ばん【ライカ判】 幅三五ミリメートルの写真フィルムで、画面の大きさが縦二四ミリメートル×横三六ミリメートルのもの。[語源] ドイツのライツ社製カメラの商標名ライカに由来する。

らい-かん【来簡】 よそから来た手紙。来信。

らい-かん【来観】クワン (名・他スル) 来て、見ること。「―者」

らい-かん【雷管】クワン 爆薬の起爆などに用いられる発火具。

らい-き【来季】 スポーツなどで、次のシーズン。「―の契約」

らい-き【来期】 次の期間。「―の業績予想」

らいき【礼記】 中国、漢代の経書(けいしょ)。戴聖(たいせい)の撰(せん)。五経の一つ。周末から秦(しん)・漢代の儒家の古礼に関する説を収録。

らい-きゃく【来客】 たずねて来る客。訪問客。「―がある」

らい-ぎょ【雷魚】《動》タイワンドジョウ科の淡水魚のタイワンドジョウとカムルチーの通称。小魚・カエルなどを捕食する。

らい-げき【雷撃】 ━(名) 雷が落ちること。━(名・他スル) 魚雷で艦船を攻撃すること。「敵艦を―する」

らい-げつ【来月】 今月の次の月。翌月。

らい-こう【来光】クワウ →らいごう①

らい-こう【来校】カウ (名・自スル) 学校をたずねて来ること。「父母が―する」

らい-こう【来航】カウ (名・自スル) 外国から船に乗ってやって来ること。「ペリー―」

らい-こう【来貢】(名・自スル) 外国からの使者がみつぎ物を持って来ること。

らい-こう【来寇】(名・自スル) 外国から攻めて来ること。外敵の襲来。「元(げん)の―」

らい-こう【雷公】《俗》雷のこと。

らい-こう【雷光】クワウ 雷の光。いなびかり。いなずま。

らい-ごう【来迎】ガウ ①高山の頂上で拝む日の出。ご来光。②《仏》人の臨終の際、阿弥陀仏(あみだぶつ)や諸菩薩(ぼさつ)が現れて、人を極楽浄土(ごくらくじょうど)に迎えること。「阿弥陀―図」

らい-さん【礼賛・礼讃】(名・他スル) ①ありがたく思ってほめたたえること。「先輩の功績を―する」②仏を礼拝(らいはい)して、その功徳(くどく)をほめたたえること。

らいさんよう【頼山陽】ライサンヤウ (一七八〇〜一八三二) 江戸後期の儒者・漢詩人。大坂生まれ。史書「日本外史」は尊王思想に大きな影響を与えた。漢詩集「日本楽府(がふ)」「山陽詩鈔(ししょう)」など。

らい-し【礼紙】 ①手紙などの紙のはしの、何も書いてない部分。②手紙や目録の上を巻いた白紙。かけがみ。

らい-し【来旨】 ①相手がたずねて来た目的。来意。②相手から来た手紙の趣旨。

らい-じ【来示】(上に「ご」を付けて)手紙で相手から言ってよこしたことの敬称。「ご―の件」

らい-しゃ【来社】(名・自スル) 会社などへたずねて来ること。

らい-しゃ【来車】(名・自スル) ①車で来ること。②(上に「ご」を付けて)他人がたずねて来ることの敬称。来駕(らいが)。

らい-しゅう【来秋】シウ 来年の秋。

らい-しゅう【来週】シウ 今週の次の週。次週。

らい-しゅう【来集】シフ (名・自スル) 集まって来ること。

らい-しゅう【来襲】シフ (名・自スル) おそって来ること。攻めて来ること。襲来。「敵の―を受ける」

らい-じゅう【雷獣】ジウ 落雷のとき落ちて来て、人畜を害し木などを裂くという、想像上の怪物。

らい-しゅん【来春】 ①来年の春。らいはる。明春。②来年の正月。明春。

らい-しょ【来書】 よそから来た手紙。来状。来信。

らい-じょう【来状】ジヤウ よそから来た手紙。来書。来信。

らい-じょう【来場】ヂヤウ (名・自スル) その場所に来ること。会場に来ること。「ご―の方々」

らい-しん【来信】 よそから来た手紙。来状。来書。来簡。

らい-しん【来診】(名・他スル) 医者が患者の家へ来て診察すること。「―を仰ぐ」[用法] 患者の側から言う言葉。

らい-じん【雷神】 雷を起こすという神。「風神―」[夏]

らいしん-し【頼信紙】「電報発信紙」の旧称。

ライス〈rice〉①ご飯。②米。

――カレー〈和製英語〉→カレーライス

らい-すき【耒】 →すきへん

らい-せ【来世】〘仏〙三世(さんぜ)の一つ。死後の世界。未来の世。後世(ごせ)。⇩前世・現世

ライセンス〈license〉①〘経〙輸出入などの取り引きの許可。また、特許や商標、技術などを他の者が使用することへの許可。「―契約」②許可。免許。許可証。免許証。

らい-だ【懶惰】(名・形動ダ)「らんだ(懶惰)」の誤読。

ライター〈lighter〉たばこ用の点火器。

ライター〈writer〉記者。作家。著述家。「コピー―」

ライダー〈rider〉①オートバイなどに乗る人。②騎手。

らい-たく【来宅】(名・自スル)自宅に人がたずねて来ること。

らい-だん【来談】(名・自スル)来て話すこと。

ライチ〈中国 荔枝〉→れいし(荔枝)

らい-ちゃく【来着】(名・自スル)こちらに到着すること。

らい-ちょう【来朝】テウ(名・自スル)外国人が日本に来ること。来日。

らい-ちょう【来聴】チヤウ(名・自スル)話を聞きに来ること。

らい-ちょう【雷鳥】テウ〘動〙ライチョウ科の鳥。日本アルプスにすむ。体の背面は茶色で、褐色の斑紋(はんもん)が散在し、腹面は灰白色。冬には全部白色に変わる。特別天然記念物。夏

らい-てい【雷霆】激しい雷。いかずち。夏

らい-てん【来店】(名・自スル)店に来ること。

らい-でん【来電】電報が来ること。また、その電報。

らい-でん【雷電】雷といなずま。夏

ライト〈light〉①光。光線。明かり。「ムーン―」②照明。「ヘッドー」「―をあてる」③色などが明るいこと。淡いこと。「―ブルー」④軽いこと。手軽なこと。「―ミュージック」

―アップ〈light up〉(名・他スル)夜間、照明を当てて建造物などを明るく照らし出すこと。「城を―する」

―きゅう【―級】キフ ボクシングの体重別階級の一つ。プロでは一三〇―一三五ポンド(五八・九七―六一・二三キログラム)。

―ノベル〈和製英語〉会話の多用やアニメ風のイラストを特徴とする、若者向けの娯楽小説。ラノベ。

―バン〈和製英語〉(「バン(van)」は屋根のある貨物運搬用自動車の意)運転席と荷物室とが一体となっている小型の貨客兼用車。

―フライ-きゅう【―フライ級】キフ〈light fly〉ボクシングの体重別階級の一つ。プロでは一〇五―一〇八ポンド(四七・六二―四八・九七キログラム)。

―ヘビー-きゅう【―ヘビー級】キフ〈light heavy〉ボクシングの体重別階級の一つ。プロでは一六八―一七五ポンド(七六・二〇―七九・三八キログラム)。

ライト〈right〉①右。②野球で、右翼。また、右翼手。③右派。(↕レフト) 参考 ②の右翼手は、英語ではright fielder という。

らい-とう【来島】タウ(名・自スル)よそからその島に来ること。

らい-どう【雷同】(名・自スル)自分の考えもなく、なんでも他人の言動に同意すること。「付和―」 語源 雷が鳴り響くと万物がこの響きに応じることからいう。

ライトモチーフ〈ドイツ Leitmotiv〉①作品の基調をなす中心思想。②〘音〙その曲の主題となる旋律(せんりつ)。

ライナー〈liner〉①野球で、空中を直線的に飛ぶ打球。②定期船。定期便。③取り外しができる、コートの裏地。

―ノーツ〈liner notes〉レコードやCDに付けられた解説文。また、その冊子。ライナーノート。

らい-にち【来日】(名・自スル)外国人が日本に来ること。訪日。「―公演」↕離日

らい-にん【来任】(名・自スル)任地に来ること。

らい-ねん【来年】今年の次の年。明年。

―のことを言(い)うと鬼(おに)が笑(わら)う 未来のことは予測しがたいことのたとえ。

ライノタイプ〈Linotype〉欧文植字機の一つ。一行ごとに活字を鋳造・植字する機械。リノタイプ。(商標名)

らい-はい【礼拝】(名・他スル)仏を敬い拝むこと。参考「らい」は「礼」の呉音で、主として仏教で用いる。⇩礼拝(れいはい)

らい-はる【来春】来年の春。らいしゅん。明春。

ライバル〈rival〉競争相手。好敵手。「―意識」

らい-ひ【来否】来るか来ないか。来ることと来ないこと。

らい-びょう【癩病】ビヤウ →ハンセンびょう

らい-ひん【来賓】式・会などに招待を受けて来た客。「―席」

ライフ〈life〉①生命。「―サイエンス」②一生。生涯。「―プラン」③生活。「―ログ(=日々の生活や行動をデジタルデータとして記録すること)」

―サイクル〈life cycle〉①人間の生活の周期。②動植物の誕生から死に至るまでの過程。③商品が市場に導入されてから他の商品に駆逐されるまでの周期。

―ジャケット〈life jacket〉救命胴衣。ライフベスト。

―スタイル〈lifestyle〉その人の考え方に基づく、人生の過ごし方。生活のしかた。

―ステージ〈life stage〉人の一生を、少年期・青年期・壮年期・老年期などに分けて考えた、それぞれの段階。

―セーバー〈lifesaver〉水難事故の際に救助・救命活動を行う人。水難救助員。人命救助員。

―セービング〈lifesaving〉水難救助。また、その技術向上のための競技。

―ボート〈lifeboat〉救難用の小型ボート。救命艇。

―ライン〈lifeline〉①命綱。②生命線。特に、都市生活の生命線として不可欠な電気・ガス・水の供給路、通信・輸送網などをさす。「―の復旧」

―ワーク〈lifework〉一生かけてする仕事や研究。一生の事業。その人の代表作。

ライブ〈live〉①生放送。実況。「―カメラ」②生演奏。実演。「―コンサート」

―ハウス〈和製英語〉生演奏を聞かせる店。

らい-ふく【来復】(名・自スル)一度去ったものが再びもどってくること。「一陽―」

ライブラリー〈library〉①図書館。図書室。②図書。蔵書。③叢書(そうしょ)。文庫。

ライフル-じゅう【ライフル銃】〈rifle〉命中率をよくするため、弾丸が回転するように、銃身の内部に螺旋(らせん)状のみぞ(=ライフル)を入れた小銃。ライフル。

らい-へい【来聘】外国からの使者が礼物を献じること。

らい-ほう【来訪】ハウ(名・自スル)人が訪ねてくること。「―者」↕往訪

らい-ほう【来報】(名・他スル)知らせに来ること。また、その知らせ。「―を待つ」

ライム〈lime〉〘植〙ミカン科の常緑低木。熱帯地方で栽培。果実は芳香が高く、ジュース・香味料に用いられる。

ライ-むぎ【ライ麦】〘植〙イネ科の越年草。麦の一種。形は大麦に似て丈が高く、晩春、花を開く。種子は黒パンなどの原料。黒麦。夏 参考 ライ(rye)は英語。

ライムライト〈limelight〉(「ライム」は石灰の意)①石灰の棒や玉を酸水素炎(=圧縮した酸素と水素の混合ガスが燃えて

発する炎)にあてて生じさせる強い白光。昔、舞台照明などに使った。②(転じて)名声。評判。

らい‐めい【雷名】①広く世間に知られている名声。「―を天下にとどろかす」②(上に「ご」を付けて)他人の名声の敬称。

らい‐めい【雷鳴】雷の鳴る音。夏

らい‐もん【雷文】いなずまのように屈折する線で作る連続模様。いなずま形。「青銅器の―」

らい‐ゆ【来由】由来。いわれ。らいゆう。

らい‐ゆう【来遊】イウ―(名・自スル)やって来ること。遊びに来ること。「当地へご―ください」

らい‐よけ【雷除け】①→ひらいしん ②雷よけのまじない。また、その守り札。

らい‐らく【磊落】(名・形動ダ)度量が大きくて細かいことにこだわらないこと。また、そのさま。「豪放―」

ライラック〈lilac〉〘植〙モクセイ科の落葉低木または小高木。葉は広卵形。春、芳香のある淡紫色または白色の筒状小花を開く。観賞用。品種が多い。リラ。むらさきはしどい。春

らい‐りん【来臨】(名・自スル)(ふつう上に「ご」を付けて)人がある場所へ出席することの敬称。「各位のご―を賜り」

らい‐れき【来歴】①物事が経てきた、今までの歴史。由来。由緒。「―をただす」「故事―」②人の経歴。

ライン〈line〉①線。「テニスコートの―」②系列。血統。「進化の―」③水準。レベル。「合格―」④列。行。「ディフェンス―を下げる」⑤航路。航空路。「エア―」⑥製造・販売などに直接たずさわる部門。↔スタッフ 参考 ③は和製英語。

―アウト〈line-out〉①ラグビーで、ボールをタッチラインの外に出したときの競技再開方法。相手チームが投げ入れたボールを、一列に並んだ両チームの選手が取り合う。②野球で、走者がタッチを避けようとして、塁間を結ぶ線から三フィート(=約九一センチメートル)以上離れたときにアウトになること。

―アップ〈lineup〉①野球で、打撃の順序。バッティングオーダー。②陣容。顔ぶれ。品目。「商品の―」参考「ラインナップ」ともいう。

―ダンス〈和製英語〉大勢の踊り子が一列に並んで踊るダンス。参考 英語では precision dancing という。

ラインズマン〈linesman〉→せんしん(線審)

ラウ【羅宇】→ラオ

らう‐がは・し【乱がはし】(形シク)〘古〙①乱雑である。ごたついている。②騒がしい。やかましい。③みだらである。

らう‐た・し―(形ク)〘古〙かわいい。いとしい。かれんである。

ラウドスピーカー〈loudspeaker〉拡声器。

らうらう・じ(形シク)〘古〙①もの慣れしている。巧みだ。②上品でかわいらしい。③才気がある。

ラウンジ〈lounge〉ホテル・空港などの談話室・待合室。

ラウンド〈round〉①ボクシングなどの試合の回。「最終―」②ゴルフで、一八ホールを回ること。③(他の語に付いて)丸い意を表す。「―ネック(=丸首)」

ラオ【羅宇】〈マレ Laos から〉キセルのがん首と吸い口とをつなぐ竹のくだ。ラウ。「―替え(=ラオのすげ替えを職業とする人)」語源 ラオス産の竹を使ったことからいう。⇒キセル(さしえ)

ラオス〈Laos〉インドシナ半島内陸部にある人民民主共和国。首都はビエンチャン。

ラオチュウ〈中国 老酒〉中国の醸造酒の総称。もちごめ、アワ・キビなどを原料にする。多く、長期熟成したものをいう。

ら‐おり【羅織(り)】うすく織った絹布。あやおり。

ラガー〈rugger〉ラグビー。また、ラグビーの選手。冬

ラガー‐ビール〈lager beer〉貯蔵の工程で低温熟成させたビール。ラガー。

らかん【羅漢】「阿羅漢」の略。「五百―」

ら‐がん【裸眼】眼鏡やコンタクトレンズを用いないで見るときの目。また、その視力。

ら‐ぎょう【裸形】ギヤウ―はだかの姿。「―の仏像」

らぎょう‐へんかくかつよう【ラ行変格活用】ラギヤウヘンカククワツヨウ〘文法〙文語動詞の活用の一つ。語尾が「ら・り・り・る・れ・れ」と活用するもの。「あり」「をり」「侍り」「いまそがり」などの語がある。ラ変。参考 言い切りの終止形語尾がイ段の音となるのが他の動詞にはない特徴。存在という、他の動詞にはない意味との関連があったと考えられる。口語では五段活用となり、言い切りの語尾はウ段の音で、他の動詞と同じになる。

らく【洛】ラク (字義)①中国の陝西省に発し、黄河に注ぐ川の名。「洛神・洛水」②都の名。㋐中国の周・漢時代の都。「洛陽」の略。㋑日本の都。特に、京都。「洛中・洛北・帰洛・京洛・上洛・入洛」

らく【絡】ラク㊥・からむ㊄・からまる㊄・からめる㊄・まとう (字義)①まとう。㋐からまる。からめる。「籠絡」㋑めぐる。㋒くくる。しばる。②つながる。つづく。「絡繹・短絡・連絡」③すじ。㋐糸すじ。㋑すじみち。「脈絡」人名 つら・なり

らく【落】教3 ラク おちる・おとす (字義)①おちる。おとす。㋐草木の葉や花が散る。「落葉樹・落花・凋落」㋑物をおとす。物がおちる。さがる。くだる。「落石・落涙・下落・墜落・低落・暴落」㋒敗れる。「落城・陥落」㋓ぬける。もれる。「落後・落丁・脱落」㋔沈む。「落日・落陽」㋕死ぬ。「落命」㋖がっかりする。「落胆」②おちぶれる。「落魄・没落・零落」③できあがる。「落成」④むらざと。「集落・村落・部落」⑤まがき。かきね。「籬落」⑥さびしい。まばらな。「落索・落莫」⑦きまり。きまりがつく。「落着・段落」難読 落人・落魄れる・落葉松・落籍す

らく【楽】(字義)→がく(楽)

らく【楽】■(名・形動ダ)①心身の安らかなこと。くつろぐこと。「どうぞお―に」「気分的に―だ」↔苦 ②生計の豊かなこと。「生活が―になる」③たやすいこと。「―な仕事」■(名)①「千秋楽」の略。「―日」②「楽焼き」の略。

―あれば苦あり 楽のあとには苦労が来る。世の中はいいことばかりではない。**―は苦の種 苦は楽の種** 楽から は苦が生じ、苦からは楽が生じるということ。楽のときには油断をするな、また苦のときには希望を捨てるなという教え。

らく【酪】ラク㊥ (字義)①牛や羊の乳を発酵させて作った飲料。「酪農・乾酪・乳酪」②ちちしる。ミルクの類。「肉酪・羊酪」

‐らく(接尾)〘古〙動詞を体言化し、「こと」の意を表す。「見―少なく恋ふ―の多き」〈万葉〉⇩く(接尾)「参考」

らく‐いん【烙印】銅や鉄で作り、熱く焼いて物に押す印。昔の刑罰で、罪人の額などに押した。焼き印。

―を押される ぬぐい去ることのできない汚名を受ける。

らく‐いん【落胤】身分の高い人が、正妻以外の女性にひそかに生ませた子。おとしだね。「将軍のご―」

らく‐いんきょ【楽隠居】(名・自スル)気楽に隠居生活をすること。また、その人。「―の身分」

ラグーン〈lagoon〉→かた(潟)①

らく‐えき【絡繹・駱駅】(タル)人や車などの往来が絶え間なく続くさま。文(形動タリ)

らく-えん【楽園】楽しみの満ちあふれた場所。パラダイス。

らく-がい【△洛外】都の外。京都の郊外。↕洛中

らく-がき【落書〔き〕】(名・自他スル) 書いてはいけない所にいたずら書きをすること。また、その書いたもの。落書。

らく-がん【落△雁】①空から地上に舞い降りる雁。秋 ②麦こがし・いり粉などに砂糖・水あめなどを加えて固めた干菓子。

らく-げつ【落月】西に没しようとする月。

―屋梁の想い 親しい友人を思う情の深いこと。屋梁落月。(杜甫が獄中の李白の夢を見て目覚めると、落ちかかった月が屋根の梁を照らしており、その光の中に李白の面影を見たという詩による。)

らく-ご【落△伍・落後】(名・自スル) 仲間からおくれること。力が足りなくて仲間についていけないこと。「―者」参考「落伍」は隊列から脱落する意。「落後」は代用字。

らく-ご【落語】〔演〕演芸の一つ。滑稽を主とした話で、最後に落ちのあるもの。落とし話。

―か【―家】落語を話すことを職業とする人。はなしか。

らく-さ【落差】①水が流れ落ちるときの、上下の水面の高さの差。②(転じて)高低の差。物事と物事との間のへだたり。「両国間の経済的な―が大きい」

らく-さい【楽歳】五穀のよくできた年。豊年。

らく-さつ【落札】(名・他スル) 競争入札の結果、目的のものを自分の手に入れること。「名画を―する」⇩入札

らく-さん【酪酸】〔化〕脂肪酸の一種。バターなどの油脂中にエステルとして含まれる。香料の原料などにする。

らく-じ【落字】書き落とした文字。脱字。

らく-じつ【落日】沈みかかっている太陽。夕日。入り日。

らく-しゃ【落車】(名・自スル) 乗っていた自転車などから落ちること。

らく-しゅ【落手】(名・他スル) 手紙や品物などを受け取ること。手に入れること。落掌。「貴書―いたしました」

らく-しゅ【落首】昔、政治や社会のできごとを、匿名でそれとなく風刺したり批判したりした狂歌や狂句。

ラグジュアリー〈luxury〉(名・形動ダ) ぜいたくなこと。豪華なさま。「―ブランド」

らく-しょ【落書】①→らくがき ②昔、時の人や時事を風刺したり批判したりした匿名の文書。人目につきやすい所へはったり道に落としたりした。落とし文。

らく-しょう【落掌】(名・他スル) →らくしゅ(落手)

らく-しょう【楽勝】(名・自スル) たやすく勝つこと。↕辛勝

らく-じょう【落城】(名・自スル) ①敵に城を攻め落とされること。②(比喩的に)物事を維持できなくなること。また、くどかれて承知してしまうこと。

らく-しょく【落飾】(名・自スル)〔仏〕(貴人が)髪をそり落として出家すること。

らく-せい【△洛西】都の西の地域。京都の西の郊外。特に、平安京の西で、鴨川以西の地の称。↕洛東

らく-せい【落成】(名・自スル) 建築・土木などの工事が終わり、建造物ができあがること。竣工。「―式」

らく-せい【落勢】〔経〕物価・相場などの下落する勢い。

らく-せき【落石】(名・自スル) 山の上やがけなどから石が落ちること。また、その石。「―注意」

らく-せき【落籍】■一(名・自スル) ①名簿から自分の名前を抜いて、仲間・所属団体から身を引くこと。②戸籍簿から名前が抜け落ちていること。■二(名・他スル) 抱え主に金を払って芸者・娼妓などにその仕事をやめさせること。身請け。

らく-せつ【落雪】(名・自スル) 積もった雪が崩れ落ちること。また、その雪。

らく-せん【落選】(名・自スル) ①選考にもれること。「コンクールに―する」↕入選 ②選挙に落ちること。↕当選

らく-だ【△駱△駝】①〔動〕ラクダ科ラクダ属の哺乳動物の総称。アジア・アフリカの砂漠地方にすむ。体は褐色で大形。草食性。足・首が長く背に瘤がある。瘤が二個のフタコブラクダは中央アジア、一個のヒトコブラクダは北アフリカ・アラビア半島に産する。②①の毛で作った繊維。また、その織物。

らく-たい【落体】〔物〕重力の作用で落下する物体。

らく-だい【落第】(名・自スル) ①試験に受からないこと。「―点をとる」↕及第 ②上の学年に進めないこと。「―生」春 ③一定の基準に達しないこと。「品質の面で―だ」

らく-だい【落題】題意を詠みこんでいない、また、与えられた題意に合っていない詩歌。

らく-たん【落胆】(名・自スル) 期待がはずれてがっかりすること。「試合に負けて―する」

らく-ち【楽地】楽土。楽境。楽園。

らく-ちゃく【落着】(名・自スル) 事のおさまりがつくこと。「一件―」「事件が―する」

らく-ちゅう【△洛中】都の中。京都市内。洛内。↕洛外

らく-ちょう【落丁】(名・自スル) 書物・雑誌などのページが、一部分ぬけていること。また、そのもの。「―本」

らく-ちょう【落潮】①引き潮。②人気・勢力などが衰えかけること。落ち目。③〔経〕相場が低落の傾向を示すこと。

らく-ちん【楽ちん】(名・形動ダ)(もと幼児語)楽なこと。「―をする」「終点まで座って行けるから―だ」

らく-てん【楽天】天命を楽しみ自然に従うこと。境遇に甘んじてくよくよしないこと。のんきなこと。↕厭世

―か【―家】物事をすべて楽観的に考える人。楽天主義の人。のんきな人。オプチミスト。↕厭世家

―しゅぎ【―主義】①〔哲〕この世にあるすべては善であり、この世をあり得る最良のものとみなす説。オプチミズム。(↕厭世主義) ②楽観的な物の見方。

―てき【―的】(形動ダ) ダロ・ダッ(デ・ニ)・ダ・ナ・ナラ・○ 人生をくよくよしないで、のんきにまたは明るい見通しで考えているさま。オプチミスチック。↕厭世的

らく-ど【楽土】楽しく暮らせる所。楽園。「王道―」

らく-とう【△洛東】都の東の地域。特に、京都の平安京の東で、鴨川以東の地の称。↕洛西

ラクトース〈lactose〉乳糖。

らく-ない【△洛内】→らくちゅう

らく-なん【△洛南】都の南の地域。特に、京都の南の郊外。↕洛北

らく-ね【楽寝】(名・自スル) 気楽にのびのびと寝ること。

らく-のう【酪農】〔農〕牛・羊などを飼って、搾乳したりバター・チーズなどをつくったりする農業。「―地帯」

らく-ば【落馬】(名・自スル) 乗っている馬から落ちること。

らく-ばい【落梅】散る梅の花。また、落ちた梅の実。

らく-はく【落剝】(名・自スル) 塗料などが、はげ落ちること。剝落。「壁画の一部が―する」

らく-はく【落△魄】(名・自スル) 落ちぶれること。零落。「―の身」

らく-ばく【落△莫】(トタル) 文(形動タリ) ものさびしいさま。寂莫。「―とした枯れ野」「―たる人生」

らく-はつ【落髪】(名・自スル) 髪の毛をそり落として仏門にはいること。剃髪。落飾。

らく-ばん【落盤・落△磐】(名・自スル) 鉱山・炭鉱の坑内

で、天井や周囲の壁の部分の岩石がくずれ落ちること。

らく-び【楽日】興行の最終日。千秋楽。楽。

ラグビー〈rugby〉一五人または七人ずつ二組に分かれ、楕円形のボールを相手方のゴール内へ運ぶなどして得点を競う球技。ラガー。ラ式蹴球。冬

らく-ひつ【落筆】(名・自スル) ①筆をとって絵や文字をかくこと。②たわむれがき。

らく-ほく【△洛北】都の北の地域。特に、京都の北の郊外。↔洛南

らく-めい【落命】(名・自スル) 命を落とすこと。死ぬこと。

らく-やき【楽焼〔き〕】①ろくろを使わず、手で形を作り、低い温度で焼いた陶器。②素焼きの陶器に、客に絵や文字をかかせて焼いたもの。語源 ①は、豊臣秀吉から「楽」の印を賜って家号とした楽家が創始したことからという。

らく-よう【落葉】(名・自スル) 木の葉が枝から落ちること。また、その落ちた葉。落ち葉。

―じゅ【―樹】《植》秋や乾季など特定の時期にすべての葉を落とす木。多くは広葉樹。ケヤキ・イチョウなど。↔常緑樹

―しょう【―松】「からまつ」の異名。

らく-よう【落陽】入り日。夕日。落日。

らくよう〔洛陽〕①中国の河南省の西部にある古都。(洛水の陽(=北岸)にあるのでいう。) ②「京都」の異称。

―の紙価を高める 著書の評判がよくて、よく売れることのたとえ。【故事】晋の左思の「三都賦」が大家の張華にほめられて評判になり、都の人々が争ってそれを書き写したために洛陽の紙が不足し、値段が高くなったことからいう。〈晋書〉

らく-らい【落雷】(名・自スル) 雷が落ちること。夏

らく-らく【楽楽】(副) ①気楽なさま。苦労がなく心身ともに安らかなさま。「―(と)暮らす」②きわめてたやすくできるさま。「―(と)勝つ」

ラグラン〈raglan〉《服》袖の布が、襟ぐりまでひと続きになっていること。また、そういう仕立て方。「―袖」

らく-るい【落涙】(名・自スル) 涙を流すこと。泣くこと。

ラクロス〈lacrosse〉男子は一〇人、女子は一二人ずつ二組に分かれて、先端にネットのついたスティックで球を扱って、相手ゴールに入れて得点を競う球技。

ラケット〈racket〉テニス・卓球・バドミントンなどで、ボール・シャトルなどを打つ用具。

らし (助動-特殊型)《古》①ある根拠・理由に基づき確信をもって推定する意を表す。きっと…だろう。まちがいなく…だろう。「春過ぎて夏来る―」〈万葉〉②明らかな事実・状態を表す語に付いて、その原因・理由を推定する意を表す。…というので…らしい。用法 ラ変を除く動詞型活用の語の終止形、ラ変型・形容詞型・形容動詞型活用の語の連体形に付く。

ラジアル-タイヤ〈radial tire〉高速走行用の自動車タイヤ。タイヤの繊維層が接地面と直角で、車輪の中心から放射状(ラジアル)になっていることからいう。

ラジアン〈radian〉《数》角度の単位。半径の長さに等しい弧に対する中心角を一ラジアンとし、約五七度一七分四四・八秒。弧度。記号 rad

-らし・い (接尾) ①(名詞に付いて)いかにも…にふさわしい、…の特質をそなえているなどの意を表す。「男―」②(形容詞・形容動詞の語幹などに付いて)…という感じを持たせる意を表す。「いや―」「わざと―」「かわい―」「もっとも―」参考 名詞、形容詞・形容動詞の語幹などに付いて形容詞をつくる。

らしい (助動-形容型) ある事実を根拠に事態を推定する意を表す。「間もなく幕があく―」「あすは晴れ―」用法 動詞・形容詞・動詞型活用の助動詞・形容詞型活用の助動詞・特殊型活用の助動詞(ぬ・た)の終止形、形容動詞の語幹、体言、助詞(の・から・まで・など・ばかり、など)に付く。連用形が「ございます」に連なるときは、ウ音便形「らしゅう」となる。【変遷】室町時代の接尾語「らしい」が、江戸時代に助動詞化したとされる。近年、婉曲な断定の意で用いられることが少なくない。たとえば、「父は肺炎なのです」を、「父は肺炎らしいのです」というように、自分で見たり聞いたりして確かな根拠があるのに明言を避けようとする、現代的心性に密接な表現。

ラシーヌ〈Jean Racine〉(一六三九～一六九九) フランスの悲劇作家。コルネイユ、モリエールと並ぶフランス古典劇の代表作家。高雅な作風の傑作を数多く残した。「アンドロマック」「ブリタニキュス」「フェードル」など。

ラジウム〈radium〉《化》放射性元素の一つ。銀白色で強い放射能をもつ。医療用に使われる。元素記号 Ra

ラジエーター〈radiator〉①暖房装置の放熱器。②自動車などの内燃機関の冷却器。

ラジオ〈radio〉①放送局から電波を利用して送る、報道・音楽などの音声放送。また、その放送内容。②①の受信装置。はじまり ①は、一九二五(大正十四)年三月二十二日、東京放送局が仮放送を開始したのが最初。同年七月、本放送開始。

―アイソトープ〈radioisotope〉→ほうしゃせいどうい たい

―コントロール〈radio control〉無線によって機械を操縦・制御すること。ラジコン。

―コンパス〈radio compass〉アンテナを回転させて電波の方向を探知する装置。無線方位測定器。

―ゾンデ〈ドイツ Radiosonde〉《気》気球につけて飛ばし、電波を利用して大気上層の気象状態を自動的に探測して地上に送る通信器械。ゾンデ。

―たいそう【―体操】ラジオで放送される伴奏・号令に従って行う体操。はじまり 一九二八(昭和三)年、「国民健康体操」の名でＮＨＫが最初に放送した。逓信省簡易保険局が企画したもの。

―ドラマ〈radio drama〉ラジオ劇。放送劇。

―ビーコン〈radio beacon〉地上から電波を発信し、航空機や船舶に方位を知らせる装置。無線標識。

ラジ-カセ (「ラジオカセット」の略) ラジオとカセットテープレコーダーを一体化させたもの。

ラジカリズム〈radicalism〉急進主義。現在の制度を根本的に急激に変革しようとする主義。ラディカリズム。

ラジカル〈radical〉(形動ダ) ①根本的。②急進的。革新的。「―な思想」参考「ラディカル」ともいう。

ラジ-コン「ラジオコントロール」の略。

らし-しょくぶつ【裸子植物】《植》種子植物の中で、雌蕊に子房などを欠き、胚珠が露出している植物の総称。ソテツ・イチョウ・マツ・スギなど。↔被子植物

ラシャ【×羅紗】〈ポルトガル raxa〉織り目のつまった厚地の毛織物。

―がみ【―紙】ラシャに似せた厚紙。台紙・壁紙用。

―めん【―綿】①羊のこと。②江戸末期から明治初期に外国人のめかけとなった日本女性をいやしめて言った言葉。洋妾。

ら-しゅつ【裸出】(名・自スル) おおわれないで、むき出しになっていること。露出。「地層―部」

らしょうもん〔羅生門〕芥川龍之介の小説。一九一五(大正四)年発表。「今昔物語集」に取材した歴史小説で初期の作。巧みな筆致でエゴイズムを鋭く追究。

ラショナル〈rational〉(形動ダ) 合理的。

ら-しん【裸身】はだかのからだ。裸体。夏

ら-しん【羅針】鋼で作った針状の磁石。磁針。

―ぎ【―儀】→らしんばん

―ばん【―盤】盤の中央に磁針を装置し、船や航空機の針路・方角をはかる器械。羅針儀。コンパス。

ラス〈lath〉〘建〙①漆喰などの下地にする小幅のうすい板。②モルタル塗りをするときの下地に使う金網。

ラスク〈rusk〉パンなどをうすく切り、卵白と砂糖をまぜたものなどをぬって焼いた菓子。

ラスト〈last〉物事の終わり。最後。最終。「―シーン」

―オーダー〈last order〉飲食店などで、営業時間内に受け付ける最後の注文。また、その時刻。「お食事は―です」

―スパート〈last spurt〉競技などで、ゴール近くで最後の力を出すこと。転じて、最後のがんばり。「―をかける」

―ヘビー〈和製英語〉最後のがんばり。ラストスパート。

ラズベリー〈raspberry〉〘植〙バラ科キイチゴ属の落葉低木の総称。果実は赤・黒紫色などに熟し、甘味・酸味が強く、食用。フランボワーズ。

らせつ【羅刹】〘仏〙大力で足が速く、人間を魅惑し、あるいは食うという悪鬼の名。のちに仏教の守護神となる。羅刹天。

ら-せん【螺旋】①巻き貝の殻のように渦巻き状に回っていること。「―階段」②ねじ。

ら-ぞう【裸像】彫刻や絵に表現された、はだかの人の像。

ら-そつ【邏卒】①見まわりの兵士。②明治初めごろの言葉で、巡査の旧称。

ら-たい【裸体】はだかのからだ。裸身。

らち【埒】(馬場の周囲にめぐらしたかこいの意)物事のきまり。区切り。

―が明かない 解決しない。きまりがつかない。はかどらない。

―もない とりとめがない。しまりがない。たわいない。「―話だ」

ら-ち【拉致】(名・他スル) むりに連れて行くこと。拉致。「要人が―される」

らち-がい【埒外】決められた物事の範囲の外。「―の言動」↕埒内

らち-ない【埒内】決められた物事の範囲の内。↕埒外

らつ【辣】ラツ 中　辣 辣 辣 辣 辣 辣

(字義) ①味がぴりっとからい。②きびしい。はげしい。「辣腕・辛辣」難読 辣油・辣韮

らっ-か【落下】(名・自スル) 落ちること。「―地点」

―さん【―傘】航空機から人が飛び降りたり、物資を投下したりするのに用いる傘状の用具。パラシュート。

らっ-か【落花】散り落ちる花。また、散って落ちた花。春

―枝に返らず (一度散った花は再びもとの枝に返ることはできないということから)ひとたび破れた男女の仲は再びもとにもどることはない。また、死んでしまった者は、再び生き返ることはない。参考 類似のことば―覆水盆に返らず

―せい【―生】〘植〙マメ科の一年草。南米原産。夏、黄色い花をつけ、受粉後、子房が地中にのびて結実する。種子は油用・食用。南京豆。ピーナッツ。秋

―ろうぜき【―狼藉】①花が散り乱れていること。また、物が入り乱れ、取り散らされているさま。②花を散らすような乱暴をすること。

らっ-か【落果】(名・自スル) 熟す前に果実が木から落ちること。また、落ちた果実。

ラッカー〈lacquer〉繊維素・合成樹脂などを油で溶かして顔料を加えた塗料。乾きがはやく、耐水性に優れる。

らっ-かん【落款】(名・自スル) 書画に筆者が完成の意味で署名したり、雅号の印を押すこと。また、その署名や印。

らっ-かん【楽観】(名・他スル) 物事をすべてよいほうに考え、なりゆきに希望をもつこと。「―を許さない状況」↕悲観

―てき【―的】(形動ダ) 物事のなりゆきをよいほうに考え、くよくよしないさま。「―な観測」↕悲観的

らっ-き【落暉】入り日。夕日。落日。落陽。

ラッキー〈lucky〉(名・形動ダ) 運に恵まれること。縁起のいいこと。幸運。「―ボーイ」「―なできごと」↕アンラッキー

―セブン〈lucky seventh から〉野球の試合で、得点する率が高いといわれる第七回の攻撃。

―ゾーン〈lucky zone〉野球場で、外野フェンスとその内側につくった柵との間の区域。ここにはいった打球もホームランになる。

らっ-きゅう【落球】(名・自他スル) 球を落とすこと。特に野球で、ボールを確保できず手から落とすこと。

らっ-きょう【楽境】①楽土。②楽しい境遇。

らっ-きょう【辣韮・薤】〘植〙ヒガンバナ科の多年草。中国原産。晩秋に紫色の小花を開く。地下の白色の鱗茎は食用。夏(らっきょうの花 秋)

ラック〈rack〉棚。物を掛けたり載せたりするための台。「マガジン―」「CD―」

ラック〈ruck〉ラグビーで、地面にあるボールの周囲に両チームのプレーヤーが立ったまま体を密着させて密集し、足でボールを奪い合っている状態。

ラック-ニス〈lac varnish から〉塗料の一種。ラック貝殻虫が分泌する樹脂状の物質をアルコールなどでとかしたもの。

らっ-けい【落慶】神社・仏殿などの新築または修理の、落成の祝賀。らくぎょう。「―法要」

らっこ【猟虎】(アイヌ語)〘動〙イタチ科の中形哺乳動物。北太平洋にすむ。体長約一メートル。体は濃褐色。うしろ足はひれ状でよく泳ぎ、貝類やエビ・カニなどをあお向けになって腹の上にのせて食う。毛皮は珍重されるが現在は捕獲禁止。

ラッシュ〈rush〉■一(名・自スル) まっすぐにつき進むこと。突進。■二(名) ①多くの人や物事が一時に集中したり、起こったりすること。殺到。「ゴールド―」「通勤―」②〘映〙下見・編集用のフィルムやテープ。「―プリント」③「ラッシュアワー」の略。

―アワー〈rush hour〉通勤・通学者などによって乗り物の混雑する朝夕の時間。混雑時。ラッシュ。

らっ-する【拉する】(他サ変) むりに連れて行く。拉致する。文らっ・す(サ変)

ラッセル〈ドイツ Rasselgeräusch から〉〘医〙呼吸器・気管などに異常があるとき、呼吸するたびに聴診器に聞こえる雑音のまじった異常音。ラッセル音。ラ音。

ラッセル〈russell〉■一(名・自スル) 登山で、雪が深いとき、雪をかきわけながら進むこと。■二(名) 「ラッセル車」の略。

―しゃ【―車】前部に雪かきをつけた車両。除雪車。冬 語源 考案者であるアメリカのラッセルの名前に由来する。

らっ-ち【拉致】(名・他スル) →らち(拉致)

ラット〈rat〉ねずみ。特に、実験用のしろねずみ。

らっぱ【喇叭】〘音〙金管楽器の総称。吹くところは細く、先端は大きく開いている。信号らっぱ・トランペット・ホルンなど。

―を吹く 大きなこと、大げさなことを言う。参考 類似のこと

ば―ほらを吹く

―ズボン らっぱのように裾(すそ)が広がっているズボン。

―のみ【―飲み】(名・他スル) らっぱを吹くようなかっこうで、びんなどに直接口をつけて中の液体を飲むこと。

ラッピング〈wrapping〉(名・他スル) ①包むこと。特に、贈答品などを包装紙やリボンで包むこと。また、その包装材料。②バスや鉄道車両などの車体を、広告などを印刷したフィルムで覆うこと。「―バス」

ラップ〈lap〉①競走路の一周。または、一区間。プールの一往復。②「ラップタイム」の略。

―タイム〈lap time〉途中計時。㋐陸上競技の中・長距離競走で、トラック一周、または、一区間ごとの所要時間。㋑競泳で、プールの片道または往復ごとの所要時間。

ラップ〈rap おしゃべり〉【音】一九七〇年代末から米国で流行した黒人音楽で、軽快なリズム演奏に乗せて歌手がしゃべるように歌うもの。「―ミュージック」

ラップ〈wrap〉(名・他スル) 食品保存用などに使うポリエチレン製の包装膜。また、それで包むこと。

ラップトップ〈laptop〉膝(ひざ)の上に置いて操作できる大きさの、携帯用のコンピューター。

らつ-わん【辣腕】 物事をてきぱきと、巧みに処理する能力のあること。「―をふるう」「―家」

ラディカル〈radical〉(形動ダ)(ダロ・ダッ(デ・ニ)・ダ・ナ・ラ・○) →ラジカル

ラディッシュ〈radish〉→はつかだいこん

ラテン〈Latin〉①ラテン語。②ラテン音楽。③ラテン民族。ラテン語系統の言語を話す民族。フランス人・イタリア人・ポルトガル人・スペイン人・ルーマニア人などがこれに属する。ヨーロッパの三大民族の一つ。参考「×羅甸」「×拉丁」とも当てる。

―アメリカ〈Latin America〉ラテン系移民によって開拓され、スペイン語・ポルトガル語などが使われるメキシコ・中央アメリカ・南アメリカ・西インド諸島などの地域の総称。

―おんがく【―音楽】【音】ラテンアメリカ諸国の音楽の総称。タンゴ・ルンバ・マンボ・サンバ・ボサノバなど。ラテンアメリカ音楽。

―ご【―語】 インドヨーロッパ語族に属し、昔、ローマ帝国で使われた言葉。現在では学術語などに使用。

―もじ【―文字】 →ローマじ①

ら-でん【螺鈿】 貝がらの色つやの美しい部分をうすく切り取り、器物にはめ込んで装飾とするもの。「―の文箱(ぶんこ)」

ラトビア〈Latvia〉バルト海に面する共和国。バルト三国の一つ。一九九一年ソ連から独立。首都はリガ。

ラドン〈radon〉【化】貴ガス元素の一つ。ラジウムの崩壊の際に生じ、鉱泉・温泉にも溶解している。元素記号 Rn

ラ-ニーニャ〈スペイン La Niña 女の子〉【気】南米ペルー沖で海水温が異常に低下する現象。世界の気候に影響を及ぼす。⇩エルニーニョ

らぬき-ことば【ら抜き言葉】【文法】上一段・下一段・カ行変格活用の動詞に、可能の意を表す助動詞「られる」が接続したものから、「ら」が脱落した語のこと。「見られる」「寝られる」「来られる」に対する、「見れる」「寝れる」「来れる」などをいう。

ラ-ノベ「ライトノベル」の略。

ラノリン〈lanolin〉【化】羊毛についているろうのような分泌物を精製した脂肪。軟膏(なんこう)などに用いる。羊毛脂。

ら-ば【騾馬】【動】雌馬と雄ロバとの雑種。馬より小形で粗食にたえ強健。一代かぎりで生殖能力はない。労役用。

ラバー〈lover〉愛人。恋人。

ラバー〈rubber〉ゴム。「―セメント(=ゴム用の接着剤)」

―ソール〈rubber sole〉ゴム底。ゴム底をつけた靴。

ラビ〈rabbi〉【宗】ユダヤ教の指導者。また、その敬称。

ラビオリ〈イタリア ravioli〉イタリア料理の一つ。小麦粉を練って薄く延ばした二枚の皮に、細かく刻んだ野菜や肉をはさんでゆで、ソースなどをかけて食べる。

ラピス-ラズリ〈lapis lazuli〉【地質】濃い青色の鉱物。青金石。瑠璃(るり)。⇩るり②

ら-ふ【裸婦】 はだかの女性。「―像」

ら-ふ【羅布】(名・自スル) ①並べてしくこと。②すみずみまで広くゆきわたること。

ラフ〈rough〉■一(形動ダ)(ダロ・ダッ(デ・ニ)・ダ・ナ・ラ・○) ①あらいさま。大ざっぱなさま。「―な仕事」「―プレー」②形式ばらないさま。「―な服装」③手ざわりがざらざらしているさま。「―な素材」■二(名)ゴルフのコースで、フェアウエーの外側にある、草や芝を刈りこんでいない地帯。参考 一②は、英語では casual という。

ラブ〈love〉①愛。愛情。②恋愛。「プラトニック―」③テニスなどで、得点がゼロのこと。「―ゲーム」

ラファエロ〈Raffaello Sanzio〉(一四八三〜一五二〇) イタリアの画家。盛期ルネサンスの巨匠。ミケランジェロやレオナルド＝ダ＝ビンチの影響をうけ、甘美な画風を大成。壁画・祭壇画に傑作を残し、聖母像も多い。

ラブ-コール〈和製英語〉①恋人への電話。②熱烈な勧誘。③動物・鳥の求愛。

ラブ-シーン〈love scene〉【映・演】恋人どうしの接吻(せっぷん)・抱擁・情事などの場面。濡(ぬ)れ場。

ラプソディ〈rhapsody〉【音】形式にとらわれない自由・華麗な楽曲。狂詩曲。

ラブ-ホテル〈和製英語〉情事のための客を相手に営業するホテル。連れ込み宿。

ラブ-ラブ〈和製英語〉(名・形動ダ)【俗】恋人どうしが熱愛しているさま。あつあつ。「―の夫婦」

ラブ-レター〈love letter〉恋する人に書き送る手紙。類語 恋文・付け文・懸想文(けそうぶみ)・艶書(えんしょ)・艶文(つやぶみ)

ラベル〈label〉内容や広告、また、分類番号や取り扱いの注意などを書いて商品にはる小さな紙片。レッテル。レーベル。

ら-へん【ラ変】「ラ行変格活用」の略。

ラベンダー〈lavender〉【植】シソ科の常緑小低木。地中海沿岸原産。夏に穂状をなして青紫色の小花をつける。花は芳香があり虫よけや香水の原料。西洋シソ。

ラボ ①「ラボラトリー」の略。②「ランゲージ-ラボラトリー」の略。③フィルムの現像所。「プロ―」

ラボラトリー〈laboratory〉研究室。実験室。ラボ。

ラマ〈llama〉【動】ラクダ科の哺乳(ほにゅう)動物。南アメリカの山岳地帯にすむ。体は白色・淡褐色など。ラクダに似るが小形でこぶがない。家畜として荷役用。アメリカラクダ。リャマ。

ラマ-きょう【ラマ教】(ケウ)「チベット仏教」の俗称。参考「ラマ(=チベット仏教の高僧)」は「×喇嘛」とも当てる。

ラマダン〈アラビア Ramadān〉【宗】イスラム暦の第九月。この一か月間、イスラム教徒は日の出から日没まで断食する。

ラミー〈ramie〉【植】イラクサ科の多年草。茎の皮の繊維は水に強く、織物・漁網の原料。

ラミネート〈laminate〉(名・自スル) 合板にすること。また、プラスチックフィルムやアルミ箔(はく)などをはり合わせて層をつくること。「―チューブ」

ラム【RAM】〈random-access memory から〉【情報】情報の読み出しと書き込みができる記憶装置。

ラム〈lamb〉子羊。また、小羊の肉や毛。「―ウール」

ラム〈rum〉サトウキビの糖蜜を発酵させて蒸留した強い酒。

らむ（助動-四型）○・○・ラム（ラン）・ラム（ラン）・ラメ・○《古》①眼前に存在しない現在の事柄の推量の意を表す。今ごろは…ているだろう。「憶良らは今はまからむ子泣くらむ」〈万葉〉②眼前に存在する事柄の原因・理由を推量する。…ているのだろう。「しづ心なく花の散るらむ」〈古今〉③人から聞いたり書物で知ったりした事実を表す。用法 ラ変を除く動詞型活用の語の終止形、ラ変型・形容詞型・形容動詞型活用の語の連体形に付く。

ラムジェット〈ramjet〉ジェットエンジンの一種。高速飛行時に風圧によって空気を圧縮し、燃料を燃焼させるもの。

ラムネ 清涼飲料水の一種。炭酸水にレモンの香りと砂糖で味をつけたもの。容器の瓶はガラス玉で栓をしてある。夏 参考 レモネード（lemonade）のなまり。英語では soda pop という。

ラメ〈フランス lamé〉金や銀の箔や糸。

ら-もん【羅文・羅門】《古》立て蔀・透垣などの上に、細い竹や木を菱形に交差するように組んで、飾りとしたもの。

らゆ（助動-下二型）ラエ・○・○・○《古》（上代語）可能の意を表す。「夢に見えつつ寝ねらえずけれ」〈万葉〉参考 中古以後の「らる」にあたる語。用法 動詞下二段活用の未然形に付く。

ララバイ〈lullaby〉子守歌。

ラリー〈rally〉①テニス・卓球などで、連続してボールを打ち合うこと。②自動車・オートバイの耐久競走。

ら-りょう【羅綾】《古》うすぎぬとあやおり。高級な衣服。

らる（助動-下二型）ラレ・ラレ・ラル・ラルル・ラルレ・ラレヨ《古》→られる

ラルゴ〈イタリア largo〉《音》楽曲の速さを示す語。「きわめてゆるやかに」の意。アダージョよりも遅い。また、その曲。

ら-れつ【羅列】（名・自他スル）ずらりと並ぶこと。また、ずらりと並べること。「文字の一にすぎない」

られる（助動-下一型）ラレ・ラレ・ラレル・ラレル・ラレレ・ラレロ（ラレヨ）①受け身の意を表す。「ほめー」「彼に来ーと困る」②可能の意を表す。「暑くて寝られない」③自発の意を表す。「家族のことが案じー」④尊敬の意を表す。「先生も映画を見ーそうだ」「おばさんが来**られた**」参考 ①の「来られる」のように自動詞も受け身になる。日本語の受け身は、話の当事者にだれかの行為がおよぶことをいい、そのため被害・迷惑を伴うことが多い。尊敬の「られる」が尊敬の助動詞「せる」「させる」に重ねられた「せられる」「させられる」は、尊敬の「られる（れる）」よりいっそう高い敬意を表す。⇩させる（助動）③・せる（助動）③ 用法 動詞上一段・下一段・カ変・サ変・助動詞「せる」「させる」の未然形に付く。⇩れる「用法」

ラワン〈タガログ lauan〉《植》フタバガキ科の常緑大高木の総称。フィリピン・インド・インドネシアなどに産する。建材・家具用。

らん【乱】教6【亂】ラン みだれる・みだす

（字義）①みだれる。みだす。みだれ。㋐秩序を失う。「乱雑・乱世・乱戦・乱闘・混乱・散乱・紊乱」㋑思い迷う。「乱心・錯乱・惑乱」㋒さわぎ。いくさ。「戦乱・騒乱・動乱・内乱・反乱」㋓みだらな。「乱倫・淫乱」㋔あばれる。あらあらしい。「乱行・乱暴・酒乱」②みだりに。むやみに。「乱打・乱立」人名 おさむ

らん【乱】戦争。動乱。騒動。「治にいて一を忘れず」

らん【卵】教6 ラン 中 たまご

（字義）①虫・魚・鳥などのたまご。「卵生・魚卵・産卵・受精卵」②特に、鳥のたまご。「卵黄・卵白・鶏卵・孵卵器」

らん【卵】雌の生殖器内にできる細胞（配偶子）。動物では卵子といい、精子を受精して新個体をつくる。植物では卵細胞といい、胚嚢や造卵器中にある。

らん【◇嵐】ラン 中 あらし

（字義）①山の風。②山気。山に立ちこめる青々とした気。山中に立つもや。「嵐煙・嵐気・翠嵐・青嵐・晴嵐・朝嵐・夕嵐」③つむじ風。また、烈風。④あらし。暴風雨。

らん【覧】教6【覽】人 ラン みる

（字義）みる。㋐ひろく見る。遠くを見渡す。「覧勝・回覧・観覧・展覧・博覧・遊覧」㋑ながめみる。目を通す。「一覧・閲覧・便覧」㋒神・天子・高貴の人が見る。「高覧・照覧・天覧」人名 かた・ただ・み

らん【濫】ラン 中 みだりに

（字義）①ひろがる。水がはびこる。「氾濫・汎濫」②みだれる。度が過ぎる。③みだりに。むやみやたらに。「濫獲・濫造・濫伐・濫用」④うかべる。「濫觴」参考 ②③の意味では、書き換え字として「乱」も用いる。

らん【藍】ラン あい 中 高

（字義）①あい。たであい。タデ科の一年草。青色の染料を取る。「藍青・藍碧・甘藍・出藍」②ぼろ。役に立たないきれ。＝襤。「藍褸」

らん【蘭】人 ラン

（字義）①香りのよい草の名。㋐らん。ラン科の植物の総称。「蘭麝・芝蘭・春蘭」㋑ふじばかま。②「和蘭」の略。「蘭学・蘭書」

らん【△蘭】《植》ラン科の植物の総称。花が美しくにおいがよい。観賞用として栽培される。秋

らん【欄】【欄】人 ラン 中 てすり

（字義）①てすり。おばしま。「欄干・高欄」②かこい。しきり。新聞・雑誌の記事の種類の区分。印刷物の紙面の区切ってある枠。「欄外・解答欄・空欄・上欄・文芸欄」

らん【欄】①てすり。らんかん。「一にもたれる」②新聞・雑誌などの記事で、一定の種類の文章をのせる部分。「投書一」③印刷物の、罫線などで囲んだ部分。「署名一」

ラン【LAN】〈local area network から〉《情報》同一の建物内など、特定範囲に構築された情報通信ネットワーク。

ラン〈run〉①走ること。「ラスト一」②野球で、ベースを一巡して得点すること。「ノーヒットノーー」③映画・芝居などの興行。また、それが続くこと。「ロングー」④《情報》コンピューターで、プログラムを実行すること。

らん（助動-四型）○・○・ラン・ラン・ラメ・○《古》→らむ

らん-い【△襤衣】やぶれた着物。つづれ。ぼろ。弊衣。

らん-い【△蘭医】オランダ医学を学んだ医者。蘭方医。

らん-うん【乱雲】①速い風に吹かれてちぎれちぎれに飛ぶ雲。②《気》雨のとき、空を暗くおおう雲。「乱層雲」の旧称。

らんえん-けい【卵円形】ランエン― 卵形に近い円形。

らん-おう【卵黄】ワウ― 卵の黄身。↔卵白

らん-かい【卵塊】クワイ―（魚・昆虫などの）卵のかたまり。

らん-がい【欄外】グワイ― 新聞・雑誌・書籍などの、本文を印刷していない上下左右の余白の部分。紙面の枠やしきりの外。

らん-かく【卵殻】卵のから。

らん-かく【濫獲・乱獲】クワク―（名・他スル）鳥・獣・魚などをむやみにとること。「野鳥の一を禁止する」

らん-がく【△蘭学】江戸時代の中ごろから、オランダ語を通じて日本にはいってきた西洋の学問。

らんがくことはじめ〔蘭学事始〕江戸後期の杉田玄白

訳の回想録。一八一五(文化十二)年成立。「解体新書」翻訳の苦心談を中心に蘭学興隆のころを回想。蘭東事始。

らん-かつ【卵割】〘生〙発生をはじめた動物の受精卵が分裂して多くの細胞(=割球)に分かれること。

らん-かん【卵管】―クワン〘生〙卵巣から排卵された卵子を子宮に送る管。子宮をはさんで左右一対ある。輸卵管。

らん-かん【欄干】橋・階段・縁側などのはしに木を縦横に渡し、人が落ちるのを防いだり飾りとしたりするもの。手すり。欄。

らん-かん【△闌干】(タル・ト) ①星や月の光のあざやかなさま。②涙がさかんにあふれ出るさま。文(形動タリ)

らん-き【◇嵐気】山中のひんやりうるおった空気。山気。また、山中に立つもや。

らん-ぎく【乱菊】花びらが長くてふぞろいな菊の花。また、その菊の花の模様や紋。秋

らん-ぎゃく【乱逆】謀反。反逆。「―を企てる」

らん-ぎょう【乱行・濫行】―ギヤウ 行いの乱れること。乱暴なふるまい。また、ふしだらな行い。らんこう。「ごー ぶり」「―に及ぶ」

らん-ぎり【乱切り】料理で、形をそろえないで材料を切ること。また、その切り方。「大根を―にする」

らん-きりゅう【乱気流】―キリウ〘気〙不規則な大気の流れ。航空機の飛行に影響を及ぼす。

ランキング〈ranking〉順位・等級。ランク。「世界―」

ランク〈rank〉(名・自他スル) 順位・等級をつけること。また、その順位・等級。ランキング。「上位に―される」「―づけ」

らん-ぐい【乱△杙・乱△杭】―グヒ 川底などにふぞろいに打ち込んだくい。昔、太い綱を張って、攻めて来る敵の障害物とした。

―ば【―歯】歯ならびの悪い歯。

らん-くつ【濫掘・乱掘】(名・他スル) 鉱石などをむやみに掘り出すこと。「石炭を―する」

らん-ぐん【乱軍】敵・味方が入り乱れて戦うこと。乱戦。

らん-けい【卵形】卵のような形。たまごがた。

らん-けい【濫刑】むやみに刑罰に処すること。

ランゲージ-ラボラトリー〈language laboratory〉→エルエル①

ランゲルハンス-とう【ランゲルハンス島】―タウ〘生〙膵臓内に島状に散在する内分泌腺組織。インスリンなどを分泌する。語源ドイツの病理学者ランゲルハンス(Langerhans)が発見したところからいう。

らん-ご【△蘭語】オランダ語。

らん-こう【乱交】―カウ(名・自スル) 相手かまわずみだりに性交すること。

らん-こう【乱行・濫行】―カウ →らんぎょう

らん-こう【△蘭交】―カウ(「蘭」の香りのように美しい交わりの意から)親しい友との交わり。金蘭の交わり。

らん-こうげ【乱高下】―カウゲ〘経〙相場や物価が上下にはなはだしく動き、一定しないこと。

らん-ごく【乱国】国の秩序が乱れること。また、乱れた国。

らん-こん【乱婚】原始社会で、一群の男女が一定の相手を定めずに夫婦関係を結ぶとされた婚姻形態。雑婚。

らん-さいぼう【卵細胞】―サイバウ 雌性の配偶子。卵。

らん-さく【濫作・乱作】(名・他スル) むやみに多く作ること。

らん-ざつ【乱雑】(名・形動ダ) 乱れてだらしのないこと。入りまじって秩序のないこと。「―な部屋」

類語 雑然・不規則・無秩序・乱脈・混然・混沌・ごちゃごちゃ・ごたごた・ごっちゃ・ばらばら・てんでんばらばら

らん-し【卵子】動物の「卵」。精子に対していう。↕精子

らん-し【乱視】〘医〙角膜などの屈折異常のため、光が網膜上の一点に集まらず物が正しく見えないこと。乱視眼。

ランジェリー〈フランス lingerie〉女性用の下着・部屋着類。

らんし-しょく【藍紫色】あい色を帯びた紫色。

らん-しゃ【乱射】(名・他スル) 矢・弾丸などを、目標も定めずむやみやたらに撃つこと。「―乱撃」

らん-じゃ【△蘭△麝】ランの花の香りとじゃこうの香り。転じて、よい香り。

らん-しゅ【乱酒】①度をこえて酒を飲むこと。また、飲みすぎて行いが乱れること。②宴席で入り乱れて酒を飲むこと。

らん-じゅく【△爛熟】(名・自スル) ①果実などが熟しすぎること。②物事が十分に発達・成熟すること。「文化の―期」

らん-しゅつ【濫出】(名・他スル) むやみに持ち出すこと。

らんじゅ-ほうしょう【藍△綬褒章】―ホウシヤウ 褒章の一つ。公衆の利益、または公共の事務に力をつくした人に国が授与する褒章。綬(=リボン)はあい色。

らん-しょ【△蘭書】オランダの書物。オランダ語の書物。

らん-じょ【乱序】①順序を乱すこと。順序の乱れること。②能楽で、獅子舞のはじめに笛や鼓で奏する特殊な囃子。

らん-しょう【濫△觴】―シヤウ 物事の起こり。始まり。起源。「近代医学の―」語源「濫」は浮かべる、「觴」はさかずきの意。中国の長江のような大きな川でも、その源はさかずきを浮かべるほどの小さな流れであるということから出た語。〈荀子・子道〉

らん-しょう【△蘭省】―シヤウ ①「尚書省(=唐代の役所。今の内閣にあたる)」の別称。②太政官の唐名。③皇后の宮殿。

らん-じょう【乱声】―ジヤウ〘音〙舞楽のはじめ・行幸などのときに行う笛・鼓などの合奏。

らん-しん【乱心】(名・自スル) 心が乱れくるうこと。気が狂うこと。「殿のご―」

らん-しん【乱臣】反乱をくわだてる臣下。逆臣。

―ぞくし【―賊子】国を乱す臣と、親にそむく子。

らん-じん【乱人】①国を乱す人。反逆人。②心が乱れくるった人。乱心者。

らん-すい【乱酔】(名・自スル) だらしなく酒に酔うこと。泥酔すること。「宴会で―する」

らんすう-ひょう【乱数表】―ヘウ 0から9までの数字を無秩序にならべた表。統計調査で標本を無作為に選び出すときや、暗号通信を行うときなどに使う。

らん・する【濫する】(自サ変) シ(セ・サ)・シ・スル・スル・スレ・シロ(セヨ) みだりにする。とりみだす。乱れる。「窮して―」文らん・す(サ変)

らん-せい【乱世】乱れた世の中。戦乱の世。らんせ。「―を生き抜く」↕治世

らん-せい【卵生】〘動〙受精卵が母体の外で発育して孵化し、新個体となること。哺乳類を除く大部分の動物が卵生である。↕胎生

らん-せい【乱政】乱れた政治。

らん-せん【乱戦】①敵・味方入り乱れて戦うこと。乱軍。②スポーツの試合などで、大量点を取り合うなどの、荒れた試合。

らん-そう【卵巣】―サウ〘生〙動物の雌の生殖器官。卵をつくる。ヒトでは骨盤内で子宮の両側に一対ある拇指頭大の平たい楕円形の器官。皮質と髄質とに分かれ皮質には多数の卵胞が含まれ、髄質には血管や神経が入っている。

らん-ぞう【濫造・乱造】―ザウ(名・他スル) 品質などを考えないで、むやみにつくること。「粗製―」

らんそう-うん【乱層雲】〘気〙高度二〇〇〇メートル以下にできる暗灰色の雲。雨・雪を降らせる。記号 Ns

らん-だ【乱打】(名・他スル) ①むやみやたらにたたくこと。「鐘を―する」②野球で、相手投手の球を次々に打ち込むこと。③

バレーボール・テニスなどで、練習のために球を次々と打つこと。

らん-だ【△懶惰】(名・形動ダ) なまけること。また、そのさま。ぶしょうなさま。「—な生活」参考「らいだ」は誤読。

ランダム〈random〉一(名・形動ダ) 無作為にすること。任意にすること。また、そのさま。「アト—」「—に数字を並べる」二(名)「ランダムサンプリング」の略。

—サンプリング〈random sampling〉《数》無作為抽出法。統計で、全体の集団(母集団)から無作為に標本を抽出・調査し、全体をおしはかろうとする方法。

ランタン〈lantern〉ガラス張りの角形の手提げ灯。角灯。

ランチ〈launch〉連絡用などに使う小型の船。

ランチ〈lunch〉昼食。また、簡単な洋食。「—タイム」

らんちき-さわぎ【乱痴気騒ぎ】①ばかげた大騒ぎ。どんちゃん騒ぎ。②嫉妬(しっと)から起こるけんか。ちわげんか。

らん-ちゅう【△蘭鋳・△蘭虫】チウ・チュウ《動》金魚の一品種。体は卵形で、腹が大きい。頭にたくさんのこぶができる。夏

らん-ちょう【乱丁】チャウ 本のページの順が乱れていること。

らん-ちょう【乱調】テウ →らんちょうし

らん-ちょうし【乱調子】テウシ ①調子の乱れること。また、乱れた調子。乱調。②《経》相場が激しく変動して定まらないこと。乱調。

ランチョン-マット〈和製英語〉食事のとき、各自の食器を置くために食卓に敷く、小さな敷物。

ランディング〈landing〉(名・自スル) 着陸。着地。

ランデ-ブー〈フランス rendez-vous〉①人とおちあうこと。特に恋人どうしが会うこと。②人工衛星や宇宙船どうしがドッキングするため、宇宙空間で出会うこと。

らん-とう【卵塔・△蘭塔】タフ ①《仏》台座の上に卵形の石塔を置いた墓石。②「卵塔場(らんとうば)」の略。

—ば【—場】墓場。墓地。

らん-とう【乱闘】(名・自スル) 敵・味方が入り乱れて戦うこと。また、その戦い。「—騒ぎ」

らん-どく【濫読・乱読】(名・他スル) 手当たりしだいにいろいろの本を読むこと。↔精読

ランドセル〈オランダ ransel から〉学童用の背負いかばん。

ランドマーク〈landmark〉①陸上の目印。陸標。②その土地を象徴する建造物。

らん-どり【乱取り】柔道で、二人ずつ組み、技(わざ)を出し合って任意に行う練習。

ランドリー〈laundry〉洗濯。また、クリーニング店。「—サービス」「コイン—」

ランナー〈runner〉①走る人。競走者。「短距離—」②野球で、塁に出た走者。「一塁—」

らん-にゅう【濫入・乱入】ニフ (名・自スル)(大勢が)正当な理由もなくはいりこむこと。また、乱暴に押し入ること。

らん-にゅう【△闌入・△闌入】ニフ (名・自スル) 許可なくみだりにはいりこむこと。

ランニング〈running〉①走ること。また、競走。②「ランニングシャツ」の略。

—キャッチ〈running catch〉野球で、守備をしている選手が走りながら球をとること。

—コスト〈running cost〉建物や装置などを維持するために必要な費用。また、企業の運転資金。

—シャツ〈和製英語〉袖(そで)なしで、えりぐりの大きいシャツ。運動競技用や男性の下着用。ランニング。

—ホームラン〈和製英語〉野球で、フェアゾーンに落ちたボールが返球されている間に、打者が本塁まで帰るホームラン。

らん-ばい【乱売】(名・他スル) 損得を考えないで、むやみに安く売ること。投げ売り。「—合戦」

らん-ぱい【乱杯】宴会などで、入り乱れて杯をかわすこと。

らん-ぱく【卵白】卵の白身。↔卵黄(らんおう)

らん-ばつ【濫伐・乱伐】(名・他スル) 山林の樹木をむやみに伐採すること。「—により水害がおこる」

らん-ぱつ【乱髪】乱れ髪。ふり乱した髪。

らん-ぱつ【濫発・乱発】(名・他スル) ①紙幣・法令などをむやみに出すこと。「手形の—」②やたらに放つこと。むやみに発すること。「駄洒落(だじゃれ)を—する」

らん-はんしゃ【乱反射】(名・自スル)《物》物体の表面が光の波長程度の微小な凹凸をもつとき、これに光をあてるとさまざまな方向に反射すること。拡散反射。

らん-ぴ【濫費・乱費】(名・他スル) お金や品物をむやみに使うこと。むだづかい。「公金を—する」

らん-ぴつ【乱筆】①乱暴に書いた筆跡。②自分の筆跡の謙称。「—のほどお許しください」「乱文—」

らん-ぶ【乱舞】(名・自スル) 入り乱れて舞うこと。「狂喜—」

ランプ〈lamp〉①石油を燃料とする照明具。まわりをガラスの筒でおおい、灯心に火をつけてともす。②電灯。参考「×洋灯」とも書く。

—シェード〈lampshade〉ランプや電灯のかさ。

ランプ〈ramp〉立体交差した二つの道路をつなぐ傾斜道路。特に、自動車専用道路の出入りのための坂道。ランプウエー。

らん-ぶん【乱文】①整っていない文章。②手紙などで、自分の書いた文章をへりくだって言う語。「乱筆—」

らん-ぺき【藍△碧】あいのように濃い緑色。あおみどり。

らん-ぼう【乱暴】(名・自スル・形動ダ) ①荒々しくふるまうこと。手荒な行為をすること。「—をはたらく」②粗雑なさま。無謀なさま。「—な意見」

らん-ぽう【△蘭方】バウ 江戸時代、オランダから伝わった医術。「—医」

らん-ぽん【藍本】原本。原典。底本。

らん-ま【乱麻】乱れもつれた麻。物事のもつれているさまのたとえにもいう。「快刀—を断つ(=もつれた物事をあざやかにさばく)」

らん-ま【欄間】通風や採光をよくするために、天井と、鴨居(かもい)や長押(なげし)との間に格子(こうし)や透かし彫りの板をはめこんだ部分。

〔欄間〕

らん-まん【△爛漫】(タル) ①花の咲き乱れるさま。「百花—」「春—」②光り輝くさま。また、あきらかにあらわれるさま。「天真—(=純真で無邪気なさま)」文(形動タリ)

らん-みゃく【乱脈】(名・形動ダ) 秩序や筋道が乱れて見分けのつかないさま。「—をきわめた経理」

らん-もん【欄門】すかし模様のある門。

らん-よう【卵用】卵をとる目的で飼うもの。「—鶏」

らん-よう【濫用・乱用】(名・他スル) むやみに使うこと。「職権を—する」

らん-らん【△爛△爛】(タル) 光り輝くさま。眼光が鋭く輝くさま。「—と光る目」文(形動タリ)

らん-りつ【乱立】(名・自スル) ①乱雑に立ち並ぶこと。②多くの人がむやみに候補者として立つこと。「候補者が—する」

らん-りん【乱倫】行いが人間としての道にはずれていること。素行の乱れていること。特に、性的関係の乱れていることをいう。

らん-る【△襤△褸】つぎはぎだらけの着物。つづれ。ぼろ。

り リ

五十音図「ら行」の第二音。「り」は「利」の草体。「リ」は「利」の旁(つくり)。

り【吏】 リ㊥

(字義)つかさ。㋐人を治める者。公務に従事する人。役人。「吏員・吏道・官吏・公吏・酷吏・執行吏・執達吏・良吏」㋑下級役人。「小吏・捕吏」人名 おさ・さと・つかさ

り【利】 教4 リ きく㊥

(字義)①するどい。刃物がよく切れること。「利器・利剣・鋭利」②すばやい。賢い。「利口・利発」③よい。つごうがよい。「利己・利尿(りにょう)」④勝つ。勝ち。「勝利」⑤もうけ。とく。「利益・利潤・営利・巨利・功利・暴利」⑥効用がある。ききめ。「利便・利用・水利・福利・便利」⑦益を他に及ぼす。「利他・利敵」⑧元金の利用に対する報酬としての金銭。「利子・利息・元利・金利・高利」難読 利き者(きけもの)・利鎌(とがま)・利益(りやく) 人名 かが・かず・かつ・さと・と・とおる・とし・のり・まさ・みち・みのる・よし・より

り【利】 ①有利であること。「地のー」②もうけ。利益。「漁夫のー」「ーを収める」③利子。利息。「ーがーを生む」

り【李】 人 リ すもも

(字義)①すもも。中国原産のバラ科の果樹。「李花・桃李」②おさめる。衣類などを入れる。「行李(こうり)」人名 もも

り【里】 教2 リ さと

(字義)①むらざと。いなか。「里人・里諺(りげん)・郷里・村里」②行政区画の一つ。大宝令では人家五〇戸の地。「国郡里制」③みちのり。また、その単位。一里は六町(約六五四メートル)、のちに三六町(約三九二七メートル)に統一。「一里塚・一瀉(いっしゃ)千里」難読 里長(さとおさ) 人名 さとし・のり

り【里】 距離の単位。一里は三六町。約三九二七メートル。

り【俐】 人 リ

(字義)「怜俐(れいり)」は、りこう。かしこい。人名 さと

り【哩】 人 リ

(字義)マイル。ヤードポンド法の距離の単位。一哩は約一六〇九メートル。

り【浬】 人 リ

(字義)海里。海上の距離の単位。一浬は約一八五二メートル。

り【莉】 人 リ

(字義)「茉莉(まつり)」は、インド原産のモクセイ科の常緑低木。ジャスミンの一種。

り【梨】 ◇ 教4 リ なし

(字義)なし。バラ科の落葉高木の果樹。「梨園・梨花・梨雪」

り【理】 教2 リ おさめる・ことわり

(字義)①おさめる。㋐玉をみがく。㋑ととのえる。「理髪・調理・料理」㋒はからう。処置する。「理事・管理・処理・整理」㋓つくろう。「修理」②すじ。㋐筋道。「理由・理論・条理」㋑人のふみ行うべき道。「倫理」㋒ことわり。「理想・理念・義理・真理・道理」㋓多くの事実に共通した原則。また、その現象を追究する学問。「原理・心理・生理・地理」㋔あや。玉の表面のすじ模様。「節理・文理」㋕もくめ。「木理」㋖皮膚のきめ。「膚理」③さとる。わかる。「理解」④宇宙の本体。「理学・理気・窮理」⑤自然科学系の学科の略。「理科・理系・理工学部」⑥「物理学」の略。「理化学」難読 理無(わりな)い 人名 あや・おさ・おさむ・さだむ・すけ・たか・ただ・ただし・ただす・とし・のり・まさ・まろ・みち・よし

り【理】 ①法則。原理。「陰陽のー」「不滅のー」②道理。理屈。「ーの当然」「ーにかなう」「ーを尽くす」

ーに落(お)ちる 話が理屈っぽくなる。理屈に偏する。

り【痢】 リ㊥

(字義)はらくだし。げり。「痢病・疫痢・下痢・赤痢」

り【裏】 教6 **【裡】** 人 リ うら㊥

(字義)①うら。衣のうちがわ。物の内面。「裏面・表裏」↔表 ②うち。内部。「胸裏・禁裏・内裏(だいり)・脳裏」難読 裏曲(うらがね) 参考「裡」は「裏」の俗字。

-り【裏・裡】 (接尾)…のうちに。「秘密ーに処理する」

り【履】 リ はく㊥・ふむ・くつ

(字義)①ふむ。㋐行う。実行する。「履行・履修」㋑経験する。「履歴」㋒あるく。行く。「遊履」②くつ。はきもの。「草履(ぞうり)・木履(ぼくり)」人名 のり・ふみ

り【璃】 リ㊥

(字義)①「瑠璃(るり)」は、㋐七宝の一つ。紺色の宝玉。㋑るり色。㋒ガラス類の古名。②「玻璃(はり)」は、㋐七宝の一つ。水晶の類。㋑ガラス。人名 あき

り【鯉】 人 リ こい

(字義)こい。淡水魚の一つ。「鯉魚・鯉鮒(りふ)・双鯉」難読 鯉濃(こいこく)・鯉幟(こいのぼり)

り【離】 リ はなれる㊥・はなす㊥

(字義)はなれる。はなす。㋐へだたる。へだてる。「離乳・隔離」↔合 ㋑わかれる。「離婚・離別・別離」↔合 ㋒わける。「分離」↔合 ㋓散る。ばらばらになる。「離合・離散・支離滅裂」↔合 ㋔仲を裂く。「離間」㋕そむく。「離反・乖離(かいり)」㋖遠ざかる。遠ざける。「距離・不即不離」㋗ぬけおちる。ときはなつ。「離脱・解離」㋘去る。「離島・離任」㋙さすらう。「流離」人名 あきら・つら

り (助動-ラ変型) ラ・リ・リ・ル・レ・レ (古)①完了の意を表す。…た。…てしまっている。「筑波嶺(つくばね)に雪かも降らる(=降ったのか)」〈万葉〉②動作が行われて、その結果が引き続いて存在することを表す。…てある。…ている。「つまもこもれー我もこもれー」〈伊勢〉

用法 四段動詞の已然形、サ変動詞の未然形に付く。四段動詞には命令形に付くとする説もある。

リア 〈rear〉(他の語に付いて)「うしろ(の)」「後部(の)」の意を表す。「ーウインドー」

り-あい【利合〔い〕】 アヒ 利益の歩合(ぶあい)や程度。利息。

り-あい【理合〔い〕】 アヒ 道理の程合い。わけ。筋道。

リアクション 〈reaction〉反応。反響。反動。反作用。

り-あげ【利上げ】 (名・自スル)①利率を高くすること。↔利下げ ②質入れ品や借金の返済期限がきたときに、利息だけ払ってその期限を延ばすこと。

リアス-かいがん【リアス海岸】 〔地〕起伏の多い陸地が沈んでできた、岬(みさき)と入り江が複雑に入り組んでいる海岸地形。三陸海岸など。リアス式海岸。語源 リアス(rias)は「入り江・湾」の意のスペイン語 ria に由来する。

リアリスティック 〈realistic〉(形動ダ) ダロ・ダッ(デ・ニ)・ダ・ナラ・〇 ①現実主義的。実際的。「ーな意見」②真に迫っているさま。写実的。「ーな描写」

リアリスト 〈realist〉①現実主義者。実際家。②文学・美

術などの写実主義者。③〘哲〙実在論者。

リアリズム〈realism〉①人生観・世界観上の現実主義。②芸術上の写実主義。③〘哲〙実在論。

リアリティー〈reality〉現実。実在。迫真性。真実味。「―に富んだ表現」

リアル〈real〉（形動ダ）ダロ・ダッ(デ・ニ)・ダ・ナ・ナラ・○ ①現実的。②写実的。「―な表現」

―タイム〈real time〉ある出来事が起こるのと同時。即時。「投票結果が―で更新される」

リーク〈leak〉（名・自他スル）秘密や情報を漏らすこと。また、漏れること。「機密を―する」

リーグ〈league〉同盟。連盟。競技連盟。「リトル―」

―せん【―戦】参加するチームや個人のすべてが、一度はどの相手とも試合する方式。総当たり戦。⇩トーナメント

リース〈lease〉（名・他スル）機械や設備の長期間の賃貸し。「―産業」参考短期間の場合は「レンタル」ということが多い。

リース〈wreath〉花や枝、葉などを編んで作った輪飾り。花輪。「クリスマス―」

リーズナブル〈reasonable〉（形動ダ）ダロ・ダッ(デ・ニ)・ダ・ナ・ナラ・○ 理にかなっていて、納得できるさま。「―な(=手頃な)価格」

リーゼント〈和製英語〉前髪を高くし、両わきの毛をうしろへ長くなでつけた、男子の髪形。参考英語ではducktailという。

リーダー〈leader〉①指導者。統率者。「住民運動の―」②印刷で、点線・破線。

―シップ〈leadership〉①指導者としての地位や任務。「―をとる」②指導者としての能力。統率力。「―を発揮する」

リーダー〈reader〉①外国語学習用の読本。②読み取り装置。「バーコード―」

リーチ〈中国 立直〉①麻雀で、聴牌を宣言すること。また、その役。「―をかける」②(①から転じて)物事の実現まであと一歩の段階。「連覇に―がかかる」

リーチ〈reach〉腕を伸ばしたときの長さ。特に、ボクシングでの選手の腕の長さにいう。「―が長い」「―がある」

リーディング〈reading〉外国語の読み方。朗読。

リーディング-ヒッター〈leading hitter〉野球で、一シーズンの打率の最優秀者。首位打者。

リート〈ドイツ Lied〉〘音〙クラシック音楽の声楽曲。特に、一九世紀ドイツに起こった叙情的な独唱用歌曲。リード。

リード〈lead〉㊀（名・自他スル）①他の者の先に立って導くこと。「仲間を―する」②競技・勝負ごとなどの進行中、相手より先行したりより多く得点したりしていること。「五点の―」③野球で、走者が進塁の機会をうかがって塁をはなれること。「―をとる」㊁（名）①新聞・雑誌で、記事の内容を要約して見出しの次にのせる文章。②犬などにつける引き綱。

―オフ-マン〈lead-off man〉①先頭に立って仲間を引っ張っていく人。②野球で、一番打者。トップバッター。

リード〈reed〉〘音〙木管楽器・ハーモニカ・オルガンなどの簧した。「―オルガン」⇩簧

リーフレット〈leaflet〉宣伝・案内用の、一枚刷りの簡単な印刷物。ちらし。折りたたんだ冊子ふうのものもいう。

リーベ〈ドイツ Liebe〉①恋愛。②恋人。愛人。

リーマー〈reamer〉鋼材にドリルで穴をあけたあと、内側をなめらかにしたり精密に仕上げたりする工具。リーマ。

リール〈reel〉①糸・釣り糸・テープ・フィルム・ケーブルなどを巻き取る用具。巻きわく。②映画フィルムの一巻き。

り-いん【吏員】ヰン 公共団体の職員。「消防―」

リウマチ〈rheumatism から〉〘医〙関節・腱けん・筋肉に痛みおよび運動障害を伴う病気の総称。ロイマチス。リューマチ。

り-うり【利売り】（名・他スル）利益を得るように売ること。

り-うん【利運】よい巡り合わせ。幸運。

り-えき【利益】①もうけ。利得。収益。利潤。「―を得る」②役に立つこと。ためになること。「社会全体の―」(↔損失)

―しゃかい【―社会】シャクワイ→ゲゼルシャフト ↔共同社会

―はいとう【―配当】ハイタウ 銀行・会社・組合などで、株主・社員または組合員に純益を分配すること。

り-えん【◇梨園】ヱン 俳優の社会。特に、歌舞伎かぶ俳優の社会。語源唐の玄宗げん皇帝が宮中の梨なしを植えた庭で、人々を集めて、みずから舞楽を教えたことからいう。

り-えん【離縁】（名・他スル）①夫婦の関係を絶つこと。離婚。②〘法〙養子の縁組を解消すること。

―じょう【―状】ジャウ 離縁するときに、相手に渡す書付。去り状。三行半みくだりはん。

り-おち【利落ち】〘経〙公債や有価証券の利子または利益配当が支払い済みとなったこと。「―株」

り-か【△李下】李すもの木の下。

―に冠かんむりを正ただ・さず（李の木の下で冠を直すと、実を盗んでいるかと疑われるということから）他人から疑いを受けるような行為はつつしむべきであるというたとえ。参考類似のことば―瓜田かでんに履くつを納いれず

り-か【理科】クワ ①学校教育で、自然界の現象や自然科学を学ぶ教科。②大学で、自然科学を学ぶ部門。↔文科

リカー〈liquor〉蒸留酒。

り-かい【理会】クワイ（名・他スル）物事の道理を悟ること。

り-かい【理解】（名・他スル）①物事の意味・内容が正しくわかること。「専攻分野の―を深める」②相手の気持ち・立場をくみとること。「―ある言葉」「無―」

り-がい【利害】利益と損害。損得。「―得失」

―かんけい【―関係】クワンケイ たがいに利害が影響し合う関係。「―がからむ」「―にある」

り-がい【理外】グワイ ふつうの道理では判断できないこと。

―の理り ふつうの道理では判断できないふしぎな道理。

り-かく【離隔】（名・自他スル）離れへだたること。離しへだてること。隔離。「中央から―した地」

り-かがく【理化学】クワガク 物理学と化学。

り-がく【理学】①自然科学。特に、物理学。②(明治期の訳語で)哲学。

―りょうほう【―療法】レウハフ〘医〙運動機能を回復させるために、体操や歩行訓練などの運動療法と、マッサージや温熱などの物理療法を組み合わせて行う治療法。

リカバリー〈recovery〉（名・他スル）取り戻すこと。回復・復旧すること。「データの―」「―ショット」

リカレント-きょういく【リカレント教育】ケウイク〈recurrent education〉生涯にわたって就学と仕事をくり返すこと。特に、社会人が必要に応じて再び教育を受けること。

り-かん【△罹患】クワン（名・自スル）病気にかかること。罹病りびょう。「―率」

り-かん【離間】（名・他スル）相互の仲を引き裂くこと。仲たがいさせること。「―策」「両国の―をはかる」

り-がん【離岸】岸からはなれること。「―流(=海岸から沖へ戻っていく強い潮流)」

りき【力】（字義）→りょく(力)

-りき【力】（接尾）人数を表す語に付いて、その人数分の力のある意を表す。「百人―」

りき【力】ちから。馬力。「特に―を入れる」

りーき【利器】①よく切れる刃物。鋭い武器。↔鈍器 ②便利な器械。「文明のー」③役に立つ才能。英才。

りきーえい【力泳】(名・自スル)力いっぱい泳ぐこと。

りきーえん【力演】(名・自他スル)演劇などで、力いっぱいに役を演じること。「彼はその役をーした」

りきーがく【力学】①〔物〕物体間に作用する力と運動との関係を研究する物理学の一部門。②(比喩的に)組織や人間の心理などの動きに作用する力。「政治のー」

りきーかん【力感】力強い感じ。「ーあふれる作品」

りきーさく【力作】精力を打ち込んで作った作品。

りきーし【力士】①相撲取り。②「金剛力士」の略。

りきーしゃ【力車】「人力車」の略。

りきーしゃ【力者】①力持ち。②相撲取り。力士。

りきーせき【力積】〔物〕物体にはたらく力の大きさと、作用している時間とを掛け合わせた数値。力の時間的効果を示す量。

りきーせつ【力説】(名・他スル)一生懸命に説明したり主張したりすること。強調して説くこと。「利点をーする」

りきーせん【力戦】(名・自スル)力いっぱい戦うこと。力闘。

りきーそう【力走】(名・自スル)力いっぱい走ること。

りきーそう【力漕】(名・自スル)ボートなどを力いっぱいこぐこと。

リキッド〈liquid〉液体。特に、液体整髪料。「ヘアー」

りきーてん【力点】①力を入れる所。主眼とする点。「自然保護にーを置く」②〔物〕てこで物を動かすとき、力をかける点。⇩支点・作用点

りきーとう【力投】(名・自スル)(野球で、投手が)力いっぱい投げること。

りきーとう【力闘】(名・自スル)力いっぱい戦うこと。力戦。

りきみーかえ・る【力み返る】(自五)①非常に力む。②ことさら力がありそうなようすをする。

りき・む【力む】(自五)①息をつめて力をこめる。「顔をまっ赤にしてー」②強そうなふりをする。「ーんでみせる」③気負う。「君はー・みすぎだよ」可能 りき・める(下一)

りーきゅう【離宮】皇居・王宮とは別に設けられた宮殿。「桂ー」

りきゅうーいろ【利休色】黒みがかった緑色。語源 千利休が好んだとされるのにちなんでいう。

りきゅうーねずみ【利休鼠】利休色を帯びたねずみ色。緑色がかったねずみ色。

リキュール〈フランス liqueur〉蒸留酒に砂糖・香料などを加えた混成の洋酒。キュラソーなど。「ーグラス」

りーぎょ【鯉魚】コイ。

りーきょう【離京】(名・自スル)都を離れること。特に、東京または京都を離れること。

りーきょう【離郷】(名・自スル)故郷を離れること。

りきーりょう【力量】物事をする能力の程度。「ーが問われる」「チームのーの差が得点に出る」

りーきん【利金】①利息の金銭。②利益の金銭。

りく【陸】 教4 リク・ロク おか・くが

(字義)①おか。地球の表面で水におおわれていない部分。「陸上・陸地・上陸・大陸・着陸」↔海 ②つづくさま。「陸続」③光の入り乱れるさま。「光彩陸離」④「陸軍」の略。「陸相・陸将」⑤「陸奥の国」の略。「陸羽・陸前・陸中」⑥「六」の大字。
難読 陸稲・陸湯・陸奥 人名 あつ・あつし・たか・たかし・ひとし・みち・む・むつ

りく【陸】地球の表面で水におおわれていない部分。陸地。「ーにあがる」↔海

りーく【離苦】〔仏〕苦しみを離れて安楽になること。

りーく【離垢】〔仏〕煩悩のけがれを離れること。

りくーあげ【陸揚げ】(名・他スル)船の荷物を陸へ運ぶこと。

りーぐい【利食い】(名・自スル)〔商〕株や商品の売買で、買値よりも高く売ったり売値より安く買い戻したりして差額の利益を得ること。

りくーうん【陸運】陸路による運送。↔水運・海運・空運

リクエスト〈request〉(名・他スル)要望。要求。特に、ラジオやテレビの放送局に視聴者が出す希望や注文。「ー曲」

りくーぎ【六義】①中国古代における詩の六分類。風・雅・頌・賦・比・興。「詩経」の大序に見える。参考 それぞれの意味内容については諸説があるが、風・雅・頌が詩の内容による区別で、賦・比・興は表現様式による区別とするのがふつう。②①に基づく和歌の六種の風体。そえ歌(=風)・かぞえ歌(=賦)・なぞらえ歌(=比)・たとえ歌(=興)・ただこと歌(=雅)・いわい歌(=頌)。「古今集」の仮名序に見える。

りくーぐん【陸軍】陸上の戦闘・防衛にあたる軍隊・軍備。⇩海軍・空軍

りくーげい【六芸】昔、中国の周代に教養人たるものの修練科目であった、礼・楽・射・御(=馬術)・書・数の六種の学芸。

りくーこう【陸行】(名・自スル)陸路を行くこと。↔水行

りくーごう【六合】東・西・南・北・天・地の六つの方角。転じて、宇宙。世界。

りくーさん【陸産】陸上で産出すること。また、その産物。↔海産・水産

りくーしょ【六書】①漢字の構成・使用に関する六つの種別。象形・指事・会意・形声・転注・仮借。②→りくたい

りくーしょう【陸相】「陸軍大臣」の略称。

りくーじょう【陸上】①陸地の上。↔水上・海上 ②「陸上競技」の略。

ーきょうぎ【ー競技】陸上で行う競技の総称。特に、トラックやフィールドで行われる競技。

ーじえいたい【ー自衛隊】自衛隊の一つ。防衛省に属し、主として陸上における防衛の任務にあたる。

りくーせい【陸生・陸棲】陸上に生じること。陸上にすむこと。↔水生

りくーせん【陸戦】陸上の戦い。

ーたい【ー隊】「海軍陸戦隊」の略称。旧日本海軍で、陸上での戦闘を任務とした部隊。

りくぜん【陸前】旧国名の一つ。一八六八(明治元)年陸奥を分けてできた国。現在の宮城県の大部分と岩手県の一部。

りくーそう【陸送】(名・他スル)陸上を輸送すること。↔海送

りくーぞく【陸続】(タル)次々と続いて絶えないさま。「参加者がーと集まる」文(形動タリ)

りくーたい【六体】漢字の六種の書体。大篆・小篆・八分・隷書・草書・行書。六書。

りくーだな【陸棚】→たいりくだな

りくーち【陸地】地球上で水におおわれていない土地。陸。

りくちゅう【陸中】旧国名の一つ。一八六八(明治元)年陸奥を分けてできた国。現在の岩手県の大部分と秋田県の一部。

りーくつ【理屈・理窟】①物事の筋道。物事のそうなるわけ。道理。「君の言うことはーに合っていない」「ーではわかっているが」②自分の言い分を通すために作り上げたもっともらしい理論。こじつけ。「ーをこねる」「屁ー」

—ぜめ【—責め】 理屈を並べたてて人を責めること。

—っぽ・い【—っぽい】(形)(カロ・カツ(ク)・イ・イ・ケレ・○) 理屈の多いさま。何事も理屈で判断しようとするさま。「—人」

—や【—屋】 何かにつけて理屈を言うくせのある人。

りく-つづき【陸続き】 間に海などがなく、二地点が陸でつながっていること。

りく-でん【陸田】 はた。はたけ。↕水田

りく-とう【陸島】(タウ)— もと大陸の一部であったものが、分離して島になったと考えられるもの。大陸島。

りく-とう【陸稲】(タウ)— 〘農〙畑で栽培する稲。おかぼ。秋 ↕水稲

りくとう〔六韜〕(リク タウ) 中国、周の太公望の著という兵書。

—さんりゃく〔—三略〕 中国古代の兵法書。太公望の著といわれる「六韜」と黄石公の著といわれる「三略」との併称。転じて、虎の巻。奥の手。とっておきの解決法。

りく-なんぷう【陸軟風】〘気〙夜間、海岸地方で陸から海に向かって吹く微風。夜間は陸地のほうが海面より早く冷えるために起こる。陸風。↕海軟風

りく-の-ことう【陸の孤島】(コタウ)— 交通の便が非常に悪く、周囲から隔絶した地域。

りく-ふう【陸封】〘動〙元来海にすむ動物が、地形的に湖沼などに封じこめられ、そこで世代を繰り返す現象。甲殻類のイサザアミなど。また、海から川をさかのぼって卵をうむ習性の魚が、淡水中に封じ込められて、そのままそこにすみつくようになる現象をもいう。たとえば、ヤマメはサクラマスの陸封型。

りく-ふう【陸風】→りくなんぷう ↕海風

りく-やね【陸屋根】→ろくやね

リクライニング-シート〈reclining seat〉乗り物などで、背もたれの角度を調節してうしろに倒せる座席。

りく-り【陸離】(タル) きらめくさま。光が入り乱れて美しいさま。「光彩—」文(形動タリ)

リクリエーション〈recreation〉→レクリエーション

リクルート〈recruit〉人を募集すること。人材募集。転じて、学生などの就職活動。「—スーツ」

りく-ろ【陸路】 陸上の交通路。また、目的地へ行くために陸を通っていくこと。「—をとる」↕海路・空路

り-けい【理系】 理科の系統。理科系。↕文系

リケッチア〈rickettsia〉〘医〙細菌とウイルスとの中間の大きさ(○・三—○・五マイクロメートル)の微生物。シラミ・ダニなどの体内に寄生。発疹チフスやツツガムシ病の病原体など。

り-けん【利剣】 ①よく切れる鋭い刀剣。②〘仏〙煩悩を断ち切る仏の知恵や法力のたとえ。

り-けん【利権】 利益を伴う権利。特に、業者が政治家や役人と結託して得る、利益の多い権利。「—争い」「—がらみ」

—や【—屋】 ①利権をあさりむさぼる人。②利権を得ようとする人のため、取引などの仲立ちをして手数料を取る人。

り-げん【俚言】 民間で使われる言葉。また、その地方特有の言葉。里言葉。俚語。俗言。↕雅言 ⇩方言

り-げん【俚諺】 民間で広く言い伝えられてきたことわざ。

り-こ【利己】 自分だけの利益をはかること。「—心」↕利他

り-ご【俚語】 俚言。

り-こう【利口・利巧・悧巧】(コウ・カウ・カウ)— (名・形動ダ) ①頭のよいさま。賢いさま。利発。↕馬鹿 ②要領のよいさま。抜け目のないさま。「—に立ち回る」③(特に子供について)聞き分けがよくて素直なさま。「お—さん」

り-こう【履行】(カウ)— (名・他スル) 決めたことを実際に行うこと。果たすこと。実践。実行。「契約の—」「不—」

り-ごう【離合】(ガフ)— (名・自スル) 離れたり集まったりすること。

—しゅうさん【—集散】(シフサン) (名・自スル) 離れたり集まったり、一緒になったり分散したりすること。「—を繰り返す」

リコーダー〈recorder〉〘音〙縦笛形の木管楽器。中世からバロック期に広く愛用された。明るく柔らかい音色を持つ。日本では、初等教育の教材として樹脂製のものが用いられる。

リコール〈recall〉(名・他スル) ①一定数以上の選挙民の要求によって、公職にある者の解職や議会の解散を請求すること。解職請求。解散請求。「—運動」②製品に欠陥がある場合、生産者が公表して回収・修理すること。「欠陥車の—」

り-こ-しゅぎ【利己主義】 自己の利益・幸福・快楽にとらわれ、その追求のためには他人の迷惑をもかえりみない考え方や立場。エゴイズム。↕愛他主義・利他主義

り-こ-てき【利己的】(形動ダ)(ダロ・ダッ(デ・ニ)・ダ・ナ・ナラ・○) 他人のことは考えず、自分の利益だけを追求するさま。「—な行動」

リコピン〈lycopene〉トマトなどに多く含まれる赤色の色素。強い抗酸化作用をもつ。

リゴリズム〈rigorism〉道徳的規律を厳格に守る立場。厳格主義。厳粛主義。

り-こん【利根】(名・形動ダ) すぐれた資質。生まれつき利口なこと。↕鈍根

り-こん【離婚】(名・自スル) 夫婦が婚姻関係を解消すること。離縁。「協議—」

リコンファーム〈reconfirm〉航空機の座席の予約などを再確認すること。

リサーチ〈research〉(名・他スル) 調査。研究。

リザーブ〈reserve〉(名・他スル) ①座席や部屋などを予約すること。②たくわえておくこと。予備。

り-さい【罹災】(名・自スル) 災害にあうこと。被災。「—者」

り-ざい【理財】 財産を上手に運用すること。「—の才がある」

リサイクル〈recycle〉(名・他スル) 不用品や廃棄物を資源として再生利用すること。「—ショップ」

リサイタル〈recital〉独奏会。独唱会。「ピアノ—」

り-さげ【利下げ】(名・自スル) 利率を低くすること。↕利上げ

り-さつ【利札】→りふだ

り-ざや【利鞘】 売値と買値の差額によって得られる利益金。「—をかせぐ」

り-さん【離散】(名・自スル) 家族などがちりぢりになること。「一家—」

り-ざん【離山】 一(名) ただ一つ離れている山。孤峰。二(名・自スル)〘仏〙僧が寺を出ること。

り-し【利子】〘経〙金銭を貸した相手または預けた相手からその期間と額に応じて支払われる金銭。利息。↕元金

り-じ【俚耳】 世間一般の人々の耳。「—にはいりやすい(=一般の人にわかりやすい)」

り-じ【理事】 ①法人の事務・権利を執行し、法人を代表する者。「—会」②団体の担当事務を執行する職名。「常任—国」

り-しゅう【履修】(シウ)— (名・他スル) 定められた学業の課程などを学び修めること。「経営学を—する」

り-しゅう【離愁】(シウ)— 別れの悲しみ。

り-じゅん【利潤】 ①もうけ。利益。②〘経〙総収益から原料費・減価償却費・労賃などを差し引いた残りの純利益。

り-しょう【利生】(シヤウ)— 〘仏〙仏が衆生に利益を与え救済に努めること。また、その利益。

り-しょう【離床】(シヤウ)— (名・自スル) ①目が覚めて床をはなれること。起床。②病気やけがが治って床をはなれること。

り-しょう【離礁】(セウ)— (名・自スル) 暗礁に乗り上げた船がそこをはなれること。↔座礁

り-しょく【利殖】(名・自スル) 資金を運用し、利子や利益を得て財産をふやすこと。殖産。「—をはかる」

り-しょく【離職】(名・自スル) ①職務からはなれること。②退職・辞職・失職など、仕事からはなれること。

り-じん【里人】 村の人。里人(さとびと)。

り-じん【利刃】 よく切れる刃や剣。「—一閃(いっせん)」

り-す【△栗△鼠】〘動〙リス科のうちムササビ類を除く小形哺乳(ほにゅう)動物の一群の総称。特に、ニホンリスをいい、ネズミに似てひげが長く、尾は太くて毛が長く、ふさ状。森林にすみ、果実や樹皮を食う。きねずみ。語源「栗鼠(りっそ)」の転。

り-すい【利水】 ①水の流れをよくすること。「—工事」②河川の水を利用すること。水の利用を図ること。「—組合」

り-すい【離水】(名・自スル) 水上飛行機などが水面をはなれて上空に飛び立つこと。↔着水

り-すう【里数】 道のりを里で表した数。

り-すう【理数】 理科と数学。「—科」

リスキー〈risky〉(形動ダ)(ダロ・ダッ(デ・ニ)・ダ・ナ・ナラ・○) 危険なさま。リスクのあるさま。「—な計画」

リスキリング〈reskilling〉 情報通信技術の発展に伴って新たな業務で必要とされる技術・知識を学び、身につけること。

リスク〈risk〉 ①危険。②商売などで損害を受ける可能性。

—マネージメント〈risk management〉 危機管理。企業活動や医療などに伴う危険を最小限に抑える管理・運営方法。

リスト〈list〉 ①表。一覧表。価格表。「在庫品の—」②名簿。目録。「ブラック—」

—アップ〈和製英語〉(名・他スル) 多くの中から条件に合致するものを選び出すこと。また、それを一目でわかるように表などにまとめること。参考 英語では listing という。

リスト〈wrist〉 手首。「—ウォッチ」

—カット〈wrist-cutting から〉 自傷行為の一つ。刃物で自分の手首を傷つけること。

—バンド〈wristband〉 運動時に手首につける汗止めのバンド。また、手首につける装飾品。

リストラ〈restructuring から〉 ■一(名) 企業が、不採算部門の整理・人員削減、また、新規部門の開発などによって、事業内容を再構築すること。企業再構築。■二(名・他スル) 特に、人員整理のため従業員を退職させること。「会社に—される」

リスナー〈listener〉 聞き手。特に、ラジオ番組の聴取者。

リスニング〈listening〉 ①外国語を聞いてその意味を理解すること。聞き取り。ヒアリング。②オーディオ装置で音楽を鑑賞すること。

リスペクト〈respect〉(名・他スル) 敬意を示すこと。「原作への—」

リズミカル〈rhythmical〉(形動ダ)(ダロ・ダッ(デ・ニ)・ダ・ナ・ナラ・○) 調子の快いさま。律動的。「—に舞う」

リズム〈rhythm〉 ①音の強弱・長短などの規則正しい繰り返し。音楽の調子。律動。節奏。②行動や働きなどの規則的な繰り返し。物事の調子。「生活の—が狂う」③詩の韻律。

—アンド-ブルース〈rhythm and blues〉〘音〙一九四〇年代にアメリカで生まれた黒人音楽。ブルース・ジャズを母胎とし、リズムにのせて叫ぶように歌いあげる。R&B

り・する【利する】(シ(セ・サ)・シ・スル・スル・スレ・シロ(セヨ)) ■一(自サ変) もうける。利益を得る。また、役に立つ。「—ところがない」■二(他サ変) ①利益を与える。得になるようにする。「敵を—」②利用する。うまく使う。「駿足(しゅんそく)を—・して逃げる」文り・す(サ変)

り-せい【理性】 本能や一時的な衝動に左右されず、物事の道理に従って論理的に考える心のはたらき。しばしば、感性・感情と対比される。「感情的になって—を失う」

—てき【—的】(形動ダ)(ダロ・ダッ(デ・ニ)・ダ・ナ・ナラ・○) 理性に基づいて判断し行動するさま。「—に判断する」↔感情的

り-せき【離籍】(名・他スル) 民法の旧規定で、戸主が家族を戸籍から取り除くこと。

リセッション〈recession〉〘経〙一時的な景気の後退。

リセット〈reset〉(名・他スル) ①機械装置を動き始めの状態に戻すこと。②元に戻してやり直すこと。「気持ちを—する」

り-せん【離船】(名・自スル) 乗組員などが船から離れること。

り-そう【理想】(サウ)— それが最もよいと考えられる目標。不完全な現実がしだいに向上し、ここまでは到達し得ると理性で想像できる最上で最善の状態。「—が高い」↔現実 ⇩想像「ちがい」

—か【—化】(クワ)(名・他スル) 対象を、その現実から離れて、自分の理想とする状態におきかえて見たり考えたりすること。

—きょう【—郷】(ウキャ) 最も理想的で完全と考えられる社会。ユートピア。

—しゅぎ【—主義】 人生観・世界観において理想を重んじる姿勢。現実に満足しないで、真と善と美とを積極的に追求する理想的な人生の実現をめざす態度。↔現実主義

—てき【—的】(形動ダ)(ダロ・ダッ(デ・ニ)・ダ・ナ・ナラ・○) 理想にかなっているさま。最も望ましい状態。「—な住まい」

り-そう【離層】〘植〙古くなった葉・花・果実が茎から脱落するときに、それらの基部に生じる細胞層。

リソース〈resource〉 ①資源。特に、資本や人材などの経営資源。「人的—」②〘情報〙コンピューターで、ある仕事を行うのに必要なCPUの処理能力やメモリー容量など。

リゾート〈resort〉 保養地。行楽地。「—ホテル」「—地」

—ウエア〈resort wear〉 海・山などの行楽地・避暑地などで着る気楽な衣服。

り-そく【利息】〘経〙利子。金利。↔元金(もときん・がんきん)

り-ぞく【里俗】 地方の風俗。土地のならわし。

り-ぞく【△俚俗】 田舎(いなか)びていること。

り-そつ【吏卒】 下級の役人。小役人(こやくにん)。

リゾット〈(イタリア) risotto〉 米をバターでいためてスープを加え、魚介・肉・野菜などとともに雑炊風に炊いたイタリア料理。

り-そん【離村】(名・自スル) 住んでいた村を離れること。

り-た【利他】 自分の犠牲によって他人を幸福にすること。他人の利益をはかること。「—主義」↔利己

リターナブル〈returnable〉 返却して再利用ができること。「—びん」

リターン〈return〉(名・自他スル) ①戻ること。戻すこと。復帰すること。折り返すこと。②テニスや卓球などで、球を打ち返すこと。返球。「—エース」③収益。利益。「ハイリスク・ハイ—」

—マッチ〈return match〉 報復戦。特に、ボクシングでタイトル保持者が選手権試合で敗れた場合、新しくタイトルを取った者に対する奪還の挑戦試合。

リタイア〈retire〉(名・自スル) ①自動車レースやマラソンなどで、事故や故障のため途中で棄権すること。②引退・退職すること。「—生活」

り-たく【利沢】 ①利益と恩沢。②利潤。もうけ。とく。

りた-しゅぎ【利他主義】 他人の利益や幸福を目的として行動しようとする考え方や立場。愛他主義。↔利己主義

り-たつ【利達】 立身出世をすること。栄達。「—を求める」

りーだつ【離脱】(名・自スル) 所属しているところからはなれ抜けること。「戦線を―する」

りーち【律】(字義)→りつ(律)

りーち【理知・理△智】 理性と知性。物の道理を正しく論理的に思考・判断する能力。「―に富む」

リチウム〈lithium〉〘化〙金属元素の一つ。金属の中で最も軽く、水と反応して水素を発生する。元素記号 Li

りちーぎ【律儀・律義】(名・形動ダ) 義理堅く、約束・きまりごとを守ること。実直。「―な人」「毎回―に出席する」

―者の子だくさん 実直な人は家庭が円満で夫婦仲もよいので、自然と子供がたくさんできるものだ。

りちーしゅぎ【理知主義・理△智主義】→しんげんじつは

りちーてき【理知的・理△智的】(形動ダ) ダロ・ダッ(デ)・ニ・ダ・ナ・ナラ・○ 道理をわきまえて冷静に物事を判断し、行動するさま。「―な顔」

りーちゃくりく【離着陸】(名・自スル) 飛行機などが地上から飛び立つことと空中から地上に降りること。

りつ【立】 教1 リツ・リュウ(リフ)高 たつ・たてる

(字義) ①たつ。㋐まっすぐにたつ。「立脚・立像・起立・直立」㋑たちどまる。「佇立」㋒定まる。なりたつ。「成立」㋓始まる。「立秋・立春」②たてる。㋐置く。設ける。「立錐・立法・公立・樹立・私立・創立」㋑確立する。「立志・立証・自立・中立・独立・並立・両立・連立」㋒位につける。「立后・立太子・擁立」㋓つくる。「立案・建立」難読 立ち・立願 人名 たか・たかし・たち・たつる・たて・はる

-りつ【立】(接尾) …が建てた、…の設立によるの意を表す。「東京都―の図書館」「市―中学校」「私―病院」

りつ【律】 教6 リツ・リチ高

(字義) ①おきて。さだめ。㋐行為・手続きのためのきまり。「規律・軍律・不文律・法律」㋑奈良・平安時代の刑罰に関するおきて。刑法。「律令」㋒仏法修行上のいましめ。「律師・律宗・戒律」㋓学問上などの法則。「因果律・周期律」②のっとる。法則・基準に従って行う。「一律・自律・他律」③音の調子。音の高さ。また、陽の音律。「律動・律呂・韻律・旋律」↔呂 ④漢詩の一形式。五言または七言の八句からなる。「律詩・五律・七律」人名 おと・ただし・ただす・のり

-りつ【律】(接尾) おきて。規則。「不文―」「自然―」

りつ【栗】 人 リツ くり

(字義) ①くり。ブナ科の落葉高木。②かたい。③きびしい。いかめしい。「厳栗」④おそれおののく。=慄。「栗栗・戦栗」難読 栗鼠

りつ【率】(字義)→そつ(率)

りつ【率】 割合。歩合。比率。「税の―」「―のいい仕事」

りつ【慄】 リツ㊥ おそれる・おののく

(字義) おそれる。おののく。ふるえる。「慄然・戦慄」

りつーあん【立案】(名・自他スル) 計画を立てること。原案または草案を作ること。「―者」

りつーい【立位】 まっすぐ立った状態。「―体前屈」

りっーか【△六花】「雪」の別称。結晶の形にちなんでいう。六花。冬

りっーか【立花】 華道で、大がめに花木を形よく重々しく挿してもりたてること。華道の基本的様式。

りっーか【立夏】 二十四気の一つ。暦のうえで夏にはいる日。陽暦五月五日ごろ。夏

りっーかく【律格】 ①規則。おきて。規格。②漢詩構成法の一つ。造句・平仄・韻脚などの称。

りつーがん【立願】(名・自スル) 神仏に願を掛けること。願掛け。願立て。立願。

りつーき【利付〔き〕】〘経〙公債や有価証券で、利子または利益配当が付いているもの。

りっーきゃく【立脚】(名・自スル) 立場・よりどころを決めること。そのことを根拠とすること。「現実に―した考え方」

―てん【―点】 事を行う、よりどころ。立脚地。

りっーきょう【陸橋】 道路・線路などの上に渡した橋。

りっーけん【立件】(名・他スル)〘法〙刑事事件で、検察官が公訴を提起する要件が備わっていることを立証すること。

りっーけん【立憲】 憲法を制定すること。

―くんしゅせい【―君主制】〘社〙憲法に従って行われる君主制。君主の権力が議会などの制限を受ける。

―せいじ【―政治】 立憲政体による政治。

―せいたい【―政体】 憲法を定め、立法・司法・行政の三権を独立させた政体。

りつーげん【立言】(名・自スル) 自分の意見などをはっきりと述べること。また、その意見。「―の機会」

りつーご【律語】 韻律のある言葉。韻文。

りっーこう【力行】(名・自スル) 仕事などを努力して行うこと。「苦学―」

りっーこう【立后】 正式に皇后を定めること。

りっーこうほ【立候補】(名・自スル) ①選挙の候補者として名乗り出ること。「知事選に―する」「―者」②一般に、候補者として名乗り出ること。「オリンピック開催地に―した都市」

りっーこく【立国】 ①新たに国家をつくること。建国。②ある産業や事業を基礎に国家を運営し繁栄させること。「農業―」

りっーこくし【△六国史】 奈良・平安時代の、漢文編年体による六冊の勅撰歴史書の総称。「日本書紀」「続日本紀」「日本後紀」「続日本後紀」「文徳実録」「三代実録」。

りっーし【立志】 将来に向かってなしとげたい目標を立てること。

―でん【―伝】 志を立てて努力し、成功した人の伝記。「―中の人(=苦労・努力して成功した人)」

りっーし【律師】〘仏〙①戒律をよく知る、徳の高い僧。②僧の階級の一つ。僧都に次ぐ位。

りっーし【律詩】 漢詩の一体。厳格な形式を持ち、一句が五言または七言で八句より成り、第三・四句と第五・六句がそれぞれ対句になっている。「五言―」

りっーしゅう【立秋】 二十四気の一つ。暦のうえで秋にはいる日。陽暦八月七日ごろ。秋

りっーしゅう【律宗】〘仏〙戒律の研究と実践を主とする仏教の宗派。唐の鑑真が伝えた。唐招提寺が総本山。

りっーしゅん【立春】 二十四気の一つ。暦のうえで春にはいる日。節分の翌日。陽暦二月四日ごろ。春

りっーしょう【立証】(名・他スル) その事が真実であると証拠だてること。証明すること。「無罪の―」

りっーしょく【立食】(名・自スル) 立って食べること。特に、洋式の宴会で、席を決めず歓談しながら、卓上の料理を自由に取って立ったまま食べる形式の食事。「―パーティー」

りっーしん【立身】(名・自スル) 社会的な名声・地位を得ること。栄達。出世。

―しゅっせ【―出世】(名・自スル) 社会的に高い地位につき、世間に名をあげること。

りっしんーべん【立心偏】 漢字の部首名の一つ。「快」「性」などの「忄」の部分。

りっ-すい【立△錐】 錐(きり)を立てること。
―の余地(よち)もない 人や物が密集して、すきまのないさま。
りっ-する【律する】（他サ変）（シ(セ)・シ・スル・スル・スレ・シロ(セヨ)）ある一定の規律・規準によって判断・処理する。「自らを厳しく―」文りっ・す（サ変）
りつ-ぜん【慄然】（タル）ぞっとするさま。恐れ震えるさま。「事故を目の当たりにして―とする」文（形動タリ）
りつ-そう【律僧】〘仏〙律宗の僧侶(そうりょ)。
りつ-ぞう【立像】ザウ 立った姿勢の像。↔座像
リッター〈liter〉→リットル
りっ-たい【立体】 ①〘数〙幅・高さ・奥行きを持ち、三次元空間の一部分を占める物体。②平面に対し、盛り上がっている感じ、遠近がある感じ。「―映画」「―感」
―おんきょう【―音響】オンキャウ 二つ以上のスピーカーを使って幅や奥行きをもって再生した音。⇩ステレオ
―こうさ【―交差】カウサ 道路や鉄道線路などが、同一平面上でなく高さを違えて交差すること。
―てき【―的】（形動ダ）（ダロ・ダッ(デ・ニ)・ダ・ナ・ナラ・○）①平面の広がりだけでなく、深さや厚みのあるさま。「―な絵」②物事をいろいろな面から総合的にとらえるさま。「事件を―にとらえる」（↔平面的）
―は【―派】→キュビスム
りっ-たいし【立太子】 正式に皇太子と定めること。立儲(りっちょ)。「―礼」
りっ-ち【立地】 地勢・気候・原料の供給・労働力などの条件を考慮し、産業活動を行うのに適した場所を決めること。
―じょうけん【―条件】デウケン 土地を、産業上・経済上・社会上の目的で利用する場合の、適否性。
リッチ〈rich〉（形動ダ）（ダロ・ダッ(デ・ニ)・ダ・ナ・ナラ・○）①豊かなさま。金持ちの。豪華。「―な暮らし」②（料理や酒などで）こくがあるさま。
りっ-ちょ【立△儲】 正式に皇太子と定めること。立太子。
りっ-とう【立刀】タウ 漢字の部首名の一つ。「利」「別」などの「刂」の部分。
りっ-とう【立冬】 二十四気の一つ。暦のうえで冬にはいる日。陽暦十一月七日ごろ。图
りっ-とう【立党】タウ 新しく政党や党派をつくること。
りつ-どう【律動】（名・自スル）規則正しく繰り返す運動。リズム。「―美」「―する若さ」
―てき【―的】（形動ダ）（ダロ・ダッ(デ・ニ)・ダ・ナ・ナラ・○）規則正しく、周期的に動いているさま。音律的。リズミカル。「―な美しさ」
リットル〈フランス litre〉メートル法の体積の単位。一リットルは一〇〇〇立方センチメートル。約五合五勺(しゃく)。リッター。記号L 参考「△立」とも当てる。
りっ-ぱ【立派】（形動ダ）（ダロ・ダッ(デ・ニ)・ダ・ナ・ナラ・○）すぐれてみごとなさま。欠点がなく感心させられるさま。「―な成績」文（ナリ）
りっ-ぴょう【立標】ベウ 暗礁・浅瀬などに設ける警戒標識。
リップ〈lip〉くちびる。
―クリーム〈lip-cream〉くちびるの荒れを防ぎ、なめらかな美しさを保たせるためのクリーム。
―サービス〈lip service〉口先だけの厚意。お世辞。
―スティック〈lipstick〉棒状の口紅(くちべに)。
りっ-ぷく【立腹】（名・自スル）腹を立てること。怒ること。
りつ-ぶん【律文】 ①法律の条文。②韻文。
りつ-ぶん【率分】 二つの同程度の量を比較した割合。
りっ-ぽう【立方】バウ〘数〙①同じ数・式三つを掛け合わせること。また、その結果の数・式。三乗。②長さの単位名の前に付けて、体積の単位を表す語。「五―メートル」③長さの単位名のあとに付けて、その長さを一辺とする立方体の体積を表す語。「二―メートル」
―こん【―根】〘数〙三乗するとaとなる数をaの立方根という。たとえば、2は8の立方根。三乗根。
―たい【―体】〘数〙六個の正方形で囲まれた立体。
りっ-ぽう【立法】パフ 法律を定めること。⇩司法・行政
―きかん【―機関】キクワン〘法〙国家の法律を定めるはたらきをする機関。日本では国会。
―けん【―権】〘法〙法律を定める国家の権能。日本では国会が持つ。⇩行政権・司法権
―ふ【―府】 法律を定める権能を有する機関。立法機関。日本では国会。
りっ-ぽう【律法】 ①パフ おきて。法律。②ボフ〘仏〙戒律。③パフ〘宗〙神が定めた、宗教や生活上の規範。
り-づめ【理詰〔め〕】 話や論を、どこまでも理屈でおし進めること。「すべて―ではいかない」
りつ-めい【立命】 天命に従って迷わないこと。「安心―」
りつ-りょ【律△呂】 律（陽声）と呂（陰声）の音。音律。
りつ-りょう【律△令】リヤウ〘日〙奈良・平安時代の基本法典。律は刑法、令は行政法などにあたる。
―せいじ【―政治】ヂ〘日〙律令に基づく政治。八―一〇世紀なかばに展開（大宝律令は七〇一年施行）。奈良時代が全盛期で、二官八省を中心とする政治機構が整えられた。
りつ-れい【立礼】 起立して行う礼。↔座礼
りつ-ろん【立論】（名・自スル）議論の順序・趣旨を組み立てること。また、その議論。
り-てい【里程】 道のり。里数。
―ひょう【―標】ヘウ 道路・鉄道線路のわきなどに立てる、里程を記した標識。
り-てき【利敵】 敵の利益になることをすること。「―行為」
リデュース〈reduce〉必要以上の生産や使用をひかえて、ごみを減らすこと。
リテラシー〈literacy〉①読み書き能力。②ある分野に関する専門的な知識や、それを適切に活用する能力。「メディア―」「情報―」
り-てん【利点】 利益のある点。すぐれた点。長所。
り-と【吏◦読・吏◦道・吏吐】 漢字の音・訓を借りた朝鮮語表記法の総称。狭義には、漢文に添える朝鮮語の助辞を記した漢字をさす。ハングル創案以前に用いられた。りとう。
り-と【△李△杜】 中国、唐代の大詩人「李白(りはく)」と「杜甫(とほ)」。
リトアニア〈Lithuania〉バルト海に面する共和国。バルト三国の一つ。一九九一年ソ連から独立。首都はビリニュス。
り-とう【利刀】タウ よく切れる刀剣。鋭利な刀剣。↔鈍刀
り-とう【離党】タウ（名・自スル）属していた政党や党派からぬけること。↔入党
り-とう【離島】タウ 一（名・自スル）島を去ること。二（名）陸から遠くはなれてある島。はなれ島。
り-どう【吏道】ダウ 官公吏（公務員）が守り行うべき道。
り-どう【里道】ダウ 国道・県道以外の公道の旧称。
り-とく【利得】 利益を得ること。利益。もうけ。「―に走る」
リトグラフ〈lithograph〉石版画。石版刷り。
リトマス〈litmus〉〘化〙リトマス苔(ごけ)などからとった紫色の色素。酸と反応すると赤くなり、アルカリと反応すると青くなる。
―しけんし【―試験紙】〘化〙リトマス溶液をしみこませた紙片。水溶液の酸性やアルカリ性の検査に使う。リトマス紙。
リトミック〈フランス rythmique〉音やリズムを体の動きに結びつけて把握させようとする音楽教育法。律動法。
り-どん【利鈍】 ①刃物などの、鋭いことと鈍いこと。②賢いこ

と愚かなこと。③幸運と不運。

リニア-モーター〈linear motor〉（linear は「直線の」の意）回転式のモーターに対して、直線的に動くモーターの総称。

──カー〈linear motor car〉リニアモーターを用いて推進する方式の車両。超高速走行の可能な浮上式のものと車輪式のものとがある。

り-にち【離日】（名・自スル）日本に来ていた外国人が、日本をはなれ去ること。↔来日

り-にゅう【離乳】（名・自スル）乳児が乳以外の食物を与えられてしだいに乳からはなれること。ちばなれ。「─期」

──しょく【─食】離乳期の乳児用に作った食物。

リニューアル〈renewal〉一新すること。再生。再開発。

り-にょう【利尿】─ 小便の出をよくすること。

──ざい【─剤】〘医〙小便の出をよくし浮腫を除く薬。

り-にん【離任】（名・自スル）任務からはなれること。また、任地を去ること。「─式」↔着任

り-ねん【理念】①物事がどうあるべきかの基本的な考え。「創業の─」②〘哲〙理性から得た最も高い考え。イデー。イデア。

リネン〈linen〉①シーツ・枕カバー・テーブルクロスなどの総称。「─室」②→リンネル

り-のう【離農】（名・自スル）農業をやめて別の職につくこと。

リノベーション〈renovation〉①刷新。改革。改善。②修繕。修理。特に、建物・住宅の大がかりな改築・改装。

リノリウム〈linoleum〉亜麻仁油の酸化物に、ゴム・コルク・樹脂などを混ぜあわせて、麻布にぬって板状にしたもの。床材にする。

リハーサル〈rehearsal〉演劇・音楽・放送・映画撮影などのけいこ。特に、本番前の総げいこ。予行演習。リハ。

リバーシブル〈reversible〉〘服〙衣服や布地が裏表とも使用できるようになっていること。「─ジャケット」

り-はい【離杯・離盃】別れのさかずき。別杯。

リバイバル〈revival〉（名・自スル）古いものの復活。再流行。特に、古い映画や演劇などの再上映や再上演。「─ソング」

リバウンド〈rebound〉（名・自スル）①跳ね返ること。特に、球技でボールが跳ね返ること。②ダイエットや投薬を中断したとき、状態がもとに戻ったり、もとより悪くなったりすること。

り-はく【理博】（「理学博士」の略）理学の博士号をもっている人。

りはく【李白】（七〇一～七六二）中国、盛唐の詩人。字は太白、号は青蓮居士。蜀（四川省）の人という。酒を愛し、その詩は自由奔放で、楽府と絶句に傑作が多い。同時代の杜甫（詩聖）と並んで詩仙と仰がれる。詩文集「李太白集」。

リバタリアニズム〈libertarianism〉個人の自由を至上のものとして尊重し、国家の介入を最小限にすべきだという主張。自由至上主義。完全自由主義。

リバタリアン〈libertarian〉リバタリアニズムを主張する人。自由至上主義者。完全自由主義者。

り-はつ【利発・△悧発】（名・形動ダ）賢いこと。利口なこと。「─な子供」

り-はつ【理髪】（名・自他スル）髪を切り整えること。調髪。散髪。「─師」「─店」

リバティー〈liberty〉自由。解放。

り-はば【利幅】利益の大小の程度。「─の大きい商品」

リハビリ「リハビリテーション」の略。

リハビリテーション〈rehabilitation〉〘医〙心身障害者、長期療養者などを対象とする、身体的・精神的・職業的な回復のための訓練・療法。更生指導。リハビリ。

リパブリック〈republic〉共和制。共和国。

り-ばらい【利払〔い〕】─ 利息の支払い。

り-はん【離反・離△叛】（名・自スル）従っていた者や属していた組織などからはなれそむくこと。「人心の─を招く」

り-ひ【理非】道理にかなうこととかなわないこと。是非。

リビア〈Libya〉アフリカ大陸の北部にあり、地中海に面する共和国。首都はトリポリ。

リピーター〈repeater〉くり返す人。特に、同じ地域・興行・店に何度も行く人。「─の多いレストラン」

リピート〈repeat〉①くり返すこと。②〘音〙曲の一部、または全部をくり返すこと。また、その記号。反復記号。𝄇 𝄆

りひ-きょくちょく【理非曲直】道理や道徳にかなうこととかなわないこと。「─を正す」

リヒテンシュタイン〈Liechtenstein〉ヨーロッパ中部、スイスとオーストリアの間にある立憲公国。首都はファドーツ。

リビドー〈ラテン libido 欲望〉〘心〙フロイトによる精神分析の用語で、性的衝動の基となるエネルギー。ユングは、あらゆる本能の根底にあるエネルギーとした。

り-びょう【痢病】─ 激しい腹痛・下痢を伴う病気。赤痢の類。

り-びょう【△罹病】─（名・自スル）病気にかかること。

リビング〈living〉①生活。暮らし。②「リビングルーム」の略。

──キッチン〈和製英語〉台所と食堂・居間とを兼ねた部屋。

──ルーム〈living room〉洋風の居間。リビング。

リブ〈rib 肋骨〉牛の肋骨の上部の背肉。ステーキに多く用いられる。「─ロース」

リファイン〈refine〉（名・他スル）洗練すること。みがきをかけること。「─されたデザイン」

リブート〈reboot〉（名・他スル）①〘情報〙コンピューターなどを再起動すること。②続き物の作品などを、物語を仕切り直して最初から作り直すこと。

リフォーム〈reform 改革〉（名・他スル）作り直すこと。特に、衣服の仕立て直し、建物の改装・改築などについていう。[参考]「衣服を仕立て直す」は英語では alter などを用い、「建物を改装・改築する」は英語では renovate や remodel を用いる。

り-ふく【利福】利益と幸福。福利。

り-ふじん【理不尽】（名・形動ダ）道理をわきまえないさま。道理をつくさず、無理じいするさま。「─なやり方」

り-ふだ【利札】債券などに付いていて、それと引き替えに利子の支払いを受ける札。利札。クーポン。

リフティング〈lifting〉①サッカーで、ボールを地面に落とさずに、手以外で打ち上げ続けること。②ラグビーで、ラインアウトのボールを取るために味方選手を持ち上げること。③美容のために皮膚のしわやたるみを取ること。

リフト〈lift〉①昇降機、起重機などの総称。「フォークー」②スキー場や観光地などで、高所へ人を運ぶための、ケーブルに吊るしたいす式の乗り物。

リプリント〈reprint〉（名・他スル）複写。複製。復刻。また、初版に対して再版。

リフレイン〈refrain〉詩歌や楽曲の各節の終わりの部分をくり返すこと。また、そのくり返し部分。ルフラン。リフレーン。

リプレー〈replay〉（名・他スル）①録音・録画の再生。②芝居や試合を再び行うこと。[参考]「リプレイ」ともいう。

リフレーション〈reflation〉〘経〙デフレーションから抜け出て、しかもインフレーションにはなっていない状態。また、その状

態まで景気を回復させるために行われる通貨膨張政策。リフレ。

リフレッシュ〈refresh〉(名・他スル) 元気を回復すること。気分をさわやかにすること。「―休暇」

り-ぶん【利分】 ①利得。もうけ。②利子。利息。

リベート〈rebate〉①〘商〙支払い代金の一部を謝礼金などとして支払者に戻すこと。また、その金。割り戻し。②手数料。また、賄賂わいろ。

り-べつ【離別】(名・自スル) ①別れること。別離。「―を惜しむ」②夫婦が別れること。離縁。離婚。「妻と―する」

リベット〈rivet〉金属板などをつなぎ合わせるために穴に差しこむ、頭部が半球形をした大形の鋲びょう。

リベラリスト〈liberalist〉自由主義者。

リベラリズム〈liberalism〉個人の思想や活動の自由を重んじる立場。自由主義。

リベラル〈liberal〉(形動ダ) ダロ・ダッ(デ)・ニ・ダ・ナ・ナラ・〇 自由を重んじるさま。自由主義的。「―な思想」

リベリア〈Liberia〉アフリカ大陸の西部にある共和国。首都はモンロビア。語源ラテン語に由来し、「自由の国」の意。

り-べん【利便】 便利なこと。都合がいいこと。「―をはかる」

り-べん-か【離弁花・離△瓣花】クワ 〘植〙花びらの基部がすべて分離している花。サクラ・アブラナなど。↔合弁花

リベンジ〈revenge〉(名・自スル) 復讐ふくしゅうすること。雪辱を果たすこと。「昨シーズンの―に燃える」

り-ほう【理法】ハフ 正しい道理。法則。「自然の―」

リポーター〈reporter〉→レポーター

リポート〈report〉→レポート

リボ「リボルビング」の略。「―払い」

リボルビング〈revolving 回転〉クレジットカードでの分割払いの方式の一つ。利用金額にかかわらず毎月一定額を支払い続けるもの。リボ。

リボン〈ribbon〉①髪・帽子・贈答品などの飾りにするテープ状の布。②プリンターなどの、印字用インクを含ませたテープ。

り-まわり【利回り】マハリ 利子または配当金の、元金・相場などに対する割合。「高―」「―がいい」

リミット〈limit〉限界。限度。極限。範囲。「タイム―」

り-む【吏務】 官公吏(公務員)の取りあつかう職務。

リム〈rim〉輪の形をした部品。特に自転車などの、車輪の外周の枠。

リムジン〈limousine〉①運転席と後部座席との間にガラスなどの仕切りをつけた大型高級乗用車。②空港の旅客を送迎するバス。リムジンバス。

―バス〈limousine bus〉→リムジン②

リメーク〈remake〉(名・他スル) 作り直すこと。特に、既存の映画の再映画化やその作品をいう。リメイク。「―版」

リメディアル-きょういく【リメディアル教育】ケウイク〈remedial education〉学習の遅れた学生、特に大学入学後に授業についていけない学生に対して行われる補習。

り-めん【裏面】 ①うらがわ。うちがわ。②物事の、外部に現れない隠れた部分。内情。「―工作」(↔表面)

リモート〈remote〉遠く離れていること。離れたところから行うこと。「―会議」

―コントロール〈remote control〉機器などを離れた場所からあやつること。遠隔操作。リモコン。

―ワーク〈remote work〉情報通信技術などを利用して、自宅など職場以外の場所で仕事をすること。テレワーク。

リモ-コン「リモートコントロール」の略。

リヤ-カー〈和製英語〉自転車のうしろにつないだり人力で引いたりして荷物を運ぶ、荷台付きの二輪車。リアカー。語源 rear(後方) と car との合成語。

り-やく【利益】〘仏〙仏の力によって授けられるめぐみ。「ご―をこうむる」

りゃく【掠】人 リャク かすめる
(字義) かすめる。うばいとる。「掠奪・侵掠」参考「略」が書き換え字。

りゃく【略】教5 リャク はぶく・ほぼ
(字義) ①おさめる。いとなむ。「経略」②はかる。はかりごと。「機略・計略・策略・謀略」③かなめ。要点。「要略」④ほぼ。あらまし。「概略・大略」⑤はぶく。へらす。「簡略・省略・前略」⑥手軽な。簡単な。「略式・略図」⑦おかす。かすめとる。＝掠。「略取・略奪・侵略」

りゃく【略】 全体から一部分をはぶくこと。省略。「敬称―」

りゃく-が【略画】グワ 細かい部分は省略し、単純な線で特徴をとらえて描いた絵。

りゃく-ぎ【略儀】(手紙文などに使う語) 正式な手続きを省いて簡単にした形式。略式。「―ながら書中をもって」

りゃく-げ【略解】 →りゃっかい

りゃく-げん【略言】 ■(名・他スル) おおまかにあらまし・要点を言うこと。また、その言葉。↔詳言 ■(名) 語が複合するとき、一つの音節が省略されること。「ながあめ(長雨)」が「ながめ」、「うらうら」が「うらら」となるなど。略音。

りゃく-ご【略語】 語の一部を略して簡単にした言葉。「高等学校」を「高校」、「テレビジョン」を「テレビ」という類。

りゃく-ごう【略号】ガウ 簡略化して示すための記号。「株式会社」を㈱、「マグニチュード」をMとする類。

りゃく-じ【略字】 漢字の字画を省くなどして、簡略な字形にしたもの。「聲」を「声」と書く類。↔正字

りゃく-しき【略式】 正式なやり方や手続きの一部を略した簡単な形式・方式。「―の結納ゆいのう」↔正式・本式

りゃく-しゅ【略取】(名・他スル) 力ずくで奪い取ること。

りゃく-じゅ【略△綬】 勲章・記章の代用としてつける略式のしるし。正式のものと同色。

りゃく-じゅつ【略述】(名・他スル) 簡潔にあらましを述べること。「論文の内容を―する」↔詳述

りゃく-しょう【略称】(名・他スル) 正式の呼び名の一部を省略して呼ぶこと。また、その呼び名。「国際連合」を「国連」と呼ぶ類。

りゃく-しょう【略章】シヤウ 略式の勲章・記章。

りゃく-す【略す】(他五) サ(ソ)・シ・ス・セ・セ 省く。簡単にする。「敬称を―」語源 サ変動詞「りゃくする」の五段化。

りゃく-ず【略図】ヅ 要点だけを簡単にかいた図面。

りゃく・する【略する】(他サ変) シ(セ)・サ・シ・スル・スレ・シロ(セヨ) →りゃくす 文りゃく・す(サ変)

りゃく-せつ【略説】(名・他スル) 重要な点だけを簡単に述べること。また、その述べた内容。↔詳説

りゃく-そう【略装】サウ 略式の服装。略服。↔正装

りゃく-たい【略体】 ①正式の体裁を簡略にした形。②字画を省略した文字。略字。略筆。↔正体せいたい

りゃく-だつ【略奪・掠奪】(名・他スル) 力でむりやりに奪い取ること。奪略。「―品」

りゃく-でん【略伝】 おもな経歴を簡単にまとめた伝記。↔詳伝

りゃく-どく【略読】(名・他スル) ざっと読むこと。

りゃく-ひつ【略筆】 ■(名・自他スル) 要点以外は略して書くこと。また、その文章。略記。■(名) →りゃくたい②

りゃく-ひょう【略表】ヘウ 概略を示した表。

りゃく-ふ【略譜】①概略を示した系譜。「徳川家の―」②〘音〙数字などで書いた、簡略な楽譜。↔本譜

りゃく-ふく【略服】略式の衣服。略装。

りゃく-ほんれき【略本暦】本暦から必要項目だけを抜き出し、一般の人にわかりやすくしたこよみ。略暦。⇩本暦

りゃく-れいそう【略礼装】レイサウ 略式の礼装。

りゃく-れき【略歴】簡略な経歴。また、それを書いたもの。

りゃっ-かい【略解】リャク (名・他スル)要点だけを簡単に解釈すること。また、その書物。略解。↔詳解

りゃっ-き【略記】リャク (名・他スル)要点だけを簡略に記すこと。また、その記したもの。略筆。↔詳記

りゃん-こ【°両個】(「りゃん」は唐音)①二個。二つ。②(両刀を帯びたことから)江戸時代、武士をあざけっていった語。

り-ゆう【理由】イウ ①物事のそうなったわけ。事情。「遅れた―」②言いわけ。口実。「病気を―に欠席する」

りゅう【立】リフ (字義)→りつ(立)

りゅう【柳】リュウ(リウ)㊥ やなぎ㊥

(字義)やなぎ。ヤナギ科の植物の総称。「柳糸・柳眉・花柳・垂柳・青柳・楊柳」難読 柳葉魚・柳筥・柳川

りゅう【流】教3 リュウ(リウ)・ル㊥ ながれる・ながす

(字義)①ながれる。㋐水が移って行く。「流水・溢流・逆流・合流」㋑うかびながれる。「流失・流氷・流木」㋒うつりゆく。すぎゆく。「流動・流転」㋓さすらう。さまよいゆく。「流離・流浪」㋔おちぶれる。「流落」㋕ひろまる。ひろがりゆく。「流通・流布」㋖失敗する。とりやめる。「流会・流産」㋗それて飛ぶ。「流矢・流弾」②ながす。㋐水などをながす。「流血・流涕」㋑罪として遠方にやる。「流刑・流罪・流竄・遠流・配流」③ながれ。㋐川や海の水のながれ。「寒流・急流・支流・暖流・潮流・本流」㋑電気のながれ。「交流・直流・電流」㋒学問・技芸などの系統。「流派・亜流・末流・門流」㋓血統。血すじ。「嫡流」④やり方。手法。「流儀・我流」⑤階級。階層。「上流・中流・名流」⑥のびやか。すらすらとどこおりない。「流暢・流麗」⑦確かでない。根拠のない。「流言・流説」難読 流石・流離い・流行・流鏑馬 人名 しく・とも・ながる・はる

-りゅう【流】リウ (接尾)①流派。流儀。日本の伝統的な技芸・武術・作法などの系統。「小笠原―」「観世―」②しかた。スタイル。「自己―」③等級。品位。「第一―」

りゅう【留】教5 リュウ(リウ)・ル とめる・とまる・とどめる・とどまる

(字義)①とめる。とどめる。㋐動かなくする。「繋留」㋑おさえとめおく。「留置・拘留・抑留」㋒心をとめる。「留意・留心」㋓ひきとめる。「留保・慰留・保留」㋔のこしておく。おき忘れる。「遺留」②とまる。とどまる。㋐ある場所にとどまる。「留学・留任・居留・駐留・逗留」㋑あとにのこる。「留守・残留」㋒とどこおる。「滞留・停留」人名 たね・とめ・ひさ

りゅう【竜】人**【龍】**リュウ㊥・リョウ ロウ・たつ㊥

(字義)①想像上の動物である、りゅう。たつ。「竜頭・竜涎・天竜・飛竜」②化石で発掘される大形の爬虫類。「恐竜」③天子のたとえ。また、天子に関する事物につける語。「竜駕・竜顔・竜袍」④英雄・豪傑のたとえ。「臥竜・伏竜」⑤高さ八尺以上の馬。駿馬。「竜種・竜馬」⑥雨・水をつかさどる神。また、仏法の守護神。「竜王・竜神」難読 竜頭・竜胆 人名 かみ・きみ・しげみ・とお・とおる・めぐむ

りゅう【竜】想像上の動物。二本の角と四本の足をもち、巨大な蛇に似て、雲を呼び雨を降らせるという。たつ。

りゅう【琉】人 リュウ(リウ)・ル (字義)①「琉璃」は、㋐七宝の一つ。紺色の宝玉。㋑ガラス類の古名。②琉球。

りゅう【笠】人 リュウ(リフ) かさ (字義)かさ。雨・雪・日ざしを防ぐ竹で編んだかぶりもの。「蓑笠」

りゅう【粒】リュウ(リフ)㊥ つぶ㊥

(字義)つぶ。㋐米つぶ。穀物のつぶ。「粒食・粒米・穀粒」㋑つぶ状のもの。「粒子・粒状・顆粒・麦粒腫」

-りゅう【粒】リフ (接尾)米・穀物・丸薬などのつぶを数える語。

りゅう【隆】【隆】リュウ たかい㊥

(字義)①たかい。㋐盛り上がって高い。「隆起・隆鼻」㋑身分・官位が高い。「隆顔・隆貴」②盛んな。盛んにする。「隆運・隆盛・隆替・興隆」人名 お・おき・しげ・たか・たかし・とき・なが・もり・ゆたか

りゅう【硫】リュウ(リウ)㊥

(字義)①いおう。ゆおう。非金属元素の一つ。「硫黄・硫酸・硫化水素」②「硫酸」の略。「硫安」

りゅう【溜】人 リュウ(リウ) たまる・ためる (字義)①したたる。したたり。「溜出・溜滴・水溜」②熱して蒸気にし、これを冷やして凝結させること。「乾溜・蒸溜」③たまる。とどこおる。「溜飲」

りゅう【°瑠】リウ (字義)→る(瑠)

りゅう【劉】人 リュウ(リウ) (字義)①殺す。②ゆきわたる。「劉覧」③中国の漢王室の姓。人名 のぶ・みずち

-りゅう【△旒・流】リウ (接尾)旗などを数える語。

りゅう-あん【硫安】リウ 「硫酸アンモニウム」の略。

りゅうあん-かめい【柳暗花明】リウアン クワメイ ①柳はしげってほの暗く、花の色は明るくはえるさま。春の野の美しい景色をいう。②遊里。花柳街。「―の巷」

りゅう-い【留意】リウ (名・自スル)心にとどめること。気をつけること。「健康に―する」

りゅう-いき【流域】リウヰキ 河川の流れにそった地域。また、河川に降水が集まる地域。流水区域。「利根川―」

りゅう-いん【△溜飲】リウ 〘医〙胃の不消化によって飲食物が胃の中にたまり、すっぱい液が出ること。

―が下がる 胸がすっとして気持ちがよくなる。不平・不満・恨みなどが解消する。

りゅう-うん【隆運】盛んになる機運。盛んな運勢。

りゅう-えい【柳営】リウ 将軍のいる所。幕府。また、将軍家。語源 前漢の将軍周亜夫が細柳という地に陣したことによる。〈漢書・周勃伝〉

りゅう-おう【竜王】ワウ ①〘仏〙竜族の王。仏法の守護神。また、水の神。竜神。②将棋で、飛車が成ったもの。成り飛車。

りゅう-か【流下】リウ (名・自他スル)流れ下ること。流し下すこと。「―物」

りゅう-か【硫化】クワ (名・自スル)〘化〙硫黄と他の物質が化合すること。「―アンチモン」

―すいそ【―水素】〘化〙硫黄と水素との化合物。無

色で腐卵臭のある有毒の気体。火山ガスや温泉中に含まれる。

りゅう-かい【流会】(名・自スル) 予定した会が成立しないでとりやめになること。「定足数に満たずーになる」

りゅう-がく【留学】(名・自スル) 他国に行き、一定期間そこにとどまって学ぶこと。「イギリスへーする」

ーせい【ー生】他国に滞在して勉強している学生。

りゅう-かん【流汗】あせを流すこと。また、流れるあせ。「ー淋漓」

りゅう-かん【流感】「流行性感冒」の略。

りゅう-がん【立願】(名・自スル) →りつがん

りゅう-がん【竜顔】天子の顔の尊称。天顔。竜顔。

りゅう-き【隆起】(名・自スル) 高くもり上がること。特に、土地がおし上げられて、高くもり上がること。また、もり上がった所。「筋肉のー」「地盤がーする」

りゅう-ぎ【流儀】①物事のやり方。「自分のーでやる」②技芸などの流派に伝えられている独特のやり方。

りゅうき-へい【竜騎兵】昔のヨーロッパで、鎧を着て銃を持った騎兵。

りゅうきゅう〔琉球〕沖縄の別称。

ーおもて【ー表】麻糸をたて、七島藺(=カヤツリグサ科の多年草)の茎をよことして織った琉球産の畳表。

りゅう-ぐう【竜宮】海底にあって乙姫や竜王が住むという想像上の宮殿。竜宮城。

りゅう-ぐう【流△寓】(名・自スル) 故郷から離れ、放浪して他郷や他国に住むこと。「異国にーする」

りゅう-けい【流刑】昔の刑罰の一つ。罪人を遠く離れた土地や離島に追放すること。流刑。流罪。

りゅう-けつ【流血】①流れる血。②血を流すこと。殺傷事件や死傷者の出る事故などの起こること。「ーの惨事」

りゅうけつ-じゅ【竜血樹】〘植〙キジカクシ科の常緑高木。カナリア諸島原産。高さ二〇メートルに達する。樹齢一〇〇〇年以上と推定されるものもある。樹脂は赤い。ドラセナ。

りゅう-げん【流言】根拠のないうわさ。流説。流言。「ーにまどわされる」

ーひご【ー飛語・ー△蜚語】だれが言うともなく伝わる根拠のないうわさ。デマ。「ーが乱れとぶ」

りゅう-こ【竜虎】①竜と虎。②優劣のない二人の英雄。「ー相搏つ(=いずれおとらぬ強い者どうしが争う)」

りゅう-こう【流行】(名・自スル) ①ある現象・様式などが、社会に一時的に広く行われること。また、そのもの。はやり。「ーを追う」「ー遅れ」②病気が、一時的に広がること。「インフルエンザがーする」③→ふえきりゅうこう

ーか【ー歌】その時代時代の人々の心をひきつけて、一時的に広く歌われる歌。はやりうた。

ーご【ー語】一時的に世間に広まり、盛んに使用される言葉。はやり言葉。

ーじ【ー児】ある時期、世間で広くもてはやされる人。

ーせい-かんぼう【ー性感冒】→インフルエンザ

ーびょう【ー病】急に人々に感染し広がる病気。はやりやまい。

りゅう-こつ【竜骨】①船底の中心線を縦につらぬき、船首と船尾をつないで船体を支える材。キール。②古代の巨大な動物の骨の化石。漢方で生薬とした。

ーとっき【ー突起】〘動〙鳥の胸骨の中央にある板状の大きな突起。両側に翼筋がつき、よく飛ぶ鳥ほど発達している。

りゅう-さ【流砂】①水に流された砂。②砂漠。特に、中国北西部の砂漠をいう。③水を含んで流動しやすくなった砂。「ー現象」参考「りゅうしゃ」ともいう。

りゅう-さん【硫酸】〘化〙硫黄・酸素・水素からなる無色で粘りけのある液体。水溶液は強酸性。肥料・爆薬の製造、有機化合物の合成、油脂の精製など用途が広い。

ーアンモニウム〘化〙アンモニアを硫酸に吸収させた無色透明の結晶。代表的な窒素肥料。硫安。

ーし【ー紙】洋紙に硫酸処理をほどこした、なめらかで半透明の紙。強靭で耐水性・耐脂性がある。食料品・薬品類の包装に使用。パーチメント紙。

ーどう【ー銅】〘化〙酸化銅に希硫酸を作用させて作るあざやかな青色の結晶。有毒。染料・殺虫剤・銅めっきおよび木材の防腐剤などに用いる。胆礬。

りゅう-ざん【流産】(名・自スル) ①〘医〙妊娠二二週未満の胎児が母体外に排出されること。②(転じて)計画・事業などが途中でだめになり実現しないこと。

りゅう-ざん【流△竄】①罪を受けて遠い土地に流されること。流罪。島流し。流竄。②遠い土地をさまようこと。

りゅう-し【柳糸】細く糸のようにしだれている柳の枝。

りゅう-し【粒子】細かなつぶ。特に、物質を構成している微細なつぶ。「微ー」「ーがあらい」

りゅう-しつ【流失】(名・自スル) 洪水などで流されてなくなること。「ー家屋」「橋がーする」

りゅう-しゃ【流砂】→りゅうさ

りゅう-しゃく【留△錫】(名・自スル)(錫杖を留める意から)行脚中の僧が、ある寺院に滞在すること。

リュージュ〈フランス luge〉かじ・ブレーキのない小型のそり。また、それを使って氷で固められたコースを滑り速さを競う競技。一人乗りと二人乗りがある。

りゅう-しゅつ【流出】(名・自スル) ①外へ多量に流れ出ること。「土砂のー」②大事なもの、多くの人や資本などが、国外・組織外などに出ていくこと。「頭脳のー」(↔流入)

りゅう-しゅつ【留出・△溜出】(名・自スル)〘化〙蒸留するときに、ある成分が液体となってしたたり出ること。

りゅう-じょ【柳△絮】柳の種子が熟して綿のように飛び散るもの。また、その種子。春

りゅう-しょう【隆△昌】勢いの盛んなこと。栄えること。隆盛。「ごーの段お喜び申し上げます」

りゅう-じょう【粒状】つぶのような状態。粒状。

りゅうじょう-こはく【竜△攘虎△搏】(「攘」ははらう、「搏」はうつ意)英雄・豪傑どうしが壮烈に戦うさま。

りゅう-しょく【柳色】青々とした柳の色。

りゅう-じん【流人】→るにん

りゅう-じん【竜神】〘仏〙雨・水をつかさどり、また、仏法を守るという神。竜王。

リユース〈reuse〉(名・他スル) 一度使われた物を捨てずに再使用すること。「ーボトル」

りゅう-ず【竜頭】①腕時計・懐中時計の、ぜんまいを巻いたり針を動かしたりするつまみ。②竜の頭の形をした、釣り鐘をつるすつり手。竜頭。

りゅう-すい【流水】流れ動いている水。また、川。「行雲ー」↕静水

りゅう-せい【流星】〘天〙天体の破片が地球の引力によって地球の大気圏に突入したとき、空気との摩擦によって白熱し、発光したもの。地上に落ちたものを隕石という。流れ星。よばいぼし。秋

りゅう-せい【隆盛】(名・形動ダ) 栄えて、勢いの盛んなこと。また、そのさま。隆昌。「ーをきわめる」

りゅう-せつ【流説】 根も葉もないうわさ。流言。流説（るせつ）。デマ。「―が広まる」

りゅうぜつ-らん【竜舌△蘭】〘植〙キジカクシ科の常緑多年草。メキシコ原産。葉は長剣状で、とげがある。夏、まれに淡黄色の花を開き、結実すると枯れる。観賞用。夏

りゅう-せん【流線】 空気や水のような流体が運動するときに、流れの方向に向かって描くと考えられる曲線。

―けい【―型・―形】 水や空気などの抵抗をできるだけ少なくするような曲線で作られた形。「―の車体」

りゅう-ぜん【流△涎】 よだれを流すこと。垂涎。

りゅうぜん-こう【竜△涎香】 動物性香料の一つ。マッコウクジラの腸内に生じる結石のような物質。

りゅう-そく【流速】 流水・流体の流れる速度。

りゅう-ぞく【流俗】 ①世間のならわし。一般の風俗・習慣。世俗。②世間の人。俗人。

りゅう-たい【流体】〘物〙気体と液体の総称。流動体。

りゅう-たい【隆替】（名・自スル）勢いが盛んになることと衰えること。盛衰。「政権の―」

りゅう-たん【竜胆】 ①「竜胆」の漢名。②漢方で、リンドウの根を乾燥したもの。健胃剤とする。

りゅう-だん【流弾】 標的からそれたたま。流れだま。

りゅう-だん【△榴弾】 内部に炸薬を詰め、着弾時に炸裂して破片を広い範囲に飛ばす砲弾。「―砲」

りゅう-ち【留置】（名・他スル）人や物を一定の場所にとめておくこと。特に、被疑者を取り調べるために、警察署内にとどめて拘束すること。

―しせつ【―施設】 警察署内の、検挙した被疑者を一時とどめておく所。参考二〇〇六（平成十八）年の監獄法改正により、「留置場」から改称された。

―じょう【―場】 →りゅうちしせつ

りゅう-ちょう【留鳥】〘動〙一年じゅう生活する場所をほとんど変えない鳥。スズメ・カラスなど。↔候鳥

りゅう-ちょう【流△暢】（名・形動ダ）言葉がすらすらと出て、よどみないこと。また、そのさま。「―に英語を話す」

りゅう-つう【流通】（名・自スル）①一か所にとどまらず、流れ通ること。「空気の―」②商品が生産者から消費者にとどこおりなく渡ること。③世間に広く通用すること。「貨幣の―」

―かくめい【―革命】 商品が流通する過程の大きな変革。大量生産・大量消費に対応する流通経路の短縮化や流通コストの引き下げなどをさす。

―かへい【―貨幣】 市場に流通する貨幣。通貨。

―きこう【―機構】 商品が生産者から消費者に渡るまでの仕組み。

りゅう-てい【流△涕】（名・自スル）涙を流すこと。

りゅうていたねひこ【柳亭種彦】（一七八三〜一八四二）江戸後期の読本・合巻作者。江戸（東京都）生まれ。合巻「偐紫田舎源氏」で好評を博したが、天保の改革に際し処罰され、失意のうちに没した。

りゅう-てん【流転】（名・自スル）→るてん

りゅう-でん【流伝】（名・自スル）広く世の中に伝わること。流伝。

リュート〈lute〉〘音〙中世から一六、七世紀にかけてヨーロッパで広く用いられた弦楽器。洋梨形の胴に棹をつけたもので、張られた弦をはじいて演奏する。

りゅう-と（副）服装や態度があかぬけてきわ立っているさま。「―した身なり」

りゅう-とう【流灯】 盂蘭盆の終わりの日に、灯籠に火をともして川や海に流すこと。灯籠流し。秋

りゅう-とう【竜灯】 ①海上に灯火のように連なって現れる海中の燐火。不知火。②神社にそなえる灯火。神灯。

りゅう-とう【竜頭】 竜の頭。竜頭。

―げきしゅ【―△鷁首】 →りょうとうげきしゅ

―だび【―蛇尾】 初めは盛んで、終わりがふるわないこと。

りゅう-どう【流動】（名・自スル）①流れ動くこと。②移り動くこと。移り変わること。「人口の―」「―する政情」

―しさん【―資産】〘商〙資産のうち、比較的短期間に資金化が可能な資産。製品・商品・原料・現金・預金・受取手形・売掛金・短期間の有価証券など。↔固定資産

―しほん【―資本】〘経〙一回の生産過程で全価値が生産物に変わる資本。原材料・労働力など。↔固定資本

―しょく【―食】 おもに病人食として用いる、消化しやすい液状の食物。重湯・くず湯・スープなど。流動物。

―たい【―体】 ①〘物〙流体。②流動性のあるもの。

―てき【―的】（形動ダ）その時々の条件によって、物事が変化しやすいさま。「事態は―だ」

―ぶつ【―物】 ①流動性のあるもの。液体。②→りゅうどうしょく

りゅうど-すい【竜吐水】 ①水を入れた箱の上に設置した押し上げポンプで放水する、昔の消火器。②水鉄砲。

りゅう-にち【留日】（名・自スル）外国人が日本にとどまること。

りゅう-にゅう【流入】（名・自スル）①流れこむこと。「汚水が―する」②国外・組織外などから、多くの人や資本などがはいりこむこと。「外国資本の―」（↔流出）

りゅう-にん【留任】（名・自スル）今までの官職・地位をやめないで、そのままとどまること。「役員は全員―」

りゅう-ねん【留年】（名・自スル）学生が、規定の単位を修得できないため進級・卒業できずに、その学年にとどまること。

りゅう-のう【竜脳】 フタバガキ科の竜脳樹から取った白い結晶。樟脳に似た香りがする。香料・防虫剤用。

りゅう-の-ひげ【竜の△鬚】 →じゃのひげ

りゅう-は【流派】 流儀の違いによって分かれているそれぞれの系統。門派。「茶道の―」

りゅう-はつ【柳髪】 女性の髪のしなやかな美しさを、柳の風になびくさまにたとえていう語。

りゅう-び【柳眉】 柳の葉のように細く美しいまゆ。美人のまゆの形容。

―を逆立てる まゆをつりあげて美人が怒る。

りゅうび-じゅつ【隆鼻術】〘医〙低い鼻を高くする美容整形の手術。

りゅう-ひょう【流氷】 寒帯地方の海氷が割れ、海流や風によって運ばれて海上を漂っているもの。「―帯」春

りゅうひょうや… 俳句〔流氷や　宗谷の門波　荒れやまず〕〈山口誓子〉北海道の北端、宗谷海峡にも春がきて、北の海から流れて来た流氷の群れがただよい流れているが、まだまだ寒く、海峡の波は高く白いしぶきをあげて荒れ狂い、いつまでもおさまりそうにない。（流氷 春）

りゅう-へい【流弊】 広く世間に行われている悪い風習。

りゅう-べい【立米】 体積の単位。立方メートル。参考「立」は「立方」の略。「米」はメートルの当て字の音読。

りゅう-べつ【留別】（名・自スル）旅立つ人が、あとに残る人に別れを告げること。「―の会」

りゅう-べん【流△眄】（「眄」は見る意）横目で見ること。流し目に見ること。流眄。

りゅう-ほ【留保】リウ ―（名・他スル）①その場で処理・決定しないで、しばらくそのままにしておくこと。保留。「態度を―する」②〔法〕法律で、権利や義務を残留・保持しておくこと。

りゅう-ぼう【流亡】リウバウ 故郷をはなれてさすらうこと。

りゅう-ぼく【流木】リウ ―①海や川などをただよい流れる木。②山から切り出して川を流しおろす木材。

リューマチ〈rheumatism から〉→リウマチ

りゅう-まつ【流△沫】リウ ― 流れる水の泡。

りゅう-みん【流民】リウ ― 故郷や故国を失い、各地をさすらう人々。流浪るろうの民。流民るみん。

りゅう-め【竜◇馬】①非常に足の速い馬。駿馬しゅんめ。竜馬りょうめ。②将棋で、角行かくぎょうが成ったもの。成り角。

りゅう-よう【柳腰】リウエウ 柳の枝のように細くしなやかな腰。美人の腰の形容。柳腰やなぎごし。

りゅう-よう【流用】リウ ―（名・他スル）本来決まっている目的以外のことに使うこと。「経費の―」

りゅう-らく【流落】リウ ― 落ちぶれて各地をさすらうこと。

りゅう-り【流離】リウ ―（名・自スル）故郷をはなれて、他郷にさすらうこと。流浪るろう。「―の憂い」

りゅう-りゅう【流流】リウリウ 物事にはそれぞれ違ったやり方があること。「細工は―仕上げを御覧ごろうじろ」

りゅう-りゅう【隆隆】（タトル）①勢いの盛んなさま。「―たる社運」②もり上がってたくましいさま。「筋肉―」文（形動タリ）

りゅうりゅう-しんく【粒粒辛苦】リフリフ 米の一つぶ一つぶに、育成した農民の苦労がこもること。転じて、細かな努力を着実に積み重ねて、物事の完成・実現を目ざすこと。

りゅう-りょう【流量】リウリヤウ 単位時間内に流れる水やガス・電気などの分量。「―計」

りゅう-りょう【△嚠△喨・△瀏△亮】リウリヤウ（タトル）楽器の音などが、澄んでひびきわたるさま。「―たる笛の音」文（形動タリ）

りゅう-れい【流麗】リウ ―（形動ダ）詩・文章・筆跡などが、よどみなく美しいさま。また、音楽の調べが、なだらかで美しいさま。「―な文章」「―な調べ」文（ナリ）

りゅう-れん【流連・留連】リウ ―（名・自スル）遊びにふけって帰宅するのを忘れること。いつづけること。「―荒亡（＝家も仕事も忘れて遊興にふけること）」

りゅう-ろ【流露】リウ ―（名・自他スル）感情をかくすところなくありのままに表すこと。また、表れること。「真情を―する」

リュックサック〈ドイツ Rucksack〉登山やハイキングなどで、必要な品を入れて背負う袋。リュック。ザック。

りょ【◇呂】（字義）→ろ（呂）

りょ【◇呂】音楽の調子で、陰の音律。「律―」

りょ【侶】とも リョ㊥

（字義）①とも。なかま。つれ。「僧侶・伴侶」②ともとする。仲間になる。「侶行」

りょ【旅】教3 たび リョ

（字義）①たび。たびをする。「旅行・旅人・羈旅きりょ・逆旅げきりょ・行旅」②昔の中国の軍制で、兵士五〇〇人の軍団をいう。転じて、軍隊・戦争の意。「旅団・軍旅・征旅」難読 旅籠はたご 人名 たか・もろ

りょ【虜】【人虜】とりこ リョ㊥

（字義）①とりこ。とりこにする。戦争でいけどりにする。「虜獲・虜囚・俘虜ふりょ・捕虜」②敵をののしっていう語。「虜艦」

りょ【慮】おもんぱかる リョ㊥

（字義）①おもんぱかる。深く考えをめぐらす。また、おもんぱかり。「慮外・遠慮・考慮・熟慮・焦慮・思慮・深慮・配慮・憂慮」②おおよそ。おおむね。「無慮」人名 のぶ

り-よう【利用】（名・他スル）①有利に使うこと。役に立たせること。「廃物の―」「余暇を―する」②自分の利益のために、うまく使うこと。手段・方便として使うこと。「地位を―する」

―かち【―価値】利用するだけの値打ち。

り-よう【里謡・△俚謡】エウ ― 民間でうたわれている歌。ひなうた。さとうた。民謡。

り-よう【理容】頭髪や顔をきれいに整えること。理髪と美容。

りょう【了】おわる リョウ（レウ）㊥

（字義）①おわる。おえる。「完了・校了・終了・読了」②あきらか。＝瞭。「了然・明了」③さとる。はっきりわかる。「了解・了察」④承知する。＝諒。「了簡りょうけん・了承」参考「△諒」の書き換え字。人名 あき・あきら・さと・さとる・すみ・のり

りょう【了】レウ ①よくわかること。承知すること。「要求を―とする」②終わり。終了。「前編―」

りょう【両】教3【兩】ふたつ リョウ（リャウ）

（字義）①ふたつ。つい。二つならんだもの。「両親・両方・両輪・両日」②ふたつながら。二つともに。「両存・両立・一挙両得」参考「△輛」の書き換え字。人名 ふた・ふる・もろ

りょう-【両】リャウ（接頭）二つの。両方の。「―議院」

-りょう【両】リャウ（接尾）車を数える語。輛りょう。「八―編成」

りょう【両】リャウ ①江戸時代の金貨の単位。分ぶの四倍。銭四貫文。「千―箱」②「円」の俗称。③重さの単位。一斤の一六分の一。④一組になる二つのもの。両方。「―の手」

りょう【良】教4 よい リョウ（リャウ）

（字義）①よい。㋐よい。好ましい。「良好・改良・佳良・最良」㋑めでたい。「良縁・良日」㋒心が正しくすなおな。「温良・忠良・明良」㋓すぐれている。「良家・良書・最良・精良・優良」㋔質がよい。「良質・良薬・純良」②深い。「良夜」③うまれつき正しい。「良心・良知・良能」④妻が夫を呼ぶ語。「良人りょうじん・おっと」人名 あきら・お・かず・かた・さね・すけ・たか・つかさ・つぎ・なおし・なか・なが・ながし・はる・ひこ・ひさ・ふみ・まこと・み・よし・ら・ろ・ろう

りょう【良】リャウ ①よい。良好。「おおむね―」「天候は―」②成績判定の段階の一つ。「優・―・可・不可」

りょう【亮】人 あきらか リョウ（リャウ）

（字義）①あきらか。はっきり。「亮月・直亮」②まこと。まことに。＝諒。人名 あき・あきら・かつ・きよし・すけ・たすく・とおる・ふさ・まこと・よし

りょう【凌】人 しのぐ リョウ

（字義）①厚い氷。②氷室ひむろ。「凌陰・凌室」③おののく。恐れ震える。④しのぐ。＝陵。㋐おかす。侵犯する。㋑こす。上に出る。わたる。「凌雲・凌煙・凌駕りょうが」㋒あなどる。いやしめる。「凌虐・凌侮」難読 凌霄花のうぜんかずら

りょう【料】教4 はかる リョウ（レウ）

（字義）①はかる。おしはかる。「料簡りょうけん・料度りょうたく・思料」②たね。もととなるもの。使うためのもの。「料紙・材料・資料・調味料・燃料」③かて。えさ。「飲料・食料・飼料」④てあて。給与。「給料」⑤代金。「料金・送料・損料・有料」人名 かず

-りょう【料】レウ（接尾）代金。料金。「入場―」「手数―」

りょう【崚】 人 リョウ　（字義）「崚嶒(りょうそう)」は、山が高く険しく重なるさま。人名 たか・たかし

りょう【梁】 人 リョウ(リャウ) はし・はり・やな　（字義）①はし。車馬を通すため、川にかけたはし。「橋梁」②はり。うつばり。家の棟をささえる大きな横木。「梁材・梁木・柱梁・棟梁」③やな。木を並べて水をせきとめ、魚を捕らえる仕掛け。＝簗。「魚梁」④つよい。「彊梁(きょうりょう)」人名 たかし・むね・やね

りょう【梁】 リャウ〘世〙中国の王朝の名。㋐南北朝時代の南朝第三の王朝。六世紀前半に南朝文化の最盛期を現出。（五〇二～五五七）㋑五代最初の王朝。通称は後梁(こうりょう)。（九〇七～九二三）

りょう【涼】【凉】 人 リョウ(リャウ)㊥ すずしい㊥・すずむ㊥　（字義）①すずしい。ひややかですがすがしい。うすら寒い。「涼気・涼風・秋涼・清涼剤・早涼・爽涼(そうりょう)・納涼」②さびしいさま。「荒涼・凄涼(せいりょう)」人名 すけ

りょう【涼】 リャウ すずしいこと。すずしさ。「ーをとる」

りょう【猟】【獵】 リョウ(レフ)㊥ かり　（字義）①狩り。「猟師・狩猟」②広くさがす。あさる。「猟奇・渉猟」難読 猟虎(らっこ)

りょう【猟】 レフ 野生の鳥や獣を捕らえること。狩り。また、その獲物。「森でーをする」「ーが多い」

りょう【菱】 人 リョウ ひし　（字義）ひし。ミソハギ科の一年草。池沼に自生する。「菱形(ひしがた)・菱花」

りょう【陵】 リョウ㊥ みささぎ㊥・おか・しのぐ　（字義）①おか。大きなおか。「丘陵・江陵・高陵」②みささぎ。天子の墓。「陵墓・御陵」③しのぐ。＝凌。「陵駕(りょうが)」④おかす。＝凌。「陵辱」人名 たか

りょう【陵】 天皇・皇后の墓所。みささぎ。「武蔵野(むさしの)ー」

りょう【椋】 人 リョウ(リャウ) むく　（字義）木の名。㋐ちしゃのき。ムラサキ科の落葉高木。材質が堅く、建材・家具材などに適する。㋑むく。むくのき。アサ科の落葉高木。材は器具用。人名 くら・くれ（以上は姓）

りょう【量】 教4 リョウ(リャウ) はかる・ます　（字義）①はかる。㋐重量・容積・面積などをはかる。「計量・測量」㋑おしはかる。思案する。「裁量・思量・推量」②かさ。ます目。容積。「量感・酒量・少量・大量・適量・分量・容量」③かさをはかる器具。「量器」④かず。「数量」⑤心の大きさ。徳と才能。「雅量・器量・度量・力量」人名 かず・さと・とも・はかり

りょう【量】 リャウ ①かさ。容積。「ーが多い」②目方。「ーをごまかす」③かず。分量。「仕事のー」④程度。「酒のーを過ごす」

りょう【稜】 人 リョウ かど　（字義）①かど。すみ。「稜角・稜線・岩稜・五稜郭(ごりょうかく)・三稜」②こうごうしい。尊厳な威光。「稜威」③寒さのきびしい。かどかどしい。「稜稜」人名 いつ・たか・たかし・たる

りょう【△稜】〘数〙多面体のとなりあった二つの面が交わってできる線分。参考 現在では平面図形と同様に「辺」という。

りょう【僚】 リョウ(レウ)㊥ ともがら　（字義）①ともがら。とも。同じ役の者どうし。「僚友・同僚」②つかさ。役人。「僚官・下僚・官僚・幕僚」人名 あきら・とも

りょう【漁】 レフ　（字義）→ぎょ（漁）

りょう【漁】 レフ 魚や貝をとること。また、とれたもの。すなどり。「禁ー」「ーに出る」

りょう【綾】 人 リョウ あや　（字義）あや。あやぎぬ。模様を織り出した絹。「綾綺(りょうき)・綾文・綾羅」

りょう【領】 教5 リョウ(リャウ)・レイ うなじ・えり・おさめる　（字義）①うなじ。②えり。「領袖(りょうしゅう)」③たいせつなところ。かなめ。「綱領・要領」④おさめる。＝理。㋐とりしまる。しめくくる。統(す)べる。処理する。「領家(りょうけ)・管領(かんれい)」㋑手に入れる。支配する。「領収・領有・占領・天領」⑤うけとる。「受領・拝領」⑥さとる。のみこむ。「領解・領承」⑦もちまえ。「本領」⑧かしら。「首領・大統領」難読 領巾(ひれ) 人名 おさ・むね

-りょう【領】 リャウ（接尾）甲冑(かっちゅう)・装束などを数える語。「具足一ー」

りょう【領】 リャウ 支配している土地。領土。「英ー」

りょう【寮】 リョウ(レウ)㊥　（字義）①寄宿舎。共同宿舎。「寮生・学寮・僧寮・独身寮」②律令(りつりょう)制で、省の下に属した役所の名。「大学寮・内匠寮(たくみりょう)」③しもやしき。別荘。「茶寮(さりょう)」人名 いえ・とも・まつ

りょう【寮】 レウ 寄宿舎。共同宿舎。「ーにはいる」

りょう【諒】 人 リョウ(リャウ) まこと　（字義）①思いやる。察する。「諒察」②まこと。「忠諒」③明らかにする。明らかに知る。みとめる。「諒承」人名 あき・あさ・まさ

りょう【△諒】 リャウ まこと。真実として疑わないこと。

ーとする もっともだとして納得する。承知する。「説明をー」

りょう【遼】 人 リョウ(レウ) はるか　（字義）はるか。遠い。「遼遠・遼隔」人名 あきら・とお・はる

りょう【遼】 レウ〘世〙東部モンゴルからおこった契丹(きったん)族が建てた征服王朝。モンゴル・中国東北部・華北の一部を領有、宋(そう)を圧迫したが、金に滅ぼされた。（九一六～一一二五）

りょう【霊】 リャウ　（字義）→れい（霊）

りょう【燎】 人 リョウ(レウ) やく・かがりび　（字義）①かがりび。にわび。「燎火・燎炬(りょうきょ)・燎燭(りょうしょく)・庭燎(ていりょう)」②焼く。㋐焼き払う。山野の雑草を焼く。「燎原」㋑焼き狩り。山林を焼き払ってする狩猟。また、その火。「燎猟(りょうりょう)」③柴(しば)を焼いて天を祭る祭り。「郊燎・柴燎(さいりょう)」④あきらか。＝瞭。「燎燎」⑤てらす。

りょう【療】 リョウ(レウ)㊥ いやす　（字義）いやす。いえる。病気をなおす。病気がなおる。「療治(りょうじ)・療法・療養・医療・施療・治療」

りょう【瞭】 リョウ(レウ)㊥ あきらか　（字義）あきらか。よく見える。はっきりした。「瞭然・瞭瞭・明瞭」人名 あき・あきら・ひかる

りょう【糧】 リョウ(リャウ)㊥・ロウ(ラウ)㊍ かて㊍　（字義）①かて。旅行や行軍のときに持って行く食料。多く乾飯(ほしいい)を用いた。「糧道・糧秣(りょうまつ)・兵糧(ひょうろう)」②食料。食品。「糧食・糧米」参考「粮」は俗字。

りょう【△令】 リャウ 昔、律とともに国の根本をなした法典。

りょう-あん【良案】 リャウ― よい考え。よい思いつき。名案。

りょう-あん【△諒△闇】 リャウ― 天子が父母の喪に服する期間。

りょう-い【良医】 リャウ― すぐれた医者。名医。

りょう-いき【領域】 リャウヰキ ①あるものが関係する範囲。特に、学問や研究の分野で研究者が対象とする部門。また、各教科・

科目の学習範囲。「物理学のー」②国際法上、一国の統治権の及ぶ区域。領土・領海・領空をいう。

りょう‐いく【療育】ー 障害のある児童に対して医療を施しながら教育すること。「ーのための施設」

りょう‐いん【両院】ー 二院制度をとる議会を構成する二つの議院。日本の衆議院と参議院、英米の上院と下院など。

りょう‐う【涼雨】ー 夏などに、すずしさを感じさせる雨。夏

りょう‐うで【両腕】ー 左右両方の腕。もろうで。

りょう‐えん【良縁】ー たがいにふさわしい縁組。よい縁組。

りょう‐えん【△遼遠】ー (名・形動ダ) はるかに遠いこと。また、そのさま。「前途ー」

りょう‐か【良家】ー →りょうけ(良家)

りょう‐か【良貨】ー 品質がよく、地金の価値と法定価値との差の少ない貨幣。「悪貨はーを駆逐する」↔悪貨

りょう‐か【寮歌】ー 寄宿寮で生活している学生たちが、いっしょに歌うように作られた寮の歌。

りょう‐か【△燎火】ー かがりび。

りょう‐が【△凌△駕・陵△駕】(名・他スル) 他の者を追い抜いてその上に出ること。「品質で他社をーする」

りょう‐かい【了解・△諒解】ー・ー (名・他スル) 相手の言葉や行為の意味・内容などを理解して認めること。承知すること。領会。領解。「暗黙のー」「ー事項(=たがいに承知している事柄)」

りょう‐かい【領会】ー (名・他スル) →りょうかい(了解)

りょう‐かい【領海】ー 一国の沿海のうち、その国の主権の及ぶ海域。基線から一二海里を超えない範囲。↔公海

りょう‐かい【領解】ー (名・他スル) →りょうかい(了解)

りょう‐がえ【両替】ー (名・他スル) ①ある種類の貨幣をそれと同価値の他の種類の貨幣にかえること。「円をドルにーする」②有価証券や物品などを現金にかえること。

―や【ー屋】江戸時代、手数料をとって貨幣の交換を行った店。両替商。

りょう‐かく【△稜角】とがったかど。

りょう‐がわ【両側】ー 左右や表裏などのように、相対する両方の側。「道のーに並ぶ商店」↔片側

りょう‐かん【涼感】ー すずしそうな感じ。「ーを誘う」夏

りょう‐かん【猟官】ー 官職を得ようと人々が争い、手を尽くすこと。「ー運動」

りょう‐かん【量感】ー ①人や物から受ける重みや厚みの感じ。ボリューム。②〔美〕彫刻や絵画などの芸術で、表現されたものの立体感や重量感。「ー豊かな仏像」

りょう‐かん【僚官】ー ①役人。②同僚の役人。

りょう‐かん【僚艦】ー 同じ任務についている仲間の軍艦。同じ艦隊に所属する軍艦。

りょうかん〔良寛〕(一七五八～一八三一) 江戸後期の歌人・禅僧。号は大愚。越後(新潟県)生まれ。一八歳で出家。漢詩・和歌にすぐれ、書も独自の風格をもつ。歌集「蓮の露」など。

りょう‐がん【両岸】ー 川などの両方の岸。両岸。

りょう‐がん【両眼】ー 左右の目。両方の目。双眼。

りょう‐がん【◇竜顔】→りゅうがん(竜顔)

りょう‐き【涼気】ー すずしい空気。すずしさを感じさせる気配。「室内にーが流れこむ」夏

りょう‐き【猟奇】ー 怪異なものや異様なものに強くひかれて、それをさがし求めること。「ー趣味」「ー的な事件」

りょう‐き【猟期】ー ①その鳥獣を狩るのに適した時期。②鳥獣保護法で、狩猟を許されている期間。狩猟期。

りょう‐き【漁期】ー ①その魚や貝などのよくとれる時期。漁期。②その魚や貝などをとることを許されている期間。

りょう‐き【僚機】ー 同じ任務についている仲間の飛行機。

りょうぎ‐せい【両義性】ー 一つの事柄に相反する二つの意味があること。また二つの相反する解釈が成り立つこと。

りょう‐きゃく【両脚】ー 両方のあし。

りょう‐きょく【両極】ー ①両方のはし。両極端。「意見がーに分かれる」②〔物〕電気の陽極と陰極。正極と負極。③〔地質〕南極と北極。④磁気の北極と南極。

りょう‐きょくたん【両極端】ー 両方のはし。転じて、性格・行動・状態などが、非常にかけはなれていること。また、そのようなもの。「あの兄弟は性格がーだ」

りょう‐ぎり【両切り】ー (「両切りたばこ」の略)両端を切った、吸い口やフィルターのない紙巻きたばこ。↔口付き

りょう‐きん【良△禽】ー よい鳥。りこうな鳥。「ーは木を択んで棲む(=賢臣は主君をよく選んで仕えるというたとえ)」

りょう‐きん【料金】ー 何かを利用・使用したり、手数をかけたりしたことに対して支払う金銭。「水道ー」「ーを支払う」

りょう‐ぐ【猟具】ー 鳥獣などを捕獲するのに使う道具。

りょう‐くう【領空】ー その国の主権が及ぶ領土と領海の上の空間。大気圏外については、国家の領域権の及ばない自由な空間とされる。「ー侵犯」

りょう‐ぐん【両軍】ー たがいに戦う双方の軍隊や選手団。

りょう‐け【両家】ー 両方の家・家庭。「ーの顔合わせ」

りょう‐け【良家】ー 家柄がよい家。また、教養があり暮し向きや生活態度のよい家庭。良家。「ーの子女」

りょう‐け【領家】ー 昔、荘園の領主の称。

りょう‐けい【良計】ー よいはかりごと。よい計画。良策。

りょう‐けい【△菱形】→ひしがた

りょう‐けい【量刑】ー 裁判所が刑罰の軽重の程度を決めること。「ーが重い」

りょう‐けん【了見・料◇簡・了◇簡】ー (名・他スル) ①考えをめぐらすこと。また、その考え。思慮。所存。「ーが狭い」②許すこと。こらえしのぶこと。「ここはーしてほしい」

―ちがい【ー違い】考え方が道理にはずれていること。心得ちがい。「ーをするな」

りょう‐けん【猟犬】ー 狩猟に使う犬。冬

りょう‐げん【△燎原】ー 火が激しい勢いで野原を焼くこと。

―の火 野を焼く火が燃え広がるように、物事の勢いが盛んで制止することができないたとえ。

りょう‐こ【両虎】ー (二匹の虎の意から)たがいに匹敵する力量をもつ二人の勇者。「ー相打つ」

―相闘えば勢い倶に生きず 二人の勇者が闘えばどちらかが必ず死ぬ。また、両者ともに滅びる。〈史記〉

りょう‐こ【良△賈】ー よい商人。りっぱな商人。

りょう‐こう【良工】ー すぐれた職人。腕のいい職人。

りょう‐こう【良好】ー (名・形動ダ) 具合や状態などがよいこと。好ましいこと。また、そのさま。「感度ー」「経過はーだ」

りょう‐こう【良港】ー 船の出入りや停泊に条件のよい港。「天然のー」

りょう‐こく【両国】ー 二つの国。両方の国。

りょう‐ごく【領国】ー 領土として所有している国。領地。

りょう‐さい【良妻】ー よい妻。賢い妻。↔悪妻

―けんぼ【ー賢母】夫に対してはよい妻であり、子に対しては賢明な母であること。また、その人。

りょう‐ざい【良材】ー ①よい木材。また、よい材料。「ーを産する山」②すぐれた人材。

りょう‐ざい【良剤】ー ききめのすぐれた薬。良薬。

りょうさいしい【聊斎志異】レウサイシイ 中国、清初期の怪異小説集。蒲松齢作。一六七九年成立。神仙・狐・鬼・化け物・ふしぎな人間などを取り扱った短編集。

りょう-さく【良策】リヤウ よいはかりごと。よい計画。良計。

りょう-さつ【了察・諒察】レウ・リヤウ (名・他スル) 相手の立場や事情を深く思いやること。「なにとぞ御―ください」

りょう-さん【両三】リヤウ 二つ三つ。二、三。「―年」

りょう-さん【量産】リヤウ (名・他スル) 同じ規格の商品を、多量に生産すること。大量生産。マスプロダクション。「自動車を―する」

りょうざん-ぱく【梁山泊】リヤウザン 豪傑や野心家などの集まる所。語源 中国の小説「水滸伝」の中で、宋江ら一〇八人の豪傑が集まったとりでの名から出た語。

りょう-し【良師】リヤウ よい師匠。すぐれた教師。

りょう-し【料紙】レウ 文字を書くのに使用する紙。用紙。

りょう-し【猟師】レフ 猟を職業としている人。狩人。

りょう-し【量子】リヤウ 《物》原子・原子核などの微視的世界でみられる、不連続な量的変化を行う物理量の最小単位。エネルギー量子・光量子など。

―りきがく【―力学】《物》原子・分子・素粒子などの微視的対象について成り立つ力学。

りょう-し【漁師】レフ 魚介類をとって生活する人。漁民。

りょう-じ【令旨】リヤウ 皇太子や三后の命令を記した文書。のち、親王・女院・諸王のものをもいった。令旨。

りょう-じ【両次】リヤウ 一次と二次。二度。「―の大戦」

りょう-じ【聊爾】レウ (名・形動ダ) ①いいかげんなさま。②ぶしつけなさま。失礼。「―ながらお尋ねします」

りょう-じ【領事】リヤウ 《法》外国に駐在して自国の通商の保護・促進と、在留自国民の保護にあたる官職。

―かん【―館】クワン 領事が駐在地で職務をとる官庁。

りょう-じ【療治】レウヂ (名・他スル) 病気をなおすこと。治療。「もみ―」「温泉で―する」

りょう-しき【良識】リヤウ 〈フランス bon sens の訳語〉物事に対する健全な判断力。「―ある行動」「―に訴える」

りょう-しつ【良質】リヤウ (名・形動ダ) 品質がすぐれていること。また、そのさま。「―の原料」↔悪質

りょう-じつ【両日】リヤウ 両方の日。二日。「―とも出席する」

りょう-しゃ【両者】リヤウ 二つのもの。双方。「―の意見」

りょう-しゃ【寮舎】レウ 寮の建物。寄宿舎。

りょう-しゅ【良種】リヤウ ①よい種。②よい品種・種類。

りょう-しゅ【領主】リヤウ ①土地や住民を所有し支配する人。②平安時代以降、荘園を直接支配した人。③江戸時代、城を持たず陣屋を設けて領内を治めた小大名・旗本。参考 近世初期までは「りょうじゅ」。

りょう-しゅ【領取】リヤウ (名・他スル) 自分のものとして受け取り収めること。「まさに―いたしました」

りょう-しゅう【涼秋】リヤウシウ ①すずしい秋。「―の候」②陰暦九月の別称。秋

りょう-しゅう【領収】リヤウシウ (名・他スル) 金銭などを受け取り収めること。受領。「―印」「会費を―する」

―しょ【―書】金銭を受け取ったしるしとして渡す書付。領収証。受取。レシート。

りょう-しゅう【領袖】リヤウシウ 集団の頭に立つ人。首領。また、幹部。「派閥の―」語源「領」は襟の意。襟と袖とは着物の中でめだつ部分であることからいう。

りょう-じゅう【猟銃】レフ 狩猟用の銃。

りょう-しょ【両所】リヤウ ①二つの場所。②「両人」の敬称。おふたり。「御―」

りょう-しょ【良書】リヤウ すぐれた内容の本。読む人のためになる本。↔悪書

りょう-じょ【諒恕】リヤウ (名・他スル) 相手の気持ちや事情を思いやって許すこと。「御―ください」

りょう-しょう【了承・諒承・領承】レウ・リヤウ・リヤウ (名・他スル) 相手の事情をくみ、納得して承知すること。「―を得る」「快く―する」

りょう-しょう【料峭】レウセウ (トタル) 春風のはだ寒く感じられるさま。「春寒―の候」春 文(形動タリ)

りょう-しょう【領掌】リヤウシヤウ (名・他スル) ①領有すること。領地として支配すること。②聞き入れること。承諾すること。参考「りょうじょう」ともいう。

りょう-じょう【梁上】リヤウジヤウ 梁の上。

―の君子 ぬすびと。盗賊。転じて、鼠のこと。故事 後漢の県知事の陳寔が、夜、天井の梁の上に盗人がひそむのを知り、わが子を集めて「悪人も初めから悪人ではなく悪い習慣が身についた結果で、梁上の君子もそれだ」と諭したので、驚いた盗人は梁からおりて謝罪したという話による。〈後漢書〉

りょう-しょく【猟色】レフ 女色をあさること。漁色。

りょう-しょく【糧食】リヤウ (「糧」は携帯用の、「食」は日常用の食料の意) 食糧。特に、貯蔵したり携行したりする食糧。おもに、主食。「非常用の―」

りょう-じょく【凌辱・陵辱】(名・他スル) ①他人をはずかしめること。②暴力で女性を犯すこと。

りょう-しん【両心】リヤウ ふたごころ。二心。

りょう-しん【両親】リヤウ 父と母。ふたおや。父母。

りょう-しん【良心】リヤウ 善悪を判断して正しいことを守ろうとする心のはたらき。「―がとがめる」「―の呵責」

―てき【―的】(形動ダ) ダロ・ダッ(デ・ニ)・ダ・ナ・ナラ・○ 良心にしたがい、誠実に行動するさま。「―な価格」「―な店」

りょう-じん【良人】リヤウ 妻が夫をさしていう語。おっと。りょうにん。

りょう-じん【良辰】リヤウ よい日がら。良日。吉日。

りょう-じん【猟人】レフ 狩猟家。狩人。冬

りょうじんひしょう【梁塵秘抄】リヤウヂンヒセウ 平安末期の歌謡集。後白河院撰。一一七九(治承三)年ごろ成立。今様を中心に各種の歌謡を収録。

りょう-すい【量水】リヤウ 水位や水量をはかること。「―器」

りょう-すい【領水】リヤウ 国際法で、国の領域に属するすべての水域。領海と内国の河川・湖沼など。

りょう・する【了する】レウ スル シ(セ・サ)・シ・スル・スル・スレ・セヨ 一(自他サ変) 終わる。終える。「会議が―」二(他サ変) 納得する。よしとして受け入れる。「相手の事情を―」文れう・す(サ変)

りょう・する【領する】リヤウ スル シ(セ・サ)・シ・スル・スル・スレ・シロ(セヨ) (他サ変) ①自分の領土として支配する。自分のものとして所有する。「広大な土地を―」②承知する。「相手の意向を―」文りゃう・す(サ変)

りょう・する【諒する】リヤウ スル シ(セ・サ)・シ・スル・スル・スレ・セヨ (他サ変) 事情をくんでとがめない。思いやって承知する。「申し入れを―」文りゃう・す(サ変)

りょう-せい【両生・両棲】リヤウ 《動》水陸両方にすむことができること。また、その生物。「―の動物」

―るい【―類】《動》脊椎動物分類上の一綱。ふつう卵生で、幼生時は水中でえら呼吸をし、成体になると肺呼吸をして陸上にもすむ。カエル・イモリ・サンショウウオの類。

りょう-せい【両性】リヤウ ①男性と女性。雄と雌。②

異なる二つの性質。
―か【―花】クヮ〔植〕一つの花の中に雌しべと雄しべがともにある花。被子植物の花に最もふつうに見られる。サクラ・ユリなど。↔単性花
―しゅよう【―腫瘍】シユヤウ〔医〕腫瘍しゅようの中で、成長が緩やかで、浸潤や転移を起こさないもの。↔悪性腫瘍
りょう-せい【良性】リヤウ 病気などのたちのよいこと。↔悪性
りょう-せい【寮生】レウ 寮生活をしている学生・生徒。
りょう-せいばい【両成敗】リヤウ 争う両方に罪があるとして、両方を処罰すること。「けんか―」
りょう-ぜつ【両舌】リヤウ〔仏〕十悪の一つ。双方にそれぞれ違ったことを言い、争わせて両者の仲を裂くこと。二枚舌。
りょう-せん【猟船】レフ 漁猟ぎょりょうに用いる船。漁船。
りょう-せん【稜線】山の峰から峰へ続いている線。尾根。
りょう-せん【僚船】レウ 航行を共にしている仲間の船。
りょう-ぜん【両全】リヤウ 二つとも完全であること。二つのことを完全に行うこと。「―の策を講じる」
りょう-ぜん【亮然】リヤウ (ト・タル) はっきりしているさま。あきらかなさま。文(形動タリ)
りょう-ぜん【瞭然】レウ (ト・タル) あきらかなさま。疑う余地がないさま。「一目―」「―たる結果」文(形動タリ)
りょう-ぞく【良俗】リヤウ よい風俗や習慣。「公序―」
りょう-たつ【了達】レウ よく理解し悟ること。
りょうだて-よきん【両建て預金】リヤウダテ 金融機関が貸し出しの条件として、貸出額の一定割合を定期預金などにさせること。両建て。
りょう-たん【両端】リヤウ ①一つのものの両方のはし。「ひもの―」②始めと終わり。本末。③ふたごころ。
―を持じす どちらに付こうか決めかねて迷っている。
りょう-だん【両断】リヤウ (名・他スル) 二つに断ち切ること。「一刀―」
りょう-ち【了知】レウ (名・他スル) 悟り知ること。
りょう-ち【良知】リヤウ 経験や教育によらず、人が生まれながらに持っている、物事を判断できる知恵。「―良能」
りょう-ち【料地】レウ ある目的のために使用する土地。用地。
りょう-ち【量地】リヤウ 土地を測量すること。
りょう-ち【領地】リヤウ ①江戸時代、大名や神社・寺などの所有地。②領有している土地。領土。
りょう-ちょう【猟鳥】レフテウ 法律で、捕獲を許されている鳥。
りょう-ちょう【寮長】レウチヤウ ①寮生の取り締まりなどをする寮の責任者。②寮生の代表者。
りょう-て【両手】リヤウ 左右両方の手。もろ手。↔片手
―に花はな よいものや美しいものを二つ同時に独占すること。
りょう-てい【料亭】レウ 日本料理を出す高級な料理屋。
りょう-てい【量定】リヤウ (名・他スル) はかって決めること。「刑の―」
りょう-てき【量的】リヤウ (形動ダ) ダロ・ダッ(デ・ニ)・ダ・ナ・ナラ・〇 量に関するさま。量の面からとらえるさま。「―には十分だ」↔質的
りょう-てんびん【両天秤】リヤウ ①→てんびん① ②悪くてもどちらか一つが得られるよう、両方に同時に良好な関係をつけておくこと。「―にかける」
りょう-と【良図】リヤウ よいはかりごと。よい計画。良計。
りょう-ど【両度】リヤウ 二度。再度。「―の大戦」
りょう-ど【領土】リヤウ ①領有している土地。領地。②一国の統治権を行使できる地域。「―を保全する」
りょう-とう【両刀】リヤウタウ ①昔、武士が腰に差した大小二本の刀。太刀たちと脇差わきざし。両差し。②「両刀遣い」の略。
―づかい【―遣い】ヅカヒ ①左右の手に刀を持って戦う剣術。また、その人。二刀流。②二つの芸や専門に秀でていること。二つのことを同時にうまくできること。また、その人。「医者と作家の―」③辛いもの(酒)も甘いもの(菓子)も両方好きなこと。また、その人。
―ろんぽう【―論法】ロンパフ →ジレンマ②
りょう-とう【両統】リヤウ 二つの系統または血統。「―迭立てつりつ(=鎌倉後期、皇統が大覚寺統と持明院統に分かれ、交互に皇位を継承したこと)」
りょう-とう【両頭】リヤウ ①一つの体に二つの頭があること。双頭。「―の蛇」②二人の支配者・首脳。「―政治」
りょう-どう【両道】リヤウダウ ①二つの街道。また、二つの地方。②二つの方面。二道。「文武―」
りょう-どう【糧道】リヤウダウ (軍隊の)食糧を運ぶ道。また、生活の糧かてを得る手段。「―を絶つ」
りょうとう-げきしゅ【竜頭鷁首】 船首に竜の頭と鷁げき(=想像上の水鳥の名)の頭をそれぞれにつけた二隻一対の船。平安時代、朝廷や貴族の遊宴に池・川に浮かべて音楽を奏した。りゅうとうげきしゅ。りょうとうげきす。
りょうどう-たい【良導体】リヤウダウ〔物〕熱または電気をよく伝える物体。導体。↔不良導体
りょうとう-の-いのこ【遼東の豕】レウトウノヰノコ 世間のことを知らず、珍しくもないことで得意になることのたとえ。
【故事】昔、遼東地方の人が、白頭の豚が生まれたのを珍しがり、自慢かたがたこれを天子に献上しようと河東まで連れて来て、その地の豚の群れを見たところ、皆白頭の豚であったので内心恥ずかしくなって引き返したという話による。〈後漢書〉
りょう-とく【了得】レウ よく悟ること。よくのみこむこと。
りょう-とく【両得】リヤウ ①一度に二つの利益を得ること。「一挙―」②双方が利益を得ること。
りょう-どなり【両隣】リヤウ 左右両方の隣。「向こう三軒―」
りょう-ながれ【両流れ】リヤウ 屋根の造りで、棟を中心に傾斜が左右両方についたもの。↔片流れ
りょう-にん【両人】リヤウ 両方の人。二人。両名。「御―」
りょう-のう【良能】リヤウ 生まれつき備わっている才能。
りょう-ば【両刃】リヤウ ①刀剣などで、両方のふちに刃のあること。また、その刃物。もろは。②刃物で、刃先の断面の左右両側に刃がつけられていること。また、その刃物。「―の包丁」↔片刃
―の剣つるぎ →もろはのつるぎ
りょう-ば【良馬】リヤウ よい馬。すぐれた馬。「―を産する地」
りょう-ば【猟場】レフ 鳥獣の狩猟を行う場所。狩り場。图
りょう-ば【漁場】レフ 魚や貝をとるのに適した場所。漁場ぎょじょう・ぎょば。
りょう-はん【量販】リヤウ 同一種類の商品を大量に仕入れ、安く販売すること。大量販売。マスセールス。「―店」
りょう-ひ【良否】リヤウ よい悪い。よしあし。「―を問う」
りょう-ひ【寮費】レウ 寮にはいっている者が寮に払う費用。
りょう-びょう【療病】レウビヤウ 病気を治療すること。「―生活」
りょう-びらき【両開き】リヤウ 扉などが左右両方に分かれて開くこと。観音開き。「―の門」
りょう-ひん【良品】リヤウ 質のよい品。
りょう-ふ【両夫】リヤウ 二人の夫。二夫。「貞女―にまみえず」
りょう-ふ【猟夫】レフ 猟師。かりゅうど。
りょう-ぶ【両部】リヤウ ①二つの部分。②〔仏〕密教で、金剛界(=宇宙の本体である大日如来にょらいの知徳の面を表した部門)

と胎蔵界(=理性の面を表した部門)。③「両部神道」の略。

—しんとう【—神道】 真言宗の金剛界・胎蔵界の仏菩薩と日本の神々を関連づけて説明する、神仏習合の立場をとる神道。両部。

りょう-ふう【良風】 よい風俗や習慣。美風。「—美俗」↔悪風

りょう-ふう【涼風】 すずしい風。涼風。夏

りょう-ぶた【両蓋】 表と裏にふたのある懐中時計。

りょう-ぶん【両分】 (名・他スル) 二つに分けること。二分。「天下を—する」

りょう-ぶん【領分】 ①領地。②そのものの力の及ぶ範囲。勢力範囲。「人の—を荒らす」

りょう-へん【両辺】 ①両方のへり。二つの辺。②〘数〙等号または不等号の左右の辺。右辺と左辺。

りょう-べん【両便】 大便と小便。大小便。

りょう-ぼ【陵墓】 天皇・皇族の墳墓。陵。参考 皇室典範では、天皇・三后の墓を陵といい、他の皇族のものは墓という。

りょう-ぼ【寮母】 寮で入寮者の世話をする女性。

りょう-ほう【両方】 ①二つのうちのどちらも。両者。双方。「—手に入れる」↔片方 ②二つの方向・方面。

りょう-ほう【良法】 よい方法。すぐれたやり方。

りょう-ほう【療法】 病気の治療方法。「食餌—」

りょう-まい【糧米】 食糧としての米。

りょう-まえ【両前】 洋服で、前合わせを深く重ね、ボタンを二列につけたもの。ダブルブレスト。ダブル。↔片前

りょう-まつ【糧秣】 (「秣」はまぐさの意)軍隊で、兵士の食糧と軍馬のえさ。

りょう-み【涼味】 すずしい感じ。すずしさ。夏

りょう-みん【良民】 ①善良・勤勉な一般の人民。②律令制における身分呼称で、賤民に対しそれ以外の人民。

りょう-め【両目】 両方の目。両眼。↔片目

りょう-め【竜馬】 →りゅうめ①

りょう-め【量目】 はかりではかった物の目方。はかり目。「—が足りない」

りょう-めい【両名】 (当事者である)二人。両人。

りょう-めん【両面】 ①二つの面。表と裏。「紙の—」↔片面 ②二つの方面。「—作戦」「物心—で援助する」

りょう-や【良夜】 月の明るく美しい夜。特に、仲秋の名月の夜。「—の月」秋

りょう-や【涼夜】 すずしい夜。夏

りょう-やく【良薬】 よくきく薬。いい薬。良剤。

—は口に苦し 良薬が苦くて飲みづらいように、身のためになる忠告は聞きづらいものである。

りょう-ゆう【両雄】 二人の英雄。二人のすぐれた人物。

—並び立たず 同じくらいの勢力を持つ二人の英雄は、必ず争って、一方または両方が倒れるものである。

りょう-ゆう【良友】 よい友人。ためになる友人。↔悪友

りょう-ゆう【僚友】 同じ職場の友人。同僚。

りょう-ゆう【領有】 (名・他スル) 土地や物を自分のものとして所有すること。「—地」「広大な土地を—する」

りょう-よう【両用】 両方に用いられること。また、ふたとおりの使いみち。「水陸—」

りょう-よう【両様】 二つの様式。ふたとおり。二様。「—の解釈」「和戦—の構え」

りょう-よう【療養】 (名・自スル) 病気やけがの治療をしながら心身を休め回復につとめること。「—所」「転地—」

りょう-よく【両翼】 ①左右の翼。双翼。②左右に張り出しているもの。また、その端。③野球の左翼と右翼。

りょう-ら【綾羅】 あや絹(=模様を織り出した絹)と、薄絹(=薄い絹)。美しい衣服。「—錦繡(=美しい衣服)」

りょう-らん【繚乱・撩乱】 (タル) 入り乱れること。特に、花などが咲き乱れているさま。「百花—」文(形動タリ)

りょう-り【料理】 (名・他スル) ①材料に手を加えて調理すること。また、調理した食べ物。「日本—」「魚を—する」②《俗》物事をうまく処理すること。「変化球で打者を—する」

—にん【—人】 料理をするのを業とする人。料理番。

りょう-りつ【両立】 (名・自スル) 二つの事柄が両方とも支障なく成り立つこと。並び立つこと。「仕事と育児の—」

りょう-りつ【料率】 保険料などの料金を決める基準となる率。「生命保険の—」

りょう-りょう【両両】 あれとこれと。両方。二つとも。

—相俟って 両方がたがいに助け合う態勢となって。「照明と音楽が—舞台効果を出す」

りょう-りょう【嚠喨】 (タル) (楽器などの)音が明るく澄みきって響くさま。「—たるらっぱの音」文(形動タリ)

りょう-りょう【稜稜】 (タル) ①かどかどしいさま。鋭く厳しいさま。「気骨—(=人に屈しない気性で、厳しく不正を許さないさま)」②寒さが厳しいさま。「月影—」文(形動タリ)

りょう-りょう【寥寥】 (タル) ①ひっそりとして、ものさびしいさま。「—たる荒野」②まばらで少ないさま。「—たる聴衆」文(形動タリ)

りょう-りん【両輪】 ①車の一対の車輪。「車の—」②両方がそろってはじめて用をなすもののたとえ。「理論と実践を—とする企業経営」

りょう・る【料る】 (他五) 「料理する」の古い言い方。可能 りょう・れる(下一) 語源「料理」の動詞化。

りょう-ろん【両論】 対立する二つの議論。「賛否—」

りょう-わき【両脇】 ①両方の腕の付け根の下の部分。「—にかかえる」②左右のかたわら。両側。「社長の—の席」

りょ-がい【慮外】 (名・形動ダ) ①思いがけないさま。意外。「—のできごと」②ぶしつけなさま。無礼。「—者」

りょ-かく【旅客】 ①旅人。旅行者。旅客。②列車・飛行機・船などの交通機関の乗客。旅客。

—き【—機】 旅客の輸送を目的としてつくられた飛行機。

りょ-かん【旅館】 旅人などを宿泊させることを業とする家。おもに、和式の構造や設備をもつものをいう。「温泉—」

類語 旅宿・旅亭・旅舎・客舎・宿舎・宿所・宿屋・宿・旗亭・逆旅・はたご・ホテル・ペンション・モーテル・民宿・木賃宿

りょ-きゃく【旅客】 →りょかく

り-よく【利欲】 利益をむさぼる心。私利を得ようとする心。

りょく【力】 教1 リョク・リキ ちから・つとめる

(字義) ①ちから。㋐筋肉のはたらき。「力士・怪力・筋力・体力・馬力・腕力」㋑はたらき。作用。「力学・引力・火力・財力・重力・水力・電力・動力・労力」㋒能力。「力量・学力・国力・知力・武力」㋓いきおい。「威力・権力・勢力・迫力」㋔精神の活動。「気力・精力・胆力」②つとめる。はげむ。「力走・尽力・全力・努力」人名 いさお・いさむ・お・か・ちか・つとむ・よし

-りょく【力】 (接尾) そのことに関する能力・力量の意を表す。「生活—」「生産—」「理解—」

りょく【緑】 教3 【綠】人 リョク・ロク 高 みどり

(字義) みどり。㋐青と黄との中間の色。「緑草・緑野・新緑・万緑・葉緑素」 ㋑つやのある黒い色。「緑髪」 [難読] 緑青(ろくしょう) [人名] つか・つな・のり

りょく-いん【緑陰】 青葉の茂った木の陰。[夏]

りょく-う【緑雨】 新緑のころに降る雨。初夏の雨。[夏]

りょ-ぐう【旅△寓】 旅先での宿り。旅宿。

りょくおうしょく-やさい【緑黄色野菜】(リヨクワウシヨク)― カロテンなどの色素含有量の多い野菜。ホウレンソウ・カボチャ・ニンジン・ピーマン・トマトなど。有色野菜。

りょく-か【緑化】(クワ)― (名・他スル) →りょっか

りょく-がん【緑眼】 西洋人の緑色の目。碧眼(へきがん)。

りょく-しゅ【緑酒】 ①緑色の酒。②よい酒。うまい酒。

りょく-じゅ【緑樹】 青葉の茂った木。

りょく-じゅうじ【緑十字】(ジフジ)― 労働現場での安全衛生のシンボルとされる、緑色の十字のマーク。

りょくじゅ-ほうしょう【緑△綬褒章】(ホウシヤウ)― 徳行のりっぱな人に国から贈られる褒賞。綬(=リボン)は緑色。

りょく-しょく【緑色】 みどりいろ。

りょく-そう【緑草】(サウ)― 緑色の草。青草。

りょくそう-るい【緑藻類】(リヨクサウ)― ミル・アオノリ・アオミドロなど、葉緑素をおもに持ち、緑色をした藻類。

りょく-たい【緑△苔】 緑色のこけ。青ごけ。

りょく-ち【緑地】 草木の茂っている土地。

―たい【―帯】 都市計画で、保健・美観・防火などのために設けられた草木の多い地域。グリーンベルト。

りょく-ちゃ【緑茶】 茶の若葉を蒸し、焙炉(ほいろ)の上で、もみながら乾かして製した緑色の煎茶(せんちゃ)・碾茶(ひきちゃ)の類。日本茶。

りょく-ど【緑土】 草や木の茂った土地。

りょく-どう【緑道】(ダウ)― 都市部で、緑地として整備された遊歩道。

りょく-ないしょう【緑内障】(ナイシヤウ)― 《医》目の内圧が高くなり、そのために視野・視力に異常が起こる病気。頭痛・嘔吐(おうと)などを伴い、進行すると失明する。あおそこひ。

りょく-はつ【緑髪】 女性の黒くつややかな髪。[参考]「緑の黒髪」を漢語風に言ったもの。

りょく-ひ【緑肥】 《農》草などを青いまま作物の周囲に埋めて腐らせ、肥料とするもの。草肥(くさごえ)。[夏]

りょく-ふう【緑風】 初夏に青葉を吹きわたる風。

りょく-べん【緑便】 乳児が消化不良などのときに出す緑色の大便。

りょく-もん【緑門】 →アーチ②

りょく-や【緑野】 草木の青々と茂った野原。「―を渡る風」

りょく-よう【緑葉】(エフ)― 緑の葉。青葉。

りょく-りん【緑林】 ①緑の林。②盗賊。馬賊。[語源] ②は昔、中国で緑林山という山に盗賊がこもったところからいう。

りょ-けん【旅券】 →パスポート

りょ-こう【旅行】(カウ)― (名・自スル) 一時的に住居から遠く離れた土地へ行くこと。旅をすること。「海外―」「各地を―する」

りょ-じ【旅次】 ①旅の宿り。旅宿。②旅の途中。道中。

りょ-しゃ【旅舎】 旅先で泊まる家。旅宿。旅館。宿屋。

りょ-しゅう【旅愁】(シウ)― 旅先で感じるものさびしさ。旅のうれい。客愁(かくしゅう)。

りょ-しゅう【虜囚】(シウ)― とらわれた人。とりこ。捕虜。

りょ-しゅく【旅宿】 旅先で泊まること。また、その宿屋。

りょ-しょう【旅商】(シヤウ)― 各地を旅しながら商売をすること。また、その人。行商人。

りょ-じょう【旅情】(ジヤウ)― 旅行中に感じるしみじみとした思い。旅人の心情。「―を慰める」

りょ-じん【旅人】 たびびと。旅客。旅行者。

りょ-そう【旅装】(サウ)― 旅行をするための服装。旅のよそおい。旅じたく。「―を解く」

りょ-だん【旅団】 陸軍部隊の構成単位。師団の下、連隊の上に位置する。ふつう二個以上の連隊で構成する。

りょ-ちゅう【旅中】 旅行をしている間。旅行中。

りょっ-か【緑化】(リヨククワ)― (名・他スル) 草木を植えて緑地を増やすこと。りょくか。「―運動」

りょ-てい【旅亭】 旅館。宿屋。

りょ-てい【旅程】 旅行の日程。旅の道のり。「―を組む」

りょ-はく【旅泊】 旅先での宿泊。旅寝(たびね)。

りょ-ひ【旅費】 旅行に要する費用。「出張―」

りょ-りょく【△膂力】 筋肉の力。また、腕力。

リラ 〈(フランス) lilas〉 →ライラック

リラ 〈(イタリア) lira〉 トルコの貨幣単位。イタリアの旧貨幣単位。

リライト 〈rewrite〉 (名・他スル) (他の人の)文章に手を加えて書き直したり、清書したりすること。「原稿の―」

り-らく【里落】 さと。村里。村落。

り-らく【△籬落】 竹や柴(しば)などを粗く編んだ垣根。まがき。

リラクゼーション 〈relaxation〉 心身の緊張をほぐしてくつろぐこと。リラクセーション。

リラックス 〈relax〉 (名・自スル) くつろぐこと。力を抜くなどして緊張をほぐすこと。「―して試験に臨む」

リリ-アン 〈lily yarn〉 →リリヤン

リリー 〈lily〉 ユリ。

リリース 〈release〉 (名・他スル) ①つかまえた魚などを放すこと。②音楽作品や製品などを新たに発売すること。「新曲を―する」「アプリの―」

リリーフ 〈relief〉 [一] (名・他スル) (野球で)投手を救援すること。また、その投手。[二] (名) →レリーフ

―ピッチャー 〈relief pitcher〉 野球で、登板中の投手の調子がよくないときなどに交替して救援する投手。

リリカル 〈lyrical〉 (形動ダ) (ダロ・ダッ(デ・ニ)・ダ・ナ・ナラ・○) 叙情的。叙情詩風であるさま。リリック。「―な作風」

り-りく【離陸】 (名・自スル) 飛行機などが地上から空に飛び立つこと。↔着陸

りり-し・い【△凜△凜しい】 (形) (カロ・カッ(ク)・イ・イ・ケレ・○) 勇ましくきりりと引き締まっているさま。「―若者」 [文]りり・し(シク)

リリシズム 〈lyricism〉 叙情性。叙情的な味わい。

り-りつ【利率】 《経》利息の元金に対する割合。「法定―」

リリック 〈lyric〉 [一] (名) 《文》叙情詩。↔エピック [二] (形動ダ) (ダロ・ダッ(デ・ニ)・ダ・ナ・ナラ・○) 叙情的なさま。リリカル。

リリ-ヤン 〈lily yarn〉 人造絹糸を細い丸ひもに織ったもの。手芸材料。リリアン。

リレー 〈relay〉 [一] (名・他スル) 受け継いで次へ送ること。中継。「―放送」 [二] (名) ①「リレーレース」の略。②継電器。

―レース 〈relay race〉 陸上・水泳・スキー競技などで、一定の距離を数人の選手が分担して引きつぎながら速さを競うもの。継走。継泳。リレー。

り-れき【履歴】 ①現在までに経てきた学業や職業などの経歴。②《情報》コンピューターで、通信の記録。ログ。「着信―」

―しょ【―書】 履歴を書き記した文書。

り-ろ【理路】 話・議論・文章などの筋道。「―整然」

り-ろん【理論】 個々に存在する事実や現象を統一的に説明するために組み立てられた、普遍性をもった知識の体系。また、学者や思想家などの特定の学説についてもいう。「―と実践」

「相対性—」

—か【—家】 ①理論にすぐれた人。②理論だけで実際を知らない人。

—とうそう【—闘争】 社会運動などで行われる主義・思想などの理論の面でのたたかい。

りん【林】 教1 リン はやし

(字義) ①はやし。木や竹のたくさんはえている所。「林間・林野・山林・森林・竹林・密林」②物事を多く集めたもの。「学林・芸林・書林・字林・辞林」③多い。群がる。「林立」 難読 林檎 人名 き・きみ・きむ・しげ・しげる・とき・な・ふさ・もと・もり・よし

-りん【林】 (接尾) 林の意を表す。「原生—」「防風—」

りん【厘】 リン 中

(字義) ごくわずかな数。「厘毛」 参考「釐・りん」の略字。

りん【厘】 ①貨幣の単位。円の一〇〇〇分の一。銭の一〇分の一。「二銭三—」②長さの単位。尺の一〇〇〇分の一。分の一〇分の一。③重さの単位。貫の一〇万分の一。匁の一〇〇分の一。④小数の単位。一の一〇〇分の一。⑤割合の単位。割の一〇〇分の一。分の一〇分の一。

りん【倫】 リン 中 たぐい

(字義) ①たぐい。ともがら。「絶倫・比倫」②みち。人のふみ行うべき道。「倫理・人倫」③ついで。秩序。順序。「天倫」 難読 倫敦 人名 おさむ・しな・つぐ・つね・とし・とも・のり・ひと・ひとし・みち・もと

りん【淋】 人 リン さびしい

(字義) ①水のしたたり落ちるさま。「淋漓」②長雨。＝霖。「淋雨」③病気の名。りんびょう。＝痳。「淋疾・淋病」④さびしい。

りん【琳】 人 リン

(字義) ①美しい玉の名。「琳宇・琳宮」②青色の玉。③玉が触れ合って鳴る音の形容。「琳琅」

りん【稟】 人 リン・ヒン うける

(字義) ①米倉。②ふち。扶持米。③うける。命令を受ける。また、天から受ける。「稟給・稟食」④生まれつき。「稟質・稟賦・天稟」⑤申す。上官や父母に報告する。「稟告・稟奏・稟議」 人名 うくる

りん【鈴】 (字義) →れい(鈴)

りん【鈴】 ①すず。②ベル。「呼び—」③〔仏〕読経のときにたたく小さな鉢形の仏具。「お—」

りん【綸】 人 リン・カン(クワン) いと

(字義) ①青色の帯ひも。「綸綬」②いと。㋐太い糸。「糸綸」㋑釣り糸。「垂綸」㋒弦楽器の糸。③天子のことば。「綸閣・綸言・綸旨」④治める。つかさどる。すべる。「経綸」⑤三国時代、蜀の諸葛亮のかぶった青い頭巾。諸葛巾。「綸巾」 難読 綸子 人名 お

りん【凜】【凛】 人 リン

(字義) ①寒い。つめたい。きびしい寒さや冷たさに身のひきしまる形容。「凜気・凜乎・凜烈」②おそれ慎むたとえ。「凜慄・凜凜」③心のひきしまるたとえ。りりしい。「凜森」 難読 凜凜しい

りん【輪】 教4 リン わ

(字義) ①わ。㋐車のわ。「後輪・車輪・前輪」㋑まる。わのようにまるいもの。「日輪」②車。自転車・自動車の類。「輪禍・競輪・駐輪場」③物のまわり。外周。「輪郭・外輪」④めぐる。まわる。「輪転・輪廻」⑤かわるがわるする。「輪作・輪唱」⑥高大なさま。「輪奐」 人名 もと

-りん【輪】 (接尾) ①花を数える語。「梅一—」②車のわを数える語。「自動二—」

りん【隣】 リン 中 となり 中・となる 中

(字義) となり。となりあう。近い。「隣家・隣人・隣接・近隣・四隣・善隣・比隣」 参考「鄰」は同字。 人名 さと・ただ・ちか・なが

りん【臨】 教6 リン のぞむ 中

(字義) ①のぞむ。㋐見下ろす。身分の高い者がその場に出むく。「臨御・臨幸・光臨・親臨」㋑おさめる。「君臨」㋒その場に行く。「臨検・臨席」㋓人が来ることを敬っていう語。「来臨」㋔目の前にする。「臨海」㋕その時になる。その場にあたる。「臨終・臨戦」②うつす。手本を見て写す。「臨写・臨書・臨模」 人名 み

りん【鱗】 人 リン うろこ

(字義) ①うろこ。魚の表面をおおう薄い角質片。「銀鱗・逆鱗・片鱗」②魚類。また、うろこのある動物。「鱗羽・鱗虫」③うろこ状のもの。「鱗雲・鱗鱗」

りん【麟】 人 リン

(字義) ①「麒麟」は、㋐古代中国の想像上の動物。額はおおかみ、体は鹿、尾は牛、蹄は馬に似て、聖人が世に現れると出現するという。一説に雄を麒、雌を麟という。「麟角」㋑聖人・英才にたとえる。「麒麟閣・麒麟児」㋒足・首の非常に長いキリン科の哺乳動物。ジラフ。②光の明らかなさま。＝燐。「麟麟」

りん【燐】 〔化〕非金属元素の一つ。黄燐と赤燐がある。マッチ・農薬などの原料とする。元素記号P ⇒黄燐・赤燐

りん-う【霖雨】 いく日も降り続く雨。長雨。

りん-うん【鱗雲】 うろこ状の雲。うろこ雲。

りん-か【輪禍】 自動車や電車などにひかれたり、はねられたりする災難。「—に遭う」

りん-か【燐火】 墓地や湿地などで、自然に発生する青白い火。鬼火。きつね火。人魂。

りん-か【隣家】 隣の家。「—との境界」

りん-が【臨画】 (名・他スル) 手本を見て絵を描き、習うこと。また、その絵。

リンカーン〈Abraham Lincoln〉(一八〇九〜一八六五) アメリカの第一六代大統領。共和党の大統領候補に指名され、一八六一年に就任。六三年に奴隷解放を宣言し、南北戦争で北軍を勝利に導いたが、終戦直後(一八六五年)に暗殺された。

りん-かい【臨海】 海に面すること。海のそばにあること。

—がっこう【—学校】 夏、海水浴などによる児童・生徒の体の鍛錬を主目的として、臨海地域で行われる集団生活。また、その施設。 夏

—じっけんじょ【—実験所】 海産動植物を研究するために、臨海地に設けた実験用の施設。

りん-かい【臨界】 ①境。境界。特に、物質が、ある状態から別の状態へと変化する境目。②〔物〕原子炉の炉心で、核分裂連鎖反応が持続しはじめる境目。「—に達する」

—おんど【—温度】 〔物〕気体を液化し得る最高の温度。この温度以下にある気体は圧力を加えれば必ず液化する。

りん-かい【鱗介】 魚類と貝類。海産物の総称。

りんかい-せき【燐灰石】 〔地質〕燐の原料となる鉱物。六方晶系の柱状または板状の結晶で、主成分は酸性燐酸カルシウム。肥料や人工骨に使用。アパタイト。

りん-かく【輪郭・輪廓】 ①物体の外形を形づくっている線。「顔の—を描く」②物事のおおよそのようす。概要。概略。

アウトライン。「事件の—を述べる」

りん-がく【林学】森林や林業に関する技術・理論・経済などを研究する学問。

りん-かん【林間】林の間。林の中。「—の道」

—がっこう【—学校】ガクカウ 夏、山や高原で児童・生徒の健康増進を主目的として行う集団生活。また、その施設。夏

りん-かん【輪奐】クワン 建物が壮大で美しいこと。「—の美」

りん-かん【輪姦】(名・他スル) 大勢の男が、かわるがわる一人の女性を強姦すること。

りん-き【悋気】(名・自スル) やきもち。嫉妬。「—を起こす」

りん-き【臨機】その時と場所にのぞみ対応すること。「—の処置」

—おうへん【—応変】その時その場の変化に応じて適切な手段をとること。「—に対応する」

りん-ぎ【稟議】官庁や会社などで、会議を開く手続きをとらずに、係が文案をつくり関係者に回覧し承認を求めること。「—書」参考 もとの読みは「ひんぎ」。「りんぎ」は慣用読み。

りん-きゅう【臨休】キウ 「臨時休業」「臨時休暇」の略。

りん-ぎょ【臨御】天子がその場に行くこと。「—を仰ぐ」

りん-ぎょう【林業】ゲフ 森林を育て林産物を利用して、人間生活に役立たせることを目的とする産業。

りん-きん【淋菌・痳菌】〔医〕淋疾患の病原菌。ソラマメ形の双球菌で、体外ではきわめて抵抗力が弱い。性交などの接触によって感染する。⇒淋病

リンク〈link〉(名・他スル) ①連結すること。つなぐこと。②〔情報〕ウェブサイトなどで、別のページやファイルの位置を指し示すもの。また、そこへ接続させる仕組み。「—を張る」

—せい【—制】〔経〕輸出入の制限または奨励の一方法として、製品の輸出を条件にその原材料の輸入を許すこと。

リンク〈rink〉「スケートリンク」の略。

リング〈ring〉①輪。輪状のもの。「イヤー—」②指輪。「エンゲージ—(=婚約指輪)」③ボクシングやプロレスで、ロープに囲まれた正方形の競技場。「—に上がる」④体操競技のつり輪。

—サイド〈ringside〉「リング③」に最も近い見物席。

リンクス〈links〉ゴルフ場。

りん-けい【輪形】輪の形。輪に似た形。

りん-けい【鱗形】うろこに似た形。

りん-けい【鱗茎】〔植〕多肉の葉が茎の周囲に密生して、球形となった地下茎。タマネギ・ユリなど。

リンケージ〈linkage 関連・連鎖〉(名・自他スル) ①外交交渉で、複数の懸案を関連づけながら全体の解決を図ること。②同一染色体上の二つ以上の遺伝子がたがいに結びついて作用する現象。連鎖。連関。

りん-げつ【臨月】出産予定の月。産み月。

リンゲル-えき【リンゲル液】〔医〕多量の出血などのときに水分や血液の不足を補うために注射して投与する、食塩・塩化カリウム・塩化カルシウムなどの混合水溶液。語源 創製者であるイギリス人のS.Ringerの名による。

りん-けん【臨検】(名・他スル) ①その場に行って検査すること。②〔法〕行政機関の職員が、行政法規の実施を監視するため、工場や営業所などに立ち入って検査すること。③〔法〕国際法上、船舶を拿捕するかどうかを決定するために船舶書類を検査すること。

りん-げん【綸言】天子が発する言葉。みことのり。

—汗の如し 出た汗が二度と体内に戻らないように、天子の言葉は一度その口から出れば、取り消しができないこと。

りん-こ【凜乎】(タル) りりしくて勇ましいさま。鋭く威厳のあるさま。凜然。「—たる態度」文(形動タリ)

りん-ご【林檎】〔植〕バラ科の落葉高木。葉はとがった楕円形で、晩春、白い花をつける。果実は球形で赤・黄・薄緑色などがあり、食用。秋(りんごの花 春)

りん-こう【輪講】カウ (名・他スル) 数人が分担して、ある書物について調べたことを順々に講義すること。「源氏物語の—」

りん-こう【隣交】カウ 隣家、または隣国との交際。

りん-こう【隣好】カウ 隣家、または隣国との親しい交際。

りん-こう【燐光】クワウ ①空気中で自然に発する黄燐の青白い光。②〔物〕ある種の物体に光を当てたのち、その刺激光を取り去っても、なお自ら発光を続ける現象。発光時間が蛍光より長いものをいう。⇒蛍光

りん-こう【燐鉱】クワウ 〔地質〕燐酸カルシウムを多量に含む鉱物。人造肥料の原料。燐鉱石。

りん-こう【臨幸】カウ (名・自スル) 天皇がその場所に行幸すること。「—を仰ぐ」

りん-こう【臨港】カウ 施設が港に臨んでいること。「—鉄道」

—せん【—線】水陸の貨物運搬の便をはかるために、本線から港の船着き場まで引いた鉄道線路。

りん-ごく【隣国】となりの国。隣邦。

りん-ざ【輪坐】(名・自スル) 円形になって座ること。車座。

りん-さい【輪栽】(名・他スル) →りんさく

りんざい-しゅう【臨済宗】〔仏〕禅宗の一派。中国の唐の高僧臨済に始まる。日本には鎌倉時代、栄西が伝えた。

りん-さく【輪作】(名・他スル)〔農〕同じ土地に一定年限ごとに種類の異なる作物を順次栽培すること。輪栽。⇔連作

りん-さん【林産】山林から産出すること。また、そのもの。「—物」

りん-さん【燐酸】〔化〕五酸化二燐が水と結合してできる酸の総称。工業的には燐灰石を硫酸で分解して得る無色の結晶。水に溶けて粘度の高い溶液になる。医薬・工業用。

—カルシウム〔化〕カルシウムの燐酸塩。天然には、燐灰石として存在する。動物の骨や歯の主成分。エナメル・不透明ガラス・肥料・燐の製造に用いる。燐酸石灰。

—せっかい【—石灰】セキクワイ →りんさんカルシウム

—ひりょう【—肥料】ヒレウ 〔農〕肥料の三要素の一つ。燐酸分を多く含んだ肥料。過燐酸石灰・トーマス燐肥・骨粉・米ぬかなど。⇒カリ肥料・窒素肥料

りん-し【綸旨】昔、天皇の仰せを受けて蔵人から出した文書。りんじ。

りん-し【臨死】死に直面すること。死に瀕すること。「—体験」

りん-じ【臨時】①定まった時に行うのでなく、その場に臨んで特別に行うこと。「—ニュース」「—休業」⇔定例 ②一時的であること。一時の間に合わせ。「—職員」「—の仕事」

—こっかい【—国会】コククワイ 〔社〕通常国会のほかに臨時に召集される国会。内閣による決定、または衆参いずれかの議院の総議員の四分の一以上の要求によって召集される。正式には臨時会。⇒通常国会・特別国会

—やとい【—雇[い]】ヤトヒ 臨時に人を雇い入れること。また、臨時に雇い入れた人。⇔常雇い

りん-じく【輪軸】ヂク 〔物〕半径の異なる二つの円筒を一つの中心軸に固定した装置。軸(小さい円筒)に重い物体をつり下げ、輪(大きい円筒)に巻いた綱を引いて小さな力で引き上げる。

りん-しつ【淋疾・痳疾】→りんびょう

りん-しつ【隣室】となりの部屋。

りんしつに… 和歌〈隣室に 書よむ子らの 声きけば 心に沁みて 生きたかりけり〉〈島木赤彦〉病室の隣の部屋で子供たちが声をあげて本を読んでいる声を聞くと、親の私の心にしみじみと沁みて、心の底から生きていたいと思う。

りんし-もく【鱗翅目】〘動〙昆虫綱の一目(チョウ目)。チョウやガの類で二対の羽を持ち、羽や体が鱗毛・鱗粉でおおわれているもの。鱗翅類。

りん-しゃ【臨写】(名・他スル)手本を見て書き写すこと。

りん-じゅう【臨終】死に際。いまわの際。末期。最期。「―を迎える」

りん-しょ【臨書】(名・他スル)書道で、手本を見てそのとおりに文字を書くこと。また、その書。

りん-しょう【輪唱】(名・他スル)〘音〙同じ旋律を各声部が数小節ずつずらして、次々に追いかけるように歌う合唱。

りん-しょう【臨床】①病床にのぞむこと。「―尋問」②〘医〙病人を実際に診察して治療すること。「―医」

―いがく【―医学】〘医〙患者と実際に接して予防・診断・治療を行う医学分野。基礎医学に対していう。

―こうぎ【―講義】〘医〙実際に患者を見せて行う医学の講義。

りん-じょう【臨場】(名・自スル)その場に臨むこと。その場所に行くこと。臨席。「式典に―する」

―かん【―感】実際にその場にいて見聞きしているような感じ。「―あふれる映像」

りん-じょう【鱗状】うろこのような形状。

りん-しょく【吝嗇】(名・形動ダ)極度に物惜しみすること。また、そのさま。けち。「―家(=けちんぼう)」

りん-じん【隣人】となり近所の人。「―のよしみ」

―あい【―愛】身近な人々を愛する心。

リンス〈rinse〉(名・他スル)洗髪のときに用いる、髪をしなやかにするための液状の化粧品。また、その液で髪をすすぐこと。

りん-ず【綸子】精練した生糸で模様を織り出した、厚く光沢のある高級な絹織物の一種。

りん-せい【稟請】(名・他スル)上役に申し出て請求すること。参考 もとの読みは「ひんせい」。「りんせい」は慣用読み。

りん-せい【輪生】(名・自スル)〘植〙茎の一節に三枚以上の葉が放射状に生えること。⇩互生・対生

りん-せき【隣席】となりの座席。

りん-せき【臨席】(名・自スル)その場に出席すること。「式に大臣が―する」「御―を仰ぐ」

りん-せつ【隣接】(名・自スル)となり合っていること。となり合って続いていること。「公園に―する家」

りん-せつ【鱗屑】〘医〙皮膚が乾燥して、表皮の角質細胞がうろこ状にはがれたもの。

りん-せん【林泉】木立や泉・池のある庭園。

りん-せん【臨戦】戦いに臨むこと。戦争を始めようとすること。「―態勢をとる」

りん-ぜん【凛然】(タル)①りりしいさま。気高くりっぱなさま。「―たる姿」②寒さの厳しいさま。「―たる冬景色」文(形動タリ)

りん-そう【林相】樹木の種類や状態などから見た森林の形態やようす。「―調査」

りん-そん【隣村】となりの村。隣村。

りん-タク【輪タク】(「タク」は「タクシー」の略)三輪の自転車の後部または側面に客席を設けた営業用の乗り物。参考 日本では、第二次世界大戦後の一時期用いられた。

りん-ち【林地】森林になっている土地。また、林業の対象となる土地。

りん-ち【隣地】となりの土地。となり合っている土地。

りん-ち【臨池】習字。書道。

【故事】書聖といわれた後漢の張芝はいつも庭の池に向かって熱心に書のけいこをしたために、墨が流れて池の水がまっ黒になったという話による。〈与人書〉

リンチ〈lynch〉非公式の制裁。法律によらないで、暴力によって行う私的な刑罰。私的制裁。私刑。「―を加える」

りん-てん【輪転】(名・自スル)輪が回ること。輪のように回ること。

―き【―機】円筒形の印刷版を回転させる方式の印刷機械。ふつう巻き取り紙に連続的に印刷する。

りん-と【凛と】(副・自スル)①音や声がよく響くさま。「―した声」②りりしいさま。ひきしまったさま。「―した態度」③寒さの厳しいさま。「―した空気」

りん-とう【輪灯】仏前につり下げる輪形の灯明器具。

りん-とう【輪塔】〘仏〙五輪の塔。

りん-どう【林道】①山林の中の道。②林産物を運ぶために設けた道。

りん-どう【竜胆】〘植〙リンドウ科の多年草。山野に自生。葉は披針形で葉柄がなく対生。秋に青紫色の筒状花を開く。根は苦く、健胃剤用。秋

〔竜胆〕

りん-どく【淋毒・痳毒】淋菌の毒。淋病。

りん-どく【輪読】(名・他スル)一つの本を数人が順々に読んで解釈や研究をし合うこと。「―会」

りん-ね【輪廻】(名・自スル)〘仏〙(「りんえ」の連声)霊魂は不滅でいろいろな肉体に生まれ変わり死に変わるということ。衆生が三界や六道の迷いの世界に生死を繰り返すこと。流転。「―転生」

リンネル〈フランス linière〉亜麻の糸で作った薄くて強い織物。夏服・ハンカチーフなどに用いられる。リネン。

リンパ〈ドイツ Lymphe〉〘生〙高等動物の組織細胞の間を満たしている無色の液体。血液中の栄養を組織に送り、組織からの老廃物を血液に送る。リンパ液。参考「×淋巴」とも当てる。

―えき【―液】→リンパ

―かん【―管】〘生〙リンパを輸送する管。

―きゅう【―球】〘生〙白血球の一種。免疫機能をつかさどる細胞。

―せつ【―節】〘生〙リンパ管のところどころにある米粒大から小豆大の結節。首・わきなどに多い。リンパ腺。

―せん【―腺】→リンパせつ

りん-ぱ【琳派】〘美〙(「光琳派」の略)俵屋宗達にはじまり江戸中期の画家尾形光琳が大成した絵画の一流派。明快な構図と装飾性に富んだ画風に特徴がある。

りん-ばつ【輪伐】(名・他スル)森林の区画を決めて、毎年順番に伐採を行うこと。

りん-ばん【輪番】多くの人が順番を決めて、回り持ちで一つの物事にあたること。回り番。「―制」

りん-びょう【淋病・痳病】〘医〙性病の一つ。淋菌によって起こる尿道粘膜の炎症で、多く性交により感染する。淋疾。

りん-ぶ【輪舞】(名・自スル)多数の人が輪になって回りながら踊ること。また、その踊り。「―曲」

りん-ぷん【鱗粉】チョウやガの羽に付いている、微細なうろ

こ状の粉。

りん-ぺん【△鱗片】 ①一枚のうろこ。②うろこ形の細片。

りん-ぽ【隣保】 となり近所の人々。また、近所の人々がたがいに助け合うための組織。「一事業(=セツルメント)」

りん-ぽう【隣邦】(パウ) となりの国。隣国。

りん-ぼく【△鱗木】〘地質・植〙古生代の石炭紀に繁茂した化石植物の一つ。高さ数十メートルの木生シダ植物で、幹はうろこのような文様がある。うろこぎ。

りん-ぽん【臨本】 書画の手本。

りん-も【臨模・臨△摸・臨△摹】(名・他スル) 書画などの実物や手本を見ながら、書き写したり透き写しをしたりすること。臨模。

りん-もう【厘毛】(一厘や一毛の意から)ごくわずか。いささか。「一の狂いもない」[用法] 多く、あとに打ち消しの語を伴う。

りん-もう【△鱗毛】 植物に見られる魚鱗状の多細胞の毛。シダ植物の葉などに見られる。

りん-や【林野】 林と野。森林と原野。

―ちょう【一庁】(チャウ) 国有林野の管理・運営や、林業に関する事務を担当する農林水産省の外局。

りん-らく【△淪落】(名・自スル) 堕落して身を持ちくずすこと。落ちぶれること。零落。「一の身」

りん-り【倫理】 ①社会生活において、人として守るべき道。道徳。モラル。②「倫理学」の略。

―がく【一学】 道徳・倫理の起源・発達・本質について研究する学問。

―てき【一的】(形動ダ)(ダロ・ダッ(デ・ニ)・ダ・ナ・ナラ・○) 倫理の法則をわきまえて行動するさま。道徳的。

りん-り【△淋△漓】(タル)(ト) ①血・汗などのしたたるさま。「流汗一」②勢いよくあふれ出るさま。「墨痕一」[文](形動タリ)

りん-りつ【林立】(名・自スル) 林の木のように、多くの細長い物が立ちならぶこと。「一する高層ビル」

りん-りん(副) 鈴の鳴るさま。また、人の声のよく通るさま。「ベルが一(と)なる」

りん-りん【△凜△凜】(タル)(ト) ①勇ましいさま。りりしいさま。「勇気一」②寒さなどが身にしみるさま。「一たる夜気」[文](形動タリ)

りん-れつ【△凜△冽】(タル)(ト) 寒さが厳しく身にしみるさま。「一たる寒気」[文](形動タリ)

る ル

五十音図「ら行」の第三音。「る」は「留」の草体。「ル」は「流」の終画。

る【流】(字義)→りゅう(流)

る【留】(字義)→りゅう(留)

る【瑠】(ル㊥・リュウ(リウ))

(字義)「瑠璃」は、㋐七宝の一つ。紺色の宝玉。㋑るり色。紫紺色。㋒ガラス類の古名。

る ㊀(文語助動詞「り」の連体形の残存するもの)過去・完了・継続などの意を表す。「安定せ一財政」「眠れ一獅子」㊁(助動-下二型)(レ・レ・ル・ルル・ルレ・レヨ)〘古〙→れる [用法] ㊀は文語的用語。

ルアー〈lure〉擬餌針の一種。木やプラスチックなどで小魚などに似せて作ったもの。「一フィッシング」

るい【涙】【△涙】(ルイ㊥ なみだ㊥)

(字義)なみだ。なみだを流す。「涙管・涙腺・感涙・血涙・涕涙・熱涙・悲涙・落涙」

るい【累】(ルイ㊥・かさねる・かさなる わずらわす・しきりに)

(字義)①かさねる。かさなる。㋐くり返し経過する。「累日・累世・累代・累朝」㋑積む。積みかさなる。「累計・累積・累累」②しきりに。「累進」③わずらわす。㋐関係を及ぼす。かかわりあい。「係累・繋累」㋑まきぞえ。「連累」㋒足手まとい。みうち。「家累」[人名] たか

るい【累】 迷惑。まきぞえ。

―を及ぼす かかわらせる。迷惑をかける。

るい【塁】【△壘】(ルイ㊥ とりで・かさねる)

(字義)①とりで。土を重ねて築いた小城。「塁壁・孤塁・土塁・堡塁」②かさねる。かさなる。=累。「塁塁」[人名] かさ・たか

るい【塁】 ①とりで。②野球で、走者が得点するために通過しなければならない場所。ベース。「一に出る」

―を摩す ①敵のとりでに迫る。②ある人と同等の技量・地位に達する。

るい【類】[教4]【△類】(ルイ たぐい)

(字義)①たぐい。なかま。似たものの集まり。「類縁・類聚・類別・魚類・種類・親類・人類・同類・部類」②似る。似かよった。「類語・類似・比類・無類」[人名] とも・なし・よし

るい【類】 ①たぐい。種類。「魚貝一を商う」②同じなかま。似たもの。「一のない話」③生物学の分類で、綱と目に代わる慣用上の一分類。門の下、科の上の段階。「哺乳一」

―は友を呼ぶ 似た者どうしは自然に寄り合う。

るい【△誄】 死者を悼み、生前の徳や功績をほめたたえる言葉。しのびごと。誄詞。「一をささげる」

るい-えん【類縁】 ①一族。親類。②生物の形・性質などが似かよっていて、その間に近い関係があること。「一関係」

るい-おん【類音】 似ている発音。

―ご【一語】 発音の似ている語。「びょういん(美容院)」と「びょういん(病院)」、「おじさん」と「おじいさん」など。

るい-か【累加】(名・自他スル) 重なり加わること。また、重ねて加えること。「貿易赤字が一する」

るい-か【類化】(クワ)(名・自他スル) 新しい知識を、すでに持っている知識に照らして、解釈・習得すること。

るい-か【類火】(クワ) 他から燃え移った火事。類焼。もらい火。

るい-か【類歌】 その歌と発想・表現などが似かよっている歌。

るい-がいねん【類概念】〘論〙他の概念を包摂する、より抽象的な概念。たとえば、木・草などに対する「植物」、植物・動物に対する「生物」など。

るい-かん【涙管】(クワン)〘生〙涙が鼻のほうにはいるときに通る管。上涙管と下涙管の二本がある。涙道。

るい-ぎご【類義語】 意味の似かよっている語。類語。「預金」と「貯金」、「時間」と「時刻」、「美しい」と「きれいだ」など。

るい-く【類句】 ①発想・表現の似かよっている語句や俳句。②和歌や俳句の各句を検索しやすく並べたもの。

るい-けい【累計】(名・他スル) 小計を次々に加え合わせてゆくこと。また、その合計。累算。「車の販売台数を一する」

るい-けい【類型】 ①似た性質のものを集め、その共通点をとりだしてまとめあげた型。②個性のない型。平凡なもの。

―か【一化】(クワ)(名・自他スル) 個性がなくてありふれているようにすること。また、そうなること。

―てき【一的】(形動ダ)(ダロ・ダッ(デ・ニ)・ダ・ナ・ナラ・○) ありふれていて個性の

ないさま。「—な表現」

るい-げつ【累月】 月を重ねること。数か月も続くこと。

るい-げん【累減】(名・自他スル) だんだんに減ること。また、減らすこと。「人口が—する」↔累増

るい-ご【類語】 →るいぎご

るい-こん【涙痕】 涙の流れた跡。

るい-さん【累算】(名・他スル) →るいけい(累計)

るい-さん【類△纂】(名・他スル) 同種類の文献・資料を集めて編纂(へんさん)すること。また、その書物。

るい-じ【累次】 何度も続くこと。しばしば。「—の災害」

るい-じ【類字】 形の似ている漢字。「爪(つめ)」と「瓜(うり)」、「鳥」と「烏(からす)」、「己」と「已」など。

るい-じ【類似】(名・自スル) 似かよっていること。「—点」

るい-じつ【累日】 日を重ねること。幾日も続くこと。連日。

るい-じゃく【△羸弱】(名・形動ダ) 体が弱いこと。

るい-じゅう【類従】(名・他スル) 種類ごとに集めること。また、その集めたもの。「群書—」

るい-じゅう【類△聚】(名・他スル) 同種類の事項を集めること。また、その集めたもの。類集。るいじゅ。

ルイじゅうよんせい〔ルイ一四世〕(ルイジフォンセイ)〈Louis XIV〉(一六三八—一七一五) フランスの国王。通称、太陽王。中央集権と絶対君主制を強化し、ブルボン朝の全盛期をもたらした。

るい-しょ【類書】 ①同種類の内容の本。類本。「—が多い」②特に漢籍の分類で、内容を事項別に分類・編集した書物。

るい-しょう【類焼】(セウ)(名・自スル) 他から出た火事が燃え移ってきて焼けること。もらい火。類火。「—を免れる」

るい-じょう【累乗】(名・他スル)〘数〙同じ数・式を何回か掛け合わせること。また、その積。べき。

—こん【—根】〘数〙x を累乗して a となるとき、x を a の累乗根という。

るい-しん【累進】(名・自スル) ①地位などが次々とあがること。②価格や数量の増加につれ、それに対する比率も増すこと。

—かぜい【—課税】(クワゼイ) 所得または課税物件が増加するにしたがって税率を高める課税の方法。

るい-しん【塁審】 野球やソフトボールで、一・二・三塁の各塁のそばにいる審判員。⇩球審

るいじん-えん【類人猿】(エン)〘動〙人間に最も近く知能が発達している猿類。うしろ足で半直立または直立して歩き、大形で尾はない。ゴリラ・オランウータン・チンパンジーなどをさすが、広義にはテナガザル類も含む。ひとにざる。

るい-すい【類推】(名・他スル) 類似点に基づいて他のことをおしはかること。「一部から全体を—する」

るい・する【類する】(自サ変)(シ(セ・サ)・シ・スル・スル・スレ・シロ(セヨ)) 似かよう。同じ部類にはいる。「これに—した品」文るい・す(サ変)

るい-せい【累世】 世を重ねること。代々。累代。累世(るいせ)。

るい-せき【累積】(名・自他スル) 次々に重なり積もること。積み重ねること。「—赤字」「難問が—する」

るい-せつ【△縲△絏・△縲△紲】(「縲」は黒い縄、「絏」「紲」はつなぐ意)しばられて獄にはいること。「—のはずかしめ」

るい-せん【涙腺】〘生〙涙を分泌する腺(せん)。上まぶたの上方・外側にある。「—が弱い(=涙もろい)」

るい-そ【累祖】 代々の祖先。

るい-そう【累層】〘地質〙平行に重なっている地層の集まり。⇩地層

るい-ぞう【累増】(名・自他スル) だんだんに増えること。また、増やすこと。「赤字が—する」↔累減

るい-ぞく【類族】 ①同じなかま。同類。②同族。親族。

るい-だい【累代】 代を重ねること。代々。累世。「—の墓」

るい-だい【類題】 ①和歌・俳句などを類似の題によって集めたもの。「—歌集」②同じ種類の問題。「—を解く」

るい-どう【類同】 似ていること。同じ種類であること。

るい-ねん【累年】 年を重ねること。年々。また、多年。

るい-はん【累犯】 ①犯罪を重ねること。②〘法〙懲役刑に処せられた者が、刑期終了、または免除された日から五年以内に再び罪を犯すこと。再犯および三犯以上を総称していう。

るい-ひ【類比】(名・他スル) 比較すること。

ルイベ(アイヌ語)凍らせたサケの薄切り。

るい-へき【塁壁】 とりでの壁。また、とりで。

るい-べつ【類別】(名・他スル) 種類ごとに分けること。分類。

るい-らん【累卵】 卵を積み重ねること。転じて、不安定で危険な状態のたとえ。「—の危うきにある」

るい-るい【累累】(ト)(タル) ①重なりあうさま。「—たる死骸(しがい)」②連なり続くさま。「—たる山並み」文(形動タリ)

るい-れい【類例】 似かよった例。「他に—のない話」

るい-れき【△瘰△癧】〘医〙結核菌のために首のリンパ節がはれる病気。

ルー〈(フランス) roux〉小麦粉をバターでいためたもの。牛乳やスープなどを加え、カレーやシチューなどのソースのもとにする。

ルーキー〈(米) rookie〉①新参者。新人。新兵。②プロ野球などで、新人の選手。

ルージュ〈(フランス) rouge 赤い〉口紅。

ルーズ〈loose〉(形動ダ)(ダロ・ダッ(デ・ニ)・ダ・ナ・ナラ・○) だらしないさま。いいかげんなさま。ルース。「時間に—な人」「—な生活」

—リーフ〈loose-leaf〉中身の用紙を自由に差し込んだりはずしたりできるノート。

ルーズベルト〈Franklin Delano Roosevelt〉(一八八二—一九四五) アメリカの第三二代大統領。大恐慌の打開策としてニューディール(=新規まきなおし)政策を敢行。在任中に第二次世界大戦を経験し、連合国の勝利に尽くした。ローズベルト。

ルーター〈router〉〘情報〙コンピューターで、異なるネットワークどうしを接続する装置。

ルーチン〈routine〉①日常の決まりきった仕事。日課。ルーティン。ルーティーン。「—ワーク」②〘情報〙コンピューターのプログラムで、あるまとまった仕事をさせるための一連の命令群。

ルーツ〈roots〉①根。根元。②先祖。③起源。根源。

ルーテル〈Martin Luther〉→ルター

ルート〈root〉〘数〙根。累乗根、特に平方根。記号 $\sqrt{\ }$

ルート〈route〉①道路。路線。道筋。②金や物資の流れる経路。手づる。「闇—」参考②は、英語では channel という。

ルーバー〈louver〉窓や換気口などに少しの間隔を設けてよろい板を並べたもの。採光・換気などの調節に用いる。

ルーフ〈roof〉屋根。屋上。「—ガーデン」

ループ〈loop〉①輪。糸・ひも・針金などで作った環状のもの。「—アンテナ」②「ループ線」の略。

—せん【—線】 山間部など、急勾配(きゅうこうばい)の土地を越えるために、螺旋(らせん)状に敷設された鉄道線路。ループ。

—タイ〈loop tie〉留め具を付けたひも状のネクタイ。

ルーフィング〈roofing〉フェルトの両面にアスファルトを浸み込ませたもの。屋根瓦(やねがわら)の下地や防水材に用いる。

ループル〈(ロシア) rubl'〉ロシア連邦などの貨幣単位。ルーブリ。

ルーペ〈(ドイツ) Lupe〉むしめがね。拡大鏡。

ルーマニア〈Rumania〉バルカン半島北東部にある共和国。首都はブカレスト。語源 古代ローマに由来し、「ローマ人の国」の意。

ルーム〈room〉部屋。室。「ベッドー」「ロッカーー」

—サービス〈room service〉ホテルなどで、客の求めに応じて客室まで飲食物を運ぶこと。

—シェア〈room share〉他人どうしが家賃を出し合って一つの部屋を借り、共同で住むこと。

—チャージ〈room charge〉ホテルの部屋代。

—メート〈roommate〉寮や寄宿舎などの同室者。

—ランプ〈room lamp〉室内灯。特に、自動車の室内につける小さな電灯。ルームライト。

ルーメン〈lumen〉〘物〙国際単位系の光束の単位。光の量を表すのに使われる。一ルーメンは一カンデラの点光源から一メートル離れた球面一平方メートルを照らす光の量。記号 lm

ルーラー〈ruler〉定規。

ルール〈rule〉規則。規約。きまり。おきて。「交通ー」

—ブック〈rulebook〉競技やゲームの規則をまとめた本。

ルーレット〈フランス roulette〉①とばくの一つ。〇から三六までの目に区分された、回転するすり鉢状の円盤に小さな球を転がして、その止まった位置により勝負をするもの。また、その用具。②〘服〙洋裁用具の一つ。型紙・布地などに点線状のしるしをつける歯車のついたもの。ルレット。

ルクス〈lux〉〘物〙国際単位系の照度の単位。一カンデラの光度の光源から一メートルの距離にある、光束に垂直な面の照度。ルックス。記号 lx

ルクセンブルク〈Luxembourg〉ドイツ・ベルギー・フランスにかこまれた立憲大公国。首都はルクセンブルク。語源 昔のドイツ語に由来し、「小さな城塞」の意。

る-けい【流刑】→りゅうけい

る-げん【流言】→りゅうげん

る-げん【△縷言】こまごまと言うこと。また、その言葉。

ルゴール-えき【ルゴール液】ヨード・ヨードカリ・グリセリンなどをまぜたもので、扁桃(へんとう)がはれたときなどにぬる赤褐色の殺菌・消毒用の外用液。語源 この薬を作ったフランス人医師ルゴール(Lugol)の名による。

る-こく【△鏤刻】(名・他スル)(「鏤」は金属に、「刻」は木に彫る意)①金属や木に文字や絵などを彫り刻むこと。②文章などの推敲(すいこう)を重ねること。「ーの作」参考「ろうこく」ともいう。

る-こつ【△鏤骨】(骨をきざむほど)非常に苦心すること。鏤骨(ろうこつ)。「彫心(ちょうしん)ー」

る-ざい【流罪】辺地や島へ追放する刑。流刑(るけい)・(りゅうけい)。

ルサンチマン〈フランス ressentiment〉〘哲〙弱者が強者に対して心の内に鬱積(うっせき)させる憎悪や恨みの感情。

る-じ【△屡次】たび重なること。しばしば。「ーの災害」

るしゃな-ぶつ【△盧遮那仏】「毘盧遮那仏(びるしゃなぶつ)」の略。

る-じゅつ【△屡述】(名・他スル)何度も述べること。

る-じゅつ【△縷述】(名・他スル)こまごまと述べること。

る-す【留守】①よそに出ていて家にいないこと。不在。「ーにする」②主人や家人の外出中に、その家を守ること。また、その人。「ーを預かる」③(多く上に「お」を付けて)ほかに気をとられてやるべきことがなおざりになること。「勉強がおーになる」

—を使(つか)う いつわって、不在をよそおう。居留守を使う。

るす-い【留守居】ー(名・自スル)留守番をすること。

るす-でん【留守電】「留守番電話」の略。

るす-ばん【留守番】主人または家人の不在のときに、その家を守ること。また、その人。

—でんわ【ー電話】留守中にかかってきた電話に自動的に応答し、相手の話す用件を録音する電話。留守電。

るす-ろく【留守録】レコーダーのタイマー機能などを用いて、留守中に自動的に録音や録画をすること。

る-せつ【流説】①世間一般に広まった説。②根拠のないうわさ。流言。

る-せつ【△縷説】(名・他スル)こまごまと説明すること。

ルソー〈Jean-Jacques Rousseau〉(一七一二～一七七八)フランスの啓蒙(けいもう)思想家・小説家。小説「新エロイーズ」、評論「社会契約論」「エミール」、自伝「告白録」などを通じ、人間性の回復と民主主義の理想を説き、フランス革命の思想的基盤を形成した。

ルター〈Martin Luther〉(一四八三～一五四六)ドイツの宗教改革者。プロテスタンティズムの始祖。一五一七年、免罪符の乱売に抗議して宗教改革の口火を切り、ルター派の新教をひらいた。著書「キリスト者の自由」など。ルーテル。

る-たく【流△謫】罪を得て遠くへ流されること。流謫(りゅうたく)。

ルッキズム〈lookism〉人間を容姿などの見た目で判断する考え方や態度。

ルック〈look〉(他の語と複合して)服装の型を表す。…風(ふう)の。「マリンー」「ミリタリーー」「パンツー」

ルックス〈looks〉顔立ち。容貌(ようぼう)。外観。「ーがいい」

ルックス〈lux〉→ルクス

ルッコラ〈イタリア rucola〉〘植〙アブラナ科の一年草。地中海沿岸原産。葉にゴマの香りと辛みがあり食用。ロケット。

る-つぼ【×坩堝】①金属を強く熱してとかすのに用いる筒形の深い容器。②大勢の人が熱狂するさまのたとえ。「興奮のーと化す」③種々のものが入りまじっているさまのたとえ。「人種のー」

る-てん【流転】(名・自スル)①〘仏〙生死・因果が相続いてきわまりないこと。輪廻(りんね)。「生々ー」②物事が限りなくうつりかわること。「ーの人生」「万物ー」

る-にん【流人】流罪(るざい)に処せられた罪人。流人(りゅうにん)。

ルネサンス〈フランス Renaissance 再生〉〘世〙一四—一六世紀にかけてイタリアを中心として全ヨーロッパにひろがった、ギリシャ・ローマの古典文化を手本として学問・芸術・文化の革新をめざす動き。中世の神中心の文化から人間中心の近代文化への転換を導いた。文芸復興。ルネッサンス。

ルバーブ〈rhubarb〉〘植〙タデ科の多年草。葉柄に香りと酸味がありサラダやジャムにする。食用大黄(だいおう)。

ルバシカ〈ロシア rubashka〉ロシアの民族衣装。ゆったりしたつめえりの上着で、腰にひもを結び下げる。ルパシカ。

〔ルバシカ〕

ルビ〈ruby〉①ふりがな用の小活字。②ふりがな。「ーをつける」

ルビー〈ruby〉〘地質〙鋼玉の一つ。紅色の宝石。紅玉。

ルピー〈rupee〉インド・パキスタンなどの貨幣単位。

る-ふ【流布】(名・自スル)世に広まること。ひろく知れわたること。「世間にーする」

るふ-ぼん【流布本】古書籍で、同一の原本から出た数種の異本のうち、最も一般的に広まっているもの。

ルポ「ルポルタージュ」の略。「ーライター」

る-ほう【△屢報】(名・他スル)何度も報道すること。

ルポ-ライター〈和製語〉ルポルタージュを書く記者。探訪記事の取材記者。参考 フランス語 reportage を略した「ルポ」と英語 writer との合成語。

ルポルタージュ〈フランス reportage〉①探訪記事。報告文。新聞・放送などの現地からの報告。ルポ。②〘文〙文学の一ジャンルとして、報告の形式をとった作品。報告文学。記録文学。

る-また【△殳】→ほこづくり 語源「殳」の上を片仮名の「ル」、下を漢字の「又」に分けて読んだもの。

ルミノール〈luminol〉犯罪捜査などで血痕の検出に使う有機物質。血液にこれと過酸化水素を加えると青白色に発光する。「—反応」

る‐みん【流民】→りゅうみん

るり【瑠璃】①〔仏〕七宝の一つ。紺色の玉の類。②〔地質〕美しい青色の鉱物。装飾用、また粉末にして絵の具に用いる。ラピスラズリ。③「るりいろ」の略。④「るりちょう」の略。⑤「ガラス」の古名。

るり‐いろ【瑠璃色】紫がかった紺色。瑠璃。

るり‐ちょう【瑠璃鳥】—テウ〔動〕ヒタキ科のオオルリや、ツグミ科のコルリなどの小鳥の総称。初夏に南から渡来する。羽は青・紫などの美しい色彩をしている。瑠璃。夏 秋

る‐る【縷縷】（副）①細く長く続くさま。「—として流れる水」②こまごまと述べるさま。「—(と)説明する」

る‐ろう【流浪】—ラウ（名・自スル）住所を定めないで各地をさまよい歩くこと。さすらうこと。放浪。「—の民」

ルワンダ〈Rwanda〉アフリカ大陸の中央部にある共和国。首都はキガリ。

ルンゲ〈ドイ Lunge〉肺臓。また、肺結核。

ルンバ〈スペイン rumba〉〔音〕キューバの民族舞曲。また、これを取り入れた四分の二拍子の軽快で激しいリズムのダンス音楽。

ルンペン〈ドイ Lumpen ぼろくず〉浮浪者。

るん‐るん（副・自スル）〔俗〕気分がはずんで浮かれているさま。

れ レ

五十音図「ら行」の第四音。「れ」は「礼」の草体。「レ」は「礼」の旁(つくり)。

レア〈rare〉（名・形動ダ）①めったにないこと。まれ。「—な事例」②ステーキの焼き方で、強火で表面を焼き、中心は生に近いもの。⇒ウエルダン・ミディアム

レア‐アース〈rare earth〉生産量が限られ、希少価値の高い一七種類の元素。磁石などの原料になる。セリウム・ネオジムなど。希土類元素。参考 英語ではふつう rare-earth element という。

レア‐メタル〈rare metal〉天然の存在量や産出量の少ない金属。コバルト・チタン・バナジウムなど。希少金属。参考 英語ではふつう minor metal という。

レアリスム〈フランス réalisme〉→リアリズム

レアリテ〈フランス réalité〉→リアリティー

れい【令】 教4 レイ リョウ(リャウ)　ノ 人 𠆢 今 令

(字義)①いいつけ。命じる。つげ知らせて、命じる内容を持つもの。「令状・指令・辞令・命令」②おきて。公布する規程。「戒厳令・法令・律令(りつりょう)」③よい。りっぱな。「令姿・令名」④おさ。長官。「県令・司令」人名 なり・のり・はる・よし

れい‐【令】（接頭）他人の親族を呼ぶ語に付けて、尊敬の意を表す。「—嬢」「—兄」

れい【令】命令。また、法令。「攻撃の—が下る」

れい【礼】 教3 **【禮】**人 レイ ライ高　丶 ラ ネ ネ 礼

(字義)①神をまつる儀式や作法。「祭礼」②社会の秩序・慣習。きまり・おきて。儀式。作法。「礼節・儀礼・婚礼・朝礼・典礼」③敬意を表す行為。おじぎ。あいさつ。「礼賛(らいさん)・礼拝(れいはい・らいはい)・敬礼・失礼・非礼・無礼・目礼」④感謝の心を表す言葉や進物。「礼状・礼物・謝礼・返礼」人名 あき・あきら・あや・いや・うや・かた・なり・のり・ひろ・ひろし・まさ・まさし・みち・ゆき・よし・れ

れい【礼】①社会生活上必要な規範や行動様式。作法。礼儀。「—を尽くす」②敬意を表す動作。おじぎ。あいさつ。「—を返す」③感謝の意を表すこと。また、その言葉や金品。お礼。「多額の—をする」④儀式。「即位の—」「—を述べる」

れい【伶】人 レイ (字義)①下役。召使。「使伶」②音楽師や役者。「伶官・伶人・伶優」③かしこい。さかしい。「伶俐(れいり)」

れい【冷】 教4 レイ・つめたい・ひえる・ひや・ひやす・ひやかす・さめる・さます　丶 冫 冫 冷 冷 冷

(字義)①ひえる。さめる。ひやす。「冷却・冷凍・冷房・空冷」↔温・暖 ②つめたい。ひややか。さむい。「冷気・寒冷・秋冷」↔温・暖 ③心がつめたい。思いやりがない。「冷酷・冷淡」④あざけりさげすむさま。「冷眼・冷笑」⑤落ち着いている。感情を動かさない。「冷静・冷徹」⑥さびしい。活気がなくひまな。「冷官・冷落」難読 冷(せせ)ら笑(わら)う 人名 すずし・りょう

れい【励】【勵】レイ中 はげむ中・はげます中　一 厂 厂 厉 厉 励

(字義)はげむ。つとめる。はげます。「励行・励声・激励・奨励・精励・督励」人名 つとむ

れい【戻】【戾】レイ高 もどす中・もどる中　一 ⺕ 戸 戸 戸 戻

(字義)①もとる。そむく。道理にさからう。「背戻・暴戻」②もどす。返却する。もどる。「返戻」

れい【例】 教4 レイ たとえる・ためし　亻 仁 仔 伢 例

(字義)①たぐい。たがいに似かよった仲間。「例外・比例」②ためし。㋐ならわし。しきたり。いつも行われている。いつもの。「例会・例年・慣例・恒例・定例(ていれい・じょうれい)」㋑前に一度行われたことのあること。「悪例・先例・前例」③典拠・標準となる事柄。「例言・例式・凡例(はんれい)」④おきて。条目。「条例」⑤たとえ。見本。「例題・例文・文例・用例」人名 ただ・つね・とも・みち

れい【例】①ためし。先例。前例。「—のない話」「—にならう」②ならわし。しきたり。いつも行われること。「毎年の—」「—のとおり」③同種類のものの中から、他を類推させるよりどころとして挙げるもの。「—を示す」

れい【怜】人 レイ さとい (字義)①さとい。かしこい。「怜悧(れいり)」②あわれむ。人名 さと・さとし・さとる・とき

れい【玲】人 レイ (字義)玉の鳴る音。「玲瓏(れいろう)」人名 あき・あきら・たま・とおる・よし・りょう・れ

れい【羚】人 レイ (字義)「羚羊(れいよう)」は、㋐かもしか。やぎに似たウシ科の哺乳(ほにゅう)動物。㋑しかに似たウシ科の哺乳動物。アンテロープ。難読 羚羊(かもしか)

れい【鈴】レイ中・リン中 すず中　ノ 𠆢 今 金 金 鈴 鈴 鈴

(字義)①すず。金属製で、中に玉・石などを入れて振り鳴らすもの。「金鈴・振鈴・風鈴(ふうりん)」②りん。呼び鈴(りん)。ベル。「駅鈴・電鈴・門鈴」

れい【零】レイ中 こぼれる　一 ⼆ 雨 雨 零 零 零

(字義)①ゼロ。正と負の境になる数。「零点」②おちる。おちぶれる。「零落・零露」③あまり。わずかなこと。「零細」難読 零落(おちぶ)れる・零余子(むかご・ぬかご)

れい【零】ゼロ。まったく何もないこと。「三対—で負ける」

れい【霊】【靈】レイ中・リョウ(リャウ)高 たま高

(字義) ①たましい。肉体を支配するもの。死者のたましい。死者。「霊界・霊魂・英霊・怨霊・死霊・神霊・精霊・亡霊・幽霊」②万物の精気。「木霊・山霊」③ふしぎな。ふしぎなはたらきがある。ありがたくうやまうべき。「霊感・霊験・霊薬」④神々しく威厳のある。神聖な。「霊域・霊地・霊峰」⑤よい。すぐれた。「霊雨・霊筆」人名 よし

れい【霊】 ①肉体とは別個の、人間の精神的実体。たましい。霊魂。「先祖の―」「―がのりうつる」②目に見えないふしぎな力をもつ精気。「森の―」

れい【黎】(人) レイ・リ くろい (字義) ①くろ。くろい。「黎黒」②おおい。たくさん。もろもろ。「黎元・黎庶・黎民・黔黎」③早朝。夜の明けきらずに暗いころ。「黎旦・黎明」④おいる。「黎老」⑤あかざ。＝藜。人名 たみ

れい【澪】(人) レイ みお (字義) ①水のくま。②みお。川や海の中で、船の通れる深い水路。「澪木・澪標」

難読 澪標

れい【隷】 レイ(中) しもべ (字義) ①つき従う。「隷属」②しもべ。「奴隷」③罪人。「隷人・罪隷」④漢字の書体の名。篆書を簡略にしたもの。「隷書・篆隷」

れい【嶺】(人) レイ みね (字義) みね。山のいただき。山なみ。「高嶺・山嶺・雪嶺・分水嶺」人名 たかね・ね

れい【齢】【齡】 レイ(中) よわい・とし (字義) とし。寿命の長さ。としごろ。年輩。「高齢・樹齢・壮齢・年齢・馬齢・妙齢・幼齢・老齢」人名 なか・よ

れい【麗】 レイ(中) うるわしい(高)・うららか (字義) ①うるわしい。美しい。きらびやか。「麗姿・麗人・艶麗・華麗・奇麗・秀麗・端麗・美麗・美辞麗句」②うららか。「麗日・麗朗」人名 あきら・かず・つぐ・つら・よし・より

レイ〈ハワイ lei〉ハワイで、客の首にかけて歓迎の意を表す花輪。

レイアウト〈layout〉(名・他スル) ①ある空間にものを効果的に配置・配列すること。「室内の―を考える」②新聞・雑誌・広告などで、文字・図版・写真などを紙面に効果的に配置すること。割り付け。③洋裁で、型紙の配列。

れい-あん【冷暗】 冷たく、日光がささず暗いこと。「―所」

れいあん-しつ【霊安室】 病院などで、遺体を一時的に安置しておく部屋。

れい-あんぽう【冷△罨法】 水・氷・薬品などで患部を冷やして炎症や痛みをひかせる治療法。↔温罨法

れい-い【礼意】 他を敬う心。敬意。

れい-い【霊位】 死者の霊のやどるところ。位牌。

れい-い【霊異】 人知でははかりしれないふしぎなこと。霊妙。

れい-いき【霊域】 神仏などをまつった神聖な区域。寺社の境内。「―を汚す」

れい-う【冷雨】 つめたい雨。

れい-えん【霊園】 公園風に整備された大きな共同墓地。

レイオフ〈layoff〉〔経〕不況対策として、使用者が余剰労働者を一時的に解雇すること。一時解雇。一時帰休。

れい-おん【冷温】 ①冷たい温度。低温。「―で貯蔵する」②つめたいことと、あたたかいこと。

れい-か【冷夏】 平年にくらべて気温の低い夏。夏

れい-か【冷菓】 こおらせたり冷やしたりして作った菓子。アイスクリーム・シャーベットなどの類。

れい-か【零下】 セ氏零度以下。氷点下。「―三度」

れい-か【隷下】 つき従う人。部下。手下。「―の部隊」

れい-かい【例会】 日を決めて定期的に開く会。定例会。

れい-かい【例解】 (名・他スル) 例をあげて解説すること。また、その解説。

れい-かい【霊界】 ①死後の世界。霊魂の世界。あの世。②精神の世界。↔肉界

れい-がい【冷害】 夏季の異常低温・日照不足による農作物の被害。「―にみまわれる」

れい-がい【例外】 通例の規定からはずれること。原則からはずれること。また、そのもの。「―を認める」↔原則

れい-がえし【礼返し】 他から受けた礼に対してお返しをすること。また、その金品。返礼。

れい-がく【礼楽】 礼儀と音楽。参考 人の行為をととのえおさめ、心をやわらげ楽しませるものとして古代中国で尊重された。

れい-かん【冷汗】 ひやあせ。

―三斗 恥ずかしさや恐れで、ひどく冷や汗をかくこと。

れい-かん【冷寒】 (名・形動ダ) つめたく寒いこと。また、そのさま。寒冷。「―の地」

れい-かん【霊感】 ①人の祈りに対する神仏のふしぎな反応。「―が現れる」②人間の精神が感じとるふしぎな力。インスピレーション。「―がはたらく」

れい-がん【冷眼】 人をさげすんで、冷淡に見る目。「―視」

れいかん-しょう【冷感症】 →ふかんしょう①

れい-き【冷気】 ひえびえとした空気。「早朝の―」

れい-き【例規】 ①慣例と規則。②法規の解釈で先例とする規則。

れい-き【霊気】 ふしぎなけはい。神秘的な気。「―にうたれる」

れい-き【霊鬼】 死者の霊。精霊。特に、悪霊。

れい-ぎ【礼儀】 社会の慣習による敬意の表し方。礼の作法。「―正しく挨拶する」「―作法」

れい-きゃく【冷却】 (名・自他スル) 冷やすこと。冷えること。「―水」「―器」

―きかん【―期間】 もめごとがこじれたとき、当事者が一時、争いを中止して冷静に物事を考える期間。「―を置く」

れい-きゅう【霊△柩】 遺体を納めたひつぎ。

―しゃ【―車】 遺体を納めたひつぎを運ぶ自動車。

れい-きん【礼金】 ①謝礼として出す金。②家や部屋を借りる際に、家主に謝礼として払う一時金。⇩敷金

れい-く【麗句】 美しく飾った文句。「美辞―」

れい-ぐう【礼遇】 (名・他スル) 礼をつくして厚くもてなすこと。「功労者を―する」

れい-ぐう【冷遇】 (名・他スル) 人をひややかにあしらうこと。冷淡な待遇。「―を受ける」↔厚遇・優遇

れい-けい【令兄】 他人の兄の敬称。↔令弟

れい-けい【令△閨】 他人の妻の敬称。令室。令夫人。

れい-けつ【冷血】 一(名) 体温が低いこと。二(名・形動ダ) 温情に欠けていること。冷淡なさま。冷酷。「―な男」

―かん【―漢】 心のつめたい男。温情のない男。

―どうぶつ【―動物】 ①→へんおんどうぶつ↔温血動物 ②(俗)冷酷無情な人を非難していう語。冷血漢。

れい-げつ【令月】 ①何事をするにもつごうのいい月。めでたい月。「―吉日」②陰暦二月の異称。

れい-げつ【例月】 いつもの月。また、毎月。つきづき。

れい-けん【霊剣】 ふしぎな威力をもつ剣。

れい-げん【冷厳】 (名・形動ダ) ①非常にきびしく、人間の感情がはいりこむ余地のないこと。また、そのさま。「―な事実」②

冷静でおごそかなこと。また、そのさま。「―な態度」

れい-げん【例言】 ㊀(名) 書物や辞書などのはじめに述べる注意書き。凡例(はんれい)。㊁(名・自スル) 例として示して言うこと。また、その言葉。

れい-げん【霊験】 神仏のふしぎな力の現れ。神仏のふしぎな感応(かんのう)。祈りのききめ。御利益(ごりやく)。れいけん。「―あらたか」

れい-ご【▵囹▵圄】 罪人を捕らえてとじこめておく所。牢屋(ろうや)。参考 もとの読みは「れいぎょ」。「れいご」は慣用読み。

れい-こう【励行】(カウ) (名・他スル) 努力して行うこと。決めたことを必ず実行するようにつとめること。「早起きを―する」

れい-こう【霊光】(クワウ) ふしぎな光。神聖な光。

れい-こく【冷酷】(名・形動ダ) 思いやりがなくむごいこと。人情がないこと。また、そのさま。冷血。「―な処置」

れい-こく【例刻】 いつもの時刻。決まっている時刻。

れい-こん【霊魂】 肉体とは別に存在し、死後も存在すると考えられている精神的実体。たましい。「―が宿る」

れい-さい【冷菜】 前菜に出るつめたい料理。

れい-さい【例祭】 神社で、毎年期日を定めて行う祭礼。

れい-さい【零砕】 ㊀(名・自スル) 落ちてくだけること。また、そのもの。㊁(名・形動ダ) 非常に細かいさま。また、そのもの。

れい-さい【零細】(名・形動ダ) ①きわめて細かいさま。ごくわずかなさま。「―な資本」②規模の非常に小さいさま。

―きぎょう【―企業】(ゲフ) 規模のごく小さい企業。

れい-さつ【霊刹】 霊験(れいげん)あらたかな仏をまつってある寺。

れい-ざん【霊山】 神仏をまつった神聖な山。霊峰。

れい-し【令旨】 →りょうじ(令旨)

れい-し【令姉】 他人の姉の敬称。↔令妹

れい-し【令嗣】 他人のあとどりの敬称。

れい-し【▵茘枝】〘植〙ムクロジ科の常緑高木。中国南部原産。葉は羽状複葉。晩春、黄色の無弁花をつける。果実は食用。ライチ。

れい-し【霊▵祠】 神または死者の霊をまつること。

れい-し【麗姿】 うるわしいすがた。美しいすがた。麗容。

れい-じ【例示】(名・他スル) 例として示すこと。「記入の仕方を―する」

れい-じ【零時】 一二時または二四時。(午前零時は一日の始まる夜中の一二時、午後零時は昼の一二時。)

れい-じ【麗辞】 うるわしい言葉。美しく飾った言葉。

れい-しき【礼式】 ①礼儀の方式。礼儀作法。「―にかなう」②礼意を表すために贈る物。

れい-しつ【麗質】 生まれついての美しい性質・容姿。すぐれた生まれつき。「天成の―」

れい-しつ【令室】 他人の妻の敬称。令閨(れいけい)。令夫人。

レイシズム〈racism〉人種差別。人種差別主義。

れい-しゃ【礼者】 新年の祝賀に回る人。れいじゃ。新年

れい-しゅ【冷酒】 ①燗(かん)をしない日本酒。ひやざけ。夏 ②燗をしないで飲むように作った日本酒。冷用酒。夏

れい-じゅう【霊獣】(ジウ) 神聖でふしぎなけもの。めでたいしるしとされる動物。中国の想像上の麒麟(きりん)・竜など。

れい-じゅう【隷従】(名・自スル) 他につき従って、言いなりになること。また、その人。「権力者に―する」

れい-しょ【隷書】 漢字の書体の一つ。篆書(てんしょ)に基づき、その字画を簡略化したもの。⇨書体(さしえ)

れい-しょ【令書】 官庁の命令を書いた書類。「徴税―」

れい-しょう【冷笑】(セウ) (名・他スル) さげすんで、ひややかに笑うこと。あざ笑うこと。「―を浮かべる」

れい-しょう【例証】(名・他スル) 例をあげて証明すること。また、証拠となる例。「―をあげる」

れい-じょう【令状】(ジャウ) ①命令を伝える書状。「召集―」②〘法〙逮捕・捜索・差し押さえなど、強制処分のために裁判所または裁判官が発する書状。「家宅捜索の―」

れい-じょう【礼状】(ジャウ) お礼の手紙。

れい-じょう【令嬢】(ヂヤウ) 他人の娘の敬称。↔令息

れい-じょう【礼譲】(ジャウ) 礼儀を尽くし、謙虚であること。

れい-じょう【霊場】(ヂヤウ) 神聖な場所。霊地。

れい-しょく【令色】 こびへつらう顔つき。「巧言―」

れい-しょく【麗色】 ①うららかな景色。②うるわしい顔色。

れい-じん【▵伶人】 音楽を奏する人。特に、雅楽の奏者。

れい-じん【麗人】 美しい女性。美人。佳人。「男装の―」

れい-すい【冷水】 冷たい水。ひやみず。↔温水

―き【―器】 飲料水を冷却するための電気器具。

―まさつ【―摩擦】 冷水にひたしてしぼったタオルなどで、皮膚をこすって刺激を与え血行をよくする健康法。

―よく【―浴】 冷水をあびて皮膚と体を強くすること。

れい-すい【霊水】 尊くふしぎなききめのある水。

れい-ずい【霊▵瑞】 ふしぎなめでたいしるし。

れい・する【令する】(他サ変)(シ(セ・サ)・シ・スル・スレ・セヨ) 命令する。申しつける。文 れい・す(サ変)

れい-せい【令婿】 他人の娘むこの敬称。

れい-せい【励声・▵厲声】 声をはりあげること。大声を出すこと。「―叱咤(しった)」

れい-せい【冷製】 西洋料理で、調理後冷やしてから出す料理。「―パスタ」

れい-せい【冷静】(名・形動ダ) 感情に走らず落ち着いていること。また、そのさま。「沈着―」「―に考える」

れい-せい【励精】(名・自スル) 心をふるいたたせて励むこと。精を出してつとめ励むこと。精励。

れい-せつ【礼節】 礼儀と節度。礼儀作法。「―を尊ぶ」

れい-せつ【例説】(名・他スル) 例をあげて説明すること。また、その説明。

れい-せん【冷泉】 ①冷たい泉。②〘地質〙温泉より温度の低い泉。日本では、セ氏二五度以下の鉱泉をいう。

れい-せん【冷戦】〈cold war の訳語〉①武力行動には至らないが、経済・外交・宣伝などを手段として対立する国家間の抗争状態。第二次世界大戦後の、アメリカを中心とした資本主義諸国とソ連を中心とした社会主義諸国との対立を表した語。冷たい戦争。コールドウォー。②心理的に険悪な人間関係のたとえ。「母とは―状態だ」

れい-せん【霊泉】 尊くふしぎなききめのある温泉・泉。

れい-ぜん【霊前】 神や死者の霊をまつった所の前。また、そこに供えるもの。「御―」

れい-ぜん【冷然】(タル) 感情をまじえずひややかに物事にあたるさま。「―と言い放つ」文(形動タリ)

れい-そう【礼装】(サウ) (名・自スル) 儀式などに出るための、礼儀にかなった正式の服装。また、それを着ること。

れい-そう【霊草】(サウ) 薬効など、ふしぎなはたらきがある草。

れい-ぞう【冷蔵】(ザウ) (名・他スル) 飲食物などを冷やしたり、その鮮度を保ったりするために、低温で貯蔵すること。

―こ【―庫】 食品などを冷蔵する箱型の器具や室。夏

れい-ぞう【霊像】(ザウ) 神仏の像。

れい-そく【令息】 他人の息子の敬称。御子息。↔令嬢

れい-ぞく【隷属】(名・自スル) 他の支配下にあって相手の意のままになること。従属。「大国に―する」

れい-そん【令孫】 他人の孫の敬称。

れい-だい【例題】練習用に例としてあげる問題。

れい-たいさい【例大祭】神社で、毎年決まった日に行われる大祭。

れい-たつ【令達】(名・他スル) 命令を伝えること。命令として伝えること。また、その命令。「全員に―する」

れい-たん【冷淡】(名・形動ダ) ①無関心なこと。熱心でないこと。また、そのさま。「環境問題に―な態度」②心のつめたいこと。思いやりのないこと。また、そのさま。「―な扱いを受ける」

れいだん-ぼう【冷暖房】バウ― 冷房と暖房。「―完備」

れい-ち【霊地】神仏をまつってある神聖な地。霊場。

れい-ち【霊知・霊△智】ふしぎで非常にすぐれた知恵。

れい-ちょう【霊長】チヤウ― ふしぎな能力をもち、かしらとなるべきすぐれたもの。「人間は万物の―である」

―るい【―類】《動》哺乳類の一目(サル目)。最も大脳の発達した動物。人類・類人猿・猿など。

れい-ちょう【霊鳥】テウ― 神聖でふしぎな鳥。鳳凰など。

れい-てい【令弟】他人の弟の敬称。↔令兄

れい-てき【霊的】(形動ダ) ダロ・ダッ(デ・ニ)・ダ・ナ・ナラ・○ 霊や精神に関するさま。また、神聖で清らかなさま。「―な体験をする」

れい-てつ【冷徹】(名・形動ダ) 冷静に物事の根本まで見通していること。また、そのさま。「―な目」

れい-てん【礼典】礼儀のきまり。また、それを記した書物。

れい-てん【礼△奠】神仏または死者の霊に供物をそなえてまつること。また、その供物。

れい-てん【冷点】《生》皮膚の表面に点在する、体温以下の温度を感じる所。寒点。↔温点

れい-てん【例典】しきたりについてのさだめ。

れい-てん【零点】①点数や得点のないこと。ゼロ。②セ氏温度計で、氷点。

れい-でん【礼電】謝礼または儀礼のための電報。

れい-でん【霊殿】神仏や先祖の霊をまつる建物。霊廟。

れい-ど【零度】①度数計算の起点。②セ氏温度の氷点。

れい-とう【冷凍】(名・他スル) 食料品などを保存するためにこおらせること。「―食品」「―して保存する」↔解凍

―こ【―庫】食品などを冷凍保存する箱型の器具や室。

れい-とく【令徳】人の道にかなったよい行い。よい徳。美徳。

れい-にく【冷肉】ゆでたり蒸し焼きにしたりしてから冷やした肉。コールドミート。

れい-にく【霊肉】霊魂と肉体。「―一致」

れい-にゅう【戻入】ニフ― (名・他スル) 戻し入れること。特に、一度支出した歳出を元の歳出予算に戻すこと。戻し入れ。

れい-ねつ【冷熱】①冷たさと熱さ。②冷淡と熱心。

れい-ねん【例年】いつもの年。毎年。「―同様」

れい-の【例の】(連体) 聞き手と話し手がすでによく知っている事柄をさす語。あの。いつもの。「―くせ」「―件ですが」

れいのう-しゃ【霊能者】日常の世界と神霊の世界とを媒介する能力を持つという者。シャーマン・霊媒など。

れい-ば【冷罵】(名・他スル) あざけり、けなすこと。

れい-はい【礼拝】(名・他スル) 神仏をおがむこと。特に、キリスト教で、神を崇敬し、その恵みに感謝すること。「―堂」参考 仏教では「らいはい」という。

れい-はい【零敗】(名・自スル) 勝負・競技などで、一点もとれないで負けること。ゼロ敗。スコンク。「―を喫する」

れい-ばい【冷媒】《化》冷凍・冷房装置で、温度を下げるのに用いる物質。アンモニア・フロンなど。冷却剤。

れい-ばい【霊媒】超科学的な精神のはたらきで、神霊や死者の霊と意思を通じさせるという媒介者。みこ・口寄せなど。

れい-ひつ【麗筆】①上品で美しい筆跡。②すぐれた文章。

れい-ひょう【冷評】ヒヤウ― (名・他スル) 冷淡に批評をすること。また、その批評。「―を浴びせる」

れい-びょう【霊△廟】ベウ― 先祖や哲人などの霊をまつってある建物。みたまや。

レイプ〈rape〉(名・他スル) →ごうかん(強姦)

れい-ふう【冷風】ひんやりとした風。つめたい風。

れい-ふく【礼服】儀式のときに着る服。↔平服

れい-ふじん【令夫人】他人の妻の敬称。令室。令閨。

れい-ぶん【令聞】よい評判。ほまれ。令名。

れい-ぶん【例文】①(説明などがよくわかるように)例としてあげる文。②契約書などにきまり文句として書いてある条項。

れい-ほう【礼法】ハフ― 礼儀・作法。礼式。「―にかなう」

れい-ほう【礼砲】ハウ― 軍隊の礼式の一つで、敬意を表すために放つ空砲。

れい-ほう【霊峰】神仏を祭ってある神聖な山。信仰の対象となっている山。霊山。「―富士」

れい-ぼう【令望】バウ― ①ほまれ。よい評判。②他人のよい評判をほめていう語。

れい-ぼう【冷房】バウ― (名・他スル) 室内の温度を人工的に下げること。また、その設備。「―装置」夏 ↔暖房

れい-ぼく【零墨】墨で書いたものの切れはし。断片として残された古人の筆跡。「断簡―」

れい-ぼく【霊木】神霊のやどる木。神聖な木。神木。

れい-ほん【零本】ひとそろいのうち、欠けた巻が多くあって全巻はそろっていない本。端本。↔完本

れい-まい【令妹】他人の妹の敬称。↔令姉

れい-まいり【礼参り】マキリ― →おれいまいり

れい-まわり【礼回り・礼△廻り】マハリ― 世話になった人々の所をお礼に回ること。回礼。

れい-みょう【霊妙】メウ― (名・形動ダ) 人知でははかり知れないほどすぐれていること。また、そのさま。「―不可思議」

れい-みん【△黎民】世間一般の人々。人民。庶民。

れい-む【霊夢】神仏のお告げの現れとしてのふしぎな夢。

れい-めい【令名】よい評判。名声。「―が高い」「―をはせる」

れい-めい【△黎明】①夜明け。明け方。②(転じて)新しい時代や文化などが始まろうとすることのたとえ。「―期」

れい-めん【冷麺】朝鮮料理の一つ。そば粉などで作った麺をゆでて冷やし、キムチ・焼き豚などをのせて冷たい汁をかけたもの。

れい-もつ【礼物】謝礼として贈る品物。

れい-やく【霊薬】ふしぎなききめのある薬。妙薬。

れい-よう【礼容】礼儀正しい姿・態度。

れい-よう【△羚羊】ヤウ― 《動》ウシ科の哺乳動物のうち、アフリカやアジアに生息し、シカに似て四肢が細く走るのに適した体形を持つものの総称。アンテロープ。

れい-よう【麗容】美しい姿・かたち。麗姿。「富士の―」

れい-らく【零落】(名・自スル) 落ちぶれること。落魄。

れい-り【△怜△悧】(名・形動ダ) かしこいこと。りこうなさま。

れい-りょう【冷涼】リヤウ― (名・形動ダ) ひんやりとして涼しいこと。また、そのさま。「―な気候」

れい-りょく【霊力】霊の持つふしぎな力。神秘的な力。

れい-れい【麗麗】(ト・タル) 人目につくさま。「―と飾り立てる」文(形動タリ)

れいれい-し・い【麗麗しい】(形) カロ・カツ(ク)・イ・イ・ケレ・○ 人目につくように大いに飾り立てているさま。わざと目立つようにしているさま。「―・く看板を掲げる」文れいれい・し(シク)

れい-ろう【△玲△瓏】(ト・タル) ①すきとおるように美しく輝くさま。

②金属や玉が触れ合って、きれいな澄んだ音で鳴るさま。また、そのような人の声の形容。「—と響く声」〔文〕(形動タリ)

れい-わ【令和】 日本の現在の年号。二〇一九年五月一日に平成から改元された。

れい-わ【例話】 例としてひきあいに出す話。

レインコート〈raincoat〉雨で衣服がぬれるのを防ぐために着る外套(がいとう)。レーンコート。

レイン-シューズ〈和製英語〉雨の降るときにはく靴。雨靴(あまぐつ)。レーンシューズ。参考 英語では rain boots という。

レインボー〈rainbow〉虹(にじ)。

レーサー〈racer〉競走用の自動車・自転車・オートバイ・ヨットなどに乗る競技者。また、その乗り物。

レーザー〈laser〉〔物〕(light amplification by stimulated emission of radiation から) 波長・位相とも一定の平行光線を発する装置。通信・医療などに応用。

—ディスク〈laser disc〉映像信号と音声信号を記録したビデオディスク。レーザー光線をあてて再生する。(商標名)

—メス〈和製語〉〔医〕レーザー光線を局部に集中させて患部の組織を焼き切る医療器具。出血量が少ない。語源 英語 laser とオランダ語 mes との合成語。

レーシング-カー〈racing car〉競走用の自動車。

レース〈lace〉糸を編んだりかがったりして作った、すかし模様でできた布。「—のカーテン」夏

レース〈race〉①ゴールする速さを競うこと。競走・競泳・競漕(きょうそう)など。「ボート—」②競争。「総裁—」

レーズン〈raisin〉ほしぶどう。「—パン」

レーゼドラマ〈ドイツ Lesedrama〉〔文〕上演を目的としないで、読むだけのために書かれた戯曲や脚本。

レーゾン-デートル〈フランス raison d'être〉存在理由。存在価値。レゾンデートル。

レーダー〈radar〉〔物〕(radio detecting and ranging から) マイクロ波を発射して、目標物からの反射波を受け、その所要時間から方位や距離を測定する機械。電波探知機。

レーティング〈rating〉①格付け。評価。②映画・ゲームソフトなどで、内容に応じて対象年齢を設定・表示すること。

レート〈rate〉①率。歩合(ぶあい)。②相場。値段。「為替(かわせ)—」

レーニン〈Vladimir Il'ich Lenin〉(一八七〇—一九二四) ロシアの革命家、政治家。一九一七年ロシア革命に成功し、世界最初の社会主義国家を創設。著書「国家と革命」など。

レーベル〈label〉①→ラベル ②曲名・演奏者名・レコード会社名などを記して、レコードの中央にはる円形の紙。転じて、レコードの制作・販売会社やブランド名。

レーヨン〈フランス rayonne〉人絹(じんけん)。また、それで織った織物。

レール〈rail〉①列車・電車などの線路。軌条。軌道。②カーテンや引き戸などがなめらかに動くように取り付けられた、棒状の鋼材。③物事が順調に運ぶようにするための下準備。「話し合いの—を敷く」参考 ③は、英語では the way という。

レーン〈lane〉①道。車線。交通路。「バス専用—」「シー—」②競走・競泳で、個々に仕切られたコース。③ボウリングで、ピンに向かってボールを転がす細長い床。

レーンジャー〈ranger〉①森林監視人。②国公立公園の管理人。③悪条件のもとで、偵察や奇襲攻撃などを行うための特殊訓練を受けた戦闘員。参考「レンジャー」ともいう。

レオタード〈leotard〉ダンサーや体操選手などが着る、体に密着した上下続きの衣服。

レオナルド-ダ-ビンチ〈Leonardo da Vinci〉(一四五二—一五一九) イタリア、ルネサンス期の画家。絵画のほか、彫刻・建築・科学・音楽・文学など、多くの分野で才を示した。「モナ=リザ」「受胎告知」「最後の晩餐(ばんさん)」など多くの名作を残した。

レオロジー〈rheology〉流動学。物質の変形と流動、粘性と弾性などを総合的に研究する学問。

レガーズ〈leg guards〉野球の捕手、ホッケーのゴールキーパーなどが用いる防護用のすね当て。

レガート〈イタリア legato〉〔音〕各音をなめらかに続けて演奏すること。↔スタッカート

レガシー〈legacy〉①遺産。遺物。②時代遅れのもの。旧来のもの。「—システム(=コンピューターのシステムで、古くなった技術や仕組みが使われているもの)」

レガッタ〈regatta〉→ボートレース

れき【暦】【人 曆】レキ中・リャク こよみ中

一 厂 厈 厤 麻 暦

(字義) こよみ。日・月・星などの運行を観察・計算して一年中の季節や月日を記録したもの。「暦日・陰暦・西暦」人名 とし

れき【歴】教5【人 歷】レキ へる

一 厂 厈 厤 厤 歴

(字義) ①経る。㋐すごす。すぎる。経験する。「歴史・歴戦・学歴・経歴・職歴・前歴・遍歴・履歴」㋑年代を経る。月日がたつ。「歴日・歴世」㋒次々と順序を経てゆく。「歴任・歴訪」②代々。代から代へ次々と。「歴代・歴朝」③ありありと。明白な。「歴然・歴歴」④とびこえる。「歴階・歴級」人名 つぐ・つね・ふる・ゆき

れき【礫】 小さい石。こいし。

れき-がん【礫岩】〔地質〕堆積(たいせき)岩の一種。礫(れき)が水底で砂や粘土といっしょに固まって生じた岩石。

れき-さつ【轢殺】(名・他スル) 車輪でひき殺すこと。

れき-し【歴史】 ①過去から現在に至るまでの、人間社会における興亡・移り変わりと、その中での出来事。また、その記録。②事物や人の現在までの経歴。「本の—」③「歴史学」の略。

—か【—家】 歴史を研究する人。史家。

—がく【—学】 歴史上の諸問題を研究する学問。史学。

—じだい【—時代】 文字でしるされた文献や記録によって知ることのできる時代。↔先史時代

—しゅぎ【—主義】 すべての事象を歴史的過程に現れるものとしてとらえようとする立場。

—しょうせつ【—小説】セウセツ〔文〕歴史上の事件や人物を題材として描く小説。

—てき【—的】(形動ダ) ダロ・ダッ(デ・ニ)・ダ・ナ・ナラ・〇 ①歴史に関するさま。「—事実」②歴史に記録するねうちのあるさま。「—大事件」③そのものが歴史を物語るほど古いものであるさま。「—な建築」

—てき-かなづかい【—的仮名遣〔い〕】カナヅカヒ 主として古典の表記に用いられる仮名遣い。平安時代、一〇世紀後半の音韻状態を基準に、いろは四七の仮名を書き分けるもの。旧仮名遣い。⇩現代仮名遣い

—てき-げんざい【—的現在】 過去のできごとを現在の時制で述べる表現法。

—ものがたり【—物語】〔文〕物語の一形式。平安時代後期に発生。歴史的事実を物語風に叙した文学。「栄花(えいが)物語」「大鏡」など。

れき-し【轢死】(名・自スル) 車輪にひかれて死ぬこと。

れき-じつ【暦日】 ①年月の経過。としつき。「山中—無し(=世間から隔たって暮らしていると、歳月のたつのを忘れる)」②こよみ。③こよみの上での一日。

れき-じつ【歴日】 日を経ること。日がたつこと。

れき-じゅん【歴巡】(名・他スル) ほうぼうをめぐり歩くこと。

「諸国を―する」

れき-しょう【暦象】(シャウ)― ①日・月・星などの天文の現象。②暦によって天体の運行をおしはかること。

れき-すう【暦数】 ①天体運行の度数をはかって、こよみを作る方法。②自然のめぐりあわせ。運命。③年数。年代。

れき-せい【歴世】 歴代。代々。世々(よよ)。

れき-せい【△瀝青】〘化〙①天然の炭化水素化合物。天然アスファルト・石油・石炭・天然ガスなど。②→ピッチ

れき-せん【歴戦】 戦争・試合に何回も出た経験があること。「―の勇士」

れき-ぜん【歴然】(トタル) まぎれもなく明らかなさま。明白なさま。「―たる事実」文(形動タリ)

れき-だい【歴代】 古くから何代も続いていること。また、そのすべての代。代々。歴世。「―の総理大臣」「―二位のタイム」

れき-だん【△轢断】(名・他スル) 列車などが人や動物の体をひいて、切断すること。

れき-ちょう【歴朝】(テウ)― 歴代の朝廷。代々の天子。

れき-てい【歴程】 通りこしてきた道すじ。

れき-ど【△礫土】 小石のたくさん混じっている土。

れき-にん【歴任】(名・他スル) 次々に種々の役職に任ぜられ、勤めてきたこと。「要職を―する」

れき-ねん【暦年】 ①こよみに定めた一年。太陽暦で、平年は三六五日、閏年(うるうどし)は三六六日。②としつき。歳月。

れき-ねん【歴年】 ①年を経ること。「―の功」②年々。連年。

れき-ねんれい【暦年齢】 誕生を起点として、こよみではかった年齢。数え方に満年齢と数え年とがある。生活年齢。

れき-ほう【暦法】(ハフ)― 天体の動きを観察してこよみを作る法。

れき-ほう【歴訪】(ハウ)―(名・他スル) ほうぼうの土地や人をたずねてまわること。次々に訪問すること。「諸外国を―する」

れき-ほん【暦本】 ①本の形のこよみ。②こよみに関する書物。

れき-ゆう【歴遊】(イウ)―(名・自スル) 各地をめぐり歩くこと。遊歴。「史跡を―する」

レギュラー〈regular〉①正規であること。規則正しいこと。また、通常・標準であること。「―サイズ」↔イレギュラー ②「レギュラーメンバー」の略。③(「レギュラーガソリン」の略)オクタン価の低い一般用ガソリン。

――メンバー〈regular member〉スポーツ競技などの正選手や放送番組などの常時出演者など。レギュラー。

れき-れき【歴歴】■一(名) 身分や地位の高い人々。その道の一流の人々。「お―が集まる」■二(トタル) ありありと見えるさま。明らかなさま。歴然。「―たる証拠」文(形動タリ)

レギンス〈leggings〉①幼児用の細めのズボン。すそにつけたゴムを足裏にかける。②→スパッツ② ③脚半(きゃはん)。すね当て。

レク ①「レクチャー」の略。②「レクリエーション」の略。

レクイエム〈ラテン requiem〉〘音〙鎮魂曲。鎮魂ミサ曲。

レクチャー〈lecture〉(名・他スル) 講義。講演。説明。「専門家から―を受ける」

レグホン〈Leghorn〉〘動〙卵をとるための、ニワトリの代表的な品種。白色および褐色。イタリア原産。語源 イタリアのリボルノ(英語名レグホン)原産であることから。

レクリエーション〈recreation〉仕事や勉強の疲れを保養・娯楽によっていやし、英気を養うこと。また、そのための娯楽・休養。リクリエーション。レクレーション。

レゲエ〈reggae〉〘音〙一九六〇年代後半、ジャマイカで生まれた偶数拍のアクセントを特徴とするラテン音楽。

れこ(代)《俗》(「これ」の倒語)情人・金銭・上役など、はっきり言うのがはばかられる人や物をぼかして表現するのに用いる語。

レコーダー〈recorder〉①(競技などの)記録係。②録音・録画機。「ボイス―」「DVD―」③記録器。「タイム―」

レコーディング〈recording〉(名・他スル) ①記録すること。②録音すること。吹き込み。「新曲を―する」

レコード〈record〉①競技などの成績の記録。特に、最高記録。「―タイム」②表面に細い溝を刻んで音楽などを録音した円盤。音盤。

――プレーヤー〈record player〉レコードに録音された音を再生するための装置。プレーヤー。

――ホルダー〈record holder〉競技などで、今までの最高記録を持つ者。記録保持者。

レザー〈leather〉①皮革。なめしがわ。②(leathercloth から)綿布などに塗料を塗って加工した、なめしがわの代用品。レザークロス。合成皮革。擬革(ぎかく)。

レザー〈razor〉西洋かみそり。レーザー。「―カット」

レジ「レジスター」の略。「―係」

レシート〈receipt〉領収書。特に、「レジスター①」で金額などを印字した受取証。

レシーバー〈receiver〉①無線受信機。②電気信号を音声信号に変換する装置で耳に当てて用いるもの。③テニス・卓球・バレーボールなどで、相手のサーブを受ける人。↔サーバー

レシーブ〈receive〉(名・他スル) テニス・卓球・バレーボールなどで、相手の打った球を受けて返すこと。↔サーブ

レジェンド〈legend〉①伝説。②伝説的な人物。特に、ある分野で偉業を残した人。「サッカー界の―」

レジスター〈register〉①金銭登録器。レジ。②商店・飲食店などで、支払いをする場所。また、その会計係。レジ。参考 ②で、「支払いをする場所」は、英語では checkout counter などといい、「会計係」は cashier や checker という。

レジスタンス〈フランス résistance〉①抵抗。反抗。②権力者や侵略者への抵抗運動。特に、第二次世界大戦中、ナチスドイツに占領されたフランスなどの対独抵抗運動をさす。

レジデンス〈residence〉住宅。多く、民間の集合住宅の名称に用いられる。

レシピ〈recipe〉料理の調理法や飲み物の作り方。また、それを記したもの。レシピー。

レシピエント〈recipient 受取人〉〘医〙臓器・組織移植で、臓器や組織の提供を受ける人。↔ドナー

レジ-ぶくろ【レジ袋】(「レジ」はレジスターの略)小売店などで、商品の購入時にレジで渡される合成樹脂製の手提げ袋。

レジャー〈leisure〉①余暇。ひま。②余暇を利用してする遊び。「―用品」参考 ②は、英語では recreation という。

レジュメ〈フランス résumé 要約・大意〉講演・研究報告などで、その要約を記したもの。レジメ。

レジリエンス〈resilience〉①弾性。復元力。②病気や惨事など困難な状況から立ち直る力。強靭(きょうじん)さ。

レス《俗》(「レスポンス」の略から)インターネット上のコミュニケーションで、コメントなどの反応・返答や返信。

レス〈loess〉→こうど(黄土)①

レズ「レズビアン」の略。

レスキュー〈rescue〉①救助。救命。②(「レスキュー隊」の略)消防などで人命救助のために特別に編成された救助隊。

レスト-ハウス〈rest house〉行楽地などにある休憩所や宿泊所。

レストラン〈フランス restaurant〉おもに西洋料理を供する店。

レスト-ルーム〈rest room〉劇場・デパートなどの化粧室。

便所。また、休憩室。

レズビアン〈lesbian〉女性の同性愛。また、女性の同性愛者。レスビアン。レズ。

レスポンス〈response〉応答。反応。

レスラー〈wrestler〉レスリングの選手。「プロ―」

レスリング〈wrestling〉二人の競技者がマットの上で組み打ちし、相手の両肩を同時にマットにつけたほうを勝ちとする格闘技。フリースタイルとグレコローマンスタイルの二種がある。

レセプション〈reception〉賓客などを歓迎するために催す、公式の西洋風の宴会。歓迎会。「歓迎―を開く」

レセプト〈ドイ Rezept 処方箋〉医療費の請求書。病院が健康保険組合などに提出する診療報酬請求明細書。

レソト〈Lesotho〉アフリカ南部の、周囲を南アフリカ共和国に囲まれた立憲君主国。首都はマセル。

レゾン-デートル〈フラ raison d'être〉→レーゾンデートル

レター〈letter〉①手紙。②ローマ字の文字。「キャピタル―」

――ペーパー〈letter paper〉手紙を書く紙。便箋(びんせん)。

レタス〈lettuce〉〘植〙キク科の一年草または越年草。西洋野菜の一種。サラダ用。ちしゃ。[春]

レタリング〈lettering〉視覚的効果を考えて、文字をデザインすること。また、その技術。

れつ【列】[教3] レツ つらねる・ならぶ

(字義)①つらねる。つらなる。ならべる。ならぶ。「列挙・列席・陳列・配列・羅列」②れつ。ならび。長くつらなり並んだもの。「行列・歯列・隊列」③順序。「列世・列伝・序列」④多くの。「列強・列国」[人名]しげ・つら・とく・のぶ

れつ【列】①つらなり。行列。「―をつくる」「二―に並ぶ」②仲間。くみ。同列。「当選者の―にはいる」

れつ【劣】レツ(中) おとる(中)

(字義)①おとる。くらべて及ばない。「劣勢・劣等」↔優 ②程度が低く悪い。いやしい。「劣情・愚劣・下劣・拙劣・卑劣」

れつ【烈】レツ(中) はげしい

(字義)①はげしい。火勢が強い。きびしい。威力がある。「烈火・烈風・激烈・熾烈(しれつ)・熱烈・猛烈」②気性が強く志操堅固なこと。また、そうした行為。「烈士・烈婦・義烈・壮烈・忠烈・武烈・勇烈」③りっぱなてがら。「烈業・遺烈・功烈」[人名]あきら・いさお・たけ・たけし・つよ・つよし・つら・やす・よし

れつ【裂】レツ(中) さく(中)・さける(中)

(字義)①さく。ひきさく。さける。破れちぎれる。分かれる。「裂傷・裂帛(れっぱく)・決裂・破裂・分裂」②さけめ。われめ。「亀裂(きれつ)」

れつ-あく【劣悪】(名・形動ダ)機能・品質などがひどく劣っていて悪いこと。また、そのさま。「品性―」「―な環境」↔優良

れつ-い【列位】ヰ ならぶ順序。位置。位列。

れつ-い【劣位】ヰ 他よりも劣っている位置・立場。↔優位

れっ-か【列火】クワ 漢字の部首名の一つ。「烈」「無」などの「灬」の部分。「火」が漢字の脚(あし)になるときの形。連火(れんが)。

れっ-か【劣化】クワ (名・自スル)品質・性能などが低下し、以前より劣ったものになること。「―した材料」

れっ-か【烈火】クワ 激しく燃える火。「―のごとく怒る」

レッカー-しゃ【レッカー車】〈wrecker〉事故車や駐車違反車などを移動するためのクレーンを装備した自動車。

れっ-き【列記】(名・他スル)書き連ねること。並べて書くこと。

れっき-と【◇歴と】(副)(多く、「れっきとした」の形で)①地位・格式などが高くてりっぱなさま。「―した紳士」②出所の確かなさま。明らかなさま。「―した証拠」[語源]「れきと」の転。

れっ-きょ【列挙】(名・他スル)順次に並べあげること。一つ一つ数えたてること。「要求項目を―する」

れっ-きょう【列強】キャウ 強国とみなされる国々。

レッグウォーマー〈legwarmers〉膝下から足首までを防寒のためにおおう筒状の編み物。

れつ-ご【列△伍】人が並んで列を作ること。また、その列。

れっ-こう【列侯】多くの大名。諸侯。

れっ-こく【列国】多くの国々。諸国。

れつ-ざ【列座】(名・自スル)その座に連なること。居並ぶこと。

れっ-し【烈士】正義の念が強くて、信念を貫きとおす男性。烈夫。↔烈女

れつ-じ【列次】順序。次第。

れっし-おんど【列氏温度】〘物〙水の凝固点を零度、沸点を八〇度とした温度目盛り。[語源]「列氏」は考案者であるフランスの物理学者レオミュールの中国語表記から。

れつ-じつ【烈日】夏の激しく照りつける太陽。転じて、激しい勢いのたとえ。「秋霜―」「―の意気」

れっ-しゃ【列車】旅客や貨物を輸送するために編成された鉄道車両。「急行―」

れつ-じゃく【劣弱】(名・形動ダ)劣っていて弱いさま。

れつ-じょ【烈女】ヂョ 正義の念が強くて、信念を貫きとおす女性。烈婦。↔烈士

れっ-しょう【裂傷】シャウ 皮膚などがさけてできた傷。

れつ-じょう【劣情】ジャウ ①いやしい気持ち。②情欲。肉欲。

れっ-しん【烈震】気象庁の旧震度階級の一つ。現在の震度6に相当する。

れっ-する【列する】(自他サ変) シ(セ)・サ・シ・スル・スル・スレ・シロ(セヨ) ならぶ。ならべる。つらなる。つらねる。仲間にはいる。仲間にいれる。「会議に―」「発起人に名を―」[文]れっ・す(サ変)

レッスン〈lesson〉学課。また、授業。けいこ。

れっ-せい【列世】よよ。代々。歴代。

れっ-せい【劣性】遺伝する対立形質のうち、雑種第一代では現れず、潜在して子孫に現れるもの。潜性。↔優性

れっ-せい【列聖】①代々の天子。②〘基〙カトリックで、死後、聖人として認められること。

れっ-せい【劣勢】(名・形動ダ)勢いや形勢などが相手より劣っていること。また、そのさま。「―をはねかえす」↔優勢

れっ-せき【列席】(名・自スル)席につらなること。式・会議などに、関係者の一員として出席すること。「ご―の皆様」

レッテル〈オラ letter〉①商品につけるしるしの紙。ラベル。②人物や物事に対する一方的な評価。

――を貼(は)る ある人物に対して一方的な評価を下す。多くはマイナスの評価をいう。「不良の―」

れつ-でん【列伝】①多くの人々の伝記を書き連ねたもの。「剣豪―」②紀伝体の史書で、臣下の伝記を連ねたもの。

――たい【―体】列伝の形で歴史書を構成する形態。司馬遷の「史記」よりはじまる。

レッド〈red〉①赤。赤色。②共産主義者。また、その思想。

――カード〈red card〉サッカーなどで、危険なプレーなどを犯した選手に退場を命じるときに、審判が示す赤色のカード。

――パージ〈red purge〉共産主義者およびその同調者を、国家機関や職場から追放すること。日本では一九五〇(昭和二十五)年の連合国軍総司令部の指令により行われた。

――ライン〈red line〉(外交・軍事などで)越えてはならない一線。

れっ-とう【列島】タウ 長くつらなり並んでいる島々。「日本―」

れっ-とう【劣等】（名・形動ダ）ふつうより劣っていること。また、そのさま。「―な品質」↔優等

―かん【―感】自分が他の人よりも劣っていると思う感情。コンプレックス。「―をいだく」↔優越感

―せい【―生】成績の劣っている生徒。↔優等生

れっ-ぱい【劣敗】力の劣っているものが、すぐれているものに生存競争で負けること。⇩優勝劣敗

れっ-ぱく【裂△帛】絹をひきさくこと。また、その音。するどい声や、女性の高い叫び声の形容。「―の気合い」

れっ-ぱん【列藩】多くの藩。諸藩。「―同盟」

れっ-ぷ【烈夫】→れっし

れっ-ぷ【烈婦】→れつじょ

れっ-ぷう【烈風】強く激しい風。

れつ-りつ【列立】（名・自スル）大勢の人が並び立つこと。

れつ-れつ【△冽△冽】（ト・タル）寒さや冷たさの激しいさま。「―たる酷寒の地」文（形動タリ）

れつ-れつ【烈烈】（ト・タル）勢いや気力が激しく盛んなさま。「―たる闘志」文（形動タリ）

レディー〈lady〉①貴婦人。淑女。②（広義で）婦人。女性。《↔ジェントルマン》

―ファースト〈ladies first〉女性を優先する西洋風の礼儀。女性優先。

レディー-メード〈ready〉用意のできた。準備の整った。「―、ゴー」

―メード〈ready-made〉（洋服などの）できあいの品。既製品。↔オーダーメード

レディース〈ladies'〉服飾などで、女性用の意。「―ファッション」↔メンズ

れ-てん【レ点】漢文訓読で、一字返って読むことを示す「レ」の記号。返り点。かりがね点。

レトリック〈rhetoric〉①文章表現上の技法・技巧。巧みな表現。「多彩な―を用いた文章」②修辞学。修辞法。

レトルト〈オランダ retort〉①〔化〕実験器具の一種。フラスコの首が曲がった形の蒸留装置。②袋などに詰めた食品を高圧で加熱・滅菌するための装置。

―しょくひん【―食品】耐圧・耐熱材の容器に調理済み食品を入れ、加熱・滅菌したもの。レトルトパウチ食品。はじまり 一九五八年にアメリカ陸軍が缶詰に代わる軍用携帯食として開発したのが最初。日本では、一九六八（昭和四十三）年に世界初の一般向け食品として「ボンカレー」が発売された。

レトロ〈retrospective から〉（名・形動ダ）復古調であること。懐古。懐旧的。「―感覚」「―な町並み」

レバー〈lever〉①機械を操作するための取っ手。操縦桿かんや自動車などの変速装置の操作棒など。②梃子てこ。

レバー〈liver〉肝臓。特に、食用にする牛・豚・ニワトリなどの肝臓。きも。レバ。「―ペースト」

レパートリー〈repertory〉①演劇・音楽などで、いつでも上演・演奏する用意のある演目・曲目。また、その目録。②ある人が自信をもってこなせる範囲・領域。「料理の―が広い」

レバノン〈Lebanon〉西アジアの地中海東岸にある共和国。首都はベイルート。

レバレッジ〈leverage てこの作用〉〔経〕自己資金を担保にして借り入れをし、数倍の資金で取り引きを行う仕組み。

レビュー〈review〉批評。評論。「ブック―（＝書評）」

レビュー〈フランス revue〉音楽・舞踊・寸劇などを組み合わせたはなやかなショー。

レファレンス〈reference〉①参考。参照。「―ブック」②照会。問い合わせ。

―サービス〈reference service〉図書館などで利用者の問い合わせに応じ、検索や資料提供を行うサービス。

レフェリー〈referee〉ラグビー・サッカー・バスケットボール・レスリング・ボクシングなどの審判員。または主審。レフリー。

レフト〈left〉①左。②野球で、左翼。また、左翼手。③左派。《↔ライト（right）》参考 ②の左翼手は、英語では left fielder という。

レプラ〈ドイツ Lepra〉→ハンセンびょう

レプリカ〈replica〉複製品。美術品の模写や、優勝カップの返還時に渡される複製品など。

レフレクター〈reflector〉①写真撮影などに用いる採光用の反射板。レフ。②自動車などの後尾に付ける、夜間追突防止反射板。レフ。参考「リフレクター」ともいう。

レフレックス-カメラ〈reflex camera〉レンズからはいった光線を鏡に反射させ、ファインダーガラスにうつす方式のカメラ。レフ。リフレックス。

レベル〈level〉①（数値・能力・質などの）水準。程度。「―が高い」②段階。階級。「トップ―の会談」③水準器。

レポ①「レポート」の略。②（「レポーター」の略）連絡員。多く、非合法の政治活動などについていう。

レポーター〈reporter〉①報告者。②新聞・雑誌・テレビなどで、現地取材する記者。参考「リポーター」ともいう。

レポート〈report〉①調査・研究などの報告。また、その報告書。②新聞や雑誌などで、現地からの報告記事。③学生などが研究の成果をまとめて提出する小論文。参考「リポート」ともいう。③は、英語では（term）paper という。

レボリューション〈revolution〉革命。変革。

レ-ミゼラブル〈Les Misérables〉フランスの小説家ユゴーの代表作。一八六二年刊。一片のパンを盗んだために投獄された青年ジャン＝バルジャンの、波乱に満ちた生涯を描く。

レム-すいみん【REM睡眠】〔生〕（REMは rapid eye movement の略）体は眠っているが、脳は覚醒に近い状態にある睡眠の段階。閉じたまぶたの下で眼球が速く動く現象を伴い、夢を見ることが多い。⇩ノンレムすいみん

レモネード〈lemonade〉レモンの果汁に砂糖・水などを加えた飲み物。レモン水。レモナード。はじまり 日本では一八五三年、ペリー来航の際、艦上で幕府の役人にふるまわれたのが最初で、一八六五年、長崎で初めて製造・販売されたという。

レモン〈lemon〉〔植〕ミカン科の常緑小高木。東インド原産。枝にとげがある。花は白色五弁。果実は黄色い楕円だえん形で、香りがよく、酸味が強い。食用・香料用。秋 参考「×檸檬」とも書く。

―すい【―水】①レモンの味を付けた水。②→レモネード

―スカッシュ〈lemon squash〉レモンの果汁のはいったソーダ水。夏

―ティー〈和製英語〉薄い輪切りのレモンを浮かせたり果汁を入れたりした紅茶。参考 英語では tea with lemon という。

レリーフ〈relief〉浮き彫り。リリーフ。

れる（助動-下一型）レ・レ・レル・レル・レレ・レロ（レヨ）《中心義―自らの意思の外で生じた動きであるという話し手の判断を示す》①受け身の意を表す。「足を踏ま―」②可能の意を表す。「歩いて一〇分で行か―」③自発の意を表す。「夏休みが待たれてならない」④尊敬の意を表す。「先生はあす上京されます」用法 五段動詞の未然形、サ変動詞の未然形「さ」に付く。⇩られる「参考」

れん【恋】【戀】レン㊥・こう㊥ こい㊥・こいしい㊥

、 ナ 亣 亦 恋 恋

(字義) 恋しく思う。思いこがれる。「恋愛・恋慕・失恋・悲恋」

れん【連】 教4 レン・つらなる・つらねる・つれる

(字義) ①つらなる。㋐つながる。「連繋・連鎖」㋑二つ以上がいっしょになる。「連合・連立」㋒つづく。引きつづく。つづき連なる。「連山・連続・流連」㋓ある関係でつながる。かかわりあいになる。「連座・連帯・関連」②つらねる。㋐つづける。「連歌・連載」㋑つづけざまに。「連発・連戦連勝」㋒つなぐ。「連結・連絡」㋓つらね並べる。「連記・連名」③つれる。ひきつれる。「連行」④つれ。仲間。「連中・連類・常連」⑤軍隊編制上の一単位。ふつう三個大隊からなる。「連隊」⑥「連盟」「連合」「連邦」などの略。「経団連・国連」参考「聯」の書き換え字。難読 連翹 人名 つぎ・まさ・むらじ・やす

-**れん【連】**(接尾) ①つれ。仲間。くみ。「悪童―」「若者―」②つながったものや編んだものを数える語。「数珠―」③洋紙を数える単位。参考 ③は、日本ではふつう全紙五〇〇枚をいったが、現在はキロ連を使い一〇〇〇枚が単位。

れん【廉】 レン㊥ かど・やすい

(字義) ①いさぎよい。高潔な。私欲がない。「廉潔・清廉潔白」②価が安い。「廉価・低廉」③かど。物のすみ。転じて、一つ一つの条項・理由。「廉隅」人名 おさ・きよ・きよし・すが・すなお・ただし・やす・ゆき・よし

れん【煉】 人 レン ねる

(字義) ①金属をとかし混じり物をとり除いてよいものにする。転じて、きたえる。＝錬。「修煉・精煉・鍛煉」②ねり合わせる。まぜてこねる。また、そうして作った物。「煉瓦・煉炭・煉乳」③火できよめる。「煉獄」参考 ②で、「煉炭・煉乳」は書き換え字として「練」を用いる。

れん【蓮】 人 レン はす

(字義) はす。はちす。ハス科の多年生水草。「蓮華・蓮根・紅蓮・白蓮」

れん【漣】 人 レン さざなみ

(字義) ①さざなみ。水面に細かく立つ波。「細漣・清漣」②涙を流すさま。「漣如・漣漣」人名 なみ・むらじ

れん【練】 教3 【練】 人 レン ねる

(字義) ①ねりぎぬ。②ねる。㋐ねりきたえる。習熟する。習熟させる。「練習・練磨・教練・訓練・熟練」㋑よりよいものに仕上げる。「精練・洗練」③えらぶ。よいものをえり分ける。「簡練・選練」

れん【憐】 人 レン あわれむ・あわれみ

(字義) ①あわれむ。気の毒に思う。いとおしく思う。「憐情・憐憫・哀憐・愛憐」②かわいらしい。いじらしい。「可憐」

れん【錬】 【鍊】 人 レン㊥ ねる

(字義) ねる。㋐金属をねりきたえる。転じて、きたえてりっぱなものにする。＝煉。「錬金術・錬磨・修錬・精錬・鍛錬」㋑薬をねり合わせる。「錬丹・錬薬」

れん【鎌】 ◇ レン㊥ かま

(字義) かま。草やしばを刈るのに用いる農具。

れん【簾】 人 レン すだれ・す

(字義) すだれ。す。御簾。細長くけずった竹や葦などを編んで作ったとばり。「簾帷・簾額・垂簾」人名 かた・かね

れん【△聯】 ①対句などを一対になるように書き分けて、柱・門柱・壁などの左右にかける細長い板。②律詩における二つの句。

れん-あい【恋愛】(名・自スル) たがいに特定の相手を恋い慕うこと。また、その感情。恋。「―結婚」

れん-か【恋歌】 恋愛の心情をよんだ詩歌。恋歌。

れん-か【廉価】(名・形動ダ) 値段の安いさま。安価。↔高価

れん-が【連火】 →れっか(列火)

れん-が【連歌】〖文〗中世に流行した詩歌の形態。二人以上の人が和歌の上の句と下の句を次々によみ連ねてゆくもの。初句を発句、二句目を脇句、三句目を第三、最終句を挙げ句という。また、連ねた句数によって歌仙(三六句)・百韻(一〇〇句)などの形式がある。

れん-が【△煉瓦】 粘土に砂をまぜて直方体にねり固め、窯で焼いた固い焼き物。土木建築用材。「―塀」

れん-かん【連関・△聯関】(名・自スル) ①物事がたがいにつながりをもつこと。また、その関係。関連。②→リンケージ②

れん-かん【連環】 輪をつないだもの。くさり。つぎわ。

れん-き【連記】(名・他スル) 二つ以上ならべて書くこと。列記。「五名―」↔単記

―**とうひょう【―投票】**〖法〗一枚の投票用紙に候補者の氏名を二名以上連記する選挙方法。↔単記投票

れん-ぎ【連木】《方》(近畿・中国・四国地方で)すりこぎ。

―**で腹を切る** やってもできるはずのないことのたとえ。

れん-きゅう【連休】 休日が続くこと。続いている休日。

れん-ぎょう【連△翹】〖植〗モクセイ科の落葉低木。中国原産。枝は、細長くのびて垂れ、葉は広卵形で対生。早春、葉より早く黄色い四弁の花を枝一面につける。春

れん-ぎん【連吟】(名・自スル) 謡曲のある部分を、二人以上で声をそろえてうたうこと。

れんきん-じゅつ【錬金術】 鉄・鉛・銅などを精錬して金・銀などの貴金属に変化させようと試みた技術。古代エジプトにおこり、中世ヨーロッパで広く行われた。

れん-く【連句】〖文〗俳諧体の連歌、すなわち俳諧の明治以後の称。二人以上の人が五・七・五の長句と七・七の短句とを次々によみ連ねてゆくもの。滑稽・機知を主とし、俗語・漢語も多く用いる。連俳。⇩連歌・俳諧連歌

れん-げ【△蓮華】 ①ハスの花。夏 ②→れんげそう ③→ちりれんげ

―**ざ【―座】**〖仏〗ハスの花の形をした仏像の台座。蓮台。

―**そう【―草】**〖植〗マメ科の越年草。中国原産。田畑に栽培され、春に赤紫色で蝶形の花を開く。緑肥用・牧草用・蜜源用・薬用。れんげ。げんげ。春

れん-けい【連係・連△繫・△聯△繫】(名・自他スル) 人や物事がたがいに密接なつながりを持つこと。また、そのつながり。「―プレー」「―を保つ」

れん-けい【連携】(名・自スル) 同じ目的を持つ者どうしが協力し合って物事を行うこと。「―校」「学校と家庭とが―する」

れん-けつ【連結・△聯結】(名・自他スル) たがいにつなぎ結ぶこと。結びつくこと。「列車を―する」

―**き【連結器】** 鉄道の車両をたがいにつなぐ装置。

れん-けつ【廉潔】(名・形動ダ) 私欲がなく、心や行いが清く正しいさま。清廉潔白。「―の士」

れん-こ【連呼】(名・他スル) 同じことを何回もくり返して大声で言うこと。「候補者名を―する」

れん-ご【連語】〖文法〗二つ以上の単語が連結してひとまとまりの意味となっているもの。「梅の」「梅の実を」「食べました」など。参考 文中では、一文節または連文節となる。

れん-こう【連行】(名・他スル) 強制的につれて行くこと。特に、警察官が被疑者や犯人を警察署へつれて行くこと。「容疑者を―する」

れん-こう【連衡】(「衡」は横で、東西の意)中国の戦国

時代に、秦が東方の六国（韓・魏・趙・楚・燕・斉）と個別に同盟を結ぼうとした外交政策。「合従―」

れん-ごう【連合・△聯合】ガフ（名・自他スル）二つ以上のものが組になること。二つ以上のものを組にすること。「国際―」 参考 合従策に対抗して、秦の張儀が唱えた策。⇩合従

―ぐん【―軍】二国以上の軍隊が共通の目的のために連合してできた軍。連合国の軍隊。参考 二つ以上のチーム・団体の連合体などについてもいう。

―こく【―国】共通の目的のために同じ行動をとり、協力する幾つかの国々。参考 狭義では、第一次世界大戦でドイツ・オーストリアなどと戦った諸国を、また第二次世界大戦で日本・ドイツ・イタリアなどと戦った諸国をさす。

れん-ごく【△煉獄】〘基〙カトリックで、天国と地獄の間にあり、死者の霊が天国へはいる前に火で罪が浄化されるという所。

れん-こん【△蓮根】ハスの地下茎。食用。

れん-さ【連鎖】（名・自スル）①くさりのようにつながっていること。また、そのつながり。「食物―」②→リンケージ②

―きゅうきん【―球菌】キウキン 鎖状に連なった球菌。連鎖状球菌。化膿・猩紅熱・肺炎などを起こすものがある。

―てん【―店】→チェーンストア

―はんのう【―反応】ハンオウ ①〘化・物〙一つの反応がきっかけとなり、同じような反応がくり返し起こる現象。核分裂反応など。②（比喩的に）一つの出来事がきっかけとなり、同じようなことが次々に起こること。「暴動が―を招く」

れん-ざ【連座・連△坐】（名・自スル）①同じ席につらなり並ぶこと。②他人の起こした事件、特に犯罪にかかわりあい、連帯責任を負って処罰されること。「汚職事件に―する」

―せい【―制】①ある人の犯した過ちや罪の責任を、本人だけではなく関係する一定の範囲の人にまで及ぼす制度。②〘社〙公職選挙法で、立候補者の選挙運動の総括主宰者などが選挙違反を犯した場合、候補者の当選を無効とする制度。

れん-さい【連載】（名・他スル）新聞・雑誌などに、作品を続きものとしてのせること。「―小説」「週刊誌に漫画を―する」

れん-さく【連作】（名・他スル）①〘農〙同じ土地に毎年続けて同じ作物をつくること。↔輪作 ②一人の作者が、あるテーマに基づいて一連の作品を作ること。また、その作品。③幾人かの作者が各部分を受け持ち、一編としてまとまった作品を書きあげること。また、その作品。「―小説」

れん-さつ【△憐察】（名・他スル）あわれみ思いやること。

れん-ざん【連山】つらなっている山々。連峰。「箱根―」

れん-し【連枝】①つらなる枝。②貴人の兄弟姉妹の敬称。

れん-し【廉士】言動・性質などがいさぎよく清廉な人。

れん-じ【連子・△櫺子】窓・欄間などに、細長い材を一定の間隔でとりつけた格子。

―まど【―窓】連子をとりつけた窓。

〔れんじまど〕

レンジ〈range〉①火口や天火などのついた金属製の調理器具。「ガス―」「電子―」②数値・程度などの範囲。「価格―」

れん-じつ【連日】同じ物事が引き続いている日々。毎日。「―連夜」「―の猛暑」

れん-しゃ【△輦車】昔の乗り物。屋形に車輪をつけ、人が手で引く車。特に許された皇族などが乗った。てぐるま。輦輿。

レンジャー〈ranger〉→レーンジャー

れん-しゃく【連借】数名が連帯で借用すること。連帯借。

れん-じゃく【連尺・連◦索】肩にあたる箇所を幅広く編んだ荷縄。また、それをつけた背負子。

れん-じゃく【連△雀】〘動〙レンジャク科の渡り鳥の一群の総称。秋飛来し、春北方へ帰る。スズメより大きく、モズより小さい。体は灰紅色で頭に羽冠があり、くちばしと尾は黒い。秋

れん-しゅ【連取】（名・他スル）スポーツで、点やセットを連続して取ること。「二セット―する」

れん-じゅ【連珠・△聯珠】①たまをつなぐこと。また、そのつないだたま。美しい詩文の形容に用いる。②碁盤の上に白と黒の碁石を二人が交互に一つずつ置いてゆき、縦か横か斜めに先に五つ連ねて並べたほうを勝ちとするゲーム。五目ならべ。

れん-しゅう【練習】シフ（名・他スル）学問・技芸などをくり返して習うこと。けいこ。「ピアノの―」「毎日―する」

れん-じゅう【連中】ヂユウ ①仲間の人たち。一定の範囲の人たち。れんちゅう。「同じクラブの―」②音曲や演芸の一座の人たち。「常磐津―」

れん-じゅく【練熟】（名・自スル）なれてたくみなこと。熟練。

れん-しょ【連署】（名・自他スル）同じ書類に二人以上が連ねて署名すること。また、その署名。連判。「嘆願書に―する」

れん-しょう【連勝】㊀（名・自スル）続けて勝つこと。「連戦―」↔連敗 ㊁（名）競馬や競輪などで、一着と二着とを一組にして当てること。「―式」↔単勝

れん-じょう【連声】ジヤウ 二つの語が連接するときに、前の音節の末尾のm・n・tが、あとの音節の母音・半母音に添加されてマ・ナ・タ行の音となる現象。「三位」を「サンミ」、「観音」を「カンノン」、「雪隠」を「セッチン」というなど。参考 中世の現象で、近世以後は固定した特定の語だけが残った。

れん-じょう【連乗】〘数〙三つ以上の数・式を続けていくつも掛け合わせること。

れん-じょう【恋情】ジヤウ 相手を恋い慕う気持ち。恋心。

レンズ〈lens〉ガラスやプラスチックなど透明な物体の両面または片面を球面にしたもの。光を集束または発散させて、物体の像を結ぶ。「コンタクト―」「凸―」「眼鏡の―」

れん-せい【連星】〘天〙たがいに引力を及ぼし合い、共通の重心のまわりを回転している二個以上の恒星。

れん-せい【錬成・練成】（名・他スル）心身をりっぱにきたえあげること。練磨育成。「―道場」「青少年を―する」

れん-せつ【連接】（名・自他スル）つながり続くこと。つらね続けること。「家々が―する」

れん-せん【連戦】（名・自スル）続けて何回も戦うこと。

れんぜん-あしげ【連銭△葦毛】馬の毛色で、葦毛に灰色の斑点のまじったもの。

れん-そう【連奏・△聯奏】（名・他スル）〘音〙二人以上で同じ種類の楽器を合奏すること。「琴を―する」

れん-そう【連装】サウ 並べて装備すること。特に、軍艦で、一つの砲塔や砲架に二門以上の大砲を装備すること。

れん-そう【連想・△聯想】サウ（名・他スル）あることからそれに関連した他のことを思いうかべること。また、その考え。「こたつといえばミカンを―する」

れん-ぞく【連続】（名・自他スル）とぎれることなく、つらなり続くこと。また、つらね続けること。「―優勝」「事件が―する」

れん-だ【連打】（名・他スル）続けざまに打つこと。

れん-たい【連体】〘文法〙体言に続くこと。

―けい【―形】〘文法〙活用形の一つ。連体修飾語となる。また、助動詞「ようだ」、助詞「の・ので・のに・ほど・だけ・ばかり」などを付ける。文語では、準体言（口語の「…するの」に当たる）となり、助動詞「なり（断定）」、助詞「が・に・を…」などを付ける。

また、係助詞「ぞ・なむ・や・か」の結びとなって文を終止させる。

―し【―詞】〘文法〙品詞の一つ。自立語で活用がなく、主語になれず、単独で連体修飾語となる語。「あの」「あらゆる」「ある(或)」「たいした」など。

―しゅうしょくご【―修飾語】〘文法〙文の成分の一つ。体言を修飾するもの。形容詞的修飾語。参考 連体修飾語には用言の連体形、連体詞、体言に格助詞「の」(文語では「の・が」)の付いたものなどがある。⇩修飾語

れん-たい【連帯】(名・自スル)①二人以上の人が意識の上で結びつき、協力して事にあたること。「―感」②二人以上の人が責任を共にすること。「―保証人」

―せきにん【―責任】二人以上の人がある行為、またその結果について、共同して負担する責任。

―ほしょう【―保証】〘法〙保証人が債務者と共同して義務を果たすという保証。

れん-たい【連隊・聯隊】陸軍の部隊編制の単位の一つ。ふつう三個大隊からなる。「歩兵―」

れん-だい【蓮台】〘仏〙仏像をのせる、蓮(はす)の花の形をした台座。れんげ座。

れん-だい【輦台】江戸時代、旅客を乗せて人夫がかつぎ、川などを渡るのに用いた台。

〔輦台〕

レンタ-カー〈rent-a-car〉賃貸し自動車。

れん-だく【連濁】(名・自スル)二つの語が合わさって一語となるとき、うしろの語の語頭の清音が濁音になる現象。「山＋桜→やまざくら」、「横＋顔→よこがお」など。

れん-たつ【練達】(名・自スル)熟練してその道の奥義(おうぎ)をきわめていること。熟達。「―の士」

レンタル〈rental〉賃貸し。使用料をとって物品を貸すしくみ。「―ビデオ」参考 ふつう短期の場合にいう。⇩リース(lease)

れん-たん【練炭・煉炭】木炭・石炭などのくずを粉末にして、たてに数個の穴を通して円筒形にねり固めた燃料。冬

れん-だん【連弾・聯弾】(名・他スル)〘音〙一台の鍵盤楽器を二人で同時にひくこと。「ピアノの―」

れん-ち【廉恥】心が清くていさぎよく、恥を知ること。「―心」

レンチ〈wrench〉ボルトやナットをねじって回す工具。スパナ。

れん-ちゃく【恋着】(名・自スル)深く恋い慕って忘れられないこと。

れん-ちゅう【連中】→れんじゅう①

れん-ちゅう【簾中】①すだれの内側。②公卿(くぎょう)・諸侯(しょこう)など貴人の妻の敬称。おくがた。③高貴な女性。貴婦人。

れん-ちょく【廉直】(名・形動ダ)行いが潔白で正直なさま。「―の士」

れん-てつ【錬鉄】①よく精錬された鉄。②鉄鉱石を半溶融の状態で鍛錬して製する、炭素含有量〇・二パーセント以下の純鉄に近い軟鉄。釘(くぎ)・鉄線の材料。鍛鉄(たんてつ)。

れん-ど【練度】熟練の度合い。

れん-とう【連投】(名・自スル)野球で、投手が二試合以上続けて登板すること。「―がきく投手」

れん-どう【連動・聯動】(名・自スル)ある部分を動かすと、それと結びついている他の部分も同時に動くこと。

レントゲン〈ドイツ Röntgen〉〘物〙①X線やγ(ガンマ)線の照射線量の単位。記号R ②「レントゲン写真」の略。語源 X線の発見者であるドイツの物理学者レントゲンの名による。

―けんさ【―検査】〘医〙X線を人体にあて、内部の臓器や骨の状態を調べる検査。

―しゃしん【―写真】X線を利用して身体や物体の内部の状態をうつし、病気の診断や異状の発見に用いる写真。

―せん【―線】→エックスせん

れん-にゅう【練乳・煉乳】牛乳を煮つめて濃縮したもの。無糖(エバミルク)と加糖(コンデンスミルク)とがある。

れん-ねん【連年】何年もつづくこと。毎年。

れん-ぱ【連破】(名・他スル)続けて相手を負かすこと。

れん-ぱ【連覇】(名・自スル)続けて優勝すること。「三―」

れん-ばい【廉売】(名・他スル)安く売ること。安売り。

れん-ぱい【連俳】①連歌(れんが)と俳諧(はいかい)。②→れんく

れん-ぱい【連敗】(名・自スル)続けて負けること。「三―」「―を喫する」⇔連勝

れん-ぱく【連泊】(名・自スル)同じ宿に連続して泊まること。

れん-ぱつ【連発】一(名・自スル)続けて起こること。「放火事件が―する」二(名・他スル)続けて発射すること。続けざまに放つこと。「―銃」「質問を―する」⇔単発

れん-ぱん【連判】(名・自スル)二人以上の者が同じ書類に連ねて署名し、判を押すこと。連署。れんぱん。

―じょう【―状】同志の人たち全員が署名し、印を押した誓約・請願の書面。

れん-ばん【連番】座席券や宝くじなどで、複数の券の番号が連続していること。また、その番号。

れん-びん【憐憫・憐愍】かわいそうに思うこと。あわれみ。れんみん。「―の情」

れん-ぶ【練武】武術をねりきたえること。武芸の練習。

レンブラント〈Rembrandt Harmenszoon van Rijn〉(一六〇六〜一六六九)オランダの画家・版画家。肖像画家として著名。独自の明暗法を確立。作品「自画像」「夜警」など。

れん-ぶんせつ【連文節】〘文法〙連続する二つ以上の文節が、文の成分として一つの文節と同じような働きをしているもの。「桜の花が・咲いている」で「桜の花が」「咲いている」など。

れん-べい【連袂】(名・自スル)(たもとをつらねる意から)大勢が行動をともにすること。「―辞職」

れん-ぺい【練兵】兵隊を訓練すること。「―場」

れん-ぼ【恋慕】(名・自他スル)恋い慕うこと。「―の情」

れん-ぽ【蓮歩】美女の歩み。金蓮歩。語源 金で作った蓮(はす)の花の上を美女に歩かせたという中国の故事による。

れん-ぽう【連邦・聯邦】二つ以上の州または独立国が共通の主権のもとに結合して成立する一国家。連合国家。参考 アメリカ合衆国の州のように、それぞれの州・国は共通の主権を侵さない範囲で自主権を持つ。

れん-ぽう【連峰】つらなり続く山々。連山。「立山(たてやま)―」

れん-ま【練磨・錬磨】(名・他スル)心・身体・技術などをよくきたえみがくこと。「寒げいこで心身を―する」「百戦―」

れん-みん【憐愍】→れんびん

れん-めい【連名】二人以上の姓名を並べて書くこと。

れん-めい【連盟・聯盟】(「盟」はちかう意)共通の目的のためにともに行動することをちかうこと。また、その集まり。

れん-めん【連綿】(タル)長く続いて絶えないさま。「窮状を―と訴える」文(形動タリ)

―たい【―体】書道で、草書・行書や仮名の各字が続けて書かれている書体。

れん-や【連夜】いく晩も続くこと。毎晩。毎夜。「連日―」

れん-よ【輦輿】→れんしゃ

れん-よう【連用】(名・他スル)①同じものを続けて使うこと。「胃腸薬を―する」②〘文法〙用言に続くこと。

―けい【―形】〖文法〗活用形の一つ。連用修飾語となる。また、文の中止に用いられる（連用中止法）。口語では、助動詞「た・たい・ます・そうだ（様態）」、助詞「て・ても・たり・ながら」などを付ける。文語では、助動詞「き・けり・つ・ぬ・たり・けむ・たし」、助詞「て・つつ・ながら」などを付ける。

―しゅうしょくご【―修飾語】〖文法〗文の成分の一つ。用言を修飾するもの。副詞的修飾語。参考 連用修飾語には用言の連用形、副詞などがなる。体言に格助詞「を・に・へ…」などの付いたものも連用修飾語とされる。⇩修飾語

―ちゅうしほう【―中止法】〖文法〗述語となっている活用語の連用形でいったん文を切り、さらにあとへ続ける用法。「花笑い、鳥歌う」「冬暖かく、夏涼しい」など。中止法。

れん-らく【連絡・△聯絡】（名・自他スル）①つながりのつくこと。つながりをつけること。「島と島とを―する船」「電車からバスへの―が悪い」②関係のある人に情報などを知らせること。「―網」「―帳」「あとで―してください」

―せん【―船】 乗客・貨物などを乗せて湖・海峡などを往復し、両岸の間の交通機関となる船。

れん-り【連理】（「理」は木目の意）①一つの木の枝が他の木の枝とつながって一つになり、木目が続いていること。②夫婦・男女の仲の深いことのたとえ。

―の枝 仲むつまじい男女・夫婦のたとえ。「比翼―」参考 白居易（白楽天）の「長恨歌」にある語。

れん-りつ【連立・△聯立】（名・自スル）並び立つこと、また、別のものがそれぞれ独自の立場を保ちながら全体として一つになって並び立つこと。「―政権」

―ないかく【―内閣】 二つ以上の政党から閣僚が出て協力して組織する内閣。参考 一つの政党だけでは絶対多数に不足するような場合に作られる。

―ほうていしき【―方程式】〖数〗二つ以上の未知数を含む二個以上の方程式で、未知数はそれらすべての方程式を同時に満足することを要求されているもの。

れん-るい【連累】（名・自スル）（「連」も「累」もかかわりあう意）他人の起こした事件のまきぞえになること。連座。

れん-るい【連類】 なかま。同類。

れん-れん【恋恋】（タル）①恋い慕って忘れられないさま。「―たる情」②思い切りが悪くてあきらめられないさま。「権力の座に―とする」文（形動タリ）

れん-れん【連連】（タル）ひき続いて絶えることのないさま。「―と続く家並み」文（形動タリ）

れん-れん【△漣△漣】（タル）涙がとめどなく流れるさま。「―として涙する」文（形動タリ）

ろ ロ

五十音図「ら行」の第五音。「ろ」は「呂」の草体。「ロ」は「呂」の一部省画。

ろ【呂】 ロ㊥・リョ

（字義）①せぼね。②（「リョ」と読んで）音楽の調子で、陰の音律。「六呂・律呂」↔律 ③ロの音を表すのに用いる。「風呂」 難読 呂律 人名 おと・とも・なが・ふえ

ろ【芦】 人 ロ あし

（字義）あし。よし。イネ科の多年草。水辺に自生する。「芦花・芦芽・芦荻・蒲芦」

ろ【炉】【爐】 ロ㊥ いろり

（字義）火を入れて燃えつづけさせておく所。いろり。火鉢。「炉端・囲炉裏・火炉・懐炉・原子炉・焜炉・暖炉」

ろ【炉】 ①いろり。「―を切る（＝炉を作る）」冬 ②暖炉。③物質を加熱・溶解したり化学変化を起こさせたりするための、耐火物で囲った装置。溶鉱炉など。

ろ【賂】 ロ㊥ まいなう・まいない

（字義）①まいなう。便宜を求めて金品を贈る。「賄賂」②まいない。不正な贈り物。③たから。財貨。

ろ【路】 教3 ロ じ・みち

（字義）①みち。㋐人・車馬・船舶・飛行機などの往来する道。「路地・路傍・街路・航路・進路・線路・通路・道路・迷路・陸路」㋑物の通るすじみち。「回路・経路・販路」㋒すじみち。道理。「理路」②重要な地位。「当路・要路」 人名 のり・ゆく

ろ【魯】 人 ロ おろか

（字義）おろか。頭のはたらきがにぶい。「魯鈍」 人名 すなお

ろ〔魯〕〖世〗古代中国の国名。周代に山東省に興った国。孔子の生まれた国で、孔子が編集したという魯国の年代記が「春秋」。紀元前二四九年滅亡。

ろ【蕗】 人 ロ ふき

（字義）①甘草の別名。マメ科の多年草。「蕗草」②ふき。キク科の多年草。

ろ【櫓】 人 ロ やぐら

（字義）①ろ。舟をこぐ道具。「櫓歌・櫓櫂」②やぐら。㋐物見やぐら。「望櫓」㋑こたつやぐら。こたつのふとんをかける台。

ろ【△櫓・△艪】 和船をこぐ、櫂に似た木製の道具。船尾にある櫓杭を支えにして船の左右の方向に押したり引いたりして動かし、こぎ進める。「―をこぐ」

ろ【露】 ロ㊥・ロウ㊥ つゆ㊥・あらわれる

（字義）①つゆ。水滴。つゆのようなもの。「露点・露命・雨露・草露・白露」②あらわれる。むき出しになる。あらわす。さらす。「露営・露見・露出・露天・吐露・暴露・披露」③「露西亜」の略。「露都・日露戦争」 人名 あきら

ろ【鷺】 人 ロ さぎ

（字義）①サギ科の鳥の総称。鶴に似るがやや小形。「鷺吟・烏鷺・白鷺」②「蒼鷺」は、あおさぎ。③「朱鷺」は、とき。

ろ【△絽】 一定間隔の糸目にすきまのある、薄い絹織物。夏物の和服用。絽織り。「―の着物」

ろ【△艫】 ①船の前部。へさき。船首。②船の後部。とも。船尾。

ろ（間助）〖古〗（上代語）感動の意を表す。…よ。…ね。「いや日異に変はらふ見れば悲しき―かも」〈万葉〉

ろ-あく【露悪】 自分の欠点やみにくいところをわざと示すこと。「―趣味」「―的」

ろ-あし【△櫓脚・△艪脚】 ①櫓の、水に浸っている部分。櫓下。②櫓をこいだ跡に起こる水のゆらぎ。筋のような波。

ロイド-めがね【ロイド眼鏡】 セルロイド製の太い円形のふちのついためがね。語源 アメリカの喜劇俳優ハロルド＝ロイド（Harold Lloyd）がこれをかけて映画に出演したことからいう。

ロイマチス〈ドイツ Rheumatismus から〉→リウマチ

ロイヤリティー〈royalty〉特許権や著作権の使用料。ロイヤルティー。「―を支払う」

ロイヤル-ゼリー〈royal jelly〉→ローヤルゼリー

ロイヤル-ボックス〈royal box〉劇場や競技場などの貴賓席。

ろう【老】 教4 ロウ（ラウ） おいる・ふける㊥

(字義) ①年をとる。年をとった。年をとった人。「老人・老婆・老爺・敬老・初老・養老」↔幼・少・若 ②老人の自称。「老生・愚老・拙老」③老人の敬称。「老兄・老公」④年をとり徳の高い人。また、物事をよく知っている人。「老先生・古老・故老・宿老」⑤高齢で物事を取り締まり統率する地位にある人。「老中・家老・元老・大老・長老」⑥古い。年月を経た。「老木」⑦経験を豊富に積んで上手なこと。「老獪・老巧・老練」⑧「老子」の略。「老荘」 難読 老女・老舗・老成・老麺・老酒・老頭児 人名 おい・おみ・おゆ・とし

-ろう【老】(ラウ) (接尾) 老人の名に添える敬称。「菊池─」

ろう【労】 教4 **【勞】** ロウ(ラウ) つかれる・いたわる

(字義) ①はたらく。仕事をする。仕事。「労役・労働・勤労」②「労働者」「労働組合」の略。「労資・労組」↔資 ③ほねおり。「労作・労力・苦労・心労」④つかれ。つかれる。「過労・疲労」⑤いたわる。ねぎらう。「慰労」 人名 つとむ・もり

ろう【労】(ラウ) ほねおり。はたらき。努力。「─をねぎらう」

ろう【弄】 ロウ中 もてあそぶ中

(字義) ①もてあそぶ。㋐手なぐさみとする。「玩弄」㋑めでてたのしむ。「弄月」㋒ほしいままにする。「弄権」②たわむれる。たわむれ。「弄翰」③あなどる。なぶる。「愚弄・翻弄」

ろう【郎】【郞】 ロウ(ラウ)中 おとこ

(字義) ①おとこ。おっと。また、年若い男子の美称。「郎君・新郎・野郎・遊冶郎」②他人に仕える者。家来。「郎従・郎党・下郎」③一族または一家の中で、男子の生まれた順序を示す語に添え、呼び名を作る語。「太郎・次郎」 難読 郎子・郎女 人名 お

ろう【朗】 教6 **【朗】** ロウ(ラウ) ほがらか中・あきらか

(字義) ①ほがらか。快活なさま。明るく開けたさま。「朗月・朗報・清朗・晴朗・明朗」②高らか。声が高く明るくすみわたったさま。明るくよくすみとおる。「朗詠・朗吟・朗朗」 人名 あき・あきら・お・さえ・とき・ほがら

ろう【浪】 ロウ(ラウ)中 なみ

(字義) ①なみ。大きななみ。「激浪・高浪・波浪・奔浪」②ひと所に留まらずさまよい歩くこと。「浪人・浪浪・浮浪・放浪」③みだりに。ほしいままに。「浪費」 難読 浪速・浪華・浪花節・浪漫

ろう【狼】 ロウ(ラウ) おおかみ

(字義) ①おおかみ。凶悪で無慈悲なもののたとえ。「狼虎・狼心・虎狼・豺狼」②あわてる。「狼狽」③みだれる。とり散らかす。「狼藉」 難読 狼煙

ろう【廊】【廊】 ロウ(ラウ)中

(字義) ろうか。屋舎の間をつなぐ、屋根のある通路。「廊下・回廊・画廊・歩廊」

ろう【廊】(ラウ) ①建物の中の細長い通路。廊下。②寝殿造りで、建物をつなぐ屋根のある廊下。渡殿。細殿。

ろう【楼】【樓】 ロウ中 たかどの

(字義) ①たかどの。高い建物。二階建て以上の建物。「楼閣・楼上・玉楼・高楼・鐘楼・層楼・摩天楼・門楼」②やぐら。物見やぐら。「城楼・船楼・望楼」 人名 いえ・たか・つぎ

-ろう【楼】(接尾) 高い建物の名や料理屋などの屋号に添えて用いる。「岳陽─」

ろう【楼】 ①二階建て以上の高い建物。高殿。②やぐら。物見やぐら。

ろう【滝】【瀧】 ロウ たき中

(字義) ①雨が盛んに降るさま。降りしきるさま。「滝滝」②はやせ。急流。「奔滝」③たき。瀑布。 人名 たけし・よし

ろう【漏】 ロウ中・ロ もる中・もれる中・もらす中

(字義) ①もる。もれる。もらす。㋐水がもる。ぬけ出る。「漏水・漏電」㋑ぬけてなくなる。「漏失」㋒手ぬかり。もれ落ちる。「遺漏・疎漏・脱漏」㋓秘密が外部にもれる。「漏泄・漏洩・漏洩」②水時計。「漏刻」③とき。時刻。④(「ロ」と読んで)仏教で、迷い。煩悩。「有漏・無漏」 難読 漏斗

ろう【糧】(ラウ) (字義) →りょう(糧)

ろう【蠟】 ロウ(ラフ)

(字義) ①→次項。「蠟燭・封蠟・蜜蠟」②ろうを塗る。③ろうのような性質のもの。

ろう【蠟】(ラフ) ミツバチの巣から採集した脂肪や黄櫨の実から採った樹脂。脂肪酸とアルコールからなるエステル。熱にとけやすく燃えやすいので、蠟燭の原料などにする。

ろう【露】(字義) →ろ(露)

ろう【籠】 ロウ高 かご中・こもる中・こめる

(字義) ①かご。竹で作ったかご。㋐もっこ。土をはこぶ道具。㋑容器。携帯用の入れ物。器具。「印籠・灯籠・薬籠」②こめる。かごに入れる。つつむ。「籠絡」③こもる。かくれる。たてこもる。「籠居・籠城・参籠」 難読 籠手

ろう【牢】(ラウ) 罪人などを閉じこめておく所。ひとや。牢獄。

ろう【鑞】(ラフ) 〔化〕金属を接合するためにとかして用いる融点の低い合金。「はんだ」など。

ろう【隴】 中国の地名。甘粛省の東南地方。

─を得て蜀を望む →ぼうしょく(望蜀)

ろう-あ【聾啞】 耳が聞こえず、ものを言うことができないこと。また、その人。「─教育」

─がっこう【─学校】(ガクカウ) 「聾学校」の旧称。

ろう-えい【朗詠】(ラウ) (名・他スル) ①詩歌を、調子をつけて声高く歌うこと。朗吟。②漢詩に節をつけて朗々とうたうこと。平安中期に盛行。「和漢─集」「新撰─集」

ろう-えい【漏洩・漏泄】(名・自他スル) 液体や気体、秘密などがもれること。また、もらすこと。「国の機密が─する」 参考 もとの読みは「ろうせつ」。「ろうえい」は慣用読み。

ろう-えき【労役】(ラウ) 課せられた肉体労働。

ろう-おう【老翁】(ラウヲウ) 年をとった男性。おきな。↔老媼

ろう-おう【老媼】(ラウアウ) 年をとった女性。おうな。老女。↔老翁

ろう-おう【老鶯】(ラウアウ) 初夏になっても鳴いているウグイス。夏

ろう-おく【陋屋】(ヲク) ①むさくるしい小さな家。陋居。②自分の家の謙称。陋居。「─ですがお立ち寄りください」

ろう-おん【労音】(ラウ) (「勤労者音楽協議会」の略) 勤労者を対象にした会員制の音楽鑑賞団体。

ろう-か【老化】(ラウクワ) (名・自スル) ①年をとるにつれて体の機能がおとろえること。「─現象」②時間がたつにつれて物の性質が変わっておとろえること。劣化。「ゴムが─する」

ろう-か【弄火】(クワ) 火をもてあそぶこと。火遊び。

ろう-か【狼火】(ラウクワ) 合図のためにあげる火。のろし。狼煙。

ろう‐か【廊下】― 建築物の中の部屋と部屋、または建物と建物とをつなぐ細長い通路。「渡り―」

―とんび【―鳶】（遊女屋で遊客が廊下をうろつくことから）用もないのに廊下をうろつくこと。また、その人。

ろう‐かい【老獪】（名・形動ダ）経験を積んでいて、ずるくて悪がしこいさま。老猾。「―な人物」「―な手段」

ろう‐かい【撈海】― 海底・海中の沈積物や浮遊物を採取すること。「―作業」

ろう‐がい【老害】― 年長者が重要な地位を占め続け、組織や社会の活力が低下して活動のさまたげになること。また、そのような年長者。

ろう‐がい【労咳・癆痎】―〘医〙漢方で、肺結核の称。

ろう‐かく【楼閣】― 高い建物。高楼。たかどの。「砂上の―」

ろう‐がっこう【聾学校】― 聴覚に障害のある児童・生徒に対して、普通教育に準じた教育を行うとともに、その障害を補うための知識・技能を教える学校。参考 法令上は「特別支援学校」となる。

ろう‐かん【琅玕】―〘地質〙中国産の硬玉の一種。暗緑色または青碧色で、装飾用として利用。

ろう‐がん【老眼】― →ろうし(老視)

―きょう【―鏡】― 老眼の補正に用いるめがね。近くのものがはっきり見える。凸レンズを用いる。

ろう‐き【老騏・老驥】― ①年老いた駿馬。②年老いた英傑。

ろう‐き【牢記】―（名・他スル）かたく心にとめて記憶しておくこと。銘記。「心に―する」

ろう‐ぎ【老妓】― 年をとった芸者。

ろうき‐ほう【労基法】―「労働基準法」の略。

ろう‐きゅう【老朽】―（名・自スル）年をとったり、古くなったりして役に立たなくなること。また、そういう人や物。「―化」

ろう‐きゅう【籠球】― →バスケットボール

ろう‐きょ【陋居】― →ろうおく

ろう‐きょ【籠居】（名・自スル）家に閉じこもっていること。

ろう‐ぎょ【撈魚】― 魚をとること。いさり。魚撈。

ろう‐きょう【老境】― 老人の境地。老年。「―にはいる」

ろう‐きょく【浪曲】― →なにわぶし

ろう‐ぎん【労銀】― 労働の代価として得る賃金。労賃。

ろう‐ぎん【朗吟】―（名・他スル）詩歌を高らかに節をつけてうたうこと。朗詠。「漢詩を―する」

ろう‐く【老軀】― 年をとった体。老体。老骨。

ろう‐く【労苦】― 労力と苦心。精神的・肉体的に苦しむこと。骨折り。「長年の―に報いる」

ろう‐くみ【労組】―「労働組合」の略。労組(ろうそ)。

ろう‐くん【郎君】― 若い男子の敬称。若殿。

ろう‐けつ【﨟纈・蠟纈】― 染色の一種。ろうと樹脂をまぜ溶かしたもので布に模様を描いて染めたのち、ろうを取り除いて模様を白く残すもの。ろう染め。ろうけつ染め。ろうけち。

ろう‐げつ【臘月】― 陰暦十二月の異称。冬

ろう‐けん【陋見】― ①せまい考え。いやしい考え。②自分の意見の謙称。

ろう‐こ【牢乎】―（タル）しっかりしてゆるがないさま。「―たる決意」

ろう‐こ【牢固】―（トタル）しっかりしてじょうぶなさま。堅固。「―たる建築」文（形動タリ）

ろう‐こ【漏壺】 水時計の水を入れるつぼ。

ろう‐こ【螻蛄】― →けら(螻蛄)

ろう‐ご【老後】― 年をとってからのち。「―の暮らし」

ろう‐こう【老公】― 年老いた貴人の敬称。「ご―」

ろう‐こう【老巧】―（名・形動ダ）多くの経験を積んでいて、物事に巧みなこと。また、そのさま。老練。「―な手口」

ろう‐こう【陋巷】― 狭くてきたない町。むさくるしい裏町。

ろう‐こく【漏刻】 漏壺で時をはかる水時計。また、その目盛り。

ろう‐こく【鏤刻】（名・他スル）→るこく

ろう‐ごく【牢獄】― 罪人を閉じこめておく所。牢屋。

ろう‐こつ【老骨】― 年をとった身。老体。老軀。「―にむち打つ（＝老人の身を自らはげまして事にあたる）」

ろう‐こつ【鏤骨】 →るこつ

ろう‐さい【労災】― ①（「労働災害」の略）労働者が業務上受ける災害。「―事故」②「労災保険」の略。

―ほけん【―保険】（「労働者災害補償保険」の略）労災保険法で定められた、労働者の業務上や通勤による負傷・疾病・障害・死亡などに対して必要な給付をする保険。

ろう‐ざいく【蠟細工】― ろうを材料として、人形・模型などの細工をすること。また、細工をしたもの。

ろう‐さく【労作】― ①骨を折って作り上げた作品。力作。「二〇年を要した―」②骨を折って働くこと。労働。

ろう‐ざん【老残】― おいぼれて生きながらえること。「―の身」

ろう‐し【老死】―（名・自スル）年をとって死ぬこと。

ろう‐し【老師】― ①年をとった先生。②年をとった僧侶。学徳のある僧の敬称。参考 中国では先生の敬称。

ろう‐し【老視】―〘医〙年をとり、近いものがよく見えなくなった状態。目の調節作用が衰えて、水晶体をふくらますことができなくなるためにおこる。凸レンズによって矯正する。老眼。

ろう‐し【牢死】―（名・自スル）牢獄で死ぬこと。獄死。

ろう‐し【労使】― 労働者と使用者。「―間の交渉」

ろう‐し【労資】― 労働者と資本家。「―協調」

ろう‐し【浪士】― 主家を去り、その禄（＝給与）をはなれた武士。浪人。「赤穂―」

ろうし【老子】 ①（生没年未詳）中国、春秋時代末期の思想家。姓は李、名は耳、字は聃。老子は尊称。楚の人。道家の祖。②①が書いたとされる道家の経典。儒教に対し、無為自然の道を説く。老子道徳経。

ろうし‐ぐん【◦娘子軍】― →じょうしぐん

ろう‐しつ【陋質】 いやしい生まれつき。いやしい性質。

ろう‐しつ【漏失】 ①もれてなくなること。②夢精。

ろう‐じつ【老実】―（名・形動ダ）その事になれていて、することが誠実なこと。また、そのさま。「―な人」

ろう‐じつ【臘日】― 一年の終わりの日。おおみそか。冬

ろう‐しゃ【牢舎】― 牢屋。ひとや。

ろう‐しゃ【聾者】 耳の不自由な人。

ろう‐じゃく【老若】― →ろうにゃく

ろう‐じゃく【老弱】― 一（名）年寄りと子供。老幼。「―をいたわる」二（名・形動ダ）年老いて体の弱ること。また、そのさま。「―の身」

ろう‐しゅ【老手】― 老練で巧みな腕前。また、その人。

ろう‐しゅ【老酒】― ①醸造後、年を経た酒。ふるざけ。②→ラオチュウ

ろう‐しゅ【楼主】 楼という名のつく家のあるじ。特に、遊女屋などの主人。

ろう‐じゅ【老儒】― 年老いていて学識の高い儒者。

ろう‐しゅう【老醜】― 年老いて心身のみにくいこと。また、そのみにくさ。「―をさらす」

ろう‐しゅう【陋習】― 悪い習慣。悪習。「―を打破する」

ろう-じゅう【老中】〔日〕江戸幕府の職名。将軍に直属して政務を総轄した常置の最高職。年寄とも。定員は四、五名。譜代大名から選ばれた。

ろう-じゅく【老熟】―（名・自スル）長く経験を積んで物事に熟練すること。「―した技」

ろう-しゅつ【漏出】（名・自他スル）もれ出ること。また、もらし出すこと。「ガスが―する」

ろう-じょ【老女】①年をとった女性。②武家の奥方に仕えた女中のかしら。

ろう-しょう【老少】年寄りと若者。老若（ろうにゃく）。

――ふじょう【―不定】〔仏〕人間の寿命は年齢に関係なく、予知できないはかないものであるということ。「―の世」

ろう-しょう【朗笑】（名・自スル）ほがらかに笑うこと。また、その笑い。「―する声」

ろう-しょう【朗唱・朗誦】・―（名・他スル）高々と声をあげて歌ったり、読みあげたりすること。「詩を―する」

ろう-じょう【老嬢】→オールドミス

ろう-じょう【楼上】― 高い建物の上。また、階上。

ろう-じょう【籠城】（名・自スル）①敵に囲まれて城にたてこもること。②家などにこもって外に出ないこと。

ろう-しょく【朗色】― ほがらかな顔色や表情。

ろう-しん【老身】― 年をとった体。老体。

ろう-じん【老人】― 年をとった人。年寄り。

――の-ひ【―の日】老人福祉への理解を深め、老人自らの意欲を促す日。老人福祉法による。九月十五日。秋 参考「敬老の日」を九月の第三月曜日に移すにあたり、二〇〇一（平成十三）年に制定された。

――びょう【―病】老年の人に起こりやすい病気。がん・高血圧症・心臓病など。老年病。

――ホーム 老人が入所して暮らす福祉施設。

ろう-すい【老衰】―（名・自スル）老いて心身の機能がおとろえること。「―のため死去する」

ろう-すい【漏水】（名・自スル）水がもれること。また、その水。

ろう・する【労する】㊀（自サ変）働く。苦心する。骨をおる。「―・せずして勝つ」㊁（他サ変）わずらわす。世話をかける。「母の手を―」文らう・す（サ変）

ろう・する【聾する】（自他サ変）聞こえなくなる。聞こえなくさせる。「耳を―大音響」文ろう・す（サ変）

ろう・する【弄する】（他サ変）もてあそぶ。遊び半分でする。「奇策を―」「詭弁（きべん）を―」文ろう・す（サ変）

ろう-せい【老成】―（名・自スル）①年齢のわりにおとなびること。「年のわりに―した考え」②経験を積んで熟達すること。「―した人物」

ろう-せい【労政】― 労働に関する行政。

ろう-せい【老生】―（代）自称の人代名詞。年をとった男性が自分をさしていう謙称。「―まずは息災でおります」

ろう-せき【蠟石】― ろうのような光沢を持つ、なめらかで柔らかい鉱物の総称。凍石・滑石の類。石筆・印材などの材料。

ろう-ぜき【狼藉】―（狼（おおかみ）が草を藉いて寝たあとが乱れていることから）①乱雑なこと。とりちらかっていること。「落花―」②乱暴。無法な行い。「―を働く」「―者（もの）」

ろう-せつ【漏洩・漏泄】（名・自他スル）→ろうえい（漏洩）

ろう-ぜつ【弄舌】ぺらぺらとよくしゃべること。饒舌（じょうぜつ）。

ろう-そ【労組】―「労働組合」の略。労組（くみ）。

ろう-そう【老荘】― 老子と荘子。また、その思想。

ろう-そう【老叟】― 年をとった男。老爺（ろうや）。老翁（ろうおう）。

ろう-そう【老僧】― 年をとった僧。老年の僧。

ろう-そう【緑衫】― 六位の官人の着た緑色の袍（ほう）。語源「ろくさん」の転。

ろう-そく【蠟燭】― より糸やこよりを芯（しん）とし、ろうやパラフィンを円柱状などに固めた灯火用品。キャンドル。「―立て」

ろう-ぞめ【蠟染（め）】―→ろうけつ

ろう-たい【老体】― ①年寄りの身。老人の体。また、老人。②（「ご老体」の形で）老人の敬称。

ろう-だい【楼台】― 高い建物。

ろう-たいか【老大家】― その道の専門家で、すぐれた技量や学識をもった老人。「日本画の―」

ろう-たいこく【老大国】― 全盛期を過ぎて今は勢いの衰えている大国。

ろう-たく【陋宅】①むさくるしい住まい。陋居（ろうきょ）。陋屋（ろうおく）。②自分の住まいの謙称。

ろう-たく【浪宅】― 浪人の住まい。

ろう-た・ける【臈長ける・臈闌ける】（自下一）①経験や年功を積む。②（女性が）洗練されて美しくなる。気品がある。「―・けた令夫人」文らうた・く（下二）

ろう-だつ【漏脱】（名・自他スル）もれてぬけ落ちること。もらし落とすこと。脱漏。

ろう-だん【壟断】（名・他スル）（「壟」は丘、「断」は切り立った崖（がけ）の意）利益や権利を独占すること。「利益を―する」故事 昔、中国で、ある男が品物を持って高い丘に登り、市場を展望して商売の状況を確かめ、もうかりそうな場所を見つけて利益を独占したという話から。〈孟子〉

ろう-ちん【労賃】― 労働の対価としての賃金。労銀。

ろう-づけ【鑞付け】―（名・他スル）二つの金属を、はんだや硬鑞（こうろう）でくっつけること。また、そうして作ったもの。

ろう-でん【漏電】（名・自スル）電気機械・電線類などの絶縁不良や損傷により、電気がもれて流れる現象。

ろう-と【漏斗】→じょうご（漏斗）

ろう-とう【郎等・郎党】・―→ろうどう（郎等）

ろう-どう【労働】―（名・自スル）①体力・知力を使って働くこと。②〔経〕人間が自然の物質的素材に働きかけてこれを変形・加工し、生活や生存に必要な物資をつくりだすこと。

ろう-どう【郎等・郎党】・― 武士のけらい。従者。家臣。ろうとう。「一族―」

ろうどう-いいんかい【労働委員会】 労働組合法により設けられた、労働争議の斡旋（あっせん）・調停・仲裁などの調整や不当労働行為の審査を行う行政機関。

ろうどう-うんどう【労働運動】― 労働者が団結して、経済的・社会的地位の維持向上をはかるために使用者に対して行う運動。

ろうどう-きじゅん-かんとくしょ【労働基準監督署】― 労働基準法の実施状態を監督するために、各都道府県労働局管内の各地に置かれた機関。労基署。

ろうどう-きじゅんほう【労働基準法】〔法〕労働三法の一つ。労働者を保護するために、労働条件の最低の基準を定めた法律。労働契約・賃金・労働時間・休憩・休日および年次有給休暇などについて定める。日本国憲法の規定に基づき、一九四七（昭和二十二）年制定。労基法。

ろうどう-きょうやく【労働協約】〔法〕労働条件その他に関して、使用者と労働組合との間で結ぶ協定。

ろうどう-きんこ【労働金庫】― 労働組合など、労働者団体が協同で組織する金融機関。加入団体の福祉共済活動資金、団体員の生活費の貸し出しなどを行う。労金。

ろうどう-くみあい【労働組合】憲法で保障されている団結権によって、労働者が自主的に労働条件の維持・改善などをはかり、経済的・社会的地位の向上を目的として組織する団体。労組。

ろうどう-けいやく【労働契約】〔法〕労働者は使用者に労働力を提供し、使用者は労働者に賃金を支払うことを約束する契約。内容は労働基準法や労働協約が優先される。

ろうどう-さい【労働祭】→メーデー

ろうどう-さいがい【労働災害】→ろうさい

ろうどう-さんけん【労働三権】〔法〕労働者の基本的な権利である、団結権・団体交渉権・争議権（団体行動権）の総称。日本国憲法で保障されている。

ろうどう-さんぽう【労働三法】〔法〕労働基準法・労働組合法・労働関係調整法の三つの法律。

ろうどう-しゃ【労働者】労働力を提供し、対価として賃金を得て生活する人。

―かいきゅう【―階級】資本主義において、労働力を提供し賃金を得て生活する人々の総称。プロレタリアート。

ろうどう-しょう【労働省】労働者の労働条件や福祉を扱った中央行政官庁の一つ。二〇〇一（平成十三）年「厚生労働省」に移行。

ろうどう-じょうけん【労働条件】労働者と使用者との間で、賃金・労働時間などについて結ぶ雇用の条件。

ろうどう-そうぎ【労働争議】労働条件・待遇問題などをめぐって、労働者と使用者との間に起こる争い。

ろうどう-りょく【労働力】生産のために必要な知的・肉体的なすべての能力。労働能力。

ろう-どく【朗読】（名・他スル）詩や文章などを声を出して読みあげること。「詩の―」「決議文を―する」

ろう-として【△牢として】（副）しっかりとしていて動かしがたいさま。「―抜きがたい風習」

ろう-なぬし【△牢名主】江戸時代、囚人の中から選ばれ、長として同じ牢内の取り締まりをした者。

ろう-に【老尼】年をとった尼僧。年老いた尼。

ろう-にゃく【老若】老人と若者。老若。

―なんにょ【―男女】老人・若者・男性・女性、すべての人。老若男女。「―が集う祭り」

ろう-にん【浪人】（名・自スル）①主家を去り、その禄（＝給与）を失った武士。浪士。②入学試験や就職に失敗し、次の機会にそなえていること。また、その人。「就職―」↔現役 参考 ①は「△牢人」とも書く。

ろう-にんぎょう【△蠟人形】ろうで作った人形。特に、実在の人物などをモデルにした等身大の人形。「―館」

ろう-ねん【老年】年をとって、心身の衰えが目立つようになる年ごろ。老齢。「―期」

ろう-のう【老農】年をとった農夫。経験の豊かな農夫。

ろう-のう【労農】労働者と農民。「―党」「―政府」

ろう-のき【△蠟の木】→はぜのき

ろう-ば【老馬】年をとった馬。

―の智（老馬は歩いた道をよく覚えていることから）どんなものにも、それぞれにすぐれた点があることのたとえ。【故事】春秋時代、斉の桓公が孤竹国を討ったが、往路は春で帰路が冬となり道に迷ったとき、宰相の管仲が「老馬の知恵が役に立つ」と言って、老馬を選んで放ち、そのあとについて行くと進むべき道がわかったという話による。〈韓非子〉

ろう-ば【老婆】年をとった女性。老女。↔老爺

―しん【―心】不必要なまでに世話をやこうとする気持ち。くどすぎる親切。おせっかい。「―ながら」 用法 おもに他人に忠告するようなときに、へりくだっていう語。

ろう-はい【老廃】（名・自スル）年をとって役に立たなくなること。古くなって使えなくなること。

―ぶつ【―物】〔生〕新陳代謝の結果、体外に排泄される不用物。

ろう-はい【老輩】①年をとった人々。②年をとった人が自分をさしていう謙称。「―の出る幕ではありません」

ろう-ばい【△狼△狽】（名・自スル）うろたえさわぐこと。あわてふためくこと。「突然の事に―する」⇩周章狼狽

ろう-ばい【△蠟梅・△臘梅】〔植〕ロウバイ科の落葉低木。中国原産。葉は卵形。一、二月ごろ、葉に先だって、蠟細工のような光沢のある、外側は黄色で中心部は暗紫色の香りの高い花が開く。観賞用。からうめ。冬

ろうはち-え【△臘八会】〔仏〕（「臘」は十二月の意）釈迦が悟りをひらいた十二月八日に行う法会。成道会。冬

ろう-ばん【△牢番】牢屋の番人。

ろう-ひ【老△婢】年をとった下女。↔老僕

ろう-ひ【浪費】（名・他スル）金銭・精力・物・時間などをむだに使うこと。むだづかい。「―家」「金銭を―する」

ろう-ひつ【弄筆】①（筆をもてあそぶように）飾り過ぎた文章を書くこと。②勝手に事実をまげて書くこと。曲筆。

ろう-びょう【老病】老衰からおこる病気。

ろう-びょう【廊△廟】政務をとる建物。廟堂。「―の器（＝政務をとるにふさわしい器量の持ち主）」

ろう-ふ【老夫】年をとった男性。

ろう-ふ【老父】年をとった父親。↔老母

ろう-ぶつ【老仏】①老子と釈迦。②道教と仏教。

ろう-ぶん【漏聞】もれ聞くこと。もれ聞こえること。

ろう-へい【老兵】年をとった兵。また、老熟した兵。

ろう-ほ【老舗】古くから何代も続いている商店。老舗。

ろう-ぼ【老母】年をとった母親。↔老父

ろう-ほう【朗報】よい知らせ。うれしい知らせ。↔悲報

ろう-ぼく【老木】樹齢を重ねた立ち木。老樹。古木。

ろう-ぼく【老僕】年をとった下男。↔老婢

ろう-まい【△粮米】（「粮」は「糧」と同じ）食糧としての米。かて。飯米。糧米。

ろう-まん【×浪漫】（フランス語 roman の音訳）ロマン。

―しゅぎ【―主義】→ロマンチシズム①

ろう-む【労務】①賃金を得る目的で行う労働勤務。②労働者の管理や福利厚生に関する事務。「―課」

―しゃ【―者】（おもに肉体的な）「労務①」にたずさわる人。労働者。「日雇い―」

ろう-もう【老△耄】老いぼれること。また、その人。もうろく。「―の身」

ろう-もん【楼門】やぐらのある門。二階造りの門。

〔ろうもん〕

ろう-や【老△爺】年をとった男性。老翁。↔老婆

ろう-や【△牢屋】罪人を閉じこめておく所。牢獄。ひとや。

ろう-やくにん【△牢役人】昔、囚人たちの監督など、牢内の仕事にたずさわった役人。獄吏。

ろう-やぶり【牢破り】 ― 囚人が牢屋から逃げ出すこと。また、逃げ出した囚人。脱獄囚。
ろう-ゆう【老雄】 ― 年をとった英雄。
ろう-ゆう【老優】 年をとった俳優。また、経験を積んだ、芸のうまい俳優。「―の渋い芸」
ろう-よう【老幼】 年寄りと子供。「―を養う」
ろう-らい【老来】 ― (副) 年をとってこのかた。年とってから。
ろう-らく【籠絡】 (名・他スル) 他人をたくみに言いくるめて自分の思いどおりに操ること。まるめこむこと。「甘言で―する」
ろう-りょく【労力】 ― ①働くこと。ほねおり。「むだな―を省く」②生産に必要な人手。労働力。「―が不足する」
ろう-れい【老齢】 ― 年をとっていること。高齢。「―人口」
ろう-れつ【陋劣】 (名・形動ダ) 卑劣でいやしく軽蔑すべきであること。また、そのさま。下劣。「品性―」
ろう-れん【老練】 ― (名・形動ダ) 経験を積み、物事になれて上手なこと。また、そのさま。老巧。「―な政治家」
ろう-れん【労連】 ― 「労働組合連合会」などの略称。
ろう-ろう【浪浪】 さまよい歩くこと。職もなくぶらぶらしていること。「―の身」
ろう-ろう【朗朗】 (タル) ①声が大きくはっきりしているさま。「音吐―」②光が明るいさま。「名月―たり」文(形動タリ)
ろう-ろう【朧朧】 (タル) おぼろにかすむさま。ぼんやりと明るいさま。「―たる月」文(形動タリ)
ろう-わ【朗話】 ― 聞いている人の心が明るくなるような話。
ろ-えい【露営】 (名・自スル) ①野外に陣営をかまえること。また、その陣営。「―地」②野外にテントなどを張って泊まること。野営。
ロー 〈low〉(接頭) 位置・程度などが低い意を表す。「―アングル」「―コスト」「―ギア」↔ハイ
ローカル 〈local〉(名・形動ダ) (全国に対して)その地方や地域に限られること。また、そのさま。地方的。「―放送」「―ルール」
―カラー 〈local color〉その地方独特の風俗・自然など。郷土色。地方色。「―豊かな風景」
―せん【―線】 幹線から分かれた、一地方を走る鉄道やバス。また、その路線。
―ニュース 〈local news〉一地方に関するニュース。
ローション 〈lotion〉液状の化粧品。化粧水や整髪料などの総称。
ロージン-バッグ 〈rosin bag〉野球で、手の滑り止めに使う、松やにの粉を入れた小さな袋。ロジンバッグ。
ロース 〈roast から〉牛・豚などの肩から腰までの上等の肉。
ローズ 〈rose〉①〔植〕ばら。②ばら色。
ロー-スクール 〈law school〉→ほうかだいがくいん
ロースター 〈roaster〉①肉や魚を焼く器具。②丸焼き用の若鶏。
ロースト 〈roast〉(名・他スル) ①肉をあぶったり蒸し焼きにしたりすること。また、その肉。「―チキン」②豆類を煎ること。
ローズベルト 〈Roosevelt〉→ルーズベルト
ローズマリー 〈rosemary〉〔植〕シソ科の常緑低木。南ヨーロッパ原産。春から夏に淡紫色の唇形の花をつける。全体に芳香があり、香料や薬用などに用いられる。まんねんろう。
ロータリー 〈rotary 回転する・輪番の〉①輪転機。回転機。②市街の交差点の中央などに交通整理のためにつくった円形地帯。「駅前の―」
―エンジン 〈rotary engine〉内燃機関の一つ。燃焼・爆発のエネルギーを、三角形の回転子(ローター)で直接に回転運動として得る。振動が少ない特徴がある。
―クラブ 〈Rotary Club〉社会奉仕を目的とする実業家の国際的社交団体。語源 各会員が輪番で懇親会を開いたところからいう。はじまり 一九〇五年、アメリカのシカゴで、ポール=ハリスが友人三人と結成したのが始まり。日本では、一九二〇(大正九)年、米山梅吉らが東京に設立。
ロー-ティーン 〈和製英語〉一〇代の前半の年齢。また、その年齢の少年少女。↔ハイティーン
ローテーション 〈rotation 回転〉①予定された仕事や役目を果たすための順番。②野球で、先発投手の起用順序。③六人制バレーボールで、選手の守備位置の移動順序。
ロード 〈road〉①道。道路。「―バイク」②「ロードゲーム」の略。
―ゲーム 〈road game〉遠征試合。特に、プロ野球で、本拠地を離れて他の土地で行う試合。↔ホームゲーム
―ショー 〈road show〉〔映〕特定の映画館で、一般封切りに先立って行われる独占興行。単に初公開の興行をいう場合もある。語源 もと、演劇の上演に先立ち、宣伝のために路上で上演したことによるという。
―マップ 〈road map〉①運転用の道路地図。ドライブマップ。②行程表。予定表。「経営改革の―」
―ムービー 〈road movie〉主人公が旅に出て移動するにつれて、物語が進行してゆく映画。
―レース 〈road race〉路上で行う競走。陸上競技のマラソン・競歩・駅伝のほか、自転車・自動車のレースなどがある。
―ワーク 〈roadwork〉スポーツのトレーニングで、道路を走り、体力・脚力の向上を図ること。
ロートル 〈中国 老頭児〉老人。年寄り。
ロー-ハードル 〈low hurdles〉陸上競技で、高さが男子約九一センチメートル、女子約七六センチメートルのハードル一〇個を四〇〇メートルの間に置き、これをとび越えて走る競走。低障害。↔ハイハードル
ロー-ヒール 〈low-heeled shoes から〉かかとの低い女性用の靴。↔ハイヒール
ローブ 〈フランス robe〉①ワンピース型の裾が長くてゆったりした婦人服。「―デコルテ(=襟ぐりを大きくあけた婦人用の夜会服)」②裁判官や大学教授などの着る法服・式服。
ロープ 〈rope〉なわ。つな。織り糸のものと、鋼鉄製とがある。
―ウエー 〈ropeway〉乗り物の一種。空中に張り渡された鋼鉄のロープに箱形の車体をつるし、人や荷物などを乗せて運ぶ装置。索道。空中ケーブル。ロープウエイ。
ローファー 〈loafer〉靴ひもの代わりに甲の部分にベルトが付いた、カジュアルな革靴。簡単に履いたり脱いだりできる。(商標名)
ローマ 〈イタリア・ラテン Roma〉①〔世〕古代ヨーロッパの国名。イタリア半島にラテン人により建国された。紀元前六世紀末から共和政となり、前二七年帝政に移行した。四世紀末東西に分裂し、西ローマ帝国は四七六年、東ローマ帝国は一四五三年に滅亡した。②イタリアの首都。イタリア中央部にあり、テベレ川に沿う政治・交通・文化の中心都市。参考「×羅馬」とも書く。
―は一日にして成らず 大きな事業を成しとげるには、長い間の努力が必要であることのたとえ。
―カトリック-きょうかい【―カトリック教会】 〔基〕ローマ教皇を首長とするキリスト教会。バチカン市国にある教皇庁を総本山とする。カトリック教会。天主公教会。天主教会。公教会。
―きょうこう【―教皇】 〔基〕ローマカトリック教会

最高の聖職。ローマ法王。教皇。

—じ【—字】 ①古代ローマで用いられたラテン語を書き表すための表音文字。現在欧米で一般に用いられている文字。ラテン文字。②「ローマ字つづり」の略。

—じ-つづり【—字綴り】 ローマ字で日本語をつづること。また、つづったもの。つづり方に標準式(ヘボン式)・日本式・訓令式の三種がある。⇩付録「ローマ字のつづり方」

—すうじ【—数字】 古代ローマに起源をもつ数字。時計の文字盤などに用いられるⅠ・Ⅱ・Ⅴ(五)・Ⅹ(十)など。

—ほうおう【—法王】 →ローマきょうこう

ローマンス 〈romance〉→ロマンス

ローム 〈loam〉〔地質〕砂・微砂・粘土がほぼ同量ずつまじりあっている土壌。日本では火山灰が風化してできた赤茶色の土をいうことが多い。「関東—層」

ローヤル-ゼリー 〈royal jelly〉ミツバチの働きバチが唾液腺から分泌する液体。女王バチとなる幼虫の栄養源。ビタミンを含み強壮保健剤となる。王乳。ロイヤルゼリー。

ローラー 〈roller〉円筒形で、回転させて使うもの。地ならし機、印刷機のインキ棒など。ロール。

—カナリア 〈和製英語〉〔動〕カナリアの一品種。美しい声をふるわせて鳴く。愛玩用。

—さくせん【—作戦】 (ローラーですべてをつぶしてゆくように)もらすことなく物事を進めてゆくやり方。

—スケート 〈roller skate〉靴の底に小車輪を取り付け、床面をすべって走るスポーツ。また、それに用いる靴。

ローリエ 〈フランス laurier〉→げっけいじゅ

ローリング 〈rolling〉船や飛行機などが左右に揺れること。横揺れ。↕ピッチング

ロール 〈role〉役。役割。

—プレーイング 〈role playing〉ある場面を想定して役割を演じさせ、その問題点や解決策を考えさせる方法。心理療法や訓練法として用いられる。役割演技法。ロールプレイ。

—プレーイング-ゲーム 〈role-playing game〉プレーヤーがゲームの主人公となって物語を進めてゆくコンピューターゲーム。RPG

—モデル 〈role model〉模範や手本となる人。

ロール 〈roll〉①→ローラー ②巻くこと。また、巻いて円筒形にしたもの。「—パン」③板金を曲げる機械。「—機」

—オーバー 〈roll over〉走り高跳びで、体を横に寝かせ、一回転しながらバーを越す跳び方。

ロールシャッハ-テスト 〈Rorschach test〉〔心〕スイスの精神病理学者ロールシャッハが考案した性格検査の方法。左右対称の種々のしみ模様のカードを一〇枚用い、その絵がどのように見えるかによって性格構造を分析する。

ローレル 〈laurel〉→げっけいじゅ

ローン 〈lawn〉①芝生。②綿または麻の薄手の上等な布。

—テニス 〈lawn tennis〉芝生のコートで行うテニス。

ローン 〈loan〉貸し付け。貸付金。「住宅—」

ローンチ 〈launch〉(名・他スル)商品やサービスを新しく販売・開始すること。「公式アプリを—する」

ろ-か【濾過】 (名・他スル)液体や気体をこして混じり物をとり除くこと。「—装置」

ろ-かい【櫓櫂・艪櫂】 船の櫓と櫂。

ろ-かい【蘆薈】 →アロエ

ろ-かく【鹵獲】 (名・他スル)敵の軍用品などを奪い取ること。「—品」「—した戦車」

ろ-かじ【櫓舵・艪舵】 ①船の櫓と舵。②船の道具の総称。

ろかせい-びょうげんたい【濾過性病原体】 →ウイルス

ろ-かた【路肩】 道路の有効幅の外側の路面。特に、道路のはしの、がけのようになっている所。路肩。

ロカビリー 〈rockabilly〉(ロックンロールとヒルビリー(=アメリカ南部山岳地帯の民族音楽)の合成語)一九五〇年代後半、アメリカに起こった、激しい調子のポピュラー音楽。

ろ-ぎょ【魯魚】 「魯魚の誤り」の略。

—の誤り 似た文字の誤り。魯魚章草の誤り。語源「魯」と「魚」とは字形が似ていて書き誤りやすいところから出た語。参考 類似のことば—焉馬の誤り・烏焉の誤り

ろ-ぎん【路銀】 旅行の費用。旅費。路用。「—が尽きる」

ろく【六】 教1 ロク・リク む・むっ・むっつ・むい

丶 亠 六 六

(字義) むつ。むっつ。「六月・丈六・双六」 難読 六十路・六芸・六合・六書・六韜・六花

ろく【六】 五に一を加えた数。むっつ。参考「陸」を大字として用いる。

ろく【肋】 人 ロク あばら

(字義) あばらぼね。胸部をおおっている骨。「肋膜・肋骨・鶏肋」

ろく【鹿】 教4 ロク しか・か

广 户 声 声 鹿 鹿

(字義) しか。㋐有角獣の名。「馴鹿」㋑人が争う地位のたとえ。「逐鹿」 難読 鹿毛・鹿威し・鹿尾菜

人名 しし

ろく【禄】【祿】 人 ロク さいわい

(字義) ①さいわい。天から賜るさいわい。「天禄」②扶持。俸給。「禄高・禄米・家禄・食禄・秩禄・封禄・俸禄」

人名 さち・とし・とみ・よし・りく

ろく【禄】 封建時代の武士の給与。給金。

—を食む 給与を受けて生活する。宮仕えする。「—身」

ろく【緑】 (字義) →りょく(緑)

ろく【録】【錄】 教4 人 ロク しるす

ㇵ 𠆢 金 金 鈩 録

(字義) ①しるす。書きとめる。書きとめたもの。文書。「録事・録写・議事録・記録・住所録・備忘録・漫録」②のちに再生できるように音や画面などをとり収める。また、そうしたもの。「録音・録画」③平凡で役に立たないさま。「録録」 人名 とし・ふみ

ろく【麓】 ロク ふもと 中

* * 芦 芦 芦 麓

(字義) ①ふもと。山すそ。「山麓」②ふもとに続く林。「大麓」③山守。森林を管理する人。

ログ 〈log〉①丸太。「—ハウス」②航海日誌。航空日誌。③船の速力や航走距離を測る計器。測程器。④〔情報〕コンピューターの操作状況などの記録。履歴。

ログ-アウト 〈log out〉〔情報〕コンピューターで、ネットワークとの接続を切り使用を終了すること。↕ログイン

ろ-ぐい【櫓杭・艪杭】 →ろべそ

ログ-イン 〈log in〉〔情報〕コンピューターで、ネットワークに接続して使用を開始すること。↕ログアウト

ろく-えふ【六衛府】 〔日〕平安時代の役所名。左右近衛府・左右兵衛府・左右衛門府の総称。宮中の警護などにあたった。ろくえ。六衛府。

ろく-おん【録音】 (名・他スル)テープやディスクなどの記録媒体に音を記録すること。また、その音。「—器」

—ほうそう【—放送】 録音しておいたものを再生して

行う放送。

ろく-が【録画】グヮ（名・他スル）映像をテープやディスクなどの記録媒体に記録すること。また、記録した映像。「―どり」

ろく-がつ【六月】グヮツ 一年の第六の月。水無月。夏

ろく-くんし【六君子】東洋画の画題の名称。松・柏・槐・楡・梓・栴檀の六種の樹木。

ろく-さい【鹿砦・鹿柴】→さかもぎ

ろく-ざい【肋材】船の肋骨を組み立てる材木。

ろくさい-ねんぶつ【六斎念仏】〘仏〙彼岸・盆などに行われる、笛・鉦・太鼓ではやして唱える踊り念仏。秋

ろくさん-せい【六三制】一九四七（昭和二十二）年に改正された学校制度の通称。義務教育を小学校六年、中学校三年とする。参考 高等学校三年、大学四年を加えて六三三四制ともいう。

ろく-じぞう【六地蔵】ヂザウ〘仏〙六道で、衆生の苦しみを救うという六種の地蔵。

ろくじ-の-みょうごう【六字の名号】ミヤウガウ〘仏〙浄土教で念仏として唱える、「南無阿弥陀仏」の六字。

ろく-しゃく【六尺】①一尺の六倍。一間（＝約一・八メートル）。②昔、貴人のかごをかついだ人。また一般に、かごかき。③江戸幕府の御用部屋で、走り使いなどをした小者。④「六尺棒」の略。⑤「六尺褌」の略。参考 ②③は「陸尺」とも書く。

―ふんどし【―褌】長さ六尺のさらし木綿のふんどし。

―ぼう【―棒】①樫などで作った、長さ六尺ほどの棒。罪人を捕らえるときなどに使う。②天秤棒。

ろく-じゅう【六十】ジフ ①一〇の六倍。②六〇歳。むそじ。

―の手習い（六〇歳になってから字の稽古を始めるという意で）年をとってから学問や稽古事を始めること。晩学。

ろくじゅうろく-ぶ【六十六部】ロクジフロク〘仏〙法華経を六六部書写して全国六六か所の霊場を巡礼し、一部ずつ奉納する僧。また、経文を唱えて銭を乞い歩いた巡礼。六部。

ろく-しょう【緑青】シャウ 銅や銅合金の表面に生じる青緑色のさび。緑色の顔料にする。「―をふいた屋根」

ろく-しん【六親】六種の親族。父・子・兄・弟・夫・妻、または父・母・兄・弟・妻・子の称。六親。「―眷属」

ろく-すっぽ（副）（俗）満足に。十分に。ろくに。「―知らないくせに」用法 あとに打ち消しの語を伴う。

ろく・する【録する】（他サ変）シ（セ・サ）・シ・スル・スル・スレ・シロ（セヨ）書きつける。しるす。記録する。「師の言行を―」文ろく・す（サ変）

ろくだい-しゅう【六大州】シウ 地球上の六つの州。アジア州・アフリカ州・北アメリカ州・南アメリカ州・ヨーロッパ州・大洋州（オセアニア州）。転じて、全世界。

ろく-だか【禄高】武士が主人から与えられた給与の額。

ろく-で-なし【陸で無し・碌で無し】役に立たない者。つまらない者。のらくら者。「この―め」

語源「陸」は水平な状態・平らの意。下に打ち消しの語を伴って、平らではないという意から、物事のようす、性質などが正しくないこと、まともでないさまを表し、「ろくでなし」で役に立たない人をいうようになった。

ろくでも-ない【陸でも無い・碌でも無い】なんの役にも立たない。つまらない。「―ことをする」

ろく-どう【六道】ダウ〘仏〙一切の衆生がそれぞれの善悪の定めによって、死後必ず行くという地獄・餓鬼・畜生・阿修羅・人間・天上の六つの世界。六趣。六界。六道。

―せん【―銭】〘仏〙人を葬るとき、三途の川の渡し銭として棺の中に入れる六文の銭。

―りんね【―輪廻】〘仏〙衆生が六道に生死をくり返し、迷いつづけること。流転。

ろく-な【陸な・碌な】（連体）よい。満足できる。まともな。「―ものは持っていない」用法 あとに打ち消しの語を伴う。

ろく-に【陸に・碌に】（副）十分に。満足に。ろくろく。「―挨拶もできない」用法 あとに打ち消しの語を伴う。

ろく-ぬすびと【禄盗人】才能もなく職務にも熱心でないのに、一人前の給料をもらう人をののしっていう語。月給泥棒。

ログ-ハウス〈log house〉丸太を組み合わせて造った家。

ろくはら-たんだい【六波羅探題】〘日〙鎌倉幕府の職名。承久の乱後、京都守護に代えて、京都六波羅の南・北に置かれた。京都の治安維持、朝廷の監視、尾張（のちに三河）・加賀以西諸国の政務統轄などにあたった。

ろく-はらみつ【六波羅蜜】〘仏〙悟りを開き衆生を救うために、菩薩が修める布施・持戒・忍辱・精進・禅定・智慧の六つの修行。六度。ろっぱらみつ。

ろく-ぶ【六部】「六十六部」の略。

ろくぶん-ぎ【六分儀】〘天〙天球上の星と星との距離など、遠い二点間の角距離をはかる小形の器械。航海・航空・測量用。セクスタント。

ろく-ぼく【肋木】数本の柱の間に多数の棒を横に通した体操用具。

ろく-まい【禄米】武士が給料として受けた米。扶持米。

ろく-まく【肋膜】→きょうまく（胸膜）

―えん【―炎】→きょうまくえん

ろくめん-たい【六面体】〘数〙六つの平面で囲まれた立体。

ろく-やね【陸屋根】傾斜がほとんどない平らな屋根。陸屋根。

ろく-よう【六曜】エウ 陰暦で、諸行事の吉凶を占う基準となる六つの星。先勝・友引・先負・仏滅・大安・赤口の六種。六曜星。六輝。

ろく-ろ【轆轤】①物を引いたりつるし上げたりするのに使う滑車。②車井戸の、釣瓶の縄を上下させる滑車。③傘を開閉する、柄の上の臼形の装置。④回転軸に木地などを付けて回し、刃物で丸く削る工具。回転軸に刃物を取り付けても使う。ろくろがんな。ろくろがな。⑤「ろくろ台」の略。

―くび【―首】首が非常に長くて、のびちぢみするという化け物。また、その見せ物。ろくろっくび。

―だい【―台】円形の陶器を成形するのに使う回転台。ろくろ。

ろく-ろく【陸陸・碌碌】（副）十分に。満足に。ろくに。「―手紙も書けない」用法 あとに打ち消しの語を伴う。

ろく-ろく【碌碌】（タル）平凡で役に立たないさま。何事もなしとげられないさま。「―として日を過ごす」文（形動タリ）

ろくろく-ばん【六六判】縦横ともに六センチメートルの写真判。シックス判。

ロケ「ロケーション①」の略。「―隊」「現地―」

ロケーション〈location〉①〘映〙映画・テレビなどの野外撮影。ロケ。②位置。場所。立地。「絶好の―」

ロケット〈locket〉写真などを入れて細い鎖につけ、首からつるす金属製の装身具。

ロケット〈rocket〉多量のガス噴出の反動で推進する、非常に速度のはやい飛行物体。また、その噴射装置。「宇宙―」

―だん【―弾】後部につめた火薬や液体燃料の燃焼でガスを噴出させ、その反動で進む砲弾。

ロケ-ハン〈和製英語〉（location hunting の略）「ロケーション①」に適当な場所を探して歩くこと。

ろ-けん【路肩】→ろかた

ろ-けん【露見・露顕】（名・自スル）秘密や悪事が人に知られること。ばれること。「旧悪が―する」

ロゴ〈logo〉「ロゴタイプ」の略。

ろ-こう【露光】―（名・自スル）→ろしゅつ㊁

ロココ〈フランス rococo〉〘美〙一八世紀、ルイ一五世時代のフランスを中心にヨーロッパで流行した美術・建築の一様式。曲線を連ねた優雅で繊細な装飾を特色とする。

ロゴス〈ギリシャ logos〉①言葉。②〘哲〙理性。論理。思想。↔パトス ③〘哲〙万物が変化・流転する宇宙の真理。また、その底に存在する理法。④〘基〙神の言葉。また、キリスト。

ロゴタイプ〈logotype〉企業や商品の名などを示すのに使われる、個性的にデザインした字体。ロゴ。ロゴマーク。

ろ-こつ【露骨】（名・形動ダ）感情や意図などをむきだしに表すこと。また、そのさま。あからさまなようす。「―な表現」

ろ-ざ【露座・露坐】（名・自スル）屋根のない所に座ること。「―の大仏」

ろ-ざし【絽刺し】日本刺繡の一種。絽織りの穴に糸を通して生地を種々の刺繡でうめること。また、そのもの。

ロザリオ〈ポルトガル rosario〉〘基〙カトリックで祈りに用いる数珠のようなもの。また、その珠を数えながら行う祈り。（ロザリオ祭 秋）

ろ-し【濾紙】液体を濾過するために使う紙。こし紙。

ろ-じ【路地】―①家と家との間の細い道。「―裏」②屋敷内や庭の通り道。「―ロ」参考「露地」とも書く。

ろ-じ【路次】みちすがら。途次。道中。ろし。

ろ-じ【露地】―①屋根などのおおいのない土地。②屋敷内や庭の通り道。③茶室に通じる庭や通路。参考②③は「路地」とも書く。

ロシア〈Russia〉①革命前のロシア帝国。②ソ連解体後に成立した「ロシア連邦」の略。参考「×露西亜」とも当てる。

―かくめい【―革命】〘世〙一九一七年三月（ロシア暦二月）と十一月（同十月）にロシアで起きた革命。三月革命でロマノフ朝の帝政が倒れ、十一月革命でソビエト政権が成立。

―れんぽう【―連邦】ヨーロッパ東部からシベリアにかけてユーラシア大陸北部を占める連邦共和国。首都はモスクワ。

ロジカル〈logical〉（形動ダ）ダロ・ダッ(デ・ニ)・ダ・ナ・ナラ・○ 論理の整っているさま。論理的。論理学的。「―な説明」

ろじ-さいばい【露地栽培】―〘農〙ビニールハウスなどでなく、ふつうの畑で栽培すること。

ロジスティックス〈logistics 兵站〉企業が行う、原材料の仕入れから製品の販売に至るまでの物流管理システム。

ロジック〈logic〉①論理。論法。②論理学。

ろじ-もの【露地物】―〘農〙ビニールハウスなどでなく、ふつうの畑で栽培した作物。

ろ-しゅく【露宿】（名・自スル）戸外に宿ること。野宿。

ろ-しゅつ【露出】㊀（名・自他スル）むきだしにすること。むきだしになること。「山肌が―している」㊁（名・自スル）写真の撮影・焼き付けなどのとき、光線をフィルム・乾板・印画紙などに感光させること。撮影の場合は、シャッターを開いて行う。露光。

―けい【―計】適正な「露出㊁」の度合いをはかる計器。

ろ-しょう【路床】―道路を舗装するとき、地面を掘り下げ、つきかためて平らにした地盤。路盤。

ろ-じょう【路上】―①道路上。みちばた。②途中。途上。

ろ-しん【炉心】炉の中心。特に、原子炉の中核部。

―ようゆう【―溶融】→メルトダウン

ろじん【魯迅】（一八八一―一九三六）中国の小説家・思想家。一九〇二年医学生として日本に留学。のち、文学に転じ中国最初の口語小説「狂人日記」「阿Q正伝」などを発表。

ロス〈loss〉（名・他スル）損をすること。むだに使うこと。損失。むだ。「製品に―が出る」「時間を―する」「食品―」

ロス-タイム〈和製英語〉サッカーやラグビーで、選手のけがなどで中断された時間。競技時間には算入されない。

ロスト-ジェネレーション〈Lost Generation〉①〘文〙第一次世界大戦後、旧来の価値観に幻滅して新たな生き方を模索したアメリカの若い作家たち。ヘミングウェイ、フィッツジェラルドら。失われた世代。②日本で、バブル経済崩壊後の不況期に就職活動を行った世代。氷河期世代。ロスジェネ。

ロストル〈オランダ rooster〉炉やストーブなどで、通風をよくしてよく燃えるように燃料の下部にわたす鉄製の格子。火格子。

ロゼ〈フランス rosé〉淡紅色のぶどう酒。赤ぶどう酒を醸造する途中で果皮を取り除くなどする。ロゼワイン。

ろ-せい【櫓声・艪声】船の櫓をおす音。船をこぐ音。

ろせい-の-ゆめ【盧生の夢】→かんたんのゆめ

ろ-せん【路線】①交通機関の運行経路。「―図」「―バス」②進むべき方向。方針。「自主外交―」

―か【―価】課税額を決める基準として国税庁が作った、主要道路に面した土地の評価額。

ろそく-たい【路側帯】歩道のない道路で、歩行者保護のために白線で仕切られた、路端寄りの帯状の部分。

ろ-だい【露台】①屋根のない台。テラス。また、バルコニー。夏 ②露天の舞台。

ロダン〈François Auguste Rodin〉（一八四〇―一九一七）フランスの彫刻家。近代彫刻の確立者。写実主義に立脚して対象の内面的真実を追求。作品「青銅時代」「考える人」「地獄の門」など。

ろ-ちょう【ロ調】―〘音〙ロの音を主音とする調子・音階。

ろ-ちりめん【絽縮緬】絽織りのように一定の透いた織り目のあるちりめん。夏服用。「―の羽織」

ロッカー〈locker〉鍵がかかる箱・戸棚。「コイン―」

ろっ-かく【六角】―①六つのかど。②「六角形」の略。

―けい【―形】〘数〙六つの線分で囲まれた平面図形。六辺形。六角。

ろっ-かせん【六歌仙】―「古今集序」に見える、平安時代初期を代表する六人のすぐれた歌人。在原業平・僧正遍昭・喜撰法師・大友黒主・文屋康秀・小野小町をいう。

ろっ-かん【肋間】―肋骨と肋骨との間。

―しんけいつう【―神経痛】〘医〙肋間神経（＝前胸部の肋間を走る脊髄神経）がおかされて生じる胸の痛み。感冒・打撲などにより起こる。

ロッキング-チェア〈rocking chair〉脚に弓形の底木をわたし、前後に揺り動かせるようにした椅子。揺り椅子。

ロック〈lock〉（名・他スル）錠をおろすこと。また、錠。

―アウト〈lockout〉（名・他スル）〘社〙労働者側の争議に対抗するため、使用者側が業務を中止し工場などを一時閉鎖すること。工場閉鎖。作業所閉鎖。

―ダウン〈lockdown〉（感染症の拡大防止などのために）特定の地域への出入りやそこでの移動を制限すること。

ロック〈rock〉①岩石。岩壁。②「ロックンロール」の略。③〘音〙ポピュラー音楽の一つ。ロックンロールから発展したもので、電気楽器を多用し、激しいリズムをもつ。④「オンザロック」の略。

―クライミング〈rock-climbing〉登山で、用具を用いて岩壁をよじ登ること。また、その技術。

ロックン-ロール〈rock'n'roll〉〘音〙一九五〇年代にア

メリカで起こり流行したポピュラー音楽。リズムーアンドーブルース(=ジャズやブルースから発展したアメリカの黒人音楽)にカントリー音楽を取り入れたもの。また、そのダンス。ロック。

ろっ-こく【六穀】 六種の穀物。稲・粱・菽・麦・黍・稷の称。六穀。

ろっ-こつ【△肋骨】 ①〔生〕胸椎・胸骨とともに胸郭を構成する骨。左右一二対よりなる。胸部の器官を保護し、呼吸運動を営む。あばら骨。②船体の外側の肋骨状の骨組み。

ろっ-こん【六根】 〔仏〕知覚作用のもとになり、また、迷いを生じるもとになる眼・耳・鼻・舌・身・意の六つの感覚器官。

―しょうじょう【―清浄】 〔仏〕①六根から起こる煩悩を断って清らかになること。②寒参りや信仰的な登山などのときに唱える言葉。

ロッジ〈lodge〉小屋。山小屋。山小屋風の簡易宿泊所。

ロット〈lot〉同時期に製作された、同一仕様の製品や部品などのひとまとまり。

ろっ-ぱく【六白】 陰陽道で、九星の一つ。金星。本位は西北。⇩九星

ろっ-ぷ【六△腑】 漢方でいう体内の六つの内臓。胃・胆・大腸・小腸・三焦(=胃の上と中、膀胱の上にあって消化・排泄をつかさどるという器官)・膀胱。「五臓―」

ろっ-ぽう【六方】 ①東西南北と天地の六つの方向。②六個の平面でかこまれた立体。③㋐歌舞伎で、俳優が花道のひっこみなどで両手両足を大きくふって進む、独特の歩き方。「―を踏む」㋑荒々しく粗野なこと。また、そのもの。㋒侠客。参考 ③は「六法」とも書く。

ろっ-ぽう【六法】 〔法〕①憲法・民法・刑法・商法・民事訴訟法・刑事訴訟法の六大法典。②「六法全書」の略。③↓ろっぽう(六方)③

―ぜんしょ【―全書】 〔法〕六法とそれぞれの付属法規をはじめ、その他の主要な法規を収録した書物。

ろ-てい【路程】 目的地までのみちのり。距離。道程。

ろ-てい【露呈】(名・自他スル) 隠れていたものがあらわになること。さらけだすこと。「弱点を―する」

ロデオ〈米 rodeo〉鞍なしの荒馬や牛を乗りこなす技をきそう、カウボーイの競技会。

ろ-てき【△蘆△荻】 アシとオギ。

ろ-てき【△蘆笛】 アシの葉を巻いてこしらえた笛。あしぶえ。

ろ-てん【露天】 屋根のない所。あまざらし。野天。

―しょう【―商】 道ばたに物品をひろげて行う商売。また、その商売をする人。街商。

―ぶろ【―風呂】 温泉場などの、屋根や囲いを設けない野外の風呂。野天風呂。

―ぼり【―掘り】 鉱石・石炭などを、坑道を設けずに地表からじかに掘り出すこと。陸掘。

ろ-てん【露店】 寺社の境内や道ばたに物品をひろげて売る店。

ろ-てん【露点】 〔気・物〕大気を冷やしたとき、大気中の水蒸気が凝縮し露を生じ始める、その境目の温度。

―しつどけい【―湿度計】 〔物〕大気中の露点を測定して湿度を求める湿度計。露点計。

ろ-とう【路頭】 街頭。みちばた。路傍。

―に迷う 住む家や生活の手段を失って、途方にくれる。

ろ-とう【露頭】 ①何もかぶっていないまるだしの頭。②〔地質〕岩石・鉱床などの地上に表れている部分。

ろ-どん【△魯鈍】(名・形動ダ) 愚かでにぶいこと。また、そのさま。愚鈍。

ろ-は〔俗〕ただ。無料。「―台(=公園のベンチ)」語源 漢字の「只」を片仮名の「ロ」と「ハ」の二字にみなして読んだ語。

ろ-ば【△驢馬】 〔動〕ウマ科の哺乳動物。家畜。馬よりも小さく、耳が長い。性質は温和で忍耐力が強い。うさぎうま。

ロハス【LOHAS】〈lifestyles of health and sustainability から〉人間の健康と地球環境に配慮した、持続可能な生活を志向した生き方。

ろ-ばた【炉端】 いろりばた。炉辺。

―やき【―焼[き]】 客の目の前の炉で、魚や野菜などを焼いて供する料理。また、その店。

ろ-ばん【路盤】 ①鉄道の軌道を支える地盤。②↓ろしょう

ろ-ばん【露盤】 〔仏〕仏塔の九輪の一番下にある方形の台。⇩九輪(さしえ)

ロビー〈lobby〉①ホテル・劇場などの玄関近くにある、通路を兼ねた休憩・談話用の広間。②議院などで、議員が院外の人と面会する部屋。

―かつどう【―活動】 議院内のロビーなど、議場外で政党・議員・官僚などに陳情をし、圧力をかける活動。

ロビイスト〈lobbyist〉ロビー活動の専門家。

ろ-ひょう【路標】 道ばたに、行く先・距離などを示して立てた石や木。道しるべ。道路標識。道標。

ろ-びょうし【△櫓拍子・△艪拍子】 船の櫓をこぐときの調子。

ろ-びらき【炉開き】 陰暦十月一日または十月の中の亥の日に、茶人がそれまで使っていた風炉(四月一日から使用)をとじて炉を使いはじめること。冬 ↕炉塞ぎ

ロビング〈lobbing〉→ロブ

ロブ〈lob〉テニス・卓球・サッカーなどで、ボールを高く半円を描くようにゆるやかに打ったり蹴ったりすること。ロビング。

ろ-ふさぎ【炉塞ぎ】 茶人の家で、陰暦三月末日に茶の炉を使うのをやめ、風炉を用いはじめること。春 ↕炉開き

ロブスター〈lobster〉〔動〕アカザエビ科の大形のエビ。大きなはさみをもち、ザリガニに似る。大西洋沿岸の産。食用。オマール海老。

ろ-ぶつ【露仏】 露座している仏像。ぬれぼとけ。

ロフト〈loft〉①屋根裏部屋。②倉庫や工場などの二階。③ゴルフクラブの打球面の傾斜角度。

ろ-べそ【△櫓△臍・△艪△臍】 和船の櫓を受ける小さな突起。櫓をこぐときの支点となる。櫓杭。

ろ-へん【炉辺】 いろりばた。炉端。「―のだんらん」

―だんわ【―談話】 炉端などでする、うちとけた話。

ろ-ぼ【△鹵簿】 行幸・行啓の行列。「―の儀仗兵」

ロボ「ロボット」の略。

ろ-ほう【露△鋒】 筆法の一つ。起筆などで、毛筆の穂先があらわれるように書くこと。↕蔵鋒

ろ-ぼう【路傍】 みちばた。路辺。

―の-ひと【―の人】 ①道を歩いていく人。②たまたま道で出会っただけで、自分とはなんの関係もない人。縁もゆかりもない人。

ロボット〈robot〉①電気・磁気などの力で、人間のように手足を動かす機械装置。自動人形。人造人間。②目的とする作業や操作を、コンピューターの制御で自動的に行うことのできる機械や装置。「産業―」③自分の意志でなく、他人にあやつられて動く人。傀儡。語源 チェコの作家チャペックの戯曲に登場する人造人間の名前から。

ロマ〈Roma 人間〉ジプシーの自称。ロム。

ロマネスク㊀〈フランス Romanesque〉(名)一〇―一二世紀ごろ西ヨーロッパに行われた美術・建築様式。古代ローマ調の要素に東方的影響を受けたもの。㊁〈フランス romanesque〉(形動ダ)ダロ・ダッ(デ・ニ)・ダ・ナ・ナラ・〇 伝奇小説的。空想的。

〔ロマネスク㊀〕

ロマン〈フランス roman〉①→ロマンス① ②物語文学。長編小説。③夢や冒険心をかきたてるもの。「男の―」
―しゅぎ【―主義】→ロマンチシズム①
―は【―派】ロマン主義を主張する人々。
ロマンス〈romance〉①(もと一二世紀のフランスで、通俗ラテン語であるロマンス語で書かれた伝奇物語の意から)伝奇的・空想的な物語。ロマン。②恋物語。また、恋愛のいきさつ。恋愛に関する事件。③〘音〙放浪楽人の歌った叙情的物語の歌曲。また、叙情的な自由形式の小曲。
―カー〈和製英語〉ロマンスシートを設けた電車・バスなど。
―グレー〈和製英語〉白髪まじりの魅力ある中年男性。また、その髪。［はじまり］一九五四(昭和二十九)年、戯曲家飯沢匡(いいざわただす)の小説「ロマンス・グレイ」から流行語化した。
―ご【―語】ラテン語から発展して分かれた諸言語。イタリア・フランス・ポルトガル・スペインなどの諸語。
―シート〈和製英語〉映画館や乗り物などで、同方向に並べた二人がけの座席。
ロマンチシズム〈romanticism〉①〘文〙感情の優越を強調し、主観的な美や空想を重んじる立場。一八世紀末から一九世紀初期にヨーロッパに起こった主観的・情緒的・空想的な文学思潮で、音楽・美術の世界にも及ぶ。日本では明治三十年代に詩歌の運動で展開された。ロマン主義。浪漫(ろうまん)主義。②非現実的・夢想的で、情緒や感傷にひたる精神的な傾向。
ロマンチスト〈romanticist から〉①「ロマンチシズム①」を主張する人。ロマンチックな性質をおびた人。浪漫(ろうまん)主義者。②実現不可能なことを夢見る人。ロマンチックな人。空想家。ロマンチシスト。
ロマンチック〈romantic〉(形動ダ)ダロ・ダッ(デ・ニ)・ダ・ナ・ナラ・〇 現実離れして甘美なさま。甘い情緒や感傷を好むさま。空想的。ロマンティック。「―な物語」「―な少女」
ロム【ＲＯＭ】〈read-only memory から〉〘情報〙読み出し専用の記憶装置。書き換えはできないがデータの保存に適する。「ＣＤ―」

ろ-めい【露命】露のようにはかない命。「―をつなぐ(=ほそぼそと生きている)」
ろ-めん【路面】道路の表面。「―が凍結する」
―でんしゃ【―電車】街路上を走る電車。
ろ-よう【路用】旅行の費用。旅費。路銀。
ロリータ-コンプレックス〈和製英語〉性愛の対象を少女や幼女に求める心理。ロリコン。［語源］少女ロリータ(Lolita)に執着する中年男性を描いたナボコフの小説「ロリータ」による。
ロリ-コン〈和製英語〉→ロリータコンプレックス
ろ-れつ【呂。律】ものを言う調子。［語源］「りょりつ(呂律)」の転。
―が回(まわ)らない 舌がよく動かず、言葉がはっきりしない。
［語源］「呂律(ろれつ)」は、雅楽における「呂律(りょりつ)」の転。「呂」と「律」の組み合わせで曲が構成されるので「呂律」は音楽の旋律のことを意味し、やがて言葉の調子、ものを言うときの調子の意に転じた。そこから「呂律が回らない」という表現が生じ、言葉が不明瞭になること、はっきりしない意となった。

ろん【論】 ㊍6 ロン あげつらう

(字義)①あげつらう。事の道理や是非善悪を述べる。また、それを述べたもの。「論者・論述・論説・論点・論文・概論・議論・言論・序論・総論・討論・反論・本論」②意見。見解。所説。「芸術論・史論・詩論・正論・政論・世論・暴論」③漢文の一体で、自己の意見を主張する文。「論策・論賛」④「論語」の略。「論孟(ろんもう)」⑤仏教で、仏弟子が経典に説かれた教理を論じたもの。「三論・大乗起信論」［人名］とき・のり
ろん【論】①議論。言い争い。②意見。見解。所説。
―より証拠(しょうこ) 物事の解明には、議論をするより実際の証拠を示すほうが有力である。**―を俟(ま)たない** 論じるまでもない。もちろんである。
ろん-い【論意】議論の意味。論旨。
ろん-がい【論外】グワイ (名・形動ダ)①論じるまでもないこと。議論するほどの価値もないこと。また、そのさま。問題外。「そんな意見は―だ」②いま論じていることと関係のないこと。その議論の範囲外であること。また、そのさま。「―に置く」
ろん-かく【論客】議論が好きでうまい人。論客(ろんきゃく)。
ろん-ぎ【論議】(名・他スル)たがいに意見を述べ合って物事の道理をはっきりさせること。議論。「―を尽くす」
ろん-きつ【論詰】(名・他スル)論じなじること。相手をやりこめること。「政敵を―する」
ろん-きゃく【論客】→ろんかく
ろん-きゅう【論及】キフ (名・自スル)その事柄にまで触れて議論を進めること。「例の問題に―する」
ろん-きゅう【論究】キウ (名・他スル)論議を尽くして物事の道理をきわめること。
ろん-きょ【論拠】論が成り立つ根拠。「―を示す」
ロング〈long〉①長さ・距離・時間などの長いこと。「―スカート」「―ヘア」②卓球で、台から離れて、ドライブによって大きく球を打つ打法。(↔ショート)
―シュート〈和製英語〉スポーツで、比較的ゴールに遠い所からシュートすること。［参考］英語では long shot という。
―ショット〈long shot〉①〘映〙映画・テレビで、遠くから撮影すること。②ゴルフなどで、ボールを遠くに打つこと。
―セラー〈long seller〉商品、特に書籍が長期間にわたって売れ続けること。また、その商品。
―トン〈long ton〉→えいトン
―ヒット〈long hit〉野球で、長打。↔シングルヒット
―ラン〈long run〉演劇・映画などの長期間の興行。
ろん-けつ【論決】(名・自他スル)議論したうえで決めること。また、決まること。
ろんご【論語】四書の一つ。孔子の言行、孔子と弟子たちとの問答などを編集したもの。直弟子より後の門人の編とされる。紀元前二世紀ごろ成立。主として孔子の根本思想である「仁」の道が説かれた、古来儒教の最高の聖典。
―読(よ)みの論語(ろんご)知(し)らず (「論語」の字句はすらすら読めるが、その精神を会得できない意)書物に書かれた理屈は知っているが、それを生かして実行できない人をあざけっていう。
ろん-こう【論考・論△攷】カウ (名・自他スル)ある主題について論じ考えること。また、その文章。「王朝文学―」
ろんこう-こうしょう【論功行賞】カウシヤウ 功績の有無・程度を論じ定めて、それにふさわしい賞を与えること。
ろん-こく【論告】(名・他スル)〘法〙刑事裁判で、証拠調べの終わったあと、検察官が被告人の罪を論じて求刑すること。
ろん-さく【論策】時事問題などの意見・方策を述べる文章。
ろん-さん【論賛】(名・他スル)①事業や功績などを論じてほ

めること。②史伝の記述の終わりに、作者が付け加えた論評。

ろん-さん【論△纂】 論じあって編纂すること。また、論文を集めた書物。

ろん-し【論旨】 議論や論文の主旨・要旨。「明快なー」

ろん-しゃ【論者】 議論をしている、その人。ろんじゃ。

ろん-しゅう【論集】シフ 論文を集めたもの。論叢。

ろん-じゅつ【論述】(名・他スル) 筋道をたてて論じ述べること。論を述べること。また、述べたもの。「ー形式の問題」

ろん-しょう【論証】(名・他スル) 事の正否を論理的に証拠だてて証明すること。ある判断が真であることの理由を証明すること。「自説の正当性をーする」

ろん・じる【論じる】(他上一)ジ・ジ・ジル・ジル・ジレ・ジロ(ジヨ) ①筋道をたてて述べる。物事について意見を述べる。「古代史についてー」②意見をたたかわせる。議論する。「是非をー」③取り立てて問題にする。「ーに値しない」 語源 サ変動詞「ろんずる」の上一段化。

ろん-じん【論陣】ヂン 弁論・議論するときの論旨の組み立て。
ーを張る 弁論の筋道や弁論者の顔ぶれを充実させて議論を展開する。「堂々たるー」

ろん・ずる【論ずる】(他サ変)ジ(ゼ・ザ)・ジ・ズル・ズル・ズレ・ジロ(ゼヨ) →ろんじる 文ろん・ず(サ変)

ろん-せつ【論説】 物事の是非を論じて意見を述べること。また、その文章。特に、新聞の社説など。「ー文」

ろん-せん【論戦】(名・自スル) 議論をたたかわせること。

ろん-そう【論争】サウ (名・自スル) 二人以上の人がたがいに自分の意見を主張して論じ争うこと。「激しくーする」

ろん-そう【論△叢】 論文を集めたもの。論集。

ろん-だい【論題】 議論や論説の題目。論文の題。

ろん-だん【論断】(名・自スル) 論じたうえで判断を下すこと。

ろん-だん【論壇】 ①議論をたたかわせる人々の社会。評論界。言論界。②演説者・講演者などが立つ壇。演壇。

ろん-ちょう【論調】テウ 議論の調子。論説の立て方・進め方・傾向。「激しいーで批判する」

ろん-てい【論定】(名・他スル) 論じたうえで決定すること。

ろん-てき【論敵】 議論をしあう相手。論争の相手。

ろん-てん【論点】 議論の中心となる問題点。「ーをぼかす」

ロンド〈フランス ronde〉〔音〕輪になって踊る曲。輪舞曲。

ロンド〈イタリア rondo〉〔音〕(「ロンド形式」の略) 楽曲形式の一つで、主題が循環的に反復され、その間に副主題の旋律がはさまれるもの。回旋曲。

ロンドン〈London〉イギリスの首都。テムズ川下流にまたがる政治・経済・交通・文化の中心地で、貿易も盛ん。市内には歴史的建造物が多い。 参考「×倫敦」とも当てる。

ろん-なん【論難】(名・他スル) 誤りや不正などを取り上げ、論じて非難すること。「相手をきびしくーする」

ろん-ぱ【論破】(名・他スル) 論をたてて相手の意見を言い破ること。議論して言い負かすこと。「完膚なきまでにーする」

ロンパース〈rompers〉〔服〕上下がひと続きになった乳幼児の服。

〔ロンパース〕

ロンバードがい【ロンバード街】〈Lombard Street〉①ロンドンのシティにある、銀行や証券会社などが立ち並ぶ金融街。②(転じて)ロンドンの金融市場。

ろん-ばく【論△駁】(名・他スル) 相手から加えられた意見や説の誤りを指摘して、言い返すこと。「ーを加える」

ろん-ぱん【論判】(名・自他スル) ①よいわるいを論じて判定すること。②是非を論じ争うこと。論争。

ろん-ぴょう【論評】ビヤウ (名・他スル) 事件や作品についての内容を論じて批評すること。また、その文。「ーを加える」

ろん-ぶん【論文】 ①議論を書き述べた文。②学術的な研究の結果や学説を書き記した文。「卒業ー」

ろん-べん【論弁】(名・他スル) 議論して物事のよしあしを明らかにすること。「結論の正しさをーする」

ろん-ぽう【論法】パフ 議論のしかた。議論を進めるときの筋道の立て方。「三段ー」

ろん-ぽう【論△鋒】 議論のほこさき。また、議論の勢い。「ー鋭く詰め寄る」

ろん-もう【論△孟】マウ 「論語」と「孟子」の二書。

ろん-り【論理】 ①議論・思考などを進めていくときの筋道。「ーに飛躍がある」②物事・事物間に存在する法則的なつながり。「弱肉強食のー」③「論理学」の略。

ーがく【ー学】 正しい判断・認識を得るため、思考の法則・形式を研究する学問。

ーてき【ー的】(形動ダ)ダロ・ダッ(デ・ニ)・ダ・ナ・ナラ・○ 推論のしかたに筋道が通っていて少しもあいまいなところがないさま。論理に関するさま。ロジカル。「ーにおかしい」「ーな主張」「非ー」

わ ワ

五十音図「わ行」の第一音。「わ」は「和」の草体。「ワ」は「和」の旁、または「輪」の符号「□」「○」などによる。

わ【和】 教3 ワ・オ(ヲ)高・やわらぐ中・やわらげる中・なごむ中・なごやか中・あえる

ニ千禾和和

(字義) ①やわらぐ。やわらぎ。㋐穏やか。のどか。「和気・和順・温和・緩和・平和」㋑仲よくする。争いをしないこと。「和解・和平・和睦・共和・講和」②ほどよくととのう。過不足のないこと。「中和・調和・飽和」③まぜあわせる。「和音・和声・混和」④調子を合わせて応じる。「和賛・和鳴・唱和」⑤日本。日本語。「和紙・和服・和訳」 難読 和え物・和泉・和尚・和蘭・和草・和毛・和布・和子・和琴 人名 あい・かず・かた・かつ・かのう・たか・ちか・とし・とも・な・のどか・ひとし・まさ・ます・みきた・やす・やすし・やまと・やわ・やわら・よし・より・わたる

わ【和】 ①やわらぐこと。仲むつまじいこと。「人のー」②和解。仲直り。「ーを講じる」③日本のこと。倭。④〔数〕二つ以上の数や量などを加えて得た数。「三と二のーは五」↔差

わ【△倭】ワ・イ やまと (字義) ①したがう。従順なさま。②昔、中国で日本を呼んだ称。「倭人・倭船」 参考 中国の「漢書」「後漢書」などの史書に日本を「倭」と称し、特に「三国志」中の魏志には倭人伝がある。 難読 倭建命 人名 かず・し・しず・まさ・やす

わ【話】 教2 ワ はなす・はなし

言言言言話話

(字義) ①はなし。物語。うわさ。「話題・話柄・寓話・神話・説話・童話・民話」②はなす。はなし合う。つげる。物語る。「話術・会話・講話・対話・談話」③ことば。「官話・白話」

わ【△窪】ワ・ア くぼ・くぼむ (字義) ①くぼ。くぼみ。低くへこんだ所。②くぼむ。へこむ。「窪下」

-わ【羽】ハ (接尾) ①鳥を数える語。②ウサギを数える語。 参考「三羽」「六羽」などの場合は「ば」「ぱ」とも発音する。

-わ【把】ハ (接尾) 束ねたものを数える語。「青菜二ー」 参考「三把」「六把」などの場合は「ば」「ぱ」とも発音する。

わ【◇曲・◇回】〔古〕山・川・海岸などの入り曲がっている所。

わ【輪】①線状のものを曲げてまるくしたもの。また、まるい形。「—になって踊る」②車の軸に付いて回転し、車を進める円形のもの。車輪。③たが。「桶(おけ)の—が外れる」

—を掛(か)ける（一回り大きくする意で）程度をはなはだしくする。大げさにする。「父親に輪を掛けた大酒飲み」

わ【我・△吾】（代）《古》自称の人代名詞。われ。私。「—が入らむとする道」〈伊勢〉 用法 格助詞「の」「が」「を」を伴う。

わ（終助）①感動・詠嘆の意を表す。「寒い—」「ある—ある—」②軽く念を押す意、軽く主張する意を表す。「私も行きます—」「それは違う—」 用法 用言・助動詞の終止形に付く。 参考 係助詞「は」から転じたもの。②はおもに女性が用いる。

わあ ㊀（感）驚いたときなどに思わず発する声。わっ。「—、大変だ」㊁（副）大声で泣く声やさまを表す語。「—と泣き出す」

ワーカホリック〈workaholic〉働いていないと落ち着かない人。仕事の虫。仕事中毒。

ワーキング-グループ〈working group〉組織内で、特定の作業をするために作られる小さな集団。作業部会。WG

ワーキング-プア〈working poor〉働いているのに所得が低く、生活の維持が困難な就労者層。

ワーキング-ホリデー〈working holiday〉青少年が訪問国で休暇を過ごしながら、その滞在費を補うために就労することを、二国間で相互に認める制度。

ワーク〈work〉仕事。労働。作品。研究。「ライフ—」

—シート〈worksheet〉①書き込みができるようになっている練習問題用紙。②《情報》表計算ソフトの作業画面。「セル」と呼ばれるます目が並んでいる。

—シェアリング〈work sharing〉一人当たりの労働時間を短縮することにより、総量の決まった仕事を分かち合って雇用の機会や場を増やす方法。

—ショップ〈workshop 仕事場〉研究発表会。研究集会。講習会。セミナー。

—ステーション〈workstation〉《情報》大容量で高性能の小型コンピューター。

—ブック〈workbook〉教科書を補うため、練習問題などをのせた学習帳。

—ライフ-バランス〈work-life balance〉仕事と生活の調和を図ること。

ワースト〈worst〉最悪。「—記録」↔ベスト(best)

ワード-プロセッサー〈word processor〉文章の入力・編集・印字など文書作成を行う機械やソフト。ワープロ。

ワードローブ〈wardrobe〉洋服だんす。衣装戸棚。また、個人や劇団などの持ち衣装。

ワープ〈warp〉（名・自スル）SFで、宇宙空間のひずみを利用して瞬時に目的地に到達できるという宇宙航行法。

ワープロ「ワードプロセッサー」の略。

ワールド〈world〉世界。

—カップ〈World Cup〉サッカー・ゴルフ・バレーボールなど、スポーツの世界選手権大会。また、その優勝杯。W杯。

—シリーズ〈World Series〉アメリカのプロ野球で、ナショナルリーグの優勝チームとアメリカンリーグの優勝チームとの間に行われる選手権試合。

—ワイド〈worldwide〉（形動ダ）ダロ・ダッ(デ・ニ)・ダ・ナ・ナラ・○ 世界中に広がっているさま。「—な活躍」

—ワイド-ウェブ〈World Wide Web〉→ウェブ

わい【隈】人 ワイ くま (字義) くま。㋐曲がりこんだ山に囲まれた所。「山隈」㋑水ぎわが陸にはいりこんだ所。「隈曲」㋒くまどり。

わい【賄】ワイ㊥ まかなう㊥・まいなう (字義) ①便宜を得るために、ひそかに金品を人に贈ること。「賄賂(わいろ)・収賄・贈賄」②きりもりする。食事の世話をする。

わい（終助）事態に対する驚き・詠嘆の意を表す。「たいへんなことになった—」 用法 おもに老人が、くだけた場面で用いる。

ワイ-エム-シー-エー【Y M C A】〈Young Men's Christian Association から〉キリスト教青年会。キリスト教精神に基づき、青年の宗教的・道徳的・社会的福祉の促進を目的とする世界的組織。日本では、一八八〇（明治十三）年、東京基督(キリスト)教青年会として東京で設立されたのが最初。 はじまり 一八四四年、ロンドンで創設。

わい-おく【△矮屋】ワク ①低く小さい家。小屋。②自分の家の謙称。

わい-きょく【△歪曲】（名・他スル）ゆがみまげること。事実などをゆがめること。「事実を—する」

わい-く【△矮△軀】背の低い体。短身。短軀(たんく)。

わい-ご【△猥語】みだらな言葉。猥言(わいげん)。

わい-ざつ【△猥雑】（名・形動ダ）下品でごたごたしていること。また、そのさま。「—な歓楽街」

ワイ-シャツ〈white shirt（ホワイトシャツ）から〉主として男性が背広の下に着る、前開きで襟のついたシャツ。 参考 俗に「Yシャツ」とも書く。英語では shirt という。

わい-しょ【△猥書】→わいほん

わい-しょう【△矮小】セウ（名・形動ダ）①たけが低くて小さいこと。また、そのさま。「—な体軀(たいく)」②規模の小さいこと。また、そのさま。「問題を—化する」

ワイじ-ろ【Y字路】三叉(さんさ)路。Y字形であることから。

わい-じん【△矮人】背の低い人。

わい-せい【△矮星】《天》恒星中で、半径や絶対光度の小さい星。太陽など、多くの恒星が属する。↔巨星

わい-せつ【△猥△褻】（名・形動ダ）①いやらしいこと。みだらなこと。また、そのさま。「—な行為」②《法》いたずらに人の性欲を刺激したり、自分の色情を行為に表したりして、人に羞恥心(しゅうちしん)・嫌悪感を与えること。「—罪」

ワイ-ダブリュー-シー-エー【Y W C A】〈Young Women's Christian Association から〉キリスト教女子青年会。キリスト教精神に基づく人間形成と、社会奉仕活動に重点をおく世界的組織。日本では、一九〇五（明治三十八）年、日本基督(キリスト)教女子青年会として設立されたのが最初。 はじまり 一八五五年、ロンドンで創設。

わい-だん【△猥談】性に関するみだらな話。わいせつな話。

ワイド〈wide〉（名・形動ダ）幅が広いこと。大型であること。

—ショー〈和製英語〉事件・芸能など幅広い話題を、司会者が進行役をつとめながら取り上げ伝えるテレビの娯楽番組。

—スクリーン〈wide screen〉《映》シネマスコープ、ビスタビジョンなどの、標準よりも横長の大型スクリーン。

—ばんぐみ【—番組】ラジオやテレビの長時間番組。

—レンズ〈wide-angle lens から〉広角レンズ。

ワイナリー〈winery〉ぶどう酒の醸造所。

ワイパー〈wiper〉自動車や電車・飛行機などのフロントガラスなどに取り付けた、雨滴や汚れをぬぐい取る装置。

ワイフ〈wife〉妻。女房。↔ハズバンド

わい-ほん【△猥本】性に関するみだらなことを書いた本。猥書(わいしょ)。エロ本。春本。

ワイヤ〈wire 針金〉①「ワイヤロープ」の略。②電線。③楽器の金属製の弦。 参考 「ワイヤー」ともいう。

—ロープ〈wire rope〉→こうさく(鋼索)

ワイヤレス〈wireless〉無線。無線通信。「—マイク」

ワイルド〈wild〉(形動ダ)①野生であるさま。「—ライフ」②荒々しいさま。野性的なさま。「—な雰囲気の人」

—カード〈wild card〉①トランプで、他のカードの代わりとなるカード。②〔情報〕任意の文字列を表す記号や記法。

—ピッチ〈※wild pitch〉野球で、投手の暴投。

ワイル-びょう【ワイル病】〔医〕スピロヘータの一種によって起こる感染症。発熱・腰痛・肝障害などの症状がみられる。黄疸出血性レプトスピラ病。語源この病気の最初の報告者であるドイツの医師ワイル(Weil)の名による。

わい-ろ【賄賂】職権で便宜をはかってもらうために、不正に金品を贈ること。また、その金品。袖の下。「—を贈る」

わい-わい(副)①大勢の人が大声をあげて騒ぐさま。「—(と)騒ぐ」②口うるさく言いたてるさま。

わ-いん【和韻】漢詩で、他人から詩をおくられたとき、その詩の韻に合わせて詩をつくり、それにこたえること。

ワイン〈wine〉①ぶどう酒。「—レッド(=赤ぶどう酒の色。濃い赤紫)」「—セラー(=ワインの貯蔵庫)」②果実酒。「アップル—」

ワインドアップ〈windup〉野球で、投手が投球時に、両腕を頭上に振りかぶる動作。

わ-えい【和英】①日本語と英語。②「和英辞典」の略。

—じてん【—辞典】日本語から英語を引く辞書。

わ-おん【和音】①〔音〕高さの異なる二つ以上の音が同時に響いたときに合成される音。コード。②中国の漢字音に対して、日本的に変化した慣用音。

わか【若】①若君。若様。②(他の語の上に付いて)「若い」「世代が新しいほうの」の意を表す。「—夫婦」「—女将」

わ-か【和歌】〔文〕①日本古来の、五音と七音をもとにした歌(定型詩)の総称。長歌・短歌・旋頭歌など。やまとうた。②五・七・五・七・七の形からなる歌。短歌。みそひともじ。

わ-が【我が・△吾が】(連体)わたしの。自分の。われわれの。「—国」「—身」「—意を得る(=自分の思うとおりになる)」参考文語では代名詞「わ」+格助詞「が」

わか-あゆ【若△鮎】①春に川をのぼる若くて元気なアユ。春 ②(比喩的に)若くてぴちぴちしている人の形容。

わ-かい【和解】(名・自スル)①仲直りすること。②〔法〕争いの当事者がたがいに譲り合い、争いをやめること。また、その契約。「—が成立する」「—勧告」

わ-かい【和諧】穏やかに調和すること。仲よくすること。

わか・い【若い】(形)①生まれてから、また、草木などが生えてから年数があまりたっていない。「—樹木」②年をとっていなかったころと同じような力・意気がある。老い衰えない。「年はとっても気は—」③年が少ない。年下だ。「私のほうが五つ—」④順序を示す数が小さい。「—番号」⑤未熟だ。経験が乏しい。「まだまだ考えが—」文わか・し(ク)

類語初々しい・青い・青臭い・年若・年弱・弱小・年少・尻が青い・嘴が黄色い

—しゅ【—衆】年の若い男。特に、地域社会で、祭りなどの世話をする血気盛りの男。わかいしゅう。わかいし。

—つばめ【—燕】年上の女性の愛人である若い男。

—もの【—者】①年の若い者。若者。②商家・大工などの若い使用人。③やくざの子分。わかいもん。

わがいほは…和歌〔わが庵は　都のたつみ　しかぞすむ　世をうぢ山と　人はいふなり〕〈古今集　喜撰法師〉私の住む草庵は都の東南にあり、こうしてつつましく住んでいるだけなのだが、世間の人は、ここを世を憂く思って住む憂き山、宇治山と呼んでいるそうだ。(小倉百人一首の一つ)

わか-いんきょ【若隠居】老年にならないのに、家業を弟や子に譲って隠居すること。また、その人。

わか-がえ・る【若返る】(自五)①若さを取り戻す。「気分が—」②構成員が入れ代わって、その平均年齢が若くなる。「チームが—」

わか-がき【若書き・若描き】書画や小説などで、大家になった人の若いころの作品。

わか-ぎ【若木】生えてからあまり年数のたっていない樹木。↔老い木

わかきウェルテルのなやみ〔若きウェルテルの悩み〕ドイツの作家ゲーテの小説。一七七四年作。青年ウェルテルが美しいロッテに情熱を注ぎ、そのために旧社会の壁に突き当たって破滅していく経過を、書簡体で描く。

わか-ぎみ【若君】年若い主君。また、主君の息子。幼君。

わ-がく【和学】(漢学・洋学に対して)日本古来の学問。日本の文学・歴史・有職故実・法制などに関する学問。国学。

わ-がく【和楽】日本固有の音楽。邦楽。↔洋楽

わか-くさ【若草】芽が出てまもない草。「—が萌える」春

わか-げ【若気】若さにまかせてはやる気持ち。若者の無分別。

—の至り 若さにまかせて無分別な行動をしてしまうこと。

わかさ【若狭】旧国名の一つ。現在の福井県南西部。若州。

わか-ざかり【若盛り】若くて最も元気のよい年ごろ。

わか-さぎ【若△鷺・×公魚】〔動〕キュウリウオ科の硬骨魚。体長約一五センチメートル。体は細長く、頭は小さくて少しとがり、背面は灰青色で体側に淡黒色の一条線がある。食用。春

わか-さま【若様】貴人の子息の敬称。

わ-かざり【輪飾り】正月の飾り物の一つ。わらを輪の形に編み、その下に数本のわらを垂れ下げるなどしたもの。新年

わ-がし【和菓子】日本風の菓子。ようかん・まんじゅう・もなかなどの類。↔洋菓子

わか-じに【若死に】(名・自スル)年若くして死ぬこと。早死に。夭折。「病気で—する」

わかし-ゆ【沸かし湯】①沸かした湯。②天然の温泉に対して、水から沸かした風呂の湯。

わか-しゅ【若衆】①若者。②江戸時代、元服前の前髪のある男子。

わか-しらが【若白髪】若いころから生える白髪。

わか・す【沸かす】(他五)①水などを、求める温度まで熱する。煮立たせる。沸騰させる。「湯を—」「風呂を—」②人を熱狂させる。わかせる。「満場を—」③金属を熱してとかす。「銅を—」自わ・く(五)可能わか・せる(下一)

わか・す【湧かす・△涌かす】(他五)虫などを発生させる。「うじを—」自わ・く(五)

わか・ず【分かず】区別しないで。区別なく。分かたず。「昼夜を—働く」語源文語動詞「わく」の未然形「わか」+打ち消しの文語助動詞「ず」

わか・せる【沸かせる】(他下一)人を熱狂させる。わかす。「スタンドを—」自わ・く(五)語源動詞「わく」の未然形「わか」+使役の助動詞「せる」

わか-ぞう【若造・若蔵・若僧】若い者や未熟な者を軽蔑して呼ぶ語。「—のくせになまいきを言うな」

わがそでは…和歌〔わが袖は　潮干に見えぬ　沖の石の　人こそ知らね　かわく間もなし〕〈千載集　二条院讃岐〉私の袖は、引き潮のときにも海面に現れない沖の石のように、人にはわからないけれども、せつない恋を嘆く涙に濡れ

て乾くひまもないのです。〈小倉百人一首の一つ〉

わか-たけ【若竹】 その年に生えた竹。新竹。今年竹。夏

わか-だんな【若旦那】 ①主人の長男の敬称。↔大旦那 ②金持ちや大家の子弟の敬称。

わかち【分かち・◇別ち】 区別。差別。「男女の―なく」

―がき【分かち書き】 文章を書くとき、言葉と言葉との間をあけて書く書き方。参考西洋語などでは単語と単語の間をあける。日本語では仮名書きの多い児童向きの読み物などで、文節と文節の間をあけるのがふつう。

わかち-あ・う【分かち合う】 (他五) 相互に持ち合う。それぞれが分け合う。「喜びを―」「苦労を―」

わか・つ【分かつ・◇別つ】 (他五) ①一つにまとまっている物をいくつかの部分にする。しきる。区分する。「客席を等級に―」 ②別々にする。「居場所を―」 ③いっしょになっていたものを離す。「たもとを―(=縁を切る)」 ④判断して見分ける。弁別する。「善悪を―」 ⑤分けて配る。「実費で―」 ⑥同じ感情をみんなで持ち合う。「悲しみを―」 自わか・れる(下一) 可能わか・てる(下一) 参考⑤は「◇頒つ」とも書く。

わか-づくり【若作り】 (名・形動ダ) 実際の年よりも若く見えるように装うこと。また、その装い。「―の婦人」

わか-づま【若妻】 (結婚して間もない)年の若い妻。

わか-て【若手】 ①若くて働き盛りの人。「―の社員」 ②一団のうちで、若いほうの人。「―の活躍がめざましい」

わか-とう【若党】 ①年の若い家来。②若い侍。

わか-どころ【和歌所】 平安時代、勅撰和歌集を撰進するとき、臨時に設けられた役所。

わか-どしより【若年寄】 ①《日》江戸幕府の役職名。老中に次ぐ要職。目付を支配し、おもに旗本を統轄した。②(比喩的に)若いのに年寄りじみた人のこと。

わか-との【若殿】 ①幼年の主君の敬称。②主君のあとつぎの敬称。

わか-どり【若鳥・若◇鶏】 ①成長しきる前の若い鳥。②生後三か月くらいの若いニワトリ。また、その肉。「―のソテー」 参考①は「若鳥」、②は「若鶏」と書く。

わか-な【若菜】 ①春の初めに生える、食用になる草。②昔、正月初めの子の日に宮中で用いた七種の若菜の吸い物。新年

わかなしゅう【若菜集】 島崎藤村の処女詩集。一八九七(明治三十)年刊。青春の哀歓を七五調の優雅な調べでうたいあげる。新体詩を完成させ、近代叙情詩を確立させた。

わが・ねる【△綰ねる】 (他下一) 曲げて輪の形にする。「針金を―」 文わが・ぬ(下二)

わか-ば【若葉】 芽ばえて間もない葉。「―の候」 夏

―マーク 「初心者マーク」の俗称。

わが-はい【我が輩・△吾が輩】 (代) 自称の人代名詞。㋐われ。自分。私。㋑われわれ。われら。用法本来は複数。それが単数に用いられ尊大な言い方を表したが、今ではおどけるときなどに用いる。

わがはいはねこである【吾輩は猫である】 夏目漱石の小説。一九〇五(明治三十八)年発表。猫の目を通して俗悪な現実生活を痛烈に風刺。漱石の処女作で、出世作。

わか-はげ【若△禿(げ)】 まだ若いうちからはげていること。

わがははよ… 和歌〔我が母よ 死にたまひゆく 我が母よ 我を生まし 乳足らひし母よ〕〈斎藤茂吉〉私の母よ、いま死んでゆかれる私の母よ、私を生み、育ててあげてくださった私の母よ。(「赤光」の「死にたまふ母」一連五九首の中の一つ)

わがははを… 和歌〔わが母を 焼かねばならぬ 火を持てり 天つ空には 見るものもなし〕〈斎藤茂吉〉亡くなった母を荼毘(=火葬)に付すべく私は火を持っている。むなしくて空を見上げても目にとまるものは何もない。(「赤光」の「死にたまふ母」一連五九首の中の一つ)

わか-まつ【若松】 ①生えてからいくらも年数がたっていない松。↔老い松 ②正月の飾りにする小松。新年

わが-まま【我が△儘】 (名・形動ダ) 他人の迷惑も考えないで、自分の思うように行動すること。勝手気まま。「―が過ぎる」

わが-み【我が身】 自分の体。自分の身の上や立場。自分。「―を省みる」「あすは―(=今日他人が身にうけた不幸は明日は自分にふりかかるかもしれないこと)」

―をつねって人の痛さを知れ 何事も自分の身にひきくらべて、他人の立場などを察して理解しなければならない。

わか-みず【若水】 元日の朝その年初めてくむ水。一年の邪気を除き、人を若返らせるという。新年

わか-みどり【若緑】 松の若葉。また、新緑のみどり。春

わか-みや【若宮】 ①幼少の皇子。②皇族の子。③本宮の祭神の子を祭った神社。④本宮を他に移して祭った新宮。

わか-むき【若向き】 若い人に適していること。また、若い人に似合うこと。「―のネクタイ」

わか-むしゃ【若武者】 年の若い武者。

わか-むらさき【若紫】 ①薄紫色。②植物の「むらさき」の異称。春

わか-め【若◇布・×和布・×若和布】 褐藻類コンブ科の海藻。浅海の岩につく。葉状部は羽状に分かれている。食用。春

わか-め【若芽】 生えて間もない芽。新芽。

わか-もの【若者】 年の若い者。若人。青年。

わが-もの【我が物】 自分の所有物。

―がお【―顔】 (名・形動ダ) 自分のものであるというような、遠慮のない顔つきや態度をすること。「―にふるまう」

わが-や【我が家】 自分の家。自分の家庭。「―に帰る」

わかやか【若やか】 (形動ダ) はつらつとして若々しいさま。「―な人」 文(ナリ)

わか-や・ぐ【若やぐ】 (自五) 若々しい感じや気分になる。また、若々しく見える。「―・いだ雰囲気」 語源形容詞「わかい」の語幹「わか」＋接尾語「やぐ」

わかやま【和歌山】 近畿地方南西部の県。県庁所在地は和歌山市。

わかやまぼくすい【若山牧水】 (一八八五―一九二八) 歌人。宮崎県生まれ。平明純情の浪漫的歌風。歌誌「創作」を主宰。酒と旅の歌が多い。歌集「海の声」「別離」「山桜の歌」など。

わか-ゆ【若湯】 正月、その年はじめてわかす風呂。新年

わからず-や【分からず屋】 がんこで、説明しても物の道理を聞き入れようとしないこと。また、そのような人。

わかり【分かり・◇判り】 わかること。のみこみ。「―が早い」

わかり-き・る【分かり切る】 (自五) すっかりわかる。説明するまでもなくわかる。「―・ったことを聞くな」

わか・る【分かる・◇解る・◇判る】 (自五) ①物事の意味・内容や価値・実状などが理解できる。了解される。「英語が―」「味が―」「授業がよく―」 ②世情に通じ、がんこなことを言わない。理解がある。「話の―・った人」 ③未知・不明のことなどがはっきりする。明らかになる。「結果が―」「消息が―」

わかれ【別れ・分かれ】 ①[別] 別れること。離れること。「―を惜しむ」 ②[別] いとまごい。「―を告げる」 ③わかれ出たもの。傍系。「本家の―」 類語別離・離別・決別・一別・泣き別れ・生別・生き別れ・永別・永訣・長の別れ・死別・死に別れ・物別れ

―じ【別れ路】(ヂ) ①人と別れて行く道。また、人との別れ。②冥途に行く道。③本道からわかれている道。枝道。

―じも【別れ霜】春の最後の霜。忘れ霜。[春]

―ばなし【別れ話】夫婦や恋人どうしなどで行う、別れることに関する話し合い。また、その話。「―を持ち出す」

―みち【―道】①ふたまた以上にわかれる道。また、道がわかれている所。比喩的に、進路がわかれる所。岐路。「人生の―」②本道からそれていく道。

―め【分かれ目】①物がわかれている所。②物事のなりゆきが二方面のどちらに決定されるかという境目。「勝負の―」

―わかれ【別れ別れ】(名・形動ダ) ばらばらに離れていること。また、そのさま。離れ離れ。別々。「家族が―になる」

わか・れる【分かれる】(自下一)(レ・レ・レル・レル・レレ・レロ(レヨ)) ①離れて別々のものになる。「道が二つに―」②全体がいくつかに区分される。「この町は五つの地区に―・れている」③集まっていたものが分散する。「それぞれの持ち場に―」④基準によって区別される。「成績は五段階に―」⑤対比的なものとして区別される。「勝敗が―」⑥いくつかの異なったものが出てくる。「評価が―」[他]わか・つ(五) わ・ける(下一) [文]わか・る(下二) ⇒「使い分け」

わか・れる【別れる】(自下一)(レ・レ・レル・レル・レレ・レロ(レヨ)) ①いっしょにいた者どうしが離れて別々になる。「家の前で―」②夫婦・恋人どうしなどがそれまでの関係を断つ。離別する。「妻と―」③死別する。「幼い身で母に―」[文]わか・る(下二) ⇒「使い分け」

[使い分け]「分かれる・別れる」

「分かれる」は、一つのものが離れて二つ以上になる意で、「意見が分かれる」「二組に分かれる」「枝が分かれる」などと使われる。

「別れる」は、いっしょになっていた人と人との間が離れる意で、「友達と駅前で別れる」「生後まもなく両親と別れる」「家族と別れて住む」などと使われる。

わかわか・し・い【若若しい】(形)(カロ・カッ(ク)・イ・イ・ケレ・○) 若さを感じさせる。いかにも若い感じである。「―声」[文]わかわか・し(シク)

わ-かん【和△姦】合意のうえでの姦通。↔強姦

わ-かん【和漢】①日本と中国。②国文と漢文。

―こんこうぶん【―混交文・―混△淆文】(コンカウブン) 文語の文体の一種。和文体と漢文訓読体とがまじった文体。軍記物語の文などに多い。

わ-かんむり【ワ冠】漢字の部首名の一つ。片仮名のワに似たところからいう。「写」「冠」などの「冖」の部分。ひらかんむり。

わかんろうえいしゅう〔和漢朗詠集・倭漢朗詠集〕(ワカンラウエイシフ) 平安中期の歌謡集。藤原公任撰。一〇一三(長和二)年ごろ成立か。朗詠に適する秀歌二一六首、日本・中国の漢詩文の佳句五八八句を選録。

わき【脇】(字義)→きょう(脇)

わき【脇】①胸の両側面で、肩の下の部分。わきの下。また、衣服のその部分。「―に抱える」②かたわら。すぐ横。そば。「交番は公園の―にある」③本筋から外れた方向。「話が―にそれる」④〔演〕能楽で、シテの相手役。⇩仕手・連れ ⑤→わきく [参考]①は「腋」とも書く。また、④は、ふつう「ワキ」と書く。

―が甘い ①相撲で、わきの締めが弱く、相手に有利に組まれてしまうさま。②隙が多く、つけこまれやすいさま。

わき【沸き】沸くこと。また、沸く程度。「湯の―が早い」

わき【和気】なごやかな気分。

わ-ぎ【和議】①仲直りの相談。「―が成立する」②〔法〕債務者の破産を予防する目的で、破産宣告前に債権者と債務者間で取り結ぶ契約。現在は廃止。「―の申し立て」

わき-あいあい【和気△藹△藹】(タル) なごやかな気分や雰囲気が満ちあふれているさま。「―とした会合」[文](形動タリ)

わき-あが・る【沸き上がる】(自五)(ラ(ロ)・リ(ッ)・ル・ル・レ・レ) ①煮え立つ。煮えたぎる。「湯が―」②(拍手・歓声などが)激しく起こる。「声援が―」③(雲・煙などが)むくむくと起こる。「煙が―」④ある感情が激しく起こる。「怒りが―」[参考]②③④は「湧き上がる」とも書く。

わき-おこ・る【沸き起〔こ〕る・湧き起〔こ〕る・△涌き起〔こ〕る】(自五)(ラ(ロ)・リ(ッ)・ル・ル・レ・レ) ①(拍手・歓声などが)自然に出てきて、大きく広がる。「歓声が―」②(雲・霧などが)下のほうから表面に現れる。「―雲」③(気持ち・感情などが)急に生じる。「―悲しみ」

わき-が【△腋△臭・×狐臭】〔医〕わきの下が特有の悪臭を放つ症状。また、そのにおい。腋臭症。

わき-かえ・る【沸き返る】(カヘル)(自五)(ラ(ロ)・リ(ッ)・ル・ル・レ・レ) ①盛んに煮え立つ。「やかんの湯が―」②大騒ぎする。熱狂する。「観客が―」③感情が非常にたかぶる。「怒りが胸に―」

わき-く【脇句】連歌・連句の付け句で、発句に続ける第二の句。七・七からなる。わき。

わき-げ【△腋毛・脇毛】わきの下に生える毛。

わき-ざし【脇差〔し〕・脇指〔し〕】①江戸時代、武士のさした大小両刀のうちの小刀。②脇の上帯または懐に差す刀の総称。

わき-じ【脇士・脇侍】〔仏〕仏像で、本尊の両脇に従い立っているもの。阿弥陀の観音・勢至、釈迦の文殊・普賢、薬師の日光・月光など。脇立。脇士。

わき-ぞなえ【脇備え】(ゾナヘ) 本陣の左右にある軍隊。

わき-だち【脇立〔ち〕】→わきじ

わき-た・つ【沸き立つ】(自五)(タ(ト)・チ(ッ)・ツ・ツ・テ・テ) ①煮え立つ。「なべの湯が―」②(雲・煙などが)むくむくと出てくる。「噴煙が―」③熱狂して騒然とした状態になる。「会場が―」[参考]②③は「湧き立つ」「△涌き立つ」とも書く。

わき-づけ【脇付】手紙の宛名の左下に、敬意を表すために書き添える語。「机下」「御許に」「侍史」など。

わき-づれ【脇連】〔演〕能楽・狂言で、ワキに連れ添って演じる役。わきつれ。[参考]ふつう、「ワキヅレ」と書く。

わき-でら【脇寺】本寺に付属する寺。

わき-でる【沸き出る・湧き出る・△涌き出る】(自下一)(デ・デ・デル・デル・デレ・デロ(デヨ)) ①内部から液体が出てくる。「地下水が―」「涙が―」②何もなかった所にものが現れる。「黒雲が―」「虫が―」③考えや感情などが生まれ出る。「勇気が―」[文]わきい・づ(下二)

わき-のう【脇能】〔演〕能の番組の最初にあり、祝儀をあらわす能。ただし、「翁」があるときはその直後に演じられる。

わき-の-した【△腋の下】腕のつけ根の下側のくぼんだ部分。わき。

わき-ばさ・む【脇挟む】(他五)(マ(モ)・ミ(ン)・ム・ム・メ・メ) わきの下に挟んで持つ。しっかりとわきに抱える。「本を―」

わき-ばら【脇腹】①腹の側面。横腹。②本妻以外の女性から生まれた子。妾腹。

わき-ほんじん【脇本陣】(ホンヂン) 江戸時代、本陣がたてこんだ場合、本陣の予備にあてられていた宿屋。⇩本陣②

わきまえ【◇弁え】(ワキマヘ) 違いを見分けること。道理を知っていること。分別。心得。「―のない人」

わきま・える【◇弁える】(ワキマヘル)(他下一)(エ・エ・エル・エル・エレ・エロ(エヨ)) ①正しく判断して見分ける。判別する。「善悪を―」②心得る。よくわかっている。「場所がらも―・えない言動」[文]わきま・ふ(下二)

わき-み【脇見】(名・自スル)よそ見。わき目。「—運転」

わき-みず【湧き水・△涌き水】ミツ 地中からわき出る水。

わき-みち【脇道】①横道。枝道。②間道。抜け道。③(比喩的に)本筋から離れた方向。「話が—にそれる」

わき-め【脇目】①わき見。よそ見。②わきから見ること。

—も振らず わき見をしないで。他のことに見向きもせず、一心不乱に。「—勉強する」

わぎも【△吾◇妹】(古)男性が妻や恋人など親しい女性を呼んだ言葉。わぎもこ。語源「我が妹」の転。

—こ【—子】(古)(「こ」は接尾語)→わぎも

わき-やく【脇役・◇傍役】①映画・演劇などで、主役を助けて演じる役。また、その役者。「名—」②(転じて)目立たないように補佐する役目の人。「—に徹する」(↔主役)

わ-ぎゅう【和牛】ギウ【動】日本古来の牛。また、明治時代以降輸入されたヨーロッパの牛との改良種をも含めていう。おもに食肉用。毛は褐色または黒色。

わ-ぎり【輪切り】球状・円筒状のものを切り口が円形になるように切ること。また、そのように切ったもの。「レモンの—」

わ-きん【和金】【動】金魚の一品種。フナに似た形で、体色は赤や赤白のまだらなど。丈夫で、最も多く飼われる。

わく【枠】わく㊥　十 木 朾 杦 枠 枠

(字義)→次項。「糸枠・窓枠」参考「枠」は国字。

わく【枠】①細い木・竹・金属などで組んだ、器具などの囲い。ふち。「窓の—」②印刷物などで、四角に囲んだ線。「太—」③制限。範囲。「法律の—」「予算の—をこえる」④糸を巻きつける木製の道具。参考④は、本来「△篗」または「△籰」と書く。

—に嵌まる 型どおりで新鮮味に欠ける。

わく【惑】ワク㊥ まどう㊥　一 ｢ 亘 或 或 惑

(字義)①まどう。疑い迷って判断がつかない。まどわせる。「惑溺・惑乱・幻惑・眩惑・困惑・当惑・魅惑・誘惑」②疑い。迷い。「疑惑」③さまよう。「惑星」

わ・く【沸く】(自五)カ(コ)・キ(イ)・ク・ク・ケ・ケ ①水の温度が高くなって湯になる。水が熱せられて流動し湯気が盛んに出る。煮立つ。沸騰する。用途に適した十分な温度になる。「風呂が—」②金属が溶ける。③興奮して騒がしくなる。「場内が—」④発酵する。他わか・す(五)わか・せる(下一)⇩「使い分け」

類語 煮え立つ・沸き立つ・たぎる・煮えたぎる・沸騰する

わ・く【湧く・△涌く】(自五)カ(コ)・キ(イ)・ク・ク・ケ・ケ ①水などが地中から噴き出てくる。「清水が—」②今までなかったものが現れ出てくる。「雲が—」③虫などが一時に発生する。「米に虫が—」④心の中にある感情が生じて広がる。「新たな希望が—」他わか・す(五)⇩「使い分け」

> 使い分け「沸く・湧く」
>
> 「沸く」は、水が煮立って湯になる意のほか、金属が溶ける、心が興奮状態になるなどの意として、一種の沸騰状態になることを表し、「湯が沸く」「風呂が沸く」「会場が沸く」などと使われる。
>
> 「湧く」は、地下水などが地中から噴き出る、虫などがどっと発生する、心中にある感情が生じてくるなどの意として、「温泉が湧く」「石油が湧く」「うじが湧く」「興味が湧く」などと使われる。

わく-がい【枠外】グワイ 定められた範囲外。制限外。「定員の—」↔枠内

わく-ぐみ【枠組〔み〕】①枠を組み立てること。また、その枠。②物事のだいたいの組み立て。「改正案の—が固まる」

わく-せい【惑星】①【天】太陽のまわりを公転し、その軌道近くに他の天体が存在しない、比較的大形の天体の総称。太陽から近い順に水星・金星・地球・火星・木星・土星・天王星・海王星がある。遊星。⇩恒星・冥王星 ②手腕や人物などは未知であるが有力視されている人。ダークホース。「政界の—」

ワクチン〈vaccine〉【医】感染症の予防の目的で免疫を得させるために接種する、弱毒化または無毒化した抗原。はじまり 一八世紀末、イギリスの医学者ジェンナーが痘瘡の予防に牛痘を用いる方法(種痘法)を開発したのがワクチンの原点。一八八五年には、フランスのパスツールが狂犬病ワクチンを開発。

わく-でき【惑溺】(名・自スル)あることに熱中して、正しい判断ができない状態になること。「酒色に—する」

ワグナー〈Wilhelm Richard Wagner〉(一八一三〜一八八三)ドイツの作曲家。音楽・詩歌・演劇などの総合を目指して楽劇を創始し、バイロイト祝祭劇場を設立した。歌劇「タンホイザー」、楽劇「トリスタンとイゾルデ」「ニーベルングの指環」など。

わく-ない【枠内】定められた範囲のうち。制限内。「予算の—」↔枠外

わくら-ば【◇病葉】病気にかかって変色した葉。特に、夏のうちに色づいた朽ち葉。夏

わくらば-に【×邂逅に】(副)(古)偶然に。ごくまれに。

わく-らん【惑乱】(名・自他スル)迷って心が乱れ、判断力を失うこと。また、心を迷わせ乱すこと。「人心を—する」

わく-わく(副・自スル)(期待や楽しさなどで)心が躍って落ち着かないさま。「胸が—する」

わ-くん【和訓】漢字・漢語に固有の日本語をあてた読み方。日本読み。訓。国訓。「花」を「はな」、「月」を「つき」と読む類。

わけ【訳】①物の道理。「—のわからぬ事を言う」②意味。「この語の—を調べる」③理由。原因。「—もなく悲しい」④事情。しだい。「それとこれとは—が違う」⑤深い事情。特に、恋人の関係についていう。「—ありの仲」⑥特別の手間。めんどう。「—なくやってのける」⑦(連体修飾語を受けて形式名詞のように用いる)㋐結果的に当然なこと。はず。しだい。「どうりで親切な—だ」㋑(「わけではない」「わけにはいかない」の形で)「…ということ」の意を表す。「弁解する—ではないが」「承知する—にはいかない」

参考⑦は、ふつう仮名書き。

わけ【分け】①引き分け。「二勝一—」②分け前。

わけ-あい【訳合〔い〕】アヒ わけ。理由。事情。意味。

わけ-あり【訳有り】特別な事情があること。「—商品(=傷などがあって定価では売りにくい品物)」「—の関係」

わ-けい【和敬】心をなごやかに保ち、他人を敬い、おのれを慎むこと。

—せいじゃく【—清寂】茶道で重んじられる精神を表す語。和敬は茶会で主客がわきまえておくべき精神、清寂は茶庭・茶室・茶器などに関する精神をいう。

わ-げい【話芸】落語・講談など、話術で人を楽しませる芸。

わけいっても…俳句〔分け入っても 分け入っても 青い山〕〈種田山頭火〉木々を分け深い山道を分け入ってきた。遠い山は限りなく緑が幾重にも重なっているばかりで、どこまで続く道なのか。(自由律の句)

わけ-い・る【分け入る】(自五)ラ(ロ)・リ(ッ)・ル・ル・レ・レ 行く手をふさいでいる物を左右に分けながら中にはいる。「茂みに—」

わけ-がら【訳柄】物事の筋道や道理。わけ。事情。

わけ-ぎ【分△葱・×冬葱】【植】ヒガンバナ科の多年草。ネギに似るが、鱗茎は根もとから分かれて生える。食用。春

わ-げさ【輪△袈△裟】《仏》僧侶(そうりょ)が首から胸に垂らす、略式の輪状の袈裟(けさ)。

わけ-しり【訳知り】 ①人情や物事の事情に通じていること。また、その人。「―顔」②遊里の事情や男女間の機微をよく知っていること。また、その人。粋(すい)。粋人(すいじん)。

わけて(も)【◇別けて(も)】(副) とりわけ。ことさら。特に。「スポーツ、―水泳が得意だ」用法「も」を付けた場合は、意味が強められる。

わけ-どり【分け取り】 分けてめいめいが取ること。

わけ-な・い【訳無い】(形)(カロ・カッ(ク)・イ・イ・ケレ・○) なんでもない。たやすい。「こんなことは―」「―・くできる」文わけな・し(ク)

わけ-へだて【分け隔て・◇別け隔て】(名・他スル) 相手によって扱い方に差をつけること。「―しないで対応する」

わけ-まえ【分け前】(マヘ)― いくつかに分けたなかの一人の取り分。割り前。取り前。「―が少ない」「―にあずかる」

わけ-め【分け目】 ①分けた境のところ。「髪の―」②物事がどちらかに分かれ定まる境目。「天下―の戦い」

わげ-もの【△綰物】 →まげもの(曲げ物)①

わ・ける【分ける・◇別ける】(他下一)(ケ・ケ・ケル・ケル・ケレ・ケロ(ケヨ)) ①離して別々にする。「根を―」②全体をいくつかに区切る。区分する。「年度別に―」③じゃまなものを左右に押して寄せる。「人ごみを―・けて行く」④基準によって区別する。「成績を五段階に―」⑤全体をいくつかに割って分配する。「財産を―」⑥争いをやめさせる。「けんかを―」⑦勝ち負けがないとする。引き分けにする。「初戦を―」⑧筋道をたてる。物事の違いを区別する。「事を―・けて話す」自わか・れる(下一) 文わ・く(下二) 参考「分ける」は、一つのものをいくつかにわける意。「別ける」は、これはこれ、あれはあれ、と区別する意。⑤は「◇頒ける」とも書く。

わ-ご【和子・◇若子】《古》良家の幼い男の子を呼ぶ語。

わ-ご【和語】 日本語。特に、漢語や外来語に対して、日本固有の言葉。やまと言葉。

わ-こう【△倭△寇】《日》鎌倉末期から戦国時代にかけて中国や朝鮮の沿海地方を荒らした日本人の海賊集団に対する中国・朝鮮側の呼称。後期倭寇は大半が中国人という。

わ-ごう【和合】(ガフ)―(名・自スル) 仲よくすること。「夫婦―」

わこうど【若人】(ワカウド) 若い人。若者。語源「わかびと」の転。参考 常用漢字表付表の語。

わこう-どうじん【和光同△塵】(ワクワウドウヂン) ①自分のすぐれた知徳を隠して俗世間に入りまじっていること。②《仏》仏・菩薩(ぼさつ)が人々を救うために姿を変えて人間世界に現れること。

わ-こく【和国・△倭国】 古代日本の国の称。倭(やまと)の国。

わ-ごと【和事】《演》歌舞伎(かぶき)で、濡(ぬ)れ場・世話場などの場面で見せる女性的・柔弱な演技。⇩荒事(あらごと)・実事(じつごと)

わ-ゴム【輪ゴム】 輪の形をしたゴム。ゴムバンド。はじまり 日本では、一九二三(大正十二)年、大阪の西島廣蔵(ひろぞう)が、何かお札を束ねるものをという銀行の要請に、自転車のチューブを輪切りにして考案したのが最初という。

わ-こん【和魂】 日本固有の精神。大和魂(やまとだましい)。

―かんさい【―漢才】 日本固有の精神と中国伝来の学問。また、その両者をそなえ持つこと。

―ようさい【―洋才】(ヤウサイ) (「和魂漢才」のもじり)日本固有の精神と西洋渡来の学問。また、その両者をそなえ持つこと。

わ-ごん【和◇琴】《音》桐(きり)の台に六本の弦を張った日本古来の小型の琴(こと)。大和琴(やまとごと)。東琴(あずまごと)。

ワゴン〈wagon〉①車内の後部に荷物を載せられるようにした箱型の乗用車。ステーションワゴン。②料理や商品を運んだり、簡単な商品陳列台にしたりする手押し車。「―サービス」

わざ【技】 ①技能。技術。「―を磨く」②相撲・柔道などで、相手を負かそうとして仕掛ける一定の型の動作。⇩「使い分け」

わざ【業】 ①行い。しわざ。なしうること。「人間の―とは思えない」②仕事。勤め。職業。「機(はた)を織る―」⇩「使い分け」

> 使い分け「技・業」
> 「技」は、習練を積んで身につけた技術・技法の意で、「技を磨く」「柔道の技」「技を掛ける」などと使われる。
> 「業」は、その人や物の能力でなしうること、意識的に行うこと、仕事の意で、「至難の業」「神のなせる業」「物書きを業とする」などと使われる。しかし、きわめて技術的な人を「業師」と書くなど、複合語ではほとんど区別されない。

わざ-あり【技有り】 柔道で、相手に掛けた技が一本に近いと認める判定。二回取ると一本とみなされて勝ちになる。

わ-さい【和裁】 和服の裁縫。↔洋裁

わざ-くれ ①自暴自棄。やけ。「―心」②たわむれ。「―書き」

わざ-し【業師】 ①相撲・柔道などで、わざのうまい人。「小兵だが―だ」②策略やかけひきにたけた人。「政界の―」

わざ-と【◇態と】(副) 故意に。わざわざ。「―間違える」

わざと-がまし・い【◇態とがましい】(形)(カロ・カッ(ク)・イ・イ・ケレ・○) ことさらにそうしたようである。わざとらしい。「―親切」「―態度」文わざとがま・し(シク)

わざとらし・い【◇態とらしい】(形)(カロ・カッ(ク)・イ・イ・ケレ・○) 行動・態度などが不自然で、いかにも故意にしたように見えるさま。とってつけた感じがするさま。「―愛想笑い」文わざとら・し(シク)

わさび【×山葵】《植》アブラナ科の多年草。日本特産で、渓流などに自生、または栽培する。全草に辛味があり、特に、根茎はすりおろして薬味とする。春

―が利(き)く ①ワサビの辛い味がきつい。②言動などがぴりっと締まっていて人の心を打つ。「わさびが利いた表現」

―おろし【―卸〔し〕】 ワサビ・ショウガなどをすりおろすための道具。

―じょうゆ【―△醬油】(ジャウユ) すりおろしたワサビを加えたしょうゆ。

―づけ【―漬〔け〕】 ワサビの葉・根・茎などを切り刻んで酒かすに漬けた食品。春

わざ-びと【業人】 技術のすぐれた人。

わざ-もの【業物】 名工が作った、切れ味のよい刀剣。

わざ-わい【災い・◇禍】(ハヒ)― 人を不幸にするできごと。災難。災害。「―を招く」参考「災」は自然に起こるわざわい、「禍」は思いがけなく不幸にあうことの意。

―を転(てん)じて福(ふく)となす わが身にふりかかったわざわいを逆に利用して、幸せになるように工夫する。

わざわい・する【災いする】(ワザハヒスル)(自サ変)(シ(セ・サ)・シ・スル・スル・スレ・シロ(セヨ)) 不幸な結果を招く。「生真面目な性格が―」文わざはひ・す(サ変)

わさ-わさ(副・自スル) 動揺していて落ち着かないさま。「心配で胸が―(と)している」

わざ-わざ【◇態◇態】(副) ①特別に。ことさら。「―会いに行く」②わざと。故意に。「―回り道をする」

わざ-をぎ【×俳優】(おぎ)― 《古》神意を招き寄せるために、神前でこっけいな芸をすること。また、その人。

わ-さん【和算】 日本で独自に発達した算術。↔洋算

わ-さん【和賛・和△讃】《仏》仏の徳行や祖師あるいは教法を和文でたたえた今様(いまよう)体(七五調四句を基本としたもの)の歌。

わ-さんぼん【和三盆】 日本で作った上等の白砂糖。中国

舶来の唐三盆に対していう。

わし【△鷲】《動》タカ科に属する猛禽のうち、特に大形のものの総称。翼が大きく、くちばし・つめが鋭く、鳥獣を捕食する。オオワシ・イヌワシ・オジロワシなどの類。图⇩鷹

わ-し【和紙】コウゾ・ミツマタ・ガンピなどの繊維を原料として、日本古来の製法ですいた紙。半紙・奉書紙・鳥の子紙など。日本紙。「ーをすく」↔洋紙

わ-し【和詩】①漢詩をまねた、仮名交じり文の詩。②日本人の作った漢詩。③和歌。やまとうた。

わし【△儂】(代)自称の人代名詞。わたし。おれ。用法 多く、年配の男性が目下の者に対して用いる。

わ-じ【和字】①仮名。②日本で作られた漢字。国字。「峠」「畑」「辻」「榊」など。

わ-しき【和式】日本の様式。日本式。↔洋式

わ-しつ【和室】日本風の部屋。日本間。↔洋室

わし-づかみ【△鷲△摑み】(鷲が獲物をつかむように)手の指を開いて乱暴に物をつかみ取ること。「札束をーにする」

わし-ばな【△鷲鼻】鷲のくちばしのように、鼻筋が高く突き出て、先が下を向いている鼻。かぎばな。わしっぱな。

わ-しゃ【話者】話をする人。話し手。

わ-しゅう【和臭】シウ (漢詩文などで)いかにも日本人が作ったという感じがあること。日本人くささ。日本くささ。

わ-じゅつ【話術】話のしかた。話す技術。「巧みなー」

わ-じゅん【和順】(名・形動ダ)気候や気質の穏やかなこと。

わ-しょ【和書】①日本語で書いてある書物。↔漢書・洋書 ②和とじの本。和本。

わ-じょう【和尚・和上】ジャウ《仏》真言宗・法相宗・律宗などで、修行を積んだ高徳の僧に対する敬称。

わ-しょく【和食】日本風の食事。日本料理。↔洋食

わ-しん【和親】(国と国とが)仲よくすること。「ー条約」

わ-じん【和人・△倭人】昔、中国人が日本人を呼んだ語。

ワシントン〈Washington〉①アメリカ合衆国の首都。メリーランド州とバージニア州の間、ポトマック河畔にある。ワシントンDC。②アメリカ合衆国西北部のカナダ国境に接する州。

ワシントン〈George Washington〉(一七三二〜一七九九)アメリカの軍人・政治家。アメリカ独立戦争の総司令官としてイギリス軍と戦い、アメリカ軍を勝利に導いた。独立後、初代大統領として新国家建設に貢献。アメリカの「建国の父」と呼ばれている。

わ・す【和す】(自他五) サ(ソ)・シ・ス・ス・セ・セ →わする 語源 サ変動詞「わする」の五段化。

わずか【僅か】ワヅ (副・形動ダ)数量や度合いなどのきわめて少ないさま。ほんの少しであるさま。「ーなお金」「ー一秒の差」

わずらい【患い】ワヅラヒ やまい。病気。「長のー」

わずらい【煩い】ワヅラヒ 心を悩ませること。心配ごと。「ーの種」

わずらい-つ・く【患い付く】ワヅラヒ (自五) カ(コ)・キ(イ)・ク・ク・ケ・ケ 病気になる。病みつく。

わずら・う【患う】ワヅラフ (自五) ワ(オ)・イ(ッ)・ウ・ウ・エ・エ 病気にかかる。「肺をー」⇩「使い分け」

わずら・う【煩う】ワヅラフ (自五) ①思い悩む。苦しむ。「恋にー」「思いー」②(動詞の連用形に付いて)㋐気になって、そのことがなかなかできない意を表す。…するのをためらう。「言いー」㋑さまたげがあって、なかなかそうならない意を表す。…しかねる。「住みー」他 わずらわ・す(五)⇩「使い分け」

> **使い分け**「患う・煩う」
> 「患う」は、病気にかかる意で、「肝臓を患う」「胸を患う」などと使われる。
> 「煩う」は、めんどうなことで心を悩ませる意で、「心を煩う」「すべて順調でなんの煩うこともない」などと使われる。また、「煩わす」という他動詞の形や、「思い煩う」など複合動詞の形でも使われる。

わすらるる… 和歌〔忘らるる 身をば思はず 誓ひてし 人の命の 惜しくもあるかな〕〈拾遺集 右近〉あなたに忘れ去られる私自身のことは、今はなんとも思いません。ただ、心変わりしないと神かけて誓ったあなたの命が、誓いを破った神罰を受けて失われるのではないかと、惜しまれてならないのです。(小倉百人一首の一つ)

わずらわし・い【煩わしい】ワヅラハシイ (形) カロ・カッ(ク)・イ・イ・ケレ・○ こみいっていてめんどうだ。やっかいだ。「手続きがー」文 わづらは・し(シク)

わずらわ・す【煩わす】ワヅラハス (他五) サ(ソ)・シ・ス・ス・セ・セ ①心配をかける。悩ます。「心をー」②手数をかける。めんどうをかける。「人手をー」自 わずら・う(五)

わ・する【和する】(自他サ変) シ(セ・サ)・シ・スル・スル・スレ・シロ(セヨ) ①心がやわらぐ。親しむ。仲よくする。「夫婦相ー」②まじる。まぜる。調和する。「酸をー」③応じる。唱和する。声を合わせて歌う。「万歳の声にー」④他人の詩歌にこたえて作る。文 わ・す(サ変)

わして同ぜず 人と争わず仲よくはするが、道理をまげてまで相手に同調はしない。語源 孔子が「君子は和して同ぜず。小人は同じて和せず」といったことから出た言葉。〈論語―子路〉

わすれ-がたみ【忘れ形見】①その人を忘れないための記念の品。②親の死後にのこされた子。遺児。「兄のーを引きとる」

わすれ-ぐさ【忘れ草・×萱草】《植》ススキノキ科の多年草。山野に自生。夏に、橙色の花が咲く。古来、この花を見ると憂いを忘れるといわれる。やぶかんぞう。しのぶぐさ。夏

わすれじの… 和歌〔忘れじの 行く末までは 難ければ 今日を限りの 命ともがな〕〈新古今集 儀同三司母〉あなたが「いつまでも忘れまい」とおっしゃる、その遠い将来のことまでは頼みにしがたいことですから、こうして深く愛されていることが確かな今日かぎりの命であってほしいものです。(小倉百人一首の一つ)

わすれ-じも【忘れ霜】春になって最後の霜。わかれじも。春

わすれ-っぽ・い【忘れっぽい】(形) カロ・カッ(ク)・イ・イ・ケレ・○ 物事を忘れやすい。忘れがちである。「ー性質」

わすれな-ぐさ【×勿忘草】《植》ムラサキ科の多年草。ヨーロッパ原産。春から夏に青色の小花を多数つける。春

わすれ-みず【忘れ水】ミヅ 野中や木陰などを、人に知られず絶え絶えに流れている水。

わすれ-もの【忘れ物】持って行くはずの物を、うっかり置いたままにしてしまうこと。また、その物。「電車にーをする」

わす・れる【忘れる】(他下一) レ・レ・レル・レル・レレ・レロ(レヨ) ①前に覚えたことを思い出せなくなる。失念する。「漢字をー」②思い出さないようにする。「酒で憂さをー」③何かに心を奪われて気づかずにすごす。「時のたつのをー」「我をー(=夢中になる)」④うっかりして、すべきことをしないままにしてしまったり、物を置いてきてしまったりする。「宿題をー」「傘をー」文 わす・る(下二)

わすれん-ぼう【忘れん坊】バウ 物事を忘れやすい人。忘れっぽい人。わすれんぼ。

わせ【×早稲・×早生】①《農》早く実る稲。また、その品種。秋 ↔晩稲 ②《農》野菜・果物で早く熟すもの。「ーみかん」↔晩生 ③(転じて)ませた子供。早熟。↔晩生 参考 ①は多く「早稲」、②③は「早生」と書く。⇩奥手「参考」

わ-せい【和声】《音》高さの違う複数の音の合成音(和音)が一定の法則によって連なるときの響き。ハーモニー。和声。

わ-せい【和製】 日本製。国産。

—えいご【—英語】 日本で、英単語を組み合わせて英語らしく作った語。バックミラー、ガソリンスタンド、ハイセンスなど。

ワセリン〈Vaseline〉〔化〕石油を蒸留する際に残る重油からとる油脂。白色の粘状物で軟膏(なんこう)の基剤。（商標名）

わ-せん【和船】 日本に昔からある造り方の木造船。

わ-せん【和戦】 ①平和と戦争。「—両様のかまえ」②戦いをやめて、和解すること。「—条約」

わ-そう【和装】サウ ①和服を着ること。和服姿。「—の女性」②和とじに製本すること。日本風の装丁。（↔洋装）

わた【◦腸】 はらわた。内臓。「魚の—」

わた【綿・△棉】 ①〔植〕アオイ科の一年草。葉は掌状。秋に淡黄色・白色の五弁花を開く。種子の表面の白く長い毛は糸・織物用。また、種子からは油をとる。秋 ②〔植〕アオイ科ワタ属の植物の総称。一年草または木本性植物。アジアメン・ナンキンメンなど約四〇種ある。③木綿・まわたの総称。

—のように疲(つか)れる くたくたに疲れる。「歩きづめで—」

わた-あめ【綿△飴】 →わたがし

わ-だい【話題】 話の題目。話のたね。「あの人は—が豊富だ」

わた-いれ【綿入れ】 ①ふとんや着物などに綿を入れること。②表地と裏地との間に綿を入れた防寒用の着物。冬

わた-うち【綿打ち】 ①綿を打ってやわらかくすること。また、その職人。②綿を打ってやわらかくする道具。綿弓。綿打ち弓。

わた-がし【綿菓子】グワシ ざらめを熱して溶かし、遠心力で糸のように噴出させて割りばしにからませた綿状の菓子。わたあめ。

わだかまり【△蟠り】 心に不平・不満があること。心の中にしこりがあってさっぱりしないこと。「—がとける」

わだかま・る【△蟠る】（自五）ラ(ロ)・リ(ッ)・ル・ル・レ・レ ①心に不平・不満が残っていてさっぱりしないでいる。「心に—ものがある」②輪のような形に曲がる。とぐろをまく。

わたくし【私】 ■（名）①自分だけに関する事柄。うちうちの事。「公(おおやけ)と—とを分ける」↔公(おおやけ) ②ないしょ。内密。「事件を—にすます」③自分勝手。自分だけの利益を考えること。「—が過ぎる」■（代）自称の人代名詞。自分自身をさす。「—が承ります」用法 目上の相手に対して、またはあらたまった場で自分を指す語。「わたし」よりも丁寧な言い方で、男女とも使う。

—ごと【—事】 ①自分だけに関する個人的なこと。「—で恐縮ですが」↔公事(おおやけごと) ②秘密のこと。ないしょごと。

—しょうせつ【—小説】セウセツ →ししょうせつ①

—りつ【—立】「私立(しりつ)」のこと。同音の「市立」との混同を避ける表現。参考「市立」のほうを「いちりつ」と呼び分ける。

わたくし・する【私する】（他サ変）シ(セ・サ)・シ・スル・スル・スレ・シロ(セヨ) 公のものを自分のものにして勝手に扱う。自分だけの利益をはかる。「会社の利益を—」文わたくし・す（サ変）

わた-ぐも【綿雲】 綿のようにふんわりと浮いている雲。

わた-くり【綿繰り】 ①綿花から種子を除くこと。②（「綿繰り車」の略）綿花の繊維と種子とを分けるローラーのついた器具。

わた-げ【綿毛】 綿のようにやわらかい毛。にこげ。うぶげ。

わたし【渡し】 ①物を渡すこと。②船で人などを対岸に渡すこと。また、その船。その場所。

—せん【—銭】 渡し船や有料の橋を利用するときの料金。渡し賃。

—ば【—場】 船で人を渡す場所。渡し。

—ぶね【—船】 渡し場で、人または荷物を対岸に渡す船。

—もり【—守】 渡し船の船頭。

わたし【私】（代）自称の人代名詞。自分。語源「わたくし」の転。用法「わたくし」よりもくだけた言い方。男女とも用いる。

わた・す【渡す】（他五）サ(ソ)・シ・ス・ス・セ・セ ①水の上を通って対岸へ送る。「船で人を—」②一方の側からもう一方の側に、またがらせる。端から端まで張りわたす。「橋を—」「つなを—」③一方から他方へ移す。ひきわたす。「家を人手に—」④さずける。与える。交付する。「卒業証書を—」⑤（動詞の連用形に付いて）遠くまで及ぶようにする意を表す。行きわたらせる。ずっと…する。「見—」自わた・る（五）可能わた・せる（下一）

わ-だち【△轍】 ①車が通ったあとに残る、車輪の跡。②車輪。

わた-つ-み【×海神】（古）（後世「わだつみ」とも）①海の神。↔山神(やまつみ) ②海。うなばら。語源「わた」は海、「み」は神の意。「つ」は「の」の意にあたる古い格助詞。

わた-どの【渡殿】 寝殿造りで、二つの建物をつなぐ屋根のある廊下。渡り廊下。細殿。

わた-の-はら【◦海の原】（古）（後世「わだのはら」とも）うなばら。広々とした大海。

わたのはら… 和歌〔わたの原 こぎ出(い)でて見れば 久方(ひさかた)の 雲居(くもゐ)にまがふ 沖つ白波〕〈詞花集 前関白太政大臣(さきのかんぱくだいじょうだいじん)（法性寺入道＝藤原忠通）〉大海原に舟をこぎ出してかなたを見やると、雲と見まちがえるばかりに沖の白波が立っていることだ。（小倉百人一首の一つ）

わたのはら… 和歌〔わたの原 八十島(やそしま)かけて こぎ出(い)でぬと 人には告げよ あまの釣舟(つりぶね)〕〈古今集 （参議）小野篁朝臣(おののたかむらあそん)〉大海原の多くの島々をめざして、私をのせた舟はこぎ出して行ったと、都に残っているあの人に告げてくれ、漁師のつり舟よ。（「人」は詞書(ことばがき)によれば「京なる人」で、妻であろう。隠岐(おき)に流罪となり出発するときの歌。小倉百人一首の一つ）

わた-ぼうし【綿帽子】 ①まわたでつくった、女性のかぶりもの。防寒用。転じて、山頂や木のこずえを雪がすっぽりおおうさまにいう。冬 ②婚礼で、和装の花嫁が顔をかくしてかぶるもの。

わた-ぼこり【綿△埃】 ①綿くずのほこり。②積もって綿のようになったほこり。

わた-まし【◦渡◦座・×移徙】（名・自スル）①貴人の転居の敬称。②神輿(みこし)のお出まし。

わた-まゆ【綿繭】 まわたをとる繭。糸をとるのに適さない不良なものをあてる。

わた-ゆき【綿雪】 綿をちぎったような感じの大きな雪。冬

わたり【◦辺り】（古）その辺。あたり。ほとり。「里の—」

わたり【渡り】 ①空間を横切って向こう側に着くこと。渡ること。②渡し場。渡船場。③外国から渡来すること。また、その物。「古(こ)—」④渡り歩くこと。渡り者。「—の職人」⑤交渉。「—をつける」⑥「渡り板」の略。⑦鳥類の季節的な移動。

—に船(ふね)（「川を渡りたいと思ったとき船が来る」意から）何かやろうとしているとき、つごうのよい条件が出てうまくことが運ぶこと。「—の好条件」

—をつける 話し合いの手がかりをつける。交渉する。「先方に—」

—いた【—板】 船から岸にかけ渡して通路にする板。

—がに【—△蟹】〔動〕ワタリガニ科のカニの総称。特にガザミをさす。扁平(へんぺい)な第五の脚を使ってすばやく泳ぐ。食用。

—ぞめ【—初め】 橋の開通式に初めて人が渡ること。

—どり【—鳥】 ①毎年、きまった季節に繁殖地と越冬地との間を往復する鳥。ツバメ・ガン・カモなど。候鳥(こうちょう)。秋 ②〔俗〕ほうぼうを渡り歩いて生活している人。

—ぼうこう【—奉公】 転々と主人をかえて奉公すること。

—もの【—物】 外国からの渡来品。舶来品。

—もの【—者】 ①一定の職業がなく転々と各地を移り歩く人。②よその土地から来た人。③渡り奉公をする人。

—ろうか【—廊下】ラウ 建物と建物をつなぐ廊下。
わたり-あ・う【渡り合う】アフ (自五) ワ(オ)・イ(ッ)・ウ・ウ・エ・エ ①刀で切りあう。また、激しく競い合う。「強豪と互角に—」「五分に—」②相手と激しく議論を戦わせる。「議会で保革が—」
わたり-ある・く【渡り歩く】(自五) カ(コ)・キ(イ)・ク・ク・ケ・ケ 仕事などを求めてあちこちを転々として生活する。「日本全国を—」
わた・る【渡る】(自五) ラ(ロ)・リ(ッ)・ル・ル・レ・レ ①水の上を通って対岸に行く。「船で島に—」②海などを越えて遠隔地まで移動する。「大陸から—って来た文字」「雁が—」③道路・土地を横切って反対側へ移動する。横断する。「道を—」④そこを通って向こう側に行く。「橋を—」⑤風などがある場所を通り過ぎる。「谷を—風」⑥一方から他方に移る。「人手に—」⑦全体に及ぶ。ゆきわたる。「細部に—考察」⑧ある範囲に及ぶ。「市内の中心部から南部に—って停電する」⑨ひきつづく。「三日間に—雪」⑩暮らす。「世の中を—」⑪(動詞の連用形に付いて)広く及ぶ。「功名が知れ—」他わた・す(五) 可能わた・れる(下一)
参考 ⑦⑧⑨は「△亘る」とも書く。
—世間に鬼はない 世間は無情のようにみえるが、困れば助けてくれる人は必ずいるものだ。
わちき (代)(古)自称の人代名詞。わたし。参考 近世、遊女などの用いた言葉。
わ-だん【和談】和解の相談をすること。和議。
わ-ちょう【和朝】テウ ①日本の朝廷。②わが国。日本。
わっ-か【輪っか】「輪」のくだけた言い方。
ワックス〈wax〉①蠟。スキーの滑走面に塗るものや、床・家具・自動車などのつや出しに用いるものをいう。②(「ヘアワックス」の略)髪の形を整えるのに用いる半固体の整髪料。
わつじてつろう【和辻哲郎】ワツジテツラウ (一八八九～一九六〇)哲学者。兵庫県生まれ。ニーチェから仏教美術、日本思想史へと研究を進めた。著書「偶像再興」「古寺巡礼」「風土」「鎖国」など。
わっしょい (感)①御輿などを大勢で担ぐときに発するかけ声。②大勢で気勢をあげるときの声。
ワッセルマン-はんのう【ワッセルマン反応】ハンオウ 〔医〕梅毒の血清反応診断法。一九〇六年ドイツの細菌学者ワッセルマン(Wassermann)により発見。
わっち (代)(古)(「わたし」の転)自称の人代名詞。自分。
参考 江戸時代に足軽から町家の娘・遊女などまでが用いた。
ワット〈watt〉〔物〕国際単位系の仕事率・電力の単位。一秒あたり一ジュールの仕事率、また一ボルトの電位差の二点間を一アンペアの電流が流れるときに消費される仕事量を一ワットという。記号W 語源 イギリスの発明家の名から。
—じ【—時】〔物〕仕事エネルギーの単位。一ワットの仕事率で、一時間にする仕事の量。記号Wh
ワットマン-し【ワットマン紙】〈Whatman〉純白で地の厚い優良な水彩画用紙。語源 イギリスの開発者の名から。
わっぱ【△童】子供をののしっていう語。また、一般に子供のこと。「小—め」語源「わらは」の転。
わっ-ぱ【輪っぱ】①輪の形をしたもの。特に、車輪や手錠の俗称。わっか。②曲げ物の弁当箱。「—めし」
わっ-ぷ【割賦・割付】代金を月賦などの形で分割して払うこと。賦払い。割賦。「—販売」語源「割り賦」の転。
ワッフル〈waffle〉小麦粉に卵・砂糖などを加えて格子模様などの入った型で焼いた洋菓子。
ワッペン〈ドイ Wappen〉①(騎士のもつ盾などの紋章の意から)ブレザーコートなどの胸や腕につける、縫い取りの装飾のある盾形の飾り。②①を模した、紙やビニール製の絵やマーク。
わて (代)(方)(関西方言)自称の人代名詞。わたくし。
わ-とう【話頭】①話のいとぐち。②話の内容。話題。
—を転じる 話を別のことに移す。話題を変える。
わどく-じてん【和独辞典】日本語からドイツ語を引く辞典。
わ-とじ【和△綴じ】トヂ 二つ折りにした和紙の端を重ねて糸でかがる、日本風の本のとじ方。和装。↔洋とじ
わ-どめ【輪留め】坂などで、止めてある車が動き出さないように、車輪にあてがうもの。車どめ。
わな【△罠】①鳥やけものをおびき寄せて捕らえるしかけの総称。なわを輪の形にして、引けば締まるように作ったものや、網・落とし穴など。②人をおとしいれる計略。「ライバルを—にかける」
わな【輪奈・△絹】ひも・糸などを輪のようにしたもの。
わ-なげ【輪投げ】一定の距離をへだてた所に立てた棒に輪を投げてかける遊戯。また、その用具。
わなな・く【×戦慄く】(自五) カ(コ)・キ(イ)・ク・ク・ケ・ケ 寒さ・恐れなどのために、体がぶるぶるとふるえる。おののく。「恐怖に—」
わな-わな (副・自スル)寒さや恐れ・怒りなどのため、体がぶるぶるとふるえるさま。「怒りのあまり—(と)ふるえる」
わに【△鰐】〔動〕①熱帯・亜熱帯地方の河沼などにすむワニ目に属する大形の爬虫類の総称。形はトカゲに似て、尾は縦に平たく、足は短く、指にみずかきがある。全身が角質の鱗でおおわれている。②サメ類の古名。
わに-あし【△鰐足】歩くとき、足首の向きが極端に斜めになること。また、そういう歩き方をする人。参考 足先が外へ向くのを「そとわに」、内に向くのを「うちわに」という。
わに-がわ【△鰐皮】ガハ ワニの皮。黒褐色でつやがあり、ハンドバッグ・さいふ・ベルトなどに用いられる。
わに-ぐち【△鰐口】①神殿や仏殿の軒などにつるし、綱を振って打ち鳴らす、中空の器具。②人の、大きな口をあざけっていう語。③きわめて危ない場所のたとえ。

〔わにぐち①〕

わに-ざめ【△鰐△鮫】「さめ」の異称。
ワニス〈varnish〉→ニス
わ-ぬけ【輪抜け】輪を飛んでくぐりぬける軽わざ・曲芸。
わ-のり【輪乗り】馬術で、輪を描くように馬を乗りまわすこと。
わび【△侘び】①ひっそりと静かな生活をすること。質素な暮らし。わびずまい。②〔文〕茶道や俳諧における美的理念の一つ。簡素なものの中に存在する閑寂な趣をいう。俳諧では「さび」とともに芭蕉俳諧の精神を形づくっている。
わび【△詫び】わびること。あやまること。また、その言葉。「—を入れる」「お—の言葉もない」
類語 謝罪・陳謝・深謝・多謝・あやまり・平あやまり
わび-い・る【△詫び入る】(自五) ラ(ロ)・リ(ッ)・ル・ル・レ・レ ていねいにあやまる。しきりにわびる。「ひたすら—」
わび-ごと【△侘び言】思いわずらって発する言葉。うらみごと。かこちごと。ぐち。
わび-ごと【△詫び言】謝罪の言葉。「—をいう」
わび・し・い【△侘しい】(形) カロ・カッ(ク)・イ・イ・ケレ・○ ①さびしく心細い。「—一人暮らし」②みすぼらしい。「—身なり」文わび・し(シク)
わびし-げ【△侘しげ】(形動ダ) ダロ・ダッ(デ・ニ)・ダ・ナ・ナラ・○ わびしそうなさま。ものさびしいさま。「—な虫の音」文(ナリ)
わび-じょう【△詫び状】ジャウ おわびの手紙。謝罪状。
わび-しょうもん【△詫(び)証文】相手にわびた証拠として書く文書。「—を出す」
わび-すけ【△侘助】〔植〕ツバキの一品種。晩秋から早春にか

けて、小形で一重の赤や白の花を開く。[冬]

わび-ずまい【△侘び住〔ま〕い】ひっそりと質素に暮らすこと。また、その住居。

わび-ちゃ【△侘び茶】茶道の形式の一つ。草庵を茶室の理想とし、簡素で静寂な境地を追求したもの。桃山時代に千利休によって完成された。草庵の茶。

わびぬれば… [和歌]〔わびぬれば　今はた同じ　難波なる　みをつくしても　あはむとぞ思ふ〕〈後撰集　元良親王〉あなたとの恋があらわになって、悩み苦しんでいる私ですから、今となってはもう同じことです。難波の浦に立つ澪標のその名のように、身を尽くし命を捨ててでもいま一度あなたにお逢いしようと思います。（小倉百人一首の一つ）

わび-ね【△侘び寝】一人さびしい思いで寝ること。

わ・びる【△侘びる】（自上一）①さびしく思う。つらく思う。また、みすぼらしいようすである。「ー・びた住まい」②（動詞の連用形に付いて）㋐その事をしながらつらく悲しい思いをする。「人を待ちながら思いー」㋑その事が実現しそうもなく、心細い気持ちになる。…しきれなくなる。…しあぐむ。「さがしー」「待ちー」[文]わ・ぶ（上二）

わ・びる【△詫びる】（他上一）自分のあやまちや失礼を認めてあやまる。謝罪する。「非礼をー」[文]わ・ぶ（上二）[参考]②は、ふつう仮名書き。

わ-ふう【和風】日本古来の風習・様式。日本風。↔洋風

わ-ふく【和服】日本独自の衣服。着物。↔洋服

わふつ-じてん【和◇仏辞典】日本語からフランス語を引く辞典。

わ-ぶん【和文】①日本語で書かれた文章。邦文。↔漢文・欧文 ②平安時代の仮名文、およびその系統の文章。雅文。

わ-へい【和平】戦争や抗争をやめ、仲直りして平和になること。「ー交渉」「ー工作」

わ-へい【話柄】話す事柄。話題。「ーを転ずる」

わ-ほう【和方】日本で昔から用いられた医術。↔漢方

わ-ほう【話法】①話し方。話す技術。「あれは彼特有のーだ」②〔文法〕話し手が、他人の言葉を引用するときの形式。直接話法と間接話法がある。

わ-ぼく【和睦】（名・自スル）仲直りすること。多く、国と国とが争いをやめて和解することにいう。講和。「ーを結ぶ」

わ-ほん【和本】和とじの書物。和書。↔洋本

わ-みょう【和名・△倭名】日本語での呼び名。日本名。和名。

わみょうるいじゅしょう〔和名類聚抄・倭名類聚鈔〕平安中期の漢和辞書。源順編。承平年間（九三一—九三八年）成立。漢語を天地・人倫など部門別に分類し、出典・発音・語義を示す。和名抄。倭名鈔。

わ-めい【和名】①→わみょう ②動植物につけた、動植物学上の日本名。[参考]「学名」は、ラテン語を用いた世界共通の名。

わめ・く【◇喚く】（自五）大声をあげる。「泣きー」

わ-もの【和物】日本で作られたもの。日本風のもの。↔洋物

わや（名・形動ダ）《俗》（関西方言）①道理にはずれたこと。また、そのさま。無理。むちゃ。「ーを言う」②物事がめちゃくちゃになること。また、そのさま。台無し。「ーになる」

わ-やく【和訳】（名・他スル）外国語の文章や語句を日本語に訳すこと。日本語訳。邦訳。「英文ー」

わ-よう【和洋】①日本と西洋。②日本風と西洋風。

—せっちゅう【—折衷】建築・生活様式などで、日本風と西洋風とをうまくとりあわせること。また、そのもの。

わ-よう【和様】日本風。和風。日本式。↔唐様

わら【△藁】稲や麦の茎を干したもの。「ーぞうり」「ーにもすがる（＝危急のときは頼りにならないものにも頼ろうとする）」

わらい【笑い】①笑うこと。笑い声。「ーが止まらない（＝うれしくてたまらない）」②もの笑い。あざけり。

—ぐさ【—◇種】笑いを起こさせる原因・材料。もの笑いのたね。「とんだおーだ」[用法]多く「お笑い種」の形で用いられる。

—ごと【—事】①笑ってすますような軽い事柄。②笑うべき事柄。こっけいなこと。[用法]ふつう「笑い事ではない」「笑い事ではすまされない」などと、あとに否定の表現を伴う。

—じょうご【—上戸】①酒に酔うとよく笑うくせ。②よく笑う人。また、そのくせのある人。⇩泣き上戸・怒り上戸

—ばなし【—話】①笑いながら話す軽い話。また、たわいのない話。②笑いを楽しむこっけいな短い話。おどけ話。笑話。

—もの【—物】人からあざけり笑われるもの。もの笑いの種。

わらい-こ・ける【笑いこける】（自下一）体をねじるようにしてひどく笑う。「腹を抱えてー」

わらい-さざめ・く【笑いさざめく】（自五）数人が集まり、にぎやかに笑い声をあげる。「皆がー」

わらい-とば・す【笑い飛ばす】（他五）まともにとりあわず、笑ってことをすます。「根も葉もないうわさとー」

わら・う【笑う】㊀（自五）①うれしさ・おかしさ・てれくささなどの感情から、表情をくずしたり声を出したりする。「にっこりー」②あまりのひどさに、まじめな気持ちになれなくなる。「惨敗を喫してーしかない」「はたで見ていてー・ってしまう」③花のつぼみが開く。また、草木の芽が出る。ゆるむ。「鳥啼き花ー（＝つぼみが開く）」「山ー（＝春の山の形容）」④（「ひざが笑う」の形で）ひざに力がはいらず、がくがくする。「疲れてひざがー」㊁（他五）見下げてばかにする。あざける。「他人の失敗をー」[可能]わら・える（下一）[参考]㊀③は、「花が咲く」ことをいう漢詩などに使う雅語的表現。㊁は、「△嗤う」とも書く。

[表現]

〔類語〕	▼笑む・にやつく・吹き出す・ほくそえむ・ほほえむ・脂下がる
〔〜する〕	▼嬌笑・苦笑・哄笑・嗤笑・失笑・談笑・嘲笑・爆笑・微苦笑・微笑・憫笑・冷笑・朗笑・呵呵大笑・破顔一笑・抱腹絶倒 ▼愛想笑い・薄ら笑い・薄笑い・大笑い・思い出し笑い・忍び笑い・高笑い・作り笑い・照れ笑い・泣き笑い・苦笑い・盗み笑い・馬鹿笑い・含み笑い
〔慣用〕	▼（〜笑う）嫣然と・顔をしわくちゃにして・莞爾と・声を忍ばせて・涙が出るほど・鼻で・腹が痛くなるほど・膝が ▼顎を外す・一笑に付す・頤を解く・顔をほころばせる・白い歯を見せる・相好を崩す・腹の皮を縒る・腹を抱える・へそで茶を沸かす・目を細める ▼〈擬声・擬態語〉（声を出して）あはは・いひひ・うふふ・えへへ・えへらえへら・おほほ・からから・かんらかんら・きゃっきゃっ・くすくす・くすりと・くっくっ・けたけた・けらけら・げらげら・ころころ・でへへ・どっと・ははは・はっはっ・ひひひ・ひっひっ・ふっふっ・ぷっ・ふふふ・へっへっ・へへへ・へらへら・わはは （声を出さずに）にこにこ・にたっと・にたにた・にっこり・にっと・にやっと・にやにや・にやりと・にんまり
〔ことわざ〕	▼今泣いた烏がもう笑った・鬼が笑う・目糞鼻糞を笑う・笑う門には福来る

—門には福来る いつもにこやかにしている人のところには自然に幸運がめぐってくる。

わら-うち【藁打ち】わらを打って柔らかくすること。冬

わら・える【笑える】(自下一) おかしくて自然に笑ってしまう。笑わずにはいられない。「こんな作戦で勝てると思っているとは―」

わ-らく【和楽】(名・自スル) なごやかに楽しむこと。からく。

わら-ぐつ【藁沓】わらを編んで作った深ぐつ。雪の多い地方で用いる。冬

わら-こうひん【藁工品】縄・むしろなど、わらで作ったもの。

わらさ【稚鰤】《動》ブリの若魚。体長六〇センチメートルぐらいのもので、食用。秋

わらじ【草鞋】わらを編んで作り、ひもを足首に結びつけてはく、草履に似たはきもの。

―を脱ぐ ①旅を終える。②ばくち打ちなどが、一時その土地に身を落ち着ける。③宿屋に泊まる。**―を穿く** ①旅に出る。②ばくち打ちなどが、土地を離れて旅に出る。

〔わらじ〕

―がけ【―掛け】わらじをはいていること。わらじばき。

―せん【―銭】わらじを買う金。転じて、少額の旅費。また、少額の餞別。

―むし【―虫】《動》床下・石の下など湿気のある所にすむワラジムシ科の甲殻類。体長は約一センチメートル、楕円形でやや平たい。頭にむち状の触角がある。

わら-しべ【藁稭】稲のわらのしん。わらすべ。

わら-づと【藁苞】わらを束ねて、中に物を包み込むようにしたもの。また、それで包んだもの。「なっとうの―」

わら-にんぎょう【藁人形】わらで作った人形。恨みのある相手に見立てて呪いをかけるのに用いる。

わらは【童】(古) ①子供。わらべ。②子供の召使。

わらは【妾】(代)《古》自称の人代名詞。女性が自分をさしていう謙称。わたくし。

わら-ばい【藁灰】わらを燃やしてできた灰。

わらは-やみ【瘧】(古)(童病みの意) 熱病の一種。おこり。現在のマラリアに似た病気。

わら-ばんし【藁半紙】①わら、または木材パルプの繊維などで作った低質の半紙。②→ざらがみ

わらび【蕨】《植》コバノイシカグマ科の多年性シダ植物。日当たりのよい山野に自生。早春に生い出る新葉はこぶし状で、山菜として食用にする。開くと大きな羽状複葉となる。根茎からデンプンをとる。春

〔蕨〕

―もち【―餅】ワラビの根茎からとったデンプンを練り、煮固めた菓子。黄な粉・蜜をかけて食べる。

わら-び【藁火】わらを燃やした火。

わら-ぶき【藁葺〔き〕】わらで屋根をふくこと。また、その屋根。「―の家」

わら-ぶとん【藁布団・藁蒲団】わらを中に入れた敷きぶとん。冬

わら-べ【童】子供。子供ら。児童。語源「わらわべ」の転じた「わらんべ」の「ん」の無表記から生じた語。

―うた【―歌】子供の歌う歌。昔から子供たちの間で歌いつがれてきた歌。

わら-むしろ【藁筵】わらを編んで作ったむしろ。わらごも。

わら-や【藁屋】わらぶきの家。また、そまつな家。

わらわ【童】→わらは(童)

わらわ・せる【笑わせる】(他下一) ①相手が笑うようにする。②ばかげていて、嘲笑をさそうほどである。「これが傑作だなんて―」文わらは・す(下二)

わら-わら (副) 多くのものがどこからともなく現れ出たり、散っていったりするさま。「物売りが―(と)集まってくる」

わらん-べ【童】わらべ。子供。語源「わらわべ」の転。

わり【割】一〇分の一を単位とする比率。「三―減」

わり【割〔り〕】①割ること。「まき―」②水分を足すこと。「水―」③割り当て。「部屋―」④割合。率。「五人に一人の―」⑤他と比べての損得のぐあい。「―に合う」⑥基準となるものと比べての程度。「年の―に若く見える」⑦相撲で、取組表。参考④⑤⑥は「割」と書くことが多い。

―が合わない ひきあわない。損だ。割に合わない。「―仕事だ」**―を食う** 損をする。不利益になる。「自分一人が―」

わり-あい【割合】一(名) ①全体または基準となるものに対する、そのものの占める比率。歩合。「週に一度の―で会う」②→わり(割り)⑥ 二(副) ①比較的。わりに。「―親切だ」②思ったより。思いのほか。「持ってみると―重い」

わり-あて【割〔り〕当て】分けてあてがうこと。また、そのあてがわれたもの。わりふり。「―量」「仕事の―」

わり-あ・てる【割〔り〕当てる】(他下一) 全体をいくつかに分けて、それぞれにあてがう。わりふる。「担当を―」文わりあ・つ(下二)

わり-いん【割〔り〕印】二枚の書類にまたがらせて押し、双方が一続きであることを示す印。割り判。「契約書に―を押す」

わり-がき【割〔り〕書き】(名・他スル) 本文の途中に、注などを小さい文字で二行に割って書きこむこと。また、その注。

わり-かし【割〔り〕かし】(副)《俗》わりと。割合。「―よくできた」

わり-かた【割〔り〕方】(副)《俗》わりに。割合。「―大きい」

わり-かん【割〔り〕勘】(「割り前勘定」の略) 勘定の総額を全員の人数で割って、各自が同じ額を支払うこと。または、各自が自分の勘定を支払うこと。「食事代を―にする」

わり-き・る【割〔り〕切る】(他五) ①割り算で、余りが出ないように割る。②一つの原則に従って物事をきっぱりと解釈・判断する。「これも仕事と―」自わりき・れる(下一)

わり-き・れる【割〔り〕切れる】(自下一) ①割り算をして余りが出ない。②十分に納得がゆく。よく理解できてすっきりする。「―・れない気持ち」用法②は多く「わりきれない」の形で用いられる。他わりき・る(五) 文わりき・る(下二)

わり-ぐり-いし【割〔り〕栗石】小さく割った石塊。道路・石垣などの基礎工事に用いる。わりぐり。

わり-げすい【割〔り〕下水】掘り割りにした下水道。

わり-ご【破〔り〕子・破〔り〕籠】ヒノキの白木を折り箱形に作った弁当箱。中にしきりがあり、かぶせぶたが付く。

わり-こみ【割〔り〕込み】①正当な順序を乱して間にむりにはいりこむこと。「―乗車」②劇場で、土間・さじきなどの一ますに、見知らぬ客と同席して見物すること。また、その席。

わり-こ・む【割〔り〕込む】(自他五) ①間に無理やりはいりこむ。「列に―」「人の話に―(=はたから口を出す)」②《経》相場が一定の値段よりも下がる。

わり-ざん【割〔り〕算】《数》ある数が他の数の何倍に当たるかを求める計算。除法。↕掛け算

わり-した【割〔り〕下】(「割り下地」の略) しょうゆ・みりん・砂糖などにだし汁を加えて煮たたせたもの。「すきやきの―」

わり-ぜりふ【割〔り〕×台詞】〘演〙歌舞伎(かぶき)で、二人の役者がそれぞれせりふを交互に言い合い、最後は二人でいっしょに言うこと。また、そのせりふ。

わり-だか【割高】(名・形動ダ) 品質・分量などのわりには値段の高いこと。また、そのさま。「―な商品」↔割安

わり-だし【割〔り〕出し】 割り出すこと。「犯人の―」

わり-だ・す【割〔り〕出す】(他五) サ(ソ)・シ・ス・ス・セ・セ ①計算して答えを出す。算出する。「人件費を―」②ある根拠に基づいて判断・結論を下す。「犯人を―」「経験から―・した結論」

わり-ちゅう【割〔り〕注・割〔り〕△註】 本文の途中に小さい文字で二行に割って記した注。「―を入れる」

わり-つけ【割〔り〕付け・割付】 ①わりあて。②印刷物などで、紙面のでき上がりの体裁を考えて文字の組み方や写真・図版の配置などを指定すること。レイアウト。

わり-つ・ける【割〔り〕付ける】(他下一) ケ・ケ・ケル・ケル・ケレ・ケロ(ケヨ) ①全体をいくつかに分けて、それぞれの受けとるべき、または負担すべき量や範囲を決める。わりあてる。「仕事を―」②雑誌や新聞などの印刷物の割り付けをする。文わりつ・く(下二)

わり-と【割と】(副) →わりに

わり-な・い【◇理無い】(形) カロ・カッ(ク)・イ・イ・ケレ・○ (「理(こと)わり無し」の意)物事の筋道が立たない。分別がない。「―仲(=理屈や分別をこえて深く愛しあい、離れられない仲)」文わりな・し(ク)

わり-に【割に】(副) わりあいに。比較的。思ったよりも。わりと。「―元気だ」

わり-ばし【割〔り〕箸】 縦に割れ目がはいっていて、二本に割って使う杉や竹などで作った箸(はし)。

わり-ばん【割〔り〕判】 割り印。印章だけでなく、書き判で書いたものにもいう。参考「わりはん」ともいう。

わり-びき【割引】(名・他スル) ①決められた価格より何割分かを差し引くこと。値引き。「―券」↔割り増し ②少なめに見積もること。「話を―して聞く」③「手形割引」の略。

わり-び・く【割〔り〕引く】(他五) カ(コ)・キ(イ)・ク・ク・ケ・ケ ①決まった価格より何割分かを引いて安くする。「―・いて売る」②少なめに見積もる。「人の話を―・いて聞く」③手形割引をする。

わり-ひざ【割〔り〕膝】 ひざの間を開いて座ること。また、その座り方。男子の正しい座り方とされた。

わり-ふ【割〔り〕符】 木や紙の札に文字や文句を書き、中央に印を押して二つに割ったもの。半分を相手に与え、半分を手もとにおき、後日の証拠とする。割り札。合い札。

わり-ふだ【割〔り〕札】 ①→わりふ ②割引の札。割引券。

わり-ふ・る【割〔り〕振る】(他五) ラ(ロ)・リ(ッ)・ル・ル・レ・レ 全体をいくつかに分けて、それぞれに割りあてる。配分する。「仕事を―」

わり-まえ【割〔り〕前】マヘ 割りあてる額または量。「―勘定」

わり-まし【割〔り〕増し】(名・他スル) 決められた額・量にその何割分かを加えること。「―運賃」↔割引

―きん【―金】 一定の額に、割り増しをした金額。

わり-むぎ【割〔り〕麦】 →ひきわり②

わり-もどし【割〔り〕戻し】 割りもどすこと。また、その金。リベート。

わり-もど・す【割〔り〕戻す】(他五) サ(ソ)・シ・ス・ス・セ・セ 受け取った額の一部を返す。「利子分だけ―」

わり-やす【割安】(名・形動ダ) 品質・分量などのわりには値段の安いこと。また、そのさま。「―感」「―な品」↔割高

わる【悪】 ①悪いこと。②悪者。悪人。悪童。「あいつは相当な―だ」③(接頭語的・接尾語的に用いて)悪いこと、度が過ぎていることを表す。「―賢い」「―ふざけ」「意地―」「性(しょう)―(わる)」

わ・る【割る】(他五) ラ(ロ)・リ(ッ)・ル・ル・レ・レ ①切ったりたたいたり引っ張ったりしてかたい物に力を加え、二つ以上に分けはなす。また、くだく。こわす。「薪(まき)を―」「茶碗(ちゃわん)を―」②押し分ける。「中に―・ってはいる」③一つにまとまっていたものをはなす。さく。分裂させる。「夫婦仲を―」「組織を―」④いくつかの部分に分ける。「スペースを三つに―」⑤わりあてる。わりふる。「費用を頭数で―」⑥割り算をする。「一〇を二で―」↔掛ける ⑦開く。中を見せる。「腹を―・って(=つつみ隠さずに)話す」「口を―(=白状する)」⑧液体に他の液体をまぜて薄める。「ウイスキーを水で―」⑨ある数量より下になる。「定員を―」「相場が二万円台を―」⑩わくの外に出る。「土俵を―」「ボールがラインを―」⑪手形を割り引く。自わ・れる(下一) 可能わ・れる(下一)

わる-あがき【悪◇足△掻き】(名・自スル) 追いつめられてあせり、むだな試みをあれこれすること。「今さら―するな」

わる-あそび【悪遊び】 よくない遊び。特に、博打(ばくち)や女遊びなど、不健全な遊び。

わる・い【悪い】(形) カロ・カッ(ク)・イ・イ・ケレ・○ ①道義上、正しくない。「人間として―行い」②品質が劣っている。いたんでいる。そまつだ。「―品」③劣っている。「成績が―」④好ましくない。不快である。「愛想が―」⑤美しくない。みにくい。「かっこうが―」⑥むつまじくない。「仲が―」⑦不都合な結果を招くおそれがある。「健康に―」⑧へたである。「手が―(=字がへただ)」⑨状況・状態がよくない。「間(ま)が―」「―天気」「道が―」⑩気の毒だ。申しわけない。「あの人に―からやめよう」⑪不吉だ。めでたくない。運にめぐまれない。「縁起が―」⑫働き・機能が十分でない。「胃が―」「機械の調子が―」《↔良い》文わる・し(ク)

わるくすると(悪い結果を予想して)ことによると。へたをすると。「―断られるかもしれない」

わる-がしこ・い【悪賢い】(形) カロ・カッ(ク)・イ・イ・ケレ・○ 悪知恵がはたらく。狡猾(こうかつ)である。「―計略」文わるがしこ・し(ク)

わる-がね【悪金】 ①粗悪な質の金銭。②不正な手段で得た金銭。悪銭(あくせん)。

わる-ぎ【悪気】 人をだましたり、傷つけたりしようとする悪い心。悪意。「―があったわけではない」

わる-くち【悪口】 他人を悪く言うこと。また、その言葉。わるぐち。あっこう。

類語 けなし・そしり・こきおろし・言いくさし・言いくたし・悪たれ口・悪態・憎まれ口・店卸(たなおろ)し・雑言・悪口雑言(あっこうぞうごん)・毒舌・毒突き・罵(のの)しり・罵詈(ばり)・讒謗(ざんぼう)・誹謗(ひぼう)・罵倒(ばとう)・嘲罵(ちょうば)・面罵(めんば)・痛罵(つうば)・陰口・陰言(かげごと)・中傷・讒言(ざんげん)・暴言

わる-さ【悪さ】 ①悪いこと。また、その程度。「歯切れの―」②いたずら。「―をする」

わる-さわぎ【悪騒ぎ】(名・自スル) まわりの人を不快にするような大げさな騒ぎ方。はた迷惑な騒ぎ。

わる-じゃれ【悪△洒◇落】 ①たちの悪いいたずら。わるふざけ。②へたなしゃれ。だじゃれ。

わる-ずれ【悪擦れ】(名・自スル) 世間ずれして悪賢くなること。「―した子供」

わる-だくみ【悪巧み】 人をおとしいれるような悪い計略。

わる-だっしゃ【悪達者】(名・形動ダ) 芸や技術などが巧みではあるが品のないさま。また、そのような人。「―な芸」

わる-ぢえ【悪知恵】チヱ 悪賢い知恵。悪いことをしたり、たくらんだりする才能。「―がはたらく」

ワルツ〈waltz〉〘音〙四分の三拍子の優雅な舞曲。また、その舞踏。円舞曲。

わる-どめ【悪止め】(名・他スル) 相手の気持ちを無視して、しつこく引きとめること。

わる-のり【悪乗り】(名・自スル) 調子に乗って、度をこして

冗談を言ったり、ふざけた行いをしたりすること。

わる-ば【悪場】登山で、足場の悪い危険な場所。難所。

わる-び・れる【悪怯れる】(自下一) レ・レ・レル・レル・レレ・レロ(レヨ) 気おくれしておどおどする。「—・れずに堂々と答える」文わるび・る(下二)

わる-ふざけ【悪巫山戯】(名・自スル) 度をこしてふざけること。「—がすぎる」

わる-ぶ・る【悪振る】(自五) ラ(ロ)・リ(ッ)・ル・ル・レ・レ いかにも悪者であるかのようにふるまう。「—・って反抗してみせる」

用法 多く、下に打ち消しの表現を伴う。

わる-もの【悪者】悪事をはたらいて人を害する者。悪人。

わる-よい【悪酔い】ヨヒ—(名・自スル) 酒に酔って吐き気や頭痛をもよおしたり、人にからむ・暴れるなどして周囲を困らせたりすること。また、そのような酒の酔い方。

われ【我・吾】㊀(名) 自身。自我。「—を見失う」「—と思わん者は(=自分こそがすぐれていると思う人は)」㊁(代) ①自称の人代名詞。自分。わたくし。「—は行く」②《俗》対称の人代名詞。なんじ。おまえ。「—は何者だ」

—関せず 自分の関係したことではないとして、かかわろうとしないさま。我関せず焉。**—に返る** 本心にたちかえる。正気にもどる。「ふと—」**—にもなく** 我知らず。つい、無意識に。不本意ながら。「—大声を出す」**—を忘れる** 夢中になる。心を奪われてうっとりする。「熱戦に—」

われ【割れ・破れ】①割れること。また、割れたもの。破片。「仲間—」②数値がある水準より下がること。「定員—」

われ-かえ・る【割れ返る】カヘル—(自五) ラ(ロ)・リ(ッ)・ル・ル・レ・レ (すっかり割れる意から)ひどく大きな音・声がわき起こる。「—ような騒ぎ」

われがち-に【我勝ちに】(副) 人を押しのけて先を争うさま。われさきに。「—電車に乗り込む」

われ-がね【破(れ)鐘】ひびのはいった鐘。大きくて濁った声にたとえる。「—のような男の声」

われ-から【我から】(副) 自分から。「—手本を示す」

われさき-に【我先に】(副) 先を争って。「—逃げ出す」

われ-しらず【我知らず】(副) 思わず。無意識に。「—口走る」

われしり-がお【我知り顔】ガホ— 自分だけが知っているという ような得意顔。「—に言う」

われ-だのみ【我頼み】自分をたのみにすること。うぬぼれ。

われ-と【我と】(副) 自分から進んで。「—わが身を責める」

われ-ながら【我乍ら】(副) 自分のしたことではあるが。自分ながら。「—よくできたと思う」「—あきれる」用法 自分の行為を振り返って、善悪にかかわらず用いる。

われなべ-に-とじぶた【破れ鍋に綴じ蓋】トヂブタ— (破損した鍋にもそれにふさわしいとじ蓋(=修繕した蓋)があるように)どんな人にもふさわしい配偶者があるというたとえ。また、配偶者は自分につり合うような者を選ぶべきだというたとえ。

われ-ぼめ【我褒め】自分で自分をほめること。自画自賛。

われ-め【割れ目・破れ目】割れたところ。さけめ。ひび。「壁に—が入る」

われもかう… 和歌〔吾木香 すすきかるかや 秋くさの さびしききはみ 君におくらむ〕〈若山牧水〉吾木香・すすき・かるかやと取りそろえた秋草の寂しい極みの一束を、私の寂しい気持ちの代わりとして、あなたに贈ろう。

われ-もこう【吾亦紅・吾木香】モコウ—・モカウ— 《植》バラ科の多年草。山野に自生し、高さ七〇—一〇〇センチメートル。夏から秋、暗紅紫色の小さな無花弁花を楕円状に密生する。根茎は薬用。秋

〔われもこう〕

われ-もの【割れ物・破れ物】①割れやすいもの。陶磁器・ガラス器など。「—注意」②割れたもの。

われ-ら【我等】(代) ①自称の人代名詞。「われ」の複数。わたくしたち。われわれ。「—が母校」②《俗》対称の人代名詞。おまえたち。

わ・れる【割れる】(自下一) レ・レ・レル・レル・レレ・レロ(レヨ) ①外から力を加えられたかたい物がいくつかに分かれる。くだける。こわれる。「皿が—」「壺が—」②一つにまとまっていたものが二つ以上にはなれる。分裂する。「意見が—」「党が二つに—」③不和になる。不成立となる。「仲が—」④力が加わって裂け目ができる。ひびがはいる。裂ける。「地震で地面が—」「ぶつけた額が—」⑤隠していたことが、あかるみに出る。「身元が—」「しりが—(=隠していた悪事がばれる)」「底が—」⑥割り算で余りが出ない。割り切れる。「三で—」⑦手形が割り引かれる。⑧数値が低くなる。「株価が—」他わ・る(五) 文わ・る(下二)

—よう 大勢が大騒ぎするさま。われんばかり。「—な拍手」

われ-われ【我我】(代) 自称の人代名詞。「われ」の複数。自分たち。われら。「—選手一同は」

わろ・し【悪し】(形ク)《古》よくない。劣っている。悪い。

わん【椀】ワン— (字義) 食物を盛るための木製の容器。「汁椀・茶椀」難読 椀飯振る舞い

-わん【椀・碗】(接尾) わんに盛って出す料理を数える語。「一—の汁」

わん【椀・碗】飯・汁などを盛るための食器。参考 木製のものは「椀」、陶磁器のものは「碗」と書く。

わん【湾】【灣】ワン㊥

(字義) ①入り江。入り海。「湾口・湾内・港湾」②まがる。「湾曲・湾入」参考 ②は、「彎」の書き換え字。人名 みずくま

わん【湾】海が陸地に大きくはいり込んだ所。入り海。

わん【腕】ワン㊥ うで㊥・かいな

(字義) ①うで。ひじと手首の間。また、肩と手首の間。「腕骨・腕力・鉄腕・切歯扼腕」②うでまえ。はたらき。「手腕・敏腕・辣腕」

わん【碗】ワン— (字義) 食物を盛るための陶磁器の容器。「茶碗」

ワン〈one〉一。ひとつ。「—セット(=ひとそろい)」

ワン-オペ〈和製英語〉(「ワンオペレーション」の略)飲食店などで、一人ですべての作業を行って店を切り盛りすること。また、一人ですべて行うこと。「—育児」

わん-がん【湾岸】①湾に沿った陸地。「—道路」②特に、ペルシャ湾沿岸。「—諸国」

わん-きょく【湾曲・彎曲】(名・自スル) 弓なりに曲がること。「背骨が—する」

わん-くつ【湾屈・彎屈】曲がりかがむこと。

ワン-クッション〈和製英語〉衝撃をやわらげるために間に入れる一段階。「—置く」

わん-げつ【湾月・彎月】弦を張った弓のような形の月。弦月。弓張り月。

ワンゲル 「ワンダーフォーゲル」の略。

わん-こ 犬の幼児語。

ワン-コイン〈和製英語〉料金が五百円玉など、硬貨一枚分であること。「—ショップ」

わん-こう【湾口】湾の出入り口。外海と入り海の境。

わんこ-そば【△椀子×蕎麦】岩手県の郷土料理。客の椀が空になるたびに給仕人が次々とそばを移し入れ、腹いっぱいになるまでもてなすもの。また、そのそば。

わん-こつ【腕骨】〘生〙手首にある八つの短骨の総称。手根骨。

わんさ（副）《俗》①一度に大勢が押しかけるさま。「見物客が一と押しかける」②たくさんあるさま。「金を一と持っている」

―ガール《俗》（「わんさ」といることから）下っ端の映画女優や踊り子。大部屋女優。

ワンサイド-ゲーム〈one-sided game から〉一方が終始相手を圧倒する展開の試合。

わん-しょう【腕章】― 目印として腕に巻いたり付けたりする布や記章。「葬儀に黒の一を付ける」

ワン-ステップ〈one-step〉①一歩。一つの段階。「改革への一」②四分の二拍子の軽快な音楽に合わせて踊るダンス。

ワン-セグ〈和製英語〉（「ワンセグメント」の略）携帯電話などのモバイル機器向けの地上デジタル放送。テレビ放送の一チャンネルに割り当てられた周波数帯域を一三のセグメント（=領域）に分けたうちの、一つを利用することからいう。

ワンダーフォーゲル〈ドイツ Wandervogel 渡り鳥〉山野を徒歩旅行し、自然に親しみ、懇親をはかる青年の運動。または、その団体。ワンゲル。

ワン-タッチ〈和製英語〉㊀（名）一度触れること。また、一度の操作で事がすんだり作動したりすること。「一の傘」㊁（名・自スル）バレーボールで、ボールに一度手が触れること。

わん-だね【△椀種】吸い物の実。

ワンダフル〈wonderful〉（感）驚くほどよい。すばらしい。

ワンタン〈中国 餛飩・雲呑〉小麦粉をこねて薄くのばした皮に、豚の挽き肉やネギなどを包んだ中国料理。ゆでてスープに入れたり揚げたりして食べる。

ワン-ツー〈one-two punch から〉ボクシングで、左右の腕で交互に続けて打つこと。ワンツーパンチ。

わん-とう【湾頭】湾のほとり。湾の近く。

わん-にゅう【湾入・△彎入】―（名・自スル）海岸線が弓なりに陸地にはいり込んでいること。

わん-ぱく【×腕白】（名・形動ダ）子供がいたずらで、言うことをきかず、活発であるさま。また、そういう子供。「一小僧」

ワン-パターン〈和製英語〉（名・形動ダ）型にはまっていて変化がないこと。また、そのさま。「一な行動」

ワン-ピース〈one-piece〉〘服〙上着とスカートが一つにつながっている女性の洋服。↔ツーピース

ワン-ポイント〈one point〉①点数の一点。「一のリード」②一か所。また、要点。「一レッスン」③〘服〙衣服の一か所だけに施した刺繡や模様。

ワンボックス-カー〈和製英語〉車体前面が突き出ていない箱型で、座席と荷物室とに区切りのない、貨物兼用の乗用車。

ワン-マン〈one-man〉①ひとり。②自分の思いどおりに事を行う人。独裁者。「一社長」③「ワンマンカー」の略。

―カー〈和製英語〉運転手だけで車掌のいない電車やバス。

はじまり 一九五一（昭和二十六）年、大阪市交通局が運転手だけのバスを導入し運行したのが最初。

―ショー〈one-man show〉一人の出演者を中心にして構成されるテレビ番組やショー。

わん-もり【△椀盛り】日本料理の一種。魚介や鶏肉などと野菜を、味つけした汁とともに椀に盛った料理。わん。

わん-りょく【腕力】①腕の力。②暴力を使うこと。うでずく。「一に訴える」

―ざた【―沙汰】うでずくで事を決めること。「一に及ぶ」

ワンルーム-マンション〈和製英語〉各戸が一部屋で、それぞれに台所・浴室・トイレなどを備えたマンション。

ワン-レングス〈one length〉段をつけないで同じ長さに切りそろえた髪形。ワンレングスカット。ワンレン。

わん-わん㊀（副）①犬の鳴き声を表す語。②声や音が大きなさま。「人が一（と）泣く」㊁（名）（幼児語）犬。

ゐ ヰ

五十音図「わ行」の第二音。「ゐ」は「為」の草体。「ヰ」は「井」の略体。参考 現代仮名遣いでは「ゐ」は書かず、すべて「い」を用いる。外来語にも「ヰ」は用いない。

ゐ【△猪】《古》いのしし。「臥すーの床」〈徒然草〉

ゐまち-づき【居待〔ち〕月】―《古》㊀（名）→いまちのつき㊁《枕》「明石」にかかる。

ゐや【◇礼】《古》敬うこと。礼。礼儀。

ゐや-な・し【◇礼無し】―（形ク）《古》無礼である。無作法である。

ゐ-よ・る【居寄る】―（自四）《古》座ったままにじり寄る。

ゐる【◇率る】（他上一）《古》①先頭にあって他を引き連れる。伴う。②身につけてゆく。携帯する。

ゑ ヱ

五十音図「わ行」の第四音。「ゑ」は「恵」の草体。「ヱ」は「慧」の略体。参考 現代仮名遣いでは「ゑ」は書かず、すべて「え」を用いる。外来語にも「ヱ」は用いない。

ゑ【会】《古》人々が集まって行う仏事・祭事の会。法会・節会など。

ゑ（間助）《古》（上代語）嘆息のまじった詠嘆を表す。「よしゑやし（=ええ、ままよ）」〈万葉〉

ゑひ-し・る【◇酔ひ◇痴る】―（自下二）《古》酒に酔って正気でなくなる。泥酔する。

ゑまーふ【笑まふ】（自四）《古》①ほほえむ。②花が咲く。

ゑ・む【笑む】（自四）《古》①ほほえむ。にこにこする。②花が咲く。③果実や栗のいがなどが熟して割れる。

ゑ・る【◇彫る】（他四）《古》①彫刻する。②えぐる。

ゑん・ず【◇怨ず】（他サ変）《古》相手に対し、不満をいだく。また、その不満を言葉や態度にあらわす。うらむ。

を ヲ

五十音図「わ行」の第五音。「を」は「遠」の草体。「ヲ」は「乎」の略体。参考 現代仮名遣いでは「を」は助詞「を」をのぞいてすべて「お」と書く。

を【◇夫】《古》①おっと。②男性。

を【◇男】《古》おとこ。男性。

を【◇峰・◇丘】《古》①尾根。②山の小高い所。おか。

を【◇麻・△苧】《古》①「麻」の異名。②アサ・カラムシの繊維からとった糸。

を【雄・△牡】《古》動物のおす。また、雄花。

を㊀（格助）《中心義―話し手が自分の意識の対象としているものを指し示す》①対象を示す。「手紙一書く」「私はあの人一好きになった」②起点を示す。「東京駅一出発する」「国一離れる」③経過する場所を示す。「空一飛ぶ」「橋一渡る」「まわり一まわる」④方向を示す。「横一向く」「沖一目指す」⑤経過

時間を示す。「一年―寝て暮らした」〔用法〕体言・準体言(用言・助動詞の連体形＋格助詞「の」)・引用語句に付く。古く心情・可能などの対象を示すときには「が」が用いられたが、現在は「を」を使うことが多い。⇩が(格助)「ちがい」 ■(接助)《古》①逆接の確定条件を表す。…のに。…だが。「二つなき物と思ひし―水底に山の端ならで出づる月かげ」〈古今〉②順接の確定条件を表す。原因・理由を示す。…ので。…から。「あすは物忌なる―、門強く鎖せ」〈蜻蛉〉③上下の事実をただ結びつける。…が。…と。「通ひける―(＝通っていたが)、度重なれば」〈古今〉■(間助)《古》感動・詠嘆を表す。「萩が花散るらむ小野の露霜にぬれて―行かむさ夜はふくとも」〈古今〉

をうな【◇女】(古)(「をみな」の音便)おんな。女性。

をか・し(形シク)《古》①おもしろい。興味がひかれる。②趣がある。風情がある。③かわいらしい。④美しい。みごとだ。⑤笑うべきことだ。変わっている。変だ。〔参考〕「あはれ」とともに平安時代の重要な美的理念。「枕草子」には、優美さやおもしろさなど、明るくはなやかな情趣の美に対する賞賛の言葉として用いられている。

をぐらやま…〔和歌〕〔小倉山 峰のもみぢ葉 心あらば 今ひとたびの みゆきまたなむ〕〈拾遺集 小一条太政大臣(藤原忠平＝貞信公)〉小倉山の峰のもみじ葉よ、もしもおまえに心があるのなら、もう一度帝の行幸があるまで、散らずに待っていてほしいものだ。(小倉百人一首の一つ)

をこと-てん【ヲコト点・△乎古◇止点】平安時代初期に始まったもので、漢文を訓読するために使った符号。漢字の四隅などに点や線を付け、補って読むべき助詞・助動詞・活用語尾などのしるしとしたもの。古く「てにをは点」とも。〔語源〕流派による違いはあるが、漢字の右肩の点が「ヲ」、その少し下の点が「(…する)コト」を示したものを代表として呼ぶようになった語。

を・し【◇愛し】(形シク)《古》①かわいい。いとしい。②手放しがたい。なごりおしい。

を-して(あとに使役の言い方を伴って)しむけられる対象を表す語。「彼―行かしめる」〔用法〕漢文訓読調の言い方。〔語源〕格助詞「を」＋格助詞「して」

を・す【◇食す】(他四)《古》①「飲む」「食ふ」「着る」などの尊敬語。召しあがる。お召しになる。②「治める」「統治する」意の尊敬語。お治めになる。

をち【◇彼◇方・◇遠】《古》①遠方。②以前。③以後。

をち-かた【◇彼方・◇遠方】《古》遠くのほう。遠方。

をち-こち【◇彼◇方△此◇方・◇遠◇近】《古》①あちらこちら。ここかしこ。②昔と今。将来と現在。

をとこ-しゅう【男◇主】《古》一家の男主人。

を-の-こ【◇男の子】《古》①男性。②男の子。息子。③奉公する男。侍臣・召使の男・下男など。④目下の者の名に付けて親しんでいう語。

を-の-へ【尾の◇上】《古》(「峰の上」の転)山の頂上。丘のいただき。

を-ば動作・作用の対象となる事態を一つだけとり上げて強める。「失礼―いたしました」〔用法〕奈良時代から長く使われていた語であるが、現代語ではごくまれで一般には用いられない。〔語源〕格助詞「を」＋係助詞「は」の「をは」の転。

を-や《古》①詠嘆の意を表す。…だなあ。②(「いはんや…をや」の形で)反語の意を表す。…においてはなおさらである。「いはんや悪人―」③疑問を表す。…を…だろうか。〔語源〕①は、間投助詞「を」＋間投助詞「や」。②は、間投助詞「を」＋係助詞「や」。③は、格助詞「を」＋係助詞「や」

をりしり-がほ【折知り顔】(名・形動ナリ)《古》ちょうどよい潮時・時節を知っているような顔つき・ようす。

をりとりて…〔俳句〕〔をりとりて はらりとおもき すすきかな〕〈飯田蛇笏〉山道ですすきの美しさに、その一本を折り取ると、花穂がはらりと乱れて意外な重さを感じたことだ。(すすき 秋)

をんな-でら【女寺】《古》①尼寺。②女子だけを集めて教える寺子屋。

ん　ン

五十音図以外の仮名。「ん」は「无」または「毛」の草体。「ン」は「爾」の略体「尓」の上部。また、「二」からともいう。

ん語中に挿入されて語調を強める音。「お―なじ(同じ)」「乃公(＝このおれさまが)出でず―ば」

ん(格助)(格助詞「の」の転)→の(格助)

ん(助動)(推量の助動詞「む」の転)→む(助動)

ん(助動)(打ち消しの助動詞「ぬ」の転)→ぬ(助動-特殊型)

んす(助動-特殊型)《古》①(「しゃんす」の転)尊敬の意を表す。…なさる。②(「ます」の転)丁寧の意を表す。…ます。〔用法〕①は動詞(四段・ナ変)の未然形に、②は動詞・助動詞の連用形に付く。〔参考〕①、②ともに近世遊里で使われはじめた語。

んず(助動)《古》「むとす」に当たる語。「むず」とも。〔参考〕「むとす」の「と」が脱落した「むず」の転とも、推量の助動詞「む」の連用形に「み」があったと想定して、それにサ変動詞「す」が付いた「みす」の転ともする。⇩むず

ん-だ「のだ」のくだけた言い方。「仕事が終わった―」

ん-だ(感)《方》(東北地方などで)相手の発言を肯定するあいづちとして発する語。

んち【◇日】「日」の転。「一―」

ん-ち【ん◇家】「の家」の転。「君―」

ん-で(接助)「ので」のくだけた言い方。話し言葉で用いる。「疲れた―もう休みます」

ん-とこ【ん◇所】「の所」の転。「僕―の娘」

ん-ばかり①(「ぬばかり」の転)そうしないだけで、そうしているといってもほとんど同じであること。ぬばかり。ないばかり。「どうだと言わ―の得意顔」②(「ん」は文語の推量の助動詞)今にもそうしそうであること。「泣き出さ―の顔」⇩ばかり④

〔編集部〕　鈴木雄志　吉田伊公子　黒田聡　大霜真理子　望月敬子　本城綾

付　　録

目　次

国語表記の基準 …… 1654
- (一) 現代仮名遣い …… 1654
- (二) 送り仮名の付け方 …… 1656
- (三) くぎり符号の用い方 …… 1659
- (四) くり返し符号の用い方 …… 1661
- ◎外来語の表記について …… 1662
- ◎ローマ字のつづり方 …… 1665

国文法要覧 …… 1666
- 1 品詞分類表 …… 1666
- 2 動詞活用表 …… 1667
- 3 形容詞活用表 …… 1670
- 4 形容動詞活用表 …… 1670
- 5 助動詞活用表 …… 1671
- 6 助詞一覧表 …… 1673

人名用漢字一覧 …… 1676

常用漢字表「付表」 …… 1681

字体について …… 1682

季語集 …… 1684

手紙の書き方 …… 1690

世界文化史年表 …… 1694

数量呼称一覧 …… 1706

和歌・俳句索引 …… 1708

画引き 漢字・難読語一覧 …… 1710

度量衡表 …… 1720

方位・時刻表 …… 1721

干支順位表 …… 1721

アルファベット略語・略号集 …… 1743(1)～1722(22)

国語表記の基準

(一) 現代仮名遣い

（注） この「現代仮名遣い」は、昭和六十一年七月一日内閣告示の本文で、一般の社会生活において現代の国語を書き表すための仮名遣いのよりどころを示したものである。（平成二十二年十一月三十日内閣告示にて一部改正）

〔本文〕

凡例

1 原則に基づくきまりを第1に示し、表記の慣習による特例を第2に示した。

2 例は、おおむね平仮名書きとし、適宜、括弧内に漢字を示した。常用漢字表に掲げられていない漢字及び音訓には、それぞれ＊印及び△印をつけた。

第1 語を書き表すのに、現代語の音韻に従って、次の仮名を用いる。

ただし、傍線を施した仮名は、第2に示す場合にだけ用いるものである。

1 直音

あ い う え お
か き く け こ
さ し す せ そ
た ち つ て と
な に ぬ ね の
は ひ ふ へ ほ
ま み む め も
や ゆ よ
ら り る れ ろ
わ を

が ぎ ぐ げ ご
ざ じ ず ぜ ぞ
だ ぢ づ で ど
ば び ぶ べ ぼ
ぱ ぴ ぷ ぺ ぽ

例 あさひ（朝日） きく（菊） さくら（桜） ついやす（費）
にわ（庭） ふで（筆） もみじ（紅葉） ゆずる（譲） れきし（歴史）
わかば（若葉） えきか（液化） せいがくか（声楽家） さんぽ（散歩）

2 拗音

きゃ きゅ きょ
しゃ しゅ しょ
ちゃ ちゅ ちょ
にゃ にゅ にょ
ひゃ ひゅ ひょ
みゃ みゅ みょ
りゃ りゅ りょ

ぎゃ ぎゅ ぎょ
じゃ じゅ じょ
ぢゃ ぢゅ ぢょ
びゃ びゅ びょ
ぴゃ ぴゅ ぴょ

例 しゃかい（社会） しゅくじ（祝辞） かいじょ（解除）
りゃくが（略画）

〔注意〕 拗音に用いる「や、ゆ、よ」は、なるべく小書きにする。

3 撥音

ん

例 まなんで（学） みなさん しんねん（新年） しゅんぶん（春分）

4 促音

っ

例 はしって（走） かっき（活気） がっこう（学校） せっけん（石＊鹸）

〔注意〕 促音に用いる「つ」は、なるべく小書きにする。

5 長音

(1) ア列の長音 ア列の仮名に「あ」を添える。
例 おかあさん おばあさん

(2) イ列の長音 イ列の仮名に「い」を添える。
例 にいさん おじいさん

(3) ウ列の長音 ウ列の仮名に「う」を添える。
例 おさむうございます（寒） くうき（空気） ふうふ（夫婦）
うれしゅう存じます きゅうり ぼくじゅう（墨汁）
ちゅうもん（注文）

(4) エ列の長音 エ列の仮名に「え」を添える。
例 ねえさん ええ（応答の語）

(5) オ列の長音 オ列の仮名に「う」を添える。
例 おとうさん とうだい（灯台） わこうど（若人） おうむ
かおう（買） あそぼう（遊） おはよう（早）
おうぎ（扇） ほうる（放） とう（塔） よいでしょう
はっぴょう（発表） きょう（今日） ちょうちょう（＊蝶々）

第2 特定の語については、表記の慣習を尊重して、次のように書く。

1　助詞の「を」は、「を」と書く。
例　本を読む　岩をも通す　失礼をばいたしました
やむをえない　いわんや……をや　よせばよいものを
てにをは

2　助詞の「は」は、「は」と書く。
例　今日は日曜です　山では雪が降りました
あるいは　または　もしくは
いずれは　さては　ついては　ではさようなら　とはいえ
惜しむらくは　恐らくは　願わくは
これはこれは　こんにちは　こんばんは　悪天候もものかは
〔注意〕次のようなものは、この例にあたらないものとする。
いまわの際　すわ一大事　雨も降るわ風も吹くわ
来るわ来るわ　きれいだわ

3　助詞の「へ」は、「へ」と書く。
例　故郷へ帰る　……さんへ　母への便り　駅へは数分

4　動詞の「いう（言）」は、「いう」と書く。
例　ものをいう（言）　いうまでもない　昔々あったという
どういうふうに　人というもの　こういうわけ

5　次のような語は、「ぢ」「づ」を用いて書く。
(1)　同音の連呼によって生じた「ぢ」「づ」
例　ちぢみ（縮）　ちぢむ　ちぢれる　ちぢこまる
つづみ（鼓）　つづら　つづく（続）　つづめる（△約）
つづる（*綴）
〔注意〕「いちじく」「いちじるしい」は、この例にあたらない。
(2)　二語の連合によって生じた「ぢ」「づ」
例　はなぢ（鼻血）　そえぢ（添乳）　もらいぢち
そこぢから（底力）　ひぢりめん　いれぢえ（入知恵）
ちゃのみぢゃわん　まぢか（間近）　こぢんまり
ちかぢか（近々）　ちりぢり　みかづき（三日月）
たけづつ（竹筒）　たづな（手綱）　ともづな　にいづま（新妻）
けづめ　ひづめ　ひげづら
おこづかい（小遣）　あいそづかし　わしづかみ
こころづくし（心尽）　てづくり（手作）　こづつみ（小包）
ことづて
はこづめ（箱詰）　はたらきづめ　みちづれ（道連）
かたづく　こづく（小突）　どくづく　もとづく
うらづける　ゆきづまる　ねばりづよい
つねづね（常々）　つくづく　つれづれ
なお、次のような語については、現代語の意識では一般に二語に分解しにくいもの等として、それぞれ「じ」「ず」を用いて書くことを本則とし、「せかいぢゅう」「いなづま」のように「ぢ」「づ」を用いて書くこともできるものとする。
例　せかいじゅう（世界中）
いなずま（稲妻）　かたず（固唾）　きずな（*絆）
さかずき（杯）　ときわず　ほおずき
みみずく　うなずく　おとずれる（訪）
かしずく　つまずく　ぬかずく　ひざまずく　あせみずく
くんずほぐれつ　さしずめ　でずっぱり　なかんずく
うでずく　くろずくめ　ひとりずつ　ゆうずう（融通）
〔注意〕次のような語の中の「じ」「ず」は、漢字の音読みでもともと濁っているものであって、前記(1)、(2)のいずれにもあたらず、「じ」「ず」を用いて書く。
例　じめん（地面）　ぬのじ（布地）
ずが（図画）　りゃくず（略図）

6　次のような語は、オ列の仮名に「お」を添えて書く。
例　おおかみ　おおせ（仰）　おおやけ（公）　こおり（氷・△郡）
こおろぎ　ほお（頬・△朴）　ほおずき　ほのお（炎）
とお（十）　いきどおる（憤）　おおう（覆）　こおる（凍）
しおおせる　とおる（通）
とどこおる（滞）　もよおす（催）
いとおしい　おおい（多）　おおきい（大）　とおい（遠）
おおむね　おおよそ
これらは、歴史的仮名遣いでオ列の仮名に「ほ」又は「を」が続くものであって、オ列の長音として発音されるか、オ・オ、コ・オのように発音されるかにかかわらず、オ列の仮名に「お」を添えて書くものである。

付記
次のような語は、エ列の長音として発音されるか、エイ、ケイなどのように発音されるかにかかわらず、エ列の仮名に「い」を添えて書く。
例　かれい　せい（背）
かせいで（稼）　まねいて（招）　春めいて
へい（塀）　めい（銘）　れい（例）
えいが（映画）　とけい（時計）　ていねい（丁寧）

(二) 送り仮名の付け方

〔前書き〕（昭和四十八年六月十八日内閣告示。同五十六年十月一日、平成二十二年十一月三十日内閣告示にて一部改正）

一 この「送り仮名の付け方」は、法令・公用文書・新聞・雑誌・放送など、一般の社会生活において、「常用漢字表」の音訓によって現代の国語を書き表す場合の送り仮名の付け方のよりどころを示すものである。

二 この「送り仮名の付け方」は、科学・技術・芸術その他の各種専門分野や個々人の表記にまで及ぼそうとするものではない。

三 この「送り仮名の付け方」は、漢字を記号的に用いたり、表に記入したりする場合や、固有名詞を書き表す場合を対象としていない。

〈「本文」の見方及び使い方〉

一 この「送り仮名の付け方」の本文の構成は、次のとおりである。

単独の語

1 活用のある語

通則一（活用語尾を送る語に関するもの）

通則二（派生・対応の関係を考慮して、活用語尾の前の部分から送る語に関するもの）

2 活用のない語

通則三（名詞であって、送り仮名を付けない語に関するもの）

通則四（活用のある語から転じた名詞であって、もとの語の送り仮名の付け方によって送る語に関するもの）

通則五（副詞・連体詞・接続詞に関するもの）

複合の語

通則六（単独の語の送り仮名の付け方による語に関するもの）

通則七（慣用に従って送り仮名を付けない語に関するもの）

付表の語

一（送り仮名を付ける語に関するもの）

二（送り仮名を付けない語に関するもの）

二 通則とは、単独の語及び複合の語の別、活用のある語及び活用のない語の別等に応じて考えた送り仮名の付け方に関する基本的な法則をいい、必要に応じ、例外的な事項又は許容的な事項を加えてある。

したがって、各通則には、本則のほか、必要に応じて例外及び許容を設けた。ただし、通則七は、通則六の例外に当たるものであるが、該当する語が多数に上るので、別の通則として立てたものである。

三 この「送り仮名の付け方」で用いた用語の意義は、次のとおりである。

単独の語・・・漢字の音又は訓を単独に用いて、漢字一字で書き表す語をいう。

複合の語・・・漢字の訓と訓、音と訓などを複合させ、漢字二字以上を用いて書き表す語をいう。

付表の語・・・「常用漢字表」の付表に掲げてある語のうち、送り仮名の付け方が問題となる語をいう。

活用のある語・・・動詞・形容詞・形容動詞をいう。

活用のない語・・・名詞・副詞・連体詞・接続詞をいう。

本則・・・送り仮名の付け方の基本的な法則と考えられるものをいう。

例外・・・本則には合わないが、慣用として行われていると認められるものであって、本則によらず、これによるものをいう。

許容・・・本則による形とともに、慣用として行われていると認められるものであって、本則以外に、これによってよいものをいう。

四 単独の語及び複合の語を通じて、字音を含む語は、その字音の部分には送り仮名を要しないのであるから、必要のない限り触れていない。

五 各通則において、送り仮名の付け方が許容によることのできる語については、本則又は許容のいずれに従ってもよいが、個々の語に適用するに当たって、許容に従ってよいかどうか判断し難い場合には、本則によるものとする。

〔本文〕

単独の語

一 活用のある語

〈通則 一〉

本則 活用のある語（通則二を適用する語を除く。）は、活用語尾を送る。

〔例〕 憤る 承る 書く 実る 催す
生きる 陥れる 考える 助ける
荒い 潔い 賢い 濃い 主だ

例外 (1) 語幹が「し」で終わる形容詞は、「し」から送る。

〔例〕 著しい 惜しい 悔しい 恋しい 珍しい

(2) 活用語尾の前に「か」、「やか」、「らか」を含む形容動詞は、その音節から送る。

〔例〕 暖かだ 細かだ 静かだ 穏やかだ 健やかだ 和やかだ
明らかだ 平らかだ 滑らかだ 柔らかだ

(3) 次の語は、次に示すように送る。

明らむ　味わう　哀れむ　慈しむ　教わる　脅かす（おどかす）　脅かす（おびやかす）　関わる　食らう　異なる　逆らう　捕まる　群がる
和らぐ　揺する　明るい　危ない　危うい　大きい　少ない　小さい
冷たい　平たい　新ただ　同じだ　盛んだ　平らだ　懇ろだ　惨めだ
哀れだ　幸いだ　幸せだ　巧みだ

許容　次の語は、（　）の中に示すように、活用語尾の前の音節から送ることができる。

表す（表わす）　著す（著わす）　現れる（現われる）
行う（行なう）　断る（断わる）　賜る（賜わる）

（注意）語幹と活用語尾との区別がつかない動詞は、例えば、「着る」、「寝る」、「来る」などのように送る。

〈通則　二〉

本則　活用語尾以外の部分に他の語を含む語は、含まれている語の送り仮名の付け方によって送る。（含まれている語を〔　〕の中に示す。）

例　(1) 動詞の活用形又はそれに準ずるものを含むもの。

動かす〔動く〕　照らす〔照る〕　語らう〔語る〕
計らう〔計る〕　向かう〔向く〕　浮かぶ〔浮く〕
生まれる〔生む〕　押さえる〔押す〕　捕らえる〔捕る〕
勇ましい〔勇む〕　輝かしい〔輝く〕　喜ばしい〔喜ぶ〕
晴れやかだ〔晴れる〕　及ぼす〔及ぶ〕　積もる〔積む〕
聞こえる〔聞く〕　頼もしい〔頼む〕
起こる〔起きる〕　落とす〔落ちる〕　暮らす〔暮れる〕
冷やす〔冷える〕　当たる〔当てる〕　終わる〔終える〕
変わる〔変える〕　集まる〔集める〕　定まる〔定める〕
連なる〔連ねる〕　交わる〔交える〕
混ざる・混じる〔混ぜる〕　恐ろしい〔恐れる〕

(2) 形容詞・形容動詞の語幹を含むもの。

重んずる〔重い〕　若やぐ〔若い〕
怪しむ〔怪しい〕　悲しむ〔悲しい〕　苦しがる〔苦しい〕
確かめる〔確かだ〕
重たい〔重い〕　憎らしい〔憎い〕　古めかしい〔古い〕
細かい〔細かだ〕　柔らかい〔柔らかだ〕
清らかだ〔清い〕　高らかだ〔高い〕　寂しげだ〔寂しい〕

(3) 名詞を含むもの。

汗ばむ〔汗〕　先んずる〔先〕　春めく〔春〕
男らしい〔男〕　後ろめたい〔後ろ〕

許容　読み間違えるおそれのない場合は、活用語尾以外の部分について、次の（　）の中に示すように、送り仮名を省くことができる。

例　浮かぶ（浮ぶ）　生まれる（生れる）　押さえる（押える）
捕らえる（捕える）　晴れやかだ（晴やかだ）
積もる（積る）　聞こえる（聞える）
起こる（起る）　落とす（落す）　暮らす（暮す）
当たる（当る）　終わる（終る）　変わる（変る）

（注意）次の語は、それぞれ〔　〕の中に示す語を含むものとは考えず、通則一によるものとする。

明るい〔明ける〕　荒い〔荒れる〕　悔しい〔悔いる〕
恋しい〔恋う〕

二　活用のない語

〈通則　三〉

本則　名詞（通則四を適用する語を除く。）は、送り仮名を付けない。

例　月　鳥　花　山　男　女　彼　何

例外　(1) 次の語は、最後の音節を送る。

辺り　哀れ　勢い　幾ら　後ろ　傍ら　幸い　幸せ　全て　互い
便り　半ば　情け　斜め　独り　誉れ　自ら　災い

(2) 数をかぞえる「つ」を含む名詞は、その「つ」を送る。

例　一つ　二つ　三つ　幾つ

〈通則　四〉

本則　活用のある語から転じた名詞及び活用のある語に「さ」、「み」、「げ」などの接尾語が付いて名詞になったものは、もとの語の送り仮名の付け方によって送る。

例　(1) 活用のある語から転じたもの。

動き　仰せ　恐れ　薫り　曇り　調べ　届け　願い　晴れ
当たり　代わり　向かい　狩り　答え　問い　祭り　群れ
憩い　愁い　憂い　香り　極み　初め　近く　遠く

(2)「さ」、「み」、「げ」などの接尾語が付いたもの。

暑さ　大きさ　正しさ　確かさ
明るみ　重み　憎しみ　惜しげ

例外　次の語は、送り仮名を付けない。

謡　虞　趣　氷　印　頂　帯　畳
卸　煙　恋　志　次　隣　富　恥　話　光　舞
折　係　掛（かかり）　組　肥　並（なみ）　巻　割

（注意）ここに掲げた「組」は、「花の組」、「赤の組」などのように使った場合の「くみ」であり、例えば、「活字の組みがゆるむ。」などとして使う場合の「くみ」を意味するものではない。「光」、「折」、「係」なども、同様に動詞の意識が残っているような使い方の場合は、この例外に該当しない。したがって、本則を適用して送り仮名を付ける。

許容　読み間違えるおそれのない場合は、次の（　）の中に示すように、送り仮名を省くことができる。

例 曇り（曇）　届け（届）　願い（願）　晴れ（晴）
当たり（当り）　代わり（代り）　向かい（向い）
狩り（狩）　答え（答）　問い（問）　祭り（祭）　群れ（群）
憩い（憩）

〈通則　五〉

本則　副詞・連体詞・接続詞は、最後の音節を送る。

例 必ず　更に　少し　既に　再び　全く　最も
来る　去る　及び　且つ　但し

例外　(1) 次の語は、次に示すように送る。
明くる　大いに　直ちに　並びに　若しくは
(2) 次の語は、送り仮名を付けない。
又
(3) 次のように、他の語を含む語は、含まれている語の送り仮名の付け方によって送る。（含まれている語を〔　〕の中に示す。）
例 併せて〔併せる〕　至って〔至る〕　恐らく〔恐れる〕
従って〔従う〕　絶えず〔絶える〕　例えば〔例える〕
努めて〔努める〕　辛うじて〔辛い〕　少なくとも〔少ない〕
互いに〔互い〕　必ずしも〔必ず〕

複合の語

〈通則　六〉

本則　複合の語（通則七を適用する語を除く。）の送り仮名は、その複合の語を書き表す漢字の、それぞれの音訓を用いた単独の語の送り仮名の付け方による。

例 (1) 活用のある語
書き抜く　流れ込む　申し込む　打ち合わせる
向かい合わせる　長引く　若返る　裏切る　旅立つ
聞き苦しい　薄暗い　草深い　心細い　待ち遠しい
軽々しい　若々しい　女々しい　気軽だ　望み薄だ
(2) 活用のない語
石橋　竹馬　山津波　後ろ姿　斜め左　花便り　独り言　卸商　水煙
目印
田植え　封切り　物知り　落書き　雨上がり　墓参り　日当たり　夜明かし　先駆け　巣立ち　手渡し
入り江　飛び火　教え子　合わせ鏡　生き物　落ち葉　預かり金
寒空　深情け　愚か者
行き帰り　伸び縮み　乗り降り　抜け駆け　作り笑い　暮らし向き
売り上げ　取り扱い　乗り換え　引き換え　歩み寄り　申し込み　移り変わり　長生き　早起き　苦し紛れ　大写し
粘り強さ　有り難み　待ち遠しさ
乳飲み子　無理強い　立ち居振る舞い　呼び出し電話
次々　常々　近々　深々　休み休み　行く行く

許容　読み間違えるおそれのない場合は、次の（　）の中に示すように、送り仮名を省くことができる。

例 書き抜く（書抜く）　申し込む（申込む）　打ち合わせる（打ち合せる・打合せる）　向かい合わせる（向い合せる）　聞き苦しい（聞苦しい）　待ち遠しい（待遠しい）
田植え（田植）　封切り（封切）　落書き（落書）　雨上がり（雨上り）　日当たり（日当り）　夜明かし（夜明し）
入り江（入江）　飛び火（飛火）　合わせ鏡（合せ鏡）　預かり金（預り金）
抜け駆け（抜駆け）　暮らし向き（暮し向き）　売り上げ（売上げ・売上）　取り扱い（取扱い・取扱）　乗り換え（乗換え・乗換）　引き換え（引換え・引換）　申し込み（申込み・申込）　移り変わり（移り変り）　有り難み（有難み）　待ち遠しさ（待遠しさ）
立ち居振る舞い（立ち居振舞い・立ち居振舞・立居振舞）　呼び出し電話（呼出し電話・呼出電話）

（注意）「こけら落とし（こけら落し）」、「さび止め」、「洗いざらし」、「打ちひも」のように、前又は後ろの部分を仮名で書く場合は、他の部分については、単独の語の送り仮名の付け方による。

〈通則　七〉

複合の語のうち、次のような名詞は、慣用に従って、送り仮名を付けない。

例 (1) 特定の領域の語で、慣用が固定していると認められるもの。
ア　地位・身分・役職等の名。
関取　頭取　取締役　事務取扱
イ　工芸品の名に用いられた「織」、「染」、「塗」等。
《博多》織　《型絵》染　《春慶》塗　《鎌倉》彫　《備前》焼

ウ　その他。

書留　気付　切手　消印　小包　振替　切符　踏切
請負　売値　買値　仲買　歩合　両替　割引　組合　手当
倉敷料　作付面積
売上（高）　貸付（金）　借入（金）　繰越（金）　小売（商）
積立（金）　取扱（所）　取扱（注意）　取次（店）　取引（所）
乗換（駅）　乗組（員）　引受（人）　引受（時刻）　引換（券）
（代金）引換　振出（人）　待合（室）　見積（書）　申込（書）

(2)　一般に、慣用が固定していると認められるもの。

奥書　木立　子守　献立　座敷　試合　字引　場合　羽織　葉巻
番組　番付　日付　水引　物置　物語　役割　屋敷　夕立　割合
合図　合間　植木　置物　織物　貸家　敷石　敷地　敷物　立場
建物　並木　巻紙　受付　受取　浮世絵　絵巻物　仕立屋

〔注意〕

(1)「《博多》織」、「売上《高》」などのようにして掲げたものは、（　）の中を他の漢字で置き換えた場合にも、この通則を適用する。

(2)通則七を適用する語は、例として挙げたものだけで尽くしてはいない。したがって、慣用が固定していると認められる限り、類推して同類の語にも及ぼすものである。通則七を適用してよいかどうか判断し難い場合には、通則六を適用する。

＜付表の語＞

「常用漢字表」の「付表」に掲げてある語のうち、送り仮名の付け方が問題となる次の語は、次のようにする。

一　次の語は、次に示すように送る。

浮つく　お巡りさん　差し支える　立ち退く　手伝う
最寄り

なお、次の語は、（　）の中に示すように、送り仮名を省くことができる。

差し支える（差支える）　立ち退く（立退く）

二　次の語は、送り仮名を付けない。

息吹　桟敷　時雨　築山　名残　雪崩　吹雪　迷子　行方

㈢　くぎり符号の用い方

くぎり符号は、文章の構造や語句の関係を明らかにするために用いる。くぎり符号については、昭和二十一年三月文部省国語調査室編「くぎり符号の使ひ方〔句読法〕（案）」がある。

(1)　＜主として縦書きに用いるもの＞

「。」（マル）〔句点〕

①マルは文の終止にうつ。正序・倒置・述語省略など、その他、すべて文の終止にうつ。

例　春が来た。　出た、出た、月が。　どうぞ、こちらへ。

②「　」（カギ）の中でも文の終止にはうつ。

例　「どちらへ。」　「上野まで。」

③引用語にはうたない。

例　これが有名な「月光の曲」です。

④引用語の内容が文の形式をなしていても簡単なものにはうたない。

例　「気をつけ」の姿勢でジーッと注目する。

⑤文の終止で、カッコをへだててうつことがある。

例　このことは、すでに第三章で説明した（五七頁参照）。

⑥付記的な一節を全部カッコでかこむ場合には、もちろんその中にマルが入る。

例　それには応永三年云々の識語がある。（この識語のことについては後に詳しく述べる。）

(2)　「、」（テン）〔読点〕

①テンは、第一の原則として文の中止にうつ。

例　父も喜び、母も喜んだ。

②終止の形をとっていても、その文意が続く場合にはテンをうつ。ただし、他のテンとのつり合い上、この場合にマルをうつこともある。

例　父も喜んだ、母も喜んだ。
クリモキマシタ、ハチモキマシタ、ウスモキマシタ。

〔付記〕この項のテンは、言わば、半終止符ともいうべきものであるから、将来、特別の符号（例えば「。（しろてん）」のごときもの）が広く行われるようになることは望ましい。

③テンは、第二の原則として、副詞的語句の前後にうつ。その上で、口調の上から不必要なものを消すのである。（次の例における、「お尋ねの件について」、「やはり」の二つのテンのごときもの）

例　昨夜、帰宅以来、お尋ねの件について、当時の日誌を調べて見ましたところ、やはり、そのとき申し上げた通りでありました。
お寺の小僧になって間もない頃、ある日、おしょうさんから大そうしかられました。
ワタクシハ、オニガシマヘ、オニタイジニ　イキマスカラ、

〔付記〕この項の趣旨は、テンではさんだ語句を飛ばして読んでみても、一応、文脈が通るようにうつのである。これがテンの打ち方における最も重要な、一ばん多く使われる原則であって、この原則の範囲内でそれぞれの文に従い適当に調節するのである。なお、接続詞、感嘆詞、また、呼びかけや返事の「はい」「いいえ」など、すべて副詞的語句の中に入る。

④形容詞的語句が重なる場合にも、前項の原則に準じてテンをうつ。

例 くじゃくは、長い、美しい尾をおうぎのようにひろげました。
静かな、明るい、高原の春です。

⑤右の場合、第一の形容詞的語句の下だけにうってよいことがある。

例 まだ火のよく通らない、生のでんぷん粒のあるくず湯を飲んで、
村はずれにある、うちの雑木山を開墾しはじめてから、

⑥語なり、意味なりが付着して、読み誤る恐れがある場合にうつ。

例 弾き終わって、ベートーベンは、つと立ち上がった。
よく晴れた夜、空を仰ぐと、　実はその、外でもありませんが、

⑦テンは読みの間をあらわす。

例 「かん、かん、かん。」

⑧提示した語の下にうつ。

例 秋祭、それは村人にとって最も楽しい日です。
香具山・畝火山・耳梨山、これを大和の三山という。

⑨ナカテンと同じ役目に用いるが、特にテンでなくては、かえって読み誤り易い場合がある。

例 まつ、すぎ、ひのき、けやきなど
天地の公道、人倫の常経

⑩対話または引用文のカギの前にうつ。

例 さっきの槍ケ岳が、「ここまでおいで。」というように、

⑪対話または引用文の後を「と」で受けて、その下にテンをうつのに二つの場合がある。

「といって、」「と思って、」などの「と」にはうたない。

「と、花子さんは」というように、その「と」の下に主格や、または他の語が来る場合にはうつのである。


例 「なんという貝だろう。」といって、みんなで、いろいろ貝の名前を思い出してみましたが、

「先生に聞きに行きましょう。」と、花子さんは、その貝をもって、先生のところへ走って行きました。

「おめでとう。」「おめでとう。」と、互いに言葉をかわしながら……

⑫並列の「と」「も」をともなって主語が重なる場合には原則としてうつが、必要でない限りは省略する。

例 父と、母と、兄と、姉と、私との五人で、(父と母と兄と姉と私との五人で、) 父も、母も、兄も、姉も、(父も母も兄も姉も、)

⑬数字の位取りにうつ。

例 (ア) 一、二三五(円)　(イ) 一、二三四、五六七、八九〇
(ウ) 一二(億)、三四五六(万)、七八九〇

〔付記〕現行の簿記法では例(ア)、(イ)のごとくうつが、わが国の計数法によれば、例(イ)は(ウ)のごとくうつのが自然である。

(3) 「・」(ナカテン)

①ナカテンは、単語の並列の間にうつ。

例 まつ・すぎ・ひのき・けやきなど、
むら雲・おぼろ雲は、巻雲や薄雲・いわし雲などよりも低く、

②ただし、右のナカテンの代わりにテンをうつこともある。

例 まつ、すぎ、ひのき、けやきなど、

③テンとナカテンとを併用して、その対照的効果をねらうことがある。

例 明日、東京を立って、静岡、浜松、名古屋、大阪・京都・神戸、岡山、広島を六日の予定で見て来ます。

④主格の助詞「が」を省略した場合には、ナカテンでなくテンをうつ。

例 米、英・仏と協商〔新聞の見出し例〕

⑤熟語的語句を成す場合にはナカテンをうたないのが普通である。

例 英仏両国　英独仏三国

⑥小数点に用いる。

例 一三・五

⑦年月日の言い表しに用いる。

例 昭和二一・三・一八　二・二六事件

⑧外来語のくぎりに用いる。

例 テーブル・スピーチ

⑨外国人名のくぎりに用いる。

例 アブラハム・リンカーン

〔付記〕外国人名の並列にはテンを用いる。

例 ジョージ・ワシントン、アブラハム・リンカーン

(4) 「 」(カギ) 『 』(フタエカギ)

①カギは、対話・引用語・題目、その他、特に他の文と分けたいと思う語句に用いる。これにフタエカギを用いることもある。

例 「お早う。」　国歌「君が代」

俳句で「雲の峰」というのも、この入道雲です。

この類の語には「牛耳る」「テクる」「サボる」などがある。

②カギの中にさらにカギを用いたい場合は、フタエカギを用いる。

例「さっきお出かけの途中、『なにかめずらしい本はないか。』とお立寄りくださいました。」

③カギの代わりに〃 〃を用いることがある。〃 〃をノノカギと呼ぶ。

例 これが雑誌〃日本〃の生命である。

(5) （ ）（カッコ）　( )（ヨコガッコ）

①カッコは注釈的語句をかこむ。

例 広日本文典（明治三十年刊）

②編集上の注意書きや署名などをかこむ。

例（その一）（第二回）（承前）（続き）（完）（終）（未完）（続く）（山田）

③ヨコガッコは箇条書きの場合、その番号をかこむ。

例 (一) (イ) (a)

〔付記〕なお各種のカッコを適当に用いる。その呼び名を左に掲げる。

《 》 フタエガッコ　〔 〕 ソデガッコ

［ ］ カクガッコ　【 】 カメノコガッコ

(6) 「?」（疑問符）

①疑問符は、原則として普通の文には用いない。ただし必要に応じて疑問の口調を示す場合に用いる。

例「ええ？ なんですって？」

②質問や反問の言葉調子の時に用いる。

例「そういたしますと、やがて竜宮へお着きになるでしょう。」

「竜宮へ？」

③漫画などで無言で疑問の意をあらわす時に用いる。

(7) 「!」（感嘆符）

①感嘆符も普通の文には原則として用いない。ただし、必要に応じて感動の気持ちをあらわした場合に用いる。

例「ちがう、ちがう、ちがうぞ！」

②強め、驚き、皮肉などの口調をあらわした場合に用いる。

例 放送のとき、しきりに紹介の「さん」づけを止して「し」にしてくれというので、よくきいてみると、なんと、それは「氏」でなくて「師」であった！

＜主として横書きに用いるもの＞

(1) 「.」（ピリオド）

ピリオドは、ローマ字文では終止符として用いるが、横書きの漢字交じりかな文では、普通には、ピリオドの代わりにマルをうつ。

例 春が来た。　出た, 出た, 月が。

(2) 「,」（コンマ）　「:」（コロン）　「;」（セミコロン）

テン又はナカテンの代わりに、コンマ又はセミコロンを適当に用いる。

例 まつ・すぎ・ひのき・けやきなど

まつ, すぎ, ひのき, けやきなど,

明日, 東京を立って, 静岡, 浜松, 名古屋, 大阪・京都・神戸, 岡山, 広島を六日の予定で見て来ます。

静岡；浜松；名古屋；大阪, 京都, 神戸；岡山；広島を

四 くり返し符号の用い方

くり返し符号は、「々」以外は、できるだけ使わないようにするのが望ましい。なお昭和二十一年三月文部省国語調査室編「くりかへし符号の使ひ方〔をどり字法〕（案）」がある。

(1) 「ゝ」（一つ点）

①一つ点は、その上のかな一字の全字形（濁点をふくむ）を代表する。ゆえに、熟語になってにごる場合には濁点をうつが、濁音のかなを代表する場合にはうたない。

例 ちゝ　はゝ　たゞ　ほゞ　じゝ　ばゝ

②「こゝろ」「つゝみ」などを熟語にしてにごる場合には、その「ゝ」をかなに書き改める。

例 づつ　小包（こづつみ）　真心（まごころ）　案内がかり　気がかり　くまざさ

〔備考〕「ゝ」は「〻」をさらに簡略にしたものである。

(2) 「〱」（くの字点）

「〱」は、二字以上のかな、またはかな交じり語句を代表する。

例 いよ〱　ます〱　しみ〲　それ〲

しげ〱　しば〱　ばら〱　ごろ〱

一つ〱　思い〱　散り〲　代わる〲

知らず〱　くり返し〱　ひらり〱　エッサッサ〱

〔備考〕「〱」は「ゝゝ」「ゝ〱」を経て「〱」となったものである。

(3) 「々」（同の字点）「々」は漢字一字を代表する。

例 世々（よゝ）　個々（こゝ）　日々（ひゞ）　我々（われ〱）　近々（きん〱）　近々（ちか〲）　正々　堂々

年々　歳々　一歩々々　賛成々々　双葉山々々

〔備考〕「々」は「仝」の字から転化したものと考えられている。

(4) 「ゝ 〻」（二の字点）

①「〻」は、手写では「々」と同価に用いられるが、活字印刷では「々」の方が用いられる。

例 草〻　草々

②活字印刷で用いる「ゝ」は「〻」の別体であるが、その働きは、上の一字を重ねて訓読みにすべきことを示すものである。（〔備考〕参照）

例 稍ゝ（やゝ）　略ゝ（ほゞ）　愈ゝ（いよ〳〵）　各ゝ（おの〳〵）
旁ゝ（かた〴〵）　交ゝ（こも〴〵）　屢ゝ（しば〳〵）
抑ゝ（そも〳〵）　偶ゝ（たま〳〵）　熟ゝ（つら〳〵）
熟ゝ（つく〴〵）　益ゝ（ます〳〵）

③「唯（ただ）」は「唯ゝ」とは書かない。

例 唯（たゞ）

④「各（おの）〳〵の」「諸（もろ）〳〵の」は「ゝ」がなくても読みうるが、普通には「ゝ」をつける。

例 各（おの〳〵）の意見　　諸（もろ〳〵）の国
各ゝ（おの〳〵）意見を持ち寄って

⑤「ゝ」は「々」で代用される。殊に「多々益々」ではかならず「々」を書く。

例 各々（おの〳〵）　益々（ます〳〵）

〔備考〕「〻」は「二」の草書体から転化したものと考えられている。それを小さくして右に片寄せたのが即ち「ゝ」である。

〔付記〕②③④⑤の例の類の語は、なるべくかなで書く方がよい。

(5)「〃」（ノノ点）「〃」は簿記にも文章にも用いる。

例 甲案を可とするもの　一二八
乙案　〃　三一九
丙案　〃　二六五

〔備考〕「〃」は外国語で用いられる「〃」から転化したものであり、その意味はイタリア語のDitto即ち「同上」ということである。なお国によって「〃」の形を用いる。

◎外来語の表記について

〔平成三年六月二十八日　内閣告示〕

本文

「外来語の表記」に用いる仮名と符号の表

1 **第1表**に示す仮名は、外来語や外国の地名・人名を書き表すのに一般的に用いる仮名とする。

2 **第2表**に示す仮名は、外来語や外国の地名・人名を原音や原つづりになるべく近く書き表そうとする場合に用いる仮名とする。

3 **第1表・第2表**に示す仮名では書き表せないような、特別な音の書き表し方については、ここでは取決めを行わず、自由とする。

4 **第1表・第2表**によって語を書き表す場合には、おおむね留意事項を適用する。

第1表

ア	イ	ウ	エ	オ					
カ	キ	ク	ケ	コ				シェ	
サ	シ	ス	セ	ソ				チェ	
タ	チ	ツ	テ	ト	ツァ			ツェ	ツォ
ナ	ニ	ヌ	ネ	ノ		ティ			
ハ	ヒ	フ	ヘ	ホ	ファ	フィ		フェ	フォ
マ	ミ	ム	メ	モ				ジェ	
ヤ		ユ		ヨ		ディ			
ラ	リ	ル	レ	ロ			デュ		
ワ									
ガ	ギ	グ	ゲ	ゴ					
ザ	ジ	ズ	ゼ	ゾ					
ダ			デ	ド					
バ	ビ	ブ	ベ	ボ					
パ	ピ	プ	ペ	ポ					
キャ		キュ		キョ					
シャ		シュ		ショ					
チャ		チュ		チョ					
ニャ		ニュ		ニョ					
ヒャ		ヒュ		ヒョ					
ミャ		ミュ		ミョ					
リャ		リュ		リョ					
ギャ		ギュ		ギョ					
ジャ		ジュ		ジョ					
ビャ		ビュ		ビョ					
ピャ		ピュ		ピョ					
ン（撥（はつ）音）									
ッ（促音）									
ー（長音符号）									

第2表

			イェ	
	ウィ		ウェ	ウォ
クァ	クィ		クェ	クォ
	ツィ			
		トゥ		
グァ				
		ドゥ		
ヴァ	ヴィ	ヴ	ヴェ	ヴォ
		テュ		
		フュ		
		ヴュ		

留意事項その1（原則的な事項）

1 この「外来語の表記」では、外来語や外国の地名・人名を片仮名で書き表す場合のことを扱う。

2 「ハンカチ」と「ハンケチ」、「グローブ」と「グラブ」のように、語形にゆれのあるものについて、その語形をどちらかに決めようとはしていない。

3 語形やその書き表し方については、慣用が定まっているものはそれによる。分野によって異なる慣用が定まっている場合には、それぞれの慣用によって差し支えない。

4 国語化の程度の高い語は、おおむね第1表に示す仮名で書き表すことができる。一方、国語化の程度がそれほど高くない語、ある程度外国語に近く書き表す必要のある語――特に地名・人名の場合――は、第2表に示す仮名を用いて書き表すことができる。

5 第2表に示す仮名を用いる必要がない場合は、第1表に示す仮名の範囲で書き表すことができる。

例　イェ→イエ　ウォ→ウオ　トゥ→ツ、ト　ヴァ→バ

6 特別な音の書き表し方については、取決めを行わず、自由とすることとしたが、その中には、例えば、「スィ」「ズィ」「グィ」「グェ」「グォ」「キェ」「ニェ」「ヒェ」「フョ」「ヴョ」等の仮名が含まれる。

留意事項その2（細則的な事項）

以下の各項に示す語例は、それぞれの仮名の用法の一例として示すものであって、その語をいつもそう書かなければならないことを意味するものではない。語例のうち、地名・人名には、それぞれ（地）、（人）の文字を添えた。

I　第1表に示す「シェ」以下の仮名に関するもの

1 「シェ」「ジェ」は、外来音シェ、ジェに対応する仮名である。

〔例〕シェーカー　シェード　ジェットエンジン　ダイジェスト
シェフィールド（地）　アルジェリア（地）
シェークスピア（人）　ミケランジェロ（人）

注 「セ」「ゼ」と書く慣用のある場合は、それによる。

〔例〕ミルクセーキ　ゼラチン

2 「チェ」は、外来音チェに対応する仮名である。

〔例〕チェーン　チェス　チェック
マンチェスター（地）　チェーホフ（人）

3 「ツァ」「ツェ」「ツォ」は、外来音ツァ、ツェ、ツォに対応する仮名である。

〔例〕コンツェルン　シャンツェ　カンツォーネ
フィレンツェ（地）　モーツァルト（人）　ツェッペリン（人）

4 「ティ」「ディ」は、外来音ティ、ディに対応する仮名である。

〔例〕ティーパーティー　ボランティア　ディーゼルエンジン
ビルディング　アトランティックシティー（地）
ノルマンディー（地）　ドニゼッティ（人）　ディズニー（人）

注1 「チ」「ジ」と書く慣用のある場合は、それによる。

〔例〕エチケット　スチーム　プラスチック　スタジアム
スタジオ　ラジオ　チロル（地）　エジソン（人）

注2 「テ」「デ」と書く慣用のある場合は、それによる。

〔例〕ステッキ　キャンデー　デザイン

5 「ファ」「フィ」「フェ」「フォ」は、外来音ファ、フィ、フェ、フォに対応する仮名である。

〔例〕ファイル　フィート　フェンシング　フォークダンス
バッファロー（地）　フィリピン（地）　フェアバンクス（地）
カリフォルニア（地）　ファーブル（人）
マンスフィールド（人）　エッフェル（人）　フォスター（人）

注1 「ハ」「ヒ」「ヘ」「ホ」と書く慣用のある場合は、それによる。

〔例〕セロハン　モルヒネ　プラットホーム
ホルマリン　メガホン

注2 「ファン」「フィルム」「フェルト」等は、「フアン」「フイルム」「フエルト」と書く慣用もある。

6 「デュ」は、外来音デュに対応する仮名である。

〔例〕デュエット　プロデューサー　デュッセルドルフ（地）
デューイ（人）

注 「ジュ」と書く慣用のある場合は、それによる。

〔例〕ジュース（deuce）　ジュラルミン

II　第2表に示す仮名に関するもの

第2表に示す仮名は、原音や原つづりになるべく近く書き表そうとする場合に用いる仮名で、これらの仮名を用いる必要がない場合は、一般的に、第1表に示す仮名の範囲で書き表すことができる。

1 「イェ」は、外来音イェに対応する仮名である。

〔例〕イェルサレム（地）　イェーツ（人）

注 一般的には、「イエ」又は「エ」と書くことができる。

〔例〕エルサレム（地）　イエーツ（人）

2 「ウィ」「ウェ」「ウォ」は、外来音ウィ、ウェ、ウォに対応する仮名である。

〔例〕ウィスキー　ウェディングケーキ　ストップウォッチ
ウィーン（地）　スウェーデン（地）　ミルウォーキー（地）
ウィルソン（人）　ウェブスター（人）　ウォルポール（人）

注1　一般的には、「ウイ」「ウエ」「ウオ」と書くことができる。
〔例〕ウイスキー　ウイット　ウエディングケーキ　ウエハース
ストップウオッチ
注2　「ウ」を省いて書く慣用のある場合は、それによる。
〔例〕サンドイッチ　スイッチ　スイートピー
注3　地名・人名の場合は、「ウィ」「ウェ」「ウォ」と書く慣用が強い。
3　「クァ」「クィ」「クェ」「クォ」は、外来音クァ、クィ、クェ、クォに対応する仮名である。
〔例〕クァルテット　クィンテット　クェスチョンマーク　クォータリー
注1　一般的には、「クア」「クイ」「クエ」「クオ」又は「カ」「キ」「ケ」「コ」と書くことができる。
〔例〕クアルテット　クインテット　クエスチョンマーク　クオータリー
カルテット　レモンスカッシュ　キルティング　イコール
注2　「クァ」は、「クヮ」と書く慣用もある。
4　「グァ」は、外来音グァに対応する仮名である。
〔例〕グァテマラ（地）　パラグァイ（地）
注1　一般的には、「グア」又は「ガ」と書くことができる。
〔例〕グアテマラ（地）　パラグアイ（地）　ガテマラ（地）
注2　「グァ」は、「グヮ」と書く慣用もある。
5　「ツィ」は、外来音ツィに対応する仮名である。
〔例〕ソルジェニーツィン（人）　ティツィアーノ（人）
注　一般的には、「チ」と書くことができる。
〔例〕ライプチヒ（地）　ティチアーノ（人）
6　「トゥ」「ドゥ」は、外来音トゥ、ドゥに対応する仮名である。
〔例〕トゥールーズ（地）　ハチャトゥリヤン（人）　ヒンドゥー教
注　一般的には、「ツ」「ズ」又は「ト」「ド」と書くことができる。
〔例〕ツアー（tour）　ツーピース　ツールーズ（地）　ヒンズー教
ハチャトリヤン（人）　ドビュッシー（人）
7　「ヴァ」「ヴィ」「ヴ」「ヴェ」「ヴォ」は、外来音ヴァ、ヴィ、ヴ、ヴェ、ヴォに対応する仮名である。
〔例〕ヴァイオリン　ヴィーナス　ヴェール
ヴィクトリア（地）　ヴェルサイユ（地）　ヴォルガ（地）
ヴィヴァルディ（人）　ヴラマンク（人）　ヴォルテール（人）
注　一般的には、「バ」「ビ」「ブ」「ベ」「ボ」と書くことができる。
〔例〕バイオリン　ビーナス　ベール
ビクトリア（地）　ベルサイユ（地）　ボルガ（地）
ビバルディ（人）　ブラマンク（人）　ボルテール（人）
8　「テュ」は、外来音テュに対応する仮名である。
〔例〕テューバ（楽器）　テュニジア（地）
注　一般的には、「チュ」と書くことができる。
〔例〕コスチューム　スチュワーデス　チューバ　チューブ
チュニジア（地）
9　「フュ」は、外来音フュに対応する仮名である。
〔例〕フュージョン　フュン島（地・デンマーク）　ドレフュス（人）
注　一般的には、「ヒュ」と書くことができる。
〔例〕ヒューズ
10　「ヴュ」は、外来音ヴュに対応する仮名である。
〔例〕インタヴュー　レヴュー　ヴュイヤール（人・画家）
注　一般的には、「ビュ」と書くことができる。
〔例〕インタビュー　レビュー　ビュイヤール（人）

Ⅲ　撥音、促音、長音その他に関するもの

1　撥音は、「ン」を用いて書く。
〔例〕コンマ　シャンソン　トランク　メンバー　ランニング
ランプ　ロンドン（地）　レンブラント（人）
注1　撥音を入れない慣用のある場合は、それによる。
〔例〕イニング（←インニング）　サマータイム（←サンマータイム）
注2　「シンポジウム」を「シムポジウム」と書くような慣用もある。
2　促音は、小書きの「ッ」を用いて書く。
〔例〕カップ　シャッター　リュックサック　ロッテルダム（地）
バッハ（人）
注　促音を入れない慣用のある場合は、それによる。
〔例〕アクセサリー（←アクセッサリー）
フィリピン（地）（←フィリッピン）
3　長音は、原則として長音符号「ー」を用いて書く。
〔例〕エネルギー　オーバーコート　グループ　ゲーム　ショー
テーブル　パーティー　ウェールズ（地）　ポーランド（地）
ローマ（地）　ゲーテ（人）　ニュートン（人）
注1　長音符号の代わりに母音字を添えて書く慣用もある。
〔例〕バレエ（舞踊）　ミイラ
注2　「エー」「オー」と書かず、「エイ」「オウ」と書くような慣用のある場合は、それによる。

〔例〕エイト　ペイント　レイアウト　スペイン（地）
ケインズ（人）　サラダボウル　ボウリング（球技）

注3　英語の語末の -er, -or, -ar などに当たるものは、原則としてア列の長音とし長音符号「ー」を用いて書き表す。ただし、慣用に応じて「ー」を省くことができる。

〔例〕エレベーター　ギター　コンピューター　マフラー
エレベータ　コンピュータ　スリッパ

4　イ列・エ列の音の次のアの音に当たるものは、原則として「ア」と書く。

〔例〕グラビア　ピアノ　フェアプレー　アジア（地）
イタリア（地）　ミネアポリス（地）

注1　「ヤ」と書く慣用のある場合は、それによる。

〔例〕タイヤ　ダイヤモンド　ダイヤル　ベニヤ板

注2　「ギリシャ」「ペルシャ」について「ギリシア」「ペルシア」と書く慣用もある。

5　語末（特に元素名等）の -(i)um に当たるものは、原則として「-(イ)ウム」と書く。

〔例〕アルミニウム　カルシウム　ナトリウム　ラジウム
サナトリウム　シンポジウム　プラネタリウム

注　「アルミニウム」を「アルミニューム」と書くような慣用もある。

6　英語のつづりのxに当たるものを「クサ」「クシ」「クス」「クソ」と書くか、「キサ」「キシ」「キス」「キソ」と書くかは、慣用に従う。

〔例〕タクシー　ボクシング　ワックス　オックスフォード（地）
エキストラ　タキシード　ミキサー　テキサス（地）

7　拗音に用いる「ヤ」「ユ」「ヨ」は小書きにする。また、「ヴァ」「ヴィ」「ヴェ」「ヴォ」や「トゥ」のように組み合せて用いる場合の「ア」「イ」「ウ」「エ」「オ」も、小書きにする。

8　複合した語であることを示すための、つなぎの符号の用い方については、それぞれの分野の慣用に従うものとし、ここでは取決めを行わない。

〔例〕ケース　バイ　ケース　ケース・バイ・ケース　ケース-バイ-ケース
マルコ・ポーロ　マルコ=ポーロ

◎ローマ字のつづり方

〔昭和二十九年十二月九日　内閣告示〕

まえがき

(1) 一般に国語を書き表す場合は、第1表に掲げたつづり方によるものとする。

(2) 国際的関係その他従来の慣例をにわかに改めがたい事情にある場合に限り、第2表に掲げたつづり方によってもさしつかえない。

(3) 前二項のいずれの場合においても、おおむねそえがきを適用する。

第1表〔(　)は重出を示す。〕

a	i	u	e	o			
ka	ki	ku	ke	ko	kya	kyu	kyo
sa	si	su	se	so	sya	syu	syo
ta	ti	tu	te	to	tya	tyu	tyo
na	ni	nu	ne	no	nya	nyu	nyo
ha	hi	hu	he	ho	hya	hyu	hyo
ma	mi	mu	me	mo	mya	myu	myo
ya	(i)	yu	(e)	yo			
ra	ri	ru	re	ro	rya	ryu	ryo
wa	(i)	(u)	(e)	(o)			
ga	gi	gu	ge	go	gya	gyu	gyo
za	zi	zu	ze	zo	zya	zyu	zyo
da	(zi)	(zu)	de	do	(zya)	(zyu)	(zyo)
ba	bi	bu	be	bo	bya	byu	byo
pa	pi	pu	pe	po	pya	pyu	pyo

第2表

sha	shi	shu		sho
		tsu		
cha	chi	chu		cho
		fu		
ja	ji	ju		jo
di	du	dya	dyu	dyo
kwa				
gwa				
				wo

そえがき

表に定めたもののほか、おおむね次の各項による。

(1) はねる音「ン」はすべて「n」と書く。

(2) はねる音を表すnと次にくる母音字またはyとを切り離す必要がある場合には、nの次に「'」を入れる。

(3) つまる音は、最初の子音字を重ねて表す。

(4) 長音は母音字の上に^をつけて表す。なお、大文字の場合は、母音字を並べてもよい。

(5) 特殊音の書き表し方は自由とする。

(6) 文の書きはじめ、および固有名詞は語頭を大文字で書く。なお、固有名詞以外の名詞の語頭を大文字で書いてもよい。

〔参考〕　ローマ字については、さきに昭和十二年九月二十一日「ローマ字綴り方」が内閣訓令で公布された。これが訓令式といわれるもので、その後、いわゆる標準式・日本式が並び行われ、その統一が要望されてできたのが、ここに示した表である。第1表が訓令式、第2表の上から五行までが標準式（ヘボン式）、六行目以下が日本式である。

国文法要覧

1 品詞分類表

単語		品詞分類基準			品詞名	語例
自立語	活用のあるもの	それだけで述語となることができるもの（用言）	主として事物の動作・作用・存在を述べる　文語のラ変を除いて言い切りの形の末尾はすべてウ段の音となる		動詞	思う・起きる・受ける・来る・する・ある（口語） 思ふ・起く・受く・来く・す・あり（文語）
			主として事物の性質や状態を述べる　言い切りの形の末尾は口語は「い」、文語は「し」となる		形容詞	明るい・おもしろい・高い・楽しい・やさしい（口語） 明かし・おもしろし・高し・楽し・やさし（文語）
			主として事物の性質や状態を述べる　言い切りの形の末尾は口語は「だ」、文語は「なり」「たり」となる		形容動詞	静かだ・きれいだ・変だ・科学的だ・同じだ（口語） 静かなり・きれいなり・堂々たり・厳たり（文語）
	活用のないもの	多く他の語が付き、文の種々な成分となるもの（体言）	事物の名を表したり、事物の名をいわずに直接に指し示したりする		名詞	花・月・平和・京都・源氏物語・五人・幾日・第九条
					代名詞	わたくし・あなた・これ・それ・あれ・どれ
		単独で文の成分となるもの	修飾語となるもの	主として用言を修飾する	副詞	すべて・ころころ［と］・まるで・たぶん・もし・なぜ
				体言を修飾する	連体詞	この・その・あの・わが（以上口語のみ）・ある・あらゆる・さる
			修飾語とならないもの	前後の語句や文を接続する	接続詞	および・また・なお・そして・または・ゆえに・しかし
				単独で文を構成することもでき、感動・呼びかけ・応答を表す	感動詞	ああ・あな・おい・はい・もしもし・いいえ
付属語	活用のあるもの		主として用言に付いてそれに意味を加えて叙述を助ける		助動詞	せる・られる・ない・う・た・たい・ようだ（口語） す・らる・ず・む・たり・たし・ごとし（文語）
	活用のないもの		つねに他の語に付いて、その語と他の語の関係を示し、意味を添える		助詞	が・の・を・か・は・も・こそ・な・ね・さえ・かしら

【参考】

① この辞典では国語文法上の一般的な分類により、十品詞に分けた。代名詞は名詞として扱うが、本文では特に（代）として指示した。
② 二つ以上の単語が合わさって、一つの意味を表す新しい単語となった複合語も単語として扱い、いずれかの品詞に分類して入れた。
③ 単語を構成上からみた接辞（接頭語・接尾語＝お茶・か細い・吉田君・春めく）は、それぞれ（接頭）（接尾）として示した。
④ 動詞は自動詞と他動詞に分け、他品詞に「する」が付いて用いられるサ変複合動詞は多く見出しとせず、本来の品詞のほか、「自スル」「他スル」を付けて示した。
⑤ 助詞は、その性質やはたらきのうえから、格助詞・接続助詞・係助詞・副助詞・終助詞・間投助詞の六種類に分けて示した。

2 動詞活用表

口語

種類	行名	例語	語幹	未然形	連用形	終止形	連体形	仮定形	命令形
五段	カ行	咲ク	サ	カ・コ	キ・イ	ク	ク	ケ	ケ
五段	ガ行	泳グ	オヨ	ガ・ゴ	ギ・イ	グ	グ	ゲ	ゲ
五段	サ行	押ス	オ	サ・ソ	シ	ス	ス	セ	セ
五段	タ行	打ツ	ウ	タ・ト	チ・ッ	ツ	ツ	テ	テ
五段	ワア行	買ウ	カ	ワ・オ	イ・ッ	ウ	ウ	エ	エ
五段	バ行	飛ブ	ト	バ・ボ	ビ・ン	ブ	ブ	ベ	ベ
五段	マ行	飲ム	ノ	マ・モ	ミ・ン	ム	ム	メ	メ
五段	ラ行	乗ル	ノ	ラ・ロ	リ・ッ	ル	ル	レ	レ
五段	ナ行	死ヌ	シ	ナ・ノ	ニ・ン	ヌ	ヌ	ネ	ネ
五段	ラ行	アル	ア	ラ・ロ	リ・ッ	ル	ル	レ	レ
五段	ラ行	蹴(け)ル	ケ	ラ・ロ	リ・ッ	ル	ル	レ	レ
上一段	カ行	着ル	○	キ	キ	キル	キル	キレ	キロ・キヨ
上一段	ナ行	似ル	○	ニ	ニ	ニル	ニル	ニレ	ニロ・ニヨ
上一段	ハ行	干ル	○	ヒ	ヒ	ヒル	ヒル	ヒレ	ヒロ・ヒヨ

文語

種類	行名	例語	語幹	未然形	連用形	終止形	連体形	已然形	命令形
四段	カ行	咲く	さ	か	き	く	く	け	け
四段	ガ行	泳ぐ	およ	が	ぎ	ぐ	ぐ	げ	げ
四段	サ行	押す	お	さ	し	す	す	せ	せ
四段	タ行	打つ	う	た	ち	つ	つ	て	て
四段	ハ行	買ふ	か	は	ひ	ふ	ふ	へ	へ
四段	バ行	飛ぶ	と	ば	び	ぶ	ぶ	べ	べ
四段	マ行	飲む	の	ま	み	む	む	め	め
四段	ラ行	乗る	の	ら	り	る	る	れ	れ
ナ変		死ぬ	し	な	に	ぬ	ぬる	ぬれ	ね
ラ変		あり	あ	ら	り	り	る	れ	れ
下一段（カ行）		蹴(け)る	○	け	け	ける	ける	けれ	けよ
上一段	カ行	着る	○	き	き	きる	きる	きれ	きよ
上一段	ナ行	似る	○	に	に	にる	にる	にれ	によ
上一段	ハ行	干る	○	ひ	ひ	ひる	ひる	ひれ	ひよ

下一段				上一段											
サ行	ガ行	カ行	ア行	ラ行	ア行	マ行	バ行	ア行	ザ行	タ行	ガ行	カ行	ア行	ア行	マ行
乗セル	投ゲル	助ケル	得ル	懲(こ)リル	悔イル	試ミル	延ビル	用イル	閉ジル	朽チル	過ギル	起キル	居(い)ル	射ル	見ル
ノ	ナ	タス	○	コ	ク	ココロ	ノ	モチ	ト	ク	ス	オ	○	○	○
セ	ゲ	ケ	エ	リ	イ	ミ	ビ	イ	ジ	チ	ギ	キ	イ	イ	ミ
セ	ゲ	ケ	エ	リ	イ	ミ	ビ	イ	ジ	チ	ギ	キ	イ	イ	ミ
セル	ゲル	ケル	エル	リル	イル	ミル	ビル	イル	ジル	チル	ギル	キル	イル	イル	ミル
セル	ゲル	ケル	エル	リル	イル	ミル	ビル	イル	ジル	チル	ギル	キル	イル	イル	ミル
セレ	ゲレ	ケレ	エレ	リレ	イレ	ミレ	ビレ	イレ	ジレ	チレ	ギレ	キレ	イレ	イレ	ミレ
セロ セヨ	ゲロ ゲヨ	ケロ ケヨ	エロ エヨ	リロ リヨ	イロ イヨ	ミロ ミヨ	ビロ ビヨ	イロ イヨ	ジロ ジヨ	チロ チヨ	ギロ ギヨ	キロ キヨ	イロ イヨ	イロ イヨ	ミロ ミヨ

下二段				上二段									上一段		
サ行	ガ行	カ行	ア行	ラ行	ヤ行	マ行	バ行	ハ行	ダ行	タ行	ガ行	カ行	ワ行	ヤ行	マ行
乗す	投ぐ	助く	得	懲(こ)る	悔ゆ	試む	延ぶ	用ふ	閉づ	朽つ	過ぐ	起く	居る	射る	見る
の	な	たす	○	こ	く	こころ	の	もち	と	く	す	お	○	○	○
せ	げ	け	え	り	い	み	び	ひ	ぢ	ち	ぎ	き	ゐ	い	み
せ	げ	け	え	り	い	み	び	ひ	ぢ	ち	ぎ	き	ゐ	い	み
す	ぐ	く	う	る	ゆ	む	ぶ	ふ	づ	つ	ぐ	く	ゐる	いる	みる
する	ぐる	くる	うる	るる	ゆる	むる	ぶる	ふる	づる	つる	ぐる	くる	ゐる	いる	みる
すれ	ぐれ	くれ	うれ	るれ	ゆれ	むれ	ぶれ	ふれ	づれ	つれ	ぐれ	くれ	ゐれ	いれ	みれ
せよ	げよ	けよ	えよ	りよ	いよ	みよ	びよ	ひよ	ぢよ	ちよ	ぎよ	きよ	ゐよ	いよ	みよ

おもな用法	サ変	カ変	下一段 ア行	下一段 ラ行	下一段 ア行	下一段 マ行	下一段 バ行	下一段 ハ行	下一段 ナ行	下一段 ダ行	下一段 タ行	下一段 ザ行
	為(す)ル	来(く)る	植エル	流レル	覚エル	改メル	比ベル	経(へ)ル	尋ネル	撫(な)デル	捨テル	混ゼル
	○	○	ウ	ナガ	オボ	アラタ	クラ	○	タズ	ナ	ス	マ
ナイ・ウに連なる	サセシ	コ	エ	レ	エ	メ	ベ	ヘ	ネ	デ	テ	ゼ
マス・タに連なる	シ	キ	エ	レ	エ	メ	ベ	ヘ	ネ	デ	テ	ゼ
言い切る	スル	クル	エル	レル	エル	メル	ベル	ヘル	ネル	デル	テル	ゼル
体言に連なる	スル	クル	エル	レル	エル	メル	ベル	ヘル	ネル	デル	テル	ゼル
バに連なる	スレ	クレ	エレ	レレ	エレ	メレ	ベレ	ヘレ	ネレ	デレ	テレ	ゼレ
命令で言い切る	シロ セヨ	コイ	エロ エヨ	レロ レヨ	エロ エヨ	メロ メヨ	ベロ ベヨ	ヘロ ヘヨ	ネロ ネヨ	デロ デヨ	テロ テヨ	ゼロ ゼヨ

おもな用法	サ変	カ変	下二段 ワ行	下二段 ラ行	下二段 ヤ行	下二段 マ行	下二段 バ行	下二段 ハ行	下二段 ナ行	下二段 ダ行	下二段 タ行	下二段 ザ行
	為(す)	来(く)	植う	流る	覚ゆ	改む	比ぶ	経(ふ)	尋ぬ	撫(な)づ	捨つ	混ず
	○	○	う	なが	おぼ	あらた	くら	○	たづ	な	す	ま
ズに連なる	せ	こ	ゑ	れ	え	め	べ	へ	ね	で	て	ぜ
テ・タリに連なる	し	き	ゑ	れ	え	め	べ	へ	ね	で	て	ぜ
言い切る	す	く	う	る	ゆ	む	ぶ	ふ	ぬ	づ	つ	ず
体言に連なる	する	くる	うる	るる	ゆる	むる	ぶる	ふる	ぬる	づる	つる	ずる
ドモに連なる	すれ	くれ	うれ	るれ	ゆれ	むれ	ぶれ	ふれ	ぬれ	づれ	つれ	ずれ
命令で言い切る	せよ	こ（こよ）	ゑよ	れよ	えよ	めよ	べよ	へよ	ねよ	でよ	てよ	ぜよ

【参考】
① 語幹の○は語幹と語尾の区別のないことを示す。
② 口語五段活用連用形のうち、左側にしるしたものは、音便の形をあらわすものである。

3 形容詞活用表

口語

例語	語幹	未然形	連用形	終止形	連体形	仮定形	命令形
高イ	タカ	カロ	カッ ク	イ	イ	ケレ	○
正シイ	タダシ						
おもな用法		ウに連なる	タ・ナルに連なる	言い切る	体言に連なる	バに連なる	

文語

活用の種類	例語	語幹	未然形	連用形	終止形	連体形	已然形	命令形
ク活用	高し	たか	から	く かり	し	き かる	けれ	かれ
シク活用	正し	ただ	しから	しく しかり	し	しき しかる	しけれ	しかれ
おもな用法			ズに連なる	ナル・キに連なる	言い切る	体言・ベシに連なる	ドモに連なる	命令で言い切る

【参考】
① 口語形容詞には右の五つの活用形のほかに、連用形が「ございます」「存じます」に連なるときにウ音便があらわれる。
② 文語の「から・かり・かる・かれ」の形を形容動詞とする考え方もある。

4 形容動詞活用表

口語

例語	語幹	未然形	連用形	終止形	連体形	仮定形	命令形
静カダ	静カ	ダロ	ダッ デ ニ	ダ	ナ	ナラ	○
元気ダ	元気						
おもな用法		ウに連なる	タ・アル・ナルに連なる	言い切る	体言に連なる	バに連なる	

文語

活用の種類	例語	語幹	未然形	連用形	終止形	連体形	已然形	命令形
ナリ活用	静かなり	静か	なら	なり に	なり	なる	なれ	なれ
タリ活用	堂々たり	堂々	たら	たり と	たり	たる	たれ	たれ
おもな用法			ズに連なる	キ・ナルに連なる	言い切る	体言に連なる	ドモに連なる	命令で言い切る

【参考】
① 文語の「異なり」は、本来形容動詞であるが現代の文語体ではラ行五段活用に用いられる。
② 口語の「同じだ」「あんなだ」「こんなだ」「そんなだ」「どんなだ」は特殊の形容動詞で、連体形の語尾「ナ」は助詞の「のに」「ので」に連なるときに使われ、体言に連なるときは語幹がそのまま連体形の役目を果たす。

5 助動詞活用表

口語

種類	使役			受身		可能		自発		尊敬		丁寧	推量
基本の形	セル	サセル	シメル	レル	ラレル	レル	ラレル	レル	ラレル	レル	ラレル	マス	ウ
活用 未然形	セ	サセ	シメ	レ	ラレ	レ	ラレ	レ	ラレ	レ	ラレ	マセ マショ	○
活用 連用形	セ	サセ	シメ	レ	ラレ	レ	ラレ	レ	ラレ	レ	ラレ	マシ	○
活用 終止形	セル	サセル	シメル	レル	ラレル	レル	ラレル	レル	ラレル	レル	ラレル	マス	ウ
活用 連体形	セル	サセル	シメル	レル	ラレル	レル	ラレル	レル	ラレル	レル	ラレル	マス	〔ウ〕
活用 仮定形	セレ	サセレ	シメレ	レレ	ラレレ	レレ	ラレレ	レレ	ラレレ	レレ	ラレレ	マスレ	○
活用 命令形	セロ セヨ	サセロ サセヨ	シメロ シメヨ	レロ レヨ	ラレロ ラレヨ	○	○	○	○	○	○	マシ マセ	○
活用の型	下一	下一	下一	下一	下一	下一	下一	下一	下一	下一	下一	特殊	特殊
接続	未然（五、サ変）	未然（右以外）	未然（全動詞）	未然（五、サ変）	未然（五以外の動、一部の助動）	未然（五、サ変）	未然（五以外の動、一部の助動）	未然（五、サ変）	未然（五以外の動、一部の助動）	未然（五、サ変）	未然（五以外の動、一部の助動）	連用（動、一部の助動）	未然（五、形、形動、一部の助動）

文語

種類	使役			受身		可能		自発		尊敬			丁寧		推量		
基本の形	す	さす	しむ	る	らる	る	らる	る	らる	る	らる	す	さす	しむ	む（ん）	むず（んず）	べし
活用 未然形	せ	させ	しめ	れ	られ	れ	られ	れ	られ	れ	られ	せ	させ	しめ	○	○	べから
活用 連用形	せ	させ	しめ	れ	られ	れ	られ	れ	られ	れ	られ	せ	させ	しめ	○	○	べく べかり
活用 終止形	す	さす	しむ	る	らる	る	らる	る	らる	る	らる	す	さす	しむ	む（ん）	むず（んず）	べし
活用 連体形	する	さする	しむる	るる	らるる	るる	らるる	るる	らるる	るる	らるる	する	さする	しむる	む（ん）	むずる（んずる）	べき べかる
活用 已然形	すれ	さすれ	しむれ	るれ	らるれ	るれ	らるれ	るれ	らるれ	るれ	らるれ	すれ	さすれ	しむれ	め	むずれ（んずれ）	べけれ
活用 命令形	せよ	させよ	しめよ	れよ	られよ	○	○	○	○	れよ	られよ	せよ	させよ	しめよ	○	○	○
活用の型	下二	下二	下二	下二	下二	下二	下二	下二	下二	下二	下二	下二	下二	下二	四段	サ変	形ク
接続	未然（四・ナ・ラ変）	未然（右以外）	未然（用言）	未然（四・ナ・ラ変）	未然（右以外）	未然（四・ナ・ラ変）	未然（右以外）	未然（四・ナ・ラ変）	未然（右以外）	未然（四・ナ・ラ変）	未然（右以外）	未然（四・ナ・ラ変）	未然（右以外）	未然（用言）	未然（用言）	未然（用言）	終止（ラ変は連体）

断定		希望		時 完了	時 過去	推量 意志推量打消	推量 推量過去	推量 推定	推量 仮想	推量
ダ	デス	タイ	タガル	タ(ダ)	タ(ダ)	マイ		ラシイ		ヨウ
ダロ	デショ	タカロ	タガラ タガロ	タロ(ダロ)	タロ(ダロ)	○		○		○
ダッ デ	デシ	タカッ タク	タガリ タガッ	○	○	○		ラシカッ ラシク		○
ダ	デス	タイ	タガル	タ(ダ)	タ(ダ)	マイ		ラシイ		ヨウ
〔ナ〕	〔デス〕	タイ	タガル	タ(ダ)	タ(ダ)	〔マイ〕		ラシイ		〔ヨウ〕
ナラ	○	タケレ	タガレ	タラ(ダラ)	タラ(ダラ)	○		○		○
○	○	○	○	○	○	○		○		○
形容動詞	特殊	形容詞	五段	特殊	特殊	特殊		形容詞		特殊
体言、一部の活用語連体形、一部の助詞		連用(動、一部の助動)	右に同じ	右に同じ	連用(用言、一部の助動)	終止(五、一部の助動) 未然(五以外の動、一部の助動)		体言、終止(動、形、一部の助動) 一部の助、形動語幹		未然(右以外の動、一部の助動)

断定		希望		時 完了				時 過去		推量 意志推量打消		推量 推量過去	推量 推定		推量 仮想	推量	
なり	たり	たし	まほし	つ	ぬ	たり	り	き	けり	まじ	じ	けむ(けん)	らし(近世)	らし(上代・中古)	まし	らむ(らん)	めり
なら	たら	たから	まほしから	て	な	たら	ら	〔せ〕	〔けら〕	まじから	○	○	らしから	○	ませ ましか	○	○
なり に	たり と	たく たかり	まほしく まほしかり	て	に	たり	り	○	○	まじく まじかり	○	○	らしく らしかり	○	○	○	めり
なり	たり	たし	まほし	つ	ぬ	たり	り	き	けり	まじ	じ	けむ(けん)	らし	らし	まし	らむ(らん)	めり
なる	たる	たき たかる	まほしき まほしかる	つる	ぬる	たる	る	し	ける	まじき まじかる	じ	けむ(けん)	らしき らしかる	らし 〔らしき〕	まし	らむ(らん)	める
なれ	たれ	たけれ	まほしけれ	つれ	ぬれ	たれ	れ	しか	けれ	まじけれ	じ	けめ	○	らし	ましか	らめ	めれ
なれ	たれ	○	○	てよ	ね	たれ	れ	○	○	○	○	○	○	○	○	○	○
形動ナリ	形動タリ	形ク	形シク	下二	ナ変	ラ変	ラ変	特殊	ラ変	形シク	特殊	四段	形シク	特殊	特殊	四段	ラ変
体言、連体(用言)	体言	連用(動詞)	未然(動詞)	連用(用言)	連用(動、形)	連用(動詞)	未然(サ変) 已然(四)	連用(用言) カ・サ変には特殊接続	連用(用言)	終止(ラ変以外)、連体(ラ変、形、形動)	未然(用言)	連用(用言)	体言、連体(用言)	終止(ラ変は連体)	未然(用言)	終止(ラ変以外)、連体(ラ変、形、形動)	

	打消		詠嘆	比況	伝聞	様態
おもな用法	ヌ(ン)	ナイ		ヨウダ	ソウダ	ソウダ
ナイ・ウ・ンに連なる	○	ナカロ		ヨウダロ	○	ソウダロ
マス・タ・テ・アル・ナルに連なる	ズ	ナカッ ナク		ヨウダッ ヨウデ ヨウニ	ソウデ	ソウダッ ソウデ ソウニ
言い切る	ヌ(ン)	ナイ		ヨウダ	ソウダ	ソウダ
体言、ノ・ノデ・ノニに連なる	ヌ(ン)	ナイ		ヨウナ	○	ソウナ
バに連なる	ネ	ナケレ		ヨウナラ	○	ソウナラ
命令で言い切る	○	○		○	○	○
	特殊	形容詞		形容動詞	形容動詞	形容動詞
	未然(動、一部の助動)	右に同じ		体言＋「の」、連体詞、連体(用言、一部の助動)	終止(用言、一部の助動)	連用(動、一部の助動)語幹(形、形動、助動)
おもな用法	ず		けり	ごとし	なり	
ズ・バ・ムに連なる	ざら		〔けら〕	○	○	
タリ・ケリ・シテ・ナルに連なる	ず	ざり	○	ごとく	なり	
言い切る	ず		けり	ごとし	なり	
体言に連なる	ぬ	ざる	ける	ごとき	なる	
ドモに連なる	ね	ざれ	けれ	○	なれ	
命令で言い切る	ざれ		○	○	○	
	特殊		ラ変	形ク	ラ変	
	未然(用言)		連用(用言)	連体(動)、連体＋「が」、体言＋「の」	終止(動詞)	

【参考】
① 接続の項はその大略を示したもので、これ以外に特殊な接続をする場合がある。
② 口語・文語の〔 〕のところは、用例がきわめて限られていることを示す。ただし、(「む(ん)」「むず(んず)」「らむ(らん)」「けむ(けん)」)は音便である。

6 助詞一覧表

種類	口語 語	口語 意味・用法	口語 接続	文語 語	文語 意味・用法	文語 接続
格助詞 主として体言に付いてその体言が同じ文中の他の語に	ガ	主語	体言・準体言	が	主語、連体修飾語(所有、限定)、連用修飾語	体言・準体言
	ノ	連体修飾語(所有、限定)、主語、体言代用	体言・準体言	の	連体修飾語(所有、限定)、連用修飾語(比喩、比較、目的)、主語	体言・準体言
	ヲ	連用修飾語(動作の対象、経由点、出発点、方向、経過する時間)	体言・準体言	を	連用修飾語(動作の対象、経由点、出発点、方向、経過する時間)	体言・準体言
	ニ	連用修飾語(場所、時間、帰着点、作用の結果、動作の目的・対象、受身の原因、使役の目標、作用・動作の原因・理由、対比の目標)	体言・準体言	に	連用修飾語(場所、時間、帰着点、結果、目的・対象、受身の原因、使役の目標、原因・理由、対比の目標、尊敬の主語、並列、添加)	体言・準体言
	ヘ	連用修飾語(動作の方向・帰着点)	体言・準体言			

格助詞	対してどんな関係に立つかを示す	ト	連用修飾語（「と共に」、作用の結果、対比の目標、引用、動作の対象、比喩）	体言・準体言（引用の場合は文にも）	へ	連用修飾語（方向）	体言・準体言
		カラ	連用修飾語（動作・作用の起点）、連体修飾語（上下・左右などの基準）	体言・準体言	と	連用修飾語（「と共に」、作用の結果、対比の目標、引用、動作の対象、比喩、強勢）	体言・準体言（引用の場合は文にも）
		ヨリ	連用修飾語（比較の基準、限定〈連体修飾にも〉）	体言・準体言	より（ゆ）	連用修飾語（起点、経由点、比較の基準、手段、原因、限定〈連体修飾にも〉、即時）	体言・準体言
		デ	連用修飾語（場所、時、手段、原因）	体言・準体言	から	連用修飾語（起点、経由点、手段、原因）	体言・準体言
					にて	連用修飾語（場所、手段、原因、時限）	体言・準体言
接続助詞	用言（用言に助動詞の付いたものを含む）に付いて上の語の意味を下の語に続ける	バ	順接の仮定条件、一般条理の条件、並列	仮定形	ば	順接の仮定条件、順接の確定条件、一般条理の条件、場合	未然形（仮定）、已然形（確定）
		ト	順接の仮定条件、一般条理の条件、場合、逆接の仮定条件	終止形	と・とも	逆接の仮定条件	動・形動終止形、形容詞・「ず」連用形
		テモ（デモ）	逆接の仮定条件、逆接の確定条件	連用形	ど・ども	逆接の確定条件	已然形
		ケレド（ケレドモ）	逆接の確定条件、対比	終止形	が	逆接の確定条件、単純接続	連体形
		ガ	逆接の確定条件、単純接続、対比	終止形	に	逆接の確定条件、場合、原因、添加	連体形
		ノニ	逆接の確定条件	連体形	を	逆接の確定条件、順接の確定条件	連体形
		ノデ	動作・作用の原因・理由（客観的）	連体形	て	前後の接続（順接、並列、逆接）、理由	連用形
		カラ	動作・作用の原因・理由（主観的）	終止形	して	単純接続、理由・原因	形・形動・「ず」の連用形
		シ	並列	終止形	で	打ち消し接続（「ずて」の転）	未然形
		テ（デ）	前後の接続、動作・作用の原因・理由	動詞・形容詞連用形	つつ	反復、継続、並行、余情	動詞連用形
		ナガラ	動作の並行、逆態接続	動詞連用形、形容詞終止形、形動語幹、体言	ながら	動作の並行（順接、逆接）	動詞連用形、形容詞語幹・連体形
		タリ	動作・作用の並列、概括	連用形			
係助詞	種々の語に付いて「係り結び」の係りになる	ハ	区別、強意	体言・連用形など	は	区別、強意	体言・連体形など
		モ	同趣、並列、強意	体言・連用形など	も	同趣、並列、詠嘆	体言・連体形など
		コソ	強意	体言・連用形など	ぞ	強い指示	体言・連体形など
		サエ	類推、限定	体言・連用形など	なむ	強い指示	体言・連体形など
		デモ	類推、大体をさす	体言・連用形など	や	疑問、反語	体言・終止形など
		シカ	限定	体言・連用形・連体形など	か	疑問、反語、並列	体言・連体形など
		ダッテ	類推	体言・連用形など	こそ	最も強い指示	体言・連体形など
		マデ	帰着点、程度、限定、類推	体言・連体形など	だに	類推、限定	体言・連体形など
		バカリ	程度、限定	体言・連体形など	すら	類推	体言・連体形など
		ダケ	程度、限定	体言・連体形など	さへ	添加	体言・連体形など
					のみ	限定、強意	体言・連体形など

種類	説明	語	意味・用法	接続	語	意味・用法	接続
副助詞	種々の語に付いて副詞のように下の語にかかってゆく	ホド	程度、分量	体言・連体形など	ばかり	限定、程度・範囲	体言・連体形など
		クライ(グライ)	程度、限定	体言・連体形など	など	例示、引用	体言・連体形など
		ナド	例示、おおよそ	体言・終止形など	まで	帰着点、程度、添加	体言・連体形など
		サエ	添加	体言・連用形など	し	強意	体言など
		ナリ	限定、並列選択	体言・終止形など			
		ヤラ	不確実、並列	体言・連体形など			
		カ	不確実、並列選択	体言・連体形など			
終助詞	種々の語に付き文の終わりにあって疑問・禁止・詠嘆・感動などの意を表す	カ	疑問、反語	体言、準体言、動詞・形容詞連体形、形動語幹など	しが(しがなしがも)	願望	動詞・助動詞「つ」「ぬ」連用形
		ナ	禁止	動詞終止形	もが(もがなもがも)	願望	体言・形容詞連用形
		ナ(ナア)	感動・詠嘆	終止形・助詞	な	禁止	動詞・助動詞終止形
		ヤ	感動、強意、呼びかけ	体言、終止形・命令形	かな(か)(かも)	感動	体言・連体形
		ヨ	感動、強意、呼びかけ	体言、終止形・命令形	かし	強意(念を押す)	文の完結したもの
		ゾ	強意	終止形	なむ	あつらえ	動詞・形容詞未然形
		ゼ	強い指示	終止形	ばや	自己の願望	動詞未然形
		トモ	強意	終止形	な	自己の願望	動詞未然形
		ノ	疑問、断定	連体形	ね・に	他に対する願望	動詞未然形
		ワ	感動、強意	終止形	こそ	他に対する願望	動詞連用形
					な	感動・詠嘆	終止形・命令形、格助詞「と」など
間投助詞	文節の切れめにあって余情を添え感動を表す	ネ(ネエ)	感動、余情	(文節の切れめ〈文節を構成する種々の語〉に付く)	よ	感動・詠嘆、呼びかけ、指示	体言、連体形・命令形
		サ	強意、余情		や	感動・詠嘆、呼びかけ、並列	体言、終止形・命令形
					を	感動・詠嘆	体言、連体形・命令形

【参考】

① 意味・用法・接続は大略を示した。接続の項の準体言とは用言・助動詞の連体形および体言に代わりうる助詞などである。

② 助詞の分類については右のほか《格助詞》《接続助詞》《副助詞》《終助詞》の四種に分けることもある。

③ この表で掲げたもののほかに、「ところが」「どころか」「ところで」「ものなら」「ものの」のような連語も助詞のようなはたらきをするので、この辞典の本文ではそれぞれ助詞として示してある。

付

人名用漢字一覧

◎生まれた子の命名に使用できる漢字は、常用漢字二一三六字と、ここに掲げた人名用漢字八六三字である。本表は、平成十六年、二十一年、二十二年、二十七年、および二十九年の法務省令、戸籍法施行規則等の一部改正によって示されたものに基づいている。
◎一の各漢字には、本文中の見出しとしている音または訓を掲げた。見出しに送り仮名がふくまれている場合は、括弧内に示した。
◎人名に用いるときの読み方には制限がなく、平仮名・片仮名も命名に使用できる。

一

丑 チュウ　丞 ジョウ　乃 ダイ　之 シ　乎 コ　也 ヤ　云 ウン　亘–亙 コウ　些 サ　亦 エキ

亥 ガイ　亨 キョウ　亮 リョウ　仔 シ　伊 イ　伍 ゴ　伽 カ　佃 デン　佑 ユウ　伶 レイ

侃 カン　侑 ユウ　俄 ガ　俠 キョウ　俣 また　俐 リ　倭 ワ　俱 グ　倦 ケン　倖 コウ

偲 シ　傭 ヨウ　儲 チョ　允 イン　兎 ト　兜 トウ　其 キ　冴 コ　凌 リョウ　凜–凛 リン

凧 たこ　凪 なぎ　凰 オウ　凱 ガイ　函 カン　劉 リュウ　劫 ゴウ　勁 ケイ　勺 シャク　勿 モチ

匁 もんめ　匡 キョウ　廿 ジュウ　卜 ボク　卯 ボウ　卿 キョウ　厨 チュウ　厩 キュウ　叉 サ　叡 エイ

叢 ソウ　叶 キョウ　只 シ　吾 ゴ　呑 ドン　吻 フン　哉 サイ　哨 ショウ　啄 タク　哩 リ

喬 キョウ　喧 ケン　喰 く(う)　喋 チョウ　嘩 カ　嘉 カ　嘗 ショウ　噌 ソウ　噂 ソン　圃 ホ

圭 ケイ　坐 ザ　尭–堯 ギョウ　坦 タン　埴 ショク　堰 エン　堺 カイ　堵 ト　塙 カク　壕 ゴウ

壬 ジン　夷 イ　奄 エン　奎 ケイ　套 トウ　娃 アイ　姪 テツ　姥 ボ　娩 ベン　嬉 キ

孟 モウ　宏 コウ　宋 ソウ　宕 トウ　宥 ユウ　寅 イン　寓 グウ　寵 チョウ　尖 セン　尤 ユウ

屑 セツ　峨 ガ　峻 シュン　崚 リョウ　嵯 サ　嵩 スウ　嶺 レイ　巌–巖 ガン　巫 フ　已 イ

巳 シ　巴 ハ　巷 コウ　巽 ソン　帖 ジョウ　幌 コウ　幡 ハン　庄 ショウ　庇 ヒ　庚 コウ

庵 アン　廟 ビョウ　廻 カイ　弘 コウ　弛 シ　彗 スイ　彦 ゲン　彪 ヒョウ　彬 ヒン　徠 ライ

忽 コツ　怜 レイ　恢 カイ　恰 コウ　恕 ジョ　悌 テイ　惟 イ　惚 コツ　悉 シツ　惇 トン

惹 ジャク　惺 セイ　惣 ソウ　慧 ケイ　憐 レン　戊 ボ　或 イキ　戟 ゲキ　托 タク　按 アン

挺 テイ　挽 バン　掬 キク　捲 ケン　捷 ショウ　捺 ナツ　捧 ホウ　掠 リャク　揃 セン　摑 カク

摺 シュウ　撒 サン　撰 セン　撞 ドウ　播 ハ　撫 ブ　擢 テキ　孜 シ　敦 トン　斐 ヒ

斡 アツ　斧 フ　斯 シ　於 オ　旭 キョク　昂 コウ　昊 コウ　昏 コン　昌 ショウ　昴 ボウ

晏 アン　晃-晄 コウ　晒 サイ　晋 シン　晟 セイ　晦 カイ　晨 シン　智 チ　暉 キ　暢 チョウ

曙 ショ　曝 バク　曳 エイ　朋 ホウ　朔 サク　杏 キョウ　杖 ジョウ　杜 ト　李 リ　杭 コウ

杵 ショ　杷 ハ　枇 ヒ　柑 カン　柴 サイ　柘 ジャク　柊 シュウ　柏 ハク　柾 まさ　柚 ユウ

桧-檜 カイ　栞 カン　桔 キツ　桂 ケイ　栖 セイ　桐 トウ　栗 リツ　梧 ゴ　梓 シ　梢 ショウ

梛 ナ　梯 テイ　桶 トウ　梶 ビ　椛 もみじ　梁 リョウ　棲 セイ　椋 リョウ　椀 ワン　楯 ジュン

楚 ソ　楕 ダ　椿 チン　楠 ナン　楓 フウ　椰 ヤ　楢 ユウ　楊 ヨウ　榎 カ　樺 カ

榊 さかき　榛 シン　槙-槇 シン　槍 ソウ　槌 ツイ　樫 かし　槻 キ　樟 ショウ　樋 トウ　橘 キツ

樽 ソン　橙 トウ　檎 ゴ　檀 ダン　櫂 トウ　櫛 シツ　櫓 ロ　欣 キン　欽 キン　歎 タン

此 シ　殆 タイ　毅 キ　毘 ビ　毬 キュウ　汀 テイ　汝 ジョ　汐 セキ　汲 キュウ　沌 トン

沓 トウ　沫 マツ　洸 コウ　洲 シュウ　洵 ジュン　洛 ラク　浩 コウ　浬 リ　淵 エン　淳 ジュン

渚-渚 ショ　淀 テン　淋 リン　渥 アク　渾 コン　湘 ショウ　湊 ソウ　湛 タン　溢 イツ　滉 コウ

溜 リュウ
漱 ソウ
漕 ソウ
漣 レン
澪 レイ
濡 ジュ
瀕 ヒン
灘 ダン
灸 キュウ
灼 シャク
烏 ウ
焰 エン
焚 フン
煌 コウ
煤 バイ
煉 レン
熙 キ
燕 エン
燎 リョウ
燦 サン
燭 ショク
燿 ヨウ
爾 ジ
牒 チョウ
牟 ボウ
牡 ボ
牽 ケン
犀 サイ
狼 ロウ
猪-猪 チョ
獅 シ
玖 キュウ
珂 カ
珈 カ
珊 サン
珀 ハク
玲 レイ
琢-琢 タク
琉 リュウ
瑛 エイ
琥 コ
琶 ハ
琵 ビ
琳 リン
瑚 コ
瑞 ズイ
瑶 ヨウ
瑳 サ
瓜 カ
瓢 ヒョウ
甥 セイ
甫 ホ
畠 はた
畢 ヒツ
疋 ショ
疏 ソ
皐 コウ
皓 コウ
眸 ボウ
瞥 ベツ
矩 ク
砦 サイ
砥 シ
砧 チン
硯 ケン
碓 タイ
碗 ワン
碩 セキ
碧 ヘキ
磐 バン
磯 キ
祇 ギ
祢-禰 デイ
祐-祐 ユウ
祷-禱 トウ
禄-祿 ロク
禎-禎 テイ
禽 キン
禾 カ
秦 シン
秤 ショウ
稀 キ
稔 ジン
稟 リン
稜 リョウ
穣-穰 ジョウ
穹 キュウ
穿 セン
窄 サク
窪 ワ
窺 キ
竣 シュン
竪 ジュ
竺 ジク
竿 カン
笈 キュウ
笹 ささ
笙 ショウ
笠 リュウ
筈 カツ
筑 チク
箕 キ
箔 ハク
篇 ヘン
篠 ショウ
簞 タン
簾 レン
籾 もみ
粥 シュク
粟 ゾク
糊 コ
紘 コウ
紗 シャ
紐 チュウ
絃 ゲン
紬 チュウ
絆 バン
絢 ケン
綺 キ
綜 ソウ
綴 テイ
緋 ヒ
綾 リョウ
綸 リン
縞 コウ
徽 キ
繫 ケイ
繡 シュウ
纂 サン
纏 テン
羚 レイ
翔 ショウ
翠 スイ
耀 ヨウ
而 ジ
耶 ヤ
耽 タン
聡 ソウ
肇 チョウ
肋 ロク
肴 コウ
胤 イン
胡 コ
脩 シュウ
腔 コウ
脹 チョウ
膏 コウ
臥 ガ
舜 シュン
舵 ダ
芥 カイ
芹 キン
芭 バ
芙 フ
芦 ロ
苑 エン
茄 カ
苔 タイ
苺 バイ
茅 ボウ
茉 マツ
茸 ジョウ
茜 セン
莞 カン
荻 テキ
莫 バク
莉 リ
菅 カン
菫 キン
菖 ショウ

萄 ドウ
菩 ボ
萌−萠 ホウ
莱 ライ
菱 リョウ
葦 イ
葵 キ
萱 ケン
葺 シュウ
萩 シュウ

董 トウ
葡 ブ
蓑 サ
蒔 ジ
蒐 シュウ
蒼 ソウ
蒲 ホ
蒙 モウ
蓉 ヨウ
蓮 レン

蔭 イン
蒋 ショウ
蔦 チョウ
蓬 ホウ
蔓 マン
蕎 キョウ
蕨 ケツ
蕉 ショウ
蕃 バン
蕪 ブ

薙 テイ
蕾 ライ
蕗 ロ
藁 コウ
薩 サツ
蘇 ソ
蘭 ラン
蝦 カ
蝶 チョウ
螺 ラ

蟬 セン
蟹 カイ
蠟 ロウ
衿 キン
袈 ケ
袴 コ
裡 リ
裟 サ
裳 ショウ
襖 オウ

訊 ジン
訣 ケツ
註 チュウ
詢 ジュン
詫 タ
誼 ギ
諏 シュ
諄 ジュン
諒 リョウ
謂 イ

諺 ゲン
讃 サン
豹 ヒョウ
貰 セイ
賑 シン
赳 キュウ
跨 コ
蹄 テイ
蹟 セキ
輔 ホ

輯 シュウ
輿 ヨ
轟 ゴウ
辰 シン
辻 つじ
迂 ウ
迄 キツ
辿 テン
迪 テキ
迦 カ

這 ゲン
逞 テイ
逗 トウ
逢 ホウ
遥−遙 ヨウ
遁 トン
遼 リョウ
邑 ユウ
祁 キ
郁 イク

鄭 テイ
酉 ユウ
醇 ジュン
醐 ゴ
醍 テイ
醬 ショウ
釉 ユウ
釘 テイ
釧 セン
銑 セン

鋒 ホウ
鋸 キョ
錘 スイ
錐 スイ
錆 セイ
錫 セキ
鍬 シュウ
鎧 ガイ
閃 セン
閏 ジュン

閤 コウ
阿 ア
陀 ダ
隈 ワイ
隼 ジュン
雀 ジャク
雁 ガン
雛 スウ
雫 しずく
霞 カ

靖 セイ
鞄 ホウ
鞍 アン
鞘 ショウ
鞠 キク
鞭 ベン
頁 ケツ
頌 ショウ
頗 ハ
顚 テン

颯 サツ
饗 キョウ
馨 ケイ
馴 ジュン
馳 チ
駕 ガ
駿 シュン
驍 ギョウ
魁 カイ
魯 ロ

鮎 デン
鯉 リ
鯛 チョウ
鰯 いわし
鱒 ソン
鱗 リン
鳩 キュウ
鳶 エン
鳳 ホウ
鴨 オウ

鴻 コウ
鵜 テイ
鵬 ホウ
鷗 オウ
鷲 シュウ
鷺 ロ
鷹 ヨウ
麒 キ
麟 リン
麿 まろ

黎 レイ
黛 タイ
鼎 テイ

注「−」は、相互の漢字が同一の字種であることを示したものである。

二

亞(亜) 惡(悪) 爲(為) 逸(逸) 榮(栄) 衞(衛) 謁(謁) 圓(円) 緣(縁) 薗(園)
應(応) 櫻(桜) 奧(奥) 橫(横) 溫(温) 價(価) 禍(禍) 悔(悔) 海(海) 壞(壊)
懷(懐) 樂(楽) 渴(渇) 卷(巻) 陷(陥) 寬(寛) 漢(漢) 氣(気) 祈(祈) 器(器)
僞(偽) 戲(戯) 虛(虚) 峽(峡) 狹(狭) 響(響) 曉(暁) 勤(勤) 謹(謹) 驅(駆)
勳(勲) 薰(薫) 惠(恵) 揭(掲) 鷄(鶏) 藝(芸) 擊(撃) 縣(県) 儉(倹) 劍(剣)
險(険) 圈(圏) 檢(検) 顯(顕) 驗(験) 嚴(厳) 廣(広) 恆(恒) 黃(黄) 國(国)
黑(黒) 穀(穀) 碎(砕) 雜(雑) 祉(祉) 視(視) 兒(児) 濕(湿) 實(実) 社(社)
者(者) 煮(煮) 壽(寿) 收(収) 臭(臭) 從(従) 澁(渋) 獸(獣) 縱(縦) 祝(祝)
暑(暑) 署(署) 緖(緒) 諸(諸) 敍(叙) 將(将) 祥(祥) 涉(渉) 燒(焼) 奬(奨)
條(条) 狀(状) 乘(乗) 淨(浄) 剩(剰) 疊(畳) 孃(嬢) 讓(譲) 釀(醸) 神(神)
眞(真) 寢(寝) 愼(慎) 盡(尽) 粹(粋) 醉(酔) 穗(穂) 瀨(瀬) 齊(斉) 靜(静)
攝(摂) 節(節) 專(専) 戰(戦) 纖(繊) 禪(禅) 祖(祖) 壯(壮) 爭(争) 莊(荘)
搜(捜) 巢(巣) 曾(曽) 裝(装) 僧(僧) 層(層) 瘦(痩) 騷(騒) 增(増) 憎(憎)
藏(蔵) 贈(贈) 臟(臓) 卽(即) 帶(帯) 滯(滞) 瀧(滝) 單(単) 嘆(嘆) 團(団)
彈(弾) 晝(昼) 鑄(鋳) 著(著) 廳(庁) 徵(徴) 聽(聴) 懲(懲) 鎭(鎮) 轉(転)
傳(伝) 都(都) 嶋(島) 燈(灯) 盜(盗) 稻(稲) 德(徳) 突(突) 難(難) 拜(拝)
盃(杯) 賣(売) 梅(梅) 髮(髪) 拔(抜) 繁(繁) 晚(晩) 卑(卑) 祕(秘) 碑(碑)

賓（賓）　敏（敏）　富（富）
侮（侮）　福（福）　拂（払）
佛（仏）　勉（勉）　步（歩）
峯（峰）　墨（墨）　飜（翻）
每（毎）　萬（万）　默（黙）
埜（野）　彌（弥）　藥（薬）
與（与）　搖（揺）　樣（様）
謠（謡）　來（来）　賴（頼）
覽（覧）　欄（欄）　龍（竜）
虜（虜）　凉（涼）　綠（緑）
淚（涙）　壘（塁）　類（類）
禮（礼）　曆（暦）　歷（歴）
練（練）　鍊（錬）　郞（郎）
朗（朗）　廊（廊）　錄（録）

注　括弧内の漢字は、戸籍法施行規則第六十条第一号に規定する漢字であり、当該括弧外の漢字とのつながりを示すため、参考までに掲げたものである。

常用漢字表「付表」

いわゆる当て字や熟字訓などを語の形で掲げた（五十音順）。なお、これらの語を構成要素の一部とする熟語に用いても構わない。(中)は中学校で、(高)は高等学校で、印のないものは小学校で学習する語。

あす　明日
あずき　小豆(中)
あま　海女・海士(高)
いおう　硫黄(中)
いくじ　意気地(中)
いなか　田舎(中)
いぶき　息吹(高)
うなばら　海原(中)
うば　乳母(中)
うわき　浮気(高)
うわつく　浮つく(中)
えがお　笑顔(中)
おじ　叔父・伯父(中)
おとな　大人
おとめ　乙女(中)
おば　叔母・伯母(中)
おまわりさん　お巡りさん(中)
おみき　お神酒(高)
おもや　母屋・母家(高)
かあさん　母さん
かぐら　神楽(高)
かし　河岸(高)
かじ　鍛冶(中)
かぜ　風邪(中)
かたず　固唾(中)
かな　仮名(中)
かや　蚊帳(高)
かわせ　為替(中)
かわら　河原・川原
きのう　昨日
きょう　今日
くだもの　果物
くろうと　玄人(高)
けさ　今朝
けしき　景色
ここち　心地(中)
こじ　居士(高)
ことし　今年
さおとめ　早乙女(中)
ざこ　雑魚(高)
さじき　桟敷(高)
さしつかえる　差し支える(中)
さつき　五月(中)
さなえ　早苗(中)
さみだれ　五月雨(中)
しぐれ　時雨(中)
しっぽ　尻尾(中)
しない　竹刀(中)
しにせ　老舗(中)
しばふ　芝生(中)
しみず　清水
しゃみせん　三味線(中)
じゃり　砂利(中)
じゅず　数珠(高)
じょうず　上手
しらが　白髪(中)
しろうと　素人(高)
しわす（しはす）　師走(高)
すきや　数寄屋・数奇屋(高)
すもう　相撲(中)
ぞうり　草履(中)
だし　山車(高)
たち　太刀(中)
たちのく　立ち退く(中)
たなばた　七夕
たび　足袋(中)
ちご　稚児(高)
ついたち　一日
つきやま　築山(高)
つゆ　梅雨(中)
でこぼこ　凸凹(中)
てつだう　手伝う
てんません　伝馬船(高)
とあみ　投網(高)
とうさん　父さん
とえはたえ　十重二十重(高)
どきょう　読経(高)
とけい　時計
ともだち　友達
なこうど　仲人(高)
なごり　名残(中)
なだれ　雪崩(中)
にいさん　兄さん
ねえさん　姉さん
のら　野良(高)
のりと　祝詞(高)
はかせ　博士
はたち　二十・二十歳(中)
はつか　二十日
はとば　波止場(中)
ひとり　一人
ひより　日和(中)
ふたり　二人
ふつか　二日
ふぶき　吹雪(中)
へた　下手
へや　部屋
まいご　迷子
まじめ　真面目
まっか　真っ赤
まっさお　真っ青
みやげ　土産(中)
むすこ　息子(中)
めがね　眼鏡
もさ　猛者(高)
もみじ　紅葉(中)
もめん　木綿(中)
もより　最寄り(中)
やおちょう　八百長(高)
やおや　八百屋
やまと　大和(中)
やよい　弥生(中)
ゆかた　浴衣(高)
ゆくえ　行方(中)
よせ　寄席(高)
わこうど　若人(中)

字体について

平成二十二年十一月三十日内閣告示の「常用漢字表」に示された「（付）字体についての解説」をもとに、活字体・筆写体によって字形に違いのあるものの例を掲げ、簡潔に解説した。

第一　明朝体のデザインについて

一般に使用されている明朝体の各種書体には、同じ字でも、微細なところで形の相違の見られるものがある。しかし、それらの相違はいずれもデザインの違いに属するものであり、字体（文字の骨組み）の上からは全く問題にする必要はない。以下に、分類してその例を示した。

なお、ここに掲げるデザイン差は、おおむね、筆写の楷書字形にもあてはめることが可能である。

1　へんとつくり等の組合せ方について

（1）大小、高低などに関する例

硬 硬　吸 吸　頃 頃

（2）はなれているか、接触しているかに関する例

睡 睡　異 異　挨 挨

2　点画の組合せ方について

（1）長短に関する例

雪 雪 雪　満 満　無 無　斎 斎

（2）つけるか、はなすかに関する例

発 発　備 備　奔 奔　溺 溺

空 空　湿 湿　吹 吹　冥 冥

（3）接触の位置に関する例

岸 岸　家 家　脈 脈 脈

蚕 蚕　印 印　蓋 蓋

（4）交わるか、交わらないかに関する例

聴 聴　非 非　祭 祭

存 存　孝 孝　射 射

（5）その他

芽 芽 芽　夢 夢 夢

3　点画の性質について

（1）点か、棒（画）かに関する例

帰 帰　班 班　均 均

麗 麗　蔑 蔑

（2）傾斜、方向に関する例

考 考　値 値　望 望

（3）曲げ方、折り方に関する例

勢 勢　競 競　頑 頑 頑　災 災

（4）「筆押さえ」等の有無に関する例

芝 芝　更 更　伎 伎

八 八 八　公 公 公　雲 雲

（5）とめるか、はらうかに関する例

環 環　泰 泰　談 談

医 医　継 継　園 園

（6）とめるか、ぬくかに関する例

耳 耳　邦 邦　街 街　餌 餌

（7）はねるか、とめるかに関する例

四 四　配 配　換 換　湾 湾

（8）その他

次 次　姿 姿

4　特定の字種に適用されるデザイン差について

以下の（1）～（5）それぞれの字種にのみ適用されるデザイン差がある。

（1）牙・牙・牙

（2）韓・韓・韓

（3）茨・茨・茨

（4）叱・叱

（5）栃・栃

※本来は別字。使用実態から見て、異体の関係にある同字と認める。

第二　明朝体と筆写の楷書との関係について

字体としては同じであっても、明朝体の字形と筆写の楷書の字形との間には、いろいろな点で違いがある。それらは、印刷文字と手書き文字におけるそれぞれの習慣の相違に基づく表現の差と見るべきものである。以下に、分類して、上に明朝体、下にそれを手書きした例を示した。

1　明朝体に特徴的な表現の仕方があるもの

(1) 折り方に関する例

衣－衣　去－去　玄－玄

(2) 点画の組合せ方に関する例

人－人　家－家　北－北

(3) 「筆押さえ」等に関する例

芝－芝　史－史　入－入

八－八

(4) 曲直に関する例

子－子　手－手　了－了

(5) その他

辶・辶－辶　⺮－⺮　心－心

2　筆写の楷書ではいろいろな書き方があるもの

(1) 長短に関する例

雨－雨雨　戸－戸戸戸

無－無無

(2) 方向に関する例

風－風風　比－比比　仰－仰仰

糸－糸糸　ネ－ネネ　衤－衤衤

主－主主　言－言言言

年－年年年

(3) つけるか、はなすかに関する例

又－又又　文－文文　月－月月

条－条条　保－保保

(4) はらうか、とめるかに関する例

奥－奥奥　公－公公

角－角角　骨－骨骨

(5) はねるか、とめるかに関する例

切－切切切　改－改改改

酒－酒酒　陸－陸陸陸

穴－穴穴穴　木－木木

来－来来　糸－糸糸

牛－牛牛　環－環環

(6) その他

令－令令　外－外外外

女－女女　叱－叱叱叱

3　筆写の楷書字形と印刷文字字形の違いが、字体の違いに及ぶもの

以下に示す例で、括弧内は印刷文字である明朝体の字形に倣って書いたものであるが、筆写の楷書ではどちらの字形で書いても差し支えない。なお、括弧内の字形の方が、筆写字形としても一般的な場合がある。

(1) 方向に関する例

淫－淫（淫）　恣－恣（恣）

煎－煎（煎）　嘲－嘲（嘲）

溺－溺（溺）　蔽－蔽（蔽）

(2) 点画の簡略化に関する例

葛－葛（葛）　嗅－嗅（嗅）

僅－僅（僅）　餌－餌（餌）

箋－箋（箋）　塡－填（塡）

賭－賭（賭）　頰－頬（頰）

(3) その他

惧－惧（惧）　稽－稽（稽）

詮－詮（詮）　捗－捗（捗）

剝－剥（剝）　喩－喩（喩）

季語集

新年

時候
新年・正月・睦月・新春・初春・今朝の春・今年・去年・去年今年・年立つ・小正月・七日正月・元朝・元日・元旦・歳旦・二日・三日・三が日・人日・松の内・松過ぎ

天文
初空・初日・初日の出・初明かり・初東雲・初東風・初晴れ・初霞・初凪・初茜・御降り・淑気

地理
初富士・初比叡・初浅間・若菜野・初景色

生活
【衣】春着・初衣装【食】雑煮・屠蘇・年酒・福茶・大服・数の子・田作り・ごまめ・太箸【住】門松・注連飾り・輪飾り・蓬萊・鏡餅・飾り海老・飾り臼・福藁・繭玉・年木・餅花

【習俗】松納め・飾り納め・鳥総松・鏡開き・初手水・掃き初め・初湯・年賀・年始・寝正月・賀状・年玉・初夢・初暦・初便り・初電話・書き初め・吉書・初笑い・泣き初め・初鏡・初髪・読み初め・初日記・乗り初め・初旅・新年会・御用始め・仕事始め・機始め・俎始め・初竈・初市・初荷・初売り・初商い・買い初め・蔵開き

【農事】鍬始め・山始め・樵初め

【漁猟】初漁・船起こし

【芸能・遊戯】初稽古・弾き初め・舞い初め・初釜・初句会・歌留多・羽子・追い羽子・羽子板・手鞠・福笑い・双六・独楽・破魔弓・福引き・万歳・獅子舞・猿回し・春駒

行事
初詣で・四方拝・恵方詣り・白朮詣り・七福神詣り・参賀・鷽替え・十日戎・初天神・初観音・初大師・初不動・若水・小松引き・若菜摘み・歌会始め・弓始め・年男・成人の日・出初式・初場所・初芝居・七種・左義長・どんど焼き・藪入り・達磨市・宝恵駕・小豆粥・えんぶり・かまくら・なまはげ

動物
【鳥】初鶏・初雀・初鴉・初声【獣】嫁が君【魚貝】伊勢海老

植物
【樹木】楪・子の日草【草花】福寿草・若菜・薺・御形・仏の座・菘・蘿蔔・歯朶・裏白【海藻】穂俵

春

立春から立夏の前日まで
旧暦一月・二月・三月
新暦二月・三月・四月

時候
二月・初春・旧正月・寒明け・立春・春立つ・早春・春浅し・春めく・冴え返る・余寒・春寒・春遅し・二月尽・三月・如月・仲春・啓蟄・春分・彼岸・三月尽・四月・弥生・晩春・春の日・春暁・春昼・春の暮れ・春の宵・暖か・麗らか・長閑・日永・永き日・遅日・木の芽時・花冷え・蛙の目借り時・春暑し・春深し・八十八夜・暮れの春・行く春・春惜しむ・夏近し・弥生尽

天文
春日和・春光・風光る・朧・春風・東風・涅槃西風・貝寄風・春一番・春嵐・春塵・霾る・春の月・朧月・春雨・春時雨・春霖・花の雨・菜種梅雨・春の霰・春の雪・淡雪・斑雪・雪の果て・春の霜・別れ霜・春雷・虫出し・霞・陽炎・糸遊・春陰・鳥曇り・花曇り・蜃気楼・海市

地理
春の山・山笑う・春の野・焼け野・末黒野・春の水・春の川・春の海・春潮・彼岸潮・潮干潟・水温む・春田・苗代・春の土・春泥・逃げ水・残雪・雪間・雪崩・雪解け・雪解・雪しろ・凍て解け・薄ら氷・氷解く・流氷

生活
【衣】春袷・春コート・春ショール・春手袋・花衣・春日傘【食】木の芽和え・田楽・青饅・蜆汁・蒸し鰈・干し鰈・目刺し・壺焼き・鶯餅・草餅・桜餅・菱餅・雛あられ・白酒・菜飯【住】春の灯・春灯・春炬燵・炬燵塞ぎ・春火鉢・春の炉・炉塞ぎ・目貼り剝

ぐ・北窓開く・雪割り・雪囲い解く・屋根替え・厩出し・垣繕う

【習俗】入学試験・大試験・落第・卒業・入学・春休み・新入社員・春闘

【農事】山焼き・山火・野焼き・野火・畑焼く・畦焼く・芝焼く・麦踏み・耕し・耕人・田打ち・田掻き・畑打ち・畦塗り・種物・種選び・種浸し・種蒔き・苗床・苗木植う・苗札・苗木市・植木市・芋植う・桑解く・桑摘み・剪定・挿し木・接ぎ木・根分け・牧開き・茶摘み・茶山・茶作り・蚕飼い・飼い屋

【漁猟】和布刈る・和布干す・和布刈り舟・海苔掻く・海苔粗朶・海苔干す・魞挿す・磯開き・磯菜摘み・上り梁・海女

【遊戯】野遊び・摘み草・梅見・観梅・花見・花便り・花人・花筵・夜桜・花篝・花守・花疲れ・潮干狩り・磯遊び・観潮・ボートレース・遠足・踏青・凧・凧揚げ・風船・風車・シャボン玉・鶯笛・鞦韆・ぶらんこ

【雑】春の風邪・朝寝・春眠・春の夢・春愁・佐保姫

行事

修二会・初午・針供養・涅槃会・涅槃図・寝釈迦・雛市・雛祭り・雛人形・雛納め・流し雛・曲水・お水取り・御松明・薪能・春分の日・彼岸会・謝肉祭・カーニバル・受難節・復活祭・イースター・四月馬鹿・仏生会・灌仏会・花祭り・甘茶・花御堂・春場所・開帳・春祭り・遍路・峰入り・壬生念仏・雁風呂・都踊・東踊・メーデー・良寛忌・義仲忌・実朝忌・西行忌・利休忌・人丸忌・蓮如忌・茂吉忌・虚子忌・啄木忌

動物

【鳥】鶯・春告げ鳥・鷽・雉子・頰白・雲雀・揚げ雲雀・燕・巣燕・百千鳥・囀り・鳥交る・鳥の巣・巣鳥・巣箱・巣立ち鳥・古巣・子雀・鳥帰る・鳥雲に入る・引き鶴・鶴帰る・残る鶴・春の雁・帰雁・行く雁・引き鴨・鴨帰る・残る鴨

【獣】若駒・仔馬・孕み馬・孕み鹿・落とし角・猫の恋・恋猫・猫の子・獣交む

【虫ほか】初蝶・蝶・春蟬・蜂・蜂の巣・虻・春の蠅・蠅生まる・春の蚊・蚕・捨て蚕・お玉杓子・蝌蚪・蛙・蛇穴を出づ・亀鳴く

【魚貝】桜鯛・鰊・鰆・鱵・鱒・白魚・公魚・諸子・若鮎・上り鮎・蛤・浅蜊・栄螺・桜貝・蜆・田螺・寄居虫・望潮・磯巾着・海胆

植物

【樹木】木の芽・芽立ち・楓の芽・牡丹の芽・薔薇の芽・柳の芽・山椒の芽・楤の芽・桑の芽・梅・白梅・紅梅・梅林・椿・落ち椿・初花・花・花の雲・花明かり・落花・花吹雪・花筏・残花・桜・彼岸桜・枝垂れ桜・八重桜・山桜・桜蕊降る・黄梅・蘇枋の花・辛夷・花水木・沈丁花・海棠・連翹・杏の花・桃の花・雪柳・馬酔木の花・木蓮・小手毬の花・ミモザ・リラ・エリカ・山吹・梨の花・林檎の花・藤・白藤・藤棚・藤波・躑躅・金縷梅・木瓜の花・榛の花・枳殻の花・黄楊の花・樒の花・三椏の花・鈴懸の花・松の花・杉の花・猫柳・桑・柳・青柳・柳絮・蘗・若緑・春落ち葉

【草花】草の芽・ものの芽・菊の芽・蔦の芽・黄水仙・三色菫・パンジー・金盞花・チューリップ・クロッカス・ヒヤシンス・スイートピー・フリージア・シクラメン・勿忘草・君子蘭・苧環の花・春蘭・金鳳花・桜草・芝桜・雪割草・翁草・一人静・母子草・薊・菫・蒲公英・紫雲英・苜蓿・クローバー・土筆・薺の花・犬ふぐり・酸葉・すかんぽ・茅花・虎杖・蘩蔞・杉菜・草若葉・蔦の若葉・春の草・下萌え・若草・双葉・雪間草・芝萌ゆる・若芝・草青む・古草・水草生う・蘆の角・竹の秋

【菜類ほか】大根の花・豆の花・豌豆の花・菜の花・葱坊主・菠薐草・春大根・春菊・水菜・鶯菜・韮・嫁菜・葫・独活・アスパラガス・蓬・芹・蕗の薹・茗荷竹・青麦・野蒜・防風・山葵・蕨・薇・慈姑・松露・茎立ち

【海藻】海苔・和布・荒布・鹿尾菜・海雲・海松・海髪

夏

立夏から立秋の前日まで
旧暦四月・五月・六月
新暦五月・六月・七月

時候

五月・卯月・立夏・夏に入る・初夏・夏めく・夏浅し・薄暑・麦の秋・六月・皐月・仲夏・田植え時・入梅・梅雨入り・梅雨寒・夏至・白夜・半夏生・七月・水無月・晩夏・梅雨明け・夏の日・夏の夕・夏の夜・炎昼・短夜・明け易し・土用・三伏・盛夏・暑し・大暑・極暑・炎暑・炎ゆる・灼くる・涼し・夜涼・夏寒し・冷夏・夏深し・夏の果て・秋近し・秋隣・夜の秋

天文

雲の峰・入道雲・夏の月・梅雨の月・梅雨・梅雨空・梅雨晴れ・空梅雨・送り梅雨・五月晴れ・五月闇・卯の花腐し・五月雨・虎が雨・夕立・驟雨・喜雨・薫

風・風薫る・南風・白南風・黒南風・青嵐・やませ・涼風・風死す・日盛り・炎天・油照り・西日・朝曇り・朝焼け・夕焼け・朝凪・夕凪・土用凪・旱・旱星・片陰・日陰・雷・いかずち・はたたがみ・雲海・御来迎・虹・雹・海霧

地理

夏の山・青嶺・五月富士・雪渓・夏野・青野・お花畑・代田・植え田・青田・田水沸く・旱田・熱砂・卯波・土用波・青葉潮・赤潮・出水・泉・清水・滴り・噴井・滝・滝涼し

生活

【衣】更衣・袷・単・帷子・羅・晒布・縮布・セル・白服・白絣・浴衣・甚平・すててこ・夏シャツ・レース・夏帯・腹当て・衣紋竹・夏手袋・夏足袋・汗拭い・ハンカチーフ・夏帽子・麦藁帽子・団扇・香水・海水着・水着

【食】夏料理・船料理・洗い鯉・土用鰻・泥鰌鍋・鮓・梅干し・茄子漬け・冷や奴・水飯・冷や麦・冷や素麺・葛餅・柏餅・粽・白玉・蜜豆・水羊羹・心太・麨・麦こがし・新茶・古茶・梅酒・冷や酒・焼酎・甘酒・麦酒・ビヤガーデン・ビヤホール・ラムネ・サイダー・ソーダ水・氷水・かき氷・氷菓・アイスクリーム・アイスキャンデー

【住】夏の灯・夏灯・夏座敷・夏の炉・露台・夏布団・花茣蓙・寝茣蓙・籠枕・籐椅子・網戸・葭戸・日除け・日覆い・青簾・葭簀・ハンモック・冷房・クーラー・冷蔵庫・花氷・扇風機・蠅帳・蠅叩き・蠅取り紙・蚊帳・風鈴・釣忍・蚊遣火・走馬灯・回り灯籠・水中花・金魚玉・箱庭・打ち水・虫干し・曝書・噴水・溝浚え

【習俗】暑中見舞い・夏休み・帰省・林間学校・夏期大学・避暑・滝見茶屋

【農事】苗売り・代掻き・代馬・代牛・田植え・早乙女・早苗饗・雨乞い・水争い・水番・水盗む・田草取り・麦刈り・麦車・麦打ち・草刈り・干し草・芝刈り・菜殻火・真菰刈る・藺刈る・梅干す・袋掛け・牛冷やす・馬冷やす・虫送り・誘蛾灯・繭・上蔟・

【漁猟】鵜飼・鵜舟・鵜匠・鵜篝・川狩り・梁・夜振り・夜釣り・天草干す・箱眼鏡

【遊戯】船遊び・遊船・海水浴・潮浴び・泳ぎ・遠泳・水浴び・プール・ボート・ヨット・波乗り・サーフィン・砂日傘・ビーチパラソル・登山・キャンプ・釣堀・水遊び・水鉄砲・浮き人形・浮いて来い・水からくり・ナイター・花火・手花火・夜店・金魚売り・捕虫網・蛍狩り・蛍籠・草笛・麦笛・草矢

【雑】納涼・涼む・夕涼み・端居・裸・跣・汗・天瓜粉・汗知らず・日焼け・昼寝・寝冷え・暑気払い・暑気中り・夏痩せ・汗疹・行水・夜濯ぎ・髪洗う・洗い髪

行事

子供の日・端午・幟・鯉幟・吹き流し・矢車・五月人形・菖蒲葺く・菖蒲湯・競べ馬・母の日・葵祭・ダービー・夏場所・練り供養・氷室・父の日・朝顔市・鬼灯市・四万六千日・パリ祭・祇園会・山鉾・祇園囃子・宵山・野馬追い・夏芝居・山開き・川開き・海開き・土用灸・夏越・御禊・形代流す・祭り・夏祭り・神輿・山車・祭り笛・宵宮・安居・夏籠り・万太郎忌・業平忌・晶子忌・桜桃忌・茅舎忌・河童忌・左千夫忌・露伴忌

動物

【鳥】時鳥・郭公・閑古鳥・筒鳥・仏法僧・木の葉木菟・青葉木菟・老鶯・慈悲心鳥・夜鷹・雷鳥・駒鳥・大瑠璃・葭切・行々子・翡翠・白鷺・水鶏・鷭・黄鶲・鵜・鳧・鯵刺し・通し鴨・燕の子・鴉の子・軽鳧の子・海猫・羽抜け鶏

【獣】鹿の子・子鹿・袋角・蝙蝠・蚊喰い鳥

【虫ほか】夏の蝶・蛾・火取り虫・火蛾・火虫・蛍・蛍火・蟬生まる・蟬・蟬時雨・空蟬・蟬の殻・蜻蛉生まる・糸蜻蛉・川蜻蛉・蠅・蚊・蚊柱・ががんぼ・草蜉蝣・優曇華・薄羽蜉蝣・蚋・蠛蠓・蟷螂生まる・夏蚕・蚕蛾・斑猫・道おしえ・玉虫・金亀虫・かなぶん・天道虫・蜘蛛・蜘蛛の囲・羽蟻・甲虫・髪切り虫・落とし文・穀象虫・蟻地獄・毛虫・尺蠖・蟻・蟻塚・蚤・紙魚・油虫・蛞蝓・蚰蜒・百足虫・蠼螋・源五郎・水すまし・まいまい・水馬・孑孑・船虫・夜光虫・蝸牛・でんでん虫・蛭・蚯蚓・雨蛙・青蛙・蟇・亀の子・山椒魚・はんざき・河鹿・守宮・蠑螈・蜥蜴・蛇・蛇皮を脱ぐ・蛇の衣・蝮

【魚貝】初鰹・鰹・飛び魚・黒鯛・鯖・鯵・鱚・鱧・鱏・蛸・烏賊・穴子・鰻・水母・鮑・蟹・沢蟹・川蟹・鮎・囮鮎・濁り鮒・岩魚・山女・鯰・目高・金魚・緋鯉・熱帯魚

植物

【樹木】余花・葉桜・石楠花・百日紅・泰山木の花・桐の花・朴の花・槐の花・栃の花・夾竹桃・南天

の花・水木の花・アカシアの花・針槐・沙羅の花・山毛欅の花・えごの花・合歓の花・黐の花・椎の花・青桐の花・梔子の花・柚の花・蜜柑の花・橙の花・栗の花・柿の花・石榴の花・茨の花・忍冬の花・棕櫚の花・薔薇・牡丹・紫陽花・七変化・額の花・金雀枝・花橘・杜鵑花・玫瑰・夏木立・新樹・若葉・新緑・万緑・茂り・緑陰・木の下闇・若楓・葉柳・柿若葉・椎若葉・楠若葉・病葉・松落ち葉・杉落ち葉

【草花】 杜若・あやめ・花菖蒲・菖蒲・鳶尾・芍薬・向日葵・葵・立葵・紅蜀葵・夏菊・除虫菊・百日草・姫女苑・捩花・孔雀草・矢車草・罌粟の花・罌粟坊主・石竹・鷺草・酢漿の花・茴香の花・風知草・含羞草・野牡丹・百合・萱草の花・踊り子草・鉄線花・紅の花・鬼灯の花・甘草・金魚草・花魁草・夕顔・月見草・待宵草・擬宝子・岩菲・虎杖の花・浜木綿の花・夏薊・灸花・竹煮草・竹の花・芭蕉の花・玉巻く芭蕉・紫蘭・鈴蘭・昼顔・浜昼顔・浜豌豆・ダリア・カーネーション・グラジオラス・サルビア・アマリリス・仙人掌・松葉牡丹・十薬・どくだみ・車前草の花・雪の下・藜・黴・苔の花・小判草・蛍袋・蚊帳吊草・帚木・麻・葎・八重葎・青芝・青蔦・青薄・夏草・青草・草いきれ・竹落ち葉・竹の皮脱ぐ・若竹・今年竹・睡蓮・河骨・沢瀉・蒲・蒲の穂・水芭蕉・菱の花・布袋草・蓴菜・ぬなわ・真菰・青葦・藺・藺の花・水草の花・藻の花・萍

【菜類ほか】 瓜の花・胡瓜の花・南瓜の花・茄子の花・馬鈴薯の花・糸瓜の花・茄子・トマト・胡瓜・豌豆・空豆・瓜・真桑瓜・夏大根・甘藍・キャベツ・玉葱・新馬鈴薯・辣韮・筍・茗荷の子・蕗・パセリ・蓼・紫蘇・蓮・茄子の苗・麦・穂麦・黒穂・早苗・余り苗

【果実・木の実】 早桃・李・杏・青梅・実梅・桜桃・楊梅・ゆすらうめ・枇杷・青柿・青柚子・青林檎・青葡萄・夏蜜柑・巴旦杏・メロン・パイナップル・バナナ・すぐりの実・青胡桃・苺・桑の実・夏茱萸・木苺・蛇苺

【海藻】 天草・昆布

秋

立秋から立冬の前日まで
旧暦七月・八月・九月
新暦八月・九月・十月

時候

八月・文月・立秋・秋立つ・今朝の秋・初秋・新秋・秋めく・残暑・秋暑し・二百十日・厄日・新涼・秋涼し・九月・葉月・仲秋・八朔・白露・秋分・秋彼岸・十月・長月・晩秋・寒露・秋の日・秋の暮れ・秋の夜・夜半の秋・秋麗ら・秋澄む・秋気・夜長・爽やか・冷ややか・身に入む・秋寒し・朝寒・肌寒・夜寒・そぞろ寒・やや寒・うそ寒・冷まじ・秋深し・深秋・暮れの秋・行く秋・秋惜しむ・冬近し・冬隣・九月尽

天文

月・月夜・盆の月・二日月・三日月・新月・夕月夜・待つ宵・小望月・名月・十五夜・望月・満月・良夜・無月・雨月・十六夜・立ち待ち月・居待ち月・臥し待ち月・寝待ち月・宵闇・有り明け月・十三夜・二十三夜・後の月・星月夜・天の川・銀河・銀漢・流れ星・星飛ぶ・秋晴れ・秋日和・菊日和・秋高し・天高し・鰯雲・鯖雲・秋旱・秋風・初嵐・野分・台風・黍嵐・芋嵐・雁渡し・秋霖・秋時雨・稲妻・霧・露・露けし・露時雨・露寒・露霜・秋夕焼け・釣瓶落とし・秋色・秋の声・秋光

地理

秋の山・山澄む・山粧う・秋郊・野路の秋・山の錦・野の錦・花畑・花園・花野・秋水・水の秋・水澄む・秋出水・稲田・刈田・穭田・初潮・高潮・不知火

生活

【衣】 秋袷・秋扇・秋団扇・新絹

【食】 新蕎麦・新豆腐・菊膾・とろろ汁・衣被・柚味噌・枝豆・新米・栗飯・松茸飯・新酒・古酒・濁り酒・温め酒・干し柿・吊るし柿・夜食

【住】 秋の灯・秋灯・灯火親し・秋の蚊帳・秋簾・障子洗う・障子貼る・冬支度

【習俗】 月見・月祭る・菊花展・菊人形・紅葉狩り・菊枕・虫売り・虫籠・相撲・運動会・夜学・休暇明け・二学期

【農事】 秋耕・案山子・鳥威し・威し銃・鳴子・添水・鹿火屋・鹿垣・落とし水・稲刈り・稲車・稲干す・稲架・稲塚・稲扱き・籾干す・新藁・藁塚・砧・砧打つ・大根蒔く・菜種蒔く・牛蒡引く・豆引く・豆干す・葛掘る・薬掘る・煙草干す・松手入れ・竹伐る・種採り・綿取り・渋取り・胡麻刈る・木賊刈る・萱刈る・葦刈る・葦火・桑括くる・茸刈り・牧閉ざす・豊年・豊の秋・凶作・夜業

【漁猟】 下り梁・崩れ梁・網代打ち・鯊釣

り・鰯引く・根釣り・初猟・小鳥網・鳥屋・囮・囮籠・鳩吹き

【遊戯】海嬴廻し・貝独楽

【雑】秋思・竜田姫

行事

七夕・星祭り・星合い・牽牛・織女・中元・硯洗う・草市・盆市・盆用意・盆花・迎え火・盆・魂祭り・盂蘭盆・生き御魂・門火・苧殻焚く・精霊棚・墓洗う・墓参り・灯籠・盆灯籠・施餓鬼・送り火・灯籠流し・流灯・精霊流し・精霊舟・大文字・放生会・踊り・盆踊り・踊り子・踊り浴衣・地蔵盆・原爆忌・終戦記念日・敗戦忌・震災忌・重陽・登高・敬老の日・秋祭り・秋場所・赤い羽根・御命講・菊供養・べったら市・時代祭・火祭り・鹿の角切り・文化の日・日展・宗祇忌・鬼貫忌・世阿弥忌・守武忌・太祇忌・西鶴忌・道元忌・許六忌・去来忌・迢空忌・鬼城忌・子規忌・蛇笏忌

動物

【鳥】鵙・鵙の高音・鵙の贄・椋鳥・啄木鳥・懸巣・鵯・ひよ・雁・がん・かりがね・雁の棹・雁が音・雁渡る・落雁・鶫・鶉・燕帰る・帰燕・鶸・目白・日雀・山雀・小雀・四十雀・連雀・緋連雀・稲雀・鴫・初鴨・鴨渡る・鶴来たる・鶺鴒・鶲・尉鶲・渡り鳥・鳥渡る・色鳥・小鳥・小鳥来る

【獣】鹿・鹿笛・猪・しし・馬肥ゆる

【虫ほか】秋の蝶・秋の蛍・秋の蟬・蜩・かなかな・法師蟬・つくつく法師・蜻蛉・あきつ・赤蜻蛉・蜉蝣・蟋蟀・つづれさせ・ちちろ虫・竈馬・鈴虫・松虫・邯鄲・草雲雀・鉦叩き・馬追い・すいっちょ・螽蟖・機織り・蝗・蚱・きちきち・轡虫・がちゃがちゃ・蟷螂・とうろう・かまきり・蝗・秋の蚊・秋の蠅・浮塵子・蜂の子・螻蛄鳴く・蛇穴に入る・穴惑い・秋蚕・地虫鳴く・蚯蚓鳴く・蓑虫・茶立て虫・芋虫・菜虫・虫・虫の声・虫すだく・虫時雨

【魚貝】鰯・秋刀魚・鮭・鯊・太刀魚・鯔・鱸・秋鯖・秋鰺・落ち鮎・錆鮎・下り鮎・落ち鰻・鰍

植物

【樹木】初紅葉・薄紅葉・黄葉・紅葉・照り葉・紅葉山・桜紅葉・柿紅葉・銀杏紅葉・櫨紅葉・雑木紅葉・芙蓉・木槿・木犀・金木犀・銀木犀・楓・錦木・ななかまど・梅擬・蔦・竹の春・紅葉かつ散る・黄落・桐一葉・柳散る・銀杏散る

【草花】菊・白菊・残菊・朝顔・夜顔・コスモス・白粉花・鳳仙花・秋海棠・蘭・鶏頭・葉鶏頭・紫苑・カンナ・泊夫藍・芭蕉・破れ芭蕉・曼珠沙華・彼岸花・桔梗・きちこう・撫子・女郎花・男郎花・藤袴・杜鵑草・萩・蓼の花・赤のまんま・吾亦紅・竜胆・野菊・水引の花・葛・葛の花・風船葛・狗尾草・猫じゃらし・露草・蛍草・車前草・数珠玉・藪からし・藪虱・鳥兜・泡立ち草・溝蕎麦・溝萩・薄・尾花・穂薄・萱・刈る萱・荻・荻の声・葦の花・真菰の花・秋草・草の花・千草の花・秋の七草・草の穂・草の絮・草紅葉・草の実・末枯れ

【菜類ほか】西瓜・南瓜・冬瓜・糸瓜・瓢・秋茄子・馬鈴薯・甘藷・さつまいも・芋・自然薯・玉蜀黍・落花生・胡麻・零余子・ぬかご・唐辛子・はじかみ・貝割り菜・間引き菜・稲・稲穂・稲の花・早稲・晩稲・落ち穂・穭・稗・粟・黍・綿・茗荷の花・蕎麦の花・煙草の花・紫蘇の実・蓮の実・菱の実・敗荷・初茸・茸・松茸・椎茸・しめじ・毒茸・どくきのこ

【果実・木の実】桃の実・白桃・梨・柿・熟柿・林檎・葡萄・無花果・石榴・青蜜柑・柚子・金柑・檸檬・橘・銀杏・茱萸・胡桃・栗・団栗・山葡萄・通草・郁子・朱欒・山椒の実・枸杞の実・花梨の実・椿の実・梔子の実・棗の実・枳殻の実・芙蓉の実・椎の実・橡の実・檀の実・楝の実・榧の実・一位の実・桐の実・無患子・烏瓜・紫式部・杉の実・新松子・木の実

冬

立冬から立春の前日まで
旧暦十月・十一月・十二月
新暦十一月・十二月・一月

時候

十一月・神無月・立冬・冬に入る・今朝の冬・冬来たる・初冬・冬浅し・冬めく・冬ざれ・小春・小春日和・小六月・冬暖か・十二月・霜月・師走・極月・冬至・年の暮れ・歳晩・歳末・年の瀬・数え日・年の内・行く年・年逝く・年惜しむ・年越し・大晦日・大年・除夜・年の夜・一月・寒の入り・小寒・大寒・寒の内・寒中・冬の日・冬日向・冬の朝・寒暁・冬の暮れ・寒暮・短日・日短・暮れ早し・冬の夜・寒夜・霜夜・寒さ・寒し・寒気・厳寒・冷たし・底冷え・冴ゆる・凍つる・凍て・凍てつく・凍む・しばれる・三寒四温・日脚伸ぶ・冬深し・春待つ・待春・春近し・春隣・冬果つ・節分

天文

初雪・雪・新雪・深雪・雪明かり・雪晴れ・雪国・吹雪・雪しまき・風花

・しずり・雪女・雪女郎・雪催い・雪起こし・霰・霙・霧氷・樹氷・初霜・霜・強霜・霜晴れ・初時雨・時雨・寒の雨・北風・凩・寒風・寒波・空風・北颪・虎落笛・鎌鼬・冬晴れ・冬日和・冬麗ら・冬旱・冬凪・寒夕焼け・冬霞・寒雷・鰤起こし・凍て空・寒月・寒星・オリオン

地理

雪山・雪嶺・枯れ山・山眠る・枯れ野・冬田・枯れ園・涸れ川・涸れ滝・水涸る・霜柱・凍て土・寒の水・冬景色・初氷・氷・結氷・氷柱・垂る氷・氷湖・凍て滝・寒潮・氷海・波の花・凍港・狐火

生活

【衣】冬着・外套・コート・ジャケット・セーター・冬羽織・褞袍・綿入れ・厚着・重ね着・着ぶくれ・ねんねこ・ちゃんちゃんこ・毛皮・角巻き・襟巻き・マフラー・ショール・冬帽子・頭巾・頬被り・耳袋・マスク・手袋・足袋・布団・布団干す・衾・毛布・毛糸編む・雪沓・樏・寒紅

【食】餅・寒餅・水餅・餅搗き・雑炊・粕汁・根深汁・納豆汁・河豚汁・闇汁・湯豆腐・おでん・風呂吹き・寄せ鍋・牛鍋・鋤焼き・猪鍋・鮟鱇鍋・塩鮭・乾鮭・煮凝り・薬喰い・氷豆腐・納豆・新海苔・酢茎・茎漬け・寒卵・葛湯・夜鷹蕎麦・鍋焼き饂飩・寒造り・熱燗・鰭酒・卵酒・焼き芋

【住】冬の灯・冬灯・寒灯・暖房・ストーブ・暖炉・ペチカ・炬燵・囲炉裏・火鉢・火桶・手焙り・行火・湯湯婆・懐炉・炉・障子・襖・屏風・絨毯・風除け・雪囲い・雪垣・雪吊り・雁木・雪下ろし・雪掻き・雪踏み・冬構え・北窓塞ぐ・目貼り・隙間風・畳替え・冬籠り・炭・炭火・埋み火・消し炭・炭取り・炭団・石炭・練炭・榾・榾火・焚き火・落ち葉焚き

【習俗】ボーナス・忘年会・年忘れ・御用納め・掛け乞い・社会鍋・冬休み・避寒・歳暮・日記買う・飾り売り・暦売り・古暦・年用意・煤掃き・松飾る・注連飾る・賀状書く・寒見舞い・雪見・探梅

【農事】冬耕・寒肥・霜除け・敷き松葉・大根引き・大根干す・大根洗う・干し菜・蒟蒻掘る・蓮根掘る・麦蒔き・温室・年木樵り・枝打ち・炭焼き・紙漉き・注連作り

【漁猟】寒釣り・牡蠣剝く・寒天干す・網代・柴漬け・泥鰌掘る・狩り・狩人・猪狩り・兎狩り・鷹狩り・猟犬

【芸能・遊戯】神楽・夜話・寒ざらい・雪合戦・雪礫・雪まろげ・雪達磨・スキー・ゲレンデ・スケート・ラグビー・サッカー・寒稽古・寒泳・竹馬・縄跳び

【雑】風邪・咳・（しわぶき）・嚔・（くしゃみ）・水洟・悴む・懐手・皹・皸・息白し・白息・湯ざめ・吸入器・霜焼け・雪焼け・雪眼・雪眼鏡・日向ぼこ・木の葉髪・橇・除雪車・火事・火の番・夜回り

行事

十夜・鉢叩き・袴着・七五三・勤労感謝の日・大師講・報恩講・酉の市・一の酉・二の酉・三の酉・熊手・針供養・臘八会・顔見世・熊祭り・ぼろ市・羽子板市・柚子湯・クリスマス・降誕祭・聖樹・聖夜・年の市・年取り・晦日蕎麦・除夜の鐘・寒参り・寒垢離・寒行・寒念仏・追儺・鬼やらい・豆撒き・年の豆・厄払い・厄落とし・柊挿す・達磨忌・芭蕉忌・嵐雪忌・波郷忌・一葉忌・空也忌・一茶忌・近松忌・漱石忌・石鼎忌・横光忌・蕪村忌・碧梧桐忌

動物

【鳥】鷹・隼・鷲・寒雁・梟・木菟・（ずく）・鷦鷯・寒鴉・寒雀・笹鳴き・寒禽・白鳥・鶴・凍て鶴・都鳥・鴨・浮き寝鳥・鴛鴦・（おしどり）・鳰・（にお）・千鳥・水鳥

【獣】熊・熊穴に入る・狐・狸・兎・狼・鼬・鼯鼠・竈猫・冬眠

【虫ほか】冬の蝶・凍て蝶・冬の蜂・冬の蠅・綿虫・雪虫・枯れ蟷螂

【魚貝】鰤・寒鰤・鱈・鮟鱇・鰰・河豚・鮪・鯨・海鼠・寒鯉・寒鮒・氷魚・（ひお）・氷下魚・牡蠣

植物

【樹木】山茶花・八手の花・柊の花・茶の花・寒椿・侘助・寒桜・早梅・寒梅・臘梅・千両・万両・枇杷の花・寒木瓜・冬薔薇・（ふゆそうび）・寒牡丹・藪柑子・枯れ柳・枯れ芙蓉・冬紅葉・紅葉散る・冬芽・帰り花・室咲き・冬木・冬木立・寒林・枯れ木・木の葉・枯れ葉・落ち葉・雪折れ

【草花】水仙・石蕗の花・葉牡丹・寒菊・竜の玉・冬菫・枯れ薄・枯れ尾花・枯れ菊・枯れ芭蕉・枯れ葎・枯れ葦・冬萌え・冬枯れ・霜枯れ・冬草・名の草枯る・枯れ草

【菜類ほか】白菜・葱・セロリ・大根・蕪・（かぶら）・人参・冬菜・麦の芽・枯れ蓮・滑子

【果実・木の実】蜜柑・橙・九年母・仏手柑・木守り柿・冬苺・南天の実・青木の実

手紙の書き方

【一】よい手紙を書くには

≪書く前≫

(ア) **相手と目的を考える**——相手が自分より目上の人か目下の人かを考え、性別・親疎の度合いに応じて、それにふさわしい表現をしなければならない。また、たとえば喜びの場合には明るくめでたい意をこめ、お悔やみには心から悲しみの意を表すなど、見舞い・招待・祝い・依頼・通知・問い合わせといった目的に応じて、言葉づかい一つにも細かい注意が肝要である。

(イ) **用件をまとめて腹案を練る**——簡単な短いものでもいきなり書き始めず、その前に要点を書き抜いてみるとよい。たとえば案内状ならば、①その目的・趣意　②日時（終了予定時刻も）　③場所　④会費と納入方法　⑤参加メンバー　⑥連絡方法　などをメモしておいて書けば、落ちなく簡潔にこちらの意思を伝えることができる。

(ウ) **手紙の型や形式を考える**——事務用・商用の文や、年賀状・暑中見舞い・通知・慶弔文などには慣習的に決まった約束があり、形式を守るほうがよい場合が多い。いずれの型や形式によるべきかをあらかじめ考えて書くべきである。

≪書くとき≫

(ア) **文字と言葉に注意する**——丁寧に書くことが肝要である。誤字脱字や仮名遣いの誤りはもちろん、目上・同輩・目下と、それぞれの対象による敬語の使い分けにも注意し、慶弔や見舞いの場合などには不吉な言葉は避けて使わないことである。また、字の大きさにも留意し、相手の読みやすいよう心がけるべきである。

(イ) **感情に走らない**——感情のおもむくままに筆を走らせると、手紙を出してから悔やむようなことになる。激した感情が落ち着いてから冷静な態度で書くべきである。

(ウ) **返信には相手の手紙を読み返す**——返信を求められたらすぐ書くこと。また、見当ちがいの返信とならぬよう、返事を出すときにはもう一度相手の手紙をじっくり読んで、それを横に置き、相手の手紙に書かれた内容の順序で意見を述べたり返答したりすればまちがいない。

(エ) **用紙・用具にも留意する**——改まった手紙の場合は、白無地の用紙を用いる。また本文を赤や紫の色インクで書いたり、鉛筆を使ったりするのは礼を失する。ふつう黒かブルーブラックのインクでペン書きするのが穏当である。

≪書いてから≫

必ず読み返すこと——用件は抜けていないか、重複はないか、文字や敬語の使い方は正しいかと点検し読み返してから投函する。

≪その他の常識≫

慶弔の手紙や礼状はタイミングよく、できるだけ早く出し、品物を送った場合は必ずその旨を先方に伝える。また、宛名の「○○方」は「○○様方」とし、会社や団体宛の表書きには「御中」を忘れず、往復はがきの返信を出す場合は「○○行」を「○○様」とし、自分の「御住所」「御芳名」の「御」や「御芳」は消すのがエチケットである。

【二】基本的な型と慣用語

冒頭語　書き出し語。悔やみ状にはこれと前文を省く

(1) **往信の場合**……謹啓・拝啓・拝呈・一筆申し上げます・はがきで失礼いたします・幸便に託して（まかせて）申し上げます

(2) **返信の場合**……拝復・謹復・御芳書拝誦（お手紙拝見・○日付のお便りなつかしく拝読）いたしました・お手紙ありがとうございました

(3) **前文省略の場合**……前略・冠省・略啓・前文ご免ください（お許しください）

(4) **急ぎの場合**……急啓・急呈・急白・取り急ぎ申し上げます・走り書きでお許しください・早速ですが・突然ですが

(5) **初めて出す場合**……初めてお手紙差し上げます・突然お手紙差し上げます失礼をお許しください

(6) **相手が親しい場合**……○○君・○○さん・おなつかしい○○様

前文　(1)時候の挨拶　(2)安否の挨拶　(3)謝辞

(1) **時候の挨拶**（時候だけでなく年中行事や動植物・食物にも季節感はある）

一月—新春の候・初春の候・厳寒の候・大寒のみぎり・早いものでいつしか松の内も過ぎてしまいました・いよいよ本格的な寒さになってまいりました・新春とは申しながらきびしい寒さです

二月—余寒の候・春寒の候・残寒きびしき折から・立春とは名ばかりで寒い毎日が続いております・梅一輪ずつの暖かさと申すとおり寒い中にも春の気配が感じられます・春一番が吹き寒さもようやく和らいでまいりました

三月—早春の候・浅春のみぎり・春雨ふりやまぬ候・一雨ごとに春めいてきました・暑さ寒さも彼岸までと申しますがすっかり春らしくなってまいりました・桜のつぼみもふくらみはじめました

四月—陽春の候・春暖の候・桜花爛漫の候・花冷えの折・春まさにたけなわの今日このごろ・春陽麗和の好季節となりました・春眠暁を覚えずとかいわれるころとなりました

五月—暮春の候・新緑の候・薫風の候・軽暑の候・風薫るよい季節を迎えました・晴れあがった空に鯉のぼりが泳いでおります・目にしみるような青葉に風わたるころとなりました

六月―入梅の候・梅雨空(晴れ)の候・麦秋の候・向暑のみぎり・さわやかな初夏の風吹くころ・谷川に若鮎おどる季節となりました・あじさいの花が日ごとに紫の色を深めております・毎日うっとうしい天気が続いております

七月―梅雨明けの候・盛夏のみぎり・酷暑の候・七夕も過ぎ暑さもひとしおの今日このごろ・海山の恋しい季節となりました・土用の入りとなり暑さもしのぎがたくなってまいりました

八月―晩夏の候・立秋の候・残暑厳しき折・新涼の候・秋立つとは名ばかりの猛暑が続いております・日中の暑さはまだながら朝夕はいくぶん涼しくなってまいりました・ひぐらしの声に涼味を覚えるころとなりました

九月―初秋の候・新秋の候・清涼の候・二百十日も無事に過ぎようやくしのぎやすい季節となりました・虫の音も一段と澄みわたる今日このごろ・そよ吹く風も深みゆく秋を知らせます

十月―秋冷の候・秋涼の候・実りの秋・秋晴れの候・灯火の下読書の好季節となりました・すがすがしい秋晴れの日が続いております・秋も日増しに深まり夜長のころとなりました

十一月―晩秋の候・向寒のみぎり・紅葉の候・朝夕めっきり冷え込む季節となりました・ゆく秋のさみしさ身に染むころとなりました・菊の花も盛りを過ぎ冬の気配もそこまで来ているようです

十二月―初冬の候・歳晩の候・寒気きびしき折・師走に入り寒さ一段ときびしくなってまいりました・いよいよ冬将軍の来襲です・またクリスマスがやってきました・年の瀬も押し迫ってまいりました

(2) **安否の挨拶** (まず相手のほうを尋ねる)

《相手方》……御一家(御一同・皆々様)お変わりありませんか・ますます御健勝(御清栄・御繁栄)のこととお喜び申し上げます(大慶に存じます)

《自分方》……当方(拙宅一同・私ども)お陰様で無事に(元気に)暮らしております

(3) **謝辞** (お礼・おわび)……日ごろは格別の御厚情(御芳志・御高配)を賜り厚く御礼申し上げます・御無音にうち過ぎ(御迷惑相かけ)恐縮の至りです(誠に申し訳ありません)

本文　用件

起辞＝さて・ついては・実は・時に・ところで・かねてお願いの件

末文　結びの挨拶

(1) **主文要約**……まずは(取り急ぎ)御礼(お願い・ご案内)まで・右、略儀ながら御礼申し上げます・延引ながらお返事申し上げます

(2) **面会・後便を期する場合**……いずれ近日参上いたし申し上げます・拝眉の節万々・委細後便にて

(3) **返事を求める場合**……至急ご回答賜りたくお願い申し上げます・御返事(御諾否・御指示)お待ちしております

(4) **健康を祈る場合**……ますます御自愛くださるようお念じ申し上げます・御加養専一に・御身おいといください

(5) **伝言依頼の場合**……末筆ながらよろしくお伝えください・しかるべくお取りなしください・御伝声ください

(6) **陳謝の場合**……乱文乱筆お許しください・よろしく御判読のほどお願いいたします・意のあるところをおくみ取りください

結語　冒頭語と対応させる

(1) **丁重な場合**＝(謹啓)……謹言・謹白・頓首・再拝
(2) **一般の場合**＝(拝啓)……敬具・敬白・拝具
(3) **簡略・謙譲・陳謝(前略・冠省)**……草々・不一・不備
(4) **女性専用語**……かしこ(一般的)・めでたくかしこ(慶事)・あらあらかしこ
(5) **相手が親しい場合**……さようなら・いずれ・ではまた・失敬

後付け　日付・署名・宛名・敬称・脇付の総称

(1) **日付**……改まった場合や何かの資料・記念とするものには年月日、形式ばらないものには月日だけ書く。廿・卅などの文字は用いないほうがよい。

(2) **署名**……ふつう姓名を書く。印刷した手紙でも署名は自筆でするのがよい。男子の「○○生」などの書き方は目上の人には使わない。目下の人には名だけでもよいが姓だけでは失礼。連名の場合は目下の人から書き始める。

(3) **宛名**……ごく親しい間柄を除き姓名をしるす。事務用でも官庁・会社などの名は正式な名称を書く。連名の場合は上位の人から書き始める。

(4) **敬称**……最近はほとんどが様・殿・先生となったが、君・さん・兄なども用いる。
一般＝様・殿(目下に)　公用・事務＝殿　友人＝君・兄・さん
先輩＝大兄・学兄　恩師・議員・学者・弁護士・文芸家・宗教家＝先生
医師＝先生・国手・医伯　画家＝先生・画伯
官庁・会社＝御中・殿　多人数＝各位

(5) **脇付**……はがき・事務用・凶事などには用いない。
一般＝机下・足下・座右・硯北・侍史(目上に)　高貴の人＝玉案下・尊前
両親＝膝下・御前に・御許に　女性語＝みまえに・みもとに・御前に・御許に

《封筒用脇付》
普通＝平信・平安　返信＝返信・貴答・御返事　急用＝至急・急信　内容を示す場合＝願書(写真・履歴書)在中　他見をはばかる場合＝親展・御直披
人に託す場合＝幸便に託す・託○○君(様)

《封緘語》 普通＝〆・封・緘　祝いごと＝寿・賀

副　文　追って書き・添え書き

副文は必要に応じて、後付けのあとに本文より少し下げて小さい字で短く書くが、目上の人や弔問の手紙には書かないほうがよい。

起辞＝追って・なお・追伸（追申）・追白
追加文＝用件

三　封筒・はがきの書き方

《封筒の書式》

(1)　長封筒の表

○先方の住所は宛名よりやや小さめに書く。
○宛名は中央に一行に書く。
○脇付は宛名よりやや小さめに書く。

(2)　長封筒の裏

○自分の住所は名よりも小さめに書く。
○自分の名は継ぎめの左側かその上。
○日付は左上の余白か自分の名の上。

(3)　角封筒の裏

○縦書きの場合は封じめが右にくる（凶事のときは左側）。日付と住所・署名の左右の位置が入れかわってもよい。横書きのときは封じめが上にくる。

162-8680
東京都新宿区横寺町五五番地
山田太郎様

封
436-0000
静岡県掛川市神代地○の○
今川次郎
八月十日

260-0044
千葉市中央区松波○の○
山崎玲子
六月一日

6月1日
260-0044
千葉市中央区松波○の○
山崎玲子

《はがき》

はがきは半ば公開的なものであるから　(ア)だれに読まれてもさしつかえない場合　(イ)簡単な用件で短い文ですむ場合　(ウ)はがきでも失礼にあたらない場合　以上のようなときにはがきを活用する。したがって年賀状・暑中見舞い・転居通知・旅先からの便りなどはもちろんはがきでよい。はがきを書く上でのエチケットは手紙と同じであるが、紙面が狭いので本文の用件に重点をおいて簡潔にまとめ、特に字配りに留意する。裏に書ききれなかったときは、表の宛名面の下半分に横線を引き、下段に書いてもかまわない。ただし、目上の人にはさける。

郵便はがき
064-0941
札幌市中央区旭ケ丘○丁目○番地
中村春子様
長崎市白鳥町○の○
山本京子
六月一日
852-8042

（注　意）

(1)宛名は、はがきの中央に住所よりやや下げて書く。
(2)敬称の終わりは下から二センチぐらいのところがよい。
(3)脇付は書かない。
(4)差出人の住所・氏名は切手面の下に宛名より小さく書く。
(5)日付は署名の上に縦書きで書く。

《エアメール》

封筒の書き方

差出人の住所・氏名
①氏名
②街区，住居番号
③市町村名，都道府県名
④郵便番号，国名

Yamada Taro
55 Yokotera-machi
Shinjuku-ku TOKYO
162-8680 JAPAN
PAR AVION

Mr. Mike Smith
25 Amstel Ave.
New York, N.Y. 10022
U.S.A.

受取人の住所・氏名
①氏名（敬称をつける）
②番地，街路名
③市名，州名，郵便番号
④国名

はがきの書き方

右側に受取人の住所・氏名、左上のすみに差出人の住所・氏名を書く

POSTCARD
From Yamada Taro
55 Yokotera-machi
Shinjuku-ku TOKYO
162-8680 JAPAN

To Mr. Mike Smith
25 Amstel Ave.
New York, N.Y. 10022
U.S.A.
AIRMAIL

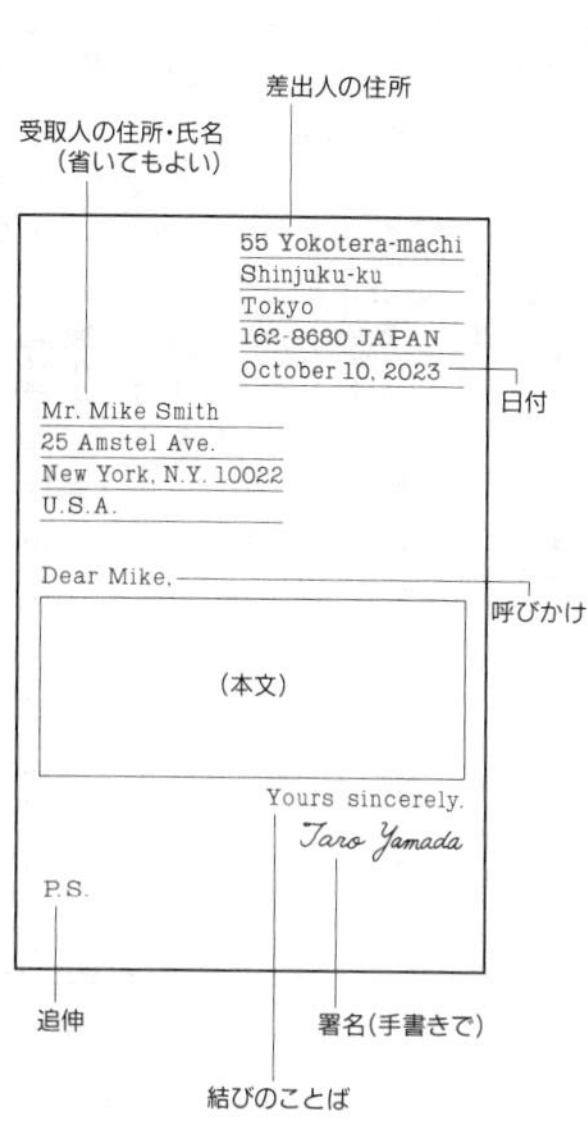

[四] いろいろな手紙の書き方

《年賀状》

新しい年を迎えるにあたって、新年を祝い、前年お世話になったことに感謝し、変わらぬ交際を願う手紙である。とかく儀礼的・形式的になりがちであるが、ほんの二、三行でも近況報告や新年の抱負を書き記したり、絵などを添えることによって、心の通い合う便りになる。簡素ななかにもあたたかみのある年賀状にしたいものである。

《見舞い状》

(ア) **寒中・暑中見舞い**

暑さ寒さにつけて相手の安否をたずねる手紙である。年賀状と同様、儀礼的になりがちであるが、暑さ寒さのつらさをあまりくどくど述べず、季節にあった絵を入れたり、季節の草花の押し花などを添えて季節感を出すなどの工夫をしたいものである。

(イ) **病気・災害見舞い**

病気やけがをしたり、火災・震災・風水害などにあったりした相手の心を慰め、力づける手紙である。形式にとらわれず、前文を略して自分の驚きや心配を表した主文からはいるのがよい。知らせを受けたらすぐ書いて出すことがだいじである。

《通知の手紙》

入学・卒業・就職・転勤・転居・病気・結婚・出産・死亡等を知らせる手紙である。「いつ、どこで、だれが、どうした」という内容を正確に書き記すことが必要である。また、そのできごとに対しての感想をつけ加えるなどの配慮もほしいものである。

就職・転勤・転居・結婚の通知は、ふつう、⑴季節の挨拶 ⑵通知の主文 ⑶今後ともよろしく の三本柱で書く。喜びごとの場合には、「おかげ様で…」と相手の助力や心配に感謝する言葉を忘れないこと。

《招待の手紙》

お祝い・会合・遊びなどに人を招く手紙である。「だれが、なぜ、いつ、どこで、どのように」という具体的な事実をわかりやすく書くことがだいじである。文章には、相手を喜んで参加したいという気持ちにさせるあたたかい心づかいがほしい。

⑴ 始める時刻とともに終わりの予定時刻も書く。
⑵ 場所がわかりにくいときは、降車駅・道順などを書く。略図をそえる。
⑶ 催しが屋外で行われる場合、雨天順延・中止などをはっきりさせておく。
⑷ 返信が必要な場合、はがきを封入するか往復はがきを使う。
⑸ 少なくとも一週間前に、宛先に到着するように出す。

《お祝いの手紙》

入学・卒業・就職・昇進・栄転・新築・病気全快・誕生日・結婚などを祝う手紙である。相手の喜ばしいことを一緒になって喜ぶという気持ちを精一杯出して、相手にいっそうのうれしさを味わってもらうことを目的とする。前文を略して「…おめでとうございます」など、いきなり主文から書き始めると生き生きした手紙になる。

《贈り物をする手紙》

中元・歳暮・みやげ・記念品など物品および金銭を、「どういう理由で、何を、どれだけ、いつ、どこから」贈ったかを説明する手紙である。こちらの好意が贈る理由の中によく含まれるように書くのがよい。形式としては、時候の挨拶・安否の挨拶から始めるのがふつうである。

《お礼の手紙》

世話になったり、品物をもらったりしたお礼として出す手紙である。ただ、「ありがとう」だけでなく、どのようにうれしかったか、どのように役に立ったかなども書いて、相手に、「してあげてほんとうによかった」「贈り物をしてよかった」と思ってもらえるような手紙にしたいものである。書式は前文・末文を整えた正式なものとし、文章も礼を尽くして丁重に書くべきである。

《依頼の手紙》

就職・買い物・信用・調査などについて相手に助力を頼む手紙である。その用件については相手が目上である場合が多く、また世話や迷惑をかけることにもなるので、丁重な言葉づかいで書くのがだいじである。「本来ならばおうかがいしてお願いするところですが…」と、書状で依頼する失礼をわびることもぜひ加えたい。

《問い合わせ》

自分の知らないことを知っている人にたずねる手紙である。依頼の手紙と同様、目上の人の助力をあおぐ場合が多いので、前文・末文と形を整えて丁重に書くべきである。この手紙は相手が答えやすいように書くことがだいじである。場合によっては返信用はがきを同封するか、往復はがきを使用する。

世界文化史年表

【注】一、国名・地方名の略号　〔亜〕アジア　〔米〕アメリカ　〔英〕イギリス　〔イ〕イタリア　〔印〕インド　〔エ〕エジプト　〔オー〕オーストリア　〔オ〕オランダ　〔ギ〕ギリシャ　〔スイ〕スイス　〔ス〕スウェーデン　〔西〕スペイン　〔ソ〕ソ連　〔チェ〕チェコスロバキア　〔中〕中国　〔朝〕朝鮮　〔デ〕デンマーク　〔ド〕ドイツ　〔ト〕トルコ　〔ノ〕ノルウェー　〔フ〕フランス　〔ポー〕ポーランド　〔モ〕モンゴル　〔ロー〕ローマ　〔ロ〕ロシア

二、表中の「?」は、その時代・事項などが、不確実不明なものであることを示す。

時代	世紀	日本 西暦	日本 年号	日本 事項
縄文時代	紀元前	五〇〇〇		新石器時代・縄文文化（縄文土器・打製石器・磨製石器・骨角器の使用、狩猟・漁労・採集中心の生活）
弥生時代	紀元前	四〇〇		金石併用時代・弥生文化（弥生土器の使用・水田稲作が広まる）
弥生時代	1世紀	五七		原始小国家の分立 倭奴国王（わのなのこくおう）、後漢に朝貢（漢委奴国王印（かんのわのなのこくおういん））
弥生時代	2世紀	一四七		このころ倭国の内乱

世紀	東洋 西暦	東洋 事項
紀元前	五〇〇〇	新石器時代。仰韶（ぎょうしょう）文化の発生・彩文土器の使用〔中〕
紀元前	三〇〇〇	メソポタミア文明の成立〔西亜〕
紀元前	二五〇〇	インダス文明の成立〔印〕
紀元前	二〇〇〇	バビロニア王国おこる〔西亜〕
紀元前	一六〇〇	殷（いん）の成立（甲骨文字）〔中〕
紀元前	七七〇	春秋時代（―前四〇三）〔中〕
紀元前	?	「詩経」「書経」「易経」〔中〕
紀元前	六七〇	アッシリアのオリエント統一〔西亜〕
紀元前	四七九	孔子没（「論語」）〔中〕
紀元前	四〇三	戦国時代（―前二二一）〔中〕
紀元前	三八三?	釈迦（しゃか）没〔印〕
紀元前	二二一	秦の中国統一（―前二〇六）〔中〕
紀元前	二〇二	前漢の成立（―八）〔中〕
紀元前	九〇?	司馬遷「史記」〔中〕
紀元前	三七	高句麗（こうくり）の建国（―六六八）〔朝〕
紀元前	四	キリスト生誕〔西亜〕
1世紀	二五	後漢の成立（―二二〇）〔中〕
1世紀	三〇	キリスト没〔西亜〕
1世紀	八二	班固「漢書」〔中〕
2世紀	一〇五	蔡倫（さいりん）、製紙法を発明〔中〕
2世紀	一四〇	クシャーナ朝の全盛（ガンダーラ美術）〔印〕

世紀	西洋 西暦	西洋 事項
紀元前	五〇〇〇	新石器時代
紀元前	三五〇〇	金属器時代
紀元前	三〇〇〇	エジプト文明の成立
紀元前	一六〇〇	クレタ文明の繁栄〔ギ〕
紀元前	一四〇〇	ミケーネ文明の繁栄〔ギ〕
紀元前	八〇〇	アテネ・スパルタの成立〔ギ〕
紀元前	?	ホメロス「イリアス」「オデュッセイア」〔ギ〕
紀元前	七七六	第一回オリンピア競技会〔ギ〕
紀元前	五〇八	アテネの民主政治成立〔ギ〕
紀元前	四九二	ペルシア戦争（―前四四九）〔ギ〕
紀元前	三九九	ソクラテス没〔ギ〕
紀元前	三三四	アレクサンドロス大王の東征（―前三二四）・ヘレニズム文化の形成〔ギ〕
紀元前	二八七	ローマでホルテンシウス法制定
紀元前	二六四	ポエニ戦争（―前一四六）〔ロー〕
紀元前	六〇	第一回三頭政治成立〔ロー〕
紀元前	二七	ローマ帝政の開始・ラテン文学の全盛
1世紀	六四	ネロ帝のキリスト教徒迫害〔ロー〕
1世紀	七九	ポンペイの埋没〔ロー〕
1世紀	九六	五賢帝時代（―一八〇）〔ロー〕
2世紀	一一七	ローマ帝国の領土最大
2世紀	一二〇?	プルタルコス没（「対比列伝」）〔ロー〕
2世紀	二〇〇	このころ「新約聖書」〔ロー〕

時代	世紀	年	年号	日本
古墳時代	3世紀	二三九		邪馬台国(やまたいこく)の統治(女王卑弥呼(ひみこ)、三十余国を支配下におく) 卑弥呼、魏(ぎ)王から金印紫綬をうける 古墳文化の発生
	4世紀	三六九		倭国(わこく)、百済(くだら)と結んで新羅(しらぎ)を破る。このころ大和政権の全国統一
	5世紀	四二一		大陸文化の伝来(漢字・儒教) この年以後、倭の五王、中国南朝にたびたび使者を派遣
	6世紀	五三八		仏教の公伝
		五五四		百済から暦学・易学・医学など伝来
		五八七		物部氏の滅亡
		五九三		聖徳太子、摂政となる・四天王寺の建立
	7世紀	六〇四		十七条憲法の制定。飛鳥文化の発達
		六〇七		遣隋使(けんずいし)の派遣(三回)。法隆寺の創建
		六二二		聖徳太子没(「三経義疏(さんぎょうぎしょ)」)
		六三〇		遣唐使の派遣(一五回)
		六四五	大化元	大化改新
		六六七		近江大津宮に遷都
		六七二		壬申(じんしん)の乱、飛鳥浄御原宮(あすかきよみはらのみや)に遷都
		六八〇		薬師寺の建立、白鳳文化の発達
奈良時代	8世紀	七〇一	大宝元	大宝律令の制定
		七一〇	和銅三	平城京に遷都
		七一二	〃五	太安万侶(おおのやすまろ)「古事記」
		七一三	〃六	「風土記」撰上の詔
		七二〇	養老四	舎人(とねり)親王ら「日本書紀」
		七四一	天平一三	国分寺建立の詔
		七五一	天平勝宝三	「懐風藻」
		七五二	〃四	東大寺大仏開眼・天平文化の繁栄

世紀	年	東洋
3世紀	二二〇	後漢滅亡、三国時代(―二八〇)〔中〕
	二二六	ササン朝ペルシアの成立(―六五一)〔西亜〕
	?	竹林の七賢・清談の流行〔中〕
4世紀	三一七	東晋の成立(―四二〇)〔中〕
	三二〇?	グプタ朝の成立(―五五〇ごろ)〔印〕
	三四六	百済(くだら)の建国(―六六〇)〔朝〕
	三五六	新羅(しらぎ)の建国(―九三五)〔朝〕
5世紀	四二〇	東晋滅亡、宋の成立(―四七九)〔中〕
	四二七	陶淵明没〔中〕
	四三九	南北朝時代の開始(―五八九)〔中〕
6世紀	?	ヒンドゥー教おこる〔印〕
	五三一	昭明太子没(「文選」)〔中〕。このころササン朝ペルシアの全盛期〔西亜〕
	五八九	隋(ずい)の中国統一(―六一八)〔中〕
7世紀	六〇六	バルダナ朝おこる〔印〕
	六一〇	ムハンマド、イスラム教の布教を開始〔西亜〕
	六一八	隋滅亡、唐の成立(―九〇七)〔中〕
	六二二	ヒジュラ(イスラム暦元年)〔西亜〕
	六二七	貞観の治(―六四九)〔中〕
	六六一	ウマイヤ朝の成立(―七五〇)〔西亜〕
	六七六	新羅の朝鮮統一
	六九八	渤海(ぼっかい)の成立(―九二六)〔北亜〕
8世紀	七一三	玄宗の即位(開元の治)〔中〕
	七四四	ウイグルの興起〔北亜〕
	七五〇	イスラム帝国(アッバース朝)の成立(―一二五八)〔西亜〕
	七五五	安史の乱(―七六三)〔中〕
	七五六	イスラム帝国の分裂〔西亜〕
	七六一	王維没〔中〕
	七六二	李白没〔中〕

世紀	年	西洋
3世紀	二四九	キリスト教徒迫害の開始〔ロー〕
	二八四	ローマ専制君主政治の成立
	二九三	ディオクレティアヌス帝の四分統治〔ロー〕
4世紀	三一三	キリスト教の公認〔ロー〕
	三三〇	コンスタンティノープル遷都〔ロー〕
	三七五	ゲルマン民族の移動開始
	三九五	ローマ帝国、東西に分裂
5世紀	四二六	アウグスティヌス「神の国」〔西ロー〕
	四四九	七王国時代の開始(―八二九)〔英〕
	四七六	西ローマ帝国の滅亡
	四八一	フランク王国の成立(―八四三)
6世紀	五二七	ユスティニアヌス一世即位(―五六五)・東ローマ帝国の最盛期
	五三四	「ローマ法大全」完成〔東ロー〕
	五三七	セント-ソフィア聖堂の完成〔東ロー〕
7世紀	六二二	ヘラクレイオス帝のペルシア遠征(―六二八)〔東ロー〕
	六七三	イスラム、コンスタンティノープルを攻撃〔東ロー〕
	七〇〇	このころ英雄叙事詩「ベーオウルフ」〔英〕
8世紀	七一一	イスラム軍、イベリア半島を征服
	七二六	聖像崇拝論争(―八四三)〔東ロー〕
	七三二	トゥール-ポワティエ間の戦い(フランク軍とイスラム軍)
	七五一	カロリング朝成立〔フランク〕(―九八七)
	七五六	ピピンの寄進(教皇領の初め)〔フランク〕。後ウマイヤ朝(西カリフ国)成立(―一〇三一)〔西〕

平安時代

世紀	西暦	年号	日本
8世紀	七五三	天平勝宝五	唐僧鑑真(がんじん)来日、律宗を伝える
	七五九	天平宝字三	唐招提寺の建立
	?		「万葉集」
	七九四	延暦一三	平安京に遷都
9世紀	八〇五	〃 二四	最澄帰朝、天台宗を伝える
	八〇六	大同元	空海帰朝、真言宗を伝える
	八二二	弘仁一三	景戒「日本霊異記(りょういき)」。弘仁・貞観文化の発達(漢文学の隆盛)
	八六六	貞観八	藤原良房、摂政となる(人臣摂政の初め)
	八八七	仁和三	藤原基経、関白となる(関白の初め)
	八九四	寛平六	遣唐使の廃止
10世紀	九〇五	延喜五	「古今和歌集」・藤原文化の発達
	?		「竹取物語」「伊勢物語」
	九三五	承平五	承平・天慶の乱。このころ紀貫之「土佐日記」
	九四〇?	天慶三	「将門記」
	?		「大和物語」「平中物語」
	九七四	天延二	このころ道綱の母「蜻蛉(かげろう)日記」
	?		「うつほ物語」「落窪物語」
11世紀	?		清少納言「枕草子」・紫式部「源氏物語」・女流文学の隆盛。「拾遺和歌集」
	一〇一六	長和五	藤原道長、摂政となる・藤原氏全盛
	一〇三四	長元七	このころ「栄花物語」正編
	一〇五一	永承六	前九年の役・後三年の役(一〇八三)
	一〇六〇?	康平三	孝標(たかすえ)の女「更級日記」
	一〇八六	応徳三	白河上皇、院政を開始。「後拾遺和歌集」
	?		「大鏡」「今昔物語集」「狭衣物語」「夜の寝覚」
12世紀	一一〇八	天仁元	このころ「讃岐典侍(さぬきのすけ)日記」
	一一五六	保元元	保元の乱・平治の乱(一一五九)
	一一六七	仁安二	平清盛、太政大臣となる・平氏全盛
	一一七〇?	嘉応二	「今鏡」
	一一七五	安元元	法然、浄土宗を開く
	一一七九	治承三	「梁塵秘抄(りょうじんひしょう)」
	一一八五	文治元	平氏の滅亡。守護・地頭の設置、鎌倉幕府成立
	一一八八	〃 四	「千載和歌集」

世紀	西暦	東洋
8世紀	七七〇	杜甫(とほ)没〔中〕
		このころチベット仏教(ラマ教)成立
	七八五	顔真卿(がんしんけい)没〔中〕
	七八六	アッバース朝の全盛期〔西亜〕
9世紀	八〇六	白居易「長恨歌」〔中〕
	八一九	柳宗元没〔中〕
	八二四	韓愈(かんゆ)没〔中〕
	八四〇	ウイグルの衰退・移動〔北亜〕
	八七五	黄巣の乱(―八八四)〔中〕。イラン文化の復興〔中亜〕
	八九五	新羅の衰退、三国分立〔朝〕
10世紀	?	「千夜一夜物語」の原型〔西亜〕
	九〇七	唐の滅亡、五代十国時代開始〔中〕
	九一六	契丹(きったん)(遼)の建国(―一一二五)〔北亜〕
	九一八	高麗(こうらい)の成立(―一三九二)〔朝〕
	九三六	高麗の朝鮮統一〔朝〕
	九六〇	宋王朝の成立〔中〕
11世紀	一〇〇九	大越国おこる〔南亜〕
	一〇三八	セルジューク朝の成立(―一一五七)〔西亜〕
		西夏の建国(―一二二七)・西夏文字の創製〔北亜〕
	一〇七二	欧陽脩(おうようしゅう)没〔中〕
	一〇八二	蘇軾(そしょく)「赤壁賦(せきへきのふ)」〔中〕
	一〇八四	司馬光「資治通鑑(しじつがん)」〔中〕
	一〇八六	王安石没〔中〕
	一〇九九	エルサレム王国の建設(―一二九一)〔西亜〕
12世紀	一一〇七	程頤(ていい)没、宋学の発達〔中〕
	一一一二	蘇轍(そてつ)没〔中〕
	一一一五	金(女真)の建国(―一二三四)〔北亜〕
	?	アンコール-ワット建設〔カンボジア〕
	一一二七	北宋の滅亡、南宋の成立〔中〕
	一一三一	オマル-ハイヤーム没(「ルバイヤート」)〔西亜〕
	一一六一	金、世宗即位・南宋の全盛期〔中〕

世紀	西暦	西洋
8世紀	七七四	カール大帝の全フランク統治・フランク王国の最盛期
	八〇〇	カール大帝、教皇から西ローマ皇帝の帝冠を拝受〔フランク〕
9世紀	八二九	イングランド王国の成立〔英〕。このころノルマン人の移動活発
	八四三	ベルダン条約・メルセン条約(八七〇)(フランク王国の分裂、イタリア・ドイツ・フランスの起源)
	八六二	キエフ公国の成立(―一二四〇)〔ロ〕
10世紀	九〇九	ファーティマ朝成立〔チュニジア〕
	九一一	ノルマンディー公国の成立〔フ〕
	九一九	ザクセン朝成立〔ド〕
	九三六	オットー一世(大帝)即位(―九七三)〔ド〕
	九六二	オットー一世ローマ皇帝となる。神聖ローマ帝国の成立(―一八〇六)〔ド〕
	九八七	カペー朝の成立(―一三二八)〔フ〕
11世紀	一〇五〇	このころ「ローランの歌」〔フ〕
	一〇五四	キリスト教会の最終的分裂(ローマ-カトリック教会とギリシャ正教会の分離)
	一〇六六	ノルマンのイングランド征服〔英〕
	一〇七七	カノッサの屈辱・教皇権の伸長〔イ〕
	一〇九六	十字軍遠征の開始
12世紀	一一〇九	アンセルムス没(スコラ哲学の創始者)〔英〕
	一一一三	宗教騎士団の活動開始
	一一三二	アベラール「エロイーズとの往復書簡」〔フ〕
	一一五〇	このころパリ大学の創立〔フ〕
	一一五四	プランタジネット朝の成立(―一三九九)〔英〕
	一一六七	このころオックスフォード大学の創立〔英〕。ロンバルディア同盟〔イ〕

時代	世紀	年	年号	事項
鎌倉時代		一一九〇	建久元	西行没(「山家集」)
		一一九一	〃 二	栄西帰国、臨済宗を伝える
		一一九二	〃 三	源頼朝、征夷大将軍となる。このころ「水鏡」「無名草子」
	13世紀	一二〇三	建仁三	「千五百番歌合」
		一二〇五	元久二	「新古今和歌集」
		一二一二	建暦二	鴨長明「方丈記」
		一二一三?	建保元	「宇治拾遺物語」
		一二一九	承久元	源実朝没(「金槐和歌集」)
		一二二一	〃 三	承久の乱
		?		「平家物語」「保元物語」「平治物語」
		一二二四	元仁元	親鸞「教行信証」
		一二二七	安貞元	道元帰朝、曹洞宗を伝える
		一二三二	貞永元	御成敗(貞永)式目の制定
		一二五二	建長四	「十訓抄」
		一二五三	〃 五	日蓮、日蓮宗(法華宗)を開く
		一二五四	〃 六	橘成季「古今著聞集」
		一二七四	文永一一	文永の役・弘安の役(一二八一)
		一二八〇?	弘安三	阿仏尼「十六夜日記」
南北朝時代	14世紀	一三二四	正中元	正中の変。五山文学おこる
		一三三一	元弘元	元弘の変。このころ兼好法師「徒然草」
		一三三三	〃 三	鎌倉幕府の滅亡、建武の新政(～一三三六)
		一三三六	延元元	室町幕府の成立、南北朝時代の開始
		一三三八	〃 三	足利尊氏、征夷大将軍となる
		一三三九	〃 四	北畠親房「神皇正統記」
		一三五六	正平一一	二条良基ら「菟玖波集」
		?		「太平記」「増鏡」「曽我物語」
		一三九二	元中九	南北朝の合一
室町時代		一三九七	応永四	金閣の造営・北山文化の発達
		一四〇〇?	〃 七	世阿弥「風姿花伝」
	15世紀	一四〇四	応永一一	明との勘合貿易開始
		?		「義経記」
		一四三八	永享一〇	永享の乱・嘉吉の乱(一四四一)
		一四五〇	宝徳二	このころ茶の湯・生け花・連歌の流行

一一七七	朱熹「四書集註」〔中〕
一一九二	ゴール朝、北インドを統一(～一二〇六)
一二〇六	チンギス-ハンのモンゴル統一、モンゴル帝国の成立(～一三六八)
一二三六	バトゥの西方大遠征(～一二四二)〔モ〕
一二六〇	フビライの即位〔モ〕
?	「西廂記」(元曲の発達)〔中〕
一二七一	フビライ、国号を元と称する〔モ〕
一二七九	南宋の滅亡、元の中国統一
?	曽先之「十八史略」〔中〕
一二九九	オスマン帝国の建国〔西亜〕
一三一三	科挙の復活〔中〕
一三五一	紅巾の乱〔中〕
一三五四	黄公望没〔中〕
一三六八	明王朝の成立(～一六四四)〔中〕
一三七〇	ティムール帝国の成立(～一五〇七)〔中亜〕
一三七八	瞿佑「剪灯新話」〔中〕
一三八一	太祖、里甲制を施行〔中〕
一三九二	李氏朝鮮の建国(～一九一〇)
一三九七	太祖、「六諭」を発布〔中〕
一三九八	ティムール、デリーに侵攻〔印〕
一四〇二	アンカラの戦い(ティムール、オスマン帝国に侵入)〔西亜〕
一四四六	訓民正音を公布〔朝〕
一四四九	土木の変(エセン-ハン、明に侵入)〔中〕

一一六三	ノートルダム寺院の完成〔フ〕
一一九八	教皇権の極盛期(インノケンティウス三世)
一二〇四	第四回十字軍コンスタンティノープル占領・ラテン帝国成立(～一二六一)
一二〇五?	「ニーベルンゲンの歌」〔ド〕
一二〇九	ケンブリッジ大学の創立〔英〕
一二一五	大憲章(マグナ-カルタ)制定〔英〕
一二四一	ハンザ同盟〔ド〕
一二五六	大空位時代(～一二七三)〔ド〕
一二五七	ソルボンヌ大学の創立〔フ〕
一二六六	トマス-アクィナス「神学大全」〔イ〕
一二七三	ハプスブルク朝の成立〔ド〕
一二九一	十字軍の終結。スイス連邦の始まり
一二九四	ロジャー-ベーコン没〔英〕
一二九五	「模範議会」の成立〔英〕
一二九九	マルコ-ポーロ「東方見聞録」〔イ〕
一三〇三	ローマ大学の創立〔イ〕
一三二一	ダンテ没(「神曲」)〔イ〕
一三二八	バロワ朝の成立(～一五八九)〔フ〕。モスクワ大公国の自立(～一五四七)〔ロ〕
一三三九	英・仏間の百年戦争開始(～一四五三)
一三四三	二院制議会の成立〔英〕
一三四七	欧州全土に黒死病(ペスト)流行(～一三五一)
一三四八	ボッカチオ「デカメロン」〔イ〕
一三七四	ペトラルカ没〔イ〕
一四〇〇	チョーサー没(「カンタベリー物語」)〔英〕
一四三一	ジャンヌ-ダルク没〔フ〕
一四五〇	このころグーテンベルク、活版印刷術を発明〔ド〕
一四五三	百年戦争の終結。東ローマ帝国の滅亡
一四五五	ばら戦争(～一四八五)〔英〕

室町時代		安土桃山時代	江戸時代(前期)
15世紀	16世紀		17世紀

年	年号	日本
一四六七	応仁元	応仁の乱(―一四七七)・戦国時代となる
一四八八	長享二	加賀の一向一揆
一四八九	延徳元	銀閣の造営・東山文化の発達
一四九五	明応四	飯尾宗祇ら「新撰菟玖波集」
一五一八	永正一五	「閑吟集」
一五三九?	天文八	山崎宗鑑「犬筑波集」
一五四三	〃一二	鉄砲の伝来
一五四九	〃一八	キリスト教の伝来。このころ御伽草子の流行
一五六〇	永禄三	桶狭間の戦い。南蛮貿易の発達
一五六八	〃一一	織田信長の入京
一五七三	天正元	室町幕府の滅亡
一五八二	〃一〇	本能寺の変。天正遣欧使節の派遣
一五八三	〃一一	賤ヶ岳の戦い。豊臣秀吉、大坂城を築く。安土桃山文化の発達
一五八五	〃一三	秀吉、関白となり、豊臣政権を樹立
一五八七	〃一五	秀吉の禁教令。聚楽第の完成
一五九〇	〃一八	秀吉、全国統一を達成。活字印刷術の伝来。狩野永徳没
一五九二	文禄元	文禄の役・慶長の役(一五九七)
一六〇〇	慶長五	関ケ原の戦い
一六〇三	〃八	徳川家康、江戸幕府を開く。このころ阿国歌舞伎の上演
一六一四	〃一九	大坂冬の陣・夏の陣(一六一五)。豊臣氏の滅亡
一六二五	寛永二	このころ仮名草子の流行
一六三七	〃一四	島原の乱(―一六三八)
一六三九	〃一六	徳川家光、キリスト教を厳禁・鎖国令の発布
一六五七	明暦三	徳川光圀、「大日本史」編修に着手
一六七五	延宝三	西山宗因、談林俳諧を樹立
一六七七	〃五	菱川師宣、浮世絵をはじめる
一六八二	天和二	井原西鶴「好色一代男」
一六八五	貞享二	生類憐みの令

年	アジア
一四五三	オスマン帝国、コンスタンティノープルを落とし都とする
一四九四?	羅貫中「三国志演義」・庶民文学の盛行〔中〕
一五〇一	イランにサファビー朝成立(―一七三六)〔西亜〕
一五〇七	ティムール帝国の滅亡〔中亜〕
一五一〇	ポルトガル、ゴアを占領〔印〕
一五一一	ポルトガル、マラッカを占領〔南亜〕
一五一七	オスマン帝国、エジプトを制圧
一五三〇	このころ倭寇の活動さかん〔中〕
一五二六	ムガル帝国の成立(―一八五八)〔印〕
一五二八	王陽明没〔中〕
一五三八	プレベザの海戦(オスマン帝国、地中海の海上権を掌握)・オスマン帝国の最盛期
一五七〇?	李攀竜没・呉承恩「西遊記」・庶民文化の隆盛〔中〕
一五七一	スペイン、マニラ市を建設〔南亜〕。レパントの海戦(オスマン帝国海軍敗退)
一五九八	湯顕祖「牡丹亭還魂記」〔中〕
一六〇〇	イギリス東インド会社の設立(―一八五八)
一六〇二	オランダ東インド会社の設立(―一七九九)
一六〇四	フランス東インド会社の設立(―一七九六)
一六一六	女真のヌルハチ、後金を建国〔北亜〕
一六一七	「金瓶梅」出版〔中〕
一六一九	オランダ、バタビア市を建設〔南亜〕
一六三二	タージ=マハルの造営(―一六五三)〔印〕
一六三六	後金、国号を清と改称〔北亜〕
一六四一	オランダ、マラッカを奪う〔南亜〕
一六四四	明の滅亡、清が北京にはいる〔中〕
一六四五	清、弁髪・胡服を全国に強制〔中〕
一六六一	清の中国統一(康熙帝即位)〔中〕

年	ヨーロッパ
一四七九	スペイン王国の成立
一四八五	テューダー朝の成立(―一六〇三)〔英〕
一四九二	コロンブス、サンサルバドル島に到達
一四九八	バスコ=ダ=ガマ、インド航路発見
一五〇六	レオナルド=ダ=ビンチ「モナ=リザ」・ミケランジェロ「システィナ礼拝堂壁画」(一五〇八)・イタリア、ルネサンス美術の最盛期
一五一七	宗教改革の開始・ルターの活躍〔ド〕
一五一九	マゼラン、世界周航に出発(―一五二二)〔西〕。レオナルド=ダ=ビンチ没〔イ〕
一五二一	イタリア戦争(―一五四四)
一五三二	「君主論」(マキアベリ)刊行〔イ〕
一五三五	トマス=モア没(「ユートピア」)〔英〕
一五四一	カルバンの宗教改革〔スイ〕
一五四三	コペルニクスの地動説〔ポー〕
一五五五	アウグスブルクの宗教和議〔ド〕
一五五九	イギリス国教会の確立
一五六二	ユグノー戦争(―一五九八)〔フ〕
一五六四	ミケランジェロ没〔イ〕
一五八〇	モンテーニュ「随想録」〔フ〕
一五八八	イギリス、スペインの無敵艦隊撃滅
一五八九	ブルボン朝の成立(―一八三〇)〔フ〕
一五九八	ナントの勅令〔フ〕
一六〇二?	シェークスピア「ハムレット」〔英〕
一六〇三	ステュアート朝の専制政治開始〔英〕
一六〇五	セルバンテス「ドン=キホーテ」〔西〕
一六一三	ロマノフ朝の成立(―一九一七)〔ロ〕
一六一八	三十年戦争(―一六四八)
一六二〇	清教徒の北アメリカ移住〔英〕
一六二八	「権利の請願」〔英〕
一六三七	デカルト「方法序説」〔フ〕
一六四二	清教徒革命・クロムウェル、共和制を樹立(一六四九)・王政復古(一六六〇)・名誉革命(一六八八)〔英〕。ガリレイ没〔イ〕
一六五二	英蘭戦争はじまる

時代	世紀
江戸時代（前期）	17世紀
江戸時代（後期）	18世紀
江戸時代（後期）	19世紀

西暦	年号	日本
一六八六	貞享三	井原西鶴「好色一代女」・「好色五人女」
一六八八	元禄元	井原西鶴「日本永代蔵」。元禄文化の繁栄
一六九〇	〃 三	契沖「万葉代匠記」
一六九一	〃 四	「猿蓑（さるみの）」（去来・凡兆撰）
一六九四	〃 七	松尾芭蕉「おくのほそ道」（一七〇二刊）
一七〇三	〃 一六	近松門左衛門「曽根崎心中」
一七一二	正徳二	新井白石「読史余論」・「西洋紀聞」（一七一五）
一七一五	〃 五	近松門左衛門「国性爺合戦（こくせんやかっせん）」
一七一六	享保元	享保の改革
一七四二	寛保二	公事方御定書（くじかたおさだめがき）の制定。紀海音（きのかいおん）没
一七四八	寛延元	竹田出雲「仮名手本忠臣蔵」
一七六五	明和二	柄井川柳「誹風柳多留」初編
一七七二	安永元	田沼意次（おきつぐ）、老中となる
一七七四	〃 三	杉田玄白ら「解体新書」
一七七六	〃 五	上田秋成「雨月物語」
一七八七	天明七	寛政の改革。寛政異学の禁（一七九〇）
一七九七	寛政九	与謝蕪村「新花摘」
一七九八	〃 一〇	本居宣長「古事記伝」完成
一八〇〇	〃 一二	伊能忠敬、蝦夷（えぞ）地を測量
一八〇二	享和二	十返舎一九「東海道中膝栗毛」・滑稽本の流行
一八〇七	文化四	曲亭馬琴「椿説（ちんせつ）弓張月」
一八〇八	〃 五	間宮林蔵、樺太（からふと）を探検。上田秋成「春雨物語」
一八〇九	〃 六	式亭三馬「浮世風呂」
一八一四	〃 一一	曲亭馬琴「南総里見八犬伝」（一八四一完成）・読本の流行
一八一五	〃 一二	杉田玄白「蘭学事始」
一八一九	文政二	小林一茶「おらが春」。塙保己一（はなわほきいち）「群書類従」正編完成
一八二五	〃 八	鶴屋南北「東海道四谷怪談」
一八二七	〃 一〇	頼山陽「日本外史」
一八二八	〃 一一	シーボルト事件。香川景樹「桂園一枝」
一八二九	〃 一二	柳亭種彦「偐紫（にせむらさき）田舎源氏」

西暦	東洋
一六七三	三藩の乱（―一六八一）〔中〕
一六七九	蒲松齢（ほしょうれい）「聊斎志異（りょうさいしい）」〔中〕
一六八六	イギリス、カルカッタを建設〔印〕
一六八九	ネルチンスク条約（清とロシア）
一六九六	清、外モンゴルを平定〔北亜〕
一七一六	「康熙（こうき）字典」〔中〕
一七二三	キリスト教の布教を禁止〔中〕
一七二七	キャフタ条約（清とロシア）。このころ景徳鎮の窯業（ようぎょう）の最盛期〔中〕
一七三五	乾隆（けんりゅう）帝の即位〔中〕
一七四七	アフガニスタン王国成立〔西亜〕
一七五七	プラッシーの戦い（イギリス支配権の確立）〔印〕。外国貿易を広東港のみに限定〔中〕
一七七四	禁書令の発布〔中〕
一七八一	「四庫全書」完成〔中〕
一七九三	英国使節マカートニーの来朝〔中〕
一七九六	イランにカージャール朝成立（―一九二五）〔西亜〕。白蓮教徒の乱〔中〕
一八〇一	キリスト教徒に対する大迫害〔朝〕
一八〇二	ベトナムの統一（阮（げん）朝・国号は越南）〔南亜〕
一八一三	イギリス、東インド会社のインド貿易独占権を廃止
一八一五	禁煙章程（アヘン輸入を厳禁）〔中〕
一八一六	英国使節アマーストの来朝〔中〕
一八一九	イギリス、シンガポールを建設〔南亜〕
一八二四	イギリス、マラッカを占領（イギリス海峡植民地の形成）・ビルマ戦争（イギリスの対ビルマ侵略戦争）〔南亜〕
一八三三	イギリス、東インド会社の中国貿易独占権を廃止・アヘン貿易の拡大〔中〕

西暦	西洋
一六六二	パスカル没（「パンセ」）〔フ〕
一六六七	ミルトン「失楽園」〔英〕。ラシーヌ「アンドロマック」〔フ〕
一六六八	モリエール「守銭奴」〔フ〕
一六八九	「権利の章典」〔英〕
一七〇一	プロイセン王国の成立〔ド〕
一七〇七	大ブリテン王国の成立〔英〕
一七二七	ニュートン没（「プリンキピア」）〔英〕
一七四八	モンテスキュー「法の精神」〔フ〕
一七五一	ディドロら百科全書派の活躍〔フ〕
一七五六	七年戦争（―一七六三）
一七六二	ルソー「社会契約論」「エミール」〔フ〕
一七六五	ワット、蒸気機関を改良〔英〕
一七七四	ゲーテ「若きウェルテルの悩み」・疾風怒濤（しっぷうどとう）の時代〔ド〕
一七七六	アメリカ独立宣言
一七八九	フランス革命（―一七九九）
一七九〇	アダム＝スミス没（「国富論」）〔英〕
一七九六	ナポレオン戦争（―一八一五）〔フ〕
一八〇四	第一帝政の成立（「ナポレオン法典」の公布）〔フ〕。カント没〔ド〕
一八一二	ナポレオン、ロシア遠征に失敗〔フ〕。ヘーゲル「論理学」〔ド〕
一八一三	ライプチヒの戦い
一八一四	ウィーン会議（ナポレオンの配流）。スティーブンソン、蒸気機関車の発明〔英〕
一八一五	ワーテルローの戦い
一八一七	バイロン「マンフレッド」〔英〕
一八二三	モンロー主義宣言〔米〕
一八二七	ハイネ「歌の本」・ベートーベン没〔ド〕
一八二八	シューベルト没〔オー〕
一八二九	ギリシャ独立
一八三〇	七月革命〔フ〕。スタンダール「赤と黒」〔フ〕
一八三二	ゲーテ「ファウスト」〔ド〕
一八三五	アンデルセン「即興詩人」〔デ〕
一八三六	ゴーゴリ「検察官」〔ロ〕

明治時代			江戸時代(後期)
19世紀			

年	年号	日本
一八三三	天保四	天保の飢饉・百姓一揆の激化。為永春水「春色梅児誉美」
一八三七	〃 八	大塩平八郎の乱。蛮社の獄(一八三九)
一八四一	〃 一二	天保の改革。渡辺崋山没
一八五三	嘉永六	ペリーの来航。ロシア使節の来航
一八五八	安政五	日米修好通商条約。安政の大獄開始
一八六〇	万延元	桜田門外の変。河竹黙阿弥「三人吉三廓初買」
一八六四	元治元	長州征討
一八六六	慶応二	薩長連合の成立。福沢諭吉「西洋事情」
一八六七	〃 三	大政奉還。王政復古の大号令
一八六八	明治元	戊辰戦争(―一八六九)。五箇条の誓文。江戸開城
一八六九	〃 二	版籍奉還。東京遷都
一八七一	〃 四	廃藩置県。仮名垣魯文「安愚楽鍋」・中村敬宇「西国立志編」
一八七二	〃 五	学制の発布。新橋・横浜間で鉄道正式開業。太陽暦採用。諭吉「学問のすゝめ」
一八七三	〃 六	徴兵令。征韓論おこる。地租改正
一八七四	〃 七	民撰議院設立の建白
一八七七	〃 一〇	西南戦争。東京大学の設立
一八八〇	〃 一三	集会条例。自由民権運動の激化
一八八二	〃 一五	外山正一ら「新体詩抄」
一八八三	〃 一六	鹿鳴館の落成。矢野龍渓「経国美談」・政治小説の流行
一八八五	〃 一八	内閣制度の実施。坪内逍遥「小説神髄」「当世書生気質」・尾崎紅葉ら、硯友社結成
一八八六	〃 一九	学校令制定
一八八七	〃 二〇	保安条例。二葉亭四迷「浮雲」
一八八九	〃 二二	帝国憲法の発布。森鷗外ら訳「於母影」
一八九〇	〃 二三	第一回帝国議会。教育勅語の発布。鷗外「舞姫」
一八九二	〃 二五	鷗外訳「即興詩人」(―一九〇一)・幸田露伴「五重塔」
一八九三	〃 二六	北村透谷ら、「文学界」創刊・浪漫主義文学おこる
一八九四	〃 二七	日清戦争(―一八九五)。透谷没

年	東洋
一八三八	アフガン戦争(イギリスの対アフガニスタン侵略戦争)〔西亜〕
一八四〇	アヘン戦争(―一八四二)〔中〕
一八四二	南京条約・アヘン戦争の終結〔中〕
一八四五	シク戦争(イギリスの対インド侵略戦争)〔印〕
一八五一	太平天国の乱(―一八六四)、文康「児女英雄伝」〔中〕
一八五六	アロー戦争(英仏軍の華北侵入)・北京条約(一八六〇)〔中〕
一八五七	セポイの反乱(反英独立戦争)〔印〕
一八五八	ムガル帝国の滅亡〔印〕
一八六二	洋務運動おこる〔中〕
一八六三	フランス、カンボジアを保護国化
一八六七	イギリス、マレー半島を直轄領とする
一八七一	日清修好条規
一八七五	樺太千島交換条約(ロシア・日本)
一八七六	日朝修好条規(江華条約)
一八七七	インド帝国の成立(ビクトリア女王、インド皇帝となる)。露土戦争〔ト〕
一八八二	壬午軍乱(事大党と独立党との対立へ)・甲申政変(独立党のクーデター失敗)(一八八四)〔朝〕
一八八四	清仏戦争・天津条約(フランスの越南保護国化を承認)(一八八五)〔中〕
一八八五	インド国民会議〔印〕
一八八六	イギリス、ビルマを併合〔南亜〕
一八八七	フランス領インドシナ連邦の成立〔南亜〕
一八九四	孫文ら、興中会を結成〔中〕・甲午農民戦争〔朝〕。日清戦争(―一八九五)

年	西洋
一八三七	ビクトリア女王即位〔英〕
一八四六	バルザック「人間喜劇」〔フ〕
一八四八	二月革命〔フ〕。マルクス・エンゲルス「共産党宣言」〔ド〕
一八四九	ショパン没〔ポー〕
一八五三	クリミア戦争(―一八五六)〔ロ〕
一八五七	ボードレール「悪の華」・フローベール「ボバリー夫人」〔フ〕
一八五九	ダーウィン「種の起源」〔英〕
一八六一	アメリカ南北戦争(―一八六五)
一八六二	ユゴー「レ-ミゼラブル」〔フ〕。ツルゲーネフ「父と子」〔ロ〕
一八六三	ドラクロワ没〔フ〕
一八六五	メンデル、遺伝の法則を発見〔オー〕
一八六六	ドストエフスキー「罪と罰」〔ロ〕
一八六七	マルクス「資本論」(―一八九四)〔ド〕
一八六九	スエズ運河の開通〔エ〕。トルストイ「戦争と平和」〔ロ〕
一八七〇	普仏戦争(―一八七一)。フランス第三共和政の成立・パリ-コミューン(一八七一)〔フ〕
一八七一	ドイツ帝国の成立。バクーニン「神と国家」・無政府主義思想の拡大〔ロ〕
一八七五	ミレー没〔フ〕
一八七六	ベル、電話を発明〔米〕
一八七七	エジソン、蓄音機を発明〔米〕
一八七八	ベルリン会議
一八七九	ドストエフスキー「カラマーゾフの兄弟」〔ロ〕。イプセン「人形の家」〔ノ〕
一八八〇	ゾラ「ナナ」〔フ〕・自然主義文学の盛行
一八八二	三国同盟(ドイツ・イタリア・オーストリア)。コッホ、結核菌を発見〔ド〕
一八八三	モーパッサン「女の一生」・マネ没〔フ〕。ニーチェ「ツァラトゥストラはかく語りき」・ワグナー没〔ド〕
一八八九	パリ万国博・エッフェル塔の建設〔フ〕。チェーホフ「退屈な話」〔ロ〕
一八九〇	各国で世界最初のメーデー。このころエジソン、映画を発明〔米〕。ゴッホ没〔オ〕

19世紀	20世紀
明治時代	明治時代・大正時代

日本

- 一八九五 明治二八 樋口一葉「たけくらべ」
- 一八九七 〃 三〇 「ホトトギス」創刊・島崎藤村「若菜集」・紅葉「金色夜叉」（—一九〇二）
- 一八九八 〃 三一 岡倉天心ら、日本美術院を設立。徳富蘆花（ろか）「不如帰（ほととぎす）」・正岡子規「歌よみに与ふる書」
- 一八九九 〃 三二 「中央公論」創刊。土井晩翠（ばんすい）「天地有情」
- 一九〇〇 〃 三三 「明星」創刊。泉鏡花「高野聖（こうやひじり）」
- 一九〇一 〃 三四 与謝野晶子「みだれ髪」・国木田独歩「武蔵野」
- 一九〇二 〃 三五 日英同盟締結（—一九二三）。子規「病牀（びょうしょう）六尺」
- 一九〇三 〃 三六 幸徳秋水ら、平民社を設立
- 一九〇四 〃 三七 日露戦争（—一九〇五）。与謝野晶子「君死にたまふこと勿（なか）れ」
- 一九〇五 〃 三八 ポーツマス条約。蒲原有明「春鳥集」・上田敏訳「海潮音」・夏目漱石（そうせき）「吾輩は猫である」（—一九〇六）
- 一九〇六 〃 三九 薄田泣菫（すすきだきゅうきん）「白羊宮」・漱石「坊っちゃん」「草枕」。藤村「破戒」・自然主義文学おこる
- 一九〇七 〃 四〇 田山花袋（かたい）「蒲団」。第一回文展開催
- 一九〇八 〃 四一 パンの会・「アララギ」創刊・永井荷風「あめりか物語」・正宗白鳥「何処へ」・漱石「三四郎」
- 一九〇九 〃 四二 伊藤博文暗殺される。小山内薫、自由劇場を設立。「スバル」創刊・北原白秋「邪宗門」・三木露風「廃園」・花袋「田舎教師」
- 一九一〇 〃 四三 大逆事件。韓国併合。「白樺」創刊・石川啄木（たくぼく）「一握の砂」・谷崎潤一郎「刺青」・志賀直哉（なおや）「網走まで」・長塚節（たかし）「土」
- 一九一一 〃 四四 青鞜社（せいとう）の結成。武者小路実篤（さねあつ）「お目出たき人」・鷗外「雁」（—一九一三）・西田幾多郎「善の研究」
- 一九一二 大正元 第一次護憲運動おこる。啄木「悲しき玩具」
- 一九一三 〃 二 大正政変。島村抱月ら、芸術座設立。斎藤茂吉「赤光」・鷗外「阿部一族」
- 一九一四 〃 三 シーメンス事件。第一次世界大戦に参戦。高村光太郎「道程」・漱石「こゝろ」・阿部次郎「三太郎の日記」
- 一九一五 〃 四 徳田秋声「あらくれ」・芥川龍之介「羅生門」

東洋

- 一八九五 下関条約・三国干渉・興中会、広東で挙兵に失敗・孫文、日本に亡命〔中〕
- 一八九六 列強の中国利権獲得競争の本格化
- 一八九八 戊戌（ぼじゅつ）の政変（変法運動の挫折）〔中〕
- 一八九九 フィリピンで反米独立運動〔南亜〕
- 一九〇〇 義和団事件（北清事変）（—一九〇一）・連合軍、北京に入城・ロシア、満州を占領〔中〕
- 一九〇一 ロシア、東清鉄道を完成〔中〕。オーストラリア連邦の成立
- 一九〇二 「新小説」創刊〔中〕
- 一九〇三 劉鶚（りゅうがく）「老残遊記」〔中〕
- 一九〇五 科挙制の廃止・孫文ら、中国革命同盟会を結成・黄遵憲（こうじゅんけん）没〔中〕
- 一九〇六 反英スワラージ・スワデーシ運動・全インド-ムスリム連盟の成立〔印〕
- 一九〇八 青年トルコ党の革命〔ト〕。憲法大綱発表〔中〕
- 一九一〇 日本、韓国を併合〔朝〕
- 一九一一 伊土戦争〔ト〕。辛亥（しんがい）革命（—一九一二）〔中〕
- 一九一二 清朝の滅亡、中華民国の成立〔中〕
- 一九一三 袁世凱（えんせいがい）、大総統となり国民党の解散を命令〔中〕
- 一九一四 第一次世界大戦（—一九一八）。トルコ、同盟国側に参戦
- 一九一五 日本、袁世凱に二一か条の要求を提出・陳独秀、「青年雑誌」（のち「新青年」）創刊〔中〕

西洋

- 一八九四 ルナール「にんじん」〔フ〕
- 一八九五 レントゲン、X線を発見〔ド〕
- 一八九六 アテネで第一回国際オリンピック大会〔ギ〕。ベルレーヌ没〔フ〕
- 一八九八 キュリー夫妻、ラジウムを発見〔フ〕。シートン「動物記」〔米〕
- 一八九九 トルストイ「復活」〔ロ〕
- 一九〇一 第一回ノーベル賞の授与〔ス〕
- 一九〇二 日英同盟。シベリア鉄道の開通・ゴーリキー「どん底」〔ロ〕
- 一九〇三 パナマ運河地帯の永久租借・ライト兄弟、飛行機を発明〔米〕。ショー「人と超人」〔英〕
- 一九〇四 日露戦争。ロマン-ロラン「ジャン-クリストフ」（—一九一二）〔フ〕。チェーホフ「桜の園」〔ロ〕
- 一九〇五 血の日曜日（第一次ロシア革命）。アインシュタイン、（特殊）相対性理論を発表〔ド〕
- 一九〇六 労働代表委員会を改称し、労働党の成立〔英〕。ヘッセ「車輪の下」〔ド〕
- 一九〇七 三国協商（イギリス・フランス・ロシア）。ピルケー、ツベルクリン反応の利用を提唱〔オー〕。ヘンリー「最後の一葉」〔米〕
- 一九〇八 バルビュス「地獄」〔フ〕。メーテルリンク「青い鳥」〔ベルギー〕
- 一九〇九 ジード「狭き門」〔フ〕
- 一九一〇 リルケ「マルテの手記」〔ド〕。ファーブル「昆虫記」〔フ〕。フロイト「精神分析について」〔オー〕
- 一九一一 アムンゼン、南極点に到達〔ノ〕
- 一九一三 アメリカの日本人移民排斥激化。ボーア、原子模型理論を完成〔デ〕。プルースト「失われた時を求めて」（—一九二七）〔フ〕
- 一九一四 第一次世界大戦（—一九一八）。パナマ運河の開通〔米〕
- 一九一五 モーム「人間の絆（きずな）」〔英〕。カフカ「変身」〔オー〕

大正時代 ｜ 昭和時代

20世紀

西暦	年号	日本
一九一六	大正五	吉野作造、民本主義を提唱・大正デモクラシー運動の発達。鷗外「高瀬舟」・漱石「明暗」
一九一七	〃六	直哉「城の崎にて」・萩原朔太郎「月に吠える」・菊池寛「父帰る」・倉田百三「出家とその弟子」
一九一八	〃七	原敬政党内閣の成立。米騒動。「赤い鳥」創刊・佐藤春夫「田園の憂鬱」
一九一九	〃八	普選運動おこる。第一回帝展の開催。有島武郎「或る女」・菊池寛「恩讐の彼方に」
一九二〇	〃九	国際連盟に加入。最初のメーデー。龍之介「杜子春」
一九二一	〃一〇	直哉「暗夜行路」(—一九三七)
一九二三	〃一二	関東大震災。横光利一「日輪」
一九二四	〃一三	第二次護憲運動。築地小劇場の設立。宮本百合子「伸子」・宮沢賢治「春と修羅」
一九二五	〃一四	治安維持法・普通選挙法の公布。ラジオ放送の開始。梶井基次郎「檸檬」
一九二六	昭和元	円本の流行。川端康成「伊豆の踊子」
一九二七	〃二	山東出兵。金融恐慌。龍之介「河童」
一九二八	〃三	共産党の大検挙。ナップ結成。「戦旗」「詩と詩論」創刊
一九二九	〃四	藤村「夜明け前」(—一九三五)・小林多喜二「蟹工船」・徳永直「太陽のない街」
一九三〇	〃五	三好達治「測量船」
一九三一	〃六	満州事変。モダニズム文学の流行
一九三二	〃七	上海事変。五・一五事件
一九三三	〃八	国際連盟を脱退。京大滝川事件。西脇順三郎「Ambarvalia」・谷崎潤一郎「春琴抄」
一九三四	〃九	室生犀星「あにいもうと」
一九三五	〃一〇	天皇機関説問題。芥川賞・直木賞の制定。「日本浪曼派」創刊・康成「雪国」(—一九四七)・石川達三「蒼氓」
一九三六	〃一一	二・二六事件。堀辰雄「風立ちぬ」
一九三七	〃一二	日中戦争。日独伊防共協定。文化勲章の制定。荷風「濹東綺譚」・横光利一「旅愁」(—一九四六)・島木健作「生活の探求」
一九三八	〃一三	国家総動員法の公布。火野葦平「麦と兵隊」・戦争文学の発生
一九三九	〃一四	ノモンハン事件。岡本かの子「生々流転」・高見

西暦	東洋
一九一六	北洋軍閥の分裂・袁世凱没〔中〕
一九一七	孫文、広東軍政府を樹立・胡適「文学改良芻議」・陳独秀「文学革命論」・文学革命(白話文学運動)の展開〔中〕
一九一八	日本など列国のシベリア出兵。第一次世界大戦の終結。南北軍閥の抗争・魯迅「狂人日記」〔中〕
一九一九	イギリス、ローラット法を公布・ガンディーら、非暴力不服従運動展開〔印〕。五・四運動・孫文、中国国民党を結成〔中〕。万歳事件(朝鮮独立運動)〔朝〕
一九二〇	セーブル条約(連合国・トルコ間の講和条約)。インド民族運動の高揚。周作人ら、文学研究会を結成〔中〕
一九二一	中国共産党の結成・郭沫若ら、創造社を結成・魯迅「阿Q正伝」・郁達夫「沈倫」〔中〕。モンゴル人民革命政府の成立〔モ〕
一九二三	ローザンヌ条約(セーブル条約の改定)・トルコ共和国の成立〔ト〕
一九二四	第一次国共合作・孫文、三民主義を提唱〔中〕。モンゴル人民共和国の成立〔モ〕
一九二五	孫文没。五・三〇事件(各地にストライキ波及)・中国国民党、広東国民政府を樹立〔中〕。ペルシアにパフレビー朝成立〔西亜〕
一九二六	中国国民党、北伐を開始(—一九二八)〔中〕
一九二七	蔣介石、国民政府を樹立・国共分裂・北京原人化石の発見(周口店)〔中〕
一九二八	北伐の完成・国民政府軍、北京に入城・葉紹鈞「倪煥之」〔中〕。アラビア文字を廃止、ローマ字を採用〔ト〕
一九二九	国民会議派、完全独立を宣言〔印〕。梁啓超没〔中〕
一九三〇	英印円卓会議。中国左翼作家連盟の結成〔中〕
一九三一	満州事変。中国共産党、中華ソビエト臨時政府を樹立(主席毛沢東)〔中〕
一九三二	上海事変。日本、満州国を建国〔中〕
一九三三	抗日運動の激化・巴金「家」〔中〕
一九三四	中国共産党の長征・曹禺「雷雨」〔中〕

西暦	西洋
一九一六	レーニン「帝国主義論」〔ロ〕
一九一七	第二次ロシア革命。ロダン没〔フ〕
一九一八	第一次世界大戦の終結
一九一九	ベルサイユ条約。コミンテルンの結成。ワイマール憲法の公布〔ド〕。ラザフォード、原子核破壊を実験〔英〕。ルノワール没〔フ〕
一九二〇	国際連盟の成立。ウェルズ「世界文化史大系」〔英〕
一九二一	ワシントン会議
一九二二	ムッソリーニ政権掌握〔イ〕。ソビエト社会主義共和国連邦成立。エリオット「荒地」・ジョイス「ユリシーズ」〔英〕。マルタン=デュ=ガール「チボー家の人々」(—一九四〇)〔フ〕
一九二四	カルメットとゲラン、BCG接種を提唱〔フ〕。トーマス=マン「魔の山」〔ド〕
一九二五	ロカルノ条約。カフカ「審判」〔チェ〕
一九二六	ジード「贋金つくり」〔フ〕
一九二七	ジュネーブ軍縮会議。リンドバーグ、大西洋横断飛行に成功〔米〕
一九二八	パリ不戦条約(パリ協約)。フレミング、ペニシリンを発見・ロレンス「チャタレー夫人の恋人」〔英〕。ショーロホフ「静かなドン」(—一九四〇)〔ソ〕
一九二九	世界恐慌はじまる。ツェッペリン号(飛行船)の世界一周〔ド〕。ヘミングウェイ「武器よさらば」〔米〕
一九三〇	ロンドン軍縮会議
一九三一	パール=バック「大地」〔米〕
一九三三	ニューディールの開始〔米〕。ナチス独裁政権の成立〔ド〕。マルロー「人間の条件」〔フ〕
一九三六	スペイン内乱(—一九三九)。ミッチェル「風と共に去りぬ」〔米〕
一九三八	ミュンヘン会談。サルトル「嘔吐」〔フ〕
一九三九	独ソ不可侵条約。第二次世界大戦(—一九四五)。スタインベック「怒りの葡萄」〔米〕

昭和時代		
20世紀		
		順「如何なる星の下に」
一九四〇	昭和一五	日独伊三国軍事同盟。大政翼賛会・大日本産業報国会の成立。津田左右吉「神代史の研究」など発禁。太宰治「走れメロス」
一九四一	〃一六	日ソ中立条約。太平洋戦争(—一九四五)。ゾルゲ事件。高村光太郎「智恵子抄」・徳田秋声「縮図」
一九四二	〃一七	ミッドウェー海戦。日本文学報国会の成立
一九四三	〃一八	学徒出陣。潤一郎「細雪」(—一九四八)
一九四五	〃二〇	広島・長崎に原爆投下。ポツダム宣言の受諾(無条件降伏)
一九四六	〃二一	日本国憲法の公布。極東軍事裁判(—一九四八)。当用漢字・現代仮名遣い制定。小林秀雄「無常といふ事」・直哉「灰色の月」・野間宏「暗い絵」・宮本百合子「播州平野」・梅崎春生「桜島」
一九四七	〃二二	二・一ゼネスト中止指令。新学制の実施。登呂遺跡の発掘。太宰治「斜陽」・原民喜「夏の花」
一九四八	〃二三	太宰治「人間失格」・椎名麟三「永遠なる序章」・大岡昇平「俘虜記」。戦後派文学の隆盛
一九四九	〃二四	湯川秀樹、ノーベル賞を受賞。田宮虎彦「足摺岬」・康成「千羽鶴」・三島由紀夫「仮面の告白」・木下順二「夕鶴」
一九五〇	〃二五	金閣寺の焼失。中村光夫「風俗小説論」
一九五一	〃二六	サンフランシスコ平和条約・日米安全保障条約に調印。堀田善衛「広場の孤独」
一九五二	〃二七	血のメーデー事件。破防法の成立。野間宏「真空地帯」・壺井栄「二十四の瞳」
一九五三	〃二八	奄美諸島日本復帰。テレビ放送の開始
一九五四	〃二九	自衛隊法の成立。中野重治「むらぎも」
一九五五	〃三〇	第一回原水禁大会。石原慎太郎「太陽の季節」
一九五六	〃三一	日ソ国交回復。国連加盟。由紀夫「金閣寺」・深沢七郎「楢山節考」
一九五七	〃三二	第一回南極観測。井上靖「天平の甍」
一九五八	〃三三	大江健三郎「飼育」
一九五九	〃三四	岩戸景気
一九六〇	〃三五	日米新安全保障条約に調印・安保反対闘争の激化。カラーテレビ放送開始。深沢七郎「風流夢譚」・康成「眠れる美女」

一九三六	西安事件(国共内戦の停止)〔中〕
一九三七	日中戦争(—一九四五)・抗日民族統一戦線〔中〕
一九三八	郭沫若「創造十年」完成〔中〕
一九四〇	汪兆銘、南京国民政府を樹立・毛沢東「新民主主義論」〔中〕
一九四一	太平洋戦争(—一九四五)
一九四二	毛沢東「文芸講話」〔中〕
一九四三	茅盾「霜葉は二月の花よりも紅なり」〔中〕
一九四四	レバノン共和国の成立〔西亜〕
一九四五	日本の降伏・第二次世界大戦の終結。国共内戦の開始・趙樹理「李家荘の変遷」〔中〕。アメリカとソ連による南北分割占領〔朝〕。アラブ連盟の成立〔西亜〕
一九四六	インドシナ戦争(フランスとベトナム)(—一九五四)・シリア共和国の独立〔西亜〕。フィリピン共和国の独立〔南亜〕
一九四七	インドの分離独立(インド連邦とパキスタンの成立)
一九四八	南北朝鮮の分立〔朝〕。ビルマ共和国の成立〔南亜〕。イスラエル共和国の成立〔西亜〕。丁玲「太陽は桑乾河を照らす」〔中〕
一九四九	中華人民共和国の成立(主席毛沢東)・国民政府の台湾移転〔中〕・インドネシア共和国の成立〔南亜〕
一九五〇	中ソ友好同盟相互援助条約の成立。朝鮮戦争(—一九五三)。インド共和国の成立
一九五四	ジュネーブ会議。東南アジア条約機構の成立。インドシナ休戦協定の調印〔南亜〕。
一九五五	アジア・アフリカ会議。ベトナム共和国の成立〔南亜〕
一九五六	パキスタン-イスラム共和国の成立〔印〕
一九五八	イラク共和国の成立〔西亜〕
一九五九	チベット反乱(ダライ-ラマ、インドへ亡命)・劉少奇、中華人民共和国主席に選出される〔中〕

一九四〇	フランスの降伏。日独伊三国軍事同盟。ヘミングウェイ「誰がために鐘は鳴る」〔米〕
一九四一	日ソ中立条約。独ソ開戦。大西洋憲章。太平洋戦争(—一九四五)
一九四二	カミュ「異邦人」〔フ〕
一九四三	カサブランカ会談・カイロ会談・テヘラン会談。イタリアの降伏。サルトル「存在と無」〔フ〕
一九四五	ヤルタ会談、ドイツの降伏。ポツダム会談、日本の降伏。第二次世界大戦の終結。国際連合の成立。サルトル「自由への道」〔フ〕
一九四六	パリ平和会議。レマルク「凱旋門」〔ド〕
一九四七	マーシャル-プランの発表〔米〕。コミンフォルムの結成〔ソ〕
一九四八	西欧連合の成立。ソ連のベルリン封鎖。メイラー「裸者と死者」〔米〕
一九四九	北大西洋条約機構(NATO)成立。東西ドイツの分立。アラゴン「レ-コミュニスト」〔フ〕
一九五一	原子力発電の実験に成功〔米〕。太平洋安全保障条約。日米安全保障条約
一九五二	ヘミングウェイ「老人と海」〔米〕
一九五三	イギリス登山隊、エベレスト初登頂に成功。スターリン没〔ソ〕
一九五四	水素爆弾の実験〔米〕。東南アジア条約機構(SEATO)の成立。パリ協定。エレンブルグ「雪どけ」〔ソ〕
一九五五	バンドン会議(アジア・アフリカ会議)。ジュネーブ四巨頭会談。ワルシャワ条約
一九五六	非スターリン化(雪どけ)の開始〔ソ〕。ポーランド・ハンガリーに反ソ暴動。スエズ戦争。パステルナーク「ドクトル-ジバゴ」〔ソ〕
一九五七	欧州経済共同体(EEC)条約。ソ連、初の人工衛星(スプートニク一号)打ち上げに成功・宇宙時代の開幕
一九五九	キューバ革命・カストロ政権の樹立

昭和時代

20世紀

西暦	年号	事項
一九六二	昭和三七	安部公房「砂の女」・北杜夫「楡家の人びと」。室生犀星・正宗白鳥・吉川英治没
一九六四	〃三九	東京オリンピックの開催。東海道新幹線の開業。三木露風・佐藤春夫・三好達治没
一九六五	〃四〇	日韓基本条約成立。朝永振一郎ノーベル賞受賞。小島信夫「抱擁家族」。谷崎潤一郎・高見順没
一九六六	〃四一	井伏鱒二「黒い雨」・遠藤周作「沈黙」
一九六七	〃四二	大江健三郎「万延元年のフットボール」・江藤淳「成熟と喪失」。山本周五郎・壺井栄没
一九六八	〃四三	川端康成ノーベル賞受賞。小笠原諸島日本復帰
一九六九	〃四四	中野重治「甲乙丙丁」。伊藤整没
一九七〇	〃四五	大阪万国博の開催。三島由紀夫没
一九七一	〃四六	大岡昇平「レイテ戦記」。志賀直哉・高橋和巳没
一九七二	〃四七	沖縄日本復帰。札幌冬季オリンピックの開催。高松塚古墳の壁画発見。有吉佐和子「恍惚の人」。川端康成没
一九七三	〃四八	公害問題続発。石油ショック。江崎玲於奈、ノーベル賞を受賞。椎名麟三没
一九七四	〃四九	佐藤栄作、ノーベル賞を受賞
一九七五	〃五〇	壇一雄「火宅の人」。金子光晴没
一九七六	〃五一	ロッキード事件発覚。村上龍「限りなく透明に近いブルー」。武者小路実篤・武田泰淳没
一九七七	〃五二	島尾敏雄「死の棘」・小林秀雄「本居宣長」
一九七八	〃五三	日中平和友好条約調印。成田空港開港
一九七九	〃五四	元号法公布。太安万侶の墓誌を発見。共通一次試験の実施。中野重治・福永武彦没
一九八〇	〃五五	稲荷山古墳出土の鉄剣公開。吉川幸次郎没
一九八一	〃五六	常用漢字表告示。福井謙一、ノーベル賞を受賞。水原秋桜子没
一九八二	〃五七	東北・上越両新幹線開業。西脇順三郎没
一九八三	〃五八	里見弴・小林秀雄・中村草田男没
一九八四	〃五九	黒井千次「群棲」。有吉佐和子没
一九八五	〃六〇	つくば科学万博開催。男女雇用機会均等法成立。野上弥生子・石川達三没
一九八六	〃六一	東京サミット開催。石坂洋次郎没
一九八七	〃六二	利根川進、ノーベル賞を受賞。国鉄分割民営化。俵万智「サラダ記念日」・村上春樹「ノルウェイの森」。深沢七郎没

一九六〇	韓国で学生革命（大統領李承晩の辞職）。ラオス紛争〔南亜〕。キプロス共和国の成立〔西亜〕
一九六一	韓国のクーデター
一九六四	中国最初の核爆発実験に成功〔中〕
一九六五	日韓基本条約。クーデターにより南ベトナム新政権発足。アメリカ、北ベトナム攻撃を開始。インドネシアのクーデター、スカルノ失脚〔南亜〕
一九六六	文化大革命（紅衛兵の活躍・劉少奇の失脚）〔中〕
一九六七	第三次中東戦争
一九六八	パリでベトナム和平会談の開催
一九六九	中ソ国境紛争〔中〕
一九七〇	カンボジア紛争（アメリカの介入）〔南亜〕
一九七一	バングラデシュの成立〔印〕
一九七二	ニクソン米大統領、訪中（米中共同声明）。日中国交樹立（日中共同声明）。長沙郊外馬王堆の漢墓発掘〔中〕
一九七三	ベトナム和平協定の成立。第四次中東戦争
一九七五	ベトナム戦争終結。蔣介石没〔中〕
一九七六	南北ベトナム統一・ベトナム社会主義共和国の成立。周恩来・毛沢東没〔中〕
一九七七	文化大革命終結宣言〔中〕
一九七九	エジプト-イスラエル平和条約調印。イラン-イスラム共和国成立。ソ連、アフガニスタンに侵入
一九八〇	イラン-イラク戦争（—一九八八）
一九八一	イランのアメリカ大使館員人質解放問題解決。茅盾没〔中〕
一九八三	フィリピンのベニグノ-アキノ暗殺される
一九八四	シク教徒、ガンディー首相を暗殺〔印〕
一九八六	フィリピンのマルコス大統領米国へ亡命、アキノ大統領就任
一九八八	ソウル-オリンピックの開催〔韓国〕
一九八九	ソ連のアフガニスタン撤退完了。イランのホメイニ師没。天安門事件〔中〕

一九六〇	アフリカ諸国の独立（アフリカの年）
一九六一	ガガーリン、ボストーク一号で人類初の宇宙飛行に成功〔ソ〕
一九六二	キューバ危機
一九六三	部分的核実験禁止条約。ケネディ大統領暗殺される〔米〕
一九六七	欧州共同体（EC）発足
一九六八	キング牧師暗殺される〔米〕。ソ連・東欧の五か国、チェコスロバキアに侵入。メキシコ-オリンピックの開催
一九六九	アポロ一一号人類初の月着陸に成功〔米〕
一九七一	国連、中国の加盟を承認
一九七二	ミュンヘン-オリンピックの開催〔ド〕
一九七三	ブレジネフソ連書記長、訪米（米ソ共同声明）。拡大EC発足。東西両ドイツ、国連加盟。ピカソ没〔フ〕
一九七五	米ソ宇宙船のドッキング成功。先進六か国首脳ランブイエ会談（サミットの初め）。フランコ総統没〔西〕
一九七六	モントリオール-オリンピックの開催〔カナダ〕
一九七七	米・パナマ、新パナマ運河条約調印
一九八〇	ボイジャー一号土星観測に成功〔米〕。モスクワ-オリンピックの開催〔ソ〕
一九八一	スペースシャトル打ち上げ、着陸に成功〔米〕
一九八二	フォークランド紛争。米ソ戦略兵器削減交渉開始
一九八三	ホアン-ミロ没〔西〕
一九八四	ショーロホフ没〔ソ〕。ロサンゼルス-オリンピックの開催〔米〕。アフリカの飢餓拡大
一九八五	シャガール没〔フ〕
一九八六	チェルノブイリ原子力発電所事故〔ソ〕
一九八七	米ソ、中距離核戦力全廃条約に調印
一九八九	米ソ首脳、マルタ会談で冷戦終結宣言。ベルリンの壁撤廃

令和時代	平成時代
21世紀	20世紀

西暦	年号	日本
一九八八	昭和六三	青函トンネル開通。吉本ばなな「キッチン」。田宮虎彦・中村汀女・草野心平・大岡昇平没
一九八九	平成元	吉野ケ里遺跡の発掘。開高健没
一九九〇	〃二	大学入試センター試験実施
一九九一	〃三	野間宏・井上靖没
一九九二	〃四	学校五日制正式決定。松本清張・中上健次没
一九九三	〃五	安部公房・加藤楸邨(しゅうそん)・井伏鱒二没
一九九四	〃六	大江健三郎、ノーベル賞を受賞
一九九五	〃七	阪神淡路大震災発生。日本初の遺伝子治療開始
一九九六	〃八	司馬遼太郎・丸山眞男・遠藤周作没
一九九七	〃九	埴谷雄高(はにやゆたか)没
一九九八	〃一〇	長野冬季オリンピックの開催。堀田善衛没
一九九九	〃一一	臓器移植法に基づく初の臓器移植。江藤淳没
二〇〇〇	〃一二	白川英樹、ノーベル賞を受賞
二〇〇一	〃一三	野依良治、ノーベル賞を受賞
二〇〇二	〃一四	小柴昌俊・田中耕一、ノーベル賞を受賞
二〇〇五	〃一七	愛知万国博の開催
二〇〇八	〃二〇	小林誠・下村脩・南部陽一郎・益川敏英、ノーベル賞を受賞
二〇一〇	〃二二	常用漢字表の改定。鈴木章・根岸英一、ノーベル賞を受賞
二〇一一	〃二三	東日本大震災発生
二〇一二	〃二四	山中伸弥、ノーベル賞を受賞
二〇一三	〃二五	富士山、世界遺産(文化遺産)に登録
二〇一四	〃二六	赤崎勇・天野浩・中村修二、ノーベル賞を受賞
二〇一五	〃二七	大村智・梶田隆章、ノーベル賞を受賞
二〇一六	〃二八	大隅良典、ノーベル賞を受賞
二〇一八	〃三〇	本庶佑、ノーベル賞を受賞
二〇一九	令和元	吉野彰、ノーベル賞を受賞
二〇二一	〃三	東京オリンピック・パラリンピックの開催。眞鍋淑郎、ノーベル賞を受賞
二〇二三	〃五	大江健三郎没

西暦	東洋
一九九〇	イラクがクウェート領内に侵攻。韓国とソ連の国交樹立
一九九一	湾岸戦争勃発〔西亜〕
一九九二	韓国・中国国交樹立
一九九三	カンボジア、王国となる(国王シハヌーク)
一九九四	南ア全人種の大統領にマンデラ氏就任。北朝鮮主席金日成没。イスラエル・ヨルダン和平
一九九五	イスラエルのラビン首相暗殺される
一九九六	初のパレスチナ自治選挙。アフガン政権が崩壊
一九九七	香港の中国への返還。鄧(とう)小平・マザー=テレサ没
一九九八	インドネシア、スハルト大統領辞任
二〇〇一	米、アフガニスタンを攻撃
二〇〇二	東ティモールの独立〔南亜〕
二〇〇三	イラク戦争
二〇〇四	スマトラ島沖地震発生〔南亜〕。パレスチナ解放機構(PLO)アラファト議長没
二〇〇五	パキスタン大地震発生
二〇〇八	四川大地震発生・北京オリンピックの開催〔中〕
二〇一〇	上海万国博の開催〔中〕
二〇一一	アラブ諸国で民主化運動が激化
二〇二〇	武漢で発生した新型コロナウイルス感染症の世界的流行〔中〕
二〇二一	米、アフガニスタンから撤退

西暦	西洋
一九九〇	東西両ドイツが統一
一九九一	ワルシャワ条約機構解体。ソビエト連邦崩壊
一九九二	バルセロナ=オリンピックの開催〔西〕
一九九三	欧州連合(EU)発足
一九九四	英仏直結ユーロトンネル開通
一九九五	アウシュビッツ五〇周年〔ポー〕。ボスニア和平協定調印
一九九六	アトランタ=オリンピックの開催〔米〕
一九九九	EU、単一通貨ユーロを導入
二〇〇〇	シドニー=オリンピックの開催〔オーストラリア〕
二〇〇一	同時多発テロ起こる〔米〕
二〇〇二	EU、単一通貨ユーロの流通開始
二〇〇四	アテネ=オリンピックの開催〔ギ〕
二〇〇六	国際天文学連合、冥王星を惑星から準惑星に格下げ
二〇〇八	米大手証券会社の破綻(はたん)・金融危機が世界に拡大(リーマンショック)
二〇〇九	オバマ米大統領就任
二〇一一	欧州財政危機の拡大
二〇一二	ロンドン=オリンピックの開催〔英〕
二〇一三	ローマ教皇ベネディクト一六世退位、新教皇にフランシスコ〔バチカン〕
二〇一六	リオデジャネイロ=オリンピックの開催〔ブラジル〕
二〇二〇	英国のEU離脱
二〇二二	ロシアによるウクライナ侵攻

数量呼称一覧

◎ものを数えるとき、そのものの外形・状態によって種々の呼称がある。ここにはその代表的なものおよび特殊な呼び方をもつものを列挙した。

◎ここでの分類は便宜的なものであり、類似のものも含めている。

■一般的な呼称■

広く用いる……一つ・一個
長いもの……一本
平たいもの……一面・一枚
動物……一匹
けだもの……一頭・一匹
鳥……一羽(わ)・一匹
（雌雄）……一番(つが)い
魚……一尾(び)・一匹
機械類……一台
道具類（手に持つもの）……一挺(ちょう)
容器に入れたもの
箱に入れたもの……一箱
缶に入れたもの……一缶
籠(かご)に入れたもの……一籠
折に詰めたもの……一折
俵(たわら)に詰めたもの……一俵
樽(たる)に詰めたもの……一樽
瓶に詰めたもの……一本・一瓶
袋に入れたもの……一袋
コップ・匙(さじ)・杯(さかずき)などに入れたもの……一杯
束ねたもの……一把(わ)・一束(たば)
切ったもの……一切れ
串(くし)に刺したもの……一串
据え付けたもの……一基

■個々の呼称■

【飲食物】

うどん……一玉・一把(わ)・一杯
菓子……一個・一袋・一折・一箱
かつおぶし……一節(ふし)・一連(れん)・一折・一台・一本
果物……一顆(か)・一個・一籠(かご)・一皿・一山・一箱
米……一俵
こんにゃく……一丁・一枚
酒……一本・一樽(たる)
（飲む場合）……一杯・一献(こん)
刺身……一皿・一人前
砂糖……一匙(さじ)・一袋・一箱・一叺(かます)
ざる（もり）そば……一枚
食事……一膳(ぜん)・一口・一片食(ひとかたけ)・(ひとかたき)・一食
吸い物……一椀(わん)
鮨(すし)……一貫・一個・一折
そうめん……一把(わ)・一箱・一杯
たばこ……一本・一服・一箱
卵……一個・一束(そく)（百個）・一粒
たらこ……一腹(はら)
団子……一串
つくだに……一箱・一曲(まげ)・一折
豆腐……一丁
海苔(のり)……一枚・一帖(じょう)（十枚）
副食物……一皿・一汁(じゅう)・一菜(さい)
ぶどう……一粒・一房(ふさ)
餅(もち)……一個・一枚・一重ね
野菜……一把(わ)・一皿・一山・一籠(かご)
（キャベツ・たまねぎ）……一玉
（白菜）……一株(かぶ)
ようかん……一本・一棹(さお)・一箱
料理……一皿・一品(いっぴん)・(ひとしな)・一人前

【音楽】

琴……一張・一張り・一面
三味線(しゃみせん)……一棹(さお)・一挺(ちょう)
太鼓・鼓……一張り
バイオリン……一挺(ちょう)
ピアノ……一台
拍子……一拍(ぱく)
琵琶(びわ)……一そろい・一面
笛……一本・一管(かん)

【家具】

椅子(いす)……一脚
カーテン……一枚・一張り
鏡……一面
脇息(きょうそく)……一脚
燭台(しょくだい)……一基・一台・一本
すだれ……一枚・一張り・一垂れ・一連(れん)
たんす……一本・一棹(さお)
机……一脚
長持……一棹(さお)
びょうぶ……一架(か)・一帖(じょう)・一双（二架）
風呂桶(ふろおけ)……一据え・一桶
ベッド……一台
本棚……一本・一架(か)

【家庭用品】

アイロン……一台・一挺(ちょう)
傘……一本・一張り
笠(かさ)……一蓋(がい)・一笠(りゅう)・一枚
釜(かま)……一口(いっこう)
かみそり……一挺(ちょう)・一口(いっこう)
櫛(くし)……一枚・一具
ござ……一枚・一帖(じょう)
重箱……一組・一重ね
（部分）……一の重ね・二の重ね
炭……一本・一俵・一駄(だ)
膳(ぜん)……一客
扇子(せんす)……一本・一対（二本）
そろばん……一面・一挺(ちょう)
薪(たきぎ)(まき)……一本・一把(わ)・一駄(だ)
茶器……一席・一組・一そろい
銚子(ちょうし)……一本
ちょうちん……一張り
つぼ……一つぼ・一口(いっこう)
砥石(といし)……一個・一挺(ちょう)
旗……一竿(さお)・一本・一流れ・一旒(りゅう)
火ばし……一対・一具・一そろい
包丁……一本・一柄(え)・一挺(ちょう)
盆……一枚・一組
松飾り……一対・一そろい・一門

【機械】

カメラ……一台
洗濯機……一台
テレビ・ラジオ……一台
電話機……一台
（通話）……一度・一回・一本・一通話
パソコン……一台・一基

【競技】

囲碁……一局・一番
（碁盤）……一面
（目数）……一目(もく)
（打つ手）……一目(もく)・一手
試合……一勝負・一戦・一試合・一節・一回・一本
将棋……一局・一番・一試合・一戦
（将棋盤）……一面
（指し手）……一手
相撲（取組）……一番

【芸能】

映画……一本・一こま・一巻
演芸……一席・一番
芝居……一景・一場・一幕
仕舞(しまい)……一差し
浄瑠璃(じょうるり)……一節(ふし)・一曲・一段
能（楽）……一番・一手・一差し
能面(のうめん)……一面

【詩歌・散文】

歌（和歌・短歌）……一首
詩……一編・一什(じゅう)・一聯(れん)・一絶
小説……一編・一巻・一文・一章
俳句・川柳……一句
文章……一編・一文・一章・一段・一節・一行

【順位】

囲碁・将棋・連珠・柔道などの段位……初段・三級
家族・親類の順位……一親等
活字の大きさ……初号・一号―八号・四二ポイント―四ポイント

裁判の段階……一審
順番……一番・一着・一等・一位・首位・一級

【食器】

カップ(コーヒーカップと受け皿)……一客
杯……一杯・一つ
皿……一枚・一口・一組
茶碗……一個・一口・一客
箸……一膳・一そろい
椀・碗……一口・一客

【植物】

生け花……一杯・一鉢・一瓶
植木(草花)……一株・一鉢
木……一本・一株・一朶・一樹
木の葉……一枚・一葉
草……一本
花……一枝・一本・一輪

【神仏】

遺骨……一体
位牌・神霊……一柱
数珠……一具・一連
神体……一柱・一座・一体
線香……一本
卒塔婆……一基・一層
鳥居……一基
墓……一基
仏像……一軀・一体・一頭・一座
ろうそく……一本・一挺・一箱・一束(百本)

【繊維製品】

糸……一本・一筋・一巻・一かせ
(太さ)……一番手
衣類……一重ね・一襲・一領・一枚・一着・一そろい
襟……一掛け
帯……一本・一筋・一条
織物……一反・一疋(二反)
蚊帳……一張り
袈裟……一領
敷物……一枚
シャツ……一着・一枚
ズボン……一本・一枚
背広……一着
足袋・靴下……一足
反物……一反
手拭い……一本・一条・一筋
手袋……一対・一組・一双
布……一ヤール・一反・一疋(二反)
ネクタイ……一本・一掛け
はかま……一枚・一対・一具・一下げ・一腰・一裄
ふとん……一枚・一組・一そろい・一重ね
風呂敷・頭巾……一枚
幕……一枚・一張り・一垂れ
綿……一枚・一包み・一梱

【装飾品】

絵画……一幅・一枚
額面……一面・一架
掛け軸……一幅・一軸
花瓶……一本・一個・一瓶
香炉……一基

【建造物および資材】

家……一戸・一軒・一棟(とう)・一宇
板……一枚
瓦……一枚
倉……一戸前・一棟(とう)
材木……一本・一組・一石
寺院……一寺・一宇・一堂
神社……一座・一社
畳……一枚・一畳
団地……一棟(とう)
塔……一基・一宇・初層(一層)・二層
堂……一宇・一棟(とう)
ふすま……一枚・一領
部屋……一室・一部屋・一間

【道具】

おの……一挺
鎌……一挺
かんな……一挺
くわ……一口・一挺
すき……一挺
のこぎり……一挺
のみ……一挺

【動物】

いか……一杯・一本・一匹
犬……一匹・一頭
兎……一匹・一羽
牛・馬……一蹄・一匹・一頭
(人が乗っている馬)……一騎
鴨……一羽・一番
くじら……一頭
鹿……一蹄・一匹・一頭
たこ……一杯・一匹
蝶……一匹・一羽・一頭

【日時】

忌日……初七日・二七日・三七日・七七日・百か日・一周(回)忌・三周(回)忌
年……一年・一歳・一載・一周年・一紀(一二年)・一世紀(一〇〇年)
日……ひとひ・ふつか・一日・両日・一週・一旬・一月

【乗り物】

駕籠……一挺
貨車……一両・一車
汽車……一列車・一本・一両
車……一両・一台・一乗
飛行機……一機・一便
船……一杯・一艘・一隻・一便

【武器】

刀……一刀・一剣・一口・一振り・一腰
大砲……一門
鉄砲……一挺
(たま)……一弾・一発
矢……一本・一筋・一条・一手(二筋)
槍……一本・一筋・一条
弓……一張・一張り
鎧……一領
鎧兜……一具

【文書】

書籍……一冊・一巻・一部
書類……一通・一札・一綴り・一括
手紙……一通・一封・一本・一札
葉書……一通
(書いてないもの)……一枚・一葉
法帖……一帖
巻物……一軸・一巻・一端
論文……一編・一本

【文房具】

紙……一枚・一葉・一束・一帖・一締め・一連
小刀……一本・一挺
硯……一面
墨……一挺
鋏……一挺
筆……一本・一管・一茎

【その他】

網……一枚・一帖
印判……一顆
鐘……一口
皮(革)……一枚・一張り・一坪
議案……一件
寄付……一口
金子……一封
薬……一剤・一服・一包
(錠剤)……一錠・一粒
靴……一足
軍勢……一番手・一陣・一軍
校正……初校・再校・三校・念校・校了・責了
言葉……一言・一語
宿泊……一宿・一泊
スキー……(二本一組で)一台
線路……一本・単線・複線・複々線
田……一面・一枚
土地(登記上の)……一筆
トランプ……一枚・一組
荷物……一荷・一個
(馬につけた場合)……一駄
(車につけた場合)……一荷
花火(打ち上げた花火)……一発
(線香花火)……一本
花輪……一基
宝石……一粒・一顆
保険……一口
山……一山・一座

和歌・俳句索引

◎この索引は、本文に全釈つきで収めてある和歌・俳句を引くためのものである。(下の数字は本文のページ)
◎見出しの表記は、原作にもとづいて歴史的仮名遣いとした。配列は表記の五十音順。

和歌

【百人一首】

秋風にたなびく(新古今・左京大夫顕輔)……二九
秋の田のかりほの(後撰・天智天皇)……二九
明けぬれば暮るる(後拾遺・藤原道信)……三四
浅茅生の小野の(後撰・源等)……三六
朝ぼらけ有り明けの(古今・坂上是則)……三六
朝ぼらけ宇治の(千載・権中納言定頼)……三七
あしびきの山鳥の(拾遺・柿本人麻呂)……三九
淡路島かよふ(金葉・源兼昌)……五一
あはれともいふべき(拾遺・藤原伊尹)……五一
あひ見てののちの(拾遺・中納言敦忠)……五一
逢ふことの絶えて(拾遺・中納言朝忠)……五三
天つ風雲の(古今・良岑宗貞)……五五
天の原ふりさけ(古今・安倍仲麻呂)……五五
あらざらむこの世の(後拾遺・和泉式部)……六〇
嵐ふく三室の(後拾遺・能因法師)……六〇
有り明けのつれなく(古今・壬生忠岑)……六三
有馬山猪名の(後拾遺・大弐三位)……六三
いにしへの奈良の(詞花・伊勢大輔)……一〇八
今来むと言ひし(古今・素性法師)……一一一
今はただ思ひ絶えなむ(後拾遺・左京大夫道雅)……一一三
憂かりける人を(千載・源俊頼朝臣)……一二九
恨みわびほさぬ(後拾遺・相模)……一四八
奥山に紅葉(古今・よみ人しらず)……一九三
音にきく高師の(金葉・祐子内親王家紀伊)……二〇七
大江山生野の(金葉・小式部内侍)……二二三
おほけなくうき世の(千載・法印慈円)……二二三
思ひ侘びさても(千載・道因法師)……二二七
かくとだにえやは(後拾遺・藤原実方)……二六一
かささぎのわたせる(新古今・中納言家持)……二六八
風そよぐならの(新勅撰・従二位家隆)……二七六
風をいたみ岩うつ(詞花・源重之)……二七六
君がため春の野に(古今・光孝天皇)……三六二
君がため惜しからざりし(後拾遺・藤原義孝)……三六二
きりぎりす鳴くや(新古今・後京極摂政前太政大臣)……三九五
心あてに折らばや(古今・凡河内躬恒)……五三一
心にもあらで(後拾遺・三条院)……五三三
来ぬ人をまつほの(新勅撰・権中納言定家)……五四八
此のたびは幣も(古今・菅原道真)……五四九
恋すてふわが名は(拾遺・壬生忠見)……五五〇
これやこの行くも(後撰・蟬丸)……五五九
寂しさに宿を(後拾遺・良暹法師)……五九八
忍ぶれど色に(拾遺・平兼盛)……六六三
白露に風の(後撰・文屋朝康)……七五六
住江の岸に(古今・藤原敏行)……八一一
瀬をはやみ岩に(詞花・崇徳院)……八四九
高砂の尾上の(後拾遺・大江匡房)……九二四
滝の音は絶えて(拾遺・右衛門督公任)……九二六
田子の浦にうち出でて(新古今・山部赤人)……九三一
立ち別れいなばの(古今・在原行平)……九三八
玉の緒よ絶えなば(新古今・式子内親王)……九四九
誰をかも知る人に(古今・藤原興風)……九五三
契りおきしさせもが(千載・藤原基俊)……九七〇
契りきなかたみに(後拾遺・清原元輔)……九七〇
ちはやぶる神代も(古今・在原業平朝臣)……九七五
月見れば千々に(古今・大江千里)……一〇一一
筑波嶺の峰より落つる(後撰・陽成院)……一〇一三
長からむ心も(千載・待賢門院堀河)……一一三〇
ながらへばまたこのごろや(新古今・藤原清輔朝臣)……一一三三
嘆きつつひとり(拾遺・右大将道綱母)……一一三六
嘆けとて月やは(千載・西行法師)……一一三六
夏の夜はまだ宵ながら(古今・清原深養父)……一一三九
名にし負はば逢坂山の(後撰・三条右大臣)……一一四一
難波江の葦の(千載・皇嘉門院別当)……一一四三
難波潟短き(新古今・伊勢)……一一四三
花さそふ嵐の(新勅撰・入道前太政大臣)……一二三七
花の色はうつりにけりな(古今・小野小町)……一二三九
春過ぎて夏来にけらし(新古今・持統天皇)……一二五一
春の夜の夢ばかり(千載・周防内侍)……一二五二
久方の光のどけき(古今・紀友則)……一二七七
人はいさ心も(古今・紀貫之)……一二九〇
人もをし人も(続後撰・後鳥羽院)……一二九一
吹くからに秋の(古今・文屋康秀)……一三三六
ほととぎす鳴きつる(千載・後徳大寺左大臣)……一四一八
みかきもり衛士の(詞花・大中臣能宣朝臣)……一四五六
みかの原わきて(新古今・中納言兼輔)……一四五六
見せばやな雄島の(千載・殷富門院大輔)……一四六三
陸奥のしのぶ(古今・河原左大臣)……一四六四
み吉野の山の(新古今・藤原雅経)……一四七三
村雨の露も(新古今・寂蓮法師)……一四八七
めぐりあひて見しや(新古今・紫式部)……一四九五
百敷や古き(続後撰・順徳院)……一五一七
もろともにあはれと(金葉・前大僧正行尊)……一五一九
やすらはで寝なまし(後拾遺・赤染衛門)……一五三〇
八重むぐら茂れる宿の(拾遺・恵慶法師)……一五三四
山川に風の(古今・春道列樹)……一五三五
山里は冬ぞ(古今・源宗于朝臣)……一五三五
夕されば門田の(金葉・大納言経信)……一五五五
由良の門を(新古今・曽禰好忠)……一五五六
世の中は常に(新勅撰・鎌倉右大臣)……一五七三
世の中よ道こそ(千載・皇太后宮大夫俊成)……一五七三
夜もすがらもの思ふころは(千載・俊恵法師)……一五七六
夜をこめて鳥の(後拾遺・清少納言)……一五七九
わが庵は都の(古今・喜撰法師)……一六三九
わが袖は潮干に(千載・二条院讃岐)……一六三九
忘らるる身をば(拾遺・右近)……一六四四
忘れじの行く末(新古今・儀同三司母)……一六四四
わたの原こぎ出でて(詞花・前関白

太政大臣）……一六四五
わたの原八十島かけて（古今・小野篁朝臣）……一六四五
わびぬれば今はた（後撰・元良親王）…一六四七
小倉山峰の（拾遺・小一条太政大臣）……一六五三

【現代短歌】

ああ皐月（与謝野晶子）……一七
あたらしく冬きたりけり（宮柊二）……四三
吾妻やまに（斎藤茂吉）……四六
あめつちにわれひとり（会津八一）……五七
幾山河（若山牧水）……八三
石崖に子ども（北原白秋）……八六
いちはつの花咲きいでて（正岡子規）…九六
いつしかに春の（北原白秋）……一〇一
いのちなき砂の（石川啄木）……一〇九
芋の葉にこぼるる（長塚節）……一一三
碓氷嶺の（北原白秋）……一二四
馬追虫のひげの（長塚節）……一四四
海恋し潮の遠鳴り（与謝野晶子）…一四五
うらうらと照れる（若山牧水）……一四七
おほてらのまろき（会津八一）……二一三
おりたちて今朝の（伊藤左千夫）…二三〇
かがやけるひとすぢの（斎藤茂吉）…二五三
かたはらに秋ぐさの花（若山牧水）…二八一
かの時に言ひそびれたる（石川啄木）…二九四
瓶にさす藤の花ぶさ（正岡子規）…三〇一
清水へ祇園を（与謝野晶子）……三九三
くずの花ふみしだかれて（釈迢空）…四一九
桑の香の青く（斎藤茂吉）……四二六
くれなゐの二尺（正岡子規）……四三七
くわんおんのしろき（会津八一）……四四一
不来方のお城の（石川啄木）……五三八
この谷や幾代の（土屋文明）……五四九
金色の小さき（与謝野晶子）……五六三
寂しさに海を（北原白秋）……五九八
信濃路はいつ春に（島木赤彦）……六六一
死に近き母に（斎藤茂吉）……六六二
小工場に（土屋文明）……七三〇
しらしらと氷（石川啄木）……七五六
白鳥は哀しからずや（若山牧水）…七五六
白埴の瓶こそ（長塚節）……七五七
廃れたる園に（北原白秋）……八〇二
その石に君も（土屋文明）……八九三
その子二十櫛に（与謝野晶子）…八九三
ダイナモの重き（石川啄木）……九一六
たたかひに果てにし（釈迢空）……九二四
たちまちに君の（近藤芳美）……九三七
たはむれに母を（石川啄木）……九四六
垂乳根の母が（長塚節）……九五三
沈黙のわれに見よ（斎藤茂吉）……一〇〇二
つき放されし貨車が（宮柊二）……一〇一一
照る月の冷さだかなる（北原白秋）…一〇五四
どくだみも薊の花も（斎藤茂吉）…一〇九四
飛びあがり宙に（北原白秋）……一一〇八
友がみなわれより（石川啄木）……一一一二
夏のかぜ山より（与謝野晶子）……一一三九
なにとなく君に（与謝野晶子）……一一四一
猫を飼はばその猫が（石川啄木）……一一七九
のど赤き玄鳥ふたつ（斎藤茂吉）……一一九三
はたらけどはたらけど（石川啄木）…一二三七
母が目をしまし（斎藤茂吉）……一二四二
灰のなかに母を（斎藤茂吉）……一二四三
はふり火を守り（斎藤茂吉）……一二四三
春の鳥な鳴きそ（北原白秋）……一二五一
はるばると薬を（斎藤茂吉）……一二五三
春真昼ここの（若山牧水）……一二五三
昼ながら幽かに（北原白秋）……一三〇七
ふるさとの訛り（石川啄木）……一三五六
傍観を良心として（近藤芳美）……一三九三
星のゐる夜ぞらの（斎藤茂吉）……一四一〇
マッチ擦るつかのま（寺山修司）……一四四三
みちのくの母の（斎藤茂吉）……一四六四
みづうみの氷は（島木赤彦）……一四六四
邑山の松の（釈迢空）……一四八七
最上川逆白波の（斎藤茂吉）……一五〇六
やは肌のあつき（与謝野晶子）……一五三三
やはらかに柳（石川啄木）……一五三三
病める児はハモニカを（北原白秋）…一五三八
夕べ食すはうれん草は（土屋文明）…一五五五
夕焼空焦げ（島木赤彦）……一五五五
隣室に書よむ（島木赤彦）……一六一一
我が母よ死にたまひゆく（斎藤茂吉）……一六四〇
わが母を焼かねばならぬ（斎藤茂吉）……一六四〇
吾木香すすき（若山牧水）……一六五〇

現代俳句

赤蜻蛉筑波に（正岡子規）……二七
秋の航一大紺円盤（中村草田男）……二九
紫陽花に秋冷（杉田久女）……四四
あはれ子の夜寒の（中村汀女）……五一
鮟鱇の骨まで（加藤楸邨）……六九
生きかはり死にかはり（村上鬼城）……八一
いくたびも雪の（正岡子規）……八三
芋の露連山（飯田蛇笏）……一一三
鰯雲人に（加藤楸邨）……一一八
炎天の遠き帆や（山口誓子）……一七三
隠岐やいま木の（加藤楸邨）……一九一
柿食へば鐘が（正岡子規）……二五四
葛飾や桃の（水原秋桜子）……二八六
かりかりと蟷螂（山口誓子）……三〇七
彼一語我一語（高浜虚子）……三一〇
寒雷やびりりびりりと（加藤楸邨）……三三二
雉子の眸の（加藤楸邨）……三四八
啄木鳥や落葉を急ぐ（水原秋桜子）…三五六
桐一葉日あたりながら（高浜虚子）…三九七
くろがねの秋の（飯田蛇笏）……四三九
鶏頭の十四五本も（正岡子規）……四五四
金亀子擲つ（高浜虚子）……五二三
去年今年貫く（高浜虚子）……五四〇
谺して山ほととぎす（杉田久女）……五四一
木の葉ふりやまず（加藤楸邨）……五四九
白樺に月照りつつも（水原秋桜子）……七五五
咳の子のなぞなぞ（中村汀女）……八三七
ぜんまいの（川端茅舎）……八六四
滝落ちて群青世界（水原秋桜子）……九二六
蒲公英のかたさや（中村草田男）……九六四
地階の灯春の（中村汀女）……九六七
つきぬけて天上の（山口誓子）……一〇一〇
手毬唄かなしき（高浜虚子）……一〇五一
とどまればあたりに（中村汀女）……一一〇六
遠山に日の（高浜虚子）……一一〇九
流れゆく大根の（高浜虚子）……一一三三
梨咲くと葛飾の（水原秋桜子）……一一三七
夏草に汽罐車の（山口誓子）……一一三九
夏の河赤き（山口誓子）……一一三九
野を焼いて帰れば（高浜虚子）……一一九八
麦秋の中なる（水原秋桜子）……一二一六
白牡丹といふと（高浜虚子）……一二一八
バスを待ち大路の（石田波郷）……一二三五
玫瑰や今も（中村草田男）……一二四三
春風や闘志いだきて（高浜虚子）……一二五一
春惜しむおんすがた（水原秋桜子）……一二五三
万緑の中や（中村草田男）……一二六五
ピストルがプールの（山口誓子）……一二八〇
火の奥に牡丹（加藤楸邨）……一二九三
雹晴れて豁然とある（村上鬼城）……一三〇三
ひらひらと月光（川端茅舎）……一三〇六
吹き起こる秋風（石田波郷）……一三三三
冬菊のまとふは（水原秋桜子）……一三四八
プラタナス夜も（石田波郷）……一三五〇
降る雪や明治は（中村草田男）……一三五七
糸瓜咲いて痰の（正岡子規）……一三七六
水枕ガバリと（西東三鬼）……一四六六
勇気こそ地の塩（中村草田男）……一五四四
流氷や宗谷の（山口誓子）……一六〇一
分け入っても（種田山頭火）……一六四三
をりとりてはらりと（飯田蛇笏）……一六五三

画引き漢字・難読語一覧

一、この一覧は、常用漢字・人名用漢字（いずれも本文に収録）以外で、読み方が難しいと思われる漢字や熟語を選んで、その読みを漢字の画数で引けるようにしたものである。

一、親字は一五六四字、熟語は五七四語を収録した。親字の配列は部首の画数順、熟語の配列は字数の少ないものを優先し、同字数の場合は、二字目の画数順、二字目が同画数の場合は三字目の画数順とした。

一、ここでの画数は、たとえば、艹（くさかんむり）は三画、瓜（うり）は六画などとした。

【二画】

匕　ヒ　さじ
匕首　あいくち

【三画】

孑　ケツ ゲツ　あまり・ひとり
孑孑　ぼうふら・ぼうふり
尸　シ　しかばね

【四画】

仇　キュウ　あだ・かたき
什　ジュウ シュウ
什物　じゅうもつ
什麼　いんも
仆　フ　たおす・たおれる
仄　ソク　ほのか・ほのめかす
仄仄　ほのぼの
夭　ヨウ　わかじに
戈　カ　ほこ
曰　エツ　いう・いわく

【五画】

乍　サ　ながら・たちまち
仞　ジン　ひろ
匝　ソウ
叩　コウ　たたく・ひかえる
叩頭　こうとう
叮　テイ
叺　(国字)かます
弗　フツ　あらず・ず・ドル
弗箱　ドルばこ
朮　ジュツ　おけら
辷　(国字)すべる

【六画】

兇　キョウ
冲　チュウ　むなしい
凩　(国字)こがらし
凪　(国字)なぎ
刎　フン　くびはねる
刎頸　ふんけい
匈　キョウ
卍　マン　まんじ
吃　キツ　どもる
吊　チョウ　つるす・つる
吋　トウ スン　インチ
夙　シュク　つとに・はやい
夙夜　しゅくや
奸　カン　よこしま
屹　キツ　たかい
屹度　きっと
忖　ソン　はかる
忖度　そんたく
戍　ジュ　まもる
戎　ジュウ　えびす
戎克　ジャンク
戌　ジュツ　いぬ
扛　コウ　あげる
扛秤　ちきり
攷　コウ　かんがえる
牝　ヒン　めす
舛　セン　そむく
艮　コン　うしとら
芍　シャク
芍薬　しゃくやく
芒　ボウ　すすき・のぎ

【七画】

佚　テイ テツ
佝　コウ ク　まがる
佝僂病　くるびょう
佗　タ　わび・わびしい
佇　チョ　たたずむ
佞　ネイ　おもねる
吽　ウン ゴウ
吼　コウ ク　ほえる
吶　トツ　どもる
吠　ハイ バイ　ほえる
呆　ホウ ボウ　おろか・あきれる
呆気　あっけ
吝　リン　おしむ・やぶさか
吝い　しわい
吝嗇　りんしょく
吝嗇坊　けちんぼう
呎　(国字)フィート
囮　カ　おとり
址　シ　あと
妓　ギ キ
宍　ニク　しし
尨　ボウ　むく
尨犬　むくいぬ
屁　ヒ　へ
彷　ホウ　さまよう
彷彿　ほうふつ
彷徨う　さまよう
忸　ジク　はじる
忸怩　じくじ
抉　ケツ　えぐる
抒　ジョ　のべる
扮　フン　よそおう
扼　ヤク　おさえる
扼殺　やくさつ
旱　カン　ひでり
杞　キ コ
杞憂　きゆう
杓　シャク　ひしゃく・ひさご
杓文字　しゃもじ
杓子定規　しゃくしじょうぎ
杣　(国字)そま
杣人　そまびと
杢　(国字)もく
沛　ハイ　さかん
沛然　はいぜん
沐　モク　あらう・ゆあみ
沐浴　もくよく
牢　ロウ
狆　チュウ　ちん
狄　テキ　えびす
皁　ソウ　どんぐり
皁莢　さいかち
禿　トク　はげ・かむろ
禿筆　ちびふで・とくひつ
糺　キュウ　ただす
糺弾　きゅうだん
肛　コウ
肓　コウ
肚　ト　はら
苅　ガイ　かる
釆　ハン

【八画】

乖　カイ　そむく
乖離　かいり
佼　コウ
侈　シ　おごる
侏　シュ　みじかい
侏儒　しゅじゅ
侭　ジン　まま
侘　タ　わびる・わびしい・わび
佩　ハイ　おびる・はく
佩刀　はかし・はかせ
凭　ヒョウ　よる・もたれる
刮　カツ　けずる
刮げる　こそげる
刳　コ　えぐる
卦　カ ケ
呵　カ　しかる
呵責　かしゃく
咎　キュウ　とが・とがめる
呟　ゲン　つぶやく
呷　コウ　あおる
咋　サク　かむ
呻　シン　うめく
咀　ソ　かむ
咀嚼　そしゃく
咄　トツ　はなし・はなす
咄嗟　とっさ
咆　ホウ　ほえる
咆哮　ほうこう
囹　レイ　ひとや
囹圄　れいご

坩 カン つぼ
坩堝 るつぼ
坤 コン ひつじさる
姑 コ しゅうとめ
姑娘 クーニャン
姐 ソ・シャ あね
姐御 あねご
妾 ショウ めかけ・わらわ
尪 オウ よわい
尪弱 おうじゃく
岨 ソ けわしい
岨道 そばみち
岱 タイ
帚 ソウ・シュウ ほうき
帙 チツ
帛 ハク きぬ
帛紗 ふくさ
庖 ホウ くりや
庖厨 ほうちゅう
弩 ド いしゆみ
弤 テイ
怯 キョウ おびえる
怩 ジ
忝 テン かたじけない
忿 フン いかる
忿怒 ふんぬ
拈 ネン ひねる
拇 ボ おやゆび
抛 ホウ なげうつ
拗 ヨウ すねる
拗音 ようおん
枉 オウ まがる・まげる
杮 ハイ こけら
杮板 こけらいた
杮落[と]し こけらおとし
枌 フン そぎ
枌板 そぎいた
杳 ヨウ くらい

枡 (国字)ます
歿 ボツ
毟 (国字)むしる
沽 コ うる・かう
沽券 こけん
泄 セツ・エイ もれる・もらす
沮 ソ はばむ
沮喪 そそう
沾 テン うるおう・うるおす
泪 ルイ なみだ
炙 シャ あぶる
炒 ソウ・ショウ いる・いためる
炒飯 チャーハン
炒り粉 いりこ
狎 コウ なれる
狗 コウ・ク いぬ
狗尾草 えのころぐさ
狛 ハク こま
狛犬 こまいぬ
狒 ヒ さる
狒狒 ひひ
瓩 (国字)キログラム
疚 キュウ やましい
盂 ウ
盂蘭盆 うらぼん
祀 シ まつる
竏 (国字)キロリットル
肱 コウ ひじ
苫 セン とま
苫舟 とまぶね
苧 チョ からむし・お
苧麻 からむし
苧環 おだまき
范 ハン
苞 ホウ つと
苓 レイ・リョウ
虱 シツ しらみ
軋 アツ きしむ・きしる

軋轢 あつれき
邯 カン
邯鄲 かんたん

【九画】

俟 シ まつ
俏 ショウ にる・やつす
俎 ソ まないた
俘 フ とりこ
俘虜 ふりょ
俚 リ
俤 (国字)おもかげ
冑 チュウ かぶと
剃 テイ そる
剃刀 かみそり
剃髪 ていはつ
剌 ラツ
匍 ホ はう
匍匐 ほふく
厖 ボウ
叛 ハン・ホン そむく
咳 ガイ せき
咳唾 がいだ
咬 コウ かむ
哄 コウ
咨 シ
咫 シ わずか
咫尺 しせき
垢 コウ あか
垢衣 こうい
垢離 こり
奕 エキ
姨 イ おば
姨捨 おばすて
姦 カン みだら・かしましい
姸 ケン うつくしい
屍 シ しかばね
屎 シ くそ

峙 ジ そばだつ
庠 ショウ
廼 ダイ・ナイ すなわち・の
恪 カク つつしむ
恪勤 かっきん
恍 コウ
恍惚 こうこつ
恃 ジ たのむ
恤 ジュツ うれえる・あわれむ
怱 ソウ
恬 テン やすらか
恬淡 てんたん
恫 ドウ・トウ いたむ・おどす
恫喝 どうかつ
拽 エイ ひく
拮 キツ
拮抗 きっこう
拱 キョウ こまぬく・こまねく
拱手 きょうしゅ
拵 ソン こしらえる
挘 (国字)むしる
昵 ジツ・デイ ちかづく
昵懇 じっこん
枷 カ かせ
枳 キ からたち
枳殻 からたち・きこく
柩 キュウ ひつぎ
枸 ク
枸杞 くこ
柁 タ かじ
栂 (国字)とが・つが
歪 ワイ ゆがむ・ひずみ・いびつ
洟 イ はなしる
洟垂れ はなたれ
洩 エイ・セツ もれる
洽 コウ あまねし
洒 シャ・サイ そそぐ・あらう
洒落 しゃれ

洒落臭い しゃらくさい
洌 レツ きよい
炬 キョ ともしび
炯
炯眼
炸 サク
爰 エン ここに
牴 テイ ふれる
牴牾く もどく
狢 カク むじな
狐 コ きつね
狐臭 わきが
狡 コウ ずるい
狡い こすい
狡っ辛い こすっからい
玻 ハ
玻璃 はり
瓱 (国字)ミリグラム
疥 カイ
疥癬 かいせん
疣 ユウ いぼ
癸 キ みずのと
盈 エイ みちる
眄 ベン・メン
矜 キン・キョウ ほこる
矜持 きょうじ・きんじ
砌 セイ・サイ みぎり
砒 ヒ・ヘイ
砒素 ひそ
祅 ヨウ わざわい
祅変 ようへん
禹 ウ
秕 ヒ しいな
穽 セイ おとしあな
竽 ウ ふえ
竽瑟 うしつ
粁 (国字)キロメートル

粂 (国字)くめ
紆 ウ
紆余曲折 うよきょくせつ
紇 コツ
紂 チュウ
ョ かく
荊 ケ
荊棘 けい
茱 シュ
茱萸 ぐみ
茹 ジョ・ニョ ゆでる
荏 ジン・ニン え
茫 ボウ
茗 メイ・ミョウ
茗荷 みょうが
虻 ボウ あぶ
衍 エン
衵 ジツ あこめ
衽 ジン・ニン えり・おくみ
袂 ベイ たもと
迢 チョウ はるか
酋 シュウ おさ
閂 サン・セン かんぬき
陋 ロウ せまい・いやしい
韋 イ なめしがわ
韋駄天 いだてん

【十画】

倚 キ・イ よる
倚子 いし・いす
倨 キョ・コ おごる
倨傲 きょごう
倪 ゲイ・ガイ きわ
倥 コウ

倥 倥偬 こうそう
倅 サイ ソツ せがれ
俾 ヒ ヘイ しむ
俯 フ ふせる・うつむく
俯瞰 ふかん
倆 リョウ
冤 エン
冤罪 えんざい
凋 チョウ しぼむ
剔 テキ えぐる
剔抉 てっけつ
匪 ヒ あらず
匪賊 ひぞく
哮 コウ ほえる
哭 コク なく
埃 アイ ほこり
埒 ラチ
娥 ガ
娟 ケン
娑 シャ サ
娑婆 しゃば
娜 ダ ナ
娉 ヘイ
宦 カン つかえる
宦官 かんがん
宸 シン
恚 イ いかる
悍 カン
悛 シュン あらためる
悚 ショウ おそれる
悄 ショウ うれえる
悄気る しょげる
悄悄 すごすご
悖 ハイ もとる
恙 ヨウ つつが
恙虫 つつがむし
悋 リン やぶさか
悋嗇 りんしょく

捐 エン すてる
拿 ダ ナ とらえる
拿捕 だほ
捏 ネツ デツ こねる・つくねる
捌 ハチ ハツ さばく
旁 ボウ つくり・かたわら
旁若無人 ぼうじゃくぶじん
晁 チョウ
桓 カン
框 キョウ かまち
栲 コウ たえ
桎 シツ あしかせ
桎梏 しっこく
栴 セン
栴檀 せんだん
梳 ソ くしけずる
栢 ハク かしわ
桝 (国字)ます
殷 イン
浣 カン あらう
涓 ケン
涘 シ
浚 シュン さらう
浚渫 しゅんせつ
涎 セン ゼン よだれ
涕 テイ なみだ
涕泣 ていきゅう
涅 ネチ・ネ デツ
涅槃 ねはん
涌 ユウ ヨウ わく
烟 エン けむり
狷 ケン
狷介 けんかい
狽 バイ ハイ
狸 リ たぬき
珪 ケイ
疵 シ きず
疹 シン

疸 タン
疼 トウ うずく
疱 ホウ もがさ
疱瘡 ほうそう
盍 コウ なんぞ
眩 ゲン くらむ・まぶしい
眩暈 めまい
祠 シ まつる・ほこら
祗 シ
祟 スイ たたる
祚 ソ
祓 フツ はらい・はらう
秣 マツ まぐさ
窈 ヨウ ふかい・くらい
窈窕 ようちょう
笏 コツ しゃく
笊 ソウ ざる
笊籬 いかき
粍 (国字)ミリメートル
罠 ビン ミン わな
耆 シキ おいる
耆老 きろう
耄 モウ ボウ おいぼれ
耄碌 もうろく
耘 ウン くさぎる
耿 コウ あきらか
耿介 こうかい
脆 ゼイ セイ もろい
脆弱 ぜいじゃく
舐 シ なめる・ねぶる
舫 ホウ もやう・もやいぶね
蚋 ゼイ ぶよ
蚤 ソウ のみ
蚤虱 そうしつ
訖 キツ
豺 サイ やまいぬ
豺狼 さいろう
莚 エン むしろ

萏 ガン つぼみ
莢 キョウ さや
莫 ゴ
莫蓙 ござ
荼 タ ト にがな
荼毘 だび
荼毗 だび
荳 トウ まめ
莨 ロウ たばこ
虔 ケン つつしむ
衾 キン ふすま
衾褥 きんじょく
袒 タン はだぬぐ
袢 ハン バン はだぎ
袢纏 はんてん
袍 ホウ わたいれ
豇 コウ
豇豆 ささげ
躬 キュウ み
逅 コウ あう
陟 チョク のぼる

〔十一画〕

偓 アク
偓促 あくせく
偃 エン ふせる
偕 カイ ともに
偕老同穴 かいろうどうけつ
偈 ゲ
偈頌 げじゅ
偸 チュウ トウ ぬすむ
偸盗 ちゅうとう
剪 セン きる
勒 ロク おもがい・くつわ
匙 シ さじ
厠 シ かわや
啞 ア おし
啜 セツ テツ すする

啖 タン くらう
啖呵 たんか
唸 テン うなる
堊 アク しろつち
埿 デイ どろ
埠 フ
埠頭 ふとう
壺 コ つぼ
婀 ア
婀娜 あだ
婬 イン
婉 エン
娶 シュ めとる
娼 ショウ
婢 ヒ はしため
婪 ラン むさぼる
婁 ロウ ル
孰 ジュク いずれ・たれ
寇 コウ あだ
屛 ヘイ ビョウ おおう・しりぞく
屛風 びょうぶ
崔 サイ
帷 イ とばり
帷子 かたびら
帷幄 いあく
徘 ハイ さまよう
徘徊 はいかい
悸 キ おののく
悴 スイ やつれる・せがれ
悽 セイ いたむ
悽惨 せいさん
悵 チョウ いたむ
扈 コ したがう
扈従 こ…
摑 カク つかむ
掟 テイ ジョウ おきて

掉 トウ チョウ ふるう
掉尾 とうび・ちょうび
掏 トウ する
掏児 すり
掏摸 すり
捩 レイ ねじる・もじる
捩子 ねじ
捩摺り もじずり
敖 ゴウ おごる・あそぶ
斛 コク ます
曼 マン ひく
曼陀羅 まんだら
曼荼羅 まんだら
桿 カン てこ
梟 キョウ ふくろう
梟雄 きょうゆう
梏 コク てかせ
梱 コン しきみ・こり
梭 サ ひ
梭魚 かます
梔 シ くちなし
梔子 くちなし
梲 セツ タツ うだち・うだつ
梃 テイ チョウ てこ
梃子 てこ
桴 フ いかだ・ばち
梵 ボン
梵唄 ぼんばい
梵論 ぼろ
梵論字 …
涸
涸渇 こかつ
淆 コウ まじる
淒 セイ サイ さむい・すごい
淘 トウ よなげる

淘汰 とうた
淪 リン しずむ
淮 ワイ エ
淮南子 えなんじ
焉 エン いずくんぞ
烹 ホウ にる
烽 ホウ のろし
烽火 のろし
猊 ゲイ しし
猜 サイ そねむ
猜疑心 さいぎしん
猖 ショウ
猖獗 しょうけつ
琅 ロウ
甜 テン あまい・うまい
甜瓜 まくわうり
甜菜 てんさい
畦 ケイ あぜ・うね
痍 イ きず
痔 ジ
痒 ヨウ かゆい
盒 ゴウ ふたもの
竟 キョウ おわる・ついに
笳 カ あしぶえ
笥 シ ス はこ・け
笞 チ むち
粔 キョ
粔籹 おこし
粕 ハク かす
紲 セツ きずな
聊 リョウ いささか
脛 ケイ すね・はぎ
脛巾 はばき
舂 ショウ うすづく
舸 カ ふね
舳 ジク とも・へ・へさき
菎 コン
菎蒻 こんにゃく

萃 スイ あつまる
菟 ト
菠 ハ
菠薐草 ほうれんそう
菲 ヒ うすい
萍 ヘイ ヒョウ うきくさ
蚯 キュウ
蚯蚓 みみず
蛆 ソ ショ うじ
蛋 タン
蛋白 たんぱく
蚰 ユウ
蚰蜒 げじげじ
蛎 レイ かき
衒 ゲン てらう
袿 ケイ うちかけ・うちき
袷 コウ あわせ
袱 フク
袱紗 ふくさ
裃 (国字)かみしも
裄 (国字)ゆき
訛 カ ガ あやまる・なまり
訛声 だみごえ
訝 ガ ゲ いぶかる
訥 トツ どもる
谺 カ こだま
貶 ヘン おとす・けなす
趾 シ あし
趺 フ
軛 ヤク くびき
逡 シュン しりぞく
逡巡 しゅんじゅん
逍 ショウ さまよう
逍遥 しょうよう
釦 コウ ボタン

【十二画】

傀 カイ
傀儡 かいらい・くぐつ
傚 コウ ならう
舒 ジョ のべる
傅 フ つきそう
傅育 ふいく
厥 ケツ その
喙 カイ くちばし
喀 カク はく
喊 カン さけぶ
啻 シ ただ
喘 ゼン あえぐ
喘息 ぜんそく
喞 ソク ショク かこつ
喞筒 ポンプ
啼 テイ なく
喃 ナン のう
喃喃 なんなん
喇 ラツ ラ
喇叭 らっぱ
喨 リョウ
堙 イン ふさぐ
堙滅 いんめつ
堡 ホウ ホ とりで
奢 シャ おごる
奠 テン おく・さだめる
奠都 てんと
媚 ビ こびる
寔 ショク まことに
寐 ビ ねる
屠 ト ほふる
嵌 カン はめる
幄 アク
幇 ホウ
幇間 ほうかん
廁 シ かわや
廂 ショウ ソウ ひさし
廂間 ひあわい
弑 シ しいす
弑逆 しいぎゃく
弼 ヒツ たすける・すけ
徨 コウ ひろがる
徧 ヘン あまねし
愕 ガク おどろく
惶 コウ おそれる
惻 ソク ショク いたむ
惻隠 そくいん
悶 モン もだえる
揆 キ はかる
揣 シ スイ はかる
揣摩臆測 しまおくそく
揉 ジュウ もむ・もめる
掣 セイ ひく
掣肘 せいちゅう
揶 ヤ
揶揄 やゆ
揖 ユウ シュウ
斌 ヒン
晳 セキ あきらか
晰 セキ
朞 キ
棊子麺 きしめん
棘 キョク いばら・とげ
棍 コン
棕 シュ ソウ
棕梠 しゅろ
棕櫚 しゅろ
椒 ショウ
棰 スイ たるき
棗 ソウ なつめ
棗椰子 なつめやし
棠 トウ
棹 トウ タク さお
棉 メン わた
椚 (国字)くぬぎ
椙 (国字)すぎ
毳 ゼイ けば・むくげ

湮 イン エン しずむ
渙 カン あきらか
渠 キョ みぞ・かれ
渣 サ おり
渣滓 さし
渫 セツ さらう
湍 タン はやせ・はやい
渟 テイ とどまる
湃 ハイ
渺 ビョウ はるか
渤 ボツ
游 ユウ リュウ およぐ・あそぶ
焙 ホウ ハイ あぶる
焙烙 ほうろく
牌 ハイ
犇 ホン はしる・ひしめく
犂 レイ リ すき
猩 ショウ セイ
猩紅熱 しょうこうねつ
猥 ワイ みだら・みだりに
琲 ハイ ヒ
琺 ホウ
琺瑯 ほうろう
甦 ソ よみがえる
痙 ケイ ひきつる
痙攣 けいれん
痤 ザ はれもの
痣 シ あざ
硲 (国字)はざま
稈 カン わら
稍 ショウ やや
窘 キン たしなめる・くるしむ
竦 ショウ つつしむ・おそれる
筐 キョウ かたみ・かご
筐筥 きょうきょ
筓 ケイ こうがい
筍 ジュン たけのこ
筌 セン うえ

筅 セン ささら
筏 バツ いかだ
絨 ジュウ
絨毯 じゅうたん
絨緞 じゅうたん
絮 ジョ わた
絮説 じょせつ
絣 ホウ かすり
翕 キュウ あう・あつめる
腋 エキ わき
腋臭 わきが
脾 ヒ
腑 フ はらわた
腑甲斐無い ふがいない
胼 ヘン
胼胝 たこ・へんち・べんち
葭 カ あし
葭簀 よしず
萼 ガク うてな
韮 キュウ にら
葷 クン
葷酒 くんしゅ
菰 コ まこも
葱 ソウ ねぎ
葱鮪 ねぎま
葱花輦 そうかれん
葯 ヤク
葎 リツ むぐら
蛙 ワ ア かえる
蛙声 あせい
蛔 カイ
蛞 カツ
蛞蝓 なめくじ
蛤 コウ はまぐり
蛭 シツ ひる
蛛 シュ
蛯 (国字)えび
覗 シ のぞく・うかがう

覘 テン うかがう・のぞく
覘き機関 のぞきからくり
詆 テイ ふれる
詒 イ おくる
詁 コ よむ
詈 リ ののしる
貂 チョウ てん
赧 タン あからめる
跎 タ
跌 テツ つまずく
跋 バツ ハツ ふむ
軻 カ
辜 コ つみ
酣 カン たけなわ
迸 ヘイ ほとばしる
鈞 キン ひとしい
隋 ズイ
靫 サイ サ ゆぎ・うつぼ
靫葛 うつぼかずら
靫蔓 うつぼかずら
靭 ジン ゆぎ・うつぼ
颪 (国字)おろし
馭 ギョ
黍 ショ きび
黍団子 きびだんご
黍魚子 きびなご

【十三画】

傴 ウ かがむ
傴僂 せむし
剽 ヒョウ かすめる
嗚 オ
嗚呼 ああ
嗚咽 おえつ
嗟 サ ああ・なげく
嗄 サ かれる・しわがれる
嗜 シ たしなむ
嗤 シ わらう

嗇 ショク おしむ
嗔 シン いかる
塒 ジ ねぐら
塘 トウ つつみ
媼 オウ おうな
媾 コウ まじわる
媾曳 あいびき
嫋 ジョウ たおやか
嫂 ソウ あによめ
廈 カ いえ
廈門 アモイ
愾 ガイ
愧 キ はじる
愆 ケン あやまる
愴 ソウ いたむ
愍 ビン ミン あわれむ
愈 ユ いよいよ
搦 ジャク ダク からめる
搦手 からめて
搔 ソウ かく
搔爬 そうは
搔い潜る かいくぐる
搗 トウ つく
搗栗 かちぐり
搏 ハク うつ
摸 モ ボ さぐる
搤 ヤク アク おさえる
斟 シン くむ
斟酌 しんしゃく
楫 シュウ かじ
楫取 かんどり
楔 セツ くさび
椴 ダン タン
楮 チョ こうぞ
楮幣 ちょへい
椽 テン たるき
楳 バイ うめ
楡 ユ にれ

殛 キョク ころす
滓 シ かす
溯 ソ さかのぼる
溲 ソウ シュウ ゆばり
溲瓶 しびん・しゅびん
滄 ソウ
滔 トウ みなぎる
溟 メイ くらい
溟濛 めいもう
煇 キ ひかる・かがやく
煖 ダン あたたか
煖炉 だんろ
爺 ヤ じじ・ちち
猾 カツ わるがしこい
猷 ユウ はかりごと
瑕 カ きず
瑕疵 かし
瑕瑾 かきん
瑟 シツ
瑙 ノウ
畷 テツ なわて
痾 ア やまい
痼 コ
痼疾 こしつ
瘁 スイ つかれる・やむ
痰 タン
痺 ヒ しびれる
痳 リン
盞 サン セン さかずき
睨 ゲイ にらむ
睫 ショウ まつげ
睫毛 まつげ
睛 セイ ひとみ
睥 ヘイ にらむ
睥睨 へいげい
矮 ワイ アイ ひくい
矮鶏 ちゃぼ
碍 ガイ ゲ さまたげる

碍子 がいし
碕 キ みさき
碇 テイ いかり
硼 ホウ
硼酸 ほうさん
碌 ロク
碌青 ろくしょう
稠 チュウ おおい
稠密 ちゅうみつ
稗 ハイ ひえ
筵 エン むしろ
筥 キョ はこ
筥迫 はこせこ
筥狭子 はこせこ
筧 ケン かけひ
筬 セイ おさ
筮 ゼイ めどぎ
筮竹 ぜいちく
粳 コウ うるち
粮 リョウ ロウ かて
糀 (国字)こうじ
絛 ジョウ トウ さなだ
絛虫 さなだむし
綏 スイ やすい
絽 ロ
綛 (国字)かせ・かすり
罫 ケイ
聘 ヘイ めす
肆 シ ほしいまま・みせ
腭 ガク はぐき
腭門 あぎと
腱 ケン すじ
腥 セイ なまぐさい
舅 キュウ しゅうと
艀 フ はしけ
蒟 コン ク
蒟蒻 こんにゃく
蒜 サン ひる

蒻 ジャク ニャク
蓐 ジョク しとね
蓐瘡 じょくそう
蓆 セキ むしろ
蒡 ボウ ホウ
蛾 ガ
蛾眉 がび
蜆 ケン しじみ
蛸 ショウ たこ
蜀 ショク
蜀黍 もろこし
蜃 シン ジン
蜃気楼 しんきろう
蜑 タン あま
蜉 フ
蜉蝣 かげろう
蛹 ヨウ さなぎ
衙 ガ
裔 エイ すえ
裘 キュウ かわごろも
裲 リョウ うちかけ
裲襠 うちかけ
褄 (国字)つま
詭 キ いつわる
詭弁 きべん
誅 チュウ
誂 チョウ あつらえる
貉 カク むじな
賈 コ カ うる・かう
跪 キ ひざまずく
跣 セン はだし
躱 タ かわす
軾 ショク しきみ
辟 ヘキ
辟易 へきえき
逼 ヒツ せまる
逼塞 ひっそく
酩 メイ

鉞 エツ まさかり
鈷 コ
鉤 コウ ク かぎ
鉤状 かぎなり
鉤針 かぎばり
鉤素 はりす
鉈 シャ タ なた
鉈豆 なたまめ
鉦 ショウ かね
鉦叩き かねたたき
鈿 デン かんざし
鉋 ホウ かんな
隘 アイ ヤク せまい
隕 イン おちる
隗 ガイ カイ
雉 チ きじ
雉子 きぎす・きじ
雹 ハク バク ひょう
髢 テイ かもじ
鳰 (国字)にお
鼠 ソ ねずみ

【十四画】

僑 キョウ
僥 ギョウ もとめる
僥倖 ぎょうこう
僭 セン おごる
僭越 せんえつ
僮 ドウ わらべ
兢 キョウ
劃 カク かぎる
厭 エン ヨウ あきる・いとう・いや
厭離 えんり・おんり
嘔 オウ はく・うたう
嗾 ソウ そそのかす
嗽 ソウ ソク うがい・くちすすぐ
塹 ザン ほり
塹壕 ざんごう

墅 ショ
塵 ジン ちり
塵芥 じんかい・ちりあくた
塵劫 じんこう
夥 カ おびただしい
嫗 ウ オウ おうな
嫩 ドン わかい
嫩葉 どんよう
嫖 ヒョウ かるい
嫚 マン あなどる
孵 フ かえる・かえす
寤 ゴ さめる
寤寐 ごび
寥 リョウ さびしい
屢 ル しばしば
屢述 るじゅつ
嶄 ザン
廓 カク くるわ
慇 イン いたむ
慇懃 いんぎん
慷 コウ なげく
慷慨 こうがい
慚 ザン はじる
慚愧 ざんき
愬 ソ うったえる
慥 ゾウ ソウ たしか
慟 ドウ なげきかなしむ
慟哭 どうこく
慵 ヨウ ものうい
截 セツ たつ・きる
摧 サイ くだく・くじく
敲 コウ たたく
暝 メイ ミョウ くらい
槓 コウ てこ
榾 コツ ほた
寨 サイ とりで
榧 ヒ かや
榜 ボウ ふだ・かじ

榕 ヨウ
榕樹 ガジュマル
榔 ロウ
漑 ガイ そそぐ
滸 コ ほとり
滾 コン
滾滾 こんこん
滌 ジョウ デキ すすぐ・あらう
滲 シン しみる
漲 チョウ みなぎる
漉 ロク こす・すく
煽 セン あおる・おだてる
熄 ソク やむ
熔 ヨウ とける・とかす
犒 コウ ねぎらう
瑣 サ
瑪 メ
瑪瑙 めのう
瘧 ギャク おこり
睿 エイ さとい
睾 コウ
禊 ケイ みそぎ
窩 カ あな
窩主買い けいずかい
竭 ケツ つくす・つきる
箝 カン はさむ
箝口 かんこう
箍 コ たが
箚 サツ トウ
箏 ソウ こと
箒 ソウ ほうき
箙 フク えびら
箆 ヘイ へら
粽 ソウ ちまき
綽 シャク ゆるやか
綽名 あだな
綬 ジュ ひも
綢 チュウ まとう

綯 トウ なう
絣 ホウ かすり
綰 ワン たがねる・わがねる
翡 ヒ
翡翠 かわせみ
聚 シュウ シュ・ジュ あつまる・あつめる
聟 セイ むこ
膃 オツ
膃肭臍 おっとせい
膈 カク
腿 タイ もも
膀 ボウ
膀胱 ぼうこう
蔚 ウツ イ
蓴 ジュン シュン ぬなわ
蓴菜 じゅんさい
蔗 ショ シャ
蔬 ソ
蔬食 そし
蔟 ゾク ソウ まぶし
蔕 タイ へた
蔀 ホウ ブ しとみ
蓼 リョウ たで
蜿 エン
蜿蜒 えんえん
蜷 ケン にな
蜷局 とぐろ
蜻 セイ
蜻蛉 とんぼ
蜻蜓 とんぼ
蜥 セキ
蜥蜴 とかげ
蜘 チ
蜘蛛 くも
蜩 チョウ ひぐらし・せみ
蜚 ヒ
蜚蠊 ごきぶり
褌 コン ふんどし

裱 ホ ホウ むつき
誡 カイ いましめる
誨 カイ おしえる
誑 キョウ いつわる
誦 ショウ ジュ となえる
誣 フ ブ しいる
誣告 ぶこく
赫 カク あかい・かがやく
跼 キョク せぐくまる
跼蹐 きょくせき
輒 チョウ すなわち
輓 バン ひく
鄙 ヒ ひな・いやしい
銜 カン くつわ・ふくむ
銓 セン はかり・はかる
銓衡 せんこう
銛 セン すき・もり
鉾 ボウ ほこ
銚 ヨウ チョウ
銚釐 ちろり
閨 ケイ ねや
鞅 オウ むながい
鞆 (国字)とも
颱 タイ
颱風 たいふう
飴 イ あめ
駁 ハク バク
骰 トウ さい
骰子 さいころ
髯 ゼン ひげ
髣 ホウ あたかも
髣髴 ほうふつ

【十五画】

儂 ドウ ノウ わし
僻 ヘキ かたよる・ひがむ
僻目 ひがめ
僻事 ひがごと

儚 ボウ はかない
冪 ベキ
噎 イツ むせぶ・むせる
嘘 キョ うそ
嘴 シ くちばし
噍 ショウ かむ
嘶 セイ いななく
嘸 ブ さぞ
墟 キョ あと
嬌 キョウ
幟 シ のぼり
幢 トウ はた
廠 ショウ
廠舎 しょうしゃ
慳 ケン おしむ
慳貪 けんどん
慫 ショウ うながす
慫慂 しょうよう
憔 ショウ やつれる
憔悴 しょうすい
憚 タン はばかる
憫 ビン あわれむ・うれえる
慾 ヨク
戮 リク ころす
摯 シ にえ
撓 ドウ たわむ
撚 ネン ひねる・よる
撥 ハツ バチ はねる・おさめる
撥条 ばね・ぜんまい
槶 カイ くぬぎ
槿 キン むくげ
槲 コク かしわ
樅 ショウ もみ
樗 チョ おうち
樒 ミツ しきみ
樏 ルイ かんじき
澗 カン たに
潭 タン ふち

潑 ハツ
潑剌 はつらつ
澎 ホウ
澎湃 ほうはい
潦 ロウ にわたずみ
熨 イ ウツ のす・ひのし
熨斗 のし
熬 ゴウ いる
熬り子 いりこ
瑩 エイ あきらか
瑾 キン
璋 ショウ
甍 ボウ いらか
瘠 セキ やせる
瘠瘦 せきそう
瘡 ソウ かさ
瘤 リュウ こぶ
皚 ガイ しろい
皺 スウ シュウ しわ
瞋 シン いかる・いからす
瞋恚 しんい
瞑 メイ
磔 タク はりつけ
磅 ホウ ポンド
碼 マ ヤード・ヤール
磊 ライ
磊落 らいらく
稷 ショク きび
篋 キョウ はこ
箶 コ
篁 コウ たかむら
箴 シン はり
箭 セン や
篆 テン
篆刻 てんこく
糅 ジュウ まじる・かて
糅飯 かてめし
糎 (国字)センチメートル

緘 カン とじる
緝 シュウ つむぐ・あつめる
緞 タン ダン
緞子 どんす
緞帳 どんちょう
緲 ビョウ かすか
緬 メン
緬羊 めんよう
緬甸 ビルマ
縅 (国字)おどし
翫 ガン もてあそぶ
膠 コウ にかわ
膣 チツ
蕁 ジン
蕁麻 いらくさ
蕁麻疹 じんましん
蕊 ズイ しべ
蕩 トウ うごく
蝸 カ かたつむり
蝸牛 かたつむり・でんでんむし
蝌 カ
蝌蚪 かと
蝗 コウ いなご
蝗虫 ばった
蝨 シツ しらみ
蝕 ショク むしばむ
蝮 フク まむし
蝙 ヘン
蝙蝠 こうもり
蝲 ラツ ラチ
蝲蛄 ざりがに
褥 ジョク しとね
褪 タイ あせる
諚 (国字)ジョウ
諍 ソウ ショウ いさかい・あらそう
諂 テン へつらう
諂曲 てんごく
誹 ヒ そしる
誹謗 ひぼう
賤 セン いやしい・しず
賤稲 しとで
賤機 しずはた
踝 カ くるぶし
踞 キョ うずくまる
輜 シ にぐるま
輟 テツ やめる
輛 リョウ
輦 レン
醋 サク むくいる・す
醋酸 さくさん
鋏 キョウ はさみ
銹 シュウ さび
鋤 ジョ すき・すく
銷 ショウ けす・とかす
鋲 (国字)ビョウ
鋪 ホ しく
閭 リョ ロ さと
閭巷 りょこう
霄 ショウ そら
鞋 アイ カイ わらじ
鞏 キョウ
鞐 (国字)こはぜ
頤 イ おとがい・あご
頤使 いし
餃 コウ
餃子 ギョーザ
餉 ショウ かれいい
駟 シ
駘 タイ
駘蕩 たいとう
髯 ゼン ひげ
髴 フツ
魄 ハク タク たましい
魃 バツ ひでり
魴 ホウ
魴鮄 ほうぼう
鴉 ア からす
鴉片 あへん
鴇 ホウ とき・のがん
麩 フ ふすま
麪 メン

〔十六画〕

儘 ジン まま
噯 アイ おくび
噯気 おくび
噫 アイ ああ
噫乎 ああ
噤 キン つぐむ
嚆 コウ さけぶ
嚆矢 こうし
嘯 ショウ うそぶく
噬 ゼイ かむ
噪 ソウ さわぐ
噸 (国字)トン
噺 (国字)はなし
墺 オウ
彊 キョウ つよい・つとめる
懊 オウ なやむ
懊悩 おうのう
懈 カイ おこたる
懈怠 けたい
憊 ハイ つかれる
憑 ヒョウ つく・よる
撼 カン うごかす
擒 キン とらえる・とりこ
擅 セン ほしいまま
撻 タツ むちうつ
擂 ライ する
擂り粉木 すりこぎ
橄 カン
橄欖 かんらん
樵 ショウ きこり
橡 ショウ くぬぎ・とち
橇 ゼイ キョウ そり
橈 ドウ ジョウ たわむ
殪 エイ たおす・たおれる
澱 デン おり・よどむ
澱粉 でんぷん
濛 モウ ボウ
濛濛 もうもう
熾 シ さかん
熾烈 しれつ
燔 ハン ボン やく
燗 ラン かん
燐 リン
燐寸 マッチ
獪 カイ わるがしこい
甌 オウ かめ
盥 カン たらい
盥漱 かんそう
盧 ロ
盧遮那仏 るしゃなぶつ
瞠 トウ ドウ みはる
瞠若 どうじゃく
瞞 マン だます
磧 セキ かわら
禦 ギョ ふせぐ
穎 エイ
穎割れ かいわれ
穆 ボク
窶 ク ロウ やつれる
篝 コウ かがり
篝火 かがりび
簒 サン うばう
簒奪 さんだつ
篩 シ ふるい
篦 ヘイ へら・の
篦棒 べらぼう
縊 イ エイ くびる
縕 ウン オン
縕袍 どてら
縒 シ よる
縋 ツイ すがる
罹 リ かかる
翰 カン ふみ
艘 ソウ
艙 ソウ
艙口 そうこう・にごりぐち
薑 キョウ コウ はじかみ
薊 ケイ あざみ
薨 コウ みまかる
蕺 シュウ
蕺草 どくだみ
蕭 ショウ よもぎ
薔 ショウ ソウ
薔薇 しょうび・そうび・ばら
薇 ビ ぜんまい
臈 ロウ
臈纈 ろうけつ
蟇 バ マ
蟇蛙 ひきがえる
螟 メイ
螟虫 ずいむし
蟒 モウ ボウ うわばみ
蟒蛇 うわばみ
襁 キョウ むつき
襁褓 おしめ・むつき
褶 シュウ チョウ ひだ
褸 ロウ ル つづれ・ぼろ
諤 ガク
諤諤 がくがく
諫 カン いさめる
諱 キ いみな・いむ
謔 ギャク たわむれる
謚 シ おくりな
諜 チョウ
諷 フウ そらんじる
諛 ユ へつらう
豎 ジュ たてる・たて
赭 シャ あかつち・あか
赭ら顔 あからがお
蹂 ジュウ ふむ
蹂躙 じゅうりん
踵 ショウ かかと・くびす
躾 (国字)しつけ
輳 ソウ あつまる
輻 フク や
輻湊 ふくそう
輻輳 ふくそう
辨 ベン わきまえる
邁 マイ バイ ゆく
錣 テツ しころ
錨 ビョウ いかり
錻 (国字)ブ
錻力 ブリキ
閼 ア・アツ ヨ・エン ふさぐ
閼伽 あか
閾 イキ キョク しきい・しきみ
閻 エン
閻魔 えんま
閻浮提 えんぶだい
隧 スイ ズイ みち
隧道 すいどう・ずいどう
雕 チョウ わし
霙 エイ みぞれ
霍 カク にわか
霍乱 かくらん
霑 テン うるおう
霏 ヒ
霖 リン
頷 ガン あご・うなずく
頸 ケイ くび
頽 タイ くずれる
餐 サン ソン
餒 ダイ うえる
駭 ガイ カイ おどろく
駱 ラク

駱駝 らくだ
骼 カク ほね
髷 キョク まげ
髻 ケイ キツ もとどり・たぶさ
髻華 うず
鬚 シ ひげ
鬨 コウ とき
鮓 サ すし
鮃 ヒョウ ヘイ ひらめ
鮒 フ ふな
鮑 ホウ あわび
鴛 エン オン
鴛鴦 えんおう・おしどり・おし
鴦 オウ
鴟 シ
鴫 (国字)しぎ
麩 フ ふすま
黔 ケン キン くろい

【十七画】

儡 ライ
嚔 テイ くさめ・くしゃみ
嚊 ヒ かかあ
嬰 エイ
嬬 ジュ つま
嬲 ジョウ なぶる
嬥 チョウ
嬥歌 かがい
嬶 (国字)かかあ
懦 ダ よわい
擱 カク おく
擡 タイ もたげる
斂 レン おさめる
朦 モウ ボウ くらい
朦朦 もうもう
朦朧 もうろう
橿 キョウ かし
檄 ゲキ ふれぶみ

檣 ショウ ほばしら
氈 セン
濠 ゴウ ほり
濤 トウ なみ
濘 ネイ デイ ぬかるみ
燠 イク オウ おき
燠火 おきび
燧 スイ ひうち
燧石 ひうちいし
牆 ショウ かき
牆壁 しょうへき
獰 ドウ
獰猛 どうもう
甑 ソウ ショウ こしき
癇 カン
癇癪 かんしゃく
癌 ガン
癈 ハイ すたれる
癈疾 はいしつ
瞰 カン みる
簀 サク す
簀の子 すのこ
簎 サク やす
篳 ヒツ ヒチ まがき
篳篥 ひちりき
簗 (国字)やな
糠 コウ ぬか
糠味噌 ぬかみそ
糝 サン シン こながき
糝粉 しんこ
糟 ソウ かす
糟糠 そうこう
糜 ビ ミ かゆ
糜粥 びじゅく
糜爛 びらん
糞 フン くそ
繆 ビュウ ボク まとう・あやまる
縹 ヒョウ はなだ

縹渺 ひょうびょう
繃 ホウ
繃帯 ほうたい
縵 マン バン
縺 レン もつれる
罅 カ ひび
翳 エイ かげ・かざす
聳 ショウ そびえる
聯 レン つらなる・つらねる
膾 カイ なます
膾炙 かいしゃ
臀 デン しり
膿 ノウ ドウ うみ
臂 ヒ ひじ
膺 ヨウ オウ むね・あたる
膺懲 ようちょう
艱 カン なやむ
艱難 かんなん
藉 シャ セキ しく・かりる
藉口 しゃこう
薯 ショ いも
薯蕷 とろろ・やまのいも
薺 セイ なずな
薹 タイ とう
蟋 シツ
蟋蟀 こおろぎ
螽 シュウ いなご
螽蟖 きりぎりす
蟄 チツ かくれる
蟄居 ちっきょ
螻 ロウ ル
螻蛄 けら
襄 ジョウ はらう
褻 セツ け・けがれる・なれる
謐 ヒツ しずか
謨 ボ モ はかりごと
謗 ボウ そしる
豁 カツ ひろい

谿 ケイ たに
貘 バク
賽 サイ
賽子 さいころ
趨 スウ おもむく・はしる
趨勢 すうせい
蹊 ケイ こみち
蹉 サ つまずく
蹉跌 さてつ
蹌 ショウ ソウ うごく
蹌踉めく よろめく
蹈 トウ ふむ
蹈鞴 たたら
轅 エン ながえ
邂 カイ あう
邂逅 かいこう
遽 キョ にわか・にわかに
邀 ヨウ むかえる
邀撃 ようげき
醞 ウン かもす
醞醸 うんじょう
鍔 ガク つば
鍾 ショウ シュ あつめる
鍾馗 しょうき
鍼 シン はり・さす
鍼灸 しんきゅう
鍮 チュウ
鍍 ト めっき
鍍金 めっき
闊 カツ ひろい
闌 ラン たけなわ・さえぎる
闌干 らんかん
雖 スイ いえども
鞜 トウ くつ
餡 アン
餡蜜 あんみつ
餡饅 あんまん
餞 セン はなむけ

餞別 せんべつ
馘 カク くびきる
鮟 アン
鮟鱇 あんこう
鮪 イ ユウ まぐろ・しび
鮨 キ・シ ケイ すし
鮭 ケイ さけ
鮭鱒 けいそん
鮫 コウ さめ
鴾 ボウ とき
鴾毛 つきげ
鵇 (国字)とき
黝 ユウ あおぐろい
鼾 カン いびき

【十八画】

嚠 リュウ
嚠喨 りゅうりょう
懣 マン もだえる
擾 ジョウ みだれる・みだす
擲 テキ チャク なげうつ
擽 レキ くすぐる
旛 ハン はた
櫃 キ ひつ
檮 トウ
檸 ネイ ドウ
檸檬 レモン
檳 ビン ヒン
檳榔樹 びんろうじゅ
瀉 シャ そそぐ・はく
瀉血 しゃけつ
瀆 トク トウ みぞ・けがす
瀆職 とくしょく
瀑 バク たき
濾 ロ こす
燻 クン ふすべる・いぶす
燻製 くんせい
燼 ジン もえさし

璧 ヘキ たま
甕 オウ かめ
瞼 ケン まぶた
瞽 コ めしい
瞽女 ごぜ
礒 ギ いそ
礑 トウ はたと
穢 ワイ・アイ エ けがれ・けがれる きたない
竄 ザン のがれる
簣 キ あじか・もっこ
簪 シン サン かんざし
繞 ジョウ ニョウ まとう・めぐる
繙 ハン ホン ひもとく
羃 ベキ
翹 ギョウ あげる
臍 セイ サイ ほぞ・へそ
臍下丹田 せいかたんでん
艟 ドウ ふね
藪 ソウ やぶ
藪蛇 やぶへび
蟠 ハン バン わだかまる
蟠踞 ばんきょ
襠 トウ まち
謳 オウ ウ うたう
謦 ケイ しわぶき
謦咳 けいがい
謫 タク チャク せめる
謾 バン マン あざむく・あなどる
謬 ビュウ あやまる
贄 シ にえ
贅 ゼイ むだ・むこ
軀 ク からだ
轍 テツ わだち
轍鮒 てっぷ
轆 ロク
轆轤 ろくろ
醪 ロウ どぶろく
鎬 コウ しのぎ・なべ

鎗 ソウ やり
鎚 ツイ つち
鎔 ヨウ とかす・いがた
鎹 (国字)かすがい
闕 ケツ かける
闖 チン
闖入 ちんにゅう
鞦 シュウ しりがい
鞦韆 しゅうせん・ぶらんこ
鞣 ジュウ なめしがわ
馥 フク かおる
馥郁 ふくいく
騏 キ
騏驎 きりん
騈 ベン ならぶ
騈儷体 べんれいたい
鬆 ショウ ソウ す
魏 ギ たかい
魍 モウ ボウ
魍魎 もうりょう
鮹 ショウ ソウ たこ
鮸 ベン メン にべ
鮸膠 にべ
鵝 ガ
鵙 ゲキ ケキ もず
鵑 ケン ほととぎす
鵠 コク くぐい
鼬 ユウ ユ いたち

【十九画】

嚥 エン のむ
嚮 キョウ むかう・さきに
嚮後 きょうこう
壜 タン ドン びん
懶 ラン ライ おこたる
懶惰 らんだ
攀 ハン よじる
曠 コウ むなしい・あきらか
檻 カン おり
櫟 レキ くぬぎ
瀛 エイ うみ
瀟 ショウ
瀟洒 しょうしゃ
瀞 セイ ジョウ とろ
瀦 チョ
瀝 レキ したたる
瀝青 チャン
犢 トク こうし
犢鼻褌 ふんどし
獺 ダツ かわうそ
疆 キョウ さかい
疇 チュウ たぐい・さきに
礙 ガイ さまたげる
簫 ショウ ふえ
簽 セン ふだ
簸 ハ ひる
繹 エキ ヤク たずねる
羆 ヒ ひぐま
羹 コウ カン あつもの
臘 ロウ
艤 ギ ふなじたく
艤装 ぎそう
藹 アイ
藹藹 あいあい
蘊 ウン つむ
蘊奥 うんのう・うんおう
蘊蓄 うんちく
藷 ショ いも
藺 リン い
蘆 ロ あし
蘆薈 ろかい
蟻 ギ あり
蠁 キョウ
蠁子 さし
蟾 セン
蟾蜍 ひきがえる
蟷 トウ
蟷螂 かまきり・とうろう
蠅 ヨウ はえ
襦 ジュ
襦袢 じゅばん
襞 ヘキ ヒャク ひだ
譏 キ そしる
譚 タン はなし
贋 ガン にせ
蹶 ケツ ケイ つまずく
蹲 ソン うずくまる・つくばう
蹲踞 そんきょ
躇 チョ チャク ためらう
轎 キョウ かご
醱 ハツ かもす
醱酵 はっこう
鏖 オウ みなごろし
鏨 サン ザン たがね
鏃 ゾク ソク やじり
鏑 テキ やじり・かぶらや
鏑矢 かぶらや
鏝 バン マン こて
鏤 ロウ ル ちりばめる
鏤骨 るこつ
隴 ロウ
霪 イン ながあめ
霪雨 いんう
鞴 ヒ フク ふいご
韜 トウ つつむ
韜晦 とうかい
韛 ヒ フク ふいご
饂 (国字)ウン
饂飩 うどん・ワンタン
騙 ヘン かたる
鯣 エキ するめ
鯔 シ ぼら・いな
鯔背 いなせ
鯖 セイ ショウ さば
鯰 (国字)ネン なまず
鯡 ヒ にしん
鯥 リク ロク むつ
鯱 (国字)しゃち・しゃちほこ
鵲 ジャク シャク かささぎ
鶉 ジュン うずら
鵯 ヒ ひよどり
鵡 ム
鵺 ヤ ぬえ
麴 キク こうじ

【二十画】

懺 ザン サン くいる
懺悔 ざんげ・さんげ
攘 ジョウ はらう
攘夷 じょうい
朧 ロウ おぼろ
朧月夜 おぼろづきよ
櫨 ロ はぜ
灌 カン そそぐ
瀰 ビ みちる
瀰漫 びまん
瀾 ラン なみ
瓏 ロウ
瓣 ベン はなびら
矍 カク
矍鑠 かくしゃく
礬 バン ハン
礬水 どうさ
礫 レキ こいし
籌 チュウ かずとり・はかりごと
糯 ダ もちごめ
糯米 もちごめ
繻 ジュ シュ
繻子 しゅす
繻珍 シュチン・シチン
罌 オウ エイ かめ
罌粟 けし
蘚 セン こけ
蘚苔 せんたい
蘩 ハン はこべ
蘩蔞 はこべ
蠑 エイ
蠑螈 いもり
蠕 ゼン うごめく
蠕動 ぜんどう
蠣 レイ かき
襤 ラン ぼろ
襤褸 らんる
譫 セン トウ たわごと
譫言 うわごと
譬 ヒ たとえる
譬喩 ひゆ
躁 ソウ さわぐ
躄 ヘキ いざり・いざる
轗 カン おちこむ
轗軻 かんか
醵 キョ つのる
醵出 きょしゅつ
鐚 ア しころ・びた
鐚一文 びたいちもん
鐔 シン タン つば
鐙 トウ あぶみ・たかつき
闡 セン あきらか
霰 サン あられ
霰弾 さんだん
饉 キン うえる
饅 マン バン ぬた
饅頭 まんじゅう
驀 バク のりこえる
驀地 まっしぐら
驀進 ばくしん
鰕 カ えび
鰐 ガク わに
鰓 サイ えら
鰍 シュウ かじか
鰌 シュウ どじょう
鰆 シュン さわら
鰈 チョウ かれい
鰊 レン にしん
鶇 (国字)つぐみ
鼯 ゴ むささび
鼯鼠 むささび・ももんが
齟 ソ ショ くいちがう
齟齬 そご

【二十一画】

囈 ゲイ たわごと
囈言 うわごと
囂 ゴウ かまびすしい
囂囂 ごうごう
嚼 シャク かむ
囁 ショウ セツ ささやく
囁嚅 しょうじゅ
囃 ソウ はやし
囃子 はやし
囀 テン さえずる
巍 ギ たかい
巍然 ぎぜん
懼 グ ク おそれる
曩 ドウ ノウ さき・さきに
欅 キョ けやき
櫺 レイ リョウ れんじ
櫺子 れんじ
殲 セン つくす
殲滅 せんめつ
爛 ラン ただれる
瓔 エイ ヨウ
瓔珞 ようらく
癪 (国字)シャク
癩 ライ
竈 ソウ かまど
籐 トウ

籐椅子　とういす
籃　ラン　かご
纈　ケツ　ケチ　しぼり
纐　(国字)コウ　しぼり
纐纈　こうけち
蠢　シュン　うごめく
蠢動　しゅんどう
譴　ケン　とがめる・せめる
譴責　けんせき
贐　シン　ジン　はなむけ
贓　ゾウ　かくす
贔　ヒイ　ヒ
贔負　ひいき
贔屓　ひいき
躊　チュウ　ためらう
躊躇　ちゅうちょ
躊躇う　ためらう
辯　ベン　はなし
醺　クン　よう
鐸　タク　すず
鐺　トウ　ソウ　こじり・こて・なべ
闢　ヘキ　ビャク　ひらく
霹　ヘキ
霹靂　へきれき
饑　キ　うえる
饒　ジョウ　ゆたか
饒舌　じょうぜつ
饌　セン　そなえる
髏　ロウ
鬘　マン　かつら
魑　チ
魑魅魍魎　ちみもうりょう
鰛　オン　いわし
鰥　カン　コン　やもお
鰥夫　やもめ
鰥寡　かんか
鰭　キ　ギ　ひれ
鰤　シ　ぶり

鰰　(国字)はたはた
鶯　オウ　うぐいす
鶸　ジャク　ひわ
鶺　セキ
鶺鴒　せきれい
麝　ジャ　シャ
麝香　じゃこう
齎　セイ　サイ　もたらす
齦　ギン　コン　はぐき
齧　ケツ　ゲツ　かむ
齧歯類　げっしるい

【二十二画】

嚢　ノウ　ふくろ
巓　テン　いただき
彎　ワン　ひく・まがる
癬　セン
罎　ドン　びん
羇　キ　たび
羇旅　きりょ
聾　ロウ
艫　ロ　とも・へさき
襴　ラン
襷　(国字)たすき
覿　テキ　みる
覿面　てきめん
贖　ショク　あがなう
贖罪　しょくざい
躓　チ　つまずく
躑　テキ
躑躅　つつじ
轡　ヒ　たづな・くつわ
轡虫　くつわむし
轢　レキ　きしる・ひく
鑓　(国字)やり
霽　セイ　はれる
韃　タツ　ダツ　むちうつ
韃靼　だったん

顫　セン　ふるえる
顫動　せんどう
驕　キョウ　おごる
鬚　シュ　ス　ひげ
鬚髯　しゅぜん
鬻　シュク　イク　かゆ・ひさぐ
鱈　(国字)セツ　たら
鰺　ソウ　あじ
鰾　ヒョウ　うきぶくろ
鰾膠　にべ
鰻　マン　バン　うなぎ
鰻丼　うなどん
齬　ゴ　くいちがう
齪　セク　サク
龕　ガン　カン
龕灯提灯　がんどうぢょうちん

【二十三画】

攪　カク　コウ　みだす・みだれる
攪乱　かくらん・こうらん
攪拌　かくはん・こうはん
攫　カク　つかむ・さらう
攫搏　かくはく
攩　トウ　コウ　うつ
攩網　たもあみ
癰　ヨウ　はれもの
癰疽　ようそ
籤　セン　くじ
纓　エイ　ヨウ　ひも
纔　サン　サイ　わずか
蠱　コ　まどわす
蠱惑　こわく
讐　シュウ　あだ・かたき
躙　リン　ふみにじる
躙〔り〕口　にじりぐち
轤　ロ
邏　ラ　めぐる
邏卒　らそつ

鑒　カン　かがみ・かんがみる
鑢　リョ　ロ　やすり
鑞　ロウ
靨　ヨウ　えくぼ
饜　エン　あきる
髑　ドク　トク
髑髏　どくろ・しゃれこうべ・されこうべ
鰹　ケン　かつお
鰹節　かつおぶし
鱏　ジン　シン　えい
鱚　(国字)きす
鷸　イツ　しぎ
鷸蚌　いつぼう
鷦　ショウ
鷦鷯　みそさざい
黐　リチ　チ　もち
黴　バイ　ビ　かび・かびる
黴雨　ばいう
鼴　エン　もぐら
鼴鼠　もぐら

【二十四画】

囓　ゲツ　かむ
灝　コウ　ひろい
羈　キ　おもがい・たづな
羈絆　きはん
蠹　ト　きくいむし
蠹魚　しみ・とぎょ
衢　ク　ちまた
讒　ザン　そしる
軈　(国字)やがて
靄　アイ　もや
靂　レキ
顰　ヒン　ビン　ひそめる・しかめる
顰蹙　ひんしゅく
顰めっ面　しかめっつら
驟　シュウ　はせる・にわか
驟雨　しゅうう

鬢　ビン　ヒン
鬢付け油　びんつけあぶら
鱠　カイ　なます
鱧　レイ　はも
鱩　(国字)はたはた
鷽　ガク　カク　うそ
鹼　ケン　あく
鼇　ゴウ　おおがめ
齷　アク
齷齪　あくせく
齲　ク　ウ　むしば
齲歯　うし・むしば

【二十五画】

籬　リ　まがき
籬垣　ませがき
糶　チョウ　うりよね・せり
躡　ジョウ　ふむ
鑵　カン　かま
鑰　ヤク　かぎ・じょうまえ
顱　ロ　こうべ
黌　コウ　まなびや
鼈　ベツ　ヘツ　すっぽん
鼈甲　べっこう

【二十六画】

躪　リン　ふみにじる
顴　ケン　カン　ほおぼね
顴骨　かんこつ
驢　ロ　リョ
驢馬　ろば
鱶　ショウ　ふか
鱲　リョウ　からすみ
鱲子　からすみ

【二十七画】

鑽　サン　きり・きる
鑽仰　さんぎょう

鑼　ラ　どら
顳　ショウ　ジョウ　こめかみ
顳顬　こめかみ
驩　カン　よろこぶ
鱸　ロ　すずき
黷　トク　けがす・けがれる

【二十八画】

纜　ラン　ともづな
鑿　サク　のみ・うがつ
鸚　オウ　イン
鸚哥　いんこ
鸚鵡　おうむ
鸛　カン　こうのとり

【二十九画】

爨　サン　かまど・かしぐ

【三十画】

鸞　ラン

度量衡表

長さ	メートル	尺	間	里	インチ	フィート	ヤード	マイル
	1	3.30000	.550001	.000255	39.3701	3.28084	1.09361	.000621
	.303030	**1**	.166667	.000077	11.9303	.994193	.331398	.000188
	1.81818	6	**1**	.000463	71.5819	5.96516	1.98839	.001130
	3927.27	12960	2160	**1**	154617	12884.7	4294.91	2.44029
	.0254	.083820	.013970	.000007	**1**	.083333	.027778	.000016
	.3048	1.00584	.167640	.000078	12	**1**	.333333	.000189
	.9144	3.01752	.502921	.000233	36	3	**1**	.000568
	1609.34	5310.84	885.140	.409787	63360	5280	1760	**1**

面積	平方メートル	坪	反	平方里	平方フィート	平方ヤード	エーカー	平方マイル
	1	.302501	.001008	.000000	10.7639	1.19599	.000247	.000000
	3.30578	**1**	.003333	.000000	35.5831	3.95368	.000817	.000001
	991.734	300	**1**	.000064	10674.9	1186.10	.245063	.000383
	…………	…………	15552	**1**	…………	…………	3811.22	5.95502
	.092903	.028103	.000094	.000000	**1**	.111111	.000023	.000000
	.836127	.252929	.000843	.000000	9	**1**	.000207	.000000
	4046.86	1224.18	4.08059	.000262	43560	4840	**1**	.001563
	…………	783473.	2611.58	.167925	…………	…………	640	**1**

体積	リットル	立方メートル	立方尺	立方坪	合	升	ガロン(英)	ガロン(米)
	1	.001	.035937	.000166	5.54352	.554352	.219969	.264172
	1000	**1**	35.9371	.166376	5543.52	554.352	219.969	264.172
	27.8264	.027826	**1**	.004630	154.256	15.4256	6.12095	7.35095
	6010.50	6.01050	216	**1**	33319.4	3331.94	1322.13	1587.81
	.180391	.000180	.006483	.00003	**1**	.1	.039680	.047654
	1.80391	.001804	.064827	.0003	10	**1**	.396804	.476542
	4.54609	.004546	.163373	.000756	25.2014	2.52014	**1**	1.20095
	3.78541	.003785	.136037	.000630	20.9845	2.09845	.832674	**1**

重さ	グラム	貫	斤	カラット	オンス	ポンド	トン(英)	トン(米)
	1	.000267	.001667	5	.035274	.002205	.000001	.000001
	3750	**1**	6.25	18750	132.277	8.26734	.003691	.004134
	600	.16	**1**	3000	21.1644	1.32277	.000591	.000661
	.2	.000053	.000333	**1**	.007055	.000441	.000000	.000000
	28.3495	.007560	.047249	141.748	**1**	.0625	.000028	.000031
	453.592	.120958	.755987	2267.96	16	**1**	.000446	.0005
	…………	270.946	1693.41	…………	35840	2240	**1**	1.12
	907185.	241.916	1511.98	…………	32000	2000	.892857	**1**

〔**換算表の見方**〕 たとえばフィートとある欄で**1**とあるところを左右に見ると，1フィートを各単位に換算した値がわかる。……は値が大きすぎてのせてないもの，.000000は小数第7位以下に数値が現れるもの。

方位・時刻表

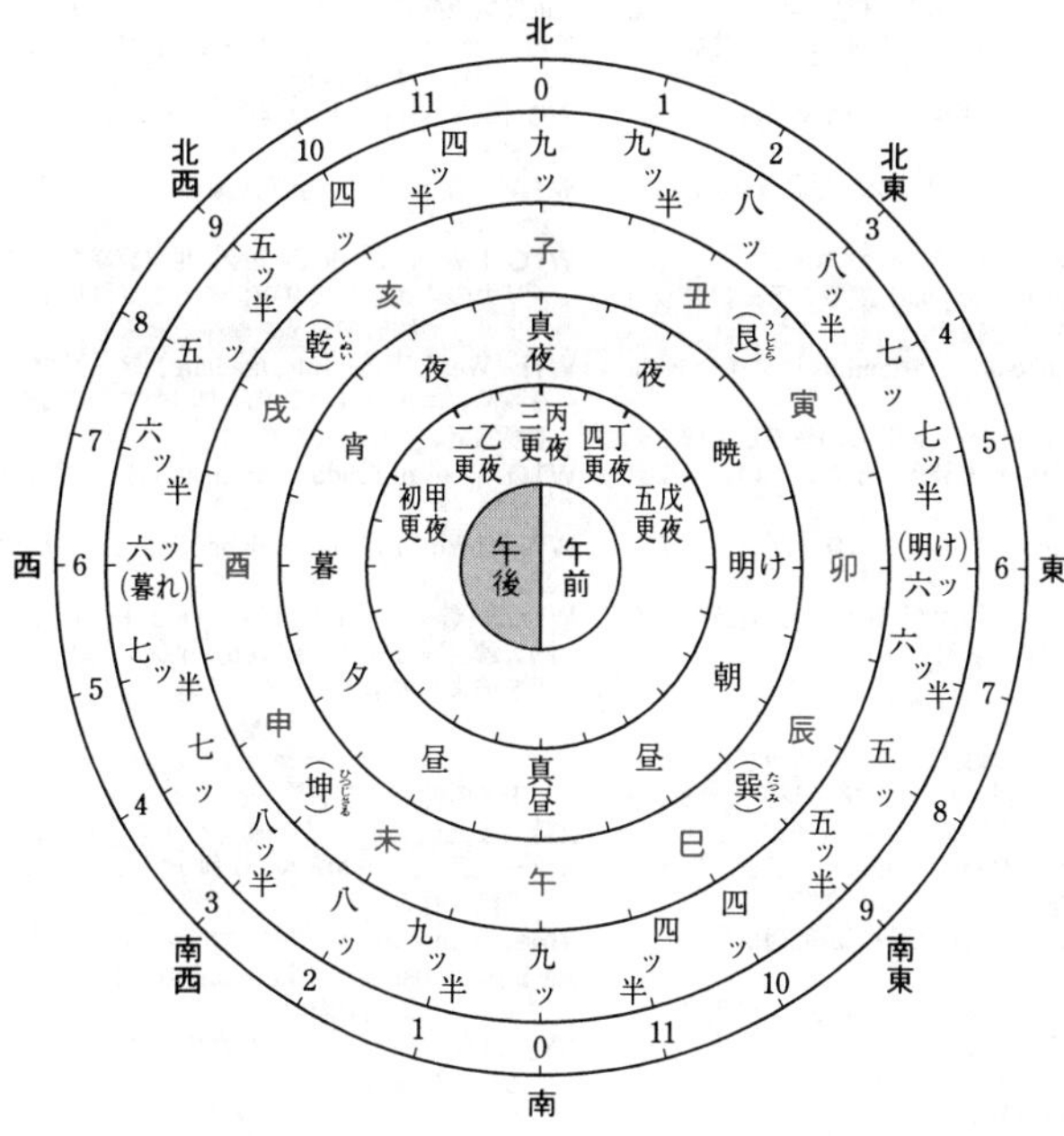

干支順位表

十干

木（き）	兄（え）	①甲（コウ）	きのえ
	弟（と）	②乙（オツ）	きのと
火（ひ）	兄（え）	③丙（ヘイ）	ひのえ
	弟（と）	④丁（テイ）	ひのと
土（つち）	兄（え）	⑤戊（ボ）	つちのえ
	弟（と）	⑥己（キ）	つちのと
金（か）	兄（え）	⑦庚（コウ）	かのえ
	弟（と）	⑧辛（シン）	かのと
水（みず）	兄（え）	⑨壬（ジン）	みずのえ
	弟（と）	⑩癸（キ）	みずのと

十二支

①子（シ）	ね
②丑（チュウ）	うし
③寅（イン）	とら
④卯（ボウ）	う
⑤辰（シン）	たつ
⑥巳（シ）	み
⑦午（ゴ）	うま
⑧未（ビ）	ひつじ
⑨申（シン）	さる
⑩酉（ユウ）	とり
⑪戌（ジュツ）	いぬ
⑫亥（ガイ）	い

干支の組み合わせ方

昔は、右の十干と十二支とを組み合わせて年や日の順序を表した。十干と十二支を甲子（きのえね）・乙丑（きのとうし）のように組み合わせて六十組とし、六十年で一周する。第六十一番目は最初の甲子に戻る。数え年で六十一歳を還暦というのはここから出た。その名称を全部示すと次のようになる。

①甲子（きのえね）
②乙丑（きのとうし）
③丙寅（ひのえとら）
④丁卯（ひのとう）
⑤戊辰（つちのえたつ）
⑥己巳（つちのとみ）
⑦庚午（かのえうま）
⑧辛未（かのとひつじ）
⑨壬申（みずのえさる）
⑩癸酉（みずのととり）
⑪甲戌（きのえいぬ）
⑫乙亥（きのとい）
⑬丙子（ひのえね）
⑭丁丑（ひのとうし）
⑮戊寅（つちのえとら）
⑯己卯（つちのとう）
⑰庚辰（かのえたつ）
⑱辛巳（かのとみ）
⑲壬午（みずのえうま）
⑳癸未（みずのとひつじ）
㉑甲申（きのえさる）
㉒乙酉（きのととり）
㉓丙戌（ひのえいぬ）
㉔丁亥（ひのとい）
㉕戊子（つちのえね）
㉖己丑（つちのとうし）
㉗庚寅（かのえとら）
㉘辛卯（かのとう）
㉙壬辰（みずのえたつ）
㉚癸巳（みずのとみ）
㉛甲午（きのえうま）
㉜乙未（きのとひつじ）
㉝丙申（ひのえさる）
㉞丁酉（ひのととり）
㉟戊戌（つちのえいぬ）
㊱己亥（つちのとい）
㊲庚子（かのえね）
㊳辛丑（かのとうし）
㊴壬寅（みずのえとら）
㊵癸卯（みずのとう）
㊶甲辰（きのえたつ）
㊷乙巳（きのとみ）
㊸丙午（ひのえうま）
㊹丁未（ひのとひつじ）
㊺戊申（つちのえさる）
㊻己酉（つちのととり）
㊼庚戌（かのえいぬ）
㊽辛亥（かのとい）
㊾壬子（みずのえね）
㊿癸丑（みずのとうし）
(51)甲寅（きのえとら）
(52)乙卯（きのとう）
(53)丙辰（ひのえたつ）
(54)丁巳（ひのとみ）
(55)戊午（つちのえうま）
(56)己未（つちのとひつじ）
(57)庚申（かのえさる）
(58)辛酉（かのととり）
(59)壬戌（みずのえいぬ）
(60)癸亥（みずのとい）

される外国人の英語指導助手。⇒ALT

AF ❶［audio frequency］可聴周波数。一般に耳で感じ取れる周波数。中耳で20～20,000ヘルツ。❷［autofocus］オートフォーカス。自動焦点。カメラのピント合わせを自動で行う方式。

AFカメラ［automatic focusing control camera］自動焦点調節カメラ。

AFC ❶［American Football Conference］全米のプロアメリカンフットボールリーグ（NFL）の一つ。❷［Asian Football Confederation］アジアサッカー連盟。❸［automatic frequency control］自動周波数制御。移動体通信などのデジタル通信効率を高めるため自動的に周波数誤差を制御すること。また、その回路。

AFL-CIO［American Federation of Labor and Congress of Industrial Organizations］アメリカ労働総同盟・産業別組合会議。

AFN［American Forces Network］アメリカ軍放送網。1997年FENから局名変更。

AFP［仏 Agence France-Presse］フランス通信社。

AFTA［ASEAN Free Trade Area］アフタ　アセアン自由貿易地域。東南アジアにおける地域経済協力の一種。

Ag［ラテン argentum］銀の元素記号。

AGM［air-launched guided missile］空中発射誘導ミサイル。

AGT［automated guideway transit］自動運転軌道交通機関。無人の自動運転による交通システム。

AGV［automatic guided vehicle; automated guided vehicle］無人搬送車。コンピューターによる制御で、無人化された工場内などを動く。

AI ❶［Amnesty International］⇨本文「アムネスティインターナショナル」❷［artificial intelligence］人工知能。⇨本文「エーアイ」

AICO［ASEAN Industrial Cooperation］アセアン産業協力計画。

AID ❶［Agency for International Development］アメリカ国際開発庁。❷［artificial insemination by donor］非配偶者間人工授精。⇒AIH

AIDS［acquired immunodeficiency syndrome］エイズ　後天性免疫不全症候群。⇨本文「エイズ」

AIH［artificial insemination by husband］配偶者（夫婦）間人工授精。⇒AID

AIM［air-launched intercept missile］空対空迎撃ミサイル。

AJJF［All Japan Judo Federation］全日本柔道連盟。

AJS［America-Japan Society］日米協会。

AL［American League］アメリカンリーグ。アメリカのプロ野球の二大リーグの一つ。⇒NL

ALM［assets and liabilities management］資産・負債の総合管理。

ALS［amyotrophic lateral sclerosis］筋萎縮じゅく性側索硬化症。全身の筋肉が動かなくなる難病。特定疾患に認定されている。

ALT［assistant language teacher］日本の学校に派遣される外国人の外国語指導助手。⇒AET

AM［amplitude modulation］⇨本文「エーエム放送」

a.m.［ラテン ante meridiem］午前。↔p.m.

AMDA［Association of Medical Doctors of Asia］アムダ　アジア医師連絡協議会。1984年結成。

AMeDAS［Automated Meteorological Data Acquisition System］アメダス　⇨本文「アメダス」

AMEX［American Stock Exchange］アメックス　アメリカン証券取引所。

AMSAT［amateur satellite］アムサット　アマチュア無線通信用衛星。

AMTICS［Advanced Mobile Traffic Information and Communication System］アムティクス　新自動車交通情報通信システム。警察庁により1987年に開発。

Amtrak［American Travel by Track］アムトラック　全米鉄道旅客公社（National Railroad Passenger Corporation）の通称。

AMU［Asian Monetary Unit］アジア通貨単位。ACU(Asian Currency Unit)とも。

ANA［All Nippon Airways］アナ　全日本空輸。

ANC［African National Congress］アフリカ民族会議。1912年創設の南アフリカ解放組織。

ANOC［Association of National Olympic Committees］(各)国内オリンピック委員会連合。

Ans.［answer］アンサー。（質問に対する）答え。

ANSER［Automatic answer Network System for Electronic Request］アンサー　NTTによる、金融取引のためのデータ通信サービス。

AO ❶［admissions office］大学内で学生の募集から入学者の選抜までを一貫して行う事務局。❷ ⇨本文「エーオー入試」

AOC［仏 appellation d'origine contrôlée］フランスの原産地統制呼称。ワインやチーズなどについて、決められた生産地内・製法で作られた産物に付与される認証。

AOR［adult-oriented rock］大人向けの落ち着いた曲調のロック。

AP［Associated Press］AP通信。米国連合通信社。

APEC［Asia-Pacific Economic Cooperation］エーペック　アジア太平洋経済協力。⇨本文「エーペック」

APEX, Apex［advance purchase excursion］アペックス　事前購入航空運賃の割引制度。アペックス運賃。

APL［A Programming Language］IBM開発のコンピューターのプログラミング言語。

Apr.［April］4月。

APS［Advanced Photo System］1990年代に開発された、専用フィルムを使用した写真システム。

AQ［achievement quotient］教育における学力到達度と知能指数との比を示す指数。

AR［augmented reality］拡張現実。現実の風景にCGや文字などを重ね合わせて表示する技術。

ARDS［acute respiratory distress syndrome］急性呼吸窮迫症候群。

ARF［ASEAN Regional Forum］アセアン地域フォーラム。1994年発足。

ASA［Africa-South America Summit］南米・アフリカ諸国首脳会議。

ASAP［as soon as possible］できるだけ早く。

ASCII［American Standard Code for Information Interchange］アスキー　アメリカ規格協会の制定した情報交換標準コード。

ASD［autism spectrum disorder］自閉スペクトラム症。発達障害の一つ。対人関係での支障や特定の対象に対する強いこだわりなどが見られる。

ASEAN［Association of SouthEast Asian Nations］

アセアン　東南アジア諸国連合。⇨本文「アセアン」
ASEM［Asia-Europe Meeting］アセム　アジア欧州会合。1996年発足。
ASM［air-to-surface missile］空対地ミサイル。
ASPAC［Asian and Pacific Council］アスパック　アジア・太平洋協議会。
AT ❶［achievement test］学力検査。アチーブメントテスト。❷［alternative technology］代替技術。資源循環や省エネルギーのための技術。❸［automatic transmission］自動変速装置。『—車』⇒MT
ATC ❶［air traffic control］航空交通管制。❷［automatic train control］自動列車制御装置。⇨本文「エーティーシー」
ATICS［automobile traffic information and control system］アティックス　自動車交通情報・制御システム。
ATL［adult T-cell leukemia］成人T細胞白血病。
ATM［automated teller machine; automatic teller machine］現金自動預け入れ支払い機。
ATO［automatic train operation］自動列車運転装置。
ATP［Association of Tennis Professionals］男子プロテニス協会。
ATR［advanced thermal reactor］新型転換炉。
ATS［automatic train stop］自動列車停止装置。⇨本文「エーティーエス」
AU ❶［African Union］アフリカ連合。OAU(アフリカ統一機構)を発展的に解消、2002年新たに結成されたアフリカ諸国の国家連合。❷［astronomical unit］天文単位。地球と太陽の平均距離が1AU。
Au［ラテン aurum］金の元素記号。
Aug.［August］8月。
AV ❶［adult video］(和製英語) アダルトビデオ。❷［audio-visual］視聴覚。(⇨本文「エーブイ」)
AWACS［airborne warning and control system］エーワックス　空中警戒管制システム (管制機)。
AYA世代［adolescent and young adult］アヤ世代　一般に15歳から30歳代の思春期・若年成人世代を指す。特にがん患者に対して用いられる。

B

B［basement］地階。地下室。⇒F②
BA［bank acceptance; banker's acceptance］銀行引受手形。『—レート』
BADGE［Base Air Defense Ground Environment］バッジ　航空自衛隊がかつて運用していた防空警戒管制システム。バッジ・システム。
BASIC［Beginner's All-purpose Symbolic Instruction Code］ベーシック　コンピューターの初心者用プログラム言語。
BB［broadband］⇨本文「ブロードバンド」
B&B［bed and breakfast］一泊朝食つき (宿泊施設)。
BBレシオ［book-to-bill ratio］受注対出荷比。特に半導体の出荷量と受注量の割合。
BBC［British Broadcasting Corporation］イギリス放送協会。
BBQ［barbecue］バーベキュー。
BBS［bulletin board system］コンピューターネットワーク上の電子掲示板。⇨本文「電子掲示板」
B.C.［before Christ］西暦紀元前。↔A.D.
BC兵器［biological and chemical weapons］生物・化学兵器。
bcc［blind carbon copy］同じ内容の電子メールを複数の相手に送る際、他の誰に送ったか受信者にわからないようにする機能。⇒cc
BCD［binary coded decimal］2進化10進法。コンピューターの符号方式。10進法の桁を2進法4桁で表現する。
BCG［仏 bacille de Calmette et Guérin］結核予防の生ワクチン。⇨本文「ビーシージー」
BCM ❶［black contemporary music］黒人ポップミュージックの総称。❷［business continuity management］事業継続管理。
BCN［broadband communications network］広帯域通信網。
BCR［bar code reader］バーコード読み取り装置。
BD ❶［bills discounted］割引手形。❷［Blu-ray Disc］⇨本文「ブルーレイディスク」
BGM［background music］映画・テレビの背景や店などで流す音楽。
BHC［benzene hexachloride］ベンゼンヘキサクロライド。⇨本文「ビーエッチシー」
BHN［basic human needs］ILO (国際労働機関) が提唱した基本的人間要請。生活に最低限必要な衣食住や飲料水、様々な公共設備までをも含む。
BHT［butylated hydroxytoluene］ブチルヒドロキシトルエン。発がん性が高いとされる酸化防止剤の一つ。
BIE［仏 Bureau International des Expositions］博覧会国際事務局。1928年に設立。
BIOS［basic input/output system］バイオス　コンピューターの基本入出力を行うプログラム群。
BIS［Bank for International Settlements］ビス　国際決済銀行。『—規制』
B-ISDN［broadband integrated services digital network］広帯域デジタル総合通信網。
bit［binary digit］ビット。コンピューターのデータ量の基本単位。
BLマーク［Better Living mark］(和製英語) ベターリビングマーク。優良住宅部品認定マーク。すぐれた住宅部品や設備につけられる。
BLM［Black Lives Matter］ブラック・ライブズ・マター。黒人に対する構造的な差別や暴力に対する抗議運動。
BLTサンドイッチ［bacon, lettuce, and tomato sandwich］ベーコン・レタス・トマトを使ったサンドイッチ。
BM ❶［Bachelor of Medicine; ラテン Baccalaureus Medicinae］医学士。❷［ballistic missile］弾道ミサイル。
BMD［ballistic missile defense］弾道ミサイル防衛。
BMI［body mass index］体格指数。肥満度の判定に用いられる指数。体重 (kg) ÷身長 $(m)^2$で算出。標準値は22。
BMW［独 Bayerische Motoren Werke］ベーエムベー　ドイツの自動車メーカー。
BMX［bicycle motocross］バイシクルモトクロス。自転車で野山を走る競技。
BOD［biochemical oxygen demand］生物化学的酸素要求量。水中の有機物の量を、有機物が微生物によって分解されるときに必要な酸素量で表したも

の。水質汚濁の指標の一つ。

BOJ［Bank of Japan］日本銀行。

BOP［balance of payments］国際収支。

BPO［Broadcasting Ethics and Program Improvement Organization］放送倫理・番組向上機構。

bps［bits per second］回線などで、1秒当たりの情報転送速度の単位。

Bq［becquerel］ベクレル。放射能の強さ（放射性物質の量）を表す単位。

BRD［独 Bundesrepublik Deutschland］ドイツ連邦共和国。統一前の西ドイツ。

BRICS［Brazil, Russia, India, China, South Africa］ブリックス　ブラジル・ロシア・インド・中国・南アフリカの新興5か国の総称。

BS［broadcasting satellite］⇨本文「放送衛星」

B/S［balance sheet］バランスシート。貸借対照表。

BSE［bovine spongiform encephalopathy］牛海綿状脳症。⇨本文「ビーエスイー」

BSI［business survey index］国内景気判断指標。経営者の業況見通し調査から算出する。

BT［biotechnology］生命工学。生物工学。⇨本文「バイオテクノロジー」

B to B［business to business］電子商取引における企業間取引。B2Bとも。

B to C［business to consumer］電子商取引における企業と消費者の取引。B2Cとも。

BU［business unit］ビジネスユニット。企業などにおける組織・業務単位。

B/W［black and white］写真やテレビなどの白黒。

BWC［Biological Weapons Convention］生物兵器禁止条約。

BWR［boiling water reactor］沸騰水型軽水炉。原子炉内で沸騰させた軽水の蒸気の力で発電する。

BYOD［bring your own device］個人が所有するパソコンなどのIT機器を職場などに持ち込み使用すること。

C

©［copyright］丸シー。万国著作権条約により設定された、著作権の保持を示す記号。

CA［cabin attendant］キャビンアテンダント。客室乗務員。

Ca［calcium］カルシウムの元素記号。

CAD［computer-aided design］キャド　コンピューターを利用して設計・製図を行うシステム。

CAE［computer-aided education］コンピューターを使って行う教育。

CAI［computer-assisted instruction; computer-aided instruction］コンピューター支援教育。コンピューターを利用して個別指導を行うシステム。

cal, Cal［calorie］熱量の単位。⇨本文「カロリー」

CALS［Commerce At Light Speed］キャルス　製品の設計・生産から流通までのデータをコンピューターで一元管理するシステム。

CARE［Cooperative for Assistance and Relief Everywhere］ケア　非政府組織の貧困地域向け救援協会。

CAS［Court of Arbitration for Sport］スポーツ仲裁裁判所。本部はスイス。

CAT［computerized axial tomography］コンピューター断層撮影。CTスキャン。

CATV ❶［cable television］⇨本文「ケーブルテレビジョン」❷［community antenna television］共同アンテナテレビ。⇨本文「シーエーティーブイ」

CB ❶［center back］サッカーなどのセンターバック。❷［citizens' band］短距離通信用無線。❸［convertible bond］転換社債。

CBO ❶［community-based organization］地域での活動を主にするNGO団体。❷［Congressional Budget Office］アメリカ議会予算局。

CBR兵器［chemical, biological and radioactive weapons］化学・生物・放射能兵器の総称。

CBS［Columbia Broadcasting System］コロンビア放送網。アメリカの三大テレビ放送網の一つ。

CBT ❶［Chicago Board of Trade］シカゴ商品取引所。❷［computer-based testing］コンピューターを使って行うテスト。

CBU爆弾［cluster bomb unit］集束爆弾。⇨本文「クラスター爆弾」

CC ❶［corporate color］コーポレートカラー。企業が自社のイメージとして使う特定の色。❷［country club］⇨本文「カントリークラブ」

cc ❶［carbon copy］電子メールで、メール文書を複写して宛先以外の人にも送る機能。⇒bcc ❷［cubic centimeter］立方センチメートル。

CCD［charge-coupled device］電荷結合素子。デジタルカメラなどに利用。

CCI［Chamber of Commerce and Industry］商工会議所。

CCPS［computer-aided cartographic processing system］コンピューター利用の地図処理システム。

CCU［coronary care unit］心筋梗塞症急性期病棟。冠状動脈疾患集中治療室。

CD ❶［cash dispenser］現金自動支払い機。⇨本文「キャッシュディスペンサー」❷［certificate of deposit］譲渡性預金。定期預金証書。❸［compact disc］⇨本文「コンパクトディスク」❹［Conference on Disarmament］軍縮会議。ジュネーブ軍縮会議。

CDC［Centers for Disease Control and Prevention］アメリカ疾病予防管理センター。

CD-R［compact disc recordable］書き込み可能なコンパクトディスク。

CD-ROM［compact disc read only memory］シーディーロム　⇨本文「シーディーロム」

CD-RW［compact disc rewritable］繰り返し書き換え可能なコンパクトディスク。

CD-V［compact disc video］画像情報を記録させたコンパクトディスク。

CEA［Council of Economic Advisers］アメリカ大統領経済諮問委員会。

CEO［chief executive officer］最高経営責任者。

CEPT［common effective preferential tariff］共通効果特恵関税。ASEAN自由貿易圏実現のための関税制度。

CERN［仏 Conseil Européen pour la Recherche Nucléaire］セルン　欧州合同原子核研究機構。WWW(World Wide Web)発祥の地。

CF ❶［cash flow］⇨本文「キャッシュフロー」❷［center forward］サッカーなどのセンターフォワード。❸［commercial film］⇨本文「シーエフ」❹［crowdfunding］⇨本文「クラウドファンディング」

cf.［ラテン confer］「参照せよ」の意。

CFC［chlorofluorocarbon］クロロフルオロカーボン。フロンガスの一種。
CFE条約［(Treaty on) Conventional Armed Forces in Europe］欧州通常戦力条約。
CFFM［Chicago Financial Futures Market］シカゴ金融先物市場。
CFO［chief financial officer］最高財務責任者。
CFRP［carbon fiber reinforced plastics］炭素繊維強化プラスチック。
CFS［chronic fatigue syndrome］慢性疲労症候群。
CG［computer graphics］⇨本文「コンピューターグラフィックス」
CGM［consumer-generated media］インターネット上などで消費者自身が情報を発信して生成されるメディア。
CGRT［compensated gross registered tonnage］標準貨物船換算トン。
CGS単位［centimeter-gram-second (units)］⇨本文「シージーエス単位」
CI ❶［composite index］⇨本文「景気動向指数」❷［Consumers International］国際消費者機構。❸［corporate identity］コーポレートアイデンティティー。⇨本文「シーアイ」
CIA［Central Intelligence Agency］アメリカ中央情報局。⇨本文「シーアイエー」
CIF［cost, insurance and freight］シフ　運賃・保険料込み渡し。貿易の取引条件で、売り手が商品の仕向け地までの運賃と保険料を負担する。
CIM［computer-integrated manufacturing］シム　コンピューターによる統合生産管理システム。
CIO［chief information officer］最高情報責任者。
CIS［Commonwealth of Independent States］独立国家共同体。1991年ソ連解体後、連邦構成国のロシア・ベラルーシなどによって結成された国家連合体。
CISC［complex instruction set computer］シスク　複雑命令セットコンピューター。↔RISC
CITES［Convention on International Trade in Endangered Species of Wild Fauna and Flora］サイテス　絶滅の恐れのある野生動植物の種の国際取引に関する条約。通称、ワシントン条約。
CJD［Creutzfeldt-Jakob disease］⇨本文「クロイツフェルトヤコブ病」
CK［corner kick］⇨本文「コーナーキック」
CL［Champions League］サッカーのヨーロッパチャンピオンズリーグ。ヨーロッパでナンバーワンのクラブチームを決める大会。
Cl［chlorine］塩素の元素記号。
CLI［computer-led instruction］コンピューターを組み合わせた一斉授業システム。
CM［commercial message］⇨本文「コマーシャル」②
CME［Chicago Mercantile Exchange］シカゴマーカンタイル取引所。農畜産物、金融商品を取引する。
CMOS［complementary metal-oxide semiconductor］シーモス　相補型金属酸化膜半導体。消費電力が少なく携帯用電子機器等に利用される。
CMYK［cyan, magenta, yellow, key plate］シアン・マゼンタ・イエロー・黒の4色の組み合わせによる色の表現方式の一つ。
CNG［compressed natural gas］圧縮天然ガス。
CNN［Cable News Network］アメリカのニュース専門有線テレビ局。
CO ❶［carbon monoxide］一酸化炭素。❷［corporate officer］執行役員。
Co.［company］会社。
c/o［care of］～方。～気付。手紙の宛名に用いる。
COBOL［common business oriented language］コボル　コンピューターのプログラミング言語の一つ。事務データ処理用に多く用いられる。
COD［cash on delivery］代金引き換え払い。
COE［center of excellence］優れた頭脳と最先端の設備を備えた高等研究拠点。卓越した拠点の意。
Co.,Ltd.［company limited］株式会社。有限会社。
COMETS［Communications and Broadcasting Engineering Test Satellite］コメッツ　宇宙開発事業団の開発した通信放送技術衛星「かけはし」の別称。
COMEX［Commodity Exchange］コメックス　ニューヨーク商品取引所。
conj.［conjunction］接続詞。
COO［chief operating officer］最高執行責任者。
CO-OP［cooperative; cooperative society］コープ　生協。⇨本文「生活協同組合」
COP［Conference of the Parties］コップ　条約締約国会議。温室効果ガスの削減などについて議論する気候変動枠組条約締約国会議などがある。
Corp.［corporation］有限責任会社。法人。
COSMETS［Computer System for Meteorological Services］コスメッツ　気象庁による気象資料総合処理システム。
COVID-19［coronavirus disease 2019］コビッドナインティーン　2019年に検出された新型コロナウイルスによる感染症。
CP ❶［cerebral palsy］脳性まひ。❷［commercial paper］コマーシャルペーパー。短期資金調達のための無担保の約束手形。❸［cost performance］費用対効果。⇨本文「コストパフォーマンス」
CPA［certified public accountant］公認会計士。
CPI［consumer price index］消費者物価指数。
CPRM［Content Protection for Recordable Media］DVD規格で採用されている著作権保護技術の一つ。
CPU［central processing unit］コンピューターの中央処理装置。
CR［card reader］カード読み取り装置。『一機』
CR生産［clean and recirculating production］廃棄物再利用生産システム。
CRB［Central Reserve Bank］アメリカ中央準備銀行。
CRM［customer relationship management］顧客関係管理。顧客の多様な情報を管理することで、顧客満足度や企業収益の向上を目指す経営手法。
CRS［computer reservation system］コンピューターによる座席の予約・発券システム。
CRT［cathode-ray tube］ブラウン管。
CS ❶［chemical sensitivity］化学物質過敏症。❷［Climax Series］（和製英語）クライマックスシリーズ。日本のプロ野球で、日本シリーズへの出場をかけて、セントラル・リーグとパシフィック・リーグそれぞれの上位3球団が争うトーナメント方式の試合。❸［communication satellite］⇨本文「通信衛星」『一デジタル放送』❹［convenience store］⇨本文「コンビニエンスストア」❺［customer

satisfaction〕企業評価に用いる顧客満足度。

CSR〔corporate social responsibility〕企業の社会的責任。企業は社会利益や地球環境にも配慮すべきだという考え方。

CT〔computed tomography; computerized tomography〕コンピューター断層撮影法。⇨本文「シーティー」

C/T〔cable transfer〕電信為替。

CTスキャン〔CT scan〕コンピューター断層撮影装置（CTスキャナー）を用いて検査撮影すること。

CTBT〔Comprehensive Nuclear Test Ban Treaty〕⇨本文「包括的核実験禁止条約」⇒PTBT

CTC〔centralized traffic control〕列車集中制御装置。⇨本文「シーティーシー」

CTO〔chief technology officer〕最高技術責任者。

CTP〔computer to plate〕コンピューターで作成したデータを印刷用の金属板に直接出力して刷版をつくるシステム。

CTS〔computer(ized) typesetting system〕電算植字組版システム。

Cu〔ラテン cuprum〕銅の元素記号。

CV ❶〔character voice〕（和製英語）声優。特にアニメキャラクターの声の吹き替えなどを行う人。❷〔curriculum vitae〕履歴書。職務経歴書。

CVCCエンジン〔compound vortex controlled combustion engine〕複合渦流調整燃焼方式低公害エンジン。

CVS〔convenience store〕⇨本文「コンビニエンスストア」

CVT〔continuously variable transmission〕車の無段自動変速機。

C/W〔coupling with〕CDシングルで、タイトル曲以外にCDに同時収録される曲。

C&W〔country and western〕カントリー・アンド・ウエスタン。アメリカ南部の大衆音楽。

CWC〔Chemical Weapons Convention〕化学兵器禁止条約。

D

D/A変換〔digital-to-analog conversion〕デジタル信号をアナログ信号に変換すること。↔A/D変換

DAC〔Development Assistance Committee〕ダック 開発援助委員会。OECDの一機関。

DAD〔digital audio disc〕音声信号をデジタル化してディスクに記録したもの。

DAT〔digital audio tape recorder〕ダット デジタル信号で録音・再生できるカセットテープレコーダー。

DB〔database〕⇨本文「データベース」

dB〔decibel〕デシベル。音圧や音の強さの単位。

DC〔direct current〕直流電流。交流はAC。

D.C.〔伊 da capo〕ダカーポ。「はじめから繰り返して演奏せよ」の意。

DCブランド〔designer's and character's brand〕有名デザイナーの商標を持ったファッション商品。

DDT〔dichloro-diphenyl-trichloroethane〕殺虫剤の一種。⇨本文「ディーディーティー」

Dec.〔December〕12月。

DEP〔diesel exhaust particles〕ディーゼル排気微粒子。大気汚染物質の一つ。

dept.〔department〕部門。部。課。局。

DF ❶〔defender〕ディフェンダー。守備選手。❷〔defense〕⇨本文「ディフェンス」

DFS〔duty-free shop〕免税店。

DH〔designated hitter〕⇨本文「指名打者」

DHA〔docosahexaenoic acid〕ドコサヘキサエン酸。⇨本文「ディーエッチエー」

DI ❶〔diffusion index〕⇨本文「景気動向指数」❷〔discomfort index〕不快指数。

DIA〔Defense Intelligence Agency〕アメリカ国防情報局。

DIN〔独 Deutsche Industrie Norm〕ドイツ工業品標準規格。

DINKS〔double income, no kids〕ディンクス 子供のいない共働き夫婦。

DIY〔do-it-yourself〕ドゥイットユアセルフ。家具づくりや住居の修繕などを自分で行うこと。

DJ〔disk jockey〕⇨本文「ディスクジョッキー」

DK〔dining kitchen〕（和製英語）ダイニングキッチン。食堂を兼ねた台所。『3—』

DL〔download〕⇨本文「ダウンロード」

DLC〔downloadable content〕インターネットを通じて配信されるデジタルデータ・コンテンツ。

DM ❶〔direct mail〕⇨本文「ダイレクトメール」❷〔direct message〕SNSなどで特定の利用者と非公開のメッセージを直接送受信できる機能。

DMAT〔Disaster Medical Assistance Team〕ディーマット 災害派遣医療チーム。

DMV〔dual mode vehicle〕JR北海道が開発した、道路と鉄道レールの両方を走ることのできる車両。

DMZ〔demilitarized zone〕非武装地帯。

DNA〔deoxyribonucleic acid〕デオキシリボ核酸。⇨本文「ディーエヌエー」

DOS〔disk operating system〕ドス パソコン用の基本ソフト。MS-DOSを指す場合もある。

DPE〔developing, printing, enlarging〕（和製英語）⇨本文「ディーピーイー」

dpi〔dot per inch〕1インチあたりのドット数。プリンターやスキャナーの解像度を表す単位。

Dr.〔doctor〕博士。医師。

DRAM〔dynamic random-access memory〕ディーラム 記録保持動作が必要な、随時書き込み読み出しメモリー。⇒SRAM

DS〔discount store〕⇨本文「ディスカウントストア」

DSB〔Dispute Settlement Body〕WTO（世界貿易機関）の紛争解決機関。

DSL〔digital subscriber line〕デジタル加入者線。既存の電話線で高速デジタル伝送が可能な技術。

DSU〔digital service unit〕デジタル回線の端末接続機器の一つ。

DTM〔desktop music〕（和製英語）パソコンを用いて作曲・編曲等の楽曲制作を行うこと。

DTP〔desktop publishing〕デスクトップ・パブリッシング。⇨本文「ディーティーピー」

DV〔domestic violence〕家庭内暴力。⇨本文「ドメスティックバイオレンス」

DVD〔digital versatile disc〕デジタル多用途ディスク。⇨本文「ディーブイディー」

DVD-RW〔DVD rewritable〕何度も書き換え可能なDVD。

D-VHS〔data video home system〕VHS方式と互換性を持ちデジタル録画できる家庭用ビデオ。

dwt〔dead weight tonnage〕積載重量トン数。

DX ❶［deluxe］デラックス。豪華な。❷［digital transformation］デジタル技術の活用による変革。企業におけるビジネスモデルの変革や、それに伴う業務・組織の変革など。

E

eコマース［electronic commerce］インターネットを利用した商取引。ECとも。
eスポーツ［electronic sports］コンピューターゲームの対戦をスポーツ競技としたもの。
eラーニング［electronic learning］インターネットを使った学習や学習方法。
EAEC［East Asia Economic Caucus］東アジア経済協議体。
EBM［evidence-based medicine］科学的根拠に基づく医療行為。
EBRD［European Bank for Reconstruction and Development］欧州復興開発銀行。
EBU［European Broadcasting Union］欧州放送連合。
EC ❶［electronic commerce］電子商取引。eコマース。❷［European Community］欧州共同体。⇨本文「イーシー」
ECB［European Central Bank］欧州中央銀行。EUの通貨統合にともない、1998年発足。
ECCS［emergency core cooling system］原子炉の緊急炉心冷却装置。
ECG［electrocardiogram］⇨本文「心電図」
ECMO［extracorporeal membrane oxygenation］エクモ　体外式膜型人工肺。重症呼吸不全や重症心不全などの患者に用いる人工心肺。
ECSC［European Coal and Steel Community］欧州石炭鉄鋼共同体。
ECT［electronic controlled transmission］自動車の電子制御自動変速装置。
ECU［European Currency Unit］エキュ　ユーロ以前の欧州通貨単位。
ED ❶［elemental diet］成分栄養食。❷［erectile dysfunction］勃起障害。
EDカード［embarkation disembarkation card］出入国記録カード。
EDR［European Depositary Receipts］欧州預託証券。
EDTV［extended definition television］高画質化テレビ。クリアビジョン。
EEA［European Economic Area］欧州経済領域。
EEZ［Exclusive Economic Zone］排他的経済水域。
EFTA［European Free Trade Association］エフタ　欧州自由貿易連合。
EGR［exhaust gas recirculation］排気ガス再循環装置。
EI［education innovation］教育改革。
EIA［environment impact assessment］環境影響評価。⇨本文「環境アセスメント」
EL ❶［electric locomotive］電気機関車。❷［electroluminescence］電場発光。『有機—』
E-mail［electronic mail］Eメール。⇨本文「電子メール」
EMS ❶［European Monetary System］欧州通貨制度。❷［Express Mail Service］国際スピード郵便。
EMU［Economic and Monetary Union］EUの経済通貨同盟。
ENA［仏 École Nationale d'Administration］国立行政学院。フランスの高等教育機関。
EP［extended playing (record)］⇨本文「イーピー盤」
EPA ❶［Economic Partnership Agreement］経済連携協定。❷［Environmental Protection Agency］アメリカ環境保護局。
EPG［electronic program guide］電子番組表。デジタル放送で、画面に表示される番組ガイド。
EPO［erythropoietin］エリスロポエチン。主に腎臓で作られる、赤血球の産生を調節するホルモン。
EQ ❶［emotional quotient］感情指数。情緒の安定度を表す。❷［equalizer］イコライザー。
ER［emergency room］緊急救命室。
ES［entry sheet］(和製英語) ⇨本文「エントリーシート」
ES細胞［embryonic stem cell］胚性幹細胞。⇨本文「イーエス細胞」
ESA［European Space Agency］欧州宇宙機関。
ESCAP［Economic and Social Commission for Asia and the Pacific］エスカップ　国連アジア太平洋経済社会委員会。
ESG［environment, social and governance］環境・社会・企業統治という、企業が長期的成長を目指すために重要とされる3つの観点。
ESM［European Stability Mechanism］欧州安定メカニズム。金融安定化のための金融支援基金。
ESP［extrasensory perception］超感覚的知覚。第六感。霊感。
ESPRIT［European Strategic Program for Research and Development in Information Technology］エスプリ　欧州情報技術研究開発戦略計画。
ESS［English Speaking Society; English Study Society］英語会。英語クラブ。
ESTA［Electronic System for Travel Authorization］エスタ　電子渡航認証システム。アメリカ渡航時に必要となる認証手続き。
ET, E.T.［extra-terrestrial］地球外生物。異星人。
ETA［estimated time of arrival］到着予定時刻。⇒ETD
e-Tax イータックス　国税電子申告・納税システム。確定申告などの手続きを、インターネットを利用して行うシステム。
ETC［electronic toll collection system］自動料金収受システム。⇨本文「イーティーシー」
etc.［ラテン et cetera］エトセトラ。〜など。
ETD［estimated time of departure］出発予定時刻。⇒ETA
ETF［exchange traded funds］株価指数連動型投資信託。上場投資信託。
EU［European Union］欧州連合。⇨本文「イーユー」
EURATOM［European Atomic Energy Community］ユーラトム　欧州原子力共同体。
EUREKA計画［European Research Coordination Action］ユーレカ　欧州先端技術共同研究計画。
EV［electric vehicle］電気自動車。電気を動力源とし、モーターによって走る自動車。
EVA ❶［economic value added］経済的付加価値。企業の業績評価指標の一つ。❷［extravehicular activity］宇宙飛行士が宇宙で行う船外活動。

ex. [example] 例。
EXPO, expo [exposition] エクスポ 万国博覧会。⇨本文「エクスポ」
ext. [extension] 内線番号。

F

F ❶ [female] 女性。↔M ❷ [floor] フロア。床。(建物の) 階。⇒B
F1 [Formula One] 国際自動車連盟公認のレースのうちで最大排気量クラス。
FA ❶ [factory automation] 生産システムの自動化。❷ [free agent] 自由契約選手。⇨本文「フリーエージェント」
FAA [Federal Aviation Administration] アメリカ連邦航空局。
FAI [仏 Fédération Aéronautique Internationale] 国際航空連盟。
FAO [Food and Agriculture Organization] 国連食糧農業機関。⇨本文「エフエーオー」
FAQ [frequently asked questions] 多くの人からよく聞かれる質問と回答をまとめたもの。
FAS [free alongside ship] 船側渡し。貿易の取引条件で、売り手は商品を輸出港の本船の船側につけるまでの費用と危険を負担する。
FAX [facsimile] ファックス ⇨本文「ファクシミリ」
FB [financing bill] 政府短期証券。
FBE [foreign bill of exchange] 外国為替手形。
FBI [Federal Bureau of Investigation] 連邦捜査局。⇨本文「エフビーアイ」
FBR [fast-breeder reactor] ⇨本文「高速増殖炉」
FC ❶ [football club] サッカーのチーム。サッカー部。❷ [franchise chain] フランチャイズチェーン。⇨本文「フランチャイズ」② 『一加盟店』
FCC [Federal Communications Commission] アメリカ連邦通信委員会。
FC(E)V [fuel cell (electric) vehicle] 燃料電池自動車。
FD ❶ [floppy disk] ⇨本文「フロッピーディスク」❷ [freeze-drying] 凍結乾燥。⇨本文「フリーズドライ」
FDA [Food and Drug Administration] アメリカ食品医薬品局。
FDD [floppy disk drive] フロッピーディスクの駆動装置。
FDIC [Federal Deposit Insurance Corporation] アメリカ連邦預金保険公社。
FDR [flight data recorder] ⇨本文「フライトレコーダー」
Fe [ラテン ferrum] 鉄の元素記号。
Feb. [February] 2月。
FEMA [Federal Emergency Management Agency] フィーマ アメリカ連邦緊急事態管理庁。
FEN [Far East Network] アメリカ軍の極東放送。現在は局名をAFNに変更。
FF [front engine front drive] 前輪駆動。⇨本文「エフエフ」↔FR
FFレート [federal funds rate] フェデラルファンド金利。アメリカの銀行間の無担保短期金利。
FFP [frequent flier program] マイレージサービス。航空会社が乗客の搭乗距離に応じて提供するサービス。
FIA [仏 Fédération Internationale de l'Automobile] 国際自動車連盟。
FIAT [伊 Fabbrica Italiana Automobili Torino] フィアット イタリアの自動車メーカー。
FIFA [仏 Fédération Internationale de Football Association] フィーファ 国際サッカー連盟。
FIG [仏 Fédération Internationale de Gymnastique] 国際体操連盟。
fig. [figure] 図表。数字。
FILA [仏 Fédération Internationale de Luttes Associées] 国際レスリング連盟。2014年にUWW(世界レスリング連合) に改称。
FINA [仏 Fédération Internationale de Natation] フィナ 国際水泳連盟。
FIRE [financial independence, retire early] ファイア 資産運用などで経済的な自立を確立し、早期退職すること。
FIS [仏 Fédération Internationale de Ski] 国際スキー連盟。
FK [free kick] ⇨本文「フリーキック」
FM [frequency modulation] ⇨本文「エフエム放送」
FOB [free on board] 本船積み込み渡し。貿易の取引条件で、売り手は買い手の船に商品を積み込むまでの費用と危険を負担する。
FOMC [Federal Open Market Committee] アメリカ連邦公開市場委員会。
FOREX [foreign exchange] フォレックス 外国為替。
FP [financial planner] ファイナンシャルプランナー。資産運用の専門家。
FPS [first-person shooter] コンピューターゲームの一種。主人公の視点で表現された三次元空間内で行うシューティングゲーム。
FR [front engine rear drive] 後輪駆動。↔FF
FRA [forward rate agreement] 金利先渡し契約。
FRB ❶ [Federal Reserve Bank] アメリカ連邦準備銀行。❷ [Federal Reserve Board] アメリカ連邦準備制度理事会。全米の連邦準備銀行を統轄する。
Fri. [Friday] 金曜日。
FRN [floating rate note] 変動利付債。
FRP [fiber reinforced plastics] 繊維強化プラスチック。
FRS [Federal Reserve System] アメリカ連邦準備制度。アメリカの中央銀行制度。
FSX [fighter support experimental] 航空自衛隊の次期支援戦闘機。
ft, ft. [feet] フィート。ヤードポンド法の長さの単位。
FT100 [Financial Times Stock Exchange 100 Index] フィナンシャル・タイムズ (FT) 紙が発表する株価指数。ロンドン証券取引所上場の時価総額の大きい100社を対象とする。
FTA [Free Trade Agreement] 自由貿易協定。特定の国や地域間で関税や数量制限、サービス貿易の障壁を撤廃する取り決め。
FTC [Federal Trade Commission] アメリカ連邦取引委員会。
FTZ [free trade zone] 自由貿易地域。関税のかからない地域。
FW [forward] ⇨本文「フォワード」
FWD ❶ [four-wheel drive] 4WD。⇨本文「四輪駆

動」❷［front-wheel drive］車の前輪駆動。↔RWD

FX ❶［fighter-experimental］航空自衛隊の次期主力戦闘機。❷［foreign exchange］外国為替証拠金取引。⇨本文「エフエックス」

G

G1, GⅠ［grade one］ジーワン　多額の賞金のかかった最上位の競馬レース。

G5［Group of Five; Conference of Ministers and Governors of the Group of Five］ジーファイブ　先進5か国財務相・中央銀行総裁会議。

G7［Group of Seven; Conference of Ministers and Governors of the Group of Seven］ジーセブン　先進7か国財務相・中央銀行総裁会議。『―サミット』

G8［Group of Eight; Conference of Ministers and Governors of the Group of Eight］ジーエイト　G7にロシアを加えた首脳・閣僚会議。主要8か国首脳会議。

G20［Group of Twenty］ジートゥエンティー　20か国財務相・中央銀行総裁会議。

G77［Group of Seventy-Seven］77か国グループ。開発途上国77か国の集まり。

Gマーク［Good Design mark］⇨本文「ジーマーク」

GAB［General Arrangements to Borrow］IMF（国際通貨基金）の一般借り入れ取り決め。

GAFA［Google, Apple, Facebook, Amazon］ガーファ　アメリカの大手IT企業であるグーグル・アップル・フェイスブック（現 メタ）・アマゾンの総称。

GAO［Government Accountability Office］アメリカ連邦政府監査院。

GATT［General Agreement on Tariffs and Trade］ガット　関税及び貿易に関する一般協定。⇨本文「ガット」

GB［gigabyte］ギガバイト。コンピューターのデータ量の単位。1GBは1024MB。

GCA［ground controlled approach system］地上誘導着陸装置。

GCC［Gulf Cooperation Council］（ペルシャ）湾岸協力会議。

GCM［greatest common measure］最大公約数。

GCOS［Global Climate Observing System］全球気候観測システム。

GDE［gross domestic expenditure］国内総支出。

GDP［gross domestic product］国内総生産。⇨本文「ジーディーピー」

GEMS［Global Environmental Monitoring System］地球環境モニタリングシステム。

GEOS［Geodetic Satellite］ジオス　アメリカの測地衛星。

GG石油［government-to-government crude oil］政府間取引石油。

GHG［greenhouse gas］温室効果ガス。

GHQ［General Headquarters］連合国軍最高司令官総司令部。⇨本文「ジーエッチキュー」

GI［government issue］ジーアイ。米兵の俗称。

GID［gender identity disorder］⇨本文「性同一性障害」

GIF［graphics interchange format］ジフ　画像データを圧縮して保存するファイル形式の一つ。

GIGAスクール［Global and Innovation Gateway for All］ギガスクール　児童・生徒向けに1人1台の情報端末を配備し、通信ネットワークの整備された教育環境を実現する施策。

GIS ❶［geographic information systems］地理情報システム。❷［global information system］全地球的情報システム。

GK ❶［goalkeeper］⇨本文「ゴールキーパー」❷［goal kick］ゴールキック。サッカーで、自陣ゴールエリア内からゲーム再開時に行うキック。また、ラグビーで、トライ後等にゴールをねらって行うキック。

GLCM［ground-launched cruise missile］地上発射巡航ミサイル。

GLU, Glu［glucose］血糖。血液中のブドウ糖。

GM ❶［general manager］ゼネラルマネージャー。⇨本文「ジーエム」❷［General Motors］アメリカの自動車会社のゼネラルモーターズ社。

GMO［genetically modified organism］遺伝子組み換え作物。⇨本文「遺伝子組み換え」

GMS［general merchandise store］量販店。大規模小売店。

GMT［Greenwich Mean Time］グリニッジ標準時。GT（Greenwich Time）・UTとも。

GND［gross national demand］国民総需要。

GNE［gross national expenditure］国民総支出。

GNH［gross national happiness］国民総幸福量。

GNI［gross national income］国民総所得。⇨本文「ジーエヌアイ」

GNP［gross national product］国民総生産。⇨本文「ジーエヌピー」

GNS［gross national supply］国民総供給。

GOT［glutamic oxaloacetic transaminase］グルタミン酸オキサロ酢酸トランスアミナーゼ。肝臓や心筋の検査に利用。

GP［仏 grand prix］大賞。⇨本文「グランプリ」

GPA［grade point average］特定の計算方式を用いて算出した成績評価の平均値。また、その成績評価の方式。

GPIF［Government Pension Investment Fund］年金積立金管理運用独立行政法人。

GPS［global positioning system］全地球測位システム。⇨本文「ジーピーエス」

GPT［glutamic pyruvic transaminase］グルタミン酸ピルビン酸トランスアミナーゼ。特に肝臓障害の検査に利用。

GS ❶［gas station］⇨本文「ガソリンスタンド」❷［group sounds］（和製英語）⇨本文「グループサウンズ」

GSI［giant scale integration］コンピューターに用いる巨大規模集積回路。

GSOMIA［General Security of Military Information Agreement］ジーソミア　軍事情報包括保護協定。軍事情報を共有する国家間において、共有された秘密軍事情報の漏洩（ろうえい）を防ぐために定める協定。

GT［伊 Gran Turismo; grand touring car］グラントゥリズモ。高性能の長距離用高速自動車。

GUI［graphical user interface］コンピューターの画面上にアイコンや図で表示された情報を、マウスやタッチパネルなどによって操作する方式。

GW［golden week］（和製英語）⇨本文「ゴールデンウイーク」

Gy［gray］⇨本文「グレイ」

H

H-ⅡAロケット [H-ⅡA launch vehicle] 宇宙開発事業団が開発した大型ロケット。H-2Aとも。
ha [hectare] ヘクタール。面積の単位。1haは1万平方メートル。
Habitat ハビタット　国連人間居住計画。
HACCP [hazard analysis critical control point] ハサップ　危害分析重要管理点。食品の衛生管理と品質管理の体制が整っていることを表す。
HB ❶ [halfback] ⇨本文「ハーフバック」❷ [hard black] 鉛筆の芯の硬さで中程度のもの。❸ [home banking] ホームバンキング。自宅などからパソコンを使って銀行口座の残高照会、取引や決済を行うシステム。
Hb [独 Hämoglobin] ⇨本文「ヘモグロビン」
H-bomb [hydrogen bomb] 水素爆弾。
HBV [hepatitis B virus] B型肝炎ウイルス。
HC [head coach] ヘッドコーチ。スポーツで、選手を指導するコーチ団をまとめる役職。
HCB [hexachlorobenzene] ヘキサクロロベンゼン。人体に有害な化合物の一つ。
HD ❶[hard disk]⇨本文「ハードディスク」❷[holdings] ホールディングス。持ち株会社。
HDD [hard disk drive] ハードディスク駆動装置。
HDL [high density lipoprotein] 高密度リポたんぱく質。↔LDL
HDMI [high-definition multimedia interface] 映像と音声とをデジタル信号で送受するための接続規格の一つ。
HDSL [high-bit rate digital subscriber line] 高速デジタル加入者回線。
HDTV [high definition television] 高品位テレビ。⇨本文「ハイビジョン」
HE [human engineering] ⇨本文「人間工学」
HF [high frequency] 高周波。短波。
HFC [hydrofluorocarbon] 水素・フッ素・炭素からなるフロンガスの一種。塩素を含まずオゾン層は破壊しないが、高い温室効果がある。
Hg [ラテン hydrargyrum] 水銀の元素記号。
hi-fi [high fidelity] ハイファイ　音響機器で原音の再生度が高いこと。
HIV [human immunodeficiency virus] ヒト免疫不全ウイルス。⇨本文「エッチアイブイ」
HKD [Hong Kong dollar] 香港ドル。
HM [heavy metal] ⇨本文「ヘビーメタル」
HND [Haneda Airport] 東京国際（羽田）空港の空港コード。
HOゲージ [half of O-gauge] 軌道の間隔が16.5ミリメートル、縮尺が87分の1の鉄道模型。
HOPE [H-Ⅱ Orbiting Plane-Experimental] ホープ　宇宙往還技術試験機。日本版無人スペースシャトル。
HP [home page] ⇨本文「ホームページ」
hPa [hectopascal] ヘクトパスカル。気圧の単位。
HPV [human papillomavirus] ヒトパピローマウイルス。子宮頸（けい）がんなどの病気に関わるとされる。
HR ❶ [hard rock]（音楽の）ハードロック。❷ [homeroom] ⇨本文「ホームルーム」❸ [home run] ⇨本文「ホームラン」❹ [human resources] 人的資源。人材。また、人事。人事部。
HSST [high-speed surface transport] リニアモーターカーなどの超高速地表輸送機。
HST ❶ [Hubble Space Telescope] ハッブル宇宙望遠鏡。❷ [hypersonic transport] 極超音速旅客機。
HTLV-1 [human T-cell leukemia virus] ヒトT細胞白血病ウイルス。
HTML [hypertext markup language] ⇨本文「エッチティーエムエル」
http [hypertext transfer protocol] インターネット上でHTML文書や画像データの送受信に用いられるプロトコルの一つ。
HUGO [Human Genome Organization] ヒューゴ　ヒトゲノム解析機構。
HV [hybrid vehicle] ハイブリッド車。エンジンとモーターなど、異なる二つ以上の動力源を持つ輸送車両。
HVS [hyperventilation syndrome] 過換気症候群。
HWR [heavy water reactor] 重水炉。重水を減速材として用いる原子炉。↔LWR
Hz [hertz] ヘルツ。周波数・振動数の単位。

I

Iターン [I-turn]（和製英語）都心の出身者が地方に就職すること。地図上で人の動きがI字状になることから。
iモード [i-mode] NTTドコモによる携帯電話向けインターネット接続サービス。商標名。
IAAF [International Association of Athletics Federations] 国際陸上競技連盟。2019年にWAに改称。
IAEA [International Atomic Energy Agency] 国際原子力機関。
IATA [International Air Transport Association] イアータ　国際航空運送協会。
IAU [International Association of Universities] 国際大学協会。
IB [仏 Internationale Baccalauréat] 国際バカロレア。大学入学国際資格制度。
IBA [International Bar Association] 国際法曹学会。
IBF [international banking facilities] 国際銀行業務。
IBM [International Business Machines Corporation] アメリカのコンピューター製造会社。
IBRD [International Bank for Reconstruction and Development] 国際復興開発銀行。世界銀行。
IBT [Internet-based testing] インターネット上で行う試験。
IC ❶ [integrated circuit] ⇨本文「集積回路」❷ [interchange] ⇨本文「インターチェンジ」
ICタグ [integrated circuit tag] IC（集積回路）を内蔵した荷札。商品につけることで、その商品に触れなくても識別できる。
ICAO [International Civil Aviation Organization] イカオ　国際民間航空機関。国連の専門機関。
ICBM [intercontinental ballistic missile] 大陸間弾道ミサイル。⇨本文「アイシービーエム」
ICC ❶ [International Chamber of Commerce] 国際商業会議所。❷ [International Criminal Court] 国際刑事裁判所。
ICJ [International Court of Justice] 国際司法裁判所。
ICPO [International Criminal Police Organization]

国際刑事警察機構。⇨本文「インターポール」

ICRC [International Committee of the Red Cross] 赤十字国際委員会。1863年設立。

ICRP [International Commission on Radiological Protection] 国際放射線防護委員会。

ICT [information and communication technology] 情報通信技術。⇨本文「アイシーティー」

ICU [intensive care unit] 集中治療室。⇨本文「アイシーユー」

ID ❶ [identification] 身分証明。識別番号。⇨本文「アイディー」『―カード』❷ [industrial design] 工業デザイン。⇨本文「インダストリアルデザイン」

IDA [International Development Association] 国際開発協会。第二世界銀行ともいわれる。

IDD [international direct dialing] 国際直接ダイヤル通話。

iDeCo [individual-type Defined Contribution pension plan] イデコ　個人型確定拠出年金。私的年金制度の一つ。

IDR [international depositary receipt] 国際預託証券。

IE [industrial engineering] インダストリアルエンジニアリング。生産工学。

IEA [International Energy Agency] 国際エネルギー機関。OECD(経済協力開発機構)の下部機関。

IELTS [International English Language Testing System] アイエルツ　英語圏の国への留学や就労などに必要な英語力を総合的に測る英語検定。商標名。

IFC [International Finance Corporation] 国際金融公社。途上国の私企業に融資。国連の専門機関。

IFN [interferon] ウイルス抑制因子。⇨本文「インターフェロン」

IFO [identified flying object] 確認飛行物体。⇒UFO

IFRC [International Federation of Red Cross and Red Crescent Societies] 国際赤十字・赤新月社連盟。

IGA [International Grains Arrangement] 国際穀物協定。

IH [induction heating] 電磁誘導加熱。電磁調理器などの加熱原理。『―クッキングヒーター』

IISS [International Institute for Strategic Studies] 英国の国際戦略研究所。

IJF [International Judo Federation] 国際柔道連盟。

ILO [International Labour Organization] 国際労働機関。⇨本文「アイエルオー」

IME [input method editor] パソコンの日本語入力ソフト。

IMF [International Monetary Fund] 国際通貨基金。⇨本文「アイエムエフ」

IMO ❶ [International Maritime Organization] 国連の国際海事機関。❷ [International Mathematical Olympiad] 国際数学オリンピック。

Inc. [incorporated] 株式会社。法人。

INF [intermediate-range nuclear forces] 中距離核戦力。

INMARSAT [International Maritime Satellite Organization] インマルサット　国際海事衛星機構。

INP [index number of prices] 物価指数。

INS ❶ [inertial navigation system] 慣性航法装置。❷ [information network system] 高度情報通信システム。

INTELSAT [International Telecommunications Satellite Organization] インテルサット　国際電気通信衛星機構。

I/O [input/output] コンピューターで、入力と出力。

IOC [International Olympic Committee] 国際オリンピック委員会。⇨本文「アイオーシー」

IOJ [International Organization of Journalists] 国際ジャーナリスト機構。

iOS アップル社が開発しているiPhoneなどのOS(基本ソフト)。

IoT [Internet of Things] モノのインターネット。様々な物体をインターネットに接続し、通信機能を持たせる技術。

IP [internet protocol] インターネットプロトコル。コンピューターネットワークで通信を行うための規約。『―アドレス』

IP電話 [internet protocol telephone] インターネットを利用して音声データを送受信する電話。

IPA [international phonetic alphabet] 国際音声記号。

IPC [International Paralympic Committee] 国際パラリンピック委員会。

IPCC [Intergovernmental Panel on Climate Change] 気候変動に関する政府間パネル。

IPO [initial public offering] 新規株式公開。未上場会社が新たに株式を株式市場に上場し、流通させること。

iPS細胞 [induced pluripotent stem cell] 人工多能性幹細胞。⇨本文「アイピーエス細胞」

IQ ❶ [import quota] 輸入割り当て。❷ [intelligence quotient] ⇨本文「知能指数」

IR ❶ [information retrieval] 情報検索。❷ [integrated resort] 統合型リゾート。ホテル・商業施設・レストラン・劇場・カジノなどが集まった複合型の施設。❸ [investor relations] 投資家向け情報提供。

IRA [Irish Republican Army] アイルランド共和軍。

IRBM [intermediate-range ballistic missile] 中距離弾道ミサイル。

IRC [International Red Cross] 国際赤十字社。

IS [Islamic State] イスラミックステート。中東のイラクとシリアを拠点とするイスラム教スンニ派の過激派組織。

ISAF [International Security Assistance Force] 国際治安支援部隊。

ISBN [International Standard Book Number] 国際標準図書番号。⇨本文「アイエスビーエヌ」

ISD [international subscriber dialing] 国際電話加入者のダイヤル通話。

ISDB [Integrated Services Digital Broadcasting] 総合デジタル放送。

ISDN [Integrated Services Digital Network] 総合デジタルサービス通信網。⇨本文「アイエスディーエヌ」

ISO [International Organization for Standardization] イソ　国際標準化機構。⇨本文「アイエスオー」

ISP [Internet service provider] プロバイダー。イ

ンターネットへの接続サービスを提供する事業者。

ISS［International Space Station］⇨本文「国際宇宙ステーション」

ISTP［International Solar-Terrestrial Physics Program］太陽地球系物理国際観測計画。磁気圏探査計画。

ISU［International Skating Union］国際スケート連盟。

IT［information technology］情報技術。⇒ICT

ITC［International Trade Commission］アメリカ国際貿易委員会。

ITER［International Thermonuclear Experimental Reactor］イーター　国際熱核融合実験炉。

ITF［International Tennis Federation］国際テニス連盟。

ITS［Intelligent Transport Systems］高度道路交通システム。

ITU［International Telecommunication Union］国連の国際電気通信連合。

IUCN［International Union for Conservation of Nature and Natural Resources］国際自然保護連合。

IWC［International Whaling Commission］国際捕鯨委員会。

J

J［Japan］日本。

Jターン［J-turn］（和製英語）都心で暮らしている地方出身者が、出身地まで戻らずその途中の地域に就職すること。

Jリーグ［Japan Professional Football League］日本プロサッカーリーグの通称。

JA［Japan Agricultural Cooperatives］日本の「農業協同組合（農協）」の略称。

JAAF［Japan Association of Athletics Federations］日本陸上競技連盟。

JAEA［Japan Atomic Energy Agency］日本原子力研究開発機構。原子力と核燃料サイクル確立のための研究開発を行う。日本原子力研究所と核燃料サイクル開発機構を統合して2005年設立。

JAF［Japan Automobile Federation］ジャフ　日本自動車連盟。

JAL［Japan Airlines］ジャル　日本航空。

JAMA［Japan Automobile Manufacturers Association］日本自動車工業会。

JAN［Japanese Article Number code］ジャン　JIS（日本産業規格）制定の標準表示番号。JANコードは、バーコードとして商品に表示される。

Jan.［January］1月。

JARO［Japan Advertising Review Organization］ジャロ　日本広告審査機構。

JAS［Japanese Agricultural Standards］ジャス　日本農林規格。⇨本文「ジャス」

JASDAQ　ジャスダック　日本の新興企業むけの株式市場。

JASRAC［Japanese Society for Rights of Authors, Composers and Publishers］ジャスラック　日本音楽著作権協会。

JATA［Japan Association of Travel Agents］日本旅行業協会。

Java　ジャバ　アメリカのサンマイクロシステムズ社が開発したプログラミング言語。

JAXA［Japan Aerospace Exploration Agency］ジャクサ　宇宙航空研究開発機構。宇宙開発事業団など宇宙関連3機関の統合で2003年に発足した。

JCCI［Japan Chamber of Commerce and Industry］日本商工会議所。

JCI［Junior Chamber International Japan］日本青年会議所。

JCM［Japan Council of Metalworkers' Unions］全日本金属産業労働組合協議会。金属労協。

JCT［junction］高速道路などの合流点・分岐点。

JEM［Japanese Experiment Module］国際宇宙ステーション計画に参加する日本がステーションに設置した実験棟。「きぼう」と命名された。

JETRO［Japan External Trade Organization］ジェトロ　日本貿易振興機構。

JFA［Japan Football Association］日本サッカー協会。

JFK［John Fitzgerald Kennedy］アメリカ第35代大統領、J.F.ケネディ。

JFL［Japan Football League］日本フットボールリーグ。Jリーグの下のプロ・アマ混合のリーグ。

JICA［Japan International Cooperation Agency］ジャイカ　日本の国際協力機構。発展途上国への開発援助協力を実施。

JIS［Japanese Industrial Standards］ジス　日本産業規格。⇨本文「ジス」

JMTDR［Japan Medical Team for Disaster Relief］日本の国際救急医療チーム。

JOC［Japan Olympic Committee］日本オリンピック委員会。IOCの日本支部。

JOCV［Japan Overseas Cooperation Volunteers］青年海外協力隊。

JOM［Japan Offshore Market］東京オフショア市場。非居住者が参加できる日本の国際自由金融市場。

JP［Japan Post］日本郵便株式会社。

JPEG［joint photographic experts group］ジェーペグ　静止画像の圧縮規格。また、圧縮方法を定めた団体。

JPL［Jet Propulsion Laboratory］ジェット推進研究所。NASAの委託研究機関。

J-pop［Japanese pop］（和製英語）日本のポピュラー音楽。

JR［Japan Railways］⇨本文「ジェーアール」

Jr.［Junior］息子。二世。ジュニア。

JRA［Japan Racing Association］日本中央競馬会。

JRCS［Japan Red Cross Society］日本赤十字社。

JSPS［Japan Society for the Promotion of Science］日本学術振興会。

JST［Japan Standard Time］日本標準時。

JT［Japan Tobacco Inc.］日本たばこ産業株式会社。

JTC［Japanese Traditional Company］非生産的で旧態依然とした制度・企業文化が残る日本企業を指す言葉。インターネット上などで使用される俗語。

Jul.［July］7月。

Jun.［June］6月。

JV［joint venture］共同企業体。合弁会社。

K

K［strike out］野球やソフトボールでの三振。

K点［独 Konstruktions Punkt］ジャンプ台の建築基準点。以前はスキーのジャンプ競技で、それ以上飛

ぶと危険であることを示す極限点を言った。

KB ❶［kickback］キックバック。割り戻し制度。❷［kilobyte］キロバイト。コンピューターのデータ量の単位。1KBは1024B。

KD［knockdown］❶ ⇨本文「ノックダウン」❷ ⇨本文「ノックダウン方式」

KEDO［Korean Peninsula Energy Development Organization］ケドー　朝鮮半島エネルギー開発機構。

KGB［露 Komitet Gosudarstvennoi Bezopasnosti (Committee of National Security)］ソ連の国家保安委員会。

KGI［key goal indicator］重要目標達成指標。企業が設定した事業目標の達成度を測る指標。

KIX［Kansai International Airport］関西国際空港の空港コード。

KK［Kabushiki Kaisha］（和製語）株式会社。

KKK［Ku Klux Klan］クー・クラックス・クラン。アメリカの白人秘密結社。

KO［knockout］ケーオー。⇨本文「ノックアウト」

KPI［key performance indicator］重要業績評価指標。企業が設定した事業目標に対する達成度合いを測る中間的な指標。

K-pop［Korean pop］（和製英語）韓国のポピュラー音楽。

L

LA, L.A.［Los Angeles］ロサンゼルス。

LAN［local area network］ラン　同一の建物など、特定範囲に構築された情報通信ネットワーク。

LANDSAT［land satellite］ランドサット　アメリカの地球資源観測衛星。

LB［lactobacillus］乳酸菌。

LBG［liquefied butane gas］液化ブタンガス。

LBO［leveraged buyout］買収対象企業の資産を担保とした借入金による買収。

LC［letter of credit］貿易取引の信用状。L/Cとも。

LCC［low cost carrier］格安航空会社。機内サービスの簡素化などにより格安の航空券を販売する。

LCD［liquid crystal display］液晶表示装置。

LCM［least common multiple］最小公倍数。

LD ❶［laser disc］⇨本文「レーザーディスク」❷［learning disability］学習障害。⇨本文「エルディー」② ⇒ADHD

LDH［lactate dehydrogenase］乳酸脱水素酵素。これを検査することで肝臓、心筋、骨格筋などの障害を推測できる。

LDK［living, dining, kitchen］（和製英語）居間・食堂・台所の三つの機能を兼ねた部屋。『2—』

LDL［low density lipoprotein］低密度リポたんぱく質。↔HDL

LED［light-emitting diode］⇨本文「発光ダイオード」

LF飲料［low-fat drink］低脂肪飲料。

LGBT［lesbian, gay, bisexual, transgender］⇨本文「エルジービーティー」

Li［Lithium］リチウムの元素記号。

LIB, lib［liberation］リブ　女性解放運動。

LIBOR［London Interbank Offered Rate］ライボー　ロンドン銀行間取引金利。

LIFFE［London International Financial Futures Exchange］ロンドン国際金融先物取引所。

LK［living kitchen］（和製英語）リビングキッチン。台所と食堂・居間とを兼ねた部屋。

LL［language laboratory］視聴覚機器を備えた語学学習設備。ラボ。

LLC［limited liability company］合同会社。

LME［London Metal Exchange］ロンドン金属取引所。

LMG［liquefied methane gas］液化メタンガス。

LNG［liquefied natural gas］液化天然ガス。⇨本文「エルエヌジー」

LOHAS［Lifestyles of Health and Sustainability］ロハス　⇨本文「ロハス」

LOL［laughing out loud］大笑い。爆笑。主にインターネット上で使用される俗語。

LP［long-playing (record)］⇨本文「エルピー盤」

LPG［liquefied petroleum gas］液化石油ガス。⇨本文「エルピーガス」

LSD［lysergic acid diethylamide］リゼルグ酸ジエチルアミド。幻視・幻聴などをもたらす幻覚剤。

LSI［large-scale integration］大規模集積回路。⇨本文「エルエスアイ」

Ltd.［Limited］有限会社。

LTE［long term evolution］携帯電話などの移動体通信の通信規格の一つ。

LTTE［Liberation Tigers of Tamil Eelam］タミル・イーラム解放のトラ。分離独立を目指すスリランカのタミル人武装組織。

LWR［light water reactor］軽水炉。軽水を冷却材・減速材として用いる原子炉。↔HWR

lx［lux］ルクス。照度の単位。

M

M ❶［magnitude］マグニチュード。地震の規模を表す単位。❷［male］男性。↔F

M$_1$　通貨供給量を表す指標の一つ。個人・企業保有の現金通貨と金融機関の要求払い預金。M$_2$は、M$_1$＋定期性預金。M$_3$は、M$_2$＋郵便局その他の預貯金・信用元本。

MA［Master of Arts］文学修士。文学修士号。

M&A［mergers and acquisitions］企業の合併・買収。

MaaS［mobility as a service］マース　複数の公共交通機関や移動手段を一括して検索、予約、決済できるようにしたサービス。

MAD［mutual assured destruction］マッド　相互確証破壊。核による先制攻撃を加えても、同時に相手国から核による報復を受ける可能性があり、相互に核兵器を使用できない状態。

Mar.［March］3月。

MARS［Multi Access seat Reservation System］マルス　JRの各種チケット予約システム。

MaRV［maneuverable reentry vehicle］機動式核弾頭。

max.［maximum］マックス。マキシマム。最大。最大限。↔min.

MB［megabyte］メガバイト。コンピューターのデータ量の単位。1MBは1024KB、約100万バイト。

MBA［Master of Business Administration］経営学修士。

MBO ❶［management buyout］経営陣が、所属している企業や事業部門の株を買い取り経営権を掌握すること。❷［management by objectives］目標管

理。ドラッカーが提唱した言葉。

MC ❶［machining center］複合工作機械。❷［master of ceremonies］⇨本文「エムシー」

MCLS［mucocutaneous lymphnode syndrome］急性熱性皮膚粘膜リンパ節症候群。おもに乳幼児がかかる熱病。川崎病。

MD ❶［magnetic disk］磁気ディスク。❷［Mini Disc］⇨本文「ミニディスク」❸［missile defense］ミサイル防衛。敵の弾道ミサイルが着弾する前に迎撃ミサイルで撃ち落とすシステム。

MDMA［methylenedioxymethamphetamine］メチレンジオキシメタンフェタミン。合成麻薬の一つで、乱用により幻覚や精神錯乱、記憶障害などを引き起こす。

ME［microelectronics］マイクロエレクトロニクス。

Med［Mediterranean Sea］地中海。

MERS［Middle East respiratory syndrome］マーズ 中東呼吸器症候群。

MF ❶［medium frequency］中波。❷［midfielder］⇨本文「ミッドフィルダー」

MFN［most favored nation］最恵国。関税や投資条件など通商面や航海面での有利な待遇（最恵国待遇）を認められる。

Mg［magnesium］マグネシウムの元素記号。

MHD発電［magneto-hydro-dynamics power generation］電磁流体力学を応用した発電。

MHz［megahertz］メガヘルツ。周波数の単位。100万ヘルツ。

MI［Military Intelligence］英国の軍事諜報部。MI5は国内、MI6は海外活動を担当。

MICE［Meeting, Incentive, Convention and Event; Meeting, Incentive, Convention and Exhibition］マイス 多数の人が集まるビジネスイベントの総称。

MIDAS［Missile Defense Alarm System］ミダス アメリカのミサイル防衛警戒システム。

MIDI［musical instrument digital interface］ミディ 電子楽器やコンピューター間で演奏情報を伝送するための共通規格。

MIGA［Multilateral Investment Guarantee Agency］ミガ 多数国間投資保証機関。世界銀行の下部組織。

MILF［Moro Islamic Liberation Front］モロ・イスラム解放戦線。フィリピン南部ミンダナオ島の独立を目指すイスラム過激派組織。

min.［minimum］ミニマム。最小。↔max.

MIPS［million instructions per second］ミップス コンピューターの演算速度を示す単位。

MIRV［multiple independently targetable reentry vehicle］個別誘導複数目標弾頭。

MIS［management information system］経営情報システム。

MIT［Massachusetts Institute of Technology］マサチューセッツ工科大学。

MKS単位［meter-kilogram-second (units)］⇨本文「エムケーエス単位」

MKSA単位［meter-kilogram-second-ampere (units)］MKS単位にアンペア（電流の単位）を加えた単位系。

ML［mailing list］⇨本文「メーリングリスト」

MLB［Major League Baseball］アメリカで最上位のプロ野球団連盟。⇨本文「メジャーリーグ」

MMC［money market certificate］市場金利連動型預金。

MMF［money management fund］短期の公社債や金融商品などを運用する投資信託。

MMT［modern monetary theory］現代貨幣理論。自国通貨を発行する政府は、国債をどれだけ発行しても財政破綻<ruby>はたん</ruby>はしないため、インフレにならない限り積極的な財政政策をするべきであるとする理論。

MNP［mobile number portability］番号ポータビリティ。携帯電話などで、契約する事業者を変更しても電話番号を継続して使用できる制度。

MO［magneto-optical disk］光磁気ディスク。⇨本文「エムオー」

modem［modulator＋demodulator］モデム 変復調装置。⇨本文「モデム」

MOF［Ministry of Finance］モフ 財務省。

MoMA［Museum of Modern Art］モマ ニューヨーク近代美術館。

Mon.［Monday］月曜日。

MOSS［market-oriented sector selective talks］モス アメリカが日本市場を開放させるために提案した市場分野別協議。市場重視型個別協議。

MOT［management of technology］技術経営。知的財産や医療など特定の技術を取り入れた経営。

MOX［mixed oxide］モックス 混合酸化物。『一燃料』

MP［military police］米陸軍の憲兵。

MP3［MPEG-1 Audio Layer-3］エムピースリー 音楽などの音声データを圧縮するための規格の一つ。

MPAA［Motion Picture Association of America］アメリカ映画協会。

MPEG［moving picture experts group］エムペグ コンピューターの動画像の圧縮規格。また、圧縮方法を定めた団体。この規格の音声部分がMP3。

MPU［microprocessor unit］コンピューター本体の超小型演算処理装置。CPU（中央演算処理装置）の機能を一つのLSI（大規模集積回路）にまとめたもの。

MPV［multi-purpose vehicle］多目的乗用車。

MR ❶［medical representative］医薬情報担当者。製薬会社に所属して医薬品の情報提供を行う営業職。❷［mixed reality］複合現実。現実世界と仮想現実を融合させた空間を構築する技術。

MRA［magnetic resonance angiography］磁気共鳴血管造影。⇨本文「エムアールエー」

MRF［money reserve fund］公社債投資信託。証券会社の総合口座。

MRI［magnetic resonance imaging］磁気共鳴画像法。⇨本文「エムアールアイ」

mRNA［messenger ribonucleic acid］メッセンジャーRNA。DNA上のたんぱく質の構造を指定する情報を写し取る。⇒tRNA

MRSA［methicillin-resistant staphylococcus aureus］メチシリン耐性黄色ブドウ球菌。

MRV［multiple reentry vehicle］複数核弾頭。

MS［mission specialist］ミッションスペシャリスト。宇宙船に搭乗するシステムの運用技術者。

MS-DOS［Microsoft Disk Operating System］エムエスドス アメリカのマイクロソフト社が開発したパソコン用の基本ソフト。ウインドウズ登場前に広く使われた。

MSF［仏 Médecins Sans Frontières］国境なき医師団。

MSI［medium scale integration］コンピューターの

中規模集積回路。

MT [manual transmission] 手動変速装置。『一車』⇒AT

MTB [mountain bike] ⇨本文「マウンテンバイク」

MTCR [Missile Technology Control Regime] ミサイル技術管理レジーム。大量破壊兵器の運搬手段であるミサイルや関連汎用品・技術の輸出管理体制。

MTV [Music Television] アメリカのポピュラー音楽専門のケーブルテレビ局。

MV [music video] ミュージックビデオ。楽曲の持つイメージなどを表現した映像作品。⇒PV

MVNO [mobile virtual network operator] 仮想移動体通信事業者。携帯電話の通信設備などを他から借り入れてサービスを提供する事業者。

MVP [most valuable player] ⇨本文「エムブイピー」

Mw [moment magnitude] モーメントマグニチュード。地震の規模を表す単位。震源での断層の面積とずれの大きさから地震のエネルギーを算出する。

N

Nゲージ [nine gauge] 軌道の間隔が9ミリメートル、日本では縮尺が150分の1の鉄道模型。

Na [独 Natrium] ナトリウムの元素記号。

NAACP [National Association for the Advancement of Colored People] 全米黒人地位向上協会。

NACC [North Atlantic Cooperation Council] 北大西洋協力評議会。

NAFTA [North American Free Trade Agreement] ナフタ 北米自由貿易協定。

NAM [National Association of Manufacturers] 全米製造業者協会。

NAPS [Numerical Analysis and Prediction System] ナプス(ナップス) 数値解析予報システム。

NAS [National Academy of Sciences] 全米科学アカデミー。

NASA [National Aeronautics and Space Administration] ナサ アメリカ航空宇宙局。⇨本文「ナサ」

NASD [National Association of Securities Dealers] 全米証券業協会。

NASDA [National Space Development Agency of Japan] ナスダ 宇宙開発事業団。2003年JAXAに統合された。

NASDAQ [National Association of Securities Dealers Automated Quotations] ナスダック アメリカの店頭株式市場の相場通報システム。また、それを利用した取引市場。

NATO [North Atlantic Treaty Organization] ナトー 北大西洋条約機構。⇨本文「ナトー」

NB [national brand] ナショナルブランド。全国的に有名なメーカーのブランド。↔PB

N.B. [ラテン nota bene]「よく注意せよ」の意。

NBA [National Basketball Association] アメリカバスケットボール協会。全米のプロバスケットボールリーグの一つ。

NBC [National Broadcasting Company] ナショナル放送。アメリカの三大テレビ放送網の一つ。

NBC兵器 [nuclear, biological and chemical weapons] 核・生物・化学兵器の総称。⇒ABC兵器

NC [numerical control] 数値制御。『一工作機械』

NEDO [New Energy and Industrial Technology Development Organization] ネド 日本の新エネルギー・産業技術総合開発機構。

NEET [not in education, employment or training] ニート ⇨本文「ニート」

NEPAD [New Partnership for Africa's Development] アフリカ開発のための新パートナーシップ。貧困撲滅と世界経済への参入などを目標に、アフリカ統一機構(現 アフリカ連合)が策定した総合的復興計画。

NF [National Front] 国民戦線。民族戦線。

NFC [National Football Conference] 全米のプロアメリカンフットボールリーグ(NFL)の一つ。

NFL [National Football League] 全米プロアメリカンフットボールリーグ。

NFT [non-fungible token] 非代替性トークン。インターネット上の技術により個別のものとして識別され、コピーや改ざんを難しくしたデジタルデータ。

NG [no good] ⇨本文「エヌジー」

NGO [non-governmental organization] 非政府組織。⇨本文「エヌジーオー」

NHK [Nippon Hoso Kyokai] 日本放送協会。⇨本文「エヌエイチケー」

NHL [National Hockey League] 北米アイスホッケーリーグ。

NI [national income] 国民所得。

NICS [newly industrializing countries] ニックス 1970年代に工業化した新興工業国。1988年にNIESに改称。

NICU [neonatal intensive care unit] 新生児集中治療室。

NIE [Newspaper in Education]「教育に新聞を」。学校の授業で新聞を生きた教材として使う運動。

NIES [newly industrializing economies] ニーズ 新興工業経済地域。

NIH [National Institutes of Health] アメリカ国立衛生研究所。

NIRA [Nippon Institute for Research Advancement] ニラ 公益財団法人NIRA総合研究開発機構。官民出資によるシンクタンク。

NIS諸国 [New Independent States] ソ連解体後の新興独立国。バルト3国を除く12か国の総称。

NISA [Nippon Individual Savings Account] ニーサ 少額投資非課税制度。個人投資家を対象にした株式や投資信託などの少額投資の利益に対する非課税制度。

NISC [National center of Incident readiness and Strategy for Cybersecurity] ニスク 内閣サイバーセキュリティセンター。

NK細胞 [natural killer cell] ナチュラルキラー細胞。腫瘍(しゅよう)細胞を破壊する機能を持つ。

NL [National League] ナショナルリーグ。アメリカのプロ野球の二大リーグの一つ。⇒AL

NLD [National League for Democracy] ミャンマーの国民民主連盟。

NMD [National Missile Defense] アメリカ本土を弾道ミサイルから守るための防衛体制。

NNE [net national expenditure] 国民純支出。

NNP [net national product] 国民純生産。

no. [ラテン numero; 仏 nombre] ナンバー。ノンブル。

NOAA [National Oceanic and Atmospheric Administration] ノア アメリカ海洋大気局。

NOC［National Olympic Committee］各国の国内オリンピック委員会。

NORAD［North American Aerospace Defense Command］ノーラッド　北米航空宇宙防衛司令部。

NOTAM［notice to airmen］ノータム　航空情報。

Nov.［November］11月。

NOx［nitrogen oxide］ノックス　大気汚染の原因となる窒素酸化物の総称。

NPA［New People's Army］新人民軍。フィリピンの反政府共産組織。

NPB［Nippon Professional Baseball Organization］日本野球機構。

NPM［new public management］民間企業の経営手法を公共部門に取り込み、効率・活性化を図ること。

NPO［nonprofit organization］民間非営利組織。⇨本文「エヌピーオー」

NPT［(Nuclear) Non-proliferation Treaty; Treaty on the Non-Proliferation of Nuclear Weapons］核拡散防止条約。

NRA［National Rifle Association］全米ライフル協会。

NRC［Nuclear Regulatory Commission］アメリカ原子力規制委員会。

NRT［Narita Airport］成田国際空港の空港コード。

NSA［National Security Agency］アメリカ国家安全保障局。

NSC［National Security Council］アメリカ国家安全保障会議。

NSS［National Security Secretariat］国家安全保障局。

NTT［Nippon Telegraph and Telephone Corporation］日本電信電話株式会社。グループ内にNTT東・西日本、NTTドコモなどを持つ。

NY, N.Y.［New York］⇨本文「ニューヨーク」

NYMEX［New York Mercantile Exchange］ナイメックス　ニューヨークマーカンタイル取引所。

NYPD［New York Police Department］ニューヨーク市警本部。

NYSE［New York Stock Exchange］ニューヨーク証券取引所。

O

O157［Escherichia coli O-157］腸管出血性大腸菌。⇨本文「オーいちごなな」

OA［office automation］⇨本文「オフィスオートメーション」

OAEC［Organization of Asian Economic Cooperation］アジア経済協力機構。

OAPEC［Organization of Arab Petroleum Exporting Countries］オアペック　アラブ石油輸出国機構。1968年結成。

OAS［Organization of American States］米州機構。

OAU［Organization of African Unity］アフリカ統一機構。2002年にAU(アフリカ連合)に改組。

OB ❶［old boy］(和製英語) 卒業・退職をした先輩。↔OG ❷［out of bounds］ゴルフで、プレー区域外。

OCA［Olympic Council of Asia］アジア・オリンピック評議会。

OCR［optical character reader］コンピューターの光学式文字読み取り装置。

Oct.［October］10月。

ODA［official development assistance］政府開発援助。⇨本文「オーディーエー」

OECD［Organization for Economic Cooperation and Development］経済協力開発機構。⇨本文「オーイーシーディー」

OED［Oxford English Dictionary］オックスフォード英語辞典。

OEM［original equipment manufacturing; original equipment manufacturer］委託してきた企業の名前やブランド名で製品を生産すること。また、その生産者。

Off JT［Off the Job Training］日常の職場を離れて行う研修。↔OJT

OG ❶［old girl］(和製英語) 卒業・退職をした女性の先輩。↔OB ❷［own goal］自殺点。⇨本文「オウンゴール」

OHCHR［Office of the United Nations High Commissioner for Human Rights］国連人権高等弁務官事務所。

OHP［overhead projector］⇨本文「オーバーヘッドプロジェクター」

OIC［Organization of the Islamic Conference］イスラム諸国会議機構。

OJT［On the Job Training］実地研修。日常業務を通じた教育訓練。↔Off JT

OK ⇨本文「オーケー」

OL ❶［office lady］(和製英語) ⇨本文「オーエル」❷［orienteering］⇨本文「オリエンテーリング」

OMG［oh my god］強い驚きや感動等の様々な感情を表す語。インターネット上で使用される俗語。

OMR［optical mark reader］光学式マーク読み取り装置。

OP［opening］オープニング。開始。

OPEC［Organization of the Petroleum Exporting Countries］オペック　石油輸出国機構。⇨本文「オペック」

OR［operations research］オペレーションズリサーチ。合理化経営のための科学的調査・研究。

OS［operating system］コンピューターの基本ソフト。⇨本文「オペレーティングシステム」

OSCE［Organization for Security and Cooperation in Europe］ヨーロッパ安全保障協力機構。

OSINT［open-source intelligence］オシント　インターネット情報などを利用して、一般に入手可能な情報を収集・分析して行う調査・諜報(ちょうほう)活動。

OST［original soundtrack］映像作品に使用された音楽等を収録した記録媒体。また、その音楽や音声。

OTC［over-the-counter］処方箋なしで購入できる医薬品。

OVA［original video animation］(和製英語) 初めからビデオなどのソフトとして販売するために作られたアニメ作品。

OX［oxidant］オキシダント。酸化性物質。

P

P波［primary wave］⇨本文「ピー波」↔S波

PA［parking area］パーキングエリア。駐車場。高速道路の休憩所。

PAD［peripheral arterial disease］末梢(まっしょう)動脈疾患。

PANA [Pan-Asia Newspaper Alliance] パナ通信社。

PB ❶ [primary balance] 基礎的財政収支。国や地方自治体などの会計における財政収支。❷ [private brand] ⇨本文「プライベートブランド」↔NB

PBR [price book-value ratio] 株価純資産倍率。

PBX [private branch exchange] 電話などの構内交換設備。

PC ❶ [personal computer] ⇨本文「パーソナルコンピューター」『―ゲーム』❷ [political correctness] 政治的妥当性。⇨本文「ポリティカルコレクトネス」

PCボード [printed-circuit board] プリント基板。

PCB [polychlorinated biphenyl] ポリ塩化ビフェニール。⇨本文「ピーシービー」

PCM [pulse code modulation] パルス符号変調。音のデジタル再生方式の一つ。

PCR [polymerase chain reaction] DNAの複製手法。遺伝子検査などに応用される。

PDA [personal digital assistant] 携帯情報端末。⇨本文「ピーディーエー」

PDCAサイクル [plan, do, check, action cycle] 計画・実行・評価・改善を繰り返すことで継続的な業務改善を行う管理方法。

PDF [Portable Document Format] アメリカのアドビ社が開発したインターネット上での電子文書の規格。パソコン環境に関係なく閲覧が可能。

PEN, P.E.N. [International Association of Poets, Playwrights, Editors, Essayists and Novelists] 国際ペンクラブ。1922年にロンドンで創設。

PER [price earnings ratio] 株価収益率。

PET ❶ [polyethylene terephthalate (resin)] ポリエチレンテレフタレート(樹脂)。『―ボトル(容器)』❷ [positron emission tomography] 陽電子放射線断層撮影(装置)。がん細胞を早期発見するための検査。

PFI [private finance initiative] 民間資金等活用事業。社会資本整備を民間の資金や能力で行う手法。

PG [penalty goal] ⇨本文「ペナルティーゴール」

PG12 [parental guidance] 映画鑑賞の年齢制限の一つで、12歳未満の年少者には親または保護者の助言・指導が必要とされることを表す。

PGA [Professional Golfers' Association of America] アメリカのプロゴルフ協会。

PGM [precision-guided munitions] 精密誘導兵器。

pH [potential of hydrogen] 水素イオン濃度を表す単位。ペーハー。

Ph.D. [ラテン Philosophiae Doctor; Doctor of Philosophy] 博士号。

PH(E)V [plug-in hybrid (electric) vehicle] プラグインハイブリッド車。搭載したバッテリーに外部充電機能を加えたハイブリッド車の一種。

PHS [personal handyphone system] 簡易型携帯電話。⇨本文「ピーエッチエス」

PISA [Programme for International Student Assessment] ピザ 国際学習到達度調査。

PK [penalty kick] ⇨本文「ペナルティーキック」

PKF [Peacekeeping Forces] 国連平和維持軍。

PKO ❶ [Peacekeeping Operations] 国連平和維持活動。⇨本文「ピーケーオー」❷ [price keeping operation] 株価維持政策。

PL [product liability] 製造物責任。⇨本文「ピーエル法」

P/L [profit and loss statement] 損益計算書。

PLI [People's Life Indicators] 新国民生活指標。1992年から「国民生活指標(NSI)」にかわり公表されていた国民の生活統計体系。

PLO [Palestine Liberation Organization] パレスチナ解放機構。⇨本文「ピーエルオー」

PM ❶ [particulate matter] 粒子状物質。排気ガスに含まれる有害物質。❷ [phase modulation] 位相変調。❸ [prime minister] 首相。総理大臣。

p.m. [ラテン post meridiem] 午後。↔a.m.

PM2.5 [particulate matter] 微小粒子状物質。⇨本文「ピーエムにてんご」

PMS [premenstrual syndrome] 月経前症候群。

PNC [Palestine National Council] パレスチナ民族評議会。

POD [print on demand] オンデマンド印刷。注文に応じて書籍等を印刷・販売する。

POP [point of purchase] ポップ 購買時点。店頭。購買意欲を刺激するような広告。

POS [point of sales] ポス 販売時点情報管理。⇨本文「ポス」『―システム』

PP ❶ [pole position] ⇨本文「ポールポジション」❷ [polypropylene] ポリプロピレン。軽くて熱に強い合成樹脂。

ppm [parts per million] 100万分率。⇨本文「ピーピーエム」

PPP [polluter pays principle] 環境汚染の汚染者負担の原則。

PPV [pay-per-view] ペイパービュー。有料テレビで、見た番組に応じて料金を支払う方式。

PR [public relations] 広報活動。⇨本文「ピーアール」

P&R [park and ride] 自宅から自家用車で最寄り駅まで行き、そこからは公共交通機関で移動すること。

Prof. [professor] 教授。プロフェッサー。

pron. [pronoun] 代名詞。

PRTR [Pollutant Release and Transfer Register] 環境汚染物質排出・移動登録。有害化学物質の排出量を企業が行政に届け、行政が集計を公表する制度。

PS ❶ [payload specialist] ペイロードスペシャリスト。宇宙船に搭乗する科学技術者。❷ [Play Station] 家庭用ゲーム機の商標名。

P.S. [postscript] 追伸。⇨本文「ピーエス」

PSA [prostate specific antigen] 前立腺特異抗原。前立腺がんの検査に用いられる。

PSC [Port State Control] 寄港国が外国船舶に対し、航行の安全や環境保全を目的に、船の構造や装備の立ち入り検査をする制度。

PSD [psychosomatic disease] ⇨本文「心身症」

PSEマーク [product safety, electrical appliance and materials] 安全基準を満たしているとして家電製品に表示が義務づけられているマーク。

PT ❶ [physical therapist] 理学療法士。❷ [project team] プロジェクトチーム。新規事業や問題解決のために編成される臨時の組織。

Pt [platinum; スペイン platina] 白金の元素記号。

PTA [Parent-Teacher Association] ⇨本文「ピーティーエー」

PTBT [Partial Test Ban Treaty] 部分的核実験禁止

条約。⇒CTBT
PTSD［post-traumatic stress disorder］心的外傷後ストレス障害。⇨本文「ピーティーエスディー」
PV ❶［page view］あるウェブサイトが閲覧された回数を表す単位。❷［promotion video］プロモーションビデオ。楽曲宣伝用の映像。⇒MV ❸［public viewing］パブリックビューイング。競技場や公園等に設置された大型の映像装置で、スポーツ競技等を観戦すること。
PVC［polyvinyl chloride］ポリ塩化ビニール。
PWR［pressurized water reactor］加圧水型軽水炉。高温高圧の軽水を蒸気に変えて発電する原子炉。
PX［post exchange］米軍の兵営内の売店。酒保。

Q

QA［quality assurance］品質保証。
Q&A［question and answer］質問と答え。
QB［quarterback］クォーターバック。アメリカンフットボールのバックスの一人。
QC［quality control］品質管理。『―サークル』
QE［quantitative easing］量的緩和。金融政策の一つ。
Q.E.D.［ラテン quod erat demonstrandum］「証明終わり」の意。数学や哲学で末尾を示す。
QOL［quality of life］クオリティーオブライフ。身体的、精神的、社会的に満足して暮らせているかという観点から見た、生活の質。
QRコード［Quick Response Code］⇨本文「キューアールコード」

R

®［registered trademark］「登録商標」を示す印。
R因子［resistance factor］薬剤耐性因子。抗生物質などに耐性を持つ細菌をつくる原因となる遺伝因子。
R指定［restricted］⇨本文「アール指定」
rad ❶［radian］ラジアン。角度の単位。弧度。❷［radiation］ラド　放射線の吸収線量を表す旧単位。現在はグレイ。
RAM［random-access memory］ラム　情報の読み出しと書き込みができる記憶装置。
R&B［rhythm and blues］⇨本文「リズムアンドブルース」
RC［Red Cross］赤十字社。⇨本文「赤十字」②
RCC［The Resolution and Collection Corporation］整理回収機構。公的資金を投入された破綻(はたん)金融機関などの資産の整理・回収を業務とする。
RCEP［Regional Comprehensive Economic Partnership］アールセップ　東アジア地域包括的経済連携協定。
R&D ❶［research and development］研究開発。❷［research and development ratio］R&Dレシオ。1株当たりの研究開発費を株価で割った比率。
RDF［refuse-derived fuel］ごみ固形化燃料。
RE［rotary engine］⇨本文「ロータリーエンジン」
REIT［real estate investment trust］リート　不動産投資信託。
rem［roentgen equivalent man］レム　生体実効線量。人体に影響を与える放射線被曝(ひばく)量の単位。
RGB［red, green, blue］赤・緑・青の3色の組み合わせによる色の表現方式の一つ。
Rh因子［rhesus factor］⇨本文「アールエッチ因子」
RIMPAC［Rim of the Pacific Exercise］リムパック　米海軍主催で、環太平洋諸国が参加する合同演習。
RISC［reduced instruction set computer］リスク　命令数を削減して処理を高速化したコンピューター。縮小命令セットコンピューター。↔CISC
RNA［ribonucleic acid］リボ核酸。たんぱく質を合成する。『―ウイルス』
ROA［return on assets］総資産に対する利益率。
ROE［return on equity］株主資本利益率。
ROI［return on investment］投資利益率。
ROM［read-only memory］ロム　読み出し専用の記憶装置。
RPG［role-playing game］⇨本文「ロールプレーイングゲーム」
R&R［rock'n'roll］⇨本文「ロックンロール」
RV［recreational vehicle］レクリエーション用自動車。
RWD ❶［rear-wheel drive］車の後輪駆動。↔FWD ❷［rewind］テープの巻き戻し。

S

S波［secondary wave］⇨本文「エス波」↔P波
Sマーク［Safety mark］安全基準合格マーク。
SA［service area］⇨本文「サービスエリア」
SAARC［South Asian Association for Regional Cooperation］南アジア地域協力連合。1985年発足。
SACO［Special Action Committee on Okinawa］沖縄に関する特別行動委員会。日米両政府による沖縄の米軍施設にかかわる協議を行う委員会。
SAJ［Ski Association of Japan］全日本スキー連盟。
SAL便［surface air-lifted mail］サル便　船便扱いの航空小包。
SALT［Strategic Arms Limitation Talks］ソルト　アメリカとソ連の戦略兵器制限交渉。
SAR［search and rescue system］サー　人工衛星を利用した国際的な捜索救難システム。
SARS［Severe Acute Respiratory Syndrome］サーズ　重症急性呼吸器症候群。⇨本文「サーズ」
SAS［sleep apnea syndrome］睡眠時無呼吸症候群。
SAT［Special Assault Team］サット　特殊部隊。テロなどに対応する特殊急襲部隊。
Sat.［Saturday］土曜日。
SBU［strategic business unit］戦略的事業単位。複数の事業部門を戦略的に束ねて組織のリーダーシップ機能を発揮させるというマネージメント。
SCJ［Science Council of Japan］日本学術会議。
SCO［Shanghai Cooperation Organization］上海協力機構。中国・ロシア、中央アジアの国々を中心に構成される地域協力機構。上海に設立。
SCU［stroke care unit］脳卒中患者の集中治療室。
SD ❶［standard deviation］標準偏差。❷［super deformed］アニメキャラクターなどを2、3頭身に変形させて描いたもの。
SDカード［SD card］SDメモリーカード。データの記録・保存のための小型記録媒体の一つ。
SDGs［Sustainable Development Goals］エスディージーズ　持続可能な開発目標。⇨本文「エスディージーズ」
SDI［Strategic Defense Initiative］（アメリカの）戦略防衛構想。

SDR [special drawing rights] IMF特別引き出し権。

SDSL [symmetric digital subscriber line] 対称デジタル加入者線。アナログ回線を利用した技術。

SE ❶ [sound effects] サウンドエフェクト。映画や舞台などの音響効果。❷ [systems engineer] ⇨本文「システムエンジニア」

SEC [Securities and Exchange Commission] セック アメリカの証券取引委員会。

SEO [search engine optimization] 検索エンジン最適化。インターネット上の検索結果で特定のウェブサイトを上位に表示させる手法。

Sep. [September] 9月。

SETI [Search for Extraterrestrial Intelligence] セチ 地球外（宇宙）での知的文明探査計画。

SF [science fiction] 空想科学小説。⇨本文「エスエフ」

SFマーク [Safety Fireworks mark] 安全基準に合格した花火につけられるマーク。

SFX [special effects] 映画などで用いる特殊撮影技術。

SGマーク [Safety Goods mark] 安全基準に合格した商品につけられるマーク。

SGML [standard generalized markup language] 電子文書標準化のための記述言語。

SHAPE [Supreme Headquarters Allied Powers Europe] シェープ ヨーロッパ連合軍最高司令部。

SI ❶ [system integration] システムインテグレーション。コンピューターを駆使して顧客の求める情報システムをつくること。❷ [仏 Système International d'Unités] ⇨本文「国際単位系」

Si [silicon] ケイ素の元素記号。

SIA [Semiconductor Industry Association] アメリカ半導体工業会。

SIDS [sudden infant death syndrome] 乳幼児突然死症候群。

SII [Structural Impediments Initiative] 日米構造協議。

SIM [subscriber identity module] シム 携帯電話などの移動体通信の端末に用いられる、契約者の個人情報を記録したICチップ。

SIMEX [Singapore International Monetary Exchange] シメックス シンガポール国際金融取引所。

SIPRI [Stockholm International Peace Research Institute] シプリ ストックホルム国際平和研究所。

SIT [Special Investigation Team] シット 特殊事件捜査係。立てこもり事件などに対応する特殊部隊。

SL [steam locomotive] 蒸気機関車。

SLBM [sea-(submarine-)launched ballistic missile] 海洋（潜水艦）発射弾道ミサイル。

SLSI [super large-scale integration] コンピューターの超大規模集積回路。

SM [sadism and masochism; sadomasochism] サディズムとマゾヒズム。

SMA [shape memory alloy] 形状記憶合金。変形しても元の形状に戻る性質をもつ合金。

SMS [short message service] ⇨本文「エスエムエス」

Sn [ラテン stannum] スズの元素記号。

SNS [social networking service] ソーシャルネットワーキングサービス。⇨本文「エスエヌエス」

SOGI [sexual orientation and gender identity] ソジ 性的指向と性自認。恋愛対象となる性と自分自身の性の認識のこと。

SOHO [small office home office] ソーホー ITを活用し、自宅や小規模事務所を仕事場とする業務形態。

sonar [sound navigation and ranging] ソナー 水中音波探知機。⇨本文「ソナー」

SOR [synchrotron orbital radiation] ソール シンクロトロン軌道放射。シンクロトロン放射光。

SOS ⇨本文「エスオーエス」

SOx [sulfur oxide] ソックス 大気汚染の原因となる硫黄酸化物の総称。

SP ❶ [sales promotion] 販売促進。❷ [security police] 要人を警護する私服の警察官。❸ [short program] ⇨本文「ショートプログラム」❹ [special] スペシャル。特別な。❺ [standard playing (record)] ⇨本文「エスピー盤」

S&P [Standard and Poor's] スタンダード・アンド・プアーズ。アメリカの格付け会社の一つ。

SPC [special purpose company] 特定目的会社。企業の保有資産を証券化して第三者に販売する。

SPEEDI [System for Prediction of Environmental Emergency Dose Information] スピーディ 緊急時迅速放射能影響予測ネットワークシステム。放出源情報・気象条件・地形データなどを基に放射性物質がどう飛散するかを予測する。

SPF豚 [specific pathogen-free pig] 無菌豚。無菌状態のまま育成した豚。

SPI [Synthetic Personality Inventory] 就職試験用適性検査の一つ。リクルート社が開発。

SPM [suspended particulate matter] 浮遊粒子状物質。大気中に浮かぶ直径10マイクロメートル以下の物質。

SQ [special quotation]（先物取引の）特別清算指数。

SRAM [static random-access memory] エスラム 記憶保持操作が不要な、随時書き込み読み出しメモリー。⇒DRAM

SRI [socially responsible investment] 社会的責任投資。企業への投資に際し、財務の面だけでなく、その社会的責任も考慮に入れて対象を選ぶこと。

SRS [supplemental restraint system] 補助拘束装置。『―エアバッグ』

SS [service station] ⇨本文「サービスステーション」

SSL [Secure Sockets Layer] インターネット上での情報を暗号化して送受信する通信技術。コンピューターシステムへの外部からの不正侵入を防ぎ、機密性の高い情報の安全な通信を行うための機能。

SSM [surface-to-surface missile] 地対地、または艦対艦ミサイル。

SST [supersonic transport] 超音速旅客機。音速よりも速い旅客機。

St. [Saint] 聖。⇨本文「セント」

STマーク [Safety Toy mark] 玩具の安全基準合格マーク。

START ❶ [Strategic Arms Reduction Talks] スタート SALTに替わるアメリカとソ連の戦略兵器削減交渉。❷ [Strategic Arms Reduction Treaty] スタート 戦略兵器削減条約。アメリカとロシアの間で結ばれた戦略核兵器の削減等に関する軍縮条約。

STD [sexually transmitted disease] 性行為感染症。

STEAM [science, technology, engineering, art and mathematics] スティーム スティーム教育。科

学・技術・工学・芸術・数学の5つの教育分野の総称。理数系教育に創造的な教育を加えた教育理念。

STEM [science, technology, engineering and mathematics] ステム　ステム教育。科学・技術・工学・数学の4つの教育分野の総称。理数系分野を総合的に学ぶことで、論理的な思考や問題解決能力などを高めることを目的とした教育理念。

STOL [short take-off and landing] エストール, ストール　短距離離着陸機。

STS [space transportation system] 宇宙輸送システム。スペースシャトル。

Sun. [Sunday] 日曜日。

SUV [sport utility vehicle] スポーツ用多目的車。

Sv [sievert] シーベルト。放射線の線量当量の単位。

SW [short wave] 短波。

SWAT [Special Weapons and Tactics] スワット　特殊火気戦術部隊。アメリカの警察に設置されている。『―チーム』

T

T細胞 [thymus-derived cell] Tリンパ細胞。胸腺(きょうせん)依存性細胞。体を病原体から守る白血球細胞。

TA ❶ [technology assessment] 技術革新による社会的影響の調査・評価。❷ [terminal adapter] コンピューターをISDN回線に接続する機器。

TB ❶ [terabyte] テラバイト。コンピューターのデータ量の単位。1TBは1024GB。❷ [total bilirubin] 血液検査の総ビリルビン（胆汁色素)。❸ [Treasury Bill] アメリカ財務省発行の短期証券。❹ [Treasury Bond] アメリカ財務省発行の長期債券。❺ [tuberculosis; 独 Tuberkulose] テーベー　肺結核。

TC ❶ [total cholesterol] 血液検査の総コレステロール。❷ [traveler's check] ⇨本文「トラベラーズチェック」

TCAS [Traffic Alert and Collision Avoidance System] 航空交通衝突防止・警報システム。

TCOG [Trilateral Coordination and Oversight Group] 日米韓三国調整グループ。対北朝鮮政策で連携強化を目的とする外務省局長級による会合。

TCP/IP [transmission control protocol/internet protocol] 異なる機種のコンピューターを接続するための通信プロトコル。

TD [touchdown] ⇨本文「タッチダウン」

TDI [tolerable daily intake] 耐容1日摂取量。ダイオキシンなど有害物質の1日最大の許容摂取量。

TDL [Tokyo Disneyland] 東京ディズニーランド。

TDS [Tokyo Disneysea] 東京ディズニーシー。

tel. ❶[telegram] 電報。❷[telephone] 電話。

TFT [thin film transistor] 薄膜トランジスター。

TFTR [Tokamak Fusion Test Reactor] トカマク型の臨界核融合実験炉。強力な磁場によるプラズマ閉じ込め方式。

TFX [Tokyo Financial Exchange] 東京金融取引所。

TGV [仏 Train à Grande Vitesse] テージェーベー　フランスの高速鉄道。

THAAD [Terminal High Altitude Area Defense] サード　終末高高度防衛システム。地上配備型の弾道ミサイル迎撃システム。

Thurs. [Thursday] 木曜日。

THX [thanks] 感謝やお礼の気持ちを表す語。主にインターネット上で使用される俗語。

TIBOR [Tokyo Interbank Offered Rate] 東京市場における銀行間為替取引金利。

TICAD [Tokyo International Conference on African Development] ティカッド　アフリカ開発会議。

TKO [technical knockout] ⇨本文「テクニカルノックアウト」

TM [trademark] トレードマーク。商標。

TMD [theater missile defense] 戦域ミサイル防衛。弾道ミサイルを感知し迎撃するシステム。

TNC [transnational corporation] 多国籍企業。

TNT [trinitrotoluene] トリニトロトルエン。黄色粉末の高性能爆薬。

TOB [takeover bid] 株式公開買い付け。企業の経営権を支配する目的で、買い付け期間・株数・価格を公表して、不特定多数の株主から株式を買い取ること。

TOEFL [Test of English as a Foreign Language] トーフル　アメリカやカナダなどへ留学を希望する非英語圏の人のための英語学力テスト。商標名。

TOEIC [Test of English for International Communication] トーイック　英語を母語としない人の、英語によるコミュニケーション能力を測るテスト。商標名。

TOPIX [Tokyo Stock Price Index] トピックス　東京証券取引所株価指数。

toto トト　スポーツ振興くじの愛称。サッカーのJリーグの試合結果予想で賞金が当たるもの。

TP [total protein] 血清中の総たんぱく。栄養状態や肝機能・腎臓機能を調べる際の指標とする。

TPO [time, place, occasion] (和製英語) 時・場所・場合。⇨本文「ティーピーオー」

TPP [Trans-Pacific (Strategic Economic) Partnership (Agreement)] 環太平洋戦略的経済連携協定。環太平洋パートナーシップ協定。自由貿易協定を柱に関税の撤廃など、加盟国の間での経済関係を強化する取り決め。

TQC [total quality control] 全社的品質管理。

T-REX [ラテン tyrannosaurus rex] ティーレックス　白亜紀の肉食恐竜ティラノサウルス。

tRNA [transfer ribonucleic acid] 転移RNA。たんぱく質を合成する際にアミノ酸をリボゾームまで運ぶ。⇒mRNA

TRON [The Real-time Operating System Nucleus] トロン　即時性を重視して設計されたコンピューターのOS。日本独自のプロジェクト。

TSマーク [Traffic Safety mark] 自転車安全整備士による安全基準についての確認がなされた自転車に貼付されるマーク。

TTB [telegraphic transfer buying rate] 電信為替買い相場。↔TTS

TTS [telegraphic transfer selling rate] 電信為替売り相場。↔TTB

Tues., Tu. [Tuesday] 火曜日。

TV [television] テレビジョン。テレビ。

U

U [under] アンダー。~以下。『―22』

Uターン [U-turn] ⇨本文「ユーターン」

UA [uric acid] 尿酸。

UAE［United Arab Emirates］アラブ首長国連邦。
UAV［unmanned aerial vehicle］無人航空機。ドローン。
UCLA［University of California, Los Angeles］カリフォルニア大学ロサンゼルス校。
UD［universal design］⇨本文「ユニバーサルデザイン」
UDC［Universal Decimal Classification］図書分類の国際十進分類法。
UEFA［Union of European Football Associations］ウエファ　ヨーロッパサッカー連盟。
UFO［unidentified flying object］ユーフォー　未確認飛行物体。⇨本文「ユーフォー」⇒IFO
UHF［ultrahigh frequency］極超短波。⇨本文「ユーエッチエフ」
UI［user interface］ユーザーインターフェース。利用者と操作する対象とをつなぐもの。コンピューターなどの入力装置や表示画面など。
UK［United Kingdom］連合王国。イギリスのこと。
UMA［unidentified mysterious animal］（和製英語）ユーマ　未確認動物。未確認生物。目撃例や伝承などはあるが、その実在が確認されていない生物。
UN［United Nations］⇨本文「国際連合」
UNC［United Nations Charter］国連憲章。
UNCED［United Nations Conference on Environment and Development］国連環境開発会議。地球サミット。
UNCTAD［United Nations Conference on Trade and Development］アンクタッド 国連貿易開発会議。
UNDC［United Nations Disarmament Commission］国連軍縮委員会。
UNDP［United Nations Development Programme］国連開発計画。
UNEP［United Nations Environment Programme］ユネップ　国連環境計画。
UNESCO［United Nations Educational, Scientific and Cultural Organization］ユネスコ　国連教育科学文化機関。⇨本文「ユネスコ」
UNF［United Nations Forces］国連軍。
UNFPA［United Nations Population Fund］国連人口基金。
UNHCR［(Office of the) United Nations High Commissioner for Refugees］国連難民高等弁務官(事務所)。難民の保護や援助を行う。
UNIC［United Nations Information Centre］国連広報センター。
UNICEF［United Nations Children's Fund］ユニセフ　国連児童基金。⇨本文「ユニセフ」
UNIDO［United Nations Industrial Development Organization］国連工業開発機関。
UNSC［United Nations Security Council］国連安全保障理事会。安保理。国際平和維持を任務とする国連の主要機関であり、最高意思決定機関。常任理事国5か国と非常任理事国10か国で構成される。
UNU［United Nations University］国連大学。
UNV［United Nations Volunteers］国連ボランティア。
UPI［United Press International］アメリカの通信社。
UPU［Universal Postal Union］万国郵便連合。
UR［Urban Renaissance Agency］独立行政法人都市再生機構。
URL［uniform resource locator］インターネット上のアドレス。⇨本文「ユーアールエル」
USA［United States of America］アメリカ合衆国。
USB［Universal Serial Bus］パソコンに他の機器をつなぐ接合規格の一つ。⇨本文「ユーエスビー」
USJ［Universal Studios Japan］ユニバーサルスタジオジャパン。アメリカの映画会社をモチーフにした大阪にあるテーマパーク。
USO［unknown swimming object］未確認水泳物体。スコットランドのネス湖の怪物ネッシーなど。
USSR［Union of Soviet Socialist Republics］ソビエト社会主義共和国連邦。1991年に解体。
USTR［United States Trade Representative］アメリカ通商代表部。
UT［universal time］世界時。GMTとも。
UV［ultraviolet (rays)］紫外線。『一カット』
UWW［United World Wrestling］世界レスリング連合。
UX［user experience］ユーザー体験。利用者が製品やサービスなどの利用を通じて得られる体験。

V

Vサイン［V sign］⇨本文「ブイサイン」
VAR［video assistant referee］サッカーの試合で、主審や線審の判定を映像により確認する審判員。また、その制度。
VAT［value-added tax］付加価値税。
VC［venture capital］ベンチャーキャピタル。新興企業に投資を行う会社。
VCR［videocassette recorder］ビデオカセットレコーダー。家庭用ビデオテープデッキ。
VD［videodisc］⇨本文「ビデオディスク」
VDT　❶［video display terminal］ビデオ視覚表示装置。❷［visual display terminal］コンピューターのディスプレイ端末装置。『一症候群』
VFX［visual effects］視覚効果。映像作品において、現実の世界では見ることのできない映像効果を加える技術。
VGA［Video Graphics Array］IBM社が開発したグラフィックスシステム規格の名称。
VHF［very high frequency］⇨本文「超短波」
VHS［video home system］家庭用ビデオテープレコーダーの録画・再生方式の一つ。商標名。
VICS［Vehicle Information and Communication System］ビックス 道路交通情報通信システム。渋滞や事故などの道路交通情報をカーナビゲーションなどに提供するシステム。
VIP［very important person］重要人物。要人。ビップ。
VJ［video jockey］ビデオジョッキー。ビデオ映像を流すテレビ番組などで司会・進行をする人。
VLF［very low frequency］超低周波。超長波。
VLSI［very large-scale integration］コンピューターの超大規模集積回路。超LSI。
VOA［Voice of America］アメリカの声。アメリカ政府の海外向け放送。
VOD［video on demand］ビデオオンデマンド。視聴者の要望に応じた番組を提供するサービス。
vol.［volume］ボリューム。書物の巻。冊。また、音量。声量。
VP［vice-president］副大統領。副社長。

VPN［virtual private network］仮想専用線。公衆回線やインターネットを用いて確保した仮想的な専用回線を実現する技術。
VR［virtual reality］仮想現実。⇨本文「バーチャルリアリティー」
VS［vital signs］バイタルサイン。生命徴候。脈拍・呼吸・体温・血圧など。
VS., vs.［versus］～対～。バーサス。
VSOP［very superior old pale］ブランデーの等級の一つ。特上級のものを指す。
VTOL［vertical take-off and landing］ブイトール　垂直離着陸機。
VTR［videotape recorder］テレビの音声と画像をテープに記録し、再生する装置。また、そのような機器で録画した映像。
VW［独 Volkswagen］フォルクスワーゲン。ドイツの自動車メーカー。
VXガス［venom X gas］毒ガスの一つ。高致死性の神経ガス。皮膚や肺から吸収される。

W

W杯［World Cup］⇨本文「ワールドカップ」
WA［World Athletics］ワールドアスレティックス。世界陸連。
WADA［World Anti-Doping Agency］ワダ　世界ドーピング防止機構。
WAN［wide area network］ワン　広域通信ネットワーク。
WASP［White Anglo-Saxon Protestant］ワスプ　アングロサクソン系白人新教徒。
WB［warrant bond; bonds with warrant］ワラント債。新株引受権付き社債。
WBA［World Boxing Association］世界ボクシング協会。
WBC　❶［World Baseball Classic］ワールドベースボールクラシック。アメリカの大リーグ機構と選手会が主催する野球の世界大会。❷［World Boxing Council］世界ボクシング評議会。
WC　❶［water closet］便所。❷［World Cup］⇨本文「ワールドカップ」
WCS［Wildlife Conservation Society］野生生物保全協会。
Web「World Wide Web」の略。⇨本文「ウェブ」
WECPNL［weighted equivalent continuous perceived noise level］加重等価平均感覚騒音レベル。航空機の一日の騒音量を表す国際単位。
Wed.［Wednesday］水曜日。
WFC［World Food Council］国連世界食糧理事会。
WFP［World Food Programme］国連世界食糧計画。
WFTU［World Federation of Trade Unions］世界労働組合連盟。世界労連。
WHO［World Health Organization］世界保健機関。⇨本文「ダブリューエッチオー」
Wi-Fi［Wireless Fidelity］ワイファイ　無線LANを利用したインターネット接続環境。
WIPO［World Intellectual Property Organization］ワイポ　国連の世界知的所有権機関。
WMD［weapons of mass destruction］大量破壊兵器。核兵器や生物・化学兵器、弾道ミサイルなど人間を大量に殺傷することが可能な兵器の総称。
WMO［World Meteorological Organization］国連の世界気象機関。
WN［working name］（和製英語）ワーキングネーム。女性が結婚後も職場で使う旧姓。
WS［workstation］大容量で高性能の小型コンピューター。
WTA［Women's Tennis Association］女子テニス協会。
WTC［World Trade Center］世界貿易センター。アメリカのニューヨーク市にあった高層ビル。2001年のアメリカ同時多発テロ事件で崩壊した。
WTI［West Texas Intermediate］アメリカで産出する原油。ニューヨーク商品取引所で扱う先物取引の主要銘柄。
WTO［World Trade Organization］世界貿易機関。⇨本文「ダブリューティーオー」
WWF［World Wide Fund for Nature］世界自然保護基金。
WWW　❶［World Weather Watch］世界気象監視計画。❷［World Wide Web］インターネット上の情報を検索し表示させるシステム。

X

X　未知の物事。未知数。
X線［X-ray］レントゲン線。⇨本文「エックス線」
Xデー［X-Day］（和製英語）何か重大なことが起こると予測される日。
Xmas［Christmas］クリスマス。
XML［extensible markup language］データのコンピューター処理を容易にする記述言語。
XY型［X-Y chromosome］性染色体でXとYの2種あるもの。ヒトは男がXY、女がXX。

Y

Y-Gテスト［Yatabe-Guilford test］性格検査法の一つ。矢田部・ギルフォード性格検査。
YH［youth hostel］ユースホステル。青少年旅行者のための安価な宿泊施設。
YMCA［Young Men's Christian Association］キリスト教青年会。⇨本文「ワイエムシーエー」
YWCA［Young Women's Christian Association］キリスト教女子青年会。⇨本文「ワイダブリューシーエー」

Z

Z世代［Generation Z］1990年半ばから2000年代後半、または2010年代前半生まれの世代。
ZD運動［zero defects］無欠点運動。工場の生産現場などで、欠陥製品が皆無になるよう従業員を指導する生産管理法。
ZERI［Zero Emission Research and Initiative］ゼリ　廃棄物を資源として再利用する循環型産業社会を目指す団体。
ZEV［zero emission vehicle］ゼブ　ゼロエミッション車。走行時に排気ガスを発生させない自動車。電気自動車や燃料電池車など。
ZIP［zone improvement plan］ジップ　郵便物の集配区域改善計画。『一コード』
Zn［zinc］亜鉛の元素記号。